D1729857

Immenga/Mestmäcker

Wettbewerbsrecht
Band 2
GWB
Kommentar zum Deutschen Kartellrecht

Immenga/Mestmäcker

# Wettbewerbsrecht

Band 2
GWB
Kommentar zum Deutschen Kartellrecht

Herausgegeben von

**Prof. Dr. Torsten Körber**
Professor an der Universität zu Köln

**Prof. Dr. Heike Schweitzer**
Professorin an der
Humboldt-Universität zu Berlin

**Prof. Dr. Daniel Zimmer**
Professor an der Universität Bonn

Bearbeitet von

Albrecht Bach, Jörg Biermann, Eckart Bueren, Reinhard Ellger,
Volker Emmerich, Thiemo Engelbracht, Jens-Uwe Franck, Andreas Fuchs,
Frank Immenga, Jonas von Kalben, Matthias Knauff, Torsten Körber,
Jürgen Kühling, Kurt Markert, Peter Georg Picht, Rupprecht Podszun,
Eckard Rehbinder, Karsten Schmidt, Juliane Scholl, Heike Schweitzer,
Dieter Schweizer, Kurt Stockmann, Stefan Thomas,
Markus Wirtz, Daniel Zimmer

Begründet von

Ulrich Immenga und Ernst-Joachim Mestmäcker

7. Auflage 2024

C.H.BECK

**Zitiervorschlag:**
Immenga/Mestmäcker/Emmerich GWB § 30 Rn. 11

**www.beck.de**
Gesamtabnahme Band 1 bis 5:
ISBN 978 3 406 77320 4
Band 2: ISBN 978 3 406 77322 8
© 2024 Verlag C.H.Beck oHG
Wilhelmstraße 9, 80801 München
Satz, Druck und Bindung: Druckerei C.H.Beck Nördlingen
(Adresse wie Verlag)
Umschlag: Martina Busch, Grafikdesign, Homburg Saar

chbeck.de/nachhaltig
Gedruckt auf säurefreiem, alterungsbeständigem Papier
(hergestellt aus chlorfrei gebleichtem Zellstoff)

# Vorwort zur 7. Auflage

Der GWB-Band (Band 2) erscheint als zeitlich erster Band der 7. Auflage des von Ulrich Immenga und Ernst-Joachim Mestmäcker begründeten Kommentars zum deutschen und europäischen Wettbewerbsrecht. Die zunehmende Frequenz der GWB-Novellen hat zu einem „Versionssprung" geführt. War die 6. Auflage vom Dezember 2019 noch auf dem Stand der 9. GWB-Novelle 2017, so berücksichtigt die 7. Auflage nicht nur die 10. GWB-Novelle 2021 (GWB-Digitalisierungsgesetz), sondern auch bereits die 11. GWB-Novelle 2023.

Schwerpunkte der 10. GWB-Novelle 2021 waren die Umsetzung der Richtlinie (EU) 2019/1 („ECN+") sowie zahlreiche Änderungen rund um die Erfassung digitaler Märkte, allen voran der neue § 19a GWB zur besseren Kontrolle von Unternehmen mit überragender marktübergreifender Bedeutung für den Wettbewerb. Mit der 11. GWB-Novelle hat der Gesetzgeber einige Anpassungen mit Blick auf Verwaltungsbefugnisse und Privatklagen in Bezug auf das Gesetz über digitale Märkte (DMA) ins GWB eingefügt, vor allem aber Regelungen zur Erleichterung der Mehrerlösabschöpfung in § 34 GWB sowie eine neue Regelung in § 32f GWB, welche dem Bundeskartellamt nach einer auf Basis einer Sektoruntersuchung festgestellten erheblichen und fortwährenden Störung des Wettbewerbs umfangreiche Eingriffsbefugnisse bis hin zur objektiven Entflechtung einräumt. Diese nach wie vor rechtspolitisch umstrittenen Regelungen werden in diesem Band ebenfalls erstmals kommentiert.

Von diesen großen Novellen abgesehen, hat das GWB auch durch eine Vielzahl anderer Gesetze seit Dezember 2019 etliche Änderungen erfahren, die natürlich allesamt ebenso erfasst sind wie die Fortentwicklung von Praxis und Wissenschaft.

Die anderen Bände des Immenga/Mestmäcker werden in angemessener Zeit folgen. Band 1 zum EU-Wettbewerbsrecht wird erstmals auch eine Kommentierung zum Gesetz über digitale Märkte (DMA) enthalten. Deutsche und europäische Fusionskontrolle werden, wie schon in der 6. Auflage in Band 3 enthalten sein, das Beihilfenrecht in Band 4 und das GWB-Vergaberecht in Band 5. Dementsprechend werden im vorliegenden Band 2 nur die §§ 1 bis 34a, 44 bis 96 und 185 bis 187 GWB kommentiert. Eine Kommentierung der §§ 35 bis 43a folgt im Fusionskontrollrechtsband und die Kommentierung der §§ 97 bis 184 im Vergaberechtsband.

In den Autorenkreis für das GWB neu aufgenommen wurden Eckart Bueren, Thiemo Engelbracht, Jürgen Kühling, Peter Picht und Rupprecht Podszun, die wir herzlich willkommen heißen.

Die wissenschaftliche Verantwortung für die Kommentierungen liegt bei den einzelnen Autoren. Die vertretenen Auffassungen sind rein persönlicher Natur und entsprechen nicht notwendigerweise denen ihrer Dienststellen.

Oktober 2023

Die Herausgeber:
Torsten Körber
Heike Schweitzer
Daniel Zimmer

# Verzeichnis der Bearbeiter Band 2

Bach, Albrecht, Dr., Rechtsanwalt, Stuttgart,
Honorarprofessor an der Universität Mannheim

Biermann, Jörg, Ministerialrat a. D.,
vormals Bundesministerium für Wirtschaft und Energie, Berlin

Bueren, Eckart, Dr., Dipl.Volksw., Prof. an der Universität Göttingen

Ellger, Reinhard, Dr., Wiss. Referent am Max-Planck-Institut Hamburg a. D. und
Professor an der Universität Hamburg

Emmerich, Volker, Dr.,
em. Professor an der Universität Bayreuth, Richter am Oberlandesgericht Nürnberg a. D.

Engelbracht, Thiemo, Dr., Leitender Analyst, Monopolkommission, Bonn

Franck, Jens-Uwe, Dr., Professor an der Universität Mannheim

Fuchs, Andreas, Dr.,
Professor an der Universität Osnabrück, Richter am Oberlandesgericht Celle a. D.

Immenga, Frank, Dr., Rechtsanwalt, Frankfurt, Professor an der Hochschule Trier

von Kalben, Jonas, Dr., Rechtsanwalt, Berlin

Knauff, Matthias, Dr., Professor an der Friedrich-Schiller-Universität Jena

Körber, Torsten, Dr., Professor an der Universität zu Köln

Kühling, Jürgen, Dr., Professor an der Universität Regensburg

Markert, Kurt, Dr.,
Direktor beim Bundeskartellamt a. D., Honorarprofessor an der Freien Universität Berlin

Picht, Peter Georg, Dr., Professor an der Universität Zürich

Podszun, Rupprecht, Dr., Professor an der Heinrich-Heine-Universität Düsseldorf

Rehbinder, Eckard, Dr., em. Professor an der Universität Frankfurt a. M.

Schmidt, Karsten, Dr. Dr. h. c. mult.,
em. Professor an der Universität Bonn, Professor der Bucerius Law School, Hamburg

Scholl, Juliane, Dr., Geschäftsführerin Monopolkommission, Bonn

Schweitzer, Heike, Dr., Professorin an der Humboldt-Universität zu Berlin

Schweizer, Dieter, Dr., Dr. h. c. apl. Professor an der Universität Bonn,
Ministerialrat im Bundesministerium für Ernährung und Landwirtschaft

Stockmann, Kurt, Dr., Vizepräsident des Bundeskartellamts a. D.

Thomas, Stefan, Dr., Professor an der Universität Tübingen

Wirtz, Markus, Dr., Rechtsanwalt, Düsseldorf

Zimmer, Daniel, Dr., Professor an der Universität Bonn

# Im Einzelnen haben bearbeitet in Band 2:

# Inhaltsübersicht

## Band 2. GWB

# Inhaltsübersicht

# Abkürzungs- und Literaturverzeichnis

Die in diesem Werk zitierte Literatur wird idR abgekürzt zitiert. Im **ZITIERPORTAL** des Verlags C.H.BECK – zitierportal.beck.de – finden Sie ein vollständiges Verzeichnis der verwendeten Werkabkürzungen, ebenso wie ein vollständiges Abkürzungsverzeichnis und weitere redaktionelle Hinweise des Verlags.

| | |
|---|---|
| aA | anderer Ansicht |
| aaO | am angegebenen Ort |
| aE | am Ende |
| aF | alte Fassung |
| aM | anderer Meinung |
| abgedr. | abgedruckt |
| Abk. | Abkommen |
| abl. | ablehnend |
| ABl. | Amtsblatt |
| ABl. | Amtsblatt der Europäischen Gemeinschaft |
| ABl.EGKS | Amtsblatt der Europäischen Gemeinschaft für Kohle und Stahl |
| Abs. | Absatz |
| Abschn. | Abschnitt |
| abw. | abweichend |
| A. C. | Court of Appeal Cases |
| AcP | Archiv für die civilistische Praxis (Band, Jahr und Seite) |
| Actual.jur.dr.admin | L'Actualité juridique – Droit administratif (Jahr und Seite) |
| AEG | Allgemeines Eisenbahngesetz |
| AEUV | Vertrag über die Arbeitsweise der Europäischen Union |
| AFDI | Annuaire Français de droit international (Band, Jahr und Seite) |
| aff'd | affirmed |
| AFG | Arbeitsförderungsgesetz |
| AfP | Archiv für Presserecht (Jahr und Seite) |
| AG | Die Aktiengesellschaft (Jahr und Seite) |
| AGB | Allgemeine Geschäftsbedingungen |
| AGBG | Gesetz zur Regelung des Rechts der Allgemeinen Geschäftsbedingungen |
| AgrarMSG | Gesetz zur Weiterentwicklung der Marktstruktur im Agrarbereich (Agrarmarktstrukturgesetz) |
| AgrarR | Gesetz zur Weiterentwicklung der Marktstruktur im Agrarbereich |
| AHK | Alliierte Hohe Kommission |
| AJDA | s. Actual.jur.dr.admin. |
| AJIL | s. Am. J. Int. L. |
| AJP | Aktuelle juristische Praxis (Jahr und Seite) |
| AktG | Aktiengesetz |
| Alessi/Olivieri | Alessi/Olivieri, La disciplina della concorrenza e del mercato, 1992 |
| All E. R. | The All England Law Reports (zB: [1982] 3 … 93) |
| allg. | allgemein |
| AT | Allgemeiner Teil |
| AllgWD | Allgemeiner Wirtschaftsdienst |
| Alt. | Alternative |
| Am. J. Comp. L. | The American Journal of Comparative Law (Band, Jahr und Seite) |
| Am. J. Int. L. | American Journal of International Law (Band, Jahr und Seite) |
| Am.Econ.Rev. | The American Economic Review (Band, Jahr und Seite) |
| Am. J. Int.L. | American Journal of International Law (Jahr und Seite) |
| amtl. | amtlich |
| Amtl. Begr. | Amtliche Begründung |
| AmtsG | Amtsgericht |
| ÄnderungsG | Änderungsgesetz |
| Anders/Gehle | Anders/Gehle, Zivilprozessordnung, 81. Auflage München 2023 |

# Abkürzungs- und Literaturverzeichnis

| | |
|---|---|
| Anh. | Anhang |
| Anl. | Anlage |
| Anm. | Anmerkung |
| Antitrust Bull. | The Antitrust Bulletin (Band, Jahr und Seite) |
| Antitrust L. J. | Antitrust Law Journal (Band, Jahr und Seite) |
| AO | Abgabenordnung |
| AöR | Archiv des öffentlichen Rechts (Band, Jahr und Seite) |
| ArbeitnehmerentsendeG | Gesetz über zwingende Arbeitsbedingungen für grenzüberschreitend entsandte und für regelmäßig im Inland beschäftigte Arbeitnehmer und Arbeitnehmerinnen |
| ArchBürgR | Archiv für bürgerliches Recht (Band und Seite) |
| ArchivPF | Archiv für das Post- und Fernmeldewesen (Jahr und Seite) |
| ArchivPT | Archiv für Post und Telekommunikation (Jahr und Seite) |
| ArchVR | Archiv des Völkerrechts (Band, Jahr und Seite) |
| Areeda/Hovenkamp | Areeda/Hovenkamp, Antitrust Law. An Analysis of Antitrust Principles and Their Application, Vol. I–XIV and 2017 Supplement, 1986–2017 |
| Areeda/Turner | Areeda/Turner, Antitrust Law. An Analysis of Antitrust Principles and Their Applicatiion, Vol. IV, 1980 |
| arg. | argumentum |
| art. | article(s) |
| Art. | Artikel |
| AT | Allgemeiner Teil |
| AuA | Arbeit und Arbeitsrecht |
| Aufl. | Auflage |
| ausf. | ausführlich |
| AWD | Außenwirtschaftsdienst des Betriebs-Beraters (Jahr und Seite) |
| AWG | Außenwirtschaftsgesetz |
| AWR | Archiv für Wettbewerbsrecht (Jahr und Seite) |
| AWV | Außenwirtschaftsverordnung |
| | |
| BAG | Bundesarbeitsgericht (auch amtl. Sammlung seiner Entscheidungen) (Band und Seite) |
| BAnz. | Bundesanzeiger |
| BauGB | Baugesetzbuch |
| Baumann | Baumann/Weber/Mitsch, Strafrecht, Allg. Teil, 13. Aufl. 2021 |
| Baumbach/Hopt | Baumbach/Hopt, Kurzkommentar zum HGB, 39. Aufl. 2020 (siehe jetzt Hopt) |
| Baumbach/Hefermehl | Baumbach/Hefermehl, Warenzeichenrecht und internationales Wettbewerbs- und Zeichenrecht, 12. Aufl. 1985 |
| Baumbach/Hefermehl/ Köhler UWG | siehe Köhler/Bornkamm/Feddersen |
| Baumbach/Lauterbach, ZPO | Baumbach/Lauterbach/Hartmann/Anders/Gehle, Zivilprozessordnung, 78. Aufl. 2020 (siehe jetzt Anders/Gehle) |
| BauR | Zeitschrift für das gesamte öffentliche und private Baurecht (Jahr und Seite) |
| BW | Baden-Württemberg |
| BayObLG | Bayerisches Oberstes Landesgericht |
| BayVBl. | Bayerische Verwaltungsblätter |
| BB | Betriebs-Berater (Jahr und Seite) |
| Bd. | Band |
| BDI | Bundesverband der Deutschen Industrie |
| Bearb. | Bearbeiter |
| Beauchesne | Beauchesne, La protection juridique des entreprises en droit communautaire de la concurrence, 1993 |
| Bechtold/Bosch GWB | Bechtold/Bosch, GWB. Gesetz gegen Wettbewerbsbeschränkungen, 10. Aufl. 2021 |
| Bechtold, Kartellrecht | Bechtold, Das neue Kartellrecht 1981 |
| Bechtold/Bosch/Brinker | Bechtold/Bosch/Brinker, EU-Kartellrecht, 4. Aufl. 2023 |
| begr. | begründet |

# Abkürzungs- und Literaturverzeichnis

Begr. 1952 ................ Regierungsbegründung zu dem Entwurf eines Gesetzes gegen Wettbewerbsbeschränkungen, BT-Drs. II/1158, nach Anl. I

Begr. 1964 ................ Regierungsbegründung zu dem Entwurf eines Gesetzes zur Änderung des GWB, BT-Drs. IV/2564

Begr. 1971 ................ Regierungsbegründung zu dem Entwurf eines Zweiten Gesetzes zur Änderung des GWB, BT-Drs. VI/2520; Abschnitte I bis III übernommen als Begründung zum SPD/FDP-Entwurf 1973, BT-Drs. 7/76

Begr. 1974 ................ Regierungsbegründung zu dem Entwurf eines Dritten Gesetzes zur Änderung des GWB, BT-Drs. 7/2954 – Pressefusionskontrolle

Begr. 1978 ................ Regierungsbegründung zu dem Entwurf eines Vierten Gesetzes zur Änderung des GWB, BT-Drs. 8/2136

Begr. 1989 ................ Regierungsbegründung zu dem Entwurf eines Fünften Gesetzes zur Änderung des GWB, BT-Drs. 11/4610

Begr. 1998 ................ Regierungsbegründung zu dem Entwurf eines Sechsten Gesetzes zur Änderung des GWB, BT-Drs. 13/9720

Begr. 2004 ................ Regierungsbegründung zu dem Entwurf eines Siebten Gesetzes zur Änderung des GWB, BT-Drs. 15/3640

Begr. 2012 ................ Regierungsbegründung zu dem Entwurf eines Achten Gesetzes zur Änderung des GWB, BT-Drs. 17/9852

Begr. 2016 ................ Regierungsbegründung zu dem Entwurf eines Neunten Gesetzes zur Änderung des GWB, BT-Drs. 18/10207

Begr. 2020 ................ Regierungsbegründung zu dem Entwurf eines Gesetzes zur Änderung des Gesetzes gegen Wettbewerbsbeschränkungen für ein fokussiertes, proaktives und digitales Wettbewerbsrecht 4.0 und anderer wettbewerbsrechtlicher Bestimmungen (GWB-Digitalisierungsgesetz, 10. GWB-Novelle), BT-Drs. 19/23492

Begr. 2023 ................ Regierungsbegründung zum Entwurf eines Gesetzes zur Änderung des Gesetzes gegen Wettbewerbsbeschränkungen und anderer Gesetze (11. GWB-Novelle), BT-Drs. 20/6824

Begr. RegE VgRÄG ...... Begründung des Regierungsentwurfs zum Vergaberechtsänderungsgesetz

Begr. ...................... Begründung

Bek. ...................... Bekanntmachung

BekG ...................... Bekanntmachungsgesetz

Bekl. ...................... Beklagter

Bellamy/Child ............. Bellamy/Child, European Community Law of Competition, 8th ed. 2018

Benisch .................... Benisch, Kooperationsfibel, Bundesrepublik und EWG, hrsg. v. Bundesverband der Deutschen Industrie, 1973

Benkard, PatG ............ Benkard, Patentgesetz, Gebrauchsmustergesetz, Patentkostengesetz, Kommentar, 12. Aufl. 2023

ber. ...................... berichtigt

BerDtGesVR .............. Berichte der Deutschen Gesellschaft für Völkerrecht (Band, Jahr und Seite)

BerGesVR ................ Bericht der Gesellschaft für Völkerrecht (Heft und Seite)

Bericht 1973 ............. Unterrichtung des Ausschusses für Wirtschaft zu dem Entwurf eines Zweiten Gesetzes zur Änderung des GWB, BT-Drs. 7/765

Bericht 1976 ............. Bericht und Antrag des Ausschusses für Wirtschaft zu dem Entwurf eines Dritten Gesetzes zur Änderung des GWB, BT-Drs. 7/4768

Bericht 1980 ............. Beschlußempfehlung und Bericht des Ausschusses für Wirtschaft zu dem Entwurf eines Vierten Gesetzes zur Änderung des GWB, BT-Drs. 8/3690

Bericht 1989 ............. Beschlußempfehlung und Bericht des Ausschusses für Wirtschaft zu dem Entwurf eines Fünften Gesetzes zur Änderung des GWB, BT-Drs. 11/5949

Bericht 1998 ............. Beschlußempfehlung und Bericht des Ausschusses für Wirtschaft zu dem Entwurf eines Sechsten Gesetzes zur Änderung des GWB, BT-Drs. 13/10633

Bericht 2005 ............. Beschlußempfehlung und Bericht des Ausschusses für Wirtschaft und Arbeit zu dem Entwurf eines Siebten Gesetzes zur Änderung des GWB, BT-Drs. 15/5049.

# Abkürzungs- und Literaturverzeichnis

| | |
|---|---|
| BRAK-Mitt. | Mitteilungen der Bundesrechtsanwaltskammer |
| BRAO | Bundesrechtsanwaltsordnung |
| BRD | Bundesrepublik Deutschland |
| BR-Drs. | Bundesratsdrucksache |
| Brit.YB Int. L. | British Yearbook of International Law (Band, Jahr und Seite) |
| brMR | britische Militärregierung |
| brZ | britische Zone |
| BSchVG | Gesetz über den gewerblichen Binnenschiffsverkehr |
| BStBl. | Bundessteuerblatt |
| BT | Bundestag |
| BT-Drs. | Bundestagsdrucksache (Wahlperiode und Nummer) |
| Buchst. | Buchstabe |
| BüL NF | Berichte über Landwirtschaft, Neue Folge |
| Bull.Civ. | Bulletin des arrêts de la Cour decassation. Chambres civiles (Jahr, röm. Ziff., Seite und Nr.; zB: 1978.IV.69 Nr. 108) |
| Bull.EC | Bulletin of the European Communities (multilingual) |
| Bull.EG | Bulletin der Europäischen Gemeinschaften |
| Bull.EU | Bulletin der Europäischen Union |
| Bull.transp. | Bulletin des transports (Jahr und Seite) |
| BundeswaldG | Bundeswaldgesetz |
| BundG | Bundesgesetz |
| Bunte | Bunte, Kartellrecht, Band 1. Deutsches Kartellrecht, Band 2. Europäisches Kartellrecht, 14. Aufl. 2021 |
| Bunte/Sauter | Bunte/Sauter, Gruppenfreistellungsverordnungen, Kommentar, 1988 |
| Burkhardt | Burkhardt, Kartellrecht, 1995 |
| Bus. L. Brief | Business Law Brief (Monat, Jahr und Seite) |
| Bus.Lawyer | The Business Lawyer (Band, Jahr und Seite) |
| BVerfG | Bundesverfassungsgericht |
| BVerfGE | Entscheidungen des Bundesverfassungsgerichts (Band und Seite) |
| BVerwG | Bundesverwaltungsgericht |
| BVerwGE | Entscheidungen des Bundesverwaltungsgerichts (Band und Seite) |
| BYIL | s. Brit.YB Int. L. |
| bzgl. | bezüglich |
| | |
| C. Prop. int. | Code de la proprieté intellectuelle |
| C. A. | Court of Appeal (GB); Court of Appeals (USA) |
| Calliess/Ruffert | EUV/AEUV Callies/Ruffert, EUV/AEUV, Das Verfassungsrecht der Europäischen Union mit Europäischer Grundrechtecharta, 6. Aufl. 2022 |
| C. com. | Code de commerce |
| C. M. L. R. | Common Market Law Reports |
| C. M. L. Rev. | Common Market Law Review |
| Cah. dr. eur. | Cahiers de droit européen (Band, Jahr und Seite) |
| Canenbley/Moosecker | Canenbley/Moosecker, Fusionskontrolle, 1982 |
| Cartou | Cartou, Communautés européennes, 10me éd. 1991 |
| CCH | Commerce Clearing House |
| CDE | s. Cah. dr. eur. |
| CEEP | Europäischer Zentralverband der öffentlichen Wirtschaft |
| cert. | certiorari |
| cert.den. | certiorari denied (USA: abgewiesener Revisionsantrag) |
| chap. | chapter |
| Chr.; Chron. | Chronique |
| Clunet | Journal du droit international (Band, Jahr und Seite) |
| Comp. Lawyer | The Computer Lawyer |
| Constantinesco ua | Constantinesco/Jacque/Kovar/Simon, Traité instituant la CEE, 1992 |
| Constantinesco | Constantinesco, Das Recht der Europäischen Gemeinschaften I: Das Institutionelle Recht, 1977 |
| Cook/Kerse | Cook/Kerse, E. C. Merger Control, 5th ed. 2009 |
| CPC | Central Product Classification |
| CPV | Common Procurement Vocabulary |

# Abkürzungs- und Literaturverzeichnis

CR .................. Computer und Recht (Jahr und Seite)
Cramer .................. Cramer, Grundbegriffe des Rechts der Ordnungswidrigkeiten, 1971

D. .................. Recueil Dalloz Sirey (Jahr [ggf. Abt.] und Seite; zB: 1983 Inform. Rapides 753)
DAB .................. Deutsches Architektenblatt
Dauses/Ludwigs .......... Dauses/Ludwigs, Handbuch des EU-Wirtschaftsrechts, 2 Bände, 58. Auflage 2023
DAWI .................. Dienste von allgemeinem wirtschaftlichen Interesse
DB .................. Der Betrieb (Jahr und Seite)
DBGM .................. Deutsches Bundesgebrauchsmuster
DBP .................. Deutsche Bundespost; Deutsches Bundespatent
DDR .................. Deutsche Demokratische Republik
Denozza .................. Denozza, Antitrust, 1988
Deringer .................. Deringer, Das Wettbewerbsrecht der Europäischen Wirtschaftsgemein-schaft, Kommentar zu den EWG-Wettbewerbsregeln (Art. 85–94), Düsseldorf, Stand November 1965
ders. .................. derselbe
DevG .................. Devisengesetz
DFG .................. Deutsche Freiwillige Gerichtsbarkeit (Jahr und Seite)
dies. .................. dieselbe(n)
dh .................. das heißt
DIHT .................. Deutscher Industrie- und Handelstag
Dir.communit.scambi int. Diritto comunitario e degli scambi internazionali (Jahr und Seite)
Dir.Mar. .................. Il Diritto Marittimo (Jahr und Seite)
Diss. .................. Dissertation
DJ .................. Deutsche Justiz (Jahr und Seite)
DJZ .................. Deutsche Juristenzeitung (Jahr und Seite)
Doc., doc. .................. Document
DOG .................. Deutsches Obergericht für das Vereinigte Wirtschaftsgebiet
Dok. .................. Dokument
DöV .................. Die öffentliche Verwaltung (Jahr und Seite)
Downes/Ellison .......... Downes/Ellison, The Legal Control of Mergers in the European Communities, 1991
DPatA .................. Deutsches Patentamt, München
DPCI .................. Droit et pratique du commerce international/International Trade Law and Practice (Band, Jahr und Seite)
DPMA .................. Deutsches Patent- und Markenamt, München
DR .................. Deutsches Recht (Jahr und Seite)
Drauz/Jones .............. Drauz/Jones, EU Competition Law. Vol. II: Mergers and Acquisitions, 2nd ed. 2012
Drauz/Schroeder .......... Drauz/Schroeder, Praxis der Europäischen Fusionskontrolle, 3. Aufl. 1995
Dreher/Kulka .............. Dreher/Kulka, Wettbewerbsrecht und Kartellrecht, 12. Aufl. 2023
Drs. .................. Drucksache
Druesne/Kremlis .......... Druesne/Kremlis, La politique de la concurrence de la CEE, 1990
DRZ .................. Deutsche Rechtszeitschrift (Jahr und Seite)
Dürig/Herzog/Scholz .... Dürig/Herzog/Scholz, Kommentar zum Grundgesetz, Loseblatt, 101. EL, Stand 5/2023
DStR .................. Deutsches Steuerrecht (Jahr und Seite)
DVA .................. Deutscher Verdingungsausschuss für Bauleistungen
DVAL .................. Deutscher Verdingungsausschuss für Leistungen ausgenommen Bauleistungen
DVBl .................. Deutsches Verwaltungsblatt (Jahr und Seite)
DVO .................. Durchführungsverordnung
DVP .................. Deutsche Verwaltungspraxis
DWW .................. Deutsche Wohnungswirtschaft
DZWir .................. Deutsche Zeitschrift für Wirtschaftsrecht

E. C. C. .................. European Commercial Cases
ECJ .................. European Competition Journal

| | |
|---|---|
| E. C. | European Community |
| E. C. R. | European Court Reports |
| E. I. P. R. | s. Eur. Int. Prop. Rev. |
| E. L. R. | s. Eur. L. Rev. |
| E. T. L. | European Transport Law (Jahr und Seite) |
| eV | eingetragener Verein |
| EAGV | Vertrag zur Gründung der Europäischen Atomgemeinschaft |
| EA | Europa-Abkommen |
| EAG | Europäische Atomgemeinschaft (Euratom) |
| ebd. | ebenda |
| Ebel | Ebel, Gesetz gegen Wettbewerbsbeschränkungen und EWG-Kartellrecht, begründet von Mayer-Wegelin, fortgeführt von Ebel, Loseblatt Ausgabe 1980 ff. |
| EBOR | European Business Organization Review |
| EBU | European Broadcasting Union |
| EC | European Community |
| ECJ | European Competition Journal |
| ECLR | European Competition Law Review (Jahr und Seite) |
| ECSC | European Coal and Steel Community |
| ECU | European Currency Unit |
| ed. | edited; edition; editor; edizione |
| EDICOM | Electronic Data Interchange on Commerce |
| éds. | éditeurs |
| eds. | editors |
| EEC | European Economic Community |
| EFTA | European Free Trade Association |
| eG | eingetragene Genossenschaft |
| EG | Europäische Gemeinschaft(en); Einführungsgesetz |
| EGBGB | Einführungsgesetz zum Bürgerlichen Gesetzbuche |
| EG-Komm. | s. KOMM. |
| EG-Komm., Bericht | Kommission der EG, Bericht über die Wettbewerbspolitik, Nr. und Jahr |
| EGKS | Europäische Gemeinschaft für Kohle und Stahl |
| EGKSV | Vertrag über die Gründung der Europäischen Gemeinschaft für Kohle und Stahl |
| EGStGB | Einführungsgesetz zum Strafgesetzbuch |
| EGV/EG | Vertrag zur Gründung der Europäischen Gemeinschaft |
| Einf. | Einführung |
| Einl. | Einleitung |
| einstw. | einstweilig |
| EltW | Elektrizitätswirtschaft |
| Emmerich/Habersack | Emmerich/Habersack, Konzernrecht, 11. Aufl. 2020 |
| Emmerich/Lange | Emmerich/Lange, Lauterkeitsrecht, 12. Aufl. München 2022 |
| Emmerich, Wirtschaftsrecht | Emmerich, Das Wirtschaftsrecht der öffentlichen Unternehmen, 1969 |
| EMRK | Konvention zum Schutz der Menschenrechte und Grundfreiheiten |
| Entsch. | Entscheidung |
| entspr. | entsprechend |
| Entw. | Entwurf |
| Entwurf 1952 | Entwurf eines Gesetzes gegen Wettbewerbsbeschränkung, BT-Drs. II/1158, Anl. I |
| Entwurf 1964 | Entwurf eines Gesetzes zur Änderung des GWB, BT-Drs. IV/2564 |
| Entwurf 1971 | Entwurf eines Zweiten Gesetzes zur Änderung des GWB, BT-Drs. VI/2520, übernommen v. SPD/FDP-Entwurf 1973, BT-Drs. 7/76 |
| Entwurf 1974 | Entwurf eines Dritten Gesetzes zur Änderung des GWB, BT-Drs. 7/2954 |
| Entwurf 1978 | Entwurf eines Vierten Gesetzes zur Änderung des GWB, BT-Drs. 8/2136 |
| Entwurf 1989 | Entwurf eines Fünften Gesetzes zur Änderung des GWB, BT-Drs. 11/4610 |
| Entwurf 1989 | Entwurf eines Sechsten Gesetzes zur Änderung des GWB, BT-Drs. 13/9720 |

# Abkürzungs- und Literaturverzeichnis

| | |
|---|---|
| FIDE | Fédération Internationale pour le Droit Européen, Rapports pour le … Congrés … |
| Fikentscher I/II | Fikentscher, Wirtschaftsrecht, Bd. I: Weltwirtschaftsrecht, Europäisches Wirtschaftsrecht, Bd. II: Deutsches Wirtschaftsrecht, 1983 |
| Fine | Fine, Mergers and Joint Ventures in Europe: The Law and the Policy of the EEC, 2nd ed. London 1994 |
| Fischer | Fischer, Strafgesetzbuch, 67. Aufl. 2023 |
| FIW | Forschungsinstitut für Wirtschaftsverfassung und Wettbewerb eV, Köln |
| FIW-Schriftenreihe | Schriftenreihe des Forschungsinstituts für Wirtschaftsverfassung und Wettbewerb eV, Köln |
| FK oder FrankfK | Frankfurter Kommentar, hrsg. v. Jaeger/Pohlmann/Schroeder, Kommentar zum GWB, Loseblatt, EL 105, Mai 2023 |
| FKVO | Verordnung (EG) Nr. 139/2004 des Rates v. 20.1.2004 über die Kontrolle von Unternehmenszusammenschlüssen („EG-Fusionskontrollverordnung") |
| Fn. | Fußnote |
| Focsaneanu | Foncsaneanu, La jurisprudence de la Cour de Justice des Communautés européennes en matière de concurrence, 1977 |
| Fordham Corp. L. | Inst. Annual Proceedings of the Fordham Corporate Law Institute (Hawk ed.) |
| Fordham Int. L. J. | Fordham International Law Journal (Band, Jahr und Seite) |
| Fordham L. Rev. | Fordham Law Review (Band, Jahr und Seite) |
| Foro it. | Il Foro italiano (Jahr, röm. Ziff. und Seite) |
| Forum Vergabe | Forum Vergabe eV, Berlin |
| Franceschelli/Plaisant/Lassier | Franceschelli/Plaisant/Lassier, Droit européen de la concurrence, 2me éd. 1978 |
| FrankfK | s. FK |
| Frenz | Frenz, Handbuch Europarecht, 6 Bde., 2. Aufl. 2012–2015 |
| Frignani/Waelbroeck | Frignani/Waelbroeck, Disciplina della concorrenza nella C. E. E., 3. ed. 1983; 4th ed. 1996 |
| Fromm/Nordemann, UrhR | Fromm/Nordemann, Urheberrecht, Kommentar, 12. Aufl. 2018 |
| FS | Festschrift oder Festgabe |
| FTC | Federal Trade Commission |
| Fuhrmann | Erbs/Kohlhaas, Strafrechtliche Nebengesetze, Kommentar, Abt. UWG, Loseblatt, EL 247, Stand 6/2023 |
| | |
| G | Gesetz |
| GA | Generalanwalt |
| GA | Goltdammer's Archiv für Strafrecht |
| Gac.Jur. C. E. E. | Gaceta juridica de la C. E. E. |
| GaststG | Gaststättengesetz |
| GATS | General Agreement on Trade in Services (Allgemeines Übereinkommen über den Handel mit Dienstleistungen) |
| GATT | General Agreement on Tariffs and Trade |
| Gavalda/Parleani | Gavalda/Parleani, Traité de droit communautaire des affaires, 2me éd. 1992 |
| Gaz.Pal. | Gazette du Palais (Jahr, röm. Ziff. und Nr. [oder Rubrik] und Seite) |
| GBl. | Gesetzblatt |
| GebrMG | Gebrauchsmustergesetz |
| Geiger/Khan/Kotzur/Kirchmair | Geiger/Khan/Kotzur/Kirchmair, EUV/AEUV, Kommentar, 7. Aufl. 2023 |
| gem. | gemäß |
| GemKomm. | s. GK(-Bearb.) |
| GemS | Gemeinsamer Senat |
| Geneste | Geneste, Droit français et droit européen de la concurrence, 1991 |
| GenG | Gesetz betreffend die Erwerbs- und Wirtschaftsgenossenschaften (Genossenschaftsgesetz) |

# Abkürzungs- und Literaturverzeichnis

| | |
|---|---|
| Hailsham of St. Marylebone/Vaughan .............. | Hailsham of St. Marylebone/Vaughan, Law of the European Communities, 1986 |
| Hs. ...................... | Halbsatz |
| HansRGZ ................. | Hanseatische Rechts- und Gerichtszeitung (Jahr und Seite) |
| Harv. Int. L. J. ............. | Harvard International Law Journal (Band, Jahr und Seite) |
| Harv. L. Rev. .............. | Harvard Law Review (Band, Jahr und Seite) |
| Hawk ed. ................. | s. Annual Proceedings of the Fordham Corporate Law Institute (Hawk ed.) |
| Hawk .................... | Hawk, United States, Common Market and International Antitrust, A Comparative Guide, Suppl. 1990 |
| HdB WettbewerbsR ...... | Handbuch des Wettbewerbsrechts, hrsg. von Gloy/Loschelder/Danckwerts, 5. Aufl. 2019 |
| Helm ..................... | Helm, Das Kartellrecht in der Wirtschaftspraxis, 2. Aufl. 1977 |
| HGB ..................... | Handelsgesetzbuch |
| HGrG .................... | Gesetz über die Grundsätze des Haushaltsrechts des Bundes und der Länder (Haushaltsgrundsätzegesetz) |
| HOAI .................... | Verordnung über die Honorare für Leistungen der Architekten und Ingenieure |
| Hopt ..................... | Hopt, Kurzkommentar zum HGB, 42. Auflage 2023 |
| HRR ..................... | Höchstrichterliche Rechtsprechung (Band und Nr. der Entscheidung) |
| Hrsg. ..................... | Herausgeber |
| hrsg. ..................... | herausgegeben |
| Hs. ...................... | Halbsatz |
| HWiStR ................... | Handwörterbuch des Wirtschafts- und Steuerstrafrechts (hrsg. von Krekeler/Tiedemann/Ulsenheimer/Weinmann), 1985 ff. |
| | |
| idBek ..................... | in der Bekanntmachung |
| idF ....................... | in der Fassung |
| idR ...................... | in der Regel |
| iErg ...................... | im Ergebnis |
| iSd ...................... | im Sinne der (des) |
| iSv ...................... | im Sinne von |
| iVm ...................... | in Verbindung mit |
| i. Zw. .................... | im Zweifel |
| IATA ..................... | International Air Transport Association |
| IBL ...................... | International Business Lawyer |
| ICCLR ................... | International Company and Commercial Law Review |
| ICLQ, I. C. L. Q. .......... | s. Int.Comp. L. Q. |
| IHK ...................... | Industrie- und Handelskammer |
| IIC ...................... | International Review of Industrial Property and Copyright Law (Band, Jahr und Seite) |
| ILA ...................... | International Law Association |
| Immenga/Mestmäcker EU-WbR ................. | Immenga/Mestmäcker, Kommentar zum EU-Wettbewerbsrecht, 6. Aufl. 2019 |
| InfL ...................... | Die Information über Steuer und Wirtschaft, Fachzeitschrift für Land- und Forstwirtschaft, Garten- und Weinbau |
| Ingerl/Rohnke/Nordemann ................... | Ingerl/Rohnke/Nordemann, Markengesetz, 4. Aufl. 2023 |
| insbes. ................... | insbesondere |
| InsO ..................... | Insolvenzordnung |
| Int. Verkw. ............... | Internationales Verkehrswesen |
| Int. ...................... | International |
| Int.Bus.Lawyer ........... | International Business Lawyer (Jahr und Seite) |
| Int.Comp. L. Q. .......... | International and Comparative Law Quarterly (Band, Jahr und Seite) |
| Int.Enc.Comp. L. ........ | International Encyclopedia for Comparative Law |
| Int.Fin. L. Rev. ........... | International Financial Law Review (Jahr, Heft-Nr. oder Monat und Seite) |
| Int.Lawyer ............... | The International Lawyer (Band, Jahr und Seite) |
| Int.Leg.Mat. .............. | International Legal Materials (Band, Jahr und Seite) |
| IntHK .................... | Internationale Handelskammer |

# Abkürzungs- und Literaturverzeichnis

| | |
|---|---|
| Karsten Schmidt, InsO ... | Karsten Schmidt, Insolvenzordnung, 20. Aufl. 2023 |
| KAG ..................... | Kommanditaktiengesellschaft |
| Kap. ..................... | Kapitel |
| KapErhG ................ | Gesetz über die Kapitalerhöhung aus Gesellschaftsmitteln und über die Verschmelzung von Gesellschaften mit beschränkter Haftung |
| Kapteyn/VerLoren van Themaat .................. | s. Kuijper/Kuijper et al. |
| KartB ..................... | Kartellbehörde |
| Kartellbericht ............ | Bericht der Bundesregierung über die Änderung des GWB, BT-Drs. IV/ 617 |
| Kartelle und Monopole ... | Kartelle und Monopole im modernen Recht, Beiträge erstattet für die Internationale Kartellrechtskonferenz in Frankfurt 1960, 1961 |
| Kartellverfahrensrecht .... | Karsten Schmidt, Kartellverfahrensrecht – Kartellverwaltungsrecht – Bürgerliches Recht, 1977 |
| KartGer. ................. | Kartellgericht |
| KartKostVO .............. | Verordnung über die Kosten der Kartellbehörden |
| KartR ..................... | Kartellrecht |
| KartRdsch ................ | Kartellrundschau (Jahr und Seite) |
| KartRegV ................ | Verordnung über die Anlegung und Führung des Kartellregisters (Kartellregisterverordnung) |
| KartSERL ................ | Richtlinie 2014/104/EU des Europäischen Parlaments und des Rates vom 26.11.2014 über bestimmte Vorschriften für Schadensersatzklagen nach nationalem Recht wegen Zuwiderhandlungen gegen wettbewerbsrechtliche Bestimmungen der Mitgliedstaaten und der Europäischen Union |
| KartVO ................... | Verordnung gegen den Missbrauch wirtschaftlicher Machtstellungen (Kartellverordnung) |
| KAV ...................... | Konzessionsabgabenverordnung |
| KB ........................ | Bericht über Aufgaben und Tätigkeiten der Landeskartellbehörde Bayern |
| Kegel/Schurig ............ | Kegel/Schurig, Internationales Privatrecht, 9. Aufl. 2004 |
| Keidel ..................... | Keidel, FamFG. Gesetz über das Verfahren in Familiensachen und in den Angelegenheiten der freiwilligen Gerichtsbarkeit, 20. Aufl. 2020 |
| Kerse ..................... | Kerse, EEC Antitrust Procedure, 2nd ed. 1993; 3rd. ed. 1994, 4th ed. 1998; 5th ed. 2004 |
| Kersting/Podszun ......... | Kersting/Podszun, Die 9. GWB-Novelle, 2017 |
| KfZ ....................... | Kraftfahrzeug |
| KG ........................ | Kammergericht; Kommanditgesellschaft |
| KGaA ..................... | Kommanditgesellschaft auf Aktien |
| KGJ ....................... | Jahrbuch der Entscheidungen des Kammergerichts (Jahr und Seite) |
| KJ ........................ | Kritische Justiz |
| KK OwiG ................ | Karlsruher Kommentar zum Gesetz über Ordnungswidrigkeiten, hrsg. von Bujong, 5. Aufl. 2018 |
| KK StPO ................. | Karlsruher Kommentar zur Strafprozessordnung und zum Gerichtsverfassungsgesetz mit Einführungsgesetz, hrsg. v. Pfeiffer, 9. Aufl. 2023 |
| Kl. ........................ | Kläger |
| Klees ..................... | Klees, Europäisches Kartellverfahrensrecht mit Fusionskontrollverfahren, 2005 |
| Kleinmann/Bechtold ..... | Kleinmann/Bechtold, Kommentar zur Fusionskontrolle, 2. Aufl. 1989 |
| Kling/Thomas ............ | Kling/Thomas, Kartellrecht, 2007 |
| KMU ..................... | Kleine und mittlere Unternehmen |
| KO ....................... | Jaeger/Henckel/Weber, Konkursordnung mit Einführungsgesetzen, Kommentar, 9. Aufl. 1977 |
| Köhler/Bornkamm/ Feddersen ................ | Köhler/Bornkamm/Feddersen, Gesetz gegen den unlauteren Wettbewerb, UWG. 41. Aufl. 2023 |
| KölnKomm AktG ........ | Kölner Kommentar zum Aktiengesetz, 9 Bde., 3. Aufl. 2004–2013 |
| KölnKomm KartellR ..... | Kölner Kommentar zum Kartellrecht, 4 Bde., 2017 |
| KOM DOK. .............. | Kommissionsdokument |
| Komm. ................... | Kommentar |
| KOMM. .................. | EU-Kommission; Europäische Kommission; Kommission der EU |

# Abkürzungs- und Literaturverzeichnis

| | |
|---|---|
| li. Sp. | linke Spalte |
| Lindrup | Lindrup, Butterworths Competition Law Handbook, 28th ed. 2022 |
| lit. | litera, literae (Buchstabe, Buchstaben) |
| LK | Cirener/Radtke/Rissing-van Saan/Rönnau/Schluckebier, Leipziger Kommentar zum Strafgesetzbuch, 13. Aufl. 2023 |
| LKartB | Landeskartellbehörde |
| LKR | Richtlinie 93/36/EWG des Rates vom 14.6.1993 über die Koordinierung der Verfahren zur Vergabe öffentlicher Lieferaufträge |
| LKV | Landes- und Kommunalverwaltung |
| LM | Lindenmaier/Möhring, Loseblatt von BGH-Entscheidungen (§ und Nr.) |
| LMBG | Gesetz über den Verkehr mit Lebensmitteln, Tabakerzeugnissen, kosmetischen Mitteln und sonstigen Bedarfsgegenständen (Lebensmittel- und Bedarfsgegenständegesetz) |
| LMCLQ | Lloyd's Maritime and Commercial Law Quarterly (Jahr und Seite) |
| L/M/R | s. Loewenheim/Meessen/Riesenkampff/Kersting/Meyer-Lindemann |
| Löffler | Löffler, Presserecht, Kommentar, 7. Aufl. 2023 |
| Loseblatt | Loseblattsammlung |
| Löwe/Rosenberg | Löwe/Rosenberg, Die Strafprozessordnung und das Gerichtsverfassungsgesetz, Großkommentar, 27. Aufl. 2016 ff. |
| Loewenheim/Meessen/ Riesenkampff/Kersting/ Meyer-Lindemann | Loewenheim/Meessen/Riesenkampff/Kersting/Meyer-Lindemann, Kartellrecht, Kommentar, 4. Aufl. 2020 |
| LPG | Landespressegesetz |
| Ls. | Leitsatz |
| LSchlG | Gesetz über den Ladenschluss |
| lt. | laut |
| Ltd. | Limited |
| LuftVG | Luftverkehrsgesetz |
| LuftVZO | Luftverkehrs-Zulassungs-Ordnung |
| LUG | Gesetz betreffend das Urheberrecht an Werken der Literatur und der Tonkunst |
| LwVG | Gesetz über das gerichtliche Verfahren in Landwirtschaftssachen |
| LZ | Leipziger Zeitschrift (Jahr und Seite) |
| maW | mit anderen Worten |
| M. J. | Maastricht Journal of European and Comparative Law (Band, Jahr und Seite) |
| mN | mit Nachweisen |
| mwN | mit weiteren Nachweisen |
| m. sp. Änd. | mit späteren Änderungen |
| MA | Der Markenartikel (Jahr und Seite) |
| MarkenG | Gesetz über den Schutz von Marken und sonstigen Kennzeichen (Markengesetz) |
| MarkenV | Verordnung zur Ausführung des Markengesetzes (Markenverordnung) |
| Mathijsen | Mathijsen, A Guide to European Community Law, 11th ed. 2013 |
| Maurach | Maurach, Strafrecht, Allgemeiner Teil, Teilbd. 1 fortgeführt von Jäger/Zipf, 9. Aufl. 2022; Teilbd. 2 fortgeführt von Gössel/Zipf, 8. Aufl. 2014; Besonderer Teil, Teilbd. 1 fortgeführt von Schroeder/Mailwald/Hoyer/Momsen, 11. Aufl. 2019; Teilbd. 2 fortgeführt von Schroeder/Maiwald, 11. Aufl. 2019 |
| MBl. | Ministerialblatt |
| MDR | Monatsschrift für Deutsches Recht (Jahr und Seite) |
| Merkin/Williams | Merkin/Williams, Competition Law: Antitrust Policy in the UK and EEC, 1984 |
| Mestmäcker/Schweitzer | Mestmäcker/Schweitzer, Europäisches Wettbewerbsrecht, 3. Aufl. 2014 |
| Meyer-Goßner/Schmitt | Meyer-Goßner/Schmitt, Strafprozessordnung, Kommentar, 66. Aufl. 2023 |
| MinBl. | Ministerialblatt |
| Mio. | Million(en) |

# Abkürzungs- und Literaturverzeichnis

Mitt. PatAnw ............. Mitteilungen der Patentanwälte
MMR ...................... Multimedia und Recht (Jahr und Seite)
Monopolkommission ..... Monopolkommission (nach § 44 GWB)
Möschel .................. Möschel, Recht der Wettbewerbsbeschränkungen, 1983
Mot. ...................... Motive zum BGB
MR ....................... Militärregierung
Mrd. ..................... Milliarde(n)
MRG ..................... Militärregierungsgesetz
MRV ..................... Militärregierungsverordnung
MStrG ................... Gesetz zur Anpassung der landwirtschaftlichen Erzeugung an die Erfordernisse des Marktes (Marktstrukturgesetz)
MüKoAktG ............... Münchener Kommentar zum Aktiengesetz, 5. Aufl. 2019 ff.
MüKoBGB ................ Münchener Kommentar zum Bürgerlichen Gesetzbuch, 8. Aufl. 2018 ff. u. 9. Aufl. 2022
MüKoWettbR ............ Münchener Kommentar zum Europäischen und Deutschen Wettbewerbsrecht (Kartellrecht), 3. Aufl. 2020 ff., GWB-Band: 4. Aufl. 2022
MuW ..................... Markenschutz und Wettbewerb (Jahr und Seite)
MV ....................... Markenverband

nF ....................... neue Fassung
N. F. ..................... Neue Folge
N ........................ Numéro
NACE .................... Nomenclature Générale des Activités economicas dans la Communauté Européene
Nachw. .................. Nachweise
Nicolaysen ............... Nicolaysen, Europäisches Gemeinschaftsrecht, 1992
Nicolaysen Europarecht
II ........................ Nicolaysen, Europarecht II, Das Wirtschaftsrecht im Binnenmarkt, 1996
NJ ....................... Neue Justiz (Jahr und Seite)
NJIL ..................... Netherlands Journal of International Law (Jahr und Seite)
NJOZ .................... Neue Juristische Online-Zeitschrift (Jahr und Seite)
NJW ..................... Neue Juristische Wochenschrift (Jahr und Seite)
No. ...................... Number
Nordemann WettbewR .. Nordemann, Wettbewerbs- und Markenrecht, 11. Aufl. 2012
NpV ..................... Verordnung über das Nachprüfungsverfahren für öffentliche Aufträge
Nr., Nr. ................. Nummer(n)
NRW ..................... Nordrhein-Westfalen
NStZ .................... Neue Zeitschrift für Strafrecht (Jahr und Seite)
NVersZ .................. Neue Zeitschrift für Versicherung und Recht (Jahr und Seite)
NVwZ ................... Neue Zeitschrift für Verwaltungsrecht (Jahr und Seite)
Nw. U. L. Rev. .......... Northwestern University Law Review (Chicago) (Jahr und Seite)
NZBau ................... Neue Zeitschrift für Baurecht und Vergaberecht (Jahr und Seite)
NZV ..................... Neue Zeitschrift für Verkehrsrecht (Jahr und Seite)

O. J. EU ................. Official Journal of the European Union
ÖBl ...................... Österreichische Blätter für gewerblichen Rechtsschutz und Urheberrecht (Jahr und Seite)
OFD ..................... Oberfinanzdirektion
OGH brZ ................ Oberster Gerichtshof für die britische Zone (auch Sammlung seiner Entscheidungen in Zivilsachen, Band und Seite)
OHG ..................... offene Handelsgesellschaft
ÖJZ ...................... Österreichische Juristenzeitung (Jahr und Seite)
OLG ..................... Oberlandesgericht
OLGSt ................... Lemke, Entscheidungen der Oberlandesgerichte in Strafsachen und über Ordnungswidrigkeiten, Loseblatt, Stand: 2018
ONP ..................... Open Network Provision
Oppermann ............... Oppermann/Classen/Nettesheim, Europarecht, 9. Aufl. 2021
ORDO .................... Jahrbuch für die Ordnung von Wirtschaft und Gesellschaft (Band, Jahr und Seite)

# Abkürzungs- und Literaturverzeichnis

| | |
|---|---|
| Öst. BVergG | Österreichisches Bundesgesetz über die Vergabe von Aufträgen (Bundesvergabegesetz 2018) |
| OVG | Oberverwaltungsgericht |
| OWiG | Gesetz über Ordnungswidrigkeiten |
| ÖZW | Österreichische Zeitschrift für Wirtschaftsrecht (Jahr und Seite) |
| | |
| p. | page |
| PA | Patentamt |
| PAngV | Preisangabenverordnung |
| PatG | Patentgesetz |
| PCLJ | Public Contract Law Journal (Jahr und Seite) |
| PersBefG (PBefG) | Personenbeförderungsgesetz |
| PPLR | Public Procurement Law Review (Jahr und Seite) |
| PräsBKartA | Präsident des Bundeskartellamtes |
| PropInd | La Propriété Industrielle, Zeitschrift des Internationalen Büros zum Schutz des gewerblichen Eigentums (Jahr, Heft-Nr. und Seite) |
| | |
| Q. B. | Queen's Bench Reports (England) |
| Q. B. D. | Law Reports, Queen's Bench Division (England) |
| Q. B. Div. | Queen's Bench Division (English Law Reports) |
| | |
| R. A. E. | s. Rev.aff. eur. |
| RabelsZ | Rabels Zeitschrift für ausländisches und internationales Privatrecht (Band, Jahr und Seite) |
| RabG | Rabattgesetz |
| Rn. | Randnummer |
| RAnz. | Reichsanzeiger |
| RC | Recueil des Cours de l'Accadémie du droit international (Jahr und Seite) |
| RDAI/IBLJ | Revue de droit des affaires internationales/International Business Law Journal (Jahr und Seite) |
| RdE | Recht der Energiewirtschaft (Jahr und Seite) |
| RdL | Recht der Landwirtschaft (Jahr und Seite) |
| RE | Runderlass |
| re. Sp. | rechte Spalte |
| Rebmann/Roth/ Herrmann | Rebmann/Roth/Herrmann, Gesetz über Ordnungswidrigkeiten, Loseblatt, 32. EL Stand: Juni 2022 |
| Rec. | Recital |
| Rec.Cours | Rec. des Cours de l'Académie de droit international de La Haye |
| Recht | Das Recht (Jahr und Seite) |
| RechtsVO | Rechtsverordnung |
| Redeker/von Oertzen | Redeker/von Oertzen, Verwaltungsgerichtsordnung, Kommentar, 17. Aufl. 2021 |
| RegBl. | Regierungsblatt |
| RegE. | Regierungsentwurf |
| Reich/Micklitz | Reich/Micklitz, Europäisches Verbraucherrecht, 4. Aufl. 2003 |
| Rev. suisse dr. int. conc. | Revue suisse de droit international de la concurrence (Jahr und Seite) |
| Rev. M. C. | Revue du Marché Commun (seit 1991 mit dem Zusatz: ... et de l'Union européenne) (Jahr und Seite) |
| Rev. M.unique eur. | Revue du Marché Unique Européen (Jahr, Heft-Nr. und Seite) |
| Rev.aff. eur. | Revue des Affaires Européennes, Law & European Affairs (Jahr, Heft-Nr. und Seite; ab 1996 Jahr und Seite) |
| Rev. dr. com.belge | Revue de Droit Commercial Belge, Tijdschrift voor Belgisch Handelsrecht (Jahr und Seite) |
| Rev. fr. dr.administr. | Revue française de droit administratif (Jahr und Seite) |
| Rev.int.de.d'auteur | Revue internationale de droit d'auteur (Jahr und Seite) |
| Rev.int.dr.comp. | Revue internationale de droit comparé (Jahr und Seite) |
| Rev.int.dr.écon. | Revue internationale de droit économique (Jahr und Seite) |
| Rev.jur.Catalunya | Revista Juridica de Catalunya (Jahr und Seite) |
| Rev.prat.société | Revue pratique des sociétés (Band, Jahr und Seite) |

# Abkürzungs- und Literaturverzeichnis

| | |
|---|---|
| Rev.soc. | Revue des Sociétés (Jahr und Seite) |
| Rev.suisse dr. int.concurr. | Revue suisse du droit international de la concurrence/Swiss Review of International Competetion Law (Jahr, Heft-Nr. und Seite) |
| Rev.trim. dr. com. | Revue trimestrielle de droit commercial et de droit économique (Band, Jahr und Seite) |
| Rev.trim.dr.comp. | Revue trimestrielle de droit comparé (Band, Jahr und Seite) |
| Rev.trim. dr. eur. | Revue trimestrielle de droit européen (Jahr und Seite) |
| RG | Reichsgericht |
| RGBl. | Reichsgesetzblatt |
| RGewO | Gewerbeordnung für das Deutsche Reich |
| RGRK | Das Bürgerliche Gesetzbuch, Kommentar, herausgegeben von Mitgliedern des Bundesgerichtshofes, 12. Aufl. 1974–2000 |
| RGSt | Entscheidungen des Reichsgerichts in Strafsachen (Band und Seite) |
| RGZ | Entscheidungen des Reichsgerichts in Zivilsachen (Band und Seite) |
| RiA | Recht im Amt (Jahr, Heft-Nr. und Seite) |
| RIDA | s. Rev.int.dr.d'auteur |
| RIDC | s. Rev.int.dr.comp. |
| RL | Richtlinie |
| RiStBV | Richtlinien für das Strafverfahren und das Bußgeldverfahren |
| Ritter/Braun | Ritter/Braun, European Competition Law, A Practitioner's Guide, 3rd ed. 2004 |
| Riv.dir. eur. | Rivista di diritto europeo (Jahr und Seite) |
| Riv.dir.industr. | Rivista di diritto industriale (Jahr und Seite) |
| RIW | Recht der Internationalen Wirtschaft/Außenwirtschaftsdienst des Betriebs-Beraters (Jahr und Seite) |
| RMC | Revue Du Marché Commun (seit 1991: … et de ('Union Européenne') (Jahr, Heft-Nr. und Seite) |
| Rosenberg/Schwab/ Gottwald | Rosenberg/Schwab/Gottwald, Zivilprozessrecht, 18. Aufl. 2018 |
| ROW | Recht in Ost und West (Jahr und Seite) |
| RP | Regierungspräsidium |
| RPA | Reichspatentamt |
| Rs., Rsn. | Rechtssache(n) |
| Rspr. | Rechtsprechung |
| RTD com. | s. Rev.trim. dr. com. |
| RTDE | s. Rev.trim. dr. eur. |
| RVO | Reichsversicherungsordnung |
| RWK | Reichswirtschaftskammer |
| RWM | Reichswirtschaftsminister |
| RWP | Rechts- und Wirtschaftspraxis, Forkel-Verlag, Loseblatt, Wettbewerbs- und Werberecht |
| S. | Seite(n), Satz |
| s. | siehe |
| S. E. W. | Sociaal-economische wetgeving. Tijdskrift voor Europees en economisch recht (Band, Jahr und Seite) |
| so | siehe oben |
| su | siehe unten |
| SA | société anonyme |
| Säcker/Körber | Säcker/Körber, Kommentar zum TKG und TTDSG, 5. Aufl. 2023 |
| Salje | Salje, Energiewirtschaftsgesetz, Gesetz über die Elektrizitäts- und Gasversorgung (§§ 1–118), Kommentar, 2006. |
| Sanson-Hermitte | Sanson-Hermitte, Droit européen de la concurrence. Cohérence économique et sécurité juridique, 1981 |
| Santa Maria | Santa Maria, A., Diritto Commerciale Comunitario, 2nd ed. 1995 |
| Schapira/Le Tallec/Blaise | Schapira/Le Tallec/Blaise, Droit européen des affaires, 5ème éd. 1999 |
| Schmidt/Haucap | Wettbewerbspolitik und Kartellrecht, 10. Aufl. 2013 |
| Schönke/Schröder | Schönke/Schröder, Strafgesetzbuch, 30. Aufl. 2019 |
| Schricker/Loewenheim | Schricker/Loewenheim, Urheberrecht, Kommentar, 6. Aufl. 2020 |

| | |
|---|---|
| Schröter/Jakob/Klotz/ Mederer | Schröter/Jakob/Klotz/Mederer, Europäisches Wettbewerbsrecht, Kommentar, 2. Aufl. 2014 |
| Schwalbe/Zimmer | Schwalbe/Zimmer, Kartellrecht und Ökonomie, 3. Aufl. 2021 |
| Schwarze/Weitbrecht | Grundzüge des europäischen Kartellverfahrensrechts. Die VO 1/2003, 2004 |
| SchwBGE | Entscheidungen des schweizerischen Bundesgerichts (Amtliche Sammlung) |
| Schweitzer/Hummer | Schweitzer/Hummer, Europarecht, 6. Aufl. 2005 |
| scil. | scilicet |
| SE | Societas Europaea |
| sec. | Section |
| SektVO | Verordnung über die Vergabe von öffentlichen Aufträgen im Bereich des Verkehrs, der Trinkwasserversorgung und der Energieversorgung (Sektorenverordnung) |
| SeuffArch | Seufferts Blätter für Entscheidungen der obersten Gerichte in den deutschen Staaten (Band und Seite) |
| SJZ | Süddeutsche Juristenzeitung (Jahr und Seite) |
| SKR | Richtlinie 92/13/EWG des Rates vom 25.2.1992 zur Koordinierung der Rechts- und Verwaltungsvorschriften für die Anwendung der Gemeinschaftsvorschriften über die Auftragsvergabe durch Auftraggeber im Bereich der Wasser-, Energie- und Verkehrsversorgung sowie im Telekommunikationssektor |
| Slg. | Sammlung der Rechtsprechung des Gerichtshofes der Europäischen Gemeinschaften |
| Smit/Herzog | Smit/Herzog On The Law Of The European Union, Loseblatt, 35. EL Stand 6/2023 |
| Soergel | Soergel, Kommentar zum BGB, 13. Aufl. 1999–2014 |
| sog. | sogenannt |
| Sp. | Spalte |
| Spaak-Bericht | Regierungsausschuß, eingesetzt von der Konferenz von Messina, Bericht der Delegationsleiter an die Außenminister, Brüssel, den 21.4.1956 (oJ), EG-Dok. MAE 120d/56 (korr.) |
| Spez-VO | Verordnung (EG) Nr. 2658/2000 der Kommission vom 29.11.2000 über die Anwendung von Artikel 81 Absatz 3 des Vertrages auf Gruppen von Spezialisierungsvereinbarungen |
| SPD/FDP-Entwurf 1973 | Von den Fraktionen SPD und FDP eingebrachter Entwurf eines zweiten Gesetzes zur Änderung des GWB, BT-Drs. 7/76 – übereinstimmend mit dem Entwurf 1971 |
| SPD-Entwurf 1964 | Von der SPD-Fraktion eingebrachter Entwurf eines Gesetzes zur Änderung des GWB, BT-Drs. IV/2337 |
| Sps. | Spiegelstrich |
| stRspr | ständige Rechtsprechung |
| StabG | Gesetz zur Förderung der Stabilität und des Wachstums der Wirtschaft |
| Stan. L. Rev. | Stanford Law Review (Band, Jahr und Seite) |
| StAnZ | Staatsanzeiger |
| Staudinger | Staudinger, Kommentar zum Bürgerlichen Gesetzbuch, Stand 2018–2022 |
| Stein/Jonas | Stein/Jonas, Kommentar zur Zivilprozessordnung, 23. Aufl. 2014–2022 |
| Steiner | Steiner, Textbook on EEC Law, 3rd ed. 1992 |
| Stenglein/Schneidewin | Stenglein/Schneidewin, Kommentar zu den strafrechtlichen Nebengesetzen des deutschen Reichs, 5. Aufl. 1933 |
| Sternal | Sternal, FamFG, 21. Aufl. 2023 |
| StGB | Strafgesetzbuch |
| StPO | Strafprozessordnung |
| stPrax | ständige Praxis |
| str. | strittig |
| Streinz EUV/AEUV | Streinz, EUV/AEUV. Vertrag über die Europäische Union und Vertrag über die Arbeitsweise der Europäischen Union, 3. Aufl. 2018 |
| stRspr | ständige Rechtsprechung |

# Abkürzungs- und Literaturverzeichnis

| | |
|---|---|
| Suppl. | Supplement |
| SZ | Entscheidungen des Österreichischen OGH in Zivilsachen (Band und Seite) |
| | |
| Teils. | Teilsatz |
| Telecommunic.Pol. | Telecommunications Policy (Jahr und Seite) |
| Themaat | s. Kuijper/Kuijper et al. |
| Thomas/Putzo | Thomas/Putzo, Zivilprozessordnung, 44. Aufl. 2023 |
| Tiedemann, Tatbestands- funktionen | Tiedemann, Tatbestandsfunktionen im Nebenstrafrecht, 1969 |
| Tiedemann, Wirtschafts- strafrecht (I, II) | Tiedemann, Wirtschaftsstrafrecht (und Wirtschaftskriminalität), Bd. I Allg. Teil (2004), Bd. II Besonderer Teil, 1976 |
| TKG | Telekommunikationsgesetz |
| TKG aF | Telekommunikationsgesetz |
| TKG-Kommentar | Beck'scher TKG-Kommentar, hrsg. von Geppert, Schütz, 5. Aufl. 2023 |
| Toepke | Toepke, EEC Competition Law, Loseblatt, 1982 ff. |
| Transp. L. J. | Transportation Law Journal (Band, Jahr und Seite) |
| TranspR | Transportrecht (Jahr und Seite) |
| TT-VO | Verordnung (EG) Nr. 772/2004 der Kommission vom 7.4.2004 über die Anwendung von Artikel 81 Absatz 3 EG-Vertrag auf Gruppen von Technologietransfer-Vereinbarungen |
| TVG | Tarifvertragsgesetz |
| TVVS | Maandblad voor odernemingsrecht en rechtspersonen (Jahr und Seite) |
| Tz. | Textziffer |
| | |
| ua | unter anderem; und andere |
| U. Chi. L. Rev. | The University of Chicago Law Review (Jahr und Seite) |
| U. N. T. S. | United Nations Treaty Series |
| U. S. | United States Supreme Court Reports |
| U. S. C. | United States Code |
| uU | unter Umständen |
| U. Pa. L. Rev. | University of Pennsylvania Law Review (Band, Jahr und Seite) |
| UAbs. | Unterabsatz |
| UFITA | Archiv für Urheber-, Film-, Funk- und Theaterrecht (Band, Jahr und Seite) |
| UGP-RL | Richtlinie 2005/29/EG des Europäischen Parlaments und des Rates v. 11.5.2005 über unlautere Geschäftspraktiken von Unternehmen gegen- über Verbrauchern im Binnenmarkt und zur Änderung der Richtlinie 84/450/EWG des Rates, der Richtlinien 97/7/EG, 98/27/EG und 2002/65/EG des Europäischen Parlaments und des Rates sowie der Ver- ordnung (EG) Nr. 2006/2004 des Europäischen Parlaments und des Rates (Richtlinie über unlautere Geschäftspraktiken) |
| UIG | Umweltinformationsgesetz |
| UKlaG | Gesetz über Unterlassungsklagen bei Verbraucherrechts- und anderen Verstößen (Unterlassungsklagengesetz) |
| Ullrich/Körner | Ullrich/Körner, Der internationale Softwarevertrag, 1995 |
| Ulmer/Brandner/Hensen | Ulmer/Brandner/Hensen, AGB-Recht, 13. Aufl. 2022 |
| UmwG | Umwandlungsgesetz |
| UNCITRAL | United Nations Commission on International Trade Law |
| unstr. | unstreitig |
| UAbs. | Unterabs. |
| unveröff. | unveröffentlicht |
| UPR | Umwelt- und Planungsrecht (Jahr und Seite) |
| UrhG | Gesetz über Urheberrecht und verwandte Schutzrechte (Urheberrechts- gesetz) |
| Urt. | Urteil |
| US/USA | United States of America |
| UStG | Umsatzsteuergesetz (Mehrwertsteuer) |
| usw | und so weiter |

# Abkürzungs- und Literaturverzeichnis

| | |
|---|---|
| UWG nF | Gesetz gegen den unlauteren Wettbewerb |
| UWG aF | Gesetz gegen den unlauteren Wettbewerb |
| v. | vom |
| v. d. Groeben/Schwarze/ Hatje | von der Groeben/Schwarze/Hatje, Europäisches Unionsrecht, Kommentar, 7. Aufl. 2015 |
| v. | versus |
| vH | v. Hundert |
| VA | Verwaltungsakt, auch Verwaltungsarchiv |
| Va. J. Int. L. | Virginia Journal of International Law (Band, Jahr und Seite) |
| VAG | Gesetz über die Beaufsichtigung der Versicherungsunternehmen (Versicherungsaufsichtsgesetz) |
| van Bael/Bellis | Van Bael/Bellis, Competition Law of the European Community, 6th ed. 2021 |
| van der Woude/Jones | van der Woude/Jones, European Competition Law Handbook, 2023 |
| van de Walle de Ghelcke/ van Gerven | van de Walle de Ghelcke/van Gerven, Competition Law of the European Economic Community, Loseblatt, Stand: Nov. 1993 |
| Vand. L. Rev. | Vanderbilt Law Review (Band, Jahr und Seite) |
| VDEW | Vereinigung deutscher Elektrizitätswerke |
| VDEW | Vereinigung deutscher Elektrizitätswerke |
| VDUG | Gesetz zur gebündelten Durchsetzung von Verbraucherrechten (Verbraucherrechtedurchsetzungsgesetz) vom 12.10.2023 (BGBl. I Nr. 272) |
| Verfg. | Verfügung |
| VerfVO | siehe VO 1/2003 |
| VergabeR | Vergaberecht |
| VergG Berlin | Berliner Vergabegesetz |
| VerglO | Vergleichsordnung |
| VerlG | Gesetz über das Verlagsrecht |
| VersR | Versicherungsrecht (Jahr und Seite) |
| Vertikal-VO nF | Verordnung (EU) Nr. 330/2010 der Kommission v. 20.4.2010 über die Anwendung von Artikel 101 Absatz 3 des Vertrags über die Arbeitsweise der Europäischen Union auf Gruppen von vertikalen Vereinbarungen und abgestimmten Verhaltensweisen |
| Vertikal-VO aF | Verordnung (EG) Nr. 2790/1999 über die Anwendung von Artikel 81 Absatz 3 des Vertrages auf Gruppen von vertikalen Vereinbarungen und aufeinander abgestimmten Verhaltensweisen |
| Vers-VO | Verordnung (EG) Nr. 358/2003 der Kommission vom 27.2.2003 über die Anwendung von Artikel 81 Absatz 3 EG-Vertrag auf Gruppen von Vereinbarungen, Beschlüssen und aufeinander abgestimmten Verhaltensweisen im Versicherungssektor |
| VW | Versicherungswirtschaft (Jahr und Seite) |
| VerwArch | Verwaltungsarchiv (Jahr und Seite) |
| VerWirtschGebiet | Vereinigtes Wirtschaftsgebiet |
| VfWMbl. | Mitteilungsblatt der Verwaltung für Wirtschaft |
| VG | Verwaltungsgericht |
| VgE | Vergaberechtliche Entscheidungssammlung |
| VGH | Verwaltungsgerichtshof |
| vgl. | vergleiche |
| VgRÄG | Gesetz zur Änderung der Rechtsgrundlagen für die Vergabe öffentlicher Aufträge (Vergaberechtsänderungsgesetz) |
| VgV | Verordnung über die Vergabebestimmungen für öffentliche Aufträge |
| VgV 2001 | Verordnung über die Vergabebestimmungen für öffentliche Aufträge (Vergabeverordnung) |
| VgV 2016 | Verordnung über die Vergabe öffentlicher Aufträge (Vergabeverordnung) |
| VIK | Vereinigung industrielle Kraftwirtschaft |
| VK | Vergabekammer |
| VO 17 | Erste Durchführungsverordnung zu den Artikeln 85 und 86 des EWG-Vertrages (Kartellverordnung) |

# Abkürzungs- und Literaturverzeichnis

VO 1/2003 .............. Verordnung (EG) Nr. 1/2003 des Rates vom 16.12.2002 zur Durch-führung der in den Artikeln 81 und 82 des Vertrags niedergelegten Wett-bewerbsregeln
VO 78 .................... VO Nr. 78 der britischen Militärregierung
VO 96 .................... VO Nr. 96 der französischen Militärregierung
VO PÖA .................. Verordnung über Preise bei öffentlichen Aufträgen
VO ....................... Verordnung
VOF ...................... Vergabeordnung für freiberufliche Dienstleistungen
Vogel/Vogel ............. Vogel, L./Vogel, J., Le droit européen des affaires, 2me. éd 1994
Vol. ..................... Volume
VOL/A .................... Vergabe- und Vertragsordnung für Leistungen (VOL) – Teil A – All-gemeine Bestimmungen für die Vergabe von Leistungen
VR ....................... Versicherungsrecht – Juristische Rundschau für die Individualversiche-rung (Jahr und Seite)
VRUG .................... Gesetz zur Umsetzung der Richtlinie (EU) 2020/2018 über Verbands-klagen zum Schutz der Kollektivinteressen der Verbraucher und zur Auf-hebung der Richtlinie 2009/22/EG sowie zur Änderung des Kapital-anleger-Musterverfahrensgesetzes (Verbandsklagenrichtlinienumsetzungs-gesetz) vom 12.10.2023 (BGBl. I Nr. 272)
VSchDG ................... EG-Verbraucherschutzdurchsetzungsgesetz
VSR ...................... Richtlinie 2009/81/EG des Europäischen Parlaments und des Rates vom 13.7.2009 über die Koordinierung der Verfahren zur Vergabe bestimm-ter Bau-, Liefer- und Dienstleistungsaufträge in den Bereichen Verteidi-gung und Sicherheit und zur Änderung der Richtlinien 2004/17/EG und 2004/18/EG
VStS ..................... Vereinigte Strafsenate
VÜA ...................... Vergabeüberwachungsausschuss
VVaG ..................... Versicherungsverein auf Gegenseitigkeit
VVDStRL ................. Veröffentlichungen der Vereinigung der deutschen Staatsrechtslehrer
VVG ...................... Gesetz über den Versicherungsvertrag
VwGO .................... Verwaltungsgerichtsordnung
VwKostG ................. Verwaltungskostengesetz
VwVfG ................... Verwaltungsverfahrensgesetz
VwVG .................... Verwaltungs-Vollstreckungsgesetz
VwZG .................... Verwaltungszustellungsgesetz

W. L. R. ................. Weekly Law Reports (zB: [1983] 3... 143)
WA ....................... Weltwirtschaftliches Archiv (Jahr und Seite)
WährG .................... Währungsgesetz
Wallenberg, v. .......... von Wallenberg, Kartellrecht, 3. Aufl. 2007
WBl. ..................... Wirtschaftsrechtliche Blätter (Österreich) (Jahr und Seite)
Whish/Bailey ............ Whish/Bailey, Competition Law, 10th ed. 2021
WiB ...................... Wirtschaftsrechtliche Beratung (Jahr und Seite)
Wieczorek/Schütze ....... Wieczorek/Schütze, Zivilprozessordnung und Nebengesetze, Großkom-mentar, 5. Aufl. 2022
Wiedemann I/II .......... Wiedemann, Kommentar zu den Gruppenfreistellungsverordnungen des EWG-Kartellrechts, Bd. I, 1989; Bd. II, 1990
Wiedemann ............... Wiedemann, Handbuch des Kartellrechts, 4. Aufl. 2020
WiGBl. ................... Gesetzblatt für das Vereinigte Wirtschaftsgebiet
WiRO ..................... Wirtschaft und Recht in Osteuropa (Jahr und Seite)
Wirtschaftsausschuß ..... Wirtschaftsausschuß des Bundestages
WissR .................... Wissenschaftsrecht
WiStG .................... Gesetz zur weiteren Vereinfachung des Wirtschaftsstrafrechts (Wirt-schaftsstrafgesetz 1954)
wistra ................... Zeitschrift für Wirtschaft, Steuer, Strafrecht (Jahr und Seite)
WM ....................... Wertpapier-Mitteilungen (Jahr und Seite)
Wohlfarth/Everling/
Glaesner/Sprung ......... Wohlfahrth/Everling/Glaesner/Sprung, Die Europäische Wirtschafts-gemeinschaft, 1960
World Compet. ........... World Competition (Jahr und Seite)

# Abkürzungs- und Literaturverzeichnis

WR .......................... Wirtschaftsrecht (Jahr und Seite)
WRP ........................ Wettbewerb in Recht und Praxis (Jahr und Seite)
WTO ........................ Übereinkommen zur Errichtung der Welthandelsorganisation (WTO)
WUR ....................... Wirtschaftsverwaltungs- und Umweltrecht (Jahr und Seite)
WuV ........................ Wirtschaft und Verwaltung (Jahr und Seite)
WuW ........................ Wirtschaft und Wettbewerb (Jahr und Seite)
WuW/E ................... WuW-Entscheidungssammlung zum Kartellrecht
WuW/E BKartA ......... Bundeskartellamt
WuW/E DE-R ........... Deutschland Rechtsprechung
WuW/E DE-V ........... Deutschland Verwaltung
WuW/E EU-R .......... Europäische Union Rechtsprechung
WuW/E EU-V .......... Europäische Union Verwaltung
WuW/E LG/AG ......... Landgerichte/Amtsgerichte
WuW/E OLG ........... Oberlandesgerichte
WuW/E Verg AB ....... Vergabe Rechtsprechung und Verwaltung Bund
WuW/E Verg AL ....... Vergabe Rechtsprechung und Verwaltung Länder
WuW/E Verg ........... Vergabe Rechtsprechung und Verwaltung
WVR ....................... Wörterbuch des Völkerrechts
Wyatt/Dashwood ........ Wyatt/Dashwood, European Union Law, 6th ed. 2011
WZ ......................... Warenzeichen
WZG ....................... Warenzeichengesetz
WZR ....................... Warenzeichenrecht

Yale J. Int. Law ........... Yale Journal of International Law (Jahr und Seite)

zT .......................... zum Teil
Zäch ....................... Zäch, Wettbewerbsrecht der Europäischen Union, 1994
ZAkDR ................... Zeitschrift der Akademie für deutsches Recht (Jahr und Seite)
ZaöVR ................... Zeitschrift für ausländisches öffentliches Recht und Völkerrecht (Jahr und Seite)
ZBB ....................... Zeitschrift für Bankrecht und Bankwirtschaft (Band, Jahr und Seite)
ZBetrW ................... Zeitschrift für Betriebswirtschaft (Jahr und Seite)
ZEuP ...................... Zeitschrift für europäisches Privatrecht (Jahr und Seite)
ZfBR ...................... Zeitschrift für deutsches und internationales Baurecht (Jahr und Seite)
ZfBSch ................... Binnenschiffahrt – Zeitschrift für Binnenschiffahrt und Wasserstraßen (Jahr und Seite)
ZfE ........................ Zeitschrift für Energiewirtschaft (Jahr und Seite)
ZfgesG ................... Zeitschrift für das gesamte Genossenschaftswesen (Jahr und Seite)
ZfgesK ................... Zeitschrift für das gesamte Kreditwesen (Jahr und Seite)
ZfhF ...................... Zeitschrift für Handelswissenschaftliche Forschung (Jahr und Seite)
ZfPW ..................... Zeitschrift für die gesamte Privatrechtswissenschaft (Jahr und Seite)
ZfZ ........................ Zeitschrift für Zölle und Gebrauchssteuern (Jahr und Seite)
ZG ......................... Zeitschrift für Gesetzgebung (Jahr und Seite)
ZGR ....................... Zeitschrift für Unternehmens- und Gesellschaftsrecht (Band, Jahr und Seite)
ZgS ........................ Zeitschrift für die gesamte Staatswissenschaft (Band, Jahr und Seite)
ZHR ....................... Zeitschrift für das gesamte Handels- und Wirtschaftsrecht (Band, Jahr und Seite)
Ziff. ....................... Ziffer
ZIntEisenb ............... Zeitschrift für den internationalen Eisenbahnverkehr (Jahr und Seite)
ZIP ........................ Zeitschrift für Wirtschaftsrecht (Jahr und Seite)
ZKF ....................... Zeitschrift für kommunale Finanzen (Jahr und Seite)
ZNER ..................... Zeitschrift für Neues Energierecht (Jahr und Seite)
ZögU ...................... Zeitschrift für öffentliche und gemeinwirtschaftliche Unternehmen (Band, Jahr und Seite)
ZPO ....................... Zivilprozessordnung
ZRP ....................... Zeitschrift für Rechtspolitik (Jahr und Seite)
ZS .......................... Zivilsenat
ZSR N. F. ................ Zeitschrift für schweizerisches Recht (N. F. – 1. 1852 ff.; Band Jahr und Seite)

# Abkürzungs- und Literaturverzeichnis

# Gesetz gegen Wettbewerbsbeschränkungen (GWB)

In der Fassung der Bekanntmachung vom 26. Juni 2013

(BGBl. I S. 1750, ber. S. 3245)

**FNA 703-5**

Zuletzt geändert durch Art. 1 Gesetz zur Änderung des Gesetzes gegen Wettbewerbsbeschränkungen und anderer Gesetze vom 25.10.2023 (BGBl. I Nr. 294)

# Einleitung

## Übersicht

## A. Auslegung des GWB und sein Verhältnis zum europäischen Wettbewerbsrecht

### I. Grundlagen

Das Konzept einer durch Rechtsregeln zu verwirklichenden Wettbewerbsordnung liegt **1** dem GWB ebenso zugrunde wie dem System unverfälschten Wettbewerbs in der EU. Diese Regeln werden durch Wettbewerbsbehörden und mit den Mitteln des Privatrechts durchgesetzt. Dies erklärt die Vielfalt der Bezüge des GWB zum Privatrecht, zum Verwaltungsrecht und zum Recht der Ordnungswidrigkeiten. Eine generelle Zuordnung des GWB zu einem dieser Rechtsgebiete ist nicht möglich. Das gilt im Hinblick auf die gesetzlichen Sanktionen, die Kompetenzen der Kartellbehörden und die diesen verschiedenen Regelungen angepassten Verfahrensarten des Zivilprozesses, des Verwaltungsverfahrens und des Ordnungswidrigkeitenrechts. Der besonders **enge, funktionale Zusammenhang mit dem Privatrecht** folgt daraus, dass rechtmäßiges Handeln im Wettbewerb ebenso wie wettbewerbsbeschränkendes Handeln stets privatrechtliches Handeln ist. Dem entspricht es, dass das GWB nur auf Wettbewerbsverhältnisse Anwendung findet, die auf der Ebene des Privatrechts liegen (im Einzelnen vgl. § 185 Abs. 1). Wettbewerbsbeschränkungen werden überwiegend unter Inanspruchnahme der Privatautonomie und in den Rechtsformen des Privatrechts verwirklicht. Dies ist der Grund, aus dem das Kartellrecht zunächst als eine besondere Erscheinungsform des Organisationsrechts aufgefasst wurde. Der normative Zusammenhang mit dem Privatrecht wurde damit jedoch verkannt. Normen gegen Wettbewerbsbeschränkungen sichern die Funktionsfähigkeit privatrechtlicher Institute, indem sie die von diesen gewährleisteten Handlungsfreiheiten und subjektiven Rechte in Übereinstimmung mit den Erfordernissen des Wettbewerbssystems begrenzen. Damit wird die historisch weit verbreitete Auffassung überwunden, dass das Privatrecht allein den Zweck habe, den Unternehmen die Instrumente für ihre effizienten Organisationen und Tätigkeiten zur Verfügung zu stellen.

2    Den systematischen Zusammenhang des GWB mit dem Privatrecht zeigen die privatrechtlichen Sanktionen für Wettbewerbsbeschränkungen. Wettbewerbsbeschränkende Verträge sind nach Maßgabe des § 1 und in Überstimmung mit Art. 101 Abs. 2 AEUV nichtig (§ 134 BGB). § 33a Abs. 1 iVm § 33 Abs. 1 gewährt **Schadensersatzansprüche** für die Verletzung von gesetzlichen Vorschriften und von Verfügungen der Kartellbehörde (→ Rn. 21 ff.). Die Kompetenzen der Kartellbehörden sind vielfach privatrechtsgestaltender Natur. Das gilt für die Befugnis, wettbewerbsbeschränkende Verträge für unwirksam zu erklären und Unternehmenszusammenschlüsse sowie Missbräuche von marktbeherrschenden Unternehmen zu untersagen (§§ 32, 36 Abs. 1). Das GWB und das Recht des unlauteren Wettbewerbs werden mittlerweile als komplementäre Rechtsgebiete verstanden, die gemeinsam dem Schutz eines unverfälschten Wettbewerbs dienen.[1] Diese Zusammenhänge sind in der Auslegung des GWB zu berücksichtigen.

3    Das GWB enthält **keine besondere Auslegungsregel.** Auch das Gebot unionsrechtskonformer Auslegung, das im Entwurf zur 7. GWB-Novelle vorgesehen war, wurde nicht Gesetz. Das GWB verweist auch nicht, wie etwa das österreichische Kartellgesetz, auf eine wirtschaftliche Betrachtungsweise.[2] Das GWB ist mithin anhand der generellen, zur Gesetzesauslegung entwickelten Methoden zu interpretieren.[3]

4    Soweit das Gesetz zu kartellbehördlichen Eingriffen ermächtigt, ist der **Grundsatz der Gesetzmäßigkeit der Verwaltung** zu berücksichtigen. Eine eindeutige, für die Unternehmen vorhersehbare Anwendung des Gesetzes ist auch eine Voraussetzung der Haftung für schuldhaft rechtswidriges Verhalten. Bußgeldsanktionen müssen grundsätzlich die für das Strafrecht geltenden grundrechtlichen Schranken berücksichtigen. Das gilt insbesondere für das Analogieverbot.[4] Von diesen Besonderheiten des Ordnungswidrigkeitenrechts abgesehen, ist die Notwendigkeit eines Gleichlaufs der Gesetzesauslegung in den verschiedenen Zusammenhängen zu betonen. Das gebietet die Gemeinsamkeit des Gesetzeszwecks, der den Ge- und Verboten und den verschiedenen Sanktionen zugrunde liegt. Der auf die Freiheit des Wettbewerbs gerichtete Zweck des Gesetzes verlangt durchgängig Beachtung.[5]

## II. Funktionale Rechtsauslegung

5    Die weitreichenden, privatrechtsgestaltenden Kompetenzen der Kartellbehörden dienen der **Gewährleistung der ordnenden Kraft der Privatautonomie** unter den Bedingungen freien Wettbewerbs. Die Gewährleistung der Voraussetzungen eines Systems, welches aus dem Gebrauch der wirtschaftlich erheblichen Handlungsfreiheiten entsteht, ist für das Verständnis des Gesetzes grundlegend. Dieser Zusammenhang prägt die Auslegung des Gesetzes und begründet die begriffliche Selbstständigkeit der gesetzlichen Tatbestandsmerkmale. Das gilt für den Unternehmensbegriff, für Vereinbarungen und abgestimmte Verhaltensweisen in § 1, für den Zusammenschlussbegriff (§ 37) und für die Auslegung der §§ 19 und 20. Die funktionale Methode geht damit nicht von einem theoretischen, ideal-

[1] S. u. §§ 32 ff.
[2] Koppensteiner, Österreichisches und Europäisches Wettbewerbsrecht, 3. Aufl. 1997, S. 64 f.
[3] Zur Gesetzesauslegung im Überblick: Säcker in MüKoBGB, 9. Aufl. 2021, Einl. BGB Rn. 77 ff.
[4] BGH 17.12.1970 – KRB 1/70, BGHSt 24, 54 = WuW/E BGH 1147 – Teerfarben.
[5] Grundlegend und repräsentativ BGH 24.10.2011 – KZR 7/10, WuW/E DE-R 3446 Rn. 37 – Grossistenkündigung zu § 20 Abs. 1 (aF): „Ob eine Behinderung unbillig ist, bestimmt sich anhand einer Gesamtwürdigung und Abwägung aller beteiligten Interessen, unter Berücksichtigung der auf die Freiheit des Wettbewerbs gerichteten Zielsetzung des Gesetzes, die auf die Sicherung des Leistungswettbewerbs und insbesondere die Offenheit der Marktzugänge gerichtet ist."; übereinstimmend BGH 10.12.2008 – KZR 54/08, WuW/E DE-R 2554 Rn. 20 – Subunternehmensvertrag II.

typischen Modell der Wirtschaftsordnung oder des Wettbewerbs aus. Die Lehre vom vertragsunabhängigen Verbot der Verhaltensabstimmung[6] hat das GWB von überkommenen organisationsrechtlichen Interpretationen befreit und erweist seine Unabhängigkeit von gesellschaftsrechtlichen Kategorien.[7] § 1 war in seiner ursprünglichen Fassung noch organisationsrechtlich geprägt. Dieser Ansatz ist schrittweise überwunden worden. In der Rechtsprechung des EuGH wird das vertragsunabhängige Verbot der Verhaltensabstimmung auf das Prinzip der unternehmerischen Selbstständigkeit im Wettbewerb zurückgeführt.[8]

**Dem Zivilrecht können keine Wertungsgesichtspunkte entnommen werden,** die   **6** als solche zur Privilegierung bestimmter Wettbewerbsbeschränkungen führen. Jede Rechtsform kann in den Dienst der Wettbewerbsbeschränkung gestellt werden. Die Unabhängigkeit der Anwendung des GWB von der Rechtsform, in der das Verhalten organisiert ist, hat der BGH zuerst anhand der Genossenschaft bestätigt.[9] Aus dem Bürgerlichen Recht lässt sich daher kein Bereich stets rechtmäßigen Handelns im Wettbewerb erschließen. Es ist vielmehr im Einzelfall zu prüfen, ob Institute des Privatrechts nach Zweck, Handhabung oder Wirkung auf die von ihnen geregelten Interessen beschränkt bleiben, oder ob sie darüber hinaus den Wettbewerb beschränken. Dieser Zusammenhang wird etwa erheblich bei der Beurteilung von Wettbewerbsverboten als Teil gesellschaftsvertraglicher oder arbeitsrechtlicher Verträge (**„ancillary restraints"**). Die Aufgabe besteht darin, den Geltungsbereich des wettbewerbsbezogenen Kartellrechts zu ermitteln und nach dem Verhältnismäßigkeitsprinzip zu begrenzen. Das gilt im deutschen wie im europäischen Wettbewerbsrecht.[10]

## B. Verhältnis des GWB zum europäischen Wettbewerbsrecht

### I. Vorrang des europäischen Wettbewerbsrechts

Das Verhältnis des Unionsrechts zum mitgliedstaatlichen Recht gehört zu den Rechts-   **7** fragen, denen in der Union Verfassungsrang zukommt. Die Besonderheit der Rechtsordnung der Union besteht darin, dass ihren Normen **in allen Mitgliedstaaten gleiche und vorrangige Geltung** zukommt, ohne aber das Recht der Mitgliedstaaten zu verdrängen. Diese parallele Geltung der Rechte hat der EuGH für das Wettbewerbsrecht aus Art. 103 Abs. 2 lit. e AEUV entnommen.[11] Die Vorschrift ermächtigt den Rat, das Verhältnis zwischen den innerstaatlichen Rechtsvorschriften und der in dem Abschnitt Wettbewerbsregeln enthaltenen Bestimmungen festzulegen. Die parallele Anwendung steht jedoch unter dem Vorbehalt, dass sie die „einheitliche Anwendung des Gemeinschaftskartellrechts und die volle Wirksamkeit der zu seinem Vollzug ergangenen Maßnahmen auf dem gesamten gemeinsamen Markt nicht beeinträchtigt."[12] Die parallele Geltung hat sich vorbehaltlich von Konflikten, die nach dem Vorrang des Unionsrechts zu lösen sind, aus der unmittelbaren Anwendbarkeit der Wettbewerbsregeln ergeben. Mit Art. 3 VO 1/2003 hat der

---

[6] Grundlegend K. Schmidt, Kartellverfahrensrecht, S. 11 ff.

[7] Immenga in Immenga (Hrsg.), Rechtswissenschaft und Rechtsentwicklung, 1980, S. 197; Mestmäcker in Hoppmann/Mestmäcker, Normenzwecke und Systemfunktionen im Recht der Wettbewerbsbeschränkungen, 1974, S. 28 ff.

[8] StRspr Siehe nur EuGH 31.3.1993 – 89/85, ECLI:EU:C:1993:120 Rn. 62 ff. – Zellstoff; EuGH 28.5.1998 – C-7/95 P, ECLI:EU:C:1998:256 Rn. 86 ff. – John Deere.

[9] BGH 17.5.1973 – KZR 2/72, WuW/E BGH 313 (315) – Stromversorgungsgenossenschaft.

[10] BGH 10.12.2008 – KZR 54/08, WuW/E DE-R 2554 Rn. 17 – Subunternehmervertrag II, wo die übereinstimmende Auslegung von § 1 GWB und Art. 81 Abs. 1 EG (Art. 101 Abs. 1 AEUV) für Nebenabreden hervorgehoben wird, wenn diese mit der Durchführung einer nicht den Wettbewerb beschränkenden Hauptvereinbarung unmittelbar verbunden und für diese notwendig sind.

[11] EuGH 13.2.1969 – 14/68, ECLI:EU:C:1969:4 Rn. 4 – Walt Wilhelm.

[12] Ebd. Rn. 4; übereinstimmend EuGH 13.7.2006 – verb. Rs. C-295/04 bis C-298/04, ECLI:EU:C:2006:461 Rn. 38 – Manfredi.

Unionsgesetzgeber das erste Mal von der Ermächtigung in Art. 103 Abs. 2 lit. e AEUV (ex-Artikel 83 Abs. 2 lit. e EG) Gebrauch gemacht, das Verhältnis der Rechte zu bestimmen. Das geschieht in der Weise, dass die Wettbewerbsbehörden und Gerichte der Mitgliedstaaten im Geltungsbereich der Zwischenstaatlichkeitsklausel „immer auch Art. 101 oder Art. 102 AEUV anwenden", wenn sie ihr nationales Recht auf diese Tatbestände anwenden.

8    Der deutsche Gesetzgeber hat die neuen Konfliktregeln der Art. 3 Abs. 2 und 3 VO 1/2003 in § 22 übernommen. Das Gebot der parallelen Anwendung von Unionsrecht und mitgliedstaatlichem Recht ist auch eine Konfliktregel, ohne aber zu regeln, wie der Vorrang des Unionsrechts zur Geltung zu bringen ist. Die Entstehungsgeschichte von Art. 3 VO 1/2003 lässt erkennen, warum die parallele Anwendung der Rechte als solche den Vorrang des Unionsrechts nicht verwirklicht. Im Entwurf der Kommission für die spätere VO 1/2003 wurde vorgeschlagen, Art. 3 so abzufassen, dass dann, wenn ein Kartell iSv Art. 81 EG (Art. 101 AEUV) oder eine missbräuchliche Ausnutzung einer beherrschenden Stellung iSv Art. 82 EG (Art. 102 AEUV) geeignet ist, den Handel zwischen Mitgliedstaaten zu beeinträchtigen, allein das Wettbewerbsrecht der Union unter Ausschluss des Wettbewerbsrechts der Mitgliedstaaten anwendbar ist.[13] Diese Regelung wurde nicht angenommen. Sie war von Art. 103 AEUV nicht gedeckt und mit der Selbstständigkeit der mitgliedstaatlichen Rechtsordnungen unvereinbar.

9    Der EuGH hat im Urteil Toshiba auf diese Entstehungsgeschichte Bezug genommen, um zu begründen, dass die in Walt Wilhelm und Manfredi formulierte **parallele Geltung der Rechte,** vorbehaltlich eines Konflikts, für die Auslegung von Art. 3 VO 1/2003 weiter gilt.[14] In der dafür in Bezug genommenen Rechtsprechung wird betont, dass Unionsrecht und einzelstaatliches Recht Wettbewerbsbeschränkungen unter verschiedenen Gesichtspunkten beurteilen, diese Rechte nicht deckungsgleich sind und die Zuständigkeit der nationalen Stellen nur ausgeschlossen ist, soweit dies eindeutig bestimmt ist.[15] Generalanwältin Kokott hat in Toshiba hervorgehoben, dass der Binnenmarkt die Verschiedenheiten von Unionsrecht und nationalem Recht nicht irrelevant werden lässt.[16] Die Gesichtspunkte des einzelstaatlichen Rechts, die vom Unionsrecht verschieden sind, folgen nicht nur aus dem verschiedenen territorialen Geltungsbereich. Die verschiedenen Aspekte folgen ebenso aus den eigenen Rechtstraditionen und Methodologien des nationalen Rechts. Zu berücksichtigen ist ferner, dass das Verfahrensrecht in Wettbewerbssachen ebenso wie die im innerstaatlichen Recht vorgesehenen Sanktionen (Art. 5 VO 1/2003) weitgehend in der mitgliedstaatlichen Zuständigkeit geblieben sind – wenngleich die ECN +-Richtlinie, deren Umsetzung Gegenstand der geplanten 10. GWB-Novelle ist, auch hier eine Mindestharmonisierung vorsieht.[17]

10   Aus der in Art. 3 VO 1/2003 normierten parallelen Geltung der Art. 101, 102 AEUV im Recht der Mitgliedstaaten wird teilweise ein durchgängiger faktischer Vorrang des Unionsrechts gefolgert.[18] Dabei bleibt aber offen, wie die aus der Anwendung des mitgliedstaatlichen Rechts entstehenden Konflikte mit dem Unionsrecht nach dem Vorrangprinzip zu lösen sind. Zu berücksichtigen ist die parallele Weitergeltung des mitgliedstaatlichen Rechts. Zu berücksichtigen ist ferner, dass die VO 1/2003 keine verfahrensrechtliche Regelung vorsieht, welche die volle Übereinstimmung mit dem Unionsrecht gewährleistet. Es gibt keine dem Art. 16 VO 1/2003 vergleichbare Normierung des Vorrangs für Beschlüsse von Unionsorganen. **Parallele Geltung und Vorrang des Unionsrechts**

---

[13] ABl. 2000 C 365 E, 284.
[14] EuGH 14.2.2012 – C-17/10, ECLI:EU:C:2012:72 Rn. 81, 82 – Toshiba.
[15] EuGH 13.7.2006 – verb. Rs. C-295/04 bis C-298/04, ECLI:EU:C:2006:461 Rn. 38 – Manfredi; EuGH 9.9.2003 – C-137/00, ECLI:EU:C:2003:429 Rn. 61 – Milk Marque und National Farmers' Union; EuGH 14.9.2010 – C-550/07, ECLI:EU:C:2010:512 Rn. 103 – Akzo Nobel Chemicals und Akcros Chemicals.
[16] Schlussanträge der GA Kokott 8.9.2011 – C-17/10, ECLI:EU:C:2011:552 Rn. 81, 86 – Toshiba.
[17] Siehe Richtlinie 2019/1 v. 11.12.2018, ABl. 2019 L 11, 3.
[18] → VO 1/2003 Art. 3 Rn. 19.

fordern, dass die Entscheidungen der nationalen Stellen den in Art. 101, 102 „niedergelegten Grundsätzen" (Art. 101, 103 Abs. 1 S. 1 AEUV) nicht widersprechen. Für diese Entscheidung steht den Gerichten ein Beurteilungsspielraum (margin of appreciation) zur Verfügung. Die Entscheidung der nationalen Gerichte muss den Wettbewerbsregeln im Grundsatz entsprechen. Zu beachten sind die Einheit des Binnenmarktes und die Gewährleistung unverfälschter Wettbewerbsbedingungen. Verfälscht sind die Wettbewerbsbedingungen insbesondere dann, wenn die Entscheidung einer nationalen Stelle Wettbewerber in anderen Mitgliedstaaten benachteiligen kann.[19]

## II. Unionsrechtskonforme Auslegung

Der Vorrang des Unionsrechts ist im mitgliedstaatlichen Recht eine der wichtigsten **11** Auslegungsfragen. Davon zu unterscheiden ist die Auslegung der Normen des mitgliedstaatlichen Rechts, die den Text des Unionsrechts ganz oder teilweise übernehmen, ohne dazu unionsrechtlich verpflichtet zu sein. Das Unionsrecht normiert die Grenzen der Geltung des mitgliedstaatlichen Rechts durch Konfliktregeln und Harmonisierungsgebote. Es enthält jedoch **keine Verpflichtung der Mitgliedstaaten zu unionsrechtskonformer Auslegung** des eigenen Rechts. Die Konfliktregeln der VO 1/2003 lassen erkennen, dass Abweichungen des nationalen Kartellrechts vom Unionsrecht vorausgesetzt werden.[20] In den Mitgliedstaaten, die eine Pflicht zur unionsrechtskonformen Auslegung kennen, werden die relevanten Bezüge zum Unionsrecht verschieden bestimmt.[21] In Bezug genommen werden Grundsätze des Unionsrechts, Tatbestandsmerkmale von Art. 101 oder Art. 102 AEUV, die Rechtsprechung des EuGH und/oder die Praxis der Kommission. Im Regierungsentwurf der 7. GWB-Novelle war in § 23 die folgende Vorschrift vorgesehen: „Die Grundsätze des europäischen Wettbewerbsrechts sind bei der Anwendung der §§ 1–4 und 19 maßgeblich zugrunde zu legen, soweit hierzu nicht in diesem Gesetz besondere Regelungen enthalten sind."[22] Diese Regelung wurde nicht Gesetz, weil Bundesrat und Vermittlungsausschuss sie ablehnten. In der sich daran anschließenden wissenschaftlichen Diskussion hat sich eine Formulierung des Bundesrates verselbstständigt. Sie lautet: „Dass das künftig eng an das europäische Recht angepasste nationale Kartellgesetz im Lichte eben dieser europäischen Regeln auszulegen sein wird, ist eine methodische Selbstverständlichkeit."[23] Ackermann sieht darin eine Bestätigung, dass die Europarechtsorientierung „unabweisbar" sei.[24] Die Interpretation der Stellungnahme des Bundesrates hat jedoch die engen Grenzen zu berücksichtigen, die sich daraus ergeben, dass er die rechtsverbindliche Europarechtsorientierung und ihre Begründung im Regierungsentwurf abgelehnt hat.

In der Begründung zu § 23 Regierungsentwurf heißt es: „Bei der Auslegung der Grund- **12** sätze des europäischen Wettbewerbsrechts sind neben dem Wortlaut der gesetzlichen Regelungen auch die ständige Spruchpraxis der europäischen Gerichte erster Instanz und des EuGH, ebenso wie die gefestigte Verwaltungspraxis der Kommission, die sich auch in ihren Bekanntmachungen und Leitlinien wiederfindet, zu berücksichtigen."[25] Dem hat der

---

[19] In den Schlussanträgen zu EuGH 11.12.2007 – C-280/06, ECLI:EU:C:2007:775 – ETI fasst Generalanwältin Kokott den Zweck der Vorrangregeln in Art. 3 VO 17 zusammen. Zu beachten seien dann „die vorrangigen Wertungen des Gemeinschaftsrechts" (GA Kokott, Schlussanträge v. 3.7.2007 – C-280/06, ECLI:EU:C:2007:404 Fn. 43).

[20] Übereinstimmend Roth/Ackermann in FrankfK § 1 Rn. 18.

[21] Im Einzelnen Zapfe, Die Ausnahme zum Kartellverbot zwischen Annäherung und Angleichung an das Europäische Recht, 2005, S. 50 ff.

[22] Entwurf eines 7. Gesetzes zur Änderung des Gesetzes gegen Wettbewerbsbeschränkungen, BT-Drs. 15/3640, 9 (§ 23 Europafreundliche Anwendung).

[23] Stellungnahme des Bundesrates zu dem RegE eines Siebten Gesetzes zur Änderung des Gesetzes gegen Wettbewerbsbeschränkungen, BT-Drs. 15/3640, 75.

[24] Ackermann, Europäisches Kartellrecht, in: Riesenhuber (Hrsg.), Europäische Methodenlehre, § 21 Rn. 36. Übereinstimmend Roth/Ackermann in FrankfK § 1 Rn. 42.

[25] RegE eines Siebten Gesetzes zur Änderung des Gesetzes gegen Wettbewerbsbeschränkungen, BT-Drs. 15/3640, BT-Drs. 15/3640, 47.

Bundesrat aus Gründen widersprochen, denen grundsätzliche Bedeutung zukommt. Die Leitlinien und Bekanntmachungen der Kommission gäben häufig eine Bewertung oder Rechtsauffassung der Europäischen Kommission wieder, die nur zum Teil auf eigener Verwaltungspraxis oder gerichtlichen Entscheidungen beruhten. Deshalb gehe eine solche Anwendungsverpflichtung weit über das hinaus, wozu die Rechtsanwender nach europäischem Recht verpflichtet seien (ebd. S. 75). Dem stellt der Bundesrat die Gefahr gegenüber, dass die bisherige deutsche Rechtsprechung und Verwaltungspraxis zu Unrecht vernachlässigt werde. Die **Vorbehalte des Bundesrates** bezüglich Leitlinien und Bekanntmachungen sind inzwischen vom EuGH in neuer Deutlichkeit bestätigt worden. Danach sind die einzelstaatlichen Gerichte in ihrer Anwendung von Unionsrecht an die Leitlinien der Kommission nicht gebunden.[26]

13    Wettbewerbspolitisch wichtig ist der Hinweis des Bundesrates, dass die meinungsbildenden Äußerungen der Kommission häufig weit über den Bereich hinausgehen, der von gerichtlich überprüfbaren Beschlüssen bestätigt ist. Widersprüche zwischen der **Leitlinienpolitik** der Kommission und grundsätzlichen Urteilen des EuGH verweisen auf eine Rolle der nationalen Gerichte, die bisher vernachlässigt wurde: Die Korrektur der Kommission, wo sie sich von der Rechtsprechung des EuGH entfernt. Diese Möglichkeit eröffnet das Vorlageverfahren des Art. 267 AEUV.[27] Den Auslegungsentscheidungen des EuGH kommt für die Auslegung des Unionsrechts auch im innerstaatlichen Recht maßgebliche Bedeutung zu.

### III. Vorabentscheidungen des EuGH (Art. 267 AEUV)

14    Fragen zur Auslegung der Verträge müssen von einzelstaatlichen Gerichten dem EuGH vorgelegt werden, soweit die Entscheidungen des einzelstaatlichen Gerichts nicht mehr mit Rechtsmitteln des innerstaatlichen Rechts angefochten werden können (Art. 267 Abs. 3). In anderen Fällen entscheiden die Gerichte der Mitgliedstaaten über den Antrag auf eine Vorabentscheidung, wenn sie diese Entscheidung zum Erlass ihres Urteils für erforderlich halten (Art. 267 Abs. 2). Das GWB eröffnet deutschen Gerichten seit der **7. und 8. GWB-Novelle vielfältige Ansatzpunkte, das Vorlageverfahren des Art. 267 für die Auslegung von solchen Normen zu nutzen, die auf das Unionsrecht verweisen.** Nach ständiger Rechtsprechung ist der EuGH im Verfahren des Art. 267 für Auslegungsentscheidungen zuständig „wenn sich eine nationale Rechtsvorschrift zur Regelung rein innerstaatlicher Sachverhalte nach den im Gemeinschaftsrecht getroffenen richtet."[28] Es bestehe ein klares Gemeinschaftsinteresse daran, dass die vom Gemeinschaftsrecht übernommenen Bestimmungen oder Begriffe unabhängig davon, unter welchen Voraussetzungen sie angewendet werden sollen, **einheitlich ausgelegt werden, um künftige Auslegungsunterschiede zu vermeiden.** Diese Voraussetzungen sind erfüllt, wenn das nationale Recht auf die Grundsätze des Wettbewerbsrechts der EU verweist und seine Vorschriften Art. 101 oder 102 AEUV entsprechen (→ Rn. 24). Es ist Sache des nationalen Gerichts darüber zu entscheiden, ob das Unionsrecht für seine Entscheidung erheblich und erforderlich ist.

15    Dafür steht ihm ein Beurteilungsspielraum zur Verfügung.[29] Diese Grundsätze hat der EuGH im Vorlageverfahren Ernst & Young bestätigt.[30] Die Reichweite der Auslegungsentscheidung wird durch den Vorbehalt bestimmt, dass sie „unabhängig davon ergeht,

---

[26] EuGH 13.12.2012 – C-226/11, ECLI:EU:C:2012:795 Rn. 38 – Expedia zu den De-minimis-Leitlinien der Kommission.

[27] Die Kommission hat diese Wirkung von Auslegungsentscheidungen des EuGH erkannt und ist der Zulässigkeit von Vorlagen wiederholt mit wenig überzeugenden Argumenten entgegen getreten. Repräsentativ dazu Generalanwältin Kokott, Schlussanträge in EuGH 11.12.2007 – C-280/06, ECLI:EU:C:2007:775 Rn. 27–63 – ETI.

[28] EuGH 11.12.2007 – C-280/06, ECLI:EU:C:2007:775 Rn. 21 – ETI.

[29] EuGH 23.11.2006 – C-238/05, ECLI:EU:C:2006:734 Rn. 15 – Asnef Equifax.

[30] EuGH 31.5.2018 – C-633/16, ECLI:EU:C:2018:371 Rn. 28 ff. – Ernst & Young.

unter welchen Voraussetzungen sie angewendet werden sollen." In den Worten des EuGH: „Die Zuständigkeit des Gerichtshofs beschränkt sich jedoch auf die Prüfung der Bestimmungen des Gemeinschaftsrechts. Er kann in seiner Antwort an das vorlegende Gericht nicht die allgemeine Systematik der Bestimmungen des nationalen Rechts berücksichtigen, die gleichzeitig mit der Verweisung auf das Gemeinschaftsrecht den Umfang dieser Verweisung festlegen. Für die Berücksichtigung der Grenzen, die der nationale Gesetzgeber der Anwendung des Gemeinschaftsrechts auf rein innere Sachverhalte, auf die es nur mittelbar kraft des nationalen Gesetzes anwendbar ist, setzen wollte, gilt das innerstaatliche Recht, so dass dafür ausschließlich die Gerichte des Mitgliedstaates zuständig sind."[31] Die Auslegungsentscheidung soll dem nationalen Gericht „in dem zu entscheidenden Rechtsstreit" nützlich sein.[32] Die Art und Weise der Einordnung in das innerstaatliche Recht gehört nicht zur Zuständigkeit des EuGH.

Als unzulässig zurückgewiesen werden nur solche Vorlagen, bei denen eindeutig ist, dass **16** das staatliche Gericht an die Vorlageentscheidung nicht gebunden sein würde. Dies erklärt das EuGH-Urteil Kleinwort Benson.[33] Zurückgewiesen wurde eine Vorlage für die Auslegung eines Übereinkommens, das es den nationalen Gerichten überlässt, ob sie es im innerstaatlichen Recht anwenden oder nicht (→ Rn. 22). Verkannt wurde damit die Aufgabe des Gerichts, nur verbindliche Entscheidungen zu erlassen (→ Rn. 24).

Weitreichende Folgerungen haben Roth/Ackermann aus Art. 267 AEUV iVm § 2 **17** Abs. 2 S. 1 GWB gezogen. Der EuGH unterscheide zwischen der Verweisung auf das Unionsrecht durch die Bestimmungen des nationalen Rechts, die für anwendbar erklärt werden, und solchen, in denen das Unionsrecht nur zu berücksichtigen sei.[34] Die angegebene Rechtsprechung zum Interesse des Unionsrechts an der einheitlichen Auslegung der übernommenen Begriffe „unabhängig davon unter welchen Voraussetzungen sie angewendet werden sollen", gingen in ihrer Tragweite über Art. 267 AEUV hinaus. Im Falle einer Verweisung 1:1 auf das Unionsrecht stehe die Auslegung des nationalen Rechts nicht mehr zur Disposition der staatlichen Stellen. Der nationale Gesetzgeber, der diese Konsequenz vermeiden wolle, müsse sich mit einer bloßen Berücksichtigung begnügen. Die entsprechende **Geltung der Gruppenfreistellungsverordnungen in § 2 Abs. 2 sei eine Inkorporierung.** Aus ihr folge, dass „die vom Gemeinschaftsrecht übernommenen Bestimmungen oder Begriffe unabhängig davon, unter welchen Voraussetzungen sie angewendet werden sollen", einheitlich ausgelegt werden (→ Rn. 32). Da die Regelungen in § 2 Abs. 2 sowohl mit § 2 Abs. 1 wie auch mit § 1 eine unauflösliche Einheit darstellten, bedeute dies, dass die Auslegung der in § 1 verwendeten Begriffe **kraft Unionsrecht** identisch mit den unionsrechtlichen Begriffen vorzunehmen sei.[35] Es ist zutreffend, dass diese Auslegung, wie Roth/Ackermann feststellen, weder vom deutschen Gesetzgeber noch im Schrifttum hinreichend reflektiert werde. Die von ihnen herangezogene Rechtsprechung des EuGH rechtfertigt jedoch den Schluss auf die Vollharmonisierung des GWB kraft Unionsrecht nicht.

Der Unterschied von Verweisungen im staatlichen Recht, nach denen das Unionsrecht **18** zu berücksichtigen oder anzuwenden sei, findet im Unionsrecht keine Grundlage. Es folgt auch nicht aus dem dafür zitierten Urteil Kleinwort/Benson;[36] und die Anwendung des vom EuGH ausgelegten Rechts „unabhängig von den Voraussetzungen, unter denen die Bestimmungen oder Begriffe angewendet werden sollen", ist entgegen dem dafür zitierten Urteil Dzodzi[37] kein Indiz für eine verpflichtende Übernahme des Unionsrechts, sondern

---

[31] EuGH 18.10.1990 – verb. Rs. C-297/88 und C-197/89, ECLI:EU:C:1190:360 Rn. 42 – Dzodzi.
[32] EuGH 11.12.2007 – C-280/06, ECLI:EU:C:2007:775 Rn. 19 – ETI.
[33] EuGH 28.3.1995 – C-346/93, ECLI:EU:C:1995:85 Rn. 24 – Kleinwort Benson.
[34] Roth/Ackermann in FrankfK § 1 Rn. 27.
[35] Roth/Ackermann in FrankfK § 1 Rn. 32.
[36] EuGH 28.3.1995 – C-346/93, ECLI:EU:C:1995:85 – Kleinwort Benson.
[37] EuGH 18.10.1990 – verb. Rs. C-297/88 und C-197/89, ECLI:EU:C:1990:360 – Dzodzi; EuGH 18.10.1990 – verb. Rs. C-297/88 und C-197/89, ECLI:EU:C:1990:360 – Dzodzi.

ergeht „vorbehaltlich der Systematik des einzelstaatlichen Rechts" (Urteil Dzodzi, Rn. 42). Das Urteil Kleinwort/Benson bestätigt die vom EuGH in ständiger Rechtsprechung betonte Grenze für die Zulässigkeit von Vorabentscheidungen. Die Anwendung der beantragten Auslegung darf nicht im Belieben des nationalen Gerichts stehen. Der EuGH erteilt keine unverbindlichen Auskünfte.[38] In diesen Grenzen steht die Anwendung der Vorlageentscheidung im Ermessen der nationalen Gerichte. **Eine allgemein verbindliche Auslegung** des Unionsrechts ist mit Art. 267 schon deshalb unvereinbar, weil seine Funktion darin besteht, dem nationalen Gericht die Auslegung des Unionsrechts für **den konkret zu entscheidenden Rechtsstreit** zur Verfügung zu stellen. Im Urteil Dzodzi (Rn. 38) kennzeichnet der EuGH die Besonderheiten seiner Auslegungsurteile im Unterschied zur Rolle der nationalen Gerichte. Die über den vorliegenden Zusammenhang hinausgehende Bedeutung der Urteilsgründe rechtfertigt es, sie wörtlich zu zitieren:

> *„Da die Zuständigkeit des Gerichtshofs nach Art. 177 (Art. 267 AEUV) die einheitliche Auslegung der Bestimmung des Gemeinschaftsrechts in allen Mitgliedstaaten gewährleisten soll, beschränkt sich der Gerichtshof darauf, aus Buchstaben und Geist der betreffenden Gemeinschaftsvorschriften deren Bedeutung abzuleiten. Anschließend obliegt es allein den nationalen Gerichten, die so ausgelegten Bestimmungen des Gemeinschaftsrechts unter Berücksichtigung der tatsächlichen und rechtlichen Umstände des bei ihnen anhängigen Rechtsstreits anzuwenden. "*

**19**    Der EuGH urteilt allein nach „Buchstaben und Geist des Gemeinschaftsrechts", weil die Rechtsanwendung allein dem nationalen Gericht obliegt. Nationale Gerichte entscheiden „unter Berücksichtigung der tatsächlichen und rechtlichen Umstände des bei ihnen anhängigen Rechtsstreits".

## IV. Auslegung zwischen Konflikt und Harmonisierung

**20**    Die Entwicklung des deutschen im Verhältnis zum europäischen Wettbewerbsrecht gibt keinen Anlass, die Grundsätze zu revidieren, die für die Auslegung des GWB maßgeblich sind. Der BGH hält mit Recht an seiner Rechtsprechung fest, die dem auf die Freiheit des Wettbewerbs gerichteten Zweck des Gesetzes übergreifende Relevanz für die Auslegung des GWB beimisst. Das gilt insbesondere für die Auslegung der §§ 18–20, und zwar unabhängig davon, ob es sich um unternehmerisches Verhalten handelt, für das die Mitgliedstaaten nach Art. 3 Abs. 3 VO 1/2003 zuständig geblieben sind. Die Entscheidung des Gesetzgebers, auf das Gebot der unionsrechtskonformen Auslegung zu verzichten, sollte aus den im Zusammenhang mit dem Votum des Bundesrats diskutierten Gründen respektiert werden.

**21**    In der Diskussion über die Auslegungsprinzipien werden **weitgehende Übereinstimmungen zwischen deutschem und europäischem Wettbewerbsrecht** häufig vernachlässigt. Ein Beispiel ist das BGH-Urteil Subunternehmervertrag II.[39] Das Urteil wird für die methodische Anpassung der deutschen Rechtsprechung an das Unionsrecht zitiert.[40] Der BGH hat seine Rechtsprechung zu Wettbewerbsverboten in Vertikalverträgen unter Hinweis auf die veränderte Beurteilung vertikaler Wettbewerbsbeschränkungen durch § 1 GWB geändert. Die Auslegung des neuen Rechts wird jedoch in der Interessenabwägung unverändert mit der auf die Freiheit des Wettbewerbs gerichteten Zielsetzung des Kartellrechts begründet (→ Rn. 20). Zu verweisen ist ferner auf das Urteil des BGH Grossistenkündigung.[41] Es heißt dort:

> *„Ob eine Behinderung unbillig ist, bestimmt sich anhand einer Gesamtwürdigung und Abwägung aller beteiligten Interessen, unter Berücksichtigung der auf die Freiheit des Wettbewerbs*

[38] EuGH 28.3.1995 – C-346/93, ECLI:EU:C:1995:85 Rn. 24 – Kleinwort Benson.
[39] BGH 10.12.2008 – KZR 54/08, WuW/E DE-R 2554 Rn. 16.
[40] Roth/Ackermann in FrankfK § 1 Rn. 38.
[41] BGH 24.10.2011 – KZR 7/10, WuW/E DE-R 3446 Rn. 37.

*gerichteten Zielsetzung des Gesetzes, die auf die Sicherung des Leistungswettbewerbs und insbesondere die Offenheit der Marktzugänge gerichtet ist. "*

Die weitgehenden Übereinstimmungen zwischen deutschem und europäischem Wett- **22** bewerbsrecht schließen Abweichungen der deutschen von der europäischen Rechtsprechung und Praxis wie auch Abweichungen zwischen mitgliedstaatlichen Wettbewerbsbehörden nicht aus. Beispiele markieren die judikative Beurteilung der Zulässigkeit von Plattformverboten in Vertriebssystemen,[42] ferner die exekutive Beurteilung des Einsatzes enger Bestpreisklauseln durch Hotelbuchungsplattformen[43]. Als weiteres Beispiel reiht sich hier auch der Facebook-Beschluss des Bundeskartellamtes v. 9.2.2019 ein, den die Behörde ausschließlich auf die §§ 18, 19 GWB, nicht jedoch auf Art. 102 AEUV gestützt hat.[44] Die beiden zuletzt genannten Beispiele liefern jedoch zugleich Anschauungsmaterial dafür, dass sich anfängliche Divergenzen, sei es zwischen einzelnen Mitgliedstaaten oder zwischen unionaler und nationaler Ebene, im Zeitverlauf wiederum abschwächen können: So zeigt sich in Art. 6 Abs. 1 S. 2 der jüngst reformierten Vertikal-GVO, VO (EU) 2022/720, ein legislativer Kompromiss im Umgang mit engen Bestpreisklauseln,[45] während das Facebook-Verfahren durch das seitens des OLG Düsseldorf angestrengte[46] und jüngst zum Ende gekommene[47] Vorabentscheidungsverfahren letztlich doch noch eine unionale Prägung erfahren hat.

Im Verhältnis zum Unionsrecht ist zu berücksichtigen, dass die **Rechtsprechung des** **23** **EuGH eine eigene Methode der Rechtsfindung und eine eigene Terminologie** entwickelt hat. Das entspricht den Erfordernissen einer eigenständigen Rechtsordnung. Die sich daraus ergebenden Unterschiede zum nationalen Recht sind auch im Wettbewerbsrecht zu beachten. Sie erklären, warum es unionsrechtlich nicht geboten und im mitgliedstaatlichen Recht unrealistisch ist, nach terminologischer Harmonisierung zu streben. Das angeglichene Wettbewerbsrecht bleibt trotz seiner Eigenarten Teil der mitgliedstaatlichen Rechtsordnungen.

## V. Gruppenfreistellungsverordnungen

Die in § 2 Abs. 2 normierte entsprechende Anwendung der Gruppenfreistellungsver- **24** ordnungen trägt der **Gesetzgebungstechnik** der Union Rechnung, ohne die Systematik des GWB zu sprengen. Die wichtigste praktische Wirkung besteht darin, die Gruppenfreistellungsverordnungen nach § 2 Abs. 2 S. 2 „entsprechend" auch auf solche Vereinbarungen und Verhaltensweisen anzuwenden, für die sie kraft Unionsrecht nicht gelten, weil sie keinen Bezug auf den zwischenstaatlichen Wirtschaftsverkehr haben." Erleichtert wird ferner die Auslegung der in weitgehender Übereinstimmung mit Art. 101 Abs. 3 normierten Freistellung von Vereinbarungen in § 1 nach § 2 Abs. 1. **Die „dynamische Verweisung"** auf die jeweils geltenden Gruppenfreistellungsverordnungen trägt dem Umstand

---

[42] Siehe dazu EuGH 6.12.2017 – C-230/16, ECLI:EU:C:2017:941 – Coty. Nicht in direktem Widerspruch hierzu, wenngleich deutlich skeptischer: BGH 12.12.2017 – KVZ 41/17, WUW 2018, 139 – ASICS.

[43] Das Bundeskartellamt hat den Einsatz enger Bestpreisklauseln (BKartA 22.12.2015 – B9–121/13, WuW 2016, 142 – Booking) – ebenso wie den Einsatz weiter Bestpreisklauseln (BKartA 20.12.2013 – B9–66/10 – HRS) – in der Vergangenheit verboten. Andere Wettbewerbsbehörden, darunter die französische (Autorité de la concurrence 21.4.2015, 15-D-06), die italienische (Autorità Garante della Concorrenza e del Mercato 21.4.2015, I779) und die schwedische (Konkurrensverket 15.4.2015, 596/2013) Wettbewerbsbehörde, hatten hingegen nur den Einsatz weiter Bestpreisklauseln untersagt.

[44] Siehe BKartA 6.2.2019 – B6–22/16, Rn. 914 – Facebook; kritisch hierzu Wils, The Obligation for the Competition Authorities of the EU Member States to Apply Antitrust Law and the Facebook Decision of the Bundeskartellamt, Concurrences No. 3–2019.

[45] Anders als beim weiten Klauselpendant (Art. 5 Abs. 1 lit. d) Vertikal-GVO qualifiziert bestimmte weite Bestpreisklauseln als nicht freigestellte Beschränkungen) ist hiernach (nur) ein Entzug des Gruppenfreistellungsvorteils bezüglich enger Bestpreisklauseln vorgesehen. Daraus folgt im Umkehrschluss, dass sie grundsätzlich dem Schutzschirm der Vertikal-GVO unterfallen. Dazu ausführlicher → § 1 Rn. 257 f.

[46] OLG Düsseldorf 26.8.2019, VI-Kart 1/19 (V), NZKart 2019, 495 – Facebook.

[47] EuGH 4.7.2023, C-252/21, ECLI:EU:C:2023:537 – Meta Platforms.

Rechnung, dass Freistellungen vom Kartellverbot, die im deutschen Recht bis zur 7. GWB-Kartellnovelle Gegenstand von Verwaltungsentscheidungen waren, im Unionsrecht überwiegend durch Verordnung geregelt werden. Diese Verordnungen gelten in den Mitgliedstaaten unmittelbar. Der deutsche Gesetzgeber konnte infolge des Vorrangs des Unionsrechts, der auch für die Gruppenfreistellungsverordnungen gilt, keine abweichende Regelung treffen. Daraus folgt, dass die Gruppenfreistellungsverordnungen immer dann anwendbar sind, wenn ihre Voraussetzungen vorliegen, ohne dass § 2 Abs. 1 geprüft werden muss.[48, 49] Weitere Folgerungen für die Auslegung des GWB und seines Verhältnisses zum Unionsrecht sind § 2 Abs. 2 nicht zu entnehmen.

## VI. Nationales Wettbewerbsrecht und Digitalisierung

25   Abweichungen zwischen der EU und den Mitgliedstaaten – und zwischen den Mitgliedstaaten – lassen sich gegenwärtig vor allem in der Anwendung der Wettbewerbsregeln auf unternehmerische Strategien von Digitalunternehmen und in den gesetzgeberischen Reaktionen auf die Digitalisierung beobachten. Auch das Experimentieren der Mitgliedstaaten mit verschiedenen Bewältigungsstrategien ist aber ein Teil der europäischen Wettbewerbsordnung.

---

[48] EuGH 4.6.2009 – C-8/08, ECLI:EU:C:2005:343 Rn. 38 – T-Mobile Netherlands; übereinstimmend EuGH 6.10.2009 – verb. Rs. C-501/06, C-513/06, C-515/06 und C-519/06, ECLI:EU:C:2009:610 Rn. 63 – GlaxoSmithKline; EuGH 17.2.2011 – C-52/09, ECLI:EU:C:2011:83 Rn. 24 – Teliasonera Sverige.
[49] Grundlegend Fuchs, Die Gruppenfreistellungsverordnung als Instrument der Europäischen Wettbewerbspolitik im System der Legalausnahme, ZWeR 2005/1 ff.

# Teil 1. Wettbewerbsbeschränkungen

## Kapitel 1. Wettbewerbsbeschränkende Vereinbarungen, Beschlüsse und abgestimmte Verhaltensweisen

### § 1 Verbot wettbewerbsbeschränkender Vereinbarungen

Vereinbarungen zwischen Unternehmen, Beschlüsse von Unternehmensvereinigungen und aufeinander abgestimmte Verhaltensweisen, die eine Verhinderung, Einschränkung oder Verfälschung des Wettbewerbs bezwecken oder bewirken, sind verboten.

**Übersicht**

# A. Einführung

**Schrifttum:** Bechtold, Grundlegende Umgestaltung des Kartellrechts: Zum Referentenentwurf der 7. GWB-Novelle, DB 2004, 235; Bechtold, Die 8. GWB-Novelle, NZKart 2013, 263; Dreher, 8. GWB-Novelle – noch Wünsche offen?, WuW 2013, 3; Fuchs, Die 7. GWB-Novelle – Grundkonzeption und praktische Konsequenzen, WRP 2005, 1384; Hartog/Noack, Die 7. GWB-Novelle, WRP 2005, 1396; Haus/Schmidt, Pressekooperationen nach der 9. GWB-Novelle, ZWeR 2017, 240; Hoeren, Europäisches Kartellrecht zwischen Verbots- und Missbrauchsprinzip – Überlegungen zur Entstehungsgeschichte des Art. 85 EGV, in: FS Großfeld, 1999, S. 405; Hellwig, Effizienz oder Wettbewerbsfreiheit? Zur normativen Grundlegung der Wettbewerbspolitik, in: FS Mestmäcker, 2006, S. 231; Hoppmann, Zum Schutzobjekt des GWB, in: Wettbewerb als Aufgabe, 1968, S. 61; Immenga, Wettbewerbspolitische Aspekte der Rechtsangleichung im GWB, in: FS G. Hirsch, 2008, S. 241; Jungbluth, Was lange währt … 8. GWB-Novelle verabschiedet, NZKart 2013, 261; Jungbluth, Die 9. GWB-Novelle – Digitalisierung, Schließung der Wurstlücke, Kartellschadensersatz und anderes mehr …, NZKart 2017, 257; Käseberg/Brenner/Fülling, Das GWB-Digitalisierungsgesetz im Überblick, WuW 2021, 269; Merz, Kartellrecht – Instrument der Wirtschaftspolitik oder Schutz persönlicher Freiheit, in: FS Böhm, 1965, S. 227; Möller, Verbraucherbegriff und Verbraucherwohlfahrt im europäischen und amerikanischen Kartellrecht, 2008; Podszun, Außerwettbewerbliche Interessen im Kartellrecht und ihre Grenzen, in: FS D. Schroeder, 2018, S. 613; Podszun/Kreifels/Schmieder, Streitpunkte der 9. GWB-Novelle, WuW 2017, 114; Schmidt, K., „Altes" und „neues" Kartellverbot – Kontinuität statt Umbruch durch die Neufassung des § 1 GWB, AG 1998, 551; Scholl/Weck, Die Neuregelung der kartellrechtlichen Ausnahmebereiche, WuW 2017, 261; Schwalbe/Zimmer, Kartellrecht und Ökonomie, 3. Aufl. 2021; Zimmer, Was ist eine Wettbewerbsbeschränkung? Eine Neubesinnung, in: FS Wiedemann, 2020, S. 269.

## I. Vorbemerkung zur Neubearbeitung in der 7. Auflage

Die Neubearbeitung zu § 1 GWB berücksichtigt die seit dem Erscheinen der 6. Auflage **1** ergangene Rechtsprechung und Verwaltungspraxis sowie die zwischenzeitlich erschienene Literatur,[1] konkret etwa zur zweigliedrigen Dogmatik der abgestimmten Verhaltensweise („Bierkartell"),[2] zu Bestpreisklauseln,[3] zum Umgang mit Kooperationen, die im Zuge der Covid-19-Pandemie gebildet worden sind,[4] sowie zum Thema Nachhaltigkeit als kartellverbotsrelevante Zielvorstellung.[5] Was die jüngst vollzogene Reform des europäischen Vertriebskartellrechts anbelangt, so findet diese in der Kommentierung zu § 1 GWB ebenfalls bereits Berücksichtigung. Wesentliche Neuerungen dieser Reform äußern sich etwa darin, dass der europäische Gesetzgeber den Schutzschirm der Vertikal-GVO für den dualen Vertrieb und weite Bestpreisklauseln explizit eingeschränkt sowie den Kernbeschränkungskatalog des Art. 4 Vertikal-GVO neu systematisiert und um Erläuterungen zum Internet-

---

[1] Wesentliche Arbeiten bei der Vorbereitung der 7. Auflage wurden geleistet von Frau Lara Schäfer LL. B. (Law and Economics, Bonn), Wissenschaftliche Mitarbeiterin am Institut für Handels- und Wirtschaftsrecht der Universität Bonn.
[2] BGH 13.7.2020 – KRB 99/19, NZKart 2020, 602 – Bierkartell; hierzu → Rn. 41.
[3] BGH 18.5.2021 – KVR 54/20, WuW 2021, 517 – Enge Bestpreisklausel; hierzu → Rn. 257.
[4] Hierzu unten → Rn. 199 f.
[5] Hierzu unten → Rn. 17 f.

vertrieb (lit. e) ergänzt hat, wohingegen sich eine großzügigere Linie etwa für sog. Doppelpreissysteme im Online-/Offline-Vertrieb abzeichnet.[6] Vor dem Hintergrund der Reform des europäischen Vertriebskartellrechts verfolgt die Neubearbeitung eine zweifache Zielsetzung: Zum einen gilt es – etwa im Hinblick auf die Beurteilung bereits bestehender Vertriebsregelungen und die in Art. 10 der neuen Vertikal-GVO (VO (EU) 2022/720) statuierte Übergangsfrist –, den Rechtszustand vor der Reform zu dokumentieren (Bezugnahmen auf die alte Vertikal-GVO, VO (EU) Nr. 330/2010, und die zugehörigen Vertikalleitlinien werden insoweit jeweils explizit als solche, etwa mit dem Zusatz aF, gekennzeichnet). Zum anderen wird bereits der Rechtszustand nach der Vollwirksamkeit der neuen Vertikal-GVO mitsamt der parallel reformierten Vertikalleitlinien (ABl. 2022 C 248, 1) behandelt.

**2**     Mit der jüngst erfolgten Reform der Gruppenfreistellungsverordnungen in den Bereichen Forschung und Entwicklung (Verordnung (EU) 2023/1066 v. 1.6.2023) sowie Spezialisierung (Verordnung (EU) 2023/1067 v. 1.6.2023), und darüber hinaus mit den Neuerungen, die sich im Zuge der am 21.7.2023 erfolgten Reform der Horizontalleitlinien (ABl. 2023 C 259, 1) ergeben haben, wird sich im Übrigen der dem europäischen Wettbewerbsrecht gewidmete Band 1 der Kommentierung in der 7. Auflage, dort insbesondere im Rahmen der Erläuterungen zu Art. 101 Abs. 1 AEUV, eingehender befassen.

**3**     Die Kommentierung zu § 1 GWB behält vereinzelt auch den Nachweis deutlich älterer Entscheidungen und der älteren Literatur zum deutschen Recht bei. Zum einen kann die damit referierte Praxis zum Teil noch Relevanz beanspruchen; zum anderen betrifft sie mitunter Fallgestaltungen, die noch nicht zum Gegenstand von Entscheidungen zum europäischen Recht geworden sind (zur Relevanz des europäischen Rechts für die Auslegung des § 1 GWB → Rn. 13–22).

## II. Entwicklung des deutschen Kartellverbots bis zur 11. GWB-Novelle

**4**     § 1 GWB erfasste in seiner ursprünglichen Fassung nur horizontal wettbewerbsbeschränkende, dh unter Konkurrenten zustande gekommene Verträge, Beschlüsse und abgestimmte Verhaltensweisen und erstreckte sich damit auf Kartelle. Derartige Formen wirtschaftlicher Koordination sind zwar seit dem Altertum bekannt, wurden jedoch erst im 19. Jahrhundert mit zunehmender praktischer Bedeutung Gegenstand wissenschaftlicher Beschreibung und erster Definitionsversuche.[7] Eine gesetzliche Formulierung findet sich in Deutschland erstmals in § 1 der **KartVO von 1923**. Hiernach sind Kartelle „Verträge und Beschlüsse, welche Verpflichtungen über die Handhabung der Erzeugung oder des Absatzes, die Anwendung von Geschäftsbedingungen, die Art der Preisfestsetzung oder die Forderung von Preisen enthalten (Syndikate, Kartelle, Konventionen und ähnliche Abmachungen)...". Wortlaut und Auslegung dieser Bestimmung wurden weitgehend von der Kartellformenlehre bestimmt, die sich als Organisationsrecht verstand und bei grundsätzlicher Zulässigkeit von Kartellen die Bedingungen ihrer Rechtsbeständigkeit umschrieb.[8] § 1 lehnte sich bis zur 6. GWB-Novelle in seinen Tatbestandsformulierungen an die KartVO von 1923 an und gab eine Begriffsbestimmung, die die Auslegung durch die Rspr. des KartGer. und des RG berücksichtigte.[9] Damit wurde eine Nähe zum Gesellschaftsrecht

---

[6] Vgl. überblicksartig zu den Neuerungen Europäische Kommission, Explanatory note on the new VBER and Vertical Guidelines (abrufbar unter: https://competition-policy.ec.europa.eu/system/files/2022-05/explanatory_note_VBER_and_Guidelines_2022.pdf); dazu an ersten Stimmen aus der Literatur etwa Christodoulou/Holzwarth NZKart 2022, 540; Haberer NZKart 2022, 426; noch auf Basis der Entwurfsfassungen der Kommission v. 9.7.2021 (C(2021) 5026 und 5038 final Annex) Bauer/Rahlmeyer/Schöner WuW 2021, 6 ff.; Haberer/Fries NZKart 2021, 444 ff.; Picht/Leitz NZKart 2021, 480 ff.; Schultze/Pautke/Wagener BB 2021, 2627 ff.; recht knapp Fuchs WuW 2021, 673.

[7] Barnikel, Theorie und Praxis der Kartelle, S. 23 ff.

[8] Hierzu K. Schmidt KartellVerfR S. 21 ff.; ferner Möschel § 2 Rn. 19 ff.

[9] Begr. 1952, S. 24 f.; vgl. Krauß in Bunte Rn. 3.

hergestellt, die zu Auslegungsschwierigkeiten des § 1 GWB führte und einer funktionalen Interpretation Schwierigkeiten bereitete.[10]

Mit der **6. und 7. GWB-Novelle** erfolgte eine weitgehende Angleichung des Wortlauts **5** von § 1 GWB an den des Kartellverbotstatbestandes des Art. 101 Abs. 1 AEUV. Mit dieser Anpassung sind zum einen Auslegungsprobleme entfallen, die die ursprünglich geltende Fassung im Rahmen des Tatbestandsmerkmals des Vertrags „zu einem gemeinsamen Zweck" bereitet hatte. Zum anderen ist mit der Streichung des Merkmals „miteinander im Wettbewerb stehende Unternehmen" eine bis zur 7. GWB-Novelle im deutschen Recht aufrechterhaltene, grundlegend unterschiedliche Behandlung von „horizontalen" und „vertikalen" Wettbewerbsbeschränkungen aufgegeben worden: Mit dem Entfallen des genannten Merkmals werden nunmehr Wettbewerbsbeschränkungen zwischen Angehörigen derselben Wirtschaftsstufe und solche zwischen Angehörigen unterschiedlicher Wirtschaftsstufen (zB Lieferant und Abnehmer) gleichermaßen erfasst.

Die Fassung des Kartellverbots ist durch die **8. und 9. GWB-Novelle**[11] unberührt **6** geblieben. Eine Neuregelung in § 30 Abs. 2b GWB hat jedoch im Zuge der 9. GWB-Novelle weitreichende Erleichterungen für Kooperationen von Zeitungs- und Zeitschriftenverlagen mit sich gebracht.[12] Das Kartellverbot selbst hat auch durch die Anfang 2021 erfolgte **10. GWB-Novelle**[13] keine Änderungen erfahren, deren erklärtes Ziel vor allem eine Anpassung der Missbrauchsaufsicht an die Herausforderungen der digitalen Wirtschaft war.[14] Schließlich sieht auch die am 6.7.2023 vom Bundestag beschlossene **11. GWB-Novelle** keine Änderungen an der Fassung des § 1 GWB vor.[15] Da das Kartellverbot des § 1 GWB in seinen Tatbestandsmerkmalen seit der 7. GWB-Novelle also weitgehend inhaltsgleich mit dem des Art. 101 Abs. 1 AEUV ist, wird im Folgenden, soweit es um die Auslegung einzelner Tatbestandsvoraussetzungen geht, oft auf die ausführlicheren Erläuterungen des europäischen Kartellverbots in Band 1 dieser Kommentierung auf dem Stand der 6. Auflage verwiesen. Wo freilich – wie etwa in einzelnen Hinsichten bezüglich der Reichweite des Unternehmensbegriffs (hierzu → Rn. 25–32) – Abweichungen oder Zweifel am inhaltlichen Gleichlauf der Kartellverbote bestehen, wird dies in den nachfolgenden Erläuterungen zu § 1 GWB eingehend behandelt.

### III. System des Kartellverbots im Überblick

Die mit der 7. GWB-Novelle (→ Rn. 5) erfolgte Erneuerung des § 1 GWB war durch **7** eine neue Regelung im EU-Kartellrecht veranlasst: Art. 3 der VO Nr. 1/2003 ordnet den **Vorrang des Kartellverbotstatbestandes des Art. 101 AEUV** (ex-Art. 81 EG) gegenüber nationalem Recht an. Im Anwendungsbereich des Art. 101 AEUV darf das mitgliedstaatliche Recht daher – soweit es überhaupt Regelungen trifft – nicht zum Verbot von Vereinbarungen führen, die nach Art. 101 AEUV nicht verboten sind. Andererseits sind die mitgliedstaatlichen Behörden und Gerichte zur Anwendung des Art. 101 AEUV auf Vereinbarungen, Beschlüsse und abgestimmte Verhaltensweisen verpflichtet, welche den

---

[10] Hierzu auch Krauß in Bunte Rn. 3; Maritzen in Kölner Komm KartellR Rn. 4.

[11] Zur 9. GWB-Novelle Jungbluth NZKart 2017, 257 ff.; Podszun/Kreifels/Schmieder WuW 2017, 114 ff.

[12] Vgl. Erläuterungen zu dieser Vorschrift (in diesem Band); ferner Haus/Schmidt ZweR 2017, 240 ff.; Scholl/Weck WuW 2017, 261 ff.; zum Anwendungsvorrang des Art. 101 AEUV gegenüber § 30 Abs. 2b GWB bei Zwischenstaatlichkeitsbezug vgl. BKartA 27.10.2020 – B7-161/20, NZKart 2020, 692 (694 f.) sowie → Rn. 12.

[13] Zu den Neuerungen des sog. „GWB-Digitalisierungsgesetzes" vgl. etwa Käseberg/Brenner/Fülling WuW 2021, 269.

[14] Insbesondere durch Einfügung des § 19a GWB, der nunmehr eine präventive Kontrollmöglichkeit des Verhaltens von Unternehmen mit sog. überragender marktübergreifender Bedeutung eröffnet, vgl. Erläuterungen zu dieser Vorschrift (in diesem Band).

[15] Vgl. hierzu den von der Bundesregierung eingebrachten Entwurf eines Gesetzes zur Änderung des Gesetzes gegen Wettbewerbsbeschränkungen und anderer Gesetze, BT-Drs. 20/6824, wobei die Verabschiedung durch den Bundestag schlussendlich auf einer punktuell modifizierten Beschlussempfehlung des Wirtschaftsausschusses, BT-Drs. 20/7628, basierte.

zwischenstaatlichen Handel zu beeinträchtigen geeignet sind.[16] Um die Anwendungspraxis von der Aufgabe der in vielen Fällen unsicher erscheinenden Entscheidung über das Vorliegen eines Zwischenstaatlichkeitsbezuges zu entlasten und um weiterhin eine inhaltliche Zweiteilung des in Deutschland geltenden Kartellrechts zu vermeiden,[17] hat der Bundesgesetzgeber im Grundsatz **davon abgesehen,** eine **eigenständige Regelung** für Fälle ohne Zwischenstaatlichkeitsbezug zu **erlassen.** § 1 GWB erfasst Kartellvereinbarungen, -beschlüsse und aufeinander abgestimmte Verhaltensweisen ohne Unterscheidung danach, ob sie zur Beeinträchtigung des zwischenstaatlichen Handels geeignet sind. Nur im Bereich der **Ausnahmen** bestehen mit §§ 3, 28, 30 und 31 Regelungen fort, die inhaltlich vom Unionskartellrecht abweichen (hierzu auch sogleich → Rn. 12).

8    Das Kartellverbot des § 1 GWB ist mit der 7. GWB-Novelle noch weitergehend als zuvor **an das des Art. 101 Abs. 1 AEUV angeglichen** worden (schon → Rn. 5). Im Grundsatz sind nunmehr nicht mehr allein Vereinbarungen, Beschlüsse und aufeinander abgestimmte Verhaltensweisen unter miteinander im Wettbewerb stehenden Unternehmen (sog. horizontale Wettbewerbsbeschränkungen), sondern auch andere Fälle – insbesondere wettbewerbsbeeinträchtigende Abreden zwischen Angehörigen vor- und nachgelagerter Wirtschaftsstufen (sog. **vertikale Wettbewerbsbeschränkungen**) – erfasst (hierzu eingehend → Rn. 201–260). Unterschiede zu Art. 101 Abs. 1 AEUV bestehen nur (noch) in zweierlei Hinsicht: Zum einen fehlt in § 1 GWB aus den in Bezug genommenen Gründen (soeben → Rn. 7) das Merkmal der Eignung zur Beeinträchtigung des zwischenstaatlichen Handels. Das Kartellverbot des deutschen Rechts greift also, soweit überhaupt eine substantielle Auswirkung „im Geltungsbereich dieses Gesetzes" gegeben ist (siehe § 185 Abs. 2 GWB und die Erläuterungen hierzu), unabhängig davon ein, ob der zwischenstaatliche Handel berührt ist. Zum anderen hat der Bundesgesetzgeber davon abgesehen, den in Art. 101 Abs. 1 lit. a–e AEUV enthaltenen Beispielskatalog in § 1 GWB aufzunehmen.[18] Eine sachliche Abweichung ist mit dieser redaktionellen Divergenz der Wortlaute nicht verbunden. Vielmehr ist angesichts des grundsätzlichen Vorrangs des Unionsrechts in dem Bereich, in dem eine Eignung zur Beeinträchtigung des zwischenstaatlichen Handels besteht, und mit Rücksicht auf die gesetzgeberische Absicht, das deutsche Recht für Fälle fehlenden Zwischenstaatlichkeitsbezugs Art. 101 Abs. 1 AEUV anzugleichen, von einer inhaltlichen Übereinstimmung des Merkmals des Bezweckens oder Bewirkens einer Verhinderung, Einschränkung oder Verfälschung des Wettbewerbs in Art. 101 Abs. 1 AEUV und § 1 GWB auszugehen.[19]

9    Eine dem Art. 101 Abs. 2 AEUV entsprechende Nichtigkeitsanordnung fehlt im GWB. Für Vereinbarungen und Beschlüsse, die in Widerspruch zum GWB stehen, folgt aber aus der Ausgestaltung der Vorschrift als gesetzliches Verbot die **Nichtigkeit.** Soweit deutsches Recht maßgebendes (Vertrags- oder Gesellschafts-)Statut ist, ergibt sich diese Folge schon aus § 134 BGB.[20] Auch soweit ein Vertrags- oder Gesellschaftsverhältnis als solches im Einzelfall einem anderen als dem deutschen Recht unterliegt, erlaubt die Natur des § 1 GWB als international zwingende Eingriffsnorm des deutschen Rechts (Art. 9 Rom I-VO) kein hiervon abweichendes Ergebnis (vgl. zu Einzelheiten → Rn. 67).

10   Dem Freistellungstatbestand des Art. 101 Abs. 3 AEUV ist die Vorschrift des § 2 Abs. 1 GWB weitgehend nachgebildet. Diese Regelung ersetzt das zuvor bestehende, auf einer Reihe von Einzeltatbeständen aufbauende und mit der 6. GWB-Novelle um eine Generalklausel (§ 7 Abs. 1 GWB aF) ergänzte Freistellungssystem. § 2 Abs. 1 besagt, dass Ver-

---

[16] Vgl. zu den Einzelheiten Rehbinder in Band 1 → VO Nr. 1/2003 Art. 3 Rn. 1 ff.

[17] Vgl. zu beiden Gründen die Begründung zum Regierungsentwurf der 7. GWB-Novelle, BT-Drs. 15/3640, 22 f.

[18] Kritisch hierzu Bechtold DB 2004, 235 (237).

[19] Vgl. Bechtold DB 2004, 235 (237) und Fuchs WRP 2005, 1384 (1387); eingehend Roth/Ackermann in FK-KartellR Rn. 17–42; ferner Krauß in Bunte Rn. 7; Grave/Nyberg in LMRKM Vor §§ 1–3 Rn. 35 f.; zur Auslegung des § 1 GWB auch sogleich → Rn. 13 ff.

[20] Vgl. zB Krauß in Bunte Rn. 27.

einbarungen, Beschlüsse und aufeinander abgestimmte Verhaltensweisen, die die Freistellungsvoraussetzungen erfüllen, vom Verbot des § 1 GWB „freigestellt sind". Das GWB bringt damit – in Abweichung vom Wortlaut des Art. 101 Abs. 3 AEUV („können für nicht anwendbar erklärt werden"), aber in inhaltlicher Übereinstimmung mit Art. 1 Abs. 2 der VO Nr. 1/2003 – zum Ausdruck, dass eine **Freistellung** vom Kartellverbot fortan **keiner behördlichen Freistellungsentscheidung** mehr **bedarf,** sondern – bei Vorliegen der Voraussetzungen – von Gesetzes wegen eintritt (sog. Legalausnahme).[21]

Gem. § 2 Abs. 2 GWB gelten die von Rat oder Kommission erlassenen **EU-Gruppen- 11 freistellungsverordnungen** bei der Anwendung des Freistellungstatbestandes des § 2 Abs. 1 entsprechend. Diese ‚dynamische', dh auch auf künftig zu erlassende Gruppenfreistellungsverordnungen sich beziehende Verweisung betrifft nicht nur Fälle, in denen – im Hinblick auf das Bestehen einer Eignung zur Beeinträchtigung des zwischenstaatlichen Handels – dem Unionsrecht ohnehin Vorrang zukommt. Vielmehr hat der Bundesgesetzgeber, wie § 2 Abs. 2 klarstellt, im Sinne einer weitgehenden inhaltlichen Übereinstimmung mit dem Unionsrecht optiert.

Nur im Hinblick auf wenige Regelungsfelder enthält das GWB **eigenständige,** vom **12** Unionsrecht abweichende **Freistellungsregelungen.** Es handelt sich um die Bestimmungen des § 3 zu sog. Mittelstandskartellen, des § 28 für den Bereich der landwirtschaftlichen Erzeugerbetriebe und -vereinigungen, des § 30 für Preisbindung und Kooperationen bei Zeitungen und Zeitschriften sowie des § 31 für Verträge im Bereich der Wasserwirtschaft. Nach dem zum Vorrang des Unionsrechts Gesagten (→ Rn. 7) können diese Vorschriften eigenständige Bedeutung grundsätzlich nur bei Vereinbarungen, Beschlüssen und aufeinander abgestimmten Verhaltensweisen von Unternehmen resp. Unternehmensvereinigungen entfalten, welche nicht die Eignung zur Beeinträchtigung des zwischenstaatlichen Handels haben.

## IV. Normzwecke und Auslegungsfragen

Auch im Hinblick auf die Normzwecke ist seit der 7. GWB-Novelle eine grundsätzliche **13** Orientierung an dem Kartellverbot des EU-Rechts angezeigt: Der **Vorrang des europäischen Rechts,** soweit eine Eignung zur Beeinträchtigung des zwischenstaatlichen Handels anzunehmen ist, sowie das gesetzgeberische Ziel, auch für die unterhalb dieser Schwelle liegenden Fälle eine Angleichung vorzunehmen (→ Rn. 7), legen diese Vorgehensweise nahe. Zudem sind bei der **Interpretation** die gemeinsamen Wurzeln des europäischen und des deutschen Kartellverbots in der wettbewerbspolitischen Diskussion der 50er Jahre des zwanzigsten Jahrhunderts und der Umstand in Rechnung zu stellen, dass es zu einem Teil dieselben Personen waren, die für die Schaffung eines Kartellverbots auf der Ebene des Gemeinschafts- und des nationalen Rechts eintraten.[22] Die grundlegenden Fragen haben sich stets auf beiden Ebenen gestellt.[23]

Im Zusammenhang mit dem Normzweck des Kartellverbots ist vielfach auch die Frage **14** nach den **Schutzobjekten** des Kartellrechts diskutiert worden. In der Vergangenheit ist hierbei mitunter zwischen einem **Institutionen- und einem Individualschutz** unterschieden worden.[24] Ersterer soll den Schutz des Wettbewerbs als solchen zum Gegenstand haben, während letzterer auf die Gewährleistung von Handlungsfreiheiten Einzelner gerichtet sein soll.[25] Teilweise im Zusammenhang hiermit steht die Auseinandersetzung über

---

[21] Vgl. hierzu Hossenfelder/Lutz WuW 2003, 118 ff.; Montag/Rosenfeld ZWeR 2003, 107 ff.; Weitbrecht EuZW 2003, 69 ff.

[22] Vgl. zur Entstehungsgeschichte der Kartellverbote Möschel, Recht der Wettbewerbsbeschränkungen, 1983, Rn. 26–35; zum europäischen Recht eingehend Hoeren FS Großfeld, 1999, 405 ff.

[23] Hierzu und zum Folgenden eingehend Immenga FS G. Hirsch, 2008, 241 ff.; vgl. auch Grave/Nyberg in LMRKM Vor §§ 1–3 Rn. 35.

[24] Vgl. schon K. Schmidt KartellVerfR S. 63 ff.

[25] Hierzu auch die Erläuterungen zum unionsrechtlichen Kartellverbot in Band 1 dieser Kommentierung, → AEUV Art. 101 Abs. 1 Rn. 4.

das Verhältnis einer wirtschaftspolitischen Zielsetzung des GWB zu seinen gesellschaftspolitischen, freiheitsschützenden Aufgaben.[26]

**15**      Die Formulierung des § 1 GWB deutet zunächst auf eine maßgebliche Bedeutung des **Institutionenschutzes** hin. Es geht um den Schutz des Wettbewerbs vor „Verhinderung, Einschränkung oder Verfälschung". Dieser soll dadurch sichergestellt werden, dass koordiniertes Verhalten von Marktteilnehmern verhindert wird. Mit dem Eingriff in deren wettbewerbserhebliches Marktverhalten will das Gesetz nicht allein die Handlungsfreiheiten der Vertragsbeteiligten schützen. Der Gebrauch dieser Handlungsfreiheiten führt zu Wettbewerb, der seinerseits die Wahlmöglichkeiten von Wirtschaftssubjekten auf der vor- oder nachgelagerten Wirtschaftsstufe sichern soll. Die Interessen Dritter geraten damit ebenfalls unmittelbar in den Schutzbereich. Gleichzeitig wird deutlich, dass Wettbewerb aus nicht beschränktem Marktverhalten entsteht und dadurch die Handlungsmöglichkeiten Dritter bewahrt. Handlungsfreiheiten und Wettbewerb sind aufeinander bezogen und grundsätzlich nicht zu trennen. Dem entspricht die Auffassung, dass **Institutionenschutz und Individualschutz keine Gegensätze** sind, sondern als Erscheinungsformen eines Problems verstanden werden können.[27]

**16**      Anstelle der herkömmlichen Auseinandersetzung um Institutionen- oder Individualschutz ist in jüngerer Zeit vermehrt diskutiert worden, inwieweit die Wettbewerbspolitik an **Verbraucherinteressen** auszurichten sei. Namentlich die Europäische Kommission hat sich für eine in diesem Sinne erfolgende Kartellrechtsanwendung ausgesprochen. Wegen Einzelheiten ist auf die Erläuterungen zum EU-Recht zu verweisen.[28] Im **GWB** findet die stärkere Ausrichtung an Verbraucherinteressen in der mit der 9. GWB-Novelle eingeführten Vorschrift des § 32e Abs. 5 (im Anschluss an die 11. GWB-Novelle nunmehr: § 32e Abs. 6) Ausdruck. Hiernach kann das Bundeskartellamt bei einem begründeten Verdacht des Bestehens erheblicher, dauerhafter oder wiederholter Verstöße gegen verbraucherrechtliche Vorschriften eine Sektoruntersuchung einleiten.

**17**      Eine zusätzliche Dimension der Zielpluralität offenbart sich in jüngerer Zeit schließlich im Rahmen der aufkommenden Diskussion, ob und inwieweit als Zielvorstellungen auch **Nachhaltigkeitsaspekte,** darunter insbesondere **Klimaschutzerwägungen,** bei der Anwendung des Kartellverbots Berücksichtigung finden sollten.[29] Erste Vorstöße dahingehend, die Rechtslage für Nachhaltigkeitskooperationen konkreter auszugestalten, gehen dabei auf nationaler Ebene insbesondere von den Nachbarländern Österreich (nachhaltigkeitsorientierte Ergänzung der dortigen Einzelfreistellungsmöglichkeit, § 2 Abs. 1 S. 2 österreichisches Kartellgesetz) sowie den Niederlanden (Leitlinienentwurf der niederländischen Wettbewerbsbehörde ACM (Autoriteit Consument en Markt) zu „Sustainability agreements") aus.[30] Der jüngeren Fallpraxis des Bundeskartellamts lässt sich ebenso entneh-

---

[26] Möschel FS Pfeiffer, 1988, 707 ff.; Immenga, Politische Instrumentalisierung des Kartellrechts, 1976, S. 8 f.; aus neuerer Zeit Nordemann in LMR, 3. Aufl. 2016, § 1 Rn. 7.

[27] Vgl. Maritzen in Kölner Komm KartellR Rn. 38 f.; Nordemann in LMR, 3. Aufl. 2016, § 1 Rn. 7; aus dem älteren Schrifttum K. Schmidt KartellVerfR S. 63; Merz FS Böhm, 1965, 227 (256); Mestmäcker DB 1968, 787 (790); Hoppmann in Wettbewerb als Aufgabe, 1968, S. 61 ff.

[28] Hierzu eingehend die Erläuterungen zum unionsrechtlichen Kartellverbot in Band 1 dieser Kommentierung, → AEUV Art. 101 Abs. 1 Rn. 5–7.

[29] Vgl. Zimmer FS Wiedemann, 2020, 269 (272 ff.) mit dem Plädoyer für eine konsequente Ausrichtung der kartellrechtlichen Würdigung von Nachhaltigkeitsinitiativen am Maßstab des Wettbewerbsschutzes, also des Schutzes der jeweiligen Marktgegenseite. Vgl. ferner Podszun FS D. Schroeder, 2018, 613 ff., der in Bezug auf politisierende Tendenzen im Kartellrecht ebenfalls zur Vorsicht mahnt, vor allem unter Hinweis auf die einzuhaltenden rechtlichen Grenzen. Demgegenüber äußern eine deutlich positivere Grundhaltung hinsichtlich der Berücksichtigungsfähigkeit von Nachhaltigkeitszielen im Wettbewerbsrecht etwa Seeliger/Gürer BB 2021, 2050 ff., die jedoch gegenwärtige Rechtsunsicherheit bemängeln.

[30] Vgl. zur österreichischen Novelle das Kartell- und Wettbewerbsrechtsänderungsgesetz (KaWeRäG) 2021, österreichisches BGBl. I 2021/176, in Kraft getreten am 10.9.2021; näher dazu etwa Strasser WuW 2022, 68 ff.; Wollmann/Reumann NZKart 2023, 61 ff.; letztere auch zu den jüngst seitens der österreichischen Wettbewerbsbehörde (BWB) publizierten Leitlinien zur Anwendung von § 2 Abs. 1 KartG auf Nachhaltigkeitskooperationen (aus September 2022); zum niederländischen Entwurf vgl. ACM, zweite Entwurfsfassung vom 26.1.2021, Guidelines zu „Sustainability agreements".

men, dass das Thema Nachhaltigkeit – aufgegriffen etwa auch als ein Schwerpunkt im jüngst vorgestellten XXIV. Hauptgutachten der Monopolkommission sowie in einer vom Bundeswirtschaftsministerium eigens zum Thema Wettbewerb und Nachhaltigkeit in Auftrag gegebenen Studie[31] – zunehmend Raum im kartellrechtlichen Diskurs[32] einnimmt: So hat das Bundeskartellamt zu Beginn des Jahres 2022 drei Fallberichte ("Bananen", "Agrardialog Milch", "Tierwohlentgelt") veröffentlicht, im Rahmen derer es sich, ebenso wie jüngst in einer weiteren Pressemitteilung ("Kakaoforum"), mit Nachhaltigkeitskooperationen aus rechtspraktischem Blickwinkel auseinandersetzte;[33] dem vorausgegangen war bereits im Jahr 2020 ein sich allgemein mit Gemeinwohlzielen, darunter auch Nachhaltigkeit, innerhalb des Kartellverbots befassendes Hintergrundpapier[34].

Aufgrund der regelmäßig grenzüberschreitenden Dimension von Nachhaltigkeitsaspek- **18** ten dürften zukünftig vor allem Nachhaltigkeitskooperationen mit Zwischenstaatlichkeitsbezug in Rede stehen. Demnach gewinnt ein gemeinsamer europäischer Nachhaltigkeitsansatz an Bedeutung. Dies kommt nicht nur im europäischen "Green Deal" als allgemeinpolitische Zielsetzung zum Ausdruck.[35] Dem tragen auch die jüngst reformierten Vertikalleitlinien bereits insofern ein Stück weit Rechnung, als die Kommission in deren Einleitung (und als Neuerung gegenüber der Entwurfsfassung v. 9.7.2021, C(2021) 5038 final Annex) betont, dass es sich bei nachhaltiger Entwicklung um "ein vorrangiges Ziel der Politik der Union" (Art. 3 Abs. 3 AEUV) handle, zu dessen Verfolgung der vertikale Vertrieb beitragen könne; dies sei insbesondere im Rahmen der Einzelfreistellung (Art. 101 Abs. 3 AEUV), anknüpfend an qualitative oder quantitative Effizienzgewinne, zu berücksichtigen.[36] Während die jüngst reformierten Vertikalleitlinien nunmehr also zumindest punktuell nachhaltigkeitsbezogene Erwägungen beinhalten, versprechen die jüngst reformierten Horizontalleitlinien (ABl. 2023 C 259, 1) jedenfalls insofern einen umfassenderen Orientierungspfeiler, als die Kommission dort (Rn. 515–603) ein eigens auf "Nachhaltigkeitsvereinbarungen" zugeschnittenes neuntes Kapitel neu eingefügt hat. Ausgehend von einem relativ weit gefassten, nicht nur ökologische, sondern explizit auch wirtschaftliche und soziale Facetten umfassenden Nachhaltigkeitsbegriff (Rn. 517), legt die Kommission einen inhaltlichen Schwerpunkt vor allem auf die folgenden zwei Aspekte: zum einen auf die Ausgestaltung eines sog. *"Soft-Safe-Harbour"* speziell für normenbasierte Nachhaltigkeitsvereinbarungen ohne spürbar wettbewerbsbeschränkende Auswirkungen (Rn. 549–553), zum anderen auf Erwägungen zur Einzelfreistellungsfähigkeit von Nachhaltigkeitskooperationen (Rn. 556–596). Beidem liegen jeweils die Annahmen zugrunde, dass *erstens* – jenseits von staatlichen Maßnahmen – auch privatwirtschaftlich initiierte Unternehmenskooperationen einen – wettbewerbspolitisch grundsätzlich erwünschten – Beitrag dazu

---

[31] Monopolkommission, Wettbewerb 2022, XXIV. Hauptgutachten gem. § 44 Abs. 1 S. 1 GWB, S. 205 ff.; HHU-Zukunftsgruppe Competition & Sustainability, Wettbewerb und Nachhaltigkeit in Deutschland und der EU, 2023; Wagner-von Papp in MüKoWettbR, 4. Aufl. 2023, Art. 101 Rn. 449 ff.

[32] Jüngst aus dem Schrifttum zu Verbindungslinien zwischen Kartellrecht und Nachhaltigkeit etwa Bischke/Brack NZG 2022, 393 ff.; Higer NZKart 2022, 547 ff.; Lübbig NZKart 2022, 537 ff.; Schley/Symann WuW 2022, 2 ff.; Zimmer/Schäfer JZ 2022, 870 ff.; Gehring/Mäger NZKart 2023, 285 f.; Künstner WuW 2023, 7 ff. (letzterer speziell zur nachhaltigkeitsbezogenen, auf den Agrarsektor zugeschnittenen Kartellverbotsausnahme des Art. 210a Verordnung (EU) Nr. 1308/2013 über eine gemeinsame Marktorganisation); Wagner-von Papp in MüKoWettbR, 4. Aufl. 2023, Art. 101 Rn. 449 ff.

[33] Vgl. dazu BKartA 8.3.2022 – Fallbericht – B2–90/21 – Bananen; B2-87/21 – Agrardialog Milch; B2-72/14 – Tierwohlentgelt (vgl. zu letzterem Fallbericht allerdings auch die in der Pressemitteilung des BKartA vom 25.5.2023 („Mehr Wettbewerb für die Initiative Tierwohl – Bundeskartellamt erwirkt Abschaffung des verpflichtenden Preisaufschlags") jüngst artikulierte strengere Auffassung der Behörde); ferner BKartA Pressemitteilung vom 13.6.2023 – Kakaoforum.

[34] Vgl. BKartA, Hintergrundpapier zur Virtuellen Tagung des Arbeitskreises Kartellrecht v. 1.1.2020, Offene Märkte und nachhaltiges Wirtschaften – Gemeinwohlziele als Herausforderung für die Kartellrechtspraxis.

[35] Vorgestellt seitens der Europäischen Kommission am 11.12.2019, Pressemitteilung abrufbar unter: https://ec.europa.eu/commission/presscorner/detail/de/ip_19_6691.

[36] Vgl. Leitlinien für vertikale Beschränkungen v. 30.6.2022, ABl. 2022 C 248, 1, 5 Rn. 8 f.

leisten können, nachhaltigkeitsbezogene negative externe Effekte, die das Resultat von Produktions- und Verbrauchsentscheidungen markieren, zu internalisieren (Rn. 519 f.; Beispiele hierfür in Rn. 538), es dafür allerdings *zweitens* einer verstärkt Kooperationsanreize setzenden Interpretationshilfe bedarf, was den Kartellverbotsrahmen anbelangt. Im Ergebnis zeugt das neue neunte Kapitel der Horizontalleitlinien nichtsdestotrotz von einem eher zurückhaltenden Reformansatz, was mögliche Spannungsverhältnisse zwischen Wettbewerbsschutz einerseits und Nachhaltigkeitszielen andererseits anbelangt. Dies zeigt sich nicht zuletzt am Merkmal der angemessenen Verbraucherbeteiligung im Rahmen der Einzelfreistellungserwägungen: Auch wenn die Kommission neben individuellen nutzungs-(un-)abhängigen explizit auch kollektive Vorteile – also solche, die „nicht nur den Verbrauchern auf dem jeweils relevanten Markt" zugutekommen, sondern auch eine größere, (gesamt-)gesellschaftliche Dimension aufweisen (Rn. 582) – als an sich einzelfreistellungsrelevant qualifiziert, rückt sie letztlich nicht von der klassischen Auslegungspraxis ab, die Vorteilsbetrachtung doch „in erheblichem Maße" auf die „Gruppe der Verbraucher auf dem relevanten Markt" rückzubeziehen (Rn. 583 f.). Mit der kartellverbotsrechtlichen Würdigung von Nachhaltigkeitskooperationen, resp. den jüngst reformierten Horizontalleitlinien, wird sich im Übrigen die Kommentierung zu Art. 101 Abs. 1 AEUV in der 7. Aufl. näher befassen.

**19**  Neben den bis hier skizzierten Zwecken dient speziell das **EU-Kartellrecht** auch der Förderung des **Binnenmarktes.** Unternehmen wird es durch die Wettbewerbsregeln verwehrt, mit Mitteln des Privatrechts zwischen den Mitgliedstaaten Marktabschottungen herbeizuführen.[37] Wegen Einzelheiten ist auf die Erläuterungen zum EU-Recht zu verweisen.[38] Der Vorrang des Unionskartellrechts (→ Rn. 7) lässt es aber nicht unbedingt erforderlich erscheinen, diesen integrationspolitischen Schutzzweck auch bei der Anwendung des § 1 GWB in Rechnung zu stellen. Ist das Unionsrecht im Einzelfall strenger als das nationale Wettbewerbsrecht, so fordert das Unionsrecht keine inhaltliche Gleichrichtung des mitgliedstaatlichen Rechts. Der Vorrang wird vielmehr dadurch verwirklicht, dass die mitgliedstaatlichen Behörden und Gerichte zur Anwendung auch des Art. 101 AEUV verpflichtet werden (Art. 3 Abs. 1 S. 1 VO Nr. 1/2003).

**20**  Nach dem Gesagten ist **nicht von einer unionsrechtlichen Verpflichtung** zur Integration eines „überschießenden" Inhalts des Art. 101 Abs. 1 AEUV in die Interpretation des § 1 GWB auszugehen. Für eine solche Verpflichtung kann nach hier vertretener Auffassung auch nicht angeführt werden, dass das Kartellverbot des deutschen Rechts mit den Merkmalen beispielsweise des Unternehmens, der Vereinbarungen und des Bezweckens oder Bewirkens einer Verhinderung, Einschränkung und Verfälschung des Wettbewerbs weitgehend die gleiche Begrifflichkeit verwendet wie das europäische Recht. Gegen die alleinige Maßgeblichkeit des europäischen Rechts für die Auslegung der Begriffe der nationalen Vorschrift spricht schon, dass diese zum Teil von Anbeginn – dh schon vor einer weitgehenden Angleichung an die des europäischen Rechts – mit gleichem Wortlaut verwendet wurden und eine eigenständige Interpretation durch deutsche Behörden und Gerichte erfuhren. So verwendete schon das Kartellverbot des GWB in seiner Ursprungsfassung zur Bestimmung seines Adressatenkreises den Begriff des Unternehmens. Bei einem fortgesetzten Gebrauch solcher Begriffe auch nach einer immer weitergehenden Angleichung der übrigen Tatbestandsmerkmale des § 1 GWB an den Tatbestand des heutigen Art. 101 Abs. 1 AEUV war der nationale Gesetzgeber nicht gehalten, eine eventuelle abweichende Wortbedeutung der von ihm weiterhin verwendeten Formulierung durch eine ausdrückliche Distanzierung von der Bedeutung des identischen Begriffs im europäischen Recht anzuzeigen.[39]

---

[37] EuGH 13.7.1966 – 56/64, ECLI:EU:C:1966:41 = Slg. 1966, 321 (388) – Consten/Grundig.
[38] Hierzu die Erläuterungen zum unionsrechtlichen Kartellverbot in Band 1 dieser Kommentierung, → AEUV Art. 101 Abs. 1 Rn. 4.
[39] Insoweit übereinstimmend Roth/Ackermann in FK-KartellR Rn. 26.

Entgegen einer im Schrifttum vertretenen Auffassung[40] kann auch aus der gleichzeitigen **21**
Verwendung von Begriffen des Kartellverbots in EU-Gruppenfreistellungsverordnungen
nicht gefolgt werden, dass die Auslegung der Begriffe des § 1 GWB im Ergebnis
derjenigen des Art. 101 Abs. 1 AEUV zu entsprechen habe. Zwar ordnet § 2 Abs. 2 GWB
die Geltung der EU-Gruppenfreistellungsverordnungen auch für solche Vereinbarungen,
Beschlüsse und aufeinander abgestimmte Verhaltensweisen an, die den Handel zwischen
Mitgliedstaaten nicht zu beeinträchtigen geeignet sind. Mit anderen Worten: Die EU-
Gruppenfreistellungsverordnungen gelten kraft autonomer Verweisung des nationalen
Rechts auch für solche Vereinbarungen, Beschlüsse und aufeinander abgestimmte Verhaltensweisen, die unterhalb der Zwischenstaatlichkeitsschwelle liegen und deshalb nicht
dem unionsrechtlichen, sondern nur dem nationalen Kartellverbot unterfallen. Hieraus folgt
aber nicht, dass auch das Verbot des nationalen Rechts zwingend ebenso auszulegen wäre
wie das Verbot des europäischen Rechts. Zwar mag man formulieren, § 1 GWB bilde mit
§ 2 Abs. 2 GWB eine „funktionale unauflösliche Einheit".[41] Eine unionsrechtliche Verpflichtung zur Auslegung (auch) des § 1 GWB iSd Art. 101 Abs. 1 AEUV ergibt sich
daraus vom hier eingenommenen Standpunkt aus aber nicht. Es ist nicht davon auszugehen,
dass der deutsche Gesetzgeber, als er in § 2 Abs. 2 GWB auf Gruppenfreistellungsverordnungen des europäischen Rechts verwies, damit zugleich für die Begriffe des § 1 GWB
eine Verweisung auf diejenigen des Kartellverbots des Art. 101 Abs. 1 AEUV vornahm.[42]
Eine solche Verweisung ist jedenfalls insoweit nicht anzunehmen, wie die Begriffe im
deutschen Recht schon vor den jüngsten GWB-Novellen verwendet wurden. Zudem ist
darauf hinzuweisen, dass die Begriffe des Verbotstatbestandes des Art. 101 Abs. 1 AEUV in
den Gruppenfreistellungsverordnungen nur vorausgesetzt, nicht aber geprägt werden. Ergänzend sei darauf hingewiesen, dass die Gruppenfreistellungsverordnungen, auf die § 2
Abs. 2 GWB verweist, zum europäischen Sekundärrecht gehören, also nicht mit Art. 101
Abs. 1 AEUV identisch sind. Dass diese Verordnungen unter dem Gesichtspunkt der
Normenhierarchie einen anderen Rang haben als Art. 101 Abs. 1 AEUV, kommt darin
zum Ausdruck, dass sie allein von der Kommission erlassen werden. Auch sind ihre Rechtsfolgen denjenigen der Verbotsvorschrift entgegengesetzt. Dies alles spricht **dagegen,** auf
dem Umweg über § 2 Abs. 2 GWB und die Gruppenfreistellungsverordnungen der Europäischen Kommission einen **unionsrechtlich zwingenden inhaltlichen Gleichlauf** von
Art. 101 Abs. 1 AEUV und § 1 GWB auch in dem Bereich anzunehmen, in dem nationale
Gesetzgeber weiterhin Regelungsautonomie haben.

Zwingt demnach das Unionsrecht nicht dazu, die Begriffe des § 1 GWB in gleicher **22**
Weise auszulegen wie die des Art. 101 Abs. 1 AEUV, so sprechen doch die **Gesetzes-
motive** der 7. GWB-Novelle grundsätzlich für eine solche Gleichausrichtung: Der Bundesgesetzgeber verfolgte mit dieser Novelle das **Ziel einer weitgehenden inhaltlichen
Angleichung** des § 1 GWB **an den unionsrechtlichen Kartellverbotstatbestand.**[43]
Hieraus folgt allerdings kein Zwang zum sklavischen Nachvollzug des Unionsrechts in allen
Hinsichten: Die Angleichung des deutschen an das europäische Recht verfolgt den Zweck,
inhaltliche Unsicherheit insbesondere in solchen Fällen auszuräumen, in denen das Beste-
hen einer Eignung zur Beeinträchtigung des zwischenstaatlichen Handels nicht eindeutig
erscheint. Hier werden Rechtsunterworfene und -anwendende durch die Wahl gleicher
Formulierungen in § 1 GWB wie in Art. 101 Abs. 1 AEUV von der Notwendigkeit der
Feststellung des Zwischenstaatlichkeitsbezuges entlastet. Zugleich wird die mit der Schwierigkeit einer solchen Feststellung verbundene Unsicherheit hinsichtlich des Eingreifens des
– Vorrang beanspruchenden – europäischen Rechts von ihnen genommen. Stellt man
diesen Regelungszweck in Rechnung, so wird deutlich: Soweit ein Vorrang des europäi-

---

[40] Roth/Ackermann in FK-KartellR Rn. 27 ff.
[41] So Roth/Ackermann in FK-KartellR Rn. 32.
[42] Insoweit unterscheidet sich die Konstellation von derjenigen in EuGH 11.12.2007 – C-216/17, ECLI:
EU:C:2018:1034 – Autorità Garante della Concorrenza e del Mercato/ETI.
[43] Vgl. Begründung zum Regierungsentwurf der 7. GWB-Novelle, BT-Drs. 15/3640, 22 f.

schen Rechts von vornherein nicht in Betracht kommt, kann die Auslegung des § 1 GWB von derjenigen des Art. 101 Abs. 1 AEUV abweichen. Praktische Bedeutung hat dies vor allem im Zusammenhang des Unternehmensbegriffs: **Wo** es eindeutig an einem „**Unternehmen**" im Sinne der Auslegung des europäischen Rechts **fehlt,** beansprucht dieses **keinen Vorrang:** Auch die in Art. 3 VO Nr. 1/2003 enthaltenen Vorrangregeln beziehen sich nur auf Fälle, in denen „Unternehmen" (oder „Unternehmensvereinigungen") iSd europäischen Rechts involviert sind.[44] Soweit das europäische Kartellrecht unter Einschluss der Vorrangregeln des Art. 3 VO Nr. 1/2003 den eigenen Anwendungsbereich durch einen eng gefassten Unternehmensbegriff eingrenzt, kann das nationale Recht – mangels Vorrangwirkung des europäischen – seine Anwendung weiter fassen (hierzu → Rn. 29 und 31).

## B. Der Unternehmensbegriff

**Schrifttum:** Bechtold, Kartellrecht in regulierten Bereichen, WuW 2010, 727; Becker/Schweitzer, Wettbewerb im Gesundheitswesen – Welche gesetzlichen Regelungen empfehlen sich zur Verbesserung eines Wettbewerbs der Versicherer und Leistungserbringer im Gesundheitswesen?, Gutachten B zum 69. Deutschen Juristentag, 2012; Becker/Schweitzer, Schutz der Versicherten vor unlauterem Kassenwettbewerb, NJW 2014, 269, 270; Bornkamm, Hoheitliches und unternehmerisches Handeln der öffentlichen Hand im Visier des europäischen Kartellrechts, in: FS Hirsch 2008, S. 231; Bornkamm, „FENIN" Revisited, in: FS Blaurock 2013, S. 41; Hoffmann, Die gesetzlichen Krankenkassen im Anwendungsbereich des deutschen Kartellrechts, WuW 2011, 472; Holzinger, Wirtschaftliche Tätigkeit der öffentlichen Hand als Anwendungsvoraussetzung des europäischen und des deutschen Kartellrechts, 2011; Kersting/Faust, Krankenkassen im Anwendungsbereich des Europäischen Kartellrechts, WuW 2011, 472; Klees, Welcher Unternehmensbegriff gilt im GWB?, EWS 2010, 1; Roth, W.-H., Das GWB als Regulierungsrecht – geeignet für das Gesundheitswesen?, in: Wallrabenstein (Hrsg.), Braucht das Gesundheitswesen ein eigenes Regulierungsrecht?, 2012, S. 113; Roth, W.-H., Das Unternehmen als „wirtschaftliche Einheit" im Kartelldeliktsrecht, in: FS Schmidt-Preuß, 2018, S. 759; Roth, W.-H., Zum Unternehmensbegriff im deutschen Kartellrecht, in: FS Loewenheim, 2009, S. 545; Roth, W.-H., Zur Anwendbarkeit des GWB auf Unternehmen der öffentlichen Hand – Eine Skizze, in: FS 50 Jahre FIW 2010, S. 253; Säcker, Gespaltener Unternehmensbegriff im Wettbewerbs- und Lauterkeitsrecht?, WuW 2014, 3; Wallrabenstein, Das Wettbewerbsrecht der gesetzlichen Krankenversicherung, NZS 2015, 48; Werner, Der Begriff der wirtschaftlichen Tätigkeit im europäischen Kartellrecht, 2012.

## I. Einführung

23    „Unternehmen" sind Normadressaten eines Großteils der Vorschriften des GWB. Eine präzise Abgrenzung des Unternehmensbegriffs ist daher grundlegend für die Anwendung der deutschen Wettbewerbsvorschriften. Das gesamte GWB verwendet im Grundsatz einen einheitlichen Unternehmensbegriff. Einige Modifikationen ergeben sich gleichwohl, beispielsweise für die Zusammenschlusskontrolle (vgl. Erläuterungen zu § 35 GWB) oder im Verfahrensrecht (etwa im Zusammenhang von Auskunftsverlangen nach § 59 GWB).[45]

## II. Maßgeblichkeit des europäischen Rechts

24    Nach der inhaltlichen Angleichung des § 1 GWB an Art. 101 Abs. 1 AEUV (hierzu → Rn. 5–8, aber auch 22) stimmt der Unternehmensbegriff des deutschen Kartellverbots weitgehend mit demjenigen des europäischen Rechts überein. Daher kann im Grundsatz auf die Ausführungen zu Art. 101 Abs. 1 AEUV verwiesen werden (siehe → AEUV Art. 101 Abs. 1 Rn. 9 ff.). Der EuGH hat in einer Vielzahl von Entscheidungen jede eine „**wirtschaftliche Tätigkeit**" ausübende Einheit als Unternehmen eingeordnet, wobei er wirtschaftliche Tätigkeit als jede Tätigkeit, die darin besteht, Güter oder Dienstleistungen

---

[44] Rehbinder in Band 1 → VO Nr. 1/2003 Art. 3 Rn. 24.
[45] S. dazu BGH 18.10.2011 – KVR 9/11, WuW/E DE-R 3497 Rn. 12–14 – Niederbarnimer Wasserverband; anders hingegen die Vorinstanz OLG Düsseldorf 8.12.2010 – VI-2 Kart 1/10 (V), WuW/E DE-R 3170 (3172 f.) – Wasserversorger.

entgeltlich anzubieten,[46] definiert. Jüngst hat der EuGH in der Rechtssache ,**Sumal/ Mercedes-Benz**' die wirtschaftliche Einheit als Konkretisierung des kartellrechtlichen Unternehmensbegriffs ein weiteres Mal bekräftigt, um unmittelbar daraus sodann haftungsrechtliche Konsequenzen abzuleiten: Falls eine Mutter- und eine Tochtergesellschaft eine wirtschaftliche Einheit und damit ein einziges Unternehmen im Sinne von Art. 101 AEUV bildeten, so sei gerade diese wirtschaftliche Einheit – namentlich hinreichende Bindungen zwischen beiden Gesellschaften sowie ein konkreter Zusammenhang zwischen der Zuwiderhandlung und der wirtschaftlichen Tätigkeit der zur Verantwortung gezogenen Gesellschaft – ausschlaggebend dafür, dass eine Tochtergesellschaft grundsätzlich auch für Fehlverhalten der Muttergesellschaft zivilrechtlich haftbar gemacht werden könne.[47] Nach der Rechtsprechung des BGH wird die Unternehmenseigenschaft durch jede selbständige Tätigkeit im geschäftlichen Verkehr begründet, die auf den Austausch von Waren oder gewerblichen Leistungen gerichtet ist und sich nicht auf die Deckung des privaten Bedarfs beschränkt.[48] Wie im europäischen führt der Unternehmensbegriff auch im deutschen Recht zum Ausschluss privaten Verbrauchs (hierzu → AEUV Art. 101 Abs. 1 Rn. 10), abhängiger Arbeit (→ AEUV Art. 101 Abs. 1 Rn. 11) und hoheitlichen Handelns (→ AEUV Art. 101 Abs. 1 Rn. 12) aus dem Tatbestand des Kartellverbots. Ebenso wird die Reichweite des geschützten Wettbewerbs nach übereinstimmenden Grundsätzen beurteilt (→ AEUV Art. 101 Abs. 1 Rn. 107 ff.). Schließlich werden auch die meisten Abgrenzungsfragen einheitlich behandelt (siehe Band 1 → AEUV Art. 101 Abs. 1 Rn. 46 f.). Im Folgenden werden demgegenüber mögliche Abweichungen in der Auslegung des Unternehmensbegriffs dargestellt.

### III. Besonderheiten im deutschen Recht

§ 1 GWB schützt grundsätzlich sowohl den Angebots- als auch den Nachfragewettbewerb vor Beschränkungen. Deshalb können beispielsweise Nachfragerkartelle grundsätzlich vom Kartellverbot erfasst sein (hierzu → Rn. 119–130). Dies gilt im Ausgangspunkt auch für das europäische Recht (siehe → AEUV Art. 101 Abs. 1 Rn. 120 ff.). Eine Diskrepanz kann sich aber hinsichtlich der Erfassung solcher Einrichtungen ergeben, welche Waren oder Dienstleistungen nicht zu wirtschaftlichen, sondern zu anderen – insbes. sozialen – Zwecken erwerben. Das EuG entschied in der Rechtssache „FENIN", bestätigt durch den EuGH, dass eine Nachfragetätigkeit dann nicht als wirtschaftlich zu qualifizieren sei, wenn die nachgefragten Güter in nichtwirtschaftlicher Art verwendet werden (siehe → AEUV Art. 101 Abs. 1 Rn. 13, 46 ff.).[49] Diese Unterscheidung trifft die überkommene

25

---

[46] Vgl. EuGH 1.7.2008 – C-49/07, ECLI:EU:C:2008:376 Rn. 21 f. – MOTOE; EuGH 26.3.2009 – C-113/07 P, ECLI:EU:C:2009:191 Rn. 69 – SELEX. Auch deutsche Instanzgerichte haben kürzlich zur Begründung der Unternehmenseigenschaft auf eine anbietende Tätigkeit abgestellt, so etwa OLG Düsseldorf 15.3.2017 – VI-Kart 10/15 (V), NZKart 2017, 247 (250) – Rundholzvermarktung; LG München I 10.2.2021 – 37 O 15721/20, GRUR-RS 2021, 1338 Rn. 73, 77 – Gesundheits-Infobox (hierzu → Rn. 27).

[47] Vgl. EuGH 6.10.2021 – C-882/19, ECLI:EU:C:2021:800, insbes. Rn. 43, 46 f. und 51 – Sumal; dazu näher Kersting/Otto NZKart 2021, 651 sowie NZKart 2022, 14; vgl. zur gewissermaßen „umgekehrten" Konstellation betreffend die Schadensersatzhaftung einer Muttergesellschaft für kartellverbotswidriges Verhalten ihrer Tochtergesellschaft schon EuGH 14.3.2019 – C-724/17, ECLI:EU:C:2019:204 Rn. 36 ff. – Skanska Industrial, dort zusätzlich gepaart mit einer Nachfolgekonstellation. Vgl. ferner jüngst zu Zurechnungsfragen im Kontext des Art. 102 AEUV (konkret betreffend die Reichweite der wirtschaftlichen Einheit im Rahmen eines Vertriebsnetzes aus einem marktbeherrschenden Hersteller und mehreren rechtlich selbständigen Vertriebshändlern) EuGH 19.1.2023 – C-680/20, ECLI:EU:C:2023:23 Rn. 23 ff. – Unilever.

[48] BGH 16.1.2008 – KVR 26/07, BGHZ 175, 333 Rn. 21 – Kreiskrankenhaus Bad Neustadt mwN.

[49] EuG 4.3.2003 – T-319/99, ECLI:EU:T:2003:50 – WuW/E EU-R 688 – FENIN; bestätigt durch EuGH 11.7.2006 – C-205/03 P, ECLI:EU:C:2006:453 – WuW/E EU-R 1213 – FENIN; ebenso EuG 12.12.2006 – T-155/04, ECLI:EU:T:2006:387 Rn. 65 ff. – WuW/E EU-R 1250 – SELEX, bestätigt durch EuGH 26.3.2009 – C-113/07 P, ECLI:EU:C:2009:191 Rn. 102 – SELEX; zur europäischen Rechtsprechung im Bereich der Nachfragetätigkeit ohne weitere Verwendung im wirtschaftlichen Verkehr siehe Werner, Der Begriff der wirtschaftlichen Tätigkeit im europäischen Kartellrecht, S. 140 ff.; krit. insbes. zur „FENIN"-Entscheidung auch Bornkamm FS Hirsch, 2008, 231 ff.; Bornkamm FS Blaurock, 2013, 41 f.

deutsche Auffassung nicht.[50] Für die Beurteilung der Nachfragetätigkeit der öffentlichen Hand und von Sozialversicherungsträgern (siehe → AEUV Art. 101 Abs. 1 Rn. 13, 46 f.) kommt der Differenzierung grundlegende Bedeutung zu. Sollte die deutsche Praxis sich der EU-Rechtsprechung anschließen, würden Anbieter durch § 1 GWB nicht mehr vor Nachfragerkartellen solcher Unternehmen geschützt, die die nachgefragten Waren oder Dienstleistungen ihrerseits nicht für eine „wirtschaftliche" Tätigkeit im Sinne des EU-Kartellrechts verwenden.[51]

**26**      Ob die oben beschriebene Unterscheidung nach der Verwendung der erworbenen Waren oder Dienstleistungen im deutschen Recht Berücksichtigung findet, ist von Seiten der Rechtsprechung bislang nicht geklärt. In einem Kostenbeschluss aus dem Jahre 2007, der nach übereinstimmender Erledigungserklärung der am Rechtsstreit beteiligten Parteien ergangen ist, hat es der BGH ausdrücklich abgelehnt, im Rahmen eines summarischen Verfahrens zu entscheiden, ob die in der Rechtssache „FENIN" ergangenen Entscheidungen Anlass bieten, „die gefestigte Rspr. zum Unternehmensbegriff im deutschen Recht einer Überprüfung zu unterziehen."[52] Auch in späteren Verfahren (betreffend den Deutschen Lotto- und Totoblock sowie ein Kreiskrankenhaus) musste der BGH sich nicht mit der europäischen Judikatur auseinandersetzen, sondern konnte auf eine wirtschaftliche **Angebots**tätigkeit (Vertrieb entgeltlicher Teilnahmemöglichkeiten am Glücksspiel bzw. Angebot medizinischer Beratungsleistungen gegen Entgelt) abstellen.[53] In der Entscheidung „VBL-Gegenwert I" hält es der BGH grundsätzlich für möglich, den Unternehmensbegriff im deutschen und im europäischen Kartellrecht verschieden zu interpretieren.[54] Ob eine Anpassung seiner Rechtsprechungslinie erfolgt, bleibt aber weiterhin offen.[55]

**27**      In einem jüngeren Beschluss, der den Zusammenhang hoheitlicher Aktivitäten mit einer Vermarktungstätigkeit betraf, hat das OLG Düsseldorf bei der Feststellung der Unternehmenseigenschaft auf eine anbietende Tätigkeit abgestellt.[56] Auch das LG München I hat jüngst eine wirtschaftliche Angebotstätigkeit der öffentlichen Hand angenommen, als es das Bundesgesundheitsministerium im Kontext einer Vereinbarung mit einem Suchmaschinenbetreiber über die digitale Bereitstellung sog. Infoboxen zur Gesundheitsaufklärung als Unternehmen einstufte.[57] Maßgeblich sei allein, dass die in Rede stehende Tätigkeit losgelöst von der Wahrnehmung hoheitlicher Befugnisse erfolge.[58] Dem Gericht zufolge steht der Bejahung der Unternehmenseigenschaft ein etwaiges unentgeltliches Tätigwerden der öffentlichen Hand nicht entgegen, sofern die Tätigkeit zumindest „üblicherweise" am Markt gegen Entgelt, etwa werbefinanziert, erfolgt und nicht zwingend an den Betrieb

[50] Vgl. schon BGH 26.10.1961 – KZR 1/61, BGHZ 36, 91 = WuW/E BGH 442 – Gummistrümpfe; BGH 12.11.2002 – KZR 11/01, BGHZ 152, 347 = WuW/E DE-R 1087 – Ausrüstungsgegenstände für Feuerlöschzüge; ferner zB OLG Düsseldorf 12.5.1998 – U (Kart) 11/98, WuW/E DE-R 150 – Löschfahrzeuge; OLG Koblenz 5.11.1998 – U 596/98 – Kart, WuW/E Verg 184 – Feuerlöschgeräte.

[51] Krauß in Bunte Rn. 34; vgl. allerdings zur Anwendung des Kartellvergaberechts durch das Bundeskartellamt → Rn. 30.

[52] BGH 19.6.2007 – KVR 23/98, WuW/E DE-R 2161 (2163) – Tariftreueerklärung III.

[53] BGH 14.8.2008 – KVR 54/07, WuW/E DE-R 2408 Rn. 25 – Lottoblock; sowie BGH 16.1.2008 – KVR 26/07, BGHZ 175, 333 = WuW/E DE-R 2327 Rn. 21 – Kreiskrankenhaus Bad Neustadt.

[54] BGH 6.11.2013 – KZR 58/11, BGHZ 199, 1 = NZKart 2014, 31 Rn. 59 – VBL Gegenwert I.

[55] BGH 6.11.2013 – KZR 58/11, BGHZ 199, 1 = NZKart 2014, 31 Rn. 52, 59 – VBL Gegenwert I; BGH 16.6.2015 – KZR 83/13, BGHZ 205, 354 = NJW 2016, 74 Rn. 37 – Einspeiseentgelt; BGH 18.2.2020 – KZR 7/17, NJW-RR 2020, 546 Rn. 19 – Einspeiseentgelt III.

[56] OLG Düsseldorf 15.3.2017 – VI-Kart 10/15 (V), NZKart 2017, 247 (250) – Rundholzvermarktung. Der BGH nahm in der Revisionsentscheidung nicht zu den Ausführungen bezüglich des Unternehmensbegriffs Stellung, BGH 12.6.2018 – KVR 38/17, NZKart 2018, 368 – Rundholzvermarktung.

[57] LG München I 10.2.2021 – 37 O 15721/20, WuW 2021, 190 (192) = GRUR-RS 2021, 1338 Rn. 73, 77 – Gesundheits-Infobox.

[58] LG München I 10.2.2021 – 37 O 15721/20, GRUR-RS 2021, 1338 Rn. 76 – Gesundheits-Infobox. Mit der Abgrenzung zwischen wirtschaftlicher und hoheitlicher Tätigkeit hat sich in jüngerer Zeit auch das OLG Düsseldorf befasst, dem zufolge eine Behörde, die auf Grundlage einer EU-Verordnung Briefmarkenentgelte einheitlich festlegt, rein hoheitlich agiere und damit nicht als Normadressat im Sinne des Kartellverbots zu qualifizieren sei, vgl. OLG Düsseldorf 16.9.2020 – 3 Kart 750/19, NZKart 2020, 683 f. – Fernleitungsentgelte Gaspool.

durch eine öffentliche Einrichtung gekoppelt ist, sondern vielmehr auch durch private Anbieter erfolgen kann.[59] Inwieweit der europäische den deutschen Unternehmensbegriff hinsichtlich der Einordnung einer Nachfragetätigkeit zu anderen als wirtschaftlichen Zwecken beeinflusst, bedurfte angesichts der anbietenden unternehmerischen Tätigkeit hier keiner Entscheidung.

Das BKartA ist im Hinblick auf die 2007 erfolgte Neufassung von § 69 S. 2 SGB V, mit **28** der die §§ 19–21 GWB auf gesetzliche Krankenkassen für „entsprechend" anwendbar erklärt wurden (dazu → Rn. 30), davon ausgegangen, dass der deutsche Gesetzgeber die europäische Rspr. für maßgeblich hält und Krankenkassen nicht als Unternehmen iSd § 1 GWB betrachtet.[60] Im deutschen Schrifttum wird die den Anwendungsbereich des Kartellrechts einschränkende neuere Rspr. von EuGH und EuG zwar überwiegend kritisch gesehen;[61] deren Auswirkungen für das deutsche Recht werden jedoch unterschiedlich beurteilt.[62] Das Meinungsspektrum reicht von der uneingeschränkten Übertragung der europäischen Judikatur auf § 1 GWB (auch für Sachverhalte, die nicht der Zwischenstaatlichkeitsklausel des Art. 101 Abs. 1 AEUV unterfallen)[63] bis hin zu der Annahme, dass an der überkommenen deutschen Auffassung selbst für Fälle festgehalten werden kann, die eine Eignung zur Beeinträchtigung des Handels zwischen Mitgliedstaaten aufweisen.[64]

Aus der Perspektive des Wettbewerbsschutzes sprechen die besseren Gründe dafür, die **29** Beschaffungstätigkeit – soweit es sich nicht lediglich um Nachfrage für den privaten Verbrauch handelt (hierzu → Rn. 24) – als unternehmerisches Handeln wettbewerbsrechtlich zu erfassen.[65] Das vom Gesetzgeber im Rahmen der 7. GWB-Novelle verfolgte Ziel einer Angleichung des Kartellverbots des § 1 GWB an das des europäischen Rechts (dazu → Rn. 5) zwingt nicht zu einer identischen Auslegung des Unternehmensbegriffs in beiden Regelungsmaterien. Die Angleichung verfolgt nämlich das Ziel, Rechtsunterworfene in dem Bereich, in dem das europäische Recht grundsätzlich Anwendungsvorrang beansprucht, von der oft schwierigen Feststellung des Bestehens einer Eignung zur Beeinträchtigung des zwischenstaatlichen Handels zu entlasten (hierzu schon → Rn. 7). Soweit ein Vorrang des europäischen Rechts von vornherein nicht in Betracht kommt, kann – vor dem Hintergrund dieses Regelungszwecks – die Auslegung des § 1 GWB von derjenigen des Art. 101 Abs. 1 AEUV abweichen. Das europäische Recht beansprucht keinen Vor-

---

[59] LG München I 10.2.2021 – 37 O 15721/20, GRUR-RS 2021, 1338 Rn. 75 sowie 79 – Gesundheits-Infobox.

[60] TB 2007/08, 8; ausführlich zur Bedeutung der Reformen im Bereich der Krankenkassen für die Bestimmung des kartellrechtlichen Unternehmensbegriffs auch Roth in Wallrabenstein, Braucht das Gesundheitswesen ein eigenes Regulierungsrecht?, S. 129 f.; Roth/Ackermann in FK-KartellR Rn. 59 ff.

[61] So bspw. von Grave/Nyberg in LMRKM Rn. 7; Roth/Ackermann in FK-KartellR Rn. 51; Maritzen in Kölner Komm Rn. 64; Kling/Thomas § 5 Rn. 24; Werner, Der Begriff der wirtschaftlichen Tätigkeit im europäischen Kartellrecht, S. 140 ff.; Bornkamm FS Hirsch, 2008, 231 ff.; eingehend zur europäischen Rechtsprechung auch Holzinger, Wirtschaftliche Tätigkeit der öffentlichen Hand als Anwendungsvoraussetzung des europäischen und des deutschen Kartellrechts, S. 118 ff.; aA: Herrmann in MüKoWettbR, 2. Aufl. 2015, Einl. Rn. 997.

[62] Ausführlich zur Diskussion Klees EWS 2010, 1 ff.; Roth FS Loewenheim, 2009, 545 ff.; Roth FS 50 Jahre FIW, 2010, 253 ff.

[63] S. dazu mit ausführlicher Begründung Roth/Ackermann in FK-KartellR Rn. 56 ff.; eine vollständige Identität von deutschem und europäischem Unternehmensbegriff propagiert auch Bechtold/Bosch Rn. 4, 8.

[64] So Grave/Nyberg in LMRKM Rn. 8; ablehnend Bechtold/Bosch Rn. 8; Bechtold NJW 2007, 3761 (3762) („überspitzte Formallogik"); für die Möglichkeit eines eigenständigen nationalen Unternehmensbegriffs demgegenüber Hoffmann WuW 2011, 472 (480 f.); Säcker WuW 2014, 3.

[65] Kritisch zur europäischen Rechtsprechung auch Werner, Der Begriff der wirtschaftlichen Tätigkeit im europäischen Kartellrecht, S. 238 ff. (mit weiteren Nachweisen); dies entspricht auch der Rechtsprechung des EuGH zum Lauterkeitsrecht: In der Sache „BKK Mobile Oil" hat der Gerichtshof mit Urteil vom 3.10.2013 entschieden, die Richtlinie 2005/29/EG über unlautere Geschäftspraktiken gelte auch für öffentlich-rechtliche Körperschaften wie gesetzliche Krankenkassen, da es aus Sicht der von der Richtlinie geschützten Verbraucher unwesentlich sei, ob unlautere Geschäftspraktiken von öffentlich-rechtlichen Körperschaften oder privaten Einheiten ausgehen (siehe EuGH 3.10.2013 – C-59/12, ECLI:EU:C:2013:634 = GRUR 2013, 1159 Rn. 34 ff. – BKK Mobile Oil). Eine solche, am Schutzzweck orientierte Auslegung ist auch für das Kartellverbot zu favorisieren (so Säcker WuW 2014, 3).

rang für Sachverhalte, bei denen es an einem „Unternehmen" im engen Begriffssinn des Unionsrechts fehlt (vgl. Art. 3 Abs. 1 und 2 VO Nr. 1/2003 und hierzu → Rn. 22).[66]

30      Das Gesagte spricht im Ganzen dafür, den Unternehmensbegriff im deutschen Recht autonom zu bestimmen und die Beschaffungstätigkeit auch dann als wirtschaftliche Betätigung zu erfassen, wenn sie nicht der Vorbereitung einer anbietenden wirtschaftlichen Aktivität dient. Hiergegen kann im Ergebnis auch nicht die im Jahr 2010 erfolgte Änderung des § 69 S. 2 SGB V aF ins Feld geführt werden: Mit der Gesundheitsreform von 2007 war zunächst ein Satz 2 in § 69 SGB V aF eingefügt worden, der für die **Rechtsbeziehungen von Krankenkassen und Leistungserbringern** – mit Ausnahme von Verträgen, zu deren Abschluss eine gesetzliche Pflicht besteht – die „entsprechende" Geltung der §§ 19–21 GWB anordnete. Im Rahmen einer weiteren Änderung durch das Arzneimittelmarktneuordnungsgesetz (AMNOG) aus dem Jahre 2010 wurde die Regelung von § 69 S. 2 SGB V aF in Abs. 2 S. 1 verschoben und zusätzlich der Katalog der „entsprechend" anwendbaren Normen ua um die §§ 1 und 2 GWB erweitert.[67] Mit der 8. GWB-Novelle ist schließlich die Geltung der GWB-Normen durch § 172a SGB V aF (nun inhaltlich unverändert in § 158 SGB V) auch für die **Zusammenschlusskontrolle** vorgeschrieben worden.[68] Die Bezeichnung als „entsprechende" Anwendung der GWB-Vorschriften ist nicht zwingend in dem Sinne zu verstehen, dass der Bundesgesetzgeber den engen europäischen Unternehmensbegriff zugrunde legt,[69] da andernfalls die Normen des GWB ohnehin Anwendung fänden. Möglich scheint vielmehr auch die Interpretation, dass der Gesetzgeber sich auf Grund der Rspr. des EuGH und des EuG zu einer die Rechtslage lediglich klarstellenden Regelung veranlasst sah. Für Institutionen im Anwendungsbereich des § 69 Abs. 2 S. 1 SGB V hat der Streit um den Unternehmensbegriff wegen der angeordneten „entsprechenden" Geltung der GWB-Vorschriften ohnehin an Schärfe verloren. Die ursprünglich im Rahmen der 8. GWB-Novelle vorgesehene umfassende Erweiterung der Anwendbarkeit des GWB auf das „Verhältnis der Krankenkassen und ihrer Verbände untereinander und zu den Versicherten" ist hingegen im Vermittlungsausschuss gescheitert.[70] Nach den geänderten Regelungen im SGB V sind Krankenkassen bei Anwendung der betreffenden GWB-Vorschriften also wie Unternehmen zu behandeln. Ergänzend ist darauf hinzuweisen, dass das Bundeskartellamt mit Beschluss vom 9.5.2007 die gesetzlichen Krankenkassen als öffentliche Auftraggeber eingeordnet und als solche den Regeln des Kartellvergaberechts subsumiert hat (BKartA Pressemitteilung vom 11.5.2007), was durch § 69 Abs. 2 S. 4 SGB V aF bestätigt wurde (nun § 69 Abs. 3 SGB V).

31      Obwohl der Streit um die Unternehmenseigenschaft gesetzlicher Krankenkassen an Bedeutung verloren hat, bleibt die Thematik der Anwendbarkeit kartellrechtlicher Vor-

---

[66] So auch Krauß in Bunte Rn. 35; Grave/Nyberg in LMRKM Rn. 5; Die Frage der Vorrangigkeit des europäischen Rechs für vorlagebedürftig hält Bornkamm FS Blaurock, 2013, 41 (57).

[67] S. zum Verhältnis von § 69 SGB V und allgemeinem Kartellrecht OLG Düsseldorf 4.5.2011 – VI-Kart 7/10 (V), WuW/E DE-R 3320 Rn. 19–30 – Hörgeräteakustiker; sowie für das Fusionskontrollrecht BGH 16.1.2008 – KVR 26/07, BGHZ 175, 333 = WuW/E DE-R 2327 (2328) – Kreiskrankenhaus Bad Neustadt.

[68] Dies ist als Reaktion auf ein Urteil des LSG Hessen zu verstehen, in dem das Gericht mangels einer ausdrücklichen gesetzlichen Grundlage die Zuständigkeit des BKartA für die (Fusions-)Kontrolle von Krankenkassen angezweifelt hat; vgl. insoweit Begr. zum RegE zur 8. GWB-Novelle, S. 29; LSG Hessen 15.9.2011 – L 1 KR 89/10 KL, NZS 2012, 177 (178).

[69] So aber Roth FS Schmidt-Preuß, 2018, 749 (751 f.); Roth/Ackermann in FK-KartellR Rn. 60 f. unter Hinweis auf den Bericht des Gesundheitsausschusses (BT-Drs. 16/4247, 35); vgl. auch LSG Hessen 15.9.2011 – L 1 KR 89/10 KL, NZS 2012, 177 (180); zu der Frage, ob die Rechtsaufsicht nach den §§ 87 ff. SGB IV durch das Bundesversicherungsamt eine Zuständigkeit des BKartA ausschließt vgl. ebenso LSG Hessen 15.9.2011 – L 1 KR 89/10 KL, NZS 2012, 177 (178 f.); dazu Monopolkommission, Sondergutachten 63, 2012, Rn. 133; als Reaktion auf die Ausführungen des Gerichts zur Zuständigkeit hat der Bundesgesetzgeber mit der 8. GWB-Novelle die Anwendbarkeit der GWB-Vorschriften nach dem SGB V um die Fusionskontrolle erweitert.

[70] Siehe dazu Bosch/Fritzsche NJW 2013, 2225 (2230); Becker/Schweitzer NJW 2014, 269 (270); geplant war eine umfassende Ergänzung des § 4 Abs. 3 SGB V (vgl. Begr. zum RegE der 8. GWB-Novelle, BT-Drs. 17/9852, 15).

schriften auf Krankenkassen relevant. So wird die **Rechtmäßigkeit der** in § 69 Abs. 2 S. 1 SGB V angeordneten „**entsprechenden" Geltung der GWB-Normen** mitunter angezweifelt. Es wird argumentiert, die Regelung stelle einen Verstoß gegen Art. 3 Abs. 2 S. 1 VO Nr. 1/2003 dar, weil sie die Anwendung des deutschen Kartellrechts auf Einheiten vorsieht, die nach der insoweit maßgeblichen europäischen Rspr. als Nichtunternehmen einzuordnen sind.[71] Diese Kritik hätte auch die im Rahmen der 8. GWB-Novelle geplanten Erweiterungen des § 4 Abs. 3 SGB V[72] betroffen. Dagegen wird vorgebracht, § 69 SGB V diene der Strukturierung des Systems der sozialen Sicherheit und **sei somit Sozialrecht.**[73] Die Union habe nicht die Kompetenz, die Grundprinzipien der mitgliedstaatlichen Organisation der Systeme sozialer Sicherheit zu regeln (Art. 153 Abs. 4 AEUV), daher könne europäisches Recht auch der Implementierung wettbewerblicher Elemente in solchen nicht entgegenstehen.[74] Dieses Rückgriffs bedarf es jedoch nicht. Wie an anderer Stelle dargelegt, steht es dem nationalen Gesetzgeber frei, über den von der europäischen Judikatur geprägten Unternehmensbegriff des Art. 101 Abs. 1 AEUV hinausgehend weitere Einheiten als „Unternehmen" iSd deutschen Kartellrechts zu erfassen (schon → Rn. 22): Die Vorrangregel des Art. 3 Abs. 2 S. 1 VO Nr. 1/2003 beansprucht nach ihrem eindeutigen Wortlaut nur für die Bewertung wettbewerblichen Verhaltens von „Unternehmen" iSd EU-Rechts Geltung. Damit gilt sie nicht für gesetzliche Krankenkassen, soweit die europäische Rspr. diese aus ihrer Unternehmensdefinition ausklammert.[75]

Dass nach § 1 Abs. 2 der Bundesärzteordnung der ärztliche Beruf und nach § 2 Abs. 2 **32** BRAO der des Rechtsanwalts kein Gewerbe ist, ist für die wettbewerbsrechtliche Einordnung irrelevant (siehe → AEUV Art. 101 Abs. 1 Rn. 54). Vom GWB unberührt bleiben aber – entsprechend der Rechtslage zum europäischen Kartellverbot[76] – **gesetzliche Regelungen des Marktverhaltens.**[77] Das gilt auch für Bindungen der Honorarfestsetzung und anderer Wettbewerbsparameter. Gesetzliche Festlegungen etwa von Mindest- oder Höchstpreisen oder -honoraren können allerdings gegen die Niederlassungsfreiheit verstoßen. Einen solchen Verstoß hat der EuGH im Hinblick auf die verbindliche Festsetzung von Honoraren für die Planungsleistungen von Architekten und Ingenieuren in der HOAI angenommen.[78] Entsprechendes kann für berufsrechtliche Regelungen gelten, die aufgrund gesetzlicher Ermächtigungen ergangen sind. Dabei muss es sich jedoch um eindeutige gesetzliche Ermächtigungen handeln.[79]

Soweit das Berufsrecht keine besonderen Vorschriften zur Beschränkung des Wettbewerbs enthält, unterliegen die Angehörigen freier Berufe ebenso wie andere Unterneh-

---

[71] Vgl. zusammenfassend Bechtold WuW 2010, 727.

[72] Siehe oben Fn. 70.

[73] So Becker/Schweitzer, Gutachten B zum 69. DJT, B 55; Wallrabenstein NZS 2015, 48 (49).

[74] Becker/Schweitzer, Gutachten B zum 69. DJT, B 55.

[75] Mit ausführlicher Argumentation: Roth in Wallrabenstein S. 133 ff.; ähnlich bspw. Grave/Nyberg in LMRKM Rn. 8; Roth/Ackermann in FK-KartellR Rn. 56; im Ergebnis ebenso Kersting/Faust WuW 2011, 6 (15); kritisch Bechtold/Bosch Rn. 10; Bechtold NJW 2007, 3761 (3762); Bechtold NZKart 2015, 331 (332).

[76] So ist bspw. die Eigenschaft der Rechtsanwaltskammer als Unternehmensvereinigung iSv Art. 101 Abs. 1 AEUV bei einer auf die gesetzliche Regelung des § 207 Abs. 2 BRAO aF iVm § 14 Abs. 2 Nr. 9 BRAO gestützten Widerrufsentscheidung zu verneinen, vgl. BGH 9.3.2020 – AnwZ (B) 1/18, NJOZ 2021, 541 (542).

[77] BGH 21.10.1986 – KZR 28/85, WuW/E BGH 2326 (2328) = NJW-RR 1987, 485 – Guten Tag-Apotheke II; vgl. zum Rechtsschutz gegen wettbewerbswidrige Regelungen (Werbeverbote) einer Berufsordnung BGH 11.3.1997 – KVZ 22/96, WuW/E BGH 3113 – Rechtsschutz gegen Berufsordnung; vgl. auch Taupitz ZHR 153 (1989), 681 (687 ff.).

[78] EuGH, 4.7.2019, C-377/17, ECLI:EU:C:2019:562 Rn. 96 – Kommission/Deutschland.

[79] Als Beispiel konnte früher die Bestimmung des § 57 Abs. 4 Nr. 1e WPO in der vor dem 6.9.2007 geltenden Fassung genannt werden, auf deren Grundlage die Wirtschaftsprüferkammer Regelungen ua zur Haftungsbegrenzung erlassen hatte: Die inzwischen aufgehobene Bestimmung des § 16 aF der Satzung der Kammer ordnete an, dass eine gesetzliche Haftungsbegrenzung (§ 323 Abs. 2 HGB) nicht abbedungen werden durfte.

men dem Kartellrecht (siehe → AEUV Art. 101 Abs. 1 Rn. 53).[80] Falls der Preis auf Grund berufsrechtlicher Regelung als Wettbewerbsparameter ausscheidet, bedeutet dies nicht, dass das GWB mangels beschränkbaren Wettbewerbs im Ganzen unanwendbar wäre. Andere Parameter wie etwa die Qualität der Leistung,[81] der Preis im nicht gebundenen Bereich,[82] die Werbetätigkeit – soweit gesetzlich erlaubt[83] – sowie die Nachfragetätigkeit[84] bleiben dem GWB unterstellt.[85] Zu betonen bleibt, dass für viele freie Berufe keine oder nur marginale berufsrechtliche Regelungen bestehen[86] und dass die Regulierung im Bereich anderer in der jüngeren Vergangenheit eingeschränkt worden ist. Im Übrigen zeigen einige Entscheidungen, dass sich die Behandlung der freien Berufe als Unternehmen iSd GWB auch zu ihrem Schutz auswirken kann.[87]

## C. Das Mittel der Wettbewerbsbeschränkung

**Schrifttum:** Immenga, Zivilrechtsdogmatik und Kartellrecht, Rechtswissenschaft und Rechtsentwicklung, 1980, S. 197; Jungermann, Kollektive Marktbeherrschung durch interdependentes Verhalten und deren Missbrauch, 2007; Mestmäcker, Warum das Kartellverbot nicht am Privatrecht scheitert, WuW 1971, 835; Mestmäcker, Parallele Geltung von Verbotsnormen des deutschen und europäischen Rechts der Wettbewerbsbeschränkungen, BB 1968, 1297; Schmidt, K., „Altes" und „neues" Kartellverbot, AG 1998, 551; Schwalbe/Zimmer, Kartellrecht und Ökonomie, 3. Aufl. 2021; Schwarz, Kartellvertrag und sonstige wettbewerbsbeschränkende Verträge, 1984; Wagner-von Papp, Marktinformationsverfahren: Grenzen der Information im Wettbewerb, 2004; Weck/Camesasca, Willenserklärungen im Kartellrecht, WuW 2013, 17; Wiemer, Informationsaustausch im Vertikalverhältnis, WuW 2009, 750; Zimmer, Kartellrecht und neuere Erkenntnisse der Spieltheorie, ZHR 154 (1990), 470.

### I. Einführung

**33** Hinsichtlich des Mittels der Wettbewerbsbeschränkung stimmen der Wortlaut von Art. 101 Abs. 1 AEUV und § 1 GWB überein. Beide Normen richten sich gegen wettbewerbswidrige „Vereinbarungen zwischen Unternehmen, Beschlüsse von Unternehmensvereinigungen und aufeinander abgestimmte Verhaltensweisen". In der Rechtsprechung zu § 1 GWB in seiner ursprünglichen Fassung wurde die Aufgabe der Abgrenzung des Tatbestandes im sog. „Teerfarbenbeschluss" des BGH deutlich bezeichnet. Im Sinne eines Oberbegriffes wird von verschiedenen Formen bewusst gleichförmigen Verhaltens gesprochen, wobei im Einzelnen ein auf Einigung beruhendes Verhalten und aufeinander abgestimmte Verhaltensweisen nebeneinandergestellt werden.[88] Wie in Art. 101 Abs. 1 AEUV erübrigt sich meist auch im Rahmen des § 1 GWB eine exakte Abgrenzung der einzelnen Koordinierungsformen (vgl. zum europäischen Recht → AEUV Art. 101 Abs. 1 Rn. 66).

---

[80] BGH 21.10.1986 – KZR 28/85, WuW/E BGH 2326 (2328) = NJW-RR 1987, 485 – Guten Tag-Apotheke II; BGH 19.3.1991 – KVR 4/89, WuW/E BGH 2688 (2694) = NJW-RR 1991, 1067 – Warenproben in Apotheken; vgl. auch OLG Düsseldorf 30.6.1998 – U (Kart) 20/98, WuW/E DE-R 187 – Überlange Sozietätsbindung.

[81] KG 2.2.1976 – Kart 32/74, WuW/E OLG 1687 (1689 f.) = NJW 1976, 1798 – Laboruntersuchungen.

[82] Rauschenbach NJW 1978, 185 (186).

[83] BGH 19.3.1991 – KVR 4/89, WuW/E BGH 2688 = NJW-RR 1991, 1067 – Warenproben in Apotheken.

[84] BGH 19.9.1974 – KZR 14/73, WuW/E BGH 1325 f. = NJW 1974, 2236 – Schreibvollautomat.

[85] Vgl. Lammel WuW 1984, 853 (866 f.).

[86] Vgl. den Fall BGH 23.10.1979 – KZR 22/78, WuW/E BGH 1661 (1663) = NJW 1980, 1046 – Berliner Musikschule.

[87] BGH 20.11.1964 – KZR 3/64, BGHZ 42, 318 = WuW/E BGH 647 (650) – Rinderbesamung; BGH 6.11.1972 – KZR 63/71, WuW/E BGH 1253 (1257) = BB 1973, 59 – Nahtverlegung; BGH 19.9.1974 – KZR 14/73, WuW/E BGH 1325 = NJW 1974, 2236 – Schreibvollautomat.

[88] BGH 17.12.1970 – KRB 1/70, BGHZ 55, 104, WuW/E BGH 1147 (1153) – Teerfarben.

## II. Maßgeblichkeit des europäischen Rechts

Aus Art. 3 der VO 1/2003 folgt der Vorrang des Art. 101 AEUV vor § 1 GWB. **34** Nationales Kartellrecht darf in zwischenstaatlichen Sachverhalten im Vergleich zum Unionsrecht grundsätzlich keine strengeren Regeln vorsehen.[89] Aufgrund des prinzipiellen Gleichlaufs von Art. 101 AEUV und § 1 GWB kann insoweit vollumfänglich auf die Ausführungen zu den Vereinbarungen, Beschlüssen und aufeinander abgestimmten Verhaltensweisen im Rahmen des Art. 101 Abs. 1 AEUV verwiesen werden (zu Vereinbarungen → AEUV Art. 101 Abs. 1 Rn. 68 ff., zu Beschlüssen → Rn. 79 ff. und zu aufeinander abgestimmten Verhaltensweisen → Rn. 86 ff.).

Hinzuweisen ist an dieser Stelle jedoch auf die Kontroverse um die Auslegung der **35** „einseitigen Maßnahme" iSd Art. 3 Abs. 2 S. 2 VO 1/2003. Diese Norm, die sog. „deutsche Klausel", gestattet als Ausnahme vom grundsätzlichen Anwendungsvorrang des Unionsrechts strengere nationale Vorschriften für einseitige Handlungen. Gemeint sind damit primär einseitige Verhaltensweisen iSd Art. 102 AEUV. Umstritten ist hingegen, ob die Ausnahmeklausel auch solche einseitigen Handlungen erfasst, die nach der Rechtsprechung des EuGH beispielsweise unter den weiten Vereinbarungsbegriff und damit in den Anwendungsbereich des Art. 101 Abs. 1 AEUV fallen.[90]

## III. Besonderheiten im deutschen Recht

**1. Vereinbarungen.** Der Vereinbarungsbegriff des § 1 GWB erfasst zunächst Verträge **36** iSd **zivilrechtlichen Vertragsbegriffs** der §§ 145 ff. BGB.[91] Im Zivilrecht gilt für den Vertrag, dass die Vertragsschließenden sich durch übereinstimmende Willenserklärungen binden. Nach gefestigter Rechtsprechung des Bundesgerichtshofes reicht für das Vorliegen einer Willenserklärung das zurechenbare Setzen eines Anscheins aus, dass der Erklärende mit Rechtsbindungswillen gehandelt habe; nicht erforderlich ist das Bewusstsein des Handelnden, rechtsgeschäftlich zu handeln (zT als Erklärungsbewusstsein bezeichnet).[92] Die Vereinbarung kann uU auch zustande kommen, ohne dass ein Kartellpartner seine Bereitschaft zur Mitwirkung dem anderen gegenüber erklärt (vgl. § 151 BGB). Auch durch schlüssiges Handeln können Kartellverträge iSd § 1 GWB abgeschlossen werden (siehe → AEUV Art. 101 Abs. 1 Rn. 68). Auf einen Rechtsfolgewillen der Beteiligten kann es beim kartellrechtlichen Vereinbarungsbegriff nicht ankommen. Anderenfalls wären Abreden, die in Kenntnis der Nichtigkeitsfolge des § 134 BGB zustandekommen, nicht vom Kartellverbot erfasst.[93] Vielmehr kann auch bei einem nur tatsächlichen Bindungswillen eine Vereinbarung iSd § 1 GWB vorliegen, sodass auch sog. gentlemen's agreements vom Tatbestand erfasst sind.[94] Weitergehend reicht es aber – entsprechend dem Vereinbarungsbegriff des europäischen Kartellrechts – auch aus, wenn die Beteiligten sich, ohne eine Bindung eingehen zu wollen, im Sinne einer übereinstimmenden Äußerung ihres Willens auf ein bestimmtes Marktverhalten verständigen (siehe → AEUV Art. 101 Abs. 1 Rn. 68 ff.).

In der deutschen Anwendungspraxis finden sich teilweise sehr weitgehende Ansätze zur **37** Erfassung **einseitiger Maßnahmen** als Vereinbarung. So vertrat das BKartA in der Sache ‚Kontaktlinsen' die Auffassung, dass ein der Mitteilung einer **unverbindlichen Preisemp-**

---

[89] Art. 3 Abs. 2 S. 1 VO 1/2003.

[90] Siehe die ausführliche Darstellung des Meinungsstands bei Rehbinder in Band 1 → VO 1/2003 Art. 3 Rn. 32 ff.

[91] Vgl. zum Begriff des Vertrages in § 1 GWB idF bis zur 6. GWB-Novelle Zimmer in Immenga/Mestmäcker, 3. Aufl. 2001, Rn. 85.

[92] Grundlegend BGH 2.11.1989 – IX ZR 197/88, BGHZ 109, 171, NJW 1990, 454; ähnlich schon BGH 7.6.1984 – IX ZR 66/83, BGHZ 91, 324, NJW 1984, 2279.

[93] Siehe Wiedemann in Wiedemann § 3 Rn. 2; Krauß in Bunte Rn. 67 ff.; Maritzen in Kölner Komm Rn. 142 ff.

[94] Maritzen in Kölner Komm Rn. 142 f.; Kling/Thomas § 19 Rn. 28.

**fehlung** nachfolgender Kontakt zwischen Lieferanten und Händlern das Vorliegen einer Vereinbarung oder abgestimmten Verhaltensweise begründen kann.[95] Nach der Auffassung des BKartA in ‚Kontaktlinsen' genügt bereits jede weitere Thematisierung der unverbindlichen Preisempfehlung durch den Hersteller zu Kontrollzwecken.[96] Demgegenüber ließ der BGH offen, ob bereits jedes weitere Gespräch genügen soll.[97] In den 2017 veröffentlichten Hinweisen zum Preisbindungsverbot im Lebensmitteleinzelhandel bekräftigte das BKartA seine Rechtsauffassung. Auch subtile Drohungen seien bereits eine Druckausübung iSd § 21 Abs. 2 GWB und somit sei bereits die einmalige weitere Thematisierung der Preissetzung des Händlers verboten, wenn eine Belieferung durch diesen Hersteller „für den Absatzerfolg des Händlers bedeutend" ist.[98]

38      Zunehmend diskutiert wird schließlich eine **Verhaltenskoordination durch Preissetzungsalgorithmen** (siehe → AEUV Art. 101 Abs. 1 Rn. 75 ff.).[99] Ihr Einsatz ermöglicht eine automatische und sekundenschnelle Preisangleichung im Falle eines sich verändernden Marktumfelds.[100] Die rechtliche Komplexität dieser Materie ist inbesondere durch die Vielgestaltigkeit sowohl technischer Möglichkeiten als auch denkbarer Fallkonstellationen bedingt. Eine gefestigte europäische oder zumindest nationale Fallpraxis fehlt bislang als Orientierungsmaßstab. Gemeinhin wird zwischen drei verschiedenen Szenarien differenziert[101]: Im einfachsten Fall dient ein Algorithmus allein der Umsetzung einer auf menschlichem Verhalten beruhenden und für sich genommen bereits wettbewerbswidrigen Koordinierung, die ihrerseits dem Kartellverbot unterfällt. Als weniger offensichtlich erweist sich dagegen ein zweites, häufig sternförmig durch einen Dritten gesteuertes Szenario, innerhalb dessen mehrere Unternehmen allein durch die Nutzung desselben Algorithmus eine Verhaltenskoordination herbeiführen. Drittens ist schließlich denkbar, dass durch den unabhängigen Einsatz selbstlernender – sogar unterschiedlicher – Algorithmen eine Abstimmung über die Preisangleichung erfolgt.[102] Vor allem in den beiden zuletzt genannten Szenarien, bei denen die Koordination auf den Algorithmeneinsatz selbst zurückzuführen ist und nicht durch in erster Linie menschliche Koordinierung veranlasst wird, sollte ein besonderes Augenmerk auf der sorgfältigen Abgrenzung zum erlaubten Parallelverhalten liegen (siehe → AEUV Art. 101 Abs. 1 Rn. 78).[103]

39      **2. Beschlüsse.** Nach der Leitentscheidung des BGH in der Sache „Lottoblock" liegt ein Beschluss iSd § 1 GWB – und in Parallele zum Unionsrecht – dann vor, wenn eine Unternehmensvereinigung ihren ernsthaften Willen zum Ausdruck bringt, das Verhalten ihrer Mitglieder auf einem bestimmten Markt zu koordinieren.[104] Hierbei muss die Unternehmensvereinigung weder rechtsfähig sein noch selbst unternehmerisch agieren, sofern ihr

---

[95] BKartA 25.9.2009 – B3–123/08, WuW/E DE-V 1813 Rn. 53 – Kontaktlinsen; kritisch zu dieser Entscheidung Möschel WuW 2010, 1229 (1233 ff.).

[96] BKartA 25.9.2009 – B3–123/08, WuW/E DE-V 1813 Rn. 53 – Kontaktlinsen.

[97] BGH 6.11.2012 – KZR 13/12, NZKart 2013, 84 – UVP für Rucksäcke.

[98] BKartA, Hinweise zum Preisbindungsverbot im Bereich des stationären Lebensmitteleinzelhandels (Juli 2017), Rn. 66.

[99] Für eine umfassende Darstellung regulierungsrechtlicher Fragestellungen (auch jenseits des Kartellverbots), die sich beim Einsatz von Algorithmen und Künstlicher Intelligenz ergeben, vgl. die Beiträge in Zimmer, Regulierung für Algorithmen und Künstliche Intelligenz, 2021.

[100] Künstner GRUR 2019, 36 f.; Wolf NZKart 2019, 2 (3); ausführlich Monopolkommission Hauptgutachten XXII Rn. 169 ff.

[101] So etwa BKartA, Algorithmen und Wettbewerb, in: Schriftenreihe „Wettbewerb und Verbraucherschutz in der digitalen Wirtschaft", Januar 2020, S. 6 ff.; ähnlich schon die gemeinsame Studie von BKartA und französischer Autorité de la concurrence, Algorithms and competition, November 2019, S. 26 ff. Die Differenzierung zwischen den drei Szenarien geht zurück auf Ezrachi/Stucke, Virtual Competition, 2016, S. 35 ff. Zweifelnd bzgl. der Praxisrelevanz algorithmischer Kollusion Schwalbe FS D. Schroeder, 2018, 739 (744 ff.).

[102] Differenzierte Betrachtung des dritten Szenarios bei Salaschek/Serafimova, WuW 2018, 8 (12 ff.).

[103] Göhsl WuW 2018, 121 (122 f.); Hennemann ZWeR 2018, 161 (174 f.); Salaschek/Serafimova WuW 2018, 8 (14); Ylinen NZKart 2018, 19 (21 f.); ferner zum Kontext der abgestimmten Verhaltensweise Wolf NZKart 2019, 2 (6 ff.).

[104] BGH 14.8.2008 – KVR 54/07, WuW/E DE-R 2408 (2413) – Lottoblock.

Tätigwerden zumindest die Einflussnahme auf andere unternehmerische Tätigkeiten zum Ziel hat.[105] Schließen sich mehrere Unternehmensvereinigungen zu einem sog. **Dachverband** zusammen, so kann dieser selbst als Unternehmensvereinigung kartellrechtlich relevante Beschlüsse fassen.[106] Wie bei Art. 101 Abs. 1 AEUV ist auch bei Beschlüssen iSd § 1 GWB die **zivilrechtliche Wirksamkeit keine Anwendungsvoraussetzung** des Kartellverbots.[107] Handelt es sich um Beschlüsse von **Gesellschafts- oder Vereinsorganen,** so soll nach Ansicht des BKartA zudem unerheblich sein, ob die Organe dabei die Grenzen ihrer Befugnisse beachtet haben.[108]

Auch beim Merkmal des Beschlusses erlangt die Problematik einseitigen Verhaltens **40** Relevanz, etwa in Fällen einseitiger **Empfehlungen** von Wirtschaftsverbänden. Das Empfehlungsverbot des § 22 GWB aF entfiel mit der 7. GWB-Novelle (2005). Eine Empfehlung wird nach geltender Anwendungspraxis jedoch dann als tatbestandsmäßiger Beschluss qualifiziert, wenn sie entweder in Verbindung mit der Satzung als verbindlich anzusehen ist oder wenn sie von den Mitgliedern der Unternehmensvereinigung als faktisch verbindlich betrachtet und/oder befolgt wird.[109] Die Ausübung außerrechtlichen Druckes auf nicht mitwirkungsbereite Mitglieder kann uU den Verbotstatbestand des § 21 Abs. 3 GWB erfüllen.

**3. Aufeinander abgestimmte Verhaltensweisen.** Auch der BGH verwendet die **41** traditionelle Formel des EuGH, der zufolge eine aufeinander abgestimmte Verhaltensweise „eine Form der Koordinierung zwischen Unternehmen [ist], die zwar nicht bis zum Abschluss eines Vertrags gediehen ist, jedoch bewusst eine praktische Zusammenarbeit an die Stelle des mit Risiken verbundenen Wettbewerbs treten lässt und damit dem Grundgedanken des Wettbewerbsrechts zuwiderläuft, wonach jeder Unternehmer selbständig über sein Marktverhalten zu bestimmen hat".[110] Häufig erlangt die Koordinierungsform der aufeinander abgestimmten Verhaltensweise auch in der deutschen Anwendungspraxis im Zusammenhang mit Fällen des Informationsaustauschs Relevanz.[111] In ‚Silostellgebühren I' wandte das OLG Düsseldorf die Grundsätze der passiven Beteiligung an. Danach kann bereits die schlichte Teilnahme an einer Sitzung, auf der Informationen ausgetauscht werden, eine stillschweigende Billigung der Koordinierung darstellen, sofern sich der Teilnehmer nicht öffentlich distanziert.[112] Jüngst hat der BGH in der Sache ‚Bierkartell' die

---

[105] OLG Düsseldorf 30.1.2019 – VI-Kart 7/16 (V), NZKart 2019, 164 (168) – Zahlungsauslösedienst.
[106] OLG Düsseldorf 30.1.2019 – VI-Kart 7/16 (V), NZKart 2019, 164 (168) – Zahlungsauslösedienst; LG Dortmund 4.3.2020 – 8 O 2/20, NZKart 2020, 265 (266) – Schäferhunde-Bescheinigung.
[107] Vgl. zum EU-Recht EuGH 29.10.1980 – 209/78 ua, ECLI:EU:C:1980:248 Rn. 86 ff. – van Landewyck/Kommission.
[108] BKartA 21.12.2007 – B3–6/05, WuW/E DE-V 1539 (1542) – Arzneimittelhersteller; ebenso Krauß in Bunte Rn. 91.
[109] Aus der jüngeren Anwendungspraxis vgl. BKartA 29.6.2016 – B4–71/10 Rn. 281 ff., insbes. Rn. 287, 289 = WuW 2016, 548 – Internet-Bezahlverfahren; bestätigt durch das OLG Düsseldorf, demzufolge die ehemaligen Online-Banking-Bedingungen des Dachverbands und der darin vertretenen Spitzenverbände deutscher Kreditinstitute, wonach PIN und TAN der Kunden nur auf bestimmten Internetseiten verwendet werden durften, als wettbewerbswidriger Beschluss einer Unternehmensvereinigung zu qualifizieren seien, vgl. OLG Düsseldorf 30.1.2019 – VI-Kart 7/16 (V), NZKart 2019, 164 (168) – Zahlungsauslösedienst; nachfolgend BGH 7.4.2020 – KVR 13/19, NZKart 2020, 321 – Zahlungsauslösedienst (Rechtsbeschwerde nicht zugelassen).
[110] BGH 12.4.2016 – KZR 31/14, NZKart 2016, 371 Rn. 44 – Gemeinschaftsprogramme.
[111] Vgl. BGH 13.7.2020 – KRB 99/19, NZKart 2020, 602 – Bierkartell; BGH 12.4.2016 – KZR 31/14, NZKart 2016, 371 – Gemeinschaftsprogramme; OLG Düsseldorf 12.7.2017 – VI-U Kart 16/13, NZKart 2017, 481 – Kabeleinspeisung; OLG Düsseldorf 26.1.2017 – V-4 Kart 6/15 (OWi), NZKart 2018, 270 – Süßwarenkartell (inzwischen aber wegen verfahrensrechtlicher Fehler aufgehoben, vgl. BGH 21.6.2019 – KRB 10/18, NZKart 2019, 429 – Süßwarenkartell); OLG Düsseldorf 29.10.2012 – V-1 Kart 1–6/12 (OWi), WuW/E DE-R 3889 – Silostellgebühren I; ausführlich zur Abgrenzung von bloß einseitigen Kundgaben LG Nürnberg-Fürth 14.1.2021 – 19 O 9454/15, WuW 2021, 311 (312 f.) – Süßwarenkartell; eingehend ferner Dreher/Hoffmann WuW 2011, 1181.
[112] OLG Düsseldorf 29.10.2012 – V-1 Kart 1–6/12 (OWi), WuW/E DE-R 3889 Rn. 139 – Silostellgebühren I; vgl. zu den Grundsätzen passiver Mitwirkung auch OLG Düsseldorf 3.4.2019 – 4 Kart 2/16 (OWi), NZKart 2020, 392 (393 f.) – Bierkartell.

**Zweigliedrigkeit** der aufeinander abgestimmten Verhaltensweise – bestehend zum einen aus einer „Fühlungnahme", etwa mittels eines Informationsaustausches über wettbewerbsrelevante Parameter, und zum anderen aus einem daraus resultierenden tatsächlichen Marktverhalten – betont.[113] An den **Nachweis** des zweiten Elements, also des durch den Abstimmungsvorgang bedingten Verhaltens, stellt die Rechtsprechung jedoch regelmäßig keine allzu hohen Anforderungen; vielmehr greift der BGH grundsätzlich auf die vom EuGH in ‚Anic Partecipazioni' aufgestellte Vermutung zurück, dass „die an der Abstimmung beteiligten Unternehmen die mit ihren Wettbewerbern ausgetauschten Informationen bei der Bestimmung ihres Marktverhaltens berücksichtigt haben".[114] Davon zu trennen wiederum ist die auf der Sekundärebene relevante Frage, ob eine weitere Vermutung für einen aus dem Informationsaustausch resultierenden Preiseffekt existiert.[115] Wegen der wettbewerbsrechtlichen Beurteilung eines Informationsaustauschs insbesondere durch sog. Marktinformationsverfahren wird auf den Abschnitt über Unternehmenskooperation und Kartellverbot verwiesen (im Einzelnen → Rn. 161 ff.).

42     Die Frage nach dem Vorliegen einer aufeinander abgestimmten Verhaltensweise steht traditionell auch in Fällen **sukzessiver Preiserhöhungen** von Wettbewerbern im Raum. Eine Verhaltensabstimmung kann etwa im Falle des sog. Signalling bestehen, wenn der Initiator seine geplanten Preiserhöhungen frühzeitig ankündigt und den Wettbewerbern so ein Mitziehen ermöglicht. Das BKartA befasste sich mit dieser Problematik im Anschluss an die Befunde der Sektoruntersuchung Zement und Transportbeton.[116] Diese ergab, dass sich in der Zementindustrie eine Praxis einseitiger Preiserhöhungsrundschreiben etabliert hatte. Zementanbieter informierten ihre Kunden regelmäßig und frühzeitig in pauschaler Form über geplante Preiserhöhungen. Unter anderem aufgrund ihrer vertikalen Integration erlangten auch die weiteren Zementanbieter frühzeitig Kenntnis von der geplanten Preiserhöhung.[117] Angesichts des insgesamt geringen Informationswertes der Preiserhöhungsrundschreiben bei gleichzeitiger Eignung, die Unsicherheit am Markt zu reduzieren, sah das BKartA in dem beschriebenen Verhalten einen Verstoß gegen § 1 GWB.[118] Zulässig sollen demgegenüber beispielsweise solche Preisankündigungsschreiben bleiben, die sich in individualisierter Form an Kunden richten und nur die von ihnen bezogenen Produkte betreffen.[119] Eine Verhaltensabstimmung durch bloßes Marktverhalten, etwa durch sukzessive Preisveränderungen (sog. **Verhaltensabstimmung über den Markt**), erfüllt grund-

---

[113] BGH 13.7.2020 – KRB 99/19, NZKart 2020, 602 Rn. 20 f. sowie 30 ff. – Bierkartell (im Rahmen des ersten Elements, also der Fühlungnahme, sei unbeachtlich, ob es tatsächlich zu einem Konsens komme). Der BGH distanziert sich insoweit von der Auffassung der Vorinstanz, die den Begriff der „Koordinierungseignung bzw. -erwartung" im Rahmen der „Fühlungnahme" subjektiv erfolgsbezogen und damit restriktiver aufgefasst hatte, vgl. OLG Düsseldorf 3.4.2019 – 4 Kart 2/16 (OWi), NZKart 2020, 392 (393 f.) – Bierkartell.

[114] Vgl. BGH 12.4.2016 – KZR 31/14, NZKart 2016, 371 Rn. 44, 51 – Gemeinschaftsprogramme; ebenso BGH 18.2.2020 – KZR 7/17, NJW-RR 2020, 546 Rn. 19 – Einspeiseentgelt III; siehe auch EuGH 8.7.1999 – C-49/92 P, ECLI:EU:C:1999:356 Rn. 121 – Anic Partecipazioni. Dem BGH in der Sache ‚Bierkartell' zufolge ist der dieser Vermutung zugrunde liegende ökonomische Erfahrungssatz auch im Kartellbußgeldverfahren zu berücksichtigen, zwar nicht als Vermutung wegen Unvereinbarkeit mit der dort geltenden Unschuldsvermutung, aber zumindest indiziell bei der Beweiswürdigung, vgl. BGH 13.7.2020 – KRB 99/19, NZKart 2020, 602 Rn. 57 – Bierkartell; kritisch hierzu Mehle/Mehle NJW 2021, 404; Galle/Steinhaeuser NZKart 2021, 30 (32 f.).

[115] Offen gelassen von BGH 23.9.2020 – KZR 35/19, NZKart 2021, 117 Rn. 44 – Lkw-Kartell; für eine tatsächliche Vermutung dahingehend, dass ein wettbewerbswidriger Informationsaustausch einen Preiseffekt zur Folge habe, vgl. OLG Nürnberg 14.10.2019 – 3 U 1876/18, NZKart 2020, 38 (40) – HEMA-Vertriebskreis; jüngst BGH 29.11.2022 – KZR 42/20, NZKart 2023, 24 – Schlecker (Erfahrungssatz bezüglich eines durch einen kartellrechtswidrigen Informationsaustausch ausgelösten Preiseffekts); eher kritisch demgegenüber noch LG Nürnberg-Fürth 14.1.2021 – 19 O 9454/15, WuW 2021, 311 (313 f.) – Süßwarenkartell; ähnlich LG Nürnberg-Fürth 25.2.2021 – 19 O 4272/19, WuW 2021, 307 (310 f.) – Lkw-Kartell; tendenziell kritisch auch Dworschak/Jopen NZKart 2019, 126 (129); Karbaum/Möller NZKart 2023, 262 (266).

[116] BKartA, Sektoruntersuchung Zement und Transportbeton, B1–73/13, Juli 2017; allgemein zum Signalling siehe auch Maritzen in Kölner Komm Rn. 181 ff.

[117] BKartA, Sektoruntersuchung Zement und Transportbeton, B1–73/13, Juli 2017, Rn. 621 ff.

[118] BKartA 14.2.2018 – Fallbericht – B1–240/17, S. 3.

[119] BKartA 14.2.2018 – Fallbericht – B1–240/17, S. 4.

sätzlich nicht den Tatbestand des § 1 GWB (bzw. Art. 101 AEUV).[120] Speziell im Hinblick auf Kraftstoffmärkte soll dem Koordinierungsrisiko mit der Einrichtung der Markttransparenzstelle für Kraftstoffe entgegengewirkt werden (vgl. § 47k GWB).

## D. Verhinderung, Einschränkung oder Verfälschung des Wettbewerbs

**Schrifttum:** Caspar, Wettbewerbliche Gesamtwürdigung von Vereinbarungen im Rahmen von Art. 81 Abs. 1 EGV – Ein Beitrag zur Auslegung des Tatbestandsmerkmals der Wettbewerbsbeschränkung im europäischen Kartellverbotsrecht, 2001; Gey, Potentieller Wettbewerb und Marktbeherrschung – Eine Untersuchung zum deutschen, europäischen und US-amerikanischen Kartellrecht, 2004; Hellwig, Effizienz oder Wettbewerbsfreiheit? Zur normativen Grundlegung der Wettbewerbspolitik, in: FS Mestmäcker, 2006, S. 231; Immenga, Bietergemeinschaften im Kartellrecht – ein Problem potentiellen Wettbewerbs, DB 1984, 385; Immenga, Begriffliches zur Wettbewerbsbeschränkung, ZHR 148 (1984) 268; Inderst, Die Ökonomische Analyse von Nachfragemacht in der Wettbewerbspolitik, WuW 2008, 1261; Jickeli, Marktzutrittsschranken im Recht der Wettbewerbsbeschränkungen, 1990; Köhler, Wettbewerbsbeschränkungen durch Nachfrager, 1977; Mischitz, Die Bedeutung von Nachfragemacht für die Beurteilung von Einkaufskooperationen im EG-Kartellrecht, 2008; Mäger/Ringe, Wettbewerbsverbote in Unternehmenskaufverträgen als kartellrechtswidriger Abkauf von Wettbewerb?, WuW 2007, 18; Säcker/Mohr, Die Beurteilung von Einkaufskooperationen gemäß Art. 101 Abs. 1 und Abs. 3 AEUV, WRP 2011, 793; Schrey, Drittwettbewerb im europäischen und deutschen Kartellrecht, 2005; Schulte/Voll, Das Bietergemeinschaftskartell im Vergaberecht – Drum prüfe, wer sich (ewig) bindet, ZfBR 2013, 223; Zimmer, Was ist eine Wettbewerbsbeschränkung? Eine Neubesinnung, in: FS Wiedemann, 2020, S. 269.

## I. Einführung

Die Interpretation des Merkmals der „Verhinderung, Einschränkung oder Verfälschung **43** des Wettbewerbs" wirft besondere Schwierigkeiten auf. Der Begriff des Wettbewerbs wird nicht gesetzlich definiert, sondern seinem Inhalt nach vorausgesetzt.[121] Die Rechtspraxis legt ihrem Vorgehen keinen bestimmten Wettbewerbsbegriff zugrunde (→ AEUV Art. 101 Abs. 1 Rn. 107). Die drei Beschränkungsformen „Verhinderung, Einschränkung oder Verfälschung" sind nicht trennscharf voneinander zu unterscheiden. In der Praxis wird der Unterscheidung keine große Bedeutung zugemessen. Vielmehr werden die Beschränkungsformen zumeist unter dem Oberbegriff der Wettbewerbsbeschränkung zusammengefasst (→ AEUV Art. 101 Abs. 1 Rn. 123 f.). Eine wesentliche Fragestellung ist zudem, ob der Tatbestand des § 1 GWB bzw. Art. 101 Abs. 1 AEUV eine Wettbewerbsbeschränkung im Innen- oder Außenverhältnis voraussetzt. Die Rechtspraxis verfolgt insoweit eine differenzierende Vorgehensweise. Einerseits hat der EuGH oft die Bedeutung autonomer Entscheidungsfindung der Wirtschaftssubjekte betont.[122] Auch der BGH hat regelmäßig eine Wettbewerbsbeschränkung angenommen, wenn sich die Beteiligten im Hinblick auf ihr künftiges Marktverhalten binden, und damit an die Beschränkung der wettbewerblichen Handlungsfreiheit angeknüpft.[123] Dieser an den Binnenverhältnissen orientierten Sicht stehen andere Entscheidungen gegenüber, in denen auf die nachteiligen Wirkungen zu Lasten Dritter Bezug genommen wird (→ AEUV Art. 101 Abs. 1 Rn. 125 ff.).[124]

## II. Maßgeblichkeit des europäischen Rechts

Wie auch bei der Auslegung der anderen Tatbestandsmerkmale des § 1 GWB ist für das **44** Verständnis der „Verhinderung, Einschränkung oder Verfälschung des Wettbewerbs" die

---

[120] Dazu bereits ausführlich → AEUV Art. 101 Abs. 1 Rn. 95 ff.

[121] Vgl. OLG Jena 27.9.2006 – 2 U 60/06, BeckRS 2006, 13794: „Der Wettbewerbsbegriff stellt zunächst kein normatives Element von § 1 GWB dar [...] Wettbewerb ist vielmehr nur vorauszusetzen, damit festgestellt werden kann, dass wettbewerbliche Handlungsfreiheiten beschränkt werden."

[122] Zum sog. Selbständigkeitspostulat → AEUV Art. 101 Abs. 1 Rn. 107, 127.

[123] Grundlegend BGH 29.1.1975 – KRB 4/74, BGHZ 63, 389 = BGHSt 26, 56 (64) = WuW/E BGH 1337 (1342) – Aluminium-Halbzeug.

[124] Aus der deutschen Praxis BGH 13.1.1998 – KVR 40/96, WuW/E DE-R 115 – Carpartner.

Interpretation des Art. 101 Abs. 1 AEUV maßgeblich. Wettbewerbliche Handlungsfreiheiten bestehen danach nicht nur, wenn aktuell eine wirtschaftliche Tätigkeit auf einem Markt vorliegt. Neben dem aktuellen Wettbewerb wird auch der **potentielle Wettbewerb** geschützt (→ AEUV Art. 101 Abs. 1 Rn. 108). Die Feststellung des Bestehens potentiellen Wettbewerbs setzt eine sorgfältige **Analyse der Marktgegebenheiten** voraus: Zu prüfen ist, ob eine nicht nur theoretische, sondern praktisch nahe liegende Möglichkeit zum Marktzutritt anzunehmen ist. Der BGH hat in einem Grundsatzurteil klargestellt, dass es nicht nur auf die objektive Fähigkeit zum Markteintritt ankommt. Vielmehr ist auch die Bereitschaft zum Marktzutritt zu prüfen. Diese soll freilich objektiv danach bestimmt werden, ob die Teilnahme am Markt wirtschaftlich zweckmäßig und kaufmännisch vernünftig ist.[125] Der subjektive Entschluss, auf einem bestimmten Markt nicht tätig zu werden, reicht für eine Verneinung des potentiellen Wettbewerbs nicht aus.[126] Jüngst hat der EuGH im Kontext sog. **Pay for Delay-Vergleiche** den weitreichenden Schutz des potentiellen Wettbewerbs erneut bekräftigt. In Rede standen Vereinbarungen zwischen Herstellern von Originalpräparaten mit Generikaherstellern, wonach letztere ihren Markteintritt künstlich hinauszögern und dafür als Gegenleistung eine vermögenswerte Kompensation erhalten sollten.[127] Für ein potentielles Wettbewerbsverhältnis hat es der Gerichtshof hier als hinreichend erachtet, dass der intendierte Markteintritt erstens bereits vorbereitet sei sowie zweitens nicht mit unüberwindlichen Zutrittsschranken einhergehe.[128] Streitigkeiten über die Gültigkeit oder Verletzung eines Patents, die infolge des ernsthaft anvisierten Markteintritts drohten, stünden dabei der Bejahung der zweiten Voraussetzung und damit auch dem schutzwürdigen potentiellen Wettbewerb zwischen Originalpräparateherstellern und eintrittswilligen Generikaherstellern nicht entgegen.[129]

**45**      Auch der **passive Wettbewerb** zwischen Unternehmen, die aus tatsächlichen oder rechtlichen Gründen in ihren Möglichkeiten zur aktiven Kundengewinnung eingeschränkt sind, steht unter dem Schutz des GWB. So verstößt ein Beschluss der Gesellschafter des Deutschen Lotto- und Totoblocks, gewerblich organisierte Spielgemeinschaften vom Spielbetrieb auszuschließen, auch bei angenommener wirksamer Begrenzung der aktiven Kundenwerbung der angeschlossenen Lotteriegesellschaften auf das jeweilige Bundesland[130] gegen § 1 GWB. Die Lotteriegesellschaften stehen jeweils mit Blick auf ihre „passive" Wettbewerbstätigkeit (Abschluss von Verträgen mit Spielern aus anderen Bundesländern, die von sich aus auf sie zukommen) in einem beschränkbaren Wettbewerb.[131]

---

[125] BGH 13.12.1983 – KRB 3/83, WuW/E BGH 2050 – Bauvorhaben Schramberg mAnm Hootz BB 1984, 557; aus jüngerer Zeit im Zusammenhang mit der Bildung einer Bietergemeinschaft im Vergabeverfahren OLG Brandenburg 16.2.2012 – Verg W 1/12, VergabeR 2012, 866; OLG Düsseldorf 9.11.2011 – VII-Verg 35/11, VergabeR 2012, 628 – Bietergemeinschaft I und 11.11.2011 – VII-Verg 92/11, VergabeR 2012, 632 – Bietergemeinschaft II; zu diesen Entscheidungen ausführlich Schulte/Voll ZfBR 2013, 223 ff.

[126] BGH 7.7.1992 – KZR 2/91, BGHZ 119, 101 = WuW/E BGH 2777 – Freistellungsende bei Wegenutzungsrecht.

[127] Vgl. EuGH 30.1.2020 – C–307/18, ECLI:EU:C:2020:52 – Generics (im Rahmen eines Vorlageverfahrens); ähnlich EuGH 25.3.2021 – C-591/16 P, ECLI:EU:C:2021:243 – Lundbeck (im Rahmen der Überprüfung einer seitens der Kommission verhängten Geldbuße) sowie zuvor schon EuG 8.9.2016 – T-472/13, ECLI:EU:T:2016:449 – Lundbeck.

[128] EuGH 30.1.2020 – C–307/18, ECLI:EU:C:2020:52 Rn. 43 ff. – Generics; EuGH 25.3.2021 – C-591/16 P, ECLI:EU:C:2021:243 Rn. 57 – Lundbeck.

[129] EuGH 30.1.2020 – C–307/18, ECLI:EU:C:2020:52 Rn. 46 ff.; ähnlich EuGH 25.3.2021 – C-591/16 P, ECLI:EU:C:2021:243 Rn. 58 ff. – Lundbeck.

[130] Vgl. zur Fragwürdigkeit schon dieser Prämisse BGH 9.3.1999 – KVR 20/97, WuW/E DE-R 289 (293 f.) – Lottospielgemeinschaft: Hiernach sollen die Lotteriegesellschaften der Länder wegen der prinzipiell bestehenden und rechtlich wegen Art. 12 GG nicht a priori auszuschließenden Möglichkeit zur Erlangung einer Genehmigung zur Aktivität auch in anderen Ländern sogar in (potentiellem) aktiven Wettbewerb miteinander stehen.

[131] BKartA 22.11.1995, WuW/E BKartA 2849 (2856) – Gewerbliche Spielgemeinschaften; im Ergebnis bestätigt durch BGH 9.3.1999 – KVR 20/97, WuW/E DE-R 289 – Lottospielgemeinschaft.

Nicht von § 1 GWB geschützt ist **rechtswidriger Wettbewerb.**[132] Fände das Kartell- **46** verbot auch hier Anwendung, so würden vertragliche Beschränkungen von Wettbewerbs- handlungen aufgehoben, die ihrerseits unzulässig sind (→ AEUV Art. 101 Abs. 1 Rn. 115). § 1 GWB erfasst gleichermaßen den Nachfrage- wie auch den Angebotswettbewerb (→ AEUV Art. 101 Abs. 1 Rn. 120 f.).[133] Ein möglicher Unterschied zwischen europäi- schem und deutschem Recht ergibt sich im Rahmen des Unternehmensbegriffs: Dort ist es problematisch, ob eine Nachfragetätigkeit, die nicht der Vorbereitung einer anbietenden Tätigkeit dient, dem Unternehmensbegriff unterfallen kann (→ Rn. 29 und → AEUV Art. 101 Abs. 1 Rn. 13). In Konzernsachverhalten kommt eine Wettbewerbsbeschränkung nicht in Betracht, soweit eine rechtlich verbindliche Weisung vorliegt (dazu ausführlich → AEUV Art. 101 Abs. 1 Rn. 109 ff.).

Nach dem Wortlaut des § 1 GWB muss eine Verhinderung, Einschränkung oder Ver- **47** fälschung des Wettbewerbs bezweckt oder bewirkt werden (→ AEUV Art. 101 Abs. 1 Rn. 128 ff.). In der Praxis haben sich insoweit **zwei** wesentlich unterschiedliche **Tat- bestandsvarianten** herausgebildet. In der Variante des Bezweckens ist eine Verhinderung, Einschränkung oder Verfälschung des Wettbewerbs ohne weiteres anzunehmen. Bei der Frage des Bewirkens muss hingegen eine umfassende Wirkungsprüfung erfolgen. Die beiden Tatbestandsvarianten stehen dabei im Alternativverhältnis, das durch den Wortlaut „oder" zum Ausdruck kommt (→ AEUV Art. 101 Abs. 1 Rn. 132 ff.). Demnach ist zu- nächst das Vorliegen einer bezweckten Wettbewerbsbeschränkung zu prüfen. In ‚Budapest Bank' hat der EuGH jüngst betont, dass ein und dasselbe vom Kartellverbot adressierte Verhalten aber sowohl als bezweckte als auch als bewirkte Wettbewerbsbeschränkung eingestuft werden könne.[134] Demnach geht der EuGH mit Blick auf den Wortlaut und das Verhältnis der beiden Tatbestandsvarianten nicht von einem strikten Exklusivitätsverhältnis, sondern vielmehr von einem inklusiven „Oder" aus.

Eine **bezweckte** Wettbewerbsbeschränkung liegt vor, soweit die Beschränkung wett- **48** bewerblicher Handlungsfreiheiten unmittelbar zum Vertragsgegenstand gemacht wird.[135] Hierbei ist eine Orientierung an objektiven Kriterien vorzunehmen. Einer subjektiven Absicht der Beteiligten zur Herbeiführung einer Wettbewerbsbeschränkung bedarf es nicht. Diese kann lediglich als Indiz herangezogen werden (→ AEUV Art. 101 Abs. 1 Rn. 129). Manchen Vereinbarungen wohnt eine objektiv wettbewerbsbeschränkende Tendenz un- mittelbar inne, sodass ohne weitere Prüfung von einer bezweckten Wettbewerbsbeschrän- kung ausgegangen werden kann (→ AEUV Art. 101 Abs. 1 Rn. 130). Bei anderen Maß- nahmen ist die wettbewerbsbeschränkende Zweckrichtung nicht in gleichem Maße offen-

---

[132] Vgl. schon BGH 26.10.1961 – KZR 3/61, BGHZ 36, 105 = WuW/E BGH 451 (455) – Export ohne WBS; 18.11.1986 – KZR 41/85, WuW/E BGH 2347 – Aktion Rabattverstoß; 21.10.1986 – KZR 28/85, WuW/E BGH 2326 (2328) – Guten Tag Apotheke II; 19.3.1991 – KVR 4/89, WuW/E BGH 2688 (2690 f.) – Warenproben in Apotheken; OLG Düsseldorf 5.12.1985 – 2 U 18/85, WuW/E OLG 3859 (3862) – Tanzlehrerverband; OLG Hamburg 15.11.1984 – 3 U 99/84, WuW/E OLG 3454 – BMW-Vertrags- händler.
[133] BGH 14.8.2008 – KVR 54/07, WuW/E DE-R 2408 Rn. 30, 33 – Lottoblock; KG 26.2.1986 – 1 Kart. 7/85, WuW/E OLG 3737 (3741) – Selex-Tania; 16.6.1982 – Kart 7/82, WuW/E OLG 2745 (2751) – HFGE; vgl. auch OLG Jena 27.9.2006 – 2 U 60/06, BeckRS 2006, 13794: „Das GWB schützt unzweifelhaft auch den Nachfragewettbewerb."; BGH 12.11.2002 – KZR 11/01, BGHZ 152, 347 = WuW/E DE-R 1087 – Ausrüstungsgegenstände für Feuerlöschzüge; OLG Düsseldorf 12.5.1998 – U (Kart) 11/98, WuW/E DE-R 150 – Löschfahrzeuge; OLG Koblenz 5.11.1998 – U 596/98 – Kart, WuW/E Verg 184 – Feuerlöschgeräte.
[134] EuGH 2.4.2020 – C-228/18, ECLI:EU:C:2020:265 Rn. 39, 42 – Budapest Bank.
[135] Zu den Anforderungen an die Bejahung einer bezweckten Wettbewerbsbeschränkung, insbesondere zum restriktiven Verständnis der Variante des Bezweckens, ausführlich jüngst EuGH 2.4.2020 – C-228/18, ECLI:EU:C:2020:265 Rn. 51 ff. – Budapest Bank; 25.3.2021 – C 601/16 P, ECLI:EU:C:2021:243 Rn. 133 ff. – Lundbeck; EuGH 18.11.2021, C-306/20, ECLI:EU:C:2021:935 Rn. 57 ff. – Visma Enterprise (insbes. Rn. 61 und 63: allein die vertikale Natur einer Vereinbarung oder das Vorliegen eines legitimen Ziels schlössen das Vorliegen einer bezweckten Wettbewerbsbeschränkung, anknüpfend an ein weiteres, seinerseits unrechtmäßiges Ziel, nicht aus); ferner BGH 7.4.2020 – KVR 13/19, NZKart 2020, 321 – Zahlungsauslöse- dienst; vgl. ausführlicher gerade zu den jüngeren europäischen Rechtsprechungslinien bezüglich bezweckter Wettbewerbsbeschränkungen Nagy NZKart 2022, 238 ff.

sichtlich. In diesen Fällen ist die Vereinbarung eingehender – und insbesondere unter Einschluss auch wettbewerbsfördernder Facetten – daraufhin zu untersuchen, ob die Koordinierung für sich genommen eine hinreichende Beeinträchtigung des Wettbewerbs erkennen lässt, sodass eine Prüfung der konkreten Wirkungen unterbleiben kann (→ AEUV Art. 101 Abs. 1 Rn. 131, 135).[136] Lässt der Inhalt der Koordinierung nicht den Schluss auf einen wettbewerbsbeschränkenden Zweck zu, so ist im Wege einer umfassenden Prüfung zu ermitteln, ob eine Wettbewerbsbeschränkung **bewirkt** wird.[137] Die Grundsätze, die insoweit für das europäische Recht entwickelt wurden, sind gleichermaßen im Rahmen des § 1 GWB maßgeblich.[138]

**49**    Verboten sind Vereinbarungen im Sinne von Art. 101 Abs. 1 AEUV, § 1 GWB nur dann, wenn sie eine spürbare Verhinderung, Einschränkung oder Verfälschung des Wettbewerbs bezwecken oder bewirken (→ AEUV Art. 101 Abs. 1 Rn. 138 ff.). Bei Art. 101 Abs. 1 AEUV muss zusätzlich die Eignung gegeben sein, den Handel zwischen den Mitgliedstaaten spürbar zu beeinträchtigen (dazu → AEUV Art. 101 Abs. 1 Rn. 171 ff.). Die an dieser Stelle zu behandelnde **Spürbarkeit der Wettbewerbsbeschränkung** stellt ein ungeschriebenes Tatbestandsmerkmal von Art. 101 Abs. 1 AEUV und § 1 GWB dar (→ AEUV Art. 101 Abs. 1 Rn. 138).[139] Stets spürbar sind nach neuerer Rechtsprechung bezweckte Wettbewerbsbeschränkungen. Da diese Beschränkungen schon ihrer Natur nach als schädlich für den Wettbewerb angesehen werden, seien die konkreten Auswirkungen und folglich auch die Spürbarkeit nicht zu untersuchen.[140] In diesen Fällen kann die Prüfung der Spürbarkeit damit unterbleiben (→ AEUV Art. 101 Abs. 1 Rn. 140).

**50**    Konnte das Spürbarkeitserfordernis bis zur 6. GWB-Novelle aus dem – dem Kartellverbot des deutschen Rechts seinerzeit eigentümlichen – Tatbestandsmerkmal der Eignung, „die Erzeugung oder die Marktverhältnisse für den Verkehr mit Waren oder gewerblichen Leistungen … zu beeinflussen", abgeleitet werden, so besteht auch nach der mit den Novellen von 1998 und 2005 erfolgten Anpassung an das Unionsrecht kein Anlass, auf das Spürbarkeitserfordernis zu verzichten.[141] Die deutsche Rechtsprechung ist schon unter § 1 GWB aF zu Ergebnissen gelangt, die den von den **Gemeinschaftsgerichten** bei Anwendung des europäischen Kartellverbotstatbestands erzielten **im Wesentlichen entsprechen:**[142] Der BGH hat in einer 1998 ergangenen Entscheidung die Eignung zur spürbaren Marktbeeinflussung mit der Erwägung bejaht, die festgestellte Verhaltenskoordinierung sei

---

[136] Besonders restriktiv bezüglich des Bezweckens der EuGH in ‚Budapest Bank', wonach nur bei konkretem Nachweis der Wettbewerbsschädlichkeit eine bezweckte Wettbewerbsbeschränkung angenommen werden könne, vgl. EuGH 2.4.2020 – C–228/18, ECLI:EU:C:2020:265 Rn. 65 – Budapest Bank; hierzu Stancke, NZKart 2020, 308 (309 f.); hinsichtlich der Nachweisanforderungen hat der EuGH jüngst aber wiederum betont, dass ein „kontrafaktische[s] Szenario" oder gar Auswirkungen auf den Markt zur Feststellung einer bezweckten Wettbewerbsbeschränkung gerade nicht geprüft werden müssten, vgl. EuGH 25.3.2021 – C–591/16 P, ECLI:EU:C:2021:243 Rn. 140 f. – Lundbeck; EuGH 18.11.2021, C-306/20, ECLI:EU:C:2021:935 Rn. 60 – Visma Enterprise, was indes nicht ausschließen soll, auch wettbewerbsfördernden Wirkungen bei der Abgrenzung des Bezweckens vom Bewirken Rechnung zu tragen, vgl. EuGH 30.1.2020, C-307/18, ECLI:EU:C:2020:52 Rn. 103 f. – Generics; EuGH 12.1.2023, C-883/19 P, ECLI: EU:C:2023:11 Rn. 139 f. – HSBC.

[137] Vgl. hierzu etwa jüngst EuGH 2.4.2020 – C–228/18, ECLI:EU:C:2020:265 Rn. 55 – Budapest Bank, wonach der Wettbewerb zur Beurteilung der wettbewerbsbeschränkenden Wirkung einer Vereinbarung so zu betrachten sei, wie er ohne diese Vereinbarung bestünde (kontrafaktisches Szenario); vgl. zum Prüfungsmaßstab im Falle von Pay for Delay-Vereinbarungen ausführlich EuGH 30.1.2020 – C–307/18, ECLI:EU: C:2020:52 Rn. 115 ff. – Generics.

[138] BGH 17.10.2017 – KZR 59/16, NZKart 2018, 52 Rn. 17 ff. – Almased VITALKOST; 12.6.2018 – KZR 4/16, WuW 2018, 476 Rn. 31 f. – Busverkehr im Altmarkkreis; 7.4.2020 – KVR 13/19, NZKart 2020, 321 – Zahlungsauslösedienst.

[139] Zum deutschen Recht grundlegend BGH 14.10.1976 – KZR 36/75, BGHZ 68, 6 = WuW/E BGH 1458 (1461) – Fertigbeton (noch zur bis zur 6. GWB-Novelle geltenden Fassung des § 1 GWB). Kritisch Reich FS Steindorff, 1990, 1065 (1072 f.).

[140] BGH 17.10.2017 – KZR 59/16, NZKart 2018, 52 Rn. 20 – Almased VITALKOST.

[141] Vgl. zum Rechtszustand nach der 6. GWB-Novelle Zimmer in Immenga/Mestmäcker, 3. Aufl. 2001, Rn. 256.

[142] Eingehende Analyse der Rechtsprechung des BGH bei U. J. Schneider, Das Bagatellkartell, S. 7 ff.

„jedenfalls geeignet, die Verhältnisse auf den Märkten… mehr als nur in unbedeutendem Umfang zu beeinflussen."[143] In einem Beschluss aus dem Jahr 1999 hat der BGH ausgeführt, mit dem Merkmal der Spürbarkeit solle die Berücksichtigung einer lediglich theoretisch denkbaren Marktbeeinflussung ausgeschlossen werden.[144] Die Rechtsprechung hat ferner klargestellt, dass eine entsprechende Feststellung nur im Einzelfall unter sorgfältiger Berücksichtigung und Abwägung aller in Betracht kommenden Umstände getroffen werden kann.[145] Der BGH verlangt die Erörterung der Zahl der Teilnehmer auf dem relevanten Markt und des Marktanteils der Beteiligten.[146] Im Sinne einer **„Bündeltheorie"** ist bei einer Vielzahl inhaltlich übereinstimmender Verträge die Spürbarkeit bei Berücksichtigung aller Vertragswerke zu bestimmen (→ AEUV Art. 101 Abs. 1 Rn. 133).[147]

## III. Besonderheiten im deutschen Recht

Das Merkmal der Wettbewerbsbeschränkung gem. § 1 GWB weist nach den bisherigen **51** Feststellungen keine wesentlichen Besonderheiten im Vergleich zum entsprechenden Merkmal des Art. 101 Abs. 1 AEUV auf. Hinsichtlich der Spürbarkeit ist auf die **Bagatellbekanntmachung** des BKartA hinzuweisen (vgl. zur Deminimis-Bekanntmachung der Kommission → AEUV Art. 101 Abs. 1 Rn. 141 ff.). In dieser hat das BKartA angekündigt, unter welchen Voraussetzungen es keinen Anlass für ein behördliches Einschreiten sieht. Die im März 2007 publizierte Bekanntmachung des Bundeskartellamtes über die Nichtverfolgung von Kooperationsabreden mit geringer wettbewerbsbeschränkender Bedeutung (Bagatellbekanntmachung)[148] bezieht sich allein auf die wettbewerbspolitische Einschätzung der Wirkungen gewisser Abreden. Sie enthält keine Aussagen zur Interpretation des Merkmals der Spürbarkeit der Eignung zur Beeinträchtigung des Handels zwischen Mitgliedstaaten (hierzu → AEUV Art. 101 Abs. 1 Rn. 181 ff.). Konstruktiv unterscheidet die Bagatellbekanntmachung des Bundeskartellamtes sich insoweit von derjenigen der Kommission, als sie das Absehen von einem behördlichen Einschreiten nicht unmittelbar an die mangelnde Spürbarkeit, sondern an die Ausübung des behördlichen Aufgreifermessens knüpft.[149]

Inhaltlich knüpft die Bagatellbekanntmachung des BKartA an dieselben Schwellenwerte **52** an wie die Deminimis-Bekanntmachung der Kommission: Das BKartA wird regelmäßig von der Einleitung eines Verfahrens auf der Grundlage von § 1 GWB, Art. 101 Abs. 1 AEUV absehen, wenn der von den an einer **„horizontalen" Vereinbarung** beteiligten Unternehmen insgesamt gehaltene Marktanteil auf keinem der betroffenen Märkte **10 %** überschreitet.[150] Als „horizontal" gilt hierbei eine Vereinbarung zwischen Unternehmen, die tatsächliche oder potenzielle Wettbewerber auf mindestens einem der betroffenen Märkte sind.[151] Bei **„nicht-horizontalen" Vereinbarungen** wird das Amt von der

---

[143] BGH 13.1.1998 – KVR 40/96, WuW/E DE-R 115 – Carpartner; vgl. auch OLG Naumburg 15.9.2004 – 1 U 42/04 (Kart), WuW/E DE-R 1426 – Düngemittel; OLG Düsseldorf 29.12.2004 – VI–Kart 17/04 (V), WuW/E DE-R 1453 (1460) – PPK-Entsorgung; BGH 8.5.2001 – KVR 12/99, BGHZ 147, 325 = WuW/E DE-R 711 (718) – Ost-Fleisch; „Die Annahme einer spürbaren Wettbewerbsbeschränkung setzt nicht voraus, daß die Marktverhältnisse „wesentlich" beeinflußt werden. Die Spürbarkeit ist nur zu verneinen, wenn die Außenwirkungen eines Kartells praktisch nicht ins Gewicht fallen"; OLG Düsseldorf 13.9.2006 – VI-Kart 2/06 (OWi), WuW/E DE-R 1917 (1919) – OTC-Präparate; OLG Düsseldorf 4.5.2011 – VI-Kart 7/10 (V), WuW/E DE-R 3320 (3326) – Hörgeräteakustiker.

[144] BGH 9.3.1999 – KVR 20/97, WuW/E DE-R 289 (295) – Lottospielgemeinschaft.

[145] BGH 7.6.1962 – KZR 6/60, BGHZ 37, 194 = WuW/E BGH 468 (491) – Spar; 14.10.1976 – KZR 36/75, BGHZ 68, 6 (12) = WuW/E BGH 1458 – Fertigbeton; 23.2.1988 – KRB 4/87, WuW/E BGH 2469 (2470) – Brillenfassungen; 14.1.1997 – KZR 41/95, WuW/E BGH 3115 (3120) – Druckgussteile.

[146] BGH 23.2.1988 – KRB 4/87, WuW/E BGH 2469 (2470) – Brillenfassungen.

[147] Hierzu BGH 7.10.1980 – KZR 28/79, WuW/E 1780 (1782) – Subterra-Methode.

[148] Bekanntmachung Nr. 18/2007 des Bundeskartellamtes über die Nichtverfolgung von Kooperationsabreden mit geringer wettbewerbsbeschränkender Bedeutung („Bagatellbekanntmachung") vom 13.3.2007.

[149] Bagatellbekanntmachung, Rn. 1, 6 ff. (Fn. 148).

[150] Bagatellbekanntmachung, Rn. 8 (Fn. 148).

[151] Bagatellbekanntmachung, Rn. 5 (Fn. 148).

Einleitung eines Verfahrens regelmäßig absehen, wenn der „von jedem ... beteiligten Unternehmen gehaltene Marktanteil auf keinem der betroffenen Märkte **15 %** überschreitet.“[152] Bei Zweifeln über die Zuordnung zum Bereich horizontaler oder nicht-horizontaler Vereinbarungen soll die 10 %-Schwelle gelten.[153] Besteht der Verdacht kumulativer Abschottungseffekte mehrerer nebeneinander existierender Vertragsnetze im Umfang von insgesamt wenigstens 30 % des betroffenen Marktes, so ist die Marktanteilsschwelle für ein Eingreifen der Kartellbehörde auf 5 % abgesenkt.[154] Im Übrigen behält das Amt sich vor, in Ausnahmefällen schon unterhalb der genannten Schwelle einzugreifen. Ein solcher Ausnahmefall soll beispielsweise dann vorliegen können, wenn von der Wettbewerbsbeschränkung zu erwarten ist, dass sich für Lieferanten oder Abnehmer die Austauschbedingungen auf dem Markt insgesamt verschlechtern werden.[155] Von der Wirkung der Bekanntmachungen ausdrücklich **ausgenommen** sind sog. **Kernbeschränkungen.** Hierunter versteht die Bekanntmachung horizontale oder nicht-horizontale Vereinbarungen, die unmittelbar oder mittelbar eine Festsetzung von Dritten gegenüber zu berechnenden Preisen oder Preisbestandteilen oder eine Beschränkung von Produktion, Bezug oder Absatz, insbesondere durch Aufteilung von Versorgungsquellen, Märkten oder Abnehmern, bezwecken oder bewirken.[156]

## E. Tatbestandsrestriktionen

### I. Einführung

53     Nach dem in den vorstehenden Absätzen Gesagten kann eine Wettbewerbsbeschränkung insbesondere in einem durch Vertrag, Beschluss oder Verhaltensabstimmung koordinierten Verzicht auf wettbewerbliche Handlungsfreiheiten bestehen, dessen Zweck oder Wirkung eine Beschränkung des Wettbewerbs ist. Freilich hat die Praxis diese Grundsätze nicht ohne Ausnahme durchgeführt: In bestimmten Fallkonstellationen, in denen eine Verhaltensbindung der beschriebenen Art zweifellos vorlag, sind Gerichte und Kartellbehörden dennoch vom **Fehlen einer Wettbewerbsbeschränkung** ausgegangen.

### II. Maßgeblichkeit des europäischen Rechts

54     Aufgrund des wertungstechnischen Gleichlaufs von § 1 GWB mit der europäischen Regelung in Art. 101 AEUV ist weitgehend auf die Darstellung zum europäischen Recht (siehe → AEUV Art. 101 Abs. 1 Rn. 146 ff.) zu verweisen. Die grundlegenden Prinzipien des Immanenzgedankens (siehe → AEUV Art. 101 Abs. 1 Rn. 146 ff.), der Markterschließungsdoktrin (siehe → AEUV Art. 101 Abs. 1 Rn. 152 f.), der Ausnahme bei (Prozess- und anderen) Vergleichen (siehe → AEUV Art. 101 Abs. 1 Rn. 158 ff.), der gesetzesimmanenten Wettbewerbsbeschränkungen auf dem Arbeitsmarkt (siehe → AEUV Art. 101 Abs. 1 Rn. 161 ff.) sowie die begrenzten Möglichkeiten einer Berücksichtigung außerwettbewerblicher Ziele (siehe → AEUV Art. 101 Abs. 1 Rn. 164 ff.) finden sich sowohl im europäischen als auch im deutschen Recht wieder.

55     Ein kontrovers diskutiertes[157] Fallbeispiel aus jüngerer Zeit, im Rahmen dessen die Rechtsprechung eine tatbestandliche Ausnahme vom Kartellverbot anerkannte und auf das inzwischen weitere, thematisch verwandte gerichtliche Entscheidungen gefolgt sind,[158]

---

[152] Bagatellbekanntmachung Rn. 9 (Fn. 148).
[153] Bagatellbekanntmachung Rn. 10 (Fn. 148).
[154] Bagatellbekanntmachung Rn. 11 (Fn. 148).
[155] Bagatellbekanntmachung Rn. 12 (Fn. 148).
[156] Bagatellbekanntmachung Rn. 13–15 (Fn. 148).
[157] Vgl. dazu kritisch etwa Ackermann WuW 2022, 122; Podszun NZKart 2022, 181.
[158] Mit im Ergebnis gegenläufiger Auffassung etwa jüngst das LG Dortmund 24.5.2023, 8 O 1/23 Kart, NZKart 2023, 325 (327 f.) – FIFA (im einstweiligen Verfügungsverfahren die FIFA-Regelungen, die die Spielervermittlung betreffen, als Hardcorekartell qualifizierend; die Meca-Medina-Anforderungen an eine

bezieht sich auf den Bereich des **Sportkartellrechts:** Das OLG Frankfurt befasste sich in einem Urteil zur **Spielervermittlung** mit einem Regelwerk des DFB, das Voraussetzungen und Höhe von Spielervermittlungsgebühren zum Gegenstand hatte und sich dabei an verschiedene Bundesligavereine richtete.[159] Als Orientierungsmaßstab berief sich das Gericht dabei explizit auf die **Meca-Medina**-Kriterien (sog. 3-Stufen-Test) des EuGH, wonach diejenigen Regelungen, die „mit der Organisation und dem ordnungsgemäßen Ablauf eines sportlichen Wettkampfs untrennbar verbunden" sind, indem sie „den fairen Wettstreit zwischen den Sportlern" sicherstellen, auf das insoweit Notwendige begrenzt sind und den Verhältnismäßigkeitsgrundsatz wahren, trotz einer möglicherweise die unternehmerischen Handlungsfreiheiten einschränkenden Wirkung nicht dem Tatbestand des Kartellverbot zu unterwerfen seien.[160] In seiner aktuellen Entscheidung betonte das OLG Frankfurt insbesondere, dass auch im Sportumfeld anzusiedelnde Regelungen, selbst wenn von ihnen zugleich eine wirtschaftliche Außenwirkung ausgehe, den Meca-Medina-Kriterien an sich zugänglich seien; es komme darauf an, dass das Regelwerk „in einem Zusammenhang" mit der sportlichen Zielsetzung stehe.[161] Bemerkenswert ist dabei, dass das OLG Frankfurt explizit die „Wahrung der finanziellen Stabilität und Leistungsfähigkeit eines Sportclubs" als legitimes Ziel im Sinne der Meca-Medina-Kriterien anerkennt.[162] Darin liegt jedenfalls ein recht extensives Verständnis der unionsgerichtlichen Kriterien, die der EuGH selbst noch vorwiegend anhand unmittelbar auf den sportlichen Wettkampf bezogener Beispielszielsetzungen („Chancengleichheit der Sportler, ihre Gesundheit, die Ehrlichkeit und Objektivität des Wettkampfs sowie die ethischen Werte des Sports"[163]), also solcher ohne direkten wirtschaftlichen Bezug, erläutert hatte. Dieses extensive Verständnis ist gerade mit Blick auf das tatbestandliche Regel-Ausnahme-Gefüge sowie die im Unionsrecht gerade nicht erfolgende Abwägung im Sinne einer „rule of reason" (vgl. dazu → Rn. 203) nicht unbedenklich.[164] Wie sich der BGH zum weiten Verständnis des OLG

---

Tatbestandsrestriktion seien schon mangels einer „mit der Organisation und dem ordnungsgemäßen Ablauf eines sportlichen Wettkampfs untrennbar verbundene[n] Materie" (S. 327) nicht anwendbar. Vgl. für sportkartellrechtlich geprägte Entscheidungen, deren Ausgangspunkt die kartellrechtliche *Missbrauchskontrolle* bildet, jüngst etwa OLG Düsseldorf 20.1.2022, VI-6 W 1/22 (Kart), NZKart 2022, 221 (222) – Paralympische Winterspiele (betreffend eine Zulassungsverweigerung zu den paralympischen Winterspielen, die das International Paralympic Committee als sog. Monopolverband gegenüber einer Sportlerin statuiert hatte und die – trotz Verbandsautonomie (Art. 9 Abs. 1 GG), und ebenso wie das Verbandsregelwerk selbst – zumindest einer gerichtlichen Billigkeitskontrolle, insbesondere im Hinblick auf die Diskriminierungsfreiheit, unterliege); darüber hinaus OLG Frankfurt 15.11.2022, 11 U 60/21 (Kart), NZKart 2023, 40 (41 ff.) – Motorsportveranstaltung (betreffend die Sanktionierung von Mitgliedern eines Motorsportverbands für den Fall, dass sie an Veranstaltungen eines konkurrierenden Verbands teilnehmen; die Meca-Medina-Kriterien seien auch im Rahmen des § 19 GWB anwendbar, im konkreten Fall sei die Sanktionsregelung unverhältnismäßig, weil nicht hinreichend klar und transparent formuliert). Vgl. für eine sowohl am *Kartellverbot* als auch an der *Missbrauchskontrolle* ausgerichtete Entscheidung jüngst OLG Düsseldorf 1.3.2023, VI U (Kart) 7/21, NZKart 2023, 225 (226 ff.) – Paralympische Zulassungsregeln (Klassifizierungsregeln und -entscheidungen eines Sportverbands (hier: des International Paralympic Committee) erfüllten entsprechend der Meca-Medina-Kriterien als auch weder am Kartellverbots- noch den Missbrauchstatbestand, seien allerdings für den Fall einer Neuklassifizierung von Sportlern als „nicht teilnahmeberechtigt" mit einer angemessenen Umstellungsfrist (hier: ein Jahr) zu versehen); zum zuletzt genannten Urteil näher Lorenz NZKart 2023, 267 f.

[159] OLG Frankfurt 30.11.2021, 11 U 172/19 (Kart), NZKart 2022, 31 – Fußballspieler-Vermittlung; als Vorinstanz LG Frankfurt 24.10.2019, 2–03 O 517/18, NZKart 2020, 267 – Spielervermittlung.

[160] EuGH 18.7.2006, C-519/04 P, ECLI:EU:C:2006:492, Rn. 45, 47 – Meca-Medina; hinsichtlich der Begrenzung auf das für die Zielverfolgung Notwendige unter Verweis auf EuGH 19.2.2002, C-309/99, ECLI:EU:C:2002:98, Rn. 97 – Wouters; vgl. zur Verbindungslinie zwischen diesen beiden Rechtsprechungslinien ferner Becker NZKart 2022, 379. Vgl. in jüngerer Zeit auf Unionsebene für eine Anwendung der Meca-Medina-Kriterien etwa EuG 16.12.2020, T–93/18, ECLI:EU:T:2020:610, Rn. 77 ff. – International Skating Union.

[161] Vgl. OLG Frankfurt 30.11.2021, 11 U 172/19 (Kart), NZKart 2022, 31 ff. – Fußballspieler-Vermittlung.

[162] Vgl. OLG Frankfurt 30.11.2021, 11 U 172/19 (Kart), NZKart 2022, 31, 33 f. – Fußballspieler-Vermittlung.

[163] EuGH 18.7.2006, C-519/04 P, ECLI:EU:C:2006:492, Rn. 43 – Meca-Medina.

[164] So etwa auch Ackermann WuW 2022, 122, 123 f.

Frankfurt positionieren wird, bleibt indes – insbesondere angesichts noch laufender Vorabentscheidungsverfahren – abzuwarten.[165]

**56**  Die dogmatischen Grundlagen der einzelnen Tatbestandsrestriktionen näher zu behandeln, ist den Ausführungen zum europäischen Recht vorbehalten. Die folgenden Ausführungen beschränken sich auf die Darstellung der Besonderheiten im deutschen Recht.

## III. Besonderheiten im deutschen Recht

### 1. So genannter Immanenzgedanke

**Schrifttum:** Keßler, Wettbewerbsbeschränkende Abreden in Gesellschaftsverträgen im Lichte von § 1
GWB und Art. 81 EGV, WRP 2009, 1208; Klett/Klett, Wettbewerbsverbote in Gesellschaftsverträgen,
WRP 2011, 1536; Lammel, Vertragsfreiheit oder Wirtschaftsfreiheit – Zur Teilnichtigkeit von Wettbewerbs-
abreden, AcP 189 (1989), 244; Schmidt, K., Ausschließlichkeitsbindung, Kartellverbot und Immanenztheorie,
in: FS Sandrock, 2000, S. 833; Schwarz, Kartellvertrag und sonstige wettbewerbsbeschränkende Verträge,
1984; Thomas, Grundsätze zur Beurteilung vertikaler Wettbewerbsverbote, WuW 2010, 177.

**57**  Der BGH hat im Hinblick auf **Wettbewerbsverbote in Unternehmenskauf- und
Gesellschaftsverträgen** – ohne in gleicher Deutlichkeit auf die wettbewerbsfördernden
Wirkungen von Wettbewerbsklauseln in Unternehmensveräußerungsverträgen oder in Ge-
sellschafts- und Genossenschaftssatzungen abzuheben wie der EuGH – eine Verteidigung
im Rahmen des Immanenzgedankens grundsätzlich zugelassen.[166] Danach werden wettbewerbsbeschränkende Bestimmungen in Gesellschaftsverträgen nicht von § 1 GWB erfasst, soweit sie notwendig sind, um das im Übrigen kartellrechtsneutrale Gesellschafts-
unternehmen in seinem Bestand und seiner Funktionsfähigkeit zu erhalten.[167] Insbesondere
für diejenigen Gesellschafter, die eine Mehrheitsbeteiligung halten oder aufgrund satzungsmäßiger Sonderrechte – beispielsweise des Rechts, einen von zwei Geschäftsführern zu
bestellen und abzuberufen – maßgeblichen Einfluss auf die Geschäftsführung nehmen
können, sind Wettbewerbsverbote zulässig.[168] Dagegen wurden die für Gesellschafter mit
einer bloßen Minderheitsbeteiligung vereinbarten Wettbewerbsverbote bislang als Verstoß
gegen § 1 GWB angesehen.[169] Nach einem jüngeren Urteil des BGH kann aber auch
Minderheitsgesellschaftern ohne Sonderrechte ein Wettbewerbsverbot auferlegt werden,
sofern diese über die Möglichkeit verfügen, strategisch wichtige Unternehmensentschei-
dungen aufgrund einer in der Satzung enthaltenen Einstimmigkeitsklausel durch ihr jeweiliges Stimmverhalten zu blockieren.[170] Auch im Kontext **nachvertraglicher** Wettbewerbsverbote kann der Gedanke der Funktionsnotwendigkeit greifen, wobei hier allerdings nicht
der Schutz des Gesellschaftsunternehmens vor innerer Aushöhlung im Vordergrund steht,
sondern vielmehr die Verhinderung eines Abflusses zentraler Unternehmenswerte, wie
Kundenstamm und Know-How, nach dem Ausscheiden eines Gesellschafters.[171] Bildet eine
Klausel, etwa iRe Unternehmenskaufvertrags, keinen bloßen Annex zum kartellrechtsneu-

---

[165] Beim BGH wird das Revisionsverfahren unter dem Az. KZR 71/21 geführt, das der BGH anlässlich
eines jüngst von ihm angestrengten Vorabentscheidungsverfahrens (BGH 13.6.2023, KZR 71/21, GRUR-
RS 2023, 13220) derzeit indes ausgesetzt hat. Vgl. für eine weitere Vorlage aus Anlass einer parallelen
Kontroverse um die Rechtmäßigkeit des FIFA-Spielervermittlungsreglements LG Mainz 30.3.2023, 9 O 129/
21, GRUR-RS 2023, 14834 – FIFA.
[166] Vgl. zB BGH 6.12.1962 – VI ZR 244/61, BGHZ 38, 306 = WuW/E BGH 519 (522) – Kino-
Bonbonnière; BGH 3.5.1988 – KZR 17/87, BGHZ 104, 246 = WuW/E BGH 2505 (2507 f.) – neuform-
Artikel; BGH 19.10.1993 – KZR 3/92, NJW 1994, 384 – Ausscheidender Gesellschafter; BGH 12.5.1998 –
KZR 18/97, WuW/E DE-R 131 (133) – Eintritt in Gebäudereinigungsvertrag.
[167] BGH 23.6.2009 – KZR 58/07, WuW/E DE-R 2742 (2744) – Gratiszeitung Hallo; OLG Düsseldorf
15.8.2007 – VI-U (Kart) 11/07, WuW/E DE-R 2166 (2167) – AnzeigenblattGU.
[168] BGH 23.6.2009 – KZR 58/07, WuW/E DE-R 2742 (2745) – Gratiszeitung Hallo.
[169] OLG Düsseldorf 15.8.2007 – VI-U (Kart) 11/07, WuW/E DE-R 2166 (2168) – AnzeigenblattGU;
OLG Frankfurt a. M. 17.3.2009 – 11 U 61/08 (Kart), WuW/E DE-R 2603 (2605) – Musikalienhandel.
[170] BGH 23.6.2009 – KZR 58/07, WuW/E DE-R 2742 (2746) – Gratiszeitung Hallo.
[171] OLG Düsseldorf 15.5.2019 – VI-W (Kart) 4/19, NZKart 2019, 386 (388) – Nachvertragliches Wettbewerbsverbot (vgl. auch → Rn. 191 und 235 zum nachvertraglichen Wettbewerbsverbot speziell im Kontext
eines Gemeinschaftsunternehmens).

tralen Hauptvertrag, sondern zählt sie vielmehr selbst zur vertraglich vereinbarten Hauptleistungspflicht, so ist die Einstufung als notwendige Nebenabrede hingegen von vornherein ausgeschlossen.[172]

Seit der Gleichstellung vertikaler und horizontaler Vereinbarungen in § 1 GWB durch **58** die 7. GWB-Novelle ist einer Auslegung von § 1 GWB, die für eine Restriktion des Anwendungsbereichs schon ein anzuerkennendes Interesse statt einer durch den Vertragszweck gebotenen Notwendigkeit ausreichen lässt, die Grundlage entzogen (dazu → Rn. 202 f., 224, 235 ff.).[173] Vertikale Wettbewerbsbeschränkungen können vom Verbot wettbewerbsbeschränkender Vereinbarungen erfasst sein, auch wenn für sie ein anzuerkennendes Interesse besteht.[174] Zu der in jüngerer Zeit vom OLG Düsseldorf aufgeworfenen Frage, ob eine enge Bestpreisklausel als notwendige Nebenabrede eines Plattformvermittlungsvertrags eingestuft werden kann, wird auf den Abschnitt eigens zu Bestpreisklauseln verwiesen (→ Rn. 257 ff.).

## 2. Arbeitsgemeinschaftsgedanke

**Schrifttum:** Beninca/Gebauer, Die kartellrechtliche Zulässigkeit von Arbeitsgemeinschaften, WuW 2018, 451; Immenga, Bietergemeinschaften im Kartellrecht – ein Problem potentiellen Wettbewerbs, DB 1984, 385; Koenig/Kühling/Müller, Marktfähigkeit, Arbeitsgemeinschaften und Kartellverbot, WuW 2005, 126; Müller-Feldhammer, Die Bieter- und Arbeitsgemeinschaft – kartellrechtlich ein Auslaufmodell?, NZKart 2019, 463.

Der Bundesgerichtshof kommt auf der Grundlage des sog. **Arbeitsgemeinschafts- 59 gedankens** zu ähnlichen Ergebnissen wie der Europäische Gerichtshof unter dem Stichwort der **Markterschließungsdoktrin:** Insbesondere in der Bauwirtschaft ist das arbeitsteilige Zusammenwirken mehrerer Unternehmen verbreitet, die gegenüber einem Besteller jeweils einen Teil der Gesamtleistung erbringen. Treten die Mitglieder einer Arbeitsgemeinschaft schon im Stadium der Auftragsvergabe einheitlich auf und unterbreiten (nur) ein gemeinsames Gebot, kann von einer Bietergemeinschaft gesprochen werden. Begeben sich die Mitglieder bei Gründung oder Durchführung der Arbeitsgemeinschaft der Möglichkeit zu einem selbstständigen Auftreten am Markt, so kann hierin grundsätzlich eine Wettbewerbsbeschränkung iSd § 1 GWB liegen; eine Anwendung des Kartellverbots kommt auch in Betracht, wenn eine derartige Wettbewerbsbeschränkung nicht Zweck, sondern bloße Folge des Zusammenschlusses zur Arbeitsgemeinschaft ist (vgl. zur Tatbestandsvariante der „bewirkten" Wettbewerbsbeschränkung → Rn. 48 ff.).

Der BGH geht von der Unanwendbarkeit des § 1 GWB aus, wenn die Mitglieder ohne **60** Koordinierung ihrer Aktivitäten durch die Arbeitsgemeinschaft sich einer Marktteilnahme im konkreten Fall enthielten. In einem solchen Fall lässt sich argumentieren, dass die Gründung resp. Durchführung der Arbeitsgemeinschaft im Ganzen wettbewerbsfördernde Wirkung habe, da die Gemeinschaft erst zum Zustandekommen eines Gebots ihrer Mitglieder führe. Der BGH ist von einer solchen insgesamt wettbewerbsfördernden Wirkung nicht allein in Fällen ausgegangen, in denen die einzelnen Arbeitsgemeinschaftsmitglieder für sich genommen zur Abgabe eines Gebots resp. zur Erbringung einer Leistung nicht im Stande gewesen wären,[175] sondern schon dann, wenn eine selbstständige Teilnahme wirtschaftlich nicht zweckmäßig und kaufmännisch nicht vernünftig erschiene; das soll auch bei Beteiligung von Großunternehmen gelten, deren Kapazitäten, technische Einrichtungen

---

[172] OLG Düsseldorf 3.4.2019 – VI-Kart 2/18 (V), NZKart 2019, 282 (286) – Ticketvertrieb II.

[173] BGH 10.12.2008 – KZR 54/08, WuW/E DE-R 2554 (2556 f.) – Subunternehmervertrag II; für eine ausführliche Darstellung der Besonderheiten bei Kundenschutzklauseln und Wettbewerbsverboten bei Lieferverträgen, insbes. Ausführungen zur Rechtslage vor der 7. GWB-Novelle, siehe Zimmer in Immenga/ Mestmäcker, 5. Aufl. 2014, Rn. 152 ff.

[174] BGH 10.12.2008 – KZR 54/08, WuW/E DE-R 2554 (2557) – Subunternehmervertrag II; ferner Regierungsbegründung BT-Drs. 15/3640, 24.

[175] Insofern übereinstimmend Kommission ABl. 1997 L 18, S. 87 ff. – Iridium; weitere Nachweise zur Markterschließungsdoktrin in → AEUV Art. 101 Abs. 1 Rn. 152 f.; vgl. aus jüngerer Zeit OLG Düsseldorf 17.9.2008 – VI-Kart 11/07 (V), WuW/E DE-R 2540 (2542) – Wirtschaftsprüferhaftpflicht.

und fachliche Kenntnisse objektiv ausreichen würden, den Auftrag selbstständig auszuführen.[176] Dabei muss nicht zwangsläufig jedem beteiligten Unternehmen die Leistungsfähigkeit fehlen.[177] Zu den dargestellten Kriterien der Rechtsprechung im Hinblick auf die Bewertung einer Arbeitsgemeinschaft stehen die Ausführungen des BKartA in der Sektoruntersuchung Zement und Transportbeton[178] in einem gewissen Widerspruch. Das BKartA verlangt, dass keines der beteiligten Unternehmen bzgl. des konkreten Auftrages bzw. Projekts alleine leistungsfähig sei,[179] und legt daher eine deutlich engere Interpretation als die Rechtsprechung zugrunde.[180]

**61**     Dem Arbeitsgemeinschaftsgedanken muss keine Abweichung von den Kriterien der unionsrechtlichen Markterschließungsdoktrin zugrunde liegen;[181] vielmehr erscheint die Praxis der Unionsgerichte zu den Voraussetzungen des Eingreifens einer solchen Doktrin[182] noch nicht in solchem Maße gefestigt, dass sie klare und völlig einheitliche Kriterien hierzu erkennen ließe.[183]

**62**     **3. Rechtsgüterabwägung.** Die Anwendung des § 1 GWB ist in bestimmten Fallgestaltungen dem Vorbehalt einer **Rechtsgüterabwägung** unterstellt worden, wenn eine tatbestandsmäßig vom Kartellverbot erfasste Vereinbarung insbesondere außerökonomische Aufgaben wahrnehmen sollte, deren Verfolgung als höherrangig gegenüber der Erhaltung des Wettbewerbs durch das GWB angesehen wurde. Als kollidierende Rechtsgüter wurden vor allem der Gesundheitsschutz, soziale Belange verschiedener Natur, der Jugendschutz, der Umweltschutz sowie wirtschaftspolitische Interessen genannt.[184] Die Rechtsprechung hat sich mit dieser Restriktion noch nicht eingehend befasst. In einigen Entscheidungen wird aber eine deutliche Skepsis gegenüber diesen Überlegungen erkennbar.[185] Vor dem Hintergrund der Überlagerung des deutschen durch das europäische Kartellrecht ist in der Literatur wieder eine großzügigere Haltung gegenüber diesem Ansatz eingenommen worden.[186] Zur vertieften dogmatischen Begründung ist auf die Ausführungen zum europäischen Recht zu verweisen (siehe → AEUV Art. 101 Abs. 1 Rn. 164 ff.).[187] Allerdings ist zu betonen, dass die Unionsorgane den genannten Gesichtspunkten vornehmlich im Rahmen

---

[176] BGH 13.12.1983 – KRB 3/83, WuW/E BGH 2050 = BB 1984, 364 – Bauvorhaben Schramberg mAnm Hootz; BGH 5.2.2002 – KZR 3/01, WuW/E DE-R 876 (878) – Jugend- und Frauennachtfahrten; OLG Düsseldorf 17.1.2018 – VI-Verg 39/17, NZBau 2018, 237 Rn. 42 – Baggerarbeiten; OLG Düsseldorf 15.3.2017 – VI-Kart 10/15, WuW 2017, 338 Rn. 196 – Rundholzvermarktung (mit weiteren Nachweisen).

[177] OLG Düsseldorf 17.1.2018 – VII-Verg 39/17, NZBau 2018, 237 Rn. 42 – Baggerarbeiten; differenzierende Beurteilung sog. gemischter Arbeitsgemeinschaften bei Wagemann FS D. Schroeder, 2018, 871 (880).

[178] BKartA 24.7.2017, Sektoruntersuchung Zement und Transportbeton Rn. 557 ff.

[179] BKartA 24.7.2017, Sektoruntersuchung Zement und Transportbeton Rn. 557 unter (1). Dieser strengen Linie folgt auch BKartA 10.4.2019 – Fallbericht – B1-189/13; B1-11/15, S. 4 f. (zur Zulässigkeit von Liefergemeinschaften im Bereich Asphaltgut).

[180] Vgl. hierzu die Darstellung der Fallpraxis des BKartA bei Müller-Feldhammer NZKart 2019, 463 (465 ff.).

[181] Anders noch Zimmer in Immenga/Mestmäcker, 4. Aufl. 2007, Rn. 183.

[182] Vgl. neben den genannten Urteilen des EuGH bspw. EuG 15.9.1998 – T-374/94, ECLI:EU:T:1998:198 Rn. 136 ff. – European Night Services, in dem das EuG nicht allein auf die Möglichkeit einer selbständigen Marktteilnahme, sondern auch auf den „wirtschaftlichen und rechtlichen Kontext, in dem die Unternehmen tätig sind", abhebt (auch → Rn. 144). Aus neuerer Zeit EuG 2.5.2006 – T-328/03, ECLI:EU:T:2006:116 Rn. 66–79 – O2 (Germany).

[183] Ähnlich Roth/Ackermann in FK-KartellR Rn. 103.

[184] BKartA 20.2.1960, WuW/E BKartA 145 – Doppelstecker; BKartA TB 1976, 9 (79); im Rückblick zusammenfassend Baur FS Großfeld, 1999, 73 (77 ff.).

[185] Siehe KG 8.11.1995 – Kart 21/94, WuW/E OLG 5565 (5577) – Fernsehübertragungsrechte; KG 29.5.1996 – Kart 18/95, WuW/E OLG 5677 (5693) – Carpartner; ferner schon KG 26.2.1986 – 1 Kart. 7/85, WuW/E OLG 3737 (3746) – Selex – Tania.

[186] Baur FS Großfeld, 1999, 73 ff.; W.-H. Roth FS Mestmäcker, 2006, 411 (433 ff.) (Einschränkung des Verbotstatbestandes durch Berücksichtigung nichtwettbewerblicher Ziele).

[187] Siehe auch Zimmer in Immenga/Mestmäcker, 5. Aufl. 2014, Rn. 167 ff. zur dogmatischen Begründung.

der Freistellungsvorschrift des Art. 101 Abs. 3 AEUV Gewicht beigemessen haben.[188] Ihr systematischer Standort wäre dementsprechend § 2 GWB.

Die Lehre von der **Rechtsgüterabwägung** ist **in Bezug auf § 1 GWB abzulehnen.**[189] **63** Soweit Konflikte nicht im Rahmen der Spürbarkeit der Wettbewerbsbeschränkung als Minimalfälle ausgeschieden werden können und §§ 2 f. GWB nicht greifen, kann der Verzicht auf eine kartellbehördliche Verfolgung mangels öffentlichen Interesses nach § 47 OWiG in Betracht kommen. In einigen bisher relevant gewordenen Sachverhalten ist auf diese Lösungsmöglichkeit hingewiesen worden. Die Anwendung des Opportunitätsprinzips kann jedoch nur als Ausnahme zugelassen werden und darf nicht dazu führen, Auslegungsprobleme des § 1 GWB zu umgehen. Dies ergibt in der Sache auch deshalb keinen Sinn, weil die zivilrechtliche Nichtigkeit von einer Verfolgung durch die Kartellbehörden unabhängig ist. Darüber hinaus begegnet die **Duldungspraxis des BKartA** Bedenken, bestimmte allgemeinpolitische Gesichtspunkte in Ermessensentscheidungen nach § 47 OWiG einzubeziehen. Mit Rücksicht auf die Funktion der Kartellbehörden[190] und vor allem mit Rücksicht auf den Regelungszweck des GWB erscheint es zumindest schwierig begründbar, andere als die mit Bezug auf das Ausmaß der Wettbewerbsbeschränkung verbundenen Erwägungen in die **Ermessensentscheidung** einfließen zu lassen.

Ungeachtet der schon früh vorgetragenen Bedenken gegen die dogmatischen Grund- **64** lagen der Güterabwägung hat das BKartA zunächst wiederholt auf dieses Konzept zurückgegriffen. In späterer Zeit ist zu beobachten gewesen, dass das BKartA die Lösung solcher Fallgruppen nicht im Wege einer Güterabwägung gesucht hat, sondern im Rahmen einer Duldung der in Frage stehenden Wettbewerbsbeschränkung auf der Grundlage des Opportunitätsprinzips aus § 47 OWiG.[191] Letztendlich hat sich das Amt von seiner früheren Praxis der Güterabwägung ausdrücklich distanziert.[192]

## F. Rechtsfolgen des Kartellverbots

**Schrifttum:** von Bar, Internationales Wettbewerbsbeschränkungsrecht zwischen Sach- und Kollisionsrecht, FS Ferid, 1988, S. 13; Bechtold, Umfang und Grenzen der kartellrechtlichen Nichtigkeitssanktion, NZKart 2020, 459; Benner, Kartellrechtliche Unwirksamkeit bei verfaßten Verbänden, 1993; Bunte, Die Bedeutung salvatorischer Klauseln in kartellrechtswidrigen Verträgen; GRUR 2004, 301; Canaris, Nachträgliche Gesetzeswidrigkeit von Verträgen, geltungserhaltenden Reduktion und salvatorische Klauseln im deutschen und europäischen Kartellrecht, DB 2002, 930; Grünwald/Hackl, Das Schicksal von Folge- und Ausführungsverträgen mit Kartellanten in der neuesten BGH-Rechtsprechung – ein Systemwechsel?, NZKart 2017, 508; Heuking, Strafbarkeitsrisiken beim Submissionsbetrug, BB 2013, 1155; Immenga, Wettbewerbsbeschränkungen durch Minderheitsbeteiligungen, in: FS Benisch, 1989, S. 327; Kirchhain, Die Gestaltung von innerstaatlich wirkenden Vertriebsverträgen nach der 7. GWB Novelle, WuW 2008, 167; Kleinmann/Berg, Änderungen des Kartellrechts durch das „Gesetz zur Bekämpfung der Korruption" vom 13.8.1997, BB 1998, 277; König, Neues Strafrecht gegen die Korruption, JR 1997, 397; Lohse, Preiskartelle als fehlerhafte Gesellschaften?, in: FS Franz Jürgen Säcker, 2011, S. 827; Mann, Sonderanknüpfung und zwingendes Recht im internationalen Privatrecht, in: FS Günther Beitzke, 1979, S. 607; Mohr, Privatrechtliche Nichtigkeit von Kartellen und öffentlich-rechtliche Vertrauensschutz, ZWeR 2011, 383; Palzer, Kartellbefangene Gesellschaftsverträge: Anwendungsfall der Lehre von der fehlerhaften Gesellschaft?, ZGR 2012, 631; Paschke, Die fehlerhafte Korporation, ZHR 155 (1991), 1; Paul, Gesetzesverstoß und Vertrag im Wettbewerbs- und Regulierungsrecht, 2009; Ritter, Langfristige Gasbezugsverträge: Zulässigkeit, Teilnichtigkeit oder Gesamtnichtigkeit, WuW 2002, 362; Roth, Nichtigkeit von Gesellschaftsverträgen bei Verstoß gegen das europäische Kartellverbot, in: FS Klaus J. Hopt, 2010, Bd. II S. 2881; Schmidt, K., Kartellnichtigkeit von Folgeverträgen, in: FS Wernhard Möschel, 2011, S. 559; Schmidt, K., Gemeinschaftsunternehmen, Wettbewerbs-

---

[188] Analyse bei Mestmäcker/Schweitzer EuWettbR § 14 Rn. 48 ff.; Everling FS Huber, 2006, 1073 (1085 ff.).

[189] Baumann, Rechtsprobleme freiwilliger Selbstbeschränkung, S. 147 ff.; Bock WuW 1996, 187 (192); Niemeyer, Der „Jahrhundertvertrag", S. 128 ff.; Horstmann, Selbstbeschränkungsabkommen, S. 87; Rieger, Das Problem der Güterabwägung bei der Anwendung des Kartellverbots, S. 124 ff.

[190] So insbes. Bock WuW 1996, 187 (193).

[191] BKartA TB 1983/84, 86; 1991/92, 131 ff.

[192] BKartA TB 1995/96, 39; siehe Zimmer in Immenga/Mestmäcker, 5. Aufl. 2014, Rn. 175 ff. für eine ausführliche Darstellung der überkommenen Entscheidungspraxis.

verbote und Immanenztheorie, in: FS Franz Jürgen Säcker, 2011, S. 949; Schmidt, K., Nichtigkeit oder Abwicklung kartellrechtswidriger Gemeinschaftsunternehmen?, BB 2014, 515; Schmidt, K., Nochmals: Fehlerhafte Gemeinschaftsunternehmen – Theorie für die Praxis, ZIP 2014, 863; Schmidt, K., Geschäftsanteilsabtretung und Kartellverbot, GmbHR 2015, 505; Stomper, Kriminalisierung von Hardcore-Kartellrechtsverstößen, 2021; Strohe, Salvatorische Klauseln – Aufgabe der „Pronuptia II" – Rechtsprechung durch den BGH, NJW 2003, 1780; Theurer, Zur Nichtigkeit von kartellrechtswidrigen Personengesellschaften, BB 2013, 137; Thomas, Grundsätze zur Beurteilung vertikaler Wettbewerbsverbote, WuW 2010, 177; Ulmer, Offene Fragen zu § 139 BGB, in: FS Steindorff, 1990, S. 799; Wagner-von Papp, Kartellstrafrecht in den USA, dem Vereinigten Königreich und Deutschland, WuW 2009, 1236; Wagner-von Papp, Kriminalisierung von Kartellen, WuW 2010, 268; Wertenbruch, Die Rechtsfolgen der Doppelkontrolle von Gemeinschaftsunternehmen nach dem GWB, 1990; Wessels, Entflechtung kartellrechtswidriger Personengesellschaften, ZIP 2014, 101; Wessels, Nochmals: Entflechtung kartellrechtswidriger Personengesellschaften, ZIP 2014, 857.

## I. Nichtigkeit

65      Rechtsfolge des § 1 GWB ist das **Verbot** von wettbewerbsbeschränkenden Vereinbarungen und Beschlüssen sowie abgestimmten Verhaltensweisen. Da sowohl Vereinbarungen mit schuldrechtlicher Bindungswirkung, Beschlüsse von Unternehmensvereinigungen als auch abgestimmte Verhaltensweisen mit rein faktischen Bindungen erfasst werden, ist bezüglich der zivilrechtlichen Rechtsfolge zu differenzieren.

66      **1. Vereinbarungen.** Anders als bis zur 6. GWB-Novelle statuiert § 1 GWB das ausdrückliche Verbot wettbewerbsbeschränkender Vereinbarungen. Somit ist die Frage, ob bereits der Abschluss von Kartellverträgen oder aber erst deren Durchführung gesetzlich verboten ist, vom Gesetzgeber zugunsten der umfassenderen Verbotswirkung entschieden worden.[193] Demnach ist der Abschluss wettbewerbsbeschränkender Vereinbarungen sowie – erst recht – deren Durchführung von dem rechtlichen Unwerturteil des Kartellverbots erfasst.[194] Jedoch enthält § 1 GWB im Unterschied zu Art. 101 Abs. 2 AEUV[195] keine explizite **zivilrechtliche Rechtsfolge** bezüglich der Wirksamkeit der Kartellvereinbarungen. Nach den Gesetzesmaterialien soll sich diese Rechtsfolge aus den allgemeinen Regeln, somit § 134 BGB ergeben.[196] Nach dessen Wortlaut folgt daraus die Nichtigkeit der Vereinbarungen, soweit die §§ 2 f. GWB nicht etwas anderes ergeben.

67      Gegenüber der Begründung der zivilrechtlichen Rechtsfolge allein über die „Umschaltnorm" des § 134 BGB erscheint eine Herleitung aus dem **Sinn und Zweck des Verbots der Kartellvereinbarungen** vorzugswürdig.[197] Hier ist die Anwendbarkeit des § 1 GWB gemäß § 185 Abs. 2 GWB auch auf ausländischem Vertragsstatut unterliegende Vereinbarungen zu bedenken. Die Umschaltnorm des § 134 BGB könnte vom deutschen Richter bei ausländischem Vertragsstatut grundsätzlich nicht herangezogen werden.[198] Das Kartellverbot könnte in seiner Durchsetzbarkeit teilweise leer laufen, wenn zwar die im GWB normierten Instrumente der Kartellbehörden (vgl. §§ 32, 32a, 34, 81 GWB) und der Verbotstatbestand des § 1 GWB, nicht aber die zivilrechtliche Nichtigkeitsfolge Anwendung finden könnten. Im europäischen Kartellrecht ist die zivilrechtliche Sanktion des Art. 101 Abs. 2 AEUV über ein eingeschränktes Auswirkungsprinzip (oder auch Territorialitätsprinzip) auch auf von außerhalb des Gebietes des gemeinsamen Marktes veranlasste Wettbewerbsverstöße anwendbar.[199] Zweck der extraterritorialen Anwendung nach § 185

---

[193] Siehe Begr. 1998 S. 31; zum Meinungsstand nach der alten Rechtslage vgl. Begr. 1952 S. 24 ff., 31 f.; Müller-Henneberg in GK, 4. Aufl. 1980, Rn. 2; demgegenüber für umfassende Verbotswirkung schon Immenga in Immenga/Mestmäcker, 2. Aufl. 1992, Rn. 5; noch weitergehend OLG Frankfurt a.M. 12.11.1962 – 6 U 23/61, WuW/E OLG 533 (536) – Filmselbstkontrolle.

[194] Grave/Nyberg in LKRKM Vor §§ 1–3 Rn. 27; Roth/Ackermann in FK-KartellR Rn. 110.

[195] Hierzu K. Schmidt in Band 1 → AEUV Art. 101 Abs. 2 AEUV.

[196] Begr. 1998 S. 46.

[197] Vgl. zum Vorrang der Auslegung des Verbotsgesetzes auch Hefermehl in Soergel BGB § 134 Rn. 1; ferner Sack/Seibel in Staudinger BGB § 134 Rn. 57–59; ferner schon → Rn. 9.

[198] Zur Begründung Zimmer in Immenga/Mestmäcker, 3. Aufl. 2001, Rn. 321; aA Kling/Thomas § 17 Rn. 216; Roth/Ackermann in FK-KartellR Rn. 110.

[199] Vgl. EuGH 14.7.1972 – 48/69, ECLI:EU:C:1972:70 Rn. 120 ff. – ICI; EuGH 14.7.1972 – 52/69, ECLI:EU:C:1972:73 Rn. 41 ff. = WuW/E EWG/MUV 287 – Ciba-Geigy; EuGH 21.2.1973 – 6/72,

Abs. 2 GWB ist eine uneingeschränkte Umsetzung der gesetzlichen Regelungen des GWB. Dies umfasst auch die Akzessorietät der kartellprivatrechtlichen zu den öffentlich-rechtlichen Rechtsfolgen.[200] Dementsprechend ist die Nichtigkeitsfolge aus dem Kartellverbot selbst zu begründen.

Regelfolge des Kartellverbots ist die **Nichtigkeit,** dh die endgültige Unwirksamkeit der **68** wettbewerbsbeschränkenden Vereinbarung.[201] Für die schwebende Unwirksamkeit, wie sie bis zur 7. GWB-Novelle in Fällen einer ordnungsgemäßen Anmeldung eines Kartells nach § 9 Abs. 3 GWB aF bzw. einer Antragstellung auf Freistellung nach § 10 GWB aF anzunehmen war,[202] besteht unter dem neuen System der Legalausnahme (vgl. → Rn. 10 sowie Erl. zu § 2 GWB) kein Raum mehr: Vereinbarungen und Beschlüsse, die die Tatbestandsvoraussetzungen des § 1 GWB erfüllen, sind unter dem neuen System entweder nichtig oder ex lege freigestellt.[203] Eine kartellbehördliche Entscheidung nach § 32c Abs. 1 S. 1 GWB – die zum Inhalt hat, dass die Kartellbehörde keinen Anlass zum Einschreiten sieht – hat für die zivilrechtliche Beurteilung keine Wirkung.[204] Entsprechendes gilt für eine behördliche Verbindlicherklärung einer Verpflichtungszusage nach § 32b Abs. 1 GWB, welche von Unternehmen zur Ausräumung von wettbewerbsrechtlichen Bedenken abgegeben wurde: Auch diese Behördenentscheidung hat – wiewohl sich ein Zivilrichter bei seiner Entscheidung im Einzelfall inhaltlich an der Beurteilung durch die Fachbehörde orientieren mag – keinen bindenden Einfluss auf die Zivilrechtslage.[205] In **zeitlicher** Hinsicht greift die Nichtigkeitsfolge, sobald ein Verstoß gegen das Kartellverbot vorliegt. So tritt die Nichtigkeitsfolge bei einer ursprünglich kartellrechtskonformen Vereinbarung, die erst aufgrund einer veränderten Sachlage kartellrechtswidrig wird, ex nunc im Zeitpunkt des Verstoßes ein.[206] Ebenso kann eine veränderte Rechtslage grundsätzlich dazu führen, dass ein ursprünglich kartellrechtskonformer (längerfristig angelegter Vertrag) ex nunc unwirksam wird.[207] In **persönlicher** Hinsicht wirkt die Nichtigkeit für und gegen jedermann; bei der zivilrechtlichen Inanspruchnahme eines Kartellbeteiligten auf Durchführung der Vereinbarung begründet sie eine rechtshindernde Einwendung.[208] Parteien, die gegen § 1 GWB verstoßen, sind zudem der **Ordnungswidrigkeitenfolge** des § 81 GWB ausgesetzt (→ Rn. 83).

Gegen die Berufung einer Partei auf die Nichtigkeit nach § 1 GWB kann nicht der **69** **Einwand der Arglist** erhoben werden.[209] Insoweit steht das öffentliche Interesse an der

---

ECLI:EU:C:1973:22 Rn. 16 = WuW/E EWG/MUV 296 – Continental Can; EuGH 27.9.1988 – Verb. Rs. C-89/85 ua, ECLI:EU:C:1988:447 Rn. 11 ff. – Ahlström; zurückhaltend Wiedemann in Wiedemann § 5 Rn. 6, 9 ff., insbes. 11.

[200] Rehbinder, Extraterritoriale Wirkungen des deutschen Kartellrechts, S. 278 f., 280 f.; Schwartz, Deutsches Internationales Kartellrecht, S. 182, 210 ff.

[201] Krauß in Bunte Rn. 348. Grave/Nyberg in LMRKM Vor §§ 1–3 Rn. 28. Vgl. zu den Rechtsfolgen eines Verstoßes gegen das Kartellverbot auch Bechtold, NZKart 2020, 459 ff.

[202] Hierzu Zimmer in Immenga/Mestmäcker, 3. Aufl. 2001, Rn. 323.

[203] Der Umstand, dass eine Vereinbarung die tatbestandlichen Voraussetzungen einer EU-Gruppenfreistellungsverordnung nicht erfüllt, bedeutet noch nicht, dass die Abrede nichtig sein muss; vielmehr kann eine Freistellung unmittelbar aus Art. 101 Abs. 3 AEUV bzw. §§ 2 f. GWB hergeleitet werden (Einzelfreistellung); vgl. BGH 13.7.2004 – KZR 10/03, WuW/E DE-R 1335 (1338) – Citroen; ebenso BGH 28.6.2005 – KZR 26/04, WuW/E DE-R 1621 – Qualitative Selektion.

[204] Vgl. § 32c Abs. 1 S. 3 GWB; ferner Krauß in Bunte Rn. 349; Nordemann in LMRKM, 3. Aufl. 2016, Rn. 33.

[205] Nordemann in LMRKM, 3. Aufl. 2016, Rn. 33.

[206] So etwa, wenn erst im Anschluss an die Vereinbarung eines Wettbewerbsverbots ein Wettbewerbsverhältnis entsteht, das durch die Koordinierung eingeschränkt werden kann, vgl. OLG Düsseldorf 15.5.2019 – VI-W (Kart) 4/19, NZKart 2019, 386, 2. Ls. – Nachvertragliches Wettbewerbsverbot.

[207] Vgl. etwa BGH 12.6.2018 – KZR 4/16, NZKart 2018, 372 (373) mwN in Rn. 38 – Busverkehr im Altmarkkreis. Vgl. hingegen zu den zeitlichen Besonderheiten bei markenrechtlichen Abgrenzungsvereinbarungen noch ausführlich → Rn. 114.

[208] Vgl. BGH 21.4.1983 – I ZR 201/80, WuW/E BGH 2003 – Vertragsstrafenrückzahlung; Kling/Thomas § 17 Rn. 228.

[209] BGH 31.5.1972 – KZR 43/71, WuW/E BGH 1226 (1231 f.) – Eiskonfekt; BGH 17.5.1973 – KZR 2/72, WuW/E BGH 1313 (1316 f.) – Stromversorgungsgenossenschaft jeweils zu Art. 85 EGV aF; ebenso

Wiederherstellung der Freiheit des Wettbewerbs einer Anwendung der Grundsätze von Treu und Glauben zwischen den Vertragsparteien auf unmittelbar dem Kartellverbot unterfallende Vertragsbestandteile entgegen.[210] Die Nichtigkeit kann sich unabhängig von einem Verstoß gegen das Kartellverbot auch aus anderen Gründen ergeben. Eine Nichtigkeit wegen Formmangels kann nach der Streichung des speziellen Schriftformerfordernisses für Kartellverträge (§ 34 GWB i. d. bis zur 6. GWB-Novelle geltenden Fassung) nur noch nach allgemeinen Regeln (Fälle des § 125 BGB) eintreten.

**70**     **Reine Austauschverträge zwischen Kartellmitgliedern,** die zwar auf einer Kartell-absprache beruhen, deren Inhalt jedoch keine gegen das Kartellverbot verstoßenden Re-gelungen enthält, sollten als wirksam angesehen werden, da diese eine bereits in Vollzug gesetzte Wettbewerbsbeschränkung nicht ausdehnen.[211] Dies ermöglicht es, an sich wett-bewerbsrechtlich neutrale Verträge als wirksam anzusehen und Rückabwicklungsschwierig-keiten in uU über Jahre praktizierten Kartellen zu vermeiden. Etwaige Gewinne der Kartellmitglieder aus der Durchführung des Kartells sind über die flexibleren Instrumente eines Bußgelds oder der Mehrerlösabschöpfung zu kompensieren. **Folgeverträge mit kartellfremden Dritten** iSv Leistungsaustauschverträgen, die nicht Mittel der Durch-führung der Kartellvereinbarung sind, bleiben nach ganz überwiegender Auffassung eben-falls wirksam.[212] Die Rechtssicherheit gebietet, dass Dritte nicht der Ungewissheit über die Gültigkeit ihres Vertrages und der von ihnen erworbenen Ansprüche wegen der Kartell-absprache ausgesetzt sind.[213] Gültig sind demnach auch überhöhte Preisforderungen, die auf eine Submissionsabsprache zurückzuführen sind[214] (vgl. aber zur Schadensersatzberechti-gung von Kartellopfern Erläuterungen zu § 33a GWB). Eine Unwirksamkeit der Verein-barung einer Bietergemeinschaft berührt nicht die damit verbundene Abrede über eine Arbeitsgemeinschaft.[215]

**71**     Von Leistungsaustauschverträgen mit unbeteiligten Dritten sind wiederum solche Maß-nahmen zu unterscheiden, die als Folge einer kartellrechtswidrigen Koordinierung **ein-seitig** gegenüber unbeteiligten Dritten ergehen. Der BGH hat jüngst in Einspeiseentgelt II und III seine Auffassung bekräftigt, dass eine als Ausfluss wettbewerbswidrig abgestimmten Verhaltens erklärte Kündigung gegenüber kartellfremden Dritten von der Nichtigkeitsfolge des § 134 BGB erfasst sei.[216] Eine unterschiedliche Behandlung von kartellrechtsneutralen

---

BGH 21.2.1989 – KZR 18/84, WuW/E BGH 2565 (2567) – Schaumstoffplatten; ferner OLG Frankfurt a. M. 11.12.2007 – 11 U 44/07 (Kart), BeckRS 2008, 1741 Rn. 37; vgl. zum EU-Recht EuGH 20.9.2001 – C-453/99, ECLI:EU:C:2001:465 Rn. 22, 24 – Courage/Créhan; K. Schmidt in → AEUV Art. 101 Abs. 2 Rn. 19.

[210] Vgl. aber für die Behandlung teilnichtiger Verträge, die ergänzende Vertragsauslegung und die Durch-führung von Folgeverträgen K. Schmidt in → AEUV Art. 101 Abs. 2 Rn. 19, 27, 29 und 34.

[211] Zu § 18 GWB aF OLG Düsseldorf 30.4.1987 – U (Kart) 16/86, WuW/E BGH 3993 (3994) – Eismann-Partner; aA LG Hannover 28.9.1995 – 21 O 106/94 (Kart), WuW/E LG/AG 721 (734) – Leitungs-netzwert; bezüglich Kollegenlieferungen bei verbotenen Spezialisierungskartellen Schwarz, Kartellvertrag und sonstige wettbewerbsbeschränkende Verträge, S. 159; vgl. zur Differenzierung zwischen kartellrechtswidrigen Vereinbarungen und neutralen Ausführungsverträgen auch Bechtold NZKart 2020, 459 (460 f.).

[212] BGH 4.5.1956 – I ZR 194/54, WuW/E BGH 152 f. – Spediteurbedingungen; OLG Stuttgart 20.2.1970 – 2 U (Kart) 66/69, WuW/E OLG 1083 (1089 f.) – Fahrschulverkauf; OLG Düsseldorf 30.7.1987 – U (Kart) 29/86, WuW/E OLG 4182 (4184) – Delkredere-Übernahme; zu weit jedoch OLG Frankfurt a. M. 4.4.1963 – 6 W 23/63, WuW/E OLG 629 f. – Öfen; aA BGH 23.9.1955 – 5 StR 110/55, BGHSt 8, 221 (225 f.); auch Mohr ZWeR 2011, 383 (384); Paul, Gesetzesverstoß und Vertrag im Wettbewerbs- und Regulierungsrecht, S. 126 ff., 128; zum europäischen Recht wie hier K. Schmidt in → AEUV Art. 101 Abs. 2 Rn. 36 mwN zum Meinungsstand.

[213] OLG Düsseldorf 30.7.1987 – U (Kart) 29/86, WuW/E OLG 4182 (4184) – Delkredere-Übernahme; Möschel Rn. 225; vertiefend und letztlich zustimmend auch K. Schmidt FS Möschel, 2011, 559 (575). Vgl. zur kritischen Auseinandersetzung mit anderen Ansätzen wie der Zubilligung eines Anfechtungsrechts des Dritten oder eines Anspruchs aus culpa in contrahendo Bechtold NZKart 2020, 459 (461).

[214] OLG Celle 15.2.1963 – 8 U 177/60, WuW/E OLG 559 (560 f.) – Brückenbauwerk; vgl. auch den Tatbestand von BGH 22.7.1999 – KZR 48/97, WuW/E DE-R 349 f. – Beschränkte Ausschreibung.

[215] OLG Stuttgart 26.11.1982 – 2 Kart 10/82, WuW/E OLG 2803 (2805) – Neubau Bürgerzentrum.

[216] BGH 18.2.2020 – KZR 7/17, NZKart 2020, 196 Rn. 25 – Einspeiseentgelt III; BGH 18.2.2020 – KZR 6/17, NZKart 2020, 323 Rn. 27 – Einspeiseentgelt II; mit der Begründung, dass die Rechtsprechung

einseitigen Maßnahmen gegenüber Dritten (unwirksam) und Folgeverträgen mit Dritten (wirksam) steht jedoch in Widerspruch zum Gedanken der Rechtssicherheit. Ebenso wie Dritte in der Regel auf die Wirksamkeit der Folgeverträge vertrauen, gehen sie – jedenfalls bei Unkenntnis von der vorangegangenen kartellrechtswidrigen Koordinierung – von der Wirksamkeit der ihnen gegenüber ergangenen einseitigen Maßnahmen aus, was für eine parallele Handhabung auf Rechtsfolgenebene und damit für die grundsätzliche Wirksamkeit auch einseitiger Maßnahmen gegenüber unbeteiligten Dritten in der Folge einer wettbewerbsbeschränkenden Koordinierung spricht.[217]

**2. Beschlüsse.** Ist die für eine Unternehmensvereinigung gewählte Rechtsform die einer **72** Kapitalgesellschaft deutschen Rechts, ist die Rechtsfolge Nichtigkeit (und nicht nur Anfechtbarkeit) des verbotswidrigen Beschlusses[218] nach § 241 Nr. 3 letzte Alt. AktG für die AG[219] sowie analog für die GmbH.[220] Rechtsscheingrundsätze oder die Ausschlussfrist des § 246 Abs. 1 AktG sind auf Grund der ordre-public-Qualität des Kartellverbots in diesen Fällen nicht zu beachten. Die Nichtigkeit kann im Wege der **Nichtigkeitsklage** gemäß § 249 Abs. 1 AktG durch den dort genannten Personenkreis oder durch allgemeine Feststellungsklage, auch durch Nichtkartellmitglieder, gemäß § 256 ZPO geltend gemacht werden.[221] Bei Leistungsklagen kann die Nichtigkeit eine Einwendung begründen.[222] Im Vereinsrecht sowie im Recht der Personengesellschaften richtet sich die Rechtsfolge für kartellrechtswidrige Beschlüsse nach § 1 GWB (vgl. → Rn. 68 ff.).[223] Für eingetragene Beschlüsse besteht die Möglichkeit einer Amtslöschung nach § 398 FamFG.

**3. Abgestimmte Verhaltensweisen.** Bei einem faktisch wirkenden abgestimmten Ver- **73** halten fehlt es der auf schuldrechtliche Vereinbarungen und Beschlüsse zielenden Rechtsfolge der Nichtigkeit an einem geeigneten Bezugsobjekt. Es bleibt bei den Rechtsfolgen der §§ 32 ff., 81 GWB (→ Rn. 82 ff.).

## II. Teilnichtigkeit, geltungserhaltende Reduktion

Nach § 1 Abs. 1 S. 1 GWB in der bis zur 6. GWB-Novelle geltenden Fassung waren **74** Kartellverträge unwirksam, soweit sie geeignet waren, eine Beschränkung des Wettbewerbs herbeizuführen. Daraus wurde gefolgert, dass Kartellverträge nur insoweit der Rechtsfolge der Nichtigkeit unterfallen sollten, wie sie die Tatbestandsvoraussetzungen des § 1 GWB aF erfüllt haben.[224] Aus der Angleichung des Wortlauts des § 1 GWB an Art. 101 Abs. 1

---

zu Folgeverträgen auf einseitige Maßnahmen aufgrund anderer Interessenlage – die Wirksamkeit der Kündigung entsprach im zugrundeliegenden Fall gerade nicht dem Interesse des Dritten – nicht übertragbar sei, schon BGH 16.6.2015 – KZR 83/13, NJW 2016, 74 Rn. 59 ff., insbes. Rn. 63 – Einspeiseentgelt.

[217] Krit. zur Linie der Rechtsprechung in den Einspeiseentgelt-Urteilen auch Bechtold NZKart 2020, 459 (460).

[218] Eingehend K. Schmidt FS Robert Fischer, 1979, 693 (700 f.).

[219] Zum Konzept der Nichtigkeit kartellverbotswidriger Beschlüsse K. Schmidt FS Robert Fischer, 1979, 693 (700 ff.); vgl. auch K. Schmidt AG 1996, 385 (388) und in → AEUV Art. 101 Abs. 2 Rn. 20, 42.

[220] Zur Analogie BGH 16.12.1953 – II ZR 167/52, BGHZ 11, 231 (235); BGH 28.5.1979 – III ZR 18/77, NJW 1979, 2567 (2569); vgl. für eine Verbandszeichensatzung BGH 12.3.1991 – KVR 1/90, WuW/E BGH 2697 (2705) – Golden Toast.

[221] Vgl. dazu K. Schmidt in → AEUV Art. 101 Abs. 2 Rn. 20, 42; s. auch Hüffer/Koch AktG § 249 Rn. 12.

[222] Vgl. Hüffer/Koch AktG § 241 Rn. 32; vgl. auch § 249 Abs. 1 S. 2 AktG.

[223] Vgl. BGH 9.11.1972 – II ZR 63/71, BGHZ 59, 369 (374); vgl. zudem Kindler in KKRD HGB § 119 Rn. 14; Roth in Baumbach/Hopt, 40. Aufl. 2021, HGB § 119 Rn. 31; Stuhlfelner in Heidelberger Komm. HGB, 7. Aufl. 2007, § 119 Rn. 11; Enzinger in MüKoHGB § 119 Rn. 98 ff.; vgl. zum Verein KG 8.11.1995 – Kart 21/94, WuW/E OLG 5565 ff. – Fernsehübertragungsrechte; zweifelnd jedoch K. Schmidt in → AEUV Art. 101 Abs. 2 Rn. 42.

[224] Vgl. Begr. 1952 S. 31; BGH 26.10.1959 – KZR 2/59, BGHZ 31, 105 = WuW/E BGH 359 (364) – Gasglühkörper; s. auch BGH 19.6.1975 – KVR 2/74, WuW/E BGH 1367 (1373) – ZVN; OLG Stuttgart 20.2.1970 – 2 U (Kart) 66/69, WuW/E OLG 1083 (1088) – Fahrschulverkauf; Steindorff FS Hefermehl, 1971, 177 ff.; Helm GRUR 1976, 496; Emmerich ZHR 139 (1975), 501 (515).

AEUV folgt insoweit keine Änderung der Rechtslage. Weder kann dem Verbot des Abschlusses von Kartellverträgen der Wille des Gesetzgebers entnommen werden, auch kartellrechtlich neutrale Vertragsbestandteile zu erfassen, noch erfordert es der Schutz der Wettbewerbsfreiheit, derartige Vertragsbestandteile dem Verbot des § 1 GWB zu unterwerfen.[225] Auch bei der Auslegung der Nichtigkeitsfolge des Art. 101 Abs. 2 AEUV ist anerkannt, dass entgegen dessen Wortlaut nur diejenigen Teile der Vereinbarung, die unter den Tatbestand fallen, vom Verbot und der Nichtigkeitsfolge erfasst werden, soweit diese von den übrigen Vertragsbestandteilen trennbar sind.[226]

**75**    Die Frage, nach welchen Grundsätzen die Teilnichtigkeit zur Gesamtnichtigkeit des Vertrages führen kann und wann ggf. am Bestand des Restvertrages festzuhalten ist, ist für das deutsche Recht weiterhin anhand von **§ 139 BGB** zu beantworten.[227] Da sich diese Frage auch bei einem Verstoß gegen Art. 101 Abs. 1 AEUV nach dem nationalen Recht bestimmt, wird insoweit auf die Kommentierung zu Art. 101 Abs. 2 AEUV verwiesen.[228] Dies gilt auch für die Bedeutung salvatorischer Klauseln sowie für die Zulässigkeit einer geltungserhaltenden Reduktion.[229]

### III. Die Rechtsfolge bei Gesellschaftsverträgen

**76**    Häufig ist die wettbewerbsbeschränkende Bestimmung in einem Gesellschaftsvertrag oder der Satzung einer juristischen Person enthalten. In diesen Fällen kommt die Nichtigkeit der Bestimmung in Betracht. Dies ist in der kartellrechtlichen Praxis für einzelne Satzungsbestimmungen angenommen worden, soweit die darin enthaltene Wettbewerbsbeschränkung für die Vertragsdurchführung nicht erforderlich war.[230]

**77**    Die Auswirkungen **nichtiger Satzungsbestimmungen** juristischer Personen auf das Gesamtvertragswerk richten sich nach allgemeinen Grundsätzen des Verbandsrechts. Prinzipiell bleibt demnach der Bestand der Gesellschaft von dem Wegfall einer nichtigen Satzungsbestimmung unberührt, da § 139 BGB auf derartige Satzungsbestimmungen nicht angewendet werden kann.[231] Insoweit ist weitgehend anerkannt, dass dem im Kapitalgesellschaftsrecht normierten Prinzip des Vertrauens- und Bestandsschutzes der Sinn und Zweck

---

[225] Vgl. Wendel WRP 2002, 1395 (1399); Emde WRP 2005, 1492 ff.

[226] EuGH 30.6.1966 – 56/65, ECLI:EU:C:1966:38 = Slg. 1966, 281 (304) = WuW/E EWG/MUV 117 – Maschinenbau Ulm; EuGH 13.7.1966 – 56/64 u. 58/64, ECLI:EU:C:1966:41 = Slg. 1966, 321 (339 ff.) = WuW/E EWG/MUV 125 – Grundig-Consten; EuGH 14.12.1983 – 319/82, ECLI:EU:C:1983:374 Rn. 10 ff. = WuW/E EWG/MUV 629 – Zementimport; BGH 21.2.1989 – KZR 18/84, WuW/E BGH 2565 (2569) – Schaumstoffplatten; BGH 8.2.1994 – KZR 2/93, WuW/E BGH 2909 (2913) – Pronuptia II; K. Schmidt in → AEUV Art. 101 Abs. 2 Rn. 21.

[227] Auf der Grundlage von § 1 GWB aF BGH 24.6.1980 – KZR 22/79, WuW/E BGH 1732 (1735) – Fertigbeton II.

[228] K. Schmidt in → AEUV Art. 101 Abs. 2 Rn. 23 ff.

[229] K. Schmidt in → AEUV Art. 101 Abs. 2 Rn. 29 f. Vgl. auch Bechtold, NZKart 2020, 459 (463 f.).

[230] BGH 17.5.1973 – KZR 2/72, WuW/E BGH 1313 – Stromversorgungsgenossenschaft zu einer genossenschaftlichen Ausschließlichkeitsbindung; BGH 19.10.1982 – KZR 31/81, WuW/E BGH 1977 (1979) – Privatmolkerei zu einer Andienungspflicht in einer Genossenschaftssatzung. Zu genossenschaftlichen Wettbewerbsverboten BGH 15.4.1986 – KVR 1/85, WuW/E BGH 2271 (2274) – Taxigenossenschaft; BGH 16.12.1986 – KZR 36/85, WuW/E BGH 2341 (2342 f.) – Taxizentrale Essen; BGH 10.11.1992 – KVR 26/91, WuW/E BGH 2828 (2830 f.) – Taxigenossenschaft II; OLG Frankfurt a. M. 28.9.1989 – 6 U (Kart) 37/89, WuW/E OLG 4456 – Gießener Funktaxendienst; zuletzt OLG Frankfurt a. M. 17.3.2009 – 11 U 61/08, WuW/E DE-R 2603 – Musikalienhandel; für eine zulässige Regelung vgl. BGH 23.6.2009 – KZR 58/07, WuW/E DE-R 2742 – Gratiszeitung Hallo im Anschluss an OLG Düsseldorf 15.8.2007 – VI-U (Kart) 11/07, WuW/E DE-R 2166 – AnzeigenblattGU; zur Legalisierbarkeit eines derartigen Wettbewerbsverbots nach § 5b GWB aF OLG Frankfurt a. M. 20.9.1982 – 6 VA 1/82, WuW/E OLG 2771 (2772 ff.) – Taxi-Funkzentrale Kassel. Zu einer Gebietszschutzregelung eines Warenzeichenverbandes BGH 12.3.1991 – KVR 1/90, WuW/E BGH 2697 (2699 ff.) – Golden Toast; Vorinstanz KG 13.12.1989 – Kart 20/88, WuW/E OLG 4459 (4460 ff.); in jüngerer Zeit BGH 29.1.2019 – KZR 4/17, BeckRS 2019, 17361 Rn. 57 – Teilnehmerdaten V; vgl. auch BGH 3.5.1988 – KZR 17/87, BGHZ 104, 246 ff. = WuW/E BGH 2505 (2507 f.) – neuform-Artikel (siehe demgegenüber zu vertragsimmanenten Wettbewerbsbeschränkungen → Rn. 57 f.).

[231] OLG Stuttgart 23.4.1982 – 2 U (Kart) 148/81, WuW/E OLG 2790 (2794) – Ziegelvertrieb.

des Kartellverbots nicht entgegensteht.[232] Selbst schwerwiegende Satzungsmängel – etwa eine Vereinbarung eines gegen § 1 GWB verstoßenden Unternehmensgegenstands – führen nicht zur Nichtigkeit ex tunc, sondern nach §§ 75 ff. GmbHG, §§ 275 ff. AktG, §§ 94 ff. GenG nur zur Auflösbarkeit auf Grund einer auf Nichtigerklärung gerichteten Gestaltungsklage der Gesellschafter[233] bzw. auf Grund eines Amtslöschungsverfahrens gemäß § 397 FamFG.[234] Auch kann eine Auflösung von Amts wegen nach § 62 GmbHG, § 81 GenG, eventuell auch §§ 396 ff. AktG wegen Gesetzes- oder Sittenwidrigkeit erfolgen. Auflösbarkeit und nicht Nichtigkeit heißt folglich, dass die Gesellschaft bis zu ihrer Abwicklung trotz eines Verstoßes gegen § 1 GWB als juristische Person fortbesteht. So entstehen zB bei einer kartellrechtswidrigen Genossenschaft auch Beitragspflichten der Genossen.[235] Verstößt die Übertragung von Kapitalanteilen gegen § 1 GWB, findet im Verhältnis zur Gesellschaft keine rückwirkende Abwicklung statt.[236] Insbesondere ist bei einer Übertragung von Geschäftsanteilen § 16 Abs. 1 GmbHG anwendbar.[237]

Problematisch ist die Behandlung gesamtnichtiger Personengesellschaftsverträge. Da gesetzliche Bestandsschutzvorschriften hier nicht existieren, ist eine dem Kapitalgesellschaftsrecht vergleichbare Regelung nur über die Grundsätze der **fehlerhaften Gesellschaft** zu erreichen. Deren Anwendung wird jedoch mit den der Anerkennung der Gesellschaft entgegenstehenden Interessen der Allgemeinheit auf Grund eines Verstoßes gegen § 1 GWB **nach der bisher hM abgelehnt.**[238] Insbesondere aus Gründen der Generalprävention soll der Gesellschaft die rechtliche Anerkennung versagt werden, damit den Vertragschließenden kein Anreiz geboten wird, sich über das Verbot des § 1 GWB hinwegzusetzen. Eine Abwicklung zwischen den Vertragsparteien soll nur nach Bereicherungsrecht erfolgen.[239] Nach anderer Ansicht sollen nur die organisationsrechtlichen Bestandteile im Außenverhältnis, nicht jedoch das Innenverhältnis rechtliche Anerkennung finden.[240] **78**

Demgegenüber ist die uneingeschränkte **Anwendung** der Grundsätze der fehlerhaften Gesellschaft **auch auf kartellrechtswidrige Personengesellschaften** vorzuziehen.[241] **79**

---

[232] Insbesondere Benner, Kartellrechtliche Unwirksamkeit bei verfassten Verbänden, S. 79 ff.; Schwintowski NJW 1988, 937 (939 f.); aA Paschke ZHR 155 (1991), 1 (18 ff.), der eine relative Anerkennung im Außenverhältnis nur zugunsten etwaiger Gesellschaftsgläubiger annimmt.

[233] Zur Nichtigkeitsklage nach § 75 GmbHG OLG Stuttgart 23.4.1982 – 2 U (Kart) 148/81, WuW/E OLG 2790 (2794) – Ziegelvertrieb.

[234] Vgl. dazu Benner, Kartellrechtliche Unwirksamkeit bei verfassten Verbänden, S. 96 ff.; Schwintowski NJW 1988, 937 (940); dazu auch K. Schmidt BB 2014, 515 (516).

[235] OLG Frankfurt a. M. 28.9.1989 – 6 U (Kart) 37/89, WuW/E OLG 4456 – Gießener Funktaxendienst.

[236] K. Schmidt GmbHR 2015, 505; K. Schmidt BB 1988, 1053; Immenga FS Benisch, 1989, 327 (335).

[237] So zu § 16 GmbHG aF BGH 27.1.2015 – KZR 90/13, WuW/E DE-R 4649 – Dentalkanal.

[238] So OLG Düsseldorf 20.6.2007 – VI-Kart 14/06 (V), WuW/E DE-R 2146 (2152) – Nord-KS/Xella; bestätigt durch BGH 4.3.2008 – KVZ 55/07, WuW/E DE-R 2361 Rn. 11, 16 – Nord-KS/Xella; zu einer stillen Gesellschaft BGH 13.11.1990 – KZR 2/89, WuW/E BGH 2675 (2678) – Nassauische Landeszeitung; OLG Hamm 13.3.1986 – 4 W 43/86, WuW/E OLG 3748 (3749) – Fehlen der Parteifähigkeit mit ablehnender Anmerkung K. Schmidt WuW/E OLG 3750 ff.; OLG Hamm 7.7.1987 – 4 W 11/87, WuW/E OLG 4033 (4036 f.) – Gemeinsamer Zeitungsverlag; OLG Frankfurt a. M. 1.12.1988 – 6 U (Kart) 36/87, WuW/E OLG 4323 (4324) – Nassauische Landeszeitung; OLG Düsseldorf 17.11.1998 – U (Kart) 33/96, WuW/E DE-R 344 (348) – Rhein-Sieg-Verkehrsverbund; Theurer BB 2013, 137 ff.; Topel in Wiedemann § 50 Rn. 7; Krauß in Bunte Rn. 370, der allerdings dennoch eine Abwicklung und Liquidation der kartellrechtswidrig gegründeten Gesellschaft nach gesellschaftsrechtlichen Vorschriften annimmt (vgl. Rn. 372).

[239] BGH 13.11.1990 – KZR 2/89, WuW/E BGH 2675 (2678) – Nassauische Landeszeitung; Vorinstanz OLG Frankfurt a. M. 1.12.1988 – 6 U (Kart) 36/87, WuW/E OLG 4323 (4325); aA allerdings Krauß in Bunte Rn. 372; zur Frage der praktischen Folgen der Nichtigkeit: Wessels ZIP 2014, 101; Wessels ZIP 2014, 857.

[240] Dazu Immenga in Immenga/Mestmäcker, 2. Aufl. 1992, Rn. 401.

[241] OLG Stuttgart 20.2.1970 – 2 U (Kart) 66/69, WuW/E OLG 1083 (1090) – Fahrschulverkauf; Benner, Kartellrechtliche Unwirksamkeit bei verfassten Verbänden, S. 105 ff.; Lohse FS Säcker, 2011, 827 (840, 843); Palzer ZGR 2012, 631 (658); K. Schmidt AcP 186 (1986), 421 (448 ff.); K. Schmidt WuW 1988, 5 (8 ff.); K. Schmidt FS Säcker, 2011, 949 (959, 965) unter Vergleich mit den kapitalgesellschaftlichen Regeln als lediglich spezialgesetzlicher Ausdruck des Rechts der fehlerhaften Gesellschaft; K. Schmidt BB 2014, 515; seine Ansicht verteidigend: K. Schmidt ZIP 2014, 863; Schwintowski NJW 1988, 937 (941 f.); Wertenbruch, Die Rechtsfolgen der Doppelkontrolle von Gemeinschaftsunternehmen nach dem GWB, S. 55 ff.; iE auch W.-H.

Durch das geregelte Verfahren der Liquidation nach den Regeln des Personengesellschafts-
rechts werden insbesondere die Gläubigerinteressen gewahrt. Sinn und Zweck des Kartellverbots erfordern nicht die Nichtigkeit von Gesellschaftsverträgen ex tunc. Vielmehr wird
die Präventionswirkung durch den bereits mit Vertragsschluss verwirklichten Bußgeldtatbestand des § 81 Abs. 2 Nr. 1 GWB, die Untersagungsmöglichkeit nach § 32 GWB und
die mögliche Schadensersatzpflicht gemäß § 33a GWB gegenüber Dritten erreicht. Allein
die Nichtigkeit des Vertrags hindert die Parteien nicht daran, durch faktische Befolgung der
unwirksamen Vereinbarung eine Wettbewerbsbeschränkung herbeizuführen. Auch ist eine
rechtliche Unwirksamkeit der Gesellschaft weder dazu geeignet noch erforderlich, den
Gesellschaftern den wirtschaftlichen Erfolg aus der Durchführung der verbotswidrigen
Kartellvereinbarung zu nehmen, da letzteres auch über die Höhe der Bußgeldsanktion (vgl.
§ 81d Abs. 3 GWB) oder über die auch bei einem Verstoß gegen eine Untersagung eines
nach § 1 GWB verbotenen Verhaltens vorgesehene Mehrerlösabschöpfung (§ 34 GWB)
möglich ist.

80    Eine Einschränkung findet die Anerkennung der Grundsätze der fehlerhaften Gesellschaft
bei reinen **Innengesellschaften,** da hier weder Gründe des Gläubiger- und Vertrauensschutzes noch des Bestandsschutzes zu berücksichtigen sind.[242]

## IV. Die Schadensersatzpflicht

81    Die Pflicht zur Leistung von Schadensersatz ergibt sich als mittelbare Rechtsfolge des
Kartellverbots. Hier ist zwischen einerseits kartellinternen Ersatzpflichten zwischen den
Parteien der Kartellvereinbarung bzw. den Beschlussfassenden und andererseits kartellexter-
nen Pflichten gegenüber Dritten zu unterscheiden. Wegen der Einzelheiten ist auf die
Erläuterungen zu **§ 33a GWB** zu verweisen.

## V. Untersagungsverfahren und Mehrerlösabschöpfung

82    Die Kartellbehörde kann gemäß § 32 GWB Unternehmen durch Verfügung dazu verpflichten, eine Zuwiderhandlung gegen eine Vorschrift des GWB oder gegen Art. 101
oder 102 AEUV abzustellen.[243] Somit ergibt sich die Möglichkeit, nicht erst die Durchführung, sondern bereits den unter § 1 GWB fallenden Abschluss eines Vertrages zu
untersagen (vgl. auch Erläuterungen zu § 32 GWB). Nach § 34 GWB besteht auch
bezüglich eines Verstoßes gegen § 1 GWB die Möglichkeit, einen durch vorsätzliche oder
fahrlässige Zuwiderhandlung erlangten Mehrerlös abzuschöpfen, wobei die 11. GWB-
Novelle insofern eine Erleichterung verspricht, als mit einem neu eingefügten Absatz 4 eine
Vermutungskombination (S. 1: bezüglich des „Ob" eines wirtschaftlichen Vorteils, S. 4:
bezüglich der Mindesthöhe eines solchen Vorteils) Einzug in das GWB erhält (vgl. Erläuterungen zu § 34 GWB). Andererseits ist nach § 32c Abs. 1 GWB die Möglichkeit zu einer
Entscheidung der Kartellbehörde gegeben, dass für sie kein Anlass zum Tätigwerden
bestehe. Für Kooperationen ergibt sich nach dem im Zuge der 10. GWB-Novelle neu
eingeführten § 32c Abs. 4 GWB sogar ein Anspruch auf eine derartige Entscheidung des

---

Roth FS Hopt, 2010, Bd. II, 2881 (2900), der bei einem Verstoß gegen Art. 101 Abs. 1 AEUV eine
europarechtliche Anerkennung der Gesellschaft herleitet und diese aufgrund der Angleichung des nationalen
Kartellverbots an das europarechtliche auch bei einem alleinigen Verstoß gegen § 1 GWB fordert; ferner
Wiesner FS Wiedemann, 2020, 197 (200 ff.). Für eine Parallele zu Folgeverträgen Bechtold NZKart 2020,
459 (462).
    [242] Vgl. BGH 25.3.1974 – II ZR 63/72, BGHZ 62, 234 (240 f.); BGH 24.9.1979 – II ZR 95/78, BGHZ
75, 214 (217 f.); BGH 13.11.1990 – KZR 2/89, WuW/E BGH 2675 (2678) – Nassauische Landeszeitung;
OLG Düsseldorf 17.11.1998 – U (Kart) 33/96, WuW/E DE-R 344 (348) – Rhein-Sieg-Verkehrsbund;
Wertenbruch, Die Rechtsfolgen der Doppelkontrolle von Gemeinschaftsunternehmen nach dem GWB,
S. 56 ff.; aA OLG Stuttgart 20.2.1970 – 2 U (Kart) 66/69, WuW/E OLG 1083 (1090) – Fahrschulverkauf.
    [243] Vgl. zur Möglichkeit der Umdeutung einer fälschlich auf § 103 GWB aF gestützten Untersagungs-
verfügung in eine solche nach § 32 GWB aF iVm § 1 GWB BGH 28.9.1999 – KVR 29/96, WuW/E DE-R
399 – Verbundnetz.

BKartA, sofern ein erhebliches rechtliches und wirtschaftliches Interesse an einer solchen Entscheidung nachgewiesen ist.

## VI. Bußgeldverfahren und Strafbarkeit

Einen Bußgeldtatbestand erfüllt bereits der Abschluss einer nach § 1 GWB verbotenen **83** Vereinbarung, die Fassung eines verbotenen Beschlusses oder die Abstimmung eines Verhaltens, **§ 81 Abs. 2 Nr. 1 GWB.** Es können sowohl vorsätzliche als auch fahrlässige Zuwiderhandlungen erfasst werden. Auch eine unzulässige Druckausübung iSv § 21 Abs. 2 Nr. 1 GWB iVm § 1 GWB ist bußgeldbewehrt, § 81 Abs. 3 Nr. 2 GWB. Hierunter fällt etwa das an einen Konkurrenten gerichtete Angebot, gegen Entgelt einen Wettbewerbsverzicht zu erklären.[244]

Von strafrechtlicher Relevanz ist insbesondere die Erfassung von **Submissionskartellen 84** durch die Normen der §§ 263 und 298 StGB (vgl. zur Anwendung von § 1 GWB → Rn. 115 f.). Der Betrugstatbestand ist bei Submissionsabsprachen erfüllt, wenn die Kartellmitglieder den Veranstalter über die Ordnungsmäßigkeit der Preisbildung für ihre Angebote täuschen und ihm oder einem Dritten durch irrtumsbedingte Verfügung ein Vermögensschaden entsteht.[245] Der BGH nimmt einen Vermögensschaden an, soweit das durch Preisabsprachen zustande gekommene Angebot vom Veranstalter angenommen wird und dieses über dem hypothetischen Wettbewerbspreis liegt, der sich bei ordnungsgemäßer Durchführung des Ausschreibungsverfahrens ohne die kartellrechtswidrige Absprache ergeben hätte.[246] Zur Annahme eines Vermögensschadens könne insoweit die auf Indizien – Absprache zur Erzielung eines höheren als des Wettbewerbspreises, Bekanntgabe der übrigen Mitbieter, Zahlung von Präferenzvergütungen an Mitbewerber und Ausgleichszahlungen an Außenseiter – gegründete Überzeugung des Tatrichters ausreichen, der Angebotspreis liege über dem Wettbewerbspreis, wobei die Schadenshöhe auch durch Schätzung ermittelt werden könne.[247] Eine derartige Schadensbestimmung auf Grund von Indizien und eine Schadensschätzung sind jedoch in der Praxis auf Anwendungsschwierigkeiten gestoßen.[248]

Im Vorfeld des Betrugstatbestands ist die mit dem Gesetz zur Bekämpfung der Korrupti- **85** on[249] geschaffene Vorschrift des **§ 298 StGB** angesiedelt.[250] Strafbar ist danach die Abgabe eines Angebots in einem Ausschreibungsverfahren, das auf einer rechtswidrigen Absprache beruht. Diese Vorschrift schützt den Wettbewerb bei öffentlichen Ausschreibungen (offenen Verfahren), beschränkten Ausschreibungen (nicht offenen Verfahren) sowie freihändigen Vergaben nach einem Teilnahmewettbewerb (§ 298 Abs. 2 StGB) sowohl der öffentlichen Hand als auch privater Unternehmen.[251] Das Vermögen des Veranstalters ist nur mittelbar geschütztes Rechtsgut, sodass es im Gegensatz zu § 263 StGB weder auf eine

---

[244] BGH 13.7.2020 – KRB 21/20, NZKart 2020, 610 Rn. 21 – Bezirksschornsteinfeger.

[245] Vgl. BGH 19.12.1995 – KRB 32/95, WuW/E BGH 3043 (3045) – Fortgesetzte Ordnungswidrigkeit; zu den einzelnen Betrugsvarianten KG 23.3.1992 – Kart 10/91, WuW/E OLG 4983 (4986 f.) – Übergang zum Strafverfahren; Klusmann in Wiedemann § 56 Rn. 31.

[246] BGH 8.1.1992 – 2 StR 102/91, BGHSt 38, 186 = WuW/E BGH 2849 (2853) – Arbeitsgemeinschaft Rheinausbau I; BGH 31.8.1994 – 2 StR 256/94, WuW/E BGH 2945 (2946 f.) – Arbeitsgemeinschaft Rheinausbau II; BGH 11.10.2004 – 5 StR 389/04, NStZ 2005, 157 (158); vgl. auch OLG Frankfurt a. M. 7.11.2006 – 11 U 53/03 (Kart), WuW/E DE-R 2015 Rn. 40 – Bieterhaftung; Fischer StGB § 263 Rn. 170; anders Perron in Schönke/Schröder StGB § 263 Rn. 137a: allenfalls Erfüllungsbetrug, da Preisvereinbarung nichtig.

[247] BGH 8.1.1992 – 2 StR 102/91, WuW/E BGH 2849 – Arbeitsgemeinschaft Rheinausbau I; BGH 31.8.1994 – 2 StR 256/94, WuW/E BGH 2945 (2947 ff.) – Arbeitsgemeinschaft Rheinausbau II.

[248] Vgl. nur die Vorinstanz LG Frankfurt a. M. 26.7.1990 – 5/28 KLs 91 Js 36228/81, NStZ 1991, 86; Klusmann in Wiedemann § 56 Rn. 33 ff.

[249] BGBl. 1997 I S. 203.

[250] Zur Verfassungsmäßigkeit des § 298 StGB siehe BVerfG 2.4.2009 – 2 BvR 1468/08, NZBau 2009, 530; zur Praxisrelevanz im Überblick Wagner-v. Papp WuW 2009, 1236 (1242 ff.).

[251] Fischer StGB § 298 Rn. 4 ff.; für eine Ausweitung der Strafbarkeit zur Kriminalisierung aller horizontalen Hardcore-Kartelle Stomper, Kriminalisierung von Hardcore-Kartellrechtsverstößen, 2021, S. 107 ff., die

Täuschung noch einen Vermögensschaden des Veranstalters ankommt. Somit werden sowohl Absprachen erfasst, die allein auf der Bieterseite erfolgen, als auch ein kollusives Zusammenwirken zwischen Bietern und Veranstalter bzw. Mitarbeitern des Veranstalters.[252]

86  Als rechtswidrige Absprachen werden jedenfalls die unter das Kartellverbot des § 1 GWB fallenden Vereinbarungen und Beschlüsse erfasst.[253] Fraglich ist, ob auch abgestimmte Verhaltensweisen in vollem Umfang dem Begriff der Absprache subsumierbar sind.[254] Von der Rechtsprechung zu klären sind zB sich aus der Wortlautgrenze des Tatbestandsmerkmals **Absprache** ergebende Probleme für die Erfassung abgestimmter Verhaltensweisen durch § 298 StGB, zB bei wechselseitigen Informationen über künftiges Marktverhalten in einer Koordinierungserwartung.[255]

87  Das Delikt des § 298 StGB ist **vollendet,** wenn das auf einer rechtswidrigen Absprache beruhende Angebot in solcher Weise abgegeben ist, dass es bei ordnungsgemäßem Ablauf des Ausschreibungsverfahrens Berücksichtigung finden kann.[256] Im Hinblick auf diese vorgezogene Vollendungsstrafbarkeit – die Annahme des Angebots ist nicht erforderlich – enthält § 298 Abs. 3 StGB eine Regelung über die tätige Reue, nach der die Strafbarkeit entfällt, wenn der Täter die Annahme des Angebots oder die Erbringung der Leistung durch den Veranstalter freiwillig verhindert oder sich freiwillig und ernsthaft um die Verhinderung der Annahme bemüht, soweit diese ohne sein Zutun unterbleibt.[257]

### G. Beispiele wettbewerbsbeschränkender Vereinbarungen: Überblick

88  Das GWB schützt wirtschaftliche Handlungsfreiheiten mit dem Ziel der Aufrechterhaltung des Wettbewerbs. Es ist in der Vergangenheit nicht gelungen, den für § 1 relevanten Ausschnitt von Handlungsfreiheiten im Wege einer subsumtionsfähigen Definition zu erfassen.[258] Ein solcher begrenzter Ansatz würde der Vielgestaltigkeit und prinzipiellen Offenheit des Wettbewerbs für neue Aktionsformen nicht gerecht. Normative Anhaltspunkte für eine Ausfüllung des Konzepts der Wettbewerbsbeschränkung können aber den Regelbeispielen des Art. 101 Abs. 1 lit. a–e AEUV entnommen werden (hierzu eingehend → AEUV Art. 101 Abs. 1 Rn. 208 ff.). Im Übrigen kann der Weg einer induktiven Erfassung gegangen werden. Hierzu kann eine **Typenbildung** auf der Grundlage der bisherigen **Praxis** zum Unions- und zum nationalen Recht dienen.

89  Die mit der **6. und 7. GWB-Novelle** erfolgte weitgehende Anpassung des Kartellverbotstatbestandes an den des EU-Rechts (hierzu → Rn. 5, 7 f.) hat für verschiedene Regelungsbereiche in unterschiedlichem Maße **Veränderungen** mit sich gebracht. Vergleichsweise geringfügig waren die Rechtsänderungen im Bereich der unter Wettbewerbern vorgenommenen Bindungen hinsichtlich des künftigen Einsatzes von Wettbewerbsparametern. In der Beurteilung dieser Verhaltensweisen, bei denen oft von einer ‚bezweckten‘ Wettbewerbsbeschränkung auszugehen sein wird, stimmten das nationale und das Gemeinschaftskartellrecht schon in der Vergangenheit weitgehend überein (hierzu sogleich

---

konkrete Gesetzgebungsvorschläge für eine effektive, system- und verfassungskonforme Umsetzung (S. 257 ff.) unterbreitet; ferner Wagner-v. Papp WuW 2010, 268 (281 f.).

[252] BT-Drs. 13/5584, 14; in der Konstellation einer Submissionsabsprache zwischen Veranstalter und Bieter können sich die auf der Veranstalterseite handelnden Personen nicht nur als Teilnehmer, sondern auch als Täter strafbar machen, vgl. BGH 25.7.2012 – 2 StR 154/12, WuW/E DE-R 3691 Rn. 5 ff. – Submissionsabsprachen; dazu Heuking BB 2013, 1155.

[253] Heine/Eisele in Schönke/Schröder StGB § 298 Rn. 19; vgl. auch LG Düsseldorf 8.3.2007 – 24b Ns 9/06, WuW/E DE-R 2087 (2090) – Polizeipräsidium Düsseldorf.

[254] Dafür RegE BT-Drs. 13/5584, 14; König JR 1997, 397 (402).

[255] Vgl. die kritische Stellungnahme des BR BT-Drs. 13/6424, 7; Kleinmann/Berg BB 1998, 277 (280).

[256] Fischer StGB § 298 Rn. 15; vgl. insoweit auch zu § 264 StGB: BGH 20.1.1987 – 1 StR 456/86, BGHSt 34, 265 (267).

[257] Weiterführend Klusmann in Wiedemann § 56 Rn. 28 ff.

[258] Vgl. Zimmer in Immenga/Mestmäcker, 3. Aufl. 2001, Rn. 134 ff.

→ Rn. 90 ff.). Differenzierter muss die Antwort hinsichtlich der vielfältigen Formen von Kooperationen unter Wettbewerbern ausfallen. Dieser Bereich, in dem namentlich die Unionsorgane in neuerer Zeit eine in mancher Hinsicht großzügige Praxis entwickelt haben, ist durch das Eingreifen zahlreicher Gruppenfreistellungsverordnungen und – soweit diese nicht greifen – durch die häufig bestehende Notwendigkeit einer den Einzelfall betreffenden Wirkungsanalyse gekennzeichnet (hierzu → Rn. 119 ff.). Eine grundlegende Änderung des Regelungsregimes hat die Novelle von 2005 schließlich für sog. vertikale Wettbewerbsbeschränkungen und hier insbesondere für Vertriebssysteme gebracht. Während Preis- und Konditionenbindungen vor der Gesetzesnovelle im Grundsatz einem Per-se-Verbot unterlagen (§ 14 aF), wurden Bindungen anderer Art (insbes. Ausschließlichkeitsbindungen) lediglich einer behördlichen Missbrauchsaufsicht (§ 16 aF) unterworfen. Demgegenüber ist unter § 1 GWB in der seit 2005 geltenden Fassung in vielen Fällen von der prinzipiellen Tatbestandsmäßigkeit auszugehen, freilich bei einer insgesamt vielfältig differenzierenden Rechtslage mit Blick auf die Anwendbarkeit von Gruppenfreistellungsverordnungen auf der einen und Maßgeblichkeit der Anwendungskriterien der Unionsgerichte auf der anderen Seite (hierzu → Rn. 201 ff.).

## H. Verhaltenskoordination unter Wettbewerbern

Im Unterschied zu Art. 101 Abs. 1 AEUV enthält § 1 GWB keinen Katalog von **90** Regelbeispielen tatbestandsmäßigen Verhaltens. Eine inhaltliche Divergenz zwischen den Kartellverboten des europäischen und des deutschen Rechts folgt aus diesem Unterschied in der Regelungstechnik nicht (vgl. zum weitgehenden inhaltlichen Gleichlauf beider Verbotstatbestände schon → Rn. 5, 7 f. sowie 10 ff.). Deswegen kann an dieser Stelle zunächst auf die Ausführungen zu den Regelbeispielen horizontaler Koordination im EU-Band (→ AEUV Art. 101 Abs. 1 Rn. 210 ff.) verwiesen werden. Daneben ist zum nationalen Recht eine elaborierte Kasuistik entstanden, die im Folgenden – auch wenn sie in ihren Ergebnissen nicht ersichtlich vom europäischen Recht abweicht – dargestellt wird.

## I. Preis- und Konditionenabsprachen unter Wettbewerbern

Unter Wettbewerbern getroffene Preisabsprachen sind grundsätzlich ebenso unzulässig **91** wie Festlegungen bloßer Preisbestandteile wie zB Rabatte.[259] Absprachen dieser Art zählen zu den sog. Kernbeschränkungen, die – als „bezweckte" Wettbewerbsbeschränkungen – ohne weiteres im Anwendungsbereich des Kartellverbotes sind.[260] Einer auf den Einzelfall bezogenen Wirkungsanalyse bedarf es bei Kernbeschränkungen nicht (→ Rn. 47). Für die wettbewerbsrechtliche Beurteilung ist die Art der Bindung, dh ob sie in absoluten Beträgen oder Prozentsätzen erfolgt, unerheblich. In gleicher Weise wie die unmittelbare Preisabsprache ist auch die mittelbare Bindung des wettbewerblichen Preisparameters, etwa durch die Festlegung von **Preisrelationen** zwischen verschiedenen Erzeugnissen oder gemeinsamen Vergütungsregeln,[261] unzulässig. Die Festlegung von Preisrelationen verhindert eine marktgerechte Preisentwicklung auf den jeweiligen Teilmärkten und „zementiert" damit auch bestimmte möglicherweise bestehende Substitutionsbeziehungen zwischen ein-

---

[259] BGH 5.3.1953 – 5 StR 734/52, BGHSt 4, 94 = WuW/E BGH 40 – Schulspeisung; BGH 23.9.1955 – 5 StR 110/55, BGHSt 8, 221 = WuW/E BGH 118 – Zement; BGH 10.4.1956 – 1 StR 526/55, BGHSt 9, 114 = WuW/E BGH 148 – Freisinger Bäckermeister; BGH 15.3.1973 – KZR 11/72, BGHZ 60, 312 = WuW/E BGH 1259 = NJW 1973, 1238 – Bremsrollen; Brief des BMWi vom 29.7.1957, WuW/E BWM 107 (108) – Edelstahlrohre; BKartA 29.11.1961, 8.12.1961 und 13.12.1961, BB 1962, 77; jüngst auch BKartA 29.12.2020 – B11-8/18, NZKart 2021, 132 f. zu abgestimmten Sonderrabatten unter Herstellern von Schachtabdeckungen; Maritzen in Kölner Komm KartellR § 1 Rn. 459.

[260] Vgl. für das EU-Recht → AEUV Art. 101 Abs. 1 Rn. 213 ff.

[261] Etwas anderes gilt bei Vorliegen einer gesetzlich normierten Bereichsausnahme, wie zB in § 36 UrhG, wobei die nationale Gesetzgebung damit freilich ein Konfliktpotential zu unionalem Wettbewerbsrecht eröffnet, vgl. Tolkmitt GRUR 2016, 564 (566 f.).

zelnen Produkttypen".[262] Sie führt zwangsläufig zu einer unerwünschten Erstarrung von Preisstrukturen. Auch die Verpflichtung von Unternehmen, sich untereinander den Umfang von Preiserhöhungen mitzuteilen, um sich dem sich verändernden Preisniveau anpassen zu können, kann einen Verstoß gegen § 1 GWB begründen.[263]

**92**    Ferner liegt eine im Hinblick auf eine zusätzliche Steuerbelastung erfolgende konzertierte Preisanhebung im Anwendungsbereich des § 1 GWB. Hier ist zB an eine Absprache über eine Preiserhöhung in Bezug auf eine Mehrwertsteueranhebung zu denken.[264] Gleiches gilt für die einheitliche Preisanhebung in Angesicht steigender Produktions- bzw. Rohstoffkosten.[265] Ein Verstoß gegen § 1 GWB liegt ferner in einer Vereinbarung über die einheitliche Einbeziehung von Werbekosten – zB als Werbezuschlag – in die Preisgestaltung.[266] Dies wird auch bei Absprachen über anderweitige zur Preisbildung zählende Kalkulationsfaktoren zu gelten haben, so zB über eine Vereinbarung von Teuerungszuschlägen[267] oder Rabattgewährungen.[268] Daher wurde auch eine Vereinbarung von Gastwirten über die Höhe von Bedienungszuschlägen dem Verbot des § 1 GWB subsumiert, da sie eine Absprache über einen **Preisbestandteil** darstellt.[269] Das BKartA hat eine Verpflichtung von Ziegelherstellern, bei Ausschaltung des Baustoffzwischenhandels „angemessene Zuschläge" auf die bei Abgabe an Händler üblichen Preise zu verlangen, als Verstoß gegen § 1 GWB gewertet.[270]

**93**    Als unzulässig ist auch eine Vereinbarung über sog. **„Nachbezugspreise"** zu betrachten, sofern diese zwischen Wettbewerbern unmittelbar festgelegt werden.[271] Unter der Festsetzung von Nachbezugspreisen sind solche Preisabsprachen zu verstehen, die sich auf nachbezogene Warenmengen der Marktgegenseite beziehen. Auch bei Fällen einer zulässigen vertraglichen Preisbindung der nachfolgenden Marktstufe – vgl. § 30 GWB für Zeitungen und Zeitschriften – ist eine Vereinbarung von Herstellern, ihre Erzeugnisse nur preisgebunden abzugeben, eine wettbewerbsbeschränkende Maßnahme. Sie engt den Handlungsspielraum der einzelnen Wettbewerber bei der Preisgestaltung ein.[272] Demgegenüber ist bei Bestehen einer gesetzlichen Pflicht zur Einhaltung gebundener Preise (vgl. das Buchpreisbindungsgesetz und hierzu → Rn. 245) kein Handlungsspielraum der nachfolgenden Marktstufe gegeben, so dass eine Vereinbarung von Verlegern, Bücher nur preisgebunden abzugeben, nicht dem Kartellverbot unterfällt.[273] Preisabsprachen fallen schließlich nicht nur dann unter das Kartellverbot, wenn sie sich auf den Veräußerungspreis beziehen, sondern auch bei Vereinbarungen über **niedrigere Rücknahmepreise** im Rahmen der Rückgängigmachung von Kaufverträgen.[274]

**94**    Eine Preisabsprache stellt bereits dann eine Wettbewerbsbeschränkung dar, wenn auch nur „eine mögliche Art der Preisbildung ausgeschaltet und dadurch die Flexibilität der Preise eingeschränkt wird".[275] Nicht nur Preisabsprachen mit einer unmittelbaren oder mittelbaren Preisberechnung sind wettbewerbsbeschränkend, sondern auch jene Verein-

---

[262] BKartA 29.9.1969, WuW/E BKartA 1297 (1299) = DB 1969, 2081 – Grundpreisliste.
[263] OLG Düsseldorf 31.7.1979 – U-Kart-4/79, WuW/E OLG 2137 – Öllieferung an Bundeswehr; zur kartellrechtlichen Beurteilung von Informationsaustausch durch Marktinformationsverfahren unter → Rn. 161.
[264] Arbeitstagung der Kartellreferenten 16./17.11.1967, WuW/E KRT 50; Maritzen in Kölner Komm KartellR § 1 Rn. 460.
[265] Vgl. OLG Düsseldorf 2.10.2018 – V-6 Kart 6/17 (OWi), WuW 2020, 101 – Wurstkartell; OLG Düsseldorf 29.5.2015 – V-2 Kart 1 + 2/13 (OWi), BeckRS 2015, 14219 – Energiekostenzuschlag (von schriftlicher Begründung gem. § 77b OWiG abgesehen).
[266] Arbeitstagung der Kartellreferenten 28.5.1953, WuW/E KRT 19; TB 1968, 81.
[267] BKartA 6.12.1978, WuW/E BKartA 1779 – Schweißelektroden.
[268] BKartA 16.2.1982, WuW/E BKartA 2005 (2006) – Behälterglas; Maritzen in Kölner Komm KartellR § 1 Rn. 460.
[269] So Arbeitstagung der Kartellreferenten 8./9.10.1964, WuW/E KRT 48; Schoch BB 1965, 477.
[270] TB 1966, 30.
[271] BKartA 15.3.1972, WuW/E BKartA 1415 (1416) = BB 1972, 679 – Exportförderung Textil-Reyon.
[272] S. schon Mailänder BB 1963, 1357 (1358).
[273] Vgl. Krauß in Bunte Rn. 142; zur Frage des beschränkbaren Wettbewerbs auch schon → Rn. 44 ff.
[274] Stellungnahme des BMWi 22.2.1957, WuW/E BWM 63 (69) – Transportbandindustrie.
[275] So TB 1959, 51.

barungen, die einer **nicht konkretisierbaren Anhebung** des Preisniveaus dienen und von dem Willen getragen sind, allzu krasse Preisunterschiede zu verhindern. Die Nivellierung des Preisniveaus führt zu einer Erstarrung des Preiswettbewerbs. Darin liegt ein Verstoß gegen § 1 GWB.[276]

**1. Vereinbarung von Höchstpreisen.** Mit der Vereinbarung von Höchstpreisen wer- **95** den lediglich Preisobergrenzen festgelegt. Mithin steht es bei einem derartigen Kartell sämtlichen Vertragspartnern frei, ihre Preise unterhalb dieser Höchstpreisgrenze nach eigenem Ermessen bis zum Verkauf von Waren unter den Selbstkosten zu gestalten. Die Gründe für eine solche Höchstpreisvereinbarung sind vielfältig. Der wettbewerbsbeschränkende Charakter von Höchstpreiskartellen ist umstritten. Wer den Zweck des Kartellrechts allein im Schutz der Konsumenten sieht, mag gegenüber Preisobergrenzen keine Einwände erheben, da niedrige Preise Verbrauchern zugute kommen.[277] Freilich ist zu bedenken, dass ein mit der Höchstpreisvereinbarung **künstlich** festgesetztes, **niedriges Preisniveau** die Durchführung erforderlicher Investitionen in Unternehmen der Beteiligten verhindern kann. Dies kann bedeuten, dass sich das Warenangebot des Höchstpreiskartells nicht ausdehnt und insoweit die Interessen der Verbraucher beeinträchtigt. Zudem kann die Allokationswirkung des Wettbewerbs beeinträchtigt werden.

Auf die mögliche **Nützlichkeit** einer derartigen Preisgrenze kommt es im Rahmen des **96** § 1 GWB nicht an;[278] sie kann aber eine Freistellung nach § 2 GWB begründen. Im Rahmen von **Vertriebssystemen** (hierzu eingehend → Rn. 239 ff.) vereinbarte vertikale Höchstpreisbindungen haben in EU-Gruppenfreistellungsverordnungen in jüngerer Zeit eine großzügigere Behandlung erfahren als Mindest- oder Festpreisvereinbarungen: Sie gelten dort nicht mehr als – die Freistellung von vornherein ausschließende – Kernbeschränkung.[279] Demgegenüber ist zu betonen, dass § 1 GWB nicht zwischen „guten" und „schlechten" Kartellen unterscheidet.[280] Auch bei einer unter Wettbewerbern vereinbarten Höchstpreisvereinbarung ist die wettbewerbliche Handlungsfreiheit beeinträchtigt. Dies kann zu einer Minderung der Qualität des Warenangebots führen. Darüber hinaus besteht die Gefahr, dass die Höchstpreisvereinbarung den Vertragspartnern als **Preisrichtschnur** bei der Preisgestaltung dient, wodurch die volle Bandbreite des Preiswettbewerbs eingeengt wird.[281] Höchstpreisvereinbarungen legen zudem den Verdacht von **Verdrängungspreisen** nahe; dies gilt in besonderem Maße, wenn sie regional begrenzt eingesetzt werden.

**2. Mindestpreisvereinbarungen.** Mindestpreisvereinbarungen unter Konkurrenten **97** stellen die **wichtigste Form des verbotenen Preiskartells** dar. Sie sind auch dann im Anwendungsbereich des § 1 GWB, wenn der vereinbarte Mindestpreis unter dem üblichen Marktpreis oder unter den Selbstkosten liegt. In dem zuletzt genannten Fall ist den Kartellpartnern die Möglichkeit genommen, im Rahmen einer Mischkalkulation unter den Selbstkosten die Ware oder Leistung zu veräußern.[282] Eine andere Beurteilung kommt in Betracht, soweit ein Verkauf unter Einstandspreis – ausnahmsweise – unzulässig ist (§ 20 Abs. 3 S. 2 und Erl. hierzu).

---

[276] BKartA 29.9.1969, WuW/E BKartA 1297 = DB 1969, 2081 – Grundpreisliste.

[277] Zur Schutzzweckdiskussion schon → Rn. 13 ff.

[278] Vgl. allgemein Maritzen in Kölner Komm KartellR Rn. 274; Grave/Nyberg in LMRKM AEUV Art. 101 Abs. 1 Rn. 285 ff.

[279] Vgl. Art. 4 lit. a Hs. 2 Vertikal-GVO (VO 2022/720 der Kommission vom 10.5.2022 über die Anwendung von Artikel 101 Absatz 3 des Vertrags über die Arbeitsweise der Europäischen Union auf Gruppen von vertikalen Vereinbarungen und abgestimmten Verhaltensweisen, ABl. 2022 L 134, 4); vgl. im Übrigen schon → Rn. 47 ff.

[280] Zu diesem allg. Grundsatz Sölter, Nachfragemacht und Wettbewerbsordnung, S. 56; Sandrock, Grundbegriffe des GWB, S. 331; Benisch WuW 1960, 842 (843); Meyer-Cording WuW 1962, 473.

[281] Immenga in Immenga/Mestmäcker, 2. Aufl. 1992, Rn. 247; vgl. auch Leitlinien für vertikale Beschränkungen v. 30.6.2022, ABl. 2022 C 248, 1, 48, Rn. 199.

[282] Vgl. BGH 15.3.1973 – KZR 11/72, BGHZ 60, 312 = WuW/E BGH 1259 = NJW 1973, 1238 – Bremsrollen.

**98**    **3. Festpreisvereinbarungen.** Wird in der Absprache die Abweichung der Preise sowohl nach oben als auch nach unten ausgeschlossen, so handelt es sich um eine Festpreisvereinbarung mit wettbewerbsbeschränkendem Charakter.[283] Eine Festpreisvereinbarung lässt den Kartellpartnern im Rahmen des Preiswettbewerbs keinerlei Spielraum. Sie ist daher die engste und unmittelbarste Form des **Preiskartells** mit völlig erstarrten Preisen.

**99**    **4. Preislistenbindungen.** Eine unter Konkurrenten geschlossene Vereinbarung über die Verpflichtung zur Führung von Preislisten erscheint unbedenklich, sofern die Entscheidungsfreiheit der Vertragspartner über die Preisbildung erhalten bleibt. Die Entscheidungsfreiheit muss sich sowohl auf die Änderung der Preisliste insgesamt als auch auf die Möglichkeit einer Abweichung von der Preisliste im Einzelfall beziehen. Unter dieser Voraussetzung ist die Handlungsfreiheit der Beteiligten nicht eingeschränkt.[284]

**100**    Die Vereinbarung zur Führung von Preislisten ist jedoch als wettbewerbsbeschränkende Maßnahme zu beurteilen, wenn die Absprache eine Bindung an die eigene Preisliste in der Weise begründet, dass **Änderungen oder Abweichungen** begrenzt werden.[285] Einer derartigen Bindung an die eigene Preisliste steht die Übernahme einer fremden oder gemeinsam beschlossenen Preisliste gleich. Sie beinhaltet eine Preisabsprache iSd § 1 GWB.[286]

**101**    **5. Ausgleichszahlungen.** Vereinbarungen von Ausgleichszahlungen unter Konkurrenten werden häufig im Rahmen von Gebietsschutzabkommen getroffen; sie können aber auch unabhängig von einer solchen Gebietsschutzzusage – die als solche bereits unter § 1 GWB fällt (→ Rn. 107) – zustande kommen. Der Lieferant einer Ware oder Erbringer einer Leistung zahlt dem nicht zum Geschäftsabschluss gekommenen Mitbewerber einen Ausgleich für den entgangenen Gewinn. Derartige Ausgleichszahlungen verhindern zwar nicht die Lieferung und damit den Wettbewerb auf einem örtlichen Markt. Sie verbinden jedoch die Lieferung für den Lieferanten mit einem finanziellen Nachteil, der in einer Art Gewinnabgabe besteht. Dieser Nachteil schränkt den Wettbewerb ein, sodass ein Verstoß gegen § 1 GWB gegeben ist.[287]

**102**    Wettbewerbsbeschränkenden Charakter hat ferner eine Vereinbarung, wonach ein Großhändler bei der **Direktlieferung** von Waren an Verbraucher die Verpflichtung übernommen hat, für diese Lieferung an den zuständigen Einzelhändler eine Ausgleichszahlung von zB 10 % des Warennettowertes zu leisten.[288] Das gilt auch für Absprachen, die Ausgleichszahlungen bei einer Überschreitung von zwischen den Kartellmitgliedern festgelegten **Kapazitätsrelationen** vorsehen. In diesem Fall hat die Ausgleichszahlung den Charakter einer Vertragsstrafe, die eine Veränderung der Marktanteile der Vertragspartner verhindern soll.[289] Demnach ist ein Verstoß gegen § 1 GWB anzunehmen, wenn die Ausgleichszahlung für den Fall versprochen wird, dass die Beteiligten auf die Vornahme gewisser Wettbewerbshandlungen verzichten.

**103**    **6. Bruttopreisvereinbarungen.** Auch die Vereinbarung einheitlicher Bruttopreise fällt unter § 1 GWB. Dies gilt auch dann, wenn der Nettopreis auf Grund von Rabatten und Skonti zwischen den Wettbewerbern differiert. Da die Rabatte und sonstigen Preisnachlässe an einen Brutto-(Grund-)preis gebunden sind, wird der Preiswettbewerb unter den Ver-

---

[283] Vgl. zB OLG Düsseldorf 13.9.2006 – VI-Kart 2/06 (OWi), WuW/E DE-R 1917 (1918 f.) – OTC-Präparate.

[284] Maritzen in Kölner Komm KartellR Rn. 462.

[285] Brief des BKartA 19.1.1965, WuW/E BKartA 908 (909); anders noch BKartA 6.4.1962, WuW/E BKartA 482 (486) = BB 1962, 500 – Zeitschriftenverlage.

[286] BKartA 29.9.1969, WuW/E BKartA 1297 = DB 1969, 2081 – Grundpreisliste.

[287] OLG Düsseldorf 30.7.1981 – U-Kart-4/81, WuW/E OLG 2715 (2718) – Subterra Methode; BKartA 2.5.1960, WuW/E BKartA 205 (208) = BB 1960, 645 – Buchenfaserholz; TB 1969, 52; OLG Düsseldorf 26.6.2009 – VI-2a Kart 2 – 6/08 OWi ua, BeckRS 2010, 4805 = juris Rn. 317 f. – Grauzement.

[288] Vgl. OLG Düsseldorf 27.4.1962 – U-Kart-3/61, WuW/E OLG 495 (496) = BB 1962, 577 – Installateure; Hefermehl/Huber/Seidenfus, Kooperative Marktinformation, 1967, S. 34.

[289] BKartA 6.1.1969, WuW/E BKartA 1244 (1246) = BB 1969, 244 = TB 1969, 52 – Kalksandstein.

tragspartnern auf den Preisbestandteil „Rabatt" beschränkt. Der durch die Kartellpartner festgelegte Preis ist mithin nur noch durch die Gewährung eines abnehmerindividuellen Rabatts veränderbar. Dies beinhaltet eine **Einengung der Bandbreite** des möglichen Preiswettbewerbs. Der Brutto-(Grund-)preis, der als Ausgangsbetrag für prozentuale Preis- abzüge dient, führt zur Erstarrung von Preisbestandteilen und Preisstrukturen.[290] Die Un- zulässigkeit der Preisabsprache ergibt sich aus der Festlegung von Berechnungswerten, die die Handlungsfreiheit der Kartellpartner einengt. Die Bruttopreisvereinbarung fällt insbes. dann unter § 1 GWB, wenn mittelbar eine **Erhöhung** der **Effektivpreise** angestrebt wird. In diesen Fällen handelt es sich um ein echtes Preiskartell. Dies gilt ebenso für eine Vereinbarung, gemeinsam die Bruttopreise zu erhöhen, wobei die erhöhten Bruttopreise für die Vertragspartner als Richtschnur gelten sollen.[291]

**7. Konditionenabsprachen.** Unter Wettbewerbern getroffene Absprachen über die im **104** Verhältnis zu Dritten anzuwendenden Geschäftsbedingungen (Konditionen) fallen gleich- falls unter das Kartellverbot. Derartige Abreden betreffen beispielsweise Abwicklungs- und Liefermodalitäten sowie Gewährleistungsregeln.[292] Erfasst werden sowohl unmittelbare als auch mittelbare Festlegungen auf abgestimmte Geschäftsbedingungen;[293] dies gilt unabhän- gig davon, ob direkt preisbeeinflussende[294] oder allenfalls mittelbar preisrelevante[295] Kon- ditionen betroffen sind. Wegen der kartellrechtlichen Beurteilung von Preis- oder Kon- ditionenabsprachen im Vertikalverhältnis wird auf die Ausführungen zu **Vertriebssyste-** **men** verwiesen (→ Rn. 238 ff.).

## II. Mengenbeschränkungen unter Wettbewerbern

Vereinbarungen zwischen Wettbewerbern über **Angebotsmengen** sind nach § 1 GWB **105** zu beurteilen, soweit die Möglichkeit für die Vertragspartner ausgeschlossen wird, zusätzli- che Warenmengen auf dem Markt anzubieten.[296] In vielen Fällen werden Mengen- beschränkungen im Zusammenhang mit Preisabsprachen vereinbart. Eine bezweckte Wett- bewerbsbeschränkung (Kernbeschränkung) besteht aber auch im Fall einer allein auf eine Mengenverknappung gerichteten Absprache unter Konkurrenten.[297] Demgegenüber ist umstritten, ob **Beschränkungen bzgl. einer Verringerung der Produktion** oder des Angebotes von § 1 GWB erfasst werden. Eine kartellrechtliche Unerheblichkeit derartiger Vereinbarungen ist damit begründet worden, dass sich dadurch die Wahlmöglichkeiten der Marktgegenseite nicht verschlechtern. Der Fixierung von Angebotsmindestmengen fehle es an der Markterheblichkeit.[298] Dem ist entgegenzuhalten, dass die Festlegung einer Angebotsmindestmenge die gleiche Wirkung hat wie ein Höchstpreiskartell (hierzu → Rn. 95 ff.). Die Vertragspartner verlieren die Freiheit, die Angebotsmengen an unter- nehmerischen Bedürfnissen auszurichten. Diese Beschränkung kann bspw. bei auslaufenden Produkten zu einer Beeinträchtigung der Wettbewerbsfähigkeit finanzschwacher Unter- nehmen führen, deren Produktionskapazitäten zu Lasten möglicher Produkterneuerungen

---

[290] BKartA 29.9.1969, WuW/E BKartA 1297 (1299) = DB 1969, 2081 = TB 1975, 52 – Grundpreisliste.
[291] BKartA 29.9.1969, WuW/E BKartA 1297 (1299) = DB 1969, 2081 – Grundpreisliste; KG 8.2.1974 – Kart 15/73, WuW/E OLG 1449 (1452) – Bitumenhaltige Bautenschutzmittel II; KG 28.11.1972 – Kart 4/ 72, WuW/E OLG 1339 (1344) – Linoleum.
[292] Vgl. → AEUV Art. 101 Abs. 1 Rn. 216.
[293] Vgl. OLG Düsseldorf 3.3.2004 – VI-Kart-22/00 (V), WuW/E DE-R 1429 (1430 f.) – Kfz-Spedition; für das EU-Recht EuGH 17.10.1972 – 8/72, ECLI:EU:C:1972:84 Rn. 18/22 – Vereeniging van Cement- handelaren.
[294] Vgl. EuGH 26.11.1975 – 73/74, ECLI:EU:C:1975:160 Rn. 13/14 ff. – Papier Peints/Belgische Tape- ten.
[295] OLG Düsseldorf 3.3.2004 – VI-Kart-22/00 (V), WuW/E DE-R 1429 (1432) – Kfz-Spedition; KOMM 15.5.1974, ABl. 1974 L 160, S. 1 (12) – IFTRA Verpackungsglas.
[296] KG 12.11.1971 – Kart (B) 12/71, WuW/E OLG 1219 (1224) = BB 1972, 285 – Ölfeldrohre; vgl. auch BKartA 17.12.1998, WuW/E DE-V 132 (133) – Osthafenmühle II.
[297] Vgl. Band 1 → AEUV Art. 101 Abs. 1 Rn. 218.
[298] Müller-Henneberg in GK, 4. Aufl. 1980, Rn. 55.

gebunden werden. Dies bedeutet eine Minderung der Fähigkeit zu einer erforderlichen Produktinnovation. In diesem Falle geht von der Vereinbarung eine mittelbar wirkende Wettbewerbsbeschränkung aus.

**106**    Auch **Beschränkungen der Produktionskapazität** unterliegen § 1 GWB.[299] Sie sind der Angebotsbeschränkung (→ Rn. 105) vorgelagert und stehen dieser in den Wirkungen gleich. Ergebnis beider Vereinbarungen ist die Verknappung von Waren mit einem Nachteil für die Marktgegenseite. Die Wettbewerbserheblichkeit wird insbes. deutlich, wenn die Kapazitätsbeschränkung zusätzlich der Einhaltung von zwischenbetrieblichen Kapazitätsrelationen und damit der Festschreibung von Marktanteilen dient. Dementsprechend ist ein Vertrag, in dem sich Hersteller gleichartiger Erzeugnisse darüber einigen, einen ihren Kapazitäten entspr. Anteil an Aufträgen einander zu überlassen, verbotswidrig.[300]

## III. Marktaufteilungen, Kundenschutzklauseln, Wettbewerbsverbote, Markenabgrenzung

**107**    Wettbewerbsbeschränkend iSd § 1 GWB ist jede Vereinbarung unter Wettbewerbern darüber, mit wem, in welchen Gebieten und zu welcher Zeit die Beteiligten Geschäftsabschlüsse tätigen.[301] Eine solche Vereinbarung kann sich auf gegenwärtige und künftige (potentielle) Kunden sowie auf eine Abgrenzung des Kundenkreises zwischen potentiellen Wettbewerbern beziehen. Ebenso erfasst sind Beschränkungen auf bestehende Geschäftsbeziehungen.[302] Derartige **Kundenschutzverträge,** die sich als rechtsgeschäftliche Wettbewerbsverbote darstellen, würden eine Festschreibung der jeweiligen Wettbewerbslage bewirken. Ein vergleichbarer festschreibender Effekt kommt Verträgen über die räumliche Beschränkung des Kundenkreises durch **Gebietsschutz** zu.[303]

**108**    Auch **Demarkationsverträge,** mit denen Versorgungsunternehmen ihre Versorgungsgebiete voneinander abgrenzen, sind im Anwendungsbereich des § 1 GWB.[304] Seit der mit dem Gesetz vom 24.4.1998 zur Neuregelung des Energiewirtschaftsrechts[305] erfolgten Streichung der Freistellungstatbestände des § 103 Abs. 1 aF GWB unterfallen solche marktaufteilenden Verträge dem Kartellverbot (anders für die öffentliche Versorgung mit Wasser: § 31 Abs. 1 GWB). Für die Beurteilung von langfristigen Bezugsbindungen im Bereich der leitungsgebundenen Energieversorgung wird auf → Rn. 229 ff. verwiesen.

**109**    Unter Wettbewerbern geschlossene Gebietsschutzvereinbarungen mit einer **Preisschutzklausel** fallen ebenfalls unter § 1 GWB.[306] Hier geht es um Absprachen, in Absatz-

---

[299] BKartA 6.1.1969, WuW/E BKartA 1244 (1245) = BB 1969, 244 = TB 1969, 52 – Kalksandstein; BGH 1.7.1964 – KZR 12/61, WuW/E BGH 605 = NJW 1964, 2343 – Flussspat mAnm Koenigs NJW 1964, 2348; Huber/Baums in FK-KartellR § 1 aF Rn. 143; Hootz in GK Rn. 118 f.

[300] KG 29.4.1975 – Kart 38/74, WuW/E OLG 1627 – Mülltonnen.

[301] BGH 6.3.1979 – KZR 4/78, WuW/E BGH 1597 = NJW 1980, 185 – Erbauseinandersetzung; BGH 24.2.1975 – KZR 5/74, WuW/E BGH 1353 = BB 1975, 441 – Schnittblumentransport; BGH 23.9.1955 – 5 StR 110/55, BGHSt 8, 221 (223) = WuW/E BGH 118 – Zement; BGH 24.9.1973 – KZR 2/73, WuW/E BGH 1293 = BB 1974, 336 – Platzschutz; BGH 1.7.1964 – KZR 12/61, WuW/E BGH 605 = NJW 1964, 2343 – Flussspat mAnm Koenigs NJW 1964, 2348; aus neuerer Zeit BGH 6.5.1997 – KZR 43/95, WuW/E BGH 3137 = BB 1997, 2391 – Sole; vgl. auch BGH 12.5.1998 – KZR 18/97, WuW/E DE-R 131 – Subunternehmervertrag; zum EU-Recht, bei dem der auf den Abbau von Handelshemmnissen gerichtete integrationspolitische Schutzzweck hinzutritt → AEUV Art. 101 Abs. 1 Rn. 220 f.; zur Rechtfertigung solcher Klauseln aus dem Immanenzgedanken → Rn. 57 f.

[302] BGH 24.2.1975 – KZR 5/74, WuW/E BGH 1353 = BB 1975, 441 – Schnittblumentransport; BGH 6.3.1979 – KZR 4/78, WuW/E BGH 1597 = NJW 1980, 185 – Erbauseinandersetzung; vgl. ferner – auch zum Verhältnis zu § 16 GWB – BGH 14.1.1997 – KZR 41/95, WuW/E BGH 3115 (3117) – Druckgussteile. Zu einem zwischen Flüssiggasanbietern vereinbarten „Nichtangriffspakt" mit dem Ziel, Bestandskundenstämme zu sichern, vgl. BGH 9.10.2018 – KRB 51/16, NZKart 2019, 146 (147 f.) – Flüssiggas I.

[303] So bspw. der räumliche Gebietsschutz für Lottogesellschaften in den jeweiligen Bundesländern durch den Blockvertrag des Lotto- und Totoblocks, BGH 8.5.2007 – KVR 31/06, WuW/E DE-R 2035 Rn. 26 – Lotto im Internet.

[304] BGH 18.2.2003 – KVR 21/01, WuW/E DE-R 1119 – Verbundnetz II.

[305] BGBl. 1998 I 780.

[306] So schon Immenga in Immenga/Mestmäcker, 2. Aufl. 1992, Rn. 260.

gebieten des Mitbewerbers keine Preisunterbietung vorzunehmen. In diesem Fall sind Gebietsschutz und Preisabsprache verbunden. Auch andere Formen der Marktaufteilung sind als wettbewerbsbeschränkend anzusehen, soweit sie mit wettbewerblichen Aktionsparametern in Verbindung stehen. So ist die **Beschränkung der Kundenwerbung auf bestimmte Regionen** verbotswidrig. Auch **zeitliche Marktaufteilungen** können gegen § 1 GWB verstoßen; so zB die Absprache zwischen Reisebüros, Sonderzüge für bestimmte Gebiete nur an festgelegten Tagen in Anspruch zu nehmen.[307] Soweit die Marktaufteilungsabreden oder Kundenschutzklauseln in einen **Austauschvertrag** aufgenommen werden, sind sie damit nicht der Überprüfung durch § 1 GWB entzogen (vgl. → Rn. 201 ff.).[308]

Eine § 1 GWB unterfallende Marktaufteilung ist ferner bei sog. **Sortimentsabgrenzun-** **110** **gen** anzunehmen: Vereinbaren benachbarte Geschäfte, sich in ihren Sortimenten nicht zu überschneiden, so liegt ein Verstoß gegen das Kartellverbot vor.[309] Zum Wettbewerbsbeschränkungstyp der Marktaufteilung lassen sich außerdem auch **Quotenkartelle** rechnen. Hier handelt es sich typischerweise um eine Vereinbarung über den Gleichlauf von Marktanteilen und Produktionskapazitäten. Zwischen den Vertragspartnern findet eine Aufteilung des Absatzvolumens statt.[310]

Schließlich kommen als faktische Marktaufteilung in räumlicher oder sachlicher Hinsicht **111** grundsätzlich auch **markenrechtliche Abgrenzungsvereinbarungen** in Frage.[311] Denn selbst wenn sie streng genommen keinen Wettbewerber von einem Markt ausschließen, da der Vertrieb unter einer anderen Marke weiterhin möglich bleibt, kann ein solcher Vertrieb oder gar ein erstmaliger Markteintritt erschwert werden, insbesondere falls die Vereinbarung mehr als eine reine Abgrenzung der Kennzeichen in gestalterischer Hinsicht[312] oder durch erklärende Zusätze vorsieht (etwa die Verpflichtung zur Verwendung einer anderen Marke: Zwei-/Doppelmarkenstrategie). Wettbewerblich bedenklich ist eine solche Vereinbarung freilich nicht schon bei sich möglicherweise überschneidenden Schutzbereichen der Marken, sondern es ist **tatsächlicher** oder **potentieller Wettbewerb** zwischen den Inhabern der konfligierenden Marken erforderlich (hierzu schon → Rn. 44). Auf einen solchen kann allerdings nicht bereits vom bloßen Vorliegen einer markenrechtlichen Abgrenzungsvereinbarung rückgeschlossen werden.[313] Die Rechtmäßigkeit des Sonderfalls einer Aufteilung von Wirtschaftsräumen unter Gleichnamigen durch Werbeverbote konnte von der Rechtsprechung bisher noch offen gelassen werden.[314]

Für die kartellrechtliche Zulässigkeit ist maßgeblich, ob die Abgrenzungsvereinbarung **112** sich darauf beschränkt, ein tatsächlich bestehendes markenrechtliches **Konfliktpotential** (etwa eine Verwechslungsgefahr) auszuräumen, und lediglich bestehende Schutzrechte

---

[307] BKartA 17.5.1962, WuW/E BKartA 491 – Gesellschaftsreisen.

[308] BGH 14.1.1997 – KZR 41/95, WuW/E BGH 3115 (Ls. 3) – Druckgussteile; in der Sache ebenso BGH 14.1.1997 – KZR 35/95, WuW/E BGH 3121 – Bedside-Testkarten; BGH 6.5.1997 – KZR 43/95, WuW/E BGH 3137 = BB 1997, 2391 – Sole; vgl. auch schon BGH 27.5.1986 – KZR 32/84, WuW/E BGH 2285 (2287) = BB 1986, 2010 – Spielkarten.

[309] BGH 22.4.1980 – KZR 20/79, WuW/E BGH 1709 – Sortimentsabgrenzung.

[310] Dazu KG 28.11.1972 – Kart 4/72, WuW/E OLG 1339 (1340) = BB 1973, 441 – Linoleum; BKartA 16.2.1982, WuW/E BKartA 2005 – Behälterglas; BKartA 6.1.1969, WuW/E BKartA 1244 = BB 1969, 244 = TB 1969, 52 – Kalksandstein; BKartA 27.10.1972, WuW/E BKartA 1417 (1425) = TB 1972, 55 – Süddeutsche Zementhersteller; BKartA 5.11.1979, WuW/E BKartA 1809 (1811) – Zementverkaufsstelle Niedersachsen II; BKartA 17.12.1998, WuW/E DE-V 132 – Osthafenmühle II; aus neuerer Zeit OLG Düsseldorf 6.5.2004 – IV-Kart 41–43 + 45–47/01 OWi, WuW/E DE-R 1315 – Berliner Transportbeton I; BGH 7.2.2006 – KRB 2/05, WuW/E DE-R 1694 – Berliner Transportbeton I.

[311] Überblick bei Köther, Die Anwendung des Art. 101 AEUV auf Schutzrechtsvergleiche, 2017, S. 178 ff.; aus dem jüngeren Schrifttum etwa Kirchhoff GRUR 2017, 248; Klawitter GRUR-Prax 2017, 115; Lehmann MarkenR 2017, 241; Lorenz ZVertriebsR 2016, 160 (161 f.); Wolf NZKart 2015, 90 (94); Kirchhoff FS Canenbley, 2012, 273 (275 ff.).

[312] Vgl. LG Braunschweig 28.8.2013 – 9 O 2637/12, WuW/E DE-R 4068 – Kräuterspirituosen, das in einem solchen Fall Geringfügigkeit annahm; dazu kritisch Bornkamm FS D. Schröder, 2018, 149 (149 f.).

[313] BGH 15.12.2015 – KZR 92/13, WuW 2016, 430 = GRUR 2016, 840 1./2. Ls. – Pelican/Pelikan.

[314] BGH 12.7.2016 – KZR 69/14, WuW 2016, 595 = GRUR-RR 2017, 192 – Peek & Cloppenburg.

konkretisiert.[315] Dies hat der BGH etwa im Hinblick auf den Abschluss vertikaler Sternverträge eines Herausgebers von Telefonverzeichnissen mit zahlreichen regionalen Partnerverlagen angenommen, die eine Gebietsaufteilung für die Verbreitung der Verzeichnisse unter derselben Marke durch die Partnerverlage zum Inhalt hatten.[316] In diesem Fall liege keine unzulässige horizontale Wettbewerbsbeschränkung iSe „Hub and Spoke"-Konstellation zwischen den Partnerverlagen vor; vielmehr sei umgekehrt von unzulässigen „Marktverwirrungsrisiken" für die Nutzer auszugehen, wenn – entgegen der Verkehrserwartung – Telefonverzeichnisse unterschiedlicher Verlage in demselben Gebiet und unter derselben Marke angeboten würden, weshalb die markenrechtlich erforderliche Gebietsaufteilung nicht gegen § 1 GWB verstoße.[317]

**113**    Von einer bezweckten Wettbewerbsbeschränkung ist demgegenüber auszugehen, wenn eine (unechte) markenrechtliche Abgrenzungsvereinbarung letztlich nur Deckmantel für eine Marktaufteilung ist.[318] Auch ohne eine solche wettbewerbswidrige Absicht kann eine Wettbewerbsbeschränkung iSd Kartellverbots dann bewirkt werden, wenn „kein ernsthaft begründeter Anlass zu der Annahme bestand, dass dem begünstigten Vertragspartner ein entsprechender **Unterlassungsanspruch**" zusteht.[319] Hinsichtlich der erforderlichen Reichweite einer markenrechtlichen Abgrenzungsvereinbarung soll im Sinne des **Immanenzgedankens** (schon → Rn. 57 f.) die Frage zu stellen sein,[320] ob Beschränkungen der Markennutzung einer objektiv begründeten Unsicherheit über die geltende Rechtslage zum Zeitpunkt des Abschlusses der Vereinbarung geschuldet sind.[321] Aus der mitunter sogar wettbewerbsförderlich wirkenden Zwecksetzung solcher Vereinbarungen,[322] gerade die (außergerichtliche) Klärung eines Konflikts zu erzielen, ergibt sich, dass ein nicht allzu eng zu bemessender **Einschätzungsspielraum** bestehen muss.[323] Überschreitet eine markenrechtliche Abgrenzungsvereinbarung das erforderliche Maß in räumlicher oder sachlicher Hinsicht, ist der Rechtsprechung zufolge eine **geltungserhaltende Reduktion** auf das zulässige Maß (→ Rn. 75) nicht ausgeschlossen.[324]

**114**    Umstritten ist, welche Wirkung **nachträglich eingetretene Umstände** (etwa eine Rechtsprechungsänderung, die Änderung tatsächlicher Umstände oder die Löschung/-

---

[315] OLG Düsseldorf 15.10.2014 – VI-U (Kart) 42/13, WuW/E DE-R 4632 – Markenrechtliche Abgrenzungsvereinbarung.

[316] BGH 29.1.2019 – KZR 4/17, NZKart 2019, 492 = BeckRS 2019, 17361 Rn. 33, 36, 49 – Teilnehmerdaten V.

[317] BGH 29.1.2019 – KZR 4/17, NZKart 2019, 492 = BeckRS 2019, 17361 Rn. 54 f. – Teilnehmerdaten V (vgl. insbes. Rn. 53 zur fehlenden Vergleichbarkeit mit BGH 12.3.1991 – KVR 1/90, WuW/E BGH 2697 – Golden Toast).

[318] Vgl. schon EuGH 30.1.1985 – 35/83, ECLI:EU:C:1985:32 = WuW/E EWG/MUV 674 – Toltecs/Dorcet II.

[319] BGH 15.12.2015 – KZR 92/13, WuW 2016, 430 = GRUR 2016, 849 (854 f.) Rn. 60 – Pelican/Pelikan; BGH 7.12.2010 – KZR 71/08, WuW/E DE-R 3275 Rn. 22a – Jette Joop; in Fortführung von BGH 15.2.1955 – I ZR 86/53, BGHZ 16, 296 2. Ls. – Herzwandvasen; BGH 22.5.1975 – KZR 9/74, BGHZ 65, 147b – Thermalquelle; BGH 21.4.1983 – I ZR 201/80, WuW/E BGH 2003 (2005) – Vertragsstrafenrückzahlung.

[320] Für die Einschlägigkeit der Immanenztheorie Dück/Maschemer WRP 2013, 167 (170); Kirchhoff FS Canenbley, 2012, 273 (277); dagegen Rißmann, Die kartellrechtliche Beurteilung der Markenabgrenzung, 2008, S. 118 ff.; mangels Nebenabredencharakter ebenso Barros-Grasbon, Marken- und wettbewerbsrechtliche Probleme von Abgrenzungsvereinbarungen, 2015, S. 167 f. und Althaus, Markenrechtliche Abgrenzungsvereinbarungen, 2010, S. 148; daher für eine systematisch-teleologische Auslegung Köther, Die Anwendung des Art. 101 AEUV auf Schutzrechtsvergleiche, 2017, S. 90 ff., 117 ff.

[321] BGH 7.12.2010 – KZR 71/08, WuW/E DE-R 3275 1. Ls. sowie Rn. 17 – Jette Joop; demgegenüber kritisch Streicher WuW 2011, 954 (958); zustimmend Barros-Grasbon, Marken- und wettbewerbsrechtliche Probleme von Abgrenzungsvereinbarungen, 2015, S. 169 f.; Lorenz ZVertriebsR 2016, 160 (162 f.).

[322] Vgl. zu Schutzrechtsvergleichen im Allgemeinen → AEUV Art. 101 Abs. 1 Rn. 158 ff.; zur Markenabgrenzung Maritzen in Kölner Komm KartellR Rn. 474 ff.; Wolf in MüKoWettbR, 4. Aufl. 2023, Grdl. Rn. 1213 f.; überaus kritisch hingegen Bornkamm FS D. Schröder, 2018, 139 (140 f., 147 ff.); vgl. im Besonderen zu sog. Pay for Delay-Vereinbarungen und ihrer Bedeutung für den potentiellen Wettbewerb bereits → Rn. 44.

[323] Kirchhoff GRUR 2017, 248 (253 ff.); Wolf NZKart 2015, 90 (92).

[324] BGH 7.12.2010 – KZR 71/08, WuW/E DE-R 3275 2. Ls. – Jette Joop.

sreife einer Marke) entfalten kann. Der BGH nahm in „Jette Joop" hinsichtlich einer markenrechtlichen Rechtsprechungsänderung unter dem Gesichtspunkt des Bedürfnisses nach dauerhafter Rechts- und Investitionssicherheit an, dass für die Beurteilung der Vereinbarung auch weiterhin die Rechtslage im Zeitpunkt der Einigung maßgeblich sei.[325] Hierfür kann angeführt werden, dass auch andere Vereinbarungen nach den Regeln des Zivilrechts bei einer Veränderung der tatsächlichen oder rechtlichen Umstände grundsätzlich fortgelten. Eine Grenze kann sich aus den Regeln über den Wegfall oder die Störung der Geschäftsgrundlage (§ 313 BGB) ergeben.[326]

## IV. Submissionskartelle

Sog. Submissionskartelle sind trotz reger Verfolgungsaktivität der Kartellbehörden und **115** drohender Strafverfolgung (§ 298 StGB) in zahlreichen Branchen verbreitet.[327] Kennzeichnend für Submissionskartelle ist die Verpflichtung der Beteiligten, bei Ausschreibungen (zB zur Durchführung von Werkverträgen) oder Versteigerungen sich zugunsten eines Kartellmitglieds eines wettbewerbsgerechten Angebots zu enthalten oder Scheinangebote abzugeben. Dieses Angebotsverhalten beruht idR auf dem **Gegenseitigkeitsprinzip** in der Erwartung, dass der Verzichtende bei späteren Aufträgen selbst durch entspr. Verhalten der anderen Kartellmitglieder zum Geschäftsabschluss gelangt und dabei von dem mangelnden Wettbewerb profitiert. Das Submissionskartell dient regelmäßig dazu, den Preiswettbewerb außer Kraft zu setzen und das Preisniveau anzuheben. Dabei werden die **Scheinangebote** in einer Weise überteuert, dass von vornherein nicht mit einem Zuschlag durch den Auftraggeber gerechnet wird. Schließlich macht derjenige Kartellpartner, der die Auftragserteilung erhalten soll, ein vergleichsweise günstiges, aber im Grunde noch überhöhtes Angebot. Auf diese Weise wird der Marktgegenseite sowohl ein marktgerechter Preis als auch ein – nicht bestehender – Wettbewerb unter den Anbietern vorgetäuscht; Submissionsabsprachen spielen in der Praxis der Kartellbehörde seit langem eine erhebliche Rolle.[328] Neben dem beschriebenen Regelfall der horizontalen Absprache zwischen Bietern sind auch **vertikale Submissionsabsprachen** – zwischen Ausschreibendem und Bieter(n) – denkbar.[329]

Es ist unerheblich, ob die Vertragsparteien sich **vor oder erst nach Abgabe ihres** **116** **Gebots** einigen. Sobald einer der Beteiligten sein Gebot zurückzieht, um sich mit einem anderen Anbieter, der ein teureres Gebot abgegeben hat, über dessen Zuschlag und Gewinn zu einigen, entsteht eine wettbewerbsbeschränkende Wirkung.[330] Mit dem BKartA ist zu betonen, dass auch das zum Schein abgegebene Gebot der Annahme einer Wettbewerbsbeschränkung nicht entgegensteht, unabhängig davon, ob die schützende Firma bei einem anderen Projekt selbst mit einem Schutz rechnen kann.[331] Der Nachweis einer Submissionsabsprache kann häufig nur anhand von Indizien geführt werden.[332] Der durch

---

[325] In der Folge auch LG Braunschweig 28.8.2013 – 9 0 2637/12, WuW/E DE-R 4068 – Kräuterspirituosen; dazu kritisch Bornkamm FS D. Schröder, 2018, 139 (149 f.).

[326] Vgl. im Übrigen zum Streitstand Kirchhoff GRUR 2017, 248 (255); Bornkamm FS D. Schröder, 2018, 139 ff.; vgl. auch Althaus, Markenrechtliche Abgrenzungsvereinbarung, 2010, S. 207 f.; Wolf NZKart 2015, 90 (96 f.); Wolf in MüKoWettbR, 4. Aufl. 2023, Grdl. Rn. 1217; Köther, Die Anwendung des Art. 101 AEUV auf Schutzrechtsvergleiche, 2017, S. 173 f.

[327] Vgl. zB TB 1995/96, 29 ff.; TB 1997/98, 34 ff.; BKartA 20.3.1996, WuW/E BKartA 2871 – Straßenstrich; hierzu auch KG 30.12.1998 – Kart 19/97, WuW/E DE-R 255 – Straßenmarkierung; aus neuerer Zeit siehe etwa BGH 25.7.2012 – 2 StR 154/12, WuW/E DE-R 3691 – Submissionsabsprachen.

[328] Vgl. nur TB 1983/84, 31 (95); TB 1987/88, 27 (88); TB 1995/96, 29 ff.; TB 1997/98, 34 ff.

[329] Siehe die Fallkonstellation in BGH 25.7.2012 – 2 StR 154/12, WuW/E DE-R 3691 – Submissionsabsprachen.

[330] Vgl. schon BGH 23.4.1959 – VII ZR 2/58, WuW/E BGH 313 (317) – Flugplatz.

[331] BKartA 16.6.1977, WuW/E BKartA 1689 (1692) – Heizungs- und Klimaindustrie; s. auch Nordemann in LMR, 2. Aufl. 2009, Rn. 90 mit Hinweis auf BGH 22.7.1999 – KZR 48/97, WuW/E DE-R 349 (351) – Beschränkte Ausschreibung.

[332] KG 29.4.1975 – Kart 38/74, WuW/E OLG 1627 – Mülltonnen; Verfügung der bayerischen LKartB 20.7.1976, WuW/E LKartB 195 – Gleiche Kalkulationsfehler.

eine Submissionsabsprache Beeinträchtigte kann uU Ersatzansprüche nach § 33a GWB geltend machen; zur Strafsanktion schon → Rn. 84.

## V. Ladenschluss- und Öffnungszeiten, Betriebsferien

**117**    Vereinbarungen über Ladenschlusszeiten und Betriebsferien beziehen sich auf das **unmittelbare Marktverhalten** der Beteiligten, so dass Absprachen darüber wettbewerbsbeschränkend sind.[333] Das gilt auch für berufsständische Vereinbarungen über die Geschäftszeiten. So hat das BKartA Absprachen zwischen Apothekern oder Anweisungen der Apothekerkammer, an einem bestimmten Wochentag nachmittags die Apotheke geschlossen zu halten, als Verstoß gegen § 1 GWB angesehen.[334] Ein anderes gilt der Rspr. zufolge, wenn eine tarifrechtliche Regelung des Arbeitszeitendes sich nach Wortlaut und Interessenlage der Arbeitnehmer nicht allein auf die Öffnungszeiten der Verkaufsstelle richtet;[335] vgl. für das Verhältnis zum Tarifrecht → AEUV Art. 101 Abs. 1 Rn. 161 ff.

**118**    Dieses Ergebnis wird nicht dadurch berührt, dass die Regelungen von Ladenschluss und Öffnungszeiten einen **sozialpolitischen Bezug** haben können.[336] Kartellrechtlich ist entscheidend, dass derartige Vereinbarungen die Möglichkeiten der Marktgegenseite zu Geschäftsabschlüssen beeinträchtigen. Der wettbewerbliche Aspekt solcher Absprachen über die Geschäftszeiten ist auch im Lichte arbeitsrechtlicher Normen nicht nur von nachrangiger Bedeutung. Immerhin können Geschäfts- und Arbeitszeitregelungen auch ohne zwischenbetriebliche Vereinbarungen verwirklicht werden. Dies übersehen diejenigen, die eine Interessenabwägung zwischen sozialpolitischen und kartellrechtlichen Komponenten vornehmen wollen. Dabei soll ggf. die Wettbewerbsbeschränkung in Kauf zu nehmen sein.[337]

## I. Kooperationen unter Wettbewerbern

## I. Einkaufskooperation

**Schrifttum:** Burholt/Galaski, Die kartellrechtliche Würdigung von Einkaufsgemeinschaften, WRP 2021, 1133; Christiansen, Gemeinsame Beschaffung und Wettbewerb: Einkaufskooperationen im EG-Kartellrecht, 2003; Dauner, Einkaufsgemeinschaften im Kartellrecht, 1988; Haas, Die rechtliche Ausgestaltung gebündelter Beschaffungsvorgänge der öffentlichen Hand aus organisationsrechtlicher und kartellrechtlicher Sicht, 2008; Kerber, Evolutionäre Marktprozesse und Nachfragemacht, 1989; Keßler, Einkaufskooperationen im Lichte des deutschen und europäischen Kartellrechts, WuW 2002, 1312; Köhler, Wettbewerbsbeschränkungen durch Nachfrager, 1977; Malkus, Einkaufskooperationen und Kartellverbot, 2020; Mischitz, Die Bedeutung von Nachfragemacht für die Beurteilung von Einkaufskooperationen im EG-Kartellrecht, 2008; Ruppelt, Einkaufskooperationen im Europäischen und Deutschen Kartellrecht, Eine Bestandsaufnahme nach Inkrafttreten des 7. GWB-Novelle, 2008; Säcker/Mohr, Die Beurteilung von Einkaufskooperationen gemäß Art. 101 Abs. 1 und Abs. 3 AEUV, WRP 2011, 793; Sprenger, Einkaufsgemeinschaften der öffentlichen Hand, Grenzen der Zulässigkeit, 2001; Vogel, Wettbewerbsrecht und Einkaufsmacht, WuW 1998, 1162; Wecker, Marktbeherrschung, gemeinsamer Einkauf und vertikale Beschränkungen als kartellrechtliche Probleme im deutschen Einzelhandel, 2010; Welling, Neue Formen der Einkaufsbündelungen nach deutschem und europäischem Kartellrecht, 2004; K. Westermann, Einkaufskooperationen der öffentlichen Hand nach der Feuerlöschzüge-Entscheidung des BGH, ZWeR 2003, 481.

**119**    **1. Wettbewerbsbeschränkung.** Die Existenz eines **Nachfragewettbewerbs,** der auch horizontal beschränkbar ist, wird im Grundsatz nicht bestritten. Über die Wirkungen einer

---

[333] So die hM: KG 21.2.1990 – Kart U 4357/89, WuW/E OLG 4531 (4533) – Ladenöffnungszeit; BKartA 31.1.1961, WuW/E BKartA 339 – Sonnabendarbeitszeit; TB 1959, 18; Rehbinder BB 1964, 896; ausführlich Immenga, Grenzen des kartellrechtlichen Ausnahmebereichs Arbeitsmarkt, 1989, S. 25, 39; Bechtold FS Bauer, 2010, 109 ff.; Krauß in Bunte Rn. 277.

[334] TB 1973, 90.

[335] KG 21.2.1990 – Kart U 4357/89, WuW/E OLG 4531 – Ladenöffnungszeit.

[336] S. dazu aus dem Schrifttum bspw. Reichold FS Reuter, 2010, 759 (774 ff.), der einen Bezug von Ladenschlussregelungen etwa zum Arbeitnehmerschutz in der heutigen Zeit infrage stellt.

[337] In diesem Sinne noch Müller-Henneberg in GK, 4. Aufl. 1980, Anm. 107.

Beschränkung dieses Wettbewerbs besteht aber unter Ökonomen keine völlige Einigkeit. Die folgenden Erläuterungen beruhen auf der Prämisse, dass auch Beschränkungen des Nachfragewettbewerbs, etwa durch Nachfragerkartellierung, im Ausgangspunkt dem Kartellverbot unterfallen (vgl. bereits → Rn. 46). Einkaufskooperationen betreffen den Nachfragewettbewerb zwischen ihren Mitgliedern. Die Kooperation ist jedenfalls auf sog. Käufermärkten nicht nur auf die Sicherung der Bedarfsdeckung, sondern auch auf einen Einkauf zu möglichst günstigen Bedingungen gerichtet.[338] Im Laufe der Zeit hat die praktische Bedeutung der **Einkaufskooperationen der öffentlichen Hand** zugenommen.[339] Der gemeinsame Einkauf schränkt den Kreis von Mitnachfragern ein, auf die Anbieter ausweichen können. Ein Wettbewerb von Nachfragern begrenzt demgegenüber den Handlungsspielraum des einzelnen Nachfragers und schützt tendenziell die Marktgegenseite, die Lieferanten. Mit Köhler[340] lässt sich hier von einem leistungserhaltenden Wettbewerb sprechen. Die positiven Funktionen des leistungserhaltenden Wettbewerbs wirken sich einmal auf der Lieferantenseite aus, vorausgesetzt, dass auch auf dieser Stufe Wettbewerb besteht. Insbesondere dient er der Erhaltung leistungsfähiger Unternehmen. Ferner wirkt er der Vermachtung von Märkten entgegen und kann Machtungleichgewichte verhindern.[341]

Die deutsche Rechtsprechung hat Einkaufskooperationen verhältnismäßig enge Grenzen **120** gezogen.[342] Die Diskussion wurde dadurch zusätzlich belebt und auch von der Legislative aufgenommen. Das Ergebnis war eine auf die 5. GWB-Novelle zurückgehende tatbestandlich begrenzte **Freistellung des gemeinsamen Einkaufs** (zunächst § 5c, zuletzt § 4 Abs. 2 GWB aF). Damit war die wettbewerbspolitische Fragestellung beantwortet. Es konnte in der Regel davon ausgegangen werden, dass nicht nach § 4 Abs. 2 GWB aF freigestellte Kooperationen dem Kartellverbot unterfallen.[343] Nach der auf eine Angleichung an das EU-Recht gerichteten 7. GWB-Novelle stellt sich die Frage nach der Tatbestandsmäßigkeit in einem veränderten Licht. Die Unionsgerichte gehen, wie an anderer Stelle (→ Rn. 25) ausgeführt, davon aus, dass eine reine Beschaffungstätigkeit nichtwirtschaftlicher Natur sei und daher den Unternehmensbegriff nicht erfülle. Insbesondere Einkaufszusammenschlüsse der öffentlichen Hand, deren Beschaffungstätigkeit nicht – wie etwa bei Unternehmen der verarbeitenden Industrie oder des Handels – der Vorbereitung einer anbietenden Wirtschaftstätigkeit dienen, wären bei dieser Sichtweise außerhalb des Anwendungsbereiches des Kartellverbots. Gute Gründe sprechen aber dafür, im Zusammenhang des § 1 GWB wie in der Vergangenheit auch bei einer reinen Nachfragetätigkeit von einer wirtschaftlichen Tätigkeit und damit vom Vorliegen der Unternehmenseigenschaft auszugehen (→ Rn. 25 ff.). Auf der Grundlage dieses Ansatzes sind (auch) die Einkaufsgemeinschaften der öffentlichen Hand weiterhin im Anwendungsbereich des Kartellverbots.[344] Die hier gegebene Darstellung einer Anwendbarkeit des § 1 GWB soll sich auf die Grundlinien beschränken.

Die wettbewerbsbeschränkende Wirkung von Einkaufskooperationen wird vorrangig **121** anhand bestehender **Bezugsbindungen** geprüft. Sie beschränken Handlungsfreiheiten der Mitglieder bei der Beschaffung und entscheiden darüber, in welchem Umfang Druck auf

---

[338] Vgl. schon KG 26.2.1986 – 1 Kart 7/85, WuW/E OLG 3737 (3741) – Selex-Tania mwN aus dem Schrifttum.

[339] Vgl. BGH 12.11.2002 – KZR 11/01, BGHZ 152, 347, WuW/E DE-R 1087 (1089) – Ausrüstungsgegenstände für Feuerlöschzüge; OLG Düsseldorf 12.5.1998 – U (Kart) 11/98, WuW/E DE-R 150 – Löschfahrzeuge; OLG Koblenz 5.11.1998 – U 596/98 – Kart, WuW/E Verg 184 – Feuerlöschgeräte; Bunte WuW 1998, 1037 ff. mit zahlreichen Nachweisen.

[340] Köhler, Wettbewerbsbeschränkungen durch Nachfrager, S. 45 f., 156.

[341] Hierzu Köhler, Wettbewerbsbeschränkungen durch Nachfrager, S. 53 f.

[342] Insbesondere KG 26.2.1986 – 1 Kart 7/85, WuW/E OLG 3737 – Selex-Tania; kritisch Bechtold/Bosch Rn. 104.

[343] Vgl. Zimmer in Immenga/Mestmäcker, 3. Aufl. 2001 Rn. 351 und – zu Ausnahmen – 357 ff.

[344] BKartA 28.10.2010 – B 2–47250-Fa-52/10 – Edeka/Trinkgut; vgl. auch Braun in Bunte Nach § 2 Rn. 150; aA Krauß in Bunte Rn. 240.

die Lieferanten ausgeübt werden kann.[345] Das Kartellverbot kann nicht nur dann Anwendung finden, wenn der Einkaufszusammenschluss eine vertragliche Bezugsbindung enthält. Ausreichend ist ein wirtschaftlicher oder **mittelbarer Bezugszwang.** Eine derartige Bindung kann einmal auf Grund der Struktur der Einkaufsgemeinschaft bestehen. Handelt es sich nur um wenige, aber bedeutende Unternehmen, so kann das Ziel, wie ein großer Bezieher behandelt zu werden, nur durch den Verzicht auf individuelle Einkaufsverhandlungen erreicht werden. Ein selbstständiger Bezug würde unter diesen Bedingungen das Gesamtkonzept gefährden. Die Rechtsprechung hat daher in einer derartigen Kooperation eine Wettbewerbsbeschränkung durch mittelbaren Bezugszwang gesehen.[346]

**122**    In der Praxis angewandte **Vertragsklauseln** können ebenfalls zu einem zumindest partiellen Bezugszwang führen. Das gilt etwa für Mindestumsatzklauseln, Kostendeckungsklauseln, Konzentrationsrabatte oder Sortimentsabsprachen.[347] Die hier auftretenden Fragen waren vor der 7. GWB-Novelle insbesondere für die Anwendung des § 4 Abs. 2 GWB aF von Bedeutung, da diese Freistellungsvorschrift das Fehlen eines über den Einzelfall hinausgehenden Bezugszwanges voraussetzte (vgl. die Erläuterungen in der 3. Aufl. zu § 4 GWB).

**123**    Die rechtspolitische Diskussion wurde geprägt durch eine Entscheidung des KG, in der nicht auf eine Bezugsbindung, sondern auf eine Preisfestlegung Bezug genommen wurde, um eine Wettbewerbsbeschränkung anzunehmen.[348] Nach Auffassung des Gerichts wirkte das System der Einkaufsgemeinschaft im Ergebnis wie die **Festlegung eines Höchstpreises durch Nachfrager.** Die Kooperation verhandelte auch für Anschlussunternehmen verbindlich über Einkaufspreise. Das hatte faktisch zum Ergebnis, dass Mitgliedsunternehmen nur dann individuell einkauften oder nachverhandelten, wenn eine Verbesserung gegenüber der Gruppenkondition zu erwarten war.[349] Damit war der Lieferantenseite die Möglichkeit genommen, die von der Gemeinschaft durchgesetzten Bedingungen in Abschlüssen mit der Einkaufskooperation angeschlossenen Unternehmen zu ihren Gunsten zu verändern. In dieser rechtskräftig gewordenen Entscheidung wurde ein generelles **Verdikt** im Sinne einer **Unzulässigkeit von Einkaufskooperationen** gesehen, da es regelmäßig die Aufgabe der Einkaufsgemeinschaft sei, für ihre Mitglieder einen einheitlichen – günstigen – Einkaufspreis auszuhandeln. Zugleich setzte die Diskussion um ein Eingreifen des Gesetzgebers ein.[350]

**124**    Auch der **Beitritt** eines Unternehmens zu einer bestehenden Einkaufsorganisation kann eine Wettbewerbsbeschränkung begründen. Das KG hat in einem Auskunftsverfahren den Anfangsverdacht einer Verletzung des § 1 GWB beim Beitritt eines Großunternehmens des Handels zu einer Delkredere- und Zentralregulierungs-Organisation bejaht.[351] Das Gericht wies unter anderem auf das aktuelle Wettbewerbsverhältnis der Beteiligten beim Warenbezug und auf die Möglichkeit hin, dass die Zusammenarbeit zu einer merklichen zusätzli-

---

[345] Im Einzelnen Kerber, Evolutionäre Marktprozesse und Nachfragemacht, S. 575; vgl. auch Möschel, Recht der Wettbewerbsbeschränkungen, Rn. 196; Nordemann in LMR, 2. Aufl. 2009, § 2 Rn. 93; ausführlich zu den ökonomischen Effekten von Einkaufskooperationen (mit im Ergebnis tendenziell positiver Grundhaltung) Malkus, Einkaufskooperationen und Kartellverbot, 2020, S. 57 ff.; vgl. ferner → Rn. 130 (zu den Leitlinien der Kommission zur Anwendbarkeit von Art. 101 AEUV auf Vereinbarungen über horizontale Zusammenarbeit).
[346] KG 16.6.1982 – Kart 7/82, WuW/E OLG 2745 = WuW 1983, 141 – HFGE; aus neuerer Zeit BGH 12.11.2002 – KZR 11/01, BGHZ 152, 347 = WuW/E DE-R 1087 (1089) – Ausrüstungsgegenstände für Feuerlöschzüge; OLG Celle 13.5.1998 – 13 U (Kart) 260/97, WuW/E Verg. 188 (189) – Feuerwehrbedarfsartikel; OLG Koblenz 5.11.1998 – U 596/98 – Kart, WuW/E Verg. 184 (185) – Feuerlöschgeräte; zu Einkaufsgemeinschaften der öffentlichen Hand → Rn. 25 ff.
[347] Bunte in Bunte, 11. Aufl. 2011, Rn. 162; Nordemann in LMR, 2. Aufl. 2009, § 2 Rn. 94; Wecker, Marktbeherrschung, gemeinsamer Einkauf und vertikale Beschränkungen, S. 97 ff.
[348] KG 26.2.1986 – 1 Kart 7/85, WuW/E OLG 3737 (3742) – Selex-Tania.
[349] Siehe auch BKartA 31.5.2007 – B4–1006/06, WuW/DE-V 1392 (1397) – Altglas; TB 2007/2008, 152 (153); vgl. OLG Düsseldorf 14.6.2007 – VI-Kart 9/07 (V).
[350] Vgl. hierzu unter anderem Wilhelm WuW 1987, 965 f., der allerdings die leistungssteigernde Wirkung von Kooperationen als nicht dem Kartellverbot unterfallend ansieht.
[351] KG 26.1.1983 – Kart 33/82, WuW/E OLG 2961 – REWE.

chen Belastung für die Marktgegenseite führe. Hierin liegt der Hinweis auf einen faktischen Wettbewerbsverzicht. Die Annahme dieser Wirkung liegt nahe, wenn damit zu rechnen ist, dass das Handelsunternehmen regelmäßig von den durch seinen Beitritt zu erzielenden zusätzlichen Einkaufsvorteilen zu Lasten der Lieferanten Gebrauch machen wird.[352] Ein ähnlicher Sachverhalt lag der 2015 vom BGH entschiedenen Sache ‚Dentalartikel‘ zugrunde.[353] Die Einkaufskooperation in Form einer GmbH war ursprünglich als Mittelstandskartell gem. § 4 Abs. 2 GWB aF freigestellt (zur Freistellung sogleich → Rn. 129). Durch den geplanten Beitritt eines neuen Gesellschafters wären die Freistellungsvoraussetzungen jedoch entfallen. Der konkrete Beitritt verstieß gegen § 1 GWB und war somit gem. § 134 BGB nichtig.[354] Eine im Herbst 2018 vom BKartA angekündigte Untersuchung der Nachfragemacht von Einkaufskooperationen auf dem deutschen Möbelmarkt, die durch den intendierten Beitritt eines Möbelhändlers zu einer bereits bestehenden großen Möbeleinkaufskooperation veranlasst worden war, wurde nach Aufgabe des Beitrittsvorhabens hingegen eingestellt.[355]

In jüngerer Vergangenheit standen insbesondere Einkaufskooperationen im Lebensmittel-  **125** einzelhandel im Fokus des BKartA. Die Sektoruntersuchung im Lebensmitteleinzelhandel 2014 zeigt unter anderem, dass heutige Einkaufskooperationen in der Regel langfristig angelegt, strukturell beispielsweise durch Minderheitsbeteiligungen abgesichert sind und inhaltlich über eine bloße Nachfragebündelung hinausgehen.[356] Kooperationsvereinbarungen sehen häufig eine Verhandlungsführung ausschließlich durch den großen Partner vor. Der kleine Partner tritt zugunsten einer Zentralregulierung in den Hintergrund. Ferner finden sich Klauseln, die auf Sortimentsangleichungen gerichtet sind, sowie solche, die den kleinen Partner verpflichten, die Eigenmarken des großen Partners einschließlich Preisvorgaben zu übernehmen.[357] Das BKartA kommt schließlich zu dem Ergebnis, dass der primäre Anreiz für den großen Partner darin bestehe, „sich einen langfristigen und umfassenden Zugriff auf einen der wenigen verbleibenden kleineren Wettbewerber zu sichern".[358] Hauptanreiz des kleinen Partners sei neben der Erzielung besserer Konditionen insbesondere Schutz vor Wettbewerb durch den größeren Wettbewerber. Zugleich ergab die Untersuchung des BKartA jedoch, dass nicht alle Konditionenvorteile unmittelbar an den kleinen Partner weitergegeben würden.[359]

**2. Grenzen des Kartellverbots.** Einkaufsgemeinschaften können im Einzelfall eine  **126** **Teilnahme am Leistungsaustausch erst ermöglichen.** So kann es ohne die Kooperation für den einzelnen Händler an einer Bezugsmöglichkeit fehlen. Unter dieser Voraussetzung sind die Nachfrager keine Wettbewerber. Vielmehr führt die Zusammenfassung der Nachfrage erst zu einem neuen Teilnehmer am Markt. Diese Überlegung – der sog. Arbeitsgemeinschaftsgedanke (hierzu → Rn. 59 ff., 139 ff.) – ist auch für Einkaufskooperationen weitgehend anerkannt.[360] Allerdings bedarf es sorgfältiger Prüfung, ob die Voraussetzungen im Einzelfall vorliegen.[361]

---

[352] Monopolkommission Sondergutachten 14 Rn. 85.
[353] BGH 27.1.2015 – KZR 90/13, WuW/E DE-R 4649 – Dentalartikel.
[354] Im Fokus der Entscheidung stand die bereicherungsrechtliche Rückabwicklung eines fehlgeschlagenen Gesellschaftsbeitritts sowie die Frage nach der Anwendbarkeit des § 16 Abs. 1 GmbHG aF, vgl. BGH 27.1.2015 – KZR 90/13, WuW/E DE-R 4649 Rn. 15 ff. – Dentalartikel.
[355] BKartA 18.10.2019 – Fallbericht – B1-229/18.
[356] BKartA Sektoruntersuchung Lebensmitteleinzelhandel, Darstellung und Analyse der Strukturen und des Beschaffungsverhaltens auf den Märkten des Lebensmitteleinzelhandels in Deutschland, Bericht gemäß § 32e GWB, September 2014, S. 40.
[357] BKartA Sektoruntersuchung Lebensmitteleinzelhandel S. 40 (Fn. 356).
[358] BKartA Sektoruntersuchung Lebensmitteleinzelhandel S. 42 (Fn. 356).
[359] BKartA Sektoruntersuchung Lebensmitteleinzelhandel S. 42 (Fn. 356).
[360] Monopolkommission Sondergutachten 14 Rn. 81; Köhler, Wettbewerbsbeschränkungen durch Nachfrager, S. 151 f.; Möschel, Recht der Wettbewerbsbeschränkungen, Rn. 197; Krauß in Bunte Rn. 245; Maritzen in Kölner Komm KartellR Rn. 451.
[361] So richtig KG 26.2.1986 – 1 Kart 7/85, WuW/E OLG 3737 (3745) – Selex-Tania.

**127**   Eine Anwendung des Kartellverbots dürfte auch dann ausscheiden, wenn – insbes. bei einer großen Zahl von Mitgliedern der Einkaufsgemeinschaft – **andere Bezugsmöglichkeiten** offen stehen. Wird durch selbstständige Einkäufe bei anderen Lieferanten die gemeinsame Kooperation nicht gefährdet, so werden die angeschlossenen Händler möglicherweise nur einen Teil des über den Zusammenschluss angebotenen Sortiments beziehen. Unter diesem Gesichtspunkt hat es das BKartA für gerechtfertigt gehalten, nicht gegen die genossenschaftlichen Zusammenschlüsse EDEKA und REWE vorzugehen. Das wurde im Ergebnis vom KG anerkannt.[362]

**128**   Bei den auf der Großhandelsstufe tätigen zentralisierten Handelsgenossenschaften ist es denkbar, dass der Beitritt eines Einzelhandelsunternehmens allein im Hinblick auf die **Großhandelsleistung** (Einkaufspotential, Service, Werbung etc.), nicht mit Blick auf eine Stärkung der Nachfragemacht erfolgt. Orientieren sich die Einzelhändler in dieser Weise an individuellen Nutzenüberlegungen und geben dem günstigeren Angebot den Vorzug, so handeln sie in Übereinstimmung mit dem Wettbewerbsprinzip.[363] Die Geschäftsbeziehung beruht dann auf einer wirtschaftlichen Grundlage, die dem Verhältnis des Einzelhändlers zu einem Großhändler vergleichbar ist, der mit ihm nicht genossenschafts- oder gesellschaftsrechtlich verbunden ist, aber gleichwohl dauernde Lieferbeziehungen auf Grund seiner Leistung herzustellen weiß.[364]

**129**   Eine **Freistellung** vom Kartellverbot kommt nicht nur bei Vorliegen der allgemeinen Freistellungsvoraussetzungen des Art. 101 Abs. 3 AEUV, § 2 GWB in Betracht, sondern – speziell bei Kooperationen kleiner und mittlerer Unternehmen – auch unter den besonderen Voraussetzungen des § 3 GWB. Die wettbewerbspolitisch umstrittene zusätzliche Sonderbehandlung gerade von Einkaufsgemeinschaften kleiner und mittlerer Unternehmen unter dem Gesichtspunkt der horizontalen Gegenmachtbildung[365] findet nach der mit der 7. GWB-Novelle erfolgten Streichung des § 4 Abs. 2 GWB aF im Gesetz keine Grundlage mehr. Allerdings beschränkte sich diese Sonderbehandlung (gerade) von Einkaufsgemeinschaften kleiner und mittlerer Unternehmen auf die verfahrensrechtliche Anordnung einer Freistellung, die in ihrer Wirksamkeit nicht von einer Anmeldung der Abrede abhängig war.[366] Mit der im Zuge der 7. GWB-Novelle erfolgten Einführung des Prinzips der Legalausnahme ist dieses Konzept auf alle Fälle einer Freistellung nach §§ 2 und 3 GWB erstreckt worden, so dass es einer besonderen Anordnung für Einkaufskooperationen kleiner und mittlerer Unternehmen nicht mehr bedarf.

**130**   Die EU-Kommission hat in ihren – nicht mit Rechtsnormqualität versehenen – **Leitlinien zur Anwendbarkeit von Art. 101 AEUV auf Vereinbarungen über horizontale Zusammenarbeit** detaillierte Vorstellungen über die Behandlung von Einkaufsgemeinschaften geäußert.[367] Wesentliche Beurteilungskriterien sollen den Leitlinien zufolge die Nachfragemacht der Kooperationspartner sowie die Wahrscheinlichkeit sein, dass im

---

[362] KG 16.6.1982 – Kart 7/82, WuW/E OLG 2745 (2752) = WuW 1983, 141 – HFGE; vgl. auch Monopolkommission Sondergutachten 14 Rn. 81.

[363] Köhler, Wettbewerbsbeschränkungen durch Nachfrager, S. 170; vgl. auch Mitteilung der Kommission: Leitlinien über horizontale Zusammenarbeit, ABl. 2023 C 259, 1 Rn. 305 (im Zusammenhang der Freistellungsvoraussetzungen des Art. 101 Abs. 3 AEUV).

[364] OLG Stuttgart 27.6.1980 – 2 U (Kart) 130/79, WuW/E OLG 2352 (2354); Steindorff, Sind Handelsgenossenschaften Kartelle?, S. 58 f.; vgl. auch Weller DB 1979, 729 f.

[365] Hierzu und zur Kritik Immenga in Immenga/Mestmäcker, 3. Aufl. 2001 → GWB § 4 Rn. 86–93. Vgl. auch EuGH 15.12.1994 – C-250/92, ECLI:EU:C:1994:413 Rn. 31 – Gøttrup-Klim/DLG, siehe auch Bechtold/Bosch Rn. 104; zum EU-Recht auch → AEUV Art. 101 Abs. 1 Rn. 234.

[366] Vgl. Immenga in Immenga/Mestmäcker, 3. Aufl. 2001, Rn. 73.

[367] Leitlinien zur Anwendbarkeit von Art. 101 des Vertrags über die Arbeitsweise der Europäischen Union auf Vereinbarungen über horizontale Zusammenarbeit, ABl. 2023 C 259, 1 Rn. 273 ff.; Säcker/Mohr WRP 2011, 793; Keßler WuW 2002, 1162; vgl. auch Welling, Neue Formen der Einkaufsbündelung nach deutschem und europäischem Kartellrecht, 2004; kritische Auseinandersetzung mit den Horizontalleitlinien (in der Vorgängerversion aus dem Jahr 2011) einerseits bei Malkus, Einkaufskooperationen und Kartellverbot, 2020, S. 241 ff., 388 ff., der eine Horizontal-GVO für Einkaufskooperationen vorschlägt, sowie andererseits bei Westrup WuW 2020, 1.

Einkauf erzielte Vorteile an eine nächste Marktstufe – die Kunden der einkaufenden Unternehmen – weitergegeben werden. Die Leitlinien erklären es für unwahrscheinlich, dass ein bedenklicher Grad an Marktmacht besteht, wenn die an der Vereinbarung Beteiligten einen gemeinsamen Marktanteil von weniger als 15 % sowohl auf den Einkaufs- als auch auf den Verkaufsmärkten innehaben.[368] Jedenfalls erscheine es bei derart geringen Marktanteilen wahrscheinlich, dass die Voraussetzungen einer Freistellung nach Art. 101 Abs. 3 AEUV gegeben seien.[369] Bei einer Überschreitung des genannten Marktanteilswertes der Beteiligten beim Ein- und/oder Verkauf sei eine eingehendere Analyse erforderlich, die auch die allgemeine Marktkonzentration, Gewinnspannen, Wettbewerbsintensität, die betroffene Produktart sowie eine mögliche Gegenmacht starker Lieferanten in Bezug nehme.[370] Auf die Leitlinien der Kommission hat sich in jüngerer Zeit auch das OLG Frankfurt bei der Würdigung einer Einkaufskooperation zur Beauftragung von Rechenzentrumsdienstleistungen gestützt, im Rahmen derer das Gericht etwaige Auswirkungen der Kooperation sowohl hinsichtlich der gebündelten Nachfragemacht als auch für die nachgelagerten Märkte prüfte und im Ergebnis mangels Spürbarkeit eine Wettbewerbsbeschränkung verneinte.[371] Bemerkenswert erscheint im Hinblick auf die Leitlinien der Kommission, dass sie bei der Beurteilung der Freistellungsfähigkeit von Einkaufskooperationen mögliche wirtschaftliche Vorteile wie Größenvorteile bei Bestellung oder Transport herausstellen und selbst einen Bezugszwang – in Abweichung von einem herkömmlichen Verständnis des Kartellverbots (vgl. soeben → Rn. 121) – nicht für a priori freistellungsschädlich erklären.[372] Nach der Rechtsprechung des EuGH ist von einer Unzulässigkeit der Festsetzung von Bezugspflichten jedenfalls dann auszugehen, wenn die Einkaufsgemeinschaft einen Großteil der insgesamt vorhandenen Abnehmer zu ihren Mitgliedern zählt und diese ihren gesamten Bedarf bei ihr decken müssen.[373]

## II. Verkaufskooperation

Bei der Beurteilung einer zwischen Wettbewerbern zustande gekommenen Verkaufs- **131** kooperation ist maßgebend, ob sich aus dem Gesamtzusammenhang aller Vertragsbestimmungen unter Berücksichtigung der besonderen Umstände des jeweiligen Falles ergibt, dass die an der Kooperation beteiligten Unternehmen sich in ihrem Wettbewerbsverhalten, insbesondere beim Absatz oder bei der Preis- und Konditionengestaltung, beschränken. Wettbewerbsbeschränkend in diesem Sinne ist beispielsweise die Vereinbarung eines Verkaufs zu einheitlichen Ab-Werk-Preisen. Die Koppelung einer Tarifkooperation mit einer Vertriebskooperation durch ein marktbeherrschendes Unternehmen kann ferner einen Verstoß gegen § 19 GWB darstellen.[374] Von einer wettbewerbsbeschränkenden Wirkung ist insbesondere auch dann auszugehen, wenn die Kooperationspartner auf einen eigen-

---

[368] Leitlinien zur Anwendbarkeit von Art. 101 des Vertrags über die Arbeitsweise der Europäischen Union auf Vereinbarungen über horizontale Zusammenarbeit Rn. 291 (Fn. 367); vgl. zur großzügigeren Handhabung der 15 %-Grenze auf zu Versorgungszwecken gegründete Kooperationen im Zuge der Covid-19-Pandemie Burholt/Galaski WRP 2021, 1133 (1136).

[369] Leitlinien zur Anwendbarkeit von Art. 101 des Vertrags über die Arbeitsweise der Europäischen Union auf Vereinbarungen über horizontale Zusammenarbeit Rn. 291 (Fn. 367).

[370] Leitlinien zur Anwendbarkeit von Art. 101 des Vertrags über die Arbeitsweise der Europäischen Union auf Vereinbarungen über horizontale Zusammenarbeit Rn. 292 (Fn. 367).

[371] OLG Frankfurt 5.6.2018 – 11 U 16/17, NZKart 2019, 230 (231) – Telefonbuchverlage.

[372] Leitlinien zur Anwendbarkeit von Art. 101 des Vertrags über die Arbeitsweise der Europäischen Union auf Vereinbarungen über horizontale Zusammenarbeit Rn. 305 (Fn. 367).

[373] EuGH 25.3.1981 – 61/80, ECLI:EU:C:1981:75 – Coöperative Stremsel en Kleurselfabriek; im Ganzen zum EU-Recht → AEUV Art. 101 Abs. 1 Rn. 234 ff.

[374] BKartA 24.5.2016 – B 9–136/13 Rn. 32 f. In diesem Fall hatte die Deutsche Bahn AG ihre aus § 12 AEG folgende Tarifkooperationspflicht in der Umsetzung an umfassende, verpflichtende Vertriebskooperationen gekoppelt. Nach Auffassung des BKartA waren die Vertriebskooperationsverträge inhaltlich zu weitgehend, konnten nur aufgrund der marktbeherrschenden Stellung der Deutsche Bahn AG durchgesetzt werden und dienten der Absicherung ebendieser Marktposition. Zugleich ließe die konkrete Gestaltung der Vertriebskooperation Anreize für einen individuellen Vertrieb entfallen. Zu dieser Entscheidung siehe auch

ständigen, außerhalb der Gemeinschaft erfolgenden Absatz verzichten.[375] Ein solcher Effekt ist nicht nur bei Vereinbarung einer sog. Andienungspflicht (Pflicht, der Verkaufsgemeinschaft die eigenen Produkte anzudienen),[376] sondern je nach Lage des Falles auch bei anderen Vertragsgestaltungen anzunehmen.[377] So kann insbesondere die Vereinbarung einer Meistbegünstigung eine faktische Konzentration des Absatzes auf die gemeinsame Verkaufsstelle bewirken: Hat die Verkaufsstelle ihren Mitgliedern jeweils den günstigsten Preis zu gewähren, den sie anderen Mitgliedern einräumt, so ist vom Fehlen eines Anreizes der Mitglieder zu eigenständigen Absatzanstrengungen auszugehen, da sie gleichmäßig von der durch die Bündelung bewirkten Angebotskonzentration profitieren.[378] Das BKartA hat von Mindestbezugspflichten der Verkaufsstelle gegenüber ihren Abnehmern auf eine indirekte Andienungspflicht geschlossen.[379] Die Ausschließlichkeit des Vertriebs über die Verkaufsstelle kann sich auch aus vertraglich festgelegten Wettbewerbsverboten für die Gesellschafter ergeben, die im Fall einer Verkaufsgemeinschaft nicht aus Immanenzgesichtspunkten (hierzu → Rn. 57 f.) dem Kartellverbot entzogen sind.[380]

**132**     In seiner Rundholz-Entscheidung von 2015 sah das BKartA einen Kartellverstoß in der vom Land Baden-Württemberg, beteiligten Kommunen und privaten Waldbesitzern praktizierten Rundholzvermarktungskooperation.[381] Nach Auffassung des BKartA lag die Wettbewerbsbeschränkung primär im zentralisierten, gebündelten Holzverkauf. Das Regierungspräsidium Tübingen handelte sämtliche Preise und Konditionen mit den abnehmenden Sägewerken aus.[382] Eine selbständige Wettbewerbsbeschränkung sah das BKartA darüber hinaus in der Übernahme von Nebendienstleistungen der Holzvermarktung durch das Land Baden-Württemberg, beispielsweise den Revierdienst oder Tätigkeiten in der Holzernte, durch die das Land faktisch die gesamte Verantwortung für die Waldbewirtschaftung des Bundeslandes erlangte und damit Einfluss auf Sortiment und Angebotsmenge ausüben konnte.[383] Dabei begegnet der mit dieser Praxis verbundene Informationsaustausch über Sortiment, Mengen und Preise bereits für sich genommen kartellrechtlichen Bedenken.[384] Letztlich hob der BGH die den Beschluss des BKartA weitestgehend bestätigende Entscheidung des OLG Düsseldorf teilweise auf. Der Aufhebungsbeschluss des BGH beruhte jedoch nicht auf rechtlichen Erwägungen zu § 1 GWB, sondern darauf, dass die Voraussetzungen einer Wiederaufnahme des Verfahrens durch das BKartA gemäß § 32b Abs. 2 Nr. 1 GWB nicht vorlagen.[385]

---

das Sondergutachten der Monopolkommission gemäß § 78 Abs. 1 des Eisenbahnregulierungsgesetzes, Bahn 2017: Wettbewerbspolitische Baustellen, BT-Drs. 18/13290, 4 ff.

[375] BGH 1.12.1981 – KRB 5/79, BGHZ 82, 332 (1. Ls.) = WuW/E BGH 1901 – Baustoffhändler (für ein Wettbewerbsverbot); aus jüngerer Zeit vgl. OLG Düsseldorf 30.3.2016 – VI-U (Kart) 10/15, NJOZ 2016, 1161 Rn. 36; ferner Krauß in Bunte Rn. 250.

[376] Hierzu Krauß in Bunte Rn. 250.

[377] Vgl. Bechtold/Bosch Rn. 108; Kling/Thomas § 19 Rn. 98 f.; Mestmäcker/Schweitzer EuWettbR § 12 Rn. 61.

[378] BKartA TB 1973, 77; hierzu auch BGH 19.6.1975 – KVR 2/74, BGHZ 65, 30 = WuW/E BGH 1367 – Zementverkaufsstelle Niedersachsen.

[379] BKartA TB 1969, 54 ff.

[380] BGH 1.12.1981 – KRB 5/79, BGHZ 82, 332 (1. Ls.) = WuW/E BGH 1901 (1903) – Baustoffhändler; KG 24.10.1979 – Kart 24/78, WuW/E OLG 2259 (2262) – Siegerländer Transportbeton.

[381] BKartA 9.7.2015 – B1–72/12 – Rundholzvermarktung unter Aufhebung seiner vorherigen Verpflichtungszusagenentscheidung in derselben Angelegenheit vom 9.12.2008 – B2–90/01–4; die neue Entscheidung des BKartA wurde im Wesentlichen bestätigt durch OLG Düsseldorf 15.3.2017 – VI-Kart 10/15 (V), WuW 2017, 338 Rn. 170 ff. – Rundholzvermarktung.

[382] BKartA 9.7.2015 – B1–72/12 Rn. 370 f. – Rundholzvermarktung.

[383] BKartA 9.7.2015 – B1–72/12 Rn. 372 ff. – Rundholzvermarktung; bestätigt durch OLG Düsseldorf 15.3.2017 – VI-Kart 10/15 (V), WuW 2017, 338 Rn. 173, 182 ff. – Rundholzvermarktung.

[384] BKartA 9.7.2015 – B1–72/12 Rn. 376 – Rundholzvermarktung; bestätigt durch OLG Düsseldorf 15.3.2017 – VI-Kart 10/15 (V), WuW 2017, 338 Rn. 181 – Rundholzvermarktung.

[385] Bereits im Jahr 2008 hatte sich das BKartA mit dem betreffenden Rundholzkartell befasst und eine Verpflichtungszusagenentscheidung getroffen, vgl. BKartA 9.12.2008 – B2–90/01–4. Anschließend erlangte das BKartA Kenntnis von weiteren Umständen und nahm das Verfahren wieder auf. Der BGH entschied nun, dass eine nachträgliche Änderung der tatsächlichen Verhältnisse iSd § 32b Abs. 2 Nr. 1 GWB nicht anzuneh-

Bestehen in Bezug auf das sonstige Marktverhalten Verhaltensabstimmungen zwischen **133** den Herstellern, so kann dies einen Verstoß gegen § 1 GWB begründen. Das bloße Bestehen einer **Vertriebsstelle** vermag eine so weitreichende Schlussfolgerung aber nicht zu rechtfertigen. Im Einzelfall wird als erheblich anzusehen sein, inwieweit Direktgeschäfte der kooperierenden Unternehmen beeinflusst werden und wie die Auftragsverteilung vorgenommen wird. Bestehen Meldepflichten, zentrale Rechnungserstellung und Inkasso, so kann dies für eine Absatzkonzentration über die Verkaufsstelle und damit für einen Verstoß gegen das Kartellverbot sprechen.[386] Ist allerdings allein die Frachtabrechnung und das Inkasso auf ein gemeinsames Dienstleistungsunternehmen übertragen, verstößt dies nicht gegen § 1 GWB.[387]

Die Existenz einer gemeinsamen Vertriebsstelle kann im Einzelfall den Schluss auf eine **134** damit verbundene Quotenvereinbarung nahelegen. Maßgebend ist die Erwägung, dass die Verträge über den gemeinsamen Vertrieb für die Gesellschafter sonst **wirtschaftlich sinnlos** wären.[388] Die Folgerung beruht auf der Annahme, dass anderenfalls die ihrer Natur nach gegenläufigen Absatzinteressen nicht ausgeglichen werden könnten. Etwas anderes kann gelten, wenn die gemeinsame Vertriebsgesellschaft trotz der ihr erteilten Vollmacht zum Abschluss von Lieferverträgen keinen nennenswerten Einfluss auf die Kapazitätsauslastung der Gesellschafter nehmen kann, etwa weil die Wahl des Lieferanten von Präferenzen der Käufer abhängt. Der Maßgeblichkeit von Kundenwünschen steht es jedoch entgegen, wenn die Vertriebsgesellschaft selbstständig durch die Gewährung von Sonderrabatten auf das Zustandekommen von Lieferverträgen mit den jeweils von ihr bestimmten Gesellschaftern hinwirken kann.[389]

Das BKartA hat aus einer **starren Kapitalbeteiligung** an einer vermittelnden Vertriebs- **135** gesellschaft auf eine Festschreibung der Wettbewerbsverhältnisse geschlossen, insbesondere da eine Erhöhung der Kommanditbeteiligung für den einzelnen Gesellschafter vertraglich ausnahmsweise möglich war, wenn er zusätzliche Verkaufsmengen durch Verkauf außerhalb des Vertragsgebietes in die Gesellschaft einbrachte.[390] In der bestätigenden Beschwerdeentscheidung betonte das KG die Übertragung der Vertriebsverhältnisse auf die Agentur sowie die gemeinsame Verkaufsförderung.[391]

Die **Leitlinien der EU-Kommission zur Anwendbarkeit von Art. 101 AEUV auf** **136** **Vereinbarungen über horizontale Zusammenarbeit**[392] enthalten einen eigenen Abschnitt über die Zusammenarbeit bei Verkauf, Vertrieb und Produktförderung. Sind die Kooperationspartner Konkurrenten, so möchte die Kommission bei der Beurteilung wesentlich auf ihren gemeinsamen Marktanteil abstellen. Das Bestehen von – bedenklicher – Marktmacht soll unwahrscheinlich sein, wenn die Partner einen gemeinsamen Marktanteil von weniger als 15 % innehaben. Auf jeden Fall soll es bei einem so geringen gemeinsamen Marktanteil wahrscheinlich sein, dass die Voraussetzungen einer Freistellung nach Art. 101 Abs. 3 AEUV erfüllt sind.[393] Beträgt der gemeinsame Marktanteil mehr als 15 %, so soll eine Beurteilung anhand der „wahrscheinlichen Auswirkungen der gemeinsamen Vermark-

---

men ist, wenn die relevanten Umstände bereits im Entscheidungszeitpunkt vorlagen. Vielmehr verlange die Norm eine Änderung der objektiven Umstände nach dem Zeitpunkt der Entscheidung, vgl. BGH 12.6.2018 – KVR 38/17, WuW 2018, 468 Rn. 23 f. – Holzvermarktung Baden-Württemberg.

[386] Vgl. schon BKartA TB 1972, 19 (55); Benisch Kooperationsfibel S. 321.

[387] KG 27.1.1981 – Kart 30/79, WuW/E OLG 2429 (2432) – Zementverkaufsstelle Niedersachsen II.

[388] So schon BKartA 5.11.1979 – B1-253100-A-182/78, WuW/E BKartA 1809 – Zementverkaufsstelle Niedersachsen II; Krauß in Bunte Rn. 250.

[389] Nach Erledigung der Hauptsache in der Kostenentscheidung bestätigt durch KG 27.1.1981 – Kart 30/79, WuW/E OLG 2429 (2431) – Zementverkaufsstelle Niedersachsen II.

[390] BKartA 21.9.1978 – B6-253600-U-184/77, WuW/E BKartA 1771 (1778) – Transportbeton-Vertrieb.

[391] KG 24.10.1979 – Kart 24/78, WuW/E OLG 2259 (2262) – Siegerländer Transportbeton.

[392] Leitlinien zur Anwendbarkeit von Art. 101 des Vertrags über die Arbeitsweise der Europäischen Union auf Vereinbarungen über horizontale Zusammenarbeit (Fn. 367).

[393] Leitlinien zur Anwendbarkeit von Art. 101 des Vertrags über die Arbeitsweise der Europäischen Union auf Vereinbarungen über horizontale Zusammenarbeit Rn. 339 (Fn. 367).

tungsvereinbarung" erfolgen. Dabei hält die Kommission neben der Marktmacht der Parteien und den Merkmalen des relevanten Marktes insbesondere die nähere Ausgestaltung der Vereinbarung für wesentlich.[394] Aus den Horizontalleitlinien geht ferner hervor, dass Vertriebskooperationen insbesondere in Form eines Vollfunktionsgemeinschaftsunternehmens kritisch zu beurteilen sind, da der gemeinsame Vertrieb typischerweise eine Abstimmung auch hinsichtlich der Preise erfordere (zu den Gemeinschaftsunternehmen näher → Rn. 172 ff.).[395] Im Übrigen geben die Leitlinien Hinweise zur Abgrenzung von Horizontal- und Vertikalvereinbarungen und damit zu der Frage, in welchen Fällen nach Ansicht der Kommission von einer Freistellung von Vermarktungsvereinbarungen unter der Gruppenfreistellungsverordnung über vertikale Vereinbarungen (VO (EU) 2022/720) auszugehen ist.[396]

### III. Produktions- und Spezialisierungsvereinbarungen

137     Produktions- und Spezialisierungsvereinbarungen kann wettbewerbsbeschränkende Wirkung zukommen. Hiervon kann insbesondere auszugehen sein, wenn die Vertragspartner sich durch Vereinbarung einer gemeinsamen Produktion (auch der gemeinsamen Nutzung von Produktionsmitteln) in ihrem selbstständigen Wettbewerbsverhalten beschränken.[397] Entsprechendes gilt, wenn Partner einer Spezialisierungsabrede davon Abstand nehmen, ein bestimmtes Produkt zu erzeugen oder zu vermarkten.[398] Allerdings hat die Anwendungspraxis – insbesondere diejenige zum Unionsrecht – inzwischen eine großzügigere Praxis zu Kooperationen entwickelt. So führte das EuG im Fall „European Night Services", der eine Kooperation von Eisenbahnunternehmen zur gemeinsamen Erbringung von Verkehrsdienstleistungen zum Gegenstand hatte, aus, in Abwesenheit besonderer Vereinbarungen, die eine offenkundige Beschränkung des Wettbewerbs umfassten (wie Preisfestsetzungen, Marktaufteilungen und eine „Kontrolle des Absatzes"), bedürfe die Kooperation einer **eingehenden Wirkungsanalyse** (vgl. zur Unterscheidung von bezweckten und bewirkten Wettbewerbsbeschränkungen schon → Rn. 47). Hierbei seien der wirtschaftliche und rechtliche Kontext, in dem die betroffenen Unternehmen tätig seien, die Art des Erzeugnisses (hier: der zu erbringenden Dienstleistungen) sowie die tatsächlichen Bedingungen der Funktion und der Struktur des relevanten Marktes in Rechnung zu stellen.[399] Das Gericht hielt es im zu beurteilenden Fall nicht für erwiesen, dass eine selbstständige kooperationsfreie Erbringung der Dienstleistungen (Nachttransporte durch den Kanaltunnel von und nach Großbritannien) durch mindestens eines der beteiligten Unternehmen nahelag; es verwarf daher die Annahme einer wettbewerbsbeschränkenden Wirkung.[400] Der vom EuG entschiedene Fall gibt Anlass für den Hinweis, dass Produktions- und Spezialisierungsvereinbarungen einen wichtigen Anwendungsbereich (auch) für den sog. **Arbeitsgemeinschaftsgedanken** bilden können. Wären die Kooperationsteilnehmer jeweils für sich nicht zur Erbringung der

---

[394] Leitlinien zur Anwendbarkeit von Art. 101 des Vertrags über die Arbeitsweise der Europäischen Union auf Vereinbarungen über horizontale Zusammenarbeit Rn. 340, 333 ff. (Fn. 367); vgl. zu Einzelheiten auch → AEUV Art. 101 Abs. 1 Rn. 240 ff.

[395] Leitlinien zur Anwendbarkeit von Art. 101 des Vertrags über die Arbeitsweise der Europäischen Union auf Vereinbarungen über horizontale Zusammenarbeit Rn. 329 f. (Fn. 367); vgl. dazu auch BKartA 21.12.2015 – B3–93/15 Rn. 29 ff.

[396] Leitlinien zur Anwendbarkeit von Art. 101 des Vertrags über die Arbeitsweise der Europäischen Union auf Vereinbarungen über horizontale Zusammenarbeit Rn. 318 (Fn. 367).

[397] Vgl. aus der Praxis der Kommission zB Komm. 23.12.1992 – IV/33.814, ABl. 1993 L 20, 14 Rn. 19 f. – Ford/Volkswagen; Komm. 27.7.1994 – IV/34.518, ABl. 1994 L 224, 28 Rn. 30 – ACI; vgl. aus der jüngeren Praxis des BKartA zB BKartA 21.12.2015 – B3–93/15, WuW 2016, 263 Rn. 27 ff.; zum Ganzen auch Krauß in Bunte Rn. 246 f.; Braun in Bunte Nach § 2 Rn. 123 ff.

[398] Vgl. aus der Praxis der Kommission zB Komm. 13.7.1983 – IV/30.437, ABl. 1983 L 224, 19 – Rockwell/IVECO; Komm. 5.12.1983 – IV/29.329, ABl. 1983 L 376, 11 – Volkswagen/MAN.

[399] EuG 15.9.1998 – verb. Rs. T-374/94 ua, ECLI:EU:T:1998:198 Rn. 136 – European Night Services (im Anschluss an EuGH 28.2.1991 – C-234/89, ECLI:EU:C:1991:91 – Delimitis; hierzu auch → AEUV Art. 101 Abs. 1 Rn. 133 f., im Zusammenhang des Merkmals der bewirkten Wettbewerbsbeschränkung).

[400] EuG 15.9.1998 – verb. Rs. T-374/94 ua, ECLI:EU:T:1998:198 Rn. 146 – European Night Services.

Leistung imstande oder wäre eine alleinige Leistungserbringung durch einen von ihnen kaufmännisch unvernünftig, so steht dies der Annahme einer wettbewerbsbeschränkenden Wirkung entgegen (hierzu schon → Rn. 59 ff. und sogleich → Rn. 139 ff.).[401]

Für Spezialisierungsvereinbarungen sieht die Gruppenfreistellungsverordnung (EU) **138** 2023/1067 unter gewissen Voraussetzungen eine **Freistellung vom Kartellverbot** vor.[402] Voraussetzung der Freistellung – die bei Vorliegen sog. Kernbeschränkungen (Preisfestsetzungen, Markt- oder Kundenaufteilungen, Produktions- oder Absatzbeschränkungen) nicht eingreift[403] – ist, dass die Summe der Marktanteile der beteiligten Unternehmen im relevanten Markt 20 % nicht überschreitet.[404] Im Hinblick auf Produktionsvereinbarungen, die nicht der Gruppenfreistellungsverordnung für Spezialisierungsvereinbarungen unterfallen, hat die Kommission in ihren Leitlinien über horizontale Zusammenarbeit[405] Maßstäbe für eine Beurteilung im Einzelfall veröffentlicht, die denen der genannten Gruppenfreistellungsvereinbarung entsprechen; insbesondere soll den Leitlinien zufolge auch hier – bei Fehlen sog. Kernbeschränkungen – grundsätzlich erst bei einem gemeinsamen Marktanteil der Beteiligten von über 20 % ein Anlass für eine genauere Untersuchung der Marktwirkungen bestehen.[406]

## IV. Arbeits- und Bietergemeinschaften

**Schrifttum:** Beninca/Gebauer, Die kartellrechtliche Zulässigkeit von Arbeitsgemeinschaften, WuW 2018, 451; Gabriel, Bietergemeinschaftsbildung unter Prüfungsvorbehalt: Strengere kartellrechtliche Zulässigkeitsvoraussetzungen qua neuer Rechtsprechungstendenz, VergabeR 2012, 555; Immenga, Bietergemeinschaften im Kartellrecht – ein Problem potentiellen Wettbewerbs, DB 1984, 385; Jäger/Graef, Bildung von Bietergemeinschaften durch konkurrierende Unternehmen, NZBau 2012, 213; Koenig/Kühling/Müller, Marktfähigkeit, Arbeitsgemeinschaften und das Kartellverbot, WuW 2005, 126; Lutz, Die Arbeitsgemeinschaft und das Gesetz gegen Wettbewerbsbeschränkungen, NJW 1960, 1833; Maasch, Die Zulässigkeit von Bietergemeinschaften, ZHR 150 (1986) 657; Schulte/Voll, Das Bietergemeinschaftskartell im Vergaberecht – Drum prüfe, wer sich (ewig) bindet, ZfBR 2013, 223.

Im Rahmen kartellrechtlicher Betrachtungen wird die Arbeitsgemeinschaft als **Konsor-** **139** **tial- und Auftragsgemeinschaft** verstanden. Sie entsteht durch die vertragliche Vereinbarung mehrerer Unternehmen mit der Verpflichtung, gegenüber einem Dritten – dem Auftraggeber – gemeinsam eine bestimmte Leistung zu erbringen. Die eingegangenen Verpflichtungen derartiger Leistungsgemeinschaften können sich sowohl auf die Ausführung eines Dienst- oder Werkvertrages als auch auf Kaufverträge und kaufvertragsähnliche Geschäfte beziehen. Eine bedeutende Rolle spielen die Arbeitsgemeinschaften im Baugewerbe. Hier werden von einer Vielzahl von Unternehmen, die sich zu einer Arbeitsgemeinschaft zusammenfinden, Großbauprojekte – wie etwa Brücken, Staudämme, Kraftwerke – durchgeführt. Merkmal derartiger Arbeitsgemeinschaften ist, dass jedes der daran beteiligten Unternehmen nur einen Teil der Gesamtleistung für den Auftraggeber erbringt. Häufig wird sich die Arbeitsgemeinschaft bereits vor der Auftragsvergabe durch den Dritten mit einer Absprache über die Aufgabenverteilung organisieren. In diesen Fällen tritt meist nur die Arbeitsgemeinschaft oder eines der beteiligten Unternehmen im Namen aller Mitglieder als Anbieter oder Nachfrager auf[407] (vgl. zur Bietergemeinschaft auch sogleich → Rn. 143).

---

[401] Vgl. im Zusammenhang von Produktionsvereinbarungen auch Braun in Bunte Nach § 2 Rn. 124.

[402] Verordnung (EU) 2023/1067 der Kommission über die Anwendung von Art. 101 Abs. 3 AEUV auf bestimmte Gruppen von Spezialisierungsvereinbarungen, ABl. 2023 L, 143, 20.

[403] Art. 5 der Verordnung (EU) 2023/1067.

[404] Art. 3, 4 der Verordnung (EU) 2023/1067.

[405] Leitlinien zur Anwendbarkeit von Art. 101 des Vertrags über die Arbeitsweise der Europäischen Union auf Vereinbarungen über horizontale Zusammenarbeit. (Fn. 367), ABl. 2011 C 11, 1.

[406] Leitlinien zur Anwendbarkeit von Art. 101 des Vertrags über die Arbeitsweise der Europäischen Union auf Vereinbarungen über horizontale Zusammenarbeit Rn. 170 (Fn. 367); vgl. auch die Erläuterungen von Fuchs in Band 1 zur Gruppenfreistellungsverordnung für Spezialisierungsvereinbarungen.

[407] Siehe Krauß in Bunte Rn. 224.

**140**    Die Arbeitsgemeinschaft unterscheidet sich von Gemeinschaftsunternehmen regelmäßig dadurch, dass sie eine sowohl **sachlich als auch zeitlich begrenzte Leistung** übernimmt und keinen eigenen Gewerbebetrieb unterhält. Sie bildet einen Fall der Gelegenheitsgesellschaft: ihr Zweck besteht in der Verwirklichung einer einzelnen, konkreten Aufgabe. Demgegenüber ist für ein Gemeinschaftsunternehmen das Kriterium der Dauerhaftigkeit der Kooperation iSe Vereinbarung zur künftigen Zusammenarbeit bei einer unbestimmten Zahl an Aufträgen charakteristisch.[408] Der sog. Arbeitsgemeinschaftsgedanke (hierzu → Rn. 59 ff. und sogleich → Rn. 142) ist von der Rechtsprechung aber auch im Zusammenhang zeitlich prinzipiell unlimitierter wirtschaftlicher Aktivitäten (Schaffung eines Angebotes für „Jugend- und Frauennachtfahrten" im Taxigewerbe; seit ca. 75 Jahren fortwährende Zusammenarbeit in Form einer Versicherergemeinschaft) anerkannt worden.[409]

**141**    Eine Wettbewerbsbeschränkung kann von einem Arbeitsgemeinschaftsvertrag ausgehen, wenn sich **aktuelle oder potentielle Konkurrenten** verbinden. Eine Anwendung des § 1 GWB kommt prinzipiell in Betracht, wenn die Beteiligten sich durch Vereinbarung, Beschluss oder Verhaltensabstimmung in ihrer wettbewerblichen Handlungsfreiheit binden. Zur Bewahrung dieses Handlungsspielraums gehört, dass die in der Arbeitsgemeinschaft zusammengeschlossenen Unternehmen sich grundsätzlich nicht der Möglichkeit begeben dürfen, durch ein eigenständiges Angebot gegenüber der Marktgegenseite zum Geschäftsabschluss zu gelangen. Hiernach sind diejenigen Arbeitsgemeinschaftsverträge wettbewerbsbeschränkend, die für ihre Mitglieder ein Wettbewerbsverbot vorsehen.[410] Auch bei Fehlen einer derartigen Klausel wird aber für den Regelfall davon auszugehen sein, dass ein gesellschaftsrechtlicher Arbeitsgemeinschaftsvertrag einen – dann konkludenten – Wettbewerbsverzicht der Beteiligten enthält.[411] Eine Arbeitsgemeinschaft kann ihren wettbewerbsbeschränkenden Charakter verlieren, wenn das Wettbewerbsverbot im Vertrag ausdrücklich abbedungen wird.[412]

**142**    Ein Verstoß gegen das Kartellverbot kommt hingegen nicht in Betracht, wenn keines der an der Arbeitsgemeinschaft beteiligten Unternehmen den Auftrag oder die Leistung hätte allein erbringen können.[413] Die Arbeitsgemeinschaft wirkt dann im Ergebnis nicht wettbewerbsbeschränkend; vielmehr führt der Zusammenschluss der Unternehmen zu **zusätzlichem Wettbewerb** mit einem weiteren Anbieter oder Nachfrager.[414] Die auf diesem sog. **Arbeitsgemeinschaftsgedanken** begründete Restriktion des § 1 GWB ist jedenfalls im deutschen Recht im Grundsatz anerkannt (hierzu schon → Rn. 59 ff.). Auch die **Leitlinien der EU-Kommission** zur Anwendbarkeit von Art. 101 AEUV auf Vereinbarungen über horizontale Zusammenarbeit gehen vom Fehlen einer wettbewerbsbeschränkenden Wirkung aus, wenn die Vereinbarung erforderlich ist, damit ein Partner erst in den Markt eintritt.[415] Eine Wettbewerbsbeschränkung kann im Ergebnis ferner ausgeschlossen sein, wenn die beteiligten Unternehmen zwar grundsätzlich über die erforderliche Kapazität zur Auftragsausführung verfügen, jedoch gerade zu dieser Zeit auf Grund anderweitiger Aufträge nicht allein die personellen und sachlichen Mittel zur Durchführung des Projektes

---

[408] Indizielle Bedeutung für die Dauerhaftigkeit kommt etwa der Wahl einer GmbH als Organisationsform, der langen Bestehensdauer sowie der großen Kundenanzahl der Kooperation zu, vgl. OLG Düsseldorf 15.5.2019 – VI-W (Kart) 4/19, NZKart 2019, 386 (387) – Nachvertragliches Wettbewerbsverbot.

[409] BGH 5.2.2002 – KZR 3/01, WuW/E DE-R 876 (878) – Jugend- und Frauennachtfahrten; OLG Düsseldorf 17.9.2008 – VI-Kart 11/07 (V), WuW/E DE-R 2540 (2541) – Wirtschaftsprüferhaftpflicht.

[410] Vgl. schon Immenga in Immenga/Mestmäcker, 2. Aufl. 1992, Rn. 452.

[411] OLG Hamburg 8.9.1983 – 3 U 58/83, WuW/E OLG 3110 (3111) – Pulverbeschichtungsanlage.

[412] Vgl. Zimmer in Immenga/Mestmäcker, 3. Aufl. 2001, Rn. 368.

[413] BGH 13.12.1983 – KRB 3/83, WuW/E BGH 2050 – Bauvorhaben Schramberg; BGH 5.2.2002 – KZR 3/01, WuW/E DE-R 876 (878) – Jugend- und Frauennachtfahrten; OLG Düsseldorf 17.9.2008 – VI-Kart 11/07 (V), WuW/DE-R 2540 (2542) – Wirtschaftsprüferhaftpflicht; Krauß in Bunte Rn. 227; ausführlich zum Arbeitsgemeinschaftsgedanken auch Beninca/Gebauer WuW 2018, 451.

[414] OLG Hamburg 8.9.1983 – 3 U 58/83, WuW/E OLG 3110 (3111) – Pulverbeschichtungsanlage; Säcker/Zorn in MüKoWettbR, 4. Aufl. 2023, Art. 101 Rn. 216; Lübbig in Wiedemann § 9 Rn. 231.

[415] Leitlinien zur Anwendbarkeit von Art. 101 des Vertrags über die Arbeitsweise der Europäischen Union auf Vereinbarungen über horizontale Zusammenarbeit, ABl. 2023 C 259, 1 Rn. 34, 326 f.

haben. Entsprechendes ist anzunehmen, wenn Unternehmen mit hinreichender Kapazität erst durch die Arbeitsgemeinschaft in die Lage versetzt werden, ein wettbewerbsgerechtes Angebot abzugeben. Beispielsweise können mehrere kleine örtliche Bauunternehmen im Verhältnis zu einem Großunternehmen, das sich an der Ausschreibung beteiligen will, uU nur dann ein hinreichend preisgünstiges Angebot abgeben, wenn sie, etwa um Lohnkosten zu sparen, ihre Maschinenparks arbeitsgemeinschaftlich für diesen Auftrag zusammenlegen. Von einem Verstoß ist schließlich nicht auszugehen, wenn es den einzelnen Unternehmen an der notwendigen Erfahrung oder erforderlichen Spezialkenntnissen fehlt oder der Auftraggeber der Leistungsfähigkeit bzw. der Kapitalbasis der einzelnen Unternehmen kein Vertrauen schenkt und sie aus diesem Grunde nicht beauftragen würde.[416]

Diese kartellrechtliche Beurteilung gilt auch für **Bietergemeinschaften.** Auch hier **143** handelt es sich um eine typische Kooperationsform des Baugewerbes, die sich auf die gemeinsame Abgabe eines Angebotes richtet. Erhält die Gemeinschaft den Zuschlag, so wird sie typischerweise von den Beteiligten als Arbeitsgemeinschaft fortgesetzt.[417] Der **BGH** hat in einem Grundsatzurteil für Bietergemeinschaften einen **Verstoß** gegen § 1 GWB unter der Voraussetzung **verneint,** dass eine selbstständige Teilnahme an der Ausschreibung **wirtschaftlich nicht zweckmäßig und kaufmännisch nicht vernünftig** wäre. Das gelte auch für Beteiligungen von Großunternehmen, deren Kapazitäten, technische Einrichtungen und fachliche Kenntnisse objektiv ausreichen würden, den Auftrag selbstständig auszuführen.[418] Der Anwendungsbereich des sog. Arbeitsgemeinschaftsgedankens ist mit diesem Urteil über die Fälle der Unmöglichkeit eigener Teilnahme am Wettbewerb hinaus erweitert worden. Hervorzuheben ist, dass das Gericht damit eine **subjektive** Komponente für die Frage der Beteiligung anerkennt.[419] Vor diesem Hintergrund definiert insbesondere das OLG Düsseldorf nun in ständiger Rechtsprechung drei alternative Fallgruppen. Die Bietergemeinschaft erfüllt dann nicht den Tatbestand des § 1 GWB, wenn entweder, (1.) jeder Beteiligte für sich nicht leistungsfähig ist und ein Angebot erst durch ein Zusammenwirken der Beteiligten ermöglicht wird, oder (2.) jeder Beteiligte grundsätzlich auch individuell leistungsfähig wäre, die Kapazitäten jedoch aufgrund anderer Projekte aktuell nicht zur Verfügung stehen, oder (3.) wenn die Beteiligten zwar individuell leistungsfähig sind, „aber im Rahmen einer wirtschaftlich zweckmäßigen und kaufmännisch vernünftigen Entscheidung erst der Zusammenschluss ein erfolgversprechendes Angebot ermöglicht."[420]

**Die Praxis der Unionsorgane** hat im Hinblick auf die Voraussetzungen einer An- **144** erkennung von Kooperationen der hier beschriebenen Art weniger scharfe Konturen: Die (nur) zum Teil unter dem Schlagwort „Markterschließungsdoktrin" diskutierten Entscheidungen von EuGH[421] und EuG[422] lassen nicht immer klar erkennen, ob die Anwendung des Kartellverbots nur ausscheiden soll, wenn ein Zusammenwirken der Kooperations-

---

[416] Siehe Zimmer in Immenga/Mestmäcker, 3. Aufl. 2001, Rn. 369; vgl. Nordemann in LMR Rn. 83; vgl. auch die Darstellung in der Anwendungspraxis anerkannter Fallgruppen bei Beninca/Gebauer WuW 2018, 451.

[417] Vgl. im Einzelnen Immenga DB 1984, 385; Krauß in Bunte Rn. 223 f.

[418] BGH 13.12.1983 – KRB 3/83, WuW/E BGH 2050 – Bauvorhaben Schramberg.

[419] Hierzu ausführlich Immenga DB 1984, 385 (388); Beninca/Gebauer WuW 2018, 451 (453); ferner BKartA 16.11.2004 – B10–74/04, WuW/E DE-V 995 (1008) – Rethmann/GfA Köthen; insoweit aA Maasch ZHR 150 (1986), 657 (667); zu den praktischen Problemen vgl. BKartA TB 1983/84, 32 f.

[420] Vgl. OLG Düsseldorf 8.6.2016 – VII-Verg 3/16, PharmR 2016, 423 Rn. 10 ff.; siehe auch OLG Düsseldorf 17.1.2018 – VII-Verg 39/17, NZKart 2018, 153 (154) – Bietergemeinschaft für Baggerarbeiten, Wasserinjektionsleistungen mwN und unter ausdrücklicher Ablehnung der Entscheidung des KG 24.10.2013 – Verg 11/13, NZBau 2013, 792; siehe auch Beninca/Gebauer WuW 2018, 451 (453). Auf die vom OLG Düsseldorf herausgebildeten drei Fallgruppen hat das OVG Münster auch bei § 8 Abs. 3b PBefG abgestellt, dem vor dem Hintergrund des kartellrechtlichen Arbeitsgemeinschaftsgedankens nur deklaratorische Bedeutung für Kooperationen von öffentlichen Nahverkehrsunternehmen zukomme, vgl. OVG Münster 10.12.2019 – 13 A 254/17, WuW 2020, 163 = BeckRS 2019, 34559 Rn. 49 f.

[421] EuGH 8.6.1982 – 258/78, ECLI:EU:C:1982:211 Rn. 57 – Nungesser; EuGH 6.10.1982 – 262/81, ECLI:EU:C:1982:334 Rn. 15 – Coditel/Ciné-Vog Films.

[422] EuG 15.9.1998 – verb. Rs. T-374/94 ua, ECLI:EU:T:1998:198 Rn. 136 ff. – European Night Services; EuG 2.5.2006 – T-328/03, ECLI:EU:T:2006:116 Rn. 66–79 – O2 (Germany).

partner für deren Marktteilnahme erforderlich ist.[423] Die einschlägigen Urteile stellen teilweise nicht allein auf die rechtliche Möglichkeit zu einem eigenständigen Marktauftritt der einzelnen Kooperationsteilnehmer ab, sondern auch auf den „wirtschaftlichen … Kontext, in dem die Unternehmen tätig sind".[424] Hierin muss keine Abweichung[425] von den materiellen Beurteilungskriterien des BGH liegen, der – wie gezeigt – das Kartellverbot für unanwendbar hält, wenn eine selbstständige Teilnahme an der Ausschreibung wirtschaftlich nicht zweckmäßig und kaufmännisch nicht vernünftig wäre (vgl. im hier gegebenen Zusammenhang schon → Rn. 59 ff.).[426]

**145**    Die für Arbeits- und Bietergemeinschaften erörterten Abgrenzungen betreffen die **Wahrscheinlichkeit des Marktzutritts** und damit zugleich die Frage des potentiellen Wettbewerbs (hierzu → Rn. 44).[427] Sind die beteiligten Unternehmen in der Lage, die Leistung selbst zu erbringen, und erscheint dies auch wirtschaftlich zweckmäßig und kaufmännisch nicht unvernünftig, so ist kein Raum für den Arbeitsgemeinschaftsgedanken. Die gebündelte Vergabe der Fernsehübertragungsrechte für Europapokalheimspiele durch den DFB konnte nicht auf den Arbeitsgemeinschaftsgedanken gestützt werden, da die Vereine auch individuell zur Vermarktung imstande waren und eine solche auch nicht unzweckmäßig oder unvernünftig erschien.[428] Ebenso wenig ist der Begriff der Arbeitsgemeinschaft geeignet, ein Submissionskartell für sich genommen wettbewerbsfähiger Unternehmen dem Anwendungsbereich des § 1 GWB zu entziehen.[429]

## V. Forschungs- und Entwicklungskooperation

**Schrifttum:** Blaurock, Forschungskooperation und Wettbewerb, in: FS von Caemmerer, 1978, S. 477; Fuchs, Kartellrechtliche Grenzen der Forschungskooperation, 1989; Brandi-Dohrn, Welche kartellrechtlichen Regeln gelten für den vertikalen FuE-Auftrag?, WRP 2009, 1348; Gutermuth, Der neue Kartellrechtsrahmen für Forschungs- und Entwicklungsvereinbarungen, WuW 2012, 237; Hansen, Die wettbewerbspolitische Beurteilung von Forschungs- und Entwicklungskooperationen zwischen konkurrierenden Unternehmen, WuW 1999, 468; Koenigs, Kooperation und Forschung nach deutschem und EWG-Kartellrecht, in: FS Günther, 1976, S. 331; Machunsky, Forschungskooperationen im Recht der Wettbewerbsbeschränkungen, 1985; Rosenberger, Verträge über Forschung und Entwicklung, F & E-Kooperationen in rechtlicher und wirtschaftlicher Sicht, 2. Aufl. 2010; Schmieder, Die kartellrechtliche Beurteilung von Forschungskooperationen, GRUR 1981, 241; Schubert, Kartellrechtliche Freistellungsfähigkeit von Vertriebsvereinbarungen im Rahmen von F&E-Kooperationen nach der GVO 1217/2010, NZKart 2013, 278; Spieler, Kartellrechtliche Zulässigkeit wettbewerbsbeschränkender Vereinbarungen in voll bezahlten Forschungs- und Entwicklungsaufträgen, WuW 1991, 451; Stoffmehl, Technologietransfer im europäischen Kartellrecht durch Gruppenfreistellung, 1997; Ullrich, Kooperative Forschung und Kartellrecht, 1988; Wolf, Exklusivitätsregelungen in F&E-Verträgen, WRP 2013, 885; Ziegler, Die Zulässigkeit der Forschungskooperation im Kartellrecht der EG und der USA, FIW-Schriftenreihe 43, 1991.

**146**    **1. Grundlagen.** Die Qualifikation von **Forschung und Entwicklung als beschränkbare Wettbewerbsparameter** ist nicht mehr umstritten. In der Vergangenheit ist versucht worden, Forschung dem Kartellrecht dadurch zu entziehen, dass sie als nicht wettbewerbsrelevant eingeordnet wurde.[430] Demgegenüber ist heute weitgehend anerkannt, dass F & E als eigene unternehmerische Ressource[431] unter Berücksichtigung des Innovationswett-

---

[423] Zur „Markterschließungsdoktrin" → AEUV Art. 101 Abs. 1 Rn. 152 f.; Roth/Ackermann in FK-KartellR Grundfragen Art. 81 Abs. 1 EG, Rn. 326, 340 und 356.

[424] EuG 15.9.1998 – verb. Rs. T-374/94 ua, ECLI:EU:T:1998:198 Rn. 136 ff. – European Night Services.

[425] Anders noch die Beurteilung in der 4. Auflage.

[426] Ähnliche Beurteilung bei Roth/Ackermann in FK-KartellR Rn. 103.

[427] So auch die Einordnung in den Leitlinien zur Anwendbarkeit von Art. 101 des Vertrags über die Arbeitsweise der Europäischen Union auf Vereinbarungen über horizontale Zusammenarbeit, ABl. 2023 C 259, 1 Rn. 326 f.; hierfür auch bereits Immenga DB 1984, 385.

[428] Vgl. KG 8.11.1995 – Kart 21/94, WuW/E OLG 5565 (5570) – Fernsehübertragungsrechte; bestätigt durch BGH 11.12.1997 – KVR 7/96, WuW/E DE-R 17 (22) – Europapokalheimspiele.

[429] Vgl. BGH 31.8.1994 – 2 StR 256/94, WuW/E BGH 2945 (2948 f.) – Arbeitsgemeinschaften Rheinausbau II.

[430] Zur Entwicklung der Diskussion Fuchs S. 246 f.

[431] Ullrich, Kooperative Forschung und Kartellrecht, S. 48.

bewerbs ein wesentliches Element darstellt, die Wettbewerbsfähigkeit eines Unternehmens zu erhalten und zu stärken. Eindrücklich spiegelt sich dies im jüngst ergangenen ‚AdBlue'-Beschluss der Europäischen Kommission wider, der Absprachen unter Automobilherstellern hinsichtlich der volumenmäßigen Begrenzung der von ihnen entwickelten sog. Ad-Blue-Tanks betraf.[432] Die Kommission qualifizierte insoweit die Absprachen, mittels derer die Hersteller gezielt eine „Übererfüllung" der gesetzlich vorgeschriebenen Anforderungen an die Abgasreinigung vermeiden wollten, als bezweckte Wettbewerbsbeschränkung.[433] Die Monopolkommission hat ferner schon weitaus früher unterstrichen, dass F & E, obschon nicht unmittelbar im Marktprozess dokumentiert, weitreichende Änderungen der Marktverhältnisse determinieren.[434] Demgegenüber hat die Begründung zur 6. GWB-Novelle ausgeführt, die bloße Zusammenarbeit bei Forschung und Entwicklung falle grundsätzlich nicht in den Anwendungsbereich des Kartellverbotes, da sie sich nicht auf den Wettbewerb auf einem bestimmten Markt beziehe.[435] Soweit Forschungsaktivitäten unmittelbar auf Gütermärkte bezogen sind, wird aber jede Vergemeinschaftung daraufhin geprüft werden müssen, inwieweit die Beteiligten aktuelle oder potentielle Wettbewerber sind und diese Konkurrenzbeziehung betroffen sein könnte.

Da F & E auch Gegenstand des Wettbewerbs sind, wird mitunter von **Forschungs-** **147** **oder Technologiemärkten** gesprochen.[436] Hier geht es um Innovationskonkurrenz, die insbesondere in Form des Technologiewettbewerbs erkennbar wird.[437] Diese Feststellung ist von besonderer Bedeutung für die kartellrechtliche Relevanz der **Grundlagenforschung.** Sie ist nach hier vertretener Auffassung auch bei einem nur mittelbaren Marktbezug als Wettbewerbshandlung zu qualifizieren.[438] Auch eine Kooperation bei der Grundlagenforschung kann daher den Tatbestand des § 1 GWB erfüllen.[439]

Die wettbewerbsrechtliche Beurteilung von Kooperationen im Bereich von Forschung **148** und Entwicklung wird weitgehend durch die Reichweite spezieller Regelungen zu ihrer **Freistellung** bestimmt. Hier ist in erster Linie die **Gruppenfreistellungsverordnung (EU) 2023/1066 für Forschung und Entwicklung**[440] zu nennen. Die Verordnung, die Forschungs- und Entwicklungs-Vereinbarungen unter bestimmten weiteren Voraussetzungen freistellt, wenn die Marktanteile der beteiligten Unternehmen in der Summe den Wert von 25 % nicht übersteigen, allerdings seit ihrer jüngsten Reform in Art. 10 und 11 auch explizit Vorgaben zum Entzug des Gruppenfreistellungsvorteils (u. a. im Bereich von Beschränkungen des **Innovationswettbewerbs,** vgl. Art. 10 Abs. 2 lit. e) enthält, wird in dieser Kommentierung eingehend erläutert.[441] An dieser Stelle ist lediglich ein Hinweis

[432] Europäische Kommission, 8.7.2021, AT.40178, ABl. C 458, 16, Rn. 7 ff. – Pkw-Emissionen.

[433] Ausführlicher dazu Stomper/Stirner, WuW 2022, 242 ff.

[434] Hauptgutachten VIII Rn. 74; im Ergebnis übereinstimmend Fuchs S. 249 f.; Möschel Rn. 189; Machunsky S. 26 f.

[435] Begr. 1998, S. 48. Vgl. auch Nordemann in Loewenheim et al., 2. Aufl. 2009, § 1 Rn. 140, der auf den Gesichtspunkt fehlender Spürbarkeit hinweist. Siehe auch Bunte in Bunte Rn. 268.

[436] Hierzu Leitlinien zur Anwendbarkeit von Art. 101 des Vertrags über die Arbeitsweise der Europäischen Union auf Vereinbarungen über horizontale Zusammenarbeit, ABl. 2023 C 259, 1 Rn. 132. Siehe auch Braun in Bunte Nach § 2 Rn. 105 sowie Schroeder in Wiedemann § 9 Rn. 121; mit Bezug auf amerikanische Entwicklungen Fuchs S. 119 f.

[437] Dazu Ullrich S. 151 f.

[438] So auch Machunsky S. 31 f.; ferner Fuchs S. 253; Blaurock FS von Caemmerer, 1978, 477 (480). Zurückhaltender die Leitlinien zur Anwendbarkeit von Art. 101 des Vertrags über die Arbeitsweise der Europäischen Union auf Vereinbarungen über horizontale Zusammenarbeit, ABl. 2023 C 259, 1 Rn. 140.

[439] Weitergehend C. C. von Weizsäcker in Strukturwandel und Wirtschaftsordnung, FIW-Schriftenreihe 126, 31 (34 f.) (eigenständige Bedeutung des Forschungswettbewerbs); vgl. auch Ullrich S. 152.

[440] Verordnung (EU) Nr. 1217/2010 vom 14.12.2010 über die Anwendung von Art. 101 Abs. 3 des Vertrages über die Arbeitsweise der Europäischen Union auf bestimmte Gruppen von Vereinbarungen über Forschung und Entwicklung, ABl. 2010 L 335, 36; vgl. auch die Verordnung (EG) Nr. 772/2004 vom 7.4.2004 über die Anwendung von Art. 81 Abs. 3 EG-Vertrag auf Gruppen von Technologietransfer-Vereinbarungen, ABl. 2004 L 123, 11.

[441] Vgl. die Erläuterungen von Ellger/Fuchs in diesem Werk zur Gruppenfreistellungsverordnung für Forschung und Entwicklung. Siehe auch Gutermuth WuW 2012, 237.

dazu zu geben, in welcher Weise eine Zusammenarbeit in dem Bereich Forschung und Entwicklung den Tatbestand des Kartellverbotes erfüllen kann. Hinweise hierauf finden sich auch in den **Leitlinien** der EU-Kommission **zur Anwendbarkeit von Art. 101 AEUV auf Vereinbarungen über horizontale Zusammenarbeit.**[442]

**149**      **2. Reine F & E-Kooperationen. a) Wettbewerbsbeschränkende Wirkungen.** Reine F & E-Kooperationen geraten in den Bereich verbotener horizontaler Verhaltenskoordination, wenn sie den F & E-Wettbewerb als marktwirksamen Wettbewerbsparameter in seiner Bedeutung vermindern oder ausschalten. Das folgt aus der wettbewerblichen Erheblichkeit der Forschungsaktivitäten (→ Rn. 146). Voraussetzung für diese Wirkung der Kooperation ist aktueller oder potentieller Forschungswettbewerb zwischen den Beteiligten. Dieser kann einen direkten Bezug zu Gütermärkten aufweisen oder auch dem mittelbar marktwirksamen Technologiewettbewerb zuzuordnen sein.

**150**      Eine Vergemeinschaftung der F & E-Aktivitäten führt nicht notwendigerweise zu einer Wettbewerbsminderung, wenn die Kooperation Möglichkeiten zu fortgesetzter eigener Forschung weiter bestehen lässt. Diese zumindest gedankliche Möglichkeit ist jedoch in der Praxis oft nicht gegeben. In dem Eingehen der Kooperation liegt in aller Regel ein **faktischer Verzicht auf eigene Parallelforschung.** Dazu bedarf es keiner entsprechenden vertraglichen Regelung. Der Verzicht auf die Fortsetzung eigener Aktivitäten entspricht vielmehr den gemeinsamen Zielvorstellungen der Beteiligten unter Berücksichtigung eines kaufmännisch vernünftigen Verhaltens.[443] Erst in dem Verzicht auf eigene Forschungstätigkeit liegt die Beschränkung der Wettbewerbswirkungen von F & E.[444] Die Annahme des Verzichtes auf eigene Forschung ist in dem Sinn und Zweck der Kooperationen begründet, unnötige Parallelforschungen und die damit verbundenen Mehrkosten zu vermeiden. Daher liegt es nahe, formale Vorbehalte selbstständiger F & E-Aktivitäten als unerheblich zu qualifizieren.[445] Der Verzicht auf eigene Forschungsaktivitäten der Kooperationspartner kann freilich bei der Bewertung der Freistellungsfähigkeit nach § 2 GWB positive Berücksichtigung finden: Für eine prinzipiell wohlwollende Beurteilung von Forschungs- und Entwicklungskooperationen führt die Kommission nicht zuletzt die Gesichtspunkte „Kostensenkungen" und „größere Verbreitung von Wissen" an.[446]

**151**      Industrieunternehmen vereinbaren in der Praxis häufig einen Austausch von Erfahrungen und Forschungsergebnissen. Auf diese Weise wird ein vergleichbarer technischer Wissensstand der Partner erreicht. Dieser kann insbesondere im Wettbewerb gegenüber Dritten eingesetzt werden. In der Angleichung des technischen Wissens kann auch eine Angleichung des Produktangebotes und damit eine wettbewerbsvermindernde Wirkung liegen. Unter dem Gesichtspunkt der Wettbewerbsbeschränkung bedeutender erscheint jedoch die durch den Austausch **beseitigte Ungewissheit über die F & E-Aktivitäten und technologischen Fähigkeiten** des Partners.[447] Die Vereinbarung eines Austauschs ist daher in der Regel als Verstoß gegen § 1 GWB zu qualifizieren.[448] Wettbewerbsbeschränkende Forschungskooperationen sind aber häufig auf Grund ihrer **Rationalisierungswirkungen freigestellt worden.** Das hat in der Praxis dazu geführt, dass die Tatbestandsmäßigkeit des

---

[442] Leitlinien zur Anwendbarkeit von Art. 101 des Vertrags über die Arbeitsweise der Europäischen Union auf Vereinbarungen über horizontale Zusammenarbeit, ABl. 2023 C 259, 1 Rn. 127 ff.

[443] Zu diesem Verhältnis zwischen Vertrag und Wettbewerbswirkung BGH 19.6.1975 – KVR 2/74, BGHZ 65, 30 = WuW/E BGH 1367 (1372) – Zementverkaufsstelle Niedersachsen II; vgl. im Einzelnen → Rn. 131 f.; zurückhaltender Bunte in Bunte, 11. Aufl. 2011, Rn. 185, der Kartellrechtsrelevanz nur annehmen will, wenn die Beteiligten sich zur Unterlassung eigener Forschungsaktivitäten verpflichten.

[444] Fuchs S. 255; Machunsky S. 47.

[445] Ullrich S. 157.

[446] Leitlinien zur Anwendbarkeit von Art. 101 des Vertrags über die Arbeitsweise der Europäischen Union auf Vereinbarungen über horizontale Zusammenarbeit, ABl. 2023 C 259, 1 Rn. 155.

[447] Hierzu KOMM. 25.7.1977 – IV/27.093, WuW/E EV 715 (719) – De Laval/Stork.

[448] Ausführlich Fuchs S. 256 f.; Machunsky S. 49 f.; vgl. auch Bechtold/Bosch Rn. 106; Bunte in Bunte, 11. Aufl. 2011, Rn. 185.

§ 1 GWB bei der Prüfung in den Hintergrund geriet, wenn eine Freistellungsmöglichkeit deutlich erkennbar war.[449]

**b) Kooperation ohne Wettbewerbsbeschränkung.** Eine Anwendung des § 1 GWB **152** scheidet nicht mehr notwendigerweise aus, wenn die an einer Kooperation Beteiligten nicht in aktuellem oder potentiellem Forschungswettbewerb miteinander stehen.[450] Die forschungsbezogene Zusammenarbeit zwischen Angehörigen unterschiedlicher Wirtschaftsstufen (etwa: Lieferant und Abnehmer) kann nach der 7. GWB-Novelle in den Anwendungsbereich des § 1 GWB fallen, soweit sie eigenständigen Aktivitäten der Kooperationspartner entgegenwirkt. Allerdings wird die Forschungs- und Entwicklungs-Zusammenarbeit zwischen **Nichtwettbewerbern** – und ebenso zwischen Innovationswettbewerbern speziell im Bereich der gemeinsamen sog. **frühen Innovationsanstrengungen,** die (noch) keinen engen Bezug zu bestimmten Produkt- und Technologiemärkten aufweisen und daher im Rahmen der FuE-Gruppenfreistellungsverordnung (EU) 2023/1066 auch als Kooperationsvereinbarungen unter Nichtwettbewerbern (arg. e Art. 1 Abs. 1 Nr. 15 FuE-GVO) gelten, für die (vorbehaltlich der speziellen Entzugsmöglichkeit des Gruppenfreistellungsvorteils nach Art. 10 Abs. 2 lit. e FuE-GVO) ein relativ großzügiger, weil gem. Art. 6 Abs. 2 FuE-GVO marktanteilsunabhängiger Gruppenfreistellungsrahmen greift – häufig im Ergebnis keine wettbewerbsbeschränkende Wirkung haben.[451] Im Übrigen scheidet eine Anwendung des § 1 GWB – auch im Falle, dass die Kooperationspartner auf bestimmten Märkten miteinander in Wettbewerb stehen – dann aus, wenn sie die durch Zusammenfassung ermöglichten Aktivitäten allein jeweils nicht hätten durchführen können. Das ist eine Frage des potentiellen Wettbewerbs, die häufig als **Arbeitsgemeinschaftsgedanke** (hierzu → Rn. 59 ff. und 139 ff.) thematisiert wird. Dieser Gesichtspunkt spielt in der Praxis eine erhebliche Rolle.[452]

**c) Forschungsverbünde.** Die **verbandsgetragene Gemeinschaftsforschung** wird in **153** der Regel von einer Vielzahl von Mitgliedern getragen und bezieht sich meist auf allgemeine, dem Bereich der Grundlagenforschung zuzurechnende Problemstellungen. Die unternehmerische Einzelforschung wird in einem solchen Fall oft nicht berührt.[453] Auch die **gemeinsame Vergabe von Forschungsaufträgen** lässt in der Regel die Forschungstätigkeit der insoweit kooperierenden Partner unberührt, so dass eine wettbewerbsbeschränkende Wirkung nicht erwartet werden kann. Etwas anderes kann gelten, wenn sich Unternehmen hinsichtlich ihres Nachfrageverhaltens nach Forschungsleistungen für die Zukunft binden.[454]

**3. Begleitende Nebenabreden. a) Überblick.** Kooperationen beschränken sich häufig **154** nicht auf den Bereich F & E.[455] In der Praxis finden sich vielfältige Nebenabreden, die insbesondere der **Absicherung** der Kooperation sowie der **Verwertung** der Ergebnisse dienen sollen.[456] Sie bilden häufig ein Geflecht, so dass das Vertragswerk als Ganzes zu beurteilen ist.[457] Den Nebenabreden kann aber auch selbstständige Bedeutung zukommen.

---

[449] So schon Monopolkommission Hauptgutachten VIII Rn. 988 f. auf der Grundlage des ihr vorliegenden Fallmaterials.

[450] Anders bis zur 7. GWB-Novelle: Siehe Zimmer in Immenga/Mestmäcker, 3. Aufl. 2001, Rn. 381.

[451] Vgl. Leitlinien zur Anwendbarkeit von Art. 101 des Vertrags über die Arbeitsweise der Europäischen Union auf Vereinbarungen über horizontale Zusammenarbeit, ABl. 2023 C 259, 1 Rn. 138; speziell zu den sog. frühen Innovationsanstrengungen Rn. 150 f. sowie 133 f.

[452] Monopolkommission Hauptgutachten VIII Rn. 1079 f.; Fuchs S. 266 f.; Bechtold/Bosch Rn. 106; Krauß in Bunte Rn. 269; Nordemann in LMR, 2. Aufl. 2009, Rn. 140; kritisch hierzu Ullrich S. 164.

[453] Vgl. Monopolkommission Hauptgutachten VIII Rn. 1077; Krauß in Bunte Rn. 268; differenzierend Fuchs S. 261; zu den maßgeblichen Sachverhalten ferner schon Ullrich, Privatrechtsfragen der Forschungsförderung in der Bundesrepublik Deutschland, S. 277.

[454] Hierzu Monopolkommission Hauptgutachten VIII Rn. 1078; Fuchs S. 263; Machunsky S. 141 f.

[455] Vgl. nur Ullrich S. 157.

[456] Vgl. die Übersicht über typische Nebenabreden bei Fuchs S. 50 f.

[457] Ullrich S. 157.

Das kommt insbesondere dann in Betracht, wenn die Kooperation als solche kartellrechtlich unbedenklich ist. In diesem Fall stellen sich schwierige Abgrenzungsfragen. Es ist im Einzelfall zu beurteilen, inwieweit über die Forschung hinausreichende Vereinbarungen unmittelbar auf diese bezogen und daher als immanente Regelungen nicht von § 1 GWB erfasst werden.[458]

**155**  **b) Der Absicherung dienende Vereinbarungen. Geheimhaltungsabreden** verstoßen grundsätzlich nicht gegen das Kartellverbot.[459] Auf diese Weise soll verhindert werden, dass das von den Kooperationspartnern eingebrachte technische Wissen Dritten zugänglich gemacht wird. Hierin wird zum Teil keine Wettbewerbsbeschränkung gesehen, da lediglich die unbefugte Weitergabe von Geschäftsgeheimnissen betroffen sei, die ohnehin als unlauterer Wettbewerb durch das Kartellrecht nicht geschützt sei.[460] Ferner wird der Immanenzgedanke in diesem Zusammenhang genannt.[461] Auch die Beschränkung der Zusammenarbeit mit Partnern außerhalb der Kooperation durch **Wettbewerbsverbote** wird als zulässig angesehen. Zur Begründung wird auf das Treue- und Vertrauensverhältnis der Kooperationspartner hingewiesen. Die Funktionsfähigkeit der Kooperation kann derartige Abreden erfordern.[462]

**156**  Kooperationspartner verabreden häufig eine **Einbringung bereits vorhandenen technischen Wissens.** Dieses Verhalten kann bei einer im Übrigen kartellfreien Kooperation erforderlich und damit dem Kartellverbot entzogen sein.[463] Eine darüber hinausgehende Erteilung ausschließlicher Lizenzen und sonstige Abreden zur Bildung geschlossener **Patentgemeinschaften** werden jedoch grundsätzlich von § 1 GWB erfasst.[464]

**157**  **c) Verwertungsabreden.** Für durch Forschung verbundene Unternehmen kann es naheliegend erscheinen, die Gemeinschaftlichkeit auf **Herstellung und Vertrieb** eines in Forschungskooperation entwickelten Produktes zu erstrecken. Dem steht jedoch grundsätzlich das Kartellrecht entgegen, das auch im Falle zulässiger Forschungskooperation die Gewährleistung der Handlungsfreiheit in den Bereichen Herstellung und Vertrieb erfordert. Es handelt sich hierbei um jeweils selbstständige Wettbewerbsparameter, die unabhängig von anderen dem Beschränkungsverbot unterstehen.[465]

**158**  Damit ist der Auffassung zu widersprechen, dass grundsätzlich die Nutzung eines gemeinschaftlich erworbenen Forschungsergebnisses dem Wettbewerb entzogen sei. Hierfür kann nicht angeführt werden, es handele sich um gemeinschaftliches Vermögen, so dass Abreden hierüber nicht wettbewerbsbeschränkend sein könnten, sondern als Ausübung von Mitverwaltungsrechten zu verstehen seien.[466] Diese Auffassung ist ausschließlich zivilrechtlich begründet und kann keinen Vorrang gegenüber der Aufgabe des Wettbewerbsschutzes beanspruchen.[467]

---

[458] Vgl. zur Tatbestandsrestriktion aus Immanenzgesichtspunkten allgemein → Rn. 57 ff.; im hier gegebenen Zusammenhang Monopolkommission Hauptgutachten VIII Rn. 973; Säcker in MüKoWettbR, 1. Aufl. 2008, Rn. 44.

[459] Monopolkommission Hauptgutachten VIII Rn. 973; Fuchs S. 418; Schmieder GRUR 1981, 241; Koenigs FS Günther, 1976, 331.

[460] So Fuchs S. 418.

[461] Monopolkommission Hauptgutachten VIII Rn. 973.

[462] Übereinstimmend Koenigs FS Günther, 1976, 331 (347); Machunsky S. 132; Blaurock FS von Caemmerer, 1978, 477 (496); Schmieder GRUR 1981, 241 (244); Fuchs S. 421.

[463] Monopolkommission Hauptgutachten VIII Rn. 973.

[464] BKartA TB 1993/94, 101; Koenigs FS Günther, 1976, 331 (354); zu hiermit zusammenhängenden Einzelfragen Fuchs S. 415 f.

[465] Schmieder GRUR 1981, 241 (246); Machunsky S. 149; Fuchs S. 385 f.; Koenigs FS Günther, 1976, 331 (344); vgl. auch Leitlinien zur Anwendbarkeit von Art. 101 des Vertrags über die Arbeitsweise der Europäischen Union auf Vereinbarungen über horizontale Zusammenarbeit, ABl. 2023 C 259, 1 Rn. 144, 149.

[466] So aber Benisch, Kooperationsfibel, 4. Aufl. 1973, S. 193; Kleim, Gemeinschaftsunternehmen und Funktionsgemeinschaften im Verhältnis zum Gesetz gegen Wettbewerbsbeschränkungen, 1966, S. 126.

[467] Ausführlich Fuchs S. 435 f.

Die **Zuweisung begrenzter Nutzungsrechte** an die Kooperationspartner wird mithin **159** grundsätzlich von § 1 GWB erfasst. Das gilt beispielsweise für eine territoriale Marktaufteilung, Produktionsquoten oder die Abgrenzung der Nutzung nach Produktkategorien bzw. Anwendungsbereichen. Die Kooperationspartner werden hierdurch in ihren wettbewerblichen Handlungsfreiheiten beschränkt.[468] Das muss im Ergebnis auch für gegenseitige Liefer- und Bezugspflichten gelten, die als Folge von Nutzungszuweisungen vereinbart werden.[469] Für derartige Vereinbarungen kommt jedoch häufig eine Freistellung als Spezialisierungsabrede nach § 2 GWB in Betracht.[470]

Die Verwertung von Forschungsergebnissen durch **Lizenzvergabe** kann wettbewerbs- **160** beschränkend geregelt sein. Der **völlige Ausschluss einer Lizenzvergabe** beschränkt die Handlungsfreiheit der beteiligten Unternehmen; er ist auch nicht mit einem Schutz der Beteiligten an einer Gesamthands- oder Bruchteilsgemeinschaft zu rechtfertigen.[471] Auch hier gilt, dass die zivilrechtliche Betrachtungsweise die Begrenzung der Privatautonomie durch das Kartellrecht nicht ausschließen kann. **Vetorechte oder Zustimmungsvorbehalte** im Hinblick auf eine Lizenzvergabe erscheinen demgegenüber nicht in gleicher Weise bedenklich. Sie schließen die Lizenzvergabe nicht aus, sondern beschränken sie lediglich gegenüber einem Kooperationspartner für den jeweiligen Einzelfall. Diese Form der Beschränkung ist durch die Mitverwaltungsbefugnis eines jeden Beteiligten an den Forschungsergebnissen zu rechtfertigen.[472]

## VI. Marktinformationsverfahren

**Schrifttum:** Dreher/Hoffmann, Kartellrechtsverstöße durch Informationsaustausch?, WuW 2011, 1181; Feldkamp, Statistische Marktinformationsverfahren und das europäische Kartellrecht, EuZW 1991, 617; FIW, Bewertung und Zulässigkeit von Marktinformationsveranstaltungen, FIW-Schriftenreihe 150, 1992; Herrlinger, Benchmarking, Informationsaustausch und die Grenzen des Kartellverbots, in: Schwerpunkte des Kartellrechts 2007/2008, FIW-Schriftenreihe 226, 59; Heyers, Beurteilung sog. Vorversichereranfragen, WuW 2012, 557; Karenfort, Der Informationsaustausch zwischen Wettbewerbern – kompetitiv oder konspirativ?, WuW 2008, 1154; Kirchner, Internetmarktplätze, Markttransparenz und Marktinformationssysteme, Zur kartellrechtlichen Beurteilung veränderter Markttransparenz durch Anbieter-B2B-Plattformen, WuW 2001, 1030; Meyer/Müller, Die Zukunft des Geheimwettbewerbs in einer vernetzten Welt, WuW 2007, 117; Möhlenkamp, Informationsaustausch als Wettbewerbsbeschränkung – Kriterien und Beweislast, in: FS 50 Jahre FIW, Wettbewerbspolitik und Kartellrecht, 2010, S. 209; Schmidt/Koyuncu, Kartellrechtliche Compliance-Anforderungen an den Informationsaustausch zwischen Wettbewerbern, BB 2009, 2551; Schroeder, Informationsaustausch zwischen Wettbewerbern, WuW 2009, 718; Stancke, Marktinformation, Benchmarking und Statistiken – neue Anforderungen an Kartellrechts-Compliance, BB 2009, 912; Tugendreich, Die kartellrechtliche Zulässigkeit von Marktinformationsverfahren, 2004; van Vormizeele, Möglichkeiten und Grenzen von Benchmarking nach europäischem und deutschem Recht, WuW 2009, 143; Wagner-von Papp, Marktinformationsverfahren: Grenzen der Information im Wettbewerb, 2004; Wagner-von Papp, Wie „identifizierend" dürfen Marktinformationsverfahren sein?, WuW 2005, 732.

**1. Einführung.** Marktinformationsverfahren sind idR vertraglich organisierte Melde- **161** verfahren zwischen Wettbewerbern, die dem Austausch von marktrelevanten Daten dienen. Eine Meldestelle hat nach dem ihr jeweils zugedachten Auftrag die Aufgabe, die Informationen zu sammeln und auszuwerten. Mitglieder des Informationsringes sind im Rahmen der vereinbarten Informationsweitergabe durch die Zentralstelle befugt, fortlaufend oder im Einzelfall über die gewünschten Marktdaten und Geschäftsvorgänge Auskunft zu erhalten.[473] Mit der vereinbarten Informationspflicht gegenüber der Meldestelle korrespondiert demnach ein Auskunftsrecht. Marktinformationsverfahren werfen die Frage

---

[468] Vgl. statt aller Machunsky S. 148.
[469] Hierzu Fuchs S. 437 f.
[470] Vgl. dazu Schubert NZKart 2013, 278 (280); Wolf WRP 2013, 885 (887 ff.).
[471] Übereinstimmend Koenigs FS Günther, 1976, 331 (346); Machunsky S. 159; Fuchs S. 473 f.; abweichend Schmieder GRUR 1981, 252.
[472] Fuchs S. 474; Blaurock FS von Caemmerer, 1978, 477 (488).
[473] Vgl. schon Grauel FS Sölter, 1982, 178 f.

auf, ob der Informationsaustausch unter den Wettbewerbern zu einer Wettbewerbsbeschränkung führt (vgl. zum Merkmal der aufeinander abgestimmten Verhaltensweisen auch schon → Rn. 41 f.).

**162**    Die Praxis der **Gemeinschaftsorgane** geht seit langem davon aus, dass Marktinformationsverfahren dem Kartellverbot unterfallen können. Wesentliche Beurteilungskriterien markieren den Horizontalleitlinien zufolge die **Art der ausgetauschten Information** und die Eigenschaften des jeweils relevanten **Marktes,** wobei die Kommission seit der jüngst erfolgten Reform der Horizontalleitlinien gezielt noch eine dritte Kategorie an relevanten Einflussfaktoren – solche, die schwerpunktmäßig die **Merkmale des Austauschs** betreffen – erläutert.[474] Ein inhaltlicher Schwerpunkt der zuletzt genannten Kategorie liegt darauf, den organisatorischen Rahmen, innerhalb dessen sich einzelne Informationsaustauschvorgänge vollziehen können (z. B. als einseitige Offenlegung oder in multilateral geprägten Kooperationen; direkt oder mithilfe eines Dritten; selten oder regelmäßig), näher zu beleuchten. Für eine ausführlichere Auseinandersetzung mit den insbesondere **digitalisierungsinduzierten** Anpassungen, die mit der jüngsten Reform der Horizontalleitlinien einhergegangen sind (etwa betreffend die Haftungsrisiken bei **Hub and Spoke**-Koordinierungen als einer indirekten Form des Informationsaustauschs; betreffend die Einschaltung von „Clean Teams" und „Trustees" als **(unabhängige) Informationsmittler**), sei im Übrigen auf den dem europäischen Wettbewerbsrecht gewidmeten Band 1 der Kommentierung in der 7. Auflage, dort insbesondere im Rahmen der Erläuterungen zu Art. 101 Abs. 1 AEUV, verwiesen. Bereits vor Veröffentlichung der ersten Horizontalleitlinien hatte die Kommission in einem den britischen Traktorenmarkt betreffenden Verfahren ein Brancheninformationssystem untersagt, das keine Preis-, aber wesentliche Absatzinformationen generierte: Die Hersteller erhielten detaillierte Informationen über Absatzzahlen und Marktanteile aller Anbieter. Die Kommission stützte ihre Entscheidung auf den Gesichtspunkt der Ausschaltung des Geheimwettbewerbs: Da Mitglieder des Oligopols (die vier größten Anbieter hatten einen gemeinsamen Marktanteil von über 75 %) auf Absatzsteigerungen eines Konkurrenten auf Grund des Informationssystems sofort reagieren und Vorsprungsgewinne solcherart limitieren könnten, seien Anreize zu vorstoßendem Wettbewerb minimiert.[475] EuG[476] und EuGH[477] haben diese Entscheidung bestätigt. In jüngerer Zeit hat der EuGH betont, dass die Marktstruktur ein wichtiges Kriterium für die Beurteilung von Marktinformationsverfahren ist: Bei einer hochgradigen Konzentration des Angebots auf einem bestimmten Markt kann der Austausch bestimmter Informationen Unternehmen Aufschluss über Position und Geschäftsstrategie ihrer Wettbewerber auf dem Markt geben und hierdurch ein kollusives Zusammenwirken erleichtern.[478] Allerdings kann ein Informationsaustauschsystem auch dann gegen die Wettbewerbsregeln verstoßen, wenn es sich bei dem relevanten Markt nicht um einen hochgradig konzentrierten oligopolistischen Markt handelt. Voraussetzung ist lediglich, dass das Angebot nicht „zersplittert" ist.[479]

---

[474] Leitlinien zur Anwendbarkeit von Art. 101 des Vertrags über die Arbeitsweise der Europäischen Union auf Vereinbarungen über horizontale Zusammenarbeit, ABl. 2023 C 259, 1 Rn. 384 ff. (Art der ausgetauschten Information), 395 ff. (Merkmale des Austauschs), 412 ff. (Marktmerkmale).
[475] KOMM. 17.12.1992 – IV/31.370 u. 31.446, ABl. 1992 L 96, S. 19 ff. Rn. 37 ff. – UK Agricultural Tractor Registration Exchange.
[476] EuG 27.10.1994 – T-34/92, ECLI:EU:T:1994:258 – Fiatagri und New Holland Ford/Kommission; EuG 27.10.1994 – T-35/92, ECLI:EU:T:1994:259 – Deere/Kommission.
[477] EuGH 28.5.1998 – C-8/95 P, ECLI:EU:C:1998:257 – New Holland Ford/Kommission; EuGH 28.5.1998 – C-7/95 P, ECLI:EU:C:1998:256 – Deere/Kommission.
[478] EuGH 23.11.2006 – C-238/05, ECLI:EU:C:2006:734 = WuW/E EU-R 1235 Rn. 58 – Asnef-Equifax/Ausbanc; vgl. auch EuGH 4.6.2009 – C-8/08, ECLI:EU:C:2009:343 = WuW/E EU-R 1589 Rn. 34 – T-Mobile Netherlands; Zusammenfassung der Rechtsprechung bei Dreher/Hoffmann WuW 2011, 1181 ff.
[479] EuGH 2.10.2003 – C-194/99 P, ECLI:EU:C:2003:527 = WuW/E EU-R 747 Rn. 86 – Thyssen/Kommission.

**2. Insbesondere: Preismeldeverfahren.** Die Anwendungspraxis zu § 1 GWB ist weit- **163** gehend durch Entscheidungen zu sog. Preismeldeverfahren geprägt. In Preismeldesystemen informieren sich Wettbewerber über eine Meldestelle darüber, zu welchen Preisen und Konditionen Geschäfte abgeschlossen oder Vertragsangebote abgegeben wurden. Rechtsprechung und ganz herrschende Lehre werten derartige Preismeldestellen heute unter gewissen Voraussetzungen (→ Rn. 165 ff.) als **Verstoß gegen das Kartellverbot.** Die in den sechziger Jahren geführte Diskussion[480] führte zu einer Grundsatzentscheidung des BGH,[481] die sich im Wesentlichen an die im Schrifttum entwickelte Argumentation anschloss.[482] Auch das BKartA hatte nach anfänglicher Zurückhaltung seit 1969 Preismeldesysteme als kartellrechtswidrig angesehen.[483] Bei der aktiven Verfolgung des Informationsaustauschs zwischen Wettbewerbern sowie der Verhängung von Bußgeldern durch das BKartA handelt es sich jedoch um eine Entwicklung aus jüngerer Zeit.[484] Anfang 2008 erließ das BKartA Bußgeldbescheide gegen Hersteller von Drogerieartikeln wegen des regelmäßigen Austauschs von Informationen über die Verhandlungen mit Einzelhändlern.[485] Zudem verhängte das BKartA Mitte 2008 Bußgelder gegen die Hersteller von Luxuskosmetikartikeln wegen des Austauschs diverser unternehmensinterner Daten im Rahmen eines identifizierenden Marktinformationssystems.[486] In der Literatur wird vermutet, dass diese Verfahren den Ausgangspunkt einer verstärkten Verfolgung entsprechender Wettbewerbsbeschränkungen bilden.[487] Eine im März 2011 erfolgte Bebußung von Konsumgüterherstellern wegen des Austauschs über den Stand und den Verlauf von Verhandlungen mit Einzelhändlern durch das BKartA sowie die 2013 ergangene Bußgeldentscheidung im Süßwarenkartell scheinen diese Prognose zu bestätigen.[488] Mit der Weitergabe von Preisen, Rabatten und Konditionen geht die **Ungewissheit** der Marktteilnehmer über die Wettbewerbssituation verloren. Preiszugeständnisse oder Preisvorstöße als Wettbewerbsmittel werden eingeengt, da jeder Partner des Preisinformationsverfahrens sofort auf die veränderte Marktlage reagieren und so Wettbewerbsvorsprünge verhindern kann. Die Einsetzung des Preises als Wettbewerbsmittel kann daher bei Bestehen eines Preisinformationsverfahrens nicht zu einem nachhaltigen Wettbewerbsvorsprung, sondern allenfalls zu einem Preis- und Gewinnrückgang in einer ganzen Branche führen. Daran kann jedoch keinem Partner des Preisinformationsverfahrens gelegen sein, so dass eine Preisgleichförmigkeit auf hohem Niveau gefördert wird. In der Tendenz führt das Preisinformationsverfahren zu einer Beschränkung des Preiswettbewerbs.[489]

Die Rechtsprechung hat das zur Verteidigung von Marktinformationsverfahren vor- **164** gebrachte Argument von der fehlenden Bindung des Wettbewerbsverhaltens der Vertragspartner[490] zurückgewiesen. Es trifft zwar zu, dass die Partner eines Preisinformationsver-

---

[480] Hierzu im Einzelnen Immenga in Immenga/Mestmäcker, 1. Aufl. 1981, Rn. 482 ff.

[481] BGH 29.1.1975 – KRB 4/74, BGHZ 63, 389, WuW/E BGH 1337 (1344) – Aluminium-Halbzeug.

[482] Insbesondere Hoppmann WuW 1966, 97; Säcker BB 1967, 1026; Kilian NJW 1974, 289.

[483] BKartA TB 1969, 16 f.; TB 1975, 11 f.; TB 1976, 11; TB 1989/90, 32.

[484] Bechtold NJW 2009, 3699 (3700); Schmidt/Koyuncu BB 2009, 2551; Schroeder WuW 2009, 718 (726); Krauß in Bunte Rn. 259; Möhlenkamp FS 50 Jahre FIW, 2010, 209 (218); vgl. Dreher/Hoffmann WuW 2011, 1181. Ausführlich zur Praxis des BKartA Stancke BB 2009, 912. Die Monopolkommission begrüßt die Entscheidungspraxis des BKartA, Hauptgutachten XIX Rn. 531.

[485] BKartA TB 2007/2008, 34 (75 f.).

[486] BKartA TB 2007/2008, 34 (75 f.).

[487] Bechtold NJW 2009, 3699 (3700); Schroeder WuW 2009, 718 (727).

[488] BKartA 17.3.2011 – B11–12/08, WuW 2011, 610 f. – Konsumgüter; BKartA 31.1.2013 – B11–11/08, bestätigt durch OLG Düsseldorf 26.1.2017 – V-4 Kart 6/15 (OWi), NZKart 2018, 270 – Süßwarenkartell. Der BGH hat die Entscheidung des OLG Düsseldorf im Rechtsbeschwerdeverfahren allein wegen verfahrensrechtlicher Fehler aufgehoben und zur erneuten Entscheidung zurückverwiesen, vgl. BGH 21.6.2019 – KRB 10/18, NZKart 2019, 429 – Süßwarenkartell.

[489] Vgl. KG 8.5.1970 – Kart. 7/69, WuW/E OLG 1117 (1119) – Fernmeldekabel-Gemeinschaft; BayObLG 4.6.1965 – KB 1/1964, WuW/E OLG 745 (747) – Baumarktstatistik; KG 24.3.1972 – Kart B 20/71, WuW/E OLG 1253 (1256) – Tubenhersteller II; KG 3.11.1972 – Kart. 2/72, WuW/E OLG 1327 (1329) – Aluminium-Halbzeug; aus dem Schrifttum vgl. statt aller Möschel Rn. 190; Wagner-v. Papp S. 44 ff.

[490] So Müller/Giessler/Scholz Rn. 139.

fahrens sich nicht unmittelbar zu einem bestimmten Preisverhalten verpflichten. Preisabsprachen sind mithin nicht Gegenstand des Vertrages. Die Wettbewerbsbeschränkung besteht jedoch in dem Ausschluss des unternehmerischen Aktionsparameters „**Geheimwettbewerb**" und in der objektiv vorhersehbaren Folgewirkung einer Stabilisierung und Vereinheitlichung des Preisniveaus. Dies bedeutet eine Minderung der Wettbewerbsintensität, welche durch § 1 GWB geschützt ist.[491]

**165**     Die Verbotswidrigkeit von Preisinformationsverfahren gilt grundsätzlich für **identifizierende** Angebots- und Abschlussmeldungen, in denen Einzelgeschäfte offengelegt und die Lieferanten bzw. Abnehmer benannt werden.[492] Gerade diese einzelfallbezogene Meldung kann zu einem wettbewerbsbeeinträchtigenden Parallelverhalten der Konkurrenten führen: Das Meldesystem trägt zur Herstellung von Markttransparenz unter den Anbietern bei und versetzt diese in die Lage, auf Preisvorstöße von Wettbewerbern zeitnah zu reagieren. Möglichkeiten, durch Setzung niedriger Preise Marktanteile hinzuzugewinnen, werden auf diese Weise eng begrenzt.[493]

**166**     **Nichtidentifizierende** Preismeldeverfahren sollen nach früher verbreiteter Ansicht grundsätzlich unbedenklich sein, wenn lediglich Auskünfte über Durchschnittspreise erteilt werden und Rückschlüsse auf einzelne Geschäfte nicht möglich sind.[494] Mit Recht werden derartige nichtidentifizierende Marktinformationsverfahren aber in neuerer Zeit differenzierend beurteilt: Auch nichtidentifizierende Marktinformationsverfahren können eine Wettbewerbsbeschränkung bezwecken oder bewirken, wenn sie das Vorliegen des Vorstoßes (irgend-)eines Wettbewerbers – etwa eine Preissenkung – überhaupt erkennbar machen und ein Mechanismus zur Sanktionierung dieses Vorstoßes besteht, dessen Wirksamkeit nicht von der Bestrafung eines identifizierten einzelnen Unternehmens abhängt.[495] Unter diesen Voraussetzungen ist jedenfalls auf einem hinreichend konzentrierten Markt (hierzu → Rn. 162) ein Meldesystem als wettbewerbsbeschränkend einzuordnen, obwohl der Wettbewerbsvorstoß keinem bestimmten Unternehmen zugeordnet werden kann. Auch eine Nennung von Höchst- oder Mindestpreisen, Schwerpunktpreisen oder Preistendenzen kann bereits eine Verhaltenskoordinierung erlauben.[496] Bedenklich sind insbesondere solche Bekanntgaben, die sich nicht auf in der Vergangenheit liegende Ereignisse beschränken, sondern Zukunftserwartungen und Prognosen enthalten.[497]

**167**     Bei zulässigen Auskünften sind uU **Sperrfristen** für die Weitergabe von Meldungen einzuhalten, damit nicht über die Aktualität der Meldung ein Rückschluss auf Einzelgeschäfte gezogen werden kann. Innerhalb weniger Tage oder Wochen weitergegebene Meldungen lassen entsprechende Schlüsse uU zu. Im Einzelnen kommt es bei der Frage der Sperrfristen auf die Marktverhältnisse an, so dass feste Fristen nicht genannt werden können.[498]

---

[491] BGH 29.1.1975 – KRB 4/74, BGHZ 63, 389 = WuW/E BGH 1337 (1347) – Aluminium-Halbzeug; vgl. auch OLG Düsseldorf 26.7.2002 – Kart 37/01 (V), WuW/E DE-R 949 (959) – Transportbeton Sachsen; aA Benisch FS Steindorff, 1990, 941 f.; differenzierend Maritzen in Kölner Komm Rn. 492.

[492] OLG Düsseldorf 26.7.2002 – Kart 37/01 (V), WuW/E DE-R 949 (959) – Transportbeton Sachsen; Krauß in Bunte Rn. 260; Maritzen in Kölner Komm Rn. 501; zum Meinungsstand eingehend Wagner-v. Papp S. 237 ff.

[493] BKartA 14.5.1971 – B5–388560-A-47&69, WuW/E BKartA 1351 (1356) – Tubenhersteller; Hoppmann WuW 1966, 111; vgl. zum Zusammenhang von Marktbedingungen und Preisbildung Wagner-von Papp S. 186 ff., 213 ff.

[494] Vgl. auch BKartA 22.11.1971 – B1–281127-A-111/60, BB 1972, 236 – Aluminium-Blockmetall; Schreiben des BKartA 2.7.1976, WuW 1976, 581 ff., in dem die Zulässigkeitsgrenzen von Marktinformationsverfahren aufgezeigt werden; Bechtold/Bosch Rn. 100; Kling/Thomas § 19 Rn. 110.

[495] Wagner-v. Papp S. 246; Wagner-v. Papp WuW 2005, 732; zustimmend Krauß in Bunte Rn. 260 sowie Vollmer FS Mailänder, 2006, 215 (222); so auch BKartA 11.4.2007 – B3–578/06, AG 2008, 43 (51) – Phonak/GN Store Nord; vgl. Leitlinien zur Anwendbarkeit von Art. 101 des Vertrags über die Arbeitsweise der Europäischen Union auf Vereinbarungen über horizontale Zusammenarbeit, ABl. 2023 C 259, 1 Rn. 391.

[496] Vgl. Presseinformation des BKartA Nr. 8/77, WuW 1977, 248; ferner Möschel Rn. 190.

[497] So schon Deringer/Tessin WuW 1963, 19; Mestmäcker/Schweitzer § 10 Rn. 66; vgl. Leitlinien zur Anwendbarkeit von Art. 101 des Vertrags über die Arbeitsweise der Europäischen Union auf Vereinbarungen über horizontale Zusammenarbeit, ABl. 2023 C 259, 1 Rn. 414, 416.

[498] Vgl. Schreiben des BKartA 2.7.1976, WuW 1976, 581 (584).

Für die Beurteilung von Preismeldeverfahren ist grundsätzlich unerheblich, ob es sich um **168** Auftrags-, Angebots- oder Abschlussmeldeverfahren handelt. Es kommt auch nicht darauf an, ob die Meldestelle die ihr zugegangenen Informationen **unaufgefordert** oder nur **auf Anfrage** weitergibt. Kartellrechtliche Bedenken können auch gegenüber Einzelauskünften bestehen, die sich auf die Mitteilung beschränken, ob ein in der Anfrage genannter Preis zutreffend ist oder nicht.[499]

**3. Statistische Meldeverfahren, Marktanalysen.** Marktstatistiken sind für viele An- **169** bieter von Bedeutung für die Steuerung ihrer Produktion und für die Beurteilung der Marktlage. Meldungen zu statistischen Zwecken beziehen sich auf Liefermengen, Umsätze, Preise und Rabatte. Die gemeldeten Daten werden ausgewertet und statistisch aufbereitet. Dies erfolgt durch amtliche Stellen (zB Statistisches Bundesamt), durch Verbände oder privatrechtlich organisierte Meldezentralen. Derartige Meldeverfahren zur Erstellung von Marktstatistiken mit **abstraktem Charakter** bezüglich der Marktbewegungen und einer neutralen Ausweisung der relevanten Marktdaten begegnen nach einhelliger Auffassung grundsätzlich keinen wettbewerbsrechtlichen Bedenken.[500]

Zu beachten ist jedoch, dass lediglich **Durchschnittswerte** der Daten zur Weitermel- **170** dung gelangen, die eine Identifizierung einzelner Kunden oder Lieferanten und Einzelgeschäfte ausschließen. Dies setzt voraus, dass die Gliederungstiefe der Statistik nach Erzeugnisgruppen nicht groß ist. Bedenken können bestehen, wenn die erfasste Zahl der je Erzeugnisgruppe lieferfähigen Unternehmen oder die Zahl der je Erzeugnisgruppe gemeldeten Stückzahlen bzw. Geschäftsvorfälle gering ist.[501] **Mengenstatistiken** über den Gesamtversand von Waren mit einer Möglichkeit zur Identifizierung des Lieferanten hat das BKartA für verbotswidrig erklärt.[502] In gleichem Sinne haben Kommission und EuG bei einem Kapazitätsmeldeverfahren entschieden, das zur Unterstützung eines Mengenkartells durch Aufdeckung von Marktanteilsänderungen geeignet war.[503]

**4. „Benchmarking".** Die dargestellten Grundsätze sind auch auf das sog. „Benchmar- **171** king" anzuwenden, dh auf den Austausch leistungsrelevanter Daten zwischen Unternehmen zum Zweck eines Vergleichs.[504] Bedenken kann insoweit beispielsweise ein Informationsaustausch über Preise und Preisbestandteile, Absatzmengen, Auftragseingänge, Marktanteile, Produktions- und Kapazitätsmengen, Kosten, Kalkulationsgrundsätze sowie Kundenlisten und Liefergebiete wecken.[505] Wichtig ist, ob die Information Rückschlüsse auf das Marktverhalten eines Konkurrenten erlaubt.[506] Weitere Gesichtspunkte der Beurteilung können die Aktualität der Daten, ihr Detaillierungsgrad, ihre öffentliche Verfügbarkeit und die Frequenz oder Regelmäßigkeit des Informationsaustauschs sein.[507] Auch hier gilt, dass der Austausch um so bedenklicher erscheint, je konzentrierter der betroffene Markt ist. Demgegenüber bestehen bei einem zersplitterten Markt gegenüber einem Informationsaustausch grundsätzlich keine Bedenken.[508]

---

[499] Vgl. Wagner-von Papp S. 254 f.
[500] Vgl. schon BKartA TB 1971, 14 (56); 1978, 49; zu den Anforderungen, die an die Datenaggregation zu stellen sind, Wagner-v. Papp S. 242 ff.
[501] So Schreiben des BKartA 2.7.1976, WuW 1976, 581 (584).
[502] BKartA 5.11.1979 – B1–253100-A-182/78, WuW/E BKartA 1809 (1815) – Zementverkaufsstelle Niedersachsen II; dazu Grauel FS Sölter, 1982, 182 f.
[503] KOMM. 13.7.1994 – IV/C/33.833, ABl. 1994 L 243, S. 1 ff., bestätigt durch EuG 14.5.1998 – T-347/94, ECLI:EU:T:1998:101 Rn. 153 ff. – Mayr-Melnhof/Kommission.
[504] Siehe Carle/Johnsson ECLR 1998, 74; van Vormizeele WuW 2009, 143; Bechtold/Bosch Rn. 100; vgl. dazu auch → AEUV Art. 101 Abs. 1 Rn. 244 ff.
[505] Vgl. hierzu mit Nachweisen van Vormizeele WuW 2009, 143 (150).
[506] Van Vormizeele WuW 2009, 143 (150).
[507] Karenfort WuW 2008, 1154 (1164).
[508] Vgl. EuGH 2.10.2003 – C-194/99 P, ECLI:EU:C:2003:527 = WuW/E EU-R 747 Rn. 86 – Thyssen/Kommission.

## VII. Gemeinschaftsunternehmen

**Schrifttum:** Bach, Gemeinschaftsunternehmen nach dem „Ost-Fleisch"-Beschluss des BGH, ZWeR 2003, 187; Schmidt, K., Gemeinschaftsunternehmen, Wettbewerbsverbote und Immanenztheorie: „Nord-KS/Xella" (2008) und „Gratiszeitung Hallo" (2009), in: FS Säcker, 2011, S. 949; Schmidt, K., Nichtigkeit oder Abwicklung kartellrechtswidriger Gemeinschaftsunternehmen?, BB 2014, 515; Schmidt, K., Nochmals: Fehlerhafte Gemeinschaftsunternehmen – Theorie für die Praxis, ZIP 2014, 863; Thomas, Konzernprivileg und Gemeinschaftsunternehmen, ZWeR 2005, 236; Weitbrecht, Zusammenschlußkontrolle im Europäischen Binnenmarkt, EuZW 1990, 18; Wertenbruch, Die Rechtsfolgen der Doppelkontrolle von Gemeinschaftsunternehmen nach dem GWB, 1990; Wiedemann, Gemeinschaftsunternehmen im deutschen Kartellrecht, 1981.

**172**     Gemeinschaftsunternehmen (GU) sind Unternehmen, die durch mindestens zwei andere Unternehmen (Mutterunternehmen) gemeinsam kontrolliert werden und für einen gemeinsamen Zweck der Muttergesellschaften gegründet werden.[509] GU können **wettbewerbsbeschränkende Wirkungen** verschiedener Art entfalten: Zum einen bewirkt eine Zusammenlegung von bisher getrennt verfolgten Marktaktivitäten eine Strukturveränderung auf dem von diesen Aktivitäten unmittelbar betroffenen Markt. Zum anderen kann die Gründung eines Gemeinschaftsunternehmens eine Schwächung des Wettbewerbs auch auf solchen Märkten nach sich ziehen, die nicht unmittelbarer Gegenstand der gemeinschaftlichen Aktivitäten sind. Diese Erscheinung wird zT als ‚spillover effect', zT als **Gruppeneffekt** bezeichnet.[510] Derartige Wirkungen können sowohl bei „horizontalen" als auch bei „vertikalen" Gemeinschaftsunternehmen auftreten. Wettbewerbsbeschränkungen können ferner im Verhältnis zwischen den Muttergesellschaften und dem Gemeinschaftsunternehmen entstehen. Wettbewerbsverbote, Produktions- und Absatzregelungen begrenzen hier das Verhalten der Beteiligten. Wettbewerbsbeschränkungen sind zT schlichte Folge der Existenz eines Gemeinschaftsunternehmens, teilweise werden sie durch ausdrückliche Verhaltensregelungen bewirkt. In vielen Fällen liegt eine sog. **Grundvereinbarung** vor, die die Tätigkeiten der Gründerunternehmen und des Gemeinschaftsunternehmens festlegt sowie die Wettbewerbs- und Leistungsbeziehungen der Beteiligten untereinander regelt.[511]

**173**     **1. Das Verhältnis zur Zusammenschlusskontrolle. a) Die Anerkennung der Doppelkontrolle (sogenannte Zweischranken-Theorie).** Gemeinschaftsunternehmen werden durch die Zusammenschlussfiktion des § 37 Abs. 1 Nr. 3 S. 2 GWB erfasst: Der gleichzeitige oder sukzessive Erwerb von Anteilen an einem Unternehmen durch mehrere andere Unternehmen gilt, wenn die Beteiligungsschwellen von 25% oder 50% erreicht werden, hinsichtlich der Märkte, auf denen das Gemeinschaftsunternehmen tätig ist, auch als Zusammenschluss der sich beteiligenden Unternehmen untereinander. Daneben gilt der Vorgang jeweils als Zusammenschluss zwischen dem sich beteiligenden und dem Gemeinschaftsunternehmen. Der BGH hat in seinem Mischwerke-Beschluss für Gemeinschaftsunternehmen eine wichtige Grundsatzfrage beantwortet: Auf die Gründung können sowohl die Zusammenschlusskontrolle als auch das Kartellverbot angewandt werden. Die Kontroverse um das Verhältnis von Kartellverbot und Zusammenschlusskontrolle bei der Beurteilung von Gemeinschaftsunternehmen ist damit für das deutsche Recht im Sinne einer Doppelkontrolle entschieden. Der Beschluss erkennt auf diese Weise an, dass die Gründung eines Gemeinschaftsunternehmens nicht nur als Gründung einer juristischen

[509] Körber in Band 3 Art. 3 FKVO; Krauß in Bunte Rn. 327; Emmerich/Lange KartellR § 17 Rn. 1.

[510] Hierzu → AEUV Art. 101 Abs. 1 Rn. 287; ferner Krauß in Bunte Rn. 331; Monopolkommission Hauptgutachten XVIII Rn. 506; BGH 8.5.2001 – KVR 12/99, BGHZ 147, 325 = WuW/E DE-R 711 (717 f.) – Ost-Fleisch; Vorinstanz: KG 29.9.1999 – Kart 23/97, WuW/E DE-R 439 – Ostfleisch; BKartA 9.8.2006 – B 1–116/04, WuW/E DE-V 1277 (1284) – Nord-KS/Xella (hierzu auch OLG Düsseldorf 20.6.2007 – VI-Kart 14/06 (V), WuW/E DE-R 2146, bestätigt durch BGH 4.3.2008 – KVZ 55/07, WuW/E DE-R 2361).

[511] Monopolkommission Hauptgutachten I Rn. 887; Mestmäcker, Recht und ökonomisches Gesetz, S. 418.

Person zu verstehen ist, sondern gleichzeitig der Abstimmung von unternehmerischen Interessen der Gründerunternehmen untereinander dienen kann.[512]

Das deutsche Recht weicht damit im Hinblick auf das Verhältnis von Zusammenschluss- **174** und Kartellkontrolle deutlich vom **Regelungskonzept des EU-Rechts** ab: Dort gilt – in Befolgung der sog. **Trennungstheorie** – eine exklusive Zuweisung entweder zum Fusionskontrollrecht oder zur Prüfung nach Art. 101 AEUV.[513] Diese Regelungstechnik des EU-Rechts ist auch nach der mit der 7. GWB-Novelle erfolgten Angleichung des § 1 GWB an das Kartellverbot des EU-Rechts für das deutsche Recht nicht maßgebend. Die Anordnungen des EU-Rechts finden sich in Art. 2 Abs. 4 und Art. 3 Abs. 4 iVm Art. 21 Abs. 1, 3 der Fusionskontrollverordnung (Verordnung Nr. 139/2004) und damit in einer Materie, auf die sich die mit der Verordnung Nr. 1/2003 angeordnete Vorrangwirkung des Kartellverbotstatbestandes des Art. 101 AEUV nicht erstreckt.[514] Allerdings fordert die europäische Fusionskontrollverordnung in ihrem Anwendungsbereich Vorrang vor dem nationalen Recht. Bei Zusammenschlüssen von gemeinschaftsweiter Bedeutung (nach den Kriterien des Art. 1 der FKVO) ist daher von der grundsätzlichen Maßgeblichkeit der in der FKVO angeordneten Trennungstheorie und damit vom Fehlen der Möglichkeit einer auf § 1 GWB gestützten Doppelkontrolle auszugehen.

**b) Regelungskonkurrenz im deutschen Recht.** Der BGH geht davon aus, dass es **175** sich bei dem Kartellverbot einerseits und bei der Fusionskontrolle andererseits grundsätzlich um zwei verschiedene Regelungsfelder handelt, die sich nur bei einigen Sachverhalten überschneiden.[515] Die Ausgestaltung eines Gesellschaftsvertrages kann hiernach zwar für beide Regelungsbereiche von Bedeutung sein, doch kommt es darüber hinaus auf weitere Umstände an, die sich in ihrer Bedeutung für die Tatbestandsvoraussetzungen des Kartellverbotes und der Fusionskontrolle nicht decken. Im Ergebnis ist es eine **Frage der Gesamtumstände des Einzelfalls,** ob die Gründung eines Gemeinschaftsunternehmens mit selbstständiger Rechtspersönlichkeit, dem bestimmte unternehmerische Aufgaben und Funktionen übertragen werden, allein dem Fusionstatbestand oder auch dem Kartellverbot unterliegt.

Die hier angesprochene Doppelkontrolle erfasst die **Grundvereinbarung** eines Gemein- **176** schaftsunternehmens, die in vielfältigen Formen vertraglich die wirtschaftliche Tätigkeit der Gesellschafter regelt.[516] Es wird berücksichtigt, dass ein Organisationsvertrag zugleich Grundlage einer Verhaltenskoordination sein kann.[517]

Die Doppelkontrolle erlaubt eine lückenlose, von Rechtsunsicherheit nicht belastete **177** Anwendung des GWB. Sie erfasst die Eigenart der Gemeinschaftsunternehmen als Form der Wettbewerbsbeschränkung, die sowohl Elemente des Kartells als auch des Zusammenschlusses enthält. Die Auffassung von der parallelen Anwendung wird durch die **Gesetzes-**

---

[512] BGH 1.10.1985 – KVR 6/84, BGHZ 96, 69 = WuW/E BGH 2169 – Mischwerke; aus späterer Zeit BGH 8.5.2001 – KVR 12/99, BGHZ 147, 325 = WuW/E DE-R 711 (713) – Ost-Fleisch; ebenso die Vorinstanz KG 14.10.1998 – Kart 23/97, WuW/E DE-R 277 – Ostfleisch; BGH 4.3.2008 – KVZ 55/07, WuW/E DE-R 2361 (2362) – Nord-KS/Xella; BGH 23.6.2009 – KZR 58/07, WuW/E DE-R 2742 (2744) – Gratiszeitung Hallo; BGH 17.7.2018 – KVR 64/17, WuW 2018, 632 Rn. 28 – Edeka/Kaiser's Tengelmann II; OLG Düsseldorf 3.4.2019 – VI-Kart 2/18 (V), NZKart 2019, 282 (285) – Ticketvertrieb II (Doppelkontrolle nicht nur bei Gründung eines GU, sondern auch bei Anteilserwerb); BKartA 27.10.2020 – B7-161/20, NZKart 2020, 692 (694) sowie BKartA 12.11.2012 – B 3–19/08, WuW/E DE-V 1915 – Verhaltenskoordinierung auf dem Markt für Basis- und Spezialchemikalienhandel (die fusionskontrollrechtliche Freigabe steht der Prüfung nach § 1 GWB nicht entgegen).

[513] Wegen Einzelheiten vgl. → AEUV Art. 101 Abs. 1 Rn. 288 ff.

[514] Vgl. Art. 3 Abs. 2 S. 1 und Abs. 3 der Verordnung Nr. 1/2003, ABl. 2003 L 1, S. 8. Zur Möglichkeit einer Doppelkontrolle bei einem allein von einer nationalen Kartellbehörde nach nationalem Recht geführten Verfahren vgl. auch OLG Düsseldorf 3.4.2019 – VI-Kart 2/18 (V), NZKart 2019, 282 (285 f.) – Ticketvertrieb II.

[515] Vgl. bereits BGH 22.6.1981 – KVR 7/80, BGHZ 81, 56 (66) = WuW/E BGH 1810 – Transportbeton Sauerland; BGH 13.1.1998 – KVR 40/96, WuW/E DE-R 115 (116) – Carpartner.

[516] Hierzu Monopolkommission Hauptgutachten I Rn. 887.

[517] K. Schmidt AG 1987, 329 (336).

**geschichte** gestützt. Die Zusammenschlusskontrolle wurde auch für Forschungs- und Entwicklungsgemeinschaften als anwendbar angesehen, die nach verbreiteter Auffassung als kooperativ beurteilt und damit im Grundsatz dem Anwendungsbereich der §§ 1 ff. GWB zugeordnet wurden.[518] Zu erkennen ist, dass das Kartellverbot durch die später eingeführte Zusammenschlusskontrolle nicht eingeengt, sondern ergänzt werden sollte.[519] Die vom BGH im Mischwerke-Beschluss formulierte Auffassung wird heute von der hL gestützt.[520] Aus den genannten Gründen ist (auch) der Auffassung, bei Zusammenschlüssen iSd §§ 35 ff. GWB sei auf Grund einer teleologischen Reduktion die Rechtsfolge des § 1 GWB unanwendbar,[521] nicht zu folgen.[522]

**178**    **c) Die Unterscheidung zwischen „kooperativen" und „konzentrativen" Gemeinschaftsunternehmen.** Der BGH entnimmt der früher von Teilen des Schrifttums vertretenen Trennungstheorie lediglich ein Kriterium für die Abgrenzung solcher Fälle, in denen allein die Zusammenschlusskontrolle zur Anwendung gelangt.[523] Die mit dieser Theorie verbundenen Auffassungen unterscheiden die Anwendungsbereiche des Kartellverbotes und der Zusammenschlusskontrolle danach, ob ein konzentratives oder ein kooperatives Gemeinschaftsunternehmen gegeben ist. Die Abgrenzung erfolgt dabei nicht nach der Tatbestandsmäßigkeit der anwendbaren Normen, sondern durch **teleologische Ermittlung** des jeweiligen Anwendungsbereiches.[524]

**179**    Ein wesentlicher Ansatzpunkt ist die Differenzierung nach **funktional selbstständigen Gemeinschaftsunternehmen** und unselbstständigen Hilfsunternehmen. Damit wird nicht nur darauf abgestellt, ob das Gemeinschaftsunternehmen unternehmerische Voll- oder Teilfunktionen (zB Werbung) wahrnimmt, sondern ob und inwieweit es am Markt unabhängig auftreten kann. Für diese Feststellung ist entscheidend, ob das Gemeinschaftsunternehmen auf Grund seiner Organisationsstruktur Rücksicht auf die Gründerunternehmen übt oder allein an den Marktverhältnissen ausgerichtet seine Geschäftstätigkeit plant.[525] Als **Kriterien** für diese Feststellung werden angeführt die lange bzw. unbefristete Dauer eines Gemeinschaftsunternehmens, seine weitgehende Eigenständigkeit gegenüber den Gründern in technischer, produktions- und absatzmäßiger Hinsicht, die Freiheit in der Wahl der Märkte sowie die Ausübung der Geschäftsführung im Wesentlichen durch das Gemeinschaftsunternehmen und nicht durch die Gründerunternehmen.[526]

**180**    Der Verlauf der wissenschaftlichen Diskussion hat gezeigt, dass die eingängige Dichotomie „kooperative"/„konzentrative" Gemeinschaftsunternehmen nur begrenzte Tragkraft für die praktische Abgrenzung entwickeln kann. Auch dort, wo die Unterscheidung Wirkung entfalten kann – bei der Identifizierung von Fällen, die ausschließlich den §§ 35 ff. GWB und nicht dem § 1 GWB unterliegen –, erweist sich, dass das eigentlich maßgebende Entscheidungskriterium durch die genannten Begriffe eher verdeckt wird:[527] Hierfür

[518] Vgl. Begr. 1971 S. 30; Bericht 1973, S. 7.

[519] KG 28.2.1984 – Kart. 5/83, WuW/E OLG 3417 (3419) – Asphalt-Mischwerke; Möschel Rn. 202.

[520] Vgl. Krauß in Bunte Rn. 321, 328; Kersting in LMRKM Anh. § 1 Rn. 5; vgl. auch schon Köhler ZGR 1987, 271; Stockmann WuW 1988, 269 f.

[521] In diesem Sinne Wertenbruch S. 15 ff.

[522] Wie hier Fuchs ZHR 156 (1992) 86 ff. (auch zu methodischen Bedenken gegenüber einer nur auf die Rechtsfolge bezogenen teleologischen Reduktion einer Norm).

[523] BGH 1.10.1985 – KVR 6/84, BGHZ 96, 69 = WuW/E BGH 2169 (2170) – Mischwerke; aus jüngerer Zeit BGH 8.5.2001 – KVR 12/99, BGHZ 147, 325 = WuW/E DE-R 711 (715 f.) – Ost-Fleisch; OLG Düsseldorf 2.11.2005 – VI-Kart 30/04 (V), WuW/E DE-R 1625 (1630) – Rethmann/GfA Köthen. Zur neueren Praxis des Bundesgerichtshofes BGH 4.3.2008 – KVZ 55/07, WuW/E DE-R 2361 (2362) – Nord-KS/Xella; BGH 23.6.2009 – KZR 58/07, WuW/E DE-R 2742 (2744) – Gratiszeitung Hallo.

[524] Hierzu Ulmer WuW 1979, 438 ff.

[525] Ähnlich die Kriterien des Gemeinschaftsrechts → AEUV Art. 101 Abs. 1 Rn. 289 ff.

[526] Ulmer WuW 1979, 438 ff.; vgl. ferner Köhler S. 136 ff.

[527] K. Schmidt FS Säcker, 2011, 949 (952); vgl. auch BGH 8.5.2001 – KVR 12/99, BGHZ 147, 325 = WuW/E DE-R 711 (716) – Ost-Fleisch; aus jüngerer Zeit BGH 4.3.2008 – KVZ 55/07, WuW/E DE-R 2361 (2362) – Nord-KS/Xella; zur Unmöglichkeit der Formulierung allgemeingültiger Regeln zu kooperativen Gemeinschaftsunternehmen Stockmann WuW 1988, 269 ff.

kommt es darauf an, ob die Gründung des Gemeinschaftsunternehmens eine Koordinierung des Marktverhaltens der beteiligten Unternehmen bezweckt oder bewirkt (→ Rn. 183 ff.).

**d) Anwendbarkeit der §§ 35 ff. GWB auch bei „kooperativen" Gemeinschafts-** 181
**unternehmen.** Auch nach der höchstrichterlichen Entscheidung für die Möglichkeit einer Doppelkontrolle (Zweischrankentheorie) stellt sich die Frage, ob Gemeinschaftsunternehmen in bestimmten Fallkonstellationen lediglich den §§ 1 ff. GWB oder den §§ 35 ff. GWB unterliegen. In Betracht kommen einerseits Unternehmen mit ausgesprochenem Koordinierungscharakter und andererseits Verbindungen, die wie Teilfusionen lediglich zu Strukturveränderungen führen.

Nach früher verbreiteter Auffassung sollen auf **Kartellorgane** – unabhängig von der 182 Beantwortung der Frage nach der Doppelkontrolle – die §§ 35 ff. GWB nicht angewandt werden, soweit sie lediglich als Instrument zur Abstimmung des Marktverhaltens der Beteiligten dienen.[528] Die Praxis ist dem zu Recht nicht gefolgt.[529] Dem Ansatz zu einer parallelen Anwendung des Kartellverbots und der Fusionskontrolle ist zuzustimmen. Es sind keine Gründe dafür erkennbar, die Anmeldepflichten der Fusionskontrolle bei der Bildung von Gemeinschaftsunternehmen auszusetzen. Mit der grundsätzlichen Einbeziehung in den Anwendungsbereich der §§ 35 ff. GWB ist die materiell-fusionskontrollrechtliche Entscheidung nicht präjudiziert; wegen Einzelheiten – namentlich für die Frage der Ressourcenzurechnung bei Minderheitsbeteiligungen – ist auf die Erläuterungen zu §§ 35 ff. GWB zu verweisen (insbes. → § 36 Rn. 602 ff., 686).

**e) Keine Anwendung des § 1 GWB bei „konzentrativen" Gemeinschaftsunter-** 183
**nehmen?** Gemeinschaftsunternehmen können dann **ausschließlich der Zusammenschlusskontrolle** unterstehen, wenn sie nicht zu einer Verhaltenskoordination der Gesellschafter führen. Es mag missverständlich sein, insoweit von einem Konzentrationsprivileg zu sprechen.[530] Ein derartiges „Privileg" tritt nicht bereits dadurch ein, dass tatbestandsmäßig auch ein Zusammenschluss gegeben ist. Vielmehr muss für den Einzelfall entschieden werden, ob das Kartellverbot ausscheidet, weil der Zusammenschluss keine Verhaltenskoordination bewirkt.[531]

Nachdem der **BGH** in früherer Zeit in der Entstehung einer neuen, selbstständigen 184 Planungseinheit ein Kriterium gesehen hatte, das der Anwendung des Kartellverbots grundsätzlich – bei Fehlen besonderer ausdrücklicher oder stillschweigender wettbewerbsbeschränkender Abreden – entgegenstand,[532] hat er in seinem „Ost-Fleisch"-Beschluss eine nuanciertere Betrachtung angestellt: Die Qualifikation des Gemeinschaftsunternehmens als vollfunktionsfähige, selbstständig am Markt auftretende Einheit steht einer Einordnung als grundsätzlich an den Kriterien des § 1 GWB zu messendes **kooperatives Gemeinschaftsunternehmen** nicht entgegen; ein Indiz für eine **Zusammenarbeit der Muttergesellschaften** soll es darstellen, wenn diese ihre Tätigkeit auf demselben sachlichen und räumlichen Markt fortsetzen, auf dem (auch) das Gemeinschaftsunternehmen aktiv ist.[533] Bei Unterstellung eines „wirtschaftlich zweckmäßigen und kaufmännisch vernünftigen Verhaltens" sei nicht davon auszugehen, dass die mit der Kooperation bezweckten Kosten-

---

[528] Vgl. statt aller Ulmer ZHR 141 (1977), 474 f.; nicht eindeutig die aufgehobenen Verwaltungsgrundsätze des BKartA TB 1978, 23 f.

[529] BKartA 21.8.1997, WuW/E BKartA 1771 (1779) – Transportbetonvertrieb; bestätigt durch KG 24.10.1979 – Kart 24/78, WuW/E OLG 2259 (2262) = BB 1980, 953 – Siegerländer Transportbeton mablAnm Wiedemann BB 1980, 955.

[530] So BGH 1.10.1985 – KVR 6/84, BGHZ 96, 69 = WuW/E BGH 2169 (2170) – Mischwerke; Kersting in LMRKM Anh. § 1 Rn. 13 f.

[531] BKartA 13.7.1990, WuW/E BKartA 2445 (2450) – Daimler Benz/MAN-ENASA.

[532] IdS BGH 1.10.1985 – KVR 6/84, BGHZ 96, 69 = WuW/E BGH 2169 (2172) – Mischwerke.

[533] BGH 8.5.2001 – KVR 12/99, BGHZ 147, 325 = WuW/E DE-R 711 (716) – Ost-Fleisch; so auch OLG Düsseldorf 15.5.2019 – VI-W (Kart) 4/19, NZKart 2019, 386 (387) – Nachvertragliches Wettbewerbsverbot.

vorteile in vollem Umfang an die Abnehmer weitergegeben würden. Aus Sicht der Gründerunternehmen sei es vielmehr kaufmännisch vernünftig, im Verhältnis zu den Gemeinschaftsunternehmen und damit auch untereinander auf Preiswettbewerb zu verzichten und auf diese Weise das Preisniveau „faktisch abzustimmen".[534] In seinem „Nord-KS/Xella"-Beschluss hat der BGH bestätigt, dass eine Gesamtbetrachtung der wirtschaftlichen Zusammenhänge und Auswirkungen vorzunehmen ist, wobei im Allgemeinen von einem wirtschaftlich zweckmäßigen und kaufmännisch vernünftigen Verhalten der Unternehmen auszugehen sei.[535] In ähnlicher Weise hatte der BGH schon 1998 im Fall der Gründung eines gemeinsamen Kraftfahrzeugvermietungsunternehmens durch Versicherungsunternehmen eine das geschäftliche Verhalten der Beteiligten koordinierende Wirkung angenommen.[536]

**185**  Entsprechende Kriterien legt das **BKartA** in seiner Verwaltungspraxis an: Das Amt sieht es in neuerer Zeit als ein Indiz für eine Koordinierung des Verhaltens der Mütter – mit der Folge der Anwendbarkeit des § 1 GWB – an, wenn die Muttergesellschaften und das Gemeinschaftsunternehmen auf demselben sachlichen und räumlichen Markt tätig bleiben.[537] Bleiben die Mutterunternehmen auf demselben sachlichen und räumlichen Markt tätig, der aber von demjenigen des Gemeinschaftsunternehmens verschieden ist, so soll der Zusammenschluss die Möglichkeit zur Koordinierung ihres Marktverhaltens mit sich bringen, so dass das Amt die Anwendbarkeit des § 1 GWB im Einzelfall prüft.[538]

**186**  Der Begriff der selbstständigen Planungseinheit ist insbesondere für die Beurteilung der Wettbewerbsaktivitäten weiterhin von Bedeutung, die von dem Gemeinschaftsunternehmen selbst ausgehen können. Dieser Begriff enthält noch keine abschließende Aussage darüber, wann die hiermit angesprochene **Autonomie des Gemeinschaftsunternehmens** vorliegt. Der Mischwerke-Beschluss des BGH sieht in einem obiter dictum diese Voraussetzung für ein Gemeinschaftsunternehmen als gegeben an, wenn es selbstständig plant, entscheidet und handelt, also als selbstständige Wirtschaftseinheit in Erscheinung tritt, deren Gesellschafter auf die bloße Wahrnehmung ihrer Kapitalbeteiligungen beschränkt sind.[539] Diese Auslegung erscheint als zu eng, da die Gesellschafter ausschließlich auf Anlageinteressen verwiesen wären.[540] Der Formulierung des BGH lässt sich jedoch nicht entnehmen, dass die Reduzierung der Gesellschafterinteressen auf eine Finanzanlage als ausschließliches Kriterium gelten soll. Entscheidend muss der Ausschluss jeglichen wettbewerbsbeschränkenden Einflusses der Beteiligten auf das Gemeinschaftsunternehmen sein.

**187**  **f) Rechtsfolgen.** Die parallele Anwendbarkeit des Kartellverbotes und der Vorschriften über die Zusammenschlusskontrolle wirft die Frage nach der Bedeutung **unterschiedlicher Untersagungsfristen** und der **Behandlung widersprechender Rechtsfolgen** auf.[541] Für die Zusammenschlusskontrolle gelten bestimmte Fristen. Im Rahmen der präventiven Zusammenschlusskontrolle hat die Kartellbehörde innerhalb von fünf Monaten zu entscheiden (§ 40 Abs. 2 S. 2 GWB). Verstößt die Gründung eines Gemeinschaftsunternehmens gegen § 1 GWB, so gilt zumindest für die wettbewerbsbeschränkenden Vertrags-

---

[534] BGH 8.5.2001 – KVR 12/99, BGHZ 147, 325 = WuW/E DE-R 711 (717) – Ost-Fleisch.

[535] BGH 4.3.2008 – KVZ 55/07, WuW/E DE-R 2361 (2362) – Nord-KS/Xella; Vorinstanz: OLG Düsseldorf 20.6.2007 – VI-Kart 14/06 (V), WuW/E DE-R 2146 (2149) – Nord-KS/Xella.

[536] BGH 13.1.1998 – KVR 40/96, WuW/E DE-R 115 (117) – Carpartner:

[537] BKartA 9.8.2006 – B 1–116/04, WuW/E DE-V 1277 (1281) – Nord-KS/Xella; ebenso BKartA 4.12.2019 – B7–21/18 Rn. 23 f. – Glasfaserausbau; vgl. auch schon BKartA 21.8.1997, WuW/E BKartA DE-V 9 (14) – Ostfleisch; BKartA 19.6.2002 – B 4–37/02, WuW/E DE-V 662 (664) – Eurohypo.

[538] BKartA 13.7.1990, WuW/E BKartA 2445 (2450) – Daimler Benz/MAN-ENASA.

[539] BGH 1.10.1985 – KVR 6/84, BGHZ 96, 69 = WuW/E BGH 2169 (2175) – Mischwerke; zu einem Fall der Verneinung einer selbstständigen Wirtschaftseinheit OLG Frankfurt a. M. 1.12.1988 – 6 U 36/87 (Kart.), WuW/E OLG 4323 – Nassauische Landeszeitung, bestätigt durch BGH 13.11.1990 – KZR 2/89, WuW/E BGH 2675 (2677) – Nassauische Landeszeitung.

[540] Vgl. Monopolkommission Hauptgutachten VI Rn. 487.

[541] Vgl. Wertenbruch S. 11 ff.

bestandteile zivilrechtliche Nichtigkeit, die unbefristet geltend gemacht werden kann. Auch eine Untersagung nach § 32 GWB ist grundsätzlich nicht an Fristen gebunden.[542]

Die Folgen einer **Inkongruenz der Fristen** dürfen nicht überbewertet werden. Unsi- **188** cherheit bezüglich der Anwendbarkeit des Kartellverbotes kann immer bestehen. Für die Praxis ist davon auszugehen, dass das BKartA bei einem Zusammenschlussfall gleichzeitig § 1 GWB prüft, soweit Anlass dazu besteht.[543] Ein schutzwürdiges Vertrauen darauf, dass das BKartA einen Gesellschaftsvertrag nach erfolgter fusionskontrollrechtlicher Prüfung nicht nach § 1 GWB prüfen werde, kann jedenfalls dann nicht entstehen, wenn das Amt sich diese Prüfung im fusionsrechtlichen Bescheid vorbehält.[544] Im Übrigen besteht kein Anlass, die Wirksamkeit des § 1 GWB an Fristen zu binden, nur weil ein Sachverhalt gleichzeitig einen Zusammenschlusstatbestand erfüllt. § 1 GWB hat insoweit auch für Gemeinschaftsunternehmen keine überschießenden Rechtswirkungen, so dass es keiner teleologischen Reduktion bedarf.[545] Außerdem würden bei Einführung einer Frist für das Kartellverbot schwierige Abgrenzungsfragen entstehen, wenn das Gemeinschaftsunternehmen oder die Gründergesellschafter später unternehmerische Verhaltensweisen ändern. Schließlich ist nicht davon auszugehen, dass die Anwendung des § 1 GWB notwendig zur Nichtigkeit der gesellschaftsrechtlichen Organisation des Gemeinschaftsunternehmens führen muss[546] (vgl. → Rn. 76 ff.).

Wird die Untersagung sowohl auf § 1 GWB als auch auf die Zusammenschlusskontrolle **189** gestützt, so ist dies im Zweifel im Sinne nur einer Untersagungsentscheidung des BKartA zu verstehen.[547] Ist die Untersagung unter dem Gesichtspunkt des § 1 GWB begründet, so ist eine Prüfung nach § 36 GWB nicht erforderlich.[548] Stützt das BKartA die Untersagung auf beide Grundlagen, so wird wegen der im Rahmen der Zusammenschlusskontrolle ausnahmsweise in Betracht kommenden Ministererlaubnis nach § 42 GWB den fusionskontrollrechtlichen Erwägungen zumeist der Charakter einer Hilfsbegründung zukommen.[549] Bei widersprechenden Rechtsfolgen ergeben sich Lösungen aus dem materiellen Recht: Liegen die Voraussetzungen einer Freistellung nach den §§ 2 f. GWB vor, so kommt auch eine Anwendung der fusionskontrollrechtlichen Abwägungsklausel (§ 36 Abs. 1 S. 2 Nr. 1 GWB) in Betracht.

**2. Wettbewerbsbeschränkungen im Rahmen bestehender Gemeinschaftsunter-** **190** **nehmen.** Im Rahmen von Gemeinschaftsunternehmen sind drei **Möglichkeiten wettbewerbsbeschränkenden Verhaltens** zu unterscheiden. Die Gründer können ihr Marktverhalten untereinander regeln, sie können ihre Marktbeziehungen mit Rücksicht auf das Gemeinschaftsunternehmen regeln und schließlich als Gesellschafter diesem Verhaltensbeschränkungen auferlegen. Eindeutig ist das Eingreifen des Kartellverbotes, soweit die **Gründungsunternehmen** über das Gemeinschaftsunternehmen oder auch mittelbar gele-

---

[542] Vgl. KG 14.10.1998 – Kart. 23/97, WuW/E DE-R 277 – Ostfleisch; ferner KG 18.11.1985 – Kart 5/84, WuW/E OLG 3685 – Aral; BKartA 19.6.2002 – B 4–37/02, WuW/E DE-V 662 (665) – Eurohypo; BKartA 2.12.2003 – B 9–91/03, WuW/E DE-V 891 (904) – ÖPNV-Hannover; Wertenbruch S. 2 ff.

[543] Vgl. BKartA 27.7.1988, WuW/E BKartA 2297 – Heidelberger Zement – Malik; BKartA 21.8.1997, WuW/E DE-V 9 – Ostfleisch; hierzu die Rechtsmittelentscheidungen KG 14.10.1998 – Kart 23/97, WuW/E DE-R 277 sowie Schlussbeschluss des KG 29.9.1999 – Kart 23/97, WuW/E DE-R 439 – Ostfleisch; BGH 8.5.2001 – KVR 12/99, BGHZ 147, 325 = WuW/E DE-R 711 – Ost-Fleisch; BKartA 17.12.2002 – B 10–104/02, WuW DE-V 759 – Nehlsen/Rethmann/BEG; BKartA 16.11.2004 – B 10–74/04, WuW/E DE-V 995 – Rethmann/GfA Köthen, bestätigt durch OLG Düsseldorf 2.11.2005 –VI-Kart 30/04 (V), WuW/E DE-R 1625 – Rethmann/GfA Köthen.

[544] BGH 13.1.1998 – KVR 40/96, WuW/E BGH DE-R 115 (116) – Carpartner; BKartA 2.12.2003 – B 9–91/03, WuW/E DE-V 891 (904) – ÖPNV-Hannover; vgl. auch BKartA 26.1.1999, WuW/E DE-V 100 – Stellenmarkt für Deutschland GmbH (fusionskontrollrechtliche Freigabe vor Prüfung nach § 1 möglich).

[545] AA Wertenbruch S. 15 ff.

[546] K. Schmidt AG 1987, 337; K. Schmidt BB 2014, 515.

[547] BGH 8.5.2001 – KVR 12/99, BGHZ 147, 325 = WuW/E DE-R 711 (713) – Ost-Fleisch.

[548] Vgl. BGH 8.5.2001 – KVR 12/99, BGHZ 147, 325 = WuW/E DE-R 711 (719) – Ost-Fleisch (noch zu § 24 Abs. 2 GWB in der vor der 6. GWB-Novelle geltenden Fassung).

[549] Vgl. BGH 8.5.2001 – KVR 12/99, BGHZ 147, 325 = WuW/E DE-R 711 (714) – Ost-Fleisch.

gentlich ihres dortigen Zusammenwirkens ihr **Verhalten,** auch auf Drittmärkten, untereinander **koordinieren.** So ist bei vergemeinschafteter Produktion eine Verständigung
über Endpreise denkbar. § 1 GWB ist in diesen Fällen auch bei Verbindungen, die der
Zusammenschlusskontrolle unterstehen, anwendbar.[550]

**191**    **Beschränkungen der Gründerunternehmen** in ihrem Marktverhalten mit Rücksicht auf die Tätigkeit des Gemeinschaftsunternehmens sind ebenfalls **grundsätzlich
unzulässig.** Zu nennen sind Wettbewerbsverbote, Marktaufteilungen etc. Bei Wettbewerbsverboten in Gesellschaften (hierzu → Rn. 57, 235 sowie → AEUV Art. 101 Abs. 1
Rn. 149 ff.) können wettbewerbsbeschränkende Verhaltensweisen der Gründergesellschafter im Verhältnis zum Gemeinschaftsunternehmen nur aufrechterhalten werden, wenn
dieses nicht vom Kartellverbot erfasst wird.[551] Das gilt auch für Gemeinschaftsunternehmen,
die der Zusammenschlusskontrolle unterstehen, soweit Wettbewerbsverbote erforderlich
sind.[552]

**192**    Die **Beschränkung des Gemeinschaftsunternehmens** in seinem Wettbewerbsverhalten gegenüber den Gründerunternehmen wird dagegen vielfach nicht als Verstoß gegen das
Kartellverbot angesehen. Es heißt, dass in diesem Fall nicht das Wettbewerbsverhalten der
Muttergesellschaften untereinander beschränkt werde, sondern diese ausschließlich das
Marktverhalten des von ihnen abhängigen Gemeinschaftsunternehmens regeln, so dass es
sich um dessen autonome Selbstbeschränkung bzw. Ausübung interner Leitungsmacht
handele.[553] Unter Heranziehung des Gedankens der wirtschaftlichen Einheit im Konzern
(hierzu → AEUV Art. 101 Abs. 1 Rn. 109 ff.) ist im Schrifttum gefordert worden, Vereinbarungen zwischen Muttergesellschaften und gemeinsamer Tochtergesellschaft generell
aus dem Anwendungsbereich des Kartellverbots auszunehmen.[554]

**193**    Bei der Beurteilung ist im Auge zu behalten, dass durch die Instrumentalisierung des von
den Gründern abhängigen Gemeinschaftsunternehmens deren **Interessen** nicht nur gegenüber der Tochtergesellschaft, sondern auch **untereinander** abgegrenzt werden können.
§ 1 GWB ist daher nicht von vornherein unanwendbar. Die Selbstbeschränkung ist nur
dann unbeachtlich, wenn die Gesellschafter allein das Marktverhalten des Gemeinschaftsunternehmens und nicht zugleich ihr Verhalten untereinander oder ihre Beziehung zum
Gemeinschaftsunternehmen regeln.[555] Dabei ist zu berücksichtigen, dass die Beziehungen
zwischen Muttergesellschaften und Gemeinschaftsunternehmen von beiden Seiten aus ge-
ordnet werden können. So sichern Produktionsbeschränkungen Tätigkeitsbereiche der
Gründer vor der Konkurrenz durch das Gemeinschaftsunternehmen. Dessen Liefer- und
Bezugsverpflichtungen dienen als Bestandteil umfassender Absprachen möglicherweise den
Koordinierungsinteressen der Muttergesellschaften.[556] Das herbeigeführte Verhalten des
Gemeinschaftsunternehmens ermöglicht dann Ergebnisse, die auch unmittelbar von den
Gründern erzielt werden könnten und unter das Koordinierungsverbot fielen. Einen ähn-
lichen Wirkungszusammenhang hat der BGH im „Ost-Fleisch"-Beschluss von 2001 be-
schrieben: Aus Sicht der Gründer sei es vernünftig, auf Preiswettbewerb im Verhältnis zum
Gemeinschaftsunternehmen und damit im Ergebnis auch untereinander zu verzichten.

---

[550] Wiedemann BB 1984, 292; Ulmer WuW 1979, 444.

[551] Grundsätzlich BGH 1.12.1981 – KRB 5/79, WuW/E BGH 1901 (1903) – Transportbeton-Vertrieb
II; übereinstimmend Wiedemann BB 1984, 292; Mestmäcker, Recht und ökonomisches Gesetz, S. 439 f.;
vgl. aus jüngerer Zeit auch die Entscheidung des OLG Düsseldorf 15.5.2019 – VI-W (Kart) 4/19, NZKart
2019, 386 (387 f.) – Nachvertragliches Wettbewerbsverbot, der ein nach Auffassung des Gerichts bereits für
sich genommen kartellrechtswidriges Gemeinschaftsunternehmen zugrunde lag.

[552] BGH 1.10.1985 – KVR 6/84, BGHZ 96, 69 = WuW/E BGH 2169 (2175) – Mischwerke; aus neuerer
Zeit BGH 23.6.2009 – KZR 58/07, WuW/E DE-R 2742 (2744) – Gratiszeitung Hallo; übereinstimmend
Wiedemann S. 245; Köhler ZGR 1987, 292.

[553] BGH 1.12.1981 – KRB 5/79, WuW/E BGH 1901 (1903) – Transportbeton-Vertrieb II; KG
15.5.1973 – Kart 2/73, WuW/E OLG 1377 (1382) – Starkstromkabel.

[554] IdS Thomas ZWeR 2005, 237 ff.

[555] Beuthien DB 1978, 1625 ff.

[556] Ausführlich Köhler ZGR 1987, 281; Fuchs, Kartellrechtliche Grenzen der Forschungskooperation,
1989, S. 432; Gansweid S. 236.

Dabei biete es sich an, den Informationsfluss zwischen Müttern und Gemeinschaftsunternehmen zur Koordinierung des jeweiligen Marktverhaltens zu nutzen. Das Gemeinschaftsunternehmen könne hierbei als „Scharnier" zwischen den größeren Gründergesellschaften fungieren.[557]

## VIII. Strategische Allianzen, Netzwerke, Internet–Plattformen, Digitale Vernetzung

**Schrifttum:** Basedow/Jung, Strategische Allianzen, 1993; Deng, Smart Contracts and Blockchain: Steroids for Collusion, 2018; Götz, Strategische Allianzen, 1993; Gramlich/Kröger/Schreibauer (Hrsg.), Rechtshandbuch B2B-Plattformen – Rahmenbedingungen elektronischer Marktplätze, 2003; Henrich, Die Behandlung elektronischer B2B-Marktplätze im US-amerikanischen und europäischen Kartellrecht, 2007; Hollmann, Strategische Allianzen – unternehmens- und wettbewerbspolitische Aspekte, WuW 1992, 293; Immenga, F. A./Lange, K. W., Elektronische Marktplätze: Wettbewerbsbeschränkende Verhaltensweisen im Internet?, RIW 2000, 733; Kierner, B2B-Plattformen und das Kartellrecht, 2005; Lange, K. W., Das Recht der Netzwerke, 1998; Louven/Saive, Antitrust by Design – Das Verbot wettbewerbsbeschränkender Abstimmung und der Konsensmechanismus der Blockchain, NZKart 2018, 348 ff.; Podszun/Bongartz, B2B-Marktplätze und IoT-Plattformen in der kartellbehördlichen Praxis, BB 2020, 2882; Reimers/Brack/Modest, Blockchain-Kooperationen im Bereich Supply Chain – Kartellrechtliche Rahmenbedingungen, WuW 2020, 64; Schäfer-Kunz, Strategische Allianzen im deutschen und europäischen Kartellrecht, 1995; Schrepel, Is Blockchain the Death of Antitrust Law – The Blockchain Antitrust Paradox, 3. Geo.L.Tech.Rev 281 (2019); Wagner-von Papp, Marktinformationsverfahren: Grenzen der Information im Wettbewerb, 2004.

Gewissermaßen quer zu den unter I.–VII. behandelten Formen der Unternehmens- **194** kooperation liegt das Thema der sog. **strategischen Allianzen.** Hinter diesem Begriff verbergen sich vielfältige Formen des Zusammenwirkens von Unternehmen, die beispielsweise die Forschung und Entwicklung oder den Vertrieb zum Gegenstand haben können.[558] Sieht man davon ab, dass der Begriff der strategischen Allianzen im Wesentlichen mit Bezug auf ein projektbezogenes Zusammenwirken von Großunternehmen verwandt wird, das sich mitunter auf zukünftige Märkte bezieht,[559] kann hier in der Sache eine Fortführung der zuvor unter dem Stichwort der Unternehmenskooperation geführten Diskussion erblickt werden.[560] Für die rechtliche Beurteilung ergeben sich aus dem Begriff der strategischen Allianzen keine Besonderheiten; für sie gelten die gleichen kartellrechtlichen Rahmenbedingungen – unter Einschluss der nach §§ 2 f. GWB bestehenden Freistellungsmöglichkeiten – wie für andere Formen der Unternehmenskooperation.[561]

Zum Teil im Zusammenhang mit dem Thema der strategischen Allianzen, zum Teil **195** auch unabhängig von ihnen, werden in neuerer Zeit besondere kartellrechtliche Implikationen von sog. **Vertragsnetzwerken** behandelt. Für die rechtliche Behandlung ist der Begriff des Netzwerks bedeutungslos. Entscheidend ist, ob, in welcher Weise und mit welchen Folgen die Beteiligten in ihrem wettbewerblichen Verhalten gebunden werden. Bezieht sich das Vertragsnetzwerk allein auf die Beziehungen von Angehörigen unterschiedlicher Wirtschaftsstufen,[562] etwa Hersteller und Zulieferer oder Hersteller und Händler, so sind die Grundsätze betreffend vertikal wettbewerbsbeschränkender Verträge

---

[557] BGH 8.5.2001 – KVR 12/99, BGHZ 147, 325 = WuW/E DE-R 711 (717) – Ost-Fleisch; die Entscheidung bezog sich aber auf die Gründung des Gemeinschaftsunternehmens (hierzu schon → Rn. 173 ff.) und nicht auf die an dieser Stelle diskutierte Anwendung des Kartellverbots während des Bestehens eines Gemeinschaftsunternehmens; in diesem Sinne auch OLG Düsseldorf 20.6.2007 – VI-Kart 14/06, WuW/E DE-R 2146 (2149) – Nord-KS/Xella, bestätigt durch BGH 4.3.2008 – KVZ 55/07, WuW/E DE-R 2361 (2362) – Nord-KS/Xella.

[558] BKartA TB 1989/90, 30 f.; Basedow/Jung, Strategische Allianzen, S. 1 ff.; Götz, Strategische Allianzen, S. 20 ff.; Schäfer-Kunz, Strategische Allianzen, S. 19 ff.; vgl. auch Krauß in Bunte Rn. 233.

[559] Basedow/Jung, Strategische Allianzen, S. 26 f.; zu den hieraus für die Rechtsanwendung resultierenden Schwierigkeiten Basedow/Jung S. 76 ff.

[560] Götz, Strategische Allianzen, S. 34 f.

[561] Hierzu eingehend Basedow/Jung, Strategische Allianzen, S. 61 ff.; Götz, Strategische Allianzen, S. 44 ff.; ferner BKartA TB 1989/90, 30 f.

[562] Diese Rechtsbeziehungen stehen im Mittelpunkt der Untersuchung von K. W. Lange, Das Recht der Netzwerke.

(→ Rn. 44 ff. sowie – für Vertriebssysteme – sogleich → Rn. 201 ff.) und Missbrauch wirtschaftlicher Macht (§§ 19 ff. GWB) angesprochen. Vertragsnetzwerke können sich aber auch auf das Marktverhalten von beteiligten Wettbewerbern beziehen; insofern unterliegen sie den zu horizontal wettbewerbsbeschränkend wirkenden Verträgen entwickelten Grundsätzen (hierzu → Rn. 47 ff. und – für Kooperationen – → Rn. 119 ff.). Kommen beispielsweise Automobilhersteller bei der gemeinsamen Entwicklung eines Fahrzeugs überein, gewisse Zulieferteile nur bei bestimmten Lieferanten zu beziehen, so liegt hierin eine iSv § 1 GWB relevante Koordinierung ihres Marktverhaltens. Vereinbaren die Hersteller, von Lieferanten jeweils eine Alleinbelieferung zu verlangen, so fällt auch diese Koordination unter § 1 GWB; für die vereinbarten Vertikalbindungen gilt – unter dem Vorbehalt des Eingreifens einer Gruppenfreistellungsverordnung resp. des Vorliegens der Voraussetzungen einer Einzelfallfreistellung – Gleiches.

196      Auch die Schaffung und der Betrieb von sog. **elektronischen Marktplätzen (oder Internet-Plattformen)** kann dem Tatbestand des Kartellverbots unterfallen.[563] Die jüngst reformierte Vertikal-GVO (Art. 1 Abs. 1 lit. e, insoweit orientiert an Art. 2 Nr. 2 der VO (EU) 2019/1150 (P2B-Verordnung)[564]) sowie damit korrespondierend die Vertikalleitlinien der Europäischen Kommission widmen sich nunmehr ausführlich den Charakteristika von **Online-Marktplätzen.**[565] Bezweckt oder bewirkt der Betrieb der Plattform eine Bündelung des Angebots oder der Nachfrage von Konkurrenten, so gilt das zu Verkaufs- bzw. Einkaufsgemeinschaften Gesagte (→ Rn. 119 ff.). Erlaubt das System den daran Beteiligten Rückschlüsse auf das Marktverhalten anderer Marktteilnehmer, so kommt ein Verstoß gegen § 1 GWB unter dem Gesichtspunkt des Informationsaustauschs in Betracht. Hier gelten die vorstehend zu Marktinformationsverfahren dargestellten Maßstäbe (→ Rn. 161 ff.). Ein wesentliches kartellrechtliches Beurteilungskriterium stellt dabei die Frage dar, ob das System einen Informationsaustausch unter Wettbewerbern erlaubt.[566] Einer Informationsweitergabe im Horizontalverhältnis setzt das Kartellrecht insbesondere dann enge Grenzen, wenn sie sich auf einzelne von den Kooperationspartnern geschlossene Geschäfte bezieht oder Rückschlüsse auf solche Geschäfte erlaubt (→ Rn. 161 ff.). In der Praxis kommt in diesem Zusammenhang der Frage besondere Bedeutung zu, ob das System durch besondere technische Vorkehrungen („Chinese Walls") einen Informationszugriff auf Daten von Konkurrentengeschäften verhindert. Angesichts des hohen wettbewerbsgefährdenden Potentials eines Informationsaustauschs unter Konkurrenten und des nicht von der Hand zu weisenden Eigeninteresses der Marktteilnehmer an der Erlangung von Konkurrenteninformationen[567] erscheint es angezeigt, hohe Anforderungen an den Nachweis des Bestehens technischer Hinderungsvorkehrungen zu stellen; in besonderem Maße gilt dies für Plattformen, die von konkurrierenden Unternehmen gemeinsam betrieben werden.[568] Wird ein elektronischer Marktplatz in Form eines Gemeinschaftsunternehmens errichtet, so gilt ergänzend das hierzu Ausgeführte (→ Rn. 172 ff.).

---

[563] Vgl. zum Folgenden schon Immenga/Lange RIW 2000, 733 ff.; mit eingehender Darstellung der in Betracht kommenden Gestaltungen (sog. B2B-, dh Business-to-Business-Plattformen sowie sog. B2C-, dh Business-to-Consumers-Plattformen) Henrich; ferner Wagner-von Papp S. 486 ff.; speziell zu B2B-und IoT-Plattformen Podszun/Bongartz, BB 2020, 2882 ff.; ferner Küster/Schieber, BB 2020, 2188 ff.

[564] Dazu auch Europäische Kommission, Explanatory note on the new VBER and Vertical Guidelines (abrufbar unter: https://competition-policy.ec.europa.eu/system/files/202205/explanatory_note_VBER_and_Guidelines_2022.pdf, S. 5; Christodoulo/Holzwarth NZKart 2022, 540, 544.

[565] Vgl. Leitlinien für vertikale Beschränkungen v. 30.6.2022, ABl. 2022, C 248, 1, 74 f., Rn. 332 ff.; vgl. ferner zu den Besonderheiten elektronischer Marktplätze im Kontext von Vertriebs- und Bezugsgestaltungen → Rn. 208 sowie 214 ff.

[566] Siehe EuGH 21.1.2016 – C-74/14, ECLI:EU:C:2016:42 – Eturas für die strikte Würdigung eines Informationsaustauschs auf einer gemeinsamen Informationsplattform von Reisebüros; eingehend zur generellen Thematik Wagner-von Papp S. 497 ff.

[567] Vgl. zu divergierenden Einschätzungen der Interessenlage einerseits Sura in Gramlich/Kröger/Schreibauer § 6 Rn. 61 und andererseits Wagner-von Papp S. 510.

[568] Vgl. Kierner S. 139; konkrete Hinweise zu technischen Schutzvorrichtungen bei Wagner-von Papp S. 510.

Das Bundeskartellamt hat sich in jüngerer Zeit verstärkt mit dem Informationsaustausch **197** im Rahmen von **B2B-Handelsplattformen** auseinandergesetzt und im Rahmen seines Aufgreifermessens dabei zumindest vorerst jeweils von der Einleitung eines Verfahrens abgesehen.[569] Ausfluss der Untersuchungen zu den B2B-Handelsplattformen ist eine Reihe an Fallberichten: Darin betont das Bundeskartellamt wiederholt, dass ein wettbewerbswidriger Informationsaustausch sowohl unter den Plattformnutzern als auch im Verhältnis zwischen Nutzern und Betreibern ausgeschlossen werden müsse, wobei technischen Vorkehrungen (z. B. Registrierungspflichten vor dem ersten Login, Identifikation mittels Umsatzsteueridentifikationsnummer) sowie einer organisatorischen, strukturellen und personellen Trennung von Nutzern und Betreibern besondere Bedeutung zukomme.[570]

Die dargestellten Maßstäbe gelten im Grundsatz auch für Kooperationen mit der Zielset- **198** zung einer Verbesserung der **digitalen Vernetzung.** Im Zentrum dieser Entwicklung steht die Optimierung der Produktionsabläufe im Hinblick auf das aufkommende Internet der Dinge **(Industrie 4.0).**[571] Aus kartellrechtlicher Sicht ist zu fordern, dass es durch die neu geschaffenen Vernetzungen nicht zu einem wettbewerblich bedenklichen Informationsaustausch kommt (vgl. zu den Beurteilungskriterien im Zusammenhang von Marktinformationsverfahren → Rn. 161 ff.). Hierbei ist eine detaillierte Analyse des Einzelfalles erforderlich, die die eingesetzten technischen Vorkehrungen einschließt. Kartellrechtliche Bedenken können durch Sperren für den Zugang zu erheblichen Informationen oder durch abgetrennte Zugänge ausgeräumt werden. Nach entsprechenden Kriterien kann eine gemeinsame Entwicklung und Nutzung von Systemen **künstlicher Intelligenz (KI)** und der **Blockchain-Technologie** beurteilt werden. Auch in diesen Zusammenhängen ist darauf zu achten, dass es nicht zu einem bedenklichen Informationsaustausch über die einzelnen Abschnitte der Blockchain oder durch die Besonderheiten der KI-Systeme kommt. Im Bereich der Nutzung einer Blockchain ist sicherzustellen, dass Konkurrenten keinen Einblick in fremde Vertragsinhalte samt Preisgestaltung erhalten, da dies in den Wirkungen der Verbreitung einer Preisliste gleichkommt.[572]

## IX. Kooperationen anlässlich der Covid-19-Pandemie

Im Zuge der **Covid-19-Pandemie** hat die Frage zulässiger Kooperationen (auch) unter **199** Wettbewerbern besondere Relevanz erlangt. Dazu zählen sowohl Kooperationsvereinbarungen in der Medizinbranche zwecks gemeinsamer Entwicklung von Impfstoffen und Medizinprodukten als auch solche im Versorgungsbereich, die der Aufrechterhaltung von Produktionsabläufen dienten.[573] So hatte sich das BKartA etwa jüngst mit einer B2B-„Notfall"-Plattform zu befassen, die zum Zweck der Verteilung von Impfzubehör (Sprit-

---

[569] Die verfahrensrechtliche Möglichkeit hierzu ist seit der 10. GWB-Novelle in § 32c Abs. 2 GWB explizit kodifiziert, war zuvor aber bereits Teil der ungeschriebenen Verwaltungspraxis des Amtes.
[570] Siehe illustrativ für die hohen technischen Anforderungen an den Aufbau einer B2B-Plattform für den Handel mit Stahl BKartA 27.3.2018 – Fallbericht – B5-1/18-001, S. 2 f. – XOM Metals; daran anknüpfend BKartA Pressemitteilung vom 5.2.2020 zu den Anforderungen an eine digitale Agrarplattform (Unamera); ferner BKartA 9.9.2020 – Fallbericht – B8-94/19 – OLF zu einer Online-Handelsplattform für Mineralölprodukte. Ausführlich zu allen drei Fallberichten Schön, ZWeR 2021, 518 ff.; ferner Podszun/Bongartz BB 2020, 2882 ff. Ausführlich zur Ausgestaltung digitaler Plattformen speziell von Genossenschaften auch BKartA, Leitlinien für die Vereinbarkeit des Genossenschaftswesens mit dem Kartellrecht (November 2021), Rn. 110 ff.
[571] Vgl. BKartA 27.3.2018 – Fallbericht – B5-1/18-001, S. 1 – XOM Metals.
[572] Siehe für einen Überblick über die Bedeutung des Kartellrechts im Zusammenhang der Anwendung der Blockchain-Technologie: Deng, Smart Contracts and Blockchain: Steroids for Collusion, S. 4 ff.; Louven/Saive NZKart 2018, 348 ff.; Schrepel, Is Blockchain the Death of Antitrust Law – The Blockchain Antitrust Paradox, 3. Geo.L.Tech.Rev 2019, 281 ff.; differenzierend zwischen öffentlichen und privaten Blockchains Hoffer/Mirtchev NZKart 2019, 239 (242 f.); Reimers/Brack/Modest WuW 2020, 64 (69 f.); Serafimova/Salaschek/Stadler WuW 2022, 62, 63.
[573] Vgl. zu beiden Kooperationsfacetten Monopolkommission Hauptgutachten XXIII Rn. 7 ff. Zu Herausforderungen der Covid-19-Pandemie, insbesondere im Vergleich mit Strukturkrisen, Wagner-von Papp in MüKoWettbR, 4. Aufl. 2023, Art. 101 Rn. 328 f.

zen, Kanülen etc.) gegründet worden war und mittels derer nicht zuletzt die entsprechenden Hersteller Gelegenheit erhalten sollten, sich über ihre jeweiligen Lieferkapazitäten auszutauschen[574]: In der zugehörigen Pressemitteilung hob das Amt einerseits hervor, dass es auf eine rasche Ermöglichung von Kooperationen zur Krisenbewältigung ankomme und sah daher im Rahmen seines Aufgreifermessens (nunmehr explizit kodifiziert in § 32c Abs. 2 GWB) von der Verfahrenseinleitung ab, betonte aber zugleich, dass die Kooperation zeitlich auf die pandemiebedingten außergewöhnlichen Umstände beschränkt sein müsse. Hieran zeigt sich anschaulich der schmale Grat zwischen effektiver Krisenbewältigung und langfristiger Aufrechterhaltung eines funktionsfähigen Wettbewerbs.

**200**     Diesem schmalen Grat Rechnung zu tragen, war auch die Europäische Kommission in einer entsprechenden Mitteilung bemüht: Ihr „Befristeter Rahmen für die Prüfung kartellrechtlicher Fragen der Zusammenarbeit von Unternehmen in durch den derzeitigen Covid-19-Ausbruch verursachten Notsituationen" sah vor, für die Dauer der Pandemie solche Kooperationen als nicht wettbewerbsbeschränkend zu beurteilen, die erstens objektiv erforderlich, zweitens zeitlich befristet und drittens notwendig zur Verhinderung von Versorgungsengpässen seien.[575] Mit diesem temporär großzügigeren, wenngleich im Grundsatz dennoch um Restriktion bemühten Ansatz korrespondiert ferner eine Gemeinsame Erklärung des European Competition Network,[576] in der die involvierten Behörden insbesondere betonten, die außergewöhnlichen Umstände zu berücksichtigen, nichtsdestotrotz aber gegen Unternehmen, die diese gezielt auf an sich wettbewerbswidrige Weise ausnutzten, einzuschreiten.

## J. Vertriebs- und Bezugsgestaltungen

**Schrifttum:** Alfter/Hunold, Weit, eng oder gar nicht? Unterschiedliche Entscheidungen zu den Bestpreisklauseln von Hotelportalen, WuW 2016, 525; Augenhofer, Buchen zu Bestpreisen – die Booking.com-Entscheidung des OLG Düsseldorf, NZKart 2019, 415; Beutelmann, „Die guten ins Töpfchen …" – Zur Auswahl der zugelassenen Händler in selektiven Vertriebssystemen, ZWeR 2013, 346; Böni, Kartellrechtliche Aspekte des Automobilvertriebs, WuW 2013, 479; Dallmann, Englische Klauseln nach der 7. GWB-Novelle, WRP 2006, 347; Dethof, Die Beschränkung des Internetvertriebs der Händler nach Pierre Fabre, ZWeR 2012, 503; Dieselhorst/Luhn, Kartellrechtliche Zulässigkeit der Untersagung des Vertriebs über eBay, WRP 2008, 1306; Dreyer/Lemberg, Möglichkeiten und Grenzen der Beschränkung des Internetvertriebs, BB 2012, 2004; Epple, Die Wurzeln vertikaler Preisbindung, 2015; Flohr, Franchising – Bezugsbindung, Einkaufsvorteile und Transparenz, BB 2009, 2159; Franck, Zum Schutz des Produktimages im selektiven Vertrieb, WuW 2010, 772; Frenz, Bezweckung einer Wettbewerbsbeeinträchtigung bei Gebietsabgrenzungen, WuW 2013, 41; Galle/Nauck, Bestpreisklauseln von Hotelportalen und Kartellrecht, WuW 2014, 587; Grafunder/Kofler-Senoner, Die Beurteilung vertikaler Preisbindungen durch das deutsche Bundeskartellamt und die österreichische Bundeswettbewerbsbehörde, NZKart 2018, 342; Haberer/Fries, Entwurf der neuen Vertikal-GVO – Abschied vom „sicheren Hafen"?, NZKart 2021, 444; Herrlinger, Zur Auslegung der „Beschränkung der Kundengruppe" in Art. 4 lit. b Vertikal-GVO, NZKart 2014, 92; Hübener, Vertikale Mindestpreisbindungen im US- und EU-Recht, 2016; Kapp, Das Wettbewerbsverbot der Handelsvertreter: Korrekturbedarf bei den Vertikal-Leitlinien der Kommission, WuW 2007, 1218; Kühling/Ceni-Hulek/Engelbracht, Alles wieder auf Anfang – Zur kartellrechtlichen Bewertung enger Bestpreisklauseln auf Hotelportalen, NZKart 2021, 76; Kuntze-Kaufhold, Vertriebsverbote für Internetplattformen können zur Vielfalt im Wettbewerb beitragen, WuW 2014, 476; Kumkar, Zur Zulässigkeit pauschaler Plattformverbote im Internetvertrieb von Luxuswaren, ZWeR 2018, 119; Kurth, Meistbegünstigungsklauseln im Licht der Vertikal-GVO, WuW 2003, 28; Lettl, Die neue Vertikal-GVO (EU Nr. 330/2010), WRP 2010, 807; Liebscher/Petsche, Franchising nach der neuen Gruppenfreistellungsverordnung (EG) Nr. 2790/99 für Vertikalvereinbarungen, EuZW 2000, 400; Lettl, Art. 101 Abs. 1 AEUV (sowie § 1 GWB) und Verkaufsverbote auf (digitalen) Drittplatt-

---

[574] Vgl. BKartA Pressemitteilung vom 29.3.2021 – „VCI Notfallplattform Impfzubehör".

[575] Mitteilung der Kommission v. 8.4.2020, Befristeter Rahmen für die Prüfung kartellrechtlicher Fragen der Zusammenarbeit von Unternehmen in durch den derzeitigen Covid-19-Ausbruch verursachten Notsituationen, ABl. 2020 C 116 I, 7 Rn. 15; inzwischen revidiert, vgl. Pressemitteilung der Kommission v. 3.10.2022, abrufbar unter: https://ec.europa.eu/commissioni/presscorner/detail/de/ip_22_5887.

[576] ECN v. 23.2.2020, Joint Statement by the European Competition Network (ECN) on application of competition law during the Corona crisis. Vgl. hierzu auch Monopolkommission Hauptgutachten XXIII Rn. 7.

formen, WuW 2018, 114; Linsmeier/Haag, Selektive Vertriebssysteme: Mehr Klarheit dank des Coty-Urteils, WuW 2018, 54; Lohse, Drittplattformverbote: Kernbeschränkungen des Internetvertriebs?, WuW 2014, 120; Markert, Langfristige Energiebezugsbindungen als Kartellrechtsverstoß, WRP 2003, 356; Martinek, Schwankt das Preisbindungsverbot? – Zur erneuten kartellrechtlichen und wettbewerbspolitischen Diskussion über die Preisbindung der zweiten Hand, ZVertriebsR 2013, 3; Metzlaff, Franchisesysteme und EG-Kartellrecht – neueste Entwicklungen, BB 2000, 1201; Mey, Drittplattformverbote nach der Coty-Entscheidung – Was sind Luxuswaren?, WuW 2019, 83; Mörsdorf/Schäfer, Kartellrechtliche Bewertung von Plattformparitätsklauseln – zugleich Anmerkung zum Urteil des OLG Düsseldorf in Sachen Booking, NZKart 2019, 659; Nolte, Renaissance des Handelsvertretervertriebs?, WuW 2006, 252; Pfeffer/Wegner, Neue Bekanntmachung des Bundeskartellamts zur zwischenbetrieblichen Kooperation: Bagatellbekanntmachung 2007 und Bekanntmachung KMU 2007, BB 2007, 1173, 1174; Picht/Leitz, Vertikal-dual-digital: Der Entwurf der neuen Vertikal-GVO und -Leitlinien, NZKart 2021, 480; Rösner, Aktuelle Probleme der Zulässigkeit von Selektiv-vertriebssystemen vor dem Hintergrund der Reform der Vertikal-GVO, WRP 2010, 1114; Rottmann/Schäfer, Das Ende einer langen Reise – Anmerkung zu BGH, Beschl. v. 18.5.2021, KVR 54/20 – Enge Bestpreisklausel/Booking.com, WuW 2021, 562; Schmidt, K., Doppelkontrolle für Vertikalvereinbarungen nach dem GWB?, WuW 2000, 1199; Schmitt, Kartellrechtliche Beurteilung von Kundenschutzklauseln in Austauschverträgen, WuW 2007, 1096; Schultze/Pautke/Wagener, Vertikal-GVO: Die Reformentwürfe aus Praxissicht, BB 2021, 2627; Schweda/Rudowicz, Verkaufsverbote über Online-Handelsplattformen und Kartellrecht, WRP 2013, 590; Tamke, Kartellrechtliche Beurteilung der Bestpreisklauseln von Internetplattformen, WuW 2015, 594; Toncar, Die Rule of Reason-Analyse vertikaler Mindestpreisbeschränkungen im US-Kartellrecht, 2013; Walter, Preisbindung der zweiten Hand, 2017; Wegner, Neue Kfz-GVO (VO 461/2010) – des Kaisers neue Kleider?, BB 2010, 1803 (Teil 1: die Anschlussmärkte), BB 2010, 1867 (Teil 2: Individuelle Beurteilung von Verträgen außerhalb der GVO auf den Anschlussmärkten), BB 2010, 1480 (Teil 3: Der Vertrieb von Neufahrzeugen ab Juni 2013); Zimmer, Zulässige Parallelausgaben – Die Achillesferse des Buchpreisbindungsgesetzes?, WRP 2004, 330.

## I. Besonderheiten bei der Anwendung des § 1 GWB auf Vertriebsverträge

Vielfältige in Vertriebsverträgen enthaltene Abreden bezwecken oder bewirken eine **201** Verhinderung, Einschränkung oder Verfälschung des Wettbewerbs und sind daher grundsätzlich im Anwendungsbereich des § 1 GWB. Als Beispiele hierfür können Alleinbelieferungs- und -vertriebsabreden, selektive Vertriebssysteme und Exportverbote angeführt werden (im Einzelnen → Rn. 206 ff.). Allerdings begegnen Vereinbarungen in Vertriebsverträgen oft **geringeren Bedenken** als solche zwischen Wettbewerbern. Mitunter haben Abreden in Vertikalvereinbarungen – dh in Vereinbarungen zwischen Angehörigen unterschiedlicher Ebenen der Produktions- oder Vertriebskette – sogar positive Wirkungen für Wettbewerb und Wohlfahrt.[577] Dies gilt es bei der kartellrechtlichen Beurteilung zu beachten (zur unterschiedlichen Behandlung von Horizontal- und Vertikalvereinbarungen auch schon → Rn. 88 f.).

**1. Zulässigkeit notwendiger Nebenabreden.** Mit der 7. GWB-Novelle hat der **202** deutsche Gesetzgeber die zuvor bestehende gesetzestechnische Differenzierung zwischen horizontalen und vertikalen Wettbewerbsbeschränkungen aufgegeben. Vertikalbeschränkungen unterliegen keiner Sondernorm mehr, sondern unterfallen entsprechend dem Regelungsvorbild des Art. 101 Abs. 1 AEUV rechtstechnisch in grundsätzlich gleicher Weise dem Kartellverbot wie Horizontalabreden. Die im letzten Absatz angesprochene Notwendigkeit einer **restriktiven Auslegung** des Kartellverbots bei Vertikalabreden besteht aufgrund der im Vergleich zu horizontalen Abreden oft geringeren Nachteile für den Wettbewerb bzw. wohlfartsökonomisch sogar positiven Auswirkungen nach dieser Erweiterung des Anwendungsbereichs des § 1 GWB fort. Unter Aufgabe der Formel vom „anzuerkennenden Interesse" stellt die Rechtsprechung zur Zulässigkeit von Nebenabreden – angeführt durch die „Subunternehmer II"-Entscheidung des BGH – nunmehr für eine restriktive Auslegung des § 1 GWB auf eine **„durch den Vertragszweck gebotene Notwendigkeit"** der wettbewerbsbeschränkenden Abrede ab.[578]

---

[577] Vgl. Leitlinien für vertikale Beschränkungen v. 30.6.2022, ABl. 2022, C 248, 1, 6 f. Rn. 10, 12 ff.

[578] BGH 10.12.2008 – KZR 54/08, WuW/E DE-R 2554 Rn. 15 ff. sowie Ls. – Subunternehmervertrag II; im Anschluss daran OLG Düsseldorf 2.12.2009 – VI-U (Kart) 8/09, BeckRS 2010, 2704; aufgreifend auch BGH 31.5.2012 – I ZR 198/11, GRUR-RR 2012, 495 Rn. 9; anders noch OLG Düsseldorf 30.5.2007 – VI-U (Kart) 37/06, BeckRS 2007, 11288.

**203**    Der Ausschluss einer Tatbestandsreduktion aufgrund berechtigten und mit der Zielsetzung des Gesetzes nicht in Konflikt stehenden (anzuerkennenden) Interesses erscheint weiterhin deshalb richtig, da sich diese in der Rechtsprechung des BGH dogmatisch stark einer wettbewerblichen Gesamtwürdigung (iS einer rule of reason) annäherte.[579] Eine solche Kosten-Nutzen-Abwägung stellt sich jedoch im Rahmen des durch die 7. GWB-Novelle eingeführten Systems der Legalausnahme systematisch eher als Kriterium im Rahmen der Freistellungstatbestände denn als tatbestandsimmanente Begrenzung dar.[580] Damit muss eine wettbewerbliche Gesamtwürdigung bei der Behandlung **einzelner Fallgruppen** im Rahmen einer Tatbestandsreduktion jedoch nicht völlig ausscheiden. Die europäische Rechtsprechung hat bei qualitativ selektiven Vertriebsvereinbarungen eine Tatbestandsreduktion erwogen, die aufgrund kohärenter Auslegung auch bei der Anwendung des § 1 GWB berücksichtigt werden kann (dazu noch → Rn. 206 ff.).[581] Bei Ausschließlichkeitsklauseln hat der Gerichtshof eine Gesamtbetrachtung der wettbewerbsbeschränkenden und der wettbewerbsfördernden Wirkungen einer Vertragsklausel angestellt.[582]

**204**    **2. Spürbarkeit der Wettbewerbsbeschränkung.** Bei der von § 1 GWB geforderten Prüfung einer **Spürbarkeit** der Wettbewerbsbeeinträchtigung (hierzu grds. → Rn. 49) ist zu berücksichtigen, dass Verhaltensbindungen in Vertriebsverträgen den Wettbewerb auf andere Weise beeinflussen als horizontale Kartellabreden. Orientiert man sich dabei an der etablierten Praxis der europäischen Rechtsprechung, so bedeutet dies: Zum einen ist das Tatbestandsmerkmal der ,Wettbewerbsbeschränkung' bei Vertriebsverträgen nicht einfach mit der Einschränkung der Handlungsfreiheit der Vertragsparteien gleichzusetzen: Verhaltensbindungen in Vertriebsverträgen sind höchst selten per se wettbewerbsbeschränkend.[583] Daher sind vertikale Vertriebsvereinbarungen meist nicht als bezweckte Wettbewerbsbeschränkung zu klassifizieren, sodass die vom BGH nunmehr übernommene Expedia-Rechtsprechung des EuGH,[584] die alle bezweckten Wettbewerbsbeschränkungen als per se spürbar einordnet, im Falle von Vertriebsverträgen regelmäßig keine Relevanz hat. Im Regelfall ist vielmehr eine Gesamtwürdigung des Marktkontextes erforderlich, die eine Reihe von Faktoren berücksichtigt – darunter va die relative Marktstellung des

---

[579] Dazu siehe Zimmer in Immenga/Mestmäcker, 4. Aufl. 2007, Rn. 354.

[580] Vgl. Schmitt WuW 2007, 1096 (1100), der eine Abwägung auch der Freistellungsentscheidung vorbehält, am Kriterium des anzuerkennenden Interesses aber dennoch festhält; zum europäischen Recht EuGH 13.7.1966 – 56/64, 58/64, ECLI:EU:C:1966:41 = Slg. 1966, 321 (390) – Consten/Grundig zur Frage einer „rule of reason"-Abwägung zwischen Interbrand- und Intrabrand-Wettbewerb. Klar ablehnend zur „rule of reason" im Rahmen von Art. 101 Abs. 1 AEUV EuG 18.9.2001 – T-112/99, ECLI:EU:T:2001:215 Rn. 72 ff. – Métropole Télévision – M6 ua/Kommission; EuG 23.10.2003 –T-65/98, ECLI:EU:T:2003:281 Rn. 106 f. – Van den Bergh Foods/Kommission; EuG 2.5.2006 – T-328/03, ECLI:EU:T:2006:116 = WuW/E Eu-R 1174 Rn. 69 – O2/Kommission; auch die Kommission geht von einer Verortung der Kosten-Nutzen-Abwägung innerhalb der Freistellungsentscheidung aus, vgl. Leitlinien für vertikale Beschränkungen v. 30.6.2022, ABl. 2022, C 248, 1, 4, Rn. 6.

[581] Vgl. zur europäischen Rechtsprechung EuGH 25.10.1977 – 26/76, ECLI:EU:C:1977:167 Rn. 20 – Metro I; EuGH 11.12.1980 – 31/80, ECLI:EU:C:1980:289 Rn. 16 – L'Oréal; EuGH 25.10.1983 – 107/82, ECLI:EU:C:1983:293 Rn. 33 – AEG-Telefunken/Kommission; EuGH 3.7.1985 – 243/83, ECLI:EU:C:1985:284 Rn. 31 – Binon/AMP; EuGH 13.1.1994 – C-376/92, ECLI:EU:C:1994:5 Rn. 34 – Metro/Cartier; auch EuGH 13.10.2011 – C-439/09, ECLI:EU:C:2011:649 = WuW-E EU-R 2163 Rn. 41 – Pierre Fabre Dermo-Cosmétique SAS mit eindeutiger Unterscheidung zwischen dem Tatbestandsausschluss bei qualitativ-selektivem Vertrieb sowie einer ansonsten möglichen Freistellung (Rn. 48 ff.); vgl. auch EuG 27.2.1992 – T-19/91, ECLI:EU:T:1992:28 Rn. 69–71 – Vichy/Kommissison; EuG 12.12.1996 – T-88/92, ECLI:EU:T:1996:192 Rn. 106 – Édouard Leclerc/Kommission.

[582] Vgl. EuGH 28.2.1991 – C-234/89, ECLI:EU:C:1991:91 Rn. 11 f. – Delimitis/Henningerbräu; hierzu ausführlich → AEUV Art. 101 Abs. 1 Rn. 133.

[583] In der europäischen Spruchpraxis wird eine bezweckte Wettbewerbsbeschränkung idR nur bei Exportverboten und absolutem Gebietsschutz angenommen (→ AEUV Art. 101 Abs. 1 Rn. 209). Dies beruht freilich auf spezifisch integrationspolitischen Gründen und dürfte damit im Rahmen von § 1 GWB nicht anknüpfungsfähig sein.

[584] EuGH 13.12.2012 – C-226/11, ECLI:EU:C:2012:795 Rn. 35 ff. – Expedia; vgl. zu § 1 GWB: BGH 12.6.2018 – KZR 4/16, NZKart 2018, 372 (373 f.) – Busverkehr im Altmarkkreis.

Lieferanten, des Käufers und der Wettbewerber sowie die existierenden Marktzutrittsschranken, die Marktreife und die dynamische Marktentwicklung. Ausschlaggebend ist dabei, ob die zu beurteilende Vertriebspraxis zu **Marktabschottungseffekten** oder zu einer messbaren **Einschränkung des Intrabrand-Wettbewerbs** zwischen verschiedenen Vertriebshändlern führt. Nur wenn dies der Fall ist, kann von einer ‚Wettbewerbsbeschränkung' iSv § 1 GWB gesprochen werden. Zum anderen ist auch bei der Prüfung der Spürbarkeit der Wettbewerbsbeschränkung besondere Rücksicht auf das im Vergleich zu Horizontalvereinbarungen relativ geringe Potential wettbewerblicher Schädlichkeit von Vertriebsbindungen zu nehmen. Das BKartA ist aus diesem Grunde der Auffassung, dass vertikale Vereinbarungen zwischen Unternehmen den Wettbewerb iSd § 1 GWB bzw. Art. 101 Abs. 1 AEUV grundsätzlich nicht spürbar beschränken, wenn die Marktanteile der beteiligten Unternehmen auf keinem der betroffenen Märkte 15 % überschreiten.[585]

Eine weitere Besonderheit, die bei der Prüfung der Spürbarkeit wettbewerbsbeschränkender Wirkungen von Vertriebsverträgen zu beachten ist, wird unter dem Stichwort **Bündeltheorie** diskutiert: Diese Denkfigur, die auch in der deutschen Spruchpraxis zu § 16 GWB aF bereits eine Rolle gespielt hat,[586] beschreibt den kumulativen marktabschottenden Effekt von nebeneinander bestehenden gleichartigen Vertriebsverträgen (dazu bereits → Rn. 50). Auch hierauf ist bei der Würdigung von Vertriebsverträgen nach § 1 GWB besondere Rücksicht zu nehmen. Folgt man den Bagatellbekanntmachungen von BKartA und EU-Kommission, so ist ein solcher kumulativer marktabschottender Effekt allerdings erst bei einer Marktabdeckungsquote von 30 % zu vermuten. Zudem beschränken in diesem Fall nicht alle beteiligten Parallelverträge den Wettbewerb; haben die Vertragsparteien auf keinem betroffenen Markt mehr als 5 % Marktanteil, so geht von ihren Verträgen hiernach keine wettbewerbsbeschränkende Wirkung aus.[587]

**205**

## II. Einzelne Vertriebsgestaltungen

**1. Handelsvertreter- und Kommissionsverhältnisse, resp. Online-Vermittlungsdienste.** Trägt ein Handelsvertreter oder Kommissionär hinsichtlich der vermittelten Geschäfte kein wesentliches geschäftliches Risiko, so liegt ein echtes Handelsvertreterverhältnis vor, innerhalb dessen alle Vorgaben des Geschäftsherrn (Prinzipals) hinsichtlich der vermittelten Geschäfte schon **tatbestandlich** keine Wettbewerbsbeschränkung darstellen. Anders liegt es hingegen bei Wettbewerbsverboten und sonstigen Abreden, die das Verhältnis zwischen Geschäftsherrn und Agenten ausgestalten: Gehen diese über das funktionsnotwendige Mindestmaß hinaus und lässt sich eine spürbare Auswirkung auf den

**206**

---

[585] Bekanntmachung Nr. 18/2007 des Bundeskartellamtes über die Nichtverfolgung von Kooperationsabreden mit geringer wettbewerbsbeschränkender Bedeutung Rn. 9; vgl. zu Art. 101 Abs. 1 AEUV die Bekanntmachung der Kommission über Vereinbarungen von geringer Bedeutung, die den Wettbewerb gemäß Artikel 101 Absatz 1 des Vertrags über die Arbeitsweise der Europäischen Union nicht spürbar beschränken (de minimis), ABl. 2014 C 291, 1 Rn. 8. Zu beachten ist dabei aber, dass eine vertikale Vereinbarung nur dann vorliegt, wenn die beteiligten Unternehmen weder in einem tatsächlichen noch in einem potenziellen Wettbewerbsverhältnis zueinander stehen. Das hat zur Folge, dass beispielsweise in Fällen des „zweigleisigen" Vertriebs („dual distribution") die Vertriebsvereinbarungen des Lieferanten nicht in den Genuss des 15 %-Schwellenwertes gelangen, sondern anhand des Maßstabes für Vereinbarungen unter Wettbewerbern (10 %) zu beurteilen sind. Vgl. zu den Neuerungen bezüglich des zweigleisigen Vertriebs, die sich jüngst im Zuge der Reform des europäischen Vertriebsrechts ergeben haben, noch unter → Rn. 226 ff.

[586] BGH 25.9.1990 – KVR 2/89, BGHZ 112, 218 (225), WuW/E BGH 2668 (2670) – Pauschalreisen-Vermittlung.

[587] Bekanntmachung Nr. 18/2007 des Bundeskartellamtes über die Nichtverfolgung von Kooperationsabreden mit geringer wettbewerbsbeschränkender Bedeutung Rn. 11; vgl. zu Art. 101 Abs. 1 AEUV auch Bekanntmachung der Kommission über Vereinbarungen von geringer Bedeutung, die den Wettbewerb gemäß Artikel 101 Absatz 1 des Vertrags über die Arbeitsweise der Europäischen Union nicht spürbar beschränken (de minimis), ABl. 2014 C 291, 1 Rn. 10; zum unterschiedlich strengen Maßstab im Bezug auf die Anwendung der 5 %-Grenze zwischen BKartA (positive Vermutung der Marktabschottung bei 30 % Marktabdeckungsquote) und Kommission (lediglich negative Vermutung bei Unterschreitung der 30 %-Grenze) siehe Krauß in Bunte Rn. 201 sowie Pfeffer/Wegner BB 2007, 1173 (1174).

Wettbewerb feststellen (namentlich eine **Abschottung des Marktes für Vermittlungsdienstleistungen**), so liegt selbst bei echten Handelsvertreterverhältnissen eine freistellungsbedürftige Wettbewerbsbeschränkung iSv § 1 GWB vor.[588]

207    Diese Behandlung von Handelsvertreterverhältnissen entspricht nunmehr auch der europäischen Spruchpraxis, nachdem der EuGH mit dem Urteil „Confederación/CESPA"[589] eine Änderung seiner bisherigen Rechtsprechung vollzog, die sich im Urteil „CESPA/Tobar"[590] manifestiert hat. Zuvor tendierte die europäische Rechtsprechung abweichend vom nationalen Weg des BGH[591] dahin, dass ein echter Handelsvertretervertrag in dogmatischer Anlehnung an das Konzernprivileg[592] nur vorlag, wenn der Vertreter in den Geschäftsbetrieb des Prinzipals vollständig eingegliedert war und damit eine wirtschaftliche Einheit vorlag, sodass sich die Tragung aller wesentlichen Geschäftsrisiken durch den Prinzipal zwar als notwendig, nicht aber hinreichend darstellte (sog. Eingliederungslehre).[593] Folge des Bestehens einer wirtschaftlichen Einheit war die vollständige Ausklammerung des gesamten Vertragsverhältnisses aus dem Anwendungsbereich des Art. 101 Abs. 1 AEUV.[594] Die Kommission vertrat demgegenüber in ihren Vertikalleitlinien schon damals eine differenzierte, dem deutschen Modell vergleichbare Auffassung.[595] Diesen Weg schlägt nun auch der EuGH ein, der zwar weiterhin auf das Merkmal der „Unabhängigkeit" des Vertreters in Abgrenzung zur wirtschaftlichen Einheit abstellt, diese jedoch nunmehr bereits annimmt, wenn der Absatzmittler („in einem nicht unerheblichen Umfang"[596]) „die finanziellen und kommerziellen Risiken des Absatzes oder der Abwicklung der mit Dritten geschlossenen Verträge zu tragen" hat.[597] Auch erkennt der EuGH nunmehr die in der Rechtsprechung des BGH schon praktizierte Unterscheidung zwischen nicht unter den Tatbestand des Art. 101 Abs. 1 AEUV fallenden Verpflichtungen, „die dem Absatzmittler i. R. des Verkaufs der Waren an Dritte für Rechnung des Geschäftsherrn auferlegt werden", und solchen „Bestimmungen über die Beziehung zwischen dem Handelsvertreter und dem Geschäftsherrn [...], auf die dieser Art. (scil. ex-Art. 85 Abs. 1 EGV, nunmehr Art. 101 Abs. 1

---

[588] Siehe Zimmer in Immenga/Mestmäcker, 5. Aufl. 2014, Rn. 323 zur Rechtslage vor der 7. GWB-Novelle.

[589] EuGH 14.12.2006 – C-217/05, ECLI:EU:C:2006:784 – Confederación/Cespa.

[590] EuGH 11.9.2008 – C-279/06, ECLI:EU:C:2008:485 – CESPA/Tobar.

[591] Missverständlich im Vergleich zur oben dargestellten Rechtsprechung des BGH allerdings das semantisch an die frühere europarechtliche Rechtsprechung angelehnte Abstellen auf die „Eingliederung der Bekl. als Handelsvertreter in die Vertriebsorganisation des Kl." in BGH 4.3.2008 – KZR 36/05, NJW-RR 2008, 1491 Rn. 40.

[592] EuGH 14.7.1972 – 48/69, ECLI:EU:C:1972:70 Rn. 134 – ICI; EuGH 4.5.1988 – 30/87, ECLI:EU:C:1988:225 Rn. 19 – Bodson/Pompes Funèbres; EuGH 24.10.1996 – C-73/95 P, ECLI:EU:C:1996:405 Rn. 16 – Viho/Kommission.

[593] Vgl. dazu etwa EuGH 1.10.1987 – 311/85, ECLI:EU:C:1987:418 Rn. 20 – Vlaamse Reisbureaus; EuG 15.9.2005 – T-325/01, ECLI:EU:T:2005:322 Rn. 88, 102 – DaimlerChrysler/Kommission; unklar hingegen EuGH 16.12.1975 – 40/73, ECLI:EU:C:1975:174 Rn. 486 – Suiker Unie, wo der EuGH auf die Marktzutrittsmöglichkeiten von Mitbewerbern abstellt; vgl. auch die Darstellungen bei Kling/Thomas § 5 Rn. 168 ff.

[594] Zuletzt EuG 15.9.2005 – T-325/01, ECLI:EU:T:2005:322 Rn. 88, 102 – DaimlerChrysler/Kommission; hierzu Nolte WuW 2006, 252 ff.; Ensthaler/Gesmann-Nuissl EuZW 2006, 167 ff.

[595] Vgl. Mitteilung der Kommission – Leitlinien für vertikale Beschränkungen, ABl. 2000 C 291, 1 Rn. 12 ff.; kritisch damals Nolte WuW 2006, 252 ff., der für eine „berichtigende Auslegung" der Leitlinien im Lichte der EuG-Entscheidung „DaimlerChrysler/Kommission" plädierte; nachfolgend Leitlinien für vertikale Beschränkungen, ABl. 2010 C 130, 1 Rn. 12 ff.; zu den mit der damaligen Reform verbundenen praxisrelevanten Änderungen der Leitlinien für vertikale Beschränkungen im Vergleich mit deren vorheriger Fassung siehe Malec/von Bodungen BB 2010, 2383 f.; vgl. nunmehr zu Handelsvertreterverträgen Leitlinien für vertikale Beschränkungen v. 30.6.2022, ABl. 2022, C 248, 1, 11 Rn. 29.

[596] EuGH 14.12.2006 – C-217/05, ECLI:EU:C:2006:784 Rn. 61, 65 – Confederación/Cespa; EuGH 11.9.2008 – C-279/06, ECLI:EU:C:2008:485 Rn. 40, 44 – CESPA/Tobar; so auch die Leitlinien für vertikale Beschränkungen v. 30.6.2022, ABl. 2022, C 248, 1, 11 Rn. 30: „nur unbedeutende Risiken"; unklar bleibt allerdings, wann lediglich „unbedeutende Risiken" vorliegen, vgl. auch Malec/von Bodungen BB 2010, 2383 (2384).

[597] EuGH 14.12.2006 – C-217/05, ECLI:EU:C:2006:784 Rn. 45 – Confederación/Cespa; siehe auch EuGH 11.9.2008 – C-279/06, ECLI:EU:C:2008:485 Rn. 44 – CESPA/Tobar.

AEUV) Anwendung findet, wie Ausschließlichkeits- und Wettbewerbsverbotsklauseln", an.[598] Ferner hat sich die Europäische Kommission im Zuge der jüngst erfolgten Reform des europäischen Vertriebskartellrechts erstmals relativ ausführlich zu einer **Kombination von Händler- und Handelsvertretervertrieb** positioniert: So sei nicht ausgeschlossen, dass ein und derselbe Akteur für bestimmte Waren oder Dienstleistungen eines Herstellers als unabhängiger Händler und für andere Waren oder Dienstleistungen desselben Herstellers als echter Handelsvertreters agiere, vorausgesetzt, dass sich die Tätigkeiten und Risiken beider Verhältnisse klar abgrenzen ließen.[599]

In Bezug auf die in jüngerer Zeit aufgeworfene Frage, ob einem **Online-Vermittlungs-** **208** **dienst** mit Blick auf den jeweils vermittelten Vertrag die Rolle eines Handelsvertreters zukomme,[600] hat die Reform des europäischen Vertriebskartellrechts nun ebenfalls ein Stück weit Klarheit mit sich gebracht. Die Vertikal-GVO enthält in Art. 1 Abs. 1 lit. d nun erstmals eine Definition des „Anbieters", die explizit auch Online-Vermittlungsdienste (neu definiert in Art. 1 Abs. 1 lit. e Vertikal-GVO) als Anwendungsfall miteinschließt.[601] In der Konsequenz sind fortan als Kontrollmaßstab insbesondere sämtliche den „Anbieter" adressierende Kernbeschränkungen der Vertikal-GVO auf Online-Vermittlungsdienste bei Abschluss eines Vermittlungsvertrags anwendbar.

Eine zusätzliche Verschärfung sieht die neue Vertikal-GVO ferner für **hybrid** ausgerichtete Online-Vermittlungsdienste vor, die nicht nur auf dem Vermittlungsmarkt, sondern auch als Anbieter auf dem Markt für die vermittelte Leistung tätig sind; deren Vermittlungsverträge sind gem. Art. 2 Abs. 6 Vertikal-GVO einer Gruppenfreistellung von vornherein nicht mehr zugänglich.[602] Wegen weiterer Neuerungen, die die Reform des europäischen Vertriebskartellrechts für die Beurteilung des Internetvertriebs mit sich gebracht hat, wird auf → Rn. 217 verwiesen.

**2. Selektiver Vertrieb („Fachhandelsbindungen").** Eine der praktisch wichtigsten **209** Vertriebsformen für hochwertige Markenartikel stellt der sog. **selektive Vertrieb** dar. Hierunter versteht man ein idR vom Hersteller begründetes System vertraglicher Abreden, die es den Händlern untersagen, Vertragswaren oder -dienstleistungen an Weiterverkäufer zu liefern, die vom Hersteller nicht zum Vertrieb zugelassen worden sind (sog. systemfremde Außenseiter).[603] Die zugelassenen Händler werden insoweit hinsichtlich ihrer Weiterverkaufsmöglichkeiten auf einen bestimmten Kreis von belieferungswürdigen Händlern und Verkaufsstätten beschränkt.

---

[598] EuGH 14.12.2006 – C-217/05, ECLI:EU:C:2006:784 Rn. 62 – Confederación/Cespa; siehe auch EuGH 11.9.2008 – C-279/06, ECLI:EU:C:2008:485 Rn. 41 – CESPA/Tobar; vgl. zu dieser Unterscheidung auch Leitlinien für vertikale Beschränkungen v. 30.6.2022, ABl. 2022, C 248, 1, 15 f. Rn. 41 ff.; bei Vorliegen der Voraussetzungen für eine Anwendung von Art. 101 Abs. 1 AEUV bedarf es freilich darüber hinaus einer abschottenden Wirkung auf dem betroffenen Markt; weiterhin kommt eine Freistellung nach Art. 2 Abs. 1 iVm Art. 3 Abs. 1, Art. 5 Abs. 1 lit. a Vertikal-GVO in Betracht; für eine per se-Zulässigkeit „allgemeiner" Wettbewerbsverbote von Handelsvertretern trotz evtl. Marktabschottung Kapp WuW 2007, 1218 (1224 ff.).

[599] Leitlinien für vertikale Beschränkungen v. 30.6.2022, ABl. 2022, C 248, 1, 13 Rn. 36; ferner Rn. 37 unter Hinweis auf die mögliche Komplexität einer solchen Abgrenzung. Ausführlicher hierzu Grafunder/ Peters WuW 2022, 302, 305 ff.; Wolf in MüKoWettbR, 4. Aufl. 2023, Art. 101 Rn. 537.

[600] Für die Einstufung als Handelsvertreter noch auf Basis von Art. 1 Abs. 1 lit. h Vertikal-GVO aF (der Begriff des Abnehmers ist nunmehr in Art. 1 Abs. 1 lit. k Vertikal-GVO definiert) etwa OLG Düsseldorf 4.12.2017 – VI-U (Kart) 5/17, NZKart 2018, 54 (55) – Expedia sowie Kumkar NZKart 2017, 47 (52 f.); vgl. hierzu ferner (ohne konkrete Positionierung) BKartA Arbeitspapier Marktmacht von Plattformen und Netzwerken, Juni 2016, S. 16.

[601] Hierzu ferner Leitlinien für vertikale Beschränkungen v. 30.6.2022, ABl. 2022, C 248, 1, 16 f. Rn. 46 und 20 Rn. 67.

[602] Vgl. hierzu Leitlinien für vertikale Beschränkungen v. 30.6.2022, ABl. 2022, C 248, 1, 28 f. Rn. 104 ff.

[603] Vgl. auch die gemeinschaftsrechtliche Definition in Art. 1 Abs. 1 lit. g Vertikal-GVO; zur Auslegung des Begriffs „festgelegte Merkmale" vgl. EuGH 14.6.2012 – C-158/11, ECLI:EU:C:2012:351 = WuW/E EU-R 2394 Rn. 30 ff. – Auto 24 SARL/Jaguar Rover France SAS bzgl. Art. 1 Abs. 1 lit. f GVO KFZ-Vertrieb aF; zur Übertragbarkeit auf Art. 1 Abs. 1 lit. e Vertikal-GVO aF (nunmehr Art. 1 Abs. 1 lit. g Vertikal-GVO) Beutelmann ZWeR 2013, 346 (352 f.).

**210**    Vereinbarungen, die einem Händler untersagen, Vertragsprodukte an systemfremde
Außenseiter zu liefern, sind ebenso wie andere vertragliche Vorgaben hinsichtlich des
belieferbaren Kundenkreises prinzipiell nach § 1 GWB untersagt und bedürfen zu ihrer
Wirksamkeit einer Freistellung nach § 2 GWB.[604] Angesichts des legitimen Hersteller-
interesses an einem fachgerechten Vertrieb seiner Ware[605] hat die europäische Rechtsprechung freilich schon früh eine Reihe von Sonderregeln speziell für selektive Vertriebssysteme entwickelt, die in vielen Fällen schon den **Tatbestand** einer Wettbewerbsbeschränkung ausschließen (zu den Einzelheiten → AEUV Art. 101 Abs. 1 Rn. 278).
Diese Grundsätze sind nunmehr – entsprechend der gesetzgeberischen Absicht weitgehender Rechtsangleichung – auch in der deutschen Gerichtspraxis als Grundlage für die Beurteilung selektiver Vertriebsabreden herangezogen worden. § 1 GWB ist demnach **mangels
einer ‚Wettbewerbsbeschränkung'** unanwendbar, wenn „die Auswahl der Wiederverkäufer nicht an quantitative Beschränkungen, sondern an **objektive Gesichtspunkte
qualitativer Art** anknüpft", die sich „nach den Anforderungen des betreffenden Produkts
richten und auf die fachliche Eignung des Wiederverkäufers und seines Personals und auf
seine sachliche Ausstattung beziehen", und diese „**einheitlich und diskriminierungsfrei**
angewandt werden".[606] Dabei verlangen die Merkmale der Einheitlichkeit und Diskriminierungsfreiheit nicht unbedingt eine **Lückenlosigkeit** des Systems;[607] zu verlangen ist
aber, dass den Lücken im Vertriebsnetz eine nachvollziehbare und willkürfreie Vertriebspolitik zugrunde liegt.[608] Zudem müssen die Eigenschaften des in Rede stehenden Erzeugnisses zur Wahrung seiner Qualität und seines richtigen Gebrauchs ein solches selektives
Vertriebssystem und die in diesem Rahmen vereinbarten Lieferbeschränkungen grundsätzlich **erfordern**.[609] Dies soll nach der Rechtsprechung schon dann der Fall sein, wenn
ein Hersteller von Markenartikeln diese unter Anknüpfung an objektive Produkteigenschaften als hochpreisige Spitzenprodukte positioniert.[610]

---

[604] Siehe Zimmer in Immenga/Mestmäcker, 5. Aufl. 2014, Rn. 327 zur Rechtslage vor der 7. GWB-
Novelle.

[605] Hierzu ausführlich Leitlinien für vertikale Beschränkungen v. 30.6.2022, ABl. 2022, C 248, 1, 6 f.
Rn. 12 ff.

[606] So unter Hinweis auf die europäische Rechtsprechung OLG Karlsruhe 25.11.2009 – 6 U 47/08 Kart,
WuW/E DE-R 2789 Rn. 50 – Schulranzen (Hervorhebungen durch den Verf.); vgl. auch Vorinstanz LG
Mannheim 14.3.2008 – 7 O 263/07, WuW/E DE-R 2322 Rn. 35 f. – Schulranzen sowie LG Berlin
21.4.2009 – 16 O 729/07, BB 2009, 1381 f.; jüngst etwa OLG Stuttgart 2.4.2020 – 2 U 88/17, ZVertriebsR
2020, 326 (330 ff.); inzwischen bestätigt vom BGH 6.7.2021 – KZR 35/20, NZKart 2021, 574 (576 ff.)
– Porsche Tuning II; zur europäischen Rechtsprechung vgl. EuGH 25.10.1977 – 26/76, ECLI:EU:
C:1977:167 Rn. 20 – Metro I; EuGH 11.12.1980 – 31/80, ECLI:EU:C:1980:289 Rn. 16 – L'Oréal; EuGH
25.10.1983 – 107/82, ECLI:EU:C:1983:293 Rn. 33 – AEG-Telefunken/Kommission; EuGH 3.7.1985 –
243/83, ECLI:EU:C:1985:284 Rn. 31 – Binon/AMP; EuGH 13.1.1994 – C-376/92, ECLI:EU:C:1994:5
Rn. 34 – Metro/Cartier; EuGH 13.10.2011 – C-439/09, ECLI:EU:C:2011:649 = WuW/E EU-R 2163
Rn. 41 – Pierre Fabre Dermo-Cosmétique SAS; EuGH 6.12.2017 – C-230/16, ECLI:EU:C:2017:941
Rn. 24 – Coty; EuG 27.2.1992 – T-19/91, ECLI:EU:T:1992:28 Rn. 69–71 – Vichy/Kommisson; EuG
12.12.1996 – T-88/92, ECLI:EU:T:1996:192 Rn. 106 – Édouard Leclerc/Kommission.

[607] Vgl. OLG Karlsruhe 25.11.2009 – 6 U 47/08 Kart, WuW/E DE-R 2789 Rn. 60 – Schulranzen; vgl.
in der europäischen Rechtsprechung EuGH 13.1.1994 – C-376/92, ECLI:EU:C:1994:5 – Metro/Cartier;
EuGH 5.6.1997 – C-41/96, ECLI:EU:C:1997:283 Rn. 12 – VAG-Händlerbeirat/SYD-Consult.

[608] So jetzt auch OLG Karlsruhe 25.11.2009 – 6 U 47/08 Kart, WuW/E DE-R 2789 Rn. 60 –
Schulranzen; im europarechtlichen Fall „Metro/Cartier" war der Selektivvertrieb für Cartier-Uhren auf das
Gebiet der Gemeinschaft beschränkt. In Drittstaaten wurden hingegen keine besonderen Zulassungskriterien
für Händler aufgestellt (EuGH 13.1.1994 – C-376/92, ECLI:EU:C:1994:5 Rn. 17 – Metro/Cartier).

[609] Dazu OLG Karlsruhe 25.11.2009 – 6 U 47/08 Kart, WuW/E DE-R 2789 Rn. 50 ff., 57 – Schulranzen; vgl. auch EuGH 11.12.1980 – 31/80, ECLI:EU:C:1980:289 Rn. 16 – L'Oréal.

[610] OLG Karlsruhe 25.11.2009 – 6 U 47/08 Kart, WuW/E DE-R 2789 Ls. 2 – Schulranzen; nicht
erforderlich sei es, dass es sich bei dem Produkt um ein Luxusprodukt handelt, das die „Aura des Exklusiven"
umgibt, vgl. OLG Karlsruhe 25.11.2009 – 6 U 47/08 Kart, WuW/E DE-R 2789 Rn. 56 – Schulranzen; so
auch OLG Hamburg 22.3.2018 – 3 U 250/16, GRUR 2018, 750 Rn. 44; ebenfalls Lettl WuW 2018, 114
(117); Nägele/Apel, WRP 2018, 1044 (1046 f.); Rösner WRP 2010, 1114 (1115); anders aber wohl LG
Berlin 21.4.2009 – 16 O 729/07, BB 2009, 1381 (1382). Zum Erfordernis einer „Aura der Exklusivität" siehe
KOMM. 24.7.1992 – IV/33.542, ABl. 1992 L 236, 11 Rn. 5 – Givenchy; bestätigt durch EuG 12.12.1996 –
T-19/92, ECLI:EU:T:1996:190 Rn. 109; der EuGH erachtet als ausreichend auch eine „luxuriöse Aus-

In einem jüngst veröffentlichen Fallbericht setzte sich das Bundeskartellamt ferner mit einer **Kombination von Wettbewerbsverbot und selektivem Vertriebssystem** auseinander: Im zugrundeliegenden Sachverhalt hinderte die Betreiberin eines selektiven Vertriebssystems für motorisierte Gartengeräte die in das System eingegliederten Fachhändler daran, bezüglich bestimmter Produkte ergänzend auf andere Hersteller zu rekurrieren; diese Zusatzvereinbarung stufte das Bundeskartellamt, das seiner feststellenden Entscheidung auf Basis des § 32 Abs. 3 GWB insoweit eine „erhebliche Signalwirkung für andere Hersteller" in ähnlich gelagerten Fällen beimisst, als unzulässig ein und berief sich dabei auf einen marktabschottend wirkenden Entmutigungseffekt für an sich markeintrittswillige Newcomer.[611]

Auch die Frage nach der Zulässigkeit bindender Verkaufsmodalitäten durch den Hersteller in Bezug auf den Verkauf durch Wiederverkäufer an Endverbraucher – namentlich durch **Einschränkungen der Vertriebsmöglichkeiten über das Internet** – hat in jüngerer Zeit vermehrt an Relevanz gewonnen (dazu → Rn. 214 ff.).

Ein selektives Vertriebssystem, welches sich nicht durch die Eigenschaften des Vertrags- **211** produkts rechtfertigen lässt, kann nach § 2 GWB (iVm Vertikal-GVO bzw. GVO Kfz-Vertrieb[612]) freigestellt sein.[613] Art. 4 lit. c Vertikal-GVO widmet sich eigens selektiven Vertriebssystemen und statuiert dabei u. a. zahlreiche Ausnahmen von dem Grundsatz, dass Beschränkungen gegenüber den Mitgliedern eines selektiven Vertriebssystems bezüglich der Gebiete bzw. Kunden, an die sie ihre Vertragswaren oder -dienstleistungen aktiv oder passiv verkaufen dürfen, unzulässig sind (i Hs. 1). Eine jener Ausnahmen besteht gem. Art. 4 lit. c i Hs. 2 Nr. 2 Vertikal-GVO etwa darin, dass der Anbieter eines selektiven Vertriebssystems die Mitglieder seines Systems (und mittelbar ebenso die Kunden seiner Mitglieder) darin beschränken kann, im Gebiet des selektiven Vertriebssystems an nicht zum System zugelassene Händler aktiv oder passiv zu verkaufen, ohne dass es sich hierbei um eine Kernbeschränkung handelt.

Was eine **Kombination von selektivem Vertrieb und Gebietsschutz** in demselben **212** Gebiet anbelangt, so qualifizierte die Vertikal-GVO in ihrer **alten Fassung,** also vor der im Mai/Juni 2022 erfolgten Reform, eine solche Kombination in **demselben** Gebiet auf der **Einzelhandelsebene** als **Kernbeschränkung** (‚schwarze Klausel') – was im EU-Recht zugleich als Indikator dafür gewertet wird, dass eine Einzelfreistellung „unwahrscheinlich"[614] ist. Mit anderen Worten: Ein Lieferant, der die Mitglieder seines Vertriebsnetzes nach bestimmten Kriterien auswählte und ihnen eine Lieferung an systemfremde Außenseiter untersagte, verlor die Freistellung, wenn er sein Absatzgebiet zusätzlich noch aufteilte und jedem systemangehörigen Händler ein exklusives Teilgebiet zuwies (Art. 4 lit. c Vertikal-GVO aF).[615] Diese Wertung begegnet jedoch Zweifeln, wenn es sich bei der beanstandeten Vertragsgestaltung – wie häufig – um ein **Vertriebsfranchisingkonzept**

---

strahlung", vgl. EuGH 23.4.2009 – C-59/08, ECLI:EU:C:2009:260 Rn. 24 f. – Christian Dior; vgl. zum europäischen Kartellrecht mit weiteren Beispielen → AEUV Art. 101 Abs. 1 Rn. 278 ff.

[611] BKartA 29.6.2022 – Fallbericht – B5–130/20 – STIHL (Zitat bezogen auf S. 5 des Fallberichts); STIHL hat gegen den Beschluss Beschwerde eingelegt; das zugehörige Verfahren ist beim OLG Düsseldorf unter dem Az. VI Kart 5/22 (V) verortet.

[612] Die Freistellungsfähigkeit eines an Kfz-Händler gerichteten generellen Weiterverkaufsverbots von Neuwagen und Fahrzeugteilen an Tuningunternehmen verneinte – ua mit Blick auf die Kernbeschränkung des Art. 4 lit. b Vertikal-GVO aF – das OLG Stuttgart 2.4.2020 – 2 U 88/17, ZVertriebsR 2020, 326 (330 ff.) mAnm Rohrßen ZVertriebsR 2020, 336; inzwischen bestätigt vom BGH 6.7.2021 – KZR 35/20, NZKart 2021, 574 (576 ff.) – Porsche Tuning II. Siehe allgemein zu den Gruppenfreistellungsmöglichkeiten im Kontext des Selektivvertriebs auch die entsprechenden Erläuterungen in Band 1.

[613] Vgl. dazu im Hinblick auf Einschränkungen des Internetvertriebs noch → Rn. 214 ff.

[614] Leitlinien zur Anwendung von Art. 81 Abs. 3 EG-Vertrag, ABl. 2004 C 101, 97 Rn. 46; Leitlinien für vertikale Beschränkungen v. 30.6.2022, ABl. 2022, C 248, 1, 44 Rn. 180.

[615] Dies wurde in der Vertikal-GVO aF dahingehend formuliert, dass jede Beschränkung des aktiven oder passiven Verkaufs an Endverbraucher in selektiven Vertriebssystemen eine Kernbeschränkung darstellt. Jeder zugelassene Händler soll also in jedem Absatzgebiet aktiv um Kunden werben können; vgl. zur Unzulässigkeit auch noch die alten Leitlinien für vertikale Beschränkungen, ABl. 2010 C 130, 1 Rn. 57.

handelt. Als solches unterliegt es nämlich der Pronuptia-Rechtsprechung des EuGH (dazu sogleich → Rn. 219). Dieser hatte mit Blick auf eine mögliche Freistellung nach Art. 101 Abs. 3 AEUV ausdrücklich darauf hingewiesen, „dass ein Franchisebewerber nicht das Risiko auf sich nehmen würde, der Kette beizutreten und dazu eigene Investitionen vorzunehmen, eine verhältnismäßig hohe Aufnahmegebühr zu zahlen sowie sich zur Entrichtung einer bedeutenden Jahresgebühr zu verpflichten, wenn er nicht dank eines gewissen Schutzes gegen die Konkurrenz des Franchisegebers und anderer Franchisenehmer erwarten könnte, dass sein Geschäft Gewinn abwirft."[616] Hieraus folgerte der Gerichtshof in einem obiter dictum, dass Alleinvertriebs- bzw. Gebietsschutzabreden in einem Vertriebsfranchisevertrag nach Art. 101 Abs. 3 AEUV freigestellt werden können. Diese Wertung kann jedenfalls bei der Anwendung von § 2 Abs. 1 GWB Berücksichtigung finden. Die jüngst erfolgte **Reform** der Vertikal-GVO steht in Einklang mit diesem Gedanken: Gem. Art. 4 lit. c i Hs. 2 Nr. 1 der neuen Vertikal-GVO bedeuten Beschränkungen des aktiven Verkaufs, die den Mitgliedern eines selektiven Vertriebssystems auferlegt werden und „ein"[617] Gebiet oder „eine" Kundengruppe betreffen, das bzw. die dem Anbieter selbst vorbehalten oder von ihm maximal fünf Alleinvertriebshändlern exklusiv zugewiesen worden ist, und die sich mittelbar auch im Verhältnis der Mitglieder zu ihren Direktkunden fortsetzen können, explizit keine Kernbeschränkung. Diese Kernbeschränkungsausnahme könnte vor dem Hintergrund des Art. 4 lit. c iii Vertikal-GVO gerade dann Relevanz erlangen, wenn der aktive[618] Verkauf an Endverbraucher betroffen ist.[619] Weiterhin verbleibt dem Anbieter hier jedenfalls noch die Möglichkeit, mit Hilfe der Standortklausel des Art. 4 lit. ci Hs. 2 Nr. 3 Vertikal-GVO einen der räumlichen Aufteilung des Absatzgebiets ähnlichen Zustand zu erreichen.[620]

**213**      Nicht vollkommen geklärt erscheint die gegenwärtige Rechtslage hinsichtlich des sog. **quantitativ-selektiven** Vertriebs, also der unmittelbaren oder mittelbaren zahlenmäßigen Begrenzung der zugelassenen Vertriebshändler. Solche Vereinbarungen sind vom EuGH in einer älteren Entscheidung recht streng beurteilt und als „bezweckte" Wettbewerbsbeschränkung eingestuft worden.[621] Dabei wurde es schon für ausreichend erachtet, wenn nur an Händler geliefert wird, die einen Mindestumsatz erzielen, bestimmte Mindestmengen abnehmen oder ein größeres Lager unterhalten. Solche Kriterien, die nur von wenigen Händlern erfüllt werden können, führen nach Ansicht des EuGH „mittelbar zu einer Begrenzung der Zahl und der Errichtung von Vertriebsstellen".[622] Die Kommission war zudem in einer Entscheidung der Auffassung, dass eine Beschränkung des Vertriebs auf Apotheken angesichts des in sechs Mitgliedstaaten bestehenden numerus clausus für Apotheker eine mittelbare quantitative Begrenzung darstelle.[623] Auf der Grundlage des „more economic approach" hat sich im europäischen Recht inzwischen allerdings ein **deutlicher Wertungswandel** vollzogen: Im Rahmen der Vertikal-GVO sind quantitative Selektions-

---

[616] EuGH 28.1.1986 – 161/84, ECLI:EU:C:1986:41 Rn. 24 – Pronuptia.
[617] Im Entwurf vom 9.7.2021 für die Reform der Vertikal-GVO, C(2021) 5026 final Annex, war hingegen noch die Formulierung „in ein anderes Gebiet" enthalten (vgl. Art. 4 lit. c i Hs. 2 1. Spiegelstrich der Entwurfsfassung), vgl. ferner Entwurf der Kommission vom 9.7.2021 für die Reform der Vertikal-Leitlinien, C(2021) 5038 final Annex, Rn. 222 zur (auf Basis der Entwurfsfassungen) unzulässigen Kombination von Alleinvertrieb und selektivem Vertrieb in genau demselben Gebiet.
[618] Für Beschränkungen des passiven Verkaufs geht der Verweis in Art. 4 lit. c iii Hs. 2 auf Art. 4 lit. c i Nr. 1 Vertikal-GVO hingegen leer, da letzterer nur eine Ausnahme im Bereich des aktiven Verkaufs statuiert.
[619] Obwohl das Attribut „anderes" sich in der konsolidierten Fassung der Vertikal-GVO nicht mehr wiederfindet (dazu bereits → Fn. 617), behält die Kommission dieses in den Vertikalleitlinien, Leitlinien für vertikale Beschränkungen v. 30.6.2022, ABl. 2022, C 248, 1, 55 Rn. 129, bei, scheint insoweit auch nach der Reform weiterhin von der grundsätzlichen Unzulässigkeit der Kombination eines selektiven Vertriebssystems mit einem Alleinvertriebssystem innerhalb *desselben* Gebiets auf der Einzelhandelsebene auszugehen.
[620] Vgl. noch auf Basis der alten Vertikal-GVO (330/2010) auch Schultze/Pautke/Wagener Vertikal-GVO Rn. 925 f.
[621] Siehe grundlegend EuGH 25.10.1977 – 26/76, ECLI:EU:C:1977:167 Rn. 39 – Metro I.
[622] EuGH 25.10.1977 – 26/76, ECLI:EU:C:1977:167 Rn. 39 – Metro I.
[623] Kommission 11.1.1991 – IV/31.624, ABl. 1991 L 75, S. 57 – Vichy. Bestätigt durch EuG 27.2.1992 – T-19/91, ECLI:EU:T:1992:28 – Vichy/Kommission.

kriterien **freistellungsfähig** (Art. 2 Abs. 1 iVm Art. 3 Abs. 1 Vertikal-GVO).[624] Zudem betont die Kommission in ihren Vertikalleitlinien, dass sich bei einer Konzentration des Vertriebs auf wenige Vertriebspartner häufig Effizienzgewinne in Form von **Skalenerträgen** (economies of scale) realisieren lassen, die eine positive Bewertung von quantitativen Begrenzungskriterien rechtfertigen.[625] Vor diesem Hintergrund könnte die strenge Qualifizierung als „bezweckte" Wettbewerbsbeschränkung als überholt erscheinen; sie sollte im deutschen Recht nicht ohne Überprüfung übernommen werden.

**3. Internetvertrieb.** Die Rechtsprechungspraxis beschäftigte in jüngerer Zeit vermehrt **214** die Zulässigkeit von Herstellervorgaben für den Internetvertrieb durch die belieferten Händler. In Betracht kommen insoweit der vollständige bzw. teilweise Ausschluss des (ausschließlichen) **Internetvertriebs** durch den Wiederverkäufer über dessen eigene Website[626], das Verbot der Nutzung einer Preisvergleichssuchmaschine[627] sowie das Verbot des Vertriebs über **Handels-** bzw. **Auktionsplattformen**[628], wobei die jüngere Entscheidungspraxis hierzu nun auch Eingang in die **Reform des europäischen Vertriebskartellrechts** gefunden hat (dazu näher → Rn. 217). Zunächst ist zwischen Vorgaben iR selektiver Vertriebssysteme und solchen außerhalb eines selektiven Vertriebs zu differenzieren. Stellt sich die in Frage stehende Einschränkung des Internetvertriebs iRe selektiven Vertriebssystems als erforderliche **qualitative Selektion** und nicht zB lediglich verdeckte Einflussnahme auf die Kaufpreisgestaltung dar, wird in Anlehnung an die aus der europäischen Rechtsprechung übernommene Behandlung qualitativ-selektiver Vertriebssysteme (dazu → Rn. 210) ebenfalls bereits der Tatbestand der Wettbewerbsbeschränkung auszuschließen sein.[629] Ob eine qualitative Selektion vorliegt, richtet sich gleichfalls nach den bereits oben aufgezeigten Grundsätzen.[630] Der vollständige und uneingeschränkte Ausschluss des Internetvertriebs dürfte danach idR nicht als qualitative Selektion anzusehen sein.[631] Zulässige qualitative Vorgaben für den Vertrieb über das Internet können jedoch

---

[624] So auch Rösner WRP 2010, 1114 (1116).

[625] Leitlinien für vertikale Beschränkungen v. 30.6.2022, ABl. 2022, C 248, 1, 7 f. Rn. 16 lit. g. Ferner heißt es dort an anderer Stelle (37 Rn. 153), dass der quantitative Selektivvertrieb jedenfalls dann höchstwahrscheinlich keine wettbewerbswidrigen Auswirkungen zeitige, wenn sich nur ein Anbieter eines solchen Systems bediene.

[626] Vgl. zum Verbot ausschließlichen Internetvertriebs OLG Karlsruhe 25.11.2009 – 6 U 47/08 Kart, WuW-E DE-R 2789 (2793) – Schulranzen; um einen solchen Ausschluss ging es auch bei BGH 4.11.2003 – KZR 2/02, WuW/E DE-R 1203–1205 – Depotkosmetik im Internet (allerdings zu § 20 GWB).

[627] BGH 12.12.2017 – KVZ 41/17, WuW 2018, 139 Rn. 14, 23 – Asics; OLG Düsseldorf 5.4.2019 – VI-Kart 2/16 (V), NZKart 2019, 503 – Preisvergleichsportale.

[628] OLG Frankfurt a. M. 12.7.2018 – 11 U 96/14 (Kart), BB 2018, 2190 – Coty II; so zB auch schon in den beiden einstweiligen Verfügungsverfahren LG Berlin 24.7.2007 – 16 O 412/07, GRUR-RR 2008, 252 f. –Schulrucksäcke und -ranzen sowie LG Berlin 5.8.2008 – 16 O 287/08, GRUR-RR 2009, 115 ff. – eBay-Verbot; siehe auch OLG München 2.7.2009 – U (K) 4842/08, WuW-E DE-R 2698 ff. – Internet-Auktionsplattform (zur gleichen Frage außerhalb eines selektiven Vertriebssystems); OLG Karlsruhe 25.11.2009 – 6 U 47/08 Kart, WuW-E DE-R 2789 ff. – Schulranzen; LG Mannheim 14.3.2008 – 7 O 263/07, WuW-E DE-R 2322 ff. – Schulranzen; LG Berlin 21.4.2009 – 16 O 729/07, BB 2009, 1381 f.; zur möglicherweise differenzierten Beurteilung zwischen Handels- und Auktionsplattformen vgl. Rösner WRP 2010, 1114 (1122); vgl. insgesamt auch Franck WuW 2010, 772 ff.; Lohse WuW 2014, 120 ff.

[629] Vgl. auch Rösner WRP 2010, 1114 (1121); Dieselhorst/Luhn WRP 2008, 1306 (1309, 1311) (noch unter Geltung der vorvergangenen Vertikal-GVO); zu Art. 101 Abs. 1 AEUV auch Schweda/Rudowicz WRP 2013, 590 (595); in diesem Sinne auch EuGH 13.10.2011 – C-439/09, ECLI:EU:C:2011:649 = WuW/E EU-R 2163 Rn. 33 ff. – Pierre Fabre Dermo-Cosmétique SAS; aA aber Schultze/Pautke/Wagener Vertikal-GVO Art. 4 lit. b Rn. 718 (auf Basis der Vertikal-GVO aF (VO (EU) 330/2010)).

[630] So auch die Rechtsprechung, vgl. OLG Karlsruhe 25.11.2009 – 6 U 47/08 Kart, WuW-E DE-R 2789 Rn. 50 – Schulranzen mit dem Hinweis, dass insoweit kein Unterschied zwischen Vorgaben gegenüber solchen Wiederverkäufern besteht, die an Endkunden verkaufen, und solchen, die weitere Wiederverkäufer beliefern; vgl. auch OLG München 2.7.2009 – U (K) 4842/08, WuW-E DE-R 2698 (2699) – Internet-Auktionsplattform.

[631] Vgl. auch Dethof ZWeR 2012, 503 (514); in Betracht kommen jedoch Sicherheitsaspekte (zB Gesundheitsschutz); vgl. zu einem (im zu entscheidenden Fall iE unzulässigen) Ausschluss des Internetvertriebs von Kontaktlinsen mit Verweis auf den Gesundheitsschutz BKartA 25.9.2009 – B3 – 123/08, WuW/E DE-V 1813 (1814 f.) – Kontaktlinsen.

sowohl bezüglich der **Warenpräsentation** als auch der **Bestellabwicklung** bestehen. Als zulässig im Hinblick auf die Warenpräsentation werden zB angesehen: die Präsentation einer „angemessenen **Sortimentsbreite und -tiefe**"[632] sowie die Verwendung hochauflösender Bilder bzw. dreidimensionaler Grafiken[633]. Damit zusammenhängend werden auch Anforderungen an die Verkaufsseite wie ein angemessener Domainname, eine schnelle Lade- und Zugriffszeit sowie eine übersichtliche Navigation genannt.[634] Mit Blick auf den Bestellablauf können beispielhaft zulässig sein: Vorgaben zur Bereitstellung eines qualifizierten Online-Kundendienstes[635] sowie einer zügigen Versandabwicklung, zB durch vorgegebene Bereitstellungsfristen.[636] Auch die Vorgabe des Bestehens mindestens eines physischen Ladenlokals – und damit der Ausschluss des alleinigen Internetvertriebs – wird als zulässige Vorgabe iR eines qualitativ-selektiven Vertriebs angesehen.[637] In diesem Zusammenhang stellt sich auch das Problem der Vorgabe bestimmter, im physischen Vertrieb zu erreichender **Verkaufsmengen.** Die nationale Rechtsprechung nahm ursprünglich die Zulässigkeit dahingehender Vorgaben an.[638] Problematisch erscheint indes, dass sich eine solche Quotelung – anders als das generelle Bestehen einer physischen Verkaufsstätte – nur schwer als qualitativ-selektives Merkmal darstellt und damit wohl nicht mehr die Anforderungen an einen tatbestandsausschließenden selektiven Vertrieb erfüllt (zu einer möglichen Freistellung sogleich).

**215**     Bisher besteht in der deutschen Rechtsprechung keine Einigkeit darüber, ob ein pauschaler Ausschluss des Vertriebs über **Handels-** bzw. **Auktionsplattformen** eine qualitative Selektion darstellt.[639] Nach der Entscheidung des EuGH in der Rechtssache „Coty" ist allerdings zumindest für Luxuswaren (in dem der EuGH-Entscheidung zugrundeliegenden Fall handelte es sich um Luxuskosmetika) von der Zulässigkeit eines Drittplattformverbots auszugehen, sofern dies für die Sicherstellung des Prestigecharakters der Luxuswaren erforderlich ist.[640] Auch hier ist im Einzelfall anhand der oben (→ Rn. 210) beschriebenen Kriterien zu bestimmen, ob der Ausschluss im Sinne einer zulässigen qualitativen Selektion erforderlich ist.[641] Nach der „Coty"-Entscheidung des EuGH besteht insofern Unsicherheit, als das Urteil nicht eindeutig klärt, welche Produktcharakteristika ein Drittplattformverbot im Einzelfall rechtfertigen. Jedoch deutet die bisherige Rechtsprechungspraxis des

---

[632] Vgl. LG Mannheim 14.3.2008 – 7 O 263/07, WuW-E DE-R 2322 Rn. 54 – Schulranzen (dort allerdings innerhalb der Prüfung des § 20 GWB).

[633] Vgl. Rösner WRP 2010, 1114 (1121).

[634] Vgl. dazu insgesamt Rösner WRP 2010, 1114 (1120 f.).

[635] Vgl. auch Dreyer/Lemberg BB 2012, 2004 (2007 f.) zum Erfordernis einer Video- bzw. Telefonberatung.

[636] Vgl. Dethof ZWeR 2012, 503 (517).

[637] Vgl. OLG Karlsruhe 25.11.2009 – 6 U 47/08 Kart, WuW/E DE-R 2789 Rn. 57 – Schulranzen; LG Mannheim 14.3.2008 – 7 O 263/07, WuW/E DE-R 2322 Rn. 36 f. – Schulranzen; vgl. zu § 20 GWB auch schon BGH 4.11.2003 – KZR 2/02, WuW/E DE-R 1203 (1204 f.) – Depotkosmetik im Internet im Gegensatz zur Vorinstanz OLG München 6.12.2001 – U (K) 3338/01, GRUR-RR 2002, 207 (209 f.); sofern das Bestehen mindestens eines physischen Ladenlokals nicht als qualitatives Merkmal angesehen wird, kommt eine Freistellung in Betracht, dazu → Rn. 217.

[638] Vgl. zu einer 50 %-Quote (allerdings iRd § 20 GWB) BGH 4.11.2003 – KZR 2/02, WuW/E DE-R 1203 (1204 f.) – Depotkosmetik im Internet.

[639] Eine zulässige qualitative Selektion annehmend OLG Karlsruhe 25.11.2009 – 6 U 47/08 Kart, WuW/E DE-R 2789 Rn. 53 – Schulranzen (allerdings mit Überlegungen zu einer – für den zu entscheidenden Sachverhalt unerheblichen – Differenzierung zwischen den verschiedenen Formen der Angebotsgestaltung, Rn. 63); LG Mannheim 14.3.2008 – 7 O 263/07, WuW/E DE-R 2322 Rn. 36 f.; für den Vertrieb jedenfalls über ebay auch KG 19.9.2013 – 2 U 8/09, EuZW 2013, 873 (875 f.); dagegen jedoch ohne nähere Begründung LG Berlin 24.7.2007 – 16 O 412/07, GRUR-RR 2008, 252 (253) – Schulrucksäcke und -ranzen; ebenso LG Berlin 5.8.2008 – 16 O 287/08, GRUR-RR 2009, 115 (116) – eBay-Verbot sowie LG Berlin 21.4.2009 – 16 O 729/07, BB 2009, 1381 (1382).

[640] EuGH 6.12.2017 – C-230/16, ECLI:EU:C:2017:941 Rn. 36 – Coty; im Anschluss an diese Vorabentscheidung entsprechend OLG Frankfurt a. M. 12.7.2018 – 11 U 96/14 (Kart), BB 2018, 2190 – Coty II.

[641] EuGH 6.12.2017 – C-230/16, ECLI:EU:C:2017:941 Rn. 36 – Coty; vgl. insgesamt auch Rösner WRP 2010, 1114 (1121 f.); eine detaillierte Aufstellung positiver sowie negativer Effekte von Plattformverboten findet sich bei Schweda/Rudowicz WRP 2013, 590 ff. (595 f.), die Plattformverbote grds. nicht „als objektives Kriterium qualitativer Art verstehen".

EuGH darauf hin, dass auch die Charakteristika von Markenprodukten und allen qualitativ hochwertigen Verbrauchsgütern, in Abgrenzung zu reinen Luxusartikeln, ein Drittplattformverbot rechtfertigen.[642] Die deutsche Rechtsprechung scheint dieser weiten Auslegung nunmehr zu folgen.[643] Die Tendenz zur Ausweitung auch auf solche Waren, bei denen es sich nicht um Luxuswaren im engeren Sinne handelt, scheint sich auch in der jüngst erfolgten Reform der Vertikalleitlinien widerzuspiegeln: Dort nennt die Kommission neben Luxuswaren explizit **„hochwertige oder hochtechnologische Produkte"** als Beispiele für Vertriebsgegenstände, die mitunter ein selektives Vertriebssystem rechtfertigen.[644]

Ergibt hingegen eine Überprüfung der Internetvertriebsvorgaben anhand der Kriterien **216** für einen selektiven Vertrieb, dass keine erforderliche qualitative Selektion vorliegt, oder hat der Hersteller entsprechende Vorgaben außerhalb eines selektiven Vertriebssystems aufgestellt, kommt weiterhin eine **Freistellung** nach § 2 Abs. 2 S. 1 GWB iVm der Vertikal-GVO in Betracht. Neben den allgemeinen Freistellungsvoraussetzungen der Vertikal-GVO sind dabei allerdings die in der Vertikal-GVO enthaltenen Kernbeschränkungen zu beachten: **Vor der im Mai/Juni 2022 erfolgten Reform** des europäischen Vertriebsrechts war ein genereller Ausschluss des Vertriebs an Endverbraucher über das Internet ist iRe selektiven Vertriebs als Beschränkung des passiven Vertriebs[645] nach Art. 4 lit. c Vertikal-GVO aF nicht von der Freistellungswirkung der Vertikal-GVO erfasst.[646] Die Unzulässigkeit folgte – soweit der Anwendungsbereich des spezielleren Art. 4 lit. c Vertikal-GVO aF nicht eröffnet war[647] – außerdem für selektive wie nicht-selektive Vertriebssysteme aus der Beschränkung des passiven Verkaufs an die Gruppe der Online-Käufer, vgl. Art. 4 lit. b Vertikal-GVO aF.[648] Während die Vorgabe des Bestehens mindestens eines Ladenlokals auch iRd Freistellung zulässig sein sollte,[649] geriet das Festlegen einer bestimmten Mindestabsatzquote im Offline-Vertrieb nach Ansicht der Kommission jedoch in Konflikt mit Art. 4 lit. b Vertikal-GVO aF und sollte damit nicht von der Freistellungswirkung der

---

[642] So auch schon GA Wahl Schlussanträge 26.7.2017 – C-230/16, ECLI:EU:C:2017:941 Rn. 68 – Coty; zustimmend Lettl WuW 2018, 114 (117); Linsmeier/Haag WuW 2018, 54 (57); Nägele/Apel WRP 2018, 1044 (1046 f.); vgl. hierzu auch Emde, ZVertriebsR 2019, 69 (72 ff.); für ein enges Verständnis Mey WuW 2019, 83 ff.

[643] Siehe OLG Hamburg 22.3.2018 – 3 U 250/16, GRUR 2018, 750 Rn. 44 für Nahrungsergänzungsmittel, Kosmetika, Fitnessgetränke sowie Körperpflegeprodukte.

[644] Leitlinien für vertikale Beschränkungen v. 30.6.2022, ABl. 2022, C 248, 1, 36 Rn. 149 (andererseits ist in derselben Rn. durchgängig von einer „luxuriösen Ausstrahlung" die Rede, was wiederum für ein engeres Verständnis sprechen könnte).

[645] Zur Einordnung des Internetvertriebs als „passiver Vertrieb" (vor der im Mai/Juni 2022 erfolgten Reform des europäischen Vertriebskartellrechts) vgl. Leitlinien für vertikale Beschränkungen, ABl. 2010 C 130, S. 1 Rn. 52 (zur ausnahmsweisen Einordnung als aktiver Vertrieb aber auch Rn. 53); dazu auch Dieselhorst/Luhn WRP 2008, 1306 (1310 f.); zur Einordnung des Vertriebs über Auktionsplattformen vgl. noch unten.

[646] Vgl. EuGH 13.10.2011 – C-439/09, ECLI:EU:C:2011:649 = WuW/E EU-R 2163 Rn. 53 ff. – Pierre Fabre Dermo-Cosmétique SAS zu einem de facto Verbot des Internetvertriebs; siehe auch schon BGH 4.11.2003 – KZR 2/02, WuW/E DE-R 1203 (1205) – Depotkosmetik im Internet; Rösner WRP 2010, 1114 (1119); auch lässt sich die Zulässigkeit nicht mit der Ausnahmeregelung des Art. 4 lit. c Hs. 2 und dem Verweis auf den Betrieb einer „nicht zugelassenen Niederlassung" begründen, vgl. EuGH 13.10.2011 – C-439/09, ECLI:EU:C:2011:649 = WuW/E EU-R 2163 Rn. 55 ff.

[647] Zum Verhältnis von Art. 4 lit. b Vertikal-GVO aF und Art. 4 lit. c Vertikal-GVO aF siehe Schultze/Pautke/Wagener Vertikal-GVO Rn. 782; für eine ergänzende Anwendbarkeit des Art. 4 lit. c Vertikal-GVO aF im Selektivvertrieb Kumkar, ZWeR 2018, 119 (132 ff.).

[648] OLG München 2.7.2009 – U (K) 4842/08, WuW/E DE-R 2698 (2699) – Internet-Auktionsplattform; wohl auch schon BGH 4.11.2003 – KZR 2/02, WuW/E DE-R 1203 (1205) – Depotkosmetik im Internet; aA Schultze/Pautke/Wagener Vertikal-GVO Rn. 721.

[649] Vgl. OLG München 2.7.2009 – U (K) 4842/08, WuW/E DE-R 2698 (2699) – Internet-Auktionsplattform; Rösner WRP 2010, 1114 (1119 f.); ferner die alten Leitlinien für vertikale Beschränkungen, ABl. 2010 C 130, 1 Rn. 54; mit Verweis auf die Standortklausel des Art. 4 lit. c Hs. 2 Vertikal-GVO aF auch Schultze/Pautke/Wagener Vertikal-GVO Rn. 805; siehe auch schon BGH 4.11.2003 – KZR 2/02, WuW/E DE-R 1203 (1205) – Depotkosmetik im Internet.

Vertikal-GVO erfasst werden.[650] Das generelle Verbot der Nutzung einer Preisvergleichs-maschine stelle eine Kernbeschränkung iSv Art. 4 lit. c Vertikal-GVO aF dar.[651] Ob der Ausschluss des Vertriebs über Drittplattformen eine Kundengruppenbeschränkung (ehe-mals: Kundenkreisbeschränkung) nach Art. 4 lit. b Vertikal-GVO aF darstellte, war in der deutschen Rechtsprechung umstritten.[652] Folgt man der neuesten Rechtsprechung des EuGH, so sind Drittplattformverbote keine Kundengruppenbeschränkung und auch keine Beschränkung des aktiven bzw. passiven Verkaufs gem. Art. 4 lit. c Vertikal-GVO aF.[653]

**217**    Einige **Klarstellungen und Änderungen** bei der Beurteilung des Internetvertriebs, die auch der neueren EuGH-Rechtsprechung Rechnung tragen,[654] sieht nun die jüngst refor-mierte Vertikal-GVO in Zusammenschau mit den parallel überarbeiteten Vertikalleitlinien vor, konkret etwa: Vertikale Vereinbarungen, die „die **Verhinderung der wirksamen Nutzung des Internets** zum Verkauf der Vertragswaren oder -dienstleistungen durch den Abnehmer oder seine Kunden" zum Gegenstand haben, benennt der europäische Gesetz-geber gem. dem neu eingefügten **Art. 4 lit. e Vertikal-GVO** nunmehr explizit als Kern-beschränkung. Dies schafft größere Klarheit gegenüber der Entwurfsfassung, im Rahmen derer sich diese Wertung bloß mittelbar aus der vorgeschlagenen Begriffsdefinition der „Beschränkung des aktiven oder passiven Verkaufs" herleiten ließ.[655] Darüber hinaus stellt Art. 4 lit. e Vertikal-GVO jedoch auch klar, dass dem Schutzschirm der Vertikal-GVO „andere Beschränkungen des Online-Verkaufs" (lit. e i) sowie grundsätzlich auch „Be-schränkungen der Online-Werbung" unterfallen, sofern sie nicht darauf abzielen, „die Nutzung eines ganzen Online-Werbekanals" zu unterbinden (lit. e ii). Beispielsweise mani-festiert sich in dem an einen Händler gerichteten und dabei pauschal formulierten Verbot, **Preisvergleichsinstrumente** oder **Suchmaschinen** zu Werbezwecken einzusetzen (die gezielte Kundenansprache mittels Preisvergleichsdiensten wird in Art. 1 Abs. 1 lit. l Ver-tikal-GVO nunmehr explizit als aktiver Verkauf[656] qualifiziert), eine ebensolche Beschrän-kung des gesamten Online-Werbekanals, die daher keiner Gruppenfreistellung zugänglich ist.[657] Zwei weitere Neuerungen betreffen das sog. **Äquivalenzprinzip** und sog. **Doppel-preissysteme:** Beide Neuerungen haben das Verhältnis von Online- und Offline-Vertrieb zum Gegenstand und bei beiden hat der Reformprozess Erleichterungen mit sich gebracht.

---

[650] Zulässig soll aber („ohne die Online-Verkäufe des Händlers zu beschränken") ein „nach Wert oder Menge bestimmte[r] absolute[r] Umfang" für Offline-Verkäufe sein, vgl. die alten Leitlinien für vertikale Beschränkungen, ABl. 2010 C 130, 1 Rn. 52 lit. c; siehe dazu auch Rösner WRP 2010, 1114 (1120 sowie 1124).

[651] BGH 12.12.2017 – KVZ 41/17, WuW 2018, 139 Rn. 14, 23 – Asics; OLG Düsseldorf 5.4.2019 – VI-Kart 2/16 (V), NZKart 2019, 503 – Preisvergleichsportale.

[652] Verneinend OLG München 2.7.2009 – U (K) 4842/08, WuW/E DE-R 2698 (2699 f.) – Internet-Auktionsplattform; ausführlich dazu Herrlinger NZKart 2014, 92 ff.; aA aber KG 19.9.2013 – 2 U 8/09 Kart, EuZW 2013, 873 (878) – Schulranzen und -rucksäcke; LG Kiel 8.11.2013 – 14 O 44/13 Kart, WuW/E DE-R 4075 (4078 ff.) – Digitalkameras; Dieselhorst/Luhn WRP 2008, 1306 (1310), die in dem Verbot des Vertriebs über Internet-Auktionsplattformen eine eigenständige Kundenkreisbeschränkung sehen; ebenso Schweda/Rudowicz WRP 2013, 590 (598 f.).

[653] EuGH 6.12.2017 – C-230/16, ECLI:EU:C:2017:941 Rn. 69 – Coty; ebenso Linsmeier/Haag WuW 2018, 54 (58); Dreyer/Ahlenstiel, NZKart 2019, 130 (135); differenzierend Teichmann, Die Reformbedürf-tigkeit der Vertikal-GVO am Beispiel von Plattformverboten und Preisparitätsklauseln, 2020, S. 144 f.

[654] Vgl. etwa den Rekurs auf die „Coty"-Entscheidung des EuGH in den Leitlinien für vertikale Beschrän-kungen v. 30.6.2022, ABl. 2022, C 248, 1, 74 Rn. 336.

[655] Vgl. Art. 1 Nr. 1 lit. n Satz 2 des Entwurfs der Kommission vom 9.7.2021 für die Reform der Vertikal-GVO, C(2021) 5026 final Annex, wonach die bezweckte Beschränkung der wirksamen Nutzung des Internets als Online-Verkaufsmedium einer Kernbeschränkung iS des Art. 4 lit. b, c iii) des Entwurfs gleichstehen sollte; dazu auch Entwurf der Kommission vom 9.7.2021 für die Reform der Vertikalleitlinien, C(2021) 5038 final Annex, Rn. 188 sowie Erwägungsgrund 13; vgl. hierzu sowie für eine ausführlichere Einordnung des Art. 4 lit. e Vertikal-GVO Schlimpert/Schöner NZKart 2023, 70 ff.

[656] Vgl. in Abgrenzung dazu die ebenfalls neu eingefügte Definition des passiven Verkaufs in Art. 1 Abs. 1 lit. m Vertikal-GVO; zu Abgrenzungsfragen näher Leitlinien für vertikale Beschränkungen v. 30.6.2022, ABl. 2022, C 248, 1, 49 ff. Rn. 202 ff.

[657] Vgl. dazu Leitlinien für vertikale Beschränkungen v. 30.6.2022, ABl. 2022, C 248, 1, 76 Rn. 347 sowie 49, Rn. 203; dazu auch Wolf in MüKoWettbR, 4. Aufl. 2023, Art. 101 Rn. 552.

Zum einen hält die Kommission es unter obiger Prämisse, dass die wirksame Nutzung des Internets als Verkaufsinstrument auf nachgelagerten Vertriebsstufen nicht zu verhindern bezweckt wird, nunmehr für zulässig, im Rahmen eines selektiven Vertriebssystems divergierende Anforderungen an Online- und Offline-Vertriebshändler zu stellen.[658] Zum anderen soll es – ebenfalls unter obiger Prämisse – sogar möglich sein, Preisunterschiede gegenüber demselben Abnehmer orientiert daran festzulegen, ob dieser seine Produkte online oder im stationären Handel weiterverkauft.[659] In der Begründung heißt es, dass sich der Online-Vertrieb inzwischen als Absatzkanal fest etabliert habe und daher keines besonderen Schutzes mehr in Relation zum Offline-Pendant bedürfe.[660]

Liegen die Voraussetzungen einer Freistellung nach der Vertikal-GVO nicht vor, verbleibt die Möglichkeit einer Einzelfreistellung nach § 2 Abs. 1 GWB.[661]

**4. Franchisevereinbarungen.** Unter den Sammelbegriff ‚Franchisevereinbarungen‘ **218** werden nach heutigem Verständnis Abreden gefasst, die dem Franchisenehmer die umfassende geschäftliche Nutzung eines Produktions-, Vertriebs- oder Dienstleistungskonzepts, der zugehörigen Immaterialgüterrechte und des erforderlichen ‚Know-hows‘[662] ermöglichen. Der Franchisenehmer bleibt dabei selbstständiger Gewerbetreibender, ist aber vertraglich sehr eng an den Franchisegeber gebunden, was sich regelmäßig in detaillierten Vorgaben hinsichtlich der Gestaltung des Marktauftritts des Franchisenehmers und in korrespondierenden Kontrollrechten des Franchisegebers äußert; zudem werden dem Franchisenehmer häufig Wettbewerbsverbote und Bezugsbindungen auferlegt.[663]

Die kartellrechtliche Beurteilung von Franchiseverträgen richtet sich in erster Linie nach **219** den vom EuGH entwickelten Grundsätzen.[664] Der Gerichtshof hat Franchiseabreden in seiner Pronuptia-Entscheidung[665] umfassend gewürdigt und eine ganze Reihe von Bindungen unter dem Gesichtspunkt der **notwendigen Nebenabrede** für nicht wettbewerbsbeschränkend erachtet (hierzu ausführlich → AEUV Art. 101 Abs. 1 Rn. 275 ff.). Ausschlaggebend war dabei die Wertung, dass Franchiseverträge dem Franchisenehmer die „wirtschaftliche Verwertung eines Wissensschatzes ohne Einsatz von eigenem Kapital [ermöglichen]"[666] und ihm somit ein wettbewerbliches Betätigungsfeld eröffnen, das ohne die Abrede verschlossen gewesen wäre. Hierauf gestützt, bewertete der EuGH insbesondere all diejenigen Bestimmungen, welche die zweckwidrige Weitergabe oder Verwendung des an den Franchisenehmer übermittelten **Know-hows** verhindern sollen, als unerlässlichen Bestandteil einer funktionsfähigen Franchisevereinbarung.[667] Dies umfasst namentlich das

---

[658] Vgl. Leitlinien für vertikale Beschränkungen v. 30.6.2022, ABl. 2022, C 248, 1, 56 Rn. 235 (unter Benennung konkreter Beispiele, etwa die Verpflichtung von Online-Verkäufern, sichere Zahlungssysteme zu verwenden).

[659] Vgl. hierzu Leitlinien für vertikale Beschränkungen v. 30.6.2022, ABl. 2022, C 248, 1, 52 Rn. 209; restriktiver Wolf in MüKoWettbR, 4. Aufl. 2023, Art. 101 Rn. 522 f.

[660] Vgl. dazu Europäische Kommission, Explanatory note on the new VBER and Vertical Guidelines (abrufbar unter: https://competition-policy.ec.europa.eu/system/files/2022-05/explanatory_note_VBER_and_Guidelines_2022.pdf), S. 4.

[661] Vgl. zum unionsrechtlichen Kartellverbot auch EuGH 13.10.2011 – C-439/09, ECLI:EU:C:2011:649 = WuW/E EU-R 2163 Rn. 57 – Pierre Fabre Dermo-Cosmétique SAS.

[662] Unter „Know-how" wird in diesem Zusammenhang gewöhnlich eine Gesamtheit nicht patentierter praktischer Kenntnisse verstanden, die durch Erfahrungen und Versuche gewonnen werden und die i) geheim, dh nicht allgemein bekannt und nicht leicht zugänglich sind, ii) wesentlich, dh die für die Produktion der Vertragsprodukte von Bedeutung und nützlich sind, und iii) identifiziert sind, dh umfassend genug beschrieben sind, sodass überprüft werden kann, ob die Merkmale „geheim" und „wesentlich" erfüllt sind (siehe zB Art. 1 lit. j Vertikal-GVO (bzw. Art. 1 Abs. 1 lit. g Vertikal-GVO aF); Art. 1 Abs. 1 lit. i TT-GVO).

[663] Siehe Zimmer in Immenga/Mestmäcker, 5. Aufl. 2014, Rn. 334 zur Rechtslage vor der 7. GWB-Novelle.

[664] Zur übereinstimmenden Beurteilung von Franchiseabreden im deutschen und europäischen Recht vgl. OLG Düsseldorf 19.1.2011 – VI-U (Kart) 10/10, BeckRS 2011, 5484 unter II. B. 1. a.

[665] EuGH 28.1.1986 – 161/84, ECLI:EU:C:1986:41 – Pronuptia.

[666] EuGH 28.1.1986 – 161/84, ECLI:EU:C:1986:41 Rn. 16 – Pronuptia.

[667] EuGH 28.1.1986 – 161/84, ECLI:EU:C:1986:41 Rn. 16 – Pronuptia.

an den Franchisenehmer gerichtete Verbot, während der Vertragsdauer oder während eines angemessenen Zeitraums nach Vertragsbeendigung ein Geschäft mit gleichem oder ähnlichem Zweck in einem Gebiet zu eröffnen, in dem er zu einem der Mitglieder der Vertriebsorganisation in Wettbewerb treten könnte. Auch Maßnahmen zum Schutz der Identität und des Namens der durch die Geschäftsbezeichnung symbolisierten Vertriebsorganisation können nach Ansicht des EuGH unerlässlich sein, um zu verhindern, dass die maßgeblich vom Franchisegeber etablierte Geschäftskonzeption in den Augen der Öffentlichkeit Schaden nimmt. Dazu gehören etwa Verpflichtungen, welche die Art der Werbung und des öffentlichen Auftretens, das Produktangebot und den Service betreffen und hier ein bestimmtes Niveau sicherstellen sollen. Verbote, das Geschäft ohne Zustimmung des Franchisegebers auf Dritte zu übertragen oder an einen anderen Ort zu verlegen, sind nach Ansicht des EuGH ebenfalls unerlässlich. Auch **ausschließliche Bezugsbindungen** können unter diesem Gesichtspunkt gerechtfertigt sein, sofern der Bezug vom Franchisegeber zur Sicherstellung einheitlicher Qualität erforderlich ist; dies gilt namentlich dann, wenn die Aufstellung und Überwachung objektiver Qualitätsnormen hinsichtlich der geführten Produkte nicht möglich ist oder wegen der Zahl der Franchisenehmer zu unverhältnismäßigen Kosten führen würde.[668] Nicht mehr unerlässlich und damit wettbewerbsbeschränkend sind nach Ansicht des EuGH demgegenüber Bestimmungen, die den **Intrabrand-Wettbewerb** zwischen den einzelnen Franchisenehmern begrenzen. Hierunter fallen namentlich Gebietsexklusivitätsvereinbarungen (hierzu noch näher nachfolgend → Rn. 223 ff.) und Abreden, die den **Preiswettbewerb** zwischen den Franchisenehmern einschränken. In Übereinstimmung mit der Rechtsprechung des BGH[669] qualifiziert der Gerichtshof **Preisbindungen** daher als wettbewerbsbeschränkend; zulässig sind seiner Ansicht nach lediglich unverbindliche Richtpreise.[670]

**220**  Liegt eine tatbestandliche Wettbewerbsbeschränkung vor, so ist hinsichtlich der **Freistellungsmöglichkeiten** zu unterscheiden: **Vertriebs- und Dienstleistungsfranchiseverträge** unterfallen regelmäßig der Vertikal-GVO, da die dem Franchisenehmer eingeräumten Immaterialgüterrechtslizenzen nicht den Hauptgegenstand der Vereinbarungen darstellen, sondern sich vielmehr „unmittelbar auf die Nutzung, den Verkauf oder den Weiterverkauf von Waren oder Dienstleistungen […] beziehen" (so das Abgrenzungskriterium des Art. 2 Abs. 3 S. 1 Vertikal-GVO).[671] Für derartige Vereinbarungen gilt daher die generelle Freistellungsanordnung bis zu einem Marktanteil des Franchisegebers sowie des Franchisenehmers von **30 %** (Art. 2 Abs. 1 iVm Art. 3 Abs. 1 Vertikal-GVO[672]). Bei Preisbindungen des Franchisegebers gegenüber den Franchisenehmern handelt es sich hingegen grundsätzlich um Kernbeschränkungen iSv Art. 4 lit. a Vertikal-GVO, die nicht der Gruppenfreistellung zugänglich sind. Im Falle der **Preiswerbeaktion** eines Franchisegebers ist das OLG München demgegenüber jüngst von einer gem. Art. 4 lit. a Hs. 2 Vertikal-

---

[668] Vgl. dazu auch OLG Düsseldorf 11.4.2007 – VI-U (Kart) 13/06, BeckRS 2007, 8367 = juris Rn. 18, 21 ff. – Body-Shop.
[669] BGH 2.2.1999 – KZR 11/97, BGHZ 140, 342 (346 ff.) = WuW/E DE-R 264 – Preisbindung durch Franchisegeber; so jüngst auch OLG München 7.11.2019 – 29 U 4165/18 Kart, NZKart 2020, 396 Rn. 64 ff. – „King des Monats"; Vorinstanz LG München I 26.10.2018 – 37 O 10335/15, ZVertriebsR 2019, 34 Rn. 64 ff. Zur Abgrenzung zwischen (faktischer) Preisbindung und bloß unverbindlicher Preisempfehlung vgl. auch → Rn. 251 ff.
[670] EuGH 28.1.1986 – 161/84, ECLI:EU:C:1986:41 Rn. 25 – Pronuptia.
[671] Zur Anwendbarkeit der Vertikal-GVO auf Franchiseverträge näher Leitlinien für vertikale Beschränkungen, ABl. 2010 C 130, S. 1 Rn. 43 ff.; Liebscher/Petsche EuZW 2000, 400 (401); Metzlaff BB 2000, 1201 ff.; Bechtold/Bosch/Brinker/Hirsbrunner VO 330/2010 Art. 2 Rn. 9; Bahr in Bunte Nach § 2 Rn. 259 ff.; speziell im Kontext des Internetvertriebs Wolf-Posch, ZVertriebsR 2018, 302 (305 ff.); vgl. ferner BGH 11.11.2008 – KVR 17/08, WuW/E DE-R 2514 Rn. 16, 18 – Bau und Hobby; OLG Düsseldorf 16.1.2008 – VI-Kart 11/06 (V), WuW/E DE-R 2235 (2239) – Baumarkt; OLG Düsseldorf 11.4.2007 – VI-U (Kart) 13/06, BeckRS 2007, 8367 = juris Rn. 36 – Body-Shop.
[672] Für Vereinbarungen im Hinblick auf den Bezug, den Verkauf oder den Weiterverkauf neuer Kraftfahrzeuge galt bis zum 31.5.2013 die Regelung des Art. 2 Abs. 1 iVm Art. 3 Abs. 1 GVO Kfz-Vertrieb aF (VO EG Nr. 1400/2002) und damit ein Marktanteil des Franchisegebers von 30 %, unabhängig von demjenigen des Franchisenehmers, vgl. Art. 2 GVO Kfz-Vertrieb.

GVO zulässigen Höchstpreisbindung ausgegangen, da die Franchisenehmer die in der Werbeaktion empfohlenen Preise jederzeit hätten unterbieten können, was schließlich zu ihrem eigenen wirtschaftlichen Risiko gehöre.[673] Eine Höchstpreisbindung maßgeblich mit der für den Franchisevertrag typischen wirtschaftlichen Risikoverteilung zu begründen, begegnet jedoch Bedenken. Insbesondere wenn die Funktion des empfohlenen Preises als bloße Obergrenze und damit auch die Abweichungsmöglichkeit nach unten für Franchisenehmer und Dritte nicht hinreichend erkennbar ist, führt das weite Verständnis des OLG Düsseldorf von einem zulässigen Höchstpreis letztlich zu einer Aushöhlung des Art. 4 lit. a Hs. 1 Vertikal-GVO.[674]

Hinsichtlich etwaiger Wettbewerbsverbote ist Art. 5 Vertikal-GVO zu beachten: Hiernach gilt für Wettbewerbsverbote (also die Vereinbarung einer Bezugsbindung, die über 80 % des am Vorjahresbezug orientierten Gesamtbezugs erfasst, vgl. Art. 1 Abs. 1 lit. f Vertikal-GVO bzw. inhaltlich entsprechend Art. 1 Abs. 1 lit. d Vertikal-GVO aF) während der Vertragslaufzeit eine zeitliche Höchstgrenze von **5 Jahren** (wobei eine individualvertragliche Erneuerung möglich bleibt und seit der jüngst erfolgten Reform der Vertikal-GVO nun auch eine Erleichterung für sich **stillschweigend verlängernde** Wettbewerbsverbote dergestalt existiert, dass auch letztere grundsätzlich gruppenfreistellungsfähig sind[675]).[676] Zeitlich darüber hinausgehende Vereinbarungen bedürfen der Öffnung des Bezugs iHv mindestens 20 % für einen eigenständigen Produkteinkauf durch den Franchisenehmer.[677] In Bezug auf dieses „Diversifikationssortiment" sind allerdings Vereinbarungen über die Präsentation weiterhin denkbar.[678] Nachvertragliche Wettbewerbsverbote werden gem. Art. 5 Abs. 1 lit. b iVm Abs. 3 Vertikal-GVO auf **1 Jahr** beschränkt und dürfen sich überdies nur auf konkurrierende Produkte und die während der Vertragslaufzeit genutzten Räumlichkeiten beziehen.[679]  **221**

Anders liegt es bei **Produktionsfranchisevereinbarungen,** mit denen der Franchisegeber dem Franchisenehmer die industrielle Fertigung und den anschließenden Vertrieb eines Produkts ermöglicht.[680] In solchen Fällen dient die Übertragung von Immaterialgüterrechten und Know-how nach Ansicht der Kommission nicht vorrangig dem Vertrieb, weswegen derartige Franchisevereinbarungen insgesamt nicht in den Anwendungsbereich der Vertikal-GVO fallen sollen, sondern von der Technologietransfer-GVO (TT-GVO)[681] erfasst werden.[682] Hier ist dann zunächst zu prüfen, ob die Parteien auch ohne die Franchisevereinbarung auf dem relevanten Produkt- oder Technologiemarkt (dh dem Markt für die Lizenzierung von substituierbaren Technologien) **miteinander im Wett-**  **222**

---

[673] OLG München 7.11.2019 – 29 U 4165/18 Kart, NZKart 2020, 396 Rn. 76 ff. – „King des Monats"; anders hingegen die Vorinstanz LG München I 26.10.2018 – 37 O 10335/15, ZVertriebsR 2019, 34 Rn. 71. Vgl. zu Höchstpreisbindungen auch → Rn. 241 f.

[674] Kritisch zur Einstufung einer Preiswerbeaktion als freigestellte Höchstpreisbindung auch Billing/Metzlaff, ZVertriebsR 2020, 165 (171 ff.).

[675] So ist Art. 5 Abs. 1 S. 2 Vertikal-GVO aF inzwischen gestrichen worden. Dies hat zur Folge, dass auch solche Wettbewerbsverbote, die sich über einen Zeitraum von mehr als fünf Jahren stillschweigend verlängern, in Zukunft grundsätzlich gruppenfreistellungsfähig sind; vgl. dazu auch noch → Rn. 221.

[676] Vgl. zB BGH 11.11.2008 – KVR 17/08, WuW/E DE-R 2514 Rn. 16 – Bau und Hobby; dazu sowie zur Anwendung dieser Wertung iRd § 20 GWB OLG Düsseldorf 16.1.2008 – VI-Kart 11/06 (V), WuW/E DE-R 2235 (2239) – Baumarkt; nach den genannten Entscheidungen steht dem Nichtvorliegen einer unbilligen Behinderung nach § 20 GWB auch die Kombination mit der Nichtweitergabe von Einkaufsvorteilen nicht entgegen; anders dazu noch BKartA 8.5.2006 – B9–149/04, WuW/E DE-V 1235 (1246) – Praktiker Baumärkte.

[677] Vgl. OLG Düsseldorf 11.4.2007 – VI-U (Kart) 13/06, BeckRS 2007, 8367 = juris Rn. 38 – Body-Shop.

[678] Dazu siehe Flohr BB 2009, 2159 (2163).

[679] Hierzu näher Leitlinien für vertikale Beschränkungen v. 30.6.2022, ABl. 2022, C 248, 1, 58 Rn. 250 f.

[680] Siehe zu diesem Typ von Franchisevereinbarungen zB KOMM. 23.12.1977 – IV/171, 856, 172, 117, 28 173, ABl. 1978 L 70, 69 – Campari.

[681] VO (EG) Nr. 772/2004 der Kommission vom 27.4.2004 über die Anwendung von Artikel 81 Absatz 3 EG-Vertrag auf Gruppen von Technologietransfer-Vereinbarungen.

[682] Leitlinien für vertikale Beschränkungen v. 30.6.2022, ABl. 2022, C 248, 1, 24 f. Rn. 85 ff.; Liebscher/Petsche EuZW 2000, 400 (401); Metzlaff BB 2000, 1201 ff.

**bewerb stehen.** Ist dies der Fall, so gilt eine Freistellungshöchstgrenze von 20 % kumuliertem Marktanteil (Art. 3 Abs. 1 TT-GVO); ansonsten gilt die aus der Vertikal-GVO vertraute Höchstgrenze von 30 % Marktanteil auf Seite des Franchisegebers sowie -nehmers (Art. 3 Abs. 2 TT-GVO). Bei der Vereinbarung von **Wettbewerbsverboten** ist in letzterem Fall zudem Art. 5 Abs. 2 TT-GVO zu beachten: Diese Norm untersagt Abreden, mit denen die „Möglichkeit des Lizenznehmers, seine eigene Technologie zu verwerten", beschränkt wird; solche Beschränkungen sind nur dann erlaubt, wenn sie unerlässlich sind, um die Preisgabe von Know-how an Dritte zu verhindern.

223 **5. Alleinvertrieb/Gebiets- und Kundenschutzvereinbarungen.** Beim sog. Alleinvertrieb teilt der Lieferant sein Absatzgebiet räumlich oder nach Kundengruppen auf und weist jedem Vertriebspartner ein bestimmtes Teilgebiet (bzw. eine bestimmte Kundengruppe) ausschließlich zu. Innerhalb des ihm zugewiesenen Teilbereichs erhält jeder Vertriebshändler somit einen gewissen Schutz vor Intrabrand-Konkurrenz. Im Zuge der jüngst erfolgten Reform des europäischen Vertriebskartellrechts hat nun erstmals eine Begriffsbestimmung des Alleinvertriebs Einzug in die Vertikal-GVO, Art. 1 Abs. 1 lit. h, gehalten. Diese beinhaltet insofern eine Modifikation gegenüber dem zuvor vorherrschenden Verständnis, als durch die Reform auch die exklusive Zuweisung eines Gebiets (bzw. einer Kundengruppe) gegenüber „höchstens fünf Abnehmern"[683] als Alleinvertrieb erfasst werden soll (sog. **geteilter Alleinvertrieb**). In der Praxis werden Alleinvertriebsabreden häufig noch durch Abreden flankiert, die dem Vertriebshändler einen Verkauf außerhalb des im Vertrag bezeichneten räumlichen bzw. sachlichen Tätigkeitsbereichs untersagen oder erschweren;[684] auf diese Weise erhält jeder Vertriebspartner zusätzlichen Schutz vor Intrabrand-Konkurrenz durch gebiets- bzw. bereichsfremde Händler. Solche Gestaltungen werden im europäischen Recht üblicherweise als **absoluter Gebietsschutz** (bzw. Kundenschutz) bezeichnet.[685]

224 Alleinvertriebs- und Gebietsschutzabreden unterfallen dem Verbot des § 1 GWB. Inwieweit über das Merkmal der „**Notwendigkeit**" der Abrede eine **tatbestandsausschließende Wirkung** erreicht wird, ist allerdings unklar. Ein bloßes „anzuerkennendes Interesse" (dazu → Rn. 58 und 202) dürfte entsprechend der Behandlung von Wettbewerbsverboten in Subunternehmerverträgen (→ Rn. 202) jedenfalls nicht genügen. Die europäische Spruchpraxis zu Art. 101 Abs. 1 AEUV ist in dieser Hinsicht nicht sehr aussagekräftig: Zwar hat auch der Gerichtshof in einigen Entscheidungen (namentlich bei Lizenzverträgen) anerkannt, dass Alleinvertriebsabreden zur Erschließung eines Marktes (hierzu auch → Rn. 223) erforderlich sein können.[686] Doch wurden diese eher punktuellen Ansätze von der Rechtsprechung bislang nicht zu einem allgemeinen tatbestandsbegrenzenden Auslegungsgrundsatz erweitert. Es ist daher im Schrifttum umstritten,[687] ob der Markterschließungsgedanke allgemein schon im Rahmen des **Tatbestandes** (Art. 101 Abs. 1 AEUV) zum Zuge kommen kann oder vielmehr erst auf der Ebene der **Freistellung** (Art. 101 Abs. 3 AEUV) relevant wird (hierzu im Einzelnen mwN → AEUV Art. 101 Abs. 1

---

[683] Die Entwurfsfassung sprach demgegenüber noch von „einer begrenzten Zahl von Abnehmern", vgl. Entwurf der Kommission vom 9.7.2021 für die Reform der Vertikalleitlinien, C(2021) 5038 final Annex, Rn. 102; kritisch hierzu wegen begrifflicher Unschärfe Schultze/Pautke/Wagener BB 2021, 2627 (2629); zum nun vollzogenen Wandel Haberer NZKart 2022, 426, 427.

[684] ZB durch die Vereinbarung monetärer Ausgleichpflichten für jedes Geschäft, das im Gebiet eines anderen Händlers abgeschlossen wird (KOMM. 20.12.1974 – IV/26.603, ABl. 1975 L 29, 20 (22) – Rank/Sopelem).

[685] Hierzu im Einzelnen → AEUV Art. 101 Abs. 1 Rn. 267 ff.; siehe Zimmer in Immenga/Mestmäcker, 5. Aufl. 2014, Rn. 339 zur Rechtslage vor der 7. GWB-Novelle.

[686] Siehe EuGH 30.6.1966 – 56/65, ECLI:EU:C:1966:38 = Slg. 1966, 281 (304) – Société Technique Minière (LTM)/Maschinenbau Ulm (MBU); EuGH 8.6.1982 – 258/78, ECLI:EU:C:1982:211 Rn. 57 f. – Nungesser; EuGH 6.10.1982 – 262/81, ECLI:EU:C:1982:334 Rn. 19 – Coditel II. Hierzu ausführlicher Joliet International Review of Industrial Property and Copyright Law 1984, 21 ff.; Korah Antitrust Bulletin 1983, 721 ff.; Turner European Law Review 1983, 103 ff.

[687] Statt vieler Fritzsche ZHR 160 (1996), 31 (41 ff.) mit eingehenden Nachweisen.

*Zimmer*

Rn. 152 ff.). Verkompliziert wird die Rechtslage überdies dadurch, dass **absolute Gebietsschutzvereinbarungen** in der europäischen Rechtsprechung aus integrationspolitischen Gründen (hierzu → Fn. 583) traditionell überaus streng beurteilt und als „**bezweckte" Wettbewerbsbeschränkung** qualifiziert werden.[688] Wird eine Alleinvertriebsvereinbarung also durch Exportverbote oder sonstige Abreden flankiert, die dem Weiterverkäufer einen Vertrieb außerhalb seines Gebietes untersagen, so liegt nach traditioneller Auffassung der europäischen Gerichte eine tatbestandliche Wettbewerbsbeschränkung stets vor. Es bleibt daher abzuwarten, ob sich die Kommission mit der in ihren Leitlinien geäußerten großzügigeren Auffassung durchzusetzen vermag: So soll es nach Ansicht der Kommission keine tatbestandsmäßige Wettbewerbsbeschränkung (im Sinne einer Kernbeschränkung) darstellen, wenn bei einem räumlich oder sachlich begrenzten **Markteinführungstest** den für den Testmarkt zugelassenen Händlern jeder Verkauf außerhalb des Testmarktes verboten wird.[689]

Besonders große praktische Relevanz kommt dem Streit um die tatbestandsausschließende Wirkung des Markterschließungsgedankens freilich nicht zu, da die **Freistellungsmöglichkeiten** großzügig gefasst sind: Alleinvertriebsabreden sind bis zu einem Lieferanten- sowie Abnehmermarktanteil von jeweils 30 % grundsätzlich freigestellt (Art. 2 Abs. 1 iVm Art. 3 Abs. 1 Vertikal-GVO).[690] Die Neustrukturierung des Art. 4 Vertikal-GVO im Zuge der jüngst erfolgten Reform des europäischen Vertriebskartellrechts manifestiert sich darin, dass Kernbeschränkungen betreffend Alleinvertriebsabreden nunmehr eigens in Art. 4 lit. b verortet sind. Der grundsätzlichen Einordnung von aktiven und passiven Verkaufsbeschränkungen als Kernbeschränkungen werden darin viele Ausnahmen zuteil. Selbst ein **absoluter Gebiets- oder Kundenschutz** ist grundsätzlich freistellungsfähig, sofern der Lieferant seinen Händlern wenigstens den **passiven Verkauf** in fremde Absatzgebiete gestattet (Art. 4 lit. b i) Vertikal-GVO).[691] Seit der im Mai/Juni 2022 erfolgten Reform besteht noch eine zusätzliche Erleichterung für derartige Abreden: Beschränkungen des aktiven Verkaufs dürfen sich nun teils auch auf die **nachgelagerte (Direkt-)Kundenebene** des Alleinvertriebshändlers erstrecken und gelten insoweit (im Gegensatz zu Art. 4 lit. b i) Hs. 2 Vertikal-GVO aF) explizit nicht mehr als Kernbeschränkung.[692] Vgl. zu den Neuerungen bei der Kombination von Alleinvertrieb und selektivem Vertrieb bereits → Rn. 212.

225

---

[688] Ständige Rspr., siehe zB EuGH 13.7.1966 – 56/64, 58/64, ECLI:EU:C:1966:41 = Slg. 1966, 322 (390) – Consten und Grundig/Kommission; EuGH 1.2.1978 – 19/77, ECLI:EU:C:1978:19 Rn. 7 – Miller/Kommission; EuGH 12.7.1979 – 32/78, ECLI:EU:C:1979:191 Rn. 32 – BMW Belgium ua/Kommission; EuGH 11.1.1990 – 277/87, ECLI:EU:C:1989:363 – Sandoz Prodotti Farmaceutici/Kommission; EuGH 31.3.1993 – 89/85, ECLI:EU:C:1993:120 Rn. 176 – Ahlström Osakeythiö ua/Kommission; EuGH 17.7.1997 – C-219/95 P, ECLI:EU:C:1997:375 Rn. 12–14 – Ferriere Nord/Kommission; EuG 19.5.1999 – T-176/95, ECLI:EU:T:1999:100 Rn. 104 – Accinauto/Kommission; EuG 19.5.1999 – T-175/95, ECLI:EU:T:1999:99 Rn. 133 – BASF/Kommission; EuG 6.7.2000 – T-62/98, ECLI:EU:T:2000:180 Rn. 178 – Volkswagen/Kommission; bestätigt durch EuGH 18.9.2003 – C-338/00 P, ECLI:EU:C:2003:473 Rn. 44 ff. – Volkswagen/Kommission; EuGH 6.4.2006 – C-551/03 P, ECLI:EU:C:2006:229 Rn. 67 – General Motors/Kommission; EuG 9.7.2009 – T-450/05, ECLI:EU:T:2009:262 Rn. 46 ff. – Peugeot Nederland/Kommission; EuGH 16.9.2008 – C-468/06 bis 478/06, ECLI:EU:C:2008:504 Rn. 65 – Sot. Lélos kai Sia ua; EuGH 6.10.2009 – C-501/06, 513/06, 515/06, 519/06 P, ECLI:EU:C:2009:610 Rn. 59 – GlaxoSmithKline Services ua/Kommission; grundsätzlich auch EuG 27.9.2006 – T-168/01, ECLI:EU:T:2006:265 Rn. 120 ff. – GlaxoSmithKline; vgl. zur Vermutung einer bezweckten Wettbewerbsbeschränkung bei einem Lizenzvertrag, der darauf gerichtet ist, die grenzüberschreitende Erbringung von Rundfunkdienstleistungen zu beschränken, EuGH 4.10.2011 – C-403/08, 429/08, ECLI:EU:C:2011:631 = EuZW 2012, 466 Rn. 139 ff. – Football Association Premier League Ltd./QC Leisure ua; dazu auch Frenz WuW 2013, 41 ff.

[689] Leitlinien für vertikale Beschränkungen v. 30.6.2022, ABl. 2022, C 248, 1, 45, Rn. 184.

[690] Gemäß Art. 2 Abs. 4 S. 2 Vertikal-GVO sind von dieser Freistellung grundsätzlich auch Fälle des zweigleisigen Vertriebs erfasst, wobei der europäische Gesetzgeber im Zuge der aktuellen Reform des Vertriebsrechts gewisse Begrenzungen vorgenommen hat (vgl. dazu ausführlicher → Rn. 226 f.).

[691] Zu den Einzelheiten siehe Ellger in Band 1 → Vertikal-VO Art. 4 Rn. 60 ff.

[692] Vgl. hierzu den neuen Wortlaut „und seine Direktkunden" in Art. 4 lit. b i bzw. „und durch seine Kunden" in Art. 4 lit. b ii Vertikal-GVO.

**226**  **6. Zweigleisiger bzw. dualer Vertrieb.** Der **zweigleisige bzw. duale Vertrieb** betrifft Vertriebssysteme, bei denen der Anbieter zugleich als Wettbewerber des Abnehmers auf dessen Vertriebsstufe agiert. Vor der im Mai/Juni 2022 erfolgten Reform des europäischen Vertriebskartellrechts waren derartige Systeme für den Fall nicht wechselseitiger vertikaler Koordinierungen gem. Art. 2 Abs. 4 S. 2 lit. a, b Vertikal-GVO aF einer Gruppenfreistellung relativ weitgehend zugänglich: bei Waren vollumfänglich im Verhältnis zwischen Herstellern und Händlern, bei Dienstleistungen zumindest insoweit, als die Hybridstellung des Anbieters sich auf die Einzelhandelsstufe bezog. Systematisch gesehen handelt es sich bei diesen Freistellungsmöglichkeiten jeweils um eine Ausnahme davon, dass sich der Schutzschirm der Vertikal-GVO gem. Art. 2 Abs. 4 S. 1 Vertikal-GVO grundsätzlich nicht auf vertikale Vereinbarungen zwischen Wettbewerbern erstreckt. Im Zuge der Reform ist diese Ausnahme nun teilweise stärker eingeschränkt, der Schutzschirm der Vertikal-GVO für den zweigleisigen Vertrieb insoweit verkürzt worden.[693] Konkret manifestieren sich diese Verkürzungen in zwei neu eingefügten Rückausnahmen zur Ausnahme des Art. 2 Abs. 4 S. 2 Vertikal-GVO.

**227**  Die erste Rückausnahme betrifft gem. Art. 2 Abs. 5 Vertikal-GVO den **Informationsaustausch** zwischen hybrid agierenden Anbietern und ihren Abnehmern: Sofern dieser sich nicht unmittelbar darauf bezieht, die vertikale Vereinbarung umzusetzen, oder nicht erforderlich ist, um Produktion oder Vertrieb der Vertragswaren oder -dienstleistungen zu verbessern, oder „keine dieser beiden Voraussetzungen erfüllt" ist, fällt die vertikale Vereinbarungen im zweigleisigen Vertrieb aus dem sicheren Hafen heraus.[694] Der dritten Variante kommt hierbei erkennbar eine eher deklaratorische Funktion zu, die dem komplexen Zusammenspiel von Regel, Ausnahme und Rückausnahme in Art. 2 Vertikal-GVO nicht unbedingt zuträglich ist.[695] Positive Hervorhebung verdient indes – gerade verglichen mit den Entwürfen zur Reform des Vertriebskartellrechts –, dass die ebenfalls reformierten Vertikalleitlinien nun einen relativ umfassenden, nicht abschließenden Katalog mit Beispielen für Fälle enthalten, wo die Voraussetzungen des Art. 2 Abs. 5 Vertikal-GVO regelmäßig vorliegen (u. a. bei Informationen zur Wartung und zum Recycling der Vertragsware sowie logistischen Informationen zu Inventar und Lagerbeständen) bzw. nicht vorliegen (u. a. bei Informationen zu künftigen Weiterverkaufspreisen).[696] Die zweite Rückausnahme zu Art. 2 Abs. 4 S. 2 Vertikal-GVO bezieht sich gem. Art. 2 Abs. 6 Vertikal-GVO (dazu auch schon → Rn. 208) unterdessen auf sämtliche vertikale Vereinbarungen in Bezug auf die Bereitstellung von Online-Vermittlungsdiensten zwischen **hybrid agierenden Online-Vermittlungsdiensten** und ihren Nutzern, die auf Ebene der vermittelten Geschäfte zugleich mit dem Anbieter der Online-Vermittlungsdienste konkurrieren. Auch insoweit ist nunmehr eine Rückkehr zur Regel Art. 2 Abs. 4 S. 1 Vertikal-GVO angezeigt, wonach

---

[693] Gegenüber der Entwurfsfassung hat Art. 2 Vertikal-GVO, was den zweigleisigen Vertrieb anbelangt, im Reformprozess insgesamt eine klarere Kontur erhalten. Erstere hatte noch recht umständlich vorgesehen, dass die Vertikal-GVO auf den zweigleisigen Vertrieb bei Unterschreitung einer gemeinsamen Marktanteilsschwelle von mehr als 10% „auf dem relevanten Einzelmarkt" grundsätzlich weiterhin anwendbar sein sollte (vgl. Art. 2 Abs. 4 S. 2 lit. a, b des Entwurfs), sofern keine bezweckte Wettbewerbsbeschränkung im Horizontalverhältnis vorliege (vgl. Art. 2 Abs. 6 des Entwurfs), während jenseits der neu vorgesehenen 10%-Schwelle, aber unterhalb der 30%-Schwelle des Art. 3 Abs. 1 Vertikal-GVO Fälle des Informationsaustausches (arg. e Art. 2 Abs. 5 Hs. 2 des Entwurfs) nicht mehr dem Schutzschirm der Vertikal-GVO unterfallen sollten; vgl. dazu Entwurf der Kommission vom 9.7.2021 für die Reform der Vertikal-GVO, C (2021) 5026 final Annex. Im Zuge des Konsultationsprozesses war diese Formulierung insbesondere aufgrund fehlender praktischer Handhabbarkeit zu Recht auf scharfe Kritik gestoßen, vgl. etwa Haberer/Fries NZKart 2021, 444 (446 ff.); ferner Picht/Leitz NZKart 2021, 480, 481 f. (Art. 2 Abs. 5 des Entwurfs als „Danaergeschenk") sowie Schultze/Pautke/Wagener BB 2021, 2627 f.; die konsolidierte neue Fassung nun begrüßend etwa Haberer, NZKart 2022, 426, 428.

[694] Vgl. dazu, dass sich aus der doppelten Verneinung eine Vermutung dafür ergebe, dass der Informationsaustausch grundsätzlich auch im dualen Vertrieb zulässig sei, Christodoulou/Holzwarth NZKart 2022, 540, 544.

[695] Kritisch bezüglich der Formulierung auch Aberle NZKart 2022, 504, 506.

[696] Vgl. dazu näher Leitlinien für vertikale Beschränkungen v. 30.6.2022, ABl. 2022, C 248, 1, 27 f. Rn. 99 f.; dies begrüßend auch Aberle NZKart 2022, 504, 509.

der Anwendungsbereich der Vertikal-GVO bei vertikalen Vereinbarungen unter Wettbewerbern nicht eröffnet ist.

Die Reform hat jedoch auch eine Erweiterung des Schutzschirms der Vertikal-GVO mit **228** Blick auf den zweigleisigen Vertrieb mit sich gebracht: **Importeure** und **Großhändler** werden nun von Art. 2 Abs. 4 S. 2 lit. a Vertikal-GVO explizit adressiert.[697] In der Konsequenz liegen die nicht wechselseitigen vertikalen Vereinbarungen, an denen sie im Rahmen des zweigleisigen Vertriebs beteiligt sind, im Anwendungsbereich der Vertikal-GVO (wenn auch wiederum vorbehaltlich der Absätze 5 und 6).

**7. Ausschließlichkeitsbindungen.** Ausschließlichkeitsbindungen treten in der Praxis **229** in überaus vielfältiger Gestalt auf. Im einfachsten Fall untersagt ein Vertragspartner dem anderen schlicht, hinsichtlich der vertraglich bezeichneten Waren oder Dienstleistungen noch mit anderen Vertragspartnern in ein Lieferverhältnis zu treten. Dabei spricht man von einer **Alleinbezugsverpflichtung,** wenn der Abnehmer auf eine Bezugsquelle beschränkt wird; ist es hingegen der Lieferant, der in der Auswahl seiner Absatzkanäle eingeschränkt wird, so ist von einer **Alleinbelieferungsverpflichtung** die Rede.[698] Neben diese unmittelbaren vertraglichen Verpflichtungen zur Wahrung von Ausschließlichkeit treten eine Fülle von komplizierteren Gestaltungen, die zu einer mittelbaren Ausschließlichkeit führen: So mag sich der Lieferant (bzw. der Abnehmer) etwa mit der Festlegung einer **Mindestabnahmemenge** (bzw. einer Mindestliefermenge) begnügen. Liegt diese Menge in der Nähe des erwarteten Gesamtbedarfs des Abnehmers, so bleibt eine Streuung der Bezugsquellen zwar de iure möglich; mangels Wirtschaftlichkeit ist sie de facto allerdings ausgeschlossen.[699] Ähnlich wirkt die Vereinbarung einer **englischen Klausel,** die den Abnehmer gegenüber seinem Lieferanten zur Offenlegung von Drittangeboten verpflichtet und ersterem eine Annahme nur dann gestattet, wenn der Lieferant das Drittangebot nicht unterbietet.[700] Auch die Vereinbarung von **Sonderkonditionen,** die unmittelbar oder mittelbar an die Deckung des Gesamtbedarfs beim Lieferanten anknüpfen (wie beispielsweise Treue-, Ziel- und Schwellenrabatte, Gesamtumsatznachlässe oder Sortimentsdiskonte), kann in Einzelfällen Ausschließlichkeitseffekte erzielen.[701] Vergleichbare Wirkungen haben schließlich auch **langfristige Belieferungs- und Bezugsverträge;** auch mit ihnen wird die Dispositionsfreiheit des gebundenen Teils eingeschränkt und der Markt auf der Vertriebsstufe für konkurrierende Hersteller unter Umständen **abgeschottet.**[702]

Ausschließlichkeitsbindungen fallen unter § 1 GWB. In der europäischen Rechtsprechung, auf die für die Auslegung des § 1 GWB zurückgegriffen werden kann, hat sich eine **230 differenzierte Beurteilung** durchgesetzt, die den positiven Wettbewerbseffekten von Ausschließlichkeitsbindungen schon auf der Tatbestandsebene Rechnung trägt und insofern nicht jede Ausschließlichkeitsbindung als tatbestandliche Wettbewerbsbeschränkung an-

---

[697] Dies grundsätzlich begrüßend sowie zu Unterschieden gegenüber der Entwurfsfassung Aberle, NZKart 2022, 504, 505 f., der zugleich darauf hinweist, dass der in lit. b vorgesehene Bezug zur Einzelhandelsebene unberührt geblieben ist; dazu ferner Christodoulou/Holzwarth NZKart 2022, 540, 544; Haberer NZKart 2022, 426, 428.

[698] Siehe zB Leitlinien für vertikale Beschränkungen v. 30.6.2022, ABl. 2022, C 248, 1, 72 Rn. 321.

[699] Siehe zB OLG Düsseldorf 20.6.2006 – VI-2 Kart 1/06, WuW/E DE-R 1757 (1766 f.) – E.ON-Ruhrgas; OLG Düsseldorf 7.11.2001 – U (Kart) 31/00, WuW/E DE-R 854 (857) – Thyssengas/Stadtwerke Aachen; siehe auch BKartA 4.12.2017 – B6–132/14-2 Rn. 310 ff. – CTS Eventim.

[700] Hierzu eingehend Dallmann WRP 2006, 347.

[701] Vgl. zu einem kartellrechtswidrigen „Treuerabatt" OLG Jena 30.9.2009 – 2 U 207/08, GRUR-RR 2010, 113 f. Derartige Vertragsgestaltungen sind üblicherweise eine Domäne der Missbrauchskontrolle (Art. 102 AEUV, §§ 19, 20 GWB; vgl. zB EuGH 15.3.2007 – C-95/04 P, ECLI:EU:C:2007:166 – British Airways; EuGH 6.9.2017 – C-413/14 P, ECLI:EU:C:2017:632 – Intel). Nach Ansicht der Kommission kann die Vereinbarung wirtschaftlicher Anreizsysteme zur Bezugsquellenkonzentration aber auch vom Tatbestand des Art. 101 Abs. 1 AEUV (bzw. § 1 GWB) erfasst werden. Siehe Leitlinien für vertikale Beschränkungen v. 30.6.2022, ABl. 2022, C 248, 1, 68 Rn. 298.

[702] Siehe Zimmer in Immenga/Mestmäcker, 5. Aufl. 2014, Rn. 343 zur Rechtslage vor der 7. GWB-Novelle.

sieht.[703] Diese differenzierte Beurteilung kommt vor allem in der Delimitis-Entscheidung des EuGH[704] zum Ausdruck (hierzu im Einzelnen → AEUV Art. 101 Abs. 1 Rn. 133). Nach Ansicht des Gerichtshofs bietet eine Ausschließlichkeitsvereinbarung regelmäßig beiden Parteien Vorteile: Der Lieferant gelange in den Genuss einer gewissen Absatzgarantie, da sich der Wiederverkäufer auf Grund der Exklusivbindung auf die Vermarktung seines Produkts konzentriere. Der Händler wiederum profitiere davon, dass ihm der Zugang zum Markt für den Vertrieb unter günstigen Bedingungen und mit einer Bezugsgarantie ermöglicht wird.[705] Angesichts dieser wettbewerblichen Vorteile komme eine Anwendung des Art. 101 Abs. 1 AEUV auf Ausschließlichkeitsbindungen nur dann in Betracht, wenn der Vertrag in Verbindung mit anderen gleichartigen Verträgen zu einer erheblichen **marktabschottenden Wirkung** führe. Dafür ist nach Ansicht des EuGH nicht nur erforderlich, dass der Markt für Mitbewerber insgesamt schwer zugänglich ist. Vielmehr muss die konkret bemängelte Vertragsgestaltung in erheblichem Maß zu der Abschottungswirkung beitragen.[706] Der EuGH konzentriert sich somit auf die Hauptverantwortlichen für die Marktabschottungswirkung und wendet Art. 101 Abs. 1 AEUV lediglich insoweit an. Dabei kann im Einzelfall sogar ein- und derselbe Lieferant mit einem Teil seiner Verträge unter Art. 101 Abs. 1 AEUV fallen, während der übrige Teil keine Wettbewerbsbeschränkung darstellt. In diesem Sinne stellte der EuGH im Fall Neste zwar insgesamt einen kumulativen Abschottungseffekt durch Bezugsvereinbarungen fest; der Gerichtshof hielt es aber für gerechtfertigt, nur die langfristigen Verträge dem Verbot des Art. 101 Abs. 1 AEUV zu unterwerfen, während die jederzeit kündbaren nicht als erheblicher Beitrag zur kumulativen Marktabschottung angesehen wurden.[707]

**231**  Wann die erforderliche marktabschottende Wirkung vorliegt, lässt sich im Allgemeinen nur schwer sagen. Nach Ansicht der Kommission ist eine vertikale Bezugsbindung regelmäßig **nicht spürbar,** wenn die beteiligten Parteien auf den betroffenen Märkten jeweils unter **15 % Marktanteil** halten und die Gesamtabdeckung des Marktes durch Bündel von parallelen Bindungen **30 %** nicht erreicht; selbst in letzterem Fall soll eine Wettbewerbsbeschränkung ausscheiden, wenn die beanstandeten Verträge eines Lieferanten insgesamt weniger als **5 %** des Marktes abdecken.[708] Dieser Einschätzung hat sich nunmehr weitgehend auch das BKartA in seiner Bagatellbekanntmachung angeschlossen.[709] Freilich dürfte die Grenze zur spürbaren Wettbewerbsbeschränkung in vielen Fällen jedenfalls dann überschritten sein, wenn die beanstandeten Verträge die **Freistellungsvoraussetzungen** der Vertikal-GVO bzw. GVO Kfz-Vertrieb nicht erfüllen. Im Einzelfall ist bei derartigen Umkehrschlüssen allerdings **Vorsicht geboten:** So hat der EuGH in früheren Entscheidungen mehrfach selbst bei Vorliegen von Kernbeschränkungen (sog. „schwarzen Klauseln") die Spürbarkeit der Wettbewerbsbeschränkung verneint, wenn die Marktanteile der Parteien **sehr niedrig** lagen.[710] Neuerdings nimmt der EuGH für alle bezweckten Wettbewerbs

---

[703] Zustimmend OLG Düsseldorf 22.6.2010 – VI-U (Kart) 9/10, WuW/E DE-R 2947 Rn. 29 ff. – TNT Post/First Mail; OLG Düsseldorf 3.4.2019 – VI-Kart 2/18 (V), NZKart 2019, 282 (284 f.) – Ticketvertrieb II.

[704] EuGH 28.2.1991 – C-234/89, ECLI:EU:C:1991:91 – Delimitis/Henningerbräu.

[705] EuGH 28.2.1991 – C-234/89, ECLI:EU:C:1991:91 Rn. 11 f. – Delimitis/Henningerbräu.

[706] EuGH 28.2.1991 – C-234/89, ECLI:EU:C:1991:91 Rn. 15 – Delimitis/Henningerbräu.

[707] EuGH 7.12.2000 – C-214/99, ECLI:EU:C:2000:679 Rn. 36 ff. – Neste Markkinointi Oy/Yötuuli Ky; zustimmend OLG Düsseldorf 22.6.2010 – VI-U (Kart) 9/10, WuW/E DE-R 2947 Rn. 32 – TNT Post/First Mail. Hierzu auch Eccles/Huopalainen E. C. L. R. 2001, 131 ff.; Mestmäcker/Schweitzer EuWettbR § 11 Rn. 68 f.

[708] Vgl. Bekanntmachung der Kommission über Vereinbarungen von geringer Bedeutung, die den Wettbewerb gemäß Artikel 101 Absatz 1 des Vertrags über die Arbeitsweise der Europäischen Union nicht spürbar beschränken (de minimis), ABl. 2014 C 291, 1 Rn. 10.

[709] Bekanntmachung Nr. 18/2007 des Bundeskartellamtes über die Nichtverfolgung von Kooperationsabreden mit geringer wettbewerbsbeschränkender Bedeutung Rn. 7 ff.; zum strengeren Maßstab des BKartA im Hinblick auf die Anwendung der 5 %-Grenze vgl. Pfeffer/Wegner BB 2007, 1173 (1174).

[710] EuGH 9.7.1969 – 5/69, ECLI:EU:C:1969:35 Rn. 7 – Völk/Vervaecke; EuGH 6.5.1971 – 1/71, ECLI:EU:C:1971:47 Rn. 7, 10 – Cadillon/Höss; EuGH 7.6.1983 – 100/80, ECLI:EU:C:1983:158 Rn. 85 – Musique Diffusion française/Kommission (jeweils zur Spürbarkeit einer absoluten Gebietsschutzabrede).

beschränkungen automatisch die Spürbarkeit an.[711] Aufgrund des Gleichlaufs von Art. 101 AEUV und § 1 GWB hat der BGH diese Rechtsprechung in der Folge auch auf § 1 GWB ausgedehnt.[712] In einem ersten Schritt ist nunmehr die Wettbewerbsbeschränkung zu klassifizieren. Sodann gelten die Ausführungen zur Spürbarkeit einer Wettbewerbsbeschränkung nur dann, wenn es sich um eine bewirkte Wettbewerbsbeschränkung handelt.

Eine nähere **Analyse der Marktsituation** bei Vertragsbündeln ist daher regelmäßig 232 unerlässlich. Entscheidende Wertungsfaktoren bei dieser Analyse sind die relative **Marktstellung** des Lieferanten, des Käufers und der Wettbewerber, die **Bindungsdauer** und der **Umfang** der Vereinbarungen, die **Gesamtmarktabdeckung,** die existierenden **Marktzutrittsschranken,** die **Marktreife** und die **dynamische Marktentwicklung.**[713] Auch das **Zusammenwirken** mit anderen potentiell wettbewerbsbeschränkenden Abreden in den beanstandeten Verträgen ist in der Gesamtbewertung der Marktabschottungswirkung zu berücksichtigen.[714] In jüngerer Zeit wurde vor allem die Bewertung des „untrennbaren wirtschaftlichen Zusammenhangs" von Laufzeit und Umfang einer vereinbarten Bedarfsdeckungsverpflichtung relevant. Schon im Fall „Thyssengas/Stadtwerke Aachen"[715] ging das OLG Düsseldorf auf Grundlage einer solchen Analyse von einer spürbaren Wettbewerbsbeschränkung aus: In diesem Fall war ein regionaler Gasversorger für mehr als 5 Jahre praktisch ausschließlich (80–100 % des Bedarfs) an seinen Gaslieferanten gebunden, der zudem mit 8 % Marktanteil nach Ansicht des OLG zu „den großen Ferngasgesellschaften Deutschlands" zählte. Daran anknüpfend betonte das OLG Düsseldorf später, dass der Markt zur Versorgung von Regional- und Ortsgasunternehmen durch eine Vielzahl von langfristigen Gasliefervertragen mit Gesamt- oder Quasigesamtbezugsverpflichtungen gegen inländische und ausländische Konkurrenzanbieter von Erdgas abgeschottet sei.[716] Grundlage dieser Beurteilung war die Feststellung, dass auf dem relevanten räumlichen Markt etwa 75 % der Gasliefervertrage eine 80–100 %ige Abnehmerbedarfsdeckung herbeiführten und überdies eine mehr als vierjährige Laufzeit aufwiesen. Der BGH schloss sich in seiner Entscheidung „Gaslieferverträge"[717] den daraus abgeleiteten rechtlichen Bewertungen an und führte aus, dass die zulässige Höchstlaufzeit für Verträge, die (nahezu) den Gesamtbedarf des Abnehmers betreffen (dh 80–100 %), auf zwei Jahre begrenzt sei.[718] Bei einer Deckungsquote zwischen 50 % und 80 % sei unter Berücksichtigung der Marktmacht des Anbieters und der (auf dem Gasmarkt erheblichen) Marktzutrittsschranken dann von einer spürbaren Wettbewerbsbeschränkung auszugehen, wenn die Laufzeit vier Jahre überschreite.[719] Dabei

---

[711] EuGH 13.12.2012 – C-226/11, ECLI:EU:C:2012:795 Rn. 35 ff. – Expedia.

[712] Vgl. BGH 12.6.2018 – KZR 4/16, NZKart 2018, 372 (373 f.) – Busverkehr im Altmarkkreis.

[713] Hierzu im Einzelnen Leitlinien für vertikale Beschränkungen v. 30.6.2022, ABl. 2022, C 248, 1, 68 ff. Rn. 298 ff.

[714] Wie mehrere OLGe zu Recht betont haben, verbietet sich eine isolierte kartellrechtliche Prüfung von Einzelabreden. Enthält ein Vertrag zusätzlich zu den Ausschließlichkeitsbindungen noch weitere Intrabrand-Restriktionen (zB Gebietsexklusivitätsvereinbarungen oder selektive Vertriebsklauseln), so muss dies bei der Würdigung der marktabschottenden Wirkung berücksichtigt werden. Siehe zB OLG Düsseldorf 7.11.2001 – U (Kart) 31/00, WuW/E DE-R 854 (857) – Thyssengas/Stadtwerke Aachen; OLG Stuttgart 21.3.2002 – 2 U 136/01, ZNER 2002, 232. Hierzu die Anmerkungen von Markert ZNER 2002, 238 ff.; Dreher EWiR 2002, 625 f.

[715] OLG Düsseldorf 7.11.2001 – U (Kart) 31/00, WuW/E DE-R 854 (857) – Thyssengas/Stadtwerke Aachen. Siehe hierzu auch Bunte WRP 2003, 1418 ff.; Dreher EWiR 2002, 625 f.; Markert WuW 2002, 578 ff.; Ritter WuW 2002, 362 ff.

[716] OLG Düsseldorf 20.6.2006 – VI-2 Kart 1/06 (V), WuW/E DE-R 1757 (1766 ff.) – E.ON-Ruhrgas.

[717] BGH 10.2.2009 – KVR 67/07, BGHZ 180, 323 = WuW/E DE-R 2679 – Gaslieferverträge; dem Beschluss ging die Entscheidung OLG Düsseldorf 4.10.2007 – 2 Kart 1/06, WuW/E DE-R 2197 – E.ON Ruhrgas voraus, die wiederum dem Beschluss OLG Düsseldorf 20.6.2006 – VI-2 Kart 1/06 (V), WuW/E DE-R 1757 – E.ON Ruhrgas sowie BKartA 13.1.2006 – B8–113/03, WuW/E DE-V 1147 – E.ON Ruhrgas folgte.

[718] Vgl. BGH 10.2.2009 – KVR 67/07, BGHZ 180, 323 = WuW/E DE-R 2679 Rn. 33, 37, 39 – Gaslieferverträge.

[719] Vgl. BGH 10.2.2009 – KVR 67/07, BGHZ 180, 323 = WuW/E DE-R 2679 Rn. 33, 39 – Gaslieferverträge; vgl. auch schon das Diskussionspapier des BKartA vom 25.1.2005 (dazu BKartA TB 2003/2004, 138).

sei allerdings auf den Gesamtumfang von Lieferanteilen und Laufzeiten aller zwischen Lieferanten und Beliefertem bestehenden Verträge abzustellen (sog. Einvertragsfiktion).[720] Unzulässig ist damit auch die Kombination mehrerer einzeln zulässiger Abreden. Eine solche Bündelwirkung durch den Abschluss von Stapel- bzw. Kettenverträgen besteht zB bei Vereinbarung einer vierjährigen Bindung iHv 20 % des Gesamtbedarfs und einer parallelen Bindung iHv 80 % für zwei Jahre.[721] Dabei kommt es nicht darauf an, ob diese parallelen Abreden in einer oder mehreren Vertragsurkunden enthalten bzw. gleichzeitig oder sukzessiv erfolgt sind.[722] Es kann einem Lieferanten folglich auch verwehrt sein, sich am Bieterverfahren im Hinblick auf eine freiwerdende Teilmenge zu beteiligen, wenn dieser bereits in einem Lieferverhältnis zum Abnehmer steht.[723] Dass der Gaslieferant seinerseits durch eine sog. „Take-or-pay"-Klausel[724] an die Erdgasförderer gebunden ist, begründet aufgrund der existierenden Marktzutrittsschranken und der insgesamt geringen Ausprägung des Wettbewerbs keine hinreichende Rechtfertigung für eine längerfristige Bindung oder den Abschluss von Stapel- bzw. Kettenverträgen.[725]

**233**   Was die **Freistellungsmöglichkeiten** für Ausschließlichkeitsbindungen betrifft, so ist zunächst die **30 %-Marktanteilsgrenze** des Art. 3 Vertikal-GVO zu beachten. Speziell für Bezugsvereinbarungen, die mehr als 80 % des Einkaufsumsatzes des Abnehmers abdecken,[726] stellt Art. 5 Abs. 1 lit. a Vertikal-GVO zudem eine zeitliche Höchstgrenze auf (5 Jahre), die dann nicht gilt, wenn der Abnehmer die Vertragsprodukte von Räumlichkeiten aus vertreibt, die ebenso wie das entsprechende Grundstück im Eigentum des Lieferanten stehen (vgl. Art. 5 Abs. 2 Alt. 1 Vertikal-GVO; dies ist zB bei Tankstellen und Gaststätten häufig der Fall).[727] Ist mit Blick auf die Grenze des Art. 5 Abs. 1 lit. a Vertikal-GVO bewusst eine Bezugspflicht von nur 80 % vereinbart worden, so verstößt eine solche

---

[720] Dazu BGH 10.2.2009 – KVR 67/07, BGHZ 180, 323 = WuW/E DE-R 2679 Rn. 40 – Gasliefer-verträge; siehe auch OLG Düsseldorf 4.10.2007 – VI-2 Kart 1/06 (V), WuW/E DE-R 2197 (2201 f.) – E.ON Ruhrgas.

[721] Dazu näher OLG Düsseldorf 4.10.2007 – VI-2 Kart 1/06 (V), WuW/E DE-R 2197 (2201) – E.ON Ruhrgas.

[722] Siehe OLG Düsseldorf 4.10.2007 – VI-2 Kart 1/06 (V), WuW/E DE-R 2197 (2201) – E.ON Ruhrgas.

[723] Näher dazu BGH 10.2.2009 – KVR 67/07, BGHZ 180, 323 = WuW/E DE-R 2679 Rn. 40 ff. – Gaslieferverträge.

[724] Hierdurch wurde der Lieferant verpflichtet, die mit Erdgasförderern vertraglich vereinbarte Liefermenge in jedem Fall zu bezahlen – gleichgültig, ob die Abnahme erfolgte.

[725] Vgl. OLG Düsseldorf 4.10.2007 – VI-2 Kart 1/06 (V), WuW/E DE-R 2197 (2206 f.) – E.ON Ruhrgas; OLG Düsseldorf 20.6.2006 – VI-2 Kart 1/06, WuW/E DE-R 1757 (1768) – E.ON Ruhrgas. Andere Gerichte stellten diese Wertung angesichts der geringen Wettbewerbsneigung des Gassektors ebenfalls an: Nach Ansicht des OLG Stuttgart 21.3.2002 – 2 U 136/01, ZNER 2002, 232 ist ein langfristiger Gaslieferungsvertrag (hier: Vereinbarung einer weiteren Vertragsdauer von 20 Jahren für einen seit 1982 bestehenden Vertrag zwischen einer Ferngasgesellschaft und einem kommunalen Gasversorgungsunternehmen), der eine Gesamtabnahmeverpflichtung, eine Gebietsschutzabrede und eine anwachsende Mindestabnahmemenge enthält, bei einer wertenden Gesamtbetrachtung mit § 1 GWB unvereinbar.

[726] Gemäß den Leitlinien für vertikale Beschränkungen v. 30.6.2022, ABl. 2022, C 248, 1, 58 Rn. 247 sowie Art. 1 lit. f Alt. 2 Vertikal-GVO (bzw. lit. d Alt. 2 Vertikal-GVO aF) erfasst dies alle unmittelbaren oder mittelbaren Verpflichtungen des Abnehmers, mehr als 80 % seines auf der Grundlage des Einkaufswertes des vorherigen Kalenderjahres berechneten Gesamtbezugs von Vertragswaren oder -dienstleistungen sowie ihrer Substitute auf dem relevanten Markt vom Anbieter oder einem anderen vom Anbieter benannten Unternehmen zu beziehen.

[727] Siehe dazu den speziellen Fall EuGH 2.4.2009 – C-260/07, ECLI:EU:C:2009:215 Rn. 61 ff. – Pedro IV Servicios, in dem ein Tankstellenbetreiber ein Erbbaurecht zugunsten des Lieferanten bestellt hatte, der dem Betreiber wiederum die errichtete Tankstelle zur Verfügung stellte. Der EuGH bestätigte hier den Wortlaut des Art. 5 Abs. 2 Alt. 1 Vertikal-GVO (der im Übrigen im Zuge der Reform des Vertriebsrechts im Jahr 2022 unberührt geblieben ist) dahingehend, dass sowohl Grundstück als auch Räumlichkeit kumulativ im Eigentum des Lieferanten stehen müssen. Ob durch das Erbbaurecht das Eigentum an dem Grundstück auf den Erbbauberechtigten übergehe, richte sich nicht nach einem gemeinschaftlichen, sondern dem jeweiligen nationalen Eigentumsbegriff. Die Kommission erklärt allerdings insoweit in ihren Leitlinien, dass künstliche Konstruktionen wie die zeitliche Übertragung von Eigentumsrechten an Räumlichkeiten und Grundstücken des Händlers an den Anbieter, mit der die Fünfjahresfrist umgangen werden soll, nicht darunter fallen, vgl. Leitlinien für vertikale Beschränkungen, ABl. 2010 C 130, 1 Rn. 67.

Vereinbarung – selbst wenn de facto ein höherer Prozentsatz vom Abnehmer bezogen wird – nicht gegen § 117 Abs. 1 BGB.[728] Bemerkenswerterweise ist Art. 5 Vertikal-GVO **vollständig unanwendbar,** wenn die Ausschließlichkeitsbindung den Lieferanten betrifft **(Alleinbelieferungspflicht);** in diesem Fall verlangt die GVO allein die Beachtung der 30 %-Marktanteilsgrenze.[729] Zu beachten ist schließlich, dass sowohl die Kommission wie auch die nationalen Kartellbehörden die Möglichkeit besitzen, den Freistellungsvorteil im Einzelfall durch Entscheidung **zu entziehen,** wenn eine vertikale Vereinbarung mit den Voraussetzungen des Art. 101 Abs. 3 AEUV unvereinbar erscheint (Art. 29 Abs. 1 VO 1/2003 iVm Art. 7 Abs. 1 VO 19/65/EWG).[730]

**8. Wettbewerbsverbote.** Eng verwandt mit Ausschließlichkeitsbindungen sind die bereits mehrfach erwähnten **Wettbewerbsverbote,** die dem gebundenen Teil während der Dauer des Vertriebsverhältnisses oder auch darüber hinaus den Vertrieb und/oder die Herstellung von konkurrierenden Waren oder Dienstleistungen untersagen.[731]    **234**

Für die Zulässigkeit von Wettbewerbsverboten iRd § 1 GWB ist das Vorliegen eines lediglich anzuerkennenden Interesses nicht mehr ausreichend.[732] Vielmehr ist es im Anschluss an die „Subunternehmer II"-Rechtsprechung des BGH erforderlich, dass das Wettbewerbsverbot zur Erreichung des Vertragszwecks notwendig ist."[733] Zur Auslegung ist dabei der Rechtsprechung des EuGH und dem von ihm entwickelten Konzept der notwendigen Nebenabrede besondere Aufmerksamkeit zu widmen. Wie gesehen (→ Rn. 218 ff.) können Wettbewerbsverbote beispielsweise in **Franchiseverträgen** eine notwendige Nebenabrede zum Schutz des übertragenen Know-how darstellen.[734] Generell dürfte es für die Frage der Funktionsnotwendigkeit in erster Linie auf das Vorliegen und das spezifische Gewicht von **Investitionsschutzbelangen** ankommen: Ist das in Rede stehende Vertriebsverhältnis ohne erhebliche Investitionen des Lieferanten nicht durchführbar und können diese Investitionen nur durch ein Wettbewerbsverbot vor einem möglichen **Trittbrettfahrerverhalten** des Händlers und/oder anderer Lieferanten geschützt werden, so kann im Regelfall von einer Funktionsnotwendigkeit ausgegangen werden.[735] Im spezifischen Kontext von **Gemeinschaftsunternehmen** (joint ventures) ist dies von der Kommission mehrfach bestätigt worden: Ihrer Ansicht nach sind Wettbewerbsverbote, die es den Gründern untersagen, zu dem Gemeinschaftsunternehmen in Konkurrenz zu treten, aus Gründen des Investitionsschutzes solange als notwendige Nebenabrede anzusehen, wie das Gemeinschaftsunternehmen Bestand hat.[736] Allerdings müssen solche Wettbewerbsver-    **235**

---

[728] OLG Düsseldorf 5.2.2020 – U (Kart) 4/19, NZKart 2020, 211 – MQB-Hintersitzlehnen II.

[729] Dies ergibt sich aus der Legaldefinition in Art. 1 Abs. 1 lit. f Vertikal-GVO (bzw. lit. d der Vertikal-GVO aF).

[730] Siehe hierzu Ellger in → AEUV Art. 101 Abs. 3 Rn. 389 ff. sowie Art. 6 Vertikal-GVO; Lettl WRP 2010, 807 (809); ferner Leitlinien für vertikale Beschränkungen v. 30.6.2022, ABl. 2022, C 248, 1, 59 ff. Rn. 256 ff.

[731] Angesichts der engen Verwandtschaft zwischen Ausschließlichkeitsbindungen und Wettbewerbsverboten spricht die Vertikal-GVO überhaupt nur von „Wettbewerbsverboten" (Art. 1 Abs. 1 lit. f Vertikal-GVO; zuvor Art. 1 Abs. 1 lit. b Vertikal-GVO aF). In einer noch älteren Version (Vertikal-GVO aF (VO EG Nr. 2790/1999)) hatte der europäische Gesetzgeber terminologisch (sowie in den Rechtsfolgen) noch zwischen Bindungen des Käufers als „Wettbewerbsverbot" und „Alleinbelieferungsverpflichtungen" bei Ausschließlichkeitsbindungen auf Lieferantenseite (vgl. dort Art. 1 lit. c). Bis zum 31.5.2012 galt diese Unterscheidung weiterhin für den Bezug, den Verkauf oder den Weiterverkauf neuer Kraftfahrzeuge, vgl. Art. 1 Abs. 1 lit. e GVO Kfz-Vertrieb aF (VO EG Nr. 1400/2002) iVm Art. 2, 3 GVO Kfz-Vertrieb.

[732] Siehe Zimmer in Immenga/Mestmäcker, 5. Aufl. 2014, Rn. 349 zur Rechtslage vor der 7. GWB-Novelle.

[733] BGH 10.12.2008 – KZR 54/08, WuW/E DE-R 2554 Rn. 15 f. – Subunternehmervertrag II; anschließend auch OLG Düsseldorf 2.12.2009 – VI-U (Kart) 8/09, BeckRS 2010, 2704; dazu schon → Rn. 58, 224.

[734] EuGH 28.1.1986 – 161/84, ECLI:EU:C:1986:41 Rn. 16 – Pronuptia.

[735] Vgl. auch Eilmansberger/Kruis in Streinz AEUV Art. 101 Rn. 58 ff.

[736] Bekanntmachung der Kommission über Einschränkungen des Wettbewerbs, die mit der Durchführung von Unternehmenszusammenschlüssen unmittelbar verbunden und für diese notwendig sind, ABl. 2005 C 56, 3 Rn. 36. Siehe aus der Entscheidungspraxis der Kommission ferner: KOMM. 12.12.1994 – IV/

bote sowohl **sachlich** wie auch **räumlich beschränkt** sein: Sachlich muss sich das Verbot auf die Waren oder Dienstleistungen beschränken, die den Geschäftsgegenstand des Gemeinschaftsunternehmens bilden.[737] Räumlich ist eine Begrenzung insoweit erforderlich, als der Geltungsbereich nur diejenigen Gebiete betreffen darf, in denen die Gründer die betreffenden Waren oder Dienstleistungen vor der Gründung des Gemeinschaftsunternehmens abgesetzt bzw. erbracht haben.[738] Bei einem **nachvertraglichen** Wettbewerbsverbot kommt schließlich – nicht nur im Kontext eines Gemeinschaftsunternehmens – noch das Erfordernis einer besonderen **zeitlichen Beschränkung** hinzu.[739]

**236**      Fehlt es an einer strikten Funktionsnotwendigkeit des Wettbewerbsverbots, so impliziert dies nicht unbedingt einen Verstoß gegen § 1 GWB. In Anlehnung an die europäische Spruchpraxis bleibt in einem solchen Fall zu prüfen, ob das Wettbewerbsverbot zu einer **spürbaren** Beschränkung des Wettbewerbs beiträgt – namentlich durch eine **Abschottung** des Marktes auf der Vertriebs- oder Lieferantenmarktstufe. Eine solche Spürbarkeit ist vom EuGH in früheren Entscheidungen mehrfach selbst bei Hardcore-Restriktionen verneint worden, wenn die Marktanteile der Parteien sehr niedrig lagen. Diese Entscheidungen erscheinen nach dem Expedia-Urteil des EuGH überholt, sodass bei Hardcore-Restriktionen die Spürbarkeit unabhängig von der Größe der Marktanteile der Unternehmen anzunehmen ist.[740] Wettbewerbsverbote in Form einer bezweckten Wettbewerbsbeschränkung sollten demnach aufgrund des Gleichlaufs von § 1 GWB und Art. 101 AEUV[741] nicht über das Fehlen der Spürbarkeit von einem Verstoß gegen § 1 GWB ausgenommen sein. Folgt man der Ansicht der Kommission in Bezug auf bewirkte Wettbewerbsbeschränkungen,[742] so scheidet eine Spürbarkeit aus, solange die Marktanteile der Parteien auf den jeweils betroffenen Märkten die Grenze von 15 % nicht überschreiten.[743] Im Übrigen richtet sich die Beurteilung nach den Grundsätzen, die für Ausschließlichkeitsbindungen gelten (hierzu → Rn. 229 ff.).

**237**      Was die **Freistellungsmöglichkeiten** betrifft, so gilt für Wettbewerbsverbote zunächst die generelle Marktanteilsgrenze des Art. 3 Abs. 1 Vertikal-GVO; keiner der Vertragspartner darf demzufolge einen Anteil von **30 %** auf dem jeweils relevanten Markt überschreiten. Darüber hinaus ist zu beachten, dass die Vertikal-GVO eine besondere Freistellungsgrenze

---

34.891, ABl. 1994 L 341, 66 Rn. 34 – Fujitsu AMD Semiconductor; 15.1.1998 – IV/M.1042 Rn. 40 – Eastman Kodak/Sun Chemical; 7.8.1996 – IV/M.727 Rn. 51 – BP/Mobil; 3.7.1996 – IV/M.751 Rn. 31 – Bayer/Hüls; 6.4.2000 – COMP/JV.39 Rn. 26 – Ahold/ICA Förbundet/Canica. In manchen Fällen urteilte die Kommission allerdings etwas strenger und ging davon aus, dass nur ein zeitlich befristetes Wettbewerbsverbot (idR unter 5 Jahre) als notwendig anzusehen sei: KOMM. 28.2.2000 – COMP/M.5838 Rn. 30 – Bertelsmann/Planeta/NEB; 21.3.2000 – COMP/JV.42 Rn. 26 – Asahi Glass/Mitsubishi/F2 Chemicals; 22.12.2000 – COMP/M.2243 Rn. 49 – Stora Enso/Assidomän/JV.

[737] Hierzu können auch Waren und Dienstleistungen zählen, die sich zum Zeitpunkt der Gründung in einem fortgeschrittenen Entwicklungsstadium befinden, oder fertig entwickelte Produkte, die noch nicht auf den Markt gebracht wurden.

[738] So schon Kommission 29.8.2000 – COMP/M.1913 Rn. 18 – Lufthansa/Menzies/LGS/JV; 22.12.2000 – COMP/M.2243 Rn. 49 – Stora Enso/Assidomän/JV. Der räumliche Geltungsbereich kann allerdings auf Gebiete erstreckt werden, in denen die Gründerunternehmen zum Zeitpunkt der Unternehmensgründung geschäftlich tätig zu werden planten, sofern sie bereits entsprechende Investitionen getätigt haben.

[739] Vgl. OLG Düsseldorf 15.5.2019 – VI-W (Kart) 4/19, NZKart 2019, 386 (388) – Nachvertragliches Wettbewerbsverbot (Beschränkung auf zwei Jahre ab dem Ausscheiden sei in der Regel zulässig); vgl. ferner → Rn. 237 zu den zeitlichen Anforderungen im Rahmen der Gruppenfreistellung.

[740] EuGH 13.12.2012 – C-226/11, ECLI:EU:C:2012:795 Rn. 35 ff. – Expedia.

[741] BGH 12.6.2018 – KZR 4/16, NZKart 2018, 372 (373 f.) – Busverkehr im Altmarkkreis.

[742] Bekanntmachung der Kommission über Vereinbarungen von geringer Bedeutung, die den Wettbewerb gemäß Artikel 101 Absatz 1 des Vertrags über die Arbeitsweise der Europäischen Union nicht spürbar beschränken (de minimis), ABl. 2014 C 291, 1 Rn. 10; so auch Bekanntmachung Nr. 18/2007 des Bundeskartellamtes über die Nichtverfolgung von Kooperationsabreden mit geringer wettbewerbsbeschränkender Bedeutung Rn. 9.

[743] Bemerkenswerterweise werden Wettbewerbsverbote in der Bagatellbekanntmachung weder als Kernbeschränkung noch als sonstige Beschränkung (‚rote Klausel') aufgeführt; für sie ist daher von der Maßgeblichkeit der generellen Bagatellgrenze von 15 % Marktanteil (10 % bei horizontalen Vereinbarungen) auszugehen.

normiert: Nach Art. 5 Abs. 1 lit. a Vertikal-GVO besteht für Wettbewerbsverbote **während der Vertragslaufzeit** eine zeitliche Höchstgrenze (5 Jahre), die nur dann nicht gilt, wenn der Abnehmer die Vertragsprodukte von Räumlichkeiten aus vertreibt, die im Eigentum des Lieferanten stehen (bzw. von diesem gemietet/gepachtet wurden), vgl. Art. 5 Abs. 2 Vertikal-GVO. Von der rechtsberatenden Praxis ist die enge Begrenzung auf fünf Jahre kritisiert worden, da es in gewissen Fällen auf Grund vertragsspezifischer Investitionen eines höheren Maßes an Planungssicherheit und mithin einer längeren Verbotsfrist bedürfe.[744] Auch die Kommission hat diese Problematik erkannt und in ihren Leitlinien darauf hingewiesen, dass ein Wettbewerbsverbot bei umfangreichen Investitionen bis zum Ende der Abschreibungsfrist gerechtfertigt sein könne.[745] Derartigen Erwägungen kann allerdings nicht mehr im Rahmen der Vertikal-GVO, sondern lediglich bei der unmittelbaren Anwendung von Art. 101 Abs. 3 AEUV (resp. § 2 Abs. 1 GWB) Rechnung getragen werden. Den sicheren Hafen für Wettbewerbsverbote während der Vertragslaufzeit hat der europäische Gesetzgeber im Zuge der aktuellen Reform des europäischen Vertriebskartellrechts aber zumindest ein Stück weit flexibilisiert: Während Art. 5 Abs. 1 S. 2 Vertikal-GVO aF noch vorsah, dass **stillschweigend sich verlängernde** Wettbewerbsverbote so zu behandeln sind, als wären sie auf unbestimmte Zeit hin vereinbart worden, beinhaltet die aktuelle Vertikal-GVO (VO (EU) 2022/720) keine derartige Regelung mehr.[746] Die Kommission ergänzt ferner in ihren aktuellen Leitlinien als Korrektiv, dass der Abnehmer dabei zumindest die Möglichkeit haben müsse, die vertikale Vereinbarung innerhalb einer angemessenen Frist zu kündigen und deren Konditionen neu auszuhandeln. **Nachvertragliche Wettbewerbsverbote** werden demgegenüber auch weiterhin relativ streng behandelt: Sie sind gemäß Art. 5 Abs. 1 lit. b, Abs. 3 Vertikal-GVO auf **1 Jahr** beschränkt, müssen zudem zum Schutz von überlassenem Know-how unerlässlich sein und dürfen sich schließlich nur auf konkurrierende Produkte und die während der Vertragslaufzeit genutzten Räumlichkeiten beziehen.[747] Die Behandlung von Wettbewerbsverboten in **Kfz-bezogenen Vertriebsverträgen** entspricht nunmehr weitgehend derjenigen sonstiger vertikaler Vereinbarungen. Die besonderen Wettbewerbsverbote des Art. 5 Abs. 1 GVO Kfz-Vertrieb aF (VO EG Nr. 1400/2002) sind unter Geltung der neueren GVO Kfz-Vertrieb weggefallen, sodass nunmehr die Regelungen der Vertikal-GVO auch in diesem Bereich Anwendung finden.[748] Zu beachten sind allerdings die speziellen Kernbeschränkungen für den Vertrieb von Ersatzteilen sowie die Erbringung von Instandsetzungs- und Wartungsdienstleistungen in Art. 5 GVO Kfz-Vertrieb. Damit werden die Besonderheiten des Kfz-Anschlussmarktes berücksichtigt, denen die alleinige Geltung der in der Vertikal-GVO festgelegten Regeln nicht genügt, was sich jüngst einmal mehr in der Aktualisierung der Ergänzenden Leitlinien für den Kraftfahrzeugsektor, dort konkret etwa mit Blick auf den Zugang zu fahrzeuggenerierten Daten zwecks Reparatur und Wartung, gezeigt hat.[749]

**9. Preis- und Konditionenbindungen. a) Grundsätzliche Beurteilung.** Vertikale **238** Preis- und Konditionenbindungen sind seit der 7. GWB-Novelle an der allgemeinen Regelung des § 1 GWB zu messen. Gleiches gilt für (Preis-)Empfehlungen (dazu sogleich

---

[744] Vgl. etwa Pukall NJW 2000, 1375 (1378); Schultze/Pautke/Wagener Vertikal-GVO Rn. 874 (noch auf Basis der Vorgängerversionen der aktuellen Vertikal-GVO).

[745] Leitlinien für vertikale Beschränkungen v. 30.6.2022, ABl. 2022, C 248, S. 1, 70, Rn. 315.

[746] Leitlinien für vertikale Beschränkungen v. 30.6.2022, ABl. 2022, C 248, 1, 58 Rn. 248.

[747] Vor allem die Räumlichkeitenklausel stellt aus der Perspektive des Lieferanten eine sehr strenge Voraussetzung dar, da sie dem Käufer die Möglichkeit belässt, nach Beendigung der Vertragsbeziehung nur „ein Haus weiter ein Konkurrenzgeschäft aufzumachen und die Kunden an sich zu binden" (Metzlaff BB 2000, 1201 (1209)). Siehe auch Schultze/Pautke/Wagener Vertikal-GVO Rn. 889 (noch auf Basis der inhaltlich insoweit unverändert gebliebenen Vertikal-GVO aF).

[748] Vgl. Wegner BB 2010, 1803 (1808).

[749] Dazu siehe die Erwägungsgründe der Kommission in den Rn. 11 ff. der GVO Kfz-Vertrieb; ferner die Änderung der Bekanntmachung der Kommission Ergänzende Leitlinien für vertikale Beschränkungen in Vereinbarungen über den Verkauf und die Instandsetzung von Kraftfahrzeugen und den Vertrieb von Kraftfahrzeugersatzteilen, ABl. 2023 C 133 I, S. 1.

→ Rn. 251 ff.) und die in jüngerer Zeit vor allem bei Internetbuchungsportalen in den Fokus der Kartellrechtsanwendung gerückten Meistbegünstigungsklauseln (→ Rn. 255 ff.). Die Novelle führte in zweierlei Hinsicht zu einer großzügigeren Beurteilung der **Preisbindung der zweiten Hand** (Bindung betreffend Wiederverkaufspreise): Zum einen setzt § 1 GWB eine spürbare Marktwirkung voraus; zum anderen besteht nun die Freistellungsmöglichkeit nach §§ 2 f. GWB.

**239**  Die im Rahmen von § 1 GWB gebotene (→ Rn. 13) Orientierung am Kartellverbot des Art. 101 Abs. 1 AEUV legt eine differenzierende Beurteilung vertikaler Preisbindungen nahe. Eine Festlegung von bei einem Wiederverkauf zu berechnenden **Fest- oder Mindestpreisen** gilt nach dem Unionsrecht als **bezweckte Wettbewerbsbeschränkung.**[750] Dies hat jüngst der BGH in Hinblick auf die deshalb anzunehmende Spürbarkeit einer Mindestpreisvereinbarung bestätigt.[751] Aus der Einordnung derartiger Preisbindungen als Kernbeschränkung ergibt sich, wie auch das Bundeskartellamt in einem „Hinweispapier zur Preisbindung im Lebensmitteleinzelhandel" ausführt, dass eine Freistellung in der Regel ausscheidet.[752] Einer solchen Mindestpreisvereinbarung gleichzustellen ist eine Festlegung von Wiederverkaufsmargen.[753] Von wirtschaftswissenschaftlicher Seite geäußerte Zweifel an der wettbewerbsbeeinträchtigenden Wirkung derartiger Preisbindungen haben in der US-amerikanischen Rechtsprechung zu einer Ersetzung des vormaligen Per-se-Verbots durch eine Rule-of-reason-Analyse geführt[754] und lösten eine Diskussion auch im deutschen Schrifttum aus, das Änderungen in der Anwendungspraxis oder gar der Rechtslage jedoch zu Recht überwiegend kritisch gegenübersteht.[755]

**240**  Die restriktive Grundhaltung gegenüber Preisbindungen hat sich unterdessen auf europäischer Ebene in der jüngst erfolgten Reform des Vertriebskartellrechts fortgesetzt; konkret etwa bei der Beurteilung von sog. **Mindestwerbepreisen:** Die Kommission qualifiziert diese explizit als indirektes Mittel einer Preisbindung.[756] In der Begründung heißt es, dass Händler auf diese Weise davon abgehalten werden könnten, niedrigere Verkaufspreise zu setzen und ihre jeweiligen Kunden über Rabattaktionen in Kenntnis zu setzen,[757] ebenso

---

[750] Vgl. zur Anwendbarkeit des Art. 101 Abs. 1 auf Fälle einer Fest- oder Mindestpreisbindung zu Lasten eines Wiederverkäufers EuGH 8.2.1990 – C-279/87, ECLI:EU:C:1990:57 – Tipp Ex; in jüngerer Zeit: EuGH 11.9.2008 – C-279/06, ECLI:EU:C:2008:485 = WuW/E EU-R 1475 Rn. 70 ff. – CEPSA/Tobar; EuGH 2.4.2009 – C-260/07, ECLI:EU:C:2009:215 Rn. 72, 81 f. – Pedro IV Servicios SL; vgl. auch Bahr in Bunte Nach § 2 Rn. 314.
[751] BGH 17.10.2017 – KZR 59/16, NZKart 2018, 52 = WRP 2018, 199 – Almased Vitalkost; anders noch in der Vorinstanz OLG Celle 7.4.2016 – 13 U 124/15 (Kart), WuW 2016, 307 = NZKart 2016, 288 – Rabattaktion; das vorinstanzliche Urteil begrüßend, wenngleich in dogmatischer Hinsicht kritisch, Maritzen in Kölner Komm KartR Rn. 571, der im ausnahmslosen Verbotsdogma vertikaler Preisbindungen eine wettbewerbsrechtliche Fehlsteuerung sieht.
[752] BKartA 12.7.2017, Hinweispapier zur Preisbindung im Lebensmitteleinzelhandel, Rn. 15; vgl. ferner Leitlinien für vertikale Beschränkungen v. 30.6.2022, ABl. 2022, C 248, 1, 47 Rn. 195; zu Mindestwerbepreisen als indirektem Mittel einer Preisbindung sogleich.
[753] Hierzu KOMM 29.6.2001 – COMP/F-2/36.693, ABl. 2001 L 262, 14 – Volkswagen; vgl. auch KOMM 5.7.2000 – COMP.F.1.36.516, ABl. 2001 L 54, 1 – Nathan-Bricolux.
[754] Vgl. hierzu das Urteil US Supreme Court 28.6.2007 – Leegin Creative Leather Products, Inc. v. PSKS Inc., 551 U. S. 877 (2007); zusammengefasst bei Sosnitza/Hoffmann AG 2008, 107 (108 ff.); ausführlich Toncar, Die Rule of Reason-Analyse vertikaler Mindestpreisvereinbarungen im US-Kartellrecht, 2013 – passim; für einen Überblick über die wirtschaftswissenschaftlichen Beurteilungen Glasow, Vertikale Preisbindungen, S. 90 ff.; ausführliche und kritische Neubewertung vor dem Hintergrund modernen Internetvertriebs bei Walter, Preisbindung der zweiten Hand, 2017, S. 26 ff.
[755] Im Ergebnis ablehnend Walter, Die Preisbindung der zweiten Hand, 2017, S. 352; grds. offen, aber vor dem Hintergrund begründeter Kritik zurückhaltend Hübener, Vertikale Mindestpreisbindungen im US- und EU-Recht, 2016, S. 211 ff.; strikt ablehnend Martinek ZVertriebsR 2013, 3; zustimmend hingegen Epple, Die Wurzeln der vertikalen Preisbindung in Deutschland, 2015, S. 207.
[756] Leitlinien für vertikale Beschränkungen v. 30.6.2022, ABl. 2022, C 248, 1, 45 Rn. 187 lit. d; S. 46 Rn. 189.
[757] Leitlinien für vertikale Beschränkungen v. 30.6.2022, ABl. 2022, C 248, 1, 46 Rn. 189. Weniger eindeutig noch die Entwurfsfassung der Kommission v. 9.7.2021, C(2021) 5038 final Annex, Rn. 174; vgl. zur Kritik daran, dass das wettbewerbsbeschränkende Potenzial von Mindestwerbepreisen in der Entwurfsfassung nicht unmissverständlich zum Ausdruck komme, Bundeskartellamt/Bundesministerium für

das Bundeskartellamt in einem jüngst veröffentlichen Fallbericht betont hat.[758] Auch der Einsatz von **Preisüberwachungssoftware** kann bei der Beurteilung des Preisbindungscharakters einer Abrede Berücksichtigung finden: Die Kommission führt in ihren reformierten Vertikalleitlinien aus, dass zwar die Überwachung selbst nicht als Preisbindung der zweiten Hand zu qualifizieren sei, sie jedoch zu einer erhöhten Preistransparenz im elektronischen Geschäftsverkehr und damit zur Aufrechterhaltung unzulässiger Preisvorgaben beitrage.[759] Mit dem Einsatz von Preisüberwachungssoftware zur systematischen Überprüfung von Mindestverkaufspreisen (im konkreten Fall von den Herstellern als sog. Streetpreise bezeichnet) hat sich jüngst auch das BKartA auseinandergesetzt. Das Amt ist in diesem Zusammenhang von unzulässigen Preisbindungen der zweiten Hand in der Musikbranche ausgegangen.[760]

Demgegenüber erfahren **Höchstpreisvereinbarungen,** mit denen lediglich Preisobergrenzen festgelegt werden, jedenfalls in Gruppenfreistellungsverordnungen der Kommission eine großzügigere Behandlung. Art. 4 lit. a Vertikal-GVO[761] zufolge sollen sie nur, falls sie infolge der Ausübung von Druck oder der Gewährung von Anreizen faktisch wie Fest- oder Mindestpreise wirken, einer Freistellung entgegenstehen.[762] Ansonsten soll bei Vorliegen der übrigen Voraussetzungen der Vertikal-Gruppenfreistellungsverordnung trotz Höchstpreisbindung die Freistellung eingreifen. Damit gelten Höchstpreisbindungen anders als sonstige Formen der Preisbindung dort nicht mehr als Kernbeschränkung und somit auch nicht zwingend als bezweckte Wettbewerbsbeschränkung,[763] in deren Folge entsprechend der Expedia-Rechtsprechung des EuGH stets eine Spürbarkeit anzunehmen wäre.[764] **241**

Ob **Höchstpreisbindungen** außerhalb des von den Gruppenfreistellungsverordnungen erfassten Bereichs – etwa bei Überschreitung der Marktanteilsgrenzen – als **bewirkte Wettbewerbsbeschränkungen** iSd § 1 GWB zu qualifizieren sind, ist hiermit nicht entschieden. Die Regierungsbegründung zur 7. GWB-Novelle hat hierzu keine Aussage getroffen.[765] Gute Gründe sprechen dafür, auch Höchstpreisbindungen grundsätzlich dem Kartellverbot zu subsumieren. Sie beschränken den Preiswettbewerb in eine Richtung und können – durch Fixierung eines künstlich niedrigen Preises – ungünstige Allokationswirkungen (Verknappung des Angebots) und Abschottungseffekte (Verdrängung bzw. Abwehr von Wettbewerbern) hervorrufen. In ihren Leitlinien für vertikale Beschränkungen erkennt die Kommission an, dass (auch) Höchstpreisbindungen negative Wettbewerbswirkungen haben können.[766] Demgegenüber geht das Bundeskartellamt in seinem Hinweispapier zu Preisbindungen im Lebensmitteleinzelhandel davon aus, dass Höchstpreisbindungen grundsätzlich nicht zu beanstanden seien.[767] Daraus geht indes nicht hervor, ob es schon mangels spürbarer Wettbewerbswirkung auf Verbotsebene oder aufgrund der Annahme einer Freistellung gem. § 2 GWB zu diesem Schluss gelangt. Da allenfalls bei mittel- bis langfristig praktizierten Höchstpreisbindungen nachhaltig negative Wirkungen in Be- **242**

---

Wirtschaft und Energie, Gemeinsame Stellungnahme zur Reform der Vertikal-GVO vom 17.9.2021, Pressemitteilung vom 21.9.2021, S. 7; dazu auch Bauer/Rahlmeyer/Schöner, WuW 2021, 606, 609 f.

[758] Vgl. BKartA, 31.5.2022 – Fallbericht – B7-35/22, NZKart 2022, 423 – Mindestwerbepreise.

[759] Leitlinien für vertikale Beschränkungen v. 30.6.2022, ABl. 2022, C 248, 1, 46 Rn. 190 f.

[760] BKartA 5.8.2021 – Fallbericht – B11-33/19; B11-31/19, S. 2 ff.

[761] KOMM 20.4.2010, ABl. 2010 L 102, 1.

[762] Vgl. ferner die Leitlinien der Kommission zur Anwendung von Art. 81 Abs. 3 EG-Vertrag, ABl. 2004 C 101, 97 Rn. 23; ferner Leitlinien für vertikale Beschränkungen v. 30.6.2022, ABl. 2022, C 248, 1, 45 Rn. 188.

[763] So stellt zumindest die Kommission in ihrer Arbeitsunterlage (KOMM [2014] 198 final, S. 16) zur Bagatell-/De-Minimis-Bekanntmachung (ABl. 2014 C 291, 1) einen Gleichlauf fest und verneint einen wettbewerbswidrigen Zweck für solche Höchstpreisvereinbarungen, die gem. Art. 4 lit. a Vertikal-GVO keine Kernbeschränkung darstellen.

[764] Mit dem Hinweis, dass dadurch nur bedingt Rechtsklarheit gewonnen sei, Ackermann FS W.-H. Roth, 2015, 1.

[765] Wie hier Bahr in Bunte Nach § 2 Rn. 321.

[766] Leitlinien für vertikale Beschränkungen v. 30.6.2022, ABl. 2022, C 248, 1, 48, Rn. 199.

[767] BKartA, Hinweispapier vom 12.7.2017, Rn. 11, 32.

tracht kommen, sollten derartige Vertragsgestaltungen zumindest für zeitlich eng **begrenzte Aktionsräume** als zulässig behandelt werden.[768] Wegen der im vorliegenden Zusammenhang außerdem relevanten Frage, ob die Wettbewerbsfreiheit nur Verbraucherinteressen dient oder aber in jede Richtung zu schützen ist, ist auf die einleitenden Ausführungen (→ Rn. 16 und eingehender → AEUV Art. 101 Abs. 1 Rn. 5–7) zu verweisen.

243 Eine **faktische Bindungswirkung** kann auch von einer Packungsgestaltung ausgehen, die im Sinne einer Aufrechterhaltung des zuvor berechneten Preises bei verbesserter Leistung bzw. größerer Menge zu verstehen ist („4 + 1 Milka Genuss GRATIS"). Der BGH hat in früherer Zeit in einer solchen Packungsgestaltung durch den Hersteller eine unzulässige wirtschaftliche Preisbindung (Bindung des Handels zur Aufrechterhaltung des zuvor bei anderer Qualität oder Menge berechneten Preises) erblickt.[769] In einem späteren Urteil hat er aber mit Rücksicht auf die kurze Laufzeit (sechs Wochen) und die im Ganzen für den Handel vorteilhafte Gestaltung (Bezug zum zuvor berechneten Einkaufspreis) eine Anwendung des § 14 GWB aF wegen mangelnder „Spürbarkeit" der Beschränkung der Freiheit der Händler im Innenverhältnis abgelehnt.[770] Auf mögliche Außenwirkungen im Verhältnis zu Verbrauchern und Wettbewerbern ist der BGH in dieser Entscheidung nicht eingegangen; eine „Spürbarkeits"-Prüfung iSd § 1 GWB hat das Gericht damit nicht vorgenommen. Möglicherweise kommt in dieser Entscheidung bereits eine großzügigere wettbewerbspolitische Beurteilung von Höchst- gegenüber Mindest- und Festpreisbindungen zum Ausdruck.[771]

244 Nach dem Gesagten können **Preisbindungen jeglicher Art** (vgl. dagegen zu Preisempfehlungen sogleich → Rn. 251 ff.) verbotswidrig sein. So hat das BKartA die im Rahmen einer Einkaufsgemeinschaft getroffene Vereinbarung, wonach teilnehmende Händler beim Weiterverkauf einen abgesprochenen „Tiefpreis" nicht unterschreiten dürfen, als unzulässig eingestuft.[772] Von einer verbotswidrigen Preisbindung ist etwa auch dann auszugehen, wenn Sozialversicherungsträger Erstattungsobergrenzen festlegen, die den Inhalt eines vom Versicherten mit einem Leistungserbringer zu schließenden (Zweit-)Vertrags betreffen.[773] **Nicht jede** für Marktteilnehmer vereinbarte Verpflichtung zur Gewährung bestimmter Preise in Zweitverträgen ist aber **wettbewerbsbeschränkend.** So stellt eine zwischen einer Gemeinde und einer Taxigenossenschaft getroffene Vereinbarung, sog. Jugend- und Frauennachtfahrten zu einem von der Gemeinde bezuschussten Tarif durchzuführen, keine Wettbewerbsbeschränkung dar, da die Gemeinde hier – zugleich im Interesse der in das Projekt eingebundenen Fahrgäste handelnd – selbst als Nachfrager der Beförderungsleistung handelt.[774] In ihren jüngst reformierten Vertikalleitlinien stuft die Kommission darüber hinaus eine Preisbindung dann als unbedenklich ein, wenn sie im Rahmen eines sog. **„Erfüllungsvertrags"** erfolgt[775]: Hiermit ist die Vertikalvereinbarung eines Anbieters mit einem Abnehmer gemeint, die dazu dient, einen Liefervertrag umzusetzen, den ein bestimmter Kunde zuvor mit ebenjenem Anbieter geschlossen und dabei auf die Auswahl des Ausführenden verzichtet hat. Da der Anbieter in diesem Fall selbst den Abnehmer auswähle, fehle es an einer Preisbindung der zweiten Hand, wenn jener den Weiterverkaufspreis im Verhältnis zu diesem festsetze. Wegen der Beurteilung von Preisvorgaben bei Handelsvertreterverhältnissen wird auf → Rn. 206 f. verwiesen.

[768] Vgl. Bahr in Bunte Nach § 2 Rn. 322; Maritzen in Kölner Komm KartellR § 1 Rn. 569; Grafunder/Kofler-Senoner NZKart 2018, 342 (346); Lettl WRP 2011, 710 (717).
[769] BGH 21.2.1978 – KZR 7/76, WuW/E BGH 1519 - 4 zum Preis von 3.
[770] BGH 8.4.2003 – KZR 3/02, WuW/E DE-R 1101 - 1 Riegel extra; vgl. aber auch BGH 20.5.2003 – KZR 19/02, WuW/E DE-R 1170 (1174) – Preisbindung durch Franchisegeber II.
[771] Vgl. auch Grave WRP 2003, 49 (51), der darauf hinweist, dass die Freiheit der Händler zur Unterschreitung des zuvor berechneten Preises bestehen bleibe.
[772] BKartA 21.12.2018 – B11-28/16, WuW 2019, 491 – Fahrradgroßhändler.
[773] Vgl. BGH 7.7.1992 – KZR 15/91, WuW/E BGH 2813 (2818) – Selbstzahler.
[774] BGH 5.2.2002 – KZR 3/01, BGHZ 149, 391 = WuW/E DE-R 876 (877) – Jugend- und Frauennachtfahrten; zum Sachverhalt Vorinstanz OLG Schleswig 9.1.2001 – 6 U Kart 36/00, BeckRS 2001, 30153896 – Frauennachtfahrten.
[775] Leitlinien für vertikale Beschränkungen v. 30.6.2022, ABl. 2022, C 248, 1, 46 Rn. 193.

**b) Ausnahmen bei Verlagserzeugnissen, Landwirtschaft und anderen Wirt-** 245
**schaftszweigen.** Die Preisbindung der zweiten Hand bei Verlagserzeugnissen spielte im
deutschen Recht bereits im späten 19. Jahrhundert eine Rolle. Damals gelang es den
Buchhändlern, die im Börsenverein organisiert waren, die Verleger zur Buchpreisbindung
zu veranlassen.[776] Die Zulassung der vertikalen Preisbindung für Verlagserzeugnisse findet
sich auch bereits in § 16 des GWB von 1958. Diese Wertung behielt das GWB bis 2002
bei. Wegen erheblicher Zweifel an der Vereinbarkeit der vertraglichen Preisbindung mit
dem europäischen Wettbewerbsrecht nahm der Bundesgesetzgeber in diesem Jahr eine
konzeptionelle Veränderung vor. Für **Bücher** schuf er eine **gesetzliche Pflicht** zur
Preisbindung.[777] Solche gesetzlichen Preisbindungspflichten waren vom EuGH zuvor für
vertragskonform erklärt worden.[778] Die Preisbindung für Bücher wird seither durch das neu
geschaffene Buchpreisbindungsgesetz angeordnet.[779] Vor dem Hintergrund eines neueren
Urteils des EuGH zur gesetzlich verpflichtenden Preisbindung im Bereich des Arznei-
mittelhandels[780] hat die Monopolkommission in einem im Jahr 2018 vorgelegten Sondergutachten die Vereinbarkeit der deutschen Buchpreisbindung mit der unionsrechtlich ver-
bürgten Warenverkehrsfreiheit in Frage gestellt. Auch unabhängig von der Frage ihrer
Europarechtskonformität hat die Monopolkommission sich dafür ausgesprochen, die Buchpreisbindung – als „schwerwiegenden Markteingriff" – abzuschaffen.[781]

Für **Zeitungen und Zeitschriften** sieht das GWB demgegenüber weiterhin die Zu- 246
lässigkeit der Schaffung einer Preisbindung durch **vertragliche** oder (lediglich) **wirtschaft-**
**liche Bindung** vor. Preisbindungssysteme, die die Eignung zur Beeinträchtigung des
Handels zwischen Mitgliedstaaten haben, sind allerdings grundsätzlich am Kartellverbot des
AEUV zu messen.[782] Eine Anwendung des Art. 101 Abs. 1 AEUV auf das Presse-Grosso-
Vertriebssystem sucht das Gesetz mit einer im Zuge der 8. GWB-Novelle aufgenommenen
Aussage in § 30 Abs. 2a GWB zu vermeiden, wonach die Teilnehmer dieses Systems mit
Dienstleistungen „von allgemeinem wirtschaftlichem Interesse" betraut seien. Wegen Ein-
zelheiten ist auf die Erläuterungen zu § 30 GWB zu verweisen.

Vertikale Preisbindungen, die die Sortierung, Kennzeichnung oder Verpackung **land-** 247
**wirtschaftlicher Erzeugnisse** betreffen, sind nach § 28 Abs. 2 GWB von der Anwendung des § 1 GWB ausgenommen.[783] Wegen Einzelheiten ist auf die Erläuterungen zu § 28
GWB zu verweisen.

Die in § 29 GWB aF vorgesehene Möglichkeit einer Freistellung von Vereinbarungen, 248
Beschlüssen und aufeinander abgestimmten Verhaltensweisen von **Kreditinstituten und**
**Versicherungsunternehmen** von den Verboten der §§ 14 und 22 Abs. 1 GWB aF ist mit
der 7. GWB-Novelle aufgehoben worden. Die in diesen Branchen getroffenen Vereinbarungen sind seither uneingeschränkt an § 1 GWB zu messen. Bei bestimmten Preis-
bindungsgestaltungen in den Bereichen der Mitversicherung und der Konsortialgeschäfte ist
aber in der Vergangenheit vom Fehlen einer spürbaren Wettbewerbsbeschränkung ausgegangen worden.[784]

---

[776] Zur Geschichte Bahr in Bunte § 30 Rn. 3 ff.

[777] Zur Begründung: Regierungsentwurf BT-Drs. 14/9196, 8; vgl. auch Zimmer WRP 2004, 330 (331).

[778] Vgl. EuGH 10.1.1985 – 229/83, ECLI:EU:C:1985:1 – Leclerc; EuGH 3.10.2000 – C-9/99, ECLI:EU:
C:2000:532 – Echirolles; vgl. auch die ausführliche Darstellung bei Bahr in Bunte § 30 Rn. 10.

[779] BGBl. 2002 I S. 3448.

[780] EuGH 19.10.2016 – C-148/15, ECLI:EU:C:2016:776 – Deutsche Parkinson Vereinigung.

[781] Monopolkommission, Sondergutachten 80: Die Buchpreisbindung in einem sich verändernden Marktumfeld, 2018; ebenso kritisch Weck/Ahmadiar, NZKart 2020, 508 (511).

[782] Vgl. Bahr in Bunte § 30 Rn. 13 (der allerdings bei der Preisbindung von Zeitungen und Zeitschriften
die Anwendbarkeit des Art. 101 Abs. 1 für fraglich hält bzw. unter Verweis auf die Kommissionspraxis die
Voraussetzungen einer Freistellung nach Art. 101 Abs. 3 als erfüllt ansieht. Dies hätte nach seiner Ansicht zur
Konsequenz, dass § 30 GWB entbehrlich wäre).

[783] Vgl. Becker in Bunte § 28 Rn. 40.

[784] Vgl. Begr. 2004, S. 49; vgl. im Übrigen die Erläuterungen von Möschel in Immenga/Mestmäcker,
3. Aufl. 2001 → GWB § 29 aF; zum Wegfall des § 29 aF GWB Lettl WM 2005, 1585 (1586).

249    Auch die in § 30 GWB aF vorgesehene Freistellung von **Urheberrechtsverwertungs-gesellschaften** von einer Anwendung der §§ 1 und 14 GWB aF ist mit der Novelle von 2005 aufgehoben worden. Verwertungsgesellschaften sind seitdem an den Maßstäben des § 1 GWB zu messen. Allerdings geht der EuGH von der grundsätzlichen Zulässigkeit der Bildung und Betätigung von Verwertungsgesellschaften aus, soweit sie zur Wahrnehmung von Urheberrechten der Mitglieder unerlässlich sind.[785] Die seit der 7. GWB-Novelle bei der Auslegung des § 1 GWB gebotene Orientierung an Art. 101 Abs. 1 AEUV (hierzu → Rn. 34 f.) führt demnach zu Ergebnissen, die den unter dem GWB aF erzielten entsprechen.

250    Während Freistellungen für die Bereiche Elektrizität und Gas durch das Gesetz zur Neuregelung des Energiewirtschaftsrechts mit Wirkung zum 26.4.1998 aufgehoben worden waren,[786] blieben diese Regeln für die öffentliche **Wasserversorgung** weiter bestehen. Durch die 8. GWB Novelle von 2013 ist mit § 31 GWB nF erneut eine ausdrückliche Freistellungsvorschrift geschaffen worden, die bestimmte von Wasserversorgungsunternehmen geschlossene Verträge vom Verbot des § 1 GWB ausnimmt.[787] Wegen Einzelheiten ist auf die Erläuterungen zu § 31 GWB zu verweisen.

251    **10. Preisempfehlungen.** Die Beurteilung von Preisempfehlungen richtet sich nach den allgemein geltenden Grundsätzen. Preisempfehlungen sind an den Kriterien der Generalklausel des § 1 GWB zu messen und können nach den §§ 2 und 3 GWB freigestellt sein.[788] Am Vorliegen einer **Vereinbarung** iSd Kartellverbots können Zweifel bestehen, wenn eine Empfehlung einseitig ausgesprochen wird.[789] Geschieht dies im Rahmen einer laufenden Geschäftsbeziehung, so kann § 1 GWB anwendbar sein, wenn eine Willensübereinstimmung zwischen dem Empfehlenden und dem Empfehlungsempfänger festzustellen ist.[790] Ein bloßer Empfehlungswille des Erklärenden reicht nicht aus.[791] Hinzukommen muss der Wille des Empfängers, die Empfehlung zu befolgen. Hiervon wird insbesondere dann ausgegangen werden können, wenn ein überwiegender Teil der Adressaten die Empfehlung tatsächlich befolgt.[792] Auch bei Fehlen einer Vereinbarung können Preisempfehlungen als Mittel einer Verhaltensabstimmung den Tatbestand des Kartellverbots erfüllen (zum Merkmal der aufeinander abgestimmten Verhaltensweisen → Rn. 41 f.), so etwa innerhalb eines Franchisesystems im Falle konkreter Preiswerbeaktionen, mit deren gebündelter Durchführung durch den Franchisegeber sich die Franchisenehmer allgemein einverstanden erklärt haben und an denen sie sich sodann ohne Widerspruch beteiligen.[793]

252    Eine Wettbewerbsbeschränkung wird anzunehmen sein, wenn ein erheblicher Teil der Adressaten die Empfehlung befolgt.[794] Auch in Fällen, in denen Druck auf Empfehlungsempfänger ausgeübt wird, kann eine Wettbewerbsbeschränkung bestehen.[795] Die jüngere

---

[785] EuGH 13.7.1989 – 395/87, ECLI:EU:C:2016:776 Rn. 31 = WuW/E EWG/MUV 901 (904) – Staatsanwaltschaft/Tournier; vgl. auch Möschel in Immenga/Mestmäcker, 3. Aufl. 2001, § 30 Rn. 20.

[786] BGBl. 1998 I S. 370.

[787] Vgl. hierzu Bechtold BB 2011, 3075 (3076).

[788] Siehe Zimmer in Immenga/Mestmäcker, 5. Aufl. 2014, Rn. 364 ff. zur Rechtslage vor der 7. GWB-Novelle.

[789] Nach alter Rechtslage waren auch einseitige Maßnahmen vom Empfehlungsverbot des § 22 GWB aF erfasst; vgl. hierzu Wagner-von Papp WuW 2005, 379 (382).

[790] Vgl. zu Art. 101 AEUV: EuG 3.12.2003 – T-208/01, ECLI:EU:T:2003:326 = WuW/E EU-R 761 Rn. 35 f. – Volkswagen, bestätigt durch EuGH 13.7.2006 – C-74/04, ECLI:EU:C:2006:460 = RIW 2006, 697; vgl. auch Wagner-von Papp WuW 2005, 379 (383 f.); Eilmansberger ZWeR 2004, 285 (295).

[791] Vgl. aber KOMM. 29.6.2001 – COMP/F-2/36.693, ABl. 2001 L 262, S. 14 – Volkswagen.

[792] EuG 3.12.2003 – T-208/01, ECLI:EU:T:2003:326 = WuW/E EU-R 761 Rn. 35 f. – Volkswagen, bestätigt durch EuGH 13.7.2006 – C-74/04, ECLI:EU:C:2006:460 = RIW 2006, 697.

[793] LG München I 26.10.2018 – 37 O 10335/15, ZVertriebsR 2019, 34 Rn. 62; ebenso nachfolgend OLG München 7.11.2019 – 29 U 4165/18 Kart, NZKart 2020, 396 Rn. 62 f. – „King des Monats".

[794] Vgl. OLG Düsseldorf 13.9.2006 – VI-Kart 2/06 (OWi), WuW/E DE-R 1917 (1918 f.) – OTC-Präparate; Bahr in Bunte Nach § 2 Rn. 324; anders für den Fall flächendeckender unverbindlicher Empfehlungen Wieser WuW 2020, 636 (639).

[795] Hierzu BGH 8.5.1990 – KZR 23/88, WuW/E BGH 2647 (2650) – Nora-Kunden-Rückvergütung; BGH 2.2.1999 – KZR 11/97, BGHZ 140, 342 = WuW/E DE-R 264 = NJW 1999, 2671 – Sixt.

Entscheidungspraxis des BKartA hat solche Fälle einer **Druckausübung** besonders in den Blick genommen.[796] Hierbei stellt sich vor allem die Frage, welche Intensität der Druck aufweisen muss, um den Empfehlungsempfänger zur Einhaltung der Empfehlung zu bewegen und damit als unzulässig iSd Art. 4 lit. a Vertikal-GVO zu gelten. Das BKartA konnte in der Entscheidung Kontaktlinsen so verstanden werden, dass bereits bei einer nochmaligen Thematisierung einer Liste mit Preisempfehlung eine unzulässige Druckausübung anzunehmen sei, weil dadurch der Eindruck erweckt werde, die Preise würden überwacht.[797] Das „Hinweispapier zur Preisbindung im Lebensmitteleinzelhandel" des Amtes von Juli 2017 enthält insoweit differenzierendere Aussagen (hierzu auch schon → Rn. 125). Der BGH hat die Frage, ob eine nachfolgende Thematisierung einer Preisempfehlungsliste eine unzulässige Druckausübung darstellt, offen gelassen.[798] In diesen Fällen kann auch ein Verstoß gegen § 21 Abs. 3 Nr. 3 GWB vorliegen.[799]

Eindeutig erscheint die Beurteilung in dem – in Art. 4 lit. a Vertikal-GVO bezeichneten **253** – Fall, dass die Preisempfehlung wie eine Fest- oder Mindestpreisbindung wirkt. Dies kann etwa durch das Aufdrucken von Preisen auf Waren, aber auch durch andere Formen von Werbung erreicht werden, auf Grund derer der Empfehlungsempfänger sich verpflichtet sieht, die Ware zu dem angekündigten Preis zu verkaufen.[800] Eine Wirkung entsprechend einer vertraglichen Fest- oder Mindestpreisbindung kann auch durch andere Anreize geschaffen werden. Als Beispiel kann die Bereitstellung technischer Hilfen nur für den Fall genannt werden, dass die Preisempfehlung befolgt wird.[801] Die Gewährung von Rabatten bei Einhaltung der Preisempfehlung ist ein weiteres Beispiel für einen wirtschaftlichen Anreiz.[802] Zu Mindestwerbepreisen, die die Kommission als indirektes Mittel einer Preisbindung qualifiziert, bereits → Rn. 240.

Grundsätzlich ist in Fällen der Preisempfehlungen anhand der geschilderten Kriterien **254** eine Wirkungsanalyse anhand der Umstände des Einzelfalles vorzunehmen. Gute Gründe sprechen aber dafür, dass die ausdrückliche Bezeichnung einer Preisempfehlung als **unverbindlich** eine wettbewerbsbeschränkende Wirkung regelmäßig ausschließen wird.[803] Falls eine solche Bezeichnung hingegen **nur zum Schein** erfolgt, kann dennoch eine unzulässige Preisbindung gegeben sein. So hat das BKartA jüngst eine von einem Hersteller vorgebene „unverbindliche Preisempfehlung", bei deren Nichtbefolgung den Händlern Sperrungen, der Wegfall von Vergünstigungen oder gar das Ende der gesamten Geschäftsbeziehung in Aussicht gestellt worden waren, als kartellverbotswidrig qualifiziert.[804]

---

[796] Vgl. hierzu die Auflistung bei Irmgrund BB 2012, 787 (788); darüber hinaus in jüngster Zeit: BKartA 20.8.2012 – B5–20/10 – TTS Tooltechnic.

[797] BKartA 25.9.2009 – B3–123/08, WuW/E DE-V 1813 Rn. 52 f. – Kontaktlinsen; vgl. hierzu auch Roth/Ackermann in FK-KartellR Rn. 77; kritisch Möschel WuW 2010, 1229 (1233).

[798] BGH 6.11.2012 – KZR 13/12, NZKart 2013, 84 Rn. 6 – UVP für Rucksäcke. Restriktiver mit Blick auf § 21 Abs. 2 GWB nun aber das OLG Düsseldorf, demzufolge die bloße Erörterung einer Preisempfehlung isoliert betrachtet nicht für eine unzulässige Druckausübung genüge, vielmehr die Umstände des Einzelfalles, insbesondere das Machtgefälle zwischen den Unternehmen, entscheidend seien, vgl. OLG Düsseldorf 18.9.2019 – U (Kart) 3/19, WuW 2019, 592 f. – Preisbindung der zweiten Hand; ebenso OLG Düsseldorf 8.7.2020 – U (Kart) 3/20, WuW 2020, 412 – Vergeltungssperre.

[799] Das KG hat im Fall einer unzulässigen Druckausübung die Anwendbarkeit des § 21 Abs. 2 GWB iVm § 1 GWB angenommen; vgl. BGH 6.11.2012 – KZR 13/12, NZKart 2013, 84.

[800] LG Düsseldorf 18.4.2010 – 14c O 234/09, WRP 2010, 801; Leitlinien für vertikale Beschränkungen, ABl. 2010 C 130, 1 Rn. 48; anders Schultze/Pautke/Wagener Vertikal-GVO Rn. 563 sowie nun jüngst gestrichen im Zuge der Reform der Vertikalleitlinien; vgl. dazu auf Basis der Entwurfsfassung, vgl. dazu Bauer/Rahlmeyer/Schöner WuW 2021, 606 (610).

[801] Hierzu Kiethe WRP 2004, 1006.

[802] Vgl. zu Fällen dieser Art BGH 8.5.1990 – KZR 23/88, WuW/E BGH 2647 – Nora-Kunden-Rückvergütung; BKartA 18.6.2010 – B5–100/09 – Garmin.

[803] Vgl. BGH 20.5.2003 – KZR 19/02, WuW/E DE-R 1170 (1174) – Preisbindung durch Franchisegeber II; Bahr in Bunte Nach § 2 Rn. 330. Anders hingegen für den Fall eines nur unscheinbaren Hinweises auf eine unverbindliche Preisempfehlung OLG München 7.11.2019 – 29 U 4165/18 Kart, NZKart 2020, 396 Rn. 66 – „King des Monats"; Vorinstanz LG München I 26.10.2018 – 37 O 10335/15, ZVertriebsR 2019, 34 Rn. 68 f.

[804] BKartA 1.10.2021 – Fallbericht – B10-26/20 (ehemals B2-130/18).

**255**  **11. Meistbegünstigungsklauseln, Bestpreisklauseln und „Preisgarantien".** Meistbegünstigungsklauseln sind Vereinbarungen des Inhalts, dass eine Partei der anderen stets **günstigste Konditionen** gewährt. Hierunter fallen Klauseln, bei denen ein Lieferant sich rechtlich verpflichtet, keinem anderen Bezieher bessere Konditionen zu gewähren als dem Vertragspartner. Dem gleichzustellen sind Fälle, in denen ein Lieferant sich dazu verpflichtet, seinem Vertragspartner stets die jeweils günstigsten von ihm eingeräumten Preise oder Konditionen zu gewähren: Hiervon geht eine wirtschaftliche Bindung aus, andere Bezieher in Zukunft nicht besser zu behandeln als den Vertragspartner. Umgekehrt können Meistbegünstigungsklauseln auch zugunsten eines Lieferanten wirken: Der Bezieher verpflichtet sich in einem solchen Fall dazu, dem Vertragspartner jeweils die günstigsten Konditionen, also etwa den höchsten von ihm gezahlten Preis, zu gewähren.[805]

**256**  Vereinbarungen, die eine Vertragspartei im Hinblick auf ihre Preissetzung im Verhältnis zu Dritten beschränken, begründen eine Beschränkung des Wettbewerbs. Von einer solchen – **mindestens wirtschaftlichen** – **Wirkung** ist bei allen genannten Klauseln auszugehen. Allerdings greift § 1 GWB nur bei einer spürbaren Marktwirkung.[806] Eine solche ist denkbar, wenn Konkurrenten auf Grund einer Meistbegünstigungsklausel zugunsten eines marktstarken Unternehmens ihre Wettbewerbssituation nicht verbessern können und Newcomern der Marktzutritt praktisch versperrt wird.[807] Ist eine spürbare Marktwirkung nicht anzunehmen (zu den Kriterien → Rn. 51 f., 204 f.), so scheidet die Anwendbarkeit des § 1 GWB aus. Bei Vorliegen der Tatbestandsvoraussetzungen des Kartellverbots kommt eine Freistellung nach § 2 Abs. 1 GWB (vgl. Erläuterungen hierzu) oder nach § 2 Abs. 2 GWB iVm einer Gruppenfreistellungsverordnung in Betracht.[808] Meistbegünstigungsklauseln können auch als Mittel zur Unterstützung einer direkten oder indirekten Festsetzung von Wiederverkaufspreisen (hierzu → Rn. 238 ff.) dienen: Nach den Leitlinien für vertikale Beschränkungen soll von einer solchen Wirkung – die nach Art. 4 lit. a der Vertikal-GVO der Freistellung entgegensteht – auszugehen sein, wenn ein Anbieter seinen Abnehmer zur Anwendung einer Meistbegünstigungsklausel gegenüber Kunden verpflichtet.[809]

**257**  Einen Fall der Meistbegünstigung im zuvor behandelten Sinn stellt auch die Vereinbarung sog. **Bestpreisklauseln** dar, die insbesondere von Internetplattformen, etwa Hotelbuchungsportalen, verwendet werden.[810] Hierbei ist je nach Reichweite der Bindungswirkung zwischen **engen** und **weiten** Bestpreisklauseln zu differenzieren. Die enge Variante untersagt es dem Gebundenen lediglich, auf seiner eigenen Internetseite günstigere Preise oder Konditionen zu offerieren als auf dem vom Vertragspartner betriebenen Buchungsportal. Demgegenüber erstreckt sich eine weite Bestpreisklausel auf sämtliche Vertriebskanäle dergestalt, dass das gebundene Unternehmen auch daran gehindert ist, auf Drittplattformen zu günstigeren Preisen und Bedingungen anzubieten als auf der des Vertragspartners.

Enge wie weite Bestpreisklausel beschränken in einem wirtschaftlichen Sinne die Preisbildungsfreiheit des gebundenen Unternehmens: Die Pflicht, den Kunden oder Nutzern des Vertragspartners stets mindestens gleich günstige Preise oder Konditionen anzubieten,

[805] Vgl. zu den verschiedenen Typen von Meistbegünstigungsklauseln Kurth WuW 2003, 28 ff.; zu den Besonderheiten bei Internetplattformen Tamke WuW 2015, 594 (595); siehe zur Rechtslage vor der 7. GWB-Novelle eingehend Emmerich in Immenga/Mestmäcker, 3. Aufl. 2001, § 14 Rn. 53 f.

[806] Vgl. zu der hiervon zu unterscheidenden Prüfung einer „Spürbarkeit" der Beeinträchtigung des Vertragspartners im Fall einer durch eine Packungsaufschrift bewirkten faktischen Preisbindung BGH 8.4.2003 – KZR 3/02, WuW/E DE-R 1101 - 1 Riegel extra; hierzu auch → Rn. 243 f.

[807] Vgl. hierzu OLG Düsseldorf 9.1.2015 – VI-Kart 1/14 (V), WuW/E DE-R 4572 Rn. 81 ff. – HRS Bestpreisklausel.

[808] So auch LG Köln 16.2.2017 – 88 O (Kart) 17/16, ZVertriebsR 2017, 265 (270 f.).

[809] Leitlinien für vertikale Beschränkungen v. 30.6.2022, ABl. 2022, C 248, 1, 79 Rn. 368.

[810] Hierzu Tamke, Kartellrechtliche Beurteilung der Bestpreisklauseln von Internetplattformen, WuW 2015, 594 ff.; Alfter/Hunold WuW 2016, 525 ff.; Wolf in MüKoWettbR, 4. Aufl. 2023, Art. 101 Rn. 545 ff. Zu der Frage, ob von einer bezweckten Wettbewerbsbeschränkung auszugehen ist, einerseits Fiebig WuW 2013, 812 f. und andererseits Galle/Nauck WuW 2014, 588.

setzt einen Anreiz, Dritten keine vorteilhaften Preise oder Bedingungen zu offerieren. Wegen dieser Wirkung gingen das Bundeskartellamt[811] und zunächst auch das OLG Düsseldorf[812] davon aus, dass enge und weite Bestpreisklausel gleichermaßen dem Kartellverbot unterfallen können. Mit Beschluss vom 4.6.2019 vollzog das OLG Düsseldorf[813] im Hinblick auf die Beurteilung enger Bestpreisklauseln jedoch eine Kehrtwende, indem es diesen Klauseltyp nunmehr als eine für die Durchführung des Plattformvermittlungsvertrags funktionsnotwendige Nebenabrede einstufte.[814] Eine enge Bestpreisklausel sei erforderlich, um einen fairen und ausgewogenen Leistungswettbewerb zwischen den vorleistungspflichtigen Portalbetreibern und den vertragsgebundenen Hotels zu gewährleisten.[815] Andernfalls bestünde die Gefahr eines gezielten Umlenkens der Kunden auf hoteleigene Vertriebskanäle.[816] Der BGH ist dieser Argumentation hingegen nicht gefolgt, sondern hat eine Tatbestandsrestriktion anknüpfend an Nachermittlungen des Bundeskartellamts[817] verneint, da die enge Bestpreisklausel nicht objektiv notwendig für die Durchführung des Hauptvertrags sei.[818] Überdies lasse sich die enge Bestpreisklausel aufgrund ihrer preisbezogenen Komponente schon qualitativ nicht mit anerkannten Fallgruppen der Nebenabredendoktrin vergleichen.[819] Schließlich scheide auch eine Einzelfreistellung gem. Art. 101 Abs. 3 AEUV aus, da allein die Vermeidung von Trittbrettfahrereffekten nicht genüge, um die erhebliche Beschränkung der gebundenen Hotels in ihrer Preissetzungsautonomie zu kompensieren.[820] Die grundsätzliche Möglichkeit zur Gruppenfreistellung einer engen Bestpreisklausel als Vertikalvereinbarung iSd Art. 1 Abs. 1 lit. a Vertikal-GVO kam im Booking-Verfahren wegen Überschreitung der Marktanteilsschwelle des Art. 3 Abs. 1 Vertikal-GVO (30 %) nicht in Betracht.[821]

Der europäische Gesetzgeber hat im Zuge der jüngst erfolgten Reform der Vertikal- **258** GVO in Art. 5 Abs. 1 lit. d Vertikal-GVO normiert, dass bei weiten Bestpreisklauseln, die Online-Vermittlungsdienste ihren Abnehmern bezüglich der Angebotsbedingungen gegen-

---

[811] BKartA 20.12.2013 – B9–66/10 Rn. 153 ff. – HRS Bestpreisklausel; BKartA 22.12.2015 – B9–121/13, Rn. 159 ff. – Booking.com; teilweise abweichend die Entscheidungspraxis anderer mitgliedstaatlicher Kartellbehörden, die im Hinblick auf enge Bestpreisklauseln zu anderen Ergebnissen gelangt sind (vgl. hierzu den Beteiligtenvortrag in dem Beschluss des BKartA 22.12.2015 – B9–121/13, Rn. 319 – Booking.com); kritisch hierzu Monopolkommission Hauptgutachten XXIII Rn. 489 sowie Rn. 496 zur Frage einer Vorlagepflicht des BGH gem. Art. 267 Abs. 3 AEUV an den EuGH.

[812] OLG Düsseldorf 4.5.2016 – VI-Kart 1/16 (V), NZKart 2016, 291 – Booking.com (Eilentscheidung zu enger Bestpreisklausel); OLG Düsseldorf 4.12.2017 – VI-U (Kart) 5/17, NZKart 2018, 54 – Expedia (zu weiter Bestpreisklausel); vgl. auch schon OLG Düsseldorf 15.2.2012 – VI-W (Kart) 1/12, BeckRS 2012, 20469 = juris Rn. 3 – JustBook/HRS; ferner LG München I 30.4.2010 – 37 O 7636/10 – ZVAB/Amazon; LG Köln 16.2.2017 – 88 O (Kart) 17/16, ZVertriebsR 2017, 265 (267 ff.); schon früh differenzierend hingegen Tamke WuW 2015, 594 ff.; Alfter/Hunold WuW 2016, 525 ff.

[813] OLG Düsseldorf 4.6.2019 – VI-Kart 2/16 (V), NZKart 2019, 379 – Enge Bestpreisklausel II.

[814] Kritisch hierzu Augenhofer, NZKart 2019, 415 (416 f.); Bernhard, NZKart 2019, 577 (580 f.); Mörsdorf/Schäfer, NZKart 2019, 659 (664 f.); grundsätzlich zustimmend hingegen dos Santos Goncalves/Karsten, WuW 2019, 454 (457).

[815] OLG Düsseldorf 4.6.2019 – VI-Kart 2/16 (V), NZKart 2019, 379 (381 ff.) – Enge Bestpreisklausel II.

[816] OLG Düsseldorf 4.6.2019 – VI-Kart 2/16 (V), NZKart 2019, 379 (382) – Enge Bestpreisklausel II.

[817] Dem BKartA zufolge hinderte die Eilentscheidung vom 4.5.2016 die Plattform nicht daran, ihr Geschäftsmodell auch ohne enge Bestpreisklauseln noch weiter auszubauen, vgl. BKartA, Die Auswirkungen enger Preisparitätsklauseln im Online-Vertrieb – Ermittlungsergebnisse aus dem Booking-Verfahren des Bundeskartellamtes, in: Schriftenreihe „Wettbewerb und Verbraucherschutz in der digitalen Wirtschaft", August 2020, S. 3 ff.

[818] BGH 18.5.2021 – KVR 54/20, WuW 2021, 517 (520) – Enge Bestpreisklausel; vgl. ausführlich zur Einordnung des Urteils Rottmann/Schäfer WuW 2021, 562 ff.

[819] BGH 18.5.2021 – KVR 54/20, WuW 2021, 517 (521) – Enge Bestpreisklausel.

[820] BGH 18.5.2021 – KVR 54/20, WuW 2021, 517 (518) 2. Ls. – Enge Bestpreisklausel; vgl. zur Abwägung auf der Ebene der Einzelfreistellung ferner Monopolkommission Hauptgutachten XXIII Rn. 497 ff. unter Bezugnahme auf aktuelle ökonomische Studien.

[821] BGH 18.5.2021 – KVR 54/20, WuW 2021, 517 (522 f.) – Enge Bestpreisklausel; vgl. zur Gruppenfreistellungsfähigkeit von Bestpreisklauseln auch schon OLG Düsseldorf 4.12.2017 – VI-U (Kart) 5/17 NZKart 2018, 54 (55) – Expedia unter Verweis auf Nolte in Bunte AEUV nach Art. 101 Rn. 801 ff., sowie auf Lohse FIW Jahrbuch 2014/2015 (Heft 257), 31 (58 ff.).

über Endkunden auferlegen, eine Gruppenfreistellung ausscheidet. Insoweit verbleibt für spürbar wettbewerbsbeschränkende weite Bestpreisklauseln im Online-Vermittlungskontext allein die Möglichkeit einer Einzelfreistellung, während die enge Klauselart einer Gruppenfreistellung grundsätzlich weiterhin (wenngleich nunmehr explizit vorbehaltlich eines Entzugs der Freistellung gem. Art. 6 Abs. 1 S. 2 Vertikal-GVO[822]) zugänglich ist.[823] Der jüngst verabschiedete Digital Markets Act (DMA) sah in seiner Entwurfsfassung noch eine vergleichbare Differenzierung zwischen enger und weiter Plattformparität vor,[824] stuft in seiner konsolidierten Fassung indes sowohl die enge als auch die weite Klauselart als unzulässig ein, sofern ein Gatekeeper seine gewerblichen Nutzer zur Parität gegenüber ihren Endkunden verpflichtet.[825]

259     Von Meistbegünstigungsklauseln sind sog. **Preisgarantien** zu unterscheiden. Hiermit sagen Unternehmen Käufern für den Fall, dass sie gleiche Waren bei anderen Anbietern zu günstigeren Preisen offeriert bekommen, die Erstattung der Preisdifferenz zu. Preisgarantien können unterschiedliche wettbewerbliche Wirkungen entfalten. Sie können, wenn andere Anbieter davon ausgehen, mit vorstoßendem Wettbewerb wegen der angekündigten Reaktion des Garantiegebers keine nachhaltige Absatzsteigerung erzielen zu können, einen entmutigenden Effekt haben. Im Fall des Bestehens eines koordinierten Gleichgewichts mit überhöhten Preisen kann von Preisgarantien für alle Unternehmen ein Anreiz ausgehen, nicht vom Gleichgewichtspreis abzuweichen.[826]

260     Trotz ihrer Ähnlichkeit mit Meistbegünstigungsklauseln sind Preisgarantien als solche nicht im Anwendungsbereich des § 1 GWB. Soweit die Garantien gegenüber privaten Verbrauchern abgegeben werden, folgt dies bereits aus dem Fehlen einer zwischen „Unternehmen" erfolgenden Verhaltenskoordination (zur fehlenden Unternehmenseigenschaft von Verbrauchern → Rn. 23 f.). Aber auch eine gegenüber einem Unternehmen – etwa einem belieferten Handelsunternehmen – abgegebene Preisgarantie wird vom Kartellverbot nicht ohne weiteres erfasst. Während eine Meistbegünstigungsklausel ein Unternehmen rechtlich oder faktisch im Hinblick auf seine künftige Preis- oder Konditionenfestsetzung im Verhältnis zu Dritten bindet, findet eine derartige Festlegung des eigenen Verhaltens bei einer Preisgarantie nicht statt: Hier legt der Garantiegeber sich lediglich **im Verhältnis zum Vertragspartner** auf ein bestimmtes künftiges Verhalten – etwa die Erstattung der Differenz zu dem von einem konkurrierenden Anbieter geforderten Preis – fest. Dies ist nicht kartellverbotswidrig. Preisgarantien können daher im Rahmen des § 1 GWB allenfalls im Zusammenhang der Frage nach dem Vorliegen von aufeinander abgestimmten Verhaltensweisen Relevanz erlangen: Als Mittel zur Steigerung der Markttransparenz (die eigenen Kunden dienen als Informanten bezüglich der Preispolitik der Konkurrenten) können sie eine durch andere kommunikative Maßnahmen ins Werk gesetzte Verhaltensabstimmung erleichtern.[827]

---

[822] Dieser Zusatz ist gegenüber der Entwurfsfassung der Vertikal-GVO (C(2021) 5026 final) in der konsolidierten Fassung neu hinzugekommen und bezieht sich in erster Linie auf stark konzentrierte Märkte für Online-Vermittlungsdienste.

[823] Kritisch zur Differenzierung zwischen weiten und engen Bestpreisklauseln im Kontext der Gruppenfreistellungsfähigkeit Hossenfelder WuW 2021, 497 (499), derzufolge auch enge Bestpreisklauseln von der Gruppenfreistellung ausgenommen werden sollten. Ähnlich von Wallenberg BB 2021, 2499 (2503). Ausführlich zur Gruppenfreistellungsfähigkeit nach der VO (EU) 2022/720 Wolf in MüKoWettbR, 4. Aufl. 2023, Art. 101 Rn. 548 f.

[824] Art. 5 lit. b) des Entwurfs der Kommission vom 15.12.2020 für ein Gesetz über digitale Märkte (Digital Markets Act), COM(2020) 842 final.

[825] Art. 5 Abs. 3 VO (EU) 2022/1925 v. 14.9.2022 (Gesetz über digitale Märkte), ABl. 2022 L 265, 1, 33.

[826] Zu diesem und anderen Effekten von Preisgarantien Schwalbe/Zimmer, Kartellrecht und Ökonomie, S. 534 f.

[827] Zu dieser Eignung als „facilitating practice" einer Koordinierung des Marktverhaltens Schwalbe/Zimmer, Kartellrecht und Ökonomie, S. 534 f.

## § 2 Freigestellte Vereinbarungen

(1) **Vom Verbot des § 1 freigestellt sind Vereinbarungen zwischen Unternehmen, Beschlüsse von Unternehmensvereinigungen oder aufeinander abgestimmte Verhaltensweisen, die unter angemessener Beteiligung der Verbraucher an dem entstehenden Gewinn zur Verbesserung der Warenerzeugung oder –verteilung oder zur Förderung des technischen oder wirtschaftlichen Fortschritts beitragen, ohne dass den beteiligten Unternehmen**

1. **Beschränkungen auferlegt werden, die für die Verwirklichung dieser Ziele nicht unerlässlich sind, oder**
2. **Möglichkeiten eröffnet werden, für einen wesentlichen Teil der betreffenden Waren den Wettbewerb auszuschalten.**

(2) **[1]Bei der Anwendung von Absatz 1 gelten die Verordnungen des Rates oder der Europäischen Kommission über die Anwendung von Artikel 101 Absatz 3 des Vertrages über die Arbeitsweise der Europäischen Union auf bestimmte Gruppen von Vereinbarungen, Beschlüsse von Unternehmensvereinigungen und aufeinander abgestimmte Verhaltensweisen (Gruppenfreistellungsverordnungen) entsprechend. [2]Dies gilt auch, soweit die dort genannten Vereinbarungen, Beschlüsse und Verhaltensweisen nicht geeignet sind, den Handel zwischen den Mitgliedstaaten der Europäischen Union zu beeinträchtigen.**

**Schrifttum:** (ab 2002, für ältere Werke s. 3. Aufl.) *Ahlert/Kenning/Olbricht/Schröder* (Hrsg.), Vertikale Preis- und Markenpflege im Kreuzfeuer des Kartellrechts, 2012; *dies.* (Hrsg.), Vielfalt und Gestaltungsfreiheit im Wettbewerb – Ein ökonomisches Manifest zur Deregulierung der Konsumgüterdistribution, 2012; *Bahr*, Die Behandlung von Vertikalvereinbarungen nach der 7. GWB-Novelle, WuW 2004, 159; *Baron*, Die Rechtsnatur der Gruppenfreistellungsverordnungen im System der Legalausnahme – ein Scheinproblem, WuW 2006, 358; *Barthelmeß/Gauß*, Die Lizenzierung standardessentieller Patente im Kontext branchenweit vereinbarter Standards unter dem Aspekt des Art. 101 AEUV, WuW 2010, 626; *Batchelor/Jenkins*, Commission consults on revisions to the competitor rules on technology transfer regime: proposes tightening of the rules, ECLR 2013, 348; *Bayerisches Staatsministerium für Wirtschaft, Infrastruktur, Verkehr und Technologie*, Kooperation und Wettbewerb, 6. Aufl. 2006; *Bechtold*, Grundlegende Umgestaltung des Kartellrechts: Zum Referentenentwurf der 7. GWB-Novelle, DB 2004, 235; *ders.*, Faktische Rechtssätze aus Brüssel – Zur Bedeutung von Bekanntmachungen, Leitlinien und Mitteilungen der Kommission für die Auslegung europäischen und deutschen Kartellrechts, in: FS Hirsch, 2008, S. 223; *Bechtold/Buntscheck*, Die 7. GWB-Novelle und die Entwicklung des deutschen Kartellrechts 2003 bis 2005, NJW 2005, 2966; *Bernhard*, Grenzen vertraglicher Wettbewerbsverbote zwischen Unternehmen, NJW 2013, 2785; *Bischke/Boger*, Schreiben des Bundeskartellamts in Ordnungswidrigkeitenverfahren wegen des Verdachts vertikaler Preisbindungen bei Süßwaren, Tiernahrung und Kaffee, NZG 2010, 663; *Bornkamm*, Richterliche Kontrolle von Entscheidungen in deutschen und europäischen Kartellverwaltungsverfahren, ZWeR 2010, 34; *Bornkamm/Becker*, Die privatrechtliche Durchsetzung des Kartellverbots nach der Modernisierung des EG-Kartellrechts, ZWeR 2005, 213; *Brettel/Thomas*, Der Verbotsirrtum im europäischen und nationalen Kartellbußgeldrecht – Zugleich Besprechung des Schenker-Urteils des EuGH, ZWeR 2013, 272; *Christiansen/Locher*, Die neuen Standards des Bundeskartellamts für ökonomische Gutachten in der Kartellrechtsanwendung, WuW 2001, 444; *Christodoulou/Holzwarth*, Die neue Vertikal-GVO: Das moderne Vertriebskartellrecht 3.0, NZKart 2022, 540 ff.; *Conrad/Lejeune/Stögmüller/Brandi-Dohrn*, Stellungnahme der DGRI v. 17.5.2013 zum (zweiten) europäischen Entwurf einer Technologietransfer-GVO, CR 2013, 412; *de Bronett*, Der „More Economic Approach" bei der Anwendung des europäischen Kartellverwaltungsrechts und Kartellstrafrechts, EWS 2013, 1; *Diesselhorst/Luhn*, Kartellrechtliche Zulässigkeit der Untersagung des Vertriebs über eBay, WRP 2008, 1306; *Dittrich*, Horizontale Rationalisierungskooperationen kleiner und mittlerer Unternehmen, 2009; *Dreher*, Kartellrechtscompliance, ZWeR 2004, 75; *Dreher/Kling*, Kartell- und Wettbewerbsrecht der Versicherungsunternehmen, 2007; *Dreher/Kulka*, Wettbewerbs- und Kartellrecht – eine systematische Darstellung des deutschen und europäischen Rechts, 12. Aufl. 2023; *Ehricke/Blask*, Dynamischer Verweis auf Gruppenfreistellungsverordnungen im neuen GWB?, JZ 2003, 722; *Ellger*, (K-)Ein Kartellprivileg für den Umweltschutz?, in: *Kloepfer* (Hrsg.), Umweltschutz als Rechtsprinzip, 2013, S. 127 ff.; *Everling*, Querschnittsklauseln im reformierten Europäischen Kartellrecht, in: FS Huber, 2006, S. 1073; *Ewald*, Ökonomie im Kartellrecht: Vom more economic approach zu sachgerechten Standards forensischer Ökonomie, ZWeR 2011, 15; *Frenz*, Nachhaltiges Wettbewerbsrecht – mit Vorrang des Umweltschutzes?, EWS 2007, 337; *ders.*, Umweltschutz und EG-Wettbewerbsfreiheit vor dem Hintergrund nachhaltiger Entwicklung, Natur und Recht 2006, 138; *Fuchs*, Die 7. GWB-Novelle – Grundkonzeption und praktische Konsequenzen, WRP 2005, 1384; *ders.*, Die Gruppenfreistellungsverordnung als Instrument der europäischen Wettbewerbspolitik im System der Legalausnahme, ZWeR 2005, 1; *ders.*, Die Modernisierung des europäischen Kartellrechts im Bereich vertikaler Vereinbarungen, in: *Schwintowski* (Hrsg.), Entwicklungen im deutschen und europäischen Wirtschaftsrecht – Symposium zum 65. Geburtstag von Ulrich Immenga, 2001, S. 95 ff.; ders., Neue Entwicklungen beim Konzept der Wettbewerbsbeschränkung in Art. 81 Abs. 1 EG, ZWeR 2007, 369; Funke/Just, Neue Wettbewerbsregeln für den Vertrieb: Die Verordnung (EU) Nr. 330/2010 für Vertikalverträge, DB 2010, 1389; Glöckner, Institutionalisierte Rechtseinhaltung zwischen Professionalität und Potemkinschem Dorf, JuS 2017, 905 ff.; Galle/Popot-Müller, Die neue Vertikal-GVO: Vertriebskartellrecht im Zeichen der Digitalisierung, DB 2022, 1561 ff.; Grafunder/Peters, Wenn der Hersteller zweimal klingelt: Der kombinierte Händler-/Handelsvertretervertrieb in den neuen Vertikalleitlinien, WuW 2022, 302 ff.; Gregor, Die Gruppenfreistellungsverordnungen als kartellrechtliche Allgemeinverfügungen, WRP 2008, 330; Grimes, American Needle and Justice Stevens' Supreme Court Antitrust Legacy, ZWeR 2010, 430; Haberer, Die neue Vertikal-GVO – Rückkehr zum sicheren Hafen, NZKart 2022, 426 ff.; Hackl, Verbot wettbewerbsbeschränkender Vereinbarungen und nichtwettbewerbliche Interessen, 2010; Hartmann-Rüppel/Wagner, Die „Stellenmarkt für Deutschland"-Entscheidung des BGH, ZWeR 2004, 128; Hartog/Noack, Die 7. GWB-Novelle, WRP 2005, 1396; Heermann, Keine kartellrechtliche Ausnahme für die Zentralvermarktung durch Sportligen aufgrund der Single Entity Defense, WRP 2011, 36; Herbers, Die Anwendung der §§ 1, 2 GWB auf Sachverhalte mit fehlender Eignung zur Beeinträchtigung des Handels zwischen Mitgliedstaaten der EG, 2009; Herrlinger, Änderungen der 7. GWB-Novelle im Rahmen des Gesetzgebungsverfahrens, WRP 2005, 1136; Herrlinger/Kahlert, Strukturkrisenkartelle als zulässige Reaktion auf die Wirtschafts- und Finanzkrise?, BB 2009, 1930; Hertfelder, Die „bewirkte Wettbewerbsbeschränkung" in Artikel 101 Absatz 1 AEUV und der Move Economic Approach, in: FS Möschel, 2011, S. 281; Heutz, Legalausnahme und Gruppenfreistellungsverordnungen im System der VO (EG) Nr. 1/2003, WuW 2004, 1255; Hirsch, Anwendung der Kartellverfahrensordnung (EG) Nr. 1/2003 durch nationale Gerichte, ZWeR 2003, 233; Hoehn/Lewis, Interoperability Remedies, FRAND Licensing and Innovation: A Review of Recent Case Law, ECLR 2013, 101; Hübener, Vertikale Mindestpreisbindungen im US- und EU-Recht. Die Auswirkungen des Leegin-Urteils des U. S. Supreme Court, 2016; Inderst, Die ökonomische Analyse von Nachfragemacht in der Wettbewerbspolitik, WuW 2008, 1261; Imgrund, Kartellrechtliche Regulierung von Preisbindungen und Preisempfehlungen in Deutschland – Fallstricke in der betrieblichen Praxis, BB 2012, 787; Jaeger, W. Die möglichen Auswirkungen einer Reform des EG-Wettbewerbsrechts für die nationalen Gerichte, WuW 2000, 1062; Jaeger, T. Renaissance der Krisenkartelle?, EuZW 2010, 881; Jung, Kartelle als Gegengift bei krisenbedingtem Ausscheidungswettbewerb – Eine vergleichende Betrachtung des deutschen, europäischen und US-amerikanischen Kartellrechts, ZWeR 2007, 141; Kahlenberg/Haellmigk, Referentenentwurf der 7. GWB-Novelle: Tief greifende Änderungen des deutschen Kartellrechts, BB 2004, 389; dies., Neues Deutsches Kartellgesetz, BB 2005, 1509; Karbaum, Kartellrechtliche Compliance – Rechtsgrundlagen und Umsetzung, 2010; Karl/Reichelt, Die Änderungen des Gesetzes gegen Wettbewerbsbeschränkungen durch die 7. GWB-Novelle, DB 2005, 1436; Karst, Kartellrechtscompliance im Konzern, WuW 2012, 150; Kasten, Vertikale (Mindest-)Preisbindung im Licht des „more economic approach", WuW 2007, 994; Kersting, Behandlung des unvermeidbaren Verbotsirrtums im europäischen Kartellrecht, WuW 2013, 845; Keßler, Einkaufskooperationen im Licht des Deutschen und Europäischen Kartellrechts, WuW 2002, 1162; Kirchhoff, Sachverhaltsaufklärung und Beweislage bei der Anwendung des Art. 81 EG-Vertrag, WuW 2004, 745; Koch, Kartellrechtsentscheidungen des EuGH in Fällen ohne zwischenstaatlichen Bezug?, WuW 2006, 710; ders., Die Einbeziehung nichtwettbewerblicher Erwägungen in die Freistellungsentscheidung nach Art. 81 Abs. 3 EG, ZHR 169 (2005) 625; ders., Beurteilungsspielräume bei der Anwendung des Art. 81 Abs. 3 EG, ZWeR 2005, 380; Koenig/Neumann, Standardisierung – ein Tatbestand des Kartellrechts?, WuW 2009, 382; Körber, Kartellrecht in der Krise, WuW 2009, 873; Kranz, Missbrauchsverbot und Standardisierung – eine rechtsökonomische Untersuchung zur kartellrechtlichen Zwangslizenz und zum Zwangslizenzeinwand, 2021 (zugl. Diss. Hamburg); Lange, Die kartellrechtliche Kontrolle der Gewährung von Rabatten, WuW 2002, 220; ders., Kartellrechtlicher Zwangslizenzeinwand und standardessentielle Patente, NZKart 2013, 87; Lettl, Kartellverbot nach Art. 101 AEUV, §§ 1, 2 GWB und vertikale Preisempfehlung/Preisbindung, WRP 2011, 710; Loest/Bartlik, Standards und Europäisches Wettbewerbsrecht, ZWeR 2008, 41; Lotze/Mager, Entwicklung der kartellrechtlichen Fallpraxis im Entsorgungsmarkt, WuW 2007, 241; Lutz, Die Beurteilung von Einkaufskooperationen nach deutschem Kartellrecht, WRP 2002, 47; ders., Schwerpunkte der 7. GWB-Novelle, WuW 2005, 718; Martinek, Schwankt das Preisbindungsverbot? Zur erneuten kartellrechtlichen und wettbewerbspolitischen Diskussion über die Preisbindung der zweiten Hand, ZVertriebsR 2013, 3; Mestmäcker/Schweitzer, Europäisches Wettbewerbsrecht, 3. Auflage, 2014; Meyer, Salto rückwärts im Kartellrecht? Meistbegünstigungsklauseln nach der siebten GWB-Novelle, WRP 2004, 1456; Meyer-Lindemann, Die Entscheidung zum Fall „Wirtschaftsprüferhaftpflicht", ZWeR 2009, 522; ders., Kartellrecht: Unbeachtlichkeit eines Verbotsirrtums – Bedeutung nationaler Kronzeugenprogramme für Geldbuße wegen Verstoß gegen EU-Recht – Schenker –, EuZW 2013, 624; Mischitz, Die Bedeutung von Nachfragemacht für die Beurteilung von Einkaufskooperationen im EG-Kartellrecht, 2008; Möhlenkamp, Verbandskartellrecht – trittfeste Pfade in unsicherem Gelände, WuW 2008, 428; Möschel, Markenartikel und vertikale Kooperation, WuW 2010, 1229; Müller, Neue Leitlinien zur Anwendung des Art. 81 III EG im Legalausnahmesystem der Kartellverordnung 1/2003, WRP 2004, 1472; Pischel, Preisfestsetzung nach Art. 81 EG und Novellierung des GWB, EuZW 2005, 459 und 518; Quellmalz, Die Justitiabilität des Art. 81 Abs. 3 EG und die nichtwettbewerblichen Ziele des EG-Vertrags, WRP 2004, 461; Pohlmann, Keine Bindungswirkung von Bekanntmachungen und Mitteilungen der Europäischen Kommission, WuW 2005, 1005; dies., Musterversicherungsbedingungen nach Wegfall der GVO: Paradise lost?, WuW 2010, 1106; dies., Update: Musterversicherungsbedingungen nach Wegfall der GVO: Paradise regained?, WuW 2011, 379; Ruppelt, Einkaufskooperationen im Europäischen und Deutschen Kartellrecht, 2008; Russ/Wallenfels, Zehn Jahre gesetzliche Buchpreisbindung – eine Zwischenbilanz, WRP 2013, 24; Säcker/Mohr, Die Beurteilung von Einkaufskooperationen gemäß Art. 101 Abs. 1 und Abs. 3 AEUV, WRP 2011, 793; Schlimpert/Schöner, Die Kernbeschränkung des Art. 4 lit. e) – Zwischen Rechtssicherheit und Widersprüchlichkeit, NZKart 2023, 70 ff.; Schmitt, Kartellrechtliche Beurteilung von Kundenschutzklauseln in Austauschverträgen, WuW 2007, 1096; Schnelle/Hübner, Einkaufsgemeinschaften der öffentlichen Hand: Kartellrechtliche Zulässigkeit und Rechtsweg in das vergaberechtliche Nachprüfverfahren, WRP 2003, 1205; Schürnbrand, Die Anwendung des Kartellrechts im Bereich des Sports, ZWeR 2005, 396; Schulte, Preisbindung in Verbundgruppen, WRP 2005, 1500; Schumacher, Sonstige Kartelle, § 7 GWB und Umweltschutzkartelle, WuW 2001, 121; Schumacher/Erdmann, Die EG-Kartellrechtliche Neuregelung des Kfz-Vertriebs, WuW 2011, 462; Schweda, Die Bindungswirkung von Bekanntmachungen und Leitlinien der Europäischen Kommission, WuW 2004, 1133; Schwalbe, in: Ahlert/Kenning/Olbrich/Schröder (Hrsg.), Vertikale Preis- und Markenpflege im Kreuzfeuer des Kartellrechts, 156; Schweitzer, Standardisierung als Mittel zur Förderung und Beschränkung des Handels und des Wettbewerbs, EuZW 2012, 765; Schwintowski/Klaue, Kartellrechtliche und gesellschaftsrechtliche Konsequenzen des Systems der Legalausnahme für die Kooperationspraxis der Unternehmen, WuW 2005, 370; Sosnitza/Hoffmann, Die Zukunft der vertikalen Preisbindung im Europäischen Kartellrecht, AG 2008, 107; Stopper, Ligasportvermarktung: Verhaltenskoordination oder Gemeinschaftsproduktion?, ZWeR 2008, 412; Torti, IPRs, Competition and Standard Setting: In Search of a Model to Address Hold-Up, ECLR 2012, 387; Wagner, Der Systemwechsel im EG-Kartellrecht – Gruppenfreistellungen und Übergangsproblematik, WRP 2003, 1369; Wagner-von Papp, Empfiehlt sich das Empfehlungsverbot?, WuW 2005, 379; Wegner/Schwenker/Altdorf, Die neue Vertikal-Gruppenfreistellungsverordnung (EU) 2022/720 nebst Vertikal-Leitlinien – Kontinuität und Umbruch in der Vertriebspraxis, ZWeR 2022, 243 ff.; Weiß, Das Leitlinien(un)wesen der Kommission verletzt den Vertrag von Lissabon, EWS 2010, 257; Walter, Die Preisbindung der zweiten Hand. Eine Neubewertung im Licht der ökonomischen Analyse und des US-amerikanischen, europäischen, deutschen und schweizerischen Rechts, 2017; Walther/Baumgartner, Standardisierungs-Kooperationen und Kartellrecht, WuW 2008, 152; Westermann, Einkaufskooperationen der öffentlichen Hand nach der Feuerlöschzüge-Entscheidung des BGH, ZWeR 2003, 481; Wolf, Exklusivitätsregelungen in F&E-Verträgen, WRP 2013, 885; Zapfe, Die Ausnahmen vom Kartellverbot zwischen Annäherung und Angleichung an das europäische Recht, 2005; dies., Konditionenkartelle nach der 7. GWB-Novelle, WuW 2007, 1230.

## Übersicht

# A. Grundlagen

## I. Regelungsgegenstand und -zweck

Die im Rahmen der 7. GWB-Novelle 2005 eingeführte Vorschrift des § 2 GWB dient **1** der **Anpassung** des deutschen **an das europäische Kartellrecht im Bereich der Ausnahmen vom Kartellverbot.** In enger Anknüpfung an die Generalklausel des Art. 101 Abs. 3 AEUV (bis zum Inkrafttreten des Vertrags von Lissabon am 1.12.2009: Art. 81 Abs. 3 EG) stellt § 2 Abs. 1 GWB wettbewerbsbeschränkende Vereinbarungen[1] ex lege vom Kartellverbot des § 1 GWB frei, wenn die im Tatbestand genannten jeweils zwei positiven und negativen Voraussetzungen erfüllt sind: Erforderlich sind danach volkswirtschaftliche Effizienzgewinne[2] („Verbesserung der Warenerzeugung oder -verteilung" oder „Förderung des technischen oder wirtschaftlichen Fortschritts") und deren teilweise Weitergabe an die Marktgegenseite (angemessene Beteiligung der „Verbraucher" am entstehenden „Gewinn").[3] Zudem dürfen den beteiligten Unternehmen keine Beschränkungen auferlegt werden, die für die Verwirklichung dieser Ziele nicht unerlässlich sind, und keine Möglichkeiten zur Ausschaltung des Wettbewerbs für einen wesentlichen Teil der betroffenen Produkte eröffnet werden.[4] Die Vorschrift des **§ 2 Abs. 1 GWB** übernimmt nicht nur in der Sache, sondern weitgehend auch im Wortlaut die Regelung des **Art. 101 Abs. 3 AEUV** und erstreckt sie auf die Fälle, in denen es an einer Eignung zur Beeinträchtigung des zwischenstaatlichen Handels fehlt. Auf diese Weise will der Gesetzgeber den Gleichlauf

---

[1] Der Begriff der „Vereinbarung" wird im Folgenden in einem weiten Sinne verwendet und schließt jeweils die beiden anderen von § 2 GWB erfassten Koordinationsformen (abgestimmte Verhaltensweise und Beschluss einer Unternehmensvereinigung) mit ein, soweit nicht im Einzelfall anders gekennzeichnet.

[2] Näher hierzu → Rn. 84 ff.

[3] Näher hierzu → Rn. 93 ff.

[4] Vgl. zu diesen beiden „negativen" Tatbestandsmerkmalen → Rn. 101 ff., 109 ff.

des deutschen und europäischen Wettbewerbsrechts auch im Bereich der Ausnahmen vom Kartellverbot sicherstellen.[5] Die „weitestgehende" Übernahme der europäischen Terminologie" soll dabei eine Anknüpfung an die zu Art. 101 AEUV bzw. Art. 81 EG ergangene Rechtsprechung und Praxis gewährleisten.[6]

2     Dem Ziel der fast vollständigen Harmonisierung der materiellen Beurteilungsmaßstäbe dient ferner die **dynamische Verweisung auf** die jeweils geltenden europäischen **Gruppenfreistellungsverordnungen** (GVOen) in **§ 2 Abs. 2 S. 1 GWB.** Die Bezugnahme auf den jeweiligen Regelungsbestand im einschlägigen sekundären Unionsrecht soll die Übereinstimmung des nationalen mit dem europäischen Wettbewerbsrecht bei der **Konkretisierung** des parallelen generalklauselartigen **Freistellungstatbestandes** in § 2 Abs. 1 GWB sichern. Die **entsprechende Geltung der europäischen GVOen** im deutschen Recht ist dabei wiederum **unabhängig vom Eingreifen der Zwischenstaatlichkeitsklausel,** wie **§ 2 Abs. 2 S. 2 GWB** ausdrücklich klarstellt.

3     In der praktischen Rechtsanwendung kann daher regelmäßig dahingestellt bleiben, ob eine Vereinbarung tatsächlich die Eignung zur potentiellen Beeinträchtigung des zwischenstaatlichen Handels hat, sofern jedenfalls die materiellen Freistellungskriterien des § 2 Abs. 1 GWB (= Art. 101 Abs. 3 AEUV) bzw. der konkreten Tatbestandsmerkmale einer GVO erfüllt sind. In beiden Fällen ist die betroffene Vereinbarung der Parteien ohne weiteres zulässig, **einer behördlichen Entscheidung** oder Feststellung der Einhaltung der Freistellungskriterien **bedarf es nicht.** § 2 Abs. 1 GWB stellt dies durch den insoweit von Art. 101 Abs. 3 AEUV abweichenden Wortlaut („Vom Verbot des § 1 freigestellt sind" statt „können für nicht anwendbar erklärt werden") eindeutig klar. Während im europäischen Wettbewerbsrecht für die Einführung des Legalausnahmeprinzips eine besondere sekundärrechtliche Regelung (Art. 1 Abs. 2 VO 1/2003) erforderlich war, deren Rechtmäßigkeit im Übrigen bis heute umstritten ist,[7] hat der deutsche Gesetzgeber die **Legalausnahme unmittelbar im Kartellgesetz** implementiert. Dies **dient der Rechtsklarheit.**

Unabhängig von der inhaltlichen Bewertung des Systemwechsels im europäischen Kartellrecht[8] ist die klare Entscheidung des deutschen Gesetzgebers für die unmissverständliche gesetzliche Einführung des Legalausnahmeprinzips zu begrüßen.

4     **Ansatzpunkt für die materielle Rechtfertigung** einer Ausnahme vom Kartellverbot ist die **Förderung der wirtschaftlichen Effizienz** durch eine Zusammenarbeit der Unternehmen. Grundsätzlich ist es zwar der unverfälschte Wettbewerb, der am ehesten für eine effiziente Ressourcenallokation in der Volkswirtschaft sorgt und den Wohlstand der Verbraucher fördert. Doch unter bestimmten Voraussetzungen können auch wettbewerbsbeschränkende Verhaltensweisen zwischen selbstständigen Unternehmen **überwiegend positive Auswirkungen auf das Wettbewerbsgeschehen im Markt** haben, weil sie zu Effizienzgewinnen führen, welche die Nachteile der wettbewerbsbeschränkenden Verhaltenskoordination mehr als kompensieren. Sofern die „Nettowirkung" solcher Vereinbarungen in der „Förderung des Wettbewerbsprozesses" besteht, ist daher eine Ausnahme vom Kartellverbot sachlich gerechtfertigt.[9] Die positiven Wirkungen auf das Wettbewerbsgeschehen im Markt bzw. die Marktergebnisse (market performance) können etwa darin liegen, dass die Absprachen zwischen den Unternehmen die Kosten von Forschung und Entwicklung, in der Produktion oder im Vertrieb senken, Innovationen beschleunigen, eine Verbesserung der Produktqualität bewirken, Markteintritt oder Marktdurchdringung erleichtern oder die Erbringung besonderer Serviceleistungen durch Ausschluss von Tritt-

---

[5] BegrRegE, BT-Drs. 15/3640, 24 f.

[6] BegrRegE, BT-Drs. 15/3640, 25.

[7] Vgl. dazu den Überblick bei Ellger in Immenga/Mestmäcker, 6. Aufl. 2019, → AEUV Art. 101 Abs. 3 Rn. 39 ff.; Bardong/Mühle in MüKoWettbR VO 1/2003 Art. 1 Rn. 17 ff.; Mestmäcker/Schweitzer, 2. Aufl., § 13 Rn. 10 ff.; Schwarze/Weitbrecht Rn. 10 ff. jeweils mwN.

[8] Vgl. zur Kritik zB Mestmäcker/Schweitzer, Europäisches Wettbewerbsrecht, 3. Aufl. 2014, § 13 Rn. 11 ff. mwN; Heutz WuW 2004, 1255 (1260 f.).

[9] Vgl. Kommission, Leitlinien zur Anwendung von Artikel 81 Absatz 3 EG-Vertrag, ABl. 2004 C 101, 97, Rn. 33.

brettfahrern ermöglichen. Sofern diesen wirtschaftlichen Vorteilen im Sinne einer „Verbesserung der Warenerzeugung oder -verteilung" bzw. „Förderung des technischen oder wirtschaftlichen Fortschritts" im Ergebnis größeres Gewicht beizumessen ist als den wettbewerbsbeschränkenden Effekten, entfaltet die Vereinbarung **insgesamt wettbewerbsfördernde Wirkungen.**

Voraussetzung für die Freistellung ist nach § 2 Abs. 1 GWB ebenso wie nach Art. 101 **5** Abs. 3 AEUV, dass die aus der wettbewerbsbeschränkenden Vereinbarung resultierenden **Effizienzgewinne nicht nur den beteiligten Unternehmen zugute kommen,** sondern in angemessenem Umfang auch der Marktgegenseite (den „Verbrauchern").[10] Für die zumindest teilweise Weitergabe von Effizienzgewinnen sorgt grundsätzlich die **Aufrechterhaltung eines hinreichenden Wettbewerbsdrucks im Markt.** Neben der negativen Voraussetzung, dass es nicht zu einer Ausschaltung des Wettbewerbs kommen darf, verlangt das Gesetz ferner, dass den beteiligten Unternehmen keine Beschränkungen auferlegt werden dürfen, die für die Erreichung der Vorteile nicht unerlässlich sind. Hierin zeigt sich der prinzipielle Vorrang selbstständiger wettbewerblicher Aktionen der Unternehmen im Markt, der nur ausnahmsweise und im Einklang mit dem **Verhältnismäßigkeitsprinzip** insoweit zurückgedrängt werden darf, als eine koordinierte Vorgehensweise der Unternehmen erforderlich ist, um bessere Resultate als im ungehinderten Wettbewerb zu erreichen. Letzten Endes gebührt jedoch dem **Schutz des Wettbewerbsprozesses** und der **Aufrechterhaltung hinreichender Rivalität** zwischen den Unternehmen der Vorrang vor potentiellen Effizienzgewinnen, die sich aus wettbewerbsbeschränkenden Vereinbarungen ergeben könnten. Mit der absoluten Freistellungsgrenze der „Ausschaltung des Wettbewerbs" wird anerkannt, dass „die Rivalität zwischen Unternehmen eine wesentliche Antriebskraft für die wirtschaftliche Effizienz, einschließlich langfristiger dynamischer Effizienzsteigerungen in Form von Innovationen, ist" und der „Schutz des Wettbewerbsprozesses ... das eigentliche Ziel" des Kartellverbotes bleibt, „und zwar nicht nur auf kurze, sondern auch auf lange Sicht".[11]

**Maßstab** für die Beurteilung der Wirkungen einer unternehmerischen Verhaltenskoor- **6** dination im Rahmen des § 2 Abs. 1 GWB ist generell die **volkswirtschaftliche Effizienz.**[12] Im früheren deutschen Recht vor der 7. GWB-Novelle war dagegen der betriebswirtschaftliche Rationalisierungsbegriff im Sinne einer Verbesserung des Verhältnisses von Aufwand und Ertrag im einzelnen Unternehmen Ausgangspunkt der Betrachtung.[13] Die Unterschiede sind jedoch gering, da praktisch jede betriebswirtschaftliche Effizienzsteigerung letztlich auch einen volkswirtschaftlich positiven Effekt entfaltet.[14] Der umgekehrte Fall, dass ohne (jegliche) einzelwirtschaftliche Kosteneinsparungen oder sonstige betriebsinterne Effizienzsteigerungen eine Verbesserung der makroökonomischen Performance einhergeht, dürfte eher selten sein. Die Erfassung auch solcher gesamtwirtschaftlichen Vorteile bleibt gleichwohl sinnvoll, da es zuweilen schwierig sein kann, die Erzielung innerbetrieblicher Rationalisierungsvorteile (hinreichenden Ausmaßes) nachzuweisen. Beispiele sind etwa Vereinbarungen über die gemeinsame Festlegung von Normen und Typen oder

---

[10] Vgl. zur Auslegung des Verbraucherbegriffs in § 2 Abs. 1 GWB → Rn. 94.

[11] Kommission, Leitlinien zur Anwendung von Art. 81 Abs. 3 EG, ABl. 2004 C 101, 8 Abs. 3 EG, Rn. 105.

[12] Vgl. nur Mestmäcker/Schweitzer § 14 Rn. 36; näher zu der umstrittenen Frage, ob direktes Ziel der Wettbewerbspolitik die Förderung der Konsumentenwohlfahrt oder der Gesamtwohlfahrt sein sollte, zB Zimmer → § 1 Rn. 13 ff.; Schwalbe/Zimmer, Kartellrecht und Ökonomie, 3. Aufl. 2021, S. 11–14, 438 ff.; Schmidtchen WuW 2006, 6 (10 ff.). Die Kommission präferiert einen consumer welfare approach, bezieht aber auch Zwischenabnehmer in den Kreis der „Verbraucher" ein, so dass sich kaum Unterschiede ergeben, vgl. zB Kommission, Leitlinien zur Anwendung von Art. 81 Abs. 3 EG, ABl. 2004 C 101, 8 Abs. 3 EG, Rn. 13, 33, 84; das EuG sieht den Schutzzweck der europäischen Wettbewerbsregeln dagegen nur im Schutz der Endverbraucher, vgl. EuG 27.9.2006 – Rn. 118 ff. – GlaxoSmithKline.

[13] Vgl. statt aller Immenga in Immenga/Mestmäcker, 3. Aufl. 2001, § 5 aF Rn. 21 ff. mwN.

[14] BKartA 29.12.1960, WuW/E BKartA 322 (327) – Textillohnveredelung; 31.3.1966, WuW/E BKartA 1051 – Westdeutsche Düngekalkwerke; Immenga in Immenga/Mestmäcker, 3. Aufl. 2001, GWB § 5 Rn. 21 aE mwN.

Allgemeine Geschäftsbedingungen, durch die etwa eine Verbesserung der Markttransparenz erreicht werden kann, aber auch die Zusammenfassung der Einkaufsvolumina kleiner und mittlerer Nachfrager, durch die auch unabhängig von Rationalisierungseffekten (durch Mengen- oder sonstige Größenvorteile) auf Grund der gestiegenen Nachfragemacht günstigere Konditionen erzielt werden können, die zu einer Verbesserung der Wettbewerbsfähigkeit und – bei zumindest teilweiser Weitergabe der Einkaufsvorteile – zur Intensivierung des Wettbewerbs auf den (nachgelagerten) Verkaufsmärkten führen können.[15]

7    Fraglich ist, ob im Rahmen der generalklauselartigen Voraussetzungen des § 2 Abs. 1 GWB mit ihrer prinzipiellen Orientierung an der Steigerung der volkswirtschaftlichen Effizienz auch **andere allgemeine öffentliche Interessen** wie Umweltschutz, Erhaltung von Arbeitsplätzen, Verbraucherschutz etc berücksichtigungsfähig sind. Dagegen spricht, dass **keine justitiablen Maßstäbe zur Bewertung und Abwägung wettbewerblicher mit außerökonomischen Interessen** existieren. § 2 Abs. 1 GWB ist daher – ebenso wie seit Einführung des Legalausnahmeprinzips Art. 101 Abs. 3 AEUV – **rein wettbewerbsbezogen auszulegen.**[16] Außerhalb politischer Entscheidungsprozesse durch die dazu demokratisch legitimierten Instanzen kommt eine Rechtfertigung von Wettbewerbsbeschränkungen mit Erwägungen des allgemeinen öffentlichen Interesses nicht in Betracht.[17] Nach Abschaffung der „Ministererlaubnis" nach § 8 GWB aF, der die Freistellung einer Wettbewerbsbeschränkung „aus überwiegenden Gründen der Gesamtwirtschaft und des Gemeinwohls" ermöglichte, kann der umfassende Geltungsanspruch des Wettbewerbsschutzes allein durch den Gesetzgeber im Hinblick auf die Verfolgung anderer allgemeiner öffentlicher Interessen eingeschränkt werden.[18]

## II. Entstehungsgeschichte

8    **1. Rechtslage bis 30.6.2005.** Schon **vor der am 1.7.2005 in Kraft getretenen 7. GWB-Novelle** hatte sich das deutsche Kartellrecht im Bereich wettbewerbsbeschränkender Vereinbarungen partiell den europäischen Regeln angenähert,[19] aber bewusst an **zwei grundlegenden Besonderheiten** festgehalten: der unterschiedlichen Behandlung von horizontalen (§ 1 GWB aF) und vertikalen Wettbewerbsbeschränkungen (§§ 15–18 GWB aF) sowie der ausdifferenzierten Palette besonderer gesetzlicher Freistellungstatbestände für horizontale Vereinbarungen in den §§ 2–8 GWB aF anstelle einer umfassenden Generalklausel wie in Art. 101 Abs. 3 AEUV.

9    Der **kasuistische gesetzliche Katalog der einzelnen Freistellungsmöglichkeiten bei horizontalen Vereinbarungen** differenzierte zwischen Normen- und Typenkartellen (§ 2 Abs. 1 GWB aF), Konditionenkartellen (§ 2 Abs. 2 GWB aF), Spezialisierungskartellen (§ 3 GWB aF), Mittelstandskartellen (unter Einschluss von Einkaufsgemeinschaften) (§ 4 Abs. 1 und 2 GWB aF), einfachen und höherstufigen Rationalisierungskartellen (§ 5 Abs. 1 und 2 GWB aF) sowie Strukturkrisenkartellen (§ 6 GWB aF) und wurde ergänzt durch eine partiell an Art. 81 Abs. 3 EG (jetzt: Art. 101 Abs. 3 AEUV) angelehnte Auffangvorschrift über „sonstige Kartelle" (§ 7 GWB aF). Die abschließende Aufzählung der Freistellungstatbestände (numerus clausus) enthielt schließlich noch die Möglichkeit einer sog. „Ministererlaubnis" nach § 8 GWB aF. Danach konnte der Bundeswirtschaftsminister

---

[15] Näher dazu → Rn. 164 ff.

[16] In diesem Sinne ist wohl auch Nordemann/Grave in Loewenheim et al. Rn. 14 zu verstehen. Näher hierzu → Rn. 71 mwN (auch zur gegenteiligen Ansicht).

[17] Im Ergebnis weitgehend übereinstimmend Nordemann/Grave in Loewenheim et al. Rn. 14, demzufolge die „von § 2 Abs. 1 GWB privilegierten Interessen [...] wettbewerblicher Natur" und allgemeine öffentliche Interessen daher nicht berücksichtigungsfähig seien.

[18] Näher hierzu → Rn. 68 ff., 74.

[19] Vgl. zu diesem Anliegen der 6. GWB-Novelle 1998 BegrRegE, BT-Drs. 13/9720, 1, 30 ff. (insbesondere Einführung des Merkmals „zwischen miteinander in Wettbewerb stehenden Unternehmen" in § 1 GWB aF und des an Art. 81 Abs. 3 EG (jetzt: Art. 101 Abs. 3 AEUV) orientierten subsidiären Freistellungstatbestands § 7 GWB aF).

aus überwiegenden Gründen der Gesamtwirtschaft oder des Gemeinwohls eine Befreiung von der Anwendung des (horizontalen) Kartellverbots nach § 1 GWB aF erteilen. In den übrigen Fällen oblag es der zuständigen Kartellbehörde (BKartA oder Landeskartellbehörden), im Rahmen des damals geltenden administrativen Genehmigungssystems auf Antrag der Parteien eine Freistellung zu erteilen (sog. **Erlaubniskartelle** nach § 10 GWB aF). Anders als bei Vereinbarungen und Beschlüssen nach §§ 5–8 GWB aF genügte in den Fällen §§ 2–4 Abs. 1 GWB aF sogar eine bloße Anmeldung der Vereinbarung bei der zuständigen Behörde, um bei Nichterhebung eines fristgemäßen Widerspruchs (innerhalb von drei Monaten) die wettbewerbsbeschränkende Vereinbarung wirksam werden zu lassen (sog. **Widerspruchskartelle,** vgl. § 9 Abs. 3 GWB aF). Als bloßes **Anmeldekartell** ohne Widerspruchsmöglichkeit (§ 9 Abs. 4 GWB aF) ausgestaltet war § 4 Abs. 2 GWB aF (Einkaufskooperationen kleiner und mittlerer Unternehmen).

Während die durch Anmeldung und Nicht-Widerspruch freigestellten Kartelle nach **10** altem Recht ohne zeitliche Begrenzung wirksam waren, erfolgte die Freistellung in den übrigen Fällen immer nur befristet (vgl. § 10 Abs. 4 GWB aF: in der Regel nicht mehr als fünf Jahre). Beim Übergang zum Legalausnahmesystem im Zuge der 7. GWB-Novelle 2005 entstand daher ein Bedürfnis nach **Übergangsregelungen.** Diese wurden in § 131 Abs. 1 und 2 GWB aF implementiert und sorgten dafür, dass alle per 1.7.2005 noch freigestellten **Altkartelle,** dh sowohl die Anmelde- und Widerspruchskartelle als auch die Erlaubniskartelle, zunächst noch freigestellt blieben, spätestens **mit Ablauf des 31.12.2007 aber unwirksam** wurden.[20] Da die Übergangsvorschrift mit Erreichen dieses Datums gegenstandslos geworden war, hat sie der Gesetzgeber im Zuge der 8. GWB-Novelle 2013 konsequenterweise aus dem Gesetzestext gestrichen.

Im Bereich der **vertikalen Vereinbarungen** differenzierte das frühere deutsche Recht **11** zwischen den grundsätzlich verbotenen Preis- und Inhaltsbindungen (§ 14 GWB aF) mit einer gesetzlichen Ausnahme für Zeitschriften und Zeitungen (§ 15 GWB aF) sowie für Bücher (BuchpreisbindungsG)[21], aber ohne weitere Freistellungsmöglichkeiten im Einzelfall, und einer bloßen Missbrauchsaufsicht über andere Formen vertikaler Beschränkungen, insbesondere Abschlussbindungen (§ 16 GWB aF). Diese wurden als grundsätzlich zulässig behandelt, so dass insoweit kein Bedürfnis für eine Freistellung bestand. Bei Missbräuchen konnte die zuständige Kartellbehörde einschreiten und bestimmte Bindungen für unwirksam erklären. Für Lizenz- und Know-how-Verträge galten besondere Verbots- und Freistellungsregeln nach §§ 17, 18 GWB aF.

**2. Systemwechsel im europäischen Kartellrecht.** Im europäischen Kartellrecht galt **12** **bis zum 30.4.2004** ebenfalls ein **System der Administrativfreistellung,** in dem die Kommission nach Art. 9 VO 17/62 das **Freistellungsmonopol** im Einzelfall besaß. Vereinbarungen, die gegen Art. 101 Abs. 1 AEUV (bzw. damals noch: Art. 81 Abs. 1 EG) verstießen, waren gemäß Art. 101 Abs. 2 AEUV (Art. 81 Abs. 2 EG) unwirksam, sofern sie nicht im Einzelfall von der Kommission nach Art. 101 Abs. 3 AEUV (Art. 81 Abs. 3 EG) (auf Antrag) mit konstitutiver Wirkung freigestellt wurden oder von einer unmittelbar in allen Mitgliedstaaten geltenden Gruppenfreistellungsverordnung erfasst waren. Das Verfahren der Einzelfreistellung funktionierte in der Praxis wegen Überlastung der Kommission nicht und wurde faktisch ausgehöhlt, indem die Kommission statt förmlicher Freistellungsentscheidungen fast nur noch informelle Verwaltungsschreiben (sog. comfort letters) herausgab, in denen sie die Absicht kundgab, gegen die angemeldete Vereinbarung nicht vorzugehen, da diese entweder mit Art. 101 Abs. 1 AEUV vereinbar war oder die Voraussetzungen des Art. 101 Abs. 3 AEUV erfüllte.

Mit Wirkung **zum 1.5.2004** wurde dann durch die **VO 1/2003** das System der **13** Administrativfreistellung abgeschafft und die unmittelbare Anwendbarkeit des Art. 101 Abs. 3 AEUV herbeigeführt (vgl. Art. 1 Abs. 2 VO 1/2003, wonach die Vereinbarungen

---

[20] Näher hierzu Fuchs in Immenga/Mestmäcker, 4. Aufl. 2007, § 131 Rn. 4 ff.
[21] Zur Buchpreisbindung s. Russ/Wallenfels WRP 2013, 24 ff.

iSd Art. 101 Abs. 1 AEUV, welche die Bedingungen des Art. 101 Abs. 3 AEUV erfüllen, nicht verboten sind, „ohne dass es einer vorherigen Entscheidung bedarf"). Mit der **Einführung des Prinzips der Legalausnahme** auf europäischer Ebene – bei gleichzeitiger Ausdehnung des Anwendungsvorrangs gegenüber abweichendem nationalen Kartellrecht (Art. 3 Abs. 2 S. 1 VO 1/2003) – wurde eine Anpassung auch des deutschen Kartellrechts an die geänderten Bedingungen unumgänglich. Denn andernfalls hätten die deutschen Gerichte in Fällen mit Zwischenstaatlichkeitsbezug zwar bei Anwendung des europäischen Rechts die Freistellung nach Art. 101 Abs. 3 AEUV bzw. den Gruppenfreistellungsverordnungen ex lege zu beachten, nicht aber bei der parallelen Anwendung des deutschen Kartellrechts.[22]

14    Die Konsequenz der unmittelbaren Geltung der Ausnahmevorschrift ist, dass die Unternehmen selbst (im Wege der Subsumtion) beurteilen müssen, ob ihre Vereinbarungen zwar wettbewerbsbeschränkenden Charakter haben, aber die gesetzlichen Voraussetzungen für eine Freistellung nach Art. 101 Abs. 3 AEUV erfüllen und damit (ohne weiteres) zulässig sind. Die damit erforderliche kartellrechtliche **„Selbsteinschätzung"**[23] oder „Selbstveranlagung"[24] führt zu **vermehrter Rechtsunsicherheit** auf Seiten der betroffenen Unternehmen, da es keine konstitutiven behördlichen Freistellungsentscheidungen mehr gibt.[25] Möglich bleibt lediglich die Verneinung eines Verfolgungsinteresses durch die zuständige Kartellbehörde (Entscheidung, dass „kein Anlass zum Tätigwerden" besteht, vgl. Art. 5 VO 1/2003, § 32c GWB); diese bewirkt allerdings nur eine begrenzte Selbstbindung der betroffenen Behörde („vorbehaltlich neuer Erkenntnisse") und entfaltet keinerlei Bindungswirkung für Dritte.[26]

15    **3. Angleichung des deutschen Rechts im Zuge der 7. GWB-Novelle.** Vor dem Hintergrund der notwendigen Anpassung des deutschen Kartellrechts an die europäischen Regelungen für Fälle oberhalb der Zwischenstaatlichkeitsklausel hat sich der deutsche Gesetzgeber für eine **möglichst weitgehende Harmonisierung** mit dem europäischen Kartellrecht im Bereich der wettbewerbsbeschränkenden Vereinbarungen (im Gegensatz zu einseitigen Maßnahmen wie Missbräuchen marktbeherrschender oder marktstarker Stellungen nach §§ 18 ff. GWB) entschieden.[27] Für Vereinbarungen ohne die Eignung zur Beeinträchtigung des zwischenstaatlichen Handels wären zwar abweichende nationale Regelungen möglich gewesen. Der deutsche Gesetzgeber hat aber – mit Ausnahme der Regelungen über Mittelstandskartelle (§ 3 GWB) – die Schaffung eines Sonderrechts für Fälle unterhalb der Zwischenstaatlichkeitsschwelle, also mit lediglich lokalem oder regionalem Bezug, zu Recht als wettbewerbspolitisch nicht sinnvoll abgelehnt.[28]

16    Konsequenz der Entscheidung für eine möglichst weitgehende Synchronisierung des deutschen mit dem europäischen Kartellrecht ist zum einen, dass die wettbewerbspolitisch als sachgerecht angesehene[29] differenzierte Behandlung vertikaler Beschränkungen in den **§§ 14–18 GWB aF** aufgegeben und die entsprechenden Vorschriften zugunsten einer fast vollständigen Angleichung des Kartellverbotstatbestands des § 1 GWB an Art. 101 Abs. 1 AEUV **gestrichen** wurden.[30] Zum anderen wurde mit § 2 Abs. 1 und 2 GWB im Bereich

---

[22] Bechtold/Bosch, § 2 GWB, Rn. 5.

[23] Schneider in Bunte Rn. 8; Nordemann/Grave in LMRKM Rn. 7.

[24] So der Ausdruck bei Bechtold/Bosch, § 2 GWB, Rn. 4.

[25] Nur in Ausnahmefällen kann die Kommission gemäß Art. 10 VO 1/2003 eine „Positiventscheidung" treffen. Den nationalen Kartellbehörden ist auch dieser Weg versperrt – sie können über Art. 5 VO 1/2003 allenfalls die verfahrensbezogene Entscheidung treffen, dass für sie kein Anlass zum Tätigwerden besteht, vgl. jüngst EuGH 3.5.2011 – C-375/09, www.curia.eu – Tele2 Polska.

[26] S. nur Otto in LMRKM § 32c Rn. 9 mwN.

[27] Vgl. BegrRegE, BT-Drs. 14/3640, 21 ff.

[28] Vgl. BegrRegE BT-Drs. 15/3640, 22 f.; zustimmend die Literatur, s. nur Bechtold/Bosch, § 2 GWB, Rn. 5.

[29] BegrRegE, BT-Drs. 15/3640, 21, 23 f.; ebenso BegrRegE (6. GWB-Novelle), BT-Drs. 13/9720, 31.

[30] Lediglich die Regelbeispiele des Art. 101 Abs. 1 lit. a–e AEUV und das Merkmal der Eignung zur Beeinflussung des zwischenstaatlichen Handels wurden nicht übernommen. Die zunächst vorgesehene modi-

der Freistellung nicht nur der Übergang zum Prinzip der Legalausnahme vollzogen, sondern zugleich – unter **Aufgabe der kasuistischen Einzelfreistellungtatbestände für horizontale Beschränkungen (§§ 2–8 GWB aF)** – die europäische Regelungstechnik einer Generalklausel und ihrer normativen Konkretisierung durch Gruppenfreistellungsverordnungen übernommen. Erhalten geblieben ist insoweit lediglich die Sonderregelung für Mittelstandskartelle (§ 3 GWB, der im Wesentlichen § 4 Abs. 1 GWB aF entspricht). Zugleich wurden **die bisherigen partiellen Ausnahmebereiche** für die Kredit- und Versicherungswirtschaft (§ 29 GWB aF), Urheberrechtsverwertungsgesellschaften (§ 30 GWB aF) und die zentrale Vermarktung von Fernsehrechten für Sportveranstaltungen (§ 31 GWB aF) **aufgehoben.** Rechtsgrundlage für etwaige Ausnahmen ist nunmehr in all diesen Fällen, abgesehen von den fortgeführten Sonderregelungen für die Landwirtschaft (§ 28 GWB) und die Preisbindung bei Zeitungen und Zeitschriften (§ 30 GWB) sowie Büchern (BuchpreisbindungsG), die Generalklausel des § 2 Abs. 1 GWB.

**Im Ergebnis** sind die **sachlichen Änderungen durch die 7. GWB-Novelle** bei der **17** Behandlung horizontaler wie vertikaler Vereinbarungen im Vergleich zum früheren deutschen Recht dennoch **begrenzt** geblieben. Trotz des Paradigmenwechsels im Bereich vertikaler Vereinbarungen durch den Übergang von der Missbrauchsaufsicht bei vertikalen Abschlussbeschränkungen (§ 16 aF) zum Verbotsprinzip unterscheidet sich die Beurteilung vertikaler Beschränkungen letztlich nur wenig vom früheren Rechtszustand. Infolge der analogen Anwendung der weit gefassten europäischen „Schirm-GVO" (zunächst VO 2790/1999, jetzt VO 330/2010) mit ihrer prinzipiellen Freistellung vertikaler Beschränkungen bis zu einem gemeinsamen Marktanteil von 30 % (vorbehaltlich verbotener Kernbeschränkungen) und der darüber hinaus möglichen ergänzenden Anwendung der Generalklausel bleibt der Großteil vertikaler Beschränkungen vom Kartellverbot verschont. Großzügiger als früher werden in der Vertikal-GVO vor allem Höchstpreisbindungen und Meistbegünstigungsklauseln beurteilt.[31]

Im Zusammenhang mit der Notwendigkeit einer kartellrechtlichen Selbsteinschätzung **18** im System der Legalausnahme hat der Fortfall der kasuistischen Einzelfreistellungtatbestände für horizontale Vereinbarungen nach §§ 2–8 GWB aF zugunsten der mit Art. 101 Abs. 3 AEUV fast völlig übereinstimmenden Generalklausel des § 2 Abs. 1 GWB tendenziell zu einem zusätzlichen **Verlust an Rechtssicherheit** für die betroffenen Unternehmen geführt. Diesem Effekt **wirkt** jedoch die gleichzeitige **Übernahme** der detaillierten Regelungen für bestimmte Vereinbarungstypen und Wirtschaftssektoren in den europäischen **Gruppenfreistellungsverordnungen entgegen.** Diese werden **im Wege einer dynamischen Verweisung** in das deutsche Recht implementiert (§ 2 Abs. 2 GWB), um die Gleichheit der Beurteilungsergebnisse in beiden Rechtsordnungen sicherzustellen. Nach Ansicht der Gesetzesverfasser sollten daher mit dem Übergang zum europäischen Regelungsansatz auch im Bereich der horizontalen Beschränkungen keine gravierenden Abweichungen von der bisherigen Rechtslage verbunden sein; die meisten der unter die §§ 2–8 GWB aF fallenden Vereinbarungen würden ohne weiteres von der Generalklausel des § 2 Abs. 1 GWB (= Art. 101 Abs. 3 AEUV) oder von § 2 Abs. 2 GWB iVm einer GVO erfasst.[32] Dies trifft freilich nicht uneingeschränkt zu.[33]

---

fizierte Fortführung des § 14 GWB aF in Form eines gesonderten per se-Verbots für vertikale Preisbindungen (§ 4 GWB-E), dazu BegrRegE BT-Drs. 15/3640, 28, ist nicht Gesetz geworden. In der Sache beibehalten wurde die besondere Regelung zur Zulässigkeit vertikaler Preisbindungen bei Zeitungen und Zeitschriften (§ 15 GWB aF), die nunmehr in § 30 GWB zu finden ist. Zudem enthält das am 1.10.2002 in Kraft getretene BuchpreisbindungsG eine gesetzliche Pflicht zur Preisbindung für Bücher und buchnahe Produkte für Verkäufe innerhalb Deutschlands und Auslandsgeschäfte in Ländern außerhalb des EWR, vgl. dazu zB Wallenfels in Loewenheim et al., Anhang zu § 30 Rn. 5; OLG Frankfurt a. M. 26.7.2005 – 11 U 8/05 (Kart), WuW/E DE-R 1632 – Mängelexemplar.

[31] Vgl. Art. 4 lit. a VO 330/2010; Bahr WuW 2004, 259 (263 ff.); zu Meistbegünstigungsklauseln Meyer WRP 2004, 1456 ff.

[32] BegrRegE, BT-Drs. 15/3640, 26 (24 ff., 44 f.).

[33] Vgl. im Einzelnen → Rn. 115 ff.

**19**    Obwohl die §§ 1 und 2 GWB (ebenso wie Art. 101 Abs. 1 und 3 AEUV) seit dem Jahre 2005 **horizontale und vertikale Vereinbarungen** in gleicher Weise erfassen, kommt der Unterscheidung zwischen beiden Formen von Wettbewerbsbeschränkungen wegen des höheren Gefährdungspotentials horizontaler Beschränkungen nach wie vor Bedeutung zu.[34] Das gilt nicht nur im Rahmen des § 2 Abs. 2 GWB für die Anwendbarkeit bestimmter GVOen oder einzelner Vorschriften in ihnen,[35] sondern auch im Hinblick auf gesetzliche Sondervorschriften, die sich teilweise nur auf „Vereinbarungen zwischen miteinander im Wettbewerb stehenden Unternehmen" beziehen (§ 3 GWB für Mittelstandskartelle) und teilweise auf „vertikale Preisbindungen" bei Zeitungen und Zeitschriften (§ 30 GWB) bzw. landwirtschaftlichen Erzeugnissen (§ 28 Abs. 2 GWB) anwendbar sind. Vorbehaltlich spezieller Regelungen (zB Art. 2 Abs. 4 der Vertikal-GVO) kann für die Abgrenzung zwischen horizontalen und vertikalen Vereinbarungen ergänzend auf die jüngere Rechtsprechung des BGH zu § 1 GWB aF zurückgegriffen werden, wonach Austauschverträge unter Wettbewerbern dann als Vertikalverträge zu behandeln sind, wenn für die darin enthaltenen Beschränkungen bei wertender Betrachtungsweise ein das Austauschverhältnis förderndes „anzuerkennendes Interesse" besteht.[36] Soweit dies nicht der Fall ist, liegt eine horizontale Wettbewerbsbeschränkung vor.

**20**    **4. Keine Veränderung der Rechtslage durch die 8. GWB-Novelle 2013.** Der Gesetzgeber hat in der am 30.6.2013 in Kraft getretenen 8. GWB-Novelle die seit 2005 bestehende Gesetzessystematik unangetastet gelassen und damit zu erkennen gegeben, dass er an den beschriebenen weitreichenden Änderungen der 7. GWB-Novelle festhalten will. Zwar wurden geringfügige sprachliche Änderungen des § 2 GWB vorgenommen, doch diese sind allesamt rein technischer Natur und bedingt durch die Überführung der europäischen Wettbewerbsvorschriften in den seit 1.12.2009 gültigen Vertrag über die Arbeitsweise der Europäischen Union (Art. 101 ff. AEUV). Somit kommt es im Bereich des Kartellverbots und dem grundsätzlichen Freistellungsregime zu einer begrüßenswerten Konsolidierung des Rechtszustands. Inhaltliche Änderungen sind mit der Reform für § 2 GWB nicht verbunden.

### III. Systematik, Wirkung und praktische Bedeutung

**21**    **1. Verhältnis der beiden Absätze des § 2 GWB zueinander.** § 2 GWB enthält in seinen beiden Absätzen **zwei Freistellungstatbestände,** die zwar eng aufeinander bezogen, aber letztlich selbstständig und **prinzipiell nebeneinander anwendbar** sind.[37] In ihrem Zusammenspiel bilden sie das europäische System der **Einzelfreistellung** auf der Basis einer Generalklausel (Art. 101 Abs. 3 AEUV) und ihrer **normativen Konkretisierung** durch Verordnungen des Rates und der Kommission[38] mit spezifischen Regeln für

---

[34] Vgl. nur Nordemann in Loewenheim et al., 3. Aufl. 2016, § 1 Rn. 99 sowie Zimmer → § 1 Rn. 188 ff.

[35] So ist die VO 2022/720 („Vertikal-GVO") grundsätzlich nur auf „vertikale Vereinbarungen" iSd Art. 1 Abs. 1 lit. a anwendbar; eine Reihe von GVOen differenziert bei der Höhe der anwendbaren Marktanteilsschwellen (vgl. zB Art. 6 Abs. 1 und 2 VO 2023/1066) oder bei den Katalogen für Kernbeschränkungen (zB Art. 4 Abs. 1 und 2 VO 316/2014) nach Vereinbarungen zwischen Wettbewerbern und Nichtwettbewerbern.

[36] Vgl. BGH 14.1.1997 –, WuW/E BGH 3115 (3117) – Druckgussteile; 14.1.1997 –, WuW/E BGH 3121 (3125) – Bedside-Testkarten; 6.5.1997, WuW/E BGH 3137 (3138) – Sole; 12.5.1998, WuW/E DE-R 131 (133) – Eintritt in Gebäudereinigungsvertrag; zuletzt BGH 18.2.2003, BGHZ 154, 21 (38) = WuW/E DE-R 1119 (1120) – Verbundnetz II; näher zur Formel vom „anzuerkennenden Interesse" für die Wettbewerbsbeschränkung und zur Notwendigkeit einer gesonderten Beurteilung der vertikalen Aspekte der Vereinbarung Zimmer → § 1 Rn. 50 ff., 50, 188 ff. mwN.

[37] Nordemann/Grave in Loewenheim et al. Rn. 9. Vgl. aber zum Abschirmeffekt beim Eingreifen einer GVO gegenüber dem Rückgriff auf die Generalklausel → Rn. 22.

[38] Rechtsgrundlage für den Erlass von GVOen sind neben Art. 101 Abs. 3 AEUV für den Rat Art. 103 Abs. 1, Abs. 2 lit. b AEUV und für die Kommission die vom Rat erlassenen Ermächtigungsverordnungen; vgl. für bestimmte vertikale Vereinbarungen die VO Nr. 19/65/EWG, ABl. 1965, 36, 33, zuletzt geändert durch VO (EG) Nr. 1215/1999 v. 10.6.1999, ABl. 1999 L 148, 1, sowie für bestimmte horizontale Ver-

tatbestandsmäßig abgegrenzte „Gruppen" von Vereinbarungen nach. Anknüpfungspunkt für eine **Gruppenfreistellungsverordnung** ist dabei jeweils eine bestimmte Kategorie von Vereinbarungen, die im Hinblick auf die weitgehend gleichförmigen Interessen der beteiligten Unternehmen, ihrer Handelspartner und Wettbewerber sowie der Verbraucher einer typisierenden wettbewerbsrechtlichen Beurteilung zugänglich ist.[39] Während **§ 2 Abs. 1 GWB** die generalklauselartig weiten Tatbestandsmerkmale des Art. 101 Abs. 3 AEUV übernimmt und für Einzelfälle – mit oder ohne zwischenstaatliche Bezüge – in das deutsche Recht transponiert, erklärt **§ 2 Abs. 2 GWB** mittels einer dynamischen Verweisung die jeweils geltenden europäischen GVOen im deutschen Recht für entsprechend anwendbar, wobei es auch insoweit nicht auf die Erfüllung der Zwischenstaatlichkeitsklausel ankommt.

Auch wenn § 2 Abs. 2 GWB die entsprechende Geltung der GVOen ausdrücklich „(b)ei **22** der Anwendung" der Regelung des Abs. 1 anordnet, folgt daraus nicht, dass neben den Tatbestandsmerkmalen der GVO auch die Einhaltung der allgemeinen Kriterien des § 2 Abs. 1 GWB geprüft werden müsste. Der Passus soll vielmehr nur die **Konkretisierungsfunktion der GVOen** verdeutlichen, ohne deren eigenständige Rechtsqualität in Frage zu stellen.[40] Gerade in der verbindlichen Konkretisierung der Freistellungskriterien und dem daraus resultierenden **Abschirmeffekt** gegenüber einem unmittelbaren Rückgriff auf die allgemeinen Merkmale des § 2 Abs. 1 GWB liegt die besondere Funktion der GVOen; sie entfalten insoweit auch im System der Legalausnahme **konstitutive Wirkung.**[41] Die in ihnen geregelten Tatbestände sind konkreter gefasst und können von den betroffenen Unternehmen regelmäßig leichter subsumiert werden. Sind die Voraussetzungen einer GVO erfüllt, befinden sich die beteiligten Unternehmen in einem „sicheren Hafen", dessen Mauern nicht durch einen Rückgriff auf § 2 Abs. 1 GWB wieder eingerissen werden können.

In der Praxis bietet es sich daher regelmäßig an, zunächst die Erfüllung der Kriterien **23** einer GVO zu prüfen und auf die Generalklausel des § 2 Abs. 1 GWB erst zurückzugreifen, wenn eine GVO – zB wegen Überschreitung einer Marktanteilsschwelle – nicht anwendbar ist.[42] Dieser **praktische Anwendungsvorrang des § 2 Abs. 2 GWB iVm einer GVO** ist aber nicht in dem Sinne zu verstehen, dass § 2 Abs. 1 GWB als subsidiäre Rechtsvorschrift immer zurücktreten müsste, solange nicht definitiv die Unanwendbarkeit einer GVO feststeht. Ist etwa mangels ausreichender Marktdaten die Anwendbarkeit einer solchen partiellen Legalausnahme nicht oder nur unter größeren Schwierigkeiten feststellbar, kann es sich vielmehr empfehlen, unmittelbar auf die Generalklausel zurückzugreifen, ohne die Anwendbarkeit einer GVO definitiv zu klären. In bestimmten Fällen kann eine grundsätzlich in Betracht kommende GVO eine positive Indizwirkung für die Erfüllung der Freistellungskriterien des § 2 Abs. 1 GWB entfalten (vgl. dazu → Rn. 43).

**2. Verhältnis zu anderen Vorschriften. a) § 1 GWB, Art. 101 AEUV.** Ebenso wie **24** Art. 101 Abs. 3 AEUV iVm Art. 1 Abs. 2 VO 1/2003 im Verhältnis zu Art. 101 Abs. 1

---

einbarungen VO (EWG) Nr. 2821/71, ABl. 1971 L 285, 46. Vgl. näher zu den Rechtsgrundlagen und Anforderungen an die Ausgestaltung von GVOen Fuchs ZWeR 2005, 1 (4 ff.) mwN.

[39] Schröter in Schröter et al. Art. 81 Rn. 278; Mestmäcker/Schweitzer § 14 Rn. 20.

[40] Näher zu den Rechtswirkungen der GVOen im Unionsrecht Ellger → AEUV Art. 101 Abs. 3 Rn. 343 ff.; Bornkamm ZWeR 2010, 34 (47 ff.); Fuchs ZWeR 2005, 1 (9 ff.) jeweils mwN. Vgl. auch → Rn. 235 ff.

[41] So zum europäischen Recht Ellger → AEUV Art. 101 Abs. 3 Rn. 349; Fuchs ZWeR 2005, 1 (11); im Kern auch Bornkamm ZWeR 2010, 34 (49) (der nationale Richter muss die aufgrund einer GVO bestehende Freistellung auch dann beachten, wenn die Wirkungen einer an sich freistellungsfähigen Vereinbarung im Einzelfall Wirkungen entfaltet, die Art. 101 Abs. 3 AEUV widersprechen, solange der Rechtsvorteil der GVO nicht entzogen ist); zust. auch für § 2 Abs. 2 GWB Schneider in Bunte Rn. 61; **aA** Heyers in FK-KartellR § 2 Rn. 36 ff.; von einer unwiderlegbaren Vermutung ausgehend OLG Naumburg 19.9.2013 – 2 U 20/13 Rn. 65.

[42] So auch Bechtold/Bosch, § 2 GWB Rn. 10; Lober in Schulte/Just Rn. 2; Nordemann/Grave in LMRKM Rn. 9.

AEUV stellen die Tatbestände des § 2 GWB jeweils eine **unmittelbar geltende gesetzliche Ausnahme vom nationalen Kartellverbot** dar. Ihr Eingreifen ist stets von Amts wegen zu prüfen, wenn eine Vereinbarung oder ein Beschluss die Tatbestandsmerkmale des § 1 GWB erfüllt.[43] Die Aufteilung auf verschiedene Paragraphen ändert nichts daran, dass hier ebenso wie bei Art. 101 Abs. 1 und 3 AEUV das **Erfordernis einer integrierten Anwendung** beider Vorschriften besteht. Solange allerdings keine spürbare Wettbewerbsbeschränkung vorliegt oder eine ungeschriebene Tatbestandsrestriktion eingreift,[44] bleibt die Verhaltenskoordination von Unternehmen von vornherein im **kartellfreien Raum,** so dass es keiner Anwendung der Freistellung bedarf. Das gilt seit der 7. GWB-Novelle gleichermaßen für horizontale wie vertikale Beschränkungen, da sich § 1 GWB ebenso wie Art. 101 Abs. 1 AEUV auf beide Arten von Wettbewerbsbeschränkungen erstreckt.[45] Erst wenn ein Verstoß gegen das Kartellverbot des § 1 GWB vorliegt, kommt es somit auf die Anwendung des § 2 Abs. 1 GWB bzw. § 2 Abs. 2 GWB iVm einer GVO an. In der Praxis kann allerdings dahingestellt bleiben, ob der Verbotstatbestand tatsächlich verletzt ist, wenn jedenfalls die Freistellungskriterien eindeutig erfüllt sind. Bei zwischenstaatlichen Sachverhalten kann § 2 GWB neben Art. 101 AEUV angewendet werden, im Konfliktfall setzt sich aber die europäische Regelung durch (§ 22 Abs. 1, Abs. 2 S. 1 GWB).

**25**  **b) § 3 GWB.** Die Freistellung von horizontalen Mittelstandskartellen nach § 3 GWB stellt einen **eigenständigen Legalausnahmetatbestand** dar, der **grundsätzlich gleichrangig** neben § 2 Abs. 1 GWB anwendbar ist.[46] Das gilt ungeachtet des Wortlauts, der beim Eingreifen der Norm die Erfüllung der „Voraussetzungen des § 2 Abs. 1" unterstellt, damit in der Sache aber nur eine Rechtsfolgenverweisung ausspricht.[47] Beide Normen überschneiden sich in ihrem Anwendungsbereich, haben aber jeweils auch einen eigenen Regelungskern, der von der jeweils anderen Norm nicht erfasst wird. Im Überschneidungsbereich können sich die Unternehmen nach Belieben auf die eine oder auf die andere Freistellungsnorm berufen, je nachdem, welche Tatbestandsmerkmale sie einfacher darlegen können. Sind die tatbestandlichen Voraussetzungen des § 3 nicht erfüllt, kommt gleichwohl eine Freistellung nach § 2 Abs. 1 in Betracht.[48] Umgekehrt können Vereinbarungen und Beschlüsse, die von § 2 Abs. 1 (regelmäßig) nicht (mehr) erfasst werden wie insbesondere Kernbeschränkungen, nach § 3 freigestellt sein.[49] Letzteres gilt bei zwischenstaatlichen Sachverhalten freilich nur vorbehaltlich eines abweichenden Ergebnisses aus der Anwendung von Art. 101 AEUV (näher hierzu → § 3 Rn. 19 ff.).

**26**  **c) §§ 18–20 GWB, Art. 102 AEUV.** Horizontale Kartelle gehören ungeachtet ihrer tatsächlichen Marktstärke als „Vereinigungen von miteinander in Wettbewerb stehenden Unternehmen im Sinne der §§ 2, 3 und 28 Abs. 1" zu den **Normadressaten des Diskriminierungs- und Behinderungsverbots** nach § 19 Abs. 2 Nr. 1 iVm Abs. 3 GWB bzw. § 20 Abs. 1 und Abs. 3 GWB aF. Ihr Verhalten gegenüber Kartellaußenseitern unterliegt daher engeren Bindungen als bei unabhängigem Vorgehen der einzelnen Mitglieder. Missbräuchliche Verhaltensweisen können kartellbehördliche Sanktionen oder zivilrechtliche Schadensersatzansprüche auslösen, tangieren als solche aber nicht die Rechtswirksamkeit der gesetzlichen Freistellung. Etwas anderes gilt nur, wenn gerade die

---

[43] Ebenso Schneider in Bunte § 3 Rn. 9.
[44] Zu den verschiedenen Ansätzen von Tatbestandsrestriktionen im Rahmen des § 1 GWB wie etwa Immanenztheorie, Arbeitsgemeinschaftsgedanke und Markterschließungsdoktrin eingehend Zimmer → § 1 Rn. 47 ff. mwN.
[45] Die frühere Missbrauchsaufsicht über vertikale Ausschließlichkeitsbindungen in § 16 GWB aF wurde ebenso wie die Sonderregelungen über Lizenzverträge (§§ 17, 18 aF) aufgehoben.
[46] Schneider in Bunte § 3 Rn. 10; in dieselbe Richtung inzwischen auch Nordemann/Grave in Loewenheim et al. § 3 Rn. 9; **aA** Kling/Thomas KartellR § 19 Rn. 207 (subsidiäre Anwendung des § 2 GWB gegenüber der Spezialvorschrift des § 3 GWB); nicht ganz eindeutig BegrRegE, BT-Drs. 15/3640, 45.
[47] Näher zu dieser Charakterisierung Ellger → § 3 Rn. 16.
[48] Vgl. BegrRegE, BT-Drs. 15/3640, 45.
[49] Vgl. dazu Ellger/Fuchs → § 3 Rn. 17 f.

fraglichen (sonst freigestellten) Vereinbarungen zugleich den Missbrauch konstituieren.[50] Verfügen das Kartell oder einzelne Mitglieder über eine (kollektive) marktbeherrschende Stellung, kommt im Einzelfall auch eine Anwendung der §§ 18, 19 GWB und – bei zwischenstaatlichen Sachverhalten – des Art. 102 AEUV in Betracht. Zwar dürfte es in diesen Fällen im Hinblick auf das Kriterium der Ausschaltung des Wettbewerbs meist schon an der Freistellungsfähigkeit nach § 2 Abs. 1 GWB bzw. Art. 101 Abs. 3 AEUV fehlen. Doch ist zu beachten, dass nicht jede wettbewerbsbeschränkende Vereinbarung eines marktbeherrschenden Unternehmens zugleich einen Missbrauch darstellt.[51]

**d) § 30 GWB.** Die Privilegierung der vertikalen Preisbindung für Zeitungen und Zeit- **27** schriften stellt eine **abschließende Sonderregelung** dar, die dem § 2 GWB vorgeht. Sie kann ihre volle Wirkung nur unterhalb der Zwischenstaatlichkeitsschwelle entfalten. Für Sachverhalte mit potentiellen zwischenstaatlichen Auswirkungen ist dagegen der Vorrang des Art. 101 AEUV zu beachten (§ 22 GWB). Sind die Kriterien des § 30 Abs. 1, Abs. 2 oder Abs. 2a GWB nicht erfüllt, kommt ein Rückgriff auf § 2 Abs. 1 GWB nicht in Betracht.

**3. Wirkungen und Konsequenzen der Legalausnahme.** Bei Erfüllung der Tat- **28** bestandsmerkmale des § 2 Abs. 1 GWB oder einer nach § 2 Abs. 2 GWB analog geltenden GVO wird das wettbewerbsbeschränkende Verhalten ex lege, also **ohne eine behördliche oder gerichtliche Entscheidung,** gegenüber dem Eingreifen des Kartellverbots nach § 1 GWB immunisiert. Die **Befreiung** nach Abs. 1 **gilt prinzipiell unbefristet,** aber nur **solange,** wie **die materiellen Kriterien** tatsächlich **objektiv vorliegen.**[52] Die Freistellung kann nicht von Bedingungen und Auflagen abhängig gemacht werden. Vielmehr obliegt es den Unternehmen, von sich aus die Kooperation so zuzuschneiden, dass die Freistellungsvoraussetzungen eingehalten werden.[53] Ein drohendes Eingreifen der Kartellbehörde können die Unternehmen aber ggf. durch das Angebot von Verpflichtungszusagen abwenden. Werden diese durch die Behörde nach § 32b GWB für verbindlich erklärt, liegt darin aber keine bindende Feststellung der Erfüllung der Freistellungsvoraussetzungen, sondern lediglich eine Selbstbindung der Behörde, nicht durch eine Abstellungsverfügung oder einstweilige Maßnahmen gegen die Vereinbarung vorzugehen (vgl. → Rn. 30).

Mit dem Wechsel zum Legalausnahmesystem durch die 7. GWB-Novelle 2005 ist die **29** **Notwendigkeit und Möglichkeit einer Anmeldung** von wettbewerbsbeschränkenden Vereinbarungen zum Zwecke einer administrativen Freistellungsentscheidung (und sei es nur in Form der Nichterhebung eines Widerspruchs) **entfallen. Die §§ 9–13 GWB aF** sind ersatzlos **gestrichen** worden. Einen konstitutiven Freistellungsakt kann es im neuen System nicht geben; aber auch die denkbare deklaratorische Feststellung durch die Wettbewerbsbehörde, dass bestimmte Vereinbarungen die gesetzlichen Freistellungsvoraussetzungen erfüllen, ist gesetzlich nicht vorgesehen. Als einzige Form einer uneingeschränkt „positiven" Entscheidung haben die nationalen Wettbewerbsbehörden nach Art. 5 VO 1/ 2003 die Möglichkeit, zu entscheiden, dass für sie **kein Anlass zum Tätigwerden** besteht.[54] **§ 32c GWB** hat im Rahmen der 7. GWB-Novelle dieses Instrument in das deutsche Recht eingeführt und stellt ausdrücklich klar, dass es sich hierbei nicht um eine Freistellung handelt, sondern lediglich um eine beschränkte Selbstbindung der Behörde in dem Sinne, dass sie „vorbehaltlich neuer Erkenntnisse" nicht gegen die Vereinbarung

---

[50] Vgl. KOMM., Leitlinien zur Anwendung von Art. 81 Abs. 3 EG, ABl. 2004 C 101, 8 Rn. 106 (Ausschluss der Anwendung von Art. 101 Abs. 3 AEUV „auf wettbewerbsbeschränkende Vereinbarungen, die den Missbrauch einer marktbeherrschenden Stellung darstellen").

[51] Vgl. KOMM., Leitlinien zur Anwendung von Art. 81 Abs. 3 EG, ABl. 2004 C 101, 8 Rn. 106 (mit dem Beispiel der Beteiligung eines Marktbeherrschers an einem Nicht-Vollfunktions-GU, das zwar als wettbewerbsbeschränkend eingestuft werde, aber die Zusammenlegung erheblicher Vermögenswerte mit sich bringe).

[52] Lober in Schulte/Just Rn. 3.

[53] Vgl. Bechtold/Bosch, § 2 GWB, Rn. 6.

[54] So auch jüngst bestätigt durch EuGH 3.5.2011 – C-375/09, www.curia.eu – Tele2 Polska.

einschreiten wird.[55] Dafür genügt die ermessensfehlerfreie Verneinung eines Verfolgungs-interesses, ohne dass eine abschließende inhaltliche Prüfung oder Stellungnahme zur Vereinbarkeit mit § 1 GWB oder zur Erfüllung der Freistellungsvoraussetzungen nach § 2 GWB erforderlich wäre. Trotz der fehlenden autoritativen inhaltlichen Aussage über die materielle Rechtmäßigkeit der Vereinbarung und der fehlenden Bindungswirkung gegenüber anderen Kartellbehörden, Gerichten oder sonstigen Dritten wird der „Unbedenklich-keits-„ oder „Nichttätigkeitsentscheidung" nach § 32c GWB eine **erhebliche faktische Bedeutung** zugebilligt, da sie die kartellrechtliche Beurteilung durch andere Rechts-anwender maßgeblich beeinflussen kann.[56] Die Unternehmen haben daher regelmäßig ein starkes Interesse am Erlass einer solchen Entscheidung, aber (grundsätzlich) keinen An-spruch darauf.[57] Ob die Behörde eine Entscheidung nach § 32c GWB erlässt, steht vielmehr in ihrem pflichtgemäßen Ermessen.[58] Die erklärte Hoffnung der der Bundes-regierung auf eine „Verbreiterung der bislang sehr schmalen Anwendungspraxis zu § 32c GWB"[59] hat sich nicht erfüllt. Schon früh ist in der Literatur angenommen worden, dass das BKartA auf der Basis des § 32c GWB offenbar nur wichtige „Leitentscheidungen" treffen will.[60] Ausweislich der Tätigkeitsberichte hat das BKartA während der Zeit vom Inkrafttreten der Vorschrift am 1.7.2005 bis einschließlich 2010 in lediglich sieben Fällen eine auf § 32c GWB gestützte Entscheidung getroffen, von denen insgesamt sechs im Bereich des Kartellverbots (§§ 1–3 GWB) angesiedelt waren. Auch der neueste Tätigkeits-bericht des BKartA für die Jahre 2011 und 2012 lediglich ein abschlossenes Verfahren nach § 32c GWB auf.[61] Dieses betraf den Anwendungsbereich des § 19 GWB aF.[62] Es ist nicht davon auszugehen, dass das BKartA von dieser restriktiven Handhabung in Zukunft abwei-chen wird.

30     Sofern die Kartellbehörde gegen eine Vereinbarung wettbewerbliche Bedenken hat, können die Unternehmen versuchen, diese durch das Angebot von sog. **Verpflichtungs-zusagen** auszuräumen. Ist die Behörde damit einverstanden, wird sie die angebotenen strukturellen oder verhaltensbezogenen Maßnahmen der Unternehmen nach **§ 32b Abs. 1 GWB** für bindend erklären. Diese Entscheidung hat ebenfalls nur zum Inhalt, dass die Behörde gegen die Vereinbarung nicht vorgehen wird, vorbehaltlich der in Abs. 2 auf-gelisteten (begrenzten) Gründe für eine Aufhebung der Verfügung und Wiederaufnahme des Verfahrens. Sie entfaltet daher auch nur zu einer **Selbstbindung der** entscheidenden **Behörde** und entfaltet darüber hinaus lediglich eine – wenn auch erhebliche – **faktische Wirkung** ohne rechtliche Bindung **gegenüber** anderen Behörden, Gerichte oder sons-tigen **Dritten.**

31     Die Unternehmen sind somit prinzipiell darauf angewiesen, sich selbst Klarheit über die kartellrechtliche Zulässigkeit ihrer Vereinbarungen zu verschaffen. Angesichts der weiten und unbestimmten Tatbestandsmerkmale sowohl des Kartellverbots in § 1 GWB als auch der generalklauselartigen Ausnahmevorschrift in § 2 Abs. 1 GWB ist die erforderliche kartellrechtliche **„Selbsteinschätzung"** oder „Selbstveranlagung" vielfach **mit erhebli-chen Unsicherheiten verbunden.**[63] Inwieweit die Bereitschaft der Kartellbehörden zu informellen Auskünften besteht, bleibt abzuwarten.[64] Auf der anderen Seite hat die Ab-

---

[55] Darin liegt der Sache nach die Zusicherung der Unterlassung eines Verwaltungshandelns iSd § 38 VwVfG.

[56] Vgl. Bechtold/Bosch § 32c GWB Rn. 2.

[57] Eine „Ermessensreduzierung auf Null" wird in der Literatur als „zwar theoretisch, nicht aber praktisch vorstellbar" angesehen, so zB Bornkamm in Bunte § 32c Rn. 15; Bach → § 32c Rn. 13.

[58] Bornkamm/Tolkmitt in Bunte § 32c Rn. 6, 8; Bechtold/Bosch § 32c Rn. 3.

[59] Vgl. Stellungnahme der Bundesregierung zum TB 2005/2006 des BKartA, BT-Drs. 16/5710, VI.

[60] Vgl. Karl/Reichelt DB 2005, 1436 (1439).

[61] BT-Drs. 17/13675, 132 f., 134 f.

[62] BT-Drs. 17/13675, 132.

[63] Vgl. Heyers in FK-KartellR Rn. 7; Lober in Schulte/Just Rn. 5.

[64] Vgl. hierzu etwa BKartA, Merkblatt Mittelstandskooperationen (2007), Rn. 46 mit Angaben zum gewünschten Inhalt einer solchen Anfrage. Zur generellen Bedeutung informeller Auskünfte (auch außerhalb

schaffung des Anmeldesystems zur Konsequenz, dass **den Kartellbehörden** eine **wichtige Informationsquelle** fehlt, eine effektive Überwachung freigestellter Vereinbarungen behindert und letztlich die praktische Wirksamkeit des Kartellverbots teilweise untergräbt. Die dem BKartA zur Kompensation des drohenden Transparenzverlustes[65] eingeräumte Enquetebefugnis nach § 32e GWB dürfte dafür jedoch kaum ausreichen.[66]

**4. Praktische Bedeutung.** Die administrative Legalisierung von Kartellen hatte ur- 32 sprünglich eine erhebliche praktische Bedeutung erlangt. In den Jahren nach der Jahrtausendwende wurden dagegen nur noch relativ wenige Vereinbarungen beim BKartA angemeldet. So betrug die Zahl der Anmeldungen im Jahr 2003 noch 74, im Jahr 2004 dagegen nur noch 28 Fälle.[67] Dies hängt mit dem **erweiterten Anwendungsvorrang des europäischen Kartellrechts** bei zwischenstaatlichen Sachverhalten[68] und der gleichzeitigen Einführung des Legalausnahmeprinzips durch die VO 1/2003 zusammen, die am 1.5.2004 in Kraft trat und zu einer erheblichen Reduzierung des Bedürfnisses für die Anmeldung und administrative Freistellung von Kartellen nach dem damals noch geltenden Recht der 6. GWB-Novelle (die Änderungen aus der 7. GWB-Novelle traten erst zum 1.7.2005 in Kraft) führte. In einigen Fällen sah sich das BKartA gezwungen, trotz Verfehlung der Freistellungsvoraussetzungen nach nationalem Recht wegen der großzügigeren Regelung im europäischen Kartellrecht von einer Untersagung abzusehen.[69] Im neuen Recht bewirkt das mit § 2 GWB auch innerstaatlich verwirklichte Konzept der Legalausnahme, dass in allen Fällen eines Verstoßes gegen § 1 GWB die Anwendung der Freistellungsnorm zumindest zu prüfen ist. Allerdings führt der Zwang zur **parallelen Anwendung von Art. 101 AEUV** bei Sachverhalten mit zwischenstaatlichem Bezug (Art. 3 Abs. 1 VO 1/2003, § 22 Abs. 1 GWB) dazu, dass der Legalisierung nach **§ 2 GWB wirklich eigenständige Bedeutung nur in Fällen mit lokalen oder regionalen Auswirkungen** zukommt. Insoweit erfasst die Übernahme des europäischen Systems der Gruppenfreistellungsverordnungen einerseits (§ 2 Abs. 2 GWB) und einer umfassenden Generalklausel als Auffangtatbestand andererseits (§ 2 Abs. 1 GWB) eine Vielzahl von wettbewerbsbeschränkenden, aber überwiegend effizienzfördernden Vereinbarungen, nimmt sie vom Kartellverbot aus und bewahrt sie so mit konstitutiver Wirkung vor dem Schicksal zivilrechtlicher Unwirksamkeit. Dabei ist die praktische Relevanz der Generalklausel vor allem im Bereich horizontaler Verhaltenskoordinationen nicht zu unterschätzen, während effizienzsteigernde Vertikalvereinbarungen wohl überwiegend schon unter die weit gefassten Gruppenfreistellungsverordnungen für vertikale Vertriebsvereinbarungen (VO 2022/720) und Technologietransfer-Vereinbarungen (VO 316/2014) sowie ggf. noch unter die jetzt nur noch mit einem beschränkten eigenständigen Anwendungsbereich ausgestattete GVO für den Kfz-Sektor (VO 461/2010) fallen dürften.[70] Seit der Abschaffung der Administrativfreistellung lässt sich diese praktische Relevanz allerdings aufgrund des Transparenzverlustes nicht mehr anhand konkreter Fallzahlen feststellen.[71]

---

dieses Bereichs) als „tatsächliche, wenn auch nicht rechtliche Präjudizierung" der betreffenden Kartellamtsmitarbeiter Bornkamm/Tolkmitt in Bunte § 32c Rn. 13.

[65] Vgl. BegrRegE, BT-Drs. 15/3640, 34.

[66] So auch Schneider in Bunte Rn. 10.

[67] BKartA TB 2003/2004, 232.

[68] Die Regelung des Art. 3 Abs. 2 VO 1/2003 hat der deutsche Gesetzgeber zur Klarstellung in § 22 Abs. 2 GWB übernommen.

[69] Vgl. zB die Einkaufskooperation zweier Bundesländer zur Beschaffung von Polizeidienstkleidung, die nach Ansicht des BKartAs nicht die Voraussetzung einer mittelständischen Kooperation nach § 4 Abs. 2 GWB aF erfüllte, BKartA TB 2003/2004, 40 (90 f.).

[70] So wie hier jetzt auch mit Hinweis auf die tendenziell höhere Relevanz für Horizontalvereinbarungen aufgrund ihrer weniger intensiven Regulierung durch GVOen Nordemann/Grave in LMRKM Rn. 33; vgl. auch Müller WRP 2004, 1472 (1473).

[71] Vgl. BKartA TB 2005/2006, 10; Nordemann in LMRKM, 3. Aufl. 2016, Rn. 14.

## IV. Auslegungsgrundsätze

**33**　**1. Europäische Auslegung und Relevanz der bisherigen deutschen Entscheidungspraxis.** Angesichts der generalklauselartigen Weite und Unbestimmtheit vor allem der allgemeinen Freistellungskriterien des § 2 Abs. 1 GWB besteht vor allem außerhalb des Anwendungsbereiches der Gruppenfreistellungsverordnungen ein dringendes Bedürfnis nach konkretisierenden Vorgaben für die Auslegung.[72] Der Aspekt der Rechtssicherheit und die vom Gesetzgeber bewusst herbeigeführte „Synchronisierung" des deutschen mit dem europäischen Kartellrecht gebieten insofern eine **prinzipielle Orientierung an der bisherigen Anwendungspraxis zu Art. 101 Abs. 3 AEUV.**[73] Fraglich ist allerdings, wie weit diese gehen soll oder muss und welche Bedeutung der bisherigen deutschen Entscheidungspraxis für die Konkretisierung der unbestimmten Rechtsbegriffe des § 2 Abs. 1 GWB künftig noch zukommt.

**34**　Das seinerzeit noch im Gesetzentwurf der Bundesregierung zur 7. GWB-Novelle enthaltene **rechtsverbindliche Gebot der „europafreundlichen Anwendung"** ist **nicht eingeführt** worden. § 23 GWB-E lautete: „Die Grundsätze des europäischen Wettbewerbsrechts sind bei der Anwendung der §§ 1 bis 4 und 19 GWB maßgeblich zugrunde zu legen, soweit hierzu nicht in diesem Gesetz besondere Regelungen enthalten sind".[74] Diese Formulierung war überwiegend auf Kritik gestoßen, insbesondere weil sie in ihrer Rechtswirkung und Reichweite unklar war sowie die Gefahr heraufbeschwor, den Meinungsäußerungen der Kommission in ihren Bekanntmachungen und Leitlinien eine rechtsverbindliche Qualität im Verhältnis zu deutschen Behörden und Gerichte zuzubilligen.[75] Zudem wurde die Notwendigkeit einer solchen Regelung bezweifelt. So führte der Bundesrat in seiner Stellungnahme aus: „Dass das künftig eng an das europäische Recht angepasste Kartellgesetz im Lichte eben dieser europäischen Regeln auszulegen sein wird, ist eine methodische Selbstverständlichkeit". Unklar bleibt freilich, ob damit mehr ausgesagt werden soll als das Erfordernis, bei der Auslegung den eindeutigen Willen des Gesetzgebers zu einer Angleichung an das europäische Recht zu berücksichtigen. Dieser Sachverhalt unterscheidet sich jedenfalls deutlich von der Verpflichtung zur Umsetzung einer unionsrechtlichen Richtlinie und das daran anknüpfende Gebot einer richtlinienkonformen Auslegung der angeglichenen nationalen Rechtsvorschriften. Im Gegensatz dazu bleibt § 2 GWB autonom harmonisiertes nationales Recht, bei dem grundsätzlich keine Auslegungskompetenz des EuGH nach Art. 267 AEUV (bis zum Inkrafttreten des Vertrags von

---

[72] Die auf unionsrechtlicher Ebene teilweise geäußerten Zweifel an der hinreichenden Bestimmtheit und Justiziabilität der Parallelnorm des Art. 101 Abs. 3 AEUV bei direkter Anwendung als Legalausnahme, vgl. insbesondere Mestmäcker/Schweitzer, Vorauflage, 2004, § 13 Rn. 15 ff.; Monopolkommission, Sondergutachten 28, 1999, Rn. 18, greifen im Ergebnis nicht durch, ebenso Weitbrecht EuZW 2000, 496 (497); Hirsch ZWeR 2003, 233 (238) („nicht unjustiziabel"); Schaub WuW 1999, 1055 (1063 f., 1066) (unbestimmte Rechtsbegriffe durch jahrzehntelange Kommissionspraxis und Rechtsprechung hinreichend konkretisiert). Die Verwendung unbestimmter, generalklauselartiger Rechtsbegriffe, deren Konkretisierung im Einzelfall eine Abwägung widerstreitender Interessen und komplexer ökonomischer Bewertungen unter Berücksichtigung der auf die Freiheit des Wettbewerbs bzw. die Erhaltung eines Systems unverfälschten Wettbewerbs gerichteten Normzwecks voraussetzt, ist geradezu ein Charakteristikum moderner Normen gegen Wettbewerbsbeschränkungen inner- und außerhalb Europas, vgl. näher Fuchs ZWeR 2005, 1 (19 f.).
[73] Für eine weitgehende Übernahme der zu Art. 101 Abs. 3 AEUV ergangenen Rechtsprechung und Entscheidungspraxis der Kommission Nordemann in Loewenheim/Grave et al. Rn. 16 ff.; Schneider in Bunte § 2 Rn. 5; noch weitergehend BegrRegE, BT-Drs. 15/3640, 23.
[74] BegrRegE, BT-Drs. 15/3640, 9; ausführlich zu § 23 GWB-E und dem Gesetzgebungsprozess Herbers S. 74 ff.
[75] Vgl. BKartA TB 2003/2004, 13; Dreher WuW 2005, 251 sowie die Stellungnahmen in: Deutscher Bundestag, Ausschuss für Wirtschaft und Arbeit, 15. Wahlperiode, Materialien für die öffentliche Anhörung am 20.9.2004 in Berlin zum Gesetzentwurf der Bundesregierung (Entwurf eines Siebten Gesetzes zur Änderung des Gesetzes gegen Wettbewerbsbeschränkungen – Drucksache 15/3640), Ausschussdrucksache 15 (9)1333 v. 17.9.2004, insbesondere von Fuchs S. 48 f., Böge S. 58, Dreher S. 83 f.

Lissabon: Art. 234 EG) besteht.[76] Zwar hält sich der EuGH für zuständig zur Vorabentscheidung, wenn es in einem rein nationalen Sachverhalt ohne Zwischenstaatlichkeitsbezug
um die Auslegung einer europäischen Norm geht, die aufgrund einer autonomen mitgliedstaatlichen Verweisung – wie etwa § 2 Abs. 2 GWB – entsprechend anwendbar ist,[77] da es
ein „klares Interesse der Union" an einer einheitlichen Auslegung der aus ihm übernommenen Begriffe oder Bestimmungen gebe.[78] Doch besteht keine Kompetenz des Gerichtshofs zu einer verbindlichen Auslegung nationalen Rechts, mag es sich auch bewusst (mehr
oder weniger stark) an das europäische Recht anpassen. Daher existiert **jedenfalls keine
Vorlagepflicht**, so dass es in der Praxis den mitgliedstaatlichen Gerichten überlassen bleibt,
ob sie bei der Interpretation autonom angeglichenen nationalen Rechts eine Auslegungshilfe seitens des EuGH einholen wollen.[79]

Festzuhalten bleibt ferner, dass das GWB keine besondere gesetzliche Auslegungsregel    **35**
kennt, sondern im Einklang mit den üblichen (nationalen) Methoden der Gesetzesinter-
pretation auszulegen ist.[80] Für § 2 GWB folgt daraus, dass schon Wortlaut und Entstehungsgeschichte sowie das gesetzgeberische **Ziel einer Angleichung** des deutschen an das
europäische Kartellrecht im Bereich der wettbewerbsbeschränkenden Vereinbarungen und
Verhaltensweisen einer völlig autonomen Interpretation ohne Rücksicht auf die Auslegung
der Generalklausel des Art. 101 Abs. 3 AEUV wie auch der für entsprechend anwendbar
erklärten europäischen Gruppenfreistellungsverordnungen entgegenstehen. Auf der anderen Seite besteht aber auch **keine Verpflichtung zu einer völlig deckungsgleichen
Interpretation** der jeweiligen Tatbestände des europäischen und des nationalen Kartellrechts.[81] Der Gesetzgeber selbst verweist auf mögliche Diskrepanzen bei der entsprechenden Anwendung der europäischen Gruppenfreistellungsverordnungen.[82] Im Übrigen verlangte sogar der geplante § 23 GWB-E nur ein „maßgebliches Zugrundelegen", nicht die
1: 1 Übernahme der „europäischen Grundsätze". Gleichwohl entspricht es dem erklärten
Ziel des Gesetzgebers der 7. GWB-Novelle, für „Vereinbarungen ohne zwischenstaatliche

[76] Str., vgl. *Wegener* in Calliess/Ruffert AEUV Art. 267 Rn. 4 mwN; gegen die Anwendung des Art. 267
AEUV auf angeglichenes nationales Recht Immenga/Mestmäcker Einl. Rn. 35 ff.; ebenso *Heyers* in FK-
KartellR Rn. 100 ff. (besonders deutlich in Rn. 102: „Durch eine Gesetzeskopie allein wird noch keine
Auslegungskompetenz delegiert."); vgl. aber auch *Dittrich* S. 97–101, der offenbar von einer Vorlagefähigkeit
und sogar Vorlagepflicht nationaler Gerichte ausgeht.
[77] EuGH 14.12.2006 – C-217/05, Slg. 2006, I-11987 Rn. 19 ff. – Confederación/CEPSA und EuGH
11.12.2007 – C-280/06, Slg. 2007, I-10893 Rn. 20 ff. – Autorità Garante della Concorrenza.
[78] Vgl. EuGH 14.3.2013 – C-32/11 Rn. 20 – Allianz Hungária/Gazdasági Versenyhivatal mwN. Verlangt
wird allerdings, dass die nationale Norm den wesentlichen Inhalt einer Vorschrift des EU-Rechts „getreu
wiedergibt" und der mitgliedstaatliche Gesetzgeber „die innerstaatlichen Sachverhalte genauso behandeln
wollte wie die durch das Unionsrecht geregelten", EuGH 14.3.2013, aaO, Rn. 21. Dies wird man bei der
Verweisungsnorm des § 2 Abs. 2 wohl bejahen können, anders dagegen bei der Einführung des SIEC-Tests
in § 36 Abs. 1 durch die 8. GWB-Novelle, insoweit gegen Vorlagerecht und -pflicht zB Weitbrecht/Willems
ZWeR 2013, 365 (371 ff.) mwN (auch zur Gegenansicht).
[79] Für ein Vorlagerecht (ohne eine korrespondierende Vorlagepflicht) spricht folgende Erwägung: Wenn
sich das nationale Gericht für eine Vorlage entscheidet, weil es die betreffende Auslegungsfrage für entscheidungserheblich hält, liegt darin in aller Regel zugleich die Aussage, dass es der Interpretation des EuGH
folgen wird, sofern dem nicht ausnahmsweise besondere nationale Grundsätze oder Wertungen entgegenstehen sollten. Der EuGH wird daher einerseits nicht in eine von ihm abgelehnte Rolle als unverbindlicher
Gutachter von (hypothetischen) Rechtsfragen gedrängt, andererseits würde es dem „Geist der Kooperation"
zwischen dem EuGH und den nationalen Gerichten entsprechen, wenn er diese durch die Konkretisierung
der europäischen Normen und Maßstäbe bei der Auslegung des autonom harmonisierten Rechts unterstützt,
ohne dass die Möglichkeit einer Abweichung aufgrund besonderer mitgliedstaatlicher Wertungen oder
Grundsätze ausgeschlossen wäre; in diese Richtung andeutungsweise auch *Heyers* in FK-KartellR Rn. 101
aE, der aber letztlich ein Vorlagerecht verneint.
[80] Vgl. näher Dreher/Kulka Rn. 742.
[81] So aber Bechtold/Bosch GWB Einführung Rn. 19 (§§ 1 und 2 sind „exakt so auszulegen wie die
entsprechenden EU-rechtlichen Normen", und zwar „uneingeschränkt auch im Bereich unterhalb der
Zwischenstaatlichkeit") und Rn. 87 („rechtliche Notwendigkeit, das deutsche Recht identisch mit dem EU-
Recht auszulegen und anzuwenden"), auch → § 2 Rn. 5 aE; in die gleiche Richtung Herbers S. 78 und
S. 111–113, der ebenfalls nicht einmal die Möglichkeit einer abweichenden Interpretation anerkennen will.
[82] Vgl. BegrRegE, BT-3640, S. 25 („nicht in jedem Fall wörtliche Anwendung").

Auswirkungen die weitestgehende Übernahme des europäischen Rechts"[83] vorzuschreiben, das deutsche Recht so weit wie eben möglich im Gleichlauf mit der Auslegung der europäischen Regeln zu interpretieren. Wollte man dies anders sehen, bestünde die Gefahr, dass das Ziel der „weitestgehenden Übernahme des europäischen Rechts" verfehlt würde.

**36**  Allerdings kann in bestimmten Fallkonstellationen zweifelhaft sein, **inwieweit eine Angleichung an europäische Rechtsanwendungsergebnisse tatsächlich vom gesetzgeberischen Willen umfasst ist und dem Zweck des GWB bzw. der fraglichen deutschen Norm entspricht.** Beruht eine Auslegung maßgeblich auf einem speziell unionsrechtlichen Grundsatz, der im nationalen Recht keine Entsprechung hat, wie etwa der Verwirklichung des Binnenmarktziels, ist insoweit ein autonomer Nachvollzug nicht angezeigt.[84] Auch die bei der Anwendung des Art. 101 Abs. 3 AEUV diskutierte Berücksichtigung der Querschnittsklauseln des AEU-Vertrags[85] oder allgemein anderer Unionspolitiken, darf – unabhängig von der Entscheidung dieser umstrittenen Frage im europäischen Recht und der tatsächlichen Entscheidungspraxis von Kommission und europäischen Gerichten – jedenfalls für die Anwendung des § 2 Abs. 1 GWB durch nationale Behörden und Gerichte keine Rolle spielen.[86] Bei der entsprechenden Anwendung der europäischen Gruppenfreistellungsverordnungen im deutschen Recht auf Grund der dynamischen Verweisung des § 2 Abs. 2 GWB besteht dagegen grundsätzlich kein Spielraum für die Verfolgung einer abweichenden wettbewerbspolitischen Zielsetzung.[87] So wäre es zB nicht möglich, entgegen Art. 4 lit. a der (entsprechend anzuwendenden) Vertikal-GVO (VO 2022/720) für rein nationale Sachverhalte an dem früheren Verbot von Höchstpreisbindungen und Meistbegünstigungsklauseln nach § 14 GWB aF festzuhalten.

**37**  Auf der anderen Seite besteht **keine Notwendigkeit, gesicherte Anwendungserfahrungen zum deutschen Recht,** insbesondere zu den §§ 2–7 GWB aF, **vorschnell aufzugeben,** ohne ihre materielle Kompatibilität mit den Kriterien des § 2 Abs. 1 GWB näher geprüft zu haben.[88] Vielmehr bietet die bisherige Entscheidungspraxis in Rechtsprechung und Verwaltung weiterhin eine **wichtige Auslegungshilfe.**[89] Die Annahme des Gesetzgebers, dass mit der Überführung der früheren §§ 2–8 GWB aF in den neuen § 2 Abs. 1 GWB „in aller Regel" keine sachliche Änderung verbunden sei, weil sich die Freistellungsvoraussetzungen der Generalklausel im Ergebnis weitgehend mit den früheren kasuistischen Freistellungstatbeständen deckten,[90] erscheint zwar ein wenig zu optimistisch, bleibt aber in der Grundaussage zutreffend.[91] Die frühere Verwaltungs- und Rechtspre-

---

[83] BegrRegE, BT-Drs. 15/3640, 22.

[84] So auch Braun in Bunte Nach § 2 Rn. 6; Heyers in FK-KartellR Rn. 95–99 (Übernahme von europäischer Rechtsprechung und Verwaltungspraxis in die Anwendung des § 2 Abs. 1 GWB auf Fälle ohne Zwischenstaatlichkeitsbezug nur möglich, soweit dies „mit System und Teleologie des deutschen Rechts noch in Einklang zu bringen ist", aaO, Rn. 99); **anders** hingegen Herbers S. 88 ff., der die binnenmarktintegrierende Funktion und die besondere industriepolitische Ausrichtung des europäischen Wettbewerbsrechts „nicht als entscheidendes Argument gegen eine einheitliche Auslegung" akzeptiert und meint, der deutsche Gesetzgeber habe gezeigt, dass er „zur Abweichung von Grundsätzen der eigenen Rechtsordnungen bereit" sei (aaO, S. 96).

[85] Vgl. dazu zB Mestmäcker/Schweitzer § 14 Rn. 85 ff.; Quellmalz WRP 2004, 461 (464); Koch ZHR 169 (2005), 625 (627 ff.).

[86] Vgl. auch Zimmer → GWB § 1 Rn. 14 ff.

[87] **AA** Nordemann/Grave in LMRKM Rn. 13; differenzierend und einen Abweichungsspielraum in Bezug auf einzelne wettbewerbspolitische Prinzipien anerkennend Heyers in FK-KartellR Rn. 41 ff.; näher zur Bedeutung der „entsprechenden" Anwendung von GVOen → Rn. 232 ff.

[88] Vgl. zur Notwendigkeit einer solchen Analyse bereits Fuchs WRP 2005, 1384 (1388).

[89] So auch BegrRegE, BT-Drs. 15/3640, 32 zu § 23 GWB-E (soweit „nicht einschlägige Grundsätze des europäischen Wettbewerbsrechts entgegenstehen"); Lutz WuW 2005, 718 (720); Rißmann WuW 2006, 881 (889); Hartog/Noack WRP 2005, 1396 (1398); Schneider in Bunte Rn. 5.

[90] BegrRegE, BT-Drs. 15/3640, 26.

[91] Ebenso Nordemann in Loewenheim et al., 3. Aufl. 2016, Rn. 18 und Fn. 41; Fuchs WRP 2005, 1384 (1388); keine wesentlichen Änderungen erwarten auch Hartog/Noack WRP 2005, 1396 (1398). Eine Ausnahme bildet die Behandlung von Konditionenkartellen, bei denen eine teilweise Neuorientierung bei der Abgrenzung von preisbezogenen Bestimmungen erforderlich ist, vgl. dazu → Rn. 138 ff.

chungspraxis zu den §§ 2–7 GWB aF[92] kann und sollte daher bei der Auslegung der Tatbestandsmerkmale der Generalklausel des § 2 Abs. 1 GWB im Einzelnen berücksichtigt werden, soweit dem nicht die abweichende gesetzliche Grundlage oder eine (etablierte) europäische Anwendungspraxis zu Art. 101 Abs. 3 AEUV entgegensteht, die nicht auf (für nationale Rechtsanwender irrelevanten) unionsrechtlichen Spezifika (→ Rn. 36) beruht. Die **frühere deutsche Entscheidungspraxis** hat somit eine legitime **subsidiäre Ergänzungsfunktion bei der Konkretisierung** der allgemeinen Tatbestandsmerkmale **des § 2 Abs. 1 GWB,** die den zusätzlichen Verlust an Rechtssicherheit durch den Übergang von kasuistisch geregelten gesetzlichen Freistellungstatbeständen zum Generalklauselprinzip mildert.

**2. Bedeutung von Mitteilungen, Leitlinien und Bekanntmachungen der Kom-** 38 **mission.** Maßgeblich für die Auslegung des Art. 101 AEUV und der GVOen sind letztlich die Entscheidungen der europäischen Gerichte. Deren Ergebnisse sind grundsätzlich auch bei der Interpretation der §§ 1, 2 GWB heranzuziehen, soll die gesetzgeberische Zielvorstellung der weitgehenden „Synchronisierung" des europäischen und des deutschen Rechts der wettbewerbsbeschränkenden Vereinbarungen erreicht werden.[93] Eine für die Praxis **ganz erhebliche faktische Bedeutung** für die Auslegung kommt generell auch den einschlägigen Mitteilungen, Leitlinien und Bekanntmachungen der Kommission zu. Diese entfalten allerdings **keine rechtliche Bindungswirkung** für andere Kartellrechtsanwender,[94] weder gegenüber den europäischen und mitgliedstaatlichen Gerichten noch gegenüber den nationalen Kartellbehörden.[95] Sie stellen lediglich Verwaltungsgrundsätze dar, die (allenfalls) zu einer gewissen Selbstbindung der Kommission bei der Ausübung ihres Aufgreifermessens und der Verhängung von Geldbußen führen können.[96] Da ihnen schon auf europäischer Ebene keine materiellrechtliche Wirkung zukommt,[97] können sie erst recht keine verbindlichen Vorgaben für die Auslegung der entsprechenden nationalen Rechtsvorschriften machen.[98]

---

[92] Keine Entsprechung im neuen GWB hat die frühere Ministererlaubnis für Kartelle aus überwiegenden Gründen der Gesamtwirtschaft und des Gemeinwohls (§ 8 GWB aF) gefunden; vgl. zu Bedeutung und Konsequenzen → Rn. 119.

[93] Vgl. zu diesem gesetzgeberischen Ziel BegrRegE, BT-Drs. 15/3640, 22 ff., 27. Dieses bleibt unabhängig davon gültig, dass § 23 GWB-E nicht Gesetz geworden ist (dazu → Rn. 34).

[94] Ganz hM, s. nur OLG München 1.8.2002 –, WuW/E DE-R 991 (992) – Tankstelle Germering; OLG Düsseldorf 10.6.2005 –, WuW/E DE-R 1610 (1613) – Filigranbetondecken; LG Frankfurt a. M. 15.11.2002 –, WuW/E DE-R 1200 (1201) – Autovermietungsagenturen; Nordemann/Grave in LMRKM Rn. 18 iVm Nordemann/Nyberg in LMRKM AEUV Art. 101 Abs. 3 Rn. 17; **aA** Hirsch ZWeR 2003, 233 (247); in dieselbe Richtung mit kritischer Position Weiß EWS 2010, 257 ff.; ferner Schweda WuW 2004, 1133 (1140 ff.) unter Hinweis auf den Grundsatz der Unionstreue bzw. loyalen Zusammenarbeit nach Art. 4 Abs. 3 EUV (ehemals Art. 10 EG); ihm folgend mit ausführlicher Argumentation Dittrich S. 65–77; gegen eine rechtliche Bindungswirkung auf Basis dieser Vorschrift zutreffend Pohlmann WuW 2005, 1005 ff.

[95] Aus Art. 16 Abs. 1 VO 1/2003 und der diesem zugrunde liegenden „Masterfoods"-Rechtsprechung des EuGH (14.12.2000, Slg. 2000, I-11369 = WuW/E EU-R 389 Rn. 51 – Masterfoods/HB Ice Cream), nach der die nationalen Behörden und Gerichte auch einen Widerspruch zu beabsichtigten Entscheidungen der Kommission vermeiden müssen, folgt nichts anderes, da Voraussetzung jeweils die Einleitung eines konkreten Verfahrens ist, während Meinungsäußerungen der Kommission ohne konkreten Fallbezug nicht erfasst werden, so auch OLG Düsseldorf 10.6.2005 –, WuW/E DE-R 1610 (1613) – Filigranbetondecken; Herbers S. 36; **aA** jedoch offenbar Bechtold FS Hirsch, 223 (226) (Konvergenzregelung des Art. 16 VO 1/2003 als „Indikator dafür, dass ein nationales Gericht [...] das, was die Kommission in Bekanntmachungen gesagt hat, jedenfalls berücksichtigen und im Zweifel nicht davon abweichen sollte").

[96] Vgl. nur Schneider in Bunte Rn. 15; vgl. auch OLG Düsseldorf 10.6.2005 –, WuW/E DE-R 1610 (1613) – Filigranbetondecken („Kommentierung", „Meinungsäußerungen" der Kommission); Bornkamm/Becker ZWeR 2005, 213 (230) („Meinungsäußerungen", „Rechtsansichten").

[97] So auch die Kommission selbst, vgl. zB Leitlinien zur Anwendung von Art. 81 Abs. 3 EG, ABl. 2004 C 101, 8 Abs. 3 EG, Rn. 4, 7.

[98] Kling/Thomas, Kartellrecht, § 19 Rn. 14; **aA** wiederum Bechtold FS Hirsch, 223 (228), der den Bekanntmachungen auch für die Anwendung des deutschen Kartellrechts eine „rechtlich erhebliche Bindungswirkung" zumisst.

**39**   Gleichwohl haben die in ihnen niedergelegten Grundsätze in aller Regel ein **erhebliches argumentatorisches Gewicht** auch für die Auslegung der angeglichenen GWB-Vorschriften. Soweit sie die (langjährige) Rechtsprechung und Verwaltungspraxis zum europäischen Kartellrecht widerspiegeln und auf dieser Basis die allgemeinen Anforderungen an eine Freistellung konkretisieren bzw. einen analytischen Rahmen für die Bewertung verbreiteter Formen unternehmerischer Zusammenarbeit bieten, kommt ihnen eine **wichtige Orientierungsfunktion** zu.[99] Dementsprechend folgt die Praxis der deutschen Kartellbehörden und Gerichte grundsätzlich den Vorgaben aus den Leitlinien und Bekanntmachungen der Kommission[100] und wird auch in Zukunft nicht ohne Not davon abweichen, wenngleich regelmäßig die fehlende rechtliche Bindungswirkung betont wird. Vor diesem Hintergrund überrascht es nicht, dass selbst der deutsche Gesetzgeber an mehreren Stellen in der Begründung zur 7. GWB-Novelle für die Behandlung bestimmter Fallgruppen nach § 2 Abs. 1 GWB auf Leitlinien und sonstige Äußerungen der Kommission verweist.[101] In der Literatur spricht man den Leitlinien „jedenfalls im Grundsatz eine Vermutung für ihre rechtspraktische Plausibilität"[102] zu und nimmt teilweise sogar eine Vorlagepflicht nach Art. 267 AEUV an den EuGH an, wenn ein letztinstanzliches Gericht von ihnen abweichen wolle.[103]

**40**   Bei dieser Sichtweise wird allerdings zu Unrecht ausgeblendet, dass die Leitlinien, Mitteilungen und Bekanntmachungen der Kommission über ihre ausdrücklich erklärte Orientierungsfunktion hinaus auch eine **starke wettbewerbspolitische Funktion** haben. Diese wird zwar nicht ausdrücklich angesprochen, ergibt sich aber eindeutig aus Inhalt und Konzeption der seit 2001 erlassenen Leitlinien und Bekanntmachungen: Die Kommission nutzt diese ganz bewusst zur **Ausarbeitung und Implementierung ihres neuen wettbewerbspolitischen Ansatzes** („more economic approach") und hat sich dabei teilweise erheblich von der Entscheidungspraxis der europäischen Gerichte entfernt.[104] Nicht jede

---

[99] Darin soll nach eigener Aussage der Kommission ihre Hauptaufgabe liegen, vgl. KOMM., Leitlinien zur Anwendbarkeit von Artikel 101 des Vertrags über die Arbeitsweise der Europäischen Union auf Vereinbarungen über horizontale Zusammenarbeit, ABl. 2023 C 255, 1 ff., Rn. 5 („analytischer Rahmen"); dies., Leitlinien für vertikale Beschränkungen, ABl. 2022 C 248, 1 ff., Rn. 2 („Orientierungshilfen für die Selbstprüfung" durch die Unternehmen); dies., Leitlinien zur Anwendung von Art. 81 Abs. 3 EG, ABl. 2004 C 101, 8 Abs. 3 EG, Rn. 4 f. („Anleitung", „analytisches Gerüst"); vgl. auch OLG Düsseldorf 10.6.2005 –, WuW/E DE-R 1610 (1613) – Filigranbetondecken (Leitlinien „prinzipiell als Orientierungshilfe geeignet", Heranziehung der darin enthaltenen Vermutungsregeln und Erfahrungssätze aber im Streitfall nicht ausreichend); etwas deutlicher Bechtold Rn. 4 aE („besondere Bedeutung" der Leitlinien für das deutsche Recht).
[100] So orientiert sich zB auch die Bagatellbekanntmachung des BKartA („Bekanntmachung Nr. 18/2007 der Bundeskartellamts über die Nichtverfolgung von Kooperationsabreden mit geringer wettbewerbsbeschränkender Bedeutung" vom 13.3.2007, abrufbar im Internet unter www.bundeskartellamt.de) sehr stark an der de-minimis-Bekanntmachung der Kommission von 2001 (ABl. 2001 C 368, 13); vgl. ferner zur praktischen Bedeutung der Kommissionsleitlinien in der Rechtsanwendungspraxis zum GWB BKartA TB 2003/2004, 91; BKartA 31.5.2007, WuW/E DE-V 1392 (1399 ff.) (insbesondere Rn. 143 ff. und 182 ff.) – Altglas; BKartA 10.8.2007, WuW/E DE-V 1459 (1468 ff.) – Wirtschaftsprüferhaftpflicht; BKartA 29.10.2007, WuW/E DE-V 1623 Rn. 81 – MBS (Kooperationsvertrag); BKartA 17.3.2011 – B6–94/10, (insbesondere Rn. 229–245 im Rahmen der gemeinsamen Prüfung von § 2 GWB und Art. 101 Abs. 3 AEUV) – ProSiebenSat.1 Media/RTL interactive sowie aus der neueren Rechtsprechung LG Hannover 15.6.2011, WRP 2012, 99 Rn. 12; OLG Düsseldorf 20.6.2007, WuW/E DE-R 2146 Rn. 45 – Nord-KS/Xella; OLG Düsseldorf 25.10.2006, WuW/E DE-R 2081 (2085) – Kalksandsteinwerk; OLG Düsseldorf 10.6.2005, WuW/E DE-R 1610 (1613) – Filigranbetondecken, siehe auch EuGH, ZVertriebsR 2013, 30 ff. – Expedia Inc.
[101] Vgl. BegrRegE, BT-Drs. 15/3640, 27 (Verweise auf die Behandlung von Einkaufskooperationen und Umweltschutzkartellen nach den Leitlinien zur Anwendbarkeit von Artikel 101 des Vertrags über die Arbeitsweise der Europäischen Union auf Vereinbarungen über horizontale Zusammenarbeit, ABl. 2011 C 11, 1 und die Grundsätze für Strukturkrisenkartelle im 12. und 13. Wettbewerbsbericht der Kommission).
[102] Kling/Thomas KartellR § 19 Rn. 14 aE.
[103] So Bornkamm/Becker ZWeR 2005, 213 (230); Nordemann in LMRKM Rn. 17 mit Verweis auf → AEUV Art. 101 Abs. 3 Rn. 19. Vgl. auch Dreher/Kulka Rn. 750.
[104] Das gilt zB für die generelle Anhebung der Bagatellschwellen auf 10 % Marktanteil bei horizontalen und 15 % bei vertikalen Vereinbarungen (de-minimis-Bekanntmachung, ABl. 2001 C 368, 13 Rn. 7), für die als materielle Einschränkung des Tatbestands des Art. 101 Abs. 1 AEUV keine Grundlage in der Rechtsprechung der europäischen Gerichte besteht, ebenso Bornkamm/Becker ZWeR 2005, 213 (232 f.), aber auch für die Behandlung von Handelsvertreterverträgen in den Vertikalleitlinien, Rn. 12 ff.: Die Kommission stellt

Abweichung von den in Mitteilungen, Bekanntmachungen oder Leitlinien der Kommission geäußerten Rechtsansichten bei der Anwendung des Art. 101 AEUV (oder der inhaltlich entsprechenden §§ 1, 2 GWB)[105] durch letztinstanzliche nationale Gerichte kann daher eine Vorlagepflicht nach Art. 267 AEUV auslösen.[106] Das Vorliegen eines „acte claire" wird jedenfalls nicht schon dadurch ausgeschlossen, dass eine Meinungsäußerung der Kommission von einer etablierten Rechtsprechung der europäischen Gerichte abweicht.

**3. Grundsätze für die Auslegung von Gruppenfreistellungsverordnungen.** Die **41** über § 2 Abs. 2 GWB in das deutsche Recht transponierten europäischen Gruppenfreistellungsverordnungen weisen hier den **Charakter einfachen Gesetzesrechts** auf und unterliegen schon im Hinblick auf ihren abstrakt-generellen Regelungscharakter prinzipiell den gleichen Auslegungsgrundsätzen für Gesetze[107] wie die Generalklausel des § 2 Abs. 1 GWB. Soweit sie als sekundärrechtliche Verordnungen des Unionsrechts (Art. 288 Abs. 2 AEUV) durch mitgliedstaatliche Gerichte unmittelbar angewendet werden, also bei zwischenstaatlichen Sachverhalten, besteht im Falle entscheidungserheblicher Auslegungszweifel das Recht und für ein letztinstanzliches nationales Gericht die Pflicht, eine **Vorabentscheidung des EuGH** im Verfahren nach Art. 267 AEUV einzuholen. Nach der Rechtsprechung des EuGH soll grundsätzlich das gleiche in den Fällen ohne Zwischenstaatlichkeitsbezug gelten, wenn also die GVO auf Grund der Anordnung des § 2 Abs. 2 GWB nur als (transponierte) nationale Rechtsvorschrift entsprechende Geltung erlangt.[108] Diese Ansicht des EuGH ist jedoch in der Literatur umstritten.[109] Nach der hier vertretenen Ansicht (vgl. bereits → Rn. 34 aE) sollte die Vorlagefähigkeit von mitgliedstaatlichen Vorschriften, die autonom den europäischen Regeln angeglichen worden sind, jedenfalls in den Fällen der direkten Bezugnahme auf europäische Rechtsvorschriften zum Zwecke ihrer entsprechenden Anwendung auf rein nationale Sachverhalte bejaht werden, während eine Vorlagepflicht bezüglich rein nationaler Fälle ohne Zwischenstaatlichkeitsbezug abzulehnen ist.[110]

---

insoweit auf die Verteilung der zu tragenden wirtschaftlichen Risiken ab und verzichtet damit auf das Erfordernis der Eingliederung in die Vertriebsorganisation des Prinzipals, das lange Zeit in der Rechtsprechung allein ausschlaggebend gewesen ist. In zwei jüngeren Urteilen rekurriert aber auch der EuGH mit der Kommission wenigstens zusätzlich auf die wirtschaftliche Risikoverteilung, vgl. EuGH 14.12.2006 – C-217/05, Slg. 2006, I-11987 Rn. 43 ff. – Confederación/CEPSA; EuGH 11.9.2008 – C-279/06, Slg. 2008, I-6681 Rn. 36 ff. – CEPSA/Tobar; vgl. dazu Zimmer → § 1 Rn. 323 mwN); Bahr in Bunte Nach § 2 Rn. 217 ff. Zumindest keine Vorbilder in der Rechtsprechung hat ferner die Beurteilung von Einkaufskoooperationen durch die Kommission in den Leitlinien zur Anwendbarkeit von Artikel 101 des Vertrags über die Arbeitsweise der Europäischen Union auf Vereinbarungen über horizontale Zusammenarbeit, ABl. 2011 C 11, 1 Rn. 194 ff., bei denen sie bis zu einem gemeinsamen Marktanteil von 15 % sowohl auf den Einkaufs- wie auf den Verkaufsmärkten bereits das Vorliegen einer Wettbewerbsbeschränkung als „unwahrscheinlich" ansieht (Rn. 208). Eingehend zu den mit dem more economic approach verbundenen Veränderungen bei der Prüfung des Art. 101 AEUV Fuchs ZWeR 2007, 369 ff.; Hertfelder FS Möschel, 281 ff.; siehe auch de Bronett EWS 2013, 1 ff.

[105] Ob dem EuGH auch bei nationalen Rechtsvorschriften, die keine europäische Richtlinie umsetzen, sondern autonom den europäischen Regeln angeglichen worden sind, eine Auslegungsprärogative zukommt, ist umstritten, vgl. Wegener in Calliess/Ruffert AEUV Art. 267 Rn. 4 ff. mwN; Heyers in FK-KartellR Rn. 100 ff.

[106] Wie hier Bunte in Bunte Rn. 19 **aA** Nordemann in LMRKM Rn. 17 mit Verweis auf → AEUV Art. 101 Abs. 3 Rn. 19.

[107] Für den Rang der GVO als einfache Bundesgesetze auch Nordemann/Grave in LMRKM Rn. 35.

[108] Vgl. zuletzt EuGH 14.3.2013 – C-32/11 Rn. 20 f. – Allianz Hungária/Gazdasági Versenyhivatal; EuGH 14.12.2006 – C-217/05, Slg. 2006, I-11987 Rn. 19 ff. – Confederación/CEPSA; EuGH 11.12.2007 – C-280/06, Slg. 2007, I-10893 Rn. 20 ff. – Autorità Garante della Concorrenza („klares Gemeinschaftsinteresse" an einheitlicher Auslegung); ausführlich zu dieser Problematik Herbers S. 114–156 mwN aus der europäischen Rechtsprechung.

[109] Kritisch etwa Heyers in FK-KartellR Rn. 92 f. vgl. dazu auch Wegener in Calliess/Ruffert AEUV Art. 267 Rn. 5 mwN; Koch WuW 2006, 710 ff.

[110] **AA** Herbers S. 146–150 mit der Argumentation, eine Vorlagepflicht ergebe sich aus dem deutschen Recht, da der deutsche Gesetzgeber im Zuge der 7. GWB-Novelle eine uneingeschränkte Anpassung an das europäische Kartellrecht habe verwirklichen wollen.

**42**     Soweit in der Literatur die Auffassung vertreten wird, dass der vom EuGH in ständiger Rechtsprechung angewandte **Grundsatz der engen Auslegung von GVOen**[111] als Ausnahmebestimmungen zum Kartellverbot im neuen System der direkten Anwendbarkeit des Art. 101 Abs. 3 AEUV nicht mehr anwendbar sei,[112] ist dem zu widersprechen.[113] Das gilt auch für die dynamische Verweisung nach § 2 Abs. 2 GWB. Hier stellen sich zwar keine Probleme unter dem Aspekt eines Eingriffs in die alleinige Rechtssetzungsbefugnis der Unionsorgane durch mitgliedstaatliche Gerichte,[114] doch ändert die direkte Anwendung der Befreiungsvorschrift weder im europäischen noch im nationalen Kartellrecht etwas am **Regel-/Ausnahmeverhältnis** zwischen Kartellverbot und Freistellungstatbestand. Zudem ist schon wegen der unterschiedlichen Beweislastregelung weiterhin zwischen dem Verstoß gegen § 1 GWB und der Erfüllung der Legalisierungsvoraussetzungen nach § 2 GWB zu unterscheiden. Mit einer erweiternden oder analogen Anwendung von GVOen würden sich insoweit die Gewichte zwischen den Parteien verschieben, auch wenn die Verfehlung der Anwendungsvoraussetzungen einer GVO nicht mehr die gleichen gravierenden Konsequenzen wie im früheren Genehmigungssystem hat. Denn die Unanwendbarkeit einer GVO führt nicht ohne weiteres zur Unzulässigkeit der fraglichen Verhaltensweisen. Vielmehr kann immer noch die Generalklausel des § 2 Abs. 1 GWB unmittelbar eingreifen.

**43**     Aus dem bloßen Umstand, dass eine Verhaltensweise **nicht (mehr) von einer GVO erfasst** wird, kann **keine Vermutung gegen ihre Freistellungsfähigkeit** abgeleitet werden.[115] Die Konsequenz ist vielmehr lediglich die Notwendigkeit einer umfassenden Einzelfallanalyse im Rahmen der Generalklausel des § 2 Abs. 1 GWB. Dabei können **in bestimmten Fällen aus aktuellen oder auch früheren GVOen gewisse Wertungsgesichtspunkte abgeleitet** werden, die **für oder gegen die Erfüllung der Freistellungskriterien** sprechen.[116] So liegt es vielfach nahe, die einer Kategorie von Vereinbarungen durch die GVO allgemein zugesprochenen positiven Wirkungen einer konkreten Absprache im Einzelfall selbst dann beizumessen, wenn sie nicht exakt in den Anwendungsbereich der fraglichen GVO fällt.[117] Eine gewisse positive Indizwirkung im Sinne einer

---

[111] Vgl. nur EuGH 24.10.1995, Slg. 1995, I-3439 ff. (3471) – BMW/ALD-Auto-Leasing D; 24.10.1995, Slg. 1995, I-3477 (3516, 3520) – Bundeskartellamt/Volkswagen und VAG Leasing; zust. Bunte/Sauter, Gruppenfreistellungsverordnungen, Kommentar, 1988, II Rn. 105; im Grundsatz auch Müller-Graff EuR 1992, 1 (38) (allerdings gegen eine „starre Regel"); ebenso für eine enge Auslegung Ellger → AEUV Art. 101 Abs. 3 Rn. 356 f.; generell gegen eine restriktive Auslegung von GVOen noch Gleiss/Hirsch, Kommentar zum EG-Kartellrecht, 4. Aufl. 1993, Art. 85 Rn. 1795; Wiedemann, Kommentar zu den GVOen des EG-Kartellrechts, Bd. 1, 1989, Allgemeiner Teil, Rn. 82.

[112] Vgl. zB Bechtold BB 2000, 2425 (2427); ders. EWS 2001, 49 (54); Schütz in GK VO 1/2003 Art. 29 Rn. 12; **aA** Mestmäcker/Schweitzer § 13 Rn. 23 aE; Schneider in Bunte Rn. 78; Lettl, KartellR § 2 Rn. 135 aE.

[113] Fuchs ZWeR 2005, 1 (14 f.); Ellger → AEUV Art. 101 Abs. 3 Rn. 350.

[114] Hierin liegt ein Grund für das Analogieverbot; vgl. EuGH 28.2.1991, Slg. 1991, I-935 (992) – Delimitis/Henninger Bräu, der in jeder nicht mehr vom Wortlaut gedeckten Erweiterung des Anwendungsbereichs einer GVO im Hinblick auf die Rechtsanwendung durch die nationalen Gerichte einen unzulässigen Eingriff in die Rechtssetzungsbefugnis der Kommission sieht; vgl. zum daraus abgeleiteten Analogieverbot KOMM., Leitlinien zur Anwendung von Art. 81 Abs. 3 EG, ABl. 2004 C 101, 8 Abs. 3 EG, Rn. 37; Gleiss/Hirsch, Kommentar zum EG-Kartellrecht, 4. Aufl. 1993, Art. 85 Rn. 1796; Ellger → AEUV Art. 101 Abs. 3 Rn. 362 f.; **aA** Wiedemann, Kommentar zu den Gruppenfreistellungsverordnungen des EWG-Kartellrechts, Bd. I, 1989, AT Rn. 83 ff.

[115] BegrRegE, BT-Drs. 15/3640, 25; Bechtold/Bosch Rn. 30; Wagner WRP 2003, 1369 (1378); Erwägungsgrund 13 der VO 316/2014 über Technologietransfer-Vereinbarungen; vgl. dahingehend auch noch die sehr allgemein gehaltene und daher weitreichende Aussage in Rn. 62 der Vertikalleitlinien der Kommission aus 2001 (ABl. 2001 C 291, 1); jetzt mit etwas zurückhaltenderer Formulierung Kommission, Vertikalleitlinien 2022 (ABl. 2022 C 248, 1), Rn. 275 (keine Vermutung der Rechtswidrigkeit von vertikalen Vereinbarungen, „sofern sie keine Wettbewerbsbeschränkungen bezwecken und insbesondere keine Kernbeschränkungen enthalten").

[116] Bechtold/Bosch, § 2 GWB,Rn. 10; Fuchs ZWeR 2005, 1 (15 f.); Bornkamm/Becker ZWeR 2005, 213 (227 ff.).

[117] Bornkamm/Becker ZWeR 2005, 213 (228); insoweit zutreffend auch Bechtold BB 2000, 2425 (2427); deutlicher ders. in Schwarze, Instrumente zur Durchsetzung des europäischen Wettbewerbsrechts, 2002, S. 25, 30; ders. Rn. 29.

Beweiserleichterung für die Erfüllung der Freistellungsvoraussetzungen dürfte den Tatbeständen einer GVO zB zukommen, wenn ihre entsprechende Anwendung über § 2 Abs. 2 GWB nur wegen einer geringen Überschreitung der Marktanteilsschwelle ausscheiden muss.[118] Das Gleiche gilt bei Übereinstimmung mit sog. weißen Klauseln in ausgelaufenen GVOen, sofern keine besonderen Umstände dafür ersichtlich sind, warum die frühere (befristete) Freistellung nun nicht mehr im Einklang mit den Kriterien des Art. 101 Abs. 3 AEUV/§ 2 Abs. 1 GWB stehen sollte.[119]

Auf der anderen Seite spricht es im Sinne einer negativen Indizwirkung gegen die **44** Freistellungsfähigkeit einer Vereinbarung, wenn sie schwerwiegende Wettbewerbsbeschränkungen enthält, die in einer GVO als **Kernbeschränkung** („schwarze Klausel") eingestuft sind.[120] In diesen Fällen ist auch die (in Ausnahmefällen immer noch mögliche)[121] Erfüllung der Kriterien für eine Einzelfreistellung unwahrscheinlich.[122]

Soweit in den GVOen positive (oder negative) Wertungsgesichtspunkte zum Ausdruck **45** kommen, die generell zur Konkretisierung der Freistellungsvoraussetzungen geeignet sind, können sie eine Art Leitfunktion erfüllen.[123] An der Darlegungs- und Beweislast der Unternehmen, die sich auf das Eingreifen der Legalausnahme nach § 2 Abs. 1 GWB berufen,[124] ändert diese „Ausstrahlungswirkung" der GVOen freilich nichts.[125]

Unabhängig von der Beeinflussung der Prüfung der Einzelfreistellung nach § 2 Abs. 1 **46** GWB durch die GVOen nimmt der BGH bisweilen auch an, dass die Ausgestaltung der Kataloge von grauen und schwarzen Klauseln in den GVOen Aufschluss über das Vorliegen einer Wettbewerbsbeschränkung iSv Art. 101 Abs. 1 AEUV/§ 1 GWB geben kann.[126]

## V. Anwendungsprobleme

**1. Darlegungs- und Beweislast. a) Grundsatz.** Das GWB enthält keine ausdrück- **47** liche Regelung. Für das europäische Wettbewerbsrecht bestimmt **Art. 2 VO 1/2003,** dass die Erfüllung der Freistellungsvoraussetzungen nach Art. 101 Abs. 3 AEUV von dem

---

[118] Ebenso dafür Schneider in Bunte Rn. 76; vgl. aber auch andererseits BKartA 10.8.2007, WuW/E DE-V 1459 Rn. 147 ff. – Wirtschaftsprüferhaftpflicht (Überschreiten der Marktanteilsschwelle – hier der Versicherungs-GVO – als „evidentes Zeichen einer unzulässigen Wettbewerbsbeschränkung"); zu Recht sehr kritisch gegenüber einem derart plötzlichen „Umschlagen" der kartellrechtlichen Bewertung allein aufgrund der Überschreitung einer Marktanteilsschwelle Meyer-Lindemann ZWeR 2009, 522 (533).

[119] Vgl. Wagner WRP 2003, 1369 (1378 f.), der insbesondere auf die Bedeutung der „weißen Listen" in den früheren GVOen für Franchiseverträge (VO 4087/88) und für F&E-Vereinbarungen (VO 418/85) hinweist.

[120] Bornkamm/Becker ZWeR 2005, 213 (228).

[121] Vgl. zB BGH 13.4.2004 –, WuW/E DE-R 1335 (1338 f.) – Citroën (zur Koppelung von selektivem und exklusivem Vertrieb, welche im Gegensatz zu früheren Fassungen der GVO über den Kfz-Vertrieb in der im konkreten Fall noch einschlägig gewesen VO 1400/2002 als Kernbeschränkung behandelt worden ist) und dazu Bornkamm/Becker ZWeR 2005, 213 (228 f.).

[122] So insbesondere KOMM., Leitlinien für vertikale Beschränkungen, ABl. 2022 C 248, 1 Rn. 180 lit. b, vgl. aber auch Rn. 197 für einzelne Kernbeschränkungen, die unter Art. 101 Abs. 3 AEUV fallen können; dies., KOMM., Leitlinien zur Anwendbarkeit des Artikels 101 AEUV auf Vereinbarungen über horizontale Zusammenarbeit, ABl. 2023, C 259, 1 ff., Rn. 158 (mit Bezug auf die Kernbeschränkungen der F&E-GVO); dies., Leitlinien zur Anwendung von Art. 81 Abs. 3 EG, ABl. 2004 C 101, 8 Rn. 46; ferner OLG Frankfurt a. M. 20.1.2009, WuW/E DE-R 2770 Rn. 27; Pukall NJW 2000, 1375 (1378). Im Übrigen misst die Kommission den in GVOen aufgelisteten Kernbeschränkungen eine (nicht erschöpfende) Orientierungsfunktion bei der Ermittlung bezweckter Wettbewerbsbeschränkungen zu, Leitlinien zur Anwendung von Art. 81 Abs. 3 EG, ABl. 2004 C 101, 8 Rn. 23. Für diese müssen im Gegensatz zu lediglich „bewirkten" Wettbewerbsbeschränkungen die konkreten Auswirkungen nicht festgestellt werden, Leitlinien zur Anwendung von Art. 81 Abs. 3 EG, ABl. 2004 C 101, 8 Rn. 20.

[123] So hat sich die Kommission in ihrer früheren Einzelfreistellungspraxis von den „Wertentscheidungen" der GVOen leiten lassen, vgl. Wagner WRP 2003, 1369 (1381) mwN.

[124] Vgl. dazu sogleich → Rn. 47 ff.

[125] Die Unternehmen müssen trotz einer ggf. positiven Indizwirkung bei nur teilweiser Verfehlung der Freistellungskriterien einer GVO nach wie vor im Rahmen des § 2 Abs. 1 GWB alle vier Freistellungsvoraussetzungen vollständig darlegen, vgl. BKartA 10.8.2007, WuW/E DE-V 1459 Rn. 150 – Wirtschaftsprüferhaftpflicht.

[126] So etwa BGH 10.2.2009, WuW/E DE-R 1049 Rn. 36 – Gaslieferverträge.

Unternehmen darzulegen und ggf. zu beweisen ist, das sich auf die Freistellung beruft. Für die parallele Anwendung des § 2 Abs. 1 GWB **in Fällen mit Zwischenstaatlichkeitsbezug** kann nichts anderes gelten: Aus dem Verbot abweichender Ergebnisse bei der gleichzeitigen Anwendung nationalen Kartellrechts gemäß § 22 Abs. 2 S. 1 und 3 GWB[127] ergibt sich, dass insoweit auch die Darlegungs- und Beweislast in gleicher Weise verteilt sein muss.[128] Aber **auch unterhalb der Zwischenstaatlichkeitsschwelle** muss derjenige, der sich auf die Ausnahmevorschrift des § 2 Abs. 1 GWB beruft, deren tatbestandliche Voraussetzungen darlegen und notfalls beweisen.[129] Das folgt bereits aus der allgemeinen (ungeschriebenen) Regel im deutschen Beweisrecht, das **jede Partei die Tatsachen zu beweisen hat, die für sie günstig sind.**[130]

48 Uneingeschränkte **Geltung** kann diese Regel freilich **nur im Zivilprozess** beanspruchen.[131] Zu Recht betont die Gesetzesbegründung zur 7. GWB-Novelle, dass der Untersuchungsgrundsatz in kartellrechtlichen **Bußgeld- und Untersagungsverfahren** sowie die strafrechtliche Unschuldsvermutung in Bußgeldverfahren unberührt bleiben.[132] Die Verhängung verwaltungs- oder bußgeldrechtlicher Sanktionen gegen Unternehmen ist daher grundsätzlich nur statthaft, wenn die Kartellbehörde neben dem Kartellverstoß auch nachweisen kann, dass kein Freistellungtatbestand eingreift.[133] In der Praxis dürfte die Frage der Möglichkeit einer Beweislastentscheidung in solchen Verfahren aber nur eine geringe Rolle spielen.[134] Ohnehin werden die betroffenen Unternehmen immer ein großes Eigeninteresse daran haben, alle für sie vorteilhaften Umstände in einem Verfahren vorzutragen.[135]

49 Im Gegensatz zum Bußgeldverfahren, in dem die verfassungsrechtlich geschützte Unschuldsvermutung gilt, könnte allerdings im **Kartellverwaltungsverfahren** im Falle eines non liquet nach Ausschöpfung der behördlichen Ermittlungsmöglichkeiten eine materielle Beweislastregel zu Lasten der Unternehmen eingreifen.[136] Dafür bedürfte es aber einer eindeutigen gesetzlichen Regelung, die – außerhalb des Anwendungsbereichs des Art. 2 VO 1/2003, also in Sachverhalten mit Zwischenstaatlichkeitsbezug – im deutschen Recht gerade fehlt. Verbleiben trotz erschöpfender Amtsermittlung Zweifel am Eingreifen der Legalausnahme, lässt sich somit in Sachverhalten ohne Zwischenstaatlichkeitsbezug eine kartellbehördliche Abstellungsverfügung nach § 32 GWB nicht auf eine materielle Beweislastregel zu Lasten der Unternehmen stützen.[137] Oberhalb der Zwischenstaatlichkeitsschwelle ist die zuständige deutsche Kartellbehörde dagegen nach § 22 Abs. 2 GWB

---

[127] Art. 3 Abs. 2 S. 1 VO 1/2003, auf den § 22 Abs. 2 S. 1 GWB Bezug nimmt, verbietet seinem Wortlaut nach nur die parallele Anwendung strengeren nationalen Kartellrechts; der Vorrang des europäischen Kartellverbots gegenüber milderem einzelstaatlichen Recht ergibt sich dagegen aus dem allgemeinen Grundsatz des Vorrangs des Unionsrechts, auf den § 22 Abs. 2 S. 3 GWB verweist.

[128] Im Ergebnis allg. Ansicht, vgl. nur Nordemann/Grave in LMRKM Rn. 26; Bechtold/Bosch Rn. 7.

[129] BegrRegE, BT-Drs. 15/3640, 23, 44.

[130] Bornkamm/Becker ZWeR 2005, 213 (230); Bechtold/Bosch Rn. 9; Hempel WuW 2004, 362 (364); ähnlich Lober in Schulte/Just Rn. 7; Kahlenberg/Haellmigk BB 2004, 389 (391) (entspricht der Billigkeit).

[131] Vgl. als Beispiel ungenügender Substantiierung von Effizienzvorteilen im Zivilprozess KG 1.10.2009 –, WuW/E DE-R 2773 (2778) – Berliner Transportbeton.

[132] BegrRegE, BT-Drs. 15/3640, 23, 44 (unter Hinweis auf eine Protokollerklärung der BReg bei Verabschiedung der VO 1/2003 zur Geltung der verfassungsrechtlich geschützten Unschuldsvermutung in Bußgeldverfahren).

[133] Im Ergebnis ebenso Kling/Thomas KartellR § 19 Rn. 15 ff.; Bechtold Rn. 7; Schneider in Bunte Rn. 28; für das Bußgeldverfahren auch Hirsch ZWeR 2003, 233 (242).

[134] So auch Bechtold/Bosch, § 2 GWB, Rn. 7; ders. DB 2004, 235 (237 f.), der darauf hinweist, dass Bußgelder auch in der europäischen Anwendungspraxis nur verhängt werden, wenn feststeht, dass Art. 101 Abs. 3 AEUV nicht eingreift, und in Kartellverwaltungsverfahren die betroffenen Unternehmen in aller Regel daran interessiert seien, alle entlastenden Umstände vorzubringen und ggf. zu beweisen.

[135] Lober in Schulte/Just Rn. 7.

[136] So die Interpretation des Art. 2 VO 1/2003 für das Kartellverwaltungsverfahren durch Hirsch ZWeR 2003, 233 (241).

[137] Kling/Thomas KartellR § 19 Rn. 18; insoweit unklar BegrRegE, BT-Drs. 15/3640, 23, 44; Nordemann/Grave in LMRKM Rn. 29.

(= Art. 3 Abs. 2 VO 1/2003) zu einer Beweislastentscheidung entsprechend Art. 2 VO 1/2003 verpflichtet.[138]

Die Darlegungs- und Beweislast (im Zivilprozess) bezieht sich in gleicher Weise auf **alle 50 vier Freistellungsvoraussetzungen des § 2 Abs. 1 GWB,** die kumulativ vorliegen müssen, damit die Legalausnahme eingreift. Der Umstand, dass zwei Kriterien negativ formuliert sind (keine Auferlegung von Beschränkungen, die nicht unerlässlich sind; keine Ausschaltung des Wettbewerbs) spielt keine Rolle, da es sich nicht um Unterausnahmen handelt, die einen an sich gegebenen Freistellungstatbestand wieder entfallen lassen würden, sondern um primäre Voraussetzungen, an deren Erfüllung die Freistellungswirkung geknüpft ist.

Das Gleiche gilt **im Rahmen des § 2 Abs. 2 GWB** für die **(qualifizierten) Anwen- 51 dungsvoraussetzungen von Gruppenfreistellungsverordnungen** wie zB die Einhaltung der **Marktanteilsschwellen** und das **Fehlen von Kernbeschränkungen** (sog. schwarzen Klauseln). Letzteres könnte man mit der Erwägung bezweifeln, das Vorliegen einer Kernbeschränkung lasse die Anwendung einer (an sich einschlägigen) GVO ausnahmsweise wieder entfallen. Dagegen spricht jedoch, dass die Liste sog. „schwarzer Klauseln" ebenso wie die sonstigen Tatbestandsmerkmale der GVO nur eine Konkretisierung der allgemeinen Freistellungskriterien darstellt; das Fehlen von Kernbeschränkungen gehört daher schon zu den von den begünstigten Unternehmen nachzuweisenden **Anwendungsvoraussetzungen für die GVO.** Dafür spricht nicht nur der Wortlaut (vgl. zB Art. 5 VO 2023/1067: „Die Freistellung nach Artikel 2 gilt nicht für Spezialisierungsvereinbarungen, die ...."), sondern auch folgende Kontrollüberlegung: Die sog. schwarzen Klauseln bezwecken oder bewirken besonders einschneidende Beschränkungen des Wettbewerbs,[139] die in aller Regel weder objektive Effizienzgewinne noch Vorteile für die Verbraucher mit sich bringen und grundsätzlich auch nicht unerlässlich für die Zusammenarbeit sind.[140] Die Kommission bezeichnet es daher auch als „unwahrscheinlich", dass sie ausnahmsweise von der allgemeinen Legalausnahme nach Art. 101 Abs. 3 AEUV (= § 2 Abs. 1 GWB) profitieren können.[141] Ebenso wie bei unmittelbarer Anwendung der Generalklausel muss es daher auch im Rahmen der Anwendung des § 2 Abs. 2 GWB iVm einer GVO den dadurch (potentiell) begünstigten Unternehmen obliegen, das Fehlen von schwarzen Klauseln darzutun. Es ist somit Sache der Unternehmen, sämtliche Anwendungsvoraussetzungen für das Eingreifen einer GVO nachzuweisen.[142]

Fällt die fragliche Vereinbarung unter eine GVO, hat sie aber möglicherweise im Einzel- 52 fall Wirkungen, die nicht mit den allgemeinen Freistellungskriterien des § 2 Abs. 1 GWB übereinstimmen, obliegt es der zuständigen Wettbewerbsbehörde, dies nachzuweisen. Sofern ihr der Nachweis gelingt, dass die Vereinbarung gegen das Kartellverbot verstößt und die Kriterien des § 2 Abs. 1 GWB nicht einhält, kann sie den **Rechtsvorteil der Gruppenfreistellung im Einzelfall wieder einziehen** (§ 32d GWB) und das fragliche Verhalten untersagen.[143]

**b) Anforderungen an die Substantiierung.** Fraglich ist, welchen Anforderungen das 53 Vorbringen der Unternehmen, die sich auf § 2 Abs. 1 GWB oder im Rahmen des § 2

---

[138] Bechtold/Bosch, § 2 GWB Rn. 8.

[139] Auch die üblichen Kriterien der Spürbarkeit gelten für Kernbeschränkungen nicht, vgl. Kommission, de minimis-Bekanntmachung, ABl. 2001 C 368, 13 Rn. 11.

[140] KOMM., Leitlinien zur Anwendung von Art. 81 Abs. 3 EG, ABl. 2004 C 101, 8 Rn. 46; vgl. KOMM., Leitlinien zur Anwendbarkeit des Artikels 101 AEUV auf Vereinbarungen über horizontale Zusammenarbeit, ABl. 2023, C 259, 1 ff., Rn. 158 (geringe Wahrscheinlichkeit der Unerlässlichkeit von Beschränkungen für die F&E-Zusammenarbeit im Falle von schwarzen Klauseln nach Art. 5 VO 1217/2010).

[141] KOMM., Leitlinien zur Anwendung von Art. 81 Abs. 3 EG, ABl. 2004 C 101, 8 Rn. 46. Zwar schließt Art. 101 Abs. 3 AEUV bestimmte Arten von Vereinbarungen nicht a priori aus, vgl. EuG 15.9.1998, Slg. 1998, II-3141 Rn. 136 – European Night Services; seine Erstreckung auf Vereinbarungen mit Kernbeschränkungen stellt jedoch die seltene Ausnahme dar.

[142] Vgl. auch KOMM., Leitlinien zur Anwendung von Art. 81 Abs. 3 EG, ABl. 2004 C 101, 8 Rn. 35 (nur Nachweis erforderlich, dass die Vereinbarung unter die GVO fällt).

[143] Ebenso KOMM., Leitlinien zur Anwendung von Art. 81 Abs. 3 EG, ABl. 2004 C 101, 8 Rn. 36 aE.

Abs. 2 GWB auf das Eingreifen einer GVO berufen, genügen muss. Für die nach Art. 101 Abs. 3 AEUV berücksichtigungsfähigen **Effizienzgewinne** stellt die Kommission eine **erhebliche Substantiierungslast** auf: Sowohl die (objektive) Art der geltend gemachten Effizienzgewinne als auch ihr Ausmaß, ihre Wahrscheinlichkeit, das Wann und Wie ihres Eintritts und die Verknüpfung zwischen der Vereinbarung und den Effizienzgewinnen müssen dargelegt werden.[144] Insoweit weist auch das BKartA mit Blick auf behauptete Kosteneinsparungen darauf hin, dass diese so genau wie möglich quantifiziert oder wenigstens schätzungsweise vorgetragen werden und die dazu vorgelegten Daten nachprüfbar sein müssen.[145] Solch strenge Anforderungen gelten aber nicht nur bezüglich der Effizienzgewinne im engeren Sinne, sondern gleichermaßen für alle vier der in Art. 101 Abs. 3 AEUV bzw. § 2 Abs. 1 GWB enthaltenen Freistellungsvoraussetzungen.[146] Diese Haltung ist im Grundsatz nicht zu beanstanden, da es insoweit in aller Regel um Informationen geht, die den beteiligten Unternehmen zur Verfügung stehen. **Problematisch** ist dagegen die **Beibringung hinreichender marktbezogener Informationen** etwa zur Berechnung der Marktanteile der Kooperationspartner oder außenstehender Dritter. Auch sonstige Informationen über die Marktverhältnisse können für einzelne Unternehmen vielfach schwer zu beschaffen sein. Angesichts beschränkter Mittel privater Parteien zur Sachverhaltsaufklärung stellt sich im System der Legalausnahme zunehmend das Problem möglicher **Erleichterungen der Darlegungs- und Beweislast** in kartellrechtsrelevanten Zivilprozessen. Zur Anwendung der zahlreichen unbestimmten Rechtsbegriffe des § 2 Abs. 1 GWB bedarf es vielfach der Aufklärung und Beurteilung komplexer wirtschaftlicher Sachverhalte. Das stellt nicht nur die Gerichte vor völlig neue Aufgaben,[147] sondern auch die Parteien eines Zivilverfahrens. Die **Anforderungen an die Substantiierungspflicht** von Tatsachenbehauptungen **dürfen** hier **nicht überspannt werden.**[148] Das gilt insbesondere für die Tatbestandsmerkmale mit gewissen Prognoseelementen (Erzielung von Effizienzgewinnen und Beteiligung der Verbraucher an den Vorteilen). In vielen Fällen wird es letztlich auf einen Sachverständigenbeweis ankommen, der aber angesichts unterschiedlicher ökonomischer Lehrmeinungen häufig auch keine letzte persönliche Gewissheit des Richters bringen wird. Vor diesem Hintergrund wird zutreffend gefordert, bei ökonomischen Marktanalysen das Beweismaß partiell abzusenken und sich mit Wahrscheinlichkeitsstandards zu begnügen.[149] Zudem könnten ökonomische Erfahrungssätze als Anscheinsbeweis eingestuft werden.[150] Neben der Verfeinerung der materiellen Anwendungsgrundsätze wird die vorsichtige, schrittweise Anpassung des zivilprozessualen Beibringungsgrundsatzes und des Beweisrechts an die spezifischen Bedürfnisse des Kartellrechts unter der Geltung der Legalausnahme eine der wichtigsten Aufgaben der Rechtsprechung in den nächsten Jahren sein.[151] Angesichts der erheblichen – häufig fallentscheidenden – Relevanz ökonomischer Erkennt-

[144] KOMM., Leitlinien zur Anwendung von Art. 81 Abs. 3 EG, ABl. 2004 C 101, 8 Rn. 51. Näher hierzu → Rn. 68 ff.
[145] BKartA 31.5.2007, WuW/E DE-V 1392 Rn. 144 – Altglas; ähnlich und speziell zur Substantiierungslast für Effizienzen einer Versicherungsgemeinschaft BKartA 10.8.2007, WuW/E DE-V 1459 Rn. 160 ff. – Wirtschaftsprüferhaftpflicht; BKartA, Hinweise zur wettbewerbsrechtlichen Bewertung von Kooperationen beim Glasfaserausbau in Deutschland vom 19.1.2010, abrufbar unter www.bundeskartellamt.de, Rn. 76; ebenso auch Nordemann/Grave in LMRKM Rn. 27.
[146] BKartA, Hinweise zur wettbewerbsrechtlichen Bewertung von Kooperationen beim Glasfaserausbau in Deutschland vom 19.1.2010, abrufbar unter www.bundeskartellamt.de, Rn. 87.
[147] Vgl. Hirsch ZWeR 2003, 233 (238), der auch einen verstärkten Einsatz der Hinweis- und Erörterungspflicht nach § 139 ZPO anmahnt (aaO, S. 240).
[148] Heyers in FK-KartellR Rn. 77; Hirsch ZWeR 2003, 233 (240); Kirchhoff WuW 2004, 745 (749).
[149] Vgl. Heyers in FK-KartellR Rn. 77; Nordemann/Grave in Loewenheim et al. Rn. 30; Kirchhoff WuW 2004, 745 (746) mwN.
[150] Nordemann/Grave in LMRKM Rn. 30.
[151] Dies betrifft in gleicher Weise, wenn nicht noch stärker, den für private Kläger sehr schwierigen Nachweis eines Verstoßes gegen das Kartellverbot, jedenfalls wenn man mit dem „more economic approach" der Kommission schon für die Verletzung des Tatbestands des Art. 101 Abs. 1 AEUV (bzw. § 1 GWB) erhebliche negative wettbewerbliche Auswirkungen im Markt verlangt; vgl. dazu Bornkamm/Becker ZWeR 2005, 213 (231 ff.).

nisse und Lehrmeinungen hat das BKartA inzwischen entsprechende Vorgaben für die Einbeziehung ökonomischer Gutachten in ihre behördliche Kartellrechtsanwendung veröffentlicht.[152]

**2. Praktische Durchführung der Selbsteinschätzung und kartellrechtliche Compliance.** Die Selbsteinschätzung der kartellrechtlichen Risiken, die mit potentiell wettbewerbsbeschränkenden Vereinbarungen verbunden sind, ist eine der zentralen Aufgaben der Unternehmensleitung (vgl. § 91 Abs. 2 AktG). Diese hat generell für die Einrichtung eines Systems der Prüfung und Kontrolle kartellrechtsrelevanter Vorgänge im Unternehmen zu sorgen. Als **Teil umfassender Maßnahmen zur Kartellrechtscompliance**[153] gehört dazu insbesondere die sehr sorgfältige Durchführung einer **eingehenden kartellrechtlichen Prüfung** – ggf. unter Beiziehung externen Sachverstands – **vor dem Abschluss kartellrechtsrelevanter Verträge** oder Verhaltensabstimmungen. Die Freistellungsvoraussetzungen einer nach § 2 Abs. 2 GWB entsprechend anwendbaren GVO oder des § 2 Abs. 1 GWB müssen nicht nur für einen bestimmten Stichtag wie etwa den Tag des Inkrafttretens der Vereinbarung erfüllt sein, sondern im Prinzip für die gesamte Dauer der beabsichtigten Kooperation. Dies setzt eine entsprechend **fundierte Prognose nach objektiven Maßstäben** voraus.[154]

Da sich die Marktverhältnisse ständig verändern können, die Freistellungsvoraussetzungen aber **während der Laufzeit der Kooperation grundsätzlich in jedem Zeitpunkt** eingehalten sein müssen, ist **in regelmäßigen Abständen** eine **Überprüfung** geboten. Welche Zeitintervalle hier anzusetzen sind, richtet sich ua danach, welche Auslauf- oder Übergangsfristen zB bei Überschreitung von Marktanteilsschwellen in GVOen vorgesehen sind.[155] Zudem ist dafür zu sorgen, dass bestimmte relevante Informationen, die Anlass zu einer Änderung der Beurteilung geben könnten, sofort an die zuständige Stelle weitergegeben werden, um eventuell erforderliche Anpassungen der Vertragssituation sogleich vornehmen zu können. Nach Möglichkeit sollten die Kooperationsvereinbarungen selbst Regelungen für die Überprüfung der Freistellungsvoraussetzungen und etwaige erforderliche Anpassungen enthalten (zB Wegfall bestimmter Beschränkungen, die nicht mehr unerlässlich für die Zusammenarbeit sind).[156] Die **Pflicht zur kontinuierlichen Fortführung der Selbsteinschätzung** stellt eine gravierende Abweichung vom früheren System der Einzelfreistellung dar. Diese wurde nach den Marktverhältnissen zum Zeitpunkt der Antragstellung bzw. der Kommissionsentscheidung befristet erteilt, so dass sich die Notwendigkeit einer erneuten Beurteilung erst bei Fristablauf oder zum Zeitpunkt eines Verlängerungsantrags stellte.

Die getroffenen **Absprachen** wie deren kartellrechtliche **Überprüfung** sollten **umfassend dokumentiert** werden.[157] Das gilt insbesondere für die mit einer wettbewerbsbeschränkenden Zusammenarbeit angestrebten betriebswirtschaftlichen Effizienzvorteile,

54

55

56

---

[152] BKartA, Standards für ökonomische Gutachten vom 20.10.2010, abrufbar unter www.bundeskartellamt.de; dazu auch BKartA TB 2009/2010, 50 f.; dazu Christiansen/Locher WuW 2011, 444 ff. sowie allg. zur sachgerechten Integration ökonomischer Argumente und Analysen in die Kartellrechtspraxis sowie zur Entwicklung von Standards „forensischer Ökonomie" Ewald ZWeR 2011, 15 ff.

[153] Vgl. ausführlich zu den Aufgaben und Methoden unternehmensinterner Maßnahmen zur Einhaltung des Kartellrechts („Kartellrechtscompliance") Karbaum, Kartellrechtliche Compliance – Rechtsgrundlagen und Umsetzung, 2010; Heyers in FK-KartellR Rn. 78 ff.; Karst WuW 2012, 150 ff.; Dreher ZWeR 2004, 75 ff. mwN. Als Instrumente, die auch auf die Verhinderung eindeutiger Verstöße wie verbotener Preis-, Mengen- oder Gebietsabsprachen sowie sonstiger offensichtlich wettbewerbswidriger Verhaltensweisen zielen, kommen die Instruktion der Mitarbeiter, ihre Überwachung, insbesondere durch präventive Kontrollen, sowie die repressive Sanktionierung von Verstößen in Betracht; näher dazu Dreher aaO, S. 96 ff. mwN. Vgl. auch generell zu Zielen, Instrumenten und Aufbau einer Compliance-Organisation Hauschka in Hauschka, Corporate Compliance – Handbuch der Haftungsvermeidung im Unternehmen, 2007, § 1 Rn. 24 ff.; Karbaum S. 275 ff.; Glöckner, JuS 2017, 905 ff.

[154] Schwintowski/Klaue WuW 2005, 370 (373).

[155] Vgl. zB Art. 8 lit. d VO 2022/720, Art. 6 lit. d, Art. 7 Abs. 3 VO 2023/1066.

[156] Bechtold/Bosch/Brinker Art. 101 Rn. 170.

[157] Nordemann/Grave in LMRKM Rn. 25.

deren Prognose detailliert festgehalten[158] und eventuell mittels eines Sachverständigengutachtens abgesichert werden sollte. Auch die erwartete oder eingetretene (partielle) Weitergabe der erzielten wirtschaftlichen Vorteile an die Marktgegenseite (in Form von Preissenkungen, Markteinführung neuer Produkte etc) sollte entsprechend dokumentiert werden. Nicht hinreichend geklärt ist, wie sich nicht vorhergesehene temporäre Schwankungen des Effizienzgewinns, der ja die Wettbewerbsbeschränkungen (über)kompensieren soll, auf die wettbewerbliche Abwägung und damit die Zulässigkeit der Kooperation nach § 2 Abs. 1 GWB auswirken.[159] Jedenfalls wenn deutlich wird, dass die prognostizierten Effizienzgewinne nicht mehr in dem erforderlichen Umfang eintreten können, oder wenn dies unwahrscheinlich wird, entfällt die Freistellungswirkung ex nunc.

57 Eine wirksame, zügige und effiziente kartellrechtliche Selbsteinschätzung setzt die **Verfügbarkeit zuverlässiger und aktueller Daten** sowohl über das Unternehmen selbst wie auch über die (Entwicklung der) Marktverhältnisse voraus. Daraus resultieren erhebliche Anforderungen an die Organisation des unternehmensinternen Informationsflusses wie an die Beschaffung externer Daten. Soweit es auf die Berechnung von Marktanteilen ankommt, etwa im Zusammenhang mit der Einhaltung von Marktanteilsschwellen in GVO-en, sollten nach Möglichkeit auch belastbare Zahlen von dritter Seite vorliegen; in geeigneten Fällen kann sich eine (informelle) Nachfrage bei der zuständigen Beschlussabteilung des BKartAs empfehlen.[160] Die Beauftragung kommerzieller Anbieter mit der Durchführung einer empirischen **Marktstudie** dürfte wegen des damit verbundenen Zeit- und Kostenaufwands nur in Ausnahmefällen – etwa zur Absicherung größerer Investitionen – in Betracht kommen. Selbst wenn eine hinreichende Tatsachengrundlage vorhanden ist, kann bei komplexen Sachverhalten für die rechtliche und/oder ökonomische Bewertung die Einholung von **Sachverständigengutachten** angezeigt sein.

58 Wird **kein** hinreichend **funktionsfähiges System der Selbsteinschätzung** eingerichtet und sorgfältig praktiziert, ist bei einem Kartellrechtsverstoß der **Vorwurf des Verschuldens** nicht mehr abzuwehren mit entsprechenden Konsequenzen für Schadensersatz- und Bußgeldpflichten.[161] Dagegen liegt kein Verschulden vor, wenn sich Rechts- oder Tatsachenirrtümer trotz sorgfältigen Vorgehens und zumutbarer Anstrengungen nicht vermeiden ließen. Die Einrichtung eines Systems der kartellrechtlichen Selbsteinschätzung kann somit das Bußgeld- und Schadensersatzrisiko bei Kartellverstößen erheblich vermindern.[162]

59 **3. Weitergehende Reduzierung des Risikos von Fehleinschätzungen?** In der Literatur wird teilweise eine weitergehende Entlastung der Unternehmen hinsichtlich des Risikos einer fehlerhaften kartellrechtlichen Selbsteinschätzung gefordert. Da die Unternehmen im System der Legalausnahme keine Möglichkeit mehr haben, eine definitive, auch im Verhältnis zu Dritten bindende Klärung ihres Einzelfalls zu erreichen, wie dies früher mit einer konstitutiven Einzelfreistellung (zumindest theoretisch) möglich war, wird vereinzelt gefordert, den **Unternehmen** im Rahmen der erforderlichen Selbsteinschätzung wegen der enormen Bewertungs- und Prognoseschwierigkeiten und der damit verbundenen Rechtsunsicherheiten einen gerichtlich nicht oder nur eingeschränkt überprüfbaren **„Beurteilungsspielraum"** einzuräumen und die kaufmännisch vertretbare Annahme, die Freistellungsvoraussetzungen seien erfüllt, genügen zu lassen.[163]

---

[158] So auch Bechtold/Bosch/Brinker Art. 101 Rn. 170.

[159] Vgl. Schwintowski/Klaue WuW 2005, 370 (374).

[160] Nordemann/Grave in LMRKM Rn. 25.

[161] Vgl. Schwintowski/Klaue WuW 2005, 370 (376 f.).

[162] Zum Einfluss der Kartellrechtscompliance auf die Verhängung und Bemessung von Geldbußen im europäischen und deutschen Recht Dreher ZWeR 2004, 75 (83 ff.), der sich zugleich gegen eine Berücksichtigung des Bemühens um Kartellrechtscompliance bei Schadensersatzansprüchen wendet (aaO, S. 80 f.).

[163] Vgl. Bechtold WuW 2003, 343 (zurückhaltender jetzt Bechtold/Bosch 2 Rn. 12 sowie ders. FS Hirsch, 223 (229 f.); Lettl, Kartellrecht, 2. Aufl. 2007, § 1 Rn. 12 aE; bezüglich der Verhängung von Bußgeldern auch Dreher/Thomas WuW 2004, 8 (16 f.).

Dem **kann** jedoch **nicht gefolgt werden.**[164] Denn eine derartige Einschätzungspräroga-  **60**
tive hinsichtlich der Erfüllung der Freistellungskriterien könnte unter bestimmten Voraussetzungen allenfalls dem Rechtsanwender, aber keinesfalls den Normadressaten gewährt
werden.[165] Den Unternehmen als Rechtsunterworfenen darf auch in „Graubereichen"
trotz großer Rechtsunsicherheit nicht die definitive Entscheidung überlassen werden, ob
ihr Verhalten die tatbestandlichen Kriterien einer GVO oder der Generalklausel erfüllt.
Sofern die beteiligten Unternehmen in gutem Glauben nach sorgfältiger Information und
fachkundiger Beratung vom Eingreifen der Legalausnahme in ihrem Fall überzeugt sind,
wird es grundsätzlich an einem **Verschulden** hinsichtlich eines dennoch gegebenen
Kartellverstoßes fehlen,[166] so dass die Unternehmen weder Bußgelder noch zivilrechtliche
Schadensersatzansprüche zu befürchten brauchen. In solchen Fällen kann es zu einem
unvermeidbaren Verbotsirrtum kommen.[167] Eine derartige Möglichkeit hat der EuGH im
„Schenker"-Urteil vom 18.6.2013 für in den Anwendungsbereich des europäischen Kartellrechts fallende Abreden zwar nicht generell ausgeschlossen, die Berufung darauf aber
erheblich erschwert. So haben die Richter vor dem Hintergrund des konkreten Sachverhaltes entschieden, dass das Vertrauen auf externen Rechtsrat und eine zu Unrecht erteilte
behördliche Genehmigung nicht ausreichen, um einen derartigen Irrtum zu begründen.[168]
Die Entscheidung ist auf Grund ihrer Kürze und der fehlenden dogmatischen Überlegungen zum Verschuldensprinzip zu Recht kritisiert worden.[169] Bei rein nationalen Sachverhalten sollte sich das BKartA daher nicht an dem „Schenker"-Urteil orientieren.

Auch bei Vorliegen eines unvermeidbaren Verbotsirrtums bleibt es bei der zivilrecht-  **61**
lichen Nichtigkeit kartellrechtswidriger Verträge oder Beschlüsse. Selbst wenn die beteiligten Unternehmen nach gründlicher Prüfung davon ausgehen durften, dass ihre Vereinbarung kartellrechtlich zulässig war, sich nachträglich aber herausstellt, dass diese Annahme
unzutreffend war, kann der Vertrag bei einem tatsächlichen Kartellverstoß nicht für die
Vergangenheit als wirksam behandelt werden, etwa weil die damalige Beurteilung der
Beteiligten auch nachträglich noch als durchaus sachgerecht erscheint.[170] Einen derartigen
Vertrauensschutz gibt es auch sonst im Zivilrecht nicht.

---

[164] Im Ergebnis ebenso W. Jaeger WuW 2000, 1062 (1073 f.); Schütz in GK VO 1/2003 Einführung
Rn. 12, Art. 1 Rn. 18; Röhling GRUR 2003, 1019 (1020 f.); Koch ZWeR 2005, 380 (394); Nordemann/
Grave in LMRKM Rn. 23; Schneider in Bunte Rn. 8; **aA** Dreher/Thomas WuW 2004, 8 (16 f.); offen
gelassen bei Lober in Schulte/Just Rn. 6.

[165] Fuchs ZWeR 2005, 1 (22). Selbst den Kartellbehörden steht im neuen System der Legalausnahme kein
Beurteilungsspielraum (mehr) zu, da es nach dem Fortfall des Freistellungsmonopols der Kommission weder
nur noch einen wegen seiner einzigartigen Position allein legitimierten Entscheidungsträger noch diskretionäre Entscheidungsspielräume gibt, sondern das Eingreifen der Freistellungsvoraussetzungen eine Frage der
reinen Rechtsanwendung ist, für die verschiedene Rechtsanwender (Kommission, mitgliedstaatliche Wettbewerbsbehörden und Gerichte) parallel zuständig sein können, vgl. hierzu ausführlich Fuchs ZWeR 2005, 1
(18 ff.); im Ergebnis gegen einen Beurteilungsspielraum der Kommission und anderer Rechtsanwender auch
Koch ZWeR 2005, 380 ff.; ders. ZHR 169 (2005), 625 (632 ff.).

[166] So auch Schneider in Bunte Rn. 8 aE; Nordemann/Grave in LMRKM Rn. 23; Schwarze/Weitbrecht,
Grundzüge des europäischen Kartellverfahrensrechts, 2004, Rn. 21. An das Fehlen eines Verschuldens
knüpfen auch Dreher/Thomas WuW 2004, 8 (16 ff.) an, doch führt das Verlangen eines „offensichtlichen"
Fehlers bei der Beurteilung des Eingreifens der Freistellungsvoraussetzungen, die „eindeutig ausgeschlossen"
sein müssten, zur Etablierung eines anderen Verschuldensmaßstabs, nämlich mindestens der groben Fahrlässigkeit, wenn nicht eines bedingten Vorsatzes; bedauerlich ist vor diesem Hintergrund, dass sich der EuGH
in dem Urteil „Schenker & Co. AG" mit diesem Tatbestandsmerkmal nicht genauer auseinandergesetzt hat,
kritisch dazu auch Kersting WuW 2013, 845 (846).

[167] S. Kersting WuW 2013, 845 (849 f.); umfangreich auch zu den verfassungsrechtlichen Grundlagen
Brettel/Thomas ZWeR 2013, 272 (275 ff., 279 ff., 292 ff.).

[168] So auch das Verständnis der Entscheidung bei Kersting WuW 2013, 845 (849); Meyer-Lindemann
EuZW 2013, 624 (626) aE.

[169] So beispielsweise Brettel/Thomas ZWeR 2013, 272 (297); Meyer-Lindemann EuZW 2013, 624
(627 f.).

[170] So aber Bechtold/Bosch, § 2 GWB Rn. 12 aE, der Auswirkungen einer abweichenden Beurteilung
„allenfalls für die Zukunft" zulassen will.

## B. Freistellung nach der Generalklausel des § 2 Abs. 1 GWB

### I. Allgemeines

**62**　**1. Gegenstand und Reichweite der Freistellung.**[171] Die kartellrechtliche Ausnahme des § 2 Abs. 1 GWB bezieht sich auf „Vereinbarungen zwischen Unternehmen, Beschlüsse von Unternehmensvereinigungen und aufeinander abgestimmte Verhaltensweisen" und damit gleichermaßen auf alle drei **Formen der Koordinierung wettbewerbsrelevanten Verhaltens.** Im Gegensatz dazu waren nach den früheren §§ 2–8 GWB aF nur Vereinbarungen und Beschlüsse legalisierbar, nicht dagegen abgestimmte Verhaltensweisen.[172] Deren Ausklammerung beruhte nicht allein darauf, dass der Gesetzgeber insoweit die für ein Anmeldeverfahren notwendige Dokumentation der wettbewerbsbeschränkenden Verhaltensweisen nicht als gegeben ansah.[173] Vielmehr war es in den Augen des Gesetzgebers schon zur Sicherstellung einer hinreichenden Erfolgswahrscheinlichkeit der Kooperation geboten, dass die beteiligten Unternehmen sich in konkreten Vereinbarungen oder Beschlüssen zu den geplanten Rationalisierungsmaßnahmen verpflichteten.[174] Darauf wird seit der 7. GWB-Novelle zwar im Interesse der Harmonisierung mit dem europäischen Kartellrecht verzichtet, doch hat die **Einbeziehung abgestimmter Verhaltensweisen** in den Freistellungstatbestand **lediglich** eine **Ergänzungsfunktion.** Eine isolierte Verhaltensabstimmung, die nicht in engem Zusammenhang mit anderweitigen Vereinbarungen steht und insbesondere deren Absicherung oder Verstärkung dient, dürfte für sich genommen regelmäßig nicht die hinreichende Gewähr für die Erzielung von Effizienzvorteilen als erste Freistellungsvoraussetzung bieten.[175]

**63**　Die **Bezugnahme der Freistellung auf § 1 GWB** macht zweierlei deutlich: Zum einen geht es um Verhaltensweisen von Unternehmen, die eine **spürbare Wettbewerbsbeschränkung** bezwecken oder bewirken. Fehlt es daran, bedarf es schon keiner Freistellung. Zum anderen befreit die Legalausnahme nur von der Anwendung des Kartellverbots, nicht dagegen vom Verbot missbräuchlicher oder sonstiger (einseitiger) wettbewerbsbeschränkender Verhaltensweisen nach den §§ 18–21 GWB. Nach der **Aufhebung des Empfehlungsverbots** und seiner Ausnahmen (§§ 22, 23 GWB aF)[176] im Zuge der 7. GWB-Novelle sind inzwischen auch Empfehlungen allein am Maßstab des allgemeinen Kartellverbots zu messen. Sie fallen nur dann unter § 1 GWB (bzw. bei zwischenstaatlichen Auswirkungen unter Art. 101 Abs. 1 AEUV), wenn sie auf einer Vereinbarung, einem (verbindlichen) Beschluss oder einer abgestimmten Verhaltensweise beruhen bzw. zu einer solchen führen.[177] Insbesondere wenn die Empfehlung befolgt wird, kann ein abgestimmtes Verhalten vorliegen.[178] Der deutsche Gesetzgeber wollte mit der Streichung des weiterreichenden Empfehlungsverbots (und seiner Ausnahmen, etwa für die unverbindliche Preisempfehlung für Markenwaren) auch insoweit eine Angleichung des deutschen an das europäische Kartellrecht erreichen, das kein gesondertes Empfehlungsverbot kennt, um auch hier eine „unerwünschte Zweiteilung des deutschen Wettbewerbsrechts" in Sachverhalte mit und ohne Zwischenstaatlichkeitsbezug zu vermeiden.[179] Nur

---

[171] Auch → Rn. 1 ff.

[172] Gleiches gilt nach dem im Zuge der 7. GWB-Novelle neu eingeführten § 3 GWB für Mittelstandskartelle; näher zu den Anforderungen an Vereinbarungen und Beschlüsse in dieser Vorschrift → § 3 Rn. 24 ff.

[173] So aber Schneider in Bunte Rn. 21; ders. in FK-KartellR GWB 1999 § 5 Rn. 25.

[174] Vgl. Immenga in Immenga/Mestmäcker, 3. Aufl. 2001, Vor §§ 2–8 aF Rn. 7; vgl. auch → § 3 Rn. 37.

[175] **AA** und für ein durchgängig gleichberechtigtes Nebeneinander von Vereinbarungen und abgestimmten Verhaltensweisen im Rahmen des § 2 GWB Nordemann in LMRKM, 2. Aufl. 2009, Rn. 16 aE.

[176] Krit. dazu Wagner-v. Papp WuW 2005, 379 ff.

[177] BegrRegE, BT-Drs. 15/3640, 30; BKartA – Fallbericht zu B1–232/07, S. 1 f. – Bauhauptgewerbe; Schneider in Bunte § 2 Rn. 22.

[178] EuGH 28.1.1986 – Slg. 1986, 353 ff. – Pronuptia.

[179] BegrRegE, BT-Drs. 15/3640, 30.

wenn eine Empfehlung nicht einseitig bleibt, sondern im Einzelfall gegen das Kartellverbot verstößt, ist demnach zu prüfen, ob ein Freistellungstatbestand eingreift, sei es die Vorschrift einer GVO (iVm § 2 Abs. 2 GWB), sei es die allgemeine Legalausnahme des § 2 Abs. 1 GWB (bzw. Art. 101 Abs. 3 AEUV).

Die gesetzliche Freistellung nach § 2 Abs. 1 GWB kann grundsätzlich **alle Arten von** **64** **Vereinbarungen** erfassen. Sie gilt sowohl für **horizontale wie** für **vertikale Wett-** **bewerbsbeschränkungen.** Obwohl die Schwere der Wettbewerbsbeschränkung bei der Beurteilung der Einhaltung der Freistellungsvoraussetzungen zu berücksichtigen ist, wird keine Form der Beschränkung als per se nicht freistellbar angesehen.[180] Handelt es sich um schwerwiegende Wettbewerbsbeschränkungen, die als schwarze Klauseln in GVOen oder als Kernbeschränkungen in Leitlinien der Kommission eingestuft werden, ist eine Freistellung allerdings „unwahrscheinlich".[181] In der Regel erfüllen sie weder die beiden positiven Voraussetzungen, weil sie schon keine objektiven wirtschaftlichen Vorteile herbeiführen, an denen die Verbraucher partizipieren könnten, noch sind sie unerlässlich zur Erreichung eines effizienzfördernden Kooperationsziels.

Die **Reichweite der Freistellung** wird **durch die je zwei positiven und negativen** **65** **Voraussetzungen** bestimmt, von deren Einhaltung § 2 Abs. 1 GWB (in fast wörtlicher Übereinstimmung mit Art. 101 Abs. 3 AEUV) die Legalisierung abhängig macht: Die Vereinbarung muss **(1) (volkswirtschaftliche) Effizienzgewinne** mit sich bringen, indem sie „zur Verbesserung der Warenerzeugung oder –verteilung oder zur Förderung des technischen oder wirtschaftlichen Fortschritts" beiträgt, **(2)** eine **angemessene Partizipa-** **tion anderer Marktteilnehmer an den erzielten wirtschaftlichen Vorteilen** gewährleisten („unter angemessener Beteiligung der Verbraucher an dem entstehenden Gewinn"), darf den beteiligten Unternehmen **(3) keine Beschränkungen** auferlegen, **die** für die Verwirklichung dieser Ziele **nicht unerlässlich sind** sowie **(4) keine Möglichkeiten zur** **Ausschaltung des Wettbewerbs** für einen wesentlichen Teil der betreffenden Produkte eröffnen.

**Alle vier Voraussetzungen** müssen **kumulativ** erfüllt sein; wird auch nur eines der **66** positiven oder negativen Kriterien nicht eingehalten, scheidet eine Freistellung aus.[182] Liegen die vier Voraussetzungen dagegen vor, tritt automatisch (ex lege) die Freistellungswirkung ein, wobei die Regelung des § 2 Abs. 1 GWB in dem Sinne **abschließend** ist, dass ihre Anwendung nicht von der Erfüllung weiterer Bedingungen abhängig ist oder gemacht werden kann.[183]

Die **Prüfung der Generalklausel erübrigt sich, wenn die Bedingungen einer** nach **67** § 2 Abs. 2 GWB entsprechend anwendbaren europäischen **GVO erfüllt sind.**[184] Deren Geltung „bei der Anwendung von Absatz 1" – und zwar auch bei Sachverhalten ohne Zwischenstaatlichkeitsbezug (§ 2 Abs. 2 S. 2 GWB) – bedeutet, dass die Einhaltung der

---

[180] EuGH 13.7.1966, Slg. 1966, 322 (399) – Consten und Grundig; EuG 21.2.1995, Slg. 1995, II–289 Rn. 286 – SPO; 15.7.1994, Slg. 1994, II–595 Rn. 85, 104 – Matra Hachette; Mestmäcker/Schweitzer § 13 Rn. 1.

[181] KOMM., Leitlinien zur Anwendung von Art. 81 Abs. 3 EG, ABl. 2004 C 101, 8 Rn. 46, 79; sinngemäß auch Kommission Vertikalleitlinien Rn. 275 („Voraussetzungen des Artikels 101 Absatz 3 AEUV wahrscheinlich nicht erfüllt"); ebenso KOMM. 8.7.2009 – COMP/39.401 Rn. 265 – E.ON/GDF; Schneider in Bunte § 2 Rn. 29 mit Beispielen zu Kernbeschränkungen aus der jüngeren Praxis; ähnlich die Einschätzung bei Lober in Schulte/Just Rn. 8.

[182] Allg. Ansicht, s. nur BegrRegE, BT-Drs. 15/3640, 25; Schneider in Bunte Rn. 26; Nordemann in LMRKM, 3. Aufl. 2016, Rn. 20 mwN; ebenso zu Art. 101 Abs. 3 AEUV zB EuGH 17.1.1984 –, Slg. 1984, 19 Rn. 61 – VBVB und VBBB; EuG 8.6.1995, Slg. 1995, II–1533 (1596 ff.) – Langnese Iglo/Kommission; 11.7.1996, Slg. 1996, II–649 Rn. 93 – Métropole Télévision ua/Kommission; 8.10.2002 –, Slg. 2002, II–3805 Rn. 86 – Métropole Télévision (M6); KOMM., Leitlinien zur Anwendung von Art. 81 Abs. 3 EG, ABl. 2004 C 101, 8 Rn. 34, 38, 42; Mestmäcker/Schweitzer § 14 Rn. 3, 35 mwN.

[183] Ebenso für die europäische Parallelvorschrift KOMM., Leitlinien zur Anwendung von Art. 81 Abs. 3 EG, ABl. 2004 C 101, 8 Abs. 3 EG, Rn. 42.

[184] Vgl. KOMM., Leitlinien zur Anwendung von Art. 81 Abs. 3 EG, ABl. 2004 C 101, 8 Rn. 35 (die Unternehmen müssen lediglich beweisen, dass ihre Vereinbarung unter die GVO fällt).

vier Kriterien des § 2 Abs. 1 GWB solange feststeht,[185] wie die betreffende Vereinbarung unter die Bestimmungen einer GVO fällt und dieser Rechtsvorteil nicht im Einzelfall nach § 32d GWB (bzw. Art. 29 VO 1/2003) von der zuständigen Kartellbehörde wieder entzogen worden ist.[186] Die **GVO** stellt einen **eigenständigen Legalisierungstatbestand** mit konstitutiver Bedeutung dar, der die allgemeinen Freistellungsvoraussetzungen des § 2 Abs. 1 GWB (vorbehaltlich des Entzugs im Einzelfall) rechtsverbindlich konkretisiert.[187] Auf der anderen Seite können Vereinbarungen, welche die Voraussetzungen einer GVO nicht erfüllen, zB wegen Überschreitung der Marktanteilsschwellen, gleichwohl nach der Generalklausel des § 2 Abs. 1 GWB freigestellt sein.[188]

**68**    **2. Generelle Anwendungsgrundsätze. a) Berücksichtigungsfähige Vorteile.** Im Rahmen der ersten Freistellungsvoraussetzung geht es um die Beurteilung, ob wettbewerbsbeschränkende Vereinbarungen **auch wettbewerbsfördernde Effekte** haben, welche im Ergebnis die Nachteile der Wettbewerbsbeschränkung überwiegen.[189] Erforderlich ist demnach eine **Abwägung zwischen Vor- und Nachteilen** der wettbewerbsbeschränkenden Vereinbarung: Eine Freistellung ist nur gerechtfertigt, wenn **per Saldo eine durch die Wettbewerbsbeschränkung verursachte Verbesserung der gesamtwirtschaftlichen Situation** eintritt, dh eine spürbare, positive Veränderung gegenüber dem Zustand, der ohne die Beschränkung bestünde.[190] Dabei kann ein Effizienzgewinn auch in der Verhinderung einer Verschlechterung bestehen, die ohne die wettbewerbsbeschränkende Vereinbarung wahrscheinlich eintreten würde.[191]

**69**    Die **Grundnorm** für die Freistellung von Rationalisierungskartellen war **bis zur 7. GWB-Novelle § 5 Abs. 1 GWB aF.** Die Vorschrift diente als Auffangtatbestand für alle wettbewerbsbeschränkenden Vereinbarungen zur Rationalisierung wirtschaftlicher Vorgänge, die nicht unter einen der spezielleren Tatbestände für Normen- und Typenkartelle (§ 2 Abs. 1 GWB aF), Konditionenkartelle (§ 2 Abs. 2 GWB aF), Spezialisierungsvereinbarungen (§ 3 GWB aF) oder Mittelstandskooperationen (§ 4 Abs. 1 GWB aF) fielen.[192] Ihre **vier Voraussetzungen** waren in ihrer Struktur dem Art. 101 Abs. 3 AEUV durchaus ähnlich, wiesen aber auch Unterschiede im Detail auf: Verlangt wurde eine Rationalisierung wirtschaftlicher Vorgänge, die (1) zur wesentlichen Hebung der Leistungsfähigkeit oder Wirtschaftlichkeit der beteiligten Unternehmen geeignet war, (2) zur Verbesserung der Bedarfsbefriedigung beitragen konnte, (3) ein angemessenes Verhältnis zwischen Ra-

---

[185] Vgl. KOMM., Leitlinien zur Anwendung von Art. 81 Abs. 3 EG, ABl. 2004 C 101, 8 Rn. 35 (Annahme, dass die von einer GVO erfassten Vereinbarungen alle vier Voraussetzungen des Art. 101 Abs. 3 AEUV erfüllen).

[186] Die Gerichte der Mitgliedstaaten sind dazu nicht befugt; das gilt sowohl für den originären Anwendungsbereich der GVOen im sekundären Unionsrecht, dazu KOMM., Leitlinien zur Anwendung von Art. 81 Abs. 3 EG, ABl. 2004 C 101, 8 Rn. 37, als auch im Rahmen ihrer entsprechenden Anwendung im deutschen Recht § 2 Abs. 2 GWB. Vgl. aber zur einschränkenden Auslegung der Verweisung für den Fall einer Überschreitung der materiellen Freistellungskriterien des Art. 101 Abs. 3 AEUV/§ 2 Abs. 1 GWB schon durch die abstrakt-generellen Tatbestände der GVO → Rn. 236 f.

[187] Näher hierzu → Rn. 22, 237 f.

[188] Allg. Ansicht, vgl. nur BGH 13.7.2004, WuW/E DE-R 1335 (1337 f.) – Citroën (zu Art. 101 Abs. 3 AEUV).

[189] S. nur EuGH 13.7.1966, Slg. 1966, 322 (397) = WuW/E MUV 125 – Grundig Consten; KOMM 14.9.1999 – IV/36.213/F2, ABl. 2000 L 58, 16 Rn. 79 ff. – Triebwerksallianz.

[190] OLG Düsseldorf 13.11.2013 – VI-U (Kart) 11/13 Rn. 62 – Badamaturen; BKartA 10.8.2007, WuW/E DE-V 1459 Rn. 186 – Wirtschaftsprüferhaftpflicht; Mestmäcker/Schweitzer § 14 Rn. 48; näher hierzu → Rn. 75 ff.

[191] Schneider in Bunte Rn. 35; ebenso schon zu § 7 GWB aF Zapfe S. 89; Mundt/Buch WM 2001, 2142 (2147); vgl. auch Immenga in Immenga/Mestmäcker, 3. Aufl. 2001, GWB § 5 aF Rn. 50 aE (Verbesserung der Bedarfsbefriedigung auch durch rationalisierungsbedingtes Auffangen von Kostensteigerungen und damit Vermeidung von Produktverteuerungen); vgl. aus der Anwendungspraxis hierzu OLG Düsseldorf 4.10.2007, WuW/E DE-R 2197 (2207 f.) – E.ON Ruhrgas (Effizienzträchtigkeit einer trotz gestiegenen Kosten unterbliebenen Preiserhöhung).

[192] Bunte in FK-KartellR GWB 1999 § 5 Rn. 3.

tionalisierungserfolg und Wettbewerbsbeschränkung aufwies und (4) nicht zur Entstehung oder Verstärkung einer marktbeherrschenden Stellung führte.

Die im früheren deutschen Recht geforderte **Rationalisierung zur wesentlichen Hebung der Leistungsfähigkeit oder Wirtschaftlichkeit** der beteiligten Unternehmen stellt **70** eine **wichtige Teilmenge** der nunmehr von § 2 Abs. 1 GWB verlangten **Effizienzgewinne** in Form einer „Verbesserung der Warenerzeugung oder -verteilung" oder „Förderung des technischen oder wirtschaftlichen Fortschritts" dar. Die aus betriebswirtschaftlicher Perspektive – Rationalisierung als Verbesserung des innerbetrieblichen Verhältnisses von Aufwand und Ertrag – festgestellten wirtschaftlichen Vorteile (für die beteiligten Unternehmen) stellen bei hinreichendem Ausmaß stets auch gesamtwirtschaftlich relevante Effizienzgewinne dar, auf die Art. 101 Abs. 3 AEUV und § 2 Abs. 1 GWB abstellen. Deren Anwendungsbereich ist jedoch insofern weiter, als er sich auch auf volkswirtschaftliche Effizienzgewinne erstreckt, die ohne eine einzelwirtschaftliche Rationalisierung bei den beteiligten Unternehmen eintreten. Diese wurden von § 5 Abs. 1 GWB aF (und seinen privilegierten Unterfällen) nicht erfasst, sondern konnten nur unter § 4 Abs. 2 GWB aF (mittelständische Einkaufskooperationen) oder § 7 GWB aF fallen. Für die Auslegung des jetzigen § 2 Abs. 1 GWB lässt sich daraus ableiten, dass in den Fällen, in denen in der Anwendungspraxis zu § 5 Abs. 1 GWB aF eine hinreichende Rationalisierungswirkung und Steigerung der Leistungsfähigkeit bejaht wurde, ein ausreichender Effizienzgewinn anzunehmen ist. In den Fällen, in denen eine Rationalisierungswirkung verneint wurde, ist weiter zu prüfen, ob ein anderweitiger volkswirtschaftlich relevanter Effizienzgewinn erkennbar ist.

**Berücksichtigungsfähig** sind grundsätzlich **nur Effizienzgewinne wirtschaftlicher 71 Art.**[193] Für eine **Güterabwägung mit anderen gesetzlichen Zielen als dem Schutz des Wettbewerbs** ist im Rahmen des § 2 Abs. 1 GWB **kein Raum.**[194] Für eine Beschränkung des § 2 Abs. 1 GWB auf rein wettbewerbliche Gesichtspunkte spricht in erster Linie die vom Gesetzgeber angestrebte „Synchronisierung" mit Art. 101 Abs. 3 AEUV. Denn der europäische Freistellungstatbestand ist seit Einführung des Prinzips der Legalausnahme strikt wettbewerbsbezogen auszulegen und bietet keinen Raum mehr für diskretionäre Abwägungsentscheidungen unter Berücksichtigung anderer Politikziele oder von sonstigen Belangen des Allgemeinwohls.[195] Das schließt nicht aus, dass sich bei bestimmten Vereinbarungen Überschneidungen wettbewerbsbezogener und nicht-wettbewerbsbezogener Aspekte und Auswirkungen ergeben können, etwa bei Umweltschutzvereinbarungen;[196] dabei ist im Rahmen der primär wettbewerbsorientierten Abwägung eine gewisse Mitberücksichtigung sonstiger Allgemeinwohlbelange denkbar, sofern dies nicht zu Lasten des Wettbewerbsschutzes geht. Für sich genommen können wettbewerbsfremde Belange aber niemals ausreichen, um eine Freistellung nach § 2 Abs. 1 GWB zu rechtfertigen.

Die **frühere Entscheidungspraxis der Kommission,** in der sie bei der Erteilung von **72** Einzelfreistellungen nach dem damaligen Art. 81 Abs. 3 EG (jetzt: Art. 101 Abs. 3 AEUV) vor allem über die Tatbestandsmerkmale der „Verbesserung der Warenerzeugung" und der „Förderung des technischen oder wirtschaftlichen Fortschritts" auch außerwettbewerbliche

---

[193] Lober in Schulte/Just § 2 Rn. 10; Nordemann in LMRKM Rn. 20 iVm AEUV Art. 101 Rn. 26.

[194] Str., **aA** Heyers in FK-KartellR Rn. 69 ff., ua mit Hinweis auf das Gebot, nichtwettbewerbliche Interessen einzubeziehen, um so die Einheit der Rechtsordnung zu bewahren; mit demselben Ergebnis auch ausführlich Hackl S. 196–248, der die Möglichkeit zur Berücksichtigung nichtwettbewerblicher Interessen aus einer verfassungskonformen Auslegung des § 2 Abs. 1 GWB unter Herstellung praktischer Konkordanz der Wettbewerbsfreiheit mit anderen im Grundgesetz verankerten Rechtsgütern herleitet. Vgl. weiterführend zu den problematischen und abzulehnenden Ansätzen einer tatbestandsinternen Rechtsgüterabwägung im Rahmen des § 1 GWB ausführlich Hackl S. 74–151; Zimmer → § 1 Rn. 54 ff. mwN.

[195] Fuchs ZWeR 2005, 1 (17 f.); Koch ZHR 169 (2005), 625 (633 ff.); vgl. auch schon Quellmalz WRP 2004, 461 (466 ff.); wie bei § 2 Abs. 1 GWB auch in Bezug auf die europäische Regelung **aA** als hier Hackl S. 256–279.

[196] Näher zu Umweltschutzvereinbarungen im Rahmen des § 2 Abs. 1 GWB → Rn. 215 ff.; vgl. zur Berücksichtigung von umweltbezogenen Belangen bei der kartellrechtlichen Prüfung auch Frenz Natur und Recht 2006, 138 ff.

Gesichtspunkte wie die Erhaltung von Arbeitsplätzen,[197] Förderung der Volksgesundheit, Sicherung der Energieversorgung, Umweltschutz, Verkehrssicherheit usw in die Abwägung einbezogen hat,[198] ist mit der Abschaffung des Systems der Administrativfreistellung und dem Verlust des Freistellungsmonopols der Kommission insoweit **hinfällig geworden.**[199] Gegen die weitere Zulässigkeit einer Berücksichtigung außerwettbewerblicher Ziele bei der Anwendung des Art. 101 Abs. 3 AEUV spricht nicht nur der Umstand, dass die Freistellungswirkung des Art. 101 Abs. 3 AEUV nunmehr unmittelbar ex lege und nicht auf Grund einer rechtsgestaltenden behördlichen Einzelfallentscheidung eintritt; hinzu kommt die parallele Zuständigkeit unterschiedlicher Rechtsanwender neben der Kommission ebenso wie die mangelnde Kompetenz und Legitimation der einzelstaatlichen Gerichte bzw. Wettbewerbsbehörden, andere öffentliche Interessen der Union, die in der Vorschrift selbst keinen unmittelbaren Niederschlag gefunden haben, zu berücksichtigen und mit dem Ziel des Wettbewerbsschutzes abzuwägen.[200] Auch nach Auffassung der Kommission selbst dürfen Freistellungen nur noch auf ökonomische, nicht auf politische Gründe gestützt werden.[201] Zwar heißt es in den Leitlinien zur Anwendung des Art. 81 Abs. 3 EG (jetzt: Art. 101 Abs. 3 AEUV) auch, den „mit anderen Bestimmungen des EG-Vertrags [jetzt: AEU-Vertrags] angestrebten Zielen kann Rechnung getragen werden, sofern sie den vier Voraussetzungen von Artikel 81 Absatz 3 zugeordnet werden können".[202] In der Sache stellt die Kommission zur Konkretisierung der ersten Voraussetzung des Art. 101 Abs. 3 AEUV jedoch ausschließlich auf ökonomische Kriterien ab, die sie zusammenfassend als **„Effizienzgewinne"**[203] charakterisiert.[204]

73    Festzuhalten bleibt somit, dass die unmittelbare und dezentrale Anwendung des Art. 101 Abs. 3 AEUV auf Einzelfälle eine rein wettbewerbsbezogene Auslegung der Tatbestandsmerkmale erfordert, und zwar sowohl aus kompetenzrechtlichen Erwägungen[205] als auch **zur Sicherung einer kohärenten Kartellrechtsanwendung in allen Mitgliedstaaten.**

---

[197] Vgl. zB KOMM. 4.7.1984 – IV/30.810, ABl. 1984 L 207, S. 17 Rn. 37 f. – Kunstfasern (Strukturkrisenkartell).

[198] Vgl. Mestmäcker/Schweitzer § 14 Rn. 86; Hackl S. 170–186, jeweils mit Nachweisen zu den einzelnen Entscheidungen.

[199] Das Gleiche gilt für die Berücksichtigung der Querschnittsklauseln in Art. 11 (Umwelt), Art. 167 (Kultur) und Art. 173 AEUV (Industriepolitik), für die Art. 101 Abs. 3 AEUV ebenfalls das Einfallstor bildete, vgl. Mestmäcker/Schweitzer § 14 Rn. 86; **aA** und für die Berücksichtigung von nichtwettbewerblichen Interessen aus den genannten Querschnittsklauseln Everling FS Huber, 2006, 1073 (1088 ff.); Heyers in FK-KartellR Rn. 69 ff.

[200] Im Ergebnis ebenso Mestmäcker/Schweitzer § 14 Rn. 86; Schwarze/Weitbrecht, Grundzüge des europäischen Kartellverfahrensrechts, Rn. 19.

[201] Weißbuch ABl. 1999 C 132, S. 1 Rn. 57; insoweit zustimmend Mestmäcker/Schweitzer § 4 Rn. 142.

[202] KOMM.; Leitlinien zur Anwendung von Art. 81 Abs. 3 EG, ABl. 2004 C 101, 8 Abs. 3 EG, Rn. 42 aE.

[203] So nun die schlichte Beschreibung in der neuesten Fassung der Horizontal-Leitlinien KOMM., Leitlinien zur Anwendbarkeit des Artikels 101 AEUV auf Vereinbarungen über horizontale Zusammenarbeit, ABl. 2023, C 259, 1 ff., Rn. 36 lit. a, 155 ff., 247 ff., 305, 341 ff., 425, 475 ff., 506 ff.; vgl. auch zuvor KOMM., Horizontal-Leitlinien, ABl. 2011 C 11, 1 Rn. 49, 95 ff., 141, 183, 217, 246 ff., 308 ff. besonders weitreichend dagegen die Akzentuierung bei KOMM., Leitlinien zur Anwendung von Art. 81 Abs. 3 EG, ABl. 2004 C 101, 8 Rn. 59 („alle objektiven wirtschaftlichen Effizienzgewinne").

[204] Einen gewissen Sonderfall bilden allerdings die schon erwähnten Umweltschutzkartelle, bei denen die Kommission (ausweislich ihrer ausgegangenen Horizontalleitlinien 2001, ABl. 2001 C 3, 2 Rn. 192) offenbar zur Berücksichtigung von allgemeinen ökonomischen Vorteilen ohne konkreten Marktbezug neigt; so sollen als wirtschaftlicher Nutzen ein „Nettovorteil für die Verbraucher im Allgemeinen" bzw. „Nettovorteile für die Umwelt" genügen, was der Berücksichtigung von Allgemeininteressen sehr nahe kommt; insoweit zu Recht sehr krit. Nordemann/Nyberg in LMRKM AEUV Art. 101 Abs. 3 Rn. 57. Näher zu Umweltschutzvereinbarungen → Rn. 215 ff.

[205] Eine Abwägung oder Gewichtung unterschiedlicher Politikziele der Union bei der Anwendung des Unionsrechts setzt eine diskretionäre, rechtsgestaltende Entscheidung voraus und kann nur durch eine dazu legitimierte, zentrale unionsrechtliche Instanz wie die Kommission, nicht aber durch mitgliedstaatliche Behörden oder Gerichte erfolgen. Dies zeigt sich zB auch darin, dass (deklaratorische) Positiventscheidungen nach Art. 10 VO 1/2003 aus „Gründen des öffentlichen Interesses der Gemeinschaft" ausschließlich von der Kommission getroffen werden können.

Der erste Aspekt trifft zwar auf eine mitgliedstaatliche Freistellungsnorm wie § 2 Abs. 1 GWB nicht zu, wohl aber der zweite: Denn die beabsichtigte Übereinstimmung mit dem europäischen Kartellrecht könnte nicht aufrechterhalten werden, wenn ein deutsches Gericht im Rahmen der Beurteilung der Freistellungsvoraussetzungen nach § 2 Abs. 1 GWB die Zielkonformität oder Förderung anderer (nationaler) Politikziele oder Allgemeininteressen als den Schutz des unverfälschten Wettbewerbs berücksichtigen würde.

Nicht zuletzt aus diesem Grund hat sich der Gesetzgeber im Zuge der 7. GWB-Novelle **74** auch zur **Aufhebung der Ministererlaubnis nach § 8 GWB aF** entschieden, mit der eine Freistellung aus sonstigen „überwiegenden Gründen der Gesamtwirtschaft und des Gemeinwohls" gerechtfertigt werden konnte. Die Abschaffung dieser Vorschrift hat keine ins Gewicht fallende Lücke in das wettbewerbspolitische Instrumentarium gerissen, da die praktische Bedeutung der Ministererlaubnis ohnehin sehr gering war – seit 1958 wurde sie nur in vier Fällen erteilt[206] – und nach dem Inkrafttreten der VO 1/2003 wegen des erweiterten Vorrangs des europäischen Kartellrechts wohl endgültig kein relevanter Anwendungsbereich mehr verblieb. Denn in Fällen, in denen es um ein überragendes Gemeinwohlinteresse geht, sind Vereinbarungen mit rein lokalem oder regionalem Bezug ohne zwischenstaatliche Auswirkungen kaum denkbar.[207] Im Übrigen hätte der Gesetzgeber die Möglichkeit gehabt, für **rein innerstaatliche Sachverhalte** eine gesonderte Vorschrift (ähnlich dem § 3 GWB für Mittelstandskartelle) zur Berücksichtigung von Allgemeininteressen zu schaffen. Aus dem Umstand, dass er davon abgesehen und § 8 GWB aF ersatzlos gestrichen hat, ist abzuleiten, dass es im neuen System der Legalausnahme keine Einschränkungen des Wettbewerbsschutzes zur Förderung anderer, außerwettbewerblicher Belange auf nationaler Ebene geben soll,[208] jedenfalls soweit für diese Interessen keine gesonderten gesetzlichen Regelungen existieren.[209] Die **Kriterien des § 2 Abs. 1 GWB** sind somit auch unterhalb des zwischenstaatlichen Bereichs **ausschließlich wettbewerbsbezogen auszulegen** und nicht geeignet, Belange des Allgemeinwohls oder sonstige politische Wertungen zu berücksichtigen.

Inwieweit eine wettbewerbsbeschränkende Absprache positive wirtschaftliche Auswir- **75** kungen hat, ist nicht aus der subjektiven Perspektive der Parteien zu beurteilen.[210] Kosteneinsparungen, die lediglich auf der Ausübung von Marktmacht der beteiligten Unternehmen, auf Preisabsprachen, Gebietsaufteilungen oder Produktionsbeschränkungen beruhen, sind nicht zu berücksichtigen.[211] Vielmehr muss es sich um **spürbare objektive Vorteile** handeln,[212] wobei zugleich ein **direkter Kausalzusammenhang** zwischen der wett-

---

[206] BWM 17.12.1959, WuW/E BWM 117 – Kohle-Öl-Kartell; 15.7.1969, WuW/E BWM 135 – Mühlenkartelle (Ausgleichszahlungen bei Stilllegungen von Überkapazitäten); 14.3.1972, WuW/E BWM 143 – Fernsehwerbung für Zigaretten (Werbebeschränkung aus Gründen der Volksgesundheit); 31.3.1981, WuW/E BWM 175 – pharmazeutische Industrie; 26.3.1984, WuW/E BWM 183 – Ärztemuster (beide Entscheidungen betreffen die Beschränkung der Abgabe von Arzneimittelmustern aus Gründen der Kostendämpfung im Gesundheitswesen).
[207] BegrRegE, BT-Drs. 15/3640, 27; zust. Nordemann in LMRKM Vorauflage Rn. 149.
[208] Vgl. auch BegrRegE, BT-Drs. 15/3640, 27, wonach die früheren Bedenken gegen das Merkmal „Förderung des technischen oder wirtschaftlichen Fortschritts" als mögliches Einfallstor für industriepolitische Wertungen, die bei der Einführung des § 7 GWB aF im Zuge der 6. GWB-Novelle noch virulent waren, im Hinblick auf den nunmehr rein wettbewerbsbezogenen Ansatz der Kommission aufgegeben werden. Mit Zweifeln an der Aussagekraft der ersatzlosen Streichung des § 8 GWB aF im Rahmen einer historischen Auslegung Hackl S. 204.
[209] Zum Spannungsverhältnis des Kartellverbots zu anderen gesetzlichen Regulierungen vgl. Nordemann in LMRKM, 3. Aufl. 2016, § 1 Rn. 43 ff.; zum (abzulehnenden) Ansatz einer Rechtsgüterabwägung Zimmer → § 1 Rn. 54 ff. jeweils mwN.
[210] KOMM., Leitlinien zur Anwendung von Art. 81 Abs. 3 EG, ABl. 2004 C 101, 8 Rn. 49.
[211] KOMM., Leitlinien zur Anwendung von Art. 81 Abs. 3 EG, ABl. 2004 C 101, 8 Rn. 49.
[212] Vgl. aus der europäischen Praxis EuG 27.2.1992, Slg. 1992, II-415 (425 f.) – Vichy; 15.7.1994, Slg. 1994, II-595 Rn. 89 – Matra; 8.6.1995, Slg. 1995, II-1533 Rn. 180 – Langnese-Iglo; 8.6.1995, Slg. 1995, II-1611 Rn. 142 – Schöller; aus der deutschen Praxis OLG Düsseldorf 13.11.2013 – VI-U (Kart) 11/13 Rn. 61 – Badamaturen; OLG Düsseldorf 4.10.2007, WuW/E DE-R 2197 (2207) – E.ON Ruhrgas; BKartA 10.8.2007, WuW/E DE-V 1459 Rn. 153 – Wirtschaftsprüferhaftpflicht.

bewerbsbeschränkenden Vereinbarung und den behaupteten Effizienzgewinnen bestehen muss.[213] Das setzt in der Regel voraus, dass die geltend gemachten Effizienzgewinne aus der vertragsgegenständlichen wirtschaftlichen Tätigkeit der Parteien resultieren, also etwa aus gemeinsamer Forschung und Entwicklung (F&E), Herstellung oder Vermarktung von Produkten.[214] An der Kausalität fehlt es, wenn die Unternehmen die gleichen wirtschaftlichen Vorteile auch allein erzielen könnten.[215] Ebenso wenig genügt ein lediglich mittelbarer Zusammenhang dem Kausalitätserfordernis.[216] Auf der anderen Seite müssen nicht sämtliche Effizienzgewinne auf die Vereinbarung zurückzuführen sein; es genügt, wenn ein nicht unbedeutender Teil ohne die Zusammenarbeit nicht eintreten würde.[217] Jedenfalls als zusätzliche Vorteile berücksichtigt die Kommission bei Art. 101 Abs. 3 AEUV aber auch, wenn über die Vertragsparteien hinaus weitere Effizienzgewinne im relevanten Markt eintreten, die zB eine generelle Kostensenkung in dem betreffenden Wirtschaftszweig bewirken.[218] Die aus der Vereinbarung resultierenden wirtschaftlichen **Vorteile** müssen **umso größer** sein, **je schwerwiegender die Wettbewerbsbeschränkung** ist.[219] Im Ergebnis muss sich ein **positiver Nettoeffekt** ergeben.[220] An einem solchen positiven Nettoeffekt fehlt es z.B., wenn eine **Internetsuchmaschine** mit einem **Marktanteil von ca. 90 %** ein durch das Bundesgesundheitsministerium bereitgestelltes Gesundheitsportal bei **gesundheitsbezogenen Suchanfragen bevorzugt** und herausgehoben anzeigt und dadurch andere Anbieter von Gesundheitsportalen im **Wettbewerb benachteiligt.** Auch wenn das Produkt der Suchmaschine für die Nutzer durch die bevorzugte Anzeige des bundeseigenen Gesundheitsportals attraktiver gestaltet wird, ergibt die **Abwägung mit den Nachteilen,** die den Wettbewerbern des bevorzugten steuerfinanzierten Gesundheitsportals entstehen, **kein Überwiegen der Vorteile.** Daher konnte die Vereinbarung mangels ins Gewicht fallender Effizienzvorteile nicht nach § 2 Abs. 1 GWB, Art. 101 Abs. 3 AEUV freigestellt werden.[221]

76     Die Einschätzung, ob die Vereinbarung die beabsichtigten Effizienzgewinne in dem erwarteten Umfang herbeiführen wird, kann meist nur in einem **Wahrscheinlichkeitsurteil** auf der Basis einer begründeten objektiven **Prognose** erfolgen.[222] Die Parteien müssen insoweit substantiiert darlegen und anhand der tatsächlichen Umstände zumindest belegen können, dass die wettbewerbsbeschränkende Vereinbarung **objektiv geeignet** ist, die erwarteten Effizienzvorteile mit hinreichender Wahrscheinlichkeit herbeizuführen.[223] Wird die Zusammenarbeit bereits (längere Zeit) praktiziert, müssen sich die Effekte nachweisen oder jedenfalls mit hoher Wahrscheinlichkeit auf die Vereinbarung zurückführen

---

[213] KOMM., Leitlinien zur Anwendung von Art. 81 Abs. 3 EG, ABl. 2004 C 101, 8 Rn. 53 f.; Nordemann/Grave in LMRKM Rn. 18 iVm Nordemann/Nyberg in LMRKM AEUV Art. 101 Abs. 3 Rn. 35; vgl. zu § 5 GWB aF zB BKartA 25.7.1968, WuW/E BKartA 1225 (1229) – Krawattenstoff-Submission; 3.11.1960, WuW/E BKartA 271 (276) – Einheitshydraulik I.

[214] Siehe dazu auch Lober in Schulte/Just Rn. 12 f.

[215] Bechtold/Bosch, § 2 GWB, Rn. 14 aE; vgl. auch BKartA 10.8.2007, WuW/E DE-V 1459 Rn. 171, 179 – Wirtschaftsprüferhaftpflicht (allerdings im Rahmen der Prüfung der Unerlässlichkeit der Wettbewerbsbeschränkung).

[216] Vgl. BKartA 31.5.2007, WuW/E DE-V 1392 Rn. 182 ff. – Altglas; Nordemann/Grave in LMRKM § 2 Rn. 18 iVm Nordemann/Nyberg in LMRKM AEUV Art. 101 Abs. 3 Rn. 35.

[217] Vgl. BKartA 25.7.1968, WuW/E BKartA 1225 (1229) – Krawattenstoff-Submission (zu § 5 GWB aF).

[218] KOMM., Leitlinien zur Anwendung von Art. 81 Abs. 3 EG, ABl. 2004 C 101, 8 Rn. 53.

[219] S. nur EuG 15.7.1994, Slg. 1994, II-595 (625) – Matra; KOMM. 19.12.1990 – IV/33.016, ABl. 1991 L 152, S. 54 (59 f.) – ANSAC; KOMM., Leitlinien zur Anwendung von Art. 81 Abs. 3 EG, ABl. 2004 C 101, 8 Rn. 90.

[220] OLG Düsseldorf 13.11.2013 – VI-U (Kart) 11/13 Rn. 61 – Badamaturen; Bechtold Rn. 13, 16.

[221] LG München 10.2.2021 – 37 O 15720/20, WuW 2021, 190 ff. (195) – Nationales Gesundheitsportal.

[222] Immenga in Immenga/Mestmäcker, 3. Aufl. 2001, GWB § 5 aF Rn. 23; Nordemann/Grave in LMRKM Rn. 27 iVm Nordemann/Nyberg in LMRKM AEUV Art. 101 Abs. 3 Rn. 37; vgl. auch BKartA 20.7.1960, WuW/E BKartA 224 (230) – Niedersächsische Kalkwerke; 3.11.1960, WuW/E BKartA 271 (276) – Einheitshydraulik I (jeweils zu § 5 GWB aF).

[223] OLG Düsseldorf 13.11.2013 – VI-U (Kart) 11/13 Rn. 61 – Badamaturen; BKartA 10.8.2007 –, WuW/E DE-V 1459 Rn. 155 – Wirtschaftsprüferhaftpflicht; Nordemann/Grave in LMRKM Rn. 18 iVm Nordemann/Nyberg in LMRKM AEUV Art. 101 Abs. 3 Rn. 37 f.

lassen.[224] Im Unterschied zu § 5 GWB aF, der eine „wesentliche Steigerung der Leistungsfähigkeit oder Wirtschaftlichkeit" verlangte,[225] ist in § 2 Abs. 1 GWB kein ausdrücklicher Mindestumfang für die wirtschaftlichen Vorteile festgelegt. Das erforderliche Ausmaß richtet sich in erster Linie nach der Schwere der Wettbewerbsbeschränkung, deren Nachteile auszugleichen sind (vgl. → Rn. 75 aE); darüber hinaus wird man aber zumindest einen **spürbaren** positiven Nettoeffekt verlangen müssen.[226]

Die aus der Vereinbarung resultierenden wirtschaftlichen Vorteile mussten nach dem **77** früheren deutschen Kartellrecht (vor der 7. GWB-Novelle) bei den am Kartell beteiligten Unternehmen eintreten, während **Rationalisierungserfolge bei Dritten oder positive Auswirkungen auf den Markt im Allgemeinen nicht berücksichtigungsfähig** waren.[227] Die zB nach § 5 GWB aF erforderliche Eignung der Rationalisierungsvereinbarung zur Hebung der Leistungsfähigkeit oder Wirtschaftlichkeit der beteiligten Unternehmen verlangte zudem, dass **alle Kartellmitglieder von der Zusammenarbeit wirtschaftlich profitierten,** wenn auch nicht unbedingt im gleichen Umfang.[228] Soweit es um **rationalisierende Kartellabsprachen** geht sollte daran auch unter § 2 Abs. 1 GWB festgehalten werden.[229] Während dieses Ergebnis früher im Grunde schon aus dem innerbetrieblichen Rationalisierungsbegriff folgte,[230] spricht materiell auch heute noch dafür, dass andernfalls ein Anreiz bestünde, sich nur wegen der Wettbewerbsbeschränkung an der Kooperation zu beteiligen.[231] Jedenfalls wäre eine Teilnahme von Unternehmen, die sich nur an der Wettbewerbsbeschränkung beteiligen, ohne direkte wirtschaftliche Vorteile im Sinne echter Effizienzgewinne aus der Kooperation zu erlangen, nicht unerlässlich für den Erfolg des Kartells und müsste daher an diesem Kriterium scheitern.

Allerdings ist zu beachten, dass die Kommission im Rahmen des Art. 101 Abs. 3 AEUV **78** auch wirtschaftliche Vorteile als **Effizienzgewinne** anerkennt, **die nicht auf einer (innerbetrieblichen) Rationalisierung beruhen,** wie zB Erzielung von günstigeren Einkaufskonditionen durch die Bündelung der Nachfrage. Voraussetzung ist zweierlei: Zum einen müssen die Vorteile zumindest teilweise an die Abnehmer weitergegeben werden, zum anderen dürfen sie nicht auf der bloßen Ausübung von Marktmacht beruhen.[232] In einzelnen Fällen soll der **wirtschaftliche Nutzen** auch **allein auf der Verbraucherseite** anfallen können, wie zB bei Vereinbarungen zwischen Herstellern von Haushaltsgeräten über die Begrenzung ihres Produktprogramms auf Geräte, die bestimmten Energiesparstandards genügen.[233] Derartige Effizienzgewinne kommen praktisch schon (wirtschaftlichen) Allgemeininteressen nahe, deren Berücksichtigungsfähigkeit sehr zweifelhaft ist.[234]

---

[224] Vgl. Bechtold/Bosch/Brinker, EU-Kartellrecht, Art. 101 Rn. 157.

[225] Näher dazu Immenga in Immenga/Mestmäcker, 3. Aufl., GWB § 5 aF Rn. 40 ff.

[226] Vgl. Nordemann in LMRKM Rn. 18 iVm Nordemann/Nyberg in LMRKM AEUV Art. 101 Abs. 3 Rn. 33.

[227] Vgl. BGH 18.5.1982, WuW/E BGH 1929 (1930 f.) – Basalt Union; BKartA 18.12.1968, WuW/E BKartA 1259 (1260) – Fernmeldekabel II; 15.3.1966, WuW/E BKartA 1131 (1132) – Westfälische Zementwerke II; Immenga in Immenga/Mestmäcker, 3. Aufl. 2001, GWB § 5 aF Rn. 45.

[228] Vgl. nur BGH 18.5.1982, WuW/E BGH 1929 (1931) – Basalt Union; 14.6.1966, WuW/E BKartA 1108 (1109) – Zementvertrieb Berlin II; 14.11.1963, WuW/E BKartA 773 (784 f.) – Montan-Zement; Immenga in Immenga/Mestmäcker, 3. Aufl. 2001, GWB § 5 aF Rn. 42 f.

[229] So zutreffend Nordemann/Grave in LMRKM Rn. 18 iVm Nordemann/Nyberg in LMRKM AEUV Art. 101 Abs. 3 Rn. 32.

[230] Immenga in Immenga/Mestmäcker, 3. Aufl. 2001, GWB § 5 aF Rn. 42.

[231] BGH 18.5.1982, WuW/E BGH 1929 (1931) – Basalt Union; Bunte in FK-KartellR GWB 1999 § 5 Rn. 84.

[232] Vgl. KOMM., Leitlinien zur Anwendbarkeit des Artikels 101 AEUV auf Vereinbarungen über horizontale Zusammenarbeit, ABl. 2023, C 259, 1 ff., Rn. 307, 308 (speziell zu Einkaufskooperationen); dies., Leitlinien zur Anwendung von Art. 81 Abs. 3 EG, ABl. 2004 C 101, 8 Abs. 3 EG, Rn. 49; ausführlich dazu → Rn. 86 f.

[233] Vgl. das Beispiel in KOMM., Leitlinien zur Anwendbarkeit des Artikels 101 AEUV auf Vereinbarungen über horizontale Zusammenarbeit, ABl. 2023, C 259, 1 ff., Rn. 582 ff. (585).

[234] So auch Nordemann in LMRKM Rn. 18 iVm Nordemann/Nyberg in LMRKM AEUV Art. 101 Abs. 3 Rn. 57; vgl. näher dazu → Rn. 71.

**79**    Allgemein anerkannt ist, dass **Effizienzgewinne** generell **nicht lediglich den daran beteiligten Unternehmen zugute kommen** dürfen, sondern sich zumindest teilweise auch zugunsten der „Verbraucher" auswirken müssen.[235] Die Frage nach deren **angemessener Beteiligung an dem entstehenden Gewinn** betrifft die **Außenwirkungen** der Vereinbarung.[236] Die per Saldo **positiven Effekte** der wettbewerbsbeschränkenden Vereinbarung müssen sich jedenfalls **auch im Marktgeschehen** niederschlagen, einen **Mehrwert für die Verbraucher** schaffen.[237] Beispiele sind etwa eine Senkung der Produktionskosten, die zumindest teilweise in Form niedrigerer Preise an die Kunden weitergegeben wird, eine Verbesserung der Produktqualität, die den Nutzern zugute kommt, oder die (gemeinsame) schnellere Entwicklung eines neuen Produkts, das bei individuellem Vorgehen der Kooperationspartner möglicherweise nicht (in dieser Form) oder erst sehr viel später auf den Markt gekommen wäre. Wiegen derartige wettbewerbsfördernde Auswirkungen der Vereinbarung schwerer als die aus der Wettbewerbsbeschränkung resultierenden Nachteile, ist sie ausnahmsweise **für den Wettbewerb insgesamt förderlich** und damit zulässig.[238]

**80**    Das gilt freilich nur in den durch die beiden negativen Voraussetzungen gezogenen **Grenzen:** Nicht akzeptabel sind **überschießende Wettbewerbsbeschränkungen,** die zur Erreichung der angestrebten Effizienzgewinne nicht „unerlässlich" sind.[239] Gleiches gilt, wenn die **Gefahr einer Ausschaltung des Wettbewerbs** besteht. Denn dann ist nicht mehr gesichert, dass die erzielten Vorteile auch in angemessenem Umfang an andere Marktteilnehmer weitergegeben und die negativen Auswirkungen auf den Wettbewerb kompensiert werden können. Zudem begründen Kosteneinsparungen und sonstige Vorteile für die Parteien, die (lediglich) infolge der Ausübung von Marktmacht entstehen, keine objektiven Vorteile und können daher von vornherein nicht berücksichtigt werden.[240]

**81**    **b) Sachlicher und zeitlicher Bezugspunkt der Prüfung.** Die Bewertung, ob die Freistellungskriterien eingehalten sind, muss **grundsätzlich innerhalb desselben sachlich und räumlich relevanten Marktes** erfolgen.[241] Vorteile in einem Markt sind nicht geeignet, Nachteile in einem anderen Markt auszugleichen, schon weil unterschiedliche Gruppen von „Verbrauchern" betroffen sind. Etwas anderes kann aber dann gelten, wenn verschiedene Märkte eng miteinander verknüpft sind und insbesondere die gleiche Verbrauchergruppe in beiden Märkten betroffen ist, so dass eine Kompensation der Vor- und Nachteile der wettbewerbsbeschränkenden Vereinbarung erfolgen kann.[242]

---

[235] Vgl. nur OLG Düsseldorf 4.10.2007, WuW/E DE-R 2197 (2207 f.) – E.ON Ruhrgas (keine Berücksichtigungsfähigkeit des Vorteils einer erhöhten Versorgungssicherheit, weil die wettbewerbsbeschränkenden Verträge unmittelbar ausschließlich dazu dienten, die Absatzrisiken der beteiligten Unternehmen abzumildern). In § 5 GWB aF kam dieser Gedanke im Tatbestandsmerkmal der „Verbesserung der Bedarfsbefriedigung" zum Ausdruck, vgl. BKartA TB 2003/2004, 91; näher zu diesem Kriterium Immenga in Immenga/Mestmäcker, 3. Aufl., GWB § 5 aF Rn. 46 ff. mwN; inhaltlich gleichlautend für das europäische Recht KOMM. 8.7.2009 – COMP/39.401 Rn. 265 – E.ON/GDF.

[236] Mestmäcker/Schweitzer § 14 Rn. 64.

[237] KOMM., Leitlinien zur Anwendung von Art. 81 Abs. 3 EG, ABl. 2004 C 101, 8 Rn. 85; BKartA 10.8.2007, WuW/E DE-V 1459 Rn. 186 – Wirtschaftsprüferhaftpflicht.

[238] Vgl. Schneider in Bunte Rn. 27.

[239] Vgl. dazu eindrucksvoll BKartA 14.2.2008, WuW/E DE-V 1579 (1582 f.) – KS-Quadro in Bezug auf die fehlende Unerlässlichkeit von Gebietsschutzklauseln zur Verwirklichung der Effizienzgewinne aus Markenlizenzverträgen.

[240] So ausdrücklich KOMM., Leitlinien zur Anwendung von Art. 81 Abs. 3 EG, ABl. 2004 C 101, 8 Rn. 49.

[241] Vgl. EuG 21.3.2002, Slg. 2002, II-2023 Rn. 163 – Shaw und Falla/Kommission (Beurteilung des Art. 101 Abs. 3 AEUV innerhalb des gleichen analytischen Rahmens wie die Bewertung der beschränkenden Wirkungen); EuGH 17.1.1995, Slg. 1995, I-23 Rn. 29 – Publishers Association/Kommission (Berücksichtigung nur der Vorteile im Inlandsmarkt genügt nicht, wenn der relevante Markt größer als der Inlandsmarkt ist).

[242] KOMM., Leitlinien zur Anwendung von Art. 81 Abs. 3 EG, ABl. 2004 C 101, 8, Rn. 43 mit entsprechend einschränkender Interpretation von scheinbar weitergehenden Urteilen des EuG, insbesondere EuG 28.2.2002, Slg. 2002, II-1011 Rn. 343 ff. – Compagnie générale maritime ua.

In zeitlicher Hinsicht müssen die Freistellungsvoraussetzungen **prinzipiell während der**    82
**gesamten Laufzeit der** getroffenen **Vereinbarungen** eingehalten werden.[243] Kommt es
nach dem Inkrafttreten der Vereinbarung zu wesentlichen Änderungen im tatsächlichen
Umfeld (zB erhebliche Erhöhung der Marktanteile der Kooperationspartner), kann die
Freistellung mit Wirkung ex nunc entfallen, sofern (deshalb) nicht mehr alle vier Voraussetzungen erfüllt sind. Die Freistellungswirkung kann auch von vornherein zeitlich begrenzt
sein, etwa wenn bestimmte Wettbewerbsbeschränkungen mit der notwendigen Amortisation von verlorenen Erstinvestitionen (sunk investment) gerechtfertigt werden.[244] Ist der
Zeitraum abgelaufen, der erforderlich ist, um die leistungssteigernden Investitionen zu
tätigen und ihre Kosten zu amortisieren, sind die Beschränkungen nicht mehr unerlässlich
und die Freistellung fällt (insoweit) weg. Auf der anderen Seite soll nach Ansicht der
Kommission die Freistellung bis zur vollen Amortisation der Investitionskosten erhalten
bleiben,[245] offenbar selbst dann, wenn die übrigen Voraussetzungen für die Freistellung (zB
keine Ausschaltung des Wettbewerbs) nicht mehr gegeben sind. Dem ist jedoch zu widersprechen, weil es in einer Marktwirtschaft keine Garantie für die Amortisation von Investitionen gibt; ebenso wenig wie der Amortisationsgedanke zu Beginn der Kooperation eine
völlige Ausschaltung des Wettbewerbs (entgegen § 2 Abs. 1 GWB/Art. 101 Abs. 3 AEUV)
legitimieren kann, vermag er dies während der Fortführung der Zusammenarbeit zu rechtfertigen. Die Legitimationswirkung des Amortisationsgedankens beschränkt sich vielmehr
auf die Begründung der Unerlässlichkeit der Wettbewerbsbeschränkung. Für die übrigen
Voraussetzungen des § 2 Abs. 1 GWB (Art. 101 Abs. 3 AEUV) ist er dagegen ohne
Belang.

Eine **Ausnahme** von der fortdauernden gleichzeitigen Erfüllung aller vier Freistellungs-    83
voraussetzungen ist lediglich insoweit anzuerkennen, als die Vereinbarung ein **irreversibles**
**Ereignis** darstellt, dessen Folgen durch eine Beendigung der Zusammenarbeit nicht beseitigt werden können.[246] So kann zB die im Rahmen der Gründung einer Forschungs- und
Entwicklungsgemeinschaft vollzogene Zusammenlegung von Forschungskapazitäten unter
Aufgabe eigener F&E-Aktivitäten meist nicht rückgängig gemacht werden, weil es regelmäßig technisch und wirtschaftlich unmöglich ist, ein einmal aufgegebenes Projekt wieder
aufzunehmen. Kann die vor dem Beginn der Zusammenarbeit herrschende Ausgangslage
nicht wiederhergestellt werden, muss die Bewertung der wettbewerblichen Auswirkungen
anhand des Sachverhalts erfolgen, der zum Zeitpunkt der Durchführung der Vereinbarung
besteht. War die Vereinbarung über die Aufgabe individueller F&E-Aktivitäten zu diesem
Zeitpunkt mit § 2 Abs. 1 GWB (bzw. Art. 101 Abs. 3 AEUV) vereinbar, etwa weil eine
ausreichende Zahl von F&E-Vorhaben Dritter existierte, muss es bei dieser Beurteilung
bleiben, selbst wenn die konkurrierenden Projekte später scheitern.[247] Dagegen kann die
Freistellung bezüglich anderer Teile der Vereinbarung, die **keine irreversiblen Ergeb-**
**nisse** herbeigeführt haben, jederzeit mit Wirkung ex nunc entfallen.[248] Das gilt etwa für die
gemeinsame Verwertung der erzielten Forschungsergebnisse. Hat diese auf Grund zwischenzeitlicher Marktentwicklungen nunmehr wettbewerbsschädliche Auswirkungen, die

---

[243] Nordemann/Grave in LMRKM Rn. 18 iVm Nordemann/Nyberg in LMRKM AEUV Art. 101
Abs. 3 Rn. 20; Heyers in FK-KartellR Rn. 55.

[244] Vgl. dazu KOMM., Leitlinien zur Anwendung von Art. 81 Abs. 3 EG, ABl. 2004 C 101, 8 Rn. 44.

[245] Vgl. den Hinweis der KOMM., Leitlinien zur Anwendung von Art. 81 Abs. 3 EG, ABl. 2004 C 101, 8
Rn. 44, es dürfe „von der ex ante-Natur der Investitionsentscheidung nicht abstrahiert werden"; das Risiko,
vor dem die Parteien stünden, und die verlorenen Investitionen, die zur Durchführung der Vereinbarung
vorgenommen werden müssten, könnten bewirken, dass die Vereinbarung nicht unter Art. 101 Abs. 1 AEUV
falle bzw. die Voraussetzungen des Abs. 3 für den Zeitraum erfüllt seien, der zur Amortisation der Investitionskosten erforderlich sei.

[246] KOMM., Leitlinien zur Anwendung von Art. 81 Abs. 3 EG, ABl. 2004 C 101, 8 Rn. 45; zust.
Schneider in Bunte Rn. 27.

[247] KOMM., Leitlinien zur Anwendung von Art. 81 Abs. 3 EG, ABl. 2004 C 101, 8 Rn. 45.

[248] KOMM., Leitlinien zur Anwendung von Art. 81 Abs. 3 EG, ABl. 2004 C 101, 8 Rn. 45; Schneider in
Bunte § 2 Rn. 27.

nicht mehr von § 2 Abs. 1 GWB gedeckt sind, entfällt die Freistellung mit Wirkung für die Zukunft, die gemeinsame Verwertung ist also zu beenden.[249]

## II. Die vier Freistellungsvoraussetzungen im Einzelnen

**84**    **1. Effizienzgewinne. a) Grundsätzliche Einordnung.** Die Einzelfreistellungstatbestände im früheren deutschen Recht knüpften überwiegend an die „Rationalisierung wirtschaftlicher Vorgänge" bei den an der Vereinbarung beteiligten Unternehmen an (§§ 3–5 GWB aF) und legten dabei einen betriebswirtschaftlichen Rationalisierungsbegriff im Sinne einer Verbesserung des Verhältnisses von Aufwand und Ertrag pro Produktionseinheit zugrunde. § 2 Abs. 1 GWB stellt heute – ebenso wie Art. 101 Abs. 3 AEUV – auf **volkswirtschaftliche Bezugsgrößen** wie die Verbesserung der Warenerzeugung oder -verteilung bzw. die Förderung des technischen oder wirtschaftlichen Fortschritts ab. Gleichwohl besteht eine weitgehende Übereinstimmung, weil einzelwirtschaftliche Effizienzgewinne in aller Regel zugleich die Faktorallokation in der Volkswirtschaft verbessern.[250] Die Kommission fasst dementsprechend die vier alternativen Elemente der ersten Freistellungsvoraussetzung unter dem Begriff „Effizienzgewinne" zusammen. In diesem Zusammenhang betont sie, dass die vier genannten Kriterien erhebliche Überschneidungen aufweisen und letztlich darauf abzielen, **„alle objektiven wirtschaftlichen Effizienzgewinne"** zu erfassen.[251]

**85**    Dabei unterscheidet sie in ihren Leitlinien zwischen **zwei** grundlegenden **Kategorien: Kosteneinsparungen** auf der einen **und qualitativen Effizienzgewinnen** auf der anderen Seite.[252] Letztere führen zu einem **Mehrwert (für die Verbraucher)** in Form neuer oder verbesserter Produkte bzw. einer Steigerung der Produktvielfalt.[253] Weitere qualitative Effizienzgewinne sind zB verbesserte grenzüberschreitende Zahlungssysteme durch Kooperationen im Bankensektor, die Erbringung besonderer Dienstleistungen durch spezialisierte Vertriebshändler, beschleunigte Auslieferungen oder bessere Qualitätssicherung in der gesamten Vertriebskette. Als **Quelle von Kosteneinsparungen**[254] nennt die Kommission beispielhaft die Entwicklung neuer Produktionstechniken und -verfahren, Synergieeffekte infolge der Zusammenlegung von Ressourcen, Größenvorteile in Form abnehmender Stückkosten bei steigender Produktionsmenge (economies of scale) (etwa durch eine höhere Kapazitätsauslastung, bessere Arbeitsteilung, Einsparungen auf Grund von Lernprozessen), Verbundvorteile (economies of scope) durch den Einsatz der gleichen Einsatzfaktoren für Herstellung oder Vertrieb unterschiedlicher Produkte oder Leistungen sowie sonstige Kostensenkungen zB durch verringerte Lagerhaltung wegen Ermöglichung eines just in time-Bezugs benötigter Teile. Damit Kosteneinsparungen berücksichtigungsfähig sind, muss deren Wert nach Ansicht des BKartAs „so genau wie möglich berechnet oder geschätzt und eingehend beschrieben werden, wie der Betrag berechnet wurde".[255]

---

[249] Im Anwendungsbereich der GVO für F&E-Gemeinschaften genießen die Unternehmen allerdings großzügige „Schonfristen" für die gemeinsame Verwertung von sieben Jahren ab dem Tag des ersten Inverkehrbringens der Vertragsprodukte im Binnenmarkt (Art. 6 Abs. 3 VO 2023/1066); näher dazu Fuchs FuE-GVO Art. 4 Rn. 8 ff.

[250] Immenga in Immenga/Mestmäcker, 3. Aufl. 2001, GWB § 5 aF Rn. 21 ff.

[251] KOMM., Leitlinien zur Anwendung von Art. 81 Abs. 3 EG, ABl. 2004 C 101, 8 Rn. 59.

[252] KOMM., Leitlinien zur Anwendung von Art. 81 Abs. 3 EG, ABl. 2004 C 101, 8 Rn. 59 ff.

[253] Näher hierzu KOMM., Leitlinien zur Anwendung von Art. 81 Abs. 3 EG, ABl. 2004 C 101, 8 Rn. 69 ff., die als ein Beispiel die Entwicklung eines pannensicheren Reifens nennt, der als objektive Vorteile nicht nur eine höhere Sicherheit, sondern auch den Verzicht auf das Mitführens eines Ersatzreifens ermöglicht. Weitere Beispiele umfassen die schnellere Verbreitung neuer Technologien in der Union, die raschere oder kostengünstigere Markteinführung neuer Produkte sowie Verbesserungen im Service und der Qualitätssicherung in der gesamten Vertriebskette.

[254] Vgl. KOMM., Leitlinien zur Anwendung von Art. 81 Abs. 3 EG, ABl. 2004 C 101, 8 Rn. 64 ff.

[255] BKartA 31.5.2007, WuW/E DE-V 1392 Rn. 144 – Altglas.

**Keine objektiven wirtschaftlichen Vorteile** stellen Kosteneinsparungen für die betei- **86** ligten Unternehmen dar, die **aus der bloßen Ausübung von Marktmacht** resultieren oder auf **Einschränkungen von Leistungen** beruhen (zB Drosselung der Produktion, Reduzierung von Vertriebsstellen oder -leistungen, Einsparung von „Wettbewerbskosten"), ohne im Markt irgendwelche wettbewerbsfördernden Wirkungen zu entfalten.[256] Derartige Vereinbarungen, zu denen insbesondere Preis- oder Mengenabsprachen sowie Gebietsaufteilungen[257] gehören, sind lediglich in der subjektiven Sicht der Beteiligten vorteilhaft, weil sie ihnen eine Gewinnsteigerung ermöglichen, bringen aber bei wertender Betrachtung keine im Rahmen des § 2 Abs. 1 GWB berücksichtigungsfähigen „Effizienzgewinne" mit sich.[258] Gleiches gilt für Abreden, die in erster Linie darauf abzielen, dritte Anbieter von einem Markt fernzuhalten.[259]

Zu keinem für § 2 Abs. 1 GWB relevanten Effizienzgewinn führt ein **Kündigungskartell der öffentlich-rechtlichen Rundfunkanstalten**, in dessen Rahmen sie mit den Betreibern von Fernsehkabelnetzen abgeschlossenen entgeltlichen **Einspeiseverträge** für ihre Programmsignale mit **gleichlautenden Schreiben gekündigt** hatten. Wegen eines „Paradigmenwechsels" in ihrer Vertriebspolitik waren die Rundfunkanstalten nicht mehr bereit, für die Verbreitung ihrer Signale in den Breitbandnetzen eine Einspeisegebühr an die Kabelnetzbetreiber zu zahlen. Zutreffend hat das OLG Düsseldorf festgestellt, dass die durch die Kündigung verfolgte Absicht des Kartells, sich den Einspeiseentgelten zu entziehen und dadurch Kosten zu sparen, schon **kein Effizienzgewinn** im Sinne von § 2 Abs. 1 GWB liege.[260] Vielmehr sei die -wie hier – zwischen **Wettbewerbern horizontal abgestimmte Beendigung jeglicher Nachfrage als besonders wettbewerbsschädlich** anzusehen. Der abgestimmte Austritt der Wettbewerber aus dem Nachfragemarkt insgesamt sei der Sache nach **wie ein Preiskartell** zu bewerten.[261] Hinzu komme, dass es auch an einer angemessenen Beteiligung der Verbraucher am entstehenden Effizienzgewinn fehle.

Davon zu unterscheiden ist die **Bildung gegengewichtiger Marktmacht.** Dieser **87** Aspekt kann im Rahmen des § 2 Abs. 1 GWB durchaus eine gewisse Rolle spielen, solange es um „Aufholkartelle" geht, deren (insbesondere kleine und mittlere) Mitglieder ihre Position gegenüber einem Marktführer verbessern wollen.[262] Voraussetzung für die Freistellung ist allerdings, dass der Wettbewerb dadurch hinreichend belebt wird und die Chancen der außenstehenden Wettbewerber nicht noch weiter verschlechtert werden.[263] Die Kooperation darf sich nicht darin erschöpfen, Marktmacht im Vertikalverhältnis aufzubauen und gegenüber der Marktgegenseite einzusetzen. Insbesondere bei der Zusammenarbeit kleiner und mittlerer Unternehmen in Einkauf, Herstellung oder Vertrieb kann die Bündelung der Kräfte und Schaffung gewisser Markt(gegen)macht im Verhältnis zu größeren Anbietern auch andere Effizienzgewinne hervorbringen als die bloße Erzielung besserer Konditionen gegenüber der Marktgegenseite und insgesamt zu einer Belebung des

---

[256] Vgl. OLG Düsseldorf 12.7.2017 – VI-U (Kart) 16/13 Rn. 222; OLG Düsseldorf 13.11.2013 – VI-U (Kart)11/13 Rn. 61 f.; BKartA 14.2.2008, WuW/E DE-V 1579 (1583) – KS-Quadro; BKartA 31.5.2007, WuW/E DE-V 1392 Rn. 158 – Altglas; BKartA 10.8.2007, WuW/E DE-V 1459 Rn. 153 – Wirtschaftsprüferhaftpflicht; KOMM., Leitlinien zur Anwendung von Art. 81 Abs. 3 EG, ABl. 2004 C 101, 8 Rn. 49; Schneider in Bunte Rn. 31, 34; Bechtold Rn. 12; vgl. auch Zapfe S. 90 (zu § 7 GWB aF): keine Einsparung von Kosten für die Wettbewerbsteilnahme berücksichtigungsfähig; mit ausdrücklichem Bezug zum Wegfall von Wettbewerbskosten ebenso die bereits zitierte Entscheidung BKartA, WuW/E DE-V 1579 (1583) – KS-Quadro.
[257] Eingehend zum fehlenden wirtschaftlichen Nutzen von Gebietsaufteilungen BKartA 14.2.2008, WuW/E DE-V 1579 (1582 f.) – KS-Quadro.
[258] Bechtold/Bosch GWB § 2 Rn. 13; Schneider in Bunte Rn. 31; vgl. aus der Praxis zur Nichterfüllung der Voraussetzungen des § 2 Abs. 1 GWB bei einer Einschränkung des Preiswettbewerbs OLG Düsseldorf 25.10.2006, WuW/E DE-R 2081 (2084) – Kalksandsteinwerk; OLG Düsseldorf 20.6.2007 –, WuW/E DE-R 2146 Rn. 37 – Nord-KS/Xella.
[259] Vgl. KOMM. 27.7.1992, ABl. 1992 L 235, 9 Rn. 53 – Quantel.
[260] OLG Düsseldorf 12.7.2017 – VI-U (Kart) 16/13 Rn. 222.
[261] OLG Düsseldorf 12.7.2017 – VI-U (Kart) 16/13 Rn. 221.
[262] Vgl. Nordemann in LMRKM, 3. Aufl. 2016, § 2 Rn. 20 iVm AEUV Art. 101 Abs. 3 Rn. 179.
[263] BGH 9.7.2002, WuW/E DE-R 919 (925) – Stellenmarkt für Deutschland II.

Wettbewerbs gerade auch im Horizontalverhältnis beitragen.[264] Die Ablehnung einer Berücksichtigung der Bildung von Marktgegenmacht im Rahmen des § 7 GWB aF durch das BKartA im Fall „Stellenmarkt für Deutschland"[265] kann (unabhängig von den damals geltend gemachten gesetzessystematischen Bedenken im Hinblick auf die Subsidiarität des § 7 GWB aF)[266] unter der Geltung des § 2 Abs. 1 GWB jedenfalls in dieser pauschalen Form keine Gültigkeit mehr beanspruchen.[267] Wettbewerb und eine gegengewichtige Marktmacht wird auch nicht durch die koordinierte Kündigung von Einspeiseverträgen zwischen Fernsehsendern und Kabelnetzbetreibern durch die öffentlich-rechtlichen Fernsehsender geschaffen.[268] Ein Wettbewerb zwischen den öffentlichrechtlichen Rundfunkanstalten um die Bedingungen einer Einspeisung ihrer Programmsignale setzt schon eine nicht gemeinschaftliche Kündigung des Einspeisevertrags durch sämtliche Anstalten voraus; vielmehr sind Einzelkündigungen erforderlich.[269]

**88    b) Verbesserung der Warenerzeugung oder -verteilung.** Unter dieses weit zu verstehende Begriffspaar fallen alle Vereinbarungen, welche die Herstellung oder den Vertrieb von Produkten betreffen. Nach allgemeiner Ansicht werden – ebenso wie bei Art. 101 Abs. 3 AEUV[270] – nicht nur Waren, sondern analog auch Dienstleistungen erfasst.[271] Die frühere subsidiäre Auffangregelung des **§ 7 Abs. 1 GWB aF,** die sich bereits durch eine gewisse Annäherung an Art. 101 Abs. 3 AEUV auszeichnete, enthielt noch eine **stärker ausdifferenzierte Regelung,** die ausdrücklich auf eine „Verbesserung der Entwicklung, Erzeugung, Verteilung, Beschaffung, Rücknahme oder Entsorgung von Waren oder Dienstleistungen" abstellte (und damit auch das zweite Kriterienpaar zur Erfassung gesamtwirtschaftlich relevanter Effizienzgewinne – „Förderung des technischen oder wirtschaftlichen Fortschritts" – mit abdeckte). Die inzwischen vollzogene Angleichung an den Wortlaut des Art. 101 Abs. 3 AEUV hat aber insoweit **keine Einschränkung des sachlichen Anwendungsbereichs** der Freistellungsnorm bewirkt.[272] Im Vordergrund des § 7 GWB aF standen Kooperationen in den früheren Ausnahmebereichen Banken und Versicherungen,[273] Energieversorgung, aber auch Verkehr und Entsorgungswirtschaft. Keine besondere Rolle spielte dagegen die vom Gesetzgeber ebenfalls intendierte Erleichterung von Forschungs- und Entwicklungskooperationen,[274] da diese – sofern überhaupt wettbewerbs-

---

[264] Ähnlich Schneider in Bunte Rn. 33; Nordemann in LMRKM, 3. Aufl. 2016, § 2 Rn. 20 iVm AEUV Art. 101 Abs. 3 Rn. 179, 186, der zur Unterscheidung von „gegengewichtiger Marktmacht" im Vertikalverhältnis von „Nebengewichtsbildung" im Horizontalverhältnis spricht.

[265] BKartA 25.8.1999, WuW/E DE-V 209 (213 ff.); insoweit offengelassen vom BGH 9.7.2002, WuW/E DE-R 919 (925), der den Fall anders würdigte, nämlich als Angebot eines neuen Produkts und Durchbrechung eines den Marktführer überproportional bevorzugenden Marktmechanismus zur Belebung des Wettbewerbs; krit. zu der vom BGH angenommenen „strukturellen Besonderheit des Marktes" Hartmann-Rüppel/Wagner ZWeR 2004, 128 (144 ff.), ebenso zum Gedanken des Aufholkartells, aaO, S. 149.

[266] Diese halten zu Recht für unbegründet Hartmann-Rüppel/Wagner ZWeR 2004, 128 (148 f.); Zapfe S. 83 f.

[267] Vgl. Schneider in Bunte Rn. 33; **aA** Hartmann-Rüppel/Wagner ZWeR 2004, 128 (152).

[268] OLG Düsseldorf 12.7.2017 – VI-U (Kart) 16/13 Rn. 226.

[269] OLG Düsseldorf 12.7.2017 – VI-U (Kart) 16/13 Rn. 226.

[270] Vgl. KOMM., Leitlinien zur Anwendung von Art. 81 Abs. 3 EG, ABl. 2004 C 101, 8 Rn. 48.

[271] KOMM. 16.7.2003, WuW/E EU-V 975 Rn. 122 ff. – T-Mobile; KOMM., Leitlinien zur Anwendung von Art. 81 Abs. 3 EG, ABl. 2004 C 101, 8 Rn. 48; Nordemann/Grave in LMRKM § 2 Rn. 20 iVm Nordemann/Nyberg in LMRKM AEUV Art. 101 Abs. 3 Rn. 22; die vom Bundesrat in seiner Stellungnahme zum RegE angeregte Klarstellung (BT-Drs. 15/3640, 73) ist nicht verwirklicht worden, wohl um die weitgehende Wortgleichheit von § 2 Abs. 1 GWB mit Art. 101 Abs. 3 AEUV zu bewahren.

[272] BegrRegE, BT-Drs. 15/3640, 27. Zwar ist der Wortlaut des § 7 Abs. 1 GWB aF gegenüber Art. 101 Abs. 3 AEUV insoweit etwas weiter gefasst, als er sich explizit auch auf die Entwicklung, Beschaffung, Rücknahme und Entsorgung von Waren sowie generell auch auf Dienstleistungen erstreckt. Doch lassen sich diese Aspekte entweder über eine Analogie zur „Verbesserung der Warenerzeugung oder -verteilung" oder über das alternative Merkmal der „Förderung des technischen oder wirtschaftlichen Fortschritts" erfassen.

[273] Vgl. zB BKartA TB 2003/2004, 171 f. sowie Zapfe S. 164 ff.; Bunte in FK-KartellR GWB 1999 § 7 Rn. 4, 7, 24 ff. jeweils mwN.

[274] BegrRegE (6. GWB-Novelle), BT-Drs. 13/9720, 48.

beschränkend – meist schon in den Anwendungsbereich der vorrangigen §§ 3–5 GWB aF fielen.

In der Sache kann eine Verbesserung der Warenerzeugung insbesondere durch rationel- **89** lere Herstellungsverfahren, eine höhere oder beständigere Kapazitätsauslastung oder andere Maßnahmen zur **Senkung der Produktionskosten** (einschließlich Material-, Werkzeug-, Transport-, Lagerkosten etc) erfolgen.[275] Ebenso erfasst sind die **Erhöhung der Produktqualität,** die Verbreiterung des Angebots oder die **Herstellung eines neuen Produkts.**[276] Besonders geeignet zur Hervorbringung derartiger Effizienzgewinne sind zum einen alle Formen der **Arbeitsteilung** (Spezialisierung), zum anderen die **Zusammenführung komplementärer Kenntnisse, Fähigkeiten und Kapazitäten** in der Wertschöpfungskette von F&E über die Produktion bis zum Vertrieb. Das besondere Potential von gemeinsamer F&E sowie Spezialisierungsvereinbarungen zur Erzielung hoher Effizienzgewinne wird durch die Existenz und Geltung der beiden einschlägigen Gruppenfreistellungsverordnungen (VO 2023/1066 bzw. VO 2023/1067) reflektiert.[277]

Als **Verbesserung der Warenverteilung** kommen in erster Linie Rationalisierungs- **90** gewinne und qualitative Effizienzvorteile im Bereich des Vertriebs in Betracht. Der Hauptanwendungsbereich liegt neben horizontalen Vermarktungsvereinbarungen[278] **vor allem bei vertikalen Vertriebsabreden,** mit denen die Hersteller die Zahl ihrer Vertriebsstellen steuern, durch Größenvorteile (economies of scale) ihre Distributionskosten senken, kompetente und zu Investitionen bereite Händler gewinnen und auf diese Weise Märkte schneller und besser erschließen können.[279] Die bessere Verbreitung eines Produkts,[280] die Erhöhung des Warenumsatzes, der Lieferbereitschaft und Versorgungssicherheit, die Ermöglichung zusätzlicher Dienstleistungen (Wartung, Service, Beratung etc) sowie etwa die Etablierung bestimmter Markenzeichen mit der Funktion eines qualitätsorientierten Gütesiegels[281] sind weitere Aspekte.

**c) Förderung des technischen oder wirtschaftlichen Fortschritts.** Angesichts der **91** Alternativität der Merkmale besteht in der Praxis kein besonderes Bedürfnis für eine (trennscharfe) Unterscheidung etwa zwischen der Verbesserung der Warenerzeugung und einer Förderung des wirtschaftlichen Fortschritts, unter den daher oft auch Rationalisierungsgewinne oder eine Verbreiterung des Angebots subsumiert werden. Das Kriterium der Förderung des technischen Fortschritts ist vor allem für Forschungs- und Entwicklungsvereinbarungen sowie Lizenzverträge von Bedeutung, deren Abschluss häufig eine **schnellere Entwicklung und Durchsetzung neuer Technologien** im Markt als bei uneingeschränktem Wettbewerb erwarten lässt.[282] Für die Kommission stellt es regelmäßig einen wesentlichen wirtschaftlichen oder technischen Fortschritt dar, wenn neue Waren oder Dienstleistungen auf Grund der wettbewerbsbeschränkenden Vereinbarung schneller, kostengünstiger oder auf höherem technischem Standard angeboten werden können als ohne sie.[283] Besondere Bedeutung haben die Ersparnis doppelter Forschungsaufwendungen und die Erzielung von Synergieeffekten durch die Zusammenführung komplementärer Kenntnisse, Fähigkeiten und Kapazitäten.

[275] Schneider in Bunte Rn. 31.

[276] Vgl. zB BGH 9.7.2002, WuW/E DE-R 919 (924) – Stellenmarkt für Deutschland II (gemeinsame Beilage mit Stellenanzeigen für mehrere überregionale Tageszeitungen als neues Produkt).

[277] Vgl. dazu ausführlich die Kommentierung in Band 1/Teil 1, S. 1565 ff., 1629 ff.

[278] Vgl. dazu näher → Rn. 185 ff.

[279] Näher zu den Effizienzvorteilen bei vertikalen Vereinbarungen → Rn. 228 ff.

[280] Vgl. BKartA 25.8.1999, WuW/E DE-V 209 (214) – Stellenmarkt für Deutschland II (zu § 7 GWB aF); BKartA 17.3.2011, B6–94/10 Rn. 230 – ProSiebenSat.1 Media/RTL interactive (erleichterte Auffindbarkeit von Video-on-Demand-Inhalten auf einer gemeinsamen Online-Plattform).

[281] Dazu BKartA 14.2.2008, WuW/E DE-V 1579 (1582) – KS-Quadro.

[282] Mestmäcker/Schweitzer EuWettbR § 14 Rn. 47; vgl. auch Schneider in Bunte Rn. 39.

[283] Vgl. KOMM., Leitlinien zur Anwendbarkeit des Artikels 101 AEUV auf Vereinbarungen über horizontale Zusammenarbeit, ABl. 2023, C 259, 1 ff., Rn. 54 (zu F&E-Vereinbarungen).

**92**    Im Rahmen der 6. GWB-Novelle aus dem Jahr 1998 hatte der deutsche Gesetzgeber bei der partiell an Art. 101 Abs. 3 AEUV angelehnten Auffangvorschrift des § 7 GWB aF noch bewusst auf das Merkmal der „Förderung des technischen oder wirtschaftlichen Fortschritts" verzichtet, weil er befürchtete, dieses Tatbestandselement könne als industriepolitische oder gemeinwohlorientierte Öffnungsklausel missverstanden werden.[284] Im Gesetzgebungsprozess zur 7. GWB-Novelle hat er dann darauf verwiesen, dass dieses Kriterium in der bisherigen Entscheidungspraxis der Kommission „ganz überwiegend anhand wettbewerblicher Maßstäbe ausgelegt worden" sei.[285] Zutreffend ist, dass jedenfalls seit der Einführung des Legalausnahmeprinzips eine **strikt wettbewerbsorientierte Interpretation** aller Tatbestandsmerkmale des Art. 101 Abs. 3 AEUV (und damit auch in § 2 Abs. 1 GWB) geboten ist.[286] Eine **isolierte Berücksichtigung allgemeiner öffentlicher Interessen oder anderer Unionspolitiken** ist im Rahmen des Art. 101 Abs. 3 AEUV auch nach Auffassung der Kommission **nicht** (mehr) **gestattet.** Gleiches muss seitdem auch im Rahmen des nationalen Rechts gelten.[287] Die Kartellbehörden und Gerichte haben bei der Anwendung des GWB kein Mandat, andere öffentliche Interessen als den Schutz des Wettbewerbs zu berücksichtigen. Sofern es zu Konflikten mit anderen Gemeinwohlbelangen kommt, ist der Gesetzgeber gefragt, eine ausgleichende Regelung zu erlassen. Allenfalls im Rahmen ihres Aufgreifermessens können die Kartellbehörden von der Verfolgung bestimmter Verstöße Abstand nehmen, wenn sie aus vertretbaren Gründen ein Verfolgungsinteresse verneinen. Doch ist die Grenze zum Ermessensfehlgebrauch überschritten, wenn aus sachfremden (allgemeinpolitischen) Gründen selbst schwere Wettbewerbsverstöße geduldet würden.

**93**    **2. Angemessene Beteiligung der Verbraucher am Gewinn.** Mit dem zweiten Erfordernis – der angemessenen Beteiligung der Verbraucher an dem entstehenden Gewinn – bezieht das Gesetz auch die **Außenwirkungen** der Vereinbarung in die Betrachtung mit ein (vgl. bereits → Rn. 79). Im europäischen Recht legt die Kommission im Zusammenhang mit ihrem neuen, stärker wirtschaftlich ausgerichteten und auf die Förderung der Konsumentenwohlfahrt fokussierten Ansatz[288] auf dieses Kriterium besonderes Gewicht.[289] Es soll sicherstellen, dass von der Wettbewerbsbeschränkung nicht nur die beteiligten Unternehmen, sondern letztlich **auch die Allgemeinheit profitiert.**[290]

**94**    Unter den Begriff der „**Verbraucher**" fallen nicht nur (private) Konsumenten, sondern **alle Nutzer der** vertragsgegenständlichen **Produkte** in der Vertriebskette vom Groß- über den Einzelhändler bis zum (privaten) Endkunden, aber auch Weiterverarbeiter, welche die Ware oder Dienstleistung als Vorprodukt oder sonstigen Input für ihre Geschäftstätigkeit benötigen.[291] Der Kreis beschränkt sich nicht auf die unmittelbaren Vertragspartner der Kartellbeteiligten auf der **Marktgegenseite,** sondern erstreckt sich auf **alle unmittelbaren und mittelbaren Abnehmer** der Produkte des Kartells.[292] Allerdings muss nicht in jedem

---

[284] BegrRegE, BT-Drs. 15/3640, 27; BegrRegE (6. GWB-Novelle), BT-Drs. 13/9720, 33, 48.

[285] BegrRegE, BT-Drs. 15/3640, 27.

[286] Näher dazu Fuchs ZWeR 2005, 1 (17 f.) mwN.

[287] Vgl. bereits → Rn. 71 ff.

[288] Vgl. KOMM., Leitlinien zur Anwendung von Art. 81 Abs. 3 EG, ABl. 2004 C 101, 8 Rn. 33 („Mit den Wettbewerbsregeln der Gemeinschaft soll durch den Schutz des Wettbewerbs der Wohlstand der Verbraucher gefördert und die effiziente Ressourcenallokation gewährleistet werden").

[289] Vgl. die umfangreichen Ausführungen in den Leitlinien zur Anwendung von Art. 81 Abs. 3 EG, ABl. 2004 C 101, 8 Abs. 3 EG, Rn. 83–104.

[290] Schneider in Bunte Rn. 40.

[291] Vgl. OLG Düsseldorf 13.11.2013 – VI-U (Kart) 11/13 Rn. 64 – Badarmaturen; Schneider in Bunte Rn. 41; KOMM., Leitlinien zur Anwendung von Art. 81 Abs. 3 EG, ABl. 2004 C 101, 8 Rn. 84.

[292] Nordemann/Grave in LMRKM Rn. 18 iVm Nordemann/Nyberg in LMRKM AEUV Art. 101 Abs. 3 Rn. 46; Heyers in FK-KartellR Rn. 61; ebenso wohl Bechtold/Bosch Rn. 17, der zwar auf die „Marktgegenseite" abstellt, sich aber ausdrücklich gegen eine Beschränkung auf die unmittelbaren Vertragspartner der Kartellanten wendet; entgegen seiner Einschätzung grenzt auch die Kommission den Kreis der „Verbraucher" nicht auf die direkten Kunden des Kartells ein, sondern erfasst ausdrücklich die „Kunden der Vertragsparteien und die späteren Käufer der Produkte" (KOMM., Leitlinien zur Anwendung von Art. 81

Fall eine Beteiligung der Endverbraucher gesichert sein. Vielmehr kann es ausnahmsweise genügen, wenn eine effizienzträchtige Kooperation zu erheblichen Vorteilen (auch) zugunsten der unmittelbaren Zwischenabnehmer führt, selbst wenn diese Vorteile etwa aufgrund einer vermachteten Abnehmerseite nicht bis zu den Endverbrauchern weitergereicht werden.[293] Außer Betracht bleiben aber in jedem Fall solche Wohlfahrtssteigerungen, die ausschließlich auf die Produzentenseite beschränkt bleiben.[294] Keine angemessene Verbraucherbeteiligung liegt daher beispielsweise vor, wenn eine wettbewerbsbeschränkende Maßnahme in Form einer Mindestpreisregelung nur darauf abzielt, das finanzielle Risiko der Geschäftstätigkeit der Beteiligten abzufedern.[295]

Der Begriff „**Gewinn**" ist nicht im betriebswirtschaftlichen (oder bilanziellen) Sinn zu   **95** verstehen. Vielmehr erfasst er sämtliche aus der Vereinbarung resultierenden **wirtschaftlichen Vorteile**.[296] Diese können, aber müssen nicht finanzieller Art sein, wie etwa Preissenkungen oder vermiedene Preiserhöhungen.[297] Der Gewinn kann auch darin liegen, dass zB neue, bessere oder auch umweltfreundlichere Produkte[298] eingeführt werden, der Bezug vorhandener Produkte für bestimmte Kundengruppen erst ermöglicht, erleichtert oder beschleunigt wird, die Qualität verbessert und die Versorgungssicherheit erhöht wird; auch Verbesserungen bei Beratung, Service, Wartung und Reparatur gehören dazu.[299]

Der entstehende Gewinn muss nicht in vollem Umfang weitergegeben werden, zumal   **96** dann auch kein Anreiz mehr für die Unternehmen verbliebe, die Vereinbarung überhaupt abzuschließen. Eine „**angemessene Beteiligung**" setzt lediglich voraus, dass die von der wettbewerbsbeschränkenden Vereinbarung ausgehenden negativen Auswirkungen auf die betroffenen Nutzergruppen zumindest ausgeglichen werden, so dass sie durch die Vereinbarung im Ergebnis nicht geschädigt werden.[300] Weitergehende Effizienzgewinne, die zu Kosteneinsparungen, einem geringeren Ressourceneinsatz oder höherwertigen Produkten führen, bewirken dann, dass die Gesellschaft insgesamt besser dasteht.[301] Die Beteiligung muss sich nicht auf jeden einzelnen Effizienzgewinn beziehen, sondern nur **insgesamt** ein **hinreichendes Ausmaß** erreichen, das zur Kompensation etwaiger Nachteile genügt. Ist etwa infolge der Vereinbarung ein Preisanstieg zu erwarten, müssen die Verbraucher einen

Abs. 3 EG, ABl. 2004 C 101, 8 Rn. 84); vgl. auch KOMM. 8.5.2001 – IV/36.957/F3, ABl. 2001 L 302, 1 Rn. 185 – Glaxo Wellcome; 17.9.2001, ABl. 2001 L 319, S. 1 Rn. 147 ff. – DSD. Etwas missverständlich BKartA 31.5.2007, WuW/E DE-V 1392 (1403) – Altglas, wo zunächst nur auf die Weitergabe von Kostenvorteilen an die (direkten) „Abnehmer" (Rn. 219) abgestellt wird, anschließend jedoch von der „Weitergabe von Kostenvorteilen an den Endverbraucher" (Rn. 220) die Rede ist.

[293] So insbesondere NordemannGrave in LMRKM Rn. 18 iVm Nordemann/Nyberg in LMRKM AEUV Art. 101 Abs. 3 Rn. 46.

[294] Vgl. OLG Düsseldorf 4.10.2007, WuW/E DE-R 2197 (2207 f.) – E.ON Ruhrgas; Heyers in FK-KartellR § 2 Rn. 60 (Steigerung der Gesamtwohlfahrt, dh die Summe aus Produzenten- und Konsumentenrente, ist nicht maßgeblich).

[295] Vgl. BKartA TB 2005/2006, 67.

[296] Vgl. Nordemann in LMRKM Rn. 18 iVm Nordemann/Nyberg in LMRKM AEUV Art. 101 Abs. 3 Rn. 47; bei der Einführung des § 7 GWB aF hatte der Gesetzgeber seinerzeit auf die Vergleichbarkeit mit dem Begriff der „Verbesserung der Bedarfsbefriedigung" in § 5 GWB aF hingewiesen, BegrRegE (6. GWB-Novelle), BT-Drs. 13/9720, 47. Das ist jedoch für § 2 Abs. 1 GWB zu eng, dessen Anwendungsbereich über den von § 5 GWB aF hinausgeht. Das Merkmal ist vielmehr nunmehr auch unter Berücksichtigung der Anwendungspraxis der Kommission zu Art. 101 Abs. 3 AEUV auszulegen, so auch Schneider in Bunte Rn. 42.

[297] Vgl. als Beispielsfall für eine vermiedene Preiserhöhung als wirtschaftlicher Vorteil bei gleichzeitig gestiegenen Gestehungskosten OLG Düsseldorf 4.10.2007, WuW/E DE-R 2197 (2207 f.) – E.ON Ruhrgas.

[298] Vgl. etwa KOMM. 24.1.1999, ABl. 2000 L 187, 47 – CECED.

[299] Vgl. Schneider in Bunte Rn. 43 f.

[300] Vgl. OLG Düsseldorf 4.10.2007, WuW/E DE-R 2197 (2207) – E.ON Ruhrgas; BKartA 17.3.2011 – B6–94/10 Rn. 234 – ProSiebenSat.1 Media/RTL interactive; Schneider in Bunte Rn. 45 (Nettowirkung muss mindestens neutral sein) im Anschluss an KOMM., Leitlinien zur Anwendung von Art. 81 Abs. 3 EG, ABl. 2004 C 101, 8 Rn. 85; zust. auch Bechtold/Bosch Rn. 17; Hartmann-Rüppel/Wagner ZWeR 2004, 128 (151); Nordemann/Grave in LMRKM Rn. 18 iVm Nordemann/Nyberg in LMRKM AEUV Art. 101 Abs. 3 Rn. 49; **aA** (Vorteile müssen die Nachteile überwiegen) zu § 7 GWB aF Zapfe S. 112 mwN.

[301] Vgl. KOMM., Leitlinien zur Anwendung von Art. 81 Abs. 3 EG, ABl. 2004 C 101, 8 Rn. 85.

vollwertigen Ausgleich in Form besserer Qualität oder sonstiger Vorteile erhalten.[302] Eine **Saldierung** von gegenläufigen Effekten[303] ist auch erforderlich, wenn sich die Kartellvereinbarung in unterschiedlicher Weise auf verschiedene Produkte auswirkt.[304]

**97** Die Vorteile müssen nicht unbedingt zum selben Zeitpunkt wie die Nachteile eintreten. Auch wenn eine Vereinbarung zunächst nur negative Auswirkungen auf die Verbraucher hat, kann es für die erforderliche Weitergabe von Vorteilen genügen, wenn diese erst **mit** einiger **zeitlicher Verzögerung** eintritt. Je länger dieser Zeitraum ist, desto größer müssen freilich die erst später zufließenden Vorteile sein.[305] Zudem sind zukünftige Gewinne auf ihren Gegenwartswert zu diskontieren unter Berücksichtigung von Inflation und entgangenen Zinsen.[306] In jedem Fall kommt es auf eine ausreichend **fundierte Prognose** an, dass die erwartete (partielle) Weitergabe der wirtschaftlichen Vorteile in dem gebotenen Umfang auch mit hinreichender Wahrscheinlichkeit eintreten wird.[307] Die Anforderungen sind insoweit erheblich höher, als sie früher bei der Anwendung des entsprechenden Merkmals in § 7 Abs. 1 GWB aF beachtet worden sind.[308]

**98** Schwierige **Abwägungsfragen** stellen sich, wenn ein Produkt durch die effizienzfördernde wettbewerbsbeschränkende Vereinbarung zwar erheblich früher auf den Markt kommt, die Kooperationspartner aber infolge ihrer gestiegenen Marktmacht höhere Preise durchsetzen können. Die Kommission neigt offenbar dazu, den früheren Zugang zu einem wesentlich verbesserten Produkt höher zu bewerten als den Preisanstieg.[309] Eine solche Betrachtungsweise ist jedoch bedenklich, weil sie die langfristigen negativen Wirkungen einer Vermachtung der Märkte tendenziell unterschätzt. Hinzu kommt, dass es sehr schwierig ist, dynamischen Effizienzgewinnen wie der (schnelleren) Verfügbarkeit neuer oder verbesserter Produkte einen exakten „Mehrwert" für die Verbraucher zuzuordnen[310] und diesen dann auch noch mit dem drohenden Nachteil (womöglich langfristig) höherer Preise abzuwägen. Welchen Anforderungen die Parteien genügen müssen, um hinreichend überzeugend darzulegen, dass die behaupteten Effizienzgewinne einen echten Mehrwert für die Verbraucher darstellen, der die Nachteile der Wettbewerbsbeschränkung kompensiert, ist offen.

**99** Bemerkenswert ist in diesem Zusammenhang auch, dass die Kommission nicht (mehr) pauschal davon ausgeht, dass regelmäßig bereits der **verbleibende Wettbewerbsdruck** für eine angemessene Weitergabe der erzielten Vorteile an die Verbraucher sorgen wird,[311] sondern insoweit von den Parteien **substantiierte Angaben** darüber fordert, in welchem Ausmaß die Kosteneinsparungen oder sonstigen Vorteile voraussichtlich an die Verbraucher weitergegeben werden.[312] Insoweit trägt die Kommission zum einen implizit ihrem eigenen veränderten Konzept der (spürbaren) Wettbewerbsbeschränkung in Art. 101 Abs. 1 AEUV Rechnung, das für einen Verstoß gegen das Kartellverbot bereits ein gewisses Maß an

---

[302] KOMM., Leitlinien zur Anwendung von Art. 81 Abs. 3 EG, ABl. 2004 C 101, 8 Rn. 86; OLG Düsseldorf 20.6.2007, WuW/E DE-R 2146 Rn. 37 – Nord-KS/Xella.

[303] Dazu näher Nordemann/Grave in LMRKM Rn. 18 iVm Nordemann/Nyberg in LMRKM AEUV Art. 101 Abs. 3 Rn. 49; Schneider in Bunte Rn. 45.

[304] So muss etwa eine Preissteigerung bei Produkt A durch eine entsprechende Verbilligung bei Produkt B ausgeglichen werden, Schneider in Bunte Rn. 45 aE.

[305] KOMM., Leitlinien zur Anwendung von Art. 81 Abs. 3 EG, ABl. 2004 C 101, 8 Rn. 87.

[306] KOMM., Leitlinien zur Anwendung von Art. 81 Abs. 3 EG, ABl. 2004 C 101, 8 Rn. 88.

[307] Schneider in Bunte Rn. 40; Zapfe S. 111.

[308] Vgl. Hartmann-Rüppel/Wagner ZWeR 2004, 128 (151) unter Hinweis auf die recht kursorische Begründung von Effizienzgewinnen in BGH 9.7.2002, BGHZ 151, 260 = WuW/E DE-R 919 (924) – Stellenmarkt für Deutschland II.

[309] Vgl. das Beispiel in KOMM., Leitlinien zur Anwendung von Art. 81 Abs. 3 EG, ABl. 2004 C 101, 8 Rn. 89, s. aber auch Rn. 92.

[310] Das erkennt auch die KOMM., Leitlinien zur Anwendung von Art. 81 Abs. 3 EG, ABl. 2004 C 101, 8 Rn. 103.

[311] So aber noch Schneider in Bunte Rn. 43 unter Hinweis auf EuGH 25.10.1977 – Rs 26/77, Slg. 1977, 1875 Rn. 46 f. = GRUR Int 1978, 254 – Metro/SABA II.

[312] KOMM., Leitlinien zur Anwendung von Art. 81 Abs. 3 EG, ABl. 2004 C 101, 8 Leitlinien zur Anwendung von Art. 81 Abs. 3 EG, ABl. 2004 C 101, 8 Abs. 3 EG, Rn. 94, 96.

Marktmacht und negative Auswirkungen zB auf Preise, Mengen oder die Innovationsgeschwindigkeit im relevanten Markt verlangt.[313] Als Konsequenz dieser restriktiveren Anwendung des Kartellverbotstatbestands (nach dem Konzept der Kommission) steigen dann auch die Anforderungen an die Erfüllung der Freistellungsvoraussetzungen. Zum anderen trägt diese Sicht dazu bei, jedem Tatbestandsmerkmal in § 2 Abs. 1 GWB/ Art. 101 Abs. 3 AEUV eine gewisse eigenständige Funktion zukommen zu lassen.[314] Denn das Merkmal der angemessenen Verbraucherbeteiligung wäre weitgehend überflüssig, wenn eine strukturell gesicherte Weitergabe der Effizienzvorteile immer schon dann angenommen würde, wenn es noch nicht zur Ausschaltung des Wettbewerbs im Sinne der vierten Voraussetzung gekommen ist. Auf der anderen Seite führt die Berücksichtigung der Intensität des verbleibenden Wettbewerbs schon im Rahmen des Merkmals der Verbraucherbeteiligung nicht dazu, dass die negative Voraussetzung einer fehlenden Ausschaltung des Wettbewerbs obsolet wird. Denn bei den **Anforderungen an die Darlegung** der Wahrscheinlichkeit einer (partiellen) Weitergabe des „Gewinns" an die Verbraucher ist **zwischen Kosteneinsparungen und sonstigen Effizienzgewinnen zu differenzieren,**[315] so dass sich die Prüfung im Ergebnis nur teilweise überschneidet.

Die **Weitergabe von Kosteneinsparungen** hängt maßgeblich von Ausmaß und Art **100** des fortbestehenden Wettbewerbs ab.[316] **Kriterien für** die hier erforderliche konkretere **Bestimmung des verbleibenden Wettbewerbsdrucks** sind neben der Marktstruktur und Schwere der Wettbewerbsbeschränkung vor allem die Art der erzielten Kosteneinsparungen[317] sowie die Elastizität der Nachfrage im relevanten Markt.[318] Die **Beteiligung** der Marktgegenseite **an** sonstigen, vor allem **qualitativen Effizienzgewinnen** (wie zB die Verfügbarkeit neuer oder verbesserter Produkte, die Verbreiterung des Angebots oder Erhöhung der Versorgungssicherheit) ist dagegen auch bei fehlendem Wettbewerbsdruck möglich. Hier ist ein **Werturteil** erforderlich, das derartigen Vorteilen für die Verbraucher einen bestimmten Mehrwert zuordnet und in Beziehung zu den Nachteilen aus der Wettbewerbsbeschränkung setzt, um die Gesamtauswirkungen oder den Nettoeffekt auf die Verbraucher im relevanten Markt zu ermitteln.[319] Ergibt sich insoweit ein positives oder zumindest ausgeglichenes Ergebnis für die Verbraucher, ist damit der Prüfung der vierten Freistellungsvoraussetzung („keine Ausschaltung des Wettbewerbs") nicht vorgegriffen.

**3. Unerlässlichkeit der Beschränkung.** Bei der dritten Voraussetzung des § 2 Abs. 1 **101** GWB geht es um die Vermeidung „überschießender" Wettbewerbsbeschränkungen, die für die Erreichung der mit der Vereinbarung angestrebten Effizienzgewinne nicht erforderlich sind. Es handelt sich um eine **Ausprägung des Verhältnismäßigkeitsgrundsatzes.**[320] Die bloße Eignung der wettbewerbsbeschränkenden Vereinbarung zur Herbeiführung der angestrebten Effizienzgewinne genügt nicht; vielmehr dürfen die Vorteile ohne

---

[313] Vgl. dazu KOMM., Leitlinien zur Anwendung von Art. 81 Abs. 3 EG, ABl. 2004 C 101, 8 Rn. 24 ff.; KOMM., Leitlinien zur Anwendbarkeit des Artikels 101 AEUV auf Vereinbarungen über horizontale Zusammenarbeit, ABl. 2023, C 259, 1 ff., Rn. 54.

[314] Vgl. Bechtold/Bosch § 2 GWB, Rn. 18.

[315] Vgl. KOMM., Leitlinien zur Anwendung von Art. 81 Abs. 3 EG, ABl. 2004 C 101, 8 Rn. 95 ff. einerseits und Rn. 102 ff. andererseits.

[316] KOMM., Leitlinien zur Anwendung von Art. 81 Abs. 3 EG, ABl. 2004 C 101, 8 Rn. 97.

[317] Nach Auffassung der KOMM., Leitlinien zur Anwendung von Art. 81 Abs. 3 EG, ABl. 2004 C 101, 8 Abs. 3 EG, Rn. 98 aE, ist die Wahrscheinlichkeit einer Weitergabe bei einer Senkung der variablen Kosten wesentlich höher als bei einer Reduktion der Fixkosten.

[318] KOMM., Leitlinien zur Anwendung von Art. 81 Abs. 3 EG, ABl. 2004 C 101, 8 Rn. 96 ff.; Nordemann/Grave in LMRKM Rn. 18 iVm Nordemann/Nyberg in LMRKM AEUV Art. 101 Abs. 3 Rn. 50.

[319] KOMM., Leitlinien zur Anwendung von Art. 81 Abs. 3 EG, ABl. 2004 C 101, 8 Rn. 103.

[320] Vgl. BGH 9.7.2002 –, BGHZ 151, 260 = WuW/E DE-R 919 (925) – Stellenmarkt für Deutschland II (zu § 7 GWB aF); OLG Frankfurt a. M. 14.7.2009, WuW/E DE-R 2721 (2723) – Service-Taxi; Bechtold GWB § 2 Rn. 18; Nordemann/Grave in LMRKM § 2 Rn. 18 iVm Nordemann/Nyberg in LMRKM AEUV Art. 101 Abs. 3 Rn. 39; Hirsch ZWeR 2003, 233 (238) („entspricht dem Gebot der Angemessenheit und Verhältnismäßigkeit der Mittel").

sie nicht erreichbar sein. Zudem darf kein Missverhältnis zwischen den erreichbaren Effizienzgewinnen und der Schwere der Wettbewerbsbeschränkungen bestehen.[321] Daher muss eine **Abwägung** zwischen den Nachteilen für den Wettbewerb und den positiven Auswirkungen der Kooperation stattfinden.[322] In der Sache gelten diesbezüglich die gleichen Grundsätze wie schon früher nach § 7 GWB aF, der verlangte, dass „die Verbesserung von den Beteiligten auf andere Weise nicht erreicht werden kann" und „in einem angemessenen Verhältnis zu der damit verbundenen Wettbewerbsbeschränkung steht".[323] Droht die fragliche Wettbewerbsbeschränkung ein unzumutbares Maß anzunehmen, kann die Angemessenheitsprüfung im Einzelfall zu dem Ergebnis führen, dass sich die Parteien der Vereinbarung mit alternativen, weniger einschränkenden Maßnahmen begnügen müssen, selbst wenn sie aus ihrer Sicht auch weniger effektiv oder aufwändiger sind.[324] Als unangemessen und daher nicht unerlässlich hat das OLG Düsseldorf etwa wettbewerbsbeschränkende Gaslieferverträge eingestuft, mit denen die beteiligten Unternehmen sich lediglich der „in einem funktionierenden Wettbewerb jeder unternehmerischen Tätigkeit immanent [en]" Absatzrisiken zu entledigen suchten.[325]

102   Für den mit § 2 Abs. 1 Nr. 1 GWB insoweit wortgleichen Art. 101 Abs. 3 AEUV verlangt die Kommission eine **zweistufige Prüfung:** Zum einen müsse die „**Vereinbarung insgesamt vernünftigerweise notwendig** sein, um die Effizienzgewinne zu erzielen"; zum anderen müssten „**auch die Einzelnen,** sich aus der Vereinbarung ergebenden **Wettbewerbsbeschränkungen** hierfür vernünftigerweise notwendig sein".[326] Dabei sei jeweils entscheidend, ob die Vereinbarung und ihre einzelnen Beschränkungen es ermöglichen, die fraglichen Tätigkeiten effizienter durchzuführen, als dies ohne sie wahrscheinlich der Fall wäre.[327] Es bietet sich an, diese Vorgehensweise im Rahmen des § 2 Abs. 1 GWB zu übernehmen.[328]

103   Dieser **Maßstab unterscheidet sich von der** ggf. im Rahmen des Kartellverbotstatbestands relevanten Frage nach der Notwendigkeit einer Beschränkung für die Durchführung des kartellrechtsneutralen Hauptzwecks einer Vereinbarung (zB Wettbewerbsverbot beim Unternehmenskauf). Nach der sog. „**Immanenztheorie**"[329] liegt in derartigen Fällen schon keine relevante Wettbewerbsbeschränkung vor, wenn die Vereinbarung ohne die fragliche Beschränkung (vernünftigerweise) überhaupt nicht abgeschlossen würde. Im Rahmen des § 2 Abs. 1 GWB genügt es dagegen, dass die Beschränkung zur Erzielung höherer Effizienzgewinne führt, als sich ohne sie erreichen ließen. Fraglich ist, welche Anforderungen an den „Negativbeweis" zu stellen sind, dass es zur Vereinbarung der Parteien **keine realistische, wirtschaftlich machbare Alternative mit weniger wettbewerbsbeschränkenden Wirkungen** gibt. Ein Durchspielen (sämtlicher) hypothetischer

---

[321] Bechtold/Bosch, § 2 GWB, Rn. 19 aE; ähnlich Nordemann/Grave in LMRKM Rn. 18 iVm Nordemann/Nyberg in LMRKM AEUV Art. 101 Abs. 3 Rn. 41; letztlich unklar Schneider in Bunte Rn. 51, der einerseits (nur) verlangt, dass kein „offensichtliches Missverhältnis zwischen der Verbesserung und der Wettbewerbsbeschränkung" bestehen dürfe, andererseits aber den Kartellbehörden einen „erheblichen Beurteilungsspielraum, auch hinsichtlich der Prognose und der Einschätzung der künftigen Entwicklung" zubilligen will. Das ist abzulehnen, weil im System der Legalausnahme kein Raum für eine (gerichtlich nicht voll überprüfbare) behördliche Einschätzungsprärogative besteht.
[322] Vgl. Hartmann-Rüppel/Wagner ZWeR 2004, 128 (134) sowie zu § 7 GWB aF BGH 9.7.2002, BGHZ 151, 260 = WuW/E DE-R 919 (924 f.) – Stellenmarkt für Deutschland.
[323] Schneider in Bunte Rn. 47.
[324] Vgl. insofern OLG Frankfurt a. M. 14.7.2009, WuW/E DE-R 2721 (2724) – Service-Taxi für den vollständigen Ausschluss konkurrierender Funkvermittlungen im Taxigewerbe.
[325] OLG Düsseldorf, DE-R 2197 (2208 f.) – E.ON Ruhrgas; hierzu auch Nordemann/Grave in LMRKM Rn. 18 iVm Nordemann/Nyberg in LMRKM AEUV Art. 101 Abs. 3 Rn. 41.
[326] KOMM., Leitlinien zur Anwendung von Art. 81 Abs. 3 EG, ABl. 2004 C 101, 8 Rn. 73.
[327] KOMM., Leitlinien zur Anwendung von Art. 81 Abs. 3 EG, ABl. 2004 C 101, 8 Rn. 74.
[328] So Nordemann in LMRKM, 3. Aufl. 2016, § 2 Rn. 20 iVm AEUV Art. 101 Abs. 3; entsprechend auch bereits von behördlicher Seite BKartA 10.8.2007, WuW/E DE-V 1459 Rn. 171 – Wirtschaftsprüferhaftpflicht; BKartA, Hinweise zur wettbewerbsrechtlichen Bewertung von Kooperationen beim Glasfaserausbau in Deutschland vom 19.1.2010, abrufbar unter www.bundeskartellamt.de, Rn. 81.
[329] Vgl. dazu ausführlich Zimmer → § 1 Rn. 30 f. mwN.

oder theoretischer Alternativen kann von den nachweispflichtigen Parteien nicht verlangt werden. Vielmehr muss es ausreichen, wenn sie erläutern und belegen, „warum realistisch erscheinende und weniger wettbewerbsbeschränkende Alternativen für die Vereinbarung erheblich weniger effizient wären".[330] Dabei ist zwar grundsätzlich ein **objektiver Maßstab** anzulegen, rein subjektive Vorstellungen der Kartellmitglieder sind irrelevant.[331] Andererseits dürfen keine unzumutbaren, wirtschaftlich nicht sinnvollen Alternativmaßnahmen berücksichtigt werden.[332] Dazu gehört auch, dass die Beteiligten von ihrer bislang verfolgten Unternehmensstrategie ausgehen dürfen und diese weder zu ändern noch zu rechtfertigen brauchen.[333]

Insbesondere ist **zu prüfen, ob die Parteien die angestrebten Effizienzvorteile** **104** **auch alleine,** zB durch internes Wachstum und Preiswettbewerb, **hätten erzielen können.** Dabei spielt ua die effiziente Mindestbetriebsgröße im relevanten Markt eine wichtige Rolle: Je weiter die aktuelle Größe der Vertragsparteien davon entfernt ist, desto wahrscheinlicher ist es, dass die Vereinbarung zur Erzielung von economies of scale erforderlich ist. Die Prüfung kann aber auch ergeben, dass die Kooperation die notwendige effiziente Größe bereits bei einer geringeren Teilnehmerzahl als geplant mit insgesamt weniger Marktmacht erreicht und daher nur beim Ausscheiden einiger Partner zulässig ist.[334] Auch eine hohe individuelle Ressourcenstärke der an der Kooperation beteiligten Unternehmen kann gegen die Unerlässlichkeit der Wettbewerbsbeschränkung sprechen.[335] Geht es um die Erzielung von Synergieeffekten durch die Kombination komplementärer Vermögenswerte und Fähigkeiten der Parteien, lässt grundsätzlich schon die Art der Effizienzgewinne auf die Notwendigkeit der Vereinbarung schließen.[336] Im Fall „Altglas" hat das BKartA ausdrücklich auf die „Allokationsfunktion des Preises" bei unbeschränktem Wettbewerb abgestellt und den Schluss gezogen, dass sich die geltend gemachten Effizienzgewinne in Form von verringerten Transportkosten auch ohne die wettbewerbsbeschränkende Abrede ergeben hätten.[337]

Ist die Vereinbarung für die Verwirklichung der Effizienzsteigerung erforderlich, muss in **105** einem zweiten Schritt geprüft werden, ob auch **jede einzelne** damit verbundene **Wettbewerbsbeschränkung hinsichtlich Art und Ausmaß** unerlässlich ist.[338] Die Kommission lässt es zur Rechtfertigung einer Beschränkung insoweit genügen, wenn ohne sie die Effizienzgewinne erheblich geringer ausfallen oder die Wahrscheinlichkeit sinken würde, dass sich die wirtschaftlichen Vorteile realisieren.[339] Dementsprechend hat das BKartA in einem jüngeren Fall die Unerlässlichkeit mehrerer wettbewerbsbeschränkender Absprachen im Rahmen einer Video-on-Demand-Kooperation zweier Fernsehsender verneint, weil diese das Ausmaß der mit der Kooperation insgesamt realisierbaren Effizienzen sogar noch vermindert hätten.[340]

Im Rahmen der Unerlässlichkeitsprüfung legt die Kommission einen umso strengeren **106** Maßstab an, je ausgeprägter die Wettbewerbsbeschränkungen ausfallen. Werden diese als **Kernbeschränkungen** oder sog. „schwarze Klauseln" eingestuft, hält sie eine Erfüllung

---

[330] So die KOMM., Leitlinien zur Anwendung von Art. 81 Abs. 3 EG, ABl. 2004 C 101, 8 Rn. 75.

[331] Schneider in Bunte § 2 Rn. 48; ders. in FK-KartellR GWB 1999 § 7 Rn. 51.

[332] Schneider in Bunte § 2 Rn. 49; ders. in FK-KartellR GWB 1999 § 7 Rn. 53; vgl. Nordemann/Grave in LMRKM Rn. 18 iVm Nordemann/Nyberg in LMRKM AEUV Art. 101 Abs. 3 Rn. 40.

[333] Nordemann in LMRKM, 3. Aufl. 2016, Rn. 20 iVm AEUV Art. 101 Abs. 3 Rn. 43.

[334] Vgl. Hartmann-Rüppel/Wagner ZWeR 2004, 128 (144); Nordemann/Grave in LMRKM Rn. 18 iVm Nordemann/Nyberg in LMRKM AEUV Art. 101 Abs. 3 Rn. 40.

[335] Vgl. BKartA 10.8.2007, WuW/E DE-V 1459 Rn. 179 – Wirtschaftsprüferhaftpflicht. In diesem Fall kam das BKartA zum Ergebnis, dass jedes Unternehmen auch selbst die fragliche Wirtschaftstätigkeit hätte ausüben und die geltend gemachten Effizienzgewinne herbeiführen können. Zu diesem Befund sehr kritisch Meyer-Lindemann ZWeR 2009, 522 (534).

[336] KOMM., Leitlinien zur Anwendung von Art. 81 Abs. 3 EG, ABl. 2004 C 101, 8 Rn. 76.

[337] BKartA 31.5.2007, WuW/E DE-V 1392 Rn. 190 – Altglas.

[338] KOMM., Leitlinien zur Anwendung von Art. 81 Abs. 3 EG, ABl. 2004 C 101, 8 Rn. 78.

[339] KOMM., Leitlinien zur Anwendung von Art. 81 Abs. 3 EG, ABl. 2004 C 101, 8 Rn. 79.

[340] BKartA 17.3.2011 – B6–94/10 Rn. 237 ff. – ProSiebenSat.1 Media/RTL interactive.

des Kriteriums der Unerlässlichkeit für „unwahrscheinlich".[341] Dazu gehören insbesondere Preisfestsetzungen, Produktions- und Absatzbeschränkungen sowie die Zuweisung von Märkten und Kunden,[342] ferner in vertikalen Vereinbarungen Mindestpreisbindungen, das Verbot der Nutzung des Internets, bestimmte Gebiets- und Kundenbeschränkungen sowie in selektiven Vertriebssystemen Beschränkungen des Verkaufs an Endabnehmer und von Querlieferungen zwischen Händlern.[343] Die Vereinbarung einer Kernbeschränkung führt nicht nur zum kompletten Wegfall einer sonst ggf. anwendbaren GVO (sog. „Alles oder Nichts-Prinzip"), sondern **schließt** grundsätzlich auch eine **Einzelfreistellung für die ganze Abrede aus.** Für eine Aufrechterhaltung des Vertrages im Übrigen – ohne die jeweils nichtige „schwarze" Klausel – ist selbst bei Existenz salvatorischer Klauseln prinzipiell kein Raum.[344] Andernfalls könnten die Parteien das Risiko (bewusst) überschießender Beschränkungen zu Lasten des effektiven Wettbewerbsschutzes weitgehend auf Dritte abwälzen. Insoweit gelten ähnliche Erwägungen wie beim Verbot der geltungserhaltenden Reduktion unangemessener AGB. Die Parteien müssen daher bei Vereinbarung nicht unerlässlicher Kernbeschränkungen den Vertrag ohne die „überschießenden" Klauseln neu abschließen.[345] Bei anderen Beschränkungen, die sich als nicht unerlässlich erweisen, kann dagegen im Einzelfall auch die Aufrechterhaltung des Restvertrages in Betracht kommen. Insoweit besteht eine gewisse Parallele zu den in manchen GVOen aufgeführten sog. „grauen" Klauseln, die solche Beschränkungen enthalten, die zwar selbst nicht von der GVO erfasst werden, welche aber die Freistellungswirkung für die Vereinbarung im Übrigen unberührt lassen.[346]

**107**     Weitere **wichtige Kriterien** neben der Schwere der Wettbewerbsbeschränkung sind die mit der Vereinbarung verbundenen wirtschaftlichen **Risiken und Erfolgsaussichten** sowie die **Anreize der Parteien,** ihre Anstrengungen auf das gemeinsame Projekt zu konzentrieren[347] sowie Trittbrettfahrereffekte[348] zu vermeiden. Die Beurteilung der Unerlässlichkeit muss dabei vor dem Hintergrund des tatsächlichen wirtschaftlichen Umfelds und insbesondere der jeweiligen Marktstruktur erfolgen. Beschränkungen wie Allein- oder Mindestbezugspflichten können etwa gerechtfertigt sein, wenn eine Partei erhebliche kundenspezifische Investitionen getätigt hat, die nicht rückgängig gemacht oder zu anderen Zwecken eingesetzt werden können (sunk investments).[349] Auch bei sonstigen erheblichen Investitionen soll nach Ansicht der Kommission der für eine **Amortisation** (einschließlich einer angemessenen Kapitalrendite) erforderliche Zeitraum berücksichtigt wer-

---

[341] KOMM., Leitlinien zur Anwendung von Art. 81 Abs. 3 EG, ABl. 2004 C 101, 8 Rn. 79; dem folgend Schneider in Bunte Rn. 50; Bechtold/Bosch, § 2 GWB,Rn. 20 („generell nicht geeignet"); zurückhaltend Nordemann/Grave in LMRKM, § 2 Rn. 18 iVm Nordemann/Nyberg in LMRKM AEUV Art. 101 Abs. 3 Rn. 41 (Kernbeschränkungen „dürften die Anforderungen tendenziell nicht erfüllen").

[342] So für Spezialisierungsvereinbarungen ausdrücklich Art. 5 VO 2023/1067; ebenso generell für Horizontalvereinbarungen Kommission, de minimis-Bekanntmachung, ABl. 2001 C 368, 13 Rn. 11 Nr. 1.

[343] Vgl. Art. 4 VO 2022/720 für Vertikalvereinbarungen sowie generell für Vereinbarungen zwischen Nichtwettbewerbern Kommission, de minimis-Bekanntmachung, ABl. 2001 C 368, 13 Rn. 11 Nr. 2. Weitere Listen von „schwarzen Klauseln" finden sich für Vertriebsverträge betreffend Kfz-Ersatzteile und -Wartungsdienstleistungen in Art. 5 VO 461/2010, für Technologietransfer-Vereinbarungen in Art. 4 VO 316/2014 und für F&E-Kooperationen in Art. 8 VO 2023/1066.

[344] Im Ergebnis ebenso Bechtold/Bosch, § 2 GWB, Rn. 21; aA und für die Möglichkeiten der Anwendung des § 139 BGB sowie der geltungserhaltenden Reduktion plädierend Nordemann in LMRKM, 3. Aufl. 2016, Rn. 20 iVm AEUV Art. 101 Abs. 3 Rn. 47. Zurückhaltender jedoch jetzt Nordemann/Grave in LMRKM Rn. 18 iVm Nordemann/Nyberg in LMRKM AEUV Art. 101 Abs. 3 Rn. 41 („Kernbeschränkungen […] dürften die Anforderungen tendenziell nicht erfüllen".

[345] So auch Bechtold/Bosch, § 2 GWB, Rn. 21, der im Übrigen zutreffend darauf hinweist, dass bei Kernbeschränkungen grundsätzlich schon keine anerkennenswerten, weitergabefähigen Effizienzgewinne vorliegen (aaO, Rn. 20); vgl. auch bereits → Rn. 75, 86.

[346] Vgl. mit Bezug zur Vertikal-GVO Bechtold/Bosch/Brinker, EU-Kartellrecht, Art. 5 Vertikal-GVO, Rn. 2 mwN. In diesen Fällen ist auch nicht ausgeschlossen, dass die Beschränkungen den Anforderungen einer Einzelfreistellung nach der Generalklausel genügen.

[347] KOMM., Leitlinien zur Anwendung von Art. 81 Abs. 3 EG, ABl. 2004 C 101, 8 Rn. 80.

[348] Siehe hierzu etwa BKartA 25.9.2009, WuW/E DE-V 1813 Rn. 29 ff. – Kontaktlinsen.

[349] KOMM., Leitlinien zur Anwendung von Art. 81 Abs. 3 EG, ABl. 2004 C 101, 8 Rn. 80.

den.[350] Unabhängig davon können auch bestimmte Arten von Wettbewerbsbeschränkungen (zB Konkurrenzverbote) regelmäßig nicht auf Dauer, sondern nur mit einer **zeitlichen Befristung** als unerlässlich anerkannt werden. Erst recht nicht unerlässlich iSd § 2 Abs. 1 GWB sind inhaltlich über das notwendige Maß hinausschießende Absprachen mit zusätzlichen Wettbewerbsbeschränkungen, wie sie zuletzt etwa im Zusammenhang mit Normenvorgaben zur Durchsetzung einheitlicher Qualitätsstandards festgestellt worden sind.[351]

**4. Keine Ausschaltung des Wettbewerbs.** Dem Primat des Wettbewerbs als maßgeb- **108** licher Antriebskraft und Garant für die Erzielung auch langfristig wirksam bleibender (dynamischer) Effizienzsteigerungen trägt die vierte Freistellungsvoraussetzung in § 2 Abs. 1 Nr. 2 GWB Rechnung. Sie verhindert, dass der Wettbewerbsprozess zum Stillstand kommt und die kurzfristig erzielbaren Effizienzgewinne durch langfristige Nachteile wie Preiserhöhungen, Rückgang der Innovationsrate und generell Fehlallokationen von Ressourcen überlagert werden.[352] Eine Freistellung muss daher ausscheiden, wenn die fragliche Vereinbarung den Fortbestand des Wettbewerbs gefährden würde.[353] Die „Ausschaltung des Wettbewerbs für einen wesentlichen Teil der betreffenden Waren"[354] stellt eine **absolute Freistellungsschranke** dar,[355] deren Höhe freilich im Einzelfall schwierig zu bestimmen sein kann.

Auf der einen Seite setzt sie jedenfalls **mehr** voraus **als eine „wesentliche Beein-** **109** **trächtigung des Wettbewerbs"** iSd § 3 Nr. 1 GWB, bei der durchaus noch wirksamer Wettbewerb bestehen kann (vgl. dazu → § 3 Rn. 76 ff.). Auf der anderen Seite ist das Merkmal – entgegen der Annahme der Gesetzesverfasser[356] – auch **nicht identisch mit der Entstehung oder Verstärkung einer marktbeherrschenden Stellung,** die noch in § 7 Abs. 1 GWB aF ausdrücklich als Ausschlusskriterium für die Freistellung normiert war.[357] Das gilt jedenfalls, wenn man unter den Begriff der „marktbeherrschenden Stellung" auch die überragende Marktstellung gemäß § 18 Abs. 1 Nr. 3 GWB (früher: § 19 Abs. 2 S. 1 Nr. 2) fallen ließe, da bei dieser im Einzelfall durchaus noch wesentlicher Restwettbewerb bestehen kann.[358] Bereits zu § 7 Abs. 1 GWB aF wurde allerdings überwiegend eine restriktive Interpretation des Marktbeherrschungsbegriffs vertreten, die für die Bestimmung der Freistellungsgrenze allein auf die Wirksamkeit des Außenwettbewerbs

---

[350] KOMM., Leitlinien zur Anwendung von Art. 81 Abs. 3 EG, ABl. 2004 C 101, 8 Rn. 44, 81; zust. Nordemann/Grave in LMRKM Rn. 18 iVm Nordemann/Nyberg in LMRKM AEUV Art. 101 Abs. 3 Rn. 40; zur Kritik am Amortisationsargument → Rn. 82.

[351] BKartA 14.2.2008, WuW/E DE-V 1579 (1582 f.) – KS-Quadro (kein Erfordernis für Gebietsaufteilungen, um einheitliche Beschaffenheit der Waren sicherzustellen; vgl. auch Nordemann/Grave in LMRKM § 2 Rn. 18 iVm Nordemann/Nyberg in LMRKM AEUV Art. 101 Abs. 3 Rn. 122.

[352] Vgl. KOMM., Leitlinien zur Anwendung von Art. 81 Abs. 3 EG, ABl. 2004 C 101, 8 Abs. 3 EG, Rn. 105.

[353] Nordemann/Grave in LMRKM Rn. 18 iVm Nordemann/Nyberg in LMRKM AEUV Art. 101 Abs. 3 Rn. 51.

[354] Die Vorschrift ist auf Dienstleistungen in jeder Hinsicht entsprechend anzuwenden, s. statt aller Bechtold Rn. 22.

[355] Wohl allg. Ansicht; vgl. nur Bechtold/Bosch, § 2 GWB, Rn. 22: „Effizienzgewinne um den Preis des Wettbewerbsausschlusses sind nicht möglich".

[356] Vgl. BegrRegE (6. GWB-Novelle), BT-Drs. 13/9720, 48; iE ebenso BegrRegE, BT-Drs. 15/3640, 27, nach der die Aufhebung des § 7 GWB aF zugunsten der vollständigen Übernahme der Kriterien des Art. 101 Abs. 3 AEUV keine sachliche Änderung bewirkt habe.

[357] Vgl. Schneider in Bunte Rn. 52; ders. in FK-KartellR GWB 1999 § 7 Rn. 64; Mestmäcker/Schweitzer § 13 Rn. 70; Nordemann in LMRKM, 3. Aufl. 2016, Rn. 20 iVm AEUV Art. 101 Abs. 3 Rn. 56; **anders** OLG Düsseldorf 4.10.2007, WuW/E DE-R 2197 (2209) – E.ON Ruhrgas, das eine „Ausschaltung des Wettbewerbs" bei Vorliegen einer überragenden Marktstellung annimmt. Die Kommission bezeichnet das Kriterium der Ausschaltung des Wettbewerbs als ein „autonomes Konzept des Gemeinschaftsrechts", das „spezifisch für Artikel 81 Absatz 3" sei, s. KOMM., Leitlinien zur Anwendung von Art. 81 Abs. 3 EG, ABl. 2004 C 101, 8 Rn. 106; vgl. auch EuG 28.2.2002, Slg. 2002, II-875 Rn. 330 – Atlantic Container Line.

[358] Vgl. näher zu der tendenziell niedrigeren Eingriffsschwelle bei der überragenden Marktstellung Fuchs/Möschel § 18 Rn. 79 ff. mwN.

und nicht auf das eher struktur- und unternehmensbezogene Kriterium der überragenden Marktstellung abstellt.[359] Da das europäische Kartellrecht die Kategorie der überragenden Marktstellung nicht kennt, spricht die nunmehr noch stärkere „Synchronisierung" mit Art. 101 Abs. 3 AEUV dafür, die Freistellungsgrenze der „Ausschaltung des Wettbewerbs" in § 2 Abs. 1 Nr. 2 GWB nur dann anzuwenden, wenn die beteiligten Unternehmen **keinem wesentlichen Wettbewerb iSd § 18 Abs. 1 Nr. 2 GWB nF** (bis zur 8. GWB-Novelle: § 19 Abs. 2 S. 1 Nr. 1 GWB) **mehr ausgesetzt** sind.[360] Auch die **Marktbeherrschungsvermutungen** des § 18 Abs. 4 und 6 GWB (§ 19 Abs. 3 aF) sind **in diesem Zusammenhang nicht anwendbar,** da sie ebenfalls keine Entsprechung im europäischen Wettbewerbsrecht haben und rein strukturbezogen auf den Marktanteil abstellen. So wird es beispielsweise bei horizontalen Kooperationen zum Ausbau von Versorgungsnetzen im Bereich der Telekommunikation oder auch der Energieversorgung entscheidend darauf ankommen, ob der landesweit oder innerhalb eines bestimmten Gebiets etablierte, oft mit weitem Abstand marktbeherrschende Betreiber an ihr beteiligt ist. Ist dies der Fall, so spricht vieles für die Annahme, dass der Wettbewerb ausgeschlossen wird und eine Freistellung daher ausscheiden muss.[361]

**110**   § 2 Abs. 1 GWB kann aber aus Gründen der Wertungskongruenz nicht (mehr) zur Anwendung kommen, wenn die Vereinbarung trotz der Herbeiführung von (erheblichen) Effizienzgewinnen zugleich den Tatbestand des **Missbrauchs einer marktbeherrschenden Stellung** erfüllt.[362] Zwar sind nicht alle wettbewerbsbeschränkenden Vereinbarungen, die ein marktbeherrschendes Unternehmen abschließt, per se als Missbrauch zu qualifizieren,[363] doch dürfte in derartigen Fällen, in denen die beteiligten Unternehmen schon vor der Vereinbarung keinem wirksamen Wettbewerb unterliegen, der Spielraum für die Darlegung letztlich überwiegend wettbewerbsfördernder Auswirkungen der Vereinbarung denkbar gering sein. Vielmehr führt in der Regel eine Vereinbarung, die zur Begründung oder Verstärkung einer marktbeherrschenden Stellung beiträgt, auch zum Ausschluss wesentlichen Restwettbewerbs.[364] Soweit es um den Vorwurf missbräuchlicher Verhaltensweisen iSd §§ 19–20 GWB gegenüber Dritten geht, besteht im Übrigen kein Anlass für eine restriktive Interpretation des Kreises der Normadressaten (iSd vorstehenden → Rn. 109), da das einzelstaatliche Kartellrecht für einseitige Handlungen nach Art. 3 Abs. 2 S. 2 VO 1/2003 strengere Regelungen enthalten darf.

**111**   Bei der Prüfung, ob die Kartellmitglieder noch „wesentlichem Wettbewerb" ausgesetzt sind oder ob die Vereinbarung zur „Ausschaltung des Wettbewerbs" führt, ist von der **Intensität des vor Vertragsschluss bestehenden Wettbewerbs** auszugehen. Je stärker der Wettbewerb auf dem betreffenden Markt bereits geschwächt ist, umso geringere Anforderungen sind an die Wettbewerbsbeschränkungen zu stellen, die eine Überschreitung

---

[359] Vgl. Immenga in Immenga/Mestmäcker, 3. Aufl. 2001, GWB § 7 aF Rn. 19 f.; Bunte in Bunte, 9. Aufl. 2001, GWB 1999 § 7 Rn. 46 ff.

[360] Im Ergebnis ähnlich Bechtold Rn. 25, der sowohl bei einer überragenden Marktstellung als auch beim Vorliegen einer Oligopolmarktbeherrschung noch Raum für das Bestehen wirksamen Wettbewerbs sieht.

[361] Vgl. dazu BKartA, Hinweise zur wettbewerbsrechtlichen Bewertung von Kooperationen beim Glasfaserausbau in Deutschland vom 19.1.2010, abrufbar unter www.bundeskartellamt.de, Rn. 84 ff.

[362] Vgl. EuGH 11.4.1989, Slg. 1989, 838 Rn. 41 ff. – Flugreisen; 16.3.2000, Slg. 2000, I-1442 (1480 f.) = WuW/E EU-R 309 Rn. 130, 135 – CMB; EuG 10.7.1990, Slg. 1990, II-309 (356 ff.) – Tetra Pak (I); EuG 28.2.2002, Slg. 2002, II-875 Rn. 330 – Atlantic Conainer Line; KOMM., Leitlinien zur Anwendung von Art. 81 Abs. 3 EG, ABl. 2004 C 101, 8 Rn. 106; dazu auch Bechtold Rn. 24.

[363] Vgl. KOMM., Leitlinien zur Anwendung von Art. 81 Abs. 3 EG, ABl. 2004 C 101, 8 Rn. 106 mit dem Beispiel der Beteiligung eines marktbeherrschenden Unternehmens an einem wettbewerbsbeschränkenden Nicht-VollfunktionsGU, das erhebliche Effizienzgewinne durch Zusammenlegung von Vermögenswerten erzielt.

[364] Mestmäcker/Schweitzer EuWettbR § 14 Rn. 77; ebenso Nordemann/Grave in LMRKM Rn. 18 iVm Nordemann/Nyberg in LMRKM AEUV Art. 101 Abs. 3 Rn. 52; (marktbeherrschende Stellung der Beteiligten „indiziell für eine Gefährdung wirksamen Wettbewerbs"); vgl. auch Kommission Vertikalleitlinien Rn. 127. Vgl. aus der deutschen Anwendungspraxis BKartA 10.8.2007, WuW/E DE-V 1459 Rn. 195 – Wirtschaftsprüferhaftpflicht; BKartA 31.5.2007, DE-V 1392 Rn. 221 – Altglas.

dieser Schwelle bewirken.[365] Die Kommission verlangt eine „**realistische Untersuchung der verschiedenen Wettbewerbsquellen auf dem Markt,** des Ausmaßes des Wettbewerbsdrucks, der von diesen Quellen auf die Vertragsparteien ausgeht und der Auswirkungen der Vereinbarung auf den Wettbewerbsdruck. Sowohl der tatsächliche als auch der potenzielle Wettbewerb sind dabei zu berücksichtigen".[366] Entscheidend für die Beurteilung, ob und in welchem Umfang die Vertragsparteien noch wirksamem Wettbewerb ausgesetzt sind, ist letztlich eine **Gesamtwürdigung der tatsächlichen Auswirkungen** des Kartells auf die Marktverhältnisse.[367] Dabei kommt es zum einen auf das Ausmaß des verbliebenen Innenwettbewerbs zwischen den an Vereinbarung beteiligten Unternehmen an, der von der „Kooperationstiefe" und der Qualität der koordinierten Wettbewerbsparameter abhängt, zum anderen auf die Wirksamkeit des von anderen Unternehmen ausgehenden Außenwettbewerbs. Je geringer der zwischen den Kooperationspartnern noch fortbestehende Binnenwettbewerb ist, desto größeres Gewicht kommt der verbleibenden Konkurrenz durch außenstehende Unternehmen zu; entscheidend ist letztlich, dass der (Rest-)Wettbewerb das Verhalten der Kartellmitglieder einer hinreichenden Kontrolle unterwirft, so dass die Interessen der anderen Marktbeteiligten (Lieferanten, Kunden, Endverbraucher) sowie der Marktzugang gewahrt bleiben.[368]

Ausgangspunkt der Beurteilung ist die Abgrenzung des relevanten Marktes, um die **112 Marktanteile** der beteiligten Unternehmen ermitteln zu können.[369] Bei sehr hohen Marktanteilen kommt eine Freistellung regelmäßig nicht in Betracht.[370] Aus den Marktanteilsschwellen in den verschiedenen GVOen lassen sich insoweit wichtige Hinweise für die noch tolerierbaren Marktanteile ableiten. Danach dürften Anteile in Höhe von 20–30 % die Freistellung regelmäßig nicht hindern, während Anteile über 40 % grundsätzlich als kritisch anzusehen sind[371] oder zumindest eine eingehende Untersuchung erfordern. Pauschalurteile verbieten sich jedoch.[372] Trotz hoher Marktanteile kann im Einzelfall noch wirksamer Restwettbewerb bestehen,[373] der möglicher weise sogar nur von potentiellen Konkurrenten ausgeht.[374] Das kann insbesondere gelten, wenn die Zusammenarbeit nur Randgebiete der Tätigkeiten der beteiligten Unternehmen betrifft. So hat das Bundeskartellamt früher sog. Randsortenspezialisierungen auch noch bei hohen Marktanteilen zugelassen.[375] Selbst branchenweite Kooperationen können im seltenen Ausnahmefall zulässig sein, allerdings nur, wenn einerseits ganz erhebliche Effizienzgewinne zu erwarten sind, die bei geringerer Beteiligung nicht zu erzielen sind, und andererseits die „Kooperationstiefe" sehr gering bleibt, so dass sich die Auswirkungen auf den Wettbewerb in engen Grenzen halten.[376]

---

[365] Schneider in Bunte Rn. 52 im Anschluss an KOMM., Leitlinien zur Anwendung von Art. 81 Abs. 3 EG, ABl. 2004 C 101, 8 Rn. 107.

[366] KOMM., Leitlinien zur Anwendung von Art. 81 Abs. 3 EG, ABl. 2004 C 101, 8 Rn. 108.

[367] So auch Schneider in Bunte Rn. 53; Nordemann/Grave in LMRKM Rn. 18 iVm Nordemann/Nyberg in LMRKM AEUV Art. 101 Abs. 3 Rn. 51.

[368] Mestmäcker/Schweitzer EuWettbR § 14 Rn. 80 f.; Nordemann/Grave in LMRKM Rn. 18 iVm Nordemann/Nyberg in LMRKM AEUV Art. 101 Abs. 3 Rn. 51.

[369] Mestmäcker/Schweitzer EuWettbR § 14 Rn. 77.

[370] Vgl. EuG 29.10.1980, Slg. 1980, 3125 Rn. 189 – Van Landewyk.

[371] Vgl. Emmerich/Lange KartellR § 6 Rn. 18.

[372] Ebenso Nordemann/Grave in LMRKM Rn. 18 iVm Nordemann/Nyberg in LMRKM AEUV Art. 101 Abs. 3 Rn. 54, der zutreffend auf die erhebliche Wechselwirkung zwischen quantitativen und qualitativen Kriterien bei der Bestimmung der Intensität des fortbestehenden Wettbewerbs hinweist.

[373] Vgl. das letzte Beispiel in KOMM., Leitlinien zur Anwendung von Art. 81 Abs. 3 EG, ABl. 2004 C 101, 8 Rn. 116 (gemeinsamer Marktanteil von 70 % schließt Freistellung nicht aus, wenn nur Herstellung und Qualitätskontrolle als Wettbewerbsparameter betroffen sind und von den verbleibenden Wettbewerbern mit 15 % und 5 % u. a. wegen Verbindung zu einem großen internationalen Hersteller ein aktives Wettbewerbsverhalten zu erwarten ist).

[374] Vgl. zB KOMM. 6.10.1994 – IV/34.776, ABl. 1994 L 309, 1 – Pasteur Mérieux-Merck. Wohl **aA,** aber zu pauschal Bechtold, § 2 GWB, Rn. 22 (bei Marktanteil von 100 % wirksamer Wettbewerb und damit eine Freistellung nicht möglich).

[375] Bechtold/Bosch, § 2 GWB, Rn. 27.

[376] Vgl. BKartA TB 2003/2004, 183 (Entsorgung von Elektro- und Elektronikschrott); Nordemann/Grave in LMRKM Rn. 18 iVm Nordemann/Nyberg in LMRKM AEUV Art. 101 Abs. 3 Rn. 54.

**113**     Neben den Marktanteilen sind daher immer **auch andere quantitative und qualitative Faktoren** heranzuziehen. Im Vordergrund stehen vor allem die **Fähigkeiten und Anreize aktueller wie potentieller Konkurrenten zu wettbewerblichen Reaktionen.**[377] Diese werden insbesondere beeinflusst durch die Existenz von Kapazitätsengpässen oder einer ungünstigeren Produktionskostenstruktur sowie die Art und Höhe der Marktzutrittsschranken.[378] Eine wichtige Rolle kann neben der **Bedeutung der** durch die Vereinbarung **betroffenen Wettbewerbsparameter**[379] auch das **tatsächliche Marktverhalten** der beteiligten Unternehmen vor und nach Abschluss der Vereinbarung spielen. Rückschlüsse auf eine Ausschaltung wesentlichen Wettbewerbs können sich zB aus der Einbindung eines bisher aggressiven Konkurrenten oder „Störenfrieds" (maverick) oder aus der Vornahme erheblicher Preiserhöhungen nach Abschluss der Vereinbarung ergeben.[380] Eine Ausschaltung des Wettbewerbs ist auch zu befürchten, wenn durch das Kartell ein neuer Markt bereits in der Aufbauphase abgeschottet würde,[381] der Zugang anderer Marktteilnehmer zu ihren Versorgungsquellen abgeschnitten[382] oder Lieferanten bzw. Abnehmer in wirtschaftliche Abhängigkeit geraten würden.[383]

**114**     Andererseits können die Effizienzgewinne, die aus der Beschränkung bestimmter Wettbewerbsparameter resultieren, **den Wettbewerb in anderer Hinsicht beflügeln,** wie das zB bei Normen- und Typenkartellen im Hinblick auf die Förderung des Preis- und Qualitätswettbewerbs der Fall sein kann.[384] **Problematisch** ist die **Berücksichtigung gegengewichtiger Marktmacht.**[385] Die Haltung der Kommission erscheint insoweit nicht ganz klar. So will sie ausweislich ihrer Horizontalleitlinien einerseits bei der Beurteilung von Einkaufskooperationen die Gegenmacht von Lieferanten offenbar pauschal als mildernden Faktor anerkennen.[386] Andererseits führt sie in den Leitlinien zu Art. 81 Abs. 3 EG (jetzt: Art. 101 Abs. 3 AEUV) aus, dass die Existenz mächtiger Abnehmer grundsätzlich nur dann als Argument gegen die Vermutung einer Ausschaltung des Wettbewerbs gelten könne, wenn es wahrscheinlich sei, dass die Stärkung der Käufer zugleich den Weg für eine Belebung des potentiellen Wettbewerbs ebnen werde.[387] Letzteres ist zutreffend. Denn solange sie lediglich zu einer Entmachtung im Vertikalverhältnis führt, ist die Existenz von Gegenmacht nicht geeignet, (unzureichenden) Wettbewerb im Horizontalverhältnis zu ersetzen.[388]

---

[377] KOMM., Leitlinien zur Anwendung von Art. 81 Abs. 3 EG, ABl. 2004 C 101, 8 Abs. 3 EG, Rn. 109.
[378] Ausführlich zu den dabei maßgeblichen Kriterien KOMM., Leitlinien zur Anwendung von Art. 81 Abs. 3 EG, ABl. 2004 C 101, 8 Abs. 3 EG, Rn. 115.
[379] Bei Ausschaltung besonders wichtiger Formen des Wettbewerbs wie Preis- und Innovationswettbewerb sieht die Kommission die Freistellungsgrenze des Art. 101 Abs. 3 AEUV als überschritten an, s. KOMM., Leitlinien zur Anwendung von Art. 81 Abs. 3 EG, ABl. 2004 C 101, 8 Abs. 3 EG, Rn. 110. Allerdings kann eine begrenzte Dämpfung des Preiswettbewerbs durch eine Belebung anderer Formen der Konkurrenz, etwa in der Werbung, in der Qualität oder im Service, kompensiert werden, Mestmäcker/Schweitzer § 14 Rn. 80 f.; teilweise krit. auch Nordemann/Grave in LMRKM Rn. 18 iVm Nordemann/Nyberg in LMRKM AEUV Art. 101 Abs. 3 Rn. 54.
[380] KOMM., Leitlinien zur Anwendung von Art. 81 Abs. 3 EG, ABl. 2004 C 101, 8 Abs. 3 EG, Rn. 111 f.; vgl. auch EuGH 27.1.1987, Slg. 1987, 405 (461 f.) – Sachversicherer (lineare pauschale Erhöhungen der Prämien ohne Rücksicht auf unterschiedliche Kostensituationen).
[381] KOMM. 19.2.1991, ABl. 1991 L 63, 32 (43) – EBU.
[382] EuG 8.10.2002 – T-185/00, T-216/00, T-299/00, T-300/00, Slg. 2002, II-3805 Rn. 67 ff. = WuW 2002, 1121 – EBU.
[383] EuGH 21.2.1973 – C-6/72, Slg. 1973, 215 (245 f.) – Continental Can.
[384] NordemannGrave in LMRKM Rn. 18i iVm Nordemann/Nyberg in LMRKM AEUV Art. 101 Abs. 3 Rn. 53.
[385] Vgl. dazu auch → Rn. 87.
[386] Vgl. KOMM., Leitlinien zur Anwendbarkeit des Artikels 101 AEUV auf Vereinbarungen über horizontale Zusammenarbeit, ABl. 2023, C 259, 1 ff., Rn. 275; siehe bereits vorher KOMM., Leitlinien zur Anwendbarkeit von Artikel 101 des Vertrags über die Arbeitsweise der Europäischen Union auf Vereinbarungen über horizontale Zusammenarbeit, ABl. 2011 C 11, 1 Rn. 209 (im Rahmen der Prüfung einer bewirkten Wettbewerbsbeschränkung).
[387] KOMM., Leitlinien zur Anwendung von Art. 81 Abs. 3 EG, ABl. 2004 C 101, 8 Abs. 3 EG, Rn. 115.
[388] Nordemann/Grave in LMRKM Rn. 18 iVm Nordemann/Nyberg in LMRKM AEUV Art. 101 Abs. 3 Rn. 537.

### III. Anwendung auf horizontale Vereinbarungen

**1. Ansätze zur fallgruppenspezifischen Konkretisierung.** Die zusammen mit der **115**
Einführung des Legalausnahmeprinzips vollzogene, wegen der gebotenen Harmonisierung
mit dem europäischen Kartellrecht konsequente Abschaffung der Einzeltatbestände nach
den §§ 2–8 GWB aF zugunsten einer umfassenden, dem Art. 101 Abs. 3 AEUV fast
wortgleich nachgebildeten Generalklausel führt zwangsläufig zu einem **Verlust an
Rechtssicherheit.**[389] Dieser dem § 2 Abs. 1 GWB inhärente Nachteil wird jedoch **durch
verschiedene Maßnahmen gemildert,** die auf eine fallgruppenspezifische Konkretisierung gerichtet sind: Neben der **Beibehaltung der gesonderten Vorschrift über Mittelstandskartelle** in § 3 GWB sind hier an erster Stelle die **Gruppenfreistellungsverordnungen** zu nennen, die über § 2 Abs. 2 GWB unmittelbar Eingang in das deutsche
Kartellrecht finden und spezielle, tatbestandlich ausformulierte Normen enthalten, im
horizontalen Bereich für Forschungs- und Entwicklungskooperationen (VO 2023/1066),
für Spezialisierungsvereinbarungen (VO 2023/1067) und teilweise auch für Technologietransfer-Vereinbarungen (VO 316/2014) sowie für bestimmte Vereinbarungen im Verkehrssektor.[390]

Keine bindenden Vorgaben, aber gewisse Orientierungspunkte oder „Leitplanken" für **116**
die Analyse bestimmter Arten von Kooperationen enthalten sodann die **Leitlinien der
Kommission über horizontale Zusammenarbeit,** die sich mit der **Beurteilung bestimmter Kooperationsformen** sowohl nach Art. 101 Abs. 1 AEUV als auch nach
dessen Abs. 3 befassen.[391] Gegenstand der neuen Fassung der Horizontalleitlinien aus dem
Jahr 2023 sind der Informationsaustausch (Tz. 366 ff.), Vereinbarungen über Forschung
und Entwicklung (Tz. 51 ff.), Vereinbarungen über die gemeinsame Produktion (einschließlich Spezialisierungsvereinbarungen) (Tz. 172 ff.), Einkaufsvereinbarungen[392]
(Tz. 273 ff.), Vermarktungsvereinbarungen[393] (Tz. 317 ff.) und Vereinbarungen über Normen[394] (Tz. 436 ff.). Der in den vorangegangenen Horizontalleitlinien 2001 noch enthaltene Abschnitt zu Umweltschutzvereinbarungen[395] ist jetzt weggefallen. Die Leitlinien der
Kommission zur Anwendung von Artikel 81 Absatz 3 EG-Vertrag[396] enthalten dagegen
nur allgemeine Hinweise zur Auslegung des Art. 101 AEUV, insbesondere der vier Freistellungsvoraussetzungen des Abs. 3, aber keine Ansätze zu einer fallgruppenorientierten
Konkretisierung.

Diese lassen sich jedoch teilweise aus der bisherigen **Entscheidungspraxis der deut- 117
schen Kartellbehörden und Gerichte** gewinnen,[397] vorbehaltlich der mit der gebotenen Vorsicht festzustellenden **Übertragbarkeit auf den neuen Rechtsrahmen** des § 2
Abs. 1 GWB. Die recht pauschale Feststellung in den Gesetzesmaterialien, dass mit der
Überführung der §§ 2–8 GWB aF in den § 2 Abs. 1 GWB keine sachliche Änderung
verbunden sei, weil sich die Freistellungsvoraussetzungen im Ergebnis weitgehend deckten,[398] ist zwar in der Tendenz zutreffend, bedarf aber im Einzelfall der konkreten Über-

---

[389] Fuchs WRP 2005, 1384 (1388); zust. Nordemann in LMRKM, 3. Aufl. 2016, Rn. 20 iVm AEUV
Art. 101 Abs. 3 Rn. 69; vgl. auch Lober in Schulte/Just Rn. 5.
[390] Vgl. dazu den Überblick → Rn. 246 ff.
[391] KOMM., Leitlinien zur Anwendbarkeit des Artikels 101 AEUV auf Vereinbarungen über horizontale
Zusammenarbeit, ABl. 2023, C 259, 1 ff., Rn. 9 ff. und 35 ff.
[392] Näher dazu → Rn. 164 ff.
[393] Näher dazu → Rn. 185 ff.
[394] Näher dazu → Rn. 120 ff.
[395] KOMM., Leitlinien zur Anwendbarkeit von Artikel 101 des Vertrags über die Arbeitsweise der
Europäischen Union auf Vereinbarungen über horizontale ZusammenarbeitABl. 2001 C 3, S. 2, Rn. 179 ff.;
näher dazu → Rn. 215 ff.
[396] ABl. 2004 C 101, 97.
[397] Für die grundsätzliche Berücksichtigungsfähigkeit der bisherigen Verwaltungs- und Rechtsprechungspraxis zu den §§ 2 ff. GWB aF bei der Auslegung des § 2 Abs. 1 GWB auch BegrRegE, BT-Drs. 15/
3640, 32; Nordemann/Grave in LMRKM Rn. 17; Hartog/Noack WRP 2005, 1396 (1398).
[398] BegrRegE, BT-Drs. 15/3640, 26.

prüfung. Denn im Detail finden sich durchaus nicht unerhebliche Unterschiede.[399] Generell transponierbar sind zB die Kriterien zur Feststellung von (betriebswirtschaftlichen) Rationalisierungsvorteilen, die zugleich als (volkswirtschaftliche) Effizienzgewinne iSd § 2 Abs. 1 GWB gewertet werden können. In anderen Bereichen, zB bei den Konditionenkartellen nach § 2 Abs. 2 GWB aF,[400] bedarf es dagegen einer genauen Prüfung, inwieweit die früheren tatbestandlichen Abgrenzungen und Freistellungskriterien auch im Rahmen der neuen Generalklausel anwendbar geblieben sind.

**118**     Grundsätzlich keine Probleme bestehen insoweit für **Entscheidungen nach § 7 GWB aF,** der im Zuge der 6. GWB-Novelle eingeführt worden war, um das Enumerationsprinzip der kasuistischen Einzelfreistellungstatbestände im deutschen Kartellrecht nach §§ 2 ff. GWB aF aufzulockern.[401] Die Funktion dieser schon weitgehend an Art. 101 Abs. 3 AEUV angelehnten, aber **teils enger, teils weiter formulierten Norm** war jedoch nicht die eines allgemeinen Auffangtatbestands, sondern einer **subsidiär anwendbaren, ergänzenden Legalisierungsmöglichkeit** zur Erfassung weiterer Fälle neben den gesondert geregelten Kartellformen.[402] § 7 Abs. 2 GWB aF schloss ausdrücklich einen Rückgriff auf die Generalklausel des Abs. 1 aus, soweit es um Vereinbarungen ging, deren Gegenstand unter einen der speziell geregelten Freistellungstatbestände fiel.[403] Auf diese Weise sollte verhindert werden, dass die Wertungen der Sondertatbestände durch die Generalklausel des § 7 Abs. 1 GWB aF überspielt werden.[404] Die **Bedeutung des § 7 GWB aF** blieb in der recht kurzen Zeitspanne seiner Existenz **relativ gering.** Die Kartellbehörden haben in ihrer Anwendungspraxis nur zurückhaltend von der neuen Legalisierungsmöglichkeit Gebrauch gemacht.[405] Freigestellt wurde zB im Rahmen der Gründung eines Pools von Geldausgabeautomaten die wechselseitige Vereinbarung, den Kunden der anderen Mitglieder jeweils die kostenlose Nutzung zu ermöglichen.[406] Die einheitliche Festsetzung eines Interbankenentgelts für Zahlungen mit EC-Karte[407] wurde dagegen vom BKartA ebenso abgelehnt wie die eines Anzeigenkombinationstarifes für Stellenanzeigen in den Wochenendausgaben mehrerer konkurrierender überregionaler Zeitungen.[408] Die zuletzt genannte Entscheidung wurde jedoch vom BGH aufgehoben, der die Voraussetzungen des § 7 GWB aF als erfüllt ansah.[409] Einer der wesentlichen Gründe für die Einführung dieser Vorschrift war die beabsichtigte **Erleichterung von Umweltschutzkartellen,**[410] die bis

---

[399] Vgl. bereits die kurzen Hinweise bei Fuchs WRP 2005, 1384 (1388).

[400] Vgl. dazu → Rn. 132 ff.

[401] Darin lag bereits ein teilweiser Systemwechsel, Immenga in Immenga/Mestmäcker, 3. Aufl. 2001, GWB § 7 aF Rn. 1. Vgl. zu damals geäußerten wettbewerbspolitischen Bedenken gegen die Einführung der Generalklausel des § 7 GWB aF insbesondere Monopolkommission, Hauptgutachten XI (1994/95), Rn. 946 f.; Hauptgutachten XII (1996/97), Rn. 94; Immenga, aaO, Rn. 6.

[402] Immenga in Immenga/Mestmäcker, 3. Aufl. 2001, GWB § 7 aF Rn. 4.

[403] Ausdrücklich genannt wurden zwar nur Konditionenabsprachen (§ 2 Abs. 2 GWB aF), Spezialisierungskartelle (§ 3 GWB aF), Mittelstandskartelle (§ 4 Abs. 3 GWB aF), Einkaufskooperationen (§ 4 Abs. 2 GWB aF) sowie Rationalisierungskartelle (§ 5 GWB aF). Hinsichtlich der weiteren speziellen Freistellungstatbestände für Normen- und Typenvereinbarungen (§ 2 Abs. 1 GWB aF) sowie Strukturkrisenkartelle (§ 6 GWB aF) war laut Gesetzesbegründung eine explizite Betonung ihrer Sperrwirkung nicht erforderlich, weil im ersten Fall der gesetzliche Tatbestand bereits eine umfassende Freistellungswirkung entfalte und bei Strukturkrisenkartellen ein Rückgriff auf § 7 Abs. 1 GWB aF wegen der insoweit nicht möglichen Legalisierung einer marktbeherrschenden Stellung ausscheide, vgl. BegrRegE (6. GWB-Novelle); BT-Drs. 13/9720, 49.

[404] Immenga in Immenga/Mestmäcker, 3. Aufl. 2001, GWB § 7 aF Rn. 7 aE.

[405] Vgl. BKartA TB 1999/2000, 44; TB 2001/2002, 276 f. (eine Freistellung durch das BKartA); TB 2003/2004, 232 f. (vier Freistellungen durch LKartBeh).

[406] BKartA TB 1999/2000, 167 – GAA-Pool.

[407] BKartA TB 1999/2000, 168 – Interbankenentgelt bei Zahlung mit EC-Karte.

[408] BKartA 28.8.1999, WuW/E DE-V 209 – Stellenmarkt für Deutschland II; bestätigt durch KG 19.7.2000, WuW/E DE-R 628 – Stellenmarkt für Deutschland II.

[409] BGH 9.7.2002, WuW/E DE-R 919 – Stellenmarkt für Deutschland II; vgl. dazu Hartmann-Rüppel/Wagner ZWeR 2004, 185 ff. sowie → Rn. 191, 200 f.

[410] BegrRegE (6. GWB-Novelle) BT-Drs. 13/9720, 48; vgl. auch Braun in Bunte Nach § 2 Rn. 43. Daneben war bei § 7 GWB aF an eine Anwendung vor allem in den früheren Ausnahmebereichen der

dahin im Wesentlichen vom BKartA geduldet wurden.[411] Inwieweit sich nunmehr nach Fortfall der in § 7 GWB aF ausdrücklich erwähnten Kriterien der **„Rücknahme oder Entsorgung"** die gleichen Ergebnisse im Rahmen des § 2 Abs. 1 GWB erreichen lassen, bedarf näherer Prüfung.[412]

In jedem Fall **nicht übertragbar** sind die **Erwägungen** zur Freistellung **aus über- 119 wiegenden Gründen der Gesamtwirtschaft und des Gemeinwohls** im Rahmen der früheren Ministererlaubnis (§ 8 GWB aF). Die Kriterien des § 2 Abs. 1 GWB weisen zwar ebenfalls eine gesamtwirtschaftliche Dimension oder Perspektive auf, wie insbesondere die Erwähnung des technischen und wirtschaftlichen Fortschritts zeigt, sind aber im System der Legalausnahme ausschließlich wettbewerbsbezogen auszulegen und nicht geeignet, Belange des Allgemeinwohls oder sonstige politische Wertungen zu berücksichtigen. Einschränkungen des Wettbewerbsschutzes zur Förderung anderer, außerwettberblicher Belange sind (auch) auf nationaler Ebene für rein **innerstaatliche** Sachverhalte allein Sache des Gesetzgebers.[413]

**2. Normen-und Typenkartelle. a) Gegenstand und frühere Rechtspraxis.** Die 120 kartellrechtliche Privilegierung von Normen- und Typenvereinbarungen durch **§ 2 Abs. 1 GWB aF** (bis zur 6. GWB-Novelle § 5 Abs. 1 GWB aF) hatte in der Zeit vor Verabschiedung der 7. GWB-Novelle keine große praktische Bedeutung mehr,[414] weil die meisten nichtstaatlichen technischen Vorschriften über die Beschaffenheit von Einzelteilen[415] und Baumuster für ganze Produkte[416] sich auf unverbindliche Empfehlungen (§ 22 Abs. 3 Nr. 1 GWB aF) unabhängiger Organisationen wie zB des Deutschen Instituts für Normung (DIN) eV und sonstiger Rationalisierungsverbände gründen.[417] Nicht erfasst wurden von § 2 Abs. 1 GWB aF Rechtsnormen, Allgemeine Geschäftsbedingungen und Gütezeichen, die nur als Werbezeichen dienen.[418] Beispiele für Normenabsprachen sind etwa die Festlegung bestimmter einheitlicher Standardmaße für Mineralwasserflaschen und -kästen durch Unternehmen der Genossenschaft deutscher Brunnen[419] oder die Verständigung über die Einhaltung von DIN-Normen, Herstellungsverfahren und Sicherheitsstandards zwischen verschiedenen Produzenten von Airbag-Komponenten.[420]

---

Kredit- und Versicherungswirtschaft gedacht, dazu näher Bunte WM 1998, 2305 (2307 f.). Außerdem sollten mit der expliziten Erwähnung der „Entwicklung" vor allem die Freistellungsmöglichkeiten für Forschungskooperationen erweitert werden, BegrRegE (6. GWB-Novelle); BT-Drs. 13/9720, 48. Allerdings fielen diese bereits in weitem Umfang unter die Vorschriften für Spezialisierungs-, Rationalisierungs- und Mittelstandskartelle, vgl. dazu zB Fuchs, Kartellrechtliche Grenzen der Forschungskooperation, S. 271 ff. mwN, so dass es offenbar zu keiner Anwendung des § 7 GWB aF in diesem Bereich gekommen ist.

[411] Vgl. insbesondere den Fall „Duales System Deutschland", BKartA TB 2001/2002, 222.

[412] Vgl. näher zu Umweltschutzvereinbarungen → Rn. 215 ff.

[413] Vgl. zur ausschließlich wettbewerbsorientierten Auslegung des § 2 Abs. 1 GWB bereits → Rn. 71 ff. mwN.

[414] Nach BKartA TB 2003/2004, 232 wurden in den betreffenden Jahren nur noch vier Kartelle angemeldet, von denen drei wirksam wurden. Auch in den Jahren davor war die Bedeutung des Freistellungstatbestands nicht viel größer, vgl. Deringer/Benisch in GK GWB § 5 aF Rn. 11; Immenga in Immenga/Mestmäcker, 3. Aufl. 2001, GWB § 2 Abs. 1 aF Rn. 2.

[415] Vgl. zur Umschreibung des Begriffs der erfassten „Normen" zB Benisch in GK GWB § 5 aF Rn. 12; Braun in Bunte Nach § 2 Rn. 33.

[416] Vgl. zu diesem Verständnis des Begriffs „Typen" zB Bechtold, 3. Aufl. 2002, Rn. 1 sowie ausführlich zu verschiedenen Definitionsversuchen und Abgrenzungen der Begriffe „Normen und Typen" Immenga in Immenga/Mestmäcker, 3. Aufl. 2001, GWB § 2 Abs. 1 aF Rn. 11 ff. mwN.

[417] Vgl. Nordemann in LMRKM, 3. Aufl. 2016, Rn. 20 iVm AEUV Art. 101 Abs. 3 Rn. 118f; Braun in Bunte Nach § 2 Rn. 179 ff.

[418] Immenga in Immenga/Mestmäcker, 3. Aufl. 2001, GWB § 2 Abs. 1 aF Rn. 11 mwN; anderes gilt, wenn die beteiligten Unternehmen dem Gütezeichen Vereinbarungen über einen gewissen Qualitätsstandard der Produkte zugrunde legen.

[419] BKartA TB 1999/2000, 91, 231.

[420] Vgl. hierzu BKartA TB 1999/2000, 238 sowie NordemannGrave in LMRKM Rn. 18 iVm Nordemann/Nyberg in LMRKM AEUV Art. 101 Abs. 3 Rn. 110 mit weiteren Beispielen. Vgl. auch BGH 6.3.2007, WuW/E DE-R 1954 – PETCYCLE zum verwandten Fall der Normungsvereinbarung für Einweg-Kunststoffflaschen.

**121**    Die im Widerspruchsverfahren erfolgende **Freistellung** setzte **nach § 2 Abs. 1 GWB aF** einerseits die **Verpflichtung zur einheitlichen Anwendung** der Normen und Typen voraus,[421] andererseits durfte die Kartellvereinbarung **keine anderen oder weitergehenden wettbewerbsbeschränkenden Abreden** – zB die Ausschaltung des Qualitätswettbewerbs insgesamt,[422] Preiszuschläge für die Herstellung oder den Handel mit nicht genormten Produkten (sog. „Nichtnormungszuschlag")[423] – enthalten.

**122**    Nach den Horizontalleitlinien der Kommission haben Vereinbarungen über Normen die **Funktion,** technische oder qualitative Anforderungen an Produkte, Herstellungsverfahren, Dienstleistungen und Methoden festzulegen.[424] Auch nichttechnische Normen sind wohl erfasst, zumal explizit die Zugangsbedingungen zu Gütezeichen als mögliche Gegenstände von „Normen" genannt werden.[425] Entsprechende Vereinbarungen können Auswirkungen auf vier **relevante Märkte** haben: neben (1) den jeweiligen Produktmärkten, auf die sich die Normen beziehen, betrachtet die Kommission auch (2) den Technologiemarkt für ggf. getrennt von den Produkten vermarktete Rechte des geistigen Eigentums, (3) die Dienstleistungsmärkte für die Festsetzung von Normen sowie (4) ggf. eigenständige Märkte für die Prüfung und Zertifizierung der Normen.[426]

**123**    **b) Wettbewerbliche Wirkungen.** Bei Normen- und Typenkartellen können sich **wettbewerbsbeschränkende Wirkungen** in unterschiedlicher Hinsicht ergeben. Die Kommission teilt sie in drei Gruppen ein: Erstens kann die mit der Normung verbundene gegenseitige Absprache der beteiligten Unternehmen zu einem Kollusionsergebnis führen, das sich etwa in einer **Verringerung des Preis- und/oder Qualitätswettbewerbs** ausdrücken kann.[427] Zweitens besteht die Befürchtung, dass vereinbarte Normen für den genormten Bereich eine **Erhöhung der Marktzutrittsschranken** bewirken und konkurrierende Technologien ausschließen könnten.[428] Die insoweit vollzogene Ausschaltung der Produktdifferenzierung als Aktionsparameter kann sich dabei negativ auf die **Innovationsfähigkeit** auswirken.[429] Drittens können wettbewerbsrechtliche Bedenken entstehen, wenn es im Anschluss an den eigentlichen Normsetzungsprozess keinen effektiven – insbesondere keinen diskriminierungsfreien – Zugang zu den Ergebnissen der Normung gibt.[430] Dies-

---

[421] Immenga in Immenga/Mestmäcker, 3. Aufl. 2001, GWB § 2 Abs. 1 aF Rn. 17.

[422] Vgl. BKartA TB 1969, 80.

[423] Immenga in Immenga/Mestmäcker, 3. Aufl. 2001, GWB § 2 Abs. 1 aF Rn. 20 mwN. Eine derartige Preisabrede war nur unter den zusätzlichen Voraussetzungen für Rationalisierungskartelle gemäß § 5 GWB aF zulässig; vgl. zB BKartA 5.5.1960, WuW/E BKartA 200 (202) – Eiserne Fässer und Gefäße; 6.4.1962, WuW/E BKartA 460 (462) – Eiserne Fässer und Gefäße II; 16.12.1975, WuW/E BKartA 1605 (1608) – Starkstromkabel; Bunte in FK-KartellR GWB 1999 § 2 Rn. 41.

[424] KOMM., Leitlinien zur Anwendbarkeit des Artikels 101 AEUV auf Vereinbarungen über horizontale Zusammenarbeit, ABl. 2023, C 259, 1 ff., Rn. 436.

[425] KOMM., Leitlinien zur Anwendbarkeit des Artikels 101 AEUV auf Vereinbarungen über horizontale Zusammenarbeit, ABl. 2023, C 259, 1 ff., Rn. 436; Nordemann/Grave in LMRKM Rn. 18 iVm Nordemann/Nyberg in LMRKM AEUV Art. 101 Abs. 3 Rn. 110. Mit der Einbeziehung von Gütezeichen ist keine substantielle Erweiterung des Anwendungsbereichs verbunden, da diese schon nach früherem Recht freistellbar waren, wenn sie nicht lediglich als Werbezeichen, sondern als echtes Qualitätszeichen verwendet wurden, vgl. Immenga in Immenga/Mestmäcker, 3. Aufl. 2001, GWB § 2 Abs. 1 aF Rn. 11; Deringer/Benisch in GK GWB § 5 aF Rn. 13; Bunte in FK-KartellR GWB 1999 § 2 Rn. 31.

[426] KOMM., Leitlinien zur Anwendbarkeit des Artikels 101 AEUV auf Vereinbarungen über horizontale Zusammenarbeit, ABl. 2023, C 259, 1 ff., Rn. 438.

[427] KOMM., Leitlinien zur Anwendbarkeit des Artikels 101 AEUV auf Vereinbarungen über horizontale Zusammenarbeit, ABl. 2023, C 259, 1 ff., Rn. 440 ff.

[428] KOMM., Leitlinien zur Anwendbarkeit des Artikels 101 AEUV auf Vereinbarungen über horizontale Zusammenarbeit, ABl. 2023, C 259, 1 ff., Rn. 443.

[429] Immenga in Immenga/Mestmäcker, 3. Aufl. 2001, GWB § 2 Abs. 1 aF Rn. 6; vgl. auch Nordemann/Grave in LMRKM Rn. 18 iVm Nordemann/Nyberg in LMRKM AEUV Art. 101 Abs. 3 Rn. 112. Das Erfordernis, die Auswirkungen der gemeinsamen Normierung auf die Innovation zu untersuchen, wird von der Kommission besonders betont, vgl. KOMM., Leitlinien zur Anwendbarkeit des Artikels 101 AEUV auf Vereinbarungen über horizontale Zusammenarbeit, ABl. 2023, C 259, 1 ff., Rn. 443.

[430] KOMM., Leitlinien zur Anwendbarkeit des Artikels 101 AEUV auf Vereinbarungen über horizontale Zusammenarbeit, ABl. 2023, C 259, 1 ff., Rn. 473.

bezüglich stellen sich besondere Gefahren, wenn Rechte des Geistigen Eigentums involviert sind. Der Inhaber eines Schutzrechts, dessen Inanspruchnahme für die Nutzung der Norm erforderlich ist, könnte nach Annahme und Umsetzung der Norm die sich daraus ergebende Hold-up-Situation ausnutzen, indem er überhöhte Lizenzgebühren verlangt oder die Lizenzierung der benötigten Rechte des Geistigen Eigentums (bestimmten Unternehmen) gänzlich verweigert und auf diese Weise den effektiven Zugang zu der Norm verhindert.[431] Wichtig ist insoweit zunächst eine frühzeitige Offenlegung, ob und ggf. für welche standardrelevanten Technologien Patente oder andere Schutzrechte existieren, damit bereits vor Annahme der Norm die möglichen Auswirkungen auf den Endpreis des Normungsergebnisses als auch die Bereitschaft des Schutzrechtsinhabers zur Lizenzierung der Technologie ausgelotet werden können, falls diese Bestandteil der Norm würde.[432] Standardisierungsorganisationen verlangen daher insofern regelmäßig vor Annahme der Norm die Abgabe einer Selbstverpflichtung des Rechteinhabers, Lizenzen zu FRAND-Bedingungen (fair, reasonable and non-discriminatory) zu erteilen. Die zivilrechtlichen Wirkungen einer solchen Lizenzbereitschaftserklärung sind jedoch noch weitgehend ungeklärt.[433] Unabhängig davon ergibt sich ein kartellrechtlicher Kontrahierungszwang, wenn die Verweigerung einer Lizenz (zu angemessenen Bedingungen) gegen das Verbot des Missbrauchs einer marktbeherrschenden (§§ 19, 20 GWB bzw. Art. 102 AEUV) oder marktstarken (§ 20 GWB) Stellung verstößt.[434] Umstritten ist in diesem Zusammenhang auch, ob sich die Problematik einer Konkretisierung „fairer, angemessener und nicht diskriminierender" Lizenzbedingungen[435] durch eine frühzeitige Einigung auf die künftigen Lizenzgebühren für standardessentielle Schutzrechte (zwischen dem Patentinhaber und der Standardisierungsorganisation) ohne Verstoß gegen Art. 101 AEUV/§ 1 GWB lösen ließe.[436]

Im Einzelnen wendet sich die Kommission insbesondere gegen eine Instrumentalisierung von Normenvereinbarungen als Teil einer Strategie zum **Ausschluss aktueller oder potentieller Konkurrenten** und erwähnt als Beispiel für eine (besonders schwerwiegende) bezweckte Wettbewerbsbeschränkung, dass ein nationaler Herstellerverband Druck auf Dritte ausübt, keine von der gesetzten Norm abweichenden Produkte auf den Markt zu bringen.[437] Im Übrigen stellt sie bei der Feststellung einer bewirkten Wettbewerbsbeschränkung im Rahmen einer Gesamtbetrachtung auf eine Vielzahl von Krite- **124**

[431] KOMM., Leitlinien zur Anwendbarkeit des Artikels 101 AEUV auf Vereinbarungen über horizontale Zusammenarbeit, ABl. 2023, C 259, 1 ff., Rn. 444. Näher zur Problematik von patent hold-ups bzw. Patenthinterhalten zB Fuchs in Drexl/Grimes/Jones/Oeritz/Swaine, More Common Ground for International Competition Law?, 2011, S. 177 ff. mwN.
[432] KOMM., Leitlinien zur Anwendbarkeit des Artikels 101 AEUV auf Vereinbarungen über horizontale Zusammenarbeit, ABl. 2023, C 259, 1 ff., Rn. 474.
[433] Ausführlicher Überblick über den Meinungsstand bei Körber, Standardessentielle Patente, FRAND-Verpflichtungen und Kartellrecht, 2013, S. 40 ff. mwN. Gegen die Begründung einer einklagbaren schuldrechtlichen Verpflichtung zB Loest/Bartlik ZWeR 2008, 41 (49).
[434] Vgl. hierzu Fuchs/Möschel § 19 Rn. 354 ff. mwN; Fuchs/Möschel AEUV Art. 102 Rn. 328 ff., 359 ff. mwN und jüngst Kranz, Missbrauchsverbot und Standardisierung, 2021, 24 ff.
[435] Vgl. zur Konkretisierung des FRAND-Maßstabs die Hinweise in KOMM., Leitlinien zur Anwendbarkeit des Artikels 101 AEUV auf Vereinbarungen über horizontale Zusammenarbeit, ABl. 2023, C 259, 1 ff., Rn. 451 ff. sowie eingehend Körber, Standardessentielle Patente, FRAND-Verpflichtungen und Kartellrecht, 2013, S. 82 ff. mwN.
[436] Die KOMM., Leitlinien zur Anwendbarkeit des Artikels 101 AEUV auf Vereinbarungen über horizontale Zusammenarbeit, ABl. 2023, C 259, 1 ff., Rn. 458, geht offenbar von der Notwendigkeit einer privatautonomen Festlegung der Gebühren durch die am Lizenzvertrag beteiligten Parteien aus; vgl. a. Körber, aaO, S. 82 f.; Barthelmeß/Gauß WuW 2010, 626 (629 f.). Erwägenswert ist jedoch, bestimmte Festlegungen durch die Standardisierungsorganisation zu ermöglichen, um zumindest in den Situationen, in denen eine Vielzahl (nicht selten tausende) standardessentieller Schutzrechte involviert ist, eine unangemessene Kumulation einzelner Lizenzforderungen (sog. royalty stacking) zu einer unzumutbaren wirtschaftlichen Gesamtbelastung für die Nutzung des Standards zu verhindern, welche letztlich seine Akzeptanz und Durchsetzung im Markt und damit die Erzielung der durch ihn erreichbaren Effizienzgewinne vereiteln würde.
[437] KOMM., Leitlinien zur Anwendbarkeit des Artikels 101 AEUV auf Vereinbarungen über horizontale Zusammenarbeit, ABl. 2023, C 259, 1 ff., Rn. 446.

rien ab.[438] Besonders wichtig ist insofern, in welchem Maße die Beteiligten die Freiheit behalten, alternative Normen oder Produkte zu entwickeln, die mit der vereinbarten Norm nicht übereinstimmen.[439] Eine Wettbewerbsbeschränkung setzt demnach grundsätzlich eine Verpflichtung zur Einhaltung der vereinbarten Normen voraus, da nur dann die **Freiheit** der Parteien **eingeschränkt ist, alternative Normen zu entwickeln** oder Produkte auf den Markt zu bringen, die nicht normkonform sind. Vorbehaltlich der **Spürbarkeit** genügt es, wenn ein bestimmter Prozentsatz der Produktion nach den vereinbarten Normen hergestellt oder vertrieben werden muss.[440] Kritisch ist es insoweit auch zu bewerten, wenn an bestimmte Institutionen das ausschließliche Recht übertragen wird, die Übereinstimmung mit der Norm zu prüfen.[441] Dies gilt insbesondere dann, wenn auf diesem Weg eine de facto Verbindlichkeit geschaffen wird.[442] Damit sind Fälle gemeint, in denen ein Produktvertrieb ohne die jeweilige Normierung zwar rechtlich, auf Grund der Erwartungshaltung des Marktes jedoch faktisch kaum möglich ist. Eine solche Konstellation war etwa in dem Fall „Fra.bo SpA/Deutsche Vereinigung des Gas- und Wasserfaches e.V". gegeben.[443] Die Deutsche Vereinigung des Gas und Wasserfaches gab ein Siegel für bestimmte Produkte heraus, die bei der Trinkwasserversorgung eingesetzt werden. Nach § 12 Abs. 4 S. 3 der Verordung über Allgemeine Bedingungen für die Versorgung mit Wasser wird vermutet, dass die anerkannten Regeln der Technik eingehalten wurden, wenn ein Produkt ein solches Siegel aufweist. Ist dies nicht der Fall, kann ein Produkt für die Trinkwasserversorgung nicht verwendet werden. Die Voraussetzungen der Regelung können zwar auch anders, allerdings nur mit deutlich höherem Aufwand, erfüllt werden. Zwar konnte der EuGH in dem konkreten Fall auf Grund der unglücklich gestellten Vorlagefragen die wettbewerbsrechtliche Beurteilung offen lassen. Es ist aber schwer vorstellbar, dass über Art. 101 Abs. 3 AEUV/§ 2 GWB eine Rechtfertigung für eine derartige Normierung gelingen könnte.[444]

**125**   Die Kommission benennt in ihren Horizontalleitlinien außerdem eine Reihe von Kriterien, bei deren Erfüllung **keine (bewirkte) Wettbewerbsbeschränkung** vorliegen soll. Dies ist etwa der Fall, wenn sich alle Wettbewerber uneingeschränkt und gleichrangig am Normungsprozess beteiligen können, das Verfahren transparent ausgestaltet ist, es keine Verpflichtung zur Einhaltung der Norm besteht[445] und schließlich Dritte einen fairen und diskriminierungsfreien Zugang zu der Norm erhalten. Die Ausführungen der Kommission zu diesen Punkten sind im Vergleich zu den vorherigen Horizontalleitlinien des Jahres 2001[446] wesentlich detaillierter formuliert worden. Im Rahmen der Zugangsgewährleistung legt die Kommission Wert darauf, dass die beteiligten Unternehmen eine sog. „FRAND-Selbstverpflichtung" eingehen, die sicherstellt, dass die Zugangskonditionen „fair, reasonable and non-discriminatory" sind.[447] Außerdem sollen Rechte des geistigen Eigentums, auf

---

[438] KOMM., Leitlinien zur Anwendbarkeit des Artikels 101 AEUV auf Vereinbarungen über horizontale Zusammenarbeit, ABl. 2023, C 259, 1 ff., Rn. 448–474.

[439] KOMM., Leitlinien zur Anwendbarkeit des Artikels 101 AEUV auf Vereinbarungen über horizontale Zusammenarbeit, ABl. 2023, C 259, 1 ff., Rn. 464.

[440] Bunte in FK-KartellR GWB 1999 § 2 Rn. 38; Immenga in Immenga/Mestmäcker, 3. Aufl. 2001, GWB § 2 Abs. 1 aF Rn. 18.

[441] Vgl. KOMM., Leitlinien zur Anwendbarkeit des Artikels 101 AEUV auf Vereinbarungen über horizontale Zusammenarbeit, ABl. 2023, C 259, 1 ff., Rn. 484, die diesen Aspekt nunmehr im Rahmen der „Unerlässlichkeit" bei den Kriterien des Art. 101 Abs. 3 AEUV anspricht.

[442] Dazu umfassend Schweitzer EuZW 2012, 765 ff.

[443] EuGH EuZW 2012, 797 ff.

[444] So auch Schweitzer EuZW 2012, 765 (770).

[445] KOMM., Leitlinien zur Anwendbarkeit des Artikels 101 AEUV auf Vereinbarungen über horizontale Zusammenarbeit, ABl. 2023, C 259, 1 ff., Rn. 551 ff.

[446] Vgl. KOMM., Leitlinien zur Anwendbarkeit von Artikel 101 des Vertrags über die Arbeitsweise der Europäischen Union auf Vereinbarungen über horizontale Zusammenarbeit, ABl. ABl. 2001 C 3, 2 Rn. 163 ff.; vgl. hierzu Walther/Baumgartner WuW 2008, 152 (162 ff.).

[447] Vgl. KOMM., Leitlinien zur Anwendbarkeit des Artikels 101 AEUV auf Vereinbarungen über horizontale Zusammenarbeit, ABl. 2023, C 259, 1 ff., Rn. 456–458; dazu aus der jüngeren deutschen Entscheidungspraxis OLG Karlsruhe 23.3.2011, WuW/E DE-R 3347 – FRAND-Grundsätze; vgl. aus dem

deren Zugriff man bei der späteren Anwendung der Norm angewiesen ist, offengelegt werden.[448] Zum Nachweis der Einhaltung all dieser Kriterien bietet es sich an, die Normung in die Hand einer unanbhängigen Organisation zu geben. Die Kriterien der **Zugänglichkeit, Transparenz und fehlenden Verbindlichkeit der Normen** können aber auch gewahrt sein, wenn Normen einvernehmlich von konkurrierenden Unternehmen aufgestellt und praktiziert werden. In der bloßen Verständigung über technische Begriffe und Zeichen (sog. „Verständigungsnormen") liegt ebenfalls keine Wettbewerbsbeschränkung, wenn sie nicht zu einer Vereinheitlichung der Produktion oder des Warenangebots führen.[449]

**c) Effizienzgewinne und ihre Weitergabe.** Sofern eine spürbare Wettbewerbs- **126** beschränkung festgestellt wird, sind als Voraussetzung für eine **Freistellung** im Rahmen des § 2 Abs. 1 GWB zunächst die möglichen **Effizienzgewinne** durch die gemeinsame Normierung zu prüfen. Die wirtschaftlichen Vorteile bestehen innerbetrieblich vor allem in der **Erleichterung der Serienproduktion und Rationalisierung der Betriebsabläufe** und für die Abnehmer im Markt in der **besseren Austauschbarkeit und Kombinierbarkeit der Produkte** verschiedener Hersteller sowie der **Erhöhung der Markttransparenz.**[450] Über Kosteneinsparungen und sonstige Rationalisierungsgewinne für die beteiligten Unternehmen hinaus sind Normen- und Typenabsprachen somit auch zur Verbesserung der Bedarfsbefriedigung der Marktgegenseite geeignet. Die Kommission betont in diesem Zusammenhang den möglichen Beitrag gemeinsamer unionsweiter Normierung zur **Förderung der wirtschaftlichen Durchdringung und Erschließung neuer Märkte,** zur Verringerung von Transaktionskosten, zur Steigerung der Produktqualität und zur Förderung von Innovationstätigkeit.[451] Diesbezüglich stellt die Kommission zugleich als Voraussetzung für die Verwirklichung dieser Effizienzgewinne heraus, dass die erforderlichen Informationen allen am Marktzutritt interessierten Unternehmen offen stehen.[452] Etwaige Beschränkungen bei der Festsetzung, Verwendung oder dem Zugang zu Normen unterliegen insoweit einem erheblichen Rechtfertigungsdruck.

Sofern hinreichende Effizienzgewinne festgestellt werden, kommen die Vorteile der Stan- **127** dardisierung in aller Regel auch den Verbrauchern in Form von höherer Markttransparenz, geringerer Transaktionskosten, erhöhter Kompatibilität und Interoperabilität von Produkten unmittelbar zugute. Die **angemessene Beteiligung der Verbraucher** stellt daher regelmäßig keine große Hürde für eine Freistellung von Normen- und Typenkartellen dar.

**d) Unerlässlichkeit.** Besondere Bedeutung gewinnt dagegen unter der Generalklausel **128** des § 2 Abs. 1 GWB das Kriterium der **Unerlässlichkeit** der Beschränkung. Zunächst dürfen sich die Vereinbarungen über Normen nur darauf erstrecken, was **zur Erreichung ihres Zwecks** – technische Kompatibilität oder ein bestimmtes Qualitätsniveau – erforderlich ist.[453] Darüber hinaus gehende Beschränkungen waren zwar auch bisher schon un-

---

Schrifttum zur Konkretisierung der FRAND-Kriterien Loest/Bartlik ZWeR 2008, 41 (52 ff.); dazu auch Hoehn/Lewis ECLR 2013, 101 ff.; Torti ECLR 2013, 387 (389 f.).

[448] KOMM., Leitlinien zur Anwendbarkeit des Artikels 101 AEUV auf Vereinbarungen über horizontale Zusammenarbeit, ABl. 2023, C 259, 1 ff., Rn. 457; vgl. aber auch das in den Leitlinien zur Anwendbarkeit des Artikels 101 AEUV auf Vereinbarungen über horizontale Zusammenarbeit, ABl. 2023, C 259, 1 ff., Rn. 489 angeführte Beispiel 3 für eine Fallkonstellation, in der die Kommission ausnahmsweise auch ohne Offenlegungspflicht nicht vom Vorliegen einer Wettbewerbsbeschränkung ausgeht.

[449] Nordemann in LMRKM, 3. Aufl. 2016, Rn. 20 iVm AEUV Art. 101 Abs. 3; Immenga in Immenga/Mestmäcker, 3. Aufl. 2001, GWB § 2 Abs. 1 aF Rn. 8.

[450] Bunte in FK-KartellR GWB 1999 § 2 Rn. 15; Nordemann in LMRKM Rn. 18 iVm Nordemann/Nyberg in LMRKM AEUV Art. 101 Abs. 3 Rn. 118; Immenga in Immenga/Mestmäcker, 3. Aufl. 2001, GWB § 2 Abs. 1 aF Rn. 5; Koenig/Neumann WuW 2009, 382 (391 f.).

[451] KOMM., Leitlinien zur Anwendbarkeit des Artikels 101 AEUV auf Vereinbarungen über horizontale Zusammenarbeit, ABl. 2023, C 259, 1 ff., Rn. 439, 475.

[452] KOMM., Leitlinien zur Anwendbarkeit des Artikels 101 AEUV auf Vereinbarungen über horizontale Zusammenarbeit, ABl. 2023, C 259, 1 ff., Rn. 476.

[453] KOMM., Leitlinien zur Anwendbarkeit des Artikels 101 AEUV auf Vereinbarungen über horizontale Zusammenarbeit, ABl. 2023, C 259, 1 ff., Rn. 479.

zulässig,[454] doch hat die Neuregelung der 7. GWB-Novelle insoweit eine **Akzentver-schiebung** gebracht:[455] Während im früheren Recht der Fokus auf der Verpflichtung zur einheitlichen Anwendung der festgelegten Normen und Typen als Voraussetzung für die Erlangung der Effizienzgewinne und damit die Freistellung war, will die Kommission eine derartige Absprache im Rahmen des Art. 101 Abs. 3 AEUV nur ausnahmsweise als un-erlässlich und damit freistellungsfähig ansehen.[456] Dieser Sichtweise ist jedoch entgegen-zuhalten, dass die Erreichung der Rationalisierungs- und Standardisierungsziele in der Regel von einer möglichst weiten Verbreitung und Durchsetzung der Normen im Markt abhängen. Deshalb lässt sich mit guten Gründen entgegen der Auffassung der Kommission vertreten, dass nicht selten eine **Verpflichtung zur Einhaltung der Normen** tendenziell unerlässlich sein dürfte.[457] Dafür spricht auch, dass die Kommission den Aspekt der Markt-macht, den sie sonst generell in den Vordergrund stellt, im Zusammenhang mit Normen-kartellen relativiert, da die Wirksamkeit derartiger Vereinbarungen häufig proportional vom Grad der Beteiligung eines Wirtschaftszweiges abhänge. Den hier beschriebenen Besonderheiten lässt sich am Besten dadurch Rechnung tragen, dass anstelle einer über-mäßig kritischen Haltung gegenüber Normeinhaltungsverpflichtungen umso größeres Ge-wicht auf die Verhinderung einer Benachteiligung Dritter und der Abschottung von Märkten gelegt wird.[458] Falls demnach im Einzelfall nur die verbindliche Einigung auf eine spezielle technologische Lösung die Effizienzgewinne hervorbringt, ist im Rahmen der Unerlässlichkeit darauf zu achten, dass die Normsetzung diskriminierungsfrei erfolgt, die vereinbarte Norm technologisch neutral ist und bei Beteiligung geistiger Eigentumsrechte keine unnötig hohen Lizenzgebühren zu zahlen sind.

**129**  Einem besonderen Rechtfertigungsdruck unterliegen Vereinbarungen, die nur den be-teiligten Unternehmen die Nutzung der Normen erlauben, also auf die Diskriminierung oder den **Ausschluss Dritter** gerichtet sind. Sie können ausnahmsweise dann unerlässlich sein, wenn es um eine horizontale Gegenmachtbildung geht.[459] Ansonsten gilt der schon oben angesprochene Grundsatz, dass Wettbewerbsbeschränkungen in einer Normungsver-einbarung normalerweise nur dann unerlässlich sind, wenn die Ergebnisse anderen Unter-nehmen offenstehen und diese außerdem schon in den Normungsprozess mit einbezogen worden sind.[460] Je stärker aber die Marktmacht der an dem Normenkartell beteiligten Unternehmen ist, desto größer ist die Bedeutung einer **diskriminierungsfreien Hand-habung und Zugänglichkeit der Norm** für alle anderen aktuellen und potentiellen Wettbewerber. Dementsprechend war bei dem Normen- und Typenkartell der Genossen-schaft Deutscher Brunnen für die Einführung einheitlicher Pfandflaschen und -kästen für

---

[454] Vgl. → Rn. 121; siehe auch Nordemann/Grave in LMRKM Rn. 18 iVm Nordemann/Nyberg in LMRKM AEUV Art. 101 Abs. 3 Rn. 122 mit Beispielen und Nachweisen für nicht unerlässliche Wett-bewerbsbeschränkungen im Rahmen von Vereinbarungen über Qualitätsnormen.

[455] Ähnlich Braun in Bunte Anh. Nach § 2 Rn. 187.

[456] KOMM., Leitlinien zur Anwendbarkeit des Artikels 101 AEUV auf Vereinbarungen über horizontale Zusammenarbeit, ABl. 2023, C 259, 1 ff., Rn. 483 (branchenweite Verbindlichkeit „im Prinzip nicht unerlässlich").

[457] In diese Richtung auch Nordemann/Grave in LMRKM Rn. 18 iVm Nordemann/Nyberg in LMRKM Art. 101 Abs. 3 AEUV Rn. 122, dem im Ergebnis auch darin zu folgen ist, dass auch Nicht-normungszuschläge im Einzelfall unerlässlich sein können, wenn es darum geht, die Nachfrage auf bestimmte Normen zu konzentrieren und den Unternehmen eine allmähliche Einstellung kleiner Serien nicht gebräuch-licher Produkte zu ermöglichen; vgl. auch BKartA 16.12.1975, WuW/E BKartA 1605 (1612) – Starkstrom-kabel.

[458] Vgl. KOMM., Leitlinien zur Anwendbarkeit des Artikels 101 AEUV auf Vereinbarungen über hori-zontale Zusammenarbeit, ABl. 2023, C 259, 1 ff., Rn. 444 und 486.

[459] Nordemann in LMRKM Rn. 18 iVm Nordemann/Nyberg in LMRKM AEUV Art. 101 Abs. 3 Rn. 120.

[460] Vgl. KOMM., Leitlinien zur Anwendbarkeit des Artikels 101 AEUV auf Vereinbarungen über hori-zontale Zusammenarbeit, ABl. 2023, C 259, 1 ff., Rn. 481; Ausnahmen sind je nach Lage des Einzelfalls möglich, vgl. zB Loest/Bartlik ZWeR 2008, 41 (46 f.) zur etwaigen Zulässigkeit von Beschränkungen des Teilnehmerkreises.

Mineralwasser vorgesehen, dass die entsprechenden Produkte auch von anderen Herstellern bezogen werden konnten.[461]

Der stärkere Fokus auf die potentiellen Ausschluss- und Benachteiligungswirkungen **130** gegenüber Dritten führt im Vergleich zur bisherigen Rechtslage, die kein strenges Unerlässlichkeitskriterium kannte, auch in anderer Hinsicht eine **zusätzliche Hürde** für die Freistellung ein: Sofern mehrere technische Lösungen zur Verfügung standen, muss nachvollziehbar begründet werden, warum eine bestimmte Lösung für die Normierung gewählt wurde. Insoweit geht es um die **Kontrollfrage, ob eine andere Norm verfügbar gewesen wäre** und den Wettbewerb weniger eingeschränkt hätte. Das geht über die frühere Prüfung im Rahmen des § 2 Abs. 1 GWB aF hinaus, die nur darauf gerichtet war, ob die Vereinbarung „lediglich" die Regelung der einheitlichen Normen- oder Typenanwendung zum Gegenstand hatte.[462] Typischerweise fehlt es an der Unerlässlichkeit, wenn eine gemeinsam ausgearbeitete Norm ganze Produktportfolien oder Unternehmensfunktionen festlegt.[463]

**e) Wettbewerbliche Grenze.** Das Erfordernis, **keine Ausschaltung des Wettbewerbs 131** für einen wesentlichen Teil der betreffenden Waren zuzulassen, steht selbst einer branchenweiten Normenvereinbarung nicht unbedingt entgegen, sofern im Hinblick auf andere Parameter wie Preis und Qualität wirksamer Wettbewerb fortbesteht.[464] Ob in Fällen, in denen eine Norm bereits zum de facto-Standard für einen ganzen Wirtschaftszweig geworden und ggf. zusätzlich durch Schutzrechte für geistiges Eigentum abgesichert ist, noch eine Verpflichtung zur Anwendung oder Einhaltung begründet werden kann, erscheint nicht nur unter dem Aspekt der Unerlässlichkeit sehr fraglich, sondern dürfte auch im Hinblick auf die Bewahrung der Chancen für die künftige Entwicklung einer besseren Norm wohl grundsätzlich zu verneinen sein.[465] Ebenso kann bei de facto-Normen der Wettbewerb dadurch ausgeschlossen sein, dass Dritten der effektive Zugang zur Norm verwehrt wird.[466] Uneingeschränkt gilt das freilich nur für horizontale Vereinbarungen. In der Vertikalbeziehung zwischen einem marktbeherrschenden Schutzrechtsinhaber und seinen Lizenznehmern ist ein anderer Maßstab anzulegen.[467]

**3. Konditionenkartelle. a) Allgemeines.** Die einheitliche Anwendung „allgemeiner **132** Geschäfts-, Lieferungs- und Zahlungsbedingungen einschließlich der Skonti" war bis zur 7. GWB-Novelle Gegenstand des besonderen Freistellungstatbestands in **§ 2 Abs. 2 GWB aF.** Die Privilegierung von **Konditionenkartellen,** die ebenso wie die Freistellung von Normen- und Typenvereinbarungen als Widerspruchskartell (§ 9 Abs. 3 GWB aF) ausgestaltet war, setzte allerdings voraus, dass die Vereinbarungen sich nicht auf Preise oder Preisbestandteile bezogen. Die praktische Bedeutung war nicht unerheblich,[468] wurde aber bei weitem von den **Konditionenempfehlungen nach § 22 Abs. 3 Nr. 2 GWB aF**

---

[461] BKartA TB 1999/2000, 91.
[462] Braun in Langen/Bunte, 11. Aufl. 2010, Anh. §§ 1, 2 Rn. 165 f.
[463] Loest/Bartlik ZWeR 2008, 41 (48).
[464] Nordemann/Grave in LMRKM Rn. 18 iVm Nordemann/Nyberg in LMRKM AEUV Art. 101 Abs. 3 Rn. 124.
[465] So im Ergebnis auch Braun in Langen/Bunte, 11. Aufl. 2010, Anh. §§ 1, 2 Rn. 167 („ohne jede Anwendungsverpflichtung").
[466] KOMM., Leitlinien zur Anwendbarkeit des Artikels 101 AEUV auf Vereinbarungen über horizontale Zusammenarbeit, ABl. 2023, C 259, 1 ff., Rn. 486.
[467] Vgl. zur Möglichkeit kartellrechtlicher Zwangslizenzen unter dem Gesichtspunkt des Missbrauchs einer marktbeherrschenden Stellung EuGH 29.4.2004, EU-R 804 – IMS Health/NDC Health; BGH 13.7.2004, WuW/E DE-R 1329 – Standard-Spundfass II; aus dem neuen Schrifttum Körber NZKart 2013, 87 ff.; Fuchs/Möschel GWB § 19 Rn. 354 ff.; dies. AEUV Art. 102 Rn. 328 ff. jeweils mwN; Kranz, Missbrauchsverbot und Standardisierung, 2021, 41 ff.
[468] Nordemann in LMRKM, 2. Aufl. 2009, Rn. 57. In den letzten Jahren vor dem Inkrafttreten der 7. GWB-Novelle sank allerdings die Zahl der Neuanmeldungen stetig, von 26 in den Jahren 2001/2002 (BKartA TB 2001/2002, 276) auf 17 im letzten Berichtszeitraum vor der 7. GWB-Novelle (BKartA TB 2003/2004, 233); insgesamt wurden Ende 2004 noch 45 Konditionenkartelle praktiziert (BKartA TB 2003/2004, 234 ff.).

übertroffen, die insbesondere seit dem Inkrafttreten des AGB-Gesetzes zum 1.4.1977 (nunmehr §§ 305 ff. BGB) in großer Zahl von Wirtschaftsverbänden in Form von Muster-AGB ausgesprochen worden waren.[469] Teilweise sah man daher schon früher kein praktisches Bedürfnis mehr für die Freistellung von Konditionenkartellen neben der Legalisierung entsprechender Empfehlungen.[470]

**133** In der **Anwendungspraxis zu Art. 101 AEUV** haben reine Konditionenkartelle ohne Preisbezug dagegen bislang eine vergleichsweise geringe Rolle gespielt,[471] da es insoweit offenbar nur wenig Anlass für grenzüberschreitende Absprachen gibt.[472] Auswirkungen auf den zwischenstaatlichen Handel können freilich auch Konditionenvereinbarungen haben, die auf das gesamte Bundesgebiet oder einen wesentlichen Teil der Union beschränkt sind. Daher war die Abschaffung der gesonderten nationalen Freistellungsregelung im Zuge der 7. GWB-Novelle angemessen und konsequent.[473] Die gleichzeitige **Aufhebung des Empfehlungsverbots (und seiner Ausnahmen) in §§ 22, 23 GWB aF** war zwar nicht erforderlich, da es insoweit um einseitige Verhaltensweisen geht,[474] hat aber zur Harmonisierung mit der Rechtslage im europäischen Wettbewerbsrecht beigetragen. Dieses kennt kein eigenständiges Empfehlungsverbot, vielmehr kommt Art. 101 AEUV in derartigen Sachverhalten nur zur Anwendung, wenn eine tatbestandsmäßige Koordinierung des Wettbewerbsverhaltens durch eine Vereinbarung, einen Beschluss oder eine abgestimmte Verhaltensweise gegeben ist. Die Voraussetzungen dafür sind häufig erfüllt, da insbesondere sog. Verbandsempfehlungen[475] regelmäßig auf einem entsprechenden Beschluss der Unternehmensvereinigung beruhen oder sich im Zusammenspiel von Ausgabe und Befolgung als abgestimmte Verhaltensweise der Mitgliedsunternehmen darstellen.[476]

**134** Der **Zweck** der (früher an keine weiteren Voraussetzungen gebundenen) Freistellung von Konditionenkartellen lag darin, die **Markttransparenz** in den nicht unmittelbar Preis und Leistung betreffenden Bereichen zu **erhöhen,** damit sich die Kunden bei im Übrigen vergleichbaren Angeboten auf die Parameter Preis und Qualität konzentrieren können. Davon versprach man sich eine **Förderung des Preis- und Qualitätswettbewerbs.**[477] Hinzu kam ein weiterer Aspekt, der den Gesetzgeber veranlasste, die schon im Rahmen der 6. GWB-Novelle erwogene Abschaffung der Freistellung für Konditionenkartelle zunächst nicht zu verwirklichen. Mit der Möglichkeit zur Vereinheitlichung (zumindest) ihrer Einkaufs- und Verkaufsbedingungen sollte **insbesondere kleinen und mittleren Unternehmen** die Durchsetzung ihrer Interessen gegenüber einer marktstarken Gegenseite erleichtert werden.[478] Ob der damit angesprochene Gedanke der **Schaffung von gegengewichtiger Marktmacht** tragfähig ist, erscheint jedoch mehr als zweifelhaft, da ein Aufbau von Gegenmacht zwar Ausbeutungmissbräuchen entgegenwirken kann, im Übrigen aber leicht zu einer weiteren Vermachtung von Märkten führt, ohne den Wettbewerb in anderer Hinsicht funktionsfähiger zu machen.[479] Jedenfalls vermag das Gegenmacht-

---

[469] Nach BKartA TB 2003/2004, 40, 266 ff. und BKartA TB 2005/2006, 38 war die Zahl der wirksamen Empfehlungen bis zur Aufhebung des Anmeldeerfordernisses auf 373 gestiegen; vgl. zu weiteren Zahlen Braun in Bunte, 11. Aufl., Anh. §§ 1 und 2 Rn. 27; für ein aktuelles Beispiel aus der Wirtschaftspraxis siehe BKartA Fallbericht zu B1–232/07 – Bauhauptgewerbe = BKartA TB 2009/2010, 42.

[470] Vgl. Monopolkommission, Hauptgutachten XI (1994/1995), Rn. 953.

[471] Vgl. Wägenbaur in LMRKM, 2. Aufl. 2009, EG Art. 81 Abs. 1 Rn. 239 f.; Zimmer Art. 101 Abs. 1 Rn. 216; Lübbig in Wiedemann KartellR-HdB, 2. Aufl. 2008, § 8 Rn. 199.

[472] BKartA TB 2007/2008, 120; Nordemann in LMRKM, 2. Aufl. 2009, Rn. 57.

[473] Vgl. BegrRegE, BT-Drs. 15/3640, 26.

[474] Vgl. die Kritik von Wagner-v. Papp WuW 2005, 379 (380 ff.).

[475] Dazu etwa BKartA, Fallbericht zu B1–232/07, S. 1 f. – Bauhauptgewerbe = BKartA TB 2009/2010, 42; Möhlenkamp WuW 2008, 428 (437 f.).

[476] Vgl. BKartA TB 2005/2006, 38; näher hierzu Emmerich Art. 101 Abs. 1 Rn. 103 f. mwN.

[477] S. nur Immenga in Immenga/Mestmäcker, 3. Aufl. 2001, Abs. 2 aF Rn. 5; Bunte in FK-KartellR GWB 1999 § 2 Rn. 57 ff.; Zapfe WuW 2007, 1230 (1232 f.) jeweils mwN.

[478] Vgl. Bunte in FK-KartellR GWB 1999 § 2 Rn. 52 f.

[479] Immenga in Immenga/Mestmäcker, 3. Aufl. 2001, GWB § 2 Abs. 2 aF Rn. 8 mwN.

prinzip keine Bedingungen zu rechtfertigen, die für die andere Marktseite unangemessene Belastungen bewirken.[480]

Die frühere **Privilegierung von Konditionenkartellen** sah sich auch in anderer **135** Hinsicht teilweise erheblicher **wettbewerbspolitischer Kritik ausgesetzt.** So wurde zum einen darauf verwiesen, dass ihre Zulassung die Gefahr der Risikoabwälzung auf die Geschäftspartner erhöhe, weil die Ausweichmöglichkeiten der Marktgegenseite verkürzt würden.[481] Zum anderen wurde jedenfalls vor einer generellen Geringschätzung des Konditionenwettbewerbs gewarnt, da etwa auf vermachteten, oligopolistisch strukturierten Märkten gerade die Nebenleistungen und sonstigen Konditionen zu den letzten verbliebenen Wettbewerbsparametern gehören (könnten) und in derartigen Situationen eines besonderen Schutzes bedürften.[482]

Im Ergebnis bleibt die **wettbewerbspolitische Beurteilung** von Konditionenkartellen **136** und -empfehlungen **ambivalent.** Die grundsätzlich eingeschränkte Funktionsfähigkeit des (bloßen) Konditionenwettbewerbs und seine im Vergleich zum Preis- und Qualitätswettbewerb regelmäßig geringere Bedeutung als Aktionsparameter im Markt[483] sprechen prima facie für eine geringere Schutzwürdigkeit dieser Wettbewerbsform und die Möglichkeit einer relativ großzügigen Freistellung. Auf der anderen Seite kann unter bestimmten Marktbedingungen – insbesondere auf oligopolistisch vermachteten Märkten, auf denen kein (hinreichender) Preis- und Produktwettbewerbs (mehr) herrscht – die Ausgestaltung der Konditionen ausschlaggebende Bedeutung gewinnen. Die Erwartung, dass als Folge einer Vereinheitlichung der Konditionen die Markttransparenz erhöht, das Angebot übersichtlicher und der Preis- oder Qualitätswettbewerb intensiver werde, weil sich sowohl die Marktgegenseite als auch die Wettbewerber auf diese Faktoren konzentrierten,[484] mag ein gewisser Erfahrungswert zukommen, solange eine größere Zahl von Konkurrenten vorhanden ist. Diese Einschätzung gilt aber jedenfalls nicht mehr für oligopolistisch vermachtetete Märkte, auf denen unterschiedliche Konditionen zu den letzten verbliebenen Wettbewerbsparametern gehören können. Nach der früheren Regelung konnte diesen Bedenken in gewissem Umfang im Rahmen der Missbrauchsaufsicht nach § 12 Abs. 1 GWB aF Rechnung getragen werden.[485]

Die **Streichung des § 2 Abs. 2 GWB aF** und die Umstellung auf das System der **137** Legalausnahme wirft seit dem Inkrafttreten der 7. GWB-Novelle die Frage auf, welche **Konsequenzen** sich daraus **für die materielle Bewertung von Konditionenkartellen im Rahmen der Generalklausel** des jetzigen § 2 Abs. 1 GWB ergeben, ob an der vom Gesetzgeber befürworteten grundsätzlich positiven Einschätzung festzuhalten oder eine prinzipielle Neubewertung dieser Art von Kartellabsprachen geboten ist.

**b) Erforderlichkeit einer grundsätzlichen Neubewertung?** Nach den Gesetzes- **138** materialien sind die Gesetzesverfasser offenbar davon ausgegangen, dass sich an der materiellen Bewertung von Konditionenkartellen und -empfehlungen nichts Wesentliches ändere. Diese blieben nach Art. 101 Abs. 3 AEUV bzw. § 2 Abs. 1 GWB grundsätzlich zulässig und könnten im Einzelfall auch als Mittelstandskartell nach § 3 GWB freigestellt sein.[486] In der Literatur wird dies teilweise aufgegriffen und weiterhin von einer „Privilegierung von Konditionenkartellen" gesprochen und deren Reichweite im Rahmen einer Auslegung

---

[480] BKartA TB 1978, 39.
[481] Vgl. Immenga in Immenga/Mestmäcker, 3. Aufl. 2001, GWB § 2 Abs. 2 aF Rn. 4; schärfer Emmerich, KartellR § 22 Rn. 7 (frühere Zulassung von Konditionenkartellen war „schwerer Fehler", Nachteile von AGB wurden „noch potenziert, weil sie der Marktgegenseite ein Ausweichen unmöglich machten").
[482] Vgl. zB Monopolkommission, Hauptgutachten XI (1994/1995), Rn. 955; Immenga in Immenga/Mestmäcker, 3. Aufl. 2001, GWB § 2 Abs. 2 aF Rn. 7 mwN.
[483] Insoweit zutreffend Bunte in FK-KartellR GWB 1999 § 2 Rn. 58.
[484] Vgl. zB KG 2.11.1982, WuW/E OLG 2843 – Druckereikonditionen; BKartA, Fallbericht zu B1–232/07, S. 2 – Bauhauptgewerbe; BKartA TB 2007/2008, 120.
[485] Immenga in Immenga/Mestmäcker, 3. Aufl. 2001, GWB § 2 Abs. 2 aF Rn. 7 aE.
[486] BegrRegE, BT-Drs. 15/3640, 26.

bestimmt, die sich an den früheren Tatbestandsmerkmalen des § 2 Abs. 2 GWB aF und der dazu ergangenen Anwendungspraxis des BKartAs orientiert,[487] insbesondere hinsichtlich der Abgrenzung von Konditionen und Preisregelungen.[488] Diametral entgegengesetzt ist dagegen die Einschätzung von Emmerich, der die Konditionenkartelle unter Hinweis auf das Regelbeispiel des Art. 101 Abs. 1 Hs. 2 lit. a AEUV heute zu den grundsätzlich verbotenen Kernbeschränkungen zählt.[489]

**139** Geboten erscheint eine **differenzierende Betrachtung.** Zunächst ist festzuhalten, dass die **Regelbeispiele des Art. 101 Abs. 1 AEUV** als Indiz für typische Wettbewerbsbeschränkungen **nicht automatisch gleichzusetzen sind mit den Kernbeschränkungen** oder „schwarzen" Klauseln, die in den Gruppenfreistellungsverordnungen und Bekanntmachungen oder Leitlinien der Kommission identifiziert werden[490] und bei denen wegen der Schwere der Wettbewerbsbeschränkung eine Freistellung nach Art. 101 Abs. 3 AEUV grundsätzlich ausscheidet oder zumindest „unwahrscheinlich"[491] ist. Insoweit werden jeweils **nur unmittelbare und mittelbare Preisfestsetzungen als Kernbeschränkungen** erfasst, nicht dagegen eine Angleichung sonstiger Geschäftsbedingungen, die weder selbst preiswirksam sind noch Preisregelungen ergänzen. Nur für Konditionenkartelle mit einem zumindest mittelbaren Preisbezug kann daher die Einordnung als Kernbeschränkung Geltung beanspruchen.[492]

**140** Dass eine **Vereinheitlichung von sonstigen Konditionen** – anders als reine Preisabsprachen oder diese ergänzende Bestimmungen – auch positive Wirkungen im Hinblick auf die Verbesserung der Markttransparenz und die Anregung zu intensiverem Preis- und Qualitätswettbewerb haben kann, ist im Grundsatz auch in der Anwendungspraxis zu Art. 101 Abs. 3 AEUV anerkannt. Allerdings gibt es nur sehr wenige Fälle, die sich mit reinen Konditionenkartellen befasst haben.[493] Soweit sich wettbewerbspolitische Kritik an § 2 Abs. 2 GWB aF an der Vernachlässigung der besonderen Bedeutung des Konditionenwettbewerbs in bestimmten Marktsituationen oder -strukturen entzündet hat, ist diesem Aspekt unter der Geltung des aktuellen § 2 Abs. 1 GWB im Rahmen einer **stärker auf die wirtschaftlichen Auswirkungen einer Vereinbarung gerichteten Betrachtung** innerhalb der nunmehr etwas ausdifferenzierteren und teilweise strengeren Freistellungskriterien (insbesondere Unerlässlichkeit und keine Ausschaltung des Wettbewerbs) Rechnung zu tragen.

**141** Auf der anderen Seite erscheint eine **einfache Übernahme der zuweilen sehr diffizilen Auslegungskriterien** und Unterscheidungen zur Abgrenzung **des früheren Tat-**

---

[487] So besonders deutlich Nordemann in LMRKM (3. Aufl.) Rn. 20 iVm AEUV Art. 101 Abs. 3 Rn. 133.

[488] Dazu Nordemann in LMRKM (3. Aufl.) Rn. 20 iVm AEUV Art. 101 Abs. 3 Rn. 137 ff.

[489] Emmerich, KartellR § 5 Rn. 7, § 22 Rn. 8; ohne Bezugnahme auf § 2 Abs. 2 GWB aF für Einordnung aller unmittelbaren oder mittelbaren Festsetzungen sonstiger Geschäftsbedingungen (neben den Preisen) als „Kernbeschränkungen …, die ohne weitere Prüfung als wettbewerbsbeschränkend gelten" auch Zimmer Art. 101 Abs. 1 Rn. 213 ff.

[490] Vgl. bezüglich horizontaler Preisabsprachen (jeweils ohne Erwähnung von sonstigen Geschäftsbedingungen) Art. 5 lit. a VO 2023/1067; Art. 8 lit. c VO 2023/1066 sowie Kommission, de minimis-Bekanntmachung, ABl. 2001 C 368, 13 Rn. 11 Nr. 1a; KOMM., Leitlinien zur Anwendbarkeit des Artikels 101 AEUV auf Vereinbarungen über horizontale Zusammenarbeit, ABl. 2023, C 259, 1 ff., Rn. 105 ff. für Fue-Vereinbarungen; dies., Leitlinien zur Anwendung von Art. 81 Abs. 3 EG, ABl. 2004 C 101, 8 Abs. 3 EG Rn. 21, 23.

[491] KOMM., Leitlinien zur Anwendung von Art. 81 Abs. 3 EG, ABl. 2004 C 101, 8 Abs. 3 EG, Rn. 46.

[492] Vgl. Wägenbaur in LMRKM, 2. Aufl. 2009, EG Art. 81 Abs. 1 Rn. 238 („Jedenfalls behandelt die Kommission Konditionenkartelle wie Preiskartelle, einerlei ob sie unmittelbar oder nur mittelbar preiswirksam sind, zumal sie sehr oft mit Preisabsprachen einhergehen und damit in erster Linie eine ergänzende Funktion haben") (Nachweise weggelassen).

[493] Vgl. Lübbig in Wiedemann KartellR HdB, 2. Aufl. 2008, § 8 Rn. 199 unter Hinweis auf KOMM. 19.7.1989, ABl. 1989 L 253, 1 – Niederländische Banken; 20.12.1989, ABl. 1990 L 15, 25 – Concordato Incendio. Regelmäßig ging es allerdings in der europäischen Anwendungspraxis um die auch im Zusammenhang mit sonstigen Konditionen als kritisch angesehenen Regelungen von Preisen und Preisbestandteilen, vgl. etwa KOMM. 15.5.1974, ABl. 1974 L 160, 1 (12, 13, 46) – IFTRA Verpackungsglas; 8.2.1980, ABl. 1980 L 62, 28 – Stahllagerhändler.

**bestands des § 2 Abs. 2 GWB aF** aus der bisherigen deutschen Anwendungspraxis in die Auslegung der neuen, weitgehend an Art. 101 Abs. 3 AEUV angelehnten Generalklausel des § 2 Abs. 1 GWB **nicht angezeigt.**[494] Nicht zuletzt im Hinblick auf die angestrebte Harmonisierung mit dem europäischen Wettbewerbsrecht kommt es auch für rein nationale Sachverhalte auf eine stärker an den wirtschaftlichen Auswirkungen der Vereinbarungen als an formalen oder rechtlichen Qualifikationen (wie zB die unterschiedliche Einordnung von Skonti einerseits und Rabatten andererseits)[495] orientierte Auslegung an. Dabei ist in einem **ersten Schritt** zu untersuchen, ob tatsächlich nur eine Konditionenvereinbarung (ohne Preisbezug) vorliegt oder eine grundsätzlich unzulässige Preisabsprache. Für die **Abgrenzung der (sonstigen) Konditionen von den Preisregelungen** kann teilweise, aber nicht durchgängig auf die frühere Anwendungspraxis und Auslegung des § 2 Abs. 2 GWB aF zurückgegriffen werden. Unterschiede ergeben sich vor allem daraus, dass es insoweit nur darauf ankommt, **Kernbeschränkungen zu identifizieren,** während weitere Differenzierungen etwa zwischen Vereinbarungen über Konditionen, Normen und Typen oder sonstige Formen der Rationalisierung im Rahmen der Generalklausel entweder keine Bedeutung oder jedenfalls nicht das gleiche Gewicht wie im früheren Recht für die Zuordnung zu einzelnen, kasuistischen Freistellungstatbeständen hat. Daher kommt auch der Ausklammerung von Vereinbarungen über Art und Umfang der Hauptleistung aus dem Bereich der Konditionenkartelle nicht mehr die gleiche Bedeutung wie im alten Recht zu.

Liegt keine preisbezogene Kernbeschränkung vor, sind in einem **zweiten Prüfungs-** 142 **schritt** die möglichen **Effizienzwirkungen** der konkreten „Konditionenabsprache" vor dem Hintergrund des jeweiligen rechtlichen und wirtschaftlichen Kontextes einschließlich der Marktsituation **zu analysieren und die weiteren Freistellungskriterien** (angemessene Verbraucherbeteiligung, Unerlässlichkeit und keine Ausschaltung des Wettbewerbs) **zu prüfen.**

c) **Gegenstand von Konditionenkartellen. Nach altem Recht** wurden die durch 143 § 2 Abs. 2 GWB aF kartellrechtlich privilegierten **Konditionen** („allgemeine Geschäfts-, Lieferungs- und Zahlungsbedingungen einschließlich der Skonti") wegen der unterschiedlichen Normzwecke einer Ausnahme vom Kartellverbot und der zivilrechtlichen Klauselkontrolle **nicht mit dem Begriff** der **„Allgemeinen Geschäftsbedingungen"** iSd § 305 Abs. 1 BGB **gleichgesetzt, sondern erheblich enger ausgelegt.**[496] Im Wesentlichen sollten nur Regelungen über die rechtliche und kaufmännische Abwicklung des Vertrages erfasst sein,[497] worunter allerdings auch sonstige Bestimmungen über den Inhalt (mit Ausnahme der Hauptleistungen) und das Zustandekommen von Verträgen mit Dritten fielen,[498] etwa die Festlegung von Fristen für eine Bindung an das Vertragsangebot oder der Form der Annahmeerklärung, die Übernahme von Nebenpflichten wie Transport, Verpackung, Information, Regelungen zur Gewährleistung und Haftung, Stellung von Sicherheiten oder Auflösung des Vertrages (Kündigung, Rücktritt).[499] Als zulässige Konditionen

[494] So aber durchgängig der Ansatz von Nordemann in LMRKM, 3. Aufl. 2016, Rn. 20 iVm AEUV Art. 101 Abs. 3 Rn. 134 ff.

[495] Als Skonto wird das Entgelt für eine Zahlung vor Fälligkeit bezeichnet; sie lässt sich auch als Ausgleich für ersparte Aufwendungen des Gläubigers für Kreditzinsen, Mahnungen und die Abdeckung des Delkrederisikos einordnen. Demgegenüber ist ein Rabatt als Preisnachlass definiert, der sich nicht auf den Zeitpunkt oder die Art und Weise der Zahlung, sondern auf eine andere Bezugsgröße bezieht wie etwa Kontinuität, Menge oder Anlass des Warenbezugs (Treue-, Mengen- oder Jubiläums-, Eröffnungs-, Schlussverkaufsrabatt), vgl. NordemannGrave in Loewenheim et al Rn. 18 iVm Nordemann/Nyberg in LMRKM AEUV Art. 101 Abs. 3 Rn. 132; Immenga in Immenga/Mestmäcker, 3. Aufl. 2001, Abs. 2 aF Rn. 37 f. jeweils mwN.

[496] Immenga in Immenga/Mestmäcker, 3. Aufl. 2001, Abs. 2 aF Rn. 23; Nordemann in LMRKM Rn. 20 iVm AEUV Art. 101 Abs. 3 Rn. Nordemann in LMRKM, 3. Aufl. 2016, Rn. 59 mwN.

[497] BKartA TB 1977, 66 f.

[498] Lübbig in Wiedemann KartellR-HdB, 2. Aufl. 2008, § 8 Rn. 200; Braun in Bunte Nach § 2 Rn. 33.

[499] Immenga in Immenga/Mestmäcker, 3. Aufl. 2001, GWB § 2 Abs. 2 aF Rn. 24; vgl. Nordemann in LMRKM, 3. Aufl. 2016, Rn. 20 iVm AEUV Art. 101 Abs. 3 Rn. 135.

angesehen wurden auch Regelungen über Verzugszinsen, Vertragsstrafen, Schadensersatz-leistungen.[500]

**144**    **Ausgeklammert** blieben dagegen **nach § 2 Abs. 2 GWB aF** – neben den ausdrücklich ausgeschlossenen Regelungen, die sich „auf Preise oder Preisbestandteile beziehen" (dazu sogleich unter → Rn. 140 ff.) – nach ganz hM auch die **Bestimmungen über Art und Umfang der Hauptleistung.**[501] Deren Standardisierung war nur als Normen- und Typenkartell nach § 2 Abs. 1 GWB aF oder als allgemeines Rationalisierungskartell nach § 5 Abs. 1 GWB aF freistellbar.[502] **Unter** der Generalklausel des **§ 2 Abs. 1 GWB nF** ist aber nunmehr eine **Erstreckung der Konditionenabsprache auf eine Vereinheitli-chung der Hauptleistungen nicht mehr** grundsätzlich **unzulässig.**[503] Zwar kann inso-weit nicht mehr von einer untergeordneten Bedeutung des Konditionenwettbewerbs ge-sprochen werden, da sich die Aufmerksamkeit der potentiellen Kunden prinzipiell gerade auf Preis und Hauptleistungen richten. Doch kann **insbesondere bei Dienstleistungen oder komplexen Rechtsprodukten** wie Versicherungen eine **gewisse Standardisie-rung** zur **Voraussetzung für funktionsfähigen Wettbewerb** gehören und daher in gleicher Weise zu Effizienzgewinnen in Form von erhöhter Markttransparenz sowie Steige-rung des Preis- und Qualitätswettbewerbs führen. **Entscheidend** sind nach neuem Recht **die wirtschaftlichen Auswirkungen einer Regelung im Markt,** nicht etwa die (AGB-)rechtliche Qualifikation als (kontrollfreie) Preis- oder Leistungsbestimmung einerseits oder als (kontrollfähige) Nebenleistung andererseits, zumal die Übergänge zwischen beiden ohnehin fließend sind.[504]

**145**    Grundsätzlich erübrigt sich daher die Ausgrenzung bestimmter Regelungsgegenstände von AGB aus dem Kreis der nach § 2 Abs. 1 GWB nF potentiell freistellungsfähigen Konditionenabsprachen. Eine **Ausnahme** gilt nur für Fallgestaltungen, bei denen prinzi-piell keine Effizienzgewinne nach Art der klassischen Konditionenkartelle zu erwarten sind. Dazu gehören **preisbezogene Vorschriften,** aber auch Abschlussbeschränkungen durch **Kontrahierungsverbote**[505] sowie die **Weitergabe von vertikalen Bindungen auf nachfolgende Marktstufen,**[506] da insoweit von vornherein kein Bezug zur Förderung der Transparenz oder des Preis- bzw. Qualitätswettbewerbs im Markt zu erkennen ist. Zudem sind bestimmte vertikale Gebiets- und Kundenkreisbeschränkungen als „schwarze" Klau-seln (Art. 4 lit. b der Vertikal-GVO) zu qualifizieren. Abgesehen davon können aber im Ausgangspunkt sämtliche AGB Gegenstand eines „Konditionenkartells" sein. Allerdings bedürfen bei allen Fallgestaltungen, die mehr als die klassischen „Nebenbedingungen" zur Vertragsanbahnung und -abwicklung umfassen, die erwarteten Effizienzgewinne sowie die

---

[500] Vgl. zB BKartA TB 1971, 78; TB 1974, 51.
[501] BKartA TB 2003/2004, 41 – Betonverschalungen; 28.4.1982, WuW/E BKartA 1989 (1990 f.) – Druckerei-Konditionen; Immenga in Immenga/Mestmäcker 3. Aufl. 2001, GWB § 2 Abs. 2 aF Rn. 26; Bunte in FK-KartellR GWB 1999 § 2 Rn. 67.
[502] Immenga in Immenga/Mestmäcker, 3. Aufl. 2001, GWB § 2 Abs. 2 aF Rn. 26.
[503] So auch BKartA TB 2005/2006, 39; Nordemann in LMRKM, 3. Aufl. 2016, Rn. 20 iVm AEUV Art. 101 Abs. 3 Rn. 156; anders jetzt aber Nordemann/Grave in LMRKM Rn. 18 iVm Nordemann/Nyberg in LMRKM AEUV Art. 101 Abs. 3 Rn. 128: Vereinbarungen über Art und Umfang der Hauptleistung stellen keine Konditionen dar.
[504] Vgl. dazu ausführlich Fuchs in Ulmer/Brandner/Hensen, 11. Aufl. 2011, BGB § 307 Rn. 37 ff., 71 ff. mwN (insbesondere Rn. 47 ff. zur Identifizierung der wettbewerbsrelevanten „Produktmerkmale" als Ab-grenzungsmerkmal bei komplexen Rechtsprodukten und Dienstleistungen).
[505] Diese beschränken den Kreis möglicher Geschäftspartner und schließen zB bestimmte Vertriebsformen oder -wege bzw. den Absatz bestimmter Produkte aus, vgl. näher Immenga in Immenga/Mestmäcker, 3. Aufl. 2001, GWB § 2 Abs. 2 aF Rn. 29; Nordemann in LMRKM, 2. Aufl. 2009, Rn. 61. Kein Kon-trahierungsverbot in diesem Sinne stellt es dar, wenn der Vertragsschluss von der Erfüllung bestimmter sachlicher, nicht an die Person des (potentiellen) Vertragspartners anknüpfenden Voraussetzungen abhängig gemacht wird, zB Verträge nur unter Einbeziehung der VOB abzuschließen, s. Immenga in Immenga/Mestmäcker 3. Aufl. 2001, GWB § 2 Abs. 2 aF Rn. 30; Bunte in FK-KartellR GWB 1999 § 2 Rn. 95.
[506] Vgl. Immenga in Immenga/Mestmäcker, 3. Aufl. 2001, GWB § 2 Abs. 2 aF Rn. 31 ff., 35; Bunte in FK-KartellR GWB 1999 § 2 Rn. 97; Nordemann in LMR, 2. Aufl. 2009, Rn. 61 jeweils mwN.

Unerlässlichkeit der Beschränkung und die angemessene Verbraucherbeteiligung eingehender Prüfung.

**d) Abgrenzung von Preisregelungen.** Im früheren deutschen Recht durften sich die **146** Regelungen eines privilegierten Konditionenkartells „nicht auf Preise oder Preisbestandteile beziehen" (§ 2 Abs. 2 GWB aF), wobei die Skonti ausdrücklich den freistellungsfähigen Zahlungsbedingungen zugeordnet wurden. Im europäischen Kartellrecht werden umfassende Konditionenkartelle, die sich auch auf eine Gleichschaltung von Preisen oder Preisbestandteilen erstrecken, im Prinzip nicht anders als Preiskartelle behandelt.[507] Unmittelbare oder mittelbare Preisfestsetzungen stellen Kernbeschränkungen dar, für die grundsätzlich keine Freistellung in Betracht kommt. Die Abgrenzung kann im Einzelfall sehr schwierig sein.

Unter dem weder im deutschen noch europäischen Kartellrecht definierten „**Preis**" ist **147** die **im Synallagma stehende Gegenleistung** für die vom Vertragspartner geschuldete Leistung zu verstehen.[508] Der Preis muss nicht unbedingt ein in Geld bezifferter Wert sein, sondern kann auch in einem Sachwert bestehen. Auf der anderen Seite stellt nicht jede in Geld bezifferte vertragliche Leistung eine Preisregelung dar.[509] So sind etwa Festsetzungen der Höhe des Flaschenpfandes für Mehrwegflaschen mangels syallagmatischer Verknüpfung mit der Hauptleistung nicht als Preisbestimmung einzustufen.[510]

Eine Preisfestsetzung liegt nicht nur dann vor, wenn direkt Einfluss auf den Gesamt- oder **148** Endpreis genommen wird, sondern bereits dann, wenn einzelne **Preisbestandteile** beeinflusst werden. Dazu gehören außer dem Grundpreis etwaige Zuschläge für Nebenleistungen oder gesondert berechnete Nebenkosten ebenso wie Abschläge beispielsweise für Rabatte.[511] Als preisbezogen ist letztlich **jede Regelung** anzusehen, **die in die freie Preiskalkulation** der Parteien **eingreift** und damit den Preiswettbewerb unter den Kartellmitgliedern beschränkt.[512] Dazu gehört die Bestimmung einzelner Preisfaktoren ebenso wie die Festsetzung von Höchstpreisen.[513] **Nicht erfasst** sind dagegen lediglich **mittelbare Einflüsse** wie die Länge von Gewährleistungs- oder Verjährungsfristen, zulässige Haftungsbeschränkungen oder dergleichen, auch wenn sie indirekt die Preisbildung mit beeinflussen (können). Das gilt jedoch letztlich für alle Geschäftsbedingungen, so dass eine Abgrenzung von preisbezogenen Bestimmungen nur möglich und sinnvoll ist, wenn dafür ein engerer Preisbezug gefordert wird.[514]

Bei den **Nebenleistungen** (zB Verpackung, Montage, Transportversicherung) differen- **149** zierte man im alten Recht zwischen Regelungen über die Kostentragung als solche und über die **Höhe der Nebenkosten.** Ersteres, also die Bestimmung, welche Vertragspartei die Kosten zu tragen hat, wurde als zulässige Konditionenabrede, letzteres als **Eingriff in die Kalkulationsfreiheit und damit unzulässige Preisabrede** qualifiziert.[515] Daran ist auch im neuen Recht grundsätzlich festzuhalten, wobei es keine Rolle spielt, ob konkrete

---

[507] Vgl. Wägenbaur in LMR, 2. Aufl. 2009, Art. 81 Abs. 1 Rn. 238 f. mwN.

[508] Bunte in FK-KartellR GWB 1999 § 2 Rn. 103 f.; Immenga in Immenga/Mestmäcker, 3. Aufl. 2001, GWB § 2 Abs. 2 aF Rn. 53; Nordemann/Grave in LMRKM Rn. 18 iVm Nordemann/Nyberg in LMRKM AEUV Art. 101 Abs. 3 Rn. 130; Zapfe WuW 2007, 1230 (1237).

[509] Immenga in Immenga/Mestmäcker, 3. Aufl. 2001, GWB § 2 Abs. 2 aF Rn. 55; Nordemann/Grave in LMRKM § 2 Rn. 18 iVm Nordemann/Nyberg in LMRKM AEUV Art. 101 Abs. 3 Rn. 130.

[510] LKartB Bayern WuW 1977, 24.

[511] Vgl. BKartA TB 1975, 58; Brief des BKartAs v. 19.6.1968, WuW/E BKartA 1216; Immenga in Immenga/Mestmäcker, 3. Aufl. 2001, GWB § 2 Abs. 2 aF Rn. 56; Bunte in FK-KartellR GWB 1999 § 2 Rn. 106 mwN; Zapfe WuW 2007, 1230 (1237).

[512] BKartA TB 1975, 89; Immenga in Immenga/Mestmäcker, 3. Aufl. 2001, GWB § 2 Abs. 2 aF Rn. 60; Nordemann/Grave in LMRKM Rn. 18 iVm Nordemann/Nyberg in LMRKM AEUV Art. 101 Abs. 3 Rn. 131.

[513] BKartA TB 2003/2004, 41 – Betonverschalungen; Bunte in FK-KartellR GWB 1999 § 2 Rn. 111.

[514] Vgl. Immenga in Immenga/Mestmäcker, 3. Aufl. 2001, GWB § 2 Abs. 2 aF Rn. 58 mwN.

[515] Immenga in Immenga/Mestmäcker, 3. Aufl. 2001, GWB § 2 Abs. 2 aF Rn. 71; Bunte in FK-KartellR GWB 1999 § 2 Rn. 125; Nordemann in LMRKM, 3. Aufl. 2016, Rn. 20 iVm AEUV Art. 101 Abs. 3 Rn. 144.

Summen, Kostensätze oder Kalkulationsgrundlagen für die Berechnung der Nebenkosten vorgegeben werden. Denn der mündige Vertragspartner wird die Höhe der Nebenkosten regelmäßig mit in seine Abschlussentscheidung einbeziehen, so dass insoweit durchaus ein funktionsfähiger Wettbewerb konkurrierender Angebote möglich ist. Die Bestimmung, durch welche Nebenleistungen (überhaupt) zusätzliche Kosten für den Kunden entstehen, gehört dagegen funktionell zur Leistungsbeschreibung und ergänzt normzweckkonform die einheitliche Festlegung der Hauptleistung, die erst die Vergleichbarkeit der Angebote und damit die Konzentration auf den Preiswettbewerb ermöglicht.[516]

150      **Klauseln über Frachtkosten** wie „ab Werk", „frei Haus", „fob" usw gehören daher zu den zulässigen Konditionenabreden. Ein Preisbezug liegt jedoch vor, wenn Bestimmungen über ihre Höhe wie bezifferte Frachtzuschläge, Pauschalen, Höchstpreise oder Berechnungsgrößen abhängig von Gewicht, Menge, Volumen etc der Ware aufgenommen oder Tarife (von Transportunternehmen) vorgeschrieben werden.[517]

151      Handelt es sich allerdings nicht nur um unselbstständige Nebenleistungen, die nur zusammen mit der Hauptleistung erbracht werden (können), sondern um **selbstständige Nebenleistungen,** die ggf. unabhängig von der Erbringung der Hauptleistung, in Rechnung gestellt werden sollen, zB **Projektierungskosten** bei Nichterteilung des Auftrags oder **Kosten für Musterlieferungen,** ist bereits die Regelung über das Ob der Kostentragung als Preisbestimmung zu qualifizieren.[518]

152      **Fraglich** ist, ob Bestimmungen über **Skonti und andere Zahlungsbedingungen** im neuen Recht als **mittelbare Preisfestsetzungen** einzustufen sind. Bisher wurde das Gegenteil daraus abgeleitet, dass § 2 Abs. 2 GWB aF die „Zahlungsbedingungen einschließlich der Skonti" ausdrücklich den Preisen und Preisbestandteilen gegenüberstellte.[519] Eine solche gesetzliche Wertungsgrundlage fehlt unter Geltung der jetzigen Generalklausel des § 2 Abs. 1 GWB. Dennoch wird im Schrifttum an der Differenzierung zwischen Skonto und Rabatt sowie zwischen Finanzierungs- oder Teilzahlungszuschlägen und der Vergütung für eine Kreditgewährung festgehalten.[520] Die grundsätzliche Problematik einer solchen Differenzierung zeigt sich schon darin, dass bei Vereinbarung eines besonders hohen Skontos oder bei sehr niedrigen Finanzierungszuschlägen (weit) unterhalb der Kapitalmarktzinssätze eine Preismodifikation angenommen wurde.[521] Auch wenn man sicherlich de iure (und vielleicht auch im Ansatz nach der ökonomischen Funktion) unterscheiden kann zwischen dem **Skonto** als Anreiz zu vorzeitiger Zahlung und/oder Entgelt für ersparten Zinsaufwand und für sonstige Nebenkosten (des Inkassos) einerseits und dem **Rabatt** als Preisabschlag andererseits, der sich auf andere Aspekte als die Art und Weise der Zahlung gründet (zB Menge, Dauer oder Anlass des Warenbezugs),[522] sind die **Übergänge fließend.**[523]

---

[516] Vgl. Immenga in Immenga/Mestmäcker, 3. Aufl. 2001, GWB § 2 Abs. 2 aF Rn. 63.

[517] Nordemann/Grave in LMRKM Rn. 18 iVm Nordemann/Nyberg in LMRKM AEUV Art. 101 Abs. 3 Rn. 137.

[518] Im Ergebnis übereinstimmend Immenga in Immenga/Mestmäcker, 3. Aufl. 2001, § 2 Abs. 2 GWB aF Rn. 73 (Preisregelung für die Projektierung, die ihrerseits zur Hauptleistung wird).

[519] S. nur Bunte in FK-KartellR GWB 1999 § 2 Rn. 74, 105; Immenga in Immenga/Mestmäcker, 3. Aufl. 2001, GWB § 2 Abs. 2 aF Rn. 42 („gesetzgeberische Wertung bei der Gleichstellung des Skonto mit den Zahlungsbedingungen").

[520] So insbesondere Nordemann/Grave in LMRKM Rn. 18 iVm Nordemann/Nyberg in LMRKM AEUV Art. 101 Abs. 3 Rn. 132 f.; vgl. auch die Abgrenzung bei Zapfe WuW 2007, 1230 (1237 f.) mwN.

[521] Vgl. zum Skonto Nordemann/Grave in LMRKM Rn. 18 iVm Nordemann/Nyberg in LMRKM AEUV Art. 101 Abs. 3 Rn. 132; Bunte in FK-KartellR GWB 1999 § 2 Rn. 77; Immenga in Immenga/Mestmäcker, 3. Aufl. 2001, GWB § 2 Abs. 2 aF Rn. 39; zu besonders attraktiven Finanzierungszuschlägen als zusätzlicher Kaufanreiz und damit Preismodifikation Bunte in FK-KartellR GWB 1999 § 2 Rn. 81; Nordemann/Grave in LMRKM Rn. 18 iVm Nordemann/Nyberg in LMRKM AEUV Art. 101 Abs. 3 Rn. 133.

[522] Dementsprechend handelt es sich um Mengen-, Treue- oder zB Jubiläums-, Schlussverkaufs-, Räumungsrabatte.

[523] So auch ausdrücklich Bunte in FK-KartellR GWB 1999 § 2 Rn. 76 f.; vgl. zB: einerseits Brief des BKartAs v. 19.6.1968, WuW/E BKartA 1216 (1217) (Erhöhung des „Eilskontos" von 3,5% auf 4% bei

Eine unterschiedliche Behandlung im Hinblick auf die Problematik einer mittelbaren **153** Preisbeeinflussung wäre nur sinnvoll, wenn eine Vereinheitlichung der jeweiligen Parameter auch unterschiedliche **Auswirkungen im Wettbewerb** hätte. Das dürfte jedoch nicht der Fall sein, nicht nur weil im allgemeinen Sprachgebrauch üblicherweise vom „Barzahlungsrabatt" gesprochen und die erwähnten diffizilen Unterschiede zwischen Skonto und Rabatt vom Publikum nicht wahrgenommen werden. Hinzu kommt, dass den Unternehmen seit der Aufhebung des Rabattgesetzes insoweit ein ganz anderer Spielraum für den Einsatz dieser Wettbewerbsparameter zur Verfügung steht, den der Gesetzgeber bei Erlass des § 2 Abs. 2 GWB aF und seiner Vorgängernormen nicht berücksichtigen konnte. Damit ist gewissermaßen die „Geschäftsgrundlage" für die Ausklammerung der Skontogewährung aus den preisbezogenen Regelungen entfallen. In der Sache sind sowohl die (Höhe der) **Skonto- wie Rabattgewährung** als auch die Festlegung der Finanzierungskonditionen **(Höhe der Finanzierungs- oder Teilzahlungszuschläge)** eine **Erscheinungsform des Preiswettbewerbs.** Die gemeinschaftliche Festlegung dieser Parameter in einem „Konditionenkartell" stellt daher eine mittelbare Preisfestsetzung dar, die als **Kernbeschränkung** zu qualifizieren ist. Insoweit hat sich die Rechtslage gegenüber § 2 Abs. 2 GWB aF grundlegend geändert.[524]

**Verzugszinsen** und **Vertragsstrafen** gehören dagegen zu den sonstigen Zahlungs- **154** bedingungen,[525] die nicht den im Zeitpunkt des Vertragsschlusses vom Kunden wahrgenommenen „Preis" beeinflussen, sondern nur bei Störungen der planmäßigen Vertragsabwicklung zum Zuge kommen. Damit erfahren sie nicht dieselbe Aufmerksamkeit des Kunden beim Vertragsschluss wie Preis und Hauptleistungsgegenstand, sondern unterliegen den typischen Funktionsdefiziten des Konditionenwettbewerbs.[526] Die diesbezüglichen AGB werden bei der Entscheidung über den Vertragsschluss typischerweise nicht berücksichtigt, so dass es auch aus Verwendersicht in der Regel nicht als lohnend erscheint, sich durch kundenfreundliche Konditionen im Wettbewerb zu profilieren. Gleiches gilt für **Gewährleistungsregeln,** und zwar selbst dann, wenn Regelungen über die Höhe von Ansprüchen auf Minderung oder Schadensersatz bei mangelhafter Leistung vereinbart werden.[527]

Unter der Geltung des § 2 Abs. 2 GWB aF wurde zu Recht betont, dass nicht jeder **155** noch so mittelbare Einfluss auf den Preis bereits als unzulässiger **Preisbezug** eingeordnet werden konnte, da letztlich fast alle Konditionen die Preisbildung mehr oder weniger berührten, sei es über den Markt, sei es über die kalkulatorische Berücksichtigung der Risikoverteilung (insbesondere bei Haftung und Gewährleistung).[528] Andererseits stellen im neuen Recht nicht nur unmittelbare, sondern auch schon **mittelbare Preisfestsetzungen** verbotene Kernbeschränkungen dar. Fordert man – in Anlehnung an die frühere Gesetzesterminologie – auch unter der neuen Generalklausel einen „unmittelbaren Preisbezug",[529] kann dies Anlass zu Missverständnissen sein und ist nicht weiterführend. Entscheidend ist vielmehr, ob eine Regelung in den Preiswettbewerb unter den Kartellmitgliedern eingreift.

---

Zahlung binnen 30 Tagen zulässig), andererseits BKartA TB 1968, 69 (Erhöhung des „Eilskontos" von 5 % auf 5,5 % bei Zahlung binnen 10 Tagen Regelung eines Preisbestandteils und damit nicht zulässig).

[524] **AA** insoweit Zapfe WuW 2007, 1230 (1237 f.), die im Anschluss an die frühere Rechtslage auch heute noch die Abgrenzung von Skonti und Preisen bzw. Preisbestandteilen befürwortet und insbesondere darauf abstellt, ob sich der Abschlag seiner Höhe nach „im Rahmen der marktüblichen Kreditzinsen" bewegt.

[525] Im Ergebnis ebenso Immenga in Immenga/Mestmäcker, 3. Aufl. 2001, GWB § 2 Abs. 2 aF Rn. 41 aE (in der Sache pauschalierter Schadensersatz).

[526] Näher zu den Gründen für die eingeschränkte Wirksamkeit des Konditionenwettbewerbs Fuchs in Ulmer/Brandner/Hensen, 11. Aufl. 2011, BGB Vor § 307 Rn. 34 f.

[527] Im Ergebnis wie hier Nordemann/Grave in LMRKM Rn. 18 iVm Nordemann/Nyberg in LMRKM Art. 101 Abs. 3 AEUV Rn. 135. Anders BKartA TB 1978, 65 (Absprache über die Höhe der in Rechnung zu stellenden Lohnkosten bei Mängelbeseitigung); Bunte in FK-KartellR GWB 1999 § 2 Rn. 101, die von preisbezogenen Regelungen ausgehen.

[528] Immenga in Immenga/Mestmäcker, 3. Aufl. 2001, GWB § 2 Abs. 2 aF Rn. 58.

[529] So offenbar Zapfe WuW 2007, 1230 (1237 f.) am Beispiel der Einordnung von Skonti.

Das ist der Fall, wenn **Einfluss auf die Höhe der Preise oder Preisbestandteile** genommen wird. Dafür ist keine ziffernmäßige Festlegung erforderlich, sondern genügt **jegliche Beschränkung** der Kartellmitglieder **in der Freiheit der Preiskalkulation.**[530] Bestandteil der Kalkulationsfreiheit ist auch die Entscheidung über die Art und Weise der Preisbestimmung (Festpreis, Preisvorbehalts- und Preisanpassungsklauseln).[531] Besonders bedenklich sind insofern einseitige Preisanpassungsklauseln, die für einen Anbieter die Möglichkeit der Preiserhöhung im Falle gestiegener Kosten ohne eine spiegelbildliche Preissenkungsmöglichkeit bei gefallenen Kosten vorsehen.[532]

**156**     **e) Effizienzgewinne und Verbraucherbeteiligung.** Aktzeptiert man trotz der aufgezeigten wettbewerbspolitischen Ambivalenz der Konditionenkartelle als Ausgangspunkt, dass eine Vereinheitlichung der Geschäftsbedingungen zur **Erhöhung der Markttransparenz** und damit in vielen Fällen einer stärkeren Konzentration auf andere Wettbewerbsparameter wie Preis und Qualität beiträgt (vgl. → Rn. 134 ff.), dann liegt schon darin ein objektiver wirtschaftlicher Vorteil, der grundsätzlich auch den Verbrauchern zugute kommt. Hinzu kommen **Rationalisierungswirkungen** vor allem im Bereich der Vertragsabschlüsse und -abwicklungen,[533] teilweise aber auch bezüglich der Standardisierung der Leistungen, etwa bei komplexen Rechtsprodukten wie Versicherungen. Diese ergeben sich in der Form verringerter Kosten der Transaktion mit der Marktgegenseite.[534] In diesen Fällen, die Normen- und Typenkartellen ähnlich sind, wird überhaupt erst eine Vergleichbarkeit und Vermarktungsfähigkeit der Produkte durch (branchenweit) einheitliche AGB hergestellt.[535] Bei hinreichend funktionsfähigem Preiswettbewerb ist auch insoweit zu erwarten, dass die Verbraucher an den Rationalisierungsgewinnen durch niedrigere Produktpreise angemessen beteiligt werden.[536] Das Ausmaß der durch vereinheitlichte Konditionen erzeugten Effizienzvorteile hängt im Einzelfall davon ab, ob man es mit einem Markt homogener oder differenzierter Güter zu tun hat.[537]

**157**     Problematisch könnte allerdings sein, dass **im System der Legalausnahme keine präventive Inhaltskontrolle durch die Kartellbehörde** mehr stattfinden kann, wie sie bislang im Widerspruchsverfahren im Wege der antizipierten Missbrauchskontrolle vorgenommen wurde.[538] Nunmehr wird vorgeschlagen, bei Kartellvereinbarungen mit gemäß § 307 BGB unwirksamen Klauseln die angemessene Beteiligung der Verbraucher am Effizienzgewinn wegen zu hoher Belastungen durch den Klauselinhalt zu verneinen.[539] Dagegen spricht jedoch zum einen die enorme Rechtsunsicherheit, die dadurch verursacht

---

[530] Vgl. Immenga in Immenga/Mestmäcker, 3. Aufl. 2001, GWB § 2 Abs. 2 aF Rn. 60.

[531] Immenga in Immenga/Mestmäcker, 3. Aufl. 2001, GWB § 2 Abs. 2 aF Rn. 61, 74 ff.; BKartA, WuW 1987, 300; Bunte in FK-KartellR GWB 1999 § 2 Rn. 120 f.; Nordemann/Grave in LMRKM Rn. 18 iVm Nordemann/Nyberg in LMRKM AEUV Art. 101 Abs. 3 Rn. 131.

[532] BKartA TB 2005/2006, 38 f.

[533] Nordemann/Grave in LMRKM Rn. 18 iVm Nordemann/Nyberg in LMRKM AEUV Art. 101 Abs. 3 Rn. 143.

[534] Dazu Zapfe WuW 2007, 1230 (1233 f.).

[535] Siehe zur Effizienzträchtigkeit von branchenweit einheitlichen AGB auch BKartA, Fallbericht zu B1–232/07, S. 2 – Bauhauptgewerbe.

[536] Vgl. ausführlich Zapfe WuW 2007, 1230 (1235), die jedoch differenziert und eine angemessene Verbraucherbeteiligung erst dann anerkennt, wenn die fraglichen Konditionen eine hinreichende Bedeutung auf dem betroffenen Markt haben.

[537] BKartA TB 2009/2010, 79.

[538] Vgl. dazu zB BKartA TB 1987/1988, 29 f.; TB 2003/2004, 40 f.; Bunte in FK-KartellR GWB 1999 § 2 Rn. 61; Immenga in Immenga/Mestmäcker, 3. Aufl. 2001, GWB § 2 Abs. 2 aF Rn. 12.

[539] Nordemann in LMRKM, 3. Aufl. 2016, § 2 Rn. 20 iVm AEUV Art. 101 Abs. 3 Rn. 154 unter Berufung auf BKartA TB 2003/2004, 41; ebenfalls für die Berücksichtigung AGB-rechtlicher Wertungen BKartA Fallbericht zu B1–232/07 – Bauhauptgewerbe = BKartA TB 2009/2010, 42, 79 f.; auch Zapfe WuW 2007, 1230 (1235 und 1238) (im europäischen Recht des Art. 101 Abs. 3 AEUV Orientierung an der Richtlinie 93/13/EWG des Rates über missbräuchliche Klauseln in Verbraucherverträgen; im deutschen Recht des § 2 Abs. 1 GWB Orientierung am vergleichsweise strengeren Maßstab der §§ 305 ff. BGB); vgl. ferner auch BKartA TB 2005/2006, 39 (AGB-rechtliche Unzulässigkeit „als Indiz für die mangelnde Angemessenheit der Beteiligung der Verbraucher am Gewinn").

würde, wenn praktisch jede zivilgerichtliche Entscheidung über die Unwirksamkeit bestimmter Klauseln dem Konditionenkartell nachträglich und rückwirkend die Grundlage entziehen könnte. Das wiegt umso schwerer, als in der Vergangenheit AGB-Klauseln nicht selten trotz kartellbehördlicher Vorkontrolle von den Zivilgerichten für unwirksam erklärt worden sind. Die Kartellbeteiligten darauf zu verweisen, ihre AGB ständig an die Rechtsprechung anzupassen,[540] hilft wettbewerbsrechtlich nicht weiter. Entscheidend muss vielmehr auch hier eine **Abwägung** zwischen den Vorteilen für die Verbraucher aus der erhöhten Transparenz und den Rationalisierungseffekten einerseits und einer Benachteiligung durch **insgesamt übermäßig belastende AGB** andererseits sein. Eine angemessene Beteiligung der Verbraucher an den Effizienzgewinnen fehlt somit nicht schon dann, wenn einzelne, für den Gesamtvertrag nicht besonders bedeutende Klauseln sich als unwirksam erweisen sollten, sondern erst dann, wenn bei wertender Betrachtung ein Missbrauch der Konditionenabrede durch eine **übermäßige Risikoabwälzung** auf die Marktgegenseite stattfindet.[541]

**f) Unerlässlichkeit der Beschränkung.** Da es bei Konditionenkartellen um die Erhö- **158** hung der Markttransparenz durch die einheitliche Anwendung von Geschäftsbedingungen geht, kann sich die Frage nach etwaigen nicht erforderlichen Beschränkungen nur auf zusätzliche **Nebenabreden** beziehen. In der früheren Praxis stand insoweit die Etablierung von bestimmten **Kontrollmechanismen** im Vordergrund, um die tatsächliche einheitliche Praktizierung der AGB sicherzustellen. So wurde etwa die Einrichtung einer Mängelprüfstelle zwecks einheitlicher Abwicklung von Mängelrügen[542] oder einer Inkassostelle zur Vermeidung von Abweichungen von den vereinbarten Zahlungsmodalitäten gebilligt.[543] Die Kartellmitglieder durften zur gerichtlichen Durchsetzung ihrer Ansprüche gegen vertragsbrüchige Kunden verpflichtet werden.[544] Daneben kommt die Vereinbarung von **Umgehungsverboten** in Betracht, mit denen ein Ausweichen auf wirtschaftlich vergleichbare, von den einheitlichen Bedingungen aber nicht erfasste Vertragstypen ausgeschlossen werden soll.[545] Das Fehlen der Unerlässlichkeit einer Konditionenabsprache lässt sich im Übrigen nicht mit Hinweis auf die Möglichkeit der Verwendung einer „bloßen" Konditionenempfehlung begründen. Denn letztere ist zwar ein milderes, aber kein gleich geeignetes Mittel zur Erzielung der im Einzelfall geltend gemachten Effizienzgewinne.[546] Die Unerlässlichkeit ist bei einem **Konditionenkartell** hingegen nicht gegeben, wenn im Verhältnis zum wettbewerbsbeschränkenden Klauselinhalt den Wettbewerb **weniger belastende Alternativen** vorhanden sind. Daran hat das OLG Düsseldorf in einem Fall, in dem es um die **Online-Banking-Bedingungen** („OBB") deutscher Banken ging, die Freistellung wettbewerbsbeschränkender Bankbedingungen scheitern lassen.[547] Es handelte sich dabei um Konditionen, unter denen Bankkunden am Online-Banking teilnehmen konnten. Diese waren vom Spitzenverband der Kreditwirtschaft ausgearbeitet und von den einzelnen Banken übernommen worden. Die Bedingungen untersagten es den Bankkunden, ihre **personalisierten Sicherheitsmerkmale PIN und TAN** auf Internetseiten anzugeben, die nicht ausdrücklich mit der Bank vereinbart waren. Durch diese Beschränkung wurden **bankunabhängige Anbieter** von **Zahlungsauslösediens-**

---

[540] So Nordemann in LMRKM, 3. Aufl. 2016, Rn. 20 iVm AEUV Art. 101 Abs. 3 Rn. 154 aE.
[541] In diesem Sinne ist wohl auch BKartA TB 2003/2004, 41 – Betonschalungen zu verstehen.
[542] Immenga in Immenga/Mestmäcker, 3. Aufl. 2001, GWB § 2 Abs. 2 aF Rn. 46.
[543] BKartA TB 1963, 47 f.; Nordemann in LMRKM, 3. Aufl. 2016, Rn. 20 iVm AEUV Art. 101 Abs. 3 Rn. 152.
[544] BKartA TB 1962, 59; Bunte in FK-KartellR GWB 1999 § 2 Rn. 149.
[545] Vgl. BKartA, WuW 1987, 300 (303) (Verbot von Kommissionsgeschäften, vom BKartA als nicht spürbare Beschränkung eingeordnet).
[546] Vgl. Zapfe WuW 2007, 1230 (1235 f.); beachte aber andererseits BKartA, Fallbericht zu B1–232/07, S. 3 – Bauhauptgewerbe = BKartA TB 2009/2010, 42, wo erst die Umwandlung der zuvor als verbindlich geplanten Konditionenkartellierung in eine unverbindliche Konditionenempfehlung die wettbewerbsrechtlichen Bedenken des BKartAs auszuräumen vermochte.
[547] OLG Düsseldorf 30.1.2019 – VI-Kart 7/16 (V), WuW 2019, 206 – Zahlungsauslösedienst.

**ten** zugunsten von **bankeigenen Diensten** vom Markt ausgeschlossen. Diese Dienste werden von Bankkunden für die Bezahlung von Online-Käufen genutzt. Um eine Zahlung auszulösen, muss der Dienstanbieter mittels PIN und TAN auf das Konto des Bankkunden zugreifen können. Die Banken hatten die restriktiven Regelungen mit Sicherheitserfordernissen bei der Durchführung des Online-Bankings begründet. Das OLG sah den **Ausschluss** der bankenunabhängigen Dienstleister vom Markt für Zahlungsverfahren im Internet als **zu weitgehend** an, weil zum einen nicht klar sei, ob dadurch die Sicherheit im Online-Zahlungsverkehr überhaupt verbessert werden könne und weil es **weniger wettbewerbsbeschränkende Alternativen** gegeben habe, dieses Ziel zu erreichen. Eine Freistellung der entsprechenden Konditionen nach § 2 Abs. 1 GWB, Art. 101 Abs. 3 AEUV komme daher mangels Unerlässlichkeit der fraglichen Bedingungen nicht in Betracht.[548]

**159**    **g) Keine Ausschaltung des Wettbewerbs.** Solange auf dem relevanten Produktmarkt lebhafter Preis- und Qualitätswettbewerb herrscht, bestehen grundsätzlich keine Bedenken gegen sogar branchenweite Konditionenabsprachen (ohne Preisbezug).[549] Insoweit gelten ähnliche Erwägungen wie bei Normen- und Typenkartellen.[550] In oligopolistisch vermachteten Märkten kann dem Konditionenwettbewerb dagegen erhöhte Bedeutung zukommen (vgl. bereits → Rn. 135 f.). Dann ist eine sorgfältige Prüfung erforderlich, ob nicht mit der Gleichschaltung der AGB einer der womöglich letzten verbliebenen Wettbewerbsparameter seine Funktionsfähigkeit verliert und die erhöhte Markttransparenz zur endgültigen Lähmung des Wettbewerbs führt.

**160**    **4. Spezialisierungskartelle.** Der Freistellungstatbestand des § 3 GWB aF für Spezialisierungsvereinbarungen bildete (neben § 4 Abs. 1 GWB aF für Mittelstandskooperationen) einen privilegierten Unterfall der Rationalisierungskartelle, für die § 5 GWB aF die Grundnorm darstellte. Nunmehr wird der Großteil der Vereinbarungen von der über die Verweisung des § 2 Abs. 2 GWB auch im deutschen Recht anwendbaren **Gruppenfreistellungsverordnung Nr. 2023/1067** erfasst.[551] Hierbei ist zu beachten, dass die GVO neben klassischen Spezialisierungsabreden auch Vereinbarungen über die gemeinsame Produktion erfasst (Art. 2 Abs. 1 iVm Art. 1 Abs. 1 lit. a VO 2023/1067).[552] Außerhalb ihres Anwendungsbereichs, insbesondere oberhalb der Marktanteilsschwelle von 20 % (Art. 3 VO 2023/1067), ist eine Einzelfreistellung anhand der **Kriterien des § 2 Abs. 1 GWB** zu prüfen.[553]

**161**    Sofern keine zwischenstaatlichen Auswirkungen zu erwarten sind und es sich bei den beteiligten Unternehmen um kleine und mittlere Unternehmen handelt, kommt auch eine Freistellung als **Mittelstandskartell nach § 3 GWB** in Betracht, da die frühere Ausklammerung von Spezialisierungsabreden aus dem Tatbestand für Mittelstandskooperationen (§ 4 Abs. 1 GWB aF) entfallen ist.[554] Praktische Bedeutung könnte dies vor allem dann gewinnen, wenn einerseits die GVO für Spezialisierungsvereinbarungen auf Grund der Vereinbarung einer sog. „schwarzen" Klausel (Art. 5 VO 2023/1067) nicht anwendbar ist, andererseits die beteiligten Unternehmen nur eine relativ unbedeutende Stellung im Markt aufweisen, so dass noch keine „wesentliche Beschränkung des Wettbewerbs" iSd § 3 GWB vorliegt. Voraussetzung dafür ist aber nach der bisherigen Anwendungspraxis des Bundeskartellamts, dass der Marktanteil der beteiligten mittelständischen Unternehmen etwa

---

[548] OLG Düsseldorf 30.1.2019 – VI-Kart 7/16 (V), WuW 2019, 212 – Zahlungsauslösedienst.
[549] BKartA TB 2007/2008, 120.
[550] Ähnlich Nordemann in LMRKM, 3. Aufl. 2016, § 2 Rn. 20 iVm AEUV Art. 101 Abs. 3 Rn. 79.
[551] Vgl. dazu den Überblick → Rn. 254 ff. und die ausführliche Kommentierung bei Fuchs Spez-GVO 1218/2010 (Band 1/Teil 1, IV. Abschnitt – E.).
[552] Vgl. dazu BKartA 29.10.2007, WuW/E DE-V 1623 Rn. 81 – MBS (Kooperationsvertrag).
[553] BKartA 29.10.2007, WuW/E DE-V 1623 Rn. 81 – MBS (Kooperationsvertrag); eingehend zu den Wettbewerbswirkungen von Spezialisierungsvereinbarungen und zur Anwendung der Kriterien des Art. 101 Abs. 3 AEUV Fuchs Einl. Spez-GVO Rn. 18 ff., Spez-GVO Art. 3 Rn. 13 ff. mwN.
[554] Vgl. auch BegrRegE, BT-Drs. 15/3640, 45; Bunte in Bunte Nach § 2 Rn. 128; ausführlich zur Beurteilung von Produktions- und Spezialisierungsvereinbarungen nach § 3 GWB Dittrich S. 281–283.

10 %–15 % nicht übersteigt.[555] Wird die vereinbarte Spezialisierung dagegen so ausgestaltet, dass sie keine schwerwiegende Wettbewerbsbeschränkung mit sich bringt, kann der Marktanteil der beteiligten Unternehmen auch erheblich höher sein, bevor der Wettbewerb „wesentlich" beeinträchtigt wird.

**5. Forschungs- und Entwicklungskooperationen.** Für Forschungs- und Entwick- **162** lungsgemeinschaften existierte **bisher** im deutschen Kartellrecht **keine spezielle Freistellungsnorm.** Sofern in der Koordinierung der F&E-Aktivitäten überhaupt eine Wettbewerbsbeschränkung lag, kam aber in weitem Umfang eine Freistellung nach den allgemeinen Tatbeständen für Rationalisierungs-, Spezialisierungs- und Mittelstandskartelle (**§§ 3–5 GWB aF**) in Betracht. Nach Inkrafttreten der 6. GWB-Novelle 1999 bestand zudem die Möglichkeit einer Legalisierung für Kooperationen ohne einzelbetriebliche Rationalisierungswirkungen nach dem in Anlehnung an Art. 101 Abs. 3 AEUV geschaffenen subsidiären Auffangtatbestand des **§ 7 GWB aF.** Dieser enthielt eine ausdrückliche Bezugnahme auf die „Entwicklung" und sollte nach den Vorstellungen des Gesetzgebers insbesondere auch eine erleichterte Zulassung von F&E-Kooperationen ermöglichen.[556] **Seit Inkrafttreten der 7. GWB-Novelle** greift in den meisten Fällen die über § 2 Abs. 2 GWB auch im deutschen Recht anwendbare **Gruppenfreistellungsverordnung** für Forschungs- und Entwicklungsvereinbarungen ein. Dies war zunächst die VO 2659/2000, dann die VO 1217/2010, die inzwischen ohne tiefgreifende Änderungen durch die neue VO 2023/1066 abgelöst worden ist.[557] Außerhalb ihres Anwendungsbereichs, insbesondere bei Überschreitung der Marktanteilsschwelle von 25 %, kommt eine Einzelfreistellung nach den allgemeinen Kriterien des § 2 Abs. 1 GWB in Betracht.[558] Sofern ausnahmsweise keine spürbaren zwischenstaatlichen Auswirkungen zu erwarten sind und es sich bei den Kooperationspartnern um kleine und mittlere Unternehmen handelt, ist auch eine Anwendung des § 3 GWB zu prüfen.

**6. Mittelstandskartelle.** Der früher in § 4 Abs. 1 GWB aF enthaltene Freistellungs- **163** tatbestand für die leistungssteigernde Zusammenarbeit kleiner und mittlerer Unternehmen als **privilegierter Unterfall des Rationalisierungskartells** wurde in der Sache fast unverändert in **§ 3 GWB nF** übernommen. Auf die Kommentierung dieser Vorschrift wird verwiesen.

**7. Einkaufskooperationen. a) Allgemeines.** Durch die **Bündelung der Nachfrage** **164** und gemeinsame Durchführung der Einkaufstätigkeit durch mehrere Unternehmen lassen sich neben der Reduzierung von Transaktionskosten regelmäßig erheblich **bessere Konditionen** erzielen als bei einem individuellen Vorgehen. Praktische Bedeutung hat dies vor allem im Handel, insbesondere für kleine und mittlere Unternehmen, da sie durch die Bildung von Einkaufsgemeinschaften in die Lage versetzt werden, vergleichbare Einkaufsvolumina wie größere Unternehmen und damit wettbewerbsfähige Konditionen zu erhalten. Die deutsche und europäische Wettbewerbspolitik steht daher Einkaufskooperationen – jedenfalls im Mittelstand – seit jeher positiv gegenüber.[559]

Das GWB enthielt seit der 5. Novelle 1989 eine **Sondervorschrift für mittelständische Einkaufsgemeinschaften,** welche die Freistellung zunächst vom Fehlen eines **165** Bezugszwangs abhängig machte (**§ 5c GWB aF**), nach der 6. GWB-Novelle 1998 aber auch einen Bezugszwang im Einzelfall erlaubte (**§ 4 Abs. 2 GWB aF**). Die als spezielle

---

[555] Näher hierzu Ellger → § 3 Rn. 85.

[556] BegrRegE (6. GWB-Novelle), BT-Drs. 13/9720, 48.

[557] Vgl. zum Inhalt der VO 2023/1066 den Überblick → Rn. 254 ff. sowie die ausführliche Kommentierung bei Fuchs FuE-GVO 1217/2010 (Band 1/Teil 1, IV. Abschnitt – D.).

[558] Vgl. zu den Wettbewerbswirkungen von F&E-Kooperationen und ihrer Beurteilung anhand der Kriterien des Art. 101 Abs. 3 AEUV Fuchs Einl. FuE-GVO Rn. 43, FuE-GVO Art. 4 Rn. 19 ff. mwN.

[559] Vgl. den kurzen Überblick bei Emmerich KartellR § 8 Rn. 31 ff. (mit krit. Unterton); ausführlich zu Entstehungsgeschichte und Normzweck des früheren § 4 Abs. 2 GWB aF Immenga in Immenga/Mestmäcker, 3. Aufl. 2001, § 4 Rn. 82 ff. mwN.

Art des Mittelstandskartells zum Ausgleich größenbedingter Nachteile ausgestaltete Freistellungsnorm[560] war bereits als Legalausnahme konzipiert: Eine Zusammenarbeit kleiner und mittlerer Unternehmen, die den gemeinsamen Einkauf von Waren oder die gemeinsame Beschaffung von Dienstleistungen zum Gegenstand hatte, ohne einen über den Einzelfall hinausgehenden Bezugszwang zu begründen, fiel schon nicht unter das Kartellverbot, sofern auch die wettbewerblichen Voraussetzungen des § 4 Abs. 1 Nr. 1 und 2 GWB aF (keine wesentliche Wettbewerbsbeeinträchtigung, Verbesserung der Wettbewerbsfähigkeit der beteiligten kleinen und mittleren Unternehmen) erfüllt waren. Die obligatorische Anmeldung der Vereinbarung (§ 9 Abs. 4 GWB aF) hatte keine konstitutive Bedeutung für die Freistellung, sondern sollte nur eine hinreichende Informationsbasis der Kartellbehörden zur Durchführung der Missbrauchsaufsicht nach § 12 GWB aF sicherstellen.[561]

**166**    Von der als Widerspruchskartell ausgestalteten allgemeinen Vorschrift für Mittelstandskartelle (§ 4 Abs. 1 GWB aF, nunmehr § 3 GWB) unterschied sich die **Privilegierung** von mittelständischen Einkaufskooperationen nicht nur verfahrensmäßig, sondern auch **inhaltlich,** da **keine innerbetriebliche Rationalisierungswirkung erforderlich** war, sondern nur die Verbesserung der Wettbewerbsfähigkeit der Kooperationspartner.[562] Zwar sind auch mit Einkaufsgemeinschaften häufig gewisse Kosteneinsparungen gegenüber einer individuellen Beschaffungstätigkeit verbunden, insbesondere eine Senkung der Transaktionskosten, der Fokus liegt jedoch eindeutig auf der Erzielung besserer Einkaufskonditionen durch Bündelung der Einkaufsvolumina und damit auf der **Entfaltung einer gewissen Marktmacht (Nachfragemacht).**[563] Die Realisierung derartiger Vorteile (ohne Rücksicht auf die Erzielung innerbetrieblicher Rationalisierungsgewinne) war nach früherem deutschem Recht **nur bei Beteiligung von mittelständischen Unternehmen nach § 4 Abs. 2 GWB aF legalisiert,**[564] während im europäischen Recht keine derartige Beschränkung existierte, weil der gemeinsame Einkauf generell „Effizienzgewinne" iSd Art. 101 Abs. 3 AEUV in Form einer Verbesserung der Warenverteilung durch den billigeren gemeinsamen Einkauf von Handelsunternehmen (oder eine Verbesserung der Erzeugung durch günstigeren Bezug von Vorprodukten) hervorbringen kann.[565]

**167**    Im Zuge der 7. GWB-Novelle wurde **§ 4 Abs. 2 GWB aF ersatzlos gestrichen.** Dafür waren vor allem zwei Gründe maßgeblich: Zum einen sind Einkaufskooperationen ihrer Art nach grundsätzlich geeignet, zwischenstaatliche Auswirkungen zu verursachen,[566] so dass für eine vom europäischen Recht abweichende Behandlung ohnehin kein Spielraum besteht. Zum anderen hatte die **Kommission** in ihren 2001 herausgegebenen **Horizontalleitlinien**[567] eine sehr großzügige Beurteilung von Einkaufskooperationen dargelegt, die noch über den früheren § 4 Abs. 2 GWB aF hinausging. Vor diesem Hintergrund hielt der deutsche Gesetzgeber eine besondere nationale Regelung für weder erforderlich noch

---

[560] Vgl. zum Normzweck des strukturellen Nachteilsausgleichs bei § 4 Abs. 2 GWB aF und seiner Vorgängervorschrift § 5c GWB aF BegrRegE (5. GWB-Novelle), BT-Drs. 11/4610, 12, 15 (= WuW 1990, 332 (338)); Keßler WuW 2002, 1162 (1163); Bunte in FK-KartellR GWB 1999 § 4 Rn. 90; Immenga in Immenga/Mestmäcker, 3. Aufl. 2001, § 4 Rn. 86 ff.

[561] Vgl. als Beispielsfall aus der Praxis KG 21.11.1991, WuW/E OLG 4907 – Offizieller Volleyball.

[562] Vgl. BegrRegE (5. GWB-Novelle), BT-Drs. 11/4610, 15; Immenga in Immenga/Mestmäcker, 3. Aufl. 2001, § 4 Rn. 79, 105; Nordemann in LMRKM, 3. Aufl. 2016, Rn. 20 iVm AEUV Art. 101 Abs. 3 Rn. 90.

[563] Dazu allgemein näher Inderst WuW 2008, 1261; vgl. auch den Überblick bei BKartA, Nachfragemacht im Kartellrecht – Stand und Perspektiven (Hintergrundpapier 2008) (abrufbar unter www.bundeskartellamt.de).

[564] Auf Einkaufskartelle (unter Beteiligung) von Großunternehmen ohne echte Rationalisierungswirkungen waren weder § 5 GWB aF noch (wegen der Subsidiaritätsklausel) § 7 GWB aF anwendbar.

[565] Näher dazu → Rn. 174.

[566] BegrRegE, BT-Drs. 15/3640, 26 f.; BKartA TB 2001/2002, 46 f.; Westermann ZWeR 2003, 481 (495).

[567] KOMM., Horizontalleitlinien 2001, Rn. 115 ff. (vgl. jetzt KOMM., Leitlinien zur Anwendbarkeit des Artikels 101 AEUV auf Vereinbarungen über horizontale Zusammenarbeit, ABl. 2023, C 259, 1 ff., Rn. 272 ff.).

*Ellger*

sinnvoll, sondern nahm ausdrücklich auf die Leitlinien der Kommission Bezug, die auch im Rahmen des § 2 Abs. 1 GWB zu beachten seien.[568]

Unter der neuen, an Art. 101 Abs. 3 AEUV orientierten **Generalklausel des § 2 168 Abs. 1 GWB** kommt es zwar nicht mehr auf die frühere mittelstandspolitische Zielsetzung der Freistellung an; der hinter der Zulassung von Einkaufskartellen stehende Gedanke, durch die Stärkung bestimmter Marktteilnehmer im Wege der „horizontalen Gegenmachtbildung"[569] den Wettbewerb insgesamt zu intensivieren, ist aber nach wie vor maßgeblich. Gegenüber der bisherigen Rechtslage ergeben sich insoweit **zwei Erweiterungen:** Zum einen **entfällt die Begrenzung auf kleine und mittlere Unternehmen**[570] (ebenso wie die Streitfrage, ob sich einzelne Großunternehmen an Mittelstandskooperationen beteiligen dürfen, wenn ihre Teilnahme objektiv geeignet ist, die Wettbewerbsfähigkeit kleiner und mittlerer Unternehmen zu verbessern).[571] Daher steht einer Teilnahme von Großunternehmen an Einkaufskooperationen nichts mehr entgegen, solange bestimmte Marktanteilsschwellen nicht überschritten und der Wettbewerb für einen wesentlichen Teil der Waren nicht ausgeschaltet wird.[572] Dementsprechend hat das BKartA schon vor dem Inkrafttreten der 7. GWB-Novelle wegen des Vorrangs des europäischen Wettbewerbsrechts eine Kooperation zur gemeinsamen Beschaffung von Polizeidienstkleidung durch zwei Bundesländer, die nicht als kleine oder mittlere Unternehmen zu qualifizieren waren, unbeanstandet gelassen.[573] Zum anderen besteht **keine Notwendigkeit** mehr, **einen über den Einzelfall hinausgehenden Bezugszwang strikt zu vermeiden.**[574] Die zulässige Reichweite einer Bezugspflicht ist vielmehr im konkreten Fall anhand des jeweiligen rechtlichen und wirtschaftlichen Kontextes der Kooperation zu beurteilen.[575]

Fraglich erscheint die künftige Behandlung von **Einkaufskooperationen der öffent-** 169 **lichen Hand.** Die frühere Freistellungsnorm hat die Rechtsprechung auch auf die gemeinsame Beschaffung von Waren oder Dienstleistungen durch Institutionen der öffentlichen Hand (insbesondere Kommunen), angewandt, sofern die Beteiligten auf dem Nachfragemarkt noch als mittelständisch einzustufen waren.[576] Für die **Qualifikation als Unternehmen** genügte den deutschen Gerichten nach dem herrschenden funktionalen Unternehmensbegriff die Entfaltung einer wirtschaftlichen Nachfragetätigkeit auf dem Beschaffungsmarkt, ohne dass es eine Rolle spielte, ob die eingekauften Waren oder Dienstleistungen für eine wirtschaftliche Angebotstätigkeit auf einem Absatzmarkt eingesetzt werden (sollten). **Die europäischen Gerichte tendieren** jedoch **zu einer abweichenden Auslegung**

---

[568] BegrRegE, BT-Drs. 15/3640, 27.

[569] Darin sieht Immenga in Immenga/Mestmäcker, 3. Aufl. 2001, § 4 Rn. 91 den Grundgedanken des früheren § 4 Abs. 2 GWB aF, den er aber wettbewerbspolitisch für verfehlt hält, weil er eine bestehende strukturelle Wettbewerbsbeschränkung zur Zielgröße für weitere Wettbewerbsbeschränkungen mache; insoweit aA wohl Nordemann in LMR, 2. Aufl. 2009, Rn. 87, der in Abgrenzung von der (auch von ihm abgelehnten) Gegengewichtsbildung im Vertikalverhältnis von einer „Nebengewichtsbildung im Horizontalverhältnis" spricht. Auf die Gegengewichtsbildung im Vertikalverhältnis stellen dagegen bei Einkaufskooperationen ab Mestmäcker/Schweitzer § 12 Rn. 54 f., 56 unter Hinweis auf EuGH 15.12.1994, Slg. 1994, I-5641 Rn. 32 – DLG.

[570] Ebenso Nordemann/Grave in LMRKM Rn. 18 iVm Nordemann/Nyberg in LMRKM AEUV Art. 101 Abs. 3 Rn. 83.

[571] Vgl. nur einerseits BegrRegE (5. GWB-Novelle), BT-Drs. 11/4610, 16, andererseits Immenga in Immenga/Mestmäcker, 3. Aufl. 2001, § 4 Rn. 111. Die Frage bleibt relevant im Rahmen des § 3 GWB nF, vgl. Ellger → GWB § 3 Rn. 53 ff.

[572] Näher dazu → Rn. 181 ff.

[573] BKartA TB 2003/2004, 40 (90 f.) – Polizeidienstkleidung (Duldung im Rahmen des Aufgreif- und Verfolgungsermessens).

[574] So auch Nordemann/Grave in LMRKM § 2 Rn. 18 iVm Nordemann/Nyberg in LMRKM AEUV Art. 101 Abs. 3 Rn. 83.

[575] Näher zur Frage der „Unerlässlichkeit" einer Bezugspflicht → Rn. 179.

[576] Vgl. BGH 12.11.2002, WuW/E DE-R 1087 – Ausrüstungsgegenstände für Feuerlöschzüge; OLG Düsseldorf 12.5.1998, WuW/E DE-R 150 – Löschfahrzeuge; OLG Celle 13.5.1998, WuW/E DE-R 254 – Feuerwehrbedarfsartikel; aA OLG Koblenz 5.11.1998 –, WuW/E Verg 184. Keinen mittelständischen Charakter mehr hatte nach Ansicht des BKartAs die Kooperation zweier Bundesländer bei der Beschaffung von Polizeidienstkleidung, BKartA TB 2003/2004, 40.

**des Unternehmensbegriffs** und machen die Unternehmenseigenschaft (jedenfalls in bestimmten Fällen) davon abhängig, dass die Einkaufstätigkeit im Zusammenhang mit einer
wirtschaftlichen Betätigung auf einem Absatzmarkt steht.[577] Dies wurde vor allem für
Sozialversicherungsträger, die nach dem Solidaritätsprinzip funktionieren und zB medizinische Erzeugnisse für Krankenhäuser einkaufen, verneint. Verallgemeinert man diesen
Ansatz und verlangt generell auch eine wirtschaftliche Tätigkeit auf einem Absatzmarkt,
würden die meisten Einkaufskooperationen der öffentlichen Hand schon mangels Unternehmenseigenschaft aus dem Anwendungsbereich des Kartellrechts herausfallen.

**170**   Einem solchen Ansatz ist jedoch nicht zu folgen.[578] Die **öffentliche Hand** kann
hinsichtlich ihrer **Nachfragetätigkeit nicht einem privaten Endverbraucher gleichgestellt** werden.[579] Gegen eine Ausklammerung der bloßen Nachfragetätigkeit aus dem
Unternehmensbegriff spricht auch, dass wohl der materielle Grund für diese Einschränkung
durch die europäischen Gerichte die Etablierung eines sozialrechtlichen Ausnahmebereichs
sein dürfte, um (übermäßige) Eingriffe über das Instrument der unionsrechtlichen Wettbewerbspolitik in die den Mitgliedstaaten vorbehaltene Sozialpolitik zu verhindern. Soweit
ein System sozialer Sicherung im Leistungsverhältnis zu den Versicherten nicht als Unternehmen einzuordnen ist, wird das auch auf die Einkaufstätigkeit erstreckt, die der Leistungserbringung dient.[580] Demgegenüber ist an dem anerkannten funktionalen Unternehmensbegriff des deutschen Rechts festzuhalten,[581] nach dem auch die isolierte Nachfragetätigkeit nach wirtschaftlichen Gütern, ohne diese anschließend auf anderen Märkten
anzubieten, eine unternehmerische Tätigkeit darstellt.[582] Das ist auch möglich, weil **beim
Unternehmensbegriff** – anders als hinsichtlich des Tatbestandsmerkmals der Wettbewerbsbeschränkung bei zwischenstaatlichen Sachverhalten – **kein Vorrang des europäischen Kartellrechts** gegenüber dem Wettbewerbsrecht der Mitgliedstaaten besteht
(vgl. Art. 3 Abs. 2 und 3 VO 1/2003).[583] Erst recht besteht kein Anlass, der problematischen „FENIN"-Rechtsprechung der europäischen Gerichte zum Unternehmensbegriff
für Fälle unterhalb der Schwelle zwischenstaatlicher Auswirkungen zu folgen.[584]

---

[577] EuG 4.3.2003 – T-319/99, Slg. 2003, II-357 Rn. 36 f. = WuW/E EU-R 688 – FENIN; EuGH
11.7.2006 – C-205/03, Slg. 2006, I-6295 Rn. 25 f. = WuW/E EU-R 1213 (1214) – FENIN/Kommission
(mAnm Scheffler EuZW 2006, 601; EuG 12.12.2006 – T-155/04, Slg. 2006, II-4797 Rn. 67 f. – SELEX
Sistemi; EuGH 26.3.2009 – C-113/07, Slg. 2009, I-2207 Rn. 102 – SELEX Sistemi.

[578] Ebenso Zimmer AEUV Art. 101 Abs. 1 Rn. 13; Säcker/Mohr WRP 2011, 793 (798 f.); Ruppelt
S. 117 f.; krit. auch Roth/Ackermann in FK-KartellR GWB 2005 § 1 Rn. 51.

[579] Vgl. LG Hannover 15.6.2011 – 21 O 25/11 Rn. 20 – Einkaufskooperation für Grippeimpfstoff.

[580] Vgl. Weiß in Calliess/Ruffert AEUV Art. 101 Rn. 31.

[581] In diese Richtung auch BKartA TB 2005/2006, 38. Der BGH hat die Frage bislang offen gelassen, vgl.
BGH 19.6.2007, WuW/E DE-R 2161 (2162 f.) – Tariftreueerklärung III.

[582] Näher zum Unternehmensbegriff des GWB Zimmer → § 1 Rn. 20 ff. mwN.

[583] Str., wie hier zB Bardong/Mühlein MüKoWettbR VO 1/2003 Art. 3 Rn. 54 ff.; Zimmer/Paul JZ
2008, 611 (613); Grave/Nyberg in LMRKM § 1 Rn. 4; Braun in Bunte Nach § 2 Rn. 148; nach Roth/
Ackermann in FK-KartellR GWB 2005 § 1 Rn. 24 f., 56 besteht zwar keine Verpflichtung zur Übernahme
des unionsrechtlichen Unternehmensbegriffs nach der Vorrangregel des Art. 3 Abs. 2 VO 1/2003, wohl aber
wegen der vom deutschen Gesetzgeber mittels der Verweisung des § 2 Abs. 2 S. 1 GWB intendierten „eins-
zu-eins Inkorporierung" der GVOen, aaO, Rn. 32, 52. Darin liegt jedoch eine Überinterpretation des
Angleichungswillens des deutschen Gesetzgebers; hätte er tatsächlich eine so weitgehende Herausnahme der
Beschaffungstätigkeit öffentlicher Unternehmen aus dem kartellrechtlichen Unternehmensbegriff des GWB
gewollt, wäre zumindest eine ausdrückliche Klarstellung (auch im Hinblick auf den unverändert gebliebenen
§ 130 Abs. 1 GWB) zu erwarten gewesen. Dass er später im Rahmen des § 69 SGB V lediglich eine
entsprechende Anwendung kartellrechtlicher Normen auf gesetzliche Krankenversicherungen angeordnet hat,
steht dem nicht entgegen, da der Gesetzgeber hiermit insoweit auch sozialversicherungsrechtlichen Besonderheiten Rechnung tragen wollte.

[584] Ebenso Roth FS Bechtold, 402 f.; Zimmer → § 1 Rn. 20 ff.; Grave/Nyberg in LMRKM § 1 Rn. 6; aA
unter Hinweis auf den gesetzgeberischen Willen zur „Synchronisierung" des deutschen mit dem europäischen
Kartellrecht Bechtold NJW 2007, 3761 (3762); Lübbig in Wiedemann Handbuch Kartellrecht, § 8 Rn. 83;
Braun in Bunte Nach § 2 Rn. 150 aE; gegen einen „gespaltenen" Unternehmensbegriff auch Roth/
Ackermann in FK-KartellR GWB 2005 § 1 Rn. 52, 58.

**b) Wettbewerbsbeschränkung.** Während im deutschen Recht bislang die Frage nach **171** einem unmittelbaren oder mittelbaren, rechtlichen oder faktischen **Bezugszwang** als entscheidend für das Vorliegen einer Wettbewerbsbeschränkung durch gemeinsamen Einkauf angesehen wurde, kommt es nach dem more economic approach der Kommission auch in diesem Bereich vor allem auf die Marktauswirkungen der Verhaltenskoordinierung und weniger auf die formale Beschränkung wettbewerblicher Handlungsfreiheiten an. Allerdings kann die Intensität einer Bezugsverpflichtung durchaus Relevanz für die Erfüllung der Freistellungsvoraussetzungen, insbesondere der Unerlässlichkeit und der Vermeidung einer Ausschaltung des Wettbewerbs, gewinnen.[585]

**Wettbewerbliche Auswirkungen** können Einkaufskooperationen nicht nur auf den **172** unmittelbar von der Zusammenarbeit betroffenen Märkten, den **Einkaufsmärkten,** haben, sondern **auch auf den nachgeordneten Verkaufsmärkten,** auf denen die Mitglieder der Einkaufsgemeinschaft als Anbieter auftreten.[586] Für die Kommission stehen unter anderem die Wechselwirkungen zwischen beiden Märkten und die Befürchtung im Vordergrund der Beurteilung, dass die Ausübung von Nachfragemacht der Beteiligten sich negativ auf die Wettbewerbsposition der mit ihnen konkurrierenden Anbieter auf den Verkaufsmärkten auswirkt, weil diese einen Zugang zu effizienten Anbietern verlieren und dadurch einer Marktzutrittsschranke ausgesetzt sehen.[587] Als **Nachfragemacht** versteht die Kommission die Fähigkeit, auf Grund eines hinreichend großen Anteils am Gesamtumfang eines Einkaufsmarktes die Preise unter das Wettbewerbsniveau drücken oder konkurrierenden Abnehmern den Marktzugang versperren zu können.[588] Niedrigere Einkaufskosten als Folge der Ausübung von Nachfragemacht seien dann nicht als wettbewerbsfördernd anzusehen, wenn die Einkäufer zusammen **Macht auf den Verkaufsmärkten** ausübten, da in diesem Fall die Kosteneinsparungen wahrscheinlich nicht an die Kunden weitergegeben werden würden. Zudem steige das Risiko einer wettbewerbswidrigen Kollusion auf den Verkaufsmärkten mit zunehmender gemeinsamer Marktmacht, insbesondere wenn durch den gemeinsamen Einkauf ein hohes Maß an Kostenangleichung erfolge.[589] Schließlich könne Nachfragemacht zur Abschottung und Belastung von Wettbewerbern der Einkäufer mit Kostensteigerungen führen und auf diese Weise Marktmacht auf den Verkaufsmärkten begründen oder verstärken.[590]

Auch wenn es keinen absoluten Schwellenwert gebe, liegt nach Ansicht der Kommission **173** eine kritische Grenze für die Begründung einer gewissen Marktmacht der Einkäufer **ab einem Marktanteil von 15 % sowohl auf den Einkaufs- wie auf den Verkaufsmärkten.** Würden diese Werte nicht erreicht, sei es in den meisten Fällen unwahrscheinlich, dass überhaupt eine **spürbare Wettbewerbsbeschränkung** vorliege, jedenfalls seien wahrscheinlich die Freistellungskriterien des Art. 101 Abs. 3 AEUV erfüllt.[591] Diese

---

[585] Ähnlich Nordemann/Grave in LMRKM § 2 Rn. 18 iVm Nordemann/Nyberg in LMRKM AEUV Art. 101 Abs. 3 Rn. 93. Vgl. näher → Rn. 178 ff.
[586] Vgl. KOMM., Leitlinien zur Anwendbarkeit des Artikels 101 AEUV auf Vereinbarungen über horizontale Zusammenarbeit, ABl. 2023, C 259, 1 ff., Rn. 277 ff.; Mestmäcker/Schweitzer EuWettbR § 12 Rn. 57; Ruppelt S. 14.
[587] KOMM., Leitlinien zur Anwendbarkeit des Artikels 101 AEUV auf Vereinbarungen über horizontale Zusammenarbeit, ABl. 2023, C 259, 1 ff., Rn. 295 ff.; sinngemäß auch BKartA, Nachfragemacht im Kartellrecht – Stand und Perspektiven (Hintergrundpapier 2008), S. 10, abrufbar unter www.bundeskartellamt.de.
[588] KOMM., Leitlinien zur Anwendbarkeit des Artikels 101 AEUV auf Vereinbarungen über horizontale Zusammenarbeit, ABl. 2023, C 259, 1 ff., Rn. 296; expliziter insofern noch dies., Leitlinien zur Anwendbarkeit von Artikel 101 des Vertrags über die Arbeitsweise der Europäischen Union auf Vereinbarungen über horizontale Zusammenarbeit, ABl. 2011 C 11, 1 2001, ABl. 2001 C 3, 2 Rn. 126.
[589] KOMM., Leitlinien zur Anwendbarkeit des Artikels 101 AEUV auf Vereinbarungen über horizontale Zusammenarbeit, ABl. 2023, C 259, 1 ff., Rn. 299 ff.; vgl. auch BKartA 29.10.2007, WuW/E DE-V 1623 Rn. 53 f. – MBS (Kooperationsvertrag) zum Problem der wettbewerbsbeschränkenden Kostenangleichung im Rahmen einer in eine Produktionsvereinbarung integrierten Einkaufskooperation.
[590] KOMM., Leitlinien zur Anwendbarkeit des Artikels 101 AEUV auf Vereinbarungen über horizontale Zusammenarbeit, ABl. 2023, C 259, 1 ff., Rn. 290.
[591] KOMM., Leitlinien zur Anwendbarkeit des Artikels 101 AEUV auf Vereinbarungen über horizontale Zusammenarbeit, ABl. 2023, C 259, 1 ff., Rn. 291; LG Hannover 15.6.2011 – 21 O 25/11 Rn. 20 –

Schwellenwerte sind jüngst auch in der deutschen instanzgerichtlichen Rechtsprechung zur Feststellung einer nach § 1 GWB wettbewerbsbeschränkenden Einkaufskooperation für maßgeblich erachtet worden.[592]

**174**     **c) Effizienzgewinne und ihre Weitergabe.** Neben den dargestellten wettbewerbsbeschränkenden Aspekten sind Einkaufskooperationen in verschiedener Hinsicht geeignet, Effizienzgewinne hervorzubringen und sind damit wettbewerbspolitisch ambivalent einzustufen.[593] Neben der **Erzielung besserer Konditionen** durch die Nachfragebündelung (Mengenrabatte, Ausübung von Nachfragemacht) können Einkaufskooperationen auch zur **Senkung** sämtlicher mit dem Einkauf in Zusammenhang stehenden Kosten beitragen. Dazu gehören insbesondere die **Transaktionskosten** (Verhandlungen, Bestellung, Zahlungsabwicklung) sowie die Aufwendungen für Transport und Lagerhaltung.[594] Darüber hinaus kann der gemeinsame Einkauf kann auch zu einer **Erhöhung der Versorgungssicherheit** beitragen, insbesondere auf Rohstoffmärkten, weil die Bedeutung des Nachfragers nicht ohne Einfluss auf die Lieferbereitschaft der Anbieter sein dürfte. Neben solchen **Größenvorteilen** kommen auch **Verbundvorteile** in Betracht, indem bestimmte Aufgaben wie Verhandlungsführung, Transport oder Logistik jeweils von den Mitgliedern der Kooperation übernommen werden, die in diesem Bereich über besondere Expertise oder Kapazitäten verfügen.[595]

**175**     Fraglich erscheint die Berücksichtigungsfähigkeit von Effizienzen, wenn die an der Kooperation Beteiligten über Marktmacht verfügen. Die Kommission verlangte ausweislich ihrer Horizontalleitlinien in der Fassung von 2001 eine genauere Untersuchung der Leistungsgewinne nur, wenn die Beteiligten gemeinsam *„erhebliche* Nachfragemacht oder Verkäufermacht" ausüben. Zudem konnten Kosteneinsparungen, die „allein durch die Ausübung von Macht verursacht werden und den Kunden keinen Vorteil erbringen", nicht berücksichtigt werden.[596] Letzteres war allerdings nicht so zu verstehen, dass ausschließlich nachfragemachtbedingte Kosteneinsparungen bei (teilweiser) Weitergabe an die Kunden der Einkäufer anerkannt werden konnten.[597] **Kosteneinsparungen infolge der bloßen Ausübung von Marktmacht** sind vielmehr, wie die Kommission dann auch in ihren später erlassenen Leitlinien zu Art. 81 Abs. 3 EG (jetzt: Art. 101 Abs. 3 AEUV) klargestellt hat,[598] keine objektiven wirtschaftlichen Vorteile iSd Art. 101 Abs. 3 AEUV.[599] Gleiches muss auch für § 2 Abs. 1 GWB gelten.[600] Eine Freistellung bleibt also möglich, solange **auch machtunabhängige Leistungsgewinne** realisiert werden, jedenfalls wenn sie (etwaige zusätzliche) machtbedingte Kosteneinsparungen überwiegen.[601] In diesem Zusammenhang ist zu beachten, dass ein **gewisses Maß an Nachfragemacht** zur Erzielung von Kosteneinsparungen beim gemeinsamen Einkauf von der Kommission eher als wettbewerbsförderlich und daher schon nicht wettbewerbsbeschränkend iSd Art. 101 Abs. 1 AEUV ange-

---

Einkaufskooperation für Grippeimpfstoff; vgl. auch die Kritik an dieser „Unbedenklichkeitsvermutung" für Einkaufskooperationen unterhalb des genannten Schwellenwerts Ruppelt S. 61 ff.

[592] Vgl. LG Hannover 15.6.2011, WRP 2012, 99 Rn. 12.

[593] Vgl. hierzu die ausführliche Gegenüberstellung der wirtschaftlichen Wirkungen bei Ruppelt S. 10 ff.

[594] Vgl. KOMM., Leitlinien zur Anwendbarkeit des Artikels 101 AEUV auf Vereinbarungen über horizontale Zusammenarbeit, ABl. 2023, C 259, 1 ff., Rn. 274 (Größenvorteile durch verringerte Transaktions-, Transport- und Lagerkosten); ausführlich Mischitz S. 246 ff.

[595] Vgl. auch Ruppelt S. 75 ff.; Säcker/Mohr WRP 2011, 793 (806) mit weiteren Beispielen für Größen- und Verbundvorteile.

[596] KOMM., Leitlinien zur Anwendbarkeit von Artikel 101 des Vertrags über die Arbeitsweise der Europäischen Union auf Vereinbarungen über horizontale Zusammenarbeit, ABl. 2001 C 11, 1, Rn. 132 (Hervorhebung hinzugefügt).

[597] So aber wohl Nordemann in LMRKM, 3. Aufl. 2016, Rn. 20 iVm AEUV Art. 101 Abs. 3 Rn. 100; Keßler WuW 2002, 1162 (1172 f.).

[598] KOMM., Leitlinien zur Anwendung von Art. 81 Abs. 3 EG, ABl. 2004 C 101, 8 Abs. 3 EG, Rn. 49.

[599] Ebenso Säcker/Mohr WRP 2011, 793 (806) mit Hinweis auf die diametral entgegengesetzten wirtschaftlichen Interessen des an der Einkaufskooperation beteiligten marktmächtigen Unternehmens.

[600] Zustimmung BKartA 31.5.2007, WuW/E DE-V 1392 Rn. 158 – Altglas.

[601] Mischitz S. 246 ff.

sehen wird, solange die Wettbewerbsverhältnisse für eine hinreichende Weitergabe der Kostenvorteile an die nachfolgende Wirtschaftsstufe sorgen.[602] Die Frage der Ausklammerung ausschließlich marktmachtbedingter Konditionenvorteile aus den in Art. 101 Abs. 3 AEUV/§ 2 Abs. 1 GWB zu berücksichtigenden Effizienzvorteilen stellt daher erst bei Vorhandensein ganz erheblicher Marktmacht und einer konzentrierten Marktstruktur.

Die zumindest teilweise **Weitergabe** der durch die Einkaufskooperation eingesparten **176** Kosten **an die nachfolgende** Markstufe, also an die Kunden der Einkäufer,[603] wird grundsätzlich durch hinreichenden Wettbewerb auf den Verkaufsmärkten sichergestellt. Mit zunehmender Marktmacht der Kooperationspartner auf den Verkaufsmärkten sinkt aber die Wahrscheinlichkeit einer angemessenen Weitergabe der Kostenvorteile beim Einkauf an die Kunden.[604]

**Problematisch** ist bei **Einkaufskooperationen der öffentlichen Hand,** dass eine **177** Weitergabe an die Marktgegenseite mangels unternehmerischer Tätigkeit der öffentlichen Hand auch auf der Angebotsseite meist nicht möglich sein wird. So gibt es zB keinen „Verkaufsmarkt" für die Überlassung der beschafften Polizeidienstkleidung an die einzelnen Beamten.[605] Lehnt man in derartigen Fällen einer bloßen Nachfragetätigkeit ohne korrespondierende wirtschaftliche Angebotstätigkeit nicht schon – wie das EuG und der EuGH – die Unternehmenseigenschaft des Nachfragers ab,[606] sind derartige Kooperationen nur zulässig, wenn man entweder eine spürbare Beschränkung des Nachfragewettbewerbs verneint oder einen sehr großzügigen Maßstab an die Weitergabe der erzielten wirtschaftlichen Vorteile anlegt. Schon die (fiktive) Entlastung des Steuerzahlers auf Grund der günstigeren Beschaffungstätigkeit der öffentlichen Hand als angemessene Verbraucherbeteiligung zu akzeptieren, wird vom BKartA zu Recht abgelehnt.[607] Als Alternative bleibt eine tendenzielle Erhöhung der Anforderungen an das Vorliegen einer Wettbewerbsbeschränkung durch Nachfragebündelung, sofern die Kooperationspartner keine Wettbewerber auf Angebotsmärkten sind. In diese Richtung weisen die Leitlinien der Kommission. Denn nach ihrer Auffassung wird Art. 101 Abs. 1 AEUV nur selten zur Anwendung gelangen, wenn konkurrierende Einkäufer nicht auf denselben nachgeordneten Verkaufsmärkten tätig sind (zB Einzelhändler in verschiedenen räumlichen Märkten); etwas anderes soll nur gelten, wenn die Kooperationspartner eine starke Stellung auf den Einkaufsmärkten innehätten, die zur Behinderung anderer Teilnehmer auf den Einkaufsmärkten genutzt werden

---

[602] KOMM., Leitlinien zur Anwendbarkeit des Artikels 101 AEUV auf Vereinbarungen über horizontale Zusammenarbeit, ABl. 2023, C 259, 1 ff., Rn. 275; insoweit anders für das deutsche Recht LG Hannover 15.6.2011, WRP 2012, 99 Rn. 25; BKartA, Nachfragemacht im Kartellrecht – Stand und Perspektiven (Hintergrundpapier 2008), S. 10, abrufbar unter www.bundeskartellamt.de (Vorliegen einer Wettbewerbsbeschränkung auch ohne ein Mindestmaß an Marktmacht); zu dieser divergierenden Sichtweise der beiden Kartellbehörden auch Braun in Bunte Nach § 2 Rn. 147 mwN.

[603] Während bei Kooperationen zwischen Anbietern die direkten Abnehmer auf der Marktgegenseite, also die von der Wettbewerbsbeschränkung unmittelbar Betroffenen, an den wirtschaftlichen Vorteilen der Kooperation partizipieren müssen, wird bei Einkaufsgemeinschaften nicht spiegelbildlich auf die Lieferanten, sondern auf die nachfolgende Marktstufe, also die Kunden der Einkäufer, abgestellt. Weder von der Kommission noch vom Schrifttum wird bislang die Frage aufgeworfen, ob darin ein systematischer Bruch bei der Anwendung des „Beteiligungskriteriums" in Art. 101 Abs. 3 AEUV/§ 2 Abs. 1 GWB liegt. Für die Kommission dürfte sich diese Frage wohl deshalb nicht aufdrängen, weil sie den Schutzzweck der Wettbewerbsregeln vor allem auf den Schutz des Endverbrauchers fokussiert.

[604] KOMM., Leitlinien zur Anwendbarkeit des Artikels 101 AEUV auf Vereinbarungen über horizontale Zusammenarbeit, ABl. 2023, C 259, 1 ff., Rn. 294, 308.

[605] Vgl. BKartA TB 2003/2004, 91 – Polizeidienstkleidung (Verneinung einer Verbesserung der Bedarfsbefriedigung iSd § 5 Abs. 1 GWB aF); NordemannGrave in LMRKM § 2 Rn. 18 iVm Nordemann/Nyberg in LMRKM Art. 101 Abs. 3 AEUV Rn. 98.

[606] Vgl. → Rn. 170.

[607] BKartA TB 2003/2004, 40 (91) (mangels Marktbezugs keine Berücksichtigung von Einkaufsvorteilen trotz Verpflichtung zur Wahrung des Gemeinwohls und der Grundsätze sparsamer Haushaltsführung, aber Duldung des Einkaufskartells unter Hinweis auf die Leitlinien zur Anwendbarkeit von Artikel 101 des Vertrags über die Arbeitsweise der Europäischen Union auf Vereinbarungen über horizontale Zusammenarbeit, ABl. 2011 C 11, S. 1 der Kommission bis zur Marktanteilsgrenze von 15 %); vgl. auch BGH 12.11.2002, GRUR 2003, 633 (634) – Kommunales Einkaufskartell.

könnte.[608] Dieser Ansatz ist vorzugswürdig, da er den notwendigen Schutz des Nachfragewettbewerbs gerade auch bei der Beschaffungstätigkeit der öffentlichen Hand gewährleisten kann und hinreichend flexibel ist.

**178**    **d) Unerlässliche Beschränkungen.** Zu den generell notwendigen Beschränkungen gehört neben der Festlegung der Einkaufskonditionen ein **Bezugszwang im Einzelfall.** Die Einkaufskooperation kann auf Dauer nur funktionieren, wenn die Zentrale über die notwendige Dispositionssicherheit hinsichtlich der zu beschaffenden Mengen verfügt und die Mitglieder zur Erfüllung der jeweils geschlossenen Lieferverträge verpflichtet sind.[609]

**179**    Die Freistellung war dagegen nach § 4 Abs. 2 GWB aF ausgeschlossen, wenn ein **genereller Bezugszwang** vorgesehen war, der über eine bloße wirtschaftliche Sogwirkung der Kooperation auf Grund ihrer Attraktivität für die Mitglieder hinausging. Die Kooperationspartner sollten frei bleiben, die Wahl ihrer Lieferanten nach individuellen wirtschaftlichen Nutzenerwägungen vorzunehmen. Unzulässig waren Bindungen, die (mittelbar) einer rechtlichen Bezugspflicht gleichkamen.[610] In seiner aktuellen Fassung schließt § 2 Abs. 1 GWB für über den Einzelfall hinausgehende Bezugsbindungen zwar eine Freistellung nicht generell aus, sie bedürfen aber einer **besonderen Rechtfertigung.** So können etwa **Konzentrationsrabatte und -boni,** die den Mitgliedern als Anreiz für den Bezug über die Einkaufsgemeinschaft gewährt werden,[611] trotz der darin liegenden mittelbaren Bezugsbindung jedenfalls dann als zulässig angesehen werden, wenn sie Vorteile ausgleichen sollen, die große Kooperationspartner auf Grund der Gewährung von Mengenrabatten im Vergleich zu kleinen und mittleren Betrieben ohnehin genießen.[612] Nach Ansicht der Kommission können **selbst ausschließliche Bezugspflichten im Einzelfall unerlässlich** sein, um den erforderlichen Umfang für die Erzielung von Größenvorteilen zu erlangen.[613] Außerdem können Bezugspflichten damit gerechtfertigt werden, dass sie zur **Aufrechterhaltung** der Gruppe und ihres einheitlichen **Erscheinungsbildes** notwendig sind, sofern sie nur das **Kernsortiment** betreffen.[614]

**180**    Als ohne weiteres zulässig anzusehen sind die Durchführung einer **Zentralregulierung**[615] und die Übernahme der **Delkrederehaftung**[616] durch die Einkaufsgemeinschaft. Das Gleiche gilt für **Kostendeckungs- und Mindestumsatzklauseln,** soweit sie darauf abzielen, die Wirtschaftlichkeit des gemeinsamen Einkaufs sicherzustellen und insbesondere die Kosten der gemeinsamen Zentrale zu decken.[617] Sie können allerdings so ausgestaltet sein, dass von ihnen ein mittelbarer Bezugszwang ausgeht, etwa wenn bei einem Kostendeckungsbeitrag nicht an die absolute Höhe der tatsächlichen Inanspruchnahme der Zentrale angeknüpft wird, sondern zu geringe Umsätze mit der Zentrale zu Nachteilen für die beteiligten Unternehmen führen.[618] Dann bedürfen sie gesonderter Rechtfertigung.

---

[608] KOMM., Leitlinien zur Anwendbarkeit des Artikels 101 AEUV auf Vereinbarungen über horizontale Zusammenarbeit, ABl. 2023, C 259, 1 ff., Rn. 298.

[609] Nordemann in LMRKM § 2 Rn. 20 iVm AEUV Art. 101 Abs. 3 Rn. 100.

[610] Vgl. BegrRegE (5. GWB-Novelle), BT-Drs. 11/4610, 15; Immenga in Immenga/Mestmäcker, 3. Aufl. 2001, GWB § 4 aF Rn. 116 f.; Nordemann in LMRKM § 2 Rn. 20 iVm AEUV Art. 101 Abs. 3 Rn. 96.

[611] Vgl. näher Martin WuW 1984, 534 (545).

[612] Nordemann in LMRKM § 2 Rn. 20 iVm AEUV Art. 101 Abs. 3 Rn. 100; zurückhaltend Immenga in Immenga/Mestmäcker, 3. Aufl. 2001, GWB § 4 aF Rn. 129.

[613] KOMM., Leitlinien zur Anwendbarkeit des Artikels 101 AEUV auf Vereinbarungen über horizontale Zusammenarbeit, ABl. 2023, C 259, 1 ff., Rn. 306.

[614] BKartA TB 1995/1996, 37; Lutz WRP 2002, 47 (52); Nordemann in LMRKM Rn. 20 iVm AEUV Art. 101 Abs. 3 Rn. 100.

[615] OLG Frankfurt a. M. 12.12.2000, NZG 2001, 904 (905); BKartA TB 1995/1996, 37; Lutz WRP 2002, 47 (52); Immenga in Immenga/Mestmäcker, 3. Aufl. 2001, GWB § 4 aF Rn. 130.

[616] BKartA TB 1995/1996, 37.

[617] BKartA TB 1995/1996, 37; Immenga in Immenga/Mestmäcker, 3. Aufl. 2001, GWB § 4 aF Rn. 121 aE, 125; Nordemann/Grave in LMRKM Rn. 18 iVm Nordemann/Nyberg in LMRKM AEUV Art. 101 Abs. 3 Rn. 89.

[618] Näher hierzu Immenga in Immenga/Mestmäcker, 3. Aufl., GWB § 4 aF Rn. 126 ff.; Nordemann/Grave in LMRKM Rn. 18 iVm Nordemann/Nyberg in LMRKM AEUV Art. 101 Abs. 3 Rn. 89.

**e) Keine Ausschaltung des Wettbewerbs.** Eine Freistellung ist ausgeschlossen, wenn **181** die Kooperationspartner infolge ihrer Einkaufskooperation in der Lage sind, entweder auf dem relevanten Einkaufsmarkt oder auf dem Verkaufsmarkt für einen beträchtlichen Teil der betreffenden Produkte den Wettbewerb auszuschalten.[619] Hiervon ist regelmäßig auszugehen, wenn die Kooperationspartner gemeinsam eine marktbeherrschende Stellung innehaben.[620] Die dahingehende Indizwirkung hoher Marktanteile[621] kann durch mildernde Faktoren wie Gegenmacht der Lieferanten auf den Einkaufsmärkten oder das Potential für Marktzutritte auf den Verkaufsmärkten entkräftet werden.[622]

Als **unproblematisch** stuft die Kommission **gemeinsame Marktanteile** der Koope- **182** rationspartner **von weniger als 15 %** auf den Einkaufs- und Verkaufsmärkten ein; hier sei, wenn überhaupt eine spürbare Beschränkung vorliege, die Einhaltung der Kriterien des Art. 101 Abs. 3 AEUV wahrscheinlich.[623] Das BKartA war in seiner Praxis zu § 4 Abs. 2 GWB aF strenger: Während es auf Angebotsmärkten eine wesentliche Beeinträchtigung des Wettbewerbs im Falle schwerwiegenden Beschränkungen bei etwa 10–15 % Marktanteil annahm,[624] wollte es die Grenze bei Nachfragekartellen deutlich darunter ansiedeln.[625] Dafür könnte sprechen, dass es insbesondere im Verhältnis zum Handel für Lieferanten sehr viel schwieriger sein kann, andere Absatzkanäle für ihre Erzeugnisse zu erschließen oder ihre Produktion umzustellen, als es umgekehrt für nachfragende Handelsunternehmen ist, bestimmte Waren aus dem Sortiment zu nehmen und durch andere zu ersetzen.[626] Der BGH hat allerdings Marktanteile unter 10 % bei einer Einkaufsgemeinschaft von Gemeinden als unkritisch angesehen.[627] Da die Schwelle einer „Ausschaltung des Wettbewerbs" erheblich über der früheren Grenze der „wesentlichen Beeinträchtigung" liegt, erscheint jedoch die Schlussfolgerung gerechtfertigt, dass im Einzelfall auch oberhalb der Grenze von 15 % noch erheblicher Spielraum für die Zulassung von Einkaufskooperationen bestehen kann.[628] Bei der im Fall „Altglas" beurteilten Einkaufskooperation, die rund zwei Drittel des Anteils an den Einkaufsmärkten ausmachte, ist das BKartA von der Möglichkeit der Ausschaltung des Wettbewerbs ausgegangen.[629]

Erforderlich ist in jedem Fall auch eine **Berücksichtigung qualitativer Kriterien.** **183** Dazu gehören insbesondere die **Art und Intensität der Wettbewerbsbeschränkung** sowie die **Marktstruktur** (zB Verteilung der Marktanteile unter den Konkurrenten, deren Aktivität und Stärke, Vorhandensein von Substitutionswettbewerb aus benachbarten Märkten, von Markttransparenz, Marktzutrittsschranken und potentiellem Wettbewerb).[630] Der-

---

[619] KOMM., Leitlinien zur Anwendbarkeit des Artikels 101 AEUV auf Vereinbarungen über horizontale Zusammenarbeit, ABl. 2023, C 259, 1 ff., Rn. 309; für eine Freistellung nach §§ 2, 3 GWB: LG Hannover 15.6.2011 – 21 O 25/11 Rn. 20 – Einkaufskooperation für Grippeimpfstoff.

[620] Mischitz S. 259 f.

[621] Vgl. zur Aussagekraft der Marktanteile etwa BKartA 31.5.2007, WuW/E DE-V 1392 Rn. 226 – Altglas.

[622] Zu Recht aber gegen die Berücksichtigung von Gegenmacht im Vertikalverhältnis, sofern sie nicht zur Belebung des horizontalen Wettbewerbs führt, Nordemann in LMRKM, 3. Aufl. 2016, Rn. 20 iVm AEUV Art. 101 Abs. 3 Rn. 103. Letzteres dürfte aber im Fall von Einkaufskooperationen regelmäßig der Fall sein.

[623] KOMM., Leitlinien zur Anwendbarkeit des Artikels 101 AEUV auf Vereinbarungen über horizontale Zusammenarbeit, ABl. 2023, C 259, 1 ff., Rn. 291; so ebenfalls für die Anwendung des § 2 GWB: LG Hannover 15.6.2011 – 21 O 25/11 Rn. 20 – Einkaufskooperation für Grippeimpfstoff; BKartA TB 2005/2006, 11.

[624] Vgl. Ellger → GWB § 3 Rn. 85 mwN.

[625] BKartA TB 2000/2001, 46. Anders die BegrRegE (5. GWB-Novelle), BT-Drs. 11/4610, 16, die an der Groborientierung von 10–15 % Marktanteil wie bei sonstigen Mittelstandskartellen auch für Einkaufskooperationen festhalten wollte.

[626] Vgl. Immenga in Immenga/Mestmäcker, 3. Aufl. 2001, GWB § 4 aF Rn. 139; Monopolkommission Sondergutachten 7 Rn. 51, 200.

[627] BGH 12.11.2002, WuW/E DE-R 1087 (1093) – Ausrüstungsgegenstände für Feuerlöschzüge.

[628] In diese Richtung auch Nordemann/Grave in LMRKM § 2 Rn. 18 iVm Nordemann/Nyberg in LMRKM Art. 101 Abs. 3 AEUV Rn. 96; aA zum alten Recht Immenga in Immenga/Mestmäcker, 3. Aufl. 2001, GWB § 4 aF Rn. 138.

[629] BKartA 31.5.2007, WuW/E DE-V 1392 Rn. 226 – Altglas.

[630] Vgl. nur Bunte in FK-KartellR GWB 1999 § 4 Rn. 135; Immenga in Immenga/Mestmäcker, 3. Aufl. 2001, GWB § 4 aF Rn. 137.

artige Faktoren können die Bedeutung von Marktanteilen relativieren oder verstärken. So kann ein geringer Organisationsgrad des Kartells, insbesondere das Fehlen eines generellen Bezugszwangs oder von Ausschließlichkeitsbindungen, auch höhere Marktanteile als akzeptabel erscheinen lassen.[631] Ist der Umfang des tatsächlich beeinflussten Einkaufsvolumens im Verhältnis zur Absatztätigkeit dagegen hoch, können sich auch bei relativ niedrigen Anteilen am Einkaufsmarkt bereits wettbewerbliche Bedenken gegen eine Ausstrahlung der Einkaufskooperation auf eine Koordinierung der Partner (etwa infolge weitgehender Angleichung der Kostenstruktur) auf den Verkaufsmärkten ergeben. Bei der Analyse sind sowohl **Wechselwirkungen** zwischen qualitativen und quantitativen Merkmalen im jeweils relevanten Markt als auch zwischen den Einkaufs- und den Verkaufsmärkten zu beachten. Darin liegt ein Unterschied zur früheren Behandlung von Einkaufskooperationen im deutschen Recht, da lediglich auf den Nachfragemarkt abgestellt wurde.[632]

**184**     Besondere Aufmerksamkeit verdient eine etwaige **Erstreckung der Zusammenarbeit beim Einkauf auf die Ebene der Vermarktung.**[633] Als Koppelung einer Nachfragebündelung mit einer gemeinsamen Absatzstrategie können etwa bestimmte Franchisesysteme eingeordnet werden, bei denen die Franchisenehmer ihr Verhalten über die Zentrale koordinieren und diese nicht als wirklich eigenständige Franchisegeberin auftritt.[634] In derartigen Fällen ist insbesondere zu untersuchen, ob die Kooperation auf der Absatzseite die Weitergabe der beim gemeinsamen Einkauf erzielten Vorteile an die Kunden beeinträchtigt.[635]

**185**     **8. Gemeinsamer Verkauf und sonstige Vermarktungsvereinbarungen. a) Allgemeines.** Unter dem Begriff der „Vermarktungsvereinbarungen" fasst die Kommission in ihren Horizontalleitlinien **Kooperationen bei Verkauf, Vertrieb oder Verkaufsförderung** zwischen Wettbewerbern hinsichtlich ihrer untereinander austauschbaren Produkte zusammen.[636] Diese können sehr **unterschiedlich ausgestaltet** sein und hinsichtlich der **Intensität der** mit ihr verbundenen **Wettbewerbsbeschränkung** von der bloßen Koordinierung einzelner Funktionen der Absatztätigkeit (wie zB Werbung, Wartungsdienstleistungen, Vertrieb) bis zum gemeinsamen Verkauf reichen, bei dem sämtliche Aktionsparameter einschließlich des Preises vereinheitlicht werden.[637] Die Bildung sog. Syndikate gehört zu den wohl schwersten Wettbewerbsbeschränkungen überhaupt, weil sie zu einer völligen Vereinheitlichung der Produktionsmengen, Preise und sonstigen Konditionen sowie einer Aufteilung der Kunden führen.[638] Dennoch können mit Vereinbarungen über die gemeinsame Vermarktung auch **wirtschaftliche Leistungssteigerungen** verbunden sein. Diese können **in Art und Ausmaß** erheblich **divergieren.** Neben der kostengüns-

---

[631] Vgl. Nordemann in LMRKM § 2 Rn. 18 iVm Nordemann/Nyberg in LMRKM Art. 101 Abs. 3 AEUV Rn. 96; krit. Immenga in Immenga/Mestmäcker, 3. Aufl. 2001, GWB § 4 aF Rn. 140.

[632] S. nur Immenga in Immenga/Mestmäcker, 3. Aufl., GWB § 4 aF Rn. 103, 108, 132.

[633] Im Rahmen der 6. GWB-Novelle hat sich der Gesetzgeber eindeutig gegen Bestrebungen zur Einbeziehung von Tätigkeiten auf der Absatzseite in die Freistellung von Einkaufskooperationen nach § 4 Abs. 2 GWB aF entschieden, s. nur BegrRegE, BT-Drs. 13/9720, 32 f.; Immenga in Immenga/Mestmäcker, 3. Aufl. 2001, GWB § 4 aF Rn. 75, 103; Bunte in FK-KartellR GWB 1999 § 4 Rn. 106; vgl. auch BKartA TB 1995/1996, 35 f.

[634] Beim „echten" Franchising mit einem unabhängigen Franchisegeber, der sein Vertriebssystem in vertikalen Verträgen mit Franchisenehmern implementiert, liegt dagegen vielfach schon keine Wettbewerbsbeschränkung vor, soweit es um die Sicherung eines einheitlichen Erscheinungsbilds und Qualitätsstandards des Systems im Markt geht, vgl. nur BKartA TB 1995/1996, 38 ff.; näher zum Aspekt der notwendigen Nebenabrede im Anschluss an die Pronuptia-Entscheidung des EuGH (EuGH 28.1.1986 –, Slg. 1986, 353) Zimmer → GWB § 1 Rn. 209 ff. mwN.

[635] Vgl. Nordemann in LMRKM, 3. Aufl. 2016, Rn. 20 iVm AEUV Art. 101 Abs. 3 Rn. 104.

[636] KOMM., Leitlinien zur Anwendbarkeit des Artikels 101 AEUV auf Vereinbarungen über horizontale Zusammenarbeit, ABl. 2023, C 259, 1 ff., Rn. 317.

[637] Nordemann/Grave in LMRKM Rn. 18 iVm Nordemann/Nyberg in LMRKM AEUV Art. 101 Abs. 3 Rn. 100.

[638] Vgl. KOMM., Leitlinien zur Anwendbarkeit des Artikels 101 AEUV auf Vereinbarungen über horizontale Zusammenarbeit, ABl. 2023, C 259, 1 ff., Rn. 328–332.

tigeren und professionelleren Abwicklung von Lieferaufträgen sind vor allem zu nennen die Verkürzung von Lieferfristen, Erhöhung der Lieferbereitschaft, die Stärkung der Marktpräsenz durch gemeinsame Werbung sowie die Rationalisierung durch gemeinsame Vertriebseinrichtungen. Eine einheitliche Bewertung ist angesichts dieser Bandbreite möglicher ambivalenter Auswirkungen kaum möglich, zumal bei einzelnen Kooperationsformen (zB in der Werbung) schon zweifelhaft sein kann, ob überhaupt eine spürbare Wettbewerbsbeschränkung vorliegt.[639] Die **Spürbarkeitsgrenze** siedelt die Kommission im Bereich gemeinsamer Vermarktung generell bei einem Marktanteil von 15 % an, sofern keine Preisabsprachen – dann liegt unabhängig von Marktanteilen eine spürbare bezweckte Wettbewerbsbeschränkung vor[640] – involviert sind. Diese pauschale Quantifizierung hat jedoch keine Grundlage in der Rechtsprechung und kann lediglich als Hinweis zur Konkretisierung des Aufgreifermessens der Kommission gelten und insoweit eine gewisse Orientierungsfunktion entfalten.[641]

**Im früheren deutschen Recht** bestand bis zur 7. GWB-Novelle keine einheitliche **186** Rechtsgrundlage für die Freistellung von Vermarktungsvereinbarungen. Einschlägige Vorschriften waren neben den allgemeinen Regelungen für Rationalisierungs- und Mittelstandskartelle (§ 5 Abs. 1 GWB aF bzw. § 4 Abs. 1 GWB aF) zum einen **§ 5 Abs. 2 GWB aF** mit strengen Anforderungen für die sog. „höherstufigen" Rationalisierungskartelle mit gemeinsamen Vertriebseinrichtungen (unter Ausklammerung der zentralen Vermarktung von Fernsehübertragungsrechten für bestimmte Sportveranstaltungen durch die Bereichsausnahme des § 31 GWB aF),[642] zum anderen die subsidiäre Auffangregel des **§ 7 Abs. 1 GWB aF** für sonstige Verbesserungen der Verteilung von Waren oder Dienstleistungen (ohne innerbetriebliche Rationalisierung). Kontrovers diskutiert wurde, ob mittelständische Einkaufskooperationen nach § 4 Abs. 2 GWB aF sich auch auf die Absatzseite erstrecken konnten.[643]

Nachdem die §§ 4 Abs. 2, 5, 31 GWB aF ersatzlos gestrichen wurden[644] und § 7 Abs. 1 **187** GWB aF in der neuen Generalklausel aufgegangen ist, sind vermarktungsbezogene Kooperationen **primär an den allgemeinen Kriterien des § 2 Abs. 1 GWB zu messen,** sofern sie nicht als Mittelstandskartell (§ 3 GWB) freigestellt oder eng mit einer anderweitigen Zusammenarbeit wie Forschung und Entwicklung oder Spezialisierung in der Produktion verbunden sind, so dass über § 2 Abs. 2 GWB eine einschlägige GVO eingreift. In begrenztem Umfang kommt auch eine Freistellung nach der Vertikal-GVO (VO 2022/ 720) in Betracht, die nach ihrem Art. 2 Abs. 4 unter bestimmten Voraussetzungen auch nicht-wechselseitige vertikale Vereinbarungen zwischen Wettbewerbern erfasst. Bei gegenseitigen Vermarktungsvereinbarungen ist dagegen im Rahmen der Generalklausel zunächst

---

[639] Außerhalb von reinen Preisabsprachen sieht die Kommission wettbewerbliche Bedenken gegen Vereinbarungen über eine gemeinsame Vermarktung auch deshalb, weil diese einen Austausch von Informationen und infolgedessen eine kollusive Kostenangleichung begünstigen können, KOMM., Leitlinien zur Anwendbarkeit des Artikels 101 AEUV auf Vereinbarungen über horizontale Zusammenarbeit, ABl. 2023, C 259, 1 ff., Rn. 338. Bei (potentiellen) Wettbewerbern, die in verschiedenen räumlichen Märkten tätig seien, bestehe die Gefahr einer Marktaufteilung, aaO, Rn. 232.

[640] KOMM., Leitlinien zur Anwendbarkeit des Artikels 101 AEUV auf Vereinbarungen über horizontale Zusammenarbeit, ABl. 2023, C 259, 1 ff., Rn. 339.

[641] Dies erklärt auch die weitere Aussage der Kommission, bis zu dieser Grenze sei jedenfalls wahrscheinlich, dass zumindest die Voraussetzungen des Art. 101 Abs. 3 AEUV erfüllt seien, KOMM., Leitlinien zur Anwendbarkeit des Artikels 101 AEUV auf Vereinbarungen über horizontale Zusammenarbeit, ABl. 2023, C 259, 1 ff., Rn. 339.

[642] Der Erlass dieser Vorschrift im Zuge der 6. GWB-Novelle war eine Reaktion auf eine Entscheidung des BGH, mit der er die zentrale Vermarktung der Übertragungsrechte für Europapokalheimspiele durch den Deutschen Fußballbund (DFB) als Verstoß gegen § 1 GWB aF qualifizierte, vgl. BGH 11.12.1997, BGHZ 137, 297 = WuW/E DE-R 17 – Europapokalheimspiele.

[643] Dagegen insbesondere Immenga in Immenga/Mestmäcker, 3. Aufl. 2001, § 4 Rn. 103; Lutz WRP 2002, 47 (51); aA etwa Bunte in FK-KartellR GWB 1999 § 4 Rn. 108. Vgl. auch BKartA TB 1987/88, 24 f.

[644] Da die fraglichen Vereinbarungen in der Regel zur Beeinträchtigung des zwischenstaatlichen Handels geeignet sein dürften, hat der Gesetzgeber wegen des Vorrangs des Unionsrechts insoweit keinen Raum mehr für eigenständige nationale Regelungen gesehen, vgl. BegrRegE, BT-Drs. 15/3640, 27, 32 f.

eine horizontale Analyse durchzuführen, bevor in einem zweiten Schritt die vertikalen Beschränkungen zu würdigen sind.[645]

**188**   **b) Effizienzgewinne.** Berücksichtigungsfähig sind grundsätzlich nur echte Leistungsgewinne, die aus der Zusammenlegung wirtschaftlicher Aktivitäten resultieren, nicht dagegen Kosteneinsparungen, die sich lediglich aus dem Wegfall von Wettbewerb und der mit ihm verbundenen Kosten ergeben.[646] Von besonderer Bedeutung ist insoweit die **Vornahme von Investitionen** durch Einbringung von Kapital, Technologie oder sonstigen Vermögenswerten in erheblichem Umfang.[647] In diesem Zusammenhang ist dann auch die Vermeidung doppelter Aufwendungen für Ressourcen und Anlagen zu berücksichtigen. Fehlt es aber an relevanten Investitionen und besteht die gemeinsame Vermarktung nur aus einer Verkaufsstelle, wird vielfach ein nicht freistellungsfähiges verschleiertes Kartell vorliegen.[648]

**189**   Die **Integration wirtschaftlicher Tätigkeiten** in erheblichem Umfang ist auch entscheidend für die Frage, inwieweit es zu einer **Vereinheitlichung von Preisen** kommen darf. Eine (unmittelbare oder mittelbare) gemeinsame Preisfestsetzung ist grundsätzlich eine verbotene und nicht freistellungsfähige Kernbeschränkung. Sie kann nur dann ausnahmsweise zulässig sein, wenn sie **für die Integration anderer Marketingfunktionen erforderlich** ist und diese wiederum das Potential für ganz erhebliche Effizienzgewinne hat.[649] Dabei spielt die **relative Bedeutung der Vermarktungsaktivitäten in der Gesamtkostenstruktur des Erzeugnisses** eine wichtige Rolle. Sie dürfte insbesondere davon abhängen, ob es um die Belieferung einer begrenzten Zahl von Abnehmern (zB von Industriegütern) geht oder um den allgemeinen Vertrieb von Konsumgütern an Verbraucher, bei dem gemeinsame Marketingtätigkeiten regelmäßig ein erheblich größeres Potential für Effizienzgewinne aufweisen.

**190**   Anders als §§ 3–5 GWB aF setzt § 2 Abs. 1 GWB aber nicht unbedingt eine betriebswirtschaftliche Rationalisierung im Sinne einer Verbesserung des innerbetrieblichen Verhältnisses von Aufwand und Ertrag voraus, sondern erfasst auch **andere Effizienzgewinne.** Dabei spielt insbesondere die **Schaffung eines neuen oder verbesserten Produkts** eine wichtige Rolle. Auch die horizontale Kooperation zur Verfolgung vom Umweltschutzzielen kann nach Auffassung der Kommission im Rahmen der Effizienzvorteile nach Art. 101 Abs. 3 AEV berücksichtigt werden.[650] Ähnlich wie bei Einkaufskooperationen in Bezug auf Nachfragemacht kann auch auf der Vertriebsseite die Zusammenfassung bisher getrennter Angebote das Gewicht der beteiligten Unternehmen im Markt erhöhen und damit zugleich objektive wirtschaftliche Vorteile nicht nur für die Parteien selbst, sondern auch für die Verbraucher bewirken. Das gilt jedenfalls, wenn die einheitliche Vermarktung zugleich dazu führt, das Angebot im Markt um ein neues, verbessertes Produkt zu bereichern, etwa durch die Zusammenfassung der Stellenanzeigen von vier überregionalen Tageszeitungen in einer gemeinsamen Beilage, um dadurch der im Markt führenden Zeitung etwas Gleichwertiges entgegensetzen zu können.[651] Die genaue Identifizierung der angestrebten Effizienzgewinne ist im Übrigen von entscheidender Bedeutung für die

---

[645] KOMM., Leitlinien zur Anwendbarkeit des Artikels 101 AEUV auf Vereinbarungen über horizontale Zusammenarbeit, ABl. 2023, C 259, 1 ff., Rn. 318.

[646] KOMM., Leitlinien zur Anwendbarkeit des Artikels 101 AEUV auf Vereinbarungen über horizontale Zusammenarbeit, ABl. 2023, C 259, 1 ff., Rn. 342.

[647] KOMM., Leitlinien zur Anwendbarkeit des Artikels 101 AEUV auf Vereinbarungen über horizontale Zusammenarbeit, ABl. 2023, C 259, 1 ff., Rn. 343.

[648] KOMM., Leitlinien zur Anwendbarkeit des Artikels 101 AEUV auf Vereinbarungen über horizontale Zusammenarbeit, ABl. 2023, C 259, 1 ff., Rn. 343.

[649] KOMM., Leitlinien zur Anwendbarkeit des Artikels 101 AEUV auf Vereinbarungen über horizontale Zusammenarbeit, ABl. 2023, C 259, 1 ff., Rn. 341.

[650] KOMM., Leitlinien zur Anwendbarkeit des Artikels 101 AEUV auf Vereinbarungen über horizontale Zusammenarbeit, ABl. 2023, C 259, 1 ff., Rn. 341.

[651] BGH 9.7.2002, WuW/E DE-R 919 (925) – Stellenmarkt für Deutschland II.

Prüfung der Unerlässlichkeit der mit einer Vermarktungsveinbarung verbundenen Beschränkungen.

**c) Unerlässlichkeit der Beschränkung.** Nach Ansicht der Kommission sind schwere **191** Beschränkungen wie etwa die Festsetzung einheitlicher Preise, Marktaufteilungen oder die Einrichtung gemeinsamer Vertriebseinrichtungen nur unter „außergewöhnlichen Umständen" für die Erzielung der Effizienzgewinne unerlässlich.[652] Die größten Aussichten auf eine Rechtfertigung bestehen dann, wenn es um die **Vermarktung eines neuen Produkts** geht, das gerade **durch einen gemeinsamen Input gekennzeichnet** ist und daher durch die beteiligten Unternehmen individuell entweder gar nicht oder jedenfalls nicht mit annähernd gleicher Effizienz angeboten werden könnte. Ein Beispiel aus der Rechtsprechung zu § 7 Abs. 1 GWB aF ist die Herausgabe einer **gemeinsamen Beilage für Stellenanzeigen** durch vier große Tageszeitungen. Darin liegt ein neues, zusätzliches Produkt, das sich von einer bloßen Mehrfachbelegung durch einen Anzeigenauftrag in den vier angeschlossenen Tageszeitungen unterscheidet und für dessen Verwirklichung die Einrichtung einer gemeinsamen Annahmestelle für Stellenanzeigen als weniger beschränkende Alternative nicht ausreichen würde.[653]

Ein Beispiel aus der Kommissionspraxis ist die **Freistellung der einheitlichen Ver-** **192** **gabe der Fernsehübertragungsrechte** für Spiele der Champions League durch die UEFA und der Bundesliga durch den DFB.[654] Unter dem Blickwinkel, dass die Übertragungsrechte den einzelnen Heimvereinen als Eigentümern oder Mietern der Stadien zustehen,[655] stellt die ausschließlich zentrale Vermarktung durch die Fußballverbände (UEFA bzw. DFB) der Sache nach ein Syndikat dar, das aber zur Erzielung erheblicher Effizienzgewinne geeignet und erforderlich ist. Die Frage einer Mitberechtigung der Fußballverbände als Veranstalter der Ligawettbewerbe ließ die Kommission unter Hinweis auf die Verschiedenartigkeit der mitgliedstaatlichen Regelungen letztlich offen.[656] Als bedeutende Verbesserung der Warenerzeugung und -verteilung sah sie neben der Reduzierung der Transaktionskosten durch die zentrale Vermarktung vor allem die Schaffung eines besonderen Markenimages der „Champions League" an, das durch eine einheitliche, hochwertige Präsentation und Vermarktung gekennzeichnet sei und eine spezifische Verbraucherpräferenz begründe und gewährleiste.[657] Der entscheidende Gesichtspunkt war somit im Grunde auch hier die **Schaffung eines neuen Produkts,** die Anerkennung einer besonderen Art von Veranstalterleistung, die in der Organisation eines im Markt unter einheitlicher Marke präsentierten und vom Publikum als eigenes Produkt wahrgenommenen Wettbewerbs besteht und damit auch die Notwendigkeit einer Verfügung

---

[652] KOMM., Leitlinien zur Anwendbarkeit des Artikels 101 AEUV auf Vereinbarungen über horizontale Zusammenarbeit, ABl. 2023, C 259, 1 ff., Rn. 344.

[653] BGH 9.7.2002, WuW/E DE-R 919 (925) – Stellenmarkt für Deutschland II gegen KG 19.7.2000 –, WuW/E DE-R 628 (632) – Stellenmarkt für Deutschland II. Der Vorteil aus Sicht des Verbrauchers liegt darin, dass er nur noch eine Tageszeitung statt vier kaufen muss, um in den Genuss des neuen nationalen Stellenanzeigenteils zu kommen. Vgl. zur Beurteilung von Anzeigenkooperationen gemäß § 2 GWB auch Jungheim WRP 2011, 519 (522).

[654] KOMM. 23.7.2003, ABl. 2003 L 291, 25 (43, 47 ff.) = WuW/E EU-V 889 – UEFA Champions League; 19.1.2005, WuW/E EU-V 1041 – Deutsche Bundesliga (Verbindlicherklärung von Verpflichtungszusagen nach Art. 9 VO 1/2003); vgl. dazu und generell zur zentralen Vermarktung von Sportübertragungsrechten auch Hellmann/Bruder EuZW 2006, 359; Mestmäcker/Schweitzer EuWettbR § 12 Rn. 64 ff.; Schürnbrand ZWeR 2005, 396 (408 ff.); Stopper ZWeR 2008, 412 ff., jeweils mwN; rechtsvergleichend zu den entsprechenden Fragen im US-amerikanischen Kartellrecht Grimes ZWeR 2010, 430 ff.; Heermann WRP 2011, 36 ff.

[655] Vgl. insbesondere KOMM. 23.7.2003, ABl. 2003 L 291, 25 Rn. 118 ff. = WuW/E EU-V 889 – UEFA/Champions League; 19.1.2005, WuW/E EU-V 1041 Rn. 22 – Deutsche Bundesliga; BGH 11.12.1997, BGHZ 137, 297 = WuW/E DE-R 17 – Europapokalheimspiele.

[656] KOMM. 23.7.2003, ABl. 2003 L 291, 25 Rn. 122 = WuW/E EU-V 889 – UEFA Champions League.

[657] KOMM. 23.7.2003, ABl. 2003 L 291, 25 Rn. 154 ff. = WuW/E EU-V 889 – UEFA Champions League.

über die Fernsehrechte begründet.[658] Die Lizenzierung dieses Veranstalterrechts durch Bündelung ligaspezifischer Rechtepakete verschaffe Medienunternehmen, Fußballvereinen und Verbrauchern Vorteile, die bei individueller Vermarktung nicht erreichbar seien.[659]

**193**   Diese Erwägungen gelten entsprechend auch für die Organisation, Durchführung und **Vermarktung nationaler Ligawettbewerbe** wie die Bundesliga.[660] Die ersatzlose Streichung des § 31 GWB aF dürfte daher für die zentrale Vergabe der Übertragungsrechte für die Bundesliga durch den DFB insoweit ohne Konsequenzen bleiben.[661] Wegen des veränderten, nunmehr mit Art. 101 Abs. 3 AEUV übereinstimmenden Freistellungsbereichs kann aus der unter dem alten Recht vom BKartA getroffenen und von den Gerichten bestätigten Entscheidung, die Zentralvermarktung nicht als höherstufiges Rationalisierungskartell nach § 5 Abs. 2 und 3 GWB aF zu genehmigen,[662] nichts Gegenteiliges abgeleitet werden. Allerdings ist zu beachten, dass weder die bloße Steigerung der Erlöse aus der Verwertung der Fernsehrechte noch die Umverteilung von eingenommenen Geldern in den Bereich des Jugend- und Amateursports (wie unter § 31 GWB aF) die Zulässigkeit der Zentralvermarktung begründen können: Erstere ist für sich allein kein anerkennenswerter Effizienzgewinn, zumal den erhöhten Erlösen entsprechende Kostensteigerungen der Marktgegenseite gegenüberstehen; letztere stellt die Förderung eines außerwettbewerblichen Ziels, aber keine Beteiligung der Verbraucher am entstehenden Gewinn dar. Nach Ansicht des BKartA liegt ein wesentlicher Effizienzvorteil der Zentralvermarktung im Profifußball darin, dass (nur) diese die Möglichkeit schaffe, in Form der gebündelten Highlight–Berichterstattung ein neues, vom Verbraucher begehrtes Produkt zur Verfügung zu stellen.[663] Gleichzeitig wird hierdurch ein wünschenswerter Wettbewerbsdruck auf Anbieter der Live-Berichterstattung im Bereich des Pay-TV ausgeübt.[664]

**194**   Vom Aspekt der (horizontalen) Rechtebündelung bei der Zentralvermarktung zu trennen ist die **Vergabe exklusiver Senderechte** an bestimmte Fernsehsender; die darin liegende **vertikale Wettbewerbsbeschränkung** kann zu einer nicht tolerierbaren Marktzutrittsschranke führen. Die Kommission versucht dem durch die Auferlegung einer Reihe von Auflagen und Bedingungen entgegenzuwirken (Aufteilung der Ligarechte auf mehrere abgestufte Pakete, Begrenzung der Vertragslaufzeiten auf höchstens drei Spielzeiten, Rückfall ungenutzter Rechte an die Vereine, objektive, transparente und nicht diskriminierende Handhabung der Vermarktungsregeln).[665] Eine ähnliche Linie vertritt das BKartA bei der

---

[658] So Mestmäcker/Schweitzer EuWettbR § 12 Rn. 64 aE. Würde man mit der Einstufung des Ligawettbewerbs als eigenes Produkt wirklich ernst machen, dürfte das Zusammenwirken der Fußballvereine einschließlich der zentralen Vermarktung der Fernsehrechte allerdings schon keine Wettbewerbsbeschränkung darstellen, da kein Verein in der Lage wäre, die entsprechende Leistung (Veranstaltung eines Ligaspiels) auch allein zu erbringen. Angesichts der Rechtsunsicherheiten über die (Mit-)Berechtigung von Verband einerseits und Verein andererseits an den Fernsehübertragungsrechten und des nicht von der Hand zu weisenden Einwands, dass die Vereine vor Ort zumindest Mitveranstalter sind (Schürnbrand ZWeR 2005, 396 (409)), ist die Berücksichtigung der Schaffung eines neuartigen „Produkts" (nur) als besonderer Effizienzgewinn im Rahmen des Art. 101 Abs. 3 AEUV/§ 2 Abs. 1 GWB nicht zu beanstanden.

[659] KOMM. 23.7.2003, ABl. 2003 L 291, 25 Rn. 168 = WuW/E EU-V 889 – UEFA Champions League.

[660] Vgl. zu den jüngeren Entwicklungen bei der Zentralvermarktung der Übertragungsrechte für die Fußball-Bundesliga und 2. Bundesliga BKartA 11.4.2016 – B6–32/15 – Zentralvermarktung der Fußballspiele der Bundesliga und der 2. Bundesliga für die Spielzeiten ab 2017/18; BKartA 12.1.2012 – B6–114/10 – Zentralvermarktung der Fußballspiele der Bundesliga und der 2. Bundesliga für die Spielzeiten ab 2013/14; BKartA TB 2007/2008, (37 und 156 ff.).

[661] Vgl. Emmerich KartellR § 8 Rn. 38 aE. Der Gesetzgeber hielt daher im Rahmen der 7. GWB-Novelle eine weitere Sonderregelung für den Sport für entbehrlich, BegrRegE, BT-Drs. 15/3640, 50.

[662] BKartA 2.9.1994, WuW/E BKartA 2696 – Fußballfernsehübertragungsrechte II; KG 8.11.1995, WuW/E OLG 5565 – Fernsehübertragungsrechte; BGH 11.12.1997, BGHZ 137, 297 = WuW/E DE-R 17 – Europapokalheimspiele.

[663] BKartA 11.4.2016 – B6–32/15 Rn. 138 ff. – Zentralvermarktung der Fußballspiele der Bundesliga und der 2. Bundesliga für die Spielzeiten ab 2017/18; BKartA 12.1.2012 – B6–114/10 Rn. 69 ff. – Zentralvermarktung der Fußballspiele der Bundesliga und der 2. Bundesliga für die Spielzeiten ab 2013/14; BKartA TB 2007/2008, 37.

[664] BKartA TB 2007/2008, 37.

[665] Schürnbrand ZWeR 2005, 396 (410 f.) mwN.

kartellrechtlichen Beurteilung der **Zentralvermarktung der Übertragungsrechte** für die Spiele der Fußball-Bundesliga und der 2. Bundesliga durch die Deutsche Fußball Liga GmbH (DFL) im Auftrag des Liga-Fußballverbands. Die DFL bietet den Interessenten eine **Vielzahl abgestufter Rechtspakete** für die **unterschiedlichen Übertragungswege** (Kabel-, Satelliten- und terrestrisches Fernsehen, Web-TV, IPTV und Übertragung über mobile Empfangsgeräte) und die **verschiedenen Übertragungsformen** (Live-Übertragung und Highlight-Berichterstattung), wobei die Übertragung der Senderechte auf vier Jahre begrenzt und die Vergabe in einem transparenten Bieterverfahren durchgeführt wird. Das BKartA hat – nachdem vorgängige Bedenken durch für verbindlich erklärte Verpflichtungszusagen (§ 32b Abs. 1 GWB) ausgeräumt worden waren – die Zentralvermarktung als vom Verbot des Art. 101 Abs. 1 AEUV, § 1 GWB freigestellt angesehen, da die zentrale Vermarktung der Senderechte durch den Ligaverband die Kriterien von Art. 101 Abs. 3 AEUV, § 2 Abs. 1 GWB erfülle.[666] Die zentrale Vermarktung der Übertragungsrechte an den Ligaspielen führte insbesondere zu **Effizienzvorteilen**, da **die umfassende Bündelung** der Übertragungsrechte **höherwertige Rechtepakete** ermögliche und ein **ligabezogenes Produkt** bereitstelle, die sowohl den Präferenzen der Nachfrager (Sendeanstalten) wie auch der Zuschauer entsprächen.[667] Die **einzelnen Bundesligaclubs** könnten diese Produkte allein ohne entsprechende Koordinierung mit den anderen Vereinen nicht anbieten.[668]

Die leistungssteigernde Wirkung **gemeinsamer Vertriebseinrichtungen** besteht vor **195** allem darin, dass durch eine intelligente **Auftragslenkung** Frachtkosten gespart und freie Kapazitäten besser ausgelastet werden können.[669] Für die Konkretisierung des Unerlässlichkeitskriteriums kann auf die frühere Praxis zu § 5 Abs. 2 GWB aF zurückgegriffen werden, der verlangte, dass der Rationalisierungserfolg auf andere Weise nicht zu erreichen war. Wichtige Aspekte für die Begründung der Notwendigkeit einer gemeinsamen Vertriebseinrichtung sind das Erfordernis einer „aktiven Verkaufspolitik" für den Vertrieb der Waren[670] sowie eine Beschleunigung des Warenumschlags zur Senkung oder Verhinderung von Lagerkosten.[671]

**Problematisch** und grundsätzlich nicht zu rechtfertigen sind dagegen Verpflichtungen zu **196** **Ausgleichszahlungen** zugunsten der nicht berücksichtigten Kartellmitglieder, da hiermit die Vorteile der Auftragslenkung wieder zunichte gemacht werden.[672] **Starre Quotenabsprachen** können ebenfalls die Rationalisierungswirkung konterkarieren, soweit sie bewirken, dass nicht der jeweils kostengünstigste Hersteller den Auftrag erhält.[673] Andererseits funktioniert ein gemeinsamer Vertrieb grundsätzlich nicht ohne die Fixierung zumindest gewisser Quoten, da die Kartellmitglieder eine relativ gleichmäßige Berücksichtigung bei der Auftragsvergabe erwarten und sonst auch die Vorteile einer Verstetigung der Kapazitätsauslastung nicht eintreten können. **Abhilfe** kann insoweit die etwas flexiblere **Festlegung**

---

[666] BKartA 11.4.2016, B6–32/15 Rn. 136 ff. – Zentralvermarktung der Fußballspiele der Bundesliga und der 2. Bundesliga für die Spielzeiten ab 2017/18; BKartA 12.1.2012, B6–114/10 Rn. 54 ff. – Zentralvermarktung der Fußballspiele der Bundesliga und der 2. Bundesliga für die Spielzeiten ab 2013/14.

[667] BKartA 11.4.2016, B6–32/15 Rn. 140 – Zentralvermarktung der Fußballspiele der Bundesliga und der 2. Bundesliga für die Spielzeiten ab 2017/18; BKartA 12.1.2012, B6–114/10 Rn. 59 ff. – Zentralvermarktung der Fußballspiele der Bundesliga und der 2. Bundesliga für die Spielzeiten ab 2013/14.

[668] BKartA 11.4.2016, B6–32/15 Rn. 140 – Zentralvermarktung der Fußballspiele der Bundesliga und der 2. Bundesliga für die Spielzeiten ab 2017/18; BKartA 12.1.2012, B6–114/10 Rn. 75 – Zentralvermarktung der Fußballspiele der Bundesliga und der 2. Bundesliga für die Spielzeiten ab 2013/14.

[669] Nordemann/Grave in LMRKM Rn. 18 iVm Nordemann/Nyberg in LMRKM Art. 101 Abs. 3 AEUV Rn. 103.

[670] BKartA 21.3.1979, WuW/E BKartA 1794 (1798) – Bimsbausteine III; 20.7.1960, WuW/E BKartA 224 (233) – Niedersächsische Kalkwerke I; vgl. auch Bunte in FK-KartellR GWB 1999 § 5 Rn. 154 mwN.

[671] BKartA 22.10.1962, WuW/E BKartA 528 (533) – Steinzeug II; Bunte in FK-KartellR GWB 1999 § 5 Rn. 155.

[672] BKartA 10.7.1963, WuW/E BKartA 732 (735) – Superphosphat II; Immenga in Immenga/Mestmäcker, 3. Aufl. 2001, GWB § 5 aF Rn. 71; Nordemann/Grave in LMRKM Rn. 18 iVm Nordemann/Nyberg in LMRKM Art. 101 Abs. 3 AEUV Rn. 78.

[673] BKartA 13.8.1965, WuW/E BKartA 1001 (1002) – Zementverkaufsstelle Niedersachsen.

**von Quotenbandbreiten** schaffen,[674] um einerseits die notwendige grundsätzliche Gleichbehandlung der Kartellmitglieder zu gewährleisten, andererseits aber eine Gefährdung des Rationalisierungserfolgs durch eine ineffiziente Auftragsallokation zu minimieren.

197   **Einheitliche Verkaufspreise und Geschäftsbedingungen** sind nach der früheren Praxis des BKartAs zu § 5 Abs. 2 GWB aF grundsätzlich die notwendige Folge der Bildung einer gemeinsamen Vertriebseinrichtung.[675] Bei unterschiedlichen Preisen kann weder eine langfristig auf die gleichmäßige Kapazitätsauslastung gerichtete Auftragslenkung funktionieren[676] noch könnten Großabnehmer beliefert werden, da diese sich nicht auf unterschiedliche Preise für Teilmengen einer Gesamtlieferung einlassen würden.[677] Die eigentliche Rechtfertigungslast liegt somit bei der Notwendigkeit der gemeinsamen Vertriebseinrichtung als solcher und etwaiger **Andienungspflichten.** Insoweit kann es auch erforderlich werden, die Ausschließlichkeit einer gemeinsamen Vermarktung aufzulockern und jedenfalls für bestimmte Konstellationen mittels einer **Öffnungsklausel** die Befugnis zum individuellen Vertrieb vorzusehen, zB zur Einzelvergabe von Fernsehübertragungsrechten durch die Vereine an Free-TV-Sender, wenn dem Fußballverband als Zentralvermarkter kein Angebot für die Live-Übertragung eines Spiels im Pay-TV vorliegt.[678]

198   **d) Konkretisierung der übrigen Freistellungsgrenzen.** Keine besondere Hürde stellt bei Vermarktungsvereinbarungen in aller Regel das Erfordernis einer angemessenen **Beteiligung der Verbraucher** an dem entstehenden Gewinn dar, weil sie von neuen Produkten und besseren Vertriebsdienstleistungen zwangsläufig profitieren; andere Kostensenkungen als Folge echter Leistungsgewinne werden ihnen ebenfalls regelmäßig zugute kommen, solange ein hinreichender Wettbewerbsdruck fortbesteht.[679]

199   Im früheren deutschen Recht markierte die **Marktbeherrschung** die **wettbewerbliche Grenze,** bis zu der eine Freistellung von (höherstufigen) Rationalisierungskartellen nach § 5 GWB aF bzw. § 7 Abs. 1 GWB aF in Betracht kam.[680] Auch die Kommission hat die Auffassung vertreten, dass eine gemeinsame Vermarktung durch Unternehmen, die zusammen eine beherrschende Stellung innehaben, zur Ausschaltung des Wettbewerbs iSd Art. 101 Abs. 3 AEUV führt.[681]**Bei preisbezogenen Vereinbarungen** liegt die Schwelle, bis zu der sie eine Freistellung in Betracht kommt, erheblich niedriger. Sie dürfte wohl bei **etwa 15 % Marktanteil** der Kooperationspartner insgesamt anzusiedeln sein.[682] Dies

---

[674] Immenga in Immenga/Mestmäcker, 3. Aufl. 2001, GWB § 5 aF Rn. 71; vgl. auch Deringer/Benisch in GK GWB § 5 aF Rn. 66.

[675] Vgl. zB BKartA 12.2.1982, WuW/E BKartA 2047 (2048) – AKO-Abflussrohrkontor; 16.7.1964, WuW/E BKartA 859 (865) – PVC-Abflussrohre; Bunte in FK-KartellR GWB 1999 § 5 Rn. 136; Nordemann/Grave in LMRKM Rn. 18 iVm Nordemann/Nyberg in LMRKM Art. 101 Abs. 3 AEUV Rn. 104.

[676] Vgl. nur BKartA 2.5.1966, WuW/E BKartA 1248 (1253) – Fernmeldekabel; KG 8.5.1970, WuW/E OLG 1117 (1123) – Fernmeldekabel-Gemeinschaft.

[677] Vgl. das in der aktuellen Fassung der Leitlinien zur Anwendbarkeit von Artikel 101 des Vertrags über die Arbeitsweise der Europäischen Union auf Vereinbarungen über horizontale Zusammenarbeit, nicht mehr enthaltene Beispiel bei KOMM., Leitlinien zur Anwendbarkeit von Artikel 101 des Vertrags über die Arbeitsweise der Europäischen Union auf Vereinbarungen über horizontale Zusammenarbeit, ABl. 2001 C 3, 2 Rn. 156; generell verfolgt die Kommission jetzt einen tendenziell restriktiveren Kurs dahingehend, dass eine Festlegung von Preisen im Rahmen einer Vermarktungsvereinbarung „nur unter außergewöhnlichen Umständen als unerlässlich" angesehen werden soll (KOMM., Leitlinien zur Anwendbarkeit des Artikels 101 AEUV auf Vereinbarungen über horizontale Zusammenarbeit, ABl. 2023, C 259, 1 ff., Rn. 344).

[678] KOMM. 23.7.2003, WuW/E EU-V 889 (895 ff.) – UEFA Champions League.

[679] Ebenso Nordemann/Grave in LMRKM § 2 Rn. 18 iVm Nordemann/Nyberg in LMRKM Art. 101 Abs. 3 AEUV Rn. 106.

[680] Vgl. Bunte in FK-KartellR GWB 1999 § 5 Rn. 112; anders noch BKartA 12.2.1982, WuW/E BKartA 2048 – Abflussrohr-Kontor.

[681] So noch explizit KOMM., Leitlinien zur Anwendbarkeit von Artikel 101 des Vertrags über die Arbeitsweise der Europäischen Union auf Vereinbarungen über horizontale Zusammenarbeit, ABl. 2001 C 3, 2, Rn. 155, während dieser Gesichtspunkt in der neuen Fassung der Leitlinien aus 2011 nicht mehr zur mit gleicher Deutlichkeit zur Sprache kommt.

[682] Vgl. zur Bedeutung dieses Schwellenwerts für die wettbewerbsrechtliche Analyse auch KOMM., Leitlinien zur Anwendbarkeit des Artikels 101 AEUV auf Vereinbarungen über horizontale Zusammenarbeit, ABl. 2023, C 259, 1 ff., Rn. 345 sowie das Beispiel bei Rn. 361, das unabhängig von der Art der Beschrän-

stimmt ungefähr mit der Grenze überein, bis zu der BKartA bei Mittelstandskartellen mit schwerwiegenden Wettbewerbsbeschränkungen noch keine wesentliche Beeinträchtigung iSd § 3 GWB (= § 4 Abs. 1 GWB aF) angenommen hat.[683]

Der Aufbau einer echten Alternative zum Angebot des Marktführers war das Ziel der **200** Vermarktungskooperation von vier überregionalen Tageszeitungen im Fall „Stellenmarkt für Deutschland". Bei einem derartigen **„Aufholkartell"** geht es vorrangig um einen **Marktmachtausgleich** im Horizontalverhältnis zum führenden Wettbewerber.[684] Während das BKartA hierfür im Rahmen des früheren § 7 GWB aF keine Legalisierungsmöglichkeit sah, bejahte der BGH die Erfüllung der Freistellungsvoraussetzungen unter Hinweis auf die Schaffung eines neuen, einheitlichen Produktes sowie die strukturelle Besonderheit des Marktes für überregionale Stellenanzeigen, dass sich die Nachfrage von selbst auf den stärksten Anbieter konzentriere, so dass dieser seinen einmal erreichten Vorsprung tendenziell immer weiter ausbaue.[685]

Die **wettbewerbliche Grenze der Schaffung horizontaler Gegenmacht** ist jeden- **201** falls dann erreicht, wenn das Kartell und der bisherige Marktführer ein weitgehend wettbewerbsfreies Duopol bilden und sich die Position der übrigen Marktteilnehmer weiter verschlechtern würde.[686] Diese Annahme dürfte zwar bei echten Aufholkartellen zunächst fern liegen,[687] die kurzfristig ein konkurrenzfähiges, den Preiswettbewerb belebendes Alternativprodukt auf den Markt bringen, doch bleibt die damit eintretende weitere Vermachtung des Marktes insoweit problematisch, als sie die Chancen für Außenstehende weiter verschlechtern, die Zutrittsschranken erhöhen und auf mittlere bis längere Sicht nur zwei echte Wettbewerber übrig lassen würde.[688] Daraus lässt sich aber nicht generell der Schluss ziehen, dass § 2 Abs. 1 GWB von vornherein nicht zur Rechtfertigung von Gegenmachtkartellen tauge.[689] Zwar lassen sich Beschränkungen nicht damit rechtfertigen, sie dienten dazu, „gerechte Wettbewerbsbedingungen im Markt zu gewährleisten".[690] Darum geht es jedoch bei Gegenmachtkartellen nicht, die darauf abzielen, den langjährigen Vorsprung eines fest etablierten Marktführers anzugreifen und damit den Wettbewerb im Markt zu beleben. **Sofern** der bisherige Marktführer und das Aufholkartell etwa infolge einer starken Erhöhung der Marktzutrittsschranken **nicht praktisch unangreifbar** werden, dürfte regelmäßig noch **keine Ausschaltung des Wettbewerbs** iSd § 2 Abs. 1 GWB vorliegen.

**9. Strukturkrisenkartelle. a) Allgemeines.** Mit **§ 6 GWB aF** enthielt das deutsche **202** Kartellrecht bis zur 7. GWB-Novelle einen speziellen Ausnahmetatbestand, der den Unternehmen im Falle „eines auf nachhaltiger Änderung der Nachfrage beruhenden Absatzrückgangs" die notwendigen **Absprachen zu einer koordinierten, planmäßigen Anpassung ihrer Produktionskapazitäten an den Bedarf** ermöglichte. Die **praktische Bedeutung** war **gering:** Bis Ende 2004 wurden lediglich 10 Freistellungsanträge beim

---

kung generell annimmt, dass bei einem gemeinsamen Marktanteil von weniger als 15 % die Weitergabe der Vorteile an die Verbraucher „wahrscheinlich" ist.

[683] Vgl. dazu Ellger → § 3 Rn. 85.

[684] BKartA 25.8.1999, WuW/E DE-V 209 (214 f.). Teilweise wird in diesem Zusammenhang – wohl zur Abgrenzung von der Gegengewichtsbildung im Vertikalverhältnis – auch von „Nebengewichtsbildung" gesprochen, vgl. Nordemann/Grave in LMRKM § 2 Rn. 18 iVm Nordemann/Nyberg in LMRKM Art. 101 Abs. 3 AEUV Rn. 108.

[685] BGH 9.7.2002, WuW/E DE-R 919 (923 ff.); krit. gegenüber der Annahme einer „strukturellen Besonderheit des Marktes" Hartmann-Rüppel/Wagner ZWeR 2004, 128 (144 ff.), die statt dessen einen produktspezifischen Wettbewerbsvorteil der FAZ als Grund für deren Marktführerschaft annehmen.

[686] Vgl. KG, WuW/E DE-R 628 (632) – Stellenmarkt für Deutschland II; Nordemann in LMRKM § 2 Rn. 18 iVm Nordemann/Nyberg in LMRKM Art. 101 Abs. 3 AEUV Rn. 108.

[687] In diesem Sinne generell Nordemann/Grave in LMRKM Rn. 18 iVm Nordemann/Nyberg in LMRKM AEUV Art. 101 Abs. 3 Rn. 108.

[688] Vgl. Hartmann-Rüppel/Wagner ZWeR 2004, 128 (149).

[689] So aber Hartmann-Rüppel/Wagner ZWeR 2004, 128 (152 f.).

[690] KOMM., Leitlinien zur Anwendung von Art. 81 Abs. 3 EG, ABl. 2004 C 101, 8 Abs. 3 EG, Rn. 47 unter Hinweis auf EuG 21.2.1995, Slg. 1995, II-289 Rn. 294 ff. – Vereniging von Samenwerkende Prijsregelnde Organisaties in de Bouwnijverheid (SPO).

BKartA gestellt, von denen zwei stattgegeben wurde.[691] Die geringe Zahl an Erlaubnis-
anträgen beruhte (neben einer engen Definition der „Strukturkrise")[692] teilweise auch
darauf, dass brancheninterm keine Einigung erzielt werden konnte oder dass man (vereinzelt) auf die allgemeine Vorschrift über Rationalisierungskartelle auswich.[693]

203    Im **europäischen Wettbewerbsrecht** gibt es dagegen seit jeher **keine besondere
Regelung** für Krisensituationen. Selbst bei strukturellen Umbruchsituationen in ganzen
Wirtschaftszweigen kommt daher eine Freistellung wettbewerbsbeschränkender Verein-
barungen zum geordneten Kapazitätsabbau nur unter den Voraussetzungen des Art. 101
Abs. 3 AEUV in Betracht. Die Beurteilungsgrundsätze für Strukturkrisenkartelle in der
Anwendungspraxis der Kommission[694] unterschieden sich aber kaum von der deutschen
Praxis.[695] Da Strukturkrisenkartelle in der Regel nicht nur rein lokale oder regionale
Auswirkungen haben, sondern den zwischenstaatlichen Handel tangieren, war es nur
konsequent, dass sich der deutsche Gesetzgeber im Zuge der 7. GWB-Novelle zur **ersatz-
losen Streichung des § 6 GWB aF** entschloss.

204    Dies wirft die Frage auf, ob der **ratio legis** des früheren Sondertatbestands auch im
Rahmen der allgemeinen Kriterien des § 2 Abs. 1 GWB hinreichend Rechnung getragen
werden kann. Anknüpfungspunkt für die Freistellung von Strukturkrisenkartellen waren
bestimmte **Funktionsdefizite des Wettbewerbsprozesses beim Abbau von nachhaltigen Überkapazitäten.** Der theoretisch zu erwartenden „Selbstreinigung" des Marktes
durch das Ausscheiden der jeweils unrentabelsten Anbieter stehen in der Praxis häufig
Umstände entgegen, die im harten Preiskampf insbesondere an sich leistungsstarke (kleine
und mittlere) Unternehmen zur Aufgabe zwingen, während weniger rentable, aber finanzstarke Großunternehmen in der Lage sind, auch längere Verlustphasen durchzustehen.[696]
Vorteile können auch ältere Betriebe mit längst abgeschriebenen Produktionsmitteln
haben, die auf Grund erheblich niedrigerer Fixkosten schon bei einer sehr viel niedrigeren
Auslastung profitabel arbeiten können als neu errichtete Anlagen.[697]

205    Vor diesem Hintergrund kann es sinnvoll und letztlich effizienzfördernd sein, die bei
Strukturkrisen erforderlichen Anpassungsprozesse nicht mehr allein dem Wettbewerb zu
überlassen, sondern die **Möglichkeit zu einem koordinierten Vorgehen** zu schaffen,
**um den Markt langfristig stabilisieren** und eine **ausgewogene Struktur leistungsfähiger Anbieter bewahren** bzw. wiederherstellen **zu können.**[698] Dies liegt letztlich auch

---

[691] Erfolgreich waren die Anträge in den Fällen BKartA 31.5.1983, WuW/E BKartA 2049 – Betonstahlmatten und 22.7.1987, WuW/E BKartA 2271 – Leichtbauplatten; abgelehnt wurde die Freistellung in
BKartA 14.12.1959, WuW/E BKartA 114 – Schuhbeschlag. Die meisten Anträge wurden von den Beteiligten wieder zurückgezogen, vgl. BKartA TB 1978, 14; TB 1991/1992, 169; TB 1995/1996, 79 f.;
TB 1997/1998, 188; TB 2001/2002, 49, 174 – Tankstellenstrukturfonds (Antrag nach § 7 Abs. 1 GWB aF).
[692] Braun in Bunte Nach § 2 Rn. 41 f.; näher zu den Anforderungen sogleich unter → Rn. 204 ff.
[693] Nordemann in LMR, 2. Aufl. 2009, Rn. 130.
[694] Vgl. KOMM. 4.7.1984, ABl. 1984 L 207, 17 Rn. 25 ff. – Kunstfasern; 19.7.1984, ABl. 1984 L 212, 1
(5) – BPCL/ICI; 5.5.1988, ABl. 1988 L 150, S. 35 (39) – Bayer/BP Chemicals; 29.4.1994, ABl. 1994 L 131,
S. 15 (18 ff.) – Stichting Baksteen; ferner Zwölfter Bericht über die Wettbewerbspolitik (1982), Rn. 38–41;
Dreizehnter Bericht über die Wettbewerbspolitik (1983), Rn. 56–61; zur grundsätzlichen Möglichkeit, das
Vorliegen einer Krisensituation im Rahmen der Freistellungsnorm zu berücksichtigen, auch EuGH
15.12.2002, WuW/E EU-R 601 Rn. 487 f. – PVC.
[695] Vgl. Jung ZWeR 2007, 141 (150 ff.); ferner Nordemann/Grave in LMRKM Rn. 18 iVm Nordemann/
Nyberg in LMRKM Art. 101 Abs. 3 AEUV Rn. 159; ebenso Braun in Bunte Nach § 2 Rn. 209 („ent-
sprechen sich weitestgehend"), die aber aus der fehlenden Erwähnung der Strukturkrisenkartelle in den
Leitlinien zur Anwendbarkeit von Artikel 101 des Vertrags über die Arbeitsweise der Europäischen Union auf
Vereinbarungen über horizontale Zusammenarbeit, ABl. 2011 C 11, 1 „gewisse Zweifel" ableitet, ob die
Kommission an ihren Anwendungsgrundsätzen aus der Mitte der 1980er Jahre festhalten wird. Die Nichterwähnung dürfte jedoch damit zusammenhängen, dass diese Kartelle zum einen keine echten Leistungsgewinne im engeren Sinne herbeiführen, zum anderen nur von geringer praktischer Bedeutung sind.
[696] Vgl. BKartA 22.7.1987, WuW/E BKartA 2271 (2272) – Leichtbauplatten; Immenga in Immenga/
Mestmäcker, 3. Aufl. 2001, § 6 Rn. 4 f.
[697] Bunte in FK-KartellR GWB 1999 § 6 Rn. 9.
[698] BKartA 22.7.1987, WuW/E BKartA 2271 (2272) – Leichtbauplatten; Kirchhoff/Gerlach FS Benisch,
367 (369); Nordemann/Grave in LMRKM § 2 Rn. 18 iVm Nordemann/Nyberg in LMRKM Art. 101

im Interesse des Verbrauchers, der davon mittel- und langfristig mehr profitiert als von einem vorübergehenden (ruinösen) Preiskampf.[699] Der Regelungszweck des früheren § 6 GWB aF, den **planmäßigen Kapazitätsabbau zur Anpassung an einen erheblich niedrigeren Bedarf zu ermöglichen,** ist somit nicht obsolet geworden. Dabei geht es nicht um die gemeinsame Abfederung von lediglich konjunkturellen Nachfragerückgängen, vielmehr muss die Reduzierung der Kapazitäten **dauerhaft zur Überwindung einer strukturellen Krise** erfolgen.[700]

Darüber hinaus verlangte das BKartA und die hM in der Literatur, dass der Absatzrück- **206** gang zu einem existenzbedrohenden Preisverfall geführt haben musste.[701] Das Kriterium der **Existenzgefährdung der Unternehmen** wurde aus dem Zweck des § 6 GWB aF abgeleitet, „einen nicht leistungsgemäßen und übermäßigen Ausscheidungsprozess zu vermeiden".[702] Zu beachten ist aber, dass es nicht darum gehen kann, eine bestimmte, insbesondere mittelständische, Struktur des relevanten Marktes um ihrer selbst willen zu konservieren. Der in der deutschen Praxis betonte Aspekt, es gelte das Ausscheiden an sich leistungsfähiger kleiner und mittlerer Unternehmen aus dem Markt zu vermeiden,[703] findet in dieser Form auf der europäischen Ebene keine Entsprechung. Hier wird ohne Bezugnahme auf unterschiedliche Unternehmensgrößen darauf abgestellt, dass der unbeschränkte Wettbewerb in Krisensituationen nicht unbedingt die Gewähr dafür biete, dass die unrentabelsten Betriebe aus dem Markt ausschieden.[704] Die Zulassung von Strukturkrisenkartellen ist **kein Instrument der Mittelstandspolitik,** sondern nur dann gerechtfertigt, wenn andernfalls, also infolge eines unkontrollierten Ausscheidungswettbewerbs, auf längere Sicht eine Gefährdung der optimalen Versorgung der Verbraucher[705] oder eine Vernichtung von Kapazitäten über das volkswirtschaftlich erforderliche Maß[706] hinaus zu befürchten wäre. Insoweit kommt dem Regelungszweck des früheren § 6 GWB aF auch unter der Geltung der heutigen Generalklausel des § 2 Abs. 1 GWB Bedeutung zu.

**b) Konkretisierung der Anforderungen an die Freistellung.** Nach dem früheren **207** deutschen Recht musste der die Krise auslösende Absatzrückgang durch eine **nachhaltige Änderung der Nachfrage** verursacht worden sein, während die Kommission im europäischem Wettbewerbsrecht nur auf das **Vorliegen strukturell bedingter Überkapazitäten**

---

Abs. 3 AEUV Rn. 158; vgl. aber auch die grundsätzliche Kritik bei Jung ZWeR 2007, 141 (162 ff.), der sich wegen des Fehlens gesicherter Vorteile von Krisenkartellen und der darin liegenden branchenspezifischen Privilegierung auf Kosten der Marktgegenseite für eine besonders restriktive Haltung und gegen eine Übernahme der zu § 6 GWB aF entwickelten Grundsätze in die Generalklausel des § 2 Abs. 1 GWB ausspricht.

[699] Vgl. BKartA 31.5.1983, WuW/E BKartA 2049 (2060) – Betonstahlmatten; Immenga in Immenga/Mestmäcker, 3. Aufl. 2001, GWB § 6 aF Rn. 6.

[700] Ausführlich zum Gegensatz von Konjunkturkrise und Strukturkrise bei der Kartellrechtsanwendung mit Blick auf die Wirtschaftskrise der Jahre 2007 bis 2009 Körber WuW 2009, 873 ff.; Herrlinger/Kahlert BB 2009, 1930 ff. mit kritischen Anmerkungen zu dieser Differenzierung nach der Ursache einer Krise (aaO, 1933 f.).

[701] BKartA 31.5.1983, WuW/E BKartA 2049 (2055, 2056) – Betonstahlmatten; Immenga in Immenga/Mestmäcker, 3. Aufl., § 6 Rn. 20; Nordemann in LMRKM, 3. Aufl. 2016, § 2 Rn. 20 iVm AEUV Art. 101 Abs. 3 Rn. 169.

[702] BKartA 31.5.1983, WuW/E BKartA 2049 (2051) – Betonstahlmatten; ebenso BKartA 22.7.1987 –, WuW/E BKartA 2271 (2272) – Leichtbauplatten (Erwartung eines nicht leistungsgerechten Ausscheidungsprozesses).

[703] BKartA 31.5.1983, WuW/E BKartA 2049 (2056) – Betonstahlmatten; zurückhaltender BKartA 22.7.1987, WuW/E BKartA 2271 (2272) – Leichtbauplatten, wo lediglich darauf abgestellt wird, dass auch solche kleineren Wettbewerber ausscheiden müssten, die an sich leistungsfähig seien, während dahingestellt bleibt, ob am Ende nur noch drei Großunternehmen übrig bleiben würden.

[704] Kommission, Zwölfter Bericht über die Wettbewerbspolitik, Rn. 38.

[705] In diesem Sinne sind wohl auch die Ausführungen zur Erhaltung der mittelständisch geprägten Struktur des Marktes im Fall BKartA 31.5.1983, WuW/E BKartA 2049 (2051) – Betonstahlmatten zu verstehen, zumal das BKartA angesichts der frachtkostenintensiven Produkte die Bedeutung einer breit gestreuten regionalen Verteilung der Hersteller für eine kostengünstige Belieferung hervorhebt.

[706] Dieser alternative Aspekt findet sich auch in BKartA 31.5.1983, WuW/E BKartA 2049 (2056) – Betonstahlmatten.

abstellt, ohne nach deren Ursache zu fragen. Auch wenn sie auf Fehlentscheidungen der Unternehmen beruhen, etwa einer Kapazitätserweiterung in der Vergangenheit auf Grund einer zu optimistischen Einschätzung erwarteter Nachfragesteigerungen, kann danach eine Strukturkrise vorliegen. Erforderlich ist lediglich, dass „sämtliche betroffenen Unternehmen **über einen längeren Zeitraum hinweg eine erhebliche Minderung des Auslastungsgrads** ihrer Anlagen, Produktionseinbußen und wesentliche Verluste" hinnehmen müssen und selbst mittelfristig keine dauerhafte Besserung in Sicht ist.[707]

**208**     Auch nach § 2 Abs. 1 GWB kommt es lediglich auf das Vorhandensein **nachhaltiger Überkapazitäten an;** diese werden zwar meist, aber nicht zwingend nur bei entsprechenden Einbrüchen in der Nachfrage existieren. Notwendig bleibt die schwierige Abgrenzung zu lediglich vorübergehenden (konjunkturell bedingten) Schwankungen der Nachfrage bzw. im Auslastungsgrad der Anlagen. Denn wettbewerbsbeschränkende Vereinbarungen zur planmäßigen Kapazitätsanpassung lassen sich nur rechtfertigen, wenn es sich tatsächlich um eine **Strukturkrise auf Grund eines längerfristigen Auseinanderklaffens von Produktionskapazitäten und Nachfragevolumen** handelt. Möglich erscheint ein Rückschluss vom Zweck der Vereinbarung (endgültiger Kapazitätsabbau in ausgewogener Form) auf die tatsächliche Situation.[708] Denn die beteiligten Unternehmen werden sich nur dann zur definitiven Reduzierung ihrer Produktionskapazitäten bereit erklären, wenn sie von einer dauerhaft erheblich niedrigeren Nachfrage überzeugt sind, während sie bei einem nur vorübergehenden Nachfragerückgang versuchen werden, ihre Kapazitäten so zu erhalten, dass sie bei einem erneuten Anstieg des Absatzvolumens im Markt wieder genutzt werden können. Um den Zweck der koordinierten **Kapazitätsbereinigung** zu erreichen, muss diese **auf Dauer** erfolgen, dh die nicht benötigten Produktionsanlagen müssen dem Markt endgültig entzogen werden.[709] Als Alternative zur Verschrottung kommen Produktionsumstellungen, Stilllegungen oder Standortwechsel nur in Betracht, wenn die Kosten für eine Wiederinbetriebnahme im relevanten Markt das wirtschaftlich vernünftige Maß überschreiten würde.[710] Die Modalitäten der Durchführung der Kapazitätsanpassung müssen in einem detaillierten **Kapazitätsabbauplan** festgehalten werden, der auch entsprechende Ziel- und Zeitvorgaben für die Verwirklichung der einzelnen (Zwischen-)Schritte durch die beteiligten Unternehmen vorgibt.[711] Daran ist auch im Legalausnahmesystem festzuhalten. Die früher mögliche Ergänzung eines nicht ganz vollständigen Plans und Begleitung seiner Implementierung durch Auflagen des BKartAs im Rahmen der Freistellungsentscheidung erfordert heute allerdings den Einsatz des Instruments der Verpflichtungszusage (§ 32b GWB).

**209**     Strukturkrisenkartelle sind nicht auf die Produktion von Waren beschränkt, sondern können auch im **Dienstleistungssektor** relevant werden.[712] Zu denken ist etwa an Überkapazitäten im Speditions- und Transportgewerbe oder im Hotelbereich, bei Handelsunternehmen oder Tankstellen.[713] Unter der Geltung des § 6 GWB aF war zwar umstritten, ob und inwieweit die Norm auch auf Dienstleistungsunternehmen anwendbar war.[714]

---

[707] Kommission, Zwölfter Bericht über die Wettbewerbspolitik, Rn. 38 (Hervorhebung hinzugefügt); vgl. zu den vielfältigen Gründen für die Entstehung von Überkapazitäten Jung ZWeR 2007, 141 (142 f.) mwN.

[708] Bunte in FK-KartellR GWB 1999 § 6 Rn. 40; Nordemann/Grave in LMRKM § 2 Rn. 18 iVm Nordemann/Nyberg in LMRKM Art. 101 Abs. 3 AEUV Rn. 160; generelle Zweifel an der klaren Unterscheidbarkeit von Strukturkrise und Konjunkturkrise dagegen bei Herrlinger/Kahlert BB 2009, 1930 (1933 f.).

[709] BKartA 31.5.1983, WuW/E BKartA 2049 (2057) – Betonstahlmatten; Nordemann/Grave in LMRKM § 2 Rn. 18 iVm Nordemann/Nyberg in LMRKM Art. 101 Abs. 3 AEUV Rn. 162.

[710] Vgl. Bunte in FK-KartellR GWB 1999 § 6 Rn. 51 ff.

[711] Näher zu den Anforderungen Nordemann in LMRKM, 3. Aufl. 2016, Rn. 20 iVm AEUV Art. 101 Abs. 3 Rn. 171.

[712] So auch Braun in Langen/Bunte, 11. Aufl. 2010, GWB Anh. §§ 1, 2 Rn. 179 aE.

[713] Nordemann/Grave in LMRKM Rn. 18 iVm Nordemann/Nyberg in LMRKM Art. 101 Abs. 3 AEUV Rn. 165.

[714] Ablehnend zB Bunte in FK-KartellR GWB § 6 aF Rn. 19; dafür Immenga in Immenga/Mestmäcker, 3. Aufl. 2001, GWB 1999 § 6 Rn. 33, allerdings mit Ausnahme von Handelsunternehmen, die nach ganz hM nicht unter § 6 GWB aF fielen (aaO Rn. 31).

Nach der heutigen Generalklausel des § 2 Abs. 1 GWB bestehen jedoch keine Gründe für eine einschränkende Auslegung, zumal nach allgemeiner Auffassung unter „Waren" ebenso wie in Art. 101 Abs. 3 AEUV generell auch „Dienstleistungen" mit zu verstehen sind.

Der geordnete, planmäßige Kapazitätsabbau zur Beseitigung der strukturell bedingten **210** Überkapazitäten muss im Vergleich zu der Situation ohne die Kartellvereinbarung **objektive wirtschaftliche Vorteile** aufweisen, die zumindest teilweise den Verbrauchern zugute kommen. Strukturkrisenkartelle weisen zwar keine Leistungsgewinne im engeren Sinne auf. Als **Verbesserung der Warenerzeugung** lässt sich aber die Beseitigung überschüssiger Kapazitäten (jedenfalls aus volkswirtschaftlicher Sicht) dann qualifizieren, wenn sie auf längere Sicht zu einer Rentabilitätssteigerung und damit Rückkehr zur Wettbewerbsfähigkeit führt.[715] Zudem können die frei werdenden Mittel einer produktiveren Verwendung zugeführt werden. Fraglich ist, ob insoweit auch **soziale Aspekte** einzubeziehen sind. Anhaltspunkte in dieser Richtung finden sich in der Anwendungspraxis sowohl der Kommission[716] als auch des BKartAs.[717] An der Fortführung dieser Praxis bestehen jedoch durchgreifende Zweifel, weil im System der Legalausnahme kein Raum mehr für die Berücksichtigung nichtwettbewerblicher Kriterien in Art. 101 Abs. 3 AEUV/§ 2 Abs. 1 GWB ist. Im Ergebnis dürfte dies allerdings ohne Konsequenzen bleiben, weil die bessere Sozialverträglichkeit eines koordinierten Kapazitätsabbaus ohnehin nur einen Nebenaspekt darstellte.

Die **Verbraucher** profitieren auf längere Sicht ebenfalls von einer „verbesserten und **211** gesunden Angebotsstruktur".[718] Insbesondere kann bei sehr frachtkostenintensiven Produkten die Erhaltung einer breit gestreuten regionalen Verteilung der Hersteller erforderlich sein, um auf Dauer eine flächendeckende kostengünstige Belieferung der Verbraucher zu gewährleisten.[719] Jedenfalls bei Gefährdung einer regionalen Marktversorgungsstruktur, die längerfristig auch zu Preiserhöhungen führen würde, gebührt der Erhaltung einer leistungsfähigen Struktur einer Branche der Vorrang gegenüber dem Interesse der Verbraucher an jederzeit möglichst niedrigen Preisen.[720]

Die vorgesehenen **Wettbewerbsbeschränkungen** müssen für die angestrebte Überwin- **212** dung der Strukturkrise **unerlässlich** sein. Dafür ist zum einen erforderlich, dass es **keine wirtschaftlich realisierbaren Alternativen zum Kapazitätsabbau** gibt wie etwa die Erschließung neuer Absatzmöglichkeiten (zB durch weitere Preissenkungen oder Exporte) oder eine Umstellung der Produktionsanlagen auf die Herstellung anderer Erzeugnisse. Zum anderen dürfen die einzelnen Maßnahmen nicht über das hinausgehen, was **zur Umsetzung der planmäßigen Kapazitätsanpassung notwendig** ist. Im Gegensatz zu anderen Kartellformen bestehen insoweit keine Bedenken im Hinblick auf die große Anzahl der Kartellmitglieder bis hin zu einer branchenumfassenden Teilnahme. Vielmehr wäre gerade umgekehrt der Kartellzweck umso eher gefährdet, je größer die Zahl der Hersteller bzw. deren Marktvolumen wäre, die sich nicht am Kartell beteiligen.[721] Zwar gab und gibt es keine Teilnahmeverpflichtung für alle von der Krise betroffenen Unternehmen; doch beteiligen sich bis auf wenige Außenseiter nicht die meisten Unternehmen der fraglichen Branche[722]

---

[715] Kommission, Zwölfter Bericht über die Wettbewerbspolitik, Rn. 39.

[716] Vgl. Kommission, Zwölfter Bericht über die Wettbewerbspolitik, Rn. 39 („[…] wenn durch die koordinierte Schließung unrentabler Betriebe die damit verbundenen sozialen Auswirkungen gemildert, auf mehrere Unternehmen verteilt und zeitlich gestreckt werden können").

[717] Vgl. BKartA 31.5.1983, WuW/E BKartA 2049 (2060) – Betonstahlmatten.

[718] Kommission, Zwölfter Bericht über die Wettbewerbspolitik, Rn. 39.

[719] BKartA 31.5.1983, WuW/E BKartA 2049 (2051) – Betonstahlmatten.

[720] Vgl. BKartA 31.5.1983, WuW/E BKartA 2049 (2060) – Betonstahlmatten.

[721] BKartA 31.5.1983, WuW/E BKartA 2049 (2058) – Betonstahlmatten; vgl. auch 14.12.1959 –, WuW/E BKartA 114 (115) – Schuhbeschlag.

[722] Dazu gehören auch Mehrproduktunternehmen, die nur mit einem oder wenigen ihrer Erzeugnisse oder Dienstleistungen von der Krise betroffen sind, Immenga in Immenga/Mestmäcker, 3. Aufl. 2001, GWB § 6 aF Rn. 34; Bunte in FK-KartellR GWB 1999 § 6 Rn. 21.

(ggf. einschließlich wichtiger potentieller Wettbewerber),[723] ist ein geordneter Kapazitätsabbau nicht Erfolg versprechend.

213 Die Vereinbarung darf sich **nur auf den koordinierten Kapazitätsabbau erstrecken** und muss die Entscheidungsfreiheit der beteiligten Unternehmen im Übrigen unberührt lassen.[724] **Problematisch** ist, ob oder inwieweit **Preis- und Quotenvereinbarungen** als flankierende Maßnahmen zur Umsetzung des Kapazitätsabbaus zulässig sind. Während das BKartA diese in einem Fall abgelehnt hat, weil sie dazu dienten, die Kosten des Kapazitätsabbaus ausschließlich auf die Marktgegenseite zu verlagern,[725] hat es sie in einem anderen Fall als notwendig zur Sicherung der Stabilität des Kartells angesehen, dabei aber betont, dass es sich nicht um eine starre Quotenregelung handelte, sondern die Möglichkeit von Über- und Unterlieferungen mit entsprechenden Ausgleichszahlungen bestand.[726] Preisabsprachen für den Verkauf der Produkte in Form von Mindestpreisen, Höchstrabatten und „Best-Konditionen" hielt das BKartA jedoch nicht für die gesamte Vertragslaufzeit (von drei Jahren), sondern nur für die einjährige **Anfangsphase** der Beseitigung der Überkapazitäten für erforderlich.[727] In seinen Verwaltungsgrundsätzen führte das BKartA aus, Preis- und Quotenabsprachen könnten etwa dann erforderlich sein, wenn der Preisverfall so kurzfristig den Bestand einer Mehrzahl von Unternehmen bedrohe, dass eine planmäßige Kapazitätsreduktion ohne Preis- und Quotenabsprachen in der zur Verfügung stehenden Zeit nicht realisiert werden könne.[728] Nicht als Strukturkrisenkartell freistellungsfähig sind nach Auffassung des BKartA solche Absprachen, die eine Verbesserung der Kostenstruktur ausschließlich bei den Marktführern bewirken.[729]

214 Eine **Ausschaltung des Wettbewerbs** ist bei auf das Notwendige begrenzten Strukturkrisenkartellen trotz ihres (fast) branchenweiten Umfangs regelmäßig nicht zu befürchten.[730] Zum einen ist mit dem Abbau und der Begrenzung der Produktionskapazitäten nur ein (wenn auch wichtiges) Element der Wettbewerbsstrategie der Unternehmen betroffen, während ihre Handlungsfreiheit auf dem Markt im Übrigen unberührt bleibt. Neben einem Rest an internem Wettbewerb zwischen den beteiligten Unternehmen besteht grundsätzlich auch noch in gewissem Umfang Außenwettbewerb durch (inländische) Kartellaußenseiter und jedenfalls durch Importe aus Drittländern. Zum anderen ist die Vereinbarung von vornherein zeitlich auf die Implementierung des Kapazitätsabbaus begrenzt, so dass die Unternehmen sich darauf einstellen müssen, danach wieder gänzlich als unabhängige Wettbewerber im Markt aufzutreten.

215 **10. Umweltschutzvereinbarungen. a) Von Umweltschutzvereinbarungen zu Nachhaltigkeitsvereinbarungen nach den neuen Horizontalleitlinien.** Die neuen Horizontalleitlinien von 2023 sehen in ihrem Kapitel 9 einen eigenen Abschnitt für Nachhaltigkeitsvereinbarungen vor, unter die auch Vereinbarungen fallen, die Ziele des Umweltschutzes verfolgen. Insoweit unterscheiden sich die neuen Horizontalleitlinien von den Horizontalleitlinien 2010, die auf ein eigenes Kapitel für Umweltschutzvereinbarungen

---

[723] Deren Einbeziehung lässt sich damit rechtfertigen, dass es dem Ziel des geordneten Kapazitätsabbaus widerspräche, wenn nicht zugleich ein möglicher Kapazitätszuwachs durch Marktzutritte ausgeschlossen oder begrenzt würde, so Nordemann/Grave in LMRKM Rn. 18 iVm Nordemann/Nyberg in LMRKM Art. 101 Abs. 3 AEUV Rn. 164; Bunte in FK-KartellR GWB 1999 § 6 Rn. 22; im Grundsatz auch Immenga in Immenga/Mestmäcker, 3. Aufl. 2001, GWB § 6 aF Rn. 35 (in Ausnahmefällen gerechtfertigt). Zwar ist bei Strukturkrisen mit einem kurzfristigen Marktzutritt ohnehin nicht zu rechnen, aber der Erfolg des Kartells könnte rasch wieder entfallen, wenn kurz vor oder nach Abschluss des Kapazitätsabbaus oder bei ersten Sanierungserfolgen potentielle Konkurrenten in den Markt eintreten würden.
[724] Kommission, Zwölfter Bericht über die Wettbewerbspolitik, Rn. 39.
[725] Vgl. BKartA 22.7.1987, WuW/E BKartA 2271 – Leichtbauplatten.
[726] BKartA 31.5.1983, WuW/E BKartA 2049 (2059) – Betonstahlmatten.
[727] BKartA 31.5.1983, WuW/E BKartA 2049 (2059) – Betonstahlmatten.
[728] BKartA, Verwaltungsgrundsätze für die Behandlung von Rationalisierungs-, Strukturkrisen- und sonstigen Kartellen, Bekanntmachung Nr. 109/98 v. 16.12.1998, S. 10.
[729] BKartA TB 2007/2008, 120 f.
[730] Vgl. zum Folgenden KOMM., Zwölfter Bericht über die Wettbewerbspolitik, Rn. 39.

verzichtet hatten und die entsprechenden Fragen im Rahmen der übrigen in ihnen behandelten Themenbereiche ansprachen, insbesondere im Abschnitt zu Vereinbarungen über Normen.[731]

Unter Nachhaltigkeitsvereinbarungen („sustainability agreements") sind Absprachen zu verstehen, in denen sich die Parteien verpflichten, Nachhaltigkeitsziele zu verfolgen, etwa die Verunreinigung der Umwelt zu verringern, den Verbrauch natürlicher Ressourcen zu verringern oder die Folgen des Klimawandels abzuschwächen und die Menschenrechte zu beachten.[732] Die Horizontalleitlinien definieren Nachhaltigkeitsvereinbarungen wie folgt:

> *„In diesen Leitlinien bezeichnet „Nachhaltigkeitsvereinbarung" jede Vereinbarung über horizontale Zusammenarbeit, mit der ein Nachhaltigkeitsziel verfolgt wird, unabhängig von der Form der Zusammenarbeit."[733]*

Die Nachhaltigkeitsziele werden von den Leitlinien wiederum wie folgt beschrieben:

> *„Im weitesten Sinne bezieht sich nachhaltige Entwicklung auf die Fähigkeit der Gesellschaft, die heute verfügbaren Ressourcen zu verbrauchen und zu nutzen, ohne die Fähigkeit künftiger Generationen zu gefährden, ihre eigenen Bedürfnisse zu decken. Sie umfasst Tätigkeiten, die wirtschaftliche, ökologische und soziale Entwicklung (einschließlich der Arbeitnehmer- und Menschenrechte) unterstützen. Der Begriff „Nachhaltigkeitsziele" umfasst daher u. a. die Bekämpfung des Klimawandels (z. B. durch Verringerung der Treibhausgasemissionen), die Vermeidung von Umweltverschmutzung, die Begrenzung der Nutzung natürlicher Ressourcen, der Schutz der Menschenrechte, die Gewährleistung eines existenzsichernden Einkommens, die Förderung einer widerstandsfähigen Infrastruktur und von Innovationen, die Verringerung der Nahrungsmittelverschwendung, die Erleichterung des Übergangs zu gesunden und nährstoffreichen Nahrungsmitteln und die Gewährleistung des Tierschutzes."[734]*

Ihrem Gegenstand nach können sie auf einen weitgespannten Kreis ganz unterschiedlicher Ziele, die vom Schutz der Umwelt über den sparsamen Gebrauch natürlicher Ressourcen, der Wahrung der Menschenrechte, Sicherung der Infrastruktur und Innovationsförderung bis hin zur Gewährleistung eines den Lebenshaltungskosten entsprechenden Einkommens abzielen.

Angesichts des überaus großen Kreises von Interessen und Belangen, die Gegenstand einer wettbewerbsbeschränkenden Nachhaltigkeitsvereinbarung sein können, wächst die Gefahr, dass der Wettbewerbsschutz zugunsten der Nachhaltigkeitsbelange relativiert wird. Nach § 2 GWB/Art. 101 Abs. 3 AEUV ist es jedoch unabdingbar, dass ausschließlich Vereinbarungen mit wettbewerbsbeschränkendem Inhalt – seien es Nachhaltigkeitsvereinbarungen oder Vereinbarungen mit anderen Zielen – vom Verbot des § 1 GWB/Art. 101 Abs. 1 AEUV freigestellt werden, die die vier in diesen Vorschriften enthaltenen Freistellungsvoraussetzungen erfüllen.[735]

Für den Bereich des deutschen Wettbewerbsrechts berichtet das Bundeskartellamt, dass für viele Unternehmen ein gewisser Anreiz dafür bestehe, bei ihrer unternehmerischen Tätigkeit auch Nachhaltigkeits- und sonstige Gemeinwohlziele zu beachten. Nachhaltigkeit werde zum Wettbewerbsparameter.[736] Um die damit verbundenen unternehmerischen

---

[731] KOMM., Leitlinien zur Anwendbarkeit von Artikel 101 AEUV auf Vereinbarungen über horizontale Zusammenarbeit, ABl. 2011, C 11, 1, Rn. 329.

[732] Siehe ausführlich zu Nachhaltigkeitsvereinbarungen Ellger, Band 1, Europäisches Kartellrecht (7. Aufl.), AEUV Art. 101 Abs. 3, Pkt. E. I. 7.

[733] KOMM., Leitlinien zur Anwendbarkeit des Artikels 101 AEUV auf Vereinbarungen über horizontale Zusammenarbeit, ABl. 2023, C 259, 1 ff., Rn. 521.

[734] KOMM., Leitlinien zur Anwendbarkeit des Artikels 101 AEUV auf Vereinbarungen über horizontale Zusammenarbeit, ABl. 2023, C 259, 1 ff., Rn. 517.

[735] Darauf weist auch die Kommission in den neuen Horizontalleitlinien hin, s. KOMM., Leitlinien zur Anwendbarkeit des Artikels 101 AEUV auf Vereinbarungen über horizontale Zusammenarbeit, ABl. 2023, C 259, 1 ff., Rn. 522, 556 ff.

[736] BKartA, Jahresbericht 2022/2023, 50.

Risiken zu minimieren, strebten viele Unternehmen Kooperationen mit anderen Unternehmen über Standards, Kriterien und Vorgehensweisen. Im Amt gingen daher viele Anfragen solcher Unternehmen ein, um zu klären, welche wettbewerbsrechtlichen Voraussetzungen bei solchen Kooperationen zu beachten seien. Das Amt berichtet in diesem Zusammenhang über einige Verfahren, die existenzsichernde Löhne im Bananensektor, den Agrardialog Milch sowie Tierwohlbelange betrafen.[737] Soweit ersichtlich hat das Bundeskartellamt im Bereich der Nachhaltigkeitsvereinbarungen (mit Ausnahme des Umweltschutzes) noch keine Entscheidungen getroffen.

Soweit Umweltschutzziele davon umfasst werden, können horizontale Vereinbarungen insbesondere auf die Verwertung bestimmter Stoffe, die Verringerung von Emissionen, den sparsamen Einsatz natürlicher Ressourcen oder die Verbesserung der Energieeffizienz gerichtet sein, Normen für die Umweltergebnisse von Produkten oder Herstellungsverfahren etablieren oder private Regelungen für ganze Wirtschaftszweige einführen, um zB Umweltschutzauflagen für die Entsorgung oder Verwertung zu erfüllen.[738]

**216**   Grundlage für eine **Wettbewerbsbeschränkung** kann in diesen Fällen die (gegenseitige) spürbare Beeinflussung der Produktmerkmale und Herstellungsverfahren der beteiligten Konkurrenten oder der Produktion Dritter sein, die als Lieferanten oder Käufer betroffen sind.[739] Solange sich die Parteien einer Umweltschutzvereinbarung allerdings nur allgemein verpflichten, zur Erfüllung eines Umweltschutzziels zB ihrer Branche beizutragen, ohne konkrete Beschränkungen ihrer Aktionsparameter zu vereinbaren, liegt keine relevante Beschränkung vor.[740] Dasselbe gilt in Anwendung des Arbeitsgemeinschaftsgedankens, wenn für die Beteiligten die eigenständige Durchführung der fraglichen Tätigkeit ohne den oder die Kooperationspartner objektiv nicht möglich oder mit der Eingehung kaufmännisch unvernünftiger Risiken verbunden wäre.[741] An der erforderlichen Spürbarkeit der Marktauswirkungen fehlt es, wenn der Anteil der betroffenen Produkte, die zB wegen umweltschädlicher Eigenschaften oder Herstellungsverfahren einvernehmlich vom Markt genommen werden sollten, unerheblich ist.[742]

**217**   Für die **Freistellung** von Vereinbarungen im Bereich des Umweltschutzes (ohne innerbetriebliche Rationalisierungswirkungen) kam im früheren deutschen Recht nur **§ 7 GWB aF** in Betracht. Dieser an die europäische Generalklausel angelehnte **subsidiäre Auffangtatbestand** stellte ua – insoweit anders als Art. 101 Abs. 3 AEUV – ausdrücklich auf die Verbesserung der **„Rücknahme oder Entsorgung von Waren oder Dienstleistungen"** ab und sollte damit insbesondere umweltschutzbezogene Kooperationen erleichtern, soweit sie nicht schon als Rationalisierungskartell oder in anderer Weise unter die §§ 2–6 GWB aF fielen.[743] In einer Reihe von Fällen hatte das BKartA zuvor insoweit Absprachen geduldet.[744] Die fehlende gesetzliche Grundlage für eine Freistellung wollte der Gesetzgeber mit § 7 GWB aF schaffen, um damit insbesondere Kooperationen zur Erfüllung der Pflichten

---

[737] BKartA, Jahresbericht 2022/2023, 51; Jahresbericht 2021/2022, 59.
[738] So bereits KOMM., Leitlinien zur Anwendbarkeit von Artikel 101 des Vertrags über die Arbeitsweise der Europäischen Union auf Vereinbarungen über horizontale Zusammenarbeit, ABl. 2001 C 3, 2, Rn. 180 f.
[739] KOMM., Leitlinien zur Anwendbarkeit des Artikels 101 AEUV auf Vereinbarungen über horizontale Zusammenarbeit, ABl. 2023, C 259, 1 ff., Rn. 527.
[740] KOMM., Leitlinien zur Anwendbarkeit des Artikels 101 AEUV auf Vereinbarungen über horizontale Zusammenarbeit, ABl. 2023, C 259, 1 ff., Rn. 529.
[741] Näher zum Arbeitsgemeinschaftsgedanken als Restriktion des Kartellverbotstatbestands Zimmer → GWB § 1 Rn. 51 ff. mwN.
[742] Vgl. KOMM., Leitlinien zur Anwendbarkeit des Artikels 101 AEUV auf Vereinbarungen über horizontale Zusammenarbeit, ABl. 2023, C 259, 1 ff., Rn. 535, 30; vgl. auch KOMM., Leitlinien zur Anwendbarkeit von Artikel 101 des Vertrags über die Arbeitsweise der Europäischen Union auf Vereinbarungen über horizontale Zusammenarbeit, ABl. 2001, C 3, 2 Rn. 186.
[743] Vgl. BegrRegE (6. GWB-Novelle), BT-Drs. 13/9720, 33, 48; Immenga in Immenga/Mestmäcker, 3. Aufl. 2001, § 7 aF Rn. 2, 13.
[744] Vgl. BKartA TB 1997/98, 43; TB 2001/2002, 222 – Duales System Deutschland; Immenga in Immenga/ Mestmäcker, 3. Aufl., GWB § 7 aF Rn. 5, 13; Braun in Bunte Nach § 2 Rn. 195.

nach dem Kreislaufwirtschafts- und Abfallgesetz oder danach erlassenen Rechtsverordnungen „aus ökonomischen und ökologischen Gründen" zu ermöglichen, (auch) wenn sie nur unter Inkaufnahme von Wettbewerbsbeschränkungen zu realisieren seien.[745] Damit sollte zugleich die Möglichkeit für eine Abwägung der Ziele des Kreislaufwirtschafts- und Abfallgesetzes mit Erfordernissen des Wettbewerbsschutzes geschaffen werden. Die im Rahmen des § 7 GWB aF erforderlichen spürbaren objektiven Vorteile konnten demnach auch in der Herabsetzung von Produktrisiken für Umwelt und Mensch bestehen.[746] Heute unterliegt die **Freistellung** wettbewerbsbeschränkender **Umweltschutzvereinbarungen** § 2 Abs. 1 GWB.[747]

**b) Freistellungskriterien nach § 2 Abs. 1 GWB.** Als **wirtschaftlichen Nutzen** **218** erkennt die Kommission im Rahmen des Art. 101 Abs. 3 AEUV Vorteile sowohl auf der Ebene des Einzelnen als auch bei sämtlichen Verbrauchern an, solange die Vereinbarung **„Nettovorteile beim Abbau der Umweltbelastung"** hervorbringt, welche schwerer wiegen als die zu erwartenden Kosten.[748] Als solche seien die Wirkungen eines verringerten Wettbewerbs, die Kosten der Befolgung von Vorschriften für die Unternehmen und/oder die Auswirkungen auf Dritte zu berücksichtigen. Sofern den einzelnen Verbrauchern ein Reingewinn bei angemessenen Amortisierungsfristen entstehe, bräuchten die Nettovorteile für die Umwelt nicht ermittelt zu werden. Nur wenn dies nicht der Fall sei, müsse im Rahmen einer Kosten-Nutzen-Analyse ermittelt werden, „ob unter realistischen Annahmen mit einem Nettovorteil für die Verbraucher im Allgemeinen zu rechnen" sei.[749]

Wie großzügig die Kommission die Erfüllung der Freistellungsvoraussetzungen des **219** Art. 101 Abs. 3 AEUV bei Umweltschutzvereinbarungen annimmt, zeigt anschaulich das auch in die Horizontalleitlinien 2011 übernommene **Fallbeispiel**[750] für die gemeinsame Einführung von Umweltnormen. Danach können Vereinbarungen, Produkte nicht mehr herzustellen oder einzuführen, die bestimmte Umweltschutzkriterien etwa hinsichtlich ihrer Energieeffizienz (zB bei Waschmaschinen) nicht erfüllen, selbst dann zulässig sein, wenn daran beinahe sämtliche Hersteller und Importeure mit einem Marktanteil von 90 % beteiligt sind und die neuen, umweltfreundlicheren Produkte teurer sind. Der Nettobeitrag zum Umweltschutz durch die technisch fortgeschritteneren Produkte wiege insgesamt schwerer als die Kostensteigerungen, zumal die Käufer von den niedrigeren Betriebskosten der Produkte profitierten. Die Unerlässlichkeit wird ebenfalls recht pauschal mit dem Hinweis bejaht, Alternativen zu der Vereinbarung seien „ungewisser und weniger kosteneffizient". Zudem werde der Wettbewerb nicht ausgeschlossen, da die Beteiligten unterschiedliche technische Mittel zur Verwirklichung der Umweltschutzmerkmale einsetzen könnten und die Konkurrenz bei anderen Produktmerkmalen nicht beeinträchtigt werde.

Dies liegt auf der gleichen Linie wie eine frühere Einzelfreistellungsentscheidung der **220** Kommission, nach der ebenfalls im Grunde eine **verbesserte Umweltfreundlichkeit des** **neuen Produktes als solche** genügte, die einen kollektiven Gewinn für die Verbraucher im Allgemeinen darstellte, ohne dass es auf einen ökonomischen Vorteil für den einzelnen Kunden (oder Lieferanten) ankam.[751] Dies läuft im Ergebnis weitgehend auf eine Berück-

---

[745] BegrRegE (6. GWB-Novelle), BT-Drs. 13/9720, 48.

[746] Braun in Bunte Nach § 2 Rn. 196.

[747] Sie dazu ausführlich Ellger, (K-)Ein Kartellprivileg für den Umweltschutz, in: Kloepfer (Hrsg.), Umweltschutz als Rechtsprivileg, S. 148 ff.

[748] Vgl. die weiteren Nachweise bei Braun in Bunte Nach § 2 Rn. 196 zur „umweltbezogenen Kosten-Nutzen-Analyse" in der Kommissionspraxis.

[749] KOMM., Leitlinien zur Anwendbarkeit von Artikel 101 des Vertrags über die Arbeitsweise der Europäischen Union auf Vereinbarungen über horizontale Zusammenarbeit, ABl. 2001, C 3, Rn. 194.

[750] KOMM., Leitlinien zur Anwendbarkeit von Artikel 101 des Vertrags über die Arbeitsweise der Europäischen Union auf Vereinbarungen über horizontale Zusammenarbeit, ABl. 2011 C 11, 1, Rn. 329; zuvor bereits dies., Leitlinien zur Anwendbarkeit von Artikel 101 des Vertrags über die Arbeitsweise der Europäischen Union auf Vereinbarungen über horizontale Zusammenarbeit, ABl. 2001, C 3, Rn. 198.

[751] Vgl. KOMM. 24.1.1999, ABl. 2000 L 187, 47, Rn. 55 ff. – CECED; KOMM. 12.12.1990, ABl. 1991 L 19, 25 – KSB/Goulds/Lowara/ITT.

sichtigung von (wirtschaftlichen) Allgemeininteressen hinaus. Dagegen bestehen **Bedenken,** weil für die Einbeziehung außerwettbewerblicher Interessen im System der Legalausnahme eigentlich kein Platz mehr ist, und zwar sowohl im Rahmen des Art. 101 Abs. 3 AEUV wie auch des § 2 Abs. 1 GWB.[752] Dieser Aspekt wird übersehen, wenn im Schrifttum die Kontinuität der Beurteilung nach § 7 GWB aF und dem jetzigen § 2 Abs. 1 GWB hervorgehoben wird.[753] Denn auch die Möglichkeit zur Berücksichtigung ökologischer Aspekte als solcher im Rahmen der erforderlichen Abwägung (vgl. → Rn. 218) war auf das damalige System der Administrativfreistellung bezogen.

221 Ein hinreichender ökonomischer Vorteil für die (einzelnen) Verbraucher stellt dagegen die **Ausweitung des Produktangebots** dar, wenn sich die Kartellbeteiligten verpflichten, zusätzlich ein umweltgerechtes Produkt anzubieten. Ob und wann die Produktion der älteren Erzeugnisse mit stärkerer Umweltbelastung eingestellt wird, könnte vielfach den einzelnen Unternehmen überlassen bleiben. Jedenfalls sollte mehr Gewicht auf die **Unerlässlichkeitsprüfung** gelegt werden.[754] Denn nicht selten erscheint es zweifelhaft, ob die Vorteile eines umweltverträglicheren Produkts (zB keine Verwendung von FCKW als Kühlmittel) wirklich nur mittels einer (branchenumfassenden) Vereinbarung erreichbar sind, stellt dieser Aspekt doch inzwischen einen wichtigen Wettbewerbsfaktor im Kampf um Kunden dar, so dass die einzelnen Unternehmen grundsätzlich genügend Anreize zur individuellen Verfolgung von Umweltzielen bei Produkten und Herstellungsverfahren haben.[755]

222 Inwieweit das **BKartA** dem Vorbild der Kommission (insbesondere im Bereich unterhalb der Zwischenstaatlichkeitsklausel) bei der großzügigen wettbewerbsrechtlichen Anerkennung umweltbezogener Aspekte unter dem Begriff der wirtschaftlichen Effizienzvorteile folgen wird, lässt sich derzeit noch nicht endgültig abschätzen. Zum einen ließe sich eine Abweichung schon mit der Erwägung rechtfertigen, dass sowohl die erwähnte Einzelentscheidung als auch die erstmalige Betonung des Stellenwerts der genannten Umweltschutzaspekte in den Horizontalleitlinien 2001 aus der Zeit vor dem Inkrafttreten der VO 1/2003 stammen, als eine Berücksichtigung außerwettbewerblicher Aspekte im Rahmen des Art. 101 Abs. 3 AEUV durch die Kommission noch legitim und zulässig war. Zum anderen erscheint gerade in Fällen von lediglich lokaler oder regionaler Bedeutung der Verdacht nahe zu liegen, das Argument eines lediglich kollektiven Verbrauchernutzens ohne nachweisbare wirtschaftliche Vorteile für den Einzelnen werde eher vorgeschoben, um andere Zwecke der Zusammenarbeit zu kaschieren. Andererseits darf nicht übersehen werden, dass die Kommission ihre damalige Haltung – wie zuvor im Rahmen des Fallbeispiels aufgezeigt – in der Sache unverändert in die neuen Horizontalleitlinien 2011 übertragen hat. Das zwischenzeitliche Inkrafttreten der VO 1/2003 soll also offenbar kein Grund für eine veränderte Herangehensweise sein.

223 Die aufgrund der §§ 1 ff. GWB ergangene Entscheidungspraxis zu Umweltschutzkooperationen ist ebenfalls eher spärlich und daher zum jetzigen Zeitpunkt noch wenig aussagekräftig. So hat das BKartA etwa im Fall „Altglas" wie die Kommission eine in der grundsätzlichen Tendenz liberale Haltung gegenüber Umweltschutzvereinbarungen an den Tag gelegt. Gegenstand des Verfahrens war eine wettbewerbsbeschränkende Beschaffungskooperation für Altglas. Im Einzelnen hat das BKartA hier den schonenden Umgang mit

---

[752] Ähnlich kritisch Nordemann/Grave in LMRKM § 2 Rn. 14 iVm Nordemann/Nyberg in LMRKM Art. 101 Abs. 3 AEUV Rn. 57; vgl. zur Notwendigkeit einer rein wettbewerbsorientierten Auslegung des § 2 Abs. 1 GWB bereits → Rn. 68 ff.; dies schließt allerdings nicht die Möglichkeit aus, dass Umweltschutzaspekte über die normativ offen formulierten Freistellungskriterien des Art. 101 Abs. 3 AEUV bzw. § 2 Abs. 1 GWB auch im Falle ihrer wettbewerbsbezogenen Auslegung in die Prüfung einfließen können, vgl. Frenz EWS 2007, 337 (340); zu dieser Thematik auch ders. Natur und Recht 2006, 138 (140 ff.) mit Hinweis auf eine Gleichwertigkeit wirtschaftlicher und umweltbezogener Belange im gesamten EU-Recht.

[753] So Braun in Bunte Nach § 2 Rn. 201 f. („keine substanziellen Änderungen" im Vergleich zu § 7 Abs. 1 GWB aF).

[754] Dazu differenzierend mit verschiedenen Beispielen Frenz Natur und Recht 2006, 138 (143 f.).

[755] Insoweit paradigmatisch BKartA 31.5.2007, WuW/E DE-V 1392 Rn. 193 – Altglas für fehlende Unerlässlichkeit einer wettbewerbsbeschränkenden Abrede im Bereich des Altgasrecycling.

natürlichen Ressourcen sowie die Verminderung des Energieeinsatzes und des Ausstoßes schädlicher Stoffe als Effizenzgewinne eingestuft, die im Rahmen des § 2 Abs. 1 GWB neben damit ggf. auch verbundenen Kostenersparnissen offenbar eigenständig berücksichtigungsfähig sein sollen.[756] Im konkreten Fall scheiterte die Berücksichtigung allerdings an der fehlenden Unerlässlichkeit, da sich im Laufe der Jahrzehnte bereits unabhängig von der durch die Einkaufskooperation bewirkten Nachfragebündelung ausreichend hohe Recyclingquoten für Altglas entwickelt hatten.[757]

## IV. Anwendung auf vertikale Vereinbarungen

**1. Überblick.** Die 7. GWB-Novelle hat zur Aufgabe des Missbrauchsprinzips für vertikale Abschlussbeschränkungen (§ 16 GWB aF) und weiterer Sondertatbestände für vertikale Beschränkungen geführt (vgl. bereits → Rn. 11, 16 f.). Seitdem erstreckt sich das Kartellverbot des § 1 GWB ebenso wie Art. 101 Abs. 1 AEUV generell auch auf vertikale Vereinbarungen zwischen Unternehmen, die auf verschiedenen Wirtschaftsstufen tätig sind und weder aktuell noch potentiell im Wettbewerb miteinander stehen. Daran hat sich auch mit Erlass der 8. GWB-Novelle im Jahre 2013 nichts geändert. Die im Vergleich zu horizontalen Absprachen **grundsätzlich positivere wettbewerbspolitische Beurteilung von Vertikalvereinbarungen,**[758] die vielfach auch wettbewerbsfördernde Wirkungen aufweisen, insbesondere zu einer Verbesserung der Warenverteilung beitragen können, ist nach der aktuellen Gesetzessystematik im Wesentlichen erst auf der Ebene der Freistellung nach § 2 GWB zu berücksichtigen.

Daneben kommen in begrenztem Umfang aber auch bereits **Restriktionen des Verbotstatbestands des § 1 GWB** in Betracht, die zB an die **Notwendigkeit von Nebenabreden** für die Durchführung von Austauschverträgen oder sonstigen wettbewerbsneutralen Vertragsverhältnissen anknüpfen. Dieser **sog. Immanenzgedanke** spielt nicht nur bei Wettbewerbsverboten in Unternehmenskaufverträgen,[759] sondern auch für Kundenschutzklauseln[760] und Wettbewerbsverbote in Lieferverträgen sowie bei selektiven Vertriebs- und Franchisingsystemen eine Rolle.[761] So sind etwa beschränkende Vereinbarungen in **Franchiseverträgen** schon nicht wettbewerbsbeschränkend, soweit sie verhindern sollen, dass der Franchisenehmer das ihm überlassene Know-how an Dritte weitergibt oder das einheitliche Auftreten des Franchising-Systems nach außen in Frage stellt.[762] Allerdings sind **Franchisevereinbarungen nicht generell** vom Kartellverbot **freigestellt.** Enthält ein Franchisevertrag Bestimmungen, die über die eben genannten Erfordernisse für die Durchführung des Franchisesystems hinausgehen, so sind sie verboten, wenn sie wett-

---

[756] BKartA 31.5.2007, WuW/E DE-V 1392 Rn. 187 – Altglas; siehe zu diesem Fall auch BKartA TB 2007/2008, 152 f.

[757] BKartA 31.5.2007, WuW/E DE-V 1392 Rn. 193 – Altglas; dieser strengen Unerlässlichkeitsprüfung im konkreten Fall beipflichtend Nordemann/Grave in LMRKM Rn. 18 iVm Nordemann/Nyberg in LMRKM Art. 101 Abs. 3 AEUV Rn. 173. Eine eher strenge Haltung scheint das BKartA auch bei der koordinierten Entsorgung von Verpackungsabfällen unter Beteiligung der „dualen Systeme" zu verfolgen, vgl. zur Feststellung von Wettbewerbsbeschränkungen durch sog. „Mengenübertragungsverträge", mit denen einzelne Betreiber ihre planmäßigen Abfallmengen untereinander verschieben, BKartA 18.8.2008, WuW/E DE-V 1689 – Mengenübertragungsvertrag = BKartA TB 2007/2008, (36 und 153 f.). Kartellrechtlich problematisch ist ferner die koordinierte Vorgehensweise der Betreiber von dualen Systemen bei den „Erfassungsausschreibungen" bezüglich Verpackungsabfall-Sammlungsleistungen, s. dazu BKartA TB 2007/2008, 154; BKartA TB 2009/2010, (43 und 106). In beiden Bereichen ist nicht erkennbar, inwieweit das BKartA bereit wäre, Aspekte des Umweltschutzes bei der Prüfung der Freistellungsfähigkeit nach § 2 Abs. 1 zu berücksichtigen, vgl. dazu etwa Schumacher WuW 2002, 121.

[758] So auch KOMM., Leitlinien für vertikale Beschränkungen, ABl. 2022, C 248, 1, Rn. 10 („...vertikale Beschränkungen zwischen auf unterschiedlichen Stufen der Produktions- oder Vertriebskette tätigen Unternehmen in der Regel weniger schädlich [sind] als horizontale Vereinbarungen zwischen Wettbewerbern,,,").

[759] Vgl. KOMM. 26.7.1976, ABl. 1976 L 254, S. 40 – Reuter/BASF; 12.12.1983, ABl. 1983 L 376, 22 – Nutricia/Remia, bestätigt durch EuGH 11.7.1985, Slg. 1985, 2545 – Remia.

[760] Hierzu näher Schmitt WuW 2007, 1096 ff.

[761] Vgl. hierzu ausführlich Zimmer → GWB § 1 Rn. 50 f., 225 mwN.

[762] S. nur EuGH 28.1.1986, Slg. 1986, 353 ff. – Pronuptia.

bewerbsbeschränkend und nicht freigestellt sind. Dies gilt insbesondere, wenn es sich um **Kernbeschränkungen** im Sinne von Art. 4 der VO 330/2010 handelt, beispielsweise um eine Preisbindung der zweiten Hand. Werden Franchisenehmer, die an einer **Niedrigpreisaktion des Franchisenehmers** nicht teilnehmen, **faktisch gezwungen,** die Ware zu den Niedrigpreisen abzugeben, so ist dies als **Preisbindung zweiter Hand** zu werten, wenn Hinweise des Franchisegebers auf die teilnehmenden Franchisenehmer und auf die Unverbindlichkeit der Preisempfehlung in der Werbung nicht ausreichend sind. Es handelt sich um eine Kernbeschränkung, die nach Art. 4 lit. a vom Anwendungsbereich der VO 2022/720 ausgenommen ist. Eine solche Preisbindung unterfällt auch nicht der Einzelfreistellung nach § 2 Abs. 1 GWB.[763] Eine tatbestandliche **Restriktion des Kartellverbots**gilt auch für die **einfache Fachhandelsbindung in selektiven Vertriebssystemen,** die lediglich dazu dient, ungeeignete Händler vom Vertrieb langlebiger, hochwertiger und technisch komplexer Produkte mit einem entsprechenden Beratungs- und Kundendienstbedarf auszuschließen.[764] Bei **Handelsvertreterverträgen und Kommissionverhältnissen** kommt es nicht nur darauf an, ob die Art der Beschränkung noch vom Weisungsrechts des Geschäftsherrn gedeckt ist, sondern auch auf die Ausgestaltung des Vertragsverhältnisses im Hinblick auf die von den Parteien jeweils zu tragenden wirtschaftlichen Risiken.[765] Nur bei „echten" Handelsvertreter- bzw. Kommissionsverträgen, bei denen der Geschäftsherr alle wesentlichen geschäftlichen und finanziellen Risiken im Zusammenhang mit den für ihn abgeschlossenen oder vermittelten Verträgen trägt, fallen die dem Handelsvertreter/ Kommissionär auferlegten Verpflichtungen, die er bei seiner Tätigkeit für den Geschäftsherrn zu beachten hat (insbesondere Preis- und Konditionenbindungen sowie Gebiets- und Kundenbeschränkungen), nicht unter § 1 GWB (früher: §§ 14, 16 GWB aF).[766] Die neuen Leitlinien für vertikale Beschränkungen lassen es zu, dass ein echter Handelsvertreter gleichzeitig für seinen Geschäftsherrn in Bezug auf andere Waren oder Dienstleistungen als denjenigen, die er als echter Handelsvertreter vertreibt, als unabhängiger Händler tätig wird, soweit die beiden Tätigkeiten klar voneinander abgegrenzt werden können.[767]

**226**    Wird durch eine vertikale Vereinbarung eine spürbare Wettbewerbsbeschränkung[768] bezweckt oder bewirkt, ist für die weitere Prüfung in erster Linie an die **entsprechende Anwendung einer der europäischen Gruppenfreistellungsverordnungen über § 2 Abs. 2 GWB** zu denken: Einschlägig sind vor allem die SchirmGVO für vertikale Vereinbarungen (VO 2022/720)[769] oder eine der speziellen GVOen für Technologietransfer-Vereinbarungen (VO 316/2014)[770] bzw. für den Kfz-Vertrieb (VO 461/2010).[771] Sind deren Voraussetzungen nicht erfüllt, bleibt eine **Freistellung im Einzelfall nach** der Generalklausel des **§ 2 Abs. 1 GWB** möglich. Die Verfehlung der Anwendungsvoraussetzungen einer GVO begründet für sich allein keine Vermutung gegen die Freistellungsfähigkeit einer Vereinbarung.[772] In bestimmten Fällen (zB bei geringer Überschreitung von

[763] LG München 26.10.2018, 37 O 10335/15, WuW 2019, 49 ff. (51 f.) – King des Monats.
[764] Grdl. EuGH 25.10.1977, Slg. 1977, 1875 (1904 ff.). – Metro I; vgl. näher zum selektiven Vertrieb in der bisherigen Rechtsprechung zu §§ 1 und 16 GWB aF Zimmer → § 1 Rn. 195 ff. mwN.
[765] Vgl. hierzu ausführlich Zimmer → § 1 Rn. 225 mwN.
[766] Grdl. BGH 15.4.1986, BGHZ 97, 317 (321 f.) – EH-Partnervertrag; weitere Nachweise bei Zimmer → GWB § 1 Rn. 54; im Grundsatz ebenso der Ansatz der Kommission Vertikalleitlinien Rn. 12 ff.
[767] KOMM., Leitlinien für vertikale Beschränkungen, ABl. 2022 C 248, 1, Rn. 36; siehe dazu Wegner/ Schwenker/Altdorf, ZWeR, 253 ff.; Grafunder/Peters, WuW 2023, 302 ff.
[768] Vgl. zum Spürbarkeitskriterium (einschließlich der sog. Bündeltheorie) im Kontext vertikaler Vereinbarungen Zimmer → § 1 Rn. 191 f.
[769] Vgl. den Überblick → Rn. 260 ff. sowie die ausführliche Kommentierung bei Ellger Vertikal-GVO (Band 1, IV. Abschnitt – A.).
[770] Vgl. den Überblick → Rn. 266 ff. sowie die ausführliche Kommentierung bei Fuchs TT-GVO (Band 1, IV. Abschnitt – E.).
[771] Vgl. den Überblick → Rn. 269 ff. sowie die ausführliche Kommentierung bei Ellger Kfz-GVO (Band 1, IV. Abschnitt – B.).
[772] S. nur BegrRegE, BT-Drs. 15/3640, 25; Wagner WRP 2003, 1369 (1378); vgl. auch Erwägungsgrund 13 der VO 316/2014.

Marktanteilsschwellen oder Übereinstimmung mit früheren „weißen" Klauseln einer ausgelaufenen GVO) kann sogar eine positive Indizwirkung für die Erfüllung der Kriterien des Art. 101 Abs. 3 AEUV/§ 2 Abs. 1 GWB bestehen.[773] Liegt dagegen eine sog. schwarze Klausel oder **Kernbeschränkung** (zB nach Art. 4 VO 2022/720) vor, ist eine Einzelfreistellung zwar nicht ausgeschlossen, aber unwahrscheinlich.[774] **Gegenüber** dem ehemaligen grundsätzlichen per se-Verbot von Inhaltsbindungen in **§ 14 GWB aF hat sich die Rechtslage insoweit in zweifacher Hinsicht geändert:** Zum einen bezieht sich die entsprechende Kernbeschränkung nach Art. 4 lit. a VO 2022/720 nicht auf Preis- und Konditionenbindungen des Anbieters (Verkäufers), so dass insoweit **Meistbegünstigungsklauseln** weitgehend zulässig sind.[775] Zum anderen werden auch **Preisempfehlungen** und die Festsetzung von **Höchstpreisen** ausgeklammert, sofern diese sich nicht infolge der Ausübung von Druck oder der Gewährung von Anreizen durch eine der Vertragsparteien tatsächlich wie Fest- oder Mindestverkaufspreise auswirken.[776] Sie partizipieren daher ebenfalls bei Marktanteilen von jeweils bis zu 30 % des Anbieters und des Abnehmers an der Gruppenfreistellung und können darüber hinaus nach § 2 Abs. 1 GWB freigestellt sein, solange die Preisangaben nicht auf Grund der Marktstellung des Anbieters und seiner Konkurrenten die Abnehmer zur Festsetzung eines einheitlichen Preisniveaus für den Weiterverkauf veranlassen oder die Gefahr einer Kollusion auf der (oligopolistisch strukturierten) Lieferantenebene begründen.[777]

In den letzten 10 bis 15 Jahren ist ein stürmisches Wachstum des **Online-Handels** mit   **226a** Waren und Dienstleistungen im Verhältnis zum stationären Handel zu verzeichnen. Der **Vertrieb über das Internet** erlaubt es den Händlern, mehr und andere Kunden zu erreichen, während die Kaufinteressenten in der Lage sind, vor ihrer Kaufentscheidung ein breiteres Angebot durch mehr Händler in Betracht zu ziehen. Diese Entwicklung hat zu einer **erheblichen Verschärfung des Wettbewerbs,** insbesondere des **Preiswettbewerbs,** geführt. Die Präsenz im Internet ist für viele Hersteller und Händler zu einer Frage des wirtschaftlichen Überlebens geworden. Die rechtliche Ausgestaltung des Online-Vertriebs hat in jüngerer Zeit häufiger zu Konflikten mit dem Kartellverbot des Art. 101 Abs. 1 AEUV, § 1 GWB geführt und die Frage aufgeworfen, ob Vertriebsvereinbarungen, die zu einer Beschränkung des Wettbewerbs im Online-Handel führen, nach Art. 101 Abs. 3 AEUV, § 2 GWB vom Kartellverbot freigestellt sind. So hat der EuGH für den **selektiven Vertrieb** entschieden, dass ein **totales Internetverbot,** das ein Hersteller den Händlern des Vertriebssystems auferlegt, **nicht** nach der **Vertikal-GVO** nach der zum Entscheidungszeitpunkt geltenden **VO 330/2010**[778] **freigestellt** ist und daher gegen Art. 101 Abs. 1 AEUV verstößt[779]. Demgegenüber hat es der EuGH in einer jüngeren Entscheidung Herstellern gestattet, den Mitgliedern eines selektiven Vertriebssystems in (zu) weitgehender Weise den Zugang zu **Dritthandelsplattformen** zu untersagen, ohne gegen Art. 101 Abs. 1 EUV zu verstoßen[780]. **Beschränkungen für Händler,** auf **Internetsuchmaschinen**[781] oder **Preis-**

[773] Fuchs ZWeR 2005, 1 (15 f.); Bornkamm/Becker ZWeR 2005, 213 (227 ff., 229); zurückhaltend KOMM., Leitlinien zur Anwendung von Art. 81 Abs. 3 EG, ABl. 2004 C 101, 8 Abs. 3 EG, Rn. 24 aE.

[774] So insbesondere Kommission Vertikalleitlinien Rn. 47 (Nichterfüllung der Voraussetzungen des Art. 101 Abs. 3 AEUV wird vermutet); dies., Leitlinien zur Anwendung von Art. 81 Abs. 3 EG, ABl. 2004 C 101, 8 Abs. 3 EG, Rn. 46.

[775] Unterhalb der Marktanteilsschwelle werden sie von der Vertikal-GVO erfasst, im Übrigen kommt eine Einzelfreistellung nach § 2 Abs. 1 GWB in Betracht, vgl. Bahr in Bunte Nach § 2 Rn. 339.

[776] Vgl. dazu aus der jüngeren deutschen Praxis BKartA 25.9.2009, WuW/E DE-V 1813 Rn. 39 ff. – Kontaktlinsen.

[777] Vgl. Bahr in Bunte Nach § 2 Rn. 332; KOMM., Leitlinien für vertikale Beschränkungen, ABl. 2022, C 248, 1, Rn. 198.

[778] EuGH 13.10.2011 – C-439/09 Rn. 47 – Pierre Fabre Dermo-Cosmétique SAS.

[779] EuGH 13.10.2011 – C-439/09 Rn. 59 – Pierre Fabre Dermo-Cosmétique SAS.

[780] EuGH 6.12.2017 – C-230/16, – Coty Germany/Parfümerie Akzente; OLG Frankfurt a. M. 12.7.2018 – 11 U 96/14 (Kart) – Coty.

[781] BKartA 26.8.2015, B2-98/11 Rn. 253–255; zustimmend OLG Düsseldorf 5.4.2017, VI-Kart 13/15 Rn. 51 – Preisvergleichsmaschinenverbot.

**vergleichsmaschinen** gelistet zu sein, wurden vom Bundeskartellamt und der obergericht-
lichen Rechtsprechung als **bezweckte Wettbewerbsbeschränkungen** gewertet, die regelmäßig nicht freigestellt sind. Mittlerweile hat die neue VO 2022/720 eine Abkehr von
dieser sehr strikten Haltung gegenüber Beschränkungen bei der Internetnutzung vollzogen.
Nach Art. 4 lit. e der VO 2022/720 stellt die **Verhinderung der wirksamen Nutzung**
des Internets zum Verkauf der Vertragswaren oder -dienstleistungen durch den Abnehmer
stellt eine **Kernbeschränkung** dar. Daher ist ein solches Internetverbot nicht nach Art. 2
Abs. 1 VO 2022/720 gruppenfreigestellt. Demgegenüber sind „**andere Beschränkungen**
des Online Verkaufs" sowie Beschränkungen der Online Werbung, die nicht auf den
Ausschluss des Abnehmers von einem **gesamten Online-Werbekanal** hinauslaufen, gemäß Art. 4 lit. e VO 2022/720 gruppenfreigestellt.[782] Zu den „anderen Beschränkungen"
gehören auch Verpflichtungen, die der Betreiber eines selektiven Vertriebssystems seinen
Abnehmern auferlegt, die ihnen in **pauschaler Weise die Nutzung von Online-Handelsplattformen untersagen,** z. B. um das Prestige von Luxuswaren zu schützen.[783]

Darüber hinaus hat das Bundeskartellamt **Bestpreisklauseln** bei Hotelbuchungsplattformen als Wettbewerbsbeschränkung beurteilt[784]. Das OLG Düsseldorf bewertet sog.
**weite Bestpreisklauseln** als verbotene Wettbewerbsbeschränkung.[785] Solche Klauseln in
den Verträgen zwischen **Hotelbetreibern und Buchungsportalen** hindern den Hotelbetreiber daran, auf anderen Buchungsportalen oder auf der Internetseite des eigenen
Hotels Zimmer zu günstigeren Bedingungen anzubieten als auf dem Buchungsportal. Diese
Klauseln sind wettbewerbsbeschränkend, indem sie den Wettbewerb zwischen Buchungsportalen, den markeninternen Wettbewerb der Hotelbetreiber auf verschiedenen Vermark-
tungskanälen sowie die Handlungsfreiheit der Hotelunternehmen hinsichtlich der Preisgestaltung gegenüber dem Buchungsportal einschränken. Eine gruppenweise Freistellung
scheiterte nach Art. 3 Abs. 1 VO 330/2010 (heute: VO 2022/720) daran, dass das Buchungsportal einen Marktanteil von mehr als 30 % besaß. Die Voraussetzungen für eine
Einzelfreistellung nach § 2 Abs. 1 GWB, Art. 101 Abs. 3 AEUV lagen nicht vor. Dem
Buchungsportalunternehmen war es nicht gelungen, die erforderlichen **Effizienzgewinne**
nachzuweisen.[786] Der BGH hat nunmehr darüber hinaus entschieden, dass auch sog. **enge
Bestpreisklauseln** kartellrechtlich unzulässig und damit verboten sind.[787] Eine enge Best-
preisklausel im Vertrag zwischen einem Hotelier und einem Buchungsportal erlaubt es dem
Hotelbetreiber, auf anderen Buchungsportalen Zimmer zu günstigeren Preisen anzubieten.
Er ist aber daran gehindert, niedrigere Preise für seine Zimmer auf der eigenen Internetseite
als auf dem Buchungsportal festzulegen. Die enge Bestpreisklausel **beschränkt** den **Wett-
bewerb auf dem Markt für Hotelzimmer,** indem die Hoteliers daran gehindert werden,
Zimmer auf der eigenen Internetseite günstiger anzubieten als auf der Buchungsplattform.
Die Vorinstanz hatte in der Bestpreisklausel eine zur Durchführung des Vermittlungsver-
trages notwendige Nebenabrede gesehen, die nicht den Tatbestand des Kartellverbots in
Art. 101 Abs. 1 AEUV erfülle.[788] Diesem auf dem Immanenzgedanken beruhenden Ansatz
ist der BGH nicht gefolgt. Die Bestpreisklausel sei **objektiv** zur **Durchführung des
Vermittlungsvertrages nicht erforderlich.**[789] Eine Freistellung nach Art. 2 Abs. 1

---

[782] Schlimpert/Schöner, NZKart 2023, 75 ff.; Haberer, NZKart 2022,430 f.; Wegner/Schwenker/Altdorf,
ZWeR 2022, 271 ff.
[783] Damit setzt die Vertikal-GVO das Urteil des EuGH vom 6.12.2017, Rs. C-230/16 – Coty Germany/
Akzente Parfümerie um.
[784] BKartA 20.12.2013, B9–66/10 Rn. 152 ff.; zustimmend OLG Düsseldorf 9.1.2015, VI Kart 1/14
Rn. 62 ff. – HRS-Bestpreisklauseln; BKartA 22.12.2015, B9–121/13 Rn. 159 ff.; zustimmend OLG Düsseldorf 4.5.2015, VI Kart 1/16 Rn. 63 ff. – Booking.com – Bestpreisklausel.
[785] OLG Düsseldorf 9.1.2015, Kart 1/14 (V), BeckRS 2015, 3467 – HRS-Bestpreisklauseln.
[786] OLG Düsseldorf 9.1.2015, Kart 1/14 (V), BeckRS 2015, 3467, Rn. 118 ff. – HRS-Bestpreisklauseln.
[787] BGH 18.5.2021, KVR 54/20 – juris – booking.com-Bestpreisklausel.
[788] OLG Düsseldorf 4.6.2019, VI-Kart 2/16 (V), NJOZ 2020, 1261, Rn. 31 ff. – booking.com-Bestpreis-
klausel.
[789] BGH 18.5.2021, KVR 54/20 – juris, Rn. 24 ff. – booking.com-Bestpreisklausel.

VO 330/2010 scheide nach Art. 3 Abs. 1 VO 330/2010 aus: die Buchungsplattform hatte einen Marktanteil von mehr als 30 %. Auch eine Einzelfreistellung nach Art. 101 Abs. 3 AEUV kam nicht in Betracht: zwar führe die Vermittlung von Hotelzimmern über Buchungsplattformen zu **Effizienzgewinnen** für Verbraucher und Hotelunternehmen. Die Verbraucher können mittels der Plattform das Angebot an Hotelzimmern leicht sichten, vergleichen und die Auswahl buchen; die Hotelunternehmen haben Zugang zu einem viel größeren Kundenkreis. Allerdings sei die Bestpreisklausel für die Realisierung dieser Effizienzvorteile **nicht ursächlich;** diese Vorteile träten auch ohne die Bestpreisklausel ein.[790]

Die neue Vertikal-GVO 2022/720 geht davon aus, dass **weite Bestpreisklauseln keine hinreichende Gewähr** dafür bieten, die Voraussetzungen des Art. 101 Abs. 3 zu erfüllen.[791] Daher gilt die gruppenweise Freistellung nach Art. 2 Abs. 1 VO 2022/720 gemäß Art. 5 Abs. 1 lit. d der VO **nicht für plattformübergreifende Paritätsverpflichtungen, d. h. für weite Bestpreisklauseln. Enge Bestpreisklauseln** hingegen werden grundsätzlich von der **Gruppenfreistellung** nach der VO 2022/720 erfasst, weil die Kommission sie als **weniger wettbewerbsschädlich** ansieht als weite Paritätsverpflichtungen. Sollte sich jedoch herausstellen, dass die Gruppenfreistellung einer engen Bestpreisklausel nicht mit Art. 101 Abs. 3 vereinbar sein sollte, sieht Art. 6 Abs. 1 VO 2022/720 iVm Art. 29 Abs. 1 VO 1/2003 die Möglichkeit vor, dass die Kommission den Rechtsvorteil der Gruppenfreistellung entzieht. Eine ausführliche Behandlung der kartellrechtlichen Fragen bei der Nutzung des Internets im Rahmen vertikaler Vertriebsvereinbarungen findet sich in der Kommentierung zu Art. 101 Abs. 3 AEUV und zur Vertikal-GVO 2022/720[792].

Angesichts des weiten Anwendungsbereichs der vertikalen GVOen kommt der **Einzel-** **227** **freistellung von vertikalen Vereinbarungen** nach § 2 Abs. 1 GWB im Vergleich zu horizontalen Absprachen faktisch eine geringere Bedeutung zu. Im Vordergrund steht die Frage, inwieweit sich **auch oberhalb der relevanten Marktanteilsschwelle von** grundsätzlich **30 %**[793] Beschränkungen des markeninternen Wettbewerbs (intra-brand competition) zwischen verschiedenen Vertriebspartnern eines Herstellers oder Lieferanten noch zum Zwecke der Förderung des Wettbewerbs zwischen verschiedenen Marken (inter-brand competition) rechtfertigen lassen. Denn in diesen Fällen verfügt zumindest eine der Vertragsparteien über ein gewisses Maß an Marktmacht, so dass sich insbesondere Probleme der Marktabschottung, der Aufteilung von Kunden und Märkten und negativer Auswirkungen nicht nur auf den markeninternen, sondern auch den Markenwettbewerb ergeben können.[794] Verfügt eine der beiden Vertragsparteien über Marktmacht, entspricht die mit der vertikalen Koordination zwischen Hersteller und Händler beabsichtigte gemeinsame Gewinnmaximierung vielfach nicht dem Konsumenteninteresse, besteht die Gefahr horizontaler Verhaltenskoordination auf der Hersteller- oder Händlerebene sowie der Errichtung von Marktzutrittsschranken.[795] Dagegen sind wettbewerbsfördernde Markterschließungswirkungen in diesem Fall eher nicht zu erwarten.

---

[790] BGH 18.5.2021, KVR 54/20 – juris, Rn. 58 ff. – booking.com-Bestpreisklausel.

[791] VO 2022/720, Erwägungsgrund 16.

[792] Siehe Ellger → AEUV Art. 101 Abs. 3 Rn. 559 ff. und → Vertikal-GVO Art. 4 Rn. 50 ff.

[793] Art. 3 VO 2022/720; Art. 3 Abs. 2 VO 316/2014; vgl. auch Art. 2 VO 461/2010 iVm Art. 3 Abs. 1 UAbs. 1, Abs. 2 VO 1400/2002 für den Bezug, Verkauf und Weiterverkauf neuer Kraftfahrzeuge (Die Regelung ist am 31.5.2013 ausgelaufen Seitdem galt für den Vertrieb von Neufahrzeugen zunächst die VO 330/2010, die mit Wirkung vom 1.6.2022 von der VO 2022/720 abgelöst wurde). Bei quantitativen selektiven Vertriebssystemen zum Verkauf neuer Kraftfahrzeuge betrug die Grenze mit Wirkung bis zum 31.5.2013 noch 40 % (Art. 2 VO 461/2010 iVm Art. 3 Abs. 1 UAbs. 2 VO 1400/2002).

[794] Vgl. ausführlich zu möglichen negativen Wirkungen vertikaler Beschränkungen KOMM., Leitlinien für vertikale Beschränkungen, ABl. 2022, C 248, 1, Rn. 18–22.

[795] Fuchs in Schwintowski, Entwicklungen im deutschen und europäischen Wirtschaftsrecht – Symposium zum 65. Geburtstag von Ulrich Immenga, 2001, S. 95, 103.

**228**   **2. Die Anwendung der allgemeinen Freistellungskriterien auf Vertikalverein-barungen. a) Effizienzgewinne.** Vertikale Vereinbarungen sind vielfach geeignet, andere Formen des Wettbewerbs als den Preiswettbewerb zu fördern und auch zu einer Steigerung der Qualität von Dienstleistungen beizutragen.[796] Die potentiellen **Effizienzgewinne** liegen **schwerpunktmäßig bei Verbesserungen der Warenverteilung,** die insbesondere dadurch erreicht werden sollen, dass den Vertriebspartnern Anreize für besondere Anstrengungen und Investitionen geboten und ein gewisser Schutz gegenüber der Frustrierung von Aufwendungen gewährt wird. Intensive Verkaufsbemühungen, eine aufwändige Präsentation der Waren oder besondere Service- und Beratungsangebote durch fachkundiges Personal etc sind nur zu erwarten, wenn die Händler vor **Trittbrettfahrern** (free riders) geschützt werden, welche die gleichen Waren ohne entsprechende Dienstleistungen oder Investitionen zu günstigeren Preisen verkaufen können.[797] Umgekehrt haben auch Hersteller nicht selten ein berechtigtes Interesse daran, dass ihre Vorleistungen oder Investitionen nicht zum Absatz anderer Produkte ausgebeutet werden. Vertikale Beschränkungen wie zB Alleinvertriebsrechte, Wettbewerbsverbote, (begrenzter) Gebietsschutz[798] können auch notwendig sein, um die Amortisation besonderer Anlaufinvestitionen zur Erschließung neuer Märkte abzusichern und kompetente Vertriebspartner zu gewinnen. Auch in anderen Fällen kann der gebotene **Schutz** (einseitiger) **vertragsspezifischer Investitionen,** die für eine Partei außerhalb der fraglichen Vertriebstätigkeit oder der vertraglichen Beziehung mit dem konkreten Partner anderweitig nicht nutzbar sind und daher „sunk costs" darstellen, vertikale Wettbewerbsbeschränkungen legitimieren. Das gilt etwa für die ausgefeilten Formen der Arbeitsteilung in industriellen Fertigungsprozessen, die durch Outsourcing und just-in-time-Lieferbeziehungen geprägt sind.

**229**   Weitere Aspekte betreffen die **Sicherung der Einheitlichkeit des Auftretens im Wettbewerb und gleichbleibender Qualitätsstandards** der vertriebenen Waren oder Dienstleistungen. Dies gilt insbesondere für selektive Vertriebssysteme und verschiedene Formen des Franchising. Schließlich können vertikale Beschränkungen auch zur Erzielung von **Größenvorteilen im Vertrieb** beitragen und damit die Distributionskosten erheblich senken. Kosteneinsparungen durch die bloße Ausübung von Marktmacht gegenüber der Marktgegenseite begründen dagegen keine objektiven Effizienzgewinne. Insgesamt müssen die objektiven wirtschaftlichen Vorteile aus der vertikalen Kooperation ein Ausmaß erreichen, das geeignet ist, die negativen Wirkungen auszugleichen.[799] Bei Aufrechterhaltung eines hinreichenden Wettbewerbsdrucks ist grundsätzlich auch mit einer **Weitergabe** der Effizienzgewinne **an die Verbraucher** in angemessenem Umfang zu rechnen.

**230**   **b) Unerlässlichkeit und keine Ausschaltung des Wettbewerbs.** Wird ein gewisses Maß an Marktmacht erreicht, kommt es in besonderem Maße darauf an, dass die am wenigsten wettbewerbsschädliche Maßnahme zur Lösung des konkreten Effizienzproblems

---

[796] Vgl. hierzu und zum Folgenden die ausführliche Analyse positiver Wirkungen von vertikalen Beschränkungen KOMM., Leitlinien für vertikale Beschränkungen, ABl. 2022, C 248, 1, Rn. 12–17.; s. ferner zur wettbewerbspolitischen Bewertung vertikaler Beschränkungen Kallfass WuW 1999, 225 ff.; Kirchhoff in Wiedemann KartellR-HdB, 2. Aufl. 2008, § 10 Rn. 3 ff.; Veelken ZVglRWiss 97 (1998), 241 (246 ff.) jeweils mwN.

[797] Hierzu – allerdings unter Ablehnung der rechtfertigenden Wirkung befürchteter Trittbrettfahrereffekte im konkreten Fall – BKartA 25.9.2009, WuW/E DE-V 1813 Rn. 29 ff. – Kontaktlinsen.

[798] Vgl. hierzu OLG Naumburg 18.7.2013 – 2 U 76/13 Rn. 143 ff. – Hubarbeitsmaschinen, das ein Wettbewerbsverbot von 5 Jahren freistellt, oder den Fall BKartA 14.2.2008, WuW/E DE-V 1579 (1582 f.) – KS-Quadro, in dem eine Gebietsschutzklausel jedoch im Ergebnis mangels ersichtlicher Effizienzgewinne und mangels Unerlässlichkeit nicht nach § 2 Abs. 1 GWB als freistellungsfähig angesehen wurde.

[799] Vgl. KOMM., Leitlinien für vertikale Beschränkungen, ABl. 2022, C 248, 1, Rn. 294: („Effizienzgewinne [müssen] etwaige negative Auswirkungen der Vereinbarung auf Preise, Produktion und andere relevante Faktoren in vollem Umfang ausgleichen"). Werden Käufer einem Markenzwang bzw. Wettbewerbsverbot von mehr als fünf Jahren Dauer unterworfen, geht die Kommission davon aus, dass diese Beschränkung bei den meisten Investitionsarten nicht erforderlich ist bzw. die behaupteten Effizienzgewinne nicht ausreichen, um den Abschottungseffekt zu kompensieren, aaO, Rn. 141; OLG Naumburg 18.7.2013, 2 U 76/13 Rn. 144 f. – Hubarbeitsmaschinen.

gewählt wird. **Die verschiedenen Formen vertikaler Beschränkungen** sind dabei **funktional vielfach** in erheblichem Umfang **austauschbar;** so können zB Größenvorteile bei der Distribution durch Mengenvorgaben, selektiven Vertrieb, Alleinvertrieb oder Alleinbezug erzielt werden.[800] In ihren **wettbewerblichen Wirkungen unterscheiden sich die** verschiedenen vertikalen **Bindungen** dagegen nicht selten.[801] Wettbewerbsverbote oder Ausschließlichkeitsbindungen können etwa erheblich stärkere Abschottungswirkungen entfalten als Mengenvorgaben, die dem Käufer einen gewissen Spielraum belassen.[802] Grundsätzlich nicht unerlässlich sind Kernbeschränkungen, sofern sie überhaupt anerkennenswerte Effizienzvorteile mit sich bringen. In seltenen Ausnahmefällen kann aber zB auch eine vertikale Preisbindung notwendig sein, um besondere Leistungsgewinne zu erreichen.[803]

Die **Grenze der Freistellungsfähigkeit** ist grundsätzlich erreicht, wenn eine Vertrags- **231** partei über eine marktbeherrschende Stellung verfügt. Allerdings hält die Kommission auch in diesen Fällen eine Freistellung zwar nicht nicht per se, aber doch „normalerweise" für ausgeschlossen.[804]

## C. Die entsprechende Geltung der europäischen Gruppenfreistellungsverordnungen nach § 2 Abs. 2 GWB

### I. Allgemeines

**1. Funktion der Norm.** § 2 Abs. 2 GWB enthält einen weiteren gesetzlichen Frei- **232** stellungstatbestand, der parallel neben der Generalklausel des § 2 Abs. 1 GWB anwendbar ist.[805] Mit der Anordnung der entsprechenden Geltung der europäischen Gruppenfreistellungsverordnungen auch im Rahmen des nationalen Kartellrechts will der deutsche Gesetzgeber für den **jederzeitigen und möglichst vollständigen Gleichklang** zwischen den deutschen und europäischen Vorschriften über wettbewerbsbeschränkende Verhaltenskoordinationen sorgen. Ebenso wie in ihrem originären Anwendungsbereich den Art. 101 Abs. 3 AEUV **konkretisieren** die GVOen daher im Rahmen ihrer analogen Geltung **den allgemeinen Freistellungstatbestand des § 2 Abs. 1 GWB.**[806] Besondere Bedeutung gewinnt dies in Fällen ohne spürbare Berührung des zwischenstaatlichen Handels, in denen die europäischen GVOen nicht (unmittelbar) anwendbar sind. Ihre **Erstreckung auf rein nationale Sachverhalte** ohne Zwischenstaatlichkeitsbezug wird durch § 2 Abs. 2 S. 2 GWB ausdrücklich klargestellt.[807] Für Verhaltensweisen, die geeignet sind, den Handel

---

[800] KOMM., Leitlinien für vertikale Beschränkungen, ABl. 2022, C 248, 1, Rn. 17.

[801] Eine ausführliche Analyse der Beschränkungsformen „Markenzwang" (Wettbewerbsverbote des Käufers, „single branding"), Alleinvertrieb, Kundenbeschränkungen, selektiver Vertrieb, Franchising, Alleinbelieferung, Kopplungsbindung sowie Preisempfehlungen und Preisobergrenzen für den Weiterverkauf findet sich in KOMM., Leitlinien für vertikale Beschränkungen, ABl. 2022, C 248, 1, Rn. 298 ff.

[802] Vgl. näher die in KOMM., Leitlinien für vertikale Beschränkungen, ABl. 2022, C 248, 1, Rn. 17 genannten Beispiele.

[803] Vgl. Schulte WRP 2005, 1500 (1503 ff.) (Preisbindung bei Verbundgruppen als Instrument, um zu Filialketten und insbesondere Franchisesystemen konkurrieren zu können); zust. Nordemann/Grave in LMRKM § 2 Rn. 18 iVm Nordemann/Nyberg in LMRKM Art. 101 Abs. 3 AEUV Rn. 185; ähnlich auch Schwalbe in Ahlert/Kenning/Olbrich/Schröder Vertikale Preis- und Markenpflege S. 156, 167 f.

[804] KOMM., Leitlinien für vertikale Beschränkungen, ABl. 2022, C 248, 1, Rn. 296 aE:" Eine wettbewerbsbeschränkende Vereinbarung, die eine marktbeherrschende, monopolähnliche Stellung aufrechterhält, schafft oder verstärkt, kann normalerweise nicht mit einhergehenden Effizienzgewinnen gerechtfertigt werden.".

[805] Näher zum Verhältnis von § 2 Abs. 1 und Abs. 2 bereits → Rn. 21 ff.

[806] BegrRegE, BT-Drs. 15/3640, 44.

[807] Teilweise wird die konstitutive Wirkung des § 2 Abs. 2 S. 2 GWB betont, s. BegrRegE, BT-Drs. 15/3640, 25; zust. Nordemann/Grave in LMRKM Rn. 11. Das ist jedoch insofern missverständlich, als auch § 2 Abs. 2 S. 1 GWB konstitutive Bedeutung für die (entsprechende) Geltung der GVOen im nationalen Recht hat und die Einbeziehung rein innerstaatlicher Sachverhalte eigentlich ebenfalls schon aus dieser Norm folgt, so zutreffend Schneider in Bunte Rn. 81.

zwischen den Mitgliedstaaten spürbar zu beeinträchtigen, wäre die Anordnung der entsprechenden Geltung der GVOen im Rahmen des § 2 Abs. 1 GWB zwar nicht unbedingt erforderlich gewesen. Denn insoweit partizipieren die GVOen als europäische Verordnungen (Art. 288 Abs. 2 AEUV) am Vorrang des Unionsrechts und würden sich schon deshalb gegen eine eventuelle abweichende Interpretation des § 2 Abs. 1 GWB durchsetzen (§ 3 Abs. 2 VO 1/2003, § 22 Abs. 2 GWB). Auch insoweit bringt die ausdrückliche Anordnung der entsprechenden Anwendung der GVOen jedoch einen **Gewinn an Rechtsklarheit und Rechtssicherheit.**

233   **2. Wirkung und Reichweite der Verweisung. a) Dynamische Verweisung.** Bei der Vorschrift des § 2 Abs. 2 S. 1 GWB handelt es sich um eine **dynamische Verweisung** auf die jeweils gültigen Gruppenfreistellungsverordnungen, also nicht nur auf die derzeit existierenden, sondern auch auf unbekannte, möglicherweise in der Zukunft erlassene GVOen in ihrer jeweils aktuellen Fassung.[808] Auf diese Weise soll der möglichst weitgehende Gleichklang zwischen dem europäischen und deutschen Kartellrecht dauerhaft und ohne Zeitverzug gesichert werden, ohne dass eine Reaktion des deutschen Gesetz- oder Verordnungsgebers auf neue Entwicklungen im europäischen Bereich erforderlich ist. Das wäre bei einer lediglich statischen Verweisung auf die bei Verabschiedung der 7. GWB-Novelle bestehenden GVOen (in ihrer damaligen Fassung) anders. Dem Vorteil der **automatischen und zeitgleichen Anpassung** an die Rechtslage im europäischen Kartellrecht steht allerdings ein Verlust wirtschaftspolitischer Handlungsspielräume des deutschen Gesetzgebers (im Bereich unterhalb der Zwischenstaatlichkeitsschwelle) gegenüber. Jedenfalls bis zum Erlass eines actus contrarius begibt er sich hinsichtlich der genauen Ausgestaltung der Freistellungsvoraussetzungen nach der Generalklausel auch für den rein nationalen Bereich gewissermaßen in die Hand des europäischen Gesetz- bzw. Verordnungsgebers. Dieser kann beim „Design" der Tatbestandsvoraussetzungen einer GVO durchaus auch andere wirtschaftspolitische Aspekte außerhalb der reinen Wettbewerbspolitik berücksichtigen, solange der durch Art. 101 Abs. 3 AEUV gesteckte Rahmen nicht überschritten wird.[809]

234   Gegen die auch in anderen Bereichen der modernen Gesetzgebungspraxis verwandte **Regelungstechnik** der dynamischen Normenverweisung[810] werden teilweise **verfassungsrechtliche Bedenken** insbesondere unter den Gesichtspunkten einer Verletzung des Demokratieprinzips, der Gewaltenteilung, einer unzulässigen Verlagerung von Gesetzgebungszuständigkeiten und des Bestimmtheitsgebots aus Art. 20 Abs. 3 GG geltend gemacht.[811] Derartige Bedenken **greifen** bei § 2 Abs. 2 GWB jedoch **nicht durch.**[812] Denn die Reichweite der Verweisung bleibt im Hinblick auf Inhalt, Zweck und Ausmaß der in Bezug genommenen Verordnungen des Rates und der Kommission hinreichend bestimmt. Die ausdrückliche Bezugnahme auf § 2 Abs. 1 GWB grenzt die möglichen Norminhalte und damit den Spielraum des ausfüllenden Normgebers deutlich ein, da es sich bei den GVOen um Konkretisierungen der allgemeinen Freistellungsvoraussetzungen handeln muss. Darin liegt eine dem Demokratieprinzip genügende Rückkoppelung an den Willen des parlamentarischen (nationalen) Gesetzgebers, zumal dieser seine Zuständigkeit nicht endgültig aus der Hand gibt, sondern jederzeit die Verweisung aufheben und eine

---

[808] Wohl allg. Ansicht, vgl. nur BegrRegE, BT-Drs. 15/3640, 44; Bechtold DB 2004, 235 (236), auch wenn meist ein ausdrücklicher Hinweis auf künftige, bisher noch gar nicht erlassene GVOen fehlt.

[809] Vgl. Fuchs ZWeR 2005, 1 (25 ff.) unter Hinweis auf das Beispiel der Kfz-GVO 1400/2002 (inzwischen abgelöst durch die VO 461/2010).

[810] Vgl. nur Schenke NJW 1980, 743; Klindt DVBl 1998, 373; Ehricke/Blask JZ 2003, 722 ff. mwN.

[811] Sehr ausführlich zu diesen und weiteren Ansatzpunkten einer möglichen Verfassungswidrigkeit Heyers in FK-KartellR § 2 Rn. 12 ff.

[812] Ebenso Schneider in Bunte Rn. 66 f.; Nordemann/Grave in LMRKM Rn. 38; Herbers S. 21 f.; Ehricke/Blask JZ 2003, 722 (725 ff., 728); im Ergebnis weitestgehend übereinstimmend Heyers in FK-KartellR Rn. 13 ff., jedoch differenzierend hinsichtlich der Einhaltung des Bestimmtheitsgebots (aaO, Rn. 28 ff.).

andere Regelung treffen kann. Auch die Anforderungen des Bestimmtheitsgebotes sind gewahrt, da die Normadressaten die im Amtsblatt der EU veröffentlichten (sowie im Internet zugänglichen) GVOen als Verweisungsobjekte jederzeit finden und damit den Inhalt der in Bezug genommenen Normen erkennen können. Eine Auflistung der relevanten GVOen ist dabei nicht erforderlich, da sich aus dem Sachzusammenhang eindeutig ergibt, welche Verordnungen des Rates bzw. der Kommission einschlägig sind. Soweit Unternehmen dem EU-Recht unmittelbar unterliegen, müssen sie ohnehin den Inhalt der aktuellen GVOen ermitteln. Durch den dynamischen Verweis verringert sich für diese Unternehmen sogar der Aufwand, da sie nunmehr darauf vertrauen können, dass die jeweils gültigen GVOen in ihrer aktuellen Fassung auch den Anwendungsbereich des § 1 GWB in gleicher Weise wie den des Art. 101 Abs. 1 AEUV begrenzen.

**b) Rückkoppelung an die Kriterien des § 2 Abs. 1 GWB?** § 2 Abs. 2 S. 1 GWB **235** ordnet die entsprechende Geltung der europäischen Gruppenfreistellungsverordnungen **„(b)ei der Anwendung von Absatz 1"**, also im Rahmen der allgemeinen Legalausnahme, an. Daraus ist jedoch nicht abzuleiten, dass neben den Tatbestandsmerkmalen einer GVO im Einzelfall stets auch die Kriterien des § 2 Abs. 1 GWB geprüft werden müssten. Dagegen spricht schon der Charakter der GVOen als selbstständige Rechtsnormen des sekundären Unionsrechts (Art. 288 Abs. 2 AEUV), die eine (grundsätzlich) verbindliche Konkretisierung der vier allgemeinen Freistellungsvoraussetzungen des Art. 101 Abs. 3 AEUV (und damit auch des (fast) wortgleichen § 2 Abs. 1 GWB) vornehmen.[813] Über die Verweisung in § 2 Abs. 2 **erlangen die GVOen** (zusätzlich) im deutschen Recht **den Status einfachen Gesetzesrechts** und stehen damit normenhierarchisch auf der gleichen Stufe wie § 2 Abs. 1 GWB.[814] Sie bilden damit zugleich einen **eigenständigen, unmittelbar wirkenden gesetzlichen Freistellungsgrund:** Auch wenn die **GVOen als „partielle Legalausnahmen"**[815] grundsätzlich nur spezielle Ausprägungen der allgemeinen Freistellungsvoraussetzungen des Art. 101 Abs. 3 AEUV (und damit im deutschen Recht des inhaltsgleichen § 2 Abs. 1 GWB) sind,[816] greifen sie bei Erfüllung ihrer Tatbestandsmerkmale selbst dann ein, wenn ausnahmsweise im konkreten Fall eine Diskrepanz zu den allgemeinen Freistellungskriterien des § 2 Abs. 1 GWB auftreten sollte, dh auch Vereinbarungen erfasst werden, die mit den allgemeinen Kriterien des § 2 Abs. 1 GWB oder Art. 101 Abs. 3 AEUV unvereinbare Wirkungen entfalten. In derartigen Fällen stellt sich die Frage nach dem Entzug des Vorteils der Gruppenfreistellung gemäß Art. 29 VO 1/2003 bzw. § 32d GWB. Solange dieser nicht erfolgt ist, bleibt die Freistellung aber wirksam.[817] Die unter eine GVO fallenden Wettbewerbsbeschränkungen sind daher (ebenso wie im europäischen Recht von Art. 101 Abs. 1 AEUV) im Rahmen ihrer entsprechenden Geltung im deutschen Recht **automatisch und unmittelbar vom Verbot des § 1 GWB freigestellt,** ohne dass die Einhaltung der Voraussetzungen des § 2 Abs. 1 GWB dargelegt und bewiesen werden müsste.[818]

**Probleme** können sich allerdings bei (theoretisch denkbaren) **erheblichen Abwei- 236 chungen des abstrakt-generell umrissenen Freistellungsbereichs einer GVO von den Kriterien des Art. 101 Abs. 3 AEUV/§ 2 Abs. 1 GWB** ergeben. Treten nicht nur im Einzelfall ausnahmsweise Wirkungen auf, die einer Freistellung entgegenstehen, sondern wird schon auf abstrakt-genereller Ebene, also beim Zuschnitt der Tatbestände einer GVO,

---

[813] Vgl. bereits → Rn. 24.

[814] Vgl. Kling/Thomas KartellR § 19 Rn. 13.

[815] K. Schmidt BB 2003, 1237 (1241); ebenso Baron WuW 2006, 358 (359 f.) (GVOen als „beschränkte Legalausnahmen").

[816] So auch Ellger → AEUV Art. 101 Abs. 3 Rn. 349 (GVOen begründen einen „zusätzlichen, im Vergleich zu Art. 101 Abs. 3 AEUV konkreten Freistellungstatbestand").

[817] Vgl. zum konstitutiven Charakter der Entzugsentscheidung Ellger → AEUV Art. 101 Abs. 3 Rn. 401; Fuchs ZWeR 2005, 1 (12, 27 f.) jeweils mwN auch zur Gegenansicht.

[818] Ebenso im Ergebnis Kling/Thomas KartellR § 19 Rn. 9; Nordemann in LMRKM Rn. 35; vgl. auch bereits → Rn. 9.

der freistellungsfähige Bereich überschritten, kann die GVO im Ergebnis keine legitimie-rende Wirkung entfalten. Im europäischen Recht ergibt sich die Rechtswidrigkeit und damit Nichtigkeit einer solchen GVO bereits aus dem Vorrang der primärrechtlichen Norm des Art. 101 Abs. 3 AEUV, von dessen Einhaltung keine sekundärrechtliche Vor-schrift dispensieren kann. Zwar wird die unmittelbare Anwendbarkeit des Art. 101 Abs. 3 AEUV erst durch die sekundärrechtliche Vorschrift des Art. 1 Abs. 2 VO 1/2003 her-gestellt, die auf der gleichen normenhierarchischen Stufe wie die einzelnen GVOen steht, da letztlich beide auf Grund der Ermächtigung in Art. 103 Abs. 1, Abs. 2 lit. b AEUV erlassen worden sind.[819] Doch der materiellrechtliche Rahmen für die zulässige Reichweite der Freistellung ist und bleibt Art. 101 Abs. 3 AEUV und damit primärrechtlicher Natur. Daraus folgt, dass ein allzu großzügiger Zuschnitt des Freistellungsbereichs in einer GVO, der die primärrechtlichen Kriterien des Art. 101 Abs. 3 AEUV (klar) überschreitet, zur Rechtswidrigkeit und damit Nichtigkeit der GVO im Unionsrecht führen würde.[820] Im deutschen Recht besteht diese Möglichkeit bei erheblichen Diskrepanzen zwischen dem Freistellungsbereich einer GVO und den Kriterien der Generalklausel nicht, da § 2 Abs. 1 GWB und § 2 Abs. 2 GWB (einschließlich der darin in Bezug genommenen GVOen) normenhierarchisch auf gleicher Stufe stehen. Da die Nichtigkeit einer europäischen GVO nur vom EuGH festgestellt werden kann, ist (theoretisch) eine Situation denkbar, in der (jedenfalls für Sachverhalte ohne Zwischenstaatlichkeitsbezug) über § 2 Abs. 2 GWB eine GVO zur Anwendung kommen könnte, die nicht mit § 2 Abs. 1 GWB vereinbar ist – jedenfalls solange die Unvereinbarkeit der GVO mit dem fast wortgleichen Art. 101 Abs. 3 AEUV nicht vom EuGH festgestellt ist.

**237**     In einer derartigen Situation ist eine **einschränkende Auslegung des § 2 Abs. 2 S. 1 GWB geboten:**[821] Aus der Bezugnahme auf § 2 Abs. 1 GWB („bei der Anwendung von Abs. 1") ist zu folgern, dass der Gesetzgeber die Einhaltung der dort genannten (mit Art. 101 Abs. 3 AEUV übereinstimmenden) allgemeinen Freistellungskriterien im Prinzip, dh auf abstrakt-genereller Ebene, gewahrt wissen wollte. Geht eine GVO (ausnahmsweise) erkennbar darüber hinaus, muss die „entsprechende" Anwendung dieser GVO im nationa-len Kartellrecht unterbleiben, ohne dass eine Entscheidung des EuGH über die Nichtigkeit der betreffenden GVO abgewartet werden muss.[822] Dafür sprechen auch verfassungsrecht-liche Erwägungen. Würde sich die dynamische Verweisung auch auf GVOen beziehen, die nicht nur im Einzelfall, sondern schon auf abstrakt-genereller Ebene Vereinbarungen kartellrechtlich immunisieren, die nicht mit den Kriterien des § 2 Abs. 1 GWB vereinbar sind, wäre der Inhalt der dynamischen Verweisung nicht mehr hinreichend tatbestandlich begrenzt.[823] Die im Unionsrecht schon normhierarchisch vermittelte **Rückbindung der GVOen an die Kriterien des Art. 101 Abs. 3 AEUV** wird also **im deutschen Recht gleichwertig durch die ausdrückliche Bezugnahme auf § 2 Abs. 1 GWB** erreicht. Nochmals zu betonen ist in diesem Zusammenhang allerdings, dass sich die Implementie-rung der allgemeinen Freistellungskriterien der Generalklausel in den Tatbestand der Ver-weisungsnorm des § 2 Ab. 2 GWB nur auf die abstrakt-generelle Ebene der GVO selbst bezieht, nicht auf die Überprüfung der einzelnen von der GVO erfassten Vereinbarungen.

---

[819] Vgl. Baron WuW 2006, 358 (359 ff.).

[820] Davon zu unterscheiden ist die Konstellation, dass eine den Freistellungsbereich grundsätzlich korrekt abgrenzende GVO im Einzelfall auch Vereinbarungen erfassen kann, die wegen besonderer Umstände ausnahmsweise mit Art. 101 Abs. 3 AEUV unvereinbare Wirkungen haben. Als Korrekturmöglichkeit für derartige Fälle ist der Entzug des Rechtsvorteils der GVO nach Art. 29 VO 1/2003 vorgesehen. Die GVO als abstrakt-generelle Vorschrift ist und bleibt aber rechtswirksam.

[821] Im Ergebnis übereinstimmend Schneider in Bunte Rn. 77, der eine entsprechende „verfassungskon-forme Auslegung" befürwortet.

[822] Fraglich ist, ob ein einzelstaatliches Gericht bei Zweifeln über die Unionsrechtskonformität einer GVO bei der Anwendung (damit übereinstimmenden) nationalen Kartellrechts ein Vorabentscheidungsverfahren nach Art. 267 AEUV einleiten kann. Im Ergebnis verneinend mangels Entscheidungserheblichkeit der Gültigkeit der GVO für die Anwendung nationalen Kartellrechts Schneider in Bunte Rn. 77.

[823] Ähnlich Schneider in Bunte Rn. 77.

Auch GVOen, deren Tatbestände im Einklang mit den Voraussetzungen des Art. 101 Abs. 3 AEUV/§ 2 Abs. 1 GWB formuliert sind, können ausnahmsweise Vereinbarungen erfassen, die im Einzelfall darüber hinausgehende Wirkungen entfalten. In diesen Fällen kommt ein direkter Rückgriff auf die Voraussetzungen des § 2 Abs. 1 GWB nicht in Betracht, sondern nur ein Entzug des Rechtsvorteils der GVO im Einzelfall. Andernfalls wäre die Funktion der GVO als „sicherer Hafen" für die von ihr erfassten Vereinbarungen in Frage gestellt.

Dieses Ergebnis gilt unabhängig davon, ob man den europäischen GVOen in ihrem **238** originären Anwendungsbereich eine **konstitutive oder nur deklaratorische Wirkung** zumisst. Obwohl die GVOen Rechtsnormen des sekundären Unionsrechts sind, die unmittelbar in jedem Mitgliedstaat gelten (Art. 288 Abs. 2 AEUV) und daher von den nationalen Gerichten und Behörden ohne weiteres zu beachten sind, wird seit Einführung des Systems der Legalausnahme in der Literatur teilweise die Auffassung vertreten, dass die GVOen nur noch deklaratorische Bedeutung hätten, da sie lediglich feststellten, was ohnehin schon ex lege auf Grund der unmittelbaren Anwendung des Art. 101 Abs. 3 AEUV gelte.[824] Damit wird teilweise zugleich die Vorstellung verbunden, dass bei einer Verfehlung der Kriterien der Generalklausel wegen Verstoßes gegen das Primärrecht auch die GVO keine Freistellungswirkungen entfalten könne.[825] Dem wird neben der Rechtsnatur der GVO als eigenständige Rechtsnorm des sekundären Unionsrechts nach Art. 288 Abs. 2 AEUV vor allem ihre Funktion zur rechtsverbindlichen Konkretisierung der generalklauselartigen Freistellungskriterien des Art. 101 Abs. 3 AEUV entgegengehalten;[826] gegen das Argument, eine konstitutive Wirkung der GVO sei schon denklogisch nicht möglich, wenn sich die Freistellung bereits ex lege aus Art. 101 Abs. 3 AEUV ergebe, wird auf die Rechtsfigur der Doppelwirkungen im Recht verwiesen, nach der nicht nur verschiedene Nichtigkeitsgründe parallel nebeneinander maßgeblich, sondern auch mehrere Freistellungstatbestände zugleich einschlägig sein können.[827] Auf die **Rechtsnatur der europäischen Gruppenfreistellungsverordnungen** kommt es allerdings im Rahmen des § 2 Abs. 2 GWB nicht an.[828] Für das deutsche Recht hat der Gesetzgeber mit der Verweisung den Regelungen der GVOen den Charakter eines einfachen Bundesgesetzes verliehen und sie damit auf die gleiche Stufe wie die generellen Freistellungskriterien des § 2 Abs. 1 GWB gestellt. Vorbehaltlich der einschränkenden Auslegung auf abstrakt-genereller Ebene (→ Rn. 237) folgt aus der gleichrangigen, parallelen Geltung beider Freistellungstatbestände (Generalklausel und in Bezug genommene einschlägige GVO), dass eine Versagung der Freistellung trotz Erfüllung der Tatbestandsmerkmale einer GVO wegen Verfehlung der allgemeinen Freistellungskriterien im Einzelfall nicht möglich ist.

**c) Modifikationen im Rahmen der „entsprechenden" Anwendung der europäi-** **239** **schen Gruppenfreistellungsverordnungen?** Der Umstand, dass § 2 Abs. 2 GWB lediglich die „entsprechende" Geltung der europäischen Gruppenfreistellungsverordnungen vorsieht, erklärt sich schon daraus, dass die Norm **mit § 1 GWB statt Art. 101 Abs. 1 AEUV ein anderes Bezugsobjekt** hat. Fraglich ist, ob diese Form der Übernahme der europäischen GVOen in das deutsche Recht **Raum für weitere Modifikationen** lässt. Dafür scheint die Gesetzesbegründung zu sprechen. Denn nach Ansicht der Gesetzesver-

---

[824] So zB Bechtold BB 2000, 2425 (2426 f.); ders. EWS 2001, 49 (54); Hirsch ZWeR 2003, 233 (246 f.); jüngst auch mit ausführlicher Argumentation Heyers in FK-KartellR Rn. 36 ff.

[825] Vgl. insbesondere Deringer EuZW 2000, 5 (7, 8); ders. EuR 2001, 306 (311 f.); Schütz in GK VO 1/2003 Art. 29 Rn. 11; aA insoweit Bechtold BB 2000, 2425 (2426 f.) sowie ders. Rn. 28 (Erfüllung der Tatbestandsmerkmale einer GVO als „unwiderlegbare Vermutung für die Voraussetzungen des § 2 Abs. 1").

[826] Vgl. im Einzelnen Fuchs ZWeR 2005, 1 (9 ff.) mwN; ebenfalls für konstitutive Bedeutung der GVOen zB Becker/Bornkamm ZWeR 2005, 213 (223 f.); Schneider in Bunte Rn. 76; Ellger → AEUV Art. 101 Abs. 3 Rn. 349; vgl. auch den Ansatz bei Gregor WRP 2008, 330 ff. (GVOen als administrative Konkretisierungen des Art. 101 Abs. 3 AEUV mit dem Charakter einer Allgemeinverfügung).

[827] K. Schmidt BB 2003, 1237 (1241); zust. A. Wagner WRP 2003, 1369 (1377); Fuchs ZWeR 2005, 1 (13).

[828] AA jedoch Heyers in FK-KartellR Rn. 37, 50 ff.

fasser bedeutet die angeordnete „entsprechende" Geltung der europäischen Gruppenfreistellungsverordnungen „– insbesondere außerhalb der materiellrechtlichen Bestimmungen – **nicht in jedem Falle eine wörtliche Anwendung**".[829] Als **Beispiel** wird die Befugnis der Kommission zum Erlass einer **Nichtanwendungsverordnung** nach Art. 7 der Vertikal-GVO (VO 2022/720) genannt.[830] Insoweit handelt es sich jedoch nicht so sehr um ein Problem der Reichweite der angeordneten analogen Anwendung, sondern um eine generelle Frage der Kompetenz mitgliedstaatlicher Kartellbehörden und des Vorrangs des Unionsrechts: Da eine Befugnis **für mitgliedstaatliche Kartellbehörden** zum Erlass von Nichtanwendungsverordnungen, mit denen der Geltungsbereich von GVOen normativ reduziert wird, bei der dezentralen Anwendung des europäischen Kartellrechts **nicht vorgesehen** ist,[831] kann sie der nationale Gesetzgeber auch nicht wirksam für die parallele Anwendung des einzelstaatlichen Kartellrechts einführen – jedenfalls nicht für Sachverhalte oberhalb der Zwischenstaatlichkeitsschwelle. Umgekehrt wird aber eine **von der Kommission erlassene Nichtanwendungsverordnung von § 2 Abs. 2 GWB erfasst** und findet damit automatisch Eingang in das deutsche Recht,[832] soweit sie Inlandsmärkte betrifft.[833] Denn auch Nichtanwendungsverordnungen sind – jedenfalls in erweiternder Auslegung des Wortlauts – „Gruppenfreistellungsverordnungen" iSd § 2 Abs. 2 GWB, weil sie deren ursprünglichen Geltungsbereich nachträglich durch eine generell-abstrakte Regelung beschneiden. In der Sache handelt es sich jeweils um eine Änderungsverordnung zu der betreffenden GVO.[834]

**240**     Fraglich bleibt, ob in anderer Hinsicht ein gewisser **Spielraum für Modifikationen** gegenüber einer uneingeschränkten Übernahme der GVOen in das deutsche Recht bestehen kann. Das ist jedoch grundsätzlich **zu verneinen**.[835] Zunächst würde ein solcher Spielraum wegen des erweiterten Vorrangs der europäischen Wettbewerbsregeln (Art. 3 Abs. 2 VO 1/2003, § 22 Abs. 2 GWB) überhaupt nur für Sachverhalte ohne Zwischenstaatlichkeitsbezug bestehen können. Mit der ausdrücklichen und uneingeschränkten Erstreckung der GVOen auf solche Vereinbarungen durch § 2 Abs. 2 S. 2 GWB hat der Gesetzgeber aber zu erkennen gegeben, dass er eine **unterschiedliche Behandlung von** wettbewerbsbeschränkenden **Vereinbarungen mit lediglich lokaler oder regionaler Bedeutung** einerseits im Verhältnis zu solchen mit potentiell zwischenstaatlichen Auswirkungen andererseits grundsätzlich **ablehnt**. Einzelne explizite Ausnahmen wie § 3 GWB für Mittelstandskartelle oder § 30 GWB für die Preisbindung bei Zeitungen und Zeitschriften bestätigen diesen Grundsatz.

---

[829] BegrRegE, BT-Drs. 15/3640, 25 (Hervorhebung hinzugefügt).

[830] BegrRegE, BT-Drs. 15/3640, 25. Die gleiche Befugnis ist in den GVOen für Kfz-Vertrieb (Art. 6 VO 461/2010) und Technologietransfer-Vereinbarungen (Art. 7 VO 316/2014) vorgesehen und beruht auf einer entsprechenden Ermächtigung in Art. 1a VO 19/65.

[831] Nach Art. 29 Abs. 2 VO 1/2003 und damit übereinstimmend § 32d GWB kann die zuständige mitgliedstaatliche Kartellbehörde unter bestimmten Voraussetzungen den Rechtsvorteil einer GVO mittels Verfügung im Einzelfall entziehen.

[832] Im Ergebnis übereinstimmend Schneider in Bunte Rn. 69.

[833] Bei der in ihrem pflichtgemäßen Ermessen liegenden Entscheidung über den Erlass einer Nichtanwendungsverordnung muss die Kommission den unionsrechtlichen Verhältnismäßigkeitsgrundsatz beachten und insbesondere bei der Festlegung ihres genauen Anwendungsbereichs überprüfen, ob er sich im Hinblick auf die erfassten sachlich und räumlich relevanten Märkte wie auch hinsichtlich der Art der vertikalen Beschränkungen, die nicht mehr unter die GVO fallen sollen, auf das erforderliche Ausmaß beschränkt, Fuchs ZWeR 2005, 1 (28).

[834] Vgl. Baron in LMRKM Vert.-GVO Rn. 434.

[835] Im Ergebnis ebenso Bechtold/Bosch, § 2 GWB Rn. 28 (Geltung der GVOen „ohne jede Einschränkung"); vgl. auch die eindrucksvolle Bestätigung der uneingeschränkten Geltung der GVO-Inhalte (hier: der ehemaligen Kfz-GVO 1400/2002) trotz eines möglichen Konflikts mit innerstaatlichen Vorgaben des Handelsrechts in BGH 24.6.2009 –, WuW/E DE-R 2747 Rn. 12 ff. – Nissan; anders Nordemann/Grave in LMRKM Rn. 40 („modifizierende Anwendung der EU-GVOen im Rahmen des § 2 Abs. 2 GWB in gewissen Grenzen nicht ausgeschlossen"); in diese Richtung auch Heyers in FK-KartellR § 2 Rn. 41 ff. und 88 ff., der eine gänzlich undifferenzierte Übertragbarkeit der GVOen auf innerdeutsche Sachverhalte etwa mit Hinweis auf das ausschließlich unionsspezifische Prinzip der Binnenmarktintegration ablehnt.

Hinzu kommt die folgende Erwägung: Für manche regionalen oder lokalen Märkte **241** mögen zwar bestimmte absolute Umsatz- oder sonstige Schwellenwerte (vgl. zB Art. 2 Abs. 2, Art. 3 Abs. 1 VO 2022/720) zu hoch gegriffen sein; **für eine (automatische) Anpassung** an die konkreten Marktverhältnisse oder eine generelle Herabsetzung der Zahlen im Wege der „entsprechenden" Rechtsanwendung auf Fälle ohne Zwischenstaatlichkeitsbezug **fehlt** jedoch **jeder nachvollziehbare objektive Maßstab.** Insoweit hätte der deutsche Gesetzgeber tätig werden und bei der Übernahme der GVOen für einen Filter- oder einen Anpassungsmechanismus sorgen müssen, zB durch Schaffung einer Ermächtigungsgrundlage für Modifikationen im Wege von Rechtsverordnungen des Bundeskartellamts oder des Wirtschaftsministeriums.[836] Das ist jedoch aus guten ordnungspolitischen Gründen unterblieben. Sollte es wegen nicht auf reine Inlandsmärkte passender Freistellungskriterien in einer GVO zu Ergebnissen kommen, die nicht mit § 2 Abs. 1 GWB vereinbar sind, bleibt daher nur die **Möglichkeit eines Entzugs der GVO im Einzelfall,** sofern die besonderen Voraussetzungen des Art. 29 Abs. 2 VO 1/2003 bzw. **§ 32d GWB** erfüllt sind.

Auch für eine etwaige **Relativierung der Marktanteilsgrenzen** in diversen GVOen **242** besteht **kein Anlass.** Das europäische Kartellrecht kennt zwar keine den Vermutungstatbeständen der § 18 Abs. 4 und 6 GWB (§ 19 Abs. 3 GWB aF) entsprechenden Regelungen und siedelt trotz der jetzt erfolgten Anhebung der Vermutungsschwelle von $^1/_3$ auf 40 % für einzelne Unternehmen die Grenze zur Marktbeherrschung tendenziell höher als das deutsche Kartellrecht an. Schon nach altem Recht unter Geltung der niedrigeren Vermutungsschwelle war kein Ansatzpunkt ersichtlich, etwa die Schwelle von 40 % Marktanteil für den quantitativen selektiven Vertrieb neuer Kraftfahrzeuge (vgl. Art. 3 Abs. 1 S. 2 VO 1400/2002, der gemäß Art. 2 VO 461/2010 bis zum 31.5.2013 galt) unter Berücksichtigung der Marktbeherrschungsvermutung des § 19 Abs. 3 S. 1 GWB aF bei einem Marktanteil von $^1/_3$ im Rahmen der „entsprechenden" Anwendung der GVO verhältnismäßig herabzusetzen. Nach Anhebung der Vermutungsschwelle in § 18 Abs. 4 GWB besteht ein solches Bedürfnis erst recht nicht mehr. Vielmehr sind die jeweiligen Marktanteilsgrenzen der einzelnen GVOen 1: 1 zu übernehmen. Für die Berechnung der Marktanteile ist dabei der räumlich relevante Markt nach ökonomischen Kriterien abzugrenzen und nicht etwa normativ auf das Inland beschränkt, wie der BGH unter expliziter Aufgabe seiner früher gegenteiligen Rechtsprechung klargestellt hat.[837]

Selbst wenn die Kommission beim „Design" der Tatbestandsmerkmale einer Gruppen- **243** freistellung nicht nur wettbewerbliche Ziele, sondern im Rahmen ihres „legislativen Beurteilungsspielraums"[838] auch **andere Unionspolitiken** insbesondere wirtschafts- oder industriepolitischer Art sowie die Querschnittsklauseln des AEU-Vertrags **berücksichtigt** hat,[839] ist es **nicht möglich,** im Rahmen der „entsprechenden" Anwendung der GVO auf

---

[836] Vgl. zur Möglichkeit einer solchen „Verordnungslösung" auch Schneider in Bunte Rn. 64; **aA** Ehricke/Blask JZ 2003, 722 (723) (Verstoß gegen Art. 80 Abs. 1 GG).

[837] BGH 5.10.2004, WRP 2004, 1502 (1504) = WuW/E DE-R 1355 (1357 f.) – Staubsaugerbeutelmarkt.

[838] Vgl. dazu Fuchs ZWeR 2005, 1 (8 ff.); im Ergebnis ebenso Baron WuW 2006, 358 (363 f.); Wagner WRP 2003, 1369 (1374 ff.); aA (gegen ein gesetzgeberisches Ermessen beim Erlass von GVOen) Koch ZWeR 2005, 380 (392 f.); ders. ZHR 169 (2005), 625 (632 ff.). Auch wenn Einzel- und Gruppenfreistellung letztlich auf derselben materiellrechtlichen Grundlage des Art. 101 Abs. 3 AEUV beruhen, unterscheiden sie sich doch grundlegend in Umfang, Wirkungsweise und Rechtsfolgen sowie Überprüfung ihrer Anwendung. Im Unterschied zur Einzelfreistellung als Anwendung einer Rechtsnorm im Einzelfall stellt der Erlass einer GVO einen Akt der Gesetzgebung dar. Dieser beruht auch nicht direkt und ausschließlich auf Art. 101 Abs. 3 AEUV, sondern auf der zusätzlichen Ermächtigung des Art. 103 Abs. 1, Abs. 2 lit. b AEUV zum Erlass zweckdienlicher Richtlinien und Verordnungen zur Regelung der Einzelheiten der Anwendung des Art. 101 Abs. 3 AEUV.

[839] Ob die Kommission bei der Ausgestaltung der GVOen andere Unionspolitiken und Ziele nichtwettbewerblicher Art berücksichtigen darf, ist im Einzelnen umstritten; für die Zulässigkeit einer (begrenzten) Einbeziehung außerökonomischer Erwägungen, zB der Querschnittsklauseln, bei der Ausgestaltung der von einer GVO erfassten Kategorie von Vereinbarungen und Klauseln, solange der Wettbewerbsbezug nicht ganz in den Hintergrund tritt, Fuchs ZWeR 2005, 1 (24 ff.); aA Weyer ZHR 164 (2000), 611 (628) (kein eigener Regelungsspielraum der Kommission außerhalb eines etwaigen engen Beurteilungsspielraums).

rein nationale Sachverhalte die davon betroffenen **Vorschriften auszufiltern oder zu modifizieren.**[840] Solange sich die Tatbestände der GVO nachvollziehbar noch innerhalb der Kriterien des Art. 101 Abs. 3 AEUV bewegen, sind sie daher für den nationalen Rechtsanwender verbindlich. Dies ist der Preis der gewollten automatischen Synchronisierung des deutschen und europäischen Kartellrechts.

244      Nur wenn bei der Ausgestaltung der Tatbestandsvoraussetzungen einer GVO die durch die **Kriterien des Art. 101 Abs. 3 AEUV** gezogene Grenze **überschritten** worden ist, braucht die GVO im Ergebnis nicht angewendet zu werden. Bei **zwischenstaatlichen Sachverhalten** kann ein einzelstaatliches Gericht (und muss das letztinstanzliche nationale Gericht), wenn es eine GVO wegen Unvereinbarkeit mit Art. 101 Abs. 3 AEUV für unionsrechtswidrig und damit nichtig hält, bei Entscheidungserheblichkeit das Verfahren aussetzen und die Frage nach **Art. 267 AEUV** dem EuGH zur **Vorabentscheidung** vorlegen. Selbst hat es keine Verwerfungskompetenz und kann die GVO weder für nichtig erklären noch ihre Vorschriften einfach unbeachtet lassen. Die Möglichkeit der Vorabentscheidung besteht auch, wenn es im Einzelfall nicht ganz klar, aber immerhin in Betracht zu ziehen ist, dass es sich um einen zwischenstaatlichen Sachverhalt handelt.[841] **In Fällen ohne Zwischenstaatlichkeitsbezug** kommt es demgegenüber auf die Gültigkeit der GVO als Bezugsobjekt einer nationalen Verweisungsnorm nicht an. Denn die Problematik ist für den zu entscheidenden Fall mit der (gebotenen) **einschränkenden Auslegung** der einzelstaatlichen Verweisungsnorm sachgerecht zu lösen: **§ 2 Abs. 2 GWB** bezieht sich, wie dargelegt (→ Rn. 237), nur auf solche GVOen, die den Kriterien des § 2 Abs. 1 GWB genügen, ohne dass die unionsrechtliche Gültigkeit der GVO entscheidungserheblich wäre. Ob es trotz der weitgehenden Wortgleichheit von § 2 Abs. 1 GWB mit Art. 101 Abs. 3 AEUV Fälle geben kann, die von der europäischen Norm noch gedeckt sind (etwa wegen Berücksichtigung der Querschnittsklauseln), aber von (dem rein wettbewerbsbezogenen) § 2 Abs. 1 GWB nicht mehr erfasst werden, kann offen bleiben, zumal es sich um eine eher theoretische Fragestellung handelt, die jedenfalls keine der derzeit geltenden GVOen betrifft.

245      Nützliche **Hinweise zur Auslegung** der entsprechend anwendbaren GVOen lassen sich (ebenso wie zu § 2 Abs. 1 GWB) den einschlägigen Bekanntmachungen und Leitlinien der Kommission entnehmen, denen allerdings keine Bindungswirkung zukommt.[842] Ausführliche Erörterungen zur Auslegung der VO 2022/720 enthalten zB die Vertikalleitlinien,[843] Erörterungen zu Spezialisierungs- und F&E-Vereinbarungen in Ergänzung zu den entsprechenden GVOen finden sich in den Horizontalleitlinien.[844] Weitere wichtige Leitlinien betreffen Technologietransfer-Vereinbarungen[845] und die GVO für den Kraftfahrzeugsektor.[846]

---

[840] AA Nordemann in LMRKM Rn. 40 (Berücksichtigung bestimmter industriepolitischer Aspekte einzelner GVOen bei rein regionalen Sachverhalten verfehlt); differenzierend Heyers in FK-KartellR § 2 Rn. 41 ff. (industriepolitische Zielsetzungen der GVOen über § 2 Abs. 2 GWB ins deutsche Recht übertragungsfähig; nicht übertragungsfähig dagegen das Ziel der Binnenmarktintegration).

[841] Heyers in FK-KartellR Rn. 85 mwN.

[842] Vgl. allgemein zur Bedeutung von Bekanntmachungen, Leitlinien und Mitteilungen der Kommission bereits → Rn. 38 ff.

[843] Vgl. KOMM., Leitlinien für vertikale Beschränkungen, ABl. 2022, C 248, 1.

[844] KOMM., Leitlinien zur Anwendbarkeit des Artikels 101 AEUV auf Vereinbarungen über horizontale Zusammenarbeit, ABl. 2023, C 259, 1 ff., Rn. 158.

[845] KOMM, Leitlinien zur Anwendung von Artikel 101 AEUV auf Technologietransfer-Vereinbarungen, ABl. 2014C 89, 3.

[846] Bekanntmachung der Kommission, Ergänzende Leitlinien für vertikale Beschränkungen in Vereinbarungen über den Verkauf und die Instandsetzung von Kraftfahrzeugen und den Vertrieb von Kraftfahrzeugersatzteilen, ABl. 2010 C 138, 16, geändert durch Bek. der Kommission, Änderung der Bekanntmachung der Kommission – Ergänzende Leitlinien für vertikale Beschränkungen über den Verkauf und die Instandsetzung von Kraftfahrzeugen und den Vertrieb von Kraftfahrzeugersatzteilen, ABl. 2023 C 133, 1.

## II. Aktuelle Gruppenfreistellungsverordnungen und Ermächtigungen im Überblick

**1. Rechtsgrundlagen.** Materielle Grundlage für den Erlass von Gruppenausnahmen ist **246** **Art. 101 Abs. 3 AEUV.** Da es sich bei ihnen nicht mehr um bloße Rechtsanwendung im Einzelfall, sondern um die Freistellung auf Grund abstrakt-genereller Kriterien für eine Vielzahl von Vereinbarungen und damit um Normsetzung handelt, ist für den Erlass entsprechender Rechtsakte der Rat zuständig. Dieser hat von seiner Befugnis nach **Art. 103 Abs. 1, Abs. 2 lit. b AEUV,** die Einzelheiten der Anwendung des Art. 101 Abs. 3 AEUV durch Verordnungen oder Richtlinien zu regeln, nur teilweise unmittelbar durch Erlass eigener Freistellungsverordnungen Gebrauch gemacht.[847] In anderen Fällen hat er dagegen der Kommission im Wege begrenzter Einzelermächtigungen die Befugnis übertragen, für bestimmte Arten von Vereinbarungen unter Beachtung gewisser struktureller Vorgaben GVOen zu erlassen.[848] So hat der Rat mit der **VO 19/65** die Kommission zum Erlass von GVOen für Vertikal- und Lizenzvereinbarungen ermächtigt; dem ist später die **VO 2821/71** als Rechtsgrundlage zum Erlass von GVOen für bestimmte Arten von Horizontalvereinbarungen gefolgt.

**2. Die erfassten Vereinbarungstypen und Branchen.** Primär (aber nicht ausschließ- **247** lich) auf **horizontale Vereinbarungen** bezogen sind die folgenden GVOen der Kommission:
- VO 2023/1066 vom 1.6.2023 für Vereinbarungen über Forschung- und Entwicklung;[849]
- VO 2023/1067 vom 1.6.2023 für Spezialisierungsvereinbarungen.[850]

**Vertikale Vereinbarungen** sind generell geregelt in der
- VO 2022/720 vom 10.5.2022 für Gruppen von vertikalen Vereinbarungen und aufeinander abgestimmten Verhaltensweisen;[851] vorrangige Sonderregeln enthalten jedoch die
- VO 316/2014 vom 21.3.2014 für Vereinbarungen über Technologietransfer[852] und die
- VO 461/2010 vom 27.5.2010 für Gruppen von vertikalen Vereinbarungen und abgestimmten Verhaltensweisen im Kraftfahrzeugsektor.[853]

Weitere GVOen betreffen die Anwendbarkeit der Wettbewerbsregeln auf **den** **248**
- **Verkehrsbereich:** VO 169/2009 des Rates vom 26.2.2009 über die Anwendung von Wettbewerbsregeln auf dem Gebiet des Eisenbahn-, Straßen- und Binnenschiffsverkehrs,[854]

---

[847] Gruppenausnahmen unmittelbar durch Ratsverordnungen finden sich vor allem im Verkehrsbereich, vgl. → Rn. 248.

[848] Dieses zweistufige Rechtsetzungsverfahren, bei dem der Rat nur eine Rahmenverordnung erlässt und die Kommission ermächtigt, die Einzelheiten der Gruppenfreistellung selbst durch VO festzulegen, hat die Billigung des EuGH gefunden, s. EuGH 13.7.1966, Slg. 1966, 457 (484) – Italienische Republik/Rat und Kommission.

[849] ABl. 2023 L 143, 9; vgl. dazu die Kommentierung bei Fuchs FuE-GVO (7. Aufl. Band 1, IV. Abschnitt – C.; 6. Aufl. Band 1, IV. Abschnitt – C: VO 1217/2010). Die FuE-GVO ist gem. ihres Art. 9 am 1.7.2023 in Kraft getreten.

[850] ABl. 2023 L 143, 20; vgl. dazu die Kommentierung bei Fuchs Spez-GVO (7. Aufl. Band 1, IV. Abschnitt – D.; 6. Aufl. Band 1, IV. Abschnitt – D: VO 2018/2010). Nach Art. 13 Spezialisierungs-GVO ist die VO am 1.7.2023 in Kraft getreten.

[851] ABl. 2022 L 134, 4; vgl. dazu die Kommentierung bei Ellger Vertikal-GVO (7. Aufl. Band 1, IV. Abschnitt – A, 6. Aufl. Band 1, IV. Abschnitt – A –: VO 330/2010).

[852] ABl. 2014 L 93, 17; vgl. dazu die Kommentierung bei Fuchs TT-GVO (Band 1, IV. Abschnitt – F.).

[853] ABl. 2010 L 129, 52; vgl. dazu die Kommentierung bei Ellger Kfz-GVO (Band 1, IV. Abschnitt – B.). Diese GVO regelt Vereinbarungen über den Vertrieb von neuen Kraftfahrzeugen und Ersatzteilen sowie Vertriebsvereinbarungen über die Erbringung von Instandsetzungs- und Wartungsdienstleistungen durch zugelassene Werkstätten. Im Zuge der im Jahre 2010 revidierten Kfz-GVO wird sich der Geltungsbereich der Sonderregelungen für den Kfz-Sektor nach Ablauf einer Übergangsfrist erheblich reduzieren. Anstelle der ausgelaufenen Teile des Kfz-Sonderrechts (VO 1400/2002) sind für den Vertrieb von neuen KfZ die allgemeinen Vorschriften der Vertikal-GVO 330/2010 und ab dem 1.6.2022 der VO 2022/720 maßgeblich, näher dazu sogleich bei → Rn. 269 ff.

[854] ABl. 2009 L 61, 1.

VO 906/2009 der Kommission vom 28.9.2009 für Gruppen von Vereinbarungen, Beschlüssen und aufeinander abgestimmten Verhaltensweisen zwischen Seeschifffahrtsunternehmen (Konsortien)[855]. Ergänzend zu beachten ist für den Verkehrssektor die von der Kommission bisher noch nicht wahrgenommene Möglichkeit, auf Basis der Ermächtigungs-VO 487/2009 des Rates vom 25.5.2009 für Gruppen von Vereinbarungen und aufeinander abgestimmten Verhaltensweisen im Luftverkehr[856] eine entsprechende GVO zu erlassen. In den vergangenen Jahren sind zudem zwei GVOen im Verkehrsbereich ersatzlos weggefallen: Die bis 2007 geltende VO 1459/2006 der Kommission vom 28.9.2006 für Gruppen von Vereinbarungen und aufeinander abgestimmte Verhaltensweisen betreffend Konsultationen über Tarife für die Beförderung von Passagieren im Personenlinienverkehr und die Zuweisung von Zeitnischen auf Flughäfen[857] ist inzwischen durch Zeitablauf außer Kraft getreten und die VO 4056/86 des Rates vom 22.12.1986 für den Seeverkehr[858] mit Anwendungsregeln und Freistellung für Linienschifffahrtskonferenzen ist durch die Rats-VO 1419/2006[859] aufgehoben worden.

**249**    **3. Gemeinsame Charakteristika in Aufbau und Regelungstechnik.** Erstmals mit der VO 2790/1999 über Vertikalvereinbarungen hat die Kommission ihre bis dahin praktizierte Regelungstechnik[860] bei den GVOen geändert, um den zu Recht kritisierten „Zwangsjackeneffekt" zu vermeiden, der früher aus der genauen Vorgabe einer exakt festgelegten Palette freigestellter („weißer") Klauseln resultierte. Nach ihrem neuen, durch den more economic approach beeinflussten Konzept grenzt die Kommission den Anwendungsbereich der GVOen erheblich weiter ab. Am stärksten kommt der neue Ansatz der abstrakt-generellen Bestimmung der erfassten Kategorie von Vereinbarungen (und ihre Ergänzung um bestimmte qualitative Kriterien) bei der „Schirm-GVO" über vertikale Vereinbarungen zum Ausdruck.[861]

**250**    Die **Abgrenzung des Freistellungstatbestands** erfolgt primär durch die Definition des erfassten **Vereinbarungstyps.** Sie wird regelmäßig um die Festlegung einer bestimmten **Marktanteilsschwelle** ergänzt, bei deren Überschreiten eine Gruppenfreistellung ausscheidet. Die Marktanteile (ab 20% bei horizontalen, ab 30% bei vertikalen Vereinbarungen) indizieren insoweit ein gewisses Maß an Marktmacht und reflektieren die stärkere Berücksichtigung der ökonomischen Wirkungen der betroffenen Vereinbarungen im Vergleich zu einer ausschließlich auf die Art der Vereinbarung und bestimmte Klauseltypen abstellenden Legalisierung. Auch wenn die Schwellen tendenziell zugleich der Einhaltung der vierten Freistellungsvoraussetzung (keine Ausschaltung des Wettbewerbs) dienen, bleibt bei ihrem Überschreiten eine Anwendung der Generalklausel (Art. 101 Abs. 3 AEUV/§ 2 Abs. 1 GWB) im Einzelfall möglich. Dies und die grundsätzlich vorgesehenen Toleranzschwellen (mit Übergangszeiten für die befristete Fortgeltung der GVO bei nachträglicher Überschreitung der Marktanteilsschwellen in den Folgejahren) mildert ein wenig die Problematik der in der Praxis sehr schwierigen und oftmals unsicheren Ermittlung der Marktanteile.

**251**    Regelmäßig ausgeschlossen ist eine Freistellung dagegen, wenn die Vereinbarung eine sog. **schwarze Klausel** aus der **Liste der Kernbeschränkungen** enthält. Diese stellen besonders schwerwiegende Wettbewerbsbeschränkungen dar (insbesondere Preis-, Mengen-, bestimmte Gebiets- und Kundenbeschränkungen) und machen die GVO insgesamt unanwendbar. Darüber hinaus hält die Kommission in diesen Fällen eine Einzelfreistellung

[855] ABl. 2009 L 256, 31. Ermächtigungsgrundlage ist die VO 246/2009 des Rates vom 26.2.2009, ABl. 2009 L 246, 1.
[856] ABl. 2009 L 148, 1.
[857] ABl. 2006 L 272, 3.
[858] ABl. 1986 L 378, 4.
[859] ABl. 2006 L 269, 1.
[860] Näher dazu Ellger → AEUV Art. 101 Abs. 3 Rn. 364 f. mwN.
[861] Vgl. dazu Bechtold/Bosch/Brinker, EU-Kartellrecht, Einl. Vertikal-GVO, Rn. 13, 14.

für „unwahrscheinlich".[862] Eine Reihe von GVOen, aber nicht jede enthält daneben noch eine weitere Liste sog. „**grauer Klauseln**", die bestimmte Beschränkungen aufführt, die nicht an der Gruppenfreistellung partizipieren, deren Anwendung im Übrigen aber unberührt lassen (zB überlange Wettbewerbsverbote[863]). Im Übrigen wird die Vereinbarkeit mit den Freistellungskriterien des Art. 101 Abs. 3 AEUV dadurch sichergestellt, dass die Kommission (und bei gesonderten räumlichen Märkten die Kartellbehörden der Mitgliedstaaten) die Möglichkeit haben, den **Rechtsvorteil der GVO im Einzelfall zu entziehen** (vgl. Art. 29 Abs. 1 und 2 VO 1/2003). Dieser Entzugstatbestand als notwendige Ergänzung der typisierenden Methode der GVO wird in den wichtigsten GVOen konkretisiert (siehe Art. 10 VO 2023/1066 über FuE-Vereinbarungen, Art. Art. 7 VO 2023/1067 über Spezialisierungs-Vereinbarungen, Art. 6 VO 2022/720 über vertikale Vereinbarungen). Darüber hinaus ermächtigen die vertikalen GVOen (Art. 7 VO 20227720, Art. 6 VO 461/2010, Art. 7 VO 316/2014) die Kommission zur normativen Begrenzung ihres Anwendungsbereichs durch den Erlass von **Nichtanwendungsverordnungen,** sofern mehr als 50 % des relevanten Marktes von nebeneinander bestehenden Netzen gleichartiger Vereinbarungen durchzogen sind. Dadurch können sämtliche vertikalen Vereinbarungen im betroffenen Markt, die bestimmte Beschränkungen enthalten, aus dem Anwendungsbereich einer GVO ausgeklammert werden.

An **allgemeinen Regelungen** enthalten die GVOen grundsätzlich einen Artikel mit **252** speziellen Definitionen, nähere Bestimmungen über die Ermittlung der relevanten Marktanteile (und ggf. Umsätze), die Einbeziehung verbundener Unternehmen, Inkrafttreten und Geltungsdauer. Die GVOen dürfen auf Grund entsprechender Vorgaben in den Ermächtigungsverordnungen des Rates prinzipiell nur für eine begrenzte Frist erlassen werden; in der Regel sind sie sieben bis zehn Jahre gültig. Auf diese Weise wird die Kommission in regelmäßigen Abständen zu einer Überprüfung der Tatbestandsvoraussetzungen und Anwendungserfahrungen veranlasst.

### III. Die Bedeutung der Gruppenfreistellungsverordnungen für bestimmte Arten von horizontalen und vertikalen Vereinbarungen

**1. Spezialisierungsvereinbarungen (VO 2023/1067).**[864] Zu den in der Wirtschafts- **253** praxis wichtigsten horizontalen Kooperationen gehören Spezialisierungsvereinbarungen. Sie sind dadurch gekennzeichnet, dass die beteiligten Unternehmen ihr Leistungsprogramm im Wege einer **Arbeitsteilung** so aufeinander abstimmen, dass sie sich jeweils auf unterschiedliche Produkte, Bereiche oder wirtschaftliche Funktionen konzentrieren und zugleich durch (gegenseitige) Lieferpflichten die Aufrechterhaltung einer vollständigen Angebotspalette im Markt sicherstellen. Dadurch können sie regelmäßig **erhebliche Rationalisierungsvorteile** insbesondere in Form von economies of scale und economies of scope (Größen- und Verbundvorteile) erzielen. In ihrem Hauptanwendungsgebiet, der Herstellung, kann die Spezialisierung durch die Konzentration der Partner auf die jeweiligen eigenen Stärken zudem zu Verbesserungen der Produktionstechniken und Produktqualität führen.

Aufgrund ihres hohen Potentials für Effizienzgewinne werden Spezialisierungsverein- **254** barungen selbst zwischen Großunternehmen in erheblichem Umfang vom Kartellverbot freigestellt. Die VO 2023/1067 erfasst **drei Formen der Zusammenarbeit,** die einseitige und die gegenseitige Spezialisierung sowie die gemeinsame Produktion.[865] Die Freistellung erstreckt sich jeweils auf diejenigen Regelungen, die eine derartige **Spezialisierung in der**

---

[862] Kommission, Leitlinien zur Anwendung von Art. 81 Abs. 3 EG, ABl. 2004 C 101, 8 Abs. 3 EG, Rn. 46.
[863] Näher dazu auch aus allgemein zivilrechtlicher Sicht Bernhard NJW 2013, 2785 ff.
[864] Vgl. im Einzelnen die Kommentierung bei Fuchs Spez-GVO (Band 1/Teil 1, IV. Abschnitt – D zur VO 1218/2010.).
[865] Bei der einseitigen Spezialisierung verzichtet nur ein Unternehmen auf die Produktion eines bestimmten Erzeugnisses, um es von der anderen Vertragspartei zu beziehen. Es handelt sich gewissermaßen um einen

**Produktion** oder beim Vertrieb herbeiführen und Wettbewerbsbeschränkungen enthalten, die von Art. 101 Abs. 1 AEUV erfasst werden (Art. 2 Abs. 1 und 2). Dazu gehören unter bestimmten Voraussetzungen auch Alleinbezugs- und Alleinbelieferungsvereinbarungen sowie ein gemeinsamer Vertrieb (Art. 2 Abs. 4). Weitergehende Beschränkungen oder nicht notwendige Nebenabreden werden von der GVO nicht erfasst.[866] Die frühere Regelung im deutschen Recht (§ 3 GWB aF) ging zwar über die Spezialisierung im Bereich der Produktion hinaus und erstreckte sich auf die Arbeitsteilung bei sämtlichen Unternehmensfunktionen unter Einschluss etwa des Vertriebs oder der Forschung und Entwicklung. Im Ergebnis ist dadurch jedoch keine Verengung des Freistellungsbereichs eingetreten, weil nunmehr ergänzend auf die (noch weitergehende) GVO für F&E-Vereinbarungen (VO 2023/1066) sowie die direkt anwendbare Generalklausel zurückgegriffen werden kann.

255    Begrenzt wird der Umfang der Freistellung durch eine generelle **Marktanteilsschwelle von 20 %** (Art. 3) sowie einen **Katalog verbotener Kernbeschränkungen** (sog. „schwarze Klauseln") in Art. 5(Preisfestsetzungen für Verkäufe an Dritte, Absatz- und Produktionsbeschränkungen sowie die Zuweisung von Märkten oder Kunden). Die Vereinbarung derart schwerwiegender Wettbewerbsbeschränkungen macht die GVO insgesamt unanwendbar und erfüllt in aller Regel auch nicht die Kriterien für eine Einzelfreistellung nach Art. 101 Abs. 3 AEUV/§ 2 Abs. 1 GWB.

Die VO 2023/1067 ist mit Wirkung vom 1.7.2023 an die Stelle der VO 1218/2010 getreten. Für Vereinbarungen, die noch während der Geltung der VO 1218/2010 abgeschlossen wurden, sieht Art. 8 VO 2023/1067 einen Übergangszeitraum bis zum 30.6.2025 vor, in dem die Vereinbarungen an die neue Rechtslage angepasst werden können.

256    **2. Forschungs- und Entwicklungsvereinbarungen (VO 2023/1066).**[867] Eine Zusammenarbeit von Unternehmen im Bereich der Forschung und Entwicklung findet in der Praxis in vielfältigen Formen statt, die sich nach Art, Umfang, Dauer, Intensität und Zielrichtung ebenso wie in der rechtlichen Ausgestaltung unterscheiden. Eine einheitliche kartellrechtliche Beurteilung ist nicht möglich, vielmehr kommt es neben den wettbewerblichen Beziehungen der Partner untereinander vor allem auf die Reichweite und Intensität der Kooperation an. In vielen Fällen fehlt es schon an einer Wettbewerbsbeschränkung, etwa wenn die Parteien keine Wettbewerber sind und das fragliche F&E-Projekt allein nicht durchführen könnten. Wichtige Beurteilungsfaktoren sind ferner die Nähe des Forschungsgegenstands zum Markt des Endprodukts sowie die Frage einer Erstreckung der Zusammenarbeit auf die Verwertungsphase (Lizenzierung, Produktion, Vertrieb der neuen Erzeugnisse). In der früheren Entscheidungspraxis der Kommission wurde nicht selten schon das Vorliegen einer Wettbewerbsbeschränkung verneint. Für den Fall, dass doch eine spürbare Wettbewerbsbeschränkung vorliegt, greift in den meisten Fällen eine großzügige Gruppenfreistellung ein. Sofern (jedenfalls) die Tatbestandsvoraussetzungen der VO 2023/

---

Fall des „Outsourcing"; näher hierzu und zur Abgrenzung von der bloßen Zuliefervereinbarung Fuchs Spez-GVO Art. 1 Rn. 7.

[866] Ob derartige „überschießende" Klauseln unmittelbar die Kriterien des § 2 Abs. 1 GWB erfüllen können, wie es Bechtold/Bosch, § 2 GWB, Rn. 32, wegen einer fehlenden Regelung zu den „grauen Klauseln" in der Spezialisierungs-GVO 1218/2010 im Einzelfall für möglich hält, erscheint im Hinblick auf das Kriterium der Unerlässlichkeit fraglich. Jedenfalls wenn man wie hier an die „Notwendigkeit" einer Nebenabrede keine strengeren Anforderungen als an die „Unerlässlichkeit" iSd Art. 101 Abs. 3 AEUV/§ 2 Abs. 1 GWB stellt, bleibt kein Raum mehr für eine Freistellung nach der Generalklausel. Für eine abweichende Sicht sind keine Gründe ersichtlich. Vielmehr spricht alles dafür, dass es sich bei der Einbeziehung unmittelbar mit der Hauptvereinbarung verbundener und für deren Durchführung notwendiger Nebenabreden durch Art. 2 Abs. 2 VO 1218/2010, jetzt: Art. 2 Abs. 3 VO 2023/1067 um eine Konkretisierung und Ausprägung des Kriteriums der Unerlässlichkeit in Art. 101 Abs. 3 AEUV handelt, vgl. näher Fuchs Spez-GVO Art. 2 Rn. 8.

[867] Vgl. im Einzelnen die Kommentierung bei Fuchs FuE-GVO (Band 1/Teil 1, IV. Abschnitt – C. zur VO 1217/2010).

1066 erfüllt sind, kann die Frage eines Wettbewerbsverstoßes und seiner Freistellung nach der Generalklausel (Art. 101 Abs. 3 AEUV/§ 2 Abs. 1 GWB) in der Praxis offen bleiben.

Nach Art. 2 Abs. 1 VO 2023/1066 gilt Art. 101 Abs. 1 AEUV nicht für Forschungs- **257** und Entwicklungsvereinbarungen. Dieser für die FuE-GVO grundlegende Begriff wid in Art. 1 Abs. 1 Ziff. 1 legaldefiniert. **Gegenstand der Freistellung** nach der VO 2023/1066 sind insgesamt **sechs Gruppen von F&E-Vereinbarungen** (Art. 1 Abs. 1 Ziff. 1 litt. a – d), die sich in zwei Grundkategorien einteilen lassen: Die erste Kategorie erfasst Vereinbarungen zwischen zwei oder mehr Unternehmen über die gemeinsame Forschung und Entwicklung in den Varianten ohne (lit. a Ziff. i) oder mit (lit. a Ziff. ii) gemeinsamer Verwertung der Ergebnisse sowie über die nachfolgende gemeinsame Verwertung der zuvor gemeinsam erzielten F&E-Ergebnisse (lit.c). In die zweite Kategorie gehören Vereinbarungen betreffend die Auftragsforschung und -entwicklung in den Varianten ohne (lit. b Ziff. i) oder mit (lit. b Ziff. ii gemeinsamer Verwertungsabrede sowie nachfolgende Vereinbarungen, aufgrund derer die zuvor im Wege der Auftragsforschung und -entwicklung erzielten F&E-Ergebnisse gemeinsam verwertet werden (lit. d). Der zentrale Begriff der „Forschung und Entwicklung" wird dabei in Art. 1 Abs. 1 Ziff. 3 VO 2023/1066 gesetzlich definiert. Zur „Verwertung der Ergebnisse" gehören die Herstellung und der Vertrieb der aus der Zusammenarbeit resultierenden Vertragsprodukte, die Anwendung der neu entwickelten Vertragstechnologien und die Übertragung oder Lizenzierung von Rechten des geistigen Eigentums bzw. die Weitergabe von Know-how, das für die Herstellung oder Anwendung erforderlich ist (Art. 1 Abs. 1 Ziff. 7).[868] Neben den Wettbewerbsbeschränkungen, die unmittelbar aus der gemeinsamen Forschung, Entwicklung und/oder Verwertung resultieren, erfasst die Freistellung nach Art. 2 Abs. 2 VO 1217/2010 auch alle **Nebenvereinbarungen** betreffend die Übertragung von Rechten des gesitigen Eigentums an Parteien der FuE-Vereinbarung, die unmittelbar mit der Durchführung der Kooperation verbunden und für diese notwendig sind. Fehlt es daran, partizipieren beschränkende Nebenabreden nicht an der Gruppenfreistellung und unterliegen mangels „Unerlässlichkeit" grundsätzlich auch nicht der Legalausnahme nach § 2 Abs. 1 GWB/Art. 101 Abs. 3 AEUV.[869] Die Abreden über die Übertragung von Rechten des geistigen Eigentums dürfen nicht den Hauptgegenstand der FuE-Vereinbarung bilden.

Die Freistellung setzt zum einen die **Gewährleistung des uneingeschränkten Zu-** **258** **gangs** der Parteien **zu den Endergebnissen** und ihrer Verwertung nach Maßgabe des Art. 3 voraus, zum anderen die Einhaltung einer **Marktanteilsschwelle von 25 % bei horizontalen Kooperationen** (Art. 6 Abs. 1 lit. a und b). Forschungsgemeinschaften **zwischen Nichtwettbewerbern** kommen dagegen ohne Begrenzung des Marktanteils in den Genuss der Gruppenfreistellung für die **Dauer der gemeinsamen F&E-Arbeiten sowie** eine **siebenjährige Verwertungsphase** nach dem ersten Inverkehrbringen der neuen Produkte (Art. 6 Abs. 3): Danach gilt die Freistellung fort, solange die Parteien die Schwelle von 25 % Marktanteil nicht überschreiten (Art. 6 Abs. 4 lit. a und b).

Der Vorteil der Gruppenfreistellung entfällt, wenn die Vereinbarung eine sog. **schwarze** **259** **Klausel** oder Kernbeschränkung aus dem Katalog des Art. 8 enthält. Insoweit gilt das „Alles-oder-Nichts-Prinzip": Fällt eine Klausel unter Art. 8, darf sie nicht auf ihren zulässigen Kern zurückgeführt werden; sie macht vielmehr die Gruppenfreistellung insgesamt für die gesamte FuE-Vereinbarung unanwendbar. Zudem scheidet wegen der Schwere der Wettbewerbsbeschränkung in der Regel auch eine Einzelfreistellung nach der Generalklausel (Art. 101 Abs. 3 AEUV/§ 2 Abs. 1 GWB) aus. Art. 9 der VO 2023/1066 enthält einen Katalog von Beschränkungen, die nicht nach Art. 2 Abs. 1 der VO vom Verbot des Art. 101 Abs. 1 AEUV freigestellt sind. Diese Klauseln nehmen selbst nicht an der Freistellungswirkung teil, lassen die Anwendbarkeit der GVO auf die FuE-Vereinbarung im Übrigen aber unberührt.

---

[868] S. auch Wolf WRP 2013, 885 (886).
[869] Dazu näher Fuchs FuE-GVO Art. 2 Rn. 6 ff.

Die VO 2023/1066 ist mit Wirkung vom 1.7.2023 an die Stelle der VO 1217/2010 getreten. Für Vereinbarungen, die noch während der Geltung der VO 1217/2010 abgeschlossen wurden, sieht Art. 12 VO 2023/1066 einen Übergangszeitraum bis zum 30.6.2025 vor, in dem die Vereinbarungen an die neue Rechtslage angepasst werden können.

**260**   **3. Vertikalvereinbarungen (VO 2022/720[870]).** Die Vertikal-GVO stellt **im Grundsatz** – vorbehaltlich gewisser **Ausnahmen** und **Einschränkungen** – **sämtliche vertikalen Vereinbarungen über den Kauf oder Verkauf von Waren und Dienstleistungen vom Verbot des § 1 GWB/101 Abs. 1 AEUV frei,** sofern deren Gegenstand nicht in den Anwendungsbereich einer anderen GVO fällt (Art. 2 Abs. 1 und 7 GVO 2022/720) [871]. Sie folgt dem Prinzip, dass „alles erlaubt ist, was nicht verboten ist" und wird daher als **„Schirmfreistellung"** bezeichnet. Die VO 2022/720 ist am 1.6.2022 in Kraft getreten und ersetzt die VO 330/2010[872], die gemäß ihres Art. 10 am 31.5.2022 ausgelaufen ist. Die VO 330/2010 war die Nachfolgeregelung der VO 2790/1999[873], durch die zum ersten Mal die Regelungstechnik der Schirmfreistellung praktiziert wurde.

Im engen sachlichen und zeitlichen Zusammenhang mit der VO 2022/720 hat die Kommission **neue Leitlinien für vertikale Beschränkungen** erlassen. Diese enthalten eine Selbstkommentierung der VO 2022/720 durch die Kommission sowie umfangreiche Hinweise zur Anwendung von Art 101 Abs. 1 und 3 auf vertikale Vereinbarungen.[874]

Die neue Vertikal-GVO 2022/720 entspricht in ihrer **Zielsetzung** (Wettbewerbsschutz und Marktintegration, Rechtssicherheit für Unternehmen – „safe harbour"[875]), **Regelungsstruktur** und ihrem **wesentlichen Inhalt** nach der **Vorgänger-GVO 330/2010.** Nach gründlichen Vorarbeiten hat sich die Kommission nur zu **einzelnen Änderungen** im Vergleich zur Vorgänger-GVO entschlossen. Diese reflektieren vor allem die **gestiegene Bedeutung** des **Internets als Vertriebskanal** für Waren und Dienstleistungen im Vergleich zum stationären Handel. Zum ersten Mal enthält eine Vertikal-GVO Regeln, die eine **übermäßige Beschränkung des Internets als Vertriebskanal verhindern** sollen sowie Normen über die **Nutzung von Online-Vermittlungsplattformen.** Darüber hinaus hat die neue Vertikal-GVO die Bestimmungen des Art. 4 Abs. 2 VO 2022/720 über die Beschränkungen des Gebiets und der Kundengruppe bei Alleinvertrieb, bei Selektivvertrieb und beim freien Vertrieb neu gegliedert, um den Unternehmen die Anwendung der Norm zu erleichtern[876].

**261**   Grundsätzlich erfasst die GVO 2022/720 nach ihrem Art. 2 Abs. 1 **alle Vertriebs-und Zuliefervereinbarungen,** die ein Anbieter von Waren oder Dienstleistungen mit einem (oder mehreren) Unternehmen abschließt, das auf einer **vor- oder nachgelagerten Stufe der Produktions- oder Vertriebskette tätig ist,** wobei die Vereinbarung die **Bedingungen** betrifft, zu denen die beteiligten Unternehmen Waren oder Dienstleistungen **beziehen, verkaufen** oder **weiterverkaufen** dürfen. (Legaldefinition in Art. 1 Abs. 1 lit. a) VO 2022/720). Nach Art. 1 lit. d) VO 2022/720 ist auch ein Unternehmen, das Online-Vermittlungsdienste erbringt, Anbieter. Damit werden Online-Vermittlungsdienstleister, die auf zweiseitigen Plattformmärkten tätig sind, in das herkömmliche System der vertikalen Vereinbarungen integriert, das zwischen Anbietern und Abnehmern differen-

---

[870] VO (EU) 2022/720 der Kommission vom 10.5.2022 über die Anwendung des Artikels 101 Absatz 3 des Vertrags über die Arbeitsweise der Europäischen Union auf Gruppen von vertikalen Vereinbarungen und abgestimmten Verhaltensweisen, ABl. Nr. L 134, 4 ff. Vgl. dazu die Kommentierung von Ellger Vertikal-GVO (Bd. 1, IV, Abschnitt – A zur VO 330/2010).

[871] Zu beachten sind hier insbesondere die VO 461/2010 für vertikale Vereinbarungen im KFZ-Sektor sowie die GVO für Technologietransfer-Vereinbarungen (VO 316/2014).

[872] ABl. EU 2010 Nr. L 102, 1 ff.

[873] ABl. EG 1999 Nr. L 336, 21 ff.

[874] KOMM., Leitlinien für vertikale Beschränkungen, ABl. 2022 C 248, 1.

[875] Dazu Ellger Einl. Vertikal-GVO (Band 1, IV. Abschnitt – A.), Rn. 12 ff.

[876] KOMM., Explanatory Note on the new VBER and Vertical Guidelines v. 10.5.2022, S. 1.

ziert. Die Einordnung solcher Vermittler in dieses System war streitig, weil sie Vermittlungsdienste erbringen, aber nicht als Käufer, Verkäufer oder Wiederverkäufer der vermittelten Waren oder Dienstleistungen auftreten. Mit der Einordnung als „Anbieter" in Art. 1 lit. d) VO 2022/720 wird klargestellt, dass die Vertikal-GVO auch auf die Erbringer von Online-Vermittlungsdiensten anzuwenden ist.[877] Die Freistellung nach Art. 2 Abs. 1 VO 2022/720 Freistellung gilt allerdings nur **vorbehaltlich gewisser Ausschlussgründe** wie etwa des **Überschreitens der Marktanteilsschwelle** des Art. 3 VO 2022/720 oder des Vorliegens von **Kernbeschränkungen** nach Art. 4 VO 2022/720.

Die VO 2022/720 erfasst nach ihrem Art. 2 Abs. 3 auch vertikale Vereinbarungen über die **Übertragung oder Nutzung von Rechten des geistigen Eigentums,** sofern diese **nicht** den **Hauptgegenstand** der Vereinbarung ausmachen und sich unmittelbar auf die Nutzung, den Verkauf oder den Weiterverkauf von Waren oder Dienstleistungen durch den Abnehmer oder seinen Kunden beziehen. Andere Lizenzvereinbarungen unterliegen der Technologietransfer-Vereinbarungen GVO 316/2014.

Grundsätzlich fallen gemäß Art. 2 Abs. 4 VO 2022/720 **vertikale Vereinbarungen 262 zwischen Wettbewerbern nicht in den Anwendungsbereich der VO 2022/720.** Solche Vereinbarungen sind daher nicht nach der Vertikal-GVO freigestellt. Eine Ausnahme macht die Vertikal-GVO lediglich für **bestimmte Formen des sog. dualen Vertriebs.** Dabei vertreibt der Anbieter seine Waren oder Dienstleistungen nicht nur über unabhängige Händler, sondern verkauft sie auch unmittelbar an die Kunden. Auf dem nachgelagerten Markt steht der Anbieter demzufolge mit den Händlern in Konkurrenz. Soweit es sich um **vertikale, nicht wechselseitige Vereinbarungen** eines Anbieters mit seinen Händlern handelt und diese **nicht auch zugleich auf der vorgelagerten Marktstufe Konkurrenten des Anbieters sind,** werden solche Vereinbarungen vom Verbot des Art. 101 Abs. 1 AEUV/§ 1 GWB **freigestellt.** Nicht wechselseitige Vereinbarungen liegen vor, wenn die an den Vereinbarungen beteiligten Parteien immer entweder nur als Anbieter oder als Abnehmer auftreten und sich nicht hinsichtlich von Produkten, die demselben sachlich und räumlich relevanten Markt zuzuordnen sind, in wechselnden Funktionen gegenüberstehen.[878] Die Freistellung gilt nach Art. 2 Abs. 5 VO 2022/720 **nicht** für einen **Informationsaustausch zwischen den Partnern einer vertikalen Vereinbarung,** von denen der Anbieter seine Produkte im Wege des dualen Vertriebs vermarktet, wenn er nicht unmittelbar die Umsetzung der Vereinbarung betrifft oder zur Verbesserung der Produktion oder des Vertriebs der Güter nicht erforderlich ist. Gemäß Art. 2 Abs. 6 VO 2022/720 gilt die **Freistellung ebenso wenig** für vertikale Vereinbarungen zwischen den **Anbietern von Online-Vermittlungsdiensten und den Nutzern solcher Dienste,** wenn der Online-Vermittlungsdienst Wettbewerber des Nutzers auf dem Markt für die vermittelten Waren oder Dienstleistungen ist (hybride Online-Vermittlungsdienste).[879]

Die Gruppenfreistellung vertikaler Vereinbarungen greift nach Art. 3 VO 2022/720 nur, wenn sowohl der Anbieter auf der vorgelagerten Marktstufe wie auch der Abnehmer auf der nachgelagerten Marktstufe **keinen Anteil von mehr als 30 % besitzen.** Bei Marktanteilen der beteiligten Unternehmen oberhalb dieser Schwelle kann nicht davon ausgegangen werden, dass die Effizienzvorteile, die durch die Vereinbarung erreicht werden sollen, die durch die Wettbewerbsbeschränkung verursachten Nachteile ausgleichen können.[880]

Die **Freistellung** vertikaler Vereinbarungen nach Art. 2 Abs. 1 VO 2022/720 ist nach 263 Art. 4 dieser Verordnung **ausgeschlossen,** wenn die vertikale Vereinbarung **bestimmte schwere Wettbewerbsbeschränkungen** aufweist (**Kernbeschränkungen, „schwarze**

---

[877] Siehe dazu Christodoulou/Holzwarth, NZKart 2022, 546; Wegner/Schwenker/Altdorf, ZWeR 2022, 276.
[878] Siehe etwa Bechtold/Bosch/Brinker, EU-Kartellrecht, Art. 2 Vertikal-GVO, Rn. 13.
[879] Wegner/Schwenker/Altdorf, ZWeR 2022, 278 ff.
[880] VO 2022/720, Erwägungsgrund 9.

**Klauseln"**[881]). Wegen der Schwere der in Art. 4 VO 2022/720 aufgezählten Wettbewerbsbeschränkungen ist eine gruppenweise Freistellung nicht möglich; auch werden solche
Vereinbarungen in den allermeisten Fällen auch nicht die Voraussetzungen einer Einzelfreistellung nach § 2 Abs. 1 GWB erfüllen. Zu den Kernbeschränkungen oder „schwarzen
Klauseln" gehören etwa **Preisbindungen der zweiten Hand** mit Ausnahme von unverbindlichen Preisempfehlungen und Höchstpreisen, sofern sie nicht infolge der Ausübung
von Druck oder der Gewährung von Anreizen tatsächlich wie Fest- oder Mindestverkaufspreise wirken (Art. 4 lit.a) VO 2022/720). Das in der neuen Vertikal-GVO 2022/720
**weiterhin als Kernbeschränkung** eingestufte Verbot der Preisbindung der zweiten
Hand[882] wird gerade in Deutschland nach wie vor streng durchgesetzt[883]. Dies gilt auch für
Preisbindungen, die durch **faktischen Zwang auferlegt** werden[884]. Seit 2009 ist das
BKartA in einer Reihe von Aufsehen erregenden Verfahren gegen vertikale Preisabsprachen bzw. (versuchte) Disziplinierungsmaßnahmen von Herstellern vorgegangen, mit denen
diese ihre Händler zur Einhaltung von Preisempfehlungen anhalten wollten[885]. Diese
Kartellamtspraxis ist auf erhebliche Kritik gestoßen, nicht nur wegen ihrer besonderen
Strenge im Bereich der Grauzone zwischen zulässiger Empfehlung und Verhaltenskoordinierung bzw. Druckausübung iSd § 21 Abs. 2 GWB[886], sondern auch unter grundsätzlichen wettbewerbspolitischen Erwägungen im Anschluss an das Leegin-Urteil des US
Supreme Court vom 28.6.2007[887], nach dem die Fälle der resale price maintenance im
Rahmen des Sec. 1 Sherman Act nicht mehr als eine per se verbotene hard-core Beschränkung anzusehen, sondern nach der rule of reason zu beurteilen sind[888]. Vor einer Überbetonung der auch in den USA nicht unumstrittenen[889] Entscheidung des Supreme Court
ist jedoch zu warnen[890]. Zu Recht hat die Kommission auch in der neuen VO 2022/720
das **Verbot der Preisbindung der zweiten Hand beibehalten** und folgt damit weiterhin der Linie, die der EuGH in Bezug auf diese Art der Wettbewerbsbeschränkung
eingeschlagen hat[891]. Zu begrüßen ist auch, dass die Kommission in den neuen Leitlinien
für vertikale Beschränkungen **Ausnahmen vom grundsätzlichen Verbot nur unter**

---

[881] Bechtold/Bosch/Brinker, EU-Kartellrecht, Einleitung Vertikal-GVO, Rn. 14.

[882] Umfassend dazu die rechtsvergleichende Studie von Walter, Die Preisbindung der zweiten Hand
(2017).

[883] Siehe dazu etwa BGH 17.10.2017, KZR 59/16, GRUR-RR 2018, 131, Rn. 28 ff. – Vitalkost-Aktion.
Vgl. Imgrund BB 2012, 787 (789).

[884] LG München 26.10.2018, 37 O 10335/15, WuW 2019, 49, Rnr. 66 ff. – King des Monats.

[885] VGl. BKartA 25.9.2009, WuW/E DE-V 1813 – Kontaktlinsen; 14.10.2009, B3-69/08 – Phonak;
18.6.2010, B5-100/09 – Garmin; vgl. auch BKartA TB 2009/2010, BT-Drs. 17/6640, 81 – („All Star");
näher zu den jeweiligen Verfahren Imgrund BB 2012, 787 (788); Funke/Just DB 2010, 1389 (1395 f.); vgl.
ferner die sog. „Handreichung" des BKartA vom 13.4.2010 („Vorläufige Bewertung von Verhaltensweisen in
Verhandlungen zwischen Herstellern von Markenartikeln, Großhändlern und Einzelhandelsunternehmen
zum Zwecke der Konkretisierung von Kooperationspflichten"), veröffentlicht in WuW 2010, 786; dazu
Bischke /Boger NZG 2010, 663; Möschel WuW 2010, 1229.

[886] Vgl. Möschel WuW 2010, 1229 (1232, 1236 f.) Lettl WRP 2011, 710; Imgrund BB 2012, 787 (789,
792).

[887] Leegin Creative Leather Products, Inc. v. PSKS, Inc., 551 U. S. 877 (2007) = 127 S. Ct. 2705 (2007).
Vgl. Dazu Walter, Die Preisbindung der zweiten Hand, S. 182 f.; Hübener, Vertikale Mindestpreisbindungen
im US- und EU-Recht, 151 ff.

[888] Vgl. Näher zu dieser Thematik z. B. Kasten WuW 2007, 994 ff.; Sosnitza/Hoffmann AG 2008, 107 ff.;
Gey/Kamann ZWeR 2008, 208 ff. jeweils mit Besprechung des Leegin-Urteils des US Supreme Court sowie
die Beiträge in Ahlert/Kenning/Olbricht/Schröder (Hrsg.), Vertikale Preis- und Markenpflege im Kreuzfeuer
des Kartellrechts, 2012; dies. (Hrsg.) Vielfalt und Gestaltungsfreiheit im Wettbewerb – ein ökonomisches
Manifest zur Deregulierung der Konsumgüterdistribution, 2012.

[889] In 37 US-Bundesstaaten ist es beim per se-Verbot geblieben, vgl. dazu Simon in Ahlert/Kenning/
Olbricht/Schröder (Hrsg.), Vertikale Preis- und Markenpflege im Kreuzfeuer des Kartellrechts, 2012,
S. 249 f.; Martinek ZVertriebsR 2013, 2 (11) mwN.

[890] Vgl. Martinek ZVertriebsR 2013, 3 (10 ff.) mit einem Plädoyer für die grundsätzliche Beibehaltung des
vertikalen Preisbindungsverbots.

[891] Siehe etwa EuGH 3.7.1985, Rs. 243/83, Slg. 1985, 2034 (2046), Rn. 44 – Binon/AMP; EuGH
19.4.1988, Rs. C-27/87, Slg. 1988 I 1935 (1940), Rn. 15 – SPRL Louis Erauw-Jacquerie/La Hesbignonne
SC; KOMM., Guidelines on Vertical Restraints, Rn. 195.

**engen Voraussetzungen und in zeitlich befristeten Fällen,** etwa Sonderangebots-aktionen oder Markteinführung eines neuen Produkts, für nicht gänzlich ausgeschlossen hält.[892]

Auch gewisse **Beschränkungen des Gebiets-oder Kundenkreises** mit bestimmten **264** Ausnahmen fallen unter die eine Freistellung ausschließenden „schwarzen Klauseln". Hier ergibt sich insoweit ein Unterschied zur VO 330/2010, als die Kernbeschränkungen und die für sie jeweils geltenden Ausnahmetatbestände nach der **spezifischen Art des jeweiligen Vertriebssystems gegliedert sind,** nämlich für Alleinvertriebssysteme[893], für selektive Vertriebssysteme[894] und für den freien Vertrieb[895]. Im Vergleich zur Vorgänger-VO sind die Ausnahmetatbestände in Art. 4 lit. b)–d) leicht erweitert worden.[896] Die **Direktkunden des Abnehmers** können im Rahmen von Alleinvertriebssystemen in die Beschränkungen mit einbezogen werden, denen die Abnehmer im Verhältnis zu den Betreibern der Systeme unterliegen.[897] Darüber hinaus kann ein Anbieter, der seine Waren über ein Alleinvertriebssystem vermarkten will, ein Gebiet bis zu **fünf Alleinhändlern** zuweisen(„shared exclusivity"). Neu ist Art. 4 lit. e) VO 2022/720, der die Verhinderung der wirksamen Nutzung des Internets als Kernbeschränkung einstuft[898]. Freigestellt ist hingegen nach der neuen Vertikal-GVO ein den Mitgliedern eines selektiven Vertriebssystems auferlegtes Gebot, Vertragswaren nicht auf Online-Marktplätzen zu verkaufen[899].

Während die in Art. 4 VO 2022/720 genannten Kernbeschränkungen zum Wegfall der **265** Gruppenfreistellung für eine Vereinbarung insgesamt führen, haben die in Art. 5 VO 2022/720 aufgelisteten nicht freigestellten Beschränkungen (**„graue Klauseln"**[900]) nur die **Unwirksamkeit der konkreten Verpflichtung** zur Folge, lassen aber die Geltung der GVO für die Vereinbarung im Übrigen unberührt. Es handelt sich dabei um mittelbare und unmittelbare **Wettbewerbsverbote.** Neu ist Art. 5 lit. d) VO 2022/720. Danach sind sog. **weite Paritätsverpflichtungen,** die den Abnehmer von Online-Vermittlungsdiensten dazu verpflichten, seine Waren oder Dienstleistungen auf anderen Online-Plattformen nicht zu günstigeren Bedingungen anzubieten, nicht freigestellt. Demgegenüber unterfallen **enge Paritätsverpflichtungen,** die den Abnehmer von Online-Vermittlungsdiensten daran hindern, seine Waren oder Dienstleistungen auf seiner eigenen Website günstiger anzubieten als auf der Vermittlungs-Plattform, dem Anwendungsbereich der Vertikal-GVO, weil es bei ihnen wahrscheinlicher ist als bei den weiten Paritätsverpflichtungen, dass sie die Voraussetzungen des Art. 101 Abs. 3 AEUV erfüllen[901]. Falls eine enge Paritätsverpflichtung diese Anforderungen in einem Einzelfall nicht erfüllt, kann der Rechtsvorteil der VO 2022/720 nach ihrem Art. 6 entzogen werden.

**4. Technologietransfer-Vereinbarungen (VO 316/2014).** Die bisherige Gruppen- **266** freistellungsverordnung für Technologietransfer-Vereinbarungen VO 772/2004[902] ist zum

---

[892] KOMM., Leitlinien für vertikale Beschränkungen, Rn. 197 litt. a–d.
[893] Art. 4 lit. b VO 2022/720.
[894] Art. 4 lit. c VO 2022/720.
[895] Art. 4 lit. d VO 2022/720.
[896] Ausführlich zu den Gebiets- und Kundenbeschränkungen in Art. 4 lit. b)-d) VO 2022/720 Wegner/Schwenker/Altdorf, ZWeR 2022, 262 ff.
[897] Galle/Popot/Müller, DB 2022, 1565; Haberer, NZKart 2022, 427.
[898] Die Vertikal-GVO 2022/720 setzt insoweit die grundlegende Entscheidung des EuGH vom 13.10.2011, Rs. C-439/09, Rn. 54 ff. – Pierre Fabre Dermo-Cosmétique um. Siehe näher dazu KOMM, Leitlinien für vertikale Beschränkungen, Rn. 203 ff.
[899] KOMM., Leitlinien für vertikale Beschränkungen, Rn. 208. Die Vertikal-GVO folgt insoweit der Linie, die der EuGH in seinem Urteil vom 16.12.2017 in der Rs. C-230/16, Rn. 45 ff. – Coty Germany/Parfümerie Akzente entwickelt hat.Vgl. auch Schlimpert/Schöner, NZKart 2023, 75 f.
[900] Bechtold/Bosch/Brinker, EU-Kartellrecht, Einführung VO 330/2010, Rn. 13.
[901] KOMM., Leitlinien für vertikale Beschränkungen Rn. 369.Vgl. dazu Galle/Popot-Müller, DB 2022, 1566;
[902] Vgl. im Einzelnen die Kommentierung bei Fuchs TT-GVO (Band 1/Teil 1, IV. Abschnitt – F.). Die Vorschriften sind über weite Teile inhaltsgleich in die VO 316/2014 übernommen worden.

30.4.2014 ausgelaufen (Art. 11 VO 772/2004). Nachdem die Kommission bereits Anfang 2013 einen Entwurf für eine Nachfolgeregelung mit entsprechenden Leitlinien veröffentlicht hatte,[903] ist die neue **VO 316/2014** schließlich am 21.3.2014 erlassen worden und **zum 1.5.2014 in Kraft getreten**[904]. Auch die neue TT-GVO sowie die begleitenden Leitlinien[905] sind von der im Kern positiven Einstellung der Kommission zur Vergabe von Lizenzen an bestimmten technischen Schutzrechten geprägt und folgt in ihrer Regelungstechnik dem aus der Vorgängerverordnung bereits bekannten Prinzip der „Schirmfreistellung" („erlaubt ist alles, was nicht explizit verboten ist")[906]. Die vereinzelt vorgenommenen Einschränkungen des Freistellungsbereichs dienen dem Schutz von Innovationsanreizen zugunsten der Lizenznehmerseite[907]. Für Altfälle sieht Art. 10 VO 316/2014 eine **Übergangszeit bis zum 30.4.2015** vor. Die früheren Vorschriften des deutschen Kartellrechts für Lizenzverträge und Verträge über andere geschützte und nicht geschützte Leistungen sowie Saatgut (§§ 17, 18 GWB aF) hatten wegen der regelmäßig vorliegenden Auswirkungen der Vereinbarungen auf den zwischenstaatlichen Handel schon vor der 7. GWB-Novelle 2005 keine nennenswerte praktische Bedeutung mehr und waren seinerzeit konsequenterweise aufgehoben worden.

**267** Inhaltlich hat die Novellierung im Jahr 2014 vornehmlich redaktionelle Änderungen und Anpassungen im Detail mit sich gebracht. Der für den **Anwendungsbereich** ausschlaggebende Begriff der **Technologietransfer-Vereinbarung** (Art. 1 Abs. 1 lit. c) ist im Vergleich zur Vorgängerregelung textlich „entschlackt" und übersichtlicher gestaltet worden. In erster Linie umfasst er die zwischen zwei Unternehmen geschlossenen Vereinbarungen „über die Lizenzierung von Technologierechten mit dem Ziel der Produktion von Vertragsprodukten durch den Lizenznehmer und/oder seine Zulieferer". Anders als der Begriff nahe zu legen scheint, geht es in der TT-GVO also nicht vorrangig um die Übertragung der Rechtsinhaberschaft an einem technischen Schutzrecht oder Know-how – diese ist vielmehr nur unter der zusätzlichen Voraussetzung erfasst, dass der Veräußerer weiterhin einen Teil des mit der Verwertung der Technologie verbundenen Risikos trägt (Art. 1 Abs. 1 lit. c ii) VO 316/2014) –, sondern Gegenstand ist in erster Linie die Einräumung von Nutzungsrechten. In der Sache handelt es sich dabei wie bisher um **Lizenzverträge über Patente, Know-how, andere technische gewerbliche Schutzrechte** wie Gebrauchsmuster, Geschmacksmuster und Sortenschutzrechte; auch solche über Software-Urheberrechte sowie gemischte Vereinbarungen mit den genannten Elementen fallen darunter (vgl. die Definition der „Technologierechte" in Art. 1 Abs. 1 lit. b). Nicht erfasst ist die Lizenzierung von Marken- und Urheberrechten, soweit es nicht um Software oder auch geschmacksmusterrechtlich geschützte Werke geht oder eine **Nebenabrede** vorliegt.[908] Wie schon bei der VO 772/2004 unterfallen auch der VO 316/2014 keine Vereinbarungen, in denen eine Technologie lediglich im Zusammenhang mit Forschungs- und Entwicklungsvereinbarungen lizenziert wird (Erwägungsgrund 7). Erforderlich ist vielmehr ein **Bezug zur Herstellung von Produkten.** Das gilt auch für die Überlassung von Software, wobei die Vergabe von Software-Urheberrechtslizenzen für die bloße Vervielfältigung und den Vertrieb eines geschützten Werkes, also die Herstellung von Kopien für den Weiterverkauf, nicht als „Produktion" iSd GVO 316/2014 zu qualifizieren

---

[903] Zu den Entwürfen der Verordnung s. Conrad/Lejeune/Stögmüller/Brandi-Dohrn CR 2013, 412 ff.; Batchelor/Jenkins ECLR 2013, 348 ff.; Leistner/Königs WRP 2014, 268 ff.

[904] Verordnung (EU) Nr. 316/2014 der Kommission vom 21.3.2014 über die Anwendung von Artikel 101 Absatz 3 des Vertrages über die Arbeitsweise der Europäischen Union auf Gruppen von Technologietransfer-Vereinbarungen, ABl. 2014 L 93, S. 17.

[905] Mitteilung der Kommission, Leitlinien zur Anwendung von Artikel 101 des Vertrages über die Arbeitsweise der Europäischen Union auf Technologietransfer-Vereinbarungen, ABl. 2014 C 89, 3 (im Folgenden: TT-Leitlinien).

[906] Bechtold/Bosch, § 2 GWB, Rn. 48.

[907] Vgl. Erwägungsgrund 15 der VO 316/2014; Leistner/Königs WRP 2014, 268 (zum Entwurf).

[908] Zur Vorgängerregelung siehe Fuchs TT-GVO Art. 1 Rn. 28, 45 ff., 21 f.; Nordemann in LMRKM, 3. Aufl. 2016, Rn. 39.

ist.[909] Art. 9 VO 316/2014 stellt nunmehr ausdrücklich klar, dass für Lizenzabsprachen in F&E- sowie Spezialisierungsvereinbarungen nur die jeweils einschlägige GVO (VO 2023/1066 bzw. VO 2023/1067) gilt.

Der **Freistellungstatbestand** erstreckt sich dabei zunächst auf alle diesem Ziel dienen- **267a** den Technologietransfer-Vereinbarungen, die zwischen zwei Unternehmen abgeschlossen werden (Art. 2 Abs. 1). Darüber hinaus werden von der Freistellung wie bisher auch bestimmte Nebenabreden erfasst, die sich auf den Erwerb von Produkten durch den Lizenznehmer oder auf die Lizenzierung bzw. Übertragung von Rechten des geistigen Eigentums oder von Know-how auf den Lizenznehmer beziehen, wobei diese Bestimmungen „unmittelbar mit der Produktion oder dem Verkauf von Vertragsprodukten verbunden" sein müssen (Art. 2 Abs. 3). Im Gegensatz zu der früheren, in die Definition der Technologietransfer-Vereinbarung integrierten Regelung (Art. 1 Abs. 1 lit. b VO 772/2004) wird nunmehr auf eine Prüfung, ob der Schwerpunkt der Vereinbarung auf der Lizenzierung zwecks Technologietransfers liegt und dieser den „eigentlichen Vertragsgegenstand" bildet, verzichtet. Dadurch erweitert sich der Freistellungsbereich in gewissem Umfang, vor allem aber vereinfacht die neue Regelung die Prüfung des Vorliegens der Freistellungsvoraussetzungen für den Rechtsanwender. Wie bisher gilt die Freistellung nur solange, wie die lizenzierten Technologierechte nicht abgelaufen, erloschen oder für ungültig erklärt worden sind; im Falle von Know-how ist erforderlich, dass dieses geheim bleibt (Art. 2 Abs. 2).

**Begrenzt** wird die pauschale Freistellung nur **durch zwei Elemente:** zum einen die **268** **Marktanteilsschwellen** von 20 % für Vereinbarungen zwischen Wettbewerbern und von 30 % für Vereinbarungen zwischen nicht konkurrierenden Unternehmen (Art. 3), zum anderen durch **zwei Kataloge verbotener bzw. nicht freigestellter Klauseln.** Die in Art. 4 aufgelisteten Kernbeschränkungen führen zur Unanwendbarkeit der gesamten GVO („Alles-oder-Nichts-Prinzip") und sind grundsätzlich auch im Einzelfall nicht freistellungsfähig. Dagegen entfällt bei den in Art. 5 aufgeführten Beschränkungen die Freistellungswirkung nur für die betreffende (sog. „graue") Klausel selbst, während die Vereinbarung im Übrigen weiter von der GVO erfasst wird (Grundsatz der Abtrennbarkeit). Die Klauselkataloge sowohl in Art. 4 als auch in Art. 5 differenzieren jeweils nach Vereinbarungen zwischen konkurrierenden und nicht konkurrierenden Unternehmen. **Änderungen durch die Neuregelung** haben sich vor allem insoweit ergeben, als bestimmte Klauseln nicht mehr automatisch freigestellt sind, sondern einer Einzelfallanalyse unterworfen werden. Dies gilt etwa für die Einräumung eines Rechts des Lizenzgebers zur Kündigung nicht-exklusiver Lizenzvereinbarungen im Falle der Geltendmachung der Ungültigkeit des zugrundeliegenden Schutzrechts durch den Lizenznehmer (Art. 5 Abs. 1 lit. b)[910] oder für die Verpflichtung des Lizenznehmers zur exklusiven Rücklizenzierung von Verbesserungs-

---

[909] Vgl. Erwägungsgrund 7 sowie Kommission TT-Leitlinien Rn. 62. Derartige Vervielfältigungen für den Vertrieb von Software-Produkten sollen vielmehr analog in den Anwendungsbereich der Vertikal-GVO (VO 330/2010) fallen. Dagegen handelt es sich nach Ansicht der Kommission um Produktion, wenn die lizenzierte Software in das Vertragsprodukt integriert werde, TT-Leitlinien Rn. 63. Vgl. zu verbleibenden Unsicherheiten bei der Erfassung von Softwarelizenzvereinbarungen Leistner/Königs WRP 2014, 268 (274) (zum Entwurf).

[910] Im Entwurf der neuen TT-GVO war noch vorgesehen gewesen, die Vereinbarung eines Kündigungsrechts für den Fall eines Angriffs auf das Schutzrecht gänzlich aus dem Freistellungsbereich zu eliminieren (Art. 5 Abs. 1 lit. a TT-GVO-E), weil davon die gleichen Wirkungen wie von einer Nichtangriffsabrede ausgehen können, vgl. Leistner/Königs WRP 2014, 268 (269). Nunmehr bleibt die Möglichkeit zur Vereinbarung eines solchen Kündigungsrechts bei Exklusivlizenzen bestehen. Fraglich ist, ob die für nicht-exklusive Lizenzen entfallene Freistellungsfähigkeit des Kündigungsrechts im Widerspruch zur Rechtsprechung des BGH zur Abgabe eines unbedingten Lizenzvertragsangebots seitens des Lizenzpetenten im Fall „Orange Book Standard" (BGH 6.5.2009, WRP 2009, 858) steht. Nach Ansicht des OLG Karlsruhe 23.1.2012, GRUR-RR 2012, 124 (125) muss der Lizenzsucher insoweit auch bereit sein, sich auf eine Kündigungsregelung für den Fall eines Angriffs auf das lizenzierte Schutzrecht einzulassen; aA LG Düsseldorf 21.3.2013, WRP 2013, 681 Rn. 45 – LTE-Standard; Picht GRUR-Int 2014, 1 (15 f.) mwN; zweifelnd Leistner/Königs WRP 2014, 268 (272). Jedenfalls nach Inkrafttreten der VO 316/2014 lässt sich der Ansatz des OLG Karlsruhe nicht mehr aufrechterhalten, so auch Leistner/Königs WRP 2014, 268 (272 f.).

erfindungen (Art. 5 Abs. 1 lit. a). Passive Verkaufsbeschränkungen in Bezug auf die anderen Lizenznehmern zugewiesenen Gebiete und Kundengruppen zwischen nicht konkurrierenden Unternehmen werden nicht mehr ausdrücklich als Ausnahme von den Kernbeschränkungen aufgeführt (bisher konnte nach Art. 4 Abs. 2 lit. b unter ii) VO 772/2004 die Möglichkeit passiver Verkäufe für maximal zwei Jahre ausgeschlossen werden). Hinsichtlich der Marktanteilsschwellen stellt Art. 3 VO 316/2014 nunmehr allgemein auf „die relevanten Märkte" ab, während Art. 3 VO 772/2004 noch explizit an Produktmarkt und Technologiemarkt anknüpfte. Inhaltlich ist damit aber keine Änderung verbunden. Anders als noch im Entwurf aus dem Jahr 2013 vorgesehen, hat die Kommission auf die zunächst beabsichtigte Absenkung der Marktanteilsschwelle in Art. 3 auf 20 % für die Fälle des firmeninternen Einsatzes einer Konkurrenztechnologie verzichtet. Die damit verbundene Beschränkung des Anwendungsbereichs der TT-GVO, sofern die an der TT-Vereinbarung beteiligten Unternehmen zwar keine Wettbewerber auf dem Markt sind, ein Unternehmen aber über eine alternative, lediglich in-house genutzte Technologie verfügt, die mit der lizenzierten Technologie austauschbar ist, war in der Literatur auf ein unterschiedliches Echo gestoßen[911]. Die **neuen TT-Leitlinien** enthalten (wie die früheren Leitlinien) nicht nur Erläuterungen zur Anwendung der TT-GVO, sondern auch für die Anwendung des Art. 101 Abs. 1 und Abs. 3 AEUV auf Vereinbarungen außerhalb ihres Anwendungsbereichs. Hervorzuheben sind insoweit die Ausführungen zu **Streitbeilegungsverfahren** (→ Rn. 234 ff.) mit ihrem Fokus auf die kritische Behandlung sog. „reverse payments" bzw. „pay for delay"-Vereinbarungen[912] sowie zu **Technologiepools** (→ Rn. 244 ff.); diese weisen häufig eine enge Beziehung zu bestehenden oder einzuführenden Industriestandards auf. Unabhängig davon definiert die Kommission in ihren Leitlinien auch einen Safe-Harbour-Bereich, indem sie die Voraussetzungen auflistet, unter denen im Allgemeinen schon kein Verstoß gegen Art. 101 Abs. 1 AEUV vorliegt (→ Rn. 261).

## IV. Sektorspezifische Regelungen

269    **1. Vertriebsvereinbarungen im Kfz-Bereich (VO 461/2010).**[913] Eine detaillierte branchenspezifische Sonderregelung für vertikale Vertriebsvereinbarungen im Kfz-Bereich hatte die Kommission erstmals mit der VO 123/85 getroffen.[914] Nach ihrem Übergang zu einer neuen Regelungstechnik im Bereich der Gruppenfreistellungen, erstmals mit der „Schirmfreistellung" von Vertikalvereinbarungen durch die Vertikal-GVO,[915] war die VO 1400/2002[916] mit Wirkung vom 1.10.2004 an die Stelle der bisherigen Regelungen getreten. Nach deren Auslaufen zum 31.5.2010 hat die Kommission mit der **VO 461/ 2010**[917] eine Nachfolgeregelung erlassen, die das **bisherige Sonderfreistellungsregime für den Kfz-Sektor nach Ablauf einer Übergangsphase bis zum 31.5.2013 weitgehend beseitigt** hat. Stattdessen sind die allgemeinen Freistellungskriterien der **Vertikal-**

---

[911] Zustimmend zB Leistner/Königs WRP 2014, 268 (270); kritisch Batchelor/Jenkins ECLR 2013, 348 (349).

[912] Vgl. dazu etwa Leistner/Königs WRP 2014, 268 (273 f.) mwN.

[913] Vgl. im Einzelnen die Kommentierung bei Ellger Kfz-GVO (Band 1, IV. Abschnitt – B.).

[914] VO (EWG) Nr. 123/85 der Kommission vom 12.12.1984 über die Anwendung von Art. 85 Abs. 3 des Vertrages auf Gruppen von Vertriebs- und Kundendienstvereinbarungen über Kraftfahrzeuge, ABl. 1985 L 16, 5. Nachfolgeregelung war die VO (EG) Nr. 1475/95 der Kommission vom 28.6.1995 über die Anwendung von Art. 85 Abs. 3 des Vertrages auf Gruppen von Vertriebs- und Kundendienstvereinbarungen über Kraftfahrzeuge, ABl. 1995 L 145, 25.

[915] VO (EG) Nr. 2790/1999 der Kommission vom 22.12.1999 über die Anwendung von Art. 81 Abs. 3 des Vertrages auf Gruppen von vertikalen Vereinbarungen und aufeinander abgestimmten Verhaltensweisen, ABl. 1999 L 336, S. 21.

[916] VO (EG) Nr. 1400/2002 der Kommission vom 31.7.2002 über die Anwendung von Art. 81 Abs. 3 des Vertrages auf Gruppen von vertikalen Vereinbarungen und aufeinander abgestimmten Verhaltensweisen im Kraftfahrzeugsektor, ABl. 2002 L 203, 30.

[917] VO 461/2010 der Kommission vom 27.5.2010 über die Anwendung von Art. 101 Abs. 3 des Vertrages über die Arbeitsweise der Europäischen Union auf Gruppen von vertikalen Vereinbarungen und abgestimmten Verhaltensweisen im Kraftfahrzeugsektor, ABl. 2010 L 129, 52.

**GVO 330/2010, ab dem 1.6.2022 der VO 2022/720** anwendbar.[918] Für die einzelnen Arten von Vertriebsvereinbarungen im Kfz-Sektor, die bisher allesamt der VO 1400/2002 unterlagen, sind insoweit unterschiedliche Regelungen getroffen worden:

Für vertikale Vereinbarungen hinsichtlich des **Verkaufs und Weiterverkaufs neuer** 270 **Kraftfahrzeuge** galten die bisherigen Freistellungskriterien der VO 1400/2002 noch bis zum 31.5.2013 weiter (vgl. Art. 2 VO 461/2010). Seit dem 1.6.2013 sind nach Art. 3 VO 461/2010 nur noch die Vorschriften der Vertikal-GVO auf diese Vereinbarungen anwendbar. Im Gegensatz dazu sind gemäß Art. 4 VO 461/2010 auf Vereinbarungen über den **Bezug, Verkauf oder Weiterverkauf von Kfz-Ersatzteilen** und die **Erbringung von Instandsetzungs- und Wartungsdienstleistungen** die allgemeinen Freistellungsvoraussetzungen der VO 330/2010 schon mit Wirkung ab dem 1.6.2010 anzuwenden. Für diesen Bereich des „Kfz-Anschlussmarktes" behält allerdings Art. 5 VO 461/2010 eine **sektorspezifische Regelung zu Kernbeschränkungen** bei. Diese Liste von besonderen „schwarzen Klauseln" ist insoweit auch nicht als bloße Übergangsregelung konzipiert, sondern läuft erst mit der Kfz-GVO insgesamt am 31.5.2028 aus (Art. 8 VO 461/2010 iVm VO 2023/822 vom 17.4.2023 zur Änderung der VO 461/2010 hinsichtlich ihrer Geltungsdauer[919]).

Die Kommission hat mit dem durch die VO 461/2010 eingeleiteten Übergang von den 271 sektorspezifischen Sonderregeln der VO 1400/2002 zu den allgemeinen Vorschriften der VO 330/2010 ihre **bisherige aktiv gestaltende Wettbewerbspolitik,** die insoweit teilweise auch Aspekte der Verbraucher-, Sozial- und Industriepolitik einbezogen und in erheblich stärkerem Ausmaß als bei anderen modernen GVOen **detaillierte Vorgaben zur Vertragsgestaltung** (zB hinsichtlich der Laufzeiten und Kündigungsmodalitäten bei Vertragshändlerverträgen, vgl. Art. 3 Abs. 4 und 5 VO 1400/2002) enthalten hatte, **nunmehr wesentlich relativiert.** Dies zeigt sich vor allem darin, dass der umfangreiche Katalog von Kernbeschränkungen aus Art. 4 VO 1400/2002, der für die Kfz-Anschlussmärkte gerade auch den **Zugang unabhängiger Anbieter von Ersatzteilen, Reparatur- und Wartungsdienstleistungen** erleichtern sollte,[920] sowie die detaillierten Freistellungsvoraussetzungen aus Art. 3 VO 1400/2002 seit dem 1.6.2013 hinfällig sind und sich entsprechende Regelungen in der allgemeinen Vertikal-GVO 330/2010, bzw. der VO 2022/720 nicht wiederfinden. Dem erwähnten Ziel der Zugangserleichterung für unabhängige Anbieter auf den Kfz-Anschlussmärkten diente etwa das Verbot einer Einschränkung des Wahlrechts der Händler und zugelassenen Werkstätten, statt der Originalersatzteile gleichwertige Erzeugnisse anderer Hersteller zu beziehen, zu verwenden oder weiterzuverkaufen (Art. 4 Abs. 1 lit. k VO 1400/2002). Außerdem zu nennen ist das Verbot von Verpflichtungen, den Kfz-Vertrieb und Kundendienst aneinander zu koppeln (Art. 4 Abs. 1 lit. g, lit. h VO 1400/2002), welches jetzt ebenfalls nicht mehr als Kernbeschränkung eingeordnet wird. Ferner ist die noch aus Art. 5 Abs. 1 VO 1400/2002 bekannte Regelung zur Nichtfreistellung von Wettbewerbsverboten entfallen, so dass es nach dem Übergang zur VO 330/2010 innerhalb der dort gezogenen Grenzen (vgl. insbesondere Art. 5 Abs. 1 lit. a VO 330/2010 bzw. der VO 2022/720) nunmehr erlaubt ist, die gleichzeitige Tätigkeit für konkurrierende Herstellermarken zu beschränken. Als branchenspezifisches Sonderrecht bleibt lediglich der bereits erwähnte knappe Katalog von drei Kernbeschränkungen übrig, die sich allesamt auf Vereinbarungen auf den sog. Kfz-Anschlussmärkten beziehen (Art. 5 lit. a–c VO 461/2010) und aus Art. 4 Abs. 1 lit. i, j und l der Vorgänger-VO 1400/2002 übernommen worden sind. Sie betreffen die Beschränkung des Verkaufs von Kfz-Ersatzteilen durch Mitglieder eines selektiven Vertriebssystems an unabhängige Werkstätten, Beschränkungen des Verkaufs von Originalersatzteilen oder quali-

---

[918] Ausführlich zu den rechtspolitischen Hintergründen der Neuorientierung des Sonderfreistellungsregimes im Kfz-Sektor Ellger Allgemeines Kfz-GVO Rn. 17 ff.; Schumacher/Erdmann WuW 2011, 462 ff.

[919] ABl. 2023 L 102, 1.

[920] Vgl. hierzu noch die Erwägungsgründe 19, 21, 22, 24, 26, 28 zur Vorgänger-VO 1400/2002.

tativ gleichwertigen Ersatzteilen, Instandsetzungsgeräten, Diagnose- oder Ausrüstungsgegenständen sowie Anbringung von Waren- und Firmenzeichen.[921]

272    **2. Luft-, Straßen- und Eisenbahnverkehr sowie Schifffahrt.** Im Verkehrssektor existieren eine Reihe von Gruppenfreistellungen, die unterschiedliche Aspekte und Bereiche betreffen. Für den **Seeverkehr** enthielten die Art. 3 ff. der VO 4056/86 eine umfassende Gruppenfreistellung für Linienschifffahrtskonferenzen, die aber durch die VO 1419/ 2006 aufgehoben wurde. Nunmehr sind nach der **VO 906/2009**[922] noch bestimmte Vereinbarungen zwischen Seeschifffahrtsunternehmen (Konsortien) vom Kartellverbot freigestellt. Betroffen sind zB gemeinsame Liniendienste von und nach einem oder mehreren Häfen der Union, befristete Kapazitätsanpassungen, Betrieb oder Nutzung von Hafenumschlagsanlagen sowie andere, hierzu erforderliche Tätigkeiten. Die VO galt zunächst bis zum 25.4.2015. Sie wurde durch die VO 697/2014 bis zum 25.4.2020 verlängert.[923] Die Laufzeit der VO 906/2009 wurde nochmals durch die VO 2020/436 bis zum **25.4.2024** ausgedehnt.[924]

273    Für den **Eisenbahn-, Straßen- und Binnenschifffahrtsverkehr** gibt es noch eine inhaltlich eng begrenzte Gruppenfreistellung, die kleinen und mittleren Unternehmen Absprachen zur Zusammenfassung unwirtschaftlich arbeitender Einzelbetriebe erlaubt. Sie war bis 2009 in Art. 4 VO 1017/68 enthalten und ist inzwischen in die neuere **Rats-VO 169/2009** überführt worden.[925] Rechtstechnisch ist diese Regelung so ausgestaltet, dass sie anstelle von Freistellungsregelungen gesetzliche Ausnahmen vom Tatbestand des Art. 101 Abs. 1 AEUV enthält. Wegen des Vorrangs des Unionsrechts (Art. 3 Abs. 2 VO 1/2003, vgl. auch § 22 Abs. 2) beschränken diese Ausnahmen auch die Anwendbarkeit des § 1.[926] Dies gilt jedenfalls im Bereich der Zwischenstaatlichkeitsklausel, in erweiternder Auslegung des § 2 Abs. 2 aber auch für Vereinbarungen, die nicht geeignet sind, den Handel zwischen den Mitgliedstaaten zu beeinträchtigen.

274    Für den **Luftverkehr** legalisierten bis vor einigen Jahren die VO 1617/93 und eine nachfolgende Übergangsregelung in Gestalt der VO 1459/2006 ua Konsultationen über Tarife zur Beförderung von Fluggästen, die Zuweisung von Zeitnischen und die Planung der Flugzeiten. Die VO 1459/2006 ist aber inzwischen ebenfalls ausgelaufen und bislang ohne Nachfolgeregelung geblieben. Die Kommission hat hier die Möglichkeit, auf Basis der neu erlassenen **Ermächtigungs-VO 487/2009 des Rates**[927] eine GVO für Gruppen von Vereinbarungen und aufeinander abgestimmten Verhaltensweisen im Luftverkehr einzuführen.

275    **3. Versicherungswirtschaft.** Den Besonderheiten des Wettbewerbs auf den Märkten für Versicherungsleistungen trug die auf der Basis der VO Nr. 1534/91 des Rates erlassene VO 267/2010 Rechnung[928]. Diese GVO sah die gruppenweise Freistellung wettbewerbsbeschränkender Vereinbarungen in noch zwei Bereichen vor, nämlich:

1. Gemeinsame Erhebung und Nutzung von Informationen

    Im Rahmen des Art. 2 der VO 267/2010 waren Vereinbarungen zwischen Versicherungsunternehmen über die **Erhebung und Verbreitung von Daten** zum Zweck der

---

[921] Vgl. dazu im Einzelnen die Kommentierung von Ellger Art. 5 Kfz-VO (Band 1, IV. Abschnitt, Teil B.)).

[922] VO 906/2009 für Vereinbarungen zwischen Seeschifffahrtsunternehmen (Konsortien) vom 28.9.2009, ABl. 2009 L 256, 31. Rechtsgrundlage ist die Rats-VO 246/2009 vom 26.2.2009 für Schiffahrtskonsortien, ABl. 2009 L 79, 1.

[923] VO 697/2014 vom 24.6.2014, ABl. 2014 L 184, 3.

[924] VO 2020/436 vom 24.3.2020, ABl. 2020 L 90,1.

[925] VO vom 26.2.2009, ABl. 2009 L 61, 1.

[926] Vgl. Bechtold/Bosch, § 2 GWB, Rn. 39.

[927] VO 487/2009 vom 25.5.2009, ABl. 2009 L 148, 1.

[928] VO 267/2010 vom 24.3.2010 für Vereinbarungen von Versicherungsunternehmen, ABl. 2010 L 81, 1. Rechtsgrundlage ist die Rats-VO 1534/91, ABl. 1991 L 143, 1. Vgl. im Einzelnen die Kommentierung bei Ellger in Immenga/Mestmäcker, 5. Aufl. 2012, Vers-GVO (Band 1/Teil 1, IV. Abschnitt – C.).

Ermittlung der Durchschnittskosten für bestimmte Risiken sowie zur **Erstellung von Sterbetafeln und Statistiken** über die Häufigkeit von Krankheiten sowie die gemeinsame Durchführung von Studien über die Auswirkungen von Schadensereignissen auf die Häufigkeit oder den Umfang von Forderungen bei einem bestimmten Risiko vom Verbot des Art. 101 Abs. 3 AEUV freigestellt.

2. Deckung von Risiken durch Versicherungspools

Nach Art. 5 der GVO 267/2010 waren Vereinbarungen zwischen Unternehmen der Versicherungswirtschaft über die Bildung von **Gemeinschaften zur gemeinsamen Deckung bestimmter Risiken,** sei es als Mitversicherung oder Mit-Rückversicherung, vom Verbot des Art. 101 Abs. 3 AEUV freigestellt.

Nach ihrem Art. 9 galt die GVO 267/2010 bis zum 31.3.2017.

Vor dem Auslaufen der GVO 267/2010 führte die Kommission eine Untersuchung über **276** die Wirkungsweise der Versicherungs-GVO durch, deren Ergebnisse sie in einem Evaluierungsbericht im März 2016 veröffentlichte.[929]

In diesem Bericht kam die Kommission hinsichtlich der gemeinsamen Erhebung und Nutzung von Informationen zu dem Ergebnis, dass die **kartellrechtliche Erfassung des Informationsaustausches** zwischen Unternehmen, insbesondere die Beurteilung der Freistellungsvoraussetzungen nach Art. 101 Abs. 3 AEUV, bereits durch die **Horizontalleitlinien**[930] der Kommission ausführlich behandelt werde und insoweit für die Versicherungsunternehmen eine hinreichend sichere Grundlage dafür bestehe, die Vereinbarkeit des Informationsaustausches zwischen Unternehmen mit Art. 101 Abs. 3 AEUV selbst zu beurteilen.[931]

In Bezug auf **Versicherungspools** stellte die Kommission fest, dass die praktische **277** Bedeutung solcher Kooperationen zwischen Versicherungsunternehmen zur gemeinsamen Deckung von Risiken, die von der Vers-GVO erfasst wurden, relativ gering war. Darüber hinaus sah die Kommission die Gefahr, dass die von der Vers-GVO erfassten typisierten Vereinbarungen über die Bildung von Versicherungspools nicht hinreichend sicher die Voraussetzungen des Art. 101 Abs. 3 AEUV erfüllten, weil sich auf den Versicherungsmärkten den **Wettbewerb weniger beeinträchtigende Alternativen** zu Versicherungspools entwickelt hatten[932].

Aufgrund dieser Erwägungen hat die Kommission die **Vers-GVO 267/2010 am 31.3.2017 auslaufen lassen,** ohne die VO zu verlängern oder durch eine neue Regelung zu ersetzen.

Demzufolge unterliegt die Freistellung **aller wettbewerbsbeschränkenden Vereinbarungen** zwischen **Versicherungsunternehmen** nunmehr **unmittelbar** den Voraussetzungen des Art. 101 Abs. 3 AEUV.

# D. Rechtsfolgen

## I. Freistellung kraft Gesetzes

Sind die Freistellungsvoraussetzungen des § 2 Abs. 1 GWB oder einer entsprechend **278** anwendbaren GVO erfüllt, **entfällt automatisch die Anwendbarkeit des Kartellverbots** nach § 1 GWB, ohne dass es irgendeiner behördlichen oder gerichtlichen Feststellung

---

[929] KOMM., Report from the Commission to the European Parliament and the Council On the functioning of Commission Regulation (EU) No 267/2010 on the application of Article 101 (3) of the Treaty on the functioning of the European Union to certain categories of agreements, decisions and concerted practices in the insurance sector, Dok. COM(2016) 153 final v. 17.3.2016 (Evaluierungsbericht Vers-GVO).
[930] KOMM., Horizontalleitlinien 2011, Rn. 55 ff., speziell zur Anwendung der Freistellungsvoraussetzungen auf den Informationsaustausch Rn. 95 ff., jetzt KOMM., Leitlinien zur Anwendbarkeit des Artikels 101 AEUV auf Vereinbarungen über horizontale Zusammenarbeit, ABl. 2023, C 259, 1 ff., Rn. 366 ff.
[931] KOMM. Evaluierungsbericht Vers-GVO Rn. 51.
[932] KOMM. Evaluierungsbericht Vers-GVO Rn. 52.

oder Entscheidung bedürfte („freigestellt sind").[933] Im Gegensatz zum früheren Anmelde- und Genehmigungssystem unterliegt die unmittelbar ex lege wirkende Freistellung auch **keiner zeitlichen Begrenzung;** vielmehr bleiben die wettbewerbsbeschränkenden Verhaltensweisen so lange zulässig, wie die materiellen Freistellungskriterien erfüllt sind.

279    Die **Freistellungswirkung entfällt** jedoch mit Wirkung **ex nunc,** sofern sich die tatsächlichen Verhältnisse in einer Weise ändern, dass auch nur eine der vier Voraussetzungen des § 2 Abs. 1 GWB nicht mehr erfüllt ist. Das kann insbesondere geschehen, wenn die Marktanteile der Kartellmitglieder eine bestimmte Schwelle überschreiten oder wenn sich die Marktverhältnisse in anderer Weise so verändern, dass für einen wesentlichen Teil der betreffenden Waren wirksamer Wettbewerb ausgeschaltet wird. Zudem sind bestimmte Arten von Wettbewerbsbeschränkungen nur für eine bestimmte Dauer unerlässlich, um etwa einen Markteintritt zu erleichtern, nach Ablauf einer gewissen Frist aber nicht mehr gerechtfertigt.

280    Wächst eine Vereinbarung, die ursprünglich von einer **GVO** erfasst wurde, aus deren Anwendungsbereich heraus, führt dies nicht automatisch zur Kartellrechtswidrigkeit; vielmehr ist zu prüfen, ob die allgemeinen Freistellungskriterien der Generalklausel des § 2 Abs. 1 GWB eingreifen und somit eine Einzelfreistellung begründen. Auf der anderen Seite kann der Rechtsvorteil der GVO trotz Einhaltung der tatbestandlichen Voraussetzung der GVO **im Einzelfall mit Wirkung für die Zukunft** durch eine konstitutive Entscheidung der Kartellbehörde **nach Art. 29 Abs. 2 VO 1/2003 bzw. § 32d GWB entzogen** werden, wenn die Vereinbarung ausnahmsweise Wirkungen entfaltet, die mit den Kriterien des Art. 101 Abs. 3 AEUV/§ 2 Abs. 1 GWB nicht vereinbar sind. Voraussetzung ist allerdings, dass die Wirkungen der Vereinbarung auf das Gebiet der Bundesrepublik Deutschland oder abgrenzbarer Teile davon begrenzt sind.[934]

## II. Selbsteinschätzung

281    Die Konsequenz der unmittelbaren Geltung der Freistellungsnorm des § 2 Abs. 1 GWB und (über den dynamischen Verweis des § 2 Abs. 2 GWB) der GVOen ist, dass die Unternehmen selbst die kartellrechtliche Zulässigkeit der getroffenen Abreden beurteilen müssen. Diese **„Selbsteinschätzung"** obliegt ihnen dabei nicht nur vor Beginn einer möglicherweise wettbewerbsbeschränkenden, aber potentiell effizienzfördernden Zusammenarbeit. Vielmehr müssen die Unternehmen auch später während der Kooperation fortlaufend die weitere Einhaltung der Kriterien beobachten. Das Legalausnahmeprinzip führt somit **in doppelter Hinsicht** zu einem **Verlust an Rechtssicherheit** für die beteiligten Unternehmen: Zum einen müssen sie die Erfüllung der sehr weiten und allgemein gehaltenen Freistellungsvoraussetzungen selbst überprüfen, zum anderen können sie sich nicht darauf verlassen, dass ein positives Ergebnis für die vorgesehene Dauer der Zusammenarbeit Bestand hat. Vielmehr sind die Unternehmen gehalten, die **„Selbsteinschätzung" in regelmäßigen Abständen zu wiederholen,** weil sich die tatsächlichen Verhältnisse und damit auch die Grundlagen für die Einhaltung der Freistellungsgrenzen ändern können.

282    Bei der Prüfung, ob die Voraussetzungen für eine Freistellung erfüllt sind, sollten die Unternehmen im eigenen Interesse **mit höchster Sorgfalt** vorgehen, die Ergebnisse möglichst gut absichern und dokumentieren sowie darauf vorbereitet sein, ggf. gegenüber jeder Behörde oder jedem Gericht, vor dem es um die Wirksamkeit der getroffenen Vereinbarungen geht, die Einhaltung der Kriterien in nachvollziehbarer Form zu belegen.[935] Trotz der generalklauselartig weiten Tatbestandsmerkmale für eine Freistellung, deren Anwendung regelmäßig eine Würdigung komplexer wirtschaftlicher Sachverhalte

---

[933] Vgl. zu den Wirkungen und Konsequenzen der Legalausnahme auch → Rn. 28 ff.
[934] BegrRegE, BT-Drs. 15/3640, 34.
[935] Bechtold/Bosch, § 2 GWB, Rn. 9; näher zu Fragen der Darlegungs- und Beweislast sowie zu den Anforderungen an die Selbsteinschätzung bereits → Rn. 47 ff. und 54 ff.

erfordert und oft mit Prognosen verbunden ist, stellt sich im deutschen Recht weder die Frage einer mangelnden Justiziabilität der Norm noch die nach der Einräumung eines gerichtlich nicht voll überprüfbaren Beurteilungsspielraums.[936] Sofern die Unternehmen alle zumutbaren Anstrengungen unternommen haben und trotz sorgfältiger Ermittlung und Prüfung zu einer Fehlbewertung der Kartellrechtskonformität ihres Verhaltens gekommen sind, **fehlt** es an einem **Verschulden** mit der Folge, dass sowohl bußgeldrechtliche als auch schadensersatzrechtliche Sanktionen ausscheiden. Dagegen bleibt ein **(Rest-)Risiko der zivilrechtlichen Unwirksamkeit** bestehen, wenn sich nachträglich herausstellt, dass die Freistellungsvoraussetzungen von Anfang an nicht gegeben waren. Insoweit kann es aber in einem Legalausnahmesystem ohne konstitutive Freistellungsentscheidungen zivilrechtlich keinen weitergehenden Vertrauensschutz geben.[937] Doch dürfte das Risiko rückwirkender Unwirksamkeit (im Gegensatz zu einem Fortfall der Freistellungswirkungen ex nunc) schon wegen der Nachweisprobleme und der sich in der Regel ständig verändernden Marktverhältnisse umso geringer werden, je länger eine Kooperation tatsächlich ohne Beanstandungen von Seiten der Behörden oder Dritter praktiziert wird.

## § 3 Mittelstandskartelle

**Vereinbarungen zwischen miteinander im Wettbewerb stehenden Unternehmen und Beschlüsse von Unternehmensvereinigungen, die die Rationalisierung wirtschaftlicher Vorgänge durch zwischenbetriebliche Zusammenarbeit zum Gegenstand haben, erfüllen die Voraussetzungen des § 2 Absatz 1, wenn**

1. **dadurch der Wettbewerb auf dem Markt nicht wesentlich beeinträchtigt wird und**
2. **die Vereinbarung oder der Beschluss dazu dient, die Wettbewerbsfähigkeit kleiner oder mittlerer Unternehmen zu verbessern.**

**Schrifttum:** Bayerisches Staatsministerium für Wirtschaft, Infrastruktur, Verkehr und Technologie, Kooperation und Wettbewerb, 6. Aufl. 2006; Bechtold, Grundlegende Umgestaltung des Kartellrechts: Zum Referentenentwurf der 7. GWB-Novelle, DB 2004, 235; ders., Kleine und mittlere Unternehmen im europäischen Kartellrecht, EWS 2007, 433; ders., Kleine und mittlere Unternehmen im europäischen Kartellrecht, in: Teichmann (Hrsg.), Europa und der Mittelstand, 2010, S. 11; Benisch, Kooperationsfibel, 4. Aufl. 1973; Bundeskartellamt, Merkblatt des Bundeskartellamts über Kooperationsmöglichkeiten für kleine und mittlere Unternehmen, März 2007; Dittrich, Horizontale Rationalisierungskooperationen kleiner und mittlerer Unternehmen, 2009; Dittrich, Relikt eines eigenständigen nationalen Kartellrechts – die Freistellung für „Mittelstandskartelle" gem. § 3 GWB, WuW 2009, 1006; Dörinkel, Die Kooperationserleichterungen nach der Kartellnovelle 1973, WuW 1973, 827; Ebel, Novellierung des Gesetzes gegen Wettbewerbsbeschränkungen, NJW 1973, 1577; Emmerich, Kooperationen im Wettbewerbsrecht, ZGR 1976, 167; Fuchs, Die 7. GWB-Novelle – Grundkonzeption und praktische Konsequenzen, WRP 2005, 1384; Görgemanns, Der Begriff der kleinen und mittleren Unternehmen im Gesetz gegen Wettbewerbsbeschränkungen, 1998; Grauel/Mack, Das Mittelstandskartell in der Praxis, 1980; Herresthal, Die Praxis der Mittelstandskooperationen nach § 5b GWB, 1983; Herrlinger, Änderungen der 7. GWB-Novelle im Rahmen des Gesetzgebungsverfahrens, WRP 2005, 1136; Käis, Regulation EU information exchange – no further restrictions by object but enough room for safe harbours, ECLR 2013, 352; Kapteina, § 5b GWB – Mittelstandskooperationen, 1980; Kartte, Ein neues Leitbild für die Wettbewerbspolitik, FIW-Schriftenreihe, Heft 49, 1969; Keßler, Einkaufskooperationen im Licht des Deutschen und Europäischen Kartellrechts, WuW 2002, 1162; Knöpfle, Ist die Grenze von 15 v. H. für den Marktanteil von Mittelstandskartellen (§ 5b GWB) berechtigt?, BB 1986, 2346; Kreibich, Die Bildung von Mittelstandskartellen i. S. d. § 3 Abs. 1 GWB – Eine Chance für mehr Wettbewerb auf dem deutschen Strommarkt?, RdE 2007, 186; Lange, Die kartellrechtliche Kontrolle der Gewährung von Rabatten, WuW 2002, 220; Lettl, Kartellrecht, 2. Aufl. 2007; Lichtnecker, Mittelstandsschutz im Kartellrecht, 1981; Lutz, Die Beurteilung von Einkaufskooperationen nach deutschem Kartellrecht, WRP 2002, 47; Moog, Die Bildung gegengewichtiger Marktmacht nach dem Gesetz gegen Wettbewerbsbeschränkungen, 1980; Pfeffer/Wegner, Neue Bekanntmachungen des Bundeskartellamts zur zwischenbetrieblichen Kooperation: Bagatellbekanntmachung 2007 und Bekanntmachung KMU 2007, BB 2007, 1173; Pischel/Hausner, Informationsaustausch zwischen Wettbewerbern – Zum Stand der kartellrechtlichen

---

[936] Vgl. → Rn. 59 f.

[937] Anders Bechtold/Bosch, § 2 GWB, Rn. 12, der für die Entwicklung eines Rechtssatzes plädiert, nach der die Vereinbarung in derartigen Fällen für die Vergangenheit als wirksam behandelt werden soll; vgl. dagegen bereits → Rn. 60.

Entwicklung, EuZW 2013, 498; Rißmann, Kartellverbot und Kooperation zwischen kleinen und mittleren Unternehmen nach der 7. GWB-Novelle, WuW 2006, 881; Rittner, Thesen zur Kartellnovelle, DB 1973, 318; Säcker/Mohr, Die Beurteilung von Einkaufskooperationen gemäß Art. 101 Abs. 1 und Abs. 3 AEUV, WRP 2011, 793; Salje, Die mittelständische Kooperation zwischen Wettbewerbspolitik und Kartellrecht, 1981; Schnelle/Hübner, Einkaufsgemeinschaften der öffentlichen Hand: Kartellrechtliche Zulässigkeit und Rechtsweg in das vergaberechtliche Nachprüfverfahren, WRP 2003, 1205; Stahl, Kooperationsförderung und Kartellgesetznovelle, WuW 1978, 7; Teichmann, Die „wesentliche Beeinträchtigung des Wettbewerbs" als Schranke für Kooperationsvereinbarungen, WuW 1974, 449; Veltins, Die Mittelstandskooperation in Kartellrecht und Praxis, DB 1978, 239; ders., Die Zulässigkeit von sog. Mittelstandskartellen gemäß § 5b GWB, 1981; ders., Die Wettbewerbsgrenze bei der Zulassung von Mittelstandskartellen gemäß § 5b GWB, DB 1982, 93; ders., Zur Frage der „nicht wesentlichen" Beeinträchtigung des Wettbewerbs i. S. d. § 5b GWB, DB 1983, 1477; Wagner-von Papp, Brauchen wir eine Missbrauchskontrolle von Unternehmen mit nur relativer oder überlegener Marktmacht? Novellierung der allgemeinen Missbrauchskontrolle, in: Bien (Hrsg.), Das deutsche Kartellrecht nach der 8. GWB-Novelle, S. 95; Werner, Unternehmerische Kooperation zur Steigerung der Leistungsfähigkeit, 1985; Westermann, K., Einkaufskooperationen der öffentlichen Hand nach der Feuerlöschzüge-Entscheidung des BGH, ZWeR 2003, 481; Wimmer-Leonhardt, Zur zwischenstaatlichen Bedeutung von Mittelstandskartellen, WuW 2006, 486.

## Übersicht

## A. Grundlagen

### I. Regelungsgegenstand und -zweck

§ 3 GWB enthält eine spezielle gesetzliche Freistellung vom Kartellverbot des § 1 für die **1** **leistungssteigernde horizontale Zusammenarbeit von kleinen und mittleren Unternehmen.** Die Norm knüpft die Legalisierung im Wesentlichen an die Erfüllung von vier Tatbestandselementen: Es muss sich um eine (1) **horizontale Vereinbarung** zwischen miteinander im Wettbewerb stehenden Unternehmen (oder den Beschluss einer Unternehmensvereinigung) handeln, welche die (2) **Rationalisierung wirtschaftlicher Vorgänge durch zwischenbetriebliche Zusammenarbeit** zum Gegenstand hat, dadurch (3) der **Förderung der Wettbewerbsfähigkeit kleiner oder mittlerer Unternehmen** dient und (4) **keine wesentliche Beeinträchtigung des Wettbewerbs** bewirkt.

Ebenso wie die allgemeine, an Art. 101 Abs. 3 AEUV orientierte Legalausnahme des § 2 **2** Abs. 1 verzichtet § 3 auf die Vorgabe bestimmter Inhalte oder Formen der Zusammenarbeit und eröffnet damit vielfältige Möglichkeiten zu Rationalisierungsabreden, die an sich wettbewerbsbeschränkende Wirkungen entfalten. Anknüpfungspunkt für die besondere Regelung zugunsten kleiner und mittlerer Unternehmen kann daher nicht der unspezifische Gedanke einer allgemeinen Kooperationsförderung sein.[1] Aber auch ein genereller Mittelstandsschutz oder der Gedanke der Gegenmachtbildung scheiden als selbstständige **Normzwecke** aus.[2] Entscheidend ist vielmehr die Bezugnahme auf die **Förderung der Wettbewerbsfähigkeit gerade kleiner und mittlerer Unternehmen** und damit das **Prinzip der Leistungssteigerung im Sinne eines strukturellen Nachteilsausgleichs:**[3] Durch die erweiterte Zulassung von Kooperationen sollen kleinen und mittleren Unternehmen die gleichen unternehmerischen Möglichkeiten eröffnet werden, die anderen Unternehmen schon allein wegen ihrer Größe offen stehen.[4] Es geht somit um den **Ausgleich von Größenvorteilen;** kleine und mittlere Unternehmen sollen durch die Kooperation in die Lage versetzt werden, ohne Veränderung der Betriebsgröße beim Einsatz relevanter Wettbewerbsparameter bzw. bei der Wahrnehmung bestimmter Unternehmensfunktionen wie zB Forschung, Produktion, Vertrieb oder Werbung vergleichbare Größenvorteile zu erzielen, wie sie anderen Wettbewerbern schon auf Grund ihrer Unternehmensgröße zur Verfügung stehen.[5] Die gezielte Privilegierung von Mittelstandskooperationen gemäß § 3 GWB eröffnet damit eine Alternative zu einem sonst gegebenenfalls erforderlichen Zusammenschluss der Unternehmen.[6] Aus diesen Erwägungen darf allerdings nicht der Schluss auf eine generelle positive Korrelation zwischen der Leistungsfähigkeit eines Unternehmens und seiner Größe abgeleitet werden.[7]

Der **Normzweck des strukturellen Nachteilsausgleichs** ist zu unterscheiden vom **3** Aspekt der (bloßen) Gegenmachtbildung. Dieser erschöpft sich in einer Zusammenfassung von Ressourcen oder sonstigen Verhaltenskoordinierungen, die ohne Rationalisierung im Sinne einer echten Leistungssteigerung und Erhöhung der Wettbewerbsfähigkeit der einzelnen Teilnehmer eine Korrektur der Marktergebnisse anstreben. Von „Gegenmacht" lässt

---

[1] Nach der BegrRegE, BT-Drs. 15/3640, 44 sollen kleine und mittlere Unternehmen zwar „zu Kooperationen ermuntert werden", dies wird jedoch ausdrücklich nur auf solche Formen der Zusammenarbeit bezogen, „die ihre Wettbewerbschancen gegenüber großen Unternehmen verbessern", also den Aspekt der Leistungssteigerung implementieren.

[2] Immenga in Immenga/Mestmäcker, 3. Aufl. 2001, § 4 Rn. 11, 13.

[3] S. nur Bechtold/Bosch Rn. 1; Bunte in FK-KartellR Rn. 17; Immenga in Immenga/Mestmäcker, 3. Aufl. 2001, § 4 Rn. 11 f.; Schneider in Bunte Rn. 1; grdl. Kritik bei Emmerich ZGR 1976, 167 ff. (182).

[4] Stellungnahme der BReg zum TB 1974, BT-Drs. 7/3791, IV.

[5] Vgl. Salje S. 50; Immenga in Immenga/Mestmäcker, 3. Aufl. 2001, § 4 Rn. 12; Pampel in MüKo-WettbR Rn. 10; krit. Herresthal S. 35 f.

[6] Dittrich S. 199.

[7] Vgl. zutreffend Pampel in MüKoWettbR Rn. 11.

sich zwar auch in horizontaler Richtung im Verhältnis zu marktmächtigen Wettbewerbern sprechen, sein eigentliches Anwendungsfeld hat der Gedanke aber im Antagonismus zwischen Unternehmen auf verschiedenen Marktseiten, also gegenüber mächtigen Abnehmern oder Lieferanten.[8] Die unmittelbare Relativierung von Marktmacht in der Vertikalbeziehung (insbesondere zur Verhinderung von Ausbeutung) spielt für die (erweiterte) Zulassung von (horizontalen) Mittelstandskartellen jedoch keine Rolle. Nicht die Zusammenballung von Marktmacht, sondern die Überwindung größenbedingter Nachteile im Sinne einer Verbesserung der ökonomischen Leistungsfähigkeit der Kooperationspartner **im Verhältnis zu ihren größeren Wettbewerbern** vermag eine besondere Freistellung zu rechtfertigen.[9]

4    Als Leitlinien für die normzweckorientierte Konkretisierung der Tatbestandsmerkmale des § 3 scheiden damit allgemeine Kooperationsförderung und Mittelstandsschutz ebenso wie das Gegenmachtprinzip aus.[10] Daraus folgt zum einen, dass die **Größenverhältnisse auf der Marktgegenseite keine Rolle** für die Abgrenzung und Konkretisierung des Begriffs der kleinen und mittleren Unternehmen spielen dürfen.[11] Zum anderen macht die Ausrichtung auf die Kompensation größenbedingter Nachteile und die Leistungssteigerung im Verhältnis zu größeren Konkurrenten deutlich, dass es vor allem auf die **relative Größe** der beteiligten Unternehmen **im Verhältnis zu ihren Wettbewerbern** ankommt und keine Rechtfertigung für die Festlegung absoluter Obergrenzen für kleine und mittlere Unternehmen ersichtlich ist.[12]

5    Die **wettbewerbspolitische Bewertung** der Ausnahme für Mittelstandskartelle darf die möglichen Nachteile und Gefahren nicht außer Betracht lassen. Gegenüber der gesetzgeberischen Entscheidung, der Erzielung von Rationalisierungsvorteilen durch wettbewerbsbeschränkende Kooperation in bestimmtem Umfang den Vorrang vor einer mittelbaren Rationalisierung durch unverfälschten Wettbewerb zu geben, werden teilweise Bedenken geäußert: Zum einen bleibe offen, ob die Gruppenbildung tatsächlich zu einem intensiveren Wettbewerbsverhältnis gegenüber Großunternehmen führe oder eher eine Einigung der Marktteilnehmer zu Lasten Dritter erleichtere.[13] Als problematisch wird ferner die Erhöhung von Marktzutrittsschranken und die mit der Kartellierung verbundene Erhaltung mittelständischer Unternehmen statt mittelständischer Märkte angesehen.[14] Schließlich wird mit Hinweis auf den more economic approach in der europäischen Wettbewerbspolitik der Kommission und auf den Übergang zu einer verbraucherwohlfahrtsorientierten Kartellrechtsanwendung konstatiert, dass es unter diesen Vorzeichen eigentlich nicht sinnvoll sein kann, eine besondere Privilegierung kleiner und mittlerer Unternehmen wegen ihrer geringeren Unternehmensgröße aufrecht zu erhalten.[15] Auf der anderen Seite ist zu bedenken, dass die Erhaltung einer breiten Schicht kleiner und mittlerer Unternehmen zu den wichtigsten strukturellen Voraussetzungen für einen funktionsfähigen Wettbewerb zählt[16] und dass bei Verweigerung flexibler Kooperationsmöglichkeiten Konzentrationstendenzen gestärkt würden, denen im Gegensatz zu leichter auflösbaren Kartellen wesentlich schwieriger entgegenzuwirken wäre. Speziell mittelstandsfördernde Regelungen kennt das GWB zudem im Bereich des Vergaberechts (vgl. § 97 Abs. 3).[17]

---

[8] Näher zum Gegenmachtprinzip Moog S. 75 ff.; grundsätzlich krit. Salje S. 37 f.
[9] Vgl. Nordemann/Grave in LMRKM Rn. 3.
[10] Immenga in Immenga/Mestmäcker, 3. Aufl. 2001, § 4 Rn. 13.
[11] Vgl. aber BKartA TB 1981/82, 71, wo die Stärke der Marktgegenseite als zusätzlicher Gesichtspunkt herangezogen wurde; wie hier Immenga in Immenga/Mestmäcker, 3. Aufl. 2001, § 4 Rn. 13.
[12] Näher zur Bestimmung des Kreises der kleinen und mittleren Unternehmen → Rn. 45 ff.
[13] Immenga in Immenga/Mestmäcker, 3. Aufl. 2001, § 4 Rn. 14.
[14] Vgl. Herdzina, Wettbewerbspolitik, 5. Aufl. 1999, S. 155; Rittner DB 1973, 318.
[15] Bechtold in Teichmann S. 11, 14 = ders. EWS 2007, 433 (434).
[16] So schon 1973 der Bericht des Wirtschaftsausschusses zur 2. GWB-Novelle, BT-Drs. 7/765, 3 (zur Einführung des damaligen § 5b).
[17] Näher dazu Dreher NZBau 2005, 427 ff. sowie die Kommentierung zu § 97 GWB.

Angesichts der ohnehin generalklauselartig weiten, dem Art. 101 Abs. 3 AEUV weit- **6** gehend entsprechenden Legalausnahme des § 2 Abs. 1 lautet nunmehr die eigentliche Frage, ob und inwieweit § 3 – außer dem Aspekt erhöhter Rechtssicherheit durch die teilweise etwas konkretere Tatbestandsfassung – auch **materiell** eine **weitergehende Freistellungswirkung** entfaltet und dies ggf. wettbewerbspolitisch gerechtfertigt werden kann. Mit der Möglichkeit, ggf. auch Kernbeschränkungen wie Preis-, Mengen- und Gebietsabreden ausnahmsweise rechtfertigen zu können, wenn sie zur Erzielung der angestrebten Rationalisierungseffekte erforderlich sind, stellen Mittelstandskartelle eine **privilegierte Untergruppe der Rationalisierungskartelle** dar.[18] Entscheidend für die Reichweite der Legalisierung ist neben den Anforderungen an die Rationalisierung zur Förderung der Wettbewerbsfähigkeit vor allem die Auslegung des Erfordernisses der „nicht wesentlichen Beeinträchtigung des Wettbewerbs" (dazu näher → Rn. 76 ff.).

## II. Entstehungsgeschichte

Die Freistellungsmöglichkeit für Mittelstandskartelle wurde erstmals mit der 2. GWB- **7** Novelle 1973 als § 5b aF eingeführt.[19] Diese bis 31.12.1998 geltende Norm wurde im Zuge der 6. GWB-Novelle durch § 4 Abs. 1 aF (bis 30.6.2005) abgelöst. Beide **Vorgängerregelungen** unterschieden sich im Wortlaut nur unwesentlich vom heutigen § 3,[20] waren aber in das frühere System der Administrativfreistellung eingebettet und als sog. Widerspruchskartelle ausgestaltet. Danach wurde die Freistellung nur wirksam, wenn die wettbewerbsbeschränkenden Vereinbarungen oder Beschlüsse bei der Kartellbehörde angemeldet wurden und diese nicht innerhalb von drei Monaten widersprach (§ 9 Abs. 3 GWB aF bzw. § 5b Abs. 2 iVm § 5a Abs. 2 und 3 GWB aF). Ein Widerspruch konnte nur erfolgen, wenn die Freistellungsvoraussetzungen des § 4 Abs. 1 GWB aF (bzw. § 5b GWB aF) nicht vorlagen. Die Beweislast für die Erfüllung der tatbestandlichen Voraussetzungen lag bei den anmeldenden Unternehmen. Als Widerspruchskartelle unterstanden die nach § 4 Abs. 1 GWB aF legalisierten Mittelstandskartelle der **Missbrauchsaufsicht** durch das Bundeskartellamt nach § 12 Abs. 1 GWB aF, die sich vor allem auf die Überprüfung des Eintritts der erstrebten Rationalisierungserfolge und mögliche nachträgliche Änderungen des wettbewerblichen Umfelds bezog, in der Praxis aber kaum jemals relevant wurde.[21] Die Freistellung vom Kartellverbot nach § 4 Abs. 1 GWB aF wurde ergänzt durch die Möglichkeit für Vereinigungen von kleinen und mittleren Unternehmen, **Mittelstandsempfehlungen** nach § 22 Abs. 2 GWB aF auszusprechen, ohne das Empfehlungsverbot des § 22 Abs. 1 GWB aF zu verletzen. Für **Einkaufskooperationen** kleiner und mittlerer Unternehmen galt nach § 4 Abs. 2 GWB aF unter teilweise erleichterten materiellen Voraussetzungen[22] eine automatische

---

[18] Die nur im Wortlaut übereinstimmende, im sachlichen Gehalt aber abweichende Charakterisierung bei Nordemann/Grave in LMRKM Rn. 3, der von einer „qualifizierten Geringfügigkeitsregelung zur Privilegierung von kleinen und mittleren Unternehmen" spricht, wird dem Regelungsgehalt des § 3 GWB nicht gerecht. Vielmehr ist die von Nordemann erwähnte Passage der Gesetzesbegründung, in der auf die de minimis-Bekanntmachung der Kommission (ABl. 2001 C 368, 13) Bezug genommen wird (BT-Drs. 15/3640, 28), als Anregung zu einer künftig großzügigeren Handhabung der kritischen Marktanteilsschwelle für eine „wesentliche Wettbewerbsbeeinträchtigung" zu verstehen, näher dazu → Rn. 77 ff.

[19] Näher zur Entstehungsgeschichte des § 5b GWB aF und die Einbindung in die Diskussion um den Gedanken einer allgemeinen Kooperationsförderung Benisch S. 67 ff.; Emmerich ZGR 1976, 167 ff.; Immenga in Immenga/Mestmäcker, 3. Aufl., § 4 Rn. 6 ff.; Bunte in FK-KartellR Rn. 2 ff. jeweils mwN.

[20] Während § 5b GWB aF auf die Förderung der „Leistungsfähigkeit" kleiner und mittlerer Unternehmen abstellte, nahm § 4 Abs. 1 GWB aF Bezug auf die Verbesserung ihrer „Wettbewerbsfähigkeit", ohne dass sich daraus relevante sachliche Unterschiede ergaben, so auch Bechtold/Bosch Rn. 11; Bunte in FK-KartellR GWB 1999 § 4 Rn. 44; beide Vorgängerregelungen klammerten die (für alle Unternehmen) gesondert geregelten Spezialisierungsvereinbarungen (§ 5a GWB aF bis 1998, § 3 GWB aF bis 30.6.2005) aus ihrem Anwendungsbereich aus.

[21] Vgl. zB BKartA TB 1975, 47 sowie TB 1976, 74 (Fall der antizipierten Missbrauchsaufsicht).

[22] Die erstmals im Zuge der 5. GWB-Novelle 1989 eingeführte Sondervorschrift für Einkaufskooperationen kleiner und mittlerer Unternehmen (§ 5c GWB aF) wurde bei der 6. GWB-Novelle 1998 mit gewissen Modifikationen (vor allem verfahrensmäßiger Art wie dem Anmeldeerfordernis) in § 4 Abs. 2 GWB

gesetzliche Freistellung; insoweit bestand keine Widerspruchsmöglichkeit für die Kartell-behörde. Die hier ebenfalls erforderliche Anmeldung (§ 9 Abs. 4 S. 1 GWB aF) war keine Wirksamkeitsvoraussetzung (vgl. § 9 Abs. 1 S. 1 GWB aF), ihre Unterlassung konnte lediglich mit einem Bußgeld sanktioniert werden (§ 81 Abs. 1 Nr. 1 GWB aF).

8 Mit dem **Wechsel zum Legalausnahmesystem** durch die **7. GWB-Novelle** ist zum 1.7.2005 die Notwendigkeit und Möglichkeit einer Anmeldung von wettbewerbsbeschränkenden Vereinbarungen zum Zwecke einer administrativen Freistellungsentscheidung (in Form der Erlaubnis oder Nichterhebung eines Widerspruchs) entfallen. Trotz der stattdessen unmittelbar geltenden, generalklauselartig weiten Freistellungsnorm des § 2 Abs. 1, die weitgehend dem Art. 101 Abs. 3 AEUV entspricht, hat der Gesetzgeber weiterhin Bedarf für eine besondere Privilegierung von Mittelstandskartellen gesehen. Die von ihm geschaffene Regelung enthielt ursprünglich eine materiellrechtliche und eine verfahrens-rechtliche Komponente. Durch § 3 Abs. 1 aF (im Wortlaut identisch mit dem jetzigen § 3) sollten „insbesondere **kleine und mittlere Unternehmen Rechtssicherheit erhalten** und **zu Kooperationen ermuntert** werden, die ihre Wettbewerbschancen gegenüber großen Unternehmen verbessern".[23] Der Gesetzgeber der 7. GWB-Novelle entschied sich daher, die frühere Sonderregelung in § 4 Abs. 1 GWB aF, soweit möglich, im Kern aufrechtzuerhalten. Darüber hinaus ergänzte er die Regelung in Gestalt des § 3 Abs. 2 aF um einen verfahrensrechtliche Komponente, indem er den beteiligten mittelständischen Unternehmen einen Anspruch auf eine kartellbehördliche „Unbedenklichkeitsbescheinigung" nach § 32c gewährte.

9 Die besondere **Privilegierung mittelständischer Einkaufskooperationen nach § 4 Abs. 2 GWB aF** wurde dagegen im Zuge der 7. GWB-Novelle **ersatzlos gestrichen.** Dafür waren vor allem zwei Gründe maßgeblich: zum einen der erweiterte Vorrang des europäischen Wettbewerbsrechts, der nach Ansicht des Gesetzgebers bei dieser Kooperationsform wegen ihrer häufig grenzüberschreitenden Auswirkungen eher eingreift als bei anderen Mittelstandskartellen, zum anderen die großzügige Behandlung von Einkaufsgemeinschaften nach Art. 101 AEUV in der Praxis der Kommission, die einen weitergehenden Spielraum als § 4 Abs. 2 GWB aF biete.[24] Unter diesen Umständen entfiel das Bedürfnis für eine spezielle gesetzliche Regelung mittelständischer Einkaufskooperationen. Sofern diese einen echten Rationalisierungseffekt aufweisen, die Steigerung der Wettbewerbsfähigkeit durch günstigere Einkaufskonditionen also nicht allein auf den Machtzuwachs infolge der Kartellierung zurückzuführen ist, können sie in den Anwendungsbereich des § 3 GWB fallen;[25] darauf kommt es freilich nur an, wenn sie den (erweiterten) Bereich kartellfreier Kooperation verlassen und nicht von der allgemeinen Freistellungsnorm des nach § 2 Abs. 1 GWB erfasst werden.[26]

10 Dem Gesetzgeber ist es vor allem auf die **möglichst unveränderte Fortführung der bisherigen Privilegierung** mittelständischer Unternehmen angekommen,[27] die **auf hori-**

---

aF überführt, sie zeichnete sich gegenüber § 4 Abs. 1 GWB aF insbesondere dadurch aus, dass keine (betriebswirtschaftliche) Rationalisierung erforderlich war, sondern die Steigerung der Wettbewerbsfähigkeit auch durch die bloße Zusammenführung der individuellen Einkaufsvolumina, also die Bildung von kollektivem Markteinfluss, erfolgen konnte – allerdings ebenso wie bei § 4 Abs. 1 GWB aF nur bis zur Grenze der „wesentlichen Wettbewerbsbeeinträchtigung", näher hierzu Immenga in Immenga/Mestmäcker, 3. Aufl. 2001, § 4 Rn. 79 ff., 104 ff. mwN Mit dem Ausschluss eines über den Einzelfall hinausgehenden Bezugszwanges sollte verhindert werden, dass die Machtposition der Kooperationspartner gegenüber der Marktgegenseite übermäßig gestärkt wird, vgl. BegrRegE, BT-Drs. 11/4610, 15. Dennoch blieben gravierende wettbewerbspolitische Bedenken gegen die umfassende Freistellung von Einkaufskooperationen bestehen, dazu Immenga in Immenga/Mestmäcker, 3. Aufl. 2001, § 4 Rn. 91 ff. mwN.

[23] BegrRegE, BT-Drs. 15/3640, 44 (Hervorhebung hinzugefügt).
[24] Vgl. BegrRegE, BT-Drs. 15/3640, 26 f.
[25] Ebenso Nordemann/Grave in LMRKM Rn. 5 aE; Schneider in Bunte Rn. 8; an einem solchen Rationalisierungseffekt allerdings zweifelnd Bunte in FK-KartellR Rn. 12.
[26] Vgl. dazu Zimmer → § 1 Rn. 109 ff.; Ellger/Fuchs → § 2 Rn. 164 ff.
[27] BegrRegE, BT-Drs. 15/3640, 28; krit. Schneider in Bunte Rn. 4 (entspr. Erwartung „wohl etwas zu hoch gegriffen").

**zontale wettbewerbsbeschränkende Vereinbarungen** begrenzt war. Trotz des Paradigmenwechsels im Bereich vertikaler Vereinbarungen mit dem Übergang von der Missbrauchsaufsicht bei vertikalen Abschlussbeschränkungen (§ 16 aF) zum Verbotsprinzip hat der Gesetzgeber von einer Ausdehnung der mittelstandsspezifischen Kooperationserleichterung auf den Bereich vertikaler Vereinbarungen abgesehen. Das ist jedoch nicht zu kritisieren angesichts der (über § 2 Abs. 2 entsprechend geltenden) weiten „Schirm-GVO" (VO 330/2010) mit einer prinzipiellen Freistellung vertikaler Beschränkungen bis zu einem gemeinsamen Marktanteil von 30 %. Überlegenswert wäre allenfalls die Ausdehnung des Anspruchs auf eine klarstellende Entscheidung der Kartellbehörde über ihr Nichteinschreiten (§ 32c) gewesen, da auch im Bereich vertikaler Vereinbarungen erhebliche wirtschaftliche oder rechtliche Interessen an einer solchen Entscheidung bestehen konnten. Mit dem Auslaufen von § 3 Abs. 2 aF hat sich diese Frage aber erledigt.

Das in **§ 3 Abs. 2 aF** implementierte **„Quasi-Legalisierungsverfahren"**[28] mit be- **11** schränkter Wirkung[29] war im Regierungsentwurf zur 7. GWB-Novelle noch nicht vorgesehen, sondern wurde gewissermaßen erst „in letzter Minute" im Vermittlungsausschuss am 15.6.2005 in den Gesetzentwurf aufgenommen.[30] Es sollte wohl in erster Linie als „Beruhigungspille" dienen, um insbesondere den Übergang in das generell mit erheblich größerer Rechtsunsicherheit verbundene System der Legalausnahme für mittelständische Unternehmen etwas besser abzufedern. Es handelte sich von Anfang an um eine Übergangsregelung mit auf vier Jahre befristeter Wirkung, die planmäßig am 30.6.2009 außer Kraft getreten ist (§ 3 Abs. 2 S. 2 aF).[31] Die seinerzeit zuvor im Gesetzgebungsverfahren vom Bundesrat angeregte materiell-rechtliche Ergänzung des § 3 um eine in Anlehnung an § 5 Abs. 2 GWB aF formulierte **ausdrückliche Regelung zur begrenzten Zulässigkeit von Kernbeschränkungen** (Preis-, Mengen- und Quotenabsprachen)[32] wurde dagegen **nicht verwirklicht.** Auch wenn die frühere Anwendungspraxis zu § 4 Abs. 1 GWB aF nicht zu Missständen geführt hatte, hätte eine solche Regelung die Rechtssicherheit für KMU durchaus erhöht und zugleich signalisiert, dass derart schwere Wettbewerbsbeschränkungen nur ausnahmsweise toleriert werden können, wenn ohne sie das Ziel der Kooperation nicht erreichbar ist.[33]

Im Zuge der fast vollständigen Angleichung der Behandlung horizontaler und vertikaler **12** Wettbewerbsbeschränkungen im GWB an Art. 101 AEUV wurden mit der 7. GWB-Novelle ferner das **Empfehlungsverbot** des § 22 Abs. 1 GWB aF und demzufolge die **Privilegierung von Mittelstandsempfehlungen** gemäß § 22 Abs. 2 GWB aF **aufgehoben.**[34] Letzteres ist ohne Konsequenzen geblieben, soweit die Empfehlungen lediglich einseitige Maßnahmen darstellen und demzufolge ohnehin nicht gegen § 1 GWB verstoßen. Ist die Empfehlung aber Teil einer Vereinbarung, eines Beschlusses oder einer abgestimmten Verhaltensweise, die eine spürbare Wettbewerbsbeschränkung bezweckt oder bewirkt, und liegt kein klarer Fall einer Freistellung nach § 2 GWB vor, kann sich die Frage einer Anwendung des § 3 GWB stellen.[35] Dabei ist zu beachten, dass die tatbestandlichen Voraussetzungen des § 3 GWB nicht deckungsgleich mit dem Anwendungsbereich der

---

[28] So treffend Bechtold/Bosch Rn. 3.

[29] Entscheidungen der Kartellbehörden nach § 32c über einen fehlenden Anlass zum Tätigwerden entfalten nur eine begrenzte Selbstbindung (vorbehaltlich neuer Erkenntnisse oder Tatsachen) und keinerlei rechtliche Bindungswirkung gegenüber den Gerichten. Ihr faktischer Einfluss auf die Beurteilung der Rechtslage ist aber nicht zu unterschätzen.

[30] BT-Drs. 15/5735, 2.

[31] Dagegen führt Bechtold/Bosch Rn. 3 die Befristung auf die „materielle Unsicherheit über die Möglichkeit eines solchen Quasi-Legalisierungsverfahrens" zurück.

[32] Vgl. Stellungnahme des BRats, BT-Drs. 15/3640, 73; hierzu Gegenäußerung der BReg, BT-Drs. 15/3640, 86.

[33] Fuchs WRP 2005, 1384 (1394).

[34] Krit. zur europarechtlich nicht gebotenen Streichung des Empfehlungsverbots Wagner-von Papp WuW 2005, 379 ff. (Gefahr einer wettbewerbspolitisch bedenklichen Schutzlücke).

[35] AA hingegen Dittrich S. 220–223; Pampel in MüKoWettbR, 2. Aufl. 2012, § 3 Rn. 115 (Freistellung nach § 3 GWB scheidet aus und ist allein anhand von § 2 Abs. 1 GWB zu klären).

früheren Freistellung von Mittelstandsempfehlungen nach § 22 Abs. 2 GWB aF sind (vgl. näher → Rn. 35 ff.).

13    Die am 30.6.2013 in Kraft getretene 8. GWB-Novelle hat die materiell-rechtliche Privilegierung für Mittelstandskooperationen in § 3 GWB beibehalten und damit weiterhin auf die vollständige Angleichung des deutschen an das europäische Kartellrecht bei horizontalen Verhaltensabstimmungen verzichtet. Aus dem Gesetzestext entfernt worden ist die ohnehin schon seit dem 1.7.2009 nicht mehr anwendbare verfahrensrechtliche Regelung zum Anspruch auf eine Unbedenklichkeitsbescheinigung nach § 32c (§ 3 Abs. 2 aF).

14    Die Beibehaltung der materiellen Sondervorschrift für Mittelstandskartelle wird **wettbewerbspolitisch unterschiedlich bewertet**.[36] Auf der einen Seite wirkt sie der angestrebten möglichst weitgehenden Harmonisierung mit dem europäischen Wettbewerbsrecht entgegen, auf der anderen Seite nutzt sie eine der wenigen noch verbliebenen Regelungsspielräume des nationalen Gesetzgebers im Bereich unterhalb der Zwischenstaatlichkeitsschwelle.[37] Angesichts der besonderen Bedeutung kleiner und mittlerer Unternehmen gerade für die deutsche Volkswirtschaft[38] und der großen Verunsicherung in der Praxis, die generell mit dem Übergang zum System der Legalausnahme verbunden ist, aber in besonderem Maße kleine und mittlere Unternehmen trifft, ist die Beibehaltung einer mittelstandspolitischen Komponente (vorerst) nicht zu beanstanden, zumal sie das Gesetz auch in anderen Bereichen wie dem Vergaberecht (vgl. § 97 Abs. 3 GWB) kennt. Bei der Anwendung der Vorschriften ist jedoch **strikt** darauf zu achten, dass sie **auf den Aspekt des strukturellen Nachteilsausgleichs begrenzt** bleiben und nicht als genereller Schutzzaun oder Bereichsausnahme für (eine) bestimmte (Kategorie von) Marktteilnehmer(n) wirken und diese (zu) weitgehend von der Anwendung der allgemeinen Wettbewerbsregeln ausnehmen. Ob eine (wenn auch nicht sehr ausgeprägte und nur für Sachverhalte ohne zwischenstaatliche Auswirkungen relevante) weitergehende Freistellung als nach der Generalklausel des § 2 Abs. 1 wirklich auf Dauer legitimiert werden kann, müsste Gegenstand einer grundsätzlichen wettbewerbspolitischen Diskussion sein, die auch die Rechtfertigung anderer speziell mittelstandsschützender Normen wie § 20 Abs. 1 und Abs. 3 einbezieht. Eine solche Grundlagendebatte ist derzeit allerdings nicht absehbar.[39] Im Übrigen bleibt abzuwarten, ob nach weiteren Erfahrungen mit dem System der Legalausnahme auch künftig noch aus Gründen der Rechtssicherheit ein Bedürfnis nach einer besonderen Freistellungsnorm für Mittelstandskooperationen besteht.

### III. Systematik, Wirkung und praktische Bedeutung

15    **1. Ausgangspunkt.** § 3 stellt (ebenso wie § 2 Abs. 1) eine **unmittelbar geltende gesetzliche Ausnahme** vom Kartellverbot dar, deren Eingreifen stets von Amts wegen zu prüfen ist, wenn eine Vereinbarung oder ein Beschluss an sich die Tatbestandsmerkmale des § 1 erfüllt.[40] Solange keine **spürbare Wettbewerbsbeschränkung** vorliegt, bleibt die

---

[36] Vgl. die unterschiedlichen Stellungnahmen zum Regierungsentwurf der 7. GWB-Novelle bei der Anhörung vor dem Ausschuss für Wirtschaft und Arbeit am 20.9.2004, Ausschussdrucksache 15(9)1333 vom 17.9.2004 (ablehnend zB Böge, aaO, S. 57; Dreher, aaO, S. 82; befürwortend dagegen DaimlerChrysler Services AG (BDI), aaO, S. 25, 28; krit. wegen des systematischen Abweichung vom europäischen Kartellrecht Schneider in Bunte Rn. 5 f. (§ 3 als „Fremdkörper im Gefüge der §§ 1 und 2" sowie unterschiedliche materielle Prüfungsmaßstäbe); vgl. auch die kritischen Bemerkungen bei Bechtold in Teichmann, Europa und der Mittelstand, S. 11, 22 = ders. EWS 2007, 433 (438).

[37] Anders Bechtold in Teichmann, Europa und der Mittelstand, S. 11, 16 f. = ders. EWS 2007, 433 (435), der den Harmonisierungswillen des deutschen Gesetzgebers – insoweit entgegen BegrRegE, BT-Drs. 15/3640, 28 – als so weitgehend versteht, dass selbst § 3 GWB in vollständiger Kongruenz zum europäischen Recht auszulegen sei und sich damit die Problematik unvollständiger Harmonisierung nicht ergebe.

[38] 99,3 % der Unternehmen in Deutschland sind KMU, vgl. Statistisches Bundesamt, Statistisches Jahrbuch 2016, S. 512.

[39] Vgl. aber die grundsätzliche Kritik an der Fortführung der Regelungen des § 20 GWB über Unternehmen mit relativer oder überlegener Marktmacht durch Wagner-von Papp in Bien (Hrsg.), Das deutsche Kartellrecht nach der 8. GWB-Novelle, 2013, S. 95, 98 ff., 118 ff.

[40] Ebenso Schneider in Bunte Rn. 9.

Verhaltenskoordination dagegen von vornherein im **kartellfreien Raum,** ohne dass es der Freistellung nach § 3 bedürfte.[41] Zudem ist in der Praxis regelmäßig nicht mit einem behördlichen Eingreifen zu rechnen, wenn die Vereinbarung unter die „**Bagatellbekanntmachung**"[42] des Bundeskartellamts fällt; in diesem Fall kommt es nach seinem **Merkblatt zu Mittelstandskooperationen** auch nicht darauf an, ob die Voraussetzungen des Freistellungstatbestands des § 3 GWB erfüllt sind.[43] Beide Publikationen binden die Gerichte nicht, da sie lediglich Grundsätze für die Ausübung des Aufgreifermessens des Bundeskartellamts niederlegen.[44] Auch wenn dies wegen ihrer großen faktischen Bedeutung in der Praxis eher unwahrscheinlich sein dürfte, bleibt daher ein materieller Verstoß gegen das Kartellverbot (theoretisch) trotz Einhaltung der in ihnen beschriebenen Kriterien möglich. Das gilt gleichermaßen für horizontale wie vertikale Beschränkungen, da sich § 1 GWB seit der 7. GWB-Novelle ebenso wie Art. 101 AEUV auf beide Arten von Wettbewerbsbeschränkungen erstreckt.[45]

**Nur für horizontal wirkende Wettbewerbsbeschränkungen** enthält § 3 – neben der **16** allgemeinen (Art. 101 Abs. 3 AEUV entsprechenden) Legalausnahme nach § 2 Abs. 1 und der analogen Geltung der europäischen Gruppenfreistellungsverordnungen gemäß § 2 Abs. 2 – einen **weiteren gesetzlichen Freistellungstatbestand.**[46] Fraglich könnte aber sein, ob § 3 tatsächlich einen völlig eigenständigen gesetzlichen Ausnahmetatbestand vom Kartellverbot des § 1 darstellt oder lediglich eine partielle Konkretisierung des § 2 Abs. 1, die den durch die allgemeine Legalausnahme abgesteckten Anwendungsbereich nicht überschreiten darf und damit letztlich auch dessen Anforderungen genügen muss.

**2. Verhältnis zu § 2 Abs. 1.** Nach dem Wortlaut des § 3 „erfüllen" die von ihm **17** erfassten Vereinbarungen und Beschlüsse unter den in der Norm aufgeführten Bedingungen „die Voraussetzungen des § 2 Abs. 1". Dies könnte im Sinne einer Rechtsgrundverweisung als Bezugnahme auf die Anwendungsgrenzen der allgemeinen Legalausnahme zu verstehen sein, deren Einhaltung dann in jedem Fall zusätzlich zu den Tatbestandsmerkmalen des § 3 zu prüfen wäre. Ein derartiges Verständnis würde die Vorschrift jedoch für die Praxis völlig entwerten und überflüssig machen, da in jedem Fall eine zusätzliche Prüfung der Merkmale des § 2 Abs. 1 erforderlich wäre. Näher liegt die Annahme einer bloßen **Rechtsfolgenverweisung.**[47] Diese zeichnet sich dadurch aus, dass der Gesetzgeber an das Vorliegen eines bestimmten Tatbestands die gleichen Rechtsfolgen wie eine andere Norm knüpft, ohne dass die tatbestandlichen Voraussetzungen der in Bezug genommenen Norm ebenfalls erfüllt sein müssten. In diese Richtung weist die Gesetzesbegründung zur 7. GWB-Novelle, in der es zum seinerzeit neu eingeführten § 3 heißt, bei Vorliegen der Tatbestandsmerkmale sei davon auszugehen, dass die allgemeinen Freistellungsvorausset-

---

[41] Zu den Möglichkeiten der kartellfreien Kooperation zwischen Wettbewerbern vgl. im Einzelnen die Kommentierung zu § 1 GWB; zu den wichtigsten Ansatzpunkten gehören insbesondere der Arbeitsgemeinschaftsgedanke (dazu Zimmer → GWB § 1 Rn. 51 ff.) und die Immanenztheorie (dazu Zimmer → GWB § 1 Rn. 51 ff.); siehe auch Bunte in FK-KartellR Rn. 28 mit mehreren Beispielen für kartellfreie Kooperationen.

[42] Bekanntmachung Nr. 18/2007 des Bundeskartellamts über die Nichtverfolgung von Kooperationsabreden mit geringer wettbewerbsbeschränkender Bedeutung („Bagatellbekanntmachung") vom 13.3.2007, abrufbar im Internet unter www.bundeskartellamt.de; diese ist an die Stelle der die Bekanntmachung Nr. 57/80 vom 8.7.1980 getreten.

[43] Merkblatt des Bundeskartellamts über Kooperationsmöglichkeiten für kleinere und mittlere Unternehmen, März 2007, Rn. 7 (im Folgenden: „Merkblatt Mittelstandskooperationen"), abrufbar im Internet unter www.bundeskartellamt.de.

[44] Vgl. BKartA, Bagatellbekanntmachung (2007), Rn. 1 f.; dazu auch Pampel in MüKoWettbR Rn. 29; krit. wegen der geringen Verlässlichkeit der Einschätzung des kartellrechtlichen Risikopotentials von Vereinbarungen Pfeffer/Wegner BB 2007, 1173 f. (1179); auch das Merkblatt Mittelstandskooperationen stellt ausdrücklich nur eine Information über die vom BKartA angewandten Beurteilungskriterien dar, vgl. Rn. 6, Überschrift vor Rn. 11 („Informationsblatt").

[45] Die frühere Missbrauchsaufsicht über vertikale Ausschließlichkeitsbindungen in § 16 GWB aF wurde ebenso wie die Sonderregelungen über Lizenzverträge (§§ 17, 18 aF) aufgehoben.

[46] Kling/Thomas § 19 Rn. 199 mwN.

[47] Dafür ausdrücklich Schneider in Bunte Rn. 64; Nordemann/Grave in Loewenheim et. al. Rn. 9.

zungen des § 2 Abs. 1 erfüllt seien; insoweit wird ausdrücklich von einer **„gesetzlichen Fiktion"** gesprochen.[48] Das ist zwar insofern dogmatisch ungenau, als eine Fiktion die Annahme von Umständen vorschreibt, die in Wirklichkeit nicht gegeben sind, während hier bei Erfüllung der Voraussetzungen des § 3 regelmäßig auch die Kriterien des § 2 Abs. 1 eingehalten sind.[49] In der Sache macht es jedoch keinen Unterschied, ob man die Textpassage „erfüllen die Voraussetzungen des § 2 Abs. 1" als Fiktion oder unwiderlegliche Vermutung der Einhaltung dieser Vorschrift oder als bloße Verweisung auf die Geltung derselben Rechtsfolgen (Eingreifen der Legalausnahme vom Kartellverbot) einordnet. Bei einer künftigen Novelle sollte der Wortlaut insoweit allerdings klarer gefasst werden („… sind freigestellt, wenn …"). Die Gelegenheit dazu hat der Gesetzgeber der 8. GWB-Novelle leider nicht genutzt.

18      Festzuhalten bleibt, dass es sich bei § 3 (unabhängig von der näheren dogmatischen Einordnung) im Verhältnis zu § 2 Abs. 1 um einen **eigenständigen Legalausnahme-tatbestand** handelt. Beide Normen überschneiden sich teilweise in ihrem Anwendungsbereich, haben aber jeweils auch einen eigenen Regelungskern, der von der jeweils anderen Norm nicht erfasst wird; sie stehen daher **grundsätzlich gleichrangig** nebeneinander.[50] Sind die tatbestandlichen Voraussetzungen des § 3 nicht erfüllt, kommt gleichwohl eine Freistellung nach § 2 Abs. 1 in Betracht.[51] Umgekehrt können Vereinbarungen und Beschlüsse, die von § 2 Abs. 1 nicht (mehr) erfasst werden, nach § 3 freigestellt sein. Letzteres gilt freilich nur **vorbehaltlich** eines potentiell abweichenden Ergebnisses aus der Anwendung von **Art. 101 AEUV**.[52] Die frühere Subsidiarität von Mittelstandskartellen gegenüber der vorrangigen Freistellungsnorm für Spezialisierungskartelle ist mit der 7. GWB-Novelle entfallen. § 3 GWB erfasst ebenso wie § 2 GWB gleichrangig alle Formen der zwischenbetrieblichen Zusammenarbeit und kann sich daher auch auf Spezialisierungs-abreden erstrecken.[53]

19      **3. Verhältnis zu Art. 101 AEUV.** Die Legalausnahme nach § 3 kann ihre volle Wirkung nur entfalten, soweit von dem wettbewerbsbeschränkenden Mittelstandskartell **keine Auswirkungen auf den zwischenstaatlichen Handel** zu erwarten sind. Denn bei Eingreifen der Zwischenstaatlichkeitsklausel darf es wegen des umfassenden Anwendungs-vorrangs des europäischen Kartellrechts[54] zu keinen von Art. 101 Abs. 1 und 3 AEUV

---

[48] BegrRegE, BT-Drs. 15/3640, 44 f. Dieser Terminologie folgt meist unbesehen das überwiegende Schrifttum, vgl. zB Emmerich KartellR § 23 Rn. 1; Kling/Thomas KartellR § 19 Rn. 207; Wimmer-Leonhardt WuW 2006, 486.

[49] Lediglich im Ausnahmefall (zB bei bestimmten Preis- und Quotenabsprachen) kann die Freistellung von Mittelstandskartellen weiter reichen als die nach der allgemeinen Legalausnahme des § 2 Abs. 1, näher dazu → Rn. 75. Die Vorschrift des § 3 lässt sich daher eher als eine unwiderlegliche Vermutung der Übereinstimmung mit der allgemeinen Legalausnahme denn als klassische Fiktion qualifizieren; anders Schneider in Bunte § 3 Rn. 64, der die Eigenständigkeit des Tatbestands nach § 3 besonders hervorhebt und betont, die tatsächlichen Voraussetzungen des § 2 Abs. 1 seien im Fall des § 3 weder erfüllt noch müsse ihre Erfüllung fingiert werden. Dies ändert freilich nichts daran, dass sich die Anwendungsbereiche beider Normen weit-gehend überschneiden und nur wenige Fälle ausschließlich von § 3 erfasst werden.

[50] Schneider in Bunte § 3 Rn. 10; anders Kling/Thomas KartellR § 19 Rn. 207 („subsidiäre" Prüfung des § 2 GWB, wenn die Spezialvorschrift des § 3 GWB nicht erfüllt ist); Pampel in MüKoWettbR Rn. 23 („§ 3 ist lex specialis gegenüber der allgemeinen Legalausnahme des § 2 Abs. 1. Erfüllt eine Kooperation die Voraussetzungen des § 3 nicht, kommt als weitere Freistellungsmöglichkeit die allgemeine Freistellungs-möglichkeit des § 2 Abs. 1 in Betracht. (…)"); in diese Richtung wohl auch, aber nicht eindeutig BegrRegE, BT-Drs. 15/3640, 45; ebenfalls für eine subsidiäre Rückgriffsmöglichkeit auf § 2 Abs. 2 iVm der GVO für Spezialisierungsvereinbarungen (VO 1218/2010 bzw. früher VO 2658/2000), wenn ein mittelständisches Spezialisierungskartell unterhalb der Zwischenstaatlichkeitsschwelle die Voraussetzungen des § 3 GWB ver-fehlt, Nordemann/Grave in LMRKM § 3 Rn. 9 aE, 46.

[51] Vgl. BegrRegE, BT-Drs. 15/3640, 45.

[52] Daher kommt es in den Fällen, in denen § 3 einen potentiell weiteren Anwendungsbereich als § 2 Abs. 1 hat, darauf an, ob die fragliche Vereinbarung geeignet ist, den zwischenstaatlichen Handel zu beein-trächtigen; vgl. dazu näher → Rn. 22 ff.

[53] BegrRegE, BT-Drs. 15/3640, 45.

[54] Die expliziten Regelungen in Art. 3 Abs. 2 S. 1 VO 1/2003, § 22 Abs. 2 GWB schließen zwar nach ihrem Wortlaut nur die Anwendung strengeren nationalen Rechts auf Vereinbarungen mit zwischenstaatli-

abweichenden Ergebnissen kommen. Sind in einem solchen Fall die Kriterien des Art. 101 Abs. 3 AEUV nicht erfüllt, kann die wettbewerbsbeschränkende Mittelstandskooperation daher nicht an der gesetzlichen Freistellung nach § 3 teilhaben, sondern ist nach Art. 101 Abs. 1 und 2 AEUV verboten und damit zivilrechtlich nichtig. Im Gegensatz zu § 3 Abs. 2 aF, dessen Anwendung der Gesetzgeber explizit von der Nichterfüllung der Voraussetzungen des Art. 101 Abs. 1 AEUV (und damit insbesondere der Zwischenstaatlichkeitsklausel) abhängig machte, fehlt eine entsprechende ausdrückliche Einschränkung im Tatbestand des § 3 (bzw. des bisherigen § 3 Abs. 1 aF). Diese Vorschrift wird daher bei Überschreiten der Zwischenstaatlichkeitsschwelle nicht automatisch unanwendbar;[55] vielmehr ist in einem solchen Fall zu prüfen, ob die Vereinbarung oder der Beschluss auch die Kriterien des Art. 101 Abs. 3 AEUV einhält, und nur wenn dies nicht der Fall ist, darf wegen des dann eintretenden Konflikts mit dem vorrangigen EU-Recht § 3 nicht angewendet werden.[56]

Zu einem solchen **Konflikt** kann es insbesondere im Hinblick auf die in vielen Mittel- **20** standskartellen enthaltenen **Preis- und Mengenabsprachen (Quotenzuteilungen)**[57] kommen, die im europäischen Kartellrecht als sog. „Kernbeschränkungen" oder „schwarze Klauseln" qualifiziert werden und grundsätzlich nicht unter Art. 101 Abs. 3 AEUV fallen.[58] Die Vorschrift des § 3 soll dagegen nach der Intention des deutschen Gesetzgebers in ihrem Anwendungsbereich praktisch unverändert dem bisherigen § 4 Abs. 1 GWB aF entsprechen, der sich auch auf eine Koordinierung wesentlicher Wettbewerbsparameter wie Preise und Mengen erstreckte, solange die kritische Schwelle der „wesentlichen Beeinträchtigung des Wettbewerbs" nicht überschritten wurde.[59] Da die materiellen Vorgaben des Art. 101 Abs. 3 AEUV **unterhalb der Zwischenstaatlichkeitsschwelle** nicht eingreifen, verbleibt dem nationalen Gesetzgeber insoweit auch ein **eigener Regelungsspielraum**.[60] Wird in einem solchen Fall aber die Schwelle spürbarer zwischenstaatlicher Auswirkungen erreicht, läuft die Freistellung nach § 3 insoweit ins Leere, weil sie nicht im Widerspruch zum europäischen Wettbewerbsrecht angewendet werden darf.[61] Das europäische Kartellrecht genießt insoweit den Anwendungsvorrang. Falls dennoch im Einzelfall festgestellt wird, dass im Bereich oberhalb der Zwischenstaatlichkeitsschwelle eine Vereinbarung die Freistellungsvoraussetzungen des § 3 GWB erfüllt, hat dieser Umstand für sich genommen keinerlei indizielle Aussagekraft dafür, dass sie zugleich auch nach Art. 101 Abs. 3 AEUV frei-

---

cher Relevanz aus, die nach europäischem Wettbewerbsrecht zulässig sind, dh nicht gegen Art. 101 Abs. 1 AEUV verstoßen oder nach Art. 101 Abs. 3 AEUV freigestellt sind. Doch der umgekehrte Fall des Vorrangs strengeren europäischen Rechts gegenüber milderem mitgliedstaatlichen Wettbewerbsrecht ist in der Rechtsprechung der europäischen Gerichte anerkannt, vgl. nur Begr. RegE, BT-Drs. 15/3640, 47; Wimmer-Leonhardt WuW 2006, 486 (488).

[55] Daher ist es dogmatisch nicht korrekt, die fehlende Erfüllung der Zwischenstaatlichkeitsklausel als „ungeschriebenes Tatbestandsmerkmal" in § 3 hineinzulesen und damit von vornherein den Anwendungsbereich der Norm entsprechend zu begrenzen, wie es Schneider in Bunte Rn. 3, 13 f. vorschlägt. In der Sache richtig ist allerdings, dass die Freistellung nach § 3 nur in diesem Fall wirklich eigenständige Bedeutung gegenüber § 2 und Art. 101 Abs. 3 AEUV entfaltet, weil bei paralleler Anwendbarkeit von Art. 101 AEUV und §§ 1 ff. GWB dem europäischen Wettbewerbsrecht im Konfliktfall Vorrang zukommt.

[56] Im Ergebnis wie hier Bechtold/Bosch Rn. 4; Lutz WuW 2005, 718 (720); Nordemann in LMRKM Rn. 10; Bunte in FK-KartellR Rn. 20.

[57] Vgl. beispielhaft aus der jüngeren deutschen Praxis BKartA Fallbericht zu B1–241/04, – Transportbeton = BKartA TB 2009/2010, 76 (unzulässiges Quotenkartell von mittelständischen Transportbetonherstellern).

[58] Vgl. KOMM., Leitlinien zur Anwendung von Artikel 81 Absatz 3 EG-Vertrag (im Folgenden: Leitlinien zu Art. 81 Abs. 3 EG), ABl. 2004 C 101, 97 Rn. 46 (Freistellung „unwahrscheinlich"). Auch die in der Anwendungspraxis der Kommission sehr weit gelockerten quantitativen Spürbarkeitskriterien von 10% Marktanteil bei horizontalen und 15% Marktanteil bei vertikalen Wettbewerbsbeschränkungen gelten nicht für die sog. Kernbeschränkungen wie Preis- und Mengenabsprachen, vgl. KOMM., de minimis-Bekanntmachung, ABl. 2001 C 368, 13 Rn. 11.

[59] Üblicherweise bis zu einem Marktanteil von 10%–15%; näher dazu → Rn. 82.

[60] So ausdrücklich BegrRegE, BT-Drs. 15/3640, 28.

[61] Vgl. BKartA 17.6.2004, WuW/E EV 960 ff. – Vetra/Danzer, dessen Widerspruchsentscheidung nach § 4 Abs. 1 GWB aF iVm § 9 Abs. 1 GWB aF aber vom OLG Düsseldorf 10.6.2005, WuW/E DE-R 1610 ff. – Filigranbetondecken wegen Mängeln bei der Sachverhaltsaufklärung hinsichtlich der Spürbarkeit der Beeinträchtigung des zwischenstaatlichen Handels aufgehoben wurde.

gestellt wäre.[62] Seine volle Wirkung kann die besondere Legalausnahme für Mittelstandskartelle daher nur entfalten, wenn der zwischenstaatliche Handel nicht tangiert ist.[63] Das gilt jedenfalls für Kooperationen, die lediglich lokale oder regionale Bedeutung haben.

21 Vor dem Hintergrund der weit gefassten Interpretation dieses Tatbestandsmerkmals in der ständigen Rechtsprechung des EuGH[64] steht eine **Konkretisierung** der maßgeblichen Beurteilungskriterien gerade **für mittelständische Kooperationen** noch aus. Wichtige Hinweise lassen sich jedoch den einschlägigen Leitlinien der Kommission[65] entnehmen, denen eine große faktische Bedeutung als Anleitung und Orientierungshilfe, aber keine rechtliche Bindungswirkung zukommt.[66] Die Leitlinien enthalten eine Reihe von Beurteilungskriterien, Vermutungsregeln und Erfahrungssätzen, die sowohl vom BKartA als auch von den deutschen Gerichten in ihrer Entscheidungspraxis (mit-)berücksichtigt werden.[67]

22 **a) Allgemeine Beurteilungsgrundsätze für die Eignung zur spürbaren Beeinträchtigung des zwischenstaatlichen Handels.** Das Kriterium der Beeinträchtigung des zwischenstaatlichen Handels, das den Geltungsbereich des europäischen Wettbewerbsrechts definiert, verlangt ein **Mindestmaß an möglichen grenzüberschreitenden Auswirkungen** innerhalb der Union.[68] Nicht erforderlich ist dafür ein Nachweis tatsächlicher (negativer) Auswirkungen der Vereinbarung auf den grenzüberschreitenden Handel, vielmehr genügt es für die **„Eignung zur Beeinträchtigung"** nach der Rechtsprechung des EuGH, wenn sich auf Grund objektiver rechtlicher oder tatsächlicher Umstände mit hinreichender Wahrscheinlichkeit voraussehen lässt, dass die Vereinbarung oder Verhaltensweise den Waren- oder Dienstleistungsverkehr[69] zwischen den Mitgliedstaaten „unmittelbar oder mittelbar, tatsächlich oder potentiell" beeinflussen kann.[70] Für die Feststellung bedarf es weder einer Berechnung des tatsächlich betroffenen Volumens des Handels zwischen den Mitgliedstaaten[71] noch der Feststellung von Beschränkungen oder einer Verringerung des Warenverkehrs. Die für die Anwendbarkeit des Unionsrechts erforderliche (mögliche) Beeinflussung des zwischenstaatlichen Handels liegt vor, wenn anzunehmen ist, dass sich die Handelsströme zwischen den Mitgliedstaaten auf Grund der Vereinbarung oder Verhaltensweise wahrscheinlich anders entwickeln (werden) als ohne sie.[72] **Maßgebliche Beurteilungskriterien** sind vor allem die Art der Vereinbarung oder Verhaltensweise, die Art der von der Kooperation erfassten Waren oder Dienstleistungen, die Marktstellung und Bedeutung der beteiligten Unternehmen sowie das rechtliche und tatsächliche Umfeld, in

---

[62] Dittrich S. 266.

[63] Allg. Ansicht, s. nur Bechtold/Bosch Rn. 4; Rißmann WuW 2006, 881 (885); Wimmer-Leonhardt WuW 2006, 486.

[64] Vgl. dazu im Einzelnen die Kommentierung bei Zimmer → AEUV Art. 101 Abs. 1 Rn. 171 ff. mwN.

[65] KOMM., Leitlinien über den Begriff der Beeinträchtigung des zwischenstaatlichen Handels in den Artikeln 81 und 82 des Vertrags (im Folgenden: Leitlinien zum zwischenstaatlichen Handel), ABl. 2004 C 101, 81.

[66] Ebenso ausdrücklich KOMM., Leitlinien zum zwischenstaatlichen Handel, ABl. 2004 C 101, 81 Rn. 3; OLG Düsseldorf 10.6.2005, WuW/E DE-R 1610 (1613) – Filigranbetondecken.

[67] Vgl. zB die explizite Heranziehung und Auseinandersetzung mit den Leitlinien in BKartA 25.10.2005, WuW/E DE-V 1142 (1144 ff.) – Hintermauerziegelkartell; 17.6.2004, WuW/E DE-V 960 (961 ff.) – Vetra/Danzer; OLG Düsseldorf 10.6.2005, WuW/E DE-R 1610 (1613) – Filigranbetondecken.

[68] KOMM., Leitlinien zum zwischenstaatlichen Handel, ABl. 2004 C 101, 81 Rn. 13.

[69] Als potentielle Beeinträchtigung des „Handels zwischen den Mitgliedstaaten" werden auch Änderungen der Wettbewerbsstruktur durch die (drohende) Ausschaltung eines Wettbewerbers in der Union erfasst, vgl. KOMM., Leitlinien zum zwischenstaatlichen Handel, ABl. 2004 C 101, 81 Rn. 20 mwN.

[70] Vgl. nur EuGH 14.7.1981, Slg. 1981, 2021 Rn. 18 – Züchner; 14.12.1983, Slg. 1983, 4173 – Kerpen und Kerpen; 10.12.1985, Slg. 1985, 3831 Rn. 48 – Stichting Sigarettenindustrie; EuG 15.3.2000, Slg. 2000, II-491 Rn. 3930 – Cimenteries CBR. Näher dazu Zimmer → AEUV Art. 101 Abs. 1 Rn. 175 ff. mwN.

[71] KOMM., Leitlinien zum zwischenstaatlichen Handel, ABl. 2004 C 101, S. 81 Rn. 27.

[72] Vgl. OLG Düsseldorf 10.6.2005, WuW/E DE-R 1610 (1611) – Filigranbetondecken (unter Hinweis auf EuGH 15.5.1975, Slg. 1975, 563 Rn. 38 – Frubo); KOMM., Leitlinien zum zwischenstaatlichen Handel, ABl. 2004 C 101, 81 Rn. 34 mwN.

dem die Vereinbarung durchgeführt wird.[73] Neben den mit der Durchführung der Maßnahme (sogleich) verbundenen tatsächlichen Folgen sind als potentielle Auswirkungen auch
die vorhersehbaren künftigen Marktentwicklungen, die sich mit hinreichender Wahrscheinlichkeit ergeben werden, zu berücksichtigen, nicht dagegen fern liegende oder
hypothetische Auswirkungen.[74] Die dafür erforderliche Prognose muss auf der Basis objektiver rechtlicher oder tatsächlicher Umstände erfolgen, rein abstrakte oder spekulative
Erwägungen genügen nicht.[75] Die Eignung zur Beeinflussung des zwischenstaatlichen
Handels ist nach Ansicht der Kommission regelmäßig zu verneinen, wenn es sich um
Vereinbarungen von rein lokaler Bedeutung handelt, ohne dass es insoweit eine Rolle
spielt, ob der lokale Markt in einer Grenzregion liegt.[76]

Die (möglichen) grenzüberschreitenden Auswirkungen müssen in jedem Fall ein gewisses   **23**
quantitatives Mindestmaß erreichen, das allgemein mit dem ungeschriebenen Tatbestandsmerkmal der **Spürbarkeit** umschrieben wird. Eine wichtige, aber nicht allein ausschlaggebende Rolle spielt dabei die Stellung und Bedeutung der beteiligten Unternehmen auf
dem relevanten Produktmarkt, aber auch die Art der Vereinbarung und der erfassten
Produkte.[77] Gegenstand der Beurteilung ist die **gesamte Vereinbarung.** Es kommt nicht
darauf an, ob die Beteiligung eines bestimmten Unternehmens an der Vereinbarung spürbar
zur Beeinträchtigung des zwischenstaatlichen Handels beiträgt.[78] Einzelne mittelständische
Unternehmen können sich daher nicht darauf berufen, ihr eigener Beitrag zu der Kooperation sei völlig unbedeutend, wenn die Mittelstandskooperation insgesamt spürbare Auswirkungen auf den zwischenstaatlichen Handel entfaltet.

**b) Konkretisierung für Vereinbarungen zwischen kleinen und mittleren Unter-**   **24**
**nehmen.** Bereits in ihrer de minimis-Bekanntmachung hat die Kommission festgestellt,
dass kleine und mittlere Unternehmen (KMU)[79] „selten geeignet sind, den Handel zwischen den Mitgliedstaaten spürbar zu beeinträchtigen".[80] Dies beruht allerdings auf der
unausgesprochenen Annahme, dass die Tätigkeiten von KMU in der Regel lokal oder
regional ausgerichtet sind. Bei tatsächlicher grenzüberschreitender Tätigkeit, können auch
KMU der Anwendung des Unionsrechts unterliegen.[81] In den Leitlinien zum zwischenstaatlichen Handel stellt die Kommission aber eine „Standard-Definition für das Fehlen
einer spürbaren Beeinträchtigung des Handels zwischen Mitgliedstaaten **(NAAT-Re-**
**gel)**"[82] auf. Dabei soll es sich um eine **„widerlegbare Negativvermutung"** handeln,
welche die Kommission auf alle Vereinbarungen im Sinne von Art. 101 Abs. 1 AEUV –
unabhängig von der Art der enthaltenen Beschränkung, also einschließlich Kernbeschränkungen – anwenden will (→ Rn. 50). Voraussetzung ist lediglich die **kumulative Erfül-**
**lung zweier** rein **quantitativer Kriterien:** Zum einen darf der gemeinsame **Marktanteil**
der Parteien **5 %** auf keinem von der Vereinbarung betroffenen relevanten Markt innerhalb

---

[73] Vgl. zB EuGH 28.4.1998, Slg. 1998, I-1983 Rn. 17 – Javico; 25.11.1971, Slg. 1971, 949 Rn. 18 –
Béguelin; KOMM., Leitlinien zum zwischenstaatlichen Handel, ABl. 2004 C 101, 81 Rn. 28 ff.
[74] KOMM., Leitlinien zum zwischenstaatlichen Handel, ABl. 2004 C 101, 81 Rn. 41, 43.
[75] Vgl. EuGH 30.6.1966, Slg. 1966, 281 (305) – Maschinenbau Ulm („vernünftigerweise befürchten
lassen"); Zimmer → AEUV Art. 101 Abs. 1 Rn. 180 mwN.
[76] KOMM., Leitlinien zum zwischenstaatlichen Handel, ABl. 2004 C 101, 81 Rn. 91.
[77] Vgl. allgemein KOMM., Leitlinien zum zwischenstaatlichen Handel, ABl. 2004 C 101, S. 81 Rn. 44 ff.
[78] Vgl. EuG 24.10.1991, Slg. 1991, II-1087 Rn. 226 – Petrofina SA; KOMM., Leitlinien zum zwischenstaatlichen Handel, ABl. 2004 C 101, 81 Rn. 15.
[79] Die in Bezug genommene Definition im Anhang zur Empfehlung 96/280/EG der Kommission,
ABl. 1996 L 107, S. 4, erfasst Unternehmen, die weniger als 250 Mitarbeiter haben und deren Jahresumsatz
40 Mio. Euro oder deren Bilanzsumme 27 Mio. Euro nicht übersteigt. Diese Empfehlung ist mit Wirkung
vom 1.1.2005 durch die Empfehlung 2003/361/EG zur Definition von kleinsten, kleinen und mittleren
Unternehmen, ABl. 2003 L 124, 36, ersetzt worden. Danach betragen die einschlägigen Schwellenwerte für
KMU nunmehr 50 Mio. Euro Jahresumsatz oder 43 Mio. Euro Bilanzsumme.
[80] KOMM., de minimis-Bekanntmachung, ABl. 2001 C 368, 13 Rn. 3.
[81] KOMM., Leitlinien zum zwischenstaatlichen Handel, ABl. 2004 C 101, 81 Rn. 50.
[82] KOMM., Leitlinien zum zwischenstaatlichen Handel, ABl. 2004 C 101, 81 Rn. 50. Die Abkürzung
NAAT steht für „no appreciable affectation of trade", aaO Rn. 3.

der Union übersteigen, zum anderen darf bei horizontalen Vereinbarungen der gesamte **Jahresumsatz** der beteiligten Unternehmen innerhalb der Union mit den von der Vereinbarung erfassten Waren nicht höher als **40 Mio. Euro** sein (Tz. 52).[83] Ist diese Negativvermutung anwendbar, will die Kommission „in der Regel" weder auf Antrag noch von Amts wegen ein Verfahren einleiten; gegen Unternehmen, die im guten Glauben darauf vertrauen, dass ihre Vereinbarung unter die Vermutung fällt, wird sie keine Geldbußen verhängen (Tz. 50 aE).

25    Bei **Überschreitung der Schwellenwerte** kommt es für die weitere Analyse vor allem auf die **Art der Vereinbarung** an: Die Kommission unterscheidet insofern insbesondere danach, ob sie schon „**ihrem Wesen nach geeignet** ist, den Handel zwischen den Mitgliedstaaten zu beeinträchtigen",[84] oder ob sie **nur mittelbare Auswirkungen** auf die Handelsströme innerhalb der Union haben können. In die erste Kategorie gehören etwa Abreden, die sich auf mehrere Mitgliedstaaten erstrecken oder direkt Einfuhren und Ausfuhren betreffen. In die zweite Kategorie fallen dagegen Vereinbarungen, die sich **lediglich auf einen einzigen Mitgliedstaat oder auf einen Teil eines Mitgliedstaates erstrecken.**[85] Bei derartigen Vereinbarungen führt die Überschreitung eines oder beider quantitativer Schwellenwerte nicht ohne weiteres zu einer spürbaren Beeinträchtigung des zwischenstaatlichen Handels; vielmehr muss grundsätzlich eine **sorgfältige Einzelfallprüfung** erfolgen (näher dazu → Rn. 27).

26    Handelt es sich dagegen um eine Vereinbarung, die „**ihrem Wesen nach geeignet** ist, den Handel zwischen den Mitgliedstaaten zu beeinträchtigen" (Tz. 53), bejaht die Kommission grundsätzlich die Spürbarkeit, wenn einer der beiden Schwellenwerte überschritten ist, also entweder ein Gesamtumsatz von mehr als 40 Mio. Euro erzielt wird oder der Marktanteil 5 % übersteigt.[86] Die Kommission stellt insoweit **eine widerlegbare positive Vermutung für eine spürbare Beeinträchtigung** des zwischenstaatlichen Handels auf. Neben Vereinbarungen, die direkt Einfuhren oder Ausfuhren betreffen oder sich auf mehrere Mitgliedstaaten erstrecken, gehören dazu wohl auch horizontale Kartelle, die das gesamte Gebiet eines Mitgliedstaates abdecken (Tz. 78). Nicht in diese Kategorie eingeordnet werden dagegen Vereinbarungen über eine horizontale Zusammenarbeit und insbesondere Nichtvollfunktions-Gemeinschaftsunternehmen, die auf einen einzigen Mitgliedstaat begrenzt sind und nicht direkt Einfuhren und Ausfuhren betreffen (Tz. 83). Vereinbarungen, die unmittelbar nur einen Teil eines Mitgliedstaates berühren, werden ausdrücklich von der positiven Vermutung ausgenommen (Tz. 53 aE, 90).

27    Für die Beurteilung von **Mittelstandskooperationen außerhalb des Anwendungsbereichs der NAAT-Regel** (→ Rn. 25) kommt es somit vor allem auf ihren räumlichen Anwendungsbereich sowie die Art der Vereinbarung an. Auch wenn sich in den Leitlinien der Kommission zum zwischenstaatlichen Handel keine Kriterien zur Abgrenzung zwischen „horizontalen Kartellen" und einer „horizontalen Zusammenarbeit" finden, dürften die von § 3 GWB erfassten Mittelstandskooperationen, die auf eine Leistungssteigerung durch zwischenbetriebliche Kooperation gerichtet sein müssen, in die zweite Kategorie fallen. Das trifft jedenfalls auf die Formen einer horizontalen Zusammenarbeit zu, die in den Horizontalleitlinien der Kommission behandelt und als potentiell effizienzfördernd

---

[83] Bei Einkaufskooperationen kommt es insoweit auf das Volumen der gemeinsamen Einkäufe an.

[84] Vgl. KOMM., Leitlinien zum zwischenstaatlichen Handel, ABl. 2004 C 101, 81 Rn. 29, 45, 48, 53, 58 f., 61 ff.

[85] Horizontale Kartelle, die das gesamte Gebiet eines Mitgliedstaates betreffen, führen dagegen grundsätzlich zu einer Marktabschottung, da sie eine Marktaufteilung entlang nationaler Grenzen verfestigen und die angestrebte wirtschaftliche Durchdringung behindern, vgl. nur EuGH 19.2.2002, Slg. 2002, I-1577 Rn. 95 – Wouters. Vgl. zu der (unklaren) Unterscheidung der Kommission zwischen „horizontalen Kartellen" und „Vereinbarungen über eine horizontale Zusammenarbeit" sogleich unter → Rn. 28 ff.

[86] Auffällig ist, dass die Kommission dabei offenbar dem Marktanteilskriterium einen geringeren Aussagewert beimisst als den absoluten Umsatzzahlen, da sie im ersten Fall nur „häufig", im zweiten aber uneingeschränkt von der Spürbarkeit der Handelsbeeinträchtigung ausgegangen wird, vgl. KOMM., Leitlinien zum zwischenstaatlichen Handel, ABl. 2004 C 101, 81 Rn. 53.

eingestuft werden.[87] Somit sind auch Mittelstandskooperationen, die sich auf das (gesamte) **Gebiet eines einzigen Mitgliedstaates** erstrecken, anders als bloße horizontale Kartelle[88] nicht schon ihrem Wesen nach geeignet, den zwischenstaatlichen Handel spürbar zu beeinträchtigen, sofern sie nicht direkt Einfuhren oder Ausfuhren betreffen. Nach Ansicht der Kommission ist in diesen Fällen eine **sorgfältige Prüfung** notwendig, ob und inwieweit spürbare Auswirkungen auf den Handel zwischen den Mitgliedstaaten zu erwarten sind.[89] Dies wird beispielsweise bejaht bei einer Marktabschottung oder wenn zu befürchten ist, dass Unternehmen aus einem anderen Mitgliedstaat von einem Vertriebsweg oder Nachfragemarkt abgeschnitten werden.[90]

Bei Vereinbarungen, die nur einen **Teil eines Mitgliedstaates** erfassen, differenziert die **28** Kommission zwischen der Abschottung **regionaler** und lediglich **lokaler Märkte.** Bei letzteren scheidet nach ihrer Ansicht eine spürbare Beeinträchtigung des zwischenstaatlichen Handels aus, selbst wenn der örtliche Markt in einer Grenzregion liege.[91] Bei regionalen Märkten kommt es darauf an, ob sie einen wesentlichen Teil des Gebiets eines Mitgliedstaats abdeckten. Das ist der Fall, „wenn der betreffende Umsatz einen erheblichen Teil am Gesamtumsatz der fraglichen Ware innerhalb des betreffenden Mitgliedstaats ausmacht".[92] Der mengenmäßige Anteil am abgeschotteten Inlandsmarkt sei grundsätzlich der beste Indikator zur Feststellung einer spürbaren Beeinträchtigung des zwischenstaatlichen Handels.

Aus den vorstehend dargelegten Grundsätzen folgt, dass die Kooperationspartner durch **29** die **Definition des Vertragsgebiets,** dh die ausdrückliche räumliche Beschränkung ihrer Zusammenarbeit auf das (Teil-)Gebiet eines Mitgliedstaats, die Anwendung des europäischen Wettbewerbsrechts zwar in gewisser Weise beeinflussen, aber nicht gänzlich ausschließen können.[93] Finden tatsächlich grenzüberschreitende Lieferungen durch einzelne Kooperationspartner statt, kann durch die Beschränkung der Zusammenarbeit auf das Inland oder einen Teil davon zumindest verhindert werden, dass die Vereinbarung schon ihrem Wesen nach geeignet ist, den zwischenstaatlichen Handel zu beeinträchtigen.[94] Mittelbare grenzüberschreitende Auswirkungen sind allerdings nicht auszuschließen, insbesondere wenn der räumlich relevante Produktmarkt größer als das festgelegte Kooperationsgebiet ist, etwa weil die von der Vereinbarung betroffenen Waren ihrer Art nach frei transportabel und (zB in einem bestimmten Lieferradius um das Werk) problemlos grenzüberschreitend handelbar sind. Doch bestehen bei solchen Vereinbarungen, die nur einen einzigen Mitgliedstaat oder einen (wesentlichen) Teil davon betreffen, höhere Anforderungen an den Nachweis der Spürbarkeit.[95] Nach Auffassung des BKartAs fehlt es an der Spürbarkeit einer Handelsbeeinträchtigung, wenn ein Kartell mittelständischer Baustoff-

---

[87] KOMM., Leitlinien zur Anwendbarkeit von Artikel 101 des Vertrags über die Arbeitsweise der Europäischen Union auf Vereinbarungen über horizontale Zusammenarbeit (im Folgenden: „Horizontalleitlinien"), ABl. 2011 C 11, 1. Der Anwendungsbereich der Leitlinien erstreckt sich auf den Informationsaustausch sowie Vereinbarungen über Forschung und Entwicklung, gemeinsame Produktion, Einkauf, Vermarktung, und Normung bzw. Standardisierung. Zum Informationsaustausch zwischen Wettbewerbern siehe auch Käis ECLR 2013, 352 ff.; Pischel/Hausner EuZW 2013, 498 ff.

[88] Als horizontale Kartelle dürften wohl nur „nackte" Preis–, Gebiets- oder Mengenabsprachen ohne Bezug zu einer umfassenderen, leistungssteigernden Zusammenarbeit der beteiligten Unternehmen anzusehen sein.

[89] KOMM., Leitlinien zum zwischenstaatlichen Handel, ABl. 2004 C 101, 81 Rn. 83.

[90] KOMM., Leitlinien zum zwischenstaatlichen Handel, ABl. 2004 C 101, 81 Rn. 84 f.

[91] KOMM., Leitlinien zum zwischenstaatlichen Handel, ABl. 2004 C 101, 81 Rn. 91.

[92] KOMM., Leitlinien zum zwischenstaatlichen Handel, ABl. 2004 C 101, 81 Rn. 90, die zudem betont, dass es primär auf den mengenmäßigen Anteil am abgeschotteten Inlandsmarkt ankomme.

[93] Vgl. OLG Düsseldorf 10.6.2005, WuW/E DE-R 1610 (1611 ff.) – Filigranbetondecken; BKartA 25.10.2005, WuW/E DE-V 1142 (1145) – Hintermauerziegelkartell.

[94] BKartA 25.10.2005, WuW/E DE-V 1142 (1145) – Hintermauerziegelkartell (positive Vermutungsregel nach Rn. 53 der Leitlinien zum zwischenstaatlichen Handel nicht anwendbar, da Kartellgebiet nur südwestlicher Teil Deutschlands und Exporte der Mitgliedsunternehmen vom Kartellvertrag nicht erfasst); vgl. auch OLG Düsseldorf 10.6.2005, WuW/E DE-R 1610 (1612, 1614) – Filigranbetondecken.

[95] Vgl. KOMM., Leitlinien zum zwischenstaatlichen Handel, ABl. 2004 C 101, 81 Rn. 29, 83. Im Gegensatz zu horizontalen Kartellen werden Vereinbarungen über horizontale Zusammenarbeit und insbesondere

---

unternehmen, das weniger als die Hälfte des Bundesgebietes betrifft, einen Marktanteil von weniger als 10 % auf den betroffenen Regionalmärkten auf sich vereint und die beteiligten Unternehmen im Ausland eine unbedeutende Marktstellung innehaben.[96]

30 Faktische **Ermittlungs- und Prognoseschwierigkeiten** bei der Feststellung mittelbarer Handelseffekte im Ausland (zB wegen des Fehlens einschlägiger, hinreichend differenzierter Handelsstatistiken) entlasten die Kartellbehörde nicht; sie ist gehalten, alle erreichbaren Anknüpfungstatsachen zu ermitteln und auch über ihre Kooperationsmöglichkeiten mit anderen Wettbewerbsbehörden (insbesondere im europäischen Netz) auszuschöpfen.[97] Nur wenn insoweit in angemessener Zeit nicht überwindbare Schwierigkeiten auftreten, darf sie sich notfalls mit einer schwächeren Tatsachengrundlage begnügen und auf Schätzungen zurückgreifen.[98]

31 **4. Praktische Bedeutung.** Die Legalisierung von Mittelstandskartellen hat eine **erhebliche praktische Bedeutung** erlangt.[99] Ende 1998 waren 184 Kartelle nach § 5b GWB aF freigestellt;[100] noch in den Jahren 2003/2004 wurden 48 Kartelle nach § 4 Abs. 1 GWB aF neu angemeldet.[101] Die Kartellbehörden haben die Freistellungsmöglichkeit großzügig gehandhabt[102] und den Anträgen der Unternehmen nur in wenigen Fällen förmlich widersprochen.[103] Von den vielfältigen Formen der zwischenbetrieblichen Zusammenarbeit hat bislang die Vertriebsgemeinschaft die größte Bedeutung erlangt,[104] offenbar weil sich hier unabhängig von der Betriebsgröße am leichtesten Skalenerträge erzielen lassen,[105] in neuerer Zeit zunehmend ergänzt um den Bereich der Logistik und gemeinsamen Werbung.[106] Als Branche hat früher der Bereich Baustoffe, Steine und Erden mit mehr als 50 % der freigestellten Kooperationen ganz im Vordergrund gestanden,[107] in jüngerer Zeit ua auch das Ernährungs- und Verkehrsgewerbe. Da es sich bei § 3 GWB um eine Legalausnahme vom Verbot des § 1 GWB handelt und die Unternehmen, die von § 3 GWB Gebrauch machen, die diesbezüglichen Kartellvereinbarungen nicht bei einer Kartellbehörde anmelden, fehlt es an Erkenntnissen über die Verbreitung von Mittelstandskartellen in der Wirtschaft.

32 Es ist zu erwarten, dass die besondere Freistellung für Mittelstandskartelle **künftig** auch im System der Legalausnahme eine gewisse eigenständige Bedeutung behalten wird, die wegen des Vorrangs des EU-Kartellrechts aber **vor allem für rein lokale oder regionale Sachverhalte ohne Zwischenstaatlichkeitsbezug** sowie **sonstige Fälle ohne spürbare Auswirkungen** auf den zwischenstaatlichen Handel begrenzt bleiben wird. Der in der Zeit vom 1.7.2005 bis 30.6.2009 übergangsweise gewährte **Anspruch aus § 3 Abs. 2 aF auf**

---

Nichtvollfunktions-Gemeinschaftsunternehmen nicht als Vereinbarungen angesehen, die ihrem Wesen nach geeignet sind, den zwischenstaatlichen Handel zu beeinträchtigen.

[96] BKartA 25.10.2005, WuW/E DE-V 1142 (1145) – Hintermauerziegelkartell; vgl. auch dass., Merkblatt Mittelstandskooperationen (2007), Rn. 25.

[97] OLG Düsseldorf 10.6.2005, WuW/E DE-R 1610 (1614) – Filigranbetondecken.

[98] Vgl. dazu auch BGH 5.10.2004, WuW/E DE-R 1355 (1360) – Staubsaugerbeutelmarkt.

[99] Nach Emmerich, Kartellrecht, 11. Aufl. 2008, § 23 Rn. 4 handelte es sich bei § 4 Abs. 1 GWB aF um die „bei weitem wichtigste Ausnahme vom Kartellverbot"; ebenso Schneider in Bunte § 3 Rn. 1 aE; nähere Angaben – auch zu den hauptsächlich betroffenen Branchen und den wichtigsten Formen der zwischenbetrieblichen Zusammenarbeit – bei Immenga in Immenga/Mestmäcker, 3. Aufl. 2001, § 4 Rn. 15 ff.; Bunte in FK-KartellR Rn. 15 f. jeweils mwN.

[100] Immenga in Immenga/Mestmäcker, 3. Aufl. 2001, § 4 Rn. 15.

[101] BKartA TB 2003/2004, 232 (233) (35 Anmeldungen beim BKartA und 13 bei den Landeskartellbehörden).

[102] Immenga in Immenga/Mestmäcker, 3. Aufl. 2001, § 4 Rn. 18.

[103] Vgl. zB BKartA 28.12.1977, WuW/E BKartA 1699 – Bimsbausteine; 1.6.1989, WuW/E BKartA 2384 – German Parcel Paket-Logistik; 17.6.2004, WuW/E DE-V 960 – Vetra/Danzer.

[104] Bunte in FK-KartellR GWB 1999 § 4 Rn. 10; Pampel in MüKoWettbR Rn. 8.

[105] Immenga in Immenga/Mestmäcker, 3. Aufl. 2001, § 4 Rn. 17.

[106] Vgl. BKartA, Merkblatt Mittelstandskooperationen (2007), Rn. 39.

[107] Vgl. Bunte in FK-KartellR Rn. 15; Immenga in Immenga/Mestmäcker, 3. Aufl. 2001, § 4 Rn. 16 mwN.

eine klarstellende **Entscheidung der Kartellbehörde nach § 32c** hat sich während der
vier Jahre seiner Existenz als ein kaum genutztes Instrument zur Abmilderung von Rechts-
sicherheitsverlusten erwiesen.[108] In dem **„Merkblatt des Bundeskartellamts über Kooperationsmöglichkeiten für kleine und mittlere Unternehmen"**[109] vom 13.3.2007,
mit dem das frühere „Merkblatt über die Kooperationsmöglichkeiten von kleinen und
mittleren Unternehmen nach dem Kartellgesetz"[110] vom 16.12.1998 abgelöst wurde, hatte
sich hinsichtlich der praktischen Handhabung der Anspruchsvoraussetzung des „erheblichen rechtlichen oder wirtschaftlichen Interesses" zudem schon früh eine restriktive Tendenz angedeutet: Beispielhaft verwiesen wird dort auf das Fehlen einer einschlägigen
behördlichen Entscheidungspraxis für die fragliche Kooperationsform oder Art der Absprache, die Eigenschaft der Vereinbarung als Musterfall, der für die kartellrechtliche Bewertung einer Vielzahl von Fällen Bedeutung erlangt, und die beabsichtigte Vornahme erheblicher Investitionen im Zusammenhang mit der Kooperation.[111] In anderen Fällen sei es
den Unternehmen zumutbar, eine Selbsteinschätzung vorzunehmen. Daneben wird auf die
Möglichkeit verwiesen, sich (weiterhin) informell an das Bundeskartellamt zu wenden und
um eine kartellrechtliche Einschätzung der Kooperation nachzusuchen.[112]

## IV. Zeitliche Geltung und Übergangsregelungen

Die materiellrechtliche Privilegierung von Mittelstandskooperationen nach § 3 GWB (=    **33**
§ 3 Abs. 1 GWB aF) gilt auf unbestimmte Zeit. Die frühere Regelung in **§ 3 Abs. 2 aF**
über die Verpflichtung der Kartellbehörde zum Erlass einer deklaratorischen Entscheidung
nach § 32c ist schon vor der 8. GWB-Novelle außer Kraft getreten, da sie von vornherein
**bis zum 30.6.2009 befristet war** (§ 3 Abs. 2 S. 2 aF). Seit dem 1.7.2009 besteht daher
grundsätzlich kein Anspruch der mittelständischen Kooperationspartner mehr auf den Erlass
einer entsprechenden deklaratorischen Entscheidung der Kartellbehörde. Die Wirkung
einer bis zu diesem Zeitpunkt ergangenen Entscheidung nach § 32c ist dagegen zeitlich
nicht begrenzt.[113] Nunmehr liegt der Erlass einer solchen Entscheidung auch im Bereich
der Mittelstandskooperationen ausschließlich im Ermessen der Kartellbehörde.

Die bereits vor Inkrafttreten der 7. GWB-Novelle **nach früherem Recht** (§ 5b GWB    **34**
aF bis 31.12.1998, § 4 Abs. 1 GWB aF bis 30.6.2005) durch Anmeldung und Nicht-
Widerspruch der Kartellbehörde (§ 5b Abs. 2 GWB iVm § 5a Abs. 2 und 3 GWB aF bzw.
§ 9 Abs. 3 S. 1 GWB aF) **legalisierten Mittelstandskartelle** sind gemäß § 131 Abs. 1
S. 1 GWB aF (2005) **bis zum 31.12.2007 wirksam geblieben.** Dies galt freilich unter
dem Vorbehalt, dass die Kooperationsvereinbarung nicht gegen Art. 101 Abs. 1 AEUV
verstieß, ohne zugleich die Voraussetzungen der Legalausnahme nach Art. 101 Abs. 3
AEUV zu erfüllen. Andernfalls folgte die Unwirksamkeit der Kooperationsvereinbarung
unmittelbar aus dem vorrangig anzuwendenden Art. 101 Abs. 2 AEUV. Gleiches galt für
die nach § 22 Abs. 2 GWB aF **freigestellten Mittelstandsempfehlungen.**[114] Dieser
Übergang hat in der Praxis jedoch grundsätzlich keine bedenklichen Folgen gehabt: Sofern
überhaupt ein Kartellverstoß vorlag (vgl. dazu → Rn. 39) und es nicht um Kernbeschränkungen ging, griff regelmäßig die Freistellung nach der Generalklausel des § 2 Abs. 1
GWB zugunsten der Unternehmen ein. Die mit der 8. GWB-Novelle gestrichene weitere
Übergangsvorschrift des § 131 Abs. 2 GWB hatte zwischenzeitlich dafür gesorgt, dass die

---

[108] Vgl. als erste und offenbar einzigartig gebliebene Entscheidung des BKartAs die Verfügung vom
25.10.2005, WuW/E DE-V 1142 – Hintermauerziegelkartell.
[109] Abrufbar unter www.bundeskartellamt.de.
[110] Abgedruckt in Immenga/Mestmäcker, 3. Aufl. 2001, Textanhang 6 (S. 2832 ff.).
[111] BKartA, Merkblatt Mittelstandskooperationen (2007), Rn. 44.
[112] BKartA, Merkblatt Mittelstandskooperationen (2007), Rn. 46.
[113] Bechtold, 5. Aufl. 2008, Rn. 15.
[114] Bei der Bezugnahme auf § 22 Abs. 4 (statt Abs. 2) in § 131 Abs. 1 S. 1 GWB aF (2005) handelte es sich
um ein Redaktionsversehen.

Wirksamkeit kartellbehördlicher Freistellungsverfügungen ebenfalls bis zum 31.12.2007 begrenzt war.[115]

## B. Freistellung von horizontalen Mittelstandskooperationen

### I. Allgemeine Voraussetzungen

**35**    **1. Vereinbarungen und Beschlüsse.** Im Gegensatz zur generellen Legalausnahme nach § 2 Abs. 1 bezieht sich die gesetzliche Freistellung von Mittelstandskartellen nur auf zwei der drei Handlungsformen für die Koordinierung des Wettbewerbsverhaltens: Neben wettbewerbsbeschränkenden Vereinbarungen werden nur Beschlüsse von Unternehmensvereinigungen erfasst, während bloße **abgestimmte Verhaltensweisen** aus dem Freistellungstatbestand **ausgeklammert** bleiben.[116] Die Fokussierung auf eindeutig identifizierbare Beschlüsse und bindende Vereinbarungen unter Außerachtlassung des Auffangtatbestands der schwer fassbaren abgestimmten Verhaltensweisen sorgt insoweit für klare Verhältnisse.[117]

**36**    Zudem muss die Rationalisierung (und die sich daraus ergebende Wettbewerbsbeschränkung) **Gegenstand** der Vereinbarung oder des Beschlusses sein. Der Grund hierfür liegt darin, dass sich die Freistellung auf eindeutig beschriebene Verbesserungsgegenstände beziehen muss; nur solche Vereinbarungen werden privilegiert, die eine hinreichende Sicherheit dafür bieten, dass die (erstrebten) Rationalisierungsvorteile auch tatsächlich mit hinreichender Wahrscheinlichkeit erzielt werden können. Außerdem muss **Vertragsinhalt und Vertragszweck übereinstimmen.**[118] Die Parteien dürfen das Anliegen einer leistungssteigernden Zusammenarbeit nicht nur vorschieben, um eine eigentlich bezweckte Preis- oder Mengenabrede zu kaschieren.[119]

**37**    Aus dem Gegenstandserfordernis ist unter dem alten Recht überwiegend abgeleitet worden, dass sich die beteiligten Unternehmen in der Abrede zu der zwischenbetrieblichen Zusammenarbeit **verpflichten** müssten, um gerade dadurch die beabsichtigte Rationalisierungswirkung zu erreichen.[120] Daran ist entgegen einer heute noch vereinzelt vertretenen Auffassung[121] auch unter dem jetzigen Rechtszustand festzuhalten. Der Fortfall des Anmeldeerfordernisses im neuen GWB ist dabei ohne Bedeutung, denn es geht insoweit nicht nur um die Erleichterung der kartellbehördlichen Prüfung (im früheren Widerspruchsverfahren); vielmehr lässt sich ohne die Verpflichtung zu der konkret beschriebenen zwischenbetrieblichen Zusammenarbeit in der Kooperationsabrede die (objektive) Rationalisierungswirkung, welche die Freistellung materiell rechtfertigt, nicht hinreichend sicherstellen.[122] Daraus folgt konsequenterweise auch, dass ein (eigentlich vom Begriff der Vereinbarung umfasstes) sog. **gentlemen's agreement,** bei dem nur eine moralische oder wirtschaftliche, aber keine rechtliche Bindung gewollt ist,[123] im Rahmen des § 3 GWB

---

[115] Vgl. zu Einzelheiten Fuchs in Immenga/Mestmäcker, 4. Aufl. 2007, § 131 Rn. 9 ff.

[116] Ebenfalls Bunte in FK-KartellR Rn. 25 mit Hinweis auf die fehlende rechtliche Möglichkeit einer – seiner Meinung nach in der Sache durchaus bedenkenswerten – analogen Anwendung mangels planwidriger Regelungslücke; näher zum Begriff der abgestimmten Verhaltensweise Zimmer → § 1 Rn. 36 f.

[117] Vgl. Schneider in Bunte Rn. 20 und 22; Bunte in FK-KartellR Rn. 24.

[118] Abzulehnen ist die bei Nordemann/Grave in LMRKM Rn. 57 vertretene Gegenansicht, wonach im Rahmen von § 3 GWB die Wettbewerbsbeschränkung auch bloß Zweck oder Folge der Kooperation sein dürfe; wie hier zu Recht Dittrich S. 227 ff.

[119] Immenga in Immenga/Mestmäcker, 3. Aufl. 2001, § 4 Rn. 21 mit Hinweis auf BKartA TB 1978, 71.

[120] Stahl WuW 1978, 7 (8); Immenga in Immenga/Mestmäcker, 3. Aufl. 2001, Vor §§ 2–8 Rn. 7, § 4 Rn. 22; Werner S. 173; Bunte in FK-KartellR GWB 1999 § 4 Rn. 27; aA Kiecker in Bunte, 9. Aufl. 2001, Rn. 12.

[121] Nordemann/Grave in LMRKM Rn. 57 (faktische Bindung soll genügen).

[122] Hierin liegt die materielle Rechtfertigung des Tatbestandsmerkmals „zum Gegenstand haben" in § 3 GWB. Daher ist auch ein Schluss a maiore ad minus etwa in dem Sinne, dass die weniger gravierende Wettbewerbsbeschränkung (abgestimmte Verhaltensweise, gentlemen's agreement) erst recht freigestellt sein müsse, hier nicht statthaft.

[123] Vgl. dazu im Einzelnen Zimmer → § 1 Rn. 31, 36 f.

ebenfalls **nicht genügt.**[124] Denn hier müssen sich die Beteiligten auf die Einhaltung der Abreden wirklich verlassen können.[125] Erforderlich ist somit, dass die übernommenen Kooperationspflichten – im Falle der Freistellung – rechtswirksam und einklagbar sind. Ohne einen rechtmäßigen, zivilrechtlich verbindlichen Kooperationsvertrag bestünde auch nicht die aus Sicht der Beteiligten grundsätzlich erforderliche Investitionssicherheit.

Die Ausklammerung abgestimmter Verhaltensweisen und gentlemen's agreements aus **38** dem Freistellungstatbestand des § 3 GWB bleibt in der Praxis aber meist ohne nennenswerte **Konsequenzen:** Zum einen dürften in aller Regel zivilrechtlich verbindliche Kooperationsverträge abgeschlossen werden. Zum anderen werden die genannten Koordinierungsformen, die insbesondere im Laufe der Zeit die vertraglich geregelte Zusammenarbeit ergänzen können, regelmäßig von den auch im Zusammenhang mit Mittelstandskooperationen anwendbar bleibenden Freistellungstatbeständen des § 2 Abs. 1 GWB sowie ggf. § 2 Abs. 2 GWB iVm horizontalen GVOen[126] erfasst. Eine schriftliche Abfassung der Kooperationsvereinbarungen oder -beschlüsse ist zwar nicht unbedingt erforderlich, empfiehlt sich aber aus Gründen der besseren **Dokumentation.**[127] Eine genaue Festlegung der beabsichtigten Rationalisierungserfolge im Vertragstext oder in der Präambel ist ebenfalls nicht zwingend,[128] doch muss die Art der Zusammenarbeit hinreichend konkret geregelt sein, so dass die objektiven Vorteile der Kooperation im Hinblick auf die Steigerung der Wettbewerbsfähigkeit der Beteiligten durch die Rationalisierung erkennbar sind (vgl. hierzu → Rn. 71).

Trotz einer pauschalen positiven Äußerung in den Gesetzesmaterialien[129] ist unklar, ob **39** oder inwieweit § 3 GWB auf die früher nach § 22 Abs. 2 GWB aF privilegierten **Mittelstandsempfehlungen** anwendbar ist. Ein Freistellungsbedürfnis besteht nach Abschaffung des umfassenden Empfehlungsverbotes des § 22 Abs. 1 GWB aF nur, soweit im Einzelfall ein Verstoß gegen § 1 GWB vorliegt. Das setzt voraus, dass die Empfehlung keine lediglich einseitige Maßnahme geblieben, sondern Teil einer Vereinbarung, eines Beschlusses oder einer abgestimmten Verhaltensweise geworden ist.[130] Auch wenn die früher durch § 22 Abs. 2 GWB aF privilegierten Empfehlungen von einer Vereinigung kleiner oder mittlerer Unternehmen ausgesprochen werden mussten, erfüllen sie **nicht ohne weiteres** das Merkmal eines „Beschlusses" iSd § 1 GWB.[131] Denn eine durch **Beschluss einer Unternehmensvereinigung** gefasste (bloße unverbindliche) Empfehlung ist mit einer entsprechenden Vereinbarung der beteiligten (Mitglieds-)Unternehmen nicht gleichzustellen. Erforderlich ist vielmehr, dass entweder die Empfehlung in Verbindung mit der Satzung verbindlich ist[132]

---

[124] Im Ergebnis ebenso Bunte in FK-KartellR Rn. 24 (rechtliche Bindung der Kooperationspartner erforderlich); ausdrücklich aA (gentlemen's agreements von § 3 GWB erfasst) Schneider in Bunte Rn. 18; ebenso zum früheren Recht Kapteina S. 27 f.

[125] Das übersieht Nordemann in LMRKM Rn. 57, der sich gegen eine Interpretation des Tatbestandsmerkmals „im Sinne der überholten Gegenstandstheorie" ausspricht und eine lediglich faktische Bindung ausreichen lassen will.

[126] VO 2658/2000 für Spezialisierungsvereinbarungen, VO 2659/2000 für F&E-Vereinbarungen.

[127] So auch Nordemann/Grave in LMRKM Rn. 36.

[128] Vgl. Benisch in GK § 5b aF Rn. 11 (Rationalisierung als Inhalt und Ziel der Vereinbarung); Bunte in FK-KartellR GWB 1999 § 4 Rn. 27 (objektive Eignung der Vereinbarung zur Herbeiführung des Rationalisierungserfolgs entscheidend).

[129] BegrRegE, BT-Drs. 15/3640, 45 („§ 3 gilt auch für Mittelstandsempfehlungen, soweit diese dem Verbot des § 1 unterfallen").

[130] Vgl. Bechtold/Bosch GWB Einführung Rn. 21; vgl. auch Wagner-von Papp WuW 2005, 379 (382 ff.), der als Folge der Aufhebung des Empfehlungsverbots eine wettbewerbspolitisch bedenkliche Schutzlücke befürchtet; näher zur Abgrenzung von einseitiger Maßnahme und Vereinbarung (insbesondere in vertikalen Vertriebsverträgen) EuGH 28.2.1984, Slg. 1984, 1129 – Ford I; 17.9.1985, Slg. 1985, 2725 – Ford II; 6.1.2004, WuW/E EU-R 769 Rn. 78 ff. – Bayer; EuG 3.12.2003, WuW/E EU-R 761 (762 f.) – VW-Händlerverträge; Bechtold et. al. AEUV Art. 101 Rn. 49 f.

[131] So aber Bechtold/Bosch GWB Einführung Rn. 22.

[132] EuGH 29.10.1980, Slg. 1980, 3125 Rn. 88 f. – Van Landewyck; vgl. auch Bechtold et al. AEUV Art. 101 Rn. 52 (nur die verbindliche Empfehlung stelle einen Beschluss iSd Art. 101 Abs. 1 AEUV dar); Bechtold GWB § 1 Rn. 20 aE.

oder von den Mitgliedern angenommen und befolgt wurde.[133] Bei den bisher privilegierten Mittelstandsempfehlungen ist ersteres nicht der Fall, da § 22 Abs. 2 Nr. 2 GWB aF verlangte, dass die von einer mittelständischen Unternehmensvereinigung ausgesprochene **Empfehlung** gegenüber den Empfängern ausdrücklich als **unverbindlich** bezeichnet und zu ihrer Durchsetzung kein wirtschaftlicher, gesellschaftlicher oder sonstiger Druck angewendet wurde. In diesem Fall liegt regelmäßig schon kein Verstoß gegen § 1 GWB vor, jedenfalls fehlt es insoweit an einer „Vereinbarung" oder einem „Beschluss". Kommt es tatsächlich (in größerem Umfang) zu einem gleichförmigen empfehlungskonformen Verhalten der Mitgliedsunternehmen, dürfte es sich grundsätzlich allenfalls um eine nicht von § 3 GWB erfasste „abgestimmte Verhaltensweise" handeln,[134] für die eine **Freistellung nur unter den allgemeinen Voraussetzungen des § 2 Abs. 1 GWB** in Betracht kommt.[135] Dies bedeutet zugleich, dass sich derartige Empfehlungen prinzipiell nicht auf Kernbeschränkungen richten dürfen, da deren Freistellung im Rahmen des § 2 Abs. 1 GWB/Art. 101 Abs. 3 AEUV zumindest „unwahrscheinlich" ist.[136] Bei „Empfehlungen", denen ausnahmsweise tatsächlich ein tatbestandsmäßiger Beschluss der Unternehmensvereinigung oder eine entsprechende Vereinbarung ihrer Mitglieder zugrunde liegt, stellt sich im Rahmen des insoweit grundsätzlich anwendbaren[137] § 3 GWB die weitere Frage nach der Erfüllung des „Gegenstandserfordernisses", das im bisherigen Freistellungstatbestand für Mittelstandsempfehlungen nicht enthalten war.[138] Hält man wie hier an der bislang herrschenden Auslegung im Sinne einer (rechtlich durchsetzbaren) Verpflichtung zur Durchführung der konkret benannten Rationalisierungsmaßnahmen fest (vgl. → Rn. 37), sind die besonderen Voraussetzungen des § 3 GWB auch in diesen Fällen nicht erfüllt; vielmehr bleibt wiederum nur eine Anwendung des § 2 GWB.

**40**     Das Gleiche gilt für die früher nach § 3 Abs. 2 Ladenschlussgesetz (iVm § 22 Abs. 2 GWB aF) erlaubten **Empfehlungen über Ladenöffnungszeiten,** die als Sonderfälle der Mittelstandsempfehlung abgestimmte Öffnungszeiten „auch unter Einbeziehung der Großbetriebsformen des Einzelhandels" zuließen. Nach Abschaffung dieser Sonderregelung sind derartige Empfehlungen grundsätzlich nach § 2 Abs. 1 GWB freigestellt, sofern nicht ausnahmsweise im Einzelfall eine nachhaltige Wettbewerbsstörung einzutreten droht. Normalerweise dürften aber die Vorteile annähernd gleicher Öffnungszeiten für die Attraktivität und Wettbewerbsfähigkeit eines Einkaufsgebietes durch klare Orientierung der Verbraucher über die Geschäftszeiten überwiegen.[139]

---

[133] EuGH 8.11.1983, Slg. 1983, 3369 Rn. 20 – NV IAZ International Belgium; so auch Bechtold/Bosch GWB § 1 Rn. 20 aE; s. zum Erfordernis einer „Abstimmungsannahme" im Rahmen der abgestimmten Verhaltensweise Wagner-von Papp WuW 2005, 379 (382 f.) mwN.

[134] Vgl. zur Maßgeblichkeit der europarechtlichen Beurteilung von Empfehlungen auch für Fälle ohne Zwischenstaatlichkeitsbezug BegrRegE, BT-Drs. 15/3640, 46; näher zur Erfassung von (unverbindlichen) Empfehlungen durch Verhaltensabstimmung im europäischen Kartellrecht Wagner-von Papp WuW 2005, 379 (383) mN aus der Rechtsprechung des EuGH.

[135] Im Ergebnis ebenso Schneider in Bunte Rn. 21; anders (ohne Auseinandersetzung mit der hier angesprochenen Problematik) Rißmann WuW 2006, 881 (888 f.) mit Fn. 63, die nur auf die im früheren § 22 Abs. 2 GWB aF fehlende „Wettbewerbsklausel" hinweist und deshalb die Einschätzung der BReg in der Gesetzesbegründung (BT-Drs. 15/3640, 45) lediglich für „allzu optimistisch" hält, wonach Mittelstandsempfehlungen in demselben Umfang wie bisher zulässig seien.

[136] Vgl. KOMM., Leitlinien zu Art. 81 Abs. 3 EG, Rn. 46; zust. BKartA 17.6.2004, WuW/E DE-V 960 (964) – Vetra/Danzer.

[137] Darauf hindeutend etwa BKartA TB 2007/2008, 101; aA Dittrich S. 220–223; Pampel in MüKoWettbR, 2. Aufl. 2012 Rn. 115; vgl. dazu bereits → Rn. 12.

[138] Nach § 22 Abs. 2 Nr. 1 GWB aF mussten Mittelstandsempfehlungen lediglich „dazu dienen, die Wettbewerbsfähigkeit der Beteiligten gegenüber Großbetrieben oder großbetrieblichen Unternehmensformen zu verbessern".

[139] Vgl. Rißmann WuW 2006, 881 (889) unter Hinweis auf KOMM. 30.9.1986, WuW/E EV 1182 – Irish Banks' Standing Committee.

**2. Zwischen miteinander im Wettbewerb stehenden Unternehmen.** § 3 setzt ein **41** aktuelles oder potentielles Wettbewerbsverhältnis zwischen den an der Kooperation beteiligten Unternehmen voraus. Bei der Vorgängerregelung ergab sich die **Beschränkung der Freistellung auf horizontale Kooperationen** schon daraus, dass § 1 GWB aF nur Verhaltenskoordinationen „zwischen miteinander im Wettbewerb stehenden Unternehmen" erfasste. Die Übernahme dieses Tatbestandsmerkmals in § 3 soll eine Ausdehnung des Anwendungsbereichs auf vertikale Vereinbarungen verhindern.[140] Diese eindeutige Regelung ist zu respektieren, auch wenn sie wettbewerbspolitisch nicht ohne weiteres einleuchtend sein mag:[141] Die frühere (implizite) Ausklammerung der – grundsätzlich weniger wettbewerbsgefährdenden – vertikalen Beschränkungen aus dem Freistellungstatbestand für Mittelstandskooperationen (§ 4 Abs. 1 GWB aF) ist vor dem Hintergrund der damaligen grundsätzlichen Geltung des Missbrauchsprinzips für vertikale Abschlussbeschränkungen (§ 16 GWB aF) zu sehen. Freilich wird heute über § 2 Abs. 2 GWB iVm der Vertikal-GVO (VO 2022/720) für Kooperationen bis zu einem Marktanteil von 30 % und darüber hinaus ggf. durch die allgemeine Legalausnahme nach § 2 Abs. 1 GWB weitgehend das gleiche Ergebnis erreicht.

Obwohl ausdrücklich nur bei den Vereinbarungen erwähnt, bezieht sich das Merkmal **42** „zwischen miteinander im Wettbewerb stehenden Unternehmen" auch auf die Beschlüsse von Unternehmensvereinigungen.[142] Hier müssen die **Mitgliedsunternehmen** (überwiegend) **aktuelle oder potentielle** Wettbewerber sein.[143]

Es genügt nicht, dass die beteiligten Unternehmen sich auf irgendeinem Markt in einem **43** **Wettbewerbsverhältnis** zueinander befinden; vielmehr ist das Merkmal **vereinbarungsbezogen auszulegen,** dh die Parteien der Kooperationsvereinbarung müssen gerade in Bezug auf die koordinierte Tätigkeit miteinander in (potentiellem) Wettbewerb stehen.[144] Dementsprechend sind Vereinbarungen, die ihrem Inhalt nach ein Vertikalverhältnis regeln, selbst dann **nicht erfasst,** wenn die Parteien sich im Übrigen als Wettbewerber begegnen.[145] Derartige **„Vertikalvereinbarungen zwischen Wettbewerbern"** (vgl. Art. 2 Abs. 4 VO 2022/720) können (nur) nach § 2 GWB freigestellt sein. Nicht unter § 3 fallen auch **horizontale Vereinbarungen zwischen Nicht-Wettbewerbern.**[146] Derartige Vereinbarungen betreffen etwa eine Tätigkeit der Parteien auf der gleichen Wirtschaftsstufe, aber räumlich unterschiedlichen Märkten oder greifen in den (horizontalen) Wettbewerb Dritter gegenüber einer der selbst nicht miteinander konkurrierenden Parteien ein.[147] Sofern in diesen Fällen von Vereinbarungen zwischen Nicht-Konkurrenten, die auch keine potentiellen Wettbewerber sind, überhaupt ein Verstoß gegen § 1 GWB/ Art. 101 Abs. 1 AEUV vorliegt, kommt (nur) eine Freistellung nach § 2 GWB in Betracht. Hinsichtlich weiterer Einzelheiten zur Auslegung des Tatbestandsmerkmals „zwischen miteinander in Wettbewerb stehenden Unternehmen", insbesondere zur Abgrenzung zwi-

---

[140] BegrRegE, BT-Drs. 15/3640, 44; Bechtold/Bosch GWB § 3 Rn. 7; Nordemann/Grave in LMRKM § 3 Rn. 24, 26.

[141] Vgl. Bechtold GWB § 3 Rn. 7; Dittrich S. 216 f.; Schneider in Bunte Rn. 24; Pfeffer/Wegner BB 2007, 1173 (1176).

[142] Ebenso Bechtold/Bosch GWB § 3 Rn. 6; Nordemann/Grave in LMRKM § 3 Rn. 26; Schneider in Bunte Rn. 23. Auch im Rahmen des § 1 GWB aF galt das Merkmal nach einhelliger Auffassung für alle Tatbestandsalternativen, obwohl es sich grammatikalisch nur auf die Vereinbarungen bezog, s. nur Zimmer in Immenga/Mestmäcker, 3. Aufl. 2001, § 1 Rn. 173 mwN.

[143] Bechtold GWB § 3 Rn. 6.

[144] Ebenso die herrschende Auslegung dieses Merkmals in § 1 GWB aF, vgl. nur Zimmer in Immenga/ Mestmäcker, 3. Aufl. 2001, § 1 Rn. 176 f. mwN.

[145] Bechtold/Bosch Rn. 7; teilweise anders Nordemann/Grave in LMRKM Rn. 29, der Austauschverträge zwischen Wettbewerbern offenbar nur über die „Immanenztheorie" von der Anwendung des § 1 und damit auch des § 3 GWB ausnehmen will.

[146] Vgl. Nordemann/Grave in LMRKM Rn. 33; anders Bechtold/Bosch Rn. 7 aE (Einbeziehung in § 3).

[147] Beispielsweise verspricht der Lieferant einer Ware seinem Abnehmer, nicht auch an dessen Konkurrenten zu liefern, vgl. etwa BGH 10.4.1984, WuW/E BGH 2088 (2090) – Korkschrot; OLG Düsseldorf 7.4.1987, WuW/E OLG 4056 (4060) – Schlachthofbenutzung.

schen horizontalen und vertikalen Vereinbarungen, kann im Übrigen auf die Grundsätze verwiesen werden, die schon zu § 1 GWB aF entwickelt worden sind.[148]

**44**    **3. Kreis der Normadressaten.** Obwohl § 3 seinem Wortlaut nach den Kreis der an der wettbewerbsbeschränkenden Abrede beteiligten Unternehmen als potentielle Normadressaten nicht einschränkt, ergibt sich aus dem Erfordernis einer Verbesserung der Wettbewerbsfähigkeit gerade kleiner oder mittlerer Unternehmen sowie dem Normzweck des strukturellen Nachteilsausgleichs, dass – jedenfalls primär – nur diese als **Teilnehmer an der Kooperation** in Betracht kommen. Demgegenüber dürfen Großunternehmen entweder gar nicht oder nur vereinzelt und ausnahmsweise daran beteiligt sein, etwa wenn sich der mittelstandsfördernde Zweck der zwischenbetrieblichen Zusammenarbeit anders nicht verwirklichen lässt (näher dazu → Rn. 53 ff.). Dies wirft die Frage nach Kriterien für die Abgrenzung der unterschiedlichen Größenklassen von Unternehmen auf.

**45**    **a) Kleine und mittlere Unternehmen.** Eine gesetzliche Definition des Begriffs der kleinen oder mittleren Unternehmen existiert im deutschen Recht nicht. Der Wirtschaftsausschuss des Deutschen Bundestages wollte bei der erstmaligen Einführung der Regelung über Mittelstandskartelle sowohl auf die **relative Größe** der Beteiligten („Relation, die sich aus der Stellung der betreffenden Unternehmen im Verhältnis zu ihren Wettbewerbern ergibt") als auch auf **absolute Grenzen** abstellen; Anhaltspunkte sollten sich dabei insbesondere aus den Regeln der Fusionskontrolle (§§ 22 ff. GWB aF) ergeben.[149] Demgegenüber legt das Bundeskartellamt ausschließlich einen relativen, sich an der jeweiligen Marktstruktur orientierenden Begriff der KMU zugrunde.[150]

**46**    Auch in der Literatur besteht insoweit Einigkeit, als es **jedenfalls primär** auf die **relative Größe der Marktteilnehmer** ankommt.[151] Umstritten ist dagegen, ob neben der relativen Marktstellung im Verhältnis zu den Wettbewerbern zusätzlich eine Berücksichtigung der relativen Größe im Verhältnis zur Marktgegenseite möglich ist[152] und ob ergänzend auch absolute Grenzen für die Klassifizierung als kleines oder mittleres Unternehmen existieren.[153] Insoweit wird versucht, Anhaltspunkte für eine Konkretisierung des Kreises der kleinen und mittleren Unternehmen aus diversen Schwellenwerten anderer Regelungen zu gewinnen. So werden etwa die Aufgreifkriterien der Fusionskontrolle herangezogen und Unternehmen mit weniger als 10–25 Mio. Euro Umsatz (§ 35 Abs. 1 Nr. 2, Abs. 2 S. 1 GWB) als „wohl immer Kleinunternehmen" und Unternehmen mit mindestens 500 Mio. Euro Umsatz (§ 35 Abs. 1 Nr. 1 GWB) in der Regel als „Großunternehmen" einge-

---

[148] Vgl. nur Nordemann/Grave in LMRKM § 3 Rn. 24; Zimmer in Immenga/Mestmäcker, 3. Aufl. 2001, § 1 Rn. 173 ff. jeweils mwN.

[149] Bericht des Wirtschaftsausschusses, BT-Drs. 7/765, 3.

[150] BKartA, Merkblatt Mittelstandskooperationen (2007), Rn. 12; ebenso der Gesetzgeber der 5. GWB-Novelle, vgl. BegRegE, BT-Drs. 11/4610, 16 = WuW 1990, 332 (339) (absolute Größenmerkmale angesichts der äußerst weit auseinander liegenden Marktvolumina wettbewerbspolitisch nicht überzeugend begründbar); vgl. aber auch den Fall BKartA 15.7.2002 – B8–87/01 Rn. 61 f. – citiworks AG, in dem das BKartA unter Geltung des § 4 Abs. 2 GWB aF ergänzend auf die absolute Unternehmensgröße in Form von Umsatzzahlen abgestellt hat; dazu Pampel in MüKoWettbR Rn. 61 aE.

[151] Vgl. nur Benisch in GK § 5b aF Rn. 24 (vorrangige Bedeutung der Relation zu Wettbewerbern); Bunte in FK-KartellR Rn. 85 ff.; Görgemanns S. 21 ff.; Nordemann/Grave in LMRKM Rn. 15, 17; Immenga in Immenga/Mestmäcker, 3. Aufl. 2001, § 4 Rn. 66 jeweils mwN.

[152] Dafür zB Stahl WuW 1978, 7 (8); vgl. auch BKartA TB 1981/82, 71, wo die Stärke der Marktgegenseite als zusätzlicher Aspekt berücksichtigt wurde; dagegen etwa Bunte in FK-KartellR Rn. 92; Immenga in Immenga/Mestmäcker, 3. Aufl. 2001, § 4 Rn. 65.

[153] Dafür zB Bechtold/Bosch Rn. 11; Benisch in GK § 5b aF Rn. 25; Dörinkel WuW 1973, 827 (828 f.); Herresthal S. 49 ff.; Kapteina S. 237; Teichmann WuW 1974, 450 (457); in eingeschränktem Maße auch Nordemann/Grave in LMRKM Rn. 18, der ein „hohes praktisches Bedürfnis nach branchenübergreifenden Leitwerten" bejaht und insbesondere den Merkmalen des § 35 GWB eine „gewisse Leitbildfunktion" zubilligt; vgl. ferner BGH 24.9.2002, WuW/E DE-R 984 (988) = NJW 2003, 205 (207) – Konditionenanpassung (zu § 20 Abs. 3 GWB), (Ermittlung von Schwellenwerten als widerlegliche Vermutungen); Berücksichtigung absoluter Größenmerkmale offen gelassen von KG 10.7.1985, WuW/E OLG 3663 – Mischgüterhersteller.

ordnet.[154] Vereinzelt wird auch an branchenspezifische Regelungen angeknüpft. Beispielsweise wird vorgeschlagen, für die Einordnung von Energieversorgungsunternehmen als Normadressaten des § 3 GWB auf den absoluten Schwellenwert von 100.000 Kunden (§ 7 Abs. 2 S. 1 EnWG) als Obergrenze für ein „kleines Unternehmen" zurückzugreifen.[155]

Die (auch nur ergänzende) Abgrenzung des Normadressatenkreises anhand **absoluter** **47** **Größenkriterien** ist jedoch **abzulehnen.**[156] Der Normzweck des strukturellen Nachteilsausgleichs verlangt eine **ausschließlich** durch die Marktstruktur und damit das **relative** **Verhältnis der aktuellen Marktteilnehmer**[157] bestimmte Konkretisierung des Merkmals der kleinen und mittleren Unternehmen;[158] andere, etwa aus der Missbrauchsaufsicht oder der Fusionskontrolle entlehnte Kriterien sind dafür prinzipiell ungeeignet.[159] Absolute Umsatzzahlen sind insoweit nicht aussagekräftig: Selbst ein Unternehmen mit dreistelligen Millionenumsätzen kann auf einem Markt, auf dem weitere Unternehmen mit noch sehr viel höheren (Milliarden-)Umsätzen tätig sind, im Einzelfall als kleiner oder mittlerer Wettbewerber anzusehen sein, während ein Unternehmen mit absolut gesehen gleich hohen Umsätzen in einem anderen Marktumfeld und abweichender Wettbewerbsstruktur als Großunternehmen zu qualifizieren ist.[160] Schon die große Spannweite der Vorschläge für die Festlegung absoluter Schwellenwerte und die immer wieder erforderlichen Relativierungen zeigen im Übrigen, dass weder eine überzeugende Begründung absoluter Grenzen noch eine verlässliche Orientierung an ihnen möglich wäre.[161]

Etwas anderes folgt auch nicht aus dem europäischen Wettbewerbsrecht. Dieses kennt **48** keine spezielle Freistellungsnorm für wettbewerbsbeschränkende Vereinbarungen zwischen kleinen und mittleren Unternehmen (KMU), sondern verortet die Problematik systematisch bei der Zwischenstaatlichkeitsklausel iSd Art. 101 Abs. 1 AEUV. Nach **Auffassung** **der Kommission** sind derartige Vereinbarungen „selten geeignet ..., den Handel zwischen den Mitgliedstaaten spürbar zu beeinträchtigen".[162] Dabei grenzt sie den Kreis der kleinen und mittleren Unternehmen unter Bezugnahme auf eine von ihr selbst herausgegebene Empfehlung[163] **anhand absoluter Zahlen** im Hinblick auf Beschäftigte sowie

---

[154] So etwa Bechtold/Bosch Rn. 11; für 500 Mio. EUR als Obergrenze auch Keßler WuW 2002, 1162 (1165); zurückhaltend Nordemann/Grave in LMRKM Rn. 18 („nur als erster grober Richtwert"); für eine widerlegliche Vermutung der Einordnung als KMU bei Umsätzen bis zu 250 Mio. EUR (im Lebensmitteleinzelhandel) Lettl KartellR § 8 Rn. 17; für 50 Mio. EUR als regelmäßige Untergrenze für die Einordnung als Großunternehmen Nordemann in LMRKM Rn. 17.

[155] So etwa Kreibich RdE 2007, 186 (189).

[156] Im Ergebnis ebenso BKartA, Merkblatt Mittelstandskooperationen (2007), Rn. 12; Immenga in Immenga/Mestmäcker, 3. Aufl. 2001, § 4 Rn. 70; Rißmann WuW 2006, 881 (887); wohl auch Schneider in Bunte Rn. 46; gegen eine absolute Obergrenze für „mittlere Unternehmen" auch Bunte in FK-KartellR Rn. 95, der allerdings zur Berücksichtigung absoluter Größenmerkmale eine differenzierende Haltung einnimmt und aus ihnen ggf. gewisse Anhaltspunkte für die Qualifikation als kleines oder mittleres Unternehmen entnehmen will (aaO, Rn. 93 f.).

[157] Potentielle Wettbewerber sind grundsätzlich auszuklammern; sofern ein Markteintritt mit hinreichender Sicherheit unmittelbar bevorsteht, kann die Gleichstellung mit einem aktuellen Konkurrenten gerechtfertigt sein, vgl. Schneider in Bunte Rn. 45; aA Nordemann/Grave in LMRKM Rn. 25; für die Einbeziehung von Wettbewerbern, die innerhalb Deutschlands zwar auf dem gleichen sachlichen, aber einem anderen räumlichen Markt tätig sind, Nordemann/Grave in LMRKM Rn. 15; hiergegen zu Recht Dittrich S. 203 f.

[158] Ebenso BKartA, Merkblatt Mittelstandskooperationen (2007), Rn. 12 sowie die heute ganz hL, vgl. nur Immenga in Immenga/Mestmäcker, 3. Aufl. 2001, § 4 Rn. 66, 70; Schneider in Bunte Rn. 44 jeweils mwN.

[159] Salje S. 69 ff.; Schneider in Bunte Rn. 46.

[160] BKartA, Merkblatt Mittelstandskooperationen (2007), Rn. 12; Kreibich RdE 2007, 18(. (189) mit Hinweis auf das Beispiel der Energieversorgungswirtschaft, wo „Unternehmen mit 500 Mio. [EUR] Umsatz durchaus noch als Mittelständler gelten [können]".

[161] Vgl. dazu eindrucksvoll Dittrich S. 208 ff. mwN.

[162] KOMM., de minimis-Bekanntmachung, ABl. 2001 C 368, 13 Rn. 3.

[163] Die de minimis-Bekanntmachung (ABl. 2001 C 368, 13), Rn. 3 verweist noch auf den Anhang der Empfehlung 96/280/EG der Kommission vom 3.4.1996 betreffend die Definition der kleinen und mittleren Unternehmen, ABl. 1996 L 107, 4; diese Empfehlung ist inzwischen ersetzt worden durch die Empfehlung 2003/361/EG vom 6.5.2003 betreffend die Definition von Kleinstunternehmen, kleinen und mittleren Unternehmen, ABl. 2003 L 124, 36, Art. 2 des Anhangs.

Jahresumsatz bzw. Bilanzsumme ab: Als klein und mittelgroß betrachtet sie sämtliche Unternehmen, die weniger als 250 Mitarbeiter haben und deren Jahresumsatz 50 Mio. Euro oder deren Bilanzsumme 43 Mio. Euro nicht übersteigt.[164] In den später erlassenen **Leitlinien zur Zwischenstaatlichkeitsklausel**[165] verfolgt sie allerdings einen modifizierten Ansatz, der **kumulativ** ein **absolutes Kriterium** (40 Mio. Euro Jahresumsatz) **und** ein **relatives Kriterium** (5 % Marktanteil) miteinander verbindet: Bei Unterschreitung beider Schwellenwerte soll eine widerlegbare Negativvermutung gelten, nach der keine spürbare Beeinträchtigung des zwischenstaatlichen Handels vorliegt; bei Überschreitung (auch nur einer) der beiden Schwellenwerte sei eine Einzelfallprüfung erforderlich.[166] Zugleich stellt die Kommission zu ihrer Aussage in der de minimis-Bekanntmachung klar, dass die regelmäßig fehlende Eignung zur spürbaren Beeinträchtigung des zwischenstaatlichen Handels bei KMU vor allem darauf beruhe, dass deren wirtschaftliche Tätigkeit normalerweise lediglich lokal oder regional ausgerichtet sei.[167] Diese Aussagen machen deutlich, dass es bei wettbewerbsbeschränkenden Vereinbarungen zwischen KMU im europäischen Wettbewerbsrecht um die Beurteilung der konkreten Auswirkungen auf den zwischenstaatlichen Handel, nicht dagegen – wie bei § 3 GWB – um die tatbestandliche Abgrenzung des Anwendungsbereichs einer (speziellen) (Freistellungs-)Norm geht. Schon deshalb lassen sich aus den Konkretisierungsansätzen der Kommission **keine** verwertbaren Erkenntnisse, geschweige denn **bindenden Vorgaben** für das deutsche Kartellrecht ableiten.[168] Ebenso wenig Aussagekraft für § 3 GWB besitzen europarechtliche Vorgaben aus dem Bereich des Bilanzierungsrechts, die eine Definition von „Kleinstbetrieben" ausschließlich anhand absoluter Kennzahlen enthalten.[169] Allerdings liegt der für die Praxis wichtige Anwendungsbereich des § 3 GWB im Bereich unterhalb der Zwischenstaatlichkeitsklausel. Für das deutsche Kartellrecht bleibt somit zwar die ausschließlich relative Abgrenzung des Normadressatenkreises maßgeblich, doch steigt die Wahrscheinlichkeit zwischenstaatlicher Auswirkungen mit der Höhe der Umsätze.

49    Für die **Bestimmung der relativen Größe** kommt es in erster Linie auf den Umsatz an, und zwar nicht nur auf den im relevanten Markt erzielten oder von der Zusammenarbeit betroffenen, sondern den **Gesamtumsatz** des Unternehmens[170] einschließlich des Umsatzes der **verbundenen Unternehmen**.[171] Denn auch die Rationalisierungsvorteile kommen letztlich dem Gesamtunternehmen zugute. Das Bundeskartellamt wendet insoweit im Rahmen einer Konzernbetrachtung die Zurechnungsnorm des § 36 Abs. 2 GWB

---

[164] Empfehlung zur Definition von Kleinstunternehmen, kleinen und mittleren Unternehmen, ABl. 2003 L 124, 36, Art. 2 des Anhangs; nach der Vorgängerempfehlung von 1996 (vorherige Fn.) betrugen die Schwellenwerte noch 40 Mio. ECU Umsatz und 27 Mio. ECU Bilanzsumme.
[165] Bekanntmachung der Kommission, Leitlinien über den Begriff der Beeinträchtigung des zwischenstaatlichen Handels in den Artikeln 81 und 82 des Vertrags, ABl. 2004 C 101, 81.
[166] Vgl. KOMM., Leitlinien zum zwischenstaatlichen Handel, ABl. 2004 C 101, 81 Rn. 50 ff.; näher hierzu → Rn. 21 ff.
[167] Leitlinien zum zwischenstaatlichen Handel, Rn. 50.
[168] Ebenso Schneider in Bunte Rn. 43, der zudem darauf hinweist, dass die erwähnte Empfehlung der Kommission von 2003 nicht von der DG Competition, sondern von der DG Enterprises stamme und im Zusammenhang mit staatlichen Beihilfen stehe; gegen eine Orientierung am KMU-Begriff der Kommission auch Rißmann WuW 2006, 881 (887); zweifelnd offenbar Emmerich KartellR § 23 Rn. 8, nach dem die Frage der Abgrenzung von KMU wegen der weitgehenden Orientierung des deutschen am europäischen Kartellrecht einen „neuen Akzent" bekommen habe; dezidiert aA dagegen Bechtold in Teichmann, Europa und der Mittelstand, S. 11, 16 f. = ders. EWS 2007, 433 (435) mit Hinweis auf den gesetzgeberischen Willen zur vollständigen Angleichung des deutschen an das europäische Kartellrecht unterhalb der Zwischenstaatlichkeitsschwelle; dagegen spricht aber, dass der Gesetzgeber mit § 3 GWB ausdrücklich einen ihm verbliebenen Regelungsspielraum unterhalb der Zwischenstaatlichkeitsschwelle ausschöpfen will, BegrRegE, BT-Drs. 15/3640, 28.
[169] Vgl. den jüngst mit der Richtlinie 2012/6/EU (ABl. 2012 L 81, 3) in die Richtlinie 78/660/EWG (ABl. 1978 L 222, 11) neu eingeführten Art. 1a.
[170] Nordemann/Grave in LMRKM Rn. 17; Immenga in Immenga/Mestmäcker, 3. Aufl. 2001, § 4 Rn. 67; im Grundsatz auch Bunte in FK-KartellR Rn. 89.
[171] Immenga in Immenga/Mestmäcker, 3. Aufl. 2001, § 4 Rn. 68; Nordemann/Grave in LMRKM Rn. 19; Schneider in Bunte Rn. 44 jeweils mwN.

entsprechend an.[172] Nach verbreiteter Auffassung im Schrifttum soll es allerdings im Ausnahmefall möglich sein, dass bei einer konzernangehörigen Tochtergesellschaft unter Berücksichtigung ihrer tatsächlichen Beziehung zur Muttergesellschaft die Merkmale eines mittelständischen Unternehmens überwiegen.[173] Die Berechnung des Umsatzes erfolgt analog § 38 Abs. 1 GWB iVm § 277 Abs. 1 HGB, wobei die branchenbezogenen Berechnungskorrekturen in § 38 Abs. 2 ff. GWB als Spezifika des Zusammenschlusskontrollrechts nicht übertragbar sind.[174] Neben dem Umsatz können **auch andere Kriterien** herangezogen werden wie zB die Zahl der Beschäftigen, Umfang der Produktions- oder Forschungskapazitäten, Höhe des Eigenkapitals.[175] Maßgeblich ist die Bedeutung der fraglichen Ressourcen für die wettbewerblichen Tätigkeiten auf dem betroffenen Markt, dessen Art (Produktion, Handel, sonstige Dienstleistungen) sowie etwaige Besonderheiten der betroffenen Branche.[176] Denn letztlich geht es um die Einschätzung der relativen Marktstellung der Kooperationspartner im Vergleich zu ihren außenstehenden Wettbewerbern.

Eine Zuordnung zu den „kleinen und mittleren Unternehmen" setzt dabei einen **50** hinreichend großen **Abstand zu größeren Konkurrenten** voraus: Nicht ausreichend ist der Hinweis, dass es noch größere Unternehmen im relevanten Markt gebe, vielmehr müssen die Kooperationspartner gegenüber (einem oder mehreren) konkurrierenden Großunternehmen **deutlich unterlegen** sein.[177] Eine Fixierung bestimmter Prozentzahlen (zB Einordnung als mittleres Unternehmen nur bei weniger als 50% des Umsatzes des umsatzstärksten Unternehmens)[178] ist ebenso wenig möglich wie die Festlegung absoluter Größenmerkmale, da es letztlich auf die Bestimmung der relativen Marktposition der Kooperationsteilnehmer im Verhältnis zu ihren Wettbewerbern und damit auf die konkreten Marktverhältnisse ankommt.

Maßgeblich sind die **Größenverhältnisse der Konkurrenten im Horizontalverhält-** **51** **nis.** Ein etwaiges Machtgefälle gegenüber den Unternehmen auf der **Marktgegenseite** **bleibt** dagegen **außer Betracht,**[179] da § 3 GWB keine unmittelbare Ausprägung des Konzepts gegengewichtiger Marktmacht ist.[180] Ein im horizontalen Vergleich „großes" Unternehmen kann somit nicht deshalb in den Normadressatenkreis einbezogen werden, weil es in der vertikalen Beziehung zu deutlich größeren Unternehmen auf vor- oder nachgelagerten Märkten nur noch als kleiner oder mittlerer Akteur erscheint.[181]

Die **Zugehörigkeit** eines Unternehmens **zur öffentlichen Hand** schließt die Qualifi- **52** zierung als kleines oder mittleres Unternehmen nicht aus.[182] Das gilt insbesondere für Gemeinden, die sich als Nachfrager unternehmerisch betätigen und zB zu einer Einkaufs-

---

[172] BKartA, Merkblatt Mittelstandskooperationen (2007), Rn. 12. Die Tochtergesellschaft eines Großunternehmens könne daher „im Regelfall" nicht als KMU angesehen werden.

[173] Benisch in GK § 5b aF Rn. 24; Schneider in Bunte Rn. 49; Bunte in FK-KartellR Rn. 96; Nordemann/Grave in LMRKM Rn. 20; aA Immenga in Immenga/Mestmäcker, 3. Aufl. 2001, § 4 Rn. 68; Werner S. 181.

[174] Dittrich S. 205.

[175] Vgl. Nordemann/Grave in LMRKM Rn. 16 („alle Marktstrukturkriterien"); Bunte in FK-KartellR Rn. 88; Veltins DB 1978, 240 (241); Immenga in Immenga/Mestmäcker, 3. Aufl. 2001, § 4 Rn. 66; enger offenbar Schneider in Bunte Rn. 45, der (ohne Problematisierung) lediglich auf eine „Gegenüberstellung aller Wettbewerber mit ihren Gesamtumsätzen" abstellen will.

[176] Immenga in Immenga/Mestmäcker, 3. Aufl. 2001, § 4 Rn. 66 aE.

[177] Vgl. Schneider in Bunte Rn. 46.

[178] Dafür Nordemann/Grave in LMRKM Rn. 17 (als „sehr grobe Regel"); ihm folgend Dittrich WuW 2009, 1006 (1010).

[179] Benisch in GK § 5b aF Rn. 24; Bunte in FK-KartellR Rn. 92; Schneider in Bunte Rn. 45; abw. Bechtold Rn. 11, der für einen Vergleich „u. U. auch mit der Marktgegenseite" zulässt.

[180] Vgl. → Rn. 3 f.; Immenga in Immenga/Mestmäcker, 3. Aufl. 2001, § 4 Rn. 13, 65; Nordemann/Grave in LMRKM Rn. 14; aA Stahl WuW 1978, 7 (8); vgl. auch BKartA TB 1981/82, 71, wo die Stärke der Marktgegenseite als zusätzlicher Aspekt berücksichtigt wurde.

[181] Immenga in Immenga/Mestmäcker, 3. Aufl. 2001, § 4 Rn. 65; einschränkend Moog S. 74 ff., 77.

[182] Ebenso Nordemann/Grave in LMRKM Rn. 21.

gemeinschaft für die Beschaffung bestimmter Gegenstände zusammenschließen.[183] Weder der Unternehmensbegriff noch die von § 3 Nr. 2 GWB verlangte Verbesserung der Wettbewerbsfähigkeit setzt dabei eine parallele wirtschaftliche Tätigkeit auf dem Angebotsmarkt voraus.[184] Insoweit zeichnet sich zwar eine Differenz zur Auslegung des Unternehmensbegriffs im europäischen Kartellrecht ab, wo die Unternehmenseigenschaft von Organisationen verneint wird, die lediglich eine Nachfragetätigkeit entfalten, ohne zugleich wirtschaftlich auf einem (damit im Zusammenhang stehenden) Angebotsmarkt aufzutreten.[185] Diese Diskrepanz ist jedoch im Interesse der Aufrechterhaltung und konsequenten Anwendung des funktionalen Unternehmensbegriffs hinzunehmen, zumal das europäische Kartellrecht insoweit keinen Vorrang vor dem nationalen Kartellrecht beanspruchen kann.[186] Für die Einordnung unternehmerisch tätiger öffentlich-rechtlicher Körperschaften oder anderer Rechtsträger als kleine oder mittlere Unternehmen ist ebenso wie bei allen anderen Unternehmen ihre relative Stellung zu anderen Marktbeteiligten im Horizontalverhältnis zugrunde zulegen, ohne dass insoweit die Einbindung in die öffentliche Hand und besondere öffentlich-rechtliche Vorschriften zu berücksichtigen sind.[187]

**53**   **b) Beteiligung von Großunternehmen?** Das Kartell muss dazu dienen, die „Wettbewerbsfähigkeit kleiner oder mittlerer Unternehmen zu verbessern" (§ 3 Nr. 2). Dieser Wortlaut schließt es nicht aus, dass an der Vereinbarung auch Großunternehmen beteiligt sind.[188] Allerdings steht die Mitwirkung von Großunternehmen an einer Mittelstandskooperation, die gerade einen strukturellen Nachteilsausgleich im Horizontalverhältnis gegenüber solchen Unternehmen schaffen soll, zumindest in einem Spannungsverhältnis, wenn nicht gar im Widerspruch zum Normzweck.[189] Die hM verlangt jedoch grundsätzlich nur, dass die **Teilnahme** des fraglichen Großunternehmens tatsächlich **notwendig** ist, um die Wettbewerbsfähigkeit gerade der kleinen und mittleren Unternehmen zu fördern.[190] Ein Verstoß gegen den Normzweck wird allenfalls dann gesehen, wenn durch die Kooperation weitaus größere Rationalisierungsvorteile bei den Großunternehmen anfallen als bei den teilnehmenden KMU[191] oder die Marktverhältnisse in nicht unerheblichem Umfang

---

[183] So zu § 4 Abs. 2 GWB aF BGH 12.11.2002, WuW/E DE-R 1087 (1090) – Ausrüstungsgegenstände für Feuerlöschzüge; OLG Düsseldorf 12.5.1998, WuW/E DE-R 150 (151) – Löschfahrzeuge; BKartA TB 1999/2000, 45 f.; Lutz WRP 2002, 47 (53); aA OLG Koblenz 5.11.1998, WuW/E OLG Verg. 184, 185 – Feuerlöschgeräte.

[184] Das gilt jedenfalls für die Verbesserung der Wettbewerbsfähigkeit bei Einkaufskooperationen, für die es allein auf den Nachfragemarkt ankommt, so insbesondere BGH 12.11.2002, WuW/E DE-R 1087 (1090) – Ausrüstungsgegenstände für Feuerlöschzüge.

[185] S. insbes. EuG 4.3.2003, WuW/E EU-R 688 (689) – FENIN; EuGH 10.1.2006 – C-222/04, Slg. 2006, I-289 Rn. 108 ff. – Ministero dell'Economia e delle Finanze/Cassa di Risparmio di Firenze; näher dazu die Kommentierung bei Emmerich → AEUV Art. 101 Abs. 1 Rn. 16 f. mwN; vgl. LG Hannover 16.6.2011, 21 O 25/11 Rn. 35 – Einkaufskooperation für Grippeimpfstoff.

[186] Liegt schon keine Vereinbarung zwischen Unternehmen iSd Art. 101 Abs. 1 AEUV vor, ist Art. 3 VO 1/2003 nicht anwendbar, der den Vorrang des europäischen Wettbewerbsrechts vor entgegen stehendem nationalem Kartellrecht anordnet.

[187] Vgl. Schnelle/Hübner WRP 2003, 1205 (1206) gegen OLG Düsseldorf 12.5.1998, WuW/E DE-R 150 (155) – Löschfahrzeuge.

[188] So die hM, vgl. zB BGH 30.9.1986, WuW/E BGH 2321 (2325) – Mischgutersteller; 12.11.2002, WuW/E DE-R 1087 (1090) – Ausrüstungsgegenstände für Feuerlöschzüge (zu § 4 Abs. 2 GWB aF); BKartA 1.6.1986, WuW/E BKartA 2384 (2388) – German Parcel Paket-Logistik; Bericht des Wirtschaftsausschusses, BT-Drs. 7/765, 3; Bechtold Rn. 11 aE; Bechtold in GK § 5b aF Rn. 26; Bunte in FK-KartellR Rn. 100 ff.; Nordemann/Grave in LMRKM Rn. 21; Schneider in Bunte Rn. 47.

[189] So Immenga in Immenga/Mestmäcker, 3. Aufl. 2001, § 4 Rn. 71 f.; krit. auch Herresthal S. 56; Salje S. 83. Nach Ansicht von Emmerich KartellR § 23 Rn. 9 scheitert eine Beteiligung von Großunternehmen im Regelfall an der Wettbewerbsklausel des § 3 Nr. 1 GWB.

[190] BGH 30.9.1986, WuW/E BGH 2321 (2325) – Mischgutersteller; BKartA 1.6.1989, WuW/E BKartA 2382 – Mittelstandskartell für Transportunternehmen; BKartA, TB 1976, 13 f.; TB 1978, 48; TB 1983/84, 71; Bechtold/Bosch GWB § 3 Rn. 11 aE; Rißmann WuW 2006, 881 (887). Teilweise werden in der Literatur auch zusätzliche Anforderungen für die Zulässigkeit einer Beteiligung von Großunternehmen gestellt, vgl. den Überblick bei Schneider in Bunte Rn. 48 mwN.

[191] BKartA 1.6.1986, WuW/E BKartA 2384 (2387 f., 2390) – German Parcel Paket-Logistik.

zugunsten der Großunternehmen beeinflusst werden.[192] In letzterem Fall dürfte allerdings meist schon die Schwelle der wesentlichen Beeinträchtigung des Wettbewerbs überschritten sein.[193]

Die Aufstellung eines bloßen Kausalitätserfordernisses der Beteiligung des Großunter- **54** nehmens für die Erreichung des Kooperationsziels greift jedenfalls zu kurz. Schon bei der Definition des Kooperationsziels und seiner Umsetzung muss die Leistungssteigerung der kleinen und mittleren Partner ganz im Vordergrund stehen; diese müssen von der Zusammenarbeit profitieren, bei ihnen müssen die Rationalisierungsgewinne eintreten, um ihre Wettbewerbsfähigkeit gegenüber ihren großen Konkurrenten zu verbessern. Eine **Beteiligung von Großunternehmen** an der Kooperation ist insoweit kontraproduktiv und **widerspricht grundsätzlich dem Normzweck** des strukturellen Nachteilsausgleichs, jedenfalls wenn die Zusammenarbeit zugleich (mehr oder weniger proportional) die Leistungsfähigkeit der Großunternehmen steigert.

Soweit die hM annimmt, an einer Mittelstandskooperation könnten auch Großunterneh- **55** men beteiligt sein, ohne dass diese am Rationalisierungserfolg partizipieren müssten,[194] ist dem zu widersprechen.[195] Die **Notwendigkeit des Eintritts von Rationalisierungswirkungen bei jedem einzelnen an der Vereinbarung beteiligten Unternehmen**[196] folgt vielmehr schon daraus, dass die Rationalisierung Gegenstand der zwischenbetrieblichen Zusammenarbeit sein und zu einem betriebswirtschaftlichen Erfolg im Sinne der Verbesserung des innerbetrieblichen Verhältnisses von Aufwand und Ertrag führen muss.[197] Hinzu kommt der Ausnahmecharakter der Rationalisierung durch Wettbewerbsbeschränkung im marktwirtschaftlichen System:[198] „Ist bei einzelnen Unternehmen eine eigene Rationalisierung nicht ersichtlich, so fehlt es an jeder inneren Rechtfertigung, ihnen die Vergünstigung der Freistellung von § 1 zu gewähren. Ihre Beteiligung lässt vielmehr darauf schließen, dass das Kartell einen anderen gemeinsamen Vertragszweck als den der Rationalisierung verfolgt".[199] Letzteres ist schon deshalb plausibel, weil nicht zu erwarten ist, dass sich Großunternehmen aus altruistischen Motiven an einer Mittelstandskooperation beteiligen, sondern nur dann, wenn sie sich selbst ebenfalls Vorteils davon versprechen.[200] Erst recht unrealistisch und unzulässig wäre (trotz formaler Vereinbarkeit mit dem Wortlaut des § 3 GWB) eine „fremdnützige Zusammenarbeit" von Großunternehmen, die allein nicht beteiligten kleinen und mittleren Unternehmen Nutzen bringen soll.[201]

---

[192] Vgl. BGH 30.9.1986, WuW/E BGH 2321 (2325) – Mischguthersteller; BKartA 1.6.1986, WuW/E BKartA 2384 (2388) – German Parcel Paket-Logistik; BKartA, Merkblatt Mittelstandskooperationen (2007), Rn. 37.

[193] Immenga in Immenga/Mestmäcker, 3. Aufl. 2001, § 4 Rn. 71; vgl. auch KG 10.7.1985, WuW/E OLG 3663 (3667) – Mischguthersteller; nach BKartA, Merkblatt Mittelstandskooperationen (2007), Rn. 37 ist bei Beteiligung eines Großunternehmens stets „besonderes Augenmerk" auf die Prüfung zu richten, ob eine wesentliche Wettbewerbsbeeinträchtigung vorliegt.

[194] Vgl. etwa BKartA TB 1974, 74; Benisch in GK § 5b aF Rn. 27; ebenso Schneider in Bunte Rn. 51 (Verbesserung der Wettbewerbsfähigkeit aller beteiligten Unternehmen nicht zwingend); Dittrich S. 213 f.

[195] Immenga in Immenga/Mestmäcker, 3. Aufl. 2001, § 4 Rn. 33 ff.; in diese Richtung auch Pampel in MüKoWettbR Rn. 65 f.; Nordemann/Grave in LMRKM § 3 Rn. 22.

[196] Ebenso im Ergebnis OLG Frankfurt a. M. 10.12.1989, WuW/E OLG 4495 (4498) – Doppelgenossen; Emmerich KartellR § 23 Rn. 12.

[197] Maßgeblich ist der betriebswirtschaftliche Rationalisierungsbegriff, OLG Frankfurt a. M. 10.2.1989, WuW/E OLG 4495 (4498) – Doppelgenossen; vgl. im Einzelnen → Rn. 47 ff.

[198] So zutreffend bereits Immenga in Immenga/Mestmäcker, 3. Aufl. 2001, § 4 Rn. 33.

[199] So BKartA 14.6.1966, WuW/E BKartA 1108 (1109) – Zementvertrieb Berlin II (zu § 5 GWB aF).

[200] Ebenso zutreffend Pampel in MüKoWettbR Rn. 66.

[201] Gegen die Möglichkeit eines solchen „Kartells zugunsten Dritter" bzw. die Zusammenarbeit ausschließlich zwischen Großunternehmen mit Bericht des Wirtschaftsausschusses, BT-Drs. 7/765, 3; Benisch Kooperationsfibel S. 459; ebenso Bunte in FK-KartellR Rn. 104; Immenga in Immenga/Mestmäcker, 3. Aufl. 2001, § 4 Rn. 72 aE; Nordemann/Grave in LMRKM § 3 Rn. 22; zurückhaltender Schneider in Bunte Rn. 32, der eine Beteiligung der begünstigten KMU an der Kooperation zwar nicht für zwingend hält, aber auch „kaum einen wirtschaftlich nachvollziehbaren Grund" für ein altruistisches Verhalten der Kooperationspartner erkennen kann.

**56**  Der Widerspruch zwischen dem Erfordernis, dass die durch Wettbewerbsbeschränkungen bewirkten Rationalisierungseffekte allen an der Kooperation Beteiligten, wenn auch nicht unbedingt in demselben Umfang,[202] zugute kommen müssen, und einer normzweckwidrigen Förderung gerade auch der Wettbewerbsfähigkeit von Großunternehmen lässt sich prinzipiell nur dadurch auflösen, dass **Großunternehmen der Zugang zu Mittelstandskooperationen grundsätzlich verwehrt** bleibt.[203] Eine **enge Ausnahme** erscheint lediglich **unter zwei Voraussetzungen** möglich: Zum einen muss die **Teilnahme** eines größeren Konkurrenten **wirklich unerlässlich** sein, um die Kooperationsziele verwirklichen und mit dem Mittelstandskartell einen spürbaren Beitrag zu einer ausgewogene(re)n Marktstruktur leisten zu können. Zum anderen muss das teilnehmende und von der Zusammenarbeit profitierende **Großunternehmen selbst bestimmte Defizite** in seiner Marktstellung gegenüber anderen Großunternehmen im relevanten Markt aufweisen, die mit der Kooperation abgemildert werden. In diese Richtung geht eine Tendenz in der jüngeren Rechtsprechung. Das OLG Düsseldorf sieht die **Teilnahme eines Großunternehmens** an einem nach § 3 GWB privilegierten **Mittelstandskartell** als **grundsätzlich ausgeschlossen** an. Eine **Ausnahme** von diesem Grundsatz will das Gericht nur zulassen, wenn die Teilnahme des Großunternehmens **unerläßlich** ist, um den **Rationalisierungserfolg** sicherzustellen und spürbar zu einer **ausgewogenen Marktstruktur** beizutragen und zugleich das beteiligte Großunternehmen selbst gewisse Nachteile in seiner Marktposition im Vergleich zu seinen Konkurrenten aufweist, die durch die Kooperation im Rahmen des Mittelstandskartells gemildert werden.[204] Nicht ausreichend restriktiv und praktisch kaum handhabbar ist es dagegen, wenn lediglich eine Begrenzung der aus der Kooperation resultierenden Vorteile für teilnehmende Großunternehmen verlangt wird.[205] Auch wenn die Kooperation nicht zu einer wesentlichen oder proportionalen Verbesserung der Wettbewerbsfähigkeit der teilnehmenden Großunternehmen führt, kann schon die kooperationsbedingte Absicherung oder Verfestigung von deren (führender) Marktstellung das Ziel einer ausgewogeneren Marktstruktur und relativen Verbesserung der Wettbewerbsfähigkeit der kleinen und mittleren Unternehmen gegenüber den großen Marktteilnehmern konterkarieren. **Keinesfalls** darf es sich bei dem teilnehmenden Großunternehmen um **eines der bereits führenden Unternehmen auf dem relevanten Markt** handeln.[206]

## II. Anforderungen an Art und Inhalt der Kooperation

**57**  **1. Überblick.** § 3 beschreibt die inhaltlichen Anforderungen an die freigestellte Art der Kooperation durch drei Tatbestandselemente, die nicht isoliert nebeneinander stehen, sondern im Zusammenhang und in ihrem Bezug zum Normzweck gelesen werden müssen: Durch zwischenbetriebliche Zusammenarbeit soll die Rationalisierung wirtschaftlicher Vorgänge und damit eine Steigerung der Wettbewerbsfähigkeit der beteiligten kleinen und

---

[202] Immenga in Immenga/Mestmäcker, 3. Aufl. 2001, § 4 Rn. 34.

[203] Immenga in Immenga/Mestmäcker, 3. Aufl. 2001, § 4 Rn. 35; ebenso mit speziellem Blick auf die Verhältnisse im Energiesektor Kreibich RdE 2007, 186 (190); aA BGH 30.9.1986, WuW/E BGH 2321 (2325) – Mischgutersteller; 12.11.2002, WuW/E DE-R 1087 (1090) – Ausrüstungsgegenstände für Feuerlöschzüge.

[204] OLG Düsseldorf 17.1.2020 – VI-Kart 6/19 (V), WuW 2020, 156 (159) -Trockenbaustoffe.

[205] In diese Richtung aber Schneider in Bunte Rn. 51 aE, der im Anschluss an Kiecker in Langen/Bunte, 9. Aufl. 2001, § 4 aF Rn. 12 lediglich ausschließen möchte, dass „die beteiligten großen Unternehmen ihre Wettbewerbsfähigkeit im gleichen Umfang wie die kleinen Unternehmen verbessern"; im Ansatz ähnlich Bunte in FK-KartellR Rn. 103, der Großunternehmen „nur relativ geringe Vorteile aus der Kooperation" zubilligen will, damit sie nicht einen vorhandenen Wettbewerbsvorsprung weiter ausbauen.

[206] Gegen eine Beteiligung von Unternehmen, die zur „Spitzengruppe" auf dem jeweiligen Markt gehören, auch BegrRegE, BT-Drs. XI/4610, 16; BKartA, Merkblatt über die Kooperationserleichterungen für kleine und mittlere Unternehmen (Dezember 1998), Teil I. A. II. (abgedruckt in Immenga/Mestmäcker, 3. Aufl. 2001, Textanhang 6), (im neuen Merkblatt Mittelstandskooperationen (2007), Rn. 37 nicht mehr erwähnt!); Bunte in FK-KartellR Rn. 103; Kiecker in Langen/Bunte, 9. Aufl. 2001, § 4 aF Rn. 19.

mittleren Unternehmen erreicht werden. Auf diese Weise sollen insbesondere Größenvorteile anderer Unternehmen ausgeglichen werden.

**2. Rationalisierung wirtschaftlicher Vorgänge.** Das Mittelstandskartell ist ein Unterfall der Rationalisierungskartelle. Bis zur 7. GWB-Novelle 2005 wurde der Begriff der „Rationalisierung wirtschaftlicher Vorgänge" als Freistellungsvoraussetzung nicht nur bei den Mittelstandskartellen (§ 4 Abs. 1 aF), sondern auch in den Vorschriften über Spezialisierungskartelle (§ 3 aF) und Rationalisierungskartelle (§ 5 aF) verwendet. Unter „Rationalisierung" verstand man dabei allgemein die **einzelwirtschaftliche Effizienzsteigerung** durch die Verbesserung des Verhältnisses von Aufwand und Ertrag.[207] An der Maßgeblichkeit dieses **betriebswirtschaftlichen Rationalisierungbegriffs** (im Gegensatz zu einer gesamt- oder volkswirtschaftlichen Effizienzsteigerung)[208] hat sich durch die 7. GWB-Novelle nichts geändert, auch wenn die Generalklausel des § 2 Abs. 1 GWB nunmehr dem europäischen Modell (Art. 101 Abs. 3 AEUV) der gesamtwirtschaftlichen Betrachtung folgt. Vielmehr zeigt sich hierin die Eigenständigkeit des Freistellungstatbestands nach § 3 Abs. 1 GWB gegenüber der allgemeinen Legalausnahme.[209] Auch das Bundeskartellamt versteht unter der Rationalisierung wirtschaftlicher Vorgänge in § 3 GWB nach wie vor solche Maßnahmen, „durch die bei jedem beteiligten kleinen und mittleren Unternehmen das Verhältnis des betrieblichen Aufwands der wirtschaftlichen Vorgänge zum Ertrag – umgerechnet auf die Produktionseinheit – verbessert wird."[210]

Die effizienzsteigernde Zusammenarbeit kann sich dabei auf einzelne oder mehrere Bereiche beziehen, die für die Erbringung des unternehmerischen Leistungsprogramms zumindest mittelbar von Bedeutung sind. Dazu gehören letztlich **alle Arbeitsbereiche** oder wirtschaftlichen Vorgänge im Unternehmen, insbesondere Produktion, Forschung und Entwicklung, Finanzierung, Verwaltung, Werbung, Einkauf und Vertrieb.[211] **Beispiele** für anerkannte Rationalisierungswirkungen von Mittelstandskooperationen aus der Anwendungspraxis des BKartAs sind etwa die **Zusammenfassung und Koordinierung bestimmter Nebenleistungen,** die etwa im Zusammenhang mit der Durchführung größerer Bauvorhaben durch eine Vielzahl von Beteiligten zu erbringen sind (An- und Abtransport von Bauschutt, Zwischenlagerung und Deponierung von Baumaterialien),[212] die Ermöglichung eines besseren Kunden- oder Reparaturdienstes,[213] die **zentrale Akquisition und Lenkung von Aufträgen,** soweit sie zur Gewährleistung eines kontinuierlichen und kostensparenden Betriebsablaufs, zu einer höheren Auslastung der Kapazitäten, besseren Berücksichtigung von Kundenwünschen und Einsparung von jeweils eigenen

[207] Vgl. nur OLG Frankfurt a. M. 10.2.1989, WuW/E OLG 4495 (4498) – Doppelgenossen; BKartA 10.3.1976, WuW/E BKartA 1616 (1623) – Pallas; 9.7.1999, WuW/E BKartA DE-V 127, 129 – Fleurop II; Immenga in Immenga/Mestmäcker, 3. Aufl. 2001, § 4 Rn. 27; Schneider in Bunte Rn. 35; Nordemann/Grave in LMRKM Rn. 39 mwN.

[208] Allg. Ansicht, s. nur Dittrich S. 225; Pampel in MüKoWettbR Rn. 31.

[209] Kein relevanter Rationalisierungserfolg iSd § 3 GWB ist daher die Einsparung von knappen Rohstoffen im gesamtwirtschaftlichen Interesse, solange nicht auch die Kooperationspartner selbst einzelwirtschaftliche Vorteile daraus ziehen, vgl. BKartA 5.9.1977, WuW/E BKartA 1695 (1696 f.) – Uran.

[210] BKartA 25.10.2005, WuW/E DE-V 1142 (1146) – Hintermauerziegelkartell; fast wortgleich übernommen in BKartA, Merkblatt Mittelstandskooperationen (2007), Rn. 28.

[211] BKartA 25.10.2005, WuW/E DE-V 1142 (1146) – Hintermauerziegelkartell; BKartA, Merkblatt Mittelstandskooperationen (2007), Rn. 29; Bechtold/Bosch GWB § 3 Rn. 8; vgl. auch Schneider in Bunte Rn. 36 („sowohl die Hauptleistung als auch die Hilfsfunktionen"); Nordemann/Grave in LMRKM Rn. 40 („alles, was in wirtschaftlicher, technischer, organisatorischer oder sonstiger Weise den Geschäftsablauf von Unternehmen beeinflussen kann"); Bunte in FK-KartellR Rn. 50 ff. mit ausführlichen Nachweisen aus der Praxis des BKartA zu den einzelnen Tätigkeitsbereichen.

[212] BKartA 24.1.1994, WuW/E BKartA 2617 (2620) – Baulogistik Potsdamer Platz; vgl. zur gemeinschaftlichen Lagerung, Weiterverarbeitung und Veräußerung von Nebenprodukten BKartA 10.4.1964, WuW/E BKartA 795 (797) – Teerverwertung.

[213] BKartA WuW/E BKartA 1695 (1697) – Uran; dass., Merkblatt Mittelstandskooperationen (2007), Rn. 39 aE.

Vertriebseinrichtungen führen,[214] die Ermöglichung eines vollständigen und einheitlichen Sortiments sowie Steigerung der zeitlichen und mengenmäßigen Lieferfähigkeit durch eine **gemeinsame Vertriebsorganisation**[215] oder die Einsparung von Frachtkosten und Ausweitung des Absatzgebietes.[216] **Keine Rationalisierungseffekte** iSd § 3 GWB sind dagegen lediglich **marktmachtbedingte Erlössteigerungen**[217] oder Senkungen der Einkaufspreise. Gleiches gilt für Einsparungen durch **bloße Leistungsreduzierungen** oder Abreden über **Kostenverlagerungen** zwischen den beteiligten Unternehmen,[218] etwa die wechselseitige Erstattung von Projektierungskosten zwischen Bewerbern um Aufträge für einen Anlagenbau.[219]

**60**     Die **Zielrichtung** der Zusammenarbeit muss primär die Erreichung eines echten Rationalisierungserfolgs sein, **nicht der (bloße oder isolierte) Ausschluss von Wettbewerb.**[220] **Reine Preisabsprachen** sind daher **immer unzulässig;** denn die auf diese Weise erzielbaren Erlössteigerungen sind nicht das Ergebnis einer Verbesserung des innerbetrieblichen Verhältnisses von Aufwand und Ertrag.[221] Das gilt auch für Absprachen, die sich lediglich auf die Festlegung einheitlicher Rabatte oder sonstiger Konditionen beziehen.[222] **Bloße Gebietsaufteilungen**[223] oder **isolierte Quotenabsprachen**[224] sowie sonstige Abgrenzungen von Interessenssphären, die lediglich auf die Ausschaltung von Konkurrenz gerichtet ist, fallen ebenfalls von vornherein nicht in den Anwendungsbereich des § 3 GWB.

**61**     Gleichwohl kann § 3 GWB ausnahmsweise **auch Kernbeschränkungen erfassen,** die nach § 2 GWB nicht freigestellt sind. Voraussetzung ist aber, dass ein **unmittelbarer innerer Zusammenhang mit einer genuin effizienzsteigernden Kooperation** besteht.[225] Dabei sollte ein hinreichend strenger Maßstab angelegt werden.[226] So können zB bei einer Werbe- oder Vertriebsgemeinschaft kleiner und mittlerer Unternehmen ausnahmsweise auch Absprachen über Preise oder Preisbestandteile zulässig sein, wenn sie der

---

[214] Vgl. BKartA 9.7.1999, WuW/E BKartA DE-V 127, 128 – Fleurop II; 21.3.1979, WuW/E BKartA 1794 (1795) – Bimsbausteine III; TB 1974, 49 – Leichtbauplatten; TB 1975, 46 – Wärmedämmstoffe; TB 1978, 48 – bituminöses Mischgut; Nordemann/Grave in LMRKM Rn. 45 mwN.

[215] Vgl. zB BKartA 25.10.2005, WuW/E DE-V 1142 – Hintermauerziegelkartell; TB 1974, 49 – Gasbeton.

[216] BKartA TB 1978, 48 – Kies und Sand; vgl. auch BKartA 17.6.2004, WuW/E DE-V 960 (964) – Vetra/Danzer; weitere Beispiele bei Nordemann/Grave in LMRKM Rn. 45.

[217] Vgl. BGH 11.12.1997, WuW/E BGH DE-R 17 (24) – Europapokalheimspiele; BKartA 2.9.1994, WuW/E BKartA 2696 (2698) – Fußball-Fernsehübertragungsrechte II; BegrRegE (5. GWB-Novelle), BT-Drs. 11/4610, 15 (zu § 5c GWB aF); Immenga in Immenga/Mestmäcker, 3. Aufl. 2001, § 4 Rn. 46; Nordemann/Grave in LMRKM Rn. 42.

[218] Vgl. Schneider in Bunte Rn. 37 mwN.

[219] Das BKartA TB 1976, 49, hat darin zu Recht keine Rationalisierung, sondern eine willkürliche Veränderung von Marktdaten gesehen.

[220] Immenga in Immenga/Mestmäcker, 3. Aufl. 2001, § 4 Rn. 30; Benisch in GK § 5b aF Rn. 10; Emmerich KartellR § 23 Rn. 12 (Kernbeschränkungen dürfen nicht im Vordergrund stehen); Nordemann/Grave in LMRKM Rn. 41 ff.; Schneider in Bunte Rn. 34.

[221] OLG Düsseldorf 20.6.2007, VI-Kart 14/06 (V), Kart 14/06 (V) Rn. 27 juris; Benisch in GK § 5b aF Rn. 6; BKartA, Merkblatt Mittelstandskooperationen (2007), Rn. 32; Emmerich KartellR § 23 Rn. 12; vgl. Bechtold Rn. 9 (Rationalisierungsbeitrag von isolierten Preisabreden „kaum denkbar").

[222] Vgl. BKartA 10.3.1976, WuW/E BKartA 1616 (1623) – Pallas; Nordemann in LMRKM § 3 Rn. 38; etwas weniger strikt Bunte in FK-KartellR Rn. 110.

[223] Vgl. zB BKartA TB 1976, 82 (85) zu einem von Fachverlagen vereinbarten gegenseitigen Gebietsschutz.

[224] Bechtold/Bosch GWB § 3 Rn. 9 aE (Freistellung „kaum vorstellbar").

[225] OLG Düsseldorf 20.6.2007, VI-Kart 14/06 (V), Kart 14/06 (V) Rn. 27 juris = WuW/E DE-R 2146 (2150) – Nord-KS/Xella; OLG Düsseldorf 25.10.2006 – VI Kart 14/06 (V), Kart 14/06 (V) 25.10.2006 = WuW/E DE-R 2081 (2084) – Kalksandsteinwerk; BKartA 25.10.2005 – B1 -248/04, WuW/E DE-V 1142 (1146) – Hintermauerziegelkartell; Nordemann/Grave in LMRKM Rn. 44; Immenga in Immenga/Mestmäcker, 3. Aufl. 2001, § 4 Rn. 30 (enge oder notwendig Verbindung mit der angestrebten Rationalisierungsmaßnahme); Benisch in GK § 5b aF Rn. 13 (zur Durchführung erforderliche wettbewerbsbeschränkende Zusatzabreden).

[226] Nordemann/Grave in LMRKM Rn. 44 aE.

Rationalisierung dienen und dadurch auf die Steigerung der Wettbewerbsfähigkeit zielen.[227] Gleiches gilt für die Verpflichtung zum ausschließlichen Vertrieb über die gemeinsame Verkaufsstelle (sog. Andienungszwang).[228] Dagegen ist zB eine starre Quotierung im Rahmen einer Auftragssteuerung mit dem Rationalisierungszweck nicht vereinbar.[229] Vielmehr wirken (feste) Absatzquotierungen rationalisierungshemmend, weil sie eine Auftragsvergabe unter Berücksichtigung der optimalen Kapazitätsauslastung, der geringsten Frachtkosten und Spezialisierungsvorteilen einzelner Partner behindern.[230] Das gilt in besonderem Maße, wenn bei Überschreitung der Quote Ausgleichszahlungen fällig werden und das Ziel der Kooperation vor allem darin besteht, bestehende Überkapazitäten in geordneter Weise wirtschaftlich auf die Mitglieder der Kooperation zu verteilen. Das BKartA betrachtet daher solche Vertriebskooperationen, deren **Hauptzweck** darin besteht, eine **Quotenregelung** aufrechtzuerhalten, als **unzulässig**.[231]

**3. Durch zwischenbetriebliche Zusammenarbeit.** Hinsichtlich der **Art und Weise**   62 **der Kooperation** besteht ein weiter Spielraum. Die zwischenbetriebliche Zusammenarbeit kann eine **Koordinierung** einzelner oder mehrerer Unternehmensfunktionen umfassen, sie kann aber auch in einer **Vergemeinschaftung oder Ausgliederung** bestehen.[232] Die frühere Ausklammerung der **Spezialisierung** aus dem Bereich der Mittelstandskartelle (§ 4 Abs. 1 GWB aF) – wegen des Vorrangs der Vorschrift über Spezialisierungskartelle in § 3 GWB aF – ist entfallen, so dass nunmehr auch die einseitige oder wechselseitige Konzentration auf die Herstellung bestimmter Produkte oder die Erbringung bestimmter Dienstleistungen von § 3 erfasst wird. Die bewusst weite Fassung des Gesetzes soll im Ergebnis **alle Formen unternehmerischer Kooperation** (mit Ausnahme isolierter Kartellabsprachen) erfassen, ohne dass insoweit bestimmte Anforderungen an Umfang, Intensität oder Dauer gestellt würden.[233]

**Besonderheiten** können sich allerdings **bei** der Gründung von **Gemeinschaftsunter-**   63 **nehmen** ergeben. Diese sind regelmäßig durch kooperative und konzentrative Elemente gekennzeichnet und unterliegen daher insoweit einer Doppelkontrolle nach den §§ 1 ff., 35 ff. GWB.[234] Etwas anderes gilt aber bei (rein) konzentrativen Gemeinschaftsunternehmen, die in ihrem Tätigkeitsbereich als eigenständige Planungseinheit mit allen wesentlichen Unternehmensfunktionen selbständig operieren (zB nach Ausgliederung und Übertragung ganzer Produktbereiche aus den Muttergesellschaften) und keine Koordinierung des Marktverhaltens der Muttergesellschaften untereinander bewirken.[235] Auf derartige Teilfusionen sind ausschließlich die Regeln der Zusammenschlusskontrolle (§§ 35 ff. GWB) anwendbar, sofern die relevanten Schwellenwerte überschritten sind.

---

[227] BKartA, Merkblatt Mittelstandskooperationen (2007), Rn. 32; konkrete Beispiele für zulässige Abreden über Preise und Konditionen in Vertriebsgemeinschaften: BKartA TB 1974, 72 – Brauereien; TB 1975, 81 – Fachübersetzer; TB 1978, 27 – Typenhäuser.

[228] BKartA 25.10.2005, WuW/E DE-V 1142 (1146) – Hintermauerziegelkartell.

[229] BKartA TB 1979/80, 91.

[230] BKartA, Merkblatt Mittelstandskooperationen (2007), Rn. 33; zulässig ist eine Auftragsverteilung unter den Mitgliedern eines Mittelstandskartells nach den Aspekten der bestehenden Kundenbindung, besonderen Kundenpräferenzen, Transportkosten (an das jeweils ortsnächste Mitglied) und der jeweiligen Auslastung der Produktionsbetriebe, vgl. BKartA 25.10.2005, WuW/E DE-V 1142 – Hintermauerziegelkartell.

[231] BKartA Fallbericht zu B1–241/04 – Transportbeton = BKartA TB 2009/2010, 76 (unzulässiges Quotenkartell von mittelständischen Transportbetonherstellern); BKartA, Merkblatt Mittelstandskooperationen (2007), Rn. 33.

[232] BKartA, Merkblatt Mittelstandskooperationen (2007), Rn. 30.

[233] Immenga in Immenga/Mestmäcker, 3. Aufl. 2001, § 4 Rn. 39; Schneider in Bunte Rn. 30; Bunte in FK-KartellR Rn. 42.

[234] S. nur BGH 1.10.1985, WuW/E BGH 2169 (2171) – Mischwerke; 8.5.2001, WuW/E DE-R 711 (715 f.) – Ost-Fleisch; vgl. auch Pampel in MüKoWettbR Rn. 49, der davon ausgeht, dass die deutsche Fusionskontrolle mangels Erfüllung der Größenvoraussetzungen in § 35 Abs. 1 GWB nur ausnahmsweise auf die Gründung von Gemeinschaftsunternehmen durch kleine und mittlere Unternehmen anwendbar sein dürfte.

[235] Vgl. allgemein zur Beurteilung von Gemeinschaftsunternehmen die Kommentierung bei Zimmer → GWB § 1 Rn. 166 ff., mwN.

**64**   Im Übrigen spielt die **Rechtsform der Zusammenarbeit,** insbesondere die Gesellschaftsform eines etwaigen gemeinschaftlichen Unternehmens, dagegen im Prinzip keine Rolle.[236] Für Einkaufsgenossenschaften gelten zB die gleichen Grundsätze wie für andere Rechtsformen der Einkaufskooperation;[237] genossenschaftsspezifische Besonderheiten, die etwa statutarische Wettbewerbsbeschränkungen (schon) dem Anwendungsbereich des § 1 GWB entzögen, sind nicht anzuerkennen.[238] Wettbewerbsverbote und andere Beschränkungen, die zur Erzielung der (vollen) Rationalisierungswirkungen erforderlich sind, können aber an der Freistellungswirkung des § 3 partizipieren.[239]

**65**   Die **Gegenstände oder Gebiete der Kooperation** können das gesamte Spektrum der betrieblichen Leistungserstellung einschließlich organisatorischer oder verwaltungsmäßiger Tätigkeiten umfassen, also insbesondere Einkauf, Produktion, Vertrieb, Werbung, Forschung und Entwicklung, Finanzierung und Verwaltung.[240] Häufigster Fall in der Praxis sind Vertriebsgemeinschaften.[241] Eines besonderen unternehmerischen Bezugs der Kooperation (als zusätzliches ungeschriebenes Tatbestandsmerkmal der zwischenbetrieblichen Zusammenarbeit) bedarf es nicht,[242] da **isolierte Produktionsverzichte oder Stilllegungen,** die nicht Teil einer leistungssteigernden Spezialisierungsvereinbarung sind, bereits mangels Rationalisierungswirkung nicht erfasst werden.[243]

**66**   Für **Einkaufsgemeinschaften** wurde mit der 5. GWB-Novelle 1989 die Sondervorschrift des § 5c GWB aF geschaffen, um auch solche Kooperationen freistellen zu können, bei denen die beteiligten Unternehmen bereits durch die bloße Zusammenfassung ihrer Nachfrage Vorteile erzielen (Mengenrabatte oder günstigere Konditionen infolge größerer Verhandlungsstärke) und auf diese Weise ihre Wettbewerbsfähigkeit steigern, ohne dass die Zusammenarbeit einen Rationalisierungserfolg bewirkt hat.[244] Im Zuge der 6. Novelle 1998 wurde die Vorschrift dann mit geringen Modifikationen (insbesondere Anmeldeerfordernis, Zulässigkeit eines über den Einzelfall nicht hinausgehenden Bezugszwangs) in § 4 Abs. 2 GWB aF verlagert.[245] Durch die **7. GWB-Novelle** ist diese **Sonderregelung für Einkaufskooperationen** dann **aufgehoben** worden. Zur Begründung verweisen die Gesetzesmaterialien[246] auf zwei Aspekte: zum einen den erweiterten Vorrang des europäischen Wettbewerbsrechts, der hier eine weitaus größere Rolle als bei sonstigen Mittelstandskartellen spiele, da Einkaufskooperationen in aller Regel über größere regionale Räume tätig seien und daher spürbare Auswirkungen auf den zwischenstaatlichen Handel

---

[236] Pampel in MüKoWettbR Rn. 45 (GbR und GmbH als am häufigsten gewählte Rechtsform); Emmerich KartellR § 23 Rn. 11.

[237] Vgl. dazu Ellger → GWB § 2 Rn. 164 ff.

[238] Vgl. zB BGH 17.5.1973, WuW/E BGH 1313 (1315) – Stromversorgungsgenossenschaft; 10.11.1992, BB 1993, 1899 – Taxigenossenschaft II; OLG Frankfurt a. M. 20.9.1982, WuW/E OLG 2771 (2772) – Taxi-Funk-Zentrale Kassel; BKartA TB 1978, 8. Nach der Immanenztheorie (dazu Zimmer → GWB § 1 Rn. 49 f.; Fuchs BB 1993, 1893 ff. mwN) sind nur solche Wettbewerbsbeschränkungen dem Kartellverbot entzogen, die für die Verfolgung eines kartellrechtsneutralen Hauptzwecks notwendig sind; bei den hier behandelten Mittelstandskooperationen liegt aber gerade im Gegenstand der Zusammenarbeit eine Wettbewerbsbeschränkung.

[239] Vgl. zB BKartA TB 1975, 81.

[240] BegrRegE, BT-Drs. VI/2520, 20; Immenga in Immenga/Mestmäcker, 3. Aufl. 2001, § 4 Rn. 37; Benisch in GK § 5b aF Rn. 7, 9 (mit Einzelbeispielen); Nordemann/Grave in LMRKM § 3 Rn. 46.

[241] Immenga in Immenga/Mestmäcker, 3. Aufl. 2001, § 4 Rn. 17, 42; vgl. zB BKartA 28.12.1977, WuW/E BKartA 1699 – Bimsbausteine III.

[242] So aber Kiecker in Langen/Bunte, 9. Aufl. 2001, § 4 aF Rn. 5.

[243] Vgl. Immenga in Immenga/Mestmäcker, 3. Aufl. 2001, § 4 Rn. 40 f. mwN; im Ergebnis übereinstimmend Nordemann/Grave in LMRKM § 3 Rn. 47; ähnlich, aber auf das Fehlen eines zweiseitigen gemeinsamen Vorgehens abstellend Schneider in Bunte § 3 Rn. 31; etwas anders als hier und dem Kriterium des unternehmerischen Bezugs größere Bedeutung zumessend Pampel in MüKoWettbR Rn. 48.

[244] BegrRegE, BT-Drs. 11/4610, 15; Immenga in Immenga/Mestmäcker, 3. Aufl. 2001, § 4 Rn. 46, 79.

[245] Näher zur Behandlung von Einkaufskooperationen nach § 4 Abs. 2 GWB aF: Immenga in Immenga/Mestmäcker, 3. Aufl. 2001, § 4 Rn. 73 ff. mwN; aus der jüngeren Rechtsprechung BGH 12.11.2002 – KZR 11/01, WuW/E DE-R 1087 ff. – Ausrüstungsgegenstände für Feuerlöschzüge, besprochen von K. Westermann ZWeR 2003, 481 ff.

[246] BegrRegE, BT-Drs. 15/3640, 26 f.

hätten; zum anderen die sehr großzügige Beurteilung von Einkaufskooperationen durch die Kommission nach Art. 101 AEUV, die für Bildung und Tätigkeit von Einkaufsgemeinschaften einen weitergehenden Spielraum als § 4 Abs. 2 GWB aF biete.

In der Tat nimmt die **Kommission** in ihren Horizontalleitlinien[247] an, dass Einkaufs- **67** gemeinschaften mit einem kumulierten Marktanteil der beteiligten Unternehmen von nicht mehr als 15 % sowohl auf den Einkaufs- wie Verkaufsmärkten regelmäßig schon nicht gegen Art. 101 Abs. 1 AEUV verstoßen, jedenfalls aber die Voraussetzungen des Art. 101 Abs. 3 AEUV erfüllen (Tz. 208).[248] Dabei wird auch ein über den Einzelfall hinausgehender Bezugszwang nicht als grundsätzlich unzulässig angesehen (Tz. 218). Allerdings können „Kosteneinsparungen infolge der bloßen Ausübung von Marktmacht der Parteien" im Rahmen des Art. 101 Abs. 3 AEUV keine Berücksichtigung finden.[249] Sie stellen keine von der europäischen Rechtsprechung geforderten objektiven Vorteile dar. Eine Freistellung ist aber möglich, solange (auch) machtunabhängige Leistungsgewinne realisiert werden, die (etwaige zusätzliche) machtbedingte Kosteneinsparungen überwiegen.[250] Zu beachten ist ferner, dass ein gewisses Maß an Nachfragemacht zur Erzielung von Kostenvorteilen beim gemeinsamen Einkauf von der Kommission im Rahmen ihres more economic approach bei der Beurteilung, ob eine Wettbewerbsbeschränkung nach Art. 101 Abs. 1 AEUV gegeben ist, eher als wettbewerbsförderlich erachtet wird, solange die Wettbewerbsverhältnisse die Kooperationspartner zur Weitergabe der nachfragemachtbedingten Kosteneinsparungen an die Abnehmer auf der nachfolgenden Marktstufe veranlassen.[251]

Legt man diese Beurteilungsgrundsätze der Kommission für Einkaufsgemeinschaften im **68** Rahmen des § 2 GWB nF (= Art. 101 Abs. 3 AEUV) zugrunde, dürften die Ergebnisse daher in der Tat insoweit vergleichbar sein mit der früheren Freistellung nach § 4 Abs. 2 GWB aF, die sich auf Einkaufskooperationen ohne Rationalisierungsgewinne bis zur Grenze der „wesentlichen Wettbewerbsbeeinträchtigung" erstreckte.[252] Führt der gemeinsame Einkauf im Einzelfall weitergehend (auch) zu **betrieblichen Effizienzsteigerungen** (zB durch die Einsparung von Transportkosten, Verkürzung der Lieferwege oder -fristen, sonstige Verbesserungen in der Logistik), die den Tatbestand der Rationalisierung wirtschaftlicher Vorgänge erfüllen, bleibt **auch § 3 GWB auf Einkaufskooperationen anwendbar.**[253]

Generell muss der **Rationalisierungserfolg** gerade auf der vereinbarten zwischen- **69** betrieblichen Kooperation beruhen („durch") und darf nicht nur auf Grund anderer Umstände eingetreten sein. Alleinige **Kausalität** ist allerdings nicht erforderlich; andere

---

[247] Rn. 194 ff.

[248] Vgl. auch vgl. LG Hannover 16.6.2011, 21 O 25/11 Rn. 20 – Einkaufskooperation für Grippeimpfstoff.

[249] So ausdrücklich Bekanntmachung der Kommission, Leitlinien zu Art. 81 Abs. 3 EG, Rn. 49. Damit hat die Kommission implizit klargestellt, dass die etwas unglücklich formulierte Passage zu Einkaufsgemeinschaften in den Horizontalleitlinien aus dem Jahre 2001 (ABl. 2001 C 3, 2, Rn. 132: keine Berücksichtigung von „Kosteneinsparungen, die allein durch die Ausübung von Macht verursacht werden und den Kunden keinen Vorteil erbringen" – Hervorhebung hinzugefügt), nicht so zu verstehen sein sollte, dass nachfragemachtbedingte Kosteneinsparungen in Form niedriger Einkaufspreise nur an die Kunden nachgeordneter Märkte weitergegeben werden müssten, um die Freistellungsvoraussetzungen des Art. 101 Abs. 3 AEUV zu erfüllen; im Ergebnis wie hier mit ausführlicher Begründung Mischitz S. 249 ff.

[250] Mischitz S. 251.

[251] Vgl. jetzt KOMM., Horizontalleitlinien, Rn. 207 ff.; deutlicher noch zuvor dies., Horizontalleitlinien 2001, ABl. 2001 C 3, S. 2 Rn. 126 ff. Zur sachlichen Berechtigung und Vereinbarkeit dieses Ansatzes mit der Rechtsprechung der europäischen Gerichte kann hier nicht Stellung genommen werden; vgl. dazu eingehend Mischitz S. 249 ff.; vgl. auch Fuchs → § 2 Rn. 164 ff.

[252] Ebenso Pampel in MüKoWettbR, 2. Aufl. 2012, § 3 Rn. 103.

[253] Dittrich S. 289–291; Nordemann/Grave in LMRKM Rn. 5; ebenso für § 5b GWB aF bzw. § 4 Abs. 1 GWB aF BegrRegE, BT-Drs. 11/4610, 15; Immenga in Immenga/Mestmäcker, 3. Aufl. 2001, § 4 Rn. 46; differenzierend und zweifelnd in Bezug auf die gemeinsame Zusammenfassung von Einkaufsvolumina Pampel in MüKoWettbR Rn. 43; ebenso zurückhaltend Säcker/Mohr WRP 2011, 793 (807), die im gemeinsamen Einkauf allein keinen Rationalisierungsgewinn iSd § 3 GWB sehen.

Faktoren können ebenfalls zum Rationalisierungserfolg beitragen.[254] Die angestrebten Rationalisierungswirkungen müssen zudem **bei allen an der Kooperation beteiligten Unternehmen** eintreten, wenn auch nicht unbedingt im gleichen Umfang.[255]

**70**    Die Kausalität kann **unmittelbar oder mittelbar** sein. Im erstgenannten Fall führt die Zusammenarbeit direkt den für § 3 GWB relevanten Rationalisierungserfolg durch Verbesserung des Verhältnisses von Aufwand und Ertrag herbei.[256] Von „mittelbarer Kausalität" lässt sich dagegen sprechen, wenn die Zusammenarbeit zunächst nur die Voraussetzungen dafür schafft, dass anschließend durch weitere Maßnahmen ein entsprechender Rationalisierungserfolg erzielt werden kann. Für die Anwendung des § 3 GWB ist insoweit eine „hinreichende Wahrscheinlichkeit" der Verwirklichung des Rationalisierungserfolgs zu fordern.[257] Auf diesem Wege können etwa auch Kernbeschränkungen wie Preisabsprachen ausnahmsweise von der Freistellung nach § 3 GWB profitieren, wobei es in der Praxis schwierig sein wird, hier die richtigen Grenzen zu verbotswürdigen Absprachen zu ziehen.[258] Die hier angesprochene Kausalitätsprüfung ist nicht identisch mit dem oben (→ Rn. 61) angesprochenen Merkmal des „unmittelbaren Zusammenhangs".[259]

**71**    **4. Verbesserung der Wettbewerbsfähigkeit kleiner oder mittlerer Unternehmen.** Die Kooperation muss nach § 3 Nr. 2 GWB dazu dienen, die Wettbewerbsfähigkeit kleiner oder mittlerer Unternehmen zu verbessern.[260] Dieses Erfordernis steht in einem unmittelbaren Sinnzusammenhang damit, dass Gegenstand der Vereinbarung die Rationalisierung wirtschaftlicher Vorgänge sein muss.[261] Da die Erzielung eines Rationalisierungserfolgs regelmäßig auch die Wettbewerbsfähigkeit des Unternehmens verbessert,[262] fragt es sich allerdings, welche zusätzliche Bedeutung diesem Merkmal im Freistellungstatbestand zukommt. Teilweise wird in der Literatur vertreten, § 3 Nr. 2 GWB besitze keine eigenständige Bedeutung.[263] Von anderer Seite verweist man insoweit vor allem auf die Notwendigkeit einer **kausalen Beziehung** zwischen dem angestrebten Rationalisierungseffekt und der Verbesserung der Wettbewerbsfähigkeit, wobei die angestrebte **Form der Rationalisierung im Einzelnen dargelegt** und nachgewiesen werden müsse.[264] Die aus der zwischenbetrieblichen Zusammenarbeit resultierenden Wettbewerbsbeschränkungen können somit nicht pauschal durch den Hinweis auf eine (lediglich) beabsichtigte Steigerung der Wettbewerbsfähigkeit gerechtfertigt werden. Vielmehr muss der **zu erwartende Eintritt konkreter Rationalisierungseffekte objektiv nachvollziehbar belegt** werden.[265] Die daraus resultierende Verbesserung der Wettbewerbsfähigkeit muss nicht der ausschließ-

---

[254] Schneider in Bunte Rn. 38.

[255] Immenga in Immenga/Mestmäcker, 3. Aufl. 2001, § 4 Rn. 34; Bunte in FK-KartellR Rn. 99; nur im Grundsatz übereinstimmend Nordemann/Grave in LMRKM § 3 Rn. 49 f., der Ausnahmen zulassen will, um etwa erforderlichenfalls eine Beteiligung von Großunternehmen zu ermöglichen; vgl. dagegen bereits → Rn. 55.

[256] Pampel in MüKoWettbR Rn. 35 (mit dem Beispiel einer Zusammenführung des Lagerwesens zweier Wettbewerber im Rahmen einer Vertriebskooperation).

[257] BKartA 3.11.1960 – B 5-327 395-H-279/60, WuW/E BKartA 271 (276) – Einheitshydraulik; Pampel in MüKoWettbR Rn. 36 ebenso Bunte in FK-KartellR Rn. 48.

[258] Ebenso Pampel in MüKoWettbR Rn. 36 mit Beispielen; vgl. auch Bunte in FK-KartellR Rn. 49.

[259] S. auch Nordemann/Grave in LMRKM Rn. 44, 48.

[260] In der Sache unterscheidet sich die Auslegung dieses Merkmals nicht von der vor der 6. GWB-Novelle in § 5b GWB aF verwendeten Formulierung von der „Steigerung der Leistungsfähigkeit", die ebenfalls eine Verbesserung der Wettbewerbsposition gegenüber den (größeren) Konkurrenten verlangte, vgl. Bechtold/Bosch Rn. 11; Immenga in Immenga/Mestmäcker, 3. Aufl. 2001, § 4 Rn. 23; Nordemann/Grave in LMRKM Rn. 67 ff.

[261] Immenga in Immenga/Mestmäcker, 3. Aufl. 2001, § 4 Rn. 24.

[262] So auch Emmerich KartellR § 23 Rn. 13; Schneider in Bunte Rn. 50; weitergehend für generelle Gleichsetzung Benisch in GK § 5b aF Rn. 22; Nordemann/Grave in LMRKM Rn. 67 f.

[263] So etwa Nordemann/Grave in LMRKM Rn. 69.

[264] Immenga in Immenga/Mestmäcker, 3. Aufl. 2001, § 4 Rn. 25.

[265] Ebenso Schneider in Bunte Rn. 50; ähnlich Nordemann/Grave in LMRKM Rn. 68 (Darlegung der Eignung des Kartells zur Förderung der Wettbewerbsfähigkeit auf Grund objektiver Gesichtspunkte mit hinreichender Wahrscheinlichkeit).

liche Zweck der Kooperation sein; erforderlich ist lediglich ein spürbarer Wirkungszusammenhang.[266]

Der enge Bezug zwischen Rationalisierung und Verbesserung der Wettbewerbsfähigkeit **72** verdeutlicht zudem den Normzweck des § 3 GWB, der darauf gerichtet ist, durch erweiterte Kooperationsmöglichkeiten vor allem größenbedingte Nachteile kleiner und mittlerer Unternehmen, die sich negativ auf ihre Wettbewerbsfähigkeit im Markt auswirken, auszugleichen. Daraus lassen sich auf Hinweise auf die inhaltlichen Anforderungen an die **Art der relevanten Rationalisierungswirkungen** ableiten. In der Sache geht es um die **Verbesserung des marktwirksamen Leistungspotentials** der beteiligten Unternehmen.[267] Dabei ist **kein strenger Beurteilungsmaßstab** anzulegen. Erfasst werden daher nicht nur solche Faktoren, die unmittelbar das Produktangebot oder den Marktauftritt der beteiligten Unternehmen betreffen, sondern neben Beschaffung, Produktion und Vertrieb auch alle sonstigen betriebsinternen Abläufe und Organisationsfragen, die den wirtschaftlichen Erfolg des Unternehmens beeinflussen können wie etwa Forschung und Entwicklung, Finanzierung und Verwaltung.[268]

Als Verbesserung der Wettbewerbsfähigkeit sind daher neben der Ausweitung der Pro- **73** duktion oder Verbreiterung des Sortiments, der Erhöhung der Qualität, Verkürzung der Lieferwege oder -fristen auch die rationellere Gestaltung der Einkaufs- oder Vertriebsorganisation, die Frachtkosten sparende Auftragslenkung oder gemeinsame Verwendung kostspieliger Werbemittel zu nennen.[269] Weitere **Beispiele aus der Praxis des BKartAs** umfassen Kooperationen in der Logistik mit einer Konzentration der Lagerhaltung, einem Informations- und Erfahrungsaustausch zur Prozessoptimierung und einheitlichem Marktauftritt von Getränkefachgroßhändlern gegenüber dem Einzelhandel,[270] die Harmonisierung von Beförderungsbedingungen und fahrplanmäßige Verknüpfung von Linienfahrten in der Personenbinnenschifffahrt,[271] die Einrichtung eines gemeinschaftlichen Kunden- und Reparaturdienstes oder die Gründung eines Gemeinschaftsunternehmens durch dreizehn mittelständische Hersteller von Bau-Fertigteilen zwecks zentraler Annahme von Aufträgen sowie Koordinierung von Einkäufen, Transporten und Lagerhaltung.[272]

Der Tatbestand des § 3 GWB verlangt nach seinem Wortlaut kein bestimmtes **Gewicht 74 des Rationalisierungserfolgs:** Bei Mittelstandskartellen kommt es weder auf eine wesentliche Verbesserung der Wettbewerbsfähigkeit noch auf ein angemessenes Verhältnis zwischen Wettbewerbsbeschränkung und Rationalisierungserfolg an, wie es der frühere § 5 Abs. 1 GWB aF bei Rationalisierungskartellen forderte. Das deutet auf relativ geringe Anforderungen an die Verbesserung der Wettbewerbsfähigkeit hin. Auf der anderen Seite dürfen die durch eine wettbewerbsbeschränkende Zusammenarbeit erzielten Vorteile aber auch nicht nur marginal oder von ganz untergeordneter Bedeutung sein.[273] Die Freistellung eines an sich verbotenen Kartells ist nur gerechtfertigt, wenn dadurch die **Wettbewerbssituation** im Markt zugunsten der mittelständischen Unternehmen **zumindest spürbar verbessert** wird. Zudem darf **das Gewicht der Wettbewerbsbeschränkung nicht außer Verhältnis** zu dem erstrebten Rationalisierungserfolg und seiner Bedeutung für die

---

[266] Immenga in Immenga/Mestmäcker, 3. Aufl. 2001, § 4 Rn. 28; Bunte in FK-KartellR GWB 1999 § 4 Rn. 46; Nordemann/Grave in LMRKM Rn. 68 aE; vgl. auch BKartA 25.7.1968, WuW/E BKartA 1225 (1229) – Krawattenstoff-Submission (ein nicht unbedeutender Teil der Verbesserung muss auf die Kooperation zurückzuführen sein).

[267] Schneider in Bunte Rn. 50.

[268] Vgl. für eine ausführliche Aufstellung der vielfältigen Rationalisierungsaspekte mit Nachweisen aus der Praxis des BKartA Bunte in FK-KartellR Rn. 61 ff.

[269] Vgl. Immenga in Immenga/Mestmäcker, 3. Aufl. 2001, § 4 Rn. 29 mN aus der früheren Verwaltungspraxis des BKartAs.

[270] Hierzu und zum Folgenden BKartA, Merkblatt Mittelstandskooperationen (2007), Rn. 39.

[271] Vgl. näher BKartA TB 1999/2000, 154.

[272] BKartA, Merkblatt Mittelstandskooperationen (2007), Rn. 39.

[273] Vgl. Kapteina S. 105; Schneider in Bunte Rn. 51; Teichmann WuW 1974, 449 (450). Bunte in FK-KartellR Rn. 114 ff. plädiert insofern trotz des geänderten Wortlauts dafür, wie bisher das angemessene Verhältnis von Rationalisierungserfolg und der Wettbewerbsbeschränkung zu prüfen.

gesteigerte Wettbewerbsfähigkeit der Unternehmen stehen. Eine derart **eingeschränkte Abwägung** jedenfalls im Sinne einer Negativkontrolle (statt des Erfordernisses einer positiven Darlegung eines angemessenen Verhältnisses wie bei § 5 Abs. 1 S. 2 GWB aF) ist auch im Rahmen des § 3 GWB unverzichtbar.[274] Darüber hinaus sorgt eine normzweckorientierte Auslegung der übrigen Tatbestandsmerkmale und insbesondere die Grenze der „wesentlichen Beeinträchtigung des Wettbewerbs" dafür, dass der Einsatz der Wettbewerbsbeschränkung statt des Wettbewerbs als Mittel zur Rationalisierung beschränkt bleibt.

75    Umstritten ist, ob die Verbesserung der Wettbewerbsfähigkeit ausschließlich **auf kleine und mittlere Unternehmen begrenzt** bleiben muss oder ob auch Großunternehmen von der Zusammenarbeit profitieren dürfen. Die bislang hM hält entgegen der hier vertretenen und bereits → Rn. 56 näher begründeten Auffassung eine Beteiligung von Großunternehmen schon dann für zulässig, wenn sie zur Erzielung der erstrebten Kooperationsvorteile für die kleinen und mittleren Unternehmen erforderlich ist, und nimmt es damit hin, dass auch diese Kartellmitglieder gefördert werden. Dem ist jedoch wegen Verstoßes gegen den Normzweck des § 3 GWB zu widersprechen. Eine **Teilnahme von Großunternehmen** an Mittelstandskooperationen ist vielmehr **grundsätzlich abzulehnen** und kommt allenfalls in ganz eng begrenzten Ausnahmefällen in Betracht, sofern das fragliche Unternehmen nicht zu den im Markt führenden Wettbewerbern zählt und durch die Kooperation selbst gewisse Defizite in seiner Wettbewerbsfähigkeit zu kompensieren hat (vgl. → Rn. 56). Nur dann lässt sich die teilweise (zB bei Kernbeschränkungen) weitergehende Legalisierung von Wettbewerbsbeschränkungen mit dem für § 3 GWB maßgeblichen Gedanken des strukturellen Nachteilsausgleichs rechtfertigen. In allen anderen Fällen ist dagegen eine Freistellung von Kooperationen unter Beteiligung von Großunternehmen nur über die Anwendung des § 2 GWB möglich.

## III. Keine wesentliche Beeinträchtigung des Wettbewerbs auf dem Markt

76    **1. Allgemeine Grundsätze.** Mittelstandskartelle beschränken (definitionsgemäß) den Wettbewerb zwischen den kooperierenden Unternehmen, sollen diese aber in die Lage versetzen, besser mit ihren größeren Konkurrenten auf dem Markt in Wettbewerb treten zu können. Die **Gefahr** von Mittelstandskooperationen liegt vor allem darin, dass sie zu einer Erhöhung der Marktzutrittsschranken führen und den **Wettbewerbsdruck im Markt insgesamt** eher **vermindern.** Dies ist insbesondere dann zu befürchten, wenn sich „zu viele" Teilnehmer in ihnen zusammenschließen. Das Gesetz verlangt daher, dass der Wettbewerb durch die Kooperationsvereinbarung „nicht wesentlich beeinträchtigt" werden darf. Dieser sog. **„Wettbewerbsklausel",** die an die Außenwirkungen der Kartellvereinbarung anknüpft,[275] kommt eine **zentrale Funktion** im Tatbestand des § 3 GWB zu:[276] Sie markiert die entscheidende Grenze zwischen noch zulässiger, weil leistungssteigernder Kooperation und dem prinzipiellen Kartellverbot des § 1 GWB. Damit unterstreicht sie einerseits die Grundentscheidung des Gesetzgebers, dass Rationalisierung durch Wettbewerb und nicht durch Wettbewerbsbeschränkung anzustreben ist, und sorgt andererseits durch die Aufrechterhaltung hinreichenden Wettbewerbsdrucks dafür, dass die im Wege zwischenbetrieblicher Zusammenarbeit erzielten Rationalisierungsgewinne an die Nachfrager weitergegeben werden.[277]

77    Das Merkmal der **wesentlichen Wettbewerbsbeeinträchtigung** ist **zwischen** den Grenzen der **Spürbarkeit** einerseits **und** der **Marktbeherrschung** andererseits anzusie-

---

[274] Generell für Abwägung zwischen dem Gewicht der Wettbewerbsbeschränkung und der Bedeutung des Rationalisierungserfolgs Immenga in Immenga/Mestmäcker, 3. Aufl. 2001, § 4 Rn. 31; Pampel in MüKoWettbR Rn. 37 f. mit Betonung der Notwendigkeit „qualitativer Anforderungen an den Rationalisierungserfolg"; dagegen Herresthal S. 44.

[275] Schneider in Bunte Rn. 53.

[276] So schon Bericht des Wirtschaftsausschusses, BT-Drs. 7/765, 3; Teichmann WuW 1974, 449 (451).

[277] Immenga in Immenga/Mestmäcker, 3. Aufl. 2001, § 4 Rn. 49.

deln.[278] Es kann erfüllt sein, obwohl noch funktionsfähiger Wettbewerb in erheblichem Umfang fortbesteht.[279] Ob die durch die Kooperation verursachte Wettbewerbsbeschränkung „wesentlich" ist, kann nicht anhand starrer, abstrakter Kriterien festgestellt werden, sondern setzt eine **umfassende Beurteilung im Einzelfall** voraus:[280] Erforderlich ist eine Prüfung **der gesamten Auswirkungen** der Kooperationsvereinbarung **auf die konkreten Wettbewerbsbedingungen im relevanten Markt** anhand quantitativer wie qualitativer Kriterien. Dazu sind die (hypothetischen) Wettbewerbsverhältnisse mit und ohne Kooperation zu vergleichen.[281] Insoweit wird es im Rahmen gerichtlicher oder behördlicher Verfahren regelmäßig auf ökonomischen Sachverstand und marktbezogene Gutachten ankommen.[282] Für die wertende Gesamtabwägung ist auch die mittelstandspolitische Zielsetzung des Gesetzgebers zu berücksichtigen.[283] Danach darf durch die Kooperation keine Unternehmensgruppe entstehen, „deren Marktstärke wesentlich über derjenigen ihrer Wettbewerber liegt"; vielmehr muss die Vereinbarung „eine **ausgewogene Wettbewerbsstruktur** auf den betroffenen Märkten fördern oder bestehen lassen".[284] Die **Zulässigkeitsgrenze** endet jedenfalls (deutlich) **unterhalb der Marktbeherrschungsschwelle.**[285]

**2. Konkretisierung der wettbewerblichen Grenze.** In erster Linie kommt es auf die **Marktstellung** der an der Kooperation beteiligten Unternehmen (im Vergleich zu ihren Wettbewerbern) an.[286] Zu den wichtigsten **quantitativen Kriterien** zählt dabei der **Marktanteil,** doch können insoweit auch andere Faktoren der Marktstruktur wie die **Markttransparenz** oder die Existenz von **Marktzutrittsschranken** und potentiellem Wettbewerb eine wichtige ergänzende Rolle spielen. Zu den relevanten Marktbedingungen können auch die Marktphase, die Intensität wettbewerblicher Aktivitäten der Außenseiter oder die Kumulation von Kartellen auf gleichen oder benachbarten Märkten sein.[287] Nicht zu berücksichtigen als quantitatives Merkmal der Wettbewerbsbeeinträchtigung ist dagegen die etwaige Gegenmacht von Marktteilnehmern (zB der öffentlichen Hand).[288] Bei konzernabhängigen Unternehmen sind nicht nur bei der Frage der Qualifikation als KMU die Umsätze des Gesamtkonzerns zugrundezulegen, sondern auch für die Beurteilung der Marktstellung die Einbindung in den **Gesamtkonzern als wirtschaftlicher Einheit** zu berücksichtigen und damit etwaige Marktanteile anderer Konzernunternehmen dem an der Kooperation teilnehmenden abhängigen Unternehmen zuzurechnen.[289]

78

---

[278] Allg. Ansicht, vgl. nur Nordemann/Grave in LMRKM § 3 Rn. 59.

[279] Vgl. Bericht des Wirtschaftsausschusses, BT-Drs. 7/765, 3 („Eine wesentliche Beeinträchtigung des Wettbewerbs kann auch dann vorliegen, wenn ein wesentlicher Wettbewerb fortbesteht."); KG 10.7.1985 –, WuW/E OLG 3663 (3669) – Mischgutherstellung; Immenga in Immenga/Mestmäcker, 3. Aufl. 2001, § 4 Rn. 57; Kling/Thomas § 19 Rn. 205 mwN.

[280] OLG Frankfurt a. M. 20.9.1982, 6 VA 1/82, WuW/E OLG 2771 (2774) – Taxi-Funk-Zentrale Kassel; KG 10.7.1985, Kart 26/83, WuW/E OLG 3663 (3669) – Mischgutherstellung; Bechtold GWB § 3 Rn. 10; Kling/Thomas § 19 Rn. 205; ebenso Schneider in Bunte Rn. 56 (wertende Betrachtung der konkreten Marktverhältnisse im Einzelfall); Bunte in FK-KartellR Rn. 107 (Gesamtwürdigung nach Lage des Einzelfalls).

[281] Ausführlich Pampel in MüKoWettbR § 3 Rn. 51 mit Hinweis auf verschiedene ökonometrische Indikatoren und mit ihrer Anwendung verbundenen Schwierigkeiten; ähnlich Bunte in FK-KartellR Rn. 107 („Veränderungsfaktor" entscheidend, dh der Grad der Beeinträchtigung des Wettbewerbs durch die Kooperation, nicht der Grad des verbleibenden Wettbewerbs).

[282] Siehe dazu die sogleich ab → Rn. 78 ff. beschriebenen Kriterien; vgl. auch Schneider in Bunte Rn. 58 mit dezidierter Kritik in Bezug auf die Verlässlichkeit ökonometrisch gewonnener Erkenntnisse für die wettbewerbsrechtliche Beurteilung.

[283] Bechtold/Bosch Rn. 10.

[284] BMWi, Kooperationsfibel (1976), Abschnitt III. 1.4 (Hervorhebung hinzugefügt).

[285] Benisch in GK § 5b aF Rn. 16; Nordemann in LMRKM § 3 Rn. 60f. mwN; Schneider in Bunte Rn. 62; wohl auch Bunte in FK-KartellR Rn. 108 („sicherlich über der Spürbarkeitsgrenze").

[286] BMWi, Kooperationsfibel (1976), Abschnitt III. 1.4; vgl. LG Hannover 16.6.2011 – 21 O 2511 Rn. 20 – Einkaufskooperation für Grippeimpfstoff.

[287] Vgl. Benisch in GK § 5b aF Rn. 18.

[288] Immenga in Immenga/Mestmäcker, 3. Aufl. 2001, § 4 Rn. 59; vgl. auch LKartB NRW 15.8.1978, WuW/E LKartB 196 – Verkehrszeichen; Teichmann WuW 1974, 449 (452); aA BKartA TB 1981/82, 71; Benisch in GK § 5b aF Rn. 18; Kapteina S. 170 ff.

[289] Immenga in Immenga/Mestmäcker, 3. Aufl. 2001, § 4 Rn. 63.

79    Insbesondere die hohe Bedeutung der Marktanteile im Rahmen der quantitativen Bestimmung der Marktstellung der Kooperationsteilnehmer verweist auf die Notwendigkeit, den relevanten **Markt in sachlicher, räumlicher und zeitlicher Hinsicht abzugrenzen.** Insoweit gelten die allgemeinen Grundsätze, auf die hier verwiesen sei.[290] Zu erinnern ist in diesem Zusammenhang an die oft vorentscheidende Bedeutung der Marktabgrenzung für die Einschätzung des wettbewerbsgefährdenden Potentials der Kooperation. Bei der sachlichen Marktabgrenzung nach dem herrschenden Bedarfsmarktkonzept ist zu berücksichtigen, dass die **Substituierbarkeit bestimmter Güter aus der Sicht verschiedener Marktstufen** sehr unterschiedlich sein kann: So können für „manche nachgelagerte Wirtschaftsstufe – so z. B. für den Handel und die Weiterverarbeitung – vielfach geringere Substitutionsmöglichkeiten als für den Endnachfrager bestehen".[291] Angesichts aktueller wettbewerbspolitischer Tendenzen einer Orientierung des Wettbewerbsschutzes an der „Verbraucherwohlfahrt"[292] ist die Gefahr nicht von der Hand zu weisen, dass der Anspruch anderer Marktteilnehmer auf Schutz vor Vermachtung der ihnen vorgelagerten Wirtschaftsstufen zunehmend aus dem Blickfeld gerät.

80    Besondere Bedeutung kommt auch der **räumlichen Marktabgrenzung** zu. Von ihr hängt einerseits maßgeblich die Anwendbarkeit des europäischen Kartellrechts und damit die Reichweite der Privilegierung nach § 3 ab, da eine Eignung zur spürbaren Beeinträchtigung des zwischenstaatlichen Handels wohl nur bei regionalen und lokalen Kartellen grundsätzlich ausscheidet.[293] Andererseits kann bei einer zu engen Abgrenzung des räumlichen Marktes schnell die Grenze der wesentlichen Wettbewerbsbeeinträchtigung überschritten sein, so dass eine Anwendung des § 3 aus diesem Grund ausscheidet. In aller Regel wird bei der räumliche Marktabgrenzung auf das Gebiet abgestellt, in das die Kooperationspartner üblicherweise liefern, wobei gelegentliche Lieferungen in weiter entfernte Orte außer Betracht bleiben.[294] Bei transportintensiven Gütern wie Beton, Steine und Erden wird grundsätzlich ein Gebiet von etwa 50 km im Umkreis des Standorts zugrundegelegt.[295] Bestehen erhebliche **Differenzen in der Absatzdichte** zwischen unterschiedlichen Regionen des Bundesgebiets, stellt das BKartA nicht auf den insgesamt niedrigen Durchschnittsanteil, sondern auf die hohen Marktanteile auf einzelnen Regionalmärkten ab.[296] Denn es widerspreche bereits Sinn und Zweck der Freistellungsnorm, wenn das Kartell auf einem wesentlichen Teil des räumlichen Gesamtmarktes den Wettbewerb wesentlich beeinträchtige.[297] Voraussetzung ist allerdings, dass sich die Zusammenarbeit gerade auf die wichtigsten Absatzgebiete bezieht; konzentriert sich die Kooperation dagegen lediglich auf die noch sehr schwache Stellung auf den „Restmärkten", wäre die Zusammenarbeit mit dem Zweck der Privilegierung von Mittelstandskartellen vereinbar.[298]

81    Die **qualitative Bedeutung der Wettbewerbsbeschränkung** erschließt sich zum einen aus der Art der betroffenen Wettbewerbsparameter, wobei Vereinbarungen über

---

[290] Vgl. dazu ausführlich Fuchs § 18 Rn. 30 ff.

[291] BKartA TB 1976, 13; vgl. auch Benisch in GK § 5b aF Rn. 14; Immenga in Immenga/Mestmäcker, 3. Aufl. 2001, § 4 Rn. 52 f. jeweils mwN aus der Kartellamtspraxis.

[292] Das gilt insbesondere für das wettbewerbspolitische Konzept der Kommission, die in den letzten Jahren die Bedeutung des Wettbewerbsschutzes für die Konsumentenwohlfahrt betont hat und vielfach schädliche Wettbewerbsbeschränkungen erst annimmt, wenn nachteilige Wirkungen auf die Verbraucher zu befürchten sind; dieser Paradigmenwechsel ist zuletzt in besonderem Maße in den Diskussionen zur stärkeren Berücksichtigung ökonomischer Kriterien im Rahmen des Art. 102 AEUV zu beobachten (dazu Wirtz/Möller WuW 2006, 226 (233 f.), Kling/Thomas § 2 Rn. 40 ff. mwN). Näher zu den Konzepten des consumer welfare approach und des total welfare approach (Gesamtwohlfahrtsansatz) Schwalbe/Zimmer, Kartellrecht und Ökonomie, 3. Aufl. 2021, S. 14, 438 ff.; Schmidtchen WuW 2006, 6 (10 ff.) jeweils mwN.

[293] Vgl. zur Konkretisierung der Zwischenstaatlichkeitsklausel → Rn. 22 ff.

[294] Vgl. BKartA TB 1976, 43 – Zement; Benisch in GK § 5b aF Rn. 15.

[295] Veltins DB 1978, 239 (241); Immenga in Immenga/Mestmäcker, 3. Aufl. 2001, § 4 Rn. 55.

[296] BKartA 28.12.1977, WuW/E BKartA 1699 (1700) – Bimsbausteine.

[297] Ebenso OLG Stuttgart 17.12.1982, 2 Kart 3/82, WuW/E OLG 2807 (2810) – gebrochener Muschelkalkstein aA Knöpfle BB 1986, 2346 (2354).

[298] So Immenga in Immenga/Mestmäcker, 3. Aufl. 2001, § 4 Rn. 56.

Preise und Rabatte generell als besonders schwerwiegend angesehen werden, während die Koordination von Werbemaßnahmen oder F&E als weniger gravierend gelten.[299] Zum anderen kommt es für die Feststellung des Grades der mit der Kooperation verbundenen Wettbewerbsbeschränkung auf Umfang, Intensität und Dauer der Einschränkung von Handlungsfreiheiten an. Ferner ist auch die Existenz von Substitutionswettbewerb zu berücksichtigen.[300]

Die Wesentlichkeit der Wettbewerbsbeschränkung ergibt sich aus dem **Zusammen-** 82 **wirken beider Aspekte:** Wenn **wichtige Wettbewerbsparameter** wie Preise, Mengen, Vertriebsgebiete betroffen sind, ist die **kritische Grenze** für eine wesentliche Wettbewerbsbeschränkung in der Vergangenheit bei einem **Marktanteil von 10–15 %** angesiedelt worden.[301] **In anderen Fällen** sollen Mittelstandskartelle dagegen **wesentlich höhere Marktanteile** haben und ggf. sogar die gesamte Branche umfassen können.[302] Letzteres soll etwa gelten, wenn Kooperationsgegenstand nur die Werbung ist, ohne dass weitere für den Wettbewerb wichtige Parameter wie Preise, Konditionen oder Produktqualitäten abgesprochen werden.[303] Eine Anhebung der Schwelle der „wesentlichen Wettbewerbsbeschränkung" muss allerdings ausscheiden, wenn wichtige Wettbewerbsparameter bereits aus anderen Gründen beschränkt sind, zB weil hoheitliche Tarifgestaltungen keinen Preiswettbewerb zwischen Beförderungsunternehmen zulassen.[304] Andere sehen die Grenze erst dann als erreicht an, wenn die Gefahr besteht, dass sich ein enges Oligopol bildet.[305]

Ist der von der Kooperation betroffene **Markt bereits vermachtet,** schließt das die 83 Freistellung einer Mittelstandskooperation nicht ohne weiteres aus. Denn im Rahmen des § 3 kommt es auf den Grad der Beeinträchtigung des Wettbewerbs, nicht auf das Ausmaß des verbleibenden Wettbewerbs an.[306] Keine wesentliche Beeinträchtigung des noch vorhandenen Wettbewerbs, sondern dessen Belebung kann etwa eintreten, wenn die Kooperationsmitglieder durch die gemeinsame Rationalisierung gegenüber dem marktbeherrschenden Unternehmen wettbewerbsfähig(er) werden.[307] Angesichts der besonderen Schutzwürdigkeit des Restwettbewerbs sind an die nicht wesentliche Beeinträchtigung allerdings strengere Anforderungen zu stellen als bei wirksamem Wettbewerb im Markt.

---

[299] Vgl. zB Kling/Thomas KartellR § 19 Rn. 205; zu Recht teilweise weitergehend Immenga in Immenga/Mestmäcker, 3. Aufl. 2001, § 4 Rn. 60, der ausdrücklich auch Qualitäten, Einkauf und Vertrieb zu den wesentlichen Parametern rechnet.

[300] BMWi, Kooperationsfibel (1976), Abschnitt III. 1.4.

[301] Vgl. zB OLG Stuttgart 17.12.1982, 2 Kart 3/82, WuW/E OLG 2807 (2810) – gebrochener Muschelkalkstein; auch nach neuem Recht bestätigt durch BKartA 25.10.2005, B1-248/04, WuW/E DE-V 1142 (1146) – Hintermauerziegelkartell; BKartA, Merkblatt Mittelstandskooperationen (2007), Rn. 25; Kling/Thomas KartellR § 19 Rn. 205; Bunte in FK-KartellR Rn. 105 ff.; Rißmann WuW 2006, 881 (888); einschränkend Bechtold/Bosch Rn. 10 (Grenze gilt nur, wenn auch die Preisgestaltung betroffen ist) unter Hinweis auf Bericht des Wirtschaftsausschusses, BT-Drs. 7/765, 3. Dort wird zwar nur die Absprache von Preisen, Rabatten oder anderen Preisbestandteilen erwähnt, die Aufzählung ist jedoch ausdrücklich nicht abschließend („z. B."). Nach BMWi, Kooperationsfibel (1976), Abschnitt III. 1.4 aE „kann je nach Lage des einzelnen Falles eine höhere Schwelle gerechtfertigt sein, zB wenn an dem betreffenden Markt ein oder mehrere marktstarke Unternehmen tätig oder potentielle Wettbewerber vorhanden sind"; vgl. zur neueren Rechtsprechung LG Hannover 16.6.2011, 21 O 25/11 Rn. 20 – Einkaufskooperation für Grippeimpfstoff.

[302] Vgl. Bericht des Wirtschaftsausschusses, BT-Drs. 7/765, 3; Bunte in FK-KartellR Rn. 107; Kling/Thomas KartellR, 1. Aufl. 2007, § 19 Rn. 205 mwN; deutlich zurückhaltender allerdings BKartA, Merkblatt Mittelstandskooperationen (2007), Rn. 35 (Marktanteil kann in diesen Fällen „auch oberhalb der Schwelle von 15 % liegen"); gegen die Zulassung branchenumfassender Absprachen Salje S. 95; Veltins DB 1983, 1477 (1479).

[303] OLG Frankfurt a. M. 20.9.1982, WuW/E OLG 2771 (2774) – Taxi-Funk-Zentrale Kassel.

[304] Vgl. Veltins DB 1983, 1477 (1479); Immenga in Immenga/Mestmäcker, 3. Aufl. 2001, § 4 Rn. 61 („Bedenken").

[305] Vgl. Herresthal S. 65; vgl. auch BKartA 1.6.1989 – B 5-791000-Ib-220/88, WuW/E BKartA 2384 (2391) – German Parcel Paket-Logistik.

[306] Vgl. Bunte in FK-KartellR § 3 Rn. 107.

[307] Benisch in GK § 5b aF Rn. 21; Teichmann WuW 1974, 449 (460); Nordemann/Grave in LMRKM Rn. 63.

84    Entscheidend ist letztlich immer eine **abwägende Gesamtschau** der maßgeblichen qualitativen wie quantitativen Kriterien, zwischen denen eine Wechselwirkung besteht.[308] Je nach den Marktverhältnissen kann auch die Bedeutung einzelner Aktionsparameter für das Wettbewerbsgeschehen durchaus unterschiedlich sein, so dass die Abgrenzung, welcher Parameter in concreto schutzwürdiger als ein anderer ist, schwierig sein kann.[309] Bei homogenen Produkten mit geringer Preiselastizität wird etwa dem Service oft entscheidende Bedeutung zukommen.

85    **Nicht unproblematisch** erscheint, dass das BKartA auch unter der neuen Vorschrift des § 3 offenbar unverändert an seiner früheren Praxis zu Mittelstandskartellen festhalten will, obwohl es gleichzeitig im Bereich der Spürbarkeit weitgehend dem Vorbild der Kommission folgt und eine **Anhebung der Bagatellschwelle** befürwortet. In seinem noch immer aktuellem Merkblatt zu Mittelstandskooperationen vom März 2007 verweist das BKartA unverändert pauschal auf seine bestehende Verwaltungspraxis, nach der „die kritische Grenze für eine wesentliche Beeinträchtigung des Wettbewerbs in der Regel bei einem Marktanteil von 10–15 % liegt".[310] Das gelte „in jedem Fall für Absprachen über wesentliche Wettbewerbsparameter wie etwa die Festsetzung von Verkaufspreisen, Rabatten oder sonstigen Preisbestandteilen".[311] Bei Absprachen über „qualitativ weniger bedeutsame Parameter" könne der Marktanteil der Beteiligten dagegen „auch oberhalb einer Schwelle von 15 % liegen".[312] Gleichzeitig hat das BKartA jedoch in seiner jüngsten Bagatellbekanntmachung[313] in Anlehnung an die de minimis-Bekanntmachung der Kommission[314] die Schwellen für die Einleitung eines behördlichen Verfahrens[315] generell auf einen Marktanteil der Kooperationsbeteiligten von in der Regel 10 % (insgesamt) bei horizontalen und 15 % (auf jeder Marktstufe) bei vertikalen Kooperationen angehoben.[316] Ist die Existenz kumulativer Marktabschottungseffekte durch nebeneinander bestehende Netze von gleichartigen Vereinbarungen verschiedener Lieferanten oder Händler zu befürchten, beträgt die Marktanteilsschwelle jeweils 5 %.[317] Bei Vorliegen von Kernbeschränkungen gelten die Bagatellgrundsätze dagegen nicht.[318] Das BKartA geht allerdings bei Einkaufskooperationen

---

[308] Im Grundsatz allg. Ansicht, vgl. nur Immenga in Immenga/Mestmäcker, 3. Aufl. 2001, § 4 Rn. 62; Nordemann/Grave in LMRKM Rn. 60; Pampel in MüKoWettbR Rn. 37 f.; Schneider in Bunte § 3 Rn. 59 jeweils mwN; ebenso Benisch in GK § 5b aF Rn. 17 ff., der sich aber gegen die faktische Fixierung einer relativ starren „kritischen Grenze" und die fast ausschließliche Fokussierung auf den Marktanteil als Beurteilungskriterium in der Kartellamtspraxis wendet. Den wertenden Charakter der Beurteilung betont auch Schneider in Bunte Rn. 56, 58, der sich zudem gegen übertriebene Anforderungen an die Darlegung einer wesentlichen Wettbewerbsbeeinträchtigung und insbesondere „gegen die in Mode gekommene Anwendung ökonometrischer Methoden" wendet und deren Verlässlichkeit für die wettbewerbsrechtliche Beurteilung anzweifelt.

[309] Vgl. Benisch in GK § 5b aF Rn. 20.

[310] BKartA, Merkblatt Mittelstandskooperationen (2007), Rn. 35.

[311] BKartA, aaO.

[312] BKartA, aaO.

[313] Bekanntmachung Nr. 18/2007 des Bundeskartellamtes über die Nichtverfolgung von Kooperationsabreden mit geringer wettbewerbsbeschränkender Bedeutung („Bagatellbekanntmachung") vom 13.3.2007, abrufbar unter www.bundeskartellamt.de.

[314] ABl. 2001 C 368, 13.

[315] Zutreffend wird hervorgehoben, dass die Bagatellbekanntmachung nur dazu diene, die Ermessensgrundsätze festzulegen, nach denen wegen Geringfügigkeit von einer Verfahrenseinleitung regelmäßig abgesehen werde, während nicht ausgeschlossen sei, dass gleichwohl eine Zuwiderhandlung gegen § 1 oder Art. 101 AEUV gegeben sei.

[316] BKartA, Bagatellbekanntmachung (2007), Rn. 7–9. Dies entspricht offenbar auch den Intentionen des Gesetzgebers, vgl. BegrRegE, BT-Drs. 15/3640, 28 mit dem Hinweis auf die de minimis-Bekanntmachung der Kommission und die Einbindung des § 3 GWB in den europäischen Kontext. Dazu ebenfalls kritisch – ua mit Hinweis auf die fehlende rechtliche Bindungswirkung der de minimis-Bekanntmachung für nationale Behörden und Gerichte – Pampel in MüKoWettbR Rn. 29.

[317] BKartA, Bagatellbekanntmachung (2007), Rn. 11.

[318] Vgl. BKartA, Bagatellbekanntmachung (2007), Rn. 13–15; als Kernbeschränkungen werden definiert die Festsetzung von Preisen oder Preisbestandteilen beim Einkauf oder Verkauf sowie die Beschränkung von Produktion, Bezug oder Absatz, insbesondere durch die Aufteilung von Versorgungsquellen, Märkten oder Abnehmern. Dabei wird – anders als in Rn. 11 der de minimis-Bekanntmachung der Kommission

davon aus, dass eine Freistellung nach Art. 101 Abs. 3 AEUV bzw. § 2 GWB bei einem gemeinsamen Marktanteil von unter 15 % auf den betroffenen Einkaufs- bzw. Verkaufs-märkten wahrscheinlich ist.[319]

Die jüngste **Bagatellbekanntmachung des BKartAs** aus dem Jahre 2007 wirft eine **86** Reihe von Fragen auf. Auf den ersten Blick scheinen die Schwellen einer spürbaren und einer wesentlichen Wettbewerbsbeeinträchtigung erheblich angeglichen worden zu sein. Das wäre freilich wenig überzeugend.[320] Im Gegensatz zur de minimis-Bekanntmachung der Kommission erwähnt die Bagatellbekanntmachung des BKartAs jedoch an keiner Stelle den Begriff der Spürbarkeit der Wettbewerbsbeschränkung; vielmehr wird ausdrücklich nur präzisiert, in welchen Fällen die Behörde regelmäßig von einer Verfahrenseinleitung absehen wird. Dies lässt Raum für eine **Differenzierung zwischen** der Konkretisierung des (ungeschriebenen) materiellen Tatbestandsmerkmals der **Spürbarkeit** einer Wett-bewerbsbeschränkung **und** der Verdeutlichung von Grundsätzen für die **Ausübung des Aufgreifermessens,** die ein Verfolgungsinteresse trotz Vorliegens eines materiellen Ver-stoßes gegen § 1 GWB bzw. Art. 101 Abs. 1 AEUV verneinen können. Dafür spricht auch die Passage, nach der das BKartA die von der Bagatellbekanntmachung erfassten Verein-barungen in der Regel selbst dann nicht aufgreift, „wenn diese nicht unter den Frei-stellungstatbestand des § 3 Abs. 1 GWB fallen".[321] Kritisch anzumerken bleibt allerdings, dass die Verneinung eines Verfolgungsinteresses auch in den Fällen, in denen die Anwen-dung des § 3 gerade am Vorliegen einer wesentlichen Wettbewerbsbeeinträchtigung schei-tert (und die Voraussetzungen des § 2 nicht erfüllt sind), schwer vorstellbar ist. Für die **Konkretisierung der wesentlichen Wettbewerbsbeeinträchtigung** ergibt sich aus dem Vorstehenden, dass die Schwelle **außerhalb des Bereichs der Kernbeschränkungen tendenziell wohl erheblich höher als bei 15 % Marktanteil** anzusiedeln ist.[322] Dafür sprechen auch die diversen Schwellen in den GVOen (20 % bei Spezialisierungs-, 25 % F&E- sowie 30 % bei Vertikalvereinbarungen), die den Bereich der Freistellungsfähigkeit nicht etwa schon (generell) bis zur Grenze der Marktbeherrschung ausschöpfen, sondern durchaus noch Raum für eine Einzelfreistellung nach Art. 101 Abs. 3 AEUV bzw. § 2 Abs. 1 GWB lassen. Auf der anderen Seite ist eine (erhebliche oder durchgängige) Annähe-rung der Schwelle der „wesentlichen Wettbewerbsbeeinträchtigung" an die des § 2 Abs. 1 Nr. 2 GWB/Art. 101 Abs. 3 lit. b AEUV (Möglichkeit zur Ausschaltung des Wettbewerbs für einen wesentlichen Teil der Waren) weder wahrscheinlich noch zu befürworten.[323]

Für Beschränkungen, die (regelmäßig) nicht unter die allgemeine Legalausnahme nach **87** Art. 101 Abs. 3 AEUV bzw. § 2 Abs. 1 GWB fallen, also **insbesondere** Preis-, Mengen- und Gebietsabsprachen als sog. **Kernbeschränkungen,** stellt § 3 GWB die großzügigere Regelung dar.[324] Die besondere Schwelle der wesentlichen Wettbewerbsbeeinträchtigung

---

(ABl. 2001 C 368, 13) – nicht zwischen horizontalen Vereinbarungen und solchen zwischen Nichtwett-bewerbern differenziert. Zudem ist die Regelung des BKartAs deutlich schlanker, weil sie bei den Kern-beschränkungen keinen detaillierten Katalog von Ausnahmen (zB für Höchstpreise oder Preisempfehlungen in Vereinbarungen zwischen Nichtwettbewerbern) kennt.

[319] BKartA, Bagatellbekanntmachung (2007), Rn. 14 Fn. 2; vgl. auch BKartA, Merkblatt Mittelstands-kooperationen (2007), Rn. 38. Näher zu Einkaufskooperationen Fuchs → § 2 Rn. 164 ff.

[320] Krit. gegenüber der Annäherung der (unteren) Spürbarkeitsgrenze und (oberen) Grenze der wesentli-chen Wettbewerbsbeschränkung sowie der Überbetonung des Marktanteils in der Praxis des BKartAs Norde-mann/Grave in LMRKM Rn. 60.

[321] BKartA, Merkblatt Mittelstandskooperationen (2007), Rn. 7.

[322] Im Ergebnis in die gleiche Richtung argumentierend Nordemann/Grave in LMRKM Rn. 59; vgl. auch den Hinweis auf die Einbettung des § 3 GWB in den europäischen Kontext und auf die de minimis-Bekanntmachung der Kommission (ABl. 2001 C 368, 13) mit ihrer Bagatellschwelle von 10 % bei horizonta-len Vereinbarungen (Rn. 7) in BegrRegE, BT-Drs. 15/3640, 28, der wohl als Anregung einer künftig großzügigeren Bemessung der „kritischen Grenze" zu verstehen ist; dazu bereits Fuchs WRP 2005, 1384 (1393) Fn. 113.

[323] Vgl. Rißmann WuW 2006, 881 (888) („unwahrscheinlich und … nicht nahe liegend"); ebenso mit Hinweis auf die unterschiedliche Teleologie beider Vorschriften Dittrich S. 274 f.

[324] Vgl. Bunte in FK-KartellR Rn. 43.

kann allerdings wegen des Vorrangs des europäischen Wettbewerbsrechts nicht mehr zum Zuge kommen, wenn das Mittelstandskartell geeignet ist, spürbare Auswirkungen auf den zwischenstaatlichen Handel zu entfalten. Sofern man – entgegen der hier im Grundsatz vertretenen Auffassung (→ Rn. 56) – eine **Beteiligung von Großunternehmen** an Mittelstandskooperationen überhaupt zulässt, dürfte dies in vielen Fällen zur Überschreitung einer oder beider Schwellen (wesentliche Wettbewerbsbeeinträchtigung, zwischenstaatliche Relevanz) führen.[325]

## IV. Rechtsfolge, Darlegungs- und Beweislast

**88**     Sind sämtliche Tatbestandsvoraussetzungen des § 3 erfüllt, ist die Mittelstandskooperation **kraft Gesetzes automatisch** vom Kartellverbot des § 1 **freigestellt,** ohne dass es einer administrativen (oder gerichtlichen) Entscheidung bedürfte. Für die von § 3 erfassten Mittelstandskartelle gilt somit **dieselbe Rechtsfolge wie** für Vereinbarungen, die unter die allgemeine Legalausnahme nach **§ 2 Abs. 1** fallen. Gesetzestechnisch wird dies durch den (überflüssigen) Umweg einer fingierten bzw. unwiderleglich vermuteten Erfüllung der Voraussetzungen des § 2 Abs. 1 erreicht, statt direkt die Befreiung vom Verbot des § 1 auszusprechen.[326] Ist nachgewiesen, dass die Freistellungsbedingungen des § 3 vorliegen, erübrigt sich jede Prüfung des § 2 Abs. 1. Sind dagegen die Voraussetzungen des § 3 nicht erfüllt, kann das Mittelstandskartell dennoch unter die allgemeine Legalausnahme fallen.[327]

    Ein Mittelstandskartell unter Beteiligung eines Großunternehmens kann nur ausnahmsweise und unter sehr engen Voraussetzungen (s. o. Rn. 56) nach § 3 GWB freigestellt sein. Tritt ein **Großunternehmen** einem Mittelstandskartell erst bei, nachdem dieses bereits längere Zeit rechtmäßig praktiziert worden ist, verstößt es gegen den **Verhältnismäßigkeitsgrundsatz,** wenn das BKartA deshalb die weitere Durchführung des Kartells insgesamt untersagt. Ein ausreichendes **milderes Mittel** zur Wahrung des Normzwecks von § 3 GWB liegt nach Auffassung des OLG Düsseldorf darin, dem Großunternehmen die weitere Beteiligung an dem Mittelstandskartell unter Aufrechterhaltung der Kooperation zwischen den übrigen Mitgliedern zu untersagen und -soweit erforderlich – durch verhaltensbezogene Maßnahmen sicherstellt, dass das Großunternehmen nicht auf andere Weise auf die Mitglieder des Kartells Einfluss ausübt.[328]

**89**     Die Freistellungswirkung des § 3 erschöpft sich in der Immunisierung gegenüber dem deutschen Kartellverbotstatbestand. Wenn das Mittelstandskartell geeignet ist, den Handel zwischen den Mitgliedstaaten spürbar zu beeinflussen, und somit auch in den Anwendungsbereich des Art. 101 AEUV fällt, wird § 3 GWB zwar nicht ohne weiteres unanwendbar, **im Konfliktfall** aber **durch das europäische Wettbewerbsrecht überlagert** (Art. 3 Abs. 1 und 2 VO 1/2003, § 22 Abs. 1 und 2 GWB). Abweichende Ergebnisse; bei denen der Vorrang des Unionsrechts zum Zuge kommt, sind allerdings grundsätzlich nur zu erwarten, wenn die Kooperationsvereinbarung auch Kernbeschränkungen (insbes. Preis-, Gebiets- oder Quotenabsprachen) enthält, die grundsätzlich nicht nach Art. 101 Abs. 3 AEUV freigestellt sind.

**90**     Die **Darlegungs- und Beweislast** für die Erfüllung der Freistellungsvoraussetzungen trifft – ebenso wie bei der allgemeinen Legalausnahme des § 2 Abs. 1 GWB[329] – die an der Kooperation beteiligten Unternehmen, die sich auf diese Ausnahmebestimmung berufen. Das gilt auch für die negativ formulierte Tatbestandsvoraussetzung der nicht wesentlichen Beeinträchtigung des Wettbewerbs (§ 3 Nr. 1).[330] Im Gegensatz zum europäischen Wettbewerbsrecht (**Art. 2 VO 1/2003**) enthält das deutsche Kartellrecht zwar keine ausdrück-

---

[325] So auch Rißmann WuW 2006, 881 (887 f.).
[326] Vgl. hierzu bereits → Rn. 17.
[327] BegrRegE, BT-Drs. 15/3640, 45; Nordemann/Grave in LMRKM Rn. 70.
[328] OLG Düsseldorf 17.1.2020, VI-Kart 6/19 (V), WuW 2020, 156 (159 f.).
[329] Vgl. dazu BegrRegE, BT-Drs. 15/3640, 23; Fuchs → § 2 Rn. 47 ff.
[330] Nordemann/Grave in LMRKM Rn. 71.

liche gesetzliche Regelung der Darlegungs- und Beweislast, doch entspricht eine solche Verteilung ohnehin den allgemeinen Grundsätzen im deutschen Zivil(prozess) recht.[331] Zudem findet die Regelung des Art. 2 VO 1/2003 bei der parallelen Anwendung des europäischen Wettbewerbsrechts auf Sachverhalte mit Zwischenstaatlichkeitsbezug über § 22 Abs. 1 und 2 GWB auch im deutschen Recht Anwendung.[332] Davon **unberührt** bleibt die Geltung des **Untersuchungsgrundsatzes** in kartellbehördlichen Bußgeld- und Untersagungsverfahren sowie der **Unschuldsvermutung** in Bußgeldverfahren.[333]

## C. Früherer Anspruch auf Unbedenklichkeitsentscheidung nach § 32c (§ 3 Abs. 2 aF)

### I. Überblick zur ehemaligen Regelung

Der Gesetzgeber der 7. GWB-Novelle hatte die materielle Privilegierung von Mittel-  **91** standskooperationen (§ 3 Abs. 1 aF) durch eine verfahrensrechtliche Regelung ergänzt, die Unternehmen oder Unternehmensvereinigungen unter bestimmten Voraussetzungen einen Anspruch auf Erlass einer Entscheidung nach § 32c verschaffte.[334] Eine solche Entscheidung hat keine Freistellung zum Inhalt, für die im System der Legalausnahme kein Raum mehr ist, sondern besagt lediglich, dass die Kartellbehörde keinen Anlass sieht, tätig zu werden, weil die Voraussetzungen für ein Verbot nach §§ 1, 19–21 nach den ihr vorliegenden Erkenntnissen nicht gegeben sind. In der Sache handelt es sich bei einer Entscheidung nach § 32c um eine kartellverwaltungsrechtliche Zusicherung iSd § 38 Abs. 1 S. 1 VwVfG, einen bestimmten Verwaltungsakt zu unterlassen[335] Sie verpflichtet die Kartellbehörde, keine Maßnahmen nach den §§ 32 ff. gegen den Adressaten zu ergreifen, führt also zu einer erheblichen Reduzierung der Rechtsunsicherheit über die kartellrechtliche Zulässigkeit eines bestimmten Verhaltens jedenfalls im Verhältnis zu der Kartellbehörde, welche die Entscheidung erlässt. Dagegen werden weder Dritte noch die Zivilgerichte oder andere Kartellbehörden gebunden.[336] Ob die Kartellbehörde von § 32c Gebrauch macht, steht normalerweise in ihrem pflichtgemäßen Ermessen.[337] Davon machte § 3 Abs. 2 aF eine Ausnahme, indem er den Unternehmen, die ein Mittelstandskartell bilden wollten, einen Rechtsanspruch auf eine derartige Unbedenklichkeitsbescheinigung einräumte.

Mit der Einführung des § 3 Abs. 2 aF wollte der Gesetzgeber mittelständischen Unter-  **92** nehmen ein höheres Maß an Rechtssicherheit verschaffen, um ihnen den Übergang ins Legalausnahmesystem zu erleichtern und sie zu Kooperationen zu ermuntern.[338] Die Regelung war von Anfang an befristet und lief planmäßig zum 30.6.2009 aus. Die auf einen Übergangszeitraum beschränkte Privilegierung ließ sich (noch) mit dem Gedanken des strukturellen Nachteilsausgleichs rechtfertigen. Denn bei mittelständischen Unternehmen ist regelmäßig ein größeres Bedürfnis nach behördlicher Klarstellung zu vermuten als bei anderen Normadressaten des Kartellrechts, da sie im Gegensatz insbesondere zu Großunternehmen meist über keine eigene Rechtsabteilung verfügen und auch nicht so leicht

---

[331] Hempel WuW 2004, 362 (364).

[332] Vgl. Bechtold DB 2004, 235 (238); Nordemann/Grave in LMRKM § 3 Rn. 71.

[333] BegrRegE, BT-Drs. 15/3640, 23; zust. Nordemann/Grave in LMRKM Rn. 71 aE.

[334] Zu den tatbestandlichen Voraussetzungen des § 3 Abs. 2 aF für den Anspruch auf eine Unbedenklichkeitsentscheidung nach § 32c, insbesondere zu dem erforderlichen erheblichen rechtlichen oder wirtschaftlichen Interesse an einer solchen Entscheidung, vgl. Fuchs in Voraufl., → Rn. 80 ff.

[335] S. nur Bach § 32 Rn. 19.

[336] Keßler in MüKoWettbR § 32c Rn. 2; Bach → GWB § 32c Rn. 20 f.

[337] Allg. Meinung, s. nur BegrRegE (7. GWB-Novelle), BT-Drs. 15/3640, 34, 52; Bornkamm in Bunte § 32c Rn. 8 mwN Die Befugnis, eine nationale Regelung wie § 32c GWB über den Erlass einer „Nichttätigkeitsverfügung" auch für die Anwendung der Artikel 101 und 102 AEUV vorzusehen, folgt aus Art. 5 S. 3 VO 1/2003.

[338] Vgl. BegrRegE, BT-Drs. 15/3640, 44; Bechtold, 5. Aufl. 2008, Rn. 12; näher zur Entstehungsgeschichte sowie Sinn und Zweck der Norm bereits → Rn. 7, 11.

Zugang zu qualifizierter externer Rechtsberatung finden. Die Regelung hatte daher zumindest aus ex ante Sicht zur Verminderung der mit dem Übergang zum Legalausnahmesystem verbundenen Rechtsunsicherheiten gerade für kleine und mittlere Unternehmen eine nachvollziehbare Existenzberechtigung.

93    Große praktische Bedeutung hat die Regelung während ihrer vierjährigen Geltungszeit freilich nicht gewonnen. Soweit ersichtlich, hat das BKartA während dieser Zeit nur eine einzige explizit auf der Grundlage des § 3 Abs. 2 aF beantragte Entscheidung erlassen.[339] Es überrascht daher nicht, dass der Gesetzgeber keinen Anlass sah, die planmäßig zum 30.6.2009 ausgelaufene Vorschrift zu verlängern oder im Zuge der 8. GWB-Novelle eine vergleichbare Regelung wieder einzuführen.[340]

## II. Derzeitige Rechtslage

94    Seit dem 1.7.2009 stehen kleinen und mittleren Unternehmen für die Beurteilung der Zulässigkeit ihrer Kooperationen im Rahmen des § 3 GWB keine weitergehenden Instrumente als allen übrigen Unternehmen für die Einschätzung der Erfüllung der allgemeinen Freistellungsvoraussetzungen nach § 2 GWB zur Verfügung. In der bis zum 18.1.2021 geltenden Fassung des GWB besaßen die Unternehmen insbesondere **keinen Anspruch auf Erlass einer Entscheidung**. Dies hat sich mit der **Neufassung des § 32c** durch das GWB-Digitalisierungsgesetz vom 18.1.2021, in Kraft getreten am 19.1.2021, geändert[341]. Nach § 32c Abs. 4 n. F. steht Unternehmen und Unternehmensvereinigungen **ein Anspruch auf eine Entscheidung nach § 32c Abs. 1 GWB n. F. zu,** wenn sie einen entsprechenden Antrag stellen. Voraussetzung dafür ist, dass auf Seiten der Unternehmen im Hinblick auf die Zusammenarbeit mit Wettbewerbern ein **erhebliches rechtliches und wirtschaftliches Interesse** an einer solchen Entscheidung besteht. Über einen solchen Antrag soll die Kartellbehörde innerhalb von sechs Monaten entscheiden (§ 32c Abs. 4 S. 2 GWB). § 32c Abs. 1 GWB n. F. entspricht wörtlich § 32c a. F. Danach kann die Behörde entscheiden, dass für sie kein Anlass zum Tätigwerden besteht, wenn nach den ihr vorliegenden Erkenntnissen die Voraussetzungen für ein Verbot nach den §§ 1, 19 bis 21 und 29 GWB sowie nach den Artikeln 101 und 102 AEUV nicht vorliegen.

95    Die Rechtsfolgen eines solchen Verwaltungsakts sind freilich begrenzt: es handelt sich dabei **nicht** um eine **Freistellungsentscheidung** (§ 32c Abs. 1 S. 3 GWB n.F). Mit der Feststellung, dass „für sie kein Anlass besteht, tätig zu werden". zu einem Vorgehen gegen die Vereinbarung errichtet. Mit der Feststellung, dass „für sie kein Anlass besteht, tätig zu werden", unterwirft sich die Kartellbehörde insoweit lediglich einer gewissen **Selbstbindung** gegenüber den Adressaten der Verfügung.[342] Auch wenn dies nur „vorbehaltlich neuer Erkenntnisse" gilt und damit im Vergleich zu den allgemeinen verwaltungsrechtlichen Vorschriften (§§ 48, 49 VwVfG) erweiterte Möglichkeiten zum Wiederaufgreifen des Verfahrens bestehen,[343] liegt darin im Verhältnis zwischen den an der Kooperation beteiligten Unternehmen und der Kartellbehörde ein bindender Verwaltungsakt in Form einer **Zusicherung** gemäß § 38 Abs. 1 S. 1 Alt. 2 VwVfG.[344] Denn die Entscheidung nach § 32c erschöpft sich nicht in einer bloßen rechtlich völlig unverbindlichen Meinungs-

---

[339] BKartA 25.10.2005, B1-248/04, WuW/E DE-V 1142 – Hintermauerziegelkartell. In dieser Entscheidung hat das BKartA allerdings auch die Tatbestandsvoraussetzungen des § 3 Abs. 2 aF, insbesondere die Kriterien für die Bejahung des erforderlichen erheblichen rechtlichen oder wirtschaftlichen Interesses am Erlass einer solchen Entscheidung, recht restriktiv gefasst, vgl. dazu Fuchs in Voraufl., → § 3 Rn. 82.

[340] Für eine unbefristete Fortgeltung des § 3 Abs. 2 aber Nordemann in LMRKM, 3. Aufl. 2016, § 3 Rn. 71 aE („wünschenswert"); in die gleiche Richtung Dittrich WuW 2009, 1006.

[341] Art. 1 GWB-Digitalisierungsgesetz v. 18.1.2021, BGBl. 2021 I, 2 (Nr. 1).

[342] Ebenso Bechtold, 5. Aufl. 2008, Rn. 14.

[343] Näher dazu Rehbinder in LMRKM, 3. Aufl. 2016, § 32c Rn. 8 f.; vgl. auch Bechtold/Bosch § 32c Rn. 7.

[344] BegrRegE, BT-Drs. 15/3640, 52; ebenso Rehbinder in LMRKM, 3. Aufl. 2016, § 32c Rn. 1; Bechtold/Bosch § 32c Rn. 5, widersprüchlich Rn. 2 („keinerlei rechtliche Außenwirkung", aber „Selbstbindung der Kartellbehörde", die sie an einem Tätigwerden hindert, „solange die Verfügung wirksam ist").

äußerung oder Mitteilung, sondern sichert das Unterlassen eines Verwaltungsakts nach § 32 oder § 32a GWB zu. Für andere Kartellbehörden, Gerichte oder sonstige Dritte entfaltet diese Entscheidung naturgemäß keinerlei Bindungswirkung;[345] selbst die an der Kooperation beteiligten Unternehmen sind grundsätzlich nicht gehindert, die Entscheidung nachträglich in Frage zu stellen[346] und sich auf die Nichtigkeit der Vereinbarung unter Berufung auf die Nichteinhaltung der Freistellungsvoraussetzungen zu berufen. Trotz ihrer fehlenden Aussage über die materielle Rechtmäßigkeit der Vereinbarung wird der „Unbedenklichkeitsentscheidung" nach § 32c aber eine **erhebliche faktische Bedeutung** zugebilligt, da sie die kartellrechtliche Beurteilung der Vereinbarung durch andere Rechtsanwender maßgeblich beeinflussen kann und damit erhebliche Hürden für die gerichtliche Angreifbarkeit oder die Bereitschaft anderer Kartellbehörden zu einem Vorgehen gegen die Vereinbarung errichtet.[347]

Daneben besteht die Möglichkeit, sich informell an die Behörde zu wenden. Diese **96** Möglichkeit hatte das Bundeskartellamt den betroffenen Unternehmen bereits vor der Neuregelung des § 32c durch das GWB-Digitalisierungsgesetz ausdrücklich eingeräumt. Dieser Weg ist nun durch § 32c Abs. 2 GWB n. F. **ausdrücklich gesetzlich abgesichert.** Nach dieser Vorschrift kann die Kartellbehörde **unabhängig von den Voraussetzungen von § 32c Abs. 1 GWB n. F.** auch mitteilen, dass sie im Rahmen ihres Aufgreifermessens von der Einleitung eines Verfahrens absieht.[348] Dafür genügt es, dem Bundeskartellamt eine umfassende Sachverhaltsschilderung unter Beifügung der Kooperationsvereinbarung sowie eine eigene umfassende kartellrechtliche Würdigung zu übersenden. In Ausübung seines Aufgreifermessens kann das Amt dann von einer vertieften Prüfung absehen und dies den Unternehmen auch mitteilen.[349] Eine derartige **formlose Mitteilung** hat zwar nicht die Qualität einer Zusicherung iSd § 38 VwVfG, kann den Unternehmen aber wegen ihrer faktischen Bedeutung als „Unbedenklichkeitsbescheinigung" doch eine erheblich größere Rechtssicherheit verschaffen als eine bloße „Selbsteinschätzung".

## §§ 4 bis 17 (weggefallen)

## Kapitel 2. Marktbeherrschung,
## sonstiges wettbewerbsbeschränkendes Verhalten

## § 18 Marktbeherrschung

(1) **Ein Unternehmen ist marktbeherrschend, soweit es als Anbieter oder Nachfrager einer bestimmten Art von Waren oder gewerblichen Leistungen auf dem sachlich und räumlich relevanten Markt**

1. **ohne Wettbewerber ist,**
2. **keinem wesentlichen Wettbewerb ausgesetzt ist oder**
3. **eine im Verhältnis zu seinen Wettbewerbern überragende Marktstellung hat.**

(2) **Der räumlich relevante Markt kann weiter sein als der Geltungsbereich dieses Gesetzes.**

---

[345] Allg. Meinung, s. nur BegrRegE, BT-Drs. 15/3640, 52; Bechtold/Bosch § 32c Rn. 5; Rehbinder in LMRKM, 3. Aufl. 2016, § 32c Rn. 8.
[346] Bechtold, 5. Aufl. 2008, § 3 Rn. 14; Bechtold § 32c Rn. 2.
[347] Vgl. Bechtold/Bosch GWB § 32c Rn. 2.
[348] BKartA, Merkblatt Mittelstandskooperationen (2007), Rn. 46 mit Angaben zum gewünschten Inhalt einer solchen Anfrage.
[349] BKartA, Merkblatt Mittelstandskooperationen (2007), Rn. 46; vgl. auch Schneider in Bunte Rn. 66.

(2a) **Der Annahme eines Marktes steht nicht entgegen, dass eine Leistung unentgelt-lich erbracht wird.**

(3) **Bei der Bewertung der Marktstellung eines Unternehmens im Verhältnis zu seinen Wettbewerbern ist insbesondere Folgendes zu berücksichtigen:**

1. **sein Marktanteil,**
2. **seine Finanzkraft,**
3. **sein Zugang zu wettbewerbsrelevanten Daten,**
4. **sein Zugang zu den Beschaffungs- oder Absatzmärkten,**
5. **Verflechtungen mit anderen Unternehmen,**
6. **rechtliche oder tatsächliche Schranken für den Marktzutritt anderer Unternehmen,**
7. **der tatsächliche oder potenzielle Wettbewerb durch Unternehmen, die innerhalb oder außerhalb des Geltungsbereichs dieses Gesetzes ansässig sind,**
8. **die Fähigkeit, sein Angebot oder seine Nachfrage auf andere Waren oder gewerb-liche Leistungen umzustellen, sowie**
9. **die Möglichkeit der Marktgegenseite, auf andere Unternehmen auszuweichen.**

(3a) **Insbesondere bei mehrseitigen Märkten und Netzwerken sind bei der Bewertung der Marktstellung eines Unternehmens auch zu berücksichtigen:**

1. **direkte und indirekte Netzwerkeffekte,**
2. **die parallele Nutzung mehrerer Dienste und der Wechselaufwand für die Nutzer,**
3. **seine Größenvorteile im Zusammenhang mit Netzwerkeffekten,**
4. **sein Zugang zu wettbewerbsrelevanten Daten,**
5. **innovationsgetriebener Wettbewerbsdruck.**

(3b) **Bei der Bewertung der Marktstellung eines Unternehmens, das als Vermittler auf mehrseitigen Märkten tätig ist, ist insbesondere auch die Bedeutung der von ihm erbrachten Vermittlungsdienstleistungen für den Zugang zu Beschaffungs- und Ab-satzmärkten zu berücksichtigen.**

(4) **Es wird vermutet, dass ein Unternehmen marktbeherrschend ist, wenn es einen Marktanteil von mindestens 40 Prozent hat.**

(5) **Zwei oder mehr Unternehmen sind marktbeherrschend, soweit**

1. **zwischen ihnen für eine bestimmte Art von Waren oder gewerblichen Leistungen ein wesentlicher Wettbewerb nicht besteht und**
2. **sie in ihrer Gesamtheit die Voraussetzungen des Absatzes 1 erfüllen.**

(6) **Eine Gesamtheit von Unternehmen gilt als marktbeherrschend, wenn sie**

1. **aus drei oder weniger Unternehmen besteht, die zusammen einen Marktanteil von 50 Prozent erreichen, oder**
2. **aus fünf oder weniger Unternehmen besteht, die zusammen einen Marktanteil von zwei Dritteln erreichen.**

(7) **Die Vermutung des Absatzes 6 kann widerlegt werden, wenn die Unternehmen nachweisen, dass**

1. **die Wettbewerbsbedingungen zwischen ihnen wesentlichen Wettbewerb erwarten lassen oder**
2. **die Gesamtheit der Unternehmen im Verhältnis zu den übrigen Wettbewerbern keine überragende Marktstellung hat.**

(8) **Das Bundesministerium für Wirtschaft und Energie berichtet den gesetzgeben-den Körperschaften nach Ablauf von drei Jahren nach Inkrafttreten der Regelungen in den Absätzen 2a und 3a über die Erfahrungen mit den Vorschriften.**

**Schrifttum:** Ahlert, Relevante Absatzmärkte, Marktbeherrschung und Fusionskontrolle im Lebensmittel-handel – Der Fall Metro/Kaufhof, Beilage 9 zu DB Heft 16/1987; Albach, Als-ob-Konzept und zeitlicher Vergleichsmarkt, 1976; Alexander, Die Neuordnung der kartellrechtlichen Missbrauchsaufsicht, WuW 2012, 1025; Autenrieth, Weltmarktbetrachtung im Rahmen der Fusionskontrolle, WuW 1982, 905; Bach, Thea-terdonner zur Abschreckung – zur Debatte um kartellrechtliche Entflechtungen, in: Festschrift für Wernhard Möschel, 2011, S. 35; Barth, Zur Problematik der Bestimmung des relevanten Marktes von Handelsunter-nehmungen, BB 1984, 1457; Badtke/Vahrenholt, Kollektive Marktbeherrschung im Kraftstoffmarkt?, ZWeR

2012, 272; Barth, Innovationsmärkte in der Fusionskontrolle, 2004; Baum, „Weites" Oligopol oder „Oligopolspitze"?, Wirtschaftsdienst 1982, 38; Baur, J., Das Tatbestandsmerkmal „Wettbewerb", ZHR 134, 97; ders., Der Mißbrauch im deutschen Kartellrecht, 1972; ders., Rechtliche Fragen der Marktbeherrschung nach der 2. Novelle zum GWB, BB 1973, 915; Bechtold, Rainer, Marktbeherrschung, Preiskontrolle, Fusionskontrolle, DB 1974, 1945; ders., Die Entwicklung des deutschen Kartellrechts seit der 7. GWB-Novelle (Juli 2005 bis Oktober 2007), NJW 2007, 3761; Bechtold, Stefan, Die Kontrolle von Sekundärmärkten, 2007; Beckmann, Die Abgrenzung des relevanten Marktes im GWB, 1968; Belke, Die vertikalen Wettbewerbsbeschränkungsverbote nach der Kartellgesetznovelle 1973, ZHR 138, 227, 291, 413, ZHR 139, 51, 129; Benisch, Bestimmung der Marktstellung bei Nachfragern, WuW 1977, 619; Berg, Zur (Un-)Brauchbarkeit des Marktanteils als Marktmachtindikator, WRP 1986, 187; ders., Thesen des Bundeskartellamtes zur „Nachfragemacht" im Lebensmittelhandel: Eine kritische Analyse, Ordo 1986, 183; ders., Die Entscheidungspraxis zur Nachfragemacht im Handel: Formeln statt Fakten? WRP 1986, 577; Bergmann, Nachfragemacht in der Fusionskontrolle, 1989; Bien/Käseberg/Klumpe/Körber/Ost, Die 10. GWB-Novelle, 2021; Blaschczok, Kartellrecht in zweiseitigen Wirtschaftszweigen: Eine Untersuchung vor dem Hintergrund der ökonomischen Forschung zu 'two-sided markets', 2015; Böni/Palzer, Kollektive Marktbeherrschung – Sinnbild für „Des Kaisers neue Kleider"?, WuW 2009, 477; Borchardt/Fikentscher, Wettbewerb, Wettbewerbsbeschränkung, Marktbeherrschung, 1957; Brinkmann, Zur Aktualität des Vielfaltgebots in den Massenmedien, ZUM 2013, 193; Brodley, Potential competition mergers – a structural synthesis, Yale L. J. 87, 3; Budzinski, Wettbewerbsordnung und digitale Medienmärkte, WuW 2021, 396; Bünemann, Regulierung von Suchmaschinen, 2018; Bühner, Die fusionskontrollrechtliche Bedeutung der Finanzkraft, WuW 1989, 277; Büscher, Diagonale Unternehmenszusammenschlüsse im amerikanischen und deutschen Recht, 1983; Daiber, Wasserversorgung und Vergleichsmarktkonzept, NJW 2013, 1990; Dewenter/Rösch/Terschüren, Abgrenzung zweiseitiger Märkte am Beispiel von Internetsuchmaschinen, NZKart 2014, 387; Dirrheimer, Ressourcenstärke und Abschreckungswirkung in der Fusionskontrolle, in: Neuorientierung des Wettbewerbsschutzes, Jubiläumsschrift 25 Jahre FIW, FIW-Schriftenreihe Heft 120, 1986, S. 137; ders., Ressourcenstärke und Abschreckungswirkung in der Fusionskontrolle, FIW-Schriftenreihe Heft 129, 1988; Dreher, Die Zukunft der Missbrauchsaufsicht in einem ökonomisierten Kartellrecht, WuW 2008, 23; ders., Die Kontrolle des Wettbewerbs in Innovationsmärkten, ZWeR 2009, 149; ders./Thomas, Die Angebotssubstituierbarkeit in der Marktabgrenzung, ZWeR 2014, 366; Dubberstein, TV-Märkte im Wandel – Vortrag auf dem 5. Deutsch-französischen Wettbewerbstag am 7.11.2012 in Paris, NZKart 2013, 143; Dürrhammer, Zum Begriff „Finanzkraft" in § 22 GWB aus betriebswirtschaftlicher Sicht, DB 1976, 1441; Ebel, Novellierung des Gesetzes gegen Wettbewerbsbeschränkungen, NJW 1973, 1577; ders., Marktbeherrschungsvermutungen im Gesetz gegen Wettbewerbsbeschränkungen, NJW 1981, 1763; Eckstein, Finanzkraft als Merkmal der Marktbeherrschung in Fusionskontrollverfahren, BB 1977, 419; Emmerich/Lange, Kartellrecht, 15. Aufl. 2021; ders., Der Wettbewerb der öffentlichen Hand, insbesondere das Problem der staatlichen Versorgungsmonopole, 1971; ders., Die höchstrichterliche Rechtsprechung zum GWB, ZHR 140, 97; ders., Die bisherige Praxis zur Fusionskontrolle, AG 1978, 85, 118, 150; ders., Die in einem Referentenentwurf einer fünften GWB-Novelle vorgesehenen Änderungen der Fusionskontrollvorschriften, WM 1988, 1773; Emrich, Die Problematik der Fusionskontrolle bei Konglomeraten, 1978; Engel, Marktabgrenzung als soziale Konstruktion, in: Festschrift für Ulrich Immenga, 2004, S. 127; Ensthaler, Marktabgrenzung bei Kfz-Servicesystemen – Keine marktbeherrschende Stellung der Kfz-Hersteller?, NJW 2011, 2701; Esser, Medienkonvergenz und Zusammenschlusskontrolle – Zur fusionskontrollrechtlichen Bewertung medienübergreifender Transaktionen, NZKart 2013, 135; ders., Kartellrecht und Tipping – Kippt die Missbrauchsaufsicht mit Einführung des § 20 Abs. 3a GWB-RefE in eine präventive Regulierung?, in: Festschrift für Gerhard Wiedemann, 2020, S. 285; ders./Höft, Die Einführung des SIEC-Tests durch die 8. GWB-Novelle – Folgen für die Praxis, NZKart 2013, 447; dies., Fusions- und Missbrauchskontrolle 4.0 – Die 9. GWB-Novelle als Antwort auf die Herausforderungen der Digitalisierung?, NZKart 2017, 259; Ewald, C., Paradigmenwechsel bei der Abgrenzung relevanter Märkte?, ZWeR 2004, 512; Ewald, H., Zur Abgrenzung des relevanten Marktes in § 22 GWB, BB 1975, 255; Fehl/Schmidtchen, Wettbewerbstheoretische Aspekte der Mißbrauchsaufsicht über Autobahntankstellen, WuW 1986, 572; Filistrucchi/Geradin/van Damme, Identifying Two-Sided Markets, World Competition 2013, 33; Fischötter, Verkehrsbefragung bei Bestimmung des relevanten Marktes?, in: Festschrift für Gerd Pfeiffer, 1988, S. 627; Fuchs, Entflechtung ohne Kartellrechtsverstoß?, WuW 2010, 479; ders., Kartellrechtliche Grenzen der Forschungskooperation, 1989; ders., Kartellrechtliche Schranken für patentrechtliche Unterlassungsklagen bei FRAND-Lizenzerklärungen für standardessentielle Patente – Perspektiven nach dem Urteil des EuGH im Fall „Huawei Technologies / ZTE" –, NZKart 2015, 429; Gabriel, Mißbrauch wirtschaftlicher Macht, Kriterien, Verfahren, Maßnahmen, WuW 1968, 581; Gäbelein, Monopol- und Oligopolvermutungen des GWB, insbesondere bei mehrfachem Vorliegen, ZHR 147, 574; v. Gamm, Potentieller Wettbewerb – Substitutionswettbewerb, in: Festschrift für Gerd Pfeiffer, 1988, S. 643; ders., Kartellrecht, 2. Aufl. 1990; Gröner/Köhler, Nachfragewettbewerb und Marktbeherrschung im Handel, BB 1982, 257; Grothe, Datenmacht in der kartellrechtlichen Missbrauchskontrolle, 2019; Hahne, Das Erfordernis der Marktabgrenzung aus rechtlicher und ökonomischer Sicht, 2016; Haucap, Abgrenzung des relevanten Marktes – Heilige Kuh oder effizientes Arbeitspferd?, WuW 2012, 3; ders./Heimeshoff/Klein/Rickert/Wey, Die Bestimmung von Nachfragemacht im Lebensmitteleinzelhandel: Theoretische Grundlagen und empirischer Nachweis, WuW 2014, 946; ders./Heimeshoff/Thorwarth/Wey, Die Sektoruntersuchung des Bundeskartellamts zur Nachfragemacht im Lebensmitteleinzelhandel, WuW 2015, 605; ders./Schröder, Beschränkungen von Multi-Homing und Market Tipping: Wettbewerbsökonomische Erwägungen und die Fälle CTS

Eventim, Google AdWords und Google AdSense als praktische Beispiele, in: Festschrift für Gerhard Wiedemann, 2020, S. 335; ders./Heldman/Rau, Die Rolle von Geschlechtern für Wettbewerb und Kartellrecht, WuW 2021, 408; Hauck/Maute, Die Sektorenuntersuchung „Außenwerbung" des Bundeskartellamts, ZWeR 2010, 164; Heermann, Anwendung des europäischen Kartellrechts im Bereich des Sports – Rechtfertigen die Besonderheiten des Sports eine Sonderbehandlung (Teil II: Missbrauchsverbot gem. Art. 82 EG), WuW 2009, 489; Heidenhain, Die Abgrenzung räumlich relevanter Nachfragemärkte in der Fusionskontrolle – Anmerkungen zum Beschluß des Kammergerichts vom 24.4.1985 im Verfahren „Hussel/Mara", AG 1987, 117; Heinemann, Google als kartellrechtliches Problem?, Zentrum für europäisches Wirtschaftsrecht, Vorträge und Bericht, Nr. 213; Heise, Der Rechtsrahmen der Netzwirtschaften: Kartellrechtliche Sicherstellung des Netzzugangs?, WuW 2009, 1024; Heyers, Kartellrechtliche Fragen des Aufbaus und Betriebs von Ladeinfrastrukturen für E-PKW – eine Streiffahrt durch unwegsames Gelände aus aktuellem Anlass, NZKart 2021, 670; Hirsbrunner, Marktbeherrschung durch Flughäfen, WuW 2007, 32; Hölzler/Satzky, Wettbewerbsverzerrungen durch nachfragemächtige Handelsunternehmen, FIW-Schriftenreihe Heft 90, 1980; Hoffmann S., Das Erfordernis einer Neubewertung der Medienwerbemärkte im deutschen und europäischen Kartellrecht, 2019; Höppner/Grabenschröer, Marktabgrenzung bei mehrseitigen Märkten am Beispiel der Internetsuche, NZKart 2015, 162; Hoppmann, Die Abgrenzung des relevanten Marktes im Rahmen der Mißbrauchsaufsicht über marktbeherrschende Unternehmen, 1974; ders., Behinderungsmißbrauch, 1980; Immenga, Politische Instrumentalisierung des Kartellrechts?, Recht und Staat in Geschichte und Gegenwart, Heft 461, 1976; ders., Gefordertes Kartellrecht – 50 Jahre GWB, ZWeR 2008, 3; ders./Schulte-Braucks, Zum Verhältnis der Monopol- und der Oligopolvermutung in § 22 Abs. 3 GWB, BB 1981, 149; Inderst/Schwarz, Marktabgrenzung und Marktanalyse für Märkte der Vorleistungsebene, WuW 2008, 637; Ittner, Die Vermutungen des GWB, 1998; Jickeli, Fusionskontrollrechtliche Auswirkungen der Fünften GWB-Novelle, WuW 1990, 481; Johnsen, Das Näheverhältnis von Wettbewerbern in der Fusionskontrolle – Verlieren Marktanteile ihre Bedeutung?, WuW 2013, 1177; Jüngst, Marktbeherrschungsbegriff „überragende Marktstellung" (§ 22 I Nr. 2 GWB) und Diversifikation, 1980; v. Kalinowski, Antitrust Laws and Trade Regulation, seit 1970; Kantzenbach/Krüger, Zur Frage der richtigen Abgrenzung des sachlich relevanten Marktes bei der wettbewerbspolitischen Beurteilung von Unternehmenszusammenschlüssen, WuW 1990, 472; Kaplow, Why (Ever) Define Markets?, Harv. L. Rev. 124 (2010) 437; Kartte, Ein neues Leitbild für die Wettbewerbspolitik, 1969; ders., Konzepte des Bundeskartellamtes zur Erfassung von Nachfragemacht des Handels, in: Festschrift für Werner Benisch, 1989, S. 59; Kaufer, Die Bestimmung von Marktmacht. Dargestellt am Problem des relevanten Marktes in der amerikanischen Antitrustpolitik, 1967; Kerber, Evolutionäre Marktprozesse und Nachfragemacht, 1989; Kersting/Podszun, Die 9. GWB-Novelle, 2017; Kiecker, Fusionskontrolle im Rundfunk, WuW 1990, 128; Kintner, Federal Antitrust Law, Bd. 2, 1980; Kirchhoff, Die aktuelle kartellrechtliche Rechtsprechung des BGH zu Missbrauchskontrolle und Marktabgrenzung, WuW 2011, 1174; Kirchner, AG 1980, 338, 341; Kirschner, Fusionskontrolle im Lebensmitteleinzelhandel, Anmerkungen zum Fall Coop/Wandmaker, WuW 1987, 789; Kirschstein, Marktmacht und ihre Kontrolle nach dem Gesetz gegen Wettbewerbsbeschränkungen, 1974; Klasse/Wiethaus, Digitalisierungsvorschriften in der 9. GWB-Novelle, WuW 2017, 354; Klauss, Die Bestimmung von Marktmacht, 1975; Klein, SSNIP-Test oder Bedarfsmarktkonzept? – Marktabgrenzung in der deutschen Kartellrechtspraxis, WuW 2010, 169; Kleinmann, Grenzüberschreitende räumlich relevante Märkte in der Fusionskontrolle, BB 1983, 781; Klotz, Google und Facebook im Kontext von Art. 102 AEUV – Missbrauch von Marktmacht auf unentgeltlichen Nutzermärkten, WuW 2016, 58; Klumpp, Abgrenzung von Kfz-Servicemärkten nach dem MAN-Urteil des BGH, ZWeR 2012, 488; Knauss, Die räumliche Marktabgrenzung in der Fusionskontrolle und Missbrauchsaufsicht über marktbeherrschende Unternehmen im deutschen und europäischen Recht, 2003; Knöpfle, Der Rechtsbegriff „Wettbewerb" und die Realität des Wirtschaftslebens, 1966; ders., Ist die marktbeherrschende Gruppen betreffende Regelung des GWB sinnvoll und berechtigt?, BB 1983, 142; ders., Ist der Nachfragewettbewerb ebenso schutzwürdig wie der Angebotswettbewerb?, BB 1987, 1960; ders., Die Bedeutung des Substitutionswettbewerbs für die Annahme einer marktbeherrschenden Stellung – Eine ungelöste Frage des Kartellrechts, NJW 1990, 1219 Köhler, H., Wettbewerbs- und kartellrechtliche Kontrolle der Nachfragemacht, 1979; ders., Wird die marktbeherrschende Stellung eines Unternehmens durch dessen Aufnahme in einen finanzstarken Konzern verstärkt?, Beilage 5 zu BB Heft 9/1985; ders., Nachfragewettbewerb und Marktbeherrschung,1986; ders., Verschärfung der Fusionskontrolle im Handel – notwendig oder schädlich?, in: Gröner, Wettbewerb, Konzentration und Nachfragemacht im Lebensmittelhandel, 1989, S. 87; Königs, Der BGH zum Substitutionswettbewerb, WuW 1985, 876; Körber, Die Signalmarkt-Entscheidung des OLG-Düsseldorf – Anmerkung zum Beschluss von 14.8.2013, VI-Kart 1/12 (V), NZKart 2013, 458; ders., Analoges Kartellrecht für digitale Märkte, WuW 2015, 120; ders., „Ist Wissen Marktmacht?" Überlegungen zum Verhältnis von Datenschutz, „Datenmacht" und Kartellrecht – Teil 1, NZKart 2016, 303; Kruse/Maturana, Die Zukunft der Marktabgrenzung – Evaluierungsergebnisse der Kommission zur Bekanntmachung über die Marktdefinition, NZKart 2021, 449; dies., Unionsrechtliche Grenzen einer missbrauchunabhängigen Entflechtung, EuZW 2022, 798; Kumkar, Online-Märkte und Wettbewerbsrecht, 2017; Künstner, Die Rolle der Angebotsumstellungsflexibilität in der deutschen, europäischen und US-amerikanischen Marktabgrenzung, FIW-Schriftenreihe Heft 255, 2016; Lange, Sachliche Marktabgrenzung bei der Versorgung mit Fernwärme, NZKart 2019, 583; Legner, Schadenstheorien bei Nachfragemacht im europäischen und deutschen Kartellrecht, 2019; Lenßen, Der kartellrechtlich relevante Markt: Prinzip – Konzeption – Methode, 2009; Leo, Das Überlebensrisiko des § 22 Abs. 1 Nr. 2 GWB in einer „großen" Reform dieses Gesetzes, in: Festschrift für Ernst Steindorff, 1990, S. 1005; Lettl, Fusionskontrolle im GWB nach der 8.

GWB-Novelle, WuW 2013, 706; Lindenberg, Entfernungsabhängige Märkte in der Fusionskontrolle, WRP 2021, 1012; Louven, Datenmacht und Zugang zu Daten, NZKart 2018, 217; ders., Braucht es mehr materielles Kartellrecht für digitale Plattformen?, ZWeR 2019, 154; ders., Kartellrechtliche Innovationstheorie für digitale Plattformen, 2021; Lux, Verwertungsgesellschaften, Kartellrecht und 6. GWB-Novelle, WRP 1998, 31; Markert, Mißbrauchsaufsicht über Anbieter und Nachfrager, Schwerpunkte 1978/79, S. 87; ders., Anmerkung zum Beschluss des KG Berlin vom 26.11.1980 „Fertigfutter", BB 1981, 1113; ders., Die Vorschläge zur Erweiterung des Marktbeherrschungsbegriffs – mögliche Auswirkungen auf Industrie und Handel, Schwerpunkte 1987/88, S. 15; Meinhold, Diversifikation, konglomerate Unternehmen und Gesetz gegen Wettbewerbsbeschränkungen, 1977; Mestmäcker, Das marktbeherrschende Unternehmen im Recht der Wettbewerbsbeschränkungen, 1959; ders., Der Mißbrauch marktbeherrschender Stellungen im deutschen, italienischen und europäischen Recht, 1969; Die Anwendbarkeit des Gesetzes gegen Wettbewerbsbeschränkungen auf Zusammenschlüsse zu Rundfunkunternehmen, GRUR Int. 1983, 533; ders., Der verwaltete Wettbewerb, 1984; Möschel, Das Konsortialgeschäft der Kreditinstitute im Recht der Wettbewerbsbeschränkungen. Emissionskonsortien als marktbeherrschende Unternehmen, ZHR 136, 273; ders., Der Oligopolmißbrauch im Recht der Wettbewerbsbeschränkungen, 1974; ders., Das Oligopolproblem als Glaubwürdigkeitstest des Antitrustrechts, in: 2. Festschrift für Franz Böhm, 1975, S. 421; ders., Mißbrauchsaufsicht über marktbeherrschende Unternehmen, NJW 1975, 753; ders., Pressekonzentration und Wettbewerbsgesetz, 1978; ders., Entflechtungen im Recht der Wettbewerbsbeschränkungen, 1979; ders., Die Idee der rule of law und das Kartellrecht heute. Am Beispiel der gezielten Kampfpreisunterbietung, Ordo 1979, 295; ders., Konglomerate Zusammenschlüsse im Antitrustrecht der Vereinigten Staaten von Amerika, RabelsZ 44, 203; ders., Konglomerate Zusammenschlüsse in den Vereinigten Staaten seit 1979, RabelsZ 48, 552; ders., Finanzkraft und konglomerater Zusammenschluss. Zur Rheinmetall/WMF-Entscheidung des Kammergerichts, AG 1984, 257; ders., Abschreckungstheorie und Fusionskontrolle, Schwerpunkte 1984/85, S. 1; ders., 30 Jahre Kartellgesetz – erneuter Prüfungs- und Handlungsbedarf?, in: Helmrich, Wettbewerbspolitik und Wettbewerbsrecht, 1987, S. 3; ders., Die Fünfte GWB-Novelle 1989 – Chance oder Risiko für die Wettbewerbspolitik?, ZRP 1989, 371; ders., Fusionskontrolle im Rundfunk, in: Festschrift für Otto-Friedrich Frhr. von Gamm, 1990, S. 627; ders., Marktabgrenzung bei Herstellermarken und Handelsmarken, WuW 2013, 568; ders., Milliardenklage und Marktabgrenzung, WuW 2014, 383; ders., Market Definition with Branded Goods and Private Label Products, ECLR 2014, 29; Monopolkommission, Wettbewerbspolitik: Herausforderung digitale Märkte, Sondergutachten 68, 2015; Müller, B., Entflechtung und Deregulierung, 2004; Müller, C., Abschied vom Bedarfsmarktkonzept bei der Marktabgrenzung?, 2007; Mundt, Paradigmenwechsel in der 11. GWB-Novelle? – Die Sicht der Praxis, NZKart 2023, 1; Nettesheim/Thomas, Entflechtung im deutschen Kartellrecht, 2011; Nissen, Der monetäre Wert von Daten im Privatrecht, 2021; Nolte, Mittel zum Zweck: Marktabgrenzung im Kfz-Werkstattgeschäft, BB 2013, 3011; Oberender, Wettbewerb, Kooperation und Konzentration im Lebensmittelhandel: Eine markttheoretische Analyse, in: Festschrift für Ernst Heuss, 1987, S. 381; Oehler, Das Monopolisierungsverbot des Sherman Act, RIW 1975, 392; Offterdinger, Zur Konkretisierung des Begriffs „marktbeherrschend" i. S. des § 22 Abs. 1 GWB, insbesondere zum Verhältnis der Nrn. 1 und 2 dieses Absatzes, in: Festschrift für Gerd Pfeiffer, 1988, S. 727; Paal, Crossmediale Zusammenschlüsse, Marktabgrenzung und Medienmacht – Springer/ProSieben II, ZWeR 2012, 380; Paetow/Tonner, Fehlen wesentlichen Wettbewerbs und oligopolistische Marktbeherrschung, DB 1983, 700; dies., Das Fehlen wesentlichen Wettbewerbs im Mineralölsektor, WuW 1984, 781; Palatzke, Nachfragemacht im Kartellrecht – Bewährungsprobe für den More Economic Approach, 2012; Parlasca, Medienkonzentration und Medienverflechtung – zur Reichweite des kartellrechtlichen Instrumentariums, WuW 1994, 210; Paschke/Goldbeck, Gesetzliche Vermutungen und Vermutungsleitbilder – Gelungene Gesetzgebungs- und Interpretationskunst im Kartell- und Regulierungsrecht?, ZWeR 2007, 49; Pfeffer, Berücksichtigung des internationalen Wettbewerbs bei der räumlichen Abgrenzung des relevanten Marktes, WuW 1986, 853; Pfeiffer, Entwicklung der deutschen Rechtspraxis in der Bestimmung von Macht, in Neuorientierung des Wettbewerbsschutzes. Jubiläumsschrift 25 Jahre FIW, FIW-Schriftenreihe Heft 120, 1986, S. 61; Podszun/Palzer, Ausbeutungsmissbrauch bei Kanalgebühren? Frei ausgehandelte Preise unter richterlichem Zugriff – Zugleich Anmerkung zum Urteil des BGH – Kabelkanalanlagen –, NZKart 2017, 559; Podszun/Schwalbe, Digitale Plattformen und GWB-Novelle: Überzeugende Regeln für die Internetökonomie?, NZKart 2017, 98; Pohlmann/Wismann, Digitalisierung und Kartellrecht – Der Regierungsentwurf zur 9. GWB-Novelle, NZKart 2016, 555; dies., Markt, Marktmacht und Transaktionswertschwelle in der 9. GWB-Novelle – Digitaler, moderner, besser? – WuW 2017, 257; Prütting, Vermutungen im Kartellrecht, in: Festschrift für Ralf Vieregge, 1995, S. 733; Ramrath, Die „überragende Marktstellung" als Merkmal der Fusionskontrolle, FIW-Schriftenreihe Heft 84, 1978; Rehbinder, Relativierungen der räumlichen Marktabgrenzung, in: Festschrift für Ernst-Joachim Mestmäcker, 2006, 371; Reich, Mißbrauch und Verhaltenskontrolle gemäß § 22 Abs. 4 GWB n. F., NJW 1974, 1353; Reimann, Mißbrauchsaufsicht und Diskriminierungsverbot bei Nachfragern, WuW 1976, 541; Reismann, Missbräuchliches Verhalten auf digitalen Märkten, 2022; Rittner, § 22 GWB im Spannungsfeld wirtschaftswissenschaftlicher Theorien und rechtsstaatlicher Postulate, in: FS Hartmann, 1976, S. 251; Rochet/Tirole, Two-Sided Markets: A Progress Report, The RAND Journal of Economics 2006, 645; Röhling, Die Fusionskontrolle nach dem neuen Kartellgesetz, DB 1973, 1585; Ruppelt, Die Marktabgrenzung im Lebensmittelhandel, WuW 2012, 27; Säcker, Zur Bedeutung der Nachfragemacht für die Feststellung von Angebotsmacht, BB 1988, 416; ders., Abschied vom Bedarfsmarktkonzept, ZWeR 2004, 1; Sandrock, Grundbegriffe des Gesetzes gegen Wettbewerbsbeschränkungen, 1968; Grundprobleme der sachlichen Marktabgrenzung, in: Festgabe Max Kummer, 1980, S. 449; ders., Die 2. Kartellgesetznovelle –

Die Novellierung der §§ 1, 16, 17, 22 GWB, BB 1973, 101; ders., Die kartellrechtliche Missbrauchskontrolle über Wasserpreise und Wassergebühren, NJW 2010, 1105; Satzky, Novellierung des GWB: Entflechtung von Großkonzernen?, WuW 2010, 614; Scheibenpflug, Personenbezogene Daten als Gegenleistung, 2022; Schlecht, 5. GWB-Novelle: Sinnvolle Verbesserungen, Wirtschaftsdienst 1988, 391; Schmidt, I., Relevanter Markt, Marktbeherrschung und Mißbrauch in § 22 GWB und Art. 86 EWGV, WuW 1965, 453; ders., Methodische Bedenken gegen Generalklauseln im Kartellrecht am Beispiel der Mißbrauchsaufsicht über marktbeherrschende Unternehmen – eine Erwiderung, JZ 1967, 247; ders., US-amerikanische und deutsche Wettbewerbspolitik gegenüber Marktmacht, 1973; ders., Hauptprobleme der 5. Kartellnovelle, in: Wirtschaftsdienst 1989, 131; Schmidt, Kein einheitlicher Wärmemarkt in der kartellrechtlichen Missbrauchskontrolle, WuW 2008, 550; Schöppe, Rückgang des mengenmäßigen Marktanteils als Indiz für das Nichtvorliegen einer überragenden Marktstellung, DB 1977, 385; Scholz, R., Medienverflechtung, Anmerkungen zu dem gleichnamigen Buch von Kübler, AfP 1983, 261; Schröder, H., Ist der Cash & Carry Großhandel ein eigenständiger Markt?, WuW 2012, 819; ders./Mennenöh, Zur Abgrenzung von sachlich relevanten Märkten im Einzelhandel mit Lebensmitteln – Eine empirische Analyse von Drogerieartikeln und Getränken, WuW 2013, 575; Schuhmacher/Holzweber, Preishöhenmissbrauch bei Arzneimitteln, ZWeR 2019, 62; Schultz, Die Vermutungen des § 23a GWB (unter besonderer Berücksichtigung der qualifizierten Oligopolvermutung des § 23a Abs. 2 GWB), WuW 1981, 102; Schultze, Marktzutrittsschranken in der Fusionskontrolle, FIW-Schriftenreihe Heft 130, 1988; Schwalbe/Zimmer, Kartellrecht und Ökonomie, 3. Aufl. 2021; Schwark, Macht und Ohnmacht des Kartellrechts – Bemerkungen zur Mißbrauchsaufsicht über den Preis, BB 1980, 1350; Schweitzer/Haucap/Kerber/Welker, Modernisierung der Missbrauchsaufsicht für marktmächtige Unternehmen, 2018; Sieben/Goetzke/Matschke, Der Begriff „Finanzkraft" nach § 22 GWB aus betriebswirtschaftlicher Sicht, DB 1978, 2229; dies., Der Begriff „Finanzkraft" nach § 22 GWB aus betriebswirtschaftlicher Sicht, FIW-Schriftenreihe Heft 89, 1980; Sieberg/Vallone, Anmerkungen zum BGH, Urt. V 29.4.2098 – KZR 2/07 – Erdgassondervertrag, ZWeR 2009, 245; Spieler, Fusionskontrolle im Medienbereich, 1988; Steinvorth, Probleme der geografischen Marktabgrenzung, WuW 2014, 924; ders., Wenn Marktbeherrscher überhöhte Preise fordern dürfen – Anmerkung zu BGH v. 24.1.2017 – KZR 2/15 – Kabelkanalanlagen, ZWeR 2017, 303; Stadler, Individuelle Beherrschung desselben Marktes durch mehrere Unternehmen?, in: Festschrift Canenbley, 2012, S. 441; Stoll, Drittmarktbehinderungen im deutschen und europäischen Kartellrecht, 2002; Tamke, Marktmacht in digitalen Märkten nach der 9. GWB-Novelle, NZKart 2018, 503; Thomas, Rechtliche und wettbewerbspolitische Bewertung des § 32f RefE 11. GWB-Novelle, ZWeR 2022, 333; Tetzlaff, Sport unter der Kartellupe, WuW 1988, 93; Topel, Unentgeltliche Marktleistungen nach § 18 Abs. 2a GWB, in: Festschrift für Gerhard Wiedemann, 2020, S. 57; Traub, Der „relevante Markt" im Ersatzteilgeschäft, WRP 1978, 110; Traugott, Zur Abgrenzung von Märkten, WuW 1998, 929; Treis/Eggers, Überragende Marktstellung aufgrund von Finanzkraft (§ 22 Abs. 1 Satz 2 GWB) – Ökonomische Grundlagen und wettbewerbsrechtliche Konsequenzen, dargestellt am Beispiel von Handelsbetrieben, GRUR 1988, 745; ders./Lademann, Die Abgrenzung des sachlich relevanten Marktes im Lebensmitteleinzelhandel, GRUR 1987, 262; Ulmer, P., Wettbewerbs- und kartellrechtliche Grenzen der Preisunterbietung im Pressewesen, AfP 1975, 870; ders., Schranken zulässigen Wettbewerbs marktbeherrschender Unternehmen, 1977; ders., Bemerkungen zum Valium-Beschluß des BGH, BB 1977, 357; ders., Mehr Wettbewerb?, WuW 1978, 330; ders., Kartellrechtliche Unterschiede in der Behandlung von Angebots- und Nachfragemacht, in Wettbewerbsbeziehungen zwischen Industrie und Handel, FIW-Schriftenreihe Heft 102, 1982, S. 33; ders., Brauchen wir eine Kartellgesetznovelle?, MA 1987, 326; v. Ungern-Sternberg, Zum Begriff des „zeitlich relevanten Marktes", WuW 1984, 707; Wegener/Oberhammer, Marktabgrenzung für Vertragswerkstätten und Ersatzteilbelieferung, WuW 2012, 366; Wagner-von Papp, Brauchen wir eine Missbrauchskontrolle von Unternehmen mit nur relativer oder überlegener Marktmacht? Novellierung der allgemeinen Missbrauchskontrolle, in: Bien (Hrsg.), Das deutsche Kartellrecht nach der 8. GWB-Novelle, S. 95; Vahrenholt, Marktabgrenzung und Systemwettbewerb: Das Bedarfsmarktkonzept auf dem Prüfstand, 2011; Vocke, Der kartellrechtliche Marktbegriff und unentgeltliche Leistungen, 2021; Volmar, Marktabgrenzung bei mehrseitigen Online-Plattformen, ZWeR 2017, 386; ders., Digitale Marktmacht, 2019; ders., Die Intermediationsmacht von Competitive Bottlenecks, NZKart 2020, 170; Wagner, M., Datenökonomie und Selbstdatenschutz, 2020; Wagner-von Papp, Die 11. GWB-Novelle: Geht es Oligopolen an den Kragen?, NZKart 2022, 605; Walesch, Marktverhältnisse bei Intermediären im elektronischen Warenvertrieb, 2020; Weber, Zugang zu den Softwarekomponenten der Suchmaschine Google nach Art. 102 AEUV, 2017; Weisser, Datenbasierte Märkte im Kartellrecht – Eine Untersuchung zu Marktbegriff und Marktmacht, 2021; Wendland, Zur sachlichen und räumlichen Abgrenzung der Angebotsmärkte des Lebensmittelhandels durch die Rechtsprechung, WRP 1988, 147; Werden, Why (Ever) Define Markets? An Answer to Professor Kaplow, 78 Antitrust Law Journal 729 (2013); Westermann, Widerlegung der Oligopolvermutung nach der Entscheidung des BGH in Sachen Phonak/GN Store, ZWeR 2011, 333; Wirz, Die vermutete Marktbeherrschung, WuW 1975, 611; Woedtke, Die „überragende Marktstellung" in der Fusionskontrolle, 1977; Wurmnest, Marktmacht und Verdrängungsmissbrauch, 2. Aufl. 2012; Zäch, Gleiche oder unterschiedliche Marktbeherrschungsgrade als Anwendungsvoraussetzung für die Missbrauchs- und die Zusammenschlusskontrolle?, in: Festschrift für Ulrich Immenga, 2004, S. 463; Zimmer, Differenzierte Produkte, nichtkoordinierte Effekte und das Upward Pricing Pressure-Konzept: Wird die Marktabgrenzung in Fusionskontrollverfahren entbehrlich?, WuW 2013, 928; Zimmerlich, Marktmacht in dynamischen Märkten – Die Abgrenzung des sachlich relevanten Marktes in Märkten der Internetökonomie, 2007.

## Übersicht

# A. Grundlagen

## I. Regelungsgegenstand und Normzweck der Missbrauchskontrolle

1    Die Vorschriften des zweiten Abschnitts des ersten Teils des GWB richten sich gegen den Missbrauch einer marktbeherrschenden Stellung und sonstiges einseitiges wettbewerbsbeschränkendes Verhalten. Die §§ 18–21 GWB sind mit der 8. GWB-Novelle völlig neu gegliedert und teilweise neu gefasst sowie im Rahmen der 9. GWB Novelle ergänzt worden (näher → Rn. 7 ff.). Die umfassende **Bekämpfung des Missbrauchs von Marktmacht** (sowie ergänzend bestimmter Einflussnahmen auf die Entscheidungsfreiheit anderer Unternehmen) gehört neben der grundsätzlichen Unterbindung wettbewerbsbeschränkender Verhaltenskoordinationen zwischen zwei oder mehr selbständigen Unternehmen durch das Kartellverbot (§§ 1–3 GWB) einerseits und der Verhinderung einer Vermachtung von Märkten im Wege externen Unternehmenswachstums durch die strukturell ausgerichtete Zusammenschlusskontrolle (§§ 35 ff. GWB) andererseits zu den **zentralen Regelungsgegenständen des Gesetzes** und stellt gewissermaßen seine **dritte Säule** dar.[1] Ihre

---

[1] So auch Wiedemann in Handbuch des Kartellrechts, § 23 Rn. 1.

Bedeutung ergibt sich daraus, dass das deutsche GWB die Entstehung marktbeherrschender Stellungen im Wege internen Unternehmenswachstums grundsätzlich hinnimmt und lediglich das Verhalten marktmächtiger Unternehmen einer Missbrauchskontrolle unterwirft. Im Gegensatz etwa zum US-amerikanischen Antitrustrecht, das in Sec. 2 Sherman Act (zumindest dem Wortlaut nach)[2] ein allgemeines Monopolisierungsverbot enthält,[3] toleriert das deutsche ebenso wie das europäische Kartellrecht (Art. 102 AEUV) seit jeher die bloße Erlangung und Innehabung von Marktmacht und Marktbeherrschung bis hin zum Monopol. Selbst wenn derartige Marktstellungen über lange Zeiträume bestehen und die Chancen für ein Wiederaufleben funktionsfähigen Wettbewerbs auf stark verkrusteten Märkten gering sind, bietet das Gesetz keine Handhabe für ein Einschreiten, sofern nicht der Nachweis konkreter missbräuchlicher Verhaltensweisen gelingt.

Dementsprechend kennt das deutsche Recht, abgesehen von der Auflösung vollzogener **2** Zusammenschlüsse nach § 41 Abs. 3, nach wie vor **keine allgemeine Entflechtungsregelung.**[4] Der im Zuge der 8. GWB-Novelle an Art. 7 Abs. 1 VO 1/2003 angeglichene § 32 Abs. 2 erlaubt der Kartellbehörde zwar ausdrücklich, auch Abhilfemaßnahmen struktureller Art anzuordnen, sofern dies einem strengen Verhältnismäßigkeitstest genügt.[5] Die im Vorfeld der Novelle diskutierte Einführung eines missbrauchsunabhängigen Entflechtungsinstruments zur Auflösung verfestigter marktbeherrschender Stellungen ist nach heftiger Kritik aus verfassungsrechtlicher wie wettbewerbspolitischer Perspektive zu Recht fallen gelassen worden.[6]

Die vom Deutschen Bundestag am 6. Juli 2023 verabschiedete **11. GWB-Novelle**[7] führt **2a** allerdings nunmehr mit **§ 32f GWB n. F.** ein neuartiges Instrument ein, das dem BKartA

---

[2] Die Norm bestimmt: „Every person who shall monopolize, or attempt to monopolize, or combine or conspire with any other person or persons, to monopolize any part of the trade or commerce among the several States, or with foreign nations, shall be deemed guilty of a felony […]".

[3] Die ursprünglich sehr weite Auslegung des Sec. 2 Sherman im Sinne eines lediglich durch thrust upon-Gesichtspunkte eingeschränkten Monopolisierungsverbots, vgl. United States v. Aluminum Co. of America, 148 F.2d 416 (2d Cir. 1945), wurde durch spätere Entscheidungen eingeschränkt, vgl. zu dem noch heute maßgeblichen zweistufigen Prüfungsstandard („possession of monopoly power" und „willful acquisition or maintenance of that power as distinguished from growth or development as a consequence of a superior product, business acumen or historic accident") die Leitentscheidung United States v. Grinnell Corp., 384 U.S. 563, 570–571; s. ferner Eastman Kodak Co. v. Image Technical Services, Inc., 504 U.S. 451, 481 (1992). Im Rahmen des Siegeszugs der Chicago School of Antitrust Analysis mit ihrer Konzentration auf die Steigerung der ökonomischen Effizienz und der Konsumentenwohlfahrt als alleinigem Ziel des Antitrustrechts unter Ausblendung weiterer historisch bedeutsamer Schutzziele wie insbesondere Sicherung der Wettbewerbsfähigkeit kleinerer und mittlerer Unternehmen ist es zu einer starken Zurückdrängung der Anwendung des Sec. 2 Sherman Act gekommen, vgl. hierzu den Überblick bei Wurmnest S. 28 ff., 42 ff. mwN.

[4] Vgl. hierzu auch rechtsvergleichend Möschel, Entflechtungen im Recht der Wettbewerbsbeschränkungen, 1979; Schulte-Braucks, Die Auflösung marktbeherrschender Stellungen, 1980; B. Müller, Entflechtung und Deregulierung, 2004; Nettesheim/Thomas, Entflechtung im deutschen Kartellrecht, 2011.

[5] Bei der 7. GWB-Novelle 2005 hatte der Gesetzgeber noch auf eine Verankerung im Normtext verzichtet und die Möglichkeit struktureller Abhilfemaßnahmen lediglich in der Gesetzesbegründung erwähnt, vgl. BegrRegE, BT-Drs. 15/3640, 51.

[6] Vgl. zu dem Referentenentwurf eines Gesetzes zur Einführung einer Entflechtungsbefugnis vom 8.1.2010 (WuW 2010, 697) insbes. BKartA, Entflechtung als Instrument des Kartellrechts, Hintergrundpapier zur Tagung des Arbeitskreises Kartellrecht am 7.10.2010 (abrufbar unter www.bundeskartellamt.de); Monopolkommission, Sondergutachten 58, Gestaltungsoptionen und Leistungsgrenzen einer kartellrechtlichen Unternehmensentflechtung, Tz. 135 (vorsichtig befürwortend, aber Korrekturen anmahend); **ablehnend** dagegen Bach FS Möschel, 2011, 15 ff.; Fuchs WuW 2010, 479; Satzky WuW 2010, 614 ff.; Satzky, Novellierung des GWB: Entflechtung von Großkonzernen?, in: Wettbewerb in der Finanzkrise – Lehren für die Zukunft, Referate des 43. FIW-Symposions, S. 31 ff.; Nettesheim/Thomas, Entflechtung im deutschen Kartellrecht, 2011, S. 42 ff.

[7] Beschlossen wurde der Gesetzentwurf der BReg („Entwurf eines Gesetzes zur Änderung des Gesetzes gegen Wettbewerbsbeschränkungen und anderer Gesetze"), BT-Drs. 20/6824 i. d. F. der Beschlussempfehlung des Wirtschaftsausschusses v. 5.7.2023, BT-Drs. 20/7625. Gegenüber dem RefE v. 15.9.2022 zu einem „Wettbewerbsdurchsetzungsgesetz", abrufbar unter https://www.bmwk.de/Redaktion/DE/Downloads/Wettbewerbspolitik/wettbewerbsdurchsetzungsgesetz-referentenentwurf-bmwk.pdf?__blob=publicationFile&v=4, hat sich nicht nur der Name geändert. Aufgrund zahlreicher krit. Stimmern wurden vielmehr auch substantielle Konkretisierungen und Verschärfungen der Eingriffsvoraussetzungen in den Gesetzestext auf-

die Möglichkeit einräumt, nach Durchführung einer Sektoruntersuchung verhaltensbezogene oder strukturelle Maßnahmen bis hin zu einer Entflechtung anzuordnen, ohne dass es des Nachweises einer kartellrechtlichen Zuwiderhandlung bedürfte.[8] Voraussetzung ist, dass eine „erhebliche und fortwährende Störung des Wettbewerbs auf mindestens einem mindestens bundesweiten Markt, mehreren einzelnen Märkten oder marktübergreifend vorliegt" (§ 32f Abs. 3 S. 1 GWB n.F.). Diese Regelung soll zwar nur subsidiär eingreifen, wenn die sonstigen Befugnisse des BKartAs voraussichtlich nicht ausreichen, um der Störung des Wettbewerbs entgegenzuwirken. Nach § 32f Abs. 4 GWB n. F. kann das BKartA aber **missbrauchsunabhängig** sogar die **Entflechtung** eines marktbeherrschenden Unternehmens oder eines Unternehmens mit überragender marktübergreifender Bedeutung (§ 19a GWB) anordnen, wenn auch nur als *ultima ratio* unter gegenüber dem RefE erheblich verschärften Voraussetzungen. Gleichwohl bedeutet dieses „new competition tool" letztlich immer noch einen Paradigmenwechsel in der deutschen Wettbewerbspolitik. Systemkonform wäre entweder die Ausweitung von Verbotstatbeständen oder der Erlass regulierungsrechtlicher Maßnahmen gewesen, um fortdauernden gravierenden Wettbewerbsstörungen entgegenzuwirken bzw. vorzubeugen.

3 **Normadressaten** der §§ 18–21 GWB sind nur **Unternehmen.** Im Rahmen der Missbrauchskontrolle gelten insoweit keine Besonderheiten, vielmehr sind die gleichen allgemeinen Grundsätze des für das GWB geltenden sog. **funktionalen Unternehmensbegriffes** anzuwenden.[9] Danach genügt jedwede selbstständige Tätigkeit im geschäftlichen Verkehr unabhängig von der Rechtsform und einer Gewinnerzielungsabsicht (vgl. im Einzelnen → § 1 Rn. 18 ff.). Zweck dieses Tatbestandsmerkmals ist im Wesentlichen, die Sphäre des privaten Verbrauchs, der abhängigen Arbeit und des hoheitlichen Handelns aus dem Anwendungsbereich des Gesetzes auszuklammern. Als unternehmerische Tätigkeit ist (jedenfalls) im Bereich der Missbrauchskontrolle auch eine bloße Nachfragetätigkeit öffentlich-rechtlicher Körperschaften zu qualifizieren, selbst wenn es um die Beschaffung von Waren oder Dienstleistungen zur Erfüllung ihrer hoheitlichen Aufgaben und nicht zu wirtschaftlichen Zwecken geht.[10] Die gegenteilige, restriktive Auslegung der europäischen Gerichte[11] zum Unternehmensbegriff kann bei einseitigen wettbewerbsbeschränkenden Maßnahmen schon wegen Art. 3 Abs. 2 S. 2 VO 1/2003 eine weitergehende Anwendung des mitgliedstaatlichen Kartellrechts nicht blockieren. Im Bereich des Kartellverbots ist dagegen umstritten, ob die Vorrangwirkung des Art. 3 Abs. 2 S. 1 VO 1/2003 sich auch auf den Unternehmensbegriff erstreckt mit der Folge, dass § 1 (bei Vorliegen potentieller zwischenstaatlicher Auswirkungen) nicht mehr auf die Nachfragetätigkeit öffentlich-rechtlicher Körperschaften oder Anstalten ohne wirtschaftliche Anschlussverwendung der beschafften Güter angewendet werden dürfte.[12] Für das Verhältnis gesetzlicher Krankenkassen

genommen; vgl. aus der Diskussion zum RefEntw insbes. sehr krit. Thomas ZWeR 2022, 333 ff.; differenzierend, aber ebenfalls gegen die Möglichkeit diskretionärer Eingriffe des BKartAs in das Marktdesign Wagner-von Papp NZKart 2022, 605 ff.; die Gefahr eines behördlichen Marktdesigns „nach billigem Ermessen" verneinend jdf. nach einer Konkretisierung der Kriterien für eine erhebliche und fortwährende Wettbewerbsstörung Mundt, NZKart 2023, 1 ff., 3; zu den unionsrechtlichen Grenzen einer missbrauchsunabhängigen Entflechtung Kruse/Maturana EuZW 2022, 798 ff.; zu verfassungsrechtlichen Fragen Grzeszick NZKart 2023, 55 ff.; Brenner WuW 2023, 74 ff. Vgl. allg. zum RefE z. B. von Schreiter/Sura DB 2022, 2715; Überblick zum RegE bei Bartsch/Käseberg/Weber WuW 2023, 245 ff.

[8] Der RefE zum geplanten (11. GWB-Novelle) ist.

[9] So auch Paschke in FK-KartellR Rn. 16.

[10] Im Ergebnis ebenso Bechtold/Bosch Rn. 3; Deister in Schulte/Just Rn. 7.

[11] Vgl. EuG 4.3.2003 – T-319/99, Slg. 2003, II-357 = WuW/E EU-R 688 – FENIN, bestätigt durch EuGH 11.7.2006 – C-205/03 P, Slg. 2006, I-6295 = WuW/E EU-R 1213; vgl. auch EuGH 16.3.2004 – verb. Rs. C-264/01, C-306/01, C-354/01 und C-355/01, Slg. 2004, I-2493 = WuW/E EU-R 801 – AOK Bundesverband.

[12] Für Vorrang des europäischen Unternehmensbegriffs zB Bechtold NJW 2007, 3761 (3762); Bechtold NZKart 2015, 331 (332), in der Annahme, dass das deutsche Recht bei Fehlen der Unternehmenseigenschaft keinen Regelungsspielraum gegenüber dem europäischen Recht habe; implizit Bechtold/Bosch GWB § 1 Rn. 13; zu Recht aA Grave/Nyberg in LMRKM § 1 Rn. 6 f.; Nordemann in LMRKM, 3. Aufl. 2016, § 1

zu den Leistungserbringern hat der Gesetzgeber durch § 69 Abs. 2 SGB V klargestellt, dass die §§ 19–21 (und damit auch die vorgelagerte Definitionsnorm des § 18) jedenfalls „entsprechend" anwendbar sind.[13]

Anknüpfungspunkt der Vorschriften ist im Gegensatz zum Kartellverbot nicht eine Ver- **4** einbarung oder abgestimmte Verhaltensweise, sondern ein **einseitiges Verhalten** von Unternehmen mit absoluter (§ 19) bzw. relativer oder überlegener Marktmacht (§ 20). Bestimmte Verhaltensweisen, die auf die Entscheidungsfreiheit anderer Unternehmen in missbilligenswerter Weise einwirken (zB Boykottaufruf, Nachteilsandrohung oder -zufügung, Zwang) sind nach § 21 ohne Rücksicht auf die Marktstellung des handelnden Unternehmens verboten. Der Fokus der Vorschriften zur Missbrauchskontrolle auf die einseitige Beeinträchtigung der Wettbewerbsmöglichkeiten anderer Unternehmen bedeutet nicht, dass sich die Behinderung, Diskriminierung, Ausbeutung oder sonstige missbräuchliche Verhaltensweise gegenüber anderen Marktteilnehmern, seien sie (potentielle) Wettbewerber, Kunden oder Lieferanten des marktmächtigen Unternehmens, nicht auch im Abschluss von Vereinbarungen mit den Betroffenen selbst oder mit Dritten verwirklichen könnte.

Der Kerngehalt der Vorschriften der Missbrauchskontrolle liegt darin, solche Unterneh- **5** men, die über ein gewisses **gesteigertes Maß an wirtschaftlicher Macht** verfügen, **besonderen Verhaltensanforderungen** zu unterwerfen. Die darin liegende Begrenzung privatautonomer Handlungsspielräume findet ihre Rechtfertigung darin, dass der Wettbewerb bereits in einem Maße seine Funktionsfähigkeit eingebüßt hat, dass „die Neutralisierung wirtschaftlicher Macht nicht mehr dem Markt überlassen werden kann, sondern zur Aufgabe des Rechts wird".[14] Wo genau diese Grenze zu ziehen ist, gehört mit zu den schwierigsten Aufgaben im Kartellrecht und ist dementsprechend vielfach umstritten. Einigkeit besteht insoweit, dass es nicht um Wirtschaftslenkung, sondern um eine **maßstabsgebundene Rechtsaufsicht** geht.[15] Die Konkretisierung der unbestimmten Rechtsbegriffe muss sich an der Aufgabe orientieren, die Ausnutzung vom Wettbewerb nicht hinreichend kontrollierter Verhaltensspielräume zulasten Dritter zu unterbinden, weist also einen wettbewerblichen Bezugspunkt auf und darf nicht zur Verfolgung sonstiger öffentlicher Interessen oder fachpolitischer Zielvorgaben instrumentalisiert werden.[16]

Innerhalb des wettbewerblichen Bezugssystems des GWB entfaltet die Missbrauchskon- **6** trolle ihren **Schutzzweck**, die übermäßige und wettbewerbsschädliche Ausnutzung marktmachtbedingter Handlungsspielräume zu verhindern, in eine **dreifache Richtung:**[17] **vertikal** gegenüber Angehörigen der vor- und nachgelagerten Wirtschaftsstufen, **horizontal** gegenüber aktuellen und potentiellen Wettbewerbern des Marktbeherrschers, bei letzteren vor allem in Bezug auf Marktzugangsbeschränkungen, sowie **marktübergreifend** hinsichtlich des missbräuchlichen Einsatzes wirtschaftlicher Macht auf Drittmärkten, insbes. bei einem Marktmachttransfer.[18]

Neben der Erfassung der Auswirkungen des marktübergreifenden Einsatzes ökonomi- **6a** scher Macht hat im Zuge der Digitalisierung vieler Märkte und Wirtschaftszweige aber auch die **Berücksichtigung marktübergreifender Aspekte schon bei der Begründung wirtschaftlicher Machtstellungen** stetig an Bedeutung gewonnen. Dies hat den

---

Rn. 27 (anders noch Nordemann in LMR, 2. Aufl., § 1 Rn. 35); Bardong/Mühle in MüKoWettbR VO 1/ 2003 Art. 3 Rn. 54 ff., Krauß in Bunte § 1 Rn. 35; der BGH hat die Frage bisher offen gelassen, BGH 19.6.2007 – KVR 23/98, WuW/E DE-R 2161 (2162 f.) – Tariftreueerklärung III.

[13] Bechtold/Bosch Rn. 3.

[14] Mestmäcker, Das marktbeherrschende Unternehmen im Recht der Wettbewerbsbeschränkungen, S. 8.

[15] Möschel in Immenga/Mestmäcker, 4. Aufl. 2007, § 19 Rn. 7 mwN.

[16] Vgl. Monopolkommission Sondergutachten 1 Tz. 19; Immenga, Politische Instrumentalisierung des Kartellrechts?, S. 22; Möschel NJW 1975, 753; Möschel in Immenga/Mestmäcker, 4. Aufl. 2007, § 19 Rn. 9 mwN.

[17] Vgl. nur Emmerich, Kartellrecht, 13. Aufl. 2014, § 27 Rn. 8; Möschel in Immenga/Mestmäcker, 4. Aufl. 2007, § 19 Rn. 11 mwN.

[18] Vgl. zB BGHZ 156, 379 (382 f.) = WuW/E DE-R 1210 – Strom und Telefon II.

Gesetzgeber zu Klarstellungen und Ergänzungen des gesetzlichen Beurteilungsrahmens veranlasst: So ist im Rahmen der 10. GWB-Novelle mit § 19a eine neuartige, spezielle Eingriffsbefugnis gegenüber bestimmten missbräuchlichen Verhaltensweisen von „Unternehmen mit überragender marktübergreifender Bedeutung für den Wettbewerb" geschaffen worden. Daneben adressieren § 18 Abs. 3b und § 20 Abs. 1 S. 2 explizit die Intermediationsmacht von Unternehmen, die als Vermittler auf mehrseitigen Märkten tätig sind (s. hierzu → Rn. 150a ff.; → § 20 Rn. 49 ff.).

**6b**    Auch auf europäischer Ebene ist eine zunehmende Sensibilität für die wettbewerblichen Gefahren konglomerater Marktmacht festzustellen, die mit der Schaffung sog. digitaler „Ökosysteme" einhergeht und ganz **grundsätzliche Fragen** insbes. hinsichtlich der **Leistungsfähigkeit der kartellrechtlichen ex post-Missbrauchskontrolle** von marktmächtigen Unternehmen **im Vergleich zu einer ex ante-Regulierung** aufwerfen. Von besonderer Aktualität und Bedeutung ist diesbezüglich der auf Vorschlag der Kommission[19] erlassene **Digital Markets Act** (DMA),[20] der unter bestimmten Voraussetzungen (Art. 3 DMA) die Benennung großer Digitalunternehmen als sog. Gatekeeper für zentrale Plattformdienste (Art. 2 Abs. 2 DMA) vorsieht und sie damit speziellen, explizit aufgelisteten und unmittelbar geltenden Verhaltenspflichten (Art. 5 und 6 DMA) unterwirft.[21] Das Verhältnis dieses (kartellrechtsnahen) regulierungsrechtlichen Ansatzes auf europäischer Ebene, dessen Verhaltensanforderungen weitgehend auf Fällen aus der kartellrechtlichen Entscheidungspraxis beruhen, zur Anwendung nationaler Kartellrechtsnormen wie insbesondere § 19a ist noch nicht endgültig geklärt.[22] Einerseits stehen Regulierungsrecht und Kartellrecht grundsätzlich gleichrangig nebeneinander,[23] auch soweit sich ihre Anwendungsbereiche teilweise überschneiden. Dementsprechend bleiben nach Art. 1 Abs. 6 DMA die nationalen Vorschriften des Kartellrechts, insbesondere der Missbrauchsaufsicht, unberührt. Andererseits hat der DMA gemäß Art. 1 Abs. 5 DMA Vorrang vor nationalen Regelungen in Bezug auf Gatekeeper und die Gewährleistung von bestreitbaren und fairen Märkten. Die Mitgliedstaaten dürfen Gatekeepern insoweit keine weiteren Verpflichtungen auferlegen, soweit es nicht um die Verfolgung anderer legitimer öffentlicher Interessen (z. B. Verbraucherschutz) geht. Auf diese Weise soll ein einheitlicher europäischer Rahmen für die Beurteilung des Verhaltens der großen Digitalkonzerne als Gatekeeper hinsichtlich der Gewährleistung bestreitbarer und fairer Märkte errichtet werden. Die nicht unerheblichen Überschneidungen bei den erfassten unzulässigen Verhaltensweisen und gewisse regulierungsrechtliche Anklänge des § 19a wecken somit gewisse Zweifel, ob § 19a künftig durch den DMA weitgehend verdrängt werden könnte. Dagegen spricht allerdings, dass § 19a sich systematisch als einzelfallbezogene kartellrechtliche Norm darstellt, auf deren Basis die Kartellbehörde nach konkreter Abwägung im Einzelfall per Verfügung maßgeschneiderte Verhaltensauflagen aussprechen kann,[24] während die Verhaltenspflichten nach dem DMA ex lege und abstrakt ohne Berücksichtigung

---

[19] Vorschlag für eine Verordnung des Europäischen Parlaments und des Rates über bestreitbare und faire Märkte im digitalen Sektor (Gesetz über digitale Märkte) vom 15.12.2020, COM(2020) 842 final; vgl. hierzu zB BKartA, Digital Markets Act: Perspektiven des (inter)nationalen Wettbewerbsrechts, Hintergrundpapier zur Tagung des Arbeitskreises Kartellrecht am 7. Oktober 2021; Monopolkommission, Empfehlungen für einen effektiven und effizienten Digital Markets Act, Sondergutachten 82, 2021; Jovanovic/Greiner MMR 2021, 678; Haus/Weusthof WuW 2021, 318; Kühling/Weck ZWeR 2021, 487; Zimmer/Göhsl ZWeR 2021, 29; Karbaum/Schulz NZKart 2022, 107; Harta NZKart 2022, 102.

[20] Verordnung (EU) 2022/1925 des Europäischen Parlaments und des Rates v. 14. September 2022 über bestreitbare und faire Märkte im digitalen Sektor und zur Änderung der Richtlinien (EU)2019/1937 und (EU) 2020/1828 (Gesetz über digitale Märkte), ABl. 2022 L 265.

[21] Näher hierzu zB Achleitner NZKart 2022, 359; Rudowicz/Schweda DB 2022, 2526; Podszun/Bongartz/Kirk NJW 2022, 3249.

[22] Körber NZKart 2021, 379 (381); Bongartz WuW, 2022, 72 ff.; ausführlich zum Verhältnis des § 19a GWB zum DMA → § 19a Rn. 61 ff. mwN.

[23] Vgl. EuGH 14.10.2010, Rs. C-280/08P, ECLI:EU:C:2010:603, Rn. 84 – Deutsche Telekom.

[24] Vgl. hierzu und zu weiteren Unterschieden zwischen § 19a und DMA Haucap/Schweitzer, Perspektiven der Wirtschaftspolitik 2021, S. 17, 23 f. sowie Schweitzer → § 19a Rn. 61 ff., 65.

der wettbewerblichen Auswirkungen für die als Gatekeeper benannten Unternehmen gelten sollen.[25]

## II. Entstehungsgeschichte und Gesetzessystematik

Die **systematische Neuordnung der Vorschriften** des Zweiten Abschnitts durch die **7** 8. GWB-Novelle hat dazu geführt, dass der Tatbestand der Marktbeherrschung in § 18, einer seit der 7. GWB-Novelle unbesetzt gebliebenen Vorschrift, separat geregelt ist, während die verbotenen Verhaltensweisen – abgestuft nach dem Grad der involvierten Marktmacht – in den nachfolgenden §§ 19–21 normiert werden. Das Verbot der missbräuchlichen Ausnutzung einer marktbeherrschenden Stellung in § 19 enthält neben der unverändert gebliebenen Generalklausel des Abs. 1 seither in Abs. 2 fünf nicht abschließende Regelbeispieltatbestände. Abs. 3 erstreckt den Anwendungsbereich des Diskriminierungs- und Behinderungsverbots auf freigestellte Kartelle und preisbindende Unternehmen. Verbotene Verhaltensweisen von Unternehmen mit relativer oder überlegener Marktmacht werden dagegen in § 20 erfasst, während § 21 bestimmte sonstige wettbewerbsbeschränkende Verhaltensweisen wie etwa Boykottaufforderungen ohne Rücksicht auf die Marktstärke des handelnden Unternehmens verbietet.

Die ursprüngliche Missbrauchsaufsicht in § 22 aF (BGBl. 1957 I S. 1081) war an § 10 **8** KartVO 1923 (RGBl. I S. 1067) angelehnt und erfasste nur ganz bestimmte vertragsbezogene Einzelverhaltensweisen, nämlich Missbräuche beim Fordern oder Anbieten von Preisen, bei der Gestaltung von Geschäftsbedingungen und beim Abschluss von Koppelungsverträgen. Zudem war die Vorschrift lediglich als Eingriffsermächtigung für die Kartellbehörden ausgestaltet und noch nicht als unmittelbar geltendes gesetzliches Verbot. Die **1. Novelle** vom 1.1.1965 (BGBl. 1965 I S. 1363) brachte die Umwandlung des Missbrauchstatbestandes in eine Generalklausel. Ferner begründete sie die Anwendbarkeit des § 19 aF auf Drittmärkte, auf welche sich die marktbeherrschende Stellung lediglich auswirkt. Die **2. Kartellnovelle** von 1973 (BGBl. 1973 I S. 917) erweiterte den Adressatenkreis der Missbrauchskontrolle, indem sie der marktbeherrschenden Stellung eine im Verhältnis zu Wettbewerbern überragende Marktstellung gleichsetzte, und sie fügte die Vermutungstatbestände des Abs. 3 in das Gesetz ein. Die **4. Novelle** vom 26.4.1980 (BGBl. 1980 I S. 458) brachte neben flankierenden Regelungen wie der Schließung der sog. Sanktionslücke bei der Missbrauchskontrolle durch erweiterte Schadensersatzansprüche Geschädigter (§ 33), der Abschöpfung von durch Missbrauch erlangten Vermögensvorteilen (§ 34) und neben den Erweiterungen des § 20 Abs. 2 S. 2 sowie Abs. 3 und des § 37a Abs. 3 aF den Versuch einer stärkeren Konkretisierung des Missbrauchstatbestandes durch die Einfügung des Satzes 2 in § 22 Abs. 4 aF. Eine Veränderung der Schutzzwecke der Missbrauchskontrolle war mit diesen Novellierungen nicht verbunden. Sie intendierten vielmehr eine wirksamere Durchsetzung.[26] Die **5. Novelle** vom 22.12.1989 (BGBl. 1989 I S. 2486) änderte den Kranz der Strukturmerkmale beim Tatbestand der überragenden Marktstellung nach § 19 Abs. 2 S. 1 Nr. 2 aF. Dies zielte auf die Fusionskontrolle namentlich im Handelsbereich, ohne dass es dort zu einer Sektoralisierung der Eingriffskriterien kommen sollte (Begr. 1989 S. 17–18).

Erst die **6. GWB-Novelle** vom 1.1.1999 (BGBl. 1998 I S. 2346) führte in Angleichung **9** des § 19 aF an Art. 82 EG (jetzt Art. 102 AEUV) ein unmittelbar wirkendes Verbot des Missbrauchs einer marktbeherrschenden Stellung ein. Seither besteht nicht mehr nur die Möglichkeit eines verwaltungsrechtlichen Einschreitens gegen missbräuchliche Verhaltens-

---

[25] Vgl. Erwägungsgrund 10 des DMA, wonach die Wettbewerbsregeln und der DMA unterschiedliche, sich ergänzende Ziele verfolgen.

[26] Siehe Begr. 1964 S. 9 unter 4.; Bericht 1965 S. 3 li. Sp. oben und S. 5; Begr. 1971 S. 21; Bericht 1973 S. 5; Bericht 1980 S. 24 ff.; aA wohl Rittner FS Hartmann, 1976, 251 (262 ff., 268 ff.); Ulmer GRUR 1977, 565 (566): Schutzzweckverlagerung vom freien zum leistungsbezogenen Wettbewerb; Ulmer, Schranken zulässigen Wettbewerbs marktbeherrschender Unternehmen, S. 59.

weisen, vielmehr drohen unmittelbar Bußgelder (§ 81 Abs. 2 Nr. 1) und insbesondere Schadensersatzpflichten gem. § 33 (jetzt § 33a) gegenüber betroffenen Marktteilnehmern. Diese können sich gegen missbräuchliches Verhalten marktmächtiger Unternehmen selbst – ohne Einschaltung von Kartellbehörden – mit zivilrechtlichen Schadensersatz-, Unterlassungs- und Beseitigungsklagen zur Wehr zu setzen. Nach der Begründung des Regierungsentwurfs (BT-Drs. 13/9720, 35) sollte hiermit zugleich eine bessere Vorfeldwirkung erzielt werden. Die Einfügung des Elements des „tatsächlichen und potentiellen Wettbewerbs durch innerhalb oder außerhalb des Geltungsbereichs dieses Gesetzes ansässige Unternehmen" in § 19 Abs. 2 Nr. 2 aF lehnte sich an Art. 2 Abs. 1 lit. a EG-FusionskontrollVO an und war eine Reaktion auf die missverständliche Aussage des BGH im Backofenmarkt-Beschluss (24.10.1995 – KVR 17/94, WuW/E BGH 3037 ff.), in dem er sich dafür ausgesprochen hatte, dass der räumlich relevante Markt im Sinne der Zusammenschlusskontrolle nach dem GWB allenfalls so groß wie das Bundesgebiet sei. Die bedeutendste Änderung des § 19 aF gegenüber dem § 22 GWB aF war zu jener Zeit die Normierung der essential facilities-doctrine in § 19 Abs. 4 Nr. 4 aF.

**10**     Die **7. GWB-Novelle** vom 7.7.2005 (BGBl. 2005 I S. 1954) fügte in § 19 Abs. 2 S. 1 aF die Worte „auf dem sachlich und räumlich relevanten Markt" ein und schrieb damit das schon früher allgemein anerkannte **Marktmachtkonzept** fest[27]. Ferner wurde mit § 19 Abs. 2 S. 3 aF (jetzt § 18 Abs. 2) klargestellt, dass der räumlich relevante Markt weiter sein kann als das Bundesgebiet (näher hierzu → Rn. 59 ff.).

**11**     Die **8. GWB-Novelle** vom 30.6.2013 führte nicht nur zu einer gesetzessystematischen Neustrukturierung (vgl. → Rn. 7), die insbesondere eine rechtstechnische Trennung von Marktbeherrschungstatbestand (nunmehr § 18) und Missbrauchsverboten (§ 19 für Marktbeherrscher, § 20 für Unternehmen mit relativer oder überlegener Marktmacht) umfasst, sondern brachte auch eine Reihe von inhaltlichen Änderungen mit sich. Die zuvor in § 19 Abs. 2 S. 1 aF enthaltene Definition der Einzelmarktbeherrschung findet sich seither sachlich unverändert in drei durchnummerierten Varianten in § 18 Abs. 1, die beispielhaft aufgezählten Strukturmerkmale zur Beurteilung der überragenden Marktstellung (zuvor § 19 Abs. 2 S. 1 zweiter Halbsatz aF) wurden ohne inhaltliche Änderung in den § 18 Abs. 3 Nr. 1–8 übertragen. Eine wesentliche inhaltliche Neuerung stellte die **Anhebung** der maßgeblichen **Marktanteilsschwelle** für die **Vermutung einer Einzelmarktbeherrschung** von einem Drittel (§ 19 Abs. 3 S. 1 aF) **auf 40 %** dar (§ 18 Abs. 4). Die Anpassung wurde nach Ansicht des Gesetzgebers notwendig, da die Erfahrungen in der Anwendungspraxis gezeigt hätten, dass mit einem Marktanteil von einem Drittel nur noch in Ausnahmefällen eine marktbeherrschende Stellung einhergehe.[28] Die Klarstellung zur möglichen Ausdehnung des räumlich relevanten Marktes (§ 19 Abs. 2 S. 3 aF) wurde wortgleich in einen eigenen Abs. 2 des § 18 überführt. Der Tatbestand der **Oligopolmarktbeherrschung** aus § 19 Abs. 2 S. 2 aF wurde **ohne sachliche Änderung** in § 18 Abs. 5 übernommen. Gleiches gilt für die damit einhergehende Marktbeherrschungsvermutung und deren Widerlegung (vormals § 19 Abs. 3 S. 2 aF), die sich jetzt in § 18 Abs. 6 und Abs. 7 finden. Trotz der etwas unglücklichen Formulierung – in Abs. 6 belässt es der Gesetzgeber beim bisherigen Wortlaut, dass eine Gesamtheit von Unternehmen als marktbeherrschend „gilt", während Abs. 7 diese Regelung erstmals ausdrücklich (ebenso wie zuvor schon die entsprechende Vorschrift zur Einzelmarktbeherrschung) als „Vermutung" qualifiziert – lässt sich aus Abs. 7 nicht der Schluss ableiten, beide Vermutungstatbestände hätten nunmehr dieselbe Rechtsnatur.[29] Eine derartige Änderung des sachlichen Regelungsgehalts war vom Gesetzgeber ausdrücklich nicht gewollt.[30]

---

[27] Vgl. BegrRegE, BT-Drs. 15/3640, 45.

[28] BegrRegE, BT-Drs. 17/9852, 23; zustimmend Bechtold/Bosch Rn. 74; ebenso Monopolkommission, Sondergutachten 63: Die 8. GWB-Novelle aus wettbewerbspolitischer Sicht, Tz. 54.

[29] So auch Bechtold/Bosch Rn. 70.

[30] BegrRegE, BT-Drs. 17/9852, 23 (keine „Änderung des materiellen Gehalts der Vorschrift").

Im Vergleich zur früheren Rechtslage klarer strukturiert und voneinander abgegrenzt **12** wurden im Zuge der 8. GWB-Novelle die erfassten missbräuchlichen Verhaltensweisen. Der Katalog der Regelbeispiele aus § 19 Abs. 4 Nr. 1–4 aF findet sich seither in § 19 Abs. 2 Nr. 1–5. Dabei ist der Tatbestand des Behinderungs- und Diskriminierungsverbots nun einheitlich in § 19 Abs. 2 Nr. 1 geregelt (unter Zusammenführung der vorherigen § 19 Abs. 4 Nr. 1 und § 20 Abs. 1 aF); in diesem Zusammenhang ist das lediglich als grober Filter dienende und in der Praxis weitgehend inhaltsleer gewordene **Merkmal des „gleichartigen Unternehmen üblicherweise zugänglichen Geschäftsverkehrs"** aus § 20 Abs. 1 aF **gestrichen** worden. Als fünfte Fallgruppe hat der Gesetzgeber die Aufforderung oder Veranlassung zur Gewährung von Vorteilen (bisher § 20 Abs. 3 S. 1 aF) in den Katalog des § 19 Abs. 2 aufgenommen.

Die Neustrukturierung und teilweise Neufassung der Vorschriften zur Missbrauchskon- **13** trolle sind zu begrüßen. Da die **Definition der Marktbeherrschung** nicht nur für die Missbrauchskontrolle nach § 19 gilt, sondern auch in der Fusionskontrolle Anwendung findet (dazu → Rn. 21 ff.), überzeugt es, die Regelung in einer eigenen Vorschrift von den Missbrauchstatbeständen zu trennen und gleichsam „vor die Klammer zu ziehen", zumal es sich bei der Marktbeherrschung um einen **Zentralbegriff** des deutschen Kartellrechts handelt.[31] Das Gesetz wird so übersichtlicher und damit auch für den Rechtsanwender benutzerfreundlicher.[32] Darüber hinaus ist in der Vergangenheit zu Recht das Nebeneinander von Missbrauchsverbot in § 19 Abs. 1 und Abs. 4 aF und Behinderungsverbot in § 20 Abs. 1 aF kritisiert worden.[33] Die erfolgte einheitliche Verortung in § 19 unter expliziter Einbeziehung des (zuvor nur in § 20 Abs. 1 aF enthaltenen) Diskriminierungsverbots führte insoweit auch zu einer Annäherung an Art. 102 AEUV. Unterschiede zum europäischen Kartellrecht verbleiben vor allem hinsichtlich der Erfassung relativer und überlegener Marktmacht in § 20 sowie sonstiger einseitiger wettbewerbsbeschränkender Maßnahmen nach § 21. Auch die Erstreckung des Diskriminierungs- und Behinderungsverbots auf erlaubte Kartelle und preisbindende Unternehmen (§ 19 Abs. 3), die gesetzessystematisch besser in den § 20 gepasst hätte, kennt keine Parallele im europäischen Kartellrecht.

Mit der **9. GWB-Novelle** vom 9.6.2017 (BGBl. I S. 1416) hat der Gesetzgeber in § 18 **14** die neuen Absätze 2a, 3a und 8 eingefügt. Zudem ist in Absatz 2 der (überflüssige) Passus „im Sinne dieses Gesetzes" gestrichen worden. Mit den Ergänzungen verfolgt der Gesetzgeber den Zweck, die Entwicklungen in der digitalen Ökonomie, insbesondere die Marktmacht von Plattformen und Netzwerken, besser erfassen zu können.[34] Nach Vorarbeiten in dem Grünbuch „Digitale Plattformen" des BMWi vom Mai 2016[35], dem 68. Sondergutachten der Monopolkommission[36] und einem Arbeitspapier des BKartAs[37] sowie zahlreichen Stellungnahmen in der Literatur[38] erfolgen Klarstellungen zum Begriff des Marktes und zu den Marktmachtkriterien. So ist § 18 in Abs. 2a um die Aussage ergänzt worden, dass der Annahme eines Marktes die Unentgeltlichkeit der Leistung nicht entgegenstehe, was zuvor nicht unbestritten war.[39] Zusätzlich zu dem ohnehin nicht abschließenden Kriterienkatalog des § 18 Abs. 3 enthält der neue Abs. 3a weitere Merkmale zur Beurteilung der Marktstellung, die insbesondere für mehrseitige Märkte und Netzwerke herangezogen werden sollen. So begrüßenswert die vorgenommenen Klarstellungen im Grund-

---

[31] Bechtold/Bosch Rn. 2.
[32] Ähnlich Alexander WuW 2012, 1025 (1028) (noch zum Entwurf des § 18 GWB).
[33] Bechtold/Bosch Vor § 18 Rn. 2.
[34] Vgl. BegrRegE, BT-Drs. 18/10207, 38 f.
[35] BMWi, Grünbuch Digitale Plattformen, insbes. S. 46 ff.
[36] Monopolkommission, Sondergutachten 68 „Wettbewerbspolitik: Herausforderung digitale Märkte", Rn. 486 ff.
[37] BKartA, Arbeitspapier „Marktmacht von Plattformen und Netzwerken", 2016.
[38] Vgl. nur Körber WuW 2015, 120 ff.; Pohlmann/Wismann NZKart 2016, 555 ff.; Paal GRUR-Int 2015, 997 ff.; Weber/Volz WuW 2015, 356 ff.
[39] Vgl. nur OLG Düsseldorf 9.1.2015 – VI Kart 1/14 (V), WuW 2015, 394 (398) – HRS; Podszun/Franz NZKart 2015, 121 ff.

satz sind, werfen sie doch zum Teil neue Probleme auf.[40] Die Auswahl und Ausgestaltung der neuen Marktmachtkriterien ist teilweise schon während des Gesetzgebungsverfahrens kritisiert[41] und in einigen Punkten angepasst worden.[42] Notwendige Konkretisierungen und Erfahrungen werden sich erst aus der Anwendungspraxis ergeben (näher zu der neuen Regelung des Abs. 2a → Rn. 33 ff.; zu Abs. 3a → Rn. 40 ff.). Abs. 8 normiert eine Berichtspflicht des BMWi zur Evaluation der neuen Regelungen nach Ablauf von drei Jahren seit dem Inkrafttreten der Novelle.

**14a**  Nach dem Inkrafttreten der 9. GWB-Novelle wurde die **Diskussion über** möglicherweise erforderliche **weitere Anpassungen** des Kartellrechts, insbesondere zur Gewährleistung einer effektiven Missbrauchsaufsicht über große, marktmächtige Digitalkonzerne, fortgesetzt. Dazu trugen nicht zuletzt spektakuläre Verfahren sowohl der Kommission als auch des BKartAs bei, wie etwa in den Fällen Google Shopping, Google Android und Facebook.[43] Die Herausforderungen durch die rasch fortschreitende Verbreitung digitaler Geschäftsmodelle und sich abzeichnende Gefahren einer frühzeitigen und potentiell langlebigen Vermachtung von Märkten in der digitalen Ökonomie haben **Fragen nach Schutzlücken in der Missbrauchsaufsicht** und möglichen Wegen zu ihrer Schließung aufgeworfen.[44] Maßgebliche Punkte in der neuerlichen **Reformdiskussion** waren insoweit insbesondere eine mögliche **Absenkung der Interventionsschwelle,** entweder allgemein oder für bestimmte Fallgruppen, in denen besondere Gefahren für eine längerfristige Vermachtung von Märkten bestehen,[45] die bessere Erfassung der besonderen Marktmacht von Transaktionsplattformen durch die Einführung eines neuen Konzepts der „**Intermediationsmacht**" (jenseits von Angebots- bzw. Nachfragemacht)[46] sowie Fragen des leichteren **Zugangs zu Daten** als Voraussetzung für die Entfaltung eigener wettbewerblicher Tätigkeiten.[47]

**14b**  Mit der am 19.1.2021 in Kraft getretenen **10. GWB-Novelle**[48] hat der Gesetzgeber einen großen Teil der Vorschläge aus der Reformdiskussion aufgegriffen. Anlässlich der ohnehin erforderlichen Umsetzung der sog. ECN+-Richtlinie[49] hat er die Gelegenheit genutzt, mit der als „GWB-Digitalisierungsgesetz" bezeichneten Reform schwerpunktmäßig auf die besonderen Herausforderungen des Kartellrechts durch Vermachtungstendenzen in der datengetriebenen digitalen Wirtschaft zu reagieren.[50] Im Rahmen von

---

[40] Pohlmann/Wismann NZKart 2016, 555 (559).

[41] Kahlenberg/Heim BB 2016, 1863; Pohlmann/Wismann NZKart 2016, 555 jeweils zur Vorabfassung des RegE, abrufbar unter http://hbfm.link/1902 (zuletzt abgerufen am 8.9.2021); Podszun/Schwalbe NZKart 2017, 98 (100).

[42] Beschlussempfehlung des Ausschusses für Wirtschaft und Energie 8.3.2017, BT-Drs. 18/11446, 7 ff.

[43] Kommission 27.6.2017 – AT.39740, ABl. 2018 C 9, 11 – Google Shopping; Kommission 18.7.2018 – AT.40099, ABl. 2019, 19 – Google Android; BKartA 6.2.2019 – B6–22/16, BeckRS 2019, 4895 – Facebook.

[44] Vgl. hierzu das im Auftrag des BMWi erstellte Gutachten von Schweitzer/Haucap/Kerber/Welker, Modernisierung der Missbrauchsaufsicht für marktmächtige Unternehmen, 2018, S. 39 ff.

[45] Gegen eine allgemeine Absenkung der Eingreifschwelle, aber für einen Verzicht auf die Begrenzung des Schutzbereichs des § 20 Abs. 1 auf kleine und mittlere Unternehmen Schweitzer/Haucap/Kerber/Welker S. 54 ff., 73 ff., zusammenfassend S. 76, 192.

[46] Schweitzer/Haucap/Kerber/Welker S. 85 ff., 193 f.; damit soll die Bedeutung der Marktstellung von Plattformen „als Vermittler" (für den Zugang zu Absatz- bzw. Beschaffungsmärkten für die verschiedenen Seiten der Plattformnutzer) in Form einer Gesamtbetrachtung in den Mittelpunkt gestellt werden (S. 92 f.).

[47] Vgl. näher zu datenbezogenen Missbrauchsstrategien und zur Begründung von Datenzugangspflichten Schweitzer/Haucap/Kerber/Welker S. 158 ff., 195 f.

[48] Gesetz zur Änderung des Gesetzes gegen Wettbewerbsbeschränkungen für ein fokussiertes, proaktives und digitales Wettbewerbsrecht 4.0 und anderer Bestimmungen (GWB-Digitalisierungsgesetz) vom 18.1.2021, BGBl I 2021, 2.

[49] Richtlinie (EU) 2019/1 des Europäischen Parlaments und des Rates vom 11.12.2018 zur Stärkung der Wettbewerbsbehörden der Mitgliedstaaten im Hinblick auf eine wirksame Durchsetzung der Wettbewerbsvorschriften und zur Gewährleistung des reibungslosen Funktionierens des Binnenmarktes.

[50] Vgl. den Überblick bei Körber in Bien/Käseberg/Klumpe/Körber/Ost 10. GWB-Novelle Kap. 1 Rn. 1 ff. sowie zur Entstehungsgeschichte Käseberg in Bien/Käseberg/Klumpe/Körber/Ost 10. GWB-Novelle Einl. Rn. 1 ff.

§ 18 GWB hat der Gesetzgeber dabei zum einen bei den allgemeinen Marktmachtkriterien des Abs. 3 Nr. 3 klargestellt, dass der **Zugang zu wettbewerbsrelevanten Daten** in allen Wirtschaftsbereichen (und nicht nur auf mehrseitigen Märkten i. S. d. Abs. 3a) Bedeutung für die Bewertung der Marktstellung von Unternehmen haben kann[51] (Abs. 3 Nr. 3 nF, → Rn. 126a ff.). Zum anderen hat er in einem neuen Abs. 3b das **Konzept der „Intermediationsmacht"** eingeführt, um der Vermittler- und Steuerungsfunktion von Plattformen besser Rechnung tragen zu können (→ Rn. 150a ff.). Damit hat er allerdings keine neue (dritte) Form der Marktmacht neben Angebots- und Nachfragemacht etabliert, sondern lediglich klargestellt, dass im Rahmen der erforderlichen Gesamtbewertung der Marktstellung eines Unternehmens die Stellung als Intermediär zwischen verschiedenen Nutzergruppen oder Marktseiten besondere Aufmerksamkeit verdient (→ Rn. 150e). Dagegen ist er zu Recht nicht den teilweise in der Reformdiskussion geäußerten Bestrebungen zum Verzicht auf das Erfordernis der Marktabgrenzung gefolgt.[52] Trotz der besonderen methodischen und praktischen Schwierigkeiten der Ermittlung des relevanten Marktes gerade in digitalen Wirtschaftsbereichen und bei datengetriebenen Geschäftsmodellen kommt diesem Prüfungsschritt bei der Feststellung von Marktmacht eine wichtige Orientierungsund Strukturierungsfunktion zu.[53] Somit stellen sich die Neuerungen als Anpassung der gesetzlichen Regelungen an die Besonderheiten digitaler Märkte dar, ohne die bestehende Systematik und Struktur der Missbrauchskontrolle zu verlassen.[54]

Zu einer generellen Absenkung der **Eingreifschwelle** in der Missbrauchsaufsicht ist es **14c** ebenfalls nicht gekommen. Der Gesetzgeber hat aber eine Reihe von begrenzten Eingriffsbefugnissen unterhalb der Schwelle der Marktbeherrschung erweitert bzw. neu geschaffen. Dazu gehört neben dem Verzicht auf das Merkmal der kleinen und mittleren Unternehmen im Rahmen der allgemeinen Definition der relativen Marktmacht in § 20 Abs. 1 S. 1 die explizite Einführung einer relativen Intermediationsmacht (§ 20 Abs. 1 S. 2) und die Begründung eines Tatbestands der datenbedingten Abhängigkeit in § 20 Abs. 1a. Zudem hat der Gesetzgeber mit § 20 Abs. 3a ein Regelbeispiel für den Missbrauch überlegener Marktmacht im Horizontalverhältnis eingeführt, um der Gefahr eines schnellen Aufrollens und der anschließenden dauerhaften Vermachtung von Märkten, die durch starke positive Netzwerkeffekte gekennzeichnet sind, entgegenzuwirken, bevor es zu einem Kippen (sog. **„Tipping"**) solcher Märkte in die Marktbeherrschung oder gar ein Monopol kommt.[55]

Schließlich ist mit **§ 19a ein neuartiges Instrument** zur Bekämpfung von missbräuch- **14d** lichen Verhaltensweisen von **„Unternehmen mit überragender marktübergreifender Bedeutung für den Wettbewerb"** geschaffen worden, das den Fokus über die Betrachtung von Einzelmärkten hinaus auf sog. digitale Ökosysteme und die damit verbundenen konglomeraten Effekte richtet. Auch wenn es nicht unmittelbar ex lege greift, sondern sowohl die Begründung der Normadressateneigenschaft als auch die Untersagung einer bestimmten, im Katalog des § 19a Abs. 2 abschließend aufgeführten Verhaltensweise einer

[51] Vgl. RegE, BT-Drs. 19/23492, 69 ff.
[52] Vgl. Ackermann in Bien/Käseberg/Klumpe/Körber/Ost 10. GWB-Novelle Kap. 1 Rn. 322 sowie ausführlich zur seit längerem geführten Diskussion über eine etwaige erforderliche Flexibilisierung der Prüfungssystematik Schweitzer/Haucap/Kerber/Welker S. 42 ff. mwN; vgl. auch → Rn. 31 f.
[53] Gegen die Aufgabe des Erfordernisses der Marktabgrenzung auch Schweitzer/Haucap/Kerber/Welker S. 53 f.; vgl. auch → Rn. 24, 29, 31 f.
[54] Vgl. auch BegrRegE, BT-Drs. 19/23492, 1.
[55] Vgl. BegrRegE, BT-Drs. 19/23492, 82. Eine entsprechende Ausweitung des Behinderungsverbots durch die Einführung eines neuen Spezialtatbestands für marktstarke Unternehmen in Bezug auf „Tippinggeneigte" Märkte war zuvor in der Literatur vorgeschlagen worden, s. Schweitzer/Haucap/Kerber/Welker S. 77 ff., 81 f., 192 f. „Tipping-geneigt" sind Märkte, die durch starke positive Netzwerkeffekte charakterisiert sind und bei denen die Aussicht besteht, nach einem Kippen des Marktes eine potentiell langlebige, durch erhebliche Marktzutrittsschranken geschützte Monopolstellung zu genießen. Durch den neuen Tatbestand soll ein früheres Einschreiten gegen sachlich nicht gerechtfertigte Praktiken ermöglicht werden, die ein Umkippen des Marktes begünstigen, indem etwa die Möglichkeiten eines Anbieterwechsels oder eines Multihoming strategisch erschwert werden.

Verfügung des Bundeskartellamts bedarf,[56] soll hiermit eine Beschleunigung von Missbrauchsverfahren und effektivere Kontrolle großer Digitalkonzerne ermöglicht werden.[57] Dabei setzt die Charakterisierung als Normadressat im Einzelfall nicht die definitive Feststellung einer marktbeherrschenden Stellung in einem konkreten Einzelmarkt voraus.[58] Vielmehr wird mit der „überragenden marktübergreifenden Bedeutung für den Wettbewerb" ein **neuer, marktübergreifender Machtbegriff** eingeführt,[59] der die Existenz eines marktübergreifenden strategischen Verbunds[60] in das Zentrum der Betrachtung rückt, allerdings beschränkt auf Unternehmen, die „in erheblichem Umfang auf Märkten im Sinne des § 18 Abs. 3a tätig" sind, also Unternehmen mit einem Schwerpunkt im Bereich digitaler Geschäftsmodelle.[61]

**14e**   Die am 6. Juli 2023 vom Deutschen Bundestag beschlossene **11. GWB-Novelle** führt erstmals missbrauchsunabhängige Eingreifmöglichkeiten des BKartAs ein, wenn bei einer Sektoruntersuchung eine „erhebliche und fortwährende Störung des Wettbewerbs" festgestellt worden ist (s. zu § 32f GWB n. F. bereits → Rn, 2a). Daneben wird insbesondere der Ablauf von Sektoruntersuchungen beschleunigt (§ 32e GWB n.F.), die behördliche Erlösabschöpfung nach § 34 GWB erleichtert und die Durchsetzung des DMA durch das BKartA und private Kläger geregelt.[62]

## III. Verhältnis zu Art. 102 AEUV

**15**   Das europäische Verbot des Missbrauchs einer marktbeherrschenden Stellung nach Art. 102 AEUV ist anwendbar, soweit die fragliche Maßnahme dazu führen kann, den Handel zwischen den Mitgliedstaaten zu beeinträchtigen. Ergeben sich zugleich Auswirkungen im Geltungsbereich des GWB, greifen das deutsche und europäische Missbrauchsverbot parallel nebeneinander ein (vgl. § 22 Abs. 3 S. 1). Sofern es zur Anwendung von GWB-Vorschriften kommt, muss nach Art. 3 Abs. 1 S. 2 VO 1/2003 zur Beurteilung der (potentiell) wettbewerbsbeschränkenden Maßnahme auch Art. 102 AEUV herangezogen werden. Damit wird sichergestellt, dass Art. 102 AEUV einheitlich im Bereich der gesamten EU Anwendung findet. Wegen des **Vorrangs des Unionsrechts** setzt sich das europäische Missbrauchsverbot **gegenüber einer etwaigen milderen Beurteilung** der fraglichen Maßnahme nach dem Recht eines Mitgliedstaats durch.

**16**   Dagegen existiert **keine generelle Ausschlusswirkung gegenüber den §§ 18–21** bei einseitigen Maßnahmen mit potentiell zwischenstaatlichen Auswirkungen.[63] Art. 3 Abs. 2 S. 2 VO 1/2003 stellt klar, dass **mitgliedstaatliche Vorschriften strenger sein können** als Art. 102 AEUV. Dementsprechend bleiben die deutschen Missbrauchsregeln, die nach wie vor einen eigenständigen, erheblich über das europäische Recht hinausgehenden Regelungsgehalt aufweisen,[64] unberührt (vgl. § 22 Abs. 3 S. 3). Das gilt nicht nur hinsichtlich der niedrigeren Eingreifschwelle unterhalb der Grenze der Marktbeherrschung (bei lediglich relativer bzw. überlegener oder gar nur vermuteter Marktmacht),[65] sondern auch

---

[56] Nach § 19a Abs. 2 S. 5 kann die Feststellung der Normadressateneigenschaft nach Abs. 1 allerdings mit der Untersagungsverfügung nach Abs. 2 verbunden werden.

[57] Nothdurft in Bunte § 19a Rn. 5 f. mwN.

[58] Bericht des BT-Wirtschaftsausschusses, BT-Drs. 19/25868, 113.

[59] Nothdurft in Bunte § 19a Rn. 10.

[60] Nothdurft in Bunte § 19a Rn. 18.

[61] BegrRegE, BT-Drs. 23492, 73.

[62] Gesetzentwurf der BReg („Entwurf eines Gesetzes zur Änderung des Gesetzes gegen Wettbewerbsbeschränkungen und anderer Gesetze"), BT-Drs. 20/6824 i. d. F. der Beschlussempfehlung des Wirtschaftsausschusses v. 5.7.2023, BT-Drs. 20/7625.

[63] Bechtold/Bosch § 18 Rn. 4; Nothdurft in Bunte § 20 Rn. 7; näher zur Auslegung der Zwischenstaatlichkeitsklausel im Kontext des europäischen Missbrauchsverbots → AEUV Art. 102 Rn. 22 ff. mwN.

[64] Ähnlich Alexander WuW 2012, 1025 (1026).

[65] Die Einbeziehung von freigestellten Kartellen und preisbindenden Unternehmen in das Diskriminierungs- und Behinderungsverbot sowie das Verbot der Vorteilsgewährung durch § 19 Abs. 3 (= § 20 Abs. 1 aF) dürfte auf der Erwägung beruhen, dass die Zulassung derartiger wettbewerbsbeschränkender Vereinbarun-

in Bezug auf andere Regelungsansätze, welche die praktische Anwendbarkeit erleichtern sollten, wie insbesondere die Marktbeherrschungsvermutungen.[66] Hinzu kommt, dass schon der Tatbestand der Marktbeherrschung mit seinen beiden Varianten der Einzel- und Oligopolmarktbeherrschung (§ 18 Abs. 1 und Abs. 6) wesentlich schärfere Konturen als Art. 102 AEUV aufweist, der lediglich pauschal von einer „beherrschenden Stellung auf dem Binnenmarkt oder auf einem wesentlichen Teil desselben durch ein oder mehrere Unternehmen" spricht, und die Schwelle zur Dominanz über die tatbestandliche Alternative der „überragenden Marktstellung im Verhältnis zu seinen Wettbewerbern" tendenziell niedriger legt.

An den **speziellen Vorschriften zur deutschen Missbrauchskontrolle** hat der deut- **17** sche Gesetzgeber – trotz seines seit der 6. GWB-Novelle verfolgten Anliegens einer weitreichenden Harmonisierung mit den europäischen Wettbewerbsregeln – im Grundsatz **zu Recht festgehalten.**[67] Zwar hatte man schon 1998 erwogen, das System der Marktbeherrschungsvermutungen aufzugeben, um insoweit einen Gleichlauf mit dem europäischen Recht herzustellen.[68] Entsprechende Ansätze haben sich jedoch nicht durchgesetzt.[69] Zu Recht ist darauf hingewiesen worden, dass sich eine pauschale „Europäisierung" im Bereich der Missbrauchsaufsicht verbietet.[70] Die Vermutungstatbestände haben in der Vergangenheit sowohl für das BKartA als auch in der gerichtlichen Entscheidungspraxis gewisse Erleichterungen bei der Anwendung des Missbrauchsverbots mit sich gebracht, die einer effizienten Durchsetzung förderlich sind, ohne den betroffenen marktmächtigen Unternehmen allzu große Lasten hinsichtlich einer möglichen Widerlegung aufzubürden (näher zur – unterschiedlichen – Rechtsnatur und Wirkungsweise der Einzel- und Oligopolmarktbeherrschungsvermutung → Rn. 162 ff., 171 ff., 176). Der eigenständige Ansatz der deutschen Missbrauchskontrolle insbesondere gegenüber lediglich marktstarken Unternehmen ist auch im Rahmen der 8. GWB-Novelle beibehalten worden. Angesichts der großen praktischen Bedeutung, die gerade § 20 Abs. 1 und Abs. 2 aF für einen effektiven Schutz vor machtbedingten Benachteiligungen gewonnen hat, insbesondere in Fällen, in denen eine Marktbeherrschung nur schwer nachweisbar war, ist dies im Grundsatz zu begrüßen. Einzelne Tatbestände wie etwa das strenge Verbot der Untereinstandspreisverkäufe nach § 20 Abs. 3, insbesondere die besonders scharfe Regelung in Bezug auf Lebensmittel (§ 20 Abs. 3 S. 2 Nr. 1)[71], sehen sich dagegen überzeugender wettbewerbspolitischer Kritik ausgesetzt.[72]

Auf erhebliche Kritik ist auch die im Zuge der 10. GWB-Novelle erfolgte Einführung **17a** von kartellbehördlichen Interventionsmöglichkeiten gegenüber **Unternehmen mit „überragender marktübergreifender Bedeutung für den Wettbewerb"** gestoßen. Dieses in § 19a geregelte neuartige, durch kartellbehördliche Verfügung zu aktivierende Instrument zur Bekämpfung bestimmter wettbewerblich bedenklicher Praktiken erlaubt

---

gen den beteiligten Unternehmen zusätzliche Marktmacht verleiht, die ihre partielle Gleichstellung mit marktbeherrschenden Unternehmen rechtfertigt, ähnlich Bechtold/Bosch § 19 Rn. 90.

[66] Auch die Marktanteilsschwellen, die zur Überschreitung geeignet ist, das Vorliegen von Marktbeherrschung zu indizieren, liegen in der Anwendungspraxis zu Art. 102 AEUV tendenziell höher als die Werte der Marktbeherrschungsvermutungen in § 18 Abs. 4 und Abs. 6, so auch Bechtold/Bosch Rn. 84.

[67] Vgl. Immenga ZWeR 2008, 3 (11 ff.); Ruppelt in Langen/Bunte, 11. Aufl. 2010, § 19 Rn. 3 (zur 6. und 7. GWB-Novelle).

[68] Dazu BR-Drs. 852/97, 37.

[69] S. Bechtold/Bosch Rn. 69.

[70] Ruppelt in Langen/Bunte, 11. Aufl. 2010, § 19 Rn. 4.

[71] Die Regelung wurde eingeführt durch das Gesetz zur Bekämpfung von Preismissbrauch im Bereich der Energieversorgung und des Lebensmittelhandels v. 18.12.2007 (BGBl. I 2966), s. hierzu zB Heitzer WuW 2008, 854 (856 ff.); Ritter WuW 2008, 142 ff.

[72] Vgl. insbes. Wagner-v. Papp in Bien Dt. KartellR S. 95, 118 ff., der darüber hinaus generell die Fortführung der Regeln für Unternehmen mit relativer oder überlegener Marktmacht in § 20 für ordnungspolitisch verfehlt hält, Wagner-v. Papp in Bien Dt. KartellR S. 98 f., 136 ff. (Preis-Kosten-Schere), 143 ff. (Anzapfverbot), 149 ff. (allg. Behinderungs- und Diskriminierungsverbot unterhalb der Schwelle der Marktbeherrschung).

dem BKartA ein Einschreiten ggf. auch unterhalb der Schwelle der Marktbeherrschung.[73] Auch wenn die Vorschrift aus diversen Gründen „zu den umstrittensten Normen der Novelle"[74] zählt, stellt sich das Verhältnis zum europäischen Verbot des Missbrauchs von Marktmacht als unproblematisch dar: Selbst bei Vorliegen zwischenstaatlicher Auswirkungen entfaltet Art. 102 AEUV i. V. m. Art. 3 VO 1/2003 keinerlei Sperrwirkung gegenüber einer nationalen Regelung, die wettbewerbsschädliches Verhalten marktmächtiger Unternehmen adressiert, ohne an die Existenz einer konkreten marktbeherrschenden Stellung in einem bestimmten relevanten Markt anzuknüpfen. Problematisch und noch nicht restlos geklärt ist freilich das Verhältnis zum Digital Markets Act, mit dem auf europäischer Ebene eine grundsätzlich abschließende Regulierung der Marktmacht sog. Gatekeeper angestrebt wird; im Ergebnis dürfte aber grundsätzlich eine sich ergänzende parallele Anwendung möglich sein (näher hierzu oben → Rn. 6b, → § 19 Rn. 46, § 19a Rn. 61 ff.).

## B. Die Feststellung der Marktbeherrschung

### I. Überblick und konzeptionelle Grundlagen

**18**    Die Beherrschung eines Marktes durch ein oder mehrere Unternehmen gehört zu den zentralen Konzepten des Kartellrechts. Sie ist ebenso Anknüpfungspunkt für eine auf das Marktverhalten bezogene Missbrauchskontrolle wie für die auf die Erhaltung funktionsfähigen Wettbewerbs gerichtete Konzentrationskontrolle. Daran hat auch die 8. GWB-Novelle nichts geändert. Zwar stellt § 36 Abs. 1 als Prüfungsmaßstab nun vornehmlich darauf ab, ob ein Zusammenschluss eine erhebliche Behinderung wirksamen Wettbewerbs erwarten lässt. Auch nach Übernahme dieses aus der europäischen Fusionskontrolle bekannten Prüfungsmaßstabs, des sog. SIEC-Tests – significant impediment to effective competition – dazu → § 36 Rn. 1 ff.), in das deutsche Recht[75] bleibt jedoch die Begründung oder Verstärkung einer marktbeherrschenden Stellung als Regelbeispiel für die Erfüllung der Untersagungsvoraussetzungen von unverminderter Relevanz für das Eingreifen der Fusionskontrolle.[76]

**19**    Die im Ansatz **für das gesamte GWB** geltenden Definitionen der Marktbeherrschung sind – getrennt nach Einzel- und Oligopolmarktbeherrschung – in § 18 Abs. 1 und Abs. 5 enthalten. Bei der Kennzeichnung der **Marktbeherrschung durch ein einzelnes Unternehmen** stellt § 18 Abs. 1 darauf ab, ob das jeweilige Unternehmen ohne Wettbewerber ist (Nr. 1), also über ein Monopol verfügt, keinem wesentlichen Wettbewerb ausgesetzt ist (Nr. 2) oder eine im Verhältnis zu seinen Wettbewerbern überragende Marktstellung hat (Nr. 3). Die zuletzt genannte Regelung des § 18 Abs. 1 Nr. 3 geht auf die 2. GWB-Novelle zurück und richtet den Fokus auf das Horizontalverhältnis zu den Wettbewerbern. Bei der Bewertung der überragenden Marktstellung sind insbesondere die im Katalog des § 18 Abs. 3 beispielhaft aufgelisteten acht Kriterien zu berücksichtigen. Ab einem Marktanteil von mindestens 40 Prozent für ein einzelnes Unternehmen greift die Marktbeherrschungsvermutung des § 18 Abs. 4 ein. Die frühere Regelung in § 19 Abs. 3 S. 1 GWB aF hatte die Schwelle noch bei einem Drittel angesetzt.

**20**    Die Voraussetzungen einer **kollektiven Marktbeherrschung** durch mehrere Unternehmen werden in § 18 Abs. 5 normiert. Die Regelung stellt auf das Fehlen wesentlichen Wettbewerbs im Innenverhältnis zwischen den Oligopolisten (Nr. 1) und die Existenz zumindest einer überragenden Marktstellung der Gruppe von Unternehmen in ihrer Gesamtheit im Außenverhältnis zu den übrigen Wettbewerbern im Markt (Nr. 2) ab. Die

---

[73] Käseberg in Bien/Käseberg/Klumpe/Körber/Ost 10. GWB-Novelle Kap. 1 Rn. 188; Esser/Höft in Bien/Käseberg/Klumpe/Körber/Ost 10. GWB-Novelle Kap. 1 Rn. 218.

[74] Körber in Bien/Käseberg/Klumpe/Körber/Ost 10. GWB-Novelle Kap. 1 Rn. 4.

[75] Näher dazu zB Lettl WuW 2013, 706 (708 ff.).

[76] Stellung als Regelbeispiel bestätigt durch BGH 23.9.2014 – KVZ 82/13, NZKart 2015, 56 – Xella.

auf die Oligopolmarktbeherrschung bezugnehmende Vermutung findet sich in Abs. 6, die Anforderungen an ihre Widerlegung in Abs. 7.

**Grundsätzlich** beansprucht der **Begriff der Marktbeherrschung** aus § 18 **Geltung** 21 **für das GWB insgesamt,** ist also auch im Rahmen der Fusionskontrolle heranzuziehen.[77] Allerdings ist zu beachten, dass die Verwendung desselben Begriffes in verschiedenen Bezugssystemen zu gewissen Unterschieden bei der Auslegung führen kann. Auch für die Feststellung, ob Marktbeherrschung vorliegt, ist der **Zweck der potentiell anwendbaren Norm und der jeweilige tatsächliche und rechtliche Kontext im Einzelfall zu berücksichtigen,** so dass sich die Gewichtung einzelner Kriterien im Rahmen der notwendigen Gesamtbetrachtung der relevanten Faktoren, die beispielhaft in § 18 Abs. 3 Nr. 1–8 sowie in Abs. 3a Nr. 1–5 für die Bewertung der Marktstellung eines Unternehmens im Verhältnis zu seinen Wettbewerbern aufgelistet sind, verschieben kann. Modifikationen können sich insbesondere daraus ergeben, dass die Zusammenschlusskontrolle nach § 36 notwendig strukturell ausgerichtet ist, während es bei § 19 um die Überprüfung bestimmter Verhaltensweisen marktmächtiger Unternehmen geht.[78] Die Schaffung spezieller Vermutungstatbestände nur für die Zwecke der Fusionskontrolle durch die 4. GWB-Novelle (§ 23a aF) unterstrich diesen Befund. Zwar wurde die Oligopolvermutung des § 23a Abs. 2 S. 1 aF durch die 6. Novelle in § 19 Abs. 3 aF (nunmehr § 18 Abs. 6) eingearbeitet, der gleichermaßen für die Missbrauchs- wie für die Zusammenschlusskontrolle gilt. Das schließt jedoch nicht aus, dass bei der möglichen Widerlegung der Marktbeherrschungsvermutungen, deren Tatbestände ausschließlich an bestimmte Marktanteile anknüpfen, eine differenzierte Betrachtung geboten ist, je nachdem ob es um die Anwendung im Rahmen der **Verhaltens- oder Strukturkontrolle** geht. Dementsprechend kann es in der Praxis trotz des in § 18 einheitlich definierten Begriffs zu unterschiedlichen Anforderungen an die Begründung und das Ausmaß von Marktmacht kommen, das für die Feststellung einer tatbestandsmäßigen Marktbeherrschung verlangt wird.[79] Das ist zu beachten, wenn der vom BKartA 2012 neu aufgelegte „Leitfaden zur Marktbeherrschung in der Fusionskontrolle"[80] herangezogen wird. Dieser kann zwar generell hilfreich für die Auslegung des § 18 GWB sein und auch Anhaltspunkte für die Konkretisierung des Marktbeherrschungstatbestands im Rahmen der Missbrauchskontrolle liefern, doch sind nicht alle Ausführungen ohne weiteres übertragbar.

**Funktionale Verbindungen** bestehen – bei niedrigerer Eingriffsschwelle – zum Ab- 22 hängigkeitstatbestand im Vertikalverhältnis zwischen verschiedenen Wirtschaftsstufen nach § 20 Abs. 1 **(„relative Marktmacht"),** dessen Vorgängernorm auf die 2. GWB-Novelle zurückging, und zum Tatbestand der **„überlegenen Marktmacht"** im Horizontalverhältnis zwischen Wettbewerbern auf der gleichen Wirtschaftsstufe (§ 20 Abs. 3 S. 1), welcher ursprünglich durch die 5. Novelle an die Stelle des früheren § 37a Abs. 3 trat (vgl. hierzu ausführlich → § 20 Rn. 5 ff., 64 ff.).

Sowohl die Einzel- als auch die Oligopolmarktbeherrschung muss jeweils in Bezug auf 23 die Stellung der Unternehmen als Anbieter oder Nachfrager „einer bestimmten Art von

---

[77] Töllner in Bunte Rn. 1; Wiedemann in Wiedemann KartellR-HdB § 23 Rn. 9.

[78] ZB BKartA 28.10.1980 – B8-711022-U-50/80, WuW/E BKartA 1840 (1841) – Texaco-Zerssen: zu Zwecken der Fusionskontrolle Annahme eines nicht nach Vertriebsstufen trennenden und das gesamte Bundesgebiet umfassenden Marktes für leichtes Heizöl; siehe ferner BGH 2.12.1980 – KVR 1/80, WuW/ E BGH 1749 (1754) – Klöckner-Becorit und BGH 7.3.1989 – KVR 3/88, WuW/E BGH 2575 (2576) – Kampffmeyer-Plange; Töllner in Bunte Rn. 7; v. Gamm KartR Einf. A Rn. 30 ff.; Kleinmann/Bechtold § 22 Rn. 23 ff.

[79] Vgl. Bechtold/Bosch Rn. 2, der für die Anwendung der Missbrauchsverbote insoweit (wohl abgesehen von §§ 19 Abs. 3, 20) tendenziell strengere Maßstäbe als für die Fusionskontrolle anlegen will; dagegen plädiert Zäch FS Immenga, 2004, 463 ff. für die Verwendung unterschiedlicher Marktbeherrschungsgrade als Tatbestandsvoraussetzungen in der Zusammenschlusskontrolle einerseits und in der Missbrauchskontrolle andererseits mit höheren Anforderungen im Rahmen der Markstrukturkontrolle („qualifizierte" versus „einfache" Marktbeherrschung unter Einschluss relativer Marktmacht).

[80] BKartA, Leitfaden zur Marktbeherrschung in der Fusionskontrolle (Stand: 2012); abzurufen über die Homepage des Bundeskartellamts.

Waren oder gewerblichen Leistungen auf dem sachlich und räumlich relevanten Markt" bestehen (§ 18 Abs. 1; die fehlende explizite Erwähnung des sachlich und räumlich relevanten Marktes bei der Definition der kollektiven Marktbeherrschung ist unschädlich, zumal § 18 Abs. 5 Nr. 2 auf die Voraussetzungen des Abs. 1 verweist). Damit hat der deutsche Gesetzgeber das sog. **Marktmachtkonzept** ausdrücklich festgeschrieben, das von der Vorstellung ausgeht, dass sich wirtschaftliche Macht nicht allgemein aus der Unternehmensgröße oder anderen abstrakten Kriterien ableiten lässt, sondern immer nur in konkret abgegrenzten relevanten Märkten entfalten kann.[81] Soweit in der Vergangenheit unter Hinweis auf Gefahren marktübergreifender Größenmacht teilweise eine Ablösung des Marktmachkonzepts (insbesondere in der Fusionskontrolle) durch unternehmensbezogene Kritierien befürwortet wurde, konnten sich diese Bestrebungen zu Recht nicht durchsetzen.[82] Denn die bloße Verfügungsmacht über große wirtschaftliche Ressourcen (Finanzkraft, sachliche und personelle Ausstattung, Technologien etc) kann nach neueren ökonomischen Erkenntnissen nicht ohne Rücksicht auf die konkreten Markt- und Wettbewerbsbedingungen zur Grundlage erfolgreicher Verdrängungs-, Disziplinierungs- oder Abschreckungsstrategien gemacht werden.[83]

**24**      Nach ganz überwiegender Meinung ist daher die Marktbeherrschung in einem **Doppelschritt zu ermitteln:**[84] Zunächst wird der sachlich, örtlich und gelegentlich auch zeitlich relevante Markt abgegrenzt. Bei der regelmäßig im Vordergrund stehenden sachlichen oder gegenständlichen Abgrenzung hat sich als Maßstab das Kriterium der funktionellen Austauschbarkeit durchgesetzt. Am Anfang stand hier die Entscheidung des Kammergerichts im Fall „Handpreisauszeichner": „Sämtliche Erzeugnisse, die sich nach ihren Eigenschaften, ihrem wirtschaftlichen Verwendungszweck und ihrer Preislage so nahe stehen, dass der verständige Verbraucher sie als für die Deckung eines bestimmten Bedarfs geeignet in berechtigter Weise abwägend miteinander vergleicht und als gegeneinander austauschbar ansieht, sind marktgleichwertig".[85] Auf dem so ermittelten Markt versucht man dann, den Beherrschungsgrad des Unternehmens festzustellen. Die dabei verwandten Kriterien laufen auf eine **Kombination von Marktstruktur- und Marktverhaltenstests** hinaus. Zahlreiche Strukturgesichtspunkte, die bei der Bestimmung helfen können, sind zur Konkretisierung der überragenden Marktstellung in § 18 Abs. 3 Nr. 1–8 (vormals § 19 Abs. 2 S. 1 Nr. 2 aF) beispielhaft aufgelistet. Viele in der Wirtschaftstheorie für die Messung des Monopolgrades im Zusammenhang mit Marktformenlehren entwickelte Verfahren, auf die nicht mehr näher einzugehen ist,[86] haben sich für den ganz anders gearteten Zweck praktischer Rechtsanwendung als nicht tauglich oder als allenfalls indizielle Hilfsmittel erwiesen (→ Rn. 51 ff.). Das gilt zum großen Teil auch für die **Versuche,** mit Hilfe mikroökonomischer preistheoretischer Konzepte wie etwa dem sog. „Lerner-Index"[87] das **Bestehen von Marktmacht direkt anhand** der Ermittlung **von Preissetzungsspielräumen** der Unternehmen **zu messen.**[88] Die dafür erforderliche exakte Bestimmung der

---

[81] S. nur Emmerich/Lange KartellR § 26 Rn. 5; Wurmnest S. 259 ff. mwN.

[82] Hierzu Wurmnest S. 260 f. mwN. Eine Ausnahme bildete zeitweise der auf die Zusammenschlusskontrolle beschränkte Vermutungstatbestand für Großfusionen nach § 23a Abs. 1 Nr. 2 aF, dessen Einführung durch die 4. Novelle 1980 auf die Erwägung gestützt worden war, der erweiterte Verhaltensspielraum diversifizierter Großunternehmen könne bei einer ausschließlichen Einzelmarktbetrachtung nicht hinreichend erfasst werden, vgl. auch Monopolkommission Hauptgutachten I Tz. 954. Die Vermutung blieb jedoch in der Anwendungspraxis weitgehend bedeutungslos und wurde daher im Zuge der 6. GWB-Novelle wieder abgeschafft.

[83] Wurmnest S. 261.

[84] S. nur Bechtold/Bosch Rn. 5; Emmerich/Lange KartellR § 26 Rn. 5.

[85] KG 18.2.1969 – Kart V 34/67, WuW/E OLG 995 (996) – Handpreisauszeichner; vgl. im Einzelnen → Rn. 37 ff.

[86] Vgl. zB Borchardt/Fikentscher S. 61 ff.; Sandrock S. 85 ff., 362 ff.; I. Schmidt S. 49 ff.

[87] Dieser Index misst die prozentuale Abweichung der Grenzkosten eines Wirtschaftsguts von dessen ermitteltem Marktpreis; näher hierzu Schwalbe/Zimmer S. 66 ff. mwN.

[88] Vgl. hierzu mit ausführlicher Darstellung und kritischer Bewertung Wurmnest S. 261 ff. mwN sowie zuletzt Schweitzer/Haucap/Kerber/Welker S. 42 ff.

Preiselastizität der Nachfrage, die Ermittlung eines durchschnittlichen Preisnivaus im Markt ohne Verzerrungen durch missbräuchliches Verhalten des Marktbeherrschers sowie die präzise Messung der Grenzkosten dürften in der Praxis häufig nicht möglich sein. Zudem stellt der Preis lediglich einen von mehreren Parametern im Wettbewerbsprozess dar, so dass es sich verbietet, das Bestehen einer marktbeherrschenden Stellung in der Missbrauchskontrolle allein unter Rückgriff auf ökonomische Modelle wie etwa den „Lerner-Index" durchzuführen.[89] Daran ändern auch die besonders dynamischen Entwicklungen auf digitalen Märkten und die stärkeren marktübergreifenden Auswirkungen datenbasierter Geschäftsmodelle letztlich nichts (vgl. → Rn. 14b, 29).

Zu berücksichtigen ist darüber hinaus, dass Marktbeherrschung ein **normativer Zweck-** **25** **begriff** ist.[90] Er kann also sinnvoll nur von Schutzzwecken der betroffenen Normen her verstanden werden. Es handelt sich um eine **Maß- und Gradfrage**. Es geht wertend und damit letztlich auch entscheidend darum, den Punkt zu ermitteln, von dem ab die „Neutralisierung wirtschaftlicher Macht nicht mehr dem Markt überlassen werden kann, sondern zur Aufgabe des Rechts wird",[91] und zwar dergestalt, dass marktmächtige Unternehmen zusätzlichen Verhaltensanforderungen unterworfen werden, die für andere Unternehmen nicht eingreifen. Entscheidend ist also letztlich die **Schutzbedürftigkeit des nach § 19 in seiner Handlungsfreiheit geschützten Personenkreises gegenüber der Unausweichlichkeitswirkung von Marktmacht**.[92]

**Marktabgrenzung, Feststellung des Beherrschungsgrades und Bewertung der** **26** **inkriminierten Verhaltensweise** können daher **nicht völlig isoliert voneinander** erfolgen.[93] Bereits bei der Marktabgrenzung wird implizit zugleich über den Beherrschungsgrad mitentschieden – je enger jene ist, desto leichter fällt die Feststellung der Beherrschung – und damit auch darüber, ob ein bestimmtes Verhalten eines Unternehmens überhaupt als missbräuchlich qualifiziert werden kann.[94] Dieser normativ vermittelte Zusammenhang verbindet auch die Merkmale der Marktbeherrschung mit der (potentiell) missbräuchlichen Verhaltensweise. Schon die Konkretisierung der Merkmale einer beherrschenden Stellung nach § 18, die eigentlich erst den Anwendungsbereich des § 19 eröffnet, kommt daher **nicht ohne Blick auf die in Frage stehenden Verhaltensweisen** des Unternehmens aus. Es geht letztlich um die Bewertung eines einheitlichen Vorgangs in der Realität des Wirtschaftslebens, und zwar im Lichte der jeweils geschützten Interessen.[95] Dem entspricht es, dass in der Praxis Missbrauchsverfahren nicht mit einer abstrakten Feststellung von Marktbeherrschung beginnen, sondern ihren Ausgangs-

---

[89] Wurmnest S. 265.

[90] Vgl. nur Möschel ECLR 2014, 29: „market definiton is just a tool"; ähnlich Ruppelt WuW 2012, 27 (38).

[91] Vgl. Mestmäcker, Das marktbeherrschende Unternehmen im Recht der Wettbewerbsbeschränkungen, S. 8; Mestmäcker, Der Mißbrauch marktbeherrschender Stellungen, S. 6; anders Sandrock FG Kummer, 1980, 449 (467 ff.) (Vornahme eines bloßen „Erkenntnisaktes").

[92] Vgl. vor dem Hintergrund der Vorgängernormen Möschel Der Oligopolmißbrauch S. 172; Möschel, Pressekonzentration und Wettbewerbsgesetz, S. 78 ff.; Beckmann S. 102; Büscher S. 355 ff.; ähnlich J. Baur S. 192; Emmerich, Der Wettbewerb der öffentlichen Hand, S. 15 ff.; Loewenheim/Belke § 22 Rn. 13 ff. mwN; in der Rspr. bes. deutlich OLG Düsseldorf 22.1.1985 – Kart. 1/85 V, WuW/E OLG 3335 (3337) – Inter Mailand-Spiel.

[93] So auch Wurmnest S. 266 (keine schematische und isolierte Anwendung der drei Prüfungsschritte Marktabgrenzung, Marktbeherrschung und Missbrauch). Zu weit ginge es allerdings, im Wege einer „Daumenregel" aus dem Missbrauch auf die Existenz einer dominierenden Stellung zurückzuschließen, da ein solcher ohne Marktmacht nicht möglich sei, vgl. EuG 14.9.2017 – T-751/15, NZKart 2017, 594 (596 f.) Rn. 76 ff. – Contact Software und dazu Schweitzer/Haucap/Kerber/Welker S. 42 Fn. 86.

[94] Möschel, Pressekonzentration und Wettbewerbsgesetz, S. 79 ff.; Möschel ZHR 136, 273 (288); Hoppmann, Die Abgrenzung des relevanten Marktes im Rahmen der Mißbrauchsaufsicht über marktbeherrschende Unternehmen, S. 41 ff.; Mestmäcker, Das marktbeherrschende Unternehmen im Recht der Wettbewerbsbeschränkungen, S. 11; Kaufer S. 15; Sandrock S. 94 ff., 126 ff., 376; Sandrock FG Kummer, 1980, 449 (460 ff.); Loewenheim/Belke § 22 Rn. 17 ff.; aA Meinhold S. 95.

[95] Grundlegend Möschel Der Oligopolmißbrauch S. 171; Möschel NJW 1975, 753 (754); Möschel 2. FS Böhm, 1975, 421 (447); Kaufer S. 4; Loewenheim/Belke § 22 Rn. 18.

punkt gerade umgekehrt von unter Wettbewerbsaspekten „anstößigen" Verhaltensweisen nehmen.[96]

27    Festzuhalten bleibt daher, dass eine Marktabgrenzung je nach Schutzzweck der jeweils betroffenen Norm differenziert vorgenommen werden kann (sog. **Relativität des Marktbeherrschungsbegriffes**). Sehr deutlich wird dies etwa an der Rechtsprechung des BGH, wonach Hersteller von Originalersatzteilen gegenüber Reparaturunternehmen marktbeherrschend sind, so dass Lieferverweigerungen nach § 20 Abs. 1, 2 aF (jetzt: § 19 Abs. 2 Nr. 1, § 20 Abs. 1) beurteilt werden konnten.[97] Bei dieser **Teilmarktabgrenzung,** orientiert an den Interessen eines Nachfragers, blieb es zur Gänze unerheblich, ob das Angebot für Ersatzteile seinerseits wegen eines engen wirtschaftlichen Zusammenhanges mit der Hauptware zugleich ein Element des Wettbewerbs im Absatz der Hauptware an den Endverbraucher ist, ob hierbei der Hersteller Wettbewerb ausgesetzt ist und ob dies mittelbar auch auf den Absatz von Ersatzteilen durchschlägt. Gleiches gilt für den Hersteller eines Halbfertigfabrikats, der einen Weiterverarbeiter von der Belieferung ausschließen will, mit welchem er auf dem Markt des Fertigproduktes im Wettbewerb steht.[98] Im Hinblick auf das Verhältnis von Oligopolgruppen zu Außenseitern kann dieser Denkansatz bedeuten, dass eine (relative) Marktbeherrschung gegenüber letzteren zu bejahen ist, wenn die Gruppe in der Lage ist, diese vom Markt auszuschließen, obwohl intern in anderer Beziehung Wettbewerb herrschen mag (vgl. → Rn. 163 ff.). Ein anderes Beispiel ist die Nichtberücksichtigung von Anzeigenblättern innerhalb eines von einer Zeitung gebildeten lokalen Stellenanzeigenmarktes im Falle einer Anzeigensperre, wenn für diese spezifische Art von Anzeigen Anzeigenblätter nicht als gleich geeignete Informationsquelle in Betracht kommen.[99]

28    Schließlich ergibt sich auf dieser Basis, was selten erkannt wird,[100] eine **gewisse Relativierung des** in der Rechtsprechung so betonten **Bedarfsmarktkonzeptes** bei der gegenständlichen Marktabgrenzung. Es ist dadurch charakterisiert, dass es den Markt als Zusammentreffen von Angebot und Nachfrage anhand der den Nachfragern zur Verfügung stehenden Wahlmöglichkeiten abgrenzt. Diese Betrachtungsweise ist leistungsfähig in Vertikalbeziehungen: Soweit hinreichende Ausweichmöglichkeiten bestehen, ist die Schwelle zur „undue market power" noch nicht überschritten, eine Schutzbedürftigkeit nicht gegeben. Im deutschen Recht ist diese Betrachtungsweise auch historisch erklärbar, weil die Rechtsprechung in der ersten grundlegenden Entscheidung zu § 22 aF an schon vorhandene Erfahrungen bei der Preisbindung von Markenartikeln (Erfordernis des Preiswettbewerbs mit gleichartigen Waren anderer Hersteller oder Händler nach § 16 Abs. 1 aF) und damit an ein vertikales Verbraucherinteresse anknüpfte.[101] Dem entspricht eine Produkt- und weniger eine Wettbewerbsorientierung des § 18 insoweit, als die Vorschrift in Abs. 1 die Marktbeherrschung auf eine bestimmte Art von Waren oder gewerblichen Leistungen bezieht. Weniger leistungsfähig ist diese Betrachtungsweise in der horizontalen und diagonalen Schutzrichtung der Vorschrift, wenn es also um Konkurrenten des Marktbeherrschers oder um Auswirkungen in Drittmärkten geht. Hier lässt sich der Bereich, in dem ein

---

[96] Vgl. zB Emmerich ZHR 140, 97 (107), der in zahlreichen, auf Strukturmerkmale abstellenden Entscheidungen mit sehr engen Marktabgrenzungen den nahe liegenden Schluss von eindeutig missbräuchlichen Verhaltensweisen auf die Marktbeherrschung der betreffenden Unternehmen erkennt.

[97] BGH 26.10.1972 – KZR 54/71, WuW/E BGH 1238 (1242) – Registrierkassen; BGH 22.10.1973 – KZR 22/72, WuW/E BGH 1288 (1291) – EDV-Ersatzteile; BGH 12.2.1980 – KRB 4/79, WuW/E BGH 1729 – Ölbrenner; BGH 23.2.1988 – KVR 2/87, WuW/E BGH 2479 (2481) – Reparaturbetrieb; BGH 21.2.1989 – KZR 3/88, WuW/E BGH 2589 – Frankiermaschinen.

[98] BGH 25.10.1988 – KVR 1/87, WuW/E BGH 2535 – Lüsterbehangsteine.

[99] BGH 7.10.1980 – KZR 8/80, BB 1981, 383 bei einer Stellenanzeige für einen Setzer, vgl. auch → Rn. 51.

[100] Vgl. aber Mestmäcker/Schweitzer § 17 Rn. 19 ff.; Möschel, Pressekonzentration und Wettbewerbsgesetz, S. 81; v. Gamm KartR Einf. A Rn. 30 ff. und § 22 Rn. 14.

[101] Vgl. den ausdrücklichen Hinweis in KG 18.2.1969 – Kart V 34/67, WuW/E OLG 995 (996) – Handpreisauszeichner auf KG 20.3.1962 – 5 Kart V 20/60, WuW/E OLG 461 (463) – Reifen; siehe weiter H. Ewald BB 1975, 255 ff.; Traub WRP 1978, 110 ff.; Kirschstein, Marktmacht und ihre Kontrolle, S. 28 ff.

Unternehmen oder eine Unternehmensgruppe ohne wesentliche Rücksichtnahme auf Wettbewerber handeln kann, auch nach dem Marktverhalten und dem daraus zu erschließenden Unternehmensplan abgrenzen.[102] **Der Markt wird dann nicht so sehr produkt- als wettbewerbsbezogen definiert.** Zwischen beiden Kriterien kann ein enger Zusammenhang bestehen, da über die funktionelle Austauschbarkeit aus der Sicht eines Nachfragers zugleich die Nähe eines Wettbewerbers auf dem beherrschten Markt und damit sein Betroffenheitsgrad im Hinblick auf Verdrängungs- oder Disziplinierungsstrategien des Marktbeherrschers signalisiert wird. Darin zeigt sich aber, dass letztlich die **Produktorientierung nur als Filter für die** entscheidende **Beurteilung tatsächlicher Wettbewerbsverhältnisse** im Sinne eines Prozesses von Verhaltensabläufen, der **Ermittlung der area of effective competition,** dient. Besonders deutlich ist dies bei allen Verhaltensweisen, in denen sich eine Kontrolle über den Zugang zu einem Markt manifestiert. Aufschlussreich auch in dieser Beziehung ist schon der Urfall, die Handpreisauszeichner-Entscheidung des Kammergerichts, als der Missbrauch im Hinblick auf den Sekundärmarkt der Etiketten mit einer nicht unwesentlichen Beeinträchtigung der dortigen Anbieter, mit einer spürbaren Beeinflussung ihrer Wettbewerbslage durch den Produzenten des Handpreisauszeichnergerätes begründet wurde.[103] Gleiches gilt etwa für den Fall einer gezielten Kampfpreisunterbietung. Hier beeinflusst das zu beurteilende unternehmerische Verhalten zugleich die Marktabgrenzung. Besonders deutlich wird dies auch an Entscheidungen, die **ein einzelnes Ereignis als relevanten Markt** bewerten.[104] Schließlich gehört in diesen Zusammenhang auch die Frage, ob es auch auf an sich dauerhaft existierenden Märkten durch bestimmte herausragende Ereignisse (zB Olympische Spiele) oder schwerwiegende Umwälzungen (zB knappheitsbedingte Mangellagen) zu einer **temporären Marktverengung** und damit einer (vorübergehenden) marktbeherrschenden Stellung kommen kann (hierzu → Rn. 66 ff.).

Festzuhalten bleibt damit folgendes: Das dem Gesetz zugrundeliegende Marktmacht- **29** konzept setzt zwar für die Ermittlung eines die Anwendung der Missbrauchskontrolle legitimierenden Grades an Marktmacht grundsätzlich als notwendigen Zwischenschritt die **Bestimmung des sachlich und räumlich relevanten Marktes** voraus. Darauf sollte aus Gründen der Rechtssicherheit und Entscheidungstransparenz **auch de lege ferenda** etwa im Rahmen eines stärker auswirkungsbezogenen Ansatzes **nicht verzichtet** werden.[105] Das gilt ungeachtet der besonderen Herausforderungen für die Marktabgrenzung durch die hohe Dynamik digitaler Märkte und die zunehmende Individualisierung von Produkten auch im Kontext der Digitalökonomie.[106] Die Marktabgrenzung darf andererseits nicht schematisch anhand eines starren Bedarfsmarktkonzepts oder anderer abstrakter Ansätze und völlig isoliert von der Feststellung des Beherrschungsgrades sowie der fraglichen Verhaltensweise des oder der potentiellen Normadressaten erfolgen. Vielmehr handelt es sich bei der Ermittlung des Bestehens einer marktbeherrschenden Stellung um die Anwendung eines konkretisierungsbedürftigen normativen Zweckbegriffs im Rahmen einer wertenden Gesamtschau, deren Ziel es ist, aufzudecken, ob vom Wettbewerb nicht hinreichend kontrollierte Verhaltensspielräume bestehen, die einer rechtlichen Begrenzung bedürfen.

---

[102] Vgl. Mestmäcker, Das marktbeherrschende Unternehmen im Recht der Wettbewerbsbeschränkungen, S. 15 ff.

[103] KG 18.2.1969 – Kart V 34/67, WuW/E OLG 995 (999).

[104] BGH 26.5.1987 – KVR 4/86, WuW/E BGH 2406 (2408) – Inter Mailand-Spiel: Koppelung des Verkaufs einer Eintrittskarte für ein UEFA-Cup-Spiel an den Verkauf einer Eintrittskarte für ein anderes Fußballspiel; krit. dazu Tetzlaff WuW 1988, 93 (94 ff.).

[105] Ebenso Wurmnest S. 267 f.; vgl. ferner insbes. C. Müller, Abschied vom Bedarfsmarktkonzept bei der Marktabgrenzung?, S. 154 f.; Lenßen, Der kartellrechtlich relevante Markt, S. 39 f.; zuletzt Vocke, Der kartellrechtliche Marktbegriff und unentgeltliche Leistungen, S. 52 f., 69 f.

[106] Schweitzer/Haucap/Kerber/Welker S. 42 ff., 53 (für Festhalten am Erfordernis der Feststellung einer marktbeherrschenden Stellung im Regelfall).

## II. Die Abgrenzung des relevanten Marktes

30    **1. Zweck und Erforderlichkeit der Marktabgrenzung.** Wie bereits dargelegt (→ Rn. 23), ist für das GWB nach wie vor vom Marktmachtkonzept auszugehen, nach dem sich wirtschaftliche Macht in relevanter Weise immer nur auf spezifisch abgegrenzten Märkten auswirken kann. Die Identifizierung des in § 18 Abs. 1 genannten sachlich und räumlich relevanten Marktes ist freilich kein (bloßer) empirischer Erkenntnisakt, sondern ein **juristischer Bewertungsvorgang.**[107] Märkte werden in der wirtschaftlichen Realität auch nicht einfach vorgefunden, sondern müssen für die spezifischen Zwecke der Rechtsanwendung „sozial konstruiert" werden.[108] Die Abgrenzung erfüllt keinen Selbstzweck, sondern dient als vorbereitender **Filter** zur abschließenden Würdigung der wettbewerblichen Zulässigkeit bestimmter Verhaltensweisen von marktmächtigen Unternehmen.[109] Dabei gibt das GWB selbst keine Kriterien für die Marktabgrenzung vor. Die Abgrenzung des Marktes im Hinblick auf Waren oder gewerbliche Leistungen ist über den Filter der Produkt- bzw. Leistungsbetrachtung **in Wirklichkeit wettbewerbsbezogen** (→ Rn. 28). Zu unterscheiden ist die Feststellung des sachlich-gegenständlich, des räumlich und ggf. des zeitlich relevanten Marktes sowie zwischen Angebots- und Nachfragemärkten. Denn bei der Ermittlung von Nachfragemacht sind Besonderheiten zu beachten (→ Rn. 78 ff.).

31    Die **Notwendigkeit einer Marktabgrenzung** war im Schrifttum nie unbestritten.[110] In der jüngeren Vergangenheit sind im In- und Ausland wieder verstärkt Stimmen laut geworden, welche die Zweckmäßigkeit einer Marktabgrenzung insgesamt in Frage gestellt haben (vgl. bereits → Rn. 23, 24). Die Diskussion findet vornehmlich im Rahmen der Fusionskontrolle statt, hat aber auch Bedeutung für § 18, insbes. im Kontext der Digitalökonomie, da hier die herkömmlichen ökonomischen Methoden der Marktabgrenzung auf besondere Probleme in der praktischen Anwendung und rasch an ihre Grenzen stoßen[111]. Das Problem der herkömmlichen Abgrenzung ist, dass ein Produkt „ohne Wenn und Aber" einem bestimmten Markt zugerechnet wird.[112] In der Praxis aber können einzelne Produkte einen unterschiedlich hohen Konkurrenzdruck ausüben, auch wenn sie zu einem einheitlichen Markt gehören. So wird in der Rechtsprechung ein eigener sachlicher Markt für Mittelklasse-Kfz angenommen (dazu auch unter → Rn. 87). Denkbar ist aber, dass die Kunden der Marke B bei einem Kfz-Neukauf die Marke M eher als Alternative wahrnehmen als die Marken T und C. M übt damit auf B einen stärkeren Konkurrenzdruck aus als die anderen Marktteilnehmer. Derartige **wettbewerbliche Nähebeziehungen** lassen sich zumindest über das klassische Bedarfsmarktkonzept kaum erfassen. Die Umstellung in § 36 Abs. 1 auf den SIEC-Test (significant impediment to effective competition) durch die 8. GWB-Novelle lässt vermuten, dass bei der Fusionskontrolle in der Zukunft verstärkt derartige ökonomische Überlegungen die Entscheidungspraxis beeinflussen werden.[113] Denn die nunmehr maßgebliche Frage nach der erheblichen Behinderung wirksamen Wettbewerbs durch den zu prüfenden Zusammenschluss erlaubt die Berücksichtigung von Nähebeziehungen unterschiedlicher Produkte und Marken, sofern sich diese denn empirisch feststellen lassen. Darüber hinaus werden in

---

[107] Bechtold/Bosch Rn. 6; Deister in Schulte/Just Rn. 14.
[108] Engel FS Immenga, 2004, 127; zust. Wurmnest S. 258.
[109] S. zur Filterfunktion der Marktabgrenzung auch Schweitzer/Haucap/Kerber/Welker S. 42 f.
[110] Siehe zu der älteren Diskussion Leo in Gemeinschaftskommentar § 19 Rn. 241 sowie den Überblick bei C. Müller S. 36 ff. jeweils mwN; aus neuerer Zeit ausführliche Auseinandersetzung mit abweichenden Konzepten bei Walesch, S. 177 ff.; Vocke, Der kartellrechtliche Marktbegriff und unentgeltliche Leistungen, S. 45 ff. jeweils mwN; vgl. zur neueren Diskussion in den USA einerseits Kaplow, Why (Ever) Define Markets?, 124 Harv. L. Rev. 437 (2010), andererseits Werden, 78 Antitrust L. J. 729 (2013) jeweils mwN.
[111] S. hierzu exemplarisch Schweitzer/Haucap/Kerber/Welker S. 43 ff., insbes. zur mangelnden Praktikabilität des SSNIP-Tests auf Plattformmärkten.
[112] Zimmer WuW 2013, 928.
[113] Dazu umfassend Johnsen WuW 2013, 1177 ff.; Esser/Höft NZKart 2013, 447 ff.; s. auch Esser NZKart 2013, 135 (141) zur Berücksichtigung crossmedialer Effekte.

der Literatur andere ökonomische Konzepte diskutiert, welche eine Marktabgrenzung überflüssig machten könnten.[114]

Tatsächlich dürfen die Schwächen einer an sachlichen, räumlichen und zeitlichen **32** Kriterien orientierten Marktabgrenzung nicht verkannt werden. Es gilt aber anzuerkennen, dass diese Abgrenzung **trotz aller Schwierigkeiten ein praktisch handhabbares Konzept** vorgibt, an dem sich Gerichte, Kartellbehörden und Unternehmen orientieren können.[115] Viele alternativ diskutierte Herangehensweisen setzen eine Informationslage voraus, die sich in der Praxis mangels verfügbarer verlässlicher Daten und des mit jeder Entscheidung einhergehenden Zeitdrucks realistischerweise nicht herbeiführen lässt. Dies bedeutet freilich nicht, dass das klassische Verständnis der Marktabgrenzung ein unerschütterliches Dogma ist, das es gegen neuere Entwicklungen um jeden Preis zu verteidigen gilt. Vielmehr muss im Einzelfall geprüft werden ob eine Modifizierung des klassischen Marktverständnisses geboten erscheint. Nicht zuletzt weil der materiellen Beurteilung des in Frage stehenden Verhaltens (etwa im Rahmen des § 19 Abs. 2) eine besondere Bedeutung zukommt, sollte die vorgelagerte Marktabgrenzung ohnehin nicht überbewertet werden.[116]

**2. Der Begriff des Marktes, insbes. bei unentgeltlichen Leistungen (Abs. 2a).** **33** **a) Grundlagen.** Der Markt wird prinzipiell definiert als das **Zusammentreffen von Angebot und Nachfrage,** das zu einem **Leistungsaustausch** zwischen Anbieter und Nachfrager führt.[117] Dabei wird das angebotene Gut (Ware, Dienstleistung oder sonstiger Gegenstand wie etwa Strom) in der Regel zu einem bestimmten Preis, dh im Tausch gegen eine finanzielle Gegenleistung gewährt. Möglich ist aber auch die Erbringung einer nichtmonetären Gegenleistung. Lange Zeit umstritten war dagegen, ob auch bei einem völligen Verzicht auf eine Gegenleistung, also das Angebot von Wirtschaftsgütern zum Preis „null", ein Markt im Sinne des Kartellrechts existiert.[118] So wurde in der älteren Rechtsprechung und Behördenpraxis ein Markt bei der Unentgeltlichkeit des Leistungsaustauschs noch kategorisch abgelehnt.[119] Im Anschluss an eine vordringende Ansicht in der Literatur[120]

---

[114] Siehe dazu Zimmer WuW 2013, 928 (933); vgl. nunmehr aber EuG 28.5.2020, Rs. T-399/16, ECLI: EU:T:2020:217 im Fall CK Telecoms UK Investments Ltd.; mit diesem Urteil hat das EuG für die Anwendung des SIEC-Tests unterhalb des gesetzlichen Regelbeispiels der Entstehung oder Verstärkung einer marktbeherrschenden Stellung enge Grenzen gesetzt und im Ergebnis den Marktbeherrschungstest gestärkt; vgl. hierzu zB Bach NZKart 2020, 337; Göhsl/Rottmann ZWeR 2020, 493; Bischke/Brack NZG 2020, 823. Das Rechtsmittelverfahren ist beim EuGH unter dem Az. C-376/208 anhängig.

[115] Ebenso gegen einen Verzicht auf die Marktabgrenzung Grothe S. 87 f.; Vocke, Der kartellrechtliche Marktbegriff und unentgeltliche Leistungen, S. 52 f., 69 f.; Walesch, S. 206 ff. (Marktabgrenzung bietet "hohes Maß an Beurteilungsstruktur" und weist „deutliche Vorzüge in der Praktikabilität und Handhabbarkeit" auf); Weisser S. 126.

[116] So zu Recht Zimmer WuW 2013, 928 (933).

[117] BegrRegE, BT-Drs. 18/10207, 47 f.

[118] Vgl. etwa die Ablehnung eines Marktes im Verhältnis zwischen einer Hotelbuchungsplattform und ihren Nutzern durch OLG Düsseldorf 9.1.2015 – VI Kart 1/14 (V), WuW 2015, 394 (398) – HRS; ferner OLG Düsseldorf 14.9.2016 – VI-U (Kart) 3/16, WuW 2016, 539 (540) (kein Markt für die kostenlose Veröffentlichung von Standardeinträgen in Telefonverzeichnissen wie das „Das Örtliche"). Näher zur insgesamt uneinheitlichen Anwendungspraxis in Deutschland Podszun/Franz NZKart 2015, 121 ff.; Topel FS Wiedemann, 2020, S. 57 ff.; Vocke, Der kartellrechtliche Marktbegriff und unentgeltliche Leistungen, S. 87 ff.; Walesch, S. 209 ff.; jeweils mwN.

[119] BGH 19.3.1996 – KZR 1/95, GRUR 1996, 808 (811) – Pay-TV Durchleitung; OLG Brandenburg 20.3.2002 – 7 U 27/01, MMR 2002, 621; OLG Düsseldorf 21.5.2014 – VI-U (Kart) 16/13, NZKart 2014, 285 – Kabeleinspeisung; OLG Düsseldorf 30.4.2014 – VI-U (Kart) 15/13, BeckRS 2014, 11564 – Einspeisung von Fernsehprogrammsignalen II; OLG Stuttgart 21.11.2013 – 2 U 46/13, BeckRS 2013, 22052. Vor der 9. GWB-Novelle für Entgeltlichkeit als zwingendes Merkmal zB Kühnen in LMRKM, 3. Aufl. 2016, Rn. 22, 41; Schulz/Held/Laudien Suchmaschinen als Gatekeeper S. 58 ff.; Wiedemann in Handbuch des Kartellrechts, § 23 Rn. 10; ausführlich zu den gegen das Vorliegen eines Marktes vorgebrachten Gründen Volmar, Digitale Marktmacht, 2019, S. 87 ff.

[120] Monopolkommission, Sondergutachten 68 Wettbewerbspolitik: Herausforderung digitale Märkte, Juni 2015 („Sondergutachten 68"), Rn. 56, 471; Dewenter/Rösch/Terschüren NZKart 2014, 387 (389); Höppner/Grabenschröer NZKart 2015, 162 (163 f.); Körber WuW 2015, 120 (125).

sprach sich das BKartA dann in seiner jüngeren Anwendungspraxis[121] und in einem Arbeitspapier[122] für die Berücksichtigung der unentgeltlichen Seite mehrseitiger Märkte aus, während die Rechtsprechung uneinheitlich blieb. Der Gesetzgeber sah sich dann wohl auch wegen der Argumentation des OLG Düsseldorf im Verfahren „HRS" gezwungen, das Erfordernis der Entgeltlichkeit der Leistung für die Annahme des Marktes für irrelevant zu erklären.[123] § 18 Abs. 2a stellt jedenfalls klar, dass die Erbringung einer unentgeltlichen Leistung der Annahme eines Marktes nicht per se entgegensteht. Die gesetzliche Formulierung lässt allerdings viele Fragen offen.[124] Denn damit ist noch nicht gesagt, dass auch bei unentgeltlichen Angeboten immer ein Markt gegeben ist oder welche konkreten (weiteren) Voraussetzungen für die Existenz eines kartellrechtlich relevanten Marktes vorliegen müssen.

34     Entscheidend für den kartellrechtlichen Marktbegriff ist letztlich, dass Angebot oder Nachfrage **Ausdruck oder Bestandteil einer wirtschaftlichen Aktivität** ist.[125] Das folgt eigentlich schon daraus, dass Kartellrecht nur auf „Unternehmen" Anwendung findet, dh eine selbständige wirtschaftliche Tätigkeit zumindest einer Marktseite vorausgesetzt wird. Daran fehlt es etwa bei der Eingehung längerfristig angelegter persönlicher Verbindungen zwischen natürlichen Personen. Auch wenn man in einem weiteren Sinne von einem „Heiratsmarkt" sprechen kann, ist das Kartellrecht darauf jedenfalls nicht anwendbar. Dagegen stellt die Anbahnung oder Vermittlung von persönlichen Kontakten zwischen natürlichen Personen durch Partnerschaftsbörsen oder Internet-Portale gegen Entgelt für diese eindeutig eine wirtschaftliche Tätigkeit dar, die dem Kartellrecht unterliegt. Bei sozialen Netzwerken, die ebenfalls die Kontaktaufnahme zwischen ihren Mitgliedern ermöglichen und ggf. sogar aktiv fördern, ohne dafür eine (direkte) monetäre Gegenleistung von ihren Nutzern zu fordern, oder bei sonstigen unentgeltlichen Angeboten wie etwa im Verhältnis zwischen Internetsuchmaschinen und ihren Nutzern ist dagegen lange Zeit offen gewesen, ob insoweit ebenfalls von einem „Markt" gesprochen werden kann. Mit der Regelung in § 18 Abs. 2a soll nach Gesetzesbegründung klargestellt werden, „dass auch im Fall einer unentgeltlichen Leistungsbeziehung ein Markt vorliegen kann".[126] Diese gesetzliche Formulierung beantwortet allerdings nicht die Frage, von welchen Voraussetzungen die tatsächliche Existenz eines Marktes (bei unentgeltlichen Leistungen) letztlich abhängt, und ist daher in der Literatur insoweit zu Recht auf Kritik gestoßen.[127]

35   **b) Voraussetzungen für das Vorliegen eines Marktes bei unentgeltlichen Leistungen.** Die Frage nach der Einordnung unentgeltlicher Leistungsbeziehungen als eigenständiges, kartellrechtlicher Beurteilung unterliegendes Marktgeschehen stellt sich in der Praxis vor allem bei **Geschäftsmodellen in der Digitalökonomie,** ohne jedoch darauf beschränkt zu sein. Das Internet fördert allerdings in besonderem Maße Geschäftsmodelle, die dem typischen Marktgeschehen eines direkten entgeltlichen Leistungsaustausches nicht entsprechen. In aller Regel handelt es sich hierbei um sog. **zwei- oder mehrseitige Märkte**[128]

---

[121] BKartA 22.10.2015 – B6–57/15, WuW 2016, 32 Rn. 79 – OPCE II/EliteMedianet.
[122] BKartA Arbeitspapier S. 40 f.
[123] Die BegrRegE, BT-Drs. 18/10207, 48 verweist auf OLG Düsseldorf 9.1.2015 – VI Kart 1/14 (V), WuW/E DE-R 4572 Rn. 43 – HRS; ebenso noch BKartA 19.1.2006 – B6–103/05, WuW/E DE-V 1163 (1166 ff.) – Online-Vergleichsplattformen; Pohlmann/Wismann NZKart 2016, 555 (557).
[124] Daher auch inhaltlich zustimmend, aber kritisch hinsichtlich der gesetzlichen Formulierung Grothe S. 90 ff.
[125] So auch Podszun in Kersting/Podszun Kap. 1 Rn. 8; Walesch, S. 274; ganz ähnlich Pohlmann/Wismann NZKart 2016, 555 (557) (Verfolgung eines Erwerbszwecks mit der unentgeltlich erbrachten Leistung).
[126] BegrRegE BT-Drs. 18/10207, 38, ähnlich 46.
[127] Vgl. etwa Podszun in Kersting/Podszun Kap. 1 Rn. 7 mit dem Hinweis, die Existenz eines Marktes könne nicht zur Disposition des Betrachters stehen.
[128] Als zweiseitig werden Märkte bezeichnet, wenn ein Unternehmen in oder zwei Produkte bzw. Dienstleistungen zwei verschiedenen Gruppen von Abnehmern anbietet, also eine Plattform für diese schafft, und zwischen diesen Gruppen indirekte Netzwerkeffekte bestehen, das heißt die Nachfrage (mindestens) der einen Gruppe von der Nachfrage der anderen Gruppe abhängt; vgl. zur Definition von zweiseitigen Märkten Filistrucchi/Geradin/van Damme World Competition 2013, 33; Rochet/Tirole Rand Journal of Economics 2006, 645; zum Diskussionsstand im wirtschaftswissenschaftlichen Schrifttum und der juristischen Literatur

und **Netzwerke,**[129] bei denen die differenzierte Bepreisung verschiedener Nutzergruppen, insbes. die Verbilligung des Angebots bis hin zur kostenlosen Abgabe der Leistung an eine Nutzergruppe, in Verbindung mit der Erzielung von erheblichen Netzwerkeffekten den größten wirtschaftlichen Erfolg verspricht.[130] Der Terminus „zwei- oder mehrseitiger Markt" wird vielfach als unglücklich und missverständlich gerügt, scheint er doch zu suggerieren, dass immer nur ein kartellrechtlich relevanter Markt, wenn auch mit verschiedenen „Marktseiten", vorliegt. Das ist jedoch sehr häufig nicht der Fall, vielmehr bildet die jeweilige Leistungsbeziehung zu einer separaten Nutzergruppe regelmäßig auch einen eigenständigen relevanten Markt, der allerdings enge Beziehungen und Wechselwirkungen zu dem Markt der anderen Nutzergruppe aufweist (näher hierzu → Rn. 69 ff.). In der Literatur wird daher mit einiger Berechtigung vereinzelt der Ausdruck „verbundene Märkte"[131] vorgeschlagen, in der Praxis wird neben „zwei- oder mehrseitigen Märkten" oft auch von „Plattformmärkten" gesprochen.[132] Da der Gesetzgeber in § 18 Abs. 3a den Terminus „mehrseitige Märkte" gewählt hat, soll dem hier trotz der terminologischen Unschärfe gefolgt werden, ohne dass damit eine Tendenz zur einheitlichen oder getrennten Marktabgrenzung verbunden ist.[133]

Der durch die 9. GWB-Novelle eingefügte Abs. 2a stellt zunächst nur klar, dass die **36** **unentgeltliche Leistungserbringung für sich genommen nicht** zum **Ausschluss der Marktqualität** führen darf. Unentgeltliche Leistungsbeziehungen sollen somit bereits bei der Abgrenzung des relevanten Marktes berücksichtigt werden können.[134] Seinem Wortlaut nach ist § 18 Abs. 2a nur als partielle, negative Legaldefinition[135] ausgestaltet, besagt aber nicht, dass derartige Beziehungen immer als Markt zu qualifizieren sind. Die **Gesetzesbegründung** enthält ergänzende Hinweise darauf, welche Voraussetzungen für die Annahme eines Marktes nach Ansicht des Gesetzgebers erfüllt sein müssen. So soll eine unentgeltliche Leistungsbeziehung die Annahme eines Marktes nur dann rechtfertigen, wenn **„zumindest mittelbar oder längerfristig" ein Entgelt angestrebt** werde.[136] Hiermit wird im Ansatz zutreffend der Bezug zu dem auf wirtschaftliches Verhalten begrenzten Anwendungsbereich des Kartellrechts hergestellt.[137] Denn eine wirtschaftliche Tätigkeit liegt vor, wenn mit einer Aktivität ein Erwerbszweck verfolgt wird[138], sei es auch nur in längerfristiger Perspektive und als Teil einer unternehmerischen Gesamtstrategie.[139] **Entscheidendes Merkmal** der Marktdefinition wird damit der **Erwerbszweck,** der bei entgeltlichen Leistungen zweifelsohne zu bejahen ist, bei unentgeltlichen Leistungen dagegen positiv zu belegen ist.[140]

---

vgl. BKartA, B6–113/15, Arbeitspapier – Marktmacht von Plattformen und Netzwerken, Juni 2016, S. 8 ff. („Arbeitspapier").

[129] Netzwerke sind „Intermediäre, die Interaktionen zwischen Nutzern derselben Nutzergruppe, zwischen denen dabei direkte Netzwerkeffekte entstehen, ermöglichen" BKartA Arbeitspapier S. 97.

[130] Dewenter/Haucap in Wentzel, Medienökonomik, S. 35, 40; Evans/Schmalensee Competition Policy International 2007, 151 (160); Linstädt ZweR 2010, 53 (62 f.); Vocke, Der kartellrechtliche Marktbegriff und unentgeltliche Leistungen, S. 184 ff. mwN.

[131] Walesch, S. 52 ff. et passim.

[132] S. hierzu Vocke, Der kartellrechtliche Marktbegriff und unentgeltliche Leistungen, S. 185 mwN.

[133] Gerade die Verwendung im Plural lässt vom Wortlaut her offen, ob mehrseitige Märkte eine Mehrzahl von getrennten Märkten (einen gesonderten Markt für jede Nutzergruppe) oder in bestimmten Fällen auch einen übergreifenden einheitlichen Markt umfassen; näher zur Frage der getrennten oder einheitlichen Marktabgrenzung → Rn. 73 ff.

[134] BegrRegE, BT-Drs. 18/10207, 47 f.

[135] Pohlmann/Wismann WuW 2017, 257. Kritik am Wortlaut des § 18 Abs. 2a GWB äußern Klasse/Wiethaus WuW 2017, 354 (362); Schwalbe Ausschuss-Drs. 18(9)1095, S. 3.

[136] BegrRegE, BT-Drs. 18/10207, 48.

[137] Töllner in Bunte Rn. 67.

[138] Pohlmann/Wismann NZKart 2016, 555 (558 f.); auf die Gewinnerzielungsabsicht abstellend Töllner in Bunte Rn. 67.

[139] Vgl. Podszun in Kersting/Podszun Kap. 1 Rn. 8.

[140] Ausführlich Pohlmann/Wismann NZKart 2016, 555 (557); Pohlmann/Wismann WuW 2017, 257 (258); zust. Walesch, S. 274.

**36a**     Da für eine erwerbswirtschaftliche Tätigkeit die **mittelbare Erzielung eines Entgelts** genügt, stellt es kein Hindernis für die Annahme eines Marktes dar, wenn **bei zwei- oder mehrseitigen Märkten** gegenüber einer Nutzergruppe dauerhaft kein Entgelt angestrebt wird. Dementsprechend hat sich das BKartA bereits vor der 9. GWB-Novelle für die Anerkennung der unentgeltlichen Seite von Plattformen als Markt ausgesprochen, weil „durch die Verbundenheit über indirekte Netzwerkeffekte ein enger Zusammenhang" bestünde und so ein „einheitlicher Erwerbszweck der Tätigkeit anzunehmen" sei.[141] Die Regelung des Abs. 2a beschränkt sich allerdings nicht auf derartige Konstellationen, in denen eine entgeltliche Nutzerseite (zB Werbetreibende) ein unentgeltliches Angebot gegenüber anderen Nutzern mitfinanziert.[142] Hierfür hätte es wohl auch keiner gesetzlichen Klarstellung bedurft. Allerdings hat das OLG Düsseldorf noch in einer Entscheidung vom 14.9.2016 die Annahme eines Marktes bei kostenlosen Standardeintragungen in Telefon- teilnehmerverzeichnissen mangels „Nachfrage" nach solchen Einträgen abgelehnt, obwohl es den Wirkmechanismus indirekter Netzwerkeffekte (Erhaltung der Vollständigkeit und damit Attraktivität des Verzeichnisses für die Nutzer und damit Steigerung des Absatzes kostenpflichtiger Teilnehmereinträge und Werbeanzeigen) sehr wohl erkannte.[143] Jedenfalls nach neuem Recht liegt eindeutig ein Markt vor.[144] Schon nach bisherigem Recht galt, dass die Ablehnung der Zahlung eines Entgelts nicht zur Verneinung eines Marktes und damit zur Unanwendbarkeit des Kartellrechts führen kann. In dem Streit um die weitere Zahlung von Kabeleinspeiseentgelten durch Fernsehsender an Kabelnetzbetreiber und Fernsehsendern hatten zwar mehrere Oberlandesgerichte ein Marktgeschehen mangels Nachfrage der zahlungsunwilligen Sender abgelehnt.[145] Der BGH hat dies aber korrigiert und zu Recht ein kartellrechtlich relevantes Marktgeschehen bejaht.[146] Denn die Ver- weigerung eines (angemessenen) Entgelts stellte eine Handlung im Kernbereich der wirt- schaftlichen Tätigkeit der Beteiligten dar und musste daher (auch) an kartellrechtlichen Maßstäben gemessen werden.

**36b**     Nach Wortlaut und Gesetzesbegründung findet § 18 Abs. 2a GWB **auch auf nicht- mehrseitigen Märkten Anwendung,**[147] So sollen explizit auch Konstellationen erfasst werden, in denen eine **Leistung zunächst unentgeltlich** angeboten und erst nach einer gewissen Marktdurchsetzung mit einem Entgelt belegt wird.[148] In gleicher Weise sind damit nach der ratio legis auch sog. **Freemium-Geschäftsmodelle** erfasst, bei denen ein Pro- dukt (wie etwa eine App) in der Grundversion kostenfrei angeboten wird, um die Nutzer später zum Kauf einer besseren oder umfangreicheren Bezahlversion zu motivieren.[149] Im Übrigen bedarf es außerhalb mehrseitiger Märkte aber ggf. einer näheren Prüfung der **erwerbswirtschaftlichen Relevanz** der Leistung.[150] Diese fehlt etwa bei der Vergabe privater Stipendien, die daher keinen Markt darstellt.[151] Auch andere Formen rein altruisti-

---

[141] BKartA Arbeitspapier S. 41 f.

[142] BegrRegE, BT-Drs. 18/10207, 47 f.

[143] OLG Düsseldorf 14.9.2016 – VI-U (Kart) 3/16, WuW 2016, 539 (540); zu weiteren zahlreichen Beispielen aus der Anwendungspraxis vor der 9. GWB-Novelle, in denen ein entgeltliches oder vertraglich geprägtes Austauschverhältnis als Voraussetzung für die Annahme eines Marktes verlangt wurde, vgl. die Nachweise bei Walesch S. 217 f. (Fn. 46).

[144] Podszun in Kersting/Podszun Kap. 1 Rn. 17.

[145] OLG München 28.11.2013 – U 2094/13 Kart, MMR 2014, 201 (203); OLG Stuttgart 21.11.2013 – 2 U 46/13, BeckRS 2013, 22052; OLG Düsseldorf 20.4.2014 – VI-U (Kart) 15/13, WuW/E DE-R 4425.

[146] BGH 12.4.2016 – KZR 30/14, WuW 2016, 427.

[147] BegrRegE, BT-Drs. 18/10207, 47 f.

[148] BegrRegE, BT-Drs. 18/10207, 48; unklar ist noch, wie diese „erste Phase" zu bestimmen ist. Das BKartA hält es für ausreichend, dass ein Entgelt „innerhalb des der konkreten Kartellrechtsprüfung zugrunde zu legenden Zeitraums zu erwarten ist", BKartA Arbeitspapier S. 41.

[149] Pohlmann/Wismann NZKart 2016, 555 (557); Pohlmann/Wismann WuW 2017, 257 (258). In Bezug auf § 35 Abs. 1a GWB BegrRegE, BT-Drs. 18/10207, 71.

[150] BegrRegE, BT-Drs. 18/10207, 48.

[151] BegrRegE, BT-Drs. 18/10207, 48.

scher Leistungen begründen keinen Markt.[152] Nicht dazu gehört aber die Beschaffung von Blutspenden ohne Gegenleistung an die Spender als Voraussetzung für die intendierte Weiterveräußerung von Blutkonserven.[153] Nach einer Entscheidung des OLG München soll die Annahme eines kartellrechtlich relevanten „Hörermarktes" ausscheiden, wenn ein werbefreies Hörfunkprogramm in Erfüllung des rundfunkrechtlichen Grundversorgungsauftrags und damit aus nichtwirtschaftlichen Gründen ausgestrahlt und kostenlos angeboten wird.[154] Das vermag jedoch nicht zu überzeugen, da der Gesamttätigkeit der Rundfunkanstalten, die sich aus öffentlich-rechtlichen Gebühren und Werbeeinnahmen finanzieren und ein breites Portfolio an Sendetätigkeiten in direkter Konkurrenz zu privaten, ausschließlich werbefinanzierten Sendern anbieten, der Charakter als wirtschaftliche Tätigkeit nicht abgesprochen werden kann. Unter der Geltung des § 18 Abs. 2a sind daher **Hörermärkte** im Radio ebenso wie **Fernsehzuschauermärkte** im Free-TV oder **Lesermärkte** für kostenlose Anzeigenblätter anzuerkennen.[155] Ein anderes Beispiel ist der Markt für **Nachschlagewerke,** in den kostenlose Online-Lexika wie Wikipedia einzubeziehen sind, sofern Austauschbarkeit aus Nutzersicht besteht.[156]

Nach den Vorstellungen des Gesetzgebers der 9. GWB-Novelle hängt die Annahme **36c** eines Marktes allerdings nach wie vor vom **Vorliegen einer Austauschbeziehung** und damit offenbar einer nicht-monetären Gegenleistung ab.[157] Dies wird in der Literatur teilweise kritisiert,[158] da das Erfordernis einer Austauschbeziehung im Wortlaut des § 18 Abs. 2a nicht zum Ausdruck komme. Andere Stimmen halten dagegen grundsätzlich am Erfordernis eines beiderseitigen Leistungsaustausches als Voraussetzung für die Annahme eines Marktes fest, auch wenn keine synallagmatische Verknüpfung erforderlich sei.[159] Zur Auflösung des Konflikts wird teilweise vorgeschlagen, eine Entgeltlichkeit iwS[160] genügen zu lassen, also eine indirekte oder zeitlich versetzte Zahlung.[161] Das folgt allerdings schon aus dem Erfordernis eines lediglich mittelbaren oder längerfristigen Erwerbszwecks (→ Rn. 36a). Andere bejahen eine Austauschbeziehung, wenn jedenfalls ein **Entgelt nicht-monetären Charakters** durch die fragliche Nutzerseite entrichtet werde, etwa in Form von Daten oder Aufmerksamkeit für Werbeeinblendungen.[162] Teilweise wird aber

---

[152] Vgl. zu diversen Formen von Spenden Vocke, Der kartellrechtliche Marktbegriff und unentgeltliche Leistungen, S. 178 ff., der allerdings auf das Fehlen einer beiderseitigen Leistungsbeziehung abstellt und damit das Vorliegen eines Markts zu Unrecht auch in den Fällen ablehnt, in denen der Spendennachfrager selbst nicht altruistisch handelt, sondern erwerbswirtschaftliche Motive verfolgt (zB Blutspendeeinrichtungen, die das gespendete Blut durch Veräußerung von Blutkonserven an Krankenhäuser wirtschaftlich verwerten).

[153] OLG Jena 27.9.2006, 2 U 60/06, OLGR Jena 2007, 359; Podszun ZWeR 2008, 193, 196 ff.; Podszun in Kersting/Podszun (Hrsg.), Die 9. GWB-Novelle, Kap. 1 Rn. 24; aA Vocke, Der kartellrechtliche Marktbegriff und unentgeltliche Leistungen, S. 182.

[154] OLG München 27.7.2017 – U 2879/16 Kart, NZKart 2017, 538 (539) – Frequenzwechsel.

[155] Pohlmann/Wismann WuW 2017, 257 (258); ebenso mit ausführlicher Begründung zuletzt Vocke, Der kartellrechtliche Marktbegriff und unentgeltliche Leistungen, S. 144 ff. (Anzeigenblätter), 152 ff. (unentgeltliche Radio- und Fernsehprogramme); gegen Annahme eines Zuschauermarkts beim Free TV aber Kumkar, Online-Märkte und Wettbewerbsrecht, S. 109 f.

[156] Pohlmann/Wismann NZKart 2016, 555 (558).

[157] BegrRegE, BT-Drs. 18/10207, 47, 48 (Erfassung des Angebots von „Leistungen ohne direkte monetäre Gegenleistung"; „Klarstellung, dass auch unentgeltliche Austauschbeziehungen einen kartellrechtlich relevanten Markt darstellen können").

[158] Esser/Höft NZKart 2017, 259 (262); Pohlmann/Wismann NZKart 2016, 555 (558).

[159] Kumkar, Online-Märkte und Wettbewerbsrecht, S. 105 ff.; Vocke, Der kartellrechtliche Marktbegriff und unentgeltliche Leistungen, S. 98 ff., 124, 129, 137 f.

[160] Pohlmann/Wismann NZKart 2016, 555 (558).

[161] Esser/Höft NZKart 2017, 259 (262).

[162] Vgl. Faust, Gutachten zum 71. Deutschen Juristentag, A 16 ff. Die Unentgeltlichkeit sei vielmehr als „ohne unmittelbare monetäre Gegenleistung" zu verstehen. Paal in BeckOK InfoMedienR § 18 Rn. 6; Paal WuW 2016, 453; Paal GRUR-Int 2015, 997 (1000); Louven NZKart 2018, 217 (219). Auch Pohlmann/ Wismann WuW 2017, 257 (258) merken an, es sei möglich, dass „das Entgelt nicht monetären Charakter hat, dass also andere Vermögenswerte erlangt werden, wie insbesondere Daten." Diese Möglichkeit generell bejahend BKartA Arbeitspapier S. 41 f.; Höppner WRP 2012, 625 (626); Kühling/Gauß MMR 2007, 751 (752); zurückhaltender Körber ZUM 2017, 93 (95 ff.); kritisch Klasse/Wiethaus WuW 2017, 354 (362); Podszun/Franz NZKart 2015, 121 (121 f.) Topel FS Wiedemann, 2020, S. 57 (61); vgl. aber allg. zum

auch die Notwendigkeit einer Austauschbeziehung gänzlich verneint.[163] In der Definition des Marktes sei zwar der Austausch von Leistungen grundsätzlich angelegt. Für die Frage der Anwendung des Kartellrechtes komme es aber lediglich auf das Vorliegen einer wirtschaftlichen Aktivität an, dagegen stehe es dem Staat nicht zu, die Sinnhaftigkeit eines ökonomischen Geschäftsmodells, bei dem etwa auf eine Gegenleistung verzichtet werde, zu beurteilen.[164] Entscheidend sei allein das **Zusammentreffen von Angebot und Nachfrage in einem wirtschaftlichen Kontext.**[165] Daher seien etwa die kostenlose Verteilung von Software oder die Erbringung von Maklerleistungen unter Verzicht auf eine Provision zweifellos unentgeltliche Leistungen, die auf einem Markt erbracht würden. Dem ist im Ergebnis zu folgen: Entscheidend ist – jedenfalls außerhalb des Kontextes eines möglichen Ausbeutungsmissbrauchs – nicht das Vorliegen oder gar das Verhältnis von Leistung und Gegenleistung, sondern letztlich nur die (angestrebte) **Durchführung einer wirtschaftlich relevanten Transaktion zwischen Anbieter und Nachfrager** einer Leistung. Der Ort, an dem die Erbringung und Annahme einer solchen Leistung zusammentreffen, erfüllt die Voraussetzungen eines kartellrechtlich relevanten Marktes, ohne dass es auf die Feststellung einer entgeltlichen oder nicht-monetären Gegenleistung ankommt, solange die Tätigkeit letztlich Bestandteil oder **Ausdruck der Verfolgung eines** (zumindest längerfristigen oder mittelbaren) **erwerbswirtschaftlichen Zwecks** und damit **Teil einer wirtschaftlichen Tätigkeit zumindest auf Seiten des Anbieters** der unentgeltlichen Leistung ist (s. bereits → Rn. 34). Umgekehrt genügt aber auch die Verfolgung eines wirtschaftlichen Zwecks durch den Nachfrager einer unentgeltlichen Leistung (z. B. Blutspendeeinrichtungen, die sich unentgeltlich Spenderblut für die Produktion von Blutkonserven zwecks Weiterveräußerung an Krankenhäuser beschaffen → s. bereits Rn. 36b).

36d    Inwieweit § 18 Abs. 2a GWB die Kartellrechtspraxis zur Marktabgrenzung tatsächlich inhaltlich beeinflussen wird, bleibt abzuwarten. Mit der Anerkennung unentgeltlicher Leistungen als zumindest im Grundsatz marktfähig wird jedenfalls erreicht, dass in der wettbewerblichen Analyse kostenlose Substitute und die davon ausgehenden Wettbewerbskräfte nicht mehr wegen ihrer Unentgeltlichkeit unberücksichtigt bleiben dürfen. Aufgrund des insoweit zwingenden Charakters der Regelung bedarf es zur Erfassung von Verhaltensweisen auf dem unentgeltlichen Markt keiner Drittmarktkonstruktionen mehr.[166] Allerdings bleibt es dem Rechtsanwender unbenommen, die entgeltlichen und unentgeltlichen Leistungsbeziehungen weiterhin unterschiedlich zu gewichten, wenn dies wegen der konkreten Wettbewerbswirkungen sachgerecht ist.[167] Auch die Frage, ob bei Plattformen oder sonstigen mehrseitigen Märkten für jede Marktseite jeweils ein separater Markt zugrundezulegen ist oder im Einzelfall unter Würdigung der Wechselbeziehungen ein übergreifender Gesamtmarkt abgegrenzt wird (hierzu → Rn. 69 ff.), ist durch § 18 Abs. 2a nicht determiniert. Zu beachten ist jedoch, dass es aus Gründen der Rechtssicherheit nicht im Ermessen der Kartellbehörden und -gerichte stehen kann, ob sie in den erwähnten Konstellationen die unentgeltlichen Leistungen überhaupt als Teil einer Marktbeziehung würdigen oder nicht.[168]

---

monetären Wert von Daten im Privatrecht Nissen, passim, insbes. S. 19 ff. zu Daten als Wirtschaftsgut, S. 89 ff. zu ökonomischen Modellansätzen zur Bewertung von Daten (mit dem Fokus auf die Frage, wie der monetäre Wert von Daten bei privatrechtlichen Wert- und Schadensersatzansprüchen zu bestimmen ist); vgl. zu Geschäftsmodellen datengetriebener Austauschverhältnisse sowie deren vertragstypologischer Einordnung und Bestimmung der Entgeltlichkeit auch Scheibenpflug S. 51 ff., 156 ff., 206 ff.

[163] Podszun in Kersting/Podszun Kap. 1 Rn. 9.

[164] Podszun in Kersting/Podszun Kap. 1 Rn. 9.

[165] Podszun in Kersting/Podszun Kap. 1 Rn. 10; ganz ähnlich Nissen S. 29, der als konstitutiv für einen Markt zutreffend die Transaktion, d. h. den Austausch eines Wirtschaftsguts zwischen Anbieter und Nachfrager dieses Guts, ansieht.

[166] BKartA Arbeitspapier S. 41; 8.9.2015, B6–126/14, BeckRS 2016, 1138 Rn. 129 ff. – Google/VG Media.

[167] Pohlmann/Wismann WuW 2017, 257 (258).

[168] Ebenso Grothe S. 91 f; Podszun in Kersting/Podszun Kap. 1 Rn. 6; Weisser S. 94; aA Esser/Höft NZKart 2017, 259 (262) und auch die Gesetzesbegründung vermittelt teilweise einen solchen Eindruck, vgl. BegrRegE, BT-Drs. 18/10207, 38, 46.

**3. Der sachlich relevante Markt. a) Bedarfsmarktskonzept bzw. funktionelle** 37
**Austauschbarkeit als Ausgangspunkt.** Für Angebotsmärkte hat sich dabei in der Praxis
das Bedarfsmarktkonzept oder das Konzept der funktionellen Austauschbarkeit aus der Sicht
der Abnehmer durchgesetzt: „Sämtliche Erzeugnisse, die sich nach ihren Eigenschaften,
ihrem wirtschaftlichen Verwendungszweck und ihrer Preislage so nahe stehen, dass der
verständige Verbraucher sie als für die Deckung eines bestimmten Bedarfs geeignet in
berechtigter Weise abwägend miteinander vergleicht und als gegeneinander austauschbar
ansieht, sind marktgleichwertig".[169] Es kommt nicht auf eine physikalisch-technische oder
chemische Identität an,[170] sondern auf eine funktionelle Austauschbarkeit. Andererseits
können Produkte, die noch nicht marktreif sind, nicht ohne Weiteres als austauschbare
Bezugsalternativen zu am Markt vorhandenen Produkten angesehen werden, weil sie für
die Endnachfrage keine echte Alternative darstellen.[171]

Maßgebend für die funktionelle Austauschbarkeit ist die **tatsächliche Handhabung** 38
durch die Abnehmer.[172] Sie braucht nicht mit einer auf objektiv-wissenschaftlicher Grundlage ermittelten Austauschbarkeit übereinzustimmen. Diese Abnehmerauffassung kann insoweit enger sein, zB eigener Markt für Klinkersteine auf Grund einer entsprechenden
Geschmackseinstellung von Käufern, obwohl es Substitutionsstoffe wie Zementbeton,
Kalksandsteine u. dgl. gibt.[173] Sie kann aber auch weiter sein, zB Anwendung von Arzneimitteln auch bei Indikationen, für die es an einer wissenschaftlich nachgewiesenen Wirkung fehlt.[174] Freilich kann objektiven Gesichtspunkten ein Indizwert für das tatsächliche
Abnehmerverhalten zukommen.[175] Auf der anderen Seite reicht eine Feststellung ober-
flächlicher oder nur flüchtiger Abnehmerauffassung nicht aus.[176] Es entscheidet eine **verständige Sicht der Abnehmer**.[177] Dabei können private und gewerbliche Endkunden
unterschiedliche Präferenzen haben.[178] Überlässt der Abnehmer die Disposition Dritten, zB
bei verschreibungspflichtigen Arzneimitteln oder Taxikrankentransporten dem Arzt,
kommt es auf die Sicht dieser Dritten an.[179]

Eine Austauschbarkeit ist auch zu verneinen, wenn Abnehmern zwar **unterschiedliche** 38a
**Systeme zur Bedarfsdeckung** zur Verfügung stehen, nach einer Entscheidung für ein

[169] KG 18.2.1969 – Kart V 34/67, WuW/E OLG 995 (996) – Handpreisauszeichner; KG 1.12.1976 –
Kart. 51/76, WuW/E OLG 1745 (1748) – Kfz-Kupplungen; KG 28.8.1979 – Kart 4/79, WuW/E OLG
2182 (2183) – hydraulischer Schreitausbau; KG 19.7.2000 – Kart 49/99, WuW/E DE-R 628 – Stellenmarkt für Deutschland II; BGH 3.7.1976 – KVR 4/75, WuW/E BGH 1435 (1440) – Vitamin-B-12;
BGH 16.12.1976 – KVR 2/76, WuW/E BGH 1445 (1447) – Valium; BGH 22.9.1987 – KVR 5/86,
WuW/E BGH 2433 – Gruner + Jahr – Zeit II; BGH 25.6.1985 – KVR 3/84, WuW/E BGH 2150
(2153) – Edelstahlbestecke; BGH 24.10.1995 – KVR 17/94, WuW/E 3026 (3028) – Backofenmarkt;
BGH 19.3.1996 – KZR 1/95, WuW/E 3058 (3062) – Pay-TV-Durchleitung; eingehend auch Monopolkommission Hauptgutachten V Tz. 606 ff.; Kleinmann/Bechtold § 22 Rn. 11 ff.; C. Müller S. 54 ff.
mwN.
[170] BKartA 23.8.1993 – B 3–474110-U-52/92, WuW/E BKartA 2591 (2593) mwN – Fresenius/
Semina.
[171] BKartA 15.4.1993 – B5–333330–U117/92, WuW/E BKartA 2521 (2526) – Zahnradfabrik Friedrichs-
hafen/Allison.
[172] ZB BGH 26.5.1987 – KVR 4/86, WuW/E BGH 2406 (2408) – Inter Mailand-Spiel; H. Schröder/
Mennenöh WuW 2013, 575; für vermehrte Verkehrsbefragungen daher Fischötter FS Pfeiffer, 1988, 627 ff.;
bloße Eignung lassen genügen Kleinmann/Bechtold § 22 Rn. 14.
[173] KG 16.10.1964 – Kart B 1/63, WuW/E OLG 709 (712) – Bockhorner Klinker zu § 1.
[174] BGH 3.7.1976 – KVR 4/75, WuW/E BGH 1435 (1440) – Vitamin-B-12.
[175] BGH 16.12.1976 – KVR 2/76, WuW/E BGH 1445 (1447) – Valium.
[176] BGH 16.12.1976 – KVR 2/76, WuW/E BGH 1445 (1447) – Valium.
[177] KG 18.2.1969 – Kart V 34/67, WuW/E OLG 995 (996) – Handpreisauszeichner; KG 14.4.1978 –
Kart. 8/78, WuW/E OLG 1983 (1984) mwN – Rama-Mädchen; gegen diese Einschränkung Sandrock FG
Kummer, 1980, 449 (467 ff.).
[178] Siehe etwa aus empirischer Sicht zum Verhalten von Kunden im „Cash&Cary" Großhandel H.
Schröder WuW 2012, 819 (823 ff.); allgemein dazu Ruppelt WuW 2012, 27 (30 ff.).
[179] BGH 16.12.1976 – KVR 2/76, WuW/E BGH 1445 (1447) – Valium; BGH 27.4.1999 – KZR 54/97,
WuW/E DE-R 303 (305) – Taxikrankentransporte; auch KG 18.10.1995 – Kart 18/93, WuW/E OLG 5549
(5556) – Fresenius/Semina.

*Fuchs*

System aber kein Wechsel auf ein anderes stattzufinden pflegt.[180] Nach den **Verbraucher-gewohnheiten** sind etwa Trocken- und Nassrasur nicht untereinander austauschbar, weil sich für die jeweiligen Konsumenten die Art der Rasur in aller Regel zu einer festen Lebensgewohnheit verdichtet hat, die kurzfristig wechselnde Kaufentscheidungen ausschließt.[181] Gleiches kann für den Bezug von Betriebsmitteln für ein System gelten, wenn zwar das System einem Substitutionswettbewerb ausgesetzt ist, nicht aber das Betriebsmittel nach einmal getroffener Entscheidung zur Anschaffung des Systems, zB laufender Bezug von Strom nach Installation einer entsprechenden Heizungsanlage,[182] die Wiederbefüllung von Gaskartuschen für ein Besprudelungsgerät, mit dem aus Leitungswasser Sprudel hergestellt werden kann,[183] die Lieferung von Teilen für mechanische Kupplungen, obwohl eine Nachfrageverlagerung in Richtung des anderen Systems der automatischen Kupplung festzustellen ist.[184] Diese Differenzierungen erklären sich sämtlich aus dem Zweck der Marktabgrenzung, den Bereich des tatsächlich stattfindenden Wettbewerbs und die damit korrelierenden Handlungsspielräume oder Begrenzungen eines Unternehmens oder einer Unternehmensgruppe zu ermitteln. Substitutionsgüter fallen nicht in den relevanten Markt, bleiben bei der gebotenen Gesamtwürdigung der Wettbewerbsverhältnisse aber zu berücksichtigen.[185]

**38b**    Allerdings kann auch ein eigenständiger **Sekundärmarkt** für die Ergänzungsprodukte vorliegen.[186] Für die Abgrenzung, ob für bestimmte Betriebsmittel, Verbrauchsgüter oder Dienstleistungen, die einen engen Bezug zum Hauptprodukt aufweisen (zB Wartungs- oder Reparaturleistungen), ein separater Sekundärmarkt existiert, kann nicht allein auf den Umstand abgestellt werden, ob getrennte Produkte oder Leistungen vorliegen, die auch für sich angeboten werden können. Ausschlaggebend ist vielmehr, ob die Konditionen für das Ergänzungsprodukt bereits maßgeblich in die Entscheidung für das Primärprodukt eingehen. Die Wahl für ein bestimmtes System stellt dann eine einheitliche Investitionsentscheidung dar, ein kurzfristiger Systemwechsel wäre schwierig oder unwirtschaftlich.[187] Ein entscheidendes Merkmal ist dabei vor allem die Längerfristigkeit der Kundenabhängigkeit.[188] Ein einheitlicher Markt ist anzunehmen, wenn die Folgenachfrage bereits bei der Systementscheidung eingepreist wird.[189] In diesem Fall finden nicht zwei getrennte Enscheidungen über das Primär- und (ggf. nachträglich) über das Sekundärprodukt (z. B. zur Befriedigung eines später auftretenden Ersatz- oder Reparaturbedarfs) statt, sondern eine einheitliche Kaufentscheidung. Demensprechend bilden Wartungs- und Reparaturverträge für Onshore-Windenergieanlagen, die in aller Regel im Zusammenhang mit der

---

[180] ZB Tampons und Binden als Hygieneartikel, BKartA 18.11.1974 – B 8–464000-U-259/74, WuW/E BKartA 1561 (1563 ff.) – o. b.; s. dazu auch LG Frankfurt a. M. 28.8.2013 – 2–06 O 182/12, NZKart 2013, 510 (511) – Kabel Deutschland.
[181] BKartA 23.7.1992 – B 5–387100–U42/90, AG 1992, 363 – Gillette Wilkinson.
[182] Vgl. Langen, 6. Aufl. 1982, § 22 Rn. 19; BKartA 9.3.1976 – B 8–822000–U–119/75, WuW/E BKartA 1647 (1649) – Erdgas Schwaben; BKartA 28.10.1980 – B 8–711022-U-50/80, WuW/E BKartA 1840 (1841) – Texaco-Zerssen.
[183] BGH 4.3.2008 – KVR 21/07, WuW/E DE-R 2268 – Soda Club II.
[184] KG 1.12.1976 – KVR 3/86, WuW/E OLG 1745 (1748) – Kfz-Kupplungen.
[185] BGH 26.5.1987 – KVR 3/86, WuW/E BGH 2425 (2430) – Niederrheinische Anzeigenblätter; Knöpfle NJW 1990, 1219 ff.; Kantzenbach/Krüger WuW 1990, 472 ff.; eingehend Monopolkommission Hauptgutachten V Tz. 606 ff.
[186] Dazu umfassend Kühnert/Xeniadis WuW 2008, 1054 ff. mit Beispielen aus der europäischen und US-amerikanischen Rechtsprechung.
[187] Vgl. BGH 9.7.2002 – KZR 30/00, NJW 2002, 3779 (3781) = BGHZ 151, 274 – Fernwärme für Börnsen; BGH 4.3.2008 – KVR 21/07, WuW/E DE-R 2268 – Soda Club II; BGH 10.12.2008 – KVR 2/08, NJW 2009, 1212 Rn. 8 – Stadtwerke Uelzen; BGH 6.12.2011 – KVR 95/10, BGHZ 192, 18 Rn. 27 f. – Total/OMV.
[188] BGH 4.3.2008 – KVR 21/07, NJW-RR 2008, 996 – Soda-Club II; ebenso BGH 24.1.2017 – KZR 2/15, NZKart 2017, 198 Rn. 20 – Kabelkanalanlagen; kritisch hierzu aufgrund der „selbstgewählten Gefangenschaft" durch einen langfristigen Mietvertrag Podszun/Palzer NZKart 2017, 559 (560); Steinvorth ZWeR 2017, 303.
[189] Kerber/Schwalbe in MüKoWettbR 1. Teil Grdl. Rn. 250.

Anschaffung der Windenergieanlage abgeschlossen werden, keinen eigenständigen Sekundärmarkt, sondern sind Teil des Angebotsmarktes für Windenergieanlagen.[190] Der Bedarf der Nachfrager richtet sich regelmäßig schon deshalb auf den Erwerb einer Anlage einschließlich Vollwartungsvertrag, weil die finanzierenden Banken dies zur Absicherung verlangen.[191]

Bei der Feststellung einer funktionellen Austauschbarkeit steht der Gesichtspunkt des **39** **Verwendungszwecks** und damit eng zusammenhängend der Eigenschaften bei Waren und Dienstleistungen ganz im Vordergrund.[192] Beispielsweise ist davon auszugehen, dass Handelsmarken und Herstellermarken im Einzelhandel in vielen Fällen miteinander austauschbar sind. Dies gilt es bei der Produktmarkabgrenzung zu berücksichtigen.[193] Nach Ansicht des BGH soll es für den Kunden keinen Unterschied machen, ob eine Werkstatt bestimmte herstellergebundene Service-Leistungen, welche etwa für die Erhaltung einer Garantie notwendig sind, oder nur allgemeine Reparatur- und Serviceangebote anbieten kann.[194]

Der Gesichtspunkt des **Preises** bzw. der **Preisunterschiede** tritt demgegenüber zu- **40** rück.[195] Er kann Indiz dafür sein, dass insoweit keine disziplinierenden Einflüsse im Wettbewerb vorhanden sind und für Zwecke der §§ 18, 19 von getrennten Märkten auszugehen ist.[196] Insbesondere bei Luxus- und Prestigeartikeln indizieren Preisunterschiede getrennte Märkte,[197] selbst wenn technisch-funktionell keine sachlichen Unterschiede bestehen mögen,[198] da im Hochpreissegment für den Verbraucher neben der Qualität der mit der Marke

---

[190] OLG Hamburg 24.11.2022 – 15 U 103/21 Kart., WuW 2023, 46 Rn. 121 ff. – Vollwartungsvertrag.

[191] OLG Hamburg 24.11.2022 – 15 U 103/21 Kart., WuW 2023, 46 Rn. 121, 125 – Vollwartungsvertrag.

[192] Vgl. KG 23.5.1991 – Kart. 13/89, WuW/E OLG 4771 – Folien und Beutel.

[193] Ruppelt WuW 2012, 27 (29); Möschel WuW 2013, 568 (571, 573).

[194] BGH 30.3.2011 – KZR 6/09, WuW/E DE-R 3303 – MAN -Vertragswerkstatt; umfassend zu der Entscheidung Wegener/Oberhammer WuW 2012, 366 ff.; kritisch zur Marktabgrenzung Ensthaler NJW 2011, 2701 (2702).

[195] Vgl. KG 28.8.1979 – Kart 4/79, WuW/E OLG 2182 (2183) – Hydraulischer Schreitausbau; dazu auch BGH 20.4.2010 – KVR 1/09, WuW/E DE-R 2905 – Phonak/GN Store vor dem Hintergrund der Produkt- und Preissegmente auf dem Hörgerätemarkt; vgl. dazu Kirchhoff WuW 2011, 1174 (1177).

[196] KG 18.2.1969 – Kart V 34/67, WuW/E OLG 995 (996, 997) – Handpreisauszeichner: Handkurbelbetriebene Etikettendruck- und -spendegeräte austauschbar ggü. den sehr viel praktischeren Handpreisauszeichnern allenfalls nur, soweit sie in der gleichen Preislage bleiben; KG 1.12.1976 – Kart 51/76, WuW/E OLG 1745 (1748) – Kfz-Kupplungen: Erhebl. Preisdifferenz verhindert generelle Austauschbarkeit zwischen mechanischen und automatischen Getrieben; KG 7.2.1975 – Kart 36/74, WuW/E OLG 1581 (1583) – Provision für Bedienungsfachgroßhandel: Weinbrand bildet eigenen Markt ggü. Armagnac und Brandy ua wegen Preisunterschiedes; KG 14.4.1978 – Kart. 8/78, WuW/E OLG 1983 (1984) – Rama-Mädchen: Margarine und Butter gehören wesentlich wegen des Preisunterschiedes zu unterschiedlichen Märkten; ferner KG 7.2.1986 – 1 Kart. 17/84, WuW/E OLG 3807 (3808) – Gruner + Jahr-Zeit II; offengelassen in BGH 22.9.1987 – KVR 5/86, WuW/E BGH 2433 (2438) – Gruner + Jahr-Zeit II; KG 13.10.1982 – Kart. 51/81, WuW/E OLG 2825 (2833) – Taschenbücher; BKartA 4.2.1974 – B 6–553000-U-46/73, WuW/E BKartA 1475 (1476) – Haindl-Holtzmann: Zeitungsdruckpapier ua wegen beträchtlicher Preisunterschiede nicht mit anderen Papiersorten substituierbar; BKartA 29.5.1974 – B 8–221831-U-95/73, WuW/E BKartA 1517 (1518) – Bitumen-Verkaufsgesellschaft: Bitumen für Straßenbau- und Industriezwecke gehören wegen unterschiedlicher Qualitäten und Preise zu verschiedenen Märkten; BKartA 18.11.1974 – B 8–464000-U-259/74, WuW/E BKartA 1561 (1564) – o. b.: Preisunterschiede zwischen Tampons und Binden als Indiz für getrennte Märkte; BKartA 9.3.1978 – B 6–745100-U–75/77, WuW/E BKartA 1709 (1713) – Bertelsmann-Deutscher Verkehrsverlag: Anzeigen-Fachzeitschriften bilden auf Grund Art, Inhalt und Preisstellung einen eigenen Markt ggü. Anzeigen in anderen Werbeträgern, insbes. Zeitungen und Publikumszeitschriften; KG 26.6.1991 – Kart. 23/89, WuW/E OLG 4811 (4825) – Radio NRW: Für das Verhältnis der Hörfunk- zur Fernsehwerbung gibt auch der erhebliche Preisunterschied Aufschluss darüber, dass es sich nicht um gleichermaßen zur Bedarfsdeckung geeignete Leistungen handelt. Ferner BKartA 3.3.1989 – B 4–325710-U-123/88, WuW/E BKartA 2363 (2364) und KG 22.3.1990 – Kart 6/89, WuW/E OLG 4537 (4540) – Linde-Lansing: Marktabgrenzung bei Staplerfahrzeugen.

[197] Ähnlich auch Heermann WuW 2009, 489 (492).

[198] KG 24.4.1985 – Kart. 34/81, WuW/E OLG 3577 (3584) – Hussel-Mara für Kosmetika der oberen Preisklasse; ähnlich BGH 20.4.2010 – KVR 1/09, WuW/E DE-R 2905 Rn. 57 – Phonak/GN Store. Bezüglich Hörgeräten.

verbundene Prestige- und Statuseffekt ausschlaggebend ist.[199] Ähnliches kann im Verhältnis von Markenartikeln zu „Billigangeboten" gelten.[200]

41    Das Bedarfsmarkt-Konzept ist auch dann Ausgangspunkt einer Marktabgrenzung, wenn es sich um einen besonders **innovationsgeprägten Markt** handelt. Gerade bei solchen Märkten steigt der Nutzen, den ein Verwender aus einem bestimmten Gut oder einer Dienstleistung zieht, oftmals in Abhängigkeit davon, wie viele andere Nutzer dieses Gut oder diese Dienstleistung ebenfalls nachfragen **(Netzwerkeffekte).**[201] Dies beeinflusst die Beurteilung der funktionellen Austauschbarkeit mit einem Konkurrenzprodukt, welches möglicherweise vergleichbare Eigenschaften hat, aber einen deutlich kleineren Abnehmerkreis aufweist; das Fehlen entsprechender Netzwerkeffekte kann die Attraktivität des Konkurrenzprodukts so herabmindern, das es für den Kunden keine vergleichbare Alternative mehr darstellt. Darüber hinaus kann eine hohe Innovationsgeschwindigkeit dazu führen, dass heute noch als Substitut anerkannte Güter oder Dienstleistungen morgen schon unbrauchbar sein können.[202] Die Besonderheiten von innovationsgeprägten Märkten haben sich auch im letztlich gescheiterten Zusammenschluss „Springer/Sat 1" gezeigt.[203] Die dort relevanten crossmedialen Effekte zwischen Zeitungs- und Fernsehmarkt sind Konsequenzen der voranschreitenden medialen Weiterentwicklung. **Technischer Fortschritt** erlaubt es, Kommunikationsdienstleistungen über unterschiedliche Übertragungswege anzubieten.[204] Dafür hat sich der Begriff „Konvergenz der Medien" herausgebildet.[205] Die enorme Bedeutung von Forschungs- und Entwicklungsaktivitäten (F&E) für die Hervorbringung neuer Technologien, Produkte und Verfahren in einem dynamischen Wettbewerbsprozess wirft die Frage auf, ob in bestimmten Bereichen gesonderte **F&E- oder Innovationsmärkte** abzugrenzen sind.[206]

42    **b) Bestimmte Art von Waren oder gewerblichen Leistungen.** § 18 Abs. 1 setzt voraus, dass ein Unternehmen „als Anbieter oder Nachfrager einer bestimmten Art von Waren oder gewerblichen Leistungen" am Markt aktiv wird. Grundsätzlich herrscht Einigkeit darüber, dass die Begriffe „Waren oder gewerbliche Leistungen" weit zu verstehen sind.[207] Die Differenzierung ist wichtig, damit in der Folge der zutreffende sachliche Markt bestimmt werden kann.[208] Ob es darüber hinaus eine Tendenz in der Praxis gibt, Warenmärkte eher eng und Dienstleistungsmärkte eher weit zu verstehen,[209] kann dagegen bezweifelt werden.

43    Unter den Warenbegriff fällt allgemein jeder „körperliche oder nicht-körperliche Gegenstand, der einen eigenen, in sich geschlossenen wirtschaftlichen Wert oder eine eigene wirtschaftliche Selbstständigkeit hat, der Gegenstand einer Herrschaft oder Verfügung sein kann und der als solcher geeignet ist, im Geschäftsverkehr veräußert oder erworben zu werden".[210] Unter diese weite Definition fallen etwa Grundstücke, genauso wie Wert-

---

[199] OLG München 17.9.2015 – U 3886/14 Kart, NZKart 2015, 490 – Markenkoffer; die Existenz eines separaten Marktes im konkreten Fall mangels Entscheidungserheblichkeit insoweit offenlassend BGH 11.12.2017 – KZR 50/15, GRUR 2018, 441 – Rimowa.

[200] KG 16.12.1987 – 1 Kart. 73/85, WuW/E OLG 4167 (4169) – Kampffmeyer-Plange: Markenmehl im Unterschied zu Billigmehl für den Handel; BKartA 14.4.1989 – B 3–581100-U-137/88, WuW/E BKartA 2370 (2373) – Melitta-Kraft: Markenware mit unterschiedlicher Preis- und Qualitätspolitik ggü. Zweitmarke und Handelsmarke.

[201] Dazu Dreher ZWeR 2009, 149 (152, 155); Zimmerlich S. 78 ff. mwN.

[202] Dreher ZWeR 2009, 149 (156); ähnlich Körber NZKart 2013, 458 (461).

[203] BGH 8.6.2010 – KVR 4/09, WuW/E DE-R 3067 – Springer&Pro Sieben II; zur Verfahrensgeschichte Paal ZWeR 2012, 380 (384).

[204] Paal ZWeR 2012, 380 (386 f.); Esser NZKart 2013, 135; Dubberstein NZKart 2013, 143 (144 ff.).

[205] Esser NZKart 2013, 135.

[206] S. dazu Fuchs, Kartellrechtliche Grenzen der Forschungskooperation, S. 119 ff., 171 ff., 291 ff.; Barth, Innovationsmärkte in der Fusionskontrolle, S. 74 ff., 109.

[207] S. nur Bechtold/Bosch Rn. 10; Deister in Schulte/Just Rn. 10; Kühnen in LMRKM Rn. 24.

[208] AA Bechtold/Bosch Rn. 10 („bedeutungslos"); ebenso Kühnen in LMRKM Rn. 24.

[209] So aber Deister in Schulte/Just Rn. 10 ohne weitere Nachweise; ähnlich Bechtold/Bosch Rn. 10.

[210] Paschke in FK-KartellR Rn. 18.

papiere und gewerbliche Schutzrechte.[211] Auch Unternehmen können eine Ware sein.[212] Unter gewerbliche Leistungen fallen alle gegen Entgelt gebrachten Tätigkeiten im Geschäftsverkehr, es sei denn, es handelt sich um Dienstleistungen aus einem Arbeitsverhältnis.[213] Als gewerbliche Dienstleistung wurde in der Vergangenheit beispielsweise auch die Vermarktung von Fußballspielen anerkannt.[214]

Umstritten ist, ob eine besondere **Vertriebsform unter den Begriff der gewerb- 44 lichen Leistung** nach § 18 Abs. 1 fällt.[215] Die Rechtsprechung hat dies in der Vergangenheit abgelehnt.[216] Richtig ist jedoch, dass es aus Sicht der Marktgegenseite im Einzelfall sehr wohl darauf ankommen kann, ob ein Produkt über den Fachhandel, lediglich über das Internet oder in einem Selbstbedienungsladen vertrieben wird.[217] Es liegt allerdings auf der Hand, dass der Vertriebsweg nicht bei jedem Produkt relevant ist. Daher ist in jedem Einzelfall eine gesonderte Betrachtung vorzunehmen. Pauschale Beurteilungen verbieten sich.

In der Rechtsprechung ist darüber hinaus anerkannt, dass es nicht nur Märkte für Einzel- 45 produkte, sondern auch für ganze **Sortimente** geben kann.[218] Tatsächlich kann man eine Warengruppe, also ein Sortiment, als „bestimmte Art von Waren" iSd § 18 Abs. 1 verstehen.[219] Auch hier gilt aber, dass in jedem Einzelfall geprüft werden muss, ob eine bestimmte Erwartungshaltung bezogen auf einen Sortimentsmarkt besteht oder ob die jeweiligen Kunden nicht viel mehr nur an einzelnen Produkten interessiert sind, welche dann auch einen eigenen Markt bilden können.[220] Ein solcher Sortimentsmarkt liegt etwa beim **Lebensmittelhandel (Einzel- und Großhandel)** vor.[221] Aber auch bei Tiernahrung[222] und Unterhaltungselektronik[223] hat die Rechtsprechung eine solche Marktlage bejaht. In der „MAN-Vertragswerkstatt" Entscheidung hat der BGH einen Sortimentsmarkt auch bezüglich Werkstattleistungen für Kraftfahrzeuge anerkannt.[224] Eine genauere Untersuchung, warum der Kunde bei Werkstätten stets Leistungsbündel erwarten würde, nahm der BGH dabei jedoch nicht vor.[225]

**c) Differenzierung nach Marktstufen und Abnehmergruppen (Teilmärkte).** Die 46 Kriterien des Bedarfsmarktkonzepts dürfen nicht mechanisch, sondern müssen zweckbezogen angewandt werden, was Differenzierungen erforderlich macht. So kann sich die Austauschbarkeit **aus der Sicht der einzelnen Marktstufen** sehr **verschieden** darstellen, weil sie unterschiedliche Verwendungsmöglichkeiten für gleichartige Waren oder auch Teile davon haben können, die dann einen insoweit selbstständigen Markt **(Teilmarkt)** bilden. So sind Originalersatzteile zB für Registrierkassen oder EDV-Anlagen im Hinblick auf Reparaturunternehmen als eigenständiger sachlicher Markt zu qualifizieren ohne Rücksicht darauf, wie die Wettbewerbsverhältnisse beim Absatz der Hauptware gegenüber den

---

[211] Paschke in FK-KartellR. 18 mwN; siehe auch Bechtold/Bosch Rn. 10.

[212] KG 15.5.1973 – Kart. 2/73, WuW/E OLG 1377 (1380) – Starkstromkabel.

[213] Paschke in FK-KartellR Rn. 19 mwN; dazu BKartA TB 1972, 83.

[214] Bechtold/Bosch Rn. 10; Deister in Schulte/Just Rn. 11.

[215] Offen gelassen bei Bechtold/Bosch Rn. 11.

[216] S. nur BGH 11.3.1986 – KVR 2/85, WuW/E 2231 (2235) – Metro/Kaufhof.

[217] So zu Recht Paschke in FK-KartellR Rn. 21.

[218] BGH 11.3.1986 – KVR 2/85, WuW/E 2231 (2235) – Metro/Kaufhof; OLG Düsseldorf 30.9.2009 – Kart 1/08, WuW/E DE-R 2798 – Bau- und Heimwerkermarkt; BGH 16.1.2008 – KVR 26/07, WuW/E DE-R 2327 (2336) – Kreiskrankenhaus Bad Neustadt.

[219] So zu Recht Bechtold/Bosch Rn. 12; abweichend Paschke in FK-KartellR Rn. 22.

[220] Dazu auch BKartA 5.11.2008 – B 5–25/08, WuW/E DE-V 1652 – ASSA ABLOY/SimonsVoss.

[221] Möschel WuW 2013, 568 (571); dazu auch H. Schröder/Mennenöh WuW 2013, 575 ff.; Ruppelt WuW 2012, 27 ff.

[222] OLG Düsseldorf 28.9.2011 – VI-U (Kart) 18/11, WuW/E DE-R 3421 (3427) – Private Label.

[223] BGH 28.4.1992 – KVR 9/91, WuW/E BGH 2771 (2773) – Kaufhof Saturn; dazu auch Klumpp ZWeR 2012, 488 (497).

[224] BGH 30.3.2011 – KZR 6/09, WuW/E DE-R 3303 – MAN-Vertragswerkstatt; umfassend zu der Entscheidung Ensthaler NJW 2011, 2701 ff.; Wegener/Oberhammer WuW 2012, 366 ff.

[225] Zu Recht kritisch daher Klumpp ZWeR 2012, 488 (497).

Abnehmern aussehen.[226] Dagegen gibt es keinen selbstständigen Markt für Garantieleistungen des Herstellers neben dem von ihm gelieferten Produkt.[227] Bei der Lieferung von Kfz-Kupplungsteilen bilden der Absatz an die Industrie (Neuwagenproduktion) und der an sonstige Abnehmer (Ersatzteile) angesichts ganz unterschiedlicher Wettbewerbsverhältnisse (im „Ersatzgeschäft" keine Nachfragemacht, andere Preise, Werbung erforderlich usw) einen je verschiedenen Markt.[228] Beim Verbrauch von Medikamenten bilden die verschreibenden Ärzte als Disponenten der Patientennachfrage einen eigenen Markt gegenüber Krankenhaus-Apotheken.[229] Bei der Lieferung von VW-Ersatzteilen bilden der Industrie-, der Großhandels- sowie der Endverbrauchermarkt selbstständige Märkte.[230] Trotz unterschiedlicher Verwendungszwecke kann sich insoweit angesichts identischer Marktstrukturen ein einheitlicher Markt ergeben, zB der Absatz von Kfz-Teilen an die Industrie für die Erstausrüstung (Serienlieferung) und für den sog. Serienersatz, in welchem sich die Industrie gegenüber ihren weiteren Abnehmern nur als Zwischenhandel darstellt.[231] In Zusammenschlussfällen von Herstellern, welche über den Handel absetzen, ist streitig, ob als Marktgegenseite auf den Handel abzustellen ist[232] oder auf den Endverbraucher.[233] Vielfach besteht kein Unterschied, weil die Sicht des Endverbrauchers durchschlägt auf den ihn beliefernden Handel.[234] Bestehen Unterschiede, zB auf Grund der Notwendigkeit des Handels, ein vollständiges Sortiment zu führen,[235] hängt die Antwort von den Schutzzwecken der Fusionskontrolle ab: Sie schützt nicht nur Endverbraucher, sondern die Funktionsfähigkeit des Wettbewerbs insgesamt.

47       Bei Zusammenschlüssen im **Lebensmittelhandel**[236] sieht das BKartA auf der Angebotsseite unverändert als sachlich relevant das Lebensmittelsortiment in seiner heute typischen Zusammensetzung, Nahrungs- und Genussmittel einschließlich Wasch-, Putz- und Reinigungsmittel, an.[237] Umstritten ist, ob Anbieter wie Spezialhandel, Fachhandel, Lebens-

---

[226] BGH 26.10.1972 – KZR 54/71, WuW/E BGH 1238 (1241, 1242) – Registrierkassen; BGH 22.10.1973 – KZR 22/72, WuW/E BGH 1288 (1291) – EDV-Ersatzteile; BGH 21.2.1989 – KZR 3/88, WuW/E BGH 2589 – Frankiermaschinen; OLG Düsseldorf 10.12.1991 – U (Kart.)12/91, WuW/E OLG 4901 (4904) – Dehnfolien-Verpackungsmaschinen; KG 23.1.1992 – Kart 24/89, WuW/E OLG 4951 (4965) – Kälteanlagen-Ersatzteile; zuletzt BGH 27.4.1999 – KZR 35/97, WuW/E DE-R 357 (358) – Feuerwehrgeräte; siehe auch KG 25.10.1989 – Kart U 1824/89, WuW/E OLG 4524 (4526) – Rock- und Popkonzerte zu § 26 Abs. 2 aF = § 19 Abs. 2 Nr. 1: Nachfrage einer Theaterkasse nach Eintrittskarten für Rock- und Popkonzerte als relevanter Markt.

[227] BGH 10.11.1987 – KZR 15/86, WuW/E BGH 2451 – Cartier-Uhren.

[228] KG 1.12.1976 – Kart. 51/76, WuW/E OLG 1745 (1749), ebenso BGH 21.2.1978 – KVR 4/77, WuW/E BGH 1501 (1503) – Kfz-Kupplungen; siehe ferner BKartA 2.8.1988 – B 3–412900–U-35/88, WuW/E BKartA 2319 (2320) – Messer Griesheim-Buse: Absatz von Stickstoff in Tanks und Flaschen an gewerbliche Abnehmer [merchant market] zu trennen von Lieferungen in Rohrleitungen [tonnage market].

[229] Vgl. BGH 16.12.1976 – KVR 2/76, WuW/E BGH 1445 (1447) – Valium; auch das 2010 veröffentlichte Hauptgutachten XVIII S. 50 ff. bezieht sich nur auf „Apotheken, die Arzneimittel an den Endverbraucher abgeben", also nicht auf sog. Krankenhausapotheken.

[230] BKartA 21.3.1979 – B 7–33 30 00-RTV-84/76, WuW/E BKartA 1781 (1782) – Identteile.

[231] KG 1.12.1976 – Kart. 51/76, WuW/E OLG 1745 (1749) – Kfz-Kupplungen.

[232] KG 16.12.1987 – 1 Kart. 73/85, WuW/E OLG 4167 (4168) – Kampffmeyer-Plange; offengelassen in BGH 7.3.1989 – KVR 3/88, WuW/E BGH 2575 (2576) – Kampffmeyer-Plange.

[233] Kleinmann/Bechtold § 22 Rn. 25.

[234] ZB KG 7.11.1985 – Kart. 6/85, WuW/E OLG 3759 – Pillsbury-Sonnen-Bassermann; vgl. auch BKartA 19.10.1989 – B 2–681400-U62/89, WuW/E BKartA 2421 (2423) – Unilever-Braun; BKartA 15.4.1993 – B 5–333330–U117/92, WuW/E BKartA 2521 (2527) – Zahnradfabrik Friedrichshafen/Allison; BKartA 12.12.1995 – B 3–24301-U–50/95, WuW/E BKartA 2820 (2821) – Straßenmarkierungsmaterial.

[235] Beispiel: Markenmehl in Abgrenzung zu Billigmehl, KG 16.12.1987 – 1 Kart. 73/85, WuW/E OLG 4167 (4169) – Kampffmeyer-Plange; BKartA 14.4.1989 – B 3–581100-U-137/88, WuW/E BKartA 2370 (2372) – Melitta-Kraft; BKartA 20.9.1999 – B 3–24511-U-20/99, WuW DE-V 177 – Henkel/Luhns, dazu Monopolkommission Hauptgutachten XIII Tz. 496 ff.

[236] S. Monopolkommission Sondergutachten 23, Marktstrukturen und Wettbewerb im Handel.

[237] BKartA 31.3.2015 – B2–96/14, BeckRS 2015, 9385 Rn. 165 – Edeka/Kaiser's Tengelmann; BKartA 20.11.1989 – B 9 – 712068-U-2056/89, WuW/E BKartA 2441 (2442) – Tengelmann-Gottlieb; ebenso früher KG 16.10.1984 – Kart. 14/83, WuW/E OLG 3367 (3369) – Metro-Kaufhof; KG 22.5.1985 – Kart. 21/83, WuW/E OLG 3591 (3595) – Coop SH-Deutscher Supermarkt; BKartA 30.6.2008 – B 2–333/07,

mittelhandwerk generell in den Markt mit einzubeziehen sind, „soweit sie dem Kunden als sinnvolle Alternative zur Verfügung stehen".[238] Das KG sah sich auf Grund der „Metro-Kaufhof"-Entscheidung des BGH dazu veranlasst.[239] Diese war zur Großhandelsebene ergangen, hielt eine Abgrenzung des sachlich relevanten Marktes auf Grund eines sog. food-Sortiments zwar für richtig, meinte allerdings, Angebote aller auf dem food-Sektor tätigen Unternehmen der Groß- und Einzelhandelsebene seien mit einzubeziehen, auch wenn sie nur Teile des food-Sortiments führten. Vorausgesetzt sei nur, diese Unternehmen stünden den Abnehmergruppen offen und böten diesen eine wirtschaftlich sinnvolle Bezugsalternative.[240] Eine weitere Sachaufklärung in der erneuten Tatsacheninstanz führte auf dieser Basis zum Ergebnis, dass das cash- and carry-Großhandelsangebot[241] keinen eigenen Markt bildet, sondern der Fach- und Spezialgroßhandel marktgleichwertig sei.[242] Die Monopolkommission hält dies für widersprüchlich und nur auf der Grundlage der von ihr präferierten Abgrenzung nach Produkten bzw. Produktgruppen wie Backwaren, frische Fleischwaren, Frischgemüse für möglich.[243] Mit einem Bedarfsmarktkonzept im strengen Sinne ist nur die Auffassung der Monopolkommission vereinbar. Erkennt man den Hilfscharakter auch dieses Konzepts, so werden die Meinungsunterschiede allerdings marginal: Bei der gebotenen Gesamtwürdigung aller Umstände ist der von Spezialanbietern und vom Lebensmittelhandwerk ausgehende wettbewerbliche Einfluss ohnehin in Rechnung zu stellen.[244] Der BGH betont insoweit, dass es sich um eine im Einzelfall zu beantwortende Tatfrage handele, ob „von dem Angebot anderer Vertriebsschienen, bei denen die Verbraucher einen Teil ihres Bedarfs an Artikeln des Sortiments decken könnten, ein so erheblicher Wettbewerbsdruck ausgeht, dass diese anderen Anbieterkategorien in den sachlich relevanten Markt einzubeziehen sind".[245]

Eine übliche Anpassung des Angebots an individuelle Nachfragebedürfnisse, ohne dass **48** fertigungstechnische oder sonstige Besonderheiten vorliegen, schafft in der horizontalen oder diagonalen Schutzrichtung der §§ 18, 19 oder auch zu Zwecken der Fusionskontrolle keine unterschiedlichen Teilmärkte.[246] In der vertikalen Schutzrichtung eines Abnehmers, der keine Belieferungsalternative hätte, kann dies anders aussehen.[247] Die Annahme eines verwendungsspezifischen Teilmarktes entfällt nicht schon deshalb, weil solche Abhängigkeit

---

WuW/E DE-V 1607 (1612) – Edeka/Tengelmann; BGH 12.11.2002 – KVR 5/02, WuW/E DE-R 1042 (1043) – Wal-Markt; dazu Monopolkommission Sondergutachten 14 Tz. 90 ff.; H. Köhler, Nachfragewettbewerb und Marktbeherrschung, S. 51 ff.; Ruppelt WuW 2012, 27 ff.

[238] KG 5.11.1986 – Kart. 15/84, WuW/E OLG 3917 (3919) – Coop-Wandmaker; dazu Kirschner WuW 1987, 789 ff. aA OLG Düsseldorf 23.8.2017 – VI-Kart 5/16 (V), NZKart 2017, 542 Rn. 174 – Fusionsuntersagung EDEKA/Tengelmann; dazu im Anschluss BGH 11.12.2018 – KVR 65/17, NZKart 2019, 280 Rn. 24.

[239] Dazu Ahlert DB-Beil. 9/1987; zustimmend auch Treis/Lademann GRUR 1987, 262 ff.; vgl. ferner Wendland WRP 1988, 147 (148 ff.); Barth BB 1984, 1457 ff.

[240] BGH 11.3.1986 – KVR 2/85, WuW/E BGH 2231 (2234) – Metro-Kaufhof; BKartA 31.3.2015 – B2–96/14, BeckRS 2015, 9385 Rn. 166 ff. – Edeka/Kaiser's Tengelmann (einheitlicher Markt für große und kleine Geschäfte des Lebensmitteleinzelhandels, inkl. Discountern); OLG Düsseldorf 9.1.2015 – VI-Kart 1/14 (V), WuW/E DE-R 4572 Rn. 48 – HRS (On- und Offlinevertrieb von Hotelzimmern gehört zum selben Markt). Noch um ein distinguishing bemüht BKartA 20.11.1989 – B 9–712068-U-2056/89, WuW/E BKartA 2441 (2442) – Tengelmann-Gottlieb: heterogene Bedarfsstruktur der Kunden im c + c-Bereich, dagegen Verbrauchernachfrage nach einem „Güterbündel" im Einzelhandelssektor.

[241] S. dazu auch Schröder WuW 2012, 819 ff.; Ruppelt WuW 2012, 27 ff.

[242] Vgl. Monopolkommission Hauptgutachten VII Tz. 446–447.

[243] Monopolkommission Hauptgutachten VII Tz. 450 ff.

[244] Dazu auch BGH 23.6.2009 – KZR 21/08, WuW/E DE-R 2739 (2740) – Entega I; Ruppelt WuW 2012, 27 (30); zum Energiemarkt Schmidt WuW 2008, 550 (554).

[245] BGH 11.12.2018 – KVR 65/17, NZKart 2019, 280 Rn. 24 f. – Nichtzulassungsbeschwerde EDEKA/Tengelmann.

[246] Lieferung von Kupplungsteilen zwar unterschiedlich dimensioniert nach den einzelnen Kfz-Modellen, im Vordergrund steht indes das Anbieten für die jeweiligen Motorkonstruktionen, KG 1.12.1976 – Kart. 51/76, WuW/E OLG 1745 (1748) – Kfz-Kupplungen.

[247] Vgl. Langen, 6. Aufl. 1982, § 22 Rn. 22.

nur bei einem geringen Teil der Abnehmer und innerhalb dieser nur im Hinblick auf bestimmte Verwendungszwecke vorliegt.[248]

**49**   Eine solche nach Marktstufen und Abnehmergruppen differenzierte Marktabgrenzung setzt voraus, dass ein **Hersteller insoweit zu unterschiedlichem Verhalten in der Lage ist,** insbesondere eine verschiedene Marktstrategie (Produkt-, Preis- oder Rabattdifferenzierung) möglich bleibt.[249] Computer-Software wird etwa oftmals auf bestimmte Benutzergruppen zugeschnitten.[250] Dies ist jedoch nicht der Fall, wenn ein Hersteller ausschließlich über den Großhandel absetzt, mögen die Verwendungszwecke der Endabnehmer auch unterschiedlich sein.[251] So bildet Hundefertigfutter bei der Prüfung von Behinderungspraktiken im Verhältnis Lieferant-Abnehmer oder im Verhältnis des Lieferanten zu anderen Anbietern für sich einen sachlich relevanten Markt ohne Rücksicht darauf, ob beim Endverbraucher Tierfertigfutter in Konkurrenz mit sonstigen Nahrungsmitteln zur Versorgung des Tieres steht.[252] Gleiches gilt für den Direktabsatz an Endverbraucher, wenn der Lieferant zwischen diesen aus tatsächlichen oder rechtlichen Gründen nicht differenzieren kann (zB Stromabsatz an Haushalte zu einheitlichen Tarifen ohne Rücksicht auf die Verwendungszwecke wie Kochen, Warmwasserbereitung, Raumbeheizung, bei denen der Lieferant in unterschiedlicher Intensität einer Substitutionskonkurrenz mit anderen Energieträgern ausgesetzt sein kann).[253] Anwendungsspezifische Besonderheiten haben auch dann kein Gewicht, wenn es sich im Wesentlichen um ein Standardprodukt mit vielseitigen Verwendungsmöglichkeiten handelt und auf dem eventuellen Teilmarkt nur wenige Nachfrager vorhanden sind, für welche ein umfassender Markt maßgeblich bleibt.[254]

**50**   **d) Produktionsflexibilität.** Das allein auf die Sicht der Marktgegenseite abstellende Bedarfsmarktkonzept birgt allerdings in manchen Fällen die Gefahr einer zu engen Marktabgrenzung, die nicht alle relevanten Wettbewerbsverhältnisse erfasst, denen die beteiligten Unternehmen ausgesetzt sind. Ergänzend ist im Rahmen der sachlichen Marktabgrenzung auch danach zu fragen, ob und ggf. unter welchen Bedingungen andere Unternehmen ihr Angebot kurzfristig und ohne allzu großen Aufwand umstellen können, um auf veränderte Wettbewerbsbedingungen zu reagieren.[255] Funktionell nicht austauschbare Produkte sind dann in die Marktabgrenzung einzubeziehen, wenn sie für ihren Hersteller die Grundlage bieten, kurzfristig und mit wirtschaftlich vertretbarem Aufwand sein Sortiment umzustellen und ein Konkurrenzprodukt anzubieten **(Produktions- und Angebotsumstellungsflexibilität).**[256] Im Ergebnis handelt es sich um eine Abgrenzung nach Produktgruppen, die einen typisierten Bedarf decken und für deren Entwicklung und Herstellung ein vergleichbares Entwicklungs- und Fertigungs-Know-how sowie gleichartige Produktionsanlagen

[248] BGH 24.6.1980 – KVR 5/79, WuW/E BGH 1711 (1714) – Mannesmann-Brueninghaus: Kolbeneinheiten als Teilmarkt innerhalb hydrostatischer Antriebe, wenn für Einbau in bestimmte Baumaschinen erforderlich.
[249] BGH 24.6.1980 – KVR 5/79, WuW/E BGH 1711 (1715) – Mannesmann-Brueninghaus; BGH 7.3.1989 – KVR 3/88, WuW/E BGH 2575 (2577) – Kampffmeyer-Plange; BKartA 21.2.1983 – B 1–252300-A34/82, WuW/E BKartA 2077 (2085) – Asphaltmischwerke; BKartA 2.8.1988 – B 3–412900-U-35/88, WuW/E BKartA 2319 (2320) – Messer Griesheim-Buse; BKartA 18.8.1988 – B 5–284300-U-92/88, WuW/E BKartA 2304 (2306) – Wieland-Langenberg.
[250] Dreher ZWeR 2009, 149 (157).
[251] Langen, 6. Aufl. 1982, § 22 Rn. 30 f.
[252] Unrichtige Begründung in BKartA 22.10.1979 – B 4–689100-TV-39/78, WuW/E BKartA 1817 (1818) – Fertigfutter; unklar KG 12.11.1980 – Kart 32/79, WuW/E OLG 2403 (2404) – Fertigfutter; zu Unrecht einschränkend Markert BB 1981, 1113 (1114).
[253] BGH 12.12.1978 – KVR 6/77, WuW/E BGH 1533 (1535) – Erdgas Schwaben zur Fusionskontrolle, aM als Vorinstanz KG 23.3.1977 – Kart 11/76, WuW/E OLG 1895 (1897 ff.).
[254] BGH 24.6.1980 – KVR 5/79, WuW/E BGH 1711 (1715) – Mannesmann-Brueninghaus gegen KG 18.5.1979 – Kart 13/77, WuW/E OLG 2120 – Mannesmann-Brueninghaus.
[255] S. dazu auch Möschel WuW 2013, 568 ff. bezüglich der Austauschbarkeit von Herstellermarken und Handelsmarken.
[256] BGH 16.1.2007 – KVR 12/06, WuW/E DE-R 1925 (1928) – National Geographic II; BGH 4.3.2008 – KVR 21/07, NJW-RR 2008, 996 (998 f.) = WuW/E DE-R 2268 (2270) – Soda Club II; vgl. auch Säcker ZWeR 2004, 1 (10 ff.).

einsetzbar sind.[257] Die Angebotsflexibilität der Marktteilnehmer ist zB in der Bauwirtschaft besonders relevant. Denn aus Sicht des Nachfragers sind Bauwerke nicht untereinander austauschbar (absolute Heterogenität der Bauprojekte).[258]

**e) Kreuzpreiselastizität, SSNIP-Test.** Ein Hilfsmittel zur Bestimmung eines einheit- **51** lichen Marktes ist auch die Reaktionsverbundenheit zwischen einzelnen Waren oder gewerblichen Leistungen (Kreuzpreiselastizität).[259] Dieses Konzept, welches auch als **hypothetischer Monopoltest** bezeichnet wird, stammt aus der Wettbewerbstheorie und beruht auf dem Gedanken, dass sich die Ausweichmöglichkeiten der Nachfrager in ihren Reaktionen auf Preisbewegungen zeigen müssen. Führt eine geringe Preiserhöhung eines Gutes zu einer Abwanderung auf ein anderes Produkt, so deutet das auf Ausweichmöglichkeiten und damit auf einen gleichen sachlichen Markt hin.[260] In der Praxis wird in diesem Zusammenhang oftmals auf den **SSNIP-Test** (small but significant and non-transitory increase in price) zurückgegriffen, wobei eine Preiserhöhung von 5 % bis 10 % unterstellt wird. Der Test stammt ursprünglich aus dem US-amerikanischen Antitrust-Recht und findet regelmäßig auf europäischer Ebene Anwendung.[261] Auch das BKartA hat ihn in der Vergangenheit verwendet.[262] Der BGH steht diesem Ansatz eher kritisch gegenüber, ohne ihm jedoch gänzlich die Bedeutsamkeit abzusprechen.[263]

**Keine Anwendung** findet der SSNIP-Test **bei unentgeltlichen Leistungen,** da hier **51a** eine Preiserhöhung um einen bestimmten Prozentsatz von der Ausgangsbasis Null auch hypothetisch kein sinnvolles Ergebnis erzielen kann. Auch die als Alternative diskutierten Modelle eines **SSNDQ-Tests** („decrease in quality") bzw. **SSNIC-Tests** („increase in cost"), die zur Feststellung von Ausweichreaktionen auf eine Qualitätsminderung bzw. Anstieg von (auch nicht-monetären) Kosten (wie etwa einen höheren Lästigkeitswert für das Wegklicken störender Werbung) abstellen, sind mangels objektiver Messbarkeit und fehlender Datenverfügbarkeit **in der Praxis nicht handhabbar.**[264] Gleiches gilt im Grunde aber auch in den Fällen, in denen **Plattformen** von beiden Marktseiten einen positiven Preis verlangen (zB Zeitungen, Zeitschriften und Kreditkartensysteme), da nicht klar ist, wie eine entsprechende Preiserhöhung auf den jeweiligen Marktseiten im Einzelnen vorgenommen und ins Verhältnis gesetzt werden soll.[265]

Nicht verkannt werden dürfen jedoch die **zahlreichen praktischen Anwendungspro- 52 bleme.**[266] Denn die für die Anwendung notwendigen Daten wird man in vielen Fällen kaum erheben können. Gerade in Märkten mit einer hohen Innovationsgeschwindigkeit kann die Datengrundlage darüber hinaus schnell veralten.[267] Als **indizielle Beurteilungshilfen zur Ermittlung einer Marktabgrenzung** mögen solche Marktbewegungen daher

---

[257] So zB BKartA 8.6.2006 – B 4–67130-Fa-29/06, WuW/E DE-V 1313 (1314) – Telecash; vertiefend zur Angebotsumstellungsflexibilität Dreher/Thomas ZWeR 2014, 366.
[258] BKartA 24.1.1995 – B 1–701000–U 252/94, WuW BKartA 2729 (2736 f.) – Hochtief/Philipp Holzmann: Für die Beurteilung der Markt- und Wettbewerbsverhältnisse ist zu fragen, welche Anbieter auf Grund ihres Leistungsprofils in der Lage sind, bestimmte Aufträge von nachgefragten Objekten unterschiedlicher Art und Größe im jeweils vorgegebenen Zeitrahmen auszuführen; KG 18.3.1998 – Kart 3/95, WuW/E DE-R 94 (96) – Hochtief/Philipp Holzmann; s. auch BKartA 17.4.1989 – B 7–350000–U 137/88, WuW/E BKartA 2335 (2343 ff.) – Daimler/MBB.
[259] Bechtold/Bosch Rn. 14.
[260] Dazu Borchardt/Fikentscher S. 46; Beckmann S. 160; I. Schmidt S. 52 f.; Kaufer S. 5 ff.; Traugott WuW 1998, 929 (930).
[261] Zur signifikanten Nachfrageverlagerung siehe nur KOMM 22.7.1992 – 92/553/EWG, ABl. 1992 L 356, 1 ff. – Nestlé/Perrier.
[262] BKartA 30.9.2005 – B 9–50/05, WuW/E DE-V 1113 – Railion/RBH; s. auch BKartA 16.11.2011 – B2-36/11, BeckRS 2013, 00340.
[263] BGH 4.3.2008 – KVR 21/07, WuW/E DE-R 2268 – Soda Club II.
[264] Podszun/Schwalbe NZKart 2017, 98 (102); Podszun in Kersting/Podszun Kap. 1 Rn. 28; vertiefend Grothe S. 123 und Reismann S. 56 ff.
[265] Podszun/Schwalbe NZKart 2017, 98 (102).
[266] S. dazu Töllner in Bunte Rn. 30; Paschke in FK-KartellR Rn. 33 ff.; Frenz NZKart 2013, 285 (286 f.).
[267] Dreher ZWeR 2009, 149 (158).

herangezogen werden.[268] In der Entscheidungspraxis spiegelt sich dies in den Hinweisen auf erhebliche Preisunterschiede zwischen einzelnen Gütern wider, was ein Anzeichen für getrennte Märkte sein soll. Diese Konzeption ist für die praktische Rechtsanwendung dagegen dann unbrauchbar, wenn oder soweit sie mit einem Anspruch auf Ausschließlichkeit oder auf numerisch ermittelbare Exaktheit auftritt: Sie geht von gegebenen Preis-Nachfragebeziehungen aus und verkennt in dieser statischen Beschränkung, dass die Preispolitik ein Aktionsparameter der Unternehmen ist, so dass die Kreuz-Elastizitäten nicht nur Determinanten, sondern Ergebnis dieser Preisstrategien sein können.[269] Auch setzt sie bereits eine Auswahl der Güter voraus, die man zueinander in Beziehung setzen will, und erfordert damit subjektive Abgrenzungen, die durch die Einführung eines vermeintlich objektiven Maßstabes gerade vermieden werden sollten.[270] Ohnehin gilt, dass der Ausgangspreis für die Analyse ein Wettbewerbspreis sein muss. Wird dagegen für ein Produkt ein Preis verlangt, der bereits über dem Niveau liegt, das sich auf einem funktionierenden Markt herausbilden würde, besteht die Gefahr, dass die Marktabgrenzung zu weit gezogen wird (sog. cellophane fallacy).[271]

**53**      Eine besondere Rolle kann der SSNIP-Test dann spielen, wenn eine **Marktabgrenzung auf Märkten der Vorleistungsebene** stattfinden soll, etwa die **Bereitstellung von Breitband-Internetanschlüssen.**[272] Das für Breitbandanschlüsse notwendige Verbindungsnetz halten in vielen europäischen Ländern, so auch in Deutschland, die ehemaligen Telefon-Festnetzmonopolisten. Diese stellen ihr Netz anderen Unternehmen gegen Entgelt zur Verfügung (**Vorleistungsmarkt,** auch bitstream-Produkte genannt),[273] die dann ihrerseits dem Endkunden einen Internetzugang anbieten (Endmarkt). Neben klassischen Festnetzanschlüssen können die Kunden jedoch auch auf anderem Weg mit einem Internetzugang versorgt werden, etwa über das (Fernseh-)Kabelnetz. Anders als der ehemalige Festnetzmonopolist stellen die Kabelnetzbetreiber ihre Ressourcen anderen Anbietern regelmäßig nicht zur Verfügung, so dass insoweit auch kein Vorleistungsmarkt existiert. Dennoch stellt sich die Frage, ob das Angebot der Kabelnetzbetreiber an die Endkunden auch auf dem Vorleistungsmarkt des Festnetzmonopolisten zu berücksichtigen ist, weil dieser bei seiner Preisbestimmung eine mögliche Abwanderung von Endkunden zu den Internetangeboten der Kabelnetzbetreiber einkalkulieren muss, insoweit also einem competitive constraint unterliegt. Nach dem Bedarfsmarktkonzept liegt keine Austauschbarkeit im eigentlichen Sinne vor, denn das Kabelnetz steht den Drittanbietern nicht als Substitut für ihren Zugang zu den Endkunden zur Verfügung. Wenn aber der Festnetzmonopolist die Preise für die Nutzung seines Verbindungsnetzes erhöhen und Drittanbieter in der Folge auch ihre Preise anpassen würden, dürfte ein Teil der Endkunden von dem Produkt „Internet über das Telefonfestnetz" zum Internetangebot der Kabelnetzbetreiber wechseln. Zwar dürften sich die dafür notwendigen Daten in der Praxis oftmals nur schwer beschaffen lassen. Wenn eine derartige Wirkung aber feststeht, hat eine Berücksichtigung bereits auf Ebene der Marktabgrenzung zu erfolgen.[274]

**54**      **f) Das Konzept der Wirtschaftspläne.** Im Schrifttum hat man vorgeschlagen, die Wirtschaftspläne, dh das eigene Marktverhalten der Unternehmen, zum Ausgangspunkt der Marktabgrenzung zu nehmen. Auf diese Weise werde es möglich, die überlegene Markt-

---

[268] Übereinstimmend Töllner in Bunte Rn. 30; Beckmann S. 161; ähnlich Paschke in FK-KartellR Rn. 34.

[269] Dazu Hoppmann, Die Abgrenzung des relevanten Marktes im Rahmen der Mißbrauchsaufsicht über marktbeherrschende Unternehmen, S. 38 ff.; Kaufer S. 10; Klauss S. 114 ff.; vgl. auch Ewald ZWeR 2004, 512.

[270] Eingehend und sehr krit. Mestmäcker, Das marktbeherrschende Unternehmen im Recht der Wettbewerbsbeschränkungen, S. 12 ff.

[271] Dreher ZWeR 2009, 149 (157); Paschke in FK-KartellR Rn. 40 mwN; jüngst Reismann S. 55 f.

[272] Dazu näher Inderst/Schwarz WuW 2008, 637 (641).

[273] Inderst/Schwarz WuW 2008, 637.

[274] So zu Recht Inderst/Schwarz WuW 2008, 637 (645).

kenntnis der Unternehmen selbst für die Feststellung vorhandener oder fehlender kompetitiver Verhältnisse heranzuziehen.[275] Ein solcher Ansatz hat den Vorzug, sich des ausschließlich wettbewerblichen Bezugs der Marktabgrenzung und ihres untrennbaren Zusammenhanges mit der Marktbeherrschung bewusst zu bleiben. Unrichtig ist es daher, dieser Konzeption nur ein anderes methodisches Vorgehen zur Erfassung der Austauschbarkeit von Waren oder Leistungen zu attestieren.[276] Diese Konzeption überspringt vielmehr die Stufe einer gegenständlichen Marktabgrenzung, um direkt zur Feststellung einer wettbewerblichen Nähebeziehung vorzustoßen. Für praktische Rechtsanwendung ist damit freilich idR nicht viel erreicht. Die wettbewerbliche Ambivalenz der Verhaltensweisen je nach den Marktumständen, innerhalb derer sie stattfinden, schließt oftmals einen einfachen Rückschluss von Verhaltensweisen auf die Tatsache, dass sie ohne Rücksichtnahme auf Wettbewerb erfolgen oder nur unter Bedingungen fehlenden Wettbewerbs erklärbar oder sinnvoll sind, aus. Ein Beispiel für einen solchen möglichen Rückschluss ist die gezielte Kampfpreisunterbietung; doch pflegen Unternehmen anders als zu Zeiten des Benrather Tankstellen-Urteils diese Absicht nicht mehr zu Markte zu tragen, so dass auch hier ein erheblicher Bedarf an schwierigen Bewertungen unausweichlich bleibt. Am ehesten tragfähig ist solche Auffassung bei Sachverhalten von – aus der Sicht der Gebundenen – wirtschaftlich unattraktiven Koppelungsverträgen: Das koppelnde Unternehmen braucht insoweit weder auf dem beherrschten Markt noch auf dem Markt des gekoppelten Produktes mit Reaktionen der Wettbewerber zu rechnen.[277] Regelmäßig bleibt auch diese Konzeption – nicht anders als die hL – auf eine kombinierte Analyse von Marktstruktur und Marktverhalten angewiesen, um insgesamt eine zureichende Bewertung sowohl für die Marktbeherrschung als auch für die Mißbrauchsverhaltensweise zu gewinnen.[278] Soweit ersichtlich, hat weder das BKartA, noch die Rechtsprechung auf das „Konzept der Wirtschaftspläne" in der Vergangenheit Bezug genommen.[279]

**g) Gebündelte Leistungen (insbes. sachliche Marktabgrenzung im Presse-, 55 Rundfunk- und Medienbereich).** Unternehmen können **gebündelte Leistungen** anbieten, die zugleich auf mehreren sachlich relevanten Märkten wirksam werden können. Wichtigstes Beispiel dafür sind **Tageszeitungen.** Hier ist von vornherein zwischen **Lesermärkten** und **Anzeigenmärkten** zu trennen.[280] Innerhalb der Lesermärkte ist regelmäßig wegen ganz unterschiedlicher Zielgruppen, Absatzwege, Aufmachungen u. dgl. zwischen sog. **Abonnements-Zeitungen** und **Straßenverkaufszeitungen** zu unterscheiden.[281]

---

[275] Grundlegend Mestmäcker, Das marktbeherrschende Unternehmen im Recht der Wettbewerbsbeschränkungen, S. 9 ff.; E. Günther, Relevanter Markt im Recht der Wettbewerbsbeschränkungen, S. 4, 6; siehe auch I. Schmidt S. 51 f.; Beckmann S. 116 ff.; Säcker ZWeR 2004, 1 ff.

[276] So Kaufer S. 6; Hoppmann, Die Abgrenzung des relevanten Marktes im Rahmen der Mißbrauchsaufsicht über marktbeherrschende Unternehmen, S. 38.

[277] Siehe dazu KG 18.2.1969 – Kart V 34/67, WuW/E OLG 995 – Handpreisauszeichner.

[278] Im Einzelnen Möschel Der Oligopolmißbrauch S. 166 ff.

[279] So die Feststellung von Paschke in FK-KartellR Rn. 36; s. dazu auch Wiedemann in Wiedemann KartellR-HdB § 23 Rn. 11 aE.

[280] KG 26.1.1977 – Kart 27/76, WuW/E OLG 1767 (1768) – Kombinationstarif; BGH 18.12.1979 – KVR 2/79, WuW/E BGH 1685 (1690); KG 1.11.1978 – Kart 4/78, WuW/E OLG 2109 (2110); BKartA 18.1.1978 – B 6–745100–U–62/77, WuW/E BKartA 1700 (1701) – Springer-Elbe Wochenblatt; siehe auch BKartA 9.3.1978 – B 6–745100–U–75/77, WuW/E BKartA 1709 – Bertelsmann-Deutscher Verkehrsverlag; BKartA 6.7.1978 – B 6–745100–U–88/76, WuW/E BKartA 1733 – Kaufzeitungen; KG 24.10.1979 – Kart 19/78, WuW/E OLG 2228 (2230) – Zeitungsmarkt München; TB 1975, 42 ff. – WAZ-NRZ; im Schrifttum ausf. Möschel, Pressekonzentration und Wettbewerbsgesetz, S. 83 ff.; Kleinmann/Bechtold § 22 Rn. 61 ff.

[281] BGH 29.9.1981 – KVR 2/80, WuW/E BGH 1854 (1857) – Zeitungsmarkt-München; BGH 26.5.1987 – KVR 3/86, WuW/E BGH 2425 (2428) – Niederrheinische Anzeigenblätter; KG 26.1.1977 – Kart 27/76, WuW/E OLG 1767 (1768) – Kombinationstarif; BKartA 6.7.1978 – B 6–745100–U–88/76, WuW/E BKartA 1733 (1734) – Kaufzeitungen; BKartA 14.5.1990 – B 6– 745100–U56/89, WuW/E BKartA 2497 (2500) – Springer/Lezinsky; BKartA 26.2.1992 – B 6–745100–U-157/91, WuW/E BKartA 2515 (2517) – Stadt-Anzeiger Leipzig; BKartA 17.1.1994 – B6-745100-U-153/92, WuW/E BKartA 2641 (2643) – Sarstedter-Kurier-Kreisanzeiger; KG 14.11.1990 – Kart. 14/90, WuW/E OLG 4737 (4751) – Pinneberger Tageblatt; BKartA 6.11.1997 – B 6–52473-U-136/96, AG 1998, 244 (246) – Springer/Stilke;

Mangels Substituierbarkeit sind innerhalb derselben die Blätter mit sog. Lokalteil abzuschichten gegenüber sog. regionalen bzw. überregionalen Zeitungen.[282] **Sonntagszeitungen** bilden für sich ebenso einen eigenen Markt[283] wie die **politischen Wochenzeitungen** nach Art des Spiegel oder der ZEIT.[284] Gleiches gilt für die Gruppe allgemein unterhaltender **Publikumszeitschriften** wie etwa Illustrierten und die diversen Gruppen innerhalb spezieller Publikumszeitschriften wie Programmzeitschriften, Modezeitschriften, Sexmagazine, populäre Wissenszeitschriften uä.[285] Diese Produkte werden nicht durch den Umstand verklammert, dass sie für einen unentschiedenen Käufer, der Unterhaltung sucht, austauschbar sein können. Die davon ausgehenden Wettbewerbswirkungen sind zu gering. Spezifische Teilmärkte sind weiter kennzeichnend im Sektor der **Fachzeitschriften.**[286] In all diesen Bereichen bestehen **fließende Übergänge zum Rand- und Substitutionswettbewerb.** Er schließt zwar keine enge Marktabgrenzung aus, bleibt aber als Wertungsfaktor bei der Feststellung einer Marktbeherrschung zu berücksichtigen. **Rundfunk, Fernsehen** und **Film** sind demgegenüber mit den Informationsangeboten der Presse nicht als gleichartig anzusehen.[287] Das BKartA ging hier **bis zur 9. GWB-Novelle** davon aus, dass weder im Hörfunk noch im Fernsehen sog. Rezipientenmärkte bestehen. Soweit das Angebot werbefinanziert sei, erfolge kein Leistungsaustausch. Lediglich im **Pay-TV-Bereich** bestehe eine direkte Austauschbeziehung zwischen dem Pay-TV-Anbieter und dem Zuschauer, da dieser gegen Entgelt ein bestimmtes Programm abonniere.[288] Soweit er eine Gebühr zu zahlen habe, sei dies eine Art Pauschale für den Zugang zum Medium überhaupt. Die konkrete Nutzung erfolge dann kostenlos. Die Rivalität bei den Einschaltquoten galt nur als Wettbewerbsparameter im Hinblick auf den **Werbemarkt.**[289] Diese Sichtweise ist **nach dem Inkrafttreten des § 18 Abs. 2a** nicht mehr haltbar, da auch bei unentgeltlichen Leistungen ein Markt vorliegen kann. Das ist jedenfalls anzunehmen, wenn die unentgeltliche Leistung eine Verknüpfung mit einer entgeltlichen (Plattform-)Seite auf-

---

BKartA 27.2.1998 – B 6–22131–U–154/96, AG 1998, 441 (444) – WAZ/IKZ II; KG 16.12.1998 – Kart 14/98, WuW/E DE-R 336 (341) – WAZ/IKZ; BKartA 10.12.2002 – B 6–22121–U–98/02, WuW/E DE-V 695 (696) – Tagesspiegel/Berliner Zeitung; BKartA 2.2.2004 – B 6–22121–U–120/03, WuW/E DE-V 871 (874) – Tagesspiegel/Berliner Zeitung II; BKartA 19.1.2006 – B 6–92202–Fa-103/05, WuW/E DE-V 1163 (1171) – Springer/ProSiebenSat. 1.

[282] BGH 29.9.1981 – KVR 2/80, WuW/E BGH 1854 (1857) – Zeitungsmarkt München; BGH 26.5.1987 – KVR 3/86, WuW/E BGH 2425 (2428) – Niederrheinische Anzeigenblätter; KG 26.1.1977 – Kart 27/76, WuW/E OLG 1767 (1768) – Kombinationstarif; KG 24.10.1979 – Kart 19/78, WuW/E OLG 2228 (2230) – Zeitungsmarkt München; KG 4.12.1987 – Kart. 32/87, WuW/E OLG 4075 (4087) – Springer-Kieler Zeitung; KG 1.3.1989 – Kart. 94/88, WuW/E OLG 4379 (4381) – Schleswig-Holsteinischer Anzeigenverlag; BKartA 6.7.1978 – B 6–745100–U–88/76, WuW/E BKartA 1733 (1734) – Kaufzeitungen; BKartA 29.4.1987 – B 6–745100–U 111/86, WuW/E BKartA 2259 (2262) – Springer-Kieler Zeitung; BKartA 14.5.1990 – B 6–745100–U56/89, WuW/E BKartA 2497 (2500) – Springer/Lezinsky; BKartA 26.2.1992 – B 6–745100-U-157/91, WuW/E BKartA 2515 (2517) – Stadt-Anzeiger Leipzig; BKartA 10.12.2002 – B 6–22121-U-98/02, WuW/E DE-V 695 (696) – Tagesspiegel/Berliner Zeitung; BKartA 2.2.2004 – B 6–22121-U-120/03, WuW/E DE-V 871 (874) – Tagesspiegel/Berliner Zeitung II; Kleinmann/Bechtold § 22 Rn. 65; anders Ulmer, Schranken zulässigen Wettbewerbs marktbeherrschender Unternehmen, S. 44 ff.; dagegen eingehend Möschel, Pressekonzentration und Wettbewerbsgesetz, S. 88 ff.

[283] KG 7.2.1986 – 1 Kart. 17/84, WuW/E OLG 3807 (3809) – Gruner + Jahr-Zeit II.

[284] BGH 22.9.1987 – KVR 5/86, WuW/E BGH 2433 (2436) – Gruner + Jahr-Zeit II; Kleinmann/Bechtold § 22 Rn. 66.

[285] KG 24.11.1982 – Kart. 11/81, AG 1983, 285 – Gruner + Jahr-Zeit I; BKartA 23.10.1981 – B 6–745100-U-47/81, WuW/E BKartA 1921 (1928) – Burda-Springer; Kleinmann/Bechtold § 22 Rn. 66; BKartA 3.8.2004 – B 6–45/04, WuW/E DE-V 955 (957) – G+J/RBA; OLG Düsseldorf 15.6.2005 – VI-Kart 25/04, WuW/E DE-R 1501 – G+J/RBA; BGH 16.1.2007 – KVR 12/06, WuW/E DE-R 1925 (1926 f.) – National Geographic II; LG München 21.3.2006 – 33 O 24781/04, WuW/E DE-R 1708 (1711) – TV Digital.

[286] BKartA 9.3.1978 – B 6–745100–U–75/77, WuW/E BKartA 1709 – Bertelsmann-Deutscher Verkehrsverlag; Monopolkommission Hauptgutachten III Tz. 491 ff.

[287] So schon Entwurf 1974 S. 5; Spieler S. 176 ff.; Kleinmann/Bechtold § 22 Rn. 78.

[288] Monopolkommission Hauptgutachten XI Rn. 584.

[289] Vgl. den Bericht von Kiecker WuW 1990, 128 (130 ff.); ebenso Monopolkommission Hauptgutachten VI Tz. 584; siehe auch Kleinmann/Bechtold § 22 Rn. 78; Parlasca WuW 1994, 210 (214 f.).

weist oder ein anderer mittelbarer oder langfristiger Erwerbszweck gegeben ist.[290] Demnach sind **Fernsehzuschauermärkte im Free-TV, Hörermärkte im Radio oder Leser-märkte für kostenlose Anzeigenblätter** anzuerkennen.[291]

Ähnliche Differenzierungen sind auf den **Anzeigenmärkten** geboten. Die Substituier- **56** barkeit nimmt innerhalb der Tageszeitungen von überregionalen über regionale Anzeigen (zB Markenartikelwerbung) in Richtung sog. lokaler Anzeigen ab.[292] Ob auf der lokalen Ebene für Tageszeitungen und **Anzeigenblätter** ein gemeinsamer Anzeigenmarkt besteht, lässt sich nicht allgemeingültig beantworten. Es hängt von den Umständen des jeweiligen Einzelfalles ab, ob sich Verbreitungsgebiet und Belegungsmöglichkeit weitgehend decken.[293] Zu verneinen ist dies bei Anzeigenblättern, die nur sublokalen stadtteilbezogenen Charakter haben.[294] Auch nach der Art der Anzeige, etwa Stellenanzeigen für Fachkräfte, ist im Einzelfall zu differenzieren.[295] Eine Trennung zwischen Abonnements- und **Straßenverkaufszeitungen** mit lokalen Belegungseinheiten ist hier im Unterschied zum Lesermarkt in der Regel nicht angezeigt.[296] Dies lässt sich aber nicht auf die Anzeigenwerbung in überregionalen Abonnement-Tageszeitungen übertragen, da die Abonnementzeitungen weder in ihrer Reichweite noch ihrer Zielgruppe die Straßenverkaufszeitung (Bild) oder die kombinierten regionalen Tageszeitungen substituieren könnten.[297] Einen eigenen Markt bilden auch Anzeigen in **Fachzeitschriften,** soweit sie eine Adressatengruppe ganz gezielt ansprechen können.[298] Das BKartA nimmt ferner einen sachlich relevanten Markt für überregionale Anzeigen in **Publikumszeitschriften** (allgemeine und spezielle) und Supplements, den wöchentlichen illustrierten Beilagen, an, die es bei einzelnen Tageszeitungen gibt.[299] Zu trennen sind nach hergebrachtem Verständnis auch der

---

[290] BKartA Arbeitspapier S. 41 f.; Pohlmann/Wismann WuW 2017, 257 (258); vgl. näher → Rn. 36 ff.

[291] Pohlmann/Wismann WuW 2017, 257 (258); in Ansehung der Novelle aber noch kritisch BKartA 11.4.2016 – B6–32/15, BeckRS 2015, 112010 Rn. 99 – Zentralvermarktung von Fußballübertragungsrechten, ebenso Esser/Höft NZKart 2017, 259 (262); aA (kein Markt für kostenlose werbefreie Hörprogramme öffentlich-rechtlicher Sender im Rahmen ihres rundfunkrechtlichen Grundversorgungsauftrags) auch unter der Geltung des § 18 Abs. 2a OLG München 27.7.2017 – U 2879/16 Kart, NZKart 2017, 538 (539) – Frequenzwechsel; vgl. hierzu bereits → Rn. 36b.

[292] Vgl. für die Verweigerung von Anzeigenaufnahmen OLG Frankfurt a. M. 11.11.1965 – 6 U 52/65, Rspr. Übers. AfP 1966, 100; OLG Stuttgart 5.6.1970 – 2 U [Kart] 118/69, WuW/E OLG 1106 (1107) – AE-Provision; LG Dortmund 10.5.1973 – 8 O 87/73 Kart., NJW 1973, 2212; OLG Schleswig 11.1.1977 – 6 U 45/76, NJW 1977, 1886; unter dem Aspekt des § 826 BGB siehe ferner LG Braunschweig 3.12.1974 – 6 T 64/74, NJW 1975, 782; OLG Karlsruhe 31.3.1976 – 2 W 9/76, NJW 1976, 1209; dazu auch BKartA 21.4.2009 – B 6–150/08, WuW/E DE-V 1745 – NPG/Detjen; Möschel, Pressekonzentration und Wettbewerbsgesetz, S. 84 ff.

[293] Bejaht in BGH 10.11.1987 – KVR 7/86, WuW/E BGH 2443 (2449) – Singener Wochenblatt; BGH 18.12.1979 – KVR 2/79, WuW/E BGH 1685 (1691) – Springer-Elbe Wochenblatt; BGH 10.12.1985 – KZR 22/85, WuW/E BGH 2195 (2196) – Abwehrblatt II bei der Prüfung einer gezielten Kampfpreisunterbietung nach § 26 Abs. 2 aF (= § 19 Abs. 2 Nr. 1); KG 4.3.1986 – Kart. 1/84, WuW/E OLG 3767 (3770) – Niederrheinische Anzeigenblätter; KG 15.1.1988 – Kart 1/86, WuW/E OLG 4095 (4103) – W + i Verlag/Weiss-Druck; BKartA 27.2.1998 – B 6–22121-U-152/96, AG 1998, 487 (488) – Dierichs/Werra Verlag; BKartA 27.2.1998 – B 6–22131-U-154/96, AG 1998, 441 (444) – WAZ/IKZ II; BKartA 23.11.1998 – B 6–22131–U35/98, AG 1999, 426 (428) – TLZV/WAZ.

[294] BGH 16.2.1982 – KVR 1/81, WuW/E BGH 1905 (1907) – Münchner Wochenblatt.

[295] So BGH 7.10.1980 – KZR 8/80, BB 1981, 383 für den Fall der Verweigerung einer Anzeigenaufnahme.

[296] KG 4.3.1986 – Kart. 1/84, WuW/E OLG 3767 (3770) – Niederrheinische Anzeigenblätter; KG 26.1.1977 – Kart 27/76, WuW/E OLG 1767 (1769) – Kombinationstarif; BKartA 26.2.1992 – B 6–745100-U-157/91, WuW/E BKartA 2515 (2518) – Stadt-Anzeiger Leipzig; anders BKartA 6.7.1978 – B 6–745100–U–88/76, WuW/E BKartA 1733 (1734) – Kaufzeitungen; BKartA 22.11.1979 – B 6–745100-U12/79, AG 1980, 283 (285) – Münchner Wochenblatt-3 München Anzeigenblätter; BKartA 23.10.1980 – B 6–745100–U 125/79, AG 1981, 260 (262) – Springer-az Anzeigenblatt.

[297] BKartA 11.6.2015 – B6–22/15, BeckRS 2016, 09316 Rn. 40, 53 ff. – Media Impact.

[298] BKartA 9.3.1978 – B 6–745100–U–75/77, WuW/E BKartA 1709 (1713) – Bertelsmann-Deutscher Verkehrsverlag.

[299] BKartA 23.10.1981 – B 6–745100-U-47/81, WuW/E BKartA 1921 (1924) – Burda-Springer; BGH 29.9.1981 – KVR 2/80, WuW/E BGH 1854 (1856) – Zeitungsmarkt München lässt dahingestellt, ob es einen umfassenden überregionalen Anzeigenmarkt, insbes. für Markenartikelhersteller gibt.

**Hörfunkwerbemarkt** und der **Fernsehwerbemarkt.**[300] Sie sind durch zahlreiche Besonderheiten charakterisiert. Die nachfragende Werbewirtschaft hat sie lange Zeit als nicht austauschbar, sondern als komplementär angesehen. Die Werbung in Printmedien ist hier nicht einzubeziehen.[301] Randsubstitution zwischen diesen Mediengattungen bleibt indessen möglich.[302] Da nach der Erreichbarkeit der Adressaten sowie den Darstellungsmöglichkeiten der Werbung zu differenzieren ist,[303] erscheint die Marktabgrenzung in der BKartA-Entscheidung „Springer/ProSiebenSat. 1"[304] sehr zweifelhaft, weil ein einheitlicher Anzeigenmarkt für die gehobene Presse und Boulevardblätter angenommen wird, obwohl diese Zeitungen ganz verschiedene Adressaten erreichen. Der BGH hat die Entscheidung auf Grund der Annahme wettbewerbsdämpfender crossmedialer Effekte zwischen Druckerzeugnissen und Fernsehen – ebenso wie das OLG Düsseldorf[305] – aufrechterhalten.[306]

57     Insgesamt ist zwar zu berücksichtigen, dass die unter dem Begriff **„Konvergenz der Medien"** beschriebene digitale Entwicklung früher getrennte Werbemärkte zusammenwachsen lässt. Dieser Entwicklung kann sich das deutsche Kartellrecht nicht verschließen. Auf ältere Entscheidungen kann in diesem Bereich daher nur behutsam zurückgegriffen werden.[307] Von einem „Gesamtmedienmarkt" kann aber noch nicht gesprochen werden.[308] Für die Erfassung crossmedialer Zusammenschlüsse und die damit einhergehenden Risiken sieht das GWB bisher keine Sonderregelung vor.[309] Unternehmen erhoffen sich durch **crossmediale Strategien** nicht nur die Möglichkeit, über einzelne Sparten hinweg Eigenwerbung (zB „TV-Sender verweist auf Zeitung" und umgekehrt) zu betreiben und inhaltliche Bezugnahmen („mehr zu dem Programm im Internet") zu ermöglichen, sondern vor allem auch entsprechend umfassende Kampagnen an Werbekunden verkaufen zu können.[310] Das BKartA hat in jüngerer Zeit gezeigt, dass ein Substitutionswettbewerb über Mediengrenzen hinweg möglich erscheint. Im Rahmen der Abgrenzung von Anzeigenmarkt zu Rubrikanzeigenmarkt („Haller Tagblatt") wurde explizit auf die Auswirkungen von **Online-Rubriken-Portalen** abgestellt.[311] Vergleichbare Überlegungen finden sich auch in einer auf „Video-On-Demand" bezogenen Entscheidung des BKartA, in der letztlich allerdings doch an einer klassischen Abgrenzung zwischen Fernsehwerbezeit und In-Stream-Video-Werbung festgehalten wurde.[312]

---

[300] Eingehend BKartA 18.7.1989 – B-743100-U-71/88, WuW/E BKartA 2396 (2402 ff.) – Westdeutscher Rundfunk-Radio NRW; bestätigt durch KG 26.6.1991 – Kart. 23/89, WuW/E OLG 4811 (4825 f.) – Radio NRW; OLG München 11.3.1999 – U (K) 5733/98, WuW/E DE-R 313 – Hörfunkwerbung; BKartA 19.1.2006 – B 6–92202-Fa-103/05, WuW/E DE-V 1163 (1166 f.) – Springer/ProSiebenSat. 1; Möschel FS v. Gamm, 1990, 627 (633 f.); Mestmäcker GRUR-Int 1983, 553 (557); Spieler S. 187 ff.; aA R. Scholz, Medienverflechtung, AfP 1983, 261.

[301] KG 24.10.1979 – Kart 19/78, WuW/E OLG 2228 (2232) – Zeitungsmarkt München; KG 4.3.1986 – Kart. 1/84, WuW/E OLG 3767 (3773) – Niederrheinische Anzeigenblätter im Hinblick auf den Einfluss von Privathörfunk/Fernsehen auf Abonnements-Tageszeitungen mit Lokalteil und auf Anzeigenblätter; ebenso KG 15.1.1988 – Kart 1/86, WuW/E OLG 4095 (4104) – W + i Verlag/Weiss Druck; BKartA TB 1987/88, 95 ff.; Möschel FS v. Gamm, 1990, 627 (634); aA R. Scholz AfP 1983, 261; kritisch auch Esser NZKart 2013, 135 (137).

[302] Vgl. Monopolkommission Hauptgutachten VII Tz. 510 zu lokalen/regionalen Werbemärkten; BKartA 18.7.1989 – B-743100-U-71/88, WuW/E BKartA 2396 (2403) – Westdeutscher Rundfunk-Radio NRW, insoweit nicht abgedr. in AG 1989, 362 ff., zur Werbung für Markenartikel und allgemeine Dienstleistungen im überregionalen Hörfunk und in übrigen Anzeigenmärkten.

[303] Töllner in Bunte Rn. 44; Kühnen in LMRKM Rn. 43, 45.

[304] BKartA 19.1.2006 – B 6–92202-Fa-103/05, WuW/E DE-V 1163 (1175) – Springer/ProSiebenSat. 1.

[305] OLG Düsseldorf 3.12.2008 – VI-Kart 7/06 (V), WuW/E DE-R 2593 – Springer/ProSieben.

[306] BGH 8.6.2010 – KVR 4/09, WuW/E DE-R 3067 – Springer/ProSieben II; zur Verfahrensgeschichte Paal ZWeR 2012, 380 (384); umfassend zum „Vielfaltgebot in den Massenmedien" Brinkmann ZUM 2013, 193 ff.

[307] Ähnlich Körber NZKart 2013, 458 (461).

[308] Zu zu Recht Paal ZWeR 2012, 380 (400); deutlich weitgehender Esser NZKart 2013, 135 (137).

[309] Zu Bedeutung crossmedialer Effekte, s. Paal ZWeR 2012, 380 (382, 386 ff.).

[310] Esser NZKart 2013, 135 (136).

[311] BKartA 21.4.2009 – B 6–150/08, WuW/E DE-V 1745 – NPG/Detjen.

[312] BKartA TB 2011/2012, 125 ff. – Amazonas; zur Einordnung der Entscheidung Esser NZKart 2013, 135 (137 f.); Dubberstein NZKart 2013, 143 (144 ff.).

**4. Der räumlich relevante Markt. a) Allgemeine Überlegungen.** Eine markt- **58** beherrschende Stellung besteht immer in einem bestimmten Gebiet. Eine Legaldefinition für den räumlich relevanten Markt kennt das deutsche Recht nicht. In Art. 9 Abs. 7 FKVO heißt es allerdings, dass der räumliche Referenzmarkt aus einem Gebiet besteht, auf dem die beteiligten Unternehmen als Anbieter oder Nachfrager von Waren oder Dienstleistungen auftreten, in dem die Wettbewerbsbedingungen hinreichend homogen sind und das sich von den benachbarten Gebieten unterscheidet. Die Vorschrift gehört zwar zum europäischen Fusionskontrollrecht, ist jedoch auch für das deutsche Kartellrecht „richtungweisend".[313] Auch der BGH hat auf diese Definition bereits zurückgegriffen.[314] Die Berücksichtigung der hinreichend homogenen Wettbewerbsbedingungen hat bei abweichenden Ergebnissen jedoch hinter dem Bedarfsmarktkonzept zurückzustehen.[315]

Die räumliche Abgrenzung verfolgt den gleichen Zweck wie die Feststellung der sachlich-gegenständlichen Grenzen und vollzieht sich **nach demselben Kriterium der Austauschmöglichkeiten aus der Sicht der Abnehmerdisponenten.**[316] Werden Gemeinden wirtschaftlich tätig, etwa indem sie Außenwerbeflächen vermieten, kann der räumlich relevante Markt immer nur das jeweilige Gemeindegebiet sein.[317] In der Praxis wird darüber hinaus oftmals auf das konkrete Tätigkeitsgebiet des Unternehmens abgestellt.[318] Vor dem Hintergrund der voranschreitenden europäischen Entwicklung ist allerdings für mehr und mehr Produkte und Dienstleistungen von einem europäischen Markt auszugehen.[319] Dennoch sind in jedem Einzelfall die tatsächlichen Verbrauchergewohnheiten maßgebend.[320] Gerade bei privaten Endkunden können etwa Entfernungen und konkrete Verkehrsanbindungen eine entscheidende Rolle spielen.[321] Dieses sog. **Erreichbarkeitsmodell**[322] wendet das BKartA etwa bei Tankstellenmärkten an.[323] Unternehmen sind demgegenüber eher bereit, ihren Bedarf auch in einem weiteren räumlichen Rahmen zu decken.[324] Ein abschließender Katalog mit Kriterien für die Abgrenzung des räumlich relevanten Marktes hat sich jedoch weder in der Rechtsprechung noch im Schrifttum herausgebildet.[325]

**b) Bedeutung des § 18 Abs. 2.** Die Rechtsprechung hat lange Zeit angenommen, dass **59** der räumlich relevante Markt allenfalls so groß wie das Bundesgebiet sein könne.[326] Lediglich in Fällen, in denen Nachfrager ihren Bedarf tatsächlich in nennenswertem Um-

[313] Paschke in FK-KartellR Rn. 120.
[314] BGH 16.1.2008 – KVR 26/07, WuW/E DE-R 2327 Rn. 69 – Kreiskrankenhaus Bad Neustadt.
[315] Für die Abgrenzung eines Erfassungsmarktes OLG Düsseldorf 1.7.2015 – VI-Kart 8/11 (V), NZKart 2015, 358 – Sauenschlachtung. In dem Fall waren die Niederlande aufgrund abweichender Wettbewerbsbedingungen vom Bundeskartellamt nicht zum räumlich relevanten Markt gezählt worden, obwohl von dort rund 50 % aller Lebendsauen zur Schlachtung nach Deutschland gelangten, BKartA 16.11.2011 – B2–36/11, WuW 2012, 157 Rn. 127 ff.
[316] AllgM, vgl. BGH 13.7.2004 – KVR 2/03, WuW/E DE-R 1301 (1302) – Sanacorp/ANZAG; Kühnen in LMR, 2. Aufl. 2009, Rn. 57; Paschke in FK-KartellR § 18 Rn. 121; krit. Rehbinder FS Mestmäcker, 2006, 371 ff.; Wiedemann in Wiedemann KartellR-HdB § 23 Rn. 18; zu alternativen und ergänzenden Kriterien Steinvorth WuW 2014, 924.
[317] BKartA TB 2007/2008, 146; umfassend zum Markt für Außenwerbung und Stadtmöblierung Hauck/Maute ZWeR 2010, 164 (186 ff.).
[318] Bechtold/Bosch GWB § 18 Rn. 26; ähnlich BKartA 21.4.2009 – B 6–150/08, WuW/E DE-V 1745 – NPG/Detjen.
[319] Deister in Schulte/Just Rn. 61.
[320] Paschke in FK-KartellR Rn. 123; Töllner in Bunte Rn. 57.
[321] BGH 16.1.2008 – KVR 26/07, WuW/E DE-R 2327 (2329) – Kreiskrankenhaus Bad Neustadt; siehe ferner BKartA 30.4.2008 – B 6–8/08, WuW/E DE-V 1635 – Karlsruher Buchmarkt.
[322] Dazu auch Paschke in FK-KartellR Rn. 130.
[323] Dazu BKartA 7.3.2008 – B 8–134/07, WuW/E DE-V 1584 – Shell/HPV.
[324] Paschke in FK-KartellR Rn. 127.
[325] Paschke in FK-KartellR Rn. 125.
[326] BGH 10.12.1991 – KVR 2/90, WuW/E BGH 2731 (2734) – Inlandstochter; vgl. auch KG 22.3.1990 – Kart 6/89, WuW/E OLG 4537 (4541) – Linde Lansing; KG 28.6.1991 – Kart 25/89, WuW/E OLG 4865 (4880) – Hotelgeschirr; KG 18.10.1995 – Kart 18/93, WuW/E OLG 5549 (5555) – Fresenius/Schiwa; auch OLG Frankfurt a. M. 17.3.1992 – 6 W (Kart) 31/92, WuW/E OLG 5027 (5029) – Art Frankfurt.

fang grenzüberschreitend deckten, sollte der Markt darüber hinausgehen können.[327] In seiner Entscheidung „Staubsaugerbeutelmarkt" hat der BGH im Jahr 2004 die **normative Begrenzung** des räumlich relevanten Marktes auf das Bundesgebiet **aufgegeben**. Der Markt sei vielmehr nach ökonomischen Kriterien abzugrenzen und daher **nicht auf den Geltungsbereich des Gesetzes beschränkt**.[328] Dies wurde durch den im Zuge der 7. Novelle eingefügten § 19 Abs. 2 S. 3 aF bestätigt. Seit der 8. GWB-Novelle ist die Regelung in § 18 Abs. 2 und damit in einem eigenen Absatz verortet. In der Begründung des Regierungsentwurfs zur 7. Novelle heißt es zur inhaltsgleichen Vorgängernorm, dass der ökonomische Marktbegriff die Begrenzung des relevanten Marktes auf das Inland ausschließt. In jüngerer Zeit sind internationale Märkte etwa für einzelne Produkte der Lasertechnik angenommen worden.[329]

60     Zudem soll die in § 18 Abs. 2 gewählte Formulierung sicherstellen, dass diese Wertung generell bei der Anwendung des GWB gilt.[330] Die Abgrenzung des räumlich relevanten Marktes hat für die Missbrauchskontrolle bislang keine Schwierigkeiten gemacht. Dies erklärt sich aus dem Zusammenhang mit dem Geltungsbereich des Missbrauchsverbots gem. § 19 Abs. 1: Erforderlich ist, dass das Unternehmen in dem Gebiet, auf welches sich die Verfügung ihrem Inhalte nach erstreckt, marktbeherrschend ist.[331] Darüber hinausreichende Mischzonen mit implizierten Abgrenzungsschwierigkeiten sind solange ohne Interesse, als sie nicht Gegenstand der Missbrauchsverfügung sind. Anderes gilt für die Fusionskontrolle unter dem Aspekt eines ggf. zu berücksichtigenden internationalen Wettbewerbs.[332]

61    **c) Räumliche Teilmarktabgrenzung.** Nicht immer ist jedoch vom tatsächlichen Tätigkeitsgebiet eines Unternehmens auszugehen, wenn der räumlich relevante Markt bestimmt werden soll. Dies gilt insbesondere dann, wenn die Austauschmöglichkeiten der jeweiligen Nachfrager regional begrenzt sind.[333] Eine Teilmarktabgrenzung kann sich daher etwa aus einer Art **natürlichem Monopol** ergeben. Ein Beispiel ist ein mögliches Streckenmonopol von Autobahntankstellen.[334] Gleiches gilt für die Trinkwasserversorgung in Deutschland.[335] Die Besonderheit der Trinkwasserversorgung ist, dass keine überregionalen Netze für den Wassertransport existieren, da bezüglich der Wasserqualität regional große Unterschiede bestehen.[336] Ähnlich liegt es bei den Absatzgebieten der Stromversorgungsunternehmen[337] und Fernwärme.[338] Zwar kann mittlerweile jeder Letztverbraucher ohne

---

[327] KG 28.6.1991 – Kart 25/89, WuW/E OLG 4865 (4880) – Hotelgeschirr; KG 18.10.1995 – Kart 18/93, WuW/E OLG 5549 (5555) – Fresenius/Schiwa; BKartA, WuW 1992, 829 – Bremer Vulkan/MTW.

[328] BGH 5.10.2004 – KVR 14/03, WuW/E DE-R 1355 – Staubsaugerbeutelmarkt.

[329] BKartA 15.3.2006 – B 3–136/05, WuW/E DE-V 1325 – Coherent/Excel.

[330] Zur Vorgängernorm siehe BT-Drs. 15/3640, 45; für die Bagatellmarktklausel bleibt es aber bei der Beschränkung auf den räumlichen Anwendungsbereich des GWB, OLG Düsseldorf 22.12.2006 – VI-Kart 10/06 (V), WuW/E DE-R 1881 (1883 ff.) – E. I. du Pont/Pedex.

[331] Loewenheim/Belke § 22 Rn. 10.

[332] Vgl. Kleinmann BB 1983, 781 ff.; Pfeffer WuW 1986, 853 ff.; Autenrieth WuW 1982, 905 ff.

[333] Kühnen in LMRKM Rn. 57; Töllner in Bunte Rn. 55.

[334] So OLG Düsseldorf 26.6.1979 – Kart 1/79 [V], WuW/E OLG 2135 – BAB-Tankstelle Bottrop-Süd; abl. KG 22.12.1982 – Kart. 29/82, WuW/E OLG 2935 – BAT Am Biggenkopf Süd.

[335] Hauptgutachten XVIII S. 50 Tz. 6; BGH 2.2.2010 – KVR 66/08, WuW/E DE-R 2841 Rn. 27 – Wasserpreise Wetzlar; BKartA 8.5.2012 – B8-159/11, BeckRS 2013, 10696 Rn. 12 – Stadtwerke Mainz; BKartA 4.6.2012 – B8-40/10, BeckRS 2013, 10697 Rn. 104 – Berliner Wasserbetriebe; dazu Säcker NJW 2012, 1105 ff.; Daiber NJW 2013, 1990 ff.

[336] Säcker NJW 2012, 1105 (1109).

[337] Dazu BGH 22.10.1973 – KZR 3/73, WuW/E BGH 1299 (1301) – Strombezugspreis; KG 15.3.1979 – Kart 23/77, WuW/E OLG 2113 – Steinkohlenstromerzeuger; BKartA 30.6.1978 – B 8–823000–U–78/77, WuW/E BKartA 1727 – RWE-Energieversorgung Leverkusen; siehe auch KG 23.3.1977 – Kart 11/76, WuW/E OLG 1895 – Erdgas Schwaben; zum Versorgungsgebiet eines Fernwärmeunternehmens KG 13.7.1983 – Kart. 2/82, WuW/E OLG 3091 (3094) – Favorit (alle vor der Liberalisierung des Energiemarktes ergangen); s. auch Heise WuW 2009, 1024 (1025).

[338] Auf das jeweilige lokale Netzgebiet abstellend BKartA 13.2.2017 – B8–30/13, BeckRS 2017, 129009 Rn. 19 – Innogy.

großen Aufwand von seinem Gebietsversorger zu einem anderen Anbieter wechseln.[339] Räumlich relevanter Markt ist aber auch nach der Liberalisierung des Energiemarktes das **Versorgungsgebiet des örtlichen Netzbetreibers,** solange dieser den weit überwiegenden Teil der abgenommenen Energiemenge liefert.[340] Hingegen bildet auf dem sog. **Verteilermarkt** die **Bundesrepublik** den räumlich relevanten Markt, da hier die rechtlichen Bindungen durch das Energiewirtschaftsgesetz und die Sicherung von Versorgungsbereichen durch faktische Umstände weitgehend entfallen.[341] In diesem Bereich unterscheidet sich der Strommarkt somit von der Trinkwasserversorgung, bei der ein eigenständiger Verteilermarkt nicht existiert. Im Gasbereich werden alle Märkte (Erstbelieferung von Weiterverteilern durch überregionale Ferngasunternehmen, Belieferung von letztverbrauchenden Gasgroßkunden und lokalen Gasweiterverteilern, Belieferung von Endkunden wie Haushalten und Kleingewerbetreibenden) nach den Netzgebieten der beteiligten Unternehmen abgegrenzt.[342] Bei Alleinvertriebsberechtigten entscheidet ihr Absatzgebiet, soweit die von ihnen vertriebenen Produkte nicht substituierbar sind.[343] Bei Pauschalflugreisen kann das Einzugsgebiet eines Flughafens ausschlaggebend sein.[344]

Die praktisch wichtigste Ursache für eine räumliche Teilmarktabgrenzung liegt in **wirt-** 62 **schaftlichen Gründen.** Teilmärkte entstehen erst, wenn die Wahl- und Austauschmöglichkeiten so gering sind, dass eigene Marktstrategien zB bei der Preisbildung möglich werden.[345] Hierher gehören Grenzen, die sich aus Frachtkostenempfindlichkeit einzelner Güter ergeben wie bei Zement, Bitumen u. dgl.[346] oder aus der Ortsgebundenheit eines Angebotes. Wird zur räumlichen Abgrenzung auf ältere Entscheidung der Rechtsprechung oder des BKartA zurückgegriffen, ist insbesondere zu prüfen, inwieweit sich in der Zwischenzeit die technischen Rahmenbedingungen der Leistungserbringung verändert haben. So erscheint fraglich, ob dem Kriterium der Verderblichkeit bei Lebensmitteln noch keine besondere Bedeutung zukommt, da es heutzutage möglich ist, durch funktionierende Kühlketten viele Waren über längere Distanzen zu transportieren.[347] Gerade der Logistikbereich entwickelt sich schnell weiter.[348] Für Zeitungen etwa entscheidet das tatsächliche Verbreitungsgebiet, welches zB auf Hamburg oder München beschränkt sein kann.[349] Auch

---

[339] Insofern haben sich die tatsächlichen Gegebenheiten seit BKartA 12.3.1999 – B 8–40000–U–274/98, WuW/E DE-V 91 (92 f.) – LEW geändert.

[340] BGH 4.11.2003 – KZR 16/02, WuW/E DE-R 1206 – Strom und Telefon I.

[341] BKartA 30.6.1978 – B 8–823000–U–78/77, WuW/E BKartA 1727 (1729) – RWE-Energieversorgung Leverkusen.

[342] BGH 13.12.2005 – KVR 13/05, WuW/E DE-R 1726 (1729) – Stadtwerke Dachau; umfassend zum Energiebereich, Bechtold/Bosch GWB § 18 Rn. 17 ff.; BGH 29.4.2008 – KZR 2/07, WuW/E DE-R 2295 – Erdgassondervertrag; dazu Sieberg/Vallone ZWeR 2009, 245 ff.

[343] ZB Zeitungen- und Zeitschriftengroßhändler, OLG Karlsruhe 22.12.1971 – 6 U 3/71 Kart., WuW/E OLG 1268 (1269) – Abbuchungsermächtigung.

[344] BKartA 19.7.1984 – B6–717100–U–89/83, WuW/E BKartA 2169 (2173) – TUI-Air-Conti; vgl. aber KG 8.12.1982 – Kart. 42/81, WuW/E OLG 2849 (2854) – Lufthansa – f. i. r. s.t Reisebüro: Bundesrepublik als räumlich relevanter Markt bei Touristenflügen zu Sondertarifen; dazu vor dem Hintergrund des Flughafens als wesentliche Einrichtung auch Hirsbrunner WuW 2007, 32 ff.

[345] KG 26.10.1990 – Kart. 29/89, WuW/E OLG 4657 (4660) – Kaufhof/Saturn.

[346] Hierzu OLG Celle 1.9.1958 – 3 U 114/58, WuW/E OLG 254 (258) – Braunkohlen; KG 25.10.1974 – Kart 30/74, WuW/E OLG 1534 (1536) – Zementmahlanlage; BGH 23.10.1979 – KVR 3/78, WuW/E BGH 1655 (1656 ff.) – Zementmahlanlage II; KG 10.1.1979 – Kart. 1/78, WuW/E OLG 2093 – bituminöses Mischgut; BKartA 27.7.1988 – B 1–253100–U107/87, WuW/E BKartA 2297 – Heidelberger Zement-Malik; BKartA 1.10.1990 – B 1–252300–U104/88, WuW/E BKartA 2488 (2494 ff.) – Bayerische Asphalt-Mischwerke; BGH 7.3.1989 – KVR 3/88, WuW/E BGH 2575 (2577) – Kampffmeyer-Plange für Mehl; KG 22.3.1983 – Kart 17/81, WuW/E OLG 2862 (2863) – Rewe-Florimex für Blumen; BKartA 21.8.1997 – B 2–15111–U–13/97, WuW/E DE-V 9 (12) – Ostfleisch für Schlachtvieh; BGH 14.7.1998 – KZR 19/97, WuW/E DE-R 222 (223) – Trabrennen für Transport von Sportpferden zu Trainingsstätten; BKartA 27.12.1991 – B 2712000–U42/91, AG 1992, 130 – BayWa/WLZ für Dünge- und Pflanzenschutzmittel; BKartA 21.4.1999 – B 1–26661–U–275/98, WuW/E DE-V 145 – Pfleiderer/Cosmis für Eisenbahnschwellen.

[347] Deister in Schulte/Just Rn. 63; anders wohl Kühnen in LMRKM Rn. 62.

[348] So zu Recht Möschel WuW 2013, 568.

[349] BGH 18.12.1979 – KVR 2/79, WuW/E BGH 1685 (1691) – Springer-Elbe Wochenblatt; BGH 10.12.1985 – KZR 22/85, WuW/E BGH 2195 (2196) – Abwehrblatt II; BGH 27.5.1986 – KVR 7/84,

für den Anzeigenmarkt ist die Grenzziehung nach Reichweite des Mediums anerkannt.[350] Nach gleichen Kriterien vollzieht sich die räumliche Marktabgrenzung im Rundfunkbereich. Sie fällt mit der sachlichen weitgehend zusammen und deckt sich in der Regel mit dem tatsächlichen Ausstrahlungsgebiet eines Senders. Es ist danach zwischen lokalen, regionalen und überregionalen Hörfunk- und Fernsehmärkten zu unterscheiden.[351] Auch hier zeigt sich aber eine deutliche Tendenz dahingehend, dass auf Grund technischer Entwicklung verstärkt crossmediale Effekte und erweiterte überregionale Zugriffsmöglichkeiten genutzt werden (dazu allgemein → Rn. 41, 57), woraus sich Konsequenzen auch für den räumlich relevanten Markt ergeben können. Über das Internet kann beispielsweise weltweit auf die Digitalausgabe vieler Zeitungen zugegriffen werden, die in gedruckter Fassung nur in einem engen regionalen Raum vertrieben werden. Die Veranstaltung von Fernsehen (Free-TV und Pay-TV) findet wegen unterschiedlicher nationaler Rechtsvorschriften, bestehender Sprachbarrieren und kultureller Besonderheiten grds. auf nationalen Märkten statt, weshalb Deutschland als der räumlich relevante Markt für Pay-TV und Free-TV anzusehen ist.[352] Nach einer neueren Entscheidung des OLG Düsseldorf besteht für Kabelfernsehverträge – entgegen der älteren Entscheidungspraxis des BKartA[353] – ein nationaler Markt.[354]

63    Marktbeherrschende Positionen können **auf das Gebiet einzelner Städte begrenzt** sein, zB bei Besucherorganisationen hinsichtlich Theaterkarten[355] oder auch bei der Nachfrage von gesetzlichen Krankenversicherungen nach Arzneimitteln.[356] Ähnliches gilt bei Sparkassen im Hinblick auf die Märkte für Bankleistungen. Ihr Kundenkreis ist regelmäßig stark regional orientiert.[357] Auf den Angebotsmärkten des Lebensmitteleinzelhandels sind all die Unternehmen miteinzubeziehen, welche den Kunden als Ausweichalternativen dienen.[358] Ausgangspunkt ist der Grundsatz, dass ein Stadtgebiet mit seinen unmittelbar angrenzenden Vorortsiedlungen und Umlandgemeinden einen abgeschlossenen Markt

WuW/E BGH 2276 (2283) – Süddeutscher Verlag-Donaukurier; BGH 26.5.1987 – KVR 3/86, WuW/E BGH 2425 (2429) – Niederrheinische Anzeigenblätter; BGH 10.11.1987 – KVR 7/86, WuW/E BGH 2443 (2449) – Singener Wochenblatt; siehe auch BGH 22.9.1987 – KVR 5/86, WuW/E BGH 2433 (2437) – Gruner + Jahr-Zeit; KG 15.1.1988 – Kart 1/86, WuW/E OLG 4095 (4103) – W + i Verlag/Weiss-Druck; KG 1.3.1989 – Kart. 94/88, WuW/E OLG 4379 (4381) – Schleswig-Holsteinischer Anzeigenverlag; OLG Stuttgart 5.6.1970 – 2 U [Kart] 118/69, WuW/E OLG 1106 – AE-Provision; OLG Stuttgart 30.4.1979 – 2 Kart 2/78, WuW/E OLG 2126 – Kombinationstarif I; BKartA 1.9.1981 – B 6–745100-U-8/81, WuW/E BKartA 1931 – Contact-Ammerland Echo; BKartA 14.1.1987 – B 6–745100–U108/87, WuW/E BKartA 2251 (2252) – Hamburger Wochenblatt/Schlei-Verlag; BKartA 18.2.1988 – B 6–5100–U24/87, WuW/E BKartA 2290 – Lübecker Nachrichten/Stormarner Tageblatt; BKartA 20.5.1988 – B 6–745100–U30/87, WuW/E BKartA 2292 (2293) – Schleswig-Holsteinischer Zeitungsverlag; KG 14.11.1990 – Kart. 14/90, WuW/E OLG 4737 (4738) – Bote vom Grabfeld; KG 12.7.1990 – Kart 4/88, WuW/E OLG 4547 (4549) – Lübecker Nachrichten/Stormarner Tageblatt, bestätigt durch BGH 15.10.1991 – KVR 3/90, WuW/E BGH 2743 (2745); BKartA 17.1.1994 – B6-745100-U-153/92, WuW/E BKartA 2641 (2645) – Sarstedter-Kurier-Kreisanzeiger.
[350] KG 19.7.2000 – Kart 49/99, WuW/E DE-R 628 f. – Stellenmarkt für Deutschland II.
[351] BKartA 18.7.1989 – B-743100-U-71/88, WuW/E BKartA 2396 (2403) – Westdeutscher Rundfunk-Radio NRW; Möschel FS v. Gamm, 1990, 627 (634).
[352] BKartA 1.10.1998 – B 6–92201-U-72/98, WuW/E DE-V 53 (59) – Premiere.
[353] BKartA TB 2007/2008, 15 f. – Kabel Deutschland/Orion.
[354] OLG Düsseldorf 14.8.2013 – VI – Kart 1/12 (V), NZKart 2013, 465 – Liberty Global/Kabel BW; dazu Körber NZKart 2013, 458 (461), Körber MMR 2016, 16.
[355] BGH 29.10.1970 – KZR 3/70, WuW/E BGH 1142 (1143) – Volksbühne II zu § 22 GWB; OLG Hamm 11.2.1988 – 4 U 128/87, WuW/E OLG 4425 (4426) – Theaterrabatt; LG Berlin 24.4.1967 – 16 O 69/65, WuW/E LG/AG 277 (280 ff.) – Theaterplätze.
[356] Siehe BGH 26.10.1961 – KZR 1/61, WuW/E BGH 442 (450 ff.) – Gummistrümpfe; BGH 25.6.1964 – KZR 11/62, WuW/E BGH 675 (678) – Uhrenoptiker; KG 8.12.1959 – 5 U Kart. 1153/59, WuW/E OLG 307 (309) – AOK.
[357] Vgl. TB 1974, 40 zu § 24 aF = § 36.
[358] KG 5.11.1986 – Kart. 15/84, WuW/E OLG 3917 (3921) – Coop-Wandmaker; generell für den Einzelhandel: BGH 28.4.1992 – KVR 9/91, WuW/E BGH 2771 (2776) – Kaufhof/Saturn; vgl. Wendland WRP 1988, 147 (151 ff.).

bildet.[359] Im Einzelnen kommt es auf die Entfernung an (Richtwert 20 Minuten unter Berücksichtigung der Verkehrsanbindungen), auf Besonderheiten in der Angebotsstruktur, etwa großflächige Vertriebsformen, und auf die tatsächlichen Einkaufsgewohnheiten.[360] Gleiches gilt für den Markt für Möbel.[361] Hier sind Regionalmärkte in einem Kreis von 30–40 km oder 30–40 Autominuten um die erworbenen Standorte abzugrenzen. Orte, aus denen nicht völlig unbeachtliche Kaufkraftzuflüsse in solche Zentren erfolgen, sind dem räumlich relevanten Markt zuzurechnen.[362] In Innenstadtlagen von **Städten mit mehr als 500.000 Einwohnern** beschränkt sich der räumlich relevante Markt (mindestens) auf die einzelnen **Stadtbezirksebenen oder Stadtteile**.[363] Jedoch darf eine Teilmarktabgrenzung jedenfalls dann **nicht** im Wege einer pauschalen **Radiusbetrachtung** erfolgen, wenn dies die tatsächlich bestehenden und zu erwartenden Marktverhältnisse nicht hinreichend widerspiegelt.[364] Auch der Wohnungsmarkt ist nicht bundesweit, sondern nur regional abzugrenzen. Denn aus der Sicht des Wohnungssuchenden ist der Standort nicht beliebig austauschbar. Sein Bedarf kann in der Regel nur dort gedeckt werden, wo er seinen – durch den Arbeitsplatz vorgegebenen – Lebensmittelpunkt hat.[365] Die bloße Möglichkeit zukünftiger Entwicklungen, für die keine greifbaren Anhaltspunkte bestehen, ist bei der Abgrenzung des räumlich relevanten Marktes nicht zu berücksichtigen.[366] Sehr enge regionale oder sogar **lokale Märkte** sind auch im Bereich der Versorgung von E-Automobilen mit Strom über Ladesäulen anzunehmen.[367] Dafür sprechen auf der Basis eines (modifizierten) Erreichbarkeitsmodells (→ Rn. 58) nicht nur die grds. geringen Reichweiten der Elektrofahrzeuge und die sehr beschränkten Wahl- und Ausweichmöglichkeiten angesichts der noch im Aufbau befindlichen Ladeinfrastruktur, sondern auch die längere zeitliche Dauer des Ladevorgangs im Vergleich zum Betanken von Benzin- oder Dieselfahrzeugen. Ähnliches gilt für den vorgelagerten Markt für den Aufbau und Betrieb der Ladeinfrastruktur.[368]

**d) Einfluss gesetzlicher Vorschriften.** Eine räumliche Marktabgrenzung kann auch **64** auf **gesetzliche Vorschriften** zurückgreifen, wenn diese einem Unternehmen ein völliges oder weitgehendes Absatz- oder Dienstleistungsmonopol für ein bestimmtes Gebiet zuweisen. Dies galt für die Molkereigenossenschaften, solange sie in ihrem Einzugs- und Absatzgebiet auf Grund des alten Milch- und Fettgesetzes[369] ein Monopol hatten.[370] Gleiches trifft

---

[359] KG 22.5.1985 – Kart. 21/83, WuW/E OLG 3591 (3597) – Coop Schleswig-Holstein-Deutscher Supermarkt; Monopolkommission Sondergutachten 14 Tz. 94.
[360] BKartA 20.11.1989 – B 9–712068-U-2056/89, WuW/E BKartA 2441 (2442) – Tengelmann-Gottlieb.
[361] BKartA 16.6.1999 – B9-52613-U-61/99, WuW/E DE-V 163 – Porta.
[362] KG 5.11.1986 – Kart. 15/84, WuW/E OLG 3917 (3921) – Coop-Wandmaker; BKartA 20.11.1989 – B 9–712068-U-2056/89, WuW/E BKartA 2441 (2442) – Tengelmann-Gottlieb; anders früher BKartA 17.2.1983 – B 9–712068–U2054/82, WuW/E BKartA 2022 (2025) – Zum bösen Wolf; siehe ferner KG 26.10.1990 – Kart. 29/89, WuW/E OLG 4657 (4659) – Kaufhof/Saturn und BGH 28.4.1992 – KVR 9/91, WuW/E BGH 2771 (2773) – Kaufhof/Saturn: Kölner Regionalmarkt für Unterhaltungselektronik.
[363] BKartA 31.3.2015 – B2–06/14, B2-96/14 – Edeka/Kaiser's Tengelmann; zustimmend und eine noch engere Marktabgrenzung in Ortsteilen mit weit über 100.000 Einwohnern für wahrscheinlich haltend OLG Düsseldorf 23.8.2017 – VI-Kart 5/16 (V), NZKart 2017, 542 (548) – Fusionsuntersagung EDEKA/Tengelmann.
[364] BGH 13.7.2004 – KVR 2/03, WuW/E DE-R 1301 – Sanacorp/ANZAG; im konkreten Fall rechtsfehlerhaft angewendet, zu Recht aA OLG Düsseldorf 30.10.2002 – Kart 40/01, WuW/E DE-R 1033 (1036) – Sanacorp/ANZAG.
[365] KG 11.12.1991 – Kart 7/91, WuW/E OLG 4914 (4918) – Mustermietvertrag II.
[366] BGH 23.10.1979 – KVR 3/78, WuW/E BGH 1655 (1658) – Zementmahlanlage II.
[367] Vgl. hierzu Heyers NZKart 2021, 670 (672) (Marktabgrenzung „eher noch enger als in den Tankstellenfällen"); Monopolkommission, Wettbewerb mit neuer Energie, 7. Sektorgutachten Energie, 2019, Rn. 241, 249 ff.; BKartA, Sektoruntersuchung zur Bereitstellung und Vermarktung öffentlich zugänglicher Ladeinfrastruktur für Elektrofahrzeuge, Sachstandsbericht v. 12.10.2021, Rn. 52, 64.
[368] Heyers NZKart 2021, 670 (671 f.).
[369] BGBl. 1952 I 811.
[370] BGH 7.11.1960 – KZR 1/60, WuW/E BGH 407 (409 ff.) – Molkereigenossenschaft; siehe auch KG 9.11.1983 – Kart. 35/82, WuW/E OLG 3124 – Milchaustauschfuttermittel.

auf die sog. Rinderbesamungsgenossenschaften[371] oder die Zuständigkeitsbereiche der Technischen Überwachungsvereine zu, solange diese noch ein Monopol haben.[372] Die Märkte für pharmazeutische Produkte sind im Wesentlichen (noch) nationale Märkte. Der Bildung staatenübergreifender Märkte stehen die nationalen Zulassungsvorschriften im Wege.[373] Das Fleischgesetz (früher Vieh- und Fleischgesetz) und seineDurchführungsverordnungen, die die Grundvorschriften für die Vermarktung von Vieh und Fleisch enthalten, gehen von Regionalmärkten aus. Das beruht auf dem Ziel möglichst kurzer Schlachtviehtransporte, da es bei größeren Entfernungen zu Transportstress mit erheblichen Auswirkungen auf die Fleischqualität kommt.[374]

**65**    **e) Verkettung von Märkten.** Im Einzelfall ist der **Verkettung von Märkten** Rechnung zu tragen: Wenn A mit B konkurriert, auf Grund von zu großer Entfernung aber nicht mit C, besteht gleichwohl ein Wettbewerbsverhältnis zwischen A und C, falls B mit C konkurriert. Das kommt zB bei Tankstellen vor, aber auch bei der Versorgung von Apotheken durch die Niederlassungen von Pharmagroßhändlern.[375] Man spricht insoweit auch von „Kettensubstitutionseffekten".[376]

**66**    **5. Der zeitlich relevante Markt.** Sowohl im deutschen als auch im europäischen Recht ist allgemein anerkannt, dass neben dem sachlich und räumlich relevanten Markt auch zeitliche Faktoren in Bezug auf die jeweilige Angebots- und Nachfragesituation berücksichtigt werden müssen.[377] Die **zeitliche Dimension** eines Marktes stellt sich dabei aber in der Sache meist nicht als eine Frage nach der Identifizierung eines eigenständigen zeitlich relevanten Marktes, sondern als ein **wichtiger Aspekt bei der sachlichen Marktabgrenzung** dar.[378] Diskutiert wird die Figur eines zeitlich relevanten Markts zwar vor allem, wenn eine **Leistung zu einem ganz bestimmten Zeitpunkt oder für eine beschränkte Dauer angeboten** oder nachgefragt wird.[379] In das Blickfeld geraten meist **Sportveranstaltungen von herausgehobener Bedeutung,**[380] da deren Durchführung auf einen sehr begrenzten Zeitraum beschränkt ist. Generell gilt es jedoch sorgsam zu prüfen, ob sich hinter einer vermeintlichen Problematik des zeitlich relevanten Marktes nicht eher eine Frage der sachlichen Marktabgrenzung verbirgt.[381] Dies kann gerade auch bei bedeutenden Sportereignissen der Fall sein. Denn diese finden, wie etwa die Fußballweltmeisterschaft, regelmäßig ohne Überlappung mit vergleichbaren Veranstaltungen statt, so dass es oftmals schon an einer Austauschbarkeit fehlt.[382] Diese Fälle sind letztlich dadurch gekennzeichnet, dass der zeitlichen Dimension ein solches Gewicht zukommt, dass sie **den Charakter des nachgefragten Produkts maßgeblich prägt** und damit in sachlicher Hinsicht von

---

[371] BGH 20.11.1964 – KZR 3/64, WuW/E BGH 647 (649) – Rinderbesamung I; BGH 8.6.1967 – KZR 5/66, WuW/E BGH 863 (864) – Rinderbesamung II.

[372] Vgl. TB 1975, 79 und TB 1977, 76.

[373] KG 18.10.1995 – Kart 18/93, WuW/E OLG 5549 (5556) – Fresenius/Schiwa.

[374] BKartA 21.8.1997 – B 2–15111-U-13/97, WuW/E DE-V 9 (12) – Ostfleisch. Regional bedeutet jedoch nicht zwingend innerhalb nationaler Grenzen vgl. OLG Düsseldorf 1.7.2015 – VI-Kart 8/11 (V), WuW 2015, 1029 – Sauenschlachtung.

[375] Vgl. dazu EG-Kommission, Bekanntmachung zur Definition des relevanten Marktes im Wettbewerbsrecht, WuW 1998, 261 (270); grob fehlerhaft missachtet in BGH 13.7.2004 – KVR 2/03, WuW/E DE-R 1301 – Sanacorp/ANZAG; allgemein zum Apothekenmarkt Hauptgutachten XVIII S. 55 ff.

[376] Bechtold/Bosch Rn. 26.

[377] Vgl. Lenßen, Der kartellrechtlich relevante Markt, 2009, S. 76 ff.

[378] So auch Paschke in FK-KartellR Rn. 141.

[379] So auch die Einschätzung von Bechtold/Bosch Rn. 30; Heermann WuW 2009, 489 (493); Wiedemann in Wiedemann KartellR-HdB § 23 Rn. 23.

[380] Aufschlussreich im Hinblick auf ein Fußballspiel der Spitzenklasse BGH 26.5.1987 – KVR 4/86, WuW/E BGH 2406 (2408 f.) – Inter Mailand-Spiel; krit. dazu Tetzlaff WuW 1988, 93 (97 f.); s. auch BKartA TB 1993/94, 131 und TB 1999/2000, 180 f.; ferner näher zum Verhältnis von Kartellrecht und Sport vor dem Hintergrund der Missbrauchsaufsicht Heermann WuW 2009, 489 ff.

[381] Bechtold/Bosch Rn. 30; ähnlich Dreher ZWeR 2009, 149 (156) vor dem Hintergrund innovationsgetriebener Märkte.

[382] Heermann WuW 2009, 489 (493).

ansonsten relativ gleichartigen Gütern unterscheidet. Die Folge ist, dass es an der funktionellen Austauschbarkeit mit anderen Produkten fehlt (zB zwischen „Frühjahrs-„ und „Herbstmesse" einer bestimmten Branche oder zwischen einzigartigen Spitzenspielen in europäischen Wettbewerben oder bei Weltmeisterschaften im Vergleich zu sonstigen Fußballspielen). Das nur zu einem bestimmten Zeitpunkt oder während einer bestimmten Zeitspanne angebotene und nachgefragte Gut bildet dann einen **eigenständigen sachlich relevanten Markt.**

Ein weiteres Beispiel für Märkte, die aufgrund des temporären Charakters des angebote- **66a** nen oder nachgefragten Produkts nur für eine bestimmte Dauer oder zu bestimmten Zeitpunkten existieren, sind **Messeveranstaltungen.** Eine Nachfrage nach der Vermietung von Standflächen besteht hier von vornherein nur während der Dauer der Messe. Für die Frage, ob der Veranstalter als Vermieter von Messeständen über eine marktbeherrschende Stellung verfügt, ist daher regelmäßig auf die einzelne Messe (zu einem bestimmten Thema) für den Zeitraum ihrer Dauer festzustellen.[383] Man könnte zwar erwägen, ob verschiedene Messen in einem Wirtschaftszweig, die in nicht allzu großen Zeitabständen an verschiedenen Orten stattfinden, einen übergreifenden einheitlichen Markt bilden. Das dürfte aber in der Regel zu verneinen sein. So sind zB die Frankfurter und die Leipziger Buchmesse aus Sicht der Verlage wohl nicht als austauschbar anzusehen.

**Bei dauerhaft** oder regelmäßig in kurzen Abständen **angebotenen oder nachgefrag-** **67** **ten Produkten** besteht zwar grundsätzlich keine Notwendigkeit, den relevanten Markt auch in zeitlicher Hinsicht abzugrenzen. Etwas anderes kann sich jedoch **in außergewöhnlichen Situationen** ergeben. Eine solche Konstellation war Gegenstand einer Entscheidung des BKartAs. Als die Deutsche Städtereklame GmbH für die Zeitdauer der Olympischen Spiele 1972 in München die Preise für die Belegung ihrer Plakat-Anschlagstellen um bis zu 200 % erhöhte, ging das BKartA (nur) für diesen Zeitraum von einer marktbeherrschenden Stellung aus: Die Nachfrage überstieg das Angebot so weit, dass das Unternehmen in seiner Preisgestaltung praktisch frei war.[384] In einer solchen Situation kann die **zeitliche Marktabgrenzung** tatsächlich eine **eigenständige Bedeutung** gewinnen. In der Sache ging es hier nicht um das herausragende, zeitlich begrenzte Sportereignis selbst, die Olympischen Spiele. Diese waren nur Auslöser für eine vorübergehend extrem gestiegene Nachfrage nach Werbeflächen für Plakate. Der entsprechende sachlich relevante Markt bestand jedoch genauso vor und nach den Olympischen Spielen. Im Grunde herrschte lediglich **für einen bestimmten Zeitraum eine extreme Knappheitslage.** Anstelle eines durch ein herausragendes Ereignis ausgelösten zeitlich begrenzten Nachfrageüberhangs kann sich eine vergleichbare Situation umgekehrt auch durch einen besonders starken temporären Rückgang des Angebots, etwa aufgrund der Sperrung wichtiger Transportrouten (zB für Rohöl), der Zerstörung von wichtigen Produktionsstätten oder sonstigen außergewöhnlichen Ereignissen mit großen Auswirkungen auf die gesamte Angebotssituation in einem sachlich relevanten Markt ergeben. In all diesen Fällen kann die knappheitsbedingte temporäre Mangellage dazu führen, dass ein davon (im Vergleich zu seinen Wettbewerbern überproportional) profitierendes Unternehmen für die Dauer der Knappheitssituation einen vom Wettbewerb nicht mehr hinreichend kontrollierten Handlungsspielraum erlangt, der kartellrechtlicher Kontrolle bedarf. In diesen Ausnahmefällen ist es sinnvoll, einen eigenständigen zeitlich relevanten Markt abzugrenzen, der nur solange besteht, wie das die **temporär besondere Wettbewerbslage** auslösende Ereignis andauert und sodann wieder in dem sachlich und räumlich relevanten Markt aufgeht, auf dem das fragliche Produkt dauerhaft angeboten wird.

---

[383] BGH 3.3.1969 – KVR 6/68, WuW/E BGH 1027 (1030) – Sportartikelmesse II; weitere Beispiele für Kurzzeitmärkte: OLG Frankfurt a. M. 17.3.1992 – 6 W (Kart) 31/92, WuW/E OLG 5027 (5029) – Art Frankfurt 1992; OLG Stuttgart 28.8.1992 – 2 U 162/92, WRP 1992, 814 (815) – Caravan-Messe.
[384] Vgl. TB 1972, 82; zu diesem Fall – letztlich jede Preiskontrolle verwerfend – v. Ungern-Sternberg, Zum Begriff des „zeitlich relevanten Marktes", WuW 1984, 707.

**68**     Zu einem ähnlichen Effekt kann es auch in anderen Konstellationen kommen, wenn **ein herausragendes, die normalen Marktverhältnisse erschütterndes Ereignis** dazu führt, dass sich ein wesentlicher Teil der **Nachfrage,** die sich normalerweise auf eine Bandbreite von ähnlichen, mehr oder weniger austauschbaren Waren oder Dienstleistungen in einem sachlich relevanten Markt verteilt, zumindest **für einen gewissen Zeitraum** zu einem erheblichen Teil **auf ein einzelnes Produkt konzentriert.** Da in einer solchen außergewöhnlichen Situation die Gefahr besteht, dass die Wettbewerbsverhältnisse in einer Weise verändert werden, die einem oder mehreren Unternehmen einen wesentlich größeren, möglicherweise vom Wettbewerb nicht mehr hinreichend kontrollierten Verhaltensspielraum verschafft, sollte dem im Rahmen der Missbrauchsaufsicht durch eine **modifizierte Marktabgrenzung** Rechnung getragen werden. Denn für die Beurteilung etwaiger missbräuchlicher Verhaltensweisen ist auf die Machtposition des Unternehmens im Zeitpunkt der jeweiligen Handlung abzustellen. Daher muss auch die Marktabgrenzung zeitpunktbezogen im Hinblick auf die im relevanten Zeitraum herrschenden Marktverhältnisse erfolgen. In dem geschilderten Ausnahmefall einer Konzentration wesentlicher Teile der Nachfrage auf ein einzelnes Produkt kommt es daher zu einer **ereignisbezogenen temporären Marktverengung.** Eine solche kann etwa auf den Finanzmärkten in bestimmten Fällen eines sog. cornering oder short squeeze eintreten, sofern aufgrund eines genau identifizierbaren Ereignisses zu einer Marktlage kommt, die wertungsmäßig der Nachfrage nach einem besonderen Produkt entspricht. Ähnlich wie bei Tickets zur Teilnahme an einer ganz besonderen Veranstaltung (zB WM-Endspiel) kann in einem solchen Fall der spezifische Bedarf nicht durch einen späteren Erwerb gedeckt werden. Ein (in der Bewertung allerdings umstrittenes)[385] Beispiel aus der Praxis ist die besondere Situation im Rahmen des Übernahmekampfs zwischen Porsche und VW, als Porsche in einer Pressemitteilung am 26.10.2008 überraschend das Ausmaß seiner Beteiligung einschließlich weiterer Zugriffsmöglichkeiten auf VW-Stammaktien (74,1 %) sowie die Absicht bekanntgab, durch weitere Zukäufe die 75 %-Schwelle zu überschreiten und einen Beherrschungsvertrag mit VW anzustreben.[386] Daraufhin kam es zu exorbitanten Kurssteigerungen bis über 1.000.– Euro für die VW-Stammaktie, weil ein beträchtlicher Teil von Investoren Leerverkäufe in einem Umfang getätigt hatte, die den noch vorhandenen free float an VW-Stammaktien überstieg, und praktisch zu jedem Preis kaufen musste, um die eingegangenen Lieferverpflichtungen erfüllen zu können. In einer solchen ganz außergewöhnlichen Situation waren andere Aktien als die VW-Stammaktie nicht geeignet, den Bedarf der Leerverkäufer zu decken, so dass sich der sachlich relevante Markt für die Dauer des short squeeze auf diese Aktie verengte (vgl. zur Marktabgrenzung auch → Rn. 87 Stichwort „Unternehmen/Unternehmensbeteiligungen").

Erlässt die Kartellbehörde eine Verfügung nach § 32, so muss in diesem Zeitpunkt eine marktbeherrschende Stellung vorliegen. Steht bereits – ganz ausnahmsweise – zu diesem Zeitpunkt fest, dass die **Marktmacht auf eine Zeitspanne begrenzt** ist, so hat sich die Missbrauchsverfügung darauf zu beschränken. Solche Fälle bilden in der Praxis jedoch die Ausnahme.[387]

**69**     **6. Marktabgrenzung bei mehrseitigen Märkten und Netzwerken. a) Grundlagen.** Seit der 9. GWB-Novelle enthält § 18 Abs. 3a für die Bewertung der Markstellung eines Unternehmens insbesondere „bei mehrseitigen Märkten und Netzwerken" erstmals spezielle Kriterien (näher hierzu → Rn. 140 ff.). Als relevante Faktoren zur Einschätzung

---

[385] Die Möglichkeit einer Marktverengung bis hin zu einer einzelnen Aktie wie der VW-Stammaktie bejahend Fleischer/Bueren ZIP 2013, 1253 (1259 f.); Bueren WM 2013, 585 (588); Schwintowski WuW 2015, 834 (838 ff.); ablehnend dagegen LG Stuttgart 17.3.2014 – 28 O 183/13, ZIP 2014, 726 (731 f.); OLG Stuttgart 18.8.2014 – 1 Ws 68/14, AG 2015, 41 = ZIP 2014, 1829; OLG Celle 30.9.2022 – 13 Kap 1/16, BeckRS 2022, 26853 Ls. 4 und Rn. 570 ff.; Thomas ZWeR 2014, 119 (126 ff.).

[386] Vgl. zum Sachverhalt zB Möllers NZG 2014, 361 (362).

[387] Bechtold/Bosch Rn. 30; Kühnen in LMRKM Rn. 68; Wiedemann in Wiedemann KartellR-HdB § 23 Rn. 23; näher Paschke in FK-KartellR Rn. 141 ff.

der Marktmacht werden etwa die Existenz direkter oder indirekter Netzwerkeffekte oder der Zugang zu wettbewerbsrelevanten Daten genannt. Auch wenn diese und weitere Kriterien vor allem **Bedeutung für plattformbasierte Geschäftsmodelle in der digitalen Ökonomie** haben, ist der Anwendungsbereich der beispielhaft genannten Marktmachtfaktoren **nicht darauf beschränkt,** sondern ggf. bei allen (auch analogen) Märkten zu berücksichtigen.[388] So existieren mehrseitige Märkte seit jeher beispielsweise auch im Kreditkartengeschäft (Ausgeber der Karten, Akzeptanzstellen im Handel, Kartenkunden) oder im Bereich der Medien, etwa bei Zeitungen und Zeitschriften (Leser bzw. Nutzer der redaktionellen Inhalte einerseits, Werbekunden andererseits). Vor einer Bewertung der Marktstellung eines Untenehmens anhand der in § 18 Abs. 3 und Abs. 3a beispielhaft aufgeführten Kriterien steht allerdings grundsätzlich die **Identifizierung und Abgrenzung des relevanten Marktes** in sachlicher und räumlicher Hinsicht (sowie gelegentlich auch in zeitlicher Dimension, dazu → Rn. 66 ff.). Insoweit finden sich weder für traditionelle Märkte, bei denen dem Anbieter eine Marktgegenseite gegenübersteht, noch für mehrseitige Märkte und Netzwerke besondere gesetzliche Regelungen, so dass hierfür die allgemeinen, von der Rechtsprechung entwickelten Konzepte wie insbes. das Bedarfsmarktkonzept anzuwenden sind (hierzu → Rn. 37 ff.). Bei bei mehrseitigen Märkten und Netzwerken ergeben sich insoweit allerdings besondere Schwierigkeiten und spezielle Fragestellungen, die in der Anwendungspraxis bislang noch nicht durchgängig zufriedenstellend gelöst worden sind, und daher einer näheren Analyse bedürfen.[389]

Ein **mehrseitiger Markt** ist allgemein dadurch gekennzeichnet, dass ein Anbieter **70** gleichzeitig unterschiedliche Beziehungen zu verschiedenen Gruppen von Marktteilnehmern auf der jeweils anderen Marktseite unterhält und idR zugleich eine direkte Austauschbeziehung oder Interaktion zwischen den zwei oder mehr Nutzergruppen ermöglicht. In der Gesetzesbegründung zur 9. GWB-Novelle werden die Begriffe des mehrseitigen Marktes und der „Plattform" als Synonyme gesehen.[390] Der Terminus der Plattform wiederum wird zwar in der wirtschaftswissenschaftlichen Literatur nicht ganz einheitlich definiert,[391] doch kommt es auf die zum Teil feinsinnigen Unterscheidungen im kartellrechtlichen Kontext grundsätzlich nicht an. Das BKartA hat daher zu Recht eine von diesen Feinheiten unabhängige Definition entwickelt. Danach liegt eine Plattform vor, wenn die Betreiber „als Intermediäre die direkte Interaktion zweier oder mehr Nutzerseiten, zwischen denen indirekte Netzwerkeffekte bestehen, ermöglichen".[392] Solche **indirekten Netzwerkeffekte** treten auf, wenn die Nutzer einer Seite mittelbar davon profitieren, dass die Zahl der Nutzer einer korrespondierenden Gruppe auf der anderen Seite der Plattform steigt (positive indirekte Netzwerkeffekte) oder sinkt (negative indirekte Netzwerkeffekte).[393] Gerade bei internetbasierten Plattformen sind positive indirekte Netzwerkeffekte kennzeichnend und besonders relevant für die Marktmachtbestimmung.[394] **Typische plattformbasierte Geschäftsmodelle im Internet** sind etwa Angebote wie Suchmaschinen, soziale Netzwerke und Kartendienste. Ihnen liegen meist zwei- oder mehrseitige Märkte zugrunde, bei denen Leistungen gegenüber einer Marktseite ganz oder zum Teil unentgeltlich angeboten werden, während die Umsätze dann gewissermaßen „über Bande"[395] durch eine (höhere) Bepreisung der anderen Marktseite erzielt werden.

---

[388] Das ergibt sich schon daraus, dass die Kriterien des Abs. 3a „insbesondere bei mehrseitigen Märkten und Netzwerken" zu berücksichtigen sind; vgl. a. Töllner in Bunte Rn. 171.

[389] Siehe auch Grothe S. 108 ff.

[390] BegrRegE, BT-Drs. 18/10207, 47.

[391] Vgl. zum Streitstand BKartA Arbeitspapier S. 8.

[392] BKartA Arbeitspapier S. 14.

[393] Vgl. Rochet/Tirole RAND Journal of Economics, 2006, 37(3), 645. Auch der Begriff ist aus ökonomischer Sicht umstritten und wird zT enger definiert, vgl. zB Shy Rev Ind Organ, 2011, 38 (119). Im Hinblick auf die Nutzung der Definition als kartellrechtliches Instrument zur Bewältigung von Problemen auf dynamischen Märkten ist eine weite Definition aber unabdingbar.

[394] BKartA Arbeitspapier S. 15.

[395] Podszun in Podszun/Kersting Kap. 1 Rn. 9.

Dieser werden als entgeltpflichtige Leistung zB auf der Basis der Auswertung gesammelter Nutzerdaten Plätze für eine zielgenaue oder kundenspezifische Werbung offeriert. Auf diese Weise kommt es zu einer Art Monetisierung von Aufmerksamkeit, der Erhebung und Auswertung von Daten sowie Vermittlung von Transaktionspartnern. Die Diskussion über die Abgrenzung und wettbewerbliche Analyse digitaler Plattformmärkte ist nicht zuletzt durch das Verfahren der Kommission gegen Google[396] befeuert und in der Folge von mehreren nationalen Wettbewerbsbehörden intensiver untersucht worden.[397] Zur Abgrenzung der Plattform gegenüber einfachen vertikalen Austauschbeziehungen etwa gegenüber Händlern oder im Rahmen vertikal integrierter Vertriebsunternehmen knüpft die Definition des BKartAs neben dem Vorliegen indirekter Netzwerkeffekte an das Erfordernis einer direkten Interaktion zwischen den zwei oder mehr Nutzerseiten an.

71     Von den Plattformen lassen sich Geschäftsmodelle abgrenzen, die Netzwerke von Nutzern entstehen lassen. Ein solches **Netzwerk** zeichnet sich dadurch aus, dass über die von einem Marktteilnehmer betriebene Einrichtung (bzw. das von ihm angebotene Produkt) Kontakte oder Austauschbeziehungen zwischen einer Vielzahl von Nutzern stattfinden können (zB Telefonnetz, soziale bzw. berufliche Netzwerke wie Facebook, Xing oder LinkedIn). Dadurch ergeben sich **direkte Netzwerkeffekte:** Der mit der Verwendung des Produkts bzw. Nutzung der Einrichtung verbundene Nutzen für den einzelnen Nutzer steigt mit der Zahl der anderen Nutzer **auf seiner Marktseite.** Da es sich bei genuinen Netzwerken um lediglich einseitige Märkte handelt, haben sich bereits gesicherte Kriterien zur Betrachtung der Marktmacht ausgebildet.[398] Das BKartA definiert Netzwerke in Abgrenzung zu Plattformen als „Intermediäre, die Interaktionen zwischen Nutzern derselben Nutzergruppe, zwischen denen dabei direkte Netzwerkeffekte entstehen, ermöglichen".[399] Durch den Fokus auf das Vorliegen direkter Netzwerkeffekte innerhalb einer Nutzergruppe ist eine klare Abgrenzung zur Plattform gefunden. Gleichwohl verbietet sich eine schematische Abgrenzung und Einordnung, da in der Fallpraxis häufig Konzepte anzutreffen sind, die gleichzeitig Plattform- und Netzwerkelemente aufweisen. Eine solche strikte Abgrenzung ist auch nicht notwendig, da bei der Bewertung der Marktstellung die Merkmale des § 18 Abs. 3a in jedem Fall berücksichtigt werden können (hierzu näher → Rn. 142).

72     Gerade **bei mehrseitigen Märkten** ergeben sich verschiedene **Unsicherheiten bei der Bestimmung des sachlich relevanten Marktes.** So spricht die Unentgeltlichkeit der einen Marktseite zwar nicht gegen die Annahme eines Marktes (vgl. § 18 Abs. 2a und hierzu → Rn. 33 ff.), fraglich bleibt aber, wie die Wettbewerber zu bestimmen sind, die in der Lage wären, wettbewerblichen Druck auf das in Frage stehende Unternehmen auszuüben. Sind hier **beide Marktseiten zu einem sachlich relevanten Markt zusammenzufassen oder getrennt abzugrenzen** (dazu → Rn. 73 ff.)? Spezielle Fragen werfen auch die Berechnung und Aussagekraft von Marktanteilen im Kontext der Internetökonomie auf (dazu näher → Rn. 123).[400]

73     **b) Der sachlich relevante Markt.** Eine grundlegende Weichenstellung bei mehrseitigen Märkten besteht in der Frage, ob die fragliche **Plattform** als **ein einziger Markt** zu qualifizieren ist, der sich auf zwei oder mehr Seiten erstreckt, **oder** ob **für jede Seite ein getrennter Markt** existiert und wie diese Märkte dann jeweils abgegrenzt werden sollen.[401] Im Ausgangspunkt kommt es unter Anwendung des Bedarfsmarktkonzepts auf die

---

[396] KOMM. 27.6.2017 – COMP/AT.39740, ABl. 2018 C 9 11 – Google Search (Shopping).

[397] Vgl. CMA, The commercial use of consumer data, Juni 2015; Autorité de la concurrence/Bundeskartellamt, Competition Law and Data, 10.5.2016; JFTC, Report of Study Group on Data and Competition Policy, 6.6.2017.

[398] BKartA Arbeitspapier S. 97.

[399] BKartA Arbeitspapier S. 103.

[400] Körber ZUM 2017, 93 (94); Podszun/Schwalbe NZKart 2017, 98 (102); Weck NZKart 2015, 290 (294); Volmar, Digitale Marktmacht, 2019, S. 338 ff.

[401] Vgl. hierzu zuletzt ausführlich; Walesch S. 300 ff.; Vocke, Der kartellrechtliche Marktbegriff und unentgeltliche Leistungen, S. 186 ff. jeweils mwN; ferner z. B. Dewenter/Rösch/Terschüren NZKart 2014,

**funktionelle Austauschbarkeit aus Sicht der jeweiligen Nachfragergruppe** an. Das Angebot der Plattform und damit das Produkt oder die Leistung, deren Substituierbarkeit die Grenzen des relevanten Marktes bestimmt, kann für beide Nutzergruppen gleich sein oder aber jeweils eine unterschiedliche Dienstleistung darstellen.

Bezieht sich der **Bedarf für beide Nutzergruppen** auf **dasselbe Produkt,** nur unter    **73a** umgekehrten Vorzeichen wie beispielsweise bei der An- oder Vermietung einer Immobilie, lässt sich der Bedarf beider Nutzergruppen einheitlich als „**Vermittlungsbedarf**" qualifizieren.[402] Damit steht die Plattform nur einer, wenngleich heterogenen, Nachfrageseite gegenüber, die als ein **einheitlicher Gesamtmarkt,** der beide Plattformseiten umfasst, abgegrenzt werden kann.[403] Problematisch bleibt aber, dass bei einer Fokussierung auf die Vermittlungstätigkeit ausgeblendet wird, dass gleichwohl unterschiedliche Nachfragepräferenzen und Substitutionsmöglichkeiten bei den verschiedenen Kundengruppen bestehen können.[404] Voraussetzung für die Annahme eines einheitlichen Marktes muss daher zusätzlich die Feststellung sein, dass auf beiden Plattformseiten, dh gegenüber beiden Nutzergruppen, **einheitliche Wettbewerbsbedingungen** herrschen.[405] Ein Anhaltspunkt dafür ist insbesondere das Bestehen vergleichbarer positiver indirekter Netzwerkeffekte für beide Nutzergruppen, die miteinander agieren wollen.[406] Ein starkes Indiz für unterschiedliche Präferenzen und damit Wettbewerbsbedingungen stellt es dar, wenn eine Nutzergruppe Singlehoming, die andere aber Multihoming betreibt (vgl. → Rn. 75a).

Bietet die Plattform dagegen **für jede Marktseite eine unterschiedliche Leistung** an,    **73b** spricht dies für **getrennte Märkte.**[407] Das gilt etwa, wenn für eine Seite eine unentgeltliche Leistung, für die andere dagegen eine (davon zu unterscheidende) entgeltliche Leistung (wie zB die Platzierung von Werbeanzeigen) angeboten wird.[408] Es kommt dann für die Bestimmung der Grenzen des jeweiligen Marktes lediglich auf das Ausweichverhalten der jeweiligen Nutzergruppe (auf der entgeltlichen bzw. unentgeltlichen Marktseite) an.[409] Eine solche dem Bedarfsmarktkonzept folgende Abgrenzung getrennter Märkte für jede Nutzerseite wird allerdings dahingehend kritisiert, dass sie die übergreifenden Netzwerkeffekte vernachlässige.[410] Zudem führe die isolierte Betrachtung des Ausweichverhaltens der verschiedenen Nutzergruppen dazu, dass etwa Verbindung zwischen einer unentgeltlichen Leistung für eine Nutzergruppe und den aus dem Angebot gegenüber der anderen Plattformseite erzielten Einkünften aus dem Blickfeld gerate, während bei der Abgrenzung eines einheitlichen Gesamtmarktes die unentgeltlichen Leistungen automatisch mit den Gewinnen der entgeltlichen Seite verbunden würden.[411] Die Abgrenzung zweier separater Märkte

---

387 (388 ff.) (zur Marktabgrenzung bei zweiseitigen Märkten). Dieselben Fragen stellen sich, wenn nicht lediglich zwei, sondern eine Mehrzahl von Marktseiten vorliegen.

[402] BKartA Arbeitspapier S. 31; Kumkar, Online-Märkte und Wettbewerbsrecht, S. 121 ff. mwN.

[403] BKartA Arbeitspapier S. 31.

[404] Vgl. Vocke, Der kartellrechtliche Marktbegriff und unentgeltliche Leistungen, S. 189; auf im Wesentlichen gleiche Austauschmöglichkeiten der Nachfragergruppen abstellend auch BKartA Arbeitspapier S. 31; Fallbericht v. 25.6.2015, B6-39/15, S. 2 f. – Immonet/Immowelt; Fallbericht v. 5.8.2015, B8-67/15, S. 3 – ProSiebenSat.1/Verivox; Fallbericht v. 31.3.2016, B6-57/15, S. 2 – Online-Dating-Portale; aA insoweit Kumkar, S. 122 ff.

[405] Volmar ZWeR 2017, 386 (390, 402); Volmar, Digitale Marktmacht, S. 142 ff.; vgl. auch Vocke, Der kartellrechtliche Marktbegriff und unentgeltliche Leistungen, S. 190 ff. mit stärkerer Betonung des Vorliegens einer einheitlichen Leistung des Plattformanbieters gegenüber beiden Kundengruppen, die damit letztlich „eine einheitliche Nachfragergruppe im Wesentlichen gleicher Plattformleistungen" (S. 192 – Hervorhebung im Original) bildeten und damit die Ursache einheitlicher Wettbewerbsbedingungen seien (S. 193).

[406] Volmar ZWeR 2017, 386, 390.

[407] Siehe auch BGH 23.6.2020 – KVR 69/19, NZKart 2020, 473 = GRUR-RS 2020, 20737 Rn. 31 – Facebook II.

[408] So in BGH 23.6.2020 – KVR 69/19, NZKart 2020, 473 – Facebook II.

[409] Vgl. etwa die Fälle KOMM. 3.10.2014 – COMP/M.7217 – Facebook/WhatsApp; KOMM. 6.12.2016 – COMP/M.8124 – Microsoft/LinkedIn; BKartA 8.9.2015 – B6-126/14, WuW 2016, 38 – Google/VG Media.

[410] Klasse/Wiethaus WuW 2017, 354 (360).

[411] Klasse/Wiethaus WuW 2017, 354 (360).

bedeutet jedoch nicht, dass diese völlig isoliert zu betrachten wären, vielmehr können und müssen bei der wettbewerblichen Analyse und Bewertung der Marktstellung der Unternehmen auch bei Zugrundelegung getrennter Märkte für die beiden Marktseiten **marktübergreifende Wirkungen,** wie sie etwa durch indirekte Netzwerkeffekte ausgelöst werden, berücksichtigt werden.[412] Nur bei der separaten Bestimmung des sachlich relevanten Marktes für verschiedene Nutzerseiten lässt sich auch angemessen die Situation abbilden, dass die Leistung einer Plattform nur aus Sicht einer Nachfragergruppe mit Leistungen branchenfremder Anbieter austauschbar ist, während für die Nutzer der anderen Marktseite der Plattform keine oder wiederum andere Substitute existieren.[413] Damit kommt es zu einer **asymmetrischen Marktabgrenzung,** wenn den Nachfragern in den jeweiligen Märkten unterschiedliche Anbieter gegenüberstehen.[414] Jedenfalls wenn eine Plattform hinsichtlich verschiedener Nutzergruppen jeweils mit unterschiedlichen Wettbewerbern konkurriert, erscheint eine separate Bestimmung des sachlich relevanten Marktes im Einklang mit dem Bedarfsmarktkonzept erforderlich und angemessen,[415] auch wenn nicht zu verkennen ist, dass bei mehrseitigen Märkten häufig schon die Identifizierung und Abgrenzung der jeweiligen Leistungsbeziehungen Probleme bereitet.

**73c**  Weitere Schwierigkeiten ergeben sich daraus, dass die **Marktabgrenzung mittels quantitativer Verfahren** auf Plattformmärkten in aller Regel **erheblich erschwert** ist.[416] Bei unentgeltlichen Angeboten muss der unmodifizierte SSNIP–Test versagen (vgl. → Rn. 51a), die Heranziehung eines anderen prozentual veränderbaren Faktors als des Preises (etwa eine Verminderung der Produktqualität[417] im Rahmen eines sog. **SSNDQ-Tests =** „small but significant and non-transitory decrease in quality")[418] lässt sich in der Praxis mangels Messbarkeit kaum mit der nötigen Sicherheit handhaben.[419] Hinzu kommt die Herausforderung, die Mehrseitigkeit der Preisstruktur abzubilden. Das gilt selbst dann, wenn auf beiden (oder mehreren) Marktseiten entgeltliche Leistungsbeziehungen bestehen. Dennoch wird ein erweiterter SSNIP-Test in verschiedenen Modifikationen diskutiert, da dieser besser geeignet sei, die zwischen den Plattformseiten wirkenden indirekten Netzwerkeffekte abzubilden.[420] Die erhöhte Komplexität des Tests verstärkt jedoch die ohnehin bestehenden zahlreichen praktischen Anwendungsprobleme.[421]

---

[412] So auch die Forderung der Monopolkommission, XVIII. Hauptgutachten 2008/2009, BT-Drs. 17/2600, 261 f., Rn. 620; Monopolkommission, Sondergutachten 68, Rn. 58; ebenso Volmar, Digitale Marktmacht, 2019, S. 141; Vocke, Der kartellrechtliche Marktbegriff und unentgeltliche Leistungen, S. 193.

[413] Evans/Noel veranschaulichen am Beispiel von Printmedien, dass Verlage nicht nur mit anderen Druckerzeugnissen, sondern auch mit Plattformen aus anderen Medienbranchen (Fernsehen, Hörfunk, Internet) sowie mit Unternehmen, die einseitige Leistungen wie Werbeschilder und Plakatflächen anbieten, im Wettbewerb um Werbekunden stehen, Evans/Noel Columbia Business Law Review 2005, 667 (697).

[414] BKartA Arbeitspapier S. 32.

[415] So Blaschczok S. 58. Nach Ansicht von Walesch, S. 300 ff., 319 ist die Abgrenzung eines einheitlichen Marktes überhaupt nur bei symmetrischen Austauschverhältnissen zwischen dem Intermediär und den einzelnen Nutzergruppen möglich, eine Definition getrennter Märkte aber generell vorzugswürdig (S. 320 ff., 323 f.).

[416] Bergmann/Fiedler in LMR, 2. Aufl. 2009, Gesetz Art. 102 Rn. 49; Filistrucchi/Geradin/van Damme/Affeldt Journal of Competition Law and Economics 2014, 293 (330 f.), BKartA Arbeitspapier S. 44 f. ausführlich hierzu Volmar, Digitale Marktmacht, 2019, S. 193 ff.; Vocke, Der kartellrechtliche Marktbegriff und unentgeltliche Leistungen, S. 205 ff. mwN.

[417] Podszun/Schwalbe NZKart 2017, 98 (103).

[418] Näher hierzu Vocke, Der kartellrechtliche Marktbegriff und unentgeltliche Leistungen, S. 231 ff. mwN.

[419] Ähnlich Vocke, Der kartellrechtliche Marktbegriff und unentgeltliche Leistungen, S. 234 f. (Anwendung nur als ultima ratio und bei Vorliegen ausreichender und leicht zugänglicher Daten).

[420] Vgl. zB Klasse/Wiethaus WuW 2017, 354 (361); Filistrucchi/Geradin/van Damme/Affeldt Journal of Competition Law and Economics, 2014, 10 (2), 293; Volmar, Digitale Marktmacht, 2019, S. 198 ff.

[421] Dewenter/Rösch/Terschüren NZKart 2014, 387 (389); Dreher ZweR 2009, 149 (159); Monopolkommission Sondergutachten 68 Rn. 59; bzgl. der Modifikationen zur Erfassung unentgeltlicher Leistungen wohl auch Podszun in Kersting/Podszun Kap. 1; Körber WuW 2015, 120 in Fn. 32; → Rn. 28; Podszun/Schwalbe NZKart 2017, 98 (103).

Während die bisherige instanzgerichtliche Rechtsprechung in Deutschland noch unein- **74** heitlich erscheint,[422] unterscheidet das **BKartA** in seiner Anwendungspraxis neuerdings deutlich zwischen zwischen **zwei** verschiedenen **Typen von Plattformen**, nämlich zwischen sog. Aufmerksamkeits- und Matchingplattformen.[423] Eine **Matchingplattform** ist nach der Definition des BKartAs dadurch gekennzeichnet, dass sie „eine auf individuellen Präferenzen abgestimmte und von allen Nutzergruppen angestrebte Vermittlung zwischen Mitgliedern zweier oder mehr Nutzergruppen ermöglicht" wird, die auf eine direkte Interaktion gerichtet ist.[424] Dies gilt unabhängig davon, ob eine unmittelbare Transaktion zwischen den Nutzern im ökonomischen Sinne angestrebt wird, wie dies etwa bei eBay oder Amazon Market Place der Fall ist. Neben derartigen Transaktionsplattformen werden auch solche erfasst, die (lediglich) auf eine Kontaktaufnahme oder soziale Interaktion gerichtet sind, wie zB Online-Partnervermittlungsbörsen.[425] Beide Arten von Matchingplattformen zeichnen sich durch **erhebliche indirekte Netzwerkeffekte** aus, die **wechselseitig wirken** und zu einem Selbstverstärkungseffekt führen (näher hierzu → Rn. 143). Da bei dieser Art von Plattform beide Seiten für das Geschäftsmodell konstitutive Bedeutung hätten und die Internalisierung von Netzwerkeffekten zwingend sei,[426] hält das BKartA eine separate Betrachtung der einzelnen Nutzergruppen grundsätzlich nicht für sinnvoll; vielmehr sei auch aufgrund des weitgehend **einheitlichen Bedarfs nach der Vermittlungsleistung** die Annahme eines einzigen, beide Seiten umfassenden Marktes auch mit dem Bedarfsmarktkonzept vereinbar.[427] Anders sei in Fällen zu entscheiden, in denen eine Handelsvertreterkonstellation[428] vorliege oder aber das Multihoming der Nutzerseiten[429] zu einer getrennten Marktabgrenzung führen müsste.

Als **Aufmerksamkeitsplattformen** bezeichnet das BKartA dagegen Plattformen, die **74a** einer Nutzergruppe den Zugang zu einer anderen Nutzergruppe und damit Reichweite ermöglichen.[430] Auf solchen Plattformen treten **typischerweise nur einseitige indirekte Netzwerkeffekte** auf: Das Anwachsen einer Nutzergruppe macht die Plattform zwar für die andere Nutzergruppe attraktiver, ohne dass jedoch die erste Nutzergruppe ebenfalls von einer Steigerung der korrespondierenden Nutzergruppe profitieren würde.[431] Diese Art von Netzwerkeffekten tritt typischerweise in **Werbemärkten** auf.[432] Hier wächst mit zunehmender Zahl von Nutzern, die zB (unentgeltliche) redaktionelle Inhalte der Plattform in Anspruch nehmen, die Attraktivität des Inhalteanbieters für Werbekunden, während umgekehrt ein erhöhtes Werbeaufkommen keinen oder sogar einen negativen Einfluss auf die Nutzer der redaktionellen Inhalte hat.[433]

---

[422] OLG Hamburg 4.6.2009 – 3 U 203/08, WuW/E DE-R 2831 (2833) – CRS-Betreiber/Lufthansa, (vor- und nachgelagerte Märkte); LG Berlin 19.12.2016 – 92 O 5/14 Kart, NZKart 2016, 338 – Google Presseausschnitt (sachlich relevanter Markt für Internetsuchmaschinen, ergo zwei getrennte Märkte); OLG Düsseldorf 9.1.2015 – VI-Kart 1/14 (V), NZKart 2015, 148 – HRS (lediglich Betrachtung einer Marktseite aufgrund der Unentgeltlichkeit; insoweit wohl überholt wegen § 18 Abs. 3a).

[423] BKartA Arbeitspapier S. 23, 28; BKartA 22.10.2015 – B6–57/15, WuW 2016, 32 Rn. 140 ff. – OCPE II/EliteMedianet; BKartA 8.9.2015 – B6–126/14, WuW 2016, 38 Rn. 120 ff. – Google/VG Media; vgl. dazu auch Haucap/Schröder FS Wiedemann, 2020, 335 (337 f.); Walesch S. 303 ff., 316 ff. mwN.

[424] BKartA Arbeitspapier S. 23 f.

[425] BKartA Arbeitspapier S. 24.

[426] BKartA Arbeitspapier S. 31.

[427] BKartA Fallbericht 25.6.2015 – B6–39/15, S. 1, S. 3; BKartA 22.10.2015 – B6 – 57/15, WuW 2016, 32 – OCPE II/EliteMedianet; Fallbericht 24.7.2015 – B8–75/15, S. 3 – Online-Vergleichsplattform; vgl. auch BKartA Fallbericht 17.7.2019 – B2–88/18, NZKart 2019, 444 (448) (Tendenz des BKartAs zur Abgrenzung eines sachlich relevanten Marktes für die Erbringung von Online-Marktplatzdienstleistungen im Fall amazon.de).

[428] BKartA Arbeitspapier S. 16; 3.1.2017 – B6–53/16, WuW 2017, 212 Rn. 115 – CTS Eventim/FKP Scorpio; 23.11.2017 – B6–35/17, BeckRS 2017, 143034 Rn. 82 f. – CTS Eventim/Four Artists.

[429] BKartA Arbeitspapier S. 69.

[430] BKartA Arbeitspapier S. 24.

[431] BKartA Arbeitspapier S. 25.

[432] BKartA Arbeitspapier S. 24 f.

[433] BKartA 8.9.2015 – B6–126/14, WuW 2016, 38 Rn. 120 ff. – Google/VG Media; BKartA Arbeitspapier S. 25; siehe auch BGH 23.6.2020 – KVR 69/19, NZKart 2020, 473 Rn. 43 – Facebook II.

**74b**    Eine an der Einordnung als Aufmerksamkeits- oder Matchingplattform orientierte
Marktabgrenzung ist allerdings in der Literatur verbreitet auch auf **Kritik** gestoßen.[434]
Richtig daran ist, dass die Vielgestaltigkeit der Erscheinungsformen von Plattformen und
darauf basierender Geschäftsmodelle sich nicht immer ohne weiteres in eine der beiden
abstrakten Kategorien einfügen lässt. So kann schon die Qualifizierung einer Leistung als
Vermittlungsleistung oder als bloße Aufmerksamkeitsverschaffung zweifelhaft sein. Gegen
die Einordnung von Suchmaschinen als bloße Aufmerksamkeitsplattform wird etwa vorgebracht, dass es durch das Klicken auf die Werbung von Seiten der Nutzer zu einer
Bezahlung der Suchmaschine durch die Werbekunden kommt.[435] Da einige Plattformen
ihre Kosten sowohl über die Bepreisung beider Marktseiten als auch durch (zusätzliche)
Aufmerksamkeitsleistungen decken, kann eine unterschiedliche Marktabgrenzung sich jedenfalls auch nicht daran ausrichten, ob für eine Marktseite eine unentgeltliche Leistung
angeboten wird.[436]

**75**    Das **Konzept des BKartA** wird zwar durch **Ausnahmen** aufgelockert, diese sind
allerdings ebenfalls zum Teil auf Kritik gestoßen. Zum einen soll es auch auf die juristische
oder tatsächliche Vertrags- und Finanzstruktur ankommen, da bei Vorliegen von **Handels-
vertreter-Konstellationen** eine **getrennte Marktabgrenzung** selbst bei Matchingplattformen zwingend sei.[437] Zur Begründung wird auf die Anwendung des Art. 101 AEUV
und der Vertikal-GVO auf Handelsvertreter mit eigener Marktfunktion verwiesen.[438]
Daraus ergebe sich die Aufteilung in einen vorgelagerten Markt der Vermittlungsleistung
zwischen Prinzipal und Handelsvertreter und einen nachgelagerten Markt für den Verkauf
der Produkte des Prinzipals an die Kunden. Dagegen wird in der Literatur zu Recht
eingewandt, die Rechtsprechung des EuGH befasse sich gar nicht direkt mit der Marktabgrenzung, sondern mit der Beurteilung eines Wettbewerbsverbots und von Ausschließlichkeitsklauseln in der Beziehung zwischen Handelsvertreter und Prinzipal; zudem leuchte
die Aufspaltung in zwei Märkte nicht ein, wenn sowohl für Käufer als auch Verkäufer
(Prinzipal) die Vermittlungsleistung der Plattform im Vordergrund stehe und gleichartige
Wettbewerbsbedingungen herrschten.[439]

**75a**    Zum anderen macht das BKartA bei Matchingplattformen eine weitere Ausnahme von
der einheitlichen Marktbetrachtung, wenn ein bestimmtes Nutzungsverhalten wie das
**Multihoming**[440] zu einer **Divergenz der Wettbewerbsbedingungen** führt.[441] Dies wird
angenommen, wenn es zu einer Kombination von Singlehoming auf der einen Nutzerseite
und Multihoming auf der anderen komme, da in derartigen Konstellationen ein competitive bottleneck entstehen könnte: Die auf der Singlehoming-Seite um die Nutzer konkurrierenden Plattformen würden mit der gewonnenen Nutzerbasis auf der Multihoming-Seite
insoweit einen monopolistischen Zugang zu den auf der Plattform befindlichen Singleho-

---

[434] Klasse/Wiethaus WuW 2017, 354 (359 f.); Volmar ZWeR 2017, 386 (395 ff.); Volmar, Digitale Marktmacht, S. 157 ff.; Vocke, Der kartellrechtliche Marktbegriff und unentgeltliche Leistungen, S. 191 f., 198 f.,
200 f.; anders aber Kumkar S. 53 f., die sich nur gegen die Unterscheidung von Transaktions- und Nicht-
Transaktionsplattformen wendet, während sie die Unterteilung in Matching- und Aufmerksamkeitsplattformen befürwortet.

[435] Klasse/Wiethaus WuW 2017, 354 (359); Volmar ZWeR 2017, 386 (403); Volmar, Digitale Marktmacht, S. 159 f.

[436] Auch aus § 18 Abs. 2a lässt sich nicht etwa ableiten, dass eine separate Marktabgrenzung bei unentgeltlichen Leistungen erforderlich ist, vgl. BegrRegE, BT-Drs. 18/10207, 48.

[437] BKartA Arbeitspapier S. 16; BKartA 3.1.2017 – B6–53/16, WuW 2017, 212 Rn. 115 – CTS Even-
tim/FKP Scorpio; BKartA 23.11.2017 – B6–35/17, BeckRS 2017, 143034 Rn. 81, 82 – CTS Eventim/Four
Artists.

[438] BKartA Arbeitspapier S. 31 f.; vgl. ferner EuGH 14.12.2006 – C-217/05, Slg. 2006, I-11987 Rn. 62 –
CEPSA I; KOMM., Leitlinien für vertikale Beschränkungen, ABl. 2010 C 130, 1, Rn. 12 ff. zur Abgrenzung
von Handelsvertreterverträgen, die in den Anwendungsbereich von Art. 101 AEUV fallen.

[439] Näher mit ausführlicher Kritik Volmar ZWeR 2017, 386 (398 ff.); Volmar, Digitale Marktmacht,
S. 160 ff.

[440] Damit ist die parallele Nutzung mehrerer Plattformen oder Dienste auf demselben Marktes zur
Befriedigung des gleichen Bedarfs gemeint (näher → Rn. 145); BKartA Arbeitspapier S. 69 f.

[441] BKartA Arbeitspapier S. 69 ff.

ming-Nutzern vermitteln.[442] In diesen Fällen seien daher auch bei Matchingplattformen zwei Marktseiten wegen der jeweils unterschiedlichen Wettbewerbsbedingungen abzugrenzen.[443]

**Entscheidend** für die Frage der Abgrenzung eines einheitlichen Plattformmarktes oder 76 separater Märkte entsprechend den unterschiedlichen Nutzergruppen (bzw. Marktseiten) muss letztlich sein, **ob sich die Wettbewerbsbedingungen auf den diversen Plattformseiten weitgehend gleichen** oder erheblich unterscheiden. Dafür leistet die Einteilung des BKartAs in verschiedene Plattformtypen zwar eine erste wichtige Orientierung, soweit sie auf der unterschiedlichen Wirkung von indirekten Netzwerkeffekten (einseitig oder wechselseitig) beruht.[444] Das gilt jedoch nicht automatisch für die weiteren vom BKartA herangezogenen Kriterien, die teilweise zu Ausnahmen in der Behandlung führen sollen. Gleiche Wettbewerbsbedingungen sind grundsätzlich dann zu erwarten, wenn sich der Bedarf der Nutzerseiten einer Plattform direkt aufeinander bezieht oder ergänzt: Das ist insbes. der Fall, wenn potentielle Käufer und Verkäufer eines Produkts jeweils daran interessiert sind, einen Transaktionspartner zu finden, so dass eine Plattform, die beiden Seiten zusammenbringt, mit wechselseitigen positiven indirekten Netzwerkeffekten verbunden ist.[445] Eine getrennte Marktabgrenzung ist aber in Übereinstimmung mit dem BKartA dann vorzunehmen, wenn sich die Wettbewerbsbedingungen trotz komplementären Bedarfs auf den Plattformseiten unterscheiden, wie es etwa bei einer Kombination von Single- und Multihoming der Fall ist (→ Rn. 75a).[446] Schon im Ausgangspunkt unterschiedliche Wettbewerbsbedingungen herrschen dagegen, soweit es um die Platzierung von Werbung einerseits und die Nutzung von Online-Diensten wie Suchmaschinen, sozialen Netzwerken etc andererseits geht. Der Bedarf von Werbungtreibenden und Nutzern von Online-Diensten läuft in ganz unterschiedliche Richtungen. Schon unter Anwendung des klassischen Bedarfsmarktkonzepts ergibt sich ein separater Werbemarkt, ohne dass es insoweit auf die Charakterisierung einer Online-Plattform als Aufmerksamkeits- oder Werbeplattform ankäme. Das gilt auch dann, wenn neben Werbung zugleich Vermittlungsdienste erbracht und damit gleichzeitig auch eine Matchingplattform vorliegt.[447] Letztlich entscheidend ist somit immer eine **Gesamtwürdigung der Umstände** im Hinblick auf eine Identifizierung und Bewertung der maßgeblichen Wettbewerbskräfte, eine Kategorisierung verschiedener Plattformtypen kann dabei nur eine gewisse Strukturierung leisten und insoweit den Blick vor allem für die Existenz ein- oder wechselseitiger indirekter Netzwerkeffekte schärfen.

**c) Der räumlich relevante Markt.** Die Bestimmung des räumlich relevanten Marktes 77 orientiert sich an demselben Kriterium der Austauschmöglichkeiten der Marktgegenseite,[448] sodass etwaige Anpassungen des Bedarfsmarktkonzepts aufgrund des Plattformcharakters auch auf die Abgrenzung des räumlich relevanten Marktes zu übertragen sind. Bei mehrseitigen Märkten können aber auch bei Annahme eines einheitlichen sachlichen Marktes aufgrund der Heterogenität der Marktgegenseite unterschiedliche Ansichten bezüglich der räumlichen Austauschbarkeit vorliegen.[449] Andererseits kann es selbst bei getrennter Betrachtung der Marktseiten auf sachlicher Ebene zu einer ähnlichen räumlichen Markt-

---

[442] BKartA Arbeitspapier S. 66.
[443] BKartA Arbeitspapier S. 69 ff.; ebenso Volmar ZWeR 2017, 386 (402 ff.).
[444] Ausführlich zur Abbildung von Netzwerkeffekten im Rahmen der Marktabgrenzung jüngst Weisser S. 177 ff.
[445] So auch Volmar ZWeR 2017, 386 (402), der von einer „Komplementaritätsregel" spricht.
[446] Ebenso Volmar ZWeR 2017, 386 (403 f.).
[447] Volmar ZWeR 2017, 386 (403).
[448] AllgM vgl. BGH 13.7.2004 – KVR 2/03, WuW/E DE-R 1301 (1302) – Sanacorp/ANZAG; Kühnen in LMR, 2. Aufl. 2009, Rn. 57; Paschke in FK-KartellR Rn. 121; krit. Rehbinder FS Mestmäcker, 2006, 371 ff.; Wiedemann in Wiedemann KartellR-HdB § 23 Rn. 18; zu alternativen und ergänzenden Kriterien Steinvorth WuW 2014, 924.
[449] BKartA Arbeitspapier S. 32.

abgrenzung kommen, weil eine Nutzergruppe (zB Werber) wegen ihrer Orientierung an einer Zielgruppe der für diese geltenden Betrachtungsweise der Marktgrenzen folgt.[450]

77a  Obwohl Netzwerke und Plattformen unabhängig von der Internetökonomie existieren, findet eine Diskussion hauptsächlich in diesem Kontext statt. Prima facie scheint es für die **räumliche Marktabgrenzung von internetbasierten Angeboten** angesichts der weltweiten Abrufbarkeit von Internetangeboten keine Grenzen zu geben. Mit der Abgrenzung des räumlich relevanten Marktes soll jedoch das Gebiet umschrieben werden, in dem die Marktkräfte wirken, also Wettbewerbsdruck auf den Normadressaten ausgeübt und damit seine Marktstellung beurteilt werden kann (→ Rn. 58). Dafür ist erforderlich, dass **hinreichend homogene Wettbewerbsbedingungen** vorliegen. Das ist nicht der Fall, sofern sich die Produktangebote, Preise und Vertragsbedingungen für Kunden aus verschiedenen Staaten unterscheiden.[451] Insoweit dürften auch relevante gesetzliche Vorschriften, die etwa zu einem unterschiedlichen Datenschutzniveau führen, zu berücksichtigen sein.[452] Darüber hinaus sind theoretische Bezugsalternativen nicht zu berücksichtigen, wenn sie von den Nachfragern tatsächlich nicht wahrgenommen werden.[453] So sind Datingplattformen aus Nachfragersicht nur sinnvoll, wenn der Nachfrager davon ausgehen kann, Kontakte im Rahmen seiner im Regelfall regionalen Suche zu erhalten.[454] Das BKartA nimmt gleichwohl wegen der räumlich unbegrenzten Zugriffsmöglichkeit nationale Märkte an.[455] Gleiches soll für soziale Netzwerke gelten, da hauptsächlich Bekanntschaften im eigenen Land kontaktiert würden.[456] Horizontale Suchmaschinen sind zwar weltweit abrufbar, allerdings unter landesspezifischen Domains und Sprachen und zeigen auch länderspezifische Suchergebnisse an.[457] Fraglich ist, ob die Ausgabe länderspezifischer Ergebnisse aufgrund automatischer Filtereinstellungen, die aber auf der Basis desselben Algorithmus, also unter denselben Bedingungen zustande kommen, nationale Märkte rechtfertigen können.[458] Zutreffend ist eine solche Abgrenzung aber, wenn aufgrund der Sprachunterschiede und automatischer Einstellungen der Suchmaschine ausländische Domains von der Marktgegenseite nicht als Bezugsalternative berücksichtigt werden. Für suchgebundene Online-Werbung ist von einem Markt entlang der Sprachbarrieren auszugehen[459], für nationale Märkte sprechen kulturelle Besonderheiten der jeweiligen Länder und nationale Vorlieben.[460] Die Vermittlung ist wohl EWR-weit zu fassen,[461] der Indexierungsmarkt, der auf weltweit einheitlich erstellten Suchmaschinenindizes beruht, ist hingegen global abzugrenzen[462]. Von maßgeblicher Bedeutung ist schließlich die **Art des Produkts:** Während bei physi-

---

[450] BKartA Arbeitspapier S. 32.

[451] Kumkar, Online-Märkte und Wettbewerbsrecht, S. 93.

[452] Weisser S. 185. So ergab eine Untersuchung über die Bedeutung der verfügbaren Daten für die Effektivität von Internetwerbung noch vor Inkrafttreten der europäischen DSGVO, dass Online-Werbung unter dem strikten EU-Datenschutzregime den Kaufabsicht von Konsumenten zu 65 % weniger beeinflussen kann als in den USA; Goldfarb/Tucker Privacy Regulation and Online Advertising, Manag. Sci. 2011, 57. Derart unterschiedliche Wettbewerbsbedingungen sprechen für eine getrennte räumliche Marktabgrenzung.

[453] Töllner in Bunte Rn. 57; Paschke in FK-KartellR Rn. 129.

[454] BKartA 22.10.2015 – B6–57/15, WuW 2016, 32 Rn. 126 – Online-Datingplattformen.

[455] Zutreffend BKartA 22.10.2015 – B6–57/15, WuW 2016, 32 Rn. 126 – Online-Datingplattformen; so auch Weisser S. 187.

[456] BKartA 6.2.2019 – B6-22/16, BeckRS 2019, 4895 Rn. 344 ff.; bestätigt durch BGH 23.6.2020 – KVR 69/19, NZKart 2020, 473 Rn. 35 – Facebook II; dies lässt sich aber aufgrund der konkreten Nutzung Facebooks als internationales Netzwerk bestreiten, Klotz WuW 2016, 58 (62).

[457] BKartA 8.9.2015 – B6-126/14, BeckRS 2016, 1138 Rn. 152 – Google/VG Media; KOMM. 27.6.2017 – COMP/AT.39740, ABl. 2018 C 9 11, Rn. 251 ff. – Google Search (Shopping); Heinemann, Google als kartellrechtliches Problem, S. 28 f.; Höppner/Grabenschröer NZKart 2014, 162 (166 f.).

[458] Dazu auch Weisser S. 185.

[459] Heinemann, Google als kartellrechtliches Problem, S. 29 f.; Ott MMR 2006, 195 (199).

[460] Höppner/Grabenschröer NZKart 2014, 162 (166); näher zur Berücksichtigung des tatsächlichen Käuferverhaltens und der Käuferpräferenzen Kumkar, Online-Märkte und Wettbewerbsrecht, S. 93 f.

[461] KOMM. 11.3.2008 – COMP/M.4731 Rn. 83 f. – Google/DoubleClick; Heinemann, Google als kartellrechtliches Problem, S. 30.

[462] Heinemann, Google als kartellrechtliches Problem, S. 30; aA Höppner/Grabenschröer NZKart 2014, 162 (168); Ott MMR 2006, 195 (199).

schen Gütern, die zwar im Internet gehandelt werden, aber tatsächlich transportiert und ausgeliefert werden müssen, logistische Hemmnisse und Kosten für die Abgrenzung nationaler oder sogar regionaler Märkte sprechen, kann bei digitalen Gütern die Transaktion vollständig über das Internet abgewickelt werden, sodass eher europa- oder sogar weltweite Märkte in Betracht kommen; dies gilt allerdings nur, sofern nicht sprachliche oder produktbezogene Hindernisse, staatliche oder private Einschränkungen der Abrufbarkeit von Internetseiten (zB durch Geoblocking) oder sonstige Umstände wie etwa räumlich begrenzte Lizenz- oder Nutzungsrechte entgegenstehen.[463]

**7. Besonderheiten bei Nachfragemärkten. a) Grundsätzliches.** Auch eine Nach- **78** fragemacht bezieht sich auf eine bestimmte Art von Waren oder gewerblichen Leistungen und macht von daher eine Abgrenzung des sachlichen, des räumlichen und gelegentlich des zeitlich relevanten Marktes erforderlich. Man hat versucht, Marktmacht eines Nachfragers als eine **Erscheinungsform von Angebotsmacht** darzustellen, um auf diese Weise Anschluss an die Kriterien des § 18 zu finden, die auf die Feststellung von Angebotsmacht zugeschnitten sind. Im Vordergrund stand dabei die Nachfragemacht von Handelsunternehmen, die man als Angebotsmacht **im Hinblick auf spezifische Handelsleistungen** wie etwa die Markterschließungsfunktion oder die Absatzfunktion des Handels deutete.[464] Dies erscheint in seinem speziellen Zuschnitt auf die Vertikalbeziehungen von Industrie und Handel als genereller Theorieansatz wenig ertragreich, da er für andere wichtige Erscheinungsformen möglicher Nachfragemacht wie im Beschaffungswesen der öffentlichen Hand oder im Verhältnis von Zulieferern und industriellen Fertigprodukterstellern nicht passt.[465] Dies schließt allerdings nicht aus, dem Gesichtspunkt von Handelsleistungen Bedeutung bei der Feststellung der Wettbewerblichkeit oder Missbräuchlichkeit einer Verhaltensweise zukommen zu lassen, zB bei den im Lebensmittelhandel besonders verbreiteten Umsatzrabattsystemen als Entgelt für spezifische Absatzleistungen des Handels (vgl. → § 19 Rn. 157 f.).

Die allgemeine Meinung ist sich jedoch darin einig, dass zur Feststellung von Markt- **79** macht grundsätzlich **auf die Sicht der jeweiligen Marktgegenseite,** dh hier auf die Sicht **der Anbieter abzustellen** ist.[466] Dem ist schon deshalb zu folgen, weil der Zweck der Marktabgrenzung dem Zweck der Vorschrift insgesamt folgt und damit auf die Feststellung der Schutzbedürftigkeit der Marktgegenseite, hier der Anbieter, zielt.[467] Für die Anbieter ist indes die Frage, inwieweit die Abnehmer zur Deckung eines spezifischen Bedarfs auf andere Produkte ausweichen können, in diesem Zusammenhang irrelevant. Man bezeichnet diese Anbieterseite auch als „relevanten Beschaffungsmarkt"[468] und den methodischen Zugang als **„Spiegelbildtheorie".**[469] Zeigt sich Angebotsmacht darin, dass der Anbieter in die Lage versetzt wird, die Verkaufspreise zu erhöhen, kann ein marktmächtiger Nachfrager die Einkaufspreise senken.

---

[463] Vgl. Kumkar, Online-Märkte und Wettbewerbsrecht, S. 95 f. mwN.

[464] Kartte WRP 1976, 1 (3); Hoppmann, Behinderungsmißbrauch, S. 38 ff.

[465] Abl. auch Köhler, Wettbewerbs- und kartellrechtliche Kontrolle der Nachfragemacht, S. 34 f.; Markert Schwerpunkte 1978/79, 87 (103).

[466] BGH 23.2.1988 – KZR 17/86, WuW/E BGH 2483 (2488) – Sonderungsverfahren; KG 24.4.1985 – Kart. 34/81, WuW/E OLG 3577 (3585) – Hussel-Mara; KG 5.11.1986 – Kart. 15/84, WuW/E OLG 3917 (3927) – Coop-Wandmaker; OLG Düsseldorf 12.2.1980 – U (Kart) 8/79, WuW/E OLG 2274 (2277) – Errichtung von Fernmeldetürmen; BGH 13.11.1990 – KZR 25/89, WuW/E BGH 2683 (2685) – Zuckerrübenanlieferungsrecht; KG 31.5.1995 – Kart. W 3259/95, WuW/E OLG 5462 (5465) – Autobahnbrücken; grundlegend Monopolkommission Sondergutachten 7 Tz. 44, 196 ff.; Töllner in Bunte Rn. 46; Klumpp ZWeR 2012, 488 (493); Paschke in FK-KartellR Rn. 125; Köhler, Wettbewerbs- und kartellrechtliche Kontrolle der Nachfragemacht, S. 36; Köhler, Nachfragemacht und Marktbeherrschung, S. 46 ff.; Markert Schwerpunkte 1978/79, 87 (103); Benisch WuW 1977, 619 (622 ff.); Reimann WuW 1976, 541 (544 ff.); Hölzler/Satzky S. 83 ff.; Wiedemann in Wiedemann KartellR-HdB § 23 Rn. 24.

[467] Und indirekt auf die dadurch vermittelten Auswirkungen auf die Konkurrenten innerhalb der Nachfrageseite, vgl. dazu schon → Rn. 24.

[468] Köhler, Wettbewerbs- und kartellrechtliche Kontrolle der Nachfragemacht, S. 35.

[469] TB 1978, 35; Paschke in FK-KartellR Rn. 145.

**79a**   Eine unbesehene Gleichbehandlung von Angebots- und Nachfragemacht verbietet sich jedoch, da **die ökonomischen Effekte von Nachfragemacht** durchaus **ambivalent** sind.[470] So können die erzielten Einkaufsvorteile die Wettbewerbsfähigkeit der Nachfrager auf ihren Absatzmärkten erhöhen und in Form niedrigerer Preise an die dortigen Abnehmer, insbesondere an die Verbraucher weitergegeben werden. Zudem ist Nachfragemacht auch geeignet, als sog. countervailing power Angebotsmacht zu begrenzen oder gar zu neutralisieren. Schließlich hängen die Auswirkungen des Einsatzes von Nachfragemacht auch davon ab, ob sie zu einer allgemeinen Senkung des Preisniveaus auf dem Beschaffungsmarkt führen, sodass auch die Konkurrenten des mächtigen Nachfragers davon profitieren, oder ob es diesem gelingt, in bilateralen Verhandlungen mit Anbietern nur für sich besonders günstige Konditionen zu erzielen, mit der Folge, dass die Wettbewerber des marktmächtigen Nachfragers einer Preisdiskriminierung ausgesetzt sind und schließlich aus dem Markt verdrängt werden. Die Verdrängungswirkung wird noch gesteigert, wenn ein sog. **Wasserbetteffekt** eintritt, der sich darin zeigt, dass Lieferanten ihre Gewinneinbußen oder gar Verluste aus den Verkäufen an den mächtigen Nachfrager durch Preiserhöhungen gegenüber kleineren Abnehmern zu kompensieren versuchen.[471] Zudem kann ein sog. **Spiraleffekt** eintreten, wenn der marktmächtige Nachfrager über die Weitergabe der Einkaufsvorteile mittels Preissenkungen seine Stellung im Absatzmarkt stärkt und dies wiederum seine Nachfragemacht erhöht, sodass ein beschleunigter Konzentrationsprozess sowohl auf dem Beschaffungs- wie dem Absatzmarkt eintritt.[472]

**79b**   Hinter den beiden Konstellationen, in denen ein Nachfrager eine Verringerung der Einkaufspreise durchsetzen kann, steht jeweils ein anderes **ökonomisches Modell von Nachfragemacht:** Im **Monopson-Modell** kann der marktmächtige Nachfrager den Preis so festsetzen, dass er für sich einen maximalen Gewinn realisiert, und erreicht dies durch eine Anpassung (i. d. R. Reduktion) der Nachfragemenge.[473] Dabei wird ein einheitliches Preisniveau auf dem Markt zugrundegelegt, während die Möglichkeit zur Aushandlung individueller Konditionen im bilateralen Verhältnis zu Lieferanten ausgeblendet bleibt. Monopson-Macht setzt nicht unbedingt voraus, dass nur ein einziger Nachfrager vorhanden ist, sondern kann auch existieren, wenn es weitere Nachfrager gibt, die aber keine Möglichkeit zur Beeinflussung der Preise haben. Das Monopson-Modell ist auf Märkte zugeschnitten, bei denen ein mächtiger Nachfrageer einer Vielzahl kleiner Anbieter gegenübersteht, die für ihn austauschbar sind.[474] Ob Marktbeherrschung vorliegt, bestimmt sich maßgeblich nach der absoluten Höhe des Marktanteils. Im **Modell bilateraler Verhandlungsmacht**[475] wird der Preis individuell zwischen Nachfrager und Lieferant ausgehandelt. Dabei kann der mächtige Nachfrager eine Senkung des Einkaufspreises schon durch die bloße Androhung einer Reduzierung der Bezugsmenge oder eines Abbruchs der Verhandlungen erreichen, ohne dass es tatsächlich dazu kommen muss. In der Folge gibt es kein einheitliches geringeres Preisniveau, vielmehr werden Lieferanten Nachfragern je nach deren Verhandlungsmacht unterschiedliche Preiszugeständnisse machen.[476] Eine Beherrschung des Nachfragemarkts setzt in diesem Modell voraus, dass eine erhebliche Anzahl

---

[470] Vgl. Legner, Schadenstheorien bei Nachfragemacht, S. 2 ff.

[471] BKartA, Leitfaden Marktbeherrschung in der Fusionskontrolle, Rn. 128; Legner, Schadenstheorien bei Nachfragemacht, S. 87 ff. mwN.

[472] BKartA, Leitfaden Marktbeherrschung in der Fusionskontrolle, Rn. 128; Inderst WuW 2008, 1261 (1269); Küstner WuW 2015, 1093 (1095); Thomas ZWeR 2015, 210 (215).

[473] Näher hierzu Legner, Schadenstheorien bei Nachfragemacht, S. 18 ff.; Palatzke, Nachfragemacht im Kartellrecht, S. 57 ff.

[474] BKartA, Leitfaden Marktbeherrschung in der Fusionskontrolle, Rn. 127 Fn. 202.

[475] Hierzu Legner, Schadenstheorien bei Nachfragemacht, S. 20 ff.; vgl. auch Palatzke, Nachfragemacht im Kartellrecht, S. 66 ff.

[476] Näher zu den Methoden zur Bemessung von Verhandlungsmacht Legner, Schadenstheorien bei Nachfragemacht, S. 49 ff.

von Lieferanten den fraglichen Nachfrager als unverzichtbaren Handelspartner betrachten.[477]

**b) Der sachlich relevante Nachfragemarkt.** Kontrovers sind die Kriterien im Einzelnen zur Abgrenzung des sachlich-gegenständlichen Nachfragemarktes. Dabei stellt sich zuerst die Frage, ob – dem Bedarfsmarktkonzept entsprechend – ein Anbieter seine Produkte oder gewerblichen Leistungen über **alternative Absatzwege** vertreiben kann, ohne dass an dem bisher angebotenen Produkt oder der gewerblichen Leistung etwas geändert wird.[478] Besteht diese Möglichkeit, kann von Nachfragemacht nicht gesprochen werden. Ist dies jedoch nicht der Fall, gilt es zu prüfen, inwieweit ein Anbieter dem Verhalten eines Nachfragers oder einer Nachfragergruppe dadurch ausweichen kann, dass er seine Produktion umstellt **(Angebotsumstellungskonzept)**.[479] So kann ein Hersteller von bestimmten Markenwaren ohne größeren Aufwand das Produkt zukünftig als markenlosen Artikel vertreiben.[480] Die Möglichkeit einer solchen **Produktionsflexibilität** und **Programmelastizität** ist freilich von Branche zu Branche verschieden. Darüber hinaus ist nicht geklärt, welcher Aufwand für eine Produkt- oder Dienstleistungsumstellung noch angemessen ist, damit eine solche im Rahmen der sachlichen Marktabgrenzung Berücksichtigung finden kann. Die Monopolkommission spricht insoweit von einer Umstellung auf ein Produkt, „das leicht und gewinnbringend abgesetzt werden kann".[481] H. Köhler will darauf abstellen, welche Umstellungen im Rahmen der vorhandenen Produktionsanlagen ohne größere Anstrengungen technisch möglich, wirtschaftlich sinnvoll und somit zumutbar seien.[482] Viel spricht dafür, dass man mit abstrakten Begriffsbestimmungen in diesem Bereich nicht weiter kommt. Vielmehr sollte in jedem Einzelfall vor dem Hintergrund der jeweils angebotenen Produkte und Dienstleistungen, sowie den üblichen Vertriebskanälen und der Kundenerwartung geprüft werden, welche Möglichkeiten noch berücksichtigungsfähig sind.

Eine Mindermeinung stellt demgegenüber auf die **Austauschbarkeit von Nachfragern aus der Sicht der verständigen Anbieter ab** (Konzept der Marktgleichwertigkeit). Danach können verschiedene Märkte vorliegen, wenn die Nachfragestrukturen sich nach Abnahmevolumen, Abnahmequalität und Abnahmekonditionen grundsätzlich und dauerhaft wesentlich unterscheiden (zB Verhältnis von Fachgroßhandel zu Selbstbedienungsgroßmärkten, Absatz von hochwertiger Ware und auf Massenabsatz gerichtete Handelsformen usf).[483] Diese Auffassung ist im theoretischen Ansatz jedoch zu eng. Die Absatzmöglichkeiten für ein gegebenes Produkt oder eine gegebene Dienstleistung sind ein wesentlicher Gesichtspunkt für die Beantwortung der Frage, ob ein Anbieter auf die Nachfrage eines Kunden oder diejenige einer Gruppe verzichten kann bzw. – umgekehrt formuliert – ob Nachfragemacht vorliegt. Wenn die nachgefragte Produktqualität oder die Nachfragestruktur dergestalt sind, dass jederzeit ein anderer Nachfrager an die Stelle treten kann, so ist die Annahme von Nachfragemacht ausgeschlossen. Doch selbst wenn dem nicht

80

81

---

[477] BKartA, Leitfaden Marktbeherrschung in der Fusionskontrolle, Rn. 125 f.; Legner, Schadenstheorien bei Nachfragemacht, S. 77.

[478] Paschke in FK-KartellR Rn. 148; Töllner in Bunte Rn. 47; Wiedemann in Wiedemann KartellR-HdB § 23 Rn. 24.

[479] OLG Düsseldorf 12.2.1980 – U (Kart) 8/79, WuW/E OLG 2274 (2277) – Errichtung von Fernmeldetürmen; Monopolkommission Sondergutachten 7 Tz. 46 ff.; Kleinmann/Bechtold § 22 Rn. 102 ff.; Köhler, Wettbewerbs- und kartellrechtliche Kontrolle der Nachfragemacht, S. 36 ff.; Köhler, Nachfragewettbewerb und Marktbeherrschung, S. 46 f.; Gröner/Köhler BB 1982, 257 (260 f.); Markert Schwerpunkte 1978/79, 87 (103); Töllner in Bunte Rn. 22 ff.; krit. Benisch WuW 1977, 619 (626 ff.); Hölzler/Satzky S. 85 ff.; Säcker BB 1988, 416 (418 f.); Ulmer, Kartellrechtliche Unterschiede von Angebots- und Nachfragemarkt, S. 40 ff.; Wiedemann in Wiedemann KartellR-HdB § 23 Rn. 24.

[480] Töllner in Bunte Rn. 48.

[481] Monopolkommission Sondergutachten 7 Tz. 49.

[482] Köhler, Wettbewerbs- und kartellrechtliche Kontrolle der Nachfragemacht, S. 37; Köhler, Nachfragewettbewerb und Marktbeherrschung, S. 47 ff.

[483] Benisch WuW 1977, 619 (624 ff.); ähnlich Reimann WuW 1976, 541 (544 ff.).

so ist, der Hersteller also keine unmittelbaren Vertriebsalternativen hat, kann er sich der Ausübung von Nachfragemacht dadurch entziehen, dass ihm Umstellungsmöglichkeiten in der Produktion und damit indirekt wiederum beim Absatz (anderer oder modifizierter Produkte) zu Gebote stehen. Genau diese Art der Relativierung von Nachfragemacht wird vom Angebotsumstellungskonzept miterfasst.[484]

82      Die **Rechtsanwendungspraxis** hat über die Jahre deutliche Konturen erlangt. Der BGH verneinte die Möglichkeit, vom Anbau von Zuckerrüben auf den Anbau anderer Feldfrüchte (wie Weizen, Raps, Ackerbohnen) auszuweichen, da dies nicht dieselbe Art von Waren sei.[485] Das OLG Düsseldorf sah einen sachlich-relevanten Markt in der Nachfrage der Deutschen Bundespost nach Ingenieur- und Architektenleistungen bezüglich der Planung und Errichtung von Fernmeldetürmen. Es verneinte Ausweichmöglichkeiten für Anbieter auf Großprojekte allgemein auf dem Bausektor angesichts hochspezialisierter Leistungen, welche solchen Ingenieurbüros ein ganz spezifisches Tätigkeitsbild verleihen. Das Gericht zog eine Parallele zum umgekehrten Fall einer sortimentsbedingten Abhängigkeit von marktstarken oder -beherrschenden Anbietern.[486] Tendenziell werden diese Umstellungsmöglichkeiten geringer sein als im umgekehrten Fall der Angebotsmacht die Möglichkeiten von Nachfragern, auf andere Produkte auszuweichen, so dass im praktischen Ergebnis Konzeptionen von einer Angebotsumstellung vielfach zum gleichen Resultat führen dürften wie solche von einer Nachfrageaustauschbarkeit. Eine umfassende wettbewerbliche Würdigung wird ohnehin beide Ansatzpunkte berücksichtigen.[487]

83      Bei den **Nachfragemärkten des Lebensmittelhandels** ist die **Sicht der Anbieter maßgebend.** Es kommt folglich nicht auf ein Sortiment, sondern auf das Produkt des Anbieters und dessen Absatzmöglichkeiten an. Hierzu können auch die Gastronomie, die Nahrungs- und Genussmittelindustrie sowie der Export gehören.[488]

83a     Zahlreiche Entscheidungen betreffen marktbeherrschende Stellungen **öffentlicher Nachfrager** und prüfen Behinderungen und Diskriminierungen im Vertikalverhältnis eines Lieferanten zum Abnehmer nach § 20 Abs. 1, 2 aF (jetzt: § 19 Abs. 2 Nr. 1, § 20 Abs. 1). Die sachliche Marktabgrenzung ist in der Tendenz recht eng. So sah der BGH eine AOK als nachfragebeherrschend gegenüber einem Lieferanten von Fußpflegeartikeln an, wobei der gegenständliche Markt auf Gummistrümpfe begrenzt wurde. Eine weitere Begrenzung auf Kassenstrümpfe hielt er für zweifelhaft.[489] Eine Großstadt kann marktbeherrschend bei der Nachfrage nach bestimmten Vermessungsleistungen sein.[490] Gleiches kommt für eine Nachfrage nach Krankentransportleistungen in Betracht.[491] Ein Landkreis, dem als gesetzliche Aufgabe die Müllentsorgung obliegt, ist Monopolist bei der Nachfrage

---

[484] Nach Köhler/Gröner BB 1982, 257 (260) umfasst das Angebotsumstellungskonzept das Konzept der Marktgleichartigkeit.

[485] BGH 13.11.1990 – KZR 25/89, WuW/E BGH 2683 (2685) – Zuckerrübenanlieferungsrecht.

[486] OLG Düsseldorf 12.2.1980 – U (Kart) 8/79, WuW/E OLG 2274 (2277) – Errichtung von Fernmeldetürmen.

[487] Vgl. KG 24.4.1985 – Kart. 34/81, WuW/E OLG 3577 (3586) – Hussel-Mara; Mestmäcker, Der verwaltete Wettbewerb, S. 362; Gröner/Köhler BB 1982, 257 (261).

[488] KG 5.11.1986 – Kart. 15/84, WuW/E OLG 3917 (3927) – Coop-Wandmaker gegen BKartA 14.8.1984 – B9–71068-U-2006/84, WuW/E BKartA 2161 (2166) – Coop-Wandmaker; dazu Kartte FS Benisch, 1989, 59 ff.; KG 29.11.2000 – Kart 17/99, WuW/E DE-R 699 (701) – Metro MGE Einkaufs GmbH, insoweit bestätigt durch BGH 24.9.2002 – KVR 8/01, WuW/E DE-R 984 f.; Kirschner WuW 1987, 789 (792 f.).

[489] BGH 26.10.1961 – KZR 1/61, WuW/E BGH 442 (450) – Gummistrümpfe; ähnlich BGH 25.6.1964 – KZR 11/62, WuW/E BGH 675 – Uhrenoptiker; BGH 12.5.1976 – KZR 14/75, WuW/E BGH 1423 – Sehhilfen; BGH 1.6.1977 – KZR 3/76, WuW/E BGH 1493 – Medizinischer Badebetrieb; OLG München 3.2.1977 – U (K) 4547/76, WuW/E OLG 1823 – Hörgeräte; siehe nach BGH 10.2.1987 – KZR 31/85, WuW/E BGH 2370 (2374) – importierte Fertigarzneimittel; OLG Düsseldorf 4.10.1983 – U (Kart) 14/83, WuW/E OLG 3082 (3085) – Bundesverband der Ortskrankenkassen.

[490] BGH 23.2.1988 – KZR 17/86, WuW/E BGH 2483 (2487 ff.) – Sonderungsverfahren gegen OLG Düsseldorf 14.7.1986 – U (Kart.) 27/84, WuW/E OLG 3895 – Vermessungsauftrag.

[491] Offenlassend BGH 26.5.1987 – KZR 13/85, WuW/E BGH 2399 (2404) – Krankentransporte; siehe auch BGH 21.2.1989 – KZR 7/88, WuW/E BGH 2571 – Krankentransportbestellung zu § 1 UWG.

nach entsprechenden Abfuhrleistungen.[492] Abschleppdienste für polizeilich beschlagnahmte Fahrzeuge sind Teil eines allgemeineren Nachfragemarktes für Abschleppleistungen.[493] Die Bundesrepublik ist innerhalb ihrer Militärhoheit bei spezifischen Beschaffungsmaßnahmen Monopolistin.[494] Schulbücher sind bei Sammelbestellungen seitens öffentlicher Schulträger kein eigener sachlicher Markt gegenüber anderen Büchern.[495] Eine ähnlich enge Tendenz wird aus den Mitteilungen des BKartA über nicht durch eine förmliche Entscheidung abgeschlossene Verfahren erkennbar. So wurde die Deutsche Bundespost als beherrschende Nachfragerin angesehen im Hinblick auf die Märkte für Ortsamts- und Fernvermittlungstechnik,[496] im Hinblick auf den Standardtyp 611 der Fernsprechapparate[497] und im Hinblick auf die Standardtechnik für Kabel-Television.[498]

Im Falle einer der größten inländischen Wohnungsbaugesellschaften, welche eine Auftragsvergabe davon abhängig machte, dass die Lieferanten eine Provision von 10 % für teils sinnlose, jedenfalls unerbetene Leistungen an eine Tochtergesellschaft zahlten, stellte das BKartA auf die Märkte für „Bauleistungen und Baustoffleistungen" ab.[499] Marktbeherrschend im Hinblick auf landwirtschaftliche Milchlieferanten sind in ihrem Einzugsgebiet Molkereien.[500] Ein Landwirtschaftsverband kam als marktbeherrschender Nachfrager auf dem sachlich relevanten Markt der landwirtschaftlichen Fachzeitschriften in Betracht.[501] Eine Besucherorganisation konnte marktbeherrschend sein im Hinblick auf das „Gebiet der Abnahme von Theaterkarten".[502] Vereinzelt haben Gerichte – wohl eher unreflektiert – das Bedarfsmarktkonzept aus der Sicht der Nachfrager angewandt: Sprech- und Singbühnen bilden einen Markt, da für den Großteil der Besucher austauschbar.[503] Gegenüber einer nachfragebeherrschenden Theaterbesucherorganisation bilden Aufführungen privater Theater gegenüber solchen städtischer Bühnen angesichts der Programmgestaltung, des Publikumszuspruchs und der künstlerischen Leistungen bei letzteren einen eigenen Markt; innerhalb der privaten Theater ist nicht weiter aufzugliedern, da für die Besucher im Großen und Ganzen austauschbar.[504] Der Abschluss von Schadensregulierungsabkommen zwischen Kraftfahrzeug-Haftpflicht-Versicherern und Autovermietern bildet einen eigenständigen Markt.[505] „Apothekerdienstleistungen" sind ein sachlich relevanter Markt gegenüber der nachfragenden AOK, da gleichwertige Eignung zu deren Bedarfsdeckung vorliegt.[506]

Selbst wenn es einem Hersteller an einer hinreichenden Produktionsflexibilität bzw. **84** Programmelastizität fehlt, kann die **Nachfragemacht** des Abnehmers **durch andere Umstände relativiert** werden, etwa seine eigene Abhängigkeit von der Belieferung durch den Hersteller. Für viele Handelsunternehmen ist beispielsweise eine Umstellung ihres

---

[492] OLG Koblenz 23.6.1983 – 6 U 889/82 (Kart), WuW/E OLG 3136 – Müllabfuhr.
[493] OLG Düsseldorf 4.10.1988 – U (Kart) 17/83, WuW/E OLG 4391 (4392 ff.) – Abschleppdienste, anders noch OLG Düsseldorf 14.4.1981 – U (Kart) 31/80, WuW/E OLG 2495 – Abschleppdienste; vgl. auch OLG München 4.10.1984 – U (K) 1071/83, WuW/E OLG 3292 – Bergungsdienst.
[494] OLG Frankfurt a. M. 26.7.1988 – 6 U 53/87 Kart, WuW/E OLG 4354 (4355) – Betankungsventile für die Errichtung von militärischen Flugfeldbetankungsanlagen.
[495] OLG Düsseldorf 6.5.1986 – U (Kart.) 12/84, WuW/E OLG 3873 – Schulbuchsammelbestellung; OLG Düsseldorf 28.6.1985 – U [Kart.] 10/84, WuW/E OLG 3613 (3615) – Elternsammelbestellung von Schulbüchern.
[496] TB 1976, 58, TB 1977, 58, TB 1987/88, 21; siehe auch TB 1983/84, 28.
[497] TB 1977, 58 und TB 1978, 58.
[498] TB 1978, 88.
[499] TB 1977, 71 (72).
[500] BGH 2.4.1964 – KZR 10/62, WuW/E BGH 613 (616) – Werkmilchabzug; KG 9.11.1983 – Kart. 35/82, WuW/E OLG 3124 – Milchaustauschfuttermittel.
[501] BGH 21.6.1971 – KZR 8/70, WuW/E BGH 1205 (1210) – Verbandszeitschrift.
[502] BGH 29.10.1970 – KZR 3/70, WuW/E BGH 1142 (1143) – Volksbühne II zu § 22 GWB.
[503] OLG Düsseldorf 16.1.1979 – U [Kart] 4/78, WuW/E OLG 2071 (2072) – Düsseldorfer Volksbühne.
[504] LG Berlin 24.4.1967 – 16 O 69/65, WuW/E LG/AG 277 (280, 281) – Theaterplätze.
[505] KG 29.5.1996 – Kart 18/95, WuW/E OLG 5677 (5688) – Carpartner; vgl. auch BGH 19.12.1995 – KVR 6/95, WuW/E 3037 (3042) – Raiffeisen.
[506] LG Berlin 3.4.1959 – 91 O.Kart 34/58, WuW/E LG/AG 116 (121) – AOK.

Sortiments kaum möglich, weil sie darauf ausgerichtet sind, mit ihrem Angebot eine bestimmte Zielgruppe zu erreichen; dazu kann insbesondere gehören, dass bestimmte Artikel in ihrem Sortiment vorhanden sein müssen **(must stock items),** um die Attraktivität des Sortiments für ihre Kunden aufrechtzuerhalten.[507] Eine Umstellung auf die Belieferung durch andere Hersteller ist dann von vornherein nur denkbar, wenn sie dem Unternehmen gestattet, die konkrete Zielgruppe weiter anzusprechen.

85    **c) Der räumlich relevante Markt.** Für die räumliche Marktabgrenzung im Zusammenhang einer Nachfragemachtprüfung ist auf die **räumlichen Ausweichmöglichkeiten der Anbieter** abzustellen.[508] Das OLG Düsseldorf macht mit Verweis auf die Entscheidung „Kreiskrankenhaus Bad Neustadt" das Bedarfsmarktkonzept und die im europäischen Fusionskontrollrecht geltenden Grundsätze auch für die räumliche Marktabgrenzung auf fusionsbefangenen Nachfragemärkten fruchtbar.[509] Die Ausweichmöglichkeiten der Marktgegenseite können **aus rechtlichen Gründen** (zB Gebietsmonopol der Molkereien in ihrem Einzugsgebiet nach dem früheren MFG) **oder aus tatsächlichen Gründen** wie Frachtkostenintensität u. dgl. **begrenzt** sein.[510] In den von der Rechtsprechung noch zu § 20 Abs. 1, 2 aF (jetzt: § 19 Abs. 2 Nr. 1, § 20 Abs. 1) entschiedenen Fällen (etwa Nichtzulassung zur Belieferung einer AOK, Nichtaufnahme in das Programm einer Theaterbesucherorganisation) wurde der räumlich relevante Markt auf das **Gebiet der effektiv wirksamen Nachfrage** begrenzt und reduzierte sich damit auf einzelne Städte oder Landkreise.[511] In Fusionskontrollfällen kommt je nach den räumlichen Ausweichmöglichkeiten eine bundesweite Abgrenzung in Betracht[512] oder eine engere, zB eine regionale.[513] Auch hier gilt aber, dass die voranschreitende Europäisierung die Bestimmung des räumlich relevanten Marktes stark beeinflusst.

86    Vor allem dann, wenn ein Anbieter seine Produkte zumindest theoretisch international absetzen kann, ist der räumlich relevante Markt besonders sorgfältig zu prüfen. So ist etwa vorstellbar, dass im Öl- und Erdgasgeschäft, das **sehr weiträumige Absatz- und Transportmöglichkeiten** kennt, weltweite oder durch zumindest europaweite Nachfragemärkte existieren.[514] Gleiches dürfte für zahlreiche **Großprodukte** gelten, wie etwa Flugzeuge oder Züge.[515]

87    **8. Anwendungsbeispiele.** Insgesamt ist die Rechtsanwendungspraxis durch eine tendenziell sehr enge Marktabgrenzung gekennzeichnet. Im Folgenden wird ein Überblick mit konkreten Beispielen gegeben. Zu berücksichtigen ist dabei immer, dass ältere Entscheidungen auf Grund zwischenzeitlich geänderter Umstände, insbesondere infolge neuer technologischer Entwicklungen oder rechtlicher Umwälzungen, an Aussagekraft verlieren

---

[507] Vgl. nur Nothdurft in Bunte § 20 Rn. 45 mwN.

[508] KG 24.4.1985 – Kart. 34/81, WuW/E OLG 3577 (3588) – Hussel-Mara und dazu Heidenhain AG 1987, 117 ff.; BGH 19.12.1995 – KVR 6/95, WuW/E BGH 3037 (3042) – Raiffeisen; Paschke in FK-KartellR § 18 Rn. 156.

[509] OLG Düsseldorf 1.7.2015 – VI-Kart 8/11 (V), NZKart 2015, 358 – Sauenschlachtung.

[510] Dazu H. Köhler, Wettbewerbs- und kartellrechtliche Kontrolle der Nachfragemacht, S. 40; aus der Rspr. BGH 23.2.1988 – KZR 17/86, WuW/E BGH 2483 (2488) – Sonderungsverfahren; Wiedemann in Handbuch des Kartellrechts, § 23 Rn. 25.

[511] ZB BGH 26.10.1961 – KZR 1/61, WuW/E BGH 442 (450) – Gummistrümpfe; BGH 25.6.1964 – KZR 11/62, WuW/E BGH 675 (678) – Uhrenoptiker; KG 8.12.1959 – 5 U Kart. 1153/59, WuW/E OLG 307 (309) – AOK; OLG München 4.10.1984 – U (K) 1071/83, WuW/E OLG 3292 (3293) – Bergungsdienst; BGH 29.10.1970 – KZR 3/70, WuW/E BGH 1142 (1143) – Volksbühne II zu § 22 GWB; LG Berlin 24.4.1967 – 16 O 69/65, WuW/E LG/AG 277 (280 ff.) – Theaterplätze.

[512] ZB KG 24.4.1985 – Kart. 34/81, WuW/E OLG 3577 (3588) – Hussel-Mara für hochpreisige Kosmetika.

[513] BKartA 30.11.1989 – B 2–685300-U75/89, WuW/E BKartA 2428 (2429 ff.) – Nordfleisch-CG Hannover für die Erfassung und das Schlachten von Schlachtvieh, vgl. hierzu aber OLG Düsseldorf 1.7.2015 – VI-Kart 8/11 (V), NZKart 2015, 358 (359) – Sauenschlachtung (das gesamte Bundesgebiet und die Niederlande).

[514] Wiedemann in Wiedemann KartellR-HdB § 23 Rn. 25.

[515] Paschke in FK-KartellR Rn. 157.

können. Das gilt gerade in Bezug auf Märkte, die durch kurze Innovationszyklen gekennzeichnet sind. Jede Entscheidung ist immer auch von den Besonderheiten des Einzelfalls geprägt. Pauschale Übertragungen verbieten sich. Darüber hinaus ist zu berücksichtigen, ob eine Entscheidung im Rahmen der Missbrauchsaufsicht oder der Fusionskontrolle ergangen ist. Denn auf Grund des unterschiedlichen Schutzzwecks kann die Bestimmung der Marktbeherrschung differenziert ausfallen (dazu → Rn. 21).

## ABFALLENTSORGUNG

Die Sammlung und der Transport von Siedlungsabfällen[516] sowie deren Verwertung/Beseitigung (Entsorgung) bilden jeweils eigene Märkte. Bei Sammlung und Transport sind zudem jeweils die Märkte für Restmüll, Altpapier, Bioabfälle und Sperrmüll zu unterscheiden.[517]

Die Entsorgung unvorbehandelter Siedlungsabfälle, die Verwertung vorbehandelter Siedlungsabfälle, die Vorbehandlung von zu beseitigenden Siedlungsabfällen und die Beseitigung vorbehandelter Siedlungsabfälle bilden wiederum jeweils eigene Märkte.[518] Deponien gehören nicht dem Markt der Entsorgung unvorbehandelter Siedlungsabfälle an.[519]

Die Gewerbeabfallsortierung und die Verbrennung von Gewerbeabfällen sind jeweils eigenständige Märkte.[520] Hierbei sind die Märkte zur Erfassung gefährlicher und nichtgefährlicher Gewerbeabfälle unterscheiden.[521]

Einen eigenen bundesweiten Markt bilden duale Systeme, die die Entsorgung von Verkaufsverpackungen aus Leichtverpackungen, aus Hohlglas sowie aus Papier-Pappe-Kartonagen organisieren.[522] Ein eigener Markt besteht auch für die Vermarktung von aufbereitetem Hohlglas.[523]

## ABSCHLEPPLEISTUNGEN

Abschleppdienste für polizeilich beschlagnahmte Fahrzeuge sind Teil des Marktes für Abschleppleistungen.[524]

## ARCHITEKTENLEISTUNGEN

Hochspezialisierte Architekten- und Ingenieurleistungen bilden gegenüber einem beherrschenden Nachfrager einen eigenen Markt und sind nicht mit anderen Spezialsparten dieser Berufe austauschbar.[525]

## ARZNEIMITTEL

Bei pharmazeutischen Produkten ist in erster Linie auf ihren **Verwendungszweck,** dh primär die **therapeutische Wirkung** abzustellen, da diese die Auswahlentscheidung des verschreibenden Arztes maßgeblich beeinflusst; dabei gehören Originalpräparate und Nachahmerprodukte (Generika) grundsätzlich zu demselben sachlich relevanten Markt.[526] Ausgangspunkt kann insoweit die Anatomical Therapeutic Classification (ATC) der European Pharmaceutical Marketing Research sein.[527] Bei tatsächlicher Verwendung außerhalb der anerkannten Einsatzzwecke (sog. Off-Label-Einsatz) können Arzneimittel auch in einen Markt für die Behandlung von anderen Krankheiten einbezogen werden, für die sie nicht offiziell zugelassen sind, sofern Herstellung und Verkauf nicht unrechtmäßig sind.[528] Da-

---

[516] BKartA 17.11.2000 – B 10–101/00, WuW/E DE-V 408 (410 f.) – Abfallwirtschaft.
[517] BKartA 16.11.2004 – B 10–74/04, WuW/E DE-V 995 (996 ff.) – Rethmann/GfA Köthen.
[518] OLG Düsseldorf 25.6.2001 – Kart 25/01 (V), WuW/E DE-R 681 (683 f.) – Trienekens.
[519] BKartA 1.10.2002 – B 10–107/02, WuW/E DE-V 689 (690) – TRABA.
[520] BKartA 1.10.2002 – B 10–107/02, WuW/E DE-V 689 (691 f.) – TRABA.
[521] BKartA 4.7.2016 – B4–31/16, BeckRS 2016, 127135 Rn. 32– Abfallentsorgung.
[522] BKartA 11.7.2019 – B4-21/19, NZKart 2019, 510 – Remondis/DSD.
[523] BKartA 11.7.2019 – B4-21/19, NZKart 2019, 510 (511) – Remondis/DSD.
[524] OLG Düsseldorf 4.10.1988 – U Kart 17/83, WuW/E OLG 4391 (4392 f.).
[525] OLG Düsseldorf 12.2.1980 – U Kart 8/79, WuW/E OLG 2274 (2277) – Errichtung von Fernmeldetürmen.
[526] Schuhmacher/Holzweber ZWeR 2019, 62 (65).
[527] Näher hierzu Schuhmacher/Holzweber ZWeR 2019, 62 (65 ff.) mit Nachweisen aus der europäischen Entscheidungspraxis.
[528] EuGH 23.1.2018 – C–179/16; NZKart 2018 84Rn. 51 f. – Hoffmann-La Roche and Others, der darauf verweist, dass für die Marktabgrenzung nicht die Zulassung oder regulatorische Einordnung maß-

neben gehört zum Verwendungszweck auch die jeweilige **Darreichungsform** – etwa als Salbe oder Tablette.[529] So bilden etwa Schmerzmittel zur äußerlichen Anwendung sowie Migränemittel jeweils einen eigenen Markt.[530]

Im Hinblick auf Wirkstoffe ist zB entschieden worden: Benzodiazepine bilden keinen einheitlichen Markt; vielmehr sind Tranquilizer von Präparaten mit erheblichen Nebenwirkungen oder mit anderem medizinischen Anwendungsbereich abzugrenzen.[531] Orale Antidiabetika bilden einen selbstständigen Markt.[532] Für jedes Vitamin besteht auf Grund seiner spezifischen medizinischen oder biologischen Wirkung, seines Einsatzzweckes und Herstellungsverfahrens ein eigener Markt.[533] Hochdosierte Vitamin-B-12-Präparate bilden einen eigenen Markt gegenüber medizinisch gleichwirkenden Präparaten mit anderer Zusammensetzung.[534] Synthetisch hergestelltes Vitamin C in Reinform bildet einen eigenen Markt.[535] Eigene sachliche Märkte bilden jeweils Produkte der Basisimmunsuppression, Bisphosphonate zur Anwendung in der Onkologie sowie sonstige Zytostatika.[536]

Infusions- und Dialyselösungen bilden jeweils gesonderte Märkte. Infusionslösungen lassen sich wegen ihrer sehr unterschiedlichen therapeutischen Zweckbestimmungen in einzelne Märkte untergliedern: Volumenersatzlösungen, Basislösungen, Spüllösungen, Osmo- und Onko-Lösungen, Speziallösungen, Perfusionslösungen. Bei Dialyselösungen sind die nach den herangezogenen Verfahren benannten Lösungen unterschiedlichen sachlich relevanten Märkten zugehörig: Haemodialyse-Verfahren, Haemofiltrationsverfahren, Peritonealdialyse-Verfahren. Nur solche pharmazeutischen Spezialitäten sind austauschbar, die bei gleicher Indikation verordnet werden. Zu einem Markt gehören deshalb allein diejenigen Arzneimittel, die der verständige durchschnittliche Arzt unter therapeutischen Gesichtspunkten ohne weiteres als austauschbar ansieht. So zerfallen Arzneimittelmärkte häufig trotz chemischer Identität der Produkte in zahlreiche Teilmärkte.[537]

Neben dem Verwendungszweck sind für die Marktabgrenzung bei Arzneimitteln aber auch die Bezugsmöglichkeiten und zumindest teilweise die Vertriebsstruktur relevante Parameter. So ist zB wegen der Einschränkungen bei der Auswahlfreiheit des Patienten zwischen verschreibungspflichtigen und frei erhältlichen Arzneimitteln zu differenzieren.[538] Im Hinblick auf den Vertrieb bilden der Krankenhausmarkt und der Apothekenmarkt wegen anderer Abnehmerstruktur getrennte Märkte.[539] Pharmazeutische Produkte und apothekenübliche Waren bilden bei Großhändlern mit vollständigem Sortiment gegenüber dem Angebot sog. Teilsortimenter und den Direktgeschäften der Produzenten einen eigenen Markt, da ein völlig anderer Geschäftsumfang gegeben ist.[540]

---

geblich sei, sondern ob die fraglichen Arzneimittel tatsächlich miteinander im Wettbewerb stehen; zust. Schuhmacher/Holzweber ZWeR 2019, 62 (66 f.).

[529] Schuhmacher/Holzweber ZWeR 2019, 62 (67) mwN aus der europäischen Entscheidungspraxis.

[530] BKartA 21.1.2020 – B3-98/19 und B3-187/19, NZKart 2020, 98 – Pfizer/GlaxoSmithKline.

[531] BGH 12.2.1980 – KVR 3/79 (KG), WuW/E BGH 1678 (1681) – Valium II; KG 24.8.1978 – Kart 3/77, WuW/E OLG 2053 (2055) – Valium; BGH 16.12.1976 – KVR 2/76 (KG), WuW/E BGH 1445 (1447) – Valium; KG 5.1.1976 – Kart 41/74, WuW/E OLG 1645 (1648) – Valium Librium; BKartA 16.10.1974 – B 6–432190-T-37/73, WuW/E BKartA 1526 (1527); TB 1974, 63 – Valium-Librium.

[532] BKartA TB 1981/82, 58 f.; TB 1983/84, 84 f., 1985/86, 68 – Euglucon.

[533] BKartA TB 1981/82, 59.

[534] KG 19.3.1975 – Kart 26/74, WuW/E OLG 1599 (1603); BKartA 21.3.1974 – B6-432190-T-56/73, WuW/E BKartA 1482 (1486) – Vitamin-B-12.

[535] BKartA 31.7.2002 – B 3–24410-U-27/02, WuW/E DE-V 653 (654) – BASF/NEPG; OLG Düsseldorf 30.7.2003 – VI-Kart 35/02 (V), WuW/E DE-R 1159 (1160) – BASF/NEPG.

[536] BKartA 13.8.2003 – B 3–11/03, WuW/E DE-V 858 (859) – Novartis/Roche.

[537] BKartA 23.8.1993 – B3-474110-U 52/92, WuW/E BKartA 2591 (2593 ff.) – Fresenius/Schiwa; bestätigt durch KG 18.10.1995 – Kart 18/93, WuW/E OLG 5549 (5556 ff.) – Fresenius/Schiwa.

[538] Schuhmacher/Holzweber ZWeR 2019, 62 (67).

[539] KG 24.8.1978 – Kart 3/77, WuW/E OLG 2053 (2055) – Valium; BGH 12.2.1980 – KVR 3/79 (KG), WuW/E BGH 1678 (1681) – Valium II. Im Ergebnis ebenso Schuhmacher/Holzweber ZWeR 2019, 62 (67 f.) (getrennte Märkte für den „intramuralen" und den „extramuralen" Bereich.

[540] BKartA 31.3.1978 – B 8–711510-U-170/77, WuW/E BKartA 1747 (1748) – Anzag-Holdermann; OLG Düsseldorf 30.10.2002 – Kart 40/01 (V), WuW/E DE-R 1033 (1035) – Sanacorp/ANZAG.

Zu den Märkten für den Absatz von rezeptpflichtigen und nicht-rezeptpflichtigen Arzneimitteln gehören auch Versandapotheken, die Arzneimittel über das Internet vertreiben.[541]

**BACKHILFSMITTEL**

Industriell hergestellte Halbfertigprodukte für die Herstellung von Konditoreiwaren (CV-Produkte), die dem Handwerk zur Arbeitserleichterung angeboten werden, bilden eigene Teilmärkte, die von denen der traditionellen Vorprodukte und der Tiefkühlprodukte wie Teiglinge und Fertiggebäck zu unterscheiden sind. Es lassen sich Teilmärkte für Kuchen- und Gebäckmischungen, für Auflagenprodukte und Überzugsmassen bilden.[542]

**BACKÖFEN**

Aufgrund ihrer technischen Besonderheiten, die einer unterschiedlichen Ware entsprechen, sind Backöfen zur Herstellung von Dauerbackwaren nicht mit Backöfen für Frischbackwaren austauschbar. Für Backöfen für Frischbackwaren besteht ein besonderer gewerblicher Bedarf. Diese Öfen wiederum werden nach dem unterschiedlichen Bedarf der Nachfrager in drei verschiedenen Größengruppen hergestellt und angeboten. Für jede einzelne Gruppe besteht ein selbstständiger sachlich relevanter Markt: Ladenbacköfen, Backstubenöfen und Großöfen.[543]

**BARGELDDIENSTLEISTUNGEN**

Ein eigener Markt für Bargelddienstleistungen umfasst den Transport von Münz- und Papiergeld vom und zum Kunden, die Bearbeitung des Geldes in einem Cash Center sowie die Befüllung und Wartung von Geldautomaten. Nicht von diesem Markt erfasst sind Werttransporte sowie Sicherheits- und Bewachungsleistungen.[544]

**BAUWIRTSCHAFT**

Da Bauvorhaben heterogene, auf individuelle Nachfragepräferenzen zugeschnittene Werke darstellen und somit untereinander nicht ohne Weiteres austauschbar sind, ist das Bedarfsmarktkonzept modifiziert anzuwenden und ein Größenkriterium heranzuziehen: Bei Großprojekten sind nur diejenigen Anbieter von Bauleistungen einzubeziehen, die Bauprojekte der jeweiligen Größenordnung auszuführen in der Lage sind.[545]

**BENZIN**

Vergaserkraftstoff bildet einen eigenen Markt,[546] der in den für Endverbraucher zugänglichen Markt der öffentlichen Tankstellen und die an Größtabnehmer anderweit abgesetzten Mengen aufzuteilen ist.[547]

**BETON**

Transportbeton bildet einen selbstständigen Markt, dem Betonfertigteile sowie Wand- und Deckenbaustoffe wegen der unterschiedlichen Konsistenz, Lagerfähigkeit und Transportmöglichkeit nicht angehören. In Eigenfertigung erstellter Baubeton gehört ebenfalls einem anderen Markt an.[548]

**BITUMEN**

Straßenbaubitumen und Industriebitumen bilden getrennte Märkte, da zwischen beiden Unterschiede hinsichtlich des Anwendungsbereichs, des Preises und der qualitativen Anforderungen, die an sie gestellt werden, bestehen.[549]

---

[541] BKartA 28.9.2018 – B3-89/18, NZKart 2018, 551 – apo-rot Versandhandel/DocMorris.

[542] BKartA 19.10.1989 – B 2–681400-U 62/89, WuW/E BKartA 2421 (2422 ff.) – Unilever-Braun.

[543] KG 15.12.1993 – Kart 15/92, WuW/E OLG 5271 (5276) – Großbacköfen; bestätigt durch BGH 24.10.1995 – KVR 17/94 (KG), WuW/E BGH 3026 (3028 f.) – Backofenmarkt.

[544] BKartA 17.12.2019 – B9-80/19, NZKart 2020, 219 – Loomis/Ziemann.

[545] BKartA 24.10.1995 – B1-70100-U252/94, WuW/E BKartA 2729 (2738 f.) – Hochtief/Philipp Holzmann; insoweit zustimmend KG 18.3.1998 – Kart 3/95, WuW/E DE-R 94 (96) – Hochtief/Philipp Holzmann, das aber Bedenken gegen die konkrete Marktabgrenzung des BKartA erhob.

[546] BKartA 2.5.1974 – B 8–221 430-V-17/74, WuW/E BKartA 1494 – Agip.

[547] KG 3.5.1982 – Kart 11–14/8, WuW/E OLG 2620 (2621) – Vergaserkraftstoff-Abgabepreise.

[548] KG 24.10.1974 – Kart 24/78, WuW/E OLG 2259 (2261 f.) – Siegerländer Transportbeton; BKartA 2.7.2001 – B 1–101/01, WuW/E DE-V 465 (466) – Readymix.

[549] BKartA 29.5.1974 – B 8–221831-U-95/73, WuW/E BKartA 1517 (1518) – Bitumen-Verkaufsgesellschaft.

Bituminöses Mischgut bildet gegenüber anderen Straßenbaustoffen einen eigenen Markt, da es eindeutige Vorteile hinsichtlich des Preises, der Verarbeitung, der Frostempfindlichkeit und der Unterhaltskosten besitzt und außerdem die Verwendung bituminösen Mischguts durch die Straßenbaubehörden idR vorgeschrieben wird.[550]

**BLUMEN**

Dem Großhandelsmarkt für verpackte und unverpackte Schnittblumen gehören Zierpflanzen und Bindereibedarf nicht an[551]

Die Blumengrußvermittlung, die entweder durch eine unverpackte Versendung durch einen Boten oder durch eine verpackte Versendung per Post erfolgen kann, bildet einen eigenen Markt.[552]

Innerhalb des Marktes für **Gartenbaubedarf** ist ein weiterer Markt für den Handel mit Töpfen und Verpackung für professionelle Nachfrager von Gartenbaubedarfsartikeln abzugrenzen.[553]

**BLUTPRODUKTE**

Ein eigener Markt besteht für Erythrozytenpräparate (rote Blutkörperchen).[554]

**BODEN UND WASSERSANIERUNG**

Der Markt für die Entsorgung von belastetem Boden ist nach den technischen Verfahren zur Reinigung abzugrenzen. Hier werden das biologische, das chemisch-physikalische und das thermische Verfahren unterschieden. Als Entsorgungsalternativen sind zudem die Deponien und der Bergversatz mit in den Markt einzubeziehen.[555]

**BÜCHER**

Bücher bilden gegenüber anderen Medien (Rundfunk, Film, Zeitungen oder Zeitschriften) einen eigenen Markt, der nicht nach einzelnen Werken und grundsätzlich auch nicht nach Sachgebieten unterteilt werden kann, es sei denn, es besteht, trotz der Tatsache, dass alle Leser zunächst als Interessenten für alle Titel in Betracht kommen, keine Austauschbarkeit; dies trifft zB für **Kinder- und Jugendbücher** zu. Auf dem Gebiet der allgemeinen Unterhaltung und Information besteht dagegen weitreichende Austauschbarkeit. **Taschenbücher** gehören auf Grund ihres Preises, ihrer Ausstattung und ihres äußeren Erscheinungsbildes einem gesonderten Teilmarkt an.[556] Außerdem gehören deutsch- und fremdsprachige Bücher verschiedenen Märkten an.[557] Gedruckte Bücher und elektronische Bücher **(E-Books)** stellen zwei verschiedene Märkte dar. Es ist naheliegend, dass der Vertrieb über den Online- und den Versandhandel einem gemeinsamen Markt angehört.[558]

Schulbücher bilden bei Sammelbestellungen von öffentlichen Schulträgern keinen eigenen Markt gegenüber anderen Büchern.[559]

Der Handel mit Fachinformationen in Zeitschrift- und Buchform im Bereich RWS an professionelle Endabnehmer stellt einen eigenen, vom allgemeinen Buchhandelsmarkt abgegrenzten Markt dar.[560]

---

[550] BKartA 24.5.1978 – B 6–251119-U-108/77, WuW/E BKartA 1753 (1754 ff.) – Bituminöses Mischgut; KG 10.7.1985 – Kart 26/83, WuW/E OLG 3663 (3667 ff.) – Mischguthersteller.

[551] KG 22.3.1983 – Kart 17/81, WuW/E OLG 2862 (2863) – Rewe-Florimex.

[552] KG 25.8.2005 – 2 U 1/05, WuW/E DE-R 1595 (1596) – Blumendistanzhandel.

[553] BKartA 14.3.2018 – B2-62/17 – Raiffeisen Gartenbau/Landgard Blumen & Pflanzen.

[554] LG Düsseldorf 25.9.2002 – 34 O Kart 76/02, WuW/E 1073 (1074) – Erythrozytenkonzentrat.

[555] BKartA 24.7.2000 – B 10–26/00, WuW/E DE-V 382 (383) – Umweltschutz Nord.

[556] KG 13.10.1982 – Kart 51/81, WuW/E OLG 2825 (2831 ff.) – Taschenbücher; BKartA 24.11.2003 – B6-7/03, WuW/E DE-V 918 (920 ff.) – Random House/Heyne; diese Auffassung ist in den heutigen Märkten obsolet.

[557] BKartA 24.11.2003 – B6-7/03, WuW/E DE-V 918 (919) – Random House/Heyne.

[558] BKartA 7.5.2019 – B6-33/1, NZKart 2020, 278 (279) – Thalia/Mayersche und B. O. B.

[559] OLG Düsseldorf 6.5.1986 – U Kart 12/84, WuW/E OLG 3873; OLG Düsseldorf 28.6.1985 – U Kart 10/84, WuW/E OLG 3613 (3615) – Elternsammelbestellung von Schulbüchern.

[560] BKartA 23.10.2019 – B6-69/19, NZKart 2020 277 f. – Decius Buchhandlung/Boysen & Mauke.

## CHEMIE

Bestimmte chemische Grundstoffe bilden einen eigenen Markt, da die aus ihnen gewonnenen Polyurethane und Polyester ganz bestimmte Qualitätsmerkmale aufweisen.[561]

Polykarbonatplatten bilden gegenüber Acrylglas wegen Unterschieden in Eigenschaften, Verwendungszweck und Preis einen eigenen Markt.[562]

Tensidalkohole bilden unabhängig von ihrer Qualität einen einheitlichen Markt[563] Unabhängig vom jeweiligen Verwendungszweck gehört flüssige Kohlensäure einem Markt an, dem die Substitutionsprodukte Stickstoff und Schweißmischgase auf Grund ihrer anderen technischen Eigenschaften nicht zugerechnet werden können.[564]

Kein umfassender Markt für Mineralsande, da diese von den Produzenten regelmäßig nicht unverarbeitet weiterveräußert werden, die in den Mineralsanden enthaltenen Mineral unterschiedlichen Verwendungszwecken dienen und deshalb jeweils unterschiedliche Vermarktungsbedingungen herrschen.[565]

Stickstoff bildet einen einheitlichen Markt unabhängig von seinem Verwendungszweck; Schweißmischgase und Kohlensäure sind anderen Märkten zuzurechnen; Teilmärkte bilden der Absatz von Stickstoff in Tanks und Flaschen an gewerbliche Abnehmer und Lieferungen in Rohrleitungen.[566]

Reagenziensätze mit Zubehör für verschiedene photometrische medizinische Laboruntersuchungen bilden trotz fehlender Austauschbarkeit hinsichtlich der Art der Untersuchung einen einheitlichen Markt auf Grund gegebener Angebotsflexibilität.[567]

Das Feld der Laborchemikalien ist in acht relevante Märkte zu untergliedern und zwar in die Produktkategorien allgemeine Reagenzien, analytische Fertigtests, Chromatographiematerialien, organische Forschungschemikalien, biochemische Produkte, Mikrobiologie, Diagnostica und Sonstiges.[568]

Beim Vertrieb von Chemikalien auf verschiedenen Vertriebsstufen – zum einen gegenüber Händlern (Handelsmarkt), zum anderen gegenüber Endabnehmern (Endkundenmarkt) – bilden diese Stufen zwei separate Märkte.[569]

## CHIP- UND MAGNETKARTEN

Die Herstellung und der Vertrieb von mit einem Chip oder Magnetstreifen ausgestatteten Kunststoffkarten für verschiedene Anwendungen wie zB Telefonkarten, Bankkarten oder Kreditkarten bilden einen einheitlichen Markt. Insbesondere ist dieser nicht nach der Sicherheitsrelevanz oder der Funktionalität der Karten weiter zu unterteilen.[570]

## DROGERIEARTIKEL

Der Vertrieb über Drogeriegeschäfte gehört laut BKartA nicht zum sachlich relevanten Markt des Lebensmitteleinzelhandels, sondern bildet einen eigenen sachlichen Markt;[571] der von Drogerien ausgehende Wettbewerb richte sich vornehmlich nur gegen andere Drogeriemärkte.

## DÜNGEMITTEL

Industriekali und Kali für die Landwirtschaft bilden getrennte Märkte. Der Markt „Kali für die Landwirtschaft" setzt sich zusammen aus Kali-Einzeldünger und Kali als Bestandteil

[561] KG 9.7.1974 – Kart 25/74, WuW/E OLG 1507 (1511) – Chemische Grundstoffe II.
[562] TB 1976, 67 – Zusammenschluss Bayer AG/Röhm GmbH.
[563] BKartA 8.12.1986 – B 3–429630-U-58/86, WuW/E BKartA 2247 – Hüls-Condea.
[564] BKartA 13.12.1985 – B 3–41 29 50-U-54/85, WuW/E BKartA 2213 (2214) – Linde-Agefko I.
[565] BKartA 21.11.2016 – B1–150/16, WuW 2017, 51 Rn. 57 – Chlorid-Rohstoffe.
[566] BKartA 2.8.1988 – B 3–412900-U-35/88, WuW/E BKartA 2319 (2320) – Messer Griesheim-Buse.
[567] TB 1976, 62 – Boehringer Mannheim.
[568] BKartA 3.5.1997 – B3-24664-U-132/96, WuW/E BKartA 2905 (2906) – Merck/KMF.
[569] BGH 26.1.2016 – KVR 11/15, NZKart 2016, 280 (282 ff.) – Laborchemikalien (zu Art. 101 AEUV).
[570] BKartA 18.4.2000 – B7-26/00, WuW/E DE-V 267 (268) – Chipkarten.
[571] BKartA 30.6.2008 – B2-333/07, WuW/E DE-V 1607 (1612) – Edeka/Tengelmann; dazu auch TB 2007/2008, 123; BKartA 19.5.2017 – B2-25/17, – EDEKA/Budnikowsky; kritisch auf Grund empirischer Daten Schröder/Mennenöh WuW 2013, 575 ff. (589).

von Mehrnährstoffdünger (NK/PK/NPK-Dünger). In diesen Markt sind die Mehrnährstoffdünger als solche jedoch nicht miteinzubeziehen.[572]

### EDELSTAHLBESTECKE

Ganz oder teilweise aus rostfreiem Edelstahl bestehendes Essbesteck bildet gegenüber Bestecken aus Silber oder solchen mit Silberauflage sowie namenlosen Billigprodukten einen eigenen Markt, da Silberbesteck nicht gleichermaßen robust ist und besonderer Pflege bedarf und Billigprodukte nur für einen zeitweiligen Gebrauch erworben werden.[573]

Die Austauschbarkeit von echt silbernem und versilbertem Besteck mit Edelstahlbesteck hängt nicht an der mangelnden Spülmaschinenfestigkeit von Silberbesteck, da dieses inzwischen ganz überwiegend als „spülmaschinenfest" angeboten wird. Echt silbernes und versilbertes Besteck ist vielmehr nicht mit Edelstahlbesteck austauschbar, weil eine ungebrochene Tradition besteht, echt silbernes und versilbertes Besteck für besondere Tage oder Anlässe vorzuhalten und außerdem als Wertanlage zu erwerben.[574]

### EINZELHANDELSVOLLSORTIMENTER

Versandhandel und stationärer Einzelhandel, je mit Vollsortiment, bilden den einheitlichen Markt der Einzelhandelsvollsortimenter.[575]

### EISENBAHNSCHWELLEN

Schwellen aus Holz und Stahl sind aus produktions- und verwendungstechnischen Gründen nicht austauschbar.[576]

### ELEKTRISCHE MODELLEISENBAHNEN

Elektrische Modelleisenbahnen bilden einen von den übrigen Spielsachen getrennten Markt.[577]

### ENERGIE

Ein eigener Markt besteht für die Erzeugung und den erstmaligen Absatz von Strom; dieser sog. **Stromerstabsatzmarkt** umfasst nach Ansicht des BKartAs „die gesamte, nicht nach dem Erneuerbare-Energien-Gesetz (EEG) geförderte inländische Stromerzeugung für die allgemeine Versorgung sowie Im- und Exporte", während die nach dem EEG geförderte inländische Stromerzeugung nicht einzubeziehen ist.[578] Denn die Preise für die Einspeisung von direktvermarkteten EEG-Anlagen sind von den Marktpreisen vollständig entkoppelt.[579]

Der Verteilermarkt für Großstromerzeuger, der Markt der Weiterverteiler und der Letztverbrauchermarkt bilden getrennte Märkte.[580] Im Bereich der Stromweiterleitung sind der regionale und der überregionale Weiterleitungsmarkt zu unterscheiden. Diese beiden Märkte verschmelzen jedoch, sobald funktionsfähiger Durchleitungswettbewerb den Markt öffnet und den Stadtwerken die Möglichkeit gibt, den Lieferanten frei zu

---

[572] BKartA 27.2.1997 – B 3–24130-U 103/96, WuW/E BKartA 2885 (2886) – PCS/Kali+Salz.

[573] BGH 25.6.1985 – KVR 3/84 (KG), WuW/E BGH 2150 (2153 f.); KG 9.9.1983 – Kart 19/81, WuW/E OLG 3137 (3142 f.) – Edelstahlbestecke.

[574] KG 16.4.1997 – Kart 2/96, WuW/E OLG 5879 (5880 ff.) – WMF/Auerhahn.

[575] TB 1975, 42 – Zusammenschluss Schwab AG/Otto AG.

[576] BKartA 21.4.1999 – B1-26661-U 275/98, WuW/E DE-V 145 (146) – Pfleiderer Coswig; krit. Monopolkommission Hauptgutachten XIII Tz. 492 ff.

[577] KG 4.2.1985 – Kart 2/84, WuW/E OLG 3501 (3502) – Märklin; OLG Hamburg 10.3.1988 – 3 U 33/87, WuW/E OLG 4495 – Märklin.

[578] BKartA 26.2.2019 – B8-28/19, NZKart 2019, 396 (397) – E.ON/RWE.

[579] BKartA 26.2.2019 – B8-28/19, NZKart 2019, 396 (398) – E.ON/RWE.

[580] KG 15.3.1979 – Kart 23/77, WuW/E OLG 2113 (2116) – Steinkohlenstromerzeuger; BKartA 30.6.1978 – B 8–823000-U-78/77, WuW/E BKartA 1727 (1728 ff.) – RWE-Energieversorgung Leverkusen; BKartA 29.7.1980 – B 8–82 00 00-U 132/79, WuW/E BKartA 1857 – VEBA-Stadtwerke Wolfenbüttel; BKartA 28.2.1983 – B 8–822000-U 183/82, WuW/E BKartA 2107 – Gasversorgung Schwanewede; BKartA 9.9.1983 – B 8–822000-U 79/83, WuW/E BKartA 2110 (2111) – Thüringer Gas-Westerland; BKartA 12.3.1999 – B8-40000-U-274/98, WuW/E DE-V 91 (92) – LEW; BKartA 2.8.2000 – B 8–269/99, WuW/E DE-V 401 (402) – Ansbacher Strommarkt; BKartA 11.10.2000 – B 8–109/00, WuW/E DE-V 367 (368) – Heide; BKartA 29.7.2002 – B 8–40000-U-23/02, WuW/E DE-V 685 (686) – ZEAG; BKartA 20.11.2003 – B 8–40000-Fa-84/03, WuW/E DE-V 837 (838 f.) – E.ON/Stadtwerke Lübeck.

wählen.[581] Nicht mehr in den Weiterverteilungsmarkt einzubeziehen sind der Stromabsatz an Stromhändler ohne eigene Vertriebsnetze als Querlieferungen auf Anbieterseite und der Stromhandel „neuer Art", der den virtuellen Handel mit Strom umfasst, da die hier gehandelten Mengen die physischen Strommengen oft um ein Vielfaches übersteigen.[582] Auf dem Letztverbrauchermarkt ist hinsichtlich der Abnehmer zwischen dem Markt für die Belieferung von Kleinkunden aus den Niederspannungsnetzen (unter 30.000 kWh jährlich) und dem Markt für die Belieferung von industriellen Sondervertragskunden aus den Mittelspannungs- und darüber liegenden Netzebenen zu unterscheiden[583] Die Zurverfügungstellung von Stromleitungsnetzen bzw. die Durchleitung von Strom bildet einen sachlichen Markt.[584] Auch das Angebot von sog. „qualifizierten Wegenutzungsrechten" iSd § 46 Abs. 2 EnWG zur Verlegung und zum Betrieb von Leitungen, die zum Netz der allgemeinen Versorgung mit Energie gehören, bildet einen sachlichen Markt, der räumlich auf das Gemeindegebiet begrenzt ist.[585] Ist das Gemeindegebiet weiter unterteilt, beschränkt sich der räumlich relevante Markt auf das Konzessionsgebiet.[586] Das aus Zählerbereitstellung, Verrechnung und Inkasso bestehende Leistungsbündel ist eine von der Netznutzung abtrennbare Leistung, die jedoch zum selben Produktmarkt gehört.[587]

Strom bildet einen eigenen Markt, da er nicht durch andere Energien ersetzt werden kann. Jedoch ist kein selbstständiger Teilmarkt für Steinkohlenstrom anzuerkennen, da die Steinkohle durch andere Primärenergien ersetzbar ist. Gleiches gilt für den Strom des Mittellastbereichs, da eine unterschiedliche Preisgestaltung allein die Annahme eines eigenständigen Marktes noch nicht rechtfertigt.[588]

Der Markt für Strom ist vom Markt für Telekommunikationsleistungen abzugrenzen.[589]

**Gas** bildet einen eigenen Markt,[590] der in den Markt für die erstmalige Belieferung von Weiterverteilern[591] und Letztverbraucher aufzugliedern ist.[592] Der Markt für Weiterverteiler teilt sich nicht mehr in die Erstbelieferung von Gasweiterverteilern durch Ferngasunternehmen und die Belieferung von lokalen Stadtwerken durch regionale Gasweiterleiter, sondern stellt einen einheitlichen Großhandelsmarkt für Erdgas (für H-Gas und L-Gas gemeinsam)

---

[581] BKartA 3.7.2000 – B8 U-309/99, WuW/E DE-V 301 (304) – RWE/VEW; BKartA 17.1.2002 – B 8–109/01, WuW/E DE-V 511 (522) – E.ON/Ruhrgas.

[582] BKartA 17.1.2002 – B 8–109/01, WuW/E DE-V 511 (522) – E.ON/Ruhrgas; BKartA 20.11.2003 – B 8–40000-Fa-84/03, WuW/E DE-V 837 (838 f.) – E.ON/Stadtwerke Lübeck.

[583] BKartA 3.7.2000 – B8 U-309/99, WuW/E DE-V 301 (304) – RWE/VEW; BKartA 26.1.2001 – B8–202/00, WuW/E DE-V 395 (397) – Schwäbisch Gmünd; BKartA 18.5.2001 – B 8–291/00, WuW/E DE-V 444 (446) – Stadtwerke Viersen; OLG München 18.10.2001 – Kart 1/00, WuW/E DE-R 790 (792) – Bad Tölz; BKartA 14.11.2001 – B 8–110/01, WuW/E DE-V 508 (509) – Harz Energie; BKartA 17.1.2002 – B 8 –109/01, WuW/E DE-V 511 (522) – E.ON/Ruhrgas; BKartA 29.7.2002 – B 8–40000-U-23/02, WuW/E DE-V 685 (686) – ZEAG.

[584] OLG Düsseldorf 22.4.2002 – VI-Kart 2/02 (V), WuW/E DE-R 914 (916) – Netznutzungsentgelt; OLG Düsseldorf 17.3.2004 – VI-Kart 18/03 (V), WuW/E DE-R 1439 (1442) – Stadtwerke Mainz.

[585] BGH 17.12.2013 – KZR 65/12, WuW/E DE-R 4139 – Heiligenhafen; BGH 17.12.2013 – KZR 66/12, NZKart 2014, 151 – Stromnetz Berkenthin.

[586] BKartA 28.1.2015 – B8–175/11 Rn. 73 – Titisee-Neustadt.

[587] OLG Düsseldorf 17.12.2003 – Kart 5/03 (V), WuW/E DE-R 1236 (1237 f.) – RWE Net.

[588] KG 15.3.1979 – Kart 23/77, WuW/E OLG 2113 (2116) – Steinkohlenstromerzeuger.

[589] OLG Düsseldorf 20.6.2002 – U Kart 69/01, WuW/E DE-R 1055 (1057) – Ruhrnet; BGH 4.11.2003 – KZR 16/02, WuW/E DE-R 1206 – Strom und Telefon I; BGH 4.11.2003 – KZR 38/02, WuW/E DE-R 1210 (1211) – Strom und Telefon II.

[590] BKartA 27.9.1978 – B 8–822000-U-92/78, WuW/E BKartA 1719 (1720); TB 1978, 93 – BP-Gelsenberg; BGH 29.4.2008 – KZR 2/07, WuW/E DE-R 2295 – Erdgassondervertrag.

[591] BKartA 17.1.2002 – B 8–109/01, WuW/E DE-V 511 (514) – E.ON/Ruhrgas; OLG Düsseldorf 7.11.2001 – U Kart 31/00, WuW/E DE-R 854 (859) – Stadtwerke Aachen; BGH 13.12.2005 – KVR 13/05, WuW/E DE-R 1726 (1728) – Stadtwerke Dachau.

[592] BKartA 23.3.1984 – B 8–822000-U-91/83, WuW/E BKartA 2157 – Energieversorgung Schwaben – Technische Werke Stuttgart; BKartA 14.10.1999 – B 8–40200-U-141/99, WuW/E DE-V 195 (197) – Westfälische Ferngas; BKartA 2.8.2000 – B 8–269/99, WuW/E DE-V 401 (402) – Ansbacher Strommarkt; BKartA 22.1.2002 – B 8–111/01, WuW/E DE-V 553 (556) – RWE Plus/Stadtwerke Düren; BKartA 18.12.2002 – B 8–107/02, WuW/E DE-V 707 (708) – Stadtwerke Eberswalde; BKartA 22.7.2004 – B 8–27/04, WuW/E DE-V 983 (985) – Mainova/Aschaffenburger Versorgungs-GmbH.

dar.[593] Dies wurde mit der gewichtigen Präsenz der Produzenten an den virtuellen Handelspunkten und deren betriebswirtschaftlichem Interesse an einer wettbewerblichen Großhandelsstufe begründet.[594] In räumlicher Hinsicht wird der **Gasgroßhandelsmarkt** nicht mehr netzbezogen, sondern **bundesweit** abgegrenzt.[595]

Bei Letztverbrauchern ist zwischen dem einheitlichen Markt für industrielle oder gewerbliche Großkunden[596] und dem Markt Haushalts- und Kleingewerbekunden (SLP-Kunden) zu unterscheiden.[597] Die Belieferung von SLP-Kunden wird zudem, analog zum Strombereich, in jeweils einen eigenen sachlichen Markt für die Belieferung von Grundversorgungs- und von Sondervertragskunden unterteilt.[598] Sondervertragskunden werden bundesweit abgegrenzt, während bei Grundversorgungskunden weiterhin eine netzbezogene Abgrenzung vorgenommen wird.[599]

Ein sachlicher Markt besteht für die Einräumung von Netznutzungsrechten bzw. für die Durchleitung von Gas.[600]

Elektrischer Strom, leichtes Heizöl, schweres Heizöl, feste Brennstoffe, Phthalsäureanhydrid und Para-Xylol bilden jeweils eigene Märkte.[601]

**Wärmeenergie für Haushalte** bildet einen einheitlichen Markt;[602] keine Abgrenzung von Teilmärkten (zB Wärme für Kochen, Raumbeheizung, Warmwasserbereitung), da der Umstand, dass Stromversorgungsunternehmen in wesentlichen Absatzbereichen ohne Wettbewerb sind, bei einer Verengung auf Teilmärkte, auf denen Wettbewerb besteht, keine Berücksichtigung fände.[603] Jedoch können verschiedene Märkte hinsichtlich der Energieart (Fernwärme oder Ölheizung) bestehen,[604] es sei denn, es geht um die erstmalige

---

[593] BKartA 26.2.2019 – B8-28/19, NZKart 2019, 396 (397) – E.ON/RWE; BKartA 23.10.2014 – B8–69/14 B 8–69/14, Rn. 79 – EWE/VNG; anders noch BKartA 17.1.2002 – B 8–109/01, WuW/E DE-V 511 (520) – E.ON/Ruhrgas; OLG Düsseldorf 20.6.2006 – VI-2 Kart 1/06 (V), WuW/E DE-R 1757 (1764) – E.ON-Ruhrgas.

[594] BKartA 23.10.2014 – B8–69/14 Rn. 87, 89, B 8–69/14– EWE/VNG.

[595] BKartA 26.2.2019 – B8-28/19, NZKart 2019, 396 (400) – E.ON/RWE.

[596] Bei Großkunden verwarf das BKartA die noch im Verfahren Gazprom/VNG vorgenommene Differenzierung des sachlichen Markts in einen Markt für die Belieferung durch überregionale und regionale Ferngasgesellschaften und große Weiterverteiler einerseits, sowie regionale und lokale Weiterverteiler andererseits, BKartA 23.10.2014 – B8–69/14 Rn. 159 ff., B 8–69/14 – EWE/VNG.

[597] BKartA 4.9.2000 – B8-132/00, WuW/E DE-V 360 (362) – Hein Gas; BKartA 3.4.2001 – B 8–263/00, WuW/E DE-V 460 (462) – Fair Energie; BKartA 28.2.2001 – B 8–279/00, WuW/E DE-V 467 (469) – easyplus; BKartA 14.11.2001 –B 8–110/01, WuW/E DE-V 508 (509) – Harz Energie; BKartA 17.1.2002 – B 8–109/01, WuW/E DE-V 511 (519) – E.ON/Ruhrgas; BKartA 22.1.2002 – B 8–111/01, WuW/E DE-V 553 (556) – RWE Plus/Stadtwerke Düren; BKartA 18.12.2002 – B 8–107/02, WuW/E DE-V 707 (708) – Stadtwerke Eberswalde.

[598] BKartA 23.10.2014 – B8–69/14 Rn. 167 ff., B 8–69/14 – EWE/VNG.

[599] BKartA 23.10.2014 – B8–69/14 Rn. 190 ff., B 8–69/14 – EWE/VNG.

[600] LG Dortmund 1.9.2000 – 13 O 134/00 Kart, WuW/E DE-R 565 (568) – Gashandel; OLG München 15.11.2001 – U (K) 3825/01, WuW/E DE-R 906 (907) – Nordbayerische Stromdurchleitung.

[601] BKartA 7.1.1974 – B 8–221000-UZ-33/73, WuW/E BKartA 1457 (1458) – Veba-Gelsenberg; siehe auch BKartA 28.10.1980 – B8-71 10 22-U 50/80, WuW/E BKartA 1840 – Texaco-Zerssen.

[602] BGH 23.6.2009 – KZR 21/08, WuW/E DE-R 2739 (2740) – Entega I; s. aber OLG Düsseldorf 23.2.2005 – VI U Kart 19/04, NJOZ 2005, 2184; OLG München 19.10.2006 – U (K) 3090/06, DE-R 1887 – Münchener Fernwärme, die sachliche Markabgrenzung wurde später von BGH 25.9.2007 – KZR 33/06, WuW/E DE-R 2267 für fehlerhaft eingestuft.

[603] BGH 12.12.1978 – KVR 6/77, WuW/E BGH 1533 (1535); KG 23.3.1977 – Kart 11/76, WuW/E OLG 1895 (1896 ff.); anders BKartA 9.3.1976 – B 8–822000–U–119/75, WuW/E BKartA 1647 (1648) – Erdgas Schwaben: Eigener Markt für elektrischen Strom, da dieser zu 80 % für Zwecke eingesetzt wird, für die andere Energieträger nicht verwendet werden. Ausdrückliche Abwendung des BKartA von der „Erdgas-Schwaben"-Entscheidung des BGH: BKartA 12.3.1999 – B8-40000-U-274/98, WuW/E DE-V 91 (93 f.) – LEW: Substitutionswettbewerb zwischen Strom und Gas findet im Bereich der Raumwärme kaum noch statt. Stromspeicherheizungen werden wegen ihrer relativen Unwirtschaftlichkeit kaum noch nachgefragt. Auch die Stromanbieter selbst propagieren diese Anlagen nicht mehr. Es bleibt ein rudimentärer Substitutionswettbewerb zwischen Strom und Gas in erster Linie bei der Warmwasserbereitung.

[604] BGH 21.10.1986 – KVR 7/85, WuW/E BGH 2309 (2310 f.); OLG Hamburg 2.5.1985 – 3/OWi Kart 1/82, WuW/E OLG 3650 – Glockenheide: selbstständiger Markt für die Lieferung von Fernwärme; auch BGH 9.7.2002 – KZR 30/00, WuW/E DE-R 1006 – Fernwärme Börnsen.

oder die Neuinstallation eines Heizsystems.[605] Innerhalb des Marktes für **Fernwärme** wird zwischen einem Markt für die Belieferung von Endverbrauchern und einem solchen für große Weiterverteiler unterschieden[606]; die konkrete Abgrenzung müsse aber einzelfallbezogen erfolgen.[607] Zu dem gesonderten Markt der Versorgung von **Großkunden** mit Fernwärme gehört auch das Wärmecontracting.[608]

Einen eigenen Markt bildet das „**Submetering**". Darunter werden Dienstleistungen und Waren verstanden, die der **verbrauchsabhängigen Erfassung von Heiz- und Warmwasserkosten** und der anteiligen Abrechnung unter den Hausbewohnern dienen. Dazu gehören sowohl das Ablesen der Geräte und die Abrechnung als auch der Verkauf und die Vermietung von Heizkostenverteilern. Das dem „Submetering" vorgelagerte „**Metering**" ist jedoch einem anderen Markt zuzuordnen. Darunter werden Dienstleistungen verstanden, die im Zusammenhang mit der Erfassung und Abrechnung von **Kosten am Hausanschluss** erbracht werden.[609]

**Wechselstromgeneratoren** bilden einen eigenen Markt. Dieser kann weiter anhand von Leistungsklassen, anhand des zugehörigen Antriebsmotors oder nach Drehzahlen untergliedert werden.[610]

Errichtung, Erwerb, Pacht und Betrieb von **Arealnetzanlagen** bilden einen eigenen sachlichen Markt, der dem Netzbetrieb nachgelagert ist.[611]

Das Merkmal des Bezugs von Strom auf Eigenerzeugerbasis durch entsprechende Kraftwerksbeteiligungen führt nicht zur Abgrenzung eines besonderen sachlich relevanten Marktes für physische und virtuelle Kraftwerksbeteiligungen, der relevante Markt ist der Erstabsatzmarkt für Strom.[612]

### ENTWÄSSERUNGSTECHNIK

Schachtabdeckungen aus Guss/Beton und Punktentwässerungen bilden jeweils eigene Märkte.[613]

### ERSATZTEILE

Originalersatzteile bilden sowohl gegenüber der Hauptware als auch gegenüber Ersatzteilen anderer Fabrikate einen selbstständigen Markt, da Reparaturunternehmen auf Originalersatzteile angewiesen sind.[614] In den Ersatzteilmarkt für Fahrzeuge einer bestimmten

---

[605] BGH 9.7.2002 – KZR 30/00, WuW/E DE-R 1006 (1009) – Fernwärme Börnsen; für einen einheitlichen Energielieferungsmarkt hinsichtlich Alt- und Neukunden jedoch OLG München 19.10.2006 – U (K) 3090/06, WuW/E DE-R 1887 f.

[606] Abschlussbericht des Bundeskartellamts zur Sektoruntersuchung Fernwärme 23.8.2012, Rn. 172 ff.; zuletzt BKartA 13.2.2017 – B8–30/13, BeckRS 2017, 129009 Rn. 20 – innogy; BKartA 13.2.2017 – B8–31/13, BeckRS 2017, 129012 Rn. 19 – Danpower.

[607] Abschlussbericht des Bundeskartellamts zur Sektoruntersuchung Fernwärme 23.8.2012 (www.bundeskartellamt.de), Rn. 172 ff.; BKartA 15.10.2015 – B8–34/13, WuW 2016, 97 Rn. 22 – Stadtwerke Leipzig.

[608] OLG Rostock 5.3.2020 – 16 U 1/18, NZKart 2020, 331 f. – Fernwärmeliefervertrag.

[609] BKartA 23.5.2002 – B 10–177/01, WuW/E DE-V 618 (619) – Viterra/Brunata.

[610] BKartA 10.10.2001 – B 7–127/01, WuW/E DE-V 537 (538 ff.) – Newage/AVK.

[611] OLG Düsseldorf 11.6.2003 – Kart 7/03, WuW/E DE-R 1179 (1181) – Stromcontracting; BKartA 8.10.2003 – B11–40 100-T-12/03, WuW/E DE-V 811 (814 f.) – GETEC net; OLG Düsseldorf 8.12.2003 – Kart 35/03 (V), WuW/E DE-R 1246 (1248) – GETEC net; OLG Düsseldorf 23.6.2004 – VI-Kart 35/03 (V), WuW/E DE-R 1307 (1308) – GETECnet; BGH 28.6.2005 – KVR 27/04, WuW/E DE-R 1520 (1524) – Arealnetz.

[612] OLG München 18.7.2019 – NZKart 2019, 605 (606) – Virtuelle Kraftwerksscheibe; anders noch OLG München 27.4.2017 – U 3922/15 Kart, NZKart 2017, 599 – Virtuelle Kraftwerk.

[613] BKartA 16.12.1999 – B 5–28 112-U-73/99, WuW/E DE-V 283 (284) – Bilfinger + Berger/Buderus.

[614] BGH 26.10.1972 – KZR 54/71, WuW/E BGH 1238 (1241) – Registrierkassen; BGH 22.10.1973 – KZR 22/72, WuW/E BGH 1288 (1291) – EDV-Ersatzteile; BGH 23.2.1988 – KVR 2/87, WuW/E BGH 2479 (2480 f.) – Reparaturbetrieb; BGH 21.2.1989 – KZR 3/88, WuW/E BGH 2589 (2590) – Frankiermaschinen; BGH 27.4.1999 – KZR 35/97, WuW DE-R 357 – Feuerwehrgeräte; OLG Frankfurt a. M. 17.3.1977 – 6 (U) 159/76, WuW/E OLG 1842 (1843) – Brennerreparaturen; OLG Düsseldorf 28.8.1979 – Kart 3/79 OWi, WuW/E OLG 2163 und BGH 12.2.1980 – KRB 4/79, WuW/E BGH 1729 – Ölbrenner; OLG Düsseldorf 10.12.1991 – U Kart 12/91, WuW/E OLG 4901 (4904) – Dehnfolienverpackungsmaschinen; KG 23.1.1992 – Kart 24/89, WuW/E OLG 4951 (4965) – Kälteanlagen-Ersatzteile; BKartA 21.3.1979 – B 7–33 30 00-RTV-84/76, WuW/E BKartA 1781 (1782) – Identteile; anders früher OLG Frankfurt a. M.

Marke sind dabei grundsätzlich neben den mit der Marke des Kfz-Herstellers versehenen Original-Teilen (OEM-Teilen) auch die von Original-Teile-Anbietern (Zulieferern) produzierten und vertriebenen Original-Teile (OES-Teile) sowie die von anderen Teile-Herstellern angebotenen Teile, die den Original-Teilen qualitativ gleichwertig sind (Ident-After-Market-Teile, IAM)einzubeziehen.[615]

Endverbraucher- und Großhandelsmarkt bilden getrennte Märkte.[616] Der freie Sortimentsgroßhandel mit PKW-Ersatzteilen stellt einen eigenen Markt gegenüber dem Angebot von OEM-/OES-Ersatzteilen sowie dem Angebote von Fachhändlern, die nur Teilsortimente vertreiben, dar.[617]

## FACTORING
Das Factoring-Geschäft bildet gegenüber anderen Formen der kurzfristigen Fremdfinanzierung wegen der damit verbundenen zusätzlichen Dienstleistungen wie Beratung und Inkasso einen eigenen Markt.[618]

## FERNGLÄSER
Ferngläser eines bestimmten Typs bilden allein deswegen, weil dieser Typ von anderen Herstellern nicht angeboten wird, noch keinen selbstständigen Markt. Jedoch ist ein eigener Markt für Markengläser sowie für sog. namenlose Billigprodukte anzuerkennen.[619]

## FERTIGGERICHTE
Nassfertiggerichte bilden gegenüber Tiefkühl-, Trocken- und Teilfertiggerichten sowie Dosensuppen einen eigenen sachlichen Markt, zu dem auch Ravioli gehören.[620]

## FRUCHTZUBEREITUNGEN
Fruchtzubereitungen bilden einen eigenen Markt, auf dem nicht zwischen solchen für Molkereiprodukte und solchen für Backwaren zu unterscheiden ist.[621]

## FUSSBALLKARTEN
Bei einem Fußballspitzenspiel im Rahmen der Teilnahme an einem internationalen Wettbewerb beschränkt sich der sachlich relevante Markt auf die hierfür ausgegebenen Eintrittskarten. Serienspiele im Rahmen der Bundesliga, andere Fußballereignisse, gewerbliche Leistungen für alle Freizeitaktivitäten der Bevölkerung oder auch die Möglichkeit, eben jenes Spitzenspiel live am Fernseher zu erleben, sind damit nicht austauschbar.[622]

## GABELSTAPLER
Gegengewichtsgabelstapler gehören einem eigenen Markt, getrennt von anderen Transportmitteln und anderen Flurförderzeugen, insbesondere Hochhubwagen und Schubmaststaplern, an.[623]

## GASBETONSTEINE
Gasbetonsteine bilden einen eigenen Markt; sie sind nicht mit anderen Wandbaustoffen austauschbar.[624]

---

15.7.1971 – 6 U Kart 117/70, WuW/E OLG 1180 (1183) – Registrierkassen: Ersatzteile und Hauptware bilden einheitlichen Markt.

[615] BGH 6.7.2021 – KZR 35/20, NZKart 2021, 574 Rn. 62 – Porsche Tuning II unter Hinweis auf Kommission, Ergänzende Leitlinien für vertikale Beschränkungen in Vereinbarungen über den Verkauf und die Instandsetzung von Kraftfahrzeugen und den Vertrieb von Kraftfahrzeugersatzteilen, ABl. 2010, C-138/5 Rn. 15.

[616] BKartA 21.3.1979 – B 7–33 30 00-RTV-84/76, WuW/E BKartA 1781 (1782) – Identteile.

[617] BKartA 13.8.2015 – B9–48/15, BeckRS 2016, 09317 – Großhandel mit KFZ Ersatzteilen.

[618] TB 1975, 43 – Deutsche Genossenschaftskasse.

[619] OLG Stuttgart 12.8.1977 – 2 U Kart 28/77, WuW/E OLG 1889 (1890 ff.) – Ferngläser.

[620] KG 7.11.1985 – Kart 6/85, WuW/E OLG 3759 (3760 f.) – Pillsbury-Sonnen-Bassermann.

[621] BKartA 21.4.2004 – B 2–160/03, WuW/E DE-V 923 (924) – Agrana/Atys; OLG Düsseldorf 17.11.2004 – VI-Kart 13/04 (V), WuW/E DE-R 1435 ff. – Agrana/Atys.

[622] BGH 26.5.1987 – KVR 4/86, WuW/E BGH 2406 (2408) – Inter Mailand-Spiel.

[623] KG 22.3.1990 – Kart 6/89, WuW/E OLG 4537 (4550 f.) – Linde-Lansing.

[624] KG 27.1.1984 – Kart 3/83, WuW/E OLG 3254, 3256 f. – Gasbeton.

## GARANTIELEISTUNGEN

Werden beim Verkauf einer Ware Garantieansprüche eingeräumt, so existiert für diese Garantieleistungen kein eigener Markt[625] Dies gilt auch im Automobilsektor, wenn spezielle Serviceleistungen nur von Vertragswerkstätten angeboten werden.[626]

## GETRÄNKE

Weinbrand bildet gegenüber Armagnac und Brandy wegen Unterschieden in Preis, Alkoholgehalt und Geschmack einen selbstständigen Markt.[627] Der Beschaffungsmarkt unter dem Oberbegriff „Schaumwein" bildet einen eigenen Markt gegenüber Wein.[628]

Für Fass- und Flaschenbier bestehen getrennte Märkte.[629]

Sog. Premium-Biere bilden keinen selbstständigen Markt, da sie mit anderen Bieren Pilsener Brauart austauschbar sind.[630]

Hinsichtlich der Vertriebsseite ist bei Bier zwischen den Teilmärkten für den Absatz an die Gastronomie und den Absatz an den Lebensmittelhandel uä zu unterscheiden.[631]

Heil- und Mineralwasser gehören verschiedenen Märkten an.[632]

Der alkoholfreie Getränkemarkt ist kein einheitlicher Markt; vielmehr bilden Fruchtsaftgetränke, Limonaden und Brausen je eigene Märkte. Außerdem ist nach den beiden Vertriebswegen Gastronomie und Lebensmittelhandel zu differenzieren.[633]

Innerhalb des Marktes für die Befüllung von Kohlensäurezylindern zum Einsatz in Besprudelungsgeräten bilden die einzelnen Zylindergrößen keine separaten Teilmärkte. Nicht mit in den Markt einzubeziehen ist verkaufsfertiges Mineralwasser.[634]

Getränkeabholmärkte wiederum gehören zum sachlich relevanten Markt des Lebensmitteleinzelhandels, da ein Großteil der Kunden ihren Bedarf an Getränken über beide Vertriebswege abdeckt.[635]

## GETRIEBE

Automatische Getriebe für Nutzfahrzeuge über 6 t zulässigen Gesamtgewichts bilden einen eigenen sachlich relevanten Markt in Abgrenzung zu mechanischen Getrieben sowie automatisierten mechanischen Getrieben und Lastschaltgetrieben für Baumaschinen als auch im Verhältnis zu vollautomatischen Pkw-Getrieben.[636]

## GROSSHANDEL

Der Abhol- und Zustellgroßhandel stellt einen einheitlichen Markt dar.[637]

## GRUNDSTÜCKE

Speditionsgeeignete Grundstücke mit Gleisanschluss bilden einen eigenen Markt.[638]

## HAFEN- UND FÄHRDIENSTE

Die Bereitstellung von Hafeneinrichtungen für den Betrieb eines Fährdienstes ist ein sachlich relevanter Markt.[639]

---

[625] BGH 10.11.1987 – KZR 15/86, WuW/E BGH 2451 (2452 ff.) – Armbanduhren.

[626] BGH 30.3.2011 – KZR 6/09, WuW/E DE-R 3303 – MAN -Vertragswerkstatt.

[627] KG 7.2.1975 – Kart 36/74, WuW/E OLG 1581 (1583) – Provision für Bedienungsfachgroßhandel.

[628] BKartA 3.7.2014 – B2–58/09, BeckRS 2014, 123417 Rn. 140 – Edeka Konditionenforderungen.

[629] OLG Koblenz 14.7.1982 – 6 U 632/81, WuW/E OLG 2898 (2899) – Bitburger-Pils.

[630] OLG Düsseldorf 16.10.1979 – U Kart 7/79, WuW/E OLG 2133 – Premiumbier; BKartA 26.4.2000 – B 2–8/00, WuW/E DE-V 286 (287) – Holsten/König.

[631] BKartA 26.4.2000 – B 2–8/00, WuW/E DE-V 286 (287) – Holsten/König.

[632] OLG Düsseldorf 6.11.1981 – U Kart. 6/81, WuW/E OLG 2631 (2633) – Heilwasser.

[633] TB 1977, 71 – Erwerbsvorgänge der Pepsi-Cola GmbH.

[634] OLG Düsseldorf 14.3.2007 – Kart 5/06, WuW/E DE-R 1935 (1936 ff.) – Soda-Club; BGH 4.3.2008 – KVR 21/07, WuW/E DE-R 2268 – Soda Club II.

[635] BKartA TB 2009/2010, 29 (69, 71) – Edeka/Trinkgut.

[636] BKartA 15.4.1993 – B 5–333330 -U 117/92, WuW/E BKartA 2521 (2526 f.) – Zahnradfabrik Friedrichshafen/Allison.

[637] BKartA 1.7.2019 – B2-55/19, NZKart 2019, 450 – Handelshof/Edeka.

[638] OLG München 10.3.2005 – U (K) 1672/04, WuW/E DE-R 1464 (1466) – Nürnberger Hafengelände.

[639] BKartA 21.12.1999 – B9-63220-T-199/97 und T-16/98, WuW/E DE-V 253 (255 f.) – Puttgarden; OLG Düsseldorf 25.4.2000 – Kart 3/00 (V), WuW/E DE-R 472 – Puttgarden; OLG Düsseldorf 2.8.2000 –

### HAUSHALTSFOLIE

Es bestehen jeweils eigene Märkte für Aluminiumfolie, Frischhaltefolie, Gefrierbeutel, Frischhalte-/Frühstücksbeutel, Backpapier und Bratfolie.[640] Anders das KG: Aluminiumfolie, Frischhaltefolie, Gefrierbeutel und Frischhalte-/Frühstücksbeutel sind im Hinblick auf ihre übereinstimmende Funktion, Lebensmittel aufzubewahren und sie gegen Beeinträchtigungen zu schützen, aus der Sicht der Verbraucher ohne Weiteres austauschbar. Die Beutel stellen nur besondere Ausgestaltungen der Folien dar und ersparen das ansonsten erforderliche Einwickeln. Sie bilden alle einen Markt. Backpapier, Bratfolie und Müllbeutel dienen dagegen gänzlich anderen Verwendungszwecken und sind daher weder mit den anderen Waren noch untereinander austauschbar.[641]

### HOLZ

Rohspanplatten bilden einen eigenen Markt, der von dem Markt für beschichtete Spanplatten abzugrenzen ist.[642]

### HÖRGERÄTE

Der Absatz von Hörgeräten über Hörgeräteakustiker und über HNO-Ärzte stellt keinen einheitlichen Markt dar.[643]

### HYGIENE

Tampons bilden gegenüber Monatsbinden wegen Unterschieden in Beschaffenheit, Art der Verwendung und Preis einen eigenen Markt.[644] Dieser Markt kann wiederum in einen Markt für Digitaltampons und Applikatortampons (ohne bzw. mit Einführhilfe) untergliedert werden.[645]

Alle Nassrasurprodukte zählen zu einem einheitlichen Markt, also die klassische zweischneidige Klinge, die Systemklingen mit starrem und beweglichem Kopf und die Einwegrasierer. Die Nassrasur und die Trockenrasur zählen zu unterschiedlichen Märkten.[646]

Rasierer in Form von Eigenmarkenprodukten sind von Herstellermarkenprodukten abzugrenzen. Eine weitere Unterteilung in Produkte für Frauen und Männer oder Einweg- und Systemrasierer ist nicht sachgerecht.[647]

### INDUSTRIEFÄSSER

Die Vergabe von Lizenzen an einem Patent für ein Industrie-Spundfass bildet einen sachlichen Markt, wenn durch eine Industrienorm oder ein anderes Regelwerk die Gestaltung des Fasses so vorgegeben ist, dass nicht diesem Standard entsprechende Fässer praktisch unverkäuflich sind.[648]

### INDUSTRIEPUMPEN

Im Bereich der Industriepumpen erfolgt die Marktabgrenzung nach Bauarten. Es werden Zentrifugen- bzw. Kreiselpumpen, oszillierende Verdrängerpumpen und rotierende Verdrängerpumpen unterschieden.[649]

### INFORMATIONSTECHNOLOGIE

Aktive Komponenten von Datennetzwerken (zB Routers, Switches, Hubs etc) bilden einen einheitlichen Markt.[650]

---

Kart 3/00 (V), WuW/E DE-R 569 – Puttgarden II; BGH 8.5.2001 – BGH KVZ 23/00, WuW/E DE-R 703 – Puttgarden II.
[640] BKartA 14.4.1989 – B 3–581100-U-137/88, WuW/E BKartA 2370 (2372 f.) – Melitta-Kraft.
[641] KG 23.5.1991 – Kart 13/89, WuW/E OLG 4771 (4777) – Folien und Beutel oder Frapan.
[642] BKartA 23.7.2021 – B1-71/21, NZKart 2021, 525 – Spanplatten.
[643] BGH 20.4.2010 – KVR 1/09, WuW/E DE-R 2905 – Phonak/GN Store.
[644] BKartA 18.11.1974 – B 8–464000-U-259/74, WuW/E BKartA 1561 (1563 ff.) – o. b.
[645] BKartA 2.3.2004 – B 10–102/03, WuW/E DE-V 905 (906 f.) – Onex/Rostam.
[646] BKartA 23.7.1992 – B 5–387100-U 42/90, AG 1992, 363 – Gillette/Wilkinson.
[647] BKartA 11.2.2020 – B5-149/19, NZKart 2020, 216 (217) – Harry's Inc./Edgewell Personal Care Company.
[648] BGH 13.7.2004 – KZR 40/02, WuW/E DE-R 1329 (1331) – Standard-Spundfass II.
[649] BKartA 14.7.2000 – B 4–29120-U-45/00, WuW/E DE-V 331 (332) – Flowserve/Ingersoll-Dresser.
[650] BKartA 3.3.2000 – B7-30020-U-221/99, WuW/E DE-V 227 (228) – Cisco/IBM.

Ein sachlich relevanter Markt von Mainframe-Infrastruktur-Outsourcing (Cloud Computing, Auslagerung von digitaler Infrastruktur) ist von einem Markt für Mainframe-Applikations-Outsourcing zu unterscheiden.[651]Kohärente digitale Signalprozessoren/DSPs, optische Halbleiter/PICs sowie eingebettete und steckbare kohärente optische Verbindungsmodule/Transceiver bilden jeweils eigene Märkte.[652]

### INTERNET- UND ONLINEDIENSTE/-PLATTFORMEN

**Onlinedienste,** die den Zugang zum Internet vermitteln, bilden einen einheitlichen Markt, der vom Markt für Festnetzanschlüsse (ISDN-Anschlüsse) zu unterscheiden ist.[653] Internet-Marktplätze oder **Online-Plattformen** bilden einen eigenen Markt.[654] Davon sind die Märkte für die gehandelten Produkte und Dienstleistungen abzugrenzen. Innerhalb dieser Märkte ist bei B2B-Plattformen wiederum nach branchenspezifischen Produkten, MRO-Produkten („Maintainence Repair Operations") und Produkten, die spezifische Eigenschaften in Zusammenhang mit dem Internet aufweisen, zu unterscheiden.[655] Bei zwei- oder mehrseitigen Plattformen sind die Märkte im Ausgangspunkt getrennt zu beachten, auch wenn zwischen ihnen Wechselbeziehungen bestehen.[656] Die Abgrenzung eines einheitlichen Marktes kommt in Betracht, wenn auf den unterschiedlichen Plattformseiten im Wesentlichen die gleichen Wettbewerbsbedingungen herrschen. Das ist grundsätzlich zu erwarten, wenn der Bedarf verschiedener Nutzergruppen in entsprechender Weise auf die Vermittlungsleistung gerichtet ist und daher wechselseitig positive indirekte Netzwerkeffekte eintreten (vgl. hierzu im Einzelnen → Rn. 73 ff.).

**Online – und Offline Werbung** stellen trotz Konvergenz der Medienmärkte[657] zwei getrennte sachliche Märkte dar.[658] Aus Sicht der Werbekunden ist keine Austauschbarkeit gegeben, da es zu geringeren Streuverlusten durch das Pay-per-Click-Verfahren kommt und die Wirksamkeit der Online-Werbung mittels eines Berichtsystems gemessen werden kann.[659] Die Werbeflächen können weiter in suchgebundene und nicht-suchgebundene Werbung differenziert werden.[660] Erstere bietet ein spezielles Targeting anhand des aktuellen Nutzerinteresses.[661] Zu fragen ist, ob die Zielgenauigkeit der Werbung über die Substituierbarkeit für die Marktgegenseite entscheidet.[662]

Ob horizontale nicht-spezialisierte **Suchmaschinen** und vertikale, dh spezielle Suchdienste wie eBay, Amazon oder das Reiseportal EXPEDIA, substituierbar sind, ist zweifel-

---

[651] BKartA 4.6.2019 – B7-50/19, NZKart 2019, 401 (402) – IBM/T-Systems.

[652] BKartA 11.11.2019 – B7-205/19, S. 2 – Cisco/Acacia.

[653] BGH 30.3.2004 – KZR 1/03, WuW/E DE-R 1283 (1286) – Der Oberhammer (zur Kopplung von ISDN-Anschluss und Internetzugang).

[654] Vgl. BKartA Fallbericht 17.7.2019 – B2-88/18, NZKart 2019, 444 (448) (Amazon.de) (sachlich relevanter Markt für die Erbringung von Online-Marktplatzdienstleistungen).

[655] BKartA 26.1.2001 – B 3-110/00, WuW/E DE-V 423 (424 f.) – RubberNetwork.com; vgl. auch BKartA 25.9.2000 – B 5-34100-U 40/00, WuW/E DE-V 321 (323) – Covisint; BKartA 26.3.2001 – B 5-14/01, WuW/E DE-V 449 – DaimlerChrysler/T-Online.

[656] OLG Düsseldorf 5.12.2018– VI-Kart 3/18 (V), NZKart 2019, 53 (54) – Ticketvertrieb; vgl. auch BGH 23.6.2020 – KVR 69/19, NZKart 2020, 473 Rn. 42 – Facebook; LG München 12.5.2021 – 37 O 32/21, NZKart 2021, 370 – Amazon Kontosperrung I.

[657] Jungheim, Medienordnung und Wettbewerbsrecht, D. 4, S. 508 ff.

[658] BKartA 8.9.2015 – B6–126/14; BeckRS 2016, 1138 Rn. 147– Google/VG Media; kritisch Monopolkommission Sondergutachten 68 Rn. 141.

[659] KOMM. 11.3.2008 – COMP/M.4731 Rn. 45 BeckRS 2010, 30151 – Google/DoubleClick; Weber S. 188.

[660] Suchgebundenen Werbung: Werbung, die einer Suchmaschine auf eine Suchanfrage des Nutzers hin Kontext der angezeigten Suchergebnisse ebenfalls anzeigt. Nicht-suchtgebundene Werbung: die übrigen online-Werbeformen, Display Werbung.

[661] Im Ergebnis aber offen gelassen BKartA 8.9.2015 – B6–126/14; BeckRS 2016, 1138 Rn. 151 – Google/VG Media; Monopolkommission Sondergutachten 68 Rn. 117 ff., ebenso KOMM. 11.3.2008 – COMP/M.4731 Rn. 48 ff. BeckRS 2010, 30151 – Google/DoubleClick; 18.2.2010 – COMP/M.5727 Rn. 71 ff. – Microsoft/Yahoo!Search Business und 3.10.2014 – COMP/M.7217 Rn. 79 – Facebook/WhatsApp.

[662] So auch Monopolkommission Sondergutachten 68 Rn. 139.

haft.[663] Für eine Trennung horizontaler und vertikaler Suchmaschinen spricht, dass sich die Geschäftsmodelle hinter den beiden Typen häufig unterscheiden.[664] In Fällen der spezialisierten Suche besonderer Inhalte, wie etwa wissenschaftlicher Publikationen, ist keine Austauschbarkeit gegeben.[665]

In ganz ähnlicher Form gilt das für **soziale Netzwerke,** die wie Facebook ganzheitliche Leistungsangebote wie Kommunikation, Kontakte („Freundschaften"), Profile und das Teilen von Inhalten anbieten und solche Dienste, die nur Teilbereiche wie den Chat oder Fotosharing bedienen.[666] Ebenso sind aufgrund des Netzwerkcharakters die direkten identitätsbasierten Netzwerkeffekte bei der Frage der Substituierbarkeit zu berücksichtigen.[667] In seiner Facebook-Entscheidung hat das BKartA einen nationalen Markt für private soziale Netzwerke abgegrenzt, der sich **von beruflichen Netzwerken** (wie LinkedIn oder Xing) **unterscheidet.**[668] Sind in einem Netzwerk nur wenige Nutzer aufzufinden, handelt es sich trotz gleicher Funktionalität aufgrund des erheblich geringeren Nutzens nicht um ein Substitut. Fraglich ist, inwieweit von einer kumulativen Nutzung (sog. Multihoming) auf mangelnde Substituierbarkeit geschlossen werden kann, wenn dieses Phänomen wegen der Unentgeltlichkeit als Teil der Internetkultur anzusehen ist.[669]

Zu dem Markt für **Hotelbuchungsportale**gehören weder die Buchungsmöglichkeiten über die hoteleigene Webseite noch Metasuchmaschinen, spezialisierte Internetportale, Online-Reisebüros oder Portale von Reiseveranstaltern.[670]

Zum einheitlichen Markt der **(Online)-Dating-Plattformen** gehören sowohl Partnervermittlungs- und Singlebörsen als auch Dating-Apps.[671]

KABELNETZE

Die **Zurverfügungstellung des Kabelanschlusses** und die Belieferung mit Fernseh- und Hörfunksignalen gegenüber Endkunden bilden einen Markt **(Signalmarkt).** Zu diesem gehören nicht Internet- und Telefonieangebote, Teleshopping oder andere Teledienste.[672] Der einheitliche (Angebots-)Markt für die leitungsgebundene Versorgung mit analogen und digitalen Rundfunksignalen (Signalmarkt) ist nicht nach Kundengruppen aufzuteilen. Einzelnutzerverträge und Gestattungsverträge, die mit Wohnungsbaugesellschaften uä abgeschlossen werden und somit einen Mehrfachzugang erlauben, bilden keine unterschiedlichen Märkte.[673] In räumlicher Hinsicht sind regionale Märkte entsprechend den Netzgebieten der Regionalgesellschaften anzunehmen.[674] Zwischen Satelliten- und DVB-T-Versorgung einerseits und Kabelversorgung andererseits ist dagegen zu unterscheiden.[675]

---

[663] Die Monopolkommission geht im Sondergutachten 68 Rn. 194 von einer teilweisen Substituierbarkeit aus, ebenso Kersting/Dworschak, ifo Schnelldienst 16/2014, 8.

[664] KOMM. 27.6.2017 – COMP/AT.39740, – Google Search (Shopping). Im Ergebnis offen gelassen BKartA 8.9.2015 – B6–126/14; BeckRS 2016, 1138 Rn. 143 – Google/VG Media.

[665] Ebenso Heinemann, Google als kartellrechtliches Problem, S. 25; Dewenter/Rösch/Terschüren NZKart 2014, 387 (392).

[666] So auch Klotz WuW 2016, 58 (61); BKartA 19.12.2017, Hintergrundinformationen zum Facebook-Verfahren, S. 3.

[667] BKartA 19.12.2017, Hintergrundinformationen zum Facebook-Verfahren, S. 3.

[668] BKartA 6.2.2019 – B6–22/16; BeckRS 2019, 4895 Rn. 212 ff.; vgl. auch BKartA Fallbericht v. 15.2.2016, S. 4 ff.; Pressemitteilung v. 7.2.2019, sämtlich abrufbar unter www.bundeskartellamt.de; bestätigt durch BGH 23.6.2020 – KVR 69/19, NZKart 2020, 473 (475) – Facebook II.

[669] So aber Klotz WuW 2016, 58 (61).

[670] OLG Düsseldorf 9.1.2015 – NZKart 2016, 148 (149) – Bestpreisklausel.

[671] BKartA 6.7.2020 – B6-29/20, NZKart 2020, 453 – Zusammenschluss von Online-Dating-Plattformen; BKartA 22.10.2015 – B6-57/15, WuW 2016, 32 Rz. 16.

[672] BKartA 22.2.2002 – B 7–168/01, WuW/E DE-V 558 (560) – Liberty/VIOLA (zweifelhaft).

[673] OLG Düsseldorf 14.8.2013 – VI-Kart 1/12 (V), WuW/E DE-R 4050 = NZKart 2013, 465 – Liberty Global/Kabel BW.

[674] OLG Düsseldorf 14.8.2013 – VI-Kart 1/12 (V), WuW/E DE-R 4050 = NZKart 2013, 465 Rn. 91 ff.; zust. Melcher WuW 2014, 389 (392).

[675] OLG Düsseldorf 14.8.2013 – VI – Kart 1/12 (V), WuW/E DE-R 4050 = NZKart 2013, 465 – Liberty Global/Kabel BW.

Diesem Markt **vorgelagert** ist der Markt für die **Nachfrage einer Einspeisung von Programmsignalen in die Breitbandkabelnetze.** [676] Die Kabelnetzbetreiber sind hierbei Anbieter, Rundfunk- und Fernsehsender Nachfrager.[677] Die Programmübertragung über Breitbandkabelnetze stellt dabei einen von der Übertragung via Satellit oder terrestrischen Alternativen getrennten Markt dar.[678] Räumlich ist der Nachfragemarkt zumindest bundesweit abzugrenzen,[679] da keine Begrenzung auf das einzelne Kabelnetz vorliegt, sondern alle Sender dem Markt zuzurechnen sind.[680]

Von diesem Nachfragemarkt abzugrenzen ist der **Angebotsmarkt für die Einräumung von Kabelweitersenderechten,** auf dem sich die Sendeanstalten und Programmveranstalter als Anbieter und die Kabelnetzbetreiber als Nachfrager gegenüberstehen.[681] Räumlich sind hierbei im Gegensatz zum Nachfragemarkt regionale Märkte entsprechend der Begrenzung auf das einzelne Kabelnetz gegeben.

Die Nachfrage nach einem physischen Zugang zu Rohrzügen innerhalb von **Kabelkanalanlagen** (Schächten) zur Verlegung von Breitbandkabeln bildet einen **eigenständigen Markt.**[682]

## KÄLBERZUCHTFUTTER (MILCHAUSTAUSCHFUTTERMITTEL)

Null-Austauscher und magermilchpulverhaltige Milchaustauschfuttermittel mit einem Magermilchpulveranteil von mehr als 60 % gehören auf Grund der unterschiedlichen Eiweißsubstanzen und der Preisdifferenz verschiedenen Märkten an.[683]

---

[676] Hier wurden aufgrund der Einstellung der Entgeltfortzahlungen der öffentlich-rechtlichen Programmanbieter an die Kabelnetzbetreiber viele Parallelverfahren geführt zB BGH 12.4.2016 – KZR 31/14, WuW 2016, 536 – Gemeinschaftsprogramme; BGH 12.4.2016 – KZR 30/14, NZKart 2016, 374 – NetCologne; BGH 16.6.2015 – KZR 83/13, NJW 2016, 74 – Einspeiseentgelt; OLG Karlsuhe 29.12.2016 – 6 U 61/13 (Kart), NZKart 2017, 485 – Einspeisung von Fernsehprogrammsignalen III; LG Köln 12.11.2014 – 90 O 86/12, MMR 2015, 284.

[677] OLG Düsseldorf 21.5.2014 – VI-U (Kart) 16/13, NZKart 2014, 285 (286) – Kabeleinspeisung; bestätigt durch BGH 12.4.2016 – KZR 31/14, WuW 2016, 536 Rn. 35 – Gemeinschaftsprogramme; OLG Düsseldorf 30.4.2014 – VI-U (Kart) 15/13, WuW 2014, 1209 Rn. 80; bestätigt durch BGH 12.4.2016 – KZR 30/14, NZKart 2016, 374 Rn. 32 – NetCologne; BGH 16.6.2015 – KZR 83/13, NJW 2016, 74 Rn. 45 – Einspeiseentgelt; OLG Karlsuhe 29.12.2016 – 6 U 61/13 (Kart), NZKart 2017, 485 (486) – Einspeisung von Fernsehprogrammsignalen III.

[678] OLG Düsseldorf 21.5.2014 – VI-U (Kart) 16/13, NZKart 2014, 285 (286) – Kabeleinspeisung; bestätigt durch BGH 12.4.2016 – KZR 31/14, WuW 2016, 536 Rn. 35 – Gemeinschaftsprogramme; BGH 12.4.2016 – KZR 30/14, NZKart 2016, 374 Rn. 32 – NetCologne.

[679] So BGH 12.4.2016 – KZR 31/14, WuW 2016, 536 Rn. 35 – Gemeinschaftsprogramme; 12.4.2016 – KZR 30/14, NZKart 2016, 374 Rn. 32 – NetCologne; OLG Düsseldorf 30.4.2014 – VI-U (Kart) 15/13, WuW 2014, 1209 Rn. 81; für das europaweite Ausland noch OLG Düsseldorf 21.5.2014 – VI-U (Kart) 16/13, NZKart 2014, 285 (286) – Kabeleinspeisung; dem folgend LG Köln 12.11.2014 – 90 O 86/12, MMR 2015, 284.

[680] OLG Düsseldorf 21.5.2014 – VI-U (Kart) 16/13, NZKart 2014, 285 (286) – Kabeleinspeisung; OLG Düsseldorf 30.4.2014 – VI-U (Kart) 15/13, WuW 2014, 1209 Rn. 82 ff.

[681] OLG Düsseldorf 21.5.2014 – VI-U (Kart) 16/13, NZKart 2014, 285 (286) – Kabeleinspeisung; zur grundsätzlichen Unterscheidung zwischen der Signaleinspeisung als einer isolierten technischen Dienstleistung der Kabelnetzbetreiber und der Einräumung von Kabelweitersenderechte zu Gunsten der Kabelnetzbetreiber BKartA 15.12.2011 – B7–66/11; BeckRS 2011, 141345 Rn. 185 Fn. 183.

[682] So zutreffend BGH 24.1.2017 – KZR 2/15, NZKart 2017, 198 Rn. 20 f. – Kabelkanalanlagen; Fuchs ZWeR 2019, 225 (234); zust. Bien/Jocham WuW 2019, 186 (188 f.); bestätigt durch BGH 14.12.2021 – KZR 23/18, NZKart 2022, 154 Rn. 9 f. – Kabelkanalanlagen II; Steinvorth ZWeR 2017, 303 (307 ff.); hinsichtlich der Marktabgrenzung übereinstimmend OLG Frankfurt a. M. 20.12.2018 – 11 U 95/13 Kart, NZKart 2019, 228 Rn. 73 – Kabelanlagen (Kabel Deutschland); OLG Frankfurt a. M. 9.12.2014 – 11 U 95/13, WuW/E DE-R 4640 Rn. 41 f.; ebenso schon Möschel WuW 2014, 383 ff. gegen LG Frankfurt a. M. 28.8.2013 – 2–06 O 182/12, WuW 2014, 82 – Kabelkanalanlagen = NZKart 2013, 510 – KabelDeutschland (bloßer Annex zum Primärmarkt „Unternehmenserwerb", da Mietverträge über die Kabelkanalmitbenutzung im Zusammenhang mit dem Erwerb des Kabelnetzbetreibers übernommen); für Zuordnung des Sekundärmarkts (Mitbenutzung der Kabelkanalanlagen) zum Primärmarkt (Unternehmensübernahmen) im konkreten Fall in einem obiter dictum auch OLG Düsseldorf 14.3.2018 – VI-U (Kart) 7/16, NZKart 2018, 235 (241) – Mitbenutzung von Kabelkanalanlagen, nachdem das OLG für seine Entscheidung zunächst die (nicht geteilte) Auffassung des BGH zugrundegelegt hat, NZKart 2018, 235 (236); ebenso Podszun/Palzer NZKart 2017, 559 (560).

[683] KG 9.11.1983 – Kart 35/82, WuW/E OLG 3124 (3128) – Milchaustauschfuttermittel.

**KALK**

Die Herstellung und der Vertrieb von Branntkalk bilden einen eigenen Markt.[684]

**KAFFEE**

Rohkaffee, Röstkaffee und Instantkaffee gehören verschiedenen Märkten an.[685]

**KARTENZAHLSYSTEME**

Das Processing und der Netzbetrieb von Kartenzahlsystemen sind unterschiedlichen Märkten zuzuordnen.[686]

**KFZ**

Personenwagen, Lastwagen, Omnibusse und Sonderfahrzeuge bilden wegen Unterschieden hinsichtlich des Verwendungszweckes und der zu befriedigenden Bedürfnisse jeweils eigene Märkte. Außerdem sind bei den Personenwagen Teilmärkte für Kleinwagen, Mittelklassewagen und große Wagen abzugrenzen, da zwischen diesen Unterschiede in Leistung, Anschaffungs- und Unterhaltskosten, Ausstattung, Zubehör, gebotenem Komfort, Eignung und Repräsentation bestehen.[687]

Neufahrzeuge bilden gegenüber Gebrauchtwagen einen eigenen Markt.[688] Der Erwerb von Kfz für das Betreiben des Leasinggeschäfts stellt einen eigenständigen Beschaffungsmarkt dar.[689]

Bei Lastkraftwagen ist zu unterscheiden zwischen leichten Nutzfahrzeugen geringerer Gewichtsklasse, solchen von 6–16 Tonnen und solchen ab 16 Tonnen zulässigem Gesamtgewicht.[690]

**Daten bzgl. bestimmter Fahrzeugtypen,** die für die Aktualisierung von Datenverarbeitungsprogrammen und für Reparatur- und Wartungsarbeiten an Fahrzeugen benötigt werden, sowie Schnittstellen, die die Kompatibilität der Händlerprogramme mit den Datenverarbeitungsprogrammen des Alleinimporteurs der Fahrzeuge sicherstellen, stellen einen sachlich relevanten Markt dar.[691]

Einzelteile, technische Informationen, Diagnosegeräte sowie die Vergabe von Vertragswerkstattverträgen sind Teil eines einheitlichen relevanten Markts für die dem Endkundenmarkt vorgelagerten Tätigkeiten. Kein eigenständiger Markt sind die Arbeiten, die nur ausgewählte Vertragswerkstätten an Nutzfahrzeugen vornehmen dürfen.[692] Anders vermutlich bei hochpreisigen Personenkraftfahrzeugen.[693]

Ob die Nachfrage nach neuen PKW zum Zwecke der **Umrüstung durch Tuning-Unternehmen** als der Tuningbranche vorgelagerter Markt markenspezifisch abgegrenzt werden muss, hängt davon ab, ob die Tuning-Unternehmen regelmäßig markenspezifisch tätig werden.[694] Für die Beurteilung von Kundengruppenbeschränkungen eines Sportwagenherstellers gegenüber den Händlern seines selektiven Vertriebssystems ist relevanter Markt „entweder der Kraftfahrzeug-Neuwagenhandel insgesamt oder jedenfalls der Markt für den Absatz neuer Sportwagen an den Handel".[695]

[684] BKartA 10.10.2003 – B 1–180/02, WuW/E DE-V 853 (855) – Lhoist.

[685] BKartA TB 1983/84, 90; TB 1985/86, 74 f.

[686] BKartA 8.6.2006 – B 4–67130-Fa-29/06, WuW/E DE-V 1313 (1315 f.) – Telecash.

[687] BKartA 11.8.1961 – B5-330000-U-156/60, WuW/E BKartA 425 (427 ff.) – Automarkt; TB 1961, 23; TB 1964, 24.

[688] BKartA 21.3.1979 – B 7–33 30 00-RTV-84/76, WuW/E BKartA 1781 (1783) – Identteile.

[689] OLG Düsseldorf 29.12.1989 – 29.12.1989 U (Kart) 9/89, WuW/E OLG 4511 (4512 f.) – Endspurt 87.

[690] BKartA 17.4.1989 – B 7–350000-U 137/88, WuW/E BKartA 2335 (2354 f.) – Daimler-MBB; BKartA 13.7.1990 – B 5–331 300 U 271/89, WuW/E BKartA 2445 (2448) – Daimler-Benz/MAN – ENASA.

[691] OLG München 17.9.1998 – U (K) 2632/96, WuW/E DE-R 251 – Fahrzeugdaten.

[692] BGH 30.3.2011 – KZR 6/09, WuW/E DE-R 3303 – MAN-Vertragswerkstatt; näher zu der Entscheidung Ensthaler NJW 2011, 2701 ff.; Wegener/Oberhammer WuW 2012, 366 ff.; ferner Nolte BB 2013, 3011 (3012 f.); OLG Düsseldorf 27.3.2019 – U Kart 16/18, NZKart 2019, 344 – Kfz-Werkstatt.

[693] Unter Fortführung von BGH 30.3.2011 – KZR 6/09, WuW/E DE-R 3303 – MAN-Vertragswerkstatt, BGH 26.1.2016 – KZR 41/14, NZKart 2016, 285 – Jaguar-Vertragswerkstatt; vgl. auch BGH 23.1.2018 – KZR 48/15, NZKart 2018, 191 (192) – Jaguar-Vertragswerkstatt II.

[694] BGH 6.10.2015 – KZR 87/13, NZKart 2015, 535 Rn. 52 – Porsche-Tuning. Dies ist zu verneinen, wenn die Spezialisierung freiwillig erfolgt und nicht auf den Charakteristika der Branche beruht.

[695] BGH 6.7.2021 – KZR 35/20, NZKart 2021, 574 Rn. 46 – Porsche Tuning II.

Für die Produktion von **Cabrio-Dachsystemen** besteht ein eigener Markt.[696]

Gleiches gilt für Reparatur und Austausch von **Fahrzeugglas** für Pkw und Fahrzeuge bis 3,5 t.[697]

## KFZ-KUPPLUNGEN

Kfz-Kupplungsdruckplatten und Kupplungsscheiben bilden wegen erheblicher Unterschiede in technischem Aufbau und Verwendungszweck getrennte Märkte. Außerdem ist der Markt für Serieneinbau vom Ersatzteilmarkt zu unterscheiden, da zwischen beiden erhebliche Preisunterschiede bestehen. Automatische Getriebe sind dem Kupplungsmarkt wegen der hohen Preisdifferenz nicht zuzurechnen.[698]

## KOFFER

Obwohl Koffer nach ihrem Verwendungszweck ohne weiteres austauschbar sind, kann ein eigener Markt für besonders hochpreisige Koffer bestehen, wenn diese sich aus der Sicht der Marktgegenseite nach Qualität, Prestige und Image in besonderer Weise von preiswerteren Produkten absetzen.[699]

## KOLBEN/STAHL/KUNSTSTOFF-GLEITLAGER

Die sachlich relevanten Märkte für Nacktkolben, dh solche, die als einzelne Teile von den Motorenherstellern bezogen werden, und Komplettkolben, das sind komplett montierte Kolbensysteme, bestehend aus Kolben, Kolbenringen und Bolzen, sind zu unterscheiden. Kolbenringe sowie die verschiedenen Gleitlager und Wälzlager sind als je eigene sachlich relevante Märkte anzusehen.[700]

## KONTAKTLINSEN

Es besteht ein einheitlicher Markt für farblose Kontaktlinsen.[701]

## KOSMETIKA

Der Gesamtmarkt für Kosmetika ist anhand von Preissegmenten in mehrere Teilmärkte zu untergliedern; die Annahme eines eigenen Marktes für Exklusivkosmetika rechtfertigt sich aus der Tatsache, dass sie bedienungs- und beratungsintensiv auf dem Hintergrund einer speziellen Werbepraxis verkauft werden.[702]

## KRAFTWERKKESSEL

Drei Arten von Kesseln sind abzugrenzen, die sich technisch unterscheiden, unterschiedlich eingesetzt werden und sehr verschiedene Leistungen erbringen und deshalb sachlich unterschiedlichen Märkten zugehören: Abhitzekessel, Wasserrohrkessel für kleinere Kraftwerke, Großdampferzeuger für Großkraftwerke.[703]

## KRANKENHÄUSER

Der Krankenhausmarkt umfasst das Angebot an stationären medizinischen Dienstleistungen und ist nicht in verschiedene Fachrichtungen zu unterteilen. Abzugrenzen hiervon sind Rehabilitationseinrichtungen, Alten- und Pflegeheime und reine Privatkliniken.[704]

---

[696] BKartA TB 2009/2010, 227 f.

[697] BKartA 17.12.2020 – B4-60/20, NZKart 2021, 134 (135) – A. T. U./Carglass.

[698] BGH 21.2.1978 – KVR 4/77 (KG), WuW/E BGH 1501 (1502 ff.) – Kfz-Kupplungen; KG 1.12.1976 – Kart 51/76, WuW/E OLG 1745 (1748 ff.) – Sachs; BKartA 12.5.1976 – B7-320000-U-67/75, WuW/E BKartA 1625 (1626) – GKN-Sachs; TB 1976, 54.

[699] OLG München 17.9.2015 – U 3886/14 Kart, NZKart 2015, 490 – Markenkoffer; offen gelassen von BGH 12.12.2017 – KZR 50/15, NZKart 2018, 134 (135) – Rimowa (Markenkoffer); vgl. bereits oben Rn. 40.

[700] BKartA 6.7.1995 – B 5–34302-U-25/95, WuW/E BKartA 2829 (2835 ff.) – Kolbenschmid.

[701] BKartA 20.11.2000 – B 4–96/00, WuW/E DE-V 337 – Novartis/Wesley Jessen.

[702] KG 24.4.1985 – Kart 34/81, WuW/E OLG 3577 (3584) – Hussel-Mara; OLG Düsseldorf 7.7.1981 – U Kart 28/80, WuW/E OLG 2500 (2501) – Stendhal-Cosmetic; OLG Düsseldorf 21.1.1986 – U Kart 9/85, WuW/E OLG 3862 (3863) – Clarins; BKartA 25.7.2018 – B2-69/18, NZKart 2018, 498 – Akzente/Douglas.

[703] BKartA 18.1.1999 – B5 – 29 569 – U – 130/98, WuW/E DE-V 81 (82) – Deutsche Babcock/Steinmüller.

[704] BKartA 8.3.2006 – B 10–090/05, WuW/E DE-V 1297 (1299) – AKK/UKE; 14.5.2014 – B3–135/13; BeckRS 2015, 9383 Rn. 62 – Krankenhäuser Esslingen.

Krankenhäuser für akut stationäre Behandlungen bilden einen eigenen Markt.[705] Trotz der grundsätzlichen Annahme eines Marktes für die Erbringung von akutstationären somatischen Krankenhausdienstleistungen[706] liegt es nahe, einen eigenständigen Markt für herzchirurgische Behandlungen abzugrenzen.[707]

Krankenhausinformationssysteme (IT-Lösungen für medizinisches Personal und Verwaltung) bilden einen einheitlichen Markt. Dieser ist nicht weiter in einen Bereich für administrative und klinische Systeme zu unterteilen, da es vor allem auf enge Abstimmung dieser Bereiche ankommt.[708]

## KRANKENVERSICHERUNGEN

Das Sachleistungssystem der gesetzlichen Krankenversicherung bildet einen Markt im „weiteren" Sinne.[709]

## KREDITVERMITTLER

Kreditvermittler und Kreditinstitute sind auf verschiedenen Märkten tätig.[710]

## KUCHEN

Kleinkuchen eines bestimmten Herstellers bilden keinen Teilmarkt gegenüber dem Kleinkuchenangebot allgemein, da die Austauschbarkeit durch verschiedene Rezepte nicht beeinträchtigt wird.[711]

## KUNDENBINDUNGSSYSTEME

Die Vermittlung von Kundenbindungssystemen bildet einen eigenen Markt. Dieser lässt sich nicht weiter angebotsbezogen, zB in den Markt für die Vermittlung von Flugbonusmeilen, aufspalten.[712]

## KUNSTSTOFFKÄSTEN

Kunststoffkästen für Mineralwasserflaschen bilden einen einheitlichen Markt; keine Abgrenzung von „Brunneneinheits-Kunststoffkästen".[713]

## LACKE

Lacke für Serienlackierungen von Straßenfahrzeugen durch die Automobilhersteller – OEM Lacke (Original Equipment Manufactures) – bilden einen von den übrigen Fahrzeuglacken und Lacken für das Reparaturgeschäft sowie die Kleinserienfertigung von Fahrzeugen abzugrenzenden, eigenständigen Markt.[714]

## LACKIERANLAGEN

Im Bereich der Autolackiertechnik sind der Markt für komplette Lackieranlagen und der Markt für den Umbau und die Reparatur von Lackieranlagen zu unterscheiden.[715]

## LADEINFRASTRUKTUR FÜR ELEKTROFAHRZEUGE

Errichtung und Betrieb von Ladesäulen für E-Automobile sowie die Versorgung der Nutzer mit Ladestrom stellen unterschiedliche Marktstufen dar. Bei der sachlichen Marktabgrenzung ist zudem danach zu differenzieren, ob die Ladesäulen auf privaten, öffentlichen oder halböffentlichen Flächen, dh Privatgrundstücke, die öffentlich zugänglich sind (zB Parkplätze von Hotels oder Supermärkten) stehen.[716] Bei letzteren ist die Lademöglichkeit

---

[705] OLG Düsseldorf 15.10.2012 – Kart 6/09, BeckRS 2011, 29073 – Gesundheit Nordhessen; BGH 8.11.2001 – VI Kart 6/09 (V), NJOZ 2012, 1161; dazu BKartA TB 2009/2010, 81 ff.

[706] BKartA 18.3.2019 – B3-157/18, WuW 2019, 339 – Ameos/Sana; BKartA 17.12.18 – B3-122/18, NZKart 2019, 359 – Cellitinnen.

[707] Letztlich offen gelassen von BKartA 7.6.2021 – B3-67/21, NZKart 2021, 426 (427) – Charité/ Deutsches Herzzentrum Berlin.

[708] BKartA 28.6.2000 – B7-118/00, WuW/E DE-V 297 (298) – Siemens/Shared Medical Systems.

[709] OLG Jena 23.2.2000 – 2 U 1159/99, WuW/E DE-R 500 (502) – Enteralernährung.

[710] BKartA 2.7. u. 23.11.1981 – Bl-804000-T-82/75, WuW/E BKartA 1956 (1959) – Schufa-Auskünfte.

[711] OLG Hamburg 5.3.1970 – 3 U Kart 154/69, WuW/E OLG 1112 – Kleinkuchen.

[712] LG Düsseldorf 12.3.2003 – 34 O Kart 189/02, WuW/E DE-R 1135 (1136) – Bonusmeilen für Mobilfunkanbieter.

[713] OLG Frankfurt a. M. 3.2.1972 – 6 U 68/71, WuW/E OLG 1283 (1285) – Brunneneinheits-Kunststoffkasten.

[714] BKartA 16.7.1999 – B 3–24302 – U – 33/99, WuW/E DE-V 165 – OEM-Lacke.

[715] BKartA 11.2.2000 – B4-29240-U-138/99, WuW/E DE-V 235 (236 f.) – Dürr/Alstom.

[716] Heyers NZKart 2021, 670 (671).

in aller Regel nur eine Zusatzleistung, die neben einer Hauptleistung (Parken, Übernachten, Einkaufen etc.) angeboten wird. Ein weiteres wesentliches Merkmal, das die Eigenschaft als Substitut beeinflusst und daher zu sachlich verschiedenen Märkten führen kann, ist darüber hinaus die Ladeleistung, da sie mit der Ladedauer korrespondiert. Schnellladepunkte sind dementsprechend nicht mit Ladesäulen geringer Leistung austauschbar, bei der die Aufladung über Nacht erfolgt oder eine längere Zeitspanne am Tag erfordert.

### LAMINATE
Laminate für die Etikettenproduktion und Laminate für die Herstellung graphischer Produkte gehören nicht demselben Markt an. Hingegen bilden Papier- und Folienlaminate einen einheitlichen Markt.[717]

### LAMPEN
Als sachlich relevanter Markt kann nicht der Gesamtmarkt für die allgemeine Beleuchtung angesehen werden. Die funktionelle Austauschbarkeit ist durch verschiedene Lampensysteme mit unterschiedlichen Aufnahmen (Sockel-, Steckverbindungen usw) eingeschränkt. Standardglühlampen, dekorative Glühlampen und Reflektorglühlampen bilden einen eigenen, von den Entladungslampen (Leuchtstofflampen, Kompakt-Leuchtstofflampen, Energiesparlampen), aber auch von den Halogenglühlampen abgrenzbaren Markt. Dies ist der Markt für Allgebrauchsglühlampen. Die Allgebrauchsglühlampen verfügen weitgehend über einen einheitlichen Sockel, so dass die Lampen untereinander austauschbar sind.[718]

### LEASING
Das Immobilien-Leasing-Geschäft bildet gegenüber dem Mobilien-Leasing-Geschäft einen selbstständigen Markt, da Unterschiede hinsichtlich der Laufzeit der Verträge, der steuerlichen Behandlung, der Finanzierungsbedingungen und des Verwertungsrisikos bestehen.[719]

### LEBENSMITTELHANDEL/ – LOGISTIK
Für die Marktabgrenzung auf der Angebotsseite vgl. → Rn. 45, 47. Für die Nachfragemärkte vgl. → Rn. 83; unabhängig von ihrer Einkaufsmenge gehören alle Lebensmittelhändler zum gleichen Markt für Lebensmittelnachfrage.[720]

Zum Markt des typischen Lebensmitteleinzelhandels mit Nahrungsmitteln und anderen Waren gehören weder der Facheinzelhandel (zB Drogerien, Delikatessengeschäfte, Käsegeschäfte, Getränkefachhandel) noch das Lebensmittelhandwerk (zB Bäcker, Metzger) noch Wochenmärkte.[721]

Der Abholgroßhandel mit dem sog. „Cash&Carry"-Geschäft ist vom Großverbraucher-Zustelldienst abzugrenzen.[722]

Es existiert kein einheitlicher Markt für Lebensmittellogistik, so sind jeweils eigene Märkte der Frische- und Tiefkühllogistik abzugrenzen.[723]

### LERNMITTEL
Die verschiedenen Lernmittel wie (Schul-)Hefte/Kladden, Mal-/Zeichenblöcke, Ringbucheinlagen, Spiralartikel, Brief-, Schreib-, Notizblöcke bilden je eigene Märkte.[724]

### LÖSCHANLAGEN
Bei Löschanlagen bestehen nach Löschmitteln (Gas, Wasser, Pulver, Schaum) und Mobilität der Anlagen zu unterscheidende Teilmärkte. Stationär sind alle Anlagen, die mit dem

[717] BKartA 2.5.2002 – B 10–197/01, WuW/E DE-V 640 – Avery Dennison/Jackstädt.
[718] BKartA 11.8.1994 – B 7–364400-U 56/94, WuW/E 2669 (2672 f.) – Lindner Licht GmbH.
[719] TB 1976, 87 – Deutsche Bank/Commerzbank/Immobilien-Leasing-Geschäft.
[720] KG 26.2.1986 – 1 Kart. 7/85, WuW/E OLG 3737 (3745) – Selex-Tania.
[721] OLG Düsseldorf 23.8.2017 – VI-Kart 5/16 (V), NZKart 2017, 542 (546 f.) – Fusionsuntersagung EDEKA/Tengelmann.
[722] BKartA 20.6.2008 – B2-333/07, WuW/E DE-V 1607 (1612) – Edeka/Tengelmann; kritisch dazu aus empirischer Sicht Schröder WuW 2012, 819 (823 ff.).
[723] BKartA 25.8.2016 – B9–50/16 Rn. 58 ff.
[724] BKartA 6.2.1997 – B 10–21231-U-54/96, WuW/E BKartA 2894 (2896) – Herlitz/Landré; KG 20.10.1999 – Kart 8/97, WuW/E DE-R 451 (454) – Herlitz/Landré.

Schutzobjekt fest verbunden sind. Zivile und militärische stationäre Gaslöschanlagen gehören dem gleichen Markt an.[725]

### LÜSTERBEHANGSTEINE

Schmuck- und Lüstersteine gehören wegen ihrer unterschiedlichen Größe verschiedenen Märkten an. Aufgrund des Erscheinungsbildes und der optischen Wirkung besteht für vollgeschliffene und polierte Steine aus Hochblei- oder Bleikristall ein eigener Teilmarkt, dem Steine mit geringerem Bleioxidanteil und ungeschliffene oder nur teilgeschliffene Steine ebenso wenig wie Kunststoffprodukte angehören.[726]

### MASCHINEN

Transferstraßen bilden gegenüber verketteten Schalttisch- oder Standardmaschinen trotz technischer Austauschbarkeit einen eigenen Markt, da aus wirtschaftlicher Sicht nur ein Gerätekomplex für ein konkretes Fertigungsvorhaben geeignet ist. Auch numerisch gesteuerte Bearbeitungszentren bilden sowohl gegenüber Transferstraßen als auch gegenüber Standardanlagen wegen Unterschieden in Verwendungsbreite, Einsatzmöglichkeiten, Präzision der Fertigung und Wirtschaftlichkeit einen selbstständigen Markt.[727]

Innerhalb hydrostatischer Antriebe können Kolbenpumpen zur Ausstattung bestimmter Baumaschinen einen eigenen Teilmarkt bilden.[728]

Textilspannrahmen und Teppichspannrahmen bilden wegen fehlender funktioneller Austauschbarkeit getrennte Märkte. Eine weitere Unterteilung in Märkte für Gewebespannrahmen, Gewirkespannrahmen und Spezialspannrahmen ist dagegen nicht gerechtfertigt, da in diesem Bereich funktionelle Austauschbarkeit gegeben ist.[729]

Anlagen des hydraulischen Schreitausbaus bilden einen einheitlichen Markt. Eine Unterteilung in Anlagen für Bockausbau, Schildausbau und Bock-Schild-Ausbau findet nicht statt, da diese im Wesentlichen gleiche Eigenschaften besitzen, zu gleichen Verwendungszwecken geeignet sind und die bestehenden Preisunterschiede nicht ins Gewicht fallen.[730]

Asphalt- und Betonmischanlagen sind verschiedenen Märkten zuzurechnen; dabei gehören jedoch komplette Anlagen und Einzelaggregate demselben Markt an.[731]

Pulverbeschichtungs- und Nassspritzanlagen gehören auf Grund ihrer unterschiedlichen wirtschaftlichen Einsatzbedingungen und Umweltfreundlichkeit verschiedenen Märkten an.[732]

Langsam laufende Zweitaktdieselmotoren mit einer Drehzahl bis 300 Umdrehungen/Minute und einer Leistung von mehr als 500 kW bilden wegen der Nachfrage in der Handelsschifffahrt und wegen ihrer technischen und wirtschaftlichen Eigenschaften einen eigenen sachlichen Markt.[733]

Bei Getränkeabfüllanlagen ist zwischen dem Markt für Flaschenreinigungsmaschinen, dem Markt für Füll- und Verschließmaschinen für Flaschen oder Dosen und dem Markt für Abfüllmaschinen in Weichverpackungen zu unterscheiden.[734]

Zu unterscheiden ist der Markt für Großkaffeemaschinen und Haushaltskaffeemaschinen.[735]

---

[725] KG 30.3.1983 – Kart 25/81, WuW/E OLG 2887 (2888 f.) – Krupp-Total.
[726] BGH 25.10.1988 – KVR 1/87, WuW/E BGH 2535 (2537) – Lüsterbehangsteine.
[727] KG 7.2.1978 – Kart 2/77, WuW/E OLG 1921 (1922) – Thyssen-Hüller; BKartA 17.12.1976 – B 7-321100-U36/76, WuW/E BKartA 1657 (1659 ff.) – Rheinstahl-Hüller.
[728] BGH 24.6.1980 – KVR 5/79, WuW/E BGH 1711 (1714) – Mannesmann-Brueninghaus gegen KG 18.5.1979 – Kart 13/77, WuW/E OLG 2120 (2122 ff.).
[729] BKartA 25.3.1976 – B7-3260500-U-127/75, WuW/E BKartA 1653 (1654) – Babcock-Artos.
[730] KG 28.8.1979 – Kart 4/79, WuW/E OLG 2182 (2183); BKartA 15.12.1978 – Kart 4/79, WuW/E BKartA 1831 – hydraulischer Schreitausbau.
[731] BKartA 3.7.1981 – B 7-32 36 00-U 44/80, WuW/E BKartA 1892 (1893) – IBH-Wibau.
[732] OLG Stuttgart 29.10.1982 – 2 U Kart 38/82, WuW/E OLG 2799 (2801 f.) – Pulverbeschichtungsanlagen.
[733] BKartA 23.8.1989 – B 4-322300-U 64 (89), WuW/E BKartA 2405 (2406 f.) – MAN-Sulzer.
[734] BKartA 10.10.1984 – B7-324600-U-106/83, WuW/E BKartA 2178 (2179, 2182) – Klöckner-Seitz.
[735] BKartA 4.3.1981 – B 7-38 74 00-U 35/80, WuW/E BKartA 1867 – Rheinmetall-WMF.

## MEDIZINPRODUKTE

Injektions-Einmalspritzen aus Kunststoff und Dentalcarpulen gehören verschiedenen Märkten an.[736]

Untersuchungshandschuhe und chirurgische Handschuhe (OP-Handschuhe) bilden jeweils einen eigenen Markt.[737]

OP-Tischsysteme bilden einen eigenen Markt.[738]

Osteosynthese-Produkte (Implantate und zugehörige Spezialinstrumente) für Traumabehandlungen und für Behandlungen an Schädel, Kiefer und Gesicht bilden zwei verschiedene Märkte. Zudem existieren jeweils eigene Produktmärkte für Wirbelsäulen-Behandlungen und medizinische Spezialantriebsmaschinen für Bohrer, Knochensägen uä Geräte.[739]

Es bestehen jeweils eigene Märkte für Monitoring-Sets (für invasive Blutdruckmessung) und Kardiologie-Sets (für kardiologische Untersuchungen).[740]

Innerhalb der Dentalprodukte stellen Präzisionsabformmaterialien einen eigenen Markt dar.[741]

Eigene sachliche Märkte bilden Nicht-$CO_2$-Inkubatoren und $CO_2$-Inkubatoren, Laborkühl- und Gefriergeräte und Ultratiefkühlgeräte, Reinraumwerkbänke und biologische Sicherheitswerkbänke, Hochtemperaturöfen und Trockenschränke.[742]

## MEHL

Haushaltsmehl aus Weichweizen und als Sack- oder Siloware angebotenes Industrie-(oder Bäcker-)mehl gehören aus Sicht des Lebensmitteleinzelhandels auf Grund der unterschiedlichen Verpackung verschiedenen Märkten an; Roggenmehl ist wieder einem anderen Markt zuzurechnen. Der Markt für Haushaltsmehl kann wohl nicht mehr in Teilmärkte für Markenmehl und Konsum-(Billig-)Mehl aufgeteilt werden.[743]

## MESSEN

Die Teilnahmemöglichkeit an einer Fachmesse bildet gegenüber anderen Werbemöglichkeiten (Prospekt, Inserat etc) einen selbstständigen Markt, da letztere nur zT die Möglichkeiten einer Messe (schnelle, umfassende, vergleichende Information über gesamtes neuestes Angebot) bieten.[744]

## METALL

Standardaluminiumbleche und auftragsspezifische Bleche in Sonderabmessungen bilden getrennte Märkte. Weiterhin sind Teilmärkte für besonders dicke (ab 6 mm Stärke), besonders breite (ab 2 m) sowie für profilierte und gewellte Bleche anzuerkennen.[745]

## MIETWAGEN

Keinen eigenen sachlichen Markt bildet die Vermietung von Pkws an Fahrschulen, da die Doppelbedienungsanlage ohne großen Aufwand ein- und ausgebaut werden kann.[746]

---

[736] KG 26.5.1981 – Kart 14/80, WuW/E OLG 2539 (2541) – Braun-Almo.

[737] BKartA 24.2.2000 – B3-25130-U-120/99, WuW/E DE-V 249 – Ansell/Johnson & Johnson.

[738] BKartA 29.5.2002 – B 4–171/01, WuW/E DE-V 669 (670) – Getinge/Heraeus.

[739] BKartA 24.3.2004 – B 4–167/03, WuW/E DE-V 931 (934) – Synthes-Stratec/Mathys.

[740] BKartA 15.3.2005 – B 4–227/04, WuW/E DE-V 1055 (1056) – Smiths/MedVest.

[741] BKartA 1.2.2001 – B 3–113/00, WuW/E DE-V 427 – 3M/ESPE.

[742] BKartA 24.6.2005 – B 4–30/05, WuW/E DE-V 1078 (1079) – Thermo/Kendro.

[743] So noch BGH 7.3.1989 – KVR 3/88, WuW/E BGH 2575 (2576); KG 16.12.1987 – 1 Kart 73/85, WuW/E OLG 4167 (4168 f.) – Kampffmeyer-Plange; nun mit ausführlicher Diskussion BKartA 18.6.2015 – B2–26/15; BeckRS 2015, 124338 Rn. 56 ff. Einen möglichen, eigenen Markt für Bio-Haushaltsmehl aber offenlassend, → Rn. 42 ff.

[744] BGH 3.3.1969 – KVR 6/68, WuW/E BGH 1027 (1029); KG 22.7.1968 – Kart V 2/68, WuW/E OLG 907 (909); TB 1968, 75 – Sportartikelmesse II; vgl. auch TB 1963, 30 – Ausstellungen eines Industrieverbandes.

[745] BKartA 23.12.1974 – B 8–281100-U-251/74, WuW/E BKartA 1571 (1578 ff.) – Kaiser-VAW.

[746] OLG Stuttgart 5.6.1981 – 2 U 23/81, WuW/E OLG 2497 (2499) – Fahrschulpraxis.

### MILCHERZEUGNISSE

Sog. marktfreie Milcherzeugnisse bilden gegenüber marktgeordneten Milcherzeugnissen (§ 2 Milch- und Margarinegesetz) einen eigenen Markt. Speisequark, Schichtkäse, Joghurt und saure Sahne bilden getrennte Märkte.[747]

Besondere Käsesorten (hier: Sauermilchkäse wie „Harzer" oder „Mainzer") stellen einen eigenen Markt dar.[748]

Margarine und Butter bilden wegen Unterschieden in gesundheitlicher Wirkung, Geschmack und Preis getrennte Märkte. Jedoch findet keine weitere Aufteilung in Märkte für Haushaltsmargarine und für gewerblich zu verwendende Margarine statt.[749] Es existieren gesonderte Märkte für Roh-, Trink- und Kondensmilch.[750]

Säuglingsmilchnahrung bildet einen eigenen Markt.[751]

### MÖBEL

Im Rahmen des Möbeleinzelhandels bei Artikeln des Möbelgrundsortiments zwischen stationärem Discounthandel und Einrichtungshäusern zu unterscheiden.[752] Federkerne aus Drahtfedern zur Verwendung als Stützkomponenten in Matratzen, Schlafsofas oder Polstermöbeln bilden einen eigenen Markt.[753]

### OPTIK

Sofortbildkameras und Sofortbildfilme bilden gegenüber herkömmlichen Amateurkameras und den entsprechenden Filmen einen eigenständigen Markt, da die Filme nicht gegenseitig verwendbar sind und Unterschiede in der Möglichkeit der Vervielfältigung von Bildern bestehen.[754]

### PAPIER

Im Bereich des Papiergroßhandels sind die Märkte für das Lagergeschäft und das Streckengeschäft abzugrenzen. Hinsichtlich des Papiers bilden Druckereipapiere und Büropapiere aufgrund des unterschiedlichen Verwendungszwecks, Abnehmerkreises und Formats jeweils eigene Märkte.[755]

Zeitungsdruckpapier bildet gegenüber anderen Papiersorten (Tiefdruckpapier) einen eigenen Markt, da die Tagespresse nahezu ausschließlich Zeitungsdruckpapier verwendet und beträchtliche Unterschiede im Preis bestehen.[756]

Der Markt für den Vertrieb von Druckereipapier ist vom Markt für Büropapier abzugrenzen.[757]

### PAY-TV

Pay-TV in seinen unterschiedlichen Gestaltungsformen (Pay-per-Channel, Pay-per-View etc) stellt gegenüber dem werbefinanzierten privaten und dem aus Gebühren und Werbeeinnahmen finanzierten öffentlich-rechtlichen Fernsehen (Free TV) einen eigenen sachlich relevanten Markt dar. Eine Unterteilung des Pay-TV-Markts in analoges und digitales Pay-TV kommt nicht in Betracht, da es sich bei letzterem lediglich um eine Weiterentwicklung des analogen Pay-TV handelt, das keinen neuen sachlich relevanten Markt begründet.[758]

---

[747] OLG Düsseldorf 19.5.1965 – 20 U Kart 222/65, WuW/E OLG 725 (730) – Marktfreie Milcherzeugnisse.

[748] BGH 20.4.2010 – KVZ 35/09, BeckRS 2010, 14697; dazu Kirchhoff WuW 2011, 1174 f.

[749] KG 14.4.1978 – Kart 8/78, WuW/E OLG 1983 (1984) – Rama-Mädchen.

[750] BGH 23.3.1982 – KZR 28/80, WuW/E BGH 1911 (1912) – Meierei-Zentrale; KG 9.11.1983 – Kart 35/82, WuW/E OLG 3124 – Milchaustauschfuttermittel; BKartA TB 1983/84, 90; BKartA 29.7.1999 – B 2 –15510-UZ-127/9, WuW/E DE-V 187 (188) – MZO.

[751] BKartA TB 1983/84, 90.

[752] BKartA 25.11.2020 – NZKart 2021, 69 f. – B1-195/19, Roller und Tejo Möbel/XXX-Lutz-Gruppe.

[753] BKartA 29.9.2004 – B 5–170/03, WuW/E DE-V 1048 (1050) – Leggett & Platt/AGRO.

[754] TB 1967, 54 – Prüfung einer Preisbindung bei Unternehmen der Fotobranche.

[755] BKartA 28.10.2004 – B 10–86/04, WuW/E DE-V 1017 (1018) – Schneider/Classen; BKartA 2.7.2019 – B5-187/18, NZKart 2019, 449 – Papier Union/Papyrus.

[756] BKartA 4.2.1974 – B 6–553000-U-46/73, WuW/E BKartA 1475 (1476) – Haindl-Holtzmann.

[757] BKartA 4.7.2019 – B 5–187/18, NZKart 2019, 449 (449) – Papier Union/Papyrus.

[758] BKartA 1.10.1998 – B 6–92 201-U-72/98, WuW/E DE-V 53 – Premiere.

## PFLANZENSCHUTZMITTEL

Die Herstellung und der Vertrieb von Insektiziden für die nicht-landwirtschaftliche Schädlingsbekämpfung bilden einen eigenen Markt. Ebenso bilden die Herstellung und der Vertrieb von Fungiziden einen Markt.[759]

## PLATTFORMEN

s. Stichwort Internet- und Online-Dienste/-Plattformen.

## PORZELLAN

Hotelporzellan und Haushaltsporzellan gehören auf Grund der andersartigen Gestaltung und Funktion sowie des unterschiedlichen Sortimentumfanges verschiedenen Märkten an.[760]

## POSTDIENSTLEISTUNGEN

Es sind die Märkte für die Briefbeförderung und für postvorbereitende Dienstleistungen zu unterscheiden. Innerhalb der Briefbeförderung ist nach Teilmärkten für verschiedene Leistungen, die jeweils Teile der Beförderungskette sind, zu unterscheiden. Hierunter fallen zB das Abholen und Sortieren, die Beförderung oder die Aushändigung an den Empfänger. Zu postvorbereitenden Dienstleistungen gehören solche, die der gesamten Beförderungskette vorgelagert sind, wie zB der Druck, die Kuvertierung, die Etikettierung, die Adressierung und die Frankierung.[761]

Lizenzpflichtige Postdienstleistungen bilden einen Markt, auf dem ein Teilmarkt für Briefe bis 100 g besteht. Davon abzugrenzen ist der Markt für unadressierte Haushaltswerbung.[762]

Eiliger flächendeckender Pakettransport von gewerblichen Versendern zu gewerblichen und privaten Empfängern bildet einen einheitlichen Markt.[763]

## PREISAUSZEICHNER

Handpreisauszeichnungsgeräte bilden einen eigenen Markt gegenüber anderen Methoden, Waren mit Preisen uä auszuzeichnen (manuelle Beschriftung, Stempeln etc), da letztere nicht in gleicher Weise zwecktauglich sind. Leichte, transportable Geräte bilden einen selbstständigen Markt gegenüber elektronischen Standgeräten, Halb- und Vollautomaten, da erhebliche Preis- und Gewichtsunterschiede bestehen. Handpreisauszeichnungsgeräte und handkurbelbetriebene Etikettendruck- und -spendegeräte gehören zu einem Markt, sofern sie sich preislich entsprechen.[764]

## PRESSE

Vgl. hierzu → Rn. 55 ff.

## RAUMFAHRTTECHNIK

Zu unterscheiden sind die Märkte für kommerzielle und nichtkommerzielle Nutzung der Raumfahrt; dabei sind weitere Teilmärkte für Orbitalsysteme, Trägersysteme und Antriebe sowie für Satelliten zu bilden.[765]

## REISE

Die Personenbeförderung im Linienflugverkehr ist als relevanter Markt streckenbezogen abzugrenzen. Auf längeren Distanzen, wie bei der Verbindung Berlin–Frankfurt, liegt die

---

[759] BKartA 22.5.2003 – B 3–6/03, WuW/E DE-V 801 (802) – BASF/Bayer.

[760] BKartA 25.8.1989 – B 1–5 100 00-U-28/89, WuW/E BKartA 2414 (2415) – WMF-Hutschenreuther.

[761] BKartA 11.2.2005 – B 9–55/03, WuW/E DE-V 1025 (1032 ff.) – Konsolidierer; OLG Düsseldorf 13.4.2005 – VI-Kart 3/05 (V), WuW/E DE-R 1473 (1478) – Konsolidierer.

[762] OLG Frankfurt a. M. 22.2.2005 – 11 U 47/04 Kart, WuW/E DE-R 1589 f. – Fernsehzeitschrift; OLG Celle 7.4.2005 – 13 U 248/04 Kart, WuW/E DE-R 1592 ff. – Einkauf Aktuell, jüngst BKartA 2.7.2015 – B9 128/12, BeckRS 2016, 09315 Rn. 100 ff., 116 ff. – Deutsche Post.

[763] BKartA 1.6.1989 – B 5–791000-Ib-220/88, WuW/E BKartA 2384 (2385 f.) – German Parcel Paket-Logistik.

[764] KG 18.2.1969 – Kart V 34/67, WuW/E OLG 995 (996); BKartA 18.2.1969 – BM 324 690-T 5/67, WuW/E BKartA 1189 (1191 ff.) – Handpreisauszeichner.

[765] BKartA 17.4.1989 – B 7–350000-U 137/88, WuW/E BKartA 2335 (2349 f.) – Daimler-MBB.

Reisedauer für die Zugfahrt noch so erheblich über der des Flugzeugs, dass eine Austauschbarkeit aus Nachfragersicht nicht gegeben ist.[766]

Alle Linienflüge gehören einem einheitlichen Markt an, ob sie nun mit Jet- oder Propellerflugzeug geflogen werden.[767]

Linientransporte im Inland und zwischen inländischen Flughäfen und dem europäischen Ausland bilden einen Markt.[768]

Pauschalflugreisen sind einem eigenen Markt zuzurechnen, dem Individualreisen und übrige Veranstalterreisen nicht angehören.[769]

Touristische Flugleistungen im Linien- und Charterflug bilden ohne Rücksicht auf die Streckenlänge einen einheitlichen Markt, der sich von dem des allgemeinen Linienverkehrs unterscheidet.[770]

Wochenenden stellen keinen gesonderten relevanten Markt für Charterflüge dar. Ein solches Marktverständnis müsste zur Annahme von Mikromonopolen führen und damit die ordnungspolitische Funktion der §§ 22 ff. aF = §§ 18 ff. nF verfehlen.[771]

Das Angebot der Vermittlung von Reisen stellt einen eigenen sachlich relevanten Markt dar. Obwohl viele Reisebüros sowohl im Privatkunden- als auch im Firmenkundengeschäft tätig sind, rechtfertigen die Unterschiede beider Reisearten und das Auftreten von auf Geschäftsreisen spezialisierten Reisevermittlern die Trennung des Vermittlermarktes in sachlich relevante Märkte für das Touristik-Geschäft einerseits und das Firmenkundengeschäft andererseits.[772] Neue Vertriebsformen rechtfertigen jedoch keine weitere Marktsegmentierung.[773] Aus der Sicht des Reisenden ist zudem von einem Markt für Reisebüros auszugehen.[774]

## REISESTELLENKARTEN

Reisestellenkarten sind Unternehmenskreditkarten, die bei Bezahlung bestimmter Reiseleistungen die Umsatzsteuer ausweisen, so dass der Vorsteuerabzug ohne Vorlage einzelner Rechnungen allein durch die einheitliche Kreditkartenabrechnung möglich wird. Unabhängig vom Ausgeber der Reisestellenkarte handelt es sich um einen einheitlichen Markt. Insbesondere sind derartige Karten nicht mit normalen Kreditkarten austauschbar.[775]

## REPARATURRISIKO

Versicherungsverträge und Wartungsverträge zur Deckung von Reparaturrisiken gehören einem einheitlichen Markt an.[776]

## RINDERBESAMUNG

Künstliche Rinderbesamung bildet einen eigenen (Leistungs-)Markt.[777]

---

[766] BKartA 19.2.1997 – B 9–62100–T–99/95, WuW/E BKartA 2875 (2878 f.) – Flugpreis Berlin – Frankfurt/M.; bestätigt durch BGH 22.7.1999 – KVR 12/98, WuW/E DE-R 375 (376) – Flugpreisspaltung; OLG Düsseldorf 27.3.2002 – VI-Kart 7/02 (V), WuW/E DE-R 867 (869) – Germania; für einen einheitlichen Markt für den innerdeutschen Flugverkehr: BKartA 19.9.2001 – B 9–147/00, WuW/E DE-V 483 (485) – Lufthansa/Eurowings.

[767] BKartA 23.5.1989 – B 5–794100–U–256/88, WuW/E BKartA 2391 (2393) – DLT-Südavia.

[768] OLG Düsseldorf 13.5.1990 – U Kart 10/89, WuW/E OLG 4601 – Interlining.

[769] BKartA 19.7.1984 – B6–717100–U–89/83, WuW/E BKartA 2169 (2172 f.) – TUI-Air-Conti.

[770] KG 8.12.1982 – Kart 42/81, WuW/E OLG 2849 (2850 f.) – Lufthansa–f. i. r. s. t. Reisebüro.

[771] OLG München 29.5.1980 – U(K) 40/79, WuW/E OLG 2346 – Bavaria Germanair – Intercontinental Reisen.

[772] BKartA 9.4.1999 – B 9–63300–U–220/98, WuW/E DE-V 113 (114) – HTU/First.

[773] BKartA 28.3.2003 – B 9–214/02, WuW/E DE-V 805 (806) – TUI/RT.

[774] BKartA 28.3.2003 – B 9–214/02, WuW/E DE-V 805 (806) – TUI/RT.

[775] BGH 3.3.2009 – KZR 82/07, WuW/E DE-R 2708 ff. – Reisestellenkarte.

[776] KG 21.3.1984 – Kart U 3017/83, WuW/E OLG 3183 (3184) – Versicherung von Fernsehreparaturkosten.

[777] BGH 8.6.1967 – KZR 5/66, WuW/E BGH 863 (864) – Rinderbesamung II; vgl. auch BGH 20.11.1964 – KZR 3/64, WuW/E BGH 647 (649) – Rinderbesamung I.

## RÜSTUNGSGÜTER

Bei Rüstungsgütern sind je nach Bedarfsgruppe verschiedene Märkte abzugrenzen. Flugzeuge, Hubschrauber, Triebwerke, Lenkwaffen, Drohnen, Wehrelektronik, Marinetechnik und Wirksysteme gehören demnach verschiedenen Märkten an.[778]

Es ist von einem einheitlichen sachlichen Markt für Gesamtsysteme für gepanzerte Militärfahrzeuge auszugehen, da in diesem Bereich in der Regel Systemaufträge an Generalauftragnehmer vergeben werden.[779]

## SCHWEINE/SAUEN

Es besteht ein sachlich eigenständiger Markt für die Erfassung von lebenden Sauen zur Schlachtung, der von einem Markt für die Erfassung von Schweinen abzugrenzen ist.[780]

## SOFTWARE

Im Bereich der Software sind die Märkte für Webdesign-Software, Bildbearbeitungssoftware (Rastergrafik) und Vektorgrafik-Software zu unterscheiden.[781]

Beim unentgeltlichen Vertrieb einer **Whitelisting-Software** umfasst der sachlich relevante Markt nicht den ungehinderten Zugang zur Aufmerksamkeit aller deutschen Internetnutzer, sondern lediglich die spezifische Dienstleistung der Aufnahme in die „Weiße Liste" (Whitelist), die eine Werbeblockade aufhebt.[782]

## SPEDITIONSDIENSTE

Speditionsdienste bilden einen eigenen Markt, auch wenn sie neben der Beförderung noch weitere damit zusammenhängende Dienstleistungen wie logistische Leistungen (Verpackung, Beförderung, Lagerung, Verladung, Konsolidierung) oder administrative Leistungen (Zoll, Steuern, Versicherung) erbringen.[783]

## SPIELWAREN

Plastikmodellbaukästen bilden einen selbstständigen Teilmarkt, da sie nicht durch andere Spielwaren ersetzbar sind; eine weitere Unterteilung in Flugzeug- und Militärfahrzeugmodelle ist jedoch nicht möglich, da sonst der Rahmen des relevanten Marktes zu eng würde.[784]

Modellbauartikel einer bestimmten Marke bilden keinen selbstständigen Markt.[785]

## SPORTVERANSTALTUNGEN/ -ÜBERTRAGUNGEN

Internationale Sportgroßereignisse bilden keinen einheitlichen Markt. Vielmehr besteht zB ein **gesonderter Markt für die Organisation und Vermarktung der Olympischen Spiele,** wobei Organisation und Vermarktung als komplementäre Segmente eines einheitlichen Marktes zu qualifizieren sind.[786]

Bei der Programmbeschaffung für die **Übertragung von Sportveranstaltungen** umfasst der sachlich relevante Markt die Rechte zur Rundfunkübertragung von Sportveranstaltungen, die in Deutschland durchgeführt werden, sowie von Auslandsveranstaltungen,

---

[778] BKartA 17.4.1989 – B 7–350000–U 137/88, WuW/E BKartA 2335 (2344 f.) – Daimler-MBB.

[779] BKartA 23.3.2000 – B 4–29600–U-169/99, WuW/E DE-V 246 (247) – Rheinmetall/KUKA.

[780] OLG Düsseldorf 1.7.2015 – VI-Kart 8/11 (V), BeckRS 2015, 14220 Rn. 22 ff. – Sauenschlachtung.

[781] BKartA 23.12.2005 – B 7–162/05, WuW/E DE-V 1221 f. – Adobe/Macromedia.

[782] BGH 10.12.2019 – KZR 57/19, NZKart 2020, 141 (142) – Whitelisting/Werbeblocker; BGH 8.10.2019 – KZR 73/17, WuW 2019, 638 – Werbeblocker III; anders noch OLG München 17.8.2017 – U 2225/15 Kart, WuW 2017 613 Rn. 120 – Whitelisting I; OLG München 17.8.2017 – U 2184/15 Kart, WRP 2017, 1365 – Whitelisting II. Unklar ist, ob konkret deutschsprachige Nutzer und/oder diejenigen Nutzer umfasst sind, die aus Deutschland auf die Inhalte auf den Seiten der Klägerin zugreifen; Alexander NZKart 2017, 1147 (1157).

[783] EuGH 1.2.2018 C-261/16 P – NZKart 2018, 126 Rn. 32 – Kühne + Nagel.

[784] OLG Düsseldorf 30.3.1978 – U (Kart) 21/77, WuW/E OLG 1925 (1926); BGH 26.6.1979 – KZR 7/78, WuW/E BGH 1620 – Revell Plastics.

[785] OLG Karlsruhe 8.11.1978 – 6 U 192/77 Kart, WuW/E OLG 2085 (2086) – Multiplex; dazu BGH 24.9.1979 – KZR 20/78, WuW/E BGH 1629 – Modellbauartikel II.

[786] BKartA 25.2.2019 – B2-26/17 – Rn. 43 ff.; vgl. auch die Pressemitteilung des BKartAs v. 27.2.2019.

soweit sie durch Beteiligung deutscher Spitzensportler bzw. vergleichbarer ausländischer Spitzenkonkurrenten oder aus anderen Gründen besonders publikumsattraktiv sind.[787]

Die Liveübertragung von Pferderennen auf deutschen Galopprennbahnen an Buchmacher und Wettannahmestellen bildet einen eigenen Markt. Fernsehbilder von im Ausland abgehaltenen Rennen gehören diesem Markt nicht an.[788]

Die für den Zugang zu Spielen der Fußballbundesliga zum Zwecke der Berichterstattung notwendigen Dienstleistungen bilden in sachlicher Hinsicht einen eigenen Markt.[789]

Der Markt für das Angebot von Weltmeisterschaften (konkret im Eisschnelllaufsport) kann wegen des überragenden Interesses und der damit verbundenen Verwertungsmöglichkeiten für Athleten, die dort Erfolge erzielen wollen, nicht durch die Teilnahme an nationalen Wettkämpfen ersetzt werden.[790]

## STÄRKE
Kartoffelstärke bildet gegenüber Mais-, Weizen- oder Reisstärke wegen unterschiedlicher Anwendungsbereiche einen eigenen Markt.[791]

## STAUBSAUGERBEUTEL
Der Absatz von Staubsaugerbeuteln ist sachlich in einen Markt, auf dem als Abnehmer die Hersteller von Staubsaugern, und einen Markt, auf dem der Handel den Staubsaugerbeutelherstellern gegenübersteht, zu teilen.[792]

## STEINE
Feuerfeste Steine bilden gegenüber feuerfesten Massen einen selbstständigen Markt, da Austauschbarkeit nur bei einzelnen Verwendungszwecken gegeben ist.[793]

## STRASSENMARKIERUNGSMATERIAL
Aufgrund einer Einteilung in Haltbarkeitsklassen ergeben sich zwei Märkte für Straßendauermarkierungsmaterialien, nämlich der Markt für Straßenmarkierungsfarbe und der Markt für Plastikmasse einschließlich Dauermarkierungsfolie. Als dritten Markt gibt es einen Markt für gelbe Farbe, da diese ausschließlich als temporäres Markierungsmaterial zur Absicherung von Baustellen eingesetzt wird.[794]

## STROMSCHIENENVERTEILER
Stromschienenverteiler und starkstromführende Verkabelungen (Kabel einschließlich Kabelträgersysteme) bilden einen gemeinsamen Markt.[795]

## SÜßWARENROHSTOFFE
Im Bereich der Rohstoffe für Süßwaren sind die Märkte für Marzipanrohmasse, angewirktes Marzipan, Persipanrohmasse, Mandelpräparate und Haselnusskernpräparate zu unterscheiden.[796] Weiter wird ein Markt für industrielle Abnehmer und ein Markt für Abnehmer aus dem Bäckereihandwerk unterschieden.[797]

---

[787] BGH 14.3.1990 – KVR 4/88, WuW/E BGH 2627 (2636); KG 8.7.1988 – Kart 38/87, WuW/E OLG 4267 (4274) – Sportübertragungen; siehe auch BKartA 2.9.1994 – B 6 747000 -A-105/92, WuW/E BKartA 2682 (2696) – Fußball-Fernsehübertragungsrechte I zu §§ 1, 37a aF = § 1.

[788] BGH 10.2.2004 – KZR 14/02, WuW/E DE-R 1251 (1252) – Galopprennübertragung.

[789] BGH 8.11.2005 – KZR 37/03, WuW/E DE-R 1597 (1600) – Hörfunkrechte.

[790] OLG München 15.1.2015 – U 1110/14 Kart, NZKart 2015, 198 (199) – Claudia Pechstein; aufgehoben, aber hinsichtlich der Adressatenstellung: bestätigt, durch BGHZ 210, 292 Rn. 45 = WuW 2016, 364 – Claudia Pechstein; hierzu Heermann WRP 2015, 1047; Heermann WRP 2015, 1288 (1293) zu den abzugrenzenden Märkten im Individual- und Mannschaftssport.

[791] BKartA 3.5.1978 – B 6–681511-UZ-187/77, WuW/E BKartA 1716 (1717) – Kartoffelstärke.

[792] OLG Düsseldorf 30.4.2003 – Kart 9/00 (V), WuW/E DE-R 1112 (1114 f.) – Melitta/Airflo; für einen einheitlichen Markt BKartA 21.6.2000 – B 10–21210-U-25/00, WuW/E DE-V 275 (276) – Melitta; offengelassen in BGH 5.10.2004 – KVR 14/03, WuW/E DE-R 1355 (1356 f.) – Staubsaugerbeutelmarkt.

[793] KG 9.1.1970 – Kart 12/69, WuW/E OLG 1074 (1079) – Feuerfeste Steine.

[794] BKartA 12.12.1995 – B 3–24 301-U 50/95, WuW/E BKartA 2820 (2822 f.) – Straßenmarkierungsmaterial.

[795] BKartA 4.6.2004 – B 7–36/04, WuW/E DE-V 1065 ff. – Siemens/Moeller.

[796] BKartA 20.12.2001 – B2-75/01, WuW/E DE-V 527 (528) – Marzipanrohmasse.

[797] BKartA 14.2.2003 – B 2–93/02, WuW/E DE-V 717 (718 f.) – Schwartau/Zentis.

## TABAKWAREN

Feinschnitt- und Grobschnitt-Tabak bilden getrennte Märkte, da sie durch die amtliche Statistik getrennt ausgewiesen werden und das Unternehmen selbst die Marktanteile bei der Anzeige nach § 23 getrennt angegeben hat.[798]

Industriegefertigte Zigaretten bilden einen von anderen Tabakerzeugnissen getrennten Markt, ohne dass es auf Preis- oder Qualitätsunterschiede ankommt.[799]

Es besteht ein einheitlicher Markt für den Großhandel mit Tabakwaren. Dieser umfasst das Rechnungsgeschäft des Tabakwarenfachgroßhändlers (dh ohne Automaten) als auch den Tabakwarengroßhandel des Lebensmittelhandels.[800]

## TAFELGESCHIRR

Zu unterscheiden ist der Markt für Tafelgeräte, die aus Edelstahl bestehen, und der Markt für solche, die aus Kunststoff, Keramik oder Porzellan bestehen.[801]

Tafelgeschirr aus Porzellan, Keramik, Steingut und Glas für den gewerblichen Bedarf gehört zu einem Markt. Die Austauschbarkeit von Tafelgeschirr aus Porzellan kann begrenzt sein, wenn die Eigenschaften des Porzellans benötigt werden, die von anderen Materialien aber nicht erbracht werden. Einem anderen Markt zugerechnet wird Einweggeschirr und Geschirr aus Plastik, auch wenn es für mehrmalige Benutzung bestimmt ist, da ihm die Eigenschaften von Porzellan, Keramik, Steingut und Glas nahezu vollständig fehlen. Tafelgeschirr für gewerbliche Zwecke und Haushaltsgeschirr werden jeweils gesonderten Märkten zugerechnet, da Haushaltsgeschirr zu anderen Preisen und auf anderen Wegen vertrieben wird und für die gewerblichen Abnehmer kein Anlass besteht, auf das teurere Haushaltsgeschirr auszuweichen.[802]

## TAXIVERMITTLUNG

Die Vermittlung von Taxenfahrten mittels Funk und Telefon bildet gegenüber dem Markt für Beförderungsleistungen einen eigenständigen Markt.[803]

## TELEKOMMUNIKATION

**Fernmeldekabel** (aus Kupfer oder Glasfaser) bilden auf Grund ihres besonderen Verwendungszwecks im Verhältnis zu anderen Kabelarten einen eigenen sachlichen Markt.[804]

Montierte Anlagen bilden einen eigenen Markt, da Fernsprechnebenstellen-Großanlagen im Allgemeinen nur montiert angeboten werden.[805]

Einen sachlichen Markt bildet die Terminierung (Weiterleitung) von Gesprächen aus dem Festnetz in Mobilfunknetze. Hierbei werden alle Netzwerktechnologien wie GSM, UMTS und LTE miteinbezogen und damit demselben **Terminierungsmarkt** zugeordnet.[806] Dabei stellt jedes Mobilfunknetz einen eigenen relevanten Produktmarkt dar.[807] Festnetzanschlüsse bilden einen sachlichen Markt.[808]

Ein sachlicher Markt besteht für Zusammenschaltungsleistungen, der die durch die physische Zusammenschaltung erbrachten Leistungen Zuführung, Terminierung und

---

[798] TB 1971, 82 – Verfahren gegen Rauchtabak herstellendes Unternehmen.
[799] KG 1.7.1983 – Kart 16/82, WuW/E OLG 3051 (3065) – Morris-Rothmans.
[800] BKartA 25.2.1999 – B 9–51392-U-164/98, WuW/E DE-V 116 (118) – Haber-Lekkerland.
[801] BKartA 4.3.1981 – B 7–38 74 00-U 35/8, WuW/E BKartA 1867 (1868) – Rheinmetall-WMF.
[802] KG 28.6.1991 – Kart 25/89, WuW/E OLG 4865 (4874 ff.) – Hotelgeschirr.
[803] OLG Hamburg 8.4.1982 – 3 U 163/81, WuW/E OLG 3000 (3001) – Funk-Taxiruf Harburg; OLG Frankfurt a. M. 17.3.1983 – 6 VA 3/82, WuW/E OLG 3011 (3012) – Funk-Taxi-Zentrale Langen; LG Magdeburg 9.11.2001 – 36 O 355/01, WuW/E DE-R 973 (974) – Taxivermittlung.
[804] BKartA 8.6.1984 – B 7–527100-U-18/82, WuW/E BKartA 2143 (2144 f.) – Glasfaserkabel.
[805] TB 1968, 47 – Ermittlung gegen Anbieter von Fernsprechnebenstellen-Großanlagen.
[806] Monopolkommission Sondergutachten 73 Rn. 80.
[807] OLG München 22.4.2004 – U (K) 1582/04, WuW/E DE-R 1270 (1271) – GSM-Wandler; KG 15.1.2004 – 2 U 28/03, WuW/E DE-R 1274 (1276) – GSM-Gateway; OLG Düsseldorf 25.5.2005 – VI-U Kart 7/05, WuW/E DE-R 1577 (1578) – SIM-Karten; BGH 29.6.2010 – KZR 31/08, WM 2010, 1950 – GSM-Wandler.
[808] BGH 30.3.2004 – KZR 1/03, WuW/E DE-R 1283 (1284) – Der Oberhammer.

Transit umfasst. Diesem Markt können zudem die Fakturierungs- und Inkassoleistungen zugerechnet werden.[809]

Ein sachlicher Markt besteht für Verbindungsleistungen über Festnetze zu Online-Diensten und zum Internet, bei dem die Service-Provider als Nachfrager auftreten.[810]

Endgeräte, die für den Digitalfunk BOS zertifiziert sind, bilden einen eigenen Markt.[811]

**TEXTILIEN**

Der Markt für Bekleidungsgegenstände lässt sich nicht mehr weiter nach bestimmten Kundenkreisen aufspalten.[812]

Jeans bilden gegenüber anderen Hosen einen selbstständigen Markt, da sie ein besonderes Erscheinungsbild besitzen und ihr Absatz hauptsächlich in Spezialgeschäften stattfindet.[813]

Jeansfachgeschäfte und Jeansfachabteilungen in Warenhäusern, die zu 70% und mehr Jeansjacken und -hosen im Sortiment führen, gehören zum sachlichen Markt für Jeansvertrieb über Jeanssupermärkte, nicht dagegen allgemeine Bekleidungshäuser, Boutiquen, Textil- und sonstige Kaufhäuser.[814] Der Vertrieb von Feinstrumpfhosen über den Fachhandel bildet neben dem Vertrieb über den Nichtfachhandel wegen einer weitgehenden Trennung in der Belieferungsstruktur einen eigenen Markt.[815]

**THEATER/KINO/KONZERT**

Sprech- und Singbühnen bilden einen einheitlichen Markt, da sie für einen Großteil der Besucher austauschbar sind.[816]

Erstaufführungstheater bilden gegenüber sonstigen Spielstellen nach Aufführungszeit, Lage, technischer Ausstattung und Preisstellung einen eigenen Markt. Autokinos sind wegen der besonderen Betriebsart und der Serviceleistungen von herkömmlichen Spielstellen abzugrenzen.[817]Uraufführungskinos bilden wegen der Besonderheit des Filmgeschäfts einen eigenen Markt.[818] Ebenso bilden neue Filme, die erstmalig in ein Filmtheater kommen, einen eigenen Markt.[819]

Eintrittskarten für Rock- und Popkonzerte bilden einen eigenen Markt.[820]

Nach Einordnung des Bundeskartellamts bilden die Vermittlung von Konzertkarten der Konzertveranstalter an Vorverkaufsstellen oder Konzertbesucher jeweils getrennte Märkte, wobei der Verkauf an die Abnehmerseite dem Ankauf der Karten von den Konzertveranstaltern nachgelagert sei.[821] Der Markt für den Vertrieb von Veranstaltungstickets umfasst alle Ticketvertriebssysteme, ohne Rücksicht auf die Veranstaltungsart und womöglich auch Ticketvertriebsdienstleistungen. Nicht erfasst sind Leistungen, die ein Veranstalter nachfragt, der seine Tickets im Eigenvertrieb absetzen möchte (zB Lieferung einer entsprechenden Software). Auch nicht erfasst ist der Direktvertrieb der Tickets über stationäre Vorverkaufsstellen, Plattformen ohne Online-Ticketportal, sowie Amazon, Facebook oder Spotify.[822]

---

[809] RegTP 21.2.2000 – BK 3a–99/032, WuW/E DE-V 217 (220) – Fakturierung.

[810] RegTP 15.11.2000 – BK 3b–00/033, WuW/E DE-V 373 (375) – AfOD/TICOC.

[811] BKartA 24.3.2017 – B7–31/17, WuW 2018, 230 f. – Professioneller Mobilfunk.

[812] BGH 24.9.2002 – KZR 34/01, WuW/E DE-R 1011 (1012) – Wertgutscheine für Asylbewerber.

[813] BKartA 1.11.1978 – B 2–641130-V-193/77, WuW/E BKartA 1767 (1768) – Levi's Jeans.

[814] KG 23.6.1980 – Kart 35/78, WuW/E OLG 2425 (2426) – Levi's Jeans.

[815] TB 1977, 69 – Verfahren gegen führende Strumpfhersteller.

[816] OLG Düsseldorf 16.1.1979 – U Kart 4/78, WuW/E OLG 2071 (2072) – Düsseldorfer Volksbühne.

[817] TB 1977, 76 – Filmwirtschaft.

[818] KG 23.5.1985 – Kart. 18/84, WuW/E OLG 3527 (3528) – Kurfürstendamm-Filmtheater.

[819] OLG München 30.1.2003 – U (K) 4464/02, WuW/E DE-R 1106 – Kleinstadtkino.

[820] KG 25.10.1989 – Kart U 1824/89, WuW/E OLG 4524 (4526 f.) – Rock- und Popkonzerte; BKartA 23.11.2017 – B6–35/17, BeckRS 2017, 143034 Rn. 131 – Ticketvertrieb.

[821] BKartA 29.8.2016 – B6–53/16, WuW 2017, 212 Rn. 101 ff. – CTS Eventim/FKP Scorpio; 29.3.2017 – B6–35/17; WuW 2018, 152 Rn. 63 ff. – CTS Eventim/Four Artists. Hierbei führe die Handelsvertretertätigkeit zu einer vertikalen Struktur, die der Abgrenzung eines Gesamtmarktes trotz der Eigenschaft als Matching-Plattform entgegensteht. Siehe ferner Haucap/Schröder FS Wiedemann, 2020, 335 (344 f.).

[822] BKartA 23.11.2017 – B 6–35/17, WuW 2018; 152 Rn. 91 ff.; OLG Düsseldorf 5.12.2018 – VI-Kart 3/18 (V), NZKart 2019, 53 ff. – Ticketvertrieb; bestätigt durch BGH 12.1.2021 – KVR 34/20, BeckRS

### TIERNAHRUNG

Fertigfutter für Heimtiere bildet gegenüber anderen (Tier-)Nahrungsmitteln wegen Vorteilen bei der Zubereitung, Lagerfähigkeit, gesunder Fütterung und Preiswürdigkeit einen eigenen Markt. Weiterhin bilden Fertigfutter für Hunde, Katzen und Vögel wegen der unterschiedlichen biologischen Erfordernisse der einzelnen Tiergruppen getrennte Märkte.[823]

### TOASTBROT

Toastbrot, Brötchen, Softbrötchen und Backwaren zum Fertigbacken gehören einem Markt an.[824]

### TV-SIGNALE

Die Versorgung von TV-Signalen über IPTV gehört einem anderen Markt an als die Versorgung über DVB-T und über eine Sattelitenempfangsanlage.[825]

### UHREN

Von einem Gesamtmarkt für Uhren wird nicht ausgegangen. Vielmehr wird in höheren Preisklassen von einem Teilmarkt für hochpreisige Uhren (über 3.000,– DM Einzelhandelspreis) und einem Teilmarkt für Luxusuhren (über 10.000,– DM) unterschieden.[826]

### UNFALLERSATZWAGENGESCHÄFT

Das Unfallersatzwagengeschäft ist ein eigenständiger Markt. Unter diesem Geschäft werden die Vermietungsumsätze verstanden, die der Autovermieter regelmäßig nicht mit dem Geschädigten, sondern direkt mit dem Kfz-Versicherer des Schädigers abrechnet. Die Kraftfahrzeug-Haftpflicht-Versicherer fragen ein Leistungsbündel nach, dessen Kern zwar die Verfügbarkeit über einen Pkw ist, das sich im Übrigen aber erheblich von den Leistungen, die im sog. freien Geschäft gebündelt sind, unterscheiden.[827]

### UNTERHALTUNGSELEKTRONIK

Autoradios bilden einen vom allgemeinen Markt für Unterhaltungselektronik zu trennenden eigenen Markt, da sie zum Einbau in das Auto gekauft werden.[828] Bei der Unterhaltungselektronik gehören auf der Handelsstufe sämtliche Produkte der Sparten Audio und Video zu einem Markt, nicht jedoch unbespielte und bespielte Ton- und Bildträger sowie Batterien, für die sich andere Vertriebswege herausgebildet haben. Bei summarischer Betrachtung – nicht abschließend entschieden – werden sporadische Angebote (gelegentliche Angebote in unterschiedlichen Verkaufsstätten, zB Supermärkten, Tankstellen, Kaffeegeschäften) in den Markt einbezogen, weil es für dauerhafte Konsumgüter ausreicht, wenn sie in unregelmäßigen Abständen zu günstigeren Preisen zu erhalten sind, und interessierte Kunden imstande und bereit sind, sich danach umzusehen und, wenn nötig, mit dem Kauf eine Weile zu warten.[829] Die Begrenzung des sachlich relevanten Marktes auf den Einzelhandel, soweit er Unterhaltungselektronik nicht nur als gelegentliches Einzelangebot, sondern als Sortiment führt, ist rechtlich möglich.[830]

### UNTERNEHMEN/UNTERNEHMENSBETEILIGUNGEN

Unternehmen bzw. Unternehmensbeteiligungen sind Waren iSd § 18 Abs. 1 S. 1; die bei der Privatisierung des volkseigenen Vermögens entstandenen Kapitalgesellschaften sind keine besondere Warenart, der betreffende Geschäftsverkehr bildet daher insoweit keinen

2021, 9385 Rn. 11 – CTS Eventim/Four Artists; vgl. auch BKartA 4.12.2017 – B6-132/14-2, BeckRS 2017, 143035 Rn. 112; OLG Düsseldorf 3.4.2019 – VI-Kart 2/18 (V), NZKart 2019, 282 (284) – Ticketvertrieb II.
[823] BKartA 22.10.1979 – B 4–689100-TV-39/78, WuW/E BKartA 1817 (1818 ff.) – Fertigfutter; KG 12.11.1980 – Kart 32/79, WuW/E OLG 2403 (2404) – Fertigfutter.
[824] KG 13.12.1989 – Kart 20/88, WuW/E OLG 4459 (4466) – Golden Toast.
[825] OLG Düsseldorf 17.9.2014 – Kart 20/88, NZKart 2014, 514 (516) – Anfechtung einer Verpflichtungszusagenentscheidung.
[826] BKartA 1.12.2000 – B 4–107/00, WuW/E DE-V 385 (386, 387) – Richemont/LMH; OLG Düsseldorf 29.10.2003 – U Kart 30/00, WuW/E DE-R 1480 (1481) – R.-Uhren.
[827] BKartA 7.7.1995 – B 10–818000-A 207/94, WuW/E BKartA 2795 (2807 f.) – CP-System.
[828] OLG Stuttgart 31.7.1987 – 2 U 72/87, WuW/E OLG 4047 (4049) – Blaupunkt.
[829] KG 26.10.1990 – Kart 29/89, WuW/E OLG 4657 (4660) – Kaufhof/Saturn.
[830] BGH 28.4.1992 – KVR 9/91, WuW/E BGH 2771 (2772) – Kaufhof/Saturn.

eigenen Markt.[831] Auf der anderen Seite kann entgegen vereinzelten Stellungnahmen auch **nicht generell ein „umfassender Markt für Unternehmensbeteiligungen"** mit internationaler Ausdehnung angenommen werden,[832] da nicht sämtliche Unternehmensanteile aus Sicht der Anleger funktional austauschbar sind. Das gilt sowohl für unternehmerische Beteiligungen als auch für Beteiligungen zum Zweck der bloßen Kapitalanlage. Vielmehr sind jedenfalls bestimmte **typisierte Anlageklassen zu bilden,** die sich in ihren charakteristischen Eigenschaften wesentlich unterscheiden, etwa börsennotierte Unternehmen, ggf. nochmals unterteilt in sog. Blue Chips und andere gelistete Aktien, geschlossene Kapitalgesellschaften, Personengesellschaften (mit persönlicher Haftung) etc. Auch länderspezifische Besonderheiten im Gesellschafts- und Kapitalmarktrecht dürften der Annahme eines übergreifenden weltweiten Marktes für Unternehmensbeteiligungen entgegenstehen.[833] Schließlich muss **zwischen privaten und institutionellen Investoren differenziert** werden. Es gibt somit weder ein einheitliches Produkt „Unternehmensbeteiligung", das sich abstrakt als Form des „wirtschaftlichen Engagements der Anlage von Geld mit dem Ziel der Erwirtschaftung von Renditen" beschreiben ließe,[834] noch „den" Anleger im Sinne einer homogenen Gruppe von Nachfragern auf der Marktgegenseite. Vielmehr kommt es darauf an, inwieweit verschiedene Kategorien von Unternehmensbeteiligungen aus Sicht der jeweiligen Marktgegenseite (hier: Gruppe von Anlegern) noch als hinreichend austauschbar angesehen werden können. Insoweit wird teilweise vertreten, dass unter dem Blickwinkel der ökonomischen Portfoliotheorie in Kombination mit der Hypothese des effizienten Kapitalmarkts alle börsengehandelten Aktien einen einzigen sachlich relevanten Markt bildeten.[835] Auch eine solche, noch immer sehr weite Marktabgrenzung wird jedoch den Realitäten auf den Kapitalmärkten nicht gerecht. Erforderlich erscheint zumindest eine eingeschränkte Portfoliobetrachtung, die bestimmte **typische Präferenzen und Rendite-/Risikoprofile von Anlegergruppen** widerspiegelt. **In ganz außergewöhnlichen Situationen** ist sogar **eine anlassbezogene temporäre Verengung des Marktes auf eine einzige Aktie möglich.** Dies kommt in Betracht, wenn aufgrund ganz besonderer Umstände ein maßgeblicher Teil der Nachfrageseite keine Ausweichmöglichkeit auf andere Finanztitel hat. Das ist etwa der Fall, wenn nicht nur einzelne Marktteilnehmer, sondern ein erheblicher Teil der Investoren eine Aktie auf Termin leerverkauft hat und damit als Halter von Short-Positionen darauf angewiesen ist, zum Zeitpunkt des Auslaufens der Kontrakte über gerade dieses Wertpapier zu verfügen, um ihre Lieferpflicht erfüllen zu können.[836] Dieser Teil der Nachfrage ist dann starr und vollkommen preisunelastisch, sodass derjenige, der das Angebot für die fragliche Aktie kontrolliert, erhebliche Marktmacht ausüben kann. Eine solche Situation, die kapitalmarktrechtlich als „short squeeze" bzw. „cornering" beschrieben wird und ggf. als eine Form der Marktmanipulation iSd Art. 12 MAR zu qualifizieren ist,[837] kann insbesondere im Zusammenhang mit Übernahmeversuchen eintreten, die ohnehin zu einer Verknappung der noch im Markt verfügbaren Anteile des fraglichen Unternehmens führen.[838] Eine potentielle kartellrechtliche Relevanz

[831] KG 20.5.1998 – Kart U 6148/97, WuW/E DE-R 165 (168) – BVS; Wiedemann in Wiedemann KartellR-HdB § 23 Rn. 12.
[832] So aber im Anschluss an KG 20.5.1998 – Kart U 6148/97, WuW/E DE-R 165 (167 ff.) – BVS Thomas ZWeR 2014, 119 (126 ff.).
[833] Vgl. Fleischer/Bueren ZIP 2013, 1253 (1259), die auf die Bedeutung unterschiedlicher rechtlicher und politischer Rahmenbedingungen sowie einen möglichen home bias des Anlegers hinweisen.
[834] So aber KG 20.5.1998 – Kart U 6148/97, WuW/E DE-R 165 (168) – BVS. Dass diese „Definition" untauglich ist, ergibt sich im Übrigen schon daraus, dass sie letztlich alle Finanztitel und Anlageformen erfasst.
[835] Vgl. Hovenkamp 28 J. Corp. L. 607, 610–612 (2003); Kling 120 Yale L.J. 910, 936 (2011); insoweit grds. zustimmend Bueren WM 2013, 585 (588), der sich aber überzeugend dagegen wendet, sogar Eigen- und Fremdkapitaltitel einem einheitlichen Markt für Finanzinstrumente als Beteiligungsobjekte zuzurechnen, Bueren WM 2013, 585 (588 ff.); ebenso Fleischer/Bueren ZIP 2013, 1253 (1259 Fn. 99).
[836] Fleischer/Bueren ZIP 2013, 1253 (1259); Bueren WM 2013, 585 (588); näher hierzu oben → Rn. 68 mwN (auch zur Gegenansicht).
[837] Vgl. nur Mülbert in Assmann/Schneider/Mülbert MAR Art. 12 Rn. 225.
[838] Fleischer/Bueren ZIP 2013, 1253 (1259); Bueren WM 2013, 585 (588 Fn. 49).

für die Marktabgrenzung gewinnen derartige Vorgänge aber nur dann, wenn es **im Zusammenhang mit einem bestimmten Ereignis** zu **ausgeprägten Verwerfungen im Markt** kommt. Diskutiert wird dies etwa im Zusammenhang mit der versuchten Übernahme von VW durch Porsche, bei der es nach der für die Kapitalmarktteilnehmer überraschenden Ankündigung von Porsche in einer Pressemitteilung, den Zugriff auf 74,1 % der VW-Aktien sicher zu haben und eine Aufstockung auf 75 % sowie den Abschluss eines Beherrschungsvertrags anzustreben, nicht nur zu exorbitanten Kursausschlägen bis zu mehr als 1.000.– Euro für die VW-Stammaktie, sondern auch zu einer des Anpassung des Gewichts der VW-Stammaktie im deutschen Leitindex DAX durch die Deutsche Börse AG kam.[839]

### VERKEHR
Der öffentliche Personennahverkehr (ÖPNV) gliedert sich in die Märkte für den Schienenpersonennahverkehr (SPNV) und für den Straßenpersonennahverkehr (ÖSPV). Diese Märkte teilen sich wiederum in einen Fahrgastmarkt und einen Aufgabenträgermarkt. Der Fahrgastmarkt umfasst die Erbringung liniengebundener Verkehrsdienstleistungen gegenüber dem Fahrgast. Der Aufgabenträgermarkt umfasst die Errichtung und Unterhaltung sowie den Betrieb eines Verkehrsnetzes im Zuständigkeitsgebiet des jeweiligen staatlichen Aufgabenträgers.[840] Im Bereich des Fahrgastmarkts spielt die Art des Transportmittels keine Rolle. Unterschieden wird auch nicht nach Stadt- und Regionalverkehr. Jedoch gehören der motorisierte Individualverkehr, der Taxiverkehr, der Gelegenheitsverkehr mit Kraftfahrzeugen, der Freistellungsverkehr und das Angebot von Anruf-Sammel-Taxis nicht diesem Markt an.[841] In Bezug auf den Vertrieb von Fahrscheinen für den SPNV kommt es nicht auf die Art des Vertriebs (Internet, Schalter, Automat) an.[842] Einen eigenen Markt bildet zudem der Auftragsverkehr im öffentlichen Straßenpersonennahverkehr.[843]

Dienstleistungen für Eisenbahnunternehmen, durch welche diese ihre Fahrpläne und mögliche Zugverbindungen mit Umsteigemöglichkeiten dem reisewilligen Publikum und den Reisebüros bekannt machen lassen, bilden einen eigenen Markt.[844]

Die Nutzungsüberlassung von Eisenbahnstruktureinrichtungen bildet einen sachlichen Markt.[845]

Innerhalb des Güterverkehrs bildet der Transport schüttfähiger Massegüter einen eigenen Markt.[846] Die Vermietung von Kesselwaggons stellt einen eigenen Markt neben dem für Trockengüterwaggons dar.[847]

### VERSICHERUNGEN
Innerhalb der Schadens- und Unfallversicherung bilden technische Versicherung, Einheitsversicherung, Delkredereversicherung, Kautionsversicherung und Vertrauensschadensversicherung getrennte Märkte.[848]

---

[839] Vgl. allg. zum Konzept der „ereignisbezogenen temporären Marktverengung" bei ganz außergewöhnlichen, die normalen Marktverhältnisse erschütternden und zu extremen Knappheitslagen führenden Umständen → Rn. 68 mwN sowie näher zum Sachverhalt der „Übernahmeschlacht VW/Porsche" und den diversen daraus resultierenden Rechtsstreitigkeiten zB den Überblick bei Möllers NZG 2014, 361 ff.
[840] OLG Düsseldorf 22.12.2004 – VI-Kart 1/04 (V), WuW/E DE-R 1397 (1401 ff.) – ÖPNV-Hannover. Das BKartA hält die Unterteilung in SPNV und ÖSPV jedoch bei einer starken Integration nicht für zwingend: BKartA 19.7.2004 – B9-60210-Fa-37/04, WuW/E DE-V 989 (990) – Offenbacher Verkehrsbetriebe. Nach BGH 7.2.2006 – KVR 5/05, WuW/E DE-R 1681 (1685 f.) – DB Regio/üstra gehören zum Aufgabenträgermarkt sowohl gemein- als auch eigenwirtschaftliche Verkehrsleistungen.
[841] BKartA 2.12.2003 – B 9 – 91/03, WuW/E DE-V 891 (893) – ÖPNV-Hannover; BKartA 9.6.2004 – B 9–16/04, WuW/E DE-V 937 (941 f.) – ÖPNV Saarland; OLG Düsseldorf 22.12.2004 – VI-Kart 1/04 (V), WuW/E DE-R 1397 (1403) – ÖPNV-Hannover.
[842] OLG Frankfurt a. M. – 11 U 140/19 Kart, GRUR-RS 2020, 37705 Rn. 39 ff. – Bahnkartenvertrieb I.
[843] BKartA 19.7.2004 – B9-60210-Fa-37/04, WuW/E DE-V 989 (990 f.) – Offenbacher Verkehrsbetriebe.
[844] KG 26.6.2003 – 2 U 20/02 Kart, WuW/E DE-R 1321 (1322) – Gera-Rostock.
[845] OLG Düsseldorf 19.3.2003 – U Kart 20/02, WuW/E DE-R 1184 (1185) – InfraCard-Tarif.
[846] BKartA 30.9.2005 – B 9–50/05, WuW/E DE-V 1113 (1115) – Railion/RBH.
[847] BKartA 21.3.2018 – B9-124/17, BeckRS 2018, 10264 Rn. 2 – VTG/CIT.
[848] TB 1975, 44 – Gerling.

Reparaturkosten- und Garantieversicherungen für Kfz gehören demselben Markt an, da jeweils das Reparaturrisiko abgesichert wird und somit aus Sicht des Fahrzeugkäufers keine Unterschiede bestehen.[849]

Das Angebot zusätzlicher Alters-, Erwerbsminderungs- und Hinterbliebenenversorgung für im öffentlichen Dienst Beschäftigte ist ein eigener vom Markt der privaten Altersvorsorge abzugrenzender Markt.[850]

### VOLLGLASMIKROSPHÄREN
Vollglasmikrosphären stellen einen einheitlichen Markt dar, zu dem Mikrosphären anderer Rohstoffe oder Hohlglasmikrosphären nicht gehören.[851]

### WAFFEN
Es besteht ein eigener Markt für Kleinkalibermunition für behördliche und militärische Anwendungsbereiche. Dagegen bildet Jagd- und Sportwaffenmunition einen eigenen Markt.[852]

### WALZERZEUGNISSE
Walzerzeugnisse aus Kupfer und Kupferlegierungen (Messing, Bronze) gehören verschiedenen Märkten an. Die einer anderen Herstellungsstufe zugehörenden Vorwalzbänder gehören wieder einem anderen Markt an.[853] Gießwalzdraht bildet einen eigenen Markt.[854]

### WARENHÄUSER
Warenhäuser wie Karstadt oder Kaufhof operieren nicht auf einem einheitlichen „Warenhausmarkt". Die verschiedenen Märkte werden nach Warengruppen abgegrenzt, etwa Gepäck (Koffer/Taschen), Wäsche (Damen, Herren, Kinder), Sport/Outdoor (Bekleidung, Schuhe, Ausrüstung), Spiele und Spielwaren, Heimtextilien sowie Büro- und Schreibwaren.[855]

### WASCH- UND REINIGUNGSMITTEL
Universalwaschmittel, Spezialwaschmittel, Weichspüler, Maschinengeschirrspülmittel, Handgeschirrspülmittel und Wasserenthärter bilden jeweils eigene Märkte, da sie funktional nicht austauschbar sind. Gesonderte Märkte für entsprechende Hersteller- und Handelsmarkenprodukte sind jedoch nicht anzunehmen.[856]

### WASSERVERSORGUNG
Die Versorgung von Endkunden mit (leitungsgebundenem) Wasser bildet einen eigenen Markt, auf dem auf kommunaler Ebene hauptsächlich die Stadtwerke, in Ballungsräumen aber auch privatwirtschaftliche Versorgungsunternehmen tätig sind. Da Wasser jedoch aus Hygienegründen nicht über größere Entfernungen transportiert werden sollte, war lange unklar, ob überhaupt ein eigener Weiterverteilungsmarkt besteht.[857] In den neueren Entscheidungen stand durchgängig der Endverbrauchermarkt im Mittelpunkt.[858] In seinem Wasserbericht grenzte das BKartA allerdings den vorgelagerten Markt für die Lieferung von Trinkwasser an kommunale Weiterverteiler für Roh- und Trinkwasser ab.[859]

### WERBUNG
Zur Online-Werbung s. Stichwort Internet- und Online-Dienste/-Plattformen.

---

[849] BKartA 26.2.2002 – B 10–186/01, WuW/E DE-V 534 (535) – Car-Garantie.
[850] BGH 24.1.2017 – KZR 47/14, NZKart 2017, 242 Rn. 23 – VBL-Gegenwert II.
[851] BKartA 24.5.2017 – B1-34/17, WuW 2017, 470 – Sovitec Mondial/Potters Industries.
[852] BKartA 30.6.2005 – B 4–50/05, WuW/E DE-V 1081 (1083) – RUAG/MEN.
[853] BKartA 18.8.1988 – B5-284300-U-92/88, WuW/E BKartA 2304 (2305 f., 2310) – Wieland-Langenberg.
[854] BKartA 16.12.1999 – B5-27441-U-121/99, WuW/E DE-V 201 – Gießwalzdraht; BKartA 13.7.2018 – B5-62/18, NZKart 2018, 499 – Deutsche Gießdraht/Aurubis.
[855] BKartA 14.11.2018 – B2-106/18, NZKart 2018, 598 (599) – Karstadt/Kaufhof.
[856] BKartA 20.9.1999 – B 3–24511-U-20/99, WuW/E DE-V 177 (178 f.) – Henkel KGaA/Luhns GmbH.
[857] BKartA 28.2.2001 – B 8–279/00, WuW/E DE-V 453 (454) – Wasserwerke Westfalen.
[858] BGH 2.2.2010 – KVR 66/08, WuW/E DE-R 2841 Rn. 27 – Wasserpreise Wetzlar; BKartA 8.8.2012 – B8-159/11, BeckRS 2013, 10696 Rn. 12 – Stadtwerke Mainz; BKartA 4.6.2012 – B8-40/10, BeckRS 2013, 10697 Rn. 104 – Berliner Wasserbetriebe.
[859] BKartA Wasserbericht 2016, 84 f.

Die Benutzung deutlich gekennzeichneter Fußballstiefel durch Vereinsmannschaften und Spitzenspieler bildet gegenüber anderen Werbemöglichkeiten (Fernsehen, Zeitung) einen eigenen Werbemarkt, da nur hier der Anschein objektiver Stellungnahme zugunsten eines bestimmten Fabrikats vorhanden ist. Eine weitere Aufspaltung dieses Marktes nach einzelnen Vereinsmannschaften findet nicht statt.[860]

Werbefernsehen bildet gegenüber anderen Werbemedien einen eigenen Markt, da akustisch und optisch durch bewegte Bilder gleichzeitig auf eine Vielzahl von Verbrauchern eingewirkt wird.[861] Hierbei gehören Werbeangebote großer Fernsehsender einem anderen Markt an als die der kleineren (Sparten-)Sender.[862] Gleiches gilt für deutschlandweite oder jedenfalls überregional verbreitete Hörfunksender und regionale oder lokale Sender.[863]

Werbung in Rundfunk und Fernsehen ist mit Zeitungswerbung nicht gleichzusetzen.[864] Hörfunkwerbung hat einen eigenen Markt, dem weder die Fernsehwerbung noch die Werbung in Tageszeitungen zuzurechnen ist.[865] Auf diesem ist zwischen lokaler, regionaler, landes- und bundesweiter Werbung zu unterscheiden.[866] Einen eigenen Markt bilden Dienstleistungen gegenüber Hörfunksendern zur Vermarktung von Hörfunkwerbezeiten an nationale Werbekunden, da Nachfrager nach solchen Werbezeiten für die Sender nur über solche Anbieter erreichbar sind.[867]

Der Werbemarkt für Unterkunftsbetriebe umfasst neben der Aufnahme in das lokale Unterkunftsverzeichnis auch die Schaltung von Anzeigen in der regionalen und überregionalen Presse und die Selbstdarstellung im Internet.[868]

Im Bereich der Marktstudien über das Mediennutzungsverhalten der Bevölkerung ist nicht zwischen einem Markt für Studien über Kaufzeitschriften und einem für Studien über Kundenzeitschriften zu unterscheiden.[869]

Fernsehwerbung und In-Stream-Video-Werbung (Video-On-Demand-Services) sind unterschiedliche Märkte.[870]

Ein Angebotsmarkt besteht für die Veröffentlichung von nach eigenen Wünschen und Vorgaben gestalteten Einträgen und Werbeanzeigen in (Telefon-)**Teilnehmerverzeichnissen**. Die Veröffentlichung von kostenlosen Standardeinträgen ohne jeglichen Werbeeffekt soll hingegen keine Marktleistung sein, weil es keine Nachfrage nach solchen Standardleistungen gebe.[871] Ob diese Auffassung nach der Einführung des § 18 Abs. 2a noch haltbar ist, erscheint sehr zweifelhaft, da die Beschaffung der Daten als Vorleistung für die Ausgabe der Teilnehmerverzeichnisse jedenfalls eine erwerbswirtschaftliche Tätigkeit darstellt. Daran ändert auch der Umstand nichts, dass die Standardeinträge nicht auf einer aktiven Kontaktaufnahme mit den Teilnehmern beruhen, sondern die Daten von den Telefonanbietern ohne jegliches Zutun der Datensubjekte übermittelt werden. Auch sogenannte Branchen-

[860] KG 20.11.1973 – Kart 3/73, WuW/E OLG 1429 (1432); BKartA 28.11.1972 – BM 62 51 50-TV-106/71, WuW/E BKartA 1433 (1435) – DFB.

[861] TB 1970, 82 – Verfahren gegen Tochtergesellschaft einer Rundfunkanstalt.

[862] OLG München 21.2.2013 – U 5006/11 Kart, NZKart 2013, 162 (163) – Fernsehvermarktung.

[863] OLG Hamburg 28.2.2019 – 3 U 232/16 Kart, GRUR-RS 2019, 53050 Rn. 173 – Radio Cottbus; bestätigt durch BGH 24.11.2020 – KZR 11/19, NZKart 2021, 175 Rn. 21 f. – Radio Cottbus.

[864] KG 24.10.1979 – Kart 19/78, WuW/E OLG 2228 (2232) – Zeitungsmarkt München.

[865] KG 26.6.1991 – Kart 23/89, WuW/E OLG 4811 (4825) – Radio NRW; BKartA 18.7.1989 – B 6–743100-U-71/88, WuW/E BKartA 2396 (2402 f.) – Westdeutscher Rundfunk – Radio NRW; BKartA 25.4.2002 – B 6 – 159/01, WuW/E DE-V 599 (601) – Radio L 12.

[866] BKartA 23.4.2004 – B6 – 56/03, WuW/E DE-V 1011 (1014) – Radio TON-Regional; OLG Düsseldorf 6.10.2004 – IV-Kart 14/04 (V), WuW/E DE-R 1413 (1414) – Radio TON-Regional; siehe aber auch BGH 8.6.2010 – KVR 4/09, WuW/E DE-R 3067 – Springer/ProSieben II.

[867] OLG Düsseldorf 4.12.2002 – Kart 38/01, WuW/E DE-R 1058 (1061) – 100, eins Radio Aachen; OLG Hamburg 28.2.2019 – 3 U 232/16 Kart, GRUR-RS 2019, 53050 Rn. 172 ff.; bestätigt durch BGH 24.11.2020 – KZR 11/19, NZKart 2021, 175 Rn. 21 f. – Radio Cottbus.

[868] LG Hannover 11.9.2002 – 18 O 1304/01, WuW/E DE-R 975 – Unterkunftsverzeichnis.

[869] OLG München 28.4.2005 – U (K) 5018/04, WuW/E DE-R 1527 (1529) – Apothekenumschau.

[870] BKartA TB 2011/2012, 125 ff. – Amazonas.

[871] So OLG Düsseldorf 14.9.2016 – VI-U (Kart) 3/16, NZKart 2016, 592 (594) – Das Örtliche, aA Podszun in Kersting/Podszun Kap. 1 Rn. 16.

verzeichnisse, welche ihre Teilnehmer nicht alphabetisch, sondern nach Geschäftszweigen sortiert auflisten, sind nicht gegen allgemeine Teilnehmerverzeichnisse austauschbar.[872]

**WERKSTOFFPRÜFUNG**

Im Bereich der zerstörungsfreien Werkstoffprüfung sind die Märkte für stationäre Ultraschall-Prüfanlagen und der Markt für tragbare Ultraschall-Prüfgeräte zu unterscheiden.[873]

**WINTERDIENST**

Im Bereich der Winterdienstleistungen wird der Markt für Winterdienstleistungen auf Bürgersteigsflächen, der Markt für Winterdienstleistungen auf gewerblichen Großflächen und der Markt für Winterdienstleistungen auf öffentlich-rechtlichen Flächen unterschieden.[874]

**WISSENSCHAFTLICHE FACHINFORMATIONEN**

Im Bereich der rechtswissenschaftlichen Fachinformationen sind die Märkte für rein juristische und populärwissenschaftliche Rechtsinformationen zu unterscheiden. Anhand des Trägermediums können diese wiederum in Märkte für Bücher, Zeitschriften (mit Leser- und Anzeigenmarkt) und Online-Dienste unterteilt werden.[875]

**ZAHNÄRZTLICHE WERKSTOFFE**

Keramikmassen bilden einen eigenen sachlichen Markt, dem Kronen- und Brückenmaterial oder Zähne nicht zuzurechnen sind.[876]

Dentallegierungen aus Edelmetall und Verblendkeramik bilden jeweils einen eigenen Markt.[877]

**ZEITUNGEN**

Vgl. hierzu → Rn. 55 ff.

**ZEMENT**

Zement bildet einen einheitlichen Markt, da er das einzige Bindemittel zur Betonherstellung darstellt; unerheblich ist hierbei die Substituierbarkeit von Beton durch andere Baustoffmaterialien.[878]

Neben der Differenzierung der Märkte zwischen Weißzementen und Sonderzementen sowie Grauzementen liegt auch eine Aufteilung innerhalb der Grauzemente zwischen (losen) Grauzement der Sorten CEM I, CEM II und CEM III einerseits und für (losen) CEM IV und/oder CEM V andererseits nahe. Weiterhin abzugrenzen wären dann Grauzementmärkte für gesackte Ware.[879]

**ZUCKER**

Von den Märkten für Industriezucker[880] und Haushaltszucker ist der Markt für Flüssigzucker in Silo-Fahrzeugen als dritter sachlich relevanter Markt zu unterscheiden.[881]

## III. Anknüpfungspunkte für die Erfassung der marktbeherrschenden Stellung

88    **1. Allgemeine Charakterisierung.** Marktbeherrschung liegt vor, wenn ein Unternehmen (oder mehrere Unternehmen gemeinsam) über eine so starke Machtstellung in einem relevanten Markt verfügen, dass der Wettbewerb seine Funktionen nicht mehr hinreichend erfüllen kann. Das entscheidende Kennzeichen einer beherrschenden Stellung ist, dass ein Unternehmen allein (oder im Verbund mit anderen) über **Verhaltensspielräume gegenüber seinen Konkurrenten und/oder Kunden verfügt, die vom freien Spiel der Wettbewerbskräfte nicht mehr hinreichend kontrolliert werden**.[882] Der EuGH cha-

[872] OLG Düsseldorf 14.9.2016 – VI-U (Kart) 3/16, NZKart 2016, 592 – Das Örtliche.
[873] BKartA 9.12.1999 – B4-33206-U-106/99, WuW/E DE-V 203 (205) – Krautkrämer/Nutronik.
[874] BKartA 2.6.2003 – B 10–176/02, WuW/E DE-V 860 (862) – Alba City/RUWE.
[875] BKartA 9.11.1999 – B6-22100-U-104/99, WuW/E DE-V 191 (192) – Beck/Nomos.
[876] OLG Stuttgart 12.3.1982 – 2 U Kart 108/81, WuW/E OLG 2728 (2729) – Keramik-Masse.
[877] BKartA 27.9.2001 – B 4–69/01, WuW/E DE-V 493 – Degussa Dental.
[878] KG 15.3.1978 – Kart 1/77, WuW/E OLG 1989 (1990) – Zementmahlanlage.
[879] BKartA 12.1.2018 – B1-47/17, WuW 2018, 351 – OPTERRA/SCHWENK.
[880] BKartA 21.4.2004 – B 2–160/03, WuW/E DE-V 923 (924 f.) – Agrana/Atys.
[881] BKartA 18.3.1999 – B 2–15622-A-91/98, WuW/E DE-V 103 (104) – Rübenzucker.
[882] Siehe vorerst nur Wurmnest S. 82; näher → Rn. 98 ff. mwN.

rakterisiert diese Situation in ständiger Rechtsprechung dahingehend, dass unter Markt-beherrschung eine wirtschaftliche Machtstellung zu verstehen sei, die ein Unternehmen in die Lage versetze, „die Aufrechterhaltung eines wirksamen Wettbewerbs auf dem relevanten Markt zu verhindern, indem sie ihm die Möglichkeit verschafft, sich seinen Wettbewerbern, seinen Abnehmern und schließlich den Verbrauchern gegenüber in einem nennenswerten Umfang unabhängig zu verhalten".[883] Diese allgemeine Begriffsbestimmung gilt cum grano salis auch für das deutsche Recht, das – anders als Art. 102 AEUV – eine in mehrere Einzeltatbestände ausdifferenzierte gesetzliche Definition kennt, die sich seit der 8. GWB-Novelle in § 18 Abs. 1 Nr. 1–3 für die Beherrschung durch ein einzelnes Unternehmen sowie § 18 Abs. 5 für die kollektive oder Oligopolmarktbeherrschung durch zwei oder mehr Unternehmen befinden.

Die im Vergleich zu Art. 102 AEUV höhere Regelungsdichte bei der Bestimmung der **89** Marktbeherrschung durch einzelne gesetzlich definierte Marktbeherrschungs- und Ver-mutungstatbestände soll die Anwendung erleichtern und die Rechtssicherheit erhöhen, wirft aber auch neue Fragen nach dem Verhältnis der einzelnen Tatbestände zueinander auf (näher hierzu → Rn. 83). Letztlich kommt es bei der Bewertung der Marktstellung eines Unternehmens (oder einer Gesamtheit von Unternehmen im Rahmen der Oligopolmarkt-beherrschung) jedoch immer darauf an, ob das oder die Unternehmen im Rahmen einer **Gesamtschau verschiedener Faktoren** über einen **vom Wettbewerb nicht hinrei-chend kontrollierten Verhaltensspielraum** verfügen.[884] Unterschiedlich beurteilt wird dabei, ob dies immer gleichzeitig sowohl gegenüber den Wettbewerbern als auch gegenüber den Abnehmern der Fall sein muss[885] oder ob es auch genügt, dass ein solcher Verhaltens-spielraum nur im horizontalen Verhältnis gegenüber den Konkurrenten oder in der Ver-tikalbeziehung zu den Abnehmern (oder bei Nachfragemacht gegenüber den Lieferanten) besteht.[886] Die unterschiedliche Einschätzung hängt insbesondere mit der Interpretation des im Zuge der 2. GWB-Novelle eingeführten Tatbestands der „überragenden Marktstellung" (jetzt § 18 Abs. 1 Nr. 3) zusammen, die zumindest nach dem Gesetzeswortlaut nur auf das „Verhältnis zu seinen Wettbewerbern" abstellt (näher hierzu → Rn. 106 ff.). Hinzu kommt, dass dieser stärker an marktstrukturellen Faktoren orientierte Marktbeherrschungstatbestand seine primäre praktische Bedeutung vor allem in der Fusionskontrolle hat, während es für die retrospektive Marktverhaltenskontrolle in der Missbrauchsaufsicht eher um die aktuell im Wettbewerb bestehenden Verhaltensspielräume geht. Die in jedem Fall erforderliche **Gesamtbewertung der Markt- und Machtstellung** eines Unternehmens im Hinblick darauf, ob es noch hinreichend vom Wettbewerb kontrolliert wird, setzt letztlich eine **normative Beurteilung** voraus, die sich maßgeblich auch **an den Schutzzielen der jeweils anzuwendenden Norm orientieren** muss (sog. Relativität des Marktbeherr-schungsbegriffs).[887]

**2. Die gesetzliche Systematik der Marktbeherrschungstatbestände im Über-** **90** **blick.** Bei der Verortung der Regelungen zum Tatbestand der Marktbeherrschung in dem neu geschaffenen § 18 hat der Gesetzgeber materiell-rechtlich an der überkommenen gesetzlichen Systematik festgehalten. Auch weiterhin wird zwischen **Einzelmarktbeherr-schung** (§ 18 Abs. 1, bisher § 19 Abs. 2 S. 1 aF) und der kollektiven oder **Oligopol-marktbeherrschung** (§ 18 Abs. 5, bisher § 19 Abs. 2 S. 2 aF) unterschieden. Für beide Erscheinungsformen der Marktbeherrschung formuliert das Gesetz zudem jeweils einen eigenen Vermutungstatbestand: Die (vormals in § 19 Abs. 3 S. 1 aF enthaltene) Einzel- oder Monopolmarktbeherrschungsvermutung ist nunmehr in § 18 Abs. 4 zu finden, wobei

---

[883] So die ständige Rechtsprechung des EuGH seit EuGH 14.2.1978 – 27/76, Slg. 1978, 207 Rn. 63, 66 – United Brands/Kommission.

[884] S. statt aller aus der Rechtsprechung zB BGH 12.12.1978 – KVR 6/77, WuW/E BGH 1533 (1536) – Erdgas Schwaben; aus der Literatur zB Bechtold/Bosch Rn. 33; Wurmnest S. 82.

[885] So etwa Bechtold/Bosch Rn. 33.

[886] So jedenfalls im Ergebnis zB Wurmnest S. 82.

[887] Dazu bereits → Rn. 27.

– als einzige materielle Änderung in diesem Bereich – der Schwellenwert von einem Marktanteil von mindestens einem Drittel auf mindestens 40 Prozent erhöht worden ist. In der Sache unverändert geblieben ist die Oligopolvermutung (bisher § 19 Abs. 3 S. 2 aF), deren Tatbestand sich jetzt in § 18 Abs. 6 findet, während die Voraussetzungen für ihre Widerlegung in einen eigenen Absatz ausgelagert worden sind (§ 18 Abs. 7). Auch die Vermutung des § 18 Abs. 4 für das Vorliegen einer Einzelmarktbeherrschung ist widerlegbar, auch wenn es insoweit (wie bisher) keinen eigenen Tatbestand gibt. Dies erklärt sich aus der unterschiedlichen Rechtsnatur beider Vermutungstatbestände (dazu näher → Rn. 188 ff., 202).

**91**  **a) Einzelmarktbeherrschung (Abs. 1 Nr. 1–3, Abs. 3).** Für die Beherrschung eines Marktes durch ein einzelnes Unternehmen (sog. Einzel- oder Monopolmarktbeherrschung) listet § 18 Abs. 1 zwar drei Möglichkeiten auf, **in der Sache** handelt es sich aber nach wie vor lediglich um **zwei Fallkonstellationen**[888]: erstens das **Fehlen wesentlichen Wettbewerbs,** das auch die Situation einschließt, dass kein Wettbewerber vorhanden ist (§ 18 Abs. 1 Nr. 1 und Nr. 2),[889] zweitens die **Existenz einer überragenden Marktstellung** im Verhältnis zu den Wettbewerbern (§ 18 Abs. 1 Nr. 3, bisher § 19 Abs. 2 Nr. 2 aF). Die dafür maßgeblichen Kriterien sind in § 18 Abs. 3 (bisher § 19 Abs. 2 Nr. 2 zweiter Halbsatz aF) beschrieben.

**92**  Fraglich ist, in welchem **Verhältnis die verschiedenen Tatbestände der Einzelmarktbeherrschung zueinander** stehen. Nach dem Gesetzeswortlaut scheint es sich um ein uneingeschränktes Alternativverhältnis zu handeln, zugleich ist allerdings zu konstatieren, dass jedenfalls zwischen der Nr. 1 (kein Wettbewerber vorhanden) und dem Fehlen wesentlichen Wettbewerbs iSd Nr. 2 ein Stufenverhältnis existiert. Der Gesetzgeber dachte hier in Kategorien der überkommenen Marktformenlehre und wollte mit dem ersten Fall das Vollmonopol, mit dem zweiten Fall das sog. Teilmonopol erfassen.[890] Dies wirft die Frage auf, ob ein ähnliches **Gefälle hinsichtlich der Eingriffsschwelle** auch zum dritten Tatbestand, der überragenden Marktstellung nach Nr. 3, existiert mit der Folge, dass insoweit geringere Voraussetzungen an die Darlegung und den Nachweis von Marktbeherrschung zu stellen sind als nach den beiden ersten Alternativen des § 18 Abs. 1.

**93**  Die Frage ist nach wie vor nicht gänzlich geklärt.[891] Der Tatbestand der überragenden Marktstellung ist erst durch die 2. Novelle von 1973 eingeführt worden. Entgegen einzelnen Vorentwürfen war dies aber nicht mehr als bloße Verdeutlichung des Marktbeherrschungsbegriffs gedacht, vielmehr sollte ein zusätzlicher Tatbestand geschaffen werden.[892] Unstreitig ist dabei, dass durch die Einführung insgesamt eine Verbesserung der Missbrauchskontrolle nach § 19 aF intendiert wurde. Der Gesetzgeber bewertete die bis dahin allein geltende Fassung der Nr. 1 als nicht „hinreichend praktikabel" und wollte mit der Nr. 2 den Marktbeherrschungsbegriff „konkretisieren".[893] Er ging dabei (irrig) davon aus, dass die von der Rechtsprechung entwickelte sog. Mosaiktheorie auch im Rahmen des § 19 aF Anwendung finden würde.[894] Die Nr. 2 des § 19 aF sollte es dem BKartA ermöglichen, nicht mehr einen fehlenden Wettbewerb anhand einer Vielzahl negativer Merkmale nachzuweisen, sondern eine „überragende Marktstellung" positiv festzustellen.

---

[888] Ebenso Bechtold/Bosch Rn. 32.
[889] Bis zur 8. GWB-Novelle waren beide Tatbestände zu Recht in § 19 Abs. 2 Nr. 1 aF unter einer Ziffer zusammengefasst.
[890] Vgl. Begr. 1952 B I 3.
[891] Ausführlich dazu zB Paschke in FK-KartellR Rn. 216–237 mwN.
[892] Im Einzelnen Möschel Der Oligopolmißbrauch S. 130, 168; Jüngst S. 44 ff.; zur Entstehungsgeschichte ausf. Leo FS Steindorff, 1990, 1005 (1007 ff.).
[893] Bericht 1973, S. 5.
[894] Dazu Möschel Der Oligopolmißbrauch S. 167; Ramrath S. 1; Belke ZHR 138, 227 (255 ff.); J. Baur BB 1973, 915 (919); Sandrock BB 1973, 101 (107); Loewenheim/Belke § 22 Rn. 14; Monopolkommission Sondergutachten 1 Tz. 29; siehe aber Hoppmann, Die Abgrenzung des relevanten Marktes im Rahmen der Mißbrauchsaufsicht über marktbeherrschende Unternehmen, S. 44; Offterdinger FS Pfeiffer, 1988, 727 (732).

Der **BGH** hat aus dieser Entstehungsgeschichte **ursprünglich gefolgert,** dass die **§ 19 Abs. 2 S. 1 Nr. 1 und Nr. 2 aF in einem echten Alternativverhältnis** zueinander stehen und die Annahme einer überragenden Marktstellung möglich bleibt, selbst wenn es an wesentlichem Wettbewerb iSv Nr. 1 nicht fehlt.[895] Der BGH hat dies **später** insoweit **abgeschwächt,** als auch bei Nr. 2 (= § 18 Abs. 1 Nr. 3 nF), „eine Gesamtbetrachtung aller maßgeblichen Umstände, insbesondere auch eine Berücksichtigung der auf dem relevanten Markt herrschenden Wettbewerbsverhältnisse" erforderlich bleibt.[896] Seit der „Klöckner/Becorit" Entscheidung aus dem Jahr 1980[897] geht der BGH zu Recht davon aus, dass es sich bei § 19 Abs. 2 S. 1 aF um **verschiedene Betrachtungsweisen eines einheitlichen Marktgeschehens** handele, die sich gegenseitig ergänzen und beeinflussen. Daher besteht trotz der systematischen Trennung im Tatbestand der Norm **immer die Notwendigkeit einer Gesamtbetrachtung der betroffenen Wettbewerbsverhältnisse.**[898] Vor diesem Hintergrund verwundert es nicht, dass die ursprünglich in Nr. 2 formulierten beispielhaften Strukturmerkmale auch auf die Prüfung des § 19 Abs. 2 S. 1 Nr. 1 aF übertragen wurden.[899] In der Praxis des BKartA ist daher schon seit länger zu beobachten, dass die Grenzen zwischen den einzelnen Tatbestandsvarianten größtenteils verschwimmen.[900]

Ob damit weiterhin im Einzelfall eine marktbeherrschende Stellung unter Berufung auf **94** die eher struktur- und unternehmensbezogenen Kriterien der **überragenden Marktstellung trotz des Vorhandenseins aktuellen (wesentlichen) Wettbewerbs** bejaht werden kann, wie dies in der früheren Anwendungspraxis teilweise geschehen ist,[901] bleibt unklar.[902] In der Literatur finden sich dazu teilweise widersprüchliche Aussagen. So wird vereinzelt von denselben Autoren bezüglich der überragenden Marktstellung einerseits die Notwendigkeit einer umfassenden Gesamtbetrachtung unter Einschluss der Berücksichtigung wesentlichen Wettbewerbs betont, während andererseits § 19 Abs. 2 S. 1 Nr. 2 aF (= § 18 Abs. 1 Nr. 3) zugleich explizit als ein alternativer Marktbeherrschungstatbestand qualifiziert wird, der ohne Rücksicht auf das Bestehen wesentlichen Wettbewerbs vorliegen könne.[903]

Richtigerweise wird man wie folgt differenzieren müssen: Trotz der Annäherung der **95** Tatbestände des „Fehlens wesentlichen Wettbewerbs" und der „überragenden Marktstellung" im Rahmen der immer gebotenen Gesamtbetrachtung kann die **unterschiedliche Perspektive** für die Würdigung der Marktverhältnisse und der daraus resultierenden Konsequenzen für die Feststellung vom Wettbewerb nicht hinreichend kontrollierter Verhaltensspielräume **im Einzelfall zu differierenden Ergebnissen** führen. Das ergibt sich schon daraus, dass selbst bei angenommener materieller Identität der Tatbestände die Fest-

[895] BGH 3.7.1976 – KVR 4/75, WuW/E BGH 1435 (1439) – Vitamin-B-12; BGH 16.12.1976 – KVR 2/76, WuW/E BGH 1445 (1449) – Valium; BGH 21.2.1978 – KVR 4/77, WuW/E BGH 1501 (1504) – Kfz-Kupplungen; ebenso Ruppelt in Bunte, 11. Aufl. 2011, § 19 Rn. 44 ff.; v. Gamm KartR § 22 Rn. 22; vgl. auch Ramrath S. 10 ff.; Meinhold S. 104 ff.; Emrich S. 82 ff.; dagegen insbes. Paschke in FK-KartellR Rn. 217 f. mwN; Offterdinger FS Pfeiffer, 1988, 727 (736); de lege ferenda Leo FS Steindorff, 1990, 1005 (1015 ff.); Kleinmann/Bechtold § 22 Rn. 110 ff.

[896] BGH 16.12.1976 – KVR 2/76, WuW/E BGH 1445 (1449) – Valium.

[897] BGH 2.12.1980 – KVR 1/80, WuW/E BGH 1749 (1753) – Klöckner/Becorit.

[898] Götting in LMR, 2. Aufl. 2009, § 19 Rn. 26; Wiedemann in Wiedemann KartellR-HdB § 23 Rn. 28.

[899] Götting in LMR, 2. Aufl. 2009, § 19 Rn. 26; Wiedemann in Wiedemann KartellR-HdB § 23 Rn. 28.

[900] Wiedemann in Wiedemann KartellR-HdB § 23 Rn. 15 mwN.

[901] Vgl. zB BGH 3.7.1976 – KVR 4/75, WuW/E BGH 1435 (1439) – Vitamin-B-12; BGH 16.12.1976 – KVR 2/76, WuW/E BGH 1445 (1449) – Valium; BKartA 27.9.1978 – B 8–822000-U-92/78, WuW/E BKartA 1719 (1720) – BP-Gelsenberg; vgl. auch BGH 22.9.1987 – KVR 5/86, WuW/E BGH 2433 (2438, 2441) – Gruner + Jahr-Zeit II: Unterstellung einer marktbeherrschenden Stellung des „Spiegel" trotz Vorliegens wesentlichen Wettbewerbs, ebenso BGH 29.6.1982 – KVR 7/81, WuW/E BGH 1949 (1951, 1952) – Braun-Almo; KG 24.4.1985 – Kart. 34/81, WuW/E OLG 3577 (3589) – Hussel-Mara.

[902] Ablehnend etwa Paschke in FK-KartellR Rn. 234 ff.; Wiedemann in Wiedemann KartellR-HdB § 23 Rn. 28; aA Töllner in Bunte Rn. 77 (die überragende Marktstellung bedürfe nicht des Nachweises fehlenden Wettbewerbs).

[903] So zB Götting in LMR, 2. Aufl. 2009, § 19 Rn. 26, 31.

stellung einer Marktbeherrschung unter Bezugnahme auf die Kriterien des § 18 Abs. 1 Nr. 3 gemäß der Intention des Gesetzgebers nachhaltig erleichtert wird. Darüber hinaus spricht jedoch viel dafür, dass die **Eingriffsschwelle** bei der „überragenden Marktstellung" auch in der Sache **tendenziell niedriger** liegt. Aus dieser Sicht hat ein Unternehmen, das keinem wesentlichen Wettbewerb ausgesetzt ist, zwar zugleich immer eine überragende Marktstellung, nicht aber gilt die Umkehrung; vielmehr kann letztere bereits bei einem niedrigeren Grad von Marktmacht eingreifen.[904] Mit der Anknüpfung auch an unternehmensbezogene Kriterien wie zB die Finanzkraft, die nicht von vornherein einen konkreten Bezug zu den aktuellen Wettbewerbsbedingungen oder Marktpositionen aufweisen, und mit der Betonung gerade des großen Vorsprungs des fraglichen Unternehmens vor seinen Konkurrenten wird der Blick eher auf die **Gefährdung künftiger Wettbewerbsprozesse gerichtet** als bei der Betrachtung, ob das Unternehmen gegenwärtig wesentlichem Wettbewerb ausgesetzt ist.[905] Dies bedeutet dann in der Tat eine herabgesetzte Eingriffsschwelle. Die praktische Bedeutung dieser Auffassung liegt dabei mehr im Bereich der Fusionskontrolle mit ihrer zukunftsbezogenen Prognose der durch den Zusammenschluss verursachten Entstehung oder Verstärkung einer marktbeherrschenden Stellung nach § 36 Abs. 1 (als Regelbeispiel für die erhebliche Behinderung wirksamen Wettbewerbs). Bei einer retrospektiven Verhaltenskontrolle bringen die Erleichterungen bei der Feststellung der Marktbeherrschung durch § 18 Abs. 1 Nr. 3 dagegen nicht viel, da die eigentlichen Schwierigkeiten bei der Konkretisierung des Missbrauchs liegen und diese auf Grund des untrennbaren Zusammenhangs mit der Art und dem Grad der involvierten Marktmacht unverändert bleiben. Hinzu kommt, dass der Gesetzgeber insoweit für bestimmte Missbrauchsformen sogar eine noch niedrigere Eingriffsschwelle vorgesehen hat und lediglich „relative" (§ 20 Abs. 1) oder „überlegene" Marktmacht (§ 20 Abs. 3) genügen lässt (vgl. ferner § 19 Abs. 3 für erlaubte Kartelle und Preisbinder). Diese gesetzlichen Regelungen bestätigen mittelbar den hier vertretenen Ansatz, dass die Bewertung, welcher **Grad an Marktmacht für die Begründung der Normadressateneigenschaft** vorausgesetzt wird, **maßgeblich von Schutzzweckerwägungen beeinflusst** wird. Ob das fragliche Unternehmen noch einer „hinreichenden" Kontrolle durch Kräfte des Wettbewerbs unterliegt, kann letztlich immer nur im Rahmen einer normativen Gesamtbewertung des rechtlichen und tatsächlichen Kontexts der fraglichen Maßnahme beurteilt werden.

**96**    **b) Oligopolmarktbeherrschung (Abs. 5).** § 18 Abs. 5 versucht, die besonderen wettbewerblichen Probleme zu erfassen, die sich aus dem Vorhandensein einer sehr geringen Zahl von Unternehmen auf einem einzelnen Markt ergeben. Schon die Reaktionsverbundenheit der wenigen Marktteilnehmer im Oligopol begründet in solchen Fällen die Annäherung an monopolähnliche Marktergebnisse.[906] Notwendig ist nach Abs. 5 eine zweistufige Prüfung:[907] Zuerst muss nach Nr. 1 festgestellt werden, dass zwischen den fraglichen Unternehmen untereinander, also im Innenverhältnis, kein wesentlicher Wettbewerb besteht. Nur dann können sie als eine Gesamtheit begriffen werden, die kollektiv über eine besondere Marktstellung verfügt. Sodann müssen im Außenverhältnis dieser sich weitgehend parallel verhaltenden Gruppe zu dritten Unternehmen die Voraussetzungen der Nr. 2 erfüllt sein, die wiederum auf den Abs. 1 mit seinen drei möglichen Varianten

---

[904] Möschel in Immenga/Mestmäcker, 4. Aufl. 2007, § 19 Rn. 44; im Ergebnis ebenso Zäch FS Immenga, 2004, 463 (470) (überragende Marktstellung als „niedrigerer Grad von Marktbeherrschung").

[905] In diese Richtung auch Ruppelt in Langen/Bunte, 11. Aufl. 2010, § 19 Rn. 58, der für einen gewissen Vorrang der Strukturkriterien und eine nur ergänzende Berücksichtigung des tatsächlichen Wettbewerbsgeschehens plädiert, sofern erstere keine eindeutigen Rückschlüsse zuließen. Darüber hinaus weist er zu Recht auf die unterschiedlichen Perspektiven der beiden Tatbestandsalternativen hin: rückblickende Anknüpfung Marktverhalten beim Kriterium des Fehlens wesentlichen Wettbewerbs, Ermöglichung einer vorausschauenden Aussage über die zu erwartenden Wettbewerbsverhältnisse aufgrund der marktstrukturellen Betrachtung bei der überragenden Marktstellung, Ruppelt in Langen/Bunte, 11. Aufl. 2010, § 19 Rn. 45 aE.

[906] Böni/Palzer WuW 2009, 477 (478).

[907] Allgemeine Meinung, s. nur Kühnen in LMRKM Rn. 113.

der Beherrschung verweist (näher zur Oligopolmarktbeherrschung → Rn. 131 ff.). Der Wortlaut des Tatbestandes würde es ermöglichen, beliebige Unternehmen zu einem Dreier- oder Fünferoligopol zusammenzufassen, falls sie die Marktanteilsgrenze von 50 % bzw. $66^2/_3$ % erreichen. Da Marktanteile als Indiz für Marktmacht angesehen werden, muss es sich jedoch nach dem Zweck der Regelung jeweils um die drei bzw. fünf nach Marktanteilen führenden Unternehmen handeln.[908]

**c) Verhältnis der Marktbeherrschungstatbestände zueinander.** Einzel- und Oligo- **97** polmarktbeherrschung schließen sich nach herrschender Meinung gegenseitig aus, weil auf demselben relevanten Markt zur gleichen Zeit nur entweder ein marktmächtiges Unternehmen allein oder eine Gesamtheit sich weitgehend gleichförmig verhaltender Unternehmen kollektiv über eine beherrschende Stellung verfügen könnten.[909] Das BKartA hat dagegen einmal die RWE in einem Zusammenschluss als marktbeherrschendes Einzelunternehmen nach § 22 Abs. 1 Nr. 2 aF (= § 18 Abs. 1 Nr. 2) angesehen und zugleich als Mitglied eines marktbeherrschenden Anbieteroligopols.[910] In der Literatur hält man unter Hinweis auf den Schutzzweck des Oligopoltatbestandes (Bewahrung außenstehender Dritter vor der Unausweichlichkeitswirkung eines vorhandenen Gruppeneffektes) teilweise ebenfalls eine eindeutige Abgrenzung zwischen Monopol- und Oligopolmarktbeherrschung für nicht geboten.[911] In diesem Zusammenhang wird auch darauf hingewiesen, dass die Rechtsprechung unter Geltung des § 22 aF im Übergang vom Monopol- auf den Oligopoltatbestand keine unzulässige Veränderung des Wesens einer kartellbehördlichen Missbrauchsverfügung nach § 22 Abs. 5 aF sah.[912] **Gegen die Möglichkeit einer parallelen Existenz von Einzelmarktbeherrschung und kollektiver Marktbeherrschung** spricht jedoch, dass sich die Oligopolisten gerade nicht unabhängig voneinander verhalten, sondern der Wettbewerb zwischen ihnen wegen der gebotenen Rücksichtnahme auf das Verhalten der jeweils anderen Oligopolmitglieder erlahmt ist. Dieser Umstand führt zu der oligopoltypischen engen Reaktionsverbundenheit. Wäre der „stärkste Oligopolist" schon allein marktbeherrschend, bräuchte er auf die schwächeren Unternehmen keine Rücksicht zu nehmen und es fehlte an einer strukturellen (wechselseitigen) Reaktionsverbundenheit. Die faktische Anpassung der nächstgrößeren Unternehmen an das Verhalten des Marktführers vermag für sich keine Oligopolsituation zu begründen, da diese durch ein gegenseitiges „In-Schach-Halten" gekennzeichnet ist.[913] Darüber hinaus ist nicht ersichtlich, wie sich die dem „Diktat" des Marktführers ausgelieferten und ggf. seinem Verhalten anpassenden nächststärkeren Wettbewerber ihrerseits zugleich (!) in einer vom Wettbewerb nicht hinreichend kontrollierten Weise unabhängig gegenüber weiteren (kleineren) Marktteilnehmern verhalten sollen. Kollektive Marktbeherrschung und Einzelmarktbeherrschung können demnach nicht gleichzeitig nebeneinander bestehen.[914]

---

[908] Töllner in Bunte Rn. 250; Kleinmann/Bechtold § 22 Rn. 243.

[909] KG 26.10.1977 –, WuW 1978, 28 – Auflagenbeschluss Valium; KG 16.1.1980 – Kart 14/79, WuW/E OLG 2234 (2235) – Blei- und Silberhütte Braubach; siehe ferner BGH 12.2.1980 – KVR 3/79, WuW/E BGH 1678 (1680) – Valium II; Kleinmann/Bechtold § 22 Rn. 195; eingehend Paschke in FK-KartellR Rn. 437 ff.; Monopolkommission Hauptgutachten IV Tz. 585; siehe auch Begr. 1971 S. 23.

[910] BKartA 30.6.1978 – B 8–823000–U–78/77, WuW/E BKartA 1727 (1730) – RWE-Energieversorgung Leverkusen.

[911] Vgl. Markert Schwerpunkte 1978/79, 87 (93); eingehend Immenga/Schulte-Braucks BB 1981, 149 ff.; ebenso Möschel in Immenga/Mestmäcker, 4. Aufl. 2007, § 19 Rn. 79.

[912] BGH 12.2.1980 – KVR 3/79, WuW/E BGH 1678 (1679 ff.) – Valium II; KG 24.8.1978 – Kart 3/77, WuW/E OLG 2053 (2060) – Valium.

[913] Paschke in FK-KartellR Rn. 441.

[914] Ebenso Paschke in FK-KartellR Rn. 437, 441. Aus diesen Überlegungen ergeben sich auch Konsequenzen für das Verhältnis der in § 18 Abs. 4 und 6 enthaltenen Vermutungstatbestände, vgl. dazu → Rn. 206.

## IV. Einzelmarktbeherrschung (Abs. 1, Abs. 3)

**98** **1. Unternehmen ohne Wettbewerber (Abs. 1 Nr. 1).** § 18 Abs. 1 Nr. 1 ist dann gegeben, wenn auf dem jeweils infrage stehenden Markt nur ein einziges Unternehmen, sei es als Anbieter, sei es als Nachfrager, vorhanden ist. Ein solches **Vollmonopol kann sich aus rechtlichen oder tatsächlichen Gründen ergeben.** Bei Praktizierung einer sehr engen sachlichen und räumlichen Marktabgrenzung sind Fälle dieser Art nicht selten.[915] Ohne Wettbewerber sind zB die meisten Verwertungsgesellschaften, namentlich die GEMA, soweit sie die ihnen von Urhebern übertragenen Rechte auswerten;[916] anderes gilt nur bei den Filmverwertungsgesellschaften.[917] Eine Gemengelage aus rechtlichen und tatsächlichen Gründen für eine Monopolstellung besteht bei Unternehmen, deren Vergabe von Lizenzen an ihrem Patent einen eigenen sachlichen Markt bildet, weil es Bestandteil proprietärer Industriestandards und somit nicht austauschbar ist.[918] Rinderbesamungsgenossenschaften haben regelmäßig auf Grund von Landesrecht ein Monopol hinsichtlich der Lieferung von Rindersamen und der Durchführung der künstlichen Besamung.[919] Auch der Lieferant von Sole in einem Badekurort ist Monopolist.[920] Ohne Wettbewerber sind häufig Autorufgenossenschaften von Taxiunternehmern im Hinblick auf ihre Fernsprech- und Funkverkehrleistungen.[921] Im Jahr 1997 wurde vom BKartA festgestellt, dass die DLH auf der Luftverkehrsstrecke Berlin-Frankfurt ohne Wettbewerber sei, da anderen Unternehmen wegen fehlender Kapazitäten des Frankfurter Flughafens keine Start- und Landezeitnischen in einer wettbewerbsfähigen Menge angeboten werden könnten.[922] Ein Monopol haben die Technischen Überwachungsvereine, soweit sie für einzelne Dienstleistungen ausschließlich zuständig sind.[923] Zeitungen in sog. Einzeitungskreisen sind auf den lokalen Leser- und Anzeigenmärkten ohne Wettbewerber.[924] Bundesautobahn-Tankstellen können ein sog. Streckenmonopol haben.[925] Ohne Wettbewerber sind desgleichen die Hersteller von Originalersatzteilen, die nicht ersetzbar sind.[926] Der Betreiber von Gemeinschafts-

---

[915] Siehe dazu OLG Koblenz 13.12.2012 – U 73/12 Kart, WuW DE-R 3727 (3740 f.) – Nürburgring – Nordschleife.

[916] BGH 30.1.1970 – KZR 3/69, WuW/E BGH 1069 (1070) – Tonbandgeräte; BGH 3.5.1988 – KVR 4/87, WuW/E BGH 2497 – Gema-Wertungsverfahren; BKartA 15.7.1963 – B 4–748100–A–244/60, WuW/E BKartA 704 – Verwertungsgesellschaften; OLG Frankfurt a. M. 3.5.1979 – 6 U 130/78, WuW/E OLG 2179 – PX-Läden.

[917] Vgl. Lux WRP 1998, 31.

[918] Zur marktbeherrschenden Stellung bei standardessentiellen Patenten, s. auch Schlussanträgen des GA Wathelet 20.11.2014; BeckRS 2014, 82403 Rn. 53 ff.; LG Düsseldorf 26.3.2015 – 4b O 140/13, BeckRS 2015, 15911 Rn. 159 ff. – Brevet France/HTC, dort marktbeherrschende Stellung des Inhabers eines SEP verneint, weil die Beklagte auf andere Standards ausweichen konnte.

[919] BGH 20.11.1964 – KZR 3/64, WuW/E BGH 647 (649) – Rinderbesamung I; BGH 8.6.1967 – KZR 5/66, WuW/E BGH 863 (864) – Rinderbesamung II.

[920] OLG Frankfurt a. M. 20.1.1983 – 6 U 25/81, WuW/E OLG 3134 – Solelieferungsvertrag.

[921] Vgl. BGH 28.6.1977 – KVR 2/77, WuW/E BGH 1495 (1496) – Autoruf-Genossenschaft; vgl. auch BGH 27.10.1972 – KZR 9/71, WuW/E BGH 1249 (1251) – Landegebühr zur LuftVZO Bl. 5: Monopol der Verkehrsflughäfen auf die Benutzung ihrer jeweiligen Einrichtungen gegenüber Luftfahrtunternehmen. Der Wettbewerb zwischen Funktaxis und Mini Cars hat sich jedoch intensiviert. So Monopolkommission Hauptgutachten XX Rn. 248 f.

[922] BKartA 19.2.1997 – B 9–62100-T-99/95, WuW/E BKartA 2875 (2879 f.) – Flugpreis Berlin-Frankfurt/M.

[923] TB 1975, 79 und TB 1977, 76.

[924] ZB KG 14.11.1990 – Kart. 14/90, WuW/E OLG 4637 (4639) – Bote vom Grabfeld; BKartA 26.2.1992 – B6–745100–U157/91, WuW/E BKartA 2515 (2517) – Stadtanzeiger Leipzig; s. aus jüngerer Zeit zur Alleinstellung von Abonnement-Tageszeitungen in ihrem jeweiligen Verbreitungsgebiet BGH 19.6.2012 – KVR 15/11, AG 2012, 835 (836) = NZKart 2013, 36 – Haller Tagblatt.

[925] OLG Düsseldorf 26.6.1979 – Kart 1/79 [V], WuW/E OLG 2135 – BAB-Tankstelle Bottrop-Süd; abl. KG 22.12.1982 – Kart. 29/82, WuW/E OLG 2935 – BAT am Biggenkopf Süd und Fehl/Schmidtchen WuW 1986, 572 (576 ff.); siehe auch BKartA 3.5.1978 – B 6–681511–UZ–187/77, WuW/E BKartA 1716 (1717, 1718) – Kartoffelstärke.

[926] BGH 22.10.1973 – KZR 22/72, WuW/E BGH 1288 – EDV-Ersatzteile; BGH 26.10.1972 – KZR 22/72, WuW/E BGH 1238 – Registrierkassen; BGH 21.2.1989 – KZR 3/88, WuW/E BGH 2589 –

antennenanlagen ist, wo eine solche Anlage besteht, ohne Wettbewerber.[927] Der Veranstalter einer herausragenden Sportveranstaltung kann unter § 18 Abs. 1 Nr. 1 fallen,[928] ebenso der Anbieter von Weltmeisterschaften.[929]Ohne Wettbewerber ist der einzige Anbieter von Liveübertragungen deutscher Pferderennen.[930] Monopolstellungen ergeben sich auch aus zulässigen Marktaufteilungen, wenn die jeweiligen Waren oder Dienstleistungen nicht substituierbar sind. Dies galt bisher zB für die durch entsprechende Verträge abgesicherten Absatzgebiete der Stromversorgungsunternehmen.[931] Nach Wegfall der durch Verträge gebildeten geschlossenen Versorgungsgebiete haben die Unternehmen zur Strom- und Gasletztversorgung ihre Monopolstellung jedoch verloren.[932] Gemeinden haben jeweils ein Monopol auf dem relevanten Angebotsmarkt für Leitungsrechte zum Verteilnetzbetrieb im Gemeindegebiet fürs Stromversorgungsnetz.[933]

Ebenso ist ein Zeitschriftengroßhändler zu behandeln, der in einer bestimmten Stadt das Alleinvertriebsrecht für eine Reihe von Zeitschriften und Zeitungen hat.[934]

Zahlreiche Monopolstellungen auf der Nachfrageseite leiteten sich für die frühere Deutsche Bundespost aus ihrem einst gesetzlich begründeten Monopol im elektrischen Nachrichtenschnellverkehr ab, zB in den Märkten für Ortsamts- und Fernvermittlungstechnik,[935] im Hinblick auf die Errichtung von Fernmeldetürmen[936] und die Standardtechnik für Kabel-Television.[937] Entsprechendes gilt heute noch für das militärische Beschaffungswesen des Bundes.[938] Zu erwähnen ist ferner das Monopol der Molkereigenossenschaften in ihren Einzugsgebieten nach dem früheren Milch- und Fettgesetz.[939]   **99**

**2. Das Fehlen wesentlichen Wettbewerbs (Abs. 1 Nr. 2). a) Allgemein.** Im Unterschied zu Nr. 1 ist hier ein Wettbewerbsverhältnis zwischen mindestens zwei Anbietern vorausgesetzt.[940] Gleichwohl macht die Feststellung der Marktbeherrschung in solchen Fällen jedenfalls dann keine Schwierigkeiten, wenn es sich sozusagen um **Quasi-Monopolisten** handelt, deren Marktstellung sich von Unternehmen nach Nr. 1 nur marginal unterscheidet. Dies gilt etwa für eine Gruppierung von Mineralwasserbrunnen, die einen Kunststoffkasten herausgebracht hat, der von ca. 93 % der Brunnenbetriebe verwandt   **100**

---

Frankiermaschinen; BGH 27.4.1999 – KZR 35/97, WuW/E DE-R 357 (358) – Feuerwehrgeräte; OLG Frankfurt a. M. 17.3.1977 – 6 U 159/76, WuW/E OLG 1842 – Brenner-Reparaturen; OLG Düsseldorf 28.8.1979 – Kart 3/79 OWi, WuW/E OLG 2163 und BGH 12.2.1980 – KRB 4/79, WuW/E BGH 1729 – Ölbrenner; OLG Düsseldorf 10.12.1991 – U [Kart] 12/91, WuW/E OLG 4901 (4904) – Dehnfolien-Verpackungsmaschinen.

[927] BGH 19.3.1996 – KZR 1/95, WuW/E BGH 3058 (3062) – Pay-TV-Durchleitung.
[928] BGH 26.5.1987 – KVR 4/86, WuW/E BGH 2406 (2408) – Inter Mailand-Spiel.
[929] Aufgrund des Ein-Verband-Prinzips OLG München 15.1.2015 – U 1110/14 Kart, NZKart 2015, 198 (199) – Claudia Pechstein.
[930] BGH 10.2.2004 – KZR 14/02, WuW/E DE-R 1251 (1252) – Galopprennübertragung.
[931] BGH 22.10.1973 – KZR 3/73, WuW/E BGH 1299 (1301) – Strombezugspreis; KG 15.3.1979 – Kart 23/77, WuW/E OLG 2113 – Steinkohlenstromerzeuger; BKartA 30.6.1978 – B 8–823000–U–78/77, WuW/E BKartA 1727 – RWE-Energieversorgung Leverkusen; BGH 12.12.1978 – KVR 6/77, WuW/E BGH 1533 – Erdgas Schwaben; siehe ferner OLG Stuttgart 22.3.1991 – 2 U 51/90, WuW/E OLG 4794 (4797) – Stadtwerke Reutlingen.
[932] BKartA 12.3.1999 – B 8–40000-U-274/98, WuW/E DE-V 91 (93) – LEW.
[933] OLG Schleswig 22.11.2012 – 16 U (Kart) 21/12, EnWZ 2013, 76, bestätigt durch BGH 17.12.2013 – KZR 66/12, NZKart 2014, 151 – Stromnetz Berkenthin.
[934] OLG Karlsruhe 22.12.1971 – 6 U 3/71 Kart., WuW/E OLG 1268 (1269 ff.) – Abbuchungsermächtigung; OLG Frankfurt a. M. 6.5.1987 – 6 W (Kart.) 74/87, WuW/E OLG 4038 – Remissionsquote; LG Düsseldorf 21.9.1983 – 12 O 424/83 Kart, WuW/E LG/AG 520 – Wochenzeitung für Kleinanzeigen; LG Köln 11.10.1983 – 31 O 308/53, WuW/E LG/AG 521 – Offertenblatt; siehe auch OLG Celle 1.9.1958 – 3 U 114/58, WuW/E OLG 254 – Braunkohlen.
[935] TB 1976, 58 und TB 1977, 58.
[936] OLG Düsseldorf 12.2.1980 – U (Kart) 8/79, WuW/E OLG 2274 – Errichtung von Fernmeldetürmen.
[937] TB 1978, 88.
[938] OLG Frankfurt a. M. 26.7.1988 – 6 U 53/87 Kart, WuW/E OLG 4354 (4355) – Betankungsventile.
[939] BGH 7.11.1960 – KZR 1/60, WuW/E BGH 407 (409 ff.) – Molkereigenossenschaft.
[940] Ebenso Ruppelt in Langen/Bunte, 11. Aufl. 2010, § 19 Rn. 47; Kleinmann/Bechtold § 22 Rn. 115.

wird.[941] Gleiches trifft für ein Chemieunternehmen zu, das einen für bestimmte Verwendungszwecke unersetzlichen chemischen Grundstoff zwar nicht allein, aber fast allein anbietet.[942] Ähnlich war die Sachlage schon in der grundlegenden Handpreisauszeichner-Entscheidung des KG, als der koppelnde Hersteller von Handpreisauszeichnern auf dem relevanten Markt einen Anteil von knapp 90 % des Angebots auf sich vereinigte.[943] Wenn die Erstzeitung eines Gebiets von der Zweitzeitung übernommen wird und nun beide Zeitungen von einem bedeutenden regionalen Zeitungsunternehmen herausgegeben werden, entfällt der Wettbewerb zwischen ihnen.[944] Kein wesentlicher Wettbewerb besteht auch zwischen zwei Abonnements-Tageszeitungen, die persönlich und geschäftlich in einem Maße miteinander verflochten sind, dass fraglich ist, ob nicht sogar ein Gleichordnungskonzern vorliegt. Hier besteht eine dauerhaft gleichgerichtete Interessenlage, die es ihnen als vernünftig aufdrängt, bei wettbewerblichen Entscheidungen aufeinander Rücksicht zu nehmen und, statt einander Marktanteile abjagen zu wollen, es bei der bisherigen Aufteilung zu belassen, die für beide akzeptabel ist.[945] Zwischen benachbarten lokalen Monopolzeitungen kann zwar eine gewisse wechselseitige publizistische Kontrolle bestehen, diese reicht jedoch nicht aus, um einen (im Rahmen des § 36 Abs. 1 schutzwürdigen) potentiellen Wettbewerb anzunehmen.[946] Keinem wesentlichen Wettbewerb ausgesetzt ist auch der WDR, solange er als einziger Radiosender das gesamte Gebiet Nordrhein-Westfalens abdeckt.[947]

**101**     Sehr viel schwieriger ist dagegen die Beurteilung von Sachverhalten, wenn zwar mehrere Unternehmen mit unterschiedlichen Marktstellungen am Markt präsent sind, ohne dass sogleich erkennbar wäre, ob ein vorhandenes herausragendes Unternehmen noch wirksamem Wettbewerb ausgesetzt ist oder nicht. Genau im Hinblick auf diese Problematik hatte der Gesetzgeber mit der 2. GWB-Novelle den § 19 Abs. 2 Nr. 2 aF (jetzt: § 18 Abs. 1 Nr. 3). geschaffen,[948] der in der Rechtsanwendungspraxis insoweit auch einen deutlichen Entlastungseffekt gegenüber dem Tatbestand der § 19 Abs. 2 Nr. 2 aF gebracht hat (vgl. → Rn. 97). Kontrovers ist insbesondere die Frage, ob ein Fehlen wesentlichen Wettbewerbs bereits dann bejaht werden kann, wenn ein als besonders „wichtig" eingeschätzter Aktionsparameter, zB der Preis, seitens eines herausragenden Unternehmens stillgelegt ist **(Parametertheorie)**.[949] Das KG hatte dies in seinem zweiten Valium-Beschluss für Fälle des § 19 Abs. 2 S. 1 aF, also für marktbeherrschende Einzelunternehmen – anders als beim sog. Oligopoltatbestand – generell verneint.[950] Dem ist im Grundsatz schon deshalb zu folgen, weil eine allgemeine Hervorhebung und Gewichtung eines einzelnen wettbewerblichen Aktionsparameters angesichts der Interdependenzen zu anderen Erscheinungsformen des Wettbewerbs im Sektor Innovation, Investition, Qualität, Service, Vertrieb, Nebenleistungen beliebiger Art in seiner Beschränkung notwendig ein irreführendes Bild geben müsste. Auch die Prüfung, ob der vorhandene Wettbewerb insgesamt zu „Leistungsverbesserungen" gegenüber der anderen Seite führe,[951] ist letztlich nicht zielführend. Sie setzt sich in ihrem Zugriff auf performance-Vorstellungen über den rechtlich primären Schutzzweck des Gesetzes, die auf die Freiheit des Wettbewerbs gerichtete Zielsetzung, hinweg und bewertet die praktischen und theoretischen Schwierigkeiten zu

---

[941] OLG Frankfurt a. M. 3.2.1972 – 6 U 68/71, WuW/E OLG 1283 (1285) – Brunneneinheits-Kunststoffkasten.

[942] KG 9.7.1974 – Kart 25/74, WuW/E OLG 1507 (1511) – Chemische Grundstoffe II.

[943] KG 18.2.1969 – Kart V 34/67, WuW/E OLG 995 (997).

[944] KG 14.11.1990 – Kart. 14/90, WuW/E OLG 4637 (4639) – Bote vom Grabfeld.

[945] KG 12.3.1997 – Kart 5/96, WuW/E OLG 5907 (5914 f.) – Rheinpfalz/Medien Union.

[946] BGH 19.6.2012 – KVR 15/11, AG 2012, 835 Rn. 29 – Haller Tagblatt.

[947] KG 26.6.1991 – Kart 23/89, WuW/E OLG 4811 (4826) – Radio NRW.

[948] Vgl. Begr. 1971 S. 21.

[949] Vgl. Ulmer BB 1977, 357 (358); Reich NJW 1977, 678 (679); Loewenheim/Belke § 22 Rn. 14; Töllner in Bunte Rn. 87.

[950] KG 24.8.1978 – Kart 3/77, WuW/E OLG 2053 (2058) – Valium.

[951] Markert Schwerpunkte 1978/79, 87 (92); im Zusammenhang mit dem Oligopoltatbestand ebenso Kirchner AG 1980, 338 (341).

gering, die angesichts des Entdeckungsverfahrens Wettbewerb unbekannten Wirkungen im konkreten Fall zu simulieren.[952] Für diese Auffassung spricht des Weiteren die vom BGH zu § 19 Abs. 2 S. 1 Nr. 2 aF im Einklang mit der Entstehungsgeschichte des Tatbestandes[953] formulierte Einsicht, dass es auf eine **Gesamtbetrachtung aller relevanten Umstände** ankomme.[954] Angesichts des überwölbenden Schutzzwecks der Marktbeherrschungstatbestände, eine Missbrauchsprüfung dann zu ermöglichen, wenn ein Unternehmen über einen erheblichen, dh nicht mehr vom Wettbewerb kontrollierten Handlungsspielraum verfügt mit der Folge, dass es die wirtschaftliche Handlungsfreiheit Dritter spürbar zu bedrohen oder zu beschränken in der Lage ist, gilt dies für den Tatbestand des § 18 Abs. 1 Nr. 2 (= § 19 Abs. 2 S. 1 Nr. 1 Alt. 2 aF) nicht weniger.[955] In der Fusionskontrolle hat diese Parametertheorie in der Rechtsprechung von Anfang an keine Rolle gespielt.[956]

Dies schließt nicht aus, dass eine **schutzzweckorientierte Anwendung des § 18** **102** **Abs. 1 Nr. 2** im Einzelfall zu einem Ergebnis kommt, wie es die sog. Parametertheorie allgemein postuliert. So kann zB ein Unternehmen als marktbeherrschend qualifiziert werden, wenn es in der Lage ist, seine Mitwettbewerber durch Kampfpraktiken vom Markt zu verdrängen, obwohl es im Übrigen – etwa in der Schutzrichtung der Abnehmer – in seinen Verhaltensspielräumen nachhaltig beschränkt ist. Letzteres wäre der Fall, wenn diese unschwer auf Substitutionsprodukte ausweichen können oder diese gar – wie häufig im Verhältnis der Zulieferer zu Automobilherstellern – in der Lage sind, auf Eigenproduktion überzugehen usf. Ähnliches kann zutreffen für Sachverhalte sog. Preisstrukturmissbrauchs wie etwa Treuerabatte, welche zwar den Abnehmern willkommen sein mögen, die Mitwettbewerber auf Grund ihrer Sogwirkung indes entscheidend behindern können. In der vertikalen Schutzrichtung gilt Entsprechendes, wenn ein Unternehmen einem Abnehmer gegenüber eine Belieferung verweigert, um eine eigene Tochter von der Konkurrenz auf der nächsten Stufe freizuhalten, obwohl dieses Unternehmen im Hinblick auf seine Mitkonkurrenten zB angesichts eines Nachfrageüberhanges durchaus nicht als marktbeherrschend anzusehen wäre. Auch beim sog. Konditionenmissbrauch ist eine solche Differenzierung möglich. Im Übrigen sind für die Analyse des Gesamtbildes von Wettbewerb auf einem relevanten Markt dieselben Beurteilungskriterien einschlägig, wie sie für den Tatbestand der „überragenden Marktstellung" ausdrücklich im Gesetz genannt sind.

**b) Einzelne Beurteilungskriterien.** Die in § 18 Abs. 3 aufgeführten Strukturkriterien **103** (dazu → Rn. 106 ff.) sind nicht nur für die Feststellung einer überragenden Marktstellung von Bedeutung, sondern können grundsätzlich auch dann als Hilfsmittel herangezogen werden, wenn es um die Bestimmung wesentlichen Wettbewerbs geht. Dabei spielen vor allem zwei Aspekte eine besondere Rolle: der Marktanteil und die etwaige Existenz potentiellen Wettbewerbs.

**aa) Marktanteil.** In der **bisherigen Entscheidungspraxis** zu § 18 Abs. 1 Nr. 2 bzw. **104** dessen Vorgängerregelung stand der Gesichtspunkt des Marktanteils im Vordergrund. Aus dem Bereich von Zusammenschlussfällen sind etwa zu nennen: BKartA 3.5.1978 – B 6–

---

[952] Dazu Monopolkommission Sondergutachten 1 Tz. 43; Möschel NJW 1975, 753 (755); Hoppmann, Die Abgrenzung des relevanten Marktes im Rahmen der Mißbrauchsaufsicht über marktbeherrschende Unternehmen, S. 46 ff., 52.
[953] Begr. 1971 S. 22; Bericht 1973 S. 5.
[954] BGH 3.7.1976 – KVR 4/75, WuW/E BGH 1435 (1441) – Vitamin-B-12; BGH 16.12.1976 – KVR 2/76, WuW/E BGH 1445 (1449) – Valium; BGH 19.12.1995 – KVR 2/76, WuW/E BGH 3037 (3039) – Raiffeisen.
[955] Ebenso im Ergebnis Töllner in Bunte § 18 Rn. 87; Kleinmann/Bechtold § 22 Rn. 143 ff.; v. Gamm KartR § 22 Rn. 25; Loewenheim/Belke § 22 Rn. 18; KG 24.8.1978 – Kart 3/77, WuW/E OLG 2053 (2058) – Valium; etwas missverständlich BGH 16.12.1976 – KVR 2/76, WuW/E BGH 1445 (1451) – Valium im Zusammenhang mit der Ermittlung der Preismissbrauchsgrenze: Die Isolierung des Preiswettbewerbs hier hat nichts mit der bereits getroffenen Feststellung von Marktbeherrschung zu tun.
[956] Bes. klar BGH 29.6.1982 – KVR 7/81, WuW/E BGH 1949 (1951) – Braun-Almo bei der Gewichtung des Preiswettbewerbs.

681511-ZU-187/77, WuW/E BKartA 1716 (1717) – Kartoffelstärke (Marktanteil 70 %); BKartA 18.1.1978 – B 6–745100-U-62/77, WuW/E BKartA 1700 – Springer-Elbe Wochenblatt mit BGH 18.12.1979 – KVR 2/79, BGHZ 76, 55 (74) = WuW/E BGH 1685 (1692) (Anteil auf den Hamburger Leser- und Anzeigenmärkten ca. 80 %); BKartA 26.2.1992 – B 6–745100-U157/91, WuW/E BKartA 2515 (2518) – Stadtanzeiger Leipzig (Anteil auf dem Leipziger Anzeigenmarkt 72 %); BKartA 18.11.1974 – B 8–464000-U-259/74, WuW/E BKartA 1561 (1564) – o. b. (Marktanteil 80 %, zusätzliche Erwägung, dass kein Preis- und Qualitätswettbewerb seitens anderer Tamponhersteller bestand, der eigene Marktanteil ständig gestiegen war); BKartA 23.8.1989 – B 4–322300-U 64/89, WuW/E BKartA 2405 (2408) – MAN-Sulzer (Marktanteil über 90 %). Im Falle einer Lieferverweigerung bei Halbfertigprodukten wurde § 19 Abs. 2 S. 1 Nr. 1 aF bei einem Marktanteil von 80 % unschwer bejaht, zusätzlich abgesichert durch kaum aufholbaren fertigungstechnischen Vorsprung.[957] In Behinderungsfällen treten bei Marktanteilen von 50 % vielfach weitere Gesichtspunkte hinzu.[958] Zu erwähnen sind in diesem Zusammenhang – Aspekt des Ausbeutungsmissbrauchs – auch die BKartA-Entscheidungen in Sachen „Valium" und „B-12" mit zu starker Akzentuierung des Preisparameters.[959]

**105**   **bb) Potentieller Wettbewerb.** Bei der Bestimmung wesentlichen Wettbewerbs müssen auch Unternehmen berücksichtigt werden, die zwar noch nicht auf dem relevanten Markt tätig sind, aber dazu fähig wären.[960] Das BKartA und die instanzgerichtliche Rechtsprechung haben dieses Merkmal bislang eher restriktiv aufgefasst und eine hohe Wahrscheinlichkeit für einen Markteintritt verlangt.[961] Dies könnte sich aber ändern, da der BGH jüngst (im Zusammenhang mit der fusionskontrollrechtlichen Prüfung der Verstärkung einer marktbeherrschenden Stellung nach § 36 Abs. 1) klargestellt hat, dass die künftige Entstehung potentiellen Wettbewerbs bereits berücksichtigungsfähig ist, wenn sie „aufgrund konkreter Anhaltspunkte mit einiger Wahrscheinlichkeit" zu erwarten ist.[962] Erforderlich dafür ist (jedenfalls), dass ein wirtschaftlich sinnvoller Markteintritt möglich ist.[963] Auch eine derartige Einschätzung darf freilich nicht vorschnell erfolgen, sondern muss sich auf eine realistische Bewertungsgrundlage stützen. Dazu gehört insbesondere eine sorgfältige Analyse bestehender Marktzutrittsschranken. Sofern sich aber konkrete Anhaltspunkte dafür ergeben, dass Marktteilnehmer den Eintritt eines neuen Wettbewerbers in den Markt nach den objektiven Gegebenheiten für möglich und damit (jedenfalls unter bestimmten Voraussetzungen) für wahrscheinlich halten, kann dieser Umstand auch für die Bewertung eine Rolle spielen, ob wesentlicher Wettbewerb besteht. Denn sofern potentieller Wettbewerb geeignet ist, das aktuelle Verhalten der Marktteilnehmer zu beeinflussen, ist er auch

---

[957] BGH 25.10.1988 – KVR 1/87, WuW/E BGH 2535 (2538) – Lüsterbehangsteine; siehe auch LG Düsseldorf 20.3.1989 – 38 O (Kart) 10/89, GRUR 1989, 453 (454) – German Wings zur innerdeutschen Marktstellung der Lufthansa.

[958] OLG Stuttgart 5.6.1970 – 2 U [Kart] 118/69, WuW/E OLG 1106 (1107) – AE-Provision: Marktbeherrschung einer sog. Erstzeitung auf dem Anzeigenmarkt bei einem Vertriebsanteil von ca. 60 % und 6 zersplitterten kleineren Mitkonkurrenten. Die Vermittlung gleichwirksamer Werbekontakte in den 6 kleineren Zeitungen hätte ein Mehrfaches gekostet; KG 20.11.1973 – Kart 3/73, WuW/E OLG 1429 (1433) – DFB: Etwa gleichstarke Stellung des DFB auf dem Markt der Fußballstiefelwerbung durch Vereinsmannschaften und Spitzenspieler wie der gesamte Rest von Anbietern angesichts des besonderen Werbewerts der „Nationalelf" und der Bedeutung der Fernsehübertragungen von Nationalspielen.

[959] BKartA 16.10.1974 – B 6–432190-T-37/73, WuW/E BKartA 1526 – Valium-Librium; BKartA 21.3.1974 – B6 -432190-T-56/73, WuW/E BKartA 1482 – Vitamin-B-12.

[960] Bechtold/Bosch Rn. 38.

[961] Dazu etwa BKartA 21.4.2009 – B 6–150/08, WuW/E DE-V 1745 – NPG/Detjen; vgl. aus der Rechtsprechung zB KG 1.12.1976 – Kart 51/76, WuW/E OLG 1745 (1752) – Sachs; KG 16.1.1980 – Kart 14/79, WuW/E OLG 2234 (2239) – Blei- und Silberhütte Braubach; KG 23.5.1991 – Kart. 13/89, WuW/E OLG 4771 (4779) – Folien und Beutel.

[962] BGH 19.6.2012 – KVR 15/11, AG 2012, 835 Rn. 32 ff. Lediglich eine künftige Veränderung (insbes. rechtlicher) Rahmenbedingungen des Wettbewerbs dürfe bei der fusionskontrollrechtlichen Prognose nur bei hoher Wahrscheinlichkeit berücksichtigt werden, BGH 19.6.2012 – KVR 15/11, AG 2012, 835 Rn. 19.

[963] BGH 19.6.2012 – KVR 15/11, AG 2012, 835 Rn. 33, 42.

im Rahmen der Missbrauchskontrolle berücksichtigungsfähig,[964] schränkt er doch den die Marktbeherrschung kennzeichnenden überragenden Verhaltensspielraum ein.[965] Ist dies der Fall, existiert bereits potentieller Wettbewerb. Wichtig für diese Feststellung ist daher die Analyse bestehender Marktzutrittsschranken. Potentieller Wettbewerb kann auf Grund der europäischen Wirtschaftsintegration insbesondere auch von ausländischen Anbietern ausgehen.[966]

**3. Überragende Marktstellung (Abs. 1 Nr. 3 und Abs. 3). a) Allgemeines.** Der **106** mit der 2. GWB-Novelle von 1973 eingeführte Tatbestand der überragenden Marktstellung bezweckte einerseits eine erleichterte Feststellung der Marktbeherrschung und brachte andererseits eine gewisse Ausdehnung des Anwendungsbereichs der Vorschrift. Der Tatbestand der Nr. 3 steht insofern im Ausgangspunkt **selbstständig und alternativ** neben der Nr. 1 und Nr. 2, als es nicht in jedem Fall darauf ankommt, ob ein Unternehmen noch wesentlichem Wettbewerb im Sinne der Nr. 2 ausgesetzt ist oder nicht. Zwar bedarf es auch für die Feststellung einer überragenden Marktstellung einer umfassenden Gesamtbewertung, die nicht völlig von den aktuellen Wettbewerbsverhältnissen abstrahieren darf. Doch kann die **Eingriffsschwelle** dieses Tatbestandes mit seinem Fokus auf marktstrukturelle und unternehmensbezogene Faktoren tendenziell **niedriger** liegen als diejenige für Nr. 1 und Nr. 2 (vgl. im Einzelnen → Rn. 95).

Die Rechtsprechung definiert eine überragende Marktstellung in Anlehnung an die **107** Entstehungsgeschichte[967] dahin, dass ein Unternehmen **„einen überragenden (einseitigen) Verhaltensspielraum bei der Entwicklung von Marktstrategien oder auch beim Einsatz einzelner Aktionsparameter"** besitze[968] bzw. dass einem Unternehmen ein „vom Wettbewerb nicht hinreichend kontrollierter Verhaltensspielraum" zur Verfügung stehe.[969] Die Begründung zum RegE 1971 sah einen überragenden Verhaltensspielraum bei der Entwicklung von Marktstrategien, falls ein Unternehmen im Gegensatz zu seinen Wettbewerbern nicht nur auf den Einsatz der Aktionsparameter Preis oder Qualität angewiesen sei, sondern zB auf Grund seiner Finanzkraft zusätzliche Strategien zur Verfügung habe, also etwa durch Werbekampagnen, Vertriebsbindungen oder die Gestaltung von Geschäftsbedingungen seine Unternehmensziele fördern könne. Auf einen überragenden Verhaltensspielraum bei einzelnen Aktionsparametern soll es hindeuten, wenn ein Unternehmen Preise erhöhen kann, ohne Gefahr zu laufen, in seiner Marktstellung wesentlich beeinträchtigt zu werden.[970]

Aus dem Wortlaut der Vorschrift (überragende Marktstellung im Verhältnis zu seinen **108** Wettbewerbern) folgt, dass es bei der Feststellung der Machtposition eines Unternehmens primär um einen **Vergleich mit der Marktstellung der Konkurrenten** im relevanten Markt geht.[971] Diese **horizontale Ausrichtung** des Tatbestands bedeutet aber nicht, dass es insoweit auf **vertikale Aspekte** gar nicht ankomme. Zum einen enthält der Katalog des Abs. 3 auch vertikale Elemente (Nr. 7: Umstellungsflexibilität; Nr. 8: Ausweichmöglich-

---

[964] Im Ergebnis ebenso Bechtold/Bosch Rn. 38; Paschke in FK-KartellR Rn. 301.

[965] Vgl. auch BKartA TB 1979/80, 61 f. – Thomson-Brandt/Saba (künftiger wesentlicher Wettbewerb wegen Gefährdung der Marktstellung durch potentielle Wettbewerber).

[966] Paschke in FK-KartellR Rn. 304.

[967] Begr. 1971 S. 22.

[968] BGH 3.7.1976 – KVR 4/75, WuW/E BGH 1435 (1439) – Vitamin-B-12; BGH 16.12.1976 – KVR 2/76, WuW/E BGH 1445 (1449) – Valium; BGH 21.2.1978 – KVR 4/77, WuW/E BGH 1501 (1506 ff.) – Kfz-Kupplungen; KG 28.8.1979 – Kart 4/79, WuW/E OLG 2182 (2185) – hydraulischer Schreitausbau.

[969] BGH 12.12.1978 – KVR 6/77, WuW/E BGH 1533 (1535) – Erdgas Schwaben; BGH 25.6.1985 – KVR 3/84, WuW/E BGH 2150 (2156) – Edelstahlbestecke; BGH 26.5.1987 – KVR 3/86, WuW/E BGH 2425 (2429) – Niederrheinische Anzeigenblätter; BGH 7.3.1989 – KVR 3/88, WuW/E BGH 2575 (2580) – Kampffmeyer-Plange; KG 18.5.1979 – Kart 13/77, WuW/E OLG 2120 (2124) – Mannesmann-Brueninghaus; KG 26.1.1977 – Kart 27/76, WuW/E OLG 1767 (1770) – Kombinationstarif; BGH 28.4.1992 – KVR 9/91, WuW/E BGH 2771 (2773) – Kaufhof/Saturn.

[970] Begr. 1971 S. 22.

[971] Bechtold/Bosch Rn. 43.

keiten der Marktgegenseite).[972] Zum anderen bedarf die Feststellung überragender Verhaltensspielräume gegenüber den Konkurrenten einer **Gesamtbetrachtung aller maßgeblichen Umstände** an (vgl. bereits → Rn. 93 ff.). Dazu gehört eine ergänzende Berücksichtigung der auf dem Markt herrschenden Wettbewerbsverhältnisse.[973]

**109** Daher trifft es nicht zu, dass es im Rahmen des Abs. 1 Nr. 3 auf die **Macht** oder Ohnmacht **der Marktgegenseite** nicht ankomme.[974] Dies kann nach der Rechtsprechung der Fall sein, soweit der Tatbestand im Rahmen der Fusionskontrolle zur Anwendung kommt.[975] Dabei ist zu differenzieren: Nachfragemacht ist erheblich, wenn sich ein Nachfrager bei seinen Bezügen von marktstrategischen Überlegungen leiten lässt wie häufig im Verhältnis Zulieferer – Automobilindustrie. Der Stellenwert vorhandener Nachfragemacht nimmt ab, wenn diese die Anbieterseite gleichmäßig trifft und sich am Parametereinsatz der Anbieter orientiert. Das kommt am ehesten im öffentlichen Beschaffungswesen vor.[976] Dies ist anders, wenn es um ein missbräuchliches Verhalten im Vertikalverhältnis zu einem Abnehmer geht. Fehlt es in dieser Schutzrichtung an einer überragenden Marktstellung oder verfügt diese Marktstufe gar selbst über eine überragende Nachfragemacht, so ist insoweit für eine Verhaltenskontrolle nach § 19 kein Raum.[977]

**110** Gesamtschau der Wettbewerbsverhältnisse bedeutet nicht, dass alle den Wettbewerb und damit die Wettbewerbsstellung der Betroffenen möglicherweise betreffenden Gesichtspunkte in ihren Einzelheiten ermittelt werden müssen. **Einzelne Strukturmerkmale können** insoweit **dominieren**.[978] Damit stimmt überein, dass die in § 18 Abs. 3 genannten acht Strukturmerkmale **nicht etwa kumulativ** in überragendem Maße vorliegen müssen. Es ist möglich, dass ein einzelner Faktor wie zB die Finanzkraft einen überragenden Verhaltensspielraum, einen in diesem Sinne erheblichen Vorsprung vor den Wettbewerbern indiziert.[979] So hat der BGH zB in seinem ersten Valium-Beschluss die überragende Marktstellung von Hoffmann–La Roche nahezu ausschließlich mit dem Marktanteil begründet.[980]

**111** Allerdings sollen die in Abs. 3 genannten Kriterien nach den Vorstellungen des Gesetzgebers deutlich machen, dass der Marktbeherrschungsbegriff über eine bloße Marktanteilsbetrachtung hinausgeht und sich grundsätzlich auf eine umfassende **Berücksichtigung der Ressourcen des Unternehmens** erstreckt.[981] Entgegen einer vereinzelt gebliebenen Auffassung in der Literatur[982] stellt die Berücksichtigung unternehmensbezogener Faktoren wie Finanzkraft und Verflechtungen mit anderen Unternehmen **keine Abkehr vom Marktmachtkonzept** dar.[983] Vielmehr geht es lediglich darum, ein in seiner Reduktion bedenkliches bloßes Marktanteilsmachtkonzept hinter sich zu lassen. Dem durchaus berechtigten Anliegen, auch marktübergreifende Erscheinungsformen sog. Größen- und Diversifikationsmacht insbes. bei umsatzstarken Mischkonzernen erfassen zu können, lässt sich auch dann Rechnung tragen, wenn man auch bei unternehmensbezogenen Kriterien

---

[972] Auch insoweit ist allerdings „ein horizontaler Vergleich mit den Wettbewerbern erforderlich", so zutreffend Bechtold/Bosch Rn. 43.
[973] S. nur BGH 16.2.1982 – KVR 1/81, WuW/E BGH 1905 (1908) – Münchner Wochenblatt; BGH 24.10.1995 – KVR 17/94, WuW/E DE-R 3026 – Backofenmarkt.
[974] Langen, 6. Aufl. 1982, § 22 Rn. 59.
[975] Siehe KG 1.12.1976 – Kart. 51/76, WuW/E OLG 1745 (1751); BGH 21.2.1978 – KVR 4/77, WuW/E BGH 1501 (1505) – Kfz-Kupplungen; KG 28.8.1979 – Kart 4/79, WuW/E OLG 2182 (2185) – hydraulischer Schreitausbau mkritAnm Timm AG 1980, 225; BGH 2.12.1980 – KVR 1/80, WuW/E BGH 1749 (1752) – Klöckner-Becorit; Kleinmann/Bechtold § 22 Rn. 168 ff.; ferner Monopolkommission Hauptgutachten XIII Tz. 495; krit. Bechtold/Bosch Rn. 40.
[976] Eingehend Monopolkommission Hauptgutachten VIII Tz. 529 ff.; Hauptgutachten VI Tz. 489 ff.; Säcker BB 1988, 416 ff.
[977] Offengelassen in KG 12.11.1980 – Kart 32/79, WuW/E OLG 2403 (2405) – Fertigfutter.
[978] Vgl. BGH 16.12.1976 – KVR 2/76, WuW/E BGH 1445 (1450) – Valium.
[979] Vgl. schon Bericht 1973 S. 5.
[980] BGH 16.12.1976 – KVR 2/76, WuW/E BGH 1445 (1450) – Valium.
[981] Bericht 1973 S. 5.
[982] Emmerich 2. FS Böhm, 1975, 119 (126 ff.); vgl. auch Ramrath S. 7 ff.
[983] Näher hierzu Möschel in Immenga/Mestmäcker, 4. Aufl. 2007, § 19 Rn. 58 mwN.

an der **Notwendigkeit einer marktspezifisch feststellbaren Wirkungskraft** festhält.[984]

Die in Abs. 3 genannten acht **Kriterien** sind **nicht erschöpfend** („insbesondere").[985] **112**
**Sonstige Faktoren** können ins Gewicht fallen, wie etwa auf den Arzneimittelmärkten eine fehlende pharmakologische und preisliche Transparenz, der Vorzug therapeutischer vor preislichen Überlegungen, die Übernahme der Kosten nicht durch den Disponenten, sondern durch Dritte,[986] ein Vertrauensvorsprung eines Herstellers,[987] eine Marke mit hohem Bekanntheitsgrad, was es für den Handel unverzichtbar macht, die Marke zu führen,[988] ein erleichterter Zugang zu Forschungsergebnissen usf. Auch ein erfolgreiches Systemangebot kann eine überragende Marktstellung begründen.[989] In Fusionsfällen ist namentlich der **Substitutionswettbewerb** mitzuberücksichtigen. Ob er die Unternehmen im relevanten Markt unterschiedlich trifft,[990] ist unerheblich. Worauf es ankommt, ist, ob er den Verhaltensspielraum auf dem maßgeblichen Markt hinreichend begrenzt und kontrolliert.[991]

Es ist **nicht erforderlich,** dass eine überragende Marktstellung durch **wettbewerbs-** **113**
**widrige Praktiken** erreicht wurde.[992] Die Rechtsfolgen der Vorschrift knüpfen ebenso an Marktstellungen an, die sich im Wettbewerb herausgebildet haben. Denn der Schutzzweck der Vorschrift kann sich auch hierbei realisieren. Besonders deutlich ist dies beim sog. Ausbeutungsmissbrauch im Vertikalverhältnis.[993] Beim sog. Behinderungsmissbrauch kann ein Schutz des Restwettbewerbs erforderlich sein.[994] Doch ist bei der hier gebotenen Interessenabwägung in Rechnung zu stellen, dass zusätzliche Rechtslasten nach §§ 18, 19 nicht zu einer Art Bestrafung eines nur erfolgreichen Marktteilnehmers führen dürfen.

**b) Einzelne Beurteilungskriterien nach Abs. 3.** Schon bei der Einführung des Tat- **114**
bestands der überragenden Marktstellung durch die 2. GWB-Novelle listete der Gesetzgeber einen beispielhaften Katalog an Strukturmerkmalen auf, die dem Rechtsanwender eine gewisse Hilfestellung bei der Konkretisierung des unbestimmten Rechtsbegriffs geben sollten. Die marginalen Veränderungen bei den Strukturmerkmalen, welche die 5. Novelle brachte, zielten auf eine angemessene Berücksichtigung von Nachfragemacht ab, im Wesentlichen bei der Fusionskontrolle im Handel. Die Substanz des Tatbestandes änderte sich dadurch nicht. Durch die 6. Novelle wurde ein weiteres Kriterium aufgenommen: § 19 Abs. 2 Nr. 2 aF wurde durch das Merkmal „der tatsächliche oder potentielle Wettbewerb durch innerhalb oder außerhalb des Geltungsbereichs dieses Gesetzes ansässige Unternehmen" ergänzt. Dies war eine Reaktion des Gesetzgebers auf den Backofenmarkt-Beschluss des BGH[995] und zugleich eine Angleichung an Art. 2 Abs. 1 lit. a der EG-Fusionskontroll-VO 4064/89 (jetzt VO 139/2004).[996] Die 8. GWB-Novelle hat die einzelnen Beurtei-

[984] Anwendungsbeispiel BKartA 17.4.1989 – B 7–350000-U 137/88, WuW/E BKartA 2335 (2347) – Daimler-MBB.
[985] Zur Vorgängerregelung BKartA 1.2.2001 – B 3–113/00, WuW/E DE-V 427 (428) – 3M/ESPE.
[986] Vgl. KG 24.8.1978 – Kart 3/77, WuW/E OLG 2053 (2058) – Valium.
[987] BGH 3.7.1976 – KVR 4/75, WuW/E BGH 1435 (1442) – Vitamin-B-12; siehe auch BGH 21.2.1978 – KVR 4/77, WuW/E BGH 1501 (1504) – Kfz-Kupplungen.
[988] BGH 7.7.1992 – KVR 14/91, WuW/E BGH 2783 (2791) – Warenzeichenerwerb.
[989] BKartA 27.9.2001 – B 4–69/01, WuW/E DE-V 493 (496) – Degussa Dental.
[990] Das verlangte BGH 2.10.1984 – KVR 5/83, WuW/E BGH 2112 (2113) – Gruner + Jahr-Zeit I, stillschweigend aufgegeben in BGH 22.9.1987 – KVR 5/86, WuW/E BGH 2433 (2441) – Gruner + Jahr-Zeit II; BGH 26.5.1987 – KVR 3/86, WuW/E BGH 2425 (2429 ff.) – Niederrheinische Anzeigenblätter.
[991] Wie hier Monopolkommission Hauptgutachten VI Tz. 430; Kleinmann/Bechtold § 22 Rn. 137; Königs WuW 1985, 876; Markert Schwerpunkte 1984/85, 59 (76); wohl auch v. Gamm FS Pfeiffer, 1988, 643 (653); im Ergebnis ferner Knöpfle NJW 1990, 1219; BGH 28.4.1992 – KVR 9/91, WuW/E BGH 2771 (2774) – Kaufhof/Saturn.
[992] Übereinstimmend Töllner in Bunte Rn. 90; siehe auch Begr. 1971 S. 22.
[993] Beispiel hierfür BGH 3.7.1976 – KVR 4/75, WuW/E BGH 1435 – Vitamin-B-12 und BGH 16.12.1976 – KVR 2/76, WuW/E BGH 1445 – Valium.
[994] Hierzu KG 12.11.1980 – Kart 32/79, WuW/E OLG 2403 (2404 ff.) – Fertigfutter.
[995] BGH 24.10.1995 – KVR 17/94, WuW/E BGH 3026 (3029 f.) – Backofenmarkt.
[996] So Begr. 1998 S. 36, 51.

lungskriterien inhaltlich unverändert in § 18 Abs. 3 übertragen. Die nunmehr erfolgte ziffernmäßige Aufzählung fördert die Übersichtlichkeit, hat aber keine Auswirkungen auf die materielle Rechtslage.

**115** **aa) Marktanteil (Nr. 1).** In der ursprünglichen Gesetzesfassung war der **Marktanteil** hervorgehoben. Die Bezugnahme auf dieses Kriterium im Vermutungstatbestand des Abs. 4 fügte sich dem ein. In der Tat schlägt sich im Marktanteil der Erfolg in den wettbewerblichen Auseinandersetzungen signifikant nieder.[997] Ein sehr hoher Marktanteil spricht für das Bestehen einer marktbeherrschenden Stellung, während ein niedriger Marktanteil ein gegenteiliges Indiz darstellt.[998] Die 5. Novelle beseitigte diese Hervorhebung. Dies hing mit dem legislativen Bemühen zusammen, Marktbeherrschung auf der Nachfrageseite, namentlich im Handel, angemessen zu erfassen. Eine solche soll schon bei Marktanteilen vorliegen können, die deutlich unterhalb der für Angebotsmacht richtungweisenden Beherrschungsvermutung von (seinerzeit) einem Drittel liegen.[999] Sonst hat diese Herabstufung keine weitere Bedeutung.[1000] Nach der „Backofenmarkt"-Entscheidung des BGH[1001] sollten bei der Berechnung von Marktanteilen – ausgehend von der nunmehr überholten Annahme, dass der räumlich relevante Markt sich auf das Bundesgebiet beschränke (dazu unter → Rn. 59) – Importlieferungen ausländischer Hersteller zum Marktvolumen hinzuzurechnen, Exporte inländischer Hersteller herauszurechnen sein. Durch die ausdrückliche Einbeziehung des Wettbewerbs auch auf ausländischen Märkten in die Gesamtbetrachtung im Rahmen der 6. GWB-Novelle und die Einführung von § 19 Abs. 2 S. 3 aF durch die 7. GWB-Novelle (jetzt § 18 Abs. 2) wird klargestellt, dass bei der Berechnung der Marktanteile ausschließlich die ökonomischen Gegebenheiten und nicht die politischen Grenzen zu berücksichtigen sind.

**116** Bei der **Berechnung von Marktanteilen** sind Konzernunternehmen als Einheit zu behandeln.[1002] Konzerninterne Leistungen dürfen grundsätzlich nicht bei der Berechnung des Marktvolumens berücksichtigt werden, sondern können allenfalls in die Betrachtung des potentiellen Wettbewerbs mit eingehen.[1003] Bisher wurde als Argument hierfür der Verweis des § 22 Abs. 3 S. 2 aF auf § 23 Abs. 1 S. 2 aF herangezogen. Nach einer Entscheidung des BGH aus dem Jahr 1995 bedeutet dies aber nicht, dass nur Marktanteile verbundener Unternehmen iSd §§ 17, 18 AktG zusammenzufassen wären.[1004] Es seien im Rahmen der Gesamtbetrachtung auch die Marktanteile solcher Unternehmen zu berücksichtigen, die gesellschaftliche und geschäftliche Beziehungen zueinander haben, deren Verflechtung aber unter den Erfordernissen des § 23 Abs. 1 S. 2 aF lägen. Die Neufassung des GWB durch die 7. Novelle änderte daran nichts. Die Richtigkeit der Auffassung des BGH wurde vielmehr unterstützt durch die Tatsache, dass § 19 aF keine entsprechende Verweisung auf die jetzt in § 36 Abs. 2 S. 1 angesiedelte Verbundklausel mehr beinhaltete.

---

[997] Dazu BGH 21.2.1978 – KVR 4/77, WuW/E BGH 1501 (1503) – Kfz-Kupplungen; KG 28.8.1979 – Kart 4/79, WuW/E OLG 2182 (2185) – hydraulischer Schreitausbau mwN; einschränkend im Zusammenhang mit der Fusionskontrolle BGH 2.12.1980 – KVR 1/80, WuW/E BGH 1749 (1755) – Klöckner-Becorit; aber BGH 7.3.1989 – KVR 3/88, WuW/E BGH 2575 (2580) – Kampffmeyer-Plange; vgl. für die Sicht des BKartA dessen Leitfaden zur Marktbeherrschung in der Fusionskontrolle (Stand 2012), Rn. 25 ff.

[998] BGH 13.7.2004 – KVR 2/03, WuW/E DE-R 1301 (1303) – Sanacorp/ANZAG.

[999] Begr. S. 17.

[1000] Markert Schwerpunkte 1987/88, 15 (17); Möschel ZRP 1989, 371 (373). Vgl. BGH 28.4.1992 – KVR 9/91, WuW/E BGH 2771 (2773) – Kaufhof/Saturn; KG 28.6.1991 – Kart 25/89, WuW/E OLG 4865 (4883) – Hotelgeschirr: Ein sehr hoher Marktanteil spricht für das Bestehen einer marktbeherrschenden Stellung, während ein niedriger Marktanteil ein dagegen sprechendes Indiz ist.

[1001] BGH 24.10.1995 – KVR 17/94, WuW/E BGH 3026 (3031) – Backofenmarkt.

[1002] Vgl. BKartA 22.12.1976 – B 7–253100-U-24/76, WuW/E BKartA 1667 (1668); KG 15.3.1978 – Kart. 1/77, WuW/E OLG 1989 – Zementmahlanlage; KG 4.3.1986 – Kart 1/84, WuW/E OLG 3767 (3771) – Niederrheinische Anzeigenblätter; Paschke in FK-KartellR Rn. 243 f.; differenzierend Kleinmann/Bechtold § 22 Rn. 120, 128.

[1003] BKartA 30.9.2005 – B 9–50/05, WuW/E DE-V 1113 (1115 f.) – Railion/RBH.

[1004] BGH 19.12.1995 – B 9–50/05, WuW/E BGH 3037 (3038 ff.) – Raiffeisen entgegen KG 9.11.1994 – Kart 20/93, WuW/E OLG 5364 (5372 ff.) – HaGE Kiel.

Da auch die 8. GWB-Novelle eine solche Verweisung nicht wieder eingeführt hat, kann weiterhin auf die BGH-Rechtsprechung zurückgegriffen werden.

Eine **Eigenproduktion** von Abnehmern, die dann als potentielle Kunden wie als **117** potentielle Konkurrenten in Betracht kommen, ist in die Marktanteilsberechnungen nicht einzubeziehen, falls sie auf dem Markt nicht als Angebot in Erscheinung tritt. Der Gesichtspunkt kann indes im Rahmen der Gesamtwürdigung der Wettbewerbsverhältnisse, namentlich unter dem Aspekt der Marktzutrittsschranken, für andere Unternehmen von Bedeutung sein.[1005]

Die Rechtsprechung versteht den Marktanteil idR als den durch den Umsatz aus- **118** gedrückten **Wertanteil** eines Produktes am relevanten Markt, nicht als Mengenanteil.[1006] Doch gilt dies nicht starr. Es kommt auf die Aussagekraft der Berechnungsmethode für die Marktstellung an. Bei heterogenen Produkten und bei Dienstleistungen ist der Wertanteil der gebotene Indikator. Bei homogenen Produkten ist auch der **Mengenanteil** aufschlussreich.[1007] So kann ein kontinuierlicher Rückgang des Mengenanteils indizieren, dass der Markt auf eine Hochpreispolitik eines Herstellers mit entsprechenden Nachfragerückgängen reagiert und ein überragender, einseitiger Verhaltensspielraum insoweit nicht besteht.[1008]

Bei der wettbewerblichen Bewertung muss man sich der **Relativität des Marktanteils-** **119** **kriteriums als Indikator** für eine überragende Marktstellung bewusst bleiben.[1009] Eine nur auf den Marktanteil gestützte Betrachtung („reiner Strukturfall") ist bei Abs. 3 deshalb nur als prima facie-Zugang möglich.[1010] Ein sehr hoher Marktanteil ist bei spezialisierten kleineren und mittleren Unternehmen kein Indiz für Marktbeherrschung, wenn die Marktzutrittsschranken niedrig sind und gar Abhängigkeit gegenüber den Abnehmern besteht, wie im Falle von Zulieferern und Fertigproduktherstellern vielfach gegeben.[1011] Trotz hoher Marktanteile besteht keine überragende Marktstellung, wenn auf dem Markt ein intensiver Wettbewerb herrscht, wenn etwa ein Markt weitestgehend vom Ausschreibungswettbewerb geprägt ist.[1012] Selbst bei einer Steigerung der Marktanteile von ca. 25 % auf bis zu 65 % kann in einem schrumpfenden Markt langfristig funktionsfähiger Wettbewerb insbesondere auf Grund der Nachfragemacht eines Unternehmens, auf das über 90 % der

---

[1005] BGH 21.2.1978 – KVR 4/77, WuW/E BGH 1501 (1503) – Kfz-Kupplungen; BGH 7.3.1989 – KVR 3/88, WuW/E BGH 2575 (2579) – Kampffmeyer-Plange; KG 18.5.1979 – Kart 13/77, WuW/E OLG 2120 (2123) – Mannesmann-Brueninghaus; BKartA 13.12.1985 – B 3–412950–U–54/85, WuW/E BKartA 2213 (2214) – Linde-Agefko I; BKartA 2.8.1988 – B 3–412900–U–35/88, WuW/E BKartA 2319 (2320) – Messer Griesheim-Buse; KG 18.10.1995 – Kart 18/93, WuW/E OLG 5549 (5561) – Fresenius/Schiwa; BKartA 15.4.1993 – B 5–333330–U117/92, WuW/E BKartA 2521 (2531) – Zahnradfabrik Friedrichshafen/Allison; Kleinmann/Bechtold § 22 Rn. 126.

[1006] KG 24.8.1978 – Kart 3/77, WuW/E OLG 2053 (2057) – Valium; BGH 12.2.1980 – KVR 3/79, WuW/E BGH 1678 (1681) – Valium II; BGH 25.6.1985 – KVR 3/84, WuW/E BGH 2150 (2154) – Edelstahlbestecke; BGH 7.7.1992 – KVR 14/91, WuW/E BGH 2783 (2790) – Warenzeichenerwerb: Der BGH hat das BKartA in der Marktanteilsberechnung nach Werten bestätigt, auch wenn dies zu einem größeren Marktanteil bei höheren Preisen für Markenware führt; dagegen Langen, 6. Aufl. 1982, § 22 Rn. 76 f.; differenzierend Töllner in Bunte Rn. 103.

[1007] Im Ansatz übereinstimmend BGH 25.6.1985 – KVR 3/84, WuW/E BGH 2150 (2154) – Edelstahlbestecke; siehe auch BGH 7.3.1989 – KVR 3/88, WuW/E BGH 2575 (2579) – Kampffmeyer-Plange; KG 30.3.1983 – Kart 25/81, WuW/E OLG 2887 (2889) – Krupp-Total; ausdrücklich dieser Ansicht zustimmend BGH 7.7.1992 – KVR 14/91, WuW/E BGH 2783 (2790) – Warenzeichenerwerb; Kleinmann/Bechtold § 22 Rn. 130 ff.; Pfeiffer in Jubiläumsschrift 25 Jahre FIW, S. 61, 71.

[1008] Vgl. BGH 3.7.1976 – KVR 4/75, WuW/E BGH 1435 (1442) – Vitamin-B-12; krit. Schöppe DB 1977, 385.

[1009] Unter wettbewerbstheoretischem Aspekt s. Möschel 2. FS Böhm, 1975, 421 (427 ff.); Berg WRP 1986, 187 ff.

[1010] Weitergehend BKartA 26.3.1985 – B2–680000–U–146/84, BKartA AG 1985, 281 (284 ff.) – Pillsbury/Sonnen-Bassermann.

[1011] Vgl. Begr. 1971 S. 22; Gegenbeispiel: BGH 21.2.1978 – KVR 4/77, WuW/E BGH 1501 (1504) – Kfz-Kupplungen: außergewöhnlich hohe Marktzugangsschranken, besonderer Zugang zum Absatzmarkt.

[1012] KG 18.3.1998 – Kart 3/95, WuW/E DE-R 94 (99 ff.) – Hochtief-Philipp-Holzmann; vgl. zu Ausschreibungsmärkten allg. BKartA 24.5.2002 – B 10–248/01, WuW/E DE-V 677 (682 f.) – RWE Nord.

gesamten marktwirksamen Nachfrage entfällt, und auf Grund des Umfangs der den Nachfragern erwachsenen Eigenleistungen zu erwarten sein.[1013] Schwankende Marktanteile sind Anzeichen für wesentlichen Wettbewerb, schließen aber das Bestehen einer überragenden Marktstellung nicht aus.[1014]

**120**  Auf der anderen Seite können **niedrigere Marktanteile iVm zusätzlichen Faktoren** die Annahme einer überragenden Marktstellung tragen. In KG 22.3.1983 – Kart. 17/81, WuW/E OLG 2862 (2863 ff.) – Rewe-Florimex wurde bei einem Anteil von 12 % am süddeutschen Großhandelsmarkt für Schnittblumen eine überragende Marktstellung bejaht, da die Anteile der Konkurrenten stark zersplittert waren, überlegene Finanzkraft und Vorsprünge auf den Beschaffungsmärkten hinzukamen.[1015] In BKartA 30.6.1978 – B 8-823000-U-78/77, WuW/E BKartA 1727 (1729) – RWE-Energieversorgung Leverkusen wurde RWE bei einem Anteil von 25 % am Stromverteilermarkt als marktbeherrschend angesehen, da es im Vergleich zu seinen Konkurrenten ua über eine überragende Finanzkraft und über den weitaus günstigsten Zugang zu den Braunkohlebeschaffungsmärkten (90 % Anteil an der inländischen Braunkohlenförderung) verfügte. In BKartA 17.12.1976 – B 7-321100-U-36/76, WuW/E BKartA 1657 – Rheinstahl-Hüller erreichte die neue Gruppierung 34 % Anteil auf dem Markt für Transferstraßen und 30 % auf dem Markt für NC-Bearbeitungszentren. Die Annahme einer überragenden Marktstellung rechtfertigte sich ua aus dem Umstand, dass die Mitbewerber kleinere und mittlere Unternehmen waren und hinter dem neuen Verbund die überragende Finanzkraft der Thyssen-Gruppe stand. Ähnlich lag es in BKartA 6.7.1978 – B 6-745100-U-88/76, WuW/E BKartA 1733 – Kaufzeitungen, als der Springer-Konzern auf dem Lesermarkt für Kaufzeitungen im Raum München 27,9 % (TZ) und 29,7 % (Bild) neben dem Marktführer AZ Süd (42 %) gehalten hätte, aber angesichts seiner überragenden Ressourcen die Wettbewerbslage entscheidend beeinträchtigt hätte. In BKartA 5.9.1977 – B 1-823000-J-183/76, WuW/E BKartA 1695 – Uran reichte ein Marktanteil von 25 % für ein Gemeinschaftsunternehmen nicht aus, da es mit größeren Konkurrenten im Wettbewerb stand. In KG 30.3.1983 – Kart 25/81, WuW/E OLG 2887 (2890 ff.) – Krupp-Total genügten 31,4 % bei mobilen Gas-Löschanlagen nicht, da die übrigen Kriterien kein entscheidendes Übergewicht der zusammenschlusswilligen Unternehmen erwarten ließen. In „Revell Plastics" verneinte der BGH trotz eines Marktanteils von 35–40 % eine überragende Marktstellung, da Plastikbausätze von einer Fülle weiterer Firmen angeboten werden, ein Konkurrent einen Marktanteil von 22–25 % erreichte, die Marktzutrittsschranken gering waren und der relativ hohe Marktanteil auf der Grundlage eines Umsatzes von nur 30 Mio. DM/Jahr zustande kam. Hier hätten weitere Faktoren iSv § 19 Abs. 2 S. 1 Nr. 2 aF hinzukommen müssen.[1016] Der BGH[1017] nahm bei einem Marktanteil von 20,69 % eine marktbeherrschende Stellung trotz großen Marktanteilsabstands zu den nachfolgenden Wettbewerbern und Zersplitterung des sonstigen Angebots nicht ohne Weiteres an, da die Indizwirkung des Marktanteils schwächer ist, je geringer seine absolute Höhe ist. Er lehnte eine marktbeherrschende Stellung in diesem Fall schließlich wegen Fehlens weiterer Anhaltspunkte ab. Die gleiche Argumentation verwendete das Kammergericht im Fall „Hochtief/Philipp Holzmann":[1018] Ein Marktanteil von knapp 35 % indiziere noch keinen unkontrollierten Verhaltensspielraum, obwohl der Abstand zum nächstgrößten Wettbewerber, der einen Marktanteil von 17 % hatte, groß war. Das Kammergericht stellte hierbei insbesondere auf ein breites Verfolgerfeld mit starken Unternehmen ab. Beispiele für den Verlust einer überragenden Marktstellung durch

---

[1013] BKartA 1.6.1999 – B1-45210-U-12/99, WuW/E DE-V 135 (138 ff.) – Heitkamp.
[1014] BGH 7.7.1992 – KVR 14/91, WuW/E BGH 2783 (2790) – Warenzeichenerwerb.
[1015] Siehe auch KG 22.5.1985 – Kart. 21/83, WuW/E OLG 3591 (3599) – Coop Schleswig-Holstein-Deutscher Supermarkt.
[1016] BGH 26.6.1979 – KZR 7/78, WuW/E BGH 1620 (1621) – Revell Plastics.
[1017] BGH 28.4.1992 – KVR 9/91, WuW/E BGH 2771 (2773) – Kaufhof/Saturn.
[1018] KG 18.3.1998 – Kart 3/98, WuW/E DE-R 94 (98) – Hochtief-Philipp-Holzmann.

die Expansion von Mitkonkurrenten sind die beiden Arzneimittelverfahren in Sachen „Vitamin-B-12" und „Librium-Valium".[1019]

Neben der absoluten Größe eines Marktanteils ist seine **relative Größe** von Gewicht, **121** inwieweit ein Unternehmen seine Mitkonkurrenten überragt, deren Angebot zersplittert ist.[1020] Absoluter und relativer Marktanteil stehen in einer Wechselwirkung: Je größer der Abstand zu den Konkurrenten, je zersplitterter das übrige Angebot, desto geringer kann die absolute Höhe des Marktanteils sein.[1021] Unrichtig ist ein genereller Schluss von einem hohen Marktanteil auf Massenproduktionsvorteile im Vergleich zu kleineren Unternehmen.[1022]

Ein nur **temporär hoher Marktanteil** indiziert ebenfalls nicht notwendig Marktbeherr- **122** schung. Es muss die Marktanteilsentwicklung über längere Zeiträume betrachtet werden.[1023] Bei einem Pionierunternehmen ist ein temporär hoher Marktanteil Ausdruck vorstoßenden Wettbewerbs. Ein langsames oder beginnendes Abbröckeln des Marktanteils reicht bei einer zehnjährigen Dominanz jedenfalls dann nicht zur Widerlegung einer überragenden Marktstellung aus, wenn sich keine alsbaldige durchgreifende Änderung abzeichnet.[1024] Ein über mehrere Jahre hinweg unangefochten bestehender hoher Marktanteil soll ein besonders aussagekräftiges und bedeutsames Indiz für eine marktbeherrschende Stellung darstellen.[1025]

Die **Aussagekraft von Marktanteilen auf zweiseitigen Märkten** wird vielfach be- **123** zweifelt, da diese nur temporär hoch seien[1026] und bei der Bestimmung der Marktposition

---

[1019] BGH 3.7.1976 – KVR 4/75, WuW/E BGH 1435 – Vitamin-B-12 und BGH 12.2.1980 – KVR 3/79, WuW/E BGH 1678 (1680) – Valium II.

[1020] Siehe schon Begr. 1971 S. 23; aus der Entscheidungspraxis zB BGH 26.6.1979 – KZR 7/78, WuW/E BGH 1620 (1621) – Revell Plastics; BGH 16.12.1976 – KVR 2/76, WuW/E BGH 1445 (1450) – Valium; BGH 25.6.1985 – KVR 3/84, WuW/E BGH 2150 (2155) – Edelstahlbestecke; BGH 10.12.1991 – KVR 2/90, WuW/E BGH 2731 (2735) – Inlandstochter; BGH 7.7.1992 – KVR 14/91, WuW/E BGH 2783 (2790) – Warenzeichenerwerb; BGH 24.10.1995 – KVR 17/94, WuW/E BGH 3026 (3031) – Backofenmarkt; jüngst BGH 23.6.2020 – KVR 69/19, GRUR-RS 2020, 20737 Rn. 39 – Facebook II; KG 1.11.1978 – Kart. 4/78, WuW/E OLG 2109 (2110) – Springer-Elbe Wochenblatt; KG 28.8.1979 – Kart 4/79, WuW/E OLG 2182 (2184) – hydraulischer Schreitausbau; KG 12.11.1980 – Kart 32/79, WuW/E OLG 2403 (2404 ff.) – Fertigfutter; KG 16.4.1997 – Kart 2/96, WuW/E OLG 5879 (5883) – WMF/Auerhahn; OLG Düsseldorf 16.1.1979 – U [Kart] 4/78, WuW/E OLG 2071 (2072) – Düsseldorfer Volksbühne; KG 7.2.1978 – Kart 2/77, WuW/E OLG 1921 (1923) – Thyssen-Hüller; OLG Düsseldorf 21.2.1978 – U [Kart] 16/76, WuW/E OLG 1913 – Allkauf; KG 5.1.1976 – Kart. 41/74, WuW/E OLG 1645 (1651) – Valium-Librium; BKartA 22.10.1979 – B 4–689100-TV-39/78, WuW/E BKartA 1817 (1819) – Fertigfutter; BKartA 21.3.1979 – B 7 –333000-RTV-84/76, WuW/E BKartA 1781 (1782) – Identteile; BKartA 24.5.1978 – B 6–251119–U–108/77, WuW/E BKartA 1753 (1756 ff.) – bituminöses Mischgut; BKartA 31.3.1978 – B 8–711510–U–170/77, WuW/E BKartA 1747 (1751) – Anzag-Holdermann; BKartA 18.5.1977 – B 7–323400–U–86/76, WuW/E BKartA 1685 (1687) – Mannesmann-Brueninghaus; BKartA 25.3.1976 – B7–326500–U–127/75, WuW/E BKartA 1653 (1654) – Babcock-Artos; BKartA 12.5.1976 – B 7–320000–U–67/75, WuW/E BKartA 1625 (1627) – GKN-Sachs; BKartA 6.2.1997 – B 10–21231-U-54/96, WuW/E BKartA 2894 (2898) – Herlitz/Landré.

[1021] KG 22.3.1983 – Kart 17/81, WuW/E OLG 2862 (2863 ff.) – Rewe-Florimex.

[1022] So aber KG 12.11.1980 – Kart 32/79, WuW/E OLG 2403 (2404) = BB 1981, 1110 (1111) – Fertigfutter mit insoweit kritAnm Markert.

[1023] Bechtold/Bosch Rn. 35; BKartA 14.7.2000 – B 4–29120-U-45/00, WuW/E DE-V 331 (333) – Flowserve/Ingersoll-Dresser stellt bei starken Schwankungen auf einen dreijährigen Durchschnitt ab.

[1024] KG 5.1.1976 – Kart. 41/74, WuW/E OLG 1645 (1652) – Valium; KG 12.11.1980 – Kart 32/79, WuW/E OLG 2403 (2405) – Fertigfutter; dazu auch KG 26.1.1977 – Kart 27/76, WuW/E OLG 1767 (1770) – Kombinationstarif und KG 14.4.1978 – Kart. 8/78, WuW/E OLG 1983 (1985) – Rama-Mädchen; im Fusionsbereich siehe KG 26.5.1981 – Kart 14/80, WuW/E OLG 2539 (2543) – Braun-Almo; KG 3.7.1981 – Kart 22/80, WuW/E OLG 2527 (2534) – Springer-az.

[1025] BGH 13.7.2004 – KVR 2/03, WuW/E DE-R 1301 (1303) – Sanacorp/ANZAG. Die Aussage ist falsch: Es kommt auf die Kontrollwirkung vorhandenen Wettbewerbs an. Ein Frisör mit treuem, stabilem Kundenstamm ist nicht marktbeherrschend, wenn er bei Schlechtleistung seine Kunden sofort verlieren würde. Auch in der genannten BGH-Entscheidung lag es so.

[1026] Heinemann, Google als kartellrechtliches Problem, S. 31; Kersting/Dworschak NZKart 2013, 46 (48); Körber WuW 2015, 2 (8); Körber WuW 2015, 121 (122); Körber WRP 2012, 761 (765); ferner kritisch Esser FS Wiedemann, 2020, 285 (295).

zwei miteinander verknüpfte Märkte berücksichtigt werden müssten.[1027] Der abstrakte Verweis auf eine hohe Innovationsrate in digitalen Märkten vermag jedoch die Relevanz von Marktanteilen auch für internetbasierte Plattformen nicht ohne weiteres aufzuheben.[1028] Zudem ist zu berücksichtigen, dass aufgrund von ausgeprägten indirekten Netzwerkeffekten, die sich bei bestimmten Plattformen auch wechselseitig verstärken können (→ Rn. 143), regelmäßig eine besonders starke weitere Konzentrationstendenz besteht und jedenfalls nach einem „Kippen" des Marktes die Angreifbarkeit der Position des dominanten Unternehmens durch neue Marktzutritte ungemein erschwert ist. Bei Unentgeltlichkeit einer Marktseite können die Marktanteile zwar nicht am Umsatz gemessen werden, doch stehen insoweit andere Kriterien zur Verfügung. In Betracht kommen etwa die Zahlen der täglich oder monatlich aktiven Nutzer, der Seitenaufrufe oder der Nutzerkonten.[1029] In seiner **Facebook-Entscheidung** hat das BKartA auf die Zahl der täglichen und monatlichen Nutzer dieses unentgeltlich angebotenen privaten sozialen Netzwerks abgestellt und auf dieser Basis einen Marktanteil von Facebook in Höhe von über 95 Prozent bei den täglich aktiven Nutzern und von über 80 Prozent bei den monatlich aktiven Nutzern festgestellt.[1030] Existieren geringe Preis- und Qualitätsunterschiede kann auch eine allein mengenbasierte Betrachtung ein (ebenso) aussagekräftiges Abbild der Marktstruktur liefern.[1031] Aufgrund der Ungenauigkeiten bei der Marktanteilsberechnung erlangt die relative Größe der Marktanteile eine größere Relevanz. Stabile Marktanteilsabstände können daher auch im digitalen Kontext durchaus eine vergleichbare Aussagekraft wie auf analogen Märkten entfalten, und zwar auch im Falle eines Multihoming.[1032]

124 Als **Orientierungspunkt** für die Marktanteilsbewertung dient auch im Rahmen des § 18 Abs. 3 Nr. 1 die **Marktbeherrschungsvermutung des Abs. 4,** deren Schwelle seit der 8. GWB-Novelle nunmehr bei **mindestens 40 %** liegt. Doch ist dies **keine zwingende Untergrenze.** Vor diesem Hintergrund kann auch auf die Rechtsprechung, die noch zur Geltung des § 19 Abs. 3 S. 1 aF ergangen ist, als Auslegungshilfe zurückgegriffen werden. Auch bei einem unter der nun vorgegebenen Grenze von 40 % liegendem Marktanteil kann im Einzelfall eine überragende Marktstellung vorliegen.

125 **bb) Finanzkraft (Nr. 2).** Das Merkmal der **Finanzkraft** ist neben dem Marktanteil das für die Praxis wichtigste Kriterium, namentlich in Zusammenschlussfällen,[1033] weniger bei

---

[1027] Töllner in Bunte Rn. 110; BKartA Leitfaden Marktbeherrschung Rn. 36.

[1028] So zutreffend Kommission 27.6.2017 – AT.39740 Rn. 267, ABl. 2018 C 9, 11 – Google Search (Shopping); Reismann S. 65 f. Grothe S. 133 geht von einer abgeschwächten Indizwirkung aus.

[1029] Grothe S. 132 f.; Reismann S. 67 f. (mit zutr. Hinweis auf die Gefahr eines verfälschenden Eindrucks bei verbreitetem Multihoming). Das BKartA scheint die Berücksichtigung der unique visitors zu bevorzugen BKartA 22.10.2015 – B6–57/15, BeckRS 2016, 1137 Rn. 137 – OPCE II/EliteMedianet; BKartA Arbeitspapier S. 79 Fn. 168.

[1030] BKartA 6.2.2019 – B6–22/16, BeckRS 2019, 4895 Rn. 392, 395; BKartA Fallbericht v. 15.2.2019, S. 2; insofern durch den BGH 23.6.2020 – KVR 69/19, GRUR-RS 2020, 20737 Rn. 38 ff. – Facebook II bestätigt.

[1031] BKartA Leitfaden Marktbeherrschung S. 12.

[1032] Siehe zB BGH 23.6.2020 – KVR 69/19, GRUR-RS 2020, 20737 Rn. 39 – Facebook II; ferner auch Weisser S. 202 ff.

[1033] KG 7.2.1978 – Kart 2/77, WuW/E OLG 1921 – Thyssen-Hüller; BKartA 15.12.1978 – B 7–323800–U–20/78, WuW/E BKartA 1831 – hydraulischer Schreitaubau; BGH 2.12.1980 – KVR 1/80, WuW/E BGH 1749 (1756) – Klöckner-Becorit; BGH 21.2.1978 – KVR 4/77, WuW/E BGH 1501 (1511) – Kfz-Kupplungen; BGH 25.6.1985 – KVR 3/84, WuW/E BGH 2150 (2156 ff.) – Edelstahlbestecke; BGH 27.5.1986 – KVR 7/84, WuW/E BGH 2276 (2283) – Süddeutscher Verlag-Donau-Kurier; BGH 7.3.1989 – KVR 3/88, WuW/E BGH 2575 (2581) – Kampffmeyer-Plange; BGH 7.7.1992 – KVR 14/91, WuW/E BGH 2783 (2791) – Warenzeichenerwerb; KG 16.4.1997 – Kart 2/96, WuW/E OLG 5879 (5883) – WMF/Auerhahn; BKartA 31.3.1978 – B 8–711510–U–170/77, WuW/E BKartA 1747 – Anzag-Holdermann; BKartA 6.7.1978 – B 6–745100–U–88/76, WuW/E BKartA 1733 – Kaufzeitungen; BKartA 9.3.1978 – B 6–745100–U–75/77, WuW/E BKartA 1709 – Bertelsmann-Deutscher Verkehrsverlag; BKartA 18.5.1977 – B 7–323400–U–86/76, WuW/E BKartA 1685 – Mannesmann-Brueninghaus; BKartA 25.3.1976 – B7–326500 –U–127/75, WuW/E BKartA 1653 – Babcock-Artos; BKartA 18.11.1974 – B 8–464000-U-259/74, WuW/E BKartA 1561 – o. b.; BKartA 24.1.1995 – B 1–701000–U252/94, WuW/E BKartA 2729 (2750 f.) –

der Missbrauchskontrolle.[1034] Die Finanzkraft umfasst die Gesamtheit der finanziellen Mittel und Möglichkeiten eines Unternehmens, insbesondere die Finanzierungsmöglichkeiten nach Eigen- und Fremdfinanzierung sowie seinen Zugang zum Kapitalmarkt.[1035] Die wettbewerbliche Bedeutung rührt daher, dass namentlich im Vergleich zu Mitkonkurrenten überragende Finanzkraft besondere Verhaltensspielräume eröffnet, ggf. ein Gewinntransfer und Verlustausgleich über verschiedene Märkte hinweg möglich wird[1036] und Verdrängungsstrategien in Betracht kommen. Der finanzielle Rückhalt kann insbesondere in Märkten wichtig werden, die starken konjunkturellen Schwankungen unterliegen oder hohe Aufwendungen für Forschung und Entwicklung bedingen.[1037] Auch wenn die relevanten Märkte von großem Preisdruck gekennzeichnet sind, können finanzstarke Unternehmen diesem Druck ungleich besser standhalten und flexibler reagieren als kleine, ressourcenschwache Unternehmen.[1038] Regelmäßig muss geklärt werden, wie sich eine festgestellte Finanzkraft auf dem relevanten Markt auswirkt.[1039] Im Rahmen der Fusionskontrolle bot das Element der Finanzkraft einen Ansatzpunkt zur Erfassung konglomerater Unternehmenszusammenschlüsse. Finanzkraft könne abschreckende Wirkung auf Wettbewerber ausüben und Wettbewerbsprozesse zum Erlahmen bringen.[1040] Man spricht von **Ressourcentheorie** und **Abschreckungstheorie**.[1041] Entgegen mancherlei Kritik[1042] ergibt dieser Ansatz wettbewerbstheoretisch durchaus Sinn.[1043] Er ist nur insofern problematisch, als die Schwelle zum Spekulativen leicht überschritten wird. Hier wird der Charakter des Wettbewerbsrechts als einer Gratwanderung deutlich: Finanzkraft kann zB auf mittelständischen Märkten nicht nur abschreckende, lähmende Wirkung haben, sondern auch stimulierende, den Wettbewerb befördernde Wirkung.[1044] Eine Abschreckungswirkung durch überragende Finanzkraft darf nicht einfach pauschal unterstellt werden, sondern es müssen konkrete Anhaltspunkte für einen wirtschaftlich plausiblen und wettbewerblich wirksamen Einsatz dargelegt werden, dh die Erwartung muss fundiert sein, dass Finanzkraft

---

Hochtief/Philipp Holzmann; BKartA 6.2.1997 – B 10–21231-U-54/96, WuW/E BKartA 2894 (2898) – Herlitz/Landré.

[1034] Vgl. aber KG 26.1.1977 – Kart 27/76, WuW/E OLG 1767 – Kombinationstarif; BKartA 21.3.1979 – B 7–33 30 00-RTV-84/76, WuW/E BKartA 1781 – Identteile; BKartA 22.10.1979 – B 4–689100-TV-39/78, WuW/E BKartA 1817 – Fertigfutter.

[1035] Vgl. Bericht 1973 S. 6.

[1036] Vgl. BKartA 24.5.1978 – B 6–251119–U–108/77, WuW/E BKartA 1753 (1758) – bituminöses Mischgut; BKartA 31.3.1978 – B 8–711510–U–170/77, WuW/E BKartA 1747 (1751) – Anzag-Holdermann; BKartA 6.7.1978 – B 6–745100–U–88/76, WuW/E BKartA 1733 (1738) – Kaufzeitungen; BKartA 9.3.1978 – B 6–745100–U–75/77, WuW/E BKartA 1709 (1715) – Bertelsmann-Deutscher Verkehrsverlag; BKartA 24.1.1995 – B 1–701000–U252/94, WuW/E BKartA 2729 (2750 f.) – Hochtief/Philipp Holzmann und für eine aktuellere Sicht des Amtes s. BKartA, Leitfaden zur Marktbeherrschung in der Fusionskontrolle (Stand: 2012) Rn. 54 ff.

[1037] ZB KG 7.2.1978 – Kart 2/77, WuW/E OLG 1921 (1923) – Thyssen-Hüller; BKartA 18.5.1977 – B 7 –323400–U–86/76, WuW/E BKartA 1685 (1687) – Mannesmann-Brueninghaus; BKartA 18.11.1974 – B 8 –464000-U-259/74, WuW/E BKartA 1561 (1566) – o. b.

[1038] BKartA 12.12.1995 – B 3–24301–U50/95, WuW/E BKartA 2820 (2826) – Straßenmarkierungsmaterial.

[1039] BGH 3.7.1976 – KVR 4/75, WuW/E BGH 1435 (1443) – Vitamin-B-12; BGH 21.2.1978 – KVR 4/77, WuW/E BGH 1501 (1507) – Kfz-Kupplungen.

[1040] BGH 21.12.1978 – KVR 4/77, WuW/E BGH 1501 (1509) – Kfz-Kupplungen; BGH 12.12.1978 – KVR 6/77, WuW/E BGH 1533 (1537) – Erdgas Schwaben; bes. BGH 25.6.1985 – KVR 3/84, WuW/E BGH 2150 (2157) – Edelstahlbestecke; BGH. 27.5.1986 – KVR 7/84, WuW/E BGH 2276 (2283) – Süddeutscher Verlag–Donau-Kurier.

[1041] ZB Kleinmann/Bechtold § 22 Rn. 170, 175 ff.

[1042] Namentlich Knöpfle BB-Beil. 5/1985; vgl. auch Treis/Eggers GRUR 1988, 745 ff.

[1043] Vgl. Albach, Finanzkraft und Marktbeherrschung, S. 72 ff.; für eine empirische Untersuchung vgl. Bühner WuW 1989, 277 ff.

[1044] Vgl. im Einzelnen Möschel Schwerpunkte 1984/85, 1 ff.; zur sehr viel stärker differenzierenden Praxis des amerikanischen Rechts auch Möschel, Konglomerate Zusammenschlüsse im Antitrustrecht der Vereinigten Staaten von Amerika, RabelsZ 44, 1980 (203–256); Möschel, Konglomerate Zusammenschlüsse in den Vereinigten Staaten seit 1979, RabelsZ 48, 1984 (552–577).

auch eingesetzt wird. Der BGH stellte ursprünglich auf Marktnähe ab,[1045] später auf unternehmerische Zielsetzungen, etwa Diversifikationsstrategien.[1046] Zu bedenken ist ferner, dass es neben reiner Finanzanlage einerseits und unternehmerischer Beteiligung mit Ressourcentransfer andererseits auch Beteiligungen ohne solche Übertragung gibt.[1047] In diesen Fällen können sogar Mittel aus den Beteiligungsunternehmen zugunsten des Mutterunternehmens abgezogen werden. Es läge dann keine Verstärkung unter dem Aspekt der Finanzkraft, sondern eine Schwächung vor. Kriterien aus der Portfolio-Theorie können den Anteil des Spekulativen verringern: Vorhandenes Ressourcenpotential, starkes Interesse am Ressourceneinsatz, starker zu erwartender Markteinfluss, schwache Reaktionsmöglichkeiten der Wettbewerber, erschwerter Marktzutritt.[1048]

**126**   Als **wichtigste Messzahl** kommt der sog. **cash flow** in Betracht, dh die Summe aus Gewinn, Abschreibungen und Rückstellungen in einem Referenzzeitraum,[1049] daneben die Umsatzrendite (Verhältnis von Gewinn und Umsatz), das Verhältnis von Eigenkapital und Bilanzsumme, ggf. unter Berücksichtigung von Rücklagen und stillen Reserven.[1050] Ein **Unternehmensumsatz** ist in diesem Zusammenhang nicht aussagelos.[1051] Finanzkraft iSv Abs. 3 Nr. 2 ist nicht identisch mit Ertragskraft. Sie schließt (Fremd-)Finanzierungsmöglichkeiten mit ein. Diese sind in ihrem Umfang regelmäßig mit der Unternehmensgröße korreliert.[1052] Das Vorhandensein anderer finanzkräftiger Konkurrenten kann die Annahme einer überragenden Marktstellung eines Einzelunternehmens ausschließen.[1053] Nachhaltige Verluste sprechen gegen die Finanzkraft eines Unternehmens.[1054] Bei der Prüfung von Verdrängungsmöglichkeiten auf Grund höherer Finanzkraft kann sich das Vorhandensein eines weiteren finanzkräftigen Konkurrenten zugunsten kleinerer Anbieter wie eine Art Schutzschirm auswirken, da in solchen Fällen Verdrängungsstrategien keinen Erfolg auf Dauer versprechen können.[1055]

---

[1045] BGH 21.2.1978 – KVR 4/77, WuW/E BGH 1501 (1511) – Kfz-Kupplungen.

[1046] BGH 25.6.1985 – KVR 3/84, WuW/E BGH 2150 (2157) – Edelstahlbestecke.

[1047] Vgl. Möschel AG 1984, 257 ff.; siehe auch BKartA 18.8.1988 – B 5–284300-U-92/88, WuW/E BKartA 2304 (2311) – Wieland-Langenberg.

[1048] Siehe Dirrheimer FIW-Heft 12, 137 ff.; Dirrheimer, Ressourcenstärke, 1988, S. 60.

[1049] BKartA 12.5.1976 – B 7–320000-U–67/75, WuW/E BKartA 1625 (1628) – GKN-Sachs; BKartA 30.6.1978 – B 8–823000-U–78/77, WuW/E BKartA 1727 (1729) – RWE-Energieversorgung Leverkusen; BGH 24.6.1980 – KVR 5/79, WuW/E BGH 1711 (1717) – Mannesmann-Brueninghaus; BKartA 24.1.1995 – B 1–701000-U252/94, WuW/E BKartA 2729 (2750 f.) – Hochtief/Philipp Holzmann; vgl. zur Bedeutung der Gewinnlage OLG Düsseldorf 30.7.2003 – VI-Kart 35/02 (V), WuW/E DE-R 1159 (1162) – BASF/NEPG; s. auch BKartA, Leitfaden zur Marktbeherrschung in der Fusionskontrolle (Stand: 2012) Rn. 54 ff.

[1050] Dazu Eckstein BB 1977, 419 (420 ff.); Woedtke S. 152 ff.; Sieben/Goetzke/Matschke DB 1978, 2229 (2231 ff.); Sieben/Goetzke/Matschke, Der Begriff „Finanzkraft" im § 22 GWB aus betriebswirtschaftlicher Sicht, 1980; Emmerich AG 1978, 85 (92); Jüngst S. 96 ff.; krit. Dürrhammer DB 1976, 1441; Ramrath S. 27 ff.

[1051] BGH 25.6.1985 – KVR 3/84, WuW/E BGH 2150 (2156) – Edelstahlbestecke; vorsichtiger BGH 21.2.1989 – KZR 7/88, WuW/E BGH 2571 (2582) – Kampffmeyer-Plange; BKartA 30.11.1989 – B 2–685300-U75/89, WuW/E BKartA 2428 (2432) – Nordfleisch-CGHannover; abl. Monopolkommission Hauptgutachten V Tz. 794; Kleinmann/Bechtold § 22 Rn. 178.

[1052] BKartA 15.12.1978 – B 7–323800-U–20/78, WuW/E BKartA 1831 (1832) – hydraulischer Schreitausbau.

[1053] ZB KG 18.5.1979 – Kart 13/77, WuW/E OLG 2120 (2125) – Mannesmann-Brueninghaus; OLG Düsseldorf 30.10.2002 – Kart 40/01 [V], WuW/E DE-R 1033 (1038 f.) – Sanacorp/ANZAG; BGH 13.7.2004 – KVR 2/03, WuW/E DE-R 1301 (1304) – Sanacorp/ANZAG; zurückhaltender BGH 24.6.1980 – KVR 5/79, WuW/E BGH 1711 (1717) – Mannesmann-Brueninghaus; Gegenbeispiel BKartA 18.11.1974 – B 8–464000-U-259/74, WuW/E BKartA 1561 (1566) – o. b.: Als die Marktanteile von Hahn um das Sechs- bzw. Neunfache höher lagen als die der nächstgrößeren Konkurrenten, das Unternehmen über besondere Zugangsmöglichkeiten zu den Absatzmärkten und über erhebliche scale economies verfügte, fiel der Umstand nicht ins Gewicht, dass die beiden Hauptwettbewerber zu Unternehmensgruppen mit erheblicher Finanzkraft gehörten; siehe auch KG 28.8.1979 – Kart 4/79, WuW/E OLG 2182 (2185 ff.) – hydraulischer Schreitausbau; BGH 21.2.1978 – KVR 4/77, WuW/E BGH 1501 (1512) – Kfz-Kupplungen; BGH 21.2.1989 – KZR 7/88, WuW/E BGH 2571 (2581) – Kampffmeyer-Plange.

[1054] Deister in Schulte/Just Rn. 118.

[1055] Nicht beachtet in BKartA 15.12.1978 – B 7–323800-U–20/78, WuW/E BKartA 1817 (1820) – Fertigfutter.

**cc) Zugang zu wettbewerbsrelevanten Daten (Nr. 3).** Mit der Aufnahme dieses 126a
Kriteriums im Zuge der 10. GWB-Novelle in den allgemeinen Katalog der für die
Bewertung der Marktstellung eines Unternehmens relevanten Umstände will der Gesetzgeber der **immer größeren wettbewerblichen Bedeutung des Zugangs zu Daten
in allen Wirtschaftsbereichen** Rechnung tragen.[1056] Mit der 9. GWB-Novelle hatte
er das wortgleiche Merkmal bereits in die Vorschrift des § 18 Abs. 3a Nr. 4 eingeführt
(→ Rn. 148 ff.), die sich „insbesondere" auf die Beurteilung der Marktstellung bei Netzwerken und mehrseitigen Märkten bezieht, also durchaus schon Raum für eine Berücksichtigung auch auf anderen Märkten lässt. Aus der selektiven Übernahme des Merkmals
„Zugang zu wettbewerbsrelevanten Daten" in den allgemeinen Katalog des Abs. 3 kann
nicht im Umkehrschluss abgeleitet werden, dass eine Berücksichtigung anderer in Abs. 3a
erwähnter Kriterien außerhalb von mehrseitigen Märkten oder Netzwerken ausgeschlossen
sei.[1057] Insbesondere das Kriterium des innovationsgetriebenen Wettbewerbsdrucks (Abs. 3a
Nr. 5) ist als marktmachtrelativierender Faktor generalisierungsfähig und grundsätzlich
auch im Rahmen des Abs. 3 anwendbar.[1058]

Zu beachten ist, dass es in beiden Fällen allein darum geht, ob und in welchem Umfang 126b
das in seiner Marktstellung zu beurteilende **potentiell marktmächtige Unternehmen
selbst** (derzeit und künftig) ungehinderten **Zugriff** auf wettbewerbsrelevante Daten hat
(„sein" Zugang als Marktmachtkriterium).[1059] Davon zu unterscheiden ist die Frage des
Datenzugangs dritter Unternehmen, dessen Ablehnung durch einen Normadressaten sich
ggf. als Form der missbräuchlichen Geschäftsverweigerung nach § 19 Abs. 2 Nr. 4 bzw.
§ 20 Abs. 1a iVm. § 19 Abs. 2 Nr. 1 darstellen kann.[1060]

Allerdings folgt aus dem Umstand, dass die Marktstellung eines Unternehmens im 126c
Rahmen des Abs. 3 gerade „im Verhältnis zu seinen Wettbewerbern" zu bewerten ist, noch
deutlicher als bei Abs. 3a Nr. 4 (dazu → Rn. 148a), dass deren tatsächlich bestehenden
Zugriffsmöglichkeiten auf wettbewerbsrelevante Daten im Rahmen einer vergleichenden
Betrachtung einzubeziehen sind, um feststellen zu können, ob oder inwieweit das potentiell
marktmächtige Unternehmen insoweit über einen **Vorsprung gegenüber seinen Konkurrenten** verfügt.[1061]

Der in Abs. 3 Nr. 3 und Abs. 3a Nr. 4 verwendete **Begriff der Daten** wird im GWB an 126d
keiner Stelle definiert. Im Ausgangspunkt lassen sich Daten aus informationswissenschaftli-
cher Perspektive als „wahrnehmbare, uninterpretierte Symbole eines Zeichenvorrats" und
somit als „syntaktische Entitäten" definieren,[1062] während Informationen aus deren Interpretation gewonnen werden und somit interpretierte Daten mit einer Bedeutung darstellen. In
kognitiven Prozessen folgt auf diese syntaktische und semantische Ebene schließlich pragmatische Stufe, in der Wissen generiert wird, das in einer Entscheidung oder einem Verhalten
angewandt werden kann.[1063] Aus ökonomischer Perspektive stellen Daten eine Art „Rohstoff" dar: aus ihnen können „Informationen ausgelesen, weitere Erkenntnisse abgeleitet und
schlussendlich werthaltiges Wissen generiert" werden[1064]. Das wirkt sich im Kontext eines
Einsatzes von Daten als „Gegenleistung" insofern aus, als Information und Wissen in den

---

[1056] BegrRegE, BT-Drs. 19/23492, 69.
[1057] BegrRegE, BT-Drs. 19/23492, 69 („nicht beabsichtigt, die Heranziehung anderer Kriterien aus § 18
Abs. 3a auch außerhalb von mehrseitigen Märkten oder Netzwerken zu erschweren oder abzuwerten").
[1058] So auch Ackermann in Bien/Käseberg/Klumpe/Körber/Ost 10. GWB-Novelle Kap. 1 Rn. 328 aE.
[1059] Ähnlich Louven in FK Lfg. 100, Vorabinformation Rn. 4; unklar insoweit Ackermann in Bien/Käse-
berg/Klumpe/Körber/Ost 10. GWB-Novelle Kap. 1 Rn. 324 aE, für die Bedeutung in traditionellen Branchen auf den „Zugang von Wartungs- und Reparaturdienstleistern, Zulieferern oder Ersatzteilproduzenten zu
Maschinendaten" verweist und damit einen Zusammenhang zu möglichen Zugangsansprüchen impliziert.
[1060] Näher zu den daraus resultierenden Datenzugangsansprüchen § 19 Rn. 253 ff., § 20 Rn. 93 ff.
[1061] Ebenso Ackermann in Bien/Käseberg/Klumpe/Körber/Ost 10. GWB-Novelle Kap. 1 Rn. 325; Louven in FK Lfg. 100, Vorabinformation Rn. 13.
[1062] Wagner S. 27 (Abbildung 1), 33.
[1063] Vgl. näher zu diesen informationellen Entwicklungsstufen im Entscheidungsprozess aus informations-
wissenschaftlicher Perspektive Wagner, S. 26 ff. mwN.
[1064] Wagner S. 34.

Begriff des Datums einzubeziehen sind. Ihre wichtigsten Eigenschaften sind dabei Nicht-Rivalität, grundsätzliche Nicht-Exklusivität, Reproduzierbar- und Übertragbarkeit, wobei Grenzkosten von nahezu Null anfallen.[1065] Auch im Kartellrecht ist die „syntaktische Ebene der durch Zeichen repräsentierten Information"[1066] sowohl von der Bedeutung der Information (semantische Ebene) als auch von ihrer etwaigen Verkörperung auf einem Informationsträger (strukturelle Ebene) zu unterscheiden.[1067] Fraglich ist, ob es sich um in einer maschinenlesbaren Sprache codierte Informationen handeln muss.[1068] Ein für das Wettbewerbsgeschehen relevanter Datenzugang setzt einfache und schnelle Zugriffs-, Kombinations- und Verarbeitungsmöglichkeiten der durch Daten repräsentierten Informationen voraus. Im vorliegenden Kontext der Ermittlung datengestützter Marktmacht sind daher als „Daten" iSd Abs. 3 Nr. 3 (sowie Abs. 3a Nr. 4) nur maschinenlesbare und speicherbare Informationen zu verstehen. Unerheblich ist dagegen zumindest im Ausgangspunkt, ob es sich um personenbezogene Daten iSd DS-GVO oder um nicht-personenbezogene, also insbesondere Maschinendaten, handelt und auf welche konkreten Inhalte sie sich jeweils beziehen.[1069]

**126e**   Die Bedeutung der in den Daten(sätzen) enthaltenen Informationen kommt jedoch bei der **Bewertung der wettbewerblichen Relevanz der Daten** ins Spiel, die sich in ihren (potentiellen) Auswirkungen auf die Geschäftstätigkeit des fraglichen Unternehmens zeigt und damit seine Marktposition beeinflussen kann. Entscheidend sind zum einen die internen und externen **Nutzungsmöglichkeiten der Daten** (näher → Rn. 148a), zum anderen die Frage, inwieweit das zu beurteilende Unternehmen beim Zugang zu den Daten bzw. Datenquellen einen **Vorsprung** gegenüber Konkurrenten genießt (näher → Rn. 148b). Auch seine überlegenen oder eingeschränkten Fähigkeiten und Möglichkeiten zur Datenauswertung und –nutzung sind zu berücksichtigen (→ Rn. 148c). Dabei kommt es zwar primär auf die faktische Position des Unternehmens an, doch können auch die rechtlichen Rahmenbedingungen, insbes. datenschutzrechtliche Restriktionen, Grenzen für die Verarbeitung der Daten setzen.[1070] Besteht zwar ein überlegener Zugriff auf große Datenmengen, verfügt das Unternehmen aber nicht über geeignete Analysemethoden oder sonstige Kapazitäten, um den „Datenschatz" auch zur Verbesserung seiner Wettbewerbsposition im Markt einzusetzen, kommt dem Kriterium keine indizielle Bedeutung für Marktmacht zu.

**126f**   Bei der Beurteilung der aus einem überlegenen Zugang zu wettbewerbsrelevanten Daten resultierenden Marktposition sind auch etwaige **gegenläufige Umstände** zu berücksichtigen, die einen daraus resultierenden **Wettbewerbsvorsprung relativieren oder neutralisieren** können. Insoweit kann etwa die **Datenportabilität** auf der Nutzerseite einen relevanten Faktor darstellen, sofern ein Anbieterwechsel unter Mitnahme der angesammelten Daten nicht nur theoretisch möglich ist, sondern auch tatsächlich in einem hinreichendem Umfang praktiziert wird und wettbewerbliche Wirkungen auslöst, indem anderen Unternehmen ein entsprechender Datenzugang eröffnet wird.[1071]

**127**   **dd) Zugang zu Beschaffungs- oder Absatzmärkten (Nr. 4).** Im Kern geht es bei dem Merkmal des Zugangs zu Beschaffungs- und Absatzmärkten um vertikal integrierte Unternehmen.[1072] Die Integration kann dabei sowohl unternehmensintern über eine hohe Fertigungs- und Leistungstiefe als auch extern über Beteiligungen an anderen Unterneh-

---

[1065] Wagner S. 65.

[1066] Ackermann in Bien/Käseberg/Klumpe/Körber/Ost 10. GWB-Novelle Kap. 1 Rn. 326.

[1067] Ackermann in Bien/Käseberg/Klumpe/Körber/Ost 10. GWB-Novelle Kap. 1 Rn. 326 im Anschluss an Zech, Information als Schutzgegenstand, 2012, S. 36 ff.

[1068] Ackermann in Bien/Käseberg/Klumpe/Körber/Ost 10. GWB-Novelle Kap. 1 Rn. 326 unter Hinweis auf Zech, Information als Schutzgegenstand, 2012, S. 56; ausführlich zum Datenbegriff auch Weisser, S. 22; aA Louven in FK Lfg. 100, Vorabinformation Rn. 10 (technologieoffener Begriff, Speicherbarkeit im Wege der EDV nicht erforderlich).

[1069] Ackermann in Bien/Käseberg/Klumpe/Körber/Ost 10. GWB-Novelle Kap. 1 Rn. 326.

[1070] Grave in Kersting/Podszun Kap. 2 Rn. 53; Grothe S. 138; Wolf in MüKoWettbR Rn. 61; unklar Louven in FK Lfg. 100, Vorabinformation Rn. 14 (bedingte Relevanz datenschutzrechtlicher Erwägungen).

[1071] Vgl. Louven in FK Lfg. 100, Vorabinformation Rn. 17.

[1072] Bechtold/Bosch Rn. 47; Deister in Schulte/Just Rn. 120; Töllner in Bunte Rn. 123.

men erfolgen.[1073] Als Beispiele für das Strukturmerkmal nennen die Gesetzesmaterialien auch langfristige Lieferverträge, Agenturverträge oder den Umstand, dass ein Unternehmen auf mehreren Märkten tätig ist.[1074] Besondere Vorsprünge im Wettbewerb können sich insbesondere aus dem Zugriff auf umfassende Vertriebssysteme (eigene Niederlassungen, Handelsvertreter, Vertragshändler, Franchisesysteme) ergeben.

Derartige Vorsprünge bei den Zugangsmöglichkeiten, denen Konkurrenten nichts **128** Gleichwertiges entgegenzusetzen haben, sind geeignet, die Marktsituation von Wettbewerbern nachhaltig zu beeinträchtigen **(Marktschließungseffekt)**.[1075] Hier kann bei Lieferengpässen die Versorgungssicherheit von Konkurrenten gefährdet sein. Bei price-squeezing besteht Disziplinierungs- oder gar Verdrängungsgefahr: Die Preise für das Vorprodukt werden angehoben und diejenigen für das Endprodukt stabil gehalten oder sogar vorübergehend gesenkt. Ähnliche, wenn auch in der Regel weniger einschneidende Wirkungen können sich im Hinblick auf Absatzmärkte durch Sortimentsangebote ergeben, durch Reziprozitätsgeschäfte und ganz allgemein durch ressourcenbedingte Wettbewerbsvorteile.[1076] Auch das Eigentum an Versorgungsleitungen kann entscheidende Vorsprünge auf Absatzmärkten begründen.[1077] Das Strukturmerkmal ist in seiner absoluten und relativen Bedeutung zu ermitteln und in seinen Auswirkungen auf den Wettbewerb zu gewichten.

Die Bedeutung dieser Tatbestandsmerkmale für die Anwendung des § 18 Abs. 1 Nr. 3 **129** ist groß. In einer Vielzahl von Entscheidungen wurde eine überragende Marktstellung auch begründet mit **Vorteilen, die sich für ein Unternehmen aus einem Konzernverbund ergeben.**[1078] Eine zweite Fallgruppe betrifft **Vertriebsverträge.**[1079] Ein besonderer Zu-

---

[1073] Bechtold/Bosch Rn. 47.
[1074] Begr. 1971 S. 23.
[1075] Töllner in Bunte Rn. 123.
[1076] Monopolkommission Hauptgutachten I Tz. 920; Pfeiffer in Jubiläumsschrift FIW, S. 61, 75 ff.
[1077] BKartA 14.10.1999 – B 8–40200-U-141/99, WuW/E DE-V 195 (199) – Westfälische Ferngas.
[1078] BGH 12.12.1978 – KVR 6/77, WuW/E BGH 1533 (1536) – Erdgas Schwaben: Verflechtung mit anderen bedeutenden Unternehmen der Energieversorgung und dadurch bevorzugter Zugang zu den Beschaffungsmärkten; KG 28.8.1979 – Kart 4/79, WuW/E OLG 2182 (2185) – hydraulischer Schreitausbau, insoweit bestätigt durch BGH 2.12.1980 – KVR 1/80, WuW/E BGH 1749 (1752) – Klöckner-Becorit: Erhöhung der Ingenieurkapazität; KG 15.3.1978 – Kart. 1/77, WuW/E OLG 1989 (1991) – Zementmahlanlage: Beteiligungen an Unternehmen, die als Abnehmer auftreten; KG 26.1.1977 – Kart 27/76, WuW/E OLG 1767 (1769) – Kombinationstarif: günstiger Zugang zu Beschaffungsmärkten – moderne Druckmaschinen, eigene Nachrichtendienste – und zu Absatzmärkten durch Beteiligung an Vertriebsvereinigungen, Vorteile aus Konzernzugehörigkeit wie Benutzung von Gemeinschaftseinrichtungen u. dgl.; BKartA 24.5.1978 – B 6–251119–U–108/77, WuW/E BKartA 1753 (1758) und BGH 12.2.1980 – KVR 4/79, WuW/E BGH 1763 – bituminöses Mischgut: Verflechtungen zu den Lieferanten von Vorprodukten wie zu den bedeutendsten deutschen Straßenbauunternehmen als Abnehmern; BKartA 6.7.1978 – B 6–745100–U–88/76, WuW/E BKartA 1733 (1736) – Kaufzeitungen: Nachrichtenbeschaffungssysteme, Ausschließlichkeitsverträge uä; BKartA 30.6.1978 – B 8–823000–U–78/77, WuW/E BKartA 1727 (1729, 1930) – RWE-Energieversorgung Leverkusen: weitaus der günstigste Zugang zum Beschaffungsmarkt der Braunkohlen; BKartA 17.12.1976 – B 7–321100–U–36/76, WuW/E BKartA 1657 (1663) – Rheinstahl-Hüller: weltweites Netz von Auslandsvertretungen, Vertriebs- und Beteiligungsgesellschaften im Thyssen-Verbund; BGH 25.6.1985 – KVR 3/84, WuW/E BGH 2150 (2156) – Edelstahlbestecke: eigenes dichtes Filialnetz; KG 8.12.1982 – Kart 42/81, WuW/E OLG 2849 (2859) – Lufthansa – f. i. r. s. t. Reisebüro: Verstärkung der marktbeherrschenden Stellung von Lufthansa auf dem Markt für Pauschal-Touristikflüge durch Vorwärtsintegration in das Reisebürogeschäft; BKartA 25.8.1989 – B 1–510000–U–28/89, WuW/E BKartA 2414 – WMF-Hutschenreuther: Synergieeffekte aus einem etablierten Vertriebsnetz; BKartA 17.4.1989 – B 7–350000-U137/88, WuW/E BKartA 2335 (2346, 2354) – Daimler-MBB: marktschließende Effekte durch Auftragsvergabe innerhalb des Konzernverbundes; BGH 24.10.1995 – KVR 17/94, WuW/E BGH 3026 (3033) – Backofenmarkt: Der Zusammenschluss ermöglicht es dem übernehmenden Großunternehmen, die vom kleineren Unternehmen bisher schon eingesetzte Technik zu übernehmen und so einen technischen Rückstand aufzuholen; BKartA 3.6.1997 – B 3–24664-U-132/96, WuW/E BKartA 2905 (2907) – Merck/KMF: Verstärkung einer marktbeherrschenden Stellung eines Herstellers, der bereits über Tochtergesellschaften auf der Handelsstufe verfügt, wenn er weitere große Händler hinzuwirbt, da dies die Absatzmöglichkeiten der Wettbewerber auf der Herstellerebene stark beeinträchtigt; BKartA 17.1.2002 – B 8–109/01, WuW/E DE-V 511 (516) – E.ON/Ruhrgas: Die marktbeherrschende Stellung wird durch die vertikale Integration auf der Absatzseite verstärkt, da bisherige Liefermengen abgesichert werden und sich die Chance eröffnet, künftig einen höheren Anteil zu erlangen.
[1079] BKartA 21.3.1979 – B 7–33 30 00-RTV-84/76, WuW/E BKartA 1781 (1782) – Identteile: bevorzugter Zugang von VW zum größten Teil des Absatzmarktes durch Vertragshändlersystem; BKartA 21.9.1978

gang zu den Absatzmärkten kann sich des Weiteren aus einer schlichten unternehmens-politischen Konzentration auf einen besonders leistungsfähigen Vertrieb ergeben.[1080] In Betracht kommt weiter ein hoher Vertrauensvorsprung, den ein Hersteller im Absatz erworben hat.[1081] Auch zahlreiche Produktionsstandorte, welche eine großräumige Beliefe-rung ermöglichen, oder eine gesicherte Rohstoffbeschaffung sind hier zu nennen.[1082] Ebenso wirkt sich eine umfangreiche Produktpalette, über die ein Unternehmen verfügt, ein gut ausgebauter Außendienst sowie guter Service aus.[1083] Eine Verbesserung des Zu-gangs zu den Absatzmärkten durch **Sortimentsverbesserung** war in einer Reihe von Fällen erheblich.[1084] Schließlich kann sich ein überragender Zugang zu Beschaffungsmärk-ten auch aus dem Erhalt von Sonderkonditionen ergeben, die kein anderer Wettbewerber erreichen kann.[1085]

**130**     **ee) Verflechtung mit anderen Unternehmen (Nr. 5).** Das Kriterium der Verflech-tung aus Nr. 4 kann sich mit Nr. 3 teilweise überschneiden, wenn eine vertikale Ver-flechtung mit vor- oder nachgelagerten Wirtschaftsstufen in Frage steht. Verflechtungen reichen aber über Nr. 4 noch hinaus, da sich bei bestimmten horizontalen Verflechtungen auch ein erhöhter Marktanteil ergibt und bei diagonalen häufig ein Zuwachs an Finanzie-rungsmöglichkeiten eintritt, so dass die Kategorie der Finanzkraft impliziert wird.[1086] Ins-gesamt kommt dem Merkmal daher nur eine geringe eigene Bedeutung zu, da die maß-geblichen Vorteile eines Unternehmens bei einer Verflechtung bereits von anderen Va-rianten des Abs. 3 erfasst sind.[1087] Verbundene Unternehmen iSv § 17 und 18 AktG gelten bezüglich der Marktanteile und der Ressourcen kartellrechtlich ohnehin als Einheit.[1088] Für das Merkmal der Verflechtungen kommen darüber hinaus auch Beteiligungen ohne

---

– B 6–253600–U–184/77, WuW/E BKartA 1771 (1775 ff.) – Transportbetonvertrieb: wirtschaftliche Beein-trächtigung der Agenturhersteller beim Direktvertrieb an Abnehmer; BKartA 27.9.1978 – B 8–822000-U-92/78, WuW/E BKartA 1719 (1721) – BP-Gelsenberg: überragender Zugang der Ruhrgas zu den in- und ausländischen Beschaffungsmärkten wie zu den Absatzmärkten auf der Handelsstufe; BKartA 23.10.1989 – B 9–712036-U2050/88, WuW/E BKartA 2437 (2439) – Kaufhof-Saturn: Präsenz in mehreren Vertriebsschie-nen; BKartA 30.11.1989 – B 2–685300-U75/89, WuW/E BKartA 2428 (2433) – Nordfleisch-CGHannover: verbesserter Marktzugang eines Nachfragers durch Andienungspflichten von Lieferanten; BKartA 23.8.1993 – B 3–4110–U–52/92, WuW/E 2591 (2603) – Fresenius/Schiwa und KG 18.10.1995 – Kart 18/93, WuW/E OLG 5549 (5560) – Fresenius/Schiwa: überlegener Zugang zum Beschaffungsmarkt durch einen Ausschließ-lichkeitsvertrag, da nur zwei Anbieter vorhanden sind.

[1080] BKartA 22.10.1979 – B 4–689100-TV–39/78, WuW/E BKartA 1817 (1819) – Fertigfutter: Absatz über den Lebensmittelhandel; BKartA 18.11.1974 – B 8–464000-U–259/74, WuW/E BKartA 1561 (1566) – o. b.: optimale Erschließung der Absatzwege.

[1081] BGH 21.2.1978 – KVR 4/77, WuW/E BGH 1501 (1504) – Kfz-Kupplungen; BKartA 18.11.1974 – B 8–464000-U–259/74, WuW/E BKartA 1561 (1566) – o. b.: hohe Geltung der Marke; siehe auch noch KG 19.3.1975 – Kart 26/74, WuW/E OLG 1599 (1604) – Vitamin-B-12: Vertrauensvorsprung bei den verschreibenden Ärzten; BKartA 3.6.1997 – B 3 – 24664-U–132/96, WuW/E BKartA 2905 (2907) – Merck/KMF: höchster Qualitätsstandard eines Laborchemikalienherstellers aus Sicht der Abnehmer mit dem umfassendsten Sortiment; KG 16.4.1997 – Kart 2/96, WuW/E OLG 5879 (5883) – WMF/Auerhahn: Fachgeschäfte können angesichts der großen Bekanntheit der Marke nicht darauf verzichten, deren Produkte zu führen.

[1082] BGH 7.3.1989 – KVR 3/88, WuW/E BGH 2575 (2581) – Kampffmeyer-Plange.

[1083] KG 18.10.1995 – Kart 18/93, WuW/E OLG 5549 (5560) – Fresenius/Schiwa.

[1084] ZB in: KG 7.11.1985 – Kart. 6/85, WuW/E OLG 3759 (3762) – Pillsbury-Sonnen-Bassermann; BKartA 13.12.1985 – B 3–412950–U–54/85, WuW/E BKartA 2213 (2220) – Linde-Agefko I; BKartA 10.10.1984 – B7–324600-U–106/83, WuW/E BKartA 2178 (2181) – Klöckner-Seitz; BKartA 2.8.1988 – B 3–412900–U–35/88, WuW/E BKartA 2319 (2331) – Messer-Griesheim-Buse.

[1085] BKartA 20.6.1994 – B 9–796000–U2013/94, WuW/E BKartA 2659 (2664) – ATG-Menke-Silock & Colling. Zusätzlich ist die DB AG mit 25% an dem die Traktionsleistungen einkaufenden Schienenspedi-teur beteiligt.

[1086] Begr. 1971 S. 23.

[1087] Ähnlich zur Vorgängernorm Leo in GK-KartellR § 19 Rn. 993.

[1088] KG 26.1.1977 – Kart 27/76, WuW/E OLG 1767 (1769) – Kombinationstarif; BGH 19.12.1995 – KVR 6/95, WuW/E BGH 3037 (3040 f.) – Raiffeisen; Töllner in Bunte Rn. 129; Kleinmann/Bechtold § 22 Rn. 185; Bechtold/Bosch Rn. 48.

Beherrschungsmöglichkeiten in Betracht.[1089] Als Verflechtungen im Sinne dieser Vorschrift sind nicht nur die gesellschaftsrechtliche Beherrschung und der Konzernverbund, sondern auch jede andere wirtschaftliche, rechtliche oder personelle Beziehung zwischen Unternehmen anzusehen, ohne dass es darauf ankommt, ob das eine Unternehmen das andere beherrschen kann.[1090] So kann etwa die Personenidentität in relevanten Gremien ausreichen, um eine besonders starke Verflechtung nach Nr. 4 zu begründen.[1091] Gerade bei Kapitalgesellschaften kommen dabei die Aufsichts- und Geschäftsführungsorgane in Betracht.[1092]

**ff) Rechtliche oder tatsächliche Marktzutrittsschranken (Nr. 6).** Das weitere Kri-  **131** terium der **rechtlichen oder tatsächlichen Schranken für den Marktzutritt anderer Unternehmen** ist kein Fremdkörper in der Aufzählung des § 18 Abs. 3, wie in der Literatur vereinzelt unter Hinweis darauf vertreten wurde, dass dieses Merkmal immer nur die Marktstärke gegenüber der Marktgegenseite beeinflusse.[1093] Gegen die mangelnde Relevanz für das Wettbewerbsverhältnis zu Mitkonkurrenten spricht jedoch, dass die Höhe der Marktzutrittsschranken unmittelbaren Einfluss auf die Möglichkeiten zur Praktizierung von Verdrängungsstrategien haben, da sich entsprechende Maßnahmen bei niedrigen Marktzutrittsschranken nicht lohnen.[1094] Sie sind auch mittelbar über ein Abnehmerverhalten relevant, wenn bei hohen Preisen oder schlechter Qualität eine Wechselbereitschaft auf Newcomer besteht. Hiermit übereinstimmend und zutreffend sah schon die Begründung zum Regierungsentwurf Identität zu den Strukturmerkmalen der Finanzkraft, des Zugangs zu den Absatz- und Beschaffungsmärkten und der Verflechtungen in § 22 Abs. 1 Nr. 2 aF (= § 18 Abs. 3), die sich auch als Marktzutrittsschranken auffassen ließen.[1095] Die Materialien fassen dieses Merkmal freilich insoweit noch weiter, als sie optimale Betriebsgrößen, rechtliche Barrieren, Patente, technisches Wissen, Formen der Lizenzvergabe, Produktdifferenzierungen, Forschungskapazitäten uä ebenfalls einbeziehen.[1096] Solches Verständnis bezieht als Zugangsschranken auch Erscheinungsformen von Leistungsfähigkeit und von unternehmerischem Erfolg ein. Dies macht es bei der zugeordneten Missbrauchskonkretisierung besonders dringlich, darauf Bedacht zu nehmen, dass nicht im Namen des Wettbewerbs wettbewerbskonforme Verhaltensweisen unterbunden werden.

Marktzutrittsschranken entscheiden auch über die Frage, inwieweit sog. **potentieller**  **132** **Wettbewerb** als ein bereits aktuell relevanter Wirkungsfaktor mit in die Betrachtung einzubeziehen ist. In der Regierungsbegründung ist dieser Gesichtspunkt im Zusammenhang mit der fehlenden Aussagekraft eines hohen Marktanteils angesprochen, wenn ein Zulieferer damit rechnen müsse, dass seine Aufgabe einem anderen zugewiesen werde, sowie im Zusammenhang mit bestehenden Importmöglichkeiten. Hier heißt es, es müsse eine hohe Wahrscheinlichkeit bestehen, dass die potentiellen Wettbewerber zu aktuellen Wettbewerbern würden. Nur dann sei die potentielle Konkurrenz geeignet, das Marktgeschehen innerhalb des Geltungsbereichs des GWB zu beeinflussen.[1097] Nur die Existenz

---

[1089] ZB BKartA 15.12.1978 – B 7–323800–U–20/78, WuW/E BKartA 1831 (1832) – hydraulischer Schreitausbau; Kleinmann/Bechtold § 22 Rn. 185; Paschke in FK-KartellR § 18 Rn. 288, 290, 295.

[1090] BGH 19.12.1995 – KVR 6/95, WuW/E BGH 3037 (3040) – Raiffeisen; wohl hM, s. nur Bechtold/Bosch Rn. 48 mwN.

[1091] Deister in Schulte/Just Rn. 123; Leo in GK-KartellR § 19 Rn. 994, 998.

[1092] Paschke in FK-KartellR Rn. 291.

[1093] Langen, 6. Aufl. 1982, § 22 Rn. 19.

[1094] Im Einzelnen Möschel Ordo 1979, 295 (299 ff.).

[1095] Begr. 1971 S. 23.

[1096] Begr. 1971 S. 23; Bericht 1973 S. 6; umfassend Schultze S. 88 ff.; Jickeli S. 154 ff.; siehe auch BKartA, Leitfaden zur Marktbeherrschung in der Fusionskontrolle (Stand: 2012) Rn. 49 ff.

[1097] Begr. 1971 S. 22; in dieser Richtung auch BGH 3.7.1976 – KVR 4/75, WuW/E BGH 1435 (1441) – Vitamin-B-12; BGH 7.3.1989 – KVR 3/88, WuW/E BGH 2575, 2578 – Kampffmeyer-Plange; KG 1.12.1976 – Kart. 51/76, WuW/E OLG 1745 (1752) – Kfz-Kupplungen; KG 16.1.1980 – Kart 14/79, WuW/E OLG 2234 (2239) – Blei- und Silberhütte Braubach; KG 1.3.1989, WuW/E OLG 4379 (4384) –

eines potentiellen Wettbewerbers, dem der schnelle Marktzutritt möglich sei, verhindere die Ausnutzung von Marktmacht.[1098] Auch wenn der Marktzutritt verhältnismäßig leicht sei, begrenze die Existenz kapitalkräftiger Unternehmen den Verhaltensspielraum der aktuellen Konkurrenten nicht, wenn diese nicht mit einem Marktzutritt der potentiellen Wettbewerber rechnen müssten.[1099]

**133**  Die Frage ist differenziert zu beantworten.[1100] Im Falle sog. **Behinderungsmissbräuche** (zB einer Lieferverweigerung) wird potentiellem Wettbewerb die geringste Bedeutung zukommen, da er auf Grund seiner häufig nur mittel- und langfristigen Wirkungskraft die Schutzbedürftigkeit des Betroffenen im Sinne des Missbrauchstatbestandes nicht entfallen lässt.[1101] Doch gilt dies nicht in jenen Grenzfällen, in denen die Qualifizierung als missbräuchlich besondere Schwierigkeiten macht, zB bei aggressivem Preiswettbewerb.[1102] Sein Stellenwert ist höher im Zusammenhang einer **Preiskontrolle** nach § 19 Abs. 2 Nr. 2, da kartellamtliche Verfügungen hier die Entfaltungskräfte des Wettbewerbs behindern können und auf Grund dieses Zielkonfliktes vorhandener Restwettbewerb und potentieller Wettbewerb als Korrekturfaktoren stärker zu gewichten sind.[1103] In noch höherem Maße trifft dies für die Entstehung oder Verstärkung einer marktbeherrschenden Stellung im Rahmen der **Zusammenschlusskontrolle** zu. Bei der Strukturprognose, die § 36 Abs. 1 erforderlich macht, ist der ebenso in die Zukunft gerichtete Gesichtspunkt des potentiellen Wettbewerbs genuin mit zu berücksichtigen.[1104] Beurteilungselemente können marktbezogen sein (Gewinnanreize, Marktphase, geringe Zugangsschranken, beobachtbare Vorstöße), produktbezogen (Produktkomplementarität, sich überlappende Absatzsysteme, identische Klientel, Ähnlichkeit in der Werbung, Synergieeffekte) und unternehmensbezogen. Hierher gehören vorhandenes Kapital und Know-how, Einpassung in Unternehmensstrategie wie zB ein Diversifikationsinteresse, brachliegende Kapazitäten, Ähnlichkeiten in den Produktionsmethoden.[1105]

**134**  **Marktzutrittsschranken** als Bewertungsfaktor spielen bei Behinderungsfällen in der Anwendungspraxis eine geringe Rolle.[1106] Ein Beispiel ist BGH 26.6.1979 – KZR 7/78, WuW/E BGH 1620 (1621) – Revell Plastics, als niedrige Zugangsschranken auf dem Markt für Plastikmodellbausätze ein entscheidender Gesichtspunkt waren, um trotz eines Marktanteils von 35–40 % des führenden Unternehmens das Vorliegen einer überragenden Marktstellung zu verneinen; eine Lieferverweigerung blieb möglich. In Ausbeutungsfällen gilt Ähnliches. Sie betreffen überwiegend Sachverhalte, die schon unter § 18 Abs. 1 Nr. 1 und Nr. 2 fallen wie Pharmapatente, Fernwärmemonopole, Autobahntankstellen, lokale Zeitungsmonopole und abgeleitete Nachfragemonopole der öffentlichen Hand. Bedeutsam ist die Kategorie der Zutrittsschranken dagegen innerhalb der Fusionskontrolle. Es kann sich

---

Schleswig-Holsteinischer Anzeigenverlag; KG 23.5.1991 – Kart. 13/89, WuW/E OLG 4771 (4779 f.) – Folien und Beutel; KG 26.6.1991 – Kart 23/89, WuW/E OLG 4811 (4821) – Radio NRW; BGH 7.7.1992 – KVR 14/91, WuW/E BGH 2783 (2792) – Warenzeichenerwerb; BKartA 12.12.1995 – B 3–24301–U50/95, WuW/E BKartA 2820 (2826) – Straßenmarkierungsmaterial; BKartA 6.8.1999 – B 7–32100-U-82/99, WuW/E DE-V 157 – Druckzensor: Markteintritt im folgenden Jahr erwartet; abl. Kleinmann/Bechtold § 22 Rn. 139.

[1098] KG 26.6.1991 – Kart 23/89, WuW/E OLG 4811 (4821) – Radio NRW; BKartA 12.12.1995 – B 3–24301–U50/95, WuW/E BKartA 2820 (2826) – Straßenmarkierungsmaterial.

[1099] KG 23.5.1991 – Kart. 13/89, WuW/E OLG 4771 (4779 f.) – Folien und Beutel.

[1100] Übereinstimmend v. Gamm FS Pfeiffer, 1988, 643 (647).

[1101] Vgl. zB BGH 3.3.1969 – KVR 6/68, WuW/E BGH 1027 (1029) – Sportartikelmesse II; Töllner in Bunte Rn. 145.

[1102] Zutreffend Jickeli S. 239 ff.

[1103] Vgl. → Rn. 12; siehe auch die Entwicklung der Arzneimittelverfahren BGH 3.7.1976 – KVR 4/75, WuW/E BGH 1435 – Vitamin-B-12 und BGH 12.2.1980 – KVR 3/79, WuW/E BGH 1678 – Valium II.

[1104] Vgl. Möschel, Pressekonzentration und Wettbewerbsgesetz, S. 174; Kleinmann/Bechtold § 22 Rn. 138 ff.

[1105] Vgl. im Einzelnen → § 36 Rn. 139 ff., 239 ff.; zum Erfahrungshintergrund der amerikanischen Praxis Möschel RabelsZ 44, 203 (220 ff.); Möschel RabelsZ 48, 552 (564 ff.); Brodley, Potential Competition Mergers – A Structural Synthesis, Yale L. J. 87, 3 ff.

[1106] Eingehende Analyse bei Jickeli S. 239 ff.

um **gesetzliche Marktzulassungsbeschränkungen** handeln.[1107] Faktisch auf das Inland beschränkte Auftragsvergabe durch die öffentliche Hand wirkt zulasten ausländischen Angebots in gleicher Weise.[1108] Auch eine technisch begrenzte Aufnahmekapazität wirkt als Zutrittsschranke.[1109] Dies zeigt sich deutlich bei der Vergabe einer wettbewerbsfähigen Anzahl von Slots an Neubewerber am Frankfurter Flughafen: Sämtliche Slots sind in Form von „grandfather rights" an die bisherigen Rechtsinhaber gebunden, Kapazitätsgrenzen stehen einer Schaffung neuer Slots entgegen.[1110] Marktzutrittsschranken können sich auch aus einem Bedarf an vielseitig qualifiziertem Personal ergeben.[1111] Im Zeitungsbereich bestehen beträchtliche natürliche Marktzutrittsschranken wie die Leser-Blatt-Bindung, die Auflagen-Anzeigen-Spirale.[1112]**Betriebsgrößenvorteile** etablierter Unternehmen spielen eine Rolle.[1113] Für den Absatzbereich kann Ähnliches zutreffen.[1114] Die Übergänge sind fließend zur Fallgruppe **strategischer Marktzutrittsschranken**. Sie werden von den etablierten Unternehmen gezielt errichtet.[1115] Unübersehbar sind Facetten von Marktzutrittsschranken, welche sich aus einem möglichen **Abwehrpotential eines Marktführers** ergeben: Ressourcenstärke eines marktbeherrschenden Unternehmens, wenn sie für Dritte die Bemühungen um die Aufnahme von Wettbewerb als wenig aussichtsreich erscheinen lässt, weil sie nicht annähernd vergleichbare Ressourcen einsetzen können;[1116] marktstrategisches und ressourcengestütztes Abwehrpotential,[1117] marktspezifische Ressourcen,[1118] Finanzkraft

---

[1107] BKartA 24.5.1978 – B 6–251119–U–108/77, WuW/E BKartA 1753 (1758) – bituminöses Mischgut: Genehmigungsvorbehalte aus Gründen des Umweltschutzes; ähnlich BKartA 8.12.1986 – B 3–429630–U58/86, WuW/E BKartA 2247 (2250) – Hüls-Condea; BKartA 23.5.1989 – B 5–1794100–U–256/88, WuW/E BKartA 2391 (2394) – DLT/Südavia: begrenzte Anzahl von Slots im Flugverkehr; BKartA 27.2.1997 – B 3–24130–U–103/96, WuW/E BKartA 2885 (2886) – PCS/Kali + Salz: Anti-Dumping-Zölle, die die EG-Kommission auf russisches und weißrussisches Kali verhängt hat; BKartA 3.6.1997 – B 3 – 24664–U–132/96, WuW/E BKartA 2905 (2909) – Merck/KMF: gestiegene Anforderungen an den Umweltschutz und deshalb hohe Aufwendungen für Laborchemikalienlager, die mittelständische Anbieter von Laborchemikalien nur schwer noch erfüllen können; KG 18.10.1995 – Kart 18/93, WuW/E OLG 5549 (5561) – Fresenius/Schiwa: langwierige Einzelzulassungsverfahren bei Arzneimitteln; OLG Düsseldorf 4.5.2005 – VI-Kart 19/04 (V), WuW/E DE-R 1495 (1500) – ÖPNV Saarland: Besitzstandsklausel des § 13 Abs. 3 PBefG, die sicherstellt, dass bei einer Liniengenehmigung das jahrelang tätige Unternehmen entsprechend berücksichtigt wird.
[1108] BKartA 17.4.1989 – B 7–350000–U137/88, WuW/E BKartA 2335 (2348) – Daimler-MBB für militärische Großprojekte.
[1109] BKartA 24.2.1982 – B 6–691100–U–49/80, WuW/E BKartA 1943 (1949) – Morris-Rothmans.
[1110] BKartA 19.2.1997 – B 9–62100–T-99/95, WuW/E BKartA 2875 (2879) – Flugpreis Berlin/Frankfurt/M.
[1111] BKartA 27.9.2000 – B 6–88/00, WuW/E DE-V 370 (371 f.) – outdoor specials.
[1112] BKartA 17.1.1994 – B6-745100–U-153/92, WuW/E BKartA 2641 (2644) – Sarstedter-Kurier/Kreisanzeiger.
[1113] BKartA 9.3.1978 – B 6–745100–U–75/77, WuW/E BKartA 1709 (1711, 1712) – Bertelsmann-Deutscher Verkehrsverlag: langjährige Erfahrungen und Spezialwissen, hohes Niveau des Informationsverarbeitungsapparates, zT exklusiver Zugang zu Informationen, enge Bindung des Leser an eine Zeitschrift; BGH 21.2.1978 – KVR 4/77, WuW/E BGH 1501 (1504) – Kfz-Kupplungen: Vorsprünge bei Forschung und Entwicklung; siehe auch BKartA 10.10.1984 – B7–324600–U–106/83, WuW/E BKartA 2178 (2181) – Klöckner-Seitz: Vorsprung im technischen Know-how für Außenseiter fast nicht einholbar; BKartA 15.4.1993 – B 5–333330–U117/92, WuW/E BKartA 2521 (2530) – Zahnradfabrik Friedrichshafen/Allison: hohe Entwicklungskosten und die notwendige hohe technologische Kompetenz als Marktzutrittsschranken.
[1114] ZB BKartA 2.8.1988 – B 3–412900–U–35/88, WuW/E BKartA 2319 (2328) – Messer Griesheim-Buse; s. auch BKartA 23.10.1989 – B 9–712036-U2050/88, WuW/E BKartA 2437 (2440) – Kaufhof-Saturn: für den Kölner UE-Markt, nicht zwingend begründet.
[1115] BKartA 13.12.1985 – B 3–412950–U–54/85, WuW/E BKartA 2213 (2215) – Linde-Agefko I: rechtliche Bindung der Abnehmer durch Ausschließlichkeitsverträge; BKartA 25.8.1989 – B 1–510000–U–28/89, WuW/E BKartA 2414 (2417) – WMF-Hutschenreuther: faktische Bindung an einmal bezogenes Hotelporzellan; BKartA 19.10.1989 – B 2–681400–U62/89, WuW/E BKartA 2421 (2426) – Unilever-Braun: konservative Einstellung der Nachfrager beim Bezug industriell hergestellter Halbfertigprodukte; BGH 25.6.1985 – KVR 3/84, WuW/E BGH 2150 (2156) – Edelstahlbestecke: faktische Bindung von Abnehmern durch jahrelanges Vorhalten von Modellen im Programm.
[1116] BKartA 27.2.1997 – B 3–24130–U–103/96, WuW/E BKartA 2885 (2887) – Kali+Salz/PCS.
[1117] BGH 21.2.1978 – KVR 4/77, WuW/E BGH 1501 (1510) – Kfz-Kupplungen; vgl. → Rn. 63.
[1118] BGH 27.5.1986 – KVR 7/84, WuW/E BGH 2276 (2283) – Süddeutscher Verlag-Donau-Kurier: Korrespondentennetz als Unterstützung für journalistische Tätigkeit; KG 4.12.1987 – 32/87, WuW/E OLG

allein auf einem von Werbe- und Markenwettbewerb gekennzeichneten Markt,[1119] Verflechtungen mit Abnehmern.[1120] Als Schranken des Marktzutritts wirken sich auch in Jahrzehnten entwickelte Kundenbeziehungen und eine durch gezielte Beratungsaktivitäten beim Abnehmer erreichte starke Präferenz aus.[1121] Extrem niedrige Marktzutrittsschranken hindern nicht abschließend die Annahme einer überragenden Marktstellung.[1122]

**135** **gg) Tatsächlicher oder potentieller Wettbewerb (Nr. 7).** Neu eingefügt wurde durch die 6. GWB-Novelle das Merkmal „der tatsächliche und potentielle Wettbewerb durch innerhalb oder außerhalb des Geltungsbereichs dieses Gesetzes ansässige Unternehmen", das nunmehr bei der Gesamtbetrachtung im Rahmen des § 18 Abs. 3 GWB zu berücksichtigen ist. In der Begründung zum Regierungsentwurf von 1998 (S. 36) wird zum einen Bezug genommen auf den „Backofenmarkt"-Beschluss des BGH v. 24.10.1995 (–KVR 17/94, WuW/E BGH 3026 ff. (3029 ff.)). Es wird ausgeführt, dass dieser Beschluss die möglicherweise missverständliche Aussage enthalte, der räumliche Markt iSd Fusionskontrolle nach dem GWB sei allenfalls so groß wie das Bundesgebiet. Diese Einfügung dient somit, wie auch der durch die 7. GWB-Novelle eingefügte § 19 Abs. 2 S. 3 aF (§ 18 Abs. 2), der Klarstellung, dass der Gesetzgeber die räumliche Marktabgrenzung nicht auf den Geltungsbereich des GWB begrenzt sehen will, sondern die ökonomischen Realitäten bei der Beurteilung von Sachverhalten berücksichtigt wissen will. Deshalb sind auch ausländische Sachverhalte, die auf die Entstehung oder Verstärkung einer marktbeherrschenden Stellung auf dem Inlandsmarkt Einfluss haben, in die notwendige Gesamtbetrachtung einzubeziehen. Zum anderen knüpft der Gesetzgeber an den gleich lautenden Wortlaut des Art. 2 Abs. 1 lit. a FKVO an. Entgegen dem Eindruck, den die Begründung erweckt und der durch den Verweis auf die EG-Fusionskontrollverordnung besteht, ist das Merkmal sachlich nicht auf Fälle der Zusammenschlusskontrolle begrenzt. Für die Anforderungen, die an potentiellen Wettbewerb zu stellen sind, unter → Rn. 105.

**136** **hh) Fähigkeit zur Umstellung von Angebot oder Nachfrage (Nr. 8).** Nr. 7 geht, genau wie Nr. 8, auf die 5. GWB-Novelle zurück und hat vornehmlich Nachfragemärkte vor Augen (umfassend dazu unter → Rn. 151 ff.). Beide Nummern sind jedoch nicht auf diesen Anwendungsbereich beschränkt, sondern können auch bei der Prüfung von Angebotsmacht eine Rolle spielen.[1123] Die Fähigkeit, angebotene Waren oder Leistungen flexibel umstellen zu können, kann Marktstärke begründen.[1124] In Nachfragekonstellationen wiederum spricht die Fähigkeit des Lieferanten, sein Sortiment auf andere Kunden anzupassen, gegen die Marktstärke eines konkreten Nachfragers.[1125] Wichtig ist für die Beurteilung jedoch, ob die Umstellungsflexibilität eines Unternehmens größer ist als die vergleichbarer Wettbewerber. Stehen derartige Möglichkeiten allen Unternehmen am Markt offen, kann daraus kein Argument für die marktbeherrschende Stellung gezogen werden.[1126]

**137** Der Wortlaut der Norm bezieht sich ausdrücklich nur auf die Umstellung „auf andere Waren und gewerbliche Leistungen". Damit wird zumindest gedanklich an § 18 Abs. 1

---

4075 (4088) – Springer-Kieler Zeitung: Zusammenhängendes Vertriebsgebiet mehrerer Zeitungen hindert Wettbewerb aus angrenzenden Gebieten am Eindringen; s. auch KG 1.3.1989 – Kart. 14/88, WuW/E OLG 4379 (4386) – Schleswig-Holsteinischer Anzeigenverlag.

[1119] KG 1.7.1983 – Kart. 16/82, WuW/E OLG 3051 (3079) – Morris-Rothmans; vgl. auch BKartA 14.4.1989 – B3–581100-U-137/88, WuW/E BKartA 2372 (2376) – Melitta-Kraft: Überragende Markengeltung führe dazu, dass Marktzutritte nur auf Kosten von Niedrigpreisanbietern gehen.

[1120] BGH 12.2.1980 – KVR 4/79, WuW/E BGH 1763 (1769) – bituminöses Mischgut.

[1121] BKartA 27.2.1997 – B 3–24130-U-103/96, WuW/E BKartA 2885 (2887) – Kali + Salz/PCS; vgl. auch OLG Naumburg 9.7.1999 – 10 WKart 1/98, WuW/E DE-R 388 (389) – Lokalfernsehen.

[1122] Vgl. KG 22.3.1983 – Kart 17/81, WuW/E OLG 2862 (2865) – Rewe-Florimex.

[1123] Paschke in FK-KartellR Rn. 309, 311.

[1124] Bechtold/Bosch Rn. 52; Kühnen in LMRKM Rn. 98.

[1125] Bechtold/Bosch Rn. 52; Kühnen in LMRKM Rn. 103.

[1126] Bechtold/Bosch Rn. 52.

angeknüpft, welcher diese Merkmale ebenfalls verwendet, allerdings beschränkt auf den jeweils relevanten sachlichen und räumlichen Markt. Man könnte daher vermuten, dass die Umstellungsflexibilität aus § 18 Abs. 3 Nr. 7 ebenso lediglich „in Bezug auf Waren oder gewerbliche Leistungen anderer Märkte, nicht aber bezüglich desselben Marktes zu berücksichtigen" sei.[1127] Da dem Wortlaut des § 18 Abs. 3 Nr. 7 der in Abs. 1 enthaltene Zusatz fehlt, ist ein derartiges Verständnis aber eher fernliegend. Richtig ist darüber hinaus, dass sich Marktstärke in der Praxis auch daraus ergeben kann, dass ein Nachfrager ein identisches Produkt oder eine identische Dienstleistung von anderen Herstellern erwerben kann. Daher ist Umstellungsflexibilität nicht nur auf andere Märkte beschränkt, sondern kann auch innerhalb desselben Marktes von Bedeutung sein.[1128]

**ii) Ausweichmöglichkeiten der Marktgegenseite (Nr. 9).** Bei der Schaffung des **138** heutigen Abs. 3 Nr. 8 hatte der Gesetzgeber ursprünglich vor Augen, dass sich gerade bei Handelsunternehmen bei wachsender Größe die Auswahlalternativen stark verringern können.[1129] Dahinter steht die Überlegung, dass sich eine marktstarke Stellung dann nicht begründen lässt, je eher die Marktgegenseite auf andere Unternehmen ausweichen kann.[1130] Dabei gilt, dass die Marktgegenseite nicht individualisierend, sondern generalisierend zu verstehen ist.[1131] Es reicht also gerade nicht, wenn einzelne Unternehmen existentiell von einem Nachfrager oder Anbieter abhängig sind. Vielmehr muss eine für den Markt typische Abhängigkeit gegeben sein.[1132] Die notwendige Gesamtbetrachtung ist dabei nicht nur auf den relevanten Markt zu beschränken. Auch Ausweichmöglichkeiten außerhalb des relevanten Marktes müssen Berücksichtigung finden.[1133] Für die Beurteilung der realistischerweise zur Verfügung stehenden Ausweichmöglichkeiten für die Marktgegenseite ist nicht nur die Existenz oder Zahl alternativer Anbieter neben dem dominanten Unternehmen relevant, vielmehr kann auch die **Höhe der Wechselkosten** eine wichtige Bedeutung erlangen und den Spielraum für ein Ausweichverhalten begrenzen (vgl. zur Relevanz auf mehrseitigen Märkten → Rn. 146).[1134]

**jj) Sonstige, in Abs. 3 nicht explizit genannte Kriterien.** Der Wortlaut des Abs. 3 **139** spricht davon, dass eine überragende Marktstellung „insbesondere" vorliegen kann, wenn die genannten Strukturmerkmale erfüllt sind. Damit wird deutlich, dass der § 18 Abs. 3 **keine abschließende Aufzählung** enthält. Berücksichtigung kann daher finden, ob ein Unternehmen einen **technischen Vorsprung** gegenüber Mitbewerbern hat oder eine **besonders bekannte Marke** verwendet.[1135] Vorstellbar ist auch, dass eine Marktbeherrschung begründet wird, weil ein erleichterter **Zugang zu relevanten Forschungsergebnissen** besteht,[1136] auch soweit sich diese nicht in maschinenlesbaren Daten manifestieren und damit schon nach Abs. 3 Nr. 3 erfasst sind. Selbst eine „optimale betriebliche Organisation" kann als Kriterium herangezogen werden.[1137] Eine solche liegt vor, wenn ein Unternehmen auf Grund „kurzer Dienstwege" und schlanker Entscheidungsstrukturen einen weiteren Handlungsspielraum hat als seine Mitbewerber. Gleiches gilt, wenn ein Unternehmen auf Grund dauerhafter Lieferbereitschaft jederzeit den Markt bedienen kann, während Mitbewerber entsprechende Produkte erst herstellen oder ankaufen müss-

---

[1127] So die am Ende zu Recht verworfene Überlegung von Götting in LMR, 2. Aufl. 2009, § 19 Rn. 39; diesen Gedanken nicht aufgenommen hat Kühnen in LMRKM Rn. 102.
[1128] So richtig Bechtold/Bosch Rn. 53; Kühnen in KMRKM Rn. 102.
[1129] BT-Drs. 11/4610, 17.
[1130] Kühnen in LMRKM Rn. 104.
[1131] HM, s. nur Bechtold/Bosch Rn. 54; Kühnen in LMRKM Rn. 104; Paschke in FK-KartellR Rn. 312.
[1132] So Kühnen in LMRKM Rn. 104.
[1133] Bechtold/Bosch Rn. 55.
[1134] Töllner in Bunte Rn. 117; zum Wechsel eines Girokontos BKartA 28.2.2012 – B4–51/11, WuW 2012, 381 Rn. 196 ff. – Haspa/Kreissparkasse Herzogtum Lauenburg.
[1135] Deister in Schulte/Just, 1. Aufl. 2012, § 19 Rn. 59.
[1136] Deister in Schulte/Just, 1. Aufl. 2012, § 19 Rn. 89; Töllner in Bunte Rn. 90.
[1137] Paschke in FK-KartellR Rn. 317.

ten.[1138] Auch die nachfolgend (→ Rn. 140 ff.) erläuterten besonderen **Merkmale** für die
Erfassung von Marktmacht „insbesondere" auf mehrseitigen Märkten und bei Netzwerken
**nach Abs. 3a** sind nicht abschließend und können daher, sofern einschlägig, grundsätzlich
auch auf anderen Märkten berücksichtigt werden. Dies gilt insbesondere für die marktmachtrelativierende Eigenschaft von innovationsgetriebenem Wettbewerbsdruck (Abs. 3a
Nr. 5).[1139] Aus dem Umstand, dass der Gesetzgeber nur den Zugang zu wettbewerbsrelevanten Daten (Abs. 3a Nr. 4) explizit als Nr. 3 auch in den allgemeinen Katalog des
Abs. 3 übernommen, lässt sich ausweislich der Gesetzesbegründung kein Umkehrschluss
ableiten.[1140]

**140**  **4. Besonderheiten bei der Erfassung von Marktmacht auf mehrseitigen Märkten
und bei Netzwerken (Abs. 3a). a) Allgemeines.** Auch die neuen in § 18 Abs. 3a
aufgeführten Marktmachtkriterien verfolgen das Ziel, eine „wirksame Fusionskontrolle und
den Schutz vor Missbrauch von Marktmacht" zu ermöglichen.[1141] Zugleich soll den Anforderungen der digitalisierten Wirtschaft Rechnung getragen und das Innovationspotential
in Technologiemärkten effektiver geschützt werden.[1142] Die beispielhaft genannten zusätzlichen Kriterien für die Marktmachtbeurteilung orientieren sich vorwiegend an den Ergebnissen des ThinkTank Internet. Der Gesetzgeber hat durch die Normierung der Plus-
Faktoren ihre Relevanz für die wettbewerbliche Analyse der digitalen Ökonomie, aber auch
für analoge Sachverhalte anerkannt.[1143] Diskutiert wird über die Auswahl der Kriterien[1144]
ebenso wie über die Systematik des Katalogs in Abs. 3a.[1145] Die grundsätzliche Relevanz ist
aber unbestritten; und die Klarstellung seitens des Gesetzgebers wird allgemein begrüßt,[1146]
auch wenn der ergänzende Katalog des Abs. 3a wegen des nicht abschließenden Charakters
der Marktmachtkriterien in § 18 Abs. 3 nicht unbedingt notwendig gewesen wäre.[1147] Der
Gesetzgeber hat gleichwohl keine Alternative zur Anpassung des GWB an die Herausforderungen durch die Digitalisierung gesehen,[1148] allerdings auch keinen darüber hinausgehenden Änderungsbedarf.[1149] Die in § 18 Abs. 8 GWB normierte Berichtspflicht soll dazu
dienen, diese Einschätzung 3 Jahre nach Inkrafttreten der Novelle zu überprüfen.[1150]

**141**  Bei den einzelnen Kriterien des Abs. 3a handelt es sich vorranging um eine **Aufzählung
wettbewerbsökonomischer Faktoren,**[1151] die zum Teil schon Eingang in die behördliche Fallpraxis gefunden hatten.[1152] Mit der Novelle ist der aktuelle Stand der wettbewerbs-

---

[1138] Vgl. Paschke in FK-KartellR Rn. 317.

[1139] So auch Ackermann in Bien/Käseberg/Klumpe/Körber/Ost 10. GWB-Novelle Kap. 1 Rn. 328 aE.

[1140] BegrRegE, BT-Drs. 19/23492, S. 69; vgl. bereits oben → Rn. 126a.

[1141] BegrRegE, BT-Drs. 18/10207, 1; Paal in BeckOK InfoMedienR Rn. 7; ferner Grave in Kersting/
Podszun Kap. 2 Rn. 7.

[1142] Paal in BeckOK InfoMedienR Rn. 7; Grave in Kersting/Podszun Kap. 2 Rn. 7.

[1143] Töllner in Bunte Rn. 171.

[1144] Monopolkommission Hauptgutachten XXI Rn. 9. Die Aufzählung sei nicht überzeugend, so würden
weitere Kriterien nach Evans/Schmalensee nicht ausdrücklich genannt.

[1145] Vgl. Podszun/Schwalbe NZKart 2017, 98 (100) („willkürlich und unsystematisch"); Pohlmann/Wis-
mann NZKart 2016, 555 (563). In der Reihenfolge der Kriterien ist aber ebenso wie bei Abs. 3 keine
Abstufung nach ihrer Bedeutung zu sehen. Die gesetzlichen Kriterien ordnen sich in die Marktanalyse der
Einzelfälle ein; so zu Abs. 3 Töllner in Bunte Rn. 91.

[1146] Monopolkommission Hauptgutachten XXI Rn. 8; Grave in Kersting/Podszun Kap. 2 Rn. 9; Paal in
BeckOK InfoMedienR Rn. 9.

[1147] So auch Monopolkommission Hauptgutachten XXI Rn. 8; Grave in Kersting/Podszun Kap. 2
Rn. 10; Paal in BeckOK InfoMedienR Rn. 9; Podszun/Schwalbe NZKart 2017, 98 (100).

[1148] BegrRegE, BT-Drs. 18/10207, 2.

[1149] BegrRegE, BT-Drs. 18/10207, 52.

[1150] BegrRegE, BT-Drs. 18/10207, 56. Dabei zeigte sich die Bundesregierung mit der Neuregelung
zufrieden, da die Rechtssicherheit erhöht und die Handhabung erleichtert worden sei, siehe BT-Drs. 19/
26136.

[1151] Die Regierungsbegründung bezieht sich ausdrücklich auf die Ausführungen von Evans/Schmalensee,
s. BegrRegE, BT-Drs. 18/10207, 49.

[1152] BKartA Stellungnahme zum Referentenentwurf zur 9. GWB-Novelle, 25.7.2016, S. 11 (abrufbar
unter www.bundeskartellamt.de, zuletzt abgerufen am 6.8.2023).

ökonomischen Forschung zu Konzentrationstendenzen bei mehrseitigen Märkten und Netzwerken abgebildet, es bleibt aber der juristischen Praxis überlassen, die Bedeutung der Faktoren für die juristische Analyse im Einzelnen auszuloten.[1153] Die jeweiligen Kriterien sind unter Berücksichtigung der zugrundeliegenden wirtschaftswissenschaftlichen Erkenntnisse auszulegen.[1154] Da insoweit großenteils nur vorläufig gesicherte Aussagen möglich sind, bedarf es einstweilen einer gewissen Zurückhaltung und Vorsicht bei der Anwendung der Kriterien.[1155] Mit wachsenden Fallzahlen wird die Bedeutung der einzelnen Kriterien für die Marktanalyse deutlicher hervortreten.[1156]

**141a** Wesentliche Aspekte der ergänzenden, in Abs. 3a aufgeführten Marktmachtkriterien liegen im wettbewerbspolitischen **Spannungsfeld zwischen Kartell- und Datenschutzrecht.**[1157] Diskutiert wird auch, ob das Wettbewerbsrecht im Allgemeinen und die Missbrauchskontrolle im Besonderen überhaupt ein geeignetes Instrument gegenüber Anbietern von software- und internetbasierten Anwendungen und Plattformen ist. Zuweilen wird vorgebracht, die Anwendung des Missbrauchsverbots auf digitale Märkte sei zu langwierig und wenig treffsicher, die Märkte seien aufgrund der hohen Marktdynamik und der so wirkenden Kräfte selbstregulierend.[1158] Der bloße abstrakte Hinweis auf die Volatilität des Marktgeschehens und die **Angreifbarkeit von Marktmacht auf dynamischen, innovationsgetriebenen digitalen Märkten** kann jedoch nicht dazu führen, die Anwendbarkeit der kartellrechtlichen Missbrauchskontrolle zu verneinen. Vielmehr bestehen gerade bei zwei- oder mehrseitigen Märkten im Zusammenhang mit direkten und indirekten Netzwerkeffekten, ggf. im Zusammenwirken mit Größeneffekten, erhebliche Konzentrationstendenzen und damit die **Gefahr eines „Kippens" (tipping) des Marktes in ein Monopol,** das dann aufgrund hoher Marktzutrittsbarrieren längerfristig vor neuer Konkurrenz geschützt ist.[1159] Daher besteht auch in der digitalen Ökonomie die Aufgabe der Wettbewerbskontrolle weiterhin darin, den (Rest-)Wettbewerb zu schützen und Märkte für Neueintritte offen zu halten.[1160] Im Einklang damit hat der Gesetzgeber im Rahmen der 10. GWB-Novelle zu Recht das Behinderungsverbot für Unternehmen mit überlegener Marktmacht durch den neuen § 20 Abs. 3a auf Praktiken erstreckt, die auf für ein Tipping anfälligen Märkten die Gefahr einer solchen Monopolisierung erhöhen.

**142** **b) Verhältnis zu den Beurteilungskriterien des § 18 Abs. 3 GWB.** Bei den in § 18 Abs. 3a eingefügten Kriterien handelt es sich um Plus-Faktoren, die zusammen mit dem Marktanteil (§ 18 Abs. 3 Nr. 1, Abs. 4, Abs. 6) und den weiteren Faktoren in § 18 Abs. 3 bei der Analyse der Wettbewerbsverhältnisse heranzuziehen sind.[1161] Sie sind für mehrseitige Märkte und wohl auch Netzwerke kennzeichnend, können aber ebenso auf traditionellen Märkten berücksichtigt werden.[1162] Letzteres wurde erst im Gesetzgebungsprozess klargestellt („insbesondere"). Ebenfalls vermieden wurde ein mögliches Missverständnis über eine vorrangige Berücksichtigung der neuen Kriterien des Abs. 3a gegenüber den traditionellen Marktmachtfaktoren nach Abs. 3, indem der zunächst vorgesehene Passus „in

---

[1153] Paal in BeckOK InfoMedienR Rn. 9; Podszun/Schwalbe NZKart 2017, 99 (100).

[1154] Esser/Höft NZKart 2017, 259 (263).

[1155] Esser/Höft NZKart 2017, 259 (263). Hinzu kommt, dass laut Kirchhoff FS Tolksdorf, 2014, 527, die Ökonomie stärker als andere Wissenschaften Denkmoden unterliegt, was in einem Spannungsverhältnis zur Rechtssicherheit stehen kann.

[1156] Podszun/Schwalbe NZKart 2017, 99 (100).

[1157] Kamann/Miller NZKart 2016, 405; Körber NZKart 2016, 348.

[1158] Podszun WuW 2014, 249; Podszun in Surblyte, Competition on the Internet, 2015, 101, 107; ähnlich Zimmer WuW 2014, 923. Gerade am Beispiel Google zeige sich zudem die Schwerfälligkeit des Kartellrechts auf digitalen Märkten. Zu dieser Diskussion Jaeger WuW 2015, 702 mwN.

[1159] Siehe auch Esser FS Wiedemann, 2020, 285 (287).

[1160] Jaeger WuW 2015, 702 (715).

[1161] BegrRegE, BT-Drs. 18/10207, 47 f.; so auch Paal in BeckOK InfoMedienR Rn. 8; Podszun/Schwalbe NZKart 2017, 98 (99); Wolf in MüKoWettbR Rn. 49.

[1162] BegrRegE, BT-Drs. 18/10207, 47 f.; ferner Wolf in MüKoWettbR Rn. 44.

besonderer Weise" [1163] durch ein schlichtes „auch" ersetzt wurde.[1164] Daraus ergibt sich unzweideutig, dass die Faktoren beider Absätze gleichgestellt sind.[1165]

142a     Bei **zweiseitigen Märkten** ergibt sich die Besonderheit, dass nicht nur die (jeweilige) Marktposition auf zwei miteinander verknüpften Märkten berücksichtigt werden muss, sondern auch die Wechselwirkungen, die zwischen beiden Märkten bestehen.[1166] Die Kriterien des § 18 Abs. 3, vor allem auch das Merkmal des Marktanteils, sind ebenfalls auf mehrseitige Märkte anzuwenden.[1167] Zwar sind die Marktanteile gerade auf mehrseitigen oder umsatzlosen Märkten schwierig zu berechnen, sie stellen jedoch auch dort einen relevanten Indikator dar, der nicht außer Acht gelassen werden darf,[1168] selbst wenn ihre Aussagekraft durch besondere Umstände und Charakteristika auf digitalen Märkten teilweise relativiert werden muss. Entscheidend für die Beurteilung der Marktstellung eines potentiellen Normadressaten bleibt letztlich auch hier eine **Gesamtbetrachtung aller Umstände.**[1169] Die Feststellung einzelner der Plus-Faktoren nach Abs. 3a erlaubt für sich genommen weder einen positiven noch einen negativen Rückschluss auf eine marktbeherrschende Stellung.[1170] Schon aus dem Wortlaut von Abs. 3 wie Abs. 3a („ist" bzw. „sind zu berücksichtigen") ergibt sich die zwingende Verpflichtung für Behörden und Gerichte, sämtliche dort genannten Kriterien auf ihre Relevanz für den zu entscheidenden Fall zu prüfen.[1171]

143     **c) Einzelne Beurteilungskriterien nach § 18 Abs. 3a GWB. aa) Direkte und indirekte Netzwerkeffekte (Nr. 1).** Indirekte Netzwerkeffekte sind das wesensbestimmende Charakteristikum mehrseitiger Märkte, direkte Netzwerkeffekte das der Netzwerke.[1172] **Direkte Netzwerkeffekte** liegen vor, wenn der Nutzen eines Produkts für einen Nachfrager zunimmt, sobald auch andere Nachfrager dieses Produkt benutzen.[1173] **Indirekte Netzwerkeffekte** entstehen, wenn bei zwei oder mehreren Gruppen von Akteuren der Nutzen für die Mitglieder der einen Gruppe mit der Zahl der Nutzer in der anderen Gruppe steigt, wie zB im Falle einer Immobilienplattform oder einer Partnervermittlung.[1174] Diese Netzwerkeffekte können zu Selbstverstärkungseffekten, einem kaskadenhaften Zuwachs beider Nutzergruppen infolge zunehmender Verstärkung der Netzwerkeffekte, und damit zu einem „Kippen" (tipping) des gesamten Marktes zu Gunsten eines einzelnen Anbieters auf dem betroffenen Markt führen.[1175] Somit besteht die Tendenz, dass

---

[1163] Vgl. § 18 Abs. 3a GWB-RefE (abrufbar unter www.bmwi.de/Redaktion/DE/Downloads/M-O/neunte-gwb-novelle.html, zuletzt abgerufen am 8.8.2023).
[1164] BegrRegE, BT-Drs. 18/10207.
[1165] Töllner in Bunte Rn. 171; Grave in Kersting/Podszun Kap. 2 Rn. 6; Paal in BeckOK InfoMedienR Rn. 8; Pohlmann/Wismann NZKart 2016, 555 (563); Esser/Höft NZKart 2017, 259 (263).
[1166] Töllner in Bunte Rn. 110; zur Frage, wann ein einheitlicher Gesamtmarkt mit verschiedenen Seiten oder gesonderte Märkte für jede Nutzerseite abzugrenzen sind vgl. → Rn. 73 ff.
[1167] Paal in BeckOK InfoMedienR Rn. 8; Pohlmann/Wismann NZKart 2016, 555 (563), vgl. BGH 23.6.2020 – KVR 69/19, GRUR-RS 2020, 20737 Rn. 38 ff. – Facebook II.
[1168] So auch Pohlmann/Wismann NZKart 2016, 555 (563); aA Podszun in Kersting/Podszun Kap. 1 Rn. 38.
[1169] BGH 23.6.2020 – KVR 69/19, GRUR-RS 2020, 20737 Rn. 37 – Facebook II; Wolf in MüKo-WettbR § 18 Rn. 44; Esser/Höft NZKart 2017, 259 (264); Tamke NZKart 2018, 503 (504).
[1170] BegrRegE, BT-Drs. 18/10207, 49.
[1171] Grave in Podszun/Kersting Kap. 2 Rn. 9; Paal in BeckOK InfoMedienR Rn. 9; Podszun Stellungnahme als Sachverständiger, Ausschuss-Drs. 18(9)1092, S. 48; ähnlich BegrRegE, BT-Drs. 18/10207, 39 („gehören damit fortan ausdrücklich zum Prüfungsprogramm"); aA Monopolkommission Hauptgutachten XXI Rn. 8; Pohlmann/Wismann WuW 2017, 257 (259); wohl auch aA Wolf in MüKoWettbR Rn. 44.
[1172] Dazu auch Wolf in MüKoWettbR Rn. 51 f.; näher Reismann S. 24 ff.; Louven S. 35 ff. jeweils mwN.
[1173] BegrRegE, BT-Drs. 18/10207, 49 f.; siehe ferner BGH 23.6.2020 – KVR 69/19, NZKart 2020, 473 Rn. 44 – Facebook II.
[1174] BegrRegE, BT-Drs. 18/10207, 50; siehe ferner BGH 23.6.2020 – KVR 69/19, NZKart 2020, 473 Rn. 42 – Facebook II; Unabhängig von der wettbewerbsökonomischen Diskussion um die Definition der Netzwerkeffekte erscheint diese Definition für die kartellrechtliche Analyse operabel BKartA Arbeitspapier S. 15.
[1175] BegrRegE, BT-Drs. 18/10207, 50. Dabei sind sog. winner-takes-it-all-Tendenzen auszumachen, vgl. Esser FS Wiedemann, 2020, 285 (286).

die Produkte bzw. Dienstleistungen nur von einem großen Unternehmen angeboten werden, da dann die Netzwerkeffekte am größten sind.[1176] Sind diese Effekte stark ausgeprägt, ist häufig in der ersten Marktphase ein intensiver Wettbewerb um den Markt zu beobachten, während anschließend, nachdem der Wettbewerb zugunsten eines Marktteilnehmers entschieden ist, nur noch wenig Wettbewerb auf dem Markt stattfindet.[1177] Gerade auf Märkten der digitalen Ökonomie ist dieses Phänomen besonders augenfällig geworden.[1178] Bei Bestehen indirekter Netzwerkeffekte muss eine Plattform zudem bestrebt sein, möglichst rasch und gleichzeitig eine hohe Zahl von Nutzern auf beiden Marktseiten zu gewinnen, um eine hinreichende Attraktivität für die Nutzer zu erreichen. Der Markteintritt ist daher mit hohen Kosten und Risiken verbunden. Der Plattformbetreiber hat zunächst erhebliche Investitionen für die Errichtung der erforderlichen Infrastruktur, den Aufbau und die Vermarktung der Plattform zu tätigen und trägt damit ein hohes Vorleistungsrisiko, bevor er im Erfolgsfall von Netzwerkeffekten und economies of scale profitieren kann.[1179] Diese wiederum erhöhen noch einmal die ohnehin schon erheblichen Marktzutrittsschranken für spätere potentiell konkurrierende Plattformanbieter.[1180]

Die **Wirkung indirekter Netzwerkeffekte** in der Marktanalyse ist aber durchaus **144** **ambivalent.** Zum einen verstärken sie unter gewissen Umständen die marktbeherrschende Stellung, zum anderen können sie zusammen mit anderen Faktoren auch für ein schnelles Wachstum von neuen Marktteilnehmern sorgen.[1181] Aus diesem Grund zieht das BKartA indirekte Netzwerkeffekte erst dann zur Begründung einer marktbeherrschenden Stellung heran, wenn die fragliche Plattform einen **erheblichen Vorsprung** vor ihren Wettbewerbern hat.[1182] Außerdem ist bei der Marktanalyse zu berücksichtigen, ob indirekte Netzwerkeffekte nur auf einer Marktseite entstehen oder wechselseitig eintreten. Ein „Kippen" des Marktes wird vor allem bei **wechselseitigen indirekten Netzwerkeffekten** zu befürchten sein, also auf den vom BKartA als Matchingplattformen bezeichneten mehrseitigen Märkten.[1183] Treten dagegen hauptsächlich **einseitige indirekte Netzwerkeffekte** auf, wie es typischerweise bei sog. Aufmerksamkeitsplattformen der Fall ist, sind Selbstverstärkungseffekte weniger wahrscheinlich (näher zur Kategorisierung der Plattformen durch das BKartA → Rn. 75).[1184] Zudem ist auf diesen Märkten ein gestufter Marktzutritt möglich, der sich zunächst auf eine Nutzerseite beschränkt. Daher sind die Marktzutrittsschranken für neue Wettbewerber hier niedriger als bei Matching- oder Transaktionsplattformen, bei denen ein Marktzutritt zwingend auf beiden Seiten zugleich erfolgen muss.[1185] Dennoch können auch Märkte mit einseitigen Netzwerkeffekten zu einer starken Konzentration tendieren.[1186] Negative indirekte Netzwerkeffekte können ebenfalls marktmachtverstärkende Wirkung zumindest gegenüber einer Marktseite haben.[1187] Die Existenz (einseitiger, aber auch wechselseitiger) indirekter Netzwerkeffekte darf allerdings **nicht per se** als **Indiz für das Vorhandensein erheblicher Marktmacht** oder gar Marktbeherrschung gewertet

---

[1176] BegrRegE, BT-Drs. 18/10207, 50.
[1177] Esser FS Wiedemann, 2020, 285 (286); Podszun/Schwalbe NZKart 2017, 98 (100); siehe auch Grothe S. 136.
[1178] Podszun/Schwalbe NZKart 2017, 98 (100).
[1179] Vgl. Louven S. 38 f., der insoweit vom „Henne-und-Ei-Paradoxon" spricht.
[1180] Louven S. 39 f.; s auch unten → Rn. 147.
[1181] BKartA Arbeitspapier S. 54.
[1182] BKartA Arbeitspapier S. 56; so verneinte das BKartA eine Tipping Gefahr, weil der Zusammenschlusspartner Verivox keinen „deutlichen Vorsprung in Bezug auf Marktposition und Wettbewerbsfaktoren" im Vergleich zum Hauptwettbewerber check 24 hatte BKartA 24.7.2015 – B8–76/15, Fallbericht S. 4 – Online-Vergleichsplattformen; ebenso BKartA 22.10.2015 – B6–57/15, WuW 2016, 32 Rn. 159 f. – OCPE II/EliteMedianet.
[1183] BKartA Arbeitspapier S. 55.
[1184] BKartA Arbeitspapier S. 24; anders BegrRegE, BT-Drs. 18/10207, 50.
[1185] BKartA Arbeitspapier S. 21.
[1186] BKartA Arbeitspapier S. 56.
[1187] BKartA Arbeitspapier S. 58.

werden.[1188] Erforderlich bleibt vielmehr eine umfassende Gesamtbetrachtung der Markt-verhältnisse. Dabei ist für die Einschätzung der Bedeutung indirekter Netzwerkeffekte **zwischen einer ex post-Betrachtung der bestehenden Marktstellung** des fraglichen Unternehmens im Rahmen der Missbrauchsaufsicht **und einer Prognose künftiger Marktverhältnisse** im Rahmen der Fusionskontrolle zu **differenzieren.** Für die Bewer-tung der vorhandenen Marktmacht ist zu beachten, dass sich wechselseitige positive indi-rekte Netzwerkeffekte in der Regel bereits in den aktuellen Marktanteilen widerspiegeln und als Plusfaktor wohl lediglich die von ihnen ausgehende Verfestigungswirkung sowie ihre Wirkung als Marktzutrittsschranke zu berücksichtigen ist[1189]; zudem könnte bei Darle-gung eines erheblichen Selbstverstärkungseffekts und relativen Abstands zum nächsten Konkurrenten tendenziell auch die Schwelle für die Annahme einer Marktbeherrschung niedriger angesetzt werden.[1190] Hinsichtlich der Beurteilung der künftig zu erwartenden Entwicklung der Marktverhältnisse im Rahmen der Zusammenschlusskontrolle, also für die Prognose, ob mit einer erheblichen Behinderung wirksamen Wettbewerbs zu rechnen ist, kann der Existenz von indirekten Netzwerkeffekten neben den bereits genannten Aspekten noch eine darüber hinausgehende Bedeutung zukommen, indem sie Konzentrationsten-denzen verstärken und – etwa durch die Integration der vorher getrennten Angebote auf einer gemeinsamen Plattform – im Zusammenwirken mit Gewöhnungseffekten[1191] der Nutzer dazu führen, dass die jeweiligen Leistungen der beiden zuvor getrennten Unterneh-men künftig stärker in Anspruch genommen werden.

**144a**     **Relativierende Faktoren,** die gegen Selbstverstärkungseffekte sprechen, sind vor allem das Multihoming der Nutzer[1192] und die Differenzierung der Plattformen auf dem jeweili-gen Markt[1193] sowie die Fluktuation der Nutzer auf beiden Plattformseiten.[1194]

**145**     **bb) Multihoming (Nr. 2).** Der Gesetzeswortlaut **„parallele Nutzung mehrerer Dienste"** ist stark auf Onlineplattformen zugeschnitten,[1195] gilt aber auch für andere mehr-seitige Märkte. Das Merkmal greift zwei Parameter auf, die über die Stärke von Netzwerk-effekten und die generelle Vermachtungsgefahr auf einem Markt entscheiden können.[1196] Die parallele Nutzung von Angeboten (sog. Multihoming) reduziert die Tendenz eines Marktes, sich auf einen Nachfrager zu konzentrieren, da mehrere Plattformen über ein ähnliches Maß an Netzwerkeffekten verfügen können.[1197] Dies geschieht typischerweise, wenn die Plattformen differenzierte Angebote zu einem geringen Preis oder kostenlos anbieten und der zusätzliche Aufwand für die Nutzung eines weiteren Dienstes gering ist.[1198] Die parallele Verwendung mehrerer Dienste durch die Nutzer ermöglicht es auch kleineren Anbietern, sich am Markt zu halten und einen gewissen Wettbewerbsdruck auf den Marktführer ausüben zu können.[1199]

**145a**     Multihoming hat **bei mehrseitigen Märkten** Auswirkungen auf die jeweils anderen Nutzergruppen, da diese nun auch ein zweites Angebot nutzen können.[1200] Dabei ist auch von Bedeutung, ob beide Marktseiten Multihoming betreiben[1201] oder **eine Seite** zu

---

[1188] Walesch S. 406 ff.
[1189] Walesch S. 408 f.
[1190] Vorsichtig in diese Richtung Walesch S. 408.
[1191] Vgl. hierzu Walesch S. 410.
[1192] BKartA Arbeitspapier S. 63 ff.; ausdrücklich auch Wolf in MüKoWettbR Rn. 54.
[1193] BKartA 22.10.2015 – B6–57/15, WuW 2016, 32 Rn. 145 ff. – OCPE II/Elite Medianet.
[1194] BKartA 22.10.2015 – B6–57/15, WuW 2016, 32 Rn. 155 ff. – OCPE II/Elite Medianet.
[1195] Podszun/Schwalbe NZKart 2017, 98 (100).
[1196] Grave in Podszun/Kersting Kap. 2 Rn. 35.
[1197] Evans/Schmalensee CPI 2007 (3) Nr. 1, 151; siehe ferner Esser FS Wiedemann, 2020, 285 (292); Walesch S. 430 ff. Wolf in MüKoWettbR Rn. 57.
[1198] Vgl. Reismann S. 31 f.
[1199] Grave in Podszun/Kersting Kap. 2 Rn. 37.
[1200] Grave in Podszun/Kersting Kap. 2 Rn. 38.
[1201] Dies würde die Monopolisierungstendenzen verringern, BKartA Arbeitspapier S. 71.

einem **Singlehoming** neigt[1202]. In diesem Fall kann es zu einem competitive bottleneck kommen,[1203] das einem Plattformanbieter auch schon bei relativ geringen absoluten Marktanteilen gegenüber der Marktseite mit einem Multihoming besondere Marktmacht verleiht, da er dieser einen exklusiven Zugang zu den bei ihm vertretenen single home-Nutzern verschafft. Dies gilt erst recht, wenn sich der Plattformbetreiber auf der Marktseite mit dem Singlehoming weitgehend durchgesetzt hat.

Zu beachten ist, dass der Begriff des Multihoming nicht abschließend definiert ist.[1204] So **145b** kann Multihoming nur als ein konzentrationsrelativierender Faktor gewertet werden, wenn das **alternative Angebot** von den Nachfragern noch als **hinreichendes Substitut** akzeptiert wird.[1205] Das eröffnet Wertungsspielräume, da nicht eindeutig ist, ab welchem Grad von Produktdifferenzierung ein anderer Dienst nicht mehr als austauschbar anzusehen ist, sodass nicht mehr von Multihoming gesprochen werden kann. Besteht dagegen ein relativ geringer Grad an Produktdifferenzierung und Nutzerheterogenität erhöht dies die Wahrscheinlichkeit eines dauerhaften Multihomings mit der Folge, dass der Mechanismus der Selbstverstärkungseffekte auf dem Markt begrenzt wird und sich auch kleinere Wettbewerber längerfristig halten können.[1206] Ein nur geringer marktmachtrelativierender Effekt besteht hingegen bei einem **sequentiellen Multihoming,** bei dem der Nutzer zumindest teilweise eine Plattform ganz vorrangig nutzt und nur zur Sicherheit oder im Ausnahmefall, etwa bei erfolgloser erster Suche, eine oder mehrere weitere Plattformen einsetzt.[1207] Auch hier ist genau zu prüfen, ob die entsprechenden Alternativen als hinreichendes Substitut und damit noch als Teil desselben Marktes anzusehen sind.[1208]

Der andere Faktor, der sowohl dem Multihoming entgegenstehen kann, aber auch für **146** sich allein eine marktbeherrschende Stellung unterstreichen kann, ist der **Lock-in der Nutzer durch** einen (zu) **hohen Wechselaufwand.**[1209] Die Analyse der sog. „switching costs" findet bereits in § 18 Abs. 3 Nr. 8 Berücksichtigung.[1210] Sind die Wechselkosten hoch und damit der Anbieterwechsel erschwert, ist der Wettbewerbsdruck auf das führende Unternehmen gering.[1211] Dies erweitert den vom Wettbewerb nicht kontrollierten Handlungsspielraum des Unternehmens, das über höhere Preise oder eine korrespondierende Verschlechterung seines Angebots eine höhere Marge erzielen und bis zur Höhe der Wechselkosten seiner Nutzer abschöpfen kann.[1212] Unter Wechselkosten zu verstehen ist der „Aufwand, der für den Nutzer entsteht, wenn er eine andere als die bisherige Plattform oder ein anderes als das bisherige Netzwerk für denselben Zweck nutzen möchte".[1213] Hierbei sind nicht nur die monetären Kosten und die Vorteile langer Nutzerschaft zu berücksichtigen,[1214] sondern auch solche, die daraus entstehen, dass es schwierig sein kann die in einem Netzwerk akkumulierten Assets in einem anderen einzusetzen.[1215] Dies umfasst insbes. Kontakte und andere gespeicherte Daten, aber auch eine aufgebaute positive

---

[1202] Was je nach Marktabgrenzung die Konzentrationsneigung verstärkten könne, BKartA Arbeitspapier S. 72; zu dieser Unterscheidung auch Haucap/Schröder FS Wiedemann, 2020, 335 (339).

[1203] Reismann S. 32 f.; Walesch S. 431; näher hierzu Volmar ZWeR 2017, 386 (391 ff.).

[1204] BKartA Arbeitspapier S. 64.

[1205] BKartA Arbeitspapier S. 69; ferner Haucap/Schröder FS Wiedemann, 2020, 335 (338).

[1206] BKartA Arbeitspapier S. 17, vgl. BegrRegE, BT-Drs. 18/10207, 50; Grave in Podszun/Kersting Kap. 2 Rn. 42.

[1207] BKartA Arbeitspapier S. 70; Wolf in MüKoWettbR Rn. 57 aE leitet daraus einen Indikator für die Marktmacht der primär genutzten Plattform ab.

[1208] BKartA Arbeitspapier S. 70.

[1209] Töllner in Bunte Rn. 117.

[1210] BKartA Leitfaden Marktbeherrschung Rn. 42; Töllner in Bunte Rn. 117.

[1211] Vgl. dazu OLG Düsseldorf 3.4.2019 – VI-Kart 2/18 (V), WuW 2019, 318 (323) – Ticketvertrieb II.

[1212] Grave in Podszun/Kersting Kap. 2 Rn. 40.

[1213] Regierungsentwurf, BT-Drs. 18/10207, 50.

[1214] Siehe Reismann S. 32. Der Leitfaden des Bundeskartellamts nennt mit Blick auf analoge Austauschmärkte bspw. Schulungskosten und Kosten für die Datenmigration bei dem Umstieg auf eine andere Software; Kundenbindungsprogramme und Bonusprogramme, Leitfaden Marktbeherrschung Rn. 45.

[1215] BGH 23.6.2020 – KVR 69/19, GRUR-RS 2020, 20737 Rn. 48 – Facebook II; Podszun/Schwalbe NZKart 2017, 98 (100); Wolf in MüKoWettbR Rn. 55; vgl. ferner Esser FS Wiedemann, 2020, 285 (294).

Reputation.[1216] Der in Art. 20 DSGVO vorgesehene **Anspruch auf Datenportabilität** kann zumindest für personenbezogene[1217] Daten Abhilfe schaffen.[1218] Daneben könnte zukünftig die Verpflichtung von Gatekeepern nach Art. 6 Abs. 1 lit. h DMA-E treten.[1219] Welche Bedeutung § 19a Abs. 2 S. 1 Nr. 5 GWB erlangen wird, ist aktuell noch nicht abzusehen. Dennoch ist auch ein Augenmerk auf die durch die Netzwerkeffekte gebildeten Vorteile (Reichweite) zu legen, da auch Netzwerkeffekte kundenbindend wirken können.[1220]

**147**   **cc) Größenvorteile im Zusammenhang mit Netzwerkeffekten (Nr. 3).** Größenvorteile (economies of scale) sind ein wichtiger Faktor für die Beurteilung von Markteintrittsbarrieren und finden bereits Berücksichtigung in § 18 Abs. 3 Nr. 5.[1221] Die zusätzliche Erwähnung im Zusammenhang mit Netzwerkeffekten in Abs. 3a Nr. 3 soll offenbar die kumulative Wirkung auf den Wettbewerb erfassen, die das Zusammenspiel von Größenvorteilen und Netzwerkeffekten entfalten kann,[1222] und bildet damit letztlich ab, was nach der Anwendungspraxis des BKartAs als Voraussetzung für die Begründung von Marktmacht im Kontext von Netzwerkeffekten gefordert wird.[1223] In der Tat weisen gerade viele internetbasierte Plattformen ausgeprägte Größenvorteile auf, auch wenn es sich hierbei um zwei getrennte Phänomene handelt.[1224] Das Internet hat die Kosten für die Verbreitung einer Plattform drastisch reduziert, sodass internetbasierte Geschäftsmodelle sehr niedrige variable Kosten haben und die fixen Kosten für Entwicklung und Betrieb der Plattform auf eine große Nutzerzahl umlegen können.[1225] Größenvorteile finden ihre Grenzen in den Kapazitätsbeschränkungen des jeweiligen Unternehmens. Zu berücksichtigen sind zudem abnehmende marginale Größenvorteile, woraus resultieren kann, dass das marktführende Unternehmen zumindest aufgrund seiner Größe keinen Vorsprung vor seinem nächstgrößeren Wettbewerber hat.[1226] Dies gilt allerdings nur bei einer ausreichenden Größe des Wettbewerbers.

**148**   **dd) Zugang zu wettbewerbsrelevanten Daten (Nr. 4).** Von besonderer Bedeutung für internetbasierte Geschäftsmodelle ist der Zugang zu Daten.[1227] Im Laufe des Gesetzgebungsverfahrens der 9. GWB-Novelle ist dieses Kriterium zu Recht explizit dahingehend präzisiert worden, dass es im Zusammenhang mit der Marktmachtbestimmung auf die Wettbewerbsrelevanz der Daten ankommt, auch wenn sich das eigentlich schon aus dem Regelungszweck des § 18 Abs. 3a ergeben hätte.[1228] Der Umstand, dass die Marktstellung eines Unternehmens und damit seine Marktmacht auch vom Zugang zu und der Nutz-

---

[1216] Podszun/Schwalbe NZKart 2017, 98 (100). Aufgebaute Reputation kann kaum, regelmäßig sogar gar nicht, übertragen werden, siehe dazu auch Haucap/Schröder FS Wiedemann, 2020, 335 (341).

[1217] Für nicht personenbezogene Daten kommt ab 2022 ein Anspruch nach § 327p Abs. 3 BGB in Betracht, der sich ausdrücklich auf nicht personenbezogene Daten bezieht und Art. 20 DSGVO nachgebildet wurde, siehe dazu RegE, BT-Drs. 19/27653, 74.

[1218] Damit sollte auch der Wettbewerb gestärkt werden, siehe Begr. zum Standpunkt des Rates zur DSGVO, ABl. 2016, C 159, 183, Ziff. 4.7 aE; ferner Grothe S. 140. Schantz NJW 2016, 1841 (1846) nimmt sogar eine „primär wettbewerbspolitisch[e]" Zielrichtung der Vorschrift an. Skeptisch bzgl. der praktischen Wirksamkeit Reismann S. 55 Fn. 321 [Teil 1, C., 2., c), aa)], dabei bleibt insbesondere abzuwarten, welchen Einfluss Art. 20 Abs. 4 DSGVO entfalten wird, näher Grothe S. 141 f.

[1219] Siehe dazu auch ErwGr 54.

[1220] BegrRegE, BT-Drs. 18/10207, 51; so auch BGH 23.6.2020 – KVR 69/19, GRUR-RS 2020, 20737 Rn. 48 – Facebook II.

[1221] Podszun/Schwalbe NZKart 2017, 98 (100).

[1222] Vgl. BegrRegE, BT-Drs. 18/10207, 51; siehe auch Reismann S. 14 [Teil 1, A., II., 2. a)].

[1223] BKartA Arbeitspapier S. 56; BKartA 24.7.2015 – B8–76/15, Fallbericht S. 4 – Vergleichsplattformen; ebenso BKartA 22.10.2015 – B6–57/15, WuW 2016, 32 Rn. 159 f. – OCPE II/Elite Medianet.

[1224] Grave in Podszun/Kersting Kap. 2 Rn. 47; Reismann S. 14 [Teil 1, A., II., 2. a)].

[1225] BKartA Arbeitspapier S. 61; Esser FS Wiedemann, 2020, 285 (291); Kühnen in LMR, 2. Aufl. 2009, Rn. 109.

[1226] Grave in Podszun/Kersting Kap. 2 Rn. 48; Wolf in MüKoWettbR Rn. 58.

[1227] Zum Datenbegriff und zur Kategorisierung von Daten Wolf in MüKoWettbR Rn. 60; ferner ausführlich Weisser S. 22 ff. sowie bereits oben → Rn. 126a.

[1228] So auch Grave in Kerstin/Podszun Kap. 2 Rn. 6.

barkeit von Daten abhängen kann,[1229] konnte zwar auch schon im Rahmen des Abs. 3 Nr. 3 a. F. (Zugang zu Beschaffungsmärkten, jetzt: Abs. 3 Nr. 4) berücksichtigt werden,[1230] doch hebt die gesonderte Erwähnung des Zugangs zu diesem gerade für vermehrte Big Data-Anwendungen notwendigen „Rohstoff" die Bedeutung des Kriteriums im Zusammenhang mit der Anpassung an Digitalisierungstendenzen, auch der klassischen Austauschmärkte, hervor und ließ das Merkmal Eingang in den Abs. 3a finden.[1231] Im Rahmen der 10. GWB-Novelle hat der Gesetzgeber dann durch die explizite Einbeziehung in die beispielhafte Liste der generell zu beachtenden Marktmachtindikatoren gemäß Abs. 3 endgültig klargestellt und noch deutlicher hervorgehoben, dass dieses Kriterium auch in traditionellen Branchen eine wichtige Rolle spielen kann.

Allerdings lässt sich weder aus dem Kriterium des (guten) Zugangs zu Beschaffungs- **148a** märkten (Abs. 3 Nr. 4) noch aus dem zu wettbewerbsrelevanten Daten (Abs. 3a Nr. 4) für sich allein ein Indiz für eine marktbeherrschende Stellung ableiten.[1232] Vielmehr ist im Kontext datenbasierter Märkte davon auszugehen, dass ein einfacher und weitreichender Zugang zu Datenquellen als innovativer Faktor normalerweise sogar wettbewerbsfördernd ist, da hierdurch die angebotenen Dienstleistungen verbessert werden können.[1233] Ebenso wie bei Abs. 3 Nr. 3 und Nr. 4 geht es für die Beurteilung der Marktstellung vor allem um den **Vorsprung bei den Zugangsmöglichkeiten** gegenüber Konkurrenten. Können diese dem führenden Unternehmen nichts Gleichwertiges entgegensetzen, ist ein Marktschließungseffekt zu befürchten (vgl. → Rn. 128). Dabei ist zu berücksichtigen, welche Daten vorliegen und in welchem Umfang sie verfügbar sind.[1234] Entscheidend ist, welche **Bedeutung** die Daten **für die Marktposition des Unternehmens** haben;[1235] nur dann sind sie „wettbewerbsrelevant". Bedeutung für die Wettbewerbsposition des Unternehmens ebenso wie die seiner Konkurrenten können Nutzerdaten in zweifacher Hinsicht gewinnen: Zum einen können sie intern genutzt werden, um das eigene Angebot zu verbessern, Kunden zielgenauer anzusprechen oder neue Geschäftsfelder zu erschließen. Zum anderen kommt eine externe Verwendung in Betracht, wenn sie ein wichtiges Vorprodukt für datenbasierte Internetangebote inklusive des Internets der Dinge darstellen.[1236] Sowohl Umfang und Art des Datenvorrats als auch die Art der Nutzung und die Relevanz für das Unternehmen sind im Einzelfall zu berücksichtigen.[1237] Die Verfügbarkeit etwaiger Substitute für die Wettbewerber ist ebenfalls zu beachten.[1238]

Sofern ein Unternehmen einen ausschließlichen Zugang zu (bestimmten) Daten hat, **148b** kann es sich insoweit dem Wettbewerbsdruck weitgehend entziehen.[1239] Besondere Relevanz hat dies, wenn die fraglichen Daten, die das Unternehmen im Wesentlichen kontrolliert, einen nicht substituierbaren Input für bestimmte Waren oder Dienstleistungen darstellen.[1240] Ebenso schwer kann der Vorsprung wiegen, den ein Unternehmen sich durch den Zugang zu besonders vielen und/oder besonders guten Datenquellen erarbeitet

---

[1229] Näher zur Rolle der Daten und ihrer Verarbeitung für das Kartellrecht s. Birnstiel/Eckel WRP 2016, 1189; Grave/Nyberg WuW 2017, 363 sowie vertiefend Weisser Datenbasierte Märkte im Kartellrecht, passim; speziell zur Bedeutung von Daten für Intermediäre im elektronischen Warenvertrieb Walesch S. 436 ff. mwN.

[1230] So auch Grave in Kersting/Podszun Kap. 2 Rn. 50.

[1231] BegrRegE, BT-Drs. 18/10207, 51.

[1232] Bundeskartellamt, Antworten „Kartellrecht und Plattform", Ausschuss Digitale Agenda, Ausschuss-Drs. 18(24)98, S. 13; Weisser S. 213; in diese Richtung auch Grothe S. 137.

[1233] Grave in Kersting/Podszun Kap. 2. Rn. 51; ähnlich KOMM. 6.12.2016 – COMP/M.8124 Rn. 249 – Microsoft/LinkedIn.

[1234] BKartA 8.9.2015 – B6–126/14, WuW 2016, 38 Rn. 160 ff. – Google/VG Media; Töllner in Bunte Rn. 182; Louven NZKart 2018, 217 (220).

[1235] Töllner in Bunte Rn. 182.

[1236] BKartA Arbeitspapier S. 94 f.; Monopolkommission Sondergutachten 68 Rn. 63; siehe ferner Wolf in MüKoWettbR Rn. 61.

[1237] BegrRegE, BT-Drs. 18/10207, 51; ebenso Töllner in Bunte Rn. 182.

[1238] BKartA/Autorité de la Concurrence Competition Law and Data, S. 44 ff.

[1239] Vgl. BegrRegE,. BT-Drs. 18/10207, 51: „exklusive Herrschaft über Daten kann eine Markteintrittsbarriere sein".

[1240] Ackermann in Bien/Käseberg/Klumpe/Körber/Ost 10. GWB-Novelle Kap. 1 Rn. 327.

hat. Auch wenn diese (einzeln) den Wettbewerbern grundsätzlich ebenso zugänglich sind, genügt ein **insgesamt überlegener Zugang** zu den Datenquellen.[1241] Ein Wettbewerbsvorsprung kann sich insbesondere im Zusammenhang mit der Generierung besonders großer Datenmengen bei selbstlernenden Algorithmen oder Big Data-Analysen ergeben.[1242] Neben dem Umfang des Datenzugangs kann auch die Art des Zugriffs (z. B. auf Echtzeitdaten) entscheidend für die Wettbewerbsposition eines Unternehmens sein.[1243] Während im Rahmen des § 18 Abs. 3 Nr. 4 Absatz- und Beschaffungsvorteile vor allem aus der vertikalen Integration der Unternehmen resultieren,[1244] ergeben sich die Möglichkeiten eines erleichterten und kostengünstigeren Bezugs von Daten als Vorprodukten bei Plattformmärkten schon aus deren Geschäftsmodell und Marktstruktur selbst. Ein Unternehmen kann sich aber auch dadurch einen Wettbewerbsvorteil beim Zugang zu Daten gegenüber Konkurrenten verschaffen, dass es in mehreren Märkten gleichzeitig tätig ist und somit seinen Datenvorrat aus verschiedenen Quellen speisen kann.[1245] Damit zusammenhängende Mengen- und Größeneffekte sind ebenso wie Verbundeffekte vor allem im Rahmen von Big Data relevant[1246]. Auf diese Weise können in datenbasierten Märkten gerade auch konglomerate Konzernstrukturen wettbewerbliche Vorteile iSd Abs. 3a Nr. 4 im Vergleich zu anderen Unternehmen realisieren.[1247] Insbesondere in der Fusionskontrolle muss die Kombination von Datenbeständen berücksichtigt werden.[1248]

**148c**     Ein Wettbewerbsvorsprung resultiert aus dem überlegenen Zugang zu Daten(quellen) allerdings nur, sofern auch die **entsprechende Fähigkeiten und Möglichkeiten zur Datenauswertung und -nutzung** bestehen.[1249] Die Nutzungsmöglichkeiten können aus technischen oder rechtlichen Gründen beschränkt sein. Sind die Daten so beschaffen, dass sie nicht effizient durch Algorithmen verarbeitet werden können, resultiert aus dem überlegenen Zugang zum „Rohstoff Daten" kein Wettbewerbsvorsprung.[1250] Zumindest für die Verarbeitung von personenbezogenen Daten setzt das Datenschutzrecht Grenzen der Nutzung, im Einzelfall können darüber hinaus Grundsätze der unternehmensinternen Datenschutzpolitik oder vertragliche Vereinbarungen Schranken für die unbegrenzte Nutzbarkeit der Daten errichten.[1251]

**148d**     Ein anschauliches **Beispiel aus der Anwendungspraxis** für die Verschaffung eines konkreten Wettbewerbsvorteils durch den privilegierten Zugang zu wettbewerbsrelevanten Daten bildet zum einen der **Fall CTS Eventim.** Hier stellte das BKartA fest, dass der Ticketvertrieb von CTS über hoch frequentierte Online-Shops erfolge und eine Erhebung umfangreicher Kundendaten ermögliche, die für Marktanalysen und Marketingzwecke sowie eine profitable Gebührengestaltung verwendbar seien und zudem konzerneigenen Veranstaltern die Einschätzung der künftigen Nachfrage nach bestimmten Events erleichtere. Da das System von Konkurrenten nicht dupliziert werden könne, verfüge CTS im

---

[1241] Grave in Kersting/Podszun Kap. 2 Rn. 51; BegrRegE (9. GWB-Novelle) BT-Drs. 18/10207, 51 (Erfassung marktmachtrelevanter Vorsprünge); in diese Richtung auch Louven S. 42 („vorgelagerte Zugriffsmöglichkeit").

[1242] Vgl. Schweitzer/Haucap/Kerber/Welker, Modernisierung der Missbrauchsaufsicht für marktmächtige Unternehmen, S. 100 f.

[1243] Schweitzer/Haucap/Kerber/Welker, Modernisierung der Missbrauchsaufsicht für marktmächtige Unternehmen, S. 102 f.

[1244] Töllner in Bunte Rn. 123 (zu Abs. 3 Nr. 3 aF, jetzt Abs. 3 Nr. 4).

[1245] Vgl. BKartA 8.9.2015 – B6–126/14, WuW 2016, 38 Rn. 161 – Google/VG Media.

[1246] CMA, The Commercial Use of Consumer Data, Juni 2015, Rn. 3.56; Tamke NZKart 2018, 503 (507).

[1247] Ausführlich hierzu Weisser S. 207 ff.

[1248] Paal in BeckOK InfoMedienR Rn. 13; Weisser S. 237 ff. Zur Frage der Auswirkung (fehlender) technischer Kompatibilität siehe Kommission 3.10.2014 – COMP/M.7217 Rn. 185 – Facebook/WhatsApp und Wolf in MüKoWettbR Rn. 63.

[1249] BegrRegE, BT-Drs. 18/10207, 51; Esser FS Wiedemann, 2020, 285 (292); näher Grothe S. 137 f.

[1250] Weisser S. 219.

[1251] Grave in Kersting/Podszun Kap. 2 Rn. 53; Grothe S. 138; Wolf in MüKoWettbR Rn. 61; aA wohl Louven in FK Lfg. 100, Vorabinformation Rn. 14; zur ähnlichen Fragestellung in der Fusionskontrolle, s. KOMM. 16.12.2016 – COMP/M.8124 Rn. 255 – Microsoft/LinkedIn.

Vergleich zu ihnen über einen „wesentlichen und wettbewerblich relevanten Datenvorsprung".[1252] Zum anderen hat das BKartA die dominante Stellung von **Facebook** auf dem Markt für soziale Netzwerke maßgeblich insbesondere auf den überragenden Zugang zu wettbewerbsrelevanten Daten gestützt.[1253]

**ee) Innovationsgetriebener Wettbewerbsdruck (Nr. 5).** Absatz 3a Nr. 5 soll das **149 Phänomen von (disruptiven) Innovationen**[1254] erfassen, die dazu führen können, dass binnen kurzer Zeit auch überragende Marktpositionen relativiert werden und etabliert scheinende Unternehmen ihre starke Marktposition verlieren.[1255] Der Gesetzgeber wollte mit dem Tatbestandsmerkmal die Dynamik der Marktentwicklung im Umfeld des Internet und generell der Digitalisierung als einen **relativierenden Faktor in der Marktmachtbestimmung** berücksichtigt wissen.[1256] Die Innovationssprünge der letzten Jahrzehnte[1257] beruhen unter anderem auf der immens gestiegenen Rechenleistung der Computer und Speicherkapazitäten, Fortschritten in der Fertigungstechnik und gestiegenen Übertragungskapazitäten von Telekommunikationsverbindungen.[1258] Ob die Einordnung des Merkmals gerade in Absatz 3a (als ein Merkmal, das „insbesondere" Plattformen und Netzwerke betrifft) gelungen ist, lässt sich bezweifeln, da innovationsgetriebener Wettbewerbsdruck keine Besonderheit derartiger Märkte ist.[1259] Allerdings kommt dem Innovationswettbewerb (neben dem Qualitätswettbewerb) eine besondere Rolle auf Märkten mit unentgeltlichen Leistungen zu, da hier der Preiswettbewerb keine Rolle spielt.[1260] Da in Märkten mit Netzwerkeffekten häufig ein Wettbewerb um den Markt und weniger auf dem Markt stattfindet, gilt eine Marktposition gemeinhin als anfällig für disruptive Innovationen von Anbietern komplett neuer Produkte.[1261] Perspektivisch sind die nächsten digitalen Innovationssprünge auf traditionellen Märkten im Rahmen der Industrie 4.0 zu erwarten.[1262]

**Problematisch** ist, dass **mit dem Merkmal notwendig eine Prognose verbunden 149a** ist, weil sie auf eine (mögliche) künftige Überwindung der starken Position des etablierten Unternehmens durch neue Produkte, Verfahren oder Geschäftsmodelle verweist. Nicht geklärt ist, welche Anforderungen insoweit zu stellen sind. Das führt zu Rechtsunsicherheiten in der Anwendung des Kriteriums. Ein Markt, der in der Vergangenheit durch disruptive Innovation geprägt wurde, muss sich in Zukunft nicht in gleicher Weise entwickeln.[1263] Ein pauschaler Hinweis auf die Dynamik des Internet oder der Digitalisierung genügt jedenfalls nicht, um eine bestehende dominante Stellung auf digitalen Märkten zu relativieren; dies gilt erst recht für analoge Austauschmärkte.[1264] Vielmehr müssen im

---

[1252] BKartA 4.12.2017 – B6-132/14-2 Rn. 195 ff. – CTS Eventim.

[1253] BKartA 6.2.2019 – B6-22/16 Rn. 481 ff. – Facebook.

[1254] Im Gegensatz zu disruptiven Innovationen, die meist zur Folge haben, dass der Innovator (zunächst) als einziger Wettbewerber auf dem Markt tätig ist oder bleibt, erfolgt bei sog. „inkrementellen Innovationen" eine schrittweise Fortentwicklung von Produkten; näher zu den verschiedenen Arten von Innovationen BKartA, „Innovationen – Herausforderungen für die Kartellrechtspraxis" Schriftenreihe „Wettbewerb und Verbraucherschutz in der digitalen Wirtschaft" November 2017 (Schriftenreihe Digitales – Innovationen), S. 3 ff.

[1255] BegrRegE, BT-Drs. 18/10207, 51; dazu auch BGH 23.6.2020 – KVR 69/19, GRUR-RS 2020, 20737 Rn. 51 – Facebook II und Esser FS Wiedemann, 2020, 285 (289 f.).

[1256] BegrRegE, BT-Drs. 18/10207, 51.

[1257] Vgl. zu den Produkten, die durch einen Innovationssprung überholt wurden, zB BKartA/Autorité de la Concurrence, Competition Law and Data, S. 29 f.

[1258] BKartA Arbeitspapier S. 85.

[1259] Podszun/Schwalbe NZKart 2017, 98 (101); ausführlich Walesch, S. 414 ff. mwN, der die Verortung in Abs. 3a daher für verfehlt hält und eine Aufnahme Abs. 3 befürwortet (S. 416, 429).

[1260] BKartA Arbeitspapier S. 84.

[1261] Die Netzwerkeffekte können sogar vor Abwanderung schützen. Wenn die Abwanderung zu einem gänzliche neuen Markt dann aber stattfindet, könnte sie sich immer weiter beschleunigen. Diese Abwanderung wird zum Teil durch den Effekt verstärkt, dass Nutzer erwarten, dass andere Nutzer in naher Zukunft wechseln und diesem Wechsel zuvor kommen wollen.

[1262] Ebenso Podszun/Schwalbe NZKart 2017, 98 (101).

[1263] Grave in Kersting/Podszun Kap. 2 Rn. 56; Podszun/Schwalbe NZKart 2017, 98 (101).

[1264] OLG Düsseldorf 3.4.2019 – VI-Kart 2/18 (V), WuW 2019, 318 (323) – Ticketvertrieb II; Töllner in Bunte Rn. 184; ähnlich Tamke NZKart 2018, 503 (507).

Einzelfall über die abstrakte Angreifbarkeit der Marktposition hinausgehende **konkrete Anhaltspunkte**[1265] dafür bestehen, dass entsprechende Marktprozesse innerhalb des Prognosezeitraums mit einiger Wahrscheinlichkeit eintreten werden.[1266] Indizien dafür lassen sich zwar auch aus der Rückschau auf bisherige Entwicklungen gewinnen, etwa aus der Art und Zahl bislang erfolgter Innovationen[1267] oder dem Umsatz kürzlich erfolgter Produkteinführungen. Darüber hinaus spielen aber vor allem solche Kriterien eine Rolle, die einen Schluss auf künftige Entwicklungen erlauben und diesbezügliche Erwartungen absichern, wie etwa das Budget für Forschung und Entwicklung,[1268] die aktuelle Marktphase[1269] oder die aktuellen Innovationen auf vorgelagerten Markstufen.[1270]

**149b**  Fraglich ist das **Verhältnis** des Abs. 3a Nr. 5 **zum Kriterium des potentiellen Wettbewerbs** (Abs. 3 Nr. 6), aus dem sich ebenfalls eine Relativierung einer aktuell starken Marktposition ergeben kann. Teilweise wird kritisiert, dass die Anforderungen an die Darlegung innovationsgetriebenen Wettbewerbsdrucks weniger streng als diejenigen für das Vorliegen potentiellen Wettbewerbs sind.[1271] Dies folgt jedoch aus der abweichenden konzeptionellen Verortung: Die Prüfung im Rahmen des Abs. 3a Nr. 5 bezieht sich primär auf den derzeitig praktizierten Innovationswettbewerb zwischen aktuell tätigen Akteuren; erst in zweiter Linie ist innovationsgetriebener Wettbewerbsdruck auch Teil des potentiellen Wettbewerbs.[1272] Zu beachten ist ferner, dass es nicht darauf ankommt, ob in einem Markt überhaupt Innovationen stattfinden, sondern von welchen Akteuren sie mit potentiell erheblichen wettbewerblichen Auswirkungen (voraussichtlich) getätigt werden:[1273] Gehen Innovationen primär von dem ohnehin schon stärksten Player im Markt aus, verfestigt dies seine dominante Stellung. Eine marktmachtrelativierende Wirkung kann nur eintreten, wenn andere innovationsstarke Marktteilnehmer existieren, die auch in der Lage sind, von ihnen entwickelte neue Lösungen in hinreichendem Umfang im Markt zu implementieren. Nur dann wird die Aussagekraft der aktuell hohen Marktanteile des führenden Unternehmens abgeschwächt.

**149c**  Das Merkmal des Innovationsdrucks kann **je nach Art des Kartellverfahrens,** in dem es zur Anwendung kommt, eine **unterschiedliche Bedeutung** haben[1274]. Das ihm innewohnende Element der Prognose künftiger Marktentwicklungen scheint im Ausgangspunkt besser zur präventiven Fusionskontrolle zu passen, während es im Rahmen der **Missbrauchsaufsicht** um die Bewertung einer gegenwärtigen Marktposition im Zeitpunkt des potentiell missbräuchlichen Verhaltens geht. Vor diesem Hintergrund ist bei der Annahme einer Relativierung gegenwärtiger Marktstärke durch innovationsgetriebenen Wettbewerbsdruck eine gewisse Vorsicht anzuraten[1275], um nicht Gefahr zu laufen, die anderen Marktteilnehmer bis zum (unsicheren) Eintreten der erwarteten Innovation der Marktmacht des Incumbent auszuliefern. Keinesfalls darf die lediglich abstrakte oder spekulative Angreifbarkeit seiner Position dazu führen, dem dominanten Unternehmen die Marktmacht abzusprechen und damit etwa die Absicherung einer Monopolrendite durch

---

[1265] Das OLG Düsseldorf 3.4.2019 – VI-Kart 2/18 (V), WuW 2019, 318 (323) – Ticketvertrieb II fordert „belastbare und aussagekräftige" Anhaltspunkte.

[1266] BKartA Arbeitspapier S. 84; ebenso BGH 23.6.2020 – KVR 69/19, GRUR-RS 2020, 20737 Rn. 52 – Facebook II; krit. zur Ungewissheit des anzulegenden Beurteilungsmaßstabs für den beim Missbrauchsverbot eigentlich nicht vorgesehenen Prognosespielraum Louven S. 205 ff.

[1267] Grave in Kersting/Podszun Kap. 2 Rn. 57.

[1268] Siehe hier zB KOMM. 7.10.2011 – COMP/M.6281 Rn. 76, 122 f. – Microsoft/Skype.

[1269] Ein Faktor, der die Innovationswahrscheinlichkeit beeinflussen kann, ist die Marktphase; so kann es in expandierenden Märkten zu schnellen Marktzutritten oder Marktanteilsverschiebungen durch Innovationen kommen, BKartA Schriftenreihe Digitales – Innovationen, S. 23.

[1270] Begrenzt auf den Kontext Internet BKartA Arbeitspapier S. 86.

[1271] Töllner in Bunte Rn. 184.

[1272] Vgl. BKartA Arbeitspapier S. 86. Prüfung des konkreten Innovationsdrucks in BKartA 22.10.2015 – B6–57/15, WuW 2016, 32 Rn. 174 ff. – OPCE II/EliteMedianet.

[1273] Vgl. hierzu und zu weiteren Aspekten Walesch, S. 417 ff.

[1274] Ausführlich hierzu Walesch S. 420 ff. mwN.

[1275] S. hierzu BKartA Arbeitspapier S. 86 f.

missbräuchliches Verhalten zuzugestehen.[1276] Andererseits sollten die Unsicherheiten bei der Einschätzung der Innovationsmöglichkeiten auch nicht dazu genutzt werden, die Interventionsschwelle herabzusetzen.[1277]

In der **Fusionskontrolle** kann die Prognose einer im Betrachtungszeitraum[1278] zu **149d** erwarteten (disruptiven) Innovation (im Zusammenspiel mit den anderen Marktmachtkriterien) problemlos dahingehend gewürdigt werden, dass der Zusammenschluss keine erhebliche Behinderung wirksamen Wettbewerbs oder die Entstehung bzw. Verstärkung einer marktbeherrschenden Stellung erwarten lässt, so dass der Zusammenschluss freizugeben ist. Umgekehrt kann das Kriterium hier aber auch eine Schadenstheorie stützen, wenn es durch den Zusammenschluss zum Wegfall des Innovationsdrucks eines Wettbewerbers kommt[1279]. In jedem Fall bleibt die Analyse des Innovationsdrucks in Fusions- wie Missbrauchsfällen **Teil einer Gesamtbetrachtung,** wie sich schon aus der Regierungsbegründung ergibt.[1280]

Die Anwendung des Kriteriums des innovationsgetriebenen Wettbewerbs als marktmach- **149e** trelativierender Faktor ist, wie bereits dargelegt (→ Rn. 149) nicht auf Netzwerke und mehrseitige Märkte beschränkt („insbesondere"), sondern **generell** bei der Bewertung der Markstellung eines Unternehmens **auch im Kontext des Abs. 3 zu berücksichtigen.** Aus der selektiven Übernahme des Kriteriums „Zugang zu wettbewerbsrelevanten Daten" in § 18 Abs. 3 Nr. 3 im Zuge der 10. GWB-Novelle lässt sich ausweislich der Gesetzesbegründung kein Umkehrschluss ableiten.[1281]

**d) Weitere Kriterien im Kontext digitaler Märkte.** Der Katalog des § 18 Abs. 3a ist **150** ebenso wie Abs. 3 nicht abschließend, ein Vorsprung vor den Wettbewerbern aufgrund anderer Merkmale steht den ausdrücklich genannten Faktoren grundsätzlich gleich.[1282] Im Rahmen des Gesetzgebungsverfahrens wurden diverse Aspekte der digitalen Ökonomie diskutiert, die aber letztlich keinen Eingang in die Aufzählung gefunden haben. Dazu gehören ua Verbundvorteile, die vor allem im Rahmen datenbasierter Produkte zu Wettbewerbsvorteilen führen können,[1283] Kapazitätsbeschränkungen und Differenzierung der Plattform sowie die Heterogenität der Nutzer als konzentrationsbeschränkende Faktoren,[1284] oder das Entwicklungsstadium des Marktes.[1285]

**5. Das Konzept der Intermediationsmacht (Abs. 3b). a) Allgemeines.** Die wett- **150a** bewerbsrechtliche Erfassung von Plattformen und Netzwerken ist Gegenstand einer andauernden intensiven Debatte sowohl unter Kartellrechtlern als auch unter Wettbewerbsökonomen. Anknüpfend an die in § 18 Abs. 3a GWB eingeführten Markmachtkriterien für netzwerkgeprägte Märkte, mit denen der Gesetzgeber eine Anpassung an die Besonderheiten der digitalisierten Wirtschaft intendierte[1286], lag der Schwerpunkt der 10. GWB-Novelle auf eine weitergehende Modernisierung der Missbrauchsaufsicht zur Schaffung

---

[1276] Ebenso Podszun/Schwalbe NZKart 2017, 98 (101); ähnlich BegrRegE, BT-Drs. 18/10207, 51.

[1277] So auch Grave in Kersting/Podszun Kap. 2 Rn. 57.

[1278] Das OLG Düsseldorf 3.4.2019 – VI-Kart 2/18 (V), WuW 2019, 318 (323) – Ticketvertrieb II und Kühnen in Loewenheim et al., § 18 Rn. 111 nehmen einen Prognosezeitraum, wie generell bei der Fusionskontrolle (→ Rn. 521), von „regelmäßig drei bis maximal fünf Jahren" an.

[1279] BKartA Arbeitspapier S. 89.

[1280] BegrRegE, BT-Drs. 18/10207, 49; Podszun, Stellungnahme als Sachverständiger, Ausschuss-Drs. 18 (9)1092, 49.

[1281] Vgl. BegrRegE, BT-Drs. 19/23492, 69; Ackermann in Bien/Käseberg/Klumpe/Körber/Ost 10. GWB-Novelle Kap. 1 Rn. 328.

[1282] Töllner in Bunte Rn. 90; Kühnen in LMR, 2. Aufl. 2009, Rn. 105.

[1283] Podszun/Schwalbe NZKart 2017, 98 (101).

[1284] Monopolkommission Hauptgutachten XXI Rn. 9; Podszun/Schwalbe NZKart 2017, 98 (101). Diese werden aber in der Gesetzesbegründung genannt und sind Teil der von Evans/Schmalensee Competition Policy International 2007, 151 (160) aufgestellten konzentrationsbeschränkenden Merkmale auf Plattformmärkten.

[1285] Töllner in Bunte Rn. 90.

[1286] BegrRegE, BT-Drs. 18/10207, 38, 49.

eines effektiven Instrumentariums gegen den Missbrauch von Marktmacht auf sich dynamisch entwickelnden digitalen Plattformmärkten.[1287] Im Zentrum der Reformüberlegungen stand vor allem die sich aus der charakteristischen **Vermittler- und Steuerungsfunktion der Plattformen** ergebende Möglichkeit eines mitunter weitreichenden Einflusses
auf die wettbewerbliche Betätigungsfreiheit anderer Unternehmen.[1288]

150b     Die einem Intermediär eigentümliche Stellung als Vermittler zwischen zwei verschiedenen Nutzergruppen ist jedoch kein Novum digitaler Märkte, sondern findet sich bereits in
der „analogen Welt", insbes. bei Zeitungen, Kreditkartenunternehmen, Immobilienmaklern, Börsen, Reisebüros usw. Eine vertiefte wissenschaftliche Auseinandersetzung begann
gleichwohl erst mit dem Aufkommen plattformbasierter digitaler Geschäftsmodelle.[1289]
Erstmals beschrieb Armstrong die von ihm als **„competitive bottleneck"** bezeichnete
Situation, in der ein Unternehmen als Anbieter seine Produkte oder Dienstleistungen zwar
an sich über mehrere Plattformen absetzen kann, die Abnehmer auf der Marktgegenseite
hingegen lediglich eine einzige Plattform nutzen, also ein sog. „Singlehoming" betreiben.[1290] Gelingt es einer Plattform, die Nachfrage der Abnehmerseite weitgehend auf sich
zu konzentrieren, kann sie auf diese Weise eine Position erreichen, in der sie für die
Anbieter unverzichtbar wird, weil sie exklusiv den Zugang zu den Singlehoming-Nutzern
kontrolliert. Sofern der Anbieter darauf angewiesen ist, auch diese Abnehmergruppe zu
erreichen, kann sich daraus ein starkes **Abhängigkeitsverhältnis** vom Plattformbetreiber
entwickeln.[1291] Im Extremfall kann die Plattform die vollständige Kontrolle über den
Marktzugang erlangen[1292] und dadurch eine Art Torwächterrolle **(Gatekeeper)** einnehmen.

150c     In zahlreichen europäischen[1293] und internationalen Gutachten[1294] wurden diverse Ansätze zur wettbewerbsrechtlichen Erfassung der besonderen Verhaltensspielräume von Plattformen entwickelt.[1295] Das in § 18 Abs. 3b GWB kodifizierte **Konzept der Intermediationsmacht** geht maßgeblich auf den Vorschlag der vom BMWi beauftragten Studie
zur „Modernisierung der Missbrauchsaufsicht für marktmächtige Unternehmen"[1296] zurück.[1297] Im Kern wird damit die **Schiedsrichterrolle** umschrieben, die den Intermediär
in die Lage versetzt, den Zugang sowie Marktregeln einseitig zu determinieren oder zu
entscheiden, wie und in welcher Reihenfolge bestimmte Produkte und Dienstleistungen

---

[1287] BegrRegE, BT-Drs. 19/23492, 55; siehe auch Koalitionsvertrag v. 12.3.2018, Rn. 2764 ff.
[1288] Vgl. BegrRegE, BT-Drs. 19/23492, 56.
[1289] Grundlegend etwa Caillaud/Jullien The RAND Journal of Economics 34 (2003), 309; Armstrong The
RAND Journal of Economics 37 (2006), 668; Rochet/Tirole The RAND Journal of Economics 37 (2006),
645.
[1290] Armstrong The RAND Journal of Economics 37 (2006), 668, (669, 677 ff.).
[1291] Ausführlich Armstrong/Wright Economic Theory 2007, 353; Haucap/Schröder FS Wiedemann,
2020, 335, (338 f.); Kommission 21.8.2007, M.4523, Rn. 77 ff. – Travelport/Worldspan; Volmar ZWeR
2017, 386 (391 ff.); Volmar, Digitale Marktmacht 2019, S. 257 ff.
[1292] BegrRegE, BT-Drs. 19/23492, 69; Schweitzer/Haucap/Kerber/Welker, Modernisierung der Missbrauchsaufsicht für marktmächtige Unternehmen, 2018, S. 86.
[1293] U. a. Crémer/Montjoye/Schweitzer, Competition Policy for the Digital Era, 2019; Franck/Peitz,
Market Definition and Market Power in the Platform Economy; Furman/Coyle/Fletcher/McAuley/Marsden, Unlocking digital competition, Report of the Digital Competition Expert Panel, 2019.
[1294] U. a. ACCC, Digital Platforms Inquiry, Final Report, 2019; OECD, Rethinking Antitrust Tools for
Multi-Sided Platforms, 2018; Scott Morton/Bouvier/Ezrachi/Jullien/Katz/Kimmelman/Melamed/Morgenstern, Report of the Committee for the Study of Digital Platforms – Market Structure and Antitrust
Subcommittee, 2019; US Subcommitee on Antitrust, Commercial and Administrative Law of the Commitee
of the Judiciary, Investigation of Competition in Digital Markets, Majority Staff Report and Recommendations, 2020.
[1295] Eingehend BMWi, Ein neuer Wettbewerbsrahmen für die Digitalwirtschaft, Bericht der Kommission
Wettbewerb 4.0, S. 31 f.; Ackermann in Bien/Käseberg/Klumpe/Körber/Ost 10. GWB-Novelle Kap. 1
Rn. 330.
[1296] Schweitzer/Haucap/Kerber/Welker, Modernisierung der Missbrauchsaufsicht für marktmächtige Unternehmen, 2018.
[1297] BegrRegE, BT-Drs. 19/23492, 69 f.

der anbietenden Nutzer gelistet werden.[1298] Insbesondere in Kombination mit einer möglichen vertikalen Integration begründet diese Regelsetzungsmacht ein enormes Missbrauchspotenzial.[1299] Jedenfalls haben Intermediäre einen starken Einfluss auf den Markterfolg und ggf. sogar die wirtschaftliche Überlebensfähigkeit von Anbietern, die auf die Nutzung der Dienste des Intermediärs angewiesen sind, um dabei (potentielle) Kunden mittels eines möglichst guten Listings oder Rankings erreichen zu können.[1300]

Grund für die Neuregelung ist die Schwierigkeit einer klaren Positionierung von Inter- **150d** mediären in der vertikalen Wertschöpfungskette, da sich ihre Marktstellung nicht immer eindeutig unter die Kategorien der Angebots- oder Nachfragemacht subsumieren lässt.[1301] Das gilt insbesondere für hybride Geschäftsmodelle, die Elemente einer Angebots- sowie einer Nachfragetätigkeit kombinieren.[1302] Vor diesem Hintergrund besteht die ratio legis der neuen Vorschrift vor allem in der **Klarstellung,** dass die Feststellung der beherrschenden Stellung nicht von der Dichotomie einer Einordnung entweder als Anbieter einer Vermittlungsdienstleistung oder als Nachfrager von (zu vermittelnden) Produkt- oder Dienstleistungsangeboten abhängt; zudem sollen nicht die Einzelleistungen maßgeblich sein, vielmehr bedarf es einer **Gesamtbetrachtung** aller relevanten Umstände[1303] unter **besonderer Berücksichtigung der Marktstellung der Plattform auf den verschiedenen Marktseiten.**[1304] Dies soll zu einem erhöhten Maß der Rechtssicherheit und Vorhersehbarkeit der Rechtsanwendung führen.[1305] Einer solchen Gesamtbetrachtung bedurfte es freilich auch schon zuvor[1306] (→ siehe bereits Rn. 93 ff., 142a), sodass kritische Stimmen Zweifel an der Erforderlichkeit der Regelung äußerten.[1307] Zuzugeben ist den Kritikern, dass die Feststellung der Normadressateneigenschaft die Rechtsanwender in der Vergangenheit nicht vor allzu große Schwierigkeiten stellte.[1308] Insbesondere in der Zusammenschau mit § 18 Abs. 2a GWB und § 18 Abs. 3a GWB – denen überwiegend ebenfalls eine Klarstellungsfunktion zukommt (→ Rn. 33, 140) – ergibt sich jedoch ein stimmiges Bild, sodass die Normierung des Konzepts der Intermediationsmacht zu einer **besseren Konturierung der Prüfungssystematik** bei der Erfassung von Marktmacht von Intermediären durch Behörden und Gerichte beitragen kann.[1309]

**b) Systematische Einordnung. Fraglich** erscheint, ob mit der Intermediationsmacht **150e** eine **weitere, eigenständige Form der Marktmacht** begründet wird. Dafür konnte zunächst angeführt werden, dass der in der Missbrauchsstudie formulierte Vorschlag ur-

---

[1298] BegrRegE, BT-Drs. 19/23492, 69 f.; Höppner/Weber K&R 2020, 24 (42); Schweitzer/Haucap/Kerber/Welker, Modernisierung der Missbrauchsaufsicht für marktmächtige Unternehmen, 2018, S. 85 ff.

[1299] Schweitzer/Haucap/Kerber/Welker, Modernisierung der Missbrauchsaufsicht für marktmächtige Unternehmen, 2018, S. 86 f.

[1300] Wolf in MüKoWettbR Rn. 65b.

[1301] Vgl. Volmar NZKart 2020, 170 (173 ff.); Podszun/Kersting, ZRP 2019, 34 (35).

[1302] BegrRegE, BT-Drs. 19/23492, 70.

[1303] BegrRegE, BT-Drs. 19/23492, 69 f.

[1304] Schweitzer/Haucap/Kerber/Welker, Modernisierung der Missbrauchsaufsicht für marktmächtige Unternehmen, 2018, S. 92 f.

[1305] BegrRegE, BT-Drs. 19/23492, 69.

[1306] Ausweislich der Gesetzesbegründung wird dies vom Gesetzgeber explizit anerkannt, BegrRegE, BT-Drs. 19/23492, 70.

[1307] Vgl. etwa Franck/Peitz, Market Definition and Market Power in the Platform Economy, S. 21 f.; Louven ZWeR 2019, 154, 162 f., 167 f.; Volmar, Digitale Marktmacht 2019, S. 459 f.; auf die geringe praktische Relevanz verweisend Höppner/Weber K&R 2020, 24 (42 f.); Podszun/Kersting ZRP 2019, 34 (34).

[1308] So auch die Einschätzung von Höppner/Weber K&R 2020, 24 (42); Podszun/Kersting ZRP 2019, 34 (35).

[1309] Ähnlich Schweitzer/Haucap/Kerber/Welker, Modernisierung der Missbrauchsaufsicht für marktmächtige Unternehmen, 2018, S. 93; Podszun/Kersting ZRP 2019, 34 (35). Im Allgemeinen fand die explizite Aufnahme des Konzepts der Intermediationsmacht in den Prüfungskatalog der Feststellung einer marktbeherrschenden Stellung auf netzwerkgeprägten Märkten überwiegend Zustimmung in der Praxis und Literatur, siehe Ackermann in Bien/Käseberg/Klumpe/Körber/Ost 10. GWB-Novelle Kap. 1 Rn. 331 mwN; kritisch hingegen Louven ZWeR 2019, 154 (163) mit Verweis darauf, dass die Ausprägung der Prüfungssystematik das Risiko des Rechtsanwenders ist.

sprünglich eine Einführung der Intermediationsmacht in § 18 Abs. 1 GWB neben der Nennung der Angebots- und Nachfragemacht vorsah.[1310] Dies ließ sich dahingehend interpretieren, dass die (einheitliche oder gespaltene) Zuordnung der Tätigkeiten der Plattform zu diesen beiden herkömmlichen Kategorien der Marktmacht obsolet geworden und eine ausschließliche Fokussierung auf die Vermittlerrolle ausreichend gewesen wäre.Der Gesetzgeber hat sich dann jedoch für die Einfügung der neuen Regelung in § 18 Abs. 3b GWB im Kontext der „Bewertung der Marktstellung" des zu beurteilenden Unternehmens entschieden. Aus dieser gesetzessystematischen Stellung und ausdrücklichen Bezugnahme auf die Würdigung bestimmter Umstände im Rahmen der Einschätzung von Marktmacht folgt relativ eindeutig, dass jedenfalls **keine Neukonstruktion der Grundlagen der beherrschenden Stellung** im Sinne der Schaffung einer neuen Kategorie von Marktmacht gewollt war.[1311] Vielmehr soll die Norm den Rechtsanwender lediglich für die Besonderheiten der Marktstellung eines Intermediärs sensibilisieren, ohne jedoch tradierte Prüfungsmuster unberücksichtigt zu lassen oder eine Abgrenzung relevanter Angebots- oder Nachfragemärkte obsolet zu machen.[1312]

150f    **aa) Verhältnis zu den Kriterien des § 18 Abs. 3 und Abs. 3a GWB.** Der Gesetzgeber bezeichnet die **Intermediationsmacht** explizit **als Marktmachtfaktor.**[1313] Hierdurch wird einerseits die Klarstellungsfunktion des § 18 Abs. 3b GWB untermauert und andererseits die Nähe zu Abs. 3 und Abs. 3a belegt. Inhaltlich verpflichtet die Regelung den Gesetzesanwender bei Vorliegen eines mehrseitigen Marktes im Sinne des Abs. 3a dazu, bei der Ermittlung der Marktmacht eines Intermediärs „insbesondere" die Bedeutung der von ihm erbrachten Vermittlungsdienstleistungen für den Zugang zu Beschaffungs- und Absatzmärkten zu berücksichtigen. Der gewählte Wortlaut verdeutlicht den **ergänzenden Charakter** der Regelung im Verhältnis zu den bereits normierten Marktmachtindikatoren, die die Vermittlungs- und Steuerungsfunktion zumindest nicht ausdrücklich erfassen. Zwar knüpft die neue Regelung formulierungstechnisch an § 18 Abs. 3 Nr. 4 GWB an.[1314] Letzterer bezieht sich allerdings ausschließlich auf den superioren Zugang des potentiell marktbeherrschenden Unternehmens zu den Beschaffungs- und Absatzmärkten, während es beim Plus-Faktor des Abs. 3b auf die **Zugangsmöglichkeiten anderer Unternehmen** ankommt.[1315] Vor allem aus der Formulierung „auch" ergibt sich mithin, dass die Faktoren aller drei Absätze gleichermaßen zu berücksichtigen sind.[1316]

150g    Für die Vermittlungstätigkeit ist das **Vorliegen eines mehrseitigen Marktes** im Sinne des § 18 Abs. 3a GWB **konstitutiv.** Dem Willen des Gesetzgebers, einen zusätzlich zu berücksichtigenden Marktmachtindikator für Plattformen festzuschreiben, hätte es daher eher entsprochen, die Intermediationsmacht in die Liste des Abs. 3a zu integrieren.[1317] Die **Macht des Vermittlers** ist letztlich **Ausfluss und Manifestation der ökonomischen Besonderheiten mehrseitiger Märkte,** insbesondere der indirekten positiven Netzwerk-

---

[1310] Schweitzer/Haucap/Kerber/Welker, Modernisierung der Missbrauchsaufsicht für marktmächtige Unternehmen, 2018, S. 92.

[1311] So auch Höppner/Weber K&R 2020, 24 (42); Ackermann in Bien/Käseberg/Klumpe/Körber/Ost 10. GWB-Novelle Kap. 1 Rn. 333; aA Steinberg/Wirtz WuW 2019, 606 (608) mit Verweis auf Schweitzer/Haucap/Kerber/Welker, 2018, S. 115 f.

[1312] In diese Richtung ebenso Ackermann in Bien/Käseberg/Klumpe/Körber/Ost 10. GWB-Novelle Kap. 1 Rn. 333. Bekräftigt wird diese Sichtweise dadurch, dass der Gesetzgeber anerkannt hat, dass die Erfassung der besonderen Stellung des Intermediärs als Machtfaktor grundsätzlich schon nach bisherigem Recht möglich war, BegrRegE, BT-Drs. 19/23492, 70.

[1313] BegrRegE, BT-Drs. 19/23492, 70.

[1314] Aufgrund dieser Nähebeziehung plädierte das BKartA im Gesetzgebungsverfahren für eine Aufnahme des Konzepts der Intermediationsmacht in unmittelbarer Nähe zu § 18 Abs. 3 Nr. 4 GWB, siehe BKartA, Stellungnahme zum Regierungsentwurf zur 10. GWB-Novelle, 2020, S. 4 f.; zustimmend Ackermann in Bien/Käseberg/Klumpe/Körber/Ost 10. GWB-Novelle Kap. 1 Rn. 333.

[1315] Auf diese Unterscheidung weist auch die Gesetzesbegründung hin, BegrRegE, BT-Drs. 19/23492, 70.

[1316] Die gleiche Formulierung findet sich bei § 18 Abs. 3a GWB, vgl. hierzu Rn. 142.

[1317] So auch der Vorschlag der Studienvereinigung Kartellrecht, Stellungnahme zu den mit dem Referentenentwurf vorgeschlagenen Neuregelungen – Missbrauchsaufsicht/Digitalisierung, 2020, Rn. 15 ff.

effekte sowie der speziellen Kombination aus Single- und Multihoming der Nutzer und eines überlegenen Zugangs zu wettbewerbsrelevanten Daten. Während der „freischwebende" Abs. 3b[1318] eine gewisse Trennung zu den Kriterien des Abs. 3a suggeriert, hätte eine systematische Einordnung der Intermediärstätigkeit in Abs. 3a die erwünschte Konturierung der Prüfung der Marktstellung von Unternehmen auf mehrseitigen Märkten besser unterstreichen können. Jedenfalls bedarf es einer übergreifenden Betrachtung aller Plus-Faktoren unter besonderer Berücksichtigung ihrer interdependenten Wirkungen auf den verschiedenen Marktseiten.

**bb) Verhältnis zur relativen Marktmacht (§ 20 Abs. 1 Satz 2 GWB).** Das Konzept **150h** der Intermediationsmacht fußt im Kern auf der Angewiesenheit insbesondere der vermittelten Unternehmen auf den Zugang zur Nutzergruppe der anderen Seite. Dieser wird durch den Intermediär mehr oder weniger exklusiv kontrolliert. Damit steht das ordnungspolitische Prinzip der **Offenhaltung des Marktzugangs** im Fokus, das auch in der Plattformökonomie aufrechterhalten werden soll.[1319] Vor diesem Hintergrund erscheint es nur konsequent, das Konzept der Intermediationsmacht auch auf den Adressatenkreis des § 20 Abs. 1 GWB zu erstrecken.[1320] Der neue § 20 Abs. 1 S. 2 GWB normiert daher folgerichtig die **relative Intermediationsmacht**[1321] unterhalb der Marktbeherrschungsschwelle.[1322] Hier wie dort ist das entscheidende Kriterium das Vorhandensein ausreichender und zumutbarer Substitutionsmöglichkeiten.[1323]

Die **Abgrenzung beider Eingriffsschwellen** erfolgt insofern weniger im Hinblick auf **150i** die Intensität der vertikalen Abhängigkeitsbeziehung. Vielmehr sollen durch die Erweiterung Situationen erfasst werden, in denen eine Abhängigkeit nicht für sämtliche Unternehmen der Marktgegenseite besteht.[1324] Existieren z. B. in einem oligopolistisch geprägten Markt zwar gewisse Ausweichmöglichkeiten und liegt auch keine kollektive Marktbeherrschung im Sinne des § 18 Abs. 5 GWB vor, kann ein Anbieter gleichwohl auf die Vermittlungsdienstleistungen eines bestimmten Intermediärs oder mehrerer Intermediäre derart angewiesen sein, dass seine geschäftliche Existenz ernsthaft bedroht wäre, wenn er die durch die marktstarke Plattform jeweils vermittelte Kundengruppe nicht mehr erreichen könnte. Denkbar ist dies u. a. in Situationen, in denen enorme Wechselhürden aus rechtlichen, technischen oder wirtschaftlichen Gründen bestehen.[1325] Der mindestens erforderliche **Grad der plattformbedingten Abhängigkeit** ist dabei eine **qualitativ zu bestimmende** Frage des Einzelfalls und entzieht sich der Möglichkeit einer abstrakten Festlegung; vielmehr ist den dynamischen und vielseitigen Marktgegebenheiten mehrseitiger Märkte im Einzelfall flexibel Rechnung zu tragen.[1326] Zu beachten ist allerdings auch, dass vielfach

---

[1318] So die treffende Formulierung bei Ackermann in Bien/Käseberg/Klumpe/Körber/Ost 10. GWB-Novelle Kap. 1 Rn. 333.

[1319] Steinberg/Wirtz WuW 2019, 606 (609).

[1320] Wohl überwiegende Ansicht, vgl. zB BKartA, Stellungnahme zum Regierungsentwurf zur 10. GWB-Novelle, 2020, S. 4; Monopolkommission, Policy Brief, Ausgabe 4, 2020, S. 4; Podszun, Die 10. Novelle des Gesetzes gegen Wettbewerbsbeschränkungen (GWB), Stellungnahme für den Ausschuss für Wirtschaft und Energie des Deutschen Bundestags 2020, S. 17.

[1321] So die Betitelung bei Höppner/Weber K&R 2020, 24 (43).

[1322] Kritisch ob der Erforderlichkeit der Neuregelung bezogen auf Situationen der Abhängigkeit von Transaktionsplattformen Ackermann in Bien/Käseberg/Klumpe/Körber/Ost 10. GWB-Novelle Kap. 1 Rn. 348; Schweitzer/Haucap/Kerber/Welker, Modernisierung der Missbrauchsaufsicht für marktmächtige Unternehmen, 2018, S. 95, jeweils mit dem Hinweis darauf, dass die Erfassung der relativen Intermediationsmacht auch durch eine Weiterentwicklung der Entscheidungspraxis zur sog. plattformbedingten Abhängigkeit möglich gewesen wäre; in diese Richtung auch Louven ZWeR 2019, 154 (164 f.).

[1323] Vgl. nur Schweitzer/Haucap/Kerber/Welker, Modernisierung der Missbrauchsaufsicht für marktmächtige Unternehmen, 2018, S. 85 ff.

[1324] BegrRegE, BT-Drs. 19/23492, 79.

[1325] Vgl. Podszun, Die 10. Novelle des Gesetzes gegen Wettbewerbsbeschränkungen (GWB), Stellungnahme für den Ausschuss für Wirtschaft und Energie des Deutschen Bundestags 2020, S. 17.

[1326] Ähnlich Steinberg/Wirtz WuW 2019, 606, 609. Abzulehnen ist daher der zu starre Vorschlag, eine Abhängigkeit im Sinne des § 20 Abs. 1 S. 2 GWB anhand vordefinierter quantitativer Kriterien zu vermuten, so jedoch Louven ZWeR 2019, 154 (165).

schon die Marktabgrenzung darüber entscheidet, ob eine marktbeherrschende Stellung oder nur relative Marktmacht vorliegt.[1327] Besonders deutlich zeigt dies die Entscheidung des BGH im Fall „Werbeblocker III":[1328] Danach verfügt der Anbieter einer kostenlos zur Verfügung gestellten Software zur Unterdrückung von Werbeanzeigen im Internet für das entgeltliche Angebot an werbungtreibende Unternehmen, sie zur Überwindung der Werbeblockade in eine Whitelist aufzunehmen, auf dem „Markt der Eröffnung des Zugangs zu Nutzern, die seinen Werbeblocker installiert haben", über eine beherrschende Stellung. Während das Berufungsgericht darauf abstellen wollte, in welchem Ausmaß der Anbieter des Werbeblockers den Zugang zu allen Internetnutzern beschränken können und die Annahme von Marktbeherrschung ablehnte, da es noch genügend andere durch Werbung erreichbare Verbraucher gebe, die den Werbeblocker nicht installiert hätten, stellte der BGH im Rahmen des Bedarfsmarktkonzepts auf die konkret angebotene Dienstleistung der entgeltlichen Aufnahme in eine „Weiße Liste" ab.[1329] Dass es insoweit um die Beseitigung einer vom Anbieter (durch den kostenlosen Vertrieb des Werbeblockers an Internetnutzer) selbst geschaffenen Zugangsschranke geht, spielt nach Auffassung des BGH für die Marktabgrenzung keine Rolle, da für die Ermittlung des vom Wettbewerb nicht hinreichend kontrollierten Handlungsspielraums, insbes. des Preissetzungsspielraums, auf die konkrete Nachfrage und die tatsächlichen Ausweichmöglichkeiten der Nachfrager ankomme. Für die Betreiber werbefinanzierter Seiten gebe es aber keine realistische Alternative für den Zugang zu den Internetnutzern, die den Werbeblocker installiert hätten.

**150j**     **c) Erfasste Unternehmen.** § 18 Abs. 3b GWB bezieht sich dem Inhalt nach auf Unternehmen, die eine **Vermittlungstätigkeit auf mehrseitigen Märkten** ausüben. Der Begriff der mehrseitigen Märkte knüpft an Abs. 3a an und ist in diesem Sinne ökonomisch zu verstehen. Angesprochen werden also **Plattformen,** „die als Intermediäre die direkte Interaktion zweier oder mehr Nutzerseiten, zwischen denen indirekte Netzwerkeffekte bestehen, ermöglichen"[1330]. Obwohl im Gesetzgebungsverfahren angeregt[1331], beschränkt sich die Norm nicht nur auf digitale Märkte. Ausweislich der Gesetzesbegründung handelt es sich zwar **„typischerweise"** um mehrseitige **digitale Plattformen**[1332], jedoch werden – ebenso wie bei Abs. 3a – grundsätzlich **auch** Intermediäre auf **analogen mehrseitigen Märkten** erfasst.

**150k**     Der untechnische Begriff des „Vermittlers" wurde wohl in Abgrenzung zu dem bereits im kartellrechtlichen Kontext bekanntem „Absatzmittler" gewählt,[1333] der im Gegensatz zu den hier relevanten Intermediären als Nachfrager von Produkten oder Dienstleistungen für den Weiterverkauf auftritt und somit das Absatzrisiko trägt, während sich der **Vermittler** im Sinne des Abs. 3b **im Grundsatz** auf die **reine Vermittlung von Transaktionen oder Informationen** konzentriert.[1334] Die in Abs. 3b gewählte Umschreibung mutet jedoch tautologisch an, setzt doch bereits die Existenz zweier oder mehrerer Marktseiten definitorisch einen Vermittler voraus.[1335] Die Gesetzesbegründung zur 9. GWB-Novelle benutzt die Begrifflichkeiten „mehrseitige Märkte" und „Plattform" gar synonym[1336] (→ Rn. 70). Auch die Formulierung im Plural (Vermittlungstätigkeit auf (mehreren) mehrseitigen „Märkten") ist nicht hinreichend präzise, da die Vermittlungsdienstleistung auf nur

---

[1327] So auch Wolf in MüKoWettbR Rn. 65c.
[1328] BGH 8.10.2019 – KZR 73/17, NZKart 2019, 599 = NJW 2020, 64 – Werbeblocker III.
[1329] BGH 8.10.2019 – KZR 73/17, NZKart 2019, 599 Rn. 21 ff. – Werbeblocker III.
[1330] BKartA Arbeitspapier, S. 14.
[1331] Vgl. Studienvereinigung Kartellrecht, Stellungnahme zu den mit dem Referentenentwurf vorgeschlagenen Neuregelungen – Missbrauchsaufsicht/Digitalisierung, 2020, Rn. 13 ff.
[1332] BegrRegE, BT-Drs. 19/23492, 69.
[1333] BRAK, Stellungnahme Nr. 3/2020, Rn. 5.
[1334] Vgl. Schweitzer/Haucap/Kerber/Welker, Modernisierung der Missbrauchsaufsicht für marktmächtige Unternehmen, 2018, S. 85.
[1335] Höppner/Weber K&R 2020, 24 (42).
[1336] BegrRegE, BT-Drs. 18/10207, 47.

einem mehrseitigen Markt ebenfalls umfasst ist.[1337] In der Sache bleiben derartige Unschärfen freilich ohne Konsequenzen.

**d) Bedeutung der Vermittlungsdienstleistung für den Marktzugang. aa) Kon-** **150l** **trolle des Marktzugangs.** Die Fähigkeit eines Intermediärs, den Zugang einer Nutzergruppe zur jeweils anderen Marktseite zu kontrollieren, gleicht im Wesentlichen der Situation eines **competitive bottleneck.**[1338] Plattformen haben ein erhöhtes Interesse daran, Nutzer, von denen starke positive indirekte Netzwerkeffekte ausgehen, zu locken und diese ausschließlich an sich zu binden. Bestehen mehrere Plattformen, die jeweils eine **Singlehoming** betreibende Nutzergruppe aufweisen, sind Unternehmen auf der Marktgegenseite darauf angewiesen, die jeweiligen Vermittlungsdienstleistungen parallel in Anspruch zu nehmen **(Multihoming),** sofern sie nicht auf die exklusiv über den jeweiligen Intermediär erreichbare Nutzergruppe verzichten können.[1339] In einer solchen Situation findet der Wettbewerb maßgeblich um die Singlehoming-Nutzer statt.[1340] Insofern indiziert die Kontrollmöglichkeit hinsichtlich des Zugangs zu einer bestimmten Nutzergruppe gegenüber der Multihoming-Seite allein noch keine marktbeherrschende Stellung. Daher gilt es, die durch die indirekten Netzwerkeffekte verbundenen Marktsituationen in einer Gesamtbetrachtung wertend gegenüberzustellen.[1341]

Eine eindeutig identifizierbare Struktur eines wettbewerblichen Flaschenhalses, in der die **150m** jeweilige Plattform zweifelsfrei aus Anbietersicht unverzichtbar ist und die **Intermediäre** folglich einen **komplementären Bedarf befriedigen,** wird im Marktgeschehen realistischerweise kaum existieren.[1342] Vielmehr bestehen in Abstufungen vielfach Grauzonen, bei denen es maßgeblich darauf ankommt, in welchem **Ausmaß** die Nutzer der verschiedenen Marktseiten zu einer **parallelen Nutzung** neigen.[1343] Werden die Plattformen aus Anbietersicht nicht überwiegend als **Komplemente,** sondern als **Substitute** wahrgenommen, reduzieren sich die Kontrollmöglichkeiten der Plattform. Das kann insbesondere dann der Fall sein, wenn auch die andere Nutzerseite stärker zu einem Multihoming tendiert.[1344] Das Nutzungsverhalten der Plattformteilnehmer wird u. a. maßgeblich durch die Höhe der bestehenden **Wechselkosten** determiniert.[1345] Die Intermediationsmacht steht demzufolge nicht isoliert neben den Machtfaktoren des Abs. 3a und Abs. 3, sondern ergibt sich gerade erst aus den übergreifenden Interdependenzen.

Die Kombination aus Single- und Multihoming der verschiedenen Marktseiten ist jedoch **150n** keine Voraussetzung der Intermediationsmacht. Wie bereits der Wortlaut der Norm suggeriert, kommt es nicht lediglich auf die Bedeutung des Intermediärs für den Zugang der Anbieterseite zu den Nachfragern **(Absatzmärkte)** an, sondern es gilt in einer Gesamtschau auch die Rolle des Vermittlers für den Marktzugang der Nachfragerseite zu berücksichtigen **(Beschaffungsmärkte).** Tendieren etwa beide Markseiten zunehmend zu einem Singlehoming, kann die beiderseitige Angewiesenheit auf die Vermittlungsdienstleistungen der Plattform insbesondere in Kombination mit den durch positive indirekte Netzwerkeffekte induzierten Selbstverstärkungseffekte zu einer zunehmenden Konzentration und folglich zu einer immer stärkeren Intermediationsmacht führen.[1346]

---

[1337] Höppner/Weber K&R 2020, 24 (42).

[1338] Volmar, Digitale Marktmacht, S. 459 f.

[1339] Vgl. hierzu etwa Haucap/Schröder FS Wiedemann, 2020, 335 (338 f.); Volmar ZWeR 2017, 386 (391 ff.).

[1340] BKartA Arbeitspapier, S. 68, 72.

[1341] Vgl. BKartA Arbeitspapier, S. 72.

[1342] Ähnlich Ackermann in Bien/Käseberg/Klumpe/Körber/Ost 10. GWB-Novelle Kap. 1 Rn. 341, 343.

[1343] Vgl. hierzu auch BKartA 4.12.2017 – B6-132/14-2, BeckRS 2017, 143035 Rn. 181 ff. – CTS Eventim.

[1344] Näher Haucap/Schröder FS Wiedemann, 2020, 335 (339).

[1345] Monopolkommission, Sondergutachten 68, 2015, Rn. 49.

[1346] Siehe auch Podszun, Die 10. Novelle des Gesetzes gegen Wettbewerbsbeschränkungen (GWB), Stellungnahme für den Ausschuss für Wirtschaft und Energie des Deutschen Bundestags 2020, S. 14, der in diesem Zusammenhang von einer Nadelöhr-Position spricht, die sich gerade aus dem gegenseitigen „Aufschaukeln" ergibt.

**150o**    Im Einzelfall kann bei der Bewertung der Marktstellung einer Plattform neben der Kontrollmöglichkeit des Marktzugangs für andere Unternehmen auch ihr **eigener Zugang zu den Beschaffungs- und Absatzmärkten** im Sinne des § 18 Abs. 2 Nr. 4 GWB eine erhöhte Relevanz haben. Das gilt etwa für **hybride Geschäftsmodelle,** aber auch für noch veränderliche bzw. in der Entwicklung befindliche Geschäftsmodelle mit einer Vermittlungsleistung, die sowohl Elemente einer Angebots- als auch Elemente einer Nachfragetätigkeit miteinander kombinieren und vereinen. In einer solchen Marktumgebung können sich die exponierte Stellung als Vermittler und superiore Marktzugangsmöglichkeiten gegenseitig ergänzen und verstärken.[1347]

**150p**    **bb) Fähigkeit zur Beeinflussung der Marktstellung anderer Unternehmen.** Nicht ganz eindeutig ist die Gesetzesbegründung in Bezug auf die Erfassung von **Informationsplattformen.** Hier besteht keine geschäftliche Beziehung zwischen dem Intermediär als Anbieter und den jeweiligen Nutzern als Nachfrager einer Vermittlungsdienstleistung. Der Intermediär hat auch keinen direkten Einfluss auf etwaige Geschäftsabschlüsse zwischen den Nutzern und den Unternehmen, kann aber das **Zustandekommen von Transaktionen fördern,** indem er Informationen aus diversen Quellen sammelt, ordnet und in einer nach bestimmten Kriterien festgelegten Reihenfolge auflistet sowie über Bewertungssysteme zur Verhaltens- und Qualitätskontrolle beiträgt.[1348] Das ist etwa bei allgemeinen (horizontalen) sowie bei spezialisierten (vertikalen) **Suchmaschinen**[1349] der Fall. Sie stellen ihre Plattformdienstleistungen häufig nicht nur außerhalb vertraglicher Vereinbarungen, sondern gänzlich ohne einen positiven Beitrag seitens der Unternehmen zur Verfügung.[1350] Die Bejahung einer kartellrechtlich relevanten Marktbeziehung im Sinne des § 18 Abs. 1 GWB hat die Rechtspraxis hier teilweise vor Probleme gestellt; das BKartA hat insoweit die Annahme eines „faktischen Austauschverhältnisses" zwischen der Suchmaschine Google und den Betreibern der dort auffindbaren Webseiten erwogen, die Frage aber letztlich offen gelassen.[1351] Festzuhalten bleibt jedenfalls, dass Unternehmen von einem „Listing" und fairen „Ranking" auf solchen „reinen" Informationsplattformen in erheblichem Maße abhängig sein können mit der Folge, dass daraus auch für einen „reinen" Informationsintermediär erhebliche und vom Wettbewerb nicht mehr hinreichend kontrollierte Verhaltensspielräume erwachsen und Verdrängungswirkungen auf Nachbarmärkten verursachen können(→ Rn. 150r).

**150q**    Die Studie zur Modernisierung der Missbrauchsaufsicht, auf die sich die Regierungsbegründung explizit bezieht[1352], hielt die **Erstreckung des Konzepts der Intermediationsmacht auf „reine" Informationsintermediäre** zwar für diskussionswürdig, weil sonst behindernde Verhaltensweisen nur mittelbar kartellrechtlich erfasst werden könnten, sofern die Plattform eine marktbeherrschende Stellung gegenüber Nutzern der Plattform innehabe und diese Position durch das missbräuchliche Verhalten auf angrenzende Märkte erstreckt werde.[1353] Dennoch wurde eine Ausdehnung des Konzepts der Intermediationsmacht auf Fälle, in denen keine Marktbeziehung zwischen Plattform und Unternehmen besteht, nicht unmittelbar empfohlen; falls der Gesetzgeber sie gleichwohl einführen wolle, sei jedenfalls diesbezüglich eine gesetzliche Klarstellung erforderlich.[1354] Daran fehlt es, sodass prima facie Informationsplattformen mangels Marktbeziehung nicht in das Konzept

---

[1347] BegrRegE, BT-Drs. 18/10207, 70.

[1348] Ausführlicher Engert AcP 218 (2018), 302 (310 f.); vgl. auch Schweitzer/Haucap/Kerber/Welker, Modernisierung der Missbrauchsaufsicht für marktmächtige Unternehmen, 2018, S. 95 f.

[1349] Näher hierzu Haucap/Kehder, DICE Ordnungspolitische Perspektiven Nr. 44, 2013, S. 5.

[1350] Vgl. BKartA 8.9.2015 – B6-126/14, WuW 2016, 38 Rn. 135 – Google/VG Media.

[1351] Siehe BKartA 8.9.2015 – B6-126/14, WuW 2016, 38 Rn. 135 ff., 139 – Google/VG Media.

[1352] BegrRegE, BT-Drs. 19/23492, 69.

[1353] Schweitzer/Haucap/Kerber/Welker, Modernisierung der Missbrauchsaufsicht für marktmächtige Unternehmen, 2018, S. 96 f. mit Verweis auf Europäische Kommission 27.6.2017 – AT.39740, Az. C(2017) 4444, Rn. 334, 589 ff. – Google Shopping.

[1354] Schweitzer/Haucap/Kerber/Welker, Modernisierung der Missbrauchsaufsicht für marktmächtige Unternehmen, 2018, S. 98.

der Intermediationsmacht einbezogen sind. Auf der anderen Seite rekurriert die Gesetzesbegründung gerade darauf, dass in derFallpraxis Unternehmen oftmalsauf ein möglichst
gutes Listing oder Ranking bei Informationsintermediären angewiesen seien.[1355] Für eine
Erfassung derartiger Plattformen spricht auch die ratio legis des Abs. 3b, den Rechtsanwender zu einer umfassenden Betrachtung der tatsächlichen Bedeutung der Marktstellung der
Plattform für die von ihr abhängenden Marktseiten zu verpflichten; die Auffindbarkeit von
Unternehmen im Internet über einen dominanten Informationsintermediär stellt insoweit
einen besonders wichtigen Faktor dar.[1356] Das erkannte Missbrauchspotenzial, das insbesondere in einem willkürlich niedrigen Ranking oder einer gänzlichen Verweigerung des
Listings zu sehen ist, könnte bei restriktiver Auslegung des Abs. 3b nur schwer aufgegriffen
werden. Das würde dem gesetzgeberischem Willen widersprechen,[1357] durch die explizite
Pflicht zur Berücksichtigung der Intermediationsmacht die Rechtssicherheit und Vorhersehbarkeit der Rechtsanwendung zu erhöhen.[1358]

    Eine charakteristische Eigenart digitaler Plattformen ist die Aggregation großer Informa- **150r**
tionsmengen. Deren geordnete Darstellung in Form eines Listings, Ratings oder Rankings
macht häufig den Kern des Geschäftsmodells des Intermediärs ausmacht[1359]und folgt den
von der Plattform selbst aufgestellten Regeln. Die sich darin zeigende **Regelsetzungsmacht** kommt grundsätzlich jedem Vermittlungsdienstleister unabhängig von seiner
Marktposition zu. Sie ist daher per se kein Ausdruck einer kartellrechtlich bedenklichen
Marktmacht. Maßgeblich ist vielmehr, in welchem Ausmaß die Plattform durch die
eigenmächtige Setzung von Regeln fördernd oder beschränkend **auf die Bekanntheit
und Reputation der Unternehmen einwirken kann**.[1360] Speziell bei Informationsplattformen gilt, dass die Fähigkeit des Intermediärs, die Marktstellung abhängiger Unternehmen – trotz grundsätzlich ungehinderten Marktzugangs – willkürlich negativ beeinflussen
zu können, ohne selbst signifikante wirtschaftliche Nachteile wie insbesondere eine erhebliche Reduzierung des Nutzungs- und Transaktionsvolumens befürchten zu müssen, ein
wichtiges Indiz für das Bestehen von Intermediationsmacht ist. Ob und inwieweit eine
solche Manipulationsfähigkeit besteht, hängt von der durch die Unternehmen wahrgenommene Bedeutsamkeit der Plattform für das Funktionieren des eigenen Geschäftsmodells ab.
So kann auch eine spezialisierte Suchmaschine mit einer absolut lediglich geringen Nutzer-
anzahl für die wirtschaftliche Überlebensfähigkeit bestimmter Unternehmen unverzichtbar
sein, sofern eine große Übereinstimmung der dort gebündelten, weitgehend homogenen
Nutzerpräferenzen mit dem Angebot dieser Unternehmen besteht. Vor diesem Hintergrund bedarf es einer **qualitativen Bewertung** der **Relevanz der Plattform** aus der Sicht
der Unternehmen in Relation zu den Vermittlungsdienstleistungen der Konkurrenten.

    **e) Gewichtung der Intermediationsmacht bei der Feststellung von Markt-** **150s**
**macht.** Die unterschiedlichen Ausprägungen der sich aus der plattformbedingten Abhängigkeit ergebenden Machtstellung des Intermediärs werden konzeptuell unter dem Begriff
der Intermediationsmacht zusammengefasst; § 18 Abs. 3b GWB bleibt dabei grundsätzlich

---

[1355] BegrRegE, BT-Drs. 19/23492, S. 69 mit Verweis auf BKartA 26.8.2015 – B2-98/11, BeckRS 2016,
9244 Rn. 87 f. – ASICS und BKartA 22.12.2015 – B9-121/13, BeckRS 2016, 4449 Rn. 263 – Boo-
king.com, bei denen es jeweils um die Angewiesenheit auf ein vorteilhaftes Ranking bei der horizontalen
Suchmaschine Google bzw. bei der vertikalen Suchmaschine Booking.com ging.
[1356] Das BKartA sprach insofern von einer „faktischen Austauschbeziehung", BKartA 8.9.2015 – B6-126/
14, WuW 2016, 38 Rn. 135, 139 – Google/VG Media.
[1357] BegrRegE, BT-Drs. 19/23492, 69.
[1358] In diese Richtung auch Ackermann in Bien/Käseberg/Klumpe/Körber/Ost 10. GWB-Novelle Kap. 1
Rn. 336, jedoch lediglich bezogen auf § 20 Abs. 1 S. 2 GWB.
[1359] Siehe nur Schweitzer/Haucap/Kerber/Welker, Modernisierung der Missbrauchsaufsicht für marktmächtige Unternehmen, 2018, S. 15 ff.
[1360] Vgl. Furman/Coyle/Fletcher/McAuley/Marsden, Unlocking digital competition, Report of the Digital Competition Expert Panel, 2019, Rn. 1.117 unter Bezug auf Rahman Geo. L. Tech. Rev. 2 (2018), 234
(242 ff.), der die Ausprägungen der Intermediationsmacht in „Gatekeeping Power", „Transmission Power"
und „Scoring power" unterteilt.

ein neben anderen Marktmachtindikatoren **gleichwertiger Plus-Faktor** bei der Feststellung des Grades der Marktmacht einer Plattform (→ Rn. 150f). Welchen konkreten Einfluss gerade die Intermediationsmacht auf die Schaffung wettbewerblich unkontrollierter Verhaltensspielräume hat, lässt sich nicht abstrakt bestimmten, sondern bedarf einer Beurteilung im Einzelfall.

**150t**   **aa) Einfluss auf die Marktabgrenzung.** Die Berücksichtigung des Konzepts der Intermediationsmacht wäre weitgehend obsolet, wenn sich der relevante Markt in der Situation eines wettbewerblichen „Flaschenhalses" ohnehin auf die jeweilige Plattform beschränkte. Sind Unternehmen in einem so hohen Maße von den Intermediären abhängig, dass diese jeweils einzeln als unverzichtbar für die wirtschaftliche Existenz der Unternehmen anzusehen sind, können die Plattformen nicht substitutiv, sondern nur komplementär den Bedarf der Unternehmen decken.[1361] Die Plattformen bilden dann selbst den jeweils relevanten Markt und sind hinsichtlich der von ihr gebündelten Nachfragerseite als **Monopolisten** anzusehen.[1362] Die plattformbedingte Abhängigkeit ist somit bereits ein der Substituierbarkeit der Vermittlungsdienstleistungen inhärenter Faktor bzw.determinieren die Substitutionsmöglichkeiten die Abhängigkeit vom jeweiligen Intermediär.[1363]

**150u**   Häufig können etwaige Substitutionsbeziehungen zwischen den Dienstleistungen verschiedener Plattformen jedoch nicht in Gänze ausgeschlossen werden, da ein relevanter Teil der nachfragenden Nutzer nicht nur Singlehoming betreibt. Dann ist die Gleichsetzung der Tätigkeit eines bestimmten Intermediärs mit einem Einzelmarkt nicht zu rechtfertigen.[1364] Voraussetzung ist aber, dass ein Verzicht auf die Vermittlungsdienstleistung des potentiellen Marktbeherrschers eine tragbare Alternative darstellt. Davon ist nicht auszugehen, wenn im Einzelfall zwar ein gewisser Teil der Nachfrager Multihoming praktiziert, dies aber nicht ausreicht, um eine Abhängigkeit des Anbieters von der Vermittlungsleistung der potentiell dominanten Plattform auszuschließen.[1365] Aufgrund der Wechselwirkungen zwischen Austauschbarkeit und Abhängigkeit scheint es prima facie naheliegend, den Schwierigkeiten einer adäquaten Erfassung der Machtstellung eines Intermediärs durch eine enge Marktabgrenzung zu begegnen. Diese Vorgehensweise war in der Vergangenheit durchaus in der Rechtspraxis zu beobachten mit der Folge, dass sich ein hoher Marktanteil ergab und eine beherrschende Stellung angenommen werden konnte.[1366] Problematisch ist jedoch, dass bei einem solchen Vorgehen Anreize bestehen, die tatsächlichen Wettbewerbsverhältnisse nicht umfassend in den Blick zu nehmen.[1367]

**150v**   Auf der anderen Seite wird teilweise diskutiert, ob bei einer (eindeutig) als wettbewerbsschädlich identifizierten Verdrängungsstrategie eines Intermediärs – etwa bei Missachtung des Vertrauens der Nutzer auf die Richtigkeit bzw. Fairness des Rankings der Suchergebnisse durch eine ungerechtfertigte Selbstpräferierung – ohne präzise Marktabgrenzung

---

[1361] Haucap/Schröder FS Wiedemann, 2020, 335 (339).

[1362] Franck/Peitz, Market Definition and Market Power in the Platform Economy, S. 56 f.; vgl. auch Europäische Kommission 18.7.2018, AT.40099, C(2018) 4761 final, Rn. 268 ff. – Google Android (Android App Stores als eigenständiger sachlich relevanter Markt).

[1363] Vgl. bereits oben → Rn. 150i und die Entscheidung BGH 8.10.2019 – KZR 73/17, NZKart 2019, 599 – Werbeblocker III.

[1364] Schweitzer/Haucap/Kerber/Welker, Modernisierung der Missbrauchsaufsicht für marktmächtige Unternehmen, 2018, S. 91.

[1365] Volmar NZKart 2020, 170 (174).

[1366] Siehe BKartA 4.12.2017 – B6-132/14-2, BeckRS 2017, 143035 Rn. 112 ff. – CTS Eventim. Die Behörde ging davon aus, dass es keine Substituierbarkeit von Ticketsystemdienstleistungen durch den Eigenvertrieb von Tickets sowie durch reinen Online-Vertrieb gebe, da Ticketsysteme im Vergleich hierzu „signifikant reichweitenstärkere Vertriebsmöglichkeiten bieten". Die Beurteilung der Substituierbarkeit erfolgte hier also danach, ob Alternativen bestehen, die einen ähnlichen Absatz ermöglichen. Dadurch konnte das Abhängigkeitsverhältnis bereits bei der Marktabgrenzung Berücksichtigung finden; vgl. auch BGH 8.10.2019 – KZR 73/17, NZKart 2019, 599 – Werbeblocker III (Annahme eines Marktes „der Eröffnung des Zugangs zu Nutzern, die seinen Werbeblocker installiert haben").

[1367] Vgl. die Kritik bei Haucap/Schröder FS Wiedemann, 2020, 335 (339).

direkt auf eine beherrschende Stellung zu schließen sei.[1368] Einem solchen Ansatz muss schon deshalb eine Absage erteilt werden, weil sich der Gesetzgeber durch die Kodifizierung des Konzepts der Intermediationsmacht eindeutig gegen eine Abkehr von der etablierten Systematik der Feststellung der Normadressateneigenschaft entschieden und zugleich verdeutlicht hat, dass das **Marktmachtkonzept** auch **im Bereich der Plattformökonomie** weiter **Bestand** hat.

§ 18 Abs. 3b GWB betont die bereits zuvor bestehende Möglichkeit, die Existenz einer **150w** marktbeherrschenden Stellung auch unterhalb der in § 18 Abs. 4 GWB formulierten Marktanteilsschwelle zu bejahen, wenn Unternehmen in erheblichem Umfang auf die Intermediärstätigkeit von Plattformen angewiesen sind.[1369] Insoweit hat die neue Vorschrift aber eher eine deklaratorische Bedeutung, während die allgemeinen Grundsätze für die Bestimmung der Normadressaten des Marktmachtmissbrauchsverbots hierdurch im Ergebnis nicht tangiert werden.

**bb) Auswirkungen auf die Feststellung des erforderlichen Maßes an Markt-** **150x** **macht. (1) Messung des Marktanteils bei Vermittlungsdienstleistungen.** Marktanteile haben auf Plattformmärkten zwar eine begrenzte, aber keine ganz zu vernachlässigende Aussagekraft für die Indikation einer beherrschenden Stellung. Auch wenn eine am Umsatz orientierte Marktanteilsmessung wenig zielführend ist, können alternative Formen der Berechnung etwas anhand der Zahl der aktiven Nutzer oder der Nutzungsintensität einen realistischen Überblick über die Marktstruktur geben (→ Rn. 123). Wie bereits zuvor anerkannt, stellt das Konzept der Intermediationsmacht heraus, dass aufgrund der Interdependenzen der verschiedenen Marktseiten eine isolierte Betrachtung lediglich einer Seite kein hinreichendes Bild zeichnet.[1370] Die einseitige Berücksichtigung des Marktanteils auf der Multihoming betreibenden Anbieterseite gibt beispielsweise im Zweifel wenig Auskunft über die tatsächlichen Verhaltensspielräume der Plattform, sofern nicht auch die Singlehoming betreibende Nachfragerseite mit in die Betrachtung mit einbezogen wird.

**(2) Bedeutung für die Erreichung der Marktbeherrschungsschwelle.** Ein besonde- **150y** res Charakteristikum der Intermediationsmacht ist, dass aus den sich durch die Struktur mehrseitiger Märkte ergebenden Interdependenzen Angewiesenheitslagen entstehen können, die – im Zusammenspiel mit weiteren Marktmachtindikatoren – bereits unterhalb des in der Regel bei der Angebotsmacht erforderlichen Marktanteils zur Bejahung einer beherrschenden Stellung führen.[1371] Hier ergibt sich eine gewisse Parallele zur Nachfragemacht[1372] (→ näher Rn. 151 ff.) bzw. zum Konzept des „unavoidable trading partner"[1373] oder neuerdings des „Gatekeepers".[1374] Die Vermittlerposition der Plattform ist vor allem dadurch gekennzeichnet, dass diese (zumindest im Grundsatz) nicht als Zwischenhändler agiert und somit nicht das Absatzrisiko trägt. Aus Sicht der Unternehmen, die über den Intermediär Zugang zur vermittelten Nachfragergruppe suchen, ist dies jedoch für die Begründung einer Angewiesenheit weniger relevant.[1375] Entscheidend ist vielmehr, ob ein **Verzicht oder** die **Einschränkung der Erreichbarkeit** der **vermittelten Nutzergruppe** eine

---

[1368] Vgl. hierzu Schweitzer/Haucap/Kerber/Welker, Modernisierung der Missbrauchsaufsicht für marktmächtige Unternehmen, 2018, S. 47 ff.

[1369] Ackermann in Bien/Käseberg/Klumpe/Körber/Ost 10. GWB-Novelle Kap. 1 Rn. 341, 343.

[1370] BKartA, Leitfaden Marktbeherrschung, Rn. 36.

[1371] Crémer/Montjoye/Schweitzer, Competition Policy for the Digital Era, 2019, S. 49; Schweitzer/Haucap/Kerber/Welker, Modernisierung der Missbrauchsaufsicht für marktmächtige Unternehmen, 2018, S. 87 ff.

[1372] Darauf hinweisend Schweitzer/Haucap/Kerber/Welker, Modernisierung der Missbrauchsaufsicht für marktmächtige Unternehmen, 2018, S. 88 ff.

[1373] Crémer/Montjoye/Schweitzer, Competition Policy for the Digital Era, 2019, S. 49.

[1374] Vgl. auch Schweitzer ZEuP 2021, 503 (523); Körber NZKart 2021, 379 (384) mit Bezug zum Begriff des Gatekeepers iSd Art. 3 Abs. 1 DMA-E.

[1375] Schweitzer/Haucap/Kerber/Welker, Modernisierung der Missbrauchsaufsicht für marktmächtige Unternehmen, 2018, S. 89.

**Bedrohung der eigenen wirtschaftlichen Existenz** darstellt oder ob das Unternehmen die Konsumenten ohne **unzumutbarem Aufwand auch auf anderen Wegen erreichen** kann.[1376] Eine erhöhte Bedeutung kommt also der Frage zu, in welchem Umfang die Plattform beide Marktseiten an sich gebunden hat oder ob insbesondere die Seite der Nachfrager zu einem nicht nur unerheblichen Teil Multihoming betreibt.[1377] Das im Wege einer qualitativen Bewertung zu ermittelnde Maßan **Intermediationsmacht** kann damit letztlich ein **gewichtiges Indiz für die Begründung einer marktbeherrschenden Stellung** sein.[1378] Mit der Betonung der Auswirkungen der Vermittlerposition gewinnt das Konzept der Intermediationsmacht insbesondere in Konstellationen mit Marktanteilen unterhalb der Schwelle von 40 % Bedeutung, wenngleich dies wegen der eingeschränkten Relevanz der Marktbeherrschungsvermutung nach § 18 Abs. 4 GWB für den Fall eines non liquet (näher → Rn. 124, 188 ff.) nicht überschätzt werden sollte. Jedenfalls geht § 18 Abs. 3b GWB auch insoweit über eine Klarstellung nicht hinaus.

150z    Daraus ergibt sich die weitere Frage, ob die gleichzeitige Bejahung von Intermediationsmacht bei mehreren Unternehmen auch eine parallele marktbeherrschende Stellung einer Mehrzahl von Unternehmen indizieren kann. Die Möglichkeit einer **parallelen Einzelmarktbeherrschung** durch mehr als ein Unternehmen ist jedoch schon deshalb **abzulehnen,** weil nicht erkennbar ist, wie ein Unternehmen einen abgegrenzten Markt gegenüber allen Wettbewerbern beherrschen können soll, während gleichzeitig ein anderes Unternehmen ebenfalls eine dominante Position einnimmt[1379] (näher hierzu → Rn. 162, 196). Denkbar erscheint lediglich eine parallele plattformbedingte Abhängigkeit im Sinne des Bestehens relativer Marktmacht einer Mehrzahl von Plattformbetreibern. Diese Konstellation wird im deutschen Recht durch § 20 Abs. 1 GWB adressiert, sodass insoweit keine Schutzlücken bestehen.[1380]

151    **6. Besonderheiten bei der Nachfragemacht.** Die Praxis geht davon aus, dass sich für die Feststellung einer beherrschenden Stellung auf der Nachfrageseite keine grundsätzlichen Abweichungen gegenüber der Feststellung von angebotsseitiger Marktbeherrschung ergeben. Gerade die durch die 5. GWB-Novelle eingefügten, nunmehr in § 18 Abs. 3 Nr. 7 und Nr. 8 verorteten Strukturmerkmale der Umstellungsflexibilität und der Ausweichmöglichkeit der Marktgegenseite haben dabei Nachfragekonstellationen vor Augen.[1381] Auch die verbale Herabstufung des Marktanteilskriteriums hängt damit zusammen (dazu bereits → Rn. 115). Diese Ergänzung lässt sich nur in Kenntnis der Entstehungsgeschichte der 5. Novelle richtig einschätzen. Soweit § 19 aF betroffen war, ging es dabei um ein Bemühen, nicht im Hinblick auf die Missbrauchskontrolle – dem dienten die Änderungen innerhalb des § 26 Abs. 2 aF –, sondern in Richtung Fusionskontrolle eine handelsspezifische Verschärfung des Gesetzes zu erreichen. Die Optionen waren eine Vertikalisierung der Marktbeherrschung in Anlehnung an die vom BKartA entwickelte und vom KG mit Nachdruck verworfene sog. **Unverzichtbarkeitsthese,**[1382] eine Sektoralisierung der Marktbeherrschung, eine Abkoppelung der Fusionskontrolle von der Missbrauchskontrolle

---

[1376] Zum Konzept der Abhängigkeit aus ökonomischer Perspektive Haucap/Heimeshoff/Thorwarth/Wey WuW 2015, 205.

[1377] Vgl. BKartA 4.12.2017 – B6-132/14-2, BeckRS 2017, 143035 Rn. 180 ff. – CTS Eventim.

[1378] So auch Ackermann in Bien/Käseberg/Klumpe/Körber/Ost 10. GWB-Novelle Kap. 1 Rn. 341, 345.

[1379] Volmar NZKart 2020, 170, 174; Steinvorth in Wiedemann KartellR-HdB § 20 Rn. 82.

[1380] Vgl. die zustimmenden Ausführungen bei Volmar, Digitale Marktmacht, 2019, S. 368 ff.

[1381] Begr. 1989 S. 17; so auch die Interpretation bei Wiedemann in Wiedemann KartellR-HdB § 23 Rn. 36; ähnlich Deister in Schulte/Just Rn. 130.

[1382] BKartA 23.3.1982 – B 9–712068–U2002/82, WuW/E BKartA 1970 (1979) – Coop-Supermagazin; BKartA 20.6.1983 – B 9–712000–U2056/82, WuW/E BKartA 2060 (2062 ff.) – Metro-Kaufhof; BKartA 14.8.1984 – B9–71068-U-2006/84, WuW/E BKartA 2161 (2165 ff.) – Coop-Wandmaker; siehe auch BKartA 29.6.1981 – B 8–712046–U159/80, WuW/E BKartA 1897 (1904 ff.) – Hussel-Mara; KG 5.11.1986 – Kart 15/84, WuW/E OLG 3917 (3934) – Coop-Wandmaker; KG 24.4.1985 – Kart. 34/81, WuW/E OLG 3577 (3589) – Hussel-Mara; KG 16.10.1984 – Kart. 14/83, WuW/E OLG 3367 (3369) – Metro-Kaufhof.

und schließlich diverse handelsspezifische Oligopolansätze.[1383] Die drei letztgenannten Optionen hat der Gesetzgeber der 5. Novelle eindeutig verworfen, die Unverzichtbarkeitsthese jedenfalls in der Spielart, dass die Forderung nach einer Streichung des Horizontalbezuges der überragenden Marktstellung „im Verhältnis zu seinen Wettbewerbern" ebenso zurückgewiesen wurde wie die in der Logik der Unverzichtbarkeitsthese liegende Vorstellung, es könne auf einem Markt mehrere Unternehmen nebeneinander als je einzelne Marktbeherrscher geben. Auch wurden die neuen Kriterien nicht zu einem eigenen Tatbestand verselbstständigt, sondern in die Gesamtbetrachtung des § 22 Abs. 1 Nr. 2 aF eingefügt. Im Jahr 2013 hat der Gesetzgeber durch die 8. GWB-Novelle zwar alle Strukturmerkmale in einem eigenen Absatz des § 18 verortet, dies hat jedochkeine materiell-rechtlichen Auswirkungen.

Die beiden erst durch die 5. GWB-Novelle neu eingefügten Kriterien sind schon in der **152** vorherigen Rechtsanwendungspraxis ganz selbstverständlich herangezogen worden. Die **Ausweichmöglichkeiten der Marktgegenseite** sind der entscheidende Indikator bei der Abgrenzung von Angebotsmärkten nach dem Bedarfsmarktkonzept (s. bereits → Rn. 37 ff.). Unter dem Gesichtspunkt des Substitutionswettbewerbs sind sie bei der Feststellung des Beherrschungsgrades präsent. Die **Umstellungsflexibilität** ist Bestandteil des Angebotsumstellungskonzepts, wie es gerade für Nachfragemärkte ganz überwiegend vertreten wird (dazu → Rn. 78 ff.). Gleiches gilt in Richtung potentiellen Wettbewerbs seitens neu in den Markt eintretender Unternehmen. Das KG hatte in seiner maßgeblichen Coop-Wandmaker-Entscheidung diese Aspekte schon vor der Gesetzesergänzung voll berücksichtigt.[1384] Die verbale Herabstufung des Marktanteilskriteriums, verbunden mit der These in der Regierungsbegründung, dass Marktbeherrschung auf der Nachfrageseite schon bei Marktanteilen vorliegen kann, die deutlich unter der für Angebotsmacht richtungweisenden Beherrschungsvermutung (von seinerzeit einem Drittel) liegen,[1385] ändert daran nichts. Dies bezieht sich nur auf die Bedeutung des Marktanteils als eines von diversen Marktmachtindikatoren, lässt das eigentliche Kriterium der Marktbeherrschung aber unberührt. Im Übrigen ist die **Möglichkeit der unterschiedlichen Gewichtung des absoluten Marktanteils** je nach den konkreten Marktverhältnissen nicht auf die Nachfrageseite beschränkt.[1386]

Ein Anklang an eine etwas abgeschwächte Unverzichtbarkeitsthese des BKartA[1387] findet **153** sich in der Regierungsbegründung in dem Bemerken, die Möglichkeit der Marktgegenseite, auf andere Unternehmen auszuweichen, werde dann nicht gegeben sein, wenn eine für den jeweiligen Markt erhebliche Zahl von Unternehmen keine ausreichenden und zumutbaren Absatz- oder Bezugsalternativen besäße.[1388] Auch eine solche **verkappte Unverzichtbarkeitsthese** wäre aus normativen wie aus wettbewerbspolitischen Gründen nicht überzeugend. Sie verkennt bei ihrer Anlehnung an den Abhängigkeitstatbestand in § 20 Abs. 1, dass dort die Rechtsfolgen einen Normadressaten immer nur in seinem Verhalten gegenüber den Abhängigen treffen. Bei den §§ 18, 19 können einem Marktbeherrscher dagegen zusätzliche Verhaltenspflichten gegenüber der gesamten Marktgegenseite erwachsen. Wichtiger ist, dass die Begründung einer Normadressateneigenschaft

---

[1383] Vgl. Bergmann S. 120 ff.; Köhler, Verschärfung der Fusionskontrolle im Handel – notwendig oder schädlich?, S. 87 ff.; Schmidt Wirtschaftsdienst 1989, 131 (136 ff.); Ulmer MA 1987, 326 (334); Jickeli WuW 1990, 481 (482 f.).

[1384] KG 5.11.1986 – Kart 15/84, WuW/E OLG 3917 (3927 ff.).

[1385] Begr. 1989 S. 17.

[1386] Vgl. zB KG 22.3.1983 – Kart 17/81, WuW/E OLG 2862 – Rewe-Florimex: Marktbeherrschung bei Marktanteil von 12 %; weitere Nachweise → Rn. 59.

[1387] Zu ihm namentlich Kartte FS Benisch, 1989, 59 ff.; Ulmer MA 1987, 326 (332 ff.); dagegen Mestmäcker, Der verwaltete Wettbewerb, S. 265 f.; Gröner/Köhler BB 1982, 257 (262 ff.); Köhler, Nachfragewettbewerb und Marktbeherrschung, S. 73 ff.; Berg Ordo 1986, 183 (189 ff.); Berg WRP 1986, 577 (581 f.); Möschel, 30 Jahre Kartellgesetz, S. 3, 11; Kerber S. 388 ff.

[1388] Begr. 1989 S. 17, Hervorhebung vom Bearbeiter; solches Verständnis befürchtend Markert Schwerpunkte 1987/88, 15 (23); Emmerich WM 1988, 1773 (1778).

sowohl für § 20 Abs. 1, als auch für die Missbrauchskontrolle nach § 18 Abs. 1 Nr. 3 (ggf. in Verbindung mit weiteren Kriterien) für sich noch nichts bewirkt. Es ist das zusätzliche Tatbestandsmerkmal der unbilligen Behinderung in § 19 Abs. 2 Nr. 1 (bzw. der sachlich nicht gerechtfertigten Ungleichbehandlung oder allgemein des Missbrauchs einer marktbeherrschenden Stellung nach Abs. 1) zu prüfen. Eine verkappte Unverzichtbarkeitsthese erlangte ihre Bedeutung dagegen im Wesentlichen bei der Fusionskontrolle. Angesichts der dortigen Anknüpfung nicht an Verhaltenskategorien eines Missbrauchs, sondern an Strukturkategorien der Marktbeherrschung würde eine Unverzichtbarkeitsthese zu einer weitgehenden Verhinderung von Zusammenschlüssen führen und damit strukturkonservierend wirken mit negativen Folgen für den dynamischen Wettbewerb zwischen und auf den Wirtschaftsstufen im Hinblick auf eine immer neu zu findende optimale Abstimmung von Produktions- und Vertriebsleistungen. Die Vertriebskonzeption eines Herstellers würde das Kriterium für die Unverzichtbarkeit und damit letztlich für den Untersagungstatbestand des § 36 Abs. 1 abgeben. Außer Acht gelassen wird dabei, dass Marktbeherrschung als Untersagungskriterium in seinem Sinn auf den Kopf gestellt wird, wenn sich damit nicht jedenfalls ein Potential zur Wettbewerbsbeschränkung verbindet. Die Möglichkeit, im Vertikalverhältnis eines Nachfragers zu einem Lieferanten Druck auszuüben, indiziert dies nicht. Dies bleibt lediglich die Beschreibung einer typischen Käufermarktsituation mit korrespondierendem Angebotsüberhang. „Druck" auf Anbieter bedeutet dann Anpassung von Überkapazitäten an eine Nachfrage, wie sie im Markt untergebracht werden kann.[1389] Diesen wettbewerblichen Prozess über eine Unverzichtbarkeitsthese anzuhalten, würde wettbewerbspolitisch kontraproduktiv wirken.

**154**      Schwierigkeiten erwachsen aber aus den **Unsicherheiten** in der wettbewerbstheoretisch adäquaten Erfassung von Nachfragewettbewerb und Nachfragemacht.[1390] Oftmals ist Nachfragemarktbeherrschung daher komplizierter festzustellen als eine vergleichbare Angebotssituation.[1391] Normativ geht es bei § 18 um die Feststellung eines vom Wettbewerb nicht mehr hinreichend kontrollierten Verhaltensspielraums eines Marktbeherrschers im Sinne seiner Fähigkeit zur Entwicklung unabhängiger Marktstrategien.[1392] Im Einklang mit den allgemeinen Schutzzwecken der Norm geht es auch hier um den Schutz von Konkurrenten auf der Nachfrageebene vor übermäßigen Behinderungen,[1393] um den Schutz der Marktgegenseite vor einer ausbeuterischen Machtausübung seitens des marktbeherrschenden Nachfragers, ggf. um den Schutz vor einem Transfer von Nachfragemacht auf Drittmärkte. Abzulehnen ist die These, Nachfragewettbewerb sei weniger schutzwürdig als Angebotswettbewerb, da er zu Lasten der Endverbraucher die Preisspielräume von Anbietern stabilisiere.[1394] Das GWB ist nicht auf den Schutz von Verbrauchervorteilen, schon gar nicht von kurzfristigen, ausgerichtet. Es geht um die **Aufrechterhaltung von Wettbewerbsprozessen.** Das schließt die Handlungsfreiheit von Anbietern mit ein.[1395] Wie auf Angebotsmärkten Marktbeherrschung die Fähigkeit zur Restriktion des Angebots einschließt, so auf Beschaffungsmärkten umgekehrt die Fähigkeit des Nachfragers, durch Zurückhaltung im Einkauf einen Druck auf die Einkaufspreise insgesamt auszuüben und dadurch Preiskonzessionen zu erzwingen.[1396]

---

[1389] Vgl. für eine Interpretation der Entwicklung im Lebensmittelhandel als wettbewerblichen Anpassungsprozess auch Oberender FS Heuß, 1987, 381 ff.
[1390] Überblick bei Bergmann S. 73 ff.; Köhler, Nachfragewettbewerb und Marktbeherrschung, S. 73 ff.; eingehend Kerber S. 315 ff.
[1391] Bechtold/Bosch Rn. 42.
[1392] Grundlegend Monopolkommission Sondergutachten 7 Tz. 202 zur Vorgängervorschrift.
[1393] ZB Aufkauf eines wichtigen Vorproduktes, um die Nachfrager aus dem Markt zu treiben wie im berühmten Amercian Tobacco-Fall, 328 U. S. 781 (1946), Absicherungsmaßnahmen rechtlicher oder tatsächlicher Art, so dass die Konkurrenten nicht in den Genuss der gleichen Einkaufsvorteile gelangen.
[1394] Vgl. Knöpfle BB 1987, 1960 ff.
[1395] Siehe zur Unzulässigkeit von Höchstpreiskartellen aus diesem Grunde Zimmer → § 1 Rn. 89.
[1396] Sog. Konzept der Nachfragebegrenzung, vgl. Monopolkommission Sondergutachten 14 Tz. 145, 212; Gutachten des Wiss. Beirats Tz. 20; krit. Köhler, Nachfragewettbewerb und Marktbeherrschung, S. 81 ff.; Bergmann S. 79 ff.

Um eine solche Marktstellung zu ermitteln, bleibt namentlich im Zusammenhang mit 155
der Fusionskontrolle in der Regel kein anderer Weg als jene **Gesamtbetrachtung,** in
welche die Regierungsbegründung die ins Gesetz gebrachten Vertikalkriterien eingebettet
sehen will.[1397] Besonders wichtig ist dabei das Kriterium des Zugangs zu den Absatzmärkten. Denn die Stellung beim Einkauf wird vorgeprägt von den Handlungsmöglichkeiten beim Verkauf. Zurückhaltung ist demgegenüber angebracht gegenüber der weithin
vertretenen, in der Regierungsbegründung 1989 aufgenommenen These, Marktbeherrschung auf der Nachfrageseite könne regelmäßig schon bei sehr viel niedrigeren Marktanteilen erreicht werden als auf der Anbieterseite.[1398] Im Schrifttum werden teilweise
Größenordnungen von 6% genannt.[1399] Letzteres liegt in der Logik der hier zurückgewie-
senen Unverzichtbarkeitsthese. Geht man demgegenüber von der Basis aus, dass ein Nachfrager eine **beherrschende Stellung gegenüber der Angebotsseite nur dann** hat,
**wenn** er durch Drosselung seines Bezuges das **Preisniveau insgesamt zu drücken in der
Lage** wäre, so ist jene asymmetrische Behandlung des Kriteriums Marktanteil auf Ange-
bots- und Beschaffungsmärkten nicht angezeigt.[1400] Der Umstand, dass sich im Lebensmittelhandel solche Zurückhaltung beim Bezug praktisch nicht beobachten lässt, Preiszugeständnisse vielmehr regelmäßig bei gleich bleibenden oder steigenden Nachfragemengen
eingeräumt werden, zeigt, dass es hier nicht um Phänomene von Nachfragemacht geht,
sondern um strukturelle Anpassungsprozesse im Wettbewerb.[1401]

In der **Rechtsanwendungspraxis** steht das Marktanteilskriterium im Vordergrund. 156
Verhältnismäßig problemlos ist dies bei Abs. 1 Nr. 1; wenn ein Nachfrager ohne jeden
Wettbewerber ist. Solche Marktstellungen resultieren idR aus gesetzlich begründeten
Monopolen (siehe die Beispiele in → Rn. 83a). Es gilt auch für die nicht sehr zahlreichen
Entscheidungen zu § 26 Abs. 2 S. 1 aF = § 19 Abs. 1 Nr. 1 aF: Das KG hielt die Berliner
AOK für **nachfragebeherrschend** auf dem dortigen Markt für Arzneimittel angesichts des
Umstandes, dass 73% der Westberliner Bevölkerung bei der AOK versichert waren und
47% des Gesamtumsatzes an apothekenpflichtigen Arzneimitteln von Apotheken bestritten
wurde, welche von der AOK zugelassen waren.[1402] Das LG Berlin nahm dies für eine
Theater-Besucherorganisation mit einem durchschnittlichen Anteil von 25% am Bezug
von Theaterkarten an, da die Marktanteile anderer Besucherorganisationen verschwindend
gering waren; die nächstgrößte wies einen Anteil von 2,5% auf.[1403] Der BGH hielt es für
denkbar, dass ein regionaler Landwirtschaftsverband, der eine eigene Verbandszeitschrift
herausbrachte, marktbeherrschender Nachfrager gegenüber dem Verleger einer landwirtschaftlichen Fachzeitschrift war, der in der fraglichen Region 27% seiner Gesamtauflage
absetzte.[1404] Bei einem Anteil von einem Drittel auf einem Markt für Vermessungsleistungen hielt der BGH eine beherrschende Stellung für denkbar mit der Folge, dass der in
Anspruch genommene Nachfrager substantiiert darlegen muss, warum er trotz der Erfüllung des Vermutungstatbestandes des § 22 Abs. 3 aF (nunmehr § 18 Abs. 4) nicht marktbeherrschend ist.[1405] In einer ähnlichen Größenordnung bewegten sich die Marktanteile in

---

[1397] Begr. 1989 S. 17; siehe weiter Bergmann S. 88 ff.; Köhler, Nachfragewettbewerb und Marktbeherrschung, S. 60 ff.; Monopolkommission Sondergutachten 8 Tz. 202.
[1398] So beiläufig auch BGH 23.2.1988 – KZR 17/86, WuW/E BGH 2483 (2489) – Sonderungsverfahren
(zu § 26 Abs. 2 aF = jetzt § 19 Abs. 1, § 20 Abs. 1); s. ferner Schmidt WuW 1997, 101 (108);
zahlreiche weitere Nachweise bei Bergmann S. 90 in Fn. 97; abl. in einem Zusammenschlussfall KG
5.11.1986 – Kart 15/84, WuW/E OLG 3917 (3926 ff.) – Coop-Wandmaker.
[1399] So Ulmer MA 1987, 326 (334).
[1400] In dieser Richtung Markert Schwerpunkte 1987/88, 24; Köhler, Nachfragewettbewerb und Marktbeherrschung, S. 60 ff.; Bergmann S. 90 ff. mwN; eher höhere Marktanteile erforderlich: Kerber S. 517, 519.
[1401] Eingehend Wiss. Beirat Tz. 20.
[1402] KG 8.12.1959 – 5 U Kart. 1153/59, WuW/E OLG 307 (309) – AOK; ebenso LG Berlin 3.4.1959 –
91 O.Kart 34/58, WuW/E LG/AG 116 (124) – AOK.
[1403] LG Berlin 24.4.1967 – 16 O 69/65, WuW/E LG/AG 277 (281) – Theaterplätze.
[1404] BGH 21.6.1971 – KZR 8/70, WuW/E BGH 1205 (1208) – Verbandszeitschrift.
[1405] BGH 23.2.1988 – KZR 17/86, WuW/E BGH 2483 (2488 ff.) – Sonderungsverfahren.

Entscheidungen zu § 26 Abs. 2 S. 2 aF = § 20 Abs. 1,[1406] während dort in nicht zur Entscheidung gelangten Verfahren der Kartellbehörden eine Abhängigkeit kleinerer und mittlerer Lieferanten gegenüber Handelsunternehmen bereits bei einem Umsatzanteil von ca. 10 % angenommen wurde. Angestoßen durch die Sektoruntersuchung zum Lebensmitteleinzelhandel des Bundeskartellamts[1407] werden in der Wettbewerbsökonomie die Bedeutung der Unternehmensgröße und der **Wasserbett- und Spiraleffekte** diskutiert.[1408] Tatsächlich gibt die Sektoruntersuchung keine Antwort darauf, wann von Nachfragemacht auszugehen ist.[1409]

**156a**   Marktbeherrschung wurde abgelehnt im Falle eines Messeveranstalters bezüglich der Nachfrage, Ausstellungszubehör zu mieten, als dieser 4–7 Messen im Jahr veranstaltete bei einer Gesamtzahl von jährlich mehreren Hundert in der Bundesrepublik.[1410] Ein Anteil eines öffentlichen Schulträgers am Bestellvolumen des größten Buchhändlers am Ort in Höhe von 27 % reichte nicht für die Annahme einer Marktbeherrschung, wenn das Marktvolumen im Übrigen unbekannt ist.[1411] Auch bei einem hohen Marktanteil kann grundsätzlich nicht auf eine Gesamtbetrachtung aller relevanten Marktmachtkriterien verzichtet werden.[1412] in.

In Zusammenschlussfällen unter dem Aspekt der Entstehung oder der Verstärkung einer Nachfragemarktbeherrschung ist seit der Coop-Wandmaker-Entscheidung des Kammergerichts eine Gesamtbetrachtung maßgeblich. Seine Argumentation betrifft zwar unmittelbar nur den Aspekt wesentlichen Wettbewerbs innerhalb einer Oligopolgruppe nach § 18 Abs. 5. Für die Frage, ob ein einzelner führender Nachfrager im Verhältnis zu allen anderen eine überragende Marktstellung hat, würde indes nichts anderes gelten.[1413] Eine spätere Entscheidung des BKartA[1414] hat bereits deutlich gemacht, dass es seine Unverzichtbarkeitsthese zugunsten einer Gesamtbetrachtung aufgegeben hat.[1415] In seinem Leitfaden zur Marktbeherrschung in der Fusionskontrolle v. 29.3.2012 stellt das BKartA für die Feststellung nachfrageseitiger Marktbeherrschung zwar im Ausgangspunkt („zunächst") darauf ab, inwieweit mangels ausreichender Ausweichmöglichkeiten ein oder mehrere Abnehmer „für die Anbieter unverzichtbar sind",[1416] betont dann aber, dass es nicht auf einzelne bilaterale Verhältnisse zwischen Lieferant und Abnehmer ankomme, sondern auf die Marktgegenseite insgesamt; eine für die Fusionskontrolle relevante „strukturelle Gefährdungslage" liege erst dann vor, „wenn eine für den Markt erhebliche Zahl von Unternehmen auf die Belieferung einzelner oder einer Gruppe von Abnehmern angewiesen ist".[1417] Zudem sei – ebenso wie bei der Prüfung von Angebotsmärkten – im Wege einer **„Gesamtbetrachtung aller relevanten Marktstrukturbedingungen"** insbesondere das

---

[1406] BGH 12.5.1976 – KZR 14/75, WuW/E BGH 1423 (1425) – Sehhilfen; OLG Düsseldorf 16.1.1979 – U [Kart] 4/78, WuW/E OLG 2071 (2072) – Düsseldorfer Volksbühne; enger OLG Stuttgart 26.10.1973 – 2 U 55/73, WuW/E OLG 1421 (1424) – Abschleppunternehmen.

[1407] BKartA Lebensmitteleinzelhandel – Darstellung und Analyse der Strukturen und des Beschaffungsverhaltens auf den Märkten des Lebensmitteleinzelhandels in Deutschland, 2014.

[1408] Haucap/Wey/Klein/Rickert WuW 2014, 946; Lademann WuW 2015, 716.

[1409] Lademann WuW 2015, 716 (732).

[1410] OLG Celle 20.5.1969 – 8 W 87/69, WuW/E OLG 1001 (1003) – Hauswirtschaftsausstellung.

[1411] OLG Düsseldorf 6.5.1986 – U [Kart.] 12/84, WuW/E OLG 3873 (3874) – Schulbuchsammelbestellungen; siehe auch OLG Düsseldorf 28.6.1985 – U (Kart.) 10/84, WuW/E OLG 3613 – Elternsammelbestellung von Schulbüchern.

[1412] Vgl. KG 9.11.1983 – Kart. 35/82, WuW/E OLG 3124 – Milchaustauschfuttermittel (trotz hohen Marktanteils Berücksichtigung weiterer Kriterien wie die Stellung der Molkereigenossenschaft als umsatzstärkster Milchverwerter in ihrem Einzugsgebiet bei fest gegründeten Lieferbeziehungen und hohen Zutrittsschranken in einem Missbrauchsfall nach § 22 Abs. 4 und 5 aF).

[1413] Vgl. Markert Schwerpunkte 1987/88, 15 (24).

[1414] BKartA 30.11.1989 – B 2–685300–U75/89, WuW/E BKartA 2428 (2431 ff.) – Nordfleisch-CG Hannover.

[1415] Marktanteil deutlich über einem Drittel, erheblicher Vorsprung vor den nächsten Konkurrenten, überlegene Finanzkraft, namentlich abgesicherter Zugang zum Beschaffungsmarkt.

[1416] BKartA, Leitfaden Marktbeherrschung in der Fusionskontrolle, Rn. 125.

[1417] BKartA, Leitfaden Marktbeherrschung in der Fusionskontrolle, Rn. 126.

Vorliegen einer überragenden Marktstellung (im Horizontalverhältnis gegenüber den anderen Abnehmern) zu prüfen.[1418]

## V. Marktbeherrschung durch mehrere Unternehmen

**1. Grundlagen der Oligopolmarktbeherrschung. a) Ausgangspunkt.** Eine markt- **157** beherrschende Stellung können auch mehrere Unternehmen gemeinsam innehaben. Eine solche kollektive Marktbeherrschung setzt einen **konzentrierten Markt** voraus, in dem nur wenige Unternehmen tätig sind, zwischen denen kein wesentlicher Wettbewerb besteht und die in ihrer **Gesamtheit** gegenüber außenstehenden Wettbewerbern über nicht hinreichend kontrollierte Verhaltensspielräume verfügen. Während Art. 102 AEUV insoweit keine direkte Vorgaben für die Konkretisierung des Tatbestands der Oligopolmarktbeherrschung macht, sondern nur die missbräuchliche Ausnutzung einer beherrschenden Stellung „durch ein oder mehrere Unternehmen" verbietet, enthält **§ 18 Abs. 5** eine **gesetzliche Definition,** die an diese beiden Elemente (Fehlen wesentlichen Wettbewerbs im Innenverhältnis zwischen den Oligopolmitgliedern und – zumindest – eine überragende Marktstellung im Außenverhältnis zu etwaigen verbleibenden Konkurrenten im Markt) anknüpft. Die 8. GWB-Novelle hat gegenüber der Vorgängernorm des § 19 Abs. 2 S. 2 aF keine sachliche Änderung gebracht. Die selbstständige Verortung in einem eigenen Absatz gegenüber der Einzelmarktbeherrschung erhöht die Übersichtlichkeit, wenngleich sich darüber streiten lässt, ob es systematisch überzeugender gewesen wäre, die kollektive Marktbeherrschung direkt nach der Einzelmarktbeherrschung zu regeln und nicht erst nach der diese betreffenden Vermutung.[1419]

Mit der Definition in § 18 Abs. 5 ist nur der **Kern des Tatbestands** der Oligopolmarkt- **158** beherrschung beschrieben: Eine Mehrzahl von Unternehmen, von denen jedes einzelne nicht über eine hinreichende Machtstellung verfügt, um den Markt allein zu beherrschen,[1420] verfügt „in ihrer Gesamtheit" über einen vom Wettbewerb nicht mehr wirksam kontrollierten Verhaltensspielraum. Die entscheidende Frage, wann eine Zusammenfassung mehrerer einzelner Unternehmen zu einer einheitlichen Gruppe gerechtfertigt ist (und wie diese Gruppe von ggf. weiteren Wettbewerbern im Markt abzugrenzen ist), wird durch die gesetzliche Bezugnahme auf das Fehlen „wesentlichen Wettbewerbs" im Innenverhältnis der potentiellen Oligopolmitglieder nur sehr abstrakt beantwortet. Eine Hilfestellung bei der Identifizierung marktbeherrschender Oligpole und der ihnen angehörenden Unternehmen bieten die **Vermutungstatbestände des Abs. 6,** die direkt auf die Definition des Abs. 5 Bezug nehmen. Danach gilt eine Mehrzahl von bis zu drei Unternehmen mit einem Marktanteil von insgesamt mindestens 50 % (Abs. 6 Nr. 1) oder eine Gruppe von bis zu fünf Unternehmen mit einem gemeinsamen Marktanteil von mindestens zwei Dritteln (66,66 %) – Abs. 6 Nr. 2) als marktbeherrschend (näher zu dieser Oligopolmarktbeherrschungsvermutung → Rn. 201 ff.). Für die Anwendung der Vermutung sind die Unternehmen in der Reihenfolge ihrer Marktanteile einzubeziehen, bis die jeweilige Marktanteilsgrenze erreicht ist.[1421]

Auf europäischer Ebene hat die **Rechtsprechung des EuG** – wohl veranlasst durch das **159** Fehlen sowohl einer Legaldefinition als auch von Vermutungstatbeständen – Kriterien zur

---

[1418] BKartA, Leitfaden Marktbeherrschung in der Fusionskontrolle, Rn. 126 (Hervorhebung hinzugefügt).

[1419] So der Einwand von Alexander WuW 2012, 1025 (1029) (noch zum Entwurf des § 18 GWB). Für die gesetzliche Reihenfolge spricht dagegen, dass in § 18 Abs. 1–4 zunächst alle Vorschriften zur Einzelmarktbeherrschung zu finden sind, bevor die Abs. 5–7 die kollektive Marktbeherrschung einschließlich der Vermutung und deren Widerlegung regeln; kritikwürdig ist eher, dass durch die Stellung der Abs. 2 und 3 im Gesetz der Umstand verschleiert werden könnte, dass sie für beide Tatbestände der Marktbeherrschung gleichermaßen gelten, ähnlich Wagner-v. Papp in Bien S. 95, 105 Fn. 20.

[1420] Zur wechselseitigen Ausschließlichkeit von Einzelmarktbeherrschung und Oligopolmarktbeherrschung, die nach zutreffender hM nicht gleichzeitig vorliegen können, vgl. bereits → Rn. 97.

[1421] Bechtold/Bosch Rn. 78; Ruppelt in Langen/Bunte, 12. Aufl. 2014, § 19 Rn. 84; jetzt aA Töllner in Bunte Rn. 250.

**Konkretisierung der Anforderungen** an das Vorliegen einer kollektiven Marktbeherrschung entwickelt und sich dabei maßgeblich von ökonomischen Erwägungen leiten lassen, welche die **Annahme eines dauerhaft gleichförmigen Verhaltens der möglichen Oligopolmitglieder** rechtfertigen können.[1422] Dazu gehören vor allem eine hohe Markttransparenz und eine durch Sanktionsmöglichkeiten abgesicherte enge Reaktionsverbundenheit zwischen den fraglichen Unternehmen. Denn nur wenn diese sich gegenseitig ohne größeren Aufwand überwachen können und glaubhaft in der Lage sind, abweichendes Verhalten zu sanktionieren, ist nach Ansicht des EuG mit einer Koordinierung zwischen ihnen zu rechnen, die auf einen Oligopolmarkt schließen lässt.[1423] Diese stärker ökonomisch fundierte Rechtsprechung des EuG hat in jüngerer Zeit auch erheblichen Einfluss auf die gerichtliche Entscheidungspraxis in Deutschland entfaltet. So hat sich der BGH bei der Prüfung, ob ein marktbeherrschendes Oligopol durch einen Zusammenschluss begründet oder verstärkt würde, ausdrücklich auf die sog. „Airtours"-Kriterien bezogen.[1424]

160    Sind die Voraussetzungen des Abs. 5 für eine kollektive Marktbeherrschung durch zwei oder mehr Unternehmen erfüllt, dann ist **jedes einzelne Unternehmen,** das zu dieser Gruppe gehört, als **Marktbeherrscher** zu behandeln.[1425] Gewisse Differenzierungen für die Normadressateneigenschaft können sich allerdings bei einzelnen Tatbeständen des Missbrauchsverbots des § 19 ergeben, sofern sich die Oligopolmitglieder insoweit nicht einheitlich verhalten. Bei Behinderungsmissbräuchen etwa kommt es darauf an, dass sich das inkriminierte Verhalten eines Oligopolmitglieds in ähnlicher Weise auswirkt wie ein entsprechendes Vorgehen aller Oligopolmitglieder.[1426]

161    Neben der kollektiven Marktbeherrschung der Oligopolmitglieder ist nach der gesetzlichen Dichotomie **keine gleichzeitige Einzelmarktbeherrschung** durch das stärkste Unternehmen innerhalb des Oligopols möglich (vgl. → Rn. 97).

162    **Ebensowenig** kann es eine **parallele Einzelmarktbeherrschung durch mehrere Unternehmen** auf demselben Markt geben.[1427] Fehlt es an einer oligopolistischen Reaktionsverbundenheit zwischen mehreren marktstarken Unternehmen, die jeweils über einen erheblichen Einfluss verfügen, deutet dies zunächst auf die Existenz relativer Marktmacht iSd § 20 Abs. 1 hin. Eine Abhängigkeit im Vertikalverhältnis kann durchaus gegenüber mehreren Unternehmen gleichzeitig bestehen, etwa bei einer sog. Spitzengruppenabhängigkeit, bei der Händler zur Wahrung ihrer Wettbewerbsfähigkeit auf die Belieferung durch mehrere Hersteller bekannter Marken angewiesen und daher gleichzeitig von jedem einzelnen Hersteller dieser Gruppe abhängig sind.[1428] Auch im Horizontalverhältnis können – unterhalb der Schwelle der Marktbeherrschung – mehrere marktstarke Unternehmen unabhängig voneinander eine überlegene Marktmacht gegenüber kleinen und mittleren Wettbewerbern iSd § 20 Abs. 3 aufweisen.[1429] Denkbar ist schließlich, dass die Möglichkeit unabhängiger Verhaltensweisen durch mehrere Unternehmen ohne die Existenz eines

---

[1422] So insbes. EuG 6.6.2002 – T-342/99, Slg. 2002, II-2585 ff. Rn. 62 – Airtours/First Choice; vgl. auch EuG 13.7.2006 – T-464/04, WuW/E EU-R 1091 – Impala.

[1423] Dazu auch Badtke/Vahrenholt ZWeR 2012, 272 (278 f.).

[1424] BGH 20.4.2010 – KVR 1/09, WuW/E DE-R 2905 Rn. 72 – Phonak/GN Store; 11.11.2008 – KVR 60/07, WuW/E DE-R 2451 (2457 f.) – E.ON/Stadtwerke Eschwege; 6.12.2011 – KVR 95/10, WuW/E DE-R 3591 (3599) – Total/OMV; vgl. auch OLG Düsseldorf 4.8.2010 – VI-2 Kart 6/09 (V), WuW/E DE-R 3000 (3008) – Tankstellenbetriebe Thüringen.

[1425] KG 10.1.1979 – Kart. 1/78, WuW/E OLG 2093 (2094) – Bituminöses Mischgut; Bechtold/Bosch Rn. 60.

[1426] Vgl. BGH 10.12.1985 – KZR 22/85, WuW/E BGH 2195 – Abwehrblatt II; 26.5.1987 – KZR 9/86, WuW/E BGH 2399 (2403) – Krankentransporte.

[1427] Stadler FS Canenbley, 2012, 441 ff.; zust. Bechtold/Bosch Rn. 59; im Ergebnis ebenso Paschke in FK-KartellR § 18 Rn. 178; differenzierend und nur teilweise krit. Wolf in MüKoWettbR Rn. 42 f.

[1428] Vgl. hierzu näher Markert → § 20 Rn. 29 mwN; insoweit zu eng Bechtold/Bosch Rn. 59 (parallele marktstarke Stellungen denkbar, „denen jeweils unterschiedliche abhängige Unternehmen gegenüber stehen").

[1429] S. etwa OLG Düsseldorf 19.12.2001 – VI-Kart 21/00 (V), WuW/E DE-R 781 (787) – Wal-Mart; BKartA 25.10.2007 – B 9–77/07, WuW/E DE-V 1481 (1482) – Netto Marken-Discount; Bechtold/Bosch § 20 Rn. 30.

oligopoltypischen Gruppeneffekts darauf zurückzuführen ist, dass sie tatsächlich auf unterschiedlichen (Teil-)Märkten tätig sind. Dies ist regelmäßig in den Fällen gegeben, in denen mehrere Unternehmen jeweils unabhängig voneinander Schlüsselpositionen auf vorgelagerten Märkten innehaben, mit denen sie wirksamen Wettbewerb in einem nachgelagerten Markt verhindern können.[1430] Die gegenteilige Auffassung des BKartAs in seinem Bericht zur „Sektoruntersuchung Stromerzeugung Stromgroßhandel"[1431], wonach mehrere Stromversorgungsunternehmen in den Jahren 2007 und 2008 auf dem Markt für Stromerstabsatz in Deutschland jeweils individuell eine dominierende Stellung innehatten, beruht auf einer unzulässigen Ausblendung des Horizontalverhältnisses.

**b) Die Unterscheidung von Innen- und Außenverhältnis.** Das Gesetz differenziert **163** ausdrücklich zwischen dem Innenverhältnis der Oligopolgruppe (Fehlen wesentlichen Wettbewerbs) und dem Außenverhältnis.[1432] Zuordnung wie Verständnis dieser beiden Kategorien sind umstritten. Teils wurde auch in diesem Zusammenhang auf die sog. Mosaiktheorie verwiesen, so dass wesentlicher Wettbewerb unter Oligopolisten nur dann fehlt, wenn eine eingehende Marktuntersuchung nicht einmal Spuren von Wettbewerb erbringt, die in ihrer Gesamtheit ein Bild noch wirksamen Wettbewerbs ergeben.[1433] Die Praxis der Rechtsprechung, wonach auf Grund einer Gesamtbetrachtungsweise festzustellen ist, ob der vorhandene Restwettbewerb im Hinblick auf den Gesamtmarkt und die Wettbewerbsverhältnisse insgesamt, nicht nur im Blick auf die verbliebenen Wettbewerbsmöglichkeiten, noch funktionsfähig ist, könnte so verstanden werden.[1434] Andere halten die Fassung des § 18 Abs. 5 in jedem Fall für zu weit. Ohne das Vorliegen besonderer Umstände wie Preismeldestellen, Preisführerschaft u. dgl. könne das Fehlen wesentlichen Wettbewerbs Oligopolunternehmen nicht zu einer Einheit zusammenschmieden.[1435] Ähnlich hat in einem Zusammenschlussfall einmal das KG entschieden: Es sei erforderlich, dass die Unternehmen auf Verhaltensweisen im Sinne einer Reaktionsverbundenheit verzichten und sich gerade dadurch eine besondere Marktposition verschafften. Bei Gleichpreisigkeit sei entscheidend, ob der Preiswettbewerb durch willkürliches Verhalten der Unternehmen eingeschränkt sei.[1436] Vereinzelt wird fehlender Preiswettbewerb als Normalzustand im Oligopol verstanden, so dass dies noch keine spezifische Missbrauchskontrolle begründen könne. Wesentlicher Wettbewerb fehle erst dann, wenn die Oligopolisten außer der Preiskonkurrenz auch die Qualitäts-, Nebenleistungs- und Werbekonkurrenz ganz oder teilweise ausgeschaltet hätten, so dass es keinen nennenswerten Bereich mehr gäbe, innerhalb dessen die Unternehmen eigeninitiierte Marktstrategien betrieben.[1437]

Die im Schrifttum überwiegende Meinung – schärfer am Schutzzweck der Missbrauchs-  **164** kontrolle orientiert – sieht **im bewusst gleichförmigen Marktverhalten** der Oligopolisten mit der Folge, dass die davon betroffenen Dritten dem nicht ausweichen können, bereits **das eine Marktbeherrschung der Gruppe begründende Element.**[1438] Freilich

[1430] Vgl. hierzu Stadler FS Canenbley, 2012, S. 441, 444–446 mwN.

[1431] Veröffentlicht am 13.1.2011, abrufbar unter www.bundeskartellamt.de unter Stellungnahmen.

[1432] Soweit die Gesamtheit die Voraussetzung des S. 1 erfüllt. Zum konzeptionellen Aufbau der Prüfung in der Kartellamtspraxis s. BKartA, Leitfaden zur Marktbeherrschung in der Fusionskontrolle (Stand: 2012) Rn. 81 ff.

[1433] Vgl. zB die Hinweise bei Sandrock S. 385 und in BB 1973, 101 (107) und bei Baur ZHR 134, 97 (144).

[1434] ZB Emmerich S. 320.

[1435] Knöpfle, Der Rechtsbegriff „Wettbewerb", S. 308 ff.; Knöpfle BB 1970, 717 (720); noch weitergehend Knöpfle BB 1983, 1421 ff.: ohne Restriktion Verfassungswidrigkeit der Norm.

[1436] KG 16.1.1980 – Kart 14/79, WuW/E OLG 2234 (2236) – Blei- und Silberhütte Braubach; insoweit Bedenken äußernd BGH 22.6.1981 – KVR 5/80, WuW/E BGH 1824 (1827) – Tonolli-Blei- und Silberhütte Braubach.

[1437] Sandrock S. 384/385; später etwas abschwächend dahin, dass der Bereich des fehlenden Wettbewerbs abzuwägen sei gegenüber dem Bereich des noch existenten Wettbewerbs und dabei eine Bilanz aufzustellen sei, BB 1973, 101 (107); siehe auch Sandrock FG Kummer, 1980, 449 (484).

[1438] Mestmäcker, Das marktbeherrschende Unternehmen im Recht der Wettbewerbsbeschränkungen, S. 19 ff.; eingehend Baur ZHR 134, 97 (145 ff.); Baur BB 1973, 915 (920); Möschel, Der Oligopolmiß-

muss dann eine konkret infrage stehende, auf Missbrauch zu überprüfende Verhaltensweise auf diese Gleichförmigkeit rückführbar sein. Das Kammergericht hat sich in seinem zweiten Valium-Beschluss dieser letztgenannten Meinungsgruppe angeschlossen, allerdings nur für den Fall der Preisüberhöhungskontrolle: Interne Marktanteilsverschiebungen innerhalb der Oligopolgruppe, bedingt durch Innovations-, Qualitäts- und Werbungswettbewerb, könnten die Marktgegenseite nicht vor überhöhten Preisen und Konditionen schützen, da jedem Oligopolunternehmen bewusst sei, dass es durch Preissenkungen nur eine Verschlechterung seiner Erlössituation, aber keinen nennenswerten Marktanteilsgewinn erreiche, der die Erlösverschlechterung lohne.[1439]

165    Für die überwiegende Meinung spricht, dass die Rechtfertigung für eine Gleichbehandlung von marktbeherrschenden Einzelunternehmen und Marktbeherrschung im Oligopol in einer möglichen **Identität der Wirkungen auf Dritte** liegt, dh in einem **Gruppeneffekt des Oligopols.** Dieser weist für die Dritte jedenfalls dann den gleichen Charakter der Unausweichlichkeitswirkung von Marktmacht auf, wenn er nicht selbst vom Wettbewerb erzwungen ist. Die Begründung zum RegE der 2. Novelle spricht dies klar aus.[1440] Auch die seinerzeit beabsichtigte Einführung einer Vermutung fehlenden Wettbewerbs, wenn Oligopolunternehmen sich beim Anbieten oder Fordern von Preisen über einen längeren Zeitraum hinweg gleichförmig verhalten, liegt auf dieser Linie. Solche Unausweichlichkeitswirkung ist freilich nicht auf Fälle ständig praktizierter Preisführerschaft uä beschränkt. Gleiches gilt etwa, wenn Oligopolunternehmen ein technisch hochwertiges Produkt anbieten, wobei sie ihre Abnehmer durch Koppelungsverträge zum Bezug eines Komplementärproduktes verpflichten. Wettbewerb auf dem Primärmarkt im Übrigen lässt die Behinderungswirkungen auf dem Sekundärmarkt zulasten anderer Anbieter oder potentieller Konkurrenten völlig unberührt. Er neutralisiert insoweit nicht die Marktmacht der Oligopolgruppe, lässt die Schutzbedürftigkeit dieser Außenseiter nicht entfallen. Ähnliches ist möglich, wenn auf einem oligopolistisch strukturierten Markt sämtliche Unternehmen identische Geschäftsbedingungen praktizieren (so zB im Falle der Banken-AGB). Wettbewerb im Übrigen hilft den Abnehmern nicht. Sie können auch bei einem Wechsel der Geschäftsbeziehungen diesen branchenumspannenden Konditionen nicht ausweichen. Eine weitere Fallgruppe wäre die Verdrängung von Außenseitern durch eine Oligopolgruppe,[1441] wobei im Übrigen innerhalb der Gruppe Wettbewerb herrschen mag. Methodisch steht hinter solcher Auffassung die Einsicht, dass die Feststellung von Marktbeherrschung unter Berücksichtigung der geschützten Interessen von Wettbewerbern, Kunden, Lieferanten und Drittmarktteilnehmern zu geschehen hat, was entsprechende Differenzierungen ermöglicht.[1442] Teleologisch ist weiter zu bedenken, dass es sinnwidrig wäre, die Eingriffsschwelle einer Missbrauchskontrolle so anzusetzen – das Phänomen der Preisführerschaft sei als Sachverhalt genannt –, dass diese machtlos bleiben müsste. Hinzu kommt, dass die einzige Rechtsfolge, die sich an eine Bejahung der Marktbeherrschung seitens einer Oligopolgruppe gemäß § 18 Abs. 5 knüpft, die schlichte Ermöglichung einer Missbrauchsprüfung nach § 19 ist.

166    **Allerdings verbietet sich eine schematische Gleichbewertung des Oligopoltatbestandes im Zusammenhang der Fusionskontrolle.** Dort stehen marktstrukturelle Gesichtspunkte in ihrem Zukunftsbezug im Vordergrund. So können zB Kapazitätsüber-

---

brauch, S. 170 ff.; Loewenheim/Belke § 22 Rn. 33; Emmerich S. 332; Emmerich ZHR 140, 97 (108 ff.); Monopolkommission Sondergutachten 1 Tz. 29; Schmidt WuW 1965, 453 (469 ff.).

[1439] KG 24.8.1978 – Kart 3/77, WuW/E OLG 2053 (2059) – Valium; offengelassen in BGH 12.2.1980 – KVR 3/79, WuW/E BGH 1678 (1682) – Valium II; siehe auch KG 16.1.1980 – Kart 14/79, WuW/E OLG 2234 (2236) – Blei- und Silberhütte Braubach; weiter differenzierend Kirchner AG 1980, 338 (340 ff.).

[1440] Begr. 1971 S. 23; zust. auch KG 15.1.1988 – Kart 1/86, WuW/E OLG 4095 (4105, 4106) – W + i Verlag/Weiss-Druck.

[1441] ZB Lieferverweigerungen oder Preisspaltungen der großen vertikal integrierten Mineralölgesellschaften zulasten der sog. freien Tankstellen, vgl. TB 1981/82, 27 (40).

[1442] Im Einzelnen Möschel Der Oligopolmißbrauch S. 171 ff.; Monopolkommission Sondergutachten 1 Tz. 29.

hänge in einer Oligopolgruppe mit einer daraus resultierenden Rivalität der Unternehmen um die knappe Nachfrage unter dem Aspekt einer Verhaltenskontrolle nach §§ 18, 19 auch dann erheblich sein, wenn solche nur konjunkturell bedingt, aber gegenwärtig, dh im Zeitpunkt einer eventuellen Missbrauchsverfügung, marktwirksam sind. Für die Beurteilung eines Zusammenschlusses nach § 36 Abs. 1 iVm § 18 Abs. 5 wäre damit nichts vorentschieden, da es dort auf die Dauerhaftigkeit von Überkapazitäten ankäme.[1443]

Die hier vertretene Auffassung ist **keine allgemeine Parameter-Theorie,** wie sie **167** schon im Zusammenhang des § 18 Abs. 1 verworfen wurde. Sie hält nur die Einsicht offen, dass **im Oligopoltatbestand wegen dessen typischer Tendenz zur Verhaltenskonformität die Frage des wesentlichen Wettbewerbs sich anders stellen kann als im Tatbestand des § 18 Abs. 1 Nr. 1–3.**[1444] Aus dieser Sicht fallen innerhalb des Oligopoltatbestandes Innenverhältnis und Außenverhältnis weitgehend zusammen.[1445] Man kann dies – stärker am Wortlaut des § 18 Abs. 5 orientiert – auch so formulieren, dass nach Feststellung des Fehlens wesentlichen Wettbewerbs im Innenverhältnis „der Nachweis einer überragenden Marktstellung der Gruppe insgesamt keine Schwierigkeiten bereiten" wird.[1446]

Die Frage, **welche Unternehmen auf einem Markt** – es muss ein identischer Markt **168** sein[1447] – zu einer Oligopolgruppe iSv § 18 Abs. 5 zusammengefasst werden können, lässt sich nicht schematisch beantworten. Entscheidend ist die **Schutzzweckbetrachtung** aus der Sicht der jeweils involvierten Interessen. Eine jedenfalls tatsächliche Richtschnur ergibt sich auf Grund des Zusammenhanges mit dem Vermutungstatbestand des § 18 Abs. 6 (vgl. → Rn. 201).

Liegen die Voraussetzungen des Abs. 5 vor, „sind" die Unternehmen der Oligopolgrup- **169** pe marktbeherrschend. Auch wenn im Außenverhältnis ausdrücklich auf die überragende Stellung der Unternehmen „in ihrer Gesamtheit" abgestellt wird, bedeutet die Qualifikation als kollektive Marktbeherrschung, dass **jedes einzelne Unternehmen dieser Oligopolgruppe** über eine beherrschende Stellung verfügt und damit Normadressat des Missbrauchsverbots ist.[1448] Ein solches Einzelunternehmen kann sich auch nach § 33 Abs. 3 schadensersatzpflichtig machen, jedenfalls dann, wenn sich das Vorgehen des einzelnen Oligopolunternehmens auf den Betroffenen ähnlich auswirkt wie ein entsprechendes Vorgehen aller Oligopolmitglieder.[1449] Es liegt im rechtlich gebundenen Ermessen der Kartellbehörden, inwiefern sie zunächst einmal gegen ein einzelnes Unternehmen dieser Gruppe einschreiten oder ggf. gegen sämtliche Mitglieder.

**c) Praktische Bedeutung für bestimmte Fallgruppen.** Oligopole werden auf Grund **170** der oftmals anzutreffenden industriellen Konzentration und im Hinblick auf die tendenziell sehr eng ausfallende Marktabgrenzung als die wohl am häufigsten vorkommende Marktform bezeichnet.[1450] Zu beachten ist allerdings, dass der in § 18 Abs. 5 verwendete rechtliche Sonderbegriff des marktbeherrschenden Oligopols vom volkswirtschaftlichen Oligo-

---

[1443] Exemplarisch BKartA 28.10.1980 – B 8–711022–U50/80, WuW/E BKartA 1840 (1846) – Texaco-Zerssen; Monopolkommission Hauptgutachten II Tz. 420 ff.

[1444] KG 24.8.1978 – Kart 3/77, WuW/E OLG 2053 (2058 ff.) – Valium; vgl. schon → Rn. 87; abl. Markert Schwerpunkte 1978/79, 87 (92); vgl. auch Markert Schwerpunkte 1987/88, 15 (20).

[1445] Baur ZHR 134, 97 (141); Möschel Der Oligopolmißbrauch S. 173; zustimmend Schwark BB 1980, 1350 (1352); Emmerich S. 332; Monopolkommission Hauptgutachten IV Tz. 623.

[1446] So Ruppelt in Langen/Bunte, 11. Aufl. 2010, § 19 Rn. 75.

[1447] KG 10.1.1979 – Kart. 1/78, WuW/E OLG 2093 (2094) und KG 9.12.1981 – Kart. 13/80, WuW/E OLG 2633 (2636) – Bituminöses Mischgut.

[1448] KG 10.1.1979 – Kart. 1/78, WuW/E OLG 2093 (2094) – Bituminöses Mischgut und BGH 12.2.1980 – KVR 4/79, WuW/E BGH 1763 (1765) – Bituminöses Mischgut; Paschke in FK-KartellR Rn. 431; Kleinmann/Bechtold § 22 Rn. 200.

[1449] BGH 10.12.1985 – KZR 22/85, WuW/E BGH 2195 (2198) – Abwehrblatt II; ohne diese Einschränkung offenbar BKartA 17.10.1983 – B 9–711068–V-1006/80, WuW/E BKartA 2092 (2093 ff.) – Metro-Eintrittsvergütung.

[1450] Böni/Palzer WuW 2009, 477.

polbegriff zu unterscheiden ist und sich als in diesem Sinne eher als „enges Oligopol" darstellt.[1451]

**171**   Die wesentliche praktische Bedeutung des Tatbestandes liegt im Rahmen der **Fusions-kontrolle.**[1452] Trotz des Übergangs zum SIEC-Test als Untersagungskriterium im Zuge der 8. GWB-Novelle wird § 18 Abs. 5 in diesem Bereich auch in Zukunft eine gewichtige Rolle spielen, bleibt doch die Begründung oder Verstärkung einer marktbeherrschenden Stellung weiterhin ein Regelbeispiel im Tatbestand des § 36 Abs. 1.

**172**   Das Erfahrungsmaterial der **Entscheidungspraxis** jedenfalls für Zwecke der Miss-brauchskontrolle ist dagegen sehr begrenzt.[1453] Es lässt sich eine leichte Tendenz zu einer verstärkten Annahme des § 18 Abs. 5 ablesen. Dies hängt wohl auch damit zusammen, dass das zusätzliche Tatbestandsmerkmal des Missbrauchs oder der unbilligen Behinderung jede gewünschte Feinabstimmung erlaubt; mit der Annahme einer kollektiven Marktbeherr-schung nach § 18 Abs. 5 ist hier nichts vorentschieden. In der Fallgruppe **Behinderungs-missbrauch** ist der Tatbestand des § 18 Abs. 5 bislang nur relativ selten angewandt worden.[1454] Zum Beispiel sah BKartA 21.3.1979 – B 7–333000-RTV-84/76, WuW/E

---

[1451] So Bechtold/Bosch Rn. 60; auch diese Begrifflichkeit ist nicht zwingend, so kann im Einzelfall auch in einem engen Oligopol lebhafter Wettbewerb herrschen, vgl. Paschke in FK-KartellR Rn. 368.

[1452] BGH 12.2.1980 – KVR 4/79, WuW/E BGH 1763 – Bituminöses Mischgut; KG 10.1.1979 – Kart. 1/78, WuW/E OLG 2093 (2094); BKartA 24.5.1978 – B 6–251119–U–108/77, WuW/E BKartA 1753 (1755); KG 9.12.1981 – Kart. 13/80, WuW/E OLG 2633 (2636); BGH 22.6.1981 – KVR 5/80, WuW/E BGH 1824 (1825) – Tonolli-Blei und Silberhütte Braubach; KG 16.1.1980 – Kart 14/79, WuW/E OLG 2234 (2235 ff.); BKartA 6.12.1978 – B 5–301711–A–153/74, WuW/E BKartA 1779 (1800 ff.); BGH 4.10.1983 – KVR 3/82, WuW/E BGH 2025 (2026 ff.) – Texaco-Zerssen; KG 2.7.1982 – Kart 21/80, WuW/E OLG 2663; 2666 ff.; BKartA 28.10.1980 – B 8–711022–U50/80, WuW/E BKartA 1840; BGH 22.9.1987 – KVR 5/86, WuW/E BGH 2433 (2436 ff.) – Gruner + Jahr-Zeit II; KG 7.2.1986 – 1 Kart. 17/84, WuW/E OLG 3807 – Gruner + Jahr-Zeit II; BGH 2.10.1984 – KVR 5/83, WuW/E BGH 2112 – Gruner + Jahr-Zeit I; KG 24.11.1982 – Kart. 11/81, AG 1983, 285 – Gruner + Jahr-Zeit I; BKartA 9.1.1981 – B 6–745100–U95/80, WuW/E BKartA 1863; KG 12.3.1982 – Kart. 33/81, WuW/E OLG 2655 (2660) – Transportbetonagentur Sauerland; KG 1.7.1983 – Kart. 16/82, WuW/E OLG 3051 (3072 ff.) – Morris-Rothmans; BKartA 24.2.1982 – B 6–691100–U–49/80, WuW/E BKartA 1943 (1947 ff.); KG 15.1.1988 – Kart 1/86, WuW/E OLG 4095 (4105) – W + i Verlag/Weiss-Druck; BKartA 16.12.1985 – B 6–745100–U71/84, AG 1986, 371; BKartA 7.1.1974 – B 8–221000-UZ-33/73, WuW/E BKartA 1457 (1459 ff.) – Veba-Gelsenberg; BKartA 29.5.1974 – B 8–221831-U–95/73, WuW/E BKartA 1517 (1520) – Bitumen-Verkaufsgesellschaft; BKartA 23.12.1974 – B 8–281100-U-251/74, WuW/E BKartA 1571 (1572, 1578, 1580) – Kaiser-VAW; BKartA 30.6.1978 – B 8–823000–U–78/77, WuW/E BKartA 1727 (1730) – RWE-Energieversorgung Leverkusen; BKartA 13.12.1985 – B 3–412950–U–54/85, WuW/E BKartA 2213 (2215) – Linde-Agefko I; BKartA 8.12.1986 – B 3–429630–U58/86, WuW/E BKartA 2247 – Hüls-Condea; BKartA 2.8.1988 – B 3–412900–U–35/88, WuW/E BKartA 2319 (2320 ff.) – Messer Griesheim-Buse; BKartA 25.2.1999 – B 9–51392–U–164/98, WuW/E DE-V 116 – Habet/Lekkerland; BKartA 28.4.1999 – B3-24171-U–6/99, WuW/E DE-V 109 – Dow Chemical/Shell; BKartA 12.5.1999 – B3-26611-U-22/99, WuW/E DE-V 142 – Kleinfeuerwerk; BKartA 16.6.1999 – B 9–52613–U–61/99, WuW/E DE-V 162 – Porta; BKartA 16.7.1999 – B 3–24302-U-33/99, WuW/E DE-V 165 – OEM-Lacke; BKartA 9.11.1999 – B 6–22100-U-104/99, WuW/E DE-V 191 – Beck/Nomos; BKartA 4.1.2000 – B 7–26/00, WuW/E DE-V 328 – Xerox/Tektronix; BKartA 5.4.2000 – B7-31300-U-271/99, WuW/E DE-V 270 – Corning/RXS; BKartA 18.4.2000 – B 7–26/00, WuW/E DE-V 267 – Chipkarten; BKartA 1.2.2001 – B 3–113/00, WuW/ E DE-V 427 – 3M/ESPE; BKartA 22.5.2001 – B 3–11/01, WuW/E DE-V 473 – Burgmann-Freudenberg Holding GmbH; BKartA 2.5.2002 – B 10–197/01, WuW/E DE-V 640 – Avery Dennison/Jackstädt; BKartA 23.5.2002 – B 10–177/01, WuW/E DE-V 618 – Viterra/Brunata; BKartA 31.7.2002 – B 3–24410-U-27/ 02, WuW/E DE-V 653 – BASF/NEPG; BKartA 1.10.2002 – B 10–107/02, WuW/E DE-V 689 – TRABA; BKartA 10.12.2002 – B 6–22121-U-98/02, WuW/E DE-V 695 – Tagesspiegel/Berliner Zeitung; BKartA 24.1.2003 – B 4–211/02, WuW/E DE-V 711 – M+W Zander/Krantz TKT; BKartA 12.9.2003 – B 8 – 21/ 03, WuW/E DE-V 823 – EON/Stadtwerke Eschwege; BKartA 2.2.2004 – B 6–22121–U–120/03, WuW/E DE-V 871 – Tagesspiegel/Berliner Zeitung II; BKartA 2.3.2004 – B 10–102/03, WuW/E DE-V 905 – Onex/Rostam; BKartA 21.4.2004 – B 2 – 160/03, WuW/E DE-V 923 – Agrana/Atys; BKartA 16.11.2004 – B 10–74/04, WuW/E DE-V 995 – Rethmann/GfA Köthen; BKartA 19.1.2006 – B 6–92202-Fa-103/05, WuW/E DE-V 1163 – Springer/ProSiebenSat. 1; BKartA 11.4.2007 – B 3–33101-Fa–578/06, WuW/E DE-V 1365 – Phonak/GN ReSound; BGH 8.6.2010 – KVR 4/09, WuW/E DE-R 3067 – Springer&Pro Sieben II; s. auch BKartA, Leitfaden zur Marktbeherrschung in der Fusionskontrolle (Stand: 2012) Rn. 81 ff.

[1453] Ähnlich die Einschätzung von Wiedemann in Wiedemann KartellR-HdB § 23 Rn. 39.

[1454] Zu § 20 Abs. 1 aF (jetzt: § 19 Abs. 2 Nr. 1) bei marktbeherrschenden Nachfragemonopolen siehe BGH 26.10.1961 – KZR 1/61, WuW/E BGH 442 (450) – Gummistrümpfe; BGH 25.6.1964 – KZR 11/

BKartA 1781 (1783) – Identteile VW, Opel und Ford als beherrschend auf dem Markt der Neufahrzeuge in der Pkw-Mittelklasse an. Das BKartA verwies auf einen Marktanteil der Gruppe von 69 % mit der Vermutungsfolge des § 22 Abs. 3 Nr. 2 aF (= § 18 Abs. 6). Gegen wesentlichen Wettbewerb im Innenverhältnis spreche eine seit Jahren praktizierte **parallele Preiserhöhungspolitik,** die überdies mit Kosten gerechtfertigt werde und damit zeige, dass auf die jeweilige Marktlage keine Rücksicht genommen werden müsse. Qualitäts- und Ausstattungsverbesserungen seien nicht wesentlich, da diesen jeweils entsprechende Preiserhöhungen gegenüberstünden.[1455] In BKartA 10.9.1971 – B 3–793100 NX-140/ 67, WuW/E BKartA 1361 (1367) – Fernost-Schiffahrtskonferenz ergab sich die marktbeherrschende Stellung bzw. das Fehlen wesentlichen Wettbewerbs aus einem gemäß § 99 aF **zulässigen Kartellvertrag** mehrerer Konferenzreeder. Einzelne Qualitäts- und Serviceunterschiede träten demgegenüber zurück.[1456] In BGH 10.12.1985 – KZR 22/85, WuW/E BGH 2195 (2197 ff.) – Abwehrblatt II bildeten drei Zeitungsverlage und eine gemeinsam gegründete Vorgesellschaft ein Oligopol im Sinne von § 18 Abs. 5: Zwischen zwei Zeitungsverlagen untereinander und zwischen der Tochter und den drei Müttern bestanden so enge Verbindungen, dass insgesamt vom Fehlen wesentlichen Wettbewerbs auszugehen war. Bezüglich des verbleibenden Verlages ergab sich eine identische Bewertung daraus, dass die Vorgesellschaft als Abwehrblatt gegen einen Newcomer auf dem Anzeigenmarkt gegründet worden war. Der **gemeinsame Abwehrzweck** ließ sich im Wettbewerb nicht erreichen. Im Außenverhältnis hatte die Gruppe nahezu ein Monopol.[1457] In BKartA 17.10.1983 – B 9–711068-V-1006/80, WuW/E BKartA 2092 (2093) – Metro-Eintrittsvergütung wurde die Stellung von Metro als Mitglied eines Nachfrageoligopols auf einem Markt des typischen Lebensmittelhandel-Sortiments in Anlehnung an die abzulehnende Unverzichtbarkeitsthese begründet.[1458]

Gleiches gilt für Sachverhalte der **Kontrolle überhöhter Preise.**[1459] Hier lehnte es das **173** KG ab, im Oligopol der großen Mineralölkonzerne auf dem Markt für Vergaserkraftstoffe

---

62, WuW/E BGH 675 (678) – Uhrenoptiker; KG 8.12.1959 – 5 U Kart. 1153/59, WuW/E OLG 307 (309) – AOK; OLG Stuttgart 25.6.1976 – 2 U (Kart) 45/76, WuW/E OLG 1740 (1741) – Badeinstitut; ferner BKartA 10.9.1971 – B 3–793100 NX-140/67, WuW/E BKartA 1361 (1367, 1368) – Fernost-Schiffahrtskonferenz: Anordnung, die Gewährung eines Treuerabatts nicht davon abhängig zu machen, dass keine Außenseiterreedereien beauftragt werden (aufgehoben durch KG 9.6.1972 – Kart. 24/71, WuW/E OLG 1287 und BGH 5.7.1973 – KVR 3/72, WuW/E BGH 1269); BKartA 21.3.1979 – B 7–333000-RTV-84/ 76, WuW/E BKartA 1781 (1783) – Identteile: Verbot an VW, seine Vertragshändler und Werkstätten zur ausschließlichen Verwendung von VW-Originalersatzteilen zu veranlassen; im Tenor etwas enger KG 28.11.1979 – Kart U 12/79, WuW/E OLG 2247 – Parallellieferteile, aufgehoben durch BGH 22.9.1981 – KVR 8/80, WuW/E BGH 1829 – Original-VW-Ersatzteile II; BGH 10.12.1985 – KZR 22/85, WuW/E BGH 2195 – Abwehrblatt II (fortgesetzt mit OLG Düsseldorf 26.5.1988 – U (Kart.) 4/86, WuW/E OLG 4401 – Abwehrblatt II): Gründung eines gemeinsamen Anzeigenblattes durch mehrere Zeitungsverlage, um einen neuen Konkurrenten wieder aus dem Markt zu treiben. BKartA 17.10.1983 – B 9–711068-V-1006/80, WuW/E BKartA 2092 (2095) – Metro-Eintrittsvergütung (Erledigung des Verfahrens wegen Wegfalls der Marktbeherrschung durch die BGH-Entscheidung im Zusammenschlussfall BGH 11.3.1986 – KVR 2/85, WuW/E BGH 2231 – Metro-Kaufhof): Untersagung für Metro als Mitglied eines Nachfrageoligopols, von Lieferanten sog. Eintrittsvergütungen zu verlangen und diese dadurch am Marktzutritt zu behindern, insbes. weil nur ein Teil der Lieferanten diese Vergütungen zu erbringen hat.
[1455] KG 28.11.1979 – Kart U 12/79, WuW/E OLG 2247 (2249) – Parallellieferteile ging auf den Abhängigkeitstatbestand des § 26 Abs. 2 S. 2 aF (= § 20 Abs. 1 nF) über; vgl. auch BGH 22.9.1981 – KVR 8/80, WuW/E BGH 1829 (1831) – Original-VW-Ersatzteile II.
[1456] Offengelassen in KG 9.6.1972 – Kart. 24/71, WuW/E OLG 1287 (1293) – Fernost-Schiffahrtskonferenz II; der BGH 5.7.1973 – KVR 3/72 ging in WuW/E BGH 1269 – Fernost-Schiffahrtskonferenz darauf nicht mehr ein.
[1457] Folgeentscheidung OLG Düsseldorf 26.5.1988 – U (Kart.) 4/86, WuW/E OLG 4401 – Abwehrblatt II.
[1458] Verfügung aufgehoben nach der Fusionskontrollentscheidung des BGH 11.3.1986 – KVR 2/85, WuW/E BGH 2231 – Metro-Kaufhof; die Frage eines Nachfrageoligopols war in diesem Verfahren weder vor dem KG 16.10.1984 – Kart. 14/83, WuW/E OLG 3367 (3383 ff.) noch vor dem BGH 11.3.1986 – KVR 2/85, WuW/E BGH 2231 (2238) – zur Entscheidung gelangt.
[1459] KG 24.8.1978 – Kart 3/77, WuW/E OLG 2053 – Valium; KG 14.5.1974 – Kart 24/74, WuW/E OLG 1467 – BP; Auskunftsbeschluss KG 12.3.1982 – Kart. 4/82, WuW/E OLG 2617 – regional unter-

fehlenden Wettbewerb daraus herzuleiten, dass die Endverbraucherpreise zumeist übereinstimmten und Preiserhöhungen gleichförmig gewesen seien. Angesichts der Homogenität des Produkts, der hohen Markttransparenz und der gegebenen Reaktionsverbundenheit der Anbieter reiche dies nicht aus.[1460] In KG 24.8.1978 – Kart 3/77, WuW/E OLG 2053 (2057) – Valium schloss nach Auffassung des KG ein Vorliegen beachtlichen Forschungs-, Innovations- und Qualitätswettbewerbs die Annahme fehlenden Wettbewerbs iSv § 18 Abs. 5 nicht aus, wenn der Preis von allen Oligopolunternehmen nicht als Wettbewerbsmittel eingesetzt werde, da es hier nur zu Marktanteilsverschiebungen kommen könne, der geforderte Produktpreis aber insgesamt oberhalb des wettbewerbsanalogen Preises verbleiben könne, so dass der Schutzzweck der Norm in diesen Fällen verletzt werden könne.[1461] In KG 23.12.1982 – Kart 28/82, WuW/E OLG 2892 (2894) – Euglucon hat das KG im Rahmen eines Auskunftsverfahrens wegen Preismissbrauchs die Vermutungswirkung des § 22 Abs. 3 Nr. 2a aF (= § 18 Abs. 6 Nr. 1.) als hinreichendes Aufgreifkriterium – zwei Anbieter oraler Antidiabetika hatten einen Marktanteil von 75 % – genügen lassen.[1462]

**174**    **Entscheidungen zu § 36 Abs. 1 iVm § 18 Abs. 5 sind im Zusammenhang einer Verhaltenskontrolle angesichts veränderter Schutzrichtungen nur mit Einschränkungen zu verwerten.** Marktanteile zusammen mit dem Vermutungstatbestand des § 18 Abs. 6 und die Strukturmerkmale des § 18 Abs. 3 stehen dort insgesamt im Vordergrund.[1463]

**175**    **2. Das Innenverhältnis zwischen den Oligopolmitgliedern (Abs. 5 Nr. 1).** Aus welchen Gründen zwischen den Oligopolmitgliedern kein wesentlicher Wettbewerb stattfindet, ist unerheblich. Die 6. Novelle hat das Merkmal „aus tatsächlichen Gründen" zu Recht als bedeutungslos gestrichen. Auch wenn aus rechtlichen Gründen wesentlicher Wettbewerb fehlen sollte, ist der Schutzgedanke des § 18 Abs. 5 realisiert.[1464] Das gilt auch dann, wenn Wettbewerb deshalb fehlt, weil ein unwirksamer Kartellvertrag von den Beteiligten befolgt wird oder eine Verhaltensabstimmung nach § 1 vorliegt. Auch im Zusammenhang eines zulässigen Kartells ist die Anwendung des § 18 Abs. 5 möglich.[1465]

**176**    Kennzeichnend für fehlenden Wettbewerb im Innenverhältnis kann ein bewusstes gleichförmiges Verhalten mehrerer Unternehmen als Indiz für sog. Gruppenbewusstsein, eine gesteigerte Reaktionsverbundenheit und eine Unausweichlichkeitswirkung gegenüber Dritten ergeben. In der **Kartellamtspraxis** haben folgende Kriterien eine Rolle gespielt: Fehlender Produkt- bzw. Qualitätswettbewerb auf Grund völliger Homogenität der Produkte,[1466] fehlender Preiswettbewerb wegen identischer Berechnungsgrundlagen[1467] oder

---

schiedliche Tankstellenpreise; Auskunftsbeschluss KG 23.12.1982 – Kart 28/82, WuW/E OLG 2892 – Euglucon (Verfahren eingestellt nach mehrfachen Preissenkungen, vgl. TB 1983/84, 84 ff.); siehe im Übrigen noch TB 1981/82, 25 (58 f.) (Pharmaprodukte), TB 1981/82, 27, 40 (Mineralöl); TB 1985/86, 68 (Pharma); TB 1987/88, 70 (Pharma); zu sonstigen Entscheidungen mit Oligopolimplikationen siehe Möschel Der Oligopolmißbrauch S. 137 ff.

[1460] KG 14.5.1974 – Kart 24/74, WuW/E OLG 1467 (1469) – BP; vgl. auch TB 1981/82, 27 (40).

[1461] Offengelassen in BGH 12.2.1980 – KVR 3/79, WuW/E BGH 1678 (1682) – Valium II; siehe auch die Anm. von Bülow BB 1980, 1343.

[1462] Zum Fortgang des Verfahrens TB 1985/86, 68.

[1463] Vgl. hierzu →, Rn. 101 ff. mwN sowie zur Fusionskontrolle Thomas → § 36 Rn. 37 ff.; s. auch die Nachweise bei Möschel in Immenga/Mestmäcker, 4. Aufl. 2007, § 19 Rn. 89.

[1464] Zutreffend bereits zur Vorgängervorschrift Kleinmann/Bechtold § 22 Rn. 210; Paschke in FK-KartellR Rn. 411; hierzu auch Baur ZHR 134, 97 (141); Mestmäcker, Das marktbeherrschende Unternehmen im Recht der Wettbewerbsbeschränkungen, S. 22 ff.

[1465] Vgl. BKartA 10.9.1971 – B 3–793100 NX-140/67, WuW/E BKartA 1361 (1367) – Fernost-Schifffahrtskonferenz; siehe auch OLG Stuttgart 25.6.1976 –2 U (Kart) 45/76, WuW/E OLG 1740 (1741) – Badeinstitut.

[1466] BKartA 30.3.1979 – B 8–281320-U-137/78, WuW/E BKartA 1799 (1800) – Blei- und Silberhütte Braubach; BKartA 23.12.1974 – B 8–281100-U-251/74, WuW/E BKartA 1571 (1574) – Kaiser-VAW; BKartA 27.7.1988 – B 1–253100-U107/87, WuW/E BKartA 2297 (2300) – Heidelberger Zement-Malik.

[1467] BKartA 30.3.1979 – B 8–281320-U-137/78, WuW/E BKartA 1799 (1800) – Blei- und Silberhütte Braubach.

gleich lautender Listenpreis,[1468] gleichförmige Preisentwicklungen und Konstanz der Marktanteile,[1469] vielfältige Kooperationsformen wie im Mineralölbereich zB Gemeinschaftsraf-
finerien, Verarbeitungsverträge, Vereinbarung von Austauschmengen, gemeinsame Pipe-
lines u. dgl.[1470] Wettbewerb in Randbereichen (Service, Liefersicherheit) veränderte innerhalb der erforderlichen Gesamtbewertung das Bild nicht.[1471] Gezielter Abwehrwettbewerb
gegenüber Newcomern belegt keinen wesentlichen Wettbewerb zwischen den Mitgliedern
des Oligopols.[1472] In „Texaco-Zerssen", der Untersagung eines Zusammenschlusses zwischen einem Heizölhersteller und -händler, hat das BKartA fehlenden wesentlichen Wettbewerb iSv § 19 Abs. 2 S. 2 aF (jetzt § 18 Abs. 5) auf Grund einer umfassenden Struktur-
und Verhaltensanalyse festgestellt.[1473] Ein für die Kartellamtspraxis zu § 18 Abs. 5 typischer
Sachverhalt ist BKartA 2.8.1988 – B 3–412900–U-35/88, WuW/E BKartA 2319 (2320 ff.)
– Messer Griesheim-Buse: Hohe und konstante Marktanteile oberhalb der Vermutungs-
schwellen, Ausgewogenheit der Kräfteverhältnisse, Homogenität des Produkts, Behinderung
des vorstoßenden Wettbewerbs durch rechtliche oder faktische Kundenbindungen, welche
zugleich hohe Marktzutrittsschranken bilden, vielfältige Kooperation zwischen den Oligopolmitgliedern.[1474]

Darüber hinaus hat das BKartA marktbeherrschende Oligopole in der Vergangenheit auf **177**
dem deutschen Tankstellenmarkt,[1475] auf dem Markt für die Abrechnung von Heiz- und
Warmwasserkosten,[1476] auf dem deutschlandweiten Strommarkt für Großkunden,[1477] auf
dem Entsorgungsmarkt für Restmüll und Altpapier[1478] und auf dem Hörgerätemarkt[1479]
festgestellt.

Die Rechtsprechung ist demgegenüber in der Tendenz enger. KG wie BGH haben im **178**
grundlegenden Verfahren „Tonolli-Blei- und Silberhütte Braubach" fehlenden Produkt-
wettbewerb (völlige Homogenität des Gutes wegen DIN-Qualität) und branchenübliche
Gleichpreisigkeit (Orientierung an den Notierungen der Londoner Metallbörse) als von

---

[1468] BKartA 23.12.1974 – B 8–281100–U-251/74, WuW/E BKartA 1571 (1573) – Kaiser-VAW; BKartA
27.7.1988 – B 1–253100-U107/87, WuW/E BKartA 2297 (2300) – Heidelberger Zement-Malik.
[1469] BKartA 29.5.1974 – B 8–221831-U-95/73, WuW/E BKartA 1517 (1520) – Bitumen-Verkaufsgesellschaft; BKartA 13.12.1985 – B 3–412950-U-54/85, WuW/E BKartA 2213 (2215) – Linde-Agefko I; BKartA
2.8.1988 – B 3–412900-U-35/88, WuW/E BKartA 2319 (2320, 2323) – Messer-Griesheim-Buse; BKartA
27.7.1988 – B 1–253100-U107/87, WuW/E BKartA 2297 (2301) – Heidelberger Zement-Malik; BKartA
20.11.2000 – B 4–96/00, WuW/E DE-V 337 (340) – Novartis/Wesley Jessen; BKartA 31.7.2002 – B 3–
24410-U-27/02, WuW/E DE-V 653 (659) – BASF/NEPG.
[1470] BKartA 7.1.1974 – B 8–221000-UZ-33/73, WuW/E BKartA 1457 (1460) – Veba-Gelsenberg; siehe
auch BKartA 23.12.1974 – B 8–281100-U-251/74, WuW/E BKartA 1571 (1573) – Kaiser-VAW; zum
Zementmarkt BKartA 27.7.1988 – B 1–253100-U107/87, WuW/E BKartA 2297 (2299) – Heidelberger
Zement-Malik.
[1471] ZB BKartA 30.3.1979 – B 8–281320-U-137/78, WuW/E BKartA 1799 (1801) – Blei- und Silberhütte Braubach; BKartA 23.12.1974 – B 8–281100-U-251/74, WuW/E BKartA 1571 (1573, 1574) –
Kaiser-VAW.
[1472] BKartA 13.12.1985 – B 3–412950-U-54/85, WuW/E BKartA 2213 (2216) – Linde-Agefko I.
[1473] BKartA 28.10.1980 – B 8–711022-U50/80, WuW/E BKartA 1840.
[1474] Weitgehend gleichliegend BKartA 13.12.1985 – B 3–412950-U-54/85, WuW/E BKartA 2213
(2214 ff.) – Linde-Agefko I; BKartA 8.12.1986 – B 3–429630-U58/86, WuW/E BKartA 2247 (2248 ff.) –
Hüls-Condea; BKartA 27.7.1988 – B 1–253100-U107/87, WuW/E BKartA 2297 (2298 ff.) – Heidelberger
Zement-Malik; BKartA 11.4.2007 – B3–578/06, BeckRS 2007, 31169 Rn. 167 ff. – Phonak/GN ReSound
(insofern nicht abgedruckt in WuW/E DE-V 1365); dazu BGH 20.4.2010 – KVR 1/09, WuW/E DE-R
2905 – Phonak/GN Store.
[1475] BKartA 19.12.2001 – B 8 – 50500-U-130/01, WuW/E TB 2001/02, 174 f. – Shell/DEA und BP/
Aral; BKartA, Sektoruntersuchung Kraftstoff, Abschlussbericht Mai 2011 – Zusammenfassung, abzurufen
über die Homepage des BKartA.
[1476] BKartA 23.5.2002 – B 10–74304-U-177/01, WuW/E DE-V 618 – Viterra/Brunata.
[1477] BKartA 17.1.2002 – B 8–109/01, WuW/E DE-V 511 – E.ON/Ruhrgas.
[1478] BKartA 16.11.2004 – B 10–74/04, WuW/E DE-V 995 – Rethmann/Tönsmeier.
[1479] BKartA 11.4.2007 – B3–578/06, BeckRS 2007, 31169 – Phonak/GN ReSound (unter stärkerer
Berücksichtigung ökonomischer Kriterien, in WuW/E DE-R 1365 nur teilweise abgedruckt); BGH
20.4.2010 – KVR 1/09, WuW/E DE-R 2905 – Phonak/GN Store; dazu Kirchhoff WuW 2011, 1174
(1176).

den Marktumständen erzwungen angesehen und geringfügigen Prämienwettbewerb (Zu-oder Abschläge in einer Größenordnung von 0,7 % bis 1 % der Listenpreise) trotz Dämpfung durch Transportkostenunterschiede in Verbindung mit Nebenleistungswettbewerb wie Service, Verkaufskonditionen und Beratung als wesentlich iSv § 19 Abs. 2 S. 2 aF (jetzt: § 18 Abs. 5) bewertet.[1480] Ausschlaggebend innerhalb der gebotenen Gesamtbetrachtung war der Umstand, dass die Unternehmen in ihrem Verhalten vom Wettbewerbsmechanismus der Londoner Börse direkt gesteuert wurden; namentlich ihr Preisspielraum blieb immer ein begrenzter. Ähnlich lag es im zweiten Musterverfahren „Texaco-Zerssen"; hier war das KG auf dem Markt für leichtes Heizöl von wesentlichem Wettbewerb zwischen den führenden Mineralölgesellschaften ausgegangen, der BGH sah jedenfalls den Nachweis seines Fehlens als nicht erbracht an.[1481] Völlige Homogenität des Produkts, hohe Markttransparenz, vielfältige Verflechtungen zwischen den Oligopolmitgliedern würden Preiswettbewerb weder beim Endverbraucher noch auf den Handelsstufen ausschließen. Der Kern der Entscheidungen lag in dem Umstand, dass das Wettbewerbspotential der Konkurrenten für ausreichend erachtet wurde, um den Verhaltensspielraum des einzelnen Unternehmens zu kontrollieren.[1482] Die Auffassung des BKartA, dass die führenden Unternehmen des Lebensmitteleinzelhandels auf der Anbieterseite regelmäßig ein marktbeherrschendes regionales Oligopol bildeten,[1483] ist vom KG in gleicher Weise verworfen worden:[1484] Intensiver Preiswettbewerb, unterschiedliche Vertriebsformen unter Einschluss von Discountern, qualitative Sortimentspolitik einschließlich handwerksmäßig betriebener Spezialabteilungen, Aktionsverkäufe, Einsatz von Bedienungskomfort und informativer Werbung als Parameter, Wettbewerb um Standorte, Marktanteilsverschiebungen erzwingen in der Tat solche Bewertung. Gescheitert ist schließlich der an die Unverzichtbarkeitsthese angelehnte Versuch des BKartA, ein marktbeherrschendes bundesweites Nachfrageoligopol der sechs führenden Lebensmittelunternehmen zu begründen.

**179**   Auf dem Markt für politische Wochenzeitschriften gehen KG wie BGH derzeit von wesentlichem Wettbewerb aus, auch zwischen den beiden größten Anbietern Spiegel und ZEIT. Indizien dafür seien **Auflagen- und Erlössteigerungen** ebenso wie **Verschiebungen der Marktanteile.** Dieser Wettbewerb werde indessen trotz Aufrechterhaltung redaktioneller Selbstständigkeit beseitigt, wenn sich ein Unternehmen mit marktbeherrschendem Einfluss an beiden Anbietern beteilige. Nach der wirtschaftlichen Erfahrung schädige sich ein Kaufmann nicht selbst durch wesentlichen Wettbewerb.[1485] In einer Reihe von Entscheidungen aus dem Jahre 1999 hat das BKartA das Bestehen von wesentlichem Wettbewerb zwischen Oligopolmitgliedern angenommen. Auf dem Angebotsmarkt für synthetisches Kautschuk sei Binnenwettbewerb auf Grund des Nachweises von Preisschwankungen, niedrigen Marktzutrittsschranken, Innovationspotentialen und einer starken Marktgegenseite anzunehmen.[1486] Ebenso könne die Erwartung, dass eine einen wirksamen Wettbewerb hindernde Querverflechtung entfalle, den Erlass eines Freigabebeschlusses rechtfertigen.[1487] Hauptursache für Binnenwettbewerb auf dem Markt für Kleinfeuerwerk sei ein wirksamer aktueller und zunehmend stärker werdender Außenwettbewerb jedenfalls

---

[1480] KG 16.1.1980 – Kart 14/79, WuW/E OLG 2234 ff.; BGH 22.6.1981 – KVR 3/82, WuW/E BGH 1824 (1827 ff.).

[1481] KG 2.7.1982 – Kart 21/80, WuW/E OLG 2663 (2666 ff.); BGH 4.10.1983 – KVR 3/82, WuW/E BGH 2025 (2028 ff.); dazu Paetow/Tonner DB 1983, 700 ff.; Paetow/Tonner WuW 1984, 781 ff.; vgl. auch Baum Wirtschaftsdienst 1982, 38 ff.

[1482] Siehe auch KG 30.3.1983 – Kart 25/81, WuW/E OLG 2887 (2892) – Krupp-Total.

[1483] BKartA 23.3.1982 – B 9–712068-U2002/82, WuW/E BKartA 1970 – Coop-Supermagazin; BKartA 17.2.1983 – B 9–712068-U2054/82, WuW/E BKartA 2022 – Zum bösen Wolf; BKartA 14.8.1984 – B9–71068-U-2006/84, WuW/E BKartA 2161 – Coop-Wandmaker.

[1484] KG 5.11.1986 – Kart 15/84, WuW/E OLG 3917 (3923 ff.) – Coop-Wandmaker.

[1485] BGH 22.9.1987 – KVR 5/86, WuW/E BGH 2433 (2438 ff.) – Gruner + Jahr-Zeit II; KG 7.2.1986 – 1 Kart. 17/84, WuW/E OLG 3807 (3810 ff.) – Gruner + Jahr-Zeit II; vgl. auch die weitgehend ähnliche Sachlage in KG 15.1.1988 – Kart 1/86, WuW/E OLG 4095 (4106) – W + i Verlag/Weiss-Druck.

[1486] BKartA 28.4.1999 – B3-24171-U-6/99, WuW/E DE-V 109 (110 f.) – DOW Chemical/Shell.

[1487] BKartA 9.4.1999 – B 9–63300-U-220/98, WuW/E DE-V 113 (115) – HTU/First.

dann, wenn starke Nachfrager neu in den Markt eintretende ausländische Anbieter gegen die Mitglieder der Oligopolgruppe ausspielen können.[1488] Auf dem Markt für die Herstellung und Verarbeitung von Glasfaserkabeln sorgen **langfristig angelegte gegenläufige Unternehmensinteressen infolge erheblicher Investitionen** für einen strukturell bedingten Binnenwettbewerb.[1489] Schließlich führe der geringe Zuwachs von weniger als 5 % der Marktanteile angesichts des ein **oligopolistisches Parallelverfahren erschwerenden Nachfrageverhaltens** der Automobilhersteller nicht zu einer Beschränkung des bestehenden Binnenwettbewerbs.[1490]

Im Gegensatz zum BKartA, das im Jahr 2007 eine kollektive Marktbeherrschung auf dem **180** Markt für Hörgeräte festgestellt und einen geplanten Erwerb der GN-Store-Gruppe durch Phonak untersagt hatte,[1491] erkannte der BGH mit Blick auf die **„Airtours"-Kriterien** einen „nicht unwesentlichen" Restwettbewerb, da es an Sanktionsmechanismen mangele.[1492] Die genauen Marktanteile spielten in der Entscheidung dagegen nur eine untergeordnete Rolle,[1493] was sich aus den Besonderheiten des Falls und der Wettbewerbssituation auf dem Hörgerätmarkt erklären lässt.

Besonders kontrovers wird aktuell die Frage eines Oligopols auf dem Kraftstoffmarkt **181** diskutiert.[1494] Nach der im Mai 2011 veröffentlichten „Sektoruntersuchung Kraftstoff" soll eine kollektiv marktbeherrschende Stellung der fünf größten Anbieter auf den deutschen Tankstellenmärkten bestehen.[1495] Noch 2010 hatte das OLG Düsseldorf in der Untersagungsentscheidung „Total/OMV" einen Oligopolmarkt verneint.[1496] Nach Ansicht des OLG fehlt es an den im Oligopol üblichen Abschreckungs- und Sanktionsmechanismen; dies begründete das Gericht mit der hohen Produkthomogenität und Markttransparenz. Der BGH hat die Entscheidung aufgehoben, da er ein mehrdeutiges Verhalten der Marktteilnehmer erkannte, das auch auf ein Oligopol schließen lassen könne. Eindeutig haben sich die Richter in ihrer Entscheidung jedoch nicht positioniert. Insbesondere stellt sich aus ökonomischer Sicht die Frage, wie es zu den auf dem Kraftstoffmarkt typischen Preiszyklen kommen kann.[1497] Die Situation auf dem Kraftstoffmarkt zeigt, wie schwierig die Abgrenzung zwischen einem Oligopol mit koordiniertem Gruppenverhalten und intensivem Wettbewerb in der Praxis sein kann.[1498]

**Fehlender wesentlicher Wettbewerb im Innenverhältnis** eines Oligopols wurde **182** dagegen **für den Zigarettenmarkt bejaht:**[1499] Kein Preiswettbewerb gegenüber Verbraucher oder Händler, obwohl er nicht durch Besonderheiten des Marktes ausgeschlossen wurde, kein Qualitätswettbewerb; Markenwechselfälle, Geschmacksveränderungen, Neueinführungen reichen dafür nicht aus, Forschungswettbewerb ohne Bedeutung, Werbewettbewerb nicht ausreichend, da er hier nur zu Umschichtungen von Marktanteilen innerhalb der Gruppe führe, ohne den Verhaltensspielraum der Unternehmen gegenüber der Marktgegenseite zu begrenzen, langfristige Marktanteilsveränderungen in Richtung auf

---

[1488] BKartA 12.5.1999 – B3-26611-U-22/99, WuW/E DE-V 142 (144 f.) – Kleinfeuerwerk.

[1489] BKartA 2.7.1999 – B 7-31301-U-43/99, WuW/E DE-V 170 (176) – NZDS-Glasfaserkabel.

[1490] BKartA 16.7.1999 – B 3-24302-U-33/99, WuW/E DE-V 165 (169 f.) – OEM-Lacke.

[1491] BKartA 11.4.2007 – B 3-33101-Fa-578/06, WuW/E DE-V 1654 – Phonak/Resound.

[1492] BGH 20.4.2010 – KVR 1/09, WuW/E DE-R 2905 Rn. 103 – Phonak/GN Store; ausführlich zu der Entscheidung Westermann ZWeR 2011, 333 ff.

[1493] Dazu Westermann ZWeR 2011, 333 (343 f.).

[1494] Badtke/Vahrenholt ZWeR 2012, 272 ff.

[1495] BKartA, Sektoruntersuchung Kraftstoff, Abschlussbericht Mai 2011 – Zusammenfassung, abzurufen über die Homepage des BKartA; umfassend dazu Badtke/Vahrenholt ZWeR 2012, 272 (275, 280 ff.).

[1496] OLG Düsseldorf 4.8.2010 – VI-2 Kart 6/09 (V), WuW/DE-R 3000 (3008) – Tankstellenbetriebe Thüringen.

[1497] Dazu BKartA, Sektoruntersuchung Kraftstoff, Abschlussbericht Mai 2011, S. 116; kritisch zu den Überlegungen des BKartA Badtke/Vahrenholt ZWeR 2012, 272 (290).

[1498] Badtke/Vahrenholt ZWeR 2012, 272 (277 ff.).

[1499] KG 1.7.1983 – Kart. 16/82, WuW/E OLG 3051 (3072 ff.) – Morris-Rothmans; BKartA 24.2.1982 – B 6-691100-U-49/80, WuW/E BKartA 1943 (1948 ff.).

eine Angleichung unter solchen Umständen eher Indiz für fehlenden als für vorhandenen wesentlichen Wettbewerb.

**183**  **3. Das Fehlen hinreichenden Außenwettbewerbs (Abs. 5 Nr. 2).** Das Gesetz verweist auf die Feststellung der Einzelmarktbeherrschung in § 18 Abs. 1. Unterscheiden kann man daher zwischen einem Oligopol ohne Wettbewerber, ohne wesentlichen Wettbewerb und mit überragender Marktstellung.[1500] Wenn bereits feststeht, dass zwischen den fraglichen Unternehmen kein hinreichender Innenwettbewerb besteht, dann wird normalerweise auch der Nachweis von unzureichendem Außenwettbewerb leicht zu führen sein.[1501] Mit Blick auf Abs. 1 Nr. 1 und Nr. 2 ist davon auszugehen, dass die in Frage stehenden Oligopolunternehmen als „ein Unternehmen" gelten.[1502] Für Abs. 1 Nr. 3 gilt, dass die einzelnen Oligopolmitglieder die außenstehenden Wettbewerber überragen müssen.[1503] Eine bloße Addition der Marktanteile und Ressourcen der Oligopolmitglieder reicht nicht aus, damit die Voraussetzungen der Regelung bejaht werden können.[1504]

**184**  **4. Oligopolistische Nachfragemacht.** Spiegelbildlich zum Anbieteroligopol kann es auch auf der Nachfragerseite eine kollektive Marktbeherrschung geben.[1505] **Nachfrager-Oligopole** sollen allerdings **wesentlich seltener** vorkommen.[1506] Gesetzliche Krankenkassen sieht die Rechtsprechung trotz ihres sozialrechtlich vorgegebenen kartellähnlichen institutionalisierten Zusammenwirkens bislang nicht als ein Oligopol iSd Abs. 5 an.[1507] Mit zunehmender Marktkonzentration und Reduzierung der Zahl unabhängiger Träger der gesetzlichen Krankenversicherung einerseits und stärkerem Fokus auf den Schutz der vom Gesetzgeber bewusst eröffneten Spielräume für wettbewerbliches Verhalten im Bereich der Gesundheitsversorgung andererseits könnte sich diese Bewertung in Zukunft ändern.

## VI. Die Marktbeherrschungsvermutungen (Abs. 4, 6 und 7)

**185**  **1. Grundlagen. a) Entstehungsgeschichte und Anwendungsbereich.** Im Gegensatz zu Art. 102 AEUV enthält § 18 Vermutungstatbestände für das Vorliegen von Marktbeherrschung, und zwar getrennt für die Einzelmarktbeherrschung (Abs. 4) und für die Oligopolmarktbeherrschung (Abs. 6). Nur für letztere werden auch die Voraussetzungen einer Widerlegung explizit normiert (Abs. 7). Die Vermutungstatbestände knüpfen ausschließlich an den **absoluten Marktanteil** des führenden Unternehmens (bzw. bei der kollektiven Marktbeherrschung einer begrenzten Zahl bis zu fünf Unternehmen) **als Indikator für Marktmacht** an. Trotz aller praktischen Probleme der Marktabgrenzung ist dieses strukturelle Merkmal sowohl für die Kartellbehörden als auch für die betroffenen Unternehmen noch vergleichsweise einfach und rechtssicher feststellbar, so dass die Vermutungen zur Erleichterung der Rechtsanwendung beitragen können.

**186**  Die jetzt in Abs. 4 und Abs. 5 geregelten Vermutungstatbestände sind ursprünglich durch die 2. GWB-Novelle von 1973 in das Gesetz gekommen. Sie waren Teil des legislativen Bemühens, die Missbrauchskontrolle über marktbeherrschende Unternehmen wirksamer auszugestalten. Der Gesetzgeber führte mit den Vermutungen des § 23a aF und des § 26 Abs. 2 S. 3 aF = § 20 Abs. 1 S. 2 in der 4. Novelle 1980 diese Linie fort. Der Regierungsentwurf zur 6. GWB-Novelle sah vor, die Marktbeherrschungsvermutungen des § 22

---

[1500] Dazu umfassend Paschke in FK-KartellR Rn. 416–424.
[1501] Götting in LMR, 2. Aufl. 2009, § 19 Rn. 44.
[1502] S. nur Bechtold/Bosch Rn. 67; Götting in LMR, 2. Aufl. 2009, § 19 Rn. 43.
[1503] BKartA 8.12.1986 – B 3–429630-U58/86, WuW/E BKartA 2247 (2250) – Hüls/Condea; Götting in LMR, 2. Aufl. 2009, § 19 Rn. 43.
[1504] Bechtold/Bosch Rn. 67.
[1505] Vgl. KG 5.11.1986 – Kart 15/84, WuW/E OLG 3917 (3927) – Coop/Wandmaker.
[1506] Bechtold/Bosch Rn. 68.
[1507] Vgl. BGH 24.6.2003 – KZR 18/01, WuW/E DE-R 1139 (1140 f.); LG Leipzig 1.9.2000 – 2 HK O 7200/99, WuW/E DE-R 603 (604) – Wiederverwendbare Hilfsmittel.

Abs. 3 aF nicht in den § 19 zu übernehmen.[1508] Begründung war, dass auch das europäische Recht (Art. 102 AEUV, seinerzeit Art. 82 EG) keine Marktbeherrschungsvermutungen kenne. Die Vermutungsregelung habe bei der Missbrauchskontrolle ohnehin kaum praktische Bedeutung erlangt. Deshalb sollte eine eigenständige Regelung nur für die Fusionskontrolle geschaffen werden. In den Ausschussberatungen wurden die Vermutungen aber doch in den § 19 aF integriert. Die Vermutungstatbestände des § 19 Abs. 3 aF sollten nach der Begründung des Beschlusses des Wirtschaftsausschusses[1509] „wie im geltenden Recht" nicht nur für die Fusionskontrolle, sondern auch für die Missbrauchskontrolle „erhalten bleiben". Zu beachten ist, dass gegenüber dem bisherigen Recht durch die 6. GWB-Novelle nur die Monopolvermutung vom Charakter her unverändert blieb. Die Fassung des § 19 Abs. 3 S. 2 aF hingegen bezog die schärfere Oligopol-Vermutung des § 23a Abs. 3 aF mit ein und führte somit zu einer echten Beweislastumkehr. Die 8. GWB-Novelle hat diesen Rechtszustand beibehalten und lediglich redaktionelle Änderungen, insbesondere durch die Aufteilung der Oligopolvermutung und ihrer Widerlegung auf verschiedene Absätze des § 18, mit sich gebracht.

Die Vermutungen **gelten** – schon aufgrund ihrer systematischen Stellung in § 18 – **187** **sowohl für die Missbrauchskontrolle** nach § 19 **als auch für die Fusionskontrolle** nach § 36 Abs. 1.[1510] Bei letzterer erstreckt sich die Vermutung allerdings weder auf die Kausalität des Zusammenschlusses für die Entstehung noch auf die Verstärkung einer marktbeherrschenden Stellung.[1511] Die Anwendbarkeit des § 19 Abs. 3 aF innerhalb des § 20 Abs. 1, 2 aF war streitig.[1512] Durch die Übernahme des Diskriminierungsverbots und die Konsolidierung des Verbots der unbilligen Behinderung in § 19 Abs. 2 Nr. 1 hat die Frage ihre Bedeutung verloren. Für § 20 ist Marktbeherrschung keine Tatbestandsvoraussetzung mehr. § 19 Abs. 3 aF hat der BGH in Zivilrechtsstreitigkeiten jedenfalls eine mittelbare Wirkung in der Weise zugemessen, dass ein in Anspruch genommenes Unternehmen sich nicht auf ein unsubstantiiertes Bestreiten zurückziehen kann, sondern substantiiert darlegen muss, warum es trotz Erfüllung der Vermutungstatbestände nicht marktbeherrschend ist.[1513]**Zweifel an der Verfassungsmäßigkeit** der Vermutungstatbestände sind **nicht berechtigt**.[1514] Hinsichtlich ihrer Wirkungen ist allerdings zwischen den verschiedenen Verfahrensarten (Verwaltungsverfahren, Bußgeldverfahren und Zivilprozess) zu unterscheiden (vgl. → Rn. 196 ff.).

**b) Rechtsnatur der Monopol- und Oligopolvermutung.** Die Rechtsnatur des Ver- **188** mutungstatbestandes in **§ 18 Abs. 4** war angesichts einer etwas undeutlichen Entstehungsgeschichte lange Zeit umstritten. Der Rechtsausschuss qualifizierte ihn in der ursprünglichen Fassung als **bloßen Aufgreiftatbestand** und hielt es rechtspolitisch für bedenklich, der Vermutung eine andere Auslegung zu geben.[1515] Anlässlich der Verabschiedung der 4. Novelle verwies der Rechtsausschuss erneut auf diese Stellungnahme.[1516] Der Wirtschaftsausschuss postulierte zwar eine Übereinstimmung, maß dem Vermutungstatbestand

---

[1508] Begr. 1998 S. 1, 36.

[1509] Bericht 1998 S. 72.

[1510] Allg. Ansicht, s. nur Wolf in MüKoWettbR Rn. 70 mwN.

[1511] Wolf in MüKoWettbR Rn. 75.

[1512] Das OLG Düsseldorf 21.2.1978 – U [Kart] 16/76, WuW/E OLG 1913 (1914) – Allkauf hatte sie für § 26 Abs. 2 aF im Rahmen von Zivilrechtsstreitigkeiten verneint, das OLG Hamburg 8.12.1983 – 3 U 189/82, WuW/E OLG 3195 (3197) – Metall-Lösungsmittel bejaht. Der BGH hat die Frage offengelassen, BGH 26.6.1979 – KZR 7/78, WuW/E BGH 1620 (1621) – Revell Plastics; BGH 23.2.1988 – KZR 17/86, WuW/E BGH 2483 (2489) – Sonderungsverfahren. Das BKartA hat in der Vergangenheit § 19 Abs. 3 aF – zu Recht – im Rahmen des sog. objektiven Untersagungsverfahrens nach § 20 Abs. 1, 2 aF, § 32 in Anspruch genommen, BKartA 22.10.1979 – B 4–689100-TV-39/78, WuW/E BKartA 1817 (1819) – Fertigfutter; BKartA 21.3.1979 – B 7–333000-RTV-84/76, WuW/E BKartA 1781 (1783) – Identteile; aA Ulmer AfP 1975, 870 (884).

[1513] BGH 23.2.1988 – KZR 17/86, WuW/E BGH 2483 (2489) – Sonderungsverfahren.

[1514] Wolf in MüKoWettbR Rn. 71 mwN.

[1515] Bericht 1973 S. 14.

[1516] Bericht 1980 S. 35.

aber auch eine **echte materielle Wirkung** bei: „Der Ausschuss hat bei der Erörterung der Vermutungen festgestellt, dass es sich dabei nicht um Vermutungen im zivilrechtlichen Sinne handelt. Die Vermutungen sind vielmehr ihrer Art nach eher „Aufgreiftatbestände", durch die die Kartellbehörde in diesen Fällen zur Einleitung des Verfahrens veranlasst werden soll; denn es kann mit hoher Wahrscheinlichkeit davon ausgegangen werden, dass schon bei den in den Vermutungen genannten Marktanteilen eine marktbeherrschende Stellung besteht. Liegen die Vermutungs-Voraussetzungen vor, so hat die Behörde auf Grund der in diesem Verfahren geltenden Offizialmaxime von Amts wegen allen von den Unternehmen substantiiert vorgebrachten Einwänden nachzugehen, dass sie trotz des die Vermutung begründenden Marktanteils wesentlichem Wettbewerb ausgesetzt sind und nicht über eine im Verhältnis zu ihren Mitbewerbern überragende Marktstellung verfügen. Lassen sich diese Gegengründe nicht feststellen, so ist davon auszugehen, dass Marktbeherrschung im Sinne des Gesetzes vorliegt".[1517] In Wirklichkeit wurde hier ein Dissens in der Sache nur verbal überbrückt.[1518] Dies zeigt sich ua daran, dass Bemühungen des Rechtsausschusses, den Gesetzestext in dem von ihm befürworteten Sinne klarzustellen, abgelehnt wurden.[1519] Anlässlich der 4. Novelle sah sich der wirtschaftspolitische Ausschuss veranlasst, seine frühere Stellungnahme wörtlich wieder zu zitieren und diese Interpretation ausdrücklich zu bekräftigen.[1520]

189    **Im Schrifttum** wurden **vier Auffassungen** vertreten: Das eine Extrem bildete die These vom bloßen Aufgreiftatbestand für eine Verfahrensinitiative,[1521] das andere die These von der auch formellen Beweisführungslast für die betroffenen Unternehmen.[1522] Ersteres lässt sich mit der Stellungnahme des wirtschaftspolitischen Ausschusses nicht vereinbaren und würde auch der dominanten Intention des Gesetzgebers, mit dem Vermutungstatbestand die Effizienz der Missbrauchskontrolle nachhaltig zu befördern, widersprechen. Die These der formellen Beweisführungslast setzte sich darüber hinweg, dass mit § 22 Abs. 3 S. 1 aF nicht der für das BKartA geltende Amtsermittlungsgrundsatz völlig beseitigt werden sollte.

190    Die ganz herrschende Meinung sieht heute in dem Vermutungstatbestand zu Recht nicht nur ein Aufgreifkriterium für die Kartellbehörden, sondern zugleich eine **materielle Beweislastregel** für den Fall, dass es trotz aller Ermittlungen zu einem **non liquet** kommt.[1523] Diese Sichtweise wird zu Recht auch nach der 8. GWB-Novelle beibehalten.[1524] Eine Nuancierung von Letzterem ist die – stärker auf die Verschärfungstendenz des Gesetzgebers abstellende – Auffassung, wonach es nach Feststellung der Vermutungsvoraussetzungen von Amts wegen Sache der beteiligten Unternehmen ist, ihre Kenntnis von den betroffenen Märkten zur Verfügung zu stellen, und das BKartA verpflichtet bleibt, diesen konkret vorgetragenen Hinweisen, aber auch nur diesen, dann von Amts wegen weiter nachzugehen.[1525] Durch die Übernahme in § 18 Abs. 4 haben sich für die Diskussion keine neuen Argumente ergeben.

---

[1517] Bericht 1973 S. 6.

[1518] Gegen diese Interpretation ausdrücklich Paschke in FK-KartellR Rn. 456.

[1519] Zum Ganzen Möschel Der Oligopolmißbrauch S. 175 ff.

[1520] Bericht 1980 S. 26.

[1521] Wirz WuW 1975, 611; Kleinmann/Bechtold § 22 Rn. 115; ähnlich die Auffassung Ramraths S. 80 von § 22 Abs. 3 als prima facie-Regeln.

[1522] Emmerich, 3. Aufl. 1979, S. 180, aufgegeben in 5. Aufl. 1988, S. 232.

[1523] Vgl. Baur BB 1973, 915 (916 ff.); Ebel NJW 1973, 1577 (1582); Ebel NJW 1981, 1763 (1765 f.); Ebel Rn. 27; Röhling DB 1973, 1585 (1589); Töllner in Bunte Rn. 247; v. Gamm WettbR § 22 Rn. 29; Kleinmann/Bechtold § 22 Rn. 225; Paschke in FK-KartellR Rn. 454; Prütting FS Vieregge, 1995, 733 (745); Ittner, Die Vermutungen des GWB, S. 155 f. u. 272; Bechtold/Bosch Rn. 71 f.; nur noch für die Oligopolvermutung Wolf in MüKoWettbR Rn. 72 ff., 94.

[1524] Bechtold/Bosch Rn. 72.

[1525] Möschel Der Oligopolmißbrauch S. 183; zust. Loewenheim/Belke § 22 Rn. 37; Meinhold S. 108; vgl. jetzt den ähnlichen Gedankengang des BGH bei der Frage der Vermutungswirkung in Zivilrechtsstreitigkeiten, BGH 23.2.1988 – KZR 17/86, WuW/E BGH 2483 (2489) – Sonderungsverfahren, → Rn. 89; ausführlich zur Rechtsnatur und Wirkung der Vermutungstatbestände Paschke/Goldbeck ZWeR 2007, 49.

Die **Rechtsanwendungspraxis** bewegte sich mit einigen Unschärfen in Richtung der    191
letztgenannten Nuancierung auf dem Boden der hM.[1526] Endgültige Klarheit hat BGH
2.12.1980 – KVR 1/80, WuW/E BGH 1749 (1754) – Klöckner-Becorit gebracht: Die
gesetzliche Vermutung kann ihre bindende Wirkung erst entfalten, wenn das Gericht nach
der ihm obliegenden freien Würdigung des gesamten Verfahrensergebnisses eine marktbeherrschende Stellung des Unternehmens weder auszuschließen noch zu bejahen vermag.[1527] Zu § 23a Abs. 1 aF hat der BGH in gleicher Weise entschieden.[1528] Das KG
formulierte einmal dahin, letzte Zweifel, die sich aus der Unsicherheit einer Vorausschau
auf die künftige Wettbewerbsentwicklung ergäben, gingen zulasten des Unternehmens.[1529]
Das BKartA pflegt in seiner Entscheidungspraxis zwar zunächst von den Vermutungen
auszugehen, um dann positiv festzustellen, dass diese durch Gegenvorbringen und eigene
Ermittlungen nicht widerlegt, sondern bestätigt würden.[1530] Nur ein einziger Fall kam
einem materiellen non liquet einmal nahe.[1531] Die **Bedeutung der Vermutungstatbestände** liegt insgesamt **eher im Vorfeld** der Verhandlungen von Unternehmen mit der
Kartellbehörde, da ihnen ein Bestreiten der Marktbeherrschung erschwert ist. In der Entscheidungspraxis selbst wirken sie sich weniger aus. Ihr Gewicht ist überdies **im Zusammenhang der Fusionskontrolle höher** als bei der Missbrauchskontrolle selbst; sie bilden
hier eine Art Richtgröße.[1532]

Der **Oligopolvermutungstatbestand in § 18 Abs. 6** normiert zwar ebenfalls Aufgreif-    192
kriterien für die Kartellbehörden, geht aber erheblich darüber hinaus, wie sich schon aus
dem im Vergleich zu Abs. 4 **unterschiedlichen Wortlaut** ergibt: Während Abs. 4 bei
einem Marktanteil von 40 % eine Marktbeherrschung vermutet, „gilt" nach Abs. 6 eine
Gesamtheit von Unternehmen als marktbeherrschend, wenn die Tatbestandsvoraussetzungen erfüllt sind.[1533] Zudem normiert Abs. 7 explizit, welche Umstände die Unternehmen
nachweisen müssen, um die Vermutung zu widerlegen. Trotz einer anderen gesetzessystematischen Verortung und redaktioneller Änderungen stimmt die Regelung in Abs. 6
und 7 mit der früheren in § 19 Abs. 3 S. 2 aF materiell überein.[1534] Insbesondere aus der
früheren Formulierung zur Widerlegung („es sei denn, die Unternehmen weisen nach")

---

[1526] Sehr klar KG 1.12.1976 – Kart 51/76, WuW/E OLG 1745 (1751) – Sachs; KG 16.1.1980 – Kart 14/
79, WuW/E OLG 2234 (2235) – Blei- und Silberhütte Braubach; BKartA 18.11.1974 – B 8–464000-U-
259/74, WuW/E BKartA 1561 (1564, 1565) – o. b.; nicht ganz eindeutig, aber wohl übereinstimmend BGH
21.2.1978 – KVR 4/77, WuW/E BGH 1501 (1502, 1504) – Kfz-Kupplungen; KG 26.1.1977 – Kart 27/76,
WuW/E OLG 1767 (1770) – Kombinationstarif sprach davon, dass das betroffene Unternehmen nicht den
erforderlichen Nachweis vorhandenen Wettbewerbs gegenüber der Vermutung des § 19 Abs. 3 S. 1 aF
erbracht habe.
[1527] Siehe auch BGH 19.12.1995 – KVR 6/95, WuW/E BGH 3037 (3039) – Raiffeisen; OLG Düsseldorf
2.11.2005 – VI (Kart) 30/04, WuW/E DE-R 1625 (1628 f.) – Rethmann/GfA Köthen.
[1528] BGH 11.3.1986 – KVR 2/85, WuW/E BGH 2231 (2237) – Metro-Kaufhof.
[1529] KG 7.11.1985 – Kart. 6/85, WuW/E OLG 3759 (3765) – Pillsbury-Sonnen-Bassermann.
[1530] ZB BKartA 30.3.1979 – B 8–281320-U-137/78, WuW/E BKartA 1799 (1800 ff.) – Blei- und Silberhütte Braubach; BKartA 21.3.1979 – B 7–333000-RTV-84/76, WuW/E BKartA 1781 (1783) – Identteile;
BKartA 30.6.1978 – B 8–823000-U-78/77, WuW/E BKartA 1727 (1730) – RWE-Energieversorgung
Leverkusen; BKartA 18.5.1977 – B 7–323400-U-86/76, WuW/E BKartA 1685 (1689) – Mannesmann-
Brueninghaus; BKartA 23.12.1974 – B 8–281100-U-251/74, WuW/E BKartA 1571 (1572) – Kaiser-VAW;
BKartA 18.11.1974 – B 8–464000-U-259/74, WuW/E BKartA 1561 (1564 ff.) – o. b.; BKartA 16.10.1974 –
B 6–432190-T-37/73, WuW/E BKartA 1526 (1527 ff.) – Valium-Librium; BKartA 4.2.1974 – B 6–553000-
U-46/73, WuW/E BKartA 1475 (1481) – Haindl-Holtzmann; BKartA 25.8.1989 – B 1–510000-U-28/89,
WuW/E BKartA 2414 (2417) – WMF-Hutschenreuther; BKartA 19.10.1989 – B 2–681400-U62/89,
WuW/E BKartA 2421 (2425) – Unilever-Braun; BKartA 30.11.1989 – B 2–685300-U75/89, WuW/E
BKartA 2428 (2431) – Nordfleisch-CG Hannover.
[1531] BKartA 7.1.1974 – B 8–221000-UZ-33/73, WuW/E BKartA 1457 (1461) – Veba-Gelsenberg, als
eine beherrschende Stellung auf zwei Märkten allein auf Marktanteile gestützt wurde mit dem Bemerken, die
Verfahrensbeteiligten hätten zur Entkräftung der Vermutung nichts vorgetragen.
[1532] Abl. Paschke in FK-KartellR Rn. 458; zurückhaltend Kleinmann/Bechtold § 22 Rn. 226.
[1533] Aus dieser Formulierung kann entgegen vereinzelten Literaturstimmen nicht geschlossen werden, dass
es sich um eine keines Gegenbeweises zugängliche Fiktion handelt, sieht doch das Gesetz selbst die Widerle-
gungsmöglichkeit explizit vor; vgl. hierzu auch Wolf in MüKoWettbR Rn. 103 mwN.
[1534] Diese Regelung ging wiederum auf die Merkmale des § 23a Abs. 2 S. 1 aF zurück.

hat die ganz hM zu Recht den Schluss gezogen, dass es sich bei der Oligopolvermutung um eine **echte Beweislastumkehr** handelt, die den beteiligten Unternehmen auch **die formelle Behauptungs- und Beweislast** aufbürdet.[1535] Der **Amtsermittlungsgrundsatz** im Kartellverwaltungsverfahren (§ 24 VwVfG, § 54 GWB) wird insoweit **eingeschränkt**, als dem betroffenen Unternehmen die Darlegung der erforderlichen Tatsachen typischerweise möglich und zumutbar ist.[1536]

**193**     Mit der Neufassung der Regelung durch die 8. GWB-Novelle hat sich daran nichts geändert.[1537] Die Überführung in einen eigenen Absatz hat sprachliche Anpassungen notwendig gemacht. Aus der Verwendung des Wortes „Vermutung" in Abs. 7 lässt sich nicht etwa ableiten, dass es sich bei Abs. 6 nun nicht mehr um eine echte Beweislastumkehr handele, sondern lediglich um eine materielle Beweislastregel für den Fall des non liquet wie bei Abs. 4. Die Gesetzesbegründung zur 8. GWB-Novelle stellt klar, dass keine materielle Änderung erfolgen sollte.[1538] Daher bleibt es bei der unterschiedlichen Rechtsqualität der nun in Abs. 4 und Abs. 6 verorteten Regelungen zur Einzelmarktbeherrschungsvermutung einerseits und der Oligopolvermutung andererseits.

**194**     **2. Die praktische Bedeutung der Einzelmarktbeherrschungsvermutung (Abs. 4). a) Allgemeines.** Die nun in § 18 Abs. 4 (vormals § 19 Abs. 3 S. 1 aF) enthaltene Monopolmarktbeherrschungsvermutung ist durch die 8. GWB-Novelle **auf 40 % angehoben** worden (dazu bereits → Rn. 11). Räumlicher Anknüpfungspunkt ist der jeweils relevante Markt, der wegen seiner allein ökonomisch orientierten Abgrenzung über das Bundesgebiet hinausgehen kann (§ 18 Abs. 2).[1539] **Die Vermutung des Abs. 4 bezieht sich auf alle drei Nummern des § 18 Abs. 1,** so dass eine Widerlegung sämtliche Varianten umfassen muss. Bei einem Einzelunternehmen reicht insbesondere nicht die Feststellung wesentlichen Wettbewerbs iSv Abs. 1 Nr. 2 aus, da dann immer noch eine überragende Marktstellung nach Abs. 1 Nr. 3 vermutet wird.[1540] Insoweit sind an eine Widerlegung höhere Anforderungen zu stellen.[1541]

**195**     § 18 Abs. 4 gilt für **Angebots- wie für Nachfragemacht.** Es ist zwar umstritten, ob auf Nachfragemärkten eine beherrschende Stellung regelmäßig schon bei sehr viel niedrigeren Marktanteilen erreicht werden kann als auf Angebotsmärkten (→ Rn. 155), beim Vermutungstatbestand kommt eine Differenzierung aber wegen des eindeutigen Wortlauts nicht in Betracht. Auch auf Nachfragemärkten greift sie nur ein, wenn ein Marktanteil von 40 % festgestellt werden kann.

**196**     Die Vermutung gilt **nur für das marktführende Unternehmen.** Erreichen ausnahmsweise zwei Wettbewerber jeweils mehr als 40 % Marktanteil, greift die Vermutung der Einzelmarktbeherrschung nicht ein, vielmehr heben sich die Vermutungswirkungen insoweit auf.[1542] Eine parallele Einzelmarktbeherrschung mehrerer Unternehmen kann es nach der gesetzlichen Konzeption nicht geben (vgl. → Rn. 162). Dafür ist in einem solchen Fall (zwei Unternehmen mit mehr als 40 % Marktanteil) die Oligopolvermutung nach Abs. 6 Nr. 1 – vorbehaltlich ihrer Widerlegung nach Abs. 7 – einschlägig (zum Verhältnis der beiden Oligopolvermutungen untereinander → Rn. 207). Angesichts der oft geringen Aussagekraft von hohen Marktanteilen auf datenbasierten Märkten (→ Rn. 123), wird eine Anwendung der Marktbeherrschungsvermutung des § 18 Abs. 4 hier teilweise als unpas-

---

[1535] S. nur Töllner in Bunte Rn. 257 f.; Bechtold/Bosch Rn. 77; Wolf in MüKoWettbR Rn. 94; aA Wiedemann in Wiedemann KartellR-HdB § 23 Rn. 41.
[1536] Ebenso bereits zu § 23a Abs. 2 aF KG 1.7.1983 – Kart. 16/82, WuW/E OLG 3051 (3071) – Morris-Rothmanns; Ittner, Die Vermutungen des GWB, S. 148 ff., 242 ff.
[1537] So auch Bechtold/Bosch Rn. 70.
[1538] BT-Drs. 17/9852, 23.
[1539] Bechtold/Bosch Rn. 74.
[1540] KG 1.12.1976 – Kart 51/76, WuW/E OLG 1745 (1751) – Sachs; BGH 21.2.1978 – KVR 4/77, WuW/E BGH 1501 (1504) – Kfz-Kupplungen; Töllner in Bunte Rn. 246; Bechtold/Bosch Rn. 75.
[1541] KG 26.1.1977 – Kart 27/76, WuW/E OLG 1767 (1770) – Kombinationstarif.
[1542] Bechtold/Bosch Rn. 74; ähnlich Wolf in MüKoWettbR Rn. 90.

send empfunden.[1543] In der Tat ist auf solchen Märkten in besonderem Maße eine umfassende Gesamtwürdigung der Wettbewerbsbedingungen zur Ermittlung der Marktstellung erforderlich und eine rein strukturelle Betrachtung unzureichend. Dieser Umstand kann allerdings nicht zur Unanwendbarkeit der Vermutung, sondern nur zu deren leichter Widerlegbarkeit führen.

Die Wirkung der Marktbeherrschungsvermutung erschöpft sich in ihrer Funktion als **197 Beweislastregel.** Darüber hinausgehende materiellrechtliche Wirkungen kommen ihr dagegen nicht zu.[1544] Zur Anpassung des GWB an die digitale Ökonomie waren deshalb keine weitergehenden Änderungen durch die 9. GWB Novelle geboten.[1545] Im Übrigen ist bezüglich der Wirkung der in § 18 Abs. 4 enthaltenen Vermutung zu unterscheiden, in welchem Verfahren sie angewendet wird.

**b) Wirkung im Verwaltungsverfahren.** Der **Amtsermittlungsgrundsatz** wird **198** durch die Vermutung **nicht außer Kraft** gesetzt.[1546] Die Behörden tragen weiterhin die formelle Beweislast, so dass sie durch Ermittlungen den Nachweis für das Vorliegen von Marktbeherrschung zu führen haben und in diesem Zusammenhang entsprechende Indizien auswerten müssen. Erst wenn es insoweit zu einem non liquet kommt, kann auf die Vermutung des § 18 Abs. 4 zurückgegriffen werden[1547] (dazu bereits → Rn. 190). Dies ändert aber nichts daran, dass im Verwaltungsverfahren auch Mitwirkungspflichten der beteiligten Unternehmen bestehen.[1548]

**c) Wirkung im Zivilverfahren.** Noch nicht abschließend geklärt ist die Wirkung des **199** Abs. 4 in Kartell-Zivilverfahren.[1549] In der Literatur wird teilweise vertreten, die Vermutung wirke auch im Zivilprozess „wie eine normale zivilrechtliche Vermutung".[1550] Problematisch daran ist, dass insoweit die Begrenzungen durch den Amtsermittlungsgrundsatz nicht zum Tragen kämen und der Vermutung somit im Kontext des zivilprozessualen Beibringungsgrundsatzes im Vergleich zum Verwaltungsverfahren eine erheblich weitergehende Wirkung zukäme. Die wohl hM will daher aus § 18 Abs. 4 lediglich eine Verpflichtung des jeweiligen Unternehmens zu einer substantiierten Darlegung herleiten, warum trotz Erfüllung der Vermutungswirkung keine marktbeherrschende Stellung vorliegen soll.[1551] In diese Richtung tendiert auch der BGH.[1552] In der Sache handelt es sich um die Begründung einer **sekundären Darlegungslast.**[1553] Diesen Sachvortrag hat die auf Ansprüche aus §§ 33 f., 19 GWB klagende Partei dann zu widerlegen.[1554] Im Ergebnis läuft dies darauf hinaus, dass Abs. 4 im Verwaltungs- und im Zivilverfahren eine vergleich-

---

[1543] Körber WuW 2015, 120 (127 f.).

[1544] Dazu im Einzelnen Wolf in MüKoWettbR Rn. 73 mwN (insbes. keine Regelvermutung und kein Instrument der Beweiswürdigung).

[1545] So auch Körber WuW 2015, 120 (127) und Weisser S. 229.

[1546] Bechtold/Bosch Rn. 72; Deister in Schulte/Just Rn. 132; Kühnen in LMRKM Rn. 125; Wolf in MüKoWettbR Rn. 82 ff. mwN.

[1547] Krit. Wolf in MüKoWettbR Rn. 83 f., der im Verwaltungsverfahren unter der Geltung des Amtsermittlungsgrundsatzes eher das Vorliegen eines Ermittlungsdefizits als ein non liquet für möglich hält und der Vermutung daher nur dann eine praktische Bedeutung beimisst, wenn man die behördliche Ermittlungspflicht bei Erfüllung der Vermutungsvoraussetzungen auf die offensichtlichen Umstände des § 18 Abs. 3 beschränke (und nunmehr wohl auch des Abs. 3a).

[1548] Dazu Paschke in FK-KartellR Rn. 453.

[1549] Ausführlich zum Meinungsstand Wolf in MüKoWettbR Rn. 77 ff. mwN.

[1550] Pohlmann ZHR 164 (2000), 590.

[1551] Bechtold/Bosch Rn. 73; Töllner in Bunte Rn. 248; Wiedemann in Wiedemann KartellR-HdB § 23 Rn. 42; Kühnen in LMR, 2. Aufl. 2009, Rn. 111; aA Paschke in FK-KartellR Rn. 463.

[1552] BGH 23.2.1988 – KZR 17/86, WuW/E BGH 2483 (2488) – Sonderungsverfahren zur Vorgängerregelung.

[1553] Wolf in MüKoWettbR Rn. 77; in diese Richtung auch LG München I 12.5.2021 – 37 O 32/21, NZKart 2021, 370 (371) – Amazon Kontensperrung II; für Anscheinsbeweis Wiedemann in Wiedemann KartellR-HdB § 23 Rn. 42.

[1554] BGH 22.7.2014 – KZR 27/13, NZKart 2014, 459 Rn. 19 – Stromnetznutzungsentgelt VI; Kühnen in LMR, 2. Aufl. 2009, Rn. 126.

bare Wirkung zukommt. Die Abgrenzung zwischen Umkehr der materiellen Beweislast im non liquet-Fall und substantiierter Darlegungspflicht dürfte kaum zu unterschiedlichen Ergebnissen führen.

**200**   **d) Wirkung im Bußgeldverfahren.** Im Ordnungswidrigkeitenrecht kann die Vermutung keine Wirkung entfalten. Wenn straf- und quasi-strafrechtliche Tatbestände in Frage stehen, darf eine Sanktion nur dann ausgelöst werden, wenn die Erfüllung der jeweiligen Tatbestandsmerkmale zweifelsfrei nachgewiesen ist.[1555] Insofern muss positiv feststehen, dass die Voraussetzungen des Abs. 1 vorliegen. Kommt es zu einem non liquet, darf das betroffene Unternehmen nicht sanktioniert werden.

**201**   **3. Die Bedeutung der Oligopolvermutung und ihre Widerlegung (Abs. 6 und 7). a) Tatbestandliche Voraussetzungen.** Die Vermutung greift ein, wenn eine Gesamtheit von Unternehmen entweder (Abs. 6 Nr. 1) aus drei oder weniger Unternehmen besteht, die zusammen einen Marktanteil von 50% erreichen, oder (Abs. 6 Nr. 2) aus fünf oder weniger Unternehmen besteht, die zusammen einen Marktanteil von zwei Dritteln erreichen. Für die Berechnung der Marktanteile gilt dabei im Rahmen des Abs. 6 nichts anderes als bei der Monopolmarktbeherrschung. Zu berücksichtigen ist nur, dass für die Berechnung die Unternehmen **in der Reihenfolge ihrer Marktanteile** aufgegriffen werden müssen.[1556] Es ist nicht möglich, beliebig viele Unternehmen zusammen zu fassen, um die von der Norm vorgegebene Schwelle zu erfüllen. Abs. 6 unterscheidet sich in seiner Wirkung von Abs. 4 (dazu bereits unter → Rn. 190 ff.).

**202**   **b) Wirkung.** Die Regelung stellt eine **echte Beweislastumkehr** dar.[1557] Im Zivil- und Verwaltungsverfahren obliegt es daher den Oligopolteilnehmern, soweit sie den Tatbestand des § 18 Abs. 6 erfüllen, das vermutete Bestehen einer kollektiven marktbeherrschenden Stellung zu widerlegen (Abs. 7). Den Amtsermittlungsgrundsatz im Verwaltungsverfahren setzt Abs. 6 jedoch zumindest nicht völlig außer Kraft.[1558] Eine Anwendung des Abs. 6 im Bußgeldverfahren kommt dagegen nicht in Betracht. Steht eine derartige Sanktion im Raum, muss das Vorliegen von Marktmacht durch die Behörde zweifelsfrei positiv festgestellt werden.[1559]

**203**   **c) Widerlegung (Abs. 7).** Anknüpfend an die Definition des Tatbestands der kollektiven Marktbeherrschung in Abs. 6 bestehen nach Abs. 7 zwei Möglichkeiten, die Oligopolvermutung zu widerlegen: Nr. 1 betrifft das Innenverhältnis der Oligopolisten und Nr. 2 das Außenverhältnis zu Wettbewerbern. Dementsprechend ist die Vermutung der Marktbeherrschung einer Gesamtheit von Unternehmen widerlegt, wenn die Wettbewerbsbedingungen im Innenverhältnis wesentlichen Wettbewerb zwischen den Oligopolisten erwarten lassen. Zur Widerlegung der Vermutung reicht nicht aus, dass aktueller Wettbewerb herrscht. Das Wettbewerbsverhalten ist allein anhand von Strukturmerkmalen zu beurteilen.[1560] Aufgrund der strukturellen Wettbewerbsvoraussetzungen muss auch noch für die Zukunft mit wesentlichem Wettbewerb gerechnet werden können. Ob die Wettbewerbsbedingungen wesentlichen Wettbewerb erwarten lassen, ist anhand einer Gesamtbetrachtung der maßgebenden Umstände zu beurteilen.[1561] Dies entspricht den Gesichts-

---

[1555] Bechtold/Bosch Rn. 73 aE; Kühnen in LMRKM Rn. 127; Paschke in FK-KartellR Rn. 464; Wiedemann in Wiedemann KartellR-HdB § 23 Rn. 42 aE; Wolf in MüKoWettbR Rn. 86 mwN.

[1556] Wolf in MüKoWettbR Rn. 100.

[1557] S. nur Töllner in Bunte Rn. 259 f.; Bechtold/Bosch Rn. 77; mit Einschränkungen im Verwaltungsverfahren Wolf in MüKoWettbR Rn. 95 und 97.

[1558] Wiedemann in Wiedemann KartellR-HdB § 23 Rn. 41; differenzierend nach dem Sphärengedanken und für einen eingeschränkten, nicht verdrängten Untersuchungsgrundsatz Wolf in MüKoWettbR Rn. 95.

[1559] Bechtold/Bosch Rn. 77 aE.

[1560] KG 1.7.1983 – KZR 27/13, WuW/E OLG 3051 (3072) – Morris-Rothmans.

[1561] BGH 22.6.1981 – KVR 5/80, WuW/E BGH 1824 (1827) – ´1 onolli-Blei- und Silberhütte Braubach; vgl. auch BKartA 18.4.2000 – B7-26/00, WuW/E DE-V 267 (269) – Chipkarten.

punkten, die auch im Rahmen des § 18 Abs. 1 und Abs. 5 zu berücksichtigen sind (→ Rn. 100 ff. und 106 ff.).

Der Innenwettbewerb hängt vom Kräfteverhältnis im Oligopol ab. Je enger das Oligopol **204** ist, umso geringer ist die Wahrscheinlichkeit für wesentlichen Wettbewerb. Es wächst dann nicht nur die Gefahr von Parallelverhalten, sondern auch von Konzentration auf dem Markt, wodurch Wettbewerb beschränkt wird. Doch auch bei einem symmetrischen Oligopol liegen nicht stets die Voraussetzungen strukturellen Binnenwettbewerbs vor. Gleiche oder fast gleichhohe Marktanteile ebenso wie weitgehend gleiche Ressourcen sprechen gegen wesentlichen Wettbewerb. Wegen des relativen Gleichgewichts der Kräfte ist ein Verhalten, das auf den Erhalt der eigenen Marktstellung gerichtet ist, zu erwarten.[1562] Gleiche Marktanteile der zur Gesamtheit iSd § 19 Abs. 3 S. 2 aF (§ 18 Abs. 6) gehörenden Unternehmen sind daher eher Voraussetzungen für eine gemeinsame Monopolisierung und Gewinnmaximierung als für die Sicherung wesentlichen Binnenwettbewerbs.[1563]

Die Vermutung des § 18 Abs. 6 ist ferner widerlegt, wenn die Unternehmen nach- **205** weisen, dass die Gesamtheit der Unternehmen im Verhältnis zu den übrigen Wettbewerbern im Außenverhältnis keine überragende Marktstellung hat. Die Oligopolunternehmen werden hier im Außenverhältnis als eine Einheit behandelt und den übrigen Unternehmen auf dem Markt gegenübergestellt. Eine überragende Marktstellung ist anzunehmen, wenn die Oligopolunternehmen die übrigen Wettbewerber angesichts ihres gemeinsamen Marktanteils weit überragen. Die Vermutung sei jedoch widerlegt, wenn die übrigen Wettbewerber und Gesamtheit der Oligopolisten annähernd die gleiche Größenordnung haben oder die übrigen Wettbewerber die Oligopolunternehmen größenmäßig überragen.[1564] Str. ist, ob der Nachweis wesentlichen Wettbewerbs im Außenverhältnis das Merkmal des „Überragens" entkräften kann.[1565] Jedenfalls für die Verhaltenskontrolle, um die es bei § 19 geht, ist dies zu bejahen.

### 4. Das Verhältnis der verschiedenen Vermutungstatbestände zueinander. **206**
### a) Verhältnis von Monopol- und Oligopolvermutung.
Das KG ging ursprünglich davon aus, dass bei gleichzeitigem Vorliegen die Vermutungswirkungen sich gegenseitig aufhöben.[1566] Mittlerweile stellt es darauf ab, wo der Schwerpunkt des Sachverhaltes liegt.[1567] Bei der dann gebotenen Analyse der Wettbewerbsverhältnisse verlieren die Vermutungen weitgehend ihre Wirkung.[1568] Eine dritte Meinung hält in solchen Sachlagen die Vermutungen nur insoweit für anwendbar, als sie identisch die Marktbeherrschung nur eines Unternehmens indizieren.[1569] Vereinzelt wird eine parallele Anwendung der beiden Vermutungen befürwortet, weil die Notwendigkeit eines Schutzes vor Gruppenverhalten nicht schon dadurch, entfalle, dass ein Teilnehmer aus dieser Gruppe die Anteilsgrenze des Abs. 4

---

[1562] BKartA 8.12.1986 – B 3–429630–U58/86, WuW/E BKartA 2247 (2248) – Hüls/Condea; TB 1985/86, 85 – NUR/ITS.

[1563] So KG 1.7.1983 – Kart. 16/82, WuW/E OLG 3051 (3080) – Morris/Rothmans; BKartA 8.12.1986 – B 3–429630–U58/86, WuW/E BKartA 2247 (2248) – Hüls/Condea.

[1564] Vgl. Thomas → § 36 Rn. 407.

[1565] Dagegen Ruppelt in Langen/Bunte, 11. Aufl. 2010, § 19 Rn. 95 aE; jetzt offen lassend Töllner in Bunte Rn. 268; offen lassend Bechtold/Bosch Rn. 83.

[1566] KG 16.1.1980 – Kart 14/79, WuW/E OLG 2234 (2235) – Blei- und Silberhütte Braubach; ebenso Gäbelein ZHR 147, 574 (579); offengelassen in BGH 22.6.1981 – KVR 5/80, WuW/E BGH 1824 (1825) – Tonolli-Blei- und Silberhütte Braubach.

[1567] KG 7.11.1985 – Kart. 6/85, WuW/E OLG 3759 (3765) – Pillsbury-Sonnen-Bassermann; KG 15.1.1988 – Kart 1/86, WuW/E OLG 4095 (4105) – W + i Verlag/Weiss-Druck; BKartA 13.5.1992 – B 4–324500–U173/91, AG 1992, 406 (409) – Krupp/Daub; siehe auch schon KG 1.7.1983 – Kart. 16/82, WuW/E OLG 3051 (3070) – Morris-Rothmans; ebenso BKartA 31.3.1981 – B 7–384195-U-92/80, WuW/E BKartA 1882 (1886) – Krupp-Total; BKartA 1.2.2001 – B 3–113/00, WuW/E DE-V 427 (428) – 3M/ESPE; Monopolkommission Hauptgutachten IV Tz. 585; v. Gamm KartR § 22 Rn. 31; Emmerich S. 323; dies sei jedoch nicht zwingend Töllner in Bunte Rn. 270; zust. im Ergebnis auch Wolf in MüKoWettbR Rn. 107.

[1568] Zutreffend Kleinmann/Bechtold § 22 Rn. 241; Wolf in MüKoWettbR Rn. 107.

[1569] Kleinmann/Bechtold § 22 Rn. 241; Bechtold/Bosch Rn. 74 aE.

überschreite.[1570] Dagegen spricht jedoch, dass nach fast einhelliger Ansicht in Rechtsprechung und Literatur zwischen Einzel- und Oligopolmarktbeherrschung ein Alternativverhältnis besteht (vgl. → Rn. 97). Die Existenz eines überragenden Verhaltensspielraums eines Einzelunternehmens verträgt sich nicht mit der Annahme dauerhafter Reaktionsverbundenheit zwischen mehreren marktstarken Unternehmen, da in diesem Fall keine wirksamen Abschreckungsmechanismen zur Aufrechterhaltung eines stabilen Interessenausgleichs in der Gruppe bestehen. Diese ökonomische Inkompatibilität zwischen Einzel- und kollektiver Marktbeherrschung muss sich nach der ratio legis auch auf die Vermutungstatbestände auswirken, die aus einer bestimmten Marktanteilsverteilung auf das Bestehen von Einzel- oder Oligopolmarktbeherrschung schließen. Da das Gesetz keinen Anhaltspunkt für einen Vorrang einer der beiden Vermutungstatbestände enthält, bietet sich keine überzeugende Alternative zu der vom KG entwickelten Schwerpunktbetrachtung.[1571]

**207**   **b) Verhältnis der beiden Oligopolvermutungen (Abs. 6 Nr. 1 und Nr. 2) zueinander.** Häufig werden in der Praxis die Marktanteilsschwellen von 50 % durch drei Unternehmen und von 66 2/3 % durch fünf Unternehmen gleichzeitig erfüllt sein. Dann stellt sich die Frage, ob beide Vermutungstatbestände nebeneinander anwendbar sind oder einem von ihnen der Vorrang gebührt.[1572] Für letzteres sind keine überzeugenden Gründe ersichtlich. Beide Vermutungen beschreiben gleichgerichtete wettbewerbliche Gefährdungslagen, zudem gelten bei der kollektiven Marktbeherrschung alle Mitglieder der Oligopolgruppe gleichermaßen als marktbeherrschend.[1573]

## § 19 Verbotenes Verhalten von marktbeherrschenden Unternehmen

(1) **Der Missbrauch einer marktbeherrschenden Stellung durch ein oder mehrere Unternehmen ist verboten.**

(2) **Ein Missbrauch liegt insbesondere vor, wenn ein marktbeherrschendes Unternehmen als Anbieter oder Nachfrager einer bestimmten Art von Waren oder gewerblichen Leistungen**

1. **ein anderes Unternehmen unmittelbar oder mittelbar unbillig behindert oder ohne sachlich gerechtfertigten Grund unmittelbar oder mittelbar anders behandelt als gleichartige Unternehmen;**
2. **Entgelte oder sonstige Geschäftsbedingungen fordert, die von denjenigen abweichen, die sich bei wirksamem Wettbewerb mit hoher Wahrscheinlichkeit ergeben würden; hierbei sind insbesondere die Verhaltensweisen von Unternehmen auf vergleichbaren Märkten mit wirksamem Wettbewerb zu berücksichtigen;**
3. **ungünstigere Entgelte oder sonstige Geschäftsbedingungen fordert, als sie das marktbeherrschende Unternehmen selbst auf vergleichbaren Märkten von gleichartigen Abnehmern fordert, es sei denn, dass der Unterschied sachlich gerechtfertigt ist;**
4. **sich weigert, ein anderes Unternehmen gegen angemessenes Entgelt mit einer solchen Ware oder gewerblichen Leistung zu beliefern, insbesondere ihm Zugang zu Daten, zu Netzen oder anderen Infrastruktureinrichtungen zu gewähren, und die Belieferung oder die Gewährung des Zugangs objektiv notwendig ist, um auf einem vor- oder nachgelagerten Markt tätig zu sein und die Weigerung den wirksamen Wettbewerb auf diesem Markt auszuschalten droht, es sei denn, die Weigerung ist sachlich gerechtfertigt;**
5. **andere Unternehmen dazu auffordert, ihm ohne sachlich gerechtfertigten Grund Vorteile zu gewähren; hierbei ist insbesondere zu berücksichtigen, ob die Aufforde-**

---

[1570] Möschel in Immenga/Mestmäcker, 4. Aufl. 2007, § 19 Rn. 97; Schultz WuW 1981, 102 (108); Immenga/Schulte-Braucks BB 1981, 149 (150 ff.).
[1571] Ebenso Wolf in MüKoWettbR Rn. 107.
[1572] Für parallele Anwendbarkeit Wolf in MüKoWettbR Rn. 102.
[1573] Töllner in Bunte Rn. 260 f.

rung für das andere Unternehmen nachvollziehbar begründet ist und ob der geforderte Vorteil in einem angemessenen Verhältnis zum Grund der Forderung steht.

(3) [1]Absatz 1 in Verbindung mit Absatz 2 Nummer 1 und Nummer 5 gilt auch für Vereinigungen von miteinander im Wettbewerb stehenden Unternehmen im Sinne der §§ 2, 3 und 28 Absatz 1, § 30 Absatz 2a, 2b und § 31 Absatz 1 Nummer 1, 2 und 4. [2]Absatz 1 in Verbindung mit Absatz 2 Nummer 1 gilt auch für Unternehmen, die Preise nach § 28 Absatz 2 oder § 30 Absatz 1 Satz 1 oder § 31 Absatz 1 Nummer 3 binden.

**Allgemeines Schrifttum:** Ahern, Essential Facilities: An Epithet in Need of Limiting Principles, Refusals to Deal after Aspen, 63 Antitrust Law Journal S. 153 (1994); Albach, Zur Messung von Marktmacht und ihres Mißbrauchs, WuW 1978, 537; ders., Finanzkraft und Marktbeherrschung, 1981; Alexander, Die Neuordnung der kartellrechtlichen Missbrauchsaufsicht, WuW 2012, 1025; Areeda, Essential Facilities: An Epithet in Need of Limiting Principles, 58 Antitrust Law Journal S. 841 (1990); Armani, One Step Beyond in the Application of the Essential Facility Theory, Competition Policy Newsletter 1999, 15; Ascheberg, Kartellrechtliche Schadensersatzrichtlinie 2014/104/EU – Neuerungen und Schwierigkeiten bei der Umsetzung in deutsches Recht, Jura 2016, 1101; Babey/Rizivi, Die Frand-Selbstverpflichtung, WuW 2012, 808; Badura, Unternehmenswirtschaftlichkeit und Infrastrukturgewährleistung im Bereich des Postwesens – Ausgleichsfonds, Exklusivlizenz und offener Netzzugang bei Universaldienstleistungen, ArchivPT 1997, 277; Ballerstedt, Zur Systematik des Mißbrauchsbegriffs im GWB, in: Festschrift für Wolfgang Hefermehl, 1976, S. 37; Bartholomeyczik, Äquivalenzprinzip, Waffengleichheit und Gegengewichtsprinzip in der modernen Rechtsentwicklung, AcP 166, 30; Barthelmeß/Rudolf, Die „Unbedingtheit" eines Lizenzangebotes als Voraussetzung des kartellrechtlichen Zwangslizenzeinwands im patentrechtlichen Unterlassungsverfahren, WuW 2013, 116; Bartling, Leitbilder der Wettbewerbspolitik, 1980; Baumann, Einschaltung von Schiedsgerichten zur Bestimmung der FRAND-Konditionen, GRUR 2018, 145; Baumol/Panzar/Willig, Contestable Markets and The Theory of Industry Structure, 1982; Baur, J., Der Mißbrauch im deutschen Kartellrecht, 1972; Bechtold/Bosch, Die Entwicklung des deutschen Kartellrechts, NJW 2011, 3484; Becker/Schweitzer, Welche gesetzlichen Regelungen empfehlen sich zur Verbesserung eines Wettbewerbs der Versicherer und Leistungserbringer im Gesundheitswesen?, in: Verhandlungen des 69. Deutschen Juristentages, Band I: Gutachten/Teil B: Wettbewerb im Gesundheitswesen, München 2012; Belke, Die vertikalen Wettbewerbsbeschränkungsverbote nach der Kartellgesetznovelle 1973, ZHR 138, 227; Benisch, Bestimmung der Marktstellung bei Nachfragern, WuW 1977, 619; ders., Zur Preiskontrolle bei marktbeherrschenden Unternehmen, GRUR 1977, 275; Bergmann/Modest, Vom Umschreiben der Gesichtsbücher – Anmerkungen zu OLG Düsseldorf in Sachen Facebook, NZKart 2019, 531; Bernhard, Anmerkung zum Urteil des LG Dortmund vom 21.12.2016 Az. 8 O 90/14 „Schienenkartell", EWiR 2017, 513; Berrisch/Burianski, Kartellrechtliche Schadensersatzansprüche nach der 7. GWB-Novelle, WuW 2005, 878; Bien, Fusionskontrolle und subjektiver Drittschutz, 2007; ders., Erleichterungen des privaten Rechtsschutzes im Kartellrecht durch die 8. GWB-Novelle, ZWeR 2013, 448; Bien/Käseberg/Klumpe/Körber/Ost, Die 10. GWB-Novelle, 2021; Blankart/Knieps, Netzökonomik, Jahrbuch für Neue Politische Ökonomie 1992, 73; dies., Regulierung von Netzen?, ifo-Studien Nr. 41996, 483; Block, Achtzehn Monate nach EuGH „Huawei/ZTE", GRUR 2017, 121; Börner, Preiskontrollen durch Kartellbehörden nach § 22 GWB, in: Die Kartellrechtliche Mißbrauchsaufsicht, 1977, S. 6; ders., Der Netzzugang für Dritte als grundsätzliches Problem – Ein Blick auf die USA, DAJV-Newsletter 1999, 73; Bremer/Höppner, Zum Verhältnis von Kartellrecht und Eisenbahnrecht, WuW 2009, 1271; v. Brunn, Zur Frage der sogenannten „geplanten Obsoleszenz", WuW 1972, 615; Buchner, Datenschutz und Kartellrecht – Zugleich Anmerkung zu den Facebook-Beschlüssen des BKartA, 6.2.2019 – B6–22/16 und des OLG Düsseldorf, 26.8.2019 – VI-Kart 1/19 (V), WRP 2019, 1243; Büdenbender, Die Kartellaufsicht über die Energiewirtschaft, 1995; ders., Durchleitung elektrischer Energie nach der Energierechtsreform, RdE 1999, 1; ders., Rechtsfragen anläßlich der Durchleitung elektrischer Energie, in: Baur, Energiewirtschaft – Der neue energie- und kartellrechtliche Rahmen, 1999, S. 73; ders., Durchleitungen in der Elektrizitätswirtschaft und Eigentumsschutz, WuW 2000, 119; dies., Das kartellrechtliche Preismissbrauchsverbot in der aktuellen höchstrichterlichen Rechtsprechung, ZWeR 2006, 233; Bulst, Das ORWI-Urteil des Bundesgerichtshofs im Lichte des Unionsrechts, ZWeR 2012, 70; Bunte, Zur kartellrechtlichen Mißbrauchsaufsicht über Konditionen, WM 1985, 1217; ders., 6. GWB-Novelle und Mißbrauch wegen Verweigerung des Zugangs zu einer „wesentlichen Einrichtung", WuW 1997, 302; Buntscheck, Die Durchsetzung standardessentieller Patente als Missbrauch einer marktbeherrschenden Stellung, NZKart 2015, 521; Casper, Die wettbewerbsrechtliche Begründung von Zwangslizenzen, ZHR 166 (2002), 685; Castendyk, Tarif- und Entgeltkontrolle von Kabeleinspeisungsentgelten, MMR 2018, 437; Coppik/Haucap, Die Behandlung von Preisschirmeffekten bei der Bestimmung von Kartellschäden und Mehrerlösen, WuW 2016, 50; Cordes/Gelhausen, Zwischen „Orange-Book-Standard" und „Samsung", Mitteilung der Patentanwälte 2015, 426; Daiber, Für wirksame Kontrolle der Wasserpreise durch die Kartellbehörden, WuW 2010, 1141; ders., Wasserversorgung und Vergleichsmarktkonzept, NJW 2013, 1990; Deichfuß, Die Rechtsprechung der Instanzgerichte zum kartellrechtlichen Zwangslizenzeinwand nach „Orange-Book-Standard", WuW 2012, 1156; Deselaers, Die „Essential Facilities"-Doktrin im Lichte des Magill-Urteils, EuZW 1995, 563; ders.,

Willenserklärung als „essential facility", WuW 2008, 179; Dreher, Die Verweigerung des Zugangs zu einer wesentlichen Einrichtung als Mißbrauch der Marktbeherrschung, DB 1999, 833; Ebert-Weidenfeller/Gromotke, Krankenkassen als Normadressaten des Lauterkeits- und Kartellrechts, EuZW 2013, 937; Ehricke, Die Kontrolle von einseitigen Preisfestsetzungen in Gaslieferungsverträgen, JZ 2005, 599; ders., Kartellschaden und Verletzergewinn in: Bechtold (Hrsg.), Festschrift für Wernhard Möschel, 2011, S. 191; Emde, Anspruch von Vertriebsmittlern auf Zugang zum Vertriebssystem eines Unternehmers – Kontrahierungsanspruch, Belieferungsanspruch und ihr Verhältnis zum Schadensersatzanspruch, NZKart 2013, 355; Emmerich, Das Wirtschaftsrecht der öffentlichen Unternehmen, 1969; ders., Fusionskontrolle und überragende Marktstellung unter besonderer Berücksichtigung der Unternehmenskonzentration bei der öffentlichen Hand, in: 2. Festschrift für Franz Böhm, 1975, S. 119; ders., Zum Begriff der überragenden Marktstellung in § 22 Abs. 1 Nr. 2 GWB und zur Preiskontrolle aufgrund des § 22 GWB: Vitamin-B-12 (§§ 22, 24, 70 GWB), Anmerkung, AG 1977, 19; ders., Der gleichartigen Unternehmen üblicherweise zugängliche Geschäftsverkehr, NZKart 2015, 114; Engel, Der Weg der deutschen Telekommunikation in den Wettbewerb, MMR-Beilage 3/1999, 7; Engel/Knieps, Die Vorschriften des Telekommunikationsgesetzes über den Zugang zu wesentlichen Leistungen, 1998; Eucken, Grundsätze der Wirtschaftspolitik, 4. Aufl. 1968; Fehl/Schmidtchen, Wettbewerbstheoretische Aspekte der Mißbrauchsaufsicht über Autobahntankstellen, WuW 1986, 572; Fehling, Mitbenutzungsrechte Dritter bei Schienenwegen, Energieversorgungs- und Telekommunikationsleitungen vor dem Hintergrund staatlicher Infrastrukturverantwortung, AöR 1996, 59; Fikentscher, Die Interessengemeinschaft, 1966; Fischer, R., Der Mißbrauch einer marktbeherrschenden Stellung (§ 22 GWB) in der Rechtsprechung des BGH, ZGR 1978, 235; Fleischer, Marktmißbrauch auf sekundären Produktmärkten, RIW 2000, 22, 30; Fleischer/Weyer, Neues zur „essential facilities"-Doktrin im Europäischen Wettbewerbsrecht, WuW 1999, 350; Foerster, Marktbeherrschende Stellung und Förderung fremden Wettbewerbs, WuW 2015, 233; Franck, Eine Frage des Zusammenhangs: Marktbeherrschungsmissbrauch durch rechtswidrige Konditionen, ZWeR 2016, 137; Frenz, Kostenlose Emissionszertifikate und unangemessene Preise, WuW 2006, 737; Fricke, Zivilrechtliche Billigkeitskontrolle von Erdgaspreisen, WM 2005, 547; Friederiszick/Röller, Überwälzung der Opportunitätskosten von $CO^2$-Zertifikaten als Ausbeutungsmissbrauch – eine ökonomische Analyse, WuW 2008, 929; Friedrich, Die neuen Mißbrauchstatbestände in der 4. Novelle zum GWB (§§ 22 und 37a Abs. 3), BB 1980, 1553; Fritzsche, Der Beseitigungsanspruch im Kartellrecht nach der 7. GWB-Novelle, WRP 2006, 42; ders., Jedermann kann – Anmerkungen zum Kone-Urteil des EuGH (Rs. C-557/12) zum Schadensersatz bei kartellbedingt eintretenden Preisschirmeffekten –, NZKart 2014, 428; ders., Schadensabwälzung – Auslegungsfragen zum Kartellzivilrecht nach der 9. GWB-Novelle, NZKart 2017, 630; Fuchs, Die 7. GWB-Novelle – Grundkonzeption und praktische Konsequenzen, WRP 2005, 1384; ders., Die Anordnung von Wiedergutmachungszahlungen als Inhalt kartellbehördlicher Abstellungsverfügungen nach § 32 GWB?, ZWeR 2009, 176; ders., Ausschluss oder Zulassung des Einwands der Schadensabwälzung? – Plädoyer für eine differenzierte Beurteilung des passing-on defense bei Schadensersatzklagen wegen Kartellverstößen, ZWeR 2011, 192; ders., Patent Ambush Strategies and Article 102 TFEU, in: Drexl/Grimes/Jones/Peritz/Swaine (eds.), More Common Ground for International Competition Law?, 2011, S. 177; ders., Unter dem Schirm und im Schatten des Kartells – Überlegungen zur Reichweite der Schadensersatzhaftung bei Preisschirm- und Mengeneffekten außerhalb der Vertriebsketten der Kartellmitglieder, in: Festschrift für Joachim Bornkamm, 2014, S. 159; ders., Kartellrechtliche Schranken für patentrechtliche Unterlassungsklagen insbesondere im Kontext von FRAND-Lizenzerklärungen bei standardessentiellen Patenten, NZKart 2015, 429; ders., FRAND-Lizenzerklärungen im Spannungsfeld von Patent-, Zivil- und Kartellrecht, in: Rechtsdurchsetzung – Rechtsverwirklichung durch materielles Recht und Verfahrensrecht, Festschrift für Hans-Jürgen Ahrens, 2016, S. 79; ders., Die patentrechtliche Zwangslizenz – neue Perspektiven nach der Entscheidung des Bundesgerichtshofs im Fall „Raltegravir"?, in: Festschrift für Wolfgang Büscher, 2018, S. 621; ders., Art und Umfang des ersatzfähigen Schadens, in: Fuchs/Weitbrecht (Hrsg.), Handbuch Private Kartellrechtsdurchsetzung, 2019, S. 257; ders., Preishöhenmissbrauch durch Verweigerung einer Entgeltanpassung in langfristigen Verträgen, ZWeR 2019, 225; ders., Marktmachtmissbrauch durch sog. „killer acquisitions" – Möglichkeiten und Grenzen einer nachträglichen Fusionskontrolle über Art. 102 AEUV und § 19 Abs. 1 GWB am Beispiel des systematischen Aufkaufs innovativer Start-ups, in: Festschrift für Gerhard Wiedemann, 2020, S. 303; Gabler, Schaffung und Erhaltung von Wettbewerb auf Energiemärkten durch die kartellrechtliche Netzzugangskontrolle gemäß § 19 Abs. 4 Nr. 4 GWB, 2005; Gabriel, Mißbrauch wirtschaftlicher Macht, Kriterien, Verfahren, Maßnahmen, WuW 1968, 581; ders., „Wesentlicher" Wettbewerb und „mißbräuchliche Preise", BB 1974, 1405; ders., Preismißbrauchsaufsicht – Versuch einer Zwischenbilanz, in: Festschrift für Eberhard Günther, 1976, S. 263; ders., Preiskontrolle im Rahmen der Wettbewerbspolitik. Kriterien und Kompetenzen, 1976; v. Gamm, Das Verbot einer unbilligen Behinderung und einer sachlich nicht gerechtfertigten Diskriminierung, NJW 1980, 2489; Glismann-Seusing, Probleme internationaler Preisvergleiche – Pharmazeutische Produkte, Weltwirtschaft 1975, Heft 2, 176; Glöckner, Individualschutz und Funktionenschutz in der privaten Durchsetzung des Kartellrechts – Der Zweck heiligt die Mittel nicht; er bestimmt sie!, WRP 2007, 490; Goll, Verbraucherschutz im Kartellrecht, GRUR 1976, 486; Gotthold, Mißbrauchsaufsicht über Preise – Zum Sondergutachten der Monopolkommission, WRP 1975, 499; Grätz, Missbrauch der marktbeherrschenden Stellung durch Sportverbände, 2009; Grewe, Missbrauchsverbot als Durchsetzungsinstrument – Eine Untersuchung der Schnittstellen des Kartellrechts mit dem Datenschutz-, Lauterkeits- und AGB-Recht, 2020; Grotemeier, Der Vertriebe als Essential Facility, 2014; Grothe, Datenmacht in der kartellrechtlichen Missbrauchskontrolle, 2019; Guski, Kartellgeschädigte als Gesamtgläubiger?, ZWeR 2010, 278; Haberer/Rung, Teilhabe- und Zugangsansprüche gegenüber der öffentlichen Hand – Ein Fall für das Kartellrecht?, NZKart 2018, 185; Harms, Konzerne im Recht der Wettbewerbsbeschränkungen, FIW-Schriftenreihe Heft 45, 1968; Hart/Joerges, Verbraucherrecht und Marktökonomik: Eine Kritik ordnungstheoretischer Eingrenzung der Verbraucherpolitik, in: Assmann/Brüggemeier/Hart/Joerges, Wirtschaftsrecht als Kritik des Privatrechts, 1980, S. 83; Hartmann-Rüppel/Ludewig, Entscheidung für die Passing-On-Defence im deutschen Recht, ZWeR 2012, 90; Hartmann-Rüppel/ Schrader, Es regnet Preiserhöhungen – Wie Preisschirme auch Unbeteiligte schädigen können, ZWeR 2014, 300; Hartog/Noack, Die 7. GWB-Novelle, WRP 2005, 1396; Hauck, „Erzwungene" Lizenzverträge – Kartellrechtliche Grenzen der Durchsetzung standardessenzieller Patente, NJW 2015, 2767; Hauck/Kamlah, Was ist „FRAND"? Inhaltliche Fragen zu kartellrechtlichen Zwangslizenzen nach Huawei/ZTE, GRUR Int. 2016, 420; Haus, Stromdurchleitung bei der Bewag – ein Präjudiz für § 19 IV Nr. 4 GWB?, WuW 1999, 1190; ders., Das Urteil des BGH in Pechstein / International Skating Union – Ein Schritt vor, zwei Schritt zurück für das Kartellrecht in der Sportschiedsgerichtsbarkeit?, NZKart 2016, 366; Haus/Jansen, Zum Preismissbrauch marktbeherrschender Unternehmen nach dem Urteil des Bundesgerichtshofs im Fall Stadtwerke Mainz, ZWeR 2006, 77; Haus/Schaper, Das AMNOG – neues Gesundheitskartellrecht, ZWeR 2011, 48; Heermann, Die Sportschiedsgerichtsbarkeit nach dem Pechstein-Urteil des BGH, NJW 2016, 2224; Heinemann, Immaterialgüterschutz in der Wettbewerbsordnung, 2002; ders., Kartellrechtliche Zwangslizenzen im Patentrecht, ZWeR 2005, 198; ders., Standardessenzielle Patente in Normorganisationen, GRUR 2015, 855; Heise, Der Rechtsrahmen der Netzwirtschaften: Kartellrechtliche Sicherstellung des Netzzugangs?, WuW 2009, 1024; Heitkamp, FRAND-Bedingungen bei SEP – Die Lizenzbereitschaftserklärung und das Problem der Bestimmung einer angemessenen Lizenzgebühr, 2020; Herrlinger, Änderungen der 7. GWB-Novelle im Rahmen des Gesetzgebungsverfahrens, WRP 2005, 1136; Herrmann/Dick, Die Bündelung der Stromnachfrage als kartell- und energierechtliches Problem, 2000, S. 56; Hermes, Staatliche Infrastrukturverantwortung, 1998; Hohmann, Die essential facility doctrine im Recht der Wettbewerbsbeschränkungen, 2001; Höft, Die Kontrolle des Ausbeutungsmissbrauchs im Recht der Wettbewerbsbeschränkungen, 2013; Hölzer, Der Energiesektor zwischen Marktwirtschaft und öffentlicher Aufgabe, 2000; Hölzler/Satzky, Wettbewerbsverzerrungen durch nachfragemächtige Handelsunternehmen, FIW-Schriftenreihe Heft 90, 1980; Hoffmann, Die gesetzlichen Krankenkassen im Anwendungsbereich des deutschen Kartellrechts, WuW 2011, 472; Hoppmann, RSPM, Richtlinien zur Selbstkosten- und Preisermittlung im Rahmen der Mißbrauchsaufsicht über marktbeherrschende Unternehmen?, WuW 1974, 763; ders., Preiskontrolle und Als-ob-Konzept, 1974; ders., Preisunelastizität der Nachfrage als Quelle von Marktbeherrschung, in: Festschrift Eberhard Günther, 1976, S. 283; ders., Marktmacht und Wettbewerb, 1977; ders., Das Konzept des wirksamen Preiswettbewerbs, 1978; ders., Marktbeherrschung und Preismißbrauch, 1983; Hübschle, Die kartellrechtliche Mißbrauchsaufsicht über Strompreisdifferenzierungen nach der Energiewirtschaftsnovelle, WuW 1998, 146; Ipsen, Kartellrechtliche Preiskontrolle als Verfassungsfrage, 1976; ders., Kartellrechtliche Preiskontrolle durch Verwaltungshelfer, ZGR 1978, 287; Jickeli, Marktzutrittsschranken im Recht der Wettbeschränkungen, 1990; John, Die Kontrolle von Marktmacht in Großbritannien, 1974; Jung, Die Zwangslizenz als Instrument der Wettbewerbspolitik, ZWeR 2004, 379; Kamann/Ohlhoff, Gesamtgläubigerschaft als Lösung des Passing-On-Problems?, ZWeR 2010, 303; Kapp/Schumacher, Die „Reisestellenkarten"-Entscheidung des OLG Düsseldorf: Richtiges Ergebnis, falsche Begründung?, WuW 2008, 662; Karbaum, Kartellrechtliche Missbrauchsaufsicht: Bundeskartellamt bremst Facebook aus, DB 2019, 1072; Kaufer, Das Konzept des „als-ob-Preises": Marginalien zu einer Übung in als-ob-Ökonomik, WuW 1975, 139; Kellenter, Der FRAND-Einwand im Patentverletzungsprozess nach der EuGH-Entscheidung Huawei/ZTE, in: Kühnen (Hrsg.), Festschrift 80 Jahre Patentgerichtsbarkeit in Düsseldorf, S. 255; Kersting, Die neue Richtlinie zur privaten Rechtsdurchsetzung im Kartellrecht, WuW 2014, 564; Kersting/Dworschak, Leistungsschutzrecht für Presseverlage: Müsste Google wirklich zahlen? – eine kartellrechtliche Analyse, NZKart 2013, 46; Keßler, Private Enforcement – Zur deliktsrechtlichen Aktualisierung des deutschen und europäischen Kartellrechts im Lichte des Verbraucherschutzes, WRP 2006, 1061; Kirchhoff, Das ORWI-Urteil des Bundesgerichtshofs, WuW 2012, 927; Kirchstein, Die Mißbrauchsaufsicht nach § 22 GWB, Schwerpunkte 1973/74, S. 19; Klaue, Zur Problematik der kartellrechtlichen Mißbrauchsaufsicht über Versicherungsunternehmen, WuW 1975, 5; ders., Mißbrauchsaufsicht über die Marktmacht 1977/78, Schwerpunkte 1977/78, S. 21; ders., Zum sogenannten Netzzugang Dritter in der Gas- und Elektrizitätswirtschaft, BB 1992; 1937; ders., Noch einmal: Zum sogenannten Netzzugang Dritter, BB 1993, 740; ders., Zur Rezeption der amerikanischen „essential facility-doctrine" in das europäische und deutsche Kartellrecht, RdE 1996, 51; Kleinlein/Schubert, Kontrolle von Entgelten monopolistischer und marktbeherrschender Anbieter, NJW 2014, 3191; Klimisch/Lange, Zugang zu Netzen und anderen wesentlichen Einrichtungen als Bestandteil der kartellrechtlichen Missbrauchsaufsicht, WuW 1998, 15; Knöpfle, Zur Mißbrauchsaufsicht über marktbeherrschende Unternehmen auf dem Preissektor, BB 1974, 862; ders., Zulässigkeit und Eignung des Maßstabes des Als-ob-Wettbewerbs für die Mißbrauchsaufsicht über Versorgungsunternehmen, 1975; ders., Zur Berücksichtigung der Kosten, insbesondere der Gemeinkosten, bei der kartellrechtlichen Mißbrauchsaufsicht, BB 1975, 1607; ders., Ist die Frage nach der Gewinnhöhe bei der Missbrauchsaufsicht über markbeherrschende Unternehmen einem freiheitlichen Wirtschaftssystem vereinbar?, BB 1979; ders., Die marktbezogene Unlauterbarkeit, 1983; ders., Wege und Irrwege der kartellrechtlichen Preismißbrauchsaufsicht, DB 1984, 1129 und 1184; ders., Ist die kartellrechtliche Preisüberhöhungsaufsicht effizient oder mit äußerster Zurückhaltung durchzuführen?, BB-Beil. 13/1994, 1; Knieps, Zugang zu Netzen, MMR 1998, 275; ders., Wettbewerb auf dem Mobilfunkmarkt, MMR-Beilage 2/2000, 1; Koch, Kartellrechtliche Schadensersatzansprüche mittelbar betroffener Marktteilnehmer nach § 33 GWB n. F., WuW 2005, 1210; Köhler, Wettbewerbs- und kartellrechtliche Kontrolle der Nachfragemacht,

1979; Koenig/Kühling/Winkler, Pflichten zur Veränderung von Netzinfrastrukturen, WuW 2003, 228; Körber, Sektorspezifische Rundfunkregulierung oder „Wettbewerb 2.0"?, ZWeR 2009, 315; ders., Standardessentielle Patente, FRAND-Verpflichtungen und Kartellrecht, 2013; ders., Machtmissbrauch durch Erhebung patentrechtlicher Unterlassungsklagen, WRP 2013, 734; ders., Google im Fokus des Kartellrechts, WRP 2012, 761; ders., Die Facebook-Entscheidung des Bundeskartellamtes – Machtmissbrauch durch Verletzung des Datenschutzrechts?, NZKart 2019, 187; Kordel, Missbrauch einer marktbeherrschenden Stellung durch Verwendung zivilrechtswidriger AGB im Auftrag des Bundes, ZWeR 2005, 359; Kraft, Gemeinschaftsschädliche Wirtschaftsstörungen als unlauterer Wettbewerb, GRUR 1980, 966; Kramer, Die aktuelle Entwicklung des deutschen Eisenbahnrechts – Auf dem Weg zu einem perfekt regulierten Markt?, NVwZ 2006, 26; Kruse, Der Nutzer – das unbekannte Wesen: Die Nutzerbefragung im Facebook-Verfahren, NZKart 2019, 418; Kruse/Kiessling, Ökonomische Probleme einer wettbewerblichen Öffnung europäischer Infrastrukturnetze, Jahrbuch für Neue Politische Ökonomie 1997, 17; Kühling/Ernert, Das neue Eisenbahnwirtschaftsrecht – Hochgeschwindigkeitstrasse für den Wettbewerb?, NVwZ 2006, 33; Kühne, Netzzugang und seine Verweigerung im Spannungsfeld zwischen Zivilrecht, Energierecht und Kartellrecht, RdE 2000, 1; ders., Vom Privatrecht zum Wirtschaftsrecht, RdE 2005, 241; ders., Billigkeitskontrolle und Verbotsgesetze, NJW 2006, 2520; Kühne/Woitz, Die neue EU-Kartellschadensersatzrichtlinie: „Follow-on"-Klagen auf Schadensersatz werden gefährlicher, DB 2015, 1028; Kühnen, Handbuch der Patentverletzung, 11. Aufl. 2018; Kuhn, Preishöhenmissbrauch (excessive pricing) im deutschen und europäischen Kartellrecht, WuW 2006, 578; Kuhn/Rolova, Abwälzen der Kosten für überteuerte Ware auf Kunden schließt Schaden nicht aus, GRUR-Prax 2011, 283; Kurtz/Straub, Die Bestimmung des FRAND-Lizenzsatzes für SEP, GRUR 2018, 136; Lagemann, Die Anwendbarkeit der kartellrechtlichen Missbrauchsvorschriften auf Fälle mit Drittmarktbezug, 2013; Lampert, Der EuGH und die essential facilities-Lehre, NJW 1999, 2235; ders., Die kartellrechtliche Kontrolle der Ausübung standardwesentlicher Schutzrechte, 2018; Lamping, Patentschutz und Marktmacht, 2010; Lang, Defining Legitimate Competition: Companies' Duties to Supply Competitors and Access to Essential Facilities, 18 Fordham International Law Journal 1994, 37; Lehmann, Wettbewerbsrecht, Strukturpolitik und Mittelstandsschutz, GRUR 1977, 580; Lenel, Vollständiger und freier Wettbewerb als Leitbilder für die Wettbewerbspolitik gegenüber mächtigen Unternehmen, in: 2. Festschrift für Franz Böhm, 1975, S. 317; Lettl, § 19 Abs. 4 Nr. 4 GWB und Marktbeherrschung, WuW 2011, 579; ders., Schadensersatz bei Kartellrechtsverstößen in der 9. GWB-Novelle, WM 2016, 1961; Leo, Das marktbeherrschende Unternehmen in den §§ 22, 26 GWB, in: 10 Jahre Kartellgesetz, 1968, S. 291; ders., Zur Reform der Mißbrauchsaufsicht über marktbeherrschende Unternehmen, WRP 1972, 1; Lindacher, Lockvogel und Sonderangebote, 1979; Locher, Verschiedene Preise für gleiche Produkte? Personalisierte Preise und Scoring aus ökonomischer Sicht, ZWeR 2018, 292; Loewenheim, Suggestivwerbung, unlauterer Wettbewerb, Wettbewerbsfreiheit und Verbraucherschutz, GRUR 1975, 99; Lohse, § 1004 BGB als Rechtsgrundlage für Zahlungsansprüche?, AcP 201 (2001), 902; Louven, Datenmacht und Zugang zu Daten, NZKart 2018, 217; ders., Kartellrecht als Hebel für die Durchsetzung des Datenschutzrechts?, CR 2019, 352; ders., Kartellrechtliche Innovationstheorie für digitale Plattformen, 2021; Ludwigs, Die Rolle der Kartellbehörden im Recht der Regulierungsverwaltung, WuW 2008, 535; Lutz, Durchleitung von Gas nach Inkrafttreten des Gesetzes zur Neuregelung des Energiewirtschaftsrechts und der Sechsten GWB-Novelle, RdE 1999, 102; ders., Schwerpunkte der 7. GWB-Novelle, WuW 2005, 718; Märkl, Netzzusammenschaltung in der Telekommunikation, 1999; Makatsch/Mir, Die neue EU-Richtlinie zu Kartellschadensersatzklagen – Angst vor der eigenen „Courage"?, EuZW 2015, 7; Markert, Kostenkontrolle bei der Mißbrauchsaufsicht über marktbeherrschende Unternehmen, BB 1974, 580; ders., Mißbrauchsaufsicht nach §§ 22, 26 Abs. 2 GWB, Schwerpunkte 1976/77, S. 27; ders., Mißbrauchsaufsicht über Anbieter und Nachfrager, Schwerpunkte 1978/79, S. 87; ders., Die Wettbewerberbehinderung im GWB nach der vierten Kartellnovelle, 1982; ders., Diskriminierung und Behinderung in der kartellrechtlichen Praxis, 3. Aufl. 1989; ders., Die Verweigerung des Zugangs zu „wesentlichen Einrichtungen" als Problem der kartellrechtlichen Mißbrauchsaufsicht, WuW 1995, 560; ders., Die Anwendung des US-amerikanischen Monopolisierungsverbots auf Verweigerungen des Zugangs zu „wesentlichen Einrichtungen", in: Festschrift für Ernst-Joachim Mestmäcker, 1996, S. 661; ders., Durchleitung von Strom und Gas: Allgemeines Kartellrecht oder Sonderregelung?, BB 1997, 1421; ders., Bestehende Lieferverträge als Grund für die Unzumutbarkeit von Stromdurchleitungen, ZNER 1998, 3; ders., Zwangsdurchleitung mittels Kartellrecht, ET 1998, 252; ders., Die Einpreisung der unentgeltlich zugeteilten $CO_2$-Emissionsrechte in die Strompreise als kartellrechtlicher Preishöhenmißbrauch, ZNER 2006, 119; Martenczuk/Thomaschki, Der Zugang zu Netzen zwischen allgemeinem Kartellrecht und sektorieller Regulierung, RTkom 1999, 15; Meinhold, Diversifikation, konglomerate Unternehmen und Gesetz gegen Wettbewerbsbeschränkungen, 1977; Merz, Die Vorfeldthese, 1988; Mestmäcker, Die Beurteilung von Unternehmenszusammenschlüssen nach Art. 86 des Vertrages über die EWG, in: Festschrift für Walter Hallstein, 1966, S. 322; ders., Verpflichtet § 22 GWB die Kartellbehörde, marktbeherrschenden Unternehmen ein Verhalten aufzuerlegen, als ob Wettbewerb bestünde?, DB 1968, 1800; ders., Über das Verhältnis des Rechts der Wettbewerbsbeschränkungen zum Privatrecht, AcP 168, 235; ders., Medienkonzentration und Meinungsvielfalt, 1978; ders., Die Anwendbarkeit des Gesetzes gegen Wettbewerbsbeschränkungen auf Zusammenschlüsse zu Rundfunkunternehmen, GRUR Int. 1983, 533; ders., Der verwaltete Wettbewerb, 1984; Miksch, Wettbewerb als Aufgabe, 2. Aufl. 1947; Mohr, Konditionenmissbrauch durch soziale Netzwerke: Facebook, WuW 2020, 506; Montag, Gewerbliche Schutzrechte, wesentliche Einrichtungen und Normung im Spannungsfeld zu Art. 86 EGV, EuZW 1997, 71; Montag/Leibenath, Aktuelle Entwicklungen im Bereich des Art. 82 EG, EWS 1999, 281; Möschel, Das Wirtschaftsrecht der Banken, 1972; ders., Oligopolmißbrauch nach § 22 GWB, DB 1973, 461;

ders., Der Oligopolmißbrauch im Recht der Wettbewerbsbeschränkungen, 1974; ders., Rechtsordnung zwischen Plan und Markt, 1975; ders., Preiskontrollen über marktbeherrschende Unternehmen. Geltendes Recht und Alternativkonzeptionen, JZ 1975, 393; ders., Mißbrauchsaufsicht über marktbeherrschende Unternehmen, NJW 1975, 753; ders., Marktmacht und Preiskontrolle, BB 1976, 49; ders., Wettbewerb im Schnittfeld von Rechtswissenschaft und Nationalökonomie, in: Festschrift zum 500jährigen Bestehen Bestehen der Tübinger Juristenfakultät, 1977, S. 333; ders., Pressekonzentration und Wettbewerbsgesetz, 1978; ders., Die Idee der rule of law und das Kartellrecht heute. Am Beispiel der gezielten Kampfpreisunterbietung, Ordo 1979, 295; ders., Entflechtungen im Recht der Wettbewerbsbeschränkungen, 1979; ders., Wettbewerbspolitik vor neuen Herausforderungen, in: Ordnung in Freiheit, 1992, S. 61; ders., Die Unabhängigkeit des Bundeskartellamtes, Ordo 1997, 241; ders., Strompreis und kartellrechtliche Kontrolle, WuW 1999, 5; ders., Europäisches Kartellrecht in liberalisierten Wirtschaftssektoren, WuW 1999, 832; ders., Gesetzliche Krankenversicherung und das Kartellrecht, JZ 2007, 601; ders., Standpunkte, Geistige Umnachtung im Kartellrecht, FAZ Nr. 39 v. 15.2.2007, S. 12; Müller, M., Die „Essential Facilities“-Doktrin im Europäischen Kartellrecht, EuZW 1998, 232; Müller, H./Scholz/Schreven, Einkaufsbedingungen auf dem Prüfstand, Band 1, Automobilindustrie, 1979; Müller-Graff, Kartellrechtlicher Schadensersatz in neuer Versuchsanordnung, ZHR 179 (2015), 691; Mundt, Die Facebook-Entscheidung des Bundeskartellamtes, NZKart 2019, 117; Munzinger, Mißbräuchliche Preise, Preisbildungssystem und Preisstrukturen nach § 22 GWB, FIW-Schriftenreihe Heft 78, 1977; Nath, Schadensersatz bei Missbrauch einer marktbeherrschenden Stellung, 2021; Nestler/Ordosch, Angemessene Lizenzierung nach FRAND, GRUR-Prax 2012, 372; Paal, Missbrauchstatbestand und Algorithmic Pricing – Dynamische und individualisierte Preise im virtuellen Wettbewerb, GRUR 2019, 43; Paetow, Wettbewerbsrechtliche Preiskontrolle in der Pharmazeutischen Industrie. Bemerkungen zum Preismißbrauchs-Verfahren „Euglucon“, WRP 1985, 257; Palzer, Patentrechtsdurchsetzung als Marktmissbrauch – der Zwangslizenzeinwand aus unionsrechtlicher Sicht, EuZW 2015, 702; Papier, Durchleitung und Eigentum, BB 1997, 1213; ders., Die Regelung der Durchleitungsrechte, 1997; Pauer, Schadensersatzansprüche aufgrund von „Preisschirmeffekten“ bei Kartellverstößen, WuW 2015, 14; Paulweber/Weinand, Europäische Wettbewerbspolitik und liberalisierte Märkte, EuZW 2001, 232; Petrasincu, Kartellschadensersatz nach dem Referentenentwurf der 9. GWB-Novelle, WuW 2016, 330; Picht, Unwired Planet v. Huawei: A Seminal SEP/FRAND Decision from the UK, GRUR-Int 2017, 569; ders., „FRAND wars 2.0“ – Rechtsprechung im Anschluss an die Huawei/ZTE-Entscheidung des EuGH, WuW 2018, 234 (Teil 1), WuW 2018, 300 (Teil 2); Piepenbrock/Müller, Fakturierung, Forderungseinzug und Inkasso bei TK-Dienstleistungen, MMR-Beilage 4/2000, 1; Pohlmann. Intertemporales Verjährungsrecht beim Kartellschadensersatz, WuW 2013, 357; Pomana/Schneider, Wettbewerbsrecht und Datenschutz: Facebook im Visier des Bundeskartellamt, BB 2018, 965; Raisch, Zum Begriff des Mißbrauchs i. S. d. § 22 GWB, in: Wettbewerb als Aufgabe, 1968, S. 357; Raiser, L., Mißbrauch im Wirtschaftsrecht, JZ 1972, 732; Reich, Mißbrauch und Verhaltenskontrolle gemäß § 22 Abs. 4 GWB n. F., NJW 1974, 1353; ders., Mißbrauch der Mißbrauchsaufsicht durch Preiskontrolle über marktbeherrschende Unternehmen?, ZRP 1975, 159; ders., Anmerkung zum Beschluß des BGH vom 3.7.1976 „Vitamin-B-12“, NJW 1976, 2262; ders., Markt und Recht, 1977; ders., Neue Tendenzen des kartellrechtlichen Verbraucherschutzes in der BRD, Zeitschrift für Verbraucherpolitik 1977, 227; Rauh/Zuchandke/Reddemann, Die Ermittlung der Schadenshöhe im Kartelldeliktsrecht, WRP 2012, 173; Reiffen/Kleit, Terminal Railroad Revisited: Foreclosure of an Essential Facility or Simple Horizontal Monopoly?, 33 Journal of Law and Economics 1990, 419; Reismann, Missbräuchliches Verhalten auf digitalen Märkten, Diss. iur. Osnabrück 2021 (im Erscheinen); Repas/Keresteš, Neue Dimensionen der privaten Durchsetzung der EU-Wettbewerbsregeln: Preisschirmeffekte, WIRO 2015, 74; Rittner, Die Ausschließlichkeitsbindungen in dogmatischer und rechtspolitischer Betrachtung, 1957; ders., Die Tätigkeitsberichte 1971–1973 des Bundeskartellamtes, WuW 1974, 737; Roth, Das Kartelldeliktsrecht in der 7. GWB-Novelle, in: Festschrift für Ulrich Huber, 2006, S. 1133; Rupp, Die kartellrechtliche Preiskontrolle in verfassungsrechtlicher Sicht, NJW 1976, 2001; Sack, Lauterer und leistungsgerechter Wettbewerb durch Wettbewerbsregeln, GRUR 1975, 297; ders., Gesetzwidrige Wettbewerbshandlungen nach der UWG-Novelle, WRP 2004, 1307; ders., Die lückenfüllende Funktion der Generalklausel des § 3 UWG; WRP 2005, 531; Säcker, Zum Verhältnis von § 315 BGB, § 30 AVBEIt, § 30 AVBGas, § 24 AVB Fernwärme und § 19 GWB – Zur MVV-Entscheidung des Bundesgerichtshofs vom 18.10.2005, RdE 2006, 65; ders., Die privatrechtliche Dimension des Wettbewerbsrechts – Zur systematischen Harmonisierung von Vertrags- und Wettbewerbsrecht, ZWeR 2008, 348; ders., Die kartellrechtliche Missbrauchskontrolle über Wasserpreise und Wassergebühren, NJW 2012, 1105; Salascheck/Serafimova, Preissetzungsalgorithmen im Lichte von Art. 102 AEUV, WuW 2019, 118; Salje, Preismißbrauch durch Elektrizitätsversorgungsunternehmen, 1978; Schalast/Abrar, Wettbewerb und Regulierung in Netzsektoren: Modell Breitband-Telekommunikationsmarkt, ZWeR 2009, 86; Schebstadt, Vorverständnis und Methodenwahl in der Missbrauchsaufsicht, WuW 2005, 1009; Schellhaaß, Preismißbrauchsaufsicht gegenüber Mehrproduktunternehmen, ZgS 138, 36; ders., Preismißbrauchsaufsicht gegenüber innovativen Unternehmen, in: Neuorientierung des Wettbewerbsschutzes, FIW-Schriftenreihe Heft 120, 1986, S. 157; Scherer, Das Bronner-Urteil des EuGH und die Essential facilities-Doktrin im TK-Sektor, MMR 1999, 315; Schlotter, Geplante Obsoleszenz als Gegenstand der Wirtschaftspolitik, WISU 1976, 65; Schluep, Vom lauteren zum freien Wettbewerb, GRUR Int. 1973, 446; Schmidt, I., Methodische Bedenken gegen Generalklauseln im Kartellrecht am Beispiel der Mißbrauchsaufsicht über marktbeherrschende Unternehmen – eine Erwiderung, JZ 1967, 247; ders., Zum Schutzzweck der Mißbrauchsaufsicht über marktbeherrschende Unternehmen nach § 22 GWB, DB 1968, 1795; ders., Obsoleszenz und Mißbrauch wirtschaftlicher Macht, WuW 1971, 868; ders., US-amerikanische und deutsche Wettbewerbspolitik gegenüber Marktmacht, 1973; ders., Vierte Kartellnovelle verabschiedet, Wirtschaftsdienst 1980, 188; Schmidt, K./Weck, Kartellrechtliche Effizienzkontrolle kommunaler Gebühren nach der 8. GWB-Novelle – ein Schlag ins Wasser?, NZKart 2013, 343; Schmidtchen, Ausbeutung aufgrund einer Wettbewerbsbeschränkung durch Zustand? Kritische Analyse der theoretischen Grundlagen einer freiheitsgefährdenden Wettbewerbspolitik, Ordo 1979, 273; Schmidt-Preuß, Die Gewährleistung des Privateigentums durch Art. 14 GG im Lichte aktueller Probleme, AG 1996, 1; ders., Verfassungskonflikt um die Durchleitung?, RdE 1996, 1; ders., Substanzerhaltung und Eigentum, 2003; Schmidt-Volkmar, Auswirkungen von Regulierungsverfügungen auf die Anwendung der kartellrechtlichen Missbrauchsaufsicht, ZWeR 2012, 230; Schneider, Liberalisierung der Stromwirtschaft durch regulative Marktorganisation, 1999; Schönberger, Struktur und Grenzen des Missbrauchsbegriffs, 2022; Scholz, R., Wirtschaftsaufsicht und subjektiver Konkurrentenschutz, 1971; ders., Kartellrechtliche Preiskontrolle als Verfassungsfrage, ZHR 141, 520; Schubert, Die mühsame (und erfolglose) Flucht der öffentlich-rechtlichen Rundfunkanstalten vor dem Wettbewerbsrecht, NZKart 2017, 452; Schwark, Macht und Ohnmacht des Kartellrechts – Bemerkungen zur Mißbrauchsaufsicht über den Preis, BB 1980, 1350; Schwarze, Der Netzzugang für Dritte im Wirtschaftsrecht, in: Schwarze, Der Netzzugang für Dritte im Wirtschaftsrecht, 1999, S. 11; Schweitzer, Die neue Richtlinie für wettbewerbsrechtliche Schadensersatzklagen, NZKart 2014, 335; Schweitzer/Haucap/Kerber/Welker, Modernisierung der Missbrauchsaufsicht für marktmächtige Unternehmen, 2018; Schwintowski, Der Zugang zu wesentlichen Einrichtungen, WuW 1999, 842; Slotwinski, Der strategische Einsatz von Patenten als möglicher Missbrauch aus patentlauterkeits-, zivil- und kartellrechtlicher Perspektive, 2022; Stauber/Schaper, Die Kartellschadensersatzrichtlinie – Handlungsbedarf für den deutschen Gesetzgeber?, NZKart 2014, 346; Steinmeyer, Krankenkassen und Kartellrecht = Feuer und Wasser?, WuW 2013, 227; Stern/Dietlein, Netzzugang im Telekommunikationsrecht, ArchivPT 1998, 309 und RTkom 1999, 2; Stomper, Kartellrechtlicher Schadensersatz bei mehrgliedrigen Absatzketten: Art. 12–15 der Schadensersatz-Richtlinie und § 33c RefE-GWB, WuW 2016, 410; Temme, 8. GWB-Novelle und Krankenkassen, ZWeR 2013, 402; Tetzlaff, Sport unter der Kartellupe, WuW 1988, 93; Thomas, Zu den verfassungsrechtlichen Grenzen für eine kartellrechtliche Kontrolle von Gebühren, WuW 2013, 246; ders., Schadensverteilung im Rahmen von Vertriebsketten bei Verstoß gegen europäisches und deutsches Kartellrecht, ZHR 180 (2016), 45 (68 f.); ders., Wettbewerb in der digital economy: Verbraucherschutz durch AGB-Kontrolle im Kartellrecht?, NZKart 2017, 92; Thonig, Privater Rechtsschutz gegen den Missbrauch von Marktmacht, 2016; Thum, Netzwerkeffekte, Standardisierung und staatlicher Regulierungsbedarf, 1995; Treacy, Essential Facilities – Is the Tide Turning?, ECLR 1998, 501; Ulmer, P., Wettbewerbs- und kartellrechtliche Grenzen der Preisunterbietung im Pressewesen, AfP 1975, 870; ders., Schranken zulässigen Wettbewerbs marktbeherrschender Unternehmen, 1977; ders., Der Begriff „Leistungswettbewerb" und seine Bedeutung für die Anwendung von GWB und UWG-Tatbeständen, GRUR 1977, 565; ders., Bemerkungen zum Valium-Beschluß der BGH, BB 1977, 357; ders., Mehr Wettbewerb?, WuW 1978, 330; Ungemach/Weber, Verfahrensfragen des Netzzugangs bei Elektrizität und Gas, RdE 1999, 11 und 131; v. Ungern-Sternberg, Zum Begriff des „zeitlich relevanten Marktes", WuW 1984, 707; ders., Interessenabwägung nach § 26 Abs. 2 GWB, in: Festschrift für Walter Odersky, 1996, S. 987; Verhauwen, „Goldener Organe-Book-Standard" am Ende?, GRUR 2013, 558; Wagemann, Die Fortentwicklung des Vergleichsmarktkonzepts in der Preismissbrauchsaufsicht, in: Festschrift für Rainer Bechtold, 2006, S. 593; v. Wallenberg, Diskriminierungsfreier Zugang zu Netzen und anderen Infrastruktureinrichtungen, K&R 1999, 152; Walter/Keussler, Der diskriminierungsfreie Zugang zum Netz: Reichweite des Anspruchs auf Durchleitung (Teil 2), RdE 1999, 223; Weber/Dahm, Rechtsfolgen des erfolgreichen FRAND-Einwands, GRUR-Prax 2017, 67; Weber, H., Die urheberrechtliche Zwangslizenz, 2018; Weck, Schutzrechte und Standards aus Sicht des Kartellrechts, NJOZ 2009, 1177; Weisser, Datenbasierte Märkte im Kartellrecht, 2021; v. Weizsäcker, Wettbewerb in Netzen, WuW 1997, 572; Weyer, Neue Fragen des Mißbrauchs marktbeherrschender Stellungen nach § 19 GWB, AG 1999, 257; Wiedemann, G., Schriftliche Stellungnahme zum Entwurf einer 7. GWB-Novelle, BT-Ausschussdrucks. 15(9)1333; Wiedemann, H., Rechtsethische Maßstäbe im Unternehmens- und Gesellschaftsrecht, ZGR 1980, 147; Wiemer, Der „reine" Preishöhenmissbrauch – das unbekannte Wesen, WuW 2011, 723; Wiemer/Schultheiß, Entega I und II – Zu Mehrmarkenstrategien von Marktbeherrschern, ZWeR 2011, 218; Willeke, Grundsätze wettbewerbspolitischer Konzeptionen, 1973; ders., Marktbeherrschung und Mißbrauch von Marktmacht, WuW 1975, 533; Wolf, Kartellrechtliche Grenzen der öffentlich-rechtlichen Gebührenerhebung, NZKart 2013, 17; Wrage, UWG-Sanktionen bei GWB-Verstößen?, 1984; dies., Verfolgung von GWB-Verstößen nach § 1 UWG?, WuW 1994, 548; Wurmnest, Marktmacht und Verdrängungsmissbrauch, 2. Aufl. 2012; Zimmerlich/Müller, Entgeltberechnung bei Infrastrukturzugang (§ 19 Abs. 4 Nr. 4 GWB), N&R 2006, 46.

Vgl. a. die Nw vor Rn. 73 (zu Abs. 2 Nr. 1) und vor Rn. 372 (zu Abs. 2 Nr. 5).

## Übersicht

*Fuchs*       

## A. Allgemeines

### I. Systematik und Entstehungsgeschichte des Missbrauchsverbots

1  **1. Überblick.** Mit dem umfassenden Verbot des Missbrauchs einer marktbeherrschenden Stellung gehört § 19 zu den zentralen Vorschriften des GWB. Seit der 8. GWB-Novelle findet sich die bislang in die Vorschrift integrierte Definition der marktbeherrschenden Stellung (§ 19 Abs. 2 aF) einschließlich der Vermutungstatbestände (§ 19 Abs. 3 aF) in leicht modifizierter Form in der separaten Vorschrift des § 18, während § 19 nF laut Überschrift „Verbotenes Verhalten von marktbeherrschenden Unternehmen" regelt, also die als missbräuchlich zu qualifizierenden Verhaltensweisen beschreibt. Diese werden zunächst in der **Generalklausel des Abs. 1** nur ganz allgemein als „Missbrauch" (bis zur 10. GWB-Novelle: „missbräuchliche Ausnutzung") einer marktbeherrschenden Stellung gekennzeichnet und dann in **Abs. 2** durch **fünf Regelbeispiele** konkretisiert.

2  Die in **Abs. 3** angeordnete **erweiterte Anwendung einzelner Tatbestände,** nämlich des Behinderungs- und Diskriminierungsverbots (§ 19 Abs. 2 Nr. 1) sowie des Verbots der Aufforderung zur Gewährung von sachlich nicht gerechtfertigten Vorteilen (sog. „Anzapfverbot", § 19 Abs. 2 Nr. 5), auch auf erlaubte Kartelle und preisbindende Unternehmen knüpft an den früheren § 20 Abs. 1 aF bzw. § 20 Abs. 3 aF an. Da insoweit – anders als die Überschrift des § 19 vermuten lässt – tatbestandlich gerade keine Marktbeherrschung vorausgesetzt wird, handelt es sich bei Abs. 3 gesetzessystematisch um einen Fremdkörper in § 19.[1] Näher gelegen hätte eine Verortung in § 20, der sich an Unternehmen mit relativer oder überlegener Marktmacht richtet und damit unterhalb der Schwelle der Marktbeherrschung eingreift; zudem bedient sich diese Vorschrift ebenfalls der Verweisungstechnik auf einzelne Verbotstatbestände des § 19 Abs. 2.

3  Wie schon vor der 8. GWB-Novelle (näher zur Entstehungsgeschichte der Vorschriften zur Missbrauchsaufsicht → § 18 Rn. 7 ff. mwN) kombinierte der Gesetzgeber regelungstechnisch eine Generalklausel (§ 19 Abs. 1) mit einem nicht abschließenden Katalog von Regelbeispielen („insbesondere").[2] Die zuvor in § 19 Abs. 4 aF aufgelisteten **Beispielstatbestände** sind seither **in Abs. 2** verortet und **teilweise ergänzt** worden. So führte der 2013 neu geschaffene § 19 Abs. 2 Nr. 1 die vor der 8. GWB-Novelle in § 19 Abs. 4 Nr. 1 und § 20 Abs. 1 noch getrennt geregelten Behinderungs- und Diskriminierungsverbote zusammen.[3] Dabei wurde das bis dato in § 20 Abs. 1 aF enthaltene und lediglich als „relativ grober Filter"[4] verwendete Merkmal des „gleichartigen Unternehmen üblicherweise zugänglichen Geschäftsverkehrs" nicht in § 19 Abs. 2 Nr. 1 übernommen, ohne dass damit vom Gesetzgeber eine materiell-rechtliche Änderung beabsichtigt gewesen wäre.[5] Ebenfalls aufgenommen in den Katalog der Regelbeispiele wurde Absatz 2 Nr. 5, welcher dem § 20 Abs. 3 S. 1 in der vor dem 30.6.2013 geltenden Fassung entsprach. Dieser wurde im Rahmen der 9. GWB-Novelle dahingehend modifiziert, dass „seine Markstellung dazu ausnutzt" aus dem Wortlaut gestrichen und das „Auffordern" als alleinige Tathandlung festgelegt wurde (näher → Rn. 325 f.).

---

[1] Bechtold/Bosch Rn. 1 aE; → Rn. 90.

[2] Daher sollte insoweit nicht von „Enumerationsprinzip" gesprochen werden, das einen abschließenden Charakter der Katalogtatbestände nahelegt (so aber Bechtold/Bosch Rn. 2 in der Überschrift; missverständlich auch Bechtold/Bosch Rn. 5: Abs. 2 enthalte „alle Missbrauchskategorien, die bislang entwickelt worden sind").

[3] In § 19 Abs. 4 Nr. 1 aF fehlte das nur in § 20 Abs. 1 aF explizit aufgeführte Diskriminierungsverbot.

[4] Vgl. hierzu nur Loewenheim in LMR, 2. Aufl. 2009, § 20 Rn. 60 ff.; Nothdurft in Langen/Bunte, 11. Aufl. 2010, § 20 Rn. 96 ff. mN der stRspr (in neuer Rn. 206).

[5] Vgl. BegrRegE BT-Drs. 17/9852, 23; zuletzt OLG München 23.11.2017 – 29 U 142/17 Kart, BeckRS 2017, 142484 Rn. 29; insoweit zweifelnd Bechtold/Bosch Rn. 1; kritisch zur Verortung in § 20 Abs. 1 aF Emmerich NZKart 2015, 114 (115).

Die Gründe, aus denen eine Rechtsordnung marktmächtige Unternehmen einer beson- **4** deren Kontrolle unterwirft, können vielfältig sein. Für § 19 kommt aber wegen der **Einbettung in das Gesamtgefüge des GWB** mit seiner „auf die Freiheit des Wettbewerbs gerichteten Zielsetzung"[6] nur eine verhältnismäßig schmale Bandbreite in Betracht. Die Vorschrift ist in ein **wettbewerbliches Bezugssystem** eingebunden und knüpft mit dem Erfordernis der Marktbeherrschung an einen gesteigerten Markteinfluss von Unternehmen an. Dieser kann sich vor allem in zwei Richtungen entfalten: gegenüber den Abnehmern bzw. Lieferanten beim Leistungsaustausch zu nachteiligen Bedingungen sowie gegenüber den Konkurrenten des Marktbeherrschers in Form einer (übermäßigen) Beeinträchtigung von deren Wettbewerbsmöglichkeiten. Dementsprechend wird grundlegend zwischen **Ausbeutungsmissbrauch** im Sinne einer Korrektur von unangemessenen Marktergebnissen und **Behinderungsmissbrauch** im Sinne von Beschränkungen des noch vorhandenen Restwettbewerbs unterschieden.[7] Von daher lassen sich prinzipiell einzelne Regelungszwecke systematisieren und daraus abgeleitete Kriterien zugleich für eine Rechtsanwendung generalisieren.[8] Doch sind Zwecke und Grenzen des Missbrauchstatbestandes nach § 19 nach wie vor im Einzelnen umstritten (näher hierzu → Rn. 14 ff.).

Im Zuge der **10. GWB-Novelle** ist es zu einer umfangreichen **Modernisierung der 4a Missbrauchsaufsicht über marktbeherrschende und marktstarke Unternehmen** gekommen.[9] Die **Änderungen in § 19** betreffen zum einen die Generalklausel des **Abs. 1**, die nunmehr nur noch auf den „Missbrauch" einer marktbeherrschenden Stellung statt ihrer „missbräuchlichen Ausnutzung" abstellt. Damit wollte der Gesetzgeber klarstellen, dass für einen Verstoß gegen die Norm bei allen Formen des missbräuchlichen Verhaltens keine strikte Kausalität in dem Sinne erforderlich ist, dass die fragliche Verhaltensweise nur aufgrund der Marktmacht praktiziert werden konnte (sog. Verhaltenskausalität).[10] Vielmehr soll es genügen, wenn das wettbewerbsschädliche Resultat des verbotenen Verhaltens auf der Marktmacht des Normadressaten beruht (sog. normative oder Ergebniskausalität). Das war bislang schon einhellig anerkannt für Fälle des Behinderungsmissbrauchs, soll nunmehr aber für alle Formen des Marktmachtmissbrauchs einschließlich des Ausbeutungsmissbrauchs gelten.[11] Ob diese Änderung des Wortlauts der Generalklausel tatsächlich nur eine Klarstellung ist, wie der Gesetzgeber meint, den Kausalitätsmaßstab modifiziert oder sogar einen „tiefgreifenden Paradigmenwechsel"[12] darstellt, ist in der Literatur umstritten (näher hierzu → Rn. 72 ff.). Zum anderen hat es eine **Neufassung des Regelbeispiels in Abs. 2 Nr. 4** gegeben. Der neue Wortlaut zur Kodifikation der „essential facilities doctrine", der nunmehr u. a. explizit auch den Zugang zu Daten erfasst, wirft zahlreiche Auslegungsfragen auf (hierzu → Rn. 270 ff.).

Darüber hinaus ist mit **§ 19a** ein gänzlich neuartiges Instrument eingeführt worden, das **4b** Elemente der ex ante-Regulierung mit einer kartellrechtlichen ex post-Missbrauchsaufsicht verbindet. Die Vorschrift ist im Unterschied zu §§ 19,20 keine unmittelbar ex lege

---

[6] So die Formulierung der Rechtsprechung zu § 20 Abs. 1, 2, aF, s. nur BGH 27.9.1962 – KZR 6/61, WuW/E BGH 502 (508) – Treuhandbüro; 13.7.2004 – KZR 40/02, WuW/E DE-R 1329 (1332) – Standard-Spundfass II.

[7] Vgl. statt aller Weyer in FK-KartellR Rn. 1.

[8] Vgl. Möschel Der Oligopolmißbrauch S. 148 ff., 152 ff.; Emmerich S. 317 f.; Mestmäcker/Schweitzer § 16 Rn. 6 ff. S. 404 ff. zu Art. 102 AEUV.

[9] Vgl. für einen Überblick zB Käseberg/Brenner/Fülling WuW 2021, 269 ff.; Kahlenberg/Rahlmeyer/ Giese BB 2021, 579 ff.; Nagel/Hillmer DB 2021, 327 ff.; Paal/Kumkar NJW 2021, 809 (811 ff.).

[10] BegRegE BT-Drs. 234392; S. 70 f.; ob tatsächlich nur eine Klarstellung vorliegt, wird in der Literatur unterschiedlich beurteilt, wohl überwiegend wird eine Änderung des Kausalitätsmaßstabs angenommen, die den Anwendungsbereich des Ausbeutungsmissbrauchs (erheblich) erweitere, vgl. Körber NZKart 2019, 633 (634); Körber MMR 2020, 290 (291); Nagel/Hillmer DB 2021, 327 (328); Mäger/Budde DB 2020, 378 (382); aA Galle DB 2020, 1274 (1278); vgl. zur Auslegung der neuen Gesetzesfassung im Einzelnen → Rn. 72 ff.

[11] Vgl. zum nach Missbrauchsarten differenzierten Meinungsstand zum Kausalitätserfordernis vor der 10. GWB-Novelle Bueren in Bien/Käseberg/Klumpe/Körber/Ost 10. GWB-Novelle Kap. 1 Rn. 10 ff. mwN.

[12] So Körber NZKart 2019, 633 (634) (zum RefE); Körber MMR 2020, 290 (291) (zum RegE).

wirkende Verbotsnorm, sondern begründet nur eine **Eingriffsermächtigung für das BKartA.** Dadurch sollen „noch besser mögliche wettbewerbsschädliche Wirkungen und Gefährdungen **im Bereich digitaler Ökosysteme,** in denen einzelne Unternehmen eine **sog. Gatekeeper-Funktion** einnehmen", **erfasst** und eine „effektivere Kontrolle großer Digitalkonzerne" ermöglicht werden".[13] Anknüpfungspunkt ist die Feststellung einer **„überragenden marktübergreifenden Bedeutung für den Wettbewerb"** bei einem Unternehmen, das in erheblichem Umfang auf Märkten i. S. d. § 18 Abs. 3a tätig ist. Dass einem Unternehmen diese Eigenschaft zukommt, kann das BKartA durch eine entsprechende Verfügung feststellen,[14] In einem zweiten Schritt, der mit dem ersten verbunden werden kann (§ 19a Abs. 2 S. 5), besteht die Möglichkeit zur Untersagung bestimmter Verhaltensweisen, die im Katalog des § 19a Abs. 2 Nr. 1–7 enumerativ aufgelistet sind. Trotz zahlreicher Auslegungsfragen und einiger Zweifel an der Wirksamkeit und Vereinbarkeit des neuen Instruments mit höherrangigem Recht[15] stellt § 19a eine bedeutende Neuerung dar, weil das neue Instrument den Fokus auf eine marktübergreifende Betrachtung richtet, die Bedeutung der Besetzung für den Wettbewerb relevanter Schlüsselpositionen für verschiedene Märkte hervorhebt, ohne dass insoweit bereits die Schwelle zur Marktbeherrschung überschritten sein muss, sowie die besonderen Gefahren vertikaler und konglomerater wirtschaftlicher Macht in den Blick nimmt.[16] Noch nicht geklärt ist freilich das Verhältnis zum **Digital Markets Act** auf europäischer Ebene, der zwar weitgehend auf den gleichen Adressatenkreis der Gatekeeper ausgerichtet ist, die von der Kommission als solche identifizierten Unternehmen dann aber unmittelbar geltenden konkreten Verhaltensanforderungen ohne unmittelbaren Wettbewerbsbezug unterwirft; dieser Regelungsansatz steht daher einer ex ante-Regulierung deutlich näher als das auf Einzelfallentscheidungen der Kartellbehörde beruhende Konzept des § 19a GWB.[17]

**4c**    Während die partielle Absenkung der Eingriffsschwelle durch § 19a GWB nach Ansicht des Gesetzgebers nur wenige Unternehmen betrifft,[18] haben die Neuerungen und Modifikationen im Rahmen des **§ 20 GWB** einen weitaus größeren Anwendungsbereich. Neben der Erweiterung des persönlichen Schutzbereichs von § 20 Abs. 1 S. 1 bei der Definition relativer Marktmacht durch Verzicht auf das Merkmal der kleinen und mittleren Unternehmen[19] ist mit Abs. 1a ein neuer Tatbestand der datenbedingten Abhängigkeit geschaffen worden, sodass ein Anspruch auf Datenzugang nicht nur im Rahmen der essential facilities doctrine (§ 19 Abs. 2 Nr. 4) (→ Rn. 299 ff.), sondern auch bei relativer Marktmacht bestehen kann.[20] Zudem hat der Gesetzgeber im Zusammenhang mit der Etablierung des Konzepts der Intermediationsmacht in § 18 Abs. 3b (→ § 18 Rn. 150a ff.) eine mögliche Abhängigkeit von Vermittlungsleistungen beim Zugang zu Absatz- und Beschaffungsmärkten auch bei lediglich relativer Marktmacht explizit anerkannt (§ 20 Abs. 1 S. 2). Darüber hinaus hat er mit § 20 Abs. 3a einen neuen Eingriffstatbestand geschaffen, der Unterneh-

---

[13] BegrRegE BT-Drs. 19/23492, S. 73 (Hervorhebungen hinzugefügt).

[14] Die erste Entscheidung dieser Art betrifft die Muttergesellschaft von Google, s. BKartA v. 30.12.2021 – B761/21 und hierzu Fallbericht v. 5.1.2022, NZKart 2022, 95.

[15] Die Notwendigkeit der neuen Eingriffsmöglichkeit unterhalb der Schwelle der Marktbeherrschung bezweifelnd etwa Bechtold/Bosch GWB § 19a Rn. 1; vgl. zu verfassungsrechtlichen Bedenken Degenhart WuW 2020, 308 (312); zur unterschiedlichen Auslegung des § 19a aus behördlicher und aus anwaltlicher Sicht exemplarisch einerseits Käseberg in Bien/Käseberg/Klumpe/Körber/Ost 10. GWB-Novelle Kap. 1 Rn. 173 ff., andererseits Esser/Höft in Bien/Käseberg/Klumpe/Körber/Ost 10. GWB-Novelle Rn. 218 ff.

[16] Vgl. BegrRegE BT-Drs. 19/23492, 73.

[17] Käseberg in Bien/Käseberg/Klumpe/Körber/Ost 10. GWB-Novelle Kap. 1 Rn. 215. Ausführlich zum Verhältnis des § 19a GWB zum DMA zB Bongartz WuW 2022, 72 ff. sowie → § 19a Rn. 61 ff. mwN.

[18] BegrRegE BT-Drs. 19/23492, 74.

[19] Hierzu etwa Murza in Bien/Käseberg/Klumpe/Körber/Ost 10. GWB-Novelle Kap. 1 Rn. 284 ff.; zur Verhinderung einer übermäßigen Ausdehnung des Schutzbereichs ist jedoch im zweiten Halbsatz das zusätzliche Merkmal eingefügt worden, dass „ein deutliches Ungleichgewicht zur Gegenmacht der anderen Unternehmen besteht", um wechselseitige Abhängigkeitslagen aus dem Anwendungsbereich auszuklammern, BegrRegE BT-Drs. 19/23492, 79.

[20] Näher hierzu und zur vorangegangenen wettbewerbspolitischen Diskussion zB Brenner in Bien/Käseberg/Klumpe/Körber/Ost 10. GWB-Novelle Kap. 1 Rn. 59 ff. mwN sowie ausführlich → § 20 Rn. 93 ff.

men mit überlegener Marktmacht Behinderungspraktiken verbietet, die ein sog. „Tipping" von Märkten, dh ein Umkippen eines durch starke positive Netzwerkeffekte gekennzeichneten Marktes in ein Monopol bzw. einen hochkonzentrierten Markt. begünstigen. Ein frühzeitiges Eingreifen unterhalb der Schwelle der Marktbeherrschung zur Verhinderung eines „Tipping" durch leistungsfremde Mittel erscheint hier besonders dringlich, da ein einmal erfolgtes Kippen des Marktes in ein (Quasi-)Monopol praktisch nicht mehr rückgängig zu machen ist.[21] Inwieweit sich darin und den weiteren Ansätzen, insbes. im Kontext mehrseitiger Märkte und Netzwerke, zur Absenkung der Eingriffsschwelle unterhalb der Grenze der Marktbeherrschung eine Entwicklung zur Etablierung eines (begrenzten) Monopolisierungsverbots abzeichnet, bleibt abzuwarten.[22]

**2. Kombination von Generalklausel und Beispielkatalog.** Die heutige Generalklau- **5** sel des § 19 Abs. 1 wurde mit der 1. GWB-Novelle 1965 (damals § 22 Abs. 3 GWB aF) eingeführt, nachdem die ursprüngliche Fassung des Gesetzes Eingriffsbefugnisse der Kartellbehörde nur bei missbräuchlichen Preisen, Geschäftsbedingungen und Kopplungsverträgen vorgesehen hatte.[23] Erst mit der 6. GWB-Novelle 1998 wurde die Norm in Angleichung an Art. 82 EG (jetzt Art. 102 AEUV) zu einem unmittelbar wirkenden Verbotstatbestand umgestaltet; zuvor enthielt sie lediglich eine Eingriffsermächtigung für Abhilfemaßnahmen der Kartellbehörde (vgl. bereits → § 18 Rn. 9).

Der extrem unbestimmte Wortlaut der Generalklausel in Abs. 1 gibt kaum Anhaltspunkte **6** für eine **Konkretisierung des Missbrauchsbegriffs.** Das Abstellen auf die missbräuchliche „Ausnutzung" einer marktbeherrschenden Stellung scheint auf die Notwendigkeit eines gezielten Einsatzes der vorhandenen Marktmacht hinzudeuten, doch herrscht Einigkeit, dass eine solche Interpretation den Anwendungsbereich der Vorschrift zu sehr beschränken würde. Vielmehr genügt es, wenn die marktbeherrschende Stellung für die (negativen) Folgen des Verhaltens des Marktbeherrschers ursächlich ist, also ein **ergebniskausaler Zusammenhang** zwischen dem verbotenen Verhalten und der Marktbeherrschung besteht (näher zum Kausalitätserfordernis → Rn. 72 ff., 212a ff.; 215a ff.).

Der **Rechtsbegriff des Missbrauchs** wird im GWB **nicht einheitlich** gebraucht. Zwei **7** Kategorien von Missbrauchsregelungen im GWB sind zu unterscheiden. Zum einen hat der Gesetzgeber in bestimmten Fällen Wettbewerbsbeschränkungen zu spezifischen Zwecken zugelassen, aber zugleich einer Missbrauchskontrolle unterworfen (vgl. zB § 30 Abs. 3 zum Missbrauch der Preisbindung). Hier ergeben sich die Missbrauchskriterien aus einer **Verfehlung des jeweiligen Zulassungszwecks.**[24] Die zweite Kategorie ist dadurch gekennzeichnet, dass derartige spezifische Zulassungszwecke fehlen. Dazu gehört die allgemeine Missbrauchsvorschrift des § 19. Denn marktbeherrschende Unternehmen sind vom Gesetzgeber nicht zu irgendwelchen konkreten, justitiablen Zwecken bewusst „zugelassen" worden, sondern werden als Ergebnis des Wettbewerbsprozesses hingenommen, sofern sie sich im Wege internen Wachstums und ohne sonstige Rechtsverstöße etabliert haben. Daraus lassen sich aber keinerlei Maßstäbe ableiten, nach denen zulässiges von missbräuchlichem Verhalten des Marktbeherrschers abzugrenzen ist. Ballerstedts Einheits-

---

[21] BegrRegE BT-Drs. 19/23492, 82; vgl. dazu im Einzelnen → § 20 Rn. 255 ff.

[22] Die tatsächliche Anwendungspraxis des Monopolisierungsverbots nach Sec. 2 Sherman Act taugt insoweit allerdings nicht als Vorbild, vgl. Schweitzer/Haucap/Kerber/Welker S. 58 ff.

[23] Vgl. dazu Nothdurft in Bunte Rn. 65.

[24] Besonders deutlich die frühere Anwendungspraxis zum jetzt beseitigten Ausnahmebereich der leitungsgebundenen Energieversorgung, vgl. BGH 27.11.1964 – KVR 3/63, WuW/E BGH 655 (656) – Zeitgleiche Summenmessung; 31.5.1971 – KVR 2/71, WuW/E BGH 1221 (1223) – Stromtarif; 5.7.1973 – KVR 3/72, WuW/E BGH 1269 (1271) – Fernost-Schiffahrtskonferenz; das BKartA in ständiger Praxis seit BKartA 30.12.1959 – B 1–271 560–C–233/59, WuW/E BKartA 119 (129) – Röhrenhersteller und 11.1.1960 – B 1–711 170–D–238/59, WuW/E BKartA 131 (139) – Röhrendirekthändler; Immenga, Wettbewerbsbeschränkungen auf staatlich gelenkten Märkten, S. 192; Möschel, Das Wirtschaftsrecht der Banken, S. 418 ff., 428; Mestmäcker, Der Mißbrauch marktbeherrschender Stellungen, S. 3; abw. Baur, Der Missbrauch im deutschen Kartellrecht, S. 82 ff.; zu dessen Trennung zwischen Rechtsformen- und Machtmißbrauch krit. Möschel, Der Oligopolmißbrauch, S. 148 ff.; Raiser JZ 1972, 732 ff.

these, Missbrauch sei unternehmerisches Handeln unter Ausnutzung einer im GWB als solche umschriebenen Vorzugsstellung auf dem Markt in einer Weise, die nach den im Gesetz positivierten Wertungen unternehmerischen Marktverhaltens als unzulässig anzusehen sei,[25] ist in ihrer Abstraktionshöhe für die praktische Rechtsanwendung nicht weiterführend.[26]

8    Einen maßgeblichen Beitrag zur Konkretisierung des Missbrauchsbegriffs liefert dagegen der **Katalog von Regelbeispielen in § 19 Abs. 2 Nr. 1–5,** aus denen sich wiederum Anhaltspunkte für die Auslegung der Generalklausel des Abs. 1 ergeben können. Die Einführung derartiger Beispielstatbestände geht zurück auf die 4. GWB-Novelle 1980 (§ 22 Abs. 4 S. 2 aF). Mit den seinerzeit drei Missbrauchsfällen verfolgte der Gesetzgeber das Ziel einer vorsichtigen Weiterentwicklung der Missbrauchsaufsicht, die damit erleichtert und in gewisser Weise vorverlegt werden sollte.[27] Die 6. GWB-Novelle 1998 erweiterte die Regelbeispiele um die Nr. 4 (Zugangsverweigerung zu Infrastruktureinrichtungen). Auch wenn die nunmehr fünf Tatbestände – Abs. 2 Nr. 5 übernimmt seit der 8. GWB-Novelle die zuvor in § 20 Abs. 3 aF enthaltene Regelung zum Verbot der Aufforderung oder Veranlassung der Vorteilsgewährung[28] – weite Bereiche der anerkannten oder auch nur denkbaren Missbrauchsfälle abdecken, ist die **Aufzählung nicht abschließend.**[29] Es bleibt möglich, weitere Missbrauchsfälle über die Generalklausel des Abs. 1 zu erfassen (näher zu deren Bedeutung als Auffangtatbestand → Rn. 60 f.).

9    **3. Normadressaten.** Die Anwendung von § 19 setzt voraus, dass ein **Unternehmen** allein oder gemeinsam mit anderen den Markt beherrscht. Der Unternehmensbegriff im Rahmen des § 19 ist im Einklang mit den allgemeinen Grundsätzen des für das gesamte GWB geltenden sog. **funktionalen Unternehmensbegriffs** zu verstehen, wonach „jedwede Tätigkeit im geschäftlichen Verkehr" unabhängig von der Rechtsform oder einer Gewinnerzielungsabsicht genügt (vgl. im Einzelnen → § 1 Rn. 18 ff.). Damit soll im Wesentlichen die Sphäre des privaten Verbrauchs, der abhängigen Arbeit und des genuin hoheitlichen Handelns aus dem Anwendungsbereich des GWB ausgeklammert bleiben. Jedenfalls für den Bereich des Missbrauchsverbots fällt auch die reine Nachfrage ohne korrespondierende Angebotstätigkeit, etwa durch die öffentliche Hand, ungeachtet der abweichenden Rechtsprechung der Unionsgerichte zum europäischen Kartellrecht unter den Unternehmensbegriff (vgl. bereits → § 18 Rn. 3).

10   Für die Feststellung von **Marktbeherrschung** (in den Formen der Einzel- oder Oligopolmarktbeherrschung) gelten die Definitionen und Vermutungstatbestände in § 18 (dazu → § 18 Rn. 18 ff.). Nach zutreffender ganz überwiegender Ansicht ist dafür eine Abgrenzung des relevanten Marktes jedenfalls in gegenständlicher und räumlicher Hinsicht, ggf. auch in zeitlicher Dimension, erforderlich (vgl. dazu im Einzelnen → § 18 Rn. 30 ff.). Als maßgebliche Methode der Marktabgrenzung hat sich weitgehend das Bedarfsmarktkonzept durchgesetzt, auch wenn es im Einzelfall bestimmter Modifikationen bedarf, um zu sachgerechten Ergebnissen zu kommen (→ § 18 Rn. 37 ff.).

11   Da es sich bei der Marktbeherrschung um einen **normativen Zweckbegriff** handelt und die Marktabgrenzung ebenfalls normativ der Ermittlung der area of effective competi-

[25] Ballerstedt FS Hefermehl, 1976, 37 (46).
[26] Abl. Mestmäcker, Der Mißbrauch marktbeherrschender Stellungen, S. 3 ff.; Salje S. 5 ff.; Klaue WuW 1975, 5 (6).
[27] Vgl. Bericht 1980, S. 24 f.; hierzu Nothdurft in Bunte § 19 Rn. 66.
[28] Durch die 9. GWB-Novelle allerdings auf das Auffordern beschränkt, vgl. → Rn. 373.
[29] Nothdurft in Bunte Rn. 131 mwN; nicht ganz klar Bechtold/Bosch Rn. 2, 5, der in Bezug auf Abs. 2 einerseits von „(nicht abschließender) Enumeration" spricht, andererseits „alle Missbrauchskategorien, die bislang entwickelt worden sind" als abgedeckt ansieht. Letzteres erscheint fraglich im Hinblick auf die Facebook-Entscheidung des BGH v. 23.6.2020 – KVR 69/19, NZKart 2020, 473 = WuW 2020, 525 mit der erstmaligen Anerkennung der „aufgedrängten Leistungserweiterung" als neuartiger Missbrauchsform bestehend aus einer Kombination von Ausbeutungs- und Behinderungselementen gezeigt hat, dass ein Rückgriff auf die Generalklausel zur Vermeidung von Schutzlücken erforderlich bleibt (näher hierzu → Rn. 215b ff.).

tion im Hinblick auf bestimmte Untersuchungszwecke dient (→ § 18 Rn. 28), kann sich im Rahmen der Missbrauchskontrolle die Notwendigkeit zu einer besonders engen, spezifisch an der inkriminierten Verhaltensweise orientierten Marktabgrenzung ergeben.[30] Im Rahmen einer wertenden Gesamtschau gilt es aufzudecken, ob bzw. inwiefern vom Wettbewerb nicht hinreichend kontrollierte Verhaltensspielräume existieren, die einer rechtlichen Begrenzung bedürfen. Die Bestimmung des relevanten Marktes und die Feststellung einer beherrschenden Stellung auf eben diesem dienen dabei als **vorgeschalteter Filter** für die anschließende **Würdigung der wettbewerblichen Zulässigkeit bestimmter Verhaltensweisen** der Normadressaten.

So kann es zB im Zusammenhang mit der Beurteilung einer möglichen Behinderung  **12** oder Diskriminierung durch Geschäftsverweigerung geboten sein, den relevanten Markt **im Hinblick auf die konkret begehrte Leistung** (unter Berücksichtigung etwaiger geeigneter und zumutbarer Alternativen) abzugrenzen, etwa bei der Vermietung von Grundstücken, die sich für den Betrieb eines Schilderprägers eignen,[31] bei Konzessionen für die Verlegung von Stromkabeln auf öffentlichen Wegen,[32] bei der Veranstaltung von Fachmessen[33] oder bei der Gewährung von Lizenzen für die Nutzung von Immaterialgüterrechten.[34] Bei letzteren ist allerdings zu beachten, dass diese nur dann einen gesonderten Markt bilden, wenn es aufgrund besonderer Umstände an der Austauschbarkeit mit anderen Schutzrechten oder Know-how fehlt, wie insbesondere bei sog. standardessentiellen Patenten. Auch bei Ersatzteilen kann sich der Markt im Einzelfall auf die Produkte des Originalherstellers beschränken.[35] Auf dem Reparatur- und Wartungsmarkt kann der Markt unter Umständen markenspezifisch abzugrenzen sein.[36]

Spezielle Fragen stellen sich bei der Marktabgrenzung und Marktmachtfeststellung in  **12a** Bezug auf **mehrseitige Märkte bzw. Plattformen,** die parallel für verschiedene Nutzergruppen Leistungen bereitstellen und in besonderem Maße mit direkten und indirekten Netzwerkeffekten verbunden sind. Tradierte Konzepte gelangen in diesem Zusammenhang an ihre Grenzen (vgl. hierzu im Einzelnen → § 18 Rn. 69 ff.).

Besonderheiten können sich auch im Zusammenhang mit **marktbeherrschenden Oli-**  **13** **gopolen** ergeben, die durch das Fehlen wesentlichen Wettbewerbs im Innenverhältnis einer (sich im Wesentlichen gleichförmig verhaltenden) Gruppe von Unternehmen und die Existenz einer zumindest überragenden Marktstellung der Gesamtheit im Außenverhältnis zu anderen Marktteilnehmern gekennzeichnet ist (vgl. § 18 Abs. 5 und dazu → § 18 Rn. 157 ff.). Sind diese Voraussetzungen erfüllt, gilt jedes einzelne Oligopolunternehmen als marktbeherrschend (→ § 18 Rn. 160). Hier stellt sich die Frage, ob ein gleichförmiges Verhalten der Oligopolmitglieder gerade auch in Bezug auf das inkriminierte Verhalten erforderlich ist. Dies wird im Einzelnen unterschiedlich beurteilt.[37] Nach der Rechtsprechung des BGH kommt es bei Behinderungsmissbräuchen, insbes. einem Verstoß gegen das Diskriminierungsverbot, lediglich darauf an, ob sich das potentiell missbräuchliche

---

[30] Vgl. zur sog. Relativität des Marktbeherrschungsbegriffs bereits → § 18 Rn. 26 ff. Im Ergebnis übereinstimmend Bechtold/Bosch Rn. 3.
[31] Vgl. zB BGH 8.4.2003 – KZR 39/99, WuW/E DE-R 1099 (1100) – Konkurrenzschutz für Schilderpräger; BGH 8.12.2020 – KZR 124/18, NZKart 2021, 302 Rn. 14 – Konkurrenz für Schilderpräger II; OLG Karlsruhe 24.9.2014 – 6 U 89/12 (Kart.), WuW/E DE-R 4658 (4661 f.) – Schilderpräger.
[32] BGH 11.11.2008 – KZR 43/07, WuW/E DE-R 2581 (2584) – Neue Trift.
[33] OLG Hamburg 22.5.1997 – 3 U 188/96, NJWE-WettbR 1997, 286 (287) – fachdental Nord II.
[34] BGH 13.7.2004 – KZR 40/02, WuW/E DE-R 1329 (1331) – Standard-Spundfass II.
[35] Vgl. BGH 16.10.1962 – KZR 2/62, WuW/E BGH 509 – VW-Originalersatzteile; 26.10.1972 – KZR 54/71, WuW/E BGH 1238 (1241) – Registrierkassen; 21.2.1989 – KZR 3/88, WuW/E BGH 2589 (2590) – Frankiermaschinen; mangels Streiterheblichkeit offen gelassen in 6.10.2015 – KZR 87/13, NZKart 2015, 535 Rn. 85 – Porsche-Tuning.
[36] BGH 26.1.2016 – KZR 41/14, NZKart 2016, 285 Rn. 24 f. – Jaguar-Vertragswerkstatt; bekräftigt in 28.1.2018 – KZR 48/15, NZKart 2018, 191 Rn. 23, 29 – Jaguar- und Land Rover-Vertragswerkstatt.
[37] Gegen das Erfordernis eines gleichförmigen Vorgehens OLG Düsseldorf 12.1.1982 – U Kart 10/81, WuW/E OLG 2642 – Siegener Kurier; OLG Celle 20.3.1985 – 13 U (Kart.) 218/84, WuW/E OLG 3564 (3566) – Krankentransportdienste.

Verhalten eines Oligopolmitglieds zumindest in ähnlicher Weise wie ein entsprechendes Vorgehen aller Oligopolmitglieder auswirkt.[38] Dem ist zuzustimmen, denn entscheidend muss insofern die „Unausweichlichkeitswirkung" der Marktmacht sein, die von dem beanstandeten Verhalten des Oligopolisten ausgeht.

## II. Schutzzwecke und konzeptionelle Ansätze zur Identifizierung missbräuchlicher Verhaltensweisen

14   **1. Kriterien der maßstabsgebundenen Rechtsaufsicht. a) Wettbewerblicher Bezugspunkt und öffentliche Interessen.** § 19 ermächtigt die Kartellbehörden nicht dazu, die Kriterien für ein Einschreiten selbst zu definieren. Trotz aller unbestimmten Rechtsbegriffe handelt es sich um **maßstabsgebundene Rechtsaufsicht,** nicht um Wirtschaftslenkung nach beliebigem Programm oder wirtschaftspolitischen Vorgaben. Diese Regelungsstruktur stimmt mit derjenigen des US-Antitrustrechts ebenso überein wie mit Art. 102 AEUV. Die zum deutschen GWB namentlich von öffentlichrechtlicher Seite entwickelten gegenteiligen Auffassungen sind überzeugend widerlegt worden.[39]

15   § 19 bezieht sich nicht auf sog. wettbewerbliche Ausnahmebereiche, sondern gilt für beliebige marktbeherrschende Stellungen, die einer Erosion im Wettbewerbsprozess zugänglich bleiben (sollen).[40] Zudem **unterwirft** die Vorschrift ihre **Normadressaten keiner umfassenden Verhaltenskontrolle,** sondern statuiert **lediglich ein Verbot von bestimmten, jeweils im Einzelfall als missbräuchlich zu qualifizierenden Verhaltensweisen** auf konkreten Märkten. Eine generelle Lenkung unternehmerischen Verhaltens im Sinne einer Ausrichtung an einem hypothetischen Als-ob-Wettbewerbsmaßstab, der sich notwendig auf ein unternehmerisches Verhalten im Ganzen beziehen müsste, findet dagegen nicht statt.[41] Die in der Rechtsprechung zu § 19 grundsätzlich anerkannte und durch die 4. Novelle in § 22 Abs. 4 S. 2 Nr. 2 aF (= § 19 Abs. 2 Nr. 2) endgültig im Gesetz verankerte Preis- und Konditionenkontrolle anhand eines Vergleichsmarktkonzeptes steht dazu trotz aller wettbewerbspolitischen Vorbehalte gegenüber einer Marktergebniskontrolle nicht im Widerspruch, da sie sich lediglich auf Einzelverhaltensweisen bezieht.[42]

16   Die **Maßstäbe,** anhand derer § 19 zu konkretisieren ist, sind **aus den Ordnungsprinzipien einer Wettbewerbswirtschaft abzuleiten.**[43] Die Einpassung des § 19 in ein **wettbewerbliches Bezugssystem** schließt es aus, die Vorschrift zu aktivieren, um direkt bestimmte (wirtschaftspolitische) Zielvorstellungen wie etwa die Aufrechterhaltung von Preisstabilität anzustreben. „Die Missbrauchskontrolle hat die Aufgabe, eine Ausnutzung der vom Wettbewerb nicht kontrollierten Handlungsspielräume zulasten Dritter zu unterbinden. Verhaltensweisen, die nicht stabilitätskonform sind oder aus anderen Gründen den gesamtwirtschaftlichen Zielen widersprechen, sind nicht schon aus diesem Grund missbräuchlich i. S. von § 22 GWB" (aF = § 19).[44] Aus diesem Grunde kann über § 19 zB auch

---

[38] BGH 10.12.1985 – KZR 22/85, WuW/E BGH 2195 – Abwehrblatt II; 26.5.1987 – KZR 13/85, WuW/E BGH 2399 (2403) – Krankentransporte; Bechtold/Bosch Rn. 3 aE.

[39] J. Baur, Der Mißbrauch im deutschen Kartellrecht, S. 66 ff.; Scholz, Wirtschaftsaufsicht und subjektiver Konkurrentenschutz, S. 21.

[40] AA Knöpfle, Zulässigkeit und Eignung des Maßstabes des Als-ob-Wettbewerbs für die Mißbrauchsaufsicht über Versorgungsunternehmen, S. 40.

[41] Vgl. näher Möschel in 4. Aufl. 2007, → Rn. 8 mwN.

[42] Siehe aber I. Schmidt Wirtschaftsdienst 1980, 188 (189).

[43] Grundlegend Gutachten des Wissenschaftlichen Beirats beim Bundeswirtschaftsministerium vom 24.6.1962 zur Reform des GWB, BT-Drs. IV/617, 96; KG 18.2.1969 – Kart V 34/67, WuW/E OLG 995 (999) – Handpreisauszeichner; 26.1.1977 – Kart 27/76, WuW/E OLG 1767 (1772) – Kombinationstarif; 9.11.1983 – Kart. 35/82, WuW/E OLG 3124 (3129) – Milchaustauschfuttermittel, stRspr.

[44] Eingehend Monopolkommission Sondergutachten 1 Rn. 19; Möschel NJW 1975, 753; siehe auch KG 19.3.1975 – Kart 26/74, WuW/E OLG 1599 (1606, 1607) – Vitamin-B-12; Baur, Der Missbrauch im deutschen Kartellrecht, S. 231; Belke ZHR 138, 227 (229 ff.); Schmidt JZ 1967, 247 (250); Gabriel WuW 1968, 581 (598).

nicht unmittelbar Medienpolitik[45] oder Agrarpolitik[46] betrieben werden. Umgekehrt setzt die Anwendung der Vorschrift nicht voraus, dass eine marktbeherrschende Stellung im Einzelfall spezifisch gemeinschädlich ausgenutzt wurde. Schutzwürdige Belange des Gemeinwohls sind in jedem Falle schon dann verletzt, wenn **Marktbeherrschung dazu eingesetzt** wird, **den Wettbewerb als Selbststeuerungsmechanismus** der Marktwirtschaft **zu verfälschen** oder zu beschränken.[47]

**b) Kein Makel der Sittenwidrigkeit.** Die Qualifizierung eines Verhaltens als miss- **17** bräuchliches Ausnutzen einer marktbeherrschenden Stellung setzt nach ganz überwiegender Meinung nicht notwendig eine subjektive Verwerflichkeit oder ein besonderes moralisches Unwerturteil im Sinne der Sittenwidrigkeit voraus.[48] Der BGH erkennt im Missbrauch vielmehr ein **objektiviertes Unwerturteil** „orientiert am Prinzip der Wettbewerbsfreiheit und losgelöst von subjektiver Vorwerfbarkeit".[49] Dem ist zuzustimmen, da § 19 die frühere auf der Grundlage von §§ 138, 826 BGB entwickelte Rechtsprechung des Reichsgerichts zum sog. Monopolmissbrauch überwinden sollte.[50] Schon die KartVO von 1923 war erlassen worden, um dem monopolistischen Schädigungskampf wirksamer begegnen zu können als es auf Grund der Rechtsprechung der Zivilgerichte möglich war. Zwar ist nicht zu verkennen, dass auch eine vorwiegend an der Freiheit der Marktteilnehmer und Offenheit von Wettbewerbsprozessen orientierte Wettbewerbsordnung auf elementaren sittlichen Werten beruht, deren Wirksamkeit es durch funktionsstabilisierende Regeln zu sichern gilt. Dazu gehört – neben den Vorschriften des Lauterkeitsrechts – auch § 19. Doch selbst im Bereich des UWG hat sich das Verständnis „der guten Sitten" im Geschäftsverkehr nicht erst mit der Abschaffung der alten Generalklausel des § 1 UWG aF im Jahre 2004 deutlich in eine verobjektivierend-funktionale Richtung entwickelt und, losgelöst von subjektiver Vorwerfbarkeit, zur Etablierung objektivierter Marktverhaltensregeln geführt,[51] so dass sich insoweit eine weitgehende Konvergenz feststellen lässt.[52] Auf der anderen Seite ist damit noch nicht entschieden, ob und in welchem Ausmaß die Qualifizierung einer Verhaltensweise als missbräuchlich iSd § 19 Elemente von Verhaltensunrecht im Unterschied zur Feststellung bloßer Marktwirkungen erforderlich bleiben (vgl. → Rn. 84 ff.).

**c) Schutz des Wettbewerbsprozesses versus Marktergebniskontrolle.** Grund- **18** legend für die Identifizierung missbräuchlicher Verhaltensweisen ist vor allem die **Unterscheidung zwischen Ausbeutungs- und Behinderungsmissbräuchen.**[53] Während ersterer vor allem auf die Ausplünderung der Marktgegenseite gerichtet ist, also in vertikaler Richtung wirkt, zielen Behinderungspraktiken primär in horizontaler Richtung auf die weitere Stärkung der eigenen Position des Marktbeherrschers gegenüber aktuellen oder potentiellen Konkurrenten, deren Entfaltungsmöglichkeiten eingeschränkt werden, so dass sie im Extremfall aus dem Markt verdrängt oder vom Marktzutritt abgeschreckt werden können. Zuweilen wird als weitere (eigenständige) Missbrauchsform noch die Diskrimini-

---

[45] Möschel, Pressekonzentration und Wettbewerbsgesetz, S. 76; vgl. auch BGH 9.11.1982 – KVR 9/81, WuW/E BGH 1965 (1966) – gemeinsamer Anzeigenteil.

[46] KG 9.11.1983 – Kart. 35/82, WuW/E OLG 3124 (3129) – Milchaustauschfuttermittel.

[47] KG 18.2.1969 – Kart V 34/67, WuW/E OLG 995 (1000) – Handpreisauszeichner mN zur Gegenmeinung; s. ferner 9.11.1983 – Kart. 35/82, WuW/E OLG 3124 (3129) – Milchaustauschfuttermittel.

[48] OLG Frankfurt a. M. 21.7.1970 – 4 U 158/69, WuW/E OLG 1194 (1195) – Stromversorgung für US-Streitkräfte; KG 26.1.1977 – Kart 27/76, WuW/E OLG 1767 (1771) – Kombinationstarif; 30.5.1979 – Kart 16/79, WuW/E OLG 2148 (2149) – Sonntag Aktuell I; BKart TB 1967, 13; Mestmäcker, Der Mißbrauch marktbeherrschender Stellungen, S. 10.

[49] BGH 9.11.1982 – KVR 9/81, WuW/E BGH 1965 (1966) – gemeinsamer Anzeigenteil; 28.6.2005 – KVR 17/04, WuW/E BGH DE-R 1513 Rn. 32 – Stadtwerke Mainz; 14.7.2015 – KVR 77/13, WuW/E DE-R 4871 Rn. 63 – Wasserpreise Calw II; 12.4.2016 – KZR 30/14, WuW 2016, 427 Rn. 48 – NetCologne; 24.1.2017 – KZR 2/15, WuW 2017, 286 Rn. 25 – Kabelkanalanlagen.

[50] Eingehend und mN auch zur Gegenmeinung Baur, Der Mißbrauch im deutschen Kartellrecht, S. 78 ff.; Möschel Der Oligopolmißbrauch S. 152 ff.

[51] Vgl. zB Ohly GRUR 2004, 889 (895).

[52] In diese Richtung schon Möschel in 4. Aufl. 2007, → § 19 Rn. 10 mwN.

[53] Vgl. statt aller Nothdurft in Bunte Rn. 127, 134; Kling/Thomas § 20 Rn. 88 jeweils mwN.

rung genannt[54], doch die ungleiche Behandlung gleichartiger Unternehmen ohne sachlich gerechtfertigten Grund überschneidet sich weitgehend mit der unbilligen Behinderung, da die diskriminierten Untenehmen meist zugleich in ihren wettbewerblichen Betätigungsmöglichkeiten im Verhältnis zu den bevorzugten benachteiligt werden (vgl. näher → Rn. 82 f.). Eine durchgängige trennscharfe Zuordnung aller potentiell missbräuchlichen Praktiken zu einer der Missbrauchsformen ist aber ohnehin weder möglich noch erforderlich, da mit der Generalklausel des § 19 Abs. 1 letztlich alle Missbräuche erfasst werden können.[55] Zudem weisen einzelne Praktiken wie etwa Preis-Kosten-Scheren oder Kopplungsangebote zuweilen gleichzeitig Elemente beider Missbrauchsformen auf. Die Differenzierung ist gleichwohl nicht bedeutungslos, da teilweise unterschiedliche normative und wettbewerbspolitische Wertungen bei der Konkretisierung der Missbrauchstatbestände zum Tragen kommen (vgl. → Rn. 23 ff., 36 ff.). In Grenzfällen ist zur Ermittlung des relevanten Beurteilungsmaßstabs darauf abzustellen, welche Zielrichtung bei dem inkriminierten Verhalten überwiegt.[56]

18a      Zu einer **Kombination oder parallelen Verwirklichung beider Missbrauchsformen** kann es **insbesondere auf mehrseitigen Märkten** kommen, da sich das missbräuchliche Verhalten auf die verschiedenen betroffenen Nutzergruppen bzw. Märkte unterschiedlich auswirken kann. Ein Beispiel für einen solchen **hybriden Verstoß,** der gleichzeitig zur Ausbeutung der Nutzer eines sozialen Netzwerks durch eine aufgedrängte Leistungserweiterung (iVm übermäßiger Datenerhebung und -verarbeitung) und einer Behinderung der Wettbewerber des marktbeherrschenden Anbieters führt, ist der **Facebook-Fall**[57] (näher hierzu → Rn. 72b, 212 ff., 215b ff.). Im Rahmen der notwendigen Gesamtbetrachtung der wettbewerblichen Auswirkungen unter Berücksichtigung der wechselseitigen Beeinflussung der Marktseiten ergeben sich daraus Konsequenzen für die Beurteilung des missbräuchlichen Verhaltens, etwa geringere Anforderungen an den Kausalitätsmaßstab im Vergleich zu einem reinen Ausbeutungsmissbrauch nach § 19 Abs. 2 Nr. 2.[58]

19      Im Einklang mit der Unterscheidung zwischen Ausbeutungs- und Behinderungsmissbräuchen lassen sich **die verschiedenen Schutzrichtungen des Missbrauchsverbots** verdeutlichen. Letztlich soll die Begrenzung des Einsatzes gesteigerter Marktmacht **in dreifacher Weise** wirken:[59] Zum einen sollen Angehörige der vor- und nachgelagerten Wirtschaftsstufen in ihrer wirtschaftlichen Bewegungsfreiheit vor der Machtausübung der marktbeherrschenden Unternehmen geschützt werden. Insoweit geht es auch darum, freilich nur als ultima ratio,[60] machtbedingte unangemessene Marktergebnisse wie insbesondere signifikant überhöhte Preise oder verschlechterte sonstige Konditionen zu korrigieren. Zum zweiten geht es darum, Wettbewerber auf der gleichen Wirtschaftsstufe vor Behinderungen im Wettbewerb, potentielle Konkurrenten vor Zugangsbeschränkungen zum Markt zu schützen. Drittens gilt es, den missbräuchlichen Einsatz wirtschaftlicher Macht seitens marktbeherrschender Unternehmen auf Drittmärkten zu verhindern, etwa durch einen Transfer von Marktmacht von einem beherrschten auf einen benachbarten, noch nicht vermachteten Markt. Man kann insoweit (in Anlehnung an die gebräuchliche Unterscheidung zwischen verschiedenen Arten von Unternehmenszusammenschlüssen) von einer **vertikalen, horizontalen und diagonalen** (oder konglomeraten) **Schutzrichtung** des Missbrauchsverbots sprechen. Zwar geht es in der Fusionskontrolle um die wettbewerblichen Wirkungen einer dauerhaften Kumulation unternehmerischer Ressourcen von zwei oder mehr zuvor unabhängigen Akteuren, die auf demselben oder unterschiedlichen Märkten tätig sind. Doch auch die Auswirkungen des einseitigen Verhaltens marktmächtiger Unternehmen auf das

---

[54] So etwa Nothdurft in Bunte Rn. 127 ff. („Spielarten des Missbrauchs: Ausbeutung, Behinderung, Ungleichbehandlung").

[55] So auch Nothdurft in Bunte Rn. 120.

[56] Näher Nothdurft in Bunte Rn. 115, 121.

[57] BGH 23.6.2020 – KVR 69/19, WuW 2020, 525 (insbes. Rn. 64 ff.).

[58] BGH 23.6.2020 – KVR 69/19, WuW 2020, 525 Rn. 77 ff.

[59] Vgl. hierzu bereits Möschel in 4. Aufl. 2007, → Rn. 11 mwN.

[60] Näher zur umstr. wettbewerbspolitischen Einordnung des Ausbeutungsmissbrauchs, insbesondere einer Preisüberhöhungskontrolle → Rn. 201 ff.

Wettbewerbsgeschehen werden nicht zuletzt dadurch beeinflusst, ob davon in erster Linie Lieferanten oder Kunden auf der gegenüberliegenden Marktseite oder auf vor- und nachgelagerten Ebenen in der vertikalen Wertschöpfungskette, Konkurrenten auf derselben Marktstufe im beherrschten Markt oder Akteure auf Drittmärkten betroffen sind.

Der **Schutzbereich** des Missbrauchsverbots erstreckt sich auf alle Unternehmen, die der **20** Marktmacht des dominierenden Unternehmens ausgesetzt sind, also in seinem Einflussbereich tätig sind, und umfasst auch die Verbraucher als Endkunden.[61] Neben den Akteuren auf dem **beherrschten Markt** können das auch die (aktuellen oder potentiellen) Teilnehmer am Wettbewerbsgeschehen auf **Drittmärkten** sein. Die Anwendung des Missbrauchsverbots auf Fälle der **sog. Drittmarktbehinderung** (→ Rn. 81) war früher sehr umstritten, ist seit einiger Zeit aber in dem Sinne geklärt, dass lediglich ein **Kausalzusammenhang** zwischen dem missbräuchlichen Verhalten auf Drittmarkt und der Beherrschung eines anderen Marktes bestehen muss.[62] Die Möglichkeit eines sog. **Missbrauchstransfers**[63] existiert etwa dann, wenn der Marktbeherrscher eine für den Zugang auf einen abgeleiteten Markt unentbehrliche Ressource kontrolliert oder den Bezug eines Produkts, bei dem er über eine überragende Stellung verfügt, mit dem Verkauf anderer Erzeugnisse (zB Verbrauchsmaterialien für die Nutzung des Hauptprodukts) koppelt.

Der **Schutzzweck** des § 19 ist auf die Verhinderung einer übermäßigen und wett- **21** bewerbsschädlichen Ausnutzung marktmachtbedingter Handlungsspielräume gerichtet. Dabei geht es zum einen um den **Schutz des Wettbewerbs als Institution.** Eine weitere Verringerung seiner durch die Existenz der marktbeherrschenden Stellung des Normadressaten ohnehin schon eingeschränkten Funktionsfähigkeit soll verhindert, die Chancen für ein Wiederaufleben wettbewerblicher Prozesse erhalten werden. Diesem Aspekt kommt gerade vor dem Hintergrund eines dynamischen Wettbewerbsverständnisses besondere Bedeutung zu. Zum anderen ist seit der Ausgestaltung der Norm als unmittelbar geltendes Verbot und nicht mehr lediglich, wie zunächst, als Eingriffsermächtigung für Maßnahmen der Kartellbehörden geklärt, dass die Vorschrift auch einen **individualschützenden Charakter** hat. Jeder von einem Verstoß gegen § 19 betroffene Marktteilnehmer kann dagegen selbst vorgehen und nach den §§ 33 und 33a Beseitigungs-, Unterlassungs- oder Schadensersatzansprüche geltend machen, ohne auf ein Eingreifen der Kartellbehörde angewiesen zu sein.

Auf der anderen Seite darf der Individualschutz der vom missbräuchlichen Verhalten **22** eines Marktbeherrschers betroffenen Marktteilnehmer **nicht** mit einem **Bestands- oder Sozialschutz der verbliebenen Konkurrenten** des Normadressaten verwechselt werden.[64] Bei der Identifizierung von missbräuchlichen Verhaltensweisen, die eine horizontale Verdrängungswirkung auf dem relevanten Markt entfalten, besteht die Schwierigkeit vor allem darin, sie von normalem Wettbewerbsverhalten („competition on the merits") abzugrenzen, das ebenfalls zum Ausscheiden leistungsschwächerer Konkurrenten führen kann. Eine ausschließlich auf die überlegene Leistungsfähigkeit des Marktbeherrschers zurückzuführende Absicherung oder Verstärkung seiner dominierenden Stellung ist keinesfalls missbräuchlich. Für die Abgrenzung legitimen Geschäftsverhaltens von wettbewerbsschädlichen, missbräuchlichen Verhaltensweisen bietet sich prima facie eine Anknüpfung einerseits an die verwendeten Mittel, andererseits an die davon ausgelösten Wirkungen oder Marktergebnisse an. Bei näherer Betrachtung vermag jedoch kein Ansatz für sich allein und in allen Fällen zu überzeugen. Letztlich kommt es für die Qualifizierung einer Maßnahme als Verstoß gegen das Missbrauchsverbot auf eine umfassende Interessenabwägung unter Berücksichtigung der auf die Freiheit des Wettbewerbs gerichteten Zielsetzung des GWB an (sog. Theorie der beweglichen Schranken, näher dazu → Rn. 33).

---

[61] Deister in Schulte/Just Rn. 9.
[62] Deister in Schulte/Just Rn. 10; Nothdurft in Bunte Rn. 313; Bechtold/Bosch Rn. 4, 11 mwN.
[63] Vgl. zB BGH 4.11.2003 – KZR 38/02, WuW/E DE-R 1210 = BGHZ 156, 379 (382 f.) – Strom und Telefon II.
[64] BGH 23.2.1988 – KZR 20/86, WuW/E BGH 2491 (2495) – Opel Blitz; 26.1.2016 – KZR 41/14, NZKart 2016, 285 Rn. 31 – Jaguar-Vertragswerkstatt.

**23**  **2. Schutz des Restwettbewerbs vor Behinderungsmissbräuchen. a) Allgemeines.** Ausgangspunkt für die Abgrenzung verbotswürdiger einseitiger Verhaltensweisen von marktbeherrschenden Unternehmen ist zunächst ihre besondere Marktmacht, durch die wettbewerbliche Entfaltungsmöglichkeiten anderer Marktteilnehmer begrenzt werden. Die bloße Existenz eines marktmachtbedingt erweiterten Handlungsspielraums rechtfertigt aber für sich weder die Untersagung bestimmter Verhaltensweisen noch die allgemeine Auferlegung besonderer Rücksichtnahmepflichten hinsichtlich der schwächeren Konkurrenten. Vielmehr dürfen und sollen auch marktmächtige Unternehmen sich mit aller Kraft und intensiv am Wettbewerb beteiligen. Solchen Unternehmen ein von vornherein abgemildertes oder gedämpftes Wettbewerbsverhalten aufzuerlegen, widerspräche der auf die Freiheit des Wettbewerbs gerichteten Zielsetzung des GWB.

**24**  Da das GWB – außerhalb der Fusionskontrolle – nicht schon das Entstehen der marktbeherrschenden Stellung als solche zu unterbinden trachtet, sondern dies hinnimmt, und die Marktmacht eines solchen Unternehmens jeder seiner Tätigkeiten notwendig schattengleich folgt, ergeben sich aus der Konzeption des Gesetzes bis heute große Schwierigkeiten für die Abgrenzung missbräuchlicher Behinderungspraktiken. Hinzu kommt, dass marktbeherrschende Unternehmen nicht in ihren wettbewerblichen Aktivitäten gefesselt sein sollen, sondern insbesondere in der Lage sein sollen, eine ggf. vorhandene höhere Effizienz zur Geltung zu bringen. Da Behinderungswirkungen zulasten Dritter letztlich mit jedem erfolgreichen Einsatz von Aktionsparametern verbunden sind,[65] ist es **zwingend ausgeschlossen, Maßstäbe sog. Behinderungswettbewerbs allein aus den Wirkungen von Marktverhalten auf Marktstrukturen abzuleiten.** Es gibt auch für marktbeherrschende Unternehmen **keine generelle Verantwortung für die Marktstruktur oder die Lebensfähigkeit von Konkurrenten.**[66] Selbst das weitergehende Monopolisierungsverbot des Sec. 2 Sherman Act erfasst nicht die Herausbildung von Monopolmacht, die auf überlegener wirtschaftlicher Leistung beruht[67] oder unter den gegebenen Umständen sonst unvermeidlich war.[68] Das Abgrenzungs- und Konkretisierungsproblem, das mit der Einführung des Abs. 4 Nr. 1 aF durch die 4. Novelle (jetzt: Abs. 2 Nr. 1) nicht entscheidend befördert wurde, liegt gegenüber Sachverhalten sog. Ergebniskontrolle oder Ausbeutungsmissbrauchs insofern anders, als bei diesen immerhin noch auf Feststellungen oder Annäherungen **tatsächlicher** Art (Preis- oder sonstige Geschäftsbedingungen auf vergleichbaren Märkten mit wirksamem Wettbewerb) zurückgegriffen werden kann.[69] Demgegenüber reicht hier die bloße Feststellung relativ stärkerer Behinderungswirkungen als auf Märkten mit höherer Wettbewerbsintensität nicht aus, weil dies generell für jegliches, auch wettbewerbskonformes Verhalten von Unternehmen in marktbeherrschender Stellung zutrifft. In dieser Schutzrichtung entsteht somit nicht nur ein andersgearteter, sondern auch größerer **normativer** Entscheidungsbedarf. Die diesbezüglich entwickelten Konzepte haben sämtlich ihre Schwächen.

---

[65] Richtig KG 30.5.1979 – Kart 16/79, WuW/E OLG 2148 (2149) – Sonntag Aktuell I; 12.11.1980 – Kart 32/79, WuW/E OLG 2403 (2406) – Fertigfutter.

[66] Möschel Ordo 1979, 295 (308 ff.); Möschel, Pressekonzentration und Wettbewerbsgesetz, S. 108 ff.; Mestmäcker, Medienkonzentration und Meinungsvielfalt, S. 130; v. Gamm NJW 1980, 2489 (2494); KG 26.1.1977 – Kart 27/76, WuW/E OLG 1767 (1772) – Kombinationstarif; 30.5.1979 – Kart 16/79, WuW/E OLG 2148 (2149) – Sonntag Aktuell I; ebenso – zu § 26 Abs. 2 aF – BGH 10.12.1985 – KZR 22/85, WuW/E BGH 2195 (2199) – Abwehrblatt II.

[67] Vgl. nur United States v. Grinnell Corp., 384 U.S. 563, 570 (1966), wonach der Vorwurf der Monopolisierung nach Sec. 2 Sherman Act neben dem Besitz von „monopoly power in the relevant market" als zweites Element auch „the willful acquisition or maintenance of that power as distinguished from growth or development as a consequence of a superior product, business acumen, or historical accident […]" voraussetzt; näher zu Sec. 2 Sherman Act Wurmnest S. 28 ff.

[68] Zur sog. „thrust upon defense" vgl. U.S. v. Aluminum Co. of America („Alcoa"), 148 F.2d 416, 429–439 (1945); → Fuchs Art. 102 Rn. 40 mwN.

[69] Vgl. aber einschränkend BGH 9.11.1982 – KVR 9/81, WuW/E BGH 1965 (1966) – gemeinsamer Anzeigenteil.

Einigkeit besteht insofern, als dominierenden Unternehmen mit Rücksicht auf die **25** Offenhaltung des Wettbewerbsprozesses und den Schutz des (noch vorhandenen) Restwettbewerbs nicht jedes Verhalten gestattet ist, das anderen Unternehmen ohne Marktmacht erlaubt ist („quod licet Iovi, non licet bovi"). Vielmehr unterliegen marktbeherrschende Unternehmen **strengeren Maßstäben:** Sie müssen nicht nur die allgemeinen Regeln zB des Lauterkeitsrechts beachten, sondern ihnen sind teilweise auch Verhaltensweisen untersagt, die marktschwächere Unternehmen durchaus praktizieren dürfen.[70] Ihre Rechtfertigung findet diese Einschränkung privatautonomer Handlungsspielräume des Marktbeherrschers darin, dass die Funktionsfähigkeit des Wettbewerbs auf dem Markt gerade wegen der Anwesenheit des fraglichen Unternehmens bereits so geschwächt ist, dass der noch bestehende Restwettbewerb in besonderem Maße schutzwürdig ist.[71] Da aber jedes Marktverhalten eines Normadressaten eng mit der ihm eigenen Marktmacht zusammenhängt und damit gewissermaßen automatisch die Chancen der übrigen Unternehmen auf erfolgreiche Geschäftsabschlüsse reduziert, wird die Abgrenzung zulässiger und missbräuchlicher Verhaltensweisen besonders schwierig. Zur Identifizierung missbräuchlicher Verhaltensweisen bedarf es daher zusätzlicher Kriterien. Naheliegend erscheint eine Anknüpfung an die Qualifikation der fraglichen Verhaltensweisen als Form des Leistungswettbewerbs oder als leistungswidrige Praktiken.

**b) Ausrichtung an der Unterscheidung von Leistungs- und Nichtleistungswett-** **26** **bewerb?** In der Tat hat der Ansatz, sich für die Abgrenzung zwischen erlaubten und verbotenen Verhaltensweisen im Rahmen des § 19 an der Unterscheidung von Leistungs- und Nichtleistungswettbewerb zu orientieren, weite Verbreitung gefunden.[72] Unter der Voraussetzung, dass als „Nichtleistungswettbewerb" nicht nur Maßnahmen verstanden werden, die ohnehin gegen das UWG oder andere Gesetze verstoßen, erscheint eine solche Differenzierung auf den ersten Blick durchaus plausibel. Sie kann sich prima facie auch auf eine parallele Argumentationsschiene in der Rechtsprechung der Unionsgerichte zu Art. 102 AEUV berufen. Danach verlangt der EuGH für den Behinderungsmissbrauch, dass die Schwächung des Restwettbewerbs durch die Verwendung von Mitteln erfolgt, welche von denen eines „normalen Produkt- oder Dienstleistungswettbewerbs auf der Grundlage der Leistungen der Marktbürger abweichen".[73]

In die gleiche Richtung wies zumindest teilweise auch die in der **Rechtsprechung des** **27** **Kammergerichts** ausgearbeitete **„Zweischrankentheorie",** nach der ein Missbrauch gegeben war bei Leistungsfremdheit der Maßnahme und dem Erliegen oder der schwerwiegenden Beeinträchtigung des Wettbewerbs[74] bzw. nicht nur vorübergehender und nicht unerheblicher Gefährdung des Restwettbewerbs.[75] Gegen diesen Ansatz sprach, dass er mit seinem zweiten Element zu Unrecht weitere Beschränkungen des Restwettbewerbs bis zur Grenze der vollständigen Monopolisierung privilegierte. Das KG hat zwar nach der durch die 4. Novelle erfolgten Ergänzung des § 22 Abs. 4 um dessen Satz 2 aF (= der Vorgängerregelungen des heutigen § 19 Abs. 2 Nr. 1–3) dieses Element insoweit abgeschwächt, als eine Feststellung erheblicher negativer Auswirkungen auf die Wettbewerbsstruktur nicht erforderlich sein soll; es reiche die objektive Eignung des wettbewerblichen Aktionsparameters zur Beeinträchtigung der Marktverhältnisse.[76]

---

[70] Allg. Ansicht, s. nur Wiedemann in Wiedemann KartellR-HdB § 23 Rn. 1 aE.

[71] Vgl. bereits → § 18 Rn. 5.

[72] Vgl. zB Nothdurft in Bunte Rn. 306.

[73] EuGH 13.2.1979 – 85/76, Slg. 1979, 461 Rn. 91 – Hoffmann-La Roche; 3.7.1991 – C-62/86, Slg. 1991, I-3359 Rn. 69 – AKZO; 17.2.2011 – C-52/09, EuZW 2011, 339 Rn. 27 – Telia Sonera; 19.4.2012 – C-549/10 P, EuZW 2012, 741 Rn. 27 – Tomra; 6.7.2015 – C-170/13, NZKart 2015, 390 Rn. 45 – Huawei ZTE; EuG 23.10.2003 – T-65/98, Slg. 2003, II-2641 Rn. 157 – Van den Bergh Foods; vgl. hierzu näher → Fuchs Art. 102 Rn. 5, 201 ff. mwN.

[74] KG 26.1.1977 – Kart 27/76, WuW/E OLG 1767 – Kombinationstarif.

[75] KG 14.4.1978 – Kart. 8/78, WuW/E OLG 1983 – Rama-Mädchen.

[76] KG 12.11.1980 – Kart 32/79, WuW/E OLG 2403 (2410) – Fertigfutter; 9.11.1983 – Kart. 35/82, WuW/E OLG 3124 (3129) – Milchaustauschfuttermittel.

**28**     Aber auch das erste Kriterium, die **„Leistungsfremdheit"** der Maßnahme, begegnet **erheblichen Einwänden.** Denn einerseits besteht die Gefahr, den Begriff des Leistungswettbewerbs zu eng zu verstehen und bestimmte Verhaltensweisen marktbeherrschender Unternehmen vorschnell als missbräuchlich zu brandmarken.[77] Andererseits, bei einem bewusst weiten Verständnis des „Leistungswettbewerbs", verweist das Kriterium zumindest in kritischen Bereichen auf das Referenzsystem freien Wettbewerbs selbst zurück mit der Folge, dass insoweit kein substantieller Generalisierungsgewinn erreicht ist.[78] Die Offenheit des Wettbewerbs als Endeckungsverfahren lässt oft auch keine eindeutige abstrakte Zuordnung bestimmter Verhaltensweisen, insbesondere wenn sie von bislang üblichen Mustern abweichen, zu den Kategorien des Leistungs- bzw. Nichtleistungswettbewerbs zu.[79] Der Begriff des „Leistungswettbewerbs" erweist sich letztlich als „eine Art Idealbild eines macht-, verfälschungs- und beschränkungsfreien Wettbewerbs allein anhand der Eigenschaften von Waren und Leistungen und der für sie verlangten Gegenleistungen".[80] Konkrete subsumtionsfähige Kriterien für die Qualifizierung bestimmter Verhaltensweisen lassen sich aus daraus jedenfalls nicht unmittelbar ableiten; vielmehr ist insoweit stets eine umfassende Interessenabwägung unter Berücksichtigung der auf die Freiheit des Wettbewerbs gerichteten Zielsetzung des GWB und aller relevanten Umstände des Einzelfalls erforderlich.[81]

**29**     Jedenfalls eine generelle Verengung der Tatbestände des Behinderungsmissbrauchs auf Fälle, in denen das marktbeherrschende Unternehmen nicht leistungsgerechte Praktiken an den Tag legt, ist abzulehnen, weil der noch vorhandene Restwettbewerb im Prinzip umfassenden Schutz vor weiteren Beeinträchtigungen verdient, soweit diese nicht schon aus der Existenz der Marktmacht des Normadressaten resultieren. Anknüpfungspunkt ist somit die **Herbeiführung zusätzlicher Hindernisse** für ein erfolgreiches Agieren der übrigen Wettbewerbsteilnehmer, die „nicht schon unausweichlich mit der Existenz des marktbeherrschenden Unternehmens verbunden sind".[82] Damit ist im Prinzip **jede „unnötige" Beeinträchtigung des Restwettbewerbs missbräuchlich,** allerdings **vorbehaltlich einer sachlichen Rechtfertigung** der betreffenden Verhaltensweise. Dementsprechend stellt die Rechtsprechung des BGH nicht (primär) auf den Einsatz eines wettbewerbswidrigen Mittels als Voraussetzung für einen Missbrauch ab, sondern prüft in erster Linie die **Wirkung des Verhaltens auf den Restwettbewerb.** Die Qualifikation als Form des Leistungs- oder Nichtleistungswettbewerbs wird dann erst im Zusammenhang mit der Frage nach der sachlichen Rechtfertigung des Verhaltens durch den Normadressaten relevant.

**30**     In **§ 20 Abs. 3a** bei der Erweiterung des horizontalen Behinderungsverbots für Unternehmen mit überlegener Marktmacht iSd § 20 Abs. 3 hat der Gesetzgeber aber nunmehr selbst explizit auf den Begriff des Leistungswettbewerbs abgestellt. Diese mit der 10. GWB-Novelle eingeführte Norm zum Schutz des Wettbewerbs auf „Tipping"-geneigten Märkten soll ein frühzeitiges Eingreifen gegen Praktiken ermöglichen, mit denen die eigenständige Erzielung von Netzwerkeffekten durch Wettbewerber behindert wird. Weitere Voraussetzung ist, dass hierdurch „die ernstliche Gefahr" begründet wird, „dass der Leistungswettbewerb in nicht unerheblichem Maße eingeschränkt wird". Auch die Gesetzesbegründung betont, dass es nur darum gehe, die Förderung eines „Tipping" mit „nicht-leistungswettbewerblichen Mitteln" zu unterbinden,[83] und stellt insofern eine Verbindung zum Konzept der Marktstörung her,[84] wie es von der Rechtsprechung zur lauterkeitsrechtlichen General-

---

[77] Vgl. → Fuchs Art. 102 Rn. 202 mwN.

[78] Möschel in 4 Aufl. 2007, → Rn. 14, 104 f. mwN.

[79] So auch Kling/Thomas § 6 Rn. 89 mit Hinweis auf Rittner FS Kraft, 1998, 519 (530), der den Begriff des Leistungswettbewerbs als eine „Chimäre [...], deren Emanationen seit über hundert Jahren die klare Sicht auf die Sachprobleme immer wieder versperrt haben", bezeichnet hat.

[80] Nothdurft in Bunte Rn. 12.

[81] Ebenso Nothdurft in Bunte Rn. 12.

[82] Nothdurft in Langen/Bunte, 11. Aufl. 2010, § 19 Rn. 144.

[83] BegrRegE BT-Drs. 19/23492, 82.

[84] BegrRegE BT-Drs. 19/23492, 83 („ähnliche Regelung").

klausel des § 3 Abs. 1 UWG entwickelt worden ist.[85] Danach müssen greifbare Anhaltspunkte dafür vorliegen, dass der auf unternehmerischer Leistung beruhende Wettbewerb in erheblichem Maße eingeschränkt wird.[86] Inhaltlich verlangt die lauterkeitsrechtliche Rechtsprechung ein „für sich genommen zwar nicht unlauteres, aber bedenkliches Wettbewerbsverhalten".[87] Der Konkretisierungsgewinn durch die Bezugnahme auf den „Leistungswettbewerb" bleibt damit denkbar gering, zumal der Fokus des Abs. 3a als spezieller Gefährdungstatbestand für mehrseitige oder Netzwerkmärkte gerade auf der Bedeutung der Erzielung ausgeprägter Netzwerkeffekte liegt und die Norm unabhängig vom Nachweis konkreter Auswirkungen eingreifen soll.[88] Entscheidend ist somit die abstrakte Eignung einer Maßnahme, einen „Tipping"-Prozess auszulösen oder zu fördern.[89] Zu den erfassten Verhaltensweisen zählen insbesondere das Verbot oder die Behinderung der parallelen Nutzung anderer Plattformen (sog. Multihoming) sowie die bewusste Erschwerung des Wechsels zu einer anderen Plattform.[90] Damit ist ein Verstoß indiziert, der Bezugnahme auf den Leistungswettbewerb in Abs. 3a kommt neben der Möglichkeit einer sachlichen Rechtfertigung des Verhaltens letztliche keine eigenständige Begrenzungsfunktion zu.[91]

**c) Identifikation monopolisierender Einzelverhaltensweisen.** Missbräuchlich sind **31** demnach solche Verhaltensweisen eines Marktbeherrschers, mit denen er einen Beitrag zur Monopolisierung des Marktes leistet, dh mit denen er den Wettbewerb zum Nachteil von Konkurrenten, Lieferanten oder Abnehmern über die bloße Existenz von Marktmacht hinaus zusätzlich beschränkt.[92] Praktisch nicht möglich ist aber die Beschreibung eines positiven Referenzsystems, aus dem sich im Wege einfacher Subsumtion Abweichungen als Wettbewerbsbeschränkung identifizieren ließen.

Die **wettbewerbliche Ambivalenz von Verhaltensweisen je nach den Markt-** **32** **umständen,** innerhalb derer sie stattfinden, die Relativität des Marktbeherrschungsbegriffes (→ § 18 Rn. 27) mit einer sehr viel niedrigeren Eingriffsschwelle als etwa die monopoly power iSv Sec. 2 Sherman Act und das Faktum, dass ein marktbeherrschendes Unternehmen bei jedem Wettbewerbshandeln zugleich mit seiner Marktmacht in Erscheinung tritt, erschweren die Formulierung von generellen Aussagen.[93] Immerhin erscheint es möglich, typische Fallkonstellationen von wettbewerbsbeschränkenden Praktiken zu identifizieren (auch innerhalb der Regelbeispiele des § 19 Abs. 2 Nr. 1–5), welche die Entscheidungsfindung erleichtern; für ein abschließendes Urteil ist jedoch immer eine Berücksichtigung der Umstände des Einzelfalls geboten. Dies schließt die **Möglichkeit einer sachlichen**

---

[85] Vgl. hierzu zB BGH GRUR 2004, 602 - 20 Minuten Köln; BGH GRUR 2010, 455 Rn. 19 – Stumme Verkäufer II; BGH 19.4.2018 – I ZR 154/16, BGHZ 218, 236 = NJW 2018, 3640 Rn. 43 – Werbeblocker II sowie allg. Omsels in Harte-Bavendamm/Henning-Bodewig, UWG, 5. Aufl. 2022, § 4 Rn. 550 ff. mwN.

[86] BGH GRUR 2010, 455 Rn. 25 – Stumme Verkäufer II.

[87] BGH 19.4.2018 – I ZR 154/16, BGHZ 218, 236 = NJW 2018, 3640 Rn. 43 – Werbeblocker II.

[88] BegrRegE BT-Drs. 19/23492, 83.

[89] So auch Nothdurft in Bunte § 20 Rn. 188.

[90] BegrRegE BT-Drs. 19/23492, 83.

[91] Ähnlich Nothdurft in Bunte § 20 Rn. 180, 186 (Verweis „auf das gemeinsame Leitbild und die gemeinsamen horizontalen Schutzgüter aller Regelungen der allgemeinen Missbrauchsverbote" und damit zugleich auf das Erfordernis einer umfassenden Interessenabwägung).

[92] Eingehend Hoppmann, Marktmacht und Wettbewerb, S. 24 ff.; Mestmäcker, Medienkonzentration und Meinungsvielfalt, S. 133.

[93] Die teilweise vorgebrachte Kritik an der zweistufigen Konzeption des § 19, s. insbes. Hoppmann, Marktmacht und Wettbewerb, S. 25, ist zumindest missverständlich. Wenn Verhaltensweisen festgestellt würden, durch die der Wettbewerb behindert werde, dann sei eine gesonderte Feststellung, dass dieses Unternehmen als marktbeherrschend anzusehen sei, überflüssig. Das zweistufige Verfahren einer Missbrauchskontrolle über marktbeherrschende Unternehmen sei weder erforderlich noch vollziehbar. Doch ist es wegen der genannten Ambivalenz von Verhaltensweisen auch bei diesem Denkansatz ausgeschlossen, vom Grade der Marktmacht zu abstrahieren, vgl. Möschel, Entflechtungen im Recht der Wettbewerbsbeschränkungen, S. 60; Möschel, Pressekonzentration und Wettbewerbsgesetz, S. 44 ff., 93 ff.; Mestmäcker, Medienkonzentration und Meinungsvielfalt, S. 133.

**Rechtfertigung** bestimmter Verhaltensweisen ein, selbst wenn sie eine gewisse Verdrängungswirkung (etwa gegenüber weniger leistungsfähigen Konkurrenten) entfalten.[94]

33    **d) Gebot einer umfassenden Interessenabwägung (Theorie der beweglichen Schranken).** Als **methodisches Vorgehen** zur Konkretisierung des Missbrauchstatbestands bietet sich eine **umfassende Abwägung der Interessen der Beteiligten** unter Berücksichtigung der auf die Freiheit des Wettbewerbs gerichteten Zielsetzung des Gesetzes an. Dies ist seit langem ständige Praxis der Rechtsprechung zu § 20 Abs. 1 aF (und dessen in § 26 Abs. 2 aF verorteter Vorgängerregelung) gewesen. Da der Behinderungstatbestand des § 20 Abs. 1 aF unstreitig auch in die horizontale Schutzrichtung zielte und diese Vorschrift ebenso unstreitig ein Unterfall des noch allgemeineren § 19 aF war,[95] ergab sich daraus zwingend, dass dieses methodische Vorgehen **auch bei § 19 möglich** war.[96] Die Aufnahme des § 20 Abs. 1 aF in § 19 Abs. 2 Nr. 1 durch die 8. GWB-Novelle hat die Richtigkeit dieser Annahme nachträglich eindrucksvoll bestätigt. Mit Möschel lässt sich dieser Ansatz als **„Theorie der beweglichen Schranken"** bezeichnen.[97]

34    Die Schwierigkeiten dieses Ansatzes liegen darin, dass eine Interessenabwägung als solche nur ein Verfahren ist, das noch keinen Orientierungsmaßstab in sich trägt, und der Stellenwert des Abwägungskriteriums Wettbewerbsfreiheit in Bezug auf die jeweils berührten Interessen bislang jedenfalls in horizontaler Schutzrichtung schwerlich festgelegt erscheint. Überdies hat das Referenzsystem der Wettbewerbsfreiheit angesichts der fehlenden Vorwegdefinierbarkeit keinen positiven Inhalt, sondern ist nur als relative Abwesenheit von rechtserheblichem Zwang fassbar. Die Vorteile dieses Lösungsansatzes liegen darin, dass ein Anschluss an die Entscheidungspraxis zu § 20 Abs. 1 aF, die jedenfalls in der vertikalen Schutzrichtung sehr breit ist (vgl. → Rn. 73 ff.), möglich wird. Das Defizit an Vorhersehbarkeit und an Rechtssicherheit, das damit verbunden bleibt, ist solange tolerabel, als stärker generalisierende Aussagen die Gefahr in sich tragen, letztlich Wettbewerbserstarrungen zu begünstigen und damit den Normzweck des § 19 auf den Kopf zu stellen.

35    Die Diskussion um die Sinnfälligkeit eines allgemeinen Diskriminierungsverbots,[98] die im Kern nur einen Ausschnitt des hier angesprochenen allgemeinen Problems betrifft, hat zu genau dem gleichen Resultat geführt. Es bleibt die **Aufgabe** gestellt, **typologisierend Fallgruppen zu entwickeln.** Da Wettbewerbsrecht in diesem Bereich aus konzeptionellen wie praktischen Gründen an seine Grenzen stößt, ist schon viel erreicht, wenn es gelingt, einzelne Verhaltensweisen unter Berücksichtigung des Grades der vorhandenen Marktmacht und der Auswirkungen auf den Restwettbewerb generalisierend jedenfalls als prima facie missbräuchlich zu erfassen.

36    **3. Marktergebniskontrolle (Schutz vor Ausbeutung).** Die Besonderheit des Ausbeutungsmissbrauchs, die ihn vom Behinderungsmissbrauch grundlegend unterscheidet, besteht darin, dass hier tatsächliche Austauschbedingungen (Preise, Konditionen), die der Marktbeherrscher dank seiner Marktmacht durchgesetzt hat oder fordert, einer Kontrolle unterworfen und ggf. auf der Basis eines Unwerturteils korrigiert werden.[99] Dies geschieht, indem sie in Beziehung zu den hypothetischen Marktergebnissen gesetzt werden, die sich

---

[94] Näher zur sachlichen Rechtfertigung → Rn. 235 ff., 247 ff., 289 ff.

[95] BGH 3.3.1969 – KVR 6/68, WuW/E BGH 1027 – Sportartikelmesse II; Möschel Der Oligopolmißbrauch S. 206 ff.; Mestmäcker, Der Mißbrauch marktbeherrschender Stellungen, S. 12; Langen, 6. Aufl. 1982, § 26 Rn. 278; aA Knöpfle, Zulässigkeit und Eignung des Maßstabes des Als-ob-Wettbewerbs für die Mißbrauchsaufsicht über Versorgungsunternehmen, S. 22.

[96] Vgl. etwa BGH 26.10.1972 – KZR 54/71, WuW/E BGH 1238 – Registrierkassen; BKartA 22.10.1979 – B 4–689100-TV-39/78, WuW/E BKartA 1817 – Fertigfutter; KG 12.11.1980 – Kart 32/79, WuW/E OLG 2403 (2407) – Fertigfutter; 9.11.1983 – Kart. 35/82, WuW/E OLG 3124 – Milchaustauschfuttermittel.

[97] Möschel, Pressekonzentration und Wettbewerbsgesetz, S. 95; Möschel Ordo 1979, 295 (310); zust. Markert Die Wettbewerbsbehinderung S. 28–41; siehe auch Wiedemann ZGR 1980, 147 (169 ff.).

[98] Vgl. dazu nur den FIW-Sammelband Für und Wider ein allgemeines Diskriminierungsverbot 1976 mit zahlr. Nachw.

[99] Vgl. zB BGH 12.4.2016 – KZR 30/14, NZKart 2016, 374 Rn. 48 – NetCologne; BGH 24.1.2017 – KZR 2/15, NZKart 2017, 198 Rn. 25 – Kabel-Kanalanlagen; Nothdurft in Bunte Rn. 140.

bei wirksamem Wettbewerb ergeben hätten (näher → Rn. 216 ff.). Zeigt sich dabei eine signifikante, nicht zu rechtfertigende Diskrepanz zu Lasten der Marktgegenseite, greift das Verbot des Preishöhen- oder Konditionenmissbrauchs und führt zu einer direkten Korrektur von Marktergebnissen, während bei Behinderungsmissbräuchen lediglich einzelne Verhaltensweisen als wettbewerbswidrig untersagt sind.

Spätestens mit Einfügung des § 19 Abs. 4 Nr. 2 aF (jetzt: § 19 Abs. 2 Nr. 2) durch die 4. **37** GWB-Novelle ist zwar kein Streit mehr darüber möglich, dass der Gesetzgeber mit § 19 auch eine Kontrolle von Marktergebnissen, insbesondere von Preishöhen ermöglichen wollte.[100] Doch ist dies innerhalb eines Gesetzes und auch einer Vorschrift, die unverändert auf den Schutz von Wettbewerbsfreiheit zielen – Wettbewerb erwächst aus inhaltlich nie vorweg definierbaren Handlungsfreiheiten, ist damit notwendig ein Prozess von Verhaltensabläufen – ein **Systembruch:** Es werden keine Spielregeln für unternehmerisches Handeln gesetzt, sondern die Spielergebnisse hoheitlich korrigiert. Dabei ist die zentrale Bruchstelle noch nicht einmal die konzeptionelle wie praktische Schwierigkeit, die darin liegt, angesichts des Entdeckungsverfahrens Wettbewerb prinzipiell unbekannte Marktergebnisse positiv als Referenzsystem zu simulieren.[101] Hier könnte man sich, wie dies auch der Gesetzgeber mit seinem Hinweis ua auf Vergleichsmärkte getan hat, immerhin mit second best-Lösungen behelfen, wenngleich die Gefahr bestehen bleibt, dass Kartellbehörden und -gerichte gewissermaßen zu „Marktregulierungsbehörden" werden, die mangels klarer Maßstäbe mehr oder weniger selbst entscheiden müssen, wo eine unzulässige Ausbeutung beginnt.[102]

Der entscheidende Punkt aber liegt darin, dass solche Marktergebniskorrekturen – zB **38** Preisherabsetzungen – ihrerseits wettbewerbsschädliche Nebenwirkungen haben können. So werden etwa durch eine kartellbehördlich verfügte Senkung des Preisniveaus zugleich die Anreize für Neuzugänge zum Markt oder für die Expansion von Außenseitern vermindert, so dass sich die marktbeherrschende Stellung dadurch eher stabilisiert.[103] Längerfristig kann dies zu einem **Zielkonflikt** mit dem eigentlichen Regelungsanliegen des GWB insgesamt wie des § 19 führen, **Wettbewerbsprozesse zu befördern.**[104] Angesichts der Dominanz dieses teleologischen Gesichtspunktes wird man Marktergebniskontrollen nach § 19 unverändert nicht nur wettbewerbspolitisch, sondern auch normativ als **subsidiär,** als letzten **Notbehelf** betrachten müssen (näher → Rn. 205).[105] Ob vor diesem Hintergrund die Einführung und Verlängerung der verschärften sektorspezifischen Preismissbrauchsaufsicht im Bereich der Energiewirtschaft gemäß § 29 gerechtfertigt war,[106] erscheint fraglich.[107]

---

[100] Gleiches gilt im Übrigen für das europäische Kartellrecht, das explizit den Beispielstatbestand der „unmittelbaren oder mittelbaren Erzwingung von unangemessenen Einkaufs- oder Verkaufspreisen oder sonstigen Geschäftsbedingungen" kennt, vgl. dazu im Einzelnen → Fuchs Art. 102 Rn. 168 ff. mwN.

[101] Dazu Schmidtchen Ordo 1979, 273 ff.; Monopolkommission Sondergutachten 1 Rn. 35 ff.; Munzinger S. 57; Hoppmann, Preiskontrolle und Als-ob-Konzept, S. 30 ff.; Hoppmann, Das Konzept des wirksamen Preiswettbewerbs, S. 38; Kaufer WuW 1975, 139 (140); Gabriel FS Günther, 1976, 263 (267); Kirschstein Schwerpunkte 1973/74, 19 (21 ff.).

[102] Ähnlich Kling/Thomas § 20 Rn. 89.

[103] Vgl. nur Götting in LMR, 2. Aufl. 2009, Rn. 2; Kling/Thomas § 20 Rn. 89.

[104] Im Einzelnen Möschel BB 1976, 49 (51); Hoppmann WuW 1974, 763 (764); Gabriel FS Günther, 1976, 263 (281).

[105] AA Knöpfle BB-Beil. 13/1994, 1 (17 f.).

[106] Die Regelung wurde durch die sog. „Preismissbrauchsnovelle" (Gesetz zur Bekämpfung von Preismissbrauch im Bereich der Energieversorgung und des Lebensmittelhandels v. 18.12.2007, BGBl. I 2966) zunächst befristet bis zum 31.12.2012 eingeführt. Nach zwischenzeitlichem Auslaufen ist die Regelung durch die 8. GWB-Novelle mit Wirkung zum 30.6.2013 erneut für fünf Jahre (nach § 131 Abs. 1 aF bis zum 31.12.2017) in Kraft gesetzt und zuletzt durch die 9. GWB-Novelle abermals um 5 Jahre (nach § 186 Abs. 1 bis zum 31.12.2022) verlängert worden. Im Jahr 2008 leitete das BKartA Verfahren gegen 35 Gasversorger ein, die jedoch allesamt – 30 davon gegen Zusagen – wieder eingestellt wurden, vgl. Bechtold/Bosch § 29 Rn. 5.

[107] Gegen die Einführung des § 29 seinerzeit zB Monopolkommission, 47. SG „Preiskontrollen in Energiewirtschaft und Handel? Zur Novellierung des GWB", 2007.

**39**    Auf der anderen Seite sollte trotz der aufgezeigten wettbewerbspolitischen Problematik auch de lege ferenda nicht völlig auf das Instrument einer Preishöhen- und Konditionenkontrolle verzichtet werden. Ein **legitimer Anwendungsbereich** ist immer dann eröffnet, wenn es zu keinem Zielkonflikt mit der Förderung von Wettbewerbsprozessen kommen kann, weil die **Marktbeherrschung – etwa infolge von extrem hohen, kaum überwindbaren Marktzutrittsschranken – derart verfestigt** ist, dass auf absehbare Zeit nicht mit negativen Auswirkungen auf die Marktzutrittsbereitschaft von Newcomern oder auf die Expansionswilligkeit von Außenseitern und damit nicht mit einer Wiederbelebung wettbewerblicher Prozesse zu rechnen ist. Als ultima ratio bleibt die Bekämpfung des Ausbeutungsmissbrauchs jedenfalls solange unverzichtbar, wie sich nicht die Errichtung eines effektiven und effizienten Regulierungsregimes als die klar bessere Alternative erweist.

## III. Praktische Bedeutung des § 19

**40**    Die praktische Bedeutung des § 19 erscheint zuächst nicht sehr groß, wenn man sie an der Zahl ergangener Missbrauchsverfügungen misst.[108] Die tatsächliche Bedeutung des Verbots des Marktmachtmissbrauchs wird dadurch jedoch nur unzureichend reflektiert. Zum einen ist die Norm seit der 6. GWB-Novelle unmittelbar anwendbar und daher auch ohne kartellbehördliche Entscheidung Grundlage für ein private enforcement insbesondere durch zivilrechtliche Unterlassungs-, Beseitigungs- und Schadensersatzansprüche gemäß §§ 33, 33a GWB (bzw. Vorgängernormen) sowie ggf. für die Nichtigkeit verbotener Rechtsgeschäfte nach § 134 BGB (näher zu den zivilrechtlichen Folgen von Verstößen gegen § 19 → Rn. 385 ff.). Spätestens seit Umsetzung der europäischen Kartellschadensersatzrichtlinie (Richtlinie 2014/104/EU)[109] im Rahmen der 9. GWB-Novelle 2017, die generell und nicht nur bezüglich verbotener horizontaler Kartelle Erleichterungen für private Klagen mit sich gebracht hat, gewinnt die private Durchsetzung zusätzlich an praktischer Bedeutung. Zudem gilt das Behinderungs- und Diskriminierungsverbot des § 19 Abs. 2 Nr. 1 ebenso wie das Anzapfverbot des Abs. 2 Nr. 5 auch unterhalb der Marktbeherrschungsschwelle für lediglich marktstarke Unternehmen (§ 20 Abs. 1 bis Abs. 3).

**41**    Zum anderen betreffen die von den Kartellbehörden eingeleiteten Verfahren meist besonders **bedeutsame Fälle,** bei denen die (potentiell) missbräuchliche Verhaltensweise Auswirkungen auf eine Vielzahl von Marktteilnehmern hat. In jüngerer Zeit sind dabei vor allem die großen Digitalunternehmen ins Zentrum der Aufmerksamkeit gerückt und haben – nicht zuletzt wegen spezieller Charakteristika der Plattformökonomie – die Missbrauchsaufsicht vor erhebliche Herausforderungen gestellt.[110] Nachdem der deutsche Gesetzgeber erste Anpassungen bereits mit der 9. GWB-Novelle vorgenommen hatte (→ § 18 Rn. 14), stand die Modernisierung der Missbrauchsaufsicht im Vordergrund der 10. GWB-Novelle 2021 mit Änderungen des § 19 Abs. 1, Abs. 2 Nr. 4 und des § 20 Abs. 1 sowie der Ergänzung des kartellrechtlichen Instrumentariums durch primär auf **digitale Märkte und sog. Ökosysteme** zugeschnittene Regelungen in § 19a sowie § 20 Abs. 1a und Abs. 3a (→ Rn. 4a ff.). Inwieweit die damit beabsichtigte Effektivierung und Beschleunigung der behördlichen Durchsetzung im Bereich der kartellrechtlichen Missbrauchsverbote in der Praxis tatsächlich gelingt, bleibt freilich abzuwarten. Sie hängt nicht nur von der Geschwindigkeit der behördlichen Verfahren, sondern auch der Überzeugungskraft der getroffenen Entscheidungen im Rahmen ihrer zu erwartenden gerichtlichen Überprüfung ab. Auch gegenüber der sich konkret abzeichnenden Konkurrenz regulierungsrechtlicher Ansätze auf

---

[108] Vgl. zu Fallzahlen aus der älteren Anwendungspraxis Fuchs in Immenga/Mestmäcker, 6. Aufl. 2020, Rn. 40 f.

[109] Näher zum Regelungskonzept Fuchs in Fuchs/Weitbrecht PrivKartellRDurchs.-HdB § 2 Rn. 32 ff. mwN.

[110] Vgl. zum Fall Facebook → Rn. 212 ff.

europäischer Ebene wie den von der Kommission vorgeschlagenen Digital Markets Act[111] dürfte eine Reduzierung des Anwendungsbereichs der §§ 19 ff. nicht zu erwarten sein.[112]

Schließlich ist nicht zu verkennen, dass von den Missbrauchsverboten des § 19 (sowie des **41a** § 20) eine nicht zu unterschätzende **Vorfeldwirkung** ausgeht. Zwar verhängen deutsche Kartellbehörden im Rahmen der Missbrauchsverbote – anders als die Kommission bei Verfahren nach Art. 102 AEUV[113] – regelmäßig keine Bußgelder[114], sondern begnügen sich meist mit Abstellungsverfügungen nach § 32 GWB, die in Fällen des Ausbeutungsmissbrauchs oftmals mit der Anordnung der Rückzahlung an die Geschädigten nach § 32 Abs. 2a verbunden wird. Doch dürfte schon die Gefahr eines mit erheblicher negativer Publizität einhergehenden kartellbehördlichen Eingreifens und privater Klagen eine gewisse Abschreckungswirkung gegenüber dem missbräuchlichen Einsatz von Marktmacht entfalten.

## IV. Verhältnis zu anderen Vorschriften

**1. Verhältnis zu anderen Verbotsnormen des GWB. a) Kartellverbot.** Das Verbot **42** des Missbrauchs einer marktbeherrschenden Stellung ist gleichzeitig neben anderen Verbotstatbeständen des GWB anwendbar.[115] Auch wenn der Fokus bei den missbräuchlichen Verhaltensweisen auf einseitigen Maßnahmen des Normadressaten liegt, verwirklichen sich viele missbräuchliche Praktiken gerade durch den Abschluss von Verträgen, welche sich negativ auf die andere Vertragspartei oder Dritte auswirken. Im **Verhältnis zu** der **verbotenen Verhaltenskoordinierung nach** § 1 lässt sich das gleichförmige Verhalten zwischen den Mitgliedern eines marktbeherrschenden **Oligopols** iSd § 18 Abs. 5 in gewisser Weise als **Ergänzungstatbestand** ansehen, der insbesondere dann praktisch relevant werden kann, wenn der Nachweis einer Verhaltensabstimmung nicht gelingt oder auf Schwierigkeiten stößt. Umgekehrt vermag der Nachweis, dass der fehlende Wettbewerb innerhalb einer Oligopolgruppe auf der Befolgung eines unwirksamen Kartellvertrags oder einer abgestimmten Verhaltensweise iSd § 1 beruht, die Anwendbarkeit des § 19 nicht auszuschließen (vgl. → § 18 Rn. 175 mwN).

**b) § 20 Abs. 1–5.** Die Verbote missbräuchlichen Verhaltens durch **Unternehmen mit 43 relativer oder überlegener Marktmacht (§ 20)** sind neben § 19 anwendbar, sofern ihre jeweiligen Tatbestandsvoraussetzungen erfüllt sind; praktische Bedeutung kann dies vor allem erlangen, wenn Marktbeherrschung als Anwendungsvoraussetzung für § 19 Abs. 1 und Abs. 2 nicht nachgewiesen werden kann. Das Behinderungs- und Diskriminierungsverbot des § 20 Abs. 1 aF wurde immer schon als konkretisierender Unterfall des allgemeineren Missbrauchstatbestandes nach § 19 aF verstanden.[116] Die Norm war daher nach ganz herrschendem Verständnis neben § 19 aF anzuwenden. Durch die 8. GWB-Novelle wurde die Regelung für marktbeherrschende Unternehmen systematisch überzeugend in § 19 Abs. 2 Nr. 1 verortet, für erlaubte Kartelle und Preisbinder in § 19 Abs. 3. Damit verblieben in § 20 die Vorschriften, die zuvor in den § 20 Abs. 2–6 aF angesiedelt waren, also insbesondere das **Behinderungs- und Diskriminierungsverbot** für relativ marktmächtige Unternehmen (jetzt: § 20 Abs. 1 mit Erweiterung um den Tatbestand der Datenabhängigkeit gem. Abs. 1a durch die 10.GWB-Novelle), das Verbot der Aufforderung zur Gewährung von sachlich nicht gerechtfertigten Vorteilen durch marktstarke Unternehmen

---

[111] Entwurf einer Verordnung des Europäischen Parlaments und des Rates über bestreitbare und faire Märkte im digitalen Sektor – Gesetz über digitale Märkte – v. 15.12.2020.
[112] Keine Verdrängung der §§ 19 ff., auch nicht des § 19a, durch den DMA erwartet auch Nothdurft in Bunte Rn. 16 aE.
[113] Vgl. etwa KOM 18.7.2018 – COMP AT/40.099 – Google Android (4,34 Mrd. Euro; KOM 13.5.2009 – COMP/37.990 – Intel (1,06 Mrd. Euro).
[114] Vgl. Nothdurft in Bunte Rn. 15, 64.
[115] Nothdurft in Bunte Rn. 570, 356 ff. (zum Verhältnis zu Art. 101 AEUV).
[116] BGH 3.3.1969 – KVR 6/68, WuW/E BGH 1027 – Sportartikelmesse II.

**(Anzapfverbot,** jetzt: § 20 Abs. 2) sowie das horizontale **Behinderungsverbot für Unternehmen mit überlegener Marktmacht** (jetzt: § 20 Abs. 3, 4, seit der 10. GWB-Novelle ergänzt um Abs. 3a mit dem Verbot der Behinderung der eigenständigen Erzielung von Netzwerkeffekten zur Vermeidung eines „Tipping"). Schon vor der 8. GWB-Novelle entsprach es einhelliger Meinung, dass die zu diesem Zeitpunkt in § 20 Abs. 1–3 aF enthaltenen Regelungen neben § 19 anwendbar waren, soweit sie tatbestandsmäßig erfüllt wurden.[117] Daran hat sich durch die Neuregelungen nichts geändert. Das in Abs. 5 geregelte unmittelbar geltende **Verbot**[118] **der Ablehnung der Aufnahme in eine Wirtschafts- und Berufsvereinigung** oder Gütezeichengemeinschaft kann mit § 19 Abs. 2 und § 20 Abs. 1 konkurrieren. Denn aus diesen Normen kann sich ebenfalls ein entsprechender Aufnahmeanspruch bei sachlich nicht gerechtfertigter Ablehnung ergeben, sofern die unter Abs. 5 fallende Vereinigung im Einzelfall den kartellrechtlichen Unternehmensbegriff erfüllt und zugleich eine marktbeherrschende bzw. relativ marktmächtige Position einnimmt.[119]

**44**     **c) Sektorspezifische Missbrauchsaufsicht (§§ 29, 31).** § 29 wurde durch das „Gesetz zur Bekämpfung von Preismissbrauch im Bereich der Energieversorgung und des Lebensmittelhandels" vom 18.12.2007[120] eingeführt. Die Vorschrift etabliert eine verschärfte Preismissbrauchskontrolle für marktbeherrschende Anbieter von Elektrizität oder leitungsgebundenem Gas, da das allgemeine Missbrauchsverbot unzureichend empfunden wurde.[121] Sofern ein Versorgungsunternehmen „ungünstigere" Entgelte oder Geschäftsbedingungen fordert als andere Versorgungsunternehmen auf vergleichbaren Märkten, wird ein Missbrauch vermutet und es obliegt dem Marktbeherrscher nachzuweisen, dass die Abweichung sachlich gerechtfertigt ist (§ 29 S. 1 Nr. 1). Zudem wird explizit der Maßstab einer unangemessenen Überschreitung der Kosten als Maßstab für die Missbräuchlichkeit von Entgelten kodifiziert (§ 29 S. 1 Nr. 2). Zu den tatbestandlichen Anforderungen im Einzelnen wird auf die Kommentierung zu § 29 verwiesen. Nach § 29 S. 3 bleiben die §§ 19 und 20 unberührt und sind damit neben der (nach § 186 Abs. 1 bis zum 31.12.2022 befristeten) Sondernorm weiterhin anwendbar.

**45**     Eine **spezielle Missbrauchskontrolle über Wasserversorgungsunternehmen** enthalten die **§§ 31–31b,** die im Zuge der 8. GWB-Novelle eingeführt worden sind. Die Vorschriften haben den bis dahin aufgrund der Übergangsregelung in § 131 Abs. 6 GWB 2005 fortgeltenden § 103 aF abgelöst, ohne dass der Gesetzgeber damit eine materielle Änderung des Rechtszustands verbinden wollte.[122] **§ 31 Abs. 4** enthält teilweise ähnliche Regelungen zur Preishöhenkontrolle wie § 29 für Energieversorger, insbesondere eine umfassende Umkehr der Beweislast zu Lasten des Normadressaten (zu Einzelheiten vgl. → § 31 Rn. 56 ff.). Auf der anderen Seite schließt § 185 Abs. 1 S. 2 explizit die Anwendung der §§ 19, 20 und des § 31b Abs. 5 auf öffentlich-rechtliche Gebühren und Beiträge aus und eröffnet damit insbesondere den kommunalen Wasserversorgungsunternehmen die Möglichkeit, sich durch eine „Flucht ins Gebührenrecht" der strengen Rechtsprechung des BGH[123] zur Preismiss-

---

[117] Vgl. zB Götting in LMR, 2. Aufl. 2009, Rn. 104; Nothdurft in Langen/Bunte, 11. Aufl. 2010, Rn. 186; aus der Entscheidungspraxis zB KG 22.7.1968 – Kart 2/68, WuW/E OLG 907 (911) – Sportartikelmesse; 9.11.1983 – Kart. 35/82, WuW/E OLG 3124 (3132) – Milchaustauschfuttermittel; BKartA 22.10.1979 – B 4–689100-TV-39/78, WuW/E BKartA 1817 (1823) – Fertigfutter; siehe auch BGH 29.6.1982 – KVR 5/81, WuW/E BGH 1947 (1949) – Stuttgarter Wochenblatt; aM Leo in 10 Jahre Kartellgesetz S. 291, 314; Leo WRP 1972, 1 ff.

[118] Bechtold/Bosch § 20 Rn. 50.

[119] Vgl. BGH WuW/E BGH 1707 f.; Bechtold/Bosch § 20 Rn. 64.

[120] BGBl. I 2966.

[121] Vgl. Bechtold/Bosch § 29 Rn. 2 f.

[122] Vgl. BegrRegE BT-Drs. 17/9852, 25; näher zur Gesetzeshistorie Bechtold/Bosch § 31 Rn. 1 f. mwN.

[123] BGH 2.2.2010 – KVR 66/08, WuW/E DE-R 2841 – Wasserpreise Wetzlar; vgl. auch die Vorinstanzen OLG Frankfurt a. M. 19.8.2008 – 11 W 23/67, WuW/E DE-R 2526 und LKartB Hessen 9.5.2007 – III 2 A-78 k 20/01, WuW/E DE-V 1487; BGH 15.5.2012 – KVR 51/11, WuW/E DE-R 3632, – Wasserpreise Calw I.

brauchsaufsicht im Wasserbereich zu entziehen.[124] Im Übrigen bleiben nach § 31b Abs. 6 aber die allgemeinen Missbrauchsvorschriften des § 19 unberührt.[125]

**2. Verhältnis zu § 19a.** Die mit der 10. GWB-Novelle eingeführte neuartige Vorschrift **45a** des § 19a (→ Rn. 4b) ermöglicht dem BKartA die Untersagung bestimmter missbräuchlicher Verhaltensweisen von „Unternehmen mit überragender marktübergreifender Bedeutung für den Wettbewerb". Voraussetzung ist eine zuvor oder gleichzeitig erfolgende (§ 19a Abs. 2 S. 5) Feststellung der Normadressateneigenschaft des betroffenen Unternehmens. Die in § 19a Abs. 2 Nr. 1 bis Nr. 7 aufgelisteten Verhaltensweisen sind nicht ex lege verboten, sondern nur durch entsprechende Verfügung des BKartAs verbietbar. In ihrem sachlichen Anwendungsbereich überschneiden sich die Fallgruppen des abschließenden Katalogs nach § 19a Abs. 2 mit Verhaltensweisen, die im Falle der Marktbeherrschung des Normadressaten ohne weiteres nach § 19 verboten sind. In wesentlichen Teilen gehen sie auf Entscheidungen der Kommission bzw. des BKartAs zum Marktmachtmissbrauchsverbot zurück. § 19a Abs. 3 stellt ausdrücklich klar, dass die **§§ 19, 20 unberührt bleiben.** Die Aufnahme bestimmter Praktiken in den Katalog der lediglich verbietbaren Verhaltensweisen schränkt somit die Anwendung der unmittelbar geltenden Verbotstatbestände der §§ 19, 20 in keiner Weise ein.

**Fraglich** ist, ob umgekehrt von den Katalogtatbeständen des § 19a Abs. 2 auch **Rück-** **45b** **wirkungen auf** die Auslegung des Verbots des Marktmachtmissbrauchs nach **§ 19, insbes. der Generalklausel des § 19 Abs. 1** ausgehen können. Die Untersagungstatbestände des § 19a Abs. 2 Nr. 1–7 begründen zwar keine unmittelbar geltenden Verbote, sondern müssen durch Entscheidungen des BKartAs im Einzelfall aktiviert werden, und zwar sowohl mittels Feststellung der Normadressateneigenschaft eines bestimmten Unternehmens als „Unternehmen mit überragender marktübergreifender Bedeutung" (sog. „ÜMB-Unternehmen")[126] als auch durch eine Verbotsverfügung, die ein konkretes, unter einen Tatbestand im Katalog des § 19a Abs. 2 subsumierbares Verhalten untersagt.[127] Diskussionswürdig erscheint aber, dass diese Untersagungstatbestände, die laut Gesetzesbegründung das hohe wettbewerbliche Schädigungspotential der erfassten Verhaltensweisen reflektieren und einen Missbrauch indizieren,[128] eine Art **„Ausstrahlungswirkung"** auf die Interpretation des § 19, insbes. der Generalklausel des § 19 Abs. 1 entfalten.[129] Praktische Bedeutung könnte das vor allem im Rahmen von zivilrechtlichen Kartellstreitigkeiten nach §§ 33, 33a i. V. m. § 19 gewinnen (→ Rn. 47d), da es bei § 19a kein private enforcement gibt. Die im **Katalog des § 19a Abs. 2 Nr. 1 bis Nr. 7** aufgeführten Untersagungstatbestände kennzeichnen – vorbehaltlich einer sachlichen Rechtfertigung durch das Unternehmen (§ 19a Abs. 2 Satz 2) – zumindest **prima facie wettbewerbsschädliche Verhaltensweisen.** Zudem gehen die dort kodifizierten Tatbestände zu einem erheblichen Teil auf Entscheidungen von Wettbewerbsbehörden zu Art. 102 AEUV bzw. § 19 GWB

---

[124] Vgl. hierzu insbes. Säcker NJW 2012, 1105; Wolf BB 2011, 648; Wolf NZKart 2013, 17; Wolf WuW 2013, 246, die vor der Einführung des § 130 Abs. 1 S. 2 für eine Anwendung des kartellrechtlichen Missbrauchsverbots auf öffentlich-rechtliche Gebühren plädiert haben; zurückhaltend Bechtold/Bosch § 31 Rn. 31; gegen eine Anwendung zB Wolfers/Wollenschläger WuW 2013, 237; ebenso kritisch Coenen/Haucap WuW 2014, 356; Mundt EWeRK 2016, 149 (152); Schmidt/Weck NZKart 2013, 343.

[125] Dazu auch K. Schmidt/Weck NZKart 2013, 343 (345); zum Rechtszustand vor der 8. GWB-Novelle Wolf NZKart 2013, 17 ff.

[126] So als in Literatur häufig verwendete Akronym, vgl. nur Grünwald in FK (Lfg. 100, Nov 2021), § 19a Rn. 1 mwN.

[127] Beide Verfügungen (Feststellung der Normadressateneigenschaft und Untersagung eines konkreten Verhaltens) können in separaten Entscheidungen, aber auch in einer verbundenen Entscheidung erlassen werden (§ 19a Abs. 2 Satz 5).

[128] Vgl. BegRegE BT-Drs. 19/23492, S. 71, 73 ff.; Beschlussempfehlung des Wirtschaftsausschusses, BT-Drs. 19/25868, 113 ff.; Bechtold/Bosch § 19a Rn. 18, 33; krit. aber Esser/Höft in Bien/Käseberg/Klumpe/Körber/Ost 10. GWB-Novelle Kap. 1 Rn. 221; Lettl WRP 2021, 413 (417 ff.).

[129] Vgl. auch Nothdurft in Bunte Rn. 571 („Wertungen der Untersagungstatbestände des § 19a Abs. 2 grds. auch im Rahmen der Anwendung von § 19 und § 20 berücksichtigungsfähig").

zurück.[130] Dies spricht dafür, dass die in § 19a näher beschriebenen Verhaltensweisen **grundsätzlich auch im Rahmen** des unmittelbar geltenden Verbotstatbestands **des § 19 Abs. 1 als Indiz** für ein (potentiell) wettbewerbswidriges Verhalten herangezogen werden können. Ein Umkehrschluss (Verhaltensweisen nur verbietbar, nicht ex lege verboten) scheidet jedenfalls aus, da die §§ 19, 20 explizit parallel anwendbar bleiben.[131]

45c    Auf der anderen Seite **verbietet sich ein Automatismus** in dem Sinne, dass sämtliche im Katalog des § 19a Abs. 2 Nr. 1–7 aufgeführten Verhaltensweisen, sollten sie von einem Normadressaten des § 19 praktiziert werden, bei Fehlen einer sachlichen Rechtfertigung ohne weiteres einen Verstoß gegen das Missbrauchsverbot des § 19 darstellen. Erforderlich ist vielmehr eine **genauere Analyse,** die an die **wettbewerbliche Relevanz des konkreten Tatbestands** nach § 19a Abs. 2 Nr. 1–7 und an die **charakteristischen Eigenschaften des betroffenen Marktes** anknüpft. Unzulässig wäre ein etwaiges argumentum a maiore ad minus in dem Sinne, dass die Verhaltensweisen bei Vorliegen einer definitiven marktbeherrschenden Stellung, die für die Normadressatenstellung nach § 19a („überragende marktübergreifende Bedeutung für den Wettbewerb") nicht unbedingt erforderlich ist,[132] „erst recht" verboten sein müssten. Dagegen spricht zum einen die **unterschiedliche wettbewerbliche Relevanz der verschiedenen Katalogtatbestände:** Nicht alle gehen auf entsprechende Entscheidungen zum Missbrauchsverbot des Art. 102 AEUV bzw. § 19 GWB zurück, und bei einigen wird in der Literatur explizit bemängelt, dass es an einer ausreichenden empirischen Basis für ihre vermutete besondere Wettbewerbsschädlichkeit fehle oder sie zu weit formuliert seien.[133] Eine relevante Indizwirkung dürfte daher wohl vor allem den Tatbeständen zukommen, die auf eine Einschränkung von Wahlmöglichkeiten abstellen wie § 19a Abs. 2 S. 1 Nr. 2 lit. a), Nr. 3 und Nr. 4.[134] Zum anderen setzt § 19a eine Tätigkeit „in erheblichem Umfang auf Märkten im Sinne des § 18 Abs. 3a" voraus (Abs. 1 Satz 1), deren besondere Eigenschaften bei anderen Märkten nicht ohne weiteres gegeben sind. Die **gesetzgeberische Wertung der indiziellen Wettbewerbsschädlichkeit** der in den Katalogtatbestände des § 19a Abs. 2 Nr. 1–7 aufgeführten Verhaltensweisen, die gerade an besondere Charakteristika der „Märkte der digitalen Wirtschaft" und marktübergreifende Auswirkungen anknüpft,[135] **muss** daher zwar im Rahmen des § 19 **im Einzelfall anhand der Marktverhältnisse** auf dem relevanten Markt **bestätigt werden,** erleichtert aber gleichwohl die Feststellung der Missbräuchlichkeit der erfassten Praktiken.

45d    Dabei ist allerdings zu beachten, dass **im Rahmen des § 19 keine Umkehr der formellen Darlegungs- und Beweislast** wie nach § 19a Abs. 2 Satz 3 eingreift.[136] Vielmehr ist das **BKartA** im Verwaltungs- (und Bußgeldverfahren) nach § 19 aufgrund des Untersuchungs- bzw. Amtsermittlungsgrundsatzes gehalten, auch mögliche Rechtfertigungsgründe für das unternehmerische Verhalten positiv zu ermitteln und ggf. explizit festzustellen, dass keine sachliche Rechtfertigung für das beanstandete Verhalten existiert. **In Zivilverfahren** nach §§ 33, 33a i. V. m. § 19 obliegen Darlegung und Nachweis einer

---

[130] Vorbilder waren z. B. die Entscheidungen der Kommission im Fall Google Shopping (27.6.2017 – AT.39740) für § 19a Abs. 2 Satz 1 Nr. 1 und im Fall Google/Android (18.7.2018 – AT.40099) für § 19a Abs. 2 Satz 1 Nr. 2 lit. a sowie des BKartAs im Fall Facebook (6.2.2019 – B6-22/16) (hierzu näher Rn. 212 ff.) für § 19a Abs. 2 Nr. 4 lit. a.

[131] Im Ergebnis wohl einhellige Meinung, s. zur möglichen parallelen Anwendung anderer GWB-Vorschriften nur BegrRegE, BT-Drs. 19/23492, 75; Grünwald in FK (Lfg. 100, Nov 2021), § 19a Rn. 5, 56; explizit gegen eine „Sperrwirkung" der Tatbestände des § 19a Abs. 2 gegen eine Berücksichtigung der dort geregelten Verhaltensweisen im Rahmen von §§ 19, 20 auch Nothdurft in Bunte Rn. 571 aE.

[132] Vgl. hierzu Grünwald in FK (Lfg. 100, Nov 2021), § 19a Rn. 42, 44 f.; Käseberg in Bien/Käseberg/Klumpe/Körber/Ost 10. GWB-Novelle Kap. 1 Rn. 188.

[133] Esser/Höft in Bien/Käseberg/Klumpe/Körber/Ost 10. GWB-Novelle Kap. 1 Rn. 222 ff.; Lettl WRP 2021, 413 (417 ff.); Monopolkommission, Policy Brief Nr. 4 (Januar 2020); vgl. zu Einzelheiten → § 19a Rn. 128 ff.

[134] So zB Lettl WRP 2021, 413 (420 f., 424).

[135] Vgl. BegrRegE BT-Drs. 19/23492, 73.

[136] Näher hierzu Scholz WuW 2022, 128 ff.

prima facie missbräuchlichen Praktik dem privaten Kläger, während das marktbeherrschende Unternehmen die materielle Beweislast für eine sachliche Rechtfertigung eines derartigen Verhaltens trägt. Vor diesem Hintergrund kann die **indizielle Bedeutung der Tatbestände des § 19a Abs. 2 Satz 1 Nr. 1–7** dem Kläger eine gewisse Erleichterung beim Nachweis der Missbräuchlichkeit des Verhaltens des Marktbeherrschers verschaffen, ohne dass hierdurch prozessuale Konsequenzen nach § 73 Abs. 5 ausgelöst würden.[137]

**3. Verhältnis zur Fusionskontrolle.** Die Fusionskontrolle dient ebenso wie das Miss- **46** brauchsverbot der Bekämpfung von Gefahren für den Wettbewerb, die von wirtschaftlichen Machtstellungen ausgehen. Gemeinsamer Bezugspunkt ist nach wie vor die Marktbeherrschung, auch wenn § 36 seit der 8. GWB-Novelle mit der Einführung des sog. SIEC-Tests auf die „erhebliche Behinderung wirksamen Wettbewerbs" als maßgebliches Eingreifkriterium rekurriert und die Entstehung oder Verstärkung einer marktbeherrschenden Stellung nur noch als Regelbeispiel dient. Während das Missbrauchsverbot die Existenz einer solchen Stellung hinnimmt und repressiv einzelne Verhaltensweisen zu unterbinden sucht, die den noch bestehenden Restwettbewerb zusätzlich einschränken, ist es das Anliegen der Fusionskontrolle, durch die **präventive Kontrolle** des externen Unternehmenswachstums schon **Verschlechterungen der Marktstruktur** zu **verhindern,** aus denen sich vom Wettbewerb nicht hinreichend kontrollierte Verhaltensspielräume (bzw. deren Absicherung oder Ausweitung) ergeben können.[138] Auch wenn Zusammenschlüsse zu einer Veränderung der Marktstruktur führen, kann die Bündelung unternehmerischer Ressourcen durch Erwerb eines anderen Unternehmens auch als eine einseitige Verhaltensweise des Erwerbers betrachtet werden, so dass sich die Frage stellt, ob auch Unternehmenszusammenschlüsse von § 19 erfasst werden können. Im Ergebnis ist das im Einklang mit der Rechtsprechung des EuGH im Continental Can-Urteil[139] und jüngst im Fall „Towercast"[140] zu Art. 102 AEUV zu bejahen, wenngleich die Frage im Hinblick auf den weiten Anwendungsbereich und die geringere Eingriffsschwelle der Fusionskontrolle nur geringe praktische Bedeutung hat (näher zur Anwendung des § 19 Abs. 1 auf Zusammenschlussmaßnahmen → Rn. 69 ff.).

Speziell zum Verhältnis zu § 65 Abs. 3 S. 4 GWB findet sich in der Literatur die Ansicht, **47** es könne durch Überschneidungen zwischen Fusionskontrolle und Missbrauchsvorschriften zu einer Verletzung subjektiver Drittrechte iSd Vorschrift kommen.[141] Das sei der Fall, wenn eine bestimmte Vereinbarung wie zB ein praktiziertes Rabattsystem nach zusammenschlussbedingtem Marktanteilszuwachs bei einem Vertragspartner gegen §§ 19, 20 GWB bzw. Art. 102 AEUV verstoße. Nach richtiger Ansicht fehlt es hier schon an der Anwendbarkeit der Missbrauchsvorschriften. Die unter den Bedingungen funktionierenden Wettbewerbs getroffene Vereinbarung wird nicht im Nachhinein von einer markt- zu einer machtbedingten.[142]

---

[137] Art. 4 Nr. 7 des Gesetzes zur Errichtung und Führung eines Registers über Unternehmensbasisdaten und zur Einführung einer bundeseinheitlichen Wirtschaftsnummer für Unternehmen und zur Änderung weiterer Gesetze v. 14.7.2021, BGBl. I 2506; s. hierzu Bechtold NZKart 2021, 430 f., hat zu einer Ergänzung des § 73 Abs. 5 geführt. Danach erstreckt sich die umstrittene (vgl. nur Kruse WuW 2021, 695 ff.) Verkürzung des Rechtswegs und Begründung der ausschließlichen Zuständigkeit des BGH für Klagen gegen § 19a-Verfügungen des BKartAs auch auf die parallele Anwendung der §§ 19, 20 GWB sowie des Art. 102 AEUV. Privatklagen nach §§ 33, 33a iVm § 19, 20 sind davon nicht berührt.

[138] Näher zu den Zwecken der Fusionskontrolle Thomas → Vor § 35 Rn. 2 ff.

[139] EuGH 21.2.1973 – Rs 6/72, Slg. 1973, 215 (243 ff.) = WuW/E EWG/MUV 296 – Europemballage.

[140] EuGH 16.3.2023, C-449/21, ECLI:EU:C:2023:207, NZKart 2023, 216 = WuW 2023, 207 – Towercast.

[141] G. Wiedemann, Schriftliche Stellungnahme zum Entwurf einer 7. GWB-Novelle, BT-Ausschuss-Drs. 15(9)1333, 22.

[142] Bien, Fusionskontrolle und subjektiver Drittschutz, S. 74 f.; siehe auch S. 75 ff. zur (mangelnden) Anwendbarkeit des § 134 BGB auf Rechtsgeschäfte, die erst nach einer Veränderung des Sachverhalts gegen ein Verbotsgesetz verstoßen, sowie zum Erfordernis der Geltendmachung einer Verletzung in subjektivöffentlichen und nicht bloß privaten Rechtspositionen.

**48**   **4. Verhältnis zu §§ 3 ff. UWG. a) Allgemeines.** In Überwindung der historisch überkommenen vermeintlichen Dichotomie zwischen Lauterkeits- und Freiheitsschutz wird heute überwiegend anerkannt, dass UWG wie GWB mit einigen unterschiedlichen Akzentuierungen im Einzelnen **einem gemeinsamen Schutzzweck dienen,** nämlich der Aufrechterhaltung einer als einheitlich zu begreifenden Wettbewerbsordnung.[143] Diese ist gekennzeichnet durch das Ziel der Aufrechterhaltung eines freien und lauteren Wettbewerbs. § 1 Abs. 1 S. 2 UWG[144] betont „das Interesse der Allgemeinheit an einem unverfälschten Wettbewerb", das gleichrangig neben den individuellen Schutz der Mitbewerber, der Verbraucher und der sonstigen Marktteilnehmer (§ 1 Abs. 1 S. 1 UWG) tritt. Eine unlautere Verzerrung des Wettbewerbs bewirken Verhaltensweisen, die zur Beeinträchtigung der freien Entscheidung der Marktteilnehmer führen, die Überlegungs- und Auswahlmöglichkeiten einschränken oder die Grundlage für eine informierte Entscheidung verfälschen. Im Kern geht es auch im Lauterkeitsrecht darum, die wirtschaftliche Entscheidungsfreiheit der Marktteilnehmer als Funktionsvoraussetzung für unverfälschten Wettbewerb zu sichern,[145] während § 19 GWB dem Schutz des Wettbewerbsprozesses vor (weiteren) machtbedingten Einschränkungen bzw. Verfälschungen dient. Aus dieser weitgehenden Kongruenz und teilweisen Komplementarität der Schutzziele folgt die grundsätzliche parallele Anwendbarkeit der Vorschriften beider Rechtsgebiete bei Erfüllung der jeweiligen Tatbestandsvoraussetzungen. Wesentliche Teile der kartell- und lauterkeitsrechtlichen Normen überschneiden und ergänzen sich, wie sich insbes. bei Behinderungs- und Diskriminierungspraktiken sowie Boykottaufrufen zeigt.[146] Darüber hinaus sind die **Wertungen des jeweils anderen Bereichs** insbes. bei der Konkretisierung unbestimmter Rechtsbegriffe und ihrer Anwendung **zu berücksichtigen** und **Wertungswidersprüche zu vermeiden.** Inzwischen besteht weitestgehende Einigkeit, dass auch das UWG wettbewerbsfunktional auszulegen ist[147] und die wettbewerbspolitische Zielsetzung des GWB vor allem auch bei der Anwendung der Generalklausel des § 3 Abs. 1 UWG zu beachten ist.[148]

**49**   UWG-Verstöße marktbeherrschender Unternehmen unterfallen **nicht per se dem § 19,** sondern nur dann, wenn die vorhandene Marktmacht entweder das unlautere Handeln erst ermöglicht oder diesem eine spezifische Intensität in den negativen wettbewerblichen Auswirkungen verleiht. Es muss eine zurechenbare Beziehung zwischen der marktbeherrschenden Stellung und dem missbräuchlichen Verhalten („normative Kausalität") bestehen[149] (näher → Rn. 72 ff.). Umgekehrt stellen **Kartellrechtsverstöße nicht automatisch** eine **unlautere Handlung** dar. Zwar regeln die kartellrechtlichen Vorschriften und insbes. § 19 GWB das Marktverhalten, gleichwohl besteht heute Einigkeit,[150] dass der **Rechtsbruchtatbestand des § 3a UWG nicht einschlägig** ist, weil andernfalls das

---

[143] Umfassende Nachweise bei Sack GRUR 1975, 297 (299); Loewenheim GRUR 1975, 99 (104); Goll GRUR 1976, 486 (489); Ulmer S. 63; P. Ulmer AfP 1975, 870 (874); Lehmann GRUR 1977, 580 (586); Schluep GRUR-Int 1973, 446 (447 ff.); Merz S. 192 ff.; Mestmäcker, Der verwaltete Wettbewerb, §§ 3 ff.; Schünemann/Peifer in Großkommentar UWG, 3. Aufl. 2021, Einleitung G Rn. 28 ff., insbes. Rn. 49; Ahrens in Harte-Bavendamm/Henning-Bodewig, UWG, 5. Aufl 2021, Einl G Rn. 1077.

[144] Mit Wirkung vom 28.5.2022 wird § 1 UWG um folgenden Abs. 2 ergänzt: „Vorschriften zur Regelung besonderer Aspekte unlauterer geschäftlicher Handlungen gehen bei der Beurteilung, ob eine unlautere geschäftliche Handlung vorliegt, den Regelungen dieses Gesetzes vor". Damit wird der Sache nach nur der lex specialis-Grundsatz kodifiziert. Inwieweit daneben noch ein Rückgriff auf Normen des UWG möglich ist, hängt davon ab, ob der fragliche lauterkeitsrechtliche Aspekt in der spezielleren Vorschrift abschließend geregelt ist.

[145] Vgl. Podszun in Harte-Bavendamm/Henning-Bodewig, UWG, 5. Aufl 2021, Anh UWG 2022 § 1 Rn. 17 f.

[146] Ahrens in Harte-Bavendamm/Henning-Bodewig, UWG, 5. Aufl 2021, Einl G Rn. 1080.

[147] Ahrens in Harte-Bavendamm/Henning-Bodewig, UWG, 5. Aufl 2021, Einl G Rn. 1079.

[148] Ahrens in Harte-Bavendamm/Henning-Bodewig, UWG, 5. Aufl 2021, Einl G Rn. 1082.

[149] Götting in LMR, 2. Aufl. 2007, Rn. 110; allg. Wolf in MüKoWettbR Rn. 16 ff.

[150] Anders noch BGH 9.7.2002 – KZR 30/00, WuW/E DE-R 1006 (1009) – Fernwärme Börnsen zu § 1 UWG aF; Götting in LMR, 2. Aufl. 2009, Rn. 111; offengelassen in BGH 22.9.2005 – I ZR 28/03, GRUR 2006, 161 Rn. 29 – Zeitschrift mit Sonnenbrille.

spezielle Sanktionssystem des Kartellrecht ausgehebelt würde, das die zivilrechtlichen Ansprüche in den §§ 33 ff. GWB abschließend regelt.[151] In anderen Fällen ist dagegen ein gleichzeitiger Verstoß sowohl gegen § 19 GWB als auch gegen die §§ 3 ff. UWG möglich.

**b) Parallele Anwendung.** Das gilt insbesondere für die **gezielte Kampfpreisunter-** 50 **bietung** durch ein marktbeherrschendes Unternehmen, das nicht nur gegen § 19 Abs. 2 Nr. 1 (→ Rn. 170 ff.), sondern auch gegen § 4 Nr. 4 UWG verstößt.[152] Eine von dieser Norm erfasste gezielte Behinderung von Mitbewerbern sowie eine unbillige Behinderung iSd § 19 Abs. 2 Nr. 1 GWB stellt auch der **Boykott** zu wirtschaftlichen Zwecken dar, der nach § 21 Abs. 1 GWB auch Unternehmen ohne Marktmacht verboten ist. Dabei kann ein Verhalten, das die Voraussetzungen eines GWB-Tatbestandes nicht voll erfüllt, weil zB die subjektiven Voraussetzungen des § 21 Abs. 1 nicht gegeben sind oder die Frage der Marktbeherrschung nicht definitiv geklärt ist, gleichwohl nach §§ 3 ff. UWG sanktioniert werden.[153] Dies hat die Rechtsprechung wiederholt bei **Boykottfällen** angenommen, wenn § 21 Abs. 1 aus subjektiven Gründen ausschied.[154] Gleiches gilt für den Fall des **Vernichtungswettbewerbs,** wenn eine Marktbeherrschung offengelassen wird.[155]

Eine **starke Verzahnung** von UWG- und GWB-Tatbeständen ist zumindest in Bezug 51 auf das Verhältnis zwischen § 19 Abs. 2 Nr. 1 GWB und § 4 Nr. 4 UWG (§ 4 Nr. 10 aF) anerkannt.[156] Sie sind bei Erfüllung ihrer Anwendungsvoraussetzungen nebeneinander anwendbar.[157] In der Rechtsprechung des BGH werden diese Verhaltensweisen der Wettbewerberbehinderung (→ Rn. 165 ff.) und der Ausübung von Nachfragemacht (→ Rn. 186 ff.) insofern zunehmend unter Anwendung weitgehend oder ganz **übereinstimmender materieller Maßstäbe** beurteilt.[158] Die Rechtswidrigkeit eines behindernden oder diskriminierenden Verhaltens wegen Verstoßes gegen § 4 Nr. 4 UWG (§ 4 Nr. 10 UWG aF) begründet zugleich die Unbilligkeit bzw. das Fehlen der sachlichen

---

[151] BGH 7.2.2006 – KZR 33/04, NJW 2006, 2627 Rn. 13 f. = WuW/E DE-R 1779 (1780 f.) – Probeabonnement; vgl. hierzu Alexander ZWeR 2007, 239 ff.; dies erfährt allgemeine Zustimmung, siehe Ahrens in Harte-Bavendamm/Henning-Bodewig, UWG, 5. Auflage 2021, Einleitung Rn. 1081 aE; Fritzsche in MüKoWettbR, 3. Auflage 2022, § 8 Rn. 11; Glöckner WRP 2020, 143 Rn. 15; Schünemann/Peifer in Großkommentar UWG, 3. Aufl. 2021, Einleitung G Rn. 59; Wolf in MüKoWettbR Rn. 17; Grewe S. 185; Ohly in Harte-Bavendamm/Henning-Bodewig, UWG, 5. Auflage 2021, § 3a Rn. 10; Wolf WRP 2019, 283 Rn. 25; umfassend zum Verhältnis Kartellrecht und Lauterkeitsrecht Köhler in Köhler/Bornkamm/Feddersen Einl. UWG Rn. 6.1 ff.; § 4 Rn. 5.2; § 3a Rn. 1.37.

[152] v. Gamm NJW 1980, 2489 (2491); Götting in LMR, 2. Aufl. 2009, Rn. 108; eher kritisch Schünemann/Peifer in Großkommentar UWG, 3. Aufl. 2021, Einleitung G Rn. 57.

[153] Einschränkend Grewe S. 185, der dies nur beim Vorliegen besonderer Umstände annimmt.

[154] OLG Düsseldorf 24.2.1965 – 20 U 3/65, WuW/E OLG 771; OLG Stuttgart 21.5.1976 – 2 U 136/76, WuW/E OLG 1721 – Miniaturparfümfläschchen; LG Hamburg 10.10.1973 – 15 O 393/73, WuW/E LG/AG 385 – Baustoffgroßhändler-Verband; siehe auch LG Gießen 24.12.1958 – 4. O. 78/58, WuW/E LG/AG 130 – Großhändlerverbindung; zustimmend Dornis in Großkommentar UWG, 3. Aufl. 2020, § 4 Rn. 255.

[155] OLG Frankfurt a. M. 12.6.1975 – 6 U Kart 112/74, WuW/E OLG 1615 – Hefekunden; zuletzt BGH 26.4.1990 – I ZR 71/88, NJW 1990, 2468 – Anzeigenpreis I; 26.4.1990 – I ZR 99/88, NJW 1990, 2469 – Anzeigenpreis II; siehe auch Dornis in Großkommentar UWG, 3. Aufl. 2020, § 4 Rn. 296.

[156] Vgl. hierzu schon Markert in 4. Aufl. 2007 → § 19 Rn. 240 f.; trotz dieser Verknüpfung verjähren mögliche Ansprüche unabhängig voneinander, siehe Ohly in Ohly/Sosnitza, 7. Auflage 2016, UWG Einführung D Rn. 73 a. E.

[157] Vgl. zB BGH 10.12.1985 – KZR 22/85, WuW/E BGH 2195 (2202) – Abwehrblatt II; 26.5.1987 – KZR 13/85, BGHZ 101, 72 = WuW/E BGH 2399 (2401 ff.) – Krankentransporte; 12.11.1991 – KZR 18/90, WuW/E BGH 2762 (2767 ff.) – Amtsanzeiger; hM im Schrifttum, zB Köhler in Köhler/Bornkamm/Feddersen § 4 Rn. 4.18; Omsels in Harte-Bavendamm/Henning-Bodewig, 5. Aufl. 2021, UWG § 4 Rn. 311; Glöckner WRP 2020, 143 Rn. 16.

[158] Vgl. zB BGH 28.2.1985 – I ZR 174/82, WuW/E BGH 2187 – Abwehrblatt; 10.12.1985 – KZR 22/85, BGHZ 96, 337 = WuW/BGH 2195 – Abwehrblatt II; 21.2.1989 – KZR 7/88, BGHZ 107, 40 = WuW/E BGH 2571 – Krankentransportbestellung; 12.3.1991 – KZR 26/89, WuW/E BGH 2707 = NJW 1991, 2963 – Krankentransportunternehmen II; 12.11.1991 – KZR 18/90, BGHZ 116, 47 = WuW/E BGH 2762 – Amtsanzeiger; vgl. auch aus der Instanzrechtsprechung OLG Hamburg 31.7.2014 – 3 U 8/12, WuW/E DE-R 4512 (4518 f.) – Konzertveranstaltungen, OLG München 23.3.2017 – U 3702/16 Kart, NZKart 2017, 382 (384) – Videoberichtstattung im Amateurfußball; LG Berlin, Urteil vom 4.5.2018 – 92 O 2/17 Kart, BeckRS 2018, 19013 Rn. 41; LG München I 12.5.2021 – 37 O 32/21, BeckRS 2021, 10613 Rn. 101.

Rechtfertigung iSv Abs. 2 Nr. 1 (→ Rn. 108).[159] Umgekehrt folgt aus der Verneinung eines Verstoßes gegen § 19 Abs. 2 Nr. 1 GWB auf Grund einer umfassenden Interessen-abwägung in aller Regel auch, dass das in Betracht stehende behindernde oder differenzie-rende Verhalten auch nicht unlauter iSd UWG ist.[160] Im gleichen Maße, in dem bereits das für alle Unternehmen geltende Lauterkeitsrecht der Anwendung solcher Verhaltensweisen Zulässigkeitsgrenzen setzt, wird auch der kartellrechtliche Spielraum für ihre Anerkennung im Rahmen der Interessenabwägung nach Abs. 2 Nr. 1 entsprechend eingeschränkt (→ Rn. 108, 172, 192). **§ 19 Abs. 2 Nr. 5** steht zu § 4 Nr. 4 UWG ebenfalls in Kon-kurrenz, auch in ihrem Verhältnis ist auf die Wertungen des jeweils anderen Rechtsgebiets Rücksicht zu nehmen.[161] Gleiches gilt im Verhältnis des § 19 GWB zu § 4a UWG, der eine unzulässige Beeinflussung der Entscheidungsfreiheit durch aggressive geschäftliche Handlungen unter Ausnutzung einer Machtposition gegenüber dem Verbraucher oder sonstigen Marktteilnehmer verbietet.[162]

**52**     Die unter der früheren Generalklausel des § 1 UWG a. F. entwickelte und später von der Rechtsprechung unter der jetzigen Generalklausel des § 3 Abs. 1 UWG, wenn auch mit restriktiver Tendenz, fortgeführte Fallgruppe der **allgemeinen Marktbehinderung bzw. Marktstörung**[163] stellt seit jeher einen Fremdkörper im Lauterkeitsrecht dar. Sie knüpft an ein für sich genommen noch nicht unlauteres, aber doch „bedenkliches" Verhalten im Wettbewerb an, das allein oder infolge der Nachahmung gleichartiger Praktiken durch Mitbewerber die „ernstliche" Gefahr einer erheblichen Einschränkung des Leistungswett-bewerbs begründet und letztlich zu einer **Gefährung des Wettbewerbsbestands** auf dem betroffenen Markt führt.[164] Darin zeigt sich, dass es insoweit eigentlich um eine dem GWB obliegende Aufgabe geht. Zu Recht wird eine solche „Marktstrukturkontrolle mit den Mitteln des UWG"[165] in der Literatur ganz überwiegend sehr kritisch gesehen und die Fallgruppe der Marktstörung heutzutage meist für obsolet gehalten.[166] In der Praxis dürfte eine hinreichende Gefahr für den Bestand des Wettbewerbs, die eine umfassende Würdi-gung sämtlicher Umstände des Einzelfalls voraussetzt, grundsätzlich erst dann zu erwarten sein, wenn ein marktbeherrschendes oder zumindest marktstarkes Unternehmen „bedenk-liche" Verhaltensweisen praktiziert. Dann aber greift prinzipiell der Verbot unbilliger Behinderung gem. § 19 Abs. 2 Nr. 1 GWB bzw. § 20 Abs. 1 GWB bei relativer und § 20 Abs. 3 GWB bei überlegener Marktmacht. Damit können die von der lauterkeitsrecht-lichen Rechtsprechung als Unterfälle der Marktstörung entwickelten Fallgruppen der nicht als gezielte Behinderung iSd § 4 Nr. 4 UWG erfassten Preisunterbietung, der massenhaf-

---

[159] BGH 8.10.2019 – KZR 73/17, NZKart 2019, 599 Rn. 37 – Werbeblocker III; Köhler in Köhler/Bornkamm/Feddersen UWG § 4 Rn. 4.18; Omsels in Harte-Bavendamm/Henning-Bodewig, 5. Aufl. 2021, UWG § 4 Rn. 311 hält die Unbilligkeit für indiziert. Bei lauterem Verhalten liegt jedoch nicht zwingend kartellrechtliche Unbedenklichkeit vor, da für den Marktbeherrscher besondere Verhaltenspflichten gelten, siehe BGH 8.10.2019 – KZR 73/17, NZKart 2019, 599 Rn. 37 – Werbeblocker III; 10.12.2019 – KZR 57/19, NZKart 2020, 141 Rn. 21 – Whitelisting/Werbeblocker; LG Berlin 4.5.2018 – 92 O 2/17 Kart, BeckRS 2018, 19013 Rn. 42.

[160] Vgl. zB BGH 10.12.1985 – KZR 22/85, WuW/E BGH 2195 (2199, 2201) – Abwehrblatt II; 10.2.1987 – KZR 31/85, WuW/E BGH 2370 (2376) – importierte Fertigarzneimittel; 26.5.1987 – KZR 13/85, WuW/E BGH 2399 (2401 f.) – Krankentransporte; jüngst LG München I 12.5.2021 – 37 O 32/21, BeckRS 2021, 10613 Rn. 101; Dornis in Großkommentar, 3. Aufl. 2020, UWG § 4 Rn. 62; Köhler in Köhler/Bornkamm/Feddersen UWG § 4 Rn. 4.18.

[161] Dornis in Großkommentar, 3. Aufl. 2020, UWG § 4 Rn. 279 ff.

[162] OLG Köln 24.6.2016 – 6 U 149/15, GRUR 2016, 1082 Rn. 62 – Adblock Plus; Glöckner WRP 2020, 143 Rn. 17–21; Raue in MüKoWettbR, 3. Auflage 2020, UWG § 4a Rn. 43.

[163] Vgl. hierzu etwa BGH NJW 1991, 2151 Motorbootfachzeitschrift; BGH NJW 2004, 2083 (2084) – 20 Minuten Köln; BGH WRP 2004, 246 (247) – Zeitung am Sonntag; BGH NJW 2004, 3032 (3035) – Werbeblocker; BGH GRUR 2009, 416 Rn. 25 – Küchentiefstpreisgarantie; BGH GRUR 2010, 544 Rn. 20, 25 – Stumme Verkäufer II; BGH NJW 2018, 3640 Rn. 43 ff. – Werbeblocker II; Omsels in Harte-Bavendamm/Henning-Bodewig, 5. Auflage 2021, UWG § 4 Rn. 550 ff.

[164] Vgl. die Zusammenfassung der Tatbestandsvoraussetzungen der Fallgruppe bei Emmerich/Lange Unl. Wettbewerb Rn. 5, 7.

[165] Emmerich/Lange Unl. Wettbewerb Rn. 3.

[166] Emmerich/Lange Unl. Wettbewerb Rn. 4 mwN.

ten, unentgeltlichen Verteilung von Originalware sowie der unentgeltlichen Verteilung von Presseerzeugnissen[167] erforderlichenfalls erfasst werden, ohne Gefahr zu laufen, die Wettbewerbsfreiheit über Gebühr einzuschränken. Etwas anderes könnte im Einzelfall allenfalls dann gelten, wenn die Gefahr für den Bestand des Wettbewerbs erst auf Grund der Nachahmung des bedenklichen Verhaltens des fraglichen Unternehmens durch eine große Zahl von Mitbewerbern entsteht; das darf jedoch nicht vorschnell angenommen werden, sondern muss auf sorgfältig begründete konkrete Anhaltspunkte im betroffenen Markt gestützt werden.[168]

In der früheren Literatur ist in Weiterführung der Rechtsprechung zur allgemeinen **52a** Marktbehinderung die These entwickelt worden, dass §§ 3 ff. UWG bereits im Vorfeld einer Marktbeherrschung angewandt werden sollten, falls die infrage stehende Verhaltensweise ohne Leistungsbezug sich in einer Grauzone zwischen förderungswürdigem und bereits unlauterem Wettbewerb bewege, und dadurch, sei es unmittelbar, sei es mit Rücksicht auf eine damit verbundene Nachahmungsgefahr, eine Gefährdung des Wettbewerbsbestandes auf dem betroffenen Markt drohe.[169] Diese sog. **Vorfeldthese** setzt sich jedoch in Wertungswidersprüche zum GWB, dem sich etwa angesichts von Durchbrechungen des Kartellverbots und des Vorbehalts kompensierender Wettbewerbsvorteile in § 36 Abs. 1 innerhalb der Fusionskontrolle im Ganzen kein einheitlicher Maßstab für eine Beurteilung von Verhaltensweisen anhand ihrer Eignung zur Begründung von Marktmacht entnehmen lässt.[170]

Dies gilt umso mehr, als das **GWB bei relativer bzw. überlegener Marktmacht**, also **52b** unterhalb der Marktbeherrschungsschwelle, mit den Behinderungs- und Diskriminierungsverboten des **§ 20 Abs. 1 bis Abs. 3**, neuerdings ergänzt um **Abs. 1a** (datenbedingte Abhängigkeit) und **Abs. 3a** (Behinderungsverbot auf „Tipping"-geneigten Märkten) Eingriffstatbestände bereithält, um eine weitere machtbedingte Verringerung des Wettbewerbs und Gefährdung des Wettbewerbsbestands frühzeitig entgegenzutreten. Die Gesetzesbegründung zur Einführung des **§ 20 Abs. 3a GWB** zur frühzeitigen **Bekämpfung eines „Tipping" von Märkten** im Rahmen der 10. GWB-Novelle bezieht sich zwar auf die Ähnlichkeit des Tatbestands mit der Fallgruppe der Marktstörung, soweit es um die Begründung einer ernstlichen Gefahr für die nicht unerhebliche Einschränkung des Leistungswettbewerbs geht.[171] Damit ist jedoch keine Aussage über die Validität dieser lauterkeitsrechtlichen Fallgruppe verbunden. Die Absenkung der Eingriffsschwelle auf „Tipping"-geneigten Märkten (iSd § 18 Abs. 3a) hängt vielmehr entscheidend mit den besonderen Eigenschaften der betroffenen mehrseitigen Märkte bzw. Netzwerke, insbesondere der Existenz sehr starker (direkter und/oder indirekter) Netzwerkeffekte, zusammen. Mit der Etablierung dieses speziellen Tatbestands in Erweiterung des horizontalen kartellrechtlichen Behinderungsverbots wird die lauterkeitsrechtliche Fallgruppe der Marktstörung

---

[167] Vgl. hierzu zB Köhler in Köhler/Bornkamm/Feddersen, 41. Aufl. 2023, UWG § 4 Rn. 5.14 ff., 5.17 ff., 5.20 ff.; Omsels in Harte-Bavendamm/Henning-Bodewig, 5. Aufl. 2021, UWG § 4 Rn. 563 ff. jeweils mwN.

[168] Emmerich/Lange Unl. Wettbewerb Rn. 7.

[169] Speziell im Hinblick auf Preisunterbietungen Ulmer AfP 1975, 870 (885 ff.), sowie allgemeiner Ulmer in Schranken zulässigen Wettbewerbs marktbeherrschender Unternehmen, S. 63–65, 103, 104, 127 und eingehend in GRUR 1977, 565 (577 ff.).

[170] Schünemann/Peifer in Großkommentar UWG, 3. Aufl. 2021, Einleitung G Rn. 52; Ahrens in Harte-Bavendamm/Henning-Bodewig, 5. Auflage 2021, UWG Einleitung Rn. 1083; vgl. auch Grewe S. 181 („überholt"); ebenso schon in der älteren Lit. eingehend Möschel, Pressekonzentration und Wettbewerbsgesetz, S. 131–158; Mestmäcker, Medienkonzentration und Meinungsvielfalt, S. 157–162; Mestmäcker, Der verwaltete Wettbewerb, S. 143 ff.; umfassend Merz, Die Vorfeldthese, 1988, 2. Kap., S. 190 ff.; abl. auch Lindacher S. 40; siehe ferner Kraft GRUR 1980, 966 ff.; v. Gamm NJW 1980, 2489 (2492); Knöpfle, Die marktbezogene Unlauterkeit, S. 150 ff.

[171] BegrRegE BT-Drs. 19/23492, S. 83 (Der Gefährdungstatbestand des § 20 Abs. 3a enthalte „eine ähnliche Regelung wie das Konzept der „Marktstörung", mit dem die Rechtsprechung [...] im UWG [...] einen Gefährdungstatbestand etabliert hat").

daher eher noch weiter relativiert als gestärkt. Sie sollte daher von der Rechtsprechung gänzlich aufgegeben werden.

**52c**  Auch hinsichtlich der **privaten Durchsetzung** haben sich die Regelungen im UWG und im GWB weitgehend angeglichen. Jeder durch einen Verstoß gegen § 19 Betroffene kann individuelle Unterlassungs-, Beseitigungs- und Schadensersatzansprüche gem. §§ 33, 33a geltend machen (näher zu den Rechtsfolgen von Verstößen gegen § 19 → Rn. 412 ff.). Unterlassung und Beseitung können darüber hinaus auch Wirtschafts- und Verbraucherverbände nach § 33 Abs. 4 Nr. 1 und Nr. 2 GWB verlangen.[172] Die **Aktivlegitimation** für entsprechende Klagen **nach dem UWG** steht neben Mitbewerbern den in § 8 Abs. 3 Nr. 2 und Nr. 3 genannten Verbänden zu.[173] Hinzu kommen noch die Industrie-, Handels- und Handwerkskammern (§ 8 Abs. 3 Nr. 4 UWG). Zudem besteht ein weitgehend parallel ausgestalteter Anspruch von Wirtschafts- und Verbraucherverbänden auf Gewinnabschöpfung zugunsten des Bundeshaushalts nach § 10 UWG und § 34a GWB. Mit Wirkung vom 28.5.2022 können geschädigte Verbraucher auch für UWG-Verstöße Schadensersatz nach § 9 Abs. 2 UWG geltend machen.[174]

**52d**  **5. Verhältnis zur P2B-VO.** Die VO (EU) 2019/1150 „zur Förderung von Fairness und Transparenz für gewerbliche Nutzer von Online-Vermittlungsdiensten" (sog. Platform to Busines- oder kurz P2B-VO) ist parallel neben den europäischen wie nationalen Wettbewerbsvorschriften anwendbar. Neben Online-Vermittlungsdiensten werden gleichermaßen Online-Suchmaschinen erfasst (Art. 1 Abs. 1 und 2 P2B-VO). Nach Art. 1 Abs. 4 S. 1 der P2B-Verordnung, die gleichermaßen für, gilt die Verordnung unbeschadet der Vorschriften der Mitgliedstaaten, durch die im Einklang mit dem Unionsrecht einseitige Handlungen oder unlautere Geschäftspraktiken verboten oder geahndet werden, „soweit die relevanten Aspekte nicht durch diese Verordnung geregelt werden". Zu derartigen einseitigen Handlungen gehören marktmissbräuchliche Verhaltensweisen i. S. v. § 19 GWB.[175] Die P2B-VO will problematische Praktiken von Plattformbetreibern gegenüber gewerblichen Nutzern wie etwa unangekündigte Delistings, Supendierungen von Nutzerkonten oder die kurzfristige Änderung der Plattform-AGB vor allem durch Transparenzanforderungen bekämpfen. Daraus wird gefolgert, dass die P2B-VO die Vorschriften des GWB nicht verdrängt, **sondern flankiert,**[176] wie inzwischen auch durch die Rechtsprechung bestätigt worden ist.[177] Da es sich bei den Regelungen der P2B-VO um marktbezogene Vorschriften handelt, sind die entsprechenden Vorgaben der P2B-VO ggf. mittelbar bei der Kartellrechtsanwendung zu berücksichtigen.[178] So leitete das Landgericht Hannover im Fall der Sperrung eines Amazon-Händlerkontos die Missbräuchlichkeit der Verhaltensweise gem. § 19 Abs. 2 Nr. 1 GWB insbesondere auch daraus ab, dass der marktbeherrschende Online-Vermittlungsdienst seine Verpflichtung zur Begründung der Kontosperrung nach Art. 4 P2B-VO nicht erfüllt habe.[179]

---

[172] Dazu Bien ZWeR 2013, 448 (471) („größte praktische Bedeutung").

[173] Siehe Reg.-Begr. zur 8. GWB-Novelle, BT-Drs. 17/9852, 27; zur Parallelität siehe auch Lübbing in MüKoWettbR § 33 Rn. 31.

[174] Eingeführt durch das Gesetz zur Stärkung des Verbraucherschutzes im Wettbewerbs- und Gewerberecht" v. 10.8.2021, BGBl. I 3504, in Umsetzung von Art. 11a UGP-RL; vgl. näher hierzu zB Goldmann in Harte-Bavendamm/Henning-Bodewig, 5. Auflage 2021, Anh. UWG 2022 § 9 UWG Rn. 6 ff. mwN.

[175] Köhler/Bornkamm/Feddersen/Alexander, 40. Aufl. 2022, P2B-VO Art. 1 Rn. 17; Schulte-Nölke in Busch P2B-VO Art. 1 Rn. 42.

[176] Alexander WRP 2020, 945 (949), allerdings nur in Bezug auf das EU-Wettbewerbsrecht erläutert (vgl. Art. 1 Abs. 5 P2B-VO).

[177] LG München I 12.5.2021 – 37 O 32/21 Rn. 92 – Amazon Kontosperrung II, NZKart 2021, 370; LG Hannover 22.6.2021 – 25 O 221/21 Rn. 2 – juris.

[178] LG München I 12.5.2021 – 37 O 32/21 Rn. 92 – Amazon Kontosperrung II, NZKart 2021, 370; Polley/Pesch/Tönnies WuW 2019, 494 (497 ff.).

[179] LG Hannover 22.7.2021 – 25 O 221/21 Rn. 2 – juris; gegen die Entscheidung hat Amazon inzwischen wegen der Unterstellung einer marktbeherrschenden Position durch das Gericht Verfassungsbeschwerde (Az. 1 BvR 2000/21) eingelegt.

**6. Verhältnis zum AgrarOLkG.** Durch die Umsetzung der europäischen Richtlinie **52e** gegen unfaire Handelspraktiken (UTP-Richtlinie)[180] durch das **Agrarorganisationen- und-Lieferketten-Gesetz (AgrarOLkG)**[181] hat der deutsche Gesetzgeber spezielle Normen zur Bekämpfung des Missbrauchs von **Nachfragemacht innerhalb der Lebensmittelversorgungskette** geschaffen. Ausgangspunkt ist das ausgeprägte Ungleichgewicht zwischen Lieferanten landwirtschaftlicher Erzeugnisse und ihren mächtigen Abnehmern in der Lebensmittellieferkette. Dieses bilaterale Machtgefälle wird allerdings nach dem zugrundeliegenden Regelungskonzept nicht nach den konkreten Umstände des Einzelfalls bestimmt, sondern abstrakt anhand absoluter Umsatzzahlen der betroffenen Unternehmen auf den beiden Marktseiten in ihrem Verhältnis zueinander.[182] Insgesamt vereint der Regelungsansatz **lauterkeitsrechtliche, AGB-rechtliche und kartellrechtliche Aspekte:** So sind die erfassten „unfair trading practices" nach Erwägungsgrund 1 der UTP-RL dadurch gekennzeichnet, dass sie z. B. „gröblich von der guten Handelspraxis abweichen, gegen das Gebot von Treu und Glauben und des redlichen Geschäftsverkehrs verstoßen und einem Handelspartner einseitig von einem anderen aufgezwungen werden; oder das wirtschaftliche Risiko auf unbegründete und unverhältnismäßige Art und Weise von einem Handelspartner auf einen anderen abwälzen; oder einem Handelspartner in einem erheblichen Missverhältnis zueinander stehende Rechte und Pflichten auferlegen"). Insbesondere die Formel vom „erheblichen Missverhältnis" der vertraglichen Rechte und Pflichten zeigt eine gewisse Nähe zum Maßstab der Inhaltskontrolle von Verbraucherverträgen nach Art. 3 der Klauselrichtlinie.[183] Hinsichtlich der **Verhinderung eines Missbrauchs des Machtgefälles** im bilateralen Verhältnis zwischen Lieferant und Abnehmer durch letzteren ergibt sich eine **Überschneidung mit dem Anzapfverbot nach § 19 Abs. 2 Nr. 5 GWB.**[184] Den Normadressaten sind nach der UTP-RL und dem AgrarOLkG, das teilweise noch über die Richtlinie hinausgeht,[185] bestimmte Handelspraktiken generell untersagt; diese sog. schwarze Klauseln sind unwirksam, andere Regelungen können nur im Wege ausdrücklicher und eindeutiger Vereinbarung Wirksamkeit erlangen (sog. graue Klauseln). Im Verhältnis zum kartellrechtlichen Missbrauchsverbot bleibt es bei der **vollständigen parallelen Anwendbarkeit** (§ 24 AgrarOLkG), sodass dieses im Einzelfall auch zu weitergehenden Einschränkungen des marktmächtigen Nachfrager führen kann.[186] Zur Durchsetzung des Verbots unlauterer Handelspraktiken im Sinne des AgrarOLkG ist die Bundesanstalt für Landwirtschaft und Ernährung (BLE) berufen, die sowohl von Amts wegen als auch aufgrund von Beschwerde tätig werden und Sanktionen in Form von Abstellungsverfügungen und Bußgeldern verhängen kann (§ 28 Abs. 1, 55 AgrarOLkG). Allerdings ist eine Zusammenarbeit und Abstimmung mit dem BKartA vorgesehen (vgl. § 28 Abs. 2 und Abs. 3

---

[180] RL (EU) 2019/633 des Europäischen Parlaments und des Rates v. 17.4.2019 über unlautere Handelspraktiken in den Geschäftsbeziehungen zwischen Unternehmen in der Agrar- und Lebensmittelversorgungskette, ABl. EU 2019 L 11/59; zu Recht krit. zur Verwendung des Begriffs „unlauter" statt „unfair" in der deutschen Übersetzung Bernhöft ZWeR 2021, 317 (319), da die UTP-RL explizit keine Aussage zum Lauterkeitsrecht treffen soll.

[181] Zweites Gesetz zur Änderung des Agrarmarktstrukturgesetzes v. 2.6.2021, BGBl. I, 1278, in Kraft getreten am 9.6.2021; hiermit wurde die Bezeichnung des Gesetzes geändert in „Gesetz zur Stärkung der Organisationen und Lieferketten im Agrarbereich (Agrarorganisationen-und-Lieferketten-Gesetz – AgrarOLkG)" und neben anderen Änderungen in neuer Teil 3 „Geschäftsbeziehungen in der Lebensmittellieferkette" (§§ 10–53) eingefügt, der insbes. „unlautere Handelspraktiken" definiert und verbietet (vgl. §§ 10–24 AgrarOLkG).

[182] Näher zum Regelungsansatz der UTP-RL Bernhöft ZWeR 2021, 317 (318 ff.).

[183] Vgl. Fuchs in Ulmer/Brandner/Hensen BGB Vor § 307 Rn. 111a; Fuchs in Ulmer/Brandner/Hensen BGB § 307 Rn. 371b.

[184] Vgl. hierzu Bernhöft ZWeR 2021, 317 (329 f.); näher zu Abs. 2 Nr. 5 → Rn. 325 ff.

[185] Hierzu Bernhöft ZWeR 2021, 317 (323 ff.).

[186] Ebenso Nothdurft in Bunte Rn. 579 unter Hinweis auf BegrRegE BT-Drs. 19/26102, 46 (lediglich Anhebung des Schutzniveaus durch das AgrarOLkG intendiert).

AgrarOLkG).[187] Zivilrechtlich können die nach §§ 11–17 oder 20 AgrarOLkG unzulässigen Handelspraktiken nicht wirksam vereinbart werden und sind ex tunc nichtig. Dabei dürften bestimmte Verhaltensweisen zugleich als aggressive geschäftliche Handlungen i. S. d. § 4a UWG zu qualifizieren sein.[188]

**53**    **7. Verhältnis zu § 24 PatG.** Zu dem Verhältnis zwischen § 19 GWB und § 24 PatG hat sich der BGH in einer Grundsatzentscheidung im Jahr 2004 geäußert.[189] Danach wird ein auf den Missbrauch einer marktbeherrschenden Stellung iSd § 19 GWB gestützter kartellrechtlicher Anspruch auf Einräumung einer Lizenz nicht durch die nach § 24 PatG dem Patentgericht eingeräumte Befugnis zur Erteilung einer Zwangslizenz ausgeschlossen, da beide Rechtsinstitute unterschiedlichen Zielsetzungen dienen und sich auch in ihren tatbestandlichen Voraussetzungen unterscheiden.[190] So verlangt § 24 Abs. 1 Nr. 2 PatG, dass das **öffentliche Interesse** die Erteilung einer Zwangslizenz gebietet, während ein kartellrechtlicher Anspruch auf Lizenzierung der Durchsetzung des gegenüber jedem Marktteilnehmer geltenden Verbots, eine marktbeherrschende Stellung nicht zu missbrauchen, dient (näher zur kartellrechtlichen Zwangslizenz → Rn. 306 ff.). „Die bloße Inhaberschaft an einem Patent begründet noch keine solche Marktstellung, sondern kann lediglich eine ihrer Voraussetzungen sein. Umgekehrt ist der Missbrauch einer marktbeherrschenden Stellung für die patentrechtliche Zwangslizenz weder notwendige Voraussetzung noch ohne weiteres hinreichend."[191]

**53a**    Die patentrechtliche Zwangslizenz nach § 24 PatG hat bislang nur eine äußerst geringe praktische Bedeutung entfaltet.[192] Soweit ersichtlich, hat das BPatG erst in zwei Fällen eine solche Nutzungsbefugnis im öffentlichen Interesse erteilt.[193] Bei einer weniger restriktiven Auslegung dieses Tatbestandsmerkmals könnte die Norm aber künftig durchaus eine größere Relevanz gewinnen. So lässt sich zumindest in bestimmten Fällen **auch der Schutz des Wettbewerbs** zwanglos als **Bestandteil des „öffentlichen Interesses" iSd § 24 Abs. 1 PatG** qualifizieren, etwa wenn eine Lizenzverweigerung negative Auswirkungen nicht nur auf einzelne Marktteilnehmer, sondern einen ganzen Wirtschaftszweig hat und damit die Interessen der Allgemeinheit berührt.[194] Das dürfte etwa dann anzunehmen sein, wenn der funktionswidrige Einsatz von Patenten zu einer Abschottung von gesamtwirtschaftlich bedeutenden Märkten und/oder einer erheblichen Beeinträchtigung von legitimen Verbraucherinteressen führt. Gefahren in dieser Richtung können sich insbesondere im Zusammenhang mit der Entwicklung, Verbreitung und Nutzung technischer Standards ergeben, wenn es in größerem Umfang zu nicht gerechtfertigten Lizenzverwei-

---

[187] Zwecks Sicherstellung einer kohärenten Anwendung im Einklang mit dem Anzapfverbot im Verwaltungs- und Bußgeldverfahren ist grds. das Einvernehmen mit dem Bundeskartellamt herzustellen, vgl. §§ 28 Abs. 2 S. 1 und S. 2 AgrarOLkG, während bezüglich der Bußgeldhöhe und des Erlasses von Leitlinien zur Einstufung von Erzeugnissen als verderblich nur ein Recht zur Stellungnahme besteht, § 28 Abs. 2 S. 3 AgrarOLkG.

[188] Bernhöft ZWeR 2021, 317 (329) unter Hinweis auf Fritzsche in BeckOK UWG, 12. Ed. 1.5.2021, UWG § 4a Rn. 14; offen sei, ob die Verbotsvorschriften des AgrarOLkG als Marktverhaltensregeln iSd § 3a UWG (§ 4 Nr. 11 UWG aF) einzuordnen seien.

[189] BGH 13.7.2004 – KZR 40/02, WuW/E DE-R 1329 ff. – Standard-Spundfass II; zust. Heinemann ZWeR 2005, 198 (201); vgl. überdies BPatG 31.8.2016 – 3 LiQ 1/16 (EP), GRUR 2017, 373 Rn. 53 ff. – Isentress.

[190] BGH 13.7.2004 – KZR 40/02, WuW/E DE-R 1329 f. – Standard-Spundfass II; näher zu den konzeptionellen Unterschieden und Gemeinsamkeiten zwischen patent- und kartellrechtlicher Zwangslizenz Fuchs FS Büscher, 2018, 621 (625 ff.) mwN.

[191] BGH 13.7.2004 – KZR 40/02, WuW/E DE-R 1329 f. – Standard-Spundfass II.

[192] Vgl. Hacker in Busse/Keukenschrijver PatG § 24 Rn. 16; Kraßer/Ann PatR § 34 Rn. 105.

[193] Zuletzt BPatG 31.8.2016 – 3 LiQ 1/16 (EP), GRUR 2017, 373 – Isentress; bestätigt durch BGH 11.7.2017 – X ZB 2/17, GRUR 2017, 1017 – Raltegravir; näher hierzu Fuchs FS Büscher, 2018, 621 ff.; im ersten Fall, BPatG 7.6.1991 – 3 Li 1/90 (EU), GRUR 1994, 98 – Zwangslizenz hob der BGH die Erteilung wieder auf, BGH 5.12.1995 – X ZR 26/92, BGHZ 131, 247 – Interferon-gamma = GRUR 1996, 190 – Polyferon.

[194] Näher hierzu Fuchs FS Büscher, 2018, 621 (632 ff.) mwN.

gerungen im Hinblick auf standardessentielle Patente kommen und sich die Durchsetzung von FRAND-Lizenzbereitschaftszusagen in der Praxis dauerhaft als unzulänglich erweisen sollte (näher zur SEP-Problematik → Rn. 310 ff.). Denn die Durchsetzung des freien Zugangs zu einem über eine anerkannte Standardisierungsorganisation implementierten Standard liegt auch deshalb im öffentlichen Interesse, weil andernfalls auf längere Sicht die Funktion der Standardisierungsorganisation und die Vorteile der Standardisierung für die Öffentlichkeit gefährdet würden.

**8. Verhältnis zu § 315 BGB.** Seit der Ausgestaltung des § 19 als unmittelbar wirkender **54** Verbotstatbestand können nicht nur die Kartellbehörden, sondern auch jeder einzelne Betroffene nach §§ 33, 33a gegen Preismissbräuche gem. Abs. 1, Abs. 2 Nr. 2 und 3 vorgehen. Daher wurde teilweise vertreten, auf Grund dieser veränderten kartellrechtlichen Lage werde die in Fällen (faktischer) einseitiger Preisfestsetzung nach § 315 BGB (analog) vorgenommene Preiskontrolle durch § 19 verdrängt.[195] Der BGH hat dagegen klargestellt, dass § 315 BGB nach der 6. GWB-Novelle in direkter Anwendung durch § 19 grundsätzlich nicht ausgeschlossen wird.[196] Zuvor hatte der BGH schon wiederholt § 315 BGB analog auf Sachverhalte angewandt, bei denen eine Anwendung von § 19 in Betracht gekommen wäre.[197] Man kann daraus folgern, dass er auch insoweit nicht von einer generellen Verdrängungswirkung des § 19 ausgeht.[198] Etwas anderes gilt jedoch im Bereich der Energiewirtschaft. Insoweit hat der BGH klargestellt, dass der zu Vertragsbeginn vereinbarte (Anfangs-)Preis selbst im Falle einer Monopolstellung des Energielieferanten keiner Billigkeitskontrolle nach § 315 BGB (analog) unterliegt, sondern ausschließlich der kartellrechtlichen Preishöhenkontrolle gem. § 19 Abs. 2 Nr. 2 bzw. Art. 102 AEUV.[199] Soweit § 315 BGB anwendbar bleibt, wird die Billigkeitskontrolle insofern durch § 19 beeinflusst, als ein gegen § 19 verstoßender Preis nicht mehr billigem Ermessen entsprechen kann.[200]

Auch **sektorspezifisches Regulierungsrecht** kann den **Rückgriff auf § 315 BGB 54a ausschließen.** So Bezüglich der **regulierten Netzentgelte im Strom- und Gasbereich** hielt der BGH zwar zunächst eine zivilrechtliche Billigkeitskontrolle genehmigter Entgelte für zulässig, dies bezog sich jedoch nur auf die kostenbasierte Entgeltgenehmigung gem. § 21 Abs. 2 S. 1 iVm § 23a EnWG, die ab dem 1.1.2009 durch die sog. Anreizregulierung (§§ 21 Abs. 2 S. 1, 24 EnWG iVm der Anreizregulierungsverordnung) abgelöst wurde.[201] Schon wegen der sonst zu befürchtenden Aushebelung des eingeräumten Regulierungsermessens und der erga omnes wirkenden Regulierungsentscheidung durch lediglich inter partes wirkende zivilgerichtliche Urteile sprechen nunmehr ganz überwiegende Gründe für die Unzulässigkeit einer Billigkeitskontrolle der Srom- und Gasnetzentgelte nach § 315 BGB.[202] Für den Bereich der **Eisenbahninfrastruktur** hat der EuGH entschieden, dass

---

[195] So schon früh Kühne RdE 2005, 241 ff.; Kühne NJW 2006, 2520 ff.; Wielsch JZ 2008, 68 (70 ff.); diff. Ehricke JZ 2005, 599 ff.

[196] BGH 9.7.2001 WuW/E DE-R 692 (698); BGH 13.6.2007 – VIII ZR 36/06, WuW/E DE-R 2243 Rn. 18 – Gaspreis; vgl. auch schon BGH 18.10.2005 – KZR 36/04, WuW/E DE-R 1617 = RdE 2006, 81 mAnm Markert und BGH 7.2.2006 – KZR 8/05, WuW/E DE-R 1730; Nothdurft in Bunte Rn. 573.

[197] S. dazu zB BGH 30.4.2003 – VIII ZR 279/02, NJW 2003, 3131 und 5.7.2005 – X ZR 60/04, NJW 2005, 2919; krit. Wielsch JZ 2008, 68 (69).

[198] BGH 9.7.2001, WuW/E DE-R 692 (698); Nothdurft in Bunte Rn. 573.

[199] BGH 7.3.2017 – EnZR 56/15, NZKart 2017, 245 Rn. 27 – Preisspaltung; BGH 19.11.2008 – VIII ZR 138/07, BGHZ 178, 362 Rn. 17 ff., 23; BGH 13.7.2011 – VIII ZR 342/09, NJW 2011, 2800 Rn. 36; BGH 22.2.2012 – VIII ZR 34/11, WM 2012, 2061 Rn. 38.

[200] Vgl. Fricke WM 2005, 547 (548); Säcker RdE 2006, 65 (70); aus der Rechtsprechung BGH 29.4.2008 – KVR 28/07, WuW/E DE-R 2295 Rn. 15 – Erdgassondervertrag.

[201] Grüneberg GRUR 2021, 216.

[202] So und mit weiteren überzeugenden Argumenten Grüneberg GRUR 2021, 216 (217 f.), demzufolge die von der Regulierungsbehörde festgesetzte Erlösobergrenze unwiderleglich die Vermutung der Billigkeit des Entgelts in sich tragen soll.

eine zivilrechtliche Billigkeitskontrolle der Trassenentgelte ausscheidet.[203] Gleiches gilt in Bezug auf **Flughafenentgelte**.[204]

**54b**   Etwaige **Ansprüche aus dem Kartelldeliktsrecht** (§§ 33, 33a iVm § 19 GWB bzw. Art. 102 AEUV) werden von der sektorspezifischen Entgeltkontrolle nicht verdrängt,[205] doch fehlt es im Fall der Einhaltung der behördlich festgesetzten Erlösobergrenze an einem missbräuchlichen Verhalten und einem Schaden.[206] Eine Regulierungsentscheidung muss demnach bei der Anwendung des kartellrechtlichen Marktmachtmissbrauchsverbot inhaltlich berücksichtigt werden.[207] Fehlt es an einer solchen hoheitlichen Regelung, etwa weil die Höhe der Trassenentgelte in einem öffentlich-rechtlichen Vertrag mit dem Eisenbahninfrastrukurunternehmen vereinbart worden ist,[208] greift „weder eine Indizwirkung noch eine widerlegliche oder unwiderlegliche Vermutung der Billigkeit des verlangten Entgelts ein".[209] Das gleiche gilt, wenn die Bundesnetzagentur einem vorab angezeigten Entgeltsystem nicht widersprochen hat.[210] Ein regulierungsrechtlich eröffneter Spielraum bei der Entgeltfestsetzung bleibt kartellrechtlich überprüfbar.[211]

**55**   **9. Verhältnis zu § 69 SGB V.** Bei der Anwendbarkeit des deutschen Kartellrechts auf die gesetzlichen Krankenkassen ist nach dem jeweils betroffenen **Tätigkeitsfeld zu differenzieren**.[212] Ursprünglich hatte der BGH in der Leitentscheidung **„Gummistrümpfe"** im Jahr 1961 die Unternehmereigenschaft von gesetzlichen Krankenkassen im Bereich der Beschaffungstätigkeit, nicht jedoch im Aktivgeschäft mit ihren Versicherten, bejaht.[213] Diese Unterscheidung war sachgerecht, da das Verhältnis gegenüber den Versicherungsnehmern, wie auch der EuGH im Jahr 2004 insoweit zutreffend festgestellt hat, ein Teil der **staatlichen Sozialpolitik** ist.[214] Durch das Gesundheitsreformgesetz 2000 wurde § 69 SGB V dahingehend geändert, dass auf die Rechtsbeziehungen zwischen den Kassen und

---

[203] EuGH 9.11.2017, Rs. C-489/15, EuZW 2018, 74 Rn. 36 ff. – CTL Logistics; vgl. hierzu Kunnes GRUR 2021, 281; dem EuGH grds. folgend BGH EuZW 2019, 248 Rn. 11 ff, – Stationspreissystem („jedenfalls dann", wenn die Überprüfung durch die Regulierungsbehörde eine wirksame Durchsetzung des Anspruchs der Eisenbahnverkehrsunternehmen auf diskriminierungsfreien Zugang zur Eisenbahninfrastruktur sicherstellt); BGH 29.10.2019 – KZR 39/19, NZKart 2020, 198 Rn. 34 f. = WuW 2020, 209 = EuZW 2020, 286 = NJW 2020, 1436 – Trassenentgelte; s. zur Anwendung des Art. 102 AEUV auf Trassenentgelte auch Hauf/Baumgartner EuZW 2021, 378 ff. mwN.

[204] EuGH EuZW 2020, 239 = NVwZ 2020, 48 Rn. 67 ff. – Deutsche Lufthansa/Land Berlin; vgl. dazu Stelter NVwZ 2020, 272.

[205] BGH 29.10.2019 – KZR 39/19, NZKart 2020, 198 Rn. 36 f. (38 f., 48 f.?) – Trassenentgelte; für Anwendbarkeit des Art. 102 AEUV neben der eisenbahnrechtlichen Regulierung auch BGH 8.12.2020 KZR 103/19, WuW 2021, 240 f. - Stationsentgelte; Grüneberg GRUR 2021, 216 (218); Hauf/Baumgartner EuZW 2021, 378 ff. mwN; ebenso Kunnes GRUR 2021, 281 (283 f.), der aber de lege ferenda einen Ausschluss des Kartellzivilrechts in regulierten Netzen für wünschenswert hält; gegen die Zulässigkeit eines kartellrechtlichen private enforcement im Hinblick auf eisenbahnrechtliche Trassenentgelte Staebe EuZW 2018, 111 (121); Gerstner EuZW 2018, 79 ff.; vgl. auch die Vorlageentscheidung an den EuGH des KG Berlin 10.12.2020 – 2 U 4/12 Kart, WuW 2021, 178 – Stationsnutzungsentgelte; krit. hierzu Hauf/Baumgartner EuZW 2021, 378 (379 ff.).

[206] Grüneberg GRUR 2021, 216 (218).

[207] BGH 22.6.2021 – KZR 72/15, WuW 2021, 709 Rn. 14 – Stationspreissystem III unter Bestätigung von BGH 29.10.2019 – KZR 39/19, NZKart 2020, 198 Rn. 44 – Trassenentgelte und BGH 1.9.2020 – KZR 12/15, WuW 2021, 119 Rn. 34 – Stationspreissystem II.

[208] So im Fall BGH 29.10.2019 – KZR 39/19, NZKart 2020, 198 – Trassenentgelte.

[209] Grüneberg GRUR 2021, 216 (218).

[210] BGH 22.6.2021 – KZR 72/15, WuW 2021, 709 – Stationspreissystem III.

[211] BGH 29.10.2019 – KZR 39/19, NZKart 2020, 198 – Trassenentgelte; BGH 1.9.2020, NZKart 2021, 51 – Stationspreissystem II; OLG Dresden 18.1.2021 – U 8/15 Kart, NZKart 2021, 191 – Trassenentgelte Sachsen/Thüringen (wettbewerbswidrige Diskriminierung durch Forderung unterschiedlicher Trassenentgelte über die teilweise Erhebung eines sog „Regionalfaktors"); OLG Frankfurt/M. 17.11.2020 – 11 U 60/18, WuW 2021, 241 – Trassenentgelte.

[212] Dazu allgemein Steinmeyer WuW 2013, 227; ausführlich zur Anwendung der allgemeinen Missbrauchsverbote im Bereich der gesetzlichen Krankenversicherung Nothdurft in Bunte Rn. 25 ff. mwN.

[213] BGH 26.10.1961 – KZR 1/61, BGHZ 36, 91 (99 ff.).

[214] Vgl. dazu EuGH 16.3.2004 – C-264/01, Slg. 2004, I-2524 (2542 ff.) – AOK-Bundesverband/Ichthyol-Gesellschaft Cordes.

Ärzten, Zahnärzten, Psychotherapeuten, Apotheken sowie sonstigen Leistungserbringern und ihren Verbänden abschließend die Vorschriften des Sozialgesetzbuches Anwendung finden sollten.[215] Es blieb allerdings umstritten, ob dies als bloße Rechtswegzuweisung zu den Sozialgerichten zu verstehen war oder als materielle Bereichsausnahme von der Anwendbarkeit des GWB und des UWG insgesamt. Mit einem Urteil vom 23.2.2006 hatte der 1. Zivilsenat des BGH eine Auslegung im Sinne der **Bereichsausnahme** akzeptiert.[216]

Das Gesundheitsreformgesetz von 2007 wollte es ursprünglich bei diesem Rechtszustand **56** belassen. In letzter Minute fügte der Gesetzgeber nach heftiger Kritik[217] in **§ 69 SGB V aF** den Zusatz ein: „Die §§ 19–21 GWB gelten entsprechend." Damit war zumindest die Anwendbarkeit der Missbrauchsaufsicht sichergestellt, auf weitere Vorschriften, insbesondere § 1 GWB, verwies die Regelung jedoch nicht. Über die zur damaligen Zeit noch existierende Rechtswegzuweisung aus § 51 Abs. 2 SGG aF waren für etwaige Streitigkeiten die Sozialgerichte zuständig, was mangels sachlicher Nähe der Sozialrichter zum Kartellrecht als unbefriedigend empfunden wurde.

§ 69 SGB V wurde zuletzt durch das 2011 in Kraft getretene **Gesetz zur Neuordnung 57 des Arzneimittelmarktes (AMNOG)** umstrukturiert.[218] Im Verhältnis der Krankenkassen und ihrer Verbände zu den Leistungserbringern (insbes. Ärzten, Zahnärzten, Psychotherapeuten, Apotheken) und ihren Verbänden bleiben nach § 69 Abs. 2 S. 1 SGB V die §§ 19–21 GWB weiterhin entsprechend anwendbar. Darüber hinaus wird nun auch ausdrücklich auf die §§ 1–3 GWB verwiesen. Die entsprechende Anwendung wird allerdings durch eine breite Rückausnahme für alle Versorgungsverträge und sonstigen Vereinbarungen mit Leistungserbringern, zu deren Abschluss die Kassen oder deren Verbände verpflichtet sind, beschränkt (§ 69 Abs. 2 S. 2 SGB V). Ausgenommen werden auch Beschlüsse, Empfehlungen, Richtlinien oder sonstige Entscheidungen der Krankenkassen oder deren Verbände, zu denen sie gesetzlich verpflichtet sind (§ 69 Abs. 2 S. 3 SGB V). Für Streitigkeiten zwischen Leistungserbringern und Krankenkassen über die (entsprechende) Anwendung der kartellrechtlichen Vorschriften wurde wieder der Zivilrechtsweg eröffnet (§ 51 Abs. 3 SGG i. d. seit dem 1.1.2011 geltenden Fassung).[219] Im Verhältnis zu den Versicherten und zwischen den gesetzlichen Krankenkassen untereinander bleiben kartellrechtliche Regelungen aber weiterhin unanwendbar.[220] Die Bestrebungen, im Zuge der 8. GWB-Novelle, eine entsprechende Anwendung der kartellrechtlichen Vorschriften auch im Verhältnis der Krankenkassen untereinander einzuführen, sind gescheitert.[221]

Die **europäische Rechtslage** hat sich abweichend vom deutschen Ansatz entwickelt.[222] **58** Die europäischen Gerichte verneinen die Unternehmenseigenschaft gesetzlicher Krankenkassen nicht nur in ihrem Aktivgeschäft, sondern auch bei ihrer Beschaffungstätigkeit. Dahinter steht die Überlegung, dass sich der Kauf eines Erzeugnisses nicht von dessen späterer Verwendung trennen lasse.[223] Dies vermag nicht zu überzeugen: Auch auf den

---

[215] Zur Rechtslage vor dem Jahr 2000 Hoffmann WuW 2011, 472 (478 f.); Haus/Schaper ZWeR 2011, 48 (51).

[216] BGH 23.2.2006 – I ZR 164/03, WRP 2006, 747 (748 f.) = GRUR 2006, 517 – Blutdruckmessungen.

[217] Ua Möschel, Standpunkte, Geistige Umnachtung im Kartellrecht, FAZ Nr. 39 v. 15.2.2007 S. 12.

[218] BGBl. 2010 I 2262 ff.; die Modifizierung und Erweiterung vom 18.4.2016 und 6.8.2016 haben keine nennenswerten Änderungen gebracht.

[219] Positiv bezüglich dieser Änderung Hoffmann WuW 2011, 472 (481); Haus/Schaper ZWeR 2011, 48 (72); bei der Überprüfung von Entscheidungen des BKartAs über freiwillige Zusammenschlüsse von Krankenkassen nach § 172a SGB V hat die 8. GWB-Novelle allerdings den Rechtsweg zu den Sozialgerichten vorgesehen, vgl. § 29 Abs. 3 Nr. 4 SGG.

[220] Zur Anwendungsproblematik des deutschen und europäischen Kartellrechts auf gesetzliche Krankenkassen Ebert-Weidenfeller/Gromotke EuZW 2013, 937 (939).

[221] Vgl. hierzu und zu den mit der 8. GWB-Novelle umgesetzten Regelungen bezüglich Krankenkassen (zB § 172a SGB V zur Fusionskontrolle) Temme ZWeR 2013, 402 ff. mwN sowie umfassend zu Fragen des Wettbewerbs auf Gesundheitsmärkten das für den Deutschen Juristentag 2012 erstellte Gutachten von Becker/Schweitzer in Verhandlungen des 69. Deutschen Juristentages, Bd. I, Teil B.

[222] Dazu Hoffmann WuW 2011, 472 (474 ff.).

[223] EuG 4.3.2003 – T-319/99, Slg. 2003, II-357 (372 f.) – FENIN; EuGH 11.7.2006 – C-205/03, Slg. 2006, I-6295 Rn. 26 – FENIN.

Beschaffungsmärkten gibt es Zulieferer, eine Marktgegenseite, die vor Diskriminierungen und Behinderungen seitens marktbeherrschender Krankenkassen zu schützen sind, völlig unabhängig davon, was der Nachfrager auf seinem eigenen Absatzmarkt mit den Erzeugnissen anfängt. Die nationale Rechtslage, welche in § 69 SGB V die Anwendbarkeit der §§ 19 ff. GWB ausdrücklich klarstellt, ist somit **strenger als die europäische Rechtspraxis**, was auf Grund der in Art. 3 Abs. 2 S. 2 der VO Nr. 1/2003 enthaltene Öffnungsklausel aber unschädlich ist. Auch darüber hinaus präkludiert die insoweit restriktive Handhabung des Unternehmensbegriffs durch die Unionsgerichte nicht die (entsprechende) Anwendung des deutschen Kartellrechts auf die gesetzlichen Krankenkassen, und zwar unabhängig davon, ob im Einzelfall zwischenstaatliche Auswirkungen vorliegen (zB wenn Leistungserbringer aus anderen Mitgliedstaaten betroffen sind) (vgl. bereits → § 18 Rn. 3).

**59**  **10. Verhältnis zu Art. 102 AEUV.** Das auf Fälle mit Zwischenstaatlichkeitsbezug anwendbare europäische Missbrauchsverbot in Art. 102 AEUV entspricht in seinem materiellen Regelungsgehalt (trotz teilweise abweichenden Wortlauts) weitgehend dem § 19. Es stellt ebenso eine unmittelbar anwendbare Verbotsnorm dar, die eine Generalklausel und Regelbeispiele für typische Missbrauchsfälle enthält und sperrt nicht die parallele Anwendung des § 19.[224] Mitgliedstaatliche Kartellbehörden und Gerichte müssen, wenn sie das nationale Kartellrecht auf einseitige unternehmerische Maßnahmen mit potentiell zwischenstaatlichen Auswirkungen anwenden, nach Art. 3 Abs. 1 S. 2 VO Nr. 1/2003 und § 22 Abs. 3 auch das europäische Missbrauchsverbot anwenden.[225] Anders als im Bereich wettbewerbsbeschränkender Verhaltenskoordinationen sind die Mitgliedstaaten aber nicht gehindert, strengere innerstaatliche Vorschriften anzuwenden (Art. 3 Abs. 2 S. 2 VO 1/2003, § 22 Abs. 3 S. 3 GWB).

## B. Missbrauch nach der Generalklausel des Abs. 1

### I. Funktionen der Generalklausel

**60**  Der allgemeine Missbrauchstatbestand des § 19 Abs. 1 wird durch einen weit gefassten Katalog von fünf nicht abschließenden Regelbeispielen („insbesondere") in Abs. 2 ergänzt. Diese sind ihrerseits von teilweise generalklauselartiger Weite (vor allem Abs. 2 Nr. 1) und decken den größten Teil potentiell missbräuchlicher Verhaltensweisen ab. In der Praxis wird der Generalklausel des Abs. 1 daher oftmals nur eine geringe Bedeutung bescheinigt.[226] Auch wenn für einen Rückgriff auf Abs. 1 nur ein schmales eigenständiges Anwendungsfeld verbleibt,[227] kommt der Generalklausel doch eine **wichtige Auffangfunktion** zu. So ermöglicht sie insbes. die Verhinderung von (bewussten) Umgehungsstrategien, falls es Normadressanten gelingt, durch besonders kreative Gestaltungen dem Anwendungsbereich der Regeltatbestände des Abs. 2 zu entgehen.[228] Angesichts des ständigen Wandels der wirtschaftlichen Verhältnisse wie Unternehmensstrategien bietet sie darüber hinaus eine hinreichende Flexibilität, um auf neue Entwicklungen reagieren zu können. Manche missbräuchlichen Verhaltensweisen lassen sich auch nicht eindeutig einem der Regeltatbestände zuordnen, sondern weisen gleichzeitig Bezüge zu verschiedenen Regelbeispielen auf. In solchen Fällen kann es sich ebenfalls empfehlen, statt einer aufwendigen Abgrenzung oder Schwerpunktbetrachtung sogleich auf die Generalklausel zurückzugreifen. Das gilt insbes. bei Verhaltensweisen, die Elemente oder Wirkungen sowohl eines Ausbeutungs- wie eines

---

[224] S. nur BGH 6.11.2013 – KZR 58/11, WuW/E DE-R 4037 Rn. 41 – VBL Gegenwert; vgl. auch bereits → § 18 Rn. 15 ff.

[225] Vgl. zum Ganzen Möschel JZ 2007, 601 ff.

[226] Vgl. Wolf in MüKoWettbR Rn. 27.

[227] Ähnlich die Einschätzung von Bechtold/Bosch Rn. 5; Alexander WuW 2012, 1025 (1030) (zum Entwurf des § 19 Abs. 1 GWB für die 8. GWB-Novelle).

[228] Nothdurft in Bunte Rn. 131 (mit dem Hinweis in Rn. 539 auf den schmalen Anwendungsbereich beim Behinderungsmissbrauch aufgrund des § 19 Abs. 2 Nr. 1 als weiterer Generalklausel).

Behinderungsmissbrauchs aufweisen.[229] Hier bietet der Rückgriff auf die Generalklausel einen besseren Rahmen für eine umfassende normative Bewertung des fraglichen Verhaltens.[230] Außerdem bestehen durchaus noch gewisse Schutzlücken vor allem im Verhältnis zu Endverbrauchern, da die Regelbeispiele des Abs. 2 Nr. 1, Nr. 4 und Nr. 5 nur den B2B-Geschäftsverkehr erfassen.[231] Eine relevante Ergänzungsfunktion kann die Generalklausel auch bei missbräuchlichen Kopplungsstrategien gegenüber Verbrauchern[232], ferner in Grenzbereichen von Verhaltens- und Strukturkontrolle sowie beim strategischen Einsatz gewerblicher Schutzrechte entfalten. Letzteres galt bis zur 10. GWB-Novelle insbes. für die missbräuchliche Lizenzverweigerung, die der Gesetzgeber ursprünglich bewusst aus dem Tatbestand des Abs. 2 Nr. 4 aF ausgeklammert hatte (hierzu näher → Rn. 253 ff.). Mit der Erweiterung und Neuformulierung dieses Regelbeispiels im Zuge der 10. GWB-Novelle können nunmehr auch diese Fälle über Abs. 2 Nr. 4 erfasst werden.[233] Aber auch in anderen Fällen jenseits der herkömmlichen Fallgruppen greift die Rechtsprechung auf Abs. 1 zurück, etwa in Fällen einer qualitativen Konditionenkontrolle[234], die nicht auf die Preiswirkung von Vertragsklauseln bezogen ist, sondern an die (mögliche) Missachtung gesetzlicher Wertungen anknüpft.[235] Über die übliche Konstellation eines ausbeuterischen Konditionenmissbrauchs hinaus geht etwa auch der Fall der Durchsetzung einer Schiedsklausel mit weitgehendem Ausschluss der staatlichen Gerichtsbarkeit durch einen marktmächtigen **Sportverband** im Zusammenhang mit der Verfolgung von Doping-Verstößen gegenüber Profisportlern.[236] Im Übrigen setzen rechtmäßige Sanktionen, die von marktmächtigen Sportverbänden etwa im Fall der Teilnahme an einer nicht anerkannten oder nicht genehmigten Veranstaltung gegen Sportler verhängt werden, dass die einschlägigen Bestimmungen transparent und diskriminierungsfrei formuliert und gehandhabt werden.[237] Zudem müssen die Regelungen zur Erreichung sportpolitischer Ziele konkret geeignet, erforderlich und verhältnismäßig sein.[238]

Der Missbrauchsbegriff wird tendenziell in gleicher Weise wie in Art. 102 AEUV ausgelegt.[239] Dabei kommt angesichts teilweise abweichend ausgestalteter Regelbeispiele dem allgemeinen Missbrauchstatbestand des Abs. 1 eine Art **Brückenfunktion zum europäischen Missbrauchsverbot** des Art. 102 AEUV zu. Auf diese Weise können Entwicklungen im Bereich des europäischen Kartellrechts problemlos aufgenommen werden. Das ist gerade für die Konkretisierung eines extrem unbestimmten Rechtsbegriffs wie des Missbrauchs von großer Bedeutung. Trotz des grundsätzlichen Gleichklangs in der Auslegung des § 19 und Art. 102 AEUV kann die Anwendung des nationalen Missbrauchsverbots aber auch zum Verbot von Verhaltensweisen führen, die (selbst im Falle spürbarer potentieller

**61**

---

[229] Vgl. zB BGH 23.6.2020 – KVR 69/19, WuW 2020, 525 Rn. 64 ff. – Facebook.
[230] Nothdurft in Bunte Rn. 132, 545.
[231] Nothdurft in Bunte Rn. 131, 540 ff.
[232] Vgl. BGH 26.5.1987 – KVR 4/86, WuW/E BGH 2406 – Inter Mailand-Spiel (Kopplung des Verkaufs von Eintrittskarten für ein Europapokalspiel an den gleichzeitigen Erwerb eines Tickets für ein eher unattraktives Bundesligaspiel des Vereins).
[233] So auch Nothdurft in Bunte Rn. 548 aE.
[234] Vgl. zur Unterscheidung zwischen einem quantitativen und qualitativen Konditionenmissbrauch Nothdurft in Bunte Rn. 201 ff.
[235] Vgl. etwa zum Verstoß gegen die Wertungen des AGB-Rechts (§§ 307 ff. BGB) BGH 6.11.2013 – KZR 58/11, WuW/E DE-R 4037 Rn. 65 – VBL-Gegenwert I; BGH 24.1.2017 – KZR 47/14, NZKart 2017, 242 Rn. 35 – VBL-Gegenwert II.
[236] Vgl. BGH 7.6.2016 – KZR 6/15, WuW 2016, 364 = NZKart 2016, 328 – Pechstein/International Skating Union; in dieser Entscheidung ließ der BGH allerdings offen, ob die gebotene Interessenabwägung im Rahmen von Abs. 1 oder Abs. 2 Nr. 2 unter dem Blickwinkel des Konditionenmissbrauchs vorzunehmen sei (Rn. 48); vgl. ferner BGH 28.6.2005 – KVR 17/04, WuW/E DE-R 1520 (1523) – Mainova = „Arealnetz".
[237] Vgl. OLG Frankfurt 15.11.2022 – 11 U 60/21 (Kart), NZKart 2023, 40 – Motorsportveranstaltung = WuW 2023, 43 – FIA; OLG Nürnberg 26.1.2021 – 3 U 894/19, GRUR-RS 2021, 34724 – Ringerverband.
[238] Hack/Schmitter GRUR-Prax 2022, 33.
[239] BGH 4.3.2008 – KVR 21/07, WuW/E DE-R 2268 – Soda-Club II; BGH 7.12.2010 – KZR 5/10, WuW/E DE-R 3145 Rn. 55 – Entega II; Bechtold/Bosch Rn. 2; Wolf in MüKoWettbR Rn. 29.

zwischenstaatlicher Auswirkungen) nicht gegen Art. 102 AEUV verstoßen. Denn den Mitgliedstaaten ist nach Art. 3 Abs. 2 S. 2 VO 1/2003 eine strengere Regelung einseitiger wettbewerbsbeschränkender Verhaltensweisen ausdrücklich gestattet.

## II. Beispiele für mögliche Anwendungsfälle

**62** **1. Beeinträchtigungen des Innovationswettbewerbs. a) Missbräuchlicher Einsatz gewerblicher Schutzrechte.** Ein wichtiger Anwendungsbereich der Generalklausel liegt in der Bekämpfung missbräuchlicher Strategien im Zusammenhang mit Rechten des Geistigen Eigentums. Neben der missbräuchlichen Verweigerung einer Lizenzerteilung, die sich seit der 10. GWB-Novelle meist auch über das neuformulierte und erweiterte Regelbeispiel des Abs. 2 Nr. 4 erfassen lässt, kommen auch andere Verhaltensweisen in Betracht, die zu einer sachlich nicht gerechtfertigten, vom Zweck des Schutzrechts nicht mehr gedeckten Marktabschottung und Beeinträchtigung der technischen Entwicklung bzw. des Innovotionswettbewerbs führen können. Hierunter können zB Praktiken wie der systematische Aufkauf von Sperrpatenten (blocking) bzw. Verbesserungspatenten zu Schutzrechten von Konkurrenten (sog. fencing oder Erwerb von Umzäunungspatenten in Bezug auf fremde Technologien) sowie die gezielte Herbeiführung von Patentdickichten (thickening) fallen;[240] auch die Verzögerung des möglichen Markteintritts von Konkurrenten durch den Missbrauch staatlicher Verfahren bzw. die Erschleichung von Schutzrechten durch einen bereits marktbeherrschenden Anmelder.[241] Außerdem bleibt natürlich ein Rückgriff auf die Generalklausel des § 19 Abs. 1 möglich, soweit die mit der 10. GWB-Novelle erfolgte Erweiterung und Neukodifikation der „essential facilities doctrine" im Regelbeispiel des § 19 Abs. 2 Nr. 4 nicht greift; die frühere Beschränkung auf den Zugang zu (physischen) Infrastruktureinrichtungen ist entfallen, sodass die Norm nunmehr im Prinzip auch auf Immaterialgüterrechte anwendbar ist (→ Rn. 306 ff.). Daneben lässt sich ein Anspruch auf Lizenzgewährung bei einer willkürlichen Lizenzierungspraxis auch auf das Diskriminierungsverbot des Abs. 2 Nr. 1 stützen (→ Rn. 147).

**63** **b) Strategische Qualitätsverschlechterung oder unterlassene Innovationen.** Das Gesetz hat in § 19 Abs. 2 Nr. 2 insbesondere in der Form der Missbrauchskontrolle über Preishöhen eine Marktergebniskontrolle anerkannt. Insoweit besteht ein Zusammenhang mit der Kontrolle anderer Marktergebnisse, da auch Parameter wie beispielsweise Qualität, Service und Ausstattung einerseits einen unmittelbaren Einfluss auf Preishöhen haben und umgekehrt einer Kontrolle von Preishöhen durch Variierung dieser Parameter ausgewichen werden kann.[242] Ähnlich liegen **Fälle sog. geplanter Obsoleszenz** oder **bewußt unterlassenen technischen Fortschritts** (etwa die Nichteinführung des „Langzeitauspufftopfes"), über welche im Schrifttum berichtet wird.[243] Art. 102 AEUV erwähnt ua als Regelbeispiel eines Missbrauchs in lit. b eine „Einschränkung der Erzeugung, des Absatzes oder der technischen Entwicklung zum Schaden der Verbraucher".[244] Nicht hierher gehören dagegen Qualitätsmängel unter Verstoß gegen vertragliche Vereinbarungen. Beschwerden solcher Art sind zB mit Hinweis auf eine fehlende innerbetriebliche Qualitätskontrolle, mangelhafte Verpackung aus der Glasindustrie an die Kartellbehörden herangetragen worden. Dies bleiben Fragen bürgerlichen Rechts, die ggf. vor den Zivilgerichten zu klären

[240] Vgl. hierzu ausführlich Slotwinski, Der strategische Einsatz von Patenten, S. 62 ff., 126 ff.; s. auch → AEUV Art. 102 Rn. 356.
[241] Ein solcher Fall war Gegenstand des von der Europäischen Kommission geführten Verfahrens im Fall „AstraZeneca", vgl. hierzu Slotwinski, Der strategische Einsatz von Patenten, S. 135 ff. sowie → AEUV Art. 102 Rn. 358.
[242] Dazu Möschel Der Oligopolmißbrauch S. 160; siehe auch Schultz in Langen/Bunte, 8. Aufl. 1998, § 22 Rn. 98.
[243] Vgl. Schmidt WuW 1971, 868 ff.; Schlotter WISU 1976, 65 ff.; krit. v. Brunn WuW 1972, 615 ff.; aus dem neueren Schrifttum Höft, Die Kontrolle des Ausbeutungsmissbrauchs im Recht der Wettbewerbsbeschränkungen, S. 22.
[244] Zur Vorgängernorm Art. 82 EG siehe Gabriel WuW 1968, 581 (602 f.).

sind. Für die Missbrauchskontrolle nach § 19 sind die genannten Sachverhalte bis heute nicht praktisch geworden.[245] Wie bei jeder Marktergebniskontrolle, die über den Charakter einer Rahmendatensetzung hinausgeht, entstehen notwendig Zielkonflikte mit einem System freien Wettbewerbs (vgl. → Rn. 38, 203 ff.). Die Probleme des Messverfahrens, wofür in Anlehnung an § 19 Abs. 2 Nr. 2 in erster Linie Vergleichsmarktkriterien in Betracht kommen, sind noch größer, als sie es bei der Kontrolle von Preishöhen zu sein pflegen (vgl. → Rn. 216 ff.). Insgesamt dürfte deshalb eine solche Aktivierung des § 19 nur in extremen Ausnahmefällen in Betracht kommen.[246]

Umgekehrt kann im Ausnahmefall auch ein „Zuviel" an (Schein-)Innovationen bzw. **64** **unnötiger Produktwechsel** Ausdruck eines Marktmachtmissbrauchs sein. Dies ist etwa dann denkbar, wenn der Normadressat durch eine solche Strategie zu Lasten von Zulieferern oder Anbietern von Komplementärgütern seine dominierende Stellung auf die benachbarten Märkte ausdehnen will. Soweit diese Fälle nicht schon durch § 19 Abs. 2 Nr. 1 als Drittmarktbehinderung erfasst sind, kommt ein Rückgriff auf die Generalklausel in Betracht. Gleiches könnte bei Obsoleszenzstrategien von Plattformanbietern eintreten, wenn diese entgegen den Nutzererwartungen zu einer Verkürzung der Nutzungsdauer der Plattform führen und erneute Entscheidungen für die Plattform notwendig machen.[247]

**2. Diskriminierungspraktiken gegenüber Endverbrauchern.** Da das Regelbeispiel **64a** des § 19 Abs. 2 Nr. 1 nur die ungerechtfertigte ungleiche Behandlung von Unternehmen erfasst, lassen sich entsprechende Praktiken gegenüber privaten Endverbrauchern nur über die Generalklausel erfassen. Auch die grundsätzliche Unzulässigkeit einer Preisspaltung iSd § 19 Abs. 2 Nr. 3 gegenüber Endkunden hat der BGH letztlich aus § 19 Abs. 1 abgeleitet.[248] Mit der Setzung unterschiedlicher Preise für die gleichen Produkte gegenüber verschiedenen Kunden kann der Anbieter der individuellen Zahlungsbereitschaft des einzelnen Kunden bzw. einer Kundengruppe Rechnung tragen. Angesichts der im Zuge der Digitalisierung immens gestiegenen Menge an Informationen über ihre Kunden bestehen für viele Unternehmen erweiterte Möglichkeiten zu einer solchen **Preisdiskriminierung** bzw. ähnlichen Praktiken wie einem **Scoring,** bei dem die Kunden aufgrund bestimmter Merkmale bestimmten Preisgruppen (zB Versicherungstarifen, Kreditvertragskonditionen) zugeordnet werden.[249] Der Schritt von personalisierter Werbung zum **Einsatz personalisierter Preise** dürfte nicht mehr allzu groß sein.[250] Auch wenn eine Anknüpfung der Preisbildung an die Zahlungsfähigkeit und -bereitschaft des jeweiligen individuellen Kunden (bzw. bestimmter Gruppen von Kunden) nicht von vornherein zu missbilligen ist, würde eine flächendeckende Strategie zur Abschöpfung der maximalen Zahlungsbereitschaft jedes einzelnen Kunden durch ein marktbeherrschendes Unternehmen, so sie denn umsetzbar ist, doch erhebliche Bedenken wecken.[251] Denn letztlich würde die individualisierte Preissetzung dazu führen, dass es gar keinen Marktpreis mehr gibt und die Konsumentenrente vollständig zugunsten der Produzentenrente des Normadressaten aufgezehrt

---

[245] Höft S. 22.

[246] Ähnlich zurückhaltend Höft S. 22.

[247] In diese Richtung Louven S. 309, der zu Recht darauf verweist, dass bloße Verbesserungen oder Anpassungen an den Stand der Technik unproblematisch sind.

[248] Vgl. BGH 7.12.2010 – KZR 5/10, WuW/E DE-R 3145 Rn. 31 – Entega II; eine durchaus mögliche und hier befürwortete (→ Rn. 246) Anwendung des § 19 Abs. 2 Nr. 3 auf Preisspaltungen innerhalb des beherrschenden Marktes hat der BGH offen gelassen.

[249] Vgl. ausführlich zu personalisierten Preisen und Scoring aus ökonomischer Sicht Locher ZWeR 2018, 292 ff.; aus rechtlicher Perspektive insbes. Grothe S. 161 ff.; Paal GRUR 2019, 43 ff.

[250] Ob derartige Praktiken derzeit schon in größerem Umfang eingesetzt werden, wird (wohl zu Recht) bezweifelt, vgl. Salascheck/Serafimova WuW 2019, 118 (119) unter Hinweis auf eine Untersuchung der britischen Wettbewerbsbehörde CMA; Grothe S. 168 f.

[251] In diese Richtung auch Nothdurft in Bunte Rn. 542; anders Salascheck/Serafimova WuW 2019, 118 (121), die eine personalisierte Preissetzung gegenüber Endkunden offenbar nicht als ein kartellrechtliches Problem ansehen, sondern allenfalls unter lauterkeits- und verbraucherschutzrechtlichen Aspekten für fragwürdig halten.

würde. Zwar kann es insbes. ein berechtigtes Anliegen sein, die Kundenbasis zu verbreitern, indem finanzschwächeren Kunden der Erwerb des fraglichen Produkts durch einen günstigeren Preis überhaupt erst ermöglicht wird, während finanzstärkere bereit sind, einen höheren Preis zu zahlen. Problematisch an einer durchgängigen Setzung individualisierter Preise erscheint vor allem die **Ausnutzung der Informationsasymmetrie** durch den marktmächtigen Anbieter und die **mangelnde Transparenz:** Dieser verwendet die ihm zur Verfügung stehenden umfassenden Informationen über die Gewohnheiten, Präferenzen und finanziellen Verhältnisse der Abnehmer prinzipiell zu seinem eigenen Vorteil und zumindest teilweise zum Nachteil seiner Kunden.[252] Diesen dürfte zudem in aller Regel nicht bewusst sein, dass sie keinen allgemeinen Marktpreis, sondern einen individuell auf sie abgestimmten Preis zahlen. Die verdeckte Forderung personalisierter Preise verringert jedenfalls in erheblichem Umfang die Markttransparenz und behindert damit auch die Entfaltung normaler wettbewerblicher Prozesse. Aktuellen und potentiellen Konkurrenten des Marktbeherrschers wird es auf diese Weise womöglich erheblich erschwert, mit günstigeren Angeboten Marktanteilszuwächse zu Lasten des bereits dominanten Unternehmens zu erringen oder in den Markt einzutreten. Für eine abschließende Bewertung des Einsatzes individualisierter Preise fehlt es allerdings noch an sicheren Erkenntnissen über die tatsächlichen Möglichkeiten und konkreten Marktwirkungen.[253]

**65**　**3. Missachtung gesetzlicher Wertungen. a) Umgehungssachverhalte.** § 19 Abs. 1 kann im Einzelfall eingreifen, wenn ein marktbeherrschendes Unternehmen oder insbesondere eine marktbeherrschende Oligopolgruppe ein legislatives Regelungsanliegen oder eine kartellbehördliche Verfügung im Wesentlichen aus einer Umgehungsmotivation heraus vereitelt.[254] Ein Beispiel dafür waren Versuche zweier Unternehmen eines Automobilkonzerns nach Aufhebung der vertikalen Preisbindung für Markenwaren durch die 2. Novelle, ihr aus Eigenhändlern bestehendes Vertriebsnetz auf ein Kommissionsagentensystem umzustellen, um dann ohne Verstoß gegen § 14 aF Weisungen hinsichtlich der Verkaufspreise bei der Weiterveräußerung zu erteilen. Überschneidungen mit § 19 Abs. 2 Nr. 1, insbesondere wenn einzelne Betroffene mit der Zwangsalternative nicht einverstanden sind, den Wechsel auf ein Agentursystem mitzumachen oder aus dem Vertrieb auszuscheiden, sind ebenfalls möglich. Der Rückgriff auf den allgemeinen Missbrauchstatbestand erfasst über eine ggf. vorliegende Behinderung von Einzelunternehmen hinaus auch die generelle Verhinderung von Preiswettbewerb auf der Händlerebene trotz Beseitigung der Preisbindung.

**66**　**b) Rechtsverstöße gegen außerkartellrechtliche Normen. aa) Verstöße gegen das UWG.** Fraglich ist, ob sämtliche Verstöße marktbeherrschender Unternehmen gegen UWG-Vorschriften zugleich einen Missbrauch einer marktbeherrschenden Stellung iSv § 19 darstellen und damit automatisch Anlass zum Einschreiten der Kartellbehörde geben können.[255] Die Begründung des BKartA in seiner Entscheidung gegen den DFB enthielt Anklänge in dieser Richtung.[256] Da § 19 kein zusätzliches Durchsetzungsverfahren für nicht kartellrechtliche Vorschriften gegenüber marktbeherrschenden Unternehmen ist, lässt sich eine solche Auffassung in dieser Allgemeinheit aber nicht halten. § 19 knüpft an einen gesteigerten Markteinfluss von Unternehmen an, und die missbräuchliche Verhaltensweise

---

[252] Für grds. Missbräuchlichkeit personalisierter Preise daher Grothe S. 165 ff.; tendenziell, aber ohne abschließende Bewertung auch Nothdurft in Bunte Rn. 542, der zudem die Legitimation des privaten Normadressaten zu einer eher dem Staat vorbehaltenen Differenzierung nach der Leistungsfähigkeit des Nutzers bezweifelt.
[253] So auch Nothdurft in Bunte Rn. 542 aE; vgl. zur Bewertung personalisierter Preise auch Salascheck/Serafimova WuW 2019, 118 (119 ff.); Locher ZWeR 2018, 292 (300).
[254] Siehe hierzu BKartA TB 1973, 84; auch Möschel Der Oligopolmißbrauch S. 199 ff.
[255] So etwa Raisch in Wettbewerb als Aufgabe S. 357, 392; zust. Wiedemann in Wiedemann KartellR-HdB § 23 Rn. 57.
[256] BKartA 28.11.1972 – BM 625150 – TV – 106/71, WuW/E BKartA 1433, aufgehoben durch KG 20.11.1973 – Kart 3/73, WuW/E OLG 1429 – DFB.

muss dazu in einer zurechenbaren Beziehung stehen, die hier normative Kausalität genannt wurde (vgl. → Rn. 72). § 19 ist in solchen Fällen daher nur dann erfüllt, wenn die Marktmacht entweder das unlautere Handeln erst ermöglicht oder ihm eine spezifische Intensität in den negativen wettbewerblichen Auswirkungen verleiht.[257] Zur umgekehrten Frage der Anwendbarkeit der §§ 3 ff. UWG auf das Verhalten marktbeherrschender Unternehmen s. bereits unter → Rn. 48 ff.

**bb) Konditionenmissbrauch, insbes. durch Verstöße gegen AGB- und Daten-** 66a **schutzrecht.** Nach der Rechtsprechung des BGH kann die **Verwendung unzulässiger AGB** durch ein marktbeherrschendes Unternehmen auch außerhalb des § 19 Abs. 2 Nr. 2 einen nach der Generalklausel des Abs. 1 zu beurteilenden Ausbeutungsmissbrauch in Form des Konditionenmissbrauchs darstellen, „insbesondere dann, wenn die Vereinbarung der unwirksamen Klausel Ausfluss der Marktmacht oder einer großen Marktüberlegenheit des Verwenders ist"[258]. Unklar bleibt, ob damit über das allgemeine Kausalitätserfordernis (dazu → Rn. 6, 20) hinausgehende Anforderungen postuliert werden sollen. Klargestellt hat der BGH in diesem Zusammenhang, dass bei der Missbrauchsprüfung im Rahmen der Generalklausel die **gesetzliche Wertentscheidung** zu berücksichtigen ist, die der Inhaltskontrolle nach §§ 307 ff. BGB zugrunde liegt.[259] Daraus leitet er ab, dass in diesen Fällen auf einen Erheblichkeitszuschlag (wie ihn die Rechtsprechung in den Fällen des Preismissbrauchs nach Abs. 2 Nr. 2 für erforderlich hält – dazu → Rn. 235 ff.) zu verzichten ist, da die Unwirksamkeitsfolge nach § 307 BGB bereits eine Benachteiligung von einigem Gewicht voraussetze.[260] Mit diesem Ansatz rückt der BGH offenbar im Rahmen der Generalklausel vom Konzept der Gesamtbetrachtung des Klauselwerks bzw. „Leistungsbündels" ab, das er im Rahmen des § 19 Abs. 2 Nr. 2 zugrundelegt (dazu → Rn. 209 f.). Im Fall Claudia Pechstein hat der BGH die (den Sportlern aufgezwungene) Schiedsklausel des internationalen Eislaufverbandes einer Konditionenkontrolle in Form einer verfassungsrechtlichen Güterabwägung unterzogen, dabei aber einstweilen offengelassen, ob die Generalklausel oder das Regelbeispiel des § 19 Abs. 2 Nr. 2 heranzuziehen ist (vgl. auch → Rn. 211d).[261] Aus den Entscheidungen lässt sich jedenfalls ableiten, dass der BGH insgesamt einem weiten Verständnis der Konditionenkontrolle folgt, die nicht auf eine Parallele zur traditionellen Preishöhenkontrolle beschränkt ist. Vielmehr lässt sich zwischen einer auf (zumindest mittelbar) preiswirksame Vertragsbedingungen bezogenen **„quantitativen" Konditionenkontrolle** und einer **„qualitativen" Konditionenkontrolle** unterscheiden.[262] Während erstere sich im Prüfungsmaßstab mit einem primär marktbezogenen Vergleich des „Leistungsbündels" eng an die klassische Preishöhenkontrolle anlehnt und daher in Abs. 2 Nr. 2 angesiedelt ist, bezieht die darüber hinausgehende qualitative Konditionenkontrolle weitere bzw. andere Umstände wie Verstöße gegen außerkartellrechtliche Vorschriften oder gesetzliche Wertungen (zB im AGB- und/oder Datenschutzrecht) in die zur Feststellung eines Missbrauchs erforderliche umfassende Interessenabwägung ein. Es spricht daher einiges dafür, diese Form der Konditionenkontrolle in dem offeneren Tat-

---

[257] Vgl. Möschel Der Oligopolmißbrauch S. 196 ff.; Möschel, Pressekonzentration und Wettbewerbsgesetz, S. 152; Köhler, Wettbewerbs- und kartellrechtliche Kontrolle der Nachfragemacht, S. 55, 56; Hölzler/Satzky S. 97.

[258] BGH 6.11.2013 – KZR 58/11, WuW/E DE-R 4037 Rn. 65 – VBL Gegenwert; erneut bekräftigt durch 24.1.2017 – KZR 47/14, WuW 2017, 283 Rn. 35 – VBL Gegenwert II.

[259] So jetzt ausdrücklich BGH 6.11.2013 – KZR 58/11, WuW/E DE-R 4037 Rn. 65 – VBL-Gegenwert (unter Berufung auf Möschel in 4. Aufl. 2007, → Rn. 174) und 24.1.2017 – KZR 47/14, WuW 2017, 283 Rn. 35 – VBL-Gegenwert II; zuvor hatte der BGH die Frage offen gelassen, vgl. 6.11.1984 – KVR 13/83, WuW/E BGH 2103 (2107) – Favorit; vgl. auch → Rn. 209.

[260] BGH 6.11.2013 – KZR 58/11, WuW/E DE-R 4037 Rn. 66 – VBL-Gegenwert.

[261] BGH 7.6.2016 – KZR 6/15, NZKart 2016, 328 Rn. 48 ff. – Claudia Pechstein.

[262] So die prägnante Terminologie bei Nothdurft in Bunte Rn. 201 ff., 204 ff., der auch von „quantitativer" und „qualitativer Ausbeutung" spricht, die sich dadurch unterschieden, dass sich das Unwerturteil einmal auf einen Vergleich, das andere Mal auf eine Interessenabwägung stütze, Nothdurft in Bunte Rn. 141 f., Rn. 143 ff.; abl. Schönberger S. 47 Fn. 7.

bestand der Generalklausel anzusiedeln. Dementsprechend hat das BKartA seine Entscheidung zu den Konditionen des sozialen Netzwerks **Facebook** zu Recht auf § 19 Abs. 1 gestützt.[263] Den Kernvorwurf in dem Verfahren hat das BKartA dabei auf den Umstand gestützt, dass Facebook unter Verstoß gegen das Datenschutzrecht bzw. dessen Wertungen Daten gesammelt, verknüpft und verwertet habe (näher dazu → Rn. 212 ff.). Anders als das OLG Düsseldorf[264] (näher → Rn. 212b) ist der BGH[265] dem Ansatz des BKartAs im Ergebnis, wenn auch mit anderer Begründung gefolgt (näher → Rn. 215b). So stellt der BGH als Grundlage für den Vorwurf des Ausbeutungsmissbrauchs im Rahmen der Generalklausel des § 19 Abs. 1 auf den **Aspekt der aufgedrängten Leistungserweiterung** und Einschränkung der Wahlfreiheit der Nutzer ab.[266] In der Sache bleibt der Ansatz jedoch eine qualitative Konditionenkontrolle, die keine Prüfung der Kriterien des Regelbeispiels Abs. 2 Nr. 2 nach dem Maßstab des Als-ob-Wettbewerbs voraussetzt. Für die Feststellung der erforderlichen Ergebniskausalität genügt vielmehr die Darlegung, dass bei funktionsfähigem Wettbewerb andere Konditionen zu erwarten wären (näher → Rn. 72 ff.).

**67**    **4. Strukturveränderungen.** Einseitige missbräuchliche Verhaltensweisen und Veränderungen der Marktstruktur sind keine Gegensätze, die sich wechselseitig ausschließen. Auch Marktstrukturveränderungen gehen auf Unternehmensverhalten zurück. Umgekehrt haben bestimmte Behinderungsformen strukturelle Wirkungen. Daher wäre es verfehlt, § 19 von vornherein nicht auf Veränderungen der Marktstruktur, sondern nur auf sonstige schädliche Verhaltensweisen im Wettbewerb, vorzugsweise Formen des sog. Behinderungsmissbrauchs, anzuwenden. Die maßgebliche Rechtsfrage innerhalb des § 19 ist vielmehr, ob die Vorschrift aus bestimmten Gründen auf einzelne Verhaltensweisen mit einem besonderen Marktstrukturbezug, namentlich auf Zusammenschlussmaßnahmen, nicht anwendbar ist.[267]

**68**    **a) Herbeiführung oligopolistischer Marktbedingungen.** Oligopolistische Marktstrukturen können die Bedingungsannahmen von theoretischen Modellen in einem Ausmaß erreichen, dass das Marktverhalten der Beteiligten, insbesondere das Preisverhalten, mit der sog. oligopolistischen Reaktionsverbundenheit bzw. gar mit entsprechendem Marktzwang erklärt werden kann.[268] § 19 kommt hier neben § 1 dann ins Blickfeld, wenn die beteiligten Unternehmen solche Marktbedingungen erst künstlich geschaffen haben, um via Marktstruktur die mit Wettbewerb verbundenen Handlungsunsicherheiten und Risiken auszuschalten oder doch jedenfalls auf ein Minimum zu reduzieren. Denkbar wäre die **Herstellung weitgehender Markttransparenz** durch die Errichtung von Preismeldestellen, Kalkulationsaustausch, Veröffentlichung von Kalkulationsrichtlinien, Preislisten oder die so rechtzeitige Ankündigung von Preiserhöhungen, dass die Konkurrenz entsprechend mitziehen kann. Solcher Marktinformationsaustausch kann andere relevante Daten wie Absatzmengen, Rabatte oder auch neue produkt- und vertriebsmäßige Entwicklungen umfassen. Die Homogenität des Produktes kann durch Standardisierung, einheitliche Typung und Normung vorangetrieben werden. Die Gleichschaltung kann weitere Kostenfaktoren wie Frachtenregelungen, Verpackungen – kurz: den gesamten Vertrieb bis

---

[263] BKartA 6.2.2019 – B6–22/16, BeckRS 2019, 4895 Rn. 523 ff.; vgl. auch Fallbericht v. 15.2.2019, NZKart 2019, 178.

[264] OLG Düsseldorf 26.8.2019 – VI Kart 1/19 (V), NZKart 2019, 495.

[265] BGH 23.6.2020 – KVR 6)/19, NZKart 2020, 473 = WuW 2020, 525; vgl. hierzu zuletzt Schweitzer JZ 2022, 16 ff. (mit Überblick zum bisherigen Verfahrensgang und ausführlicher Auseinandersetzung mit der Schadenstheorie der aufgedrängten Leistungserweiterung).

[266] BGH 23.6.2020 – KVR 6)/19, NZKart 2020, 473 Rn. 58 ff. In seinem jüngst auf Vorlage des OLG Düsseldorf ergangenen Urteil bestätigt der EuGH die Position des BKartAs, dass die Wettbewerbsbehörde im Rahmen der Feststellung einer missbräuchlichen Ausnutzung einer marktbeherrschenden Stellung auch Verstöße gegen datenschutzrechtliche Bestimmungen berücksichtigen können EuGH 4.7.2023, C-252/21, WuW 2023, 416 – Meta Platforms; vgl. hierzu Barer DB 2023, 1782 ff.

[267] Vgl. Möschel Pressekonzentration und Wettbewerbsgesetz, S. 91.

[268] Im Einzelnen Möschel, Der Oligopolmißbrauch S. 194 ff.

hin zum Endverbraucher betreffen. Da § 19 zwar marktbeherrschende Stellungen hinnimmt, aber nicht ein Einschreiten gegen weitere, den Restwettbewerb beeinträchtigende Maßnahmen ausschließt, muss eine Missbrauchskontrolle über marktbeherrschende Oligopolgruppen solche Gestaltung der Marktbedingungen und der Wettbewerbsprozesse unterbinden können. Dies erweist sich gerade von dem auch hier bezogenen Standpunkt aus als folgerichtig, der Marktergebniskontrollen nach § 19 als wettbewerbspolitisch risikoreich und in ihrer Effizienz ohnehin nur als Notbehelf ansieht (vgl. → Rn. 203 ff.). § 19 bestätigt sich insoweit als **Auffang- und Ergänzungstatbestand zu § 1** (auch → Rn. 42). Was die materielle Missbrauchsschwelle anbelangt, gibt es, ähnlich wie bei Behinderungssachverhalten einzelner Unternehmen, keine realistische Alternative zur Methode, die Interessen der beteiligten Unternehmen einerseits mit denen von betroffenen Dritten andererseits „unter vorrangiger Berücksichtigung der auf die Sicherung von Wettbewerbsstrukturen ausgerichteten Zielsetzung der Missbrauchsaufsicht"[269] abzuwägen. Das Ausmaß der Wettbewerbserstarrung, die Intensität weiterer Wettbewerbsgefährdung durch die infrage stehenden Maßnahmen, feststellbare Wirkungsparallelen zu § 1 sowie das Gewicht möglicher sachlicher Gründe können dabei eine Rolle spielen.

**b) Zusammenschlüsse.** Bislang eher theoretisch als praktisch interessant ist die Frage, **69** ob auch Unternehmenszusammenschlüsse von § 19 Abs. 1 erfasst werden können. Nach Umwandlung der Vorschrift in eine Generalklausel durch die 1. Novelle von 1965 gab es eine Reihe befürwortender Stimmen.[270] Das wohl überwiegende Schrifttum folgerte aus der Entstehungsgeschichte des Gesetzes und einer vermeintlich abschließenden Regelung in § 23 aF (Anzeigepflicht für einzelne Zusammenschlusstatbestände), dass Konzentrationsmaßnahmen seitens marktbeherrschender Unternehmen von vornherein außerhalb der Reichweite der Missbrauchskontrolle lägen.[271] Nach Einführung einer ausdifferenzierten Fusionskontrolle durch die 2. Novelle von 1973 hatte die Frage ihre praktische Bedeutung verloren. Gleiches galt mit Rücksicht auf die Einschränkungen der Toleranzklauseln des § 24 Abs. 8 aF (= § 35 Abs. 2 S. 1) durch die 4. Novelle von 1980. Die wesentlichen Konsequenzen einer Anwendung des § 19 Abs. 1 auf Zusammenschlüsse lägen zum einen darin, dass insoweit auch Zusammenschlüsse unterhalb der Aufgreifschwellen des § 35 Abs. 1, Abs. 1a und auch nach Ablauf der Untersagungsfristen des § 40 Abs. 1, Abs. 2 noch ex post aufgelöst werden könnten. Zudem käme bei Feststellung eines Marktmachtmissbrauchs anders als nach § 42 Abs. 1 keine Ministererlaubnis in Betracht. Selbstverständlich kann und darf das ausdifferenzierte System der präventiven Fusionskontrolle nach §§ 35 ff. nicht generell durch eine nachträgliche Anwendung des § 19 Abs. 1 ausgehebelt werden. Bestandskräftige Freigabeentscheidungen des BKartAs sind und bleiben wirksam. Möglich und sinnvoll erscheint jedoch eine **ergänzende Anwendung des Missbrauchsverbots in einigen wenigen Ausnahmefällen,** wenn kein Fusionskontrollverfahren durchgeführt worden ist. Denn im Ausgangspunkt geht es um die Bekämpfung des „Missbrauchs wirtschaftlicher Macht",[272] der ua auch im Gewande eines wettbewerbsbeschränkenden Zusammenschlusses auftreten kann.[273] Stellt man in Rechnung, dass § 19 ebenso wie Art. 102 AEUV eine Missbrauchskontrolle in Ergänzung eines grundsätzlichen Kartellverbots schafft mit der gemeinsamen Zielrichtung der Aufrechterhaltung eines Systems unverfälschten Wettbewerbs, dann wird man für beide Normen die Frage parallel beantworten und ähnlich den Grundsätzen, welche der EuGH im „Continental Can"-Urteil entwickelt und jüngst

---

[269] So Bericht 1980, S. 25 im Zusammenhang mit dem Behinderungsmissbrauch.

[270] Siehe TB 1966, 11 f.; Mestmäcker, Der Mißbrauch marktbeherrschender Stellungen, S. 13, 16 ff.; Schmidt DB 1968, 1795 (1797); Fikentscher, Die Interessengemeinschaft, S. 33 f.; Baur, Der Mißbrauch im deutschen Kartellrecht, S. 88 ff., 190 ff.

[271] Vgl. namentlich Harms S. 146; Bartholomeyczik AcP 166, 30 (69).

[272] So schon der Ausschussbericht zum Erlass des GWB, Bericht 1957, S. 27.

[273] Grundlegend im Hinblick auf Art. 82 EG (jetzt: Art. 102 AEUV) Mestmäcker FS Hallstein, 1966, 322 ff.

im Fall „Towercast" bestätigt hat, Zusammenschlussmaßnahmen nicht von vornherein aus dem Anwendungsbereich des § 19 ausklammern.[274]

70    Ein Missbrauchsvorwurf kann einmal an die **verwandten Mittel** anknüpfen, etwa wenn ein beherrschendes Unternehmen einen Wettbewerber durch Kampfpreise zur Aufgabe seiner wirtschaftlichen Selbstständigkeit nötigt oder ein vertikal integriertes beherrschendes Unternehmen Kunden oder Lieferanten durch seine Absatz- oder Einkaufspolitik zum Zusammenschluss zwingt, etwa durch Ausschluss vom Geschäftsverkehr oder eine entsprechende Preispolitik.[275] Die Anwendung des Missbrauchsverbots auf derartige **aggressive Konzentrationsformen** ist verbreitet befürwortet worden.[276] Die Monopolkommission hat insoweit schon vor längerer Zeit eine klarstellende Gesetzesänderung angeregt.[277] Eine einschlägige **Entscheidungspraxis** gibt es allerdings bislang nicht. Das BKartA hat im Jahr 1967 einmal § 19 unter dem Aspekt geprüft, ob ein Kreidehersteller durch gezielte Preisunterbietungen und andere Druckmittel ein Unternehmen zu einem Zusammenschluss zwingen wollte.[278] Im Zusammenschlussfall „Springer-Elbe Wochenblatt" hat es beiläufig ausgeführt, dass die Verbreitung eines Anzeigenblattes durch ein marktbeherrschendes Zeitungsunternehmen unter § 19 fallen könne, falls dies zur Existenzgefährdung anderer Zeitungen führe.[279] Das KG hat im Zusammenhang mit einer Schutzgesetzprüfung des § 19 dahingestellt sein lassen, ob die Vorschrift auf sog. aggressive Konzentrationsformen anwendbar sei.[280] Das OLG Karlsruhe hat es abgelehnt, in der Integration eines Amtsanzeigers in das Anzeigenblatt einer Tageszeitung mit Monopolstellung eine unbillige Behinderung eines Anzeigenblattes zu sehen.[281]

71    Zum anderen wird man im Einklang mit dem primären Schutzzweck des § 19, den Restwettbewerb zu schützen und alle Maßnahmen zu erfassen, die ihn ohne sachlich gerechtfertigten Grund noch weiter beschränken, Unternehmenszusammenschlüsse auch wegen ihrer schädlichen **Wirkungen auf den Wettbewerb** als missbräuchliche Ausnutzung einer beherrschenden Stellung qualifizieren können. Dies dürfte jedenfalls dann der Fall sein, wenn durch einen Zusammenschluss sozusagen der letzte funktionsfähige Wettbewerb eliminiert wird. Zu denken ist etwa an einen Zusammenschluss zwischen Unternehmen, die bisher gemeinschaftlich beherrschend im Sinne von § 19 waren, an den Erwerb von Außenseitern auf gemeinsame Rechnung einer marktbeherrschenden Oligopolgruppe oder an eine vertikale Integration mit völligem Marktschließungseffekt auf einer Stufe.

71a    Darüber hinaus wird in neuerer Zeit diskutiert, ob der **systematische Aufkauf** von (potentiellen) Wettbewerbern, **insbes. von innovativen Start-ups,** bevor diese für den dominierenden Anbieter zur Gefahr werden können, ein frühzeitiges Eingreifen der Wettbewerbsbehörden erfordert. Einigermaßen rechtssicher handhabbare Kriterien für eine explizite Erweiterung der präventiven Fusionskontrolle de lege ferenda auf solche Erscheinungsformen der Unternehmenskonzentration, die insbes. im Bereich der Digitalwirtschaft zu beobachten sind, lassen sich derzeit jedoch noch nicht erkennen.[282] Die Einführung der

---

[274] Vgl. EuGH 21.2.1973 – 6/72, Slg. 1973, 215 (243 ff.) = WuW/E EWG/MUV 296 – Europemballage; KOMM. 9.12.1971 – IV/26811, ABl. 1972 L 7, S. 25 (37 ff.) = WuW/E EV 353; zum Ganzen Möschel, Der Oligopolmißbrauch, S. 161 ff.; Fuchs in Immenga/Mestmäcker, 6. Aufl. 2019, AEUV Art. 102 Rn. 393 ff.; bestätigt durch EuGH 16.3.2023, C-449/21, ECLI:EU:C:2023:207, NZKart 2023, 216 = WuW 2023, 207 – Towercast; vgl. hierzu Langguth NZKart 2023, 214 f.; von Schreitter NZKart 2023, 255 ff.

[275] Vgl. im Einzelnen mit Beispielen aus dem amerikanischen Recht Mestmäcker FS Hallstein, 1966, 322 (336 ff.).

[276] Vgl. Meinhold S. 123; weitergehend Möschel, Der Oligopolmißbrauch, S. 160 ff.; zust. Emmerich FS Böhm, 1975, 119 (132 ff.); Emmerich AG 1978, 150 (153).

[277] Hauptgutachten I Rn. 961.

[278] TB 1967, 46 mit TB 1969, 51.

[279] BKartA 18.1.1978 – B 6–745100–U–62/77, WuW/E BKartA 1700 (1705).

[280] KG 12.1.1976 – Kart 1/76, WuW/E OLG 1637 (1638) – Weichschaum; siehe auch BGH 31.10.1978 – KVR 3/77, WuW/E BGH 1556 (1560) – Weichschaum III.

[281] OLG Karlsruhe 13.6.1990 – 6 U 35/86, WuW/E OLG 4611 – Stadtkurier.

[282] Aus diesem Grund haben Schweitzer/Haucap/Kerber/Welker S. 151 ff. darauf verzichtet, einen neuen Tatbestand in der Fusionskontrolle für den systematischen Aufkauf von Start-ups zu fordern.

sog. Transaktionswertschwelle in § 35 Abs. 1a hat das Problem, dass derartige Zusammenschlüsse in aller Regel die allgemeinen Umsatzschwellen nicht erreichen und daher kontrollfrei bleiben, nicht gelöst.[283] Mit der Anhebung maßgeblicher Schwellenwerte in § 35 Abs. 1 Nr. 2 Hs. 2, Abs. 1a Nr. 2 lit. b) und der Ausweitung der Bagatellmarktausnahme in § 36 Abs. 1 S. 2 Nr. 2 durch die 10. GWB-Novelle[284] hat sich diese Problematik eher noch verschärft. Die mit § 39a zugleich neu eingeführte Möglichkeit einer Verfügung des BKartAs, mit der es im Einzelfall einem Unternehmen die Verpflichtung auferlegt, innerhalb der nächsten drei Jahre auch an sich nicht kontrollpflichtige Zusammenschlüsse in einem bestimmten Wirtschaftszweig anzumelden, ändert daran nur wenig. Zum einen ist der Anwendungsbereich dieses neuen Instruments eng; Voraussetzung für eine solche Aufforderung zur Anmeldung künftiger Zusammenschlüsse ist, dass das BKartA zuvor auf einem der betroffenen Wirtschaftszweige eine Sektoruntersuchung nach § 32e durchgeführt hat (§ 39a Abs. 3). Zum anderen zielt die Norm eher darauf ab, sog. stealth consolidations auf regionalen Märkten, insbes. in der Entsorgungswirtschaft, durch den flächendeckenden Aufkauf vieler kleiner Marktteilnehmer durch einen großen Player zu verhindern.[285] Die Vorschrift ist daher auch unter dem Namen „Remondis-Klausel" diskutiert worden.[286] Mit der 11. GWB-Novelle wird die Vorschrift mit geringen Änderungen in den neuen § 32f Abs. 2 GWB überführt. Nicht umgesetzt wurden dagegen Vorschläge zur Eindämmung **sog. „killer acquisitions"**, dh den systematischen Aufkauf wachstumsstarker und innovativer Start-ups insbesondere durch große Digitalkonzerne zur Verhinderung aufkeimenden Wettbewerbs.[287]

Als flexible Alternative für besondere Einzelfälle könnte insofern bereits de lege lata § 19 **71b** Abs. 1 herangezogen werden, wenn hinreichende Indizien für eine systematische Strategie des Aufkaufs kleinerer Wettbewerber oder Unternehmen benachbarter Märkte zwecks Eliminierung aktueller oder potentieller Konkurrenz und damit weiterer Verschlechterung der Marktstruktur vorliegen.[288] Bei einer nachträglichen Untersagung aller oder einzelner Teilakte zur Umsetzung dieser wettbewerbswidrigen und iSd § 19 missbräuchlichen Strategie könnte es dann zu entsprechenden Entflechtungen kommen. Zu beachten ist allerdings, dass nicht jeder Zusammenschluss eines Marktbeherrschers mit einem (potentiellen) Wettbewerber automatisch als Missbrauch zu qualifizieren ist. Erforderlich ist ein Nachweis, dass der Zusammenschluss der **Umsetzung einer wettbewerbswidrigen Strategie** der Absicherung oder Verfestigung der Marktbeherrschung gegenüber potentiellem oder möglicherweise aufkeimendem Wettbewerb durch das erworbene Unternehmen, der Ausdehnung der dominanten Marktstellung auf Nachbarmärkte oder einer Behinderung der technischen und wirtschaftlichen Entwicklung zu Lasten der Verbraucher dient. Entscheidend ist, dass der Zusammenschluss letztlich zu einer zusätzlichen strukturellen Verschlechterung

---

[283] Näher zu den Schutzlücken im System der präventiven Fusionskontrolle bei sog. „killer acquisitions" Fuchs FS Wiedemann, 2020, 303, 305 ff. mwN; zu Ausgestaltung und Anwendungsbereich der Transaktionswertschwelle und ihren kozeptionellen Schwächen Fuchs FS Dirk Schroeder, 2018, 271 ff.

[284] Vgl. hierzu näher Fülling in Bien/Käseberg/Klumpe/Körber/Ost 10. GWB-Novelle Kap. 5 Rn. 6 ff.

[285] Vgl. dazu Becker in Bien/Käseberg/Klumpe/Körber/Ost 10. GWB-Novelle Kap. 5 Rn. 37 f.; Fuchs FS Wiedemann, 2020, 303, 306 f.

[286] Steinvorth/Gasser WuW 2021, 155 f. Andere Bereiche mit wettbewerbsdämpfenden Konzentrationstendenzen unterhalb der Schwellenwerte hat das BKartA insbes. in den Bereichen Zement- und Transportbeton sowie Walzasphalt festgestellt, vgl. die Abschlussberichte der entsprechenden Sektoruntersuchungen vom Juli 2017 bzw. September 2012. Zur mangelnden Eignung des Instruments der Anmeldungsverfügung nach § 39a zur Erfassung von sog. „killer acquisitions" Fuchs FS Wiedemann, 2020, 303, 309 f.

[287] Vgl. hierzu zB Fuchs FS Wiedemann, 2020, 303, 307 ff.; Fülling in Bien/Käseberg/Klumpe/Körber/Ost 10. GWB-Novelle Kap. 5 Rn. 113.

[288] Fuchs FS Wiedemann, 2020, 303, 312 ff.; gleiches gilt im europäischen Kartellrecht: Nach der „Towercast"-Entscheidung des EuGH (→ Rn. 69) kann ein Unternehmenszusammenschluss, der keiner fusionskontrollrechtlichen Prüfung unterlag, nachträglich am primärrechtlichen Verbot des Art. 102 AEUV überpüft werden. Damit könnte es auch in der Anwendungspraxis zu einer Wiederbelebung der Continental Can-Doktrin kommen, vgl. zu deren Grundlage und Reichweite Fuchs in Immenga/Mestmäcker 6. Aufl. 2019, AEUV Art. 102 Rn. 393, 398 ff. mwN.

der Wettbewerbsbedingungen führt.[289] Für die Abgrenzung von wettbewerblich unbedenklichen Übernahmen von Start-ups kann auch der Nachweis eines wettbewerbsfeindlichen Motivs für den Zusammenschluss Bedeutung erlangen: Geht es dem marktbeherrschenden Unternehmen z. B. um den Erwerb einer komplementären Technologie zur Verbesserung des eigenen Produktangebots oder steht die Ausschaltung einer potentiellen Gefahr für die eigene dominante Marktstellung im Vordergrund?[290]. Indiz für letzteres kann zum einen sein, dass der derzeitige Marktbeherrschers im Falle des Erfolgs des Start-ups mehr zu verlieren hat, als er durch die Erzielung von Synergieeffekten, sonstigen Effizienzvorteilen oder die Markteinführung der Innovation gewinnen könnte. Zum anderen kann auch seine Bereitschaft zur Zahlung eines überhöhten, durch das innovative Geschäftsmodell oder die neue Technologie des Zielunternehmens nicht gerechtfertigten Preis darauf hindeuten, dass es ihm eher um die Ausschaltung einer (künftigen) Bedrohung seines etablierten Geschäftsmodells geht.[291]

**71c**   Der EuGH hat allerdings in seinem „Towercast"-Urteil zur Anwendung des Art. 102 AEUV auf Zusammenschlüsse einen sehr strengen materiellen Prüfungsmaßstab angelegt, der offensichtlich nicht jede zusammenschlussbedingte Verstärkung der Marktbeherrschung genügen lässt. Vielmehr müsse der Nachweis erfolgen, dass „der so erreichte Beherrschungsgrad den Wettbewerb wesentlich behindert", wobei dies voraussetze, dass „nur noch Unternehmen auf dem Markt bleiben, die in ihrem Marktverhalten von dem beherrschenden Unternehmen abhängen[292]. Damit dürfte der EuGH eine über den SIEC-Test hinausgehende hohe Hürde für die Feststellung eines fusionsbedingten Marktmachtmissbrauchs aufgestellt haben[293]. Ob dieser sehr restriktive Maßstab im deutschen Recht übernommen wird, bleibt abzuwarten. Jedenfalls wären deutsche Gerichte nach Art. 3 Abs. 2 S. 2 VO 1/2003 nicht gehindert, im Rahmen des § 19 GWB gegen missbräuchliche Verhaltensweisen im Kontext von (nicht unter die europäische oder nationale Fusionskontrolle fallenden) Zusammenschlüsse in weitergehendem Umfang als nach Art. 102 AEUV vorzugehen.

### III. Verhältnis zwischen Marktmacht und Missbrauch

**72**   **1. Kausalitätserfordernis.** Die potentiell missbräuchliche Verhaltensweise muss einen hinreichenden **Bezug zu der marktbeherrschenden Stellung** des Normadressaten aufweisen. Dieser ist jedenfalls gegeben, wenn das fragliche Unternehmen die inkriminierte Verhaltensweise nur wegen seiner dominierenden Stellung praktizieren kann.[294] Anders als der frühere Wortlaut des § 19 Abs. 1 suggerierte („Ausnutzung einer marktbeherrschenden Stellung") war eine solche strenge Kausalität in dem Sinne, dass erst die Marktmacht des Normadressaten die betreffende Verhaltensweise ermöglicht, aber nicht in jedem Fall erforderlich. Grundsätzlich ausreichend ist vielmehr, darüber bestand bereits vor der 10. GWB-Novelle jedenfalls für den Bereich des Behinderungsmissbrauchs Einigkeit, eine **„normative Kausalität"** in dem Sinne, dass es genügt, wenn die marktbeherrschende Stellung für die wettbewerbsschädlichen Folgen des Marktverhaltens des Normadressaten ursächlich ist.[295] § 19 Abs. 1 verlangt in diesem Sinne lediglich eine **Ergebniskausalität.**[296] Dafür spricht, dass die meisten potentiell wettbewerbsschädlichen Verhaltensweisen auch anderen Unternehmen ohne Rücksicht auf ihre Marktmacht (zumindest theoretisch) offen-

---

[289] Näher hierzu Fuchs FS Wiedemann, 2020, 303, 317.

[290] Fuchs FS Wiedemann, 2020, S. 303, 318; zur Bedeutung von „intent evidence" im Kontext des Monopolisierungstatbestands nach Sec. 2 Sherman Act ebenso Hemphill/Wu, „Nascent Competitors", 19.6.2020 (abrufbar unter https://ssrn.com/abstract=3624058, zuletzt abgerufen am 26.7.2022).

[291] Näher hierzu und zu weiteren Kriterien für die Identifizierung einer wettbewerbseindlichen Acquisitionsstrategie Fuchs FS Wiedemann, 2020, 303, 318 ff., 320.

[292] EuGH 16.3.2023, C-449/21, ECLI:EU:C:2023:207, NZKart 2023, 216 = WuW 2023, 207 Rn. 52 – Towercast.

[293] Ähnlich von Schreitter, NZKart 2023, 255, 256 f. („besonders starke strukturelle Überlegenheit").

[294] S. etwa BGH 4.11.2003 – KZR 16/02, WuW/E DE-R 1206 f. – Strom und Telefon I.

[295] Vgl. Nothdurft in Bunte Rn. 553.

[296] So auch Bechtold/Bosch Rn. 5; Loewenheim in LMR, 2. Aufl. 2009, Rn. 14.

stehen, etwa die Praktizierung von Kopplungs- oder Ausschließlichkeitsbindungen oder bestimmter Rabattsysteme, Geschäftsverweigerungen usw. Wollte man eine „Ausnutzung" der marktbeherrschenden Stellung nur bei strenger Kausalität im Sinne einer conditio sine qua non für die missbräuchliche Verhaltensweise annehmen, bliebe für das Missbrauchsverbot kaum noch ein Anwendungsbereich.[297] Gravierende wettbewerbsschädliche Auswirkungen, die aus der Verfolgung einer grundsätzlich auch Unternehmen ohne Marktmacht möglichen Geschäftspolitik durch einen Marktbeherrscher resultieren, könnten nicht mehr wirksam bekämpft werden. Zumindest für den Bereich des Behinderungsmissbrauchs herrscht daher in der Anwendungspraxis wie in der Literatur schon seit langem Einigkeit, dass ein **kausaler Zusammenhang zwischen der Marktmacht** des Normadressaten **und den potentiellen negativen Marktwirkungen** der fraglichen missbräuchlichen Verhaltensweise genügt.[298] Für andere Fallkonstellationen, insbesondere den Ausbeutungsmissbrauch (→ hierzu Rn. 234a f.) und den sog. qualitativen Konditionenmissbrauch (→ hierzu Rn. 66a, 211e, 212 ff.), der vor allem durch das Facebook-Verfahren und die dabei zu Tage getretenen unterschiedlichen Rechtsauffassungen große Aufmerksamkeit erfahren hat, wurden dagegen teilweise weitergehende Anforderungen an den Kausalzusammenhang gestellt.[299] Dem ist der Gesetzgeber im Zuge der 10. GWB-Novelle durch die **Streichung des Merkmals der „missbräuchlichen Ausnutzung" in § 19 Abs. 1** entgegengetreten.

**2. Besondere Kausalitätsanforderungen in bestimmten Fällen? a) Meinungs- 72a stand bis zur 10. GWB-Novelle.** Dies gilt in erster Linie für die **Fälle des Ausbeutungsmissbrauchs** (vgl. → Rn. 238 f.). Beim klassischen **Preishöhenmissbrauch** nach § 19 Abs. 2 Nr. 2 ging man bislang meist implizit davon aus, dass die Forderung unangemessen hoher Entgelte nur aufgrund der Marktmacht des Normadressaten durchsetzbar ist. Der Nachweis einer solchen strengen Kausalität bereitet hier allerdings in der Regel auch keine Probleme. Wird im Wege der Vergleichsmarktbetrachtung eine signifikante Abweichung vom hypothetischen Wettbewerbspreis festgestellt, besteht gewissermaßen „eine gesetzliche Vermutung der Kausalität",[300] die nur bei einer sachlichen Rechtfertigung der Abweichung widerlegbar ist. Gleiches soll für die Preisspaltung nach § 19 Abs. 2 Nr. 3 gelten.[301] Auch beim Anzapfverbot ging der BGH schon seit langem davon aus, dass dem damals noch vorhandenen Merkmal der missbräuchlichen „Ausnutzung" der marktbeherrschenden Stellung keine eigenständige Bedeutung zukam, sondern der Zusammenhang zwischen überlegener Marktmacht und den nach § 19 Abs. 2 Nr. 5 verbotenen Verhaltensweisen „bereits durch die Beschränkung der Normadressaten auf marktstarke Unternehmen gewährleistet ist".[302] Die 9. GWB-Novelle sorgte dann mit der Streichung des Merkmals für eine entsprechende Klarstellung.[303]

Sehr umstritten blieb dagegen, ob in den Fällen des **(qualitativen) Konditionenmiss- 72b brauchs** eine strenge Kausalitätsbeziehung zwischen der Marktmacht des Normadressaten und der Forderung ausbeuterischer bzw. auf sonstige Weise unangemessener Vertragsbedingungen erforderlich ist.[304] Während das BKartA in seiner (auf § 19 Abs. 1 gestützten)

[297] Nothdurft in Bunte Rn. 552.

[298] KG 26.1.1977 – Kart 27/76, WuW/E OLG 1767 (1770 f.) – Kombinationstarif; 12.11.1980 – Kart 32/79, WuW/E OLG 2403 (2410 f.) – Fertigfutter; Wiedemann in Wiedemann KartellR-HdB § 23 Rn. 55; Wolf in MüKoWettbR Rn. 34; Nothdurft in Bunte Rn. 553 mwN.

[299] Überblick über den Meinungsstand bis zur 10. GWB-Novelle zuletzt bei Bueren in Bien/Käseberg/Klumpe/Körber/Ost 10. GWB-Novelle Kap. 1 Rn. 10 ff. mwN.

[300] So ausdrücklich Nothdurft in Bunte Rn. 194, 554.

[301] Vgl. BGH 22.7.1999 – KVR 12/98, WuW/E DE-R 375 – Flugpreisspaltung.

[302] BGH 23.1.2018 – KVR 3/17, WuW 2018, 209 = NZKart 2018, 136 Rn. 85 – Hochzeitsrabatte; ebenso zuvor schon BGH 24.9.2002 – KVR 8/01, BGHZ 152, 97, 112 f. – Konditionenanpassung. Näher zum Anzapfverbot → Rn. 372 ff.

[303] BegrRegE BT-Drs. 18/10207, 52.

[304] So nachdrücklich zuletzt Schönberger, Struktur und Grenzen des Missbrauchsbegriffs, 2022, S. 56 ff., 84 f., vgl. auch den Überblick zum Meinungsstand vor der 10. GWB-Novelle bei Bueren in Bien/Käseberg/Klumpe/Körber/Ost 10. GWB-Novelle Kap. 1 Rn. 13 ff. mwN.

**Facebook-Entscheidung** bei einem qualitativen (dh aus dem Verstoß gegen gesetzliche Wertungen des Datenschutz- und AGB-Rechts abgeleiteten) Konditionenmissbrauch eine normative bzw. Ergebniskausalität genügen ließ,[305] wurde in der Literatur verbreitet eine strenge Verhaltenskausalität in dem Sinne verlangt, dass sich die unangemessenen Konditionen nur aufgrund der marktbeherrschenden Stellung durchsetzen ließen.[306] Dahinter steckte das im Ansatz begrüßenswerte Bestreben, eine ausufernde Anwendung des Konditionenmissbrauchs auf jegliche Rechtsverstöße eines Marktbeherrschers gegen Normen des AGB- und/oder Datenschutzrechts zu vermeiden. Der BGH hat insoweit noch keine ganz klare Position bezogen. In den VBL Gegenwert-Entscheidungen I und II wird zwar auf den Aspekt der marktmachtbedingten Durchsetzung rechtswidriger Konditionen Bezug genommen, ohne dies jedoch zur Voraussetzung für die Anwendung der Generalklausel zu machen.[307] In der Facebook-Entscheidung hat der BGH dann entschieden, dass bei einem Konditionenmissbrauch nach § 19 Absatz 1 GWB „nicht stets" ein Kausalzusammenhang zwischen der Marktbeherrschung und dem missbilligten Verhalten iSd Verhaltenskausalität erforderlich sei; jedenfalls für die Fälle, in denen kein reiner Ausbeutungsmissbrauch vorliege, sondern zugleich mit ausbeuterischen Konditionen gegenüber Verbrauchern ein Behinderungsmissbrauch gegenüber Wettbewerbern erfolge, genüge eine normative oder Ergebniskausalität.[308]

**72c**    **b) Die Bedeutung der Streichung des Merkmals „Ausnutzung" der Marktstellung.** Im Zuge der 10. GWB-Novelle hat der Gesetzgeber nunmehr das Merkmal des missbräuchlichen „Ausnutzens" der marktbeherrschenden Stellung im Grundtatbestand des § 19 Abs. 1 gestrichen und damit die in der 9. GWB-Novelle erfolgte Klarstellung „auf alle Fälle des Ausbeutungsmissbrauchs" bzw. „alle Missbrauchskonstellationen und Regelbeispiele" erstreckt.[309] Nach Ansicht des Gesetzgebers ist somit **generell,** also für den gesamten Tatbestand des § 19 GWB, **lediglich** eine **Ergebniskausalität erforderlich.**[310] Während für die Fälle des Behinderungsmissbrauchs seit jeher anerkannt ist, dass sich eine normative Kausalität aus den wettbewerbsschädlichen Auswirkungen des missbräuchlichen Verhaltens des Marktbeherrschers ergibt, folge dies bei einem Ausbeutungsmissbrauch „aus dem Gesetzeszweck des Schutzes der Marktgegenseite, einschließlich der Verbraucher vor Machtausübung und Übervorteilung (so schon die Begr. 1955, BT-Drs. 1158, S. 22 linke Spalte), des Schutzes ihrer Wahlfreiheit (BGH, Urteil vom 23. Juni 2020, KVR 69/19, Rn. 123 – Facebook) sowie des Schutzes vor machtbedingter Fremdbestimmung durch den Vertragspartner (BGH, Urteil vom 7. Juni 2016, KZR 6/15, Rn. 55–57 – Pechstein) angesichts der durch die Marktbeherrschung eingeschränkten Möglichkeit der Marktgegenseite, sich dem Verhalten des Normadressaten durch Ausweichen auf andere Unternehmen

---

[305] BKartA 6.2.2019 – B6–22/16, BeckRS 2019, 4895 Rn. 872 ff.; vgl. auch Fallbericht v. 15.2.2019, NZKart 2019, 178 (183); für Ergebniskausalität aus der Literatur auch Mohr EuZW 2019, weitergehend für den „gesamten Bereich des Ausbeutungsmissbrauchs" Nothdurft in Langen/Bunte, 13. Aufl. 2018, Rn. 474.

[306] Vgl. Franck ZWeR 2016, 137 (151); Körber NZKart 2016, 348 (§ 55); Esser FS Dirk Schroeder, 2018, 249 (264 f.); Körber NZKart 2019, 187 (192 f.) zuletzt Schönberger S. 83 f. jeweils mwN; ebenso OLG Düsseldorf 26.8.2019 – VI Kart 1/19 (V), NZKart 2019, 495 (499 f.) = BeckRS 2019, 18837; eine Mitursächlichkeit der Marktbeherrschung für die fragliche Verhaltensweise lassen genügen Ellger WuW 2019, 446 (453); Bergmann/Modest NZKart 2019, 531 (534).

[307] Vgl. BGH 6.11.2013 – KZR 58/11, WuW/E DE-R 4037 Rn. 65 – VBL Gegenwert („insbesondere dann, wenn die Vereinbarung der unwirksamen Klausel Ausfluss der Marktmacht oder einer großen Marktüberlegenheit des Verwenders ist" – Hervorhebung hinzugefügt); erneut bekräftigt durch 24.1.2017 – KZR 47/14, WuW 2017, 283 Rn. 35 – VBL Gegenwert II.

[308] BGH 23.6.2020 – KVR 69/19, NZKart 2020, 473. In der Literatur wird dieser Ansatz teilweise auch als „abgeschwächte Verhaltenskausalität", so Nagel/Hillmer DB 2021, 327 (328); Nagel/Horn ZWeR 2021, 78 (100), teilweise aber auch als „abgeschwächte Ergebniskausalität" qualifiziert, so Walzel CR 2020, 673 675); zutreffend ist Letzteres, so auch Schweitzer JZ 2022, 16 (21).

[309] BegrRegE BT-19/23492, 70.

[310] BegrRegE BT-19/23492, 71.

zu entziehen oder sich dagegen zur Wehr zu setzen, und den damit verbundenen markt-machtspezifischen Wirkungen zum Nachteil der Marktgegenseite"[311]

Auf der anderen Seite wendet sich die Gesetzesbegründung zutreffend dagegen, jegliche **72d** Rechtsverstöße von Marktbeherrschern kartellrechtlich zu sanktionieren. Berücksichti-gungsfähig im Rahmen der Prüfung eines Marktmachtmissbrauchs nach § 19 GWB seien nur Verstöße gegen Rechtsnormen, die „den Inhalt von Marktbeziehungen zum Gegen-stand haben oder auf sie einwirken".[312] Dazu gehörten insbes. nicht Vorschriften des Steuer-, Arbeits- oder Umweltrechts. Sofern Rechtsnormen „zumindest auch den Schutz des Vertragspartners in Marktbeziehungen zum Gegenstand haben oder in diese Rechts-beziehungen hineinwirken" seien aber Verstöße nicht deshalb auszublenden, weil sie sie faktisch auch von Unternehmen ohne besondere Marktmacht begangen werden können.[313] Ob man daraus allerdings weitergehend schließen kann, dass künftig der Verstoß eines Marktbeherrschers gegen Rechtsnormen, die den Schutz des Vertragspartners in Markt-beziehungen vor Übervorteilung oder Fremdbestimmung zum Gegenstand haben (wie etwa die DSGVO), ohne weiter zur Begründung eines Konditionenmissbrauchs nach § 19 Abs. 1 GWB ausreicht,[314] erscheint sehr fraglich. Vielmehr hat der Gesetzgeber mit der Beseitigung des Erfordernisses der „Ausnutzung" der marktbeherrschenden Stellung ledig-lich den Weg frei machen wollen für eine flexiblere normzweckkongruente Handhabung des Missbrauchsverbots.

Dieser Ansatz entspricht im Grundsatz der hier bereits in der Voraufl. vertretenen **72e** **differenzierten Herangehensweise.** Auf der einen Seite kann nicht jeder Rechtsverstoß (insbes. gegen Normen des AGB- oder Datenschutzrechts) nur deshalb, weil er von einem marktbeherrschenden Unternehmen begangen wird und potentiell eine erhebliche Anzahl von Marktteilnehmern trifft, als ein Verstoß gegen das Missbrauchsverbot qualifiziert werden. Erforderlich ist vielmehr ein **spezifischer Wettbewerbs- bzw. Marktbezug,** dh die fragliche Verhaltensweise muss zu einer potentiellen Verschlechterung der Wett-bewerbsbedingungen auf dem betroffenen Markt führen. Auf der anderen Seite würde ein strenges Kausalitätserfordernis im Sinne von Marktmacht als conditio sine qua non für die Praktizierung rechtswidriger Klauseln die Anwendung des Missbrauchsverbots zu sehr ein-schränken.[315] Vielmehr muss es genügen, wenn ein **qualifizierter normativer Kausal-zusammenhang** besteht: Dafür genügt nicht, dass die außerkartellrechtlichen Vorschrif-ten, gegen die der Marktbeherrscher verstößt, abstrakt als Marktverhaltensnormen iSd § 3a UWG einzuordnen sind (wie es etwa bei den §§ 307 ff. BGB der Fall ist).[316] Vielmehr muss im Einzelfall die Wettbewerbsrelevanz und damit **die konkrete Eignung** der fraglichen Konditionen **zur negativen Beeinflussung der Wettbewerbsverhältnisse** dargetan wer-den. Das dürfte jedenfalls dann gegeben sein, wenn sich die Auswirkungen einer Geschäft-spraxis nicht in einem rein quantitativen Ausbeutungsmissbrauch iSd § 19 Abs. 2 Nr. 2 gegenüber Endverbrauchern erschöpfen, sondern neben der insoweit ausschließlich ver-tikalen Schutzrichtung zugleich Elemente des Behinderungsmissbrauchs aufweisen und Konkurrenten des Normadressaten bzw. Unternehmen auf vor- oder nachgelagerten Märk-ten in ihren wettbewerblichen Betätigungsmöglichkeiten einschränken. Herausragendes

---

[311] BegrRegE BT-19/23492, 71.
[312] BegrRegE BT-Drs. 19/23492, 71.
[313] BegrRegE BT-Drs. 19/23492, 71.
[314] So Schweitzer JZ 2022, 16 (19, 21, 26), die von der gesetzlichen Anerkennung einer neuen Fallgruppe „Missbrauch durch Rechtsbruch" ausgeht.
[315] Ein solcher Nachweis dürfte sich in der Praxis kaum jemals erbringen lassen, da zumindest theoretisch auch Unternehmen ohne Marktmacht in der Lage wären, die gleichen Konditionen zu stellen. Im Unter-schied zu signifikant überhöhten Preisen, die solche Unternehmen zwar ebenfalls fordern, im Markt aber praktisch nicht durchsetzen könnten, besteht aufgrund der eingeschränkten Funktionsfähigkeit des Konditio-nenwettbewerbs und der rationalen Apathie der Kunden bei Verwendung von AGB sogar eine realistische Chance, dass außer dem Marktbeherrscher auch andere Marktteilnehmer unangemessene Klauseln im Markt praktizieren können.
[316] Vgl. nur Köhler in Köhler/Bornkamm/Feddersen UWG § 3a Rn. 1.288.

Beispiel aus jüngster Zeit ist insoweit der vom BKartA (zu Recht unter Heranziehung der Generalklausel des Abs. 1) entschiedene **Facebook-Fall,** in dem die Behörde für den kartellrechtlichen Missbrauchsvorwurf durch unangemessene Datenverarbeitungskonditionen nicht nur auf den Kontrollverlust und die Fremdbestimmung der Nutzer abstellte, sondern zugleich auf die Behinderungswirkungen der rechtswidrigen Datensammlung und -zusammenführung zulasten von Wettbewerbern (ausführlich hierzu → Rn. 212 ff.). Der BGH hat insoweit zwar den Akzent vom Kontrollverlust bezüglich der Datenverwendung auf die aufgedrängte Leistungserweiterung und Einschränkung der Wahlfreiheit der Nutzer verschoben, in der Sache aber daran festgehalten, dass die beanstandete Verhaltensweise des Marktbeherrschers zu Marktergebnissen führen muss, die bei funktionsfähigem Wettbewerb nicht zu erwarten wären.[317]

72f   Ob man darüber hinaus auch in den klassischen Fällen des (quantitativen) Preishöhen- und (preisbezogenen) Konditionenmissbrauchs eine bloße normative oder Ergebniskausalität ausreichen lassen sollte,[318] ist fraglich, aber in der Praxis von geringer Relevanz. Da die Feststellung eines Missbrauchs in diesen Fällen eine vorrangig über Vergleichsmarktkonzepte zu ermittelnde **erhebliche Abweichung vom wettbewerbsanalogen Preis bzw. Leistungsbündel** voraussetzt, spricht eine **tatsächliche Vermutung für die verhaltensbezogene Kausalität der marktbeherrschenden Stellung** des Normadressaten. Zwar kann (theoretisch) auch ein Unternehmen ohne Marktmacht (krass) überhöhte Preise verlangen, dies dürfte jedoch wenig erfolgversprechend und von vornherein ohne schädliche Auswirkungen auf die Marktgegenseite bleiben, die einfach auf günstigere Angebote der Konkurrenten ausweichen kann. Bei Feststellung eines erheblich erhöhten Preisniveaus im relevanten Markt spricht dagegen prima facie alles dafür, dass dieses auf der besonderen Marktmacht des Normadressaten beruht. Bei unangemessenen Vertragsklauseln mag es zwar wegen der generell eingeschränkten Funktionsfähigkeit des Konditonenwettbewerbs grundsätzlich schwieriger sein darzutun, dass die nachteiligen Konditionen nur aufgrund von Marktmacht durchsetzbar waren. Bei Klauseln, die sich (zumindest mittelbar) auf das Preis-/Leistungsverhältnis auswirken (sog. „quantitativer Konditionenmissbrauch")[319], ist im Rahmen des § 19 Abs. 2 Nr. 2 jedoch das gesamte Leistungsbündel in den Marktvergleich einzubeziehen, so dass sich die Situation praktisch nicht vom Preishöhenmissbrauch unterscheidet und bei Vorliegen eines ausbeuterischen Gesamtangebots ebenfalls eine tatsächliche Vermutung dafür streitet, dass sich dieses nur aufgrund der großen Marktmacht des Normadressaten hat durchsetzen lassen.

72g   Im Ergebnis zeigt auch der in der Gesetzesbegründung zum Ausdruck kommende Ansatz, dass Verhaltens- und Ergebniskausalität nicht beziehungslos nebeneinander stehen, sondern dass die Berücksichtigung einerseits der Normzwecke des Verbots von Marktmachtmissbrauchs in Ausbeutungskonstellationen (Schutz der Marktgegenseite vor Übervorteilung, Schutz ihrer Wahlfreiheit und Schutz vor machtbedingter Fremdbestimmung), andererseits der Ausweichmöglichkeiten der Marktgegenseite sowohl Aspekte der normativen als auch der Verhaltenskausalität in sich vereint.[320] Zwischen beiden Formen der Kausalität besteht **kein Aliud-Verhältnis,** sondern die **Verhaltenskausalität ist eine besonders starke Form der Ergebnis- oder normativen Kausalität.**[321] Andererseits sind bei der Bewertung der normativen Kausalität die Ausweichmöglichkeiten der Markt-

---

[317] BGH 23.6.2020 – KVR 69/19, NZKart 2020, 473 Rn. 80 f.

[318] Dafür Nothdurft in Bunte Rn. 8, 199, 230; dagegen Schönberger S. 186 f., der annimt, dass der „Verzicht auf eine strikte Kausalität in Ausbeutungskonstellationen bei der künftigen Auslegung des § 19 GWB keinesfalls zwingend" sei (S. 187).

[319] Vgl. bereits → Rn. 66a.

[320] Ähnlich Bueren in Bien/Käseberg/Klumpe/Körber/Ost 10. GWB-Novelle Kap. 1 Rn. 23, der von einer „doppelten Beziehung" zwischen Verhaltens- und normativer Kausalität spricht: erstere sei gleichsam ein Regelbeispiel für letztere; bei der Prüfung normativer Kausalität sei dagegen „(der nachweisbare Grad von) Verhaltenskausalität in Gestalt der Ausweichmöglichkeiten der Nachfrager generell [...] zu berücksichtigen".

[321] Bueren in Bien/Käseberg/Klumpe/Körber/Ost 10. GWB-Novelle Kap. 1 Rn. 37.

gegenseite zu berücksichtigen. Jenseits rein quantitativer Ausbeutungsmissbräuche können dabei besondere Marktumstände wie etwa ausgeprägte Informationsasymmetrien, Netzwerkeffekte oder verhaltensökonomische Besonderheiten, die zu unerwünschten, bei funktionsfähigem Wettbewerb nicht zu erwartenden Ergebnissen führen, berücksichtigt werden. Damit geht der neue Ansatz zwar über eine bloße „Klarstellung" hinaus,[322] führt aber auch nicht zu einem „tiefgreifenden Paradigmenwechsel",[323] sondern modifiziert den Kausalitätsmaßstab letztlich nur moderat.[324] Im Anwendungsbereich des § 19 Abs. 2 Nr. 2 ergeben sich keine Änderungen: Die Vorschrift gibt als lex specialis den Prüfungsmaßstab des Als-ob-Wettbewerbs und damit eine starke Form der normativen Kausalität vor, wobei insoweit weiterhin eine Vermutung von Verhaltenskausalität greift (→ Rn. 72d).[325]

## C. Unbillige Behinderung, Diskriminierung (Abs. 2 Nr. 1)

**Schrifttum:** Alexander, Pressevertrieb im Umbruch, ZWeR 2012, 215; Bach, Gescheiterte Selbstregulierung im Pressegrosso, Selbstregulierung und Einschränkungen des Diskriminierungsverbots, NJW 2012, 728; Barthelmeß, Die Intel-Entscheidung des Europäischen Gerichts: Per Se Missbräuchlichkeit von Ausschließlichkeitsrabatten unter Art. 102 AEUV und eingeschränkte Bedeutung des AEC-Tests, NZKart 2014, 492; Bauer, Kartellrechtliche Zulässigkeit von Beschränkungen des Internetvertriebs im selektiven Vertriebssystem, WRP 2003, 243; Baur, Das Diskriminierungsverbot im Energieversorgungsbereich, 1979; Bechtold, Zulassungsansprüche zu selektiven Vertriebssystemen unter besonderer Berücksichtigung der Kfz-Vertriebssysteme, NJW 2003, 3729; Belke, Die Geschäftsverweigerung im Recht der Wettbewerbsbeschränkungen, 1966; Benisch, Verschiebung des Marktrisikos durch Lieferzwang – Bemerkungen zum Diskriminierungsrecht, in: FS Pfeiffer, S. 607; Berns, Marktmachtmissbrauch auf Ersatzteilmärkten im deutschen, europäischen und US-amerikanischen Markt, 2013; Beutelmann, Die guten ins Tröpfchen…Zur Auswahl der zugelassenen Händler in selektiven Vertriebssystemen, ZWeR 2013, 346; Beuthien/Götz, Gesellschaftsrechtliche Aufnahmefreiheit und wettbewerbsrechtliches Diskriminierungsverbot, ZfgG 1978, 375; Bien/Hummel, Ende des More Economic Approach bei der Beurteilung von Rabattsystemen?, EuZW 2012, 737; Bodenstein, Kartellrechtliche Bewertung von Rabatten marktbeherrschender Unternehmen, 2013; Böni, Kartellrechtliche Aspekte des Automobilvertriebs, WuW 2013, 479; Bruhow/Nordemann, Grenzen ausschließlicher Rechte durch Kartellrecht, GRUR Int. 2005, 407; Bunte, Die Anwendung des Diskriminierungsverbots des § 26 Abs. 2 GWB auf den Wettbewerb beim Kfz-Leasing, DB 1988, 637; Burkert, Die Zulässigkeit von Kopplungsgeschäften aus wettbewerbsrechtlicher Sicht, 1992; Busche, Privatautonomie und Kontrahierungszwang, 1999; Carlhoff, Das Diskriminierungsverbot nach § 26 II GWB in der Rechtsprechung des BGH, 1988; Dallmann, Englische Klauseln nach der 7. GWB-Novelle, WRP 2006, 347; Deichfuß, Die Rechtsprechung der Instanzgerichte zum kartellrechtlichen Zwangslizenzeinwand nach „Orange-Book-Standard", WuW 2012, 1156; Derleder, Wirtschaftliche Diskriminierung zwischen Freiheit und Gleichheit, 1967; Ebel, Das Diskriminierungsverbot (§ 26 Abs. 2 GWB) im Bereich der Energieversorgung, WRP 1982, 243; Ebenroth, Absatzmittlungsverträge im Spannungsfeld von Kartell- und Zivilrecht, 1980; Ebenroth/Parche, Die kartell- und zivilrechtlichen Schranken bei der Umstrukturierung von Absatzmittlungsverhältnissen, BB Beil. 10/1988; Emde, Anspruch von Vertriebsmittlern auf Zugang zum Vertriebssystem eines Unternehmers – Kontrahierungsanspruch, Belieferungsanspruch und ihr Verhältnis zum Schadensersatzanspruch, NZKart 2013, 355; Emmerich, Der gleichartigen Unternehmen üblicherweise zugängliche Geschäftsverkehr, NZKart 2015, 114; Exner, Der Mißbrauch von Nachfragemacht durch das Fordern von Sonderleistungen nach deutschem Recht, 1984; Fischer, Langfristige Energieverträge und Kartellrecht, 2011; Fleischer, Behinderungsmißbrauch durch Produktinnovation, 1997; ders., Machtmißbrauch auf sekundären Produktmärkten, RIW 2000, 22; Forschungsinstitut für Wirtschaftsverfassung und Wettbewerb (Hrsg.), Für und Wider ein allgemeines Diskriminierungsverbot, FIW-Schriftenreihe Heft 74, 1976; Franck, Zum Schutz des Produktimages im selektiven Vertrieb, WuW 2010, 772; Frenz, Die Lizenzverweigerung nach dem zweiten Microsoft-Urteil, WRP 2012, 1483; ders., Die Kosten-Preis-Schere im Licht aktueller Entwicklungen, NZKart 2013, 60; v. Gamm, Das Verbot einer unbilligen Behinderung und einer nicht gerechtfertigten Diskriminierung, NJW 1980, 2489; Grossekettler, Der Fall „Deutsche SB-Kauf kontra adidas". Volkswirtschaftliche Analyse einer Lieferverweigerung, WRP 1978, 619; Gussone/Wünsch, Zugang zu Kundenanlagen nach dem Energiewirtschafts- und Kartellrecht, WuW 2013, 464; Habersack/Ulmer, Rechtsfragen des Kraftfahrzeugvertriebs durch Vertragshändler, 1998; Hackenbracht,

---

[322] Mäger/Budde DB 2020, 378 (382); aA Galle DB 2020, 1274 (1278).
[323] So aber Körber NZKart 2019, 633 (634); Körber MMR 2020, 290 (291); vgl. auch Höppner/Weber K&R 2020, 24 (49).
[324] Bueren in Bien/Käseberg/Klumpe/Körber/Ost 10. GWB-Novelle Kap. 1 Rn. 29 (Änderung ist „weniger radikal, als es auf den ersten Blick erscheinen mag").
[325] So auch Bueren in Bien/Käseberg/Klumpe/Körber/Ost 10. GWB-Novelle Kap. 1 Rn. 36.

Preisdiskriminierung und Wirtschaftsverfassung, 1964; Hamm, Einheitliche Frankostationspreise als Diskriminierungsinstrument, in: Wettbewerb als Aufgabe, 1968, S. 333; Haslinger, Freistellung quantitativer Vertriebsbindungssysteme – ein Freibrief für die Willkür des Depotkosmetikherstellers?, WRP 2007, 926; dies, Wie weit ist der Ausschluss moderner Vertriebsformen bei selektiven Vertrieb möglich?, WRP 2009, 279; Hauptgemeinschaft des Deutschen Einzelhandels, Diskriminierung oder Leistungswettbewerb, Schwarzbuch zur Novellierung des Kartellgesetzes, 1978; Heinemann, Kartellrechtliche Zwangslizenzen im Patentrecht, ZWeR 2005, 198; ders., die Rechtsposition der Gemeinde bei der Vergabe von Strom- und Gaskonzessionsverträgen, EnWZ 2013, 147; Henk-Merten, Die Kosten-Preis-Schere im Kartellrecht, 2004; Hieber/Cetintas, Same,same, but different? Das Urteil des EuGH in Sachen Post Danmark II zu Rabattsystemen marktbeherrschender Unternehmen, NZKart 2016, 220; Hölzler/Satzky, Wettbewerbsverzerrungen durch nachfragemächtige Handelsunternehmen, FIW-Schriftenreihe Heft 90, 1980; Immenga, Grundfragen des Diskriminierungsverbots anhand neuer Entwicklungen, AG 1998, 547; Inderst, Die ökonomische Analyse von Nachfragemacht in der Wettbewerbspolitik, WuW 2008, 1261; Inderst/Schwalbe, Effekte verschiedener Rabattformen, ZWeR 2009, 65; Ittner, Die Vermutungen des GWB, 1998; Kilian, Diskriminierungsverbot und Kontrahierungszwang für Markenartikelhersteller, ZHR 142, 453; Koenig/Hasenkamp, Die Vorgaben des Diskriminierungsverbotes und des Gebotes der Vermeidung von Preis-Kosten-Scheren für die Entgeltgestaltung des Marktbeherrschers im Postsektor, WuW 2011, 601; Köhler, Wettbewerbs- und kartellrechtliche Kontrolle der Nachfragemacht, 1979; ders., Zur Konkurrenz lauterkeitsrechtlicher und kartellrechtlicher Normen, WRP 2005, 645; Körber, Kartellrechtlicher Zwangslizenzeinwand und standardessentielle Patente, NZKart 2013, 86; ders., Ausschreibung von Fernwärmenetzen nach Maßgabe des Kartellrechts, EWerk 2016, 155; Koller, Der Gleichheitsmaßstab im Diskriminierungsverbot, 1972; Kreiterling, Das Problem der Abgrenzung von Leistungs- und Nichtleistungswettbewerb in der Nachfragemacht-Diskussion, 1980; Kühnert/Xeniadis, Misbrauchskontrolle auf Sekundärmärkten, WuW 2008, 1054; Kugler, Die Relevanz öffentlicher Interessen im Rahmen des Behinderungs- und Diskriminierungsverbots, 2001; Lagemann, Die Anwendbarkeit der kartellrechtlichen Missbrauchsvorschriften auf Fälle mit Drittmarktbezug, 2013; Lange, Die kartellrechtliche Kontrolle der Gewährung von Rabatten, WuW 2002, 220; Lohse, Drittplattformverbote: Kernbeschränkungen des Internetvertriebs?, WuW 2014, 120; Lukes, Die Problematik der umfassenden Interessenabwägung in § 26 Abs. 2 GWB, BB 1986, 2074; Markert, Der gegenwärtige Stand der Rechtsprechung zur Anwendung des § 26 Abs. 2 GWB auf Vertriebsselektionen von Markenartikelherstellern, in: Immenga/Markert/Schaper/Wichmann, Selektiver Vertrieb und SB-Warenhäuser, 1982, S. 23; ders., Die Wettbewerbebehinderung im GWB nach der vierten Kartellnovelle, ZHR-Beiheft 55, 1982; ders., Industriestrompreise und Kartellrecht, ET 1988, 117; ders., Privatautonomie und Kontrahierungszwang, AG 1991, 288; ders., Langfristige Energiebezugsbindungen als Kartellrechtsverstoß, WRP 2003, 356; ders., Treuerabatte und „predatory selling" in der Strom- und Gasversorgung aus kartellrechtlicher Sicht, WRP 2003, 1320; Martin-Ehlers, Der Mißbrauch einer marktbeherrschenden Stellung durch diskriminierende Leistungen und die Nichtigkeit als Rechtsfolge bei Verstößen gegen § 20 GWB, ZWeR 2005, 163; Mees, Unbillige Behinderung durch Preis- und Rabattgestaltung, Schwerpunkte 1988/89, S. 9; ders., Preisunterbietungen als Behinderungen aus wettbewerbsrechtlicher und kartellrechtlicher Sicht in der Rechtsprechung des Bundesgerichtshofs, WRP 1992, 223; Merz, Die Vorfeldthese, 1988; Mestmäcker, Der verwaltete Wettbewerb, 1984; Möschel, Pressekonzentration und Wettbewerbsgesetz, 1978; ders., Die Idee der rule of law und das Kartellrecht. Am Beispiel der gezielten Kampfpreisunterbietung, Ordo 1979, 295; Pescher, Der äußere Kartellzwang, 1984; Pfeiffer, Das kartellrechtliche Diskriminierungsverbot aus richterlicher Sicht, Schwerpunkte 1981/82, S. 73; Petersen, Die Preisdiskriminierung in § 26 Abs. 2 GWB nach der 2. GWB-Novelle unter besonderer Berücksichtigung der marktpartnerbeherrschenden Unternehmen, 1977; Pries, Kampfpreismissbrauch im ökonomisierten EG-Kartellrecht, geistiges Eigentum und Wettbewerbsrecht, 2009; Pichler/Hertfelder, Verbot des Vertriebs über Internetplattformen Dritter im Rahmen des qualitativ selektiven Vertriebs – zugleich Anmerkungen zum Urteil des KG „Schulranzen", NZKart 2014, 47; Rath/Glawatz, Anzeigenauftrag und Kontrahierungszwang, WRP 1982, 625; Reimann, Mißbrauchsaufsicht und Diskriminierungsverbot bei Nachfragern, WuW 1976, 541; Reismann, Missbräuchliches Verhalten auf digitalen Märkten, Diss. iur. Osnabrück 2021 (im Erscheinen); Rheinländer, Beschränkungen des Internet-Einzelhandels in selektiven Vertriebssystemen nach Art. 81 EGV, WRP 2005, 285; ders., Schadensersatz bei diskriminierenden Lieferverweigerung – Klage auf Zulassung zum Vertiebssystem, WRP 2007, 501; Richter, Die Diskriminierung als Kartellordnungswidrigkeit, 1982; Rombach, Die kartellrechtliche Zwangslizenz im Patentverletzungsprozess, in: FS G. Hirsch, S. 311; Roth, Der Beseitigungsanspruch im Kartellrecht, in: FS H. P. Westermann, 2008, 1355; Sack, Zur sachlichen Rechtfertigung von Preis-, Rabatt- und Konditionendiskriminierungen, WRP 1975, 385; Säcker/Jaecks, Langfristige Energielieferverträge und Wettbewerbsrecht, 2002; Säcker/Wolf, Wettbewerbsrechtliche Bindungen der Fernwärmenetzbetreiber, RdE 2011, 277; Schmahl, Das Diskriminierungsverbot des § 26 Abs. 2 Satz 1 GWB, insbesondere seine Auswirkungen auf den Pressevertrieb, WRP 1980, 602; Schmidt, Chr., Lizenzverweigerung als Mißbrauch einer marktbeherrschenden Stellung, 2005; Schmidt-Syaßen, Zur Wechselwirkung von Wirtschaftsrecht und bürgerlichem Recht bei der Konkretisierung von freiheitsbeschränkenden Generalklauseln dargestellt an Hand der Entwicklung der Dogmatik des § 826 BGB und § 26 Abs. 2 GWB, 1973; Schmitt, J., Selektiver Vertrieb und Kartellrecht, 1975; Schockenhoff, Die gerichtliche Durchsetzung von Belieferungsansprüchen aus § 26 II GWB, NJW 1990, 152; ders., Der sachlich gerechtfertigte Grund. Rechtsmethodische Anmerkungen zu § 20 Abs. 1 GWB, in: FS Bechtold, 2006, S. 419; Scholz U., Kontrahierungszwang in der Versorgungswirtschaft, 1997; Schütte, Kartellrechtliche Grenzen für Sonderabnehmerpreise, 1991; Schultes, Preisdifferenzierung unter wettbewerbspolitischem Aspekt, FIW-Schriftenreihe Heft 14, 1963; Schwintowski, Zu den wettbewerbsrechtlichen Grenzen des § 26 Abs. 2 GWB bei Bündelung der Kfz-Nachfrage durch Leasing-Anbieter, BB 1989, 2337; ders./Sauter, Zum Sondergutachten Wettbewerbsentwicklung im Energiesektor (§ 62 EnWG), EWerk 2017, 139; Segelmann/Niederleithinger, Frankostationspreis- und Frachtbasensysteme nach dem Gesetz gegen Wettbewerbsbeschränkungen, WuW 1967, 453; Sondermann, Die kartellrechtliche Beurteilung von Unterkostenpreisen marktmächtiger Unternehmen auf europäischer Ebene, im Vereinigten Königreich und in Deutschland, 2007; Soyez, Die kartellrechtliche Beurteilung von Meistbegünstigungsklauseln im Lichte der HRS-Entscheidung des BKartA, NZKart 2014, 447; Stahl, Der selektive Vertrieb im Spannungsfeld zwischen Vertragsfreiheit und Diskriminierungsverbot, MA 1981, 501; Stoll, Drittmarktbehinderungen im deutschen und europäischen Kartellrecht, 2002; Trube, Die gerechtfertigte Diskriminierung nach § 20 Abs. 1 GWB, WRP 2004, 861; Ulmer, Wettbewerbs- und kartellrechtliche Grenzen der Preisunterbietung im Pressewesen, AfP 1975, 870; ders., Schranken zulässigen Wettbewerbs marktbeherrschender Unternehmen, 1977; ders., Der Begriff „Leistungswettbewerb" und seine Bedeutung für die Anwendung von GWB und UWG, GRUR 1977, 565; ders., Kartellrechtswidrige Konkurrentenbehinderung durch leistungsfremdes Verhalten marktbeherrschender Unternehmen, in: FS Kummer, 1980, S. 565; ders., Die neuen Vorschriften gegen Diskriminierung und unbillige Behinderung, WuW 1980, 474; ders., Kartellrechtliche Unterschiede in der Behandlung von Angebots- und Nachfragemacht, in: Wettbewerbsbeziehungen zwischen Industrie und Handel, FIW-Schriftenreihe Heft 102, 1982, S. 33; von Ungern-Sternberg, Interessenabwägung nach § 26 Abs. 2 GWB, in: FS Odersky, 1996, S. 987; van Venrooy, Das Verbot ungleicher Behandlung nach § 26 Abs. 2 Satz 1 GWB im Lichte des § 134 BGB, BB 1979, 555; Vykydal, Der kartellrechtliche Kontrahierungszwang – unter besonderer Berücksichtigung der leitungsgebundenen Energiewirtschaft, 1997; Weber, Belieferungsansprüche aus § 26 Abs. 2 GWB und ihre Vollstreckung, GRUR 1982, 152; ders., Belieferungsanträge in der neueren Rechtsprechung, WuW 1986, 26; Wernicke, Das Intel-Urteil des EuG – ein Lehrstück dogmatischer Kontinuität, EuZW 2015, 19; Westen, Unbillige Behinderung von Wettbewerbern durch Verkäufe unter Einstandspreis, 1987; Weyhenmeyer, Erfahrungen mit dem amerikanischen Diskriminierungsverbot, WRP 1978, 765; Wiedemann, H., Erfahrungen bei der Anwendung des § 26 Abs. 2 GWB unter besonderer Berücksichtigung der beengten Versorgungssituation auf dem Mineralölmarkt, mineralöl 1980, 77; Wilde, Wettbewerbsverzerrungen und Wettbewerbsbeschränkungen durch Nachfragemacht, 1979; Wirtz, Die Anwendbarkeit von § 20 GWB auf selektive Vertriebssysteme nach Inkrafttreten der VO 1/2003, WuW 2003, 1039; ders., Der kartellrechtliche Zwangslizenzeinwand nach der Orange-Book-Standard-Entscheidung des BGH, WRP 2011, 1392; Wurmnest, Marktmacht und Verdrängungsmissbrauch, 2. Aufl. 2012.

## I. Bedeutung und Entwicklung der Vorschrift

**1. Allgemeines.** Mit dem Verbot der unbilligen Behinderung und der sachlich nicht **73** gerechtfertigten ungleichen Behandlung (Diskriminierung) anderer Unternehmen kodifiziert § 19 Abs. 2 Nr. 1 ein zentrales Anwendungsbeispiel für ein missbräuchliches Verhalten marktbeherrschender Unternehmen. Einen entsprechenden Tatbestand enthielt bis zur 8. GWB-Novelle der auch für diese Unternehmen geltende § 20 Abs. 1 aF, allerdings noch mit der einschränkenden Voraussetzung, dass sich dieses Verhalten in einem gleichartigen Unternehmen „üblicherweise zugänglichen Geschäftsverkehr" auswirken musste. Zugleich wurde der vorherige Behinderungstatbestand des § 19 Abs. 4 Nr. 1 aF gestrichen, nach dem ein Missbrauch von Marktbeherrschung insbes. auch vorlag, wenn die Wettbewerbsmöglichkeiten anderer Unternehmen in einer für den Wettbewerb auf dem Markt erheblichen Weise ohne sachlich gerechtfertigten Grund beeinträchtigt wurden. Nach der Gesetzesbegründung für die 8. GWB-Novelle war mit der Übertragung des für marktbeherrschende Unternehmen geltenden Teils des Verbots des § 20 Abs. 1 aF auf § 19 Abs. 2 Nr. 1 mit Ausnahme der Streichung der Voraussetzung eines gleichartigen Unternehmen üblicherweise zugänglichen Geschäftsverkehrs **keine Änderung des materiellen Gehalts** der Vorschrift verbunden.[326]

Das nach Abs. 3 auch für freigestellte Kartelle und rechtmäßige Preisbinder sowie nach **74** § 20 Abs. 1 für Unternehmen und Unternehmensvereinigungen mit relativer Marktmacht geltende Verbot des § 19 Abs. 2 Nr. 1 bildet den Schwerpunkt des besonderen Kontrollsystems des GWB für das Marktverhalten marktmächtiger Unternehmen. Damit werden Unternehmen und Unternehmensvereinigungen, die als Anbieter oder Nachfrager über eine besondere Machtstellung verfügen, in ihrem wettbewerbsrelevanten Verhalten gegenüber anderen Unternehmen Einschränkungen auferlegt. Die ratio legis besteht darin, **die**

---

[326] BT-Drs. 17/9852, 20; zuletzt OLG München 23.11.2017 – 29 U 142/17 Kart, GRUR-RR 2018, 265 Rn. 29; hierzu auch Emmerich NZKart 2015, 114 f.

von solchen Machtstellungen ausgehenden Beeinträchtigungen der wettbewerblichen Betätigungsmöglichkeiten anderer Unternehmen in einer für die Funktionsfähigkeit einer Wettbewerbsordnung erforderlichen, aber zugleich wettbewerbskonformen Weise zu begrenzen. In diesem Kontrollsystem hatte bis zur 6.
GWB-Novelle das Verbot des § 20 Abs. 1 (§ 26 Abs. 2) aF im Vergleich zur Missbrauchsaufsicht über marktbeherrschende Unternehmen nach § 22 aF die weitaus größere praktische Bedeutung, weil nur dieses Verbot den behinderten und diskriminierten Unternehmen im Verletzungsfall den Zivilrechtsweg eröffnete, während § 22 aF auf eine kartellbehördliche Untersagungsbefugnis beschränkt war. Mit der Umwandlung des § 22 aF in
den Verbotstatbestand des § 19 Abs. 1 und das Regelbeispiel des Abs. 4 Nr. 1 aF entfiel
diese im Vergleich zum Behinderungs- und Diskriminierungsverbot des § 20 Abs. 1 aF
geltende Einschränkung. Durch den zusätzlich auch noch durch § 20 Abs. 3 und 5
erweiterten Adressatenkreis unterscheidet sich das deutsche System der machtbedingten
Verhaltenskontrolle vom EU-Wettbewerbsrecht, das diese Kontrolle in Art. 102 AEUV auf
Verhaltensweisen marktbeherrschender Unternehmen begrenzt. Nach Art. 3 Abs. 2 S. 2
der EG-VO Nr. 1/2003 ist dieser erweiterte Kontrollrahmen des GWB mit dem EU-
Recht vereinbar.

**75**   **2. Entstehungsgeschichte.** Vor der KartVO von 1923, die in § 9 Abs. 1 die Behinderung und Diskriminierung anderer Unternehmen im Wettbewerb erstmals kartellrechtlich regelte, hatte es in der Rechtsprechung der Zivilgerichte zu den §§ 138, 826 BGB und
§ 1 UWG aF nur wenige, eng begrenzte Ansätze für die Entwicklung entsprechender
Regeln als Teil des allgemeinen Delikts- und Lauterkeitsrechts gegeben (s. 2. Aufl. 1992
→ § 26 Rn. 53). **§ 9 Abs. 1 KartVO** knüpfte jedoch an diese Ansätze nicht unmittelbar
an, sondern bezweckte lediglich eine Einschränkung des äußeren Kartellzwangs, dh der
damals von Kartellen gegen ihre Außenseiter häufig angewendeten Druckmaßnahmen, um
entweder den Beitritt oder aber ein „friedliches" Verhalten gegenüber dem Kartell zu
erreichen.[327] Diese nicht sehr effektive Missbrauchsaufsicht über den äußeren Kartellzwang
wurde in der Nachkriegszeit zunächst im Rahmen des alliierten Dekartellierungsrechts
(Art. V 9c 4 MRG Nr. 56/MRV Nr. 78) durch ein für alle Unternehmen geltendes
allgemeines Diskriminierungsverbot abgelöst, das „die diskriminierende Behandlung von
Herstellern, Grossisten, Verbrauchern oder anderen Personen zum Zwecke der Ausschaltung oder Verhinderung des Wettbewerbs" verbot und von der Rspr. als Schutzgesetz iSd
§ 823 Abs. 2 BGB angesehen wurde.[328]

**76**   Der **GWB-Entwurf von 1952** hielt zwar am Verbotsprinzip des Dekartellierungsrechts
fest, knüpfte aber bei der inhaltlichen Ausgestaltung weitgehend an die Rechtslage nach
§ 9 Abs. 1 KartVO an und sah in § 23 E lediglich ein auf Kartelle beschränktes Verbot
vor, das inhaltlich mit der Gesetz gewordenen Fassung des § 26 Abs. 2 aF übereinstimmte.
Neben dem auf Kartelle beschränkten Verbot sah der Entwurf 1952 in § 25 nur noch
eine Missbrauchsaufsicht für Behinderungen und Diskriminierungen durch marktbeherrschende Unternehmen vor, deren Eingriffsvoraussetzungen im Übrigen der Regelung des
§ 23 E entsprachen. In den Beratungen des Bundestagsausschusses für Wirtschaftspolitik
wurde vom Abg. Scheel ein **allgemeines Verbot** der **Preis- und Konditionendifferenzierung** vorgeschlagen, soweit diese „geeignet ist, den Wettbewerb anderer Unternehmen mit diesem oder dem begünstigten Unternehmen (oder mit deren Kunden)
unbillig zu beeinträchtigen". Davon sollte es nur zwei Ausnahmen geben: die Differenzierung „auf Grund ungleicher Herstellungs- oder Vertriebskosten, im Besonderen infolge
ungleicher Bezugsmengen, oder auf Grund der Zugehörigkeit von Käufern zu verschiedenen Wirtschaftsstufen" und den „Eintritt in wirklich gehandhabte oder gutgläubig angenommene, rechtmäßig (gesetzmäßige) niedrigere Konkurrenzpreise". Der Vorschlag
Scheel wurde jedoch in der Schlussabstimmung vor allem wegen der befürchteten Beein-

---

[327] S. Pescher S. 83 ff.
[328] So zB BGH 11.11.1955 – 1 ZR 176/53, WuW/E BGH 127 (134) – Gesangbuch.

trächtigung des Preiswettbewerbs abgelehnt. Der Ausschuss erweiterte aber das Verbot auf marktbeherrschende und preisbindende Unternehmen, letzteres mit der Begründung, „dass durch die Ausschaltung des Wettbewerbs der folgenden Stufen die preisbindenden Unternehmen in eine den marktbeherrschenden Unternehmen ähnliche Marktlage versetzt werden"[329].

Durch die **2. und 4. GWB-Novelle** änderte sich an der Geltung des Verbots des § 26 **77** Abs. 2 aF für marktbeherrschende Unternehmen auch inhaltlich nichts. Mit der 4. GWB-Novelle wurde die bisherige Generalklausel des § 22 aF für die missbräuchlichen Ausnutzung von Marktbeherrschung für den Behinderungsmissbrauch durch das Regelbeispiel des § 22 Abs. 4 S. 2 Nr. 1 ergänzt, wonach ein Missbrauch insbes. auch vorlag, wenn die Wettbwerbsmöglichkeiten anderer Unternhmen in einer für den Wettbewerb auf dem Markt erheblichern Weise ohne sachlich gerechtfertigten Grund beeinträchtigt werden. Die **6. GWB-Novelle** wandelte die bisherige katellbehördliche Missbrauchsaufsicht nach § 22 aF ohne inhaltliche Änderung im Übrigen in das Verbot des § 19 Abs. 1 und Abs. 4 um. Im Rahmen der **8. GWB-Novelle** wurde das für den Behinderungsmissbrauch geltende Regelbeispiel des § 19 Abs. 4 Nr. 1 aF durch die geltende Fassung des Abs. 2 Nr. 1 ersetzt. Damit wurde der Intention des Gesetzgebers, alle für marktbeherrschende Unternehmen geltenden Verhaltensregeln in § 19 zusammenzufassen, auch für das bisher für diese Unternehmen nach § 20 Abs. 1 aF geltende Verbot der unbilligen Behinderung und Diskriminierung anderer Unternehmen entsprochen. In der Gesetzesbegründung[330] ist dazu ausgeführt, dies bewirke keine Veränderung des materiellen Gehalts des Behinderungsmissbrauchs. Für die Auslegung des Tatbestands sei weiterhin die umfangreiche Rechtsprechung zu § 19 Abs. 1 iVm Abs. 4 Nr. 1 aF maßgeblich, so dass vom neuen Tatbestand insbes. auch die Drittmarktbehinderung erfasst bleibe. Auch die Rechtsprechung zu § 20 Abs. 1 aF bleibe im Übrigen anwendbar. Die Erheblichkeit der Beeinträchtigung sei auch in Zukunft entsprechend der Auslegung des bisherigen § 20 Abs. 1 im Rahmen der vorzunehmenden Interessenabwägung zu berücksichtigen. Der Grund für die Streichung des Tatbestandsmerkmals „in einem gleichartigen Unternhmen üblicherweise zugänglichen Geschäftsverkehr" sei dessen vor allem durch die Rechtsprechung verursachter, kontinuierlicher Bedeutungsverlust.

**3. Normzweck.** Das Verbot des § 19 Abs. 2 Nr. 1 richtet sich ebenso wie § 20 Abs. 1 **78** aF gegen die Ausnutzung der vom Wettbewerb nicht hinreichend kontrollierten Handlungsspielräume marktmächtiger Unternehmen durch unbillige Behinderung und Diskriminierung anderer Unternehmen und die damit verbundenen „Störungen des Marktgeschehens" und schränkt insoweit die Handlungs- und Vertragsfreiheit der Normadressaten ein.[331] Das gilt nicht nur für den vom Normadressaten beherrschten Markt; in den Schutzbereich einbezogen sind vielmehr vor- und nachgelagerte Märkte sowie Drittmärkte (zum Drittmarktschutz → Rn. 81). **Schutzobjekt** des Abs. 2 Nr. 1 sind sowohl der **Wettbewerb** auf diesen Märkten **als Institution** als auch die individuellen Unternehmen, die dort aktuelle oder potentielle Wettbewerber sind. Da Abs. 2 Nr. 1 nicht allein auf eine Beeinträchtigung des Wettbewerbs als Marktprozess abstellt, hat der **Individualschutz** neben dem Institutionsschutz eine **eigenständige Bedeutung.** Diese wird jedoch dadurch wieder eingegrenzt, dass sich auch der Individualschutz auf den wettbewerblichen Bezugsrahmen des Normzwecks beschränkt und deshalb bei der Interessenabwägung mit dem Ziel des Schutzes des Wettbewerbs als Institution abgewogen werden muss (→ Rn. 124).

---

[329] Bericht 1957, zu § 23.
[330] BT-Drs. 17/9852, 20.
[331] Zu § 26 Abs. 2 aF: BGH 9.11.1967 – KZR 7/66, BGHZ 49, 90 = WuW/E BGH 886 (890) – Jägermeister; 20.11.1975 – KZR 1/75, WuW/E BGH 1381 (1382) = NJW 1976, 801 – Rossignol; 24.9.1979 – KZR 20/78, WuW/E BGH 1629 (1630) – Modellbauartikel II; Busche S. 315 ff.; Koller S. 31 ff.; Ehlers S. 111 ff.; Möschel Wettbewerbsbeschränkungen Rn. 619.

**79**    Im Rahmen des generellen Wettbewerbsbezugs des Normzwecks des Abs. 2 Nr. 1
kommt der **Freiheit des Marktzugangs** eine **besondere Bedeutung** zu.[332] Dies gilt für
beide geregelten Verhaltensweisen gleichermaßen, da Marktzugangsbeschränkungen nicht
nur durch Behinderung aktueller oder potentieller Wettbewerber, sondern auch durch
die ungleiche Behandlung von Unternehmen auf der anderen Marktseite bewirkt werden können. Neben dem Marktzugang schützt das Verbot der ungleichen Behandlung
gleichartiger Unternehmen ohne sachlich gerechtfertigten Grund die **Gleichheit der
Marktchancen** der Unternehmen auf der anderen Marktseite im Verhältnis zum Normadressaten.[333] Da jedoch auch insoweit der generelle wettbewerbsorientierte Normzweck
maßgebend bleibt, kann das Ziel des Verbots nicht die schematische Herstellung wettbewerblicher Chancengleichheit auf den vor- und nachgelagerten Märkten sein. Abs. 2
Nr. 1 ist deshalb **kein starres Verbot von Preis-, Rabatt-, und Konditionendiffe-
renzierungen** sowie anderer Sondervergünstigungen mit nur ganz wenigen, engen
Rechtfertigungsmöglichkeiten (exakter Kostenrechtfertigungsnachweis, Eintritt in niedrigere Preise von Wettbewerbern), sondern auf der Grundlage des Maßstabes des sachlich
gerechtfertigten Grundes eine insbes. auch die im konkreten Fall möglichen ungleichen
wettbewerblichen Auswirkungen berücksichtigende flexible Regelung (im Einzelnen
→ Rn. 105 ff.). Die wettbewerbliche Orientierung des Abs. 2 Nr. 1 lässt es auch nicht zu,
im Diskriminierungsteil dieser Vorschrift einen aus Art. 3 GG und dem Sozialstaatsprinzip
abgeleiteten allgemeinen Gleichheitsgrundsatz für den Privatrechtsverkehr mit marktmächtigen Unternehmen oder einen Schutz gegen die „Ausbeutung" durch nicht „leistungsgerechte" Bedingungen mit dem Ziel einer von Marktmacht unbeeinflussten Austauschge-
rechtigkeit zu sehen. Die „Ausbeutungskompomente" im System der machtbezogenen
Verhaltenskontrolle der §§ 19 und 20 ist grundsätzlich auf § 19 Abs. 2 Nr. 2 und 3
beschränkt (dazu → Rn. 201 ff.) und kann daneben in geeigneten Fällen auch im Rahmen
der Generalklausel des § 19 Abs. 1 adressiert werden (vgl. zum sog. qualitativen Konditio-
nenmissbrach → Rn. 211e ff.).

**80**    **4. Anwendungsbereich.** Dem Verbot des Abs. 2 Nr. 1 unterliegen Unternehmen,
soweit sie als Anbieter oder Nachfrager einer bestimmten Art von Waren oder gewerblichen
Leistungen auf dem in Betracht stehenden sachlich und räumlich relevanten Markt eine
**marktbeherrschende Stellung iSd § 18** innehaben. Für den Unternehmensbegriff, die
erforderliche sachliche und räumliche Marktabgrenzung und die Erfüllung der Beherr-
schungsvoraussetzungen im Einzelnen wird auf die Ausführungen zu § 18 verwiesen.[334]
Normadressaten des Verbots des § 19 Abs. 2 Nr. 1 sind danach auch die einzelnen Mitglieder eines marktbeherrschenden Oligopols iSv § 18 Abs. 5.[335] Außer im Bußgeldverfahren kann die Normadressateneigenschaft auch duch die Anwendung der Marktbeherrschungsvermutungen des § 18 Abs. 4 und 6 begründet werden.[336] Darüber hinaus gelten
die Verbote der unbilligen Behinderung und Diskriminierung auch für **marktstarke
Unternehmen,** die über relative oder überlegene Marktmacht verfügen (§ 20 Abs. 1,
Abs. 1a bzw. Abs. 3, Abs. 3a).

---

[332] BGH 30.9.1971 – KZR 12/70, WuW/E BGH 1200 (1204) = NJW 1972, 486 – Vermittlungsprovision
für Flugpassagen; 12.3.1991 – KZR 26/89, WuW/E BGH 2707 (2716) = NJW 1991, 2963 – Krankentransportunternehmen II; 24.10.2011 – KZR 7/10, WuW/E DE-R 3446 (3451) – Grossistenkündigung;
17.12.2013 – KZR 66/12, WuW/E DE-R 4159 – Stromnetz Berkenthin; 17.12.2013 – KZR 65/12,
WuW/E DE-R 4139 (4168) – Stromnetz Heiligenhafen; Pfeiffer S. 83 ff.

[333] BGH 9.11.1967 – KZR 7/66, WuW/E BGH 886 (890) – Jägermeister; 3.3.1969 – KVR 6/68, BGHZ
52, 65 = WuW/E BGH 1027 (1030) – Sportartikelmesse II; 19.3.1996 – KZR 1/95, WuW/E BGH 3058
(3065) = NJW 1996, 2656 – Pay-TV-Durchleitung; Koller S. 31 ff.; Belke ZHR 138, 260 ff.

[334] Zum auch für § 18 maßgeblichen Unternehmensbegriff → § 1 Rn. 18 ff.; zur sachlichen Marktabgrenzung → § 18 Rn. 37 ff.; zur räumlichen Marktabgrenzung → § 18 Rn. 58 ff.; zu den Beherrschungsvorraus-
setzungen → § 18 Rn. 88 ff.

[335] BGH 10.12.1985 – KZR 22/85, WuW/E BGH 2535 (2538) – Abwehrblatt II; 26.5.1987 – KZR 13/
85, WuW/E BGH 2399 (2403) – Krankentransporte; → § 18 Rn. 157 ff.

[336] Vgl. → § 18 Rn. 187, 200.

Das Verbot des Abs. 2 Nr. 1 erfasst auch die **Behinderung anderer Unternehmen auf** **81** **nicht beherrschten Märkten,** wenn die Machtstellung des Normadressaten auf dem beherrschten Markt dafür ursächlich ist **(Drittmarktbehinderung).** Für Abs. 4 Nr. 1 aF war dies, was auch schon der Gesetzeswortlaut des § 22 Abs. 3 idF der 1. GWB-Novelle bestätigte,[337] im Wesentlichen unstreitig.[338] Die vom BGH in der Entscheidung „Sonderungsverfahren" für § 20 Abs. 1 aF vertretene Ansicht, die Anwendung auf Drittmarktbehinderungen setze voraus, dass das behinderte Unternehmen ebenfalls auf dem beherrschten Markt tätig ist,[339] ist nach der Zusammenführung dieser Vorschrift mit § 19 Abs. 4 Nr. 1 aF in § 19 Abs. 2 Nr. 1 nF nicht mehr haltbar.[340] Der Gefahr einer mit dem Marktmachtbezug nicht mehr zu vereinbarenden Überdehnung des Anwendungsbereichs des Abs. 2 Nr. 1 auf Drittmarktauswirkungen lässt sich einerseits im Rahmen des Kausalitätserfordernisses[341] und andererseits auch bei der Interessenabwägung angemessen begegnen.[342]

## II. Unbillige Behinderung und Diskriminierung

**1. Verhältnis beider Tatbestände zueinander.** Abs. 2. Nr. 1 verbietet die unbillige **82** Behinderung anderer Unternehmen und deren ungleiche Behandlung gegenüber gleichartigen Unternehmen ohne sachlich gerechtfertigten Grund (Diskriminierung). Im Gegensatz zu § 20 Abs. 1 aF nicht mehr erforderlich ist, dass dies in einem Geschäftsverkehr erfolgt, der gleichartigen Unternehmen üblicherweise zugänglich ist,[343] jedoch erfasst die Vorschrift nur unternehmerisches Verhalten im privatrechtlich geregelten Waren- und Dienstleistungsverkehr. Beide Verbotsvarianten des Abs. 2 Nr. 1 stehen in einem Alternativverhältnis zueinander,[344] sie unterscheiden jeweils zwischen der objektiven Tathandlung (Behinderung, ungleiche Behandlung) und ihrer normativen Bewertung (unbillig, ohne sachlich gerechtfertigten Grund), setzen also bei ihrer Anwendung ein zweistufiges Vorgehen voraus. Praktisch überschneiden sich beide Verhaltensweisen jedoch in einem erheblichen Maße. Das spiegelt sich auch in der Anwendungspraxis der Kartellbehörden und Gerichte wider, die bestimmte Verhaltensweisen häufig sowohl unter dem Aspekt der unbilligen Behinderung als auch der Diskriminierung prüften und normativ nach einheitlichen Kriterien (→ Rn. 105 ff.) beurteilten.[345] Faktisch handelt es sich deshalb um ein

---

[337] „Die Kartellbehörde hat gegenüber marktbeherrschenden Unternehmen die in Abs. 4 genannten Befugnisse, soweit diese Unternehmen ihre marktbeherrschernde Stellung auf dem Markt für diese oder andere Waren oder gewerbliche Leistungen missbräuchlich ausnutzten.".

[338] BGH 4.11.2003 – KZR 16/02, WuW/E DE-R 1206 (1207) – Strom und Telefon I; 30.3.2004; WuWE/DE-R 1283, 1284 f. – Der Oberhammer; 6.11.2012 – KVR 54/11, WuW/E DE-R 3879 (3887) – Gasversorgung Ahrensburg; Möschel in Immenga/Mestmäcker, 4. Aufl. 2007, § 19 Rn. 114.

[339] BGH 23.2.1988 – KZR 17/86, WuW/E BGH 2483 (2490); ebenso 24.9.2002 – KZR 34/01, WuW/E DE-R 1283 (1284 f.) – Wertgutscheine für Asylbewerber; OLG Düsseldorf 28.3.2012 – VI-U (Kart) 20/11, WuW/E DE-R 3788 (3791) – Schilderprägerunternehmen; krit. dazu: Markert in Immenga/Mestmäcker, 4. Aufl. 2007, § 20 Rn. 29 mwN in Fn. 45; auch der BGH hat später in den Entscheidungen BGH 4.11.2003 – KZR 16/02, WuW/E DE-R 1206 (1207) – Strom und Telefon I und BGH 30.3.2004; WuWE/DE-R 1283 (1284 f.) – Der Oberhammer Zweifel an dieser Auffassung erkennen lassen und sein Festhalten daran ausdrücklich offen gelassen. Eingehend zur Drittmarktbehinderung: Lagemann S. 39 ff., 122 ff., und 311 ff.

[340] Zust. Bechtold/Bosch Rn. 4, 11 mwN; für die Anwendbarkeit des Abs. 2 Nr. 1 auf Drittmarktbehinderungen ausdr. auch die Regierungsbegründung zur 8. GWB-Novelle, BT-Drs. 17/9852, 20.

[341] Immenga GRUR 1989, 147.

[342] Auf den zweiten Begrenzungsansatz hat auch der BGH selbst in der Entscheidung „Sonderungsverfahren" hingewiesen (WuW/E BGH 2490 f.).

[343] Zu diesem ohnehin wettbewerbspolitisch sehr fragwürdigen Erfordernis s. Markert in Immenga/Mestmäcker, 4. Aufl. 2007, § 20 Rn. 109–113; Emmerich NZKart 2015, 114 f.

[344] BGH 8.6.1967 – KZR 5/66, WuW/E BGH 863 (864) – Rinderbesamung II.

[345] Vgl. zB BGH 24.2.1976 – KVR 3/75, WuW/E BGH 1429 (1431) – Asbach-Fachgroßhändlervertrag; 21.2.1995 – KVR 10/94, BGHZ 129, 53 = WuW/E BGH 2990 (2995) – Importarzneimittel; 14.7.1998 – KZR 1/97, WuW/E DE-R 201 (203) = NJW 1998, 3778 – Schilderpräger im Landratsamt; 24.10.2010 – KZR 7/10, WuW/W DE-R 3446, 3451 – Grossistenkündigung; jüngst BGH 8.12.2020 – KZR 124/18, NZKart 2021, 302 Rn. 14 – Konkurrenz für Schilderpräger II.

**einheitliches Verbot** der missbräuchlichen Benachteiligung anderer Unternehmen, was die im Folgenden weitgehend vereinheitlichte Darstellung rechtfertigt.

83    Auch wenn sich die Tatbestände der Behinderung und der ungleichen Behandlung weitgehend überschneiden, so dass eine **klare Trennung nicht möglich** ist[346], lässt sich aus der Entstehungsgeschichte des § 26 Abs. 2 aF[347] ersehen, dass der Tatbestand der **Behinderung** in erster Linie auf **Beeinträchtigungen von Wettbewerbern des Normadressaten** zielt, während, wie schon das Wort „behandeln" nahegelegt[348], für den Tatbestand der **ungleichen Behandlung** in erster Linie **tatsächliche und potentielle Abnehmer und Lieferanten auf der anderen Marktseite** in Betracht kommen.[349] Aber auch mit diesem Unterscheidungsansatz nach eher horizontaler oder vertikaler Schutzrichtung ist eine klare Abgrenzung nicht möglich.[350] Denn einerseits beeinträchtigt die ungleiche Behandlung von Abnehmern oder Lieferanten die ungünstiger Behandelten häufig zugleich in ihren eigenen wettbewerblichen Betätigungsmöglichkeiten im Verhältnis zu den Bevorzugten und ist damit in aller Regel auch eine Behinderung der Benachteiligten. Andererseits können auch Wettbewerber durch Normadressaten ungleich behandelt werden, zB im Hinblick auf die Aufnahme in Genossenschaften (→ Rn. 142). Eine klare begriffliche Trennung ist nur bei Verhaltensweisen möglich, die alle in Betracht kommenden Unternehmen in gleicher Weise treffen und damit keine Ungleichbehandlung enthalten können, zB die völlige Ausschaltung des Zwischenhandels durch einen direkt an Endverbraucher vertreibenden Hersteller.[351] Praktische Bedeutung hat die Frage, auf welchen der beiden Begehungstatbestände im Einzelfall abgestellt wird, angesichts des für beide Tatbestände gleichen normativen Bewertungsmaßstabes (→ Rn. 105 ff.) nur im Hinblick auf die ungleiche Beweislastverteilung im Zivilprozess: So ist für die sachliche Rechtfertigung einer ungleichen Behandlung gleichartiger Unternehmen der in Anspruch genommene Normadressat darlegungs- und beweispflichtig;[352] demgegenüber fehlt beim Vorwurf der Behinderung ohne Ungleichbehandlung eine entsprechende tendenziell negative Bewertung mit der Folge, dass es grundsätzlich dem Anspruchsteller obliegt, auch die Tatumstände darzulegen und ggf. zu beweisen, aus denen sich die anspruchsbegründende Unbilligkeit des Verhaltens des Marktbeherrschers ergibt.[353] Im Einzelfall können dem behinderten Unternehmen aber die Grundsätze über die sekundäre Darlegungslast des Normadressaten zugutekommen, soweit es um Umstände außerhalb seines Wirkungskreises und im Geschäftsbereich des behindernden Normadressaten geht und diesem eine Aufklärung ohne weiteres möglich und zumutbar ist.[354]

84    **2. Inhaltliche Konkretisierung der Benachteiligung. a) Behinderung.** Unter Behinderung anderer Unternehmen iSv Abs. 2 Nr. 1 ist in einem rein objektiven Sinne **jede Beeinträchtigung ihrer Betätigungsmöglichkeiten im Wettbewerb** zu verstehen, gleichgültig, ob dabei „wettbewerbsfremde" oder in sonstiger Weise anfechtbare Mittel

---

[346] Vgl. zB BGH 7.11.1967 – KZR 7/66, BGHZ 49, 90 = WuW/E BGH 886 (888) – Jägermeister; im Schrifttum insbes. Koller S. 109 ff.

[347] S. Begr. 1952, zu § 23.

[348] Koller S. 171.

[349] So zB BGH 3.3.1969 – KVR 6/68, BGHZ 52, 65 = WuW/E BGH 1027 (1031) – Sportartikelmesse II.

[350] So auch Nothdurft in Bunte Rn. 317.

[351] Vgl. zB BGH 10.2.1987 – KZR 6/86, WuW/E BGH 2360 = NJW 1987, 3197 – Freundschaftswerbung; 31.1.2012 – KZR 65/10, WuW/E DE-R 3549 (3553) – Werbeanzeigen.

[352] St. Rspr. des BGH zB BGH 13.11.1990 – KZR 25/89, WuW/E BGH 2683 (2687) – Zuckerrübenanlieferungsrecht; 24.9.2002 – KZR 38/99, WuW/E DE-R 1051 (1054) – Vorleistungspflicht; aus jüngerer Zeit BGH 6.7.2021 – KZR 11/18, WuW 2021, 642 Rn. 14 mwN – wilhelm.tel.

[353] BGH 12.11.1991 – KZR 18/90, WuW/E BGH 2762 (2767 f.) – Amtsanzeiger = BGHZ 116, 47; BGH 22.10.1996 – KZR 19/95, WuW/E BGH 3079 (3084) – Stromeinspeisung II = NJW 1997, 574.

[354] BGH 23.1.2018 – KZR 48/15, NZKart 2018, 191 Rn. 43 – Jaguar-Vertragswerkstatt II; BGH 28.6.2011 – KZR 75/10, BGHZ 190, 145 Rn. 71 – ORWI.

angewendet werden.[355] Die Begrenzung des Behinderungsbegriffs auf den Einsatz „wettbewerbsfremder" oder „leistungsfremder" Mittel widerspräche der Normstruktur des Abs. 2 Nr. 1 und würde außerdem, da gezielter Behinderungswettbewerb iSd § 4 Nr. 4 UWG ohnehin allen Unternehmen unabhängig von ihrer Marktmacht verboten ist, dem Behinderungsverbot des Abs. 2 Nr. 1 weitgehend seine eigenständige Funktion als eine über das allgemeine Recht hinausgehende Verhaltenskontrolle für marktmächtige Unternehmen nehmen. Die Frage der Bewertung des eingesetzten Mittels kann sich daher erst im Rahmen der Beurteilung stellen, ob die Beeinträchtigung der Betätigungsmöglichkeiten anderer Unternehmen im Wettbewerb unbillig ist.

Nicht jeder wirtschaftliche Nachteil, der einem anderen Unternehmen zugefügt wird, **85** kann jedoch ohne weiteres auch als Beeinträchtigung seiner Betätigungsmöglichkeiten im Wettbewerb angesehen werden. Erforderlich ist vielmehr eine **Auswirkung auf die Wettbewerbschancen** des beeinträchtigten Unternehmens gegenüber anderen Nachfragern oder Anbietern[356]. Die bloße Nachteilszufügung durch „Ausbeutung" von Geschäftspartnern iSv Abs. 2 Nr. 2 ist deshalb für sich allein noch keine Behinderung.[357] Nach der Umwandlung des § 22 aF in ein direkt wirkendes Verbot ist auf der Zivilrechtsebene die Notwendigkeit entfallen, im Interesse des Schutzes der Betroffenen solche „Ausbeutungen" künstlich in die Kategorie der Behinderung hineinzupressen. Die Betätigungsmöglichkeiten im Wettbewerb können auch durch eine ungleiche Behandlung beeinträchtigt werden, zB durch Verweigerung der Belieferung bestimmter Abnehmer, wobei es genügt, dass nur der Wettbewerb mit Dritten beeinträchtigt wird.[358]

Für die Behinderung ist eine **tatsächliche Beeinträchtigung** der Betätigungsmöglich- **86** keiten anderer Unternehmen im Wettbewerb **nicht erforderlich**. Die **Eignung** hierfür **im Sinne einer hinreichenden Wahrscheinlichkeit** genügt ebenso wie im Rahmen des Art. 102 AEUV, wo es ebenfalls nicht auf den konkreten Nachweis tatsächlich eingetretener wettbewerbswidriger Wirkungen ankommt, sondern die konkrete Eignung zur Herbeiführung einer Beeinträchtigung des Wettbewerbs genügt.[359] Die Beeinträchtigung kann auch auf einem Unterlassen beruhen, zB auf einer Lieferverweigerung. Anders als nach § 19 Abs. 4 Nr. 1 aF ist für die Behinderung iSv Abs. 2 Nr. 1 eine für den Wettbewerb auf dem Markt erhebliche Beeinträchtigung nicht erforderlich. Jedoch ist dieser Aspekt, ebenso wie das Ausmaß der Beeinträchtigung der Individualinteressen der betroffenen anderen Unternehmen, im Rahmen der Interessenabwägung zu berücksichtigen. Auf welchem Markt die Beeinträchtigung anderer Unternehmen eintritt, ist unerheblich, so-

---

[355] StRspr des BGH zB BGH 22.9.1981 – KVR 8/80, BGHZ 81, 322 = WuW/E BGH 1829 (1832) – Original-VW-Ersatzteile II; 12.11.1991 – KZR 18/90, BGHZ 116, 47 = WuW/E BGH 2762 (2768) – Amtsanzeiger; 14.7.1998 – KZR 1/97, WuW/E DE-R 201 (203) – Schilderpräger im Landratsamt; 6.11.2012 – KVT 54/11, WuW/E DE-R 3879 (3887) – Gasversorgung Ahrensburg; hM im Schrifttum, zB Ulmer GRUR 1977, 574 f.; Martens S. 101 f.; Köhler S. 72 ff.; Loewenheim in LMRKM Rn. 16.
[356] Köhler S. 74.
[357] OLG Stuttgart 18.3.1996 – 2 Kart 2/96, WuW/E OLG 5725 (5731) – Vergütungsverweigerung zur Rechtskontrolle; OLG Jena 15.12.1997 – 2 U 1456/96, WuW/E DE-R 63 (65) – SEAG; OLG München 31.7.1997 – U (K) 3806/97, WuW/E OLG 5898 (5900) – Zahnersatz; Köhler S. 78 f. Im Ergebnis anders dagegen die Rspr. des BGH zur unbilligen Behinderung durch Verweigerung einer angemessenen Vergütung für eingespeisten Strom aus regenerativen Erzeugungsanlagen und Kraft-Wärme-Kopplung, die allerdings auf die besondere energiewirtschaftliche Zielsetzung des § 103 Abs. 5 S. 2 Nr. 3 GWB aF gestützt ist; im Einzelnen dazu → Rn. 198.
[358] Vgl. zB BGH 18.9.1978 – KZR 17/77, WuW/E BGH 1530 – Fassbierpflegekette; für den Fall der Bezugsverweigerung zB BGH 21.2.1995 – KVR 10/94, BGHZ 129, 53 = WuW/E BGH 2990 – Importarzneimittel.
[359] So zutreffend Weyer in FK-KartellR Rn. 89 ff. mwN; vgl. zum europäischen Kartellrecht näher Fuchs in Immenga/Mestmäcker, AEUV Art. 102 Rn. 144 ff. mwN; anders noch Immenga/Mestmäcker, 6. Aufl. 2019, Rn. 86; OLG Düsseldorf 30.3.2016 – VI-U (Kart) 10/15, NJOZ 2016, 1161 Rn. 115; OLG München 30.5.1974 – Kart 1/74, WuW/E OLG 1520 (1521) (keine Behinderung durch den Vorbehalt des jederzeitigen Widerrufs der Belieferung; auch darin liegt aber jedenfalls dann eine Behinderung, wenn der Abnehmer für seine Wettbewerbsfähigkeit auf eine längerfristig gesicherte Belieferung angewiesen ist.

lange sie in den Rahmen des mit der jeweiligen Normadressatenstellung verknüpften Schutzumfangs des Abs. 2 Nr. 1 fällt (→ Rn. 80 f.).

87    Abs. 2 Nr. 1 ist sowohl auf unmittelbare als auch auf **mittelbare Behinderungen** anwendbar. Die Einbeziehung auch der mittelbaren Behinderung in den Verbotsbereich soll sicherstellen, dass auch solche Beeinträchtigungen anderer Unternehmen erfasst werden, die sich erst als mittelbare Folge von Verhaltensweisen der Normadressaten ergeben, zB durch Abnehmern auferlegte ausschließliche Bezugs- oder Verwendungsbindungen, die diese daran hindern, gleiche Waren von anderen Unternehmen zu beziehen,[360] Ausschließlichkeitsrabatte (→ Rn. 177), Treuerabatte (→ Rn. 159) oder Gesamtumsatzrabatte (→ Rn. 157). Die Beispiele zeigen, dass es sich bei Behinderungen von Wettbewerbern, soweit sie nicht ausnahmsweise auf einer ungleichen Behandlung beruhen (→ Rn. 83), häufig um mittelbare Behinderungen handelt. Eine exakte Abgrenzung zur unmittelbaren Behinderung ist jedoch aus den gleichen Gründen wie im Verhältnis zum Tatbestand der ungleichen Behandlung (→ Rn. 83) nicht möglich, aber auch nicht erforderlich, da beide Behinderungsformen gleichermaßen unter das Verbot des Abs. 2 Nr. 1 fallen. Da es für die Behinderung, anders als für den Boykott iSd § 21 Abs. 1, auch nicht auf eine Beeinträchtigungsabsicht des Normadressaten ankommt,[361] ist auch dieses Kriterium als Abgrenzungsmerkmal ungeeignet.

88    **b) Ungleiche Behandlung. aa) Allgemeine Charakterisierung.** Die ungleiche Behandlung muss sich, wie schon das Wort „behandeln" nahelegt, auf die **Begründung oder Ausgestaltung einer besonderen Verbindung mit dem Normadressaten** beziehen. Dabei kann es sich um den Geschäftsverkehr unmittelbar betreffende Lieferbeziehungen handeln oder eine damit nur mittelbar zusammenhängende Beziehung wie die Begründung oder Ausgestaltung eines Mitgliedschaftsverhältnisses in einer Genossenschaft (→ Rn. 142). Der Tatbestand der ungleichen Behandlung ist daher nicht auf das Verhältnis des Normadressaten zu den auf vor- oder nachgelagerten Marktstufen tätigen Unternehmen beschränkt, wenngleich in der Praxis die ungleiche Behandlung von Abnehmern oder Lieferanten ganz eindeutig im Vordergrund steht. Diese kann bereits darin bestehen, dass der in Betracht stehende Normadressat das Zustandekommen oder die Aufrechterhaltung einer Geschäftsbeziehung verweigert, obwohl er entsprechende Verbindungen mit gleichartigen Unternehmen unterhält. Im Rahmen bestehender Verbindungen kann sich die Ungleichbehandlung auf alle Einzelaspekte erstrecken, zB bei Lieferbeziehungen auf Preise, Rabatte, Konditionen, Qualität, Menge, Lieferzeit, Gewährung besonderer Zusatzleistungen. Die Motive des Normadressaten sind für das Vorliegen einer Ungleichbehandlung anderer Unternehmen iSv Abs. 2 Nr. 1 irrelevant.

89    Eine ungleiche Behandlung anderer Unternehmen kann nicht nur in der Benachteiligung einzelner gegenüber der Mehrheit der Behandelten, sondern umgekehrt auch in der **Bevorzugung einzelner** im Verhältnis zur Mehrheit liegen.[362] Das Verbot des Abs. 2 Nr. 1 richtet sich allerdings nicht unmittelbar gegen die Begünstigung einzelner, sondern gegen die sich daraus mittelbar ergebende Beeinträchtigung der wettbewerblichen Chancengleichheit anderer gleichartiger Unternehmen.[363] Wie der Behinderungstatbestand (→ Rn. 85) bezieht sich deshalb auch der Tatbestand der ungleichen Behandlung in Übereinstimmung mit dem generellen Normzweck (→ Rn. 78) auf den Schutz der

---

[360] BGH 22.9.1981 – KVR 8/80, BGHZ 81, 322 = WuW/E BGH 1829 – Original-VW-Ersatzteile II.

[361] Vgl. BGH 6.10.1992 – KZR 10/91, WuW/E BGH 2805 (2811 f.) – Stromeinspeisung I (Beseitigungsanspruch des Behinderten ohne Voraussetzung eines Verschuldens des Behinderers).

[362] BGH 30.1.1970 – KZR 3/69, WuW/E BGH 1069 (1072) – Tonbandgeräte; 19.6.1975 – KZR 10/74, WuW/E BGH 1405 (1410) – Grenzmengenabkommen; 14.7.1998 – KZR 1/97, WuW/E DE-R 201 (203) = NJW 1998, 3778 – Schilderpräger im Landratsamt.

[363] Vgl. BGH 3.3.1969 – KVR 6/68, WuW/E BGH 1027 (1032) – Sportartikelmesse II; 19.3.1996 – KZR 1/95, WuW/E BGH 3058 (3065) = NJW 1996, 2656 – Pay-TV-Durchleitung; 24.10.2010 – KZR 7/10, WuW/E DE-R 3446 (3451) – Grossistenkündigung; Koller S. 30 ff.; krit. Bach NJW 2012, 728 (731).

Wettbewerbsmöglichkeiten anderer Unternehmen vor Beeinträchtigungen durch Normadressaten.

**bb) Gleichartigkeit der Unternehmen. (1) Auslegungskriterien.** Unter Abs. 2 **90** Nr. 1 fällt die ungleiche Behandlung anderer Unternehmen nur, wenn sie gegenüber gleichartigen Unternehmen erfolgt. Daran hat der Wegfall des früheren Tatbestandsmerkmals „in einem gleichartigen Unternehmen zugänglichen Geschäftsverkehr" aus § 20 Abs. 1 aF nichts geändert. Voraussetzung für die Gleichartigkeit von Unternehmen ist, dass sie eine im Wesentlichen gleiche unternehmerische Tätigkeit und wirtschaftliche Funktion ausüben.[364] Für deren Beurteilung ist eine **„verhältnismäßig grobe Sichtung"**[365] maßgebend, nach der idR bereits die Ausübung der für eine bestimmte Wirtschaftsstufe (Produktion, Großhandel, Einzelhandel, gewerblicher Verbrauch) typischen unternehmerischen Tätigkeit und wirtschaftlichen Funktion im Hinblick auf eine bestimmte Art von Waren oder gewerblichen Leistungen ausreicht **(einzelmarktbezogene Grundfunktion)**.[366] Auf die übrigen Modalitäten der diese Funktion ausübenden Unternehmen, zB die Rechtsform der Unternehmen, ihre Absatzstruktur und Abnahmeleistung sowie die Unternehmensgröße, kommt es deshalb nicht an.[367] Das in älteren Entscheidungen des BGH neben der Funktionsgleichartigkeit postulierte weitere Kriterium, ob sich bei der Tätigkeit der zu vergleichenden Unternehmen Unterschiede ergeben, die sich auf den Vertrieb der Ware oder Leistung „wesentlich auswirken",[368] ist in der neueren Rechtsprechung des BGH stillschweigend aufgegeben worden.[369] Eine praktische Relevanz war aus den darauf abstellenden Entscheidungen ohnehin nicht erkennbar.

Für die Gleichartigkeit der Unternehmen ist unerheblich, ob sie im maßgeblichen **91** Geschäftsverkehr **im Verhältnis zueinander gleichen Wettbewerbsbedingungen unterliegen**.[370] Die vom BGH in der Entscheidung „medizinischer Badebetrieb"[371] vertretene Gegenansicht beruhte auf nicht verallgemeinerungsfähigen Fallbesonderheiten, die

---

[364] StRspr des BGH zB 17.3.1998 –KZR 30/96, WuW/E BGH DE-R 134 = NJW-RR 1998, 1730 – Bahnhofsbuchhandel; 4.11.2003 – KZR 2/02, WuW/E DE-R 1203 (1204) – Depotkosmetik im Internet; 24.10.2010 – KZR 7/10, WuW/E DE-R 3446 (3450) – Grossistenkündigung; 31.1.2012 – KZR 65/10, WuW/E DE-R 3549 (3551) – Werbeanzeigen; vgl. auch zuletzt OLG Düsseldorf 24.5.2017 – VI Kart 6/16 (V), BeckRS 2017, 112387 Rn. 54; OLG München 23.11.2017 – 29 U 142/17 Kart, GRUR-RR 2018, 265 Rn. 29.

[365] St. BGH-Rspr., zB 19.3.1996 – KZR 1/95, WuW/E BGH 3058 (3063) – Pay-TV-Durchleitung; 17.3.1998 – KZR 30/96, WuW/E BGH DE-R 134 – Bahnhofsbuchhandel; 8.5.2007 – KZR 9/06, WuW/E DE-R 1983 (1985) – Autoruf-Genossenschaft II; 24.10.2011 – KZR 7/10, WuW/W DE-R 3446, 3450 – Grossistenkündigung; siehe ferner Loewenheim in LMRKM Rn. 43.

[366] Auf die so verstandene „Grundfunktion" ausdrücklich abstellend zB BGH 8.5.1990 – KZR 21/89, WuW/E BGH 2665 (2666) – Physikalisch-Therapeutische Behandlung; OLG Hamburg 22.5.1997 – 3 U 188/96, WuW/E DE-R 2 (4) – Dentalmesse; im Ergebnis ebenso zB BGH 21.2.1995 – KVR 10/94, WuW/E BGH 2990 (2995) – Importarzneimittel; 17.3.1998 – KZR 30/96, WuW/E BGH DE-R 134 (135) – Bahnhofsbuchhandel; 4.11.2003 – KZR 2/02, WuW/E DE-R 1203 (1204) – Depotkostmetik im Internet; OLG Düsseldorf 19.3.2003 – U (Kart) 20/02, WuW/E DE-R 1184 (1185) – InterCard-Tarif; Carlhoff S. 148 ff.; Nothdurft in Bunte Rn. 329.

[367] Vgl. zB BGH 12.3.1991 – KZR 26/89, WuW/E BGH 2707, 2714 – Krankentransportunternehmen II; 21.2.1995 – KVR 10/94, WuW/E BGH 2990 (2995) – Importarzneimittel; 17.3.1998 – KZR 30/96, WuW/E BGH DE-R 134 (135) – Bahnhofsbuchhandel; BGH 12.7.2013 – KVR 11/12, WuW/E DE-R 3967 (3970) – Laborchemikalien.

[368] So zB BGH 18.9.1978 – KZR 17/77, WuW/E BGH 1530 (1531) – Fassbierpflegekette; 22.9.1981 – KVR 8/80, WuW/E BGH 1829 (1833) – Original-VW-Ersatzteile II.

[369] Vgl. insbes. für Fälle von Liefer- oder Bezugsverweigerungen: BGH 30.6.1981 – KZR 19/80, WuW/E BGH 1885 (1886) – adidas; 25.10.1988 – KVR 1/87, WuW/E BGH 2535 (2539) – Lüsterbehangsteine; 13.11.1990 – KZR 25/89, WuW/E BGH 2683 (2686) – Zuckerrübenanlieferungsrecht; 21.2.1995 – KVR 10/94, WuW/E BGH 2990 (2995) – Importarzneimittel; 17.3.1998 – KZR 30/96, WuW/E DE-R 134 (135) = NJW-RR 1998, 1730 – Bahnhofsbuchhandel; KG 4.6.1997 – Kart 14/96, WuW/E DE-R 35 (37) – Großbildfilmprojektoren.

[370] BGH 23.10.1979 – KZR 19/78, WuW/E BGH 1635 (1637) – Plaza SB-Warenhaus; Ebenroth S. 281; Möschel Wettbewerbsbeschränkungen Rn. 644; Bechtold/Bosch GWB § 19 Rn. 37; aA zB Busche S. 353 ff.; Kilian ZHR 142, 474.

[371] BGH 1.6.1977 – KZR 3/76, WuW/E BGH 1493.

insbes. eine Anwendung auf Fälle des Warenvertriebs nicht zulassen.[372] Dies verdeutlicht am besten der Umstand, dass der BGH in keinem der auf die „Badebetrieb"-Entscheidung folgenden Fälle auf die Frage der Gleichheit der Wettbewerbsbedingungen eingegangen ist, obwohl dies gerade beim Vergleich zwischen Bedienungs- und Selbstbedienungshandel[373] und zwischen stationärem Fachhandel und Versandhandel[374] besonders naheliegend war. Eine Verallgemeinerung dieser Ansicht würde auch den Charakter des Gleichartigkeitsmerkmals als einer „verhältnismäßig groben Sichtung" in Frage stellen. Da jedenfalls gewisse Ungleichheiten der Wettbewerbsbedingungen für die Unternehmen geradezu typisch sind, wäre die Vorschrift anderenfalls auch weitgehend unanwendbar.[375] Für die Gleichartigkeit ist schließlich auch nicht erforderlich, dass die zu vergleichenden Unternehmen auf einem bestimmten Markt im Verhältnis zueinander in einer aktuellen oder potentiellen **Wettbewerbsbeziehung** stehen.[376]

**91a**      Die Frage des Wettbewerbs zwischen ungleich behandelten Unternehmen ist jedoch insofern von Bedeutung, als nach der Rechtsprechung des BGH eine nach Abs. 2 Nr. 1 verbotene Ungleichbehandlung voraussetzt, dass sie **geeignet** ist, **sich nachteilig auf die Wettbewerbsposition der ungünstiger behandelten Unternehmen auszuwirken.**[377] Dabei soll es allerdings auf die Spürbarkeit und die Gewinnentwicklung nicht ankommen.[378] Der BGH verweist zur Begründung ausdrücklich auf die entsprechende Rechtsprechung des EuGH.[379] Dabei ist ein Gleichlauf aufgrund des unterschiedlichen Wortlauts des § 19 Abs. 2 Nr. 1 GWB und des Art. 102 Abs. 2 lit. c AEUV jedenfalls nicht zwingend, aber im Sinne der rechtlichen Angleichung zu begrüßen. Während der BGH in seiner Entscheidung „Grossistenkündigung" noch eine Auswirkung auf die Wettbewerbsposition forderte,[380] ließ er in den jüngeren Entscheidungen die Eignung zur Beeinträchtigung genügen, sodass konkrete Auswirkungen nicht festgestellt werden müssen.[381] Wenn diesem Erfordernis entgegen gehalten wird, dass die Auswirkungen des Verhaltens auf die diskriminierten Unternehmen oftmals nicht fassbar seien[382] und das Diskriminierungsverbot nicht daran, sondern an der Marktmacht des (vermeintlich) Diskriminierenden orientiert sei,[383] vermag dies nicht zu überzeugen. Denn zum einen spricht schon der Normzweck, marktmachtbedingte Verfälschungen des Wettbewerbs und nicht abstrakt bestimmte Ver-

---

[372] So ausdrücklich BGH 23.10.1979 – KZR 19/78, WuW/E BGH 1635 (1637) – Plaza SB-Warenhaus; aA zB Fischötter WuW 1981, 491.

[373] Vgl. zB BGH 18.9.1978 – KZR 17/77, WuW/E BGH 1530 – Fassbierpflegekette.

[374] Vgl. zB BGH 8.5.1979 – KZR 13/78, WuW/E BGH 1587 – Modellbauartikel; 4.11.2003 – KZR 2/02, WuW/E DE-R 1203 – Depotkosmetik im Internet.

[375] Der in der „Badebetrieb"-Entscheidung vom BGH zutreffend erkannten Gefahr, dass die Anwendung des Abs. 2 Nr. 1 Unternehmen einen nicht auf besserer Leistung beruhenden Sondervorteil verschaffen kann (Möglichkeit der sachfremden Bevorzugung des hauseigenen Badebetriebs durch den verschreibenden Arzt), lässt sich auch im Rahmen der Interessenabwägung angemessen begegnen. Vgl. auch BGH 23.10.1979 – KZR 19/78, WuW/E BGH 1635 (1637) = NJW 1980, 941 – Plaza SB-Warenhaus.

[376] So zB Martens S. 75 f.; Ebenroth S. 109; Baur S. 26 ff.; Carlhoff S. 156 f.

[377] BGH 24.10.2011 – KZR 7/10, WuW/E DE-R 3446 (3451) – Grossistenkündigung; 8.12.2020 – KZR 103/19, NZKart 2021, 240 Rn. 16 – Stationspreis im Gelegenheitsverkehr; 6.7.2021 – KZR 11/18, NZKart 2021, 578 Rn. 18 – wilhelm.tel; zustimmend Westermann in MüKoWettbR Rn. 44; siehe auch Loewenheim in LMRKM Rn. 40; krit. Bach NJW 2012, 729 (731) und Bechtold/Bosch Rn. 41; zu dem Erfordernis der Auswirkung im Rahmen der Behinderung siehe → Rn. 85.

[378] Siehe BGH 6.7.2021 – KZR 11/18, NZKart 2021, 578 Rn. 18 – wilhelm.tel.

[379] So BGH 8.12.2020 – KZR 103/19, NZKart 2021, 240 Rn. 16 – Stationspreis im Gelegenheitsverkehr unter Verweis auf EuGH 19.4.2018 – C-525/16, NZKart 2018, 225 Rn. 25 ff. – Portugiesische Urheberrechtsverwertungsgesellschaft; näher zur Bedeutung im Rahmen von Art. 102 AEUV → AEUV Art. 102 Rn. 392.

[380] 24.10.2011 – KZR 7/10, WuW/E DE-R 3446 (3451) – Grossistenkündigung.

[381] So fordert auch der EuGH gerade nicht den Nachweis, dass eine tatsächliche und quantifizierbaren Verschlechterung der Wettbewerbsstellung einzelner Handelspartner eingetreten ist, siehe schon EuGH 15.3.2007 – C-95/04 P, EuZW 2007, 306 Rn. 145 – British Airways; EuGH 19.4.2018 – C-525/16, NZKart 2018, 225 Rn. 27 – Portugiesische Urheberrechtsverwertungsgesellschaft.

[382] Vgl. Bechtold/Bosch Rn. 41 aE.

[383] Bechtold/Bosch Rn. 41 aE.

haltensweisen marktbeherrschender Unternehmen zu unterbinden, zum anderen auch der Grundsatz der der Verhältnismäßigkeit dafür, jedenfalls eine Eignung zur Beeinträchtigung der Wettbewerbsposition des benachteiligten Unternehmens als Voraussetzung für einen Verstoß zu fordern.

**(2) Die Gleichartigkeit im Einzelnen.** Auf der Grundlage des Maßstabs der einzel-  **92** marktbezogenen Grundfunktion (→ Rn. 90) ist als allgemeine Richtlinie davon auszugehen, dass Unternehmen, die als Anbieter oder Nachfrager einer bestimmten Art von Waren oder gewerblichen Leistungen auf derselben Wirtschaftsstufe tätig sind, zB als Hersteller, Großhändler, Einzelhändler, gewerbliche Verbraucher, idR gleichartig sind. Dabei ist auf die typischen Aspekte der jeweiligen Funktion abzustellen, zB bei Handelsunternehmen auf den Bezug von Waren und deren Weiterveräußerung als Groß- oder Einzelhändler. Unternehmen, die als Anbieter einer bestimmten Art von Waren oder gewerblichen Leistungen auf verschiedenen Wirtschaftsstufen tätig sind, sind deshalb idR nicht gleichartig.[384] Auch zwischen in der Grundfunktion im Allgemeinen ungleichartigen Unternehmen kann jedoch im Einzelfall, wenn der relevante Geschäftsverkehr nicht ihre typische Tätigkeit betrifft, Gleichartigkeit gegeben sein.[385]

**Hersteller** sind generell als Nachfrager einer bestimmten Art von Waren oder gewerb-  **93** lichen Leistungen als Vorprodukt für ihre eigene Produktion gleichartig, auch soweit sie damit auf der Verkaufsseite auf verschiedenen Märkten tätig sind.[386] Als Anbieter ihrer Erzeugnisse an den Pharmagroßhandel sind Hersteller im Verhältnis zu inländischen Importeuren ausländischer Hersteller gleichartig.[387] Gleichartigkeit bezogen auf die an die Urheberrechtsverwertungsgesellschaften nach § 54 UrhG zu zahlenden Vergütungen besteht auch zwischen inländischen Herstellern von Vervielfältigungsgeräten und Importeuren ausländischer Hersteller.[388]

Gleichartig im Hinblick auf den Bezug von Waren zum Zwecke der Weiterveräußerung  **94** an Einzelhändler oder gewerbliche Verbraucher sind alle Arten des Bedienungsfachgroßhandels im Verhältnis zueinander,[389] Bedienungsfachgroßhändler im Verhältnis zu Bedienungssortimentsgroßhändlern[390] und Bedienungsgroßhändler im Verhältnis zu SB-Großhändlern.[391] Beim Absatz von Ersatzteilen an Kfz-Händler und -Werkstätten sind Teilegroßhändler, Teilehersteller und Werksvertreter gleichartig.[392] Dass ein **Großhändler** daneben auch Einzelhandel betreibt, steht seiner Gleichartigkeit mit „reinen" Großhandelsunternehmen nicht entgegen.[393] Ebenso entfällt die Gleichartigkeit eines Pressegroßhänd-

---

[384] So für das Verhältnis von Großhändlern zu vom Hersteller direkt belieferten Einzelhändlern zB OLG Düsseldorf 7.3.1978 – 24 O 179/75, WuW/E OLG 1945 (1946) – Electrola; OLG Hamburg 8.12.1983 – 3 U 189/82, WuW/E OLG 3195 (3197) – Metallösungsmittel; für das Verhältnis von Handelsunternehmen zu gewerblichen Verbrauchern zB OLG Frankfurt a. M. 12.6.1975 – 6 U Kart 112/74, WuW/E OLG 1615 – Hefekunden; zum Verhältnis von Weiterverteilern und Endverbrauchern bei der Belieferung mit Elektrizität → § 18 Rn. 87.

[385] Vgl. zB BGH 3.3.1969 – KVR 6/68, BGHZ 52, 65 = WuW/E BGH 1027 (1030) – Sportartikelmesse II.

[386] Vgl. zB BGH 25.10.1988 – KVR 1/87, WuW/E BGH 2535 (2538) – Lüsterbehangsteine; KG 9.7.1974 – Kart 25/74, WuW/E OLG 1507 (1511) – Chemische Grundstoffe II.

[387] BGH 21.2.1995 – KVR 10/94, WuW/E BGH 2990 (2994) – Importarzneimittel.

[388] BGH 30.1.1970 – KZR 3/69, WuW/E BGH 1069 (1070) – Tonbandgeräte; vgl. auch KG 25.3.1987 – Kart U 1195/87, WuW/E OLG 4040 (4045) – Wertungsverfahren.

[389] KG 21.2.1977 – Kart 151/75, WuW/E OLG 1828 (1830) – Englisch-Wörterbuch.

[390] BGH 24.2.1976 – KVR 3/75, WuW/E BGH 1429 (1431) – Asbach-Fachgroßhändlervertrag.

[391] BGH 24.2.1976 – KVR 3/75, WuW/E BGH 1429 (1431) – Asbach-Fachgroßhändlervertrag; 18.9.1978 – KZR 17/77, WuW/E BGH 1530 (1531) – Fassbierpflegekette; TB 1971, 66; 1972, 72.

[392] BGH 22.9.1981 – KVR 8/80, BGHZ 81, 322 = WuW/E BGH 1829 (1833) – Original-VW-Ersatzteile II.

[393] TB 1969, 68; 1973, 88; zur Frage, ob Lieferungen von SB-Großhändlern zu privaten Konsumzwecken die Gleichartigkeit als Großhändler aufheben, s. BGH 24.2.1976 – KVR 3/75, WuW/E BGH 1429 (1431) – Asbach-Fachgroßhändlervertrag; zur lauterkeitsrechtlichen Beurteilung des SB-Großhandels: Schricker GRUR 1990, 567 ff.; Köhler BB 1990, 1429 ff.

lers nicht deshalb, weil an ihm Verlagsunternehmen beteiligt sind.[394] Im Verhältnis zwischen SB-Großhändlern und Verbrauchermärkten ist im Hinblick auf deren Einzelhandelsfunktion die Gleichartigkeit zu verneinen.[395]

**95**  Unabhängig von ihrer Rechtsform sind **Einkaufszusammenschlüsse,** soweit sie selbst unternehmerisch tätig werden, in aller Regel gleichartige Unternehmen im Verhältnis zu Bedienungs- und SB-Großhandelsunternehmen.[396] Unerheblich ist, dass nur ein begrenztes Sortiment geführt wird oder keine Lagerhaltung erfolgt.[397] An der Ausübung der Großhandelsgrundfunktion fehlt es dagegen, wenn eine Einkaufsgemeinschaft lediglich als vermittelnder Sammelbesteller für ihre Mitglieder tätig wird und diese unmittelbar beliefert werden[398].

**96**  Gleichartig im Verhältnis zueinander sind alle **Facheinzelhändler** für eine bestimmte Art von Waren oder gewerbliche Leistungen. Die Gleichartigkeit ist deshalb in aller Regel in folgenden Fällen zu bejahen: für Vertragshändler eines bestimmten Herstellers im Verhältnis zueinander,[399] für Vertragshändler verschiedener Hersteller der gleichen Art von Waren im Verhältnis zueinander oder zu freien Fachhändlern, soweit diese im Vertrieb der betreffenden Produktart die gleiche Grundfunktion erfüllen,[400] für Bahnhofsbuchhändler im Verhältnis zu anderen Einzelhändlern mit Presseerzeugnissen[401] und für Facheinzelhändler im Verhältnis zu traditionellen Warenhäusern, Verbrauchermärkten und SB-Warenhäusern, soweit diese über eine Fachabteilung verfügen.[402] Auch im **Verhältnis zwischen stationärem und Versandeinzelhandel sowie Internethandel** ist **grundsätzlich Gleichartigkeit** gegeben.[403] **Leasingunternehmen** für bestimmte Arten von Waren sind untereinander gleichartig.[404] Im Verhältnis zu den Vertragshändlern des Herstellers ist dagegen die Gleichartigkeit zu verneinen.[405] Der Gleichartigkeit steht nicht entgegen, dass das Unternehmen ganz oder teilweise für an ihm beteiligte Endverbraucher tätig wird.[406] Gleichartigkeit im Hinblick auf die Belieferung mit Mineralölerzeugnissen ist auch gegeben zwischen freien Tankstellen und den als Handelsvertreter der Mineralölgesellschaften tätigen Markentankstellen.[407]

---

[394] BGH 10.10.1978 – KZR 10/77, WuW/E BGH 1527 – Zeitschriften-Grossisten; Roggen, Pressevertrieb und Kartellrecht, S. 167 ff.; Schmahl WRP 1979, 517; aA Bechtold BB 1977, 1114.

[395] OLG Saarbrücken 11.5.1983 – 1 U 127/81, WuW/E OLG 2997 (2999) – Irisette.

[396] TB 1976, 62 (66); Emmerich AG 1976, 61.

[397] BGH 10.10.1978 – KZR 10/77, WuW/E BGH 1527 – Zeitschriften-Grossisten; OLG Düsseldorf 27.8.1968 – U (Kart) 8/67, WuW/E OLG 917 (919) – Partierabatt; vgl. auch OLG Stuttgart 20.12.1991 – 2 U (Kart) 89/91, WuW/E OLG 5083 (5088) – Michel-Katalog.

[398] TB 1965, 36.

[399] BGH 23.2.1988 – KZR 20/86, WuW/E BGH 2491 (2494) – Opel Blitz; 21.2.1995 – KZR 33/93, WuW/E BGH 2983 (2988) – Kfz-Vertragshändler.

[400] BKartA 31.3.1979 – B 7–333000-RTV-84/76, WuW/E BKartA 1781 (1785) – Identteile; Ebenroth S. 108.

[401] BGH 10.11.1998 – KZR 6/97, WuW/E DE-R 134 (135) = NJW-RR 1998, 1730 – Bahnhofsbuchhandel.

[402] BGH 30.6.1981 – KZR 19/80, WuW/E BGH 1885 (1887) – adidas; 16.12.1986 – KZR 25/85, WuW/E BGH 2351 (2356) – Belieferungsunwürdige Verkaufsstätten II.

[403] BGH 24.9.1979 – KZR 20/78, WuW/E BGH 1629 (1631) – Modellbauartikel II; 12.5.1998 – KZR 23/96, WuW/E DE-R 206 (209 f.) – Depotkosmetik; 4.11.2003 – KZR 2/02, WuW/E DE-R 1203 (1204) – Depotkosmetik im Internet; KG 4.2.1985 – Kart 2/84, WuW/E OLG 3501 (3503) – Märklin.

[404] BGH 30.9.1971 – KZR 13/70, WuW/E BGH 1211 (1213) = NJW 1972, 483; OLG Düsseldorf 29.12.1989 – 6 U (Kart) 9/89, WuW/E OLG 4511 (4513) – Endspurt '87; OLG Frankfurt a. M. 14.12.1989 – 6 U (Kart) 95/89, WuW/E OLG 4507 (4509) – Auto-Leasing.

[405] Dies folgt aus den gleichen Gründen, wie sie für die Entscheidung des BGH 6.11.1984 – KZR 20/83, WuW/E BGH 2134 = NJW 1986, 49 – Schufa, für die Verneinung der Gleichartigkeit zwischen Banken und Kreditvermittlern maßgeblich waren. AA Schwintowski BB 1989, 2338 f.; vgl. auch BKartA 25.7.1990 – B 8–766000–V–155/87, WuW/E BKartA 2459 (2461) – VW-Leasing.

[406] Vgl. zB BGH 13.3.1979 – KZR 4/77, WuW/E BGH 1485 (1486) = NJW 1979, 1412 – Anwaltsbücherdienst.

[407] KG 4.7.1974 – Kart 27/74, WuW/E OLG 1499 (1502) – AGIP II; aA zB Fischötter WuW 1974, 389. In der Entscheidung „EH-Partner-Vertrag" (BGH 15.4.1986 – KVR 3/85, WuW/E BGH 2238 (2246)) ist der BGH offenbar von der Gleichartigkeit von Eigenhändlern und Handelsvertretern beim Vertrieb von Geräten der Unterhaltungselektronik ausgegangen.

Unternehmen des **Handwerks** sind gleichartig in der Ausübung der handwerklichen **97** Grundfunktion. Das gilt zB im Hinblick auf die Zulassung zur Belieferung von AOK-Mitgliedern für Optiker mit Meister- oder Gehilfenprüfung und solche ohne Prüfung, soweit sie in die Handwerksrolle eingetragen sind,[408] im Hinblick auf die Belieferung mit Ersatzteilen für herstellerunabhängige Reparaturunternehmen für eine bestimmte Warenart im Verhältnis untereinander[409] oder im Verhältnis zu herstellergebundenen Reparaturunternehmen.[410] Für den Handel mit Teilen ist hingegen die Gleichartigkeit zu verneinen.[411] Die konkrete Ausgestaltung eines handwerklichen Unternehmens ist für die Gleichartigkeit im Verhältnis zu anderen die gleiche Leistung erbringenden Handwerksunternehmen unerheblich.[412]

Im Hinblick auf die **Zulassung zu Messeveranstaltungen** sind Hersteller und Groß- **98** händler mit oder ohne Direktvertrieb an Verbraucher gleichartig,[413] ebenso wie im Hinblick auf ihre Teilnahme an der telefonischen **Vermittlung von Taxifahrten** Mitglieder und Nichtmitglieder einer Autoruf-Genossenschaft.[414] Gleichartigkeit im Hinblick auf den Zugang zu Kabelfernsehnetzen besteht zwischen Anbietern von „Free-TV" und „Pay-TV".[415]

**Verneint** wurde die Gleichartigkeit zwischen Hörfunkveranstaltern und der Presse bei **98a** der Sportberichterstattung,[416] zwischen Gerätekäufern und Wartungsunternehmen hinsichtlich der Schulung von Wartungspersonal[417] und zwischen Nutzern der mit SIM-Karten bestückten GSM-Umwandler und Nutzern der Corporate-GSM-Gateways hinsichtlich der Terminierung von Mobilfunkgesprächen.[418] Für die Nachfrage nach Auskünften über die Abwicklung von Krediten (Schufa-Auskünfte) hat der BGH die Gleichartigkeit zwischen Banken und Kreditvermittlern ebenfalls verneint.[419] Hinsichtlich des Bezugs von leitungsgebundener Energie (Strom, Gas) ist zwischen den Gruppen der weiterverteilenden und eigenverbrauchenden Sonderabnehmer zu unterscheiden. Gleichartigkeit ist im Hinblick auf die ungleiche Funktion beider Gruppen nur innerhalb jeder Gruppe gegeben, hingegen auch bei gleichen Anschluss- und Abnahmeverhältnissen („Klemmeigenschaften") nicht im Verhältnis beider Gruppen zueinander.[420]

**cc) Feststellung der Ungleichbehandlung.** Nur die ungleiche Behandlung gleich- **99** artiger Unternehmen, **nicht** jedoch die **Gleichbehandlung ungleichartiger Unterneh-**

---

[408] BGH 25.6.1964 – KZR 11/62, WuW/E BGH 675 (678) – Uhrenoptiker; vgl. auch zur Gleichartigkeit von Krankentransportunternehmen jeder Art: BGH 12.3.1991 – KZR 26/89, BGHZ 114, 218 = WuW/E BGH 2707 (2714) – Krankentransportunternehmen II.
[409] BGH 21.2.1989 – KZR 3/88, WuW/E BGH 2589 (2590) – Frankiermaschinen; OLG Karlsruhe 27.8.1997 – 6 U 4/97, WuW/E DE-R 79 (80) – Feuerwehr-Drehleitern; Traub WRP 1978, 110 ff.
[410] BKartA 21.3.1979 – B 7–333000-RTV-84/76, WuW/E BKartA 1781 (1785) – Identteile.
[411] OLG Frankfurt a. M. 5.3.1987 – 6 VA 1/86, WuW/E OLG 4017 (4022) – Gabelstapler.
[412] OLG Frankfurt a. M. 30.10.1984 – 6 U 165/82, WuW/E OLG 3347 (3350) – Kürschnerhandwerk.
[413] BGH 3.3.1969 – KVR 6/68, BGHZ 52, 65 = WuW/E BGH 1027 (1030) – Sportartikelmesse II.
[414] BGH 8.5.2007 – KZR 9/06, WuW/E DE-R 1983 (1985) – Autoruf-Genossenschaft II; vgl. auch 6.3.2007 – KZR 6/06, WuW/E DE-R 1954 (1955) – PETCYCLE.
[415] BGH 19.3.1996 – KZR 1/95, WuW/E BGH 3058 (3063) = NJW 1996, 2656 – Pay-TV-Durchleitung.
[416] BGH 8.11.2005 – KZR 37/03, WuW/E DE-R 1597 (1601) – Hörfunkrechte; dazu Zagouras WuW 2006, 376 ff.
[417] OLG Düsseldorf 20.9.2006 – U (Kart) 28/09, WuW/E DE-R 1825 (1827 f.) – Primus.
[418] BGH 29.6.2010 – KZR 31/08, WuW/E DE-R 2963 (2970) – GSM-Gateway; KG 15.1.2004 – 2 W 25/03 Kart, WuW/E DE-R 1274 (1278) – GSM-Gateway; OLG München 22.4.2004 – U (K) 1582/04, WuW/E DE-R 1270 (1272) – GSM-Wandler.
[419] BGH 6.11.1984 – KZR 20/83, WuW/E BGH 2134 = NJW 1986, 49 – Schufa; vgl. auch Hootz BB Beil. 6/1984.
[420] OLG Düsseldorf 18.1.1985 – U (Kart) 11/84, WuW/E OLG 3606; TB 1983/84, 144; im Schrifttum eingehend mwN Schütte S. 105 ff.; Scholz S. 141 ff.; aA insbes. Baur S. 43 ff.; Büdenbender S. 247 ff.; vgl. auch zur Gleichartigkeit von Stromversorgungsunternehmen iSv § 103 Abs. 5 S. 2 Nr. 2 GWB aF: BGH 21.2.1995 – KVR 4/94, WuW/E BGH 2967 (2972) – Weiterverteiler.

**men** fällt unter Abs. 2 Nr. 1.[421] Deshalb ist zB die Belieferung von Groß- und Einzelhändlern nach einem einheitlichen, keinen Großhandelsfunktionsrabatt enthaltenden Preis- und
Rabattsystem keine ungleiche Behandlung iSd Abs. 2 Nr. 1.[422]

100    Ob gleichartige Unternehmen im Verhältnis zueinander ungleich behandelt werden, ist
nach einem auf den jeweiligen Behandlungsgegenstand (zB Aufnahme von Lieferbeziehungen für ein Produkt oder Gestaltung der Preise, Rabatte, Konditionen für eine bestimmte
Mengeneinheit eines Produkts) abstellenden **formalen Gleichheitsmaßstab** zu beurteilen.[423] Deshalb kann zwar eine ungleiche Behandlung auch darin liegen, dass einzelnen
Abnehmern für den gleichen Preis eine größere Menge eines bestimmten Produkts geliefert
wird, zB durch Gewährung von Naturalrabatten.[424] Darüber hinaus ist jedoch für eine
isolierte Behandlung einzelner Aspekte einer einheitlich angebotenen Leistung kein Raum.
**Einheitliche Frankostationspreise** behandeln daher, anders als Zonenpreis- und von den
tatsächlichen Standorten abweichende Frachtbasensysteme, gleichartige Unternehmen nicht
ungleich.[425]

101    Die Waren oder Dienstleistungen, auf die sich der Behandlungsgegenstand bezieht,
können nur solche des ungleich Behandelnden sein. Deshalb kann es für die insoweit
erforderliche Gleichheit nicht auf die funktionelle Austauschbarkeit aus der Sicht der
Bedarfsdeckung, sondern nur auf den formalen Gesichtspunkt der **technisch-physika-
lischen Identität** ankommen.[426] Dabei sind geringfügige Produktdifferenzierungen, zB
eine andere Kennzeichnung und Verpackung, außer Betracht zu lassen. Durch den zweigleisigen Vertrieb einer Ware als bekannter Markenartikel einerseits und als billigere
Zweitmarke oder markenlose Ware andererseits werden deshalb Abnehmer, soweit sie nur
mit der einen oder anderen Ware beliefert werden, ungleich behandelt.[427]

102    Wie bei der Behinderung (→ Rn. 87) erfasst Abs. 2 Nr. 1 auch bei der ungleichen
Behandlung die unmittelbare und mittelbare Begehungsform. Von **mittelbarer ungleicher Behandlung** lässt sich sprechen, wenn die erforderliche Verbindung mehrstufig ist,
zB ein nur die Großhandelsstufe preisbindender Hersteller die gebundenen Großhändler zu
einer ungleichen Behandlung von Einzelhändlern verpflichtet.[428] Die Unterscheidung ist
jedoch für die rechtliche Beurteilung bedeutungslos. Denn selbst wenn in einem derartigen
Fall eine Behandlung durch den Normadressaten verneint würde, wäre sein Verhalten als
Behinderung der ungünstiger gestellten Unternehmen nach den gleichen Maßstäben der
Interessenabwägung zu beurteilen.

103    Die ungleiche Behandlung von Unternehmen fällt nur dann unter Abs. 2 Nr. 1, wenn
sie **andere Unternehmen** im Verhältnis zu gleichartigen Unternehmen betrifft. Daraus
folgt, dass auch die zum Vergleich herangezogenen gleichartigen Unternehmen andere
Unternehmen sein müssen. Dies ist **nicht** der Fall, wenn die **Vergleichsunternehmen
mit dem ungleich behandelnden Normadressaten eine** unternehmerische Einheit
bilden, zB zum selben **Konzern** gehören.[429] Ein Unternehmen, das nur konzernangehö-

---

[421] BGH 27.9.1962 – KZR 6/61, BGHZ 38, 90 = WuW/E BGH 502 (508) – Treuhandbüro; 26.11.1975
– VIII ZR 164/74, BGHZ 65, 284 (291) = NJW 1976, 709 (710) – Wasserpreis; hM im Schrifttum, zB
Nothdurft in Bunte Rn. 325.
[422] BGH 27.9.1962 – KZR 6/61, WuW/E BGH 502 (508) – Treuhandbüro.
[423] Vgl. zB BGH 24.2.1976 – KVR 3/75, WuW/E BGH 1429 (1432) – Asbach-Fachgroßhändlervertrag;
8.5.1990 – KZR 23/88, WuW/E BGH 2647 (2651) – Nora-Kunden-Rückvergütung; OLG Düsseldorf
24.5.2017 – VI-Kart 6/16 (V), BeckRS 2017, 112387 Rn. 54; Loewenheim in LMRKM Rn. 40.
[424] Segelmann/Niederleithinger WuW 1967, 477.
[425] BKartA 6.4.1966 – B 1–254200-J-123/65, WuW/E BKartA 1079 (1083) – Steinzeug; Segelmann/
Niederleithinger WuW 1967, 475 ff.; aA mit der insoweit nicht relevanten Unterscheidung zwischen dem
fiktiven Ab-Werk-Preis und dem Preis für die Transportleistung: Koller S. 6 ff.
[426] Koller S. 98 ff.; vgl. auch Jacob-Steinorth, Der zweigleisige Vertrieb von Markenwaren im deutschen
und amerikanischen Kartellrecht, S. 44 ff.
[427] Koller S. 99 ff.; Belke S. 319 ff.
[428] Vgl. zB BGH 12.5.1965 – KVR 1/64, WuW/E BGH 667 (670) – rechtselbische Zementpreise.
[429] BGH 29.6.1982 – KVR 5/81, WuW/E BGH 1947 (1949) = NJW 1982, 2775 – Stuttgarter Wochenblatt; 10.2.1987 – KZR 6/86, WuW/E BGH 2360 (2365) = NJW 1987, 3197 – Freundschaftswerbung;

rige Reparaturunternehmen mit Ersatzteilen beliefert oder nur einer Tochtergesellschaft Sonderpreise oder -rabatte einräumt, behandelt daher andere Unternehmen gegenüber gleichartigen Unternehmen nicht ungleich.[430] Die Gegenmeinung würde dazu führen, dass auch bei bevorzugter Belieferung oder kalkulatorischer Begünstigung von unselbstständigen Betrieben eines Unternehmens ein Fall der ungleichen Behandlung im Verhältnis zu Dritten angenommen werden müsste. Die Drittwirkungen können in solchen Fällen grundsätzlich nur über den Behinderungstatbestand erfasst werden.[431] Zu beachten ist allerdings, dass für bestimmte Konstellationen wie § 46 EnWG in der Rechtsprechung eine Ausnahme vom Konzernprivileg anerkannt wird.[432] In jüngerer Zeit leitet der BGH aus dem Transparenzgebot bei öffentlichen Ausschreibungen von Wegenutzungsrechten durch Gemeinden ein klares Gebot der organisatorischen und personellen Trennung von Vergabestelle und Bewerber ab, um Interessenkonflikte von vornherein zu vermeiden.[433]

Keine ungleiche Behandlung liegt vor, wenn ein Unternehmen sich lediglich Sonder-    **104** vorteile gewähren lässt, die der Gewährende nicht auch allen anderen vergleichbaren Unternehmen in gleicher Weise einräumt (**„passive Diskriminierung"**).[434] Dies gilt auch, wenn das bevorzugte Unternehmen solche Sondervorteile durch den aktiven Einsatz von Nachfragemacht erreicht.[435] Eine ungleiche Behandlung gleichartiger Anbieter durch den bevorzugten Nachfrager kann nur dann angenommen werden, wenn dieser nicht gegenüber allen in Betracht kommenden Anbietern in gleicher Weise mit dem Ziel des Erreichens möglichst günstiger Einkaufsbedingungen vorgeht, sondern systematisch differenziert, zB nur von einzelnen Lieferanten eines bestimmten Erzeugnisses generell günstigere Preise oder sonstige Vorteile fordert.[436] Die Frage, ob der Begünstigte in derartigen Fällen gleichartige Marktpartner ungleich behandelt, hat jedoch nach der Einführung der Sonderregelung des § 26 Abs. 3 aF (jetzt § 19 Abs. 2 Nr. 5) durch die 4. GWB-Novelle keine praktische Bedeutung mehr (dazu → Rn. 372 ff.).

---

24.9.2002 – KZR 4/01, WuW/E DE-R 1003 (1004) – Kommunaler Schilderprägebetrieb; 24.10.2010 – KZR 7/10, WuW/E DE-R 3446. 3451 – Grossistenkündigung; OLG Frankfurt a. M. 10.10.2006 – 11 U 3/ 05, WuW/E DE-R 1901 (1904) – Bahnstrom; OLG Düsseldorf 13.12.2006 – VI – Kart 1/06, BB 2007, 738 (740) mAnm Flohr; dazu auch BKartA 8.5.2006 – B 9–149/94, ZIP 2006, 1788 – Praktiker; vgl. auch Emmerich NZKart 2015, 114 (115).

[430] BGH 29.6.1982 – KVR 5/81, WuW/E BGH 1947 (1949) – Stuttgarter Wochenblatt; OLG Düsseldorf 29.12.1989 – U (Kart) 9/89, WuW/E OLG 4511 (4516) – Endspurt '87.

[431] BGH 8.5.2007 – KZR 9/06, WuW/E DE-R 1983 (1985) – Autoruf-Genossenschaft II; 24.10.2011 – KZR 7/10, WuW/DE-R 3446, 3451 – Grossistenkündigung (Unbilligkeit der Behinderung hier jedoch verneint); 17.12.2013 – KZR 65/12, WuW/E DE-R 4139 (4147) – Stromnetz Heiligenhafen (unbillige Behinderung abgelehnter Drittbewerber bei einer den Anforderungen des § 46 EnWG nicht entsprechender Konzessionsvergabe an einen Eigenbetrieb der konzessionsvergebenden Gemeinde bejaht); OLG Frankfurt a. M. 31.8.1989 – 6 U (Kart) 76/89, ZIP 1989, 1425 (1427) – Toyota II; 10.10.2006 – 11 U 46/05, WuW/E DE-R 1901 (1904 f.) (problematisch aber insoweit, als für schlechtere Konditionen bei der Belieferung von Wettbewerbern der DB mit Bahnstrom trotz der gesetzlichen Öffnung der Schienennetze mit dem Ziel, den Drittzugang wettbewerblich zu neutralisieren, die Unbilligkeit verneint wird); OLG Stuttgart 10.10.1980 – 2 Kart 3/80, WuW/E OLG 2386 (2388) – Stuttgarter Wochenblatt.

[432] Vgl. klarstellend BGH 17.12.2013 – KZR 65/12, WuW/E DE-R 4139 (4147) – Stromnetz Heiligenhafen. Im Übrigen haben die Gerichte in diesen Fällen oftmals dazu geneigt, die Unbilligkeit zu verneinen, vgl. etwa BGH 3.6.2014 – EnVR 10/13, WuW 2014, 978 ff. – Stromnetz Homberg; BGH 7.10.2014 – EnZR 86/13, WuW 2015, 165 ff. – Stromnetz Olching; BGH 18.11.2014 – EnZR 33/13, EnWZ 2015, 125 ff. – Stromnetz Schierke; OLG Karlsruhe 3.4.2017 – 6 U 151/16 Kart, BeckRS 2017, 120569 Rn. 51; OLG Düsseldorf 15.7.2015 – VI-2 Kart 1/15 (V), BeckRS 2016, 02800 Rn. 48 ff.; OLG Brandenburg 22.8.2017 – 6 U 1/17 Kart, BeckRS 2017, 127968 Rn. 71 f.

[433] BGH 12.10.2021 – EnZR 43/20, NZKart 2022, 80 Rn. 34 ff. – Stadt Bargteheide; BGH 28.1.2020 – EnZR 99/18, NZKart 2020, 318 – Rn. 32 ff. – Gasnetz Leipzig.

[434] Köhler S. 91; Ulmer WuW 1980, 475 f.; Nothdurft in Bunte Rn. 326.

[435] Köhler S. 91.

[436] Weitergehend mit der unzutreffenden Ansicht, dass eine ungleiche Behandlung bereits dann gegeben sei, wenn die Forderung einer Begünstigung nicht gegenüber allen vergleichbaren Lieferanten durchgesetzt wird: Köhler S. 88 f.; Reimann WuW 1976, 551.

**105**  **3. Unbilligkeit, Fehlen eines sachlich gerechtfertigten Grundes. a) Systematische Bedeutung.** Die Anwendung des Verbots des Abs. 2 Nr. 1 setzt voraus, dass die
Behinderung anderer Unternehmen unbillig ist oder deren ungleiche Behandlung gegenüber gleichartigen Unternehmen ohne sachlich gerechtfertigten Grund erfolgt. Ob bestimmte Verhaltensweisen von Normadressaten mit dieser Vorschrift vereinbar sind, entscheidet deshalb erst ihre normative Bewertung im Rahmen dieser Tatbestandsmerkmale.
Damit kommt der Frage des dabei anzulegenden Bewertungsmaßstabs die Schlüsselrolle für
die Bestimmung der Reichweite des Verbots des Abs. 2 Nr. 1 zu. Ihre große Bedeutung
ergibt sich schon daraus, dass die Begriffe der Behinderung und ungleichen Behandlung
„wertneutral" weit ausgelegt werden (→ Rn. 84, 88), so dass die Zahl der das Stadium der
normativen Bewertung im Rahmen der Tatbestandsmerkmale „unbillig" und „ohne sachlich gerechtfertigten Grund" erreichenden Fälle relativ groß ist. Für die Ausgestaltung des
Maßstabs für diese Bewertung und seine Anwendung kommt es deshalb ganz wesentlich
darauf an, den Anwendungsbereich der Vorschrift so einzugrenzen, dass ihr wettbewerblicher Normzweck gewahrt und ihre Einbindung in das Gesamtsystem des GWB sichergestellt bleibt, andererseits aber auch ihre Aufgaben hinreichend erfüllt werden können.

**106**  **b) Die Interessenabwägung als Beurteilungsmaßstab.** Ob Behinderungen anderer
Unternehmen im Wettbewerb als unbillig und deren ungleiche Behandlung als sachlich
nicht gerechtfertigt zu beurteilen sind, ist nach der ständigen Rechtsprechung des BGH
nach dem einheitlichen Maßstab der **Abwägung der Interessen der Beteiligten unter
Berücksichtigung der auf die Freiheit des Wettbewerbs gerichteten Zielsetzung
des GWB** zu entscheiden.[437] Dieser auch in der Rechtsprechung der Instanzgerichte[438]
und fast einhellig im Schrifttum[439] vertretene Beurteilungsmaßstab ist weitgehend offen
und daher ausfüllungsbedürftig, da er zunächst nur festlegt, dass einerseits die Beurteilung
wegen des Abstellens auf die Individualinteressen der Beteiligten grundsätzlich nur einzelfallbezogen erfolgen kann, andererseits aber die für die Abwägung erforderliche Gewichtung und Bewertung nicht allein auf diese Interessen begrenzt ist, sondern das primär auf
ein möglichst hohes Maß an Betätigungsfreiheit im Wettbewerb abzielende Wertungssystem
des GWB einschließt, zu dem insbes. der Normzweck des Abs. 2 Nr. 1 selbst gehört.[440]
Erst die weitere Ausfüllung dieses Maßstabs kann deshalb genaueren Aufschluss darüber
geben, nach welchen Kriterien zu entscheiden ist, ob bestimmte Interessen von Beteiligten

---

[437] Zuerst BGH 27.9.1962 – KZR 6/61, BGHZ 38, 90 (102) = WuW/E BGH 502 (508) – Treuhandbüro; vgl. aus neuerer Zeit BGH 24.10.2011 – KZR 7/10, WuW/E DE-R 3446 (3459) – Grossistenkündigung; 31.1.2012 – KZR 65/10, WuW/E DE-R 3549 (3554) – Werbeanzeigen; 17.12.2013 – KZR 66/12,
WuW/E DE-R 4159 (4168) – Stromnetz Berkenthin; 6.10.2015 – KZR 87/13, NZKart 2015, 535 Rn. 59
– Porsche-Tuning; 26.1.2016 – KZR 41/14, NZKart 2016, 285 Rn. 31 – Jaguar-Vertragswerkstatt;
12.4.2016 – KZR 30/14, WuW 2016, 427 Rn. 48 – NetCologne; 23.1.2018 – KZR 48/15, NZKart 2018,
191 Rn. 34 – Jaguar- und Land Rover-Vertragswerkstatt; 24.11.2020 – KZR 11/19, NZKart 2021, 175
Rn. 25 – Radio Cottbus; 6.7.2021 – KZR 11/18, NZKart 2021, 578 Rn. 14 – wilhelm.tel.
[438] ZB OLG Düsseldorf 19.3.2003 – U (Kart) 20/02, WuW/E DE-R 1184 (1186) – InterCard Tarif;
2.4.2013 – VI–U 9/13, WuW/E DE-R 3974 (3977) – Deutsche Triathlon Union; 23.10.2013 – VI–U 36/
13, WuW/E DE-R 4097 Rn. 18 – Frankiermaschinen II; 26.2.2014 – VI–U (Kart) 35/13, WuW/E DE-R
4492 (4497) – Zertifizierungspraxis; 21.5.2014 – VI-U (Kart) 16/13, WuW/E DE-R 4342 Rn. 78 –
Einspeisung von Fernsehprogrammsignalen; OLG Stuttgart 16.6.2003 – 2 U 144/02, WuW/E DE-R 1191
(1193) – Telefonbuch-Inserate; OLG München 22.1.2004 – U (K) 3329/03, DE-R 1260, 1261 – BMW-
Händlermarge; 14.3.2013 – U 1891/12 Kart, WuW/E DE-R 3901, 3905 – Brunnenhof; OLG Karlsruhe
25.11.2010 –, WRP 2010, 237 (239); OLG Hamburg 31.7.2014 – 3 U 8/12, WuW/E DE-R 4512 (4518 f.)
– Konzertveranstaltungen; OLG Frankfurt a. M. 22.12.2015 – 11 U 84/14, WuW 2016, 138 – Funktionsrucksäcke; 21.12.2017 – 11 U 26/17 (Kart), WuW 2018, 150 (151) – Dopingsperre.
[439] Vgl. zB Belke S. 335 ff.; Koller S. 75 ff.; v. Ungern-Sternberg FS Odersky, 1996, 987 ff.; Loewenheim
in LMRKM Rn. 23 ff., 47; Nothdurft in Bunte Rn. 337; Westermann in MüKoWettbR Rn. 47; Bechtold/
Bosch Rn. 42; krit. insbes. Lukes BB 1986, 2074 ff.; Schockenhoff FS Bechtold, 2006, 427 ff.; in der Tendenz
auch Benisch FS Pfeiffer, 1988, 607 (616 ff.) – allerdings jeweils ohne Alternativkonzept.
[440] BGH 22.9.1981 – KVR 8/80, BGHZ 81, 322 (339 ff.) = WuW/E BGH 1829 (1837 f.) – Original-
VW-Ersatzteile II; 25.10.1988 – KVR 1/87, WuW/E BGH 2535 (2540) – Lüsterbehangsteine; v. Ungern-
Sternberg FS Odersky, 1996, 988 f.

überhaupt abwägungsfähig sind, ob ihnen gegenüber abwägungsfähigen Interessen anderer Beteiligter der Vorrang gebührt, und wie sich hierauf der besondere Normzweck des Abs. 2 Nr. 1, die Berücksichtigung der auf die Freiheit des Wettbewerbs gerichteten Zielsetzung des GWB und die Heranziehung anderer gesetzlicher Regelungen und Wertungen oder allgemeiner Grundsätze der Rechtsordnung auswirken.

**c) Die Interessen der Beteiligten.** Unmittelbar Beteiligte iSd Interessenabwägung sind **107** auf der einen Seite die jeweils in Betracht stehenden behindernden oder ungleich behandelnden Normadressaten und auf der anderen Seite die von ihnen unmittelbar oder mittelbar behinderten oder ungleich behandelten Unternehmen. Darüber hinaus sind in die Abwägung auch die Interessen von Unternehmen einzubeziehen, die durch das in Betracht stehende Verhalten eines Normadressaten in anderer Weise berührt werden, zB bei der Beurteilung von die wettbewerblichen Betätigungsmöglichkeiten Dritter behindernden Ausschließlichkeitsbindungen das Interesse der Gebundenen an der Aufrechterhaltung der Bindung.[441] Gleiches gilt zB im Falle des Ausschlusses bestimmter Unternehmen von der Zulassung zu einer Fachmesse für die Interessen der zugelassenen Hersteller und Großhändler.[442] Andere Marktteilnehmer, zB nicht selbst unmittelbar oder mittelbar behinderte oder ungleich behandelte oder begünstigte Unternehmen oder private Endverbraucher, sind dagegen nicht Beteiligte iSd Interessenabwägung. Ihre Interessenlage kann jedoch bei der Beurteilung der Interessen von Beteiligten berücksichtigt werden, soweit sie sich auf diese Interessen auswirkt, zB die Interessen der Kunden der Vertragshändler und -werkstätten der Automobilindustrie bei der Beurteilung der Unbilligkeit der Behinderung „freier" Ersatzteilhersteller und -händler durch eine Ausschließlichkeitsbindung an „Original-Ersatzteile"[443] oder die Interessen von Facheinzelhändlern, deren Verband Alleingesellschafter eines marktbeherrschenden Veranstalters einer Fachmesse ist.[444] Das Verbraucherinteresse, soweit es sich nicht auf die Interessenlage der Beteiligten unmittelbar auswirkt, und das Interesse der Allgemeinheit an einem möglichst beschränkungsfreien Wettbewerb können dagegen nur im Rahmen des normativen Wertungsteils der Interessenabwägung berücksichtigt werden.[445]

Auf der Seite der **Normadressaten** können für die Interessenabwägung grundsätzlich **108** alle Interessen berücksichtigt werden, soweit sie nicht auf einen gesetzwidrigen Zweck gerichtet sind oder gegen rechtliche Wertungen des GWB oder anderer Rechtsvorschriften verstoßen und schon aus diesen Gründen von vornherein nicht berücksichtigungsfähig sind.[446] **Nicht abwägungsfähig** ist deshalb zB das Interesse an der Durchsetzung von Verhaltensweisen, die gegen Verbote des GWB, zB § 20 Abs. 3,[447] oder der Art. 101 und 102 AEUV[448] oder gegen § 4 Nr. 4 UWG verstoßen.[449] Gleiches gilt im Hinblick auf die durch § 1 und § 21 Abs. 2 geschützte (vertikale) Preisbildungsfreiheit auf den folgenden

---

[441] Vgl. zB BGH 22.9.1981 – KVR 8/80, WuW/E BGH 1829 (1838) – Original-VW-Ersatzteile II; 19.1.1993 – KVR 25/91, WuW/E BGH 2875 (2880) – Herstellerleasing; KG 4.6.1997 – Kart 14/96, WuW/E DE-R 35 (40) – Großfilmprojektoren; v. Ungern-Sternberg FS Odersky, 1996, 995; krit. Busche S. 370 ff.

[442] Vgl. zB BGH 3.3.1969 – KVR 6/68, BGHZ 52, 65 (72) = WuW/E BGH 1027 (1032) – Sportartikelmesse II; OLG Schleswig 16.6.1987 – 6 U 44/86, WuW/E OLG 4138 (4140) – Internord.

[443] BGH 22.9.1981 – KVR 8/80, WuW/E BGH 1829 (1835) – Original-VW-Ersatzteile II.

[444] BGH 3.3.1969 – KVR 6/68, WuW/E BGH 1027 (1032 f.) – Sportartikelmesse II.

[445] Vgl. zB BGH 10.2.1987 – KVR 31/85, WuW/E BGH 2370 (2376) – Importierte Fertigarzneimittel; v. Ungern-Sternberg FS Odersky, 1996, 995 f.

[446] BGH 7.10.1980 – KZR 8/80, WuW/E BGH 1783 (1785) – Neue Osnabrücker Zeitung; 19.3.1996 – KZR 1/95, WuW/E BGH 3058 (3065 f.) – Pay-TV-Durchleitung; OLG Düsseldorf 30.3.2016 – VI-U (Kart) 10/15, NJOZ 2016, 1161 Rn. 116; v. Ungern-Sternberg FS Odersky, 1996, 991 f. (996 ff.).

[447] Dazu im Einzelnen → § 20 Rn. 216 ff.

[448] BGH 19.1.1993 – KVR 25/91, WuW/E BGH 2875 (2880) – Herstellerleasing; 12.5.1998 – KZR 23/96, WuW/E DE-R 206 (209) = NJW-RR 1999, 189 – Depotkosmetik.

[449] BGH 10.12.1985 – KZR 22/85, BGHZ 96, 337 (346) = WuW/E BGH 2195 (2199) – Abwehrblatt II; 12.11.1991 – KZR 18/90, WuW/E BGH 2762 (2767) = NJW 1992, 1817 – Amtsanzeiger; 14.7.1998 – KZR 1/97, WuW/E DE-R 201 (205) = NJW 1998, 3778 – Schilderpräger im Landratsamt.

Marktstufen für das Interesse von Markenartikelherstellern, durch Nichtbelieferung von Niedrigpreishändlern ein bestimmtes Wiederverkaufspreisniveau sicherzustellen,[450] oder für Verhaltensweisen, die einen Missbrauch der Freistellung iSv § 30 Abs. 3 Nr. 1 darstellen. Das Interesse daran, eine langjährige Praxis der Bevorzugung fortzuführen, vermag eine Ungleichbehandlung schon im Ansatz nicht zu rechtfertigen.[451] Von diesen Einschränkungen abgesehen ist grundsätzlich jedes Interesse eines Normadressaten abwägungsfähig, unabhängig davon, ob das diesem Interesse dienende Verhalten nach objektiven Maßstäben kaufmännisch vernünftig oder betriebswirtschaftlich sinnvoll ist. Das gilt insbes. für das unternehmerische Grundinteresse, Art und Umfang des Geschäftsbetriebes einschließlich der Art des Vertriebs der eigenen Produkte nach eigenen Vorstellungen zu gestalten und das aus eigener Sicht richtige betriebswirtschaftliche Optimum zu erreichen. Begrenzungen der Anerkennung dieser Interessen im Rahmen des Abs. 2 Nr. 1 ergeben sich erst aus der Abwägung mit den Individualinteressen anderer Beteiligter und der normativen Interessenbewertung (→ Rn. 113 ff.).

**109**   Auf der Seite der unmittelbar oder mittelbar **Behinderten oder ungleich Behandelten** ist der Kreis der abwägungsfähigen Interessen grundsätzlich enger zu ziehen, da Abs. 2 Nr. 1 nur das Interesse betroffener Unternehmen schützt, in ihren wettbewerblichen Betätigungsmöglichkeiten nicht durch machtbedingtes Verhalten von Normadressaten dieser Vorschrift beeinträchtigt zu werden. Dazu gehört in erster Linie das **Interesse an der Freiheit des Marktzugangs,**[452] ferner das Interesse, bei offenem Marktzugang nicht durch Beeinträchtigung der Chancengleichheit in der wettbewerblichen Betätigung auf dem Markt im Verhältnis zu anderen Unternehmen benachteiligt zu werden.[453] Für eine Berücksichtigung anderer wirtschaftlicher oder außerwirtschaftlicher Interessen, zB an einen struktur- oder sozialpolitisch motivierten **Bestandsschutz** behinderter oder ungleich behandelter Unternehmen, ist hingegen im Rahmen des Abs. 2 Nr. 1 **kein Raum.**[454] Dies gilt auch für die besonderen Verhältnisse kleiner und mittlerer Unternehmen. Zwar ist hier das Schutzbedürfnis gegenüber Marktzugangsbehinderungen und Beeinträchtigungen der wettbewerblichen Chancengleichheit durch marktmächtige Unternehmen idR besonders groß.[455] Jedoch kann auch diesem Bedürfnis nur mit „wettbewerbskonformen" Mitteln im Rahmen der generellen Zielsetzung des Abs. 2 Nr. 1 Rechnung getragen werden.[456]

**110**   Ebenso wie das allgemeine Handlungsfreiheitsinteresse des behindernden oder ungleich behandelnden Normadressaten ist auch das Interesse der behinderten und ungleich behandelten Unternehmen an einer von machtbedingten Beeinträchtigungen möglichst freien wettbewerblichen Betätigung nur insoweit abwägungsfähig, als seine **Realisierung nicht gegen gesetzliche Vorschriften oder rechtliche Wertungen verstößt.**[457] Deshalb ist die Abwägungsfähigkeit eines Interesses des Behinderten oder ungleich Behandelten von vornherein ausgeschlossen, soweit seine Durchsetzung nur unter Verletzung gesetzlicher

[450] BGH 20.11.1977 – KZR 1/75, WuW/E BGH 1391 (1395) = NJW 1976, 801 – Rossignol; 8.5.1990 – KZR 23/88, WuW/E BGH 2647 (2652) – Nora-Kunden-Rückvergütung; auch → Rn. 170.

[451] BGH 6.7.2021 – KZR 11/18, NZKart 2021, 578 Rn. 24 – wilhelm.tel.

[452] BGH 12.3.1991 – KZR 26/89, WuW/E BGH 2707 (2716) – Krankentransportunternehmen II; 21.2.1995 – KVR 10/94, BGHZ 129, 53 (64) = WuW/E BGH 2990 (2997) – Importarzneimittel; 24.10.2011 – KZR 7/10, WuW/E DE-R 3446 (3451) – Grossistenkündigung; 6.7.2021 – KZR 11/18, NZKart 2021, 578 Rn. 24 – wilhelm.tel; v. Ungern-Sternberg FS Odersky, 1996, 993.

[453] Vgl. zB BGH 3.3.1969 – KVR 6/68, WuW/E BGH 1027 (1031) – Sportartikelmesse II; 6.7.2021 – KZR 11/18, NZKart 2021, 578 Rn. 16 – wilhelm.tel; Koller S. 30 ff.

[454] BGH 23.2.1988 – KZR 20/86, WuW/E BGH 2491 (2495) – Opel-Blitz; 17.3.1998 – KZR 30/96, WuW/E DE-R 134 (137) = NJW-RR 1998, 1730 – Bahnhofsbuchhandel; 26.1.2016 – KZR 41/14, NZKart 2016, 285 Rn. 31 – Jaguar-Vertragswerkstatt; v. Ungern-Sternberg FS Odersky, 1996, 994; vgl. auch → Rn. 139.

[455] Vgl. zB Begr. 1971, II; Bericht 1980, zu § 26 Abs. 2 und 3, § 37a Abs. 2 Nr. 1; Begr. 1997, I. 3. c) gg).

[456] Vgl. BGH 17.3.1998 – KZR 30/96, WuW/E DE-R 134 (137) – Bahnhofsbuchhandel; OLG Karlsruhe 12.3.1980 – 6 U 223/77, WuW/E OLG 2217 (2220) – Allkauf-Saba; Lehmann GRUR 1979, 368 ff.

[457] BGH 7.10.1980 – KZR 8/80, WuW/E BGH 1783 (1785) – Neue Osnabrücker Zeitung; allg. 24.1.2017 – KZR 2/15, WuW 2017, 286 Rn. 30 – Kabelkanalanlagen.

Verbote möglich ist, zB des UWG.[458] Gleiches gilt, wenn eine gegen § 1 verstoßende Einkaufsgemeinschaft Belieferungsansprüche erhebt.[459] Ebenso können rechtliche Wertungen des GWB die Anerkennung eines abwägungsfähigen Interesses des Behinderten oder ungleich Behandelten von vornherein ausschließen, zB wenn die Durchsetzung eines Belieferungsanspruchs im Einzelfall eine im GWB vorgesehene Ausnahmemöglichkeit prinzipiell in Frage stellen würde.[460]

Bei der Abwägung kann ferner zu berücksichtigen sein, ob das behinderte oder ungleich **110a** behandelte Unternehmen die **Belastung freiwillig übernommen** hat, da dies im Einzelfall die Schutzbedürftigkeit relativieren oder ganz ausschließen kann.[461] Bei der Annahme einer „freiwilligen" Akzeptanz der später beanstandeten Beeinträchtigung ist allerdings äußerste Zurückhaltung angebracht. Sie kann angesichts der beschränkten Ausweichmöglichkeiten jedenfalls nicht schon aus einem Vertragsschluss mit dem Marktbeherrscher abgeleitet werden,[462] sondern kommt nur in engen Ausnahmefällen in Betracht, so etwa bei Eingehung der fraglichen Verpflichtungen zu einem Zeitpunkt vor Begründung der marktbeherrschenden Stellung.[463] Auch dann bleibt der Schutz allerdings erhalten, wenn der Betroffene über ein Kündigungsrecht verfügt, dessen Ausübung ihm angesichts der nunmehr dominanten Stellung des Vertragspartners aber nicht zuzumuten ist.[464]

Für die **Abwägung der Individualinteressen** der Beteiligten ist zunächst eine Gesamt- **111** würdigung aller zugunsten des behindernden oder ungleich behandelnden Normadressaten sprechenden Gründe und Begleitumstände erforderlich, wobei sich ein Überwiegen gegenüber den Individualinteressen der Behinderten oder ungleich Behandelten auch aus mehreren Gründen ergeben kann, die jeder für sich allein das betreffende Verhalten des Normadressaten nicht rechtfertigen könnten.[465] Dass die vom Normadressaten zur Rechtfertigung seines Verhaltens geltend gemachten Gründe tatsächlich nicht allein ausschlaggebend waren, sondern seine Willensbildung auch noch durch andere, zur Rechtfertigung nicht geeignete Gesichtspunkte beeinflusst wurde, schließt die Berücksichtigung dieser Gründe nicht von vornherein aus, kann aber ein wichtiges Indiz dafür sein, dass der Normadressat diesen Gründen tatsächlich keine erhebliche Bedeutung beimisst.[466] Auch ein **Nachschieben** von Gründen ist deshalb grundsätzlich möglich, insbes. wenn es sich um Gründe handelt, die erst nach der behindernden oder ungleich behandelnden Maßnahme des Normadressaten entstanden sind.[467] Hierbei ist aber zu berücksichtigen, inwieweit der Normadressat selbst durch rechtswidriges Verhalten zur Entstehung dieser Gründe beigetragen hat.[468]

[458] Vgl. zB BGH 18.11.1986 – KZR 41/85, WuW/E BGH 2347 (2350) – Aktien Rabattverstoß; BGH 10.2.1987 – KZR 43/85, BGHZ 100, 51 (59) = WuW/E BGH 2368 (2369) – Handtuchspender; 25.10.1988 – KVR 1/87, WuW/E BGH 2535 (2540 f.) – Lüsterbehangsteine. Vgl. auch 29.9.2009 – KZR 43/08, RdE 2010, 143 (keine Durchsetzbarkeit des Abschlusses von Installationsverträgen für Gas- und Wasserinstallationen unter Verstoß gegen die geltenden Richtlinien für die fachliche Qualifikation).

[459] OLG Stuttgart 27.6.1980 – 2 U (Kart) 130/79, WuW/E OLG 2352 (2353) – Grundig-Südschall.

[460] Vgl. zB BGH 13.3.1979 – KZR 4/77, WuW/E BGH 1584 (1586) = NJW 1979, 1412 – Anwaltsbücherdienst (Unterlaufen einer freigestellten Preisbindung durch eine nur zu diesem Zweck gegründete KG); 24.10.2011 – KZR 7/10, WuW/E DE-R 3446 (3452 f.) – Grossistenkündigung (Unbilligkeit verneint für die ordentliche Kündigung des Vertriebsvertrages eines Presseverlages mit dem bisherigen alleinigen Gebietsgrossisten).

[461] Vgl. OLG Düsseldorf 5.3.1991 – WuW/E OLG 4730 (4733) – Kreditkartengebühr; OLG Bremen 12.6.1985 – Kart (V) 1/85, WuW/E OLG 3654 (3655) – Nordsee-Taxen.

[462] BGH 23.6.2020 – KVR 69/19, WuW 2020, 525 Rn. 100 ff. – Facebook; Nothdurft in Bunte Rn. 343.

[463] Vgl. OLG Stuttgart 26.3.2020 – 2 U 82/19, WuW 2020, 492 Rn. 177 – Fernwärmetransportsystem; Nothdurft in Bunte Rn. 343.

[464] Vgl. BGH 24.1.2017 – KZR 2/15, WuW 2016, 286 Rn. 36, 40; Nothdurft in Bunte Rn. 343 aE (bestehendes Kündigungsrecht kann „den Schutz wieder aktivieren").

[465] BGH 24.9.1979 – KZR 20/78, WuW/E BGH 1629 (1634) – Modellbauartikel II.

[466] BGH 24.9.1979 – KZR 16/78, WuW/E BGH 1671 (1676) – robbe Modellsport.

[467] BGH 25.6.1964 – KZR 11/62, WuW/E BGH 675 (677) – Uhrenoptiker; 24.9.1979 – KZR 16/78, WuW/E BGH 1671 (1676 f.) – robbe Modellsport; v. Gamm NJW 1980, 2496.

[468] BGH 25.6.1964 – KZR 11/62, WuW/E BGH 675 (677) – Uhrenoptiker; 13.6.1979 – KZR 16/78, WuW/E BGH 1624 (1625) – BMW-Direkthändler III; OLG Düsseldorf 4.12.1979 – U (Kart) 10/79, WuW/E OLG 2167 (2169) – Nordmende.

**112**   Die Abwägung der Individualinteressen der Beteiligten kann sich nicht allein auf eine Würdigung der dem Normadressaten zur Seite stehenden Gründe beschränken.[469] Vielmehr ist bereits auf der Ebene der Individualinteressen der Beteiligten eine **Gewichtung und gegenseitige Abwägung** der beiderseitigen Rechtfertigungs- und Interessengesichtspunkte erforderlich.[470] Ohne normative Bewertung lässt sich jedoch häufig nicht abschließend beurteilen, ob dem Interesse des behindernden oder ungleich behandelnden Normadressaten an dem in Betracht stehenden Verhalten oder dem Interesse der davon betroffenen Unternehmen, durch dieses Verhalten nicht in ihren Betätigungsmöglichkeiten im Wettbewerb beeinträchtigt zu werden, der Vorrang gebührt. Bei einer reinen Individualinteressenbetrachtung lassen sich aber Aussagen über das Ausmaß der Beeinträchtigung der abzuwägenden Interessen machen, zB wie stark sich in einem bestimmten Einzelfall die Frage der Belieferung oder Nichtbelieferung eines bestimmten Abnehmers auf das betriebswirtschaftliche Optimierungsinteresse des Lieferanten einerseits und das wettbewerbliche Betätigungsinteresse dieses Abnehmers andererseits auswirkt. Ergibt sich dabei, dass der in Betracht stehende Normadressat sein Interesse, ohne dadurch nennenswerte Nachteile zu erleiden, auch ohne die Behinderung oder ungleiche Behandlung anderer Unternehmen voll realisieren kann oder ihm dies auch mit einem geringeren Ausmaß an Behinderung oder ungleicher Behandlung möglich ist, kann schon die reine Individualinteressenbetrachtung zu einem eindeutigen Ergebnis führen.[471] Denn nach dem allgemeinen Rechtsgrundsatz der **Verhältnismäßigkeit** kann eine schon nach der eigenen individuellen Interessenlage des behindernden oder ungleich behandelnden Normadressaten „unnötige" Behinderung oder ungleiche Behandlung anderer Unternehmen nicht billig oder sachlich gerechtfertigt sein (zur Verhältnismäßigkeit im Rahmen der normativen Bewertung → Rn. 119).

**113**   **d) Die normative Bewertung.** Die bei der Abwägung der Interessen der Beteiligten erforderliche Berücksichtigung der auf Freiheit des Wettbewerbs gerichteten Zielsetzung des GWB (→ Rn. 106) bringt das für diese Abwägung maßgebliche Bewertungssystem nur unvollständig zum Ausdruck. Insbes. wird dadurch der nach den Regeln der Gesetzesauslegung vorrangig zu berücksichtigende Normzweck des Abs. 2 Nr. 1 nur insofern indirekt als Teil dieses Systems gekennzeichnet, als das auf die Freiheit des Wettbewerbs gerichtete generelle Ziel des GWB gerade auch durch diese Vorschrift verwirklicht werden soll. Andererseits wird aber durch diese Einbindung des Normzwecks des Abs. 2 Nr. 1 in den allgemeinen Gesetzeszweck die wettbewerbliche Orientierung dieser Vorschrift auch im Stadium der Interessenabwägung noch einmal besonders betont. Das Ziel eines von Beschränkungen möglichst freien Wettbewerbs durch einen möglichst umfangreichen Schutz wettbewerblicher Betätigungsmöglichkeiten ist damit auch im Rahmen der Interessenabwägung die zentrale Rechtsanwendungsmaxime.[472] Den Normadressaten wird dadurch grundsätzlich ein größeres Maß an Rücksichtnahme auf die wettbewerblichen Betätigungsinteressen behinderter oder ungleich behandelter Dritter auferlegt als sich bereits aus der reinen Individualinteressenabwägung nach dem allgemeinen Grundsatz der Verhält-

---

[469] So aber für das Fehlen eines sachlich gerechtfertigten Grundes: LG Mannheim 27.8.1976 – 7 O 90/76, WuW/E AG/LG 410 (412) – Schulbuchverlag; Benisch FS Pfeiffer, 1988, 618 f. Die Kartellbehörden und Gerichte sind jedoch nicht verpflichtet, nach anderen Rechtfertigungsgründen als den vom Normadressaten geltend gemachten zu forschen; vgl. Köhler S. 86.

[470] BGH 3.3.1969 – KVR 6/68, BGHZ 52, 65 (70) = WuW/E BGH 1027 (1031) – Sportartikelmesse II; 24.9.1979 – KZR 20/78, WuW/E BGH 1629 (1632) – Modellbauartikel II.

[471] BGH 13.3.1979 – KZR 25/77, WuW/E BGH 1646 (1647) – Vermittlungsprovision für Flugpassagen II; 12.2.1980 – KRB 4/79, WuW/E BGH 1729 (1731) – Ölbrenner; 14.7.1998 – KZR 1/97, WuW/E DE-R 201 (204) – Schilderpräger im Landratsamt; vgl. auch 7.10.1980 – KZR 8/80, WuW/E BGH 1783 (1785) – Neue Osnabrücker Zeitung; Busche S. 383 f.

[472] BGH 12.3.1991 – KZR 26/89, WuW/E BGH 2707 (2716) = NJW 1991, 2963 – Krankentransportunternehmen II; 21.2.1995 – KVR 10/94, BGHZ 129, 53 (62) = WuW/E BGH 2990 (2997) – Importarzneimittel; 13.7.2004 – KZR 40/02, WuW/E DE-R 1329 (1332) – Standard-Spundfass II; 24.10.2011 – KZR 7/10, WuW/E DE-R 3446 (3451) – Grossistenkündigung; v. Ungern-Sternberg FS Odersky, 1996, 993.

nismäßigkeit ergibt (→ Rn. 112). Zugleich wird aber auch ihre eigene Freiheit gewährleistet, sich auf dem Markt „wettbewerbskonform" betätigen zu können, auch wenn dies mit Behinderungen oder ungleichen Behandlungen anderer Unternehmen verbunden ist (→ Rn. 124). Außerdem begrenzt der Bezug auf die Wettbewerbsfreiheit beim Bewertungsmaßstab die Möglichkeit, im Rahmen der Interessenabwägung andere, die Wettbewerbsfreiheit tendenziell einschränkende Wertungen insbesondere anderer Gesetze heranzuziehen. Schließlich wird durch die Bezugnahme auf die generelle Zielsetzung des GWB auch das Allgemeininteresse an einem möglichst beschränkungsfreien Wettbewerb als Maßstab im Rahmen der Interessenabwägung bekräftigt.

Die **Berücksichtigung der auf die Freiheit des Wettbewerbs gerichteten Zielset-** **114** **zung des Gesetzes** als Maßstab für die Beschränkung der Handlungsfreiheit der Normadressaten des Abs. 2 Nr. 1 schließt neben dem besonderen Schutzzweck dieser Vorschrift auch die freiheitssichernden Schutzzwecke der anderen diesem Ziel dienenden Vorschriften des GWB mit ein. Dazu gehören insbes. die Verbote des Abs. 2 Nr. 2–5 und des § 20 Abs. 3. Die danach verbotenen missbräuchlichen bzw. behindernden Verhaltensweisen können schon wegen ihrer aus den Verboten folgenden Rechtswidrigkeit nicht billig oder sachlich gerechtfertigt iSv Abs. 2 Nr. 1 sein.[473] Auch der in § 1 und § 21 Abs. 2 liegenden Wertung zugunsten einer freien Wiederverkaufspreisbildung auf den nachgelagerten Märkten kommt vor allem in Fällen von Lieferverweigerungen besondere Bedeutung zu (→ Rn. 152).

Ob Verhaltensweisen von Unternehmen, insbes. Wettbewerberbehinderungen, nach **115** dem für Abs. 2 Nr. 1 maßgeblichen Interessenabwägungsmaßstab (→ Rn. 106) unbillig oder sachlich nicht gerechtfertigt sind, kann **nicht entscheidend danach bestimmt werden, ob diese Verhaltensweisen nicht „leistungsbezogen" oder nicht „leistungsgerecht" sind oder dem Bereich des „Nichtleistungswettbewerbs" zugeordnet werden** (→ Rn. 26 ff.). Die zuerst von Ulmer zu § 26 Abs. 2 aF vertretene Gegenansicht, nach der ein nicht leistungsbezogenes („leistungsfremdes") Wettbewerbsverhalten marktbeherrschender Unternehmen, soweit es andere Unternehmen im Wettbewerb behindert und dadurch den Restwettbewerb auf dem beherrschten Markt gefährdet, grundsätzlich unbillig oder sachlich ungerechtfertigt sei,[474] ist nicht haltbar.[475] In der Rechtsprechung des KG und der Verwaltungspraxis des BKartA ist der Gesichtspunkt des fehlenden Leistungsbezugs („Nichtleistungswettbewerb") zwar im Rahmen des § 22 Abs. 4 aF herangezogen worden. Soweit dabei das in Betracht stehende Verhalten auch unter dem Gesichtspunkt der unbilligen Behinderung iSd § 26 Abs. 2 aF beurteilt wurde, ist jedoch an der einzelfallbezogenen Interessenabwägung festgehalten worden.[476]

Zwar hat ein gewisser Leistungsbezug durchaus Eingang in das Wertungssystem des **116** GWB gefunden, wie etwa die „Grundsätze der Wirksamkeit eines leistungsgerechten Wettbewerbs" nach § 24 Abs. 2 zeigen. Dies gilt jedoch gem. § 26 Abs. 2 ohne Einschränkung der Verbote des GWB, des UWG und anderer Rechtsvorschriften. Auch die Tendenz zu einer stärkeren „Konvergenz" oder „Verzahnung" von GWB und UWG legt trotz fortbestehender erheblicher Unterschiede zwischen beiden Gesetzen (näher zum Verhältnis

---

[473] So bereits für den Behinderungsmissbrauch iSd § 22 Abs. 4 aF: KG 9.3.1983 – Kart 35/82, WuW/E OLG 3124 (3132 f.) – Milchaustauschfuttermittel; für die missbräuchliche Durchleitungsverweigerung iSv § 103 Abs. 5 S. 2 Nr. 4 aF: BGH 15.11.1994 – KVR 29/93, BGHZ 128, 17 (40) = WuW/E BGH 2953 (2966) – Gasdurchleitung.

[474] So insbes. Ulmer GRUR 1977, 576; Ulmer FS Kummer, 1980, 569 ff.; Ulmer FS v. Gamm, 1990, 684; ebenso zB, allerdings meist ohne Differenzierung zwischen § 22 Abs. 4 S. 2 Nr. 1 aF und § 26 Abs. 2 aF: Wuttke S. 73 ff.; Martens. 148 f.; Lindacher S. 32 f.; Lehmann GRUR 1979, 371; Tilmann GRUR 1979, 828 ff.; v. Gamm KartR § 26 Rn. 40; v. Gamm NJW 1980, 2492.

[475] Ebenso zB Monopolkommission Sondergutachten 7 Rn. 75 ff.; Mestmäcker S. 148 ff.; Möschel, Pressekonzentration, S. 95 ff.; Köhler S. 24 ff.; Busche S. 377 ff.; v. Ungern-Sternberg FS Odersky, 1996, 989; Loewenheim in LMRKM Rn. 25.

[476] Vgl. zB KG 14.4.1978 – Kart 8/78, WuW/E OLG 1983 (1987) – Rama-Mädchen; 9.3.1983 – Kart 35/82, WuW/E OLG 3124 (3132 f.) – Milchaustauschfuttermittel; BKartA 22.10.1979 – B 4–689100-TV-39/78, WuW/E BKartA 1817 (1820 ff.) – Fertigfutter.

→ Rn. 48 ff.) eine Prüfung der Frage nahe, inwieweit für die erforderliche Konkretisierung des Interessenabwägungsmaßstabs des § 19 Abs. 2 Nr. 1 über den Bereich des nach dem UWG rechtswidrigen Verhaltens (→ Rn. 171) hinaus auch Wertungsgesichtspunkte dieses Gesetzes herangezogen werden können, insbes. das Konzept des „Leistungswettbewerbs" als Abgrenzungskriterium für lauteres und damit nicht unter das UWG fallendes Verhalten im Wettbewerb.[477]

**116a**    Das scheint umso naheliegender, als im Rahmen der 10. GWB-Novelle der Begriff „Leistungswettbewerb" in § 20 Abs. 3a Eingang in das GWB gefunden hat.[478] Daraus lässt sich jedoch nicht ableiten, dass im Rahmen von § 19 GWB nunmehr eine Orientierung am Kriterium des Leistungswettbewerbs angezeigt wäre. Zu Recht wurde schon im Rahmen der Diskussion zum Entwurf des § 20 Abs. 3a die fehlende Rechtssicherheit aufgrund der erheblichen Unbestimmtheit der Norm kritisiert.[479] Mangels Konkretisierung der Anforderungen ist der Begriff „Leistungswettbewerb" letztlich nicht aussagekräftig.[480] Überwiegend wurde daher davon abgeraten, den Begriff zu verwenden.[481] Das Argument, das Konzept des Leistungswettbewerbs nehme den Grundgedanken der Marktwirtschaft auf, dass sich komparative Vorteile und nicht etwa Absprachen und Verhaltensweisen, die Größen- und Netzwerkvorteile ausnutzen, durchsetzen sollten,[482] vermag die Kritik nicht zu entkräften. Größen- und Netzwerkvorteile zu nutzen, muss jedem Unternehmen zugestanden werden. Ob gerade ein unbilliges Ausnutzen vorliegt, ist im Rahmen einer umfassenden Analyse und Interessenbewertung näher zu ergründen und kann nicht durch einen bloßen Hinweis auf den „Leistungswettbewerb" ersetzt werden. Gleiches gilt für einen systematischen Verstoß gegen verbraucherschützende Regelungen. Ein etwaiger Verweis auf einen darin liegenden Verstoß gegen den Leistungswettbewerb[483] trägt in keiner Weise zur Klärung der insoweit entscheidenden Frage bei, ob Verstöße gegen außerkartellrechtliche Normen auch kartellrechtlich zu sanktionieren sind. Darin zeigt sich erneut der fehlende Erkenntnisgewinn, der mit der Verwendung des Begriffs des Leistungswettbewerbs verbunden ist.

**117**    Der **Begriff des „Leistungswettbewerbs"** und die daraus abgeleiteten Maßstäbe des „Nichtleistungswettbewerbs" oder der fehlenden „Leistungsgerechtigkeit" bzw. „Leistungsbezogenheit" oder der „Leistungsfremdheit" wettbewerblichen Verhaltens sind jedoch schon wegen ihres immer noch zu unbestimmten Inhalts **für eine generalisierende Anwendung** im Rahmen des Abs. 2 Nr. 1 **nicht geeignet.** Deshalb ist aus der (vermeintlichen) „Leistungsfremdheit" des Verhaltens eines Normadressaten **weder per se noch prima facie auf die Unbilligkeit oder fehlende Rechtfertigung der damit verbundenen Behinderung oder ungleichen Behandlung zu schließen.** Der BGH hat den nach

---

[477] Krit. zur Rolle dieses Begriffs auch im UWG allerdings Köhler in Köhler/Bornkamm/Feddersen UWG § 1 Rn. 44 mwN.

[478] Die Begrifflichkeit dürfte der Gesetzgeber wohl in Anlehnung an die Modernisierungsstudie verwendet haben, siehe Schweitzer/Haucap/Kerber/Welker, Modernisierungsstudie, S. 63, vgl. auch Cetintas WuW 2020, 446 (450); ferner orientiert sich der Gesetzgeber bei der Ausgestaltung an dem Konzept der (allgemeinen) Marktstörung aus dem UWG, siehe RegE BT-Drs. 19/23492, 83 unter Bezugnahme auf BGH 20.11.2003 – I ZR 151/01, NJW 2004, 2083 – 20 Minuten Köln. Allerdings wird auch bei der Feststellung der Marktstörung eine umfassende Würdigung aller Umstände des Einzelfallls im Rahmen einer normativen Gesamtwürdigung vorgenommen, die die Gewährleistung der Freiheit des Wettbewerbs und die Chancengleichheit bestehender und innovativer Methoden im Wettbewerb würdigt, siehe Omsels in Harte-Bavendamm/Henning-Bodewig UWG § 4 Rn. 554, 559.

[479] Ackermann in Bien/Käseberg/Klumpe/Körber/Ost 10. GWB-Novelle Kap. 1 Rn. 359; Herrlinger WuW 2021, 325 (330).

[480] Studienvereinigung Kartellrecht e.V., Stellungnahme zu den mit dem Referentenentwurf vorgeschlagenen Neuregelungen – Missbrauchsaufsicht/Digitalisierung, Rn. 55; ähnlich Wirtz in Steinberg/Wirtz WuW 2019, 606 (609).

[481] Wirtz in Steinberg/Wirtz WuW 2019, 606 (609); Studienvereinigung Kartellrecht e.V., Stellungnahme zu den mit dem Referentenentwurf vorgeschlagenen Neuregelungen – Missbrauchsaufsicht/Digitalisierung Rn. 57; anders Cetintas WuW 2020, 446 (450).

[482] Steinberg in Steinberg/Wirtz WuW 2019, 606 (610).

[483] So Steinberg in Steinberg/Wirtz WuW 2019, 606 (610).

seiner Entscheidung „Registrierkassen"[484] möglichen Weg in Richtung auf eine generelle Ausrichtung des Unbilligkeitsmaßstabes des Abs. 2 Nr. 1 am Gedankengut der Nichtleistungswettbewerbsthese zu Recht nicht weiter beschritten.[485] Zwar wird in einigen späteren Entscheidungen im Rahmen der Unbilligkeitsprüfung auch auf den „Leistungswettbewerb" bzw. darauf abgestellt, die Behinderung oder Ungleichbehandlung sei „nicht leistungs- und nicht wettbewerbsgerecht".[486] Im Ergebnis ist es jedoch auch in diesen Fällen bei einer **einzelfallbezogenen, umfassenden Interessenabwägung** geblieben. Auch wenn für die Beurteilung, ob ein Verhalten „leistungsgerecht" oder „leistungsfremd" ist, nicht auf die Angemessenheit der Leistung aus der Sicht der anderen Marktseite abgestellt wird, sondern allein darauf, ob es Ausdruck eigener besserer Leistungsfähigkeit ist oder nur der Erhaltung oder Erweiterung der eigenen Marktstellung durch andere, den Leistungsvergleich erschwerende oder verfälschende und die Schiedsrichterfunktion der Kunden in Frage stellende Mittel dient,[487] bleiben wesentliche Zweifelsfragen offen[488]. Dies gilt zB für die Frage, ob ein „leistungsfremdes" Verhalten auch in Geheimrabatten marktbeherrschender Oligopolunternehmen zu sehen ist, obwohl dieser Wettbewerb im Rahmen des § 1 als besonders schützenswert beurteilt wird (vgl. zur Beurteilung von Marktinformationsverfahren → § 1 Rn. 155 ff.). Auch die Mischkalkulation, besonders intensive Werbemaßnahmen, soweit sie den Verbraucher nur unvollständig informieren, und zahlreiche Formen des sog. Nebenleistungswettbewerbs erschweren den Leistungsvergleich aus der Sicht der Abnehmer. Deshalb geht dieser Ansatz bei einer Reihe von Verhaltensweisen, insbes. bei Einbeziehung jeder Form der Mischkalkulation, offensichtlich zu weit.

Andererseits kann der **Gesichtspunkt der Erschwerung des Leistungsvergleichs** in 117a anderen Fällen, zB bei der Beurteilung von Treue- und Gesamtumsatzrabatten (→ Rn. 156 ff.), die für eine effiziente Gesetzesanwendung erforderliche Konkretisierung der Beurteilungsmaßstäbe für die einzelnen in Betracht kommenden Verhaltensweisen von Unternehmen erleichtern. Ob dabei der Verhaltensbereich, in den weder mit dem UWG noch mit der machtbezogenen Verhaltenskontrolle nach den §§ 19 und 20 GWB korrigierend eingegriffen werden soll, als „Leistungswettbewerb" oder „wettbewerbskonformes" Verhalten[489] bezeichnet wird, ist jedoch im Grunde bedeutungslos und kann kein hinreichender Anlass sein, den bisherigen Interessenabwägungsmaßstab zugunsten eines am „Nichtleistungswettbewerb" orientierten Alternativkonzepts aufzugeben.[490] Mit anderen Worten: Eine schlag-

[484] Vgl. BGH 26.10.1972 – KZR 54/71, WuW/E BGH 1238 (1243) = NJW 1973, 280 (282) – Registrierkassen („leistungsfremde Maßnahme […], die die Entfaltung der Leistungskraft des Klägers im Wettbewerb mit der Beklagten hindert und damit den Zielen des Gesetzes gegen Wettbewerbsbeschränkungen widerspricht").
[485] Vgl. insbes. BGH 22.9.1981 – KVR 8/80, BGHZ 81, 322 (331 ff.) = WuW/E BGH 1829 (1834 ff.) – Original-VW-Ersatzteile II.
[486] Vgl. zB BGH 10.12.1985 – KZR 22/85, BGHZ 96, 337 (346) = WuW/E BGH 2195 (2199) – Abwehrblatt II (im Leistungswettbewerb begründete Behinderungen werden vom GWB hingenommen); 7.3.1989 – KZR 15/87, BGHZ 107, 273 (278) = WuW/E BGH 2584 (2587) – Lotterievertrieb („§ 26 Abs. 2 GWB, der der Aufrechterhaltung des Leistungswettbewerbs und der Chancengleichheit dient, wendet sich nicht gegen jegliche Behinderung, sondern nur gegen nicht leistungs- und nicht wettbewerbsgerechte Behinderungen"); 12.3.1991 – KZR 26/89, WuW/E BGH 2707 (2716) = NJW 1991, 2963 (2967) – Krankentransportunternehmen II (Interessenverfolgung nicht als sachlich berechtigt anzuerkennen, „die darauf abzielt, den Leistungswettbewerb außer Kraft zu setzen"); 24.10.2011 – KZR 7/10, WuW/E DE-R 3446 (3451) – Grossistenkündigung („[…] unter Berücksichtigung der auf die Freiheit des Wettbewerbs gerichteten Zielsetzung des Gesetzes, die auf die Sicherung des Leistungswettbewerbs und insbesondere die Offenheit des Marktzugangs gerichtet ist."); ähnlich auch 6.7.2021 – KZR 11/18, NZKart 2021, 578 Rn. 24 – wilhelm.tel („Gewährleistung von Leistungswettbewerb und Offenheit des Marktzugangs"); ebenso jene Formulierung verwendend OLG Dresden 7.10.2020 – U 1/20, NZKart 2021, 310 Rn. 24 – Wegenutzungsvertrag.
[487] So zB Ulmer FS Kummer, 1980, 569; Wuttke S. 50 ff.; Hölzler/Satzky S. 31 ff.
[488] S. insbes. Merz S. 275 ff.
[489] So BGH 19.3.1995 – KZR 1/95, WuW/E BGH 3058 (3064) = NJW 1996, 2656 – Pay-TV-Durchleitung; implizit wohl auch Nagel/Hillmer DB 2021, 327, 331, siehe auch → Rn. 167.
[490] Dies gebieten auch nicht die unbestreitbaren Schwächen des Interessenabwägungsmaßstabs; vgl. zB v. Ungern-Sternberg FS Odersky, 1996, 990 ff.; Möschel Wettbewerbsbeschränkungen Rn. 544; aA zB Wuttke S. 73 ff.

wortartige Kennzeichnung bestimmter Verhaltensweisen als „Leistungswettbewerb" oder „Nichtleistungswettbewerb" vermag die erforderliche umfassende, einzelfallbezogene Interessenabwägung nicht zu ersetzen. Die Verwendung dieser Begriffe zur Charakterisierung des fraglichen Verhaltens des Marktbeherrschers vermag letztlich nur als knappe begriffliche Zusammenfassung des Ergebnisses eines solchen Abwägungsprozesses zu überzeugen.

**118**    Die gebotene normative Bewertung der Individualinteressen nach den vorstehend dargelegten Grundsätzen **schließt aus, in Abs. 2 Nr. 1 lediglich ein Willkürverbot zu sehen,** das nur grundlose Abweichungen von den vom Normadressaten selbst aufgestellten generellen Maßstäben, dh Verstöße gegen die eigene „Systemgerechtigkeit" oder „Regelhaftigkeit", erfassen würde.[491] Aus dem gleichen Grunde kann sich die Beurteilung der Billigkeit oder sachlichen Rechtfertigung auch nicht allein darauf beschränken, ob der Behindernde oder ungleich Behandelnde für sein Verhalten vernünftige kaufmännische oder betriebswirtschaftliche Gründe geltend machen kann.[492] Zwar werden die Normadressaten des Abs. 2 Nr. 1 durch das Verbot dieser Vorschrift **grundsätzlich nicht daran gehindert, ihre geschäftliche Tätigkeit und ihr Absatzsystem nach eigenem Ermessen so zu gestalten, wie sie dies für wirtschaftlich sinnvoll und richtig halten.**[493] Sie werden dabei jedoch auf Grund ihrer Marktmacht nicht nur durch die Individualinteressen beeinträchtigter anderer Unternehmen, sondern vor allem auch durch die normativen Wertungsmaßstäbe der Interessenabwägung eingeschränkt.[494] Da für marktmächtige Unternehmen der Gebrauch ihrer Machtstellung idR betriebswirtschaftlich sinnvoll ist, muss diese Einschränkung notwendigerweise auch in den Bereich betriebswirtschaftlicher Rationalität und kaufmännischer Vernunft hineinreichen.[495]

**118a**    Daher können zB **Geschäftsabschlussverweigerungen gegenüber Wettbewerbern** nicht schon deshalb als mit Abs. 2 Nr. 1 vereinbar angesehen werden, weil die Lieferung der verlangten Ware oder Dienstleistung an einen Wettbewerber im Ergebnis auf dessen Förderung zum Nachteil des Lieferanten hinauslaufen würde. Der in der neueren Rechtsprechung des BGH vertretene „Grundsatz", dass auch die Normadressaten des Abs. 2 Nr. 1 **nicht verpflichtet** seien, **Wettbewerber zum eigenen Schaden zu fördern,**[496]

[491] BGH 21.2.1995 – KVR 10/94, BGHZ 119, 53 (60 f.) = WuW/E BGH 2990 (2995) – Importarzneimittel; Koller S. 15 ff.; Belke S. 332 ff., Möschel Wettbewerbsbeschränkungen Rn. 652.

[492] OLG Frankfurt a. M. 6.5.1987 – 6 W (Kart) 74/87, WuW/E OLG 4038 (4039) – Remissionsquote; Koller S. 17 ff.; Baur S. 49 ff.; Ulmer GRUR 1977, 576; aA zB OLG Düsseldorf 27.8.1968 – U (Kart) 8/67, WuW/E OLG 917 (923) – Partierabatt. Nach BGH 6.7.2021 – KZR 11/18, NZKart 2021, 578 Rn. 16 – wilhelm.tel richtet sich die Bewertung der Zulässigkeit der unterschiedlichen Behandlung insbesondere danach, ob ein Interessenausgleich vorgenommen werde oder es sich um Willkür handele.

[493] StRspr des BGH zB 13.7.2004 – KZR 17/03, WuW/E DE-R 1377 (1378 f.) – Sparberaterin; 28.6.2005 – KZR 26/04, WuW/E DE-R 1621 (1624) – Qualitative Selektion; 11.10.2006 – KZR 45/04, WuW/E DE-R 1832 (1834) – Lesezirkel II; 24.10.2011 – KZR 7/10, WuW/E DE-R 3446 (3451) – Grossistenkündigung; 31.1.2012 – KZR 65/10, WuW/E DE-R 3549 (3554) – Werbeanzeigen; 8.4.2014 – KZR 53/12, WuW/E DE-R 4961 (4266) – VBL-Versicherungspflicht; 6.10.2015 – KZR 87/13, NZKart 2015, 535 Rn. 59 – Porsche-Tuning; 26.1.2016 – KZR 41/14, NZKart 2016, 285 Rn. 31 – Jaguar-Vertragswerkstatt; 24.11.2020 – KZR 11/19, NZKart 2021, 175 Rn. 26 – Radio Cottbus; OLG Düsseldorf 19.3.2003 – U (Kart) 20/02, WuW/E 1184 (1186 f.) – InterCard-Tarif; 2.4.2013 – VI–U (Kart) 9/13, WuW/E DE-R 3974 (3977) – Deutsche Triathlon Union; 15.10.2014 – VI-U (Kart) 4/14, BeckRS 2015, 11179 Rn. 49; OLG Frankfurt a. M. 22.12.2015 – 11 U 84/14, WuW 2016, 138 – Funktionsrucksäcke; KG 4.6.1997 – Kart 14/96, WuW/E DE-R 35 (39) – Großbildprojektoren; v. Ungern-Sternberg FS Odersky, 1996, 991.

[494] Vgl. zB BGH 30.6.1981 – KZR 11/80, WuW/E BGH 1814 (1820) – Allkauf-Saba; 21.2.1995 – KVR 10/94, BGHZ 119, 53 (64 f.) = WuW/E BGH 2990 (2997) – Importarzneimittel; 27.4.1999 – KZR 35/97, WuW/E DE-R 357 (359) – Feuerwehrgeräte; 6.10.2015 – KZR 87/13, NZKart 2015, 535 Rn. 59 – Porsche-Tuning; 26.1.2016 – KZR 41/14, NZKart 2016, 285 Rn. 32 – Jaguar-Vertragswerkstatt; 23.1.2018 – KZR 48/15, BeckRS 2018, 2279 Rn. 35 – Jaguar- und Land Rover-Vertragswerkstatt.

[495] Vgl. zB OLG Stuttgart 16.6.2003 – 2 U 144/02, WuW/E DE-R 1191 (1195) – Telefonbuch-Inserate; OLG Frankfurt a. M. 6.5.1987 – 6 W (Kart) 74/87, WuW/E OLG 4038 (4039) – Remissionsquote.

[496] BGH 12.11.1991 – KZR 2/90, WuW/E BGH 2755 (2759) – Aktionsbeträge; 15.11.1994 – KVR 29/93, BGHZ 128, 17 (38) = WuW/E BGH 2953 (2964) – Gasdurchleitung; 11.11.2008 – KVR 17/08, WuW/E DE-R 2514 (2518) – Bau und Hobby; 6.10.2015 – KZR 87/13, NZKart 2015, 535 Rn. 66 – Porsche-Tuning; ebenfalls OLG Düsseldorf 23.10.2013 – VI–U (Kart) 26/13, WuW/E DE-R 4097 (4098) – Frankiermaschinen II; v. Ungern-Sternberg FS Odersky, 1996, 992.

hat deshalb nur einen **begrenzten** Aussagegehalt und kann lediglich als eine andere Umschreibung des für einen „Kontrahierungszwang" ohnehin geltenden Regel-Ausnahmeverhältnisses gewertet werden.[497] Insbes. wenn die zu liefernde Leistung in der entgeltlichen Gewährung des Zugangs zu Daten, Netzen und anderen Infrastruktureinrichtungen iSv Abs. 2 Nr. 4 besteht, kann sich aus dem „Kontrahierungszwang" nach Abs. 2 Nr. 1 auch eine Verpflichtung des Normadressaten ergeben, über die bloße (passive) „Duldung" des Drittzugangs hinaus zusätzliche eigene Leistungen zu erbringen, wenn dies für die praktische Durchführbarkeit dieses Zugangs erforderlich ist (→ Rn. 141). Diese Verpflichtung findet allerdings dort ihre Grenze, wo die für solche Leistungen getätigten finanziellen Aufwendungen nicht angemessen entgolten werden. Eine vergleichbare Grenze gilt für die Höhe des Entgelts für eingespeiste Elektrizität, zu deren Abnahme Elektrizitätsversorgungsunternehmen nach Abs. 2 Nr. 1 verpflichtet sind.[498] Die sich aus Abs. 2 Nr. 1 ergebende Verhaltensbegrenzung für die Normadressaten geht auch nicht so weit, dass diese auf das Anbieten einer Ware oder Dienstleistung auf dem Markt nur deshalb verzichten müssten, weil sich aus diesem Angebot zwangsläufig auf andere Weise nicht vermeidbare Wettbewerbsnachteile für andere Lieferanten ergeben.[499]

Aus der Verpflichtung der Normadressaten des Abs. 2 Nr. 1 zur Rücksichtnahme auf die **119** wettbewerbliche Betätigungsfreiheit Dritter und die Freiheit des Wettbewerbs folgt, dass sich ihr Vorgehen, soweit es dritte Unternehmen im Wettbewerb beeinträchtigt, auch im Lichte der wettbewerblichen Interessen dieser Unternehmen und des Allgemeininteresses an der Wettbewerbsfreiheit **als objektiv sachgemäß und angemessen erweisen muss**.[500] Dazu gehört, dass sie auch bei der Durchsetzung betriebswirtschaftlich und kaufmännisch vernünftiger Ziele **verhältnismäßig** in dem Sinne vorgehen müssen, sich grundsätzlich auf das **„mildeste"**, dh die wettbewerblichen Betätigungsmöglichkeiten Dritter am wenigsten beeinträchtigende **Mittel** zu beschränken, das ohne besondere Nachteile für den Normadressaten zum Erreichen des von ihm erstrebten Ziels in gleicher Weise geeignet ist.[501] Dies gilt sowohl für die zeitliche Dauer ergriffener Maßnahmen als auch für deren Art und Ausmaß.[502] Unverhältnismäßig in zeitlicher Hinsicht und damit unbillig und sachlich nicht gerechtfertigt ist zB eine dauerhafte Liefersperre, wenn sich das damit im Zusammenhang stehende Ziel des Normadressaten im Wesentlichen auch durch eine angemessene zeitliche Befristung der Sperre erreichen lässt (→ Rn. 150).

---

[497] BGH 21.2.1995 – KVR 10/94, WuW/E BGH 2990 (2997) – Importarzneimittel; 13.12.2005 – KVR 13/07, WuW/E DE-R 1726 (1729) – Stadtwerke Dachau; Markert WuW 1995, 560 (569 f.); ebenfalls kritisch zur Bedeutung dieses Grundsatzes Foerster WuW 2015, 233 ff.

[498] BGH 22.10.1996 – KZR 19/95, WuW/E BGH 3079 (3082) = NJW 1997, 574 – Stromeinspeisung II; 8.12.1998 – KZR 49/97, WuW/E DE-R 248 (249) – Kraft-Wärme-Kopplung II; im Einzelnen dazu → Rn. 216; vgl. aber auch 12.3.1991 – KZR 26/89, WuW/E BGH 2707 (2716 f.) = NJW 1991, 2963 – Krankentransportunternehmen II (Weigerung einer AOK, ein privates Krankentransportunternehmen zur Direktabrechnung zuzulassen, verstößt trotz der mit dieser Zulassung verbundenen höheren Aufwendungen gegen § 26 Abs. 2 aF).

[499] BGH 14.7.1998 – KZR 1/97, WuW/E DE-R 201 (204) = NJW 1998, 3778 – Schilderpräger im Landratsamt; 8.4.2003 – KZR 39/99, WuW/E DE-R 1099 (1100 f.) – Konkurrenzschutz für Schilderpräger; KG 6.11.1996 – Kart W 6990/96, WuW/E OLG 5787 (5792) – Angebot eines knappen Gutes; gegen Überspannung dieses Grundsatzes auch Nothdurft in Bunte Rn. 352; anders OLG Stuttgart 24.10.1997 – 2 U 45/97, WuW/E DE-R 48 (51 ff.) – Kfz-Schilderpräger (Nagold); vgl. auch Immenga AG 1998, 548 f.

[500] BGH 13.3.1979 – KZR 25/77, WuW/E BGH 1646 (1647) – Vermittlungsprovision für Flugpassagen II; 7.10.1980 – KZR 8/80, WuW/E BGH 1783 (1785) – Neue Osnabrücker Zeitung; Busche S. 383.

[501] BGH 24.2.1976 – KVR 3/75, WuW/E BGH 1429 (1432) – Asbach-Fachgroßhändlervertrag; 28.6.1977 – KVR 2/77, WuW/E BGH 1495 (1497) – Autorufgenossenschaft; 22.9.1981 – KVR 8/80, BGHZ 81, 322 (341) = WuW/E BGH 1829 (1838) – Original-VW-Ersatzteile II; KG 21.2.1977 – Kart 151/75, WuW/E OLG 1828 (1832) – Englisch-Wörterbuch; 16.3.1984 – Kart a 10/83, WuW/E OLG 3169 (3171) – Nordmende; OLG Frankfurt a. M. 30.10.1984 – 6 U 165/82, WuW/E OLG 3347 (3353) – Kürschnerhandwerk; OLG München 15.12.1987 – U (K) 2416/87, WuW/E OLG 4231 (4232) – Baggerersatzteile; OLG Naumburg 9.7.1999 – 10 WKart 1/98, WuW/E DE-R 388 (390) – Lokalfernsehen; Loewenheim in LMRKM Rn. 27; Westermann in MüKoWettbR Rn. 50; Bechtold/Bosch Rn. 22; einschränkend: Möschel Wettbewerbsbeschränkungen Rn. 650; aA Busche S. 384.

[502] BGH 6.7.2021 – KZR 11/18, NZKart 2021, 578 Rn. 16 – wilhelm.tel.

**120**   Für die Beurteilung der Verhältnismäßigkeit und darüber hinaus für die normative Bewertung im Rahmen der Interessenabwägung ist auch der **Stärkegrad der Marktmacht** des in Betracht stehenden Normadressaten und das damit verbundene Ausmaß der Wettbewerbsbeeinträchtigung von wesentlicher Bedeutung.[503] Dies folgt aus dem Marktmachtbezug des Abs. 2 Nr. 1 und dem Gesetzeszweck, die von der Marktmacht der Normadressaten ausgehenden Wettbewerbsstörungen zu verhindern oder jedenfalls einzugrenzen (→ Rn. 78). Solche Störungen und damit der Umfang der aus der Interessenabwägung im Rahmen des Abs. 2 Nr. 1 folgenden Verpflichtung zur Rücksichtnahme auf die wettbewerblichen Betätigungsmöglichkeiten anderer Unternehmen sind umso größer, je stärker die tatsächliche Marktmacht des jeweiligen Normadressaten im Einzelfall ist und je weniger wettbewerbliche Betätigungs- und Ausweichmöglichkeiten infolgedessen seine Wettbewerber und Lieferanten oder Abnehmer haben. Tendenziell am weitesten geht diese Verpflichtung im Falle einer Monopolstellung, insbes. wenn diese durch besondere Umstände, zB gesetzliche Vorschriften, gegen Wettbewerb abgesichert ist.[504] Die Auswirkung der Marktstärke des jeweiligen Normadressaten auf die Interessenabwägung lässt sich jedoch immer nur einzelfallbezogen beurteilen.

**121**   Neben dem Allgemeininteresse an einem von Beeinträchtigungen möglichst freien Wettbewerb können im Rahmen der Interessenabwägung nach Abs. 2 Nr. 1 sonstige **wirtschaftspolitische Ziele nicht berücksichtigt** werden.[505] So können strukturpolitische Erwägungen, zB Schutz des mittelständischen Einzelhandels durch eine Dämpfung des Nebenleistungswettbewerbs der Markenartikelhersteller, nicht von vornherein den Handlungsspielraum der Normadressaten auf den Bereich des „leistungsgerechten" Wettbewerbs rechtfertigen (→ Rn. 115 ff.). Auch für andere wirtschaftspolitische und gesamtwirtschaftliche Erwägungen ist im Rahmen des Abs. 2 Nr. 1 grundsätzlich kein Raum.[506] Berücksichtigungsfähig sind jedoch **Belange des Gemeinwohls** auch zugunsten von nicht der öffentlichen Hand zuzurechnenden Normadressaten,[507] sofern es nicht zu einer übermäßi-

[503] BGH 10.2.1987 – KZR 6/86, WuW/E BGH 2360 (2363) = NJW 1987, 3197 – Freundschaftswerbung; 19.3.1996 – KZR 1/95, WuW/E BGH 3058 (3063) = NJW 1996, 2556 – Pay-TV-Durchleitung; 24.10.2011 – KZR 7/10, WuW/E DE-R 3446 (3454) – Grossistenkündigung; 31.1.2012 – KZR 65/10, WuW/E DE-R 3549 (3554) – Werbeanzeigen; 6.10.2015 – KZR 87/13, NZKart 2015, 535 Rn. 59 – Porsche-Tuning; 26.1.2016 – KZR 41/14, NZKart 2016, 285 Rn. 32 – Jaguar-Vertragswerkstatt; 23.1.2018 – KZR 48/15, BeckRS 2018, 2279 Rn. 35 – Jaguar- und Land Rover-Vertragswerkstatt; v. Ungern-Sternberg FS Odersky, 1996, 993; Loewenheim in LMRKM Rn. 29; aA Busche S. 384; für den Behinderungsmissbrauch nach § 19 Abs. 4 Nr. 1 aF: BGH 30.3.2004 – KZR 1/03, WuW/E DE-R 1283 (1286) – Der Oberhammer.
[504] Vgl. zB BGH 27.4.1999 – KZR 35/97, WuW/E DE-R 357 (359) – Feuerwehrgeräte; 13.7.2004 – KZR 40/02, WuW/E DE-R 1329 (1332) – Standard-Spundfass II; OLG Düsseldorf 2.9.1997 – U (Kart) 20/94, MMR 1998, 260 f. – Mobilfunk-Antennenmasten; KG 4.6.1997 – Kart 14/96, WuW/E DE-R 35 (39 f.) – Großbildfilmprojektoren; OLG Frankfurt a. M. 6.5.1987 – 6 W (Kart) 74/87, WuW/E OLG 4038 (4039) – Remissionsquote.
[505] BGH 24.9.1979 – KZR 20/78, WuW/BGH 1629, 1632 – Modellbauartikel II; OLG München 22.7.2017 – U 2879/16 Kart, WuW 2017, 517 Rn. 57 – Frequenzwechsel.
[506] BGH 12.3.1991 – KZR 26/89, WuW/E BGH 2707 (2715) = NJW 1991, 2963 – Krankentransportunternehmen II; 11.12.2001 – KZR 5/00, WuW/E DE-R 839 (843) – Privater Pflegedienst; v. Ungern-Sternberg FS Odersky, 1996, 996. Ausgenommen von dieser Regel sind mit hinreichender Konkretisierung gesetzlich normierte Ziele dieser Art, zB das mit § 103 Abs. 5 S. 2 Nr. 3 aF verfolgte gesetzgeberische Ziel der Förderung der Stromerzeugung aus erneuerbaren Energiequellen und Kraft-Wärmekopplung (→ Rn. 216) oder das gleiche Ziel des EEG (BGH 11.11.2008 – KZR 43/07, WuW/E DE-R 2581 (2584) – Neue Trift) oder das in § 129 SGB V zum Ausdruck kommende gesetzgeberische Ziel, dass die Importarzneimittel im Wettbewerb mit anderen Arzneimitteln auf dem inländischen Markt erhältlich sein sollen, BGH 21.2.1995 – KVR 10/94, WuW/E BGH 2990 (2997 f.) – Importarzneimittel, oder das durch § 30 GWB iVm Art. 5 GG normierte Ziel, durch die Preisbindung für Zeitungen und Zeitschriften die Pressefreiheit zu sichern, BGH 24.10.2011 – KZR 7/10, WuW/E DE-R 3446 (3452 f.) – Grossistenkündigung; eingehend dazu Kugler S. 112 ff.; Nothdurft in Bunte Rn. 349 f.
[507] BGH 7.11.2006 – KZR 2/06, WuW/E DE-R 1951 (1952 f.) – Bevorzugung einer Behindertenwerkstatt; 13.11.2007 – KZR 22/06, WuW/E DE-R 2163 (2164 f.) – Freihändige Vermietung an Behindertenwerkstatt.

gen Beeinträchtigung des Wettbewerbs kommt.[508] Gleiches gilt auch für **Interessen Dritter,** soweit sie sich auf die Gewichtung und Bewertung der Individualinteressen der Beteiligten und das öffentliche Interesse an der Wettbewerbsfreiheit auswirken (→ Rn. 107). Deshalb kann ein festgestelltes Interesse eines nicht unerheblichen Teils der Endverbraucher an einer Preis-Leistungs-Kombination ohne Beratung und Bedienung für das Gewicht des Interesses von Handelsunternehmen, die vorwiegend solche Endverbraucher beliefern wollen, und für das öffentliche Interesse an einem möglichst unbeschränkten Wettbewerb, der zur Entwicklung entsprechender Strukturen im Handel führen kann, im Rahmen der Interessenabwägung berücksichtigt werden.[509]

Denn damit wird die **Auswahlfreiheit des Konsumenten ("consumer choice")** 121a gefährdet. Dieser Aspekt spielt auch in anderem Zusammenhang eine zunehmend wichtige Rolle. So hat der BGH **Facebook-Fall** (→ Rn. 215b) maßgeblich darauf abgestellt, dass den Nutzern des sozialen Netzwerks die Wahlmöglichkeit verwehrt wurde, dieses auch ohne die Zusammenführung mit den auf anderen Websites erhobenen Daten (sog. Off-Facebook-Daten) zu verwenden.[510] Die darin liegende **aufgedrängte Leistungserweiterung** stellt zwar zunächst eine besondere Form des Ausbeutungsmissbrauchs dar, da den Nutzern eine weitergehende und intensivere Preisgabe persönlicher Daten zugemutet wird, als für die Nutzung des sozialen Netzwerks erforderlich ist.[511] Darüber hinaus werden durch den erweiterten Zugriff auf Nutzerdaten aber auch die Konkurrenten von Facebook in ihren wettbewerblichen Betätigungsmöglichkeiten behindert, sodass letztlich ein **hybrider Marktmachtmissbrauch** vorliegt, der Elemente einer Ausbeutung der Kunden und Behinderung der Wettbewerber vereint. Die Verweigerung der Wahlfreiheit von Kunden kann somit auch im Kontext der Feststellung einer unbilligen Behinderung von Konkurrenten ein bedeutsames Abwägungskriterium sein.

Bei der normativen Interessenbewertung sind auch **Wertungen des europäischen** 122 **Wettbewerbsrechts zu berücksichtigen.**[512] Allerdings ist hierfür von vornherein kein Raum, wenn das zu beurteilende Verhalten die Folge einer nach Art. 101 Abs. 1 AEUV verbotenen Wettbewerbsbeschränkung ist und der Normadressat den ihm nach Art. 2 S. 2 VO 1/2003 obliegenden Nachweis der Erfüllung der Voraussetzungen des Art. 101 Abs. 3 AEUV nicht geführt hat.[513] Gleiches gilt auch bei Vorliegen dieser Voraussetzungen, wenn dieses Verhalten als Missbrauch einer marktbeherrschenden Stellung nach Art. 102 AEUV verboten ist.[514] Dieser Vorrang des Verbots des Missbrauchs von Marktbeherrschung vor der Freistellung kollektiver Wettbewerbsbeschränkungen nach Art. 101 Abs. 3 AEUV kommt entsprechend auch dann zur Geltung, wenn nach dieser Vorschrift freigestelltes

---

[508] BGH 18.1.2000 – KVR 23/98, WuW/E DE-R 297 (304 f.) – Tariftreueerklärung II; 7.11.2006 – KZR 2/06, WuW/E BGH 1951 (1952 f.) – Bevorzugung einer Behindertenwerkstatt (Ausschluss aller anderen Bewerber bei der Vermietung kommunaler Gewerbeflächen an Schilderpräger ist unbillig).

[509] So zB OLG Karlsruhe 8.11.1978 – 6 U 192 77 Kart, WuW/E OLG 2085 (2090) – Multiplex; Grosseketter WRP 1978, 630; insoweit nicht hinreichend differenzierend: BGH 24.9.1979 – KZR 20/78, WuW/E BGH 1629 (1632) – Modellbauartikel II; v. Gamm NJW 1980, 2496.

[510] BGH 23.6.2020 – KVR 69/19, NZKart 2020, 473 = WuW 2020, 525 Rn. 53 ff.

[511] Vgl. BGH 23.6.2020 – KVR 69/19, NZKart 2020, 473 = WuW 2020, 525 Rn. 58 ff.

[512] BGH 11.11.2008 – KVR 17/08, WuW/E DE-R 2514 (2516) – Bau und Hobby; OLG München 8.1.2009 – U (K) 1501/08, BB 2009, 518 Rn. 71 f. Ebenso auch schon BGH 4.11.2003 – KZR 2/02, WuW/E DE-R 1203 (1205) – Depotkosmetik im Internet (in der Beurteilung des völligen Ausschlusses von ausschließlich über das Internet vertreibenden Bewerbern von der Belieferung als nicht unbillig jedoch nach dem EuGH 13.10.2011 – C-439/09, WuW/E EU-R 2163 – Pierre Fabre Dermo-Cosmétique SAS, so nicht mehr haltbar, vgl. Ellenrieder WRP 2012, 141 ff. Bekräftigt durch EuGH 6.12.2017 – C-230/16 MMR 2018, 77 (mAnm Hoeren) Rn. 34, 52 – Coty); zuletzt BGH 6.10.2015 – KZR 87/13, GRUR-RS 2015, 17973 Rn. 101 f. – Porsche-Tuning; 26.1.2016 – KVR 11/15, NZKart 2016, 280 Rn. 20 – Laborchemikalien; im Schrifttum insoweit hM, zB Nothdurft in Bunte Rn. 356 ff.; Loewenheim in LMRKM Rn. 26.

[513] Das Interesse des Normadressaten an der Realisierung von Verhaltensweisen, die andere Unternehmen behindern oder ungleich behandeln, ist in diesem Fall schon wegen der aus dem Verstoß gegen Art. 101 Abs. 1 AEUV folgenden Rechtswidrigkeit von vornherein nicht berücksichtigungsfähig.

[514] EuGH 16.3.2000 – C-396/96 P, WuW/E EU-R 309 (315) – CMB/Kommission; ebenso KOMM., Leitlinien für vertikale Beschränkungen, ABl. 2010 C 130, 1 Rn. 1.

Verhalten nach nationalem Wettbewerbsrecht als Missbrauch von Marktbeherrschung verboten ist. Art. 3 Abs. 2 S. 1 VO 1/2003 steht dem nicht entgegen.[515]

**123**    Bei Verhaltensweisen marktbeherrschender Unternehmen iSd § 18 GWB scheidet allerdings eine Anwendungssperre für das Verbot des § 19 Abs. 2 Nr. 1 durch Art. 3 Abs. 2 S. 1 VO 1/2003 iVm der Gruppenfreistellung für vertikale Vereinbarungen nach der GVO 330/2010[516] in aller Regel schon wegen der Marktanteilsobergrenze von 30% in Art. 3 Abs. 1 als Voraussetzung für die Freistellung aus.[517] Außerdem ist nach Sinn und Zweck des Art. 3 Abs. 2 S. 2 VO 1/2003 das Verbot des § 19 Abs. 2 Nr. 1 auch in den Fällen anwendbar, in denen entweder keine Wettbewerbsbeschränkung iSv Art. 101 Abs. 1 AEUV vorliegt oder die Beschränkung mangels Eignung zur spürbaren Beeinträchtigung des Handels zwischen Mitgliedstaaten nicht unter Art. 101 Abs. 1 AEUV fällt.[518] Damit verbleiben allenfalls wenige Fälle, in denen nach Art. 3 Abs. 2 S. 1 und 2 VO 1/2003 die Anwendung des § 19 Abs. 2 Nr. 1 auf Verhaltensweisen marktbeherrschender Unternehmen iSd § 18 ausgeschlossen sein könnte, das die Folge aus einer nach Art. 101 Abs. 3 AEUV freigestellten Wettbewerbsbeschränkung ist.[519] Ob in diesen Fällen die Annahme der Unbilligkeit oder des Fehlens der sachlichen Rechtfertigung iSv § 19 Abs. 2 Nr. 1 zwingend ausscheidet, hat der BGH bisher ausdrücklich offen gelassen.[520] Dem Kompromisscharakter des Art. 3 Abs. 2 S. 2 VO 1/2003 entsprechend wäre eine solche Sperre für § 19 Abs. 2 Nr. 1 nur begründbar, wenn dessen Anwendung den **Bestand der jeweiligen Freistellung in Frage stellen würde**.[521] Die weitergehende Ansicht, dass dies darüber hinaus auch für alles in der **Vertikal-GVO** (bisher VO 330/2010, jetzt VO 2022/720 v. 10.5.2022) nicht Verbotene gelte,[522] ist nicht haltbar.[523] In jedem Falle sind jedoch die in der Vertikal-GVO und in den Kommissionsleitlinien insbes. auch für die Beurteilung selektiver Vertriebssysteme zum Ausdruck kommenden Wertungen im Rahmen der Interessenabwägung zugunsten des Normadressaten zu berücksichtigen (→ Rn. 122), so dass sich ein durch eine Anwendungssperre für § 19 Abs. 2 Nr. 1 zu lösender Konflikt ohnehin vermeiden lässt.

**124**    Die wettbewerbliche Orientierung des normativen Bewertungsmaßstabs im Rahmen der Interessenabwägung zeigt sich auch darin, dass die Handlungsfreiheit der Normadressaten keinen Einschränkungen unterworfen wird, soweit sie Audruck eines „wettbewerbskonformen" Verhaltens ist.[524] Dazu gehört etwa, auf vorstoßenden Wettbewerb anderer Unter-

---

[515] Dies muss jedenfalls dann gelten, wenn das nationale Verbot wie im Falle des § 19 Abs. 2 Nr. 1 GWB über die Reichweite des Verbots des Art. 102 AEUV nicht wesentlich hinausgeht. Denn es kann nicht angenommen werden, dass mit dem gesetzgeberischen Kompromiss der „deutschen Klausel" des Art. 3 Abs. 2 S. 2 VO 1/2003 die Anwendbarkeit des nationalen Wettbewerbsrechts sogar für die Fälle des Missbrauchs von Marktbeherrschung ausgeschlossen werden sollte; vgl. Nothdurft in Bunte Rn. 363.

[516] ABl. 2010 L 102, 1.

[517] Ob für die Normadressaten des § 20 Abs. 1 und 2 etwas anderes gilt, kann hier offen bleiben. Näheres dazu → § 20 Rn. 91, 189.

[518] Ebenso Nothdurft in Bunte Rn. 363.

[519] Vgl. zum Gleichlauf BGH 6.10.2015 – KZR 87/13, GRUR-RS 2015, 17973 Rn. 101 f. – Porsche-Tuning.

[520] BGH 11.11.2008 – KVR 17/08, WuW/E DE-R 2514 (2516) – Bau und Hobby.

[521] Dies träfe zB zu, wenn im Falle eines nach der GVO 330/2010 freigestellten selektiven Vertriebssystems die Nichtbelieferung von Händlern, welche die sich im Rahmen der Freistellung haltenden qualitativen Anforderungen des Systems nicht erfüllen, als Verstoß gegen § 19 Abs. 2 Nr. 1 geahndet würde. Vgl. auch OLG Düsseldorf 24.4.2013 – VI–U (Kart) 4/12, WuW/E DE-R 3979 (3988 ff.) – Konzessionsverträge.

[522] So aber Wirtz WuW 2003, 1040 (1042); noch zu § 20 aF zust. Rixen in FK-KartellR GWB 2005 § 20 Rn. 175; Kirchhoff in Wiedemann KartellR-HdB § 11 Rn. 453; tendenziell auch Beutelmann ZWeR 2013, 356 (359 ff.).

[523] Ebenso Nothdurft in Bunte Rn. 363 mit Hinweis auf das Fehlen von Kündigungsregeln in der GVO 330/2010 im Gegensatz zu der alten Kfz-GVO 1400/2002, Art. 3 Abs. 5; Billing/Lettl WRP 2012, 773 (780 f.). Das Erfordernis einer angemessenen Umstellungsfrist nach § 19 Abs. 2 Nr. 1 (→ Rn. 130) bleibt daher anwendbar.

[524] Vgl. BGH 19.6.1975 – KZR 10/74, WuW/E BGH 1405 (1410) = NJW 1975, 2065 – Grenzmengenabkommen; 12.3.1991 – KZR 26/89, WuW/E BGH 2707 (2717) – Krankentransportunternehmen II; 19.3.1996 – KZR 1/95, WuW/E 3058 (3064) – Pay-TV-Durchleitung; 13.7.2004 – KZR 40/02, WuW/E DE-R 1329 (1333) – Standard-Spundfass II; 12.4.2016 – KZR 30/14, WuW 2016, 427 Rn. 48 – NetCologne.

nehmen angemessen reagieren zu können, zB in niedrigere Preise oder günstigere Rabatte oder Konditionen von Wettbewerbern einzutreten.[525] Aber auch vorstoßender Wettbewerb mit dem Ziel der Erhaltung oder Vergrößerung des eigenen Umsatzanteils ist den Normadressaten des Abs. 2 Nr. 1 nicht schon deswegen verwehrt, weil damit im Einzelfall nachteilige Auswirkungen auf die wettbewerblichen Betätigungsmöglichkeiten von Wettbewerbern oder Unternehmen auf vor- oder nachgelagerten Marktstufen verbunden sind. Selbst bei einem hohen Grad von Marktmacht können deshalb generelle Preissenkungen oder Qualitäts- oder Ausstattungsverbesserungen bei gleich bleibendem Preis, die lediglich Ausdruck rationelleren Wirtschaftens des Unternehmens sind, grundsätzlich nicht als unbillige Wettbewerbsbehinderung beurteilt werden.[526]

**e) Beurteilung einzelner Verhaltensweisen. aa) Allgemeines.** Wegen der grund- **125** sätzlichen Einzelfallbezogenheit des Beurteilungsmaßstabs der normativen Interessenabwägung sind generelle Aussagen darüber, ob bestimmte Verhaltensweisen von Normadressaten eine unbillige Behinderung oder sachlich nicht gerechtfertigte ungleiche Behandlung (Diskriminierung) anderer Unternehmen darstellen, nur eingeschränkt möglich. Deshalb lassen sich vielfach nur die für bestimmte Verhaltensweisen maßgeblichen konkreten Beurteilungsgesichtspunkte kennzeichnen und mehr oder weniger hohe **Wahrscheinlichkeitsgrade** dafür angeben, dass ein bestimmtes Verhalten von Normadressaten entweder generell oder unter gewissen weiteren Voraussetzungen als Verstoß gegen Abs. 2 Nr. 1 zu qualifizieren ist. Die für die Effizienz der Vorschrift erforderliche **Entwicklung generalisierungsfähiger Beurteilungsmaßstäbe** für einzelne Falltypen wird dadurch nicht ausgeschlossen.[527] Dass der Maßstab einer einzelfallbezogenen Interessenabwägung sogar für eine sehr weitgehende Generalisierung Raum lässt, zeigt die Beurteilung des Boykotts (→ § 21 Rn. 37 ff.). Zwar sind im Rahmen der Interessenabwägung nach Abs. 2 Nr. 1 wegen der im Vergleich zu § 21 Abs. 1 tendenziell geringeren Indizwirkung der Tathandlung die Möglichkeiten für Generalisierungen im Rahmen der normativen Bewertung stärker begrenzt. Dennoch können auch insoweit einzelne Verhaltensweisen, für die schon aus der Sicht der Individualinteressen des Normadressaten keine objektiven Rechtfertigungsgesichtspunkte bestehen oder die ihrer Natur nach besonders krass gegen das gesetzliche Wertungssystem des freien Wettbewerbs verstoßen, als in aller Regel oder jedenfalls prima facie unbillig oder sachlich ungerechtfertigt beurteilt werden, zB Treuerabatte (dazu → Rn. 159). Derartige Generalisierungen im Rahmen der Interessenabwägung sind besonders dann gerechtfertigt, wenn der in Betracht stehende Normadressat auf Grund eines sehr hohen Grades seiner Marktmacht mit dem betreffenden Verhalten die noch vorhandenen Wettbewerbsmöglichkeiten Dritter besonders stark beeinträchtigt, zB durch Gesamtumsatzrabatte mit erheblicher Sogwirkung zum Nachteil der Wettbewerber (→ Rn. 157) oder durch ausschließliche Bezugsbindungen (→ Rn. 177 ff.). Die Entwicklung solcher generalisierender Maßstäbe ist allerdings nur auf der Grundlage einer umfassenden Fallpraxis möglich und muss grundsätzlich für abweichende Einzelfallbeurteilungen offen bleiben (dazu für den Boykott → § 21 Rn. 37 ff.).

Eine Behinderung oder ungleiche Behandlung anderer Unternehmen im Geschäftsver- **126** kehr kann grundsätzlich von allen Verhaltensweisen ausgehen. Dabei lassen sich **als Grundtypen vier Fallgruppen unterscheiden.** In die erste Kategorie fällt die **Verweigerung der Aufnahme oder Fortsetzung von Geschäftsbeziehungen** durch einen Normadressaten im Hinblick auf das Angebot von Waren oder gewerblichen Leistungen (Abschlussverweigerung, Liefersperre). Dazu gehört auch die Nichtaufnahme in oder der

---

[525] TB 1993/94, 147; Koller S. 77; v. Gamm NJW 1980, 2492.
[526] Vgl. zB KG 30.5.1979 – Kart 16/79, WuW/E OLG 2148 (2149) – Sonntag Aktuell I; zur Beurteilung der Preisunterbietung → Rn. 170 ff.
[527] Vgl. v. Ungern-Sternberg FS Odersky, 1996, 989 f.; Ulmer GRUR 1977, 576; Ulmer FS Kummer, 1980, 565 ff., allerdings mit der nicht haltbaren Folgerung, dass für die Beurteilung von Wettbewerberbehinderungen nach Abs. 2 Nr. 1 generell auf das Fehlen eines „Leistungsbezugs" abzustellen sei (dazu im Einzelnen → Rn. 115 ff.).

Ausschluss aus Unternehmensvereinigungen, wenn für die Wettbewerbsfähigkeit in einem bestimmten Geschäftsverkehr die Mitgliedschaft in solchen Vereinigungen notwendig ist (→ Rn. 143). Eine zweite Gruppe bilden alle Verhaltensweisen, durch die andere Unternehmen im Rahmen bestehender Geschäftsbeziehungen mit dem Normadressaten von diesem behindert oder ungleich behandelt werden, zB durch im Vergleich zu anderen Geschäftspartnern ungleiche Preise, Rabatte und Konditionen (**Lieferantenpreisdifferenzierung**). Einer dritten Gruppe lassen sich diejenigen Behinderungen und ungleichen Behandlungen durch Anbieter von Waren oder gewerblichen Leistungen zuordnen, die nicht schon durch die beiden ersten Gruppen erfasst werden, zB Ausschließlichkeits- und Kopplungsbindungen, Untereinstandspreisangebote und andere Maßnahmen der **Wettbewerberbehinderung**. Trotz gewisser Überschneidungen zwischen den Fallgruppen orientiert sich die folgende Darstellung aus Gründen der Übersichtlichkeit an dem Grobraster der genannten vier Fallgruppen. Schließlich können die **Verhaltensweisen von Nachfragern** wegen der dabei auftretenden Besonderheiten zu einer vierten Fallgruppe zusammengefasst werden (→ Rn. 186 ff.).

**127**    **bb) Die Liefersperre. (1) Allgemeines.** Unter dem Begriff Liefersperre werden hier, wie im Rahmen des § 21 Abs. 1 (→ § 21 Rn. 20), **alle Arten der Abschlussverweigerung** durch Anbieter von Waren oder gewerblichen Leistungen zusammengefasst. Es kann sich dabei um die einseitige Beendigung bestehender Geschäftsbeziehungen durch den Anbieter und die damit verbundene Ablehnung handeln, die Beziehungen sofort oder zu einem späteren Zeitpunkt fortzusetzen, oder um die Weigerung des Anbieters, Geschäftsbeziehungen mit einem Unternehmen, mit dem solche Beziehungen bisher noch nicht bestanden hatten (Newcomer), neu zu begründen. In jüngerer Zeit gewinnt daneben auch die **Suspendierung oder Sperrung von Verkäuferkonten** bei Online-Vermittlungsdiensten eine besondere Bedeutung.[528] Ein derartiges Verhalten eines Anbieters kann allein durch individuelle Besonderheiten des von der Liefersperre betroffenen Unternehmens begründet sein, zB durch Verstöße gegen lauterkeitsrechtliche Vorschriften (→ Rn. 151). Es kann aber auch in der generellen Geschäftspolitik des Anbieters seine Ursache haben, mit bestimmten Kategorien von Unternehmen, zB Großhändlern, ohne Rücksicht auf deren individuelle Verhältnisse keine Geschäftsbeziehungen aufzunehmen oder aufrechtzuerhalten oder den Kreis der für solche Beziehungen in Betracht kommenden Unternehmen generell nach bestimmten qualitativen oder quantitativen Maßstäben zu begrenzen oder den betreffenden Geschäftsverkehr überhaupt auszuschließen, zB die Belieferung von Handelsunternehmen als Folge der Beschränkung auf einen unternehmenseigenen Direktvertrieb an Endverbraucher.

**127a**    Unabhängig von der materiellen Bewertung sind **verfahrensbezogene Kriterien** zu beachten: Bei der Frage, mit welchem Unternehmen Geschäftsbeziehungen (nicht) aufgenommen werden, ist das **Transparenzgebot** zu achten. So entschied die Rechtsprechung für die öffentliche Hand, dass eine öffentliche Ausschreibung mit vorheriger Offenlegung der (abstrakten) Entscheidungskriterien erforderlich ist.[529] Dabei kann ein Verstoß gegen das Transparenzgebot unabhängig davon vorliegen, ob in der Sache ein materieller Verstoß vorliegt.[530] In jüngerer Zeit hat die Rechtsprechung die aus dem Behinderungs- und Diskriminierungsverbot abzuleitenden Anforderungen verfahrensbezogener und materieller Art an die Auswahlentscheidung noch verstärkt.[531] So wird etwa zur Vermeidung

---

[528] Vgl. Berghaus/Mekhalfia WuW 2021, 82 (83).

[529] BGH 17.12.2013 – KZR 65/12, NVwZ 2014, 817 Rn. 44 ff. – Stromnetz Heiligenhafen; jüngst OLG Dresden 7.10.2020 – U 1/20 Kart, NZKart 2021, 310 – Wegenutzungsvertrag; ferner Bechtold/Bosch Rn. 23; dabei findet das Transparenzgebot seine Grenze jedoch in den Geschäftsgeheimnissen des Marktbeherrschers und der Mitbewerber, siehe dazu OLG Frankfurt a. M. 3.11.2017 – 11 U 51/17, NVwZ-RR 2018, 485 Rn. 94 ff.

[530] OLG Dresden 7.10.2020 – U 1/20 Kart, NZKart 2021, 310 Rn. 22 – Wegenutzungsvertrag.

[531] BGH 9.3.2021 – KZR 55/19, NZKart 2021, 509 Rn. 20 – Gasnetz Berlin; BGH 7.9.2021 – EnZR 29/20, NZKart 2021, 696 Rn. 8 ff. – Gasnetz Rösrath; OLG Düsseldorf 17.8.2022 – VI-2 U 13/21 (Kart),

von Interessenkonflikten bei Beteiligung einer Eigengesellschaft der ausschreibenden Gemeinde eine vollständige **organisatorische und personelle Trennung von Vergabestelle und Bewerber** verlangt.[532] Bei der Ausgestaltung der materiellen Vergabekriterien (zB Preisgünstigkeit des Angebots) steht den Gemeinden zwar ein weiter Spielraum zu, es darf aber nicht dazu kommen, dass die Gewichtung verschiedener Kundengruppen völlig außer Verhälnis zu den jeweiligen Abnahmemengen steht und damit die objektiven Anforderungen an den Netzbetrieb unzureichend abbildet.[533]

Die **Ausschreibungspflicht** bezieht der BGH nunmehr **auch** auf **Private**, da es nicht **127b** um die Person des Marktbeherrschers, sondern um die faire Auswahl des Vertragspartners gehe.[534] Eine Verpflichtung zur Transparenz ist auch in Art. 3 Abs. 1 lit. c P2B-VO[535] vorgesehen. Danach haben Online-Vermittlungsdienste in ihren AGB Gründe für eine mögliche Beendigung der Nutzungmöglichkeit ihres Dienstes anzugeben. Diese **Wertungen der P2B-Verordnung** sind in ihrem Anwendungsbereich auch im Rahmen der kartellrechtlichen Beurteilung zu berücksichtigen. Die P2B-VO lässt aber eine über bloße Transparenzanforderungen hinausgehende Anwendung des nationalen Kartellrechts gem. Art. 1 Abs. 4 S. 1 P2B-VO unberührt,[536] zumal eine kartellrechtliche Sanktionierung von Transparenzverstößen marktmächtiger Unternehmen mittelbar zu der gebotenen angemessenen und wirksamen Durchsetzung der Regelungen der P2B-VO (vgl. ErwGr 46 S. 1) beiträgt.

Inwieweit bei der **Beendigung einer Geschäftsbeziehung** die Pflicht besteht, die für **127c** die Entscheidung relevanten Gründe anzugeben, ist im Einzelnen noch nicht abschließend geklärt.[537] Grundsätzlich ist für die Beendigung einer Geschäftsbeziehung zwar keine Begründung erforderlich, etwas anderes gilt jedoch bei besonderer Schutzbedürftigkeit des anderen Teils. So sieht **Art. 4 Abs. 2, Abs. 5 Unterabs. 1 P2B-VO** vor, dass der Anbieter von Online-Vermittlungsdiensten einer **Begründungspflicht** unterliegt. Danach hat er die konkreten Tatsachen oder Umstände und die für die Entscheidung zur Beendigung der Geschäftsbeziehng maßgeblichen Gründe anzugeben. Bloß formelhafte, nichtssagende Textbausteine genügen dabei nicht. Zudem muss sich die Begründung auf die gem. Art. 3 Abs. 1 lit. c P2B-VO in den AGB anzugebenden Beendigungsgründe beziehen. Allerdings ist fraglich, inwieweit dies auch im Rahmen der kartellrechtlichen Missbrauchsprüfung zu berücksichtigen ist.[538] Eine **Ausnahme** von der Begründungspflicht

NZKart 2023, 43 Rn. 41 ff. – Gaskonzession. Zu den Voraussetzungen für eine Ausnahme von der Ausschreibungspflicht im Hinblick auf sog. Inhouse-Vergaben s. OLG Naumburg 3.6.2022 – 7 U 6/22 Kart, WuW 2023, 53 Rn. 52 ff. – Wasserkonzession.

[532] BGH 12.10.2021 – EnZR 43/20, NZKart 2022, 80 Rn. 34 ff. – Stadt Bargteheide; BGH 28.1.2020 – EnZR 99/18, NZKart 2020, 318 – Rn. 32 ff. – Gasnetz Leipzig.

[533] OLG Karlsruhe 13.7.2022 – 6 U 53/21, WuW 2023, 48 Rn. 29 ff. – Preisgünstigkeit.

[534] BGH 8.12.2020 – KZR 124/18, NZKart 2021, 302 Rn. 14, 16 – Konkurrenz für Schilderpräger II, danach ist jedoch kein förmliches, die Vorschriften des Vergaberechts beachtendes Ausschreibungsverfahren durchzuführen. Im Übrigen kann sich der marktbeherrschende Vermieter nicht darauf berufen, dass er einem in dem Gebäude bereits tätigen Schilderpräger einen vertragsimmanenten Konkurrenzschutz schulde; dem stehe „die berechtigte Verkehrserwartung der Besucher einer Kfz-Zulassungsstelle" entgegen, „dass sich in dem Gebäude oder in unmittelbarer räumlicher Nähe Ladenlokale von Schilderprägern befinden, bei denen sie im Anschluss an die behördlich erteilte Zulassung zügig die erforderlichen Kfz-Kennzeichen erwerben können" (Ls. 3 und Rn. 37).

[535] VO (EU) 2019/1150 über Fairness und Transparenz für gewerbliche Nutzer von Online-Vermittlungsdiensten.

[536] Schulte-Nölke in Busch P2B-VO Art. 1 Rn. 42; vgl. auch die weitere Klarstellung in Art. 10 Abs. 2 P2B-VO in Bezug auf Meistbegünstigungsklauseln.

[537] Siehe LG München I 12.5.2021 – 37 O 32/21, BeckRS 2021, 10613 Rn. 73 ff.

[538] So LG Hannover 22.7.2021 – 25 O 221/21, WuW 2021, 602 – Sperrung Händlerkonto; LG München I 12.5.2021 – 37 O 32/21, BeckRS 2021, 10613; Alexander WRP 2021, 1375 (1380) hält dies im Einzelfall für denkbar; wohl auch Goldmann in Harte-Bavendamm/Henning-Bodewig UWG § 8a Rn. 9; Kohser/Jahn GRUR-Prax 2020, 273 (275); wohl aA Köhler in Köhler/Bornkamm/Feddersen, 39. Auflage 2021, UWG § 8a Rn. 2; für eine am Zweck ausgerichtete Betrachtung im Einzelfall Louven K&R 2021, 685 (688). Wohl eher im Rahmen von Abs. 1 berücksichtigen die P2B-VO Polley/Pesch/Tönnies WuW 2019, 494 (500).

nach Art. 4 Abs. 2, Abs. 5 Unterabs. 1 P2B-VO besteht gem. Unterabs. 2, wenn den Anbieter der Online-Vermittlungsdienste ein gesetzliches oder behördliches Offenlegungsverbot trifft oder wenn es sich um einen Wiederholungsfall handelt.[539] Denn sofern der Nutzer bereits in einem ähnlich gelagerten Sachverhalt einen Verstoß gegen die Nutzungsbedingungen begangen hat, erscheint er weniger schutzwürdig und verfügt regelmäßig bereits über die relevanten Informationen.[540] Allerdings ist genau zu prüfen, ob es sich tatsächlich um einen Wiederholungsfall handelt oder ein anders gelagerter Sachverhalt gegeben ist. In diesem Fall, wenn etwa gegen eine andere AGB-Bestimmung verstoßen wird, ist keine Erleichterung bei der Begründungspflicht angezeigt.[541] Zudem setzt der Verzicht auf konkrete Angaben beim zweiten Verstoß eine Prüfung der Rechtmäßigkeit der Begründung beim ersten Verstoß voraus.[542] Schließlich müssen die AGB ihrerseits kartellrechtlichen und allgemeinen Maßstäben genügen.[543] Inwieweit zeitliche Grenzen für einen wiederholten Verstoß zu ziehen sind, wird in der künftigen Entscheidungspraxis noch zu klären sein.

**127d**    Eine den Vorgaben der P2B-VO entsprechende Begründungspflicht bei einer Beendigung der Geschäftsbeziehung sollte bei marktbeherrschenden Unternehmen generell und **unabhängig** davon anerkannt werden, ob das fragliche Unternehmen in den Anwendungsbereich der P2B-VO fällt.[544] Sie lässt sich zwanglos aus der Rücksichtnahmepflicht und besonderen Verantwortung des marktbeherrschenden Unternehmens ableiten.[545] Letztlich handelt es sich bei Begründungspflicht und Transparenzgebot um zwei Seite derselben Medaille. Dabei darf diese Begründungspflicht nicht mit der Darlegungs- und Beweislast für das Vorliegen einer sachlichen Rechtfertigung verwechselt werden.[546] Diese trifft das Unternehmen ggf. erst im Prozess, die Begründungspflicht greift dagegen schon bei der Beendigung der Vertragsbeziehung. Da hierdurch dem betroffenen Nutzer eine Einschätzung der sachlichen Berechtigung der Maßnahme und möglicher Erfolgsaussichten eines gerichtlichen Rechtsschutzes erleichtert,[547] können unnötige gerichtliche Auseinandersetzungen vermieden werden, was letztlich auch dem Marktbeherrscher zugutekommt und ihn nicht unverhältnismäßig belastet. Gleiches gilt auch dann, wenn eine Geschäftsbeziehung erst gar nicht aufgenommen wird.

**128**    Die Liefersperre **greift idR stärker in die Interessen der davon betroffenen Unternehmen ein** als die ungleiche Behandlung im Rahmen bestehender Geschäftsbeziehungen.[548] Denn häufig ist für Unternehmen der Zugang zum Markt nur nach Belieferung durch andere Unternehmen möglich, weil sie die dazu notwendigen Waren oder Leistungen aus wirtschaftlichen oder technischen Gründen nicht selbst herstellen oder erbringen können. Dies gilt insbes. für Handelsunternehmen, aber auch für Hersteller, soweit sie auf Lieferungen von Rohstoffen, Halbfabrikaten oder zugelieferten Teilen oder auf den Einsatz von Werbemöglichkeiten, zB die Präsentation ihrer Waren auf Messen und Ausstellungen, angewiesen sind. Zwar kann im Einzelfall auch die ungleiche Behandlung von Abnehmern im Rahmen bestehender Lieferbeziehungen durch ungleiche Preise, Rabatte, Konditionen etc im wirtschaftlichen Ergebnis einer Liefersperre gleichkommen, wenn sie für die ungünstiger behandelten Geschäftspartner die Fortsetzung der Geschäftsbeziehungen

---

[539] Siehe auch ErwGr 22 P2B-VO.

[540] LG München I 12.5.2021 – 37 O 32/21, BeckRS 2021, 10613 Rn. 86.

[541] So auch LG München I 12.5.2021 – 37 O 32/21, BeckRS 2021, 10613 Rn. 86.

[542] LG München I 12.5.2021 – 37 O 32/21, BeckRS 2021, 10613 Rn. 86 a. E.

[543] Louven K&R 2021, 685 (688).

[544] Daher für eine generelle Begründungspflicht bei Verkäuferkonto-Sperren Louven K&R 2021, 685 (688); wohl auch LG Mühlhausen, 29.6.2020 – HK O 26/20 (juris); unklar LG München I 12.5.2021 – 37 O 32/21, BeckRS 2021, 10613 Rn. 73, 76; siehe ferner vor Inkrafttreten der P2B-VO BKartA, Fallbericht vom 17.7.2019 – B2-88/18, BeckRS 2019, 20389 Rn. 5.

[545] So Louven K&R 2021, 685 (688 f.).

[546] Dazu Bechtold/Bosch Rn. 44.

[547] Vgl. ErwGr 22 P2B-VO.

[548] Vgl. BGH 9.11.1967 – KZR 7/66, BGHZ 49, 90 (99) = WuW/E BGH 886 (992) – Jägermeister.

wirtschaftlich sinnlos macht (auch → § 21 Rn. 21). Fälle von ungleicher Behandlung dieser Art sind jedoch in der Praxis weitaus seltener. Schon allein dadurch, dass die Liefersperre im Verhältnis zur ungleichen Behandlung im Rahmen bestehender Lieferbeziehungen die Individualinteressen der betroffenen Unternehmen tendenziell stärker beeinträchtigt, wird hier der **Gestaltungsspielraum der Normadressaten durch die Interessenabwägung entsprechend stärker eingeschränkt.** Diese Einschränkung ergibt sich aus der besonderen Bedeutung der Freiheit des Marktzugangs für die Verwirklichung des Normzwecks des Abs. 2 Nr. 1 und der auf die Freiheit des Wettbewerbs gerichteten Zielsetzung des GWB (→ Rn. 79, 114). Dafür spricht nicht zuletzt auch, dass die Liefer- und Bezugssperre im GWB durch die Sonderregelung des § 21 Abs. 1 in ihrer Bedeutung besonders herausgehoben ist. Zwar steht auch den Normadressaten des Abs. 2 Nr. 1 im Rahmen der Interessenabwägung die Freiheit der Entscheidung über die Art und Weise des Absatzes der von ihnen hergestellten Waren oder erbrachten Dienstleistungen zu, obwohl von dieser Entscheidung im Einzelfall gravierende Auswirkungen auf den Marktzugang und die Betätigungsmöglichkeiten im Wettbewerb auf den folgenden Marktstufen ausgehen können (→ Rn. 118). Auch unter Berücksichtigung dessen sind jedoch im Übrigen an die Rechtfertigung von Liefersperren nach den dafür maßgeblichen Kriterien (→ Rn. 130 ff.) hohe Anforderungen zustellen. Dass die Anwendung des Verbots des Abs. 2 Nr. 1 auf Liefersperren in die Vertragsfreiheit der Normadressaten eingreift und im Einzelfall über § 33 auch zu einem Kontrahierungszwang führen kann (→ Rn. 454), rechtfertigt deshalb keine von vornherein von „äußerster Zurückhaltung" bestimmte, besonders restriktive Gesetzesanwendung.[549] Daran vermag der Wegfall der gesetzlichen Begrenzung des Schutzbereichs des § 20 Abs. 1 auf kleine und mittlere Unternehmen im Rahmen der 10. GWB-Novelle nichts zu ändern.[550] Zu Recht hat sich daher in der bisherigen Anwendungspraxis, insbes. in der Rechtsprechung des BGH,[551] die Forderung nach einer besonders restriktiven Betrachtungsweise nicht durchsetzen können.[552] Der Verstoß einer Liefersperre gegen das Verbot des Abs. 2 Nr. 1 besagt allerdings noch nichts über die im Rahmen der fortzusetzenden oder neu aufzunehmenden Geschäftsbeziehungen anzuwendenden Preise, Rabatte und Konditionen. Insoweit gelten die Maßstäbe für die Beurteilung der Lieferantenpreisdiskriminierung (→ Rn. 153 ff.).

Für die Beurteilung der Billigkeit und sachlichen Rechtfertigung von Liefersperren ist **129** unter dem Aspekt der Marktzugangsbehinderung dem **Stärkegrad der Marktmacht** des in Betracht stehenden Normadressaten bezogen auf die Bezugsmöglichkeiten der betroffenen tatsächlichen und potentiellen Abnehmer besonderes Gewicht beizumessen (auch → Rn. 120). Unternehmen, die als Anbieter einer bestimmten Art von Waren oder gewerblichen Leistungen allgemein oder gegenüber einzelnen Nachfragern über eine so starke Stellung verfügen, dass diese praktisch keine wirtschaftlich sinnvollen Ausweichmöglichkeiten haben, dürfen deshalb die Belieferung nur dann verweigern, wenn dafür besonders schwerwiegende Gründe vorliegen. Insbes. Unternehmen mit einer Monopolstellung sind grundsätzlich zur Belieferung gleichartiger Unternehmen auf der Abnehmerseite verpflichtet.[553] Die Gründe, aus denen die Lieferverweigerung auch bei starker Machtstellung des in Betracht stehenden Normadressaten gerechtfertigt sein kann, beschränken

---

[549] So aber zB BMWi WRP 1976, 673; Stahl MA 1981, 501 f.; Fischötter WuW 1981, 478; Benisch FS Pfeiffer, 1988, 616 ff.
[550] Zur Änderung zB Herrlinger WuW 2021, 325 (326 f.).
[551] Vgl. zB BGH 13.7.2004 – KZR 17/03, WuW/E DE-R 1377 (1379) – Sparberaterin.
[552] Zust. zB Koller S. 112 ff.; Belke S. 338 ff.; im Ergebnis auch Pfeiffer S. 74 ff.
[553] Vgl. zB BGH 3.3.1969 – KVR 6/68, BGHZ 52, 65 = WuW/E BGH 1027 – Sportartikelmesse II; 30.9.1971 – KZR 12/70, WuW/E BGH 1200 = NJW 1972, 486 – Vermittlungsprovision für Flugpassagen; 7.3.1989 – KZR 15/87, BGHZ 107, 373 = WuW/E BGH 2584 – Lotterievertrieb; für die Nachfrageseite entsprechend zB 12.3.1991 – KZR 26/89, WuW/E BGH 2707 = NJW 1991, 2963 – Krankentransportunternehmen II; 21.2.1995 – KVR 10/94, BGHZ 129, 53 = WuW/E BGH 2919 – Importarzneimittel; für Abs. 2 Nr. 1: 30.3.2004 – KZR 1/03, WuW/E DE-R 1283 (1286) – Der Oberhammer; 31.1.2012 – KZR 65/10, WuW/E DE-R 3549 (3554) – Werbeanzeigen.

sich im Wesentlichen auf die unternehmerische Grundentscheidung, den Geschäftsverkehr mit gleichartigen Unternehmen generell nicht zu eröffnen oder nach einer angemessenen Übergangszeit generell zu beenden, auf sachgerechte systematische Begrenzungen der Art oder Zahl der belieferten Abnehmer, die entweder unvermeidlich sind (zB in Knappheitssituationen, → Rn. 144 ff.) oder sich aus anderen Gründen aus der Art der Geschäftstätigkeit des Anbieters und den Erfordernissen und Besonderheiten seiner Ware oder Leistung ergeben, insbes. soweit sie der Erhaltung und Förderung der eigenen Wettbewerbsfähigkeit dienen,[554] und schließlich auf individuelle Gesichtspunkte, die allein durch die besonderen Verhältnisse des Abnehmers bedingt sind, zB dessen fehlende Kreditwürdigkeit oder vertrags- oder wettbewerbswidriges Verhalten (im Einzelnen dazu → Rn. 149 ff.).

130   **(2) Vertriebssysteme.** Die auch den Normadressaten des Abs. 2 Nr. 1 grundsätzlich zustehende Gestaltungsfreiheit hinsichtlich ihres Absatzsystems (→ Rn. 118) gilt vorrangig für die **Grundentscheidung eines Herstellers,** den Absatz seiner Ware oder Leistung entweder durch Einschaltung selbstständiger Handelsunternehmen als Eigenhändler, Kommissionsagenten oder Handelsvertreter oder aber nur über unternehmenseigene Vertriebsstellen (zB Tochtergesellschaften, Verkaufsfilialen, angestellte Verkäufer) zu gestalten. Ein neu auf dem Markt auftretender Warenhersteller, der sich für ein ausschließlich unternehmenseigenes Absatzsystem entscheidet, behindert deshalb die am Vertrieb interessierten Händler nicht unbillig, auch wenn diese von anderen Herstellern der betreffenden Warenart beliefert werden. Ebenso können Hersteller, die bisher ihre Ware über Handelsunternehmen vertrieben haben, zum Direktvertrieb an Endverbraucher übergehen [555] oder zum Vertrieb nur über den Großhandel[556] oder unter genereller Ausschaltung des Großhandels zum Vertrieb nur über Einzelhändler.[557] Dies gilt auch für den Übergang vom Eigenhändlervertrieb zum Vertrieb über Handelsvertreter.[558] Der damit verbundene Abbruch bestehender Lieferbeziehungen ist nur dann unbillig bzw. sachlich ungerechtfertigt, wenn den bisher belieferten Händlern keine **angemessene Umstellungsfrist** gewährt wird.[559] Eine ordentliche Kündigung, die grds. auch ohne besonderen Grund erfolgen kann, reicht hierfür aus.[560] Ein darüber hinausgehender Bestandsschutz für bisher belieferte Händler lässt sich aus Abs. 2 Nr. 1 nicht herleiten.[561]

130a   Mit der Grundentscheidung eines Normadressaten, seine Ware ganz oder teilweise über selbstständige Handelsunternehmen zu vertreiben, ist gleichzeitig die prinzipielle Pflicht zur

---

[554] Vgl. zB BGH 18.9.1978 – KZR 17/77, WuW/E BGH 1530 (1532) = NJW 1979, 107 – Fassbierpflegekette („goodwill" der Ware als Wettbewerbsmittel); ebenso die quantitative Beschränkung der Zahl der Franchisenehmer durch den Franchisegeber mit der Folge der Geschäftsabschlussverweigerung gegenüber anderen Bewerbern: Billing/Lettl WRP 2012, 906 (911).

[555] BGH 10.2.1987 – KZR 6/86, WuW/E BGH 2360 (2366) = NJW 1987, 3197 – Freundschaftswerbung; 31.1.2012 – KZR 65/10, WuW/E DE-R 3549 (3554) – Werbeanzeigen.

[556] BGH 17.3.1998 – KZR 30/96, WuW/E DE-R 134 (136 f.) = NJW-RR 1998, 1730 – Bahnhofsbuchhandel.

[557] KG 20.7.1984 – Kart 20/83, WuW/E OLG 3288 (3290) – Rohrnetzarmaturen; BKartA 21.2.1972 – B 3–464700-OX-112/71, BB 1972, 1422 (1423); zur Zulässigkeit der Verweigerung eines besonderen Großhandelsfunktionsrabatts s. BGH 9.11.1967 – KZR 7/66, WuW/E BGH 886 – Jägermeister.

[558] Kapp DB 1990, 1121 ff.; einschränkend BGH 15.4.1986 – KVR 3/85, BGHZ 97, 317 = WuW/E BGH 2238 (2246) – EH-Partner-Vertrag.

[559] BGH 10.2.1987 – KZR 6/86, WuW/E BGH 2360 (2366) – Freundschaftswerbung; 17.3.1998 – KZR 30/96, WuW/E DE-R 134 (137) – Bahnhofsbuchhandel; 31.1.2012 – KZR 65/10, WuW/E DE-R 3549 (3553) – Werbeanzeigen; 26.1.2016 – KZR 41/14, NZKart 2016, 285 Rn. 31, 33 – Jaguar-Vertragswerkstatt; 23.1.2018 – KZR 48/15, NZKart 2018, 191 Rn. 34 – Jaguar-Vertragswerkstatt II; für die Beendigung einzelner Vertragshändlerverträge: 21.2.1995 – KZR 33/93, WuW/E BGH 2983 (2989) = NJW-RR 1995, 1260 – Kfz-Vertragshändler.

[560] Näher Nothdurft in Bunte Rn. 452 f.

[561] Vgl. zB BGH 23.2.1988 – KZR 20/86, WuW/E BGH 2491 (2495) – Opel-Blitz; 17.3.1998 – KZR 30/96, WuW/E DE-R 134 (137) – Bahnhofsbuchhandel; 26.1.2016 – KZR 41/14, NZKart 2016, 285 Rn. 31 – Jaguar-Vertragswerkstatt. Anders, wenn die Liefersperre zu einer Monopolstellung führt: 31.1.2012 – KZR 65/10, WuW/E DE-R 3549 (3554) – Werbeanzeigen; 6.10.2015 – KZR 87/13, NZKart 2015, 535 Rn. 65 – Porsche-Tuning.

Gleichbehandlung **gleichartiger Unternehmen** in der Belieferungsfrage verbunden.[562] Eine systematische Selektion nach qualitativen oder quantitativen Gesichtspunkten ist deshalb nur bei Vorliegen besonderer rechtfertigender Umstände mit Abs. 2 Nr. 1 vereinbar. Dabei sind an **selektive Vertriebssysteme** nach qualitativen Kriterien, nach denen grundsätzlich alle gleichartigen Unternehmen bei Erfüllung bestimmter objektiver Kriterien beliefert werden, tendenziell weniger strenge Anforderungen zu stellen als an quantitative Selektionssysteme, weil letztere in der Tendenz den Marktzugang für Handelsunternehmen in einem erheblich stärkeren Maße beschränken und damit sowohl die Interessen der betroffenen Unternehmen als auch die auf die Freiheit des Wettbewerbs gerichtete Zielsetzung des GWB stärker beeinträchtigen. Daher sind an die Umstellung eines qualitativen auf ein quantitatives Vertriebssystem höhere Anforderungen zu stellen, da in diesem Fall der Grundsatz der Beendigung unter Einhaltung einer angemessenen Kündigungsfrist „durch die Zielsetzung des Gesetzes begrenzt (wird), keine wettbewerbsbeschränkenden Vereinbarungen zu begünstigen, sofern (…) alle qualitativen Anforderungen" erfüllt sind.[563] Die Grenze zwischen qualitativer und quantitativer Abnehmerselektion ist allerdings fließend; insbes. kann auch ein formal qualitatives Selektionssystem faktisch wie ein quantitatives wirken, zB bei Forderung hoher Mindestumsätze, die nur von wenigen, im Extremfall vielleicht sogar nur von einem Unternehmen erreicht werden können.

**Vertriebsbindungen ohne quantitative Selektion,** nach denen die Belieferung von **131** Handelsunternehmen nur von der Erfüllung bestimmter fachlicher Qualifikationen **(Fachhandelsbindung)** und der Erbringung bestimmter warenbezogener Leistungen wie Kundenberatung, Gerätevorführung, Reparaturservice u. dgl. abhängig ist, sind idR mit Abs. 2 Nr. 1 vereinbar.[564] Die Berufung auf die Nichterfüllung der Voraussetzungen einer derartigen Vertriebsbindung als Rechtfertigungsgrund für die Nichtbelieferung einzelner Abnehmer durch den bindenden Hersteller oder Alleinimporteur setzt jedoch voraus, dass die **Qualifikations- und Leistungsanforderungen** des Binders **sachgerecht und angemessen** sind.[565] Die danach zu bemessenden **Anforderungen** an die Qualifikation des mit dem Vertrieb der betreffenden Ware befassten Verkaufspersonals des Händlers, die Einrichtung und das äußere Erscheinungsbild seines Geschäftsbetriebs sowie an die vom Händler zu erbringenden produktbezogenen Leistungen hängen vor allem von der **Beschaffenheit der jeweiligen Warenart** und den sich hierauf beziehenden **Verbrauchererwartungen** ab.[566] Deshalb ist bei technisch nicht völlig einfachen Produkten wie Geräten der Unterhaltungselektronik, des Flugzeugmodellbaus und des Spielwarensektors die an die

[562] BGH 24.9.2002 – KZR 38/99, WuW/E DE-R 1051 (1053) – Vorleistungspflicht.
[563] BGH 26.1.2016 – KZR 41/14, NZKart 2016, 285 Rn. 33 – Jaguar-Vertragswerkstatt; vgl. zudem 23.1.2018 – KZR 48/15, NZKart 2018, 191 Rn. 36 – Jaguar -Vertragswerkstatt II.
[564] StRspr des BGH, zB BGH 16.12.1986 – KZR 25/85, WuW/E BGH 2351 (2357) – Belieferungsunwürdige Verkaufsstätten II; 3.5.1988 – KVZ 1–3/87, WuW/E BGH 2513 (2514) – Sportartikel-Fachgeschäft; 25.10.1988 – KVR 1/87, WuW/E BGH 2535 (2540) – Lüsterbehangsteine; OLG Frankfurt a. M. 9.9.1997 – 11 U (Kart) 58/69, WuW/E DE-R 73 (76) – Guerlain; Bechtold NJW 2003, 3729 ff. Für die Vereinbarkeit sachgerecht ausgestalteter und diskriminierungsfrei angewendeter Fachhandelsbindungen mit Abs. 2 Nr. 1 spricht auch die vergleichbare Rechtslage nach Art. 101 AEUV, s. zB EuGH 25.10.1983 – Rs 107/82, Slg. 1983, 3151 (3203 ff.) = WuW/E EWG/MUV 600 (606 f.) – AEG-Telefunken; BGH 12.5.1998 – KZR 23/69, WuW/E DE-R 206 (207 f.) = NJW-RR 1999, 189 – Depot-Kosmetik; KOMM, Leitlinien für vertikale Beschränkungen, Rn. 184 ff.; → Art. 101 Abs. 3 Rn. 537.
[565] Zur Bedeutung der Lückenlosigkeit für die lauterkeitsrechtliche Durchsetzbarkeit von Vertriebsbindungssystemen gegen Außenseiter: BGH 15.7.1999 – I ZR 130/96, WuW/E DE-R 361 = NJWE-WettbR 1999, 217 – Außenseiteranspruch; 1.12.1999 – I ZR 130/96, WuW/E DE-R 493 – Außenseiteranspruch II; Lubberger WRP 2000, 139 ff.; zu den Anforderungen an die Lückenlosigkeit von Vertriebsbindungssystemen insbes. im Hinblick auf die Möglichkeit bindungsfreier Importe zB BGH 22.6.1989 – I ZR 126/87, WuW/E BGH 2653 = NJW-RR 1989, 1383 – Schweizer Außenseiter; OLG Frankfurt a. M. 9.9.1997 – 11 U (Kart) 58/96, WuW/E DE-R 73 (76) – Guerlain; Wolter/Lubberger GRUR 1999, 17 ff.; zur Relevanz für die Beurteilung nach Art. 101 AEUV: EuGH 5.6.1997 – C-41/96, Slg. 1997, I-3123 = WuW/E EWG/MUV 1049 – VAG Händlerbeirat/SYD-Consult; Fezer GRUR 1999, 99 ff.
[566] Vgl. zB BGH 16.12.1986 – KZR 25/85, WuW/E BGH 2351 (2357 f.) – Belieferungsunwürdige Verkaufsstätten II; 3.5.1988 – KVZ 1–3/87, WuW/E BGH 2513 (2514) – Sportartikel-Fachgeschäft.

Belieferungsfähigkeit eines Händlers gestellte Bedingung, dass der Händler in der Lage sein muss, seine Kunden durch fachlich geschultes Personal zu **beraten,** die **Geräte vorzuführen** und **Reparaturen** innerhalb und außerhalb der Garantiezeit zu übernehmen, in aller Regel mit Abs. 2 Nr. 1 vereinbar.[567] Das äußere **Erscheinungsbild der Verkaufsräume** des Händlers ist demgegenüber als Rechtfertigung für den Ausschluss von der Belieferung tendenziell weniger geeignet und kann in aller Regel hierfür nur in Betracht kommen, wenn es die Erfüllung der vom Händler zu erbringenden Fachhandelsleistungen, zB die Möglichkeit der Gerätevorführung, oder das Image der Ware beim Kunden in gravierender Weise beeinträchtigt.[568] Da die Anforderungen der Vertriebsbindung häufig nur sehr allgemein gefasst sind, kann erst die durch Quervergleiche festgestellte generelle Durchsetzungspraxis des Herstellers näheren Aufschluss über ihre tatsächliche Bedeutung geben, insbes. ob der Einwand des Herstellers, dass ein Newcomer im Gegensatz zu den bereits belieferten Abnehmern einzelne Anforderungen der Vertriebsbindung nicht erfülle, berechtigt ist.[569] In einer im Übrigen zulässigen Vertriebsbindung darf auch eine **Sortimentsführungspflicht** des Händlers enthalten sein, sofern die davon erfassten Waren des Herstellers in einem engen sachlichen Zusammenhang stehen und es zur Erfüllung ausreicht, wenn der Händler die weniger gängigen Artikel des Sortiments auf Bestellung des Kunden zu beschaffen bereit ist.[570] Dagegen ist es in aller Regel nicht gerechtfertigt, die Belieferung vom Führen von Waren anderer Hersteller abhängig zu machen, insbes. wenn diese die Belieferung ebenfalls verweigern.[571]

**132**    Für die Belieferung im Rahmen einer Vertriebsbindung ist idR erforderlich, dass deren **sachliche und personelle Voraussetzungen bei dem jeweiligen Händler tatsächlich vorliegen;** die bloße Bereitschaft des Händlers zur Übernahme einer entsprechenden vertraglichen Verpflichtung reicht dazu allein noch nicht aus.[572] Etwas anderes gilt insbes., wenn der Händler erst durch die Belieferung in die Lage versetzt wird, die Anforderungen des Vertriebssystems des Herstellers zu erfüllen, zB einen geforderten Mindestumsatz mit dessen Ware zu erreichen.[573] Erfordert die Erfüllung der sachlichen und personellen Voraussetzungen der Vertriebsbindung des Herstellers beim Händler Aufwendungen in einem nicht nur unerheblichen Umfang und begehrt der Händler lediglich die Feststellung des Bestehens einer Belieferungspflicht im Rahmen der Vertriebsbindung, ist es zur Vermeidung eines unverhältnismäßigen Investitionsrisikos des Händlers ebenfalls sachgerecht, von dem Erfordernis einer vollen Vorleistung des Händlers abzusehen, zumal hier der

---

[567] BGH 24.3.1981 – KZR 2/80, WuW/E BGH 1793 (1797 f.) – SB-Verbrauchermarkt; 30.6.1981 – KZR 11/80, WuW/E BGH 1814 (1820) = NJW 1981, 2357 – Allkauf-Saba; 8.3.1983 – KZR 1/82, WuW/E BGH 1995 (1997 ff.) – Modellbauartikel III; KG 4.2.1985 – Kart 2/84, WuW/E OLG 3501 (3503 ff.) – Märklin; OLG Düsseldorf 13.1.1981 – U (Kart) 27/80, WuW/E OLG 2390 (2392) – Nordmende III; Kolthoff WuW 1985, 857 ff.

[568] BGH 24.3.1981 – KZR 2/80, WuW/E BGH 1793 (1797 f.) – SB-Verbrauchermarkt; 30.6.1981 – KZR 11/80, WuW/E BGH 1814 (1819 ff.) – Allkauf-Saba; 16.6.1981 – KVZ 3/80, WuW/E BGH 1667 (1671) = NJW 1981, 2460 – Levi's Jeans; KG 16.3.1984 – Kart a 10/83, WuW/E OLG 3169 (3171) – Nordmende; OLG Düsseldorf 9.11.1982 – U (Kart) 21/81, WuW/E OLG 2907 (2908) – Primus.

[569] BGH 23.4.1985 – KRB 8/84, WuW/E BGH 2145 (2146) – Nordmende; 16.12.1986 – KZR 25/85, WuW/E BGH 2351 (2357) – Belieferungsunwürdige Verkaufsstätten II; OLG Düsseldorf 25.5.1982 – U (Kart) 27/81, WuW/E OLG 2732 (2734) – Elektrowerkzeuge.

[570] BGH 30.6.1981 – KZR 11/80, WuW/E BGH 1814 (1819) – Allkauf-Saba; OLG Stuttgart 13.2.1982 – 2 U (Kart) 108/81, WuW/E OLG 2729 (2731) – Keramik-Masse; aA für den Fall einer Sortimentsabnahmepflicht OLG Celle 31.7.1985 – 13 U (Kart) 111/85, WuW/E OLG 3661 f. – Seekarten.

[571] Problematisch deshalb OLG Düsseldorf 7.7.1985 – U (Kart) 28/80, WuW/E OLG 2500 (2503) – Stendhal Cosmetic, soweit das Fehlen eines aus bekannten Marken bestehenden „Mitbewerberumfelds" im Sortiment des Händlers als Rechtfertigung anerkannt wurde, dessen Belieferung zu verweigern.

[572] BGH 30.6.1981 – KZR 11/80, WuW/E BGH 1814 (1820) – Allkauf-Saba; 3.5.1988 – KVZ 1–3/87, WuW/E BGH 2513 (2514) – Sportartikel-Fachgeschäft; OLG Düsseldorf 9.11.1982 – U (Kart) 21/81, WuW/E OLG 2907 (2908) – Primus; anders, wenn der Händlervertrag eine Klausel enthält, die für die Erfüllung der qualitativen Kriterien nach Vertragsschluss eine Frist einräumt, vgl. OLG München 17.9.2015 – U 3886/14 Kart, WuW/E DE-R 4910 (4916 f.) – Markenkoffer.

[573] BGH 30.6.1981 – KZR 11/80, WuW/E BGH 1814 (1820) – Allkauf-Saba.

Hersteller berechtigt bleibt, die Fortsetzung der Belieferung davon abhängig zu machen, dass der Händler inzwischen die Voraussetzungen der Vertriebsbindung tatsächlich erfüllt.[574] Soweit der Hersteller nach Abs. 2 Nr. 1 generell berechtigt ist, die Belieferung von der Erfüllung der Voraussetzungen seiner Vertriebsbindung abhängig zu machen, müssen diese **Voraussetzungen für jede einzelne Verkaufsstätte des zu beliefernden Händlers erfüllt sein,** es sei denn, dieser stellt durch geeignete organisatorische Maßnahmen sicher, dass die gelieferte vertriebsgebundene Ware in anderen von ihm betriebenen Verkaufsstätten, die die Vertriebsbindungsvoraussetzungen nicht erfüllen, nicht vertrieben wird.[575] Bei Selbstbedienungsgroßhändlern, soweit sie als Großhändler die Voraussetzungen der Vertriebsbindung erfüllen, ist hinsichtlich des Weiterverkaufs zu privaten Konsumzwecken die nach der Rechtsprechung zum UWG maßgebliche Toleranzschwelle zu berücksichtigen.[576] Soweit die Belieferung von der Erfüllung der Voraussetzungen der Vertriebsbindung abhängig gemacht werden darf, ist auch die Verpflichtung, die gelieferte Ware nur an Händler weiterzuliefern, die ihrerseits diese Voraussetzungen erfüllen, mit Abs. 2 Nr. 1 vereinbar.[577]

Durch die Ausgestaltung der Vertriebsbindung darf die **Belieferung bestimmter Han-** **133** **delsformen** nicht a priori ohne zwingenden Grund ausgeschlossen werden, zB durch Beschränkung der Vertriebsbindungsfähigkeit auf spezialisierte Fachhandelsunternehmen, die ganz oder überwiegend nur Waren der betreffenden Art vertreiben, wodurch „Mischunternehmen" mit Fachabteilung auch bei Erfüllung aller übrigen Voraussetzungen der Vertriebsbindung von der Belieferung generell ausgeschlossen werden.[578] Aus dem gleichen Grund ist auch die Forderung, dass der Händler die Ware in eigenen Schaufenstern ausstellt, in aller Regel mit Abs. 2 Nr. 1 nicht vereinbar, soweit in den Verkaufsräumen eine angemessene Warenpräsentation gewährleistet ist.[579]

Bei **hoher Beratungsbedürftigkeit** des Produkts kann jedoch die Beschränkung des **134** Vertriebs auf stationäre Einzelhändler, dh ein genereller Ausschluss des Vertriebs über **Versand- und Internethändler,** sachlich gerechtfertigt sein.[580] Gleiches gilt im Hinblick auf die Vereinbarkeit mit Art. 101 AEUV auch für den Vertrieb hochwertiger Luxusparfums.[581] Wegen besonders hoher Beratungsbedürftigkeit kann ausnahmsweise auch die

---

[574] OLG Düsseldorf 4.12.1979 – U (Kart) 10/79, WuW/E OLG 2167 (2170) – Nordmende.
[575] BGH 30.6.1981 – KZR 11/80, WuW/E BGH 1814 (1820) – Allkauf-Saba; 16.12.1986 – KZR 25/85, WuW/E BGH 2351 (2357 ff.) – Belieferungsunwürdige Verkaufsstätten II.
[576] Dazu im Zusammenhang mit der Gleichartigkeit: → Rn. 94; zur Toleranzschwelle im Falle gemischter stationärer und Versand-Fachhandelsunternehmen: BGH 24.9.1979 – KZR 16/78, WuW/E BGH 1671 (1678) – robbe-Modellsport.
[577] BGH 30.6.1981 – KZR 19/80, WuW/E BGH 1885 (1888) – adidas; 16.12.1986 – KZR 25/85, WuW/E BGH 2351 (2357) – Belieferungsunwürdige Verkaufsstätten II.
[578] BGH 24.3.1981 – KZR 2/80, WuW/E BGH 1793 (1796 ff.) – SB-Verbrauchermarkt; 23.4.1985 – KRB 8/84, WuW/E BGH 2145 (2146) – Nordmende; 16.12.1986 – KZR 25/85, WuW/E BGH 2351 (2357) – Belieferungsunwürdige Verkaufsstätten II.
[579] BGH 24.3.1981 – KZR 2/80, WuW/E BGH 1793 (1798) – SB-Verbrauchermarkt; OLG Stuttgart 5.12.1997 – 2 U 102/96, WRP 1998, 434 (442 f.).
[580] So für Flugzeugmodellbauartikel: BGH 8.3.1983 – KZR 1/82, WuW/E BGH 1995 (1997 ff.) – Modellbauartikel III; für Dentalartikel: OLG Stuttgart 10.10.1986 – 2 U 270/85, WuW/E OLG 3899 (3900) – Dental-Versand; anders für Spielzeugeisenbahnen: KG 4.2.1985 – Kart 2/84, WuW/E OLG 3501 (3503 ff.) – Märklin; OLG Hamburg 10.3.1988 – 3 U 33/87, WuW/E OLG 4195 (4197 ff.) – Märklin. Nach Abs. 2 Nr. 1 nicht gerechtfertigt sind auch generelle Sperren für den Vertrieb von Sportartikeln und Schulranzen über Internetplattformen wie Amazon und eBay, vgl. dazu die folgende Fn.
[581] BGH 12.5.1998 – KZR 23/96, WuW/E DE-R 206 (210) – Depotkosmetik 4.11.2003 – KZR 2/02, WuW/E DE-R 1203 (1204 f.) = MMR 2004, 536 – Depotkosmetik im Internet mkritAnm v. Jaeger. Fragwürdig erscheint allerdings die vom BGH in der letztgenannten Entscheidung vorgenommene Unterscheidung zwischen reinen Internethändlern und solchen, die neben ihrem stationären Handel auch über das Internet vertreiben. Krit. dazu das vom BGH aufgehobene Urteil des OLG München 6.12.2001 – U (K) 3338/01, GRUR-RR 2002, 207; Jaeger MMR 2004, 537 ff.; Becker/Pfeiffer ZWeR 2004, 268 (278 ff.); zust. Bauer WRP 2003, 243 ff.; Trube WRP 2004, 861 ff. Zur Rechtslage nach Art. 101 AEUV: EuGH 13.10.2011 – C-439/09, WuW/E EU-R 2163 (2167 ff.) – Pierre Fabre Dermo-Cosmetique SAS; Velte EuZW 2012, 19 ff.; Dethof ZWeR 2012, 503 ff.; KOMM, Leitlinien für vertikale Beschränkungen, Rn. 51. Mit dieser Vorschrift unvereinbar und deshalb auch nach § 19 Abs. 2 Nr. 1 GWB ungerechtfertigt sind auch

Beschränkung des Vertriebs des Produkts auf Bedienungshändler unter Ausschluss reiner Selbstbedienungshändler ohne Fachabteilung mit Bedienungsmöglichkeit gerechtfertigt sein.

135    Die dauerhafte Aufnahme der Belieferung neuer Abnehmer kann im Einzelfall vom erfolgreichen Abschluss einer angemessenen „**Probezeit**" abhängig gemacht werden, um danach feststellen zu können, ob die Qualifikationsvoraussetzungen tatsächlich erfüllt werden.[582] Dabei ist jedoch den besonderen Anlaufproblemen der Newcomer Rechnung zu tragen.[583] Insbes. dürfen keine zu strengen Anforderungen an die in der Anfangszeit erzielten Mindestumsätze oder sonstige, den Marktzugang unverhältnismäßig erschwerende Bedingungen gestellt werden.[584] Zulässig ist jedoch auch im Rahmen eines probeweisen Belieferungsverhältnisses die Bedingung der Übernahme einer Sortimentsführungspflicht durch den Händler (→ Rn. 131). Gegen **angemessene Mindestabnahmemengen oder -umsätze**, soweit dadurch erhebliche zusätzliche Kostenbelastungen des Herstellers vermieden werden, bestehen keine grundsätzlichen Bedenken.[585] Bei erheblicher Beeinträchtigung der Interessen dadurch betroffener Händler kann jedoch ein Preisaufschlag für Mindermengen oder -umsätze im Einzelfall das verhältnismäßigere („mildere") Mittel sein.

136    An Vertriebssysteme mit **quantitativer Abnehmerselektion,** insbes. soweit dadurch die Zahl der belieferten im Vergleich zur Gesamtheit der für die Belieferung in Betracht kommenden Händler stark eingeschränkt wird,[586] sind im Hinblick auf die hier besonders starke Marktverschließungswirkung für Außenseiter tendenziell höhere Rechtfertigungs-

---

vertragliche Verbote des Vertriebs von Sportartikeln, Schulranzen und vergleichbaren Produkten über Internetplattformen, LG Kiel 8.11.2013 – 14044/13. Kart, WRP 2014, 252; KG 19.9.2013 – 242 U 8/09 Kart, WuW/E DE-R 4019 – Schulranzen und -rucksäcke (Verstoß gegen §§ 1, 21 Abs. 2 GWB und Art. 101 AEUV, wenn vom Hersteller gleichzeitig der Vertrieb über Discounter zugelassen wird); BKartA 27.6.2014 – B3–137/12, FB v. 19.8.2014 (Verstoß gegen Art. 101 AEUV und § 1 GWB); bzgl. Preisvergleichsdiensten OLG Düsseldorf 5.4.2017 – VI-Kart 13/15 (V), NZKart 2017, 316 (319) – Preisvergleichsmaschinenverbot (Verstoß gegen Art. 101 AEUV und § 1 GWB); Lohse WuW 2014, 120 ff.; Franck WuW 2010, 772 ff.; anders OLG München 2.7.2009 – U (K) 4842/08, WuW/E DE-R 2698 – Internetauktionsplattformen; OLG Karlsruhe 25.11.2009 – 6 U 47/08 Kart, WuW/E DE-R 2789 – Schulranzen; OLG Frankfurt a. M. 22.12.2015 – 11 U 84/14, WuW 2016, 138 (139) – Funktionsrucksäcke („dem Hersteller wird damit in der Wahrnehmung des durchschnittlichen Verbrauchers ein Händler „untergeschoben", mit dem der Hersteller keine Vertragsbeziehung unterhält (...). Ob sie einen etwaigen „Goodwill" von Amazon nützen will, (...) muss ihr selbst überlassen bleiben.) – anders Würdigung eines Verbotes der Nutzung von Preissuchmaschinen, S. 140; Pichler/Hertfelder NZKart 2014, 47 ff.; das OLG Frankfurt a. M. 19.4.2016 – 11 U 96/14 (Kart), WuW 2016, 314 – Depotkosmetik II, hat dem EuGH bzgl. der Auslegung von Art. 101 AEUV und Art. 4 lit. b und c Vertikal-GVO Fragen zur Vorabentscheidung vorgelegt. Im Besonderen ging es dabei um die Reichweite der Entscheidung des EuGH in der Rechtssache Pierre Fabre (13.10.2011 – C-439/09, GRUR 2012, 844) und die Frage, ob das „Luxusimage" von Waren ein Drittplattformverbot rechtfertigen kann. Generalanwalt Wahl hat in den entsprechenden Schlussanträgen v. 26.7.2017, BeckRS 2017, 118603 (Rn. 94 ff.) bereits vermittelt, dass er auch Drittplattformverbote als rechtfertigungsfähig erachtet. Der EuGH ist dem in seinem Urteil v. 6.12.2017 – C-230/16, NZKart 2018, 36 Rn. 44 ff. – Coty, gefolgt (vgl. hierzu auch → Art. 101 Rn. 575 ff.).

[582] BGH 30.9.1971 – KZR 12/70, WuW/E BGH 1200 (1203) = NJW 1972, 486 – Vermittlungsprovision für Flugpassagen.

[583] So auch für Newcomer ohne förmliche Probezeit: OLG Düsseldorf 4.12.1979 – U (Kart) 10/79, WuW/E OLG 2167 (2170) – Nordmende; einschränkend BGH 30.6.1981 – KZR 11/80, WuW/E BGH 1814 (1820 f.) – Allkauf-Saba.

[584] BGH 30.9.1971 – KZR 12/70, WuW/E BGH 1200 (1203 f.) – Vermittlungsprovision für Flugpassagen; 13.3.1979 – KZR 25/77, WuW/E BGH 1646 (1647) – Vermittlungsprovision für Flugpassagen II; TB 1979/80, 103.

[585] BGH 13.3.1979 – KZR 25/77, WuW/E BGH 1646 (1647) – Vermittlungsprovision für Flugpassagen II; indiziert in 26.1.2016 – KZR 41/14, NZKart 2016, 285 Rn. 33 – Jaguar-Vertragswerkstatt; OLG Stuttgart 10.12.1987 – 2 U 51/87, WuW/E OLG 4214 (4216) – City-Reisebüro; OLG Hamburg 17.11.1983 – 3 U 62/83, WuW/E OLG 3163 (3167) – Seekartenvertrieb.

[586] Der Extremfall ist ein System von für alle Anbieter tätigen regionalen Gebietshändlern wie im Bereich des deutschen Großhandels mit Presseerzeugnissen, vgl. BGH 10.10.1978 – KZR 10/77, WuW/E BGH 1527 – Zeitschriften-Grossisten: Hahn AfP 1992, 116 ff.; Aschfeld, Presse-Grosso und Europarecht, 1999; zur Beurteilung nach Art. 101 AEUV und § 1 GWB: OLG Düsseldorf 26.2.2014 – VI-U (Kart) 7/12, NZKart 2014, 154 LG Köln 14.2.2012 – 880 (Kart) 17/11, WuW/E DE-R 3532 – Presse-Grosso.

anforderungen zu stellen.[587] Die Billigkeit oder sachliche Rechtfertigung des mit derartigen Systemen verbundenen Ausschlusses der Belieferung anderer gleichartiger Händler, welche die gleichen qualitativen Voraussetzungen erfüllen, kann im Lichte der auf die Freiheit des Wettbewerbs gerichteten Zielsetzung des GWB nur dann bejaht werden, wenn auf dem betreffenden Markt ein Alleinhändlersystem oder eine vergleichbare Konzentration des Absatzes auf wenige Schwerpunkthändler in einem Gebiet ein wichtiges Wettbewerbsmittel der Hersteller untereinander ist[588] oder wenn aus zwingenden anderen Gründen keine wirtschaftlich sinnvolle Alternative zu einem solchen Vertriebssystem besteht.[589] Wenn lediglich gewichtige Kostengründe für eine Beschränkung des Vertriebs auf wenige ausgewählte Händler sprechen, ist eine absolute zahlenmäßige Beschränkung der belieferten Händler schon deswegen in aller Regel unverhältnismäßig, weil sich dieses Ziel auch durch eine angemessene Mindestumsatzgrenze erreichen lässt.[590]

**Konkurrenzklauseln,** nach denen die Belieferung eines Händlers davon abhängig **137** gemacht wird, dass er keine Waren anderer Hersteller führt, die mit denen des bindenden Herstellers im Wettbewerb stehen, wirken sich auf die Marktzugangsmöglichkeiten von Händlern und Reparaturunternehmen ähnlich restriktiv aus wie die quantitative Selektion und sind deshalb in der Tendenz wie diese (→ Rn. 136) zu beurteilen.[591] Bei der Interessenabwägung ist auch zu berücksichtigen, ob der bindende Hersteller selbst Konkurrenzerzeugnisse vertreibt.[592] Auch wenn im Einzelfall die Konkurrenzklausel als solche aus besonderen Gründen mit Abs. 2 Nr. 1 vereinbar ist, kann sich eine unbillige Behinderung

---

[587] KG 21.2.1977 – Kart 151/75, WuW/E OLG 1828 (1832) – Englisch-Wörterbuch; 20.7.1984 – Kart 20/83, WuW/E OLG 3288 (3291) – Rohrnetzarmaturen; OLG Frankfurt a. M. 9.9.1997 – 11 U (Kart) 58/96, WuW/E DE-R 73 (76) – Guerlain; OLG Hamburg 17.11.1983 – 3 U 62/83, WuW/E OLG 3163 (3166) – Seekartenvertrieb; TB 1976, 81 f.; Carlhoff S. 199 f.; Belke S. 263, Loewenheim in Loewenheim/Meessen/Riesenkampff § 19 Rn. 55; undifferenziert dagegen OLG Stuttgart 20.12.1991 – 2 U (Kart) 89/91, WuW/E OLG 5083 (5089 ff.) – Michel-Katalog; zur Beurteilung nach Art. 101 AEUV s. KOMM, Leitlinien für vertikale Beschränkungen, Rn. 184 ff.; → Art. 101 Abs. 3 Rn. 540.

[588] S. dazu für den Kraftfahrzeugvertrieb: EG-VO Nr. 461/2010 v. 27.5.2010 über die Anwendung von Art. 101 Abs. 3 AEUV auf Gruppen von vertikalen Vereinbarungen und abgestimmten Verhaltensweisen im Kraftfahrzeugsektor, ABl. 2010 L 129, 51; KOMM., Ergänzende Leitlinien für vertikale Beschränkungen in Vereinbarungen über den Verkauf und die Instandsetzung von Kraftfahrzeugen und den Vertrieb von Kraftfahrzeugersatzteilen, ABl. 2010 C 138, 16; → Art. 101 Abs. 3 Rn. 481. Zur quantitativen Selektion im Werkstattbereich: BGH 28.6.2005 – KZR 26/04, WuW/E DE-R 1621 (1624) – Quantitative Selektion; vgl. auch 30.3.2011 – KZR 6/09, WuW/E DE-R 3003 (3004 ff.) – MAN-Vertragswerkstätten (kein Anspruch freier Werkstätten auf Zulassung zum Vertragswerkstattnetz von MAN wegen fehlender Marktbeherrschung und relativer Marktmacht iSv § 20 Abs. 1 des Herstellers). Krit. dazu, auch im Hinblick auf das EU-Recht: Niebling WRP 2011, 912 f.; Ensthaler NJW 2011, 2701 ff.; Wegner/Oberhammer WuW 2012, 366 ff.; Klumpp ZWeR 2012, 488 ff.; zuletzt eröffnete der BGH allerdings in zwei Fällen, die den (hochpreisigen) Personenkraftwagenmarkt betrafen, die Möglichkeit eines entsprechenden Zulassungsanspruchs, vgl. BGH 26.1.2016 – KZR 41/14, NZKart 2016, 285 Rn. 24 f. – Jaguar-Vertragswerkstatt u. 23.1.2018 – KZR 48/15, NZKart 2018, 191 Rn. 23, 29 – Jaguar-Vertragswerkstatt II. Der Markt könne markenspezifisch abzugrenzen sein; entscheidend seien die „Ansprüche, Erwartungen und Gepflogenheiten der Fahrzeugeigentümer auf dem Endkundenmarkt".

[589] So für den Pressegroßhandel: BGH 10.10.1978 – KZR 10/77, WuW/E BGH 1527 (1529 f.) – Zeitschriften-Grossisten; OLG Karlsruhe 23.4.1980 – 6 U 226/78, WuW/E OLG 2289 (2290 ff.) – Zeitschriftengrossisten; TB 1976, 35 f.; Roggen, Pressevertrieb und Kartellrecht, S. 200 ff.; Hahn AfP 1992, 118; zur Beurteilung nach EU-Recht: OLG Düsseldorf 26.2.2014 – VI-U (Kart) 7/12, GRUR-RR 2014, 353; LG Köln 14.2.2012 – 880 (Kart) 17/11, WuW/E DE-R 3532 – Presse-Grosso; Ipsen WRP 1988, 1 ff.; Hahn AfP 1992, 122 f. Für die quantitative Selektion von Franchisenehmern: Billing/Lettl WRP 2012, 906 (911); zur Beurteilung von Franchisesystemen nach Art. 101 AEUV: KOMM, Leitlinien für vertikale Beschränkungen, Rn. 189–191.

[590] → Rn. 152; bedenklich daher OLG Karlsruhe 22.5.1977 – 6 U 237/76, WuW/E OLG 1948 (1949 f.) – Sport-Toto.

[591] Vgl. BGH 12.2.1980 – KRB 4/79, WuW/E BGH 1729 (1731) – Ölbrenner; 26.5.1981 – KRB 1/81, WuW/E BGH 1891 (1893 f.) – Ölbrenner II; 21.2.1989 – KZR 3/88, WuW/E BGH 2589 (2591 ff.) – Frankiermaschinen; 8.4.2003 – KZR 49/97, WuW/E DE-R 1099 (1100) – Konkurrenzschutz für Schilderpräger; weniger streng 22.10.1973 – KZR 22/72, WuW/E BGH 1288 (1292) – EDV-Ersatzteile; zur (horizontalen) Behinderungswirkung von Ausschließlichkeitsbindungen für andere Lieferanten → Rn. 195.

[592] BGH 26.5.1981 – KRB 1/81, WuW/E BGH 1891 (1893 f.) – Ölbrenner II; 21.2.1989 – KZR 3/88, WuW/E BGH 2589 (2591 f.) – Frankiermaschinen.

oder sachlich nicht gerechtfertigte ungleiche Behandlung einzelner Händler daraus ergeben, dass ihnen der Hersteller die Gewährung einer Ausnahme von der Konkurrenzklausel verweigert, obwohl er in vergleichbaren anderen Fällen, insbes. gegenüber Konkurrenten des betroffenen Händlers, solche Ausnahmen gewährt hat.[593] Betroffene Händler dürfen jedoch in einem derartigen Fall nicht vertragswidrig eine Zweitvertretung für einen Konkurrenten übernehmen, sondern müssen ihren Anspruch auf Gleichbehandlung nach Abs. 2 Nr. 1 erforderlichenfalls auf dem Rechtswege durchsetzen.[594]

**138**    **Druckmaßnahmen anderer Abnehmer** oder befürchtete **Umsatzeinbußen des Lieferanten** im Geschäftsverkehr mit diesen Abnehmern sind für sich allein in aller Regel nicht geeignet, den Abbruch von Lieferbeziehungen mit einem bereits belieferten Abnehmer oder die Verweigerung der Aufnahme der Belieferung eines Neukunden zu rechtfertigen, wenn diese die vom Lieferanten aufgestellten generellen Belieferungsvoraussetzungen, zB die Anforderungen seiner Vertriebsbindung, erfüllen. Die Drohung anderer Abnehmer, zB von Fachhändlern für den Fall der Aufnahme der Belieferung von SB-Verbrauchermärkten, als Reaktion die eigenen Bezüge bei dem betreffenden Lieferanten einzustellen oder zu verringern oder sich für dessen Ware nicht mehr einzusetzen, kann schon im Hinblick auf die Wertung des § 21 Abs. 1 und den hier besonders evidenten Widerspruch zum Normzweck des § 19 Abs. 2 Nr. 1, einen möglichst freien Marktzugang zu gewährleisten, nur in sehr schwerwiegenden Fällen einer auf andere Weise nicht behebbaren Existenzbedrohung für den Lieferanten als Rechtfertigungsgrund in Betracht kommen.[595] Der BGH hat zwar das Lieferanteninteresse an der Vermeidung von Umsatzeinbußen im Geschäftsverkehr mit anderen Abnehmern, wenn die Gefahr solcher Einbußen hinreichend konkretisiert werden kann und diese zu erheblichen Vermögensnachteilen für den Lieferanten führen würden, ausdrücklich als schützenswert anerkannt.[596] Die nach dem Ansatz des BGH erforderliche Konkretisierung der Gefahr von Umsatzeinbußen beim Absatz an andere Abnehmer, zB durch gezielte Fachhändlerbefragungen wie im Falle Allkauf-Nordmende,[597] führt jedoch unvermeidlich zu einem Konflikt mit grundlegenden Wertungen des GWB und der allgemeinen Rechtsordnung.[598] Eher berücksichtigungsfähig ist hingegen das Interesse des Lieferanten, sich durch die Aufnahme oder Fortsetzung von Lieferbeziehungen mit einem bestimmten Abnehmer nicht seinerseits von diesem abhängig zu machen.[599] Dieses Interesse kann aber in jedem Falle nur eine Begrenzung des Anteils des betreffenden Abnehmers am Gesamtabsatz des Lieferanten rechtfertigen, nicht jedoch eine völlige Liefersperre. Für die Grenzziehung sind die für die nachfragebedingte Abhängigkeit geltenden Quantitätsmerkmale (→ § 20 Rn. 43 ff.) maßgebend. Diese Rechtfertigungsmöglichkeit steht allerdings dem Lieferanten dann nicht mehr offen, wenn er bereits vergleichbare andere Abnehmer mit höheren Anteilen an seinem Gesamtabsatz beliefert.[600]

---

[593] Vgl. BGH 1.7.1976 –, WuW/E BGH 1455 (1457) – BMW-Direkthändler; Ulmer/Schäfer ZIP 1994, 763 ff.; Schiele, Kraftfahrzeugvertrieb, S. 212 ff.

[594] BGH 8.3.1983 – KZR 14/77, WuW/E BGH 1624 – BMW-Direkthändler III; OLG Stuttgart 30.10.1981 – 2 U 87/81, WuW/E OLG 2708 (2709) – japanische Zweitmarke.

[595] TB 1961, 34; Koller S. 156; zur vergleichbaren Beurteilung der sog. Druckkündigung im Arbeitsrecht zB Hennsler in MüKoBGB § 626 Rn. 286 ff.

[596] BGH 30.6.1981 – KZR 19/80, WuW/E BGH 1885 (1888) – adidas; 16.12.1986 – KZR 25/85, WuW/E BGH 2351 (2359) – Belieferungsunwürdige Verkaufsstätten II; enger 23.4.1985 – KRB 8/84, WuW/E BGH 2145 (2146 f.) – Nordmende; ausdr. offengelassen mangels konkreter Anhaltspunkte für die behaupteten Umsatzverluste: 24.3.1981 – KZR 2/80, WuW/E BGH 1793 (1797) – SB-Verbrauchermarkt; mit restriktiver Tendenz zB auch KG 16.3.1984 – Kart a 10/83, WuW/E OLG 3169 (3171) – Nordmende; OLG Düsseldorf 25.5.1982 – U (Kart) 27/81, WuW/E OLG 2732 (2735) – Elektrowerkzeuge; Carlhoff S. 20 f.

[597] Vgl. BGH 23.4.1985 – KRB 8/84, WuW/E BGH 2145; KG 16.3.1984 – Kart a 10/83, WuW/E OLG 3169; OLG Düsseldorf 13.1.1981 – U (Kart) 27/80, WuW/E OLG 2390.

[598] Insbes. relevant sind hier § 1 und § 21 Abs. 1 GWB sowie § 4a UWG (§ 4 Nr. 1 UWG aF).

[599] Vgl. OLG Karlsruhe 12.3.1980 – 6 U 223/77, WuW/E OLG 2217 (2221) – Allkauf-Saba; Pfeiffer S. 93; Carlhoff S. 265 f.; offen gelassen BGH 24.3.1981 – KZR 2/80, WuW/E BGH 1793 (1797) – SB-Verbrauchermarkt.

[600] BGH 24.3.1981 – KZR 2/80, WuW/E BGH 1793 (1797) – SB-Verbrauchermarkt; OLG Düsseldorf 6.5.1980 – U (Kart) 27/80, WuW/E OLG 2225 (2228) – adidas.

Grundsätzlich ungeeignet als Rechtfertigung für Liefersperren ist schließlich auch das Argument des Lieferanten, bei Aufnahme der Belieferung eines Neukunden wären seine bisherigen Abnehmer auf ihrem Angebotsmarkt nicht mehr konkurrenzfähig.[601]

Für marktbeherrschende Unternehmen, die auf einem **mehrseitigen Markt** tätig sind,   **138a** gelten die gleichen Grundsätze. Das hat der BGH jüngst in einem Fall klargestellt, in dem es um die Vermarktung von Hörfunkwerbezeiten an nationale Werbekunden ging. Auch einem solchen **Intermediär** steht es grundsätzlich frei, die Aufnahme in sein Vertriebssystem an die Erfüllung sachlich angemessener Kriterien zu binden, sofern diese einheitlich und diskriminierungsfrei angewendet werden.[602] Bei der Ablehnung der Aufnahme eines Verbunds regionaler und lokaler Sender aus Brandenburg sah der BGH zwar das Kriterium einer Mindesthörerzahl als prinzipiell sachgerecht an, nicht aber das Erfordernis einer landesweiten Rundfunklizenz.[603] Im Übrigen hielt der BGH auch die Feststellungen des Berufungsgerichts zur einheitlichen, nichtdiskriminierenden Anwendung der Aufnahmekriterien für unzureichend.[604]

**(3) Ausstellungs- und Anzeigensperren.** Der Ausschluss gleichartiger Unternehmen   **139** von Messen und Ausstellungen, die für eine Branche repräsentativ sind, ist **in aller Regel unbillig und sachlich ungerechtfertigt.**[605] Das gilt auch, soweit eine Messe oder Ausstellung von einer Unternehmensvereinigung (Fachverband) oder einem von dieser abhängigen Unternehmen nur für Mitgliedsunternehmen veranstaltet wird und Nichtmitglieder durch ihren Ausschluss behindert oder ungleich behandelt werden. Die Zulassung darf deshalb nicht an die Bedingung geknüpft werden, dass der Aussteller dem veranstaltenden Verband als Mitglied beitritt.[606] Mitgliedern kann jedoch im Hinblick auf ihre Mitgliedsbeiträge eine angemessen niedrigere Teilnahmegebühr zugestanden werden.[607] Der Veranstalter darf den Kreis der als Aussteller zugelassenen Unternehmen nicht nach sachfremden Gesichtspunkten begrenzen, zB auf inländische Produzenten[608] oder fachhandelstreue Hersteller und Großhändler, oder von unangemessenen Zulassungsbedingungen abhängig machen.[609] Soweit nur eine begrenzte Zahl von Plätzen zur Verfügung stehen, muss der Veranstalter **nach sachgerechten Gesichtspunkten repartieren,** wobei ihm ein angemessener Gestaltungsspielraum zusteht.[610] Dabei sind Mitglieder des Veranstalters gegenüber Nichtmitgliedern grundsätzlich gleich zu behandeln. Bisherige ständige Aussteller können gegenüber Neubewerbern nur ganz ausnahmsweise bevorzugt werden.[611] Ein

---

[601] Offen gelassen mangels konkreter Anhaltspunkte: BGH 24.3.1981 – KZR 2/80, WuW/E BGH 1793 (1797) – SB-Verbrauchermarkt.

[602] BGH 24.11.2020 – KZR 11/19, NZKart 2021, 175 Rn. 26 ff. – Radio Cottbus.

[603] BGH 24.11.2020 – KZR 11/19, NZKart 2021, 175 Rn. 35 ff. – Radio Cottbus.

[604] BGH 24.11.2020 – KZR 11/19, NZKart 2021, 175 Rn. 41 ff. – Radio Cottbus.

[605] BGH 3.3.1969 – KVR 6/68, BGHZ 52, 65 = WuW/E BGH 1027 (1032 ff.) – Sportartikelmesse II; OLG Frankfurt a. M. 30.10.1984 – 6 U 165/82, WuW/E OLG 3347 (3352 ff.) – Kürschnerhandwerk; 17.3.1992 – 6 W (Kart) 31/92, WuW/E OLG 5027 (5029 ff.) – Art Frankfurt 1992; OLG München 14.4.1977 – U (K) 3509/76, WRP 1977, 431 – Handwerksmesse; OLG Koblenz 13.7.1989 – U 1311/86 Kart, WuW/E OLG 4517 (4520 f.) – Dürkheimer Wurstmarkt; OLG Hamburg 22.5.1997 – 3 U 188/96, WuW/E DE-R 2 (4 f.) – Dentalmesse.

[606] TB 1962, 35; 1967, 74 f.; vgl. auch BGH 7.10.1980 – KZR 25/79, BGHZ 78, 190 = WuW/E BGH 1740 (1744) – Rote Liste.

[607] TB 1961, 39; vgl. auch BGH 28.6.1977 – KVR 2/77, WuW/E BGH 1495 (1497) – Autorufgenossenschaft; OLG Düsseldorf 7.12.1976 – U (Kart) 6/76, WuW/E OLG 1766 – Bootsausstellung.

[608] TB 1974, 70.

[609] BGH 3.3.1969 – KVR 6/68, WuW/E BGH 1027 (1032) – Sportartikelmesse II; OLG Hamburg 6.8.1998 – 3 U 188/96, WuW/E DE-R 213 (214 f.) – Dentalmesse (Hauptsacheverfahren); vgl. auch OLG München 13.10.1988 – U (K) 3912/88, WuW/E OLG 4348 (4349 f.) – Deutsche Kunst- und Antiquitäten-Messe (Zulässigkeit des Anschlusses von Versteigerern aus einer Händlermesse).

[610] OLG Düsseldorf 30.7.1987 – U (Kart) 20/86, WuW/E OLG 4173 (4176 ff.) – Art Cologne; 5.7.2002 – VI–U (Kart) 60/01 WuW/E DE-R 994 (995) – Stefanelli; OLG Frankfurt a. M. 13.4.1989 – 6 U (Kart) 44/89, GRUR 1989, 777 (779 f.) – Kunstmesse Art Frankfurt; OLG Schleswig 16.6.1986 – 13 U (Kart) 95/86, WuW/E OLG 3897 (3898 f.) – Kunstmesse; vgl. auch → Rn. 164.

[611] OLG Celle 6.8.1986 – 13 U (Kart) 95/86, WuW/E OLG 3897 (3899) – Kunstmesse.

Rotations- oder Losverfahren kann bei anders nicht behebbarer Platzknappheit gerechtfertigt oder sogar geboten sein.[612]

**140**    Diese Grundsätze sind auch anwendbar, soweit Verbände direkt oder über von ihnen abhängige Unternehmen **andere Werbemöglichkeiten** anbieten, zB die Aufnahme des Warensortiments der einzelnen Hersteller in einen von einem Verband herausgegebenen Katalog.[613] Das Gleiche gilt für **Presse-, Rundfunk- und Fernsehunternehmen,** soweit sie **als Anbieter von Anzeigenraum und Werbespots** Normadressaten des Abs. 2 Nr. 1 sind.[614] Die verfassungsrechtlich gewährleistete Freiheit der Ablehnung von Anzeigen mit politischem Inhalt [615] ist in den nach Abs. 2 Nr. 1 relevant werdenden Fällen, in denen es in aller Regel allein um wirtschaftliche Werbezwecke geht, nicht tangiert, so dass für eine auf Art. 5 Abs. 1 GG gestützte Erweiterung des unternehmerischen Handlungsspielraums im Rahmen der Interessenabwägung nach § 19 Abs. 2 Nr. 1 kein Raum ist.[616] Ein Rechtfertigungsgrund für die Verweigerung der Veröffentlichung einer Anzeige kann zB sein, dass diese gegen das UWG verstößt[617] oder ihr Inhalt zu einer erheblichen Beeinträchtigung des Ansehens einer Zeitung bei ihren Lesern führen würde.[618] Dagegen kann allein die Gefahr einer Beeinträchtigung des eigenen Anzeigengeschäfts die Verweigerung der Veröffentlichung jedenfalls dann nicht rechtfertigen, wenn dem Bewerber praktisch keine gleichwertigen Werbealternativen offen stehen.[619] Auch die Drohung von Fachhändlern gegenüber einem Fachzeitschriftenverlag, bei weiterer Veröffentlichung der Anzeigen eines Niedrigpreisanbieters die Zeitschrift nicht mehr zu vertreiben, ist schon im Hinblick auf die gesetzliche Wertung des § 21 Abs. 1 in aller Regel als Rechtfertigungsgrund nicht ausreichend.[620] Ungerechtfertigt ist ferner, wenn ein Zeitungsverlag, der zugleich ein Reisebüro betreibt, zu dessen Schutz sich weigert, Werbeanzeigen anderer Reisebüros zu veröffentlichen.[621] Zweifel an der finanziellen Zuverlässigkeit des Inserenten können eine Verweigerung nicht rechtfertigen, da ihnen auch durch das mildere Mittel des Bestehens auf Vorkasse begegnet werden kann.[622]

**141**    **(4) Zugangsverweigerung zu Daten, Netzen und anderen Infrastruktureinrichtungen.** Eine gegen Abs. 2 Nr. 1 verstoßende Geschäftsabschlussverweigerung kann auch darin bestehen, dass sich Normadressaten generell oder einzelnen Bewerbern gegenüber weigern, einen Vertrag über die entgeltliche Nutzung ihrer Daten, Netze oder anderer Infrastruktureinrichtungen iSv Abs. 2 Nr. 4 abzuschließen, soweit nicht, wie zB im EnWG

---

[612] OLG Düsseldorf 30.7.1987 – U (Kart) 20/86, WuW/E OLG 4173 (4176 f.) – Art Cologne; OLG Frankfurt a. M. 13.4.1989 – 6 U (Kart) 44/89, GRUR 1989, 777 (780) – Kunstmesse Art Frankfurt; OLG Schleswig 16.6.1987 – 6 U 44/86, WuW/E OLG 4138 (4140) – Internord.

[613] BGH 7.10.1980 – KZR 25/79, BGHZ 78, 190 = WuW/E BGH 1740 (1743 f.) – Rote Liste; allerdings problematisch insoweit, als in der Begründung die Zulässigkeit der Aufnahmeverweigerung auch für den Fall angenommen wurde, dass damit ein gegen § 21 Abs. 3 Nr. 1 verstoßender Zwang ausgeübt werden sollte, vgl. Markert BB 1981, 386.

[614] BGH 7.10.1980 – KZR 8/80, WuW/E BGH 1783 (1785) – Neue Osnabrücker Zeitung; KG 25.8.1982 – Kart U 2756/82, WuW/E OLG 2903, – Gebrauchtwagenvermittlung; OLG Frankfurt a. M. 11.7.1985 – 6 U 104/84, WuW/E OLG 3638 – Vilbeler Anzeiger; OLG Hamburg 30.4.1981 – 3 U 178/80, WuW/E OLG 2704 – Tchibo-Norddeutsches Werbefernsehen; OLG Schleswig 11.1.1977 – 6 U 45/76, NJW 1977, 1886 – Anzeigensperre; enger OLG Stuttgart 15.2.1985 – 2 U 227/84, WuW/E OLG 3560 (3561) – Internationale Ehevermittlung; Rath-Glawatz WRP 1982, 628 ff.

[615] BVerfG 24.3.1976 – 2 BvP 1/75, BVerfGE 42, 53 = NJW 1976, 1627.

[616] So für § 22 Abs. 4 S. 2 Nr. 2 GWB aF: BGH 9.11.1982 – KVR 9/81, WuW/E BGH 1965 (1966) = NJW 1984, 1116 – gemeinsamer Anzeigenteil.

[617] OLG Hamburg 30.4.1981 – 3 U 178/80, WuW/E OLG 2704 (2705) – Tchibo-Norddeutsches Werbefernsehen.

[618] OLG Stuttgart 15.2.1985 – 2 U 227/84, WuW/E OLG 3560 (3561) – Internationale Ehevermittlung.

[619] Anders jedoch KG 25.8.1982 – Kart U 2756/82, WuW/E OLG 2903 (2904 ff.) – Gebrauchtwagenvermittlung.

[620] Anders jedoch OLG Karlsruhe 14.12.1977 – 6 U 193/77 (Kart), WuW/E OLG 1973 (1974 f.) – Billigpreisanzeige; vgl. auch → Rn. 156.

[621] LG Dortmund 10.5.1973 – 8 O 87/73 Kart, NJW 1973, 2212 (2213).

[622] OLG Schleswig 11.1.1977 – 6 U 45/76, NJW 1977, 1886 (1887) – Anzeigensperre.

für Strom- und Gasnetze (→ Rn. 368), der Netzzugang durch andere Vorschriften ausschließlich geregelt ist.[623] Für marktbeherrschende Unternehmen ist die Beurteilung von Zugangsverweigerungen nach Abs. 2 Nr. 4 (→ Rn. 253) auch für Abs. 2 Nr. 1 maßgebend, da die sich aus dem Verstoß gegen Abs. 2 Nr. 4 ergebende Rechtswidrigkeit von vornherein ausschließt, die Zugangsverweigerung im Rahmen des Abs. 2 Nr. 1 als sachlich gerechtfertigt oder als nicht unbillig zu beurteilen. Dies schließt auch die in Abs. 2 Nr. 4 enthaltene Beweislastregelung ein.[624] Die für die Beurteilung von Ausstellungs- und Anzeigensperren nach Abs. 2 Nr. 1 entwickelten besonderen Beurteilungsmaßstäbe (→ Rn. 139) gelten auch für Zugangsverweigerungen zu Daten, Netzen und anderen Infrastruktureinrichtungen, insbes. in Fällen von Kapazitätsengpässen (auch → Rn. 146, vgl. a. Rn. 364). Zur Beurteilung von Zugangsverweigerungen nach anderen Vorschriften → Rn. 365 ff.).

**(5) Die Aufnahmeverweigerung.** Eine unbillige Behinderung oder sachlich nicht **142** gerechtfertigte ungleiche Behandlung anderer Unternehmen nach Abs. 2 Nr. 1 kann auch in der Verweigerung der Aufnahme in oder im Ausschluss aus einer Vereinigung von Unternehmen liegen.[625] Voraussetzung dafür ist jedoch, dass die **Mitgliedschaft** in der Vereinigung für eine ungehinderte Betätigung in dem maßgeblichen Geschäftsverkehr **erforderlich** ist, dh eine derartige Betätigung nicht auch ohne Begründung eines Mitgliedschaftsverhältnisses durch Zulassung zur Benutzung der Einrichtungen der Vereinigung oder Inanspruchnahme ihrer Leistungen möglich ist.[626] Die Mitgliedschaft in einer Vereinigung von Taxiunternehmen ist zB für die geschäftliche Tätigkeit solcher Unternehmen nicht erforderlich, wenn auch Nichtmitgliedern die Benutzung der Einrichtungen der Vereinigung gegen angemessenes Entgelt gestattet wird.[627] Für den Ausschluss von Nichtmitgliedern von der Benutzung von derartigen Einrichtungen oder von Leistungen der Vereinigung gelten die gleichen Grundsätze wie für den Ausschluss von Messen und Ausstellungen (→ Rn. 139).[628]

---

[623] Für den Zugang zu Seehäfen: BGH 11.12.2012 – KVR 7/12, WuW/E DE-R 3821 – Fährhafen Puttgarten II; zu den nicht unter die Netzregulierung nach dem EnWG fallenden Fernwärmenetzen: Säcker/Wolf RdE 2011, 277 ff.; Körber RdE 2012, 372 ff.; Greb/Böcker RdE 2013, 15 ff.

[624] Dies folgt daraus, dass nach Abs. 2 Nr. 4 die Zugangsverweigerung schon dann ein nach Abs. 1 verbotener Missbrauch und damit rechtswidrig ist, wenn der sich weigernde Normadressat nicht nachgewiesen hat, dass die Verweigerung der Zugangsgewährung sachlich gerechtfertigt ist (→ Rn. 361).

[625] BGH 7.11.1960 – KZR 1/60, BGHZ 33, 259 = WuW/E BGH 407 (410 ff.) – Molkereigenossenschaft II; 8.6.1967 – KZR 5/66, WuW/E BGH 863 (870) – Rinderbesamung II; 8.5.2007 – KVR 9/06, WuW/E DE-R 1983 (1985) – Autoruf-Genossenschaft II; OLG Frankfurt a. M. 16.8.1990 – 6 U (Kart) 36/90, WuW/E OLG 4688 (4690 f.) – neuform; OLG Hamburg 3.5.1990 – 3 U 234/89, WuW/E OLG 4669 (4671 f.) – Blumengroßmarkt Hamburg; OLG München 21.3.1974 – U (K) 3980/73, WuW/E OLG 1473 (1475) – Reformhaus-Genossenschaft; Beuthien/Götz ZfgG 1978, 375 ff.

[626] Im entschiedenen Fall bejahend zB OLG Hamburg 3.5.1990 – 3 U 234/89, WuW/E OLG 4669 (4671) – Blumengroßmarkt Hamburg; verneinend BGH 7.11.1960 – KZR 1/60, WuW/E BGH 407 (411) – Molkereigenossenschaft; OLG Düsseldorf 15.12.1981 – U (Kart) 21/80, WuW/E OLG 2719 – Taxistände Flughafen Düsseldorf. Vgl. auch OLG München 28.4.2005 – U (K) 5018/04, WuW/E DE-R 1527 – Apothekenumschau.

[627] BGH 28.6.1977 – KVR 2/77, WuW/E BGH 1495 (1496 f.) – Autorufgenossenschaft; 15.11.1994 – KVR 14/94, WuW/E BGH 2951 (2952) = NJW 1995, 462 – Weigerungsverbot; OLG Düsseldorf 17.9.1985 – U (Kart) 1/82, WuW/E OLG 3708 (3712 ff.) – Taxizentrale Essen; OLG Frankfurt a. M. 17.3.1983 – 6 VA 3/82, WuW/E OLG 3011 (3013 f.) – Funktaxi-Zentrale Langen; für Aufnahmeanspruch aus fallspezifischen Gründen: OLG Koblenz 20.10.1988 – Kart 1/88, GRUR 1989, 290 (291) – Taxigemeinschaft. Nach BGH 8.5.2007 – KZR 9/06, WuW/E DE-R 1983 (1985 f.) – Autoruf-Genossenschaft II ist bei bestehender Beitrittsmöglichkeit die Beschränkung der Benutzung der Einrichtungen auf die Mitglieder mit Abs. 2 Nr. 1 vereinbar.

[628] BGH 28.6.1977 – KVR 2/77, WuW/E BGH 1495 (1496 f.) – Autorufgenossenschaft; 10.11.1992 – KVR 26/91, WuW/E BGH 2828 (2836) – Taxigenossenschaft II (s. dazu Fuchs BB 1993, 1893); OLG München 30.3.2006 – U (K) 3980/73, WuW/E DE-R 1749 (1752 ff.) – Telefonrufsäulen; zur Verweigerung der Leistungen gegenüber Mitgliedern: OLG Hamburg 9.12.1976 – 3 U 60/76, WuW/E OLG 1825 – Blumengroßmarkt.

143    Die **Erforderlichkeit der Mitgliedschaft in einer Unternehmensvereinigung,** die
selbst als Anbieter oder Nachfrager von Waren oder gewerblichen Leistungen Normadressat
des Abs. 2 Nr. 1 ist, ist immer dann zu bejahen, wenn eine Trennung des Waren- oder
Leistungsverkehrs mit der Vereinigung und der Mitgliedschaft in ihr praktisch nicht
möglich ist, zB bei Einkaufsvereinigungen, die nur das Mitgliedergeschäft betreiben.[629] Der
Ausschluss aus einer derartigen Vereinigung ist deshalb unbillig und sachlich ungerecht-
fertigt, wenn damit ein kartellrechtswidriger Zweck verfolgt wird, zB der Ausschluss des
Wettbewerbs zwischen den Mitgliedern als Anbieter der über die Vereinigung bezogenen
Waren.[630] Die gleichen Grundsätze gelten für die Verweigerung der Aufnahme neuer
Mitglieder.

144    **(6) Knappheitsbedingte Liefersperren.** Abs. 2 Nr. 1 schränkt die Entscheidungsfreiheit von Lieferanten, die dieser Vorschrift unterliegen, auch insoweit ein, als es sich um die
**Auswahl der belieferten Abnehmer** und den **Lieferumfang** in Knappheitssituationen
handelt, in denen mit den vorhandenen Kapazitäten nicht alle Lieferwünsche der Nachfrageseite befriedigt werden können.[631] Dies gilt sowohl für die unternehmensbedingte, dh
auf einzelne Lieferanten beschränkte Knappheit, als auch für die marktbedingte, von der
alle Lieferanten einer bestimmten Art von Waren oder gewerblichen Leistungen gleichermaßen betroffen sind.

145    Unter Berücksichtigung der konkreten Stärke ihrer Marktstellung sind marktbeherrschende Unternehmen nach Abs. 2 Nr. 1 idR verpflichtet, bei knappheitsbedingt begrenzter Liefermöglichkeit **alle gleichartigen Abnehmer gleichmäßig** zu beliefern.[632] Dies
gilt auch im Verhältnis zu bisher nicht belieferten Unternehmen.[633] Lieferkürzungen
müssen deshalb nach einem sachgerechten einheitlichen Maßstab vorgenommen werden,
wobei der unternehmens- oder konzerneigene Verbrauch und Absatz nicht von vornherein
bevorzugt und Newcomer nicht generell ausgeschlossen werden dürfen. Eine Verpflichtung
zur Belieferung über die vorhandenen Liefermöglichkeiten hinaus durch Schaffung neuer
Kapazitäten oder durch Deckungskäufe zu höheren Preisen lässt sich dagegen aus Abs. 2
Nr. 1 nicht herleiten.

146    Für die **Ausgestaltung der erforderlichen Repartierung** im Einzelfall ist dem Lieferanten ein **angemessener Handlungsspielraum** einzuräumen. Er darf deshalb grundsätzlich seinen unternehmenseigenen Bedarf jedenfalls insoweit vorrangig decken, als dies
zur eigenen Wettbewerbsfähigkeit erforderlich ist, zB zur Aufrechterhaltung der Herstellung eines Fertigprodukts, für die ein Minimum an Rohstoffen oder zugelieferten Teilen
zur Verfügung stehen muss.[634] Außerdem ist es gerechtfertigt, bisher belieferte Abnehmer
im Verhältnis zu Neukunden jedenfalls insoweit zu bevorzugen, als es sich um Abnehmer
mit bereits vereinbarten Lieferansprüchen handelt[635] oder die Belieferung von Neukunden
nur unter erheblicher Beeinträchtigung der Wettbewerbsfähigkeit der bisher belieferten
Abnehmer möglich wäre.[636] Eine Repartierung entsprechend den früheren Bezugsmengen

---

[629] OLG München 21.3.1974 – U (K) 3980/73, WuW/E OLG 1473 (1475) – Reformhaus-Genossenschaft; Beuthien/Götz ZfgG 1978, 396 ff.
[630] BGH 16.12.1986 – KZR 36/85, WuW/E BGH 2341 (2342 f.) – Taxizentrale Essen; OLG München
21.3.1974 – U (K) 3980/73, WuW/E OLG 1473 (1475) – Reformhaus-Genossenschaft.
[631] BGH 3.3.1969 – KVR 6/68, BGHZ 52, 65 = WuW/E BGH 1027 (1031) – Sportartikelmesse II; KG
9.7.1974 – Kart 25/74, WuW/E OLG 1507 (1512) – Chemische Grundstoffe II; TB 1975, 46; 1979/80, 45;
enger zB Fischötter WuW 1974, 389 f.; Baur BB 1974, 1594.
[632] BGH 3.3.1969 – KVR 6/68, WuW/E BGH 1027 (1031) – Sportartikelmesse II; KG 5.12.1986 – Kart
3/86, WuW/E OLG 3957 (3962 f.) – Straß; OLG Frankfurt a. M. 13.4.1989 – 6 U (Kart) 44/89, GRUR
1989, 777 (780) – Kunstmesse Art Frankfurt; TB 1979/80, 45; Wiedemann mineralöl 1980, 78 ff.
[633] KG 9.7.1974 – Kart 25/74, WuW/E OLG 1507 (1512) – Chemische Grundstoffe II; restriktiver OLG
Stuttgart 30.4.1981 – U 205/80, WuW/E OLG 2700 (2703) – Modelleisenbahnen.
[634] Vgl. zB KG 5.12.1986 – Kart 3/86, WuW/E OLG 3957 (3962) – Straß.
[635] TB 1979/80, 45; weitergehend OLG Stuttgart 30.4.1980 – U 205/80, WuW/E OLG 2700 (2702 f.) –
Modelleisenbahnen; OLG Celle 6.8.1986 – 13 U (Kart) 95/86, WuW/E OLG 3897 (3899) – Kunstmesse.
[636] KG 4.7.1974 – Kart 27/74, WuW/E OLG 1499 (1504) – AGIP II.

der belieferten Abnehmer ist idR nicht zu beanstanden.[637] Ein zulässiges Verfahren zur Begrenzung des Kreises der belieferten Abnehmer kann auch eine grundsätzlich für alle Bewerber offene Ausschreibung sein.[638] Soweit auch Neukunden in die Repartierung einzubeziehen sind, ist dem Lieferanten bei der Einschätzung der Angemessenheit des geltend gemachten Bedarfs ein Beurteilungsspielraum einzuräumen, um eine Bevorzugung gegenüber den bisher belieferten Abnehmern auszuschließen. Dabei darf sich der Lieferant auf eigene Schätzungen beschränken; zu einer Abstimmung mit anderen Lieferanten ist er im Hinblick auf § 1 nicht verpflichtet. Dass durch derartige Abstimmungen aller in Betracht kommenden Lieferanten im Einzelfall eine angemessenere Regelung möglich sein kann, schließt die Anwendung des Abs. 2 Nr. 1 nach den hier dargelegten Maßstäben nicht aus.[639]

**(7) Die Lizenzverweigerung.** Eine unbillige Behinderung oder sachlich nicht gerecht- **147** fertigte ungleiche Behandlung anderer Unternehmen kann auch in der Verweigerung der Gewährung von Lizenzen über gewerbliche Schutz- und Urheberrechte liegen.[640] Allerdings folgt aus der mit der gesetzlichen Gewährung solcher Rechte verbundenen Ausschließungsbefugnis des Rechteinhabers ein **wesentlich größerer Handlungsspielraum** als beim normalen Waren- und Dienstleistungsabsatz.[641] Die Anwendung des Abs. 2 Nr. 1 kommt zB in Betracht, wenn ein marktbeherrschender Patentinhaber den Umstand, dass der Zugang zu einem nachgelagerten Markt auf Grund einer Industrienorm oder normähnlicher Rahmenbedingungen von der Benutzung seines Patents abhängig ist, den Zutritt zu diesem Markt durch eine diskriminierende Auswahl von Lizenznehmern oder diskriminierende Lizenzbedingungen beschränkt.[642] Gleiches gilt, wenn ein inländischer Patentinhaber allen interessierten inländischen Herstellern für den Inlandsmarkt die Lizenz erteilt, sie ausländischen Herstellern für den Absatz auf diesem Markt jedoch verweigert.[643] Für die Beurteilung der Billigkeit und sachlichen Rechtfertigung in derartigen Fällen sind auch die Wertungsgesichtspunkte der Art. 101 und 102 AEUV heranzuziehen.[644] Näher zu miss-

---

[637] KG 9.7.1974 – Kart 25/74, WuW/E OLG 1507 (1513) – Chemische Grundstoffe II.

[638] So für die Vermietung von Gewerbeflächen an Schilderpräger durch Gemeinden: BGH 14.7.1998 – KZR 1/97, WuW/E DE-R 201 (205) – Schilderpräger im Landratsamt; 8.11.2005 – KZR 21/04, WuW/E DE-R 1724 (1725 f.) – Hinweis auf konkurrierende Schilderpräger (allerdings gekoppelt mit der aus der Verwaltungstätigkeit der Gemeinde als Träger der Kfz-Zulassungsstelle gefolgerten Verpflichtung, anderen Schilderprägern Gelegenheit zu geben, an geeigneter Stelle auf ihr Angebot hinzuweisen); zuletzt BGH 8.12.2020 – KZR 124/18, NZKart 2021, 302 Rn. 14 – Konkurrenz für Schilderpräger II; ablehnend bzgl. der Übertragung einer kartellrechtlich begründeten Ausschreibungspflicht auf die Vergabe von Wegenutzungsrechten Körber EWeRK 2016, 155 (156 f.).

[639] Zur Praxis, in Knappheitssituationen für die betroffenen Branchen Vermittlungsstellen einzurichten, s. WuW 1974, 67; Wiedemann mineralöl 1980, 78 ff.

[640] BGH 13.7.2004 – KZR 40/02, WuW/E DE-R 1329 (1331) – Standard-Spundfass II; OLG Frankfurt a. M. 14.9.1999 – 11 U Kart 59/98, WuW/E DE-R 442 (446) – Ambiente.de; Lehmann BB 1985, 1212 ff.; Heinemann ZWeR 2005, 198 (201 ff.); Buhrow/Nordemann GRUR-Int 2005, 407 ff.; zur Beurteilung nach Art. 101 AEUV: EuGH 29.4.2004 – C-418/01, WuW/E EU-R 804 (806 ff.) – IMS Health/NDC Health; Spindler/Apel JZ 2005, 133 ff.; Chr. Schmidt Passim; Bartl, Immaterialgüterrechtliche Marktzutrittsschranken im System des Art. 82 EG, 2005; Frenz WRP 2012, 1483 ff.

[641] BGH 13.7.2004 – KZR 40/02, WuW/E DE-R 1329 (1332 ff.) – Standard-Spundfass II; BGH 6.5.2009 – KZR 39/06, WuW/E DE-R 2613 (2615 ff.) – Orange-Book-Standard; OLG Karlsruhe 27.2.2012 – 6 U 136/11, WuW/E DE-R 3556 (3560 ff.) – Lizenzvertragsangebot; LG Düsseldorf 24.4.2012 – 4b O 274/10, WuW/E DE-R 3638 – FRAND-Erklärung; zuletzt BGH 5.5.2020 – KZR 36/17, NZKart 2020, 441 – FRAND-Einwand I; BGH 24.11.2020 – KZR 35/17, NZKart 2021, 178 – FRAND-Einwand II; Körber NZKart 2013, 86 ff.; Wirtz WRP 2011, 1392 ff.; Deichfuß WuW 2012, 1156 ff.; Ehlenz NZKart 2020, 470; vgl. hierzu im Einzelnen → Rn. 310 ff.; für den gegen Ansprüche von Verwertungsgesellschaften erhobenen Einwand der kartellrechtswidrigen Ungleichbehandlung gilt diese Einschränkung von vornherein nicht, und §§ 75 ff. VGG (§ 18 UrhWG aF) stehen diesem Einwand nicht entgegen, BGH 27.3.2012 – KZR 108/10, WuW/E DE-R 3657 (3661) – Elektronischer Programmführer.

[642] BGH 13.7.2004 – KZR 40/02, WuW/E DE-R 1329 (1331) – Standard-Spundfass II.

[643] S. TB 1972, 63.

[644] Lehmann BB 1985, 1212 ff.

bräuchlichen Lizenzverweigerungen insbes. bei standardessentiellen Patenten (SEPs) → Rn. 306 ff.

148    **(8) Sonstige Fälle.** Soweit der Hauptzweck einer Liefersperre darin besteht, den Lieferanten auf dem für seine Normadressatenstellung maßgeblichen Markt bzw. auf vor- oder nachgelagerten Märkten vor Wettbewerb zu schützen, sind wegen des vorrangigen Normzwecks der Offenhaltung des Marktzugangs strenge Anforderungen an eine etwaige Rechtfertigung zu stellen, insbes. wenn der Lieferant über eine sehr starke Marktstellung verfügt.[645] Das generelle Interesse eines Herstellers technischer Geräte, deren Wartung ausschließlich selbst oder durch mit ihm verbundene Unternehmen ausführen zu lassen, ist idR keine Rechtfertigung für die Verweigerung der Belieferung selbstständiger Wartungsunternehmen mit Original-Ersatzteilen.[646]

148a    Als Verstoß gegen Abs. 2 Nr. 1 sind in der neueren Rechtsprechung ferner angesehen worden: die Weigerung einer **Gemeinde,** einem Erzeuger von Strom aus erneuerbarer Energie die Verlegung einer Anschlussleitung zum allgemeinen Stromversorgungsnetz in den öffentlichen Verkehrswegen der Gemeinde zu gestatten;[647] die Weigerung eines Stadtwerks, einen Handwerksbetrieb in ein Installateurverzeichnis für Arbeiten an Gas- und Wasserversorgungsanlagen aufzunehmen,[648] die Weigerung eines Kfz-Alleinimporteurs,

---

[645] BGH 26.10.1972 – KZR 54/71, WuW/E BGH 1238 (1243) = NJW 1973, 280 – Registrierkassen; 25.10.1988 – KVR 1/87, WuW/E BGH 2535 (2540) – Lüsterbehangsteine; TB 1977, 52 f.; vgl. auch Abs. 2 Nr. 4, dazu → Rn. 381 ff.; vgl. auch 6.10.2015 – KZR 87/13, NZKart 2015, 535 Rn. 64 f., 109 – Porsche-Tuning.

[646] BGH 26.10.1972 – KZR 54/71, WuW/E BGH 1238 (1243 f.) – Registrierkassen; 23.2.1988 – KVR 2/87, WuW/E BGH 2479 (2482 f.) – Reparaturbetrieb; 27.4.1999 – KZR 35/97, WuW/E DE-R 357 (360) – Feuerwehrgeräte; OLG Düsseldorf 10.12.1991 – U (Kart) 12/91, WuW/E OLG 4901 (4905 f.) – Dehnfolien-Verpackungsmaschinen; OLG Stuttgart 16.5.1997 – 2 U 73/96, WuW/E DE-R 6 (7 f.) – Kennzeichnungsgeräte; OLG Karlsruhe 27.8.1997 – 6 U 4/97, WuW/E DE-R 79 (81 f.) – Feuerwehr-Drehleitern; enger KG 23.1.1992 – Kart 24/89, WuW/E OLG 4951 (4968 ff.) – Kälteanlagen-Ersatzteile; OLG München 6.6.1991 – U (K) 6631/90, WuW/E OLG 5032 (5033 f.) – Wartung von Reanimationsgeräten; OLG Düsseldorf 20.9.2006 – U (Kart) 28/05, WuW/E DE-R 1825 (1828) – Primus; krit. zB Bechtold FS Bechtold, 2006, 31 (38 ff.); Brück WRP 2008, 1160 ff.

[647] BGH 11.11.2008 – KZR 43/07, WuW/E-DE-R 2581, 2584 – Neue Trift. Zur Anwendbarkeit des Abs. 2 Nr. 1 auf die gemeindliche Konzessionsvergabe für Strom- und Gasnetze der öffentlichen Versorgung aus jüngerer Zeit BGH 12.10.2021 – EnZR 43/20, NZKart 2022, 80 – Stadt Bargteheide; BGH 7.9.2021 – EnZR 29/20, NZKart 2021, 696 – Gasnetz Rösrath; BGH 9.3.2021 – KZR 55/19, NZKart 2021, 509 – Gasnetz Berlin; BGH 28.1.2020 – EnZR 99/18, NZKart 2020, 318 – Gasnetz Leipzig; ferner BGH 17.12.2013 – KZR 66/12, WuW/E DE-R 4159 (4170 ff.) – Stromnetz Berkenthin (problematisch allerdings insoweit, als bei nach § 46 EnWG fehlerhaft abgeschlossenen Konzessionsverträgen die fortdauernde Behinderung abgelehnter Drittbewerber hinzunehmen ist, wenn sie die Fehlerhaftigkeit nicht umgehend rügen; vgl. hierzu auch den nunmehr neu im EnWG aufgenommenen § 47, der eine entsprechende formelle Präklusion anordnet, sofern die in Abs. 2 normierten Fristen nicht gewahrt werden. Die Vorschrift kann als unmittelbare Reaktion auf das Urteil des BGH betrachtet werden; s. auch Schwintowski EWeRK 2017, 139 (141) (Der Gesetzgeber habe damit die kryptischen Hinweise des BGH aufgegriffen.); BGH 3.6.2014 – EnVR 10/13, WuW/E DE-R 4322 (4325) – Stromnetz Homberg; 7.10.2014 – EnZR 86/13, WuW/E DE-R 4449 (4502) – Stromnetz Olching; OLG Schleswig 22.11.2012 – 16 U (Kart) 22/12, WuW/E DE-R 3746 (3760 ff.) – gemeindliche Konzessionsvergabe; OLG München 26.9.2013 – U 3589/12 Kart, RdE 2014, 82 mAnm Groneberg; LG Köln 22.12.2015 – 88 O (Kart) 64/15, BeckRS 2016, 01131; OLG Stuttgart 5.1.2017 – 2 U 66/16, BeckRS 2017, 100952; OLG Celle 26.1.2017 – 13 U 9/16 (Kart), KommJur 2017, 181 ff.; OLG Frankfurt a. M. 3.11.2017 – 11 U 51/17 (Kart), WuW 2018, 144 (145); BKartA 2.12.2013 – B8–180/ 11–1 – Gemeinde Colbe; Gemeinsamer Leitfaden von Bundeskartellamt und Bundesnetzagentur zur Vergabe von Strom- und Gaskonzessionen und zum Wechsel des Konzessionsnehmers, Rn. 17 ff.; Körber EWeRK 2016, 155 ff.; Säcker/Mohr/Wolf, Konzessionsverträge im System des europäischen und deutschen Wettbewerbsrechts, 2011, 75 ff.; s. auch BGH 6.11.2012 – KVR 54/11, WuW/E 3879 (3882 f.) – Gasversorgung Ahrensburg; → § 130 Rn. 406; ablehnend Hellermann EnWZ 2013, 147 (153 f.).

[648] OLG Düsseldorf 29.5.1990 – U (Kart) 28/89, WuW/E OLG 4692 – Installateurverzeichnis; der Bewerber muss allerdings die erforderlichen Nachweise seiner Qualifikation erfüllen, BGH 29.9.2009 – KZR 43/08, RdE 2010, 143; vgl. auch OLG Stuttgart 11.1.1991 – 2 U 238/90, WuW/E OLG 4655 (4656) (Verweigerung des unentgeltlichen Abdrucks der Telefonnummer eines Elektronotdienstes in einer Zeitung verstößt nicht gegen Abs. 2 Nr. 1); OLG Frankfurt a. M. 12.12.1991 – 6 U (Kart) 121/90, WuW/E OLG 5016 (kein Verstoß gegen Abs. 2 Nr. 1, wenn ein Stadtwerk bei Notdienstanfragen auf den Notdienst der Innung und das Branchentelefonbuch verweist).

EDV-Unternehmen die elektronischen Fahrzeugdaten für die Erstellung von EDV-Programmen für die Vertragshändler des Importeurs zur Verfügung zu stellen,[649] die Weigerung eines KfZ-Herstellers, ein Tuning-Unternehmen mit KfZ und Original-Ersatzteilen zu beliefern sowie diesem Zugang zum Diagnose- und Informationssystem zu gewähren,[650] die Weigerung eines Fernsehveranstalters, einem Zeitschriftenverlag die Programmdaten zu überlassen,[651] und die Weigerung eines Filmverleihs, einen bekannten Film an ein Filmtheaterunternehmen zu verleihen.[652] Andererseits ist einem Messeveranstalter im Rahmen der Interessenabwägung zugebilligt worden, nur einen bestimmten Verleger mit der Herausgabe des offiziellen Messekatalogs zu beauftragen und die erforderlichen Informationen nur diesem zu liefern.[653]

**(9) Persönliche Verweigerungsgründe.** Die durch Liefer- oder Aufnahmesperren 149 bewirkte Behinderung oder ungleiche Behandlung anderer Unternehmen kann auch aus ausschließlich in der Person des Gesperrten liegenden Gründen billig oder sachlich gerechtfertigt sein.[654] Als derartige Gründe in Betracht kommen insbes. die **fehlende Kreditwürdigkeit,** soweit Belieferung auf Kredit gefordert wird,[655] **schwerwiegende Verletzungen vertraglicher Verpflichtungen** des Gesperrten gegenüber dem Lieferanten oder ein für diesen **geschäftsschädigendes Verhalten** eines bisher belieferten Abnehmers, soweit dadurch die für das Vertragsverhältnis erforderliche Vertrauensbasis zerstört wurde.[656] Auch bei Vorliegen derartiger Gründe darf jedoch die Liefer- oder Aufnahmesperre kein unverhältnismäßiges Mittel sein.[657]

**Unverhältnismäßig** sind in aller Regel dauerhafte Sperren auf Grund von Vertrags- 150 verletzungen, Verstößen gegen das UWG oder sonstigen für den Lieferanten geschäftsschädigenden Maßnahmen, wenn es sich dabei nur um einzelne, die Interessen des Normadressaten nicht schwerwiegend beeinträchtigende Vorfälle handelt oder die Geschäftsbeziehung mit ihm kein besonderes Vertrauensverhältnis voraussetzt.[658] Außerdem ist zu berücksichtigen, inwieweit der Normadressat durch sein eigenes Verhalten zu dem von ihm als Grund für die Sperre geltend gemachten Vorgehen des Gesperrten Anlass gegeben

---

[649] OLG München 17.9.1998 – U (K) 2632/96, WuW/E DE-R 251 – Fahrzeugdaten; vgl. auch OLG Stuttgart 16.5.1997 – 2 U 73/96, WuW/E DE-R 6 (7) – Kennzeichnungsgeräte (Verweigerung der Datenkassetten verstößt nicht gegen Abs. 2 Nr. 1).

[650] BGH 6.10.2015 – KZR 87/13, NZKart 2015, 535 ff. – Porsche-Tuning.

[651] OLG Hamburg 15.5.1997 – 3 U 90/96, WuW/E OLG 5861 – Programmvorschau.

[652] OLG München 7.5.1992 – Kart 2/92, WuW/E OLG 4990 – Herr der Gezeiten; vgl. auch OLG Hamburg 27.2.1986 – 15 O 385/85, GRUR 1987, 567 – Otto – Der Film (Anspruch verneint); zust. Hirsch GRUR 1987, 490 ff.

[653] OLG Frankfurt a. M. 21.8.1975 – 6 U 27/75 Kart, WuW/E OLG 1632 (1634) – Messekatalog.

[654] Vgl. zB BGH 12.5.1976 – KZR 14/75, WuW/E BGH 1423 (1425) = NJW 1976, 2302 – Sehhilfen; 23.2.1988 – KZR 20/86, WuW/E BGH 2491 (2496) – Opel-Blitz; 25.10.1988 – KVR 1/87, WuW/E BGH 2535 (2541) – Lüsterbehangsteine.

[655] OLG Frankfurt a. M. 4.8.1983 – 6 U 6/83, WuW/E OLG 3149 (3150) – Messe-Dauerstandplatz; deshalb keine Rechtfertigung für eine Lieferverweigerung, wenn nur Belieferung gegen Vorkasse begehrt wird, s. BGH 22.2.2005 – KZR 2/04, WuW/E DE-R 1541 (1543) – Sparberaterin II; OLG Stuttgart 3.8.1984 – 2 – (U) Kart 123/84, WuW/E OLG 3343 (3346) – Skibindungen; OLG Schleswig 11.1.1977 – 6 U 45/76, NJW 1977, 1886 (1887) – Anzeigensperre; OLG Karlsruhe 14.11.2007 – 6 U 57/06, WuW/E DE-R 2213 (2216) – BGB-Kommentar.

[656] BGH 24.9.1979 – KZR 20/78, WuW/E BGH 1629 (1633 f.) – Modellbauartikel II; 23.2.1988 – KZR 20/86, WuW/E BGH 2491 (2496) – Opel-Blitz; 25.10.1988 – KVR 1/87, WuW/E BGH 2535 (2541) – Lüsterbehangsteine; 6.10.2015 – KZR 87/13, NZKart 2015, 535 Rn. 69 – Porsche-Tuning, wobei der zeitliche Abstand zu entsprechendem Verhalten im Rahmen der Interessenabwägung Berücksichtigung findet; OLG Hamburg 13.1.1994 – 3 U 242/92, WuW/E OLG 5312 – Quartiermannbetrieb (– anhaltende schlechte Zahlungsmoral); OLG Düsseldorf 2.10.2002 – U (Kart) 9/02, MMR 2003, 109.

[657] BGH 12.5.1976 – KZR 14/75, WuW/E BGH 1423 (1425) – Sehhilfen; Köhler ZfgG 1986, 47; vgl. auch → Rn. 137.

[658] BGH 12.5.1976 – KZR 14/75, WuW/E BGH 1423 (1425) – Sehhilfen; KG 5.9.1979 – Kart U 2288/79, WuW/E OLG 2213 (2214) – Haushaltsnähmaschinen; OLG Düsseldorf 4.12.1979 – U (Kart) 10/79, WuW/E OLG 2167 (2169) – Nordmende.

hat.[659] Andererseits darf auch ein unter Verstoß gegen Abs. 2 Nr. 1 Gesperrter nicht unangemessen reagieren, sondern muss grundsätzlich zunächst den Rechtsweg beschreiten.[660]

**151**  **Verstöße** des Betroffenen **gegen lauterkeitsrechtliche oder sonstige gesetzliche Vorschriften** können nur bei Hinzutreten weiterer Umstände eine Sperre, insbes. eine dauerhafte Sperre, rechtfertigen. Die Rechtfertigung ist in aller Regel zu bejahen, wenn sich ein schwerwiegender Verstoß des Gesperrten unmittelbar gegen den Lieferanten richtet und den „goodwill" seiner Ware oder Leistung auf dem Markt nachhaltig beeinträchtigt.[661] Dagegen werden zB Verstöße gegen das Ladenschlussgesetz idR nicht zur Rechtfertigung einer Sperre ausreichen, da dem Lieferanten der Rechtsweg oder die Einschaltung von Verbänden oder qualifizierten Einrichtungen iSd § 8 Abs. 3 Nr. 2 und 3 UWG zugemutet werden kann. Der Heranziehung von Gesetzesverstößen zur Rechtfertigung von Liefersperren kann auch entgegenstehen, dass der beanstandete Verstoß bereits längere Zeit zurückliegt.[662] Gleiches gilt, wenn der Sperrende ihm bekannt werdende Verstöße der betreffenden Art nicht regelmäßig beanstandet und damit zu erkennen gibt, dass sie auf seine Entscheidung, mit Abnehmern Geschäftsbeziehungen zu unterhalten, keinen maßgeblichen Einfluss haben.

**152**  An die Rechtfertigung von Liefersperren, die mit dem **Preisverhalten des Gesperrten** begründet werden, sind besonders strenge Anforderungen zu stellen (→ Rn. 108). Deshalb können hierfür in aller Regel nur Verstöße gegen Vorschriften des GWB oder des UWG ausreichen, wenn sie den „goodwill" der Ware erheblich beeinträchtigen.[663] Soweit das Preisverhalten des Gesperrten den Rahmen des lauterkeitsrechtlich Zulässigen nicht überschreitet, kann eine Liefersperre auch nicht damit gerechtfertigt werden, dass sich dieses Verhalten im „grauen Vorfeld" des UWG bewege oder dem „Nichtleistungswettbewerb" zuzurechnen sei.[664] Daneben kommt auch ein Verstoß des Gesperrten gegen Preisrecht als Rechtfertigungsgrund in Betracht.[665]

**153**  **cc) Die Lieferantenpreisdifferenzierung. (1) Allgemeines.** Unter dem Oberbegriff Lieferantenpreisdifferenzierung werden im Folgenden **alle Arten der preisrelevanten ungleichen Behandlung** von Abnehmern einer bestimmten Art von Waren oder gewerblichen Leistungen durch deren Lieferanten im Rahmen bestehender Geschäftsbeziehungen zusammengefasst. Wesensmerkmal dieser Art der Differenzierung ist, dass Abnehmern eines Lieferanten für eine bestimmte Mengeneinheit der gleichen Ware oder Leistung (zur Warengleichheit → Rn. 101) **ungleiche Gegenleistungen** abverlangt werden. Dies kann in vielfältiger Form und aus unterschiedlichen Gründen geschehen. So können

---

[659] KG 5.9.1979 – Kart U 2288/79, WuW/E OLG 2213 (2214) – Haushaltsnähmaschinen; OLG Karlsruhe 12.3.1980 – 6 U 223/77, WuW/E OLG 2217 (2221) – Allkauf-Saba; offengelassen BGH 24.9.1979 – KZR 20/78, WuW/E BGH 1629 (1632 ff.) – Modellbauartikel II.
[660] BGH 20.11.1975 – KZR 1/75, WuW/E BGH 1391 (1396) = NJW 1976, 801 – Rossignol; 13.6.1978 – KZR 14/77, WuW/E BGH 1624 (1625) – BMW-Direkthändler III; 27.4.1999 – KZR 35/97, WuW/E DE-R 357 (360) – Feuerwehrgeräte.
[661] BGH 20.11.1975 – KZR 1/75, WuW/E BGH 1391 (1396) – Rossignol; 23.2.1988 – KZR 20/86, WuW/E BGH 2491 (2496) – Opel-Blitz; 25.10.1988 – KVR 1/87, WuW/E BGH 2535 (2541) – Lüsterbehangsteine; Zindel GRUR 1980, 130.
[662] BGH 12.5.1976 – KZR 14/75, WuW/E BGH 1423 (1425) – Sehhilfen; OLG Düsseldorf 4.12.1979 – U (Kart) 10/79, WuW/E OLG 2167 (2169) – Nordmende.
[663] BGH 20.11.1975 – KZR 1/75, WuW/E BGH 1391 (1396) – Rossignol; 24.9.1979 – KZR 16/78, WuW/E BGH 1671 (1679) – robbe-Modellsport; 15.4.1986 – KVR 3/85, BGHZ 97, 317 = WuW/E BGH 2238 (2246) – EH-Partnervertrag; OLG Stuttgart 3.8.1984 – 2 U (Kart) 123/84, WuW/E OLG 3343 (3344) – Skibindungen; zur Beurteilung des Preisverhaltens nach § 4 Nr. 4 UWG (§ 4 Nr. 10 a.F.): Köhler in Köhler/Bornkamm/Feddersen UWG § 4 Rn. 5.14 ff.; nach § 5 UWG: Bornkamm/Feddersen in Köhler/Bornkamm/Feddersen UWG § 5 Rn. 3.22 ff.
[664] So aber zB Lübbert BB 1976, 242; problematisch deshalb auch OLG Hamburg 27.2.1986 – 3 U 134/85, WuW/E OLG 3870 – Polen-Zement, wonach der Absatz von Importware zu „Dumping-Preisen" einen inländischen Hersteller zur Lieferverweigerung berechtigen kann.
[665] Näher Berghaus/Mekhalfia WuW 2021, 82.

bereits die zwischen dem Lieferanten und den einzelnen Abnehmern im Einzelfall vereinbarten Preise pro Mengeneinheit differieren. Dafür können mit dem einzelnen Lieferverhältnis zusammenhängende individuelle Gründe maßgebend sein, zB ein besseres Verhandlungsgeschick oder größere Nachfragemacht des Abnehmers. Die ungleiche Behandlung kann aber auch durch das generelle Preisbildungssystem des Lieferanten bedingt sein, etwa in der Form, dass auf einen für alle Abnehmer gleichermaßen geltenden Basispreis pro Mengeneinheit nach systematischen oder individuellen Gesichtspunkten Rabatte und sonstige Preisnachlässe einschließlich Boni und Skonti gewährt werden. Das gleiche wirtschaftliche Ergebnis wird durch Zuschläge auf einen Basispreis für den Fall erreicht, dass der Abnehmer unterhalb einer bestimmten Mindestabnahmemenge oder eines bestimmten Mindestumsatzes in der Referenzperiode bleibt, sowie durch Naturalrabatte. Schließlich können dem wirtschaftlichen Ergebnis nach ungleiche Entgelte für die gleiche Waren- oder Leistungseinheit auch aus nicht mengen- oder umsatzbezogenen Sondervergünstigungen resultieren, zB aus Werbungskostenzuschüssen, Eintrittsgeldern u. dgl. Durch Lieferantenpreisdifferenzierungen können die Betätigungsmöglichkeiten anderer Unternehmen im Wettbewerb auf der Marktstufe des Lieferanten, auf der unmittelbar nachgelagerten Marktstufe, insbes. soweit dort die Abnehmer als Wiederverkäufer oder Verarbeiter untereinander im Anbieterwettbewerb stehen, und den darauf folgenden weiteren Marktstufen beeinträchtigt werden. Ein und dasselbe Preisverhalten eines Lieferanten kann im Einzelfall beide Arten der Beeinträchtigung gleichzeitig bewirken, so dass es sowohl unter dem Aspekt der unbilligen Behinderung von Wettbewerbern des Lieferanten als auch der ungerechtfertigt ungleichen Behandlung von Abnehmern auf der anderen Marktseite relevant sein kann.[666]

Die Beurteilung der Lieferantenpreisdifferenzierung im Rahmen der Interessenabwägung **154** nach Abs. 2 Nr. 1 beschränkt sich nicht allein darauf, ob für eine derartige Behandlung eine sachgerechte Bezugsgrundlage besteht und die Gewährung von Preisnachlässen und sonstigen Vergütungen nicht von sachfremden Bedingungen abhängig gemacht wird, sondern erstreckt sich auch darauf, ob das **Ausmaß** und damit die **Höhe** der einzelnen Abnehmern im Gegensatz zu anderen gewährten Vorteile mit dem Maßstab des Abs. 2 Nr. 1 vereinbar ist.[667] Ebenso wie bei § 19 Abs. 2 Nr. 3 richtet sich deren Zulässigkeit „insbesondere danach, ob die nachteilige Behandlung eines Unternehmens gegenüber anderen als wettbewerbskonformer Interessenausgleich erscheint oder auf Willkür oder Überlegungen und Absichten beruht, die wirtschaftlichem oder unternehmerischem Handeln fremd sind".[668] Insofern betont der BGH zu Recht, dass „nicht bereits jeder Unterschied in den Konditionen als Ausdruck einer missbräuchlichen Ausnutzung einer marktbeherrschenden Stellung anzusehen ist", sondern mehr als nur unerheblich sein muss, um das Unwerturteil eines kartellrechtswidrigen Missbrauchs zu bejahen. Zudem sei darauf zu achten, dass die Unternehmen auf der Marktgegenseite nicht durch die Machtausübung in ihrer Wettbewerbsfähigkeit untereinander beeinträchtigt werden sollen.[669]

Dabei ist jedoch der wettbewerblichen **Ambivalenz der Preisdifferenzierung** in **154a** angemessener Weise Rechnung zu tragen. Abs. 2 Nr. 1 muss deshalb im Rahmen der

---

[666] So zB bei Gewährung von Treuerabatten an einzelne Abnehmer, wodurch zugleich andere Lieferanten in ihren Absatzmöglichkeiten an diese Abnehmer beeinträchtigt werden können; im Einzelnen dazu → Rn. 159.
[667] BGH 24.2.1976 – KVR 3/75, WuW/E BGH 1429 (1434 f.) – Asbach-Fachgroßhändlervertrag; 8.5.1990 – KZR 23/88, WuW/E BGH 2647 (2651 f.) = NJW-RR 1990, 1190 – Nora-Kunden-Rückvergütung; 8.5.1990 – KZR 21/89, WuW/E BGH 2665 (2667) – physikalisch-therapeutische Behandlung; KG 26.6.1985 – Kart 7/84, WuW/E OLG 3656 (3658) – TUI-Partnerschaftsbonus; OLG Düsseldorf 19.3.2003 – U (Kart) 20/02, WuW/E DE-R 1184 (1187) – InterCard-Tarif; Koller S. 104 ff.; Ulmer BB 1975, 669.
[668] BGH 12.4.2016 – KZR 30/14, WuW 2016, 427 Rn. 48 – NetCologne; vgl. auch BGH 6.7.2021 – KZR 11/18, NZKart 2021, 578 Rn. 16 – wilhelm.tel.
[669] BGH 12.4.2016 – KZR 30/14, WuW 2016, 427 Rn. 48 – NetCologne; s. auch BGH 19.3.1996 – KZR 1/95, WuW/E 3058 (3065) – Pay-TV-Durchleitung; BGH 7.12.2010 – KZR 5/10, WuW/E DE-R 3145 Rn. 32 – Entega II; BGH 6.7.2021 – KZR 11/18, NZKart 2021, 578 Rn. 16 – wilhelm.tel.

Interessenabwägung auf Lieferantenpreisdifferenzierungen „wettbewerbskonform" angewendet werden, um zu verhindern, dass das gesetzliche Ziel des Wettbewerbsschutzes auf den nachgelagerten Märkten einseitig auf Kosten der Wirksamkeit des Wettbewerbs auf der Lieferantenebene durchgesetzt wird. Dies und die Grenzen der Praktikabilität einer genaueren Nachprüfung der Angemessenheit der Höhe von Preisunterschieden machen im Fall der Lieferantenpreisdifferenzierung eine im Vergleich zur Liefersperre (dazu → Rn. 128) **grundsätzlich flexiblere Gesetzesanwendung** erforderlich, die den Normadressaten im Rahmen der Interessenabwägung tendenziell einen größeren Gestaltungsspielraum belässt.[670] Außerdem ist dabei der Tatsache Rechnung zu tragen, dass Abs. 2 Nr. 1 für die Normadressaten **keine allgemeine Verpflichtung zur Meistbegünstigung** bei den Preisen und Konditionen begründet,[671] und zu berücksichtigen, in welchem Maße die ungleiche Behandlung zu einer Beeinträchtigung des Wettbewerbs zwischen den ungleich behandelten Abnehmern führt.[672]

**155**     Als wettbewerbskonformes Verhalten idR sachlich gerechtfertigt ist die Preisdifferenzierung zum Zwecke des **Eintritts in niedrigere Preise von Wettbewerbern.**[673] Eine Verpflichtung, die Preise in diesem Falle gegenüber allen Abnehmern in gleichem Umfang zu senken, käme einer aus Abs. 2 Nr. 1 nicht begründbaren Meistbegünstigungsverpflichtung gleich.[674] Gleiches gilt für Preiserhöhungen, soweit die Preise einzelner Abnehmer infolge noch wirksamer Festpreisvereinbarungen nicht einheitlich veränderbar sind. Der Normadressat ist jedoch in einem solchen Falle gehalten, die Angleichung zu dem ihm frühestmöglichen Zeitpunkt herbeizuführen.[675] Auch „aktive" regionale Preisdifferenzierungen als Mittel des Eindringens in neue räumliche Märkte, insbesondere wenn dies nur durch Preiswettbewerb mit dort marktmächtigen Konkurrenten möglich ist, können wettbewerbskonform und damit nach Abs. 2 Nr. 1 zulässig sein. Allerdings kann, nicht zuletzt im Hinblick auf die Wertung des Abs. 2 Nr. 5, die Drohung eines Abnehmers mit einer Bezugssperre nicht ohne weiteres als Rechtfertigung für Preisdifferenzierungen auf der Lieferantenseite anerkannt werden, sofern es sich dabei nicht um eine angemessene Reaktion auf ein andernfalls ernsthaft zu befürchtendes Überwechseln des betreffenden Abnehmers zu einem anderen Lieferanten handelt.[676]

**156**     **(2) Rabattsysteme. Mengenrabattsysteme** im engeren Sinne, deren Berechnungsgrundlage die Größe des von einem Abnehmer erteilten einzelnen Auftrags (Auftragsgrößenrabatt) oder der an ihn gelieferten einzelnen Sendung ist („Partierabatt", „Waggon-

---

[670] BGH 24.2.1976 – KVR 3/75, WuW/E BGH 1429 (1435) – Asbach-Fachgroßhändlervertrag; OLG Düsseldorf 27.8.1968 – U (Kart) 8/67, WuW/E OLG 917 (922 f.) – Partierabatt; OLG Stuttgart 30.12.1985 – 2 U 50/84 (Kart), WuW/E BGH 3791 (3794 ff.) – Verlagsauslieferer; Koller S. 104 ff.; Nothdurft in Bunte Rn. 461 f.; Loewenheim in LMRKM Rn. 60.
[671] BGH 19.3.1996 – KZR 1/95, WuW/E BGH 3058 (3064 f.) = NJW 1996, 2656 – Pay-TV-Durchleitung; 10.2.2004 – KZR 14/02, WuW/E DE-R 1251 (1252) – Galopprennübertragung; 24.10.2011 – KZR 7/10, WuW/DE-R 3446, 3451 – Grossistenkündigung; 12.4.2016 – KZR 30/14, WuW 2016, 427 Rn. 48 – NetCologne; 6.7.2021 – KZR 11/18, NZKart 2021, 578 Rn. 15 – wilhelm.tel.
[672] BGH 19.6.1975 – KZR 10/74, WuW/E BGH 1405 (1409 f.) = NJW 1975, 2065 – Grenzmengenabkommen; 12.12.1984 –, RdE 1985, 101 (104); 13.7.2004 – KZR 40/02, WuW/E DE-R 1329 (1333) – Standard-Spundfass II; 24.10.2011 – KZR 7/10, WuW/E DE-R 3446 (3451) – Grossistenkündigung; Schütte S. 254 ff.
[673] TB 1993/94, 147; Koller S. 141 ff.; Schütte S. 273 ff.; Markert ET 1988, 117 (120 f.); zur Beurteilung nach Art. 102 AEUV: EuG 30.1.2007 – T-340/03, WuW/E EU-R 1224 (1231 ff.) – France Télécom/ Kommission; → AEUV Art. 102 Rn. 246.
[674] BGH 19.3.1996 – KZR 1/95, WuW/E BGH 3058 (3064 f.) – Pay-TV-Durchleitung; vgl. auch 22.10.1973 – KZR 3/73, WuW/E BGH 1299 – Strombezugspreis; Emmerich NJW 1974, 903; aA zB Kramm WRP 1998, 341 (343 f.); Hübschle WuW 1998, 146 (152 f.).
[675] Vgl. zB OLG Frankfurt a. M. 20.1.1983 – 6 U 25/81, WuW/E OLG 3134 (3135) – Solelieferungsvertrag.
[676] BGH 19.6.1975 – KZR 10/74, WuW/E BGH 1405 (1409 f.) – Grenzmengenabkommen; 19.3.1996 – KZR 1/95, WuW/E BGH 3058 (3064) – Pay-TV-Durchleitung; KG 26.6.1985 – Kart 7/84, WuW/E OLG 3656 (3658) – TUI-Partnerschaftsbonus.

rabatt"), sind in aller Regel mit Abs. 2 Nr. 1 vereinbar.[677] Voraussetzung ist allerdings, dass die Mengenstaffelung in groben Zügen dem Kostenverlauf beim Lieferanten entspricht und insbes. keine extremen Sprünge aufweist.[678] Die Gewährung eines Mengenrabatts kann von einer angemessenen Mindestabnahmemenge bei dem betreffenden Lieferanten abhängig gemacht und nach oben hin durch einen Höchstrabattsatz angemessen begrenzt werden.[679]

**Umsatzrabattsysteme** und die ihnen wirtschaftlich gleichstehenden Mengenrabattsysteme im weiteren Sinn, bei denen Berechnungsgrundlage für die Rabattgewährung der in einer Referenzperiode erzielte Umsatz oder die bezogene Gesamtmenge ist, können auch unabhängig von der konkreten Ausgestaltung der Rabattstaffelung gegen Abs. 2 Nr. 1 verstoßen. Dies gilt vor allem dann, wenn auch andere als die für die Normadressatenstellung relevanten Waren oder Leistungen in die Rabattberechnung einbezogen werden **(Gesamtumsatzrabattsystem).**[680] Durch einen Rabattverbund zwischen einer Ware mit einer relativ starken Marktstellung und Waren mit geringen Marktanteilen erhalten Abnehmer, die neben der „Hauptware" auch diese Waren vom Lieferanten beziehen, bei einer Rabattstaffelung mit ansteigenden Rabattsätzen in aller Regel einen höheren Rabatt als die nur die „Nebenwaren" beziehenden Abnehmer, werden also trotz gleicher Abnahmeleistung bezogen auf die einzelne Ware ungleich behandelt. Da die Abnehmer diese Benachteiligung durch Bezugskonzentration auf den Lieferanten der „Hauptware" zu vermeiden versuchen, ergibt sich gleichzeitig eine (horizontale) Behinderung der die „Nebenwaren" anbietenden Hersteller, die mit der Sogwirkung von marktanteilsstarken Gesamtumsatzrabattkartellen vergleichbar ist.[681] Für derartige **wirtschaftliche Kopplungen,** mit denen eine starke Marktstellung hinsichtlich eines Produkts zur Erlangung andernfalls nicht erreichbarer Wettbewerbsvorteile bei anderen Produkten ausgenutzt wird, ist idR die sachliche Rechtfertigung zu verneinen. Das betriebswirtschaftlich legitime Interesse eines Herstellers, dass die seine „Hauptware" beziehenden Händler auch sein übriges Sortiment führen, kann auch durch weniger wettbewerberbehindernde Mittel erreicht werden, zB durch das Abhängigmachen der Lieferung der „Hauptware" davon, dass auch die „Nebenwaren" im Sortiment geführt werden (→ Rn. 131), oder durch einen angemessenen Vollsortierungsrabatt[682]. **157**

Auch wenn Umsatzrabattsysteme auf die Umsätze des einzelnen Abnehmers mit einer bestimmten Art von Waren oder gewerblichen Leistungen bei einem bestimmten Lieferanten begrenzt sind **(produktbezogene Umsatzrabattsysteme),** können sie im Einzelfall gegen Abs. 2 Nr. 1 verstoßen. Zwar werden durch ein derartiges System alle Abnehmer insofern gleichbehandelt, als jeder für einen bestimmten Umsatzbetrag oder eine bestimmte Bezugsmenge in der Referenzperiode den gleichen Rabatt erhält.[683] Auch handelt es sich nicht um einen Treuerabatt, da die Gewährung des Rabatts nicht davon abhängig gemacht wird, dass der Abnehmer seinen Bedarf ganz oder zu einem größeren Teil bei dem betreffenden **158**

---

[677] Vgl. zB BGH 27.9.1962 – KZR 6/61, BGHZ 38, 90 = WuW/E BGH 502 (508) – Treuhandbüro; 30.10.1975 – KZR 2/75, WuW/E BGH 1413 (1415) = NJW 1976, 710 – Mehrpreis von 11 %; KG 17.7.1967 – Kart V 18/66, WuW/E OLG 831 (833) – Baukeramik; OLG Düsseldorf 27.8.1968 – U (Kart) 8/67, WuW/E OLG 917 (922) – Partiarabatt; Koller S. 104 ff.; Mees Schwerpunkte 1988/89, 19. Zur Beurteilung nach Art. 102 AEUV: Wurmnest S. 569 ff.; → AEUV Art. 102 Rn. 252.

[678] Vgl. zB OLG Düsseldorf 13.2.1990 – U (Kart) 10/89, WuW/E OLG 4601 (4609 f.) – interlining; 21.12.2011 – VI-Kart 5/11 (V) – Laborchemikalien; OLG Hamm 11.2.1989 – 4 U 128/87, WuW/E OLG 4425 (4426) – Theaterrabatt; BKartA 19.2.1970 – B 3–463450-QX-377/69, WuW/E BKartA 1311 (1313) – Alleskleber; 15.5.2011 – B3–139/10, – Laborchemikalien.

[679] KG 25.6.1968 – Kart V 22/67, WuW/E OLG 891 (904 f.) – IGZ.

[680] Vgl. zB KG 12.11.1980 – Kart 32/79, WuW/E OLG 2403 – Fertigfutter; Monopolkommission Sondergutachten 7 Rn. 228; Koller S. 108; Mees Schwerpunkte 1988/89, 19.

[681] Vgl. zB KG 17.7.1967 – Kart V 18/66, WuW/E OLG 831 (836) – Baukeramik. Ebenso für wirtschaftliche Koppelungen durch Gesamtangebote zu einem einheitlichen Preis: BGH 30.4.2004 – KZR 1/03, WuW/E DE-R 1283 (1285 ff.) – Der Oberhammer.

[682] S. zB TB 1977, 64.

[683] AA jedoch BKartA 22.10.1979 – B 4–689100-TV-39/78, WuW/E BKartA 1817 (1821) – Fertigfutter; eine Diskriminierung kann zudem vorliegen, wenn den Umsatzgrößenklassen stark steigende Boni zugeordnet werden (Spreizung), so dass nur einige wenige Abnehmer die Höchstrabattstufen erreichen können, vgl. BKartA 19.5.2011 – B 3 – 139/10 Rn. 14 – Merck-Laborchemikalien.

Lieferanten deckt. Schließlich kann auch aus der grundsätzlich negativen Beurteilung von Gesamtumsatzrabattkartellen nach § 3 aF[684] nicht ohne weiteres auf eine gleiche Beurteilung individueller Umsatzrabattsysteme im Rahmen des § 19 Abs. 2 Nr. 1 geschlossen werden. Denn im Rahmen des § 3 aF handelte es sich um die ausnahmsweise Zulassung grundsätzlich verbotener Kartellvereinbarungen, die an pauschalierende, von der tatsächlichen Marktmacht und den konkreten negativen Auswirkungen auf Dritte abstrahierende Einschränkungen gebunden werden konnte. Dennoch kann die in § 3 Abs. 1 aF liegende gesetzliche Wertung auch bei der Beurteilung individueller Umsatzbonussysteme herangezogen werden. Die dies rechtfertigende faktische Parallele zum Gesamtumsatzrabattkartell besteht jedenfalls in dem vom Gesetzgeber bei der Unterstellung der freigestellten Kartelle nach Abs. 3 unter das Verbot des Abs. 2 Nr. 1 als typisch angesehenen Fall des branchenweiten Kartells mit einem sehr hohen Marktanteil. Denn unter gleichen tatsächlichen Voraussetzungen kann auch von einem individuellen Umsatzrabattsystem eines Lieferanten die gleiche Sogwirkung zu Lasten der Außenseiter ausgehen wie von einem die Bezüge bei diesen nicht mitzählenden Kartell.[685] Die Stärke dieser Wirkung hängt vor allem von der Höhe des Marktanteils des Lieferanten, von der Länge der Referenzperiode und von der Höhe und Art der Staffelung der Rabattsätze ab. Sie kann sich im Einzelfall so erheblich behindernd auf die wettbewerblichen Betätigungsmöglichkeiten der Außenseiter auswirken, dass auch bei Anerkennung eines angemessenen Pauschalierungsspielraums des Lieferanten (→ Rn. 154) die Verhältnismäßigkeitsgrenze überschritten wird und die Behinderung damit unbillig ist, falls nicht besondere Rechtfertigungsgründe ausnahmsweise entgegenstehen, zB der Zwang, auf entsprechende Maßnahmen von Wettbewerbern angemessen reagieren zu müssen.[686]

**159**   **Treuerabatte,** die unter der Bedingung gewährt werden, dass der Abnehmer seinen Bedarf an bestimmten Waren oder gewerblichen Leistungen ganz oder überwiegend bei dem betreffenden Lieferanten deckt, sind – unabhängig von ihrer Höhe und sonstigen Ausgestaltung (Sofortabzug, spätere Rückvergütung) – schon wegen ihrer immanenten Zielrichtung des völligen oder partiellen Ausschlusses von Wettbewerbern vom Geschäftsverkehr mit den begünstigten Abnehmern in aller Regel eine unbillige Behinderung von Wettbewerbern und häufig auch eine sachlich ungerechtfertigte ungleiche Behandlung von Abnehmern.[687] Ausnahmen können zB gerechtfertigt sein, wenn der Treuerabatt praktisch

---

[684] BGH 18.5.1982 – KVR 6/81, BGHZ 84, 118 = WuW/E BGH 1923 (1924 f.) – Rauchtabak.

[685] Vgl. OLG Düsseldorf 13.2.1990 – U (Kart) 10/89, WuW/E OLG 4601 (4610) – interlining, BKartA 22.10.1979 – B 4–689100-TV-39/78, WuW/E BKartA 1817 (1823) – Fertigfutter.

[686] KG 12.11.1980 – Kart 32/79, WuW/E OLG 2403 (2408 ff.) – Fertigfutter; BKartA 19.5.2011 – B 3 – 139/10, – Merck-Laborchemikalien; TB 1981/82, 28; 1983/84, 86; 1985/86, 65, wobei als Zulässigkeitsgrenze jeweils eine Referenzperiode von einem Vierteljahr zugrundegelegt wurde; krit. dazu Möschel Wettbewerbsbeschränkungen Rn. 553; differenzierend Gröner/Köhler, Umsatzbonus – Instrument der Wettbewerbsbeschränkung?, S. 151 ff.

[687] KG 17.7.1967 – Kart V 18/66, WuW/E OLG 831 (833) – Baukeramik; 12.11.1980 – Kart 32/79, WuW/E OLG 2403 (2407 ff.) – Fertigfutter; OLG Düsseldorf 6.4.2016 – VI Kart 9/15 (V), BeckRS 2016, 9887 Rn. 81 ff.; BKartA 8.10.1979 – B 5–324400-TV-40/78, WuW/E BKartA 1805 (1807 ff.) – International Harvester; 22.10.1979 – B 4–689100-TV-39/78, WuW/E BKartA 1817 (1822) – Fertigfutter, TB 1983/84, 20; 1985/86, 71; hM im Schrifttum, zB Koller S. 110, Möschel Wettbewerbsbeschränkungen Rn. 553; Markert WRP 2003, 1320 (1321 ff.); zur ebenfalls bislang grundsätzlich negativen Beurteilung nach Art. 102 AEUV: EuGH 13.2.1979 – C-85/76, Slg. 461, 540 = WuW/E EWG/MUV 447 (457 f.) – Vitamine; 19.4.2012 – C-549/10 P, EuZW 2012, 741 Rn. 70 ff. – Tomra; EuG 12.6.2014 – T-286/09, NZKart 2014, 267 – Intel; → Art. 102 Rn. 253 f.; nunmehr wohl differenzierter EuGH 6.9.2017 – C-413/14 P, NZKart 2017, 525 Rn. 138 f. – Intel, der die Notwendigkeit für die Durchführung des sog. as efficient competitor-Tests (vgl. hierzu → Art. 102 Rn. 207 ff., 265 ff.) anerkennt, wenn der Normadressat, „gestützt auf Beweise, geltend macht, dass sein Verhalten nicht geeignet gewesen sei, den Wettbewerb zu beschränken und insbesondere die beanstandeten Verdrängungswirkungen zu erzeugen". Zur Beurteilung von „treuefördernden" Zielrabatten nach Art. 102 AEUV: EuGH 9.11.1983 – 322/81, Slg. 3461 = WuW/E EWG/MUV 642 – Michelin; 15.3.2007 – C-95/04 P, WuW/E EU-R 1259 (1260 f.) – British Airways/Kommission; 19.4.2012 – C-549/10 P, EuZW 2012, 741 Rn. 74 ff. – Tomra; 6.10.2015 – C-23/14, NZKart 2015, 476 – Post Danmark II; Barthelmeß NZKart 2014, 492 ff.; Bien/Hummel EuZW 2012, 737 ff.; Hieber/Cetintas NZKart 2016, 220 ff.; Wernicke EuZW 2015, 19 ff.; → Art. 102 Rn. 255, 272.

einem angemessenen Mengenrabatt gleichkommt[688] oder ein angemessenes Entgelt für besondere Leistungen von ausschließlich für einen Lieferanten tätigen Vertragshändlern darstellt.[689]

**Funktionsrabattsysteme** sind idR mit Abs. 2 Nr. 1 vereinbar, wenn sie auf das tatsäch- **160** liche Erbringen bestimmter Leistungen abstellen, die Rabatte nicht an sachfremde Bedingungen geknüpft sind und sich auch die Rabatthöhe im Rahmen der durch Abs. 2 Nr. 1 gezogenen Ermessensgrenzen hält.[690] Dies gilt zB für Großhandelsfunktionsrabatte, wenn damit die üblichen Großverteilerfunktionen (Sortimentierung, Lagerhaltung etc) angemessen entgolten werden.[691] Einkaufsgemeinschaften, die diese Funktionen ebenfalls erfüllen, sind dabei grundsätzlich gleichzubehandeln[692]. Bei der Einräumung besonderer Fachhandelsrabatte müssen alle Unternehmen, die die gleichen Leistungen erbringen, einbezogen werden.[693] **Problematisch** können **sog. Doppelpreissysteme** sein, im Rahmen derer bei der Rabattgewährung danach abgestellt wird, ob ein Produkt online oder offline verkauft wird und nur über den stationären Absatz der maximale Rabatt erreicht werden kann.[694] Die Abnahmemenge darf, von angemessenen Mindestmengen abgesehen, bei Erfüllung der Funktion grundsätzlich nicht zum Kriterium für die Gewährung eines entsprechenden Funktionsrabatts gemacht werden. Im Übrigen bestehen gegen die gleichzeitige Gewährung eines Mengen- und Großhandelsfunktionsrabatts keine grundsätzlichen Bedenken.[695]

**Sonstige Fälle**, in denen Rabattsysteme in einzelnen Punkten nach Abs. 2 Nr. 1 bean- **161** standet wurden, sind die Gewährung eines Zusatzrabatts für Automobilvertragshändler in Großstädten[696], die rabattmäßige Bevorzugung von Mitgliedern von Fachhandelsgenossenschaften,[697] die Gewährung eines Großhandelsfunktionsrabatts für Kraftfahrzeugersatzteile an Vertragshändler auch für solche Teile, die nur in den eigenen Werkstätten verwendet werden[698], die Gewährung eines besonders hohen Grundrabatts an Waren- und Versandhäuser[699] und die rabattmäßige Schlechterstellung von Zusatzstrombeziehern gegenüber Vollstrombeziehern.[700] Die Grundsätze für die Beurteilung von Preis- und Rabattdifferenzierungen von Lieferanten **leitungsgebundener Energie** (Strom, Gas, Fernwärme) gelten auch nach der Aufhebung des § 103 Abs. 5 S. 2 Nr. 2 aF für die Strom- und Gasversorgung bei der Anwendung des Abs. 2 Nr. 1 im Wesentlichen unverändert weiter.[701]

---

[688] Vgl. zB KG 14.4.1978 – Kart 8/78, WuW/E OLG 1983 – Rama-Mädchen; zur Beurteilung nach § 1 UWG aF: BGH 10.10.1980 – I ZR 121/78, GRUR 1981, 202 – Rama-Mädchen.

[689] Vgl. zB KG 26.6.1985 – Kart 7/84, WuW/E OLG 3656 (3657) – TUI-Partnerschaftsbonus (auch wegen der nur geringen Behinderungswirkung für Dritte); TB 1968, 41.

[690] BGH 24.2.1976 – KVR 3/75, WuW/E BGH 1429 (1433) – Asbach-Fachgroßhändlervertrag; KG 30.1.1968 – Kart V 33/67, WuW/E OLG 877 (882 f.) – Zigaretten-Einzelhandel; OLG Stuttgart 30.12.1985 – 2 U 50/84 (Kart), WuW/E OLG 3791 (3793) – Verlagsausliefer; BKartA 7.11.1972 – B 3–546600-OX-146/72, WuW/E BKartA 1441 (1443) – Bürsten; Koller S. 109 ff., 135 ff., 146 f. Gegen Abs. 2 Nr. 1 verstößt jedoch die Rabattdifferenzierung zwischen Verkäufen im stationären Handel und Online-Handel, OLG Düsseldorf 13.11.2013 – VI – U (Kart) 11/13, NZKart 2014, 68 – Fachhandelsvereinbarung Sanitär; BKartA 27.11.2013 – B5 – 144/13, – Gardena.

[691] BGH 24.2.1976 – KVR 3/75, WuW/E BGH 1429 (1433) – Asbach-Fachgroßhändlervertrag; mit Abs. 2 Nr. 1 vereinbar ist jedoch auch ein für Groß- und Einzelhandel einheitlich geltendes Mengenrabattsystem 27.9.1962 – KZR 6/61, BGHZ 36, 90 = WuW/E BGH 502 (508 f.) – Treuhandbüro.

[692] TB 1976, 62.

[693] BGH 24.2.1976 – KVR 3/75, WuW/E BGH 1429 (1433) – Asbach-Fachgroßhändlervertrag; KG 30.1.1968 – Kart V 33/67, WuW/E OLG 877 (882 f.) – Zigaretten-Einzelhandel; OLG Stuttgart 30.12.1985 – 2 U 50/84 (Kart), WuW/E OLG 3791 (3793) – Verlagsausliefer; TB 1974, 73 f.

[694] Vgl. BKartA 27.11.2013 – B5–144/13.

[695] Vgl. KG 25.6.1968 – Kart V 22/67, WuW/E OLG 891 (898) – IGZ; BKartA 4.6.1964 – B 2–687510-QX–184/60, WuW/E BKartA 823 (824) – Doornkaat.

[696] „Metropolitanrabatt", TB 1975, 54 f.

[697] BKartA 10.11.1969 – B 3–562100-QX–114/69, WuW/E BKartA 1309 (1310) – Buchalben.

[698] TB 1974, 54 f.

[699] BKartA 7.11.1972 – B 3–546600-QX–146/72, WuW/E BKartA 1441 (1444) – Bürsten.

[700] TB 1977, 87.

[701] Vgl. zB BGH 30.10.1975 – KZR 2/75, WuW/E BGH 1413 = NJW 1976, 710 – Mehrpreis von 11 %; 14.10.1976 – KZR 36/75, ET 1976, 740 = NJW 1977, 804 – Mehrpreis von 11 % II; Schütte S. 247 ff.; Baur S. 61 ff.; Büdenbender S. 251 ff.; enger jedoch Kramm WRP 1998, 343 f.; Hübschle WuW 1998, 152 ff.

**162**  **(3) Frachtkostensysteme.** Frachtkostensysteme, die vom Ab-Werk-Preissystem mit getrennter Frachtkostenrechnung abweichen, sind in der bisherigen Praxis zu Abs. 2 Nr. 1 fast nur im Rahmen der Beurteilung von Verkaufssyndikaten als Rationalisierungskartelle nach § 5 Abs. 2 und 3 aF relevant geworden.[702] Dabei handelte es sich meistens um Frankostationspreissysteme, nach denen allen Abnehmern an jedem Empfangsort der gleiche Preis pro Mengeneinheit berechnet wird.[703] Auch Frachtzonensysteme, bei denen die Frankostationspreise nach Zonen gestaffelt sind, wurden in einer Reihe von Syndikatsfällen geprüft.[704] Frachtbasissysteme, bei denen der Frachtaufwand nicht unmittelbar im Produktpreis enthalten ist, sondern dem Abnehmer ab einer Frachtbasis unabhängig von der Lage des tatsächlichen Versendungsorts gesondert in Rechnung gestellt wird, waren nur in einem Fall Gegenstand einer Entscheidung.[705]

**163**  Der Vertrieb zu einheitlichen **Frankostationspreisen** behandelt alle Abnehmer gleich und ist deshalb keine ungleiche Behandlung iSv Abs. 2 Nr. 1.[706] Jedoch können dadurch Abnehmer und Wettbewerber unbillig behindert werden, weil ihre „natürlichen" Standortvorteile wegfallen oder sich wesentlich verringern; gleichzeitig kann aber auch der Wettbewerb durch Ausgleich von Standortnachteilen gefördert werden.[707] Eine unbillige Behinderung von Abnehmern kann sich insbes. im standortnahen Bereich ergeben. Sie kann ferner in der Verweigerung der Möglichkeit der Selbstabholung durch den Abnehmer liegen[708]. Durch **Frachtbasissysteme** mit einem Basisort, der mit dem Versendungsort nicht übereinstimmt, werden standortnahe Abnehmer mit höheren Frachtkosten („Phantomfrachten") belastet und standortferne entsprechend entlastet. Diese ungleiche Behandlung ist aber in aller Regel als sachlich gerechtfertigt anzusehen, wenn die Frachtbasis etwa in der räumlichen Mitte eng benachbarter Lieferwerke liegt.[709] **Zonenpreissysteme** verstoßen als unbillige Behinderung und ungerechtfertigte Ungleichbehandlung von Abnehmern gegen Abs. 2 Nr. 1, wenn sich die Frachtzonen nicht an den pauschalierten Frachtkosten orientieren.[710]

**164**  **(4) Sonstige Fälle.** Als **Verstoß** gegen Abs. 2 Nr. 1 sind ferner angesehen worden: die Gewährung eines auf Großabnehmer beschränkten Umsatzsteigerungsbonus[711], die ungleiche Behandlung von inländischen Tonbandgeräteherstellern und Importeuren durch die Gema hinsichtlich der Höhe des Vergütungsanspruchs nach § 54 UrhG,[712] die Aufteilung des Versorgungsgebiets eines Stromversorgungsunternehmens in zwei Preisgebiete trotz eines für das gesamte Gebiet einheitlichen Preises für den Strombezug beim Vorlieferanten[713], im Bereich des Buch- und Zeitschriftenhandels die Kopplung der Rabattierung und der Gewährung von Werbungskostenzuschüssen an die Zahl der gewonnenen Neukunden und das Abhängigmachen von Werbeentgelten von der Höhe des Kundenbestandes[714] und

---

[702] Vgl. Segelmann/Niederleithinger WuW 1967, 453 ff.; Koller S. 7 ff., 122 f.; Hamm S. 333 ff.

[703] Vgl. insbes. BKartA 6.4.1966 – B 1–254200-J-132/65, WuW/E BKartA 1079 (1082 ff.) – Steinzeug III.

[704] ZB BGH 25.6.1965 – KVR 1/64, WuW/E BGH 667 (671) – Rechtselbische Zementpreise; BKartA 15.3.1966 – E 1–99 und 100/62, WuW/E BKartA 1131 (1137 f.) – Westfälische Zementwerke II.

[705] BKartA 30.6.1960 – B 3–413440-J-127/58, WuW/E BKartA 211 (222) – Thomasphosphat.

[706] BKartA 6.4.1966 – B 1–254200-J-132/65, WuW/E BKartA 1079 (1083) – Steinzeug III.

[707] Zu den Auswirkungen auf den Wettbewerb: Segelmann/Niederleithinger WuW 1967, 460 ff.; Hamm S. 333 ff. Zur Zulässigkeit eines Sonderrabatts als Ausgleich: BKartA 6.4.1966 – B 1–254200-J-132/65, WuW/E BKartA 1079 (1085) – Steinzeug III.

[708] TB 1973, 77; 1974, 47.

[709] BKartA 15.3.1966 – E 1–99 und 100/62, WuW/E BKartA 1131 (1137) – Westfälische Zementwerke II; Segelmann/Niederleithinger WuW 1967, 481.

[710] BGH 25.6.1965 – KVR 1/64, WuW/E BGH 667 (670) – Rechtselbische Zementpreise; Segelmann/Niederleithinger WuW 1967, 480.

[711] TB 1977, 63.

[712] BGH 30.1.1970 – KZR 3/69, WuW/E BGH 1069 (1072 f.) – Tonbandgeräte; OLG Frankfurt a. M. 3.5.1979 – 6 U 130/78, WuW/E OLG 2179 (2181) – PX-Läden.

[713] TB 1971, 93.

[714] TB 1978, 31 f.

die Verweigerung eines Bonus an einzelne Vertragshändler wegen Nichteinhaltung der vom Hersteller empfohlenen Wiederverkaufspreise.[715] Als **vereinbar** mit Abs. 2 Nr. 1 angesehen wurde die von mehreren Kosmetikherstellern praktizierte Überlassung von Verkaufspersonal an Kaufhäuser mit der Begründung, dass dieser Vorteil durch die anderen Abnehmern gewährten Rabatte und Leistungen jedenfalls teilweise ausgeglichen werde und im Übrigen durch besondere Werbeleistungen der Kaufhäuser gerechtfertigt sei[716].[717]

**dd) Die Wettbewerberbehinderung durch Anbieter. (1) Allgemeines.** Wettbewer- **165** ber können von Normadressaten des Abs. 2 Nr. 1 außer durch Liefersperren und Lieferantenpreisdifferenzierungen auch auf andere Weise behindert werden. Bei der weiten Auslegung des objektiven Behinderungsbegriffs des Abs. 2 Nr. 1 als jede Art der Beeinträchtigung der Betätigungsmöglichkeiten anderer Unternehmen im Wettbewerb (→ Rn. 184) muss die Anwendung des Abs. 2 Nr. 1 auf Fälle der Wettbewerberbehinderung im Rahmen der Interessenabwägung besonders sorgfältig eingegrenzt werden, um zu verhindern, dass der Schutz von Konkurrenten über das Ziel hinausschießt und auch wettbewerbskonformes Verhalten der Normadressaten erfasst wird. Deshalb kommt dem Kriterium der **Wettbewerbskonformität** (→ Rn. 124) gerade für die Beurteilung der Unbilligkeit von Wettbewerberbehinderungen besondere Bedeutung zu; es soll verhindern, dass der von Abs. 2 Nr. 1 bezweckte Schutz der Wettbewerbsfreiheit ins Gegenteil verkehrt und die erwünschte Dynamik des Wettbewerbsprozesses beeinträchtigt oder gar beseitigt wird.

Aus dem Behinderungsverbot des Abs. 2 Nr. 1 folgt deshalb keine generelle Verpflich- **166** tung der Normadressaten, die Betätigungsmöglichkeiten aktueller oder potentieller Wettbewerber auf dem relevanten Markt nicht weiter einzuschränken und die wettbewerbliche Marktstruktur nicht weiter zu verschlechtern. Auch für besonders marktmächtige Unternehmen schließt schon die bei der Interessenabwägung erforderliche Einzelfallbeurteilung eine derart weite **Marktstrukturverantwortung** aus.[718] In der Rechtspraxis sind Ansätze dafür bisher nicht erkennbar. Das KG hat zwar in mehreren Entscheidungen zum „Behinderungsmissbrauch" iSv § 19 Abs. 4 Nr. 1 aF auf die Beeinträchtigung oder Verschlechterung des Restwettbewerbs auf dem beherrschten Markt abgestellt,[719] dieses Kriterium aber für die Interessenabwägung nach § 20 Abs. 1 aF nicht herangezogen.[720] Im Schrifttum ist zwar der auf die Verschlechterung des Restwettbewerbs abstellende Ansatz der Marktstrukturverantwortung bzgl. marktbeherrschender Unternehmen, auch zu § 20 Abs. 1 aF vertreten worden,[721] aber durch das zusätzliche Erfordernis, dass die Verschlechterung des Restwettbewerbs durch „leistungsfremdes" Verhalten verursacht sein müsse, im Ergebnis weitgehend wieder eingeschränkt worden.

Aber auch eine **eingeschränkte Marktstrukturverantwortung** marktbeherrschender **167** Unternehmen iSd Erfassung jeder Art der Verschlechterung des Restwettbewerbs durch „leistungsfremdes" Verhalten als eine unbillige Behinderung, lässt sich aus Abs. 2 Nr. 1 **nicht herleiten.**[722] Der Gesichtspunkt der **„Leistungsfremdheit"** ist zwar vom BGH in

---

[715] BGH 8.5.1990 – KZR 23/88, WuW/E BGH 2647 (2652) – Nora-Kunden-Rückvergütung; OLG München 13.10.1988 – U (U) 5507/87, WuW/E OLG 4444 (4448) – Rationalisierungsboni.

[716] TB 1976, 69; 1977, 63.

[717] Zur Rechtfertigung unterschiedlich hoher Franchisegebühren in einem Franchisesystem: Billing/Lettl WRP 2012, 906 (912 f.).

[718] Vgl. zB Möschel Pressekonzentration S. 108 ff.; Möschel Ordo 1979, 308 ff.; Mestmäcker, Medienkonzentration und Meinungsvielfalt, S. 130.

[719] Vgl. KG 14.4.1978 – Kart 8/78, WuW/E OLG 1883 (1885) – Rama-Mädchen; 30.5.1979 – Kart 16/79, WuW/E OLG 2148 (2149) – Sonntag Aktuell; 12.11.1980 – Kart 32/79, WuW/E OLG 2403 (2406 ff.) – Fertigfutter; ebenso TB 1977, 25 ff.; 1978, 27 ff.

[720] Vgl. KG 14.4.1978 – Kart 8/78, WuW/E OLG 1883 (1888) – Rama-Mädchen; 9.3.1983 – Kart 35/82, WuW/E OLG 3124 (3132 f.) – Milchaustauschfuttermittel.

[721] Insbes. Ulmer GRUR 1977, 575 f.; Ulmer FS Kummer, 1980, 565 ff.

[722] Zur mangelnden Tragfähigkeit des Ansatzes des „Leistungsbezugs" oder der „Leistungsgerechtigkeit" und anderer auf den „Leistungswettbewerb" gestützter Ansätze als maßgebliches Kriterium für die Interessenabwägung nach Abs. 2 Nr. 1 → Rn. 115 ff.

einzelnen Entscheidungen zur Beurteilung der Unbilligkeit von Wettbewerberbehinderungen nach Abs. 2 Nr. 1 herangezogen worden.[723] Aus dem Zusammenhang ergibt sich aber, dass dabei nicht an einen vorgegebenen Begriffsinhalt angeknüpft, sondern das Unwerturteil, dass es sich um eine „leistungsfremde" Maßnahme handele, erst nach dem Maßstab der Einzelfallinteressenabwägung unter Berücksichtigung der auf die Freiheit des Wettbewerbs gerichteten Zielsetzung des GWB gewonnen wurde.[724] Wird aber unter „leistungsfremdem" Verhalten nur die an diesem Maßstab gemessene unbillige Behinderung verstanden, verliert dieses Kriterium im Rahmen des Abs. 2 Nr. 1 jede eigenständige Bedeutung. Der Ansatz des „Nichtleistungswettbewerbs" soll jedoch nach der Intention seiner Befürworter gerade über diesen Maßstab hinausführen, wie sich insbes. daran ersehen lässt, wie Untereinstandspreisangebote und Gesamtumsatzrabatte nach diesem Ansatz im Rahmen des Abs. 2 Nr. 1 beurteilt werden.[725]

**168**     Der Versuch, den Bereich der unbilligen Wettbewerberbehinderung iSv Abs. 2 Nr. 1 durch die Kriterien „leistungsfremd" und „Verschlechterung des Restwettbewerbs" abzugrenzen, steht in engem Zusammenhang mit Bestrebungen, das **UWG** mit der gleichen Zielrichtung gegen **„marktstörende" Verhaltensweisen** marktmächtiger Unternehmen stärker zu aktivieren.[726] Dies ist auch für die Anwendung des Abs. 2 Nr. 1 von unmittelbarer Bedeutung, weil unlautere Verhaltensweisen von Normadressaten dieser Vorschrift schon wegen der daraus folgenden Rechtswidrigkeit im Rahmen der Interessenabwägung nach Abs. 2 Nr. 1 nicht als billig oder sachlich gerechtfertigt angesehen werden können (→ Rn. 108). Umgekehrt kann ein Verstoß gegen das Kartellrecht wegen der weitgehend parallelen Wertungen mit dem UWG abzulehnen sein, wenn ein Verhalten mit § 4 Nr. 4 UWG (bzw. § 3 Abs. 1 UWG) im Einklang steht.[727] Es ist indes zweifelhaft, ob sich das UWG auf der Grundlage eines „marktbezogenen" Unlauterkeitsverständnisses zu einem der kartellrechtlichen Machtkontrolle nach den §§ 19 und 20 GWB auch nur annähernd gleichkommenden Regelsystem weiterentwickeln ließe und dies überhaupt zu den Aufgaben des Lauterkeitsrechts gehören kann.[728] Die früher in Teilen des Schrifttums vertretene sog. „Vorfeldthese" (→ Rn. 52a) ist jedenfalls abzulehnen. Fragwürdig und allenfalls restriktiv anzuwenden ist auch die lauterkeitsrechtliche Fallgruppe der **allgemeinen**

---

[723] So zB BGH 26.10.1972 – KZR 54/71, WuW/E BGH 1238 (1242) = NJW 1973, 280 – Registrierkassen (Verweigerung der Belieferung eines konkurrierenden Reparaturunternehmens mit Original-Ersatzteilen sei eine „leistungsfremde" Maßnahme, welche die Entfaltung der Leistungskraft des Gesperrten im Wettbewerb mit dem Ersatzteillieferanten hindere und damit den Zielen des GWB widerspreche); 12.3.1991 – KZR 26/89, WuW/E BGH 2707 (2716) = NJW 1991, 2963 – Krankentransportunternehmen II (Interessenverfolgung, „die darauf abzielt, den Leistungswettbewerb auszuschalten", könne nicht als sachlich berechtigt anerkannt werden).

[724] So zB auch BGH 22.9.1981 – KVR 8/80, BGHZ 81, 322 = WuW/E BGH 1829 (1837 ff.) – Original-VW-Ersatzteile II; 10.12.1985 – KZR 22/85, BGHZ 96, 337 = WuW/E BGH 2195 (2199) – Abwehrblatt II; 7.3.1989 – KZR 15/87, BGHZ 107, 273 = WuW/E BGH 2584 (2587) – Lotterievertrieb; v. Ungern-Sternberg FS Odersky, 1996, 989.

[725] Vgl. zB Ulmer GRUR 1977, 572, BKartA 22.10.1979 – B 4-689100-TV-39/78, WuW/E BKartA 1817 (1822) – Fertigfutter.

[726] So im Schrifttum insbes. Ulmer GRUR 1977, 577 ff.; Baudenbacher ZHR 144, 145 ff.; Baudenbacher GRUR 1981, 19 ff.; krit. dazu insbes. Möschel Pressekonzentration S. 130 ff.; Merz S. 183 ff.; Mestmäcker S. 56 ff.; ausführlich zur allgemeinen Marktbehinderung als ungeschriebener Beispielstatbestand der früheren Generalklausel des § 1 UWG aF und des jetzigen § 3 Abs. 1 UWG Köhler in Köhler/Bornkamm/Feddersen UWG § 4 Rn. 5.1 ff. mwN.

[727] OLG München 23.3.2017 – U 3702/16 Kart, NZKart 2017, 382 (384) – Videoberichterstattung im Amateurfußball; LG Hamburg 25.1.2013 – 315 O 449/12, GRUR-RR 2014, 221 (225); OLG Düsseldorf 13.11.2013 – VI-U (Kart) 6/13, GRUR-RR 2014, 311 (314).

[728] Krit. zu diesem Ansatz zB auch Mestmäcker, Medienkonzentration und Meinungsvielfalt, S. 135 ff.; Möschel Wettbewerbsbeschränkungen Rn. 542 und 649. Zurückhaltend aus lauterkeitsrechtlicher Sicht auch Köhler in Köhler/Bornkamm/Feddersen UWG § 4 Rn. 5.2.; s. auch BGH 20.11.2003 – I ZR 151/01, GRUR 2004, 602 (603) – 20 Minuten Köln, wonach bei der lauterkeitsrechtlichen Beurteilung von Marktbehinderungen stets auch die Zielsetzung des GWB zu berücksichtigen und zu beachten ist, dass dem lauterkeitsrechtlichen Verbot nicht die Wirkung zukommt, ohnehin bestehende Marktzutrittsbeschränkungen zu erhöhen und damit zu einer Marktabschottung beizutragen.

**Marktbehinderung bzw. Marktstörung** (s. hierzu bereits → Rn. 52). Die meisten insoweit diskutierten Anwendungsfälle, in denen „bedenkliche", aber nicht eindeutig unlautere Verhaltensweisen zu einer **„Gefährdung des Wettbewerbsbestands"** führen können, lassen sich mit §§ 19 Abs. 2 Nr. 1, 20 Abs. 1 bis Abs. 4 ohne Schwierigkeiten erfassen. Ein Rückgriff auf das UWG erscheint zur Vermeidung etwaiger Rechtsschutzlücken allenfalls in den seltenen Ausnahmefällen geboten,[729] in denen die handelnden Unternehmen über keine für §§ 19, 20 GWB ausreichende Marktstärke verfügen und gleichwohl eine hinreichende Gefahr für den Wettbewerbsbestand besteht. Nach Einführung des § 20 Abs. 3a zum Schutz Tipping-geneigter Märkte dürfte sich der potentielle Anwendungsbereich für die Fallgruppe der allgemeinen Marktstörung noch weiter verringert haben und sollte daher gänzlich aufgegeben werden (→ Rn. 52b).

Auch die Konzepte der **„Wettbewerbsbeschränkung"** und der **„Monopolisierung"**  **169** sind für die erforderliche Konkretisierung des Unbilligkeitsmaßstabes des Abs. 2 Nr. 1 zur Beurteilung von Wettbewerberbehinderungen nur sehr **begrenzt ergiebig**.[730] Auch ihnen fehlt, wie den Begriffen „Leistungswettbewerb" und „marktbezogene" Unlauterkeit, die Vorgabe eines eindeutigen Inhalts, aus dem sich über den Interessenabwägungsmaßstab hinaus zusätzliche Erkenntnisse für die normative Bewertung nach dieser Vorschrift entnehmen ließen. Das Konzept der Wettbewerbsbeschränkung ist auch zu eng, um zB für die Beurteilung des individuellen Preisverhaltens unter dem Aspekt der unbilligen Behinderung iSv Abs. 2 Nr. 1 sinnvolle Lösungsansätze liefern zu können. Die „Monopolisierung" kann zwar rechtsvergleichend im Lichte der Ergebnisse der Anwendung des US-amerikanischen Monopolisierungsverbots (Sec. 2 Sherman Act) nutzbar gemacht werden,[731] bringt aber für Abs. 2 Nr. 1 keine direkt verwertbaren Anwendungskriterien. Grundsätzlich kann daher auch die Wettbewerberbehinderung nur nach dem Maßstab der einzelfallbezogenen Interessenabwägung unter Berücksichtigung der auf die Freiheit des Wettbewerbs gerichteten Zielsetzung des GWB beurteilt werden (→ Rn. 105 ff.). Dies schließt nicht aus, die in den verschiedenen generalisierenden Ansätzen enthaltenen Gesichtspunkte in diesem Rahmen mit heranzuziehen. Dabei ist aber insbes. die im Einzelfall unter dem Aspekt der unbilligen Wettbewerberbehinderung zu beurteilende Verhaltensweise,[732] die konkrete Marktstärke des in Betracht stehenden Normadressaten (→ Rn. 120) und die Wettbewerbskonformität (→ Rn. 124) zu berücksichtigen. Vor allem der zuletzt genannte Beurteilungsgesichtspunkt legt gerade bei der Wettbewerberbehinderung ein besonders behutsames Vorgehen in der Rechtsanwendung nahe.

Etwas anderes folgt auch nicht aus dem im Zuge der 10. GWB-Novelle eingeführten  **169a** Tatbestand des **§ 20 Abs. 3a**, nach dem eine unbillige Behinderung im Horizontalverhältnis auch darin liegen kann, dass ein marktstarkes Unternehmen auf einem Markt iSd § 18 Abs. 3a „die eigenständige Erzielung von Netzwerkeffekten durch Wettbewerber behindert"; damit soll ein „Kippen" von noch nicht beherrschten Märkten verhindert werden.[733] Der zugrundeliegende **Wertungsgesichtspunkt** ist zwar auf die Beurteilung von Praktiken (schon) marktbeherrschender Unternehmen im Rahmen des § 19 Abs. 2 Nr. 1 **übertragbar**, da es nach dem Normzweck des § 19 auch eine weitere Verfestigung und Verstärkung einer bereits eingetretenen Marktbeherrschung zu bekämpfen gilt. Die weitere Voraussetzung des § 20 Abs. 3a – Bestehen einer „ernstlichen Gefahr" der nicht

---

[729] Vgl. auch Köhler in Köhler/Bornkamm/Feddersen UWG, § 4 Rn. 5.1 (Tatbestand der allgemeinen Marktbehinderung „in der Praxis weitgehend bedeutungslos").

[730] Weitergehend zB Mestmäcker, Medienkonzentration und Meinungsvielfalt, S. 132 f.; Hoppmann, Marktmacht und Wettbewerb, S. 24 ff.

[731] So zB für die gezielte Kampfpreisunterbietung: Wurmnest S. 418 ff. und 503 ff.; Möschel Ordo 1979, 299 ff.; für den Zugang zu „wesentlichen Einrichtungen" (essential facilities): Marken FS Mestmäcker, 1996, 661 ff.; generell: Mestmäcker S. 31 ff.; Gavil, Exclusionary Distribution Strategies by Dominant Firms, 72 Antitrust Law Journal 3 ff. (2004).

[732] Vgl. zB den daran ausgerichteten Versuch einer Fallgruppenbildung für den Behinderungsmissbrauch iSv § 19 Abs. 4 Nr. 1 aF: TB 1977, 22 ff.

[733] BegrRegE BT-Drs. 19/23492, 82 f.

unerheblichen Einschränkung des „Leistungswettbewerbs" – zeigt jedoch die letztlich ebenfalls begrenzte Bedeutung des Kriteriums der Behinderung der Erzielung von Netzwerkeffekten und macht eine **umfassende Interessenabwägung nicht entbehrlich.**

170 **(2) Preisunterbietung, Untereinstandspreisangebote.** Das Unterbieten der Preise von Wettbewerbern zum Zwecke der Steigerung des eigenen Absatzes ist als wettbewerbskonformes Verhalten (→ Rn. 124) weder per se noch prima facie eine unbillige Behinderung der dadurch in ihren Absatzmöglichkeiten beeinträchtigten Wettbewerber. Dies gilt auch dann, wenn der niedrigere Preis in einem besonders ungewöhnlichen Maße das „normale" Preisniveau auf dem relevanten Markt oder bestimmte, an die Herstellungs- oder Beschaffungskosten für die angebotene Ware oder Leistung anknüpfende Kalkulationsgrenzen wie die eigenen Selbstkosten, den Einstands- oder den Einkaufspreis der betreffenden Ware oder Dienstleistung unterschreitet. Wegen der überragenden Bedeutung der Preisbildungsfreiheit für das bei der Interessenabwägung besonders zu berücksichtigende Freiheitsschutzziel des GWB (→ Rn. 106 ff.), die durch die Aufhebung der gesetzlichen Freistellungsmöglichkeit für vertikale Preisbindungen (mit Ausnahme von Zeitungen und Zeitschriften iSd § 30) noch größeres Gewicht erhalten hat, ist auch für marktbeherrschende Unternehmen bei der Bewertung nichtdiskriminierenden Preisverhaltens als unbillige Wettbewerberbehinderung **besondere Zurückhaltung** geboten und das Unbilligkeitsurteil in aller Regel auf Fälle zu beschränken, in denen solches Verhalten bereits wegen Verstoßes gegen andere gesetzliche Vorschriften, insbes. gegen § 20 Abs. 3 S. 2 Nr. 1 und 2 GWB und § 4 Nr. 4 UWG, rechtswidrig ist und schon deshalb auch im Rahmen der Interessenabwägung nach Abs. 2 Nr. 1 nicht als sachlich gerechtfertigt oder billig anerkannt werden kann.[734] Auch die Marktmachtorientierung des Abs. 2 Nr. 1 ist keine tragfähige Grundlage für die auch bei der Anwendung des UWG auf der Grundlage weitergehender Leistungswettbewerbskonzepte und eines marktbezogenen Unlauterkeitsverständnisses geforderte preisliche „Marktstrukturverantwortung" marktbeherrschender Unternehmen in der Form eines für solche Unternehmen geltenden „Prinzips der schonendsten Preiskalkulation", mit dem das „aggressive, nicht durch die Marktverhältnisse veranlasste Unterschreiten des Marktpreises"[735] oder die Anwendung „branchenunüblicher", insbes. mit einer Mischkalkulation verbundener Kalkulationsgrundsätze nicht vereinbar seien.[736] Für Zurückhaltung gegenüber Forderungen, bei der Anwendung des Abs. 2 Nr. 1 auf nichtdiskriminierendes Preisverhalten von Unternehmen wesentlich über den Rahmen des Lauterkeitsrechts hinauszugehen, spricht schließlich auch, dass bereits mit dem in der Rechtsprechung des BGH zu § 1 UWG aF entwickelten Ansatz der Wettbewerbsbestandsgefährdung (→ Rn. 172) dem wettbewerbspolitischen Ziel des Schutzes wettbewerblicher Marktstrukturen Rechnung getragen wird. Diese für alle Unternehmen unabhängig von ihrer Marktstärke geltende lauterkeitsrechtliche Verhaltensbegrenzung wird ergänzt durch die kartellrechtliche Sonderregelung des § 20 Abs. 3 S. 2 Nr. 1 und Nr. 2, soweit es sich um Behinderungen kleiner und mittlerer Wettbewerber durch Untereinstandspreisangebote handelt (→ § 20 Rn. 216 ff.). Da marktbeherrschende Unternehmen in aller Regel auch über eine überlegene Marktmacht gegenüber ihren kleinen und mittleren Wettbewerbern

---

[734] BGH 10.12.1985 – KZR 22/85, BGHZ 97, 317 = WuW/E BGH 2195 (2199 f.) – Abwehrblatt II; 26.4.1990 – I ZR 71/88, BGHZ 111, 188 (190) = NJW 1990, 2468 – Anzeigenpreis I; 12.11.1991 – KZR 18/90, BGHZ 116, 47 = WuW/E BGH 2762 (2767) – Amtsanzeiger; in diese Richtung auch OLG Hamburg 31.7.2014 – 3 U 8/12, WuW/E DE-R 4512 (4518) – Konzertveranstaltungen (im Ergebnis verneint); Mees WRP 1992, 227 ff.; v. Gamm WRP 1988, 281; weitergehend insbes. Ulmer FS v. Gamm, 1990, 689 ff.

[735] Ulmer GRUR 1977, 572.

[736] Vgl. BGH 10.12.1985 – KZR 22/85, WuW/E BGH 2195 (2201) – Abwehrblatt II; zur Bedeutung der Mischkalkulation für den Einzelhandel: BGH 6.10.1983 – I ZR 39/83, WuW/E BGH 2039 (2042) = NJW 1984, 1618 – Verkauf unter Einstandspreis II; zur Berücksichtigung von Sponsorengeldern bei der Kalkulation OLG Hamburg 31.7.2014 – 3 U 8/12, WuW/E DE-R 4512 (4515) – Konzertveranstaltungen; Lehmann GRUR 1984, 313 ff.

verfügen und damit auch Normadressaten des § 20 Abs. 3 sind, gelten die Maßstäbe dieser Vorschrift im Ergebnis auch für die kartellrechtliche Beurteilung solcher Angebote nach § 19 Abs. 2 Nr. 1, soweit marktbeherrschende Unternehmen dadurch kleine und mittlere Wettbewerber behindern.

Eine unbillige Wettbewerbsbehinderung iSv Abs. 2 Nr. 1 ist insbes. schon wegen ihrer **171** Rechtswidrigkeit nach § 4 Nr. 4 UWG die **gezielte Kampfpreisunterbietung,** mit der bezweckt wird, bestimmte Wettbewerber unter Mißachtung kaufmännischer Grundsätze aus dem Markt zu drängen und in ihrer Existenz zu vernichten.[737] Für die **Feststellung des** danach maßgeblichen **Verdrängungszwecks** ist – ähnlich wie für das Bezwecken einer Wettbewerbsbeschränkung iSv § 1 bzw. Art. 101 AEUV (→ Art. 101 Rn. 128 ff.) – auf die objektiven Umstände des Einzelfalles unter Berücksichtigung kaufmännisch vernünftigen Verhaltens, dh hier in erster Linie darauf abzustellen, ob in dem fraglichen Preisverhalten **eine nach kaufmännischen Grundsätzen noch vertretbare Kalkulation erkennbar ist.**[738] Dabei können auch die dazu **vom EuGH formulierten Grundsätze für die Beurteilung nach Art. 102 AEUV**[739] herangezogen werden.[740] Danach ist ein Verdrängungszweck grundsätzlich anzunehmen, wenn eine Ware oder Dienstleistung zu einem Preis angeboten wird, der unterhalb der variablen Durchschnittskosten liegt.[741] Liegt dieser Preis darüber, aber noch unterhalb der durchschnittlichen Gesamtkosten der betreffenden Ware oder Dienstleistung, kann daraus nur zusammen mit anderen Indizien auf einen Verdrängungszweck geschlossen werden.[742] Eine Verdrängungsabsicht, die bislang in dieser Konstellation nachzuweisen war, ist seit dem Urteil des EuGH in der Rechtssache „Post Danmark I" gleichwohl entbehrlich, sofern die Preisstrategie (potentielle) Verdrängungswirkungen entfaltet.[743]

In der **Rechtsprechung des BGH** zu § 1 UWG aF sind Niedrigpreisangebote unter **171a** dem Aspekt der gezielten Wettbewerberverdrängung nur dann näher in Betracht gezogen worden, wenn der Preis unter den produktbezogenen Selbstkosten oder dem Einstandspreis der angebotenen Ware oder Leistung lag.[744] Da andererseits auch bei Unterschreitung dieser Grenze, insbes. im Fall der im Einzelhandel verbreiteten **Praxis der selektiven Sonderangebote mit einzelnen Waren eines breiten Gesamtsortiments,** ein kaufmännisch vernünftiges Verhalten vorliegen kann und in diesem besonderen Fall wegen des damit

---

[737] BGH 10.12.1985 – KZR 22/85, WuW/E BGH 2195 (2199 f.) – Abwehrblatt II; OLG Düsseldorf 27.3.2002 – VI – Kart 7/02, WuW/E DE-R 867 (869 ff.) – Germania; zur Beurteilung nach § 4 Nr. 10 UWG aF: BGH 28.2.1985 – I ZR 174/82, WuW/E BGH 2187 (2188) – Abwehrblatt I; 27.10.1988 – I ZR 29/87, WuW/E BGH 2547 (2549 f.) = NJW-RR 1989, 356 – Preiskampf; 26.4.1990 – I ZR 99/88, NJW 1990, 2469 – Anzeigenpreis II; 30.3.2006 – I ZR 144/03, WRP 2006, 888 (889 f. – 10 %) billiger; Köhler in Köhler/Bornkamm/Feddersen UWG § 4 Rn. 5.14.; zur Beurteilung nach Art. 102 AEUV: EuGH 3.7.1991 – 62/86, Slg. 1991, I-3359 (3439 ff.) – AKZO; 27.3.2012 – C-209/10, – Post Danmark I; → AEUV Art. 102 Rn. 232 ff.

[738] BGH 10.12.1985 – KZR 22/85, WuW/E BGH 2195 (2200) – Abwehrblatt II; 12.11.1991 – KZR 18/90, WuW/E BGH 2762 (2767) = NJW 1992, 1817 – Amtsanzeiger; OLG Düsseldorf 27.3.2003 – VI – Kart 7/02, WuW/E DE-R 867 (869 ff.) – Germania.

[739] Dazu im Einzelnen → AEUV Art. 102 Rn. 232 ff.

[740] Siehe auch Reismann S. 153 ff. mit eingehender Analyse der notwendigen Differenzierungen auf digitalen, insbes. mehrseitigen Märkten mit einer Null- oder Niedrigpreisstrategie gegenüber einer Marktseite; s. auch → Rn. 172a.

[741] EuGH 3.7.1991 – 62/86, Slg. 1991, I-3359 Rn. 71 – AKZO; 2.4.2009 – C-202/07 P, Slg. 2009, I-2369 Rn. 104 ff. – France Telecom/Kommission; → AEUV Art. 102 Rn. 234 ff.; EuGH 27.3.2012 – C-209/10 Rn. 27, 31, 35 – Post Danmark I unter Verwendung und damit wohl Akzeptanz des Begriffes „durchschnittliche inkrementelle Kosten", vgl. dazu KOMM., Prioritätenmitteilung v. 9.2.2009, ABl. 2009 C 45, Rn. 26.

[742] EuGH 3.7.1991 – 62/86, Slg. 1991, I-3359 Rn. 72 – AKZO; 2.4.2009 – C-202/07 P, Slg. 2009, I-2369 Rn. 109 – France Telecom/Kommission. Vgl. auch KOMM., Prioritätenmitteilung v. 9.2.2009, ABl. 2009 C 45, Rn. 23 ff.; EuGH 27.3.2012 – C-209/10 Rn. 27 f. – Post Danmark I.

[743] EuGH 27.3.2012 – C-209/19 Rn. 40 ff. – Post Danmark I; Fritzsche/Marquier EuZW 2012, 536 (537).

[744] So zB auch BGH 9.5.1980 – I ZR 76/78, NJW 1980, 2018 – Asbestimporte; 12.10.1989 – I ZR 155/87, NJW-RR 1990, 296 – Annoncen-Avis.

bezweckten Werbeeffekts auch typischerweise vorliegt, kann allein aus dem Verkauf unter Selbstkosten oder unter dem Einkaufs- oder Einstandspreis ohne Hinzutreten weiterer Indizien nicht auf einen Verdrängungszweck geschlossen werden.[745] Auch unter anderen lauterkeitsrechtlichen Gesichtspunkten sind zeitlich befristete selektive Sonderangebote unter dem Einstandspreis der Ware nur ausnahmsweise rechtswidrig.[746] Eine generelle Beurteilung solcher Angebote als unbillige Wettbewerberbehinderung ist deshalb nicht begründbar. Andererseits können Niedrigpreisangebote auch ohne Unterschreiten der Grenze des eigenen Einstandspreises oder der Selbstkosten gegen Abs. 2 Nr. 1 verstoßen, wenn nach den Gesamtumständen des Einzelfalles nicht zweifelhaft sein kann, dass der Normadressat nur den Zweck verfolgt, Wettbewerber zu disziplinieren, dh für vorstoßenden Wettbewerb zu „bestrafen" und von künftigen Vorstößen abzuschrecken.[747] Die Einhaltung dieser Grenzen ist deshalb kein den Verdrängungszweck per se ausschließender „safe harbour".[748] Bei der Praktizierung von Niedrigpreisen durch öffentliche Unternehmen kommt es zudem maßgeblich darauf an, welche Zwecke damit verfolgt werden.[749] Unbillige Wettbewerberbehinderungen iSv Abs. 2 Nr. 1 sind ferner die gegen § 20 Abs. 3 S. 2 Nr. 1 und Nr. 2 verstoßenden Untereinstandspreisangebote (→ § 20 Rn. 216 ff.) und gegen § 1 verstoßende vereinbarte oder abgestimmte Kampfpreise, soweit sie von marktbeherrschenden Unternehmen angewendet werden.

**172**  **Gefährdung des Wettbewerbsbestandes.** Nach § 4 Nr. 4 UWG rechtswidrig und damit auch unbillig iSv Abs. 2 Nr. 1 sind Verkäufe unter Einstandspreis nur dann, wenn sie sich in Verdrängungsabsicht oder unter Einsatz unlauterer Mittel gezielt gegen bestimmte Mitbewerber richten.[750] Darüber hinaus können Niedrigpreisstrategien nach der Rechtsprechung im Rahmen der Generalklausel des § 3 Abs. 1 UWG aber auch dann als unlauter zu beurteilen sein, wenn sie ohne gezielte Behinderung einzelner Wettbewerber, dazu führt, Konkurrenten allgemein vom Markt zu verdrängen und damit den Wettbewerb auf dem betroffenen Markt völlig oder nahezu zum Erliegen bringen. Die Fallgruppe der **allgemeinen Marktbehinderung oder Marktstörung** (s. dazu bereits → Rn. 52, 168) kann auch eingreifen, wenn ernstlich damit zu rechnen ist, dass Mitbewerber derartige Verkäufe in einem solchen Maße nachahmen, dass es zu einer gemeinschaftsschädigenden Störung des Wettbewerbs kommt.[751] Eine nur abstrakte Gefährdung oder nur die Möglichkeit rechtspolitisch unerwünschter Entwicklungen reichen hierfür jedoch nicht aus; vielmehr muss eine **konkrete ernsthafte Gefahr für den Bestand des Wettbewerbs** bestehen, durch die die Interessen der Allgemeinheit in einem nicht unerheblichem Maße

---

[745] BGH 31.1.1979 – I ZR 21/77, WuW/E BGH 1579 = NJW 1979, 2611 – Verkauf unter Einstandspreis I; 27.10.1988 – I ZR 29/87, WuW/E BGH 2547 (2549 f.) – Preiskampf; Köhler in Köhler/Bornkamm/Feddersen UWG § 4 Rn. 4.192 und 5.15; weitergehend zB Ulmer GRUR 1977, 572; Sack BB 1988 Beil. 3 S. 18 ff.

[746] Zur Irreführung iSv § 5 UWG: Bornkamm/Feddersen in Köhler/Bornkamm/Feddersen UWG § 5 Rn. 3.45 ff.; zur Imageschädigung von Markenartikeln: BGH 6.10.1983 – I ZR 39/83, WuW/E BGH 2039 (2042 f.) = NJW 1984, 1618 – Verkauf unter Einstandspreis II; Lehmann GRUR 1984, 314 ff.; weitergehend zB Ulmer MA 1987, 234 ff.; Sack BB Beil. 3/1988, 18 ff.

[747] Vgl. Markert WRP 2003, 1320 (1325 ff.). So auch schon nach § 1 UWG aF für disziplinierende „Überreaktionen" auf unlauteren vorstoßenden Wettbewerb: BGH 27.10.1988 – I ZR 29/87, WuW/E BGH 2547 (2551) – Preiskampf. IdR dürfte ein derartiges Verhalten auch gegen § 21 Abs. 2 verstoßen, da die damit erstrebte Dämpfung oder Ausschaltung des Preiswettbewerbs nach § 1 nicht zum Gegenstand einer Vereinbarung gemacht werden darf; dazu im Einzelnen: → § 21 Rn. 58 ff.

[748] Ebenso zum europäischen Recht → AEUV Art. 102 Rn. 243 mwN; anders nunmehr aber wohl EuGH 27.3.2012 – C-209/10 Rn. 36 – Post Danmark I: „Außerdem steht fest, dass die Preise (…) höher angesetzt waren als die genannten durchschnittlichen Gesamtkosten (…). Unter diesen Umständen kann nicht angenommen werden, dass solche Preise wettbewerbswidrige Auswirkungen haben.".

[749] OLG Hamburg 31.7.2014 – 3 U 8/12, WuW/E DE-R 4512 (4519) – Konzertveranstaltungen.

[750] Näher hierzu Köhler in Köhler/Bornkann/Feddersen UWG § 4 Rn. 4.188 ff. mwN.

[751] BGH 31.1.1979 – I ZR 21/77, WuW/E BGH 1579 – Verkauf unter Einstandspreis I; 29.9.1982 – I ZR 88/80, WuW/E BGH 1992 (1993) = NJW 1983, 569 – ADAC-Verkehrsrechtsschutz; 27.10.1988 – I ZR 29/87, WuW/E BGH 2547 (2550) – Preiskampf; Köhler in Köhler/Bornkamm/Feddersen UWG § 4 Rn. 5.4 ff.

beeinträchtigt werden.[752] Zu einer solchen Bestandsgefährdung ist eine Praxis zeitlich befristeter selektiver Sonderangebote im Einzelhandel, auch wenn dabei im Einzelfall die Grenze des produktbezogenen Einstandspreises unterschritten wird, in aller Regel nicht geeignet,[753] so dass sich auch unter diesem Aspekt eine generelle Unbilligkeit solcher Angebote nach Abs. 2 Nr. 1 nicht begründen lässt (→ Rn. 171). Der Fall des „Kölner Schallplattenkriegs" war bislang der einzige, in dem der BGH eine solche Bestandsgefährdung bejaht hat. Nach Ansicht der Gerichte hätte der von der Beklagten ausgelöste Preiskampf zwischen den beiden marktstärksten Wettbewerbern auf den Kölner Regionalmarkt die weitgehende Verdrängung aller kleineren Wettbewerber von diesem Markt zur Folge gehabt, sofern er nicht unterbunden worden wäre.[754]

Schwierigkeiten bereitet das Konzept missbräuchlicher Niedrigpreisstrategien bei der **172a** **Anwendung auf digitalen Märkten.** Insbesondere bei Vorliegen zwei- oder mehrseitiger Märkte ist es weithin üblich, dass eine Marktseite (zB die Nutzer eines sozialen Netzwerks) eine unentgeltliche Leistung erhält, während die andere Marktseite (zB werbungtreibende Unternehmen) für den Zugang zu der anderen Marktseite ein Entgelt entrichten müssen. Mit dem kostenlosen Angebot sollen Nutzer angelockt werden, um Netzwerkeffekte zu erzielen, die wiederum dazu benötigt werden, um der anderen, kostenpflichtigen Marktseite ein attraktives Angebot machen zu können. Bei einer solchen **asymmetrischen Preisgestaltung** wäre es völlig verfehlt, die jeweiligen Leistungen isoliert zu betrachten und etwa in Bezug auf die unentgeltliche Leistung eine missbräuchliche Preisunterbietung anzunehmen.[755] Vielmehr ist das praktizierte Geschäftsmodell insgesamt zu bewerten; für die Beurteilung der Preissetzung sind damit beide Marktseiten gemeinsam zu betrachten und somit die Preise auf beiden Marktseiten zu addieren.[756]

**(3) Preis-Kosten-Schere („margin squeeze").** Wettbewerber können von Niedrig- **173** preisen marktbeherrschender Unternehmen auch durch eine Preis-Kosten-Schere unbillig behindert werden.[757] Dies ist der Fall, wenn ein vertikal integriertes marktbeherrschendes Unternehmen für die Lieferung eines Vorprodukts an darauf angewiesene Wettbewerber auf dem Folgemarkt entweder den gleichen oder einen höheren Preis fordert, als sein eigener Abgabepreis auf diesem Markt an Endabnehmer beträgt **(negative Differenz),** oder der erste Preis zwar niedriger ist als der zweite, aber diese positive Marge zwischen beiden Preisen nicht die Kosten für die Vermarktung des Produkts auf dem Folgemarkt abedeckt und damit für die Konkurrenzfähigkeit ebenso effizient wirtschaftender Wettbewerber auf dem Folgemarkt nicht ausreicht **(„margin squeeze").** Die Gefahr, dass Wettbewerber auf dem nachgelagerten Markt verdrängt werden und für Newcomer der Zugang versperrt wird, ist besonders evident bei einer negativen Differenz, insbes. wenn der Marktbeherrscher eine (nahezu) unverzichtbare Bezugsquelle darstellt. Denn, um mit dem Angebot des Marktbeherrschers auf dem Folgemarkt konkurrieren zu können, müssen sie dort zu einem Preis anbieten, der nicht einmal ihre Bezugskosten für das Vorprodukt deckt, geschweige denn ihre trotz effizienten Wirtschaftens unvermeidbaren übrigen Kosten.[758] Im Fall einer positiven Differenz hängt die Verdrängungsgefahr für Wettbewerber auf dem Folgemarkt von der Höhe dieser Differenz sowie davon ab, ob und in welchem

---

[752] BGH 3.7.1981 – I ZR 84/79, BGHZ 81, 291 (295) – Bäckerfachzeitschrift; OLG Naumburg 27.8.1996 – 9 U 125/96, WRP 1997, 222 (226) – TV Today; Köhler in Köhler/Bornkamm/Feddersen UWG § 4 Rn. 5.7.

[753] BGH 31.1.1979 – I ZR 21/77, WuW/E BGH 1579 (1580 f.) – Verkauf unter Einstandspreis I; Köhler in Köhler/Bornkamm/Feddersen UWG § 4 Rn. 5.15.

[754] BGH 27.10.1988 – I ZR 29/87, WuW/E BGH 2547 (2550) – Preiskampf; 26.4.1990 – I ZR 71/88, NJW 1990, 2468 (2469) – Anzeigenpreis I; Mees Schwerpunkte 1988/89, 10 ff.

[755] Eingehend hierzu Reismann S. 154 ff.

[756] Schweitzer/Fetzer/Peitz, Digitale Plattformen: Bausteine für einen künftigen Ordnungsrahmen, S. 44.

[757] Vgl. allgemein: Henk-Merten S. 21 ff.; Koenig/Hasenkamp WuW 2011, 601 (606 ff.); zum europäischen Recht: Petzold, Die Kosten-Preis-Schere im EU-Kartellrecht.

[758] Zuletzt BKartA 2.7.2015 – B9–128/12 Rn. 139 f.; OLG Düsseldorf 6.4.2016 – VI-Kart 9/15 (V), juris Rn. 83 ff.

Umfang die Wettbewerber auf hinreichend günstigere Bezugsmöglichkeiten bei anderen Anbietern ausweichen können.

174    Soweit integrierte marktbeherrschende Lieferanten gegenüber kleinen und mittleren Wettbewerbern auf dem Folgemarkt auch über eine überlegene Marktmacht iSv § 20 Abs. 3 S. 1 verfügen, fällt die Anwendung der Preis-Kosten-Schere bei einer negativen Differenz zwischen den beiden relevanten Preisen bereits unter das Verbot des § 20 Abs. 3 S. 2 Nr. 3 (→ § 20 Rn. 232 ff.) und ist schon wegen der daraus folgenden Rechtswidrigkeit auch nach § 19 Abs. 2 Nr. 1 eine verbotene unbillige Wettbewerberbehinderung. Im Übrigen können – ebenso wie in den Fällen von Verdrängungspreisen (→ Rn. 171) und ausschließlichen Bezugsbindungen (→ Rn. 187) – auch bei Preis-Kosten-Scheren die in der **Rechtsprechung des EuGH** für die Beurteilung nach Art. 102 AEUV entwickelten Maßstäbe entsprechend angewendet werden.[759] Danach ist das Preisverhalten eines auf dem Markt für ein Vorprodukt marktbeherrschenden integrierten Unternehmens, wenn die Differenz zwischen seinem auf diesem Markt geforderten Lieferpreis und seinem für Lieferungen auf dem Folgemarkt an Endkunden geforderten Preis nicht ausreicht, um die spezifischen Kosten zu decken, die von mindestens ebenso effizient wirtschaftenden Wettbewerbern für die Tätigkeit auf diesem Markt aufgewendet werden müssen, sofern es für diese Mengenbeschneidung keine objektive Rechtfertigung gibt.[760] Denn in diesem Fall könnten selbst ebenso effiziente Wettbewerber das marktbeherrschende Unternehmen auf dem Endkundenmarkt nur mit Verlust oder mit künstlich eingeschränkter Rentabilität operieren. Eine wettbewerbswidrige Verdrängungswirkung auf dem Endkundenmarkt ist nach Ansicht des EuGH insbes. dann anzunehmen, wenn – wie im Fall TeliaSonera der Zugang zum asymetrischen digitalen TK-Teilnehmeranschluss – das Vorprodukt des Marktbeherrschers für das Angebot des Endprodukts **unentbehrlich** ist. Bei einer negativen Differenz zwischen beiden Preisen ist diese Wirkung sehr wahrscheinlich, kann aber im Einzelfall auch bei einer positiven Differenz vorliegen. Unerheblich ist, ob die Preise des Marktbeherrschers für das Vor- und das Endkundenprodukt bereits für sich allein als Behinderungs- oder Ausbeutungsmissbrauch gegen Art. 102 AEUV verstoßen, der Vorlieferant auch auf dem Endkundenmarkt marktbeherrschend ist und es sich bei den behinderten Wettbewerbern auf dem Folgemarkt um Alt- oder Neukunden handelt.[761]

175    Für die **Rechtfertigung** einer Preis-Kosten-Schere kommt es nach Ansicht des EuGH darauf an, ob die Nachteile der Verdrängungswirkung für den Wettbewerb durch Effizienzvorteile ausgeglichen oder sogar übertroffen werden, die auch den Verbrauchern zugute kommen. Steht diese Wirkung jedoch in keinem Zusammenhang mit Vorteilen für den Markt und die Verbraucher oder geht sie über dasjenige hinaus, was zur Erreichung solcher Vorteile erforderlich ist, ist die Rechtfertigung zu verneinen.[762] Eine förmliche Beweislastumkehr für das Vorliegen der Rechtfertigungsausnahme im Einzelfall wie nach § 20 Abs. 3 S. 2 Nr. 3 GWB ist damit nicht verbunden. Bei der Beurteilung von Preis-Kosten-Scheren nach § 19 Abs. 2 Nr. 1 auf der Grundlage des vorstehend dargelegten Beurteilungskonzepts des EuGH für die Anwendung des Art. 102 AEUV trifft jedoch das anwendende marktbeherrschende Unternehmen die **sekundäre Beweislast** für die in seinem Einflussbereich liegenden Umstände, aus denen sich ausnahmsweise die Rechtfertigung seinesVerhaltens ergeben soll.

[759] Insbes. EuGH 14.10.2010 – C-280/08 P, WuW/E EU-R 1779 Rn. 172–183 und 250–259 – Deutsche Telekom/Kommission; 17.2.2011 – C-52/09, EuZW 2011, 339 Rn. 60–77 – TeliaSonera mAnm Leupold; 10.7.2014 – C-295/12 P, – Telefónica; vgl. auch OLG Düsseldorf 6.4.2016 – VI-Kart 9/15 (V), juris Rn. 105 ff.; Klotz MMR 2008, 650 ff.; Frenz NZKart 2013, 60 ff.; → AEUV Art. 102 Rn. 373 ff.

[760] EuGH-Urteil TeliaSonera EuGH 17.2.2011 – C-52/09, EuZW 2011, 339, Urteilstenor und Rn. 31 ff.

[761] Vgl. EuGH-Urteil TeliaSonera, Urteilstenor, dort auch zu weiteren Aspekten, die nach Ansicht des EuGH für die Beurteilung nach Art. 102 AEUV ohne Bedeutung sind.

[762] EuGH-Urteil TeliaSonera EuGH 17.2.2011 – C-52/09, EuZW 2011, 339 Rn. 76, unter Hinweis auf 15.3.2007 – C-95/04 P, Slg. 2007, I-2331 Rn. 86 – British Airways/Kommission.

**(4) Kostenerhöhungszwang („raising rivals costs").** Nach der Rechtsprechung des **176**
EuGH ist es ein nach Art. 102 AEUV verbotener Marktbeherrschungsmissbrauch, Wettbewerber zu verdrängen und so die eigene Stellung zu stärken, indem zu anderen Mitteln
als denjenigen eines Leistungswettbewerbs gegriffen wird, wofür der Nachweis einer wettbewerbswidrigen Wirkung des ergriffenen Mittels genügt.[763] Dementsprechend ist es auch
ein nach § 19 Abs. 2 Nr. 1 GWB verbotener Behinderungsmissbrauch, wenn ein marktbeherrschendes Unternehmen seine Wettbewerber auf dem beherrschten Markt oder einem
Drittmarkt dadurch behindert, dass es **deren Kosten durch Einsatz rechtswidriger
Mittel nicht unerheblich erhöht** („raising rivals costs").[764] Ein Beispiel dafür ist, dass ein
gleichzeitig als Betreiber des Gasverteilernetzes und Endkundenversorger im Stadtgebiet
tätiges Stadtwerk von durchleitenden Wettbewerbern auf dem Endkundenmarkt für Gaslieferungen an deren Sonderkunden die nach § 2 Abs. 2 KAV für die Belieferung von
Tarifkunden zulässige höhere Konzessionsabgabe verlangt.[765] Nach Ansicht des BGH
werden dadurch die Wettbewerbsmöglichkeiten der Wettbewerber auf dem Endkundenmarkt begrenzt. Denn sie seien gezwungen, entweder eine Schmälerung ihrer Gewinnspanne hinzunehmen oder die höheren Kosten auf den Gaspreis umzulegen. Dies sei auch
zur Beeinträchtigung der Marktverhältnisse objektiv geeignet.

**(5) Ausschließlichkeitsbindungen.** Durch ausschließliche Bezugs-, Verwendungs- **177**
und Vertriebsbindungen vertraglicher oder faktischer Art werden **Wettbewerber des
bindenden Lieferanten** von der Lieferung gleichartiger Waren oder Leistungen an die
gebundenen Abnehmer ausgeschlossen und damit im Wettbewerb auf dem betreffenden
Angebotsmarkt beeinträchtigt. Außerdem werden die **gebundenen Abnehmer** im Angebots- und/oder Nachfragewettbewerb behindert, da sie Waren oder Leistungen anderer
Lieferanten nicht beziehen oder vertreiben können. Die Behinderungswirkung für die
Wettbewerber auf dem Angebotsmarkt des Binders hängt zum einen vom Umfang des
gebundenen Absatzpotentials auf diesem Markt und der Dauer der Bindung ab und zum
anderen davon, in welchem Maße die Absatzmöglichkeiten der Wettbewerber auf diesem
Markt durch gleichartige Bindungen anderer Abnehmer entweder durch den jeweiligen
Binder selbst oder andere Lieferanten zusätzlich eingeschränkt sind. Die gleiche Behinderungswirkung wie durch Ausschließlichkeitsbindungen kann durch wirtschaftliche Anreize, insbes. Treuerabatte, erreicht werden, mit denen die Abnehmer faktisch zum ausschließlichen oder überwiegenden Bezug, Verwendung oder Vertrieb der gelieferten
Waren oder Leistung veranlasst werden.[766] Für den Wettbewerb besonders schädlich sind
Ausschließlichkeitsbindungen auf bisher monopolisierten Märkten, zB in der bis zum
Inkrafttreten des EnNeuRG am 29.4.1998 durch ein flächendeckendes System geschlossener Versorgungsgebiete gekennzeichneten deutschen Strom- und Gasversorgung, da sie
die mit ihrer Liberalisierung bezweckte Transformation in Wettbewerbsmärkte behindern.[767]

Eine unbillige Wettbewerberbehinderung iSv Abs. 2 Nr. 1 sind Ausschließlichkeitsbin- **178**
dungen immer schon dann, wenn sie gegen andere kartellrechtliche Verbote verstoßen, zB
gegen § 1 (dazu → § 1 Rn. 217 ff.) oder Art. 101 Abs. 1 AEUV.[768] Umgekehrt ist nach
Ansicht des BGH eine unbillige Behinderung zu verneinen, wenn es an einer Wettbewerbs-

---

[763] EuGH 6.12.2012 – C-457/10 P, NZKart 2013, 113 Rn. 75 – Astra Zeneca; Zuvor schon zB Slg. 2011,
I-527 Rn. 27 – TeliaSonera; zuletzt 6.9.2017 – C-413/14 P, NZKart 2017, 525 Rn. 136 – Intel.
[764] Zu diesem Kontrollmaßstab im US-amerikanischen Antitrustrecht zB Krattenmacher/Salop, Anticompetitive Exclusion to Achieve Power over Price, 96 Yale L.J. 209 ff. (1986); Meese, Exclusive Dealing, the
Theory of the Firm, and Raising Rivals' Costs, 50 Antitrust Bulletin 371 ff. (2005).
[765] BGH 6.11.2012 – KVR 54/11, WuW/E DE-R 3879 (3887 f.) – Gasversorgung Ahrensburg.
[766] Vgl. zuletzt OLG Düsseldorf 6.4.2016 – VI-Kart 9/15 (V), BeckRS 2016, 9887 Rn. 116; zur Beurteilung von Treuerabatten nach Abs. 2 Nr. 1 → Rn. 177. Wettbewerberbehindernd, wenn auch nur in
abgeschwächter Form, sind auch sog. englische Klauseln; im Einzelnen dazu Dallmann WRP 2006, 247
(251 f.).
[767] Dazu im Einzelnen Immenga/Mestmäcker, 5. Aufl. 2016, Anh. Energie Rn. 1.
[768] Dazu im Einzelnen → Art. 101 Abs. 1 Rn. 257 ff. und → Art. 101 Abs. 3 Rn. 529 ff.

beschränkung iSv § 1 GWB bzw. Art. 101 Abs. 1 AEUV mangelt.[769] Gleichwohl bedarf es in diesem Fall einer gesonderten Beurteilung, die den besonderen Gefahren, die von potentiell missbräuchlichem Verhalten des Normadressaten ausgehen, Rechnung trägt (auch → Rn. 123).[770] Darüber hinaus sind für die Beurteilung solcher Bindungen nach Abs. 2 Nr. 1 die **Maßstäbe bestimmend, die vom EuGH und vom EuG für die Beurteilung von Ausschließlichkeitsbindungen nach Art. 102 AEUV entwickelt wurden.**[771] Danach verstößt es, von Ausnahmen abgesehen, gegen Art. 102 AEUV, wenn ein marktbeherrschender Lieferant seine Abnehmer für einen längeren Zeitraum vertraglich bindet oder durch Treuerabatte veranlasst, ihren gesamten Bedarf einer Ware oder Dienstleistung oder einen beträchtlichen Teil davon ausschließlich bei ihm zu beziehen.[772] Nach Ansicht des EuGH zielt dieses Verhalten idR darauf ab, den Abnehmern die Wahl zwischen mehreren Bezugsquellen unmöglich zu machen oder zu erschweren und anderen Lieferanten den Zugang zum Markt zu verwehren, und dient zur Stärkung der marktbeherrschenden Stellung des Lieferanten durch einen nicht auf Leistung begründeten und folglich verfälschten Wettbewerb. Im Urteil Hoffmann-LaRoche hat der EuGH bereits eine Bindungsdauer von zwei Jahren als idR gegen Art. 102 AEUV verstoßend angesehen.[773]

**179**  Nach diesem Maßstab waren die in der deutschen **Strom- und Gasversorgung** in der Zeit der geschlossenen Versorgungsgebiete von den marktbeherrschenden Gebietsversorgern üblicherweise den von ihnen belieferten regionalen und lokalen Weiterverteilern auferlegten **ausschließlichen Gesamtbedarfsbezugsverpflichtungen** mit sehr langen Laufzeiten bis zu 20 Jahren in aller Regel auch als unbillige Wettbewerberbehinderung iSd Abs. 2 Nr. 1 anzusehen.[774] Dabei machte es keinen Unterschied, ob ein Teil des Bedarfs durch Eigenerzeugung des Gebundenen gedeckt wurde und Bezüge von Strom aus regenerativen Energiequellen und Kraft-Wärme-Kopplung von der Bezugsverpflichtung ausgenommen waren.[775] Das für vertragliche Verpflichtungen zum Bezug des gesamten Bedarfs Geltende galt auch für **Mengenbezugsverpflichtungen,** wenn die danach abzunehmende Energiemenge den Fremdbezugsbedarf der Abnehmer über einen längeren Zeitraum ganz oder größtenteils abdeckt.[776] In einer vorrangig auf Art. 101 AEUV und außerdem auf § 1 GWB und Art. 102 AEUV gestützten **Musterentscheidung gegen E.ON Ruhrgas** hat das BKartA festgestellt, dass die in den fraglichen Gaslieferverträgen mit Weiterverteilern auferlegten langjährigen Bezugsverpflichtungen gegen diese Vorschriften verstoßen, und E.ON Ruhrgas zur Abstellung verpflichtet.[777] Neue Bezugsverpflich-

[769] BGH 8.4.2014 – KZR 53/12, WuW/E DE-R 4261 (4268) – VBL-Versicherungspflicht.
[770] So auch Nothdurft in Bunte Rn. 408; Weyer in FK-KartellR Rn. 177.
[771] Markert WRP 2003, 356 (359); offen gelassen, weil im entschiedenen Fall für die Annahme eines Behinderungsmissbrauchs iSv § 19 Abs. 4 Nr. 1 aF nicht ausschlaggebend: OLG Düsseldorf 7.11.2001 – U (Kart) 31/00, WuW/E DE-R 854 (860 f.) = RdE 2002, 44 – Stadtwerke Aachen; im Ergebnis auch Säcker/Jaecks S. 51 ff.
[772] EuGH 13.2.1979 – C-85/76, Slg. 461 (539–541) = WuW/E EWG/MUV 447 (457 f.) – Hoffmann-LaRoche; 9.11.1983 – 322/81, Slg. 3461, 3511 = WuW/E EWG/MUV 642 (649) – Michelin; 3.7.1991 – 62/86, Slg. I-3359 (3473) – Akzo; 7.4.1994 – C-393/92, Slg. I-1477 (1520) = RdE 1994, 182 (185) – Almelo; 6.4.1995 – C-310/93, Slg. I-865 (904) – BPB Industries; 19.4.2012 – C-549/10 P, – Tomra; EuG 6.10.1994 – T-83/91, Slg. I-755 (822) – TetraPak; OLG Düsseldorf 20.6.2006 – VI–2 Kart 1/06 (V), WuW/E DE-R 1757 (1771 f.) – E.ON Ruhrgas; Fuchs in Immenga/Mestmäcker, 6. Aufl. 2019 Bd. 1/1 → AEUV Art. 102 Rn. 214 ff.; zur Beurteilung ausschließlicher Bezugsbindungen nach Art. 101 AEUV: EuGH 7.2.2000 – C-214/99, WuW/E EU-R 383 (383) – Neste Markinointi; EuG 8.6.1995 – T-9/93, Slg. – II-1533 (1571 ff.) = EuZW 1995, 49 (55 ff.) – Langnese-Iglo; BGH 10.4.2009 – KVR 67/07, WuW DE-R 2679, 2684 ff. – Gaslieferverträge; Schnichels EuZW 2003, 171 (172 ff.).
[773] EuGH 13.2.1979 – C-85/76, Slg. 461, 550–551 – Hoffmann-LaRoche.
[774] OLG Düsseldorf 7.11.2001 – U (Kart) 31/00, WuW/E DE-R 854 (860 f.) – Stadtwerke Aachen; Markert WRP 2003, 356 (363); Säcker/Jaecks S. 51 f.; offengelassen: OLG Stuttgart 21.3.2002 – 2 U 136/01, ZNER 2002, 232 (236) mkritAnm Markert = RdE 2002, 182; aA zB Büdenbender ET 2000, 359 (373 ff.).
[775] AA OLG Dresden 20.12.2001 – U 553/01, ZNER 2002, 54 mkritAnm Markert = RdE 2002, 144.
[776] OLG Düsseldorf 7.11.2001 – U (Kart) 31/00, WuW/E DE-R 854 (856) – Stadtwerke Aachen; Markert WRP 2003, 356 (358).
[777] BKartA 13.1.2006 – B 8–113/03-1, WuW/DE-V 1147 – E.ON-Ruhrgas; vgl. auch Fischer S. 20 ff.

tungen durften danach keine längere Laufzeit als zwei Jahre haben, wenn sie mehr als 80 % des Bedarfs des Abnehmers deckten, und keine Laufzeit von mehr als vier Jahren bei einer Bedarfsdeckungsquote von mehr als 50 %. Dabei wurden alle Bezugsverpflichtungen des Abnehmers gegenüber E.ON Ruhrgas einschließlich der mit ihr verbundenen Unternehmen zusammengerechnet mit der Folge, dass zB bei einer bereits bestehenden vierjährigen Bedarfsdeckungsverpflichtung von 80 % mit diesem Abnehmer kein weiterer Liefervertrag abgeschlossen werden darf (Kombinationsverbot). Das OLG Düsseldorf[778] und der BGH[779] haben sich bei ihrer Bestätigung der Amtsentscheidung nur auf Art. 101 AEUV gestützt. Die meisten anderen überregionalen deutschen Ferngasunternehmen haben dem BKartA entsprechende Verpflichtungszusagen abgegeben, die nach § 32b für bindend erklärt wurden.[780]

Nach einer **Evaluierung** seiner in allen Fällen bis zum 30.9.2010 befristeten Beschlüsse **180** hat das BKartA im Hinblick auf die in der Zwischenzeit eingetretenen Veränderungen der Marktverhältnisse und der Vertragspraxis von einer Verlängerung abgesehen.[781] Durch diese allein das behördliche Eingreifermessen nach § 32 betreffende Entscheidung haben sich jedoch die vom OLG Düsseldorf und vom BGH in ihren Entscheidungen im Fall E.ON Ruhrgas zugrunde gelegten materiell-rechtlichen Beurteilungsmaßstäbe ebenso wenig verändert wie diejenigen des EuGH und des EuG zu Art. 101 und 102 AEUV.[782] Für marktbeherrschende Lieferanten gelten daher die vom EuGH bestimmten Grenzen für die Bedarfsdeckungsquoten und Vertragslaufzeiten weiterhin auch für die Beurteilung der Energiebezugsverpflichtungen nach § 19 Abs. 2 Nr. 1. Als **Ausnahme** davon kommt insbes. in Betracht, dass im Einzelfall eine längere Bindungsdauer als angemessene Gegenleistung für speziell im Interesse des gebundenen Abnehmers getätigte **Investitionen des Binders** anzusehen ist, zB für die Errichtung abnehmerspezifischer Zuleitungen und Übergabestationen, soweit deren Kosten nicht bereits anderweitig, zB durch Baukostenzuschüsse des Abnehmers, gedeckt werden.[783] Das allgemeine Interesse des Lieferanten, durch eine möglichst langfristige Absatzsicherung seine Investitionen in die zur Versorgung der Kunden erforderliche Infrastruktur amortisieren zu können, kann hingegen eine längere Bindungsdauer idR nicht rechtfertigen, da dieses Interesse jeder unternehmerischen Tätigkeit immanent ist und deshalb grundsätzlich im Wettbewerb mit wettbewerbskonformen Mitteln durchgesetzt werden muss.[784] Ebenso wenig kann eine längere Bindungsdauer damit gerechtfertigt werden, dass der Binder seinerseits seinen Vorlieferanten gegenüber gleichartigen Bindungen unterliegt.[785]

**Ausschließliche Vertragshändlersysteme** können, auch wenn sie von marktbeherr- **181** schenden Herstellern angewendet werden, trotz der von solchen Systemen idR ausgehenden erheblichen Behinderungswirkung für marktanteilsschwächere Wettbewerber und Newcomer mit Abs. 2 Nr. 1 vereinbar sein. Dies gilt z. B. im Automobilsektor wegen der

---

[778] OLG Düsseldorf 20.6.2006 – 2 Kart 1/06, WuW/E DE-R 1757 (einstweiliger Rechtsschutz) und 2197 (Hauptsacheentscheidung). Dabei sind vom OLG die Freistellungsvoraussetzungen des Art. 101 Abs. 3 AEUV sowohl nach der damals geltenden Vertikal-GVO Nr. 2790/1999 als auch im Rahmen einer Einzelfallprüfung verneint worden.

[779] BGH 10.2.2009 – KVR 67/07, WuW/E DE-R 2679 – Gaslieferverträge. Auf die Frage einer Freistellung nach Art. 101 Abs. 3 AEUV brauchte der BGH mangels entsprechender Rüge durch E.ON Ruhrgas nicht einzugehen.

[780] So zB BKartA 7.8.2007 – B 8–113/03–5, WuW/E DE-V 1431 – Erdgas-Verkaufsgesellschaft.

[781] Vgl. BKartA, Bericht über die Evaluierung der Beschlüsse zu langfristigen Gaslieferverträgen, 2010. Dazu Zapfe/Mecke WuW 2011, 944 ff.

[782] Vgl. BKartA, Evaluierungsbericht, S. 46; Fischer S. 23.

[783] Markert WRP 2003, 356 (361, 363); Säcker/Jaecks S. 52.

[784] Im Urteil Hoffmann-LaRoche hat der EuGH auch die Auslastung einer vom Lieferanten neu errichteten Produktionsanlage nicht als Rechtfertigung für eine längere Bindungsdauer angesehen. EuGH, Slg. 1979, 461 (548 f.). – Hoffmann LaRoche.

[785] Markert WRP 2003, 356 (361 f.). In diesem Sinne auch BGH 18.2.2003 – KVR 24/01, WuW/E DE-R 1119 (1124 f.) = RdE 2003, 277 – Verbundnetz II, zur Frage, ob für Gebietsschutzvereinbarungen in Energielieferverträgen ein anzuerkennendes Interesse iSd Rspr. zu § 1 GWB aF bejaht werden kann.

dort bestehenden Vertriebsnotwendigkeiten.[786] Die grundsätzliche Vereinbarkeit solcher Systeme mit dieser Vorschrift schließt jedoch nicht aus, dass Wettbewerber des bindenden Herstellers durch zusätzliche Beschränkungen, die dieser seinen Vertragshändlern auferlegt, unverhältnismäßig und damit unbillig behindert werden. Problematische sind etwa **Ersatzteilbindungen in der Automobilindustrie,** die Vertragshändler und -werkstätten verpflichten, bei Reparaturen von Fahrzeugen des betreffenden Fabrikats nur die „Original-Ersatzteile" des Fahrzeugherstellers zu verwenden und mit anderen Teilen auch keinen Handel zu treiben. Der BGH hat diese Bindungen auch insoweit als mit Abs. 2 Nr. 1 vereinbar angesehen, als davon die Wettbewerbsmöglichkeiten Dritter (Teilehersteller, unabhängige Teilegroßhändler) beim Absatz von „Identteilen"[787] an die Vertragshändler und -werkstätten des Fahrzeugherstellers beschränkt werden.[788] Die vom BKartA,[789] dem Kammergericht,[790] der Monopolkommission[791] und im Schrifttum überwiegend[792] vertretene Gegenansicht hat sich damit nicht durchsetzen können.[793] Allerdings war die Beurteilung durch den BGH durch die europäischen Gruppenfreistellungen für Kraftfahrzeug-Vertriebssysteme praktisch obsolet geworden. Denn Voraussetzung für die Vereinbarkeit der von allen Automobilherstellern in der EU angewendeten ausschließlichen Vertragshändlersysteme mit Art. 101 Abs. 1 AEUV war nach Art. 4 Abs. 1 Buchst. k der EG-VO Nr. 1400/2002, dass die Ausschlusswirkung der Ersatzteilbindung auf Teile beschränkt wird, die den Qualitätsstandard der „Original-Ersatzteile" nicht erreichen,[794] oder auf Teile, die für Arbeiten im Rahmen der Gewährleistung, des unentgeltlichen Kundendienstes (Kulanz) oder von Rückrufaktionen verwendet werden.[795]

181a      Gegen Abs. 2 Nr. 1 wegen unbilliger Marktzugangsbehinderung von Wettbewerbern verstößt die von führenden Pauschalreiseveranstaltern ihren Vertriebspartnern (Reisebüros) auferlegte Ausschließlichkeitsbindung.[796] Sog. **Bestpreis- bzw. Meistbegünstigungs-**

[786] Vgl. BGH 1.7.1976 – KZR 34/75, WuW/E BGH 1455 (1457 f.) – BMW-Direkthändler; 13.6.1979 – KZR 14/77, WuW/E BGH 1624 f. – BMW-Direkthändler III; OLG Düsseldorf 3.2.1987 – U (Kart) 5/86, WuW/E OLG 3972 (3974) – Peugeot/Talbot-Händler; Ulmer/Schäfer ZIP 1994, 753 (763 f.); zur Beurteilung nach Art. 101 AEUV: VO (EG) Nr. 1400/2002 v. 31.7.2002 über die Anwendung von Art. 81 Abs. 3 EG auf Gruppen von vertikalen Vereinbarungen und abgestimmten Verhaltensweisen im Kraftfahrzeugsektor, ABl. 2002 L 203, S. 30 (Geltung bis zum 31.5.2013); VO (EG) Nr. 461/2010 v. 27.5.2010 über die Anwendung von Art. 101 Abs. 3 AEUV auf Gruppen von vertikalen Vereinbarungen und abgestimmten Verhaltensweisen im Kraftfahrzeugsektor, ABl. 2010 L 129, 51; Niebling WRP 2011, 1515 ff.; → AEUV Art. 101 Abs. 3 Rn. 481 ff.

[787] Dabei handelt es sich um solche Teile, die ebenfalls von Zulieferunternehmen des Fahrzeugherstellers hergestellt wurden und die gleiche Ausführung haben wie die an diesen direkt gelieferten Teile.

[788] BGH 22.9.1981 – KVR 8/80, BGHZ 81, 322 (331 ff.) = WuW/E BGH 1829 (1834 ff.) – Original-VW-Ersatzteile II; ebenso schon für den Absatz von Nachbauteilen: 16.10.1962 – KZR 2/62, WuW/E BGH 509 (513 ff.) – Original-Ersatzteile; allgemein zum Marktmachtmissbrauch nach Art. 102 AEUV und § 19 GWB auf Ersatzteilmärkten: Berns S. 104 ff.

[789] BKartA 21.3.1979 – B 7–333000-RTV-84/76, WuW/E BKartA 1781 (1786 ff.) – Identteile.

[790] KG 13.12.1979 – Kart U 12/79, WuW/E OLG 2247 (2251 ff.) – Parallellieferteile.

[791] Sondergutachten 7, Rn. 165 ff.

[792] ZB Schmidt S. 206 ff.; Mestmäcker JZ 1964, 624 f.

[793] Krit. zur BGH-Entscheidung „Original-VW-Ersatzteile II" zB Monopolkommission Hauptgutachten IV Rn. 489 ff.; Joerges/Hiller/Holzscheck/Micklitz, Vertriebspraktiken im Automobilersatzteilsektor, S. 153 ff.; Köhler ZHR 146, 579 ff.

[794] Qualitativ gleichwertige Ersatzteile iS dieser Regelung sind nach Art. 1 Buchst. u der VO (EG) Nr. 1400/2002 solche, die von einem Unternehmen hergestellt werden, das jederzeit bescheinigen kann, dass die fraglichen Teile den Bauteilen, die der Montage der fraglichen Fahrzeuge verwendet werden, qualitativ entsprechen, ob jedenfalls die sog. Identteile. Dabei bleibt es dem Auslaufen der VO 1400/2002, vgl. KOMM., Ergänzende Leitlinien für vertikale Beschränkungen in Vereinbarungen über den Verkauf und die Instandsetzung von Kraftfahrzeugen und den Vertrieb von Kraftfahrzeugersatzteilen, ABl. 2010 C 138, 16 Rn. 18–24.

[795] Zur Unbilligkeit nach § 20 Abs. 1 aF wegen Verstoßes gegen Art. 81 Abs. 1 EG s. BGH 19.1.1993 – KVR 25/91, WuW/E BGH 2875 (2880) – Herstellerleasing.

[796] BKartA 6.5.1988 – B 5–71/78, WuW/E BKartA 2283 (2289) – Touristik Union; TB 1991/92, 124; 1993/94, 117; anders nach § 18 aF KG 27.11.1991 – Kart 28/90, WuW/E OLG 4919 (4937 ff.) – Pauschalreiseveranstalter II; BGH 25.9.1990 – KVR 2/89, BGHZ 112, 218 = WuW/E BGH 2668 (2673 f.) – Touristik Union; vgl. auch 7.10.1997 – KVR 14/96, WuW/E DE-R 89 = NJW-RR 1998, 764 – Selektive

**klauseln** können – neben der Beschränkung der Preissetzungsfreiheit des Verpflichteten[797] – eine vergleichbare Wirkung aufweisen, weil sie die Anreize zur Aufnahme von Geschäftsbeziehungen mit anderen Unternehmen zu reduzieren vermögen.[798] Das hängt maßgeblich damit zusammen, dass der Preiswettbewerb nahezu ausgeschaltet wird, weil es Wettbewerbern in diesen Situationen praktisch unmöglich ist, die Preise des Normadressaten zu unterbieten.[799] Weitere Beispiele von in der Rechtsprechung als unbillig angesehenen Marktzugangsbehinderungen gegenüber Wettbewerbern sind der „Globalvertrag" über die Rundfunk- und Fernsehübertragungsrechte von Sportveranstaltungen,[800] das Ausschließlichkeitssystem eines führenden Baustoffherstellers[801] und das von einem Hersteller seinen Vertragshändlern auferlegte Verbot der Vermittlung von Leasingverträgen.[802] Zumindest prima facie unbillig ist es auch, wenn ein Lieferant mit einer sehr starken Marktstellung bei einem Produkt diese Stellung dazu benutzt, um für andere Produkte eine Ausschließlichkeitsbindung durchzusetzen.[803] Mit Abs. 2 Nr. 1 idR vereinbar ist hingegen die Alleinbezugsverpflichtung der **Franchisenehmer.**[804]

**(6) Kopplungsbindungen.** Durch Kopplungsbindungen wird vertraglich oder wirt- **182** schaftlich der Bezug einer Ware oder gewerblichen Leistung an den Bezug einer anderen[805] Waren oder Leistung gebunden.[806] Dies wirkt sich für Wettbewerber auf dem Markt der gekoppelten Ware oder Leistung vor allem dann als Behinderung aus, wenn die zur Kopplung verwendete Ware oder Leistung über eine sehr starke Marktstellung verfügt und ihre Lieferung an die vertragliche Verpflichtung zum ausschließlichen Bezug der gekoppelten Ware oder Leistung geknüpft wird, zB an den Bezug von Etiketten beim Kauf einer Etikettiermaschine.[807] Weitere Beispiele aus der Kartellrechtspraxis sind die obligatorische gleichzeitige Inserierung in mehreren Presseorganen eines Verlages,[808] das Anbieten der Aufführungsrechte für Spielfilme nur in einem aus mehreren Filmen bestehenden Paket oder „Block" („block booking")[809] und das Abhängigmachen des Sendens von Werbespots davon, dass der Werbende auch bei der Herstellung die Dienste des Sendeunternehmens in An-

---

Exklusivität (Ausschließlichkeitsvereinbarungen von TUI und NUR mit spanischen Hoteliers über die Belegung von Hotelbetten verstoßen gegen Art. 81 Abs. 1 EG); s. auch KG 25.8.2005 – 2 U 1/05 Kart, WuW/E DE-R 1595 (1596) – Blumendistanzhandel (Einwirken von Fleurop auf die angeschlossenen Partnerfloristen, Aufträge von Wettbewerbern nicht auszuführen).

[797] BKartA 20.12.2013 – B 9–66/10, WuW/E DE-V 1953 (1957) = WuW 2014, 335 Rn. 153; 22.12.2015 – B 9–121/13, WuW 2016, 142 Rn. 313; zunächst offen gelassen vom OLG Düsseldorf 9.1.2015 – VI-Kart 1/14 (V), WuW/E DE-R 4572 (4594) – Bestpreisklausel u. 4.5.2016 – VI-Kart 1/16 (V), BeckRS 2016, 10054 Rn. 117 – Enge Bestpreisklausel, dann für zulässig erklärt 4.6.2019 – VI-Kart 2/16 (V), NZKart 2019, 379 – Enge Bestpreis-Klausel II; dagegen siehe jüngst BGH 18.5.2021 – KVR 54/20, NZKart 2021, 499 – Booking.com.

[798] Nothdurft in Bunte Rn. 407; Reismann S. 176 f.

[799] Heyers GRUR-Int 2013, 409 (412); Soyez NZKart 2014, 447 (452); Eilmansberger/Bien in MüKo-WettbR AEUV Art. 102 Rn. 765.

[800] BGH 14.3.1990 – KVR 4/88, BGHZ 110, 371 = WuW/E BGH 2627 (2636 ff.) – Sportübertragungen.

[801] KG 27.1.1984 – Kart 3/83, WuW/E OLG 3254 (3259) – Gasbeton.

[802] BGH 19.1.1993 – KVR 25/91, WuW/E BGH 2875 (2880) – Herstellerleasing; zur Beurteilung nach Art. 101 AEUV: EuGH 24.10.1995 – C-266/93, Slg. 1995, I-3477 = WuW/E EWG/MUV 1023 (1025 ff.) – VW-Herstellerleasing.

[803] TB 1963, 60; problematisch deshalb OLG Düsseldorf 19.5.1965 – 20 U (Kart) 222/65, WuW/E OLG 725 – marktfreie Milcherzeugnisse.

[804] BGH 11.11.2008 – KVR 17/08, WuW/E DE-R 2514 (2516) – Bau und Hobby; Billing/Lettl WRP 2012, 906 (907 ff.).

[805] Zur Abgrenzung separater Produkte auf digitalen Märkten siehe Reismann S. 188 ff.

[806] Zum Kopplungsbegriff im Einzelnen: Burkert S. 31 ff.

[807] KG 18.2.1969 – Kart V 34/67, WuW/E OLG 995 (1000) – Handpreisauszeichner; TB 1968, 59; Burkert S. 223 ff.

[808] OLG Stuttgart 30.4.1979 – 2 Kart 2/78, WuW/E OLG 2126 (2128 f.) – Kombinationstarif I (allerdings mit Verneinung einer Wettbewerbsbehinderung aus fallspezifischen Gründen); TB 1977, 40; 1978, 30.

[809] Vgl. TB 1963, 58 f.; 1964, 44 f.; 1968, 78; 1970, 83.

spruch nimmt.[810] Auch die Knüpfung der Vermietung öffentlicher Räume an den Bezug von Bier einer in öffentlicher Hand stehenden Brauerei fällt darunter.[811] Derartige Kopplungsbindungen wirken praktisch wie vertragliche Ausschließlichkeitsbindungen (→ Rn. 177).

**182a**    Die gleiche **„Sog-"** oder **„Hebelwirkung"** („leverage") zum Nachteil anderer Anbieter der gekoppelten Ware oder Leistung kann sich aus **wirtschaftlichen Kopplungen** ergeben, wenn mehrere Waren oder Leistungen zu einem einheitlichen, unterhalb der Summe der Einzelpreise liegenden Gesamtpreis angeboten werden,[812] oder durch Gewährung anderer wirtschaftlicher Vorteile im Falle des Gesamtbezugs.[813] Schließlich kann auch bereits die mit der Lieferung verbundene Verpflichtung zum nicht ausschließlichen Bezug anderer Waren des Lieferanten eine Kopplungswirkung zum Nachteil anderer Lieferanten haben, wenn der Bedarf des Gebundenen begrenzt und deshalb seine Bezugsmöglichkeiten bei Dritten eingeschränkt werden, zB durch die für „Original-Ersatzteile" der Automobilindustrie geltende Lagerhaltungspflicht der Vertragshändler und -werkstätten[814] oder die Handelsunternehmen auferlegte Verpflichtung zur Führung des vollständigen Sortiments des Herstellers.[815]

**183**    Die rechtliche Beurteilung dieser Bindungen unter dem Aspekt der unbilligen Wettbewerberbehinderung nach Abs. 2 Nr. 1 muss vor allem der **im Einzelfall ausgelösten „Hebelwirkung"** zum Nachteil der Wettbewerber und dem mit der Kopplung verfolgten **konkreten Zweck** Rechnung tragen.[816] Die Kopplung der Lieferung eines Geräts an den ausschließlichen Bezug dazugehöriger Hilfsmaterialien ist deshalb idR nicht unbillig, wenn aus technischen Gründen die Verwendung von Materialien anderer Hersteller die Funktionsfähigkeit des Geräts und damit den „goodwill" des Herstellers nachhaltig gefährden würde.[817] Dies gilt insbes. für den gesetzlichen oder vertraglichen Gewährleistungszeitraum.[818] An die technische Erforderlichkeit von über diesen Zeitraum hinausgehenden Bindungen sind allerdings, ebenso wie bei ausschließlichen Bezugs- und Verwendungsbindungen für Ersatzteile (→ Rn. 181), je nach der Stärke der konkreten Hebelwirkung strenge Anforderungen zu stellen.[819] Insbes. kann es für den Hersteller unter Verhältnismäßigkeitsgesichtspunkten zumutbar sein, sich auf die Instruktion des Verwenders über die Bedeutung der Verwendung richtigen Materials zu beschränken und dem Verwender die Auswahl zu überlassen.

---

[810] OLG Stuttgart 9.3.1990 – 2 U Kart 301/89, WRP 1990, 780 (782); im gleichen Sinne OLG Koblenz 13.7.1989 – U 1311/86 (Kart), WuW/E OLG 4517 (4521) – Dürkheimer Wurstmarkt.

[811] OLG München 14.3.2013 – U 1891/12 Kart, WuW DE-R 3901, 3905 – Brunnenhof.

[812] BGH 4.11.2003 – KZR 16/02, WuW/E DE-R 1206 (1210) – Strom und Telefon I; 30.4.2004 – KZR 1/03, WuW/E DE-R 1283 (1285 f.) – Der Oberhammer; KG 26.1.1977 – Kart 27/76, WuW/E OLG 1767 (1773 f.) – Kombinationstarif; LG München 21.3.2006 – 33 O 24781/04, WuW/E DE-R 1708 (1713 f.) – TV Digital. Zur Beurteilung nach dem UWG zB: BGH 13.6.2002 – I ZR 71/01, GRUR 2002, 979 – Kopplungsangebot II.

[813] Vgl. zB TB 1975, 52 f.; 1976, 72 (fünfjähriger unentgeltlicher „Garantieservice" für ein Handpreisauszeichnungsgerät bei ausschließlichem Bezug der Haftetiketten während dieser Zeit); KG 9.3.1983 – Kart 35/82, WuW/E OLG 3124 – Milchaustauschfuttermittel (günstigerer Preis für eine Ware bei Abnahme einer vom Normadressaten angebotenen anderen Ware); OLG Düsseldorf 16.4.2008 – VI-2 U (Kart) 8/06, WuW/E DE-R 2287 – Stadtwerke Düsseldorf (höherer Fernwärmepreis, falls Strom und Gas von Dritten bezogen werden).

[814] BKartA 21.3.1979 – B 7–333000-RTV-84/76, WuW/E BKartA 1781 (1791) – Identteile; ähnlich zu § 18 aF: 22.5.1968 – BM–221000-RT-46/67, WuW/E BKartA 1199 (1205 ff.) – Kraftfahrzeugpflegemittel.

[815] „Gebindekopplung" bzw. „full line forcing", zB BKartA 3.5.1965 – B 3–464111-Q-48/65, WuW/E BKartA 930.

[816] BGH 30.4.2004 – KZR 1/03, WuW/E DE-R 1283 (1286 f.) – Der Oberhammer (Kombinationsangebot von Festnetz- und ISDN-Anschlüssen durch die für erstere marktbeherrschende Deutsche Telekom AG); Burkert S. 223 ff.

[817] Im entschiedenen Fall verneint: KG 18.2.1969 – Kart V 34/67, WuW/E OLG 995 (1000) – Handpreisauszeichner; zur rechtlichen Beurteilung von „Warnungen" vor der Verwendung von Fremdzubehör: Ulmer ZHR 152, 593 ff.

[818] Vgl. BKartA 21.3.1979 – B 7–333000-RTV-84/76, WuW/E BKartA 1781 – Identteile.

[819] So nach Art. 102 AEUV: EuGH 2.3.1994 – C-53/92, Slg. 1994, I-667 – Hilti; zur Beurteilung von Bezugspflichten nach Art. 101 AEUV → AEUV Art. 101 Abs. 1 Rn. 257 ff.

**Zwangskombinationen,** die lediglich der Umsatzsteigerung des Binders dienen, sind **184** idR als unbillige Wettbewerberbehinderung anzusehen.[820] Dies gilt jedenfalls für Bindungen mit erheblicher „Hebelwirkung". Einem etwaigen Rationalisierungsinteresse des Binders kann idR durch das „mildere" Mittel eines entsprechend günstigeren Preises für die Gesamtbelegung hinreichend Rechnung getragen werden.[821] Deshalb sind an freiwillige **Anzeigenkombinationstarife** grundsätzlich weniger strenge Anforderungen zu stellen.[822] Keine verbotswidrige Kopplung ist die unentgeltliche[823] Abgabe eines von mehreren Verlagen gemeinsam hergestellten Wochenend-Supplements an die Abonnenten der von den Verlagen herausgegebenen Tageszeitungen und an Einzelkäufer der Montagsausgabe[824] sowie die Zusammenfassung mehrerer Stücke der gleichen Ware zu einem günstigeren Gesamtangebot.[825] Die **Verpflichtung zum Sortimentsbezug** ist jedenfalls solange idR keine unbillige Wettbewerberbehinderung, als es sich um Waren eines zusammengehörigen Sortiments handelt und damit keine Verpflichtung zum ausschließlichen Bezug oder zur Deckung eines erheblichen Teils des Bedarfs oder einer entsprechenden festen oder Mindestabnahmemenge verbunden ist.[826] Regelmäßig zulässig sind auch zeitlich begrenzte Kopplungen im Zusammenhang mit der Einführung neuer Produkte auf Märkten mit sehr großen Zugangsschranken, zB im Pressebereich.[827]

**(7) Sonstige Fälle.** Als unbillige Wettbewerberbehinderung kommen auch **Werbemaß-** **185** **nahmen** in Betracht. Dies gilt vor allem für die gesetzwidrige Werbung, soweit sie sich gezielt gegen Wettbewerber richtet,[828] oder das Ausnutzen der Stellung einer Gemeinde als Hoheitsträger zur Förderung gemeindeeigener gewerblicher Bestattungsunternehmen.[829] Lauterkeitsrechtlich zulässige Werbemaßnahmen sind dagegen, ebenso wie die Preisunterbietung in Form von Sonderangeboten im Handel (→ Rn. 171a), nur unter besonderen Umständen als unbillige Wettbewerberbehinderung erfassbar.[830] Insbes. ist das bloße Ausmaß der Werbung, selbst wenn sie „übersteigert" ist, in aller Regel nicht geeignet, die Unbilligkeit der dadurch bewirkten Behinderung von Wettbewerbern zu begründen. Eine derartige Begrenzung wäre nur auf der Grundlage einer abzulehnenden generellen Marktstrukturverantwortung der Normadressaten des Abs. 2 Nr. 1 möglich (→ Rn. 166). Auch das Anbieten entgeltfreier Tageszeitungen und Anzeigenblätter und die ständige **Gratisverteilung** von Fachzeitschriften sind über den Rahmen des lauterkeitsrechtlich Unzulässi-

---

[820] TB 1977, 40; 1978, 30; Möschel Pressekonzentration S. 115 ff.; Mestmäcker, Medienkonzentration und Meinungsvielfalt, S. 120; Ulmer BB 1977, 562; anders aus fallspezifischen Gründen: OLG Stuttgart 23.3.1979 – 2 Kart 2/78, WuW/E OLG 2126 – Kombinationstarif I.

[821] Anders zu § 22 Abs. 4 S. 2 Nr. 2 aF: BGH 9.11.1982 – KVR 9/81, WuW/E BGH 1965 (1967 ff.) = NJW 1984, 1116 – gemeinsamer Anzeigenteil.

[822] KG 26.1.1977 – Kart 27/76, WuW/E OLG 1767 (1773 f.) – Kombinationstarif; Mestmäcker, Medienkonzentration und Meinungsvielfalt, S. 126 ff.

[823] Dazu insbesondere vor dem Hintergrund digitaler Märkte Reismann S. 194 f.

[824] KG 30.5.1979 – Kart 16/79, WuW/E OLG 2148 (2149) – Sonntag Aktuell I; anders: TB 1979/80, 94; Reismann S. 194 f. zur Berücksichtigung „kostenloser" Kopplungen im Rahmen des Behinderungsmissbrauchs.

[825] Vgl. KG 14.4.1978 – Kart 8/78, WuW/E OLG 1983 (1986) – Rama-Mädchen; TB 1979/80, 70.

[826] BKartA 3.5.1965 – B 3-464111-Q-48/65, WuW/E BKartA 930; anders zB aus fallspezifischen Gründen: OLG Celle 31.7.1985 – 13 U (Kart) 111/85, WuW/E OLG 3661 (3662) – Seekarten; zur Zulässigkeit von Sortimentsführungs- und Vollsortierungsrabatten → Rn. 175.

[827] Vgl. KG 30.5.1979 – Kart 16/79, WuW/E OLG 2148 (2149 f.) – Sonntag Aktuell.

[828] Zur Beurteilung der sog. Wertreklame nach dem UWG: Köhler in Köhler/Bornkamm/Feddersen UWG § 3 Rn. 8.1 ff.; zum Verschenken von Originalwaren: Köhler in Köhler/Bornkamm/Feddersen UWG § 4 Rn. 5.17 ff.

[829] Vgl. BGH 19.6.1986 – I ZR 54/84, WuW/E BGH 2304 = NJW 1987, 60 – Kommunaler Bestattungswirtschaftsbetrieb I; 21.7.2005 – I ZR 170/02, WuW/E DE-R 1555 (1557) – Friedhofsgärtner; anders für die Kopplung des Verkaufs eigener Grundstücke in einem Neubaugebiet durch eine Gemeinde an die Verpflichtung des Erwerbers, den Heizenergiebedarf durch ein gemeindeeigenes Blockheizkraftwerk zu decken: 9.7.2002 – KZR 30/00, WuW/E DE-R 1006 (1011) – Fernwärme für Börnsen.

[830] Vgl. zB KG 14.4.1983 – Kart 8/78, WuW/E OLG 1983 (1988) – Rama-Mädchen.

gen[831] hinaus nur selten als unbillige Wettbewerberbehinderung erfassbar. Eine solche kann regelmäßig auch nicht darin gesehen werden, dass Normadressaten ihr Sortiment erweitern, selbst wenn dies im Einzelfall nur auf Kosten kleiner und mittlerer Wettbewerber möglich ist.[832] Der **Diversifizierung durch internes Wachstum** sind auch nach Abs. 2 Nr. 1 grundsätzlich keine Grenzen gesetzt, auch nicht, soweit es sich um das Eindringen in „branchenfremde" Bereiche handelt.[833] Ebensowenig lässt sich aus der Norm eine generelle Verpflichtung ableiten, eigene Produkte mit Produkten anderer Hersteller kompatibel zu machen.[834] Eine unbillige Behinderung kann aber das Unterlassen einer angemessenen Vorinformation bei Neuerungen sein.[835] Verneint wurde eine unbillige Behinderung für die Weigerung von Mobilfunknetzbetreibern, die ihren Partnern von Endkundenverträgen überlassenen SIM-Karten in sog. GSM-Gateways übertragen zu lassen.[836]

**186    ee) Behinderung und Diskriminierung durch Nachfrager. (1) Allgemeines.** Unternehmen und Unternehmensvereinigungen, die als Nachfrager einer bestimmten Art von Waren oder gewerblichen Leistungen die Normadressatenvoraussetzungen des Abs. 2 Nr. 1 erfüllen, können, ebenso wie Lieferanten, andere Unternehmen durch eine Vielzahl verschiedener Verhaltensweisen unbillig behindern oder ungerechtfertigt diskriminieren. Dies kann zunächst durch den Abbruch bestehender oder die Nichtaufnahme neuer Geschäftsbeziehungen mit einzelnen oder allen in Betracht kommenden Anbietern geschehen (Bezugssperre).[837] Außerdem können Nachfrager ihre Lieferanten hinsichtlich der Preise, Rabatte und Konditionen ungleich behandeln, zB indem sie von einzelnen Lieferanten günstigere Angebote für die gleiche Ware oder gewerbliche Leistung fordern als von anderen.[838] Andere Formen der Behinderung stellen Ausschließlichkeitsbindungen dar, die eine Belieferung anderer Nachfrager verhindern. Dadurch können auch Wettbewerber des Normadressaten sowohl im Nachfragewettbewerb gegenüber der Lieferantenseite als auch im Anbieterwettbewerb auf der folgenden Marktstufe behindert werden. In der Praxis stellt sich die Frage der unbilligen Behinderung und Diskriminierung durch Nachfrager vor allem im Verhältnis zwischen Handelsunternehmen und industriellen Lieferanten, zwischen Fertigproduktherstellern und ihren Zulieferern und schließlich bei der Belieferung der öffentlichen Hand, soweit diese einen großen Teil oder die gesamte Nachfrage einer Ware oder Leistung auf sich vereinigt.[839]

---

[831] Zum Gratisvertrieb von Tageszeitungen: BGH 20.11.2003 – 14 U 1990/01, GRUR 2003, 602 - 20 Minuten Köln; zu den Anzeigenblättern: 22.11.1984 – I ZR 98/82, NJW 1985, 1624; – Bliestal-Spiegel; Berst AfP 1999, 425 ff.; Schwade WRP 1985, 249 ff.; Schmid WRP 2000, 991 ff.; zur Gratisverteilung von Fachzeitschriften: BGH 3.7.1981 – I ZR 84/79, BGHZ 81, 291 = NJW 1982, 335 – Bäckerfachzeitschrift; Köhler WRP 1998, 455 ff.; Teplitzky GRUR 1999, 108 ff.; vgl. auch BGH 26.3.1998 – I ZR 222/95, RdE 1999, 36 – Umwelt-Bonus. Zum Ganzen: Köhler in Köhler/Bornkamm/Feddersen UWG § 4 Rn. 5.20 ff.
[832] Vgl. zB KG 30.5.1979 – Kart 16/79, WuW/E OLG 2148 (2149) – Sonntag Aktuell I.
[833] OLG Frankfurt a. M. 22.2.2005 – 11 U 47/04 (Kart), WuW/E DE-R 1589 (1590 f.) – Fernsehzeitschrift; OLG Celle 7.4.2005 – 13 U 248/04, WuW/E DE-R 1592 (1593 f.) – Einkauf Aktuell; TB 2003/2004, 166. Zur Rechtslage nach dem UWG insbes. BGH 28.4.1978 – I ZR 157/76, NJW 1978, 2598 – Tierbuch; Nordemann WRP 1979, 690 ff.
[834] Zur Vereinbarkeit des Vertriebs fremder Zusatzgeräte mit § 1 UWG aF: BGH 13.10.1983 – I ZR 138/81, GRUR 1984, 282 – Telekonverter.
[835] So nach Art. 102 AEUV: KOMM. Bericht 1984, Nr. 94 f. – IBM; enger zB Fleischer S. 141 ff. und 156 ff.
[836] BGH 29.6.2010 – KZR 31/08, WuW/E DE-R 2963 (2970) – GSM-Gateway; KG 15.1.2004 – 2 W 25/03 Kart, WuW/E DE-R 1274 (1277 f.) – GSM-Gateway; OLG München 22.4.2004 – U (K) 1582/04, WuW/E DE-R 1270 (1273) – GSM-Umwandler; OLG Düsseldorf 25.5.2005 – VI-U (Kart) 7/05, WuW/E DE-R 1577 (1579 f.) – SIM-Karten (problematisch allerdings insoweit, als hier offenbar die fehlende Unbilligkeit allein mit der Gefahr von eigenen Umsatzverlusten begründet wurde).
[837] Vgl. zB BGH 26.5.1987 – KZR 13/85, BGHZ 101, 72 = WuW/E BGH 2399 – Krankentransporte; 18.1.2000 – KVR 23/98, WuW/E Verg 297 (303) – Tariftreueerklärung II.
[838] Vgl. zB BGH 11.12.2001 – KZR 5/00, WuW/E DE-R 839 – Privater Pflegedienst.
[839] Vgl. zB Monopolkommission Sondergutachten 7 Rn. 44 ff.; TB 1977, 28 ff.; 1978/79, 33 ff.; Kreiterling S. 21 ff.; Schultes WuW 1982, 745 ff.

Für die Beurteilung, ob von Nachfragern ausgehende Behinderungen unbillig sind oder **187** für ungleiche Behandlungen gleichartiger Lieferanten ein sachlich gerechtfertigter Grund fehlt, ist grundsätzlich der gleiche einzelfallbezogene **Maßstab der normativ orientierten Interessenabwägung** anzuwenden wie für die Beurteilung von Verhaltensweisen auf der Anbieterseite (→ Rn. 106 ff.). Allerdings können die insoweit für Anbieter entwickelten konkreten Verhaltensregeln nicht ohne weiteres („spiegelbildlich") auf die Nachfrageseite übertragen werden. Denn der im Rahmen der Interessenabwägung zu berücksichtigende Grundsatz der Wettbewerbskonformität erfordert, den **Besonderheiten der Rolle der Nachfrage** für die Funktionsfähigkeit des Wettbewerbsprozesses auf den Angebotsmärkten angemessen Rechnung zu tragen.[840] Das den Anbieterwettbewerb charakterisierende Streben der Anbieter, „durch eigene Leistung, die nach Qualität oder Preis besser ist als die Leistung anderer Unternehmen, den Verbraucher zum Abschluss eines Vertrages zu veranlassen"[841], kann nämlich nur wirksam werden, wenn es auf der Nachfrageseite genügend Bereitschaft gibt, sich dieses Streben zunutze zu machen und aus den Angeboten das am günstigsten erscheinende auszuwählen. Für die Interessenabwägung nach Abs. 2 Nr. 1 hat dies zur Folge, dass der **Bezugsfreiheit der Nachfrager grundsätzlich** ein **größerer Spielraum** eingeräumt werden muss als der Belieferungsfreiheit auf der Anbieterseite (zu letzterer: → Rn. 127 ff.). Dies gilt insbes. für Nachfrager, die Waren nur zum Zwecke der Weiterveräußerung an Dritte beziehen und mit der Entscheidung für das Angebot eines Lieferanten idR das volle Absatzrisiko übernehmen müssen.[842] Ein **Bezugszwang** lässt sich deshalb schon aus grundsätzlichen Erwägungen aus Abs. 2 Nr. 1 nur **unter ganz besonders engen Voraussetzungen** begründen.[843]

Der Freiheit des Wettbewerbs als Ziel des GWB „wesensimmanent" ist aber nicht nur die **188** – eher passive – Auswahlmöglichkeit zwischen vorhandenen Angeboten, sondern auch das aktive Einwirken auf die Anbieterseite, um die zur Auswahl stehenden Angebote zahlenmäßig möglichst zahlreich und im Verhältnis von Leistung und Gegenleistung möglichst günstig zu machen. Dass dies nicht allen Nachfragern einer bestimmten Ware oder Leistung in gleicher Weise gelingt und sich daraus Beeinträchtigungen der Chancengleichheit der Nachfrager im Angebotswettbewerb auf der folgenden Marktstufe ergeben können, ist ein wesentliches Element des Wettbewerbsprozesses. Auch marktmächtigen Nachfragern kann deshalb durch das Verbot des Abs. 2 Nr. 1 das aktive Einwirken auf die Anbieterseite, um für sich selbst möglichst günstige Bezugsmöglichkeiten zu erreichen, nicht prinzipiell verwehrt werden, da es grundsätzlich als wettbewerbskonformes Verhalten zu qualifizieren ist. Erst wenn dominante Nachfrager dabei nicht gegenüber allen gleichartigen Anbietern in gleicher Weise vorgehen oder Mittel einsetzen, die andere Nachfrager daran hindern, gleichermaßen günstige Angebote zu erreichen, oder ihr Verhalten schon aus anderen Gründen (insbes. wegen Verstoßes gegen Abs. 2 Nr. 5 und das UWG), rechtswidrig sind, ist legitimerweise Raum für eine Verhaltenskorrektur nach Abs. 2 Nr. 1. Diese ist (außerhalb des Bereichs der Bezugssperren) grundsätzlich auf die **systematische Ungleichbehandlung** von Lieferanten, auf Wettbewerberbehinderungen durch Maßnahmen zur **Ab-**

---

[840] BGH 26.5.1987 – KZR 13/85, BGHZ 101, 72 = WuW/E BGH 2399 (2404 f.) – Krankentransporte; 13.11.1990 – KZR 25/89, WuW/E BGH 2683 (2686 f.) = NJW-RR 1991, 825 – Zuckerrübenanlieferungsrecht; 21.2.1995 – KVR 10/94, WuW/E 2990 (2995) – Importarzneimittel; OLG Frankfurt a. M. 26.7.1988 – 6 U 53/87, WuW/E OLG 4354 (4356 f.) – Betankungsventile; OLG München 17.12.1987 – U (K) 5135/86, WuW/E OLG 4217 (4218) – Universitätskliniken; zum Nachfragewettbewerb allgemein → § 1 Rn. 20 ff., 112 ff.

[841] Begr. 1952, zu § 1d.

[842] Vgl. Köhler S. 76 f., 86 f.; Ulmer in FIW-Schriftenreihe Heft 102, S. 53.

[843] Vgl. BGH 13.11.1990 – KZR 25/89, WuW/E BGH 2683 (2686 f.) – Zuckerrübenanlieferungsrecht; 21.2.1995 – KVR 10/94, WuW/E BGH 2990 (2995 ff.) – Importarzneimittel (Abnahmepflicht auf Grund besonderer Umstände im Arzneimittelvertrieb, dazu auch BVerfG 9.10.2000 – 1 BvR 1627/95, WuW/E DE-R 557); 2.7.1996 – KZR 31/95, WuW/E BGH 3074 (3075 f.) = NJW 1996, 3005 – Kraft-Wärme-Kopplung (Stromabnahmepflicht zu Entgelten, die sich nach den vermiedenen Kosten des Abnehmers bemessen, auf Grund der in § 103 Abs. 5 S. 2 Nr. 3 GWB aF liegenden gesetzgeberischen Entscheidung für die bevorzugte Nutzung der Stromerzeugung aus erneuerbaren Energien und Kraft-Wärme-Kopplung).

**sicherung** eigener Vorteile und auf nach anderen Rechtsvorschriften gesetzwidriges Verhalten zu begrenzen.[844]

**189**     **(2) Bezugssperren.** Bezugssperren durch generellen Ausschluss einzelner Lieferanten von einem gleichartigen Unternehmen eröffneten Geschäftsverkehr haben die kartellrechtliche Praxis bisher weit überwiegend nur im Zusammenhang mit der **Nachfragetätigkeit der öffentlichen Hand** beschäftigt. Dies gilt insbes. für die öffentlichen Krankenversicherungen.[845] Andere Fälle betrafen die Beschaffungstätigkeit der Bundespost,[846] die öffentlich-rechtlichen Rundfunkanstalten bzgl. ihrer Nachfrage nach Einspeisemöglichkeiten für ihre Programme in die Breitbandkabelnetze,[847] und die Kommunen und Landkreise als Auftraggeber für Straßenbauleistungen,[848] Krankentransporte,[849] Schülertransporte[850] oder Abschleppunternehmen.[851] Dazu kommen Bezugssperren von Organisationen, die der öffentlichen Hand vergleichbar sind, wie zB Besamungsgenossenschaften[852] oder Theaterbesucherorganisationen.[853]

**190**     An den **generellen Ausschluss** von einzelnen gleichartigen Lieferanten vom Geschäftsverkehr ohne Rücksicht auf Preis und Qualität der von ihnen im Einzelfall angebotenen Ware oder Leistung sind **strenge Anforderungen** zu stellen, insbes. bei Nachfragern mit einer Monopolstellung oder ihr nahe kommenden Marktbedeutung. Jedenfalls diese Nachfrager sind nach Abs. 2 Nr. 1 grundsätzlich zur Zulassung aller gleichartigen Unternehmen zum Geschäftsverkehr verpflichtet, soweit nicht der Ausschluss einzelner Lieferanten aus schwerwiegenden persönlichen Gründen gerechtfertigt ist[854] oder ausnahmsweise zwingende Gründe für eine Beschränkung des in Betracht kommenden Anbieterkreises bestehen.[855] Diese **grundsätzliche Zulassungspflicht** kann im Einzelfall auch die Verpflichtung einschließen, die erkennbar in Frage kommenden Lieferanten vorher über den Bedarfsfall zu informieren und ihnen die zur Abgabe eines Angebots erforderlichen Informationen rechtzeitig zur Verfügung zu stellen.[856] Eine generelle Pflicht zur öffentlichen Ausschreibung

[844] Vgl. BGH 11.12.2001 – KZR 5/00, WuW/E DE-R 839 (841 f.) – Privater Pflegedienst; Monopolkommission Sondergutachten 7 Rn. 211 ff.; Sondergutachten 14 Rn. 212 ff.; Sondergutachten 23 Rn. 231 ff.; Köhler S. 78 ff.; Mestmäcker S. 250 ff.; Merz S. 149 ff.; Kreiterling S. 161 ff.; Exner S. 19 ff.; weitergehend auf der Grundlage eines „Leistungswettbewerbs"-Maßstabs zB TB 1977, 25 ff.; 1978, 34 ff.; Ulmer in FIW-Schriftenreihe Heft 102, S. 53 ff.; Hölzler/Satzky S. 107 ff.; Kartte WRP 1978, 1 ff.
[845] ZB BGH 12.5.1976 – KZR 14/75, WuW/E BGH 1423 = NJW 1976, 2302 – Sehhilfen; 22.4.1994 – KZR 9/93, WuW/E BGH 2919 – Orthopädisches Schuhwerk.
[846] ZB OLG Düsseldorf 12.2.1980 – U (Kart) 8/79, WuW/E OLG 2274 – Fernmeldetürme; TB 1976, 58; 1977, 58 f.; 1978, 58.
[847] BGH 16.6.2015 – KZR 83/13, WuW/E DE-R 4773 – Einspeiseentgelt u. KZR 3/14, ZUM-RD 2015, 569; 12.4.2016 – KZR 30/14, WuW 2016, 427 – NetCologne u. KZR 31/14, WuW 2016, 536 – Gemeinschaftsprogramm.
[848] ZB BGH 18.1.2000 – KVR 23/98, WuW/E Verg. 297 – Tariftreueerklärung II; KG 20.5.1998 – Kart 24/97, WuW/E Verg. 111 – Tariftreueerklärung; LG Hannover 17.4.1997 – 21 O 38/97, WuW/E AG/LG 739 – Leitplanken.
[849] ZB BGH 26.5.1987 – KZR 13/85, BGHZ 101, 72 = WuW/E BGH 2399 – Krankentransporte.
[850] BGH 24.6.2003 – KZR 32/01, WuW/E DE-R 1144 – Schülertransporte.
[851] ZB OLG Düsseldorf 14.4.1981 – U (Kart) 31/80, WuW/E OLG 2495 – Abschleppdienst.
[852] ZB BGH 9.6.1967 – KZR 5/66, WuW/E BGH 863 – Rinderbesamung II; vergleichbar auch 21.6.1971 – KZR 8/70, BGHZ 56, 327 = WuW/E BGH 1205 – Verbandszeitschrift; OLG Karlsruhe 12.7.1989 – 6 U 67/89 Kart, WuW/E OLG 4619 – Müllverbrennung.
[853] ZB BGH 29.10.1970 – KZR 3/70, WuW/E BGH 1142 – Volksbühne II; OLG Düsseldorf 16.1.1979 – U (Kart) 4/78, WuW/E OLG 2071 – Düsseldorfer Volksbühne.
[854] Vgl. zB BGH 12.5.1976 – KZR 14/75, WuW/E BGH 1423 (1424) – Sehhilfen; OLG Frankfurt a. M. 3.12.1996 – 11 U (Kart) 64/95, WuW/E OLG 5767 (5772) – Koordinierte Vergabesperre; OLG München 1.10.1987 – U (K) 3973/87, WuW/E OLG 4203 (4206) – Besamungsauftrag.
[855] BGH 26.5.1987 – KZR 13/85, BGHZ 101, 72 = WuW/E BGH 2399 (2405) – Krankentransporte; 21.2.1989 – KZR 7/88, WuW/E BGH 2571 (2574) – Krankentransportbestellung; OLG Düsseldorf 12.2.1980 – U (Kart) 8/79, WuW/E OLG 2274 (2278 ff.) – Fernmeldetürme; OLG Stuttgart 20.5.1988 – 2 U (Kart) 28/88, WuW/E OLG 4257 (4258) – häusliche Krankenpflege.
[856] Vgl. KG 20.3.1970 – U (Kart) 581/69, – Hausbriefkästen; OLG Düsseldorf 21.1.1975 – U Kart 3/74, WuW/E OLG 1565 (1566) – Schulbuchbeschaffung; 12.2.1980 – U (Kart) 8/79, WuW/E OLG 2274 (2280) – Fernmeldetürme.

über die Verpflichtung nach § 97 hinaus lässt sich jedoch auch für öffentliche Auftraggeber aus Abs. 2 Nr. 1 nicht herleiten.[857] Umgekehrt reicht bereits der gegen § 97 verstoßende Ausschluss von der öffentlichen Auftragsvergabe für das Unwerturteil im Rahmen der Interessenabwägung nach Abs. 2 Nr. 1 aus (→ Rn. 108). Erst recht sind Private nicht zu einem förmlichen Ausschreibungsverfahren verpflichtet.[858]

Die grundsätzliche Verpflichtung jedenfalls der sehr marktstarken Normadressaten, jeden **191** Lieferanten zur Abgabe von Angeboten zuzulassen, lässt jedoch die **Freiheit der Auswahl** zwischen den verschiedenen Angeboten unberührt. Selbst Nachfragemonopolisten sind deshalb grundsätzlich nicht daran gehindert, sich für das aus ihrer Sicht günstigste Angebot zu entscheiden, auch wenn dadurch die übrigen Anbieter nicht zum Zuge kommen.[859] Eine Verpflichtung zur Quotierung durch anteilige Verteilung der Lieferungen auf alle Anbieter, zB nach den bisherigen Umsätzen oder nach Marktanteilen, lässt sich in aller Regel aus Abs. 2 Nr. 1 nicht ableiten, auch nicht unter der Voraussetzung, dass sich die anderen Anbieter an das günstigste Angebot anpassen.[860] Andererseits ist jedoch eine solche Quotierung, wenn sich ein Nachfrager im Rahmen des ihm zustehenden Auswahlermessens für ein solches System entscheidet und dieses im Einzelfall an sachlichen Gesichtspunkten ausgerichtet ist, mit Abs. 2 Nr. 1 vereinbar.[861] Auch die Berücksichtigung des Art. 3 GG im Rahmen der Interessenabwägung nach Abs. 2 Nr. 1 führt zu keiner weitergehenden Marktstrukturverantwortung für öffentliche Auftraggeber.[862] Eine stärkere Einschränkung der Bezugsfreiheit kann allerdings ausnahmsweise dann gelten, wenn sich ein sehr marktmächtiger Nachfrager auf längere Sicht für ein mit gewerblichen Schutzrechten verbundenes Angebot eines bestimmten Lieferanten entscheidet.[863] Grundsätzlich mit Abs. 2 Nr. 1 vereinbar ist schließlich auch die durch den **Übergang zur Eigenversorgung** bedingte Bezugssperre, soweit dabei angemessene Übergangsfristen für die bisherigen Lieferanten eingeräumt werden.[864] Bei den Einspeiseentgelt-Fällen steht allerdings

---

[857] OLG Düsseldorf 21.1.1975 – U Kart 3/74, WuW/E OLG 1565 (1566) – Schulbuchbeschaffung; vgl. auch BGH 26.5.1987 – KZR 13/85, WuW/E BGH 2399 (2405) – Krankentransporte (Ausschreibung „nach den Grundsätzen des öffentlichen Auftragswesens" kann bei der Vergabe umfangreicher Aufträge für Normadressaten des Abs. 2 Nr. 1 erforderlich sein); OLG Düsseldorf 12.2.1980 – U (Kart) 8/79, WuW/E OLG 2274 (2280) – Fernmeldetürme (Ausschreibungsverpflichtung als Folge des Art. 3 GG). Die Frage einer Ausschreibungsverpflichtung nach dem „allgemeinen" Kartellrecht des § 19 Abs. 2 Nr. 1 hat allerdings mit der Einführung des „besonderen" Kartellrechts der §§ 97 ff. für die öffentliche Auftragsvergabe weitgehend ihre praktische Bedeutung verloren.

[858] Vgl. BGH 8.12.2020 – KZR 124/18, NZKart 2021, 302 Rn. 16 – Konkurrenz für Schilderpräger II.

[859] BGH 26.5.1987 – KZR 13/85, WuW/E BGH 2399 (2404 f.) – Krankentransporte; 23.2.1988 – KZR 17/86, WuW/E BGH 2483 (2490 f.) = NJW-RR 1988, 1069 – Sonderverfahren; 14.3.2000 – KZR 15/98, WuW/E DE-R 487 (489) – Zahnersatz aus Manila; OLG Frankfurt a. M. 26.7.1988 – 6 U 53/87, WuW/E OLG 4354 (4356 f.) – Betankungsventile; OLG Stuttgart 30.12.1988 – 2 U 112/88, WuW/E OLG 4448 (4453) – Lottoannahmestellenleiter.

[860] BGH 26.5.1987 – KZR 13/85, WuW/E BGH 2399 (2405) – Krankentransporte; 13.11.1990 – KZR 25/89, WuW/E BGH 2683 (2687) – Zuckerrübenanlieferungsrecht; 14.1.1997 – KZR 30/95, WuW/E BGH 3104 (3106 f.) – Zuckerrübenanlieferungsrecht II.

[861] zB für das Beschaffungsverfahren der Deutschen Bundespost für Fernmeldeeinrichtungen: TB 1976, 58; 1977, 58 f.; 1979/80, 39.

[862] Weitergehend in der Tendenz OLG Düsseldorf 12.2.1980 – U (Kart) 8/79, WuW/E 2274 (2279 f.) – Fernmeldetürme.

[863] So im Falle der von der Deutschen Bundespost festgelegten „Einheits-Technik" für Fernmeldeeinrichtungen mit der Folgerung einer Verpflichtung, Vorkehrungen zu treffen, dass anderen Anbietern der Zugang zum Geschäftsverkehr nicht schon aus Schutzrechtsgründen von vornherein versperrt ist: TB 1976, 58; 1977, 58 f.; 1983/84, 27 f.; 1987/88, 21.

[864] BGH 9.6.1967 – KZR 5/66, WuW/E BGH 863 (871 f.) – Rinderbesamung II; 21.6.1971 – KZR 8/70, WuW/E BGH 1205 (1210) – Verbandszeitschrift. Vgl. auch LG Stuttgart 20.3.2013 – 11 O 215/12, WuW/E DE-R 3953 – Einspeisung in Breitbandkabelnetze (kein Verstoß gegen § 19 Abs. 2 Nr. 1, wenn sich die öffentlich-rechtlichen Rundfunkanstalten nach einer rechtmäßigen Kündigung der bisherigen entgeltlichen Einspeisungsverträge mit Kabelnetzbetreibern weigern, mit diesen neue entgeltliche Verträge abzuschließen); OLG München 28.11.2013 – U 2094/13 Kart, WuW/E DE-R 4180 – Einspeiseentgelt. Parallel bestätigt durch BGH 16.6.2015 – KZR 83/13, WuW/E DE-R 4773 – Einspeiseentgelt u. KZR 3/14, ZUM-RD 2015, 569. Vgl. überdies 12.4.2016 – KZR 30/14, WuW 2016, 427 – NetCologne u. KZR 31/14, WuW 2016, 536 – Gemeinschaftsprogramme, wobei nach Rückverweisung von den OLGen ins-

weniger die Umstellung auf die Eigenversorung als vielmehr die Vermeidung von Kosten (vor dem Hintergrund, dass die Sendungen von den Kabelnetzbetreibern einer Must-Carry-Verpflichtung nach § 81 MStV [§ 52b RStV a.F.] unterliegen) und eine veränderte Wahrnehmung der eigenen Leistung im Fokus.[865]

**192**　Die Unbilligkeit oder fehlende sachliche Rechtfertigung einer Bezugssperre kann sich auch daraus ergeben, dass diese mit der **Durchsetzung eines gesetzwidrigen Zwecks** im Zusammenhang steht. Ein solcher Zweck kann jedoch nicht schon daraus entnommen werden, dass der Nachfrager auf die Abgabe eines günstigen Angebots drängt und für den Fall des Unterbleibens in Aussicht stellt, auf günstigere Angebote anderer Lieferanten zurückzugreifen.[866] Da ein derartiges Nachfrageverhalten wettbewerbskonform ist, kann daraus allein auch nicht auf eine gegen § 4 Nr. 4 UWG verstoßende „Nötigung" geschlossen werden.[867] Das ist erst bei Hinzutreten weiterer Umstände möglich, die zB die Voraussetzungen eines unlauteren „Anzapfens" erfüllen.[868] Ein gesetzwidriger Zweck liegt ferner vor, wenn die Bezugssperre mit einer gegen Abs. 2 Nr. 5 verstoßenden Aufforderung oder Veranlassung zur sachlich nicht gerechtfertigten Gewährung von Vorteilen im Zusammenhang steht (dazu im Einzelnen → Rn. 372 ff.). Ob daraus, dass eine Bezugssperre im Einzelfall gegen Abs. 2 Nr. 1 verstößt, ein Abnahmezwang resultiert, hängt davon ab, ob im konkreten Fall auch keine sonstigen sachlich gerechtfertigten Gründe für die Abnahmeverweigerung bestehen[869].

**193**　**(3) Andere Beeinträchtigungen von Lieferanten.** Außer Bezugssperren kommen als unbillige Behinderung oder ungerechtfertigte ungleiche Behandlung von Lieferanten durch Nachfrager in erster Linie das Fordern und Durchsetzen von Vorteilen (→ Rn. 383) sowie Maßnahmen in Betracht, die der Absicherung der dadurch erreichten Vorzugsstellung des betreffenden Nachfragers im Verhältnis zu anderen Nachfragern dienen. Dabei steht sowohl in der Anwendungspraxis als auch in den Erörterungen im Schrifttum die **Praxis der Sonderrabatte** (zB „Aktionsrabatte", „Jubiläumsrabatte") und sonstiger Sonderleistungen, die von industriellen Lieferanten einzelnen Handelsunternehmen und Einkaufszusammenschlüssen gewährt werden, im Vordergrund.[870] Demgegenüber haben Fälle von Beeinträchtigungen von Zulieferern im Rahmen bestehender Lieferbeziehungen die Anwen-

---

besondere zu klären war/ist, ob die Kündigung unter Verstoß gegen § 1 GWB erfolgt ist. Verstoß gegen das Kartellverbot bislang verneint: OLG Karlsruhe 29.12.2016 – 6 U 61/13 (Kart), NZKart 2017, 485 (486 ff.) – Einspeisung von Fernsehprogrammsignalen III; bejaht: OLG Düsseldorf 12.7.2017 – VI-U (Kart) 16/13, WuW 2017, 457 (464) – Einspeisung von Fernsehprogrammsignalen III.

[865] Das ergibt sich auch aus der Präambel der Einspeiseverträge aus dem Jahre 2008, wo es heißt: „Die Programmveranstalter sehen einen verstärkten Wettbewerb der digitalen Verbreitungswege um Inhalte und Zuschauer, in dessen Folge die Rundfunkveranstalter als Anbieter von hochwertigen Inhalten auftreten, die im Fokus der Kundennachfrage stehen und die Vermarktungsmöglichkeit sonstiger Angebote überhaupt erst begründen. Der Aufwand für den Signaltransport wird durch die Werthaltigkeit der zur Verfügung gestellten Inhalte mindestens kompensiert. Die Programmveranstalter gehen deshalb davon aus, dass sie für die digitale Weiterverbreitung künftig keine Einspeiseentgelte mehr bezahlen werden."; vgl. Dörr ZUM 2013, 81.

[866] OLG Düsseldorf 21.1.1975 – U Kart 3/74, WuW/E OLG 1565 (1567 f.) – Schulbuchbeschaffung; vgl. auch BGH 14.1.1997 – KZR 30/95, WuW/E BGH 3104 (3107) – Zuckerrübenanlieferungsrecht II (grundsätzlich unternehmerischer Freiraum der Normadressaten des Abs. 2 Nr. 1 als Nachfrager bei der Entscheidung über Preise und Konditionen).

[867] BGH 17.12.1976 – I ZR 77/75, WuW/E BGH 1466 = NJW 1977, 1242 – Eintrittsgeld; 9.6.1982 – I ZR 97/80, WuW/E BGH 1943 (1945) = NJW 1983, 169 – Eröffnungsrabatt; Köhler S. 21; Merz S. 138 ff.; Köhler in Köhler/Bornkamm/Feddersen UWG § 4 Rn. 4.135 f.; weitergehend zB OLG Düsseldorf 9.3.1973 – 2 U 84/72, WuW/E OLG 1373 (1374) – Regalkosten; OLG Saarbrücken 6.4.1977 – 1 U 223/76, WuW/E OLG 1837 (1838) – Globus; Wirtz GRUR 1985, 15 ff.

[868] Dazu im Einzelnen: Köhler in Köhler/Bornkamm/Feddersen UWG § 4 Rn. 4.130 ff.; krit. zur Erweiterung dieses Ansatzes zB Mestmäcker S. 69 ff.; Loewenheim WRP 1976, 224 ff.; Köhler S. 20 f.

[869] Köhler S. 87.

[870] Vgl. zB TB 1975, 76; 1977, 28 ff.; 1981/82, 72; 1983/84, 98; Köhler S. 88 ff.; Hölzler/Satzky S. 120 ff.; Exner S. 113 ff.; Wilde S. 86 ff.

dungspraxis zu Abs. 2 Nr. 1 weniger beschäftigt.[871] Gleiches gilt für die Gestaltung der Geschäftsbeziehungen mit Lieferanten der öffentlichen Hand.[872]

Eine **ungleiche Behandlung** gleichartiger Lieferanten durch einen Nachfrager kann **194** nicht schon darin gesehen werden, dass dieser vergleichbare Waren oder Leistungen von den einzelnen Lieferanten zu ungleichen Preisen, Rabatten und Konditionen bezieht und von ihnen ungleiche Sondervergünstigungen und Vorzugsbedingungen anderer Art erhält (→ Rn. 104). Da das Streben der Nachfrager nach möglichst günstigen Einkaufsbedingungen als notwendige Ergänzung zu dem Streben der Anbieter, mit einem möglichst günstigen Angebot zu Geschäftsabschlüssen zu kommen, wettbewerbskonform ist, kann allein daraus, dass dieses Streben nicht in jedem Falle zum gleichen wirtschaftlichen Ergebnis eines übereinstimmenden Verhältnisses von Leistung und Gegenleistung führt, noch keine negative Bewertung im Rahmen der Interessenabwägung nach Abs. 2 Nr. 1 gefolgert werden.[873] Ein Nachfrager, der von allen vergleichbaren Lieferanten eine gleiche Vergünstigung fordert, behandelt deshalb diese Lieferanten noch nicht ungleich, wenn es ihm nicht gelingt, diese Forderung allen gegenüber durchzusetzen (→ Rn. 188).[874] Selbst wenn man jedoch in diesem Falle eine ungleiche Behandlung der Lieferanten annehmen wollte,[875] wäre das ungleiche Ergebnis ohne Hinzutreten weiterer Umstände als wettbewerbskonform sachlich gerechtfertigt.[876] Erst wenn der Nachfrager von vornherein nur gegenüber einzelnen vergleichbaren Lieferanten versucht, bestimmte Sondervergünstigungen zu erlangen, behandelt er diese ungleich und verstößt bei fehlender Rechtfertigung gegen Abs. 2 Nr. 1. Ein Verstoß kann ferner darin liegen, dass ein allen vergleichbaren Lieferanten gegenüber unternommener Versuch, Sondervergünstigungen zu erlangen, mit Mitteln durchgesetzt wird, die, soweit Lieferanten dadurch behindert werden, die Behinderung unbillig machen.[877]

Als Mittel, welche die Unbilligkeit und das Fehlen eines sachlich gerechtfertigten Grun- **195** des für das **Fordern und Durchsetzen von Sondervergünstigungen** begründen können, kommen in erster Linie bereits nach anderen gesetzlichen Vorschriften rechtswidrige Verhaltensweisen in Betracht, insbes. Verstöße gegen das UWG.[878] Beispiele aus der Rechtsprechung zu § 1 UWG aF sind Eintrittsgelder,[879] Schaufenster- und Regalmieten[880] und die unentgeltliche Preisauszeichnung durch den Hersteller.[881] Noch stärker auf die besonderen Umstände des Einzelfalls kommt es bei der Beurteilung der verschiedenen Formen des „Anzapfens" an.[882] Trotz nicht unerheblicher Bedenken gegen einzelne Ergeb-

[871] Vgl. für die Zulieferer der Automobilindustrie TB 1977, 33 f.; 1991/92, 87; Klaue ZIP 1989, 1313 ff.

[872] Zur Preisdifferenzierung zB BGH 8.5.1990 – KZR 21/89, WuW/E BGH 2665 (2666 f.) – Physikalisch-therapeutische Behandlung; 11.12.2001 – KZR 5/00, WuW/E DE-R 839 – Privater Pflegedienst; zur Differenzierung zwischen öffentlichen und privaten Krankentransportunternehmen bei der Entgeltmethode: BGH 12.3.1991 – KZR 26/89, BGHZ 114, 218 = WuW/E BGH 2707 (2715 f.) – Krankentransportunternehmen II; OLG Karlsruhe 10.2.1993 – 6 U 79/92 – Kart, WuW/E OLG 5066 (5070) – Direktabrechnungsausschluss.

[873] BGH 19.3.1996 – KZR 1/95, WuW/E BGH 3058 (3064 f.) = NJW 1996, 2656 – Pay-TV-Durchleitung; enger: 11.12.2001 – KZR 5/00, WuW/E DE-R 839 (842 f.) – Privater Pflegedienst (falls Preis und Konditionen das Ergebnis von Verhandlugen mit dem Lieferanten sind, darf der Unterschied im Vergleich zu anderen Lieferanten nicht allein die Folge der ungleichen Abhängigkeit im Verhältnis zum Normadressaten sein); allg. klarstellend 12.4.2016 – KZR 30/14, WuW 2016, 427 Rn. 48 – NetCologne.

[874] Exner S. 116.

[875] So Köhler S. 88 ff.

[876] So für § 1 UWG aF: BGH 9.6.1982 – I ZR 97/80, WuW/E BGH 1943 (1945) – Eröffnungsrabatt.

[877] Zur Abgrenzung zwischen bloßer „Ausbeutung" durch zu niedrige Bezugspreise und der für eine Behinderung erforderlichen Beeinträchtigung der Betätigungsmöglichkeiten im Wettbewerb s. zB Köhler S. 78 f.; Exner S. 115 f.

[878] Köhler S. 89 f.; Hölzler/Satzky S. 122.

[879] BGH 17.12.1976 – I ZR 77/75, WuW/E BGH 1466 = NJW 1977, 1242 – Eintrittsgeld; BKartA 17.10.1983 – B 9–711068-V-1006/80, WuW/E BKartA 2092 (2096 ff.) – Metro-Eintrittsvergütung.

[880] BGH 3.12.1976 – I ZR 34/75, WuW/E BGH 1485 = NJW 1977, 631 – Schaufensteraktion.

[881] OLG Saarbrücken 6.4.1977 – 2 U 84/72, WuW/E OLG 1837 – Globus; offengelassen: BGH 22.4.1982 – I ZR 66/80, WuW/E BGH 1939 = NJW 1983, 171 – Globus Handelshof; krit. zu dem vom OLG als maßgeblich angesehenen Begründungsgesichtspunkt der Unentgeltlichkeit zB Mestmäcker S. 61 ff.

[882] Köhler in Köhler/Bornkamm/Feddersen UWG § 4 Rn. 4.130 ff.

nisse dieser Rechtsprechung oder die Art ihrer Begründung[883] ist ihrem höchstrichterlich gesicherten Bestand im Rahmen der Interessenabwägung nach Abs. 2 Nr. 1 Rechnung zu tragen (auch → Rn. 108). Gleiches gilt für Verhaltensweisen, die wegen Verstoßes gegen Abs. 2 Nr. 5 rechtswidrig sind (→ Rn. 372 ff.).

**196** Soweit ein als Normadressat des Abs. 2 Nr. 1 in Betracht stehender Nachfrager beim Fordern und Durchsetzen von Sondervorteilen keine unlauteren oder wegen Verstoßes gegen andere Rechtsvorschriften rechtswidrigen Mittel anwendet, ist eine **besonders sorgfältige Interessenabwägung im Einzelfall erforderlich.**[884] Dabei hat, ähnlich wie bei der Anwendung des Abs. 2 Nr. 5 (→ Rn. 372 ff.), auch der Gesichtspunkt des Leistungsbezugs insofern Bedeutung, als umsatzbezogene Sondervorteile, zB günstigere Sonderpreise oder höhere Mengen- oder Umsatzrabatte, in aller Regel als Ergebnis wettbewerbskonformen Strebens nach möglichst günstigen Einkaufsbedingungen sachlich gerechtfertigt sind. Aber auch bei fehlendem Leistungsbezug sind Sondervorteile, die nicht mit unlauteren oder aus sonstigen Gründen rechtswidrigen Mitteln gefordert oder durchgesetzt werden, nicht ohne weiteres unbillig oder sachlich ungerechtfertigt. Dass es sich bei solchen Vorteilen im Einzelfall um „Wettbewerbsverzerrungen" iSd „Sündenregisters" des BMWi[885], „Gefährdungen" des „Leistungswettbewerbs" iSd „Gemeinsamen Erklärung von Organisationen der gewerblichen Wirtschaft" v. 25.6.1984[886], Regelungsgegenstände in anerkannten Wettbewerbsregeln (§ 26) oder um „leistungsfremdes" bzw. dem „Nichtleistungswettbewerb" zugerechnetes Verhalten (→ Rn. 115 ff.) handelt, ist für sich allein nicht ausschlaggebend. Es bedarf vielmehr des Hinzutretens weiterer Umstände, die im Lichte der auf die Freiheit des Wettbewerbs gerichteten Zielsetzung des GWB das Verhalten des Nachfragers als unbillig oder ungerechtfertigt erscheinen lassen.[887]

**197** Solche Umstände sind in aller Regel **Absicherungsmaßnahmen** vertraglicher oder faktischer Art, mit denen der begünstigte Nachfrager die betreffenden Lieferanten veranlasst, anderen Nachfragern entsprechende Vergünstigungen nicht einzuräumen, und damit eine **Marktspaltung** bezweckt oder bewirkt.[888] Dies gilt zB für Meistbegünstigungsklauseln.[889] Ferner kommen Preisfallklauseln[890], Bevorzugungsklauseln, Ausschließlichkeitsvereinbarungen und entsprechende faktische Bindungen in Betracht[891]. Dagegen kann allein daraus, dass der Nachfrager auf den Lieferanten einwirkt, einen ihm gewährten Sondervorteil geheimzuhalten, was idR für ad hoc ausgehandelte Sondervorteile Voraussetzung ist[892], ein Verstoß gegen Abs. 2 Nr. 1 nicht gefolgert werden.[893]

**198** Ein Sonderfall der unbilligen Behinderung von Anbietern durch Nachfrager ist die Weigerung von gebietsversorgenden Elektrizitätsversorgungsunternehmen (EVU), für **eingespeisten Strom** aus Erzeugungsanlagen zur Nutzung **erneuerbarer Energien** (Wasserkraft, Wind, Sonnenenergie etc) oder **Kraft-Wärme-Kopplungsanlagen** eine Vergütung zu zahlen, die mindestens den durch die Einspeisung vermiedenen Kosten des aufnehmen-

---

[883] Aus kartellrechtlicher Sicht problematisch ist insbes. der vom BGH in der Entscheidung „Eintrittsgeld" verwendete Begründungsgesichtspunkt der „Funktionswidrigkeit"; dazu krit. zB Monopolkommission Sondergutachten 7 Rn. 75 ff.; Köhler S. 30; Merz S. 145 ff.

[884] Köhler S. 86 f.; Exner S. 112 ff.; weitergehend zB Ulmer in FIW-Schriftenreihe Heft 102, S. 55.

[885] WRP 1975, 24 ff.

[886] WuW 1984, 712.

[887] Vgl. auch zur Beurteilung nach § 9 AGBG (§ 307 BGB) des Ausschlusses des Eigentumsvorbehalts an der gelieferten Ware in den AGB eines marktstarken Nachfragers: BGH 29.10.1980 – VIII ZR 262/79, BGHZ 78, 305 = NJW 1981, 280; Vennemann WRP 1979, 606 f.

[888] Köhler S. 84 f.; Wilde S. 111 ff.; Exner S. 114 ff.

[889] Zur Beurteilung nach § 15 aF: BGH 27.1.1981 – KVR 4/80, WuW/E BGH 1787 = NJW 1981, 2052 – Garant-Lieferprogramm. Zur Beurteilung nach dem Inkrafttreten der 7. GWB-Novelle: Meyer WRP 2004, 1456 ff.

[890] Vgl. „Sündenregister", WRP 1975, 29, Nr. 15.

[891] TB 1979/80, 37 (52).

[892] Ulmer WuW 1978, 334.

[893] AA Exner S. 114 f.; zum „Geheimwettbewerb" als vom Schutzbereich des § 1 erfasster Wettbewerbsform → § 1 Rn. 155 ff.

den EVU entspricht.[894] Diese vom BGH aus der mit der Einführung des § 103 Abs. 5 S. 2 Nr. 3 GWB aF getroffenen energiepolitischen Entscheidung des Gesetzgebers zugunsten der erneuerbaren Energien und der Kraft-Wärme-Kopplung gefolgerte Abnahme- und Vergütungspflicht gilt auch nach der Aufhebung dieser Vorschrift für die Stromversorgung weiter.[895] Eine Erhöhung seiner Strombeschaffungskosten als Folge der Einspeisung muss das aufnehmende EVU jedoch nicht hinnehmen.[896] Bei einer Strombeschaffung des aufnehmenden EVU aus mehreren Quellen ist für die Berechnung der vermiedenen Kosten, für die das EVU die Beweislast trägt, idR die teuerste maßgebend.[897] Bei der Ermittlung der vermiedenen Kosten im Wege der Schätzung sind Sicherheitsabschläge von 5 % beim Leistungs- und Arbeitspreis zulässig.[898]

Eine aktuelle, noch nicht abschließend entschiedene Frage ist auch, ob Rundfunkanstal-  **198a** ten bei der Einspeisung von Rundfunksignalen durch Kabelnetzbetreiber einer Zahlungspflicht unterliegen. Letztere sind wegen der sich aus § 81 MStV (§ 52b RStV a.F.) ergebenden rundfunkstaatsrechtlichen Must-Carry-Verpflichtung zur Einspeisung der Programme öffentlich-rechtlicher Fernsehsender verpflichtet. Nachdem über längere Zeit durch die öffentlich-rechtlichen Sender hierfür eine Vergütung gezahlt wurde, sind die entsprechenden Verträge fristgerecht zum Ende des Jahres 2012 aufgekündigt worden. Einen Missbrauch nach Abs. 2 Nr. 1 verneinte der BGH allerdings mehrfach, da angesichts des Umstandes, dass die Rundfunkanstalten anderen Netzbetreibern ebenfalls kein Entgelt bezahlen, keine missbrauchsrelevante Ungleichbehandlung festzustellen sei.[899] Den von den Rundfunkanstalten angestrebten Nullpreis hat der BGH gleichwohl an § 19 Abs. 2 Nr. 2 gemessen, einen Missbrauch in sämtlichen Fällen jedoch letztlich weder bejaht noch verneint angesichts fehlender Feststellungen durch die zuvor mit der Rechtssache betrauten Gerichte. Er hat gleichwohl verdeutlicht, dass es entscheidend auf das Verhältnis von Leistung und Gegenleistung zwischen Einspeisung und Programm(signal) ankommt.[900] Ob und in welcher Höhe ein Anspruch auf Vergütung besteht, hängt in den konkreten Fällen überdies davon ab, ob die Kündigung der Rundfunkanstalten mit § 1 GWB im Einklang steht.

**(4) Behinderung von Wettbewerbern.** Die unter dem Aspekt der Lieferantenbeein-  **199** trächtigung erörterten Verhaltensweisen von Nachfragern können auch deren **Wettbewerber auf der Nachfrageseite** unbillig behindern. Nicht jeder Sondervorteil, den ein Nachfrager von seinen Lieferanten erlangt, stellt jedoch bereits ohne weiteres eine Behinderung der Wettbewerbsmöglichkeiten anderer Unternehmen dar, die mit dem bevorzugten Nachfrager auf dessen Angebotsmarkt im Wettbewerb stehen. Nur Absicherungsmaßnahmen, die darauf gerichtet sind, diesen Unternehmen entsprechende Vorteile vorzuenthalten, können idR als Behinderung angesehen werden.

[894] So für § 26 Abs. 2 aF: BGH 6.10.1992 – KZR 10/91, BGHZ 119, 335 = WuW/E BGH 2805 (2809 ff.) – Stromeinspeisung I; 2.7.1996 – KZR 31/95, WuW/E BGH 3074 (3075 f.) = NJW 1996, 3005 – Kraft-Wärme-Kopplung; 22.10.1996 – KZR 19/95, WuW/E BGH 3079 (3082) = NJW 1997, 574 – Stromeinspeisung II; 8.12.1998 – KZR 49/97, WuW/E DE-R 248 (249) – Kraft-Wärme-Kopplung II.
[895] Dies ergibt sich daraus, dass das Gesetz zur Neuregelung des Energiewirtschaftsrechts v. 24.4.1998 an der vom BGH für die kartellrechtliche Abnahme- und Vergütungspflicht für eingespeisten Strom als maßgeblich angesehenen energiepolitischen Entscheidung ausdrücklich festgehalten hat; s. Amtl. Begr., BT-Drs. 13/7274, 26. Mit der Einführung einer über die vermiedenen Kosten des aufnehmenden EVU hinausgehenden Vergütungspflicht durch das Stromeinspeisungsgesetz vom 7.12.1990, das inzwischen durch das Gesetz für den Vorrang erneuerbarer Energien (EEG) abgelöst wurde, hat jedoch die kartellrechtliche Abnahme- und Vergütungspflicht für die Stromerzeugung aus Anlagen zur Nutzung erneuerbarer Energien praktisch nur noch geringe Bedeutung.
[896] BGH 8.12.1998 – KZR 49/97, WuW/E DE-R 248 (249) – Kraft-Wärme-Kopplung II.
[897] BGH 22.10.1996 – KZR 18/95, WuW/E BGH 3099 (3102 f.) – Stromveredlung.
[898] BGH 4.4.1995 – KZR 5/94, WuW/E BGH 2999 (3002) = NJW-RR 1995, 1381 – Einspeisungsvergütung.
[899] Vgl. Nachweise in → Rn. 191 Fn. 853.
[900] Ein Überwiegen des Wertes der Leistung der Kabelnetzbetreiber bejaht das OLG Karlsruhe 29.12.2016 – 6 U 61/13, NZKart 2017, 485 (488).

**200**  Für die Beurteilung der Unbilligkeit der Behinderung gelten die **gleichen Grundsätze wie für die Lieferantenbeeinträchtigung** (→ Rn. 193 ff.). Das Fordern und Durchsetzen umsatzbezogener Sondervorteile kann deshalb nur ganz ausnahmsweise als unbillige Behinderung der solche Vorteile nicht erlangenden Wettbewerber angesehen werden[901]. Auch aus Sondervorteilen ohne Leistungsbezug kann nicht ohne weiteres die Unbilligkeit gefolgert werden.[902] Dagegen sind vertragliche und faktische Absicherungsmaßnahmen in aller Regel auch unter dem Aspekt der Wettbewerberbehinderung unbillig. Dies gilt auch für andere Verhaltensweisen, mit denen Nachfrager ihre Machtstellung zur Wettbewerberbehinderung ausnutzen, zB durch Erzwingung von Gegengeschäften, die Anbietern der „gekoppelten" Ware oder Leistung den Zugang zu dem betreffenden Geschäftsverkehr erschweren oder versperren.[903]

# D. Ausbeutungsmissbrauch (Abs. 2 Nr. 2)

## I. Allgemeines

**201**  In Übereinstimmung mit Art. 102 AEUV, aber in scharfem Kontrast zum US-amerikanischen Antitrustrecht[904] ermöglicht § 19 Abs. 2 Nr. 2 eine Kontrolle von Preisen und Konditionen, die von marktbeherrschenden Unternehmen gefordert werden. Dabei weist die Norm primär eine **vertikale Schutzrichtung** auf[905]. Die Anknüpfung an das Fordern von „Entgelten oder sonstigen Geschäftsbedingungen" impliziert ein Verhalten gegenüber Unternehmen einer anderen Wirtschaftstufe. Geschützt werden sollen Teilnehmer auf der jeweiligen **Marktgegenseite**.[906] Das gilt nicht nur im Verhältnis von marktbeherrschenden Anbietern zu ihren Abnehmern, sondern auch umgekehrt im Verhältnis marktbeherrschender Nachfrage gegenüber ihren Lieferanten. Die Kategorie des Ausbeutungsmissbrauchs zielt generell auf den Schutz vor- und nachgelagerter Wirtschaftsstufen sowie der Verbraucher vor einer Ausplünderung.[907] Eine solche kann nicht nur bei missbräuchlich überhöhten Preisen vorliegen, sondern beim Einkauf durch marktbeherrschende Nachfrager auch durch missbräuchlich niedrige Entgelte erfolgen.[908]

**202**  **1. Historische Entwicklung.** In der ursprünglichen Fassung des Gesetzes aus dem Jahre 1957 räumte die Vorgängervorschrift des heutigen § 19 den Kartellbehörden ausdrücklich die Befugnis ein, Unternehmen die missbräuchliche Ausnutzung ihrer marktbeherrschenden Stellung „beim Fordern oder Anbieten von Preisen oder bei der Gestaltung von Geschäftsbedingungen" zu untersagen. Die Umwandlung der Vorschrift in eine Generalklausel durch die 1. Novelle von 1965 bezweckte eine Ausdehnung der Vorschrift, keine Einschränkung.[909] Die überwiegende Meinung folgerte daraus, dass § 19 auch die Dimen-

---

[901] Köhler S. 79 f.

[902] Weitergehend zB Hölzler/Satzky S. 120; Ulmer WuW 1978, 341 ff.; Reimann WRP 1976, 550 ff.

[903] So zB die vom BKartA beanstandete Praxis der Bundesbahn, Aufträge nur nach dem an der Inanspruchnahme ihrer Transportleistungen gemessenen „Kundenwert" zu vergeben, TB 1979/80, 38; s. auch BKartA 16.1.1984 – B 9–123700-1003/83-5, WuW/E BKartA 2150 – Bevorzugung von Ausbildungsbetrieben; zur Beurteilung von sog. Bietererklärungen gegenüber öffentlichen Auftraggebern nach § 9 AGBG (§ 307 BGB): BGH 23.6.1988 – VII ZR 117/87, WuW/E BGH 2533 – Vertragsstrafenklausel Baubehörde Bremen; OLG Frankfurt a. M. 21.11.1985 – 6 U 20/85, WuW/E OLG 3831 – Vertragsstrafenklausel Bundesbahn. Vgl. auch BGH 18.1.2000 – KVR 23/98, WuW/E Verg. 297, 303 – Tariftreueerklärung II.

[904] Vgl. → AEUV Art. 102 Rn. 168 ff. mwN.

[905] OLG Düsseldorf 12.7.2017 – VI-U (Kart) 16/13, NZKart 2017, 481 (482) – Einspeisung von Fernsehprogrammsignalen; Loewenheim in LMR, 2. Aufl. 2009, Rn. 67; Wiedemann in Wiedemann KartellR-HdB § 23 Rn. 200 jeweils mwN.

[906] Bechtold/Bosch Rn. 53; ähnlich Höft, Die Kontrolle des Ausbeutungsmissbrauchs im Recht der Wettbewerbsbeschränkungen, S. 17.

[907] AllgM, s. nur Höft, Die Kontrolle des Ausbeutungsmissbrauchs im Recht der Wettbewerbsbeschränkungen, S. 17.

[908] Notdurft in Bunte Rn. 146.

[909] Eingehend Möschel Der Oligopolmißbrauch S. 120 ff. mwN.

sion des sog. Ausbeutungsmissbrauchs in der Form des Forderns von überhöhten Preisen umfasse.[910] Zwingend war dies nicht, da der Wortlaut der ursprünglichen Fassung sich auch auf Diskriminierungs- und Verdrängungsstrategien, also auf typische Wettbewerbsbeschränkungen hätte eingrenzen lassen.[911] Immerhin weisen die Materialien eher in Richtung einer weitergreifenden Auslegung.[912] In der Rechtsprechung bemühte sich das Kammergericht im „Vitamin-B-12"-Beschluss um eine eingehendere Begründung.[913] Sein Verweis auf die BGH-Rechtsprechung zu § 11 Abs. 5 Nr. 2 aF = § 12 Abs. 2 GWB (1999)[914] und zu § 104 aF[915] ließ außer Acht, dass es dort um den Missbrauch zugelassener Kartellvereinbarungen ging, wohingegen marktbeherrschende Unternehmen nicht zu irgendwelchen justitiablen Zwecken zugelassen sind, aus welchen sich unter dem Aspekt der Verfehlung oder der Überschreitung Missbrauchskriterien ableiten ließen. Auch die Parallele zur Inhaltskontrolle von AGB überzeugte nicht, da es dort noch um Rahmenbedingungen geht, in Entsprechung etwa zu sog. Preisstrukturmissbräuchen innerhalb des § 19 (→ Rn. 203 ff.), während eine Preisüberhöhungskontrolle auf einen **Marktergebnistest** hinausläuft und damit nicht mehr in Kategorien von Spielregeln und Ordnungsrahmen für im Übrigen freie Wettbewerbsprozesse fassbar ist.[916] Der BGH bejahte in seinem „Vitamin-B-12"-Beschluss in einem obiter dictum die Möglichkeit von Preiskontrollen nach § 19.[917] Im ersten Valium-Beschluss nahm er darauf nur noch Bezug.[918] Dem Kartellsenat erschien eine Begründung wohl entbehrlich, nachdem er bereits im Zusammenhang mit § 104 aF angenommen hatte, eine missbräuchliche Ausnutzung der durch die Freistellung vom Verbot des § 1 erlangten Monopolstellung könne auch in der Tarifgestaltung liegen,[919] eine Überlegung, die im Zusammenhang mit § 19 für sich allein nicht tragfähig ist.

**2. Kritik am Konzept der Preis- und Konditionenkontrolle.** Eine Aktivierung des **203** § 19 in dieser Richtung bot vielfältige Ansatzpunkte für Kritik.[920] **Aus systemtheoretischer Sicht** musste sich eine solche Entwicklung als inadäquat erweisen; „überhöhte" Preise waren von daher Ergebnis von Wettbewerbsbeschränkungen, welche preisnivellierende Marktzutritte oder entsprechende Arbitrage-Transaktionen unmöglich machten oder erschwerten, aber nicht für sich selbst Gegenstand wettbewerbsrechtlicher Korrekturen.[921] **Praktische Schwierigkeiten** in der Anwendung der Messverfahren mit all ihren Unschärfen (→ Rn. 216 ff.) ließen eine solche Fortentwicklung wenig sinnvoll erscheinen. Die Bekämpfung von Behinderungsmissbräuchen als eine Form der Ursachentherapie erschien gegenüber Preiskontrollen als einer Form der Kompensationstherapie vorzugswürdig.[922] Wichtige Sachverhaltsgruppen, nämlich sämtliche Formen von Preisverhalten, die mit einem Diskriminierungsverbot oder als Behinderungsmissbrauch zu bekämpfen waren, ließen sich als sog. **Preisstrukturmissbrauch** herauslösen, ohne dass es dabei auf eine

[910] Vgl. dazu Schultz in Langen/Bunte, 10. Aufl. 2006, Rn. 92 mwN.
[911] Vgl. dazu Gabriel, Preiskontrolle im Rahmen der Wettbewerbspolitik. Kriterien und Kompetenzen, S. 29 ff.; Gabriel FS Günther, 1976, 263 (280 ff.).
[912] Siehe Begr. 1952 zu § 17 S. 39.
[913] KG 19.3.1975 – Kart 26/74, WuW/E OLG 1599 (1606 ff.).
[914] BGH 17.5.1965 – III ZR 23/64, WuW/E BGH 667 (673) – Rechtselbische Zementpreise IV.
[915] BGH 31.5.1972 – KVR 2/71, WuW/E BGH 1221 ff. – Stromtarif.
[916] Schon → Rn. 37 mwN.
[917] BGH 3.7.1976 – KVR 7/75, WuW/E BGH 1435 (1439) – Vitamin-B-12.
[918] BGH 16.12.1976 – KVR 2/76, WuW/E BGH 1445 (1450) – Valium.
[919] Fischer ZGR 1978, 235 (246).
[920] Hierzu Knöpfle BB-Beil. 13/1994, 1 (7 ff.) und aus jüngerer Zeit Daiber NJW 2013, 1990 (1993) mwN.
[921] Hoppmann FS Günther, 1976, 283 (303 ff.); Hoppmann, Marktbeherrschung und Preismißbrauch; Gabriel, Preiskontrolle im Rahmen der Wettbewerbspolitik. Kriterien und Kompetenzen, S. 6, 29 ff.; Gabriel BB 1974, 1405 (1408); Kaufer WuW 1975, 139 ff.; Rittner WuW 1974, 737 (747); Schmidtchen Ordo 1979, 273 (276 ff., 292 ff.); dagegen Lenel 2. FS F. Böhm, 1975, 317 (337 ff.); Möschel JZ 1975, 393 (394, 396 ff.).
[922] Möschel JZ 1975, 393 (395); Möschel BB 1976, 49 (50); Willeke WuW 1975, 533 (548); Monopolkommission Sondergutachten 1 Tz. Rn. 5, 7, 34, 67 ff.; Schellhaaß, Preismißbrauchsaufsicht gegenüber innovativen Unternehmen, S. 157, 173 f.

Kontrolle von Preishöhen als solche angekommen wäre.[923] **Rechtskraftimplikationen** schlossen eine nachhaltige Effizienz aus. Denn in Anwendung des § 19 festgelegte Preisobergrenzen gelten nur auf der Grundlage der tatsächlichen Feststellungen im Zeitpunkt der Verfügung bzw. der letzten mündlichen Verhandlung. Verändern sich diese Feststellungen, wird insbesondere die Vergleichbarkeit von Märkten durch unterschiedliche Entwicklungen, von Lohnsteigerungen bis hin zu Einflüssen staatlicher Wirtschaftspolitik, tangiert, so schließt die Bestandskraft des Verwaltungsaktes oder die Rechtskraft der Gerichtsentscheidung eine Durchbrechung der Preisobergrenze nicht aus. Da solche Entwicklungen eher die Regel als die Ausnahme sind, erweisen sich **Preiseingriffe,** anders als Unterbindungen von Formen sog. Behinderungsmissbrauchs, als **kaum auf Dauer vollziehbar.**[924]

**204**    Zudem können **Marktergebniskorrekturen nachteilige Nebenwirkungen** auf den Restwettbewerb haben.[925] Preisherabsetzungen können die Marktstellung des betroffenen Unternehmens ggf. stärken oder gar zementieren: Der mit hohen Preisen gegebene Anreiz für Newcomer oder auch für die Expansion von Konkurrenten schwächt sich ab. In gleicher Weise verringert sich namentlich bei vorhandenem Patentschutz der Zwang zur Entwicklung konkurrierender Produkte oder Verfahren. Werden Preiskontrollen nicht nur als Erinnerungsposten des Wettbewerbsrechts angewandt, kann insgesamt der Anreiz zu vorstoßendem Wettbewerb mit seiner Chance besonders hoher Gewinne beeinträchtigt werden. Es besteht – jedenfalls theoretisch – die Gefahr wettbewerblicher Ausweichreaktionen, etwa in den Bereichen Qualität, Service und Forschung. Auf Oligopolmärkten ist darauf Bedacht zu nehmen, dass Preisherabsetzungsaktionen nicht zu jenen Wirkungen führen, die man über die Bekämpfung von Konzertierungsmechanismen wie abgestimmtes Verhalten ansonsten zu verhindern trachtet. Außenseiter können ggf. durch Preisherabsetzungen aus dem Markt gedrängt werden, was nicht nur die weniger kostengünstigen Anbieter treffen könnte, sondern auch kapitalschwächere Unternehmen oder Unternehmen in einer frühen Entwicklungsphase. Das Problem ist vom Zusammenhang Kartell und Kartellaußenseiter her bekannt, deren Überlebensfähigkeit vom „Schirm" bzw. „Windschatten" des Kartells abhängen kann.[926]

**205**    Es entsteht ein **Zielkonflikt** zwischen kurzfristigen Verbraucherschutzvorteilen und mittel- oder langfristigen wettbewerbsstrukturellen Nachteilen.[927] Bedenkt man, dass § 19 nicht auf einen wettbewerblichen Ausnahmebereich zielt, sondern auf beliebige Marktverhältnisse, die als solche dem Wettbewerb prinzipiell zugänglich bleiben, und dass ein Wettbewerbssystem Verbraucherinteressen definitionsgemäß durch den Prozess, also auf mittelbare Weise zu schützen sucht, so ergibt sich auch hier ein Vorrang wettbewerbsstruktureller Überlegungen, erweisen sich **Preis- und Kondiktionenkontrollen als Notbehelfe.** Insbesondere darf eine Preis- und Konditionenkontrolle nicht einsetzt werden, um inzident politische Ziele zu verfolgen, wie etwa die Stärkung von Belangen des Umweltschutzes[928] oder auch des allgemeinen Verbraucherschutzes.

**205a**    Letzteres gilt ungeachtet der durch die **9. GWB-Novelle** eingeführten neuen Befugnis des Bundeskartellamts nach § 32e Abs. 5 zur Durchführung von **Sektoruntersuchungen** „bei begründetem Verdacht … auf erhebliche, dauerhafte oder wiederholte Verstöße gegen verbraucherrechtliche Vorschriften, die nach ihrer Art oder ihrem Umfang die Interessen

---

[923] Grundlegend Monopolkommission Sondergutachten 1 Tz. Rn. 7, 46; dazu auch Möschel JZ 1975, 393 (395); krit. Reich NJW 1976, 2262 (2263).
[924] Möschel BB 1976, 49 (51); zustimmend Fischer ZGR 1978, 235 (249).
[925] Vgl. Möschel in Immenga/Mestmäcker, 4. Aufl. 2007, Rn. 12; Götting in LMR, 2. Aufl. 2009, Rn. 2.
[926] Vgl. zur ökonomischen Analyse von Preisschirmeffekten von Kartellen Fuchs FS Bornkamm, 2014, 159 (162 ff.) mwN.
[927] Möschel BB 1976, 49 (53); Fischer ZGR 1978, 235 (249); Kirchner, Anm. zum Valium II-Beschluss des BGH, AG 1980, 338 ff.; s. auch die Ausführungen in KG 26.11.1997 – Kart 9/97, WuW/E DE-R 124 (130) und insoweit zust. Möschel WuW 1999, 5 (8).
[928] Kritisch vor dem Hintergrund des Handels mit Zertifikaten im Emissionshandel Friederiszick/Röller WuW 2008, 929 (940).

einer Vielzahl von Verbraucherinnen und Verbrauchern beeinträchtigen". Denn erweiterte materielle Eingriffsbefugnisse sind damit (vorerst) nicht verbunden[929]. Allerdings **verdeutlicht** die Einführung der verbraucherschutzrechtlichen Sektoruntersuchung die **potentielle Wettbewerbsrelevanz breitflächiger und nachhaltiger Verstöße gegen außerkartellrechtliche Normen.** Zu den in Bezug genommenen „verbraucherrechtlichen Vorschriften" gehören vor allem die in § 2 Abs. 2 UKlaG genannten Verbraucherschutzgesetze (insbes. die AGB-Kontrolle nach §§ 305 ff. BGB) sowie verbraucherschützende Regelungen im UWG[930]. Eine gewisse inhaltliche Entsprechung mit der sich durch § 32e Abs. 5 andeutenden Entwicklung hin zu einer behördlichen Durchsetzung von Verbraucherschutzrecht zeigt sich in der Tendenz der jüngeren kartellrechtlichen Praxis, im Rahmen der Konditionenkontrolle nach der Generalklausel des § 19 Abs. 1 verstärkt auch die Wertungen außerkartellrechtlicher Normen wie etwa des AGB- oder Datenschutzrechts zu berücksichtigen (→ Rn. 66a). Besonders deutlich ist dies zuletzt in der **Facebook-Entscheidung** des BKartAs vom 6.2.2019 hervorgetreten, in der die Behörde unter Anwendung der Generalklausel des § 19 Abs. 1 einen Konditionenmissbrauch annimmt, weil die Verwendung und Durchsetzung der Nutzungsbedingungen von Facebook „als Ausfluss von Marktmacht gegen die Wertungen der DSGVO" verstießen[931] (näher hierzu → Rn. 212 ff.).

Trotz dieser expansiven Tendenzen im Bereich der kartellrechtlichen Konditionenkontrolle, deren Reichweite noch nicht definitiv geklärt ist, bleibt es aber unter Beachtung soeben dargestellten Begrenzungen dabei, dass Preiskontrollen nur vertretbar erscheinen, wenn ihre negativen wettbewerblichen Nebenwirkungen vernachlässigt werden können. Das ist jedenfalls dann gegeben, wenn **Märkte strukturell so gestört** sind, **dass man die Hoffnung auf die Selbstheilungskräfte des Wettbewerbs sinnvollerweise aufgibt.** Dies trifft zum einen auf gesetzlich oder auf andere Weise langfristig abgesicherte Monopolstellungen zu, kann zum anderen aber auch kurzfristige Knappheitssituationen erfassen.[932] Diese These von der **Subsidiarität der Preisüberhöhungskontrolle**[933] gegenüber marktstrukturellen Eingriffen und gegenüber einer Bekämpfung sog. Behinderungsmissbräuche und ihrer Einordnung als „Notbehelf" ist zwar als normative Kategorie in der Rechtsprechung bislang nicht anerkannt, beschreibt aber die tatsächliche Handhabung des § 19 in dieser Dimension zutreffend.[934]

  **206**

---

[929] Auch die Eingriffsbefugnisse zur Durchführung der verbraucherschutzrechtlichen Sektoruntersuchung nach § 32e Abs. 5 sind im Vergleich zu den kartellrechtlichen Sektoruntersuchungen nach Abs. 1 beschränkt (vgl. Abs. 5 S. 3). Zuletzt hat das BKartA eine Untersuchung von Vergleichsportalen im Internet in den für Verbraucher besonders relevanten Bereichen Energie, Telekommunikation, Versicherungen, Finanzen und Reisen durchgeführt, vgl. BKartA, Sektoruntersuchung Vergleichsportale, Bericht, April 2019, abrufbar unter www.bundeskartellamt.de.

[930] Bechtold/Bosch § 32e Rn. 12; ausführlich Podszun/Schmieder in Kersting/Podszun 9. GWB-Novelle Kap. 6 Rn. 28 ff.

[931] BKartA 6.2.2019 – B6–22/16, BeckRS 2019, 4895; öffentliche Version v. 15.2.2019 auch abrufbar unter http://hbfm.link/4951; vgl. auch BKartA Pressemitteilung v. 7.2.2019; BKartA, Hintergrundinformationen zum Facebook-Verfahren v. 7.2.2019; BKartA Fallbericht v. 15.2.2019, sämtliche Dokumente abrufbar unter auf der Homepage des BKartAs (https://www.bundeskartellamt.de), Fallbericht auch abgedruckt in NZKart 2019, 178 ff.; s. zu dieser Entscheidung Mundt NZKart 2019, 117 f.; Körber NZKart 2019, 187 ff.; Karbaum DB 2019, 1072 ff.; Kruse NZKart 2019, 418; Louven CR 2019, 352; Stoffel EuZW 2019, 177 f.; Ellger WuW 2019, 446; ferner zur vorläufigen Einschätzung des BKartAs (Hintergrundinformationen) v. 19.12.2017 bereits Pomana/Schneider BB 2018, 965 ff. Im Kern auf der Linie des BKartAs jetzt auch EuGH 4.7.2023, C-252/21, WuW 2023, 416 – Meta Platforms.

[932] Vgl. etwa den Fall der Deutschen Städtereklame GmbH, dazu Presseinformation BKartA 19.7.1972, WuW 1972, 574, Möschel BB 1976, 49 (53); Möschel JZ 1975, 393 (396) gegen Hoppmann, Preiskontrolle und Als-ob-Konzept, S. 36.

[933] Grdl. Möschel Der Oligopolmißbrauch S. 158; Möschel JZ 1975, 393 (394); Möschel BB 1976, 49 (50 ff., 53); Möschel, Rechtsordnung zwischen Plan und Markt, S. 31 ff., 40; zust. Scholz ZHR 141, 520 (537); Rittner S. 400.

[934] Vgl. TB 1981/82, 25: „Ergebnis bewusster ordnungspolitischer Zurückhaltung"; TB 1987/88, 17: „weiter an Bedeutung verloren".

**207**    **3. Bisherige Fallpraxis und praktische Bedeutung des § 19 Abs. 2 Nr. 2 GWB.**
Wegen des Verdachts, dass marktbeherrschende Unternehmen ihre Marktstellung durch zu
hohe Preise in einer die Abnehmer „ausbeutenden" Weise missbräuchlich ausnutzen, haben
die Kartellbehörden insbesondere nach der Novellierung der Marktbeherrschungskriterien
durch die 2. Kartellnovelle von 1973 eine große Zahl von Verfahren eingeleitet. Doch nur
wenige Verfahren erreichten das Stadium der öffentlichen mündlichen Verhandlung.[935] Bis
zur Novelle von 1980 waren förmliche Untersagungsverfügungen nur in vier Fällen ergangen.[936] In einzelnen weiteren Fällen ergingen nur deshalb keine förmlichen Untersagungs-
entscheidungen, weil die Unternehmen im Laufe des Verfahrens durch Anpassung ihrer
Preise dem Verlangen der Kartellbehörden nachgekommen waren.[937] Betroffen von solchen
Preisüberhöhungskontrollen waren im Wesentlichen die Wirtschaftsbereiche Mineralöl,
Personenkraftwagen der Mittelklasse und Arzneimittel. Das Bild hat sich nach der 4. Novelle
von 1980 nicht geändert. Im Mineralölsektor sind sämtliche Verfahren gescheitert.[938] Gleiches traf zunächst auch für Verfahren in der **Fernwärmeversorgung** zu.[939] In jüngerer Zeit
deutet sich hier jedoch ein Wandel an.[940] In der **Gasversorgung** schritt das BKartA dagegen
erfolgreich ein, als drei Versorgungsunternehmen der ersten Stufe die zum 1.1.1989 eingeführte Erdgassteuer und die zu diesem Zeitpunkt angehobene Mineralölsteuer voll an die
Abnehmer weiterwälzten.[941] Noch auf der Grundlage des § 103 aF ergingen weitere Entscheidungen im Bereich der Gaswirtschaft[942], bevor das BKartA in den Jahren 2001–2005
verstärkt Preishöhenkontrollen bei Gas- und Stromversorgern vornahm.[943] Eine Reihe

---

[935] Vgl. TB 1967, 41 ff. – Mineralölpreise; TB 1972, 82 ff. – Deutsche Städtereklame GmbH; TB 1974,
42 ff. – Mineralölpreise und TB 1974, 54 – Mittelklasse-Pkw-Preise.

[936] BKartA 29.4.1974 – B 8–161/74, aufgehoben durch KG 14.5.1974 – Kart 24/74, WuW/E OLG 1467
– BP; BKartA 12.3.1974 – B6-432190-T-56/73, WuW/E BKartA 1482 – Vitamin-B-12; bestätigt durch KG
19.3.1975 – Kart. 26/74, WuW/E OLG 1599, jedoch aufgehoben durch BGH 3.7.1976 – KVR 4/75,
WuW/E BGH 1435 – Vitamin-B-12; BKartA 16.10.1974 – B6-432190-T-37/73, WuW/E BKartA 1526 –
Valium-Librium, teilweise bestätigt durch KG 5.1.1976 – Kart. 41/74, WuW/E OLG 1645, zurückverwiesen
durch BGH 16.12.1976 – KVR 2/76, WuW/E BGH 1445, erneut teilweise bestätigt durch KG 24.8.1978 –
Kart 3/77, WuW/E OLG 2053, endgültig aufgehoben durch BGH 12.2.1980 – KVR 3/79, WuW/E BGH
1678 – Valium II mAnm Kirchner AG 1980, 338 ff.; ausf. zu den Pharma-Verfahren Hoppmann, Markt-
beherrschung und Preismißbrauch; LKartB NW 28.11.1978 – I/D2-73-02(210/77), WuW/E LKartB 197 –
Autobahntankstellenpreise, dazu OLG Düsseldorf 26.6.1979 – Kart 1/79 [V], WuW/E OLG 2135 – BAB-
Tankstelle Bottrop Süd.

[937] Vgl. TB 1967, 41 ff. – Benzinpreise; TB 1972, 82 – Deutsche Städtereklame GmbH; TB 1973, 85 und
TB 1974, 57 – Trockenrasierer; TB 1974, 44, TB 1977, 50 und TB 1978, 46 – Autobahntankstellen; TB
1975, 71 – Zucker; TB 1977, 23 (76 ff.) – TÜV und TB 1977, 56 – VW; vgl. auch die ohne Ergebnis
abgeschlossenen Verfahren TB 1973, 86 – Fernsprechnebenanlagen; TB 1976, 53 – Mittelklasse-Pkw-Preise
und BKartA Presseinformation in WuW 1979, 547 – Mineralölpreise; TB 1997/98 – Teilnehmeranschluss-
daten.

[938] Vgl. im Hinblick auf regionale Preisdifferenzierungen die Auskunftsverfahren KG 12.2.1982 – Kart 4/
82, WuW/E OLG 2616; KG 12.3.1982 – Kart 4/82, WuW/E OLG 2617 – regional unterschiedliche
Tankstellenpreise; im Hinblick auf die Kraftstoffpreise bei Autobahntankstellen siehe KG 22.12.1982 – Kart
29/82, WuW/E OLG 2935 – BAT Am Biggenkopf Süd; zum Ganzen TB 1981/82, 40; Feststellung der
Rechtswidrigkeit einer einstw. Anordnung: KG 10.12.1990 – Kart 19/90, WuW/E OLG 4640 – Hamburger
Benzinpreise.

[939] BGH 6.11.1984 – KVR 13/83, WuW/E BGH 2103 – Favorit m. krit. Rezension Bunte WM 1985,
1217 ff. (Weigerung, Grundpreis wegen verringerten Anschlusswertes herabzusetzen, kein Missbrauch); BGH
21.10.1986 – KVR 7/85, WuW/E BGH 2309 – Glockenheide (Feststellung einer missbräuchlichen Preisüberhöhung gescheitert an untauglichem Vergleichsmaßstab).

[940] Vgl. BGH 9.7.2019 – KZR 110/18, NZKart 2019, 490 – Fernwärmerabatt = WuW 2019, 583 –
Fernwärmepreise (Aufhebung des klageabweisenden Berufungsurteils und Zurückverweisung an das OLG
zwecks Durchführung einer Kostenkontrolle).

[941] Vgl. Monopolkommission Hauptgutachten VIII Rn. 500 ff.

[942] KG 15.1.1997 – Kart 25/95, WuW/E OLG 5926 – SpreeGas; BGH 26.9.1995 – KVR 24/94, WuW/
E BGH 3009 – Stadtgaspreise Potsdam; BGH 26.9.1995 – KVR 25/94, WuW/E BGH 3021 – Stadtgaspreise;
BGH 6.5.1997 – KVR 9/96, WuW/E BGH 3140 – Gaspreis.

[943] Vgl. BKartA TB 2001/2002, 174 f.; TB 2003/2004, 11, 137 ff.); siehe insbes. auch OLG Düsseldorf
22.4.2002 – Kart 2/02, WuW/E DE-R 914 – Netznutzungsentgelt; OLG Düsseldorf 11.2.2004 – Kart 4/03
(V), WuW/E DE-R 1239 – TEAG; BGH 28.6.2005 – KVR 17/04, WuW/E DE-R 1513 – Stadtwerke
Mainz. Für die Kontrolle von Netznutzungsentgelten nach nationalem Recht sind die Kartellbehörden nach

erfolgreicher Verfahren führte das BKartA auch im Bereich der **Wasserversorgung**[944] durch (insoweit vor der Überführung des verbliebenen Anwendungsbereichs der Regelung in die §§ 31 ff. im Zuge der 8. GWB-Novelle). Im **Pharmabereich** erwirkte das BKartA in zwei Fällen nachhaltige Preisreduzierungen.[945] Im Fall „Adelat", dem umsatzstärksten deutschen Arzneimittel in den Jahren 1983 bis 1987, erledigte sich das Missbrauchsverfahren, als sich die Marktposition des Arzneimittels nach Patentablauf stark abbaute.[946] Eine faktische Entlastung der gesetzlichen Krankenversicherungen wird mittlerweile durch die Festbetragsregelung innerhalb der Strukturreform im Gesundheitswesen erreicht;[947] allerdings ist die Festbetragsregelung des § 36 SGB V ihrerseits nicht nur kartellrechtlichen,[948] sondern auch verfassungsrechtlichen[949] Bedenken ausgesetzt. Im Bereich der **Medien** verneinte der BGH mit Rücksicht auf eine bestehende Sanierungssachlage einen Ausbeutungsmissbrauch durch eine Zwangskoppelung bei der Anzeigenbelegung in Zeitungen, obwohl eine Einzelbelegung für die Inserenten billiger gewesen wäre.[950] In jüngerer Zeit hat die Rechtsprechung zahlreiche Entscheidungen im Zusammenhang mit der vertraglichen Erhebung von **Einspeiseentgelten** seitens der privaten Kabelnetzbetreiber von öffentlich-rechtlichen Rundfunkanstalten getroffen und dabei das Vorliegen eines Ausbeutungsmissbrauchs abgelehnt[951]. In dem seit Jahren andauernden Streit geht es einerseits um die Frage, ob die bisher mit zahlreichen Kabelnetzbetreibern bestehenden Verträge, die eine Einspeisevergütung vorsehen, von den öffentlich-rechtlichen Fernsehsendern wirksam gekündigt wurden,[952] andererseits wird darüber gestritten, ob und inwieweit der öffentlich-rechtliche Rundfunk im Falle des Fehlens eines wirksamen Vertrags dennoch aufgrund von § 19 zur Zahlung eines Einspeiseentgelts verpflichtet ist.[953] Im Fall **„Pechstein"**[954] entschied der BGH, dass kein

§ 111 Abs. 3 EnWG jedoch nicht mehr zuständig. Zu möglichen Preishöhenmissbräuchen durch die Einpreisung von $CO_2$-Emissionsrechten s. Markert ZNER 2006, 119 ff.; Frenz WuW 2006, 737 ff. Im Jahre 2007 wurde mit § 29 eine verschärfte Missbrauchskontrolle für Anbieter von Elektrizität und leitungsgebundenem Gas eingeführt (zunächst befristet bis 31.12.2012, mit der 9. GWB-Novelle nunmehr verlängert bis 31.12.2022); vgl. → Rn. 44 f. sowie im Einzelnen die Kommentierung zu § 29.
[944] Vgl. BGH 2.2.2010 – KVR 66/08, WuW/E DE-R 2841 – Wasserpreise Wetzlar; BGH 15.5.2012 – KVR 51/11, WuW/E DE-R 3632 = NZKart 2013, 34 – Wasserpreise Calw; OLG Stuttgart 25.8.2011 – 201 Kart 2/11, WuW/E DE-R 3389 – Tarifwasser-Kunden; OLG Düsseldorf 24.2.2014 – VI-2 Kart 4/12 (V), NZKart 2014, 237= WuW/E DE-R 4189 – Berliner Wasserbetriebe; zu den Schwierigkeiten privater Kläger, gegen überhöhte Wasserpreise vorzugehen, vgl. nur LG Mainz 22.2.2017 – 9 O 284/13, NZKart 2017, 326 – Wasserpreise Mainz.
[945] Vgl. Auskunftsbeschluss KG 23.12.1982 – Kart 28/82, WuW/E OLG 2892 – Euglucon mit TB 1981/82, 58 und TB 1983/84, 84 einerseits und TB 1981/82, 59 – Fall Faktor VIII [geschätzte Kostenersparnis 60–70 Mio. DM jährlich] andererseits; zum ersten Verfahren Paetow WRP 1985, 257 ff.
[946] TB 1987/88, 70.
[947] Vgl. Monopolkommission Hauptgutachten XII Rn. 611.
[948] OLG Düsseldorf 28.8.1998 – U (Kart) 19/98, WuW/E DE-R 233 – Inkontinenzhilfe ging zu Recht von einer Unvereinbarkeit der Regelung mit Art. 81 EG (heute: Art. 101 AEUV) aus; der Entscheidung zust. Emmerich JuS 1999, 1025.
[949] Das BVerfG 17.12.2002 – 1 BvL 28/95, BVerfGE 106, 275 hat die diesbezüglichen Zweifel des BSG 14.6.1995 – 3 RK 20/94, Pharma Recht 1995, 356, verworfen.
[950] BGH 9.11.1982 – KVR 9/81, WuW/E BGH 1965 – gemeinsamer Anzeigenteil. In der Sache geht es bei der aufgedrängten Kopplung von Leistungen allerdings weniger um eine Frage des Preishöhen- als vielmehr des Konditionenmissbrauchs in Form des sog. Preisstrukturmissbrauchs, vgl. → Rn. 211a, 243 ff.
[951] OLG Düsseldorf 12.7.2017 – VI-U (Kart) 16/13, NZKart 2017, 481 ff. – Einspeisung von Fernsehprogrammsignalen sowie OLG Düsseldorf 12.7.2017 – VI-U (Kart) 14/20, BeckRS 2017, 1227742.
[952] Vgl. BGH 16.6.2015 – KZR 83/13, BGHZ 205, 355 ff. = WuW/E DE-R 4773 ff.; 16.6.2015 – KZR 3/14, ZUM-RD 2015, 569 ff. – Einspeisentgelt sowie BGH 12.4.2016 – KZR 31/14, WuW 2016, 536 – Gemeinschaftsprogramme; OLG Düsseldorf 12.7.2017 – VI-U (Kart) 16/13, NZKart 2017, 481 ff. – Einspeisung von Fernsehprogrammsignalen; OLG Karlsruhe 29.12.2016 – 6 U 61/13 (Kart), NZKart 2017, 485 ff. – Einspeisung von Fernsehprogrammsignalen III.
[953] Vgl. OLG Düsseldorf 8.3.2017 – VI-U (Kart) 15/13, CR 2017, 553 ff. – NetCologne; BGH 12.4.2016 – KZR 30/14, NZKart 2016, 374 ff. – NetCologne; allgemein zu diesem Rechtsstreit Hain K&R 2015, 563. Zu möglichen gesetzlichen Reformbestrebungen infolge dieser Rspr. vgl. Schubert NZKart 2017, 452 ff.
[954] BGH 7.6.2016 – KZR 6/15, BGHZ 210, 292 – Pechstein/International Skating Union; ausführlich zu dieser Entscheidung s. Haus NZKart 2016, 366; kritisch Bunte WuW 2016, 364 (368 f.); Heermann NJW 2016, 2224. Die international erfolgreiche Eiskunstschnellläuferin Pechstein wollte trotz Schiedsklausel für

Verstoß gegen § 19 Abs. 2 Nr. 2 GWB (oder die Generalklausel des § 19 Abs. 1 GWB)[955] vorliege, wenn ein marktbeherrschender internationaler Sportverband wie die International Skating Union die Teilnahme eines Athleten an einem Sportwettkampf von der Unterzeichnung einer Schiedsvereinbarung abhängig macht, in der nach den Anti-Doping-Regeln zwingend der Court of Arbitration for Sports (CAS) als Schiedsgericht vorgesehen ist. Gewisse Elemente einer Preishöhenkontrolle weisen auch manche Behinderungsmissbräuche auf, etwa bei der Nachfragemacht im Handel oder im öffentlichen Beschaffungswesen. Gleiches trifft für sog. Preisstrukturmissbräuche etwa in Form der erzwungenen Abnahme gekoppelter Leistungen zu (→ Rn. 211a).

## II. Entgelte und Geschäftsbedingungen

208   **1. Allgemeines.** § 19 Abs. 2 Nr. 2 kann entweder durch Fordern von „Entgelten oder sonstigen Geschäftsbedingungen" erfüllt werden. **Entgelte** liegen nur vor, wenn ein bezifferbarer Preis existiert.[956] Die Missbräuchlichkeit einzelner Preiskomponenten kann dabei zur Missbräuchlichkeit des Gesamtentgelts führen.[957] Der Begriff der **Geschäftsbedingungen** ist weit zu verstehen. Er umfasst im Prinzip alles, was durch vertragliche Regelungen abgebildet werden kann.[958] Gemeint sind nicht nur allgemeine Geschäftsbedingungen, die auch unter die §§ 305 ff. BGB fallen würden. Vielmehr werden auch individuell vereinbarte Verträge oder Vertragsbestandteile von § 19 Abs. 2 Nr. 2 erfasst.[959] Der Tatbestand ist bereits verwirklicht, wenn ein ernsthaftes und endgültiges Angebot abgegeben wurde.[960] Auch das ernsthafte Verlangen einer konkreten nachträglichen Vertragsänderung ist erfasst. Nur wenn Vertragsverhandlungen noch im Gang sind und Bedingungen zur Disposition gestellt werden, greift der Tatbestand noch nicht ein.

208a   Die Anwendung des Abs. 2 Nr. 2 ist auch dann nicht von vornherein ausgeschlossen, wenn der Vertrag zunächst wettbewerbskonform zustande gekommen ist und sich erst **nachträglich,** etwa aufgrund einer Marktentwicklung mit stark sinkenden Preisen, ein grobes **Missverhältnis** von Leistung und Gegenleistung ergeben sowie der Anbieter eine beherrschende Stellung erlangt hat. Zwar kann hier im Unterschied zu den üblichen Fällen des Preishöhenmissbrauchs nicht schon an den Vertragsschluss selbst angeknüpft werden, weil es zu diesem Zeitpunkt an der Normadressatenstellung und/oder einer erheblichen Preisüberhöhung gefehlt hat. Auch genügt es für den Vorwurf eines missbräuchlichen Verhaltens nicht, wenn der Anbieter später in eine marktbeherrschende Stellung hineingewachsen und es zu einem Auseinanderfallen von vereinbartem Vertragspreis und Wettbewerbspreis gekommen ist. Das bloße Unterlassen der Anpassung eines langfristigen Vertrages an geänderte Marktverhältnisse bei beanstandungsloser weiterer Durchführung eines ursprünglich unter Wettbewerbsbedingungen geschlossenen Vertrags vermag keinen Verstoß gegen § 19 Abs. 1 iVm Abs. 2 Nr. 2 GWB zu begründen. Unter bestimmten Voraussetzungen kann jedoch die **nicht gerechtfertigte Verweigerung einer Vertragsanpassung** (zB durch Senkung des in einem langfristigen Vertrag vereinbarten Preises in Richtung auf das inzwischen herrschende erheblich niedrigere Marktpreisniveau) **als ein „Fordern" missbräuchlich überhöhter Preise** qualifiziert werden.[961] So ist nach An-

---

eine gegen sie verhängte Dopingsperre Schadensersatz vor deutschen Gerichten einklagen, da sie diese aufgrund der Besetzung des Schiedsgerichts mit § 19 GWB für unvereinbar hielt; vgl. auch OLG Frankfurt a. M. 21.12.2017 – 11 U 26/17 (Kart), WuW 2018, 150 ff.

[955] Zur Beurteilung eines sog. qualitativen Konditionenmissbrauchs auf der Basis der Generalklausel des § 19 Abs. 1 näher → Rn. 66a, 211 ff. (insbes. 211e).

[956] BGH 28.6.2005 – 17/04, WuW/E DE-R 1513 (1516) – Stadtwerke Mainz.

[957] BGH 18.10.2005 – KVR 36/04, WuW/E DE-R 1617 – Stromnetznutzungsentgelt.

[958] Bechtold/Bosch Rn. 53.

[959] Bechtold/Bosch Rn. 53.

[960] Wolf in MüKoWettbR Rn. 88 mwN.

[961] BGH 24.1.2017 – KZR 2/15, NZKart 2017, 198 = WuW 2017, 286 – Kabelanlagen (Kabel Deutschland); Volltext: BeckRS 2017, 103745; vgl. hierzu die Besprechungen von Fuchs ZWeR 2019, 225 ff.; Haus/

sicht des BGH in einer solchen Konstellation eine Preishöhenkontrolle eröffnet, wenn bei einer (theoretisch bestehenden) Möglichkeit zur Kündigung eines längerfristigen, noch laufenden Vertrages eine angemahnte Preiskorrektur ohne sachliche Rechtfertigung verweigert wird. Die gegen eine solche „Rügeobliegenheit" vorgebrachten Einwände in der Literatur[962] sind nicht berechtigt, handelt es sich doch lediglich um die Einführung eines objektiv feststellbaren Anknüpfungspunkts für das Eingreifen der kartellrechtlichen Preishöhenkontrolle bei Vertragsverhältnissen, die erst post contractum in den Anwendungsbereich des § 19 Abs. 2 Nr. 2 geraten sind.[963] Die Beanstandung der Preisforderung aus dem laufenden Vertrag als nicht (mehr) wettbewerbskonform entfaltet insoweit eine ähnliche Zäsurwirkung wie ein (Neu-)Abschluss eines Vertrages mit dem Marktbeherrscher zu einem überhöhten Preis.[964] Die (weitere) Geltendmachung des vereinbarten Entgelts ist (jedenfalls dann) problemlos als ein „Fordern" iSd § 19 Abs. 2 Nr. 2 zu qualifizieren.[965] Dass für eine Berufung des Geschädigten auf eine missbräuchliche Preisüberhöhung keine Kündigung des bestehenden Vertrags erforderlich ist, hat der BGH ebenfalls jüngst erneut bestätigt.[966] Das gelte auch dann, wenn das durch die Preisüberhöhung belastete Unternehmen nach einer Kündigung einen Anspruch auf Vertragsschluss zu angemessenen Konditionen nach § 19 Abs. 2 Nr. 4 hätte.[967] Letztlich entscheidend für die Qualifikation des Verhaltens eines Marktbeherrschers als missbräuchlich bleibt jedoch die Frage, ob für die Verweigerung der Preisanpassung und damit das Festhalten an dem ursprünglich unter wettbewerbskonformen Bedingungen vereinbarten, nunmehr aber angesichts der aktuellen Marktverhältnisse erheblich überhöhten Preis eine sachliche Rechtfertigung besteht. Dies ist generell im Rahmen einer umfassenden, einzelfallbezogenen Interessenabwägung unter Berücksichtigung der auf die Freiheit des Wettbewerbs gerichteten Zielsetzung des GWB zu untersuchen (vgl. allg. → Rn. 33 ff., speziell im Rahmen des Abs. 2 Nr. 2 → Rn. 235 ff.). Im vorliegenden Kontext ist insbes. eine Gesamtbetrachtung der vertraglichen Regelungen und der Umstände des Vertragsschlusses erforderlich, wobei vor allem die Frage nach einem berechtigten Amortisationsinteresse des Marktbeherrschers bedeutsam ist.[968]

**2. Besonderheiten beim Konditionenmissbrauch. a) Grundlagen der Konditio-** 209
**nenkontrolle nach Abs. 2 Nr. 2.** In der Praxis ist das BKartA wiederholt auch gegen missbräuchliche AGB eingeschritten.[969] Dabei haben Verfahren auch gegen die Konditio-

Richter N&R 2017, 149 ff.; Podszun/Palzer NZKart 2017, 559 ff.; Steinvorth ZWeR 2017, 303 ff.; aA die Vorinstanz OLG Frankfurt a. M. 9.12.2014 – 11 U 95/13 (Kart), NZKart 2015, 107 – Kabel Deutschland = BeckRS 2014, 22876 und erneut (trotz Aufhebung des ersten Urteils durch den BGH) OLG Frankfurt a. M. 20.12.2018 – 11 U 95/13 Kart, NZKart 2019, 228 Rn. 73 – Kabelanlagen (Kabel Deutschland) = BeckRS 2018, 38021 sowie OLG Düsseldorf 14.3.2018 – VI-U (Kart) 7/16, WuW 2018, 338 = NZKart 2018, 235 – Mitbenutzung von Kabelkanalanlagen; Volltext BeckRS 2018, 20939; vgl. hierzu einerseits Schwarze NZKart 2018, 442 ff., andererseits Bien/Jocham WuW 2019, 186 ff.
[962] Vgl. Haus/Richter N&R 2017, 149 (152); ähnlich Steinvorth ZWeR 2017, 303 (312 f.).
[963] Näher Fuchs ZWeR 2019, 225 (238 f.).
[964] Fuchs ZWeR 2019, 225 (238); insoweit übereinstimmend Podszun/Palzer NZKart 2017, 559 (562 f.); OLG Düsseldorf 14.3.2018 – VI U (Kart) 7/16, NZKart 2018, 235 (237) – Mitbenutzung von Kabelkanalanlagen („greifbares Anknüpfungsmoment").
[965] Ebenso generell und ohne diese Einschränkung BGH 14.12.2021 – KZR 23/18, WuW 2022, 161 Rn. 13 – Kabelkanalanlagen II.
[966] BGH 14.12.2021 – KZR 23/18, WuW 2022, 161 Rn. 13, 16 – Kabelkanalanlagen II.
[967] BGH 14.12.2021 – KZR 23/18, WuW 2022, 161 Rn. 18 – Kabelkanalanlagen II.
[968] Vgl. BGH 24.1.2017 – KZR 2/15, NZKart 2017, 198 Rn. 31 – Kabelanlagen (Kabel Deutschland); BGH 14.12.2021 – KZR 23/18, WuW 2022, 161 Rn. 19 – Kabelkanalanlagen II; vgl. im Einzelnen zur Auseinandersetzung mit der Argumentation des BGH Fuchs ZWeR 2019, 225 (242 ff.) mwN.
[969] BKartA TB 1960, 51 – Beanstandung von Vertragsbedingungen der GEMA; TB 1965, 28 – Geschäftsbedingungen eines Gebietsgroßhändlers; TB 1969, 95 – Freizeichnungsklauseln in Wasserlieferungsverträgen; TB 1973, 92 – Verlangen von Vorauskasse seitens der Zündwarenmonopolgesellschaft; TB 1974, 75 – AGB beim ZDF; TB 1976, 85 – Lieferungs- und Zahlungsbedingungen im Buch- und Zeitschriftengroßhandel; TB 1977, 62 – Verlangen von Vorauskasse bei einem Arzneimittelhersteller; TB 1977, 87; siehe darüber hinaus auch BGH 6.11.2013 – KZR 58/11, WuW/E DE-R 4037 (4046 f.) und BGH 24.1.2017 – KZR 47/14, NZKart 2017, 242 – VBL Gegenwert I und II zu § 19 Abs. 1.

nenausgestaltung von nachfragemächtigen Unternehmen stattgefunden.[970] In der ersten **Leitentscheidung** des BGH im **Fall „Favorit"**[971] ging es um Geschäftsbedingungen bei der Lieferung von Fernwärme.[972] Im Bereich der Konditionenkontrolle gelten im Prinzip die gleichen Grundsätze wie bei der Entgeltkontrolle.[973] Jedoch sind gewisse Besonderheiten zu berücksichtigen. Diese resultieren daraus, dass (jedenfalls im Rahmen des Abs. 2 Nr. 2) nicht einzelne Konditionen jeweils isoliert zu betrachten sind (wie bei der vertragsrechtlichen AGB-Kontrolle nach §§ 305 ff. BGB). Vielmehr ist eine **Gesamtbetrachtung** des Vertragswerks vorzunehmen.[974] Dabei können einzelne belastende Klauseln durchaus durch andere, dem Vertragspartner günstige Regelungen kompensiert werden, so dass insgesamt nicht von missbräuchlichen Konditionen gesprochen werden kann. Konsequenz der notwendigen Gesamtbetrachtung ist zugleich, dass es für den Rechtsanwender noch schwieriger als sonst ist, geeignete Grundlagen für die Anwendung der Vergleichsmarktkonzepte zu finden, in die auch der Konditionenmissbrauch nach Abs. 2 Nr. 2 eingebettet ist.

210    Auch wenn solche Vergleichsmarktkonzepte für den Bereich der Konditionen nur sehr bedingt passen, sind sie nicht von vornherein völlig ungeeignet. Die vom BGH verlangte **„Gesamtbetrachtung des Leistungsbündels"** bereitet zwar insoweit erhebliche Schwierigkeiten, die sich nur in der Weise abmildern lassen, dass das Gesetz für die zu vergleichenden Geschäftsbedingungen im Rahmen eines hypothetischen wirksamen Wettbewerbs lediglich eine hohe Wahrscheinlichkeit fordert.[975] In diversen Branchen dürfte es aber allgemein verbreitete Standards für Vertragsbedingungen geben, die tatsächliche Anhaltspunkte dafür liefern können, welche Konditionen sich bei wirksamem Wettbewerb herausbilden würden. Eine solche Gesamtwürdigung des Leistungsbündels **im Rahmen des Abs. 2 Nr. 2** erscheint allerdings nur sinnvoll, soweit es letztlich um einen **quantitativen, auf das Preis-/Leistungsverhältnis bezogenen Vergleich** mit einer Situation ohne Marktbeherrschung geht.[976]

211    **b) Konditionenkontrolle nach der Generalklausel des Abs. 1.** Wohl nicht zuletzt wegen der praktischen Anwendungsprobleme der Vergleichsmarktmethode bei der Gesamtbetrachtung der Konditionen ist in den letzten Jahren ein gewisser Trend zum Ausweichen auf die Generalklausel nach § 19 Abs. 1 zu erkennen. Nachdem die kartellrechtliche Konditionenkontrolle lange Zeit – nicht zuletzt wegen der ohnehin schon weitreichenden Klauselkontrolle nach §§ 305 ff. BGB auch im unternehmerischen Bereich – kaum praktische Bedeutung besaß[977], hat sich dies in jüngster Zeit vor allem im Bereich der Digitalwirtschaft geändert.[978]

211a    Daneben hat die Praxis schon länger als **Unterfälle eines Konditionenmissbrauchs** auch **Koppelungsmissbräuche** erfasst, soweit es nicht um horizontale oder vertikale Behinderungen geht, sondern der **Ausplünderungseffekt** gegenüber dem Vertragspartner im Vordergrund steht. Man spricht von sog. Preisstrukturmissbräuchen (→ Rn. 243 ff.). Die zwangsweise Belegung verschiedener Publikationsorgane bei der Buchung von An-

---

[970] Vgl. → Rn. 238 ff.
[971] BGH 6.11.1984 – KVR 13/83, WuW/E BGH 2103 – Favorit.
[972] Hierzu auch OLG Koblenz 14.6.1985 – 8 U 954/81, WuW/E OLG 3608.
[973] Lagemann, Die Anwendbarkeit der kartellrechtlichen Missbrauchsvorschriften auf Fälle mit Drittmarktbezug, S. 255.
[974] BGH 6.11.1984 – KVR 13/83, WuW/E BGH 2103 (2105) – Favorit; Nothdurft in Bunte Rn. 201 mwN.
[975] BGH 6.11.1984 – KVR 13/83, WuW/E BGH 2103 (2105) – Favorit.
[976] Vgl. zur Unterscheidung zwischen quantitativem und qualitativem Konditionenmissbrauch bereits → Rn. 66a. Vgl. auch Schönberger, S. 85 ff., 122 f., das eine Berücksichtigung außerkartellrechtlicher Rechtsverstöße als Minderung der Konsumentenrente und Anerkennung außerkartellrechtlicher Gesetze als vorgegebener wettbewerbsanaloges Niveau im Rahmen des § 19 Abs. 2 Nr. 2 insoweit zutreffend ablehnt.
[977] Zur lange Zeit eher untergeordneten Rolle des Konditionenmissbrauchs in der Praxis s. auch Nothdurft in Langen/Bunte, 11. Aufl. 2011, Rn. 137; Wolf in MüKoWettbR Rn. 122.
[978] Vgl. Nothdurft in Bunte Rn. 197 ff. mwN; zum Facebook-Fall → Rn. 212 ff.

zeigen[979] ist hier ebenso anzusiedeln wie der Verkauf einer attraktiven Eintrittskarte nur zusammen mit dem Kauf einer unattraktiven weiteren Karte[980], die jeweils im Ergebnis zu einer „unangemessenen Verteuerung" des eigentlich gewollten Produkts führt. Die Praxis greift dabei regelmäßig auf den Grundtatbestand des § 19 Abs. 1 zurück. Trotz ihrer Nähe zu Fällen reiner Preiskontrolle bleibt es damit bei diesen Sachverhalten möglich, die Koppelung und damit die Geschäftsbedingung als solche zu untersagen, ohne eine konkrete Preisobergrenze vorgeben zu müssen.

Im Unterschied zur Kontrolle von Preishöhen betrifft die Bekämpfung von Konditionen-    **211b**
missbräuchen regelmäßig die **Gestaltung von Rahmenbedingungen** und bleibt insoweit **außerhalb von Denkkategorien eines reinen Marktergebnistests.** Entgegen früheren anders lautenden Stimmen, wonach die Kartellbehörden angesichts der gesetzlichen AGB-Regelung und der Rechtsprechung der Zivilgerichte im Allgemeinen keinen Anlass mehr hätten, Geschäftsbedingungen marktbeherrschender Unternehmen zu beanstanden,[981] empfiehlt sich durchaus eine Forcierung des § 19 in diese **strukturgestaltende Richtung,** die sich in besonderer Weise in der jüngst ergangenen **Facebook-Entscheidung** des BKartAs (→ Rn. 212) manifestiert: Das ausgesprochene Verbot, die ohne wirksame Einwilligung der Nutzer gesammelten Daten aus verschiedenen Quellen (insbes. auch von Tochtergesellschaften) zusammenzuführen und gemeinsam auszuwerten, greift in gewisser Weise in die Unternehmensorganisation ein. Die Verfügung weist insoweit eine strukturelle Qualität auf,[982] die der Präsident des BKartAs anschaulich als eine „innere Entflechtung" hinsichtlich der Datenverarbeitung im Unternehmen bezeichnet hat.[983] Der vom BKartA verfolgte innovative Ansatz bleibt aber wettbewerbsnah und ergebnisoffen;[984] er könnte sich als ein wichtiges Mittel bei der Bekämpfung der auf digitalen Märkten verstärkt zu beobachtenden Monopolisierungstendenzen erweisen, wenngleich noch viele Anwendungsfragen klärungsbedürftig sind (näher hierzu → Rn. 212 ff.).

Der **Beurteilungsmaßstab** im Rahmen des Abs. 1 **unterscheidet sich partiell** vom    **211c**
Ansatz nach Abs. 2 Nr. 2. So hat der BGH in neueren Entscheidungen, die er explizit auf die Generalklausel gestützt und dabei auf die **einseitig belastende Abweichung von den Gerechtigkeitsvorstellungen, wie sie dem dispositiven Recht zugrunde liegen,** abgestellt. Anhaltspunkte dafür geben namentlich die §§ 307 ff. BGB. Der Zusammenhang mit gegebener Marktbeherrschung ist unmittelbar, da das dispositive Recht Modell- und Mustercharakter für einen Interessenausgleich unter Bedingungen eines jedenfalls durch Wettbewerb erreichbaren Marktgleichgewichts hat.[985] Der BGH hatte die Anwendung dieses Prüfungsmaßstabes zunächst offengelassen, würde ihn indes nicht bei § 19 Abs. 2 Nr. 2, sondern innerhalb der Generalklausel des § 19 Abs. 1 praktizieren.[986] Mit den

---

[979] BGH 9.11.1982 – KVR 9/81, WuW/E BGH 1965 – gemeinsamer Anzeigenteil.

[980] BGH 26.5.1987 – KVR 4/86, WuW/E BGH 2406 (2410) – Inter Mailand-Spiel, Vorinstanz OLG Düsseldorf 22.1.1985 – Kart 1/85, WuW/E OLG 3335 und LKartB NRW 29.1.1985, WuW 1985, 299; ferner LKartB NRW 4.3.1986 – I/01–75-33 (41/86), WuW/E LKartB 267 – Eishockey-Meisterschaft; zum Versuch des DFB, als Ausrichter der Fußballeuropameisterschaft von 1988 Kartenverkaufskoppelungen vorzunehmen, siehe Monopolkommission Hauptgutachten VII Rn. 363 ff.; s. auch LG München I 26.2.1982 – 21 O 17254/81, WuW/E LG/AG 501 – Trabrennkalender; ferner Tetzlaff WuW 1988, 93 ff.; Jickeli S. 257. Aus jüngerer Zeit siehe zudem das Verfahren gegen die deutsche Bahn wegen der Kopplung von Tarif- und Vertriebskooperationverträgen BKartA 24.5.2016 – B9 136/13, WuW 2016, 503 ff. – DB Fahrkartenvertrieb.

[981] Schultz in Langen/Bunte, 10. Aufl. 2006, Rn. 122; Nothdurft in Langen/Bunte, 11. Aufl. 2011, Rn. 137.

[982] Stoffel EuZW 2019, 177 (178).

[983] Mundt NZKart 2019, 117.

[984] Stoffel EuZW 2019, 177 (178).

[985] Im Einzelnen Möschel Der Oligopolmißbrauch S. 198 ff.; ähnlich die Urteilsanmerkung von Bunte WM 1985, 1217 (1220). Vgl. auch Kordel ZWeR 2005, 359 (370 ff.) (zur Haftungsbegrenzung in den AGB der Toll Collect GmbH, mangels Klageantrag nicht erörtert in LG Düsseldorf 10.5.2006 – 12 O 255/05, BeckRS 2007, 11032).

[986] BGH 6.11.1984 – KVR 13/83, WuW/E BGH 2103 (2107) – Favorit.

Entscheidungen im Fall „VBL Gegenwert"[987] hat der BGH sich nunmehr ausdrücklich dazu bekannt, dass die **gesetzlichen Wertentscheidungen zu berücksichtigen** ist, die der Inhaltskontrolle nach §§ 307 ff. BGB zugrunde liegen.

**211d**　　Zudem hat der BGH in der **Entscheidung „Pechstein"** anerkannt, dass auch andere außerkartellrechtliche gesetzliche Wertungen, insbes. die **Grundrechte,** bei der notwendigen Interessenabwägung im Rahmen der Konditionenkontrolle zu berücksichtigen sind.[988] Ein solches Vorgehen beinhaltet allerdings die Gefahr, dass politische bzw. wettbewerbsfremde Ziele mitberücksichtigt und so der Ausnahmecharakter der Vorschrift ausgehöhlt bzw. gesetzliche Wertungen anderer Gesetze umgangen werden.[989] So misst der BGH in seiner Entscheidung vor allem dem „Hauptziel eines dopingfreien Sports" [990] enorme Bedeutung zu und verliert bei der Prüfung, ob die Schiedsvereinbarung noch mit rechtsstaatlichen Grundsätzen vereinbar ist, den wettbewerbsrechtlichen Anknüpfungspunkt des § 19 etwas aus den Augen.[991] Im Ergebnis verneint er allerdings einen Marktmachtmissbrauch.

**211e**　　Aus der Berücksichtigung gesetzlicher Wertungen leitet der BGH auch ab, dass bei einem Konditionenmissbrauch im Rahmen der Generalklausel ein **Erheblichkeitszuschlag** (wie ihn die Rechtsprechung in den Fällen des Preismissbrauchs nach Abs. 2 Nr. 2 für erforderlich hält – dazu → Rn. 235 ff.) **nicht in Betracht kommt,** da die Unwirksamkeitsfolge nach § 307 BGB bereits eine Benachteiligung von einigem Gewicht voraussetze.[992] Spätestens seit der „VBL Gegenwert II"-Entscheidung dürfte der BGH damit im Rahmen des Abs. 1 einen alternativen Ansatz zum hergebrachten Konzept der „Gesamtbetrachtung des Leistungsbündels" (→ Rn. 209 f.) etabliert haben.[993] Dieser lässt sich als ein **eigenständiger Ansatz der „qualitativen Konditionenkontrolle"** qualifizieren, der **in Abs. 1** anzusiedeln ist und sich von der (parallel zum Preishöhenmissbrauch) auf das „Leistungsbündel" bezogenen „quantitativen" Konditionenkontrolle nach Abs. 2 Nr. 2 teilweise unterscheidet (vgl. zu dieser Differenzierung bereits → Rn. 66a). Auf diese neue Rechtsprechungslinie des BGH stützt sich auch das BKartA in seiner Facebook-Entscheidung vom 6.2.2019 (→ Rn. 212).

**211f**　　Die Konturen dieses neuen Ansatzes bedürfen allerdings noch weiterer Klärung. In der Entscheidung „VBL Gegenwert II" hat der BGH das Konzept immerhin insoweit konkretisiert, dass „**nicht jede Verwendung einer unwirksamen Bestimmung in AGB** durch einen Normadressaten einen **Missbrauch von Marktmacht**" darstelle und sich damit in der Sache gegen manche Literaturstimmen gestellt, die jeden Verstoß eines marktmächtigen Unternehmens gegen Rechtsvorschriften als Konditionenmissbrauch ansehen wollten;[994] ein solcher Missbrauch liegt nach Ansicht des BGH „insbesondere vor,

---

[987] BGH 6.11.2013 – KZR 58/11, WuW/E DE-R 4037 Rn. 65 f. – VBL Gegenwert I; 24.1.2017 – KZR 47/14, WuW 2017, 283 Rn. 35 – VBL Gegenwert II, vgl. dazu Telle WRP 2017, 568.

[988] BGH 7.6.2016 – KZR 6/15, BGHZ 210, 292 = NZKart 2016, 328 Rn. 57 – Pechstein/International Skating Union (Berücksichtigung der Grundrechte im Rahmen der zivilrechtlichen Generalklauseln, zu denen auch § 19 Abs. 1 GWB gehöre); bereits → Rn. 207; im konkreten Fall lehnte der BGH einen kartellrechtlichen Missbrauch im Ergebnis ab und ließ auch offen, ob für die Prüfung Abs. 2 Nr. 2 oder Abs. 1 heranzuziehen sei. Ausführlich zu dieser Entscheidung Haus NZKart 2016, 366; kritisch Bunte WuW 2016, 364 (368 f.); Heermann NJW 2016, 2224 ff.

[989] Ähnlich zur Vorinstanz auch Nordmann/Föster WRP 2016, 312 (314 ff.), die gar die Rechtssicherheit gefährdet sehen, wenn sämtliche von einem Marktbeherrscher festgelegte Schieds- und Gerichtsstandsvereinbarungen und die darauf ergangenen Entscheidungen nach § 19 GWB für unwirksam erklärt werden. Gegen eine grds. Berücksichtigung von außerwettbewerblichen Zielen und Wertungen auch Weyer in FK-KartellR Rn. 70; zum Ausnahmecharakter → Rn. 205.

[990] BGH 7.6.2016 – KZR 6/15, NZKart 2016, 328 Rn. 33 – Pechstein/International Skating Union.

[991] Kritisch zur Interessenabwägung des BGH auch Haus NZKart 2016, 366 (367 ff.).

[992] BGH 6.11.2013 – KZR 58/11, WuW/E DE-R 4037 Rn. 66 – VBL Gegenwert I; 24.1.2017 – KZR 47/14, WuW 2017, 283 – VBL Gegenwert II.

[993] BGH 24.1.2017 – KZR 47/14, WuW 2017, 283 (285) – VBL Gegenwert II; vgl. hierzu auch Lettl WuW 2016, 214 (219); Franck ZWeR 2016, 137 (146).

[994] Vgl. Monopolkommission Sondergutachten 68 Rn. 518; Bischke/Brack NZG 2016, 502 (503); Wiedmann/Jäger K&R 2016, 217 (220); dagegen zu Recht Körber WRP 2012, 761 (767); Körber in Körber/

wenn die Vereinbarung der unwirksamen Klausel **Ausfluss der Marktmacht** oder der großen Überlegenheit des Verwenders" sei. Einen solchen Fall sieht der BGH in der Verwendung von Geschäftsbedingungen, „die eine Kündigung der oder den Austritt aus einer Vertragsbeziehung mit dem Normadressaten unangemessen erschweren"[995]. In der Sache geht es dabei zum einen um die Frage nach der erforderlichen Kausalität zwischen der marktbeherrschenden Stellung und dem missbräuchlichen Verhalten (Stichwort: Verhaltenskausalität oder normative bzw. Ergebniskausalität), zum anderen um die Wettbewerbsrelevanz des jeweiligen Normverstoßes (genügt jeder machtbedingte Rechtsverstoß oder muss daraus eine Schädigung des Wettbewerbs resultieren können?). Insoweit bedarf es noch weiterer Präzisierung in der Anwendungspraxis (vgl. zu möglichen Kriterien → Rn. 214 ff.).

Nicht zu verkennen ist, dass die **§§ 305 ff. BGB** im hier behandelten Zusammenhang    211g insgesamt **entlastend wirken.** So sind Klauseln, wonach sich Bieter verpflichten, als **Vertragsstrafe** dem Ausschreibenden 3% der Endsumme ihres Angebotes zu zahlen, falls sie sich im Zusammenhang mit einer Ausschreibung an einer Kartellabsprache beteiligt haben, schon nach § 307 Abs. 1 BGB generell unwirksam.[996] Das BKartA war, gestützt auf §§ 19, 20 Abs. 1, 2, aF dagegen nur insoweit eingeschritten, als eine solche Bietererklärung über den zu erwartenden Schaden hinaus zu einer Bereicherung des Ausschreibenden führte oder kleine oder mittlere Unternehmen diskriminierte.[997] Entscheidend ist letztlich die genaue Ausgestaltung der Klausel. Liegt keine Vertragsstrafenregelung, sondern lediglich eine **Schadenspauschalisierung** vor, gelten mildere Maßstäbe.[998]

Die jüngere Entwicklung zur Anerkennung eines qualitativen Konditionenmissbrauchs    212 (vgl. → Rn. 66a, 211e) hat ihren vorläufigen Höhepunkt auch hinsichtlich der wirtschaftlichen Bedeutung in dem aufsehenerregenden **Beschluss des BKartAs vom 6.2.2019 im Facebook-Fall** gefunden.[999] Darin hat das BKartA dem Unternehmen unter dem Gesichtspunkt eines kartellrechtlichen Konditionenmissbrauchs nach § 19 Abs. 1 erhebliche Beschränkungen bei der Zusammenführung und Verarbeitung von Nutzerdaten des von ihm betriebenen sozialen Netzwerks auferlegt. Ausgangspunkt ist die Praxis von Facebook, Daten über seine Nutzer auch außerhalb des eigenen sozialen Netzwerks zu sammeln und dem jeweiligen individuellen Nutzerkonto zuzuordnen. Dies betrifft zum einen die Nutzung von anderen Diensten aus dem Facebook-Konzern wie WhatsApp und Instagramm, zum anderen aber auch Webseiten und Apps von Dritten, die über Facebook-Schnittstellen (zB Like-Button) verfügen. Die Geschäftsbedingungen von Facebook ma-

---

Immenga, Daten und Wettbewerb in der digitalen Ökonomie, 2016, S. 108 ff.; Telle WRP 2016, 814 (818). Für einen Verstoß gegen § 19 Abs. 2 Nr. 2 GWB ipso iure bei Verletzungen marktteilnehmerschützender Marktverhaltensregelungen wie das AGB-Recht und Datenschutzrecht aber Lettl WuW 2016, 214 ff. (220, 221).

[995] BGH 24.1.2017 – KZR 47/14, WuW 2017, 283 Rn. 35 – VBL Gegenwert II (Hervorhebungen hinzugefügt).

[996] Noch unter Geltung des § 9 AGB-Gesetz: BGH 23.6.1988 – VII ZR 117/87, WuW/E BGH 2523 – Vertragsstrafenklausel Baubehörde Bremen; OLG Frankfurt a. M. 21.11.1985 – 6 U 20/85, WuW/E OLG 3831 – Vertragsstrafenklausel Bundesbahn; Revision nicht angenommen BGH 26.3.1987 – VII ZR 70/86, WuW/E BGH 2424 – Vertragsstrafenklausel Bundesbahn; anders früher OLG Bremen 15.12.1981 – 1 U 89/81a, WuW/E OLG 2955 – Pauschalierungsvereinbarung.

[997] TB 1981/82, 33; vgl. auch TB 1985/86, 23; TB 1987/88, 22; eingehend Monopolkommission Hauptgutachten IV Rn. 502 ff.

[998] Vgl. hierzu zB Fuchs in Fuchs/Weitbrecht PrivKartellRDurchs.-HdB § 1 Rn. 7 mwN.

[999] BKartA 6.2.2019 – B6–22/16, BeckRS 2019, 4895; öffentliche Version v. 15.2.2019 auch abrufbar unter http://hbfm.link/4951; vgl. a. BKartA Pressemitteilung v. 7.2.2019; BKartA Hintergrundinformationen zum Facebook-Verfahren v. 7.2.2019; BKartA Fallbericht v. 15.2.2019; sämtliche Dokumente abrufbar unter auf der Homepage des BKartAs (https://www.bundeskartellamt.de), Fallbericht auch abgedruckt in NZKart 2019, 178 ff.; s. zu dieser Entscheidung Mundt NZKart 2019, 117 f.; Stoffel EuZW 2019, 177 f.; ausführlich Ellger WuW 2019, 446; Körber NZKart 2019, 187 ff.; Karbaum DB 2019, 1072 ff.; Kruse NZKart 2019, 418; Louven CR 2019, 352; vgl. ferner aus der Zeit vor dem Abschluss des Verfahrens; Telle WRP 2016, 814 ff.; Rempe K&R 2017, 149 ff.; Wiedmann/Jäger K&R 2016, 216 ff.; zur vorläufigen Einschätzung des BKartAs (Hintergrundinformationen) v. 19.12.2017 Pomana/Schneider BB 2018, 965 ff.

chen die Nutzung seines sozialen Netzwerks davon abhängig, dass der künftige Nutzer bei der Registrierung dieser umfassenden Gewinnung und Verarbeitung von Daten zustimmt. Darin erblickt das BKartA insoweit einen kartellrechtswidrigen qualitativen Konditionenmissbrauch, als das Sammeln und die Zusammenführung von Daten aus Drittquellen mit dem Nutzerkonto sowie die Erhebung von Daten auf Drittseiten gegen die Wertungen der DSGVO verstießen, weil sie ohne wirksame Einwilligung der Nutzer erfolgten. Die von den Nutzern bei der Registrierung abgegebene Zustimmungserklärung sei nicht als freiwillige Einwilligung iSd Datenschutzrechts zu werten, weil der Nutzer ohne die Abgabe der Zustimmungserklärung Facebook.com nicht nutzen könne und wegen der beherrschenden Stellung dieses sozialen Netzwerks keine hinreichenden Ausweichmöglichkeiten habe. Freiwilligkeit setze voraus, dass der Nutzer im Falle eines Widerspruchs gegen die Zusammenführung der Daten keine Nachteile hinsichtlich der Nutzung von Facebook.com erleide. Die verlangte umfassende Akzeptanz der Nutzungsbedingungen wertet das BKartA als Missbrauch der marktbeherrschenden Stellung von Facebook auf dem Markt der privaten sozialen Netzwerke und gibt dem Unternehmen auf, den Verstoß innerhalb von zwölf Monaten abzustellen und die Nutzungsbedingungen entsprechend anzupassen. Die Untersagung bezieht sich dabei nur auf die Erhebung und Verknüpfung nutzer- und gerätebezogener Daten, die bei der Nutzung von anderen konzerneigenen Diensten (WhatsApp, Oculus, Masquerade und Instagramm) oder beim Besuch von Webseiten oder Nutzung von Apps dritter Anbieter anfallen, nicht dagegen auf das Sammeln von Daten auf den eigenen Webseiten von Facebook und über die Facebook-App.

**212a**      Die Entscheidung des BKartAs wirft zahlreiche Fragen auf. In der Diskussion geht es vor allem darum, unter welchen konkreten Voraussetzungen und inwieweit außerkartellrechtliche Wertungen und Normverstöße, insbesondere gegen das AGB- und Datenschutzrecht, als Missbrauch einer marktbeherrschenden Stellung angesehen werden können.[1000] Zu den zentralen Punkten in diesem Zusammenhang gehört zum einen, ob bestimmte **Anforderungen an außerkartellrechtliche Normen** gestellt werden müssen, damit sie im Rahmen von § 19 GWB Berücksichtigung finden können. Zum anderen wird die Frage aufgeworfen, ob ein strenger **Kausalzusammenhang** zwischen der marktbeherrschenden Stellung und der Anwendung rechtswidriger Konditionen in dem Sinne bestehen muss, dass es dem Normadressaten nur wegen seiner Marktmacht möglich war, die unangemessenen Konditionen durchzusetzen (Verhaltenskausalität) oder ob insoweit auch eine normative bzw. Ergebniskausalität (zu dieser Unterscheidung → Rn. 72 ff.) genügt.[1001] Schließlich wird auch die Zuständigkeit des BKartAs in Frage gestellt, soweit es um die Anwendung des Datenschutzrechts geht, zumal die Gefahr einer uneinheitlichen Auslegung durch Datenschutz- und Wettbewerbsbehörden bestehe.[1002]

**212b**      In nahezu jeder Hinsicht auf scharfe Ablehnung ist der Ansatz des BKartAs beim **OLG Düsseldorf** gestoßen, das über die von Facebook eingelegte Beschwerde zu entscheiden und zunächst auf Antrag im Wege einstweiligen Rechtsschutzes nach § 65 Abs. 3 S. 3 GWB wegen ernstlicher Zweifel an der Rechtmäßigkeit der Verfügung mit Beschluss vom 26.8.2019 die aufschiebende Wirkung der Beschwerde angeordnet hat.[1003] In seinem ausführlich begründeten Beschluss legt das OLG dar, dass es in der beanstandeten Verhaltensweise von Facebook (Erfassung, Verknüpfung und Verwendung von Daten der Nutzer außerhalb des Facebook-Dienstes selbst, dh von anderen konzerneigenen Diensten

---

[1000] Kritisch zum Marktmissbrauch durch Rechtsbruch Körber NZKart 2016, 348 (353 ff.). Allgemein zum Marktmachtmissbrauch durch Rechtsbruch vgl. Lettl WuW 2016, 214 ff.; generell gegen die Anerkennung „normativen Ausbeutungsmissbrauchs" ausführlich Schönberger, S. 125 ff., 178.

[1001] Vgl. Nothdurft in Bunte Rn. 230; Franck ZWeR 2016, 137 (151) mwN.

[1002] Vgl. insoweit die Kritik bei Karbaum DB 2019, 1072 (1075 f.).

[1003] OLG Düsseldorf 26.8.2019 – VI-Kart 1/19 (V), NZKart 2019, 495 = WuW 2019, 519 – Facebook I (mAnm Steinvorth) = EuZW 2019, 779 (mAnm Thiede) = WRP 2019, 1333 = BB 2019, 2507 (mAnm Galle); Volltext (ohne Leitsätze des Gerichts) BeckRS 2019, 18837. Vgl. hierzu aus der Literatur grds. zust. Möllnitz CR 2019, 640; Ellger WuW 2019, 493; Ellger WuW 2019, 446; krit. Buchner WRP 2019, 1243; abl. Bunte EWiR 2019, 575 (576).

sowie Facebook Business Tools, ohne wirksame Einwilligung der Nutzer) **weder einen Ausbeutungs- noch einen Behinderungsmissbrauch zu erkennen vermag.** Ein Ausbeutungsmissbrauch iSd § 19 Abs. 2 Nr. 2 GWB scheide mangels Ausführungen des BKartAs zum „Als-ob-Wettbewerb" aus, weil nicht beurteilt werden könne, welche Nutzungsbedingungen sich im Wettbewerb ergeben hätten.[1004] Aber auch die Voraussetzungen der Generalklausel des § 19 Abs. 1 GWB seien nicht erfüllt, da es an einem wettbewerbsschädlichen Ergebnis fehle: Die (unterstellt datenschutzrechtswidrige) Erhebung und Verwendung zusätzlicher Daten des Nutzers außerhalb des Facebook-Dienstes selbst stelle keine Ausbeutung dar; sie schwäche den Verbraucher wirtschaftlich nicht, da diese „Mehrdaten" im Gegensatz zu einem zu zahlenden Entgelt ohne Weiteres duplizierbar seien.[1005] Eine Ausbeutung lasse sich auch nicht auf den Aspekt einer „übermäßigen" Preisgabe von Daten mit einem gewissen Marktwert stützen, da mangels näherer Angaben zu den erfassten, verknüpften und verwendeten „Mehrdaten" keine konkrete Aussage über das Ausmaß einer Überschreitung wettbewerbskonformer Konditionen möglich sei (Rn. 26). Der vom BKartA angenommene Nutzerschaden in Form eines „Kontrollverlustes" über die eigenen Daten wird ebenfalls zurückgewiesen. Die Datenverarbeitung erfolge aufgrund der Zustimmung des Nutzers zu den Nutzungsbedingungen „mit seinem Wissen und Wollen" (Rn. 28). Der (unterstellte) Verstoß gegen zwingende Vorgaben des Datenschutzes reiche zur Begründung eines Marktmachtmissbrauchs im Rahmen des § 19 Abs. 1 GWB nicht aus, da das darin liegende **Unwerturteil ein wettbewerbsschädliches Verhalten voraussetze.**[1006] Vor dem Hintergrund der wettbewerbsbezogenen Zielrichtung des GWB (Sicherung der Freiheit des Leistungswettbewerbs und der Offenheit des Marktzugangs) seien unangemessene Preise und sonstige Vertragskonditionen sowie Geschäftsbedingungen AGB „erst dann missbräuchlich, wenn sie von einem Marktbeherrscher vereinbart werden und feststeht, dass sie sich bei Zugrundelegung eines hypothetischen Wettbewerbsszenarios nicht gebildet hätten (arg. § 19 Abs. 2 Nr. 2 GWB)".[1007] Im Übrigen sei für die Begründung eines Wettbewerbsschadens in Form der Ausbeutung eine **Verhaltenskausalität** in dem Sinne **erforderlich,** dass es dem Normadressaten erst aufgrund seiner Marktmacht möglich war, die unangemessenen Geschäftsbedingungen durchzusetzen.[1008] Dies sei im vorliegenden Fall nicht erkennbar, da die potentiellen Nutzer sich frei und autonom entscheiden könnten, ob sie die Dienste von Facebook in Anspruch nehmen wollen; mangels Abhängigkeit von der Nutzung des sozialen Netzwerks könne die von Facebook bei der Registrierung verlangte Einverständniserklärung auch nicht als unbeachtlich betrachtet werden.[1009] Schließlich liegt nach Ansicht des OLG Düsseldorf auch **kein Behinderungsmissbrauch** nach § 19 Abs. 1, Abs. 2 Nr. 1 GWB vor, da nicht dargetan sei, inwiefern Konkurrenten durch die Erhebung und Verknüpfung von Mehrdaten außerhalb Facebooks konkret beeinträchtigt seien. Zudem sei die auferlegte Maßnahme der Einholung eines expliziten Einverständnisses der Nutzer mit der Erhebung und Verwendung solcher Mehrdaten kein taugliches Mittel zur Abstellung eines Behinderungsmissbrauchs gegenüber den Konkurrenten.[1010]

---

[1004] OLG Düsseldorf 26.8.2019 – VI-Kart 1/19 (V), NZKart 2019, 495 (496) = BeckRS 2019, 18837 Rn. 20.

[1005] OLG Düsseldorf 26.8.2019 – VI-Kart 1/19 (V), NZKart 2019, 495 (497) = BeckRS 2019, 18837 Rn. 23 f.

[1006] OLG Düsseldorf 26.8.2019 – VI-Kart 1/19 (V), NZKart 2019, 495 (497 f.) = BeckRS 2019, 18837 Rn. 31 ff.

[1007] OLG Düsseldorf 26.8.2019 – VI-Kart 1/19 (V), NZKart 2019, 495 (498) = BeckRS 2019, 18837 Rn. 39.

[1008] OLG Düsseldorf 26.8.2019 – VI-Kart 1/19 (V), NZKart 2019, 495 (499) = BeckRS 2019, 18837 Rn. 50.

[1009] OLG Düsseldorf 26.8.2019 – VI-Kart 1/19 (V), NZKart 2019, 495 (499 f.) = BeckRS 2019, 18837 Rn. 64, 68 ff.

[1010] OLG Düsseldorf 26.8.2019 – VI-Kart 1/19 (V), NZKart 2019, 495 (500 f.) = BeckRS 2019, 18837 Rn. 79 ff.

**212c**  Trotz des zutreffenden und wohl allgemein geteilten Ausgangspunkts, dass nicht jeder Verstoß gegen außerkartellrechtliche Normen durch ein marktbeherrschendes Unternehmen als ein Missbrauch von Marktmacht iSd § 19 GWB qualifiziert werden kann, vermögen die Ausführungen des OLG Düsseldorf zu den Voraussetzungen eines Ausbeutungsmissbrauchs im Rahmen der Generalklausel im Ergebnis nicht zu überzeugen. Zum einen verkennt das Gericht, dass sich die **Anforderungen** an einen (Ausbeutungs-)Missbrauch **nach § 19 Abs. 1 und Abs. 2 Nr. 2 GWB unterscheiden:** Es handelt sich nach der Rechtsprechung des BGH wie nach der ganz überwiegenden Auffassung in der Literatur um **alternative Maßstäbe:**[1011] So konkretisiert § 19 Abs. 2 Nr. 2 GWB den Tatbestand des Ausbeutungsmissbrauchs beispielhaft („insbesondere"), aber nicht abschließend[1012] am Maßstab wettbewerbsanaloger Preise und Konditionen, während die Generalklausel nach Abs. 1 keine derartige Einschränkung enthält und als Auffangtatbestand offen für die Berücksichtigung „gesetzlicher Wertentscheidungen" ist, die – unabhängig vom Nachweis einer erheblichen Abweichung vom hypothetischen wettbewerbsanalogen Marktergebnis – zu einer (auch) kartellrechtlich relevanten Unangemessenheit oder Unbilligkeit rechtswidriger Vertragsklauseln oder -konditionen führen können. Das OLG Düsseldorf scheint dagegen die Kategorie eines „qualitativen Konditionenmissbrauchs" gänzlich abzulehnen. Zum anderen wird auch die vom OLG Düsseldorf generell für Fälle des Ausbeutungsmissbrauchs verlangte **strenge Verhaltenskausalität dem Normzweck des § 19 Abs. 1 GWB nicht gerecht.** Sie blendet aus, dass die Generalklausel gerade über die klassischen Fälle des quantitativen Preishöhen- und auf das gesamte Leistungsbündel bezogenen Konditionenmissbrauchs nach Abs. 2 Nr. 2 gerade auch Mischformen eines missbräuchlichen Verhaltens erfassen soll, das sowohl Aspekte der Ausbeutung in vertikaler Richtung als auch Elemente der Behinderung in horizontaler Beziehung aufweist. Dazu gehört der qualitative Konditionenmissbrauch, der sich nicht anhand des bloßen Preis-/Leistungsverhältnisses bestimmen lässt, sondern (auch) auf gesetzliche Wertentscheidungen zurückgreift, sofern sie einen hinreichenden Markt- und Wettbewerbsbezug aufweisen. Insoweit kann die Praktizierung rechtswidriger Konditionen durch einen Marktbeherrscher auch jenseits eines grob unangemessenen Preis-/Leistungsverhältnisses) die Marktverhältnisse negativ beeinflussen.

**213**  Die im Vordergrund stehende **Kernfrage** des Facebook-Verfahrens lautet, ob bzw. **unter welchen Voraussetzungen die Verwendung unangemessener Datenverarbeitungskonditionen durch** einen Marktbeherrscher **als Machtmissbrauch iSd § 19 Abs. 1** qualifiziert werden kann. Das BKartA stützt seine Entscheidung auf die vom BGH in den Entscheidungen VBL-Gegenwert I und II sowie Pechstein entwickelte neuere Rechtsprechungslinie eines qualitativen Konditionenmissbrauchs bei Verstößen gegen außerkartellrechtliche gesetzliche Wertungen (→ Rn. 66a, 211c f.). Das BKartA hält die Facebook-Konditionen für missbräuchlich iSd § 19 Abs. 1 GWB, weil „sie als Ausfluss von Marktmacht gegen die Wertungen der DSGVO verstoßen".[1013] Nach seiner Ansicht lässt sich die Rechtsprechung des BGH in den Fällen VBL-Gegenwert I und II sowie Pechstein „bei hinreichendem Marktmachtbezug auf alle Wertungen der Rechtsordnung" übertragen, „soweit sie die Angemessenheit der Konditionen in einer ungleichgewichtigen Ver-

[1011] Vgl. Ellger WuW 2019, 446 (450 f.) mwN.
[1012] In diese Richtung aber OLG Düsseldorf 26.8.2019 – VI-Kart 1/19 (V), NZKart 2019, 495 (497) = BeckRS 2019, 18837 Rn. 22, das zwar ausdrücklich offen lässt, unter „welchen Voraussetzungen ein Preishöhen- oder Konditionenmissbrauch ausnahmsweise unter § 19 Abs. 1 GWB erfasst und abweichend von dem in § 19 Abs. 2 Nr. 2 GWB gesetzlich vorgeschriebenen Maßstab des „Als-Ob-Wettbewerbs" beurteilt werden kann", in der Sache aber zur Bestimmung der Missbräuchlichkeit von Konditionen, die gegen Wertungen der Rechtsordnung verstoßen, doch wieder auf den Maßstab des Abs. 2 Nr. 2 rekurriert, da nach seiner Auffassung sämtliche Vertragskonditionen und Geschäftsbedingungen eines Marktbeherrschers erst dann als missbräuchlich beurteilt werden könnten, wenn feststehe, dass „sie sich bei Zugrundelegung eines hypothetischen Wettbewerbsszenarios nicht gebildet hätten (arg. § 19 Abs. 2 Nr. 2 GWB)", OLG Düsseldorf 26.8.2019 – VI-Kart 1/19 (V), NZKart 2019, 495 (498) = BeckRS 2019, 18837 Rn. 39.
[1013] BKartA Fallbericht S. 8.

handlungssituation betreffen".[1014] Dies gelte auch für das Datenschutzrecht, das dem Machtungleichgewicht zwischen Organisationen und Einzelpersonen entgegenwirken solle und dem Schutz des Grundrechts auf informationelle Selbstbestimmung diene.[1015] Da es sich insbes. bei Internetgeschäftsmodellen um „wettbewerblich hoch-relevantes unternehmerisches Verhalten" handele, sei die kartellrechtliche Überprüfung des Verhaltens marktbeherrschender Unternehmen auch hinsichtlich der Datenverarbeitung unerlässlich und der Kartellbehörde nicht etwa aufgrund der Zuständigkeits- und Kohärenzregeln der DSGVO versperrt.[1016]

Die Ausführungen des BKartAs zum erforderlichen Marktmachtbezug und der Berück-  **213a** sichtigung aller Wertungen der Rechtsordnung in Bezug auf die Angemessenheit von Konditionen in einer **ungleichgewichtigen Verhandlungssituation** sind nicht ganz klar. Einerseits wird auf ein **konkretes tatsächliches Übergewicht** einer Partei Bezug genommen: § 19 GWB sei „zur Sicherung des Grundrechtsschutzes heranzuziehen, wenn einer der Vertragspartner ein so starkes Übergewicht hat, dass er vertragliche Regelungen faktisch einseitig setzen kann, und so für den anderen Teil eine Fremdbestimmung bewirkt."[1017] Andererseits bezieht sich das BKartA auf den Schutzzweck des Datenschutzrechts, das „dem Machtungleichgewicht zwischen Organisationen und Einzelpersonen entgegenwirken" solle.[1018] Dies könnte so zu verstehen sein, dass im Rahmen des § 19 Abs. 1 nur an die Wertungen von **Normen, die eine ungleichgewichtige Verhandlungssituation adressieren,** angeknüpft werden soll. Dies vermag jedoch nicht zu überzeugen. Zum einen kann eine solche Imparität auf ganz unterschiedlichen Gründen beruhen, unabhängig von einer wirtschaftlichen Überlegenheit oder Marktmacht. So geht es bei der möglichen Sittenwidrigkeit von Bürgschaften naher Angehöriger um die Ausnutzung emotionaler Abhängigkeiten; auch das Schutzkonzept des AGB-Rechts knüpft nicht etwa an die Marktstärke des Klauselverwenders gegenüber dem Vertragspartner an, sondern die situative Unterlegenheit des Klauselgegners beim Vertragsschluss unter Verwendung von AGB.[1019] Ebenso wie das AGB-Recht knüpft auch das Datenschutzrecht an eine bilaterale Ungleichgewichtslage an, nicht dagegen an die Marktmacht einer Partei.[1020] Zum anderen kann auch die Verletzung von Normen, die nicht auf die Kompensation einer Imparität gerichtet sind, durch ein marktbeherrschendes Unternehmen gravierende wettbewerbsschädliche Auswirkungen haben und sollte daher über § 19 Abs. 1 sanktionierbar sein.

Sofern das BKartA für die Konditionenkontrolle nach § 19 Abs. 1 bei Verstößen gegen  **213b** gesetzliche Wertungen lediglich an die starke **faktische Überlegenheit** eines Vertragspartners anknüpfen sollte, erscheint dies ebenfalls problematisch. Denn eine solche folgt prinzipiell schon aus der Normadressateneigenschaft, so dass sich daraus kein aussagekräftiges Kriterium für eine Abgrenzung der kartellrechtlich relevanten Missbräuche durch Rechtsverstöße ableiten lässt. Auch der Grundrechtsbezug ist für sich genommen nicht geeignet, den kartellrechtlichen Eingriff zu legitimieren, da **§ 19 GWB kein generelles Mittel zur Kompensation von Fremdbestimmung** aufgrund eines starken Machtungleichgewichts ist.[1021] Die Fremdbestimmung als Wertungsgesichtspunkt in der Interes-

---

[1014] BKartA Fallbericht S. 9.
[1015] BKartA Fallbericht S. 9.
[1016] BKartA Fallbericht S. 9 f.; dazu krit. Karbaum DB 2019, 1072 (1075 f.); Körber NZKart 2019, 187 (194 f.). Auf der Linie des BKartAs jetzt aber EuGH 4.7.2023, C-252/21, WuW 2023, 416 (insbes. Rn. 48) – Meta Platforms.
[1017] BKartA Fallbericht S. 9.
[1018] BKartA Fallbericht S. 9. In diese Richtung auch BKartA Hintergrundinformationen S. 6 („alle gesetzlichen Wertungen, die den Schutz einer Vertragspartei in einer ungleichgewichtigen Vertragsposition bezwecken").
[1019] Vgl. hierzu näher Fuchs in Ulmer/Brandner/Hensen BGB Vor § 307 Rn. 26 ff.
[1020] Körber NZKart 2019, 187 (191); zu den Unterschieden zwischen Kartellrecht und AGB-Kontrolle ausführlich Thomas NZKart 2017, 92 ff.
[1021] So auch Körber NZKart 2019, 187 (193) („§ 19 GWB dient [...] nicht der Durchsetzung des Grundrechts auf informationelle Selbstbestimmung, sondern dem Wettbewerbsschutz").

senabwägung nach der Generalklausel kann nur dann die kartellrechtliche Missbräuchlichkeit begründen, wenn ein **hinreichender Wettbewerbsbezug** besteht.

**214**     Dem Zweck des Kartellrechts eher entsprechen würde es daher, nur Verstöße gegen solche Normen heranzuziehen, die auch Marktstruktur oder -verhalten betreffen, mithin die Anbieter-Nachfrager-Beziehung ausgestalten.[1022] Darüber hinaus könnte auch ein marktteilnehmerschützender Charakter zu fordern sein.[1023] Diese Abgrenzungsfrage ähnelt dem Problem, das sich bei der Anwendung des § 3a UWG stellt (**„Marktverhaltensnorm"**), so dass überlegt werden könnte, die dazu entwickelten Grundsätze auch für den Konditionenmissbrauch durch Rechtsverstoß fruchtbar zu machen.[1024] Sofern man neben dem Normverstoß auch **kartellrechtlich relevante Markt- oder Wettbewerbswirkungen** voraussetzt, bleibt zu konkretisieren, welches Ausmaß diese haben müssen.[1025]

**214a**    Eine abstrakte Anknüpfung an die lauterkeitsrechtliche Kategorie der „Marktverhaltensnorm" ist jedoch noch zu weitgehend.[1026] Erforderlich ist vielmehr ein **spezifischer Wettbewerbs- und Marktmachtbezug des Rechtsverstoßes.** Ob ein bestimmtes rechtswidriges Verhalten eines marktbeherrschenden Unternehmens (neben den spezifischen für den Rechtsverstoß jeweils direkt vorgesehenen Sanktionen) zusätzlich als kartellrechtlich relevanter Marktmachtmissbrauch verfolgt werden kann, muss nach dem Normzweck des § 19 vor allem davon abhängen, inwieweit das inkriminierte Verhalten im relevanten Markt **negative Auswirkungen auf den geschützten Restwettbewerb** haben kann. So betont auch der BGH zu Recht, dass nicht jede Verwendung einer unwirksamen Bestimmung in Allgemeinen Geschäftsbedingungen durch einen Normadressaten einen Missbrauch von Marktmacht darstelle.[1027] Soweit gefordert wird, die Vereinbarung der unwirksamen Klausel müsse auch „Ausfluss der Marktmacht" oder der großen Machtüberlegenheit des Verwenders sein, [1028] greift dies als Einschränkung noch zu kurz, da es sich lediglich um eine Umschreibung des notwendigen normativen kausalen Zusammenhangs zwischen Verstoß und Marktbeherrschung handelt. Zusätzlich muss auch die **Gefahr eines wettbewerblichen Schadens** bestehen, vor dessen Eintritt § 19 schützen soll, zB die Verminderung des Restwettbewerbs oder die Beeinträchtigung der Chancen für ein Wiederaufleben des Wettbewerbs. Der Normverstoß muss maW geeignet sein, dazu einen nicht nur ganz unerheblichen Beitrag zu leisten.

**214b**    In der Facebook-Entscheidung verlangt das **BKartA** zwar auch einen „hinreichenden Marktmachtbezug", doch es bleibt zweifelhaft, inwieweit dieser Anforderung gegenüber dem schon für die Normadressateneigenschaft notwendigen Nachweis einer marktbeherrschenden Stellung eigenständiges Gewicht zukommt. Als eigentliche **„Schadenstheorie"** zieht das BKartA den **Kontrollverlust** für den Nutzer heran, der nicht mehr selbstbestimmt über seine persönlichen Daten verfügen könne.[1029] Darin liege ein Eingriff in das Grundrecht auf informationelle Selbstbestimmung.[1030] Die wirtschaftlichen Effekte der Datensammlung und -verarbeitung werden **nur sekundär** als „ein weiterer wettbewerb-

---

[1022] Vgl. Nothdurft in Bunte § 19 Rn. 208; Monopolkommission Sondergutachten 68 Rn. 523 f.
[1023] Vgl. Lettl WuW 2016, 214 (220).
[1024] Dagegen Nothdurft in Bunte Rn. 225; Körber NZKart 2016, 348 (354); wohl auch Monopolkommission Sondergutachten 68 Rn. 519.
[1025] Vgl. Nothdurft in Bunte Rn. 207 aE.
[1026] AA Lettl WuW 2016, 214 ff. (220, 221), der generell und ipso iure einen Verstoß gegen § 19 Abs. 1, Abs. 2 Nr. 2 GWB bei Verletzungen marktteilnehmerschützender Marktverhaltensregelungen (ohne abschließende Sonderregelung) annimmt und in diese Kategorie sowohl das AGB-Recht als auch das Datenschutzrecht einordnet; dagegen im Ergebnis wie hier auch Körber NZKart 2019, 187 (193).
[1027] BGH 24.1.2017 – KZR 47/14, WuW 2017, 283 Rn. 35 – VBL Gegenwert II; ebenso Körber NZKart 2019, 187 (191); Monopolkommission, XXII. Hauptgutachten 2018 Rn. 675; Telle WRP 2016, 814 (818); aA Lettl WuW 2016, 214 (220); Nothdurft in Bunte Rn. 205 (alle direkten AGB-Verstöße begründen Konditionenmissbrauch).
[1028] BGH 6.11.2013 – KZR 58/11, WuW/E DE-R 4037 Rn. 65 – VBL Gegenwert I; 24.1.2017 – KZR 47/14, WuW 2017, 283 Rn. 35 – VBL Gegenwert II; ebenso BKartA Fallbericht S. 12 f.
[1029] BKartA Hintergrundpapier S. 5.
[1030] BKartA Hintergrundpapier S. 6.

**licher Schaden zulasten von Werbekunden und den Wettbewerbern**" qualifiziert.[1031] Insoweit stellt das BKartA auf die durch das beanstandete Verhalten zugleich ausgelösten **Behinderungswirkungen** zulasten der Wettbewerber von Facebook ab, das sich durch die Nichteinhaltung der datenschutzrechtlichen Bestimmungen einen Wettbewerbsvorsprung verschaffe und die bestehenden Marktzutrittsschranken erhöhe.[1032] Dadurch werde letztlich wiederum die Marktmacht gegenüber den Endverbrauchern erhöht und abgesichert sowie die Stellung gegenüber den Werbekunden gestärkt. Auch wenn insoweit keine konkrete, auf die Marktverhältnisse fokussierte wettbewerbsbezogene Analyse stattfindet,[1033] zeigt sich hierin, dass die Verletzung der Datenschutzbestimmungen durchaus einen **hinreichenden Wettbewerbsbezug** aufweist, um die kartellrechtliche Missbräuchlichkeit nach § 19 Abs. 1 zu begründen.

Der Umstand, dass es – schon wegen des für die Nutzer kostenlosen Angebots – **214c** schwerfällt, in den unangemessenen Datenverarbeitungskonditionen einen **„Ausbeutungsmissbrauch"** zu erkennen,[1034] darf nicht überbewertet werden. Die Zuordnung zu einer typischen Kategorie des Missbrauchs ist für die Anwendung des § 19 weder erforderlich, noch schließt sie die ergänzende Heranziehung von Wertungsgesichtspunkten aus anderen Missbrauchsformen aus. Vielmehr kommt es bei den Regelbeispielen des § 19 Abs. 2 häufig zu Überschneidungen. Wie schon erwähnt (→ Rn. 60) ist gerade die Generalklausel des Abs. 1 dazu prädestiniert, etwaige „Mischformen" von Missbräuchen zu erfassen, während Abs. 2 Nr. 2 vor allem die finanzielle Ausbeutung durch überhöhte Preise oder sonstige, sich negativ auf das Preis-/Leistungsverhältnis insgesamt auswirkende Konditionen im Blick hat.

Der erforderliche Marktbezug der rechtswidrigen Datenverarbeitungsklauseln ist im **214d** Facebook-Fall gegeben. Einen **Marktbezug** weisen alle Normen auf, die das Verhältnis von Anbieter und Nachfrager auf dem relevanten Markt näher ausgestalten.[1035] Für die Tätigkeit werbefinanzierter sozialer Netzwerke wie Facebook ist die Erhebung, Verknüpfung und Verwendung personenbezogener Daten ihrer Nutzer ein ganz entscheidender Wettbewerbsparameter, so dass sich ein Wettbewerbs- und Marktbezug für die datenschutzrechtlichen Normen, welche die Zulässigkeit des Umgangs mit solchen Daten regeln, nicht bestreiten lässt.[1036]

Auch der notwendige kausale Zusammenhang zwischen dem missbräuchlichen Verhalten **215** (Verstoß gegen datenschutzrechtliche Wertungen) und der marktbeherrschenden Stellung ist im Facebook-Fall in Form der **normativen oder Ergebniskausalität** gegeben. Das gilt jedenfalls hinsichtlich der genannten Behinderungswirkungen zulasten von Konkurrenten, denen gegenüber sich Facebook durch die unangemessenen Datenverarbeitungskonditionen einen Wettbewerbsvorsprung verschafft; für andere Unternehmen erhöht der umfassende rechtswidrige Datenzugriff die Marktzutrittsschranken.[1037] Aber auch wenn man mit dem BKartA auf den Aspekt der Fremdbestimmung der Nutzer abstellt, erhält der Verstoß sein besonderes Gepräge durch die marktbeherrschende Stellung von Facebook, die zum einen die Ausweichmöglichkeiten der Nutzer entscheidend limitiert und zum anderen für

---

[1031] BKartA Hintergrundpapier S. 6 (Hervorhebung hinzugefügt).

[1032] BKartA Fallbericht S. 13. Krit. Körber NZKart 2019, 187 (192), der eine tatsächliche Behinderung der Wettbewerber bezweifelt; eine Behinderung von Konkurrenten explizit verneinend OLG Düsseldorf 26.8.2019 – VI Kart 1/19 (V), NZKart 2019, 495 (500 f.) = BeckRS 2019, 18837 Rn. 79 ff.

[1033] Krit. zur Vernachlässigung der für die Finanzierung von Facebook entscheidenden Werbeseite des vorliegenden mehrseitigen Marktes zu Recht Körber NZKart 2019, 187 (190). Auch marktübergreifende Wirkungen werden nur angedeutet, indem das BKartA pauschal auf die „erhebliche Breitenwirkung" der Konditionen, die sich über das soziale Netzwerk hinaus in die gesamte weitere Online-Nutzung der Verbraucher auswirke, hinweist, s. BKartA Fallbericht S. 13.

[1034] Krit. Körber NZKart 2019, 187 (191), der im Ansatz zutreffend darauf hinweist, dass der Ausbeutungstatbestand jede Kontur verlieren würde, wenn man dafür jedwede Rechtsverletzung ausreichen lassen würde.

[1035] Ellger WuW 2019, 446 (452); Nothdurft in Bunte Rn. 212.

[1036] Ebenso Ellger WuW 2019, 446 (452).

[1037] BKartA Fallbericht S. 13.

die breitflächigen Auswirkungen der rechtswidrigen Konditionen zur Datenerhebung und -verarbeitung sorgen.[1038]

**215a**  Der vom OLG Düsseldorf und Teilen der Literatur vorgebrachte Einwand, für alle **Fälle des Ausbeutungsmissbrauchs** sei eine **strikte Kausalität** im Sinne der **Verhaltenskausalität** erforderlich,[1039] vermag dagegen nicht zu überzeugen. Wollte man damit Ernst machen, dass erst die Marktmacht des Normadressaten die beanstandete Verhaltensweise ermöglicht, bliebe praktisch kein Anwendungsbereich für einen Konditionenmissbrauch durch unwirksame AGB, da letztlich jedes Unternehmen derartige AGB verwenden kann. Vielmehr muss es (zumindest im Rahmen der Generalklausel) im Sinne der **Ergebniskausalität** genügen, dass „die wirtschaftliche Übermacht des Marktbeherrschers als solche – das heißt unabhängig davon, ob zusätzlich Druckmittel angewendet werden, um den Willen der anderen Partei zu beugen – für das wettbewerbsschädliche Marktergebnis nicht wettbewerbskonformer Entgelte oder Geschäftsbedingungen ursächlich ist".[1040]

**215b**  Dass sich die Entscheidung des BKartAs im Facebook-Fall trotz einiger konzeptioneller Zweifel und Begründungsdefizite im Ergebnis durchaus als zutreffend erweist,[1041] hat der im Verfahren einstweiligen Rechtsschutzes ergangene **Beschluss des BGH** gezeigt, mit der die Entscheidung des OLG Düsseldorf aufgehoben und die Missbrauchsverfügung des BKartAs im Ergebnis bestätigt wurde.[1042] Allerdings greift der BGH bei der Konkretisierung des Missbrauchsvorwurfs gegen Facebook überwiegend auf einen anderen Begründungsansatz als das BKartA zurück: Einen Ausbeutungsmissbrauch durch übermäßige Datenerhebung und -verarbeitung stützt der BGH auf den Aspekt der **aufgedrängten Leistungserweiterung.** In seinen AGB verlangt Facebook, nicht nur die für die Nutzung des sozialen Netzwerks erforderlichen, innerhalb von Facebook-Seiten anfallenden Daten, sondern auch die außerhalb von Facebook-Seiten generierten Daten erheben und mit dem Nutzerkonto zusammenführen zu dürfen. Mit der als Voraussetzung für die Nutzung des Dienstes verlangten Zustimmung zu derartigen Konditionen werde den Nutzern die Wahlfreiheit genommen, sich für eine weniger intensivere Nutzung des sozialen Netzwerks ohne einen so weitgehenden Zugriff auf persönliche Nutzerdaten zu entscheiden.[1043] Daneben hat der BGH – stärker als das BKartA – den zugleich eintretenden Effekt der Behinderung der Konkurrenten von Facebook durch die unangemessenen Datenerhebungskonditionen betont. Für einen solchen **hybriden Marktmachtmissbrauch,** der **Ausbeutungs- und Behinderungswirkungen** entfalte, lässt der BGH im Rahmen von § 19 Abs. 1 eine abgeschwächte Kausalität im Sinne der **Ergebniskausalität** genügen. Für die Konkretisierung des seinerzeit noch aus der Formulierung der „missbräuchlichen Ausnutzung" abgeleiteten Kausalitätserfordernisses stellt der BGH dabei auf den Normzweck der Missbrauchsaufsicht ab mit der Folge, dass sich die Anforderungen an den Kausalitätsnachweis

---

[1038] Vgl. BKartA Fallbericht S. 12 f. Nach seiner Ansicht sollen im vorliegenden Fall sogar die Voraussetzungen einer strengen Kausalität erfüllt sein, weil der konkrete datenschutzrechtliche Verstoß „von Wettbewerbern, die keine marktbeherrschende Stellung innehaben, so nicht begangen werden" könne, BKartA 6.2.2019 – B6-22/16, BeckRS 2019, 4895 Rn. 880.

[1039] OLG Düsseldorf 26.8.2019 – VI Kart 1/19 (V), NZKart 2019, 495 (499 f.); Körber NZKart 2019, 187 (192 f.) jeweils mwN; krit. zur Kausalitätsprüfung des BKartAs auch Karbaum DB 2019, 1072 (1076 f.) (Gefahr der Umgehung des strikten Kausalitätserfordernisses nach § 19 Abs. 2 Nr. 2 durch Heranziehung der Generalklausel und vage Ausführungen zur Ergebniskausalität, die praktisch auf einen Verzicht auf das Kausalitätserfordernis hinauslaufen).

[1040] So ausdrücklich noch OLG Düsseldorf 12.7.2017 – VI-U (Kart) 16/13, NZKart 2017, 481 (483) – Einspeisung von Fernsehprogrammsignalen III. Diese Entscheidung wird vom 1. Kartellsenat in seinem Facebook-Beschluss vom 26.8.2019 – Kart 1/19 (V), NZKart 2019, 495 = BeckRS 2019, 18837, nicht erwähnt.

[1041] So schon Rn. 215a aE.

[1042] BGH 23.6.2020 – KVR 69/19, NZKart 2020, 473 = WuW 2020, 525 = GRUR 2020, 1318; vgl. hierzu ausführlich insbes. Schweitzer JZ 2022, 16 ff.; Mohr WuW 2020, 506 ff.

[1043] BGH 23.6.2020 – KVR 69/19, NZKart 2020, 473 Rn. 58 ff.; vgl. zu einer detaillierten Analyse der aufgedrängten Leistungserweiterung als Schadenstheorie für digitale Plattformen insbes. Schweitzer JZ 2022, 16 (18 ff.) mwN.

bei einzelnen Missbrauchsformen durchaus unterscheiden können.[1044] Bei reinen Ausbeutungsmissbräuchen nach § 19 Abs. 2 Nr. 2 soll es beim strengen Maßstab des Als-ob-Wettbewerbs bleiben, während bei hybriden Formen des Missbrauchs, die neben einer Ausbeutung der Marktgegenseite auch geeignet sind, Behinderungseffekte auf Konkurrenten des Marktbeherrschers zu entfalten, im Rahmen der Generalklausel nach Abs. 1 eine Ergebniskausalität ausreicht. Dabei muss allerdings auch festgestellt werden, dass bei funktionsfähigem Wettbewerb andere Vertragskonditionen zu erwarten wären. Zudem muss sich diese Erwartung auf konkrete tatsächliche Anhaltspunkte stützen, etwa feststellbare Nutzerpräferenzen und daraus resultierende Anreize für die Verwendung anderer Vertragskonditionen. In der Literatur wird dies teilweise als eine „abgeschwächte Marktverhaltenskausalität" qualifiziert.[1045] Dies vermag jedoch nicht überzeugen, geht es doch in der Sache um die Feststellung, dass die problematischen Konditionen wegen der Marktmacht des Verwenders zu wettbewerbswidrigen Marktergebnissen führen, nicht aber darum, ob ihre Verwendung nur aufgrund der Marktmacht durchsetzbar war.

Die für eine Entscheidung im einstweiligen Rechtsschutz außergewöhnlich ausführlich **215c** begründete Entscheidung des BGH ist in der Literatur zu Recht überwiegend auf Zustimmung gestoßen.[1046] Abgesehen von den Erwägungen zum Kausalitätsmaßstab bei hybriden Missbrauchsfällen mit Elementen sowohl des Ausbeutungs- als auch des Behinderungsmissbrauchs, die zu einer letztlich auch vom Gesetzgeber anerkannten, am Normzweck orientierten und differenzierten Handhabung des Kausalitätserfordernisses im Sinne einer Ergebniskausalität führen, ist vor allem der neuartige, am Schutz der **Wahlfreiheit des Konsumenten** ausgerichtete Ansatz zur Begründung einer missbräuchlichen Ausbeutung zu begrüßen.[1047] Er erinnert prima facie auch an die – freilich in anderem Kontext zu den Zielen des Wettbewerbsschutzes im US-amerikanischen Antitrust-Recht geführte – Diskussion über einen **consumer choice approach** anstelle einer ausschließlich an wirtschaftlicher Effizienz orientierten Kartellrechtsanwendung.[1048] In der Sache weist der **Ausbeutungsvorwurf der aufgedrängten, entgeltlichen Leistungserweiterung,** die gegenüber einer weniger personalisierten Nutzung des sozialen Netzwerks mit der zusätzlichen Preisgabe von personenbezogenen Daten außerhalb von Facebook-Seiten verbunden ist, gewisse Parallelen zum klassischen Kopplungsgeschäft auf,[1049] ohne dass jedoch dessen Voraussetzungen, inbes. die Existenz separater Leistungen oder Produkte, erfüllt sein müssten.

Mit der Rechtsfigur der aufgedrängten Leistungsverweigerung hat der BGH im Rahmen **215d** der Generalklausel des § 19 Abs. 1 GWB im Ergebnis eine **neue Fallgruppe oder Missbrauchskategorie** geschaffen: eine besondere Form des Konditionenmissbrauchs, die sich von der „klassischen Ausbeutungsdogmatik" löst und zentral auf die Einschränkung der Wahlfreiheit der Verbraucher abstellt, allerdings nur, wenn sie zugleich geeignet ist, aktuelle oder potentielle Konkurrenten zu behindern. Die Anerkennung einer „**Wahlfreiheitsbeschränkung mit Behinderungstendenz**"[1050] als (möglicher) Missbrauch führt zwar mittelbar zu einer Einschränkung der grundsätzlich auch einem Marktbeherrscher zukommenden Produktgestaltungsfreiheit. Dies ist jedoch letztlich gerechtfertigt, wenn neben der

---

[1044] BGH 23.6.2020 – KVR 69/19, NZKart 2020, 473 Rn. 72 ff.

[1045] Nagel/Horn ZWeR 2021, 78 (83, 97, 100 ff.); aA („abgeschwächte Marktergebniskausalität") Walzel CR 2020, 660 (675); zust. Schweitzer JZ 2022, 16 (21).

[1046] Nagel/Horn ZWeR 2021, 78 ff.; Mohr WuW 2020, 506 ff.; Schweitzer JZ 2022, 16 ff.

[1047] So auch Nagel/Horn ZWeR 2021, 78 (103 ff.) unter zutreffendem Hinweis auf die Bedeutung des Schutzes der wirtschaftlichen Betätigungsfreiheit nach ordo-liberaler Auslegung des Kartellrechts.

[1048] Vgl. hierzu insbes. Averitt/Lande 65 Antitrust L.J. 713 (1997); Averitt/Lande 74 Antitrust L.J. 175 (2007); Lande 62 U.Pitt. L.Rev. 503 (2001) sowie die Beiträge in Nihoul/Charbit/Ramundo, Choice – A New Standard for Competition Law Analysis?, 2016.

[1049] Nagel/Horn ZWeR 2021, 78 (82, 104); Podszun GRUR 2020, 1268 (1270); vgl. auch schon BGH 9.11.1982 – KVR 9/81, NJW 1984, 1116 – Gemeinsamer Anzeigenteil, der aber im Ergebnis keinen Missbrauch annahm.

[1050] So die Bezeichnung bei Schweitzer JZ 2022, 16 (20).

Einschränkung der Wahlfreiheit der Kunden und der Eignung zur Behinderung von (potentiellen) Konkurrenten noch **zusätzliche Bedingungen** erfüllt sind. So verlangt der BGH für die Qualifikation einer aufgedrängten Leistungserweiterung als missbräuchlich, dass sie aufgrund besonderer Marktbedingungen zu einem „Marktergebnis zu Lasten der Nachfrager [führt], das bei funktionierendem Wettbewerb nicht zu erwarten wäre".[1051] Dafür genügen dem BGH tatsächliche Anhaltspunkte, „wie Marktteilnehmer auf feststellbare Nutzerpräferenzen vernünftig reagieren" würden und ob sich daraus „Anreize für die Verwendung anderer Vertragskonditionen oder eine Leistungsdiversifizierung" ergeben.[1052] Die darin liegende **„abgeschwächte Marktergebniskausalität"**[1053] ist nicht empirisch in dem Sinne zu verstehen, dass es des Nachweises bedürfte, dass sich bei funktionierendem Wettbewerb mit (hoher) Wahrscheinlichkeit ein anderes hypothetisches Marktergebnis einstellen würde, indem sich Nutzer in erheblichem Umfang für datensparsamere Angebote sozialer Netzwerke entscheiden würden.[1054] Vielmehr liegt diesem Ansatz die **normative Wertung** zugrunde, dass „ein marktbeherrschendes Unternehmen seinen Nutzern dort, wo eine wettbewerbliche Verhaltensdisziplinierung wegen der besonderen Marktgegebenheiten auf lange Sicht entfällt, Wahlmöglichkeiten hinsichtlich einer Produkteigenschaft einräumen muss, die für die Nutzer von herausragender, im konkreten Fall durch das Grundrecht auf informationelle Selbstbestimmung abgesicherter Bedeutung ist, wenn nur auf diese Weise die Angebotssteuerung durch Nachfrageentscheidungen sichergestellt werden kann …".[1055] Letztlich geht es bei der hier vorliegenden Fallgruppe des „Ausbeutungsmissbrauchs mit Behinderungseignung" um die Erfassung von Eingriffen in den Funktionsmechanismus des Marktes.[1056] Für die Entscheidung des BGH spielt allerdings auch die Berücksichtigung außerkartellrechtlicher Wertungen wie des Grundrechts auf informationelle Selbstbestimmung und der kaum angreifbaren Machtposition von Facebook als für die Teilnahme am sozialen Leben bedeutsamer Infrastruktureinrichtung eine wichtige Rolle. Der in der Qualifikation als Missbrauch liegende mittelbare Eingriff in die Produktgestaltungsfreiheit des Marktbeherrschers rechtfertigt sich **im Ergebnis** aus der **Kombination von vier Kriterien:** Eingriff in die Wahlfreiheit der Nutzer durch Verweigerung eines „datensparsameren" Angebots, Eignung des umfassenden Datenzugriffs zur Behinderung des Wettbewerbs, Funktionsdefizit des Marktmechanismus wegen fehlender Steuerung des Angebots durch Nachfragepräferenzen aufgrund besonderer Marktgegebenheiten und hervorgehobene Bedeutung der Konsumentensouveränität, der wegen des Bezugs zum Recht auf informationelle Selbstbestimmung besonderes Gewicht zukommt. Inwieweit dieser Ansatz über die Sonderkonstellation mehrseitiger, nutzerdatengetriebener Plattform-Geschäftsmodelle hinaus zur Anwendung kommen kann, bleibt abzuwarten.

### III. Der Maßstab des hypothetischen Wettbewerbspreises nach Abs. 2 Nr. 2

216 **1. Überblick und Abgrenzung gegenüber sonstigen Konzepten.** Als **Prüfungsmaßstab** stellt § 19 Abs. 2 Nr. 2 seit den Änderungen der 4. GWB-Novelle darauf ab, ob Entgelte oder sonstige Geschäftsbedingungen gefordert werden, die von denjenigen abweichen, die sich bei wirksamem Wettbewerb mit hoher Wahrscheinlichkeit ergeben würden. Entscheidend ist demnach, welche Preise oder Konditionen sich bei **hypothetischem**

---

[1051] BGH 23.6.2020 – KVR 69/19, NZKart 2020, 473 Ls. 1 und Rn. 65.
[1052] BGH 23.6.2020 – KVR 69/19, NZKart 2020, 473 Rn. 81.
[1053] Walzel CR 2020, 660 (675); zust. Schweitzer JZ 2022, 16 (21); aA Nagel/Horn ZWeR 2021, 78 (101) („abgeschwächte Verhaltenskausalität").
[1054] Schweitzer JZ 2022, 16 (22); vgl. auch Schweitzer JZ 2022, 16 (24) (Rechtfertigung der Verpflichtung des Marktbeherrschers zur Einräumung einer Wahlmöglichkeit zwischen einer „datenintensiven Voll- und einer datensparsamen Basisversion" erst durch das „Zusammentreffen einer herausgehobenen, mittelfristig kaum bestreitbaren Infrastruktur- und Machtposition mit der grundrechtlich gewährleisteten informationellen Selbstbestimmung").
[1055] Schweitzer JZ 2022, 16 (22).
[1056] Schweitzer JZ 2022, 16 (23).

**Wettbewerb** herausbilden würden.[1057] Für den nach Maßgabe eines „Als-ob-Wettbewerbs" zu bestimmenden Preis kommen **vor allem zwei methodische Ansätze** in Betracht: Das Gesetz erwähnt explizit und beispielhaft („insbesondere") die „Verhaltensweisen von Unternehmen auf vergleichbaren Märkten mit wirksamem Wettbewerb" (Abs. 2 Nr. 2 Halbs. 2) und lässt damit eine gewisse Präferenz für die **Vergleichsmarktmethode** erkennen, ohne jedoch insoweit einen rechtlichen Vorrang dieses Ansatzes zu begründen.[1058] Daneben kann die Feststellung eines missbräuchlich überhöhten Preisniveaus aber auch aus anderen Umständen abgeleitet werden. Übersteigen die verlangten Preise für Produkte oder Dienstleistungen die dafür aufzuwendenden Kosten in ganz erheblicher Weise, kann dies ebenfalls zumindest ein Indiz dafür sein, dass diese Preise bei wirksamem Wettbewerb nicht durchsetzbar wären.[1059] Auch eine **Kostenkontrolle** bzw. Überprüfung der Höhe der Gewinnspanne stellt eine von der Rechtsprechung im Prinzip anerkannte Methode zur Feststellung missbräuchlich überhöhter Preise dar.[1060] Die Betrachtung richtet sich dabei auf maßgebliche **Preisbildungsfaktoren** (näher → Rn. 230).

Darüber hinaus schließen weder der Wortlaut des § 19 Abs. 2 („Ein Missbrauch liegt **217** insbesondere vor") noch die Gesetzesmaterialien[1061] von vornherein aus, dass eine Preisüberhöhungskontrolle wie auch eine sonstige Konditionenkontrolle außerhalb des Abs. 2 Nr. 2 unter Rückgriff auf den generellen Missbrauchstatbestand des § 19 Abs. 1 und dann nach anderen Konzepten möglich ist.[1062] Wenn jedoch die Daten für eine Vergleichsmarktanalyse vorliegen, ist dem Konzept zumindest „Geltung zu verschaffen".[1063] Nicht notwendig ist aber auch in solchen Fällen, dass die Entscheidung allein auf dem Vergleichsmarktkonzept beruht. Trotz aller Unzulänglichkeiten und Anwendungsprobleme des Vergleichsmarktkonzepts[1064] sind Alternativen, die sich diesem Ansatz als generell überlegen erweisen könnten, nicht erkennbar.

Früher gelegentlich erkennbare Bestrebungen, § 19 in den Zusammenhang einer **Glo- 218 balsteuerung** innerhalb einer mixed economy einzubetten,[1065] sind **nicht mit dem Schutzzweck der Norm vereinbar** und daher abzulehnen.[1066] Das GWB gehört, wenn man es vor dem Hintergrund des § 1 des Gesetzes zur Förderung der Stabilität und des Wachstums der Wirtschaft analysiert, nicht unmittelbar zu den gesamtwirtschaftlichen Zielsektoren des sog. magischen Vierecks, sondern zum „Rahmen der marktwirtschaftlichen Ordnung". Unternehmen wie Gewerkschaften können mit den Mitteln des Stabilitätsgesetzes nicht auf ein gesamtwirtschaftlich „richtiges" Investitions-, Produktions-, Preisoder Lohnverhalten verpflichtet werden. § 19 ist nicht dazu bestimmt, die Grenzen, die der Globalsteuerung gezogen sind, für marktbeherrschende Unternehmen aufzuheben. Die Missbrauchskontrolle hat vielmehr die Aufgabe, eine Ausnutzung der vom Wettbewerb nicht kontrollierten Handlungsspielräume zulasten Dritter zu unterbinden. Verhaltensweisen, die nicht stabilitätskonform sind oder aus anderen Gründen dem gesamtwirtschaftli-

---

[1057] Bechtold/Bosch Rn. 55.
[1058] So zuletzt explizit BGH 14.12.2021 – KZR 23/18, WuW 2022, 161 Rn. 21 – Kabelkanalanlagen II, demzufolge „anstelle einer rechtlich nicht vorrangigen Vergleichsmarktbetrachtung in Fällen der vorliegenden Art auch eine Kostenkontrolle zur Bestimmung des wettbewerbsanalogen Preises in Betracht zu ziehen ist".
[1059] Bechtold/Bosch Rn. 62.
[1060] BGH 14.12.2021 – KZR 23/18, WuW 2022, 161 Rn. 21 – Kabelkanalanlagen II; BGH 9.7.2019 – KZR 110/18, NZKart 2019, 490 Rn. 20 – Fernwärmerabatt = WuW 2019, 583 – Fernwärmepreise; BGH 15.5.2012 – KVR 51/11, WuW/E DE-R 3632 Rn. 12 f. – Wasserpreise Calw I; BGH 2.2.2010 – KVR 66/08, BGHZ 184, 168 – Wasserpreis Wetzlar.
[1061] Als-ob-Wettbewerbsprinzip lediglich als primärer Grundsatz für die Feststellung eines Missbrauchs beim Fordern von Entgelten, vgl. Bericht 1980 S. 25.
[1062] Grundsätzlich zust. bereits BGH 6.11.1984 – KVR 13/83, WuW/E BGH 2103 (2107) – Favorit; s. näher zur sog. qualitativen Konditionenkontrolle nach § 19 Abs. 1 → Rn. 211 ff.
[1063] OLG Stuttgart 25.8.2011 – 201 Kart 2/11, WuW/E DE-R 3389 (3399) – Tarifwasser-Kunden.
[1064] Scharf abl. insbes. Knöpfle DB 1984, 1129 (1130 ff.).
[1065] Dazu Hart/Joerges S. 83, 196 ff.
[1066] Kritisch auch Höft, Die Kontrolle des Ausbeutungsmissbrauchs im Recht der Wettbewerbsbeschränkungen, S. 268.

chen Ziel widersprechen, sind nicht schon aus diesem Grunde missbräuchlich iSd Norm.[1067]

219  Ebenso wird der Rahmen einer Wettbewerbsordnung gesprengt, wenn man dem § 19 einen direkten, sich in Rechtskriterien vollziehenden **verbraucherpolitischen Schutzzweck** unterstellen wollte.[1068] Die Zielsetzung eines Gesetzes, welches auf die „Freiheit des Wettbewerbs" gerichtet ist, schützt Verbraucher notwendig primär durch die Gewährleistung hinreichend freier Wettbewerbsprozesse (vgl. → Rn. 19 ff.).

220  **2. Vergleichsmarktbezogene Messverfahren.** Zur Feststellung eines wettbewerbsanalogen Preises verweist Abs. 2 Nr. 2 Hs. 2 insbesondere auf Verhaltensweisen von Unternehmen auf vergleichbaren Märkten mit wirksamem Wettbewerb. Das sog. **Vergleichsmarktkonzept** ist damit in das Gesetz aufgenommen worden.[1069] Die Vergleichbarkeit kann sich dabei auf einen räumlich verschiedenen oder auch sachlich-gegenständlich verschiedenen Markt beziehen. Das eigene Verhalten des marktbeherrschenden Unternehmens selbst auf einem vergleichbaren Markt als Maßstab ist in der Nr. 3 gesondert erfasst worden (vgl. → Rn. 243 ff.). Das sog. zeitliche Vergleichsmarktkonzept (→ Rn. 226 f.) kann sich zwar nicht ohne weiteres auf den Wortlaut von Nr. 2 Hs. 2 stützen,[1070] da mit „vergleichbaren Märkten" offenbar andere Märkte als der beherrschte Markt selbst in Bezug genommen sind. Doch wird dieses Konzept durch die Gesetzesformulierung nicht ausgeschlossen, da bewusst Raum für andere Messverfahren gelassen wird („insbesondere").[1071] Über deren Tauglichkeit muss freilich letztlich die Teleologie der Norm insgesamt entscheiden.[1072] Aus dem gleichen Grunde ist auch nicht von vornherein jeglicher Zugang zu einer indiziellen Berücksichtigung von Gewinnhöhen versperrt (→ Rn. 228 ff.).

221  **a) Das räumliche Vergleichsmarktkonzept.** Es kommt ein inländischer Teilmarkt oder ein ausländischer Markt in Betracht.[1073] Dieses Konzept steht in der Entscheidungspraxis im Vordergrund.[1074] Auf dem in Bezug genommenen Markt muss nicht eine vorgegebene Vorstellung von „wirksamem Wettbewerb" realisiert sein. Es reicht dabei aus, wenn sich eine höhere Wettbewerbsintensität feststellen lässt, als sie auf dem beherrschten Markt zu finden ist, da es jeweils um eine historische Einzelfallanalyse geht.[1075] Sie ist mangels besserer Alternativen mit den diagnostischen Hilfsmitteln der Marktstruktur-, Marktverhaltens- und Marktergebnistests durchzuführen.

222  Die zentrale Schwierigkeit dieses Verfahrens liegt in der Frage der **Vergleichbarkeit der Märkte,** was insbesondere bei Auslandsmärkten praktisch wird.[1076] Die Rechtspre-

---

[1067] So Monopolkommission Sondergutachten 1 Rn. 19; siehe auch Möschel NJW 1975, 753; Möschel JZ 1975, 393 (394).

[1068] So namentlich Reich Zeitschrift für Verbraucherpolitik 1977, 227 ff.; siehe auch Reich ZRP 1975, 159 ff. und Reich Markt und Recht S. 275 ff.; dagegen zB Munzinger S. 26, wohl auch BGH 9.11.1982 – KZR 5/82, WuW/E BGH 1965 (1966) – gemeinsamer Anzeigenteil: „Mißbrauch [schließt] ein Unwerturteil [mit ein,] orientiert am Prinzip der Wettbewerbsfreiheit und losgelöst von subjektiver Vorwerfbarkeit".

[1069] Vgl. auch Bericht 1980, S. 25.

[1070] Möschel in Immenga/Mestmäcker, 4. Aufl. 2007, Rn. 162.

[1071] Wie hier Höft, Die Kontrolle des Ausbeutungsmissbrauchs im Recht der Wettbewerbsbeschränkungen, S. 271, 274 ff.; aA Grätz, Missbrauch der marktbeherrschenden Stellung durch Sportverbände, S. 367, der für eine ausschließliche Berücksichtigung des Vergleichsmarktkonzepts plädiert.

[1072] Vgl. Auskunftsbeschluss KG 23.12.1982 – Kart 28/82, WuW/E OLG 2892 (2895) – Euglucon.

[1073] BGH 19.6.2007 – KRB 12/07, WuW/E DE-R 2225 – Papiergroßhandel; s. auch Deister in Schulte/Just Rn. 149; Nothdurft in Bunte Rn. 159.

[1074] Arzneimittelverfahren, Fernwärmeversorgung, Bundesautobahntankstellen, Trockenrasierer, vgl. → Rn. 207.

[1075] Dazu Möschel JZ 1975, 393 (396); Möschel WuW 1999, 5 (10); Nothdurft in Bunte Rn. 158; zust. KG 22.12.1982 – Kart 29/82, WuW/E OLG 2935 (2939) – BAT Am Biggenkopf Süd; siehe auch BGH 21.9.1986 – KVR 7/85, WuW/E BGH 2309 (2311) – Glockenheide: Bei Fehlen anderer Vergleichsmöglichkeiten kann auch das Preisverhalten von Monopolunternehmen auf anderen Märkten herangezogen werden; s. auch BGH 21.2.1995 – KVR 4/94, WuW/E BGH 2967 (2973) – Strompreis Schwäbisch Hall sowie BGH 6.5.1997 – KVR 9/96, WuW/E BGH 3140 – Gaspreis zu § 103 Abs. 5 aF. Nicht herangezogen werden können Auslandsmärkte mit staatlicher Preisfestlegung, Nothdurft in bunte Rn. 159 aE.

[1076] Dazu Benisch WuW 1974, 801 (808 ff.); Glismann-Seusing Die Weltwirtschaft 1975, 176 ff.

chung behilft sich, indem sie sog. **strukturelle Marktunterschiede** durch entsprechende **Zu- und Abschläge** berücksichtigen will, wohingegen – in Anlehnung an die BGH-Rechtsprechung zu § 104 aF – **unternehmensindividuelle Eigenschaften** hierbei keine Rolle spielen.[1077] Letztere werden erst im Zusammenhang des Missbrauchszuschlags relevant (vgl. → Rn. 235 ff.). Bei der Korrektur durch Zu- und Abschläge geht es im Kern um die Frage, welche objektiven Parameter das Vergleichsunternehmen zu berücksichtigen hätte, wenn es tatsächlich auf dem untersuchten Markt tätig wäre.[1078] Dazu können etwa im Bereich der Wasserversorgung von Endkunden topographische Besonderheiten gehören.[1079] Solche Differenzierungen haben aber schon in den noch vergleichsweise einfach liegenden Sachverhalten der Gebietsmonopole von Energieversorgungsunternehmen zu kaum lösbaren Schwierigkeiten geführt.[1080] Sie erscheint auch nur in Grenzen sinnvoll, da diese „individuellen Besonderheiten" innerhalb der Missbrauchsbandbreite dann doch zu berücksichtigen sind. Im Valium-Verfahren wurden vom KG als strukturell bedingte Zuschläge angesetzt: ein solcher für Forschungskosten (orientiert am deutschen Spitzensatz von 20,8 %) einschließlich eines Rennerzuschlages (willkürliche Schätzung von 70 % davon) beim Vergleich mit einem keine Forschung treibenden ausländischen Pharmaunternehmen und ein Zuschlag für erhöhte Kosten wegen Vertriebes in Kleinpackungen in Deutschland sowie für Nebenleistungen wie Angaben zur Dosierung des Produkts oder wissenschaftliche Beratung der Ärzte.[1081] Durch Zuschläge zu korrigieren ist ein Vergleichspreisniveau, wenn es durch Verletzungen von Patenten bedingt oder wenn es nicht marktspezifisch ist, sondern nur für sog. Billiganbieter gilt.[1082] Gleiches gilt für Selbstbedienungstankstellen und sog. Freie Tankstellen im Vergleich mit Bedienungstankstellen und mit Markentankstellen.[1083] Als individuelle Besonderheit gilt der Umstand eines altrenommierten Unternehmens mit besonderem Ruf.[1084]

**Die Heranziehung eines Vergleichsmarktes mit verhältnismäßig beschränktem** 223
**Vergleichsmaterial** – zB nur ein Unternehmen – ist nicht grundsätzlich ausgeschlossen.[1085] Dies kann im Extremfall, etwa bei Versorgungsunternehmen, sogar ein Monopolunternehmen sein.[1086] Solche Verfahrensweise ist indessen dann nicht tragfähig, wenn sich daraus kein Aufschluss für den Vergleichsmarkt selbst mehr ergibt. So lag es im „Valium"-Fall bei einem Marktanteil von Centrafarm von 0,7 % in den Niederlanden mit einem einschlägigen Jahresumsatz von ca. 170.000 Gulden.[1087] Der BGH verneinte eine geeignete

[1077] Gegen die Einbeziehung unternehmensindividueller Faktoren auch BGH 28.6.2005 – 17/04, WuW/E DE-R 1513 (1518) – Stadtwerke Mainz.
[1078] S. nur BGH 2.2.2010 – KVR 66/08, WuW/E DE-R 2841 – Wasserpreise Wetzlar; BGH 28.6.2005 – KVR 17/04, WuW/E DE-R 1513 (1518) – Stadtwerke Mainz; dazu Nothdurft in Bunte § 19 Rn. 168.
[1079] BGH 2.2.2010 – KVR 66/08, WuW/E DE-R 2841 – Wasserpreise Wetzlar; s. auch Daiber NJW 2013, 1990 (1991 ff.).
[1080] Vgl. BGH 28.6.2005 – 17/04, WuW/E DE-R 1513 (1518) – Stadtwerke Mainz (Größe – einschließlich Finanzkraft und Ressourcen – und Umsatz des Vergleichsunternehmens als unternehmensindividuelle Eigenschaften, zumindest im konkreten Einzelfall) gegen OLG Düsseldorf 17.3.2004 – Kart 18/03 (V), WuW/E DE-R 1439 (insoweit nicht abgedr.). Krit. dazu Haus/Jansen ZWeR 2006, 77 (82 ff.). Ferner für den Fernwärmemarkt BGH 6.11.1984 – KVR 13/83, WuW/E BGH 2103 – Favorit und BGH 21.10.1986 – KVR 7/85, WuW/E BGH 2309 – Glockenheide; zum sog. Anlegbarkeitsprinzip für die Preisbildung in der Gasversorgung (Koppelung an die Entwicklung des Heizölpreises) siehe Monopolkommission Hauptgutachten VIII Rn. 500 ff.
[1081] Mit 15 % veranschlagt, vgl. KG 24.8.1978 – Kart 3/77, WuW/E OLG 2053 (2065) – Valium.
[1082] BGH 16.12.1976 – KVR 2/76, WuW/E BGH 1445 (1453) – Valium.
[1083] KG 22.12.1982 – Kart 29/82, WuW/E OLG 2935 (2940) – BAT Am Biggenkopf Süd; vgl. auch TB 1981/82, 40.
[1084] Vgl. BGH 16.12.1976 – KVR 2/76, WuW/E BGH 1445 (1453, 1454) und KG 24.8.1978 – Kart 3/77, WuW/E OLG 2053 (2065) – Valium.
[1085] BGH 16.12.1976 – KVR 2/76, WuW/E BGH 1445 (1452) – Valium.
[1086] BGH 21.10.1986 – KVR 7/85, WuW/E BGH 2309 (2311) – Glockenheide; BGH 21.2.1995 – KVR 4/94, WuW/E BGH 2967 (2973) – Strompreis Schwäbisch Hall, dazu Anmerkungen von Bechtold WuW 1996, 14 (17 f.); Möschel WuW 1999, 5 (10 f.); BGH 28.6.2005 – 17/04, WuW/E DE-R 1513 (1517) – Stadtwerke Mainz.
[1087] BGH 12.2.1980 – KVR 3/79, WuW/E BGH 1678 (1683) – Valium II.

Vergleichsbasis auch mit Rücksicht darauf, dass der vom KG als wettbewerbsanalog ermittelte Preis sich zu 50, 36 % aus Zuschlägen zusammensetzte, der dann noch insgesamt
um weitere 25 % als sog. Missbrauchszuschlag erhöht wurde. Angesichts dieses Überge-
wichts könne nicht mehr von einem mutmaßlichen Wettbewerbspreis gesprochen werden.[1088] Korrekturzuschläge zwischen 40 und 50 % werden nicht einheitlich beurteilt.[1089]

224    Neben dem Problem der Vergleichbarkeit von Märkten wird die Leistungsfähigkeit des
räumlichen Vergleichsmarktkonzepts weiter dadurch eingeschränkt, dass in vielen Fällen
bei Produkten, die auf dem relevanten Inlandsmarkt keiner hinreichend wettbewerblichen
Preisbildung unterliegen, auch **auf anderen räumlichen Märkten keine wesentlich
günstigere wettbewerbliche Situation** herrscht. Bei Auslandsmärkten kommt hinzu,
dass sie einer näheren Aufklärung durch deutsche Behörden und Gerichte zT entzogen
sind. Setzt auch nur ein Teil der Anbieter im wettbewerbsintensiveren Vergleichsmarkt
höhere Preise durch als den Durchschnittspreis, so kann das marktbeherrschende Unternehmen nicht an diesem Durchschnittspreis gemessen werden. Vergleichsgrundlage ist
dann allenfalls der höchste, unverzerrte Wettbewerbspreis.[1090] Nicht zuletzt wegen der
Probleme eines Vergleichs ähnlich vermachteter Märkte geht das BKartA neuerdings bei
der Überprüfung von marktbeherrschenden Energieversorgern verstärkt auf einen Vergleich der Erlöshöhen über.[1091] Dieses Vorgehen ist vom BGH ausdrücklich gebilligt
worden.[1092] Tatsächlich können derartige Kriterien ergänzend herangezogen werden, da
anderenfalls in vielen Branchen eine Preiskontrolle faktisch undurchführbar wäre. Darüber
hinaus bietet es sich jedoch nicht an, das Vergleichsmarktkonzept zu Gunsten eines allein
auf Erlös- oder Gewinnhöhen abstellenden Ansatzes vollständig aufzugeben (vgl. näher
→ Rn. 232).

225    **b) Der sachliche Vergleichsmarkt.** Hierbei werden Preise für andere Waren oder
Leistungen zum Vergleich herangezogen.[1093] In der bisherigen Entscheidungspraxis ist
dieses Konzept nur ergänzend angewandt worden. So hatte das BKartA in seinem Valium-
Beschluss die Missbrauchsfeststellung außer auf einen Vergleich mit den Verkaufspreisen
dieses Produkts in Großbritannien und den Niederlanden auch auf einen Vergleich mit
dem Wirkstoffpreis auf einem patentschutzfreien Wettbewerbsmarkt (Italien) gestützt.[1094]
Das KG hatte im „Vitamin-B-12"-Beschluss auch auf die Preise des marktbeherrschenden
Unternehmens beim Vertrieb an inländische Krankenhausapotheken und auf die Preise für
ein anderes Vitaminpräparat rekurriert.[1095] Auch dieses im Kern noch nicht ausgelotete
Konzept erscheint in seiner Leistungsfähigkeit eingeschränkt, da die Notwendigkeit zu
mehr oder minder willkürlicher Anpassung der Vergleichsbasis durch Zu- und Abschläge
auf Grund fehlender Produktidentität noch größer ist.

226    **c) Das zeitliche Vergleichsmarktkonzept.** Das zeitliche Vergleichsmarktkonzept
nimmt Bezug auf das im relevanten Markt früher gezeigte Verhalten des marktbeherr-

[1088] BGH 12.2.1980 – KVR 3/79, WuW/E BGH 1678 (1684) – Valium II; ähnlich restriktiv BGH
21.10.1986 – KVR 7/85, WuW/E BGH 2309 (2311 ff.) – Glockenheide.
[1089] Für Aussagekraft: BKartA 17.4.2004 – B11-38/01, ZNER 2003, 263 ff. – Stadtwerke Mainz; dagegen:
OLG Düsseldorf 17.3.2004 – Kart 18/03 (V), WuW/E DE-R 1439 (1443) – Stadtwerke Mainz.
[1090] KG 22.12.1982 – Kart 29/82, WuW/E OLG 2935 (2940 f.) – BAT Am Biggenkopf Süd; gegen die
These des BKartA in diesem Verfahren [BKartA 6.8.1982 – B8-221000-T-67/82, WuW/E BKartA 1999
(2004)], ein Missbrauch sei gegeben, wenn die Autobahntankstelle mindestens 2 Pfennige/Liter mehr als der
Durchschnitt der Umlandtankstellen verlange, unter wettbewerbstheoretischen Gesichtspunkten auch Fehl/
Schmidtchen WuW 1986, 572 (580 ff.).
[1091] BKartA 1.12.2008 – B10-21/08, WuW/E DE-V 1704 – RheinEnergie; zuvor schon BKartA
17.4.2003 – B11/38-01, ZNER 2003, 263 – Stadtwerke Mainz.
[1092] BGH 28.6.2005 – 17/04, WuW/E DE-R 1513 (1516) – Stadtwerke Mainz.
[1093] Deister in Schulte/Just Rn. 149.
[1094] BKartA 16.10.1974 – B6-432190-T-37/73, WuW/E BKartA 1526 (1535) – Valium-Librium.
[1095] KG 19.3.1975 – Kart 26/74, WuW/E OLG 1599 (1610 ff.) – Vitamin B 12; der BGH hat sich in
seiner aufhebenden Entscheidung damit nicht mehr befasst, da er bereits das Vorliegen von Marktbeherrschung verneinte, BGH 3.7.1976 – KVR 4/75, WuW/E BGH 1435 – Vitamin B 12.

schenden Unternehmens selbst und fragt, ob unter Berücksichtigung der auf die Unternehmen zugekommenen unvermeidbaren Mehrkosten bei wirksamem Wettbewerb auf dem betreffenden Markt eine Preiserhöhung hätte durchgesetzt werden können. Ursprünglich neigte das BKartA dabei einem „**Sockeltheorie**" genannten Ansatz zu.[1096] Der Begriff rührt daher, dass ein Preis zu einem bestimmten Zeitpunkt herausgegriffen und als Vergleichsmaßstab herangezogen wurde, so dass gewissermaßen ein Preissockel als Ausgangspunkt für die Beurteilung festgelegt wurde.[1097] Die Schwächen dieser Konzeption sind groß:[1098] Das frühere Preisverhalten, also der Maßstab, wird nicht unter Wettbewerbsgesichtspunkten überprüft; die Voraussetzung eines Wettbewerbsmarktes ist damit nicht erfüllt. Diese Schwäche lässt sich noch mit der Überlegung auffangen, dass die Sockeltheorie zugunsten der betroffenen Unternehmen unterstellt, dass ihr bisheriges Preisgebaren unter Wettbewerbsaspekten in Ordnung gewesen sei. Der Umfang zugestandener Preiserhöhungen (Mehrerlöse abzüglich unabweisbarer Mehrkosten) hat keinen Bezug dazu, ob er bei wirksamem Wettbewerb durchsetzbar gewesen wäre. Die vorgebliche Begrenzung von Kostenänderungen auf die zeitliche Vergleichsspanne bleibt illusorisch. Namentlich Investitionsentscheidungen aus der Vergangenheit mit ihren Fixkostenwirkungen kommen über die durch die Preisgestaltung beeinflusste Kapazitätsauslastung und den damit verbundenen Kostenstreuungseffekt unausweichlich in die Analyse wieder herein. Damit ist man wieder bei einer Überprüfung eines Gesamtverhaltens angelangt. Die Sockeltheorie führt schließlich ähnlich wie das Konzept der Gewinnbegrenzung zu einem Festschreibeeffekt im Hinblick auf vorgefundene Erlös- und Kostenverhältnisse.[1099] Mit einem Als-ob-Wettbewerbsmarkt hat dies wenig zu tun.[1100]

Es entspricht heute herrschender Meinung, dass der zeitliche Vergleichsmarkt nur dann **227** berücksichtigt werden kann, wenn feststeht, dass sich die fraglichen Preise und Vertragsbedingungen auf einem Wettbewerbsmarkt herausgebildet haben.[1101] In einer neueren Entscheidung hat das OLG Frankfurt a. M. das zeitliche Vergleichsmarktkonzept in einem Fall angewandt, in dem ein Pharmaunternehmen Schadensersatz von einem anderen Hersteller verlangte, der als einziger Lohnhersteller für den Kläger tätig war und für die Lohnfertigung eines Arzneimittels ab einem bestimmten Zeitpunkt erheblich höhere Preise verlangte.[1102] Das OLG Frankfurt a. M. leitete den Missbrauch lediglich aus dem Vergleich mit den Preisen des beklagten Lohnherstellers selbst in der Zeit vor der beanstandeten Preiserhöhung (um ca. 400 % im Jahre 2005) ab. Darin sah es ein Indiz, dass die geforderten Preise „nicht wettbewerbsanaloge Preise" seien.[1103] Dass es sich bei dem vertraglichen Ausgangspreis um einen marktgerecht ausgehandelten Preis gehandelt habe, leitete das Gericht aus dem Umstand ab, dass die Preise vorher über einen längeren Zeitraum von etwa 10 Jahren nur moderat gestiegen waren.[1104]

**3. Kostenkontrolle und Begrenzung der Gewinnhöhe.** Eine generelle Ersetzung **228** der Vergleichsmarktmethode durch ein Konzept der Kostenkontrolle oder Gewinnbegren-

---

[1096] Siehe TB 1989/90, 57 f.

[1097] Nothdurft in Bunte Rn. 160.

[1098] Vgl. dazu Monopolkommission Sondergutachten 1 Rn. 38, 43 ff.; Möschel JZ 1975, 393 (395 ff.); Möschel NJW 1975, 753 (756); Börner S. 6, 63 ff.; Salje S. 99 ff.; Benisch WuW 1974, 801 (811 ff.).

[1099] Übereinstimmend Schultz in Langen/Bunte, 10. Aufl. 2006, Rn. 99; weniger kritisch Nothdurft in Bunte Rn. 160.

[1100] Zustimmend indes Albach S. 9 ff.; Reich NJW 1974, 1353 (1357); Reich ZRP 1975, 159 (163); Gotthold WRP 1975, 499 (502); Markert BB 1974, 580 (583); I. Schmidt S. 147 f.

[1101] Bechtold/Bosch Rn. 58.

[1102] OLG Frankfurt a. M. 21.12.2010 – 11 U 37/09 (Kart), WuW/E DE-R 3163 – Arzneimittelpreise; kritisch zu der Entscheidung Wiemer WuW 2011, 723 ff.; Kuhn/Rolova GRUR-Prax 2011, 283.

[1103] OLG Frankfurt a. M. 21.12.2010 – 11 U 37/09 (Kart), WuW/E DE-R 3163 (3167) – Arzneimittelpreise.

[1104] OLG Frankfurt a. M. 21.12.2010 – 11 U 37/09 (Kart), WuW/E DE-R 3163 (3167) – Arzneimittelpreise.

zung empfiehlt sich nicht.[1105] Dies schließt aber einen zurückhaltenden **subsidiären oder ergänzenden Rückgriff** auf die Höhe der erwirtschafteten Gewinne als Indikator für mögliche Missbrauchslagen nicht aus. Denn das Vergleichsmarktkonzept stößt insbesondere dann an seine Grenzen, wenn die für einen Vergleich in Betracht kommenden Märkte ihrerseits monopolistisch geprägt sind wie etwa in der Fernwärme- oder Wasserversorgung.[1106]

229     In der Rechtsprechung ist schon lange anerkannt, dass Gewinnhöhen innerhalb eines Vergleichsmarktkonzepts im Einzelfall **als Indizien** ergänzend für die Feststellung eines Missbrauchs herangezogen werden können.[1107] Das BKartA hatte in seinem „Valium"-Beschluss, um Zweifel bei der Bestimmung der Missbrauchsgrenze nach einem Vergleichskonzept zu beseitigen, auch einen Vergleich der Höhe des inländischen Gewinns des marktbeherrschenden Unternehmens mit den Gewinnen anderer inländischer Arzneimittelhersteller durchgeführt.[1108] Das KG hielt dies angesichts vorhandener Vergleichsmaßstäbe weder für angebracht noch für erforderlich, bezeichnete eine Gewinnkontrolle allerdings dann als denkbar, wenn keine andere Möglichkeit zur Feststellung eines Missbrauchs bestehe.[1109] So billigte es in einem Auskunftsverfahren ein Konzept des BKartAs, das bei einem Arzneimittel primär auf eine große Differenz von Herstellungskosten und Erlös abstellte.[1110] Der BGH ließ im 2. „Valium"-Beschluss bei der Frage, ob der angegriffene Beschluss auf einer anderen Grundlage aufrechterhalten werden könne, ausdrücklich dahingestellt, ob ein Konzept der Gewinnbegrenzung überhaupt geeignet sei, die missbräuchliche Ausnutzung einer marktbeherrschenden Stellung durch eine bestimmte Preisgestaltung festzustellen.[1111] Im 1. „Valium"-Beschluss hatte er zur anderen Frage, ob unverhältnismäßig hohe Gewinne ein Indiz für einen Ausbeutungsmissbrauch sein könnten, gemeint, dass diese Frage sich nicht allgemeingültig beantworten lasse, insbesondere dann nicht, wenn es um die Verwertung eines unter Patentschutz stehenden Erzeugnisses gehe.[1112]

230     War die Berücksichtigung kostenbasierter Ansätze in der Vergangenheit vielfach noch erheblichen Vorbehalten ausgesetzt,[1113] weisen neuere Urteile jedenfalls bei Fehlen von Vergleichsmärkten mit hinreichend wirksamem Wettbewerb eine größere Aufgeschlossenheit für eine Kostenkontrolle als alternativer Methode zur Bestimmung missbräuchlich überhöhter Preise auf.[1114] Dabei ist grundsätzlich auf eine **Überprüfung der Preisbildungsfaktoren** abzustellen.[1115] Allerdings müssen im Rahmen einer Kostenkontrolle nicht unbedingt sämtliche Preisbildungsfaktoren untersucht werden. Für den Nachweis eines Preishöhenmissbrauchs können nach der neueren Rechtsprechung des BGH auch „einzel-

---

[1105] Kritisch auch Götting in LMR, 2. Aufl. 2009, Rn. 80; ähnlich Daiber NJW 2013, 1990 (1994).

[1106] BGH 9.7.2019 – KZR 110/18, NZKart 2019, 490 Rn. 17 – Fernwärmerabatt = WuW 2019, 583 – Fernwärmepreise; BGH 15.5.2012 – KVR 51/11, WuW/E DE-R 3632 Rn. 14 – Wasserpreise Calw I; ebenso für den monopolistisch geprägten Markt für die Zurverfügungstellung von Anlagen zur Verlegung von Breitbandkabeln BGH 14.12.2021 – KZR 23/18, WuW 2022, 161 Rn. 10–12, 21 – Kabelkanalanlagen II.

[1107] So auch OLG Düsseldorf 17.3.2004 – Kart 18/03 (V), WuW/E DE-R 1439 – Stadtwerke Mainz; weitergehend aber BGH 28.6.2005 – 17/04, WuW/E DE-R 1513 (1516 f.) – Stadtwerke Mainz; ähnlich BGH 15.5.2012 – KVR 51/11, WuW/E DE-R 3632 (3635) = NZKart 2003, 34 Rn. 15 – Wasserpreise Calw.

[1108] BKartA 16.10.1974 – B6-432190-T-37/73, WuW/E BKartA 1526 (1536).

[1109] KG 5.1.1976 – 41/74, WuW/E OLG 1645 (1653) – Valium Librium.

[1110] KG 23.12.1982 – Kart 28/82, WuW/E OLG 2892 (2895) – Euglucon; dazu auch TB 1981/82, 58; TB 1983/84, 84 und Paetow WRP 1985, 257 (260 f.).

[1111] BGH 12.2.1980 – KVR 3/79, WuW/E BGH 1678 (1684) – Valium II.

[1112] BGH 16.12.1976 – KVR 2/76, WuW/E BGH 1445 (1452); vgl. auch EuGH 29.2.1968 – 24/67, Slg. 1968, 85 (113) = WuW/E EWG/MUV 193 (195) – Parke, Davis.

[1113] Vgl. etwa Daiber NJW 2013, 1990 (1994).

[1114] Vgl. zuletzt BGH 14.12.2021 – KZR 23/18, WuW 2022, 161 Rn. 21 – Kabelkanalanlagen II.

[1115] BGH 15.5.2012 – KVR 51/11, WuW/E DE-R 3632 Rn. 15 = NZKart 2003, 34 (35) – Wasserpreise Calw; OLG Stuttgart 25.8.2011 – 201 Kart 2/11, WuW/E DE-R 3389 (3399) – Tarifwasser-Kunden. Ausführlich zum Kostenanalyseverfahren insbes. Nothdurft in Bunte Rn. 182 ff.; Wolf in MüKoWettbR Rn. 108 ff.; ferner Kleinlein/Schubert NJW 2014, 3191 ff.

ne Preisbildungsfaktoren Bedeutung gewinnen"; dabei soll „insbesondere der Ansatz einer Mehrheit von Preisbildungsfaktoren, von denen anzunehmen ist, dass auf ihrer Grundlage kalkulierte Preise bei wirksamem Wettbewerb auf dem Markt nicht durchgesetzt werden können, ein Indiz für einen missbräuchlich überhöhten Preis" sein können.[1116]

Des Weiteren können nach der Rechtsprechung auch von der Bundesnetzagentur auf der **231** Grundlage des TKG nach Maßgabe der **Kosten der effizienten Leistungsbereitstellung** festgesetzte Entgelte für eine vergleichbare Leistung herangezogen werden.[1117]

Auch ein **Konzept der Gewinnbegrenzung** ist letztlich kein Allheilmittel.[1118] Es kann **232** in der Spielart einer **Gewinnspannenbegrenzung** auftreten, wie es der EuGH in seiner „Chiquita"-Entscheidung[1119] sowie das BKartA im Fall „TEAG"[1120] angewandt hat und wie es im Schrifttum teilweise entwickelt worden ist.[1121] Ein solches Konzept basiert auf einer Feststellung „angemessener" Kosten, „angemessener" Verzinsung eines eingesetzten Kapitals oder eines „angemessenen" Risikozuschlags. Ein solches, letztlich in der scholastischen Tradition vom iustum pretium wurzelndes Konzept umfasst notwendig ein Unternehmensverhalten in seiner Gesamtheit, ließe sich ohne Leitsätze zur Kosten- und Gewinnermittlung gar nicht handhaben und hat in seiner statischen Vorstellung mit einer Wettbewerbsordnung nichts zu tun.[1122] § 19 deckt keinen wettbewerblichen Ausnahmebereich auf Dauer nach Art etwa der amerikanischen public utility-regulation ab, sondern bleibt eingebettet in eine Wettbewerbsordnung. Insgesamt ist dieses Konzept noch weniger praktikabel als ein Notbehelf von der Art der überwiegend verwandten Vergleichsmarktkonzepte.

In die Richtung einer Gewinnspannenbegrenzung geht auch das Abstellen auf einen **233** **Erlösvergleich** zur Festlegung einer – auf den wesentlichen Kostenfaktor bezogenen – Erlösobergrenze.[1123] Außerdem wird etwa in Erwägung gezogen, welchen Erlös ein marktbeherrschendes Unternehmen erzielen müsste, um die bei Ausschöpfung von Rationalisierungsreserven zu erwartenden Kosten zu decken, um eine möglichst hohe Rendite zu erwirtschaften, dabei gleichzeitig aber auch zu verhindern, dass Kunden wegen zu hoher Preise zu einem Wettbewerber abwandern.[1124]

Eine weitere Spielart ist der Versuch, **den Ertrag, den das marktbeherrschende 234 Unternehmen mit dem investierten Kapital erzielt,** mit dem Ertrag der Industrie im

---

[1116] BGH 9.7.2019 – KZR 110/18, NZKart 2019, 490 Rn. 20 – Fernwärmerabatt = WuW 2019, 583 – Fernwärmepreise; BGH 15.5.2012 – KVR 51/11, WuW/E DE-R 3632 Rn. 15 – Wasserpreise Calw I; BGH 14.7.2015 – KVR 77/13, BGHZ 206,229 Rn. 22 – Wasserpreise Calw II.

[1117] BGH 24.1.2017 – KZR 2/15, NZKart 2017, 198 – Kabelkanalanlagen; aA aber OLG Düsseldorf 31.10.2018 – 2 U 2/17 (Kart.), WuW 2019, 213 Rn. 104 (für eine von der BNetzA nach § 23a EnWG festgesetzte Preisobergrenze).

[1118] Bedenken auch bei Kuhn WuW 2006, 578 (588 ff.).

[1119] EuGH 14.2.1978 – 27/76, Slg. 1978, 207 (305) = WuW/E EWG/MUV 425 (438).

[1120] BKartA 14.2.2003 – B11-45/01, WuW/E DE-V 722 (725 ff.) – TEAG. Dagegen OLG Düsseldorf 11.2.2004 – Kart 4/03, WuW/E DE-R 1239 (1243 f.) – TEAG.

[1121] Vgl. Knöpfle BB 1974, 862 ff.; Knöpfle BB 1975, 1607 mwN in Fn. 10; Knöpfle BB 1979, 1101 ff.; Knöpfle Anm. zu BGH 6.11.1984 – KVR 13/83, WuW/E BGH 2103 (2108) – Favorit; zur Kritik siehe Möschel, Rechtsordnung zwischen Plan und Markt, S. 36; Möschel JZ 1975, 393 (395); Monopolkommission Hauptgutachten II Rn. 383 ff.; Hoppmann WuW 1974, 763 ff.; Schellhaaß ZgS 138, 36 (55 ff.); vgl. auch Munzinger S. 90 ff.; Gabriel S. 13 ff.; Salje S. 91 ff.

[1122] Ähnliche Überlegungen finden sich bei Höft, Die Kontrolle des Ausbeutungsmissbrauchs im Recht der Wettbewerbsbeschränkungen, S. 265.

[1123] Haus/Jansen ZWeR 2006, 77 (88); näher hierzu Höft, Die Kontrolle des Ausbeutungsmissbrauchs in Recht der Wettbewerbsbeschränkungen, S. 274 ff. mwN. Erhebliche Kritik am Erlösvergleich üben Schebstadt WuW 2005, 1009; Büdenbender ZWeR 2006, 233 (239 ff.). Im Bereich der leitungsgebundenen Energie (Stromdurchleitung) hat der BGH einen Vergleich der Erlöse für die Netznutzung pro km Stromleitung gebilligt; wegen der Komplexität des Preissystems sei der Erlösvergleich in der Regel sachgerechter als ein Vergleich einzelner Tarife, BGH 28.6.2005 – 17/04, WuW/E DE-R 1513 (1516 f.) – Stadtwerke Mainz; siehe auch Wagemann FS Bechtold, 2006, 593 (600 ff.); aA die Vorinstanz OLG Düsseldorf 17.3.2004 – Kart 18/03 (V), WuW/E DE-R 1439 – Stadtwerke Mainz.

[1124] So die Formulierung BGH 28.6.2005 – 17/04, WuW/E DE-R 1513 (1516 f.) – Stadtwerke Mainz; BGH 15.5.2012 – KVR 51/11, NZKart 2013, 34 Rn. 15 – Wasserpreise Calw.

Allgemeinen zu vergleichen.[1125] Angesichts der Schwierigkeiten, Erträge nicht nur bestimmten Investitionen, sondern im Rahmen des § 19 auch Einzelprodukten zuzurechnen, da sonst der Marktbezug der Norm beseitigt wäre, führt auch dieser Denkansatz nicht wirklich weiter.[1126] Dagegen kann **Gewinnhöhen** innerhalb eines Als-ob-Konzepts und in Ergänzung eines Vergleichsmarktkonzepts im Einzelfall eine zusätzliche indizielle Bedeutung zukommen.

**235**    **4. Die Notwendigkeit einer erheblichen Überschreitung.** Der BGH hat in seinem ersten „Valium"-Beschluss bestätigt, dass die Überschreitung des wettbewerbsanalogen Preises für sich allein noch nicht den Vorwurf der missbräuchlichen Ausnutzung der marktbeherrschenden Stellung begründet. Es bedürfe einer **erheblichen Überschreitung,** um daraus mit hinreichender Sicherheit entnehmen zu können, dass der verlangte Preis ungerechtfertigt und nur auf Grund der marktbeherrschenden Stellung durchsetzbar sei.[1127] Im Schrifttum ist dies zT dahin verstanden worden, dass angesichts der Unsicherheiten in der Ermittlung der Vergleichsbasis neben einzelnen Berechnungszuschlägen insgesamt noch ein weiterer **Sicherheitszuschlag** hinzukomme.[1128] Dieses Verständnis ist auch insoweit richtig, als nach Auffassung des BGH die den betroffenen Unternehmen zuzubilligende Bandbreite zwischen dem wettbewerbsanalogen Preis und der Missbrauchsgrenze sich auch nach Art und Umfang des zur Verfügung stehenden Vergleichsmaterials mit seinem sich daraus ergebenden Wert für die Beweisführung richtet.[1129] Das KG hatte denn auch in seinem zweiten „Valium"-Beschluss einen solchen **Missbrauchszuschlag** auf 25 % veranschlagt, wobei es Gesichtspunkte, die bereits die Feststellung des wettbewerbsanalogen Preises betrafen, mitberücksichtigte.[1130] Auch in neueren Entscheidungen findet sich das Kriterium der erheblichen Überschreitung wieder.[1131]

**236**    Aus dogmatischer Sicht lässt sich das von der Rechtsprechung entwickelte Konzept des Missbrauchszuschlags ergänzend auch aus dem Tatbestandsmerkmal des „Missbrauchs" ableiten, da dieser „wie bei jedem Rechtsmissbrauch eine erhebliche Abweichung von der Norm voraussetzt".[1132] Die Gesetzesfassung von 1980, wonach ein Missbrauch schon dann vorliegt, wenn das geforderte Entgelt von demjenigen abweicht, das sich bei wirksamem Wettbewerb mit hoher Wahrscheinlichkeit ergeben würde, würde es an sich ermöglichen, von einem „Missbrauchszuschlag" abzusehen.[1133] Denn Referenzsystem ist danach nur ein tatsächliches Preisniveau. Es läge auch in der Logik eines Als-ob-Konzeptes, innerhalb dessen – per definitionem – für eine zusätzliche Bandbreite kein Raum ist. Doch die Materialien zur 4. Novelle stehen solchem Verständnis entgegen: Der rechtspolitische Ausschuss wollte die Neufassung dahin verstanden wissen, dass gemäß der bisherigen Rechtsprechung nur solche **Abweichungen** von den Entgelten auf Vergleichsmärkten als

---

[1125] So eine gelegentliche Praxis in der andersgearteten Missbrauchsaufsicht in Großbritannien, dazu Möschel Der Oligopolmißbrauch S. 75 ff.; John S. 169 ff.; Albach WuW 1978, 537 (546 ff.); krit. auch Monopolkommission Sondergutachten 1 Rn. 39 ff. und Hauptgutachten II Rn. 386; in der Tendenz befürwortend dagegen Schwark BB 1980, 1350 (1355).

[1126] Offengelassen in BGH 12.2.1980 – KVR 3/79, WuW/E BGH 1678 (1684) – Valium II.

[1127] BGH 16.12.1976 – KVR 2/76, WuW/E BGH 1445 (1454); bestätigend BGH 22.7.1999 –. KVR 12/98), WuW/E DE-R 375 (379) – Flugpreisspaltung (Verfahren mittlerweile für erledigt erklärt, TB 2001/02, 30). Vgl. auch OLG Düsseldorf 11.2.2004 – VI-Kart 4/03 (V), WuW/E DE-R 1239 (1244 ff.) – TEAG.

[1128] Möschel BB 1976, 49 (51); Ulmer BB 1977, 357 (359); anders aber Benisch GRUR 1977, 275 (276).

[1129] BGH 16.12.1976 – KVR 2/76, WuW/E BGH 1445 (1454); siehe auch BGH 12.2.1980 – KVR 3/79, WuW/E BGH 1678 (1682) – Valium II.

[1130] KG 24.8.1978 – Kart 3/77, WuW/E OLG 2053 (2065, 2066).

[1131] BGH 28.6.2005 – 17/04, WuW/E DE-R 1513 (1516) – Stadtwerke Mainz; ablehnend aber Nothdurft in Bunte Rn. 172.

[1132] R. Fischer ZGR 1978, 235 (248); bestätigend BGH 28.6.2005 – 17/04, WuW/E DE-R 1513 (1519) – Stadtwerke Mainz; siehe bereits BGH 22.7.1999 – KVR 12/98, WuW/E DE-R 375 (379) – Flugpreisspaltung.

[1133] Dazu auch Friedrich BB 1980, 1353 (1355); Markert Anm. zu BGH 9.11.1982 – KVR 9/81, WuW/E BGH 1965 (1970) – gemeinsamer Anzeigenteil.

missbräuchlich anzusehen sind, die **spürbar und erheblich** sind.[1134] Der wirtschaftspolitische Ausschuss hat dies bestätigt und solche Präzisierung nur deshalb nicht in den Gesetzestext aufgenommen, um einer Überdehnung der ohnehin erforderlichen Sicherheitszuschläge keinen Vorschub zu leisten.[1135] Die Literatur rechtfertigt diesen Zuschlag unter anderem
auch damit, dass nur bei einem deutlichen Abweichen ein entsprechendes Unwerturteil
begründet werden kann.[1136]

BKartA und Rechtsprechung legen dabei **keine starre Quote als Erheblichkeitsgren-**  237
**ze** zu Grunde. Der BGH hat in der Entscheidung „Stadtwerke Mainz" im Jahr 2005 eine
Orientierung am Grad der Marktbeherrschung gefordert.[1137] 2008 haben diese Überlegungen Einzug in die Entscheidungspraxis des Amts erlangt. In „RheinEnergie" hat das
BKartA auf den Prozentsatz der Kunden abgestellt, die im Einzugsgebiet eines Gasversor-
gers den Lieferanten gewechselt hatten, um damit die Stärke des Marktbeherrschers und so
auch den Erheblichkeitszuschlag zu bestimmen.[1138]

## IV. Kausalzusammenhang zwischen Marktbeherrschung und Missbrauch in Ausbeutungsfällen

Die nach der Generalklausel des § 19 Abs. 1 aF verbotene **„missbräuchliche Ausnut-**  238
**zung"** einer marktbeherrschenden Stellung setzte nach einhelliger Ansicht einen kausalen
Zusammenhang zwischen der Marktbeherrschung und dem wettbewerbswidrigen Verhalten
voraus. Dafür genügte aber, dass sich das inkriminierte Verhalten des Normadressaten im
Ergebnis als wettbewerbsschädlich erweist, sofern die negativen Auswirkungen überhaupt
oder in ihrem Ausmaß gerade auf der Marktbeherrschung des Normadressaten beruhen. Von
einer solchen **Ergebniskausalität** bzw. **normativen Kausalität**[1139] zu unterscheiden ist
eine Verhaltenskausalität in dem Sinne, dass die dominierende Marktmacht Voraussetzung
oder wesentliche Bedingung (conditio sine qua non) für die Praktizierung der fraglichen
Verhaltensweise ist, dh gerade oder nur einem marktbeherrschenden Unternehmen möglich
ist (vgl. bereits → Rn. 72 ff.). Während im Bereich des Behinderungs- und Diskriminie-
rungsmissbrauchs generell eine normative oder Ergebniskausalität für ausreichend gehalten
wird, vertrat jedenfalls bis zur 10. GWB-Novelle eine beachtliche Meinungsströmung in der
Literatur, dass für den Ausbeutungstatbestand des Abs. 2 Nr. 2 eine **strikte Kausalität** iSd
**Verhaltenskausalität** erforderlich sei.[1140] Auch das OLG Düsseldorf verlangte für die Fälle
des Ausbeutungsmissbrauchs „im gesamten Anwendungsbereich des § 19 GWB" eine solche
Verhaltenskausalität.[1141] Durch die Streichung des Merkmals des „Ausnutzens" im Tatbestand der Generalklausel des § 19 Abs. 1 hat der Gesetzgeber der 10. GWB-Novelle
„klarstellen" wollen, dass in allen Fällen des Marktmachtmissbrauchs nur eine „normative"
oder Ergebniskausalität erforderlich sei (→ Rn. 72 ff.). Im Anwendungsbereich des Abs. 2
Nr. 2 ergeben sich daraus jedoch materiell letztlich keine Konsequenzen, da der Prüfungsmaßstab des zu ermittelnden wettbewerbsanalogen Preises eine starke Form der Ergebniskausalität beinhaltet, die mit der Verhaltenskausalität übereinstimmt (→ Rn. 72e).

Soweit es um die Feststellung eines (quantitativen) **Preishöhenmissbrauchs** geht, ergibt  239
sich nämlich diese Art der Kausalität gewissermaßen von selbst, da es – vorbehaltlich einer
sachlichen Rechtfertigung im Einzelfall – für die Missbräuchlichkeit des Preises nur auf die
erhebliche Abweichung zwischen dem vom Normadressaten tatsächlich verlangten Preis

---

[1134] Bericht 1980 S. 35.
[1135] Bericht 1980 S. 25; übereinstimmend BGH 9.11.1982 – KVR 9/81, WuW/E BGH 1965 (1966) –
gemeinsamer Anzeigenteil.
[1136] Bechtold/Bosch Rn. 61; Götting in LMR, 2. Aufl. 2009, Rn. 77.
[1137] BGH 28.6.2005 – KVR 17/04, WuW/E-R 1513 (1519) – Stadtwerke Mainz.
[1138] BKartA 1.12.2008 – B10-21/08, WuW/E DE-V 1704 – Rheinenergie.
[1139] Bechtold/Bosch Rn. 5; Loewenheim in LMRKM Rn. 14; Nothdurft in Bunte Rn. 230, 551 ff.
[1140] Vgl. insbes. Körber NZKart 2019, 187 (192 f.); Körber NZKart 2016, 348 (351 f., 355); Franck ZWeR
2016, 137 (151 f.); Wiedmann/Jäger K&R 2016, 217 (219).
[1141] OLG Düsseldorf 26.8.2019 – VI-Kart 1/19 (V), NZKart 2019, 495 (499) – Facebook I.

und dem hypothetischen Wettbewerbspreis ankommt.[1142] Da der Wettbewerb wegen der marktbeherrschenden Stellung des Normadressaten in seiner Funktionsfähigkeit eingeschränkt ist, die sich zudem gerade in der Fähigkeit zeigt, suprakompetitive Preise verlangen zu können, kommt dem **Vorliegen von Verhaltenskausalität** in dieser Fallkonstellation letztlich **keine** den Tatbestand **eingrenzende Funktion** zu. Aus dem Umstand, dass beim (quantitativen) Preisehöhenmissbrauch typischerweise eine Kausalbeziehung zwischen der Existenz der marktbeherrschenden Stellung und dem missbräuchlichen Verhalten der exzessiven Preisforderung vorliegt[1143], lässt sich dagegen nicht ableiten, dass dies auch eine notwendige Bedingung für die Feststellung eines entsprechenden Ausbeutungsmissbrauchs ist. Erst recht kann aus diesem akzidentiellen Umstand nicht gefolgert werden, dass bei anderen Formen der Ausbeutung wie dem qualitativen Konditionenmissbrauch eine strikte Kausalität vorliegen müsse (vgl. auch → Rn. 215a), was der Gesetzgeber im Zuge der 10. GWB-Novelle durch die Streichung des Merkmals „ausnutzen" in Abs. 1 klargestellt hat.

## V. Sachliche Rechtfertigung für prima facie unangemessene Preise und Konditionen

240    Anders als § 19 Abs. 2 Nr. 3 sieht der Wortlaut des Abs. 2 Nr. 2 kein Kriterium der sachlichen Rechtfertigung vor. Der BGH hatte aber in seinem ersten „Valium"-Beschluss, was wenig beachtet wurde, eine zusätzliche Einschränkung formuliert: Selbst eine erhebliche Überschreitung eines wettbewerbsanalogen Preises stelle dann keine missbräuchliche Ausnutzung einer marktbeherrschenden Stellung dar, **wenn eine wirtschaftliche Rechtfertigung für diese Preisgestaltung vorhanden ist.**[1144] Hiermit war in der Erscheinungsform des sog. Ausbeutungsmissbrauchs ein rechtssystematischer Bezug zu den Behinderungs- und Diskriminierungstatbeständen des § 20 Abs. 1 aF (seit der 8. GWB-Novelle nun systematisch überzeugend in § 19 Abs. 2 Nr. 1 verortet) als Unterfällen des § 19 hergestellt und damit die Dimension einer **Interessenabwägung** geöffnet. Angesichts der erwähnten Entstehungsgeschichte ist trotz des abweichenden Wortlauts des Abs. 2 Nr. 2 davon auszugehen, dass auch insoweit keine Änderung der bisherigen Rechtsanwendungspraxis eintreten sollte. Der Zusammenhang des Tatbestandes der Nr. 2 mit dem der Nr. 3, bei welchem sich Behinderungs- wie Ausbeutungselemente überschneiden können,[1145] und der ein Tatbestandsmerkmal der sachlichen Rechtfertigung ausdrücklich enthält, belegt dies zusätzlich. Dem hat sich auch die Rechtsprechung angeschlossen.[1146]

240a   Als taugliche Grundlage für eine sachliche Rechtfertigung dürften vor allem solche Gründe in Betracht kommen, die Preisdifferenzierungen oder gespaltene Preise iSv § 19 Abs. 2 Nr. 3 (vgl. → Rn. 247 ff.) rechtfertigen können. Weiter können insoweit **unternehmensindividuelle Eigenschaften** des Marktbeherrschers, insbesondere seine Kostenlage[1147] oder auch unternehmenspolitische Zielsetzungen wie kürzer- oder längerfristige

---

[1142] Ähnlich Nothdurft in Bunte Rn. 194, der insoweit von einer „gesetzliche(n) Vermutung der Kausalität" spricht, die „nur im Wege der sachlichen Rechtfertigung des Preisunterschieds" ausgeräumt werden könne. Im Ergebnis ebenso Mohr WuW 2020, 506 (511) (bei Feststellung eines antikompetitiv überhöhten Preises im Wege der Vergleichsmarktmethode oder Kostenkontrolle, „steht damit zugleich die (Verhaltens-) Kausalität fest").

[1143] Bei genauer Betrachtung ist selbst hier keine strikte Kausalität in dem Sinne gegeben, dass nur ein Marktbeherrscher exzessive Preise verlangen könnte. Zumindest theoretisch kann dies jedes Unternehmen, es wird mangels Marktmacht nur in der Praxis keinen Erfolg damit haben. Der Tatbestand des § 19 Abs. 2 Nr. 2 stellt nach seinem Wortlaut aber auch gar nicht auf die Fähigkeit zur Durchsetzung überhöhter Preise im Markt ab, sondern lediglich auf das Fordern suprakompetitiver Preise.

[1144] BGH 16.12.1976 – KVR 2/76, WuW/E BGH 1445 (1454) – Valium.

[1145] Bericht 1980 S. 25.

[1146] BGH 9.11.1982 – KVR 9/81, WuW/E BGH 1965 (1966) – gemeinsamer Anzeigenteil.

[1147] Hierzu KG 12.3.1982 – Kart 4/82, WuW/E OLG 2617 – regional unterschiedliche Tankstellenpreise; ebenfalls KG 26.11.1997 – Kart 9/97, WuW/E DE-R 124 – Flugpreis Berlin-Frankfurt/M. und insoweit zust. BGH 22.7.1999 – KVR 12/98, WuW/E DE-R 375 – Flugpreisspaltung; abgelehnt KG 15.1.1997 – Kart 25/95, WuW/E OLG 5926 (5931 f.) – SpreeGas für den Bereich der leitungsgebundenen Energiever-

Ausschöpfung eines Patentvorsprunges, Berücksichtigung finden, welche zwar bei der Ermittlung eines mutmaßlichen Wettbewerbspreises außer Acht zu lassen sind (vgl. → Rn. 222 ff.), aber für die Zubilligung einer Missbrauchsbandbreite erheblich sein können.[1148] Gleichwohl ist die Bedeutung dieses normativen Abwägungselements im Zusammenhang von Ausbeutungsmissbräuchen insgesamt niedriger zu veranschlagen als im Rahmen der Feststellung von Behinderungsmissbräuchen.

Wird auf **zweiseitigen Märkten**, etwa Werbe- oder Vermittlungsplattformen, sozialen **240b** Netzwerken oder Infrastruktureinrichtungen wie Flughäfen, von einer Seite ein (bei isolierter Betrachtung nach allgemeinen Grundsätzen) missbräuchlich überhöhtes Entgelt gefordert, kann dies nicht allein damit gerechtfertigt werden, dass die andere Seite eine kostenlose Leistung erhalte.[1149] Hinzukommen muss vielmehr, dass ohne das überhöhte Entgelt der einen Marktseite die Gratisleistung an die andere Marktseite aus wirtschaftlichen Gründen nicht angeboten werden könnte und insgesamt ein überwiegendes Interesse an der Erbringung dieser Leistung besteht, von der auch die entgeltpflichtige Seite profitiert.

Keine per se durchgreifende sachliche Rechtfertigung stellt der Umstand dar, dass der **240c** verlangte überhöhte Preis in einem wirksam zustande gekommenen (langfristigen) Vertrag vereinbart worden ist, den der (jetzige) Normadressat noch unter Wettbewerbsbedingungen abgeschlossen hat. Der bloße Verweis auf den **Grundsatz pacta sunt servanda** vermag das Festhalten an einem nunmehr überhöhten Preis nicht ohne weiteres kartellrechtlich zu immunisieren.[1150] Erforderlich ist vielmehr, dass der Normadressat ein schützenswertes Vertrauen auf den Fortbestand des Vertrages hat. Fehlt es daran, etwa wegen einer Kündigungsmöglichkeit des Vertragspartners, kann die Verweigerung einer Anpassung des Preises auf ein wettbewerbskonformes Niveau nicht ohne weiteres mit dem Hinweis darauf gerechtfertigt werden, dass der Vertrag seinerzeit wirksam abgeschlossen worden ist. Jedenfalls wenn die andere Vertragspartei einen Anspruch auf Abschluss eines entsprechenden Vertrages zu (nach der jetzigen Marktlage) angemessenen Konditionen hat, also bei Bestehen eines Kontrahierungszwangs, ist es grundsätzlich auch nicht erforderlich, dass von einem bestehenden Kündigungsrecht tatsächlich Gebrauch gemacht wird.[1151] Denn dies würde angesichts der Schwierigkeiten, den Anspruch auf Abschluss eines neuen Vertrages zu angemessenen, wettbewerbskonformen Bedingungen durchzusetzen, das Risiko einer zeitweisen Vertragslosigkeit mit sich bringen, das dem Vertragspartner in der Regel nicht zuzumuten ist.[1152] Jedenfalls wenn dieser auf den ununterbrochenen Weiterbezug der Leistung des Normadressaten angewiesen ist, kann die Verweigerung der Preisanpassung nicht im Hinblick auf das Fortbestehen des ungekündigten, einst wirksam geschlossenen langfristigen Vertrags gerechtfertigt werden.[1153]

---

sorgung, weil die Eigengesetzlichkeit der noch vom Prinzip der geschlossenen Versorgungsgebiete geprägten Energieversorgungswirtschaft entgegenstehe.

[1148] So BGH 16.12.1976 – KVR 2/76, WuW/E BGH 1445, 1452 ff., insbes. 1454 vor VI – Valium.

[1149] Notdurft in Bunte Rn. 149.

[1150] In diese Richtung aber OLG Düsseldorf 14.3.2018 – VI-U (Kart) 7/16, NZKart 2018, 235 = BeckRS 2018, 20939 Rn. 133 ff. – Mitbenutzung von Kabelkanalanlagen; OLG Frankfurt a. M. 20.12.2018 – 11 U 95/13, NZKart 2019, 228 = BeckRS 2018, 38021 – Kabelanlagen (Kabel Deutschland) gegen BGH 24.1.2017 – KZR 2/15, NZKart 2017, 198 = WuW 2017, 286 – Kabelanlagen (Kabel Deutschland); Volltext: BeckRS 2017, 103745.

[1151] BGH 24.1.2017 – KZR 2/15, NZKart 2017, 198 Rn. 41 – Kabelanlagen (Kabel Deutschland); bestätigt durch BGH 14.12.2021 – KZR 23/18, WuW 2022, 161 Rn. 13, 16 – Kabelkanalanlagen II.

[1152] Fuchs ZWeR 2019, 225 (246 f.). Jüngst hat der BGH bestätigt, dass ein Preishöhenmissbrauch nach § 19 Abs. 2 Nr. 2 nicht etwa deshalb entfällt, weil nach tatsächlicher Kündigung des Vertrags ein Zugangsanspruch nach § 19 Abs. 2 Nr. 4 gegen angemessenes Entgelt bestünde, BGH 14.12.2021 – KZR 23/18, WuW 2022, 161 Rn. 18 – Kabelkanalanlagen II.

[1153] Vgl. im Einzelnen Fuchs ZWeR 2019, 225 (243 ff.) gegen die Argumentation des OLG Düsseldorf 14.3.2018 – VI-U (Kart) 7/16, NZKart 2018, 235 – Mitbenutzung von Kabelkanalanlagen und des OLG Frankfurt a. M. 20.12.2018 – 11 U 95/13, NZKart 2019, 228 – Kabelanlagen (Kabel Deutschland), die in einer isolierten Preishöhenkontrolle bei einem langfristigen, ursprünglich unter Wettbewerbsbedingungen geschlossenen Vertrag einen Eingriff in das ausgehandelte Äquivalenzinteresse, eine Missachtung der vertraglichen Risikoverteilung und einen Verstoß gegen den Grundsatz pacta sunt servanda sehen.

**240d**     Aus der im Vergleich zu § 19 Abs. 2 Nr. 3 fehlenden ausdrücklichen Regelung des Kriteriums der sachlichen Rechtfertigung lassen sich keine Konsequenzen für die Frage der **Beweislastverteilung** ableiten. Vielmehr muss auch im Rahmen des Abs. 2 Nr. 2 gelten, dass es dem marktbeherrschenden Unternehmen obliegt, seinen nach den dargestellten Konzepten prima facie als missbräuchlich überhöht erscheinenden Preis sachlich zu rechtfertigen und im Falle des non liquet dafür die materielle Beweislast zu tragen.[1154] Jedenfalls trifft den Normadressaten für die in tatsächlicher Hinsicht in Anspruch genommenen Umstände, aus denen sich eine sachliche Rechtfertigung ergeben soll, im Zivilverfahren eine sekundäre Darlegungslast[1155] und im Verwaltungsverfahren eines gewisse Mitwirkungspflicht, soweit es sich um Umstände in seinem Tätigkeitsbereich und weitgehend außerhalb der Wahrnehmungsmöglichkeiten der Behörde bzw. eines privaten Anspruchstellers befinden.

## VI. Besonderheiten bei Nachfragemacht

**241**      § 19 Abs. 2 Nr. 2 erfasst auch den Missbrauch beim Fordern von Preisen und Geschäftsbedingungen seitens marktbeherrschender Nachfrager. Dabei sind Missbräuche bei der Gestaltung von Konditionen wie sog. Preisstrukturmissbräuche sachgerechter nach § 19 Abs. 2 Nr. 1 zu erfassen. Für die Nr. 2 bleiben Fälle sog. **reinen Ausbeutungsmissbrauchs,** womit sich freilich zugleich Behinderungs- und Diskriminierungselemente verknüpfen können, und zwar sowohl in vertikaler (Behinderung der Lieferanten in ihrer Wettbewerbsstellung) als auch in horizontaler Richtung (verschlechterte Wettbewerbssituation bei konkurrierenden Nachfragern). Der Tatbestand der Preisspaltung nach der Nr. 3 ist dagegen auf die Fälle von Angebotsmacht beschränkt (vgl. → Rn. 244 ff.).

**241a**     Eine **Kontrolle über Preise marktbeherrschender Nachfrager** nach § 19 Abs. 2 Nr. 2 bedeutet, dass die Kartellbehörden zulasten des nachfragenden Unternehmens Preise hoheitlich anheben und zugleich – da sonst solche Kontrolle leerliefe – einen Abnahmezwang zum vorgeschriebenen Mindestpreisniveau anordnen müssten. Am ehesten begaben sich jene Missbrauchsverfahren in diese Nähe, welche das BKartA gegen die frühere Deutsche Bundespost wegen deren Ausgestaltung von Ausschreibungsverfahren auf einzelnen Märkten eingeleitet hatte. Die Abänderung dieser Ausschreibepraktiken hätte tendenziell zu einem höheren Preisniveau auf Seiten der anbietenden Unternehmen geführt, doch stand hier der Aspekt, Zugangsbeschränkungen auf der Anbieterseite abzubauen, im Vordergrund. Im Übrigen wird dieser Ausbeutungsaspekt vor allem bei der Zuliefererproblematik, zT auch beim Handel diskutiert.[1156]

**241b**     Im Schrifttum überwiegt – bei aller grundsätzlichen Anerkennung solcher Handlungsmöglichkeiten auch schon vor Inkrafttreten der 4. Novelle – doch große Skepsis, die mit den Schwierigkeiten bei der Berechnung eines wettbewerbsanalogen Preises und mit dem Risiko, durch solche Kontrolle zu niedriger Preise die Dynamik des Wettbewerbs zu beeinträchtigen, begründet wird. Die Monopolkommission hält solches Einschreiten nur in „außergewöhnlichen Einzelfällen" für möglich.[1157] Andere halten diese Schwierigkeiten im Gegenteil für geringer.[1158]

---

[1154] Offen gelassen bei Bechtold/Bosch Rn. 56 aE; OLG Hamburg 4.6.2009 – 3 U 203/08, WuW/E DE-R 2831 (2837 ff.) – CRS-Betreiber/Lufthansa; OLG Frankfurt a. M. 21.12.2010 – 11 U 37/09 (Kart), WuW/E DE-R 3163 (3168) – Arzneimittelpreise.

[1155] So zutreffend OLG Frankfurt a. M. 21.12.2010 – 11 U 37/09 (Kart), WuW/E DE-R 3163 (3168) – Arzneimittelpreise.

[1156] Dazu Müller/Scholz/Schreven, Einkaufsbedingungen auf dem Prüfstand, Bd. 1 Automobilindustrie, und Hölzler/Satzky S. 92 ff.

[1157] Sondergutachten 7 Rn. 204; ähnlich Markert Schwerpunkte 1978/79, 87 (103 ff.); auch TB 1978, 34 ff.

[1158] Leichtere Feststellbarkeit des wettbewerbsanalogen Preises, da häufig breiter Markt, keine Notwendigkeit eines Missbrauchszuschlages, da keine Zielkonflikte wie im Falle der Preisüberhöhungskontrolle, so insbes. P. Ulmer WuW 1978, 330 (336 ff.); ihm – mit einigen Einschränkungen – folgend H. Köhler, Wettbewerbs- und kartellrechtliche Kontrolle der Nachfragemacht, S. 50 ff.; Hölzler/Satzky S. 95.

§ 19 Abs. 2 Nr. 2 stellt auch für die Fälle von Nachfragemacht auf ein **Vergleichs-**  **241c** **marktkonzept** ab. Die These, dass hier schon aus tatsächlichen Gründen vergleichbare Märkte leichter zu finden seien, ist unrichtig. Sie trifft von vornherein regelmäßig nicht für die hochspezialisierten Zulieferer, die in erster Linie von Nachfragern abhängig werden, sowie für die differenzierte Nachfrage der öffentlichen Hand zu. Auch für den Bereich des Handels lässt sie außer Acht, dass angesichts der Heterogenität der Produkte, der ganz unterschiedlichen Abhängigkeitsverhältnisse bei Lieferanten, unterschiedlichen Durchschlagens der Wettbewerbsverhältnisse auf dem nachgelagerten Absatzmarkt auf die Gestaltung der Einkaufspreise und auch der häufig in individuellen Verhandlungen kurzfristig veränderlichen Preishöhen ein allgemeines Vergleichsmarktniveau schwer zu konzipieren ist.[1159] Auch die normativ begründete Argumentation, eine spürbare Abweichung vom wettbewerbsanalogen Preis genüge als Nachweis für einen Missbrauch, überzeugt nicht. Da § 19 nicht dazu dient, Unternehmen ein „auskömmliches Einkommen" zu gewährleisten,[1160] sind bei diesen Berechnungen „unternehmensindividuelle" Besonderheiten auf der Anbieterseite mit all ihren Abgrenzungsschwierigkeiten (vgl. dazu → Rn. 222) außer Acht zu lassen und ggf. von den geforderten Preisen abzusetzen. Da die Rechtsprechung den Missbrauchszuschlag bei der Kontrolle von Preishöhen nicht nur mit Unsicherheiten im Messverfahren, sondern auch vom „Wesen" des Missbrauchs her begründet, wird für sie ein entsprechender **„Missbrauchsabschlag"** unabweisbar. Auch die Gleichsetzung von vollkommenem Nachfragerwettbewerb im Sinne annähernd gegebener Machtlosigkeit mit einem gewünschten funktionsfähigen Nachfragerwettbewerb als Referenzsystem[1161] führt hier nicht weiter. Zwar wird behauptet, dynamische Funktionen des Wettbewerbs in diesem Zusammenhang vernachlässigen zu können, da eine Weitergabe von Einkaufsvorteilen an den Endverbraucher langfristig wegen der Gefahr struktureller Verschlechterung (Ausscheiden von schwächeren Konkurrenzunternehmen) bedenklich sei. Dies trifft freilich nur auf der Basis einer statischen Marktstrukturvorstellung oder einer dem § 19 ebenfalls fremden small business-Doktrin zu. De facto bedeutet der Rückgriff auf vorgefundene Preisniveaus, dass sich der wettbewerbsanaloge Nachfragepreis an den von den schwächeren Anbietern für erforderlich gehaltenen Preisen oder an tendenziell gleichgeschalteten Preisen ausrichten dürfte. Aufschlussreich ist hierbei auch ein Rückgriff auf „Preislisten der Hersteller".[1162] All dies wird Wettbewerb nicht befördern, sondern ähnlich einem generellen Diskriminierungsverbot eher behindern.

Aus diesem Grunde ist auch der Meinung, dass bei **Unterbietung des wettbewerbsa-**  **242** **nalogen Preises** durch einen marktbeherrschenden Nachfrager diesem der Nachweis obliegen sollte, dass die Unterbietung nicht auf dem leistungsfremden Einsatz seiner Ressourcen zur weiteren Ausdehnung seines Marktanteils, sondern auf der höheren eigenen Leistungsfähigkeit oder auf einer durch den Wettbewerb gebotenen Reaktion gegenüber konkurrierenden Angeboten beruhe, nicht zu folgen. In § 19 Abs. 2 Nr. 2 findet diese Auffassung keine Stütze. Insgesamt dürfte die Aufsicht über missbräuchlich zu niedrige Preise marktbeherrschender Nachfrager noch mehr ein letzter Notbehelf sein, als dies für die Preiskontrolle bei Anbietermacht zutrifft.

---

[1159] Dazu Köhler, Wettbewerbs- und kartellrechtliche Kontrolle der Nachfragemacht, S. 51: „So viele Lieferanten, so viele Preise".

[1160] Dazu TB 1978, 34.

[1161] Köhler, Wettbewerbs- und kartellrechtliche Kontrolle der Nachfragemacht, S. 52.

[1162] Ulmer WuW 1978, 330 (336).

## E. Strukturmissbrauch (Preis- und Konditionenspaltung) (Abs. 2 Nr. 3)

### I. Allgemeine Charakterisierung

243    Das mit der 6. GWB-Novelle 1998 in das Gesetz eingefügte Regelbeispiel des Abs. 2 Nr. 3 stellt im Kern einen **besonderen Fall des Ausbeutungsmissbrauchs** dar.[1163] Vom Grundfall der Nr. 2 unterscheidet er sich dadurch, dass zum **Maßstab für die Beurteilung des Preisverhaltens** des Marktbeherrschers nicht ein hypothetischer, idR über Vergleichsmärkte zu ermittelnder Wettbewerbspreis für den relevanten Markt genommen wird, sondern **das eigene Verhalten des Normadressaten** auf vergleichbaren Märkten.[1164] Zugleich besteht damit eine erhebliche **Nähe zur Diskriminierung** nach Abs. 2 Nr. 1, denn der Vorwurf des Preisstrukturmissbrauchs (gleiches gilt für sonstige Konditionen) knüpft primär daran an, dass die **Preispolitik** des Unternehmens für verschiedene Produkte oder Kunden **in sich widersprüchlich,** willkürlich oder sonst nicht durch sachliche Gründe zu rechtfertigen ist.[1165] Man spricht daher auch von **Preis- bzw. Konditionenspaltung.**[1166]

244    Im Tatbestand des Strukturmissbrauchs nach Abs. 2 Nr. 3, der den Vorwurf der Missbräuchlichkeit an die (sachlich nicht gerechtfertigte) Forderung ungünstigerer Entgelte oder sonstiger Geschäftsbedingungen im Vergleich zu den vom marktbeherrschenden Unternehmen selbst auf vergleichbaren Märkten von gleichartigen Abnehmern geforderten Konditionen knüpft, berühren sich somit Elemente Ausbeutungsmissbrauchs mit solchen einer Diskriminierung von Abnehmern.[1167] Vielfach wird die Notwendigkeit seiner Ausformung als besonderes Regelbeispiel für den Missbrauch einer beherrschenden Stellung bezweifelt. So wird er als eine Variante des räumlich-gegenständlichen Vergleichsmarktkonzepts bezeichnet,[1168] die ohnehin in der Entscheidungspraxis schon früh mit herangezogen worden ist.[1169] Im Wesentlichen handele es sich dabei um eine legislative Wiederholung des § 19 Abs. 2 Nr. 2, die in der Sache keinen zusätzlichen Aufschluss bringe.[1170] Unterschiede liegen allerdings darin, dass § 19 Abs. 2 Nr. 3 **nur Fälle von Angebots- und nicht auch von Nachfragemacht erfasst** („ungünstigere Entgelte von Abnehmern fordert"). Zu den Abnehmern können nicht nur Unternehmen, sondern auch private Endverbraucher zählen.

245    In der Fallpraxis spielte bislang vor allem der Luftverkehr, aber auch der Tankstellensektor eine Rolle. Nachdem das KG in vier älteren Beschlüssen jeweils schon den Anfangsverdacht des Missbrauchs einer marktbeherrschenden Stellung im Tankstellenmarkt verneint hatte,[1171] sah das BKartA erneut Handlungsbedarf und untersagte verschiedenen

---

[1163] So insbes. die Rechtsprechung, s. nur BGH 22.7.1999 – KVR 12/98, WuW/E DE-R 375 (377) – Flugpreisspaltung; 7.12.2010 – KZR 5/10, WuW/E DE-R 3145 Rn. 24 – Entega II; 24.10.2011 – KZR 7/10, WuW/E DE-R 3446 (3451) – Grossisten-Kündigung; zust. Deister in Schulte/Just Rn. 155 („eng verwandt"); mit Vorbehalten („manche Fälle") Bechtold/Bosch Rn. 63.

[1164] Bechtold/Bosch Rn. 63; Deister in Schulte/Just Rn. 155.

[1165] Bechtold/Bosch Rn. 63.

[1166] Deister in Schulte/Just Rn. 156; Nothdurft in Bunte Rn. 186.

[1167] Vgl. schon Bericht 1980 S. 25.

[1168] Vgl. Möschel, Rechtsordnung zwischen Plan und Markt, S. 38 ff.; Möschel JZ 1975, 393 (396); krit. Schellhaaß ZgS 138, 36 (51 ff.).

[1169] Möschel in Immenga/Mestmäcker, 4. Aufl. 2007, Rn. 170 unter Hinweis insbes. auf die Entscheidung des KG 19.3.1975 – 26/74, WuW/E OLG 1599 (1610) im „Vitamin-B-12"-Verfahren, wo das Gericht die Preise des marktbeherrschenden Unternehmens auf dem gesonderten Markt des Vertriebs an inländische Krankenhausapotheken berücksichtigte, sowie auf das „Valium"-Verfahren, in dem – wenn auch im Ergebnis ohne Aufschluss – das eigene Preisverhalten von La Roche auf ausländischen Märkten einbezogen wurde, s. KG 5.1.1976 – 41/74, WuW/E OLG 1645 (1653 ff.); insoweit bestätigend BGH 16.12.1976 – KVR 2/76, WuW/E BGH 1445 (1451) – Valium.

[1170] Möschel in Immenga/Mestmäcker, 4. Aufl. 2007, Rn. 170.

[1171] KG 12.2.1982 – Kart 4/82, WuW/E OLG 2616 in einem Ausbeutungsfall; KG 12.3.1982 – Kart 4/82, WuW/E OLG 2617 – regional unterschiedliche Tankstellenpreise: Kombination von Ausbeutung und Behinderung; KG 3.5.1982 – Kart. 11 14/82, WuW/E OLG 2620 – Vergaserkraftstoff-Abgabepreise: Behinderungsfall; dazu auch TB 1981/82, 40 und KG 8.11.1990 – Kart 19/90, WuW/E OLG 4627 – Hamburger Benzinpreise.

Mineralölgesellschaften die Preisschere bei der Belieferung freier Tankstellen einerseits und der Belieferung von Endverbrauchern an konzerneigenen Tankstellen andererseits, allerdings gestützt auf den heutigen § 20 Abs. 3 S. 1.[1172] Der BGH hat die unterschiedliche Preisgestaltung der Lufthansa auf den Strecken Berlin-Frankfurt a. M., auf der sie ein Monopol innehatte, und Berlin-München, in der sie dem Wettbewerb durch British Airways ausgesetzt war, als Preisspaltung iSv § 19 Abs. 2 Nr. 3 angesehen, welche die Vermutung der Missbräuchlichkeit begründe.[1173]

Bei der Prüfung der Vergleichbarkeit der Märkte gilt das zu Abs. 2 Nr. 2 Gesagte **246** entsprechend (vgl. → Rn. 223 ff.). Der BGH hat klargestellt, dass an das Merkmal der „Gleichartigkeit" nicht zu hohe Anforderungen gestellt werden dürfen. Andernfalls würde man die vom Gesetzgeber mit § 19 Abs. 2 Nr. 3 bezweckte Verschärfung der Missbrauchsaufsicht nicht erreichen.[1174] Der Vergleichsmarkt muss zudem kein Wettbewerbsmarkt sein.[1175] § 19 Abs. 2 Nr. 3 ist nach der „Entega I" Rechtsprechung des BGH auch dann anwendbar, wenn der Vergleichsmarkt einen Teil des Erstmarktes darstellt.[1176] Mit anderen Worten soll von Abs. 2 Nr. 3 **auch eine Preisspaltung innerhalb des beherrschten Marktes** erfasst werden.[1177] Im „Entega II"-Beschluss wurde diese (nicht entscheidungserhebliche) Frage allerdings ausdrücklich offen gelassen.[1178] Wie auch bei Abs. 2 Nr. 2 muss bei einem Preisvergleich ein Sicherheitszuschlag und ein zusätzlicher Erheblichkeitszuschlag berücksichtigt werden.[1179] Andernfalls ist der Unwertgehalt des Tatbestandes nicht erfüllt.[1180] Die **Gleichartigkeit der Abnehmer** ist ebenfalls ein beachtenswerter Teilaspekt. Bei Endverbrauchern wird die Gleichartigkeit aber vielfach unschwer zu bejahen sein. Bei Unternehmen als Abnehmern kommt es auf Tätigkeitsinhalte und wirtschaftliche Funktion der zu vergleichenden Unternehmen im Verhältnis zum Marktbeherrscher an.

## II. Sachliche Rechtfertigung

Bei der Ausfüllung des Tatbestandsmerkmals der **sachlichen Rechtfertigung** des Preis- **247** unterschiedes ist von der Erkenntnis auszugehen, dass auch die Nr. 3 ein Unterfall des Vergleichsmarktkonzeptes ist. Dies hat zur Konsequenz, dass jene Unsicherheiten in der Vergleichsbasis, welche sich im Rahmen der Nr. 2 als generelle Bandbreitenerweiterung über den durch Zu- und Abschläge ggf. korrigierten wettbewerbsanalogen Preis hinaus auswirken (→ Rn. 232), hier von diesem normativen Tatbestandsmerkmal aufgefangen werden müssen. Hinzu treten nach der Rechtsprechung jene unternehmensindividuellen Eigenschaften, insbesondere Kostenlagen, welche zwar nicht innerhalb der Vergleichsbasis zu berücksichtigen sind, sich aber auf die Feststellung eines Missbrauchs auswirken (vgl. → Rn. 233). So hat das KG in einer Preisspaltung keinen Ausbeutungsmissbrauch gesehen, falls beide unterschiedlichen Entgelte nicht zur Kostendeckung führen.[1181] Den Gedanken

---

[1172] BKartA 9.8.2000 – B8-77/80, WuW/E DE-V 289 – Freie Tankstellen.

[1173] BGH 22.7.1999 – KVR 12/98, WuW/E DE-R 375 – Flugpreisspaltung; vgl. auch KG 26.11.1997 – Kart 9/97, WuW/E DE-R 124 (127) – Flugpreis Berlin-Frankfurt; BKartA 19.2.1997 – B9-62100-T-99/95, NJWE-WettbR 1997, 142; zur sachlichen Rechtfertigung im Falle mangelnder Kostendeckung → Rn. 248.

[1174] BGH 7.12.2010 – KZR 5/10, WuW/E DE-R 3145 Rn. 18 – Entega II; vgl. auch BGH 2.2.2010 – KVR 66/08, WuW/E DE-R 2841 Rn. 29 – Wasserpreise Wetzlar (zu § 103 Abs. 5 S. 2 Nr. 2 aF); näher zu dieser Entscheidung Daiber WuW 2010, 1141 ff.

[1175] Nothdurft in Bunte Rn. 187; Wolf in MüKoWettbR Rn. 132.

[1176] BGH 23.6.2009 – KZR 21/08, WuW/E DE-R 2739 (2742) – Entega I.

[1177] So auch das Verständnis der „Entega I"-Entscheidung bei Wiemer/Schultheiß ZWeR 2011, 218 (225) zust. Grothe, S. 164 f.; aA Nothdurft in Bunte Rn. 187, demzufolge in diesen Fällen die Generalklausel des § 19 Abs. 1 anzuwenden ist (Rn. 541).

[1178] BGH 7.12.2010 – KRZ 5/10, WuW/E DE-R 3145 Rn. 54 – Entega II.

[1179] BGH 23.6.2009 – KZR 21/08, WuW/E DE 2739 – Entega I; BGH 7.12.2010 – KZR 5/10, WuW/E DE-R 3145 Rn. 32 – Entega II; OLG Stuttgart 25.8.2011 – 201 Kart 2/11, WuW/E DE-R 3389 – Tarifwasser-Kunden; ausführlich zu den Möglichkeiten einer Rechtfertigung höherer Preise im Wassersektor Daiber WuW 2010, 1141 (1145 ff.).

[1180] Bechtold/Bosch Rn. 64.

[1181] KG 12.3.1982 – Kart 4/82, WuW/E OLG 2617 (2619) – regional unterschiedliche Tankstellenpreise.

wiederholt das KG in seiner Entscheidung „Flugpreis Berlin – Frankfurt/M." [1182] Er wird auch vom BGH[1183] ausdrücklich gebilligt: Das Unwerturteil, das in einem Verstoß nach § 19 Abs. 2 Nr. 3 liege, sei nicht gerechtfertigt, wenn das marktbeherrschende Unternehmen auch bei ordnungsgemäßer Zuordnung der bei ihm entstehenden Kosten und bei Ausschöpfung etwaiger Rationalisierungsreserven lediglich Einnahmen erziele, die die Selbstkosten nicht deckten. Die Preisspaltung verliere ihre indizielle Bedeutung für einen Missbrauch, wenn auch das höhere Entgelt nicht einmal die Selbstkosten des marktbeherrschenden Unternehmens decke, dieses vielmehr Verluste erleide, welche in anderer Weise ausgeglichen werden müssten. Auch ein marktbeherrschendes Unternehmen könne im Wege der Preismissbrauchsaufsicht nicht dazu gezwungen werden, entweder seine Leistungen zu nicht einmal kostendeckenden Preisen anzubieten oder sich aus dem Wettbewerb gänzlich zurückzuziehen. Dies wäre aber die Folge, wenn die Preismissbrauchsaufsicht ohne Rücksicht auf die jeweilige Kostensituation des marktbeherrschenden Unternehmens erfolgen würde.[1184]

248      Von einem strikten Vergleichsmarktkonzept her ist die **Anknüpfung an die Kostendeckung nicht schlüssig;** die Auffassung erlaubt einem Marktbeherrscher auch die Produktion von Kosten und ihre Weiterwälzung.[1185] Maßstab sollte vielmehr der Preis sein, der – unabhängig von der Frage der Kostendeckung – im Wettbewerb erzielbar wäre;[1186] dabei können durchaus auch „unternehmensindividuelle" Kosten berücksichtigungsfähig sein, wenn sie auch im Wettbewerb eingegangen worden wären. Doch liegt die Bezugnahme auf die Kostendeckung in der Logik einer Rechtsprechung, welche im Missbrauch „begriffsnotwendig" ein Unwerturteil erkennt, wenn auch losgelöst von subjektiver Vorwerfbarkeit. Zudem verlangt der BGH, dass die Verlustsituation infolge der fehlenden Kostendeckung „auf objektiven, für jeden anderen Anbieter gleichermaßen wirksam werdenden" Gegebenheiten und nicht auf „unternehmensindividuellen Umständen" beruht. Allerdings ist nicht zu übersehen, dass Kartellrecht bei der Kontrolle von „gerechtfertigten" Kosten an die Grenzen seiner Anwendbarkeit stößt (vgl. → Rn. 219 f.). Selbst wenn man dem Ausgangspunkt der Rechtsprechung folgen wollte, ist zu beachten, dass bei der Preisspaltung eine Differenz zu rechtfertigen ist. Eine solche Rechtfertigung kann auch bei Verlustpreisen fehlen.[1187]

249      Auf der anderen Seite können Preisdifferenzierungen durch eine Anpassung an unterschiedliche Wettbewerbsverhältnisse gerechtfertigt werden; deshalb begründet Differenzierung für sich gesehen noch nicht einmal einen Anfangsverdacht für einen Ausbeutungsmissbrauch.[1188] § 19 Abs. 2 Nr. 3 führt nicht etwa zu einer **„allgemeinen Meistbegünstigungsklausel".** Auch marktbeherrschende Unternehmen müssen nicht allen Kunden gleich günstige Bedingungen einräumen.[1189] Fraglich kann sein, inwieweit im Zusammenhang mit der sachlichen Rechtfertigung auch ein eigentlicher Missbrauchszuschlag zu berücksichtigen ist.[1190] Betont man die Einpassung des Tatbestandes in ein Als-ob-Konzept, so liegt eine bejahende Antwort nahe.

---

[1182] KG 26.11.1997 – Kart 9/97, WuW/E DE-R 124.

[1183] BGH 22.7.1999 – KVR 12/98, WuW/E DE-R 375 (377 f.) – Flugpreisspaltung. Mangels ausreichender tatrichterlicher Feststellungen zu dieser Frage zurückverwiesen. Verfahren eingestellt (TB 2001/2002, 30), nachdem die Lufthansa in Reaktion auf den Markteintritt von Germania auf der Strecke Berlin-Frankfurt a. M. ihre Preise erheblich gesenkt hatte – qualifiziert als Behinderungsmissbrauch gegenüber dem neuen Konkurrenten, OLG Düsseldorf 27.3.2002 – Kart 7/02 (V), WuW/E DE-R 867 (871 u. 873 ff.) – Germania.

[1184] Im Bereich der leitungsgebundenen Energieversorgung galt der Gedanke der Kostendeckung nicht aufgrund der Eigengesetzlichkeit dieses Sektors, der vom Prinzip der geschlossenen Versorgungsgebiete geprägt war, KG 15.1.1997 – Kart 25/95, WuW/E OLG 5926 (5931) – SpreeGas.

[1185] Krit. deshalb Möschel WuW 1999, 5 (11); TB 1997/98, 21; vgl. schon Monopolkommission Hauptgutachten IV Rn. 510.

[1186] Hübschle WuW 1998, 146 (152); Möschel WuW 1999, 5 (11); Monopolkommission Hauptgutachten XII Rn. 317 und Hauptgutachten XIII Rn. 429 ff.; TB 1997/98, 21.

[1187] Zutreffend Markert, Diskriminierung und Behinderung in der kartellrechtlichen Praxis, S. 66.

[1188] KG 12.2.1982 – Kart 4/82, WuW/E OLG 2616 (2617).

[1189] Bechtold/Bosch NJW 2011, 3484 (3486).

[1190] → Rn. 232. So mittlerweile auch BGH 22.7.1999 – KVR 12/98, WuW/E DE-R 375 (379 f.) – Flugpreisspaltung.

Eine sachliche Rechtfertigung kann insbesondere dann vorliegen, wenn die niedrigeren **250**
Preise auf dem herangezogenen Vergleichsmarkt einer **Markteinführung** dienen.[1191] Ge-
rade wenn ein Unternehmen in einen neuen (räumlichen) Markt vordringt, kann es
notwendig sein, Preise zu verlangen, die unter dem Niveau auf den bereits erschlossenen
Märkten liegen. Anderenfalls würde sich der Neueinsteiger auf dem Markt gegen die
etablierte Konkurrenz schwerlich durchsetzen können. In solchen Fällen ist eine sorgfältige
Einzelfallprüfung notwendig, da man andernfalls einer Abschottung von einzelnen Märkten
Vorschub leisten würde. Würde man von dem Neueinsteiger verlangen, in all seinen
Liefergebieten einen im Wesentlichen einheitlichen Preis anzusetzen, würde man die
Position der bereits etablierten Unternehmen stärken. Die Höhe der zulässigen Preisdiffe-
renz und der Zeitraum der Markteintrittsphase hängen dabei entscheidend von den jeweili-
gen Umständen ab. In der „**Entega II**"-**Entscheidung** hat der BGH auf Grund der
Besonderheiten des Gasbelieferungsmarkts an Endkunden, welcher sich durch lange Vertragslaufzeiten und eine geringe Wechselbereitschaft auszeichnet, nicht nur eine längere
Etablierungsphase zugebilligt, sondern auch eine Preisdifferenz zwischen Erst- und Zweitmarkt von 15 % akzeptiert.[1192]

Die **Beweislast** für das Vorliegen eines sachlichen Grundes für die Preisunterschiede **251**
trägt der Marktbeherrscher.[1193] Das folgt schon aus der Formulierung „es sei denn, dass der
Unterschied sachlich gerechtfertigt ist". Zwar wäre eine noch deutlichere Formulierung –
wie etwa in § 19 Abs. 2 Nr. 4 aF oder auch bei der Widerlegung der Oligopolvermutung
nach § 18 Abs. 7 – möglich gewesen; die Gesetzesmaterialien bestätigen aber den Willen
des Gesetzgebers zur Implementierung einer echten **Beweislastumkehr.**[1194] Diese ist nicht
auf **Zivilverfahren** begrenzt, sondern gilt im Grundsatz auch für **Verwaltungsverfahren,**
dort allerdings beschränkt durch den Amtsermittlungsgrundsatz.[1195] Im **Bußgeldverfahren**
kann die Beweislastumkehr dagegen **nicht** angewendet werden.[1196] Hier gilt der Grundsatz
„in dubio pro reo" mit der Folge, dass das Fehlen der sachlichen Rechtfertigung eindeutig
feststehen muss.

Die Berechtigung der Beweislastumkehr wird teilweise kritisch hinterfragt unter Hinweis **252**
darauf, dass die Preisspaltung in der Sache keinen tauglichen Anknüpfungspunkt für einen
vermuteten Missbrauch darstelle, weil es eher dem unverfälschten Normalfall entspreche,
dass ein Unternehmen seine Preise den jeweilig vorgefundenen Marktverhältnissen anpas-
se.[1197] Für den BGH begründet das preisspaltende Vorgehen des Marktbeherrschers dagegen durchaus die Vermutung, dass er seine Stellung missbräuchlich ausnutze. Für deren
Widerlegung treffe das Unternehmen eine gesteigerte Mitwirkungspflicht bei der Feststellung, ob der Preisunterschied durch sachliche Gründe gerechtfertigt und die indizielle
Bedeutung der Preisspaltung damit ausgeräumt sei.[1198] Diese Mitwirkungspflicht entbindet
die Kartellbehörde nicht von der Pflicht, alle ihr zur Verfügung stehenden Erkenntnismöglichkeiten auszuschöpfen.[1199] Im Zivilverfahren bleibt zu beachten, dass der Anspruchsteller
zunächst alle übrigen Tatbestandsmerkmale einschließlich der Vergleichbarkeit von Märk-

---

[1191] BGH 23.6.2009 – KZR 21/08, WuW/E DE 2739 (2742) – Entega I; BGH 7.12.2010 – KZR 5/10,
WuW/E DE-R 3145 Rn. 26 – Entega II.
[1192] BGH 7.12.2010 – KZR 5/10, WuW/E DE-R 3145 (3152) Rn. 26 ff., 31 – Entega II; dazu Wiemer/
Schultheiß ZWeR 2011, 218 (227).
[1193] BGH 22.7.1999 – KVR 12/98, WuW/E DE-R 375 (377) – Flugpreisspaltung; BGH 23.6.2009 –
KZR 21/08, WuW/E DE 2739 (2742) – Entega I; BGH 7.12.2010 – KZR 5/10, WuW/E DE-R 3145
(3156) – Entega II; Deister in Schulte/Just Rn. 158; Bechtold/Bosch Rn. 65.
[1194] Vgl. dazu Möschel in Immenga/Mestmäcker, 4. Aufl. 2007, Rn. 173 mwN.
[1195] Ebenso Bechtold/Bosch Rn. 65; Friedrich BB 1980, 1553 (1555 f.); verneinend Markert, Diskriminierung und Behinderung in der kartellrechtlichen Praxis, S. 66.
[1196] Bechtold/Bosch Rn. 65.
[1197] Vgl. Möschel in Immenga/Mestmäcker, 4. Aufl. 2007, Rn. 173 sowie Möschel WuW 1999, 5 (13).
[1198] BGH 22.7.1999 – KVR 12/98, WuW/E DE-R 375 – Flugpreisspaltung; zuletzt auch BGH 23.6.2009
– KZR 21/08, WuW/E DE 2739 (2742) – Entega I; BGH 7.12.2010 – KZR 5/10, WuW/E DE-R 3145
(3156) – Entega II.
[1199] Bechtold/Bosch Rn. 65.

ten und Abnehmern darlegen und ggf. beweisen muss, bevor der Marktbeherrscher gehalten ist, seine prima facie „willkürliche" Preisgestaltung durch Sachgründe zu rechtfertigen. Diese knüpfen meist an seine Kosten und sonstige Interna an, für die der Normadressat ohnehin zumindest eine sekundäre Darlegungslast hätte. Dabei sind im Rahmen der kartellrechtlichen Missbrauchskontrolle einem marktbeherrschenden Unternehmen die Kenntnisse ihrer Muttergesellschaft zuzurechnen. Wenn die Muttergesellschaft sich weigert, Informationen zur sachlichen Rechtfertigung bestimmter Preise herauszugeben, so steht dies im Ergebnis einem Verzicht einer Prozesspartei auf den Vortrag ihr günstiger Tatsachen gleich.[1200] Vor diesem Hintergrund erscheint die Auferlegung der materiellen Beweislast für die sachliche Rechtfertigung einer Preisspaltung durchaus angebracht, zumal die indizielle Basis für ein missbräuchliches Verhalten bei der Preisspaltung nicht schwächer ausgeprägt ist als etwa bei den ausschließlich an den absoluten gemeinsamen Marktanteil anknüpfenden Marktbeherrschungsvermutungen des § 18 Abs. 6.

## F. Zugang zu wesentlichen Einrichtungen, Daten und sonstigen Leistungen (Abs. 2 Nr. 4)

### I. Grundlagen

253  **1. Regelungsgegenstand.** Das Regelbeispiel des Abs. 2 Nr. 4 normiert, dass die sachlich nicht gerechtfertigte **Verweigerung des Zugangs zu einer für die Aufnahme von Wettbewerb** auf einem vor- oder nachgelagerten Markt **wesentlichen Einrichtung oder Ressource** unter bestimmten Voraussetzungen missbräuchlich ist. Vorbild ist die im US-amerikanischen Antitrust Law entstandene und in das europäische Kartellrecht übernommene **essential facilities doctrine.**[1201] Mit der 6. GWB-Novelle 1998 wurde der Tatbestand der missbräuchlichen Zugangsverweigerung erstmals in § 19 Abs. 4 Nr. 4 GWB aF geregelt. Das später als Abs. 2 Nr. 4 fortgeführte Regelbeispiel beschränkte sich dabei bewusst auf den „Zugang zu den eigenen Netzen oder anderen Infrastruktureinrichtungen". Mit der Begrenzung auf physische Einrichtungen wollte der Gesetzgeber insbesondere eine Anwendung auf Rechte des geistigen Eigentums in Form einer Erzwingung der Lizenzerteilung ausschließen.[1202] Eine solche blieb allerdings nach anderen Vorschriften wie etwa dem Diskriminierungsverbot (§ 19 Abs. 2 Nr. 1) oder der Generalklausel des § 19 Abs. 1 möglich.[1203] Mit der **10. GWB-Novelle 2021** ist die Vorschrift grundlegend neu gefasst worden. Unter anderem ist das **Zugangsobjekt nunmehr denkbar weit gefasst**, indem auf die Verweigerung der Belieferung mit einer **Ware oder gewerblichen Leistung** abgestellt wird, während der Zugang zu Netzen oder anderen Infrastruktureinrichtungen nur noch exemplarisch erwähnt und explizit um das weitere Beispiel des Zugangs zu **Daten** ergänzt wird.[1204] Damit übersteigt der Wortlaut des Abs. 2 Nr. 4 zwar insoweit den etablierten Anwendungsbereich der essential facilities doctrine, eine teleologische Reduktion und Abgrenzung zu „normalen" Lieferverweigerungen (→ Rn. 127 ff.) ist wegen der zusätzlichen Tatbestandsvoraussetzungen (objektive Notwendigkeit für den Zutritt zu einem abgeleiteten Markt und Gefahr der Ausschaltung wirksamen Wettbewerbs auf diesem durch die Weigerung) nicht erforderlich.

---

[1200] BGH 23.6.2009 – KZR 21/08, WuW/E DE 2739 Rn. 13 – Entega I.

[1201] Vgl. hierzu umfassend aus rechtsvergleichender Perspektive Beckmerhagen, Die essential facilities doctrine im US-amerikanischen und europäischen Kartellrecht, 2002, S. 29 ff. (zum US-Recht), S. 207 ff. (zum europäischen Recht).

[1202] Vgl. Gegenäußerung der Bundesregierung, BT-Drs. 13/9720, 80; siehe auch BGH 13.7.2004 – KZR 40/02, WuW/E DE-R 1329 (1330 f.) – Standard-Spundfass II.

[1203] Vgl. hierzu Vorauf. § 19 Rn. 304 ff.

[1204] Vgl. zur wettbewerbspolitischen Diskussion über die Schaffung kartellrechtlicher Datenzugangsansprüche im Vorfeld der 10. GWB-Novelle den Überblick bei Brenner in Bien/Käseberg/Klumpe/Körber/Ost 10. GWB-Novelle Kap. 1 Rn. 60 ff.

**2. Vorbilder und vergleichbare Regelungen. a) Ursprünge und Entwicklung in** 254
**den USA.** Als Geburtsstunde der Entwicklung hin zu einer essential facilities doctrine im
US-amerikanischen Antitrust Law wird regelmäßig die „**Terminal Railroad**"-**Entschei-**
**dung** des US-Supreme Court aus dem Jahre 1912 genannt.[1205] Ein nach dem Recht des
Staates Missouri zulässiger Zusammenschluss von selbstständigen Eisenbahngesellschaften
kontrollierte die einzigen Eisenbahnübergänge (zwei Brücken und eine Fährschiffverbin-
dung) über den Mississippi nach St. Louis und verweigerte Konkurrenten den Zugang zu
diesen Einrichtungen. Das Gericht stellte eine Verletzung der Sec. 1 und 2 Sherman Act
fest und verfügte, jeder zugangswilligen Eisenbahngesellschaft den Zugang zu diskriminierungsfreien und angemessenen Bedingungen zu gewähren.[1206] In einer anderen bedeutenden Entscheidung hielt der US-Supreme Court den Ausschluss eines Nicht-Mitglieds von
dem Zugang zu Informationen einer von Zeitungen gegründeten Nachrichtenagentur für
unvereinbar mit den Sec. 1 und Sec. 2 Sherman Act.[1207] Gleichermaßen war nach einer
weiteren Entscheidung dieses Gerichts das Geschäftsgebaren einer lokalen Sonntagszeitung
gegenüber ihren Anzeigenkunden, die gemeinsamen Geschäftsbeziehungen nur unter der
Bedingung fortzusetzen, dass sie keine Geschäfte mit einer konkurrierenden Radiostation
tätigen, auf Grund der fehlenden Ausweichmöglichkeiten („indispensable medium") zu
der Zeitung gem. Sec. 2 Sherman Act unzulässig.[1208] In der „**Otter Tail**"-**Entscheidung**
hat sich der US-Supreme Court mit einem Durchleitungssachverhalt im regulierten
Stromsektor auseinandergesetzt. Der Regionalversorger Otter Tail hatte einem neu gegründeten Stadtwerk die Belieferung zu Händlerkonditionen versagt. Darin sah das Gericht
auf Grund der strategischen Dominanz des Netzinhabers und des Ausschlusses von Markt-
eintrittswilligen eine Verletzung von Sec. 2 Sherman Act.[1209] Den Einwand der Selbst-
schädigung durch die erzwungene Belieferung eigener Konkurrenten zu Händlerpreisen
erklärte das Gericht für unbeachtlich.[1210] Gestützt auf diese Entscheidungen und Vorarbeiten in der Literatur[1211] führte ein Court of Appeal 1977 den Begriff der essential
facility in den Begründungskanon der Rechtsprechung ein. Nach dem zugrunde liegenden
Sachverhalt stand eine Ausschließlichkeitsbindung in dem Mietvertrag zwischen dem
Eigentümer des einzigen Footballstadions und einer Footballmannschaft der Nutzung des
Stadions durch eine andere Footballmannschaft entgegen. Das Gericht erklärte das Stadion
zu einer essential facility und stellte einen Verstoß gegen die Sec. 1 und 2 Sherman Act
fest.[1212]

Die einzelnen Elemente der nunmehr zu einem eigenen Rechtsinstitut erhobenen 255
essential facilities doctrine wurden in dem Fall „**MCI v. AT&T**" von einem weiteren
Berufungsgericht konkretisiert (Rn. 256). Es ging um den Zugang zu dem von AT&T
kontrollierten Ortsnetz, um Ferngesprächsverbindungen als Konkurrent von AT&T anbieten zu können. Keine abschließende Bestätigung fand die Doktrin in der bekannten
„**Aspen**"-**Entscheidung**. Der Inhaber dreier Skilifte hatte die Kooperation bzgl. eines
gemeinsamen Skipasses mit dem Eigentümer eines vierten Skilifts beendet. Entgegen der

---

[1205] United States v. Terminal Railroad Ass'n 224 U. S. 383 (1912).
[1206] United States v. Terminal Railroad Ass'n 224 U. S. 383, 409 ff. (1912). Zur Vorgeschichte ausf.
Reiffen/Kleit 33 Journal of Law and Economics S. 419, 425 ff. (1990).
[1207] Associated Press v. United States 326 U. S. 1, 11 ff. und 17 ff. (1944); ua stellte das Gericht auf den von
einer Nachrichtenagentur ausgehenden Netzeffekt ab.
[1208] Lorain Journal v. United States 342 U. S. 143, 152 aE (1951). Beachte daneben Gamco, Inc. v. Pro-
vidence Fruit & Produce Bldg., Inc. 194 F. 2d 484 (1st Cir. 1952); cert. denied 344 U. S. 817 (1952).
[1209] Otter Tail Power Co. v. United States 410 U. S. 366, 377 (1973). Krit. zu einer Judizwirkung dieser
Entscheidung für eine essential facilities-doctrine Börner DAJV-Newsletter 1999, 73 (79 f.).
[1210] Otter Tail Power Co. v. United States 410 U. S. 366, 380 f. (1973).
[1211] Siehe auch die Entscheidungen der Instanzgerichte Helix Milling Co. v. Terminal Mills & Co. 570 F.
2d 982 (D. C. Cir. 1977); US v. Standard Oil Co. 362 F. Supp. 1331 (N. D. Cal. 1972).
[1212] Das Gericht definierte die essential facilities-doctrine folgendermaßen: „... where facilities cannot
practicably be duplicated by would-be competitors, those in possession of them must allow them to be shared
on fair terms [...]" So Hecht v. Pro-Football, Inc. 570 F. 2d 982, 992 (D. C. Cir. 1977); cert. denied 436
U. S. 956 (1978); siehe daneben Byars v. Bluff City News Company, Inc. 609 F. 2d 843 (6th Cir. 1979).

Entscheidung des Berufungsgerichts ging der US-Supreme Court auf die essential facilities doctrine nicht ein und stellte gem. Sec. 2 Sherman Act allein auf die Unbilligkeit des Geschäftsabbruchs ab.[1213] Hierfür dürften Zweifel an der Unterscheidbarkeit zwischen einer Kontrolle der Skilifte und dem Verkauf eines gemeinsamen Skipasses auf einem nachgelagerten Markt maßgeblich gewesen sein.

**256** Im Fall „MCI v. AT&T" stellte das Gericht für die essential facilities doctrine gem. Sec. 2 Sherman Act folgende **Tatbestandsvoraussetzungen** auf:[1214]

– Eine Monopolstellung des Unternehmens, das eine wesentliche Einrichtung kontrolliert.
– Die Errichtung einer eigenen Einrichtung (Duplizierung) ist in praktikabler und vernünftiger Weise nicht möglich.
– Die Weigerung des Monopolisten, die Mitbenutzung durch den Wettbewerber zu gestatten.
– Die Zumutbarkeit einer solchen Mitbenutzung.

Die daraus folgende Kartellrechtswidrigkeit stützte das Gericht auf die Möglichkeit, Monopolmacht von einem Markt auf einen anderen Markt zu transferieren.[1215] Im Kern handelt es sich bei der essential facilities doctrine im US-amerikanischen Antitrust Law um eine **Konkretisierung des allgemeinen Monopolisierungsverbots** des Sec. 2 Sherman Act.[1216] Sie regelt einen Ausnahmefall zu der grundsätzlich gem. der sog. Colgate-Doctrine gewährleisteten unternehmerischen Handlungsfreiheit.[1217] Eine Erleichterung bietet der **Verzicht auf** das von der Rechtsprechung im Übrigen verlangte Tatbestandsmerkmal der **Monopolisierungsabsicht** gem. Sec. 2 Sherman Act. Mit einer Einordnung in die Fallgruppe der essential facilities doctrine ist in der Tendenz eine Begrenzung der zu beachtenden Rechtfertigungsgründe auf Betriebsstörungen und mangelnde Kapazität verbunden.[1218] Die Anwendung beschränkt sich auf Sachverhalte mit Wettbewerberbehinderungen auf einem **von der Einrichtung abgeleiteten Markt.**[1219]

**257** Diese Entstehungsgeschichte ist ein Lehrbuchbeispiel für eine sich selbst tragende Entwicklung eines Rechtsinstitutes ohne Bezug zu der zugrunde liegenden wettbewerbspolitischen Problematik. Ausgelöst durch einen Extremfall befand sich dieses Konzept in den 1980er Jahren in seiner expansiven zweiten „Lebensphase", auf die eine Rückführung der essential facilities doctrine zu ihren Wurzeln folgen sollte.[1220] Die **neuere Rechtsprechung** und Literatur **in den USA** bemühte sich angesichts einer fehlenden Bestätigung durch den US-Supreme Court und des Fehlens einer umfassenden wettbewerbspolitischen Begründung in der Rechtsprechung der Instanzgerichte um eine **restriktivere Auslegung** der essential facilities doctrine. Es bildete sich eine Zweiteilung der darunter fallenden Sachverhalte heraus, indem zwischen der gemeinsamen Kontrolle einer essential facility durch mehrere Unternehmen (multifirm combinations) und der Kontrolle durch ein einzelnes Unternehmen (single firm conduct) differenziert wurde. Während für die An-

---

[1213] Aspen Skiing Co. v. Aspen Highlands Skiing Corp. 472 U. S. 585 (1985). Siehe allg. zu diesem Urteil Ahern 63 Antitrust Law Journal S. 153 (1994). Die berufungsgerichtliche Entscheidung in 738 F. 2d 1509, 1520 f. (10th Cir. 1984) beruhte ua auf der essential facilities–doctrine (Skilift als wesentliche Einrichtung).

[1214] MCI Communications Corp. v. American Tel. & Tel., Co. 708 F. 2d 1081, 1132 f. (7th Cir. 1982); cert. denied 464 U. S. 891 (1983); appeal after remand 748 F. 2d 799 (7th Cir. 1984).

[1215] MCI Communications Corp. v. American Tel. & Tel., Co. 708 F. 2d 1081, 1132 f. (7th Cir. 1982).

[1216] Klaue RdE 1996, 51 (54); Schwintowski WuW 1999, 842 (847).

[1217] Vgl. U. S. v. Colgate, 250 U. S. 300, 307 (1919): „In the absence of any purpose to create or maintain a monopoly, the [Sherman] act does not restrict the long recognized right of trader or manufacturer engaged in an entirely private business, freely to exercise his own independent discretion as to parties with whom he will deal".

[1218] So Markert FS Mestmäcker, 1996, 661 (667). Vgl. aber MCI Communications Corp. v. American Tel. & Tel., Co. 708 F. 2d 1081, 1137 (7th Cir. 1983); Illinois ex rel. Burris v. Panhandle E. pie Line Co. 935 F. 2d 1469, 1484 (7th Cir. 1991); City of Anaheim v. Southern Cal. Edison Co. 955 F. 2d 1373, 1381 (9th Cir. 1992); City of Chanute v. Williams Natural Gas Co. 955 F 2d 641, 648 (10th Cir. 1991): Rechtfertigung auf Grund von Regulierungszwecken. Noch weitergehend Börner DAJV-Newsletter 1999, 73 (84).

[1219] S. die eingehende Analyse bei Markert FS Mestmäcker, 1996, 661 (668 ff.).

[1220] Areeda 58 Antitrust Law Journal S. 841 (1990).

wendung der Fallgruppe der multifirm combinations eine niedrigere Eingriffsschwelle auf dem abgeleiteten Markt genügt,[1221] setzt die zweite Fallgruppe eine den Wettbewerb ausschließende Marktmacht auf dem abgeleiteten Markt voraus.[1222] Weitergehend wird eine Einengung des Anwendungsbereiches der essential facilities doctrine auf natürliche, rechtlich abgesicherte oder staatlich unterstützte Monopolstellungen gefordert.[1223] Diese Entwicklung gipfelte in den **Zweifeln** des 7th Circuit **an der Existenzberechtigung** der essential facilities doctrine.[1224] Die weitere US-amerikanische Praxis bestätigte die normativen Zweifel. Klagen unter Berufung auf die essential facilities doctrine hatten nur in seltenen Fällen Aussicht auf Erfolg.[1225] Ihren bisherigen Höhepunkt fand die Entwicklung im Jahr 2004 durch die **„Trinko"**-Entscheidung des US Supreme Court.[1226] In dieser schlossen die Richter zwar nicht aus, dass ein unilateral refusal to deal kartellrechtswidrig sein kann, distanzierten sich jedoch ausdrücklich vom Begriff der essential facilities doctrine und der vorausgegangenen Anwendung in der Instanzrechtsprechung. Unter welchen Voraussetzungen ein Anspruch von Wettbewerbern auf Zugang zu bestimmten Einrichtungen besteht, ist in den USA daher nach wie vor umstritten.[1227] In jüngerer Zeit ist allerdings im Zuge der Überwindung des lange Jahre vorherrschenden laissez-faire-Ansatzes der Chicago School und der Entwicklung der sog. **Neo-Brandeis-Bewegung**[1228] wieder mit einer strenger werdenden Anwendungspraxis der US-amerikanischen Wettbewerbsbehörden zu rechnen. In diesem Zusammenhang scheint auch die essential facilities doctrine vor einer Wiederbelebung zu stehen, insbesondere soweit es um die Bekämpfung der wettbewerblichen Gefahren durch große Digitalkonzerne und die von ihnen beherrschten Plattformen geht.[1229]

**b) Herausbilung im europäischen Kartellrecht.** Anders stellt sich die Entwicklung **258** der facilitiesessential facilities doctrine in den Europäischen Gemeinschaften dar.[1230] Die Kommission hat in ihren drei **Hafen-Entscheidungen** aus den Jahren 1992 und 1994 dem Wortlaut nach die facilitiesessential facilities doctrine des US-amerikanischen antitrust law als Konkretisierung des Missbrauchsverbots in den heutigen Art. 102 AEUV ausdrücklich rezipiert. In der Formulierung der Tatbestandsvoraussetzungen lehnt sie sich in Grundzügen an das US-amerikanische Vorbild an.[1231] Gemeinsamer Ausgangspunkt der drei Entscheidungen war das Zugangsbegehren von Fährschiffunternehmen zu Hafenanlagen, die im Eigentum direkter Konkurrenten standen. Bestätigung fand diese Kommissionspraxis jedenfalls teilweise in den Entscheidungen des EuGH in den Verfahren **„Magill"**,[1232]

---

[1221] Alaska Airlines v. United Airlines, Inc. 948 F. 2d 536, 542 (9th Cir. 1991); Areeda 58 Antitrust Law Journal S. 841, 842 ff. (1990).
[1222] Alaska Airlines v. United Airlines, Inc. 948 F. 2d 536, 546 (9th Cir. 1991).
[1223] Twin Laboratories, Inc. v. Weider Health & Fitness 900 F. 2d 566, 569 (2d Cir. 1990).
[1224] Blue Cross & Blue Shield v. Marshfield Clinic 65 F. 3d 1406, 1412 f. (7th Cir. 1995). Nach der Analyse weiterer neuerer Entscheidungen bei Börner (DAJV-Newsletter 1999, 73 (83 ff.)) wird die essential facilities-doctrine nur noch als eine Facette der Monopolisierung gem. Sec. 2 Sherman Act ohne eigenen Gehalt angesehen.
[1225] Siehe Börner DAJV-Newsletter 1999, 73 (83).
[1226] Verizon Communications, Inc. v. Law Offices of Curtis V. Trinko, LLP, 540 U. S. 398 (2004).
[1227] Ähnlich Emmerich in Dauses/Ludwigs EU-Wirtschaftsrecht AEUV Art. 102 (EL 41, Stand: 2017) Rn. 113.
[1228] Hierzu ausführlich und sehr instruktiv Fiebig/Gerber ZWeR 2021, 460 ff.
[1229] Vgl. hierzu Guggenberger in FS Ebke, 2021, S. 281 ff. mwN.
[1230] Vgl. dazu umfassend Beckmerhagen S. 207 ff.; Fuchs → AEUV Art. 102 Rn. 331 ff. jeweils mwN.
[1231] Vgl. Kommission 21.12.1993 – COMP IV/34.689, ABl. 1994 L 15, 8 Rn. 66 – Sea Containers/Stena Sealink; ähnlich Kommission 21.12.1993, ABl. 1994, 55, 52 Rn. 12 – Hafen von Rødby; Kommission 11.6.1992 –, XXII. Bericht über die Wettbewerbspolitik 1992 Rn. 219 = Bulletin der EG Nr. 61992 Rn. 1.3.30 – B&I/Sealink (Holyhead). Vgl. auch ausf. Kommission, Mitteilung über die Anwendung der Wettbewerbsregeln auf Zugangsvereinbarungen im Telekommunikationsbereich, ABl. 1998 C 265, S. 2 Rn. 87 ff.
[1232] Siehe EuGH 6.4.1995 – C-241/91 und C-242/91, Slg. 1995, I-743 (808) = EuZW 1995, 339 – RTE u. ITP/Kommission (mAnm Bechtold). Vgl. beispielhaft auch Deselaers EuZW 1995, 563; Montag EuZW 1997, 71.

„Oscar Bronner"[1233] und „IMS Health"[1234] sowie des EuG im Fall **Microsoft**.[1235] Neben einer allgemein auf Art. 102 AEUV gestützten facilitiesessential facilities doctrine findet sich derselbe Rechtsgedanke in zahlreichen Richtlinien und Verordnungen für die Sektoren digitale Fernsehverbreitung, Energie, Verkehr und Telekommunikation wieder.[1236] In diesen Sektoren liegt der Wirkungsschwerpunkt in der Rechtsanwendungspraxis.[1237] So hat die Kommission in den Jahren 2008 bis 2010 in mehreren Verfahren die Zurückhaltung von Transportkapazitäten für Erdgas durch marktbeherrschende Netzbetreiber nach Art. 102 AEUV und den Grundsätzen der essential facilities doctrine untersucht. Auch wenn diese Verfahren mit einer Verbindlicherklärung von Verpflichtungszusagen nach Art. 9 Abs. 1 VO 1/2003 und damit ohne förmliche Missbrauchsfeststellung abgeschlossen wurden, brachte die Kommission dadurch zum Ausdruck, dass die privilegierte Zuweisung von Transportkapazitäten an konzernverbundene Unternehmen zu einer missbräuchlichen Lieferverweigerung gegenüber externen Nachfragern führen kann.[1238]

**259**     **c) Regelungsansätze im deutschen Recht.** Im deutschen Recht fanden sich schon vor der zum 1.1.1999 in Kraft getretenen 6. GWB-Novelle Vorschriften für einzelne Wirtschaftssektoren, deren Inhalt auf den Rechtsgedanken der essential facilities doctrine zurückzuführen ist. Im Unterschied zu der allgemeinen Zugangsregelung in § 19 Abs. 2 Nr. 4 (sog. light-handed regulation) spricht man hier von Re-Regulierung. Zu nennen sind Zugangsregelungen im Eisenbahn-, Telekommunikations-, Energie-, Flugverkehr- und Postsektor.[1239] Im Kern handelt es sich bei diesen **sektorspezifischen Zugangsregelungen** aber ebenfalls um Recht gegen Wettbewerbsbeschränkungen.[1240] Mittlerweile sind noch Zugangsregelungen im Bereich der digitalen Fernsehverbreitung hinzugekommen, die die Weiterverbreitung in Fernsehkabelnetzen, über technische Plattformen und über Programm- und Vermarktungsplattformen betreffen.[1241]

**260**     **3. Wettbewerbspolitische Grundlagen.** Die essential facilities doctrine führt in der praktischen Rechtsanwendung zur Schaffung von Wettbewerb mittels Änderung der Marktstruktur.[1242] Grundsätzlich ist dies zwar kaum mit einem ergebnisoffenen Wett-

---

[1233] Siehe EuGH 26.11.1998 – C-7/97, Slg. 1998, I-7791 (7817) = WuW EU-R 127 = EuZW 1999, 86 mAnm Ehle = EWiR 1999, 123 mAnm Lampert – Oscar Bronner. Vgl. dazu Schlussanträge des Generalanwalts Jacobs Slg. 1998, I-7794; Fleischer/Weyer WuW 1999, 350; Scherer MMR 1999, 315; Montag/Leibenath EWS 1999, 281; Treacy ECLR 1998, 501; Lampert NJW 1999, 2235; in dem Fall verneinte das Gericht einen Anspruch einer Tageszeitung auf Mitbenutzung des einzigen landesweit existierenden Hauszustellungssystems einer anderen Tageszeitung.

[1234] EuGH 29.4.2004 – C-418/01, Slg. 2004, I-5039 – IMS Health.

[1235] EuG 17.9.2007 – T-201/04, Slg. 2007 II.014191 – Microsoft.

[1236] Siehe beispielsweise RL über den Zugang zu elektronischen Kommunikationsnetzen und zugehörigen Einrichtungen sowie deren Zusammenschaltung (Zugangs-RL 2002/19/EG) v. 7.3.2002 ABl. 2002 L 108, 7 iVm der RL über einen gemeinsamen Rechtsrahmen für elektronische Kommunikationsnetze und -dienste (Rahmen-RL 2002/21/EG) v. 7.3.2002 ABl. 2002 L 108, 33; Art. 11 Postdienstbinnenmarkt-RL 97/67/EG v. 15.12.1997 ABl. 1998 L 15, 14, geändert durch RL 2002/39/EG v. 10.6.2002 ABl. 2002 L 176, 21 und Verordnung (EG) Nr. 1882/2003 v. 29.9.2003 ABl. 2003 L 284, 1 sowie RL 2008/6/EG des Europäischen Parlaments und des Rates vom 20.2.2008, ABl. 2008 L 52, 3; Art. 20 RL 2003/54/EG v. 26.6.2003 über gemeinsame Vorschriften für den Elektrizitätsbinnenmarkt und zur Aufhebung der RL 96/92/EG ABl. 2003 L 176, 37; Art. 6, 7, 8, 16 Flughafendienste-RL 96/67/EG v. 15.10.1996 ABl. 1996 L 272, 36.

[1237] Vgl. Möschel WuW 1999, 832; Paulweber/Weinand EuZW 2001, 232 (237 ff.).

[1238] KOMM. 18.3.2008 – COMP/39.402 Rn. 22–28 – Gasmarktabschottung durch RWE; KOMM. 3.12.2009 – COMP/39.316 Rn. 24–36 – Gaz de France; KOMM. 4.5.2010 – COMP/39.317 Rn. 31–41 – E.ON Gas; KOMM. 29.9.2010 – COMP/39.315 Rn. 39–54 – ENI; umfassend dazu Fuchs → AEUV Art. 102 Rn. 339.

[1239] §§ 10 und 11 ERegG, § 21 TKG, § 20 EnWG, § 9 BADV, §§ 28 und 29 PostG.

[1240] Zu eng aber RegTP v. 21.2.2000 DE-V 217 (222) – Fakturierung (§ 33 Abs. 1 TKG statt Spezialgesetz nur Ergänzung zu § 19 aF).

[1241] §§ 51b und 52c RStV 2013; vgl. auch § 7 des Gesetzes über die Anwendung von Normen für die Übertragung von Fernsehsignalen (FÜG, seit 25.6.2004 außer Kraft) und § 50 TKG.

[1242] Dazu auch Gabler Schaffung und Erhaltung von Wettbewerb auf Energiemärkten S. 168 ff.

bewerbsverständnis vereinbar. Eine positiv gestaltende Funktion ist nur schwer in den herkömmlichen Maßnahmenkatalog des Gesetzes gegen Wettbewerbsbeschränkungen einzuordnen. Dem Wettbewerbsrecht kommt allerdings neben den traditionellen schützenden und neutralisierenden Elementen auch die **Aufgabe der Initiierung und Förderung von Wettbewerbsprozessen** zu.[1243] Eine tragfähige Begründung für die Einführung einer essential facilities doctrine zur Förderung von Wettbewerb ergibt sich jedoch erst aus dem **Zusammentreffen von nachhaltig verfestigten Marktstrukturen und einer vertikal integrierten Unternehmensstruktur.**[1244] Kennzeichnend sind Situationen, in denen der Zugriff eines Konkurrenten auf Ressourcen des Marktbeherrschers für das Entstehen von Wettbewerb unvermeidlich ist. Man spricht in diesem Zusammenhang plastisch von strategischen Engpasseinrichtungen (sog. bottleneck resources) bzw. der Existenz eines **bottleneck monopoly.** Über diesen engen Bereich hinaus ist grundsätzlich auf die Selbstheilungskräfte des Wettbewerbs zu vertrauen.

Eine nachhaltig verfestigte Marktstruktur kann aus unterschiedlichen Gründen bestehen. **261** Aus volkswirtschaftlicher Sicht wird meist die neuere **Theorie des natürlichen Monopols** herangezogen, die einen aus Kostengründen nicht wettbewerblich organisierbaren Markt beschreibt und als klassische wettbewerbspolitische Begründung für wettbewerbsrechtliche Ausnahmebereiche dient. Sie wird ergänzt um die **Theorie angreifbarer Märkte** (theory of contestable markets).[1245] Nach diesem – in seinem praktischen Wert umstrittenen – Konzept kann potentieller Wettbewerb unter bestimmten Voraussetzungen zu denselben Ergebnissen wie aktueller Wettbewerb führen. Daraus ergibt sich eine erwünschte Beschränkung der staatlichen Regulierung auf nicht-angreifbare, natürliche Monopole (sog. disaggregierter Regulierungsansatz).[1246] Eine besondere Bedeutung kommt dabei den sog. Netzindustrien zu. **Materielle Netze** wie die Energie-, Verkehrs- und – mit Einschränkungen – Telekommunikationsnetze sind auf Grund ihrer ökonomischen Gemeinsamkeiten der verbreitetste Anwendungsfall der Theorie der natürlichen Monopole.[1247] Davon zu trennen sind **virtuelle Netze** (sog. Netzwerkeffekte). Sie werfen – soweit positive Netzwerkexternalitäten vorhanden sind – das ökonomisch anders geartete **Problem der Standardisierung** auf.[1248]

Weitere Gründe für die Herausbildung verkrusteter Marktstrukturen können in der **262** **Existenz von Netzwerkexternalitäten** sowie eines **Potentials zu strategischen Gegenmaßnahmen in Verbundstrukturen** liegen. Insbesondere im Übergang von einer regulated industry zu einem wettbewerblich organisierten Wirtschaftssektor ist es mit einem bloßen Beiseiteräumen von Hindernissen angesichts der erheblichen Behinderungsmöglichkeiten der „alten" Monopolisten nicht getan.[1249] Schließlich können **Informationsasymmetrien** die Offenlegung von unternehmenseigenen Daten und Informationen zur Schaffung von Wettbewerb erforderlich machen.

Daneben ist in der Regel eine **vertikal integrierte Unternehmensstruktur** erforder- **263** lich. Das monopolistische, einen verfestigten Markt kontrollierende Unternehmen hat in diesem Fall ein ökonomisches Interesse daran, den Wettbewerb auf dem abgeleiteten Markt mittels seiner Marktmacht auszuschließen. Für die aktuellen und potentiellen Wettbewerber

---

[1243] Grundlegend Bartling, Leitbilder der Wettbewerbspolitik, 1980, S. 59 ff. und 108 ff. Siehe auch Möschel WuW 1999, 832 (838); Möschel in Ordnung in Freiheit, 1992, S. 61, 73 f.

[1244] Hohmann S. 106 ff.; aA Schwintowski WuW 1999, 842 (848 ff.), der allein auf die Verhinderung eines Marktmachttransfers zur Monopolisierung eines abgeleiteten Marktes abstellt.

[1245] Grundlegend Baumol/Panzar/Willig, Contestable Markets and The Theory of Industry Structure, 1982; vgl. dazu auch Schalast/Abrar ZWeR 2009, 86 (87).

[1246] Blankart/Knieps Jahrbuch für Neue Politische Ökonomie 1992, 73 (76 ff.).

[1247] Vgl. v. Weizsäcker WuW 1997, 572 ff.; Schalast/Abrar ZWeR 2009, 86 f.

[1248] S. zu der Unterscheidung von materiellen und virtuellen Netzen aus ökonomischer Sicht Blankart/Knieps Jahrbuch für Neue Politische Ökonomie 1992, 73 (74 ff.). Zur ökonomischen Theorie der Netzwerkeffekte Thum, Netzwerkeffekte, Standardisierung und staatlicher Regulierungsbedarf, 1995.

[1249] Möschel WuW 1999, 832 (836 ff.); Möschel in Ordnung in Freiheit S. 61, 73 f.; Paulweber/Weinand EuZW 2001, 232 (234).

stellt sich die Problematik des Zugangs zu dem Markt des Monopolisten, um auf dem abgeleiteten Markt überleben zu können. Eine ursachenadäquate Lösung des wettbewerbspolitischen Problems bietet neben einer Entflechtung der vertikal integrierten Unternehmensebenen die essential facilities doctrine an.[1250]

**264**  **Ordnungspolitische Probleme** einer Rechtsanwendung der essential facilities doctrine entstehen aus der statischen Betrachtung einer verfestigten Monopolstellung. Veränderungen im Konsumverhalten der Verbraucher, technischer Fortschritt und Konvergenz der Verwendungsmöglichkeiten von Netzen können monopolistische Marktstrukturen entfallen lassen.[1251] Weitergehend kann eine verstärkte Rechtsanwendung der essential facilities doctrine zu **Anreizverlusten** bei potentiellen Inhabern von wesentlichen Einrichtungen und zu einer Behinderung des technischen Fortschritts führen.[1252] In einem wettbewerblichen Bezugssystem lässt sich das auf folgenden Nenner bringen: Die essential facilities doctrine bevorzugt den sog. Intra-Systemwettbewerb zwischen den auf derselben Einrichtung basierenden Diensten. Langfristig wird im Gegenzug der Wettbewerb zwischen verschiedenen Einrichtungen unterdrückt (sog. Inter-Systemwettbewerb). Es entsteht ein Spannungsverhältnis von langfristigen Effizienzverlusten und kurzfristigen Effizienzgewinnen. Ein regulierender Eingriff in ein Wettbewerbssystem ist nur gerechtfertigt, soweit die Strukturen derart längerfristig vermachtet sind, dass bei vernünftiger Betrachtung erhebliche Effizienzverluste nicht zu erwarten sind. **Erforderlich ist daher eine gewisse Nachhaltigkeit der verfestigten Monopolstellung.**[1253] In einer notwendigerweise auf den Wettbewerb als dynamisches System ausgerichteten Rechtsanwendung muss die zeitliche Dimension der zukünftigen Marktentwicklung im Rahmen der Auslegung Beachtung finden.

## II. Normzweck, Entstehungsgeschichte und Bedeutung der Regelung

**265**  Aus der wettbewerbspolitischen Legitimation einer essential facilities doctrine kann der **Schutzzweck der Zugangsregelung** gem. § 19 Abs. 2 Nr. 4 abgeleitet werden. Entscheidend ist der aus der Verknüpfung einer vertikalen Integration und einer verfestigten Marktstruktur folgende Ausschluss von Wettbewerb auf den vor- oder nachgelagerten Märkten. Es geht um die **Ermöglichung von Wettbewerb auf dem vom Zugangsobjekt abgeleiteten Markt.**[1254] Dies entspricht dem Willen des Gesetzgebers bei der 6. GWB-Novelle[1255] und bleibt auch nach Ausweitung der Regelung durch die 10. GWB-Novelle weiterhin maßgeblich, ging es dem Gesetzgeber hier doch um die Überwindung des engen Verständnisses einer missbräuchlichen Zugangsverweigerung vor allem bei physischen Infrastruktureinrichtungen.[1256] Die Neufassung des § 19 Abs. 2 Nr. 4 soll „mit ihrer offenen Formulierung klarstellen, dass auch eine Verweigerung des Zugangs zu Plattformen oder Schnittstellen missbräuchlich sein kann, ebenso die Verweigerung der Lizensierung von Immaterialgüterrechten".[1257] Darüber hinaus wollte der Gesetzgeber der „Digitalisierungsnovelle" verdeutlichen, dass auch die Verweigerung des Zugangs zu wettbewerbsrelevanten Daten Ausdruck eines Marktmachtmissbrauchs sein kann.[1258] Insoweit steht die exemplarische Erwähnung von **Daten als Zugangsobjekt** im Kontext mit

---

[1250] Krit. zur Rezeption der essential facilities doctrine aus dem US-amerikanischen Antitrust Law Klaue RdE 1996, 51 (52 ff.); Börner DAJV-Newsletter 1999, 85; einschränkend Schwintoski WuW 1999, 842 (843 ff.). Diese Kritik übersieht aber ua den höchstrichterlichen Entscheidungsbedarf für wettbewerbsbegründende Durchleitungen im nationalen Energiesektor und „Netzzugangsverfügungen" im nationalen Telekommunikationsrecht.

[1251] Kruse/Kiessling Jahrbuch für Neue Politische Ökonomie 1997, 17 ff.

[1252] Vgl. Schwarze S. 11, 21; v. Wallenberg K&R 1999, 152 (155).

[1253] Eingehend Hohmann S. 114 ff.

[1254] Hohmann S. 126 ff.

[1255] Begr. 1998 S. 36 und 51; Bundesrat Stellungnahme BT-Drs. 13/9720, 73 und 74.

[1256] BegrRegE BT-Drs. 19/23492, 72.

[1257] BegrRegE BT-Drs. 19/23492, 72.

[1258] BegrRegE BT-Drs. 19/23492, 72. Näher zu den unterschiedlichen Fassungen im Verlauf des Gesetzgebungsverfahrens Brenner in Bien/Käseberg/Klumpe/Körber/Ost 10. GWB-Novelle Kap. 1 Rn. 69 ff.

anderen Regelungen wie die generelle Berücksichtigung des Zugangs zu wettbewerbs-relevanten Daten bei der Bewertung der Marktstellung eines Unternehmens (§ 18 Abs. 3 Nr. 3) und die Etablierung eines neuen Tatbestands der datenbedingten Abhängigkeit mit der Folge eines möglichen Zugangsanspruchs schon bei relativer Marktmacht (§ 20 Abs. 1a) im Rahmen des Behinderungsverbots für marktstarke Unternehmen.

Unberührt bleibt dagegen die Monopolstellung auf dem (hypothetischen) Markt für die **266** Mitbenutzung der begehrten Ressource. Dabei dient die essential facilities doctrine gerade auch dazu, den **Zugang zu bislang nur unternehmensintern genutzten Einrichtungen oder Ressourcen** für andere Unternehmen zu öffnen, um damit auf einem abgeleiteten Markt Wettbewerb zu ermöglichen. Hier liegt sogar der eigentliche Kern und ureigene Anwendungsbereich der essential facilities doctrine. Denn in den Fällen, in denen der Marktbeherrscher die begehrte Einrichtung oder Ressource ohnehin dritten Unternehmen (gegen angemessenes Entgelt) zur Verfügung stellt, also Marktbeziehungen bereits bestehen, lässt sich die ohne sachlichen Grund erfolgende Verweigerung des Zugangs für andere Petenten bereits über das Diskriminierungs- und Behinderungsverbot des § 19 Abs. 2 Nr. 1 erfassen.[1259] Für die essential facilities doctrine dagegen genügt, dass für den begehrten Input ein **hypothetischer Markt** existiert, der von dem Unternehmen kontrolliert wird, das über die fragliche Ressource verfügt. Bei der Erweiterung des Zugangsanspruchs zu Daten auch gegenüber marktstarken Unternehmen hat der Gesetzgeber dies klargestellt, wenn auch unter dem Blickwinkel einer unbilligen Behinderung nach § 20 Abs. 1, Abs. 1a iVm § 19 Abs. 1, Abs. 2 Nr. 1: „Dies gilt auch dann, wenn ein Geschäfts-verkehr für diese Daten bislang nicht eröffnet ist" (§ 20 Abs. 1a S. 3). Diese Aussage gilt jedoch gleichermaßen im Rahmen des § 19 Abs. 2 Nr. 4 und auch für andere Zugangs-objekte als Daten. Entscheidend ist letztlich nur, dass die Zugangsgewährung für eine Tätigkeit des Petenten auf dem abgeleiteten Markt objektiv notwendig ist und seine Ver-weigerung den wirksamen Wettbewerb auf diesem Markt auszuschalten droht (näher zu den Tatbestandsvoraussetzungen des § 19 Abs. 2 Nr 4 → Rn. 273 ff.).

Vor diesem Hintergrund lässt sich die Frage nach dem Schutzobjekt beantworten. Die **267** Förderung von Wettbewerb als eigenständiges wettbewerbspolitisches Anliegen hat **primär den Schutz des Wettbewerbs als Institution** im Auge.[1260] Dem Zugangsbegehren des einzelnen Unternehmers kommt angesichts des schweren Eingriffs in die Rechte des Inhabers der Infrastruktureinrichtung bzw. sonstigen Ressource eine Hilfsfunktion zu. Die Regelung beabsichtigt, nur Zugangsverweigerungen als missbräuchlich zu erfassen, die **für eine Aufrechterhaltung oder Eröffnung von Wettbewerb auf einem abgeleiteten Markt objektiv notwendig** sind. Entgegen der früheren Gesetzesfassung ist die Schutz-richtung dabei nicht mehr auf das horizontale Verhältnis der Zugangspetenten zum Markt-beherrscher beschränkt.[1261] Das Erfordernis, „auf dem vor- oder nachgelagerten Markt als Wettbewerber des Marktbeherrschers tätig zu werden" (Abs. 2 Nr. 4 aF) ist seit der 10. GWB-Novelle weggefallen. Die offenere Formulierung, „um auf einem vor- oder nach-gelagerten Markt tätig zu sein", ermöglicht die Anwendung der Norm auch in den Fällen, in denen der fragliche Input nicht nur für den vom Marktbeherrscher bedienten Markt, sondern auch für den Zutritt zu anderen Märkten benötigt wird, auf denen dieser (noch) gar nicht tätig ist. Der **Verzicht auf das Erfordernis eines Wettbewerbsverhältnisses zum Normadressaten** ist uneingeschränkt zu begrüßen, denn damit wird das Schutz-anliegen der essential facilities doctrine umfassend verwirklicht.[1262]

[1259] Vgl. zu missbräuchlichen Lizenzverweigerungen auf dieser Grundlage zB BGH 13.7.2004 – KZR 40/02, GRUR 2004, 966 – Standard Spundfass; BGH 27.3.2012 – KZR 108/10, GRUR 2012, 1062 – Elektronischer Programmführer; näher hierzu Weber S. 294 ff., 298 ff.

[1260] Ebenso Klaue S. 23, 27 f.

[1261] Zur horizontalen Schutzrichtung der früheren Fassung des § 19 Abs. 2 Nr. 4 s. Bundesrat Stellung-nahme BT-Drs. 13/9720, 73; Voraufl. § 19 Rn. 263, 274, 288, 317.

[1262] Zuvor musste für solche Fälle, sofern nicht das Diskriminierungsverbot des § 19 Abs. 2 Nr. 1 ein-schlägig war, auf die Generalklausel nach § 19 Abs. 1 zurückgegriffen werden, um die missbräuchliche Zugangsverweigerung gegenüber Nicht-Wettbewerbern zu erfassen, s. Voraufl. § 19 Rn. 317 mwN.

**268**    Der Tatbestand knüpft primär an die Markt- und Unternehmensstruktur an. Analytisches Hilfsmittel ist die im US-amerikanischen Antitrust Law entwickelte gegenstandsbezogene essential facilities doctrine. Die Zugangsgewährung als Sanktion ist ein Verhaltenseingriff mit einer ähnlichen strukturellen Wirkung wie eine partielle Entflechtung. Insoweit kann die Zugangsregelung als **verhaltensgebundene Marktstrukturkontrolle** charakterisiert werden.[1263] Im Unterschied zur Fusionskontrolle werden positiv-gestaltende, dauerhaft vollziehbare Verhaltensanordnungen getroffen. Netze, Infrastruktureinrichtungen oder sonstige Inputs werden aber – anders als bei den meisten sektorspezifischen Zugangsregelungen – **keiner Dauerregulierung** unterworfen. Es handelt sich hier um eine sogenannte bottleneck-Regulierung,[1264] die die Gewährung des Zugangs ua von der Existenz eines strategischen Engpassfaktors abhängig macht. Unter verfassungsrechtlichen Gesichtspunkten rechtfertigt die Förderung von Wettbewerb auf strukturell verfestigten Märkten einen Eingriff in die Grundrechte (Art. 12, 14 GG) des Inhabers einer für den Wettbewerb wesentlichen Ressource.[1265] Insbesondere die Zahlung eines angemessenen Zugangsentgelts spricht für die Annahme einer **verfassungsgemäßen ausgleichspflichtigen Inhalts- und Schrankenbestimmung der** daran bestehenden **Eigentumsgrundrechte**.[1266]

**269**    Die erstmalige explizite Normierung des Regelbeispiels der missbräuchlichen Zugangsverweigerung durch die **6. GWB-Novelle 1998** im damaligen § 19 Abs. 4 Nr. 4 (seit der 8. GWB-Novelle unverändert in § 19 Abs. 2 Nr. 4) stand in engem Zusammenhang mit Diskussionen über **sektorspezifische Zugangsregelungen** im Bereich der Energieversorgung.[1267] Als sich der Gesetzgeber damals bewusst entschied, die essential facilities doctrine insoweit auf Netze und (physische) Infrastruktureinrichtungen zu beschränken und insbesondere eine Anwendung des Regelbeispiels auf Immaterialgüterrechte auszuschließen,[1268] wies er dem Regelbeispiel letztlich eher die Funktion eines Auffangtatbestands zu, um auch neu entstehende Netzstrukturen mittels einer flexiblen und zukunftsgerichteten Norm zu erfassen.[1269] Die **Entscheidungspraxis zu § 19 Abs. 2 Nr. 4 aF** betraf dementsprechend insbes. Stromdurchleitungsnetze,[1270] Fähranlagen,[1271] Mobilfunk und Telekommunikation,[1272] Fahrplanauskunftssysteme[1273] und Kartenvorverkaufsnet-

---

[1263] Hohmann S. 130 ff.

[1264] Martenczuk/Thomaschki RTkom 1999, 15 (23).

[1265] Eingehend Hohmann S. 138 ff. S. zur verfassungsrechtlichen Diskussion um die Stromdurchleitung Papier BB 1997, 1213; Schmidt-Preuß AG 1996, 1 (5 ff.); Schmidt-Preuß RdE 1996, 1; Fehling AöR 1996, 59 (90 ff.); Hermes S. 477 ff.; Hölzer, Der Energiesektor zwischen Marktwirtschaft und öffentlicher Aufgabe, 2000, S. 250 ff.; vgl. auch die Diskussion um die verfassungsrechtliche Zulassung eines entbündelten Zugangs im Telekommunikationsrecht bei Stern/Dietlein ArchivPT 1998, 309 und RTkom 1999, 2; Märkl, Netzzusammenschaltung in der Telekommunikation, 1999, S. 295 ff.

[1266] Siehe Schmidt-Preuß, Substanzerhaltung und Eigentum, 2003, der versucht, den Schutz durch die Eigentumsfreiheit für den konkreten Inhalt und die konkrete Höhe des Netznutzungsentgeltes nach § 19 Abs. 2 Nr. 4 fruchtbar zu machen.

[1267] Näher zu den Hintergründen und Entwurfsfassungen Fuchs in Immenga/Mestmäcker, 6. Aufl. 2020, Rn. 265.

[1268] BegrRegE BT-Drs. 13/9720, 79 f.

[1269] Vgl. Bundesrat Stellungnahme BT-Drs. 13/9720, 73 f. und Voraufl. → § 19 Rn. 263 aE; näher zur Entstehungsgeschichte des Abs. 2 Nr. 4 aF Fuchs in Immenga/Mestmäcker, 6. Aufl. 2020, Rn. 265 mwN.

[1270] BKartA 30.8.1999 –B8-40100-T-99/99, WuW/E DE-V 149 – Berliner Stromdurchleitung; BKartA 14.2.2003 – B11-45/01, WuW/E DE-V 722 – TEAG; BKartA 17.4.2003 – B19-40100-T-38/07, ZNER 2003, 263 – Stadtwerke Mainz; BKartA 8.10.2003 – B11-12/03, WuW/E DE-V 811 – Mainova = „GETEC" net. S. aus der Rspr. insbes. OLG Düsseldorf 11.6.2003 – KZR 39/02, WuW/E DE-R 1305 – Stromcontracting; BGH 28.6.2005 – KVR 27/04, WuW/E DE-R 1520 – Mainova = „Arealnetz".

[1271] BKartA 21.12.1999 – B9-63220-T-199/97 und T-16/98, WuW/E DE-V 253 – Puttgarden; hierzu Monopolkommission Hauptgutachten XIII. Rn. 440 ff.; BGH 24.9.2002 – KVR 15/01, WuW/E DE-R 979 – Fährhafen Puttgarden; BGH 11.12.2012 – KVR 7/12, WuW/E DE-R 3821 = NZKart 2013, 160 – Fährhafen Puttgarden II; OLG Düsseldorf 10.6.2010 – Kart 1/10 (V), WuW/E DE-R 2941 – Fährhafen Puttgarden II.

[1272] KG 15.1.2004 – 2 U 28/03 Kart, WuW/E DE-R 1274 – GSM-Gateway; OLG Düsseldorf 24.3.2004 – U (Kart) 35/03, MMR 2004, 618 – Terminierung; OLG München 22.4.2004 – U (K) 1582/04, WuW/E DE-R 1270 – GSM-Wandler.

[1273] KG 26.6.2003 – 2 U 20/02 Kart, WuW/E DE-R 1321 – Gera-Rostock.

ze.[1274] Wegen zahlreicher neuerer sektorspezifischer Regelungen des Netzzugangs[1275] hatte § 19 Abs. 2 Nr. 4 aF zwischenzeitlich an praktischer Bedeutung verloren. Insbesondere für den Netzzugang im Bereich der Strom- und Gasnetze sind die Regelungen des EnWG vorrangig (§ 111 Abs. 1 S. 1 EnWG, § 185 Abs. 3 GWB) (näher zum Verhältnis des § 19 Abs. 2 Nr. 4 zu den sektorspezifischen Zugangsregelungen → Rn. 365 ff.).

Mit der als GWB-Digitalisierungsgesetz[1276] bezeichneten **10. GWB-Novelle 2021** ist **270** auch die essential facilities doctrine gewissermaßen digitalisiert worden. Der Novelle gingen mehrere Studien über die hohe wettbewerbliche Bedeutung von Daten und daher auch das moderne Wettbewerbsrecht voraus.[1277] Dementsprechend hat der Gesetzgeber nicht nur bei der Neufassung des § 19 Abs. 2 Nr. 4, sondern auch bei an anderen Neuregelungen (vgl. §§ 18 Abs. 3 Nr. 3, 20 Abs. 1a) einen **Schwerpunkt** auf den **Zugang zu Daten** gelegt. Diese Erweiterung ist teilweise auf Kritik gestoßen, insbesondere die (vermeintlich) allgemeine Einordnung der Daten als essential facility trotz der Nichttrivialität von Daten.[1278] Bedenken wurden auch dahingehend geäußert, dass ein in seinem Anwendungsbereich zu weit gefasster Anspruch Innovationen und leistungsorientierten Wettbewerb behindern könne.[1279]. Dagegen wird von anderer Seite zu Recht betont, dass mit der Neufassung des § 19 Abs. 2 Nr. 4 **kein allgemeiner Datenzugangsanspruch geschaffen** worden sei, sondern lediglich ein Anspruch für wenige Sonderkonstellationen, in denen andernfalls auf einem nachgelagerten Markt kein wirksamer Wettbewerb gewährleistet werden könne,[1280]

Nicht zu verkennen ist freilich, dass die Änderungen im Wortlaut des § 19 Abs. 2 Nr. 4 **271** weit über die Aufhebung der Begrenzung des Anwendungsbereichs auf Netze und physische Infrastruktureinrichtungen hinausgehen. Die Modifikationen erschöpfen sich nicht in der **Erweiterung des Zugangsobjekts** und damit verbundenen redaktionellen Anpassungen, sondern erstrecken sich **auch** auf den **Zugangsgrund.** Der **Wegfall des Erfordernisses eines Wettbewerbsverhältnisses** mit dem Marktbeherrscher auf dem abgeleiteten Markt beseitigt die zuvor bestehende Begrenzung auf eine horizontale Schutzrichtung.[1281] Da es nicht mehr auf ein zumindest potentielles Wettbewerbsverhältnis zum Normadressaten ankommt, der die als Zugangsobjekt begehrte Ressource oder Einrichtung kontrolliert, sind Zugangsbegehren zu einem (hypothetischen) Markt ohne aktuelle Wirtschaftsaktivitäten und eigene Zutrittsambitionen des Normadressaten nunmehr eindeutig vom Schutzbereich des § 19 Abs. 2 Nr. 4 umfasst.[1282] Auch hinsichtlich des Zugangsobjekts müssen keine aktuellen Marktbeziehungen bestehen (→ Rn. 275, 335).

Diese wichtige Änderung im normativen Fundament des Regelbeispiels zur missbräuch- **272** lichen Zugangsverweigerung wird in der Gesetzesbegründung nicht explizit reflektiert. Ausweislich der Regierungsbegründung soll mit der Änderung eine Angleichung an die Praxis im Unionsrecht erreicht werden.[1283] Richtig ist zwar, dass nach den zu Art. 102 AEUV ergangenen Entscheidungen der Europäischen Kommission und der europäischen

---

[1274] OLG Hamburg 19.6.2002 – 5 U 28/02, WuW/E DE-R 1076 – Online-Ticketshop.

[1275] Vgl. hierzu nur Bechtold/Bosch § 19 Rn. 82; näher → Rn. 366 ff.

[1276] Gesetz zur Änderung des Gesetzes gegen Wettbewerbsbeschränkungen für ein fokussiertes, proaktives und digitales Wettbewerbsrecht 4.0 und anderer Bestimmungen (GWB-Digitalisierungsgesetz) v. 18.1.2021, BGBl I S. 2.

[1277] Schweitzer/Haucap/Kerber/Welker S. 128; Crémer/de Montjoye/Schweitzer, Competition policy for the digital era, S. 2 f., 73 f.; Furman et al., Unlocking digital competition – Report of the Digital Competition Expert Panel, S. 23 f.; Kommission Wettbewerbsrecht 4.0, Ein neuer Wettbewerbsrahmen für die Digitalwirtschaft, S. 35 f.

[1278] Polley/Kaup NZKart 2020, 113 (114).

[1279] Bitkom, Stellungnahme zur 10. GWB-Novelle, S. 24; Podszun, Die 10. Novelle des Gesetzes gegen Wettbewerbsbeschränkungen (GWB) – Stellungnahme für den Ausschuss für Wirtschaft und Energie des Deutschen Bundestages, 2020, S. 16.

[1280] Paal in BeckOK InfoMedienR, 33. Ed. 1.8.2021, Rn. 8; Körber MMR 2020, 290 (292).

[1281] S. dazu Voraufl. → § 19 Rn. 263, 274, 288, 317.

[1282] Bislang war das problematisch, diese Fälle konnten aber jedenfalls über die Generalklausel des § 19 Abs. 1 erfasst werden, s. Voraufl. → § 19 Rn. 273, 288.

[1283] BegrRegE BT-Drs. 19/23492, 72.

Gerichte in den Fällen Magill,[1284] Bronner,[1285] IMS Health[1286] und Microsoft[1287] als essential facility keine physische Infrastruktur vorausgesetzt wird.[1288] Der Wortlaut der Neuregelung in § 19 Abs. 2 Nr. 4 folgt aber nicht den Formulierungen der tatbestandlichen Voraussetzungen für eine missbräuchliche Zugangsverweigerung zu einer wesentlichen Einrichtung in den genannten Entscheidungen.[1289] Gleichwohl können und sollten bei der Auslegung der zum Teil sehr weit formulierten Tatbestandsvoraussetzungen der Neufassung des Regelbeispiels auch die Anforderungen der europäischen Gerichte im Rahmen einer normzweckorientierten Konkretisierung berücksichtigt werden.

## III. Tatbestandsvoraussetzungen

**273**    Trotz der weitreichenden Neuformulierung im Zuge der 10. GWB-Novelle bleibt die tatbestandliche Struktur des § 19 Abs. 2 Nr. 4 im Grundansatz durch fünf besondere Merkmale gekennzeichnet. Spezielle Anforderungen bestehen im Hinblick auf den Normadressaten und die betroffenen Märkte (→ Rn. 274 ff.), das Zugangsobjekt (→ Rn. 283 ff.), den Zugangsgrund (→ Rn. 328 ff.), die Zugangsbedingungen (→ Rn. 339 ff.) und die mögliche sachliche Rechtfertigung einer Zugangsverweigerung (→ Rn. 348 ff.).

**274**    **1. Normadressat und betroffene Märkte.** Eine mögliche Verpflichtung zur Zugangsgewährung trifft nur Unternehmen mit einer marktbeherrschenden Stellung. Das ergibt sich schon unmittelbar aus dem Wortlaut des § 19 Abs. 2 Nr. 4 iVm § 19 Abs. 1. Auf welchem der betroffenen Märkte die beherrschende Stellung vorliegen muss, bleibt aber offen und erschließt sich erst aus einer näheren Analyse der gesetzlichen Regelung.

**275**    **a) Unternehmensstruktur und relevante Märkte.** Ausgangspunkt für das Verständnis der tatbestandlichen Struktur ist das Vorliegen **zweier getrennter, aber in Beziehung zueinander stehender Märkte**: der **Markt für** die „essential facility", dh für das **Zugangsobjekt, und der** (von diesem) **abgeleitete** vor- oder nachgelagerte **Markt**. Ein eigenständiger Markt für den vom Normadressaten kontrollierten und vom Zugangspetenten begehrten Input, der für den Zutritt auf den abgeleiteten Markt benötigt wird, kann nicht mit der Erwägung infrage gestellt werden, dass die dafür notwendigen Waren oder gewerblichen Leistungen, insbes. die fragliche Infrastruktureinrichtung, das Netz oder die Daten, (bisher) nur vom Normadressaten selbst unternehmensintern genutzt werden, aber nicht für Dritte offenstehen.[1290] Denn dem steht der konträr auf die Initiierung von Wettbewerb gerichtete Schutzzweck des § 19 Abs. 2 Nr. 4 entgegen. Ein (hypothetischer) Markt für die Mitbenutzung der Infrastruktureinrichtung oder eine andere zum Eintritt in den abgeleiteten Markt erforderliche Ressource kann trotz fehlender tatsächlicher wirtschaftlicher Aktivitäten angenommen werden.[1291] Dieser Markt wird praktisch mit dem

---

[1284] EuGH 6.4.1995 – verb. Rs. C-241/91 P und C-242/91 P, ECLI:EU:C:1995:98 – Magill.

[1285] EuGH 26.11.1998 – C-7/97, ECLI:EU:C:1998:569 – Bronner.

[1286] EuGH 29.4.2004 – C-418/01, ECLI:EU:C:2004:257 – IMS Health.

[1287] EuG 17.9.2007 – T-201/04, ECLI:EU:T:2007:289 – Microsoft.

[1288] Schweitzer/Haucap/Kerber/Welker S. 132.

[1289] Krit. zum Aspekt der Angleichung an das Unionsrecht („überzogen") wegen der dort fehlenden gesetzlichen Normierung des Zugangs zu einer wesentlichen Einrichtung auch Podszun, Die 10. Novelle des Gesetzes gegen Wettbewerbsbeschränkungen (GWB) – Stellungnahme für den Ausschuss für Wirtschaft und Energie des Deutschen Bundestages, 2020, S. 15 f.

[1290] In diese Richtung aber Dreher DB 1999, 833 (835); für die essential facilities doctrine generell Markert FS Mestmäcker, 1996, 641 (670) Fn. 48; anders Markert BB 1997, 1421 (1423 f.); folglich kann die essential facilities doctrine dann nicht greifen, wenn es keinen vorgelagerten Markt gibt, wie etwa bei Ausrüsterverträgen im Sportbereich, dazu Grätz, Missbrauch der marktbeherrschenden Stellung durch Sportverbände, S. 301.

[1291] Ähnlich bereits zum Referentenentwurf, wo sich die anschließende Frage nach dem relevanten Markt für die marktbeherrschende Stellung noch nicht stellte Bunte WuW 1997, 302 (314 f.); ebenso zu § 19 Abs. 4 Nr. 4 aF BKartA 21.12.1999 – B 9–63220-T-199/97 und T-16/98, WuW/E DE-V 253 (256) – Puttgarden; Lutz RdE 1999, 102 (106); Weyer AG 1999, 257 (261). Ebenso unter Berücksichtigung der

Ersuchen auf Zugangsgewährung ins Leben gerufen. Die vom Zugangspetenten begehrte Ressource selbst muss allerdings bereits existieren. Ein Anspruch auf Schaffung einer neuen Einrichtung oder Bereitstellung eines Inputs, der so noch nicht verfügbar ist, besteht nicht.[1292] Auch für abgeleiteten Markt genügt ein **hypothetischer Markt**. Das folgt schon aus der von der Gesetzesbegründung in Bezug genommenen Rechtsprechung des EuGH zur essential facilities doctrine. Danach genügt es sogar dann, wenn Rechte geistigen Eigentums involviert sind, dass Zugang zu einem Input begehrt wird, der unerlässlich für die Hervorbringung eines neuen, noch nicht existierenden Produkts ist, für das ein hypothetischer Bedarf existiert.[1293] Im Gesetzestext hat dies im Rahmen der 10. GWB-Novelle ebenfalls seinen Niederschlag gefunden durch Streichung des Merkmals „als Wettbewerber des marktbeherrschenden Unternehmens". Gegenteiliges lässt sich aus der weiteren Tatbestandsvoraussetzung, dass die Zugangsverweigerung die Gefahr einer Ausschaltung wirksamen Wettbewerbs auf dem abgeleiteten Markt mit sich bringen muss, nicht ableiten. Damit wird auch der Fall erfasst, dass dieser Markt realiter (wegen der Zugangsverweigerung) noch nicht entstehen konnte.

Umstritten war bisher die **Zuordnung des Tatbestandsmerkmals der marktbeherr-** 276 **schenden Stellung** zu einem der beiden Märkte. Dieser Frage kam praktische Bedeutung zu, wenn infolge von Zugangsgewährungen bereits aktueller Wettbewerb auf dem abgeleiteten Markt bestand. Der Wortlaut war offen. Die Problematik wurde bereits während des Gesetzgebungsverfahrens ohne endgültige Klärung diskutiert. Die endgültige Beantwortung der Frage sollte offenbar Wissenschaft und Praxis überlassen werden.[1294] Im Kern wurden zuletzt noch drei Auffassungen[1295] vertreten: Teile der Literatur forderten eine beherrschende Stellung lediglich auf dem Markt für die Mitbenutzung der Infrastruktureinrichtung,[1296] andere verlangten dagegen eine Dominanz ausschließlich auf dem vor- oder nachgelagerten Markt.[1297] Vereinzelt wurde es für ausreichend gehalten, dass eine marktbeherrschende Stellung alternativ auf dem Markt für die Infrastruktureinrichtung oder auf dem abgeleiteten Markt besteht.[1298]

Im „Mainova"-Urteil bezog der **BGH** in Übereinstimmung mit dem OLG Düsseldorf 277 erstmals Stellung zu dieser Frage.[1299] Er stellte fest, für die Normadressateneigenschaft sei es ausreichend, dass das fragliche Unternehmen auf dem **Markt für die Mitbenutzung der Infrastruktureinrichtung** über eine beherrschende Stellung verfüge. Nicht erforderlich sei, dass es (auch) auf dem vor- oder nachgelagerten Markt, zu der die Infrastruktureinrichtung den Zugang eröffnen würde, eine solche Stellung innehabe. Die im Urteil an anderer Stelle verwendete Formulierung „ausreichend, wenn nicht erforderlich" ließ die Möglichkeit offen, dass eine beherrschende Stellung alternativ auf einem der beiden Märkte genügte.[1300]

---

Zielsetzung des § 6 EnWG aF BKartA 30.8.1999 – B 8–40100-T-99/99 S. 8 – Berliner Stromdurchleitung (insoweit nicht abgedr. in WuW/E DE-V 149).

[1292] Zur Abgrenzung von (geringfügigen) Umbau- oder Anpassungsmaßnahmen, zu denen der Normadressat verpflichtet sein kann, vgl. Rn. 293.

[1293] EuGH 6.4.1995 – verb. Rs. C-241/91 P und C-242/91 P, ECLI:EU:C:1995:98 – Magill.

[1294] So das Verständnis von Lettl WuW 2011, 579 (585).

[1295] Dazu auch Lettl WuW 2011, 579 (583 ff.).

[1296] Loewenheim in LMRKM Rn. 85; Weyer AG 1999, 257 (261); Schwintowski WuW 1999, 842 (850 f.); Lutz RdE 1999, 102 (106 f.); ebenso stillschweigend Büdenbender in Energiewirtschaft, S. 73, 122: Prüfung der marktbeherrschenden Stellung auf diesem Markt; so auch als obiter dictum BKartA 30.8.1999 – B 8–40100-T-99/99, BeckRS 2016, 17259 – Berliner Stromdurchleitung (insoweit nicht abgedr. in WuW/E DE-V 149).

[1297] Dreher DB 1999, 833 (835); v. Wallenberg K&R 1999, 152 (155); Martenczuk/Thomaschki RTkom 1999, 15 (23); Haus WuW 1999, 1190 (1191).

[1298] Bechtold/Bosch Rn. 72; so auch Götting in LMR, 2. Aufl. 2009, Rn. 91.

[1299] BGH 28.6.2005 – KVR 27/04, WuW/E DE-R 1520 (1523 f.) – Mainova = „Arealnetz"; OLG Düsseldorf 11.6.2003 – Kart 7/03 (V), WuW/E DE-R 1179 (1182 f.) – Mainova = „Stromcontracting"; positiv zur Entscheidung des BGH Lettl WuW 2011, 579 (586 ff.).

[1300] Die Frage ist bisher mithin nicht ausdrücklich entschieden, so auch Lettl WuW 2011, 579 (583).

**278**    Bisher wurde hier die Auffassung vertreten, dass – insbes. wegen der horizontalen Schutzrichtung der Norm, die Wettbewerb auf dem abgeleiteten Markt gewährleisten solle – die marktbeherrschende Stellung grundsätzlich auf dem abgeleiteten Markt bestehen müsse, dass es aber in den Fällen, in denen tatsächliche Marktprozesse auf dem abgeleiteten Markt (noch) nicht existierten, auf den Markt der Infrastruktureinrichtung ankomme.[1301] Nach der Streichung des Merkmals „als Wettbewerber des marktbeherrschenden Unternehmens" (auf dem vor- oder nachgelagerten Markt) im Zuge der 10. GWB-Novelle ist daran nicht mehr festzuhalten. Vielmehr ergibt sich aus dem Wortlaut der Neufassung des Abs. 2 Nr. 4 („sich weigert, ein anderes Unternehmen … mit einer solchen Ware oder gewerblichen Leistung zu beliefern" – Hervorhebung hinzugefügt), dass damit die Ware oder gewerbliche Leistung gemeint ist, bei deren Angebot oder Nachfrage das fragliche Unternehmen über eine beherrschende Stellung verfügt. Damit muss die **marktbeherrschende Stellung grundsätzlich auf dem (hypothetischen) Markt für die „essential facility"** bestehen. Entscheidend ist aber, dass **damit zugleich die Kontrolle über den Zugang zu dem abgeleiteten (hypothetischen) Markt** verbunden ist. Dies kommt in dem expliziten zusätzlichen Erfordernis einer drohenden Ausschaltung des wirksamen Wettbewerbs auf dem abgeleiteten Markt infolge einer Zugangsverweigerung zum Ausdruck. Irrelevant ist dagegen nicht nur, ob der Normadressat selbst auf dem abgeleiteten Markt tätig ist, sondern auch, ob dieser Markt überhaupt schon in Form von tatsächlichen wirtschaftlichen Aktivitäten oder Markttransaktionen existiert. Denn demjenigen, der eine für den Zugang zu einem auch nur möglichen abgeleiteten Markt **unentbehrliche Ressource kontrolliert,** steht nicht die freie Entscheidung darüber zu, ob überhaupt ein solcher Markt entstehen und wer ihn betreten darf. Ist der Inhaber des begehrten Inputs **auf dem abgeleiteten Markt** selbst tätig und verfügt dort über eine **dominante Position,** ist dies ein **starkes Indiz** dafür, dass er auch den Markt für die essential facility beherrscht.

**279**    **b) Einzelkriterien.** Der **Marktabgrenzung** kommt eine besondere Bedeutung zu, da nicht nur implizit über den Grad der vorhandenen Marktmacht auf dem abgeleiteten Markt mitentschieden wird, sondern auch Auswirkungen auf die Beurteilung der „Wesentlichkeit" der Infrastruktureinrichtung oder des sonstigen begehrten Inputs bestehen. Die Abgrenzung des vorgelagerten Marktes wird wesentlich durch die Eigenschaften des auf dem nachgelagerten Markt (potentiell) nachgefragten Produkts und damit von dessen Abgrenung mitbestimmt. Je enger der (hypothetische) abgeleitete Markt abgegrenzt wird, umso eher ist die Einrichtung „wesentlich" für den Markteintritt des Zugangspetenten. So lässt sich etwa die Frage, zu welchem sachlichen Markt die von einer Anbieterin von Reisestellenkarten begehrte Gestattung des Umsatzsteuerausweises durch eine Fluggesellschaft gehört, „nicht losgelöst von der Frage beantworten, wie der nachgelagerte Markt abzugrenzen ist, auf dem solche Reisestellenkarten angeboten werden. Gibt es für derartige Reisestellenkarten einen eigenständigen, von anderen Kreditkarten zu unterscheidenden Markt, kann der Kartenanbieter das besondere Leistungsmerkmal des Umsatzsteuerausweises nicht durch andere Leistungsmerkmale ersetzen".[1302] Für die Feststellung einer **marktbeherrschenden Stellung auf dem abgeleiteten Markt** gilt im Einzelnen Folgendes: Der abgeleitete Markt grenzt sich zumeist nur in gegenständlicher Richtung von dem Markt der Infrastruktureinrichtung bzw. des begehrten Inputs ab. Räumlich ist der abgeleitete Markt in zahlreichen Fällen auf das Gebiet begrenzt, welches ohne die Mitbenutzung der Infrastruktureinrichtung bzw. Nutzung der begehrten Ressource nicht bedient werden kann.[1303] Die Feststellung der marktbeherrschenden Stellung orientiert sich **maßgeblich** an den **aktuellen Wettbewerbsverhältnissen auf dem abgeleiteten**

---

[1301] Voraufl. § 19 Rn. 279.
[1302] BGH 3.3.2009 – KZR 82/07, NJW-RR 2010, 392 Rn. 19 – Reisestellenkarte. In dieser Entscheidung hat der BGH einen eigenständigen Markt für Reisestellenkarten mit Vorsteuerabzugsmöglichkeit angenommen, der sich von dem für andere Unternehmenskreditkarten unterscheide (Rn. 20 ff.).
[1303] Vgl. Martenczuk/Thomaschki RTkom 1999, 15 (24).

**Markt.**[1304] Eine besondere Bedeutung kommt dabei den Marktanteilen zu. An das Bestehen einer marktbeherrschenden Stellung sind **hohe Voraussetzungen** zu stellen. Dies folgt aus der Schwere des Eingriffs einer „regulierenden" Zugangsgewährung in das freie Marktgeschehen. Entsprechend fordert der EuGH in seiner „Oscar Bronner"-Entscheidung eine Geeignetheit zum Ausschluss jeglichen Wettbewerbs durch die Zugangsverweigerung.[1305] In Fallkonstellationen, in denen mehrere Unternehmen gemeinsam eine Einrichtung kontrollieren (zB joint ventures), ist zur Feststellung der marktbeherrschenden Stellung auf den Oligopoltatbestand in § 18 Abs. 5 abzustellen.

Bei Sachverhalten, die ein **Zugangsbegehren zu einem hypothetischen Markt ohne** 280 **jegliche aktuelle Wirtschaftsaktivitäten** zum Inhalt haben, fehlt es meist an einem auch nur potentiellen Wettbewerbsverhältnis zum Normadressaten. Nach der Neuregelung ist das prinzipiell **unschädlich**, weil Abs. 2 Nr. 4 sich nicht mehr auf eine Form horizontalen Behinderungsmissbrauchs beschränkt. Damit erfolgt eine **Angleichung an das europäische Kartellrecht.** In dem nach Art. 102 AEUV entschiedenen „Magill"-Fall waren beispielsweise die auf Zurverfügungstellung der Programminformationen in Anspruch genommenen Fernsehsender für sich genommen nicht fähig und willens, einen umfassenden Fernsehprogrammführer herauszubringen.[1306] Letzteres aber war die Absicht des Zugangspetenten. Das Fehlen eines zumindest potentiellen Wettbewerbsverhältnisses führt dazu, dass die Verweigerung des Zugangs zu der begehrten Ressource keine Form des horizontalen Behinderungsmissbrauchs ist und damit von § 19 Abs. 2 Nr. 4 aF zumindest seinem Wortlaut nach nicht erfasst war, der verlangte, dass der Zugangspetent „auf dem vor- oder nachgelagerten Markt als Wettbewerber des marktbeherrschenden Unternehmens" tätig wird. In der Sache bestand jedoch scho damals vor dem Hintergrund des Schutzanliegens des GWB kein wesentlicher Unterschied, ob der Inhaber einer essential facility die Zugangsverweigerung dazu einsetzt, sich die Konkurrenz des Zugangspetenten auf einem bislang von ihm selbst allein bedienten abgeleiteten Markt abzuwehren oder ob er damit schon die (mögliche) Entstehung eines neuen Marktes, für das es eine potentielle Nachfrage gibt, verhindert. Die Abschottung eines schon existierenden oder eines „potentiellen" Marktes ist ohne sachliche Rechtfertigung gleichermaßen missbräuchlich. Zugangsverweigerungen gegenüber Nicht-Wettbewerbern waren daher schon vor der 10. GWB-Novelle jedenfalls über die Generalklausel des § 19 Abs. 1, der (auch) eine vertikale Schutzrichtung aufweist, erfasst.

In der Literatur wird nach Entfernung des Merkmals des Wettbewerbers aus dem Tat- 281 bestand § 19 Abs. 2 Nr. 4 nunmehr allerdings teilweise eine **mögliche teleologische Korrektur angedacht,** da andernfalls die Gefahr bestehe, dass ein Antragsteller insbes. einen **Datenzugang** letztlich **für eine Tätigkeit auf gänzlich anderen Märkten** nutze, die in keiner Verbindung zu den Märkten stünden, auf denen der Anspruchsgegner tätig sei.[1307] Dies wird vielfach als kritisch bewertet.[1308] Ohne dieses Merkmal entstehe für den Dateninhaber womöglich eine allgemeine Pflicht zur Innovationsförderung, die über die Pflicht von Inhabern von physischen Einrichtungen hinausgehe, da diese lediglich dazu verpflichtet seien, Wettbewerb auf abgeleiteten Märkten zu ermöglichen.[1309]

Richtig ist, dass sich **bei Daten** angesichts ihrer vielseitigen Verwendbarkeit **spezielle** 282 **Fragen der Zuordnung zu „abgeleiteten" Märkten** stellen, die bei physischen Einrichtungen so nicht auftreten. Dies mag damit zusammenhängen, dass der Inhaber der Einrichtung, um diese zu refinanzieren, entweder selbst auf dem abgeleiteten Markt tätig sein oder den Zugang zum abgeleiteten Markt für andere Unternehmen eröffnen

---

[1304] Ebenso für Sachverhalte mit mehreren parallel existierenden wesentlichen Einrichtungen Dreher DB 1999, 832 (836).

[1305] EuGH 26.11.1998 – C-7/97, Slg. 1998, I-7791 Rn. 41 – Oscar Bronner.

[1306] EuGH 6.4.1995 – C-241/91 P und C-242/91 P, Slg. 1995, I-743 Rn. 47 und 56 – RTE u. ITP/Kommission.

[1307] Brenner in Bien/Käseberg/Klumpe/Körber/Ost 10. GWB-Novelle Kap. 1 Rn. 112.

[1308] Schweitzer GRUR 2019, 569 (579); Brenner in Bien/Käseberg/Klumpe/Körber/Ost 10. GWB-Novelle Kap. 1 Rn. 110; Kerber WuW 2020, 249 (252).

[1309] Brenner in Bien/Käseberg/Klumpe/Körber/Ost 10. GWB-Novelle Kap. 1 Rn. 113.

muss.[1310] Bei Daten kann und will der Inhaber dagegen häufig gar nicht alle Nutzungsmöglichkeiten wahrnehmen, zumal ihm meist eine beschränkte Nutzung schon für die
Refinanzierung reicht.[1311] Zudem ist bei Daten oftmals im Zeitpunkt ihrer Erhebung nicht
klar, für welche sonstigen Einsatzmöglichkeiten sie (künftig) ebenfalls verwendet werden
können oder notwendig werden. Konstellationen, in denen Zugang zu Daten für eine Tätigkeit begehrt wird, die mit den Aktivitäten des Dateninhabers in keiner Verbindung stehen,
sind zwar durchaus problematisch, da sie in einem starken Spannungsverhältnis zu dem
berechtigten Interesse des Dateninhabers stehen, selbst Einfluss auf die potentiell weitreichenden Einsatzmöglichkeiten seiner Daten zu nehmen.[1312] Ansatzpunkt für eine legitime Begrenzung des Zugangsanspruchs kann jedoch nicht die Wiedereinführung des vom Gesetzgeber gerade beseitigten Erfordernisses eines Wettbewerbsverhältnisses durch die Hintertür
einer (angeblichen) teleologischen Korrektur sein. Anzuknüpfen ist vielmehr an das Kriterium **der objektiven Notwendigkeit** der Daten für den Zugang zu einem abgeleiteten
Markt,[1313] für das gerade bei Daten strenge Anforderungen zu stellen sind (näher Rn. 302 ff.).

### 2. Das Zugangsobjekt. a) Allgemeine Kennzeichnung. aa) Grundtatbestand.

**283**  Mit der 10. GWB-Novelle wurde das Zugangsobjekt inhaltlich verändert. Es nun ist nicht
mehr auf Netze und andere Infrastruktureinrichtungen beschränkt, sondern bezieht sich
allgemein auf **bestimmte Arten von Waren oder gewerblichen Leistungen,** bei denen
sich ein marktbeherrschendes Unternehmen als Anbieter oder Nachfrager weigert, ein
anderes Unternehmen gegen angemessenes Entgelt **zu beliefern.** Netze und andere
Infrastruktureinrichtungen sind nunmehr lediglich nicht abschließende Regelbeispiele.
Ergänzt wurden diese um Daten als ebenfalls geeignetes Zugangsobjekt. Angesichts der
ständig zunehmenden Bedeutung wettbewerbsrelevanter Daten nicht nur für digitale Geschäftsmodelle verwundert es nicht, dass der Gesetzgeber sie sogar an erster Stelle in der
Auflistung der beispielhaft hervorgehobenen Zugangsobjekte erwähnt. Systematisch vermag
dies freilich nicht zu überzeugen,[1314] stellen Daten doch ein eher atypisches Zugangsobjekt
dar, das vielfältige besondere Fragen aufwirft (vgl. Rn. 299 ff.). Anders als bei Netzen oder
physischen Infrastruktureinrichtungen ist beim Zugriff auf Daten nicht von Beginn an klar,
zu welchem Markt über sie der Zugang erlangt werden soll.[1315] Daher bestehten insofern
Bedenken, als der Anspruchsteller die empfangenen Daten nicht nur für die Tätigkeit auf
dem abgeleiteten Markt benutzen, sondern auch für andere Zwecke verwenden kann, was
von der ratio legis der Zugangsnorm nicht gedeckt ist.[1316]

**284**  In sprachlicher Hinsicht vermag der Gesetzestext ebenfalls nicht voll zu überzeugen. Der
Terminus des „Belieferns" passt nicht recht zu den Kernbereichen der essential facilities
doctrine, bei der es nicht um bloße Warenlieferungen geht, sondern die Gewährung des
Zugangs zu Einrichtungen, die Bereitstellung von Anschlüssen oder die Erbringung von
Leistungen, die für einen Zutritt auf einen abgeleiteten Markt erforderlich sind.[1317] Im
Wortlaut wird dies zunächst nur mit dem Zusatz einer „solchen" Ware oder gewerblichen
Leistung angedeutet und dann holprig mit dem qualifizierenden Zusatz „und die Beliefe-
rung oder Gewährung des Zugangs objektiv notwendig ist …" eingegrenzt.

**285**  **bb) Verhältnis zu § 19 Abs. 2 Nr. 1.** Dessen ungeachtet begründet der Tatbestand des
§ 19 Abs. 2 Nr. 4 seinem Wortlaut weit über den eigentlichen Anwendungsbereich hinaus

---

[1310] So Brenner in Bien/Käseberg/Klumpe/Körber/Ost 10. GWB-Novelle Kap. 1 Rn. 114.
[1311] Brenner in Bien/Käseberg/Klumpe/Körber/Ost 10. GWB-Novelle Kap. 1 Rn. 114.
[1312] Brenner in Bien/Käseberg/Klumpe/Körber/Ost 10. GWB-Novelle Kap. 1 Rn. 115.
[1313] So auch Brenner in Bien/Käseberg/Klumpe/Körber/Ost 10. GWB-Novelle Kap. 1 Rn. 115.
[1314] So zu Recht Körber FS Wiedemann, 2020, 361 (363).
[1315] Körber FS Wiedemann, 2020, 361 (363); Crémer/de Montjoye/Schweitzer, Competition policy for
the digital era, S. 100.
[1316] Bitkom, Stellungnahme zur 10. GWB-Novelle, S. 24; Crémer/de Montjoye/Schweitzer, Competition
policy for the digital era, S. 100; Gerpott/Mikolas CR 2021, 137 (140).
[1317] Podszun, Die 10. Novelle des Gesetzes gegen Wettbewerbsbeschränkungen (GWB) – Stellungnahme
für den Ausschuss für Wirtschaft und Energie des Deutschen Bundestages, 2020, S. 15.

(zunächst) ein **allgemeines Verbot der Lieferverweigerung** hinsichtlich bestimmter Waren bzw. der Erbringung bestimmter Leistungen. Insoweit wird in der Literatur zu Recht von einer **tatbestandlichen Überreichweite** gesprochen, die im Wege der teleologischen Reduktion oder der schlichten Nichtanwendung der Norm jenseits der klassischen Fälle der essential facilities doctrine zu reduzieren sei.[1318] Auf deren Konkretisierung und Öffnung für künftige weitere Anwendungsfälle beschränkt sich ausweislich der Gesetzesbegründung auch der Regelungswille des Gesetzgebers.[1319] Angesichts der Erfassung der allgemeinen Fälle einer Lieferverweigerung gegenüber Konkurrenten oder reinen Abnehmern des Normadressaten als unbillige Behinderung (vgl. hierzu Rn. 127 ff.) bestand auch kein Regelungsbedarf für eine Einbeziehung in den Tatbestand des § 19 Abs. 2 Nr. 4. Dieser ist im Verhältnis zu § 19 Abs. 2 Nr. 1 klarer konturiert und enthält strengere Anwendungsvoraussetzungen. Das **allgemeine Behinderungsverbot nach Abs. 2 Nr. 1** wird daher von Abs. 2 Nr. 4 **nicht** etwa **verdrängt**, sondern bleibt daneben uneingeschränkt anwendbar.[1320]

Der in der 10. GWB-Novelle gewählte **Regelungsansatz erklärt sich** zum einen **286** daraus, dass der Gesetzgeber zur Gewährleistung der Zukunftsoffenheit des Tatbestands auf eine nähere Definition oder **Beschreibung des Zugangsobjekts bewusst verzichtet** hat.[1321] Einer gesonderten teleologischen Reduktion des in dieser Hinsicht zu weiten Wortlauts (Verweigerung der Belieferung „mit einer solchen Ware oder gewerblichen Leistung") bedarf es zwar eigentlich nicht, da die erforderliche Eingrenzung durch die weiteren Tatbestandsmerkmale (objektive Notwendigkeit für den Marktzutritt und Gefahr der Ausschaltung des Wettbewerbs auf dem abgeleiteten Markt) gewährleistet ist. In der praktischen Rechtsanwendung kann und sollte man aber wohl in Fällen der Lieferverweigerung als ersten ungeschriebenen Filter (und als Weichenstellung für die weitere Prüfung zwischen Abs. 2 Nr. 4 einerseits und Abs. 2 Nr. 1 andererseits) schon bei der Eigenschaft der begehrten Ware oder gewerblichen Leistung als „Zugangsobjekt" für die Tätigkeit auf einem abgeleiteten Markt ansetzen. Fehlt es daran, weil der Petent nur als reiner Abnehmer von Produkten des Marktbeherrschers auftritt oder als Konkurrent einen Input für eine Tätigkeit auf demselben primären Produktmarkt wie der Normadressat benötigt, kann auf die Prüfung der weiteren Tatbestandsmerkmale des Abs. 2 Nr. 4 verzichtet werden.

Zum anderen geht die explizite konzeptionelle Verortung des Abs. 2 Nr. 4 bei der **287** Lieferverweigerung auf das Bestreben des Gesetzgebers nach einer **Anpassung an die europäische Anwendungspraxis** nach Art. 102 AEUV zurück. Die Bezugnahme in der Gesetzesbegründung[1322] insbes. auf Rn. 75–90 der Prioritätenmitteilung der Europäischen Kommission zu Fällen des Behinderungsmissbrauchs[1323], in der die Fälle der essential facilities doctrine nicht in einem eigenen Abschnitt, sondern unter der Überschrift der „Lieferverweigerung" behandelt werden, mag den Gesetzgeber dazu veranlasst haben, für Abs. 2 Nr. 4 einen entsprechenden Ansatz zu wählen. Weitergehende Schlussfolgerungen als die Sicherstellung einer Offenheit des Tatbestands für alle geeigneten Zugangsobjekte lassen sich daraus aber nicht ableiten.[1324]

**cc) Beispiele für geeignete Zugangsobjekte.** Während die Vorgängernorm ab- **288** schließend auf den Zugang „zu den eigenen Netzen oder anderen Infrastruktureinrichtun-

---

[1318] Nothdurft in Bunte Rn. 508, 510.
[1319] BegrRegE BT-Drs. 19/23492, 72.
[1320] Nothdurft in Bunte Rn. 509 aE.
[1321] So auch Nothdurft in Bunte Rn. 510 aE.
[1322] begrRegE BT-Drs. 19/23492, 72.
[1323] Mitteilung der Kommission über ihre „Prioritäten bei der Anwendung von Artikel 82 des EG-Vertrags auf Fälle von Behinderungsmissbrauch durch marktbeherrschede Unternehmen", ABl 2009, C 45/7; vgl. hierzu Fuchs → AEUV Art. 102 Rn. 11 ff., speziell zur Geschäftsverweigerung → AEUV Art. 102 Rn. 342 ff.
[1324] Ähnlich Nothdurft in Bunte Rn. 510, der zu Recht kritisch anmerkt, dass die Mitteilung der Kommission nicht die Rechtslage beschreibt, sondern nur ihre Prioritäten bei der Ausübung ihres Einschreitensermessens.

gen" beschränkt war, kann nunmehr über Abs. 2 Nr. 4 **jeder für den Zutritt auf einen vor- oder nachgelagerten Markt objektiv notwendige Input erfasst** werden. Die möglichen Zugangsobjekte werden lediglich durch **drei nicht abschließende Regelbeispiele** konkretisiert: Neben **Netzen** oder anderen **Infrastruktureinrichtungen** werden jetzt **Daten**, sogar an erster Stelle, als im Rahmen der essential facilities doctrine geeignete Zugangsobjekte genannt. In der Gesetzesbegründung wird zusätzlich klargestellt, dass „auch eine Verweigerung des Zugangs zu **Plattformen** oder **Schnittstellen** missbräuchlich sein kann, ebenso die Verweigerung der Lizensierung von **Immaterialgüterrechten**".[1325] Diese tatbestandliche Erweiterung des Abs. 2 Nr. 4 wirkt sich allerdings materiell kaum aus, da bislang schon über die Generalklausel des § 19 Abs. 1 (und teilweise über Abs. 2 Nr. 1) alle Erscheinungsformen von Zugangsobjekten erfasst werden konnten. Die Neufassung trägt aber zur Rechtsklarheit und -sicherheit bei und erleichtert die volle Übernahme der zu Art. 102 AEUV entwickelten Fallpraxis.[1326]

289 **Weitere Beispiele** für eine mögliche „essential facility" sind neben physischen Einrichtungen wie Hafenanlagen[1327], Fernwärmenetzen,[1328] Rennstrecken[1329] oder bestimmten Grundstücken[1330] etwa auch Verzeichnisse, Fahrpläne und Informationssysteme[1331], Produktinformationen für Wartungsunternehmen[1332] oder gar die gegenüber Kreditkartenunternehmen erteilte „Gestattung des Umsatzsteuerausweises für Reiseleistungen, die über Reisestellenkarten abgerechnet werden können".[1333] Auch für den Fahrscheinvertrieb im Schienenpersonennahverkehr wird diskutiert, ob das Vertriebssystem der Deutsche Bahn AG in Kombination mit ihrem urheberrechtlich geschützten Tarifsystem insoweit eine „essential facility"darstellt, als andere Bahngesellschaften auf eine Kooperation mit der Deutsche Bahn AG angewiesen sind.[1334]

290 **b) Netze und andere Infrastruktureinrichtungen. aa) Generelle Anforderungen.** Auch wenn die frühere Beschränkung des Zugangsanspruchs auf Netze und andere Infrastruktureinrichtungen entfallen ist, stellen diese doch nach wie vor **die klassischen Fälle einer „essential facility"** dar und sind daher vom Gesetzgeber bei der Neufassung des Abs. 2 Nr. 4 zu Recht als **Regelbeispiel** beibehalten worden. Bei der erstmaligen Kodifikation im Rahmen der 6.GWB-Novelle war die Einführung dieser damals neuen materiellen Rechtsbegriffe in das GWB während des Gesetzgebungsverfahrens durchaus umstritten. In den ersten Entwürfen wurde das Zugangsobjekt zunächst mit dem Begriff „Netz" umschrieben, in der endgültigen Fassung wurde dann der Terminus „Infrastruktureinrichtung" zum formellen Oberbegriff. Die Bedeutung dieses Begriffs ist nach wie vor nicht definitiv geklärt.[1335] Der Gesetzgeber wollte damit seinerzeit lediglich

---

[1325] BegrRegE BT-Drs. 19/23492, 72 (Hervorhebung hinzugefügt).
[1326] Bechtold/Bosch Rn. 69.
[1327] BGH NZKart 2013, 160 – Fährhafen Puttgarden II; OLG Düsseldorf WuW/E DE-R 2941; OLG Düsseldorf WuW/E DE-R 3467.
[1328] Vgl. hierzu Körber RdE 2012, 372.
[1329] OLG Koblenz NZKart 2013, 164 – Nürburgring.
[1330] BGH RdE 2009, 378 (379 f.) – Neue Trift = WuW/E DE-R 258.
[1331] Bechtold/Bosch Rn. 69.
[1332] OLG München WuW/E DE-R 251 – Fahrzeugdaten.
[1333] BGH 3.3.2009 – KZR 82/07, NJW-RR 2010, 392 = WuW/E DE-R 2708 – Reisestellenkarte.
[1334] So Grotemeier S. 150 ff., 158, der – nach einer ausführlichen wettbewerbsökonomischen Analyse der Besonderheiten des Fahrscheinvertriebs im Schienenpersonennahverkehr (S. 91 ff., 126 ff.) dabei unter Vertriebssystem die Plattform zur Vernetzung aller Vertriebskanäle und damit zentrales Informationssystem für das Management sowie Schnittstelle zum Unternehmen versteht, von dem das materielle Netz der Vertriebsinfrastruktur (wie Verkaufsstellen für Fahrkarten) zu unterscheiden sei. Im Ergebnis sieht er als wesentliche Einrichtung nicht den „Vertrieb als Ganzes", sondern nur „das Tarifsystem und die auf Basis des Vertriebssystems generierten Daten" an (S. 161).
[1335] OLG Koblenz 13.12.2012 – U 73/12 Kart, W 56/12 Kart, WuW/E DE-R 3727 (3741) = NZKart 2013, 164 – Nürburgring-Nordschleife; Gabler, Schaffung und Erhaltung von Wettbewerb auf Energiemärkten S. 206.

den Ausschluss von gewerblichen Schutzrechten erreichen.[1336] Dies wurde in der Literatur für § 19 Abs. 2 Nr. 4 aF vorbehaltlos akzeptiert.[1337] Gleiches musste für Urheberrechte und sog. Leistungsschutzrechte gelten. Darüber hinaus gab es einige Ansätze, dem Begriff der Infrastruktureinrichtung eine positive Definition zu geben. Anknüpfend an den allgemeinen Willen des Gesetzgebers[1338] sollen nach einer Literaturansicht Infrastruktureinrichtungen **Einrichtungen mit dem Charakter eines natürlichen Monopols** sein.[1339] Einer solchen Deutung kann jedoch nicht gefolgt werden. Die grundlegenden ökonomischen Unterschiede zwischen virtuellen und materiellen Netzen bzw. Einrichtungen lassen keine einheitliche Erfassung aller Infrastruktureinrichtungen mit der Theorie des natürlichen Monopols zu. Die geläufige Definition eines natürlichen Monopols als subadditive Kostenfunktion ist mangels positiver empirischer Bestimmbarkeit kein praktikabler Rechtsbegriff. Zudem können Vermachtungen, beruhend auf dem Potential zu strategischen Gegenmaßnahmen, einen gestaltenden Eingriff rechtfertigen.

Eine andere Meinung knüpft an die Funktion im unternehmerischen Betriebsablauf aus der Perspektive des Inhabers der Einrichtung an. Dies geht auf die Ansicht zurück, in wesentlichen Einrichtungen **innerbetriebliche Ressourcen** zu sehen, die der Inhaber allein nutzen will.[1340] Damit wäre eine schlüssige und trennscharfe Abgrenzung zu den Sachverhalten der Geschäftsabschlussverweigerung gem. § 19 Abs. 2 Nr. 1 gewonnen. Diese zutreffende Beschreibung der tatsächlichen Marktgegebenheiten in den ehemals staatlich kontrollierten Netzindustrien ist zwar als Ausgangspunkt für eine besondere kartellrechtliche Beurteilung akzeptabel, kann aber als abschließendes normatives Auslegungskriterium für das Regelbeispiel nicht überzeugen. Probleme bereitet zum einen die Abgrenzung der innerbetrieblichen Ressourcen von den zum Absatz bestimmten Leistungen. In erhöhtem Maße stellt sich diese Frage, wenn der Inhaber der Einrichtung den entgeltlichen Zugang einem bzw. wenigen Mitkonkurrenten gestatten musste. In letzter Konsequenz würde so zum einen über die Anzahl der gem. § 19 Abs. 2 Nr. 4 zuzulassenden Marktneulinge und damit zugleich über das Schutzniveau für den Wettbewerb auf dem abgeleiteten Markt entschieden werden. Dies obliegt sachgerecht der Prüfung der marktbeherrschenden Stellung auf dem abgeleiteten Markt. Es ist aus teleologischer Sicht nicht erklärbar, wieso der Anwendungsbereich auf innerbetriebliche Ressourcen bzw. ausschließlich dem Absatz dienende Leistungen beschränkt werden sollte, auch wenn hier der ursprüngliche Kern der essential facilities doctrine liegt. Das Diskriminierungsverbot gem. § 19 Abs. 2 Nr. 1 kann in diesem Zusammenhang auf Grund wichtiger Unterschiede zu § 19 Abs. 2 Nr. 4 nicht immer helfen. Probleme entstünden zum anderen bei der Erfassung von Sachverhalten mit Geschäftsabbrüchen. Schließlich scheidet auch ein sich am **Gemeinwohlinteresse** orientierendes Begriffsverständnis aus.[1341] Politische Abwägungsentscheidungen passen nicht in ein eindimensional am Schutz des Wettbewerbs ausgerichtetes System. Im Gegensatz zu diesen positiven Definitionsversuchen steht der Versuch, teleologisch die Begriffe Infrastruktureinrichtung und Netz quasi auf „Null" zu reduzieren und

---

[1336] Bundesregierung Gegenäußerung BT-Drs. 13/9720, 79 f.; Bericht 1998 S. 72; siehe auch Begr. 1998 S. 37. Die Ausführungen des Bundesrates (Stellungnahme BT-Drs. 13/9720, 73) enthalten keine positive Definition; vgl. auch BGH 6.5.2009 – KZR 39/06, WuW/E DE-R 2613 – Orange-Book-Standard; LG Düsseldorf 30.11.2006 – 4b O 346/05, WuW/E DE-R 2120 (2122) – MPEG2-Standard.

[1337] Loewenheim in LMRKM Rn. 87; Bechtold/Bosch Rn. 69; Martenczuk/Thomaschki RTkom 1999, 15 (23); Dreher DB 1999, 833 (837); Weyer AG 1999, 257 (261); v. Wallenberg K&R 1999, 152 (154 f.). Aus einer auslegungstheoretischen Sicht, wonach solcher Wille des Gesetzgebers im Gesetzestext selbst Anklang gefunden haben muss, ist das nicht zweifelsfrei.

[1338] Bundesrat Stellungnahme BT-Drs. 13/9720, 73.

[1339] v. Wallenberg K&R 1999, 152 (154); Martenczuk/Thomaschki RTkom 1999, 15 (23).

[1340] So im Rahmen einer wettbewerbspolitischen Kritik einer allgemeinen essential facilities doctrine gem. §§ 22 und 26 aF Klaue BB 1992, 1937; Klaue BB 1993, 740 (742 f.). Dies positiv aufgreifend allg. für die essential facilities doctrine Markert WuW 1995, 560 (561).

[1341] Im Ergebnis wie hier Martenczuk/Thomaschki RTkom 1999, 15 (22); Dreher DB 1999, 833 (836). Zum Begriff der Infrastruktur im öffentlichen Recht vgl. BVerfG 10.12.1974 – 2 BvR 982/73, BVerfGE 38, 258 (270 f.).

allein zwei eigenständig abgrenzbare, aufeinander bezogene Märkte **(marktbezogene Auslegung)** zu fordern:[1342]

**292**    Die Auslegungsprobleme resultieren aus der gesetzgeberischen Abweichung von dem historisch gewachsenen essential facilities-Konzept im Rahmen der 6. GWB-Novelle und einer fehlenden positiven Begründung des Gesetzgebers für die Einführung desdamals neuen Begriffs der Infrastruktureinrichtung. Mit den Kriterien der Marktbeherrschung und der „Wesentlichkeit" ließ sich der Tatbestand aber schon vor der 10. GWB-Novelle sachgerecht eingrenzen. Das Merkmal „Infrastruktureinrichtung" wirkte insoweit als **ein der „Wesentlichkeit" vorgeschalteter Grobfilter.**[1343] Zutreffend wird teilweise, vom allgemeinen Sprachverständnis iSv Unterbau bzw. Basisfunktion ausgehend, gefolgert, dass das Zugangsobjekt (überwiegend) der Erbringung von Leistungen dienen müsse.[1344] Darüber hinaus kann die Bedeutung der physischen Infrastruktureinrichtungen **(sog. materielle Infrastruktureinrichtungen)** rechtlich praktikabel als **die Gesamtheit aller Einrichtungen verstanden werden, die eine entfernungsüberwindende Transport- oder raumintegrierende Logistikfunktion besitzen.**[1345] Die damit zwangsläufig verbundene Netzähnlichkeit muss kein Widerspruch zu der selbstständigen Stellung innerhalb des Tatbestandes sein.[1346] Vielmehr werden so Unterschiede zwischen dem früheren Anwendungsschwerpunkt der essential facilities doctrine in den sog. Netzindustrien und einer möglichen Auslegung des § 19 Abs. 2 Nr. 4 vermieden. Aus der Gesetzgebungsgeschichte ergibt sich die herausragende Bedeutung des Netzbegriffs als dem eigentlichen zentralen Rechtsbegriff. Dies ist wettbewerbspolitisch angesichts der besonderen Ökonomie von Netzen sinnvoll. Aus der Charakterisierung der **Infrastruktur als dienender Einrichtung** kann nicht die Konsequenz gezogen werden, dass Anlagen, die Dienstleistungen erbringen, kein taugliches Zugangsobjekt seien.[1347] Der BGH hat zutreffend die Durchleitung als eine Transportleistung verbunden mit weiteren Dienstleistungen charakterisiert.[1348] Entsprechend benötigen die Wettbewerber der Deutschen Post AG Teile der von der Post erbrachten Postdienstleistungen, um selbst auf dem abgeleiteten Markt für Postdienstleistungen auftreten zu können.

**293**    Man mag einwenden, dass es auf diese Auslegungsfragen nach der Umformulierung des Tatbestands durch die 10. GWB-Novelle und der vollständigen Öffnung für praktisch jede Ware oder gewerbliche Leistung als taugliches Zugangsobjekt nicht mehr ankomme, da Netze und andere Infrastruktureinrichtungen nur noch Regelbeispiele für mögliche bottlenecks für den Zutritt auf einen abgeleiteten Markt seien. Diese typischen „Engpassressourcen" stellen jedoch die Brücke zur bisherigen Anwendungspraxis her und können als Leitbild für die Bestimmung anderer tauglicher Zugangsobjekte dienen. Wichtig ist zum Beispiel, dass die **Ressource oder Einrichtung,** zu der Zugang begehrt wird, **bereits vorhanden sein muss.** Nach BKartA und Rechtsprechung können **keine Wesensänderungen an der Einrichtung** verlangt werden, welche den Zugang erst ermöglichen würden.[1349] Derartige Formulierungen lassen allerdings den Umkehrschluss zu, dass **geringfügige Umbau- und Anpassungsmaßnahmen,** die keine Wesensänderungen darstellen, noch von § 19 Abs. 2 Nr. 4 **gedeckt** sind. Als eine Wesensänderung, die nicht verlangt werden kann, wäre es aber anzusehen, wenn etwa – vorbehaltlich der Erfüllung der übrigen Voraussetzungen des § 19

---

[1342] Schwintowski WuW 1999, 842 (850).

[1343] Hohmann S. 204 f.

[1344] Dreher DB 1999, 832 (834); ähnlich Bechtold/Bosch § 19 Rn. 69; vom allgemeinen Sprachgebrauch geht auch Wiedemann in Wiedemann KartellR-HdB § 23 Rn. 233 aus.

[1345] Hohmann S. 205 f.; vgl. auch Hermes S. 329 f. Ebenso aus volkswirtschaftlicher Perspektive v. Weizsäcker WuW 1997, 572.

[1346] So aber Martenczuk/Thomaschki RTkom 1999, 15 (22). Ein Anwendungsbereich verbleibt zB für See- und Flughäfen als punktueller Teil des jeweiligen Verkehrsnetzes.

[1347] Vgl. aber Bechtold/Bosch Rn. 69 aE.

[1348] BGH 15.11.1994 – KVR 29/93, WuW/E BGH 2953 (2958) – Gasdurchleitung.

[1349] BKartA 21.12.1999 – B9-63220-T-199/97 und T-16/98, WuW/E DE-V 253 – Puttgarden; ähnlich OLG Düsseldorf 10.6.2010 – Kart 1/10 (V), WuW/E DE-R 2941 (2944) – Fährhafen Puttgarden II.

Abs. 2 Nr. 4 – der Anbieter kostenloser Dienste wie zB der Betreiber einer Internet-Such-maschine gezwungen wäre, auch Inhalte anzuzeigen, für die er selbst dem Inhalteanbieter eine Vergütung zahlen müsste. Die Frage könnte sich insbesondere bei der Existenz von Leistungsschutzrechten für Presseverlage im Internet stellen,[1350] sofern der Suchmaschinen-betreiber verpflichtet wäre, bestimmte Verlagsinhalte anzuzeigen, und dafür zugleich eine kostenpflichtige Lizenz vom Inhalteanbieter erwerben müsste. Für eine solche „umgekehrte Zwangslizenz"[1351] lässt sich § 19 Abs. 2 Nr. 4 jedoch nicht instrumentalisieren.[1352] Aus dem Kriterium, dass der begehrte Input beim Normadressaten im Wesentlichen oder im Kern bereits vorhanden sein muss, lassen sich **Folgerungen für andere Zugangsobjekte** ableiten. So kann zB im Zusammenhang mit dem Zugang zu wettbewerbsrelevanten Daten nicht verlangt werden, dass der Normadressat weitere oder neue Daten erst noch für den Zugangs-petenten erhebt. Zudem muss sich der Aufwand für eine etwaige vor der Weitergabe an den Petenten erforderliche Aufbereitung oder Bereinigung von Daten (in Bezug auf Geschäfts-geheimnisse oder datenschutzrechtliche Anforderungen) in Grenzen halten, da es sich sonst nicht mehr um geringfügige Anpassungen handelt.

Bei dem Zugangsobjekt muss es sich um eine **eigene** Infrastruktureinrichtung des **294** Einrichtungsinhabers handeln. Dieses Tatbestandsmerkmal ist **funktional auszulegen.** Zurechenbar sind alle Infrastruktureinrichtungen, über die das marktbeherrschende Unter-nehmen bei **wirtschaftlicher Betrachtungsweise** im Rahmen seiner unternehmerischen Tätigkeit wie über Eigentum verfügen kann. Praktisch besteht hierfür ein Bedürfnis, um etwaigen Umgehungsmöglichkeiten vorzubeugen. Zum einen trifft dies auf Infrastruktur-einrichtungen zu, die im Eigentum eines zum Konzernverbund gehörenden Unternehmens stehen. Zweitens kann dies auch bei bloßen Gebrauchs- oder Nutzungsüberlassungen gegeben sein. Zwingend notwendig ist eine freie Verfügbarkeit über die Nutzung der Einrichtung. Indizielle Bedeutung kommt für die Einzelfallbetrachtung insbesondere den Kriterien der Finanzierung der Errichtung, des Betriebs der Einrichtung und der Dauer der Gebrauchs- oder Nutzungsüberlassung zu.

**bb) Beispiele für Infrastruktureinrichtungen.** An materiellen Infrastruktureinrich- **295** tungen stehen **Flug- und Seehäfen** im Mittelpunkt der Rechtsanwendung, aber auch **Bahnhöfe** werden erfasst.[1353] Eine **Rennstrecke** fällt ebenfalls unter den Begriff der Infrastruktureinrichtung.[1354] Auch der Zugang zu **Kabelkanälen** zur Verlegung von Lei-tungen, die dann selbst Netze bilden ist, erfasst.[1355] Kein Zugang kann mangels raum-integrierender Transport- oder Logistikfunktion zu Produktions-[1356] oder Rohstoffabbau-anlagen verlangt werden. Gleiches gilt für Endprodukte und Rohstoffe. Der auf die Berücksichtigung von Rohstoffen zielende Hinweis der Bundesregierung in Regierungs-entwurf der 6. GWB-Novelle [1357] kann zur Bestimmung des später eingeführten Begriffs der Infrastruktureinrichtung nicht mehr herangezogen werden. Die Qualifizierung einer Einrichtung als Infrastruktureinrichtung hängt nicht davon ab, ob der Zugangspetent die Einrichtung als entfernungsüberwindendes Transport- oder Logistikmittel nutzen oder für andere Zwecke einsetzen will.[1358] Eine Anwendbarkeit des § 19 Abs. 2 Nr. 4 auf **Lager-**

---

[1350] Zu dieser Konstellation siehe Kersting/Dworschak NZKart 2013, 46 ff. mwN.

[1351] So treffend Kersting/Dworschak NZKart 2013, 46 (47).

[1352] Die tatsächlichen Voraussetzungen für eine Qualifikation als „wesentliche Einrichtung" (fehlende Substituierbarkeit und fehlende Duplizierbarkeit, vgl. dazu → Rn. 283 ff.) verneinend Kersting/Dworschak NZKart 2013, 46 (48).

[1353] Dazu etwa BGH 14.7.2011 – III ZR 200/10, WuW/E DE-R 3381 Rn. 34 – Flughafen Berlin-Tegel.

[1354] OLG Koblenz 13.12.2012 – U 73/12 Kart, W 56/12 Kart, WuW/E DE-R 3727 (3741) = NZKart 2013, 164 (165) – Nürburgring-Nordschleife; dazu Grave/Klauß GRUR-Prax 2013, 52.

[1355] BGH 24.1.2017 – KZR 2/15, WuW 2016, 286 Rn. 41 – Kabelkanalanlagen.

[1356] AA Dreher DB 1999, 833 (834) und Fn. 20. Wie hier Bechtold/Bosch Rn. 69.

[1357] Begr. 1998 S. 37.

[1358] Vgl. zur europäischen essential facilities-doctrine Kommission v. 14.1.1998 – COMP/34.801, ABl. 1998 L 72, S. 30 – Flughafen Frankfurt/Main AG; Armani Competition Policy Newsletter 1999, 15 (17 f.).

**und Vertriebseinrichtungen** ist nach dem hier vertretenen Verständnis des Terminus Infrastruktur nicht ausgeschlossen. Daneben können auch **Sportstätten** wie Sportstadien den Anforderungen entsprechen.[1359] Von ihnen geht eine raumintegrierende Logistikfunktion für die Besucher von größeren Sportveranstaltungen aus.

296     Neben physischen Einrichtungen können grundsätzlich auch **virtuelle Infrastruktureinrichtungen** in den Anwendungsbereich der Norm fallen. Im Gegensatz zu materiellen Infrastruktureinrichtungen müssen sie keine entfernungsüberwindende Transport- oder raumintegrierende Logistikfunktion aufweisen. Dieses Kriterium vermag die ökonomischen Besonderheiten virtueller Infrastruktureinrichtungen nicht zu umschreiben. In der Praxis ist in erster Linie an **technische Standards,** wie insbesondere **Schnittstellen** für Computersoftware, technische Programmplattformen und elektronische Programmführer (sog. Navigatoren) zu denken. Darüber hinaus wurde auch schon vor der 10. GWB-Novelle über die Erstreckung auf **Daten**[1360] und **Informationen** diskutiert, wie zB Teilnehmerdaten für Sprachtelefondienste, Informationen über Adressänderungen der Postkunden und Fahrplanauskunftsdienste der Deutschen Bahn.[1361] Auch **Internet-Suchmaschinen** stellen eine digitale Infrastruktureinrichtung dar.[1362] Auch wenn Suchmaschinenbetreiber nach ihrem Geschäftsmodell ohnehin bereit sind, kostenlosen Zugang zu gewähren, können sich im Zusammenhang mit der konkreten Ausgestaltung der Anzeige der Suchergebnisse für die aufzufindenden Unternehmen durchaus Zugangsfragen stellen. So können etwaige Zugangspetenten für ihre Auffindbarkeit im Internet darauf angewiesen sein, bei Suchanfragen in angemessener Weise gelistet zu werden, um auf (vor- oder nachgelagerten) Inhalte- und Werbemärkten im Internet hinreichend präsent zu sein.[1363] Beispielsweise können sog. Knowledge Panels –Infoboxen, die neben den verlinkten Seiten bereits Informationen zu den vom Nutzer gesuchten Stichworten enthalten – den Suchverkehr im Internet ganz erheblich beeinflussen und die Sichtbarkeit und tatsächliche Erreichbarkeit anderer Internetangebote beeinträchtigen, wie durch zwei Entscheidungen des LG München I zu einer nach Art. 101 AEUV verbotenen Absprache zwischen Google und dem Bundesministerium für Gesundheit deutlich wurde.[1364] Im **Fall „Google Shopping"** bestätigte das EuG die Kommissionsentscheidung, dass Google durch die Bevorzugung seines eigenen Preisvergleichsdienstes bei der Anzeige von Suchergebnissen seine marktbeherrschende Stellung missbraucht hatte. Dabei stützte das Gericht die wettbewerbswidrige Wirkung der Selbstbevorzugung insbesondere auf die große Bedeutung des über die Google-Suchmaschine generierten Verkehrs für konkurrierende Preisvergleichsdienste, den hohen Anteil des durch die bessere Platzierung auf Google umgeleiteten Verkehrs an dem auf die anderen Preisvergleichsdienste entfallenden Verkehr und den Umstand, dass dieser nicht anderweitig ersetzt werden kann.[1365] Im Ergebnis weist Google danach zumindest gewisse Merkmale einer wesentlichen Einrichtung auf. Auch wenn sich somit nicht bestreiten lässt, dass Google als überragend wichtiger allgemeiner Suchdienst vielfach Voraussetzung für die Erbringung von Dienstleistungen auf nachgelagerten Märkten ist,[1366] kommt es letztlich auf

---

[1359] Siehe OLG Koblenz 13.12.2012 – U 73/12 Kart, W 56/12 Kart, WuW/E DE-R 3727 = NZKart 2013, 164 – Nürburgring-Nordschleife.

[1360] Zweifelnd Dreher DB 1999, 833 (834).

[1361] Vgl. KG 23.6.2003 – 2 U 20/02 Kart, WuW/E DE-R 1321 (1324) – Gera-Rostock; vgl. auch Grotemeier S. 150 ff., 158, 161, der das Tarifsystem der Deutsche Bahn AG und die auf Basis des Vertriebssystems generierten Daten als „essential facility" ansieht.

[1362] Lichtenberg NZKart 2021, 286 (289). Gegen eine Qualifikation des führenden Suchmaschinenindex von Google als „wesentliche Einrichtung" aber zB noch Kersting/Dworschak NZKart 2013, 46 (48) mwN. Näher zu den Voraussetzungen der fehlenden Substituierbarkeit und Duplizierbarkeit der Einrichtung → Rn. 283 ff.

[1363] Lichtenberg NZKart 2021, 286 (289).

[1364] LG München I 10.2.2021 – 37 O 15721/20, NZKart 2021, 193 – Kooperation Bundesgesundheitsministerium/Google; LG München I 10.2.2021 – 37 O 15720/20, MMR 2021, 431.

[1365] EuG 10.11.2021 – T-612/17 NZKart 2021, 684 – Google Shopping; s. auch Press Release No. 197/21 https://curia.europa.eu/jcms/upload/docs/application/pdf/2021-11/cp210197en.pdf.

[1366] Lichtenberg NZKart 2021, 286 (289).

die Umstände des Einzelfalls an, ob die darüber gewährleistete Auffindbarkeit im Internet objektiv notwendig für den Zutritt auf den nachgelagerten Markt ist oder ob hinreichende alternative Wege für einen solchen Zugang und wettbewerbsfähigen Marktauftritt offenstehen.

**cc) Beispiele für Netze.** Netze sind ebenso wie der Oberbegriff der Infrastruktur- **297** einrichtung ebenfalls als entfernungsüberwindende Transport- oder raumintegrierende Logistikmittel mit einer räumlichen Ausdehnung zu definieren.[1367] Sie unterscheiden sich aber dadurch von der „anderen" Infrastruktureinrichtung, dass sie eine Verbindung von mehreren Punkten voraussetzen. **Charakteristikum eines Netzes ist demnach die Zweidimensionalität, das der verbleibenden Infrastruktureinrichtungen die Eindimensionalität.**[1368] Eine genaue Abgrenzung ist auf Grund der tatbestandlichen Gleichbehandlung nicht notwendig. In der Praxis ergibt sie sich oft aus der Eigentumslage und der Abgrenzung des abgeleiteten Marktes. Beispiele für **materielle Netze** sind die klassischen Netze wie das Strom-, Erdgas-, Telekommunikations-, Breitbandkabel- und Eisenbahnnetz, aber auch das Mobilfunk-,[1369] Straßen-, Fernwärme-, Wasser- und Abwassernetz. Davon sind Netze zu trennen, die sowohl aus materiellen Einrichtungen als auch aus Dienstleistungen und Know-how bestehen. In diese Kategorie fallen Post-, Bank-, Müllabfuhr-, Zeitungszustellungs- und sonstige Vertriebsnetze (zB Kühltruhen für Speiseeis). Im Mittelpunkt steht für diese Fallgruppe der Dienstleistungscharakter[1370] **(sog. Dienstleistungsnetze).**

Schließlich stellen **virtuelle Netze** einen eigenen Bereich dar. Es sind zu nennen ua die **298** Buchungs- und Reservierungssysteme für Bahn-, Flug- und Hotelreisen und die Überweisungssysteme, wie das weltweit etablierte S. W. I. F. T.-System für den bargeldlosen Auslandszahlungsverkehr. Auch die „Gestaltung des Umsatzsteuerausweises an Kreditkartenunternehmen" stellt ein virtuelles Netz dar.[1371] In der Literatur wurde die Anwendbarkeit auf virtuelle Netze vor der 10. GWB-Novelle teilweise infrage gestellt, letztlich aber bejaht.[1372] Eine Einbeziehung von virtuellen Netzen entsprach schon damals dem Willen des Gesetzgebers.[1373] Sie lässt sich auf die ökonomischen Gemeinsamkeiten derartiger Netze stützen, die zu einem wettbewerbspolitischen Zugangsproblem führen können. Unterschiede zu den sonstigen Netzen sind im Rahmen der Wesentlichkeitsprüfung zu berücksichtigen.[1374] Seit der 10. GWB-Novelle bestehen insoweit keinerlei Zweifel mehr an der Einbeziehung virtueller Netze in den Anwendungsbereich des § 19 Abs. 2 Nr. 4.

**c) Daten.** Das in der 10. GWB-Novelle **neu aufgenommene Zugangsobjekt „Da-** **299** **ten"** wirft zahlreiche Fragen auf. Zunächst ist schon der **Begriff der „Daten"** nicht geklärt,[1375] da sich weder im Gesetzestext noch in der Gesetzesbegründung eine Definition oder auch nur konkretere Umschreibung findet. Im Vergleich zu § 18 Abs. 3 Nr. 3 und

---

[1367] Ähnlich Gabler Schaffung und Erhaltung von Wettbewerb auf Energiemärkten S. 207.
[1368] Hohmann S. 216 f.
[1369] Vgl. zum Regulierungsbedarf von Mobilfunknetzen Knieps MMR-Beil. 2/2000, 1.
[1370] Vgl. zum Netz der Deutschen Post AG Badura ArchivPT 1997, 277 (284); Martenczuk/Thomaschki RTkom 1999, 15 (22); vgl. auch Grotemeier S. 61 (Dienstleistungsnetz als Kombination von virtuellen Netzen und Dienstleistungen) mit ausführlicher Analyse des Vertriebssystems der Deutschen Bahn AG (S. 91 ff., 126 ff., 150 ff.).
[1371] Ähnlich OLG Düsseldorf 5.12.2007 – U (Kart) 25/06, WuW/E DE-R 2184 (2189) – Reisestellenkarte; BGH 3.3.2009 – KZR 82/07, WuW/E DE-R 2708 (2711) – Reisestellenkarte; dazu Deselaers WuW 2008, 179 ff.; Kapp/Schumacher WuW 2008, 662 ff. Beide Entscheidungen sind zum heutigen Art. 102 AEUV ergangen, stehen aber beispielhaft für das tendenziell eher weite Verständnis der essential facilities Doktrin deutscher Gerichte.
[1372] Vgl. Martenczuk/Thomaschki RTkom 1999, 15 (22); v. Wallenberg K&R 1999, 152 (155).
[1373] Bundesrat Stellungnahme BT-Drs. 13/9720, 73.
[1374] Hohmann S. 218 ff.
[1375] Paal in BeckOK Informations- und MedienR, 33. Ed. 1.8.2021, GWB § 19 Rn. 10; Polley/Kaup NZKart 2020, 113 (114); generell lassen sich die drei Ebenen Daten (Form), Information (Inhalt) und Wissen (Wirkung) unterscheiden, vgl. Wagner Rn. 27, 33, 60, 69.

Abs. 3a Nr. 4 findet sich im Wortlaut des § 19 Abs. 2 Nr. 4 auch nicht die Qualifikation als „wettbewerbsrelevant", während die Begründung vom „Zugang zu wettbewerbsrelevanten Daten" spricht,[1376] sodass insoweit beim Gesetzestext ein Redaktionsversehen vorliegen dürfte. Zu Recht wird unter Berufung auf die Gesetzgebungsmaterialien, nach denen die Vorschrift sektorenübergreifend und zukunftsoffen anwendbar sein soll, eine weite Auslegung des Begriffs vorgeschlagen. Danach sollen Daten im Ausgangspunkt als grundsätzlich jede Information mit Bedeutungsgehalt zu definieren sein.[1377] Im Hinblick auf die besondere Bedeutung und spezifischen Eigenschaften von Daten bei digitalen Geschäftsmodellen und im Wettbewerb auf digitalen Märkten bietet es sich jedoch an, den Begriff der Daten auf solche **Informationen** zu beschränken, **die digital speicherbar und abrufbar sind.**[1378] Dazu passt auch, dass der Datenbegriff im Entwurf des Digital Markets Act jede digitale Darstellung von Handlungen, Tatsachen oder Informationen sowie jede Zusammenstellung solcher Handlungen, Tatsachen oder Informationen auch in Form von Ton-, Bild- oder audiovisuellem Material umfasst.[1379] (Vgl. zu weiteren Einzelheiten der Auslegung des Datenbegriffs → § 18 Rn. 126d).

**300**    **Weitere Datenzugangsansprüche neben § 19 Abs. 2 Nr. 4** können sich auch unterhalb der Marktbeherrschungsschwelle aus **§ 20 Abs. 1a** im Falle relativer Marktmacht ergeben. Danach kann die Verweigerung des Zugangs zu Daten gegen angemessenes Entgelt eine unbillige Behinderung nach § 20 Abs. 1 iVm § 19 Abs. 1, Abs. 2 Nr. 1 darstellen. Gegenüber großen Digitalkonzernen, die zentrale Plattformdienste betreiben und als sog. Gatekeeper eingestuft werden, sollen nach dem Entwurf für einen Digital Markets Act künftig ebenfalls Ansprüche auf Datenzugang geltend gemacht werden können.[1380] Darüber hinaus bestehen einige **sektorspezifische Regelungen,** die Unternehmen in bestimmten Wirtschaftszweige den Zugang zu speziellen Daten ermöglichen. So findet sich in Art. 61 Abs. 1 VO (EU) 2018/858 eine Regelung, die unabhängigen Wirtschaftsakteuren den Zugang zu Fahrzeug-OBD- sowie Fahrzeugreparatur- und -wartungsinformationen von Herstellern gewährt. Im Bereich der Zahlungsdienstleistungen begründet § 58a ZAG zwar keinen direkten Anspruch auf Datenübermittlung, aber auf Einrichtung einer Schnittstelle.

**301**    Als **mögliche Anwendungsfälle** für einen Datenzugangsanspruch nach § 19 Abs. 2 Nr. 4 erwähnt die Gesetzesbegründung zwei Konstellationen: Kontrolliere ein marktbeherrschendes Unternehmen „den Zugang über die **Nutzungsdaten einer bestimmten Person oder Maschine** und wolle ein anderes Unternehmen „**Zusatzdienste** für den Betreiber der Maschine oder für den Nutzer eines Dienstes anbieten", benötige es „Zugang zu den individualisierten Nutzungsdaten, um seinen Dienst (Wartung, Reparatur oder innovatives komplementäres Angebot) an die Bedürfnisse des Nutzers anpassen zu können".[1381] Eine andere „denkbare Konstellation" sei, dass ein Unternehmen **„Zugang zu den aggregierten Nutzungsdaten einer Vielzahl von Nutzern oder Maschinen"** begehre, um zB Störungen der Maschine oder Nutzerbedürfnisse besser vorhersagen zu können.[1382] Für beide Szenarien ist jedoch zu beachten, dass jeweils zusätzliche Voraussetzungen erfüllt sein müssen. Denn § 19 Abs. 2 Nr. 4 gewährt keinen allgemeinen An-

---

[1376] BegrRegE BT-Drs. 19/23492, S. 72.

[1377] Schweda/von Schreitter WuW 2021, 145 (146); vgl. auch Wagner Rn. 35: „Im Rahmen der Ökonomisierung bilden Daten nur den „Rohstoff", aus denen Informationen ausgelesen, weitere Erkenntnisse abgeleitet und schlussendlich werthaltiges Wissen generiert wird".

[1378] Ausführlich zur Bestimmung des Datenbegriffs: Oster JZ 2021, 167; Weisser, Datenbasierte Märkte im Kartellrecht, S. 22 f.; als Kerneigenschaften von Daten werden generell die Nicht-Rivalität, grundsätzliche Nicht-Exklusivität sowie die einfache Reproduzierbarkeit und Übertragbarkeit zu Grenzkosten von nahezu Null angesehen, s. nur Wagner Rn. 70 aE.

[1379] Vorschlag für eine Verordnung des Europäischen Parlamentes und des Rates über bestreitbare und faire Märkte im digitalen Sektor (Gesetz über digitale Märkte), Art. 2 Nr. 19.

[1380] Vorschlag für eine Verordnung des Europäischen Parlamentes und des Rates über bestreitbare und faire Märkte im digitalen Sektor (Gesetz über digitale Märkte), Art. 6 Abs. 1 lit. h und i.

[1381] BegrRegE BT-Drs. 19/23492, 72.

[1382] BegrRegE BT-Drs. 19/23492, 72.

spruch zu Daten einzelner Personen, Maschinen oder Unternehmen, wenn diese Daten lediglich zur Verbesserung des eigenen Angebots nützlich oder erforderlich sind. Eine von Abs. 2 Nr. 4 erfasste „essential facility" stellen die begehrten Daten in den erwähnten Fällen nur dar, wenn andernfalls das Normziel, benachbarte Märkte für wirksamen Wettbewerb offen zu halten, ernsthaft gefährdet wäre.[1383]

In der ersten Konstellation, in der ein Unternehmen **exklusiven Zugriff auf** die unter **302** seiner Kontrolle anfallenden **Nutzerdaten** erlangt, ist daher auch zu prüfen, ob dem potentiellen Anbieter eines Zusatzdienstes ein Zugriff auf die Nutzungsprofile der avisierten Kunden auf anderem Weg möglich ist, etwa über das den Kunden zustehende Recht auf **Datenportabilität** gem. Art. 20 DSGVO.[1384] Diese Möglichkeit dürfte allerdings ausscheiden, wenn der Zugangspetent für die Realisierung seiner Geschäftsidee einen breiten, allgemeinen Datenzugriff nicht nur einzelner Nutzer benötigt. In solchen Fällen kommt ein Datenzugangsanspruch in Betracht, sofern die Übermittlung datenschutzrechtlich zulässig ist.[1385] In der zweiten Konstellation liegt eine wesentliche Einrichtung nur vor, wenn ein Zusatzdienst zur Vorhersage von Störungen der Maschinen oder Nutzerbedürfnissen ohne die Daten gar nicht angeboten werden könnte.[1386] Die **bloße Verbesserung von Diensten oder sonstige Produkten** (gegenüber einem vorhandenen Marktangebot) **reicht** dagegen zur Begründung eines Datenzugangsanspruchs **nicht aus**; vielmehr muss der Zugang unverzichtbar sein, um überhaupt wirksamen Wettbewerb auf einem nachgelagerten Markt zu ermöglichen.[1387]

Fraglich ist, ob sich ein Zugangsanspruch bei **besonders großen Datensammlungen** **303** von Unternehmen wie etwa Google oder Facebook damit begründen ließe, dass praktisch niemand anders in der Lage wäre, eine vergleichbare Datenbasis zu generieren und bereit zu stellen.[1388] Ein besonderes Bedürfnis für den externen Bezug großer Datenmengen kann insbesondere im Zusammenhang mit der Fütterung von Systemen künstlicher Intelligenz bzw. mit dem Training von selbstlernenden Algorithmen liegen.[1389] Soweit ein Zugangsanspruch in der Literatur mit dem Argument abgelehnt wird, dass es sich hierbei um eine duplizierbare und nicht-ausschließliche Ressourcehandele und die Daten auch einer Vielzahl anderer Unternehmen zugänglich seien bzw. selbst gesammelt werden könnten,[1390] greift diese Begründung zu kurz. Ist für den Zutritt auf einen abgeleiteten Markt (mit einem neuen Produkt oder Service) tatsächlich ein Zugang zu einem großen Gesamtbestand an Daten (und nicht nur zu einem Teil) notwendig und ist es faktisch ausgeschlossen, dass der Zugangspetent auf anderem Weg eine entsprechende Datenbasis generiert, kann die Datensammlung grundsätzlich als essential facility zu qualifizieren sein. Allerdings ist der Entscheidung des EuGH im Fall Bronner[1391] der Grundsatz zu entnehmen, dass es für die Frage der fehlenden Duplizierbarkeit aus wirtschaftlichen Gründen nicht auf die Unternehmensgröße oder individuellen Fähigkeiten des Zugangspetenten ankommt, sondern Vergleichsmaßstab ist ein ebenso effizientes Unternehmen wie der Normadressat. So war nach Auffassung des EuGH im **Fall Bronner** der begehrte Zugang zum einzigen landesweiten Hauszustellungssystem für Tageszeitungen in Österreich nicht schon deshalb für den Petenten unverzichtbar, weil die Schaffung eines solchen Systems für ihn wegen der geringen Auflage der von ihm vertriebenen Zeitungen unrentabel war; vielmehr hätte der

---

[1383] Vgl. Körber FS Wiedemann, 2020, 361 (363); Bitkom, Stellungnahme zur 10. GWB-Novelle, S. 23.
[1384] Schweitzer/Haucap/Kerber/Welker S. 166 f.
[1385] Schweitzer/Haucap/Kerber/Welker S. 167.
[1386] Brenner in Bien/Käseberg/Klumpe/Körber/Ost 10. GWB-Novelle Kap. 1 Rn. 118.
[1387] So auch Bitkom, Stellungnahme zur 10. GWB-Novelle, S. 23.
[1388] Körber NZKart 2016, 303 (308); Höppner/Weber K&R 2020, 24 (45).
[1389] Vgl. Schweitzer/Haucap/Kerber/Welker S. 167 f., die einen Zugangsanspruch bezüglich Trainingsdaten für künstliche Intelligenz erwägen, im Ergebnis aber eine Anwendung der essential facilities doctrine wegen ihrer Einzelfallabhängigkeit für wenig geeignet halten und statt dessen eine breiter angelegte regulatorische Lösung befürworten.
[1390] Körber NZKart 2016, 303 (308).
[1391] EuGH 26.11.1998, Rs. C 7/97, Slg. 1998, I-7791 = EuZW 1999, 86 mAnm Ehle.

Zugangspetent dartun müssen, dass es auch für einen Akteur mit einer vergleichbaren Auflagenhöhe wie der Marktbeherrscher unrentabel wäre, ein zweites Hauszustellungssystem zu schaffen.[1392] Für den Bereich des Zugangs zu vorhandenen großen Datenbeständen oder aggregierten Daten wird es daher auf eine **Beurteilung im Einzelfall** ankommen, ob nicht nur der konkrete Zugangspetent (etwa aus individuellen wirtschaftlichen Gründen), sondern auch jeder andere (potentielle) Marktteilnehmer aus objektiven Gründen nicht in der Lage wäre, die für die beabsichtigte Tätigkeit auf einem abgeleiteten Markt notwendige Datenbasis auf einem anderen Weg zu beschaffen.

**304**  Angesichts der starken Einzelfallabhängigkeit der Beurteilung fällt es schwer, neben den beiden aufgeführten Konstellationen abstrakt weitere mögliche Fallgruppen für Datenzugangsansprüche zu benennen. Letztlich werden sich klarere Konturen und Fallgruppen erst im Rahmen der künftigen Anwendungspraxis ergeben.[1393] Ein großer Bedarf an Zugangsrechten dürfte insbesondere im Zusammenhang mit komplexen „Ökosystemen" von vernetzten Produkten und Dienstleistungen bestehen, die etwa unter den Stichworten „smart home", „smart agriculture" oder „smart manufacturing" diskutiert werden.[1394] So wird in der Literatur beispielhaft ein Sachverhalt skizziert, in dem ein Unternehmen Kunden auf Basis ihres Kühlschrankinhalt Rezepte vorschlagen möchte und dafür vom Anbieter des smarten Kühlschranks Zugang zu den Daten über die sich im Kühlschrank befindlichen Lebensmittel begehrt.[1395] Sofern der Kühlschrankproduzent über den exklusiven Zugriff auf die generierten Daten über den Inhalt der Kühlschränke verfügt und damit den Markt für diese Daten beherrscht, kommt ein Anspruch für den Rezeptanbieter auf Zugang zu diesen in Betracht, da er sein spezielles Produkt andernfalls nicht vermarkten könnte.[1396]

**305**  Der ebenfalls mit der 10. GWB-Novelle geschaffene weitere **Datenzugangsanspruch aus § 20 Abs. 1a** (iVm §§ 20 Abs. 1, 19 Abs. 1, Abs. 2 Nr. 1) bei relativer Marktmacht weist neben der niedrigen Eingriffsschwelle unterhalb der Marktbeherrschung weitere nicht unerhebliche **Unterschiede zu § 19 Abs. 2 Nr. 4** auf: So müssen die Daten nicht für die Tätigkeit auf einem vor- oder nachgelagerten Markt objektiv notwendig sein; vielmehr reicht es aus, dass der Zugangspetent für seine eigene Tätigkeit auf den Zugang zu den Daten angewiesen ist.[1397] Das ist bereits dann der Fall, wenn für ihn keine „ausreichenden und zumutbaren" Ausweichmöglichkeiten existieren und ein „deutliches Ungleichgewicht zur Gegenmacht der anderen Unternehmen besteht" (§ 20 Abs. 1 S. 1). Eine daraus resultierende **datenbedingte Abhängigkeit** nach § 20 Abs. 1a ist auch **nicht** auf eine Tätigkeit des Zugangspetenten auf einem **vor- oder nachgelagerten Markt begrenzt.** Vielmehr ist möglich, dass die Daten für eine ganze Reihe von Märkten verwendet werden, sogar auf solchen, auf denen das datenkontrollierende marktstarke Unternehmen selbst tätig ist.[1398] Dass in § 20 Abs. 1a dem Wortlaut nach keine sachliche Rechtfertigung vorgesehen ist, bleibt insoweit ohne Belang, als es sich um einen Anwendungsfall der unbilligen Behinderung handelt, wie sich aus dem Verweis auf § 20 Abs. 1 und weiter auf § 19 Abs. 1 iVm Abs. 2 Nr. 1 ergibt. Da die definitive Feststellung einer unbilligen Behinderung durch Verweigerung des Datenzugangs eine umfassende Interessenabwägung voraussetzt, ist die Berücksichtigung etwaiger Rechtfertigungsgründe für die Ablehnung der Datenbereitstellung gesichert.[1399] Ein wichtiger Unterschied ergibt sich aber bei der **Beweislast:** Während bei § 19 Abs. 2 Nr. 4 GWB der marktbeherrschende Dateninhaber die Darlegungs- und

---

[1392] EuGH 26.11.1998, Rs. C 7/97, Slg. 1998, I-7791 = EuZW 1999, 86 Rn. 45 f.

[1393] So auch Brenner in Bien/Käseberg/Klumpe/Körber/Ost 10. GWB-Novelle Kap. 1 Rn. 120 (Aufgabe der Praxis).

[1394] Schweitzer/Haucap/Kerber/Welker S. 161.

[1395] Weber WRP 2020, 559 (561).

[1396] Weber WRP 2020, 559 (561).

[1397] Darauf hinweisend auch Brenner in Bien/Käseberg/Klumpe/Körber/Ost, Die 10. GWB-Novelle, Kap. 1 Rn. 168, der insoweit von unterschiedlichen Graden der Erforderlichkeit der Daten spricht.

[1398] Schweda/von Schreitter WuW 2021, 145 (152).

[1399] Schweda/von Schreitter WuW 2021, 145 (149).

Beweislast für die sachliche Rechtfertigung der Zugangsverweigerung trägt, findet im Rahmen des § 20 Abs. 1a keine Beweislastumkehr statt. Es obliegt also dem Zugangs-petenten, die Unbilligkeit und damit auch die fehlende sachliche Rechtfertigung der Zugangsverweigerung darzutun und ggf. zu beweisen.[1400] Im Ergebnis weisen somit beide Formen der kartellrechtlichen Erzwingung eines Datenzugangs einen jeweils eigenständi-gen Anwendungsbereich und spezifische Voraussetzungen auf.[1401] Die erheblich strengeren tatbestandlichen Anforderungen der essential facilities doctrine nach § 19 Abs. 2 Nr. 4 (Marktbeherrschung, objektive Notwendigkeit des begehrten Inputs für die Tätigkeit auf einem abgeleiteten Markt, Gefahr der Ausschaltung wirksamen Wettbewerbs) indizieren ein missbräuchliches Verhalten und legitimieren damit die Beweislastumkehr für eine ausnahmsweise sachliche Rechtfertigung der Zugangsverweigerung. Der erheblich weitere Anwendungsbereich datenbedingter Abhängigkeit als Grundlage für einen potentiellen Anspruch auf Datenzugang wird dagegen lediglich durch das Erfordernis der Unbilligkeit der Zugangsverweigerung begrenzt, deren Darlegung und notfalls Beweis zu Recht dem Zugangspetenten obliegt. Ein vermeintlich unterschiedlicher „Grad der Verantwortlich-keit" für den Datenzugang auf Seiten des Normadressaten bei § 19 Abs. 2 Nr. 4 einerseits und des § 20 Abs. 1a andererseits kann dagegen nicht festgestellt werden.[1402]

**d) Immaterialgüterrechte. aa) Ausgangspunkt.** Urheberrechte und gewerbliche **306** Schutzrechte spielen im Wettbewerbsgeschehen eine wichtige Rolle.[1403] Seine frühere Entscheidung, den Zugang zu Lizenzen an Immaterialgüterrechte aus dem Anwendungs-bereich des Regelbeispiels gem. § 19 Abs. 2 Nr. 4 auszuklammern,[1404] hat der Gesetzgeber mit der 10. GWB-Novelle korrigiert. Sie können nunmehr ebenfalls „wesentliche Einrich-tungen" darstellen und damit taugliches Zugangsobjekt sein. Eines Rückgriffs auf die Generalklausel[1405] des § 19 Abs. 1 oder in geeigneten Fällen das Behinderungs- bzw. Dis-kriminierungsverbot nach § 19 Abs. 2 Nr. 1 ist somit nicht mehr erforderlich. **Fraglich** ist, ob die neue tatbestandliche Verortung einer möglichen kartellrechtlichen Zwangslizenz mit einer **Modifikation des Beurteilungsmaßstabs** verbunden ist. In der Gesetzes-begründung wird lediglich allgemein klargestellt, dass auch die Verweigerung der Lizenzie-rung von Immaterialgüterrechten nach Abs. 2 Nr. 4 „missbräuchlich sein kann".[1406] Nähe-re Ausführungen zu den dabei anzulegenden Maßstäben im Hinblick auf Besonderheiten von Rechten des geistigen Eigentums finden sich dort nicht. Vielmehr wird nur pauschal auf die entsprechende europäische Praxis und darauf verwiesen, dass „bei der sachlichen Rechtfertigung umfassend die Interessen des Inhabers und des Zugangspetenten sowie die Anreizwirkungen gegeneinander abzuwägen" sind.[1407] Dass die Neuregelung in Abs. 2 Nr. 4 letzter Halbs. explizit und im Unterschied zum europäischen Recht eine Umkehr der Beweislast für die sachliche Rechtfertigung vorsieht, wird nicht problematisiert. Daraus wird man ableiten können, dass der Gesetzgeber den Tatbestand des Regelbeispiels nach

---

[1400] Schweda/von Schreitter WuW 2021, 145 (150).

[1401] Brenner in Bien/Käseberg/Klumpe/Körber/Ost 10. GWB-Novelle Kap. 1 Rn. 167.

[1402] So aber Brenner in Bien/Käseberg/Klumpe/Körber/Ost 10. GWB-Novelle Kap. 1 Rn. 168, der bei relativer Datenmacht nach § 20 Abs. 1, Abs. 1a von einem höheren Grad der Verantwortlichkeit für den Datenzugang ausgeht, weil hier „ein konkretes Vertikalverhältnis bezüglich der Daten (weil der Dateninhaber diese auf einem Markt anbietet und der Zugangspetent diese nachfragt) oder anderen Produkten und damit eine konkrete Beziehung zum Zugangspetenten erforderlich ist". Dabei wird übersehen, dass die Norm (außerhalb der unternehmensbedingten Abhängigkeit) auch dann eingreifen kann, wenn ein Newcomer erstmals Belieferung verlangt (vgl. nur → Markert § 20 Rn. 24, 40, 42 mwN) und sogar dann, wie der Gesetzgeber klargestellt hat, „wenn ein Geschäftsverkehr für diese Daten bislang nicht eröffnet ist" (§ 20 Abs. 1a S. 3).

[1403] Vgl. ausf. Heinemann, Immaterialgüterschutz in der Wettbewerbsordnung, passim.

[1404] Vgl. Gegenäußerung der Bundesregierung BT-Drs. 13/9720, 80; siehe auch BGH 13.7.2004 – KZR 40/02, WuW/E DE-R 1329 (1330 f.) – Standard-Spundfass II. Umgesetzt wurde dies mit der Einführung des Begriffs der Infrastruktureinrichtung, vgl. näher Voraufl. § 19 Rn. 305.

[1405] Ausführlich hierzu Voraufl. § 19 Rn. 304 ff.

[1406] BegrRegE BT-Drs. 19/23492, 72.

[1407] BegrRegE BT-Drs. 19/23492, 72.

Abs. 2 Nr. 4 zwar für die Anwendung auf Immaterialgüterrechte öffnen, die bisherigen Anforderungen an die Auferlegung eines kartellrechtlichen Kontrahierungszwangs bei der Lizenzierung derartiger Rechte einschließlich der Rechtfertigungsmöglichkeiten für eine Lizenzverweigerung aber nicht ändern wollte. Dies spricht dafür, dass es grundsätzlich bei den bisher in der Rechtsprechung herausgearbeiteten Anwendungsgrundsätzen bleiben kann und soll, jedenfalls soweit diese mit der europäischen Anwendungspraxis zu Art. 102 AEUV übereinstimmen.

307    In dieser ist anerkannt, dass die **Verweigerung** der Erteilung **einer Lizenz nur bei Vorliegen außergewöhnlicher Umstände als missbräuchlich** angesehen werden kann.[1408] Daher besteht kein Anlass, von der bisherigen zurückhaltenden Linie gegenüber der Erteilung kartellrechtlicher Zwangslizenzen abzurücken. Eine Monopolwirkung geht aller Erfahrung nach meist von sog. Pionierpatenten aus. Eine (zu) großzügige Erteilung von Zwangslizenzen würde hier den beabsichtigten Schutz von Pioniergewinnen als Innovationsanreiz infrage stellen. Die Anwendung des § 19 Abs. 2 Nr. 4 auf Rechte des geistigen Eigentums darf diese gesetzgeberische Wertung nicht umgehen. Spätestens im Rahmen der sachlichen Rechtfertigung ist daher gebührend zu berücksichtigen, dass es einem Schutzrechtsinhaber grundsätzlich erlaubt ist, die Nutzung seines geistigen Eigentums durch andere generell zu unterbinden und auch eine Tätigkeit auf abgeleiteten Märkten für sich selbst zu reservieren, sofern nicht **zusätzliche Gesichtspunkte** für eine Einschränkung der Vertragsfreiheit des Inhabers von Ausschließlichkeitsrechten aus Gründen des Wettbewerbsschutzes streiten. Dazu gehört insbesondere die Gewährleistung eines Zugangs zu Patenten per Lizenzerteilung zu angemessenen Bedingungen, wenn diese Bestandteil eines Standards geworden sind, ohne dessen Einhaltung keine marktgängigen Produkte angeboten werden können (näher zur Lizenzierung standardessentieller Patente Rn. 310 ff.).

308    Die spezialgesetzlichen Vorschriften über die Erteilung von Zwangslizenzen wie § 24 PatG, § 20 GbrMG iVm § 24 PatG, § 42a UrhG und § 34 VG-RL-UmsetzungsG (früher § 11 UrhWG)[1409] stehen einer parallelen Anwendbarkeit der Missbrauchskontrolle nicht entgegen. Das dafür erforderliche Vorliegen einer **marktbeherrschenden Stellung** beschränkt sich allerdings in der Regel auf sog. Schlüsselpatente.[1410] Eine beherrschende Stellung auf dem vorgelagerten Markt der Lizenzvergabe liegt regelmäßig vor, wenn die patentgemäße Lehre zur Industrienorm oder zu normähnlichen Vorgaben erstarkt ist.[1411] Derartige Standardisierungen spielen im modernen Wirtschaftsleben eine besondere Rolle.[1412] Aus wettbewerbsrechtlicher Sicht bestehen insbesondere dann Gefahren, wenn die Existenz essentieller Patente bei der Festlegung eines Standards von einem Wettbewerber verschwiegen wird (sog. **patent ambush**)[1413] oder nicht genutzte Patente zur Behinderung der Vermarktung, teilweise sogar mit dem Fernziel der Erpressung, gehalten werden (sog. **patent trolls**).[1414] In solchen Fällen kommt es für die kartellrechtliche Bewertung entscheidend auf die **Gesamtumstände des Einzelfalls** an.[1415]

---

[1408] Vgl. insbes. EuGH 5.10.1988 – C-238/87, Slg. 1988, 6211 Rn. 9 – Volvo; EuGH 6.4.1995 – C-241/91 und C-242/91, Slg. 1995, I-743 Rn. 52 – RTE u. ITP/Kommission (= „Magill"); EuGH 29.4.2004 – C-418/01, Slg. 2004, I-5039 Rn. 48 – IMS Health.

[1409] Aufgehoben mit Wirkung vom 1.6.2016.

[1410] Vgl. aus der Praxis des BKartA TB 1972, 63 und 1973, 86 PAL-Lizenz; ähnlich die Einschätzung von Weck NJOZ 2009, 1177 (1179).

[1411] BGH 13.7.2004 – KZR 40/02, WuW/E DE-R 1329 (1331) – Standard-Spundfass II.

[1412] Babey/Rizivi WuW 2012, 808.

[1413] Dazu LG Düsseldorf 13.2.2009 – 4b O 346/05, WuW/E DE-R 2120 (2123 ff.) – MPEG2Standard; ferner LG Düsseldorf 24.4.2012 – 4b O 274/10, WuW/E DE-R 3638 (3655) – FRAND-Erklärung; s. auch Barthelmeß/Rudolf WuW 2013, 116 (119 f.); Weck NJOZ 2009, 1177 (1186); Fuchs in Drexl ua, More Common Ground for International Competition Law?, S. 177 ff.

[1414] Dazu Nothdurft in Bunte Rn. 548; Lamping, Patentschutz und Marktmacht, S. 365 ff.; vgl. auch BGH 6.5.2009 – KZR 39/06, WuW/E DE-R 2613 – Orange-Book-Standard.

[1415] Nothdurft in Bunte Rn. 549.

Die für die Bejahung einer missbräuchlichen Lizenzverweigerung erforderlichen „außer- **309** gewöhnlichen Umstände" (Rn. 307) können zB in einer **diskriminierenden Lizenzie-rungspolitik,**[1416] in einer **Patenthäufung**[1417] oder darin gesehen werden, dass es sich um einen **Industriestandard** handelt und sich die geschützte technische Leistung dem Zweck des Patentschutzes zuwider nicht im Wettbewerb mit abweichenden Lösungen bewähren muss.[1418] In der Praxis sind viele Standardisierungsorganisationen dazu übergegangen, die am jeweiligen Verfahren Beteiligten zu verpflichten, die gehaltenen Patente zu **FRAND-Bedingungen** (Fair, Reasonable and Non-Discriminatory) an interessierte Nutzer zu lizenzieren.[1419] Auf europäischer Ebene hat der FRAND-Begriff sogar im Jahr 2011 Einzug in die Leitlinien der Kommission erhalten.[1420]

**bb) Entwicklung der Anwendungspraxis.** Seit der zum heutigen Art. 102 AEUV **310** ergangenen **„Orange-Book-Standard"**-Entscheidung aus dem Jahr 2009[1421] war die im „Standard-Spundfass II"-Urteil[1422] zunächst noch offen gelassene Frage geklärt, dass ein Patentinhaber von einem Lizenzsucher dann keine Unterlassung der Nutzung eines Patents ohne vorherige Zustimmung verlangen kann, wenn der Pateninhaber zur Lizenzerteilung verpflichtet ist.[1423] Der „kartellrechtliche Zwangslizenzeinwand" deutscher Prägung stützt sich dabei auf die dolo petit Einrede aus § 242 BGB.[1424] Voraussetzung für deren Erhebung war jedoch nach Ansicht des BGH, dass ein unbedingtes Angebot auf Abschluss eines Lizenzvertrages vorliegt und sich der Lizenzsucher bereit erklärt, die sich aus dem Lizenz-vertrag ergebenden Verpflichtungen zu erfüllen, insbesondere die anstehenden Zahlungen zu leisten.[1425] Der Kläger konnte also nicht erwarten, dass der Patentinhaber von sich aus Lizenzen zu FRAND-Bedingungen anbietet.[1426] An den Einwand des Beklagten, er könne von sich aus mangels Kenntnis über die notwendigen Lizenzbedingungen kein unbedingtes Angebot abgeben, stellte die Rechtsprechung hohe Anforderungen.[1427]

In neuerer Zeit stufte jedoch die Kommission in den Fällen „Samsung" und „Motorola" **311** die **gerichtliche Durchsetzung standardessenzieller Patente (SEP)**[1428] durch ein

---

[1416] Vgl. Heinemann ZWeR 2005, 198 (203); Casper ZHR 166 (2002), 685 (703); BKartA TB 1972, 63; 1973, 86 – PAL-Lizenz.

[1417] Vgl. Heinemann ZWeR 2005, 198 (204); Jung ZWeR 2004, 379 (392 ff., 401).

[1418] BGH 13.7.2004 – KZR 40/02, WuW/E DE-R 1329 (1332 f.) – Standard-Spundfass II.

[1419] Barthelmeß/Rudolf WuW 2013, 116 (120 ff.); Babey/Rizivi WuW 2012, 808 ff.; aus der Recht-sprechung etwa LG Düsseldorf 24.4.2012 – 4b O 274/10, WuW/E DE-R 3638 – FRAND-Erklärung; umfassend dazu Körber, Standardessentielle Patente, FRAND-Verpflichtungen und Kartellrecht, S. 38 ff.; Fuchs FS Ahrens, 2016, 79 (81 ff.) sowie McGuire GRUR 2018, 128 ff.; s. auch OLG Karlsruhe 27.2.2012 – 6 U 136/11, WuW/E DE-R 3556 – Lizenzvertragsangebot; zu dieser Entscheidung Körber WRP 2013, 734 (739).

[1420] Europäische Kommission, Leitlinien zur Anwendbarkeit von Artikel 101 des Vertrags über die Arbeits-weise der Europäischen Union auf Vereinbarungen über horizontale Zusammenarbeit, ABl. 2011 C 11, 1 Rn. 287.

[1421] BGH 6.5.2009 – KZR 39/06, WuW/E DE-R 2613 ff. – Orange-Book-Standard.

[1422] BGH 13.7.2004 – KZR 40/02, WuW/E DE-R 1329 – Standard-Spundfass II.

[1423] Zur konkreten Anwendung der „Orange-Book-Standard"-Rechtsprechung des BGH siehe beispiels-weise LG Düsseldorf 21.3.2013 – 4b O 104/12, WuW/E DE-R 3922 = NZKart 2013, 256 (257) – LTE-Standard; OLG Karlsruhe 27.2.2012 – 6 U 136/11, WuW/E DE-R 3556 – Lizenzvertragsangebot; OLG Karlsruhe 23.1.2012 – 6 U 136/11, MMR 2012, 247 – Kartellrechtlicher Zwangslizenzeinwand – Mobil-funkpatent; OLG Karlsruhe 19.2.2013 – 6 U 162/13, WuW/E DE-R 4185 – Zwangslizenzeinwand und Zwangsvollstreckung.

[1424] BGH 6.5.2009 – KZR 39/06, WuW/E DE-R 2613 Rn. 33 – Orange-Book-Standard.

[1425] BGH 6.5.2009 – KZR 39/06, WuW/E DE-R 2613 (2616 f.) – Orange-Book-Standard; zu diesen Kriterien auch Barthelmeß/Rudolf WuW 2013, 116 (122 ff.); Körber, Standardessentielle Patente, FRAND-Verpflichtungen und Kartellrecht, S. 108 ff.

[1426] Dies klarstellend LG Düsseldorf 24.4.2012 – 4b O 274/10, WuW/E DE-R 3638 (3650) – FRAND-Erklärung; s. auch Deichfuß WuW 2012, 1156 f.

[1427] S. dazu die Beispiele bei Deichfuß WuW 2012, 1156 (1157); auch LG Düsseldorf 24.4.2012 – 4b O 274/10, WuW/E DE-R 3638 (3650) – FRAND-Erklärung.

[1428] Ein standardessentielles Patent liegt vor, wenn die Anwendung einer technischen Norm zwangsläufig die Nutzung der geschützten technischen Lehre involviert.

marktbeherrschendes Unternehmen als missbräuchlich ein, sofern die vermeintlichen Patentverletzer (ernsthaft) bereit sind eine Lizenz zu **FRAND-Bedingungen** zu erwerben.[1429] Es wurde als unschädlich bewertet, wenn der potenzielle Lizenznehmer die Wesentlichkeit oder die Verletzung des Patents in Frage stellt oder angreift.[1430] Die Bewertungen der Kommission wichen somit deutlich von der **„Orange Book Standard"**-Entscheidung[1431] des BGH ab, die allerdings einen **de facto-Industriestandard** (dh keine FRAND-Verpflichtung) betraf. Die bloß ernsthafte Lizenzbereitschaft genügt nach dem BGH gerade nicht. Aufgrund dieser Divergenz fasste das LG Düsseldorf einen Vorlagebeschluss mit der Frage an den EuGH, unter welchen Voraussetzungen eine auf ein SEP gestützte Klage eines Patentinhabers, der eine FRAND-Selbstverpflichtungserklärung abgegeben hat, gegen Art. 102 AEUV verstößt.[1432] In der **„Huawei/ZTE"-Entscheidung**[1433] wählte der EuGH einen vermittelnden Ansatz, indem er bestimmte Anforderungen sowohl an das Verhalten des Patentinhabers als auch des Lizenzsuchers stellt.

312    Bei **Klagen auf Unterlassung oder auf Rückruf** der unter (angeblicher) Verletzung des Patents hergestellten Produkte verneint der EuGH einen Missbrauch von Marktmacht nach Art. 102 AEUV nur, wenn 1. der Inhaber des SEP den angeblichen Verletzer vor Erhebung der Klage auf die vorgeworfene Patentverletzung hingewiesen hat (→ Rn. 313), 2. der Inhaber des SEP dem angeblichen Verletzer, nachdem dieser seinen Willen zum Ausdruck gebracht hat, einen Lizenzvertrag zu FRAND-Bedingungen zu schließen, ein konkretes schriftliches Lizenzangebot zu diesen Bedingungen unterbreitet und insbesondere die Lizenzgebühr sowie die Art und Weise ihrer Berechnung angegeben hat (→ Rn. 314 ff.), 3. der Patentverletzer, während er das betreffende Patent weiter benutzt, auf dieses Angebot nicht mit der erforderlichen Sorgfalt reagiert (→ Rn. 317), 4. der Patentverletzer, der das ihm unterbreitete Angebot nicht annimmt, dem Inhaber des standardessentiellen Patents innerhalb einer kurzen Frist schriftlich kein konkretes Gegenangebot macht, das FRAND-Bedingungen entspricht, oder der Patentverletzer, wenn er das standardessentielle Patent benutzt, ab dem Zeitpunkt, zu dem der Patentinhaber sein Gegenangebot abgelehnt hat, keine angemessene Sicherheit leistet oder keine Abrechnung vorlegt, die auch vergangene Benutzungshandlungen umfassen (→ Rn. 318).

313    Erstens muss der Patentinhaber nach dem EuGH vor Erhebung der Klage den angeblichen Verletzer oder eine geeignete Stelle im Verletzer-Konzern[1434] auf die ihm vorgeworfene **Patentverletzung hingewiesen** und dabei das fragliche Patent und die vermeintliche Verletzungshandlung konkret bezeichnet haben.[1435] An die Verletzungsanzeige sind nach überwiegender Auffassung keine allzu hohen Anforderungen zu stellen, insbesondere ist keine Erläuterung der Verletzung oder eine Stellungnahmefrist erforderlich.[1436] Ausreichend ist die Bezeichnung des Patents und der konkreten Verletzungsform; die in der Praxis häufig verwendete Darlegung in Form sog. Claim Charts ist „ausreichend, aber nicht

---

[1429] KOMM. 29.4.2014 – COMP/AT.39.939, – Samsung Enforcement of UMTS (Eingestellt gegen Verpflichtungszusage nach Art. 9 VO 1/2003); 29.4.2014 – COMP/AT.39.985 – Motorola Enforcement of GPRS. (Unterlassungsverfügung nach Art. 7 VO 1/2003 ohne Bußgeld, vgl. dazu Fuchs in Immenga/Mestmäcker AEUV Art. 102 Rn. 362 ff.).
[1430] KOMM. 29.4.2014 – COMP/AT.39.985 Rn. 375 ff. – Motorola Enforcement of GPRS.
[1431] BGH 6.5.2009 – KZR 39/06, GRUR 2009, 694 Rn. 29, 36 – Orange-Book-Standard.
[1432] Vorabentscheidungsersuchen des LG Düsseldorf 21.3.2013 – 4b O 104/12, GRUR-RR 2013, 196.
[1433] EuGH 16.7.2015 – C-170/13, GRUR 2015, 764 – Huawei/ZTE. Zu den noch offenen Fragen s. Batista/Mazutti IIC 2016, 244 (249 f.).
[1434] Für einen weiten Adressatenkreis: OLG Düsseldorf 17.11.2016 – I-15 U 66/15, GRUR-RS 2016, 21067; Buntscheck NZKart 2015, 521 (522 f.). Zweifelnd LG Mannheim 8.1.2016 – 7 O 96/14, BeckRS 2016, 138314 Rn. 86.
[1435] EuGH 16.7.2015 – C-170/13, GRUR 2015, 764 Rn. 60 ff. – Huawei/ZTE; dem folgend BGH 5.5.2020 – KZR 36/17, GRUR 2020, 961 Rn. 73 ff., 85 – FRAND-Einwand I.
[1436] OLG Düsseldorf 17.11.2016 – I-15 U 66/15, juris-Rn. 5; Kühnen HdB Patentverletzungen Kap. E. Rn. 385 ff.; aA LG Mannheim 4.3.2016 – 7 O 96/14, juris-Rn. 74, wonach der vermeintliche Patentnutzer in die Situation versetzt werden müsse, die Schutzrechtslage selbstständig prüfen (lassen) zu können. Hauck NJW 2015, 2767 (2769) und Kellenter FS Patentgerichtsbarkeit Düsseldorf, 2016, 255 (259) halten die praxisübliche Berechtigungsanfrage für ausreichend.

zwingend geboten".[1437] Entscheidend ist, dass der (angebliche) Verletzer sich ein Bild von der Berechtigung des Vorwurfs der Patentverletzung machen kann. Ob bei Fehlen eines (hinreichenden) Verletzungshinweises die Möglichkeit einer Nachholung des Klageverfahrens besteht, ist umstritten.[1438] Gegen eine prozessuale Nachholung spricht, dass etwaige Vertragsverhandlungen vom Druck eines anhängigen Verfahrens belastet wären. Andererseits könnte bei anhängiger Klage das Gericht als neutraler Vermittlung dafür sorgen, dass entsprechende Verhandlungen zügig und zielstrebig durchgeführt werden. Eine Klageerhebung ist aber grundsätzlich erst nach Ablauf einer hinreichenden Überlegungszeit für den potenziellen Patentverletzer zulässig, die je nach eigenen Einsichtsmöglichkeiten in die betreffende Technik und dem Umfang der Verletzungsanzeige variieren kann.[1439]

Zweitens muss der Patentinhaber dem angeblichen Patentverletzer oder einer geeigneten **314** Stelle im Verletzer-Konzern,[1440] sofern dieser seinen Willen zum Abschluss eines Lizenzvertrages zu FRAND-Bedingungen geäußert hat, ein **konkretes schriftliches Lizenzangebot** unterbreitet haben, das insbesondere die Angabe der verlangten Lizenzgebühr sowie die Art und Weise ihrer Berechnung enthält.[1441] Diese Voraussetzung könnte dann entfallen, wenn der Patentinhaber einen Standardlizenzvertrag oder bereits geschlossene Lizenzverträge veröffentlicht hat, weil der Patentverletzer dann von sich aus überprüfen kann, ob diese FRAND-Bedingungen entsprechen.[1442] Andererseits ist dann aber ein entsprechender Hinweis im Rahmen der Verletzungsanzeige zu fordern.

Die Lizenzhöhe muss beim Angebot konkret angegeben werden, so dass es nicht in Betracht kommt die endgültige Bestimmung einem Dritten (zB einem Schiedsgericht[1443]) zu überlassen.[1444] Das Angebot muss so transparent sein, dass anhand objektiver Kriterien nachvollzogen werden kann, warum das Angebot FRAND-Bedingungen entsprechen soll.[1445] Eine bloße Angabe pauschaler Lizenzsätze bzw. Lizenzbeträge pro Einheit reicht also nicht aus. Entscheidende Bedeutung kommt dabei der Vergleichbarkeit mit bestehenden und von Dritten akzeptierten Lizenzbedingungen zu.[1446]

Nach wohl hM kann der Patentinhaber aber eine **weltweite Portfoliolizenz** mit **315** zahlreichen Schutzrechten anbieten, welche also nicht nur das Klagepatent und Benutzungshandlungen in Deutschland umfasst, sofern dies der Branchenüblichkeit entspricht.[1447] Im Kern hat der BGH dies inzwischen bestätigt: Eine Verknüpfung mit weiteren Schutzrechten im Rahmen einer Portfoliolizenz hält er jedenfalls insoweit für grundsätzlich

---

[1437] BGH 5.5.2020 – KZR 36/17, GRUR 2020, 961 Rn. 85 – FRAND-Einwand I.

[1438] Dagegen LG Mannheim 1.7.2016 – 7 O 209/15, GRUR-Prax 2016, 535; zweifelnd Buntscheck NZKart 2015, 521 (523); dafür hingegen Kühnen HdB Patentverletzungen Kap. E. Rn. 325, 348; vgl. für einen Rechtsprechungsüberblick Picht WuW 2018, 234 ff. (300 ff.) und für Übergangsfälle OLG Karlsruhe 31.5.2016 – 6 U 55/16, NZKart 2016, 334 sowie OLG Düsseldorf 9.5.2016 – I-15 U 36/16, BeckRS 2016, 09323, die in diesem Fall eine Verletzungsanzeige während des Klageverfahrens für ausreichend erachtet haben.

[1439] Vgl. Cordes/Gelhausen Mitt. der Patentanwälte 2015, 426 (432), die grds. eine Monatsfrist für angemessen erachten. Für eine zweimonatige Frist grds. Kühnen HdB Patentverletzungen Kap. E. Rn. 397.

[1440] LG Mannheim 3.11.2015 – 4a O 144/14, juris-Rn. 123 f.; 3.11.2015 – 4a O 144/14, WuW 2016, 93 Rn. 193; LG Mannheim 29.1.2016 – 7 O 66/15, juris-Rn. 70; 8.1.2016 – 7 O 96/14, juris-Rn. 119.

[1441] EuGH 16.7.2015 – C-170/13, GRUR 2015, 764 Rn. 63 f. – Huawei/ZTE. Das LG Mannheim ist der Ansicht, dass die Berechnung für den angeblichen Verletzer transparent sein müsse und Vergleiche zu von Dritten akzeptierten Lizenzsätzen zulässig seien, LG Mannheim 1.7.2016 – 7 O 209/15, GRUR-Prax 2016, 535. Ausführlich zu diesen Voraussetzungen Kühnen HdB Patentverletzungen Kap. E. Rn. 285 ff.

[1442] Cordes/Gelhausen Mitt. der Patentanwälte 2015, 426 (432).

[1443] Vgl. dazu ausführlich Baumann GRUR 2018, 145 ff.

[1444] Kühnen HdB Patentverletzungen Kap. E. Rn. 320. Zulässig ist es allerdings die genannte Lizenzgebühr durch einen Dritten auf ihre Angemessenheit überprüfen zu lassen zB durch ein Gericht nach § 315 BGB, vgl. LG Düsseldorf 31.3.2016 – 4a O 73/14, juris-Rn. 283; 31.3.2016 – 4a O 126/14, juris-Rn. 278.

[1445] LG Mannheim 1.7.2016 – 7 O 209/15, GRUR-Prax 2016, 535; ähnlich OLG Düsseldorf 17.11.2016 – I-15 U 66/15, GRUR-Prax 2017, 42, das die Angabe sämtlicher Berechnungsfaktoren verlangt.

[1446] OLG Düsseldorf 17.11.2016 – I-15 U 66/15, GRUR-Prax 2017, 42; LG Mannheim 1.7.2016 – 7 O 209/15, GRUR-Prax 2016, 535.

[1447] Kellenter FS Patentgerichtsbarkeit DD, 2016, 255 (275) mwN; dazu ausführlich auch Hauck/Kamlah GRUR-Int. 2016, 423 ff.

kartellrechtlich zulässig, als die Lizenznehmer nicht zu Zahlungen für nicht-standardessentielle Patente verpflichtet werden, sondern nur für weitere Patente, die er zur rechtmäßigen Produktion oder zum Vertrieb einesstandardgemäßen Produkts benötigt. Zudem müsse die Vergütung so berechnet werden, dass Anwender, die ein Produkt nur für einen bestimmten geographischen Markt herstellen wollen, nicht benachteiligt werden.[1448] Im Übrigen bestehe unter dem Aspekt der **Nicht-Diskriminierung** keine Pflicht des marktbeherrschenden Patentinhabers, Lizenzen nur im Wege eines „Einheitstarifs" mit gleichen Bedingungen für alle Nutzer zu vergeben.[1449] Vielmehr ist der Patentinhaber berechtigt, unterschiedlichen Verhandlungssituationen Rechnung zu tragen.[1450] Bei Beachtung der besonderen Diskriminierungsverbote nach § 19 Abs. 2 Nr. 3 GWB und Art. 102 S. 2 lit. c AEUV sei dem Zweck, eine Diskriminierung der Handelspartner des Marktbeherrschers vor Wettbewerbsverzerrungen auf dem vor- oder nachgelagerten Markt zu vermeiden, Genüge getan.[1451]

**316**   Noch nicht geklärt ist, in welchem Umfang das Gericht überprüft, ob ein Angebot den FRAND-Bedingungen tatsächlich entspricht. Das LG Mannheim möchte den Patentverletzungsprozess nicht mit der Bestimmung der FRAND-Bedingungen[1452] belasten und sieht FRAND-Bedingungen erst dann nicht mehr als gegeben an, wenn das Angebot evident gegen FRAND-Grundsätze verstößt, indem es unter Berücksichtigung der Verhandlungssituation und der Marktgegebenheiten als Ausdruck von Ausbeutungsmissbrauch zu sehen ist (sog. negative Evidenzkontrolle).[1453] Nach Ansicht der OLGe Düsseldorf und Karlsruhe ist hingegen positiv festzustellen, dass es sich um ein Lizenzangebot zu FRAND-Bedingungen handelt. Dabei kommen allerdings mehrere Vertragsgestaltungen mit unterschiedlichen Lizenzbedingungen und insbesondere einem Bereich von Lizenzgebühren in Betracht, die als fair, angemessen und nicht diskriminierend zu qualifizieren sind.[1454] Dass nicht nur eine ganz bestimmte Ausgestaltung der Lizenzvertragsbedingungen als FRAND-konform angesehen werden kann, sondern insoweit eine gewisse Bandbreite an Konditionen gleichermaßen diese Anforderungen erfüllen kann, ist inzwischen weithin anerkannt.[1455]

**317**   Drittens ist erforderlich, dass der Patentverletzer die Benutzung des Patents fortgesetzt hat, ohne auf das Lizenzangebot des Patentinhabers nach Treu und Glauben und mit der Sorgfalt, die in der betreffenden Branche nach den dort anerkannten geschäftlichen Gepflogenheiten geübt wird, reagiert zu haben. Gegen seine Obliegenheit zu einem auf den Erhalt einer angemessenen Lizenz hinarbeitenden Verhalten verstößt der Patentverletzer insbesondere dann, wenn er im Hinblick auf den Abschluss des angebotenen Lizenzvertrages eine **Verzögerungstaktik** verfolgt.[1456] Nimmt der angebliche Patentverletzer das Angebot des SEP-Inhabers nicht an, muss er seinerseits tätig werden, wenn er weiterhin den Einwand des Rechtsmissbrauchs gegen die Unterlassungs- oder Rückrufklage erheben können will. So verlangt der EuGH ausdrücklich, dass er „dem Inhaber des betreffenden SEP innerhalb

[1448] BGH 5.5.2020 – KZR 36/17, GRUR 2020, 961 Rn. 78 – FRAND-Einwand I.
[1449] BGH 5.5.2020 – KZR 36/17, GRUR 2020, 961 Rn. 81 – FRAND-Einwand I.
[1450] Vgl. BGH 5.5.2020 – KZR 36/17, GRUR 2020, 961 Rn. 102 – FRAND-Einwand I (Berücksichtigung besonderer Gründe, bei einem anderen Lizenznehmer ua. aufgrund von Bedrohungen durch staatliche Organe ein unzulängliches Angebot zu aktzeptieren, während sonst an den üblichen Konditionen festgehalten wird).
[1451] BGH 5.5.2020 – KZR 36/17, GRUR 2020, 961 Rn. 81 – FRAND-Einwand I.
[1452] Die Bestimmung der FRAND-Bedingungen erweist sich in der Praxis als äußerst schwierig vgl. Kurtz/Straub GRUR 2018, 136; Hauck/Kamlah GRUR-Int 2016, 420 ff.; Nestler/Ordosch GRUR-Prax 2012, 372 ff.
[1453] LG Mannheim 27.11.2015 – 2 O 106/14, WuW 2016, 86 Rn. 273; 17.11.2016 – 7 O 19/16, juris-Rn. 78 ff.
[1454] OLG Düsseldorf 17.11.2016 – I-15 U 66/15, GRUR-Prax 2017, 42; OLG Karlsruhe 8.9.2016 – 6 U 58/16, GRUR-Prax 2016, 560.
[1455] Vgl. Ehlenz NZKart 2020, 470 (472) unter Hinweis auf EuG 27.6.2012, Rs. T-167/08, Rn. 54, 144 – Microsoft/Kommission; Picht GRUR 2020, 972 (973).
[1456] EuGH 16.7.2015 – C-170/13, GRUR 2015, 764 Rn. 65 – Huawei/ZTE.

einer kurzen Frist schriftlich ein **konkretes Gegenangebot** macht, das den FRAND-Bedingungen entspricht".[1457] Es gelten somit die gleichen Anforderungen wie beim Angebot des Patentinhabers. Die eingeräumte Reaktionszeit richtet sich nach dem Umfang des Schutzrechtportfolios und dem dabei üblichen Zeitaufwand freier Lizenzverhandlungen.[1458]

Im Einklang mit der Kommission verwehrt der EuGH dem Lizenzpetenten dabei nicht, **318** die Rechtsbeständigkeit des SEP, seinen essentiellen Charakter für den fraglichen Standard und/oder seine tatsächliche Benutzung anzuzweifeln.[1459] Benutzt der Lizenzsucher das SEP bereits vor Abschluss eines Lizenzvertrages, ist er gehalten, „ab dem Zeitpunkt, zu dem sein Gegenangebot abgelehnt wurde", eine **angemessene Sicherheit** zu leisten, die den anerkannten geschäftlichen Gepflogenheiten in der betreffenden Branche entspricht.[1460] Dies kann durch Beibringung einer Bankgarantie oder Hinterlegung der erforderlichen Beträge geschehen. Die Höhe der Sicherheit muss sich dabei ua an der Zahl der erfolgten Benutzungshandlungen orientieren, für die der potenzielle Verletzer auch eine Abrechnung vorzulegen hat. Es ist sowohl für Benutzungshandlungen vor als auch nach der Ablehnung des Gegenangebots Sicherheit zu leisten, was bedeutet, dass die Sicherheit ggf. bei Fortsetzung der Nutzung aufgestockt werden muss.[1461] Auch eine Einstellung der Patentnutzung beseitigt die bereits entstandene Pflicht zur Sicherheitsleistung nicht.[1462] Im Übrigen verweist der EuGH darauf, dass die Parteien bei mangelnder Einigung über die Einzelheiten der FRAND-Bedingungen die Möglichkeit haben, die Lizenzgebühren durch einen unabhängigen Dritten festlegen zu lassen, sofern beide damit einverstanden sind.[1463]

Diese vom EuGH entwickelten Voraussetzungen gelten nur für **Patentverletzungs-** **319** **klagen,** die auf **Unterlassung, Rückruf- und Vernichtung**[1464] gerichtet sind, nicht dagegen für Klagen auf Rechnungslegung und Schadensersatz.[1465] Insoweit verbleibt es bei der bisherigen im Anschluss an die BGH-Entscheidungen Standard-Spundfass[1466] und Orange-Book-Standard entwickelten deutschen Rechtsprechung (vgl. → Rn. 310).[1467] In der Literatur wird allerdings befürwortet, den Schadensersatz auf FRAND-Lizenzhöhe zu beschränken, solange der Patentinhaber seinen Pflichten aus der Huawei/ZTE-Entscheidung nicht nachkommt.[1468] Dem ist der BGH jedoch entgegengetreten.[1469] Zudem hat der BGH klargestellt, dass der Patentverletzer dem Schadensersatzanspruch des Patentinhabers nur dann einen eigenen Schadensersatzanspruch entgegenhalten kann, der auf die Ver-

---

[1457] EuGH 16.7.2015 – C-170/13, GRUR 2015, 764 Rn. 66 – Huawei/ZTE.

[1458] Kühnen HdB Patentverletzungen Kap. E. Rn. 402, der darauf hinweist, dass solche Verhandlungen durchaus mehrere Monate andauern können.

[1459] Unklar ist jedoch, inwieweit bei einer Nichtbenutzung die Lizenzgebühren zurückverlangt werden können: Dagegen Kühnen HdB Patentverletzungen Kap. E. Rn. 404; Kellenter FS Patentgerichtsbarkeit DD, 2016, 255 (278); dafür hingegen Meier-Beck FS Tolksdorf, 2014, 115 (120) mwN.

[1460] EuGH 16.7.2015 – C-170/13, GRUR 2015, 764 Rn. 67 – Huawei/ZTE.

[1461] So auch Kellenter FS Patentgerichtsbarkeit DD, 2016, 255 (267) mwN; Kühnen HdB Patentverletzungen Kap. E. Rn. 447.

[1462] LG Mannheim 4.3.2016 – 7 O 96/14, juris-Rn. 135.

[1463] EuGH 16.7.2015 – C-170/13, GRUR 2015, 764 Rn. 68 – Huawei/ZTE. Dabei ist in der Lit. umstritten, ob ein Zwang zur Drittbestimmung besteht: So Kühnen HdB Patentverletzungen Kap. E. Rn. 412; aA Cordes/Gelhausen Mitt. der Patentanwälte 2015, 426 (432); Kellenter FS Patentgerichtsbarkeit DD, 2016, 255 (273).

[1464] Zur Einbeziehung dieser vom EuGH nicht explizit erwähnten Form des Verletzungsanspruchs BGH 5.5.2020 – KZR 36/17, GRUR 2020, 961 Rn. 68 – FRAND-Einwand I; OLG Düsseldorf GRUR 2017. 1219 Rn. 220; OLG Karlsruhe GRUR 2020, 166 Rn. 87.

[1465] EuGH 16.7.2015 – C-170/13, GRUR 2015, 764 Rn. 76 – Huawei/ZTE; OLG Düsseldorf 30.3.2017 – I-15 U 66/15, juris-Rn. 226; LG Mannheim 10.11.2017 – 7 O 28/16, juris-Rn. 109; vgl. Block GRUR 2017, 121 (126 f.).

[1466] BGH 13.7.2014 – KZR 40/02, GRUR 2004, 966 (968) – Standard-Spundfass.

[1467] So auch Körber WRP 2015, 1167 Rn. 27; Buntscheck NZKart 2015, 521.

[1468] Kühnen HdB Patentverletzungen Kap. E. Rn. 453; aA LG Düsseldorf 19.1.2016 – 4b O 120/14, juris-Rn. 355. Dagegen wohl auch OLG Karlsruhe 29.8.2016 – 6 U 57/16, GRUR-Prax 2016, 448.

[1469] BGH 5.5.2020 – KZR 36/17, GRUR 2020, 961 (972) Rn. 111 – FRAND-Einwand I (Ablehnung einer Beschränkung des Schadensersatzes nach dem Maßstab der Lizenzanalogie).

weigerung des Abschluss eines Lizenzvertrages zu angemessenen und nicht-diskriminierenden Bedingungen gestützt ist, wenn der Patentverletzer seine eigenen Obliegenheiten
erfüllt hat, dh unter Bekundung seiner Lizenzbereitschaft den Abschluss eines Lizenzvertrags zu FRAND-Bedingungen verlangt hat, und der Patentinhaber seinen Obliegenheit
zur Unterbreitung eines entsprechenden Angebots nicht nachgekommen ist.[1470]

320    Die sich aus den „Huawei-Kriterien" ergebenden Voraussetzungen für eine Geltendmachung des kartellrechtlichen Zwangslizenzeinwands und die damit zusammenhängenden
Anforderungen an einen fairen Verhandlungsprozess hat der BGH in zwei grundlegenden
Entscheidungen im Fall „Sisvel/Haier" präzisiert und damit die von den Instanzgerichten in
vielerlei Hinsicht unterschiedliche Handhabung zumindest teilweise vereinheitlicht.[1471] In
der Entscheidung **„FRAND-Einwand I"**[1472] hat der BGH insbesondere die **Anforderungen an die Lizenzbereitschaftserklärung** des Patentverletzers konkretisiert. Nach
einem Verletzungshinweis müsse sich der (vermeintliche) Patentverletzer „klar und eindeutig bereit erklären, mit dem Patentinhaber einen Lizenzvertrag zu angemessenen und
nicht-diskriminierenden Bedingungen abzuschließen, und … auch in der Folge zielge-
richtet an den Lizenzvertragsverhandlungen mitwirken".[1473] Nicht ausreichend sei dagegen
die allgemeine Bekundung, „den Abschluss eines Lizenzvertrages zu erwägen oder in Verhandlungen darüber einzutreten, ob und unter welchen Voraussetzungen ein Vertragsschluss für ihn in Betracht kommt".[1474] Bei ernsthafter Lizenzbereitschaft des Patentverletzers sei der Patentinhaber gehalten, ein konkretes Lizenzangebot zu unterbreiten und
„seine Lizenzforderung im Einzelnen zu begründen, um dem Lizenzwilligen eine Überprüfung zu ermöglichen"[1475] im Hinblick auf eine potentielle missbräuchliche Höhe der
Lizenzgebühr oder Unangemessenheit anderer Bedingungen des Lizenzangebots. Insgesamt
wendet sich der BGH gegen eine schematische, formalisierte Betrachtung des Verhandlungsprozesses und betont die übergreifende und andauernde Obliegenheit beider Parteien
zu einem kooperativen Verhalten in den Verhandlungen über einen Lizenzvertrags-
abschluss.[1476] Letztlich geht es um die Ermöglichung eines level playing field für Verhandlungen auf Augenhöhe zwischen den Parteien, zumal nicht nur eine gewisse Bandbreite
und nicht nur eine einzige Ausgestaltung der Lizenzbedingungen FRAND-konform sein
kann.[1477] Darüber hinaus präzisiert der BGH in einem obiter dictum die Voraussetzungen
für das Vorliegen nicht-diskriminierender Lizenzbedingungen. Eine schematische Gleichbehandlung aller Lizenznehmer und Erteilung von Lizenzen nach Art eines „Einheitstarifs"
kann danach nicht verlangt werden;[1478] jedenfalls sofern die günstigeren Vertragsbedingungen eines dritten Lizenznehmers maßgeblich das Ergebnis staatlicher Druckausübung auf
den SEP-Inhaber sei, könne dies eine sachliche Rechtfertigung für dessen Besserstellung

---

[1470] BGH 5.5.2020 – KZR 36/17, GRUR 2020, 961 (972) Rn. 111 – FRAND-Einwand I.
[1471] Vgl. exemplarisch die divergierenden Entscheidungen der Vorinstanzen LG Düsseldorf 3.11.2015 – 4a
O 93/14, GRUR-RS 2016, 04073, und OLG Düsseldorf 13.1.2016 – 15 U 66/15, NZKart 2016, 139, im
Fall Sisvel/Haier. Zu einem Überblick über die instanzgerichtliche Rechtsprechung nach den BGH-Entscheidungen FRAND-Einwand I und II s. insbes. Kamlah/Rektorschek Mitt. 2021, 307 ff. mwN.
[1472] BGH 5.5.2020 – KZR 36/17, GRUR 2020, 961 mAnm Picht (672) – FRAND-Einwand I = NZKart
2020, 441 = WuW 2020, 478 m.Anm. Kellerner (485); vgl. hierzu insbes. Ehlenz NZKart 2020, 470; ferner
Habich WuW 2021, 282.
[1473] BGH 5.5.2020 – KZR 36/17, GRUR 2020, 961 Rn. 83 – FRAND-Einwand I.
[1474] BGH 5.5.2020 – KZR 36/17, GRUR 2020, 961 Rn. 83 – FRAND-Einwand I.
[1475] BGH 5.5.2020 – KZR 36/17, GRUR 2020, 961 Rn. 76 – FRAND-Einwand I.
[1476] Vgl. BGH 5.5.2020 – KZR 36/17, GRUR 2020, 961 Rn. 81 – FRAND-Einwand I; s. für eine
ähnliche Sichtweise dahingehend, dass die Einhaltung der FRAND-Kriterien für den intendierten Lizenzvertrag nicht im Wege einer punktuellen oder schematischen Beurteilung, sondern nur als Ergebnis eines
fairen und informierten Verhandlungsprozesses festgestellt werden könne, auch die Entscheidung des High
Court von England und Wales EWHC 5.4.2017 [2017] EWHC 711 (Pat) Rn. 162 – Unwired Plante
v. Huawei („FRAND as a process"); näher zu dieser Entscheidung Haedicke GRUR Int. 2017, 661 (665).
[1477] So auch Ehlenz NZKart 2020, 470 (472) unter Hinweis auf EuG 27.6.2012 – Rs. T-167/08, Rn. 95 –
Microsoft/Kommission.
[1478] BGH 5.5.2020 – KZR 36/17, GRUR 2020, 961 Rn. 81 – FRAND-Einwand I.

gegenüber anderen Unternehmen darstellen, für die es bei den üblichen (und sachlich angemessenen) Bedingungen bleibe.[1479]

In der Entscheidung „FRAND-Einwand II" hat der BGH seinen Ansatz zur Gewähr- 321 leistung konstruktiver, auf Erzielung eines eines angemessenen Interessenausgleichs gerichteter Lizenzvertragsverhandlungen durch beide Seiten noch weiter ausgebaut und vertieft.[1480] So dürfe sich die Lizenzwilligkeit des Verletzers ebenso wie die Lizenzierungsbereitschaft des Patentinhabers grundsätzlich nicht „in der einmaligen Bekundung des Lizenzierungsinteresses oder der Vorlage eine (Gegen-)Angebots erschöpfen. Vielmehr sind beide Parteien gehalten, in jeweils situationsangemessener Weise und in Übereinstimmung mit den Geboten von Treu und Glauben dazu beizutragen, dass ein angemessener Ausgleich der widerstreitenden Interessen in Gestalt eines Lizenzvertrages zu FRAND-Bedingungen ausgehandelt werden kann".[1481] Nach erfolgtem Hinweis auf die Verletzung seines Patents könnten sich weitere Verhandlungspflichten des marktbeherrschenden Patentinhabers allerdings „erst und nur dann ergeben, wenn der Nutzer der geschützten technischen Lehre seinen Willen zum Ausdruck bringt, einen Lizenzvertrag zu FRAND-Bedingungen zu schließen".[1482] Dies müsse klar und eindeutig geschehen, bloße Hinweise auf Verhandlungsbereitschaft oder die Erwägung eines Vertragsschlusses genügten nicht.[1483] Die beiderseitige Lizenzbereitschaft sei auch deshalb von grundlegender Bedeutung, weil sich „ein angemessenes Ergebnis in der Regel erst als Ergebnis eines Verhandlungsprozesses erfassen" lasse. Maßstab sei, was eine vernünftige, an einem erfolgreichen, beiderseits interessengerechten Abschluss interessierte Partei im jeweiligen Verhandlungsstadium unternehmen würde.[1484]

In neueren instanzgerichtlichen Urteilen wird ebenfalls die **Obliegenheit des Lizenz-** 322 **suchers zur zielgerichteten Mitwirkung an den Lizenzverhandlungen** betont. Bei Ablehnung des Angebots des Patentinhabers sei der Lizenzsucher grundsätzlich gehalten, ein Gegenangebot zu FRAND-Bedingungen zu unterbreiten. Dies gelte jedenfalls dann, wenn das Lizenzangebot des SEP-Inhabers „nicht klar und eindeutig FRAND-widrig" sei und der Lizenzsucher durch Erläuterungen des Patentinhabers in die Lage versetzt worden sei, seinerseits ein Gegenangebot zu unterbreiten.[1485] Darüber hinaus müsse sich der Lizenzsucher sogar unabhängig von einer etwaigen Obliegenheit zur Mitteilung eines Gegenangebots **ohne Verzögerung** mit dem Angebot des Patentinhabers zumindest auseinandersetzen und diesem seine Einwände bzw. weiteren Informationsbedarf zügig darlegen.[1486]

Der zuvor von einigen Instanzgerichten verfolgte **strikt konsekutive Ansatz**, nach dem 323 die Pflichten des vermeintlichen Patentverletzers erst entstehen, wenn zuvor der Patentinhaber seinen Pflichten nachgekommen ist,[1487] dürfte damit **hinfällig** geworden sein. Das gilt auch für die Auffassung, die FRAND-Konformität des Gegenangebots des Lizenzpetenten brauche nicht mehr geprüft zu werden, wenn schon der Patentinhaber kein Angebot unterbreitet habe, das den FRAND-Bedingungen entspricht.[1488] Der BGH verlangt zu

[1479] BGH 5.5.2020 – KZR 36/17, GRUR 2020, 961 Rn. 101 f. – FRAND-Einwand I.
[1480] BGH 24.11.2020 – KZR 35/17, GRUR 2021, 585 – FRAND-Einwand II = NZKart 2021, 178 = WuW 2021, 234 = Mitt. 2020, 410; vgl. hierzu Kamlah/Rektorschek Mitt. 2020, 154; zu beiden Urteilen Habich WuW 2021, 282.
[1481] BGH 24.11.2020 – KZR 35/17, GRUR 2021,585 – FRAND-Einwand II = NZKart 2021, 178 Leitsatz b).
[1482] BGH 24.11.2020 – KZR 35/17, GRUR 2021,585 – FRAND-Einwand II = NZKart 2021, 178 Rn. 56.
[1483] BGH 24.11.2020 – KZR 35/17, GRUR 2021,585 – FRAND-Einwand II = NZKart 2021, 178 Rn. 57.
[1484] BGH 24.11.2020 – KZR 35/17, GRUR 2021,585 – FRAND-Einwand II = NZKart 2021, 178 Rn. 59.
[1485] OLG Karlsruhe 9.12.2020 – 6 U 103/19, WuW 2021, 377 Rn. 311 – SEP-Lizenz.
[1486] OLG Karlsruhe 9.12.2020 – 6 U 103/19, WuW 2021, 377 Rn. 316 – SEP-Lizenz.
[1487] So OLG Düsseldorf 13.1.2016 – I-15 U 65/15 und 66/15, juris-Rn. 200, GRUR-Prax 2016, 83.
[1488] So etwa noch OLG Karlsruhe 31.5.2016 – 6 U 55/16, NZKart 2016, 334 (337); aA Kellenter FS Patentgerichtsbarkeit DD, 2016, 255 (265 f.) unter Verweis auf zahlreiche unterinstanzliche Rspr.

Recht eine **durchgängig fortbestehende Lizenzbereitschaft** des potentiellen Patentverletzers. Nach seinem gesamten vorgerichtlichen und gerichtlichen Verhalten[1489] ist zu beurteilen, ob er **ernsthaft lizenzwillig** ist und **keine Verzögerungstaktik** verfolgt, die eine missbräuchliche Geltendmachung der Verletzungsansprüche durch den Patentinhaber ausschließen würde.[1490]

324    cc) **Stellungnahme und Ausblick.** Die Entscheidung des EuGH im Fall Huawei und die neue Rechtsprechungslinie de BGH in den Urteilen FRAND-Einwand I und II ist zu begrüßen, wenngleich für die praktische Umsetzung noch einige Fragen offenbleiben. So wird die Einigung von Patentinhaber und Nutzern auf angemessene Lizenzbedingungen durch die Unbestimmtheit der FRAND-Kriterien erschwert. Zudem ist die Frage, inwieweit Verfahrensfehler zB durch Nachholung korrigiert werden können, immer noch nicht definitiv geklärt.[1491] Immerhin hat der BGH mit seinen Entscheidungen FRAND-Einwand I und II insoweit erste Pflöcke eingeschlagen, indem er vor allem den Prozesscharakter der Vertragsverhandlungen betont und von beiden Parteien, wenn auch mit einem etwas stärkeren Nachdruck vom Lizenzpetenten, ein durchgängig den Grundsätzen von Treu und Glauben sowie angemessenen Geschäftsgepflogenheiten entsprechendes, konstruktives Verhalten in den Lizenzvertragsverhandlungen fordert. Angesichts der nach wie vor teilweise unterschiedlichen instanzgerichtlichen Rechtsprechung zur weiteren Konkretisierung der vom EuGH entwickelten Kriterien, insbesondere auch hinsichtlich der Anforderungen an FRAND-konforme Lizenzbedingungen, besteht durchaus weiterer Bedarf für höchstrichterliche Klärungen.[1492]

325    Zudem enttäuscht das offenkundige Festhalten des BGH am einseitig den Patentinhaber bevorzugenden Ansatz aus der Entscheidung Orange Book Standard. Auch wenn diesem BGH-Urteil ein anderer Sachverhalt zugrunde lag – es ging nicht um eine SEP-Situation mit einer FRAND-Erklärung, sondern um einen **de facto-Industriestandard**[1493] – stellt sich die Frage nach einer Modifikation oder Aufgabe des bisherigen Ansatzes durch den BGH, zumal dieser selbst im Fall Standard-Spundfass[1494] nicht zwischen Normung und de facto Standard unterschieden und die instanzgerichtliche Rechtsprechung umgekehrt die Kriterien des **Orange Book Standard**-Tests auch auf SEP-Situationen übertragen hat.[1495] Eine solche Differenzierung ist auch nicht erforderlich, da das kartellrechtliche Missbrauchsverbot für beide Fallgruppen gleichermaßen greift und kein sachlicher Grund vorliegt, der eine unterschiedliche Behandlung rechtfertigen könnte.[1496] Zum einen kann der Schutzrechtsinhaber auch dann Normadressat des kartellrechtlichen Missbrauchsverbots sein, wenn es sich nicht um ein SEP handelt wie die Fälle „Magill" und „IMS Health" gezeigt haben.[1497] Auch die abgegebene FRAND-Erklärung kann keinen entscheidenden

---

[1489] So auch OLG Karlsruhe 9.12.2020 – 6 U 103/19, WuW 2021, 377 Rn. 299 ff.

[1490] BGH 24.11.2020 – KZR 35/17, GRUR 2021,585 – FRAND-Einwand II = NZKart 2021, 178 Rn. 64, 67, 77.

[1491] Weber/Dahm GRUR-Prax 2017, 67 ff.; Block GRUR 2017, 121 (127) mwN; dazu auch ausführlich Kühnen HdB Patentverletzungen Kap. E. Rn. 417 ff.

[1492] Picht FRAND wars 2.0 S. 6 ff. mwN; Block GRUR 2017, 121 (123 ff.). Besonders deutliche Unterschiede zeichnen sich bereits zur britischen Rechtspraxis ab, vgl. EWHC 5.4.2017 – HP-2014-000005, – Unwired Planet/Huawei; dazu ausführlich Picht GRUR-Int 2017, 569 ff.; Haedicke GRUR-Int 2017, 661 ff., der insbesondere auch auf die Berechnungsmethoden der FRAND-Bedingungen ausführlich eingeht. Zu einzelnen FRAND-Problemen vgl. Hauck/Kamlah GRUR-Int. 2016, 420 ff.

[1493] Gemeint ist damit, dass sich eine Technologie durch ihre Überlegenheit am Markt und ohne Beteiligung von SSOs durchgesetzt hat zB das Betriebssystem Windows vgl. Bodewig GRUR-Int. 2015, 626 (627).

[1494] BGH 13.7.2004 – KZR 40/02, GRUR 2004, 966 (968) – Standard-Spundfass.

[1495] LG Mannheim 18.2.2011 – 7 O 100/10, juris-Rn. 176 – UMTS-fähiges Mobiltelefon II; LG Düsseldorf 24.4.2012 – 4b 273/10 und 274/10, BeckRS 2012, 09682 und 09376 – UMTS Mobilstation. Gegen eine Übertragung aber OLG Karlsruhe 23.4.2015 – 6 U 44/15, GRUR-RR 2015, 326 Rn. 17.

[1496] Dazu ausführlich Fuchs NZKart 2015, 429 (434 ff.).

[1497] EuGH 6.4.1995 – C 241/91 P, Slg. 1995, I-743 – Magill; EuGH 29.4.2004 – C-418/01, Slg. 2004, I-5039 – IMS Health.

Unterschied darstellen, sofern die Auswirkungen einer Lizenzverweigerung auf den Wettbewerb gleich sind. Lizenzpetenten eines de facto-Industriestandards sind ebenfalls viel schlechter in der Lage, angemessene und diskriminierungsfreie Bedingungen für eine Lizenzerteilung zu konkretisieren. Zudem besteht kein Grund, ihnen den Einwand oder Vorbehalt abzuschneiden, dass ihre Benutzungshandlung kein gültiges Schutzrecht verletzt. Aufgrund der Vergleichbarkeit[1498] der beiden Fallgruppen sollte die Orange-Book-Standard-Rechtsprechung aufgegeben werden.[1499] Der BGH hat gleichwohl daran festgehalten und diesem auf die nicht gerechtfertigte Ablehnung eines unbedingten Lizenzangebots des Patentverletzers gegründeten Ansatz als eigenständige weitere Fallgruppe einer missbräuchlichen Lizenzverweigerung die Verletzung von Verhaltenspflichten des Patentinhabers entsprechend den Huawei-Kriterien an die Seite gestellt.[1500] Letzteres hat er dahingehend umschrieben, dass die klageweise Geltendmachung der Patentverletzungsansprüche auf Unterlassung sowie Rückruf und Vernichtung von Produkten durch den Marktbeherrscher „auch dann" missbräuchlich sei, wenn „der Verletzer sich zwar (noch) nicht zum Abschluss eines Lizenzvertrages zu bestimmten angemessenen Bedingungen bereitgefunden hat, dem Patentinhaber aber anzulasten ist, dass er sich seinerseits nicht hinreichend bemüht hat, der mit der marktbeherrschenden Stellung verbundenen besonderen Verantwortung gerecht zu werden und einem grundsätzlich lizenzwilligen Verletzer den Abschluss eines Lizenzvertrages zu angemessenen Bedingungen möglich zu machen".[1501] Besser und der Rechtsklarheit und Rechtssicherheit dienlich wäre es, wenn der BGH den Ansatz aus der Orange Book Standard-Entscheidung gänzlich aufgeben und nicht lediglich um einen weiteren Ansatz entsprechend den Grundsätzen aus FRAND-Einwand I und II ergänzen würde.

Hinsichtlich einer **inhaltlichen Konkretisierung der FRAND-Kriterien** sind ebenfalls noch viele Fragen offen. Geklärt ist lediglich, dass aus dem Erfordernis einer **nichtdiskriminierenden Lizenzierungspraxis** keine Meistbegünstigung und kein Verbot jeglicher Differenzierungen bei den Lizenzbedingungen abgeleitet werden kann.[1502] Vielmehr darf auch dem Marktbeherrscher ein differenziertes Reagieren auf unterschiedliche Marktbedingungen nicht verwehrt werden.[1503] Geboten ist insoweit eine umfassende Interessenabwägung, die Raum lässt für eine sachliche Rechtfertigung unterschiedlicher Lizenzbedingungen gegenüber verschiedenen Lizenznehmern. Zu Recht lehnt der BGH eine Art „Einheitstarif" ab.[1504] Daraus folgt auch, dass der Lizenzsucher keinen Anspruch darauf hat, dass ihm die Bedingungen sämtlicher vom Patentinhaber oder seinem Rechtsvorgänger bereits abgeschlossenen Lizenzverträge offengelegt werden. Anderseits muss der Patentinhaber dem Lizenzpetenten durch **Erläuterungen der geforderten Konditionen** eine Beurteilung ihrer inhaltlichen Angemessenheit ermöglichen.[1505] Bei einem derivativen Patenterwerb ist der neue Patentinhaber nicht an die bisherige Lizenzierungspraxis des bisherigen Inhabers gebunden, sondern darf durchaus eine eigene Lizenzierungspolitik verfolgen, solange sie sich ebenfalls im Rahmen der Bandbreite FRAND-konformer Konditionen hält. Entgegen der Ansicht des OLG Düsseldorf[1506] findet weder hinsichtlich der FRAND-Erklärung des ursprünglichen Patentinhabers noch hinsichtlich der von diesem

**326**

---

[1498] Ebenfalls für eine Vergleichbarkeit Bodewig GRUR-Int. 2015, 626 (634); Cordes/Gelhausen Mitt. der Patentanwälte 2015, 426 (431).

[1499] Im Ergebnis übereinstimmend Heinemann GRUR 2015, 855 (859); Wilhelmi in BeckOK Patentrecht (21. Edition) PatG § 24 Rn. 114c ff.; aA Hauck NJW 2015, 2767 (2770); Palzer EuZW 2015, 702 (705).

[1500] Kellenter WuW 2020, 485 f. (nach BGH zwei separate Anwendungsfälle eines Missbrauchs der marktbeherrschenden Stellung).

[1501] BGH 5.5.2020 – KZR 36/17, GRUR 2020, 961 Rn. 72 – FRAND-Einwand I.

[1502] BGH 5.5.2020 – KZR 36/17, GRUR 2020, 961 Rn. 81 – FRAND-Einwand I.

[1503] BGH 13.7.2004 – KZR 40/02, WuW/E DE-R 1329 (1330 f.) – Standard-Spundfass II.

[1504] BGH 5.5.2020 – KZR 36/17, GRUR 2020, 961 Rn. 81 – FRAND-Einwand I.

[1505] BGH 5.5.2020 – KZR 36/17, GRUR 2020, 961 Rn. 77 – FRAND-Einwand I.

[1506] OLG Düsseldorf GRUR-RS 2019, 6087 = GRUR 2019, 725 Ls. – Improving Handovers; näher hierzu Tochtermann GRUR 2020, 905.

bereits erteilten Lizenzen eine den Erwerber des SEP binende quasi-dingliche Beschänkung der mit dem Patent verbundenen Rechte statt.[1507]

327    Der Verweigerung einer Lizenzerteilung steht das Fordern unangemessener Lizenzent- gelte oder -bedingungen gleich, weil die Lizenzierungspflicht ansonsten ins Leere liefe. Mithin impliziert jede Lizenzierungspflicht unvermeidlich die Frage der Preiskontrolle. Auch hinsichtlich der für die **Bemessung angemessener Lizenzgebühren** anzuwenden- den Kriterien werden unterschiedliche Ansätze diskutiert.[1508] Stellschrauben bei der Be- rechnung einer Lizenzgebühr sind zum einen der Lizenzsatz (royalty rate), zum anderen die Bezugsgröße (royalty base). Als Berechnungsgrundlage kommen Umsatz- oder Stückzah- len, der Preis des Endgeräts oder der „smallest saleable patent practicing unit" in Be- tracht.[1509] Plausibel ist, dass angesichts der Integration des Patents in einen Standard die Schwelle für die Überschreitung einer angemessenen Höhe der geforderten Lizenzgebühr erheblich niedriger anzusetzen ist als beim „normalen" Ausbeutungsmissbrauch.[1510] Denn der möglichst breitflächige und und uneingeschränkte Zugang zum Standard darf nicht durch überhöhte Lizenzgebühren behindert werden.[1511] Zudem führt gerade die Einbin- dung in den Standard zu einem erheblichen Wertzuwachs der geschützten Erfin- dung.Schließlich hat der Inhaber des SEP durch die freiwillige Abgabe der FRAND- Lizenzbereitschaftserklärung bewusst seine Freiheit zur Festlegung der Lizenzkonditionen eingeschränkt. Angesichts des Umstands, dass häufig eine große Anzahl von Patenten in einen einzigen Standard eingehen, ist auch der Gefahr einer Gebührenkumulation (sog. royalty stacking) entgegenzuwirken und ggf. eine Obergrenze für die Gesamtlizenzgebühr für alle Patente eines Standards festzulegen.[1512] Auf die Vielzahl der in Rechtsprechung und Literatur diskutierten Konzepte zur Bestimmung Höhe von FRAND-Lizenzgebühren kann hier nicht näher eingegangen werden.[1513] In der Sache geht es zum Beispiel um die Ermittlung relevanter Kriterien, die im Rahmen einer hypothetischen Verhandlung zwi- schen den Parteien herangezogen würden.[1514] Andere Ansätze legen den Fokus eher darauf, den Beitrag des einzelnen SEP zum Wert des gesamten Standards zu ermitteln.[1515]

328    **3. Zugangsgrund. a) Objektive Notwendigkeit der Belieferung oder Zugangs- gewährung.** Der Zugangsgrund wurde mit der 10. GWB-Novelle umformuliert. Kam es bisher auf die Unmöglichkeit eines Tätigwerdens des Zugangspetenten auf dem vor- oder nachgelagerten Markt aus rechtlichen oder tatsächlichen Gründen an, stellt das Gesetzt nunmehr darauf ab, dass die Belieferung oder die Gewährung des Zugangs **objektiv notwendig** sein muss, um auf einem vor- oder nachgelagerten Markt tätig zu sein. Zugleich ist erforderlich, dass die Weigerung den wirksamen Wettbewerb auf diesem Markt auszuschalten droht. Nach der Gesetzesbegründung soll mit der Neuformulierung des § 19 Abs. 2 Nr. 4 einerseits eine Anpassung an die europäische Rechtsentwicklung zu Art. 102

---

[1507] So auch Tochtermann GRUR 2020, 905 (907 ff.).

[1508] Ausführlich hierzu Heitkamp, FRAND-Bedingungen bei SEP – Die Lizenzbereitschatserklärung und das Problem der Bestimmung einer angemessenen Lizenzgebühr, 2020, S. 185 ff., 207 ff. mwN.

[1509] Vgl. hierzu Heitkamp S. 248 ff. mwN.

[1510] Heitkamp S. 209 ff.

[1511] Vgl. zum Aspekt des Behinderungsmissbrauchs bei der Festlegung der Lizenzgebühren Körber, Stan- dardessentielle Patente, S. 81 f.

[1512] Vgl. hierzu etwa Dorn, Technische Standardisierung, 2014, S. 75; Lemley/Shapiro 85 Texas L. Rev. 1991(1992, 2009) (2007); Tapia, Industrial Property Rights, 2010, S. 165 ff.; LG Düsseldorf 11.9.2008 – 4a O 81/07, NJOZ 2009, 930 (949 f.) – MPEG2-Standard-Lizenzvertrag.

[1513] Ausführlicher Überblick bei Heitkamp S. 223 ff. mwN.

[1514] So zB der Ansatz des in den USA im Anschluss an die Entscheidung Georgia Pacific Corp. v. United States Plywood Corp., 318 F. Supp. 1116 (S. D. N.Y. 1970) vor allem im Zusammenhang mit der Festlegung der Höhe des Schadensersatzes bei Patentverletzungen herangezogenen Tests mit 15 Faktoren zur Ermittlung einer angemessenen Lizenzgebühr; vgl. zu diesem sog. Georgia Pacific-Test Babey/Rizvi WuW 2012, 808 (816); Reitboeck GRUR Int. 2013, 419 (425); Heitkamp S. 223 ff. mwN; krit. zur Übertragung auf den FRAND-Kontext Lemley/Shapiro 85 Texas L. Rev. 1991(2018 ff.) (2007); Körber, Standardessentielle Patente, S. 85.

[1515] Näher hierzu Heitkamp S. 229 ff. mwN.

AEUV erreicht werden, andererseits werden keine inhaltlichen Änderungen, sondern nur Klarstellungen thematisiert.[1516] In der Literatur wird diese Sicht einer inhaltlichen Kontinuität[1517] und leichteren Anpassung an die europäische Anwendungspraxis[1518] geteilt. In der Sache komme es nach wie vor auf die **Duplizierbarkeit und Substituierbarkeit** des Zugangs an.[1519]

Bei dem zentralen Tatbestandsmerkmal der **objektiven Notwendigkeit** der Belieferung **329** oder der Zugangsgewährung **für einen Zutritt auf den abgeleiteten Markt** ergeben sich somit **inhaltlich keine Änderungen** gegenüber dem früheren Maßstab der rechtlichen oder tatsächlichen Unmöglichkeit des Marktzutritts. Die bisherige Anwendungspraxis kann daher für die Konkretisierung des Merkmals der objektiven Notwendigkeit weiter herangezogen werden. In der Sache wird damit ebenso wie zuvor die Eigenschaft der Einrichtung oder Ressource als essential facility bestimmt. Die **„Wesentlichkeit" des Zugangsobjekts** ist in zwei Schritten zu prüfen. Zum einen muss der begehrte Input, die Einrichtung oder Leistung nicht aus eigenen Kräften selbst erreichbar sein **(fehlende Duplizierbarkeit).** Zum anderen darf ein **Zugang auf den abgeleiteten nicht auf andere Art und Weise möglich** sein **(fehlende Substituierbarkeit).** Nicht ausreichend ist, dass zB ein Netz oder eine Infrastruktureinrichtung lediglich einen einfacheren oder schnelleren Zugang zu einem bestimmten Markt ermöglicht. Vor diesem Hintergrund besteht etwa kein Anspruch nach § 19 Abs. 2 Nr. 4 auf die Aufnahme in den Suchindex der Internetsuchmaschine Google. Es gibt zahlreiche andere Möglichkeiten, etwa Alternativanbieter, Nachrichtendienste oder so genannte soziale Netzwerke, um im Internet zu werben und auf ein Produkt aufmerksam zu machen.[1520] Existieren zwei oder mehrere Infrastruktureinrichtungen, die den Zugang zu dem abgeleiteten Markt getrennt voneinander gewährleisten und in ihrer Gesamtheit als „wesentlich" anzusehen sind, so kommt ein Verbot der Zugangsverweigerung nur bei fehlendem gegenseitigem Wettbewerb infrage (analog § 18 Abs. 5).

Auf den Prüfungsebenen der Duplizier- und Substituierbarkeit der wesentlichen Einrich- **330** tung kann sich eine die objektive Notwendigkeit der Zugangsgewährung begründende **Unmöglichkeit des anderweitigen Marktzugangs aus rechtlichen oder tatsächlichen Gründen** ergeben.[1521] An rechtlichen Gründen kommen bei physischen Einrichtungen bauplanungs-, gefahrenabwehr- und umweltschutzrechtliche Gesichtspunkte in Betracht. Zu berücksichtigen ist im Fall einer rechtlichen Unmöglichkeit jedoch immer, ob die erforderlichen Voraussetzungen in der Zukunft noch hergestellt werden können.[1522] In solchen Fällen verlangt § 19 Abs. 2 Nr. 4 eine Prognoseentscheidung.[1523] Eine tatsächliche Unmöglichkeit kann sich sowohl aus mangelnder technischer oder physischer Realisierbarkeit als auch – unstrittig – **aus einer wirtschaftlichen Betrachtungsweise**[1524] ergeben. Die bloße geringere Leistungsfähigkeit (zB eines eigenen Netzes) genügt aber nicht.[1525] Vielmehr muss insoweit ein alternativer Marktzugang „wirtschaftlich unmöglich" sein. Fraglich ist, auf welche **Beurteilungsperspektive** für die notwendige Konkretisierung der wirtschaftlichen Unmöglichkeit abzustellen ist. Der frühere Wortlaut legte nahe,

---

[1516] Vgl. BegrRegE BT-Drs. 19/23492, S. 72 (Neufassung soll „mit ihrer offeneren Formulierung klarstellen […]").
[1517] Brenner in Bien/Käseberg/Klumpe/Körber/Ost 10. GWB-Novelle Kap. 1 Rn. 107.
[1518] Huerkamp/Nuys NZKart 2021, 327 (330); Weber WRP 2020, 559 (562).
[1519] Brenner in Bien/Käseberg/Klumpe/Körber/Ost 10. GWB-Novelle Kap. 1 Rn. 107.
[1520] Kersting/Dworschak NZKart 2013, 46 (48).
[1521] BGH 11.12.2012 – KVR 7/12, WuW/E DE-R 3821 Rn. 19 – Fährhafen Puttgarden II.
[1522] BGH 11.12.2012 – KVR 7/12, WuW/E DE-R 3821 Rn. 27 – Fährhafen Puttgarden II.
[1523] BGH 11.12.2012 – KVR 7/12, WuW/E DE-R 3821 Rn. 29 – Fährhafen Puttgarden II.
[1524] BKartA 21.12.1999 – B 9–63220-T-199/97 und T-16/98 unter II. B. 5. c) – Puttgarden (insoweit nicht abgedr. in WuW/E DE-V 253); Martenczuk/Thomaschki RTkom 1999, 15 (23); Dreher DB 1999, 833 (835); Lutz RdE 1999, 102 (107); Klaue S. 23, 31; Bechtold/Bosch Rn. 73; während des Gesetzgebungsprozesses bereits ebenso Klimisch/Lange WuW 1998, 15 (17 f. und 22); Bunte WuW 1997, 302 (316); einschränkend auf materielle Netze v. Wallenberg K&R 1999, 152 (155 f.).
[1525] OLG Hamburg 19.6.2002 – 5 U 28/02, WuW/E DE-R 1076 – Online-Ticketshop.

die Sichtweise des zugangsbegehrenden Unternehmens zugrunde zu legen. Die Literatur nahm dagegen schon unter der Geltung des § 19 Abs. 2 Nr. 4 aF zu Recht eine **Unmöglichkeit** nur an, **wenn objektiv kein drittes Unternehmen in den abgeleiteten Markt eintreten kann.**[1526] Das ausdrückliche Erfordernis objektiver Notwendigkeit in der Neufassung der Regelung bestätigt diese Sichtweise. Sie steht zudem in engem Zusammenhang mit dem etwaigen **Vorhandensein von potentiellem Wettbewerb.** Den wettbewerbspolitischen Hintergrund liefert die Theorie der angreifbaren Märkte (contestable markets). Soweit andere Unternehmen in den abgeleiteten Markt eintreten können, führt dieses Wettbewerbspotential zu einer dem Schutzzweck des § 19 Abs. 2 Nr. 4 genügenden Kontrollwirkung.[1527] Das hiergegen vorgebrachte Argument, potentieller Wettbewerb werde nicht sofort wirksam,[1528] kann ein generelles Abweichen von dieser Perspektive nicht begründen. Die Trägheit des potentiellen Wettbewerbs ist vielmehr als Einzelkriterium innerhalb der notwendigen Gesamtabwägung zu berücksichtigen. Ebenso bewertet der EuGH eine Zugangsverweigerung nur an als missbräuchlich, wenn kein anderes Unternehmen alleine oder in Zusammenarbeit mit anderen dazu in der Lage wäre, die Einrichtung selbst zu schaffen.[1529] In dem konkreten Fall verneinte der Gerichtshof die Unmöglichkeit einer Duplizierung der Einrichtung, gemessen an der Leistungsfähigkeit eines mit dem Inhaber der Infrastruktureinrichtung vergleichbaren Unternehmens.[1530]

**331**   Der **Beurteilungsmaßstab** ist angesichts des schweren Eingriffs in die Rechte des Unternehmens und der Gefahr langfristiger negativer Auswirkungen auf den Wettbewerb **hoch anzusetzen.** Der evtl. vorhandene potentielle Wettbewerb muss die Schwelle einer spürbaren Kontrollwirkung auf dem abgeleiteten Markt unterschreiten, um ein Verbot einer Zugangsverweigerung aus wirtschaftlichen Gründen rechtfertigen zu können. Im Rahmen der **Gesamtabwägung** steht die Ermittlung des Anteils der irreversiblen Kosten **(sog. sunk costs)** an den Gesamtkosten für einen Markteintritt im Vordergrund. Irreversibel sind Kosten, wenn sie bei einem Marktaustritt unweigerlich verloren sind. Im Übrigen sind ua die Leistungsfähigkeit der potentiellen Wettbewerber, die Trägheit des potentiellen Wettbewerbs, das Potential zu strategischen Gegenmaßnahmen seitens des Normadressaten und für virtuelle Infrastruktureinrichtungen und Netze das Ausmaß an positiven Netzwerkexternalitäten zu berücksichtigen.[1531]

**332**   Inwieweit diese Kriterien wirklich eine justitiable Bestimmung der „Wesentlichkeit" gestatten, ist zwar zweifelhaft. Die Wettbewerbstheorie bietet aber keine besseren Anhaltspunkte. Im Einzelfall kann es genügen, die Unmöglichkeit des Marktzutritts auf den abgeleiteten Markt anhand vernünftiger kaufmännischer Investitionsentscheidungen[1532] für ein mit dem Normadressaten vergleichbares Unternehmen zu bestimmen. Entsprechend stellt der EuGH auf die Rentabilität der jeweiligen Einrichtung ab.[1533] Diese empirische Ermittlung der Unmöglichkeit des Marktzutritts geht gezwungenermaßen von einer Betrachtung

---

[1526] Dreher DB 1999, 833 (835); Martenczuk/Thomaschki RTkom 1999, 15 (23); v. Wallenberg K&R 1999, 152 (156); Wiedemann in Wiedemann KartellR-HdB § 23 Rn. 237; in diese Richtung auch OLG Hamburg 19.6.2002 – 5 U 28/02, WuW/E DE-R 1076 (1079) – Online-Ticketshop; ähnlich Klaue S. 23, 31: Wirtschaftliche Gründe müssen Resultat einer allgemeinen Betrachtung sein; anders zu § 33 Abs. 1 TKG aF Piepenbrock/Müller MMR-Beil. 4/2000, 1 (18); Engel/Knieps S. 21 f.: Die Leistungsfähigkeit eines durchschnittlichen Wettbewerbers sei relevant. Dem entsprach auch der deutliche Wille des Gesetzgebers, die „Wesentlichkeit" nach objektiven Kriterien zu bemessen, vgl. Begr. 1998 S. 51; Bundesrat Stellungnahme BT-Drs. 13/9720, 73.

[1527] Ebenso Dreher DB 1999, 833 (835).

[1528] So zu § 33 Abs. 1 TKG aF Engel/Knieps S. 21 f.

[1529] EuGH 26.11.1998 – C-7/97, Slg. 1998, I-7791 Rn. 44 – Oscar Bronner.

[1530] EuGH 26.11.1998 – C-7/97, Slg. 1998, I-7791 Rn. 46 – Oscar Bronner; siehe auch OLG Hamburg 19.6.2002 – 5 U 28/02, WuW/E DE-R 1076 (1078 f.) – Online-Ticketshop.

[1531] Eingehend zur Gesamtbetrachtung und den relevanten Kriterien Hohmann S. 240 ff.

[1532] Vgl. BKartA 21.12.1999 –, B 9–63220-T-199/97 und T-16/98 unter II. B. 5. c) – Puttgarden (insoweit nicht abgedr. in WuW/E DE-V 253); Hohmann S. 235 ff. u. 240 ff.

[1533] EuGH 26.11.1998 – C-7/97, Slg. 1998, I-7791 Rn. 45 f. – Oscar Bronner; krit. zu diesem betriebswirtschaftlich geprägten Begriff der Rentabilität Fleischer/Weyer WuW 1999, 350 (359 f.).

der aktuell gegebenen Verhältnisse aus. Das zutreffende Verständnis des Wettbewerbs als eines dynamischen Systems von vor- und nachstoßendem Wettbewerb bleibt ausgeblendet.

Eine **Einbeziehung des Zeithorizonts** im Rahmen der „Wesentlichkeitsprüfung" **333** kann die aus dem Zielkonflikt zwischen Inter- und Intra-Systemwettbewerb (→ Rn. 262) resultierenden langfristigen ordnungspolitischen Gefahren abmildern. **Der Rechtsanwender hat eine Prognose über die Auswirkungen zukünftiger Ereignisse auf das Fortbestehen der Unmöglichkeit des Marktzutritts auf den abgeleiteten Markt anzustellen.**[1534] Im Vordergrund steht die Beurteilung der technischen Entwicklung. Die damit verbundene „Anmaßung von Wissen" findet trotz aller spekulativen Unwägbarkeiten ihre Rechtfertigung in der Beschränkung eines positiv gestaltenden Eingriffs. Eine Fehleinschätzung ist weniger gefährlich als eine prognostische Enthaltung. Bei den zukünftigen Entwicklungen handelt es sich um konkrete Umstände, die mit hoher Wahrscheinlichkeit die Marktzutrittsschranken zu dem abgeleiteten Markt ändern und die alsbald eintreten.[1535] Der zu berücksichtigende Zeitraum muss allerdings zur Wahrung eines ausreichenden Maßes an Rechtssicherheit kurz bleiben. Als Faustformel mag dienen: Je unsicherer der Eintritt eines zukünftigen Ereignisses ist, desto kurzfristiger fällt die anzustellende Prognose aus. **Zumindest bei greifbaren Anhaltspunkten für künftige Änderungen ist eine Zugangsgewährung zeitlich zu befristen,**[1536] im Übrigen kann sie erfolgen, um noch nicht absehbare Entwicklungen zu einem späteren Zeitpunkt angemessen berücksichtigen zu können. Dabei ist der Zeitraum zu wählen, der der Prognose durch den Rechtsanwender zugrunde lag. Ergibt eine Prognose das Entfallen der unüberwindlichen Marktzutrittsschranken, so ist die zu setzende Frist entsprechend zu verringern. Zukünftige Ereignisse können nicht nur die „Wesentlichkeit" einer Infrastruktureinrichtung beseitigen, sondern umgekehrt auch die wirtschaftliche Unmöglichkeit eines Marktzutritts (erst oder zusätzlich) begründen. So führt zB die geplante Errichtung einer Brücke zur ökonomischen Ineffizienz der Errichtung eines weiteren Hafens.[1537]

Unter gewissen Umständen sind auch **Ereignisse aus der Vergangenheit** zu berück- **334** sichtigen. Eine besondere Relevanz kommt Infrastruktureinrichtungen zu, deren Errichtung oder Betrieb durch den Staat gefördert worden sind, zB durch Subventionen oder staatlich abgesicherte Monopolstellungen. Nach den Erfahrungen in den liberalisierten Wirtschaftssektoren kann eine **asymmetrische Regulierung in der Form von Belastungen der staatlich geförderten Unternehmen** gegenüber den staatlich nicht gezielt geförderten Wirtschaftssektoren zur effektiven Initiierung von Wettbewerb notwendig sein.[1538] Die verfassungsrechtliche Eigentumsgewährleistung steht einer Differenzierung nach Leistungskriterien nicht im Wege.[1539] Bedeutung können diese Erwägungen sowohl im Rahmen der Ermittlung der „Wesentlichkeit" als auch für die Interessenabwägung unter dem Gesichtspunkt der sachlichen Rechtfertigung erlangen. Praktische Schwierigkeiten bereitet in Einzelfällen der notwendige Abbau der asymmetrischen Behandlung (sog.

---

[1534] Ebenso Klaue S. 23, 29; ansatzweise bereits Klimisch/Lange WuW 1998, 15 (21); aA für die europäische essential facilities doctrine Lang 18 Fordham International Law Journal 439, 489 (1994).

[1535] Vgl. zur Fusionskontrolle BGH 21.2.1978 – KVR 4/77, WuW/E BGH 1501 (1507 ff.) – KFZ-Kupplungen; BGH 12.2.1980 – KVR 4/79, WuW/E BGH 1763 (1766) – bituminöses Mischgut.

[1536] Ohne diese Einschränkung Möschel in Immenga/Mestmäcker, 4. Aufl. 2007, Rn. 201; Hohmann S. 246 f.; vgl. auch BKartA 30.8.1999 – B8-40100-T-99/99, WuW/E DE-V 149 – Berliner Stromdurchleitung (Durchleitung nur bis zu dem Zeitpunkt, zu dem eine Ersatzleitung besteht). Eine Befristung hält grundsätzlich für bedenkenswert Schwintowski WuW 1999, 842 (852); aA wohl Klaue S. 23, 29 und v. Wallenberg K&R 1999, 152 (155).

[1537] Vgl. BKartA 21.12.1999 –, B 9–63220-T-199/97 und T-16/98 unter II. B. 5. c) – Puttgarden (insoweit nicht abgedr. in WuW/E DE-V 253).

[1538] Hohmann S. 251 ff.; vgl. auch Bechtold/Bosch Rn. 80; während des Gesetzgebungsverfahrens Klimisch/Lange WuW 1998, 15 (24); zur europäischen essential facilities-doctrine Fleischer/Weyer WuW 1999, 350 (362) im Anschluss an einen Hinweis bei den Schlussanträgen des Generalanwalts Jacobs Slg. 1998, I-7794 Rn. 66 – Oscar Bronner; aA zu § 33 Abs. 1 TKG aF Engel/Knieps S. 66 ff.; Engel MMR-Beil. 3/1999, 7 (8 f.).

[1539] BVerfG 22.11.1994 – 1 BvR 351/91, BVerfGE 91, 294 (309).

phasing out), soweit die frühere staatliche Förderung sich nicht mehr auf die Marktmacht des Inhabers der Infrastruktureinrichtung auswirkt.

**335**     Weitere Voraussetzung war bisher grundsätzlich das **Bestehen eines Wettbewerbsverhältnisses** zwischen dem Inhaber der Infrastruktureinrichtung und dem zugangsbegehrenden Unternehmen **auf dem abgeleiteten Markt.**[1540] Hierin unterschied sich die allgemeine Zugangsregelung von den meisten sektorspezifischen Zugangsregelungen.[1541] Seit der Neufassung des Abs. 2 Nr. 4 ist ein solches Wettbewerbsverhältnis **nicht mehr erforderlich.** Fraglich war diese Voraussetzung schon nach altem Recht, wenn der Inhaber einen abgeleiteten Markt verschlossen hielt und auf diesem nicht tätig war. Ein potentielles Wettbewerbsverhältnis erfordert auf Seiten des Inhabers der Infrastruktureinrichtung die Fähigkeit und den Willen, in naher Zukunft in den abgeleiteten Markt einzutreten. In dem auf europäischer Ebene entschiedenen „Magill"-Fall waren beispielsweise die auf Zurverfügungstellung der Programminformationen in Anspruch genommenen Fernsehsender für sich genommen nicht fähig und willens, einen umfassenden Fernsehprogrammführer herauszubringen.[1542] Letzteres aber war die Absicht des Zugangspetenten. Das Fehlen eines zumindest potentiellen Wettbewerbsverhältnisses führt zwar dazu, dass die Verweigerung des Zugangs zu der begehrten Ressource keine Form des horizontalen Behinderungsmissbrauchs ist und damit von § 19 Abs. 2 Nr. 4 aF nicht erfasst war, der verlangte, dass der Zugangspetent „auf dem vor- oder nachgelagerten Markt als Wettbewerber des marktbeherrschenden Unternehmens" tätig wird. In der Sache besteht jedoch vor dem Hintergrund des Schutzanliegens des GWB kein wesentlicher Unterschied, ob der Inhaber einer essential facility die Zugangsverweigerung dazu einsetzt, sich die Konkurrenz des Zugangspetenten auf einem bislang von ihm selbst allein bedienten abgeleiteten Markt abzuwehren, oder ob er damit schon die (mögliche) Entstehung eines neuen Marktes für ein Produkt, für das es eine potentielle Nachfrage gibt, verhindert. Die Abschottung eines schon existierenden oder eines „potentiellen" Marktes ist ohne sachliche Rechtfertigung gleichermaßen missbräuchlich. Zugangsverweigerungen gegenüber Nicht-Wettbewerbern waren daher schon vor der Neufassung des Abs. 2 Nr. 4 jedenfalls über die Generalklausel des § 19 Abs. 1, der (auch) eine vertikale Schutzrichtung aufweist, zu erfassen.

**336**     Beim **Zugangsobjekt Daten** stellt sich aufgrund ihrer speziellen Eigenschaften und vielseitigen Verwendbarkeit die Frage nach etwaigen Besonderheiten. Voraussetzung für einen Zugangsanspruch muss hier sein, dass die vom Anspruchsteller nachgefragten Daten **hinsichtlich der konkret geplanten wirtschaftlichen Verwendung nicht substituierbar** sind.[1543] Dieselben Daten dürfen also nicht anderweitig verfügbar oder beschaffbar, dh dublizierbar sein; zudem darf es keine anderen Datensätze geben, mit denen derselbe Zweck realisiert werden könnte. An der Substituierbarkeit fehlt es zB bei komplementären Daten, die in Zusammenhang mit einem anderen Produkt benötigt werden, nur dann, wenn es ohne den Datenzugriff nicht möglich ist, das betreffende Produkt oder die Dienstleistung auf einem benachbarten Markt anzubieten.[1544] Zur Begründung eines Zugangsanspruchs reicht es dagegen nicht aus, dass der Zugangspetent durch den Datenzuwachs effizienter wirtschaften könnte.[1545] Objektiv notwendig ist ein Zugang zu den begehrten Daten nur, wenn diese sich nicht ohne unangemessenen Aufwand reproduzieren lassen.[1546]

[1540] Vgl. hierzu KG 15.1.2004 – 2 U 28/03 Kart, WuW/E DE-R 1274 (1277) – GSM-Gateway; OLG München 22.4.2004 – U (K) 1582/04, WuW/E DE-R 1270 (1272) – GSM-Wandler.
[1541] Vgl. § 20 Abs. 1 EnWG, §§ 10 und 11 ERegG, die §§ 28 Abs. 1 S. 1, 29 Abs. 1 und 2 PostG, § 9 Verordnung über Bodenabfertigungsdienste auf Flugplätzen (BADV) und die §§ 51b, 52c RStV 2013; § 21 Abs. 1 TKG.
[1542] EuGH 6.4.1995 – C-241/91 P und C-242/91 P, Slg. 1995, I-743 Rn. 47 und 56 – RTE u. ITP/Kommission.
[1543] Schweitzer/Haucap/Kerber/Welker S. 133.
[1544] Schweitzer/Haucap/Kerber/Welker S. 133; Körber FS Wiedemann, 2020, 361 (363).
[1545] Körber FS Wiedemann, 2020, 361 (364) unter Hinweis auf die bereits erwähnte Bronner-Entscheidung des EuGH (hierzu oben → Rn. 330).
[1546] Schweda/von Schreitter WuW 2021, 145 (147).

Ebenso wie bei einer klassischen physischen Infrastruktur kommt es für die Frage der Duplizierbarkeit insoweit auf die wirtschaftliche Unmöglichkeit an.[1547]

**b) Gefahr der Ausschaltung des Wettbewerbs.** Als neues Tatbestandsmerkmal wurde **337** mit der 10. GWB-Novelle die weitere Voraussetzung eingefügt, dass die Verweigerung der Belieferung oder des Zugangs durch den Marktbeherrscher „den **wirksamen Wettbewerb auf dem vor- oder nachgelagerten Markt auszuschalten droht**". Damit wird ein Kriterium aus der europäischen Anwendungspraxis zur essential facilities doctrine übernommen.[1548] Welche Bedeutung diesem Merkmal neben der objektiven Notwendigkeit des Zugangsobjekts für den Marktzutritt zukommt, dürfte von den Umständen des Einzelfalls abhängen.[1549] Grundsätzlich ist nicht von einer besonderen eigenständigen Relevanz auszugehen, sondern in engem Zusammenhang mit dem Merkmal der objektiven Notwendigkeit für den angestrebten Marktzugang zu sehen. So ist nach Auffassung der Europäischen Kommission die Verweigerung des Zugangs zu einem objektiv notwendigen Input durch ein marktbeherrschendes Unternehmen „generell geeignet, den wirksamen Wettbewerb auf dem nachgelagerten Markt unmittelbar oder im Laufe der Zeit auszuschalten", sofern es keine alternative Bezugsquelle für das benötigte Produkt gebe.[1550]

**c) Weitere ungeschriebene Voraussetzungen für bestimmte Zugangsobjekte?** In **338** der europäischen Entscheidungspraxis zur essential facilities doctrine legt der EuGH einen besonders strengen Maßstab für den **Zugang zu Immaterialgüterrechten** an, da dieser in einem besonderen Spannungsverhältnis zu den gewährten Ausschließlichkeitsrechten steht. Deren Einschränkung durch eine kartellrechtliche Zwangslizenz setzt danach grundsätzlich voraus, dass durch den Zugang des Petenten zum geschützten Gegenstand **ein neues Produkt** auf dem abgeleiteten Markt ermöglicht wird.[1551] Das EuG hat dieses Kriterium allerdings abgemildert und erweiternd in Richtung einer Ermöglichung von Produktverbesserungen oder Innovationen und allgemein als Anknüpfungspunkt für Verbrauchervorteile ausgelegt.[1552] In der Diskussion um die Neufassung des § 19 Abs. 2 Nr. 4 wurde daher über die Einführung eines solchen (ungeschriebenen) Merkmals nachgedacht,[1553] letztlich aber Abstand davon genommen, da es schon bei Immaterialgütern nicht als zwingend erachtet und erst recht nicht auf andere Zugangsobjekte übertragbar angesehen wurde.[1554] Zudem hat der deutsche Gesetzgeber nicht erkennen lassen, dass zur Begründung eines Zugangsanspruchs im Einzelfall zusätzliche Erfordernisse erfüllt sein müssten. Jedenfalls im Zusammenhang mit dem Datenzugang wird es als sinnvoller erachtet, statt einer starren new product rule die dahinter stehende Erwägung – Bewahrung von Innovationsanreizen und der Möglichkeit für den Inhaber des betreffenden Immaterialgutes, seine Kosten zu amortisieren und einen angemessenen Gewinn erzielen zu können – im Rahmen der sachlichen Rechtfertigung einer Zugangsverweigerung zu berücksichtigen.[1555] Auch in anderen Konstellationen erfordert die intendierte Angleichung an die europäische Anwendungspraxis keine starre Berücksichtigung zusätzlicher Erfordernisse

---

[1547] Brenner in Bien/Käseberg/Klumpe/Körber/Ost 10. GWB-Novelle Kap. 1 Rn. 108.

[1548] Brenner in Bien/Käseberg/Klumpe/Körber/Ost 10. GWB-Novelle Kap. 1 Rn. 116.

[1549] Ansatzweise differenzierend auch Brenner in Bien/Käseberg/Klumpe/Körber/Ost 10. GWB-Novelle Kap. 1 Rn. 116 (regelmäßig keine erhebliche Bedeutung im Zusammenhang mit Datenzugang, anders aber ggf. „in komplexeren Konstellationen").

[1550] Europäische Kommission, Mitteilung der Kommission – Erläuterungen zu den Prioritäten der Kommission bei der Anwendung von Artikel 82 des EG-Vertrags auf Fälle von Behinderungsmissbrauch durch marktbeherrschende Unternehmen, ABl. 2009 C 45/7, Rn. 85.

[1551] EuGH 29.4.2004 – Rs. C-418/01, Slg. 2004, I-5039 Rn. 38 – IMS Health; vgl. näher Fuchs AEUV Art. 102 Rn. 322, 328 ff., 337 mwN.

[1552] EuG 17.9.2007 – Rs. T-201/04, Slg. 2007, II-3601 Rn. 643 ff. – Microsoft/Kommission.

[1553] Brenner in Bien/Käseberg/Klumpe/Körber/Ost 10. GWB-Novelle Kap. 1 Rn. 109; Crémer/de Montjoye/Schweitzer, Competition policy for the digital era, S. 106.

[1554] Brenner in Bien/Käseberg/Klumpe/Körber/Ost 10. GWB-Novelle Kap. 1 Rn. 109; Schweitzer GRUR 2019, 569 (578); Crémer/de Montjoye/Schweitzer, Competition policy for the digital era, S. 107.

[1555] Huerkamp/Nuys NZKart 2021, 327 (330).

wie die Ermöglichung eines neuen Produkts, sondern kann speziellen Umständen zB bei der begehrten Lizenzierung von Immaterialgüterrechten im Rahmen der gebotenen umfassenden Interessenabwägung Rechnung tragen.

**339**    **4. Verweigerung des Zugangs zu angemessenen Bedingungen. a) Ausgangspunkt.** Die missbräuchliche Handlung des Normadressaten besteht in der Verweigerung des Zugangs zu einem vom Petenten für den Zutritt auf einen vor- oder nachgelagerten objektiv benötigten Input. Neben der **vollständigen Ablehnung** eines Vertragsschlusses über die Gewährung des Zugangs zu einer solchen essential facility, sei es im Wege der Lieferung der begehrten Ware oder Leistung oder der Gestattung der tatsächlichen (Mit-) Nutzung der für den Marktzugang nowendigen Einrichtung, liegt ein **Verstoß** gegen den aus der Vorschrift des § 19 Abs. 2 Nr. 4 folgenden Kontrahierungszwang **auch** dann vor, wenn der Normadressat für die begehrte Leistung ein **unangemessen hohes Entgelt** oder **sonst unangemessene Bedingungen** für die Zugangsgewährung fordert.[1556] Letzteres gilt ungeachtet des Umstands, dass der Wortlaut des Abs. 2 Nr. 4 nur ein „angemessenes Entgelt" erwähnt; denn andernfalls könnte die Verpflichtung zur Zugangsgewährung durch den Normadressaten ganz einfach durch die Forderung sonstiger restriktiver und für den Petenten unzumutbarer Bedingungen umgangen werden.

**340**    Dementsprechend ist anerkannt, dass eine Zugangsverweigerung sowohl beim Nicht-Abschluss eines Zugangsvertrages als auch bei Forderung eines zu hohen Zugangsentgelts vorliegt.[1557] Dem steht das Fordern (sonstiger) unangemessener Zugangsbedingungen gleich (vgl. § 19 Abs. 2 Nr. 2 und 3). Darüber hinaus obliegt dem Normadressaten des § 19 Abs. 2 Nr. 4 gegenüber den zugangsbegehrenden Unternehmen bereits im Vorfeld die Pflicht, Verhandlungen über die Gewährung des Zugangs zu seiner Ressource zu führen und angemessen zu fördern. Auch eine Verzögerungstaktik und Maßnahmen mit ähnlicher behindernder Wirkung erfüllen bereits das Tatbestandsmerkmal der Zugangsverweigerung.

**341**    **b) Umfang, Art und Weise der Zugangsgewährung.** Der **Umfang sowie die Art und Weise des Zugangs** zu der Einrichtung bzw. der Lieferung oder Leistung des begehrten Inputs bestimmen sich maßgeblich nach dem Kriterium der „Wesentlichkeit".[1558] Entscheidend ist dabei der Bezug zur Aufnahme der angestrebten wettbewerblichen Tätigkeit auf dem vor- oder nachgelagerten Markt. Der Zugangspetent kann in Bezug auf die unter der Kontrolle des Normadressaten stehende essential facility alles, aber auch nur das verlangen, was zur Aufnahme der wettbewerblichen Tätigkeit auf dem abgeleiteten Markt erforderlich ist. Dazu kann auch die Erbringung von wesentlichen Hilfsleistungen gehören, die nicht unmittelbar von der Einrichtung selbst erbracht werden oder unmittelbar zum Zugangsobjekt gehören. Der Zugang darf aber nicht – bei gleicher Geeignetheit – über das mildeste Mittel zur Schaffung von Wettbewerb hinausgehen. Der Gesetzgeber hat zB im Rahmen der Reform des PostG davon Abstand genommen, den Konkurrenten der gelben Post einen unmittelbaren Zugriff auf ihre Postfachanlagen zu gestatten. Eine Zuführung der Postsendungen durch den Inhaber zu der von ihm betriebenen Anlage genügt.[1559] Das aus dem Telekommunikationsrecht bekannte Problem des entbündelten Zugangs stellt sich hier nicht.

**342**    Die konkrete Art und Weise des geschuldeten Zugangs hängt von den **Charakteristika des Zugangsobjekts** ab. Bei **physischen Einrichtungen oder Netzen** sind ggf. bestimmte Umbau- oder Anpassungsmaßnahmen durchzuführen, wenn die Einrichtung andernfalls nicht mitbenutzt werden kann.[1560] Entsprechendes gilt beim Zugangs-

---

[1556] BGH WuW/E DE-R 977 (982) – Fährhafen Puttgarden; OLG Brandenburg WuW/E DE-R 2824 (2827); Bechtold/Bosch Rn. 68.

[1557] Vgl. BGH 24.9.2002 – KVR 15/01, WuW/E DE-R 977 (981) – Fährhafen Puttgarden.

[1558] Hierzu Hohmann S. 259 ff.

[1559] Bundesrat Stellungnahme zum Entwurf eines Postgesetzes BT-Drs. 13/7774, 39.

[1560] In diese Richtung BKartA WuW/E DE-V 253 (258) – Puttgarden (Einrichtung muss vorhanden sein, ohne für die Zugangsgewährung „in ihrem Wesen" geändert werden zu müssen); vgl. auch OLG Düsseldorf

objekt **Daten.** Hier kann sich die Notwendigkeit ergeben, dass vor einer Weitergabe eine **Bereinigung um Geschäftsgeheimnisse und personenbezogene Daten** erforderlich ist. Nach der Gesetzesbegründung zu § 20 Abs. 1a schließt ein etwaiger Zugangsanspruch derartige bereinigte Daten ein.[1561] Grenzen sollen sich allerdings ergeben, wenn die Zugänglichmachung mit signifikanten Kosten verbunden wäre, insbesondere wenn sie in keinem angemessenen Verhältnis zu dem Wertschöpfungsbeitrag des abhängigen Unternehmens stehen. Etwas anderes könne sich aber ergeben, wenn der Zugangspetent eine (teilweise) Übernahme der Kosten für die Bereitstellung der Daten anbiete.[1562] Nicht verlangt werden könne „grundsätzlich" die Erhebung von noch nicht vorliegenden Daten.[1563]

Eine andere Problematik im Zusammenhang mit **Daten** besteht darin, dass diese meist **343** vielfältig einsetzbar sind für ganz **unterschiedliche Nutzungsmöglichkeiten.** Fraglich erscheint, wie gewährleistet werden könnte, dass sie nur für eine Tätigkeit auf dem abgeleiteten Markt eingesetzt werden. Eine Verwendung der Daten durch den Zugangspetenten auf von den betroffenen Märkten völlig unabhängigen anderen Märkten wäre mit dem Normzweck der essential facilities doctrine nicht mehr vereinbar. Insofern muss geklärt werden, welche Nutzungsmöglichkeiten der Zugangspetent an den Daten anstrebt und zulässigerweise erhält.[1564] Ungeklärt ist bislang auch, in welcher Form die Daten zur Verfügung gestellt werden müssen, zu welchem Zeitpunkt der Zugang erfolgt und ob bestehende Schnittstellen benutzt oder neue eingerichtet werden müssen.[1565] Hervorzuheben ist, dass auch der Umfang der überlassenen Daten auf das für eine wettbewerbliche Tätigkeit auf dem abgeleiteten Markt erforderliche Maß beschränkt werden kann und es nicht notwendigist, genauso viele Daten wie etwa der bereits auf dem Markt tätige Normadressatzu erhalten.[1566]

**c) Angemessenes Entgelt.** Die Zugangsregelung bringt zwingend eine **Kontrolle der 344 Angemessenheit des Zugangsentgelts** mit sich. Der Preisgestaltung kommt die entscheidende Bedeutung für die Schaffung von wettbewerblichen Strukturen auf dem abgeleiteten Markt zu. Zu hohe Zugangsentgelte wirken prohibitiv, während zu niedrige Entgelte die Anreizfunktion des Eigentums übermäßig beeinträchtigen. Besondere Probleme bereitet die Wahl des anzuwendenden Anknüpfungspunktes für die Entgelthöhenkontrolle.[1567] Das vom Ausbeutungsmissbrauch gem. § 19 Abs. 2 Nr. 2 und 3 bekannte Konzept der Vergleichsmärkte stößt auf faktische Grenzen: Vergleichsmärkte sind häufig nicht weniger gestört als die Märkte, die sich auf dem kartellrechtlichen Prüfstand befinden.[1568] Es bleibt nur, sich sehenden Auges in den Sumpf von Kostenkontrollen zu begeben.[1569] Eine solche kann sich zum einen an den internen Verrechnungspreisen orientieren. Eine weitgehende Nicht-Anwendbarkeit des Rechts der Wettbewerbsbeschränkungen auf innergesellschaftliche Vorgänge[1570] steht einer Kontrolle anhand der

---

WuW/E DE-R 569 (577) – Puttgarden II; krit. Bechtold/Bosch Rn. 70 (zu weitgehend, insbes. bei Bejahung einer Vorfinanzierungspflicht für den Normadressaten).

[1561] BegrRegE BT-Drs. 19/23492, 82.
[1562] BegrRegE BT-Drs. 19/23492, 81.
[1563] BegrRegE BT-Drs. 19/23492, 82.
[1564] Brenner in Bien/Käseberg/Klumpe/Körber/Ost 10. GWB-Novelle Kap. 1 Rn. 87.
[1565] Brenner in Bien/Käseberg/Klumpe/Körber/Ost 10. GWB-Novelle Kap. 1 Rn. 84 f; Gerpott/Mikolas CR 2021, 137 (140); Paal/Kumkar NJW 2021, 809 (814).
[1566] Körber MMR 2020, 290 (292).
[1567] Ähnlich Heise WuW 2009, 1024 (1028).
[1568] Heise WuW 2009, 1024 (1029).
[1569] Möschel WuW 1999, 832 (840 f.) mwN; Paulweber/Weinand EuZW 2001, 232 (235); vgl. Wiedemann in Wiedemann KartellR-HdB § 23 Rn. 240; siehe aber auch RegTP v. 15.6.1998 – BK 2b 98/001, WuW DE-V 63 (70 ff.) – Preselection II. Die Behörde verwendet das Vergleichsmarktkonzept zur Feststellung des Entgelts für eine dauerhafte Voreinstellung.
[1570] BGH 29.6.1982 – KVR 5/81, WuW/E BGH 1947 (1949) – Stuttgarter Anzeigenblatt; BGH 10.2.1987 – KZR 6/86, WuW/E BGH 2360 (2365) – Freundschaftswerbung.

internen Verrechnungspreise (sog. Quersubventionierungsverbot) hier nicht entgegen.[1571] Diese Rechtsprechung des BGH beruht auf der Vermeidung einer wettbewerbspolitisch grundsätzlich unerwünschten Kostenkontrolle mittels der §§ 19 und 20. Zudem entspricht ein **Quersubventionierungsverbot** dem wettbewerbspolitischen Anliegen des § 19 Abs. 2 Nr. 4. Er unterwirft primär die aus einer vertikalen Integration resultierende besondere Interessenlage einer verhaltensgebundenen Strukturkontrolle. Die Effektivität eines Quersubventionierungsverbotes hängt entscheidend von einer kalkulatorischen Trennung der Netz- bzw. Infrastruktur- von der abgeleiteten Dienstebene ab (sog. unbundling). An einer entsprechenden Vorschrift zur Einführung getrennter Rechnungskreise für den Inhaber einer (physischen) Infrastruktureinrichtung fehlt es.[1572] Bei anderen Zugangsobjekten wie etwa Daten besteht eine solche Möglichkeit ohnehin nicht.

345      Im Vordergrund steht somit eine reine **Kostenkontrolle**.[1573] Der Maßstab kann dem § 19 Abs. 2 Nr. 2 zugrunde liegenden Als-Ob-Konzept entnommen werden.[1574] Das Zugangsentgelt soll die Kosten widerspiegeln, die sich bei effektivem Wettbewerb ergeben würden. Damit **orientiert sich** eine Kostenkontrolle weniger an den tatsächlichen Kosten als **an den Kosten für eine effiziente Leistungserbringung**.[1575] Diesen Rechtsgedanken hat der Gesetzgeber im sektorspezifischen Recht der Wettbewerbsbeschränkungen für die Entgelthöhenkontrolle positivrechtlich verankert.[1576] Als grobe Leitlinie ist neben den langfristigen Zusatzkosten und einer angemessenen Verzinsung des investierten Kapitals ein – praktisch schwer zu bestimmender – Anteil der Fixkosten zu vergüten.[1577] Kosten, die im Vertrauen auf den Fortbestand einer günstigen Rechtslage getätigt wurden (sog. stranded costs), sind nur berücksichtigungsfähig, wenn sie bei vernünftiger kaufmännischer Betrachtung auch bei wirksamem Wettbewerb entstanden wären. Maßgeblich ist eine ex ante-Betrachtung.[1578]

346      In der Gesetzesbegründung zur 10. GWB-Novelle findet sich der Hinweis, dass die **Zahlung eines finanziellen Entgelts nicht in jedem Fall erforderlich** sei. Vielmehr komme insbesondere beim **Zugang zu Daten** auch ein unentgeltliches Zugänglichmachen in Betracht.[1579] In der Literatur wird dies teilweise als unzulässige Auslegung gegen den Wortlaut der Norm zurückgewiesen,[1580] teilweise aber auch mit den unterschiedlichen Eigenschaften von Daten einerseits und physischen Einrichtungen andererseits gerechtfertigt und als konsequent bezeichnet: So müsse die Nutzung physischer Einrichtungen jedenfalls die Kosten der Instandhaltung decken, zudem sei die Verpflichtung zur Gewährung des Zugangs eine ausgleichspflichtige Inhalts- und Schrankenbestimmung des Eigentums entsprechend Art. 14 Abs. 1 S. 2 GG. Demgegenüber bestehe an Daten kein Eigentum, sodass der Schutzbereich des Art. 14 GG gar nicht eröffnet sei.[1581] Richtigerweise wird man die Frage nicht vom Vorliegen formalen Eigentums abhängig machen können, sondern bei der

---

[1571] AA Markert BB 1997, 1421 (1426); Martenczuk/Thomaschki RTkom 1999, 15 (24); Dreher DB 1999, 833 (839) Fn. 79; Lutz RdE 1999, 102 (109).

[1572] Hohmann S. 266 ff.

[1573] Vgl. OLG Düsseldorf 22.4.2002 – Kart 2/02 (V), WuW/E DE-R 914 (915) – Netznutzungsentgelt; BKartA 14.2.2003 – B11-45/01, WuW/E DE-V 722 – TEAG; eingehend zum Ganzen Hohmann S. 266 ff.

[1574] Vgl. TB 2001/2002, 37, 166 f.; zu verschiedenen Modellen zur Entgeltermittlung s. Zimmerlich/Müller N&R 2006, 46.

[1575] Hohmann S. 270 f.

[1576] Siehe § 30 Abs. 3 TKG, § 21 Abs. 2 EnWG, § 20 Abs. 1 u. 2 PostG; zum Verhältnis der einzelnen sektorspezifischen Vorschriften zu § 19 Abs. 4 Nr. 4 aF hinsichtlich der Überprüfung der Entgelte s. BGH 18.10.2005 – KZR 36/04, WuW/E DE-R 1617 – Stromnetznutzungsentgelt.

[1577] Klimisch/Lange WuW 1998, 15 (24); Martenczuk/Thomaschki RTkom 1999, 15 (24); Bundesrat Stellungnahme BT-Drs. 13/9720, 74; ähnlich Bechtold/Bosch § 19 Rn. 74. Siehe zu den praktischen Schwierigkeiten Möschel WuW 1999, 835 (840) mwN; Knieps MMR 1998, 275 (278); Blankart/Knieps ifo-Studien Nr. 41996, 483 (492).

[1578] So bereits zur Strompreishöhenkontrolle Möschel WuW 1999, 5 (11).

[1579] BegrRegE BT-Drs. 19/23492, 72 f.

[1580] Schweda/von Schreitter WuW 2021, 145 (148). Näher zur Berechnung des Entgelts bei Datenzugangsansprüchen Stancke WuW 2023, 264.

[1581] Höppner/Weber K&R 2020, 24 (46).

gebotenen wirtschaftlichen Betrachtung darauf abstellen, ob die Generierung der Daten bzw. die Sammlung oder Zusammenstellung der Datenbestände, zu denen Zugang begehrt wird, einen vermögenswerten Asset darstellen, der primär vom Normadressaten mit eigenem Kostenaufwand geschaffen worden ist. Ein **unentgeltlicher Zugang** könnte zum Beispiel in Betracht kommen, wenn die fraglichen Daten ganz überwiegend durch die Nutzer erzeugt und im Wesentlichen als ein Nebenprodukt des angebotenen Dienstes angefallen sind.[1582] Auch in einer Fallkonstellation, in der etwa Schnittstelleninformationen für ein Betriebssystem vor einem Kippen des Marktes hin zu einem **de facto-Standard** vom Anbieter kostenlos zur Verfügung gestellt wurden, kommt eine Pflicht zur weiterhin kostenlosen Zurverfügungstellung der Schnittstellen informationen im Wege einer kartellrechtlichen Zwangslizenz in Betracht.[1583] zum und damit Begründung der Marktbeherrschung durch den Anbieter eines Betriebssystems wie im Fall Microsoft, Eine andere Fallgestaltung Letztlich muss die Frage im Wege der **Abwägung unter Berücksichtigung der Umstände des Einzelfalls** geklärtwerden. Dabei spielen letztlich ganz ähnliche Kriterien eine Rolle, die auch schon für die Frage heranzuziehen sind, ob die Verweigerung des Zugangs überhaupt eine unbillige Behinderung des Zugangspetenten wäre. So soll es laut der Gesetzesbegründung zu § 20 Abs. 1a „eher gegen eine unbillige Behinderung durch die Zugangsverweigerung sprechen" können, wenn mit der Datenerzeugung oder Bereinigung um Geschäftsgeheimnisse und personenbezogene Daten signifikante Kosten verbunden seien; anderes könne aber gelten, wenn der Zugangspetent eine (teilweise) Übernahme der dem marktmächtigen Unternehmen entstehenden Kosten anbiete.[1584]

Hinsichtlich der direkt zurechenbaren **Kosten,** die erst **durch erforderliche Anpas-** 347 **sungsmaßnahmen** zur Erfüllung des Anspruchs des Zugangspetenten entstehen, erscheint jedoch nur eine volle Kompensation angemessen, die in das zu zahlende Entgelt im Rahmen eine kaufmännisch vernünftigen Kalkulation einfließt.[1585] Fraglich ist, wer die **Beweislast für die Angemessenheit des** vom Inhaber der essential facility verlangten **Zugangsentgelts** trägt. Rechnet man das Angebot eines angemessenen Entgelts für die Nutzung der begehrten Ressource zu den anspruchsbegründenden Tatbestandsvoraussetzungen des § 19 Abs. 2 Nr. 4, obliegt es nach allgemeinen Grundsätzen dem Zugangspetenten, darzutun und ggf. zu beweisen, dass das von ihm angebotene Entgelt angemessen ist. Ordnet man die Frage der angemessenen Entgelthöhe dagegen eher der sachlichen Rechtfertigung einer Zugangsverweigerung für ein geringeres Entgelt zu, läge die Beweislast für die Angemessenheit der Entgeltforderung des Marktbeherrschers beim Normadressaten. Für letzteres spricht, dass die **Umstände** für die Beurteilung der Angemessenheit des verlangten Entgelts maßgeblich sind, jedenfalls in den meisten Fällen in der **Sphäre des Inhabers der essential facility** liegen,[1586] da insoweit mangels tauglicher Vergleichsmärkte grundsätzlich die Kostenkontrolle ganz im Vordergrund steht (vgl. hierzu → Rn. 228 ff.). Im Grunde stellt sich hier das gleiche Problem wie bei der Frage einer Lizenzierung von standardessentiellen Patenten zu FRAND-Bedingungen (vgl. → Rn. 314 ff., 326 ff.). Dementsprechend sollten beide Parteien zu bona fide Vertragsverhandlungen verpflichtet sein, wobei es dem Inhaber der essential facility entsprechend den vom EuGH entwickelten Grundsätzen obliegt, ein erstes Angebot für die Zugangsgewährung zu unterbreiten, auf das der Zugangspetent dann mit einem Gegenangebot reagieren kann. Weigert sich der Normadressat, darauf einzugehen, sollte es ihm obliegen, die Unzumutbarkeit einer Zugangsgewährung zu den vom Petenten angebotenen Konditionen darzulegen und ggf. zu bewei-

---

[1582] Höppner/Weber K&R 2020, 24 (46).
[1583] Vgl. EuG 27.6.2012 – Rs. T-167/08, Rn. 54, 144 – Microsoft/Kommission.
[1584] BegrRegE BT-Drs. 19/23492, 81.
[1585] Vgl. OLG Düsseldorf 2.8.2000 – Kart 3/00 (V), WuW/E DE-R 569 (577) – Puttgarden II; ebenso Bechtold/Bosch Rn. 75, die insoweit dem Inhaber der essential facility sogar einen Anspruch auf Kostenvorschuss zubilligen wollen.
[1586] AA Bechtold/Bosch Rn. 76 (Beweislast grds. beim Zugangspetenten u. a. wegen Vorrangs der Vergleichsmarktmodelle; anders nur bei Berufung des Marktbeherrschers auf ein nicht kostendeckendes Entgelt).

sen. **Jedenfalls** trifft den Normadressaten aber eine **sekundäre Darlegungslast,** wenn ihm nähere Angaben zumutbar sind, während der Zugangspetent außerhalb des Geschehensablaufs steht und sich auch nicht mit zumutbaren Anstrengungen selbst nähere Kenntnis über entgeltrelevevante Umstände wie etwa die Kosten der Bereitstellung des Zugangsobjekts zu verschaffen.

**348**   **5. Sachliche Rechtfertigung der Zugangsverweigerung. a) Notwendigkeit einer Interessenabwägung.** Eine Zugangsverweigerung ist dann nicht missbräuchlich, wenn sie sachlich gerechtfertigt ist. Dabei ergibt sich aus der gesetzlichen Formulierung („es sei denn, die Weigerung ist sachlich gerechtfertigt") eindeutig, dass nicht etwa der Zugangspetent das Fehlen einer sachlichen Rechtfertigung darzulegen und ggf. zu beweisen hat, sondern dass es Sache des marktbeherrschenden Inhabers der essential facility ist, die Zugangsverweigerung ggf. zu rechtfertigen. Die Prüfung einer sachlichen Rechtfertigung impliziert die **Notwendigkeit einer Interessenabwägung.**[1587] Entgegen der Meinung der Bundesregierung[1588] zur alten Gesetzesfassung kann allerdings die Rechtsprechung des Bundesgerichtshofs zum Merkmal der Unbilligkeit iSv § 20 Abs. 1 aF nicht ohne Weiteres übertragen werden, da insoweit Unterschiede bestehen. Der Normadressat des § 19 Abs. 2 Nr. 4 kann sich auf sein Eigentums- und sein Absatzinteresse berufen. Einschränkend kann das allgemeine Interesse des Normadressaten an einer ausschließlichen Nutzung der „wesentlichen" Einrichtung eine Zugangsverweigerung nicht rechtfertigen. Verfassungsrechtlich stehen dem keine Einwände entgegen. Der vom Bundesgerichtshof aufgestellte **Grundsatz, dass kein Wettbewerber verpflichtet ist, einen Konkurrenten zu seinem eigenen Schaden zu fördern,**[1589] wird durch die Zugangsregelung in § 19 Abs. 2 Nr. 4 **eingeschränkt.**[1590] Dies gilt zumindest, soweit die „Eigenschädigung" allein in der Schaffung von Konkurrenz durch Dritte **(sog. wettbewerbsbegründende Zugangsgewährung)** oder dem Verlust von Kunden liegt. Die Eingriffsintensität eines Verbots der Zugangsverweigerung in die unternehmerischen Belange und das Eigentumsinteresse des Normadressaten bleiben aber die entscheidenden Abwägungstopoi.

**349**   Die Palette der Rechtfertigungsgründe ist angesichts der bei dem Vorliegen der übrigen Tatbestandsvoraussetzungen des § 19 Abs. 2 Nr. 4 indizierten hohen Marktmacht des Normadressaten tendenziell kleiner als nach § 19 Abs. 1 und 19 Abs. 2 Nr. 2.[1591] Damit korrespondiert ein geringerer unternehmerischer Freiraum. **Dieser äußert sich in einer weitgehenden Verantwortung des Normadressaten für die Schaffung von Wettbewerb auf dem abgeleiteten Markt.**[1592] In § 19 Abs. 2 Nr. 4 Hs. 2 hat der Gesetzgeber die Beweislast für das Fehlen einer sachlichen Rechtfertigung umgekehrt. Angesichts dieser Regelung ist von einem **Regel-Ausnahme-Verhältnis zugunsten eines Mitbenutzungszwanges** auszugehen. Die am Verhältnismäßigkeitsgrundsatz orientierte Interessenabwägung findet unter Berücksichtigung der auf die Schaffung von Wettbewerb auf dem abgeleiteten Markt gerichteten Zielsetzung des § 19 Abs. 2 Nr. 4 statt. **Unberücksichtigt bleiben nicht-wettbewerbsorientierte Interessen** wie industriepolitische und sektorspezifische Zielsetzungen **und Drittinteressen** wie zB im Energierecht diejenigen der Empfänger der Durchleitungsleistung.[1593] Neben dem Schutzzweck des § 19 Abs. 2 Nr. 4

---

[1587] OLG Düsseldorf 23.6.2004 – Kart 35/03 (V), WuW/E DE-R 1307 (1311) – GETECnet.
[1588] Begr. 1998 S. 51.
[1589] S. BGH 15.11.1994 – KVR 29/93, WuW/E BGH 2953 (2964) – Gasdurchleitung; BGH 12.11.1991 – KZR 2/90, WuW/E BGH 2755 (2759) – Aktionsbeiträge; OLG Düsseldorf 25.5.2005 – U (Kart) 7/05, WuW/E DE-R 1577 (1579 f.) – SIM-Karten; KG 15.1.2004 – 2 U 28/03 Kart, WuW/E DE-R 1274 (1278 f.) – GSM-Gateway; OLG München 22.4.2004 – U (K) 1582/04, WuW/E DE-R 1270 (1273) – GSM-Wandler; v. Ungern-Sternberg FS Odersky, 1996, 987 (993).
[1590] BGH 28.6.2005 – KVR 27/04, WuW/E DE-R 1520 (1527) – Mainova = „Arealnetz"; 13.12.2005 – KVR 13/05, WuW/E DE-R 1726 – Stadtwerke Dachau; aA KG 23.6.2003 – 2 U 20/02 Kart, WuW/E DE-R 1321 (1324) – Gera-Rostock.
[1591] Klimisch/Lange WuW 1998, 15 (24); vgl. auch Klaue S. 23, 31.
[1592] Hohmann S. 275 ff.
[1593] Zweifelnd Markert ZNER 1998, 3 (4).

finden allein höherrangiges Recht und sonstige gesetzliche Verbote Eingang in die Interessenabwägung.

Auch bei den Rechtfertigungsgründen können sich bedingt durch die **speziellen Eigenschaften des Zugangsobjekts** Besonderheiten ergeben. Das gilt wiederum vor allem für den **Zugang zu wettbewerbsrelevanten Daten.** Die Gesetzesmaterialien zu § 19 Abs. 2 Nr. 4 enthalten zwar keine Kriterien zur Bestimmung der sachlichen Rechtfertigung, doch kann insoweit auf die Materialien zu dem ebenfalls neuen Datenzugangsanspruch gegenüber marktstarken Unternehmen gemäß § 20 Abs. 1a zurückgegriffen werden.[1594] Dort findet sich etwa der Hinweis, dass die Herausgabe der Daten nach **Datenschutzrecht** zulässig sein muss, der kartellrechtliche Zugangsanspruch schaffe keine neue Rechtsgrundlage für eine Rechtmäßigkeit der Datenverarbeitung.[1595] Dementsprechend kann die Verweigerung des Zugangs zu personenbezogenen Daten überhaupt nur dann missbräuchlich sein, wenn die betroffene Person in die Weitergabe eingewilligt hat.[1596] Im Übrigen kann die Verweigerung einer Datenbereitstellung auch dann zulässig sein, wenn die Zugänglichmachung bzw. Weitergabe mit einem **unzumutbar hohen Bearbeitungs- oder Bereinigungsaufwand** oder mit einer zu weitgehenden Offenlegung eines neuartigen Geschäftsmodells des Normadressaten verbunden wäre.[1597] Dass insbesondere die Berufung auf den **Schutz von Geschäftsgeheimnissen** eine Verweigerung des Zugangs zu Daten rechtfertigen kann, wird weithin anerkannt.[1598] Voraussetzung muss insoweit allerdings sein, dass eine vorherige Bereinigung der zur Verfügung zu stellenden Daten nicht möglich ist oder mit einem unzumutbar hohen Aufwand verbunden wäre.

**b) Fehlende Kapazität.** Das Fehlen ausreichender Kapazität ist im Grundsatz allgemein als Rechtfertigungsgrund anerkannt.[1599] Ungeklärt sind die Reichweite und die Grenzen dieses Rechtfertigungsgrundes. Eine umfassende Pflicht zur Schaffung von Kapazität würde die Wortlautgrenze einer **Mit**benutzung überschreiten.[1600] Charakteristisch für die essential facilities doctrine ist es, dass die Unternehmensstruktur als solche – im Gegensatz zu einer Entflechtung – unangetastet bleibt. Das Recht des Normadressaten zur Einstellung des Betriebs der Infrastruktureinrichtung oder zum Abbau von Kapazität wird nicht berührt. **Ausnahmsweise ist er zur Vornahme von unternehmensinternen Hilfs- oder Umstrukturierungsmaßnahmen** zwecks Schaffung bzw. Freilegung von Kapazitäten gegen Übernahme der anteiligen Kosten durch das zugangsbegehrende Unternehmen **verpflichtet.**[1601] Dies dient dem Schutze vor einer Manipulation der Kapazitätsauslastung.[1602] In die notwendige Einzelfallabwägung fließt die Schwere des Eingriffs in die innerbetriebliche Unternehmensorganisation ein. Offen bleibt, ab wann die Kapazität einer Infrastruktureinrichtung ausgelastet ist. Zu berücksichtigen sind nur konkret belegbare, plausible und objektiv nachvollziehbare Nutzungswünsche.[1603]

---

[1594] So zutreffend der Vorschlag von Schweda/von Schreitter WuW 2021, 145 (149).

[1595] BegrRegE BT-Drs. 19/23492, 81.

[1596] Brenner in Bien/Käseberg/Klumpe/Körber/Ost 10. GWB-Novelle Rn. 89.

[1597] BegrRegE BT-Drs. 19/23492, 81.

[1598] Körber FS Wiedemann, 2020, 361 (363); Huerkamp/Nuys NZKart 2021, 327 (331 f.); Gerpott/ Mikolas CR 2021, 137 (140 f.).

[1599] Siehe dazu eingehend BGH 11.12.2012 – KVR 7/12, WuW/E DE-R 3821 Rn. 29 = NZKart 2013, 160 (161) – Fährhafen Puttgarden II; allgemein Deselaers WuW 2008, 179 (182).

[1600] Im Übrigen wird eine Investitionspflicht zur Schaffung von Kapazität – zu Recht – für verfassungswidrig gehalten; vgl. Papier, Die Regelung der Durchleitungsrechte, 1997, S. 37; Schmidt-Preuß RdE 1996, 1 (5); Schmidt-Preuß AG 1996, 1 (8). Für eine Investitionspflicht gem. § 6 EnWG aF Walter/Keussler RdE 1999, 223 (224).

[1601] Hohmann S. 291 ff.

[1602] Vgl. BKartA 21.12.1999 – B 9–63220-T-199/97 und T-16/98, WuW/E DE-V 253 (258 ff.) – Puttgarden und für die europäische essential facilities-doctrine Kommission 14.1.1998 – IV/34.801 FAG, ABl. 1998 L 72, S. 30 Rn. 74 ff. und insbes. 87 – Flughafen Frankfurt/Main AG; Deselaers EuZW 1995, 563 (568); M. Müller EuZW 1998, 232 (235); Koenig/Kühling/Winkler WuW 2003, 228 (230).

[1603] Vgl. Büdenbender WuW 2000, 119 (122); BKartA 30.8.1999 – B 8–40100-T-99/99 S. 19 f. – Berliner Stromdurchleitung; insoweit nicht abgedr. in WuW/E DE-V 149.

352     Im Mittelpunkt der Diskussion steht die weiterreichende Frage nach der **Rangfolge** der Eigennutzung und der Nutzung durch Dritte. **Grundsätzlich** ist von einer **Gleichrangigkeit der Nutzungsinteressen** auszugehen.[1604] Die Vorschrift zielt auf die Überwindung des aus einer vertikalen Integration (→ Rn. 261) folgenden Mangels an ökonomischem Interesse, den Zugang zu einer eigenen Infrastruktureinrichtung an Konkurrenten zu gewähren. Ein Vorrang des Interesses, Kapazitäten für eigene Marktaktivitäten freizuhalten, ist damit im Grundsatz nicht vereinbar. Dem steht der grundsätzliche Vorrang der Eigennutzung gem. Art. 14 GG nicht entgegen. Andernfalls wäre die Vorschrift in Sachverhaltsgestaltungen, in denen der Zugang zu Infrastruktureinrichtungen mit Kapazitätsengpässen verlangt wird, nicht hinreichend geeignet zur Schaffung von Wettbewerb. **Nicht beeinträchtigt wird von § 19 Abs. 2 Nr. 4 die Wirksamkeit existierender Verpflichtungen** auf dem abgeleiteten Markt, auch soweit sie zu einem – wohlgemerkt nur befristeten – Ausschluss von Wettbewerb führen.[1605] Zum einen können nämlich Verträge trotz einer Monopolstellung im Zeitpunkt des Zugangsbegehrens zu einem anderen Zeitpunkt unter wettbewerblichen Bedingungen geschlossen worden sein. Dann kann nicht von einer Umgehung der gesetzlichen Regelung ausgegangen werden. Zum anderen bestehen Bedenken unter dem Gesichtspunkt der Rechtssicherheit. Die Verträge könnten nicht ganz bzw. nicht alle nichtig sein, sondern nur soweit sie den Wettbewerb ausschließen. Die sich ergebenden Abgrenzungsfragen sind kaum lösbar. Zudem wäre die Wirksamkeit zukünftiger Verträge des Normadressaten von den sich ändernden Wettbewerbsverhältnissen auf dem abgeleiteten Markt abhängig. Damit stehen Kapazitäten, die der Einrichtungsinhaber zur Erfüllung wirksamer Verpflichtungen auf dem abgeleiteten Markt nutzt, für eine Mitbenutzung durch Dritte nicht zur Verfügung.

353     **Davon ist die Frage zu unterscheiden, ob eine bestehende Verpflichtung gegenüber einem von dritter Seite umworbenen Kunden** (zB einem Durchleitungsempfänger) – unabhängig von einem etwaigen Kapazitätsengpass – **eine Zugangsverweigerung rechtfertigen kann.** In der Literatur wird dies zu Recht für den Zugang zu Energieversorgungsnetzen abgelehnt.[1606] Gleiches gilt hier. Das Abwerben eines noch vertraglich gebundenen Kunden ist regelmäßig zulässig, soweit nicht ein Verleiten zum Vertragsbruch gem. § 3 UWG seitens des zugangsbegehrenden Unternehmens vorliegt. Die Vertragsbeziehungen zwischen dem Normadressaten und dem umworbenen Kunden haben auf das Ziel der Schaffung von Wettbewerb zwischen dem Normadressaten und dem Nutzungsinteressenten keine Auswirkung. Das betroffene Absatzinteresse des Normadressaten wird durch Ersatzansprüche gegen den Vertragspartner ausgeglichen.[1607] Ein **Kundenwechsel** – ein technischer Kapazitätsengpass liegt mangels zusätzlicher Belastung nicht vor – begründet weder aus verfassungsrechtlicher noch aus teleologischer Perspektive einen Kapazitätsengpass.[1608]

354     Können die vorhandenen gleichberechtigten Nutzungswünsche nicht in ihrer Gesamtheit befriedigt werden, so ist die freie Kapazität gleichmäßig auf die Nutzungsinteressenten und den Inhaber der Infrastruktureinrichtung aufzuteilen (sog. **Repartierung**).[1609] Etwas anderes kann gelten, wenn eine Aufteilung der freien Kapazität wirtschaftlich nicht sinnvoll

---

[1604] Umfassend Hohmann S. 284 ff.; aA Haus WuW 1999, 1190 (1192); vgl. Bundesrat Stellungnahme BT-Drs. 13/9720, 74; BKartA 30.8.1999 – B 8–40100-T-99/99, WuW/E DE-V 149 (153 ff.) – Berliner Stromdurchleitung; weitergehend Kommission 21.12.1993 – COMP IV/34.689, ABl. 1994 L 15, 8 Rn. 70 und 75 – Sea Containers/Stena Sealink: Normadressat hat sich wie eine unabhängige Hafenbehörde zu verhalten.

[1605] Hohmann S. 282 ff.; aA Klaue S. 23, 30: Es handele sich hier um eine Umgehung eines Verbotstatbestandes. Im Ergebnis erweise sich die Pflicht zur Öffnung als Schranke für die Vertragsfreiheit.

[1606] So zu § 6 EnWG aF (jetzt: § 20 EnWG) Walter/Keussler RdE 1999, 223 (226 f.).

[1607] Im Ergebnis wie hier LG Dortmund 1.9.2000 – 13 O 134/00 (Kart), WuW/E DE-R 565 – Gashandel.

[1608] Hohmann S. 290 f.; aA Schmidt-Preuß AG 1996, 1 (8).

[1609] Ebenso Hohmann S. 288 ff.; vgl. auch BKartA 30.8.1999 – B 8–40100-T-99/99, WuW/E DE-V 149 (156) – Berliner Stromdurchleitung.

ist. Bevorzugt sind Unternehmen zu behandeln, bei welchen mit dem Nutzungsinteresse eine Absatzverpflichtung auf dem abgeleiteten Markt korrespondiert. Zur Sicherstellung fairer und gleicher Startbedingungen für alle potentiellen Nutzungsinteressenten ist das Freiwerden von Kapazität von dem Inhaber der Infrastruktureinrichtung öffentlich bekannt zu machen, soweit typischerweise ein Kapazitätsengpass besteht.

**c) Berufung auf eigene Leistung.** Die Zugangsregelung beabsichtigt nicht, jegliche **355** Alleinstellung für den Wettbewerb zu öffnen. Monopolartige Strukturen können beispielsweise durch vorstoßenden Wettbewerb entstanden sein. Ein wettbewerbsinitiierender Eingriff ist wettbewerbspolitisch nur bei nachhaltig vermachteten Marktstrukturen zu legitimieren (→ Rn. 260). Andernfalls besteht die Gefahr, dass die Anreizfunktion des Eigentums für innovatorische Pionierleistungen unterminiert wird.[1610] **Der Normadressat kann sich daher zur Rechtfertigung einer Zugangsverweigerung befristet auf seine unternehmerische Leistung bei der Errichtung oder dem Betrieb der Einrichtung berufen.**[1611] Wenn sich ein angemessener return of investment erst nach mehreren Jahren realisiert, kann es unter Umständen gerechtfertigt sein, einen Anspruch aus § 19 Abs. 2 Nr. 4 für diesen Zeitraum nicht zuzulassen.[1612] Die „Wesentlichkeit" der monopolistischen Einrichtung muss aber auf eine innovative Eigenleistung unter Inkaufnahme von unternehmerischem Risiko zurückzuführen sein. Dieser Rechtfertigungsgrund kann nicht unbefristet geltend gemacht werden, um ein „Umschlagen" eines temporären in ein dauerhaftes, strategisches Monopol erfassen zu können. Das unternehmerische Investitionskalkül erfordert iS einer rule of law einen weitgehend vom Einzelfall unabhängigen, vorhersehbaren und langfristig gültigen Maßstab zur Bestimmung des Zeitraumes der Eigennutzung. Wenig hilfreich erscheint es, stattdessen eine Berücksichtigung des unternehmerischen Risikos im Rahmen der Entgeltberechnung zu verlangen. Die Probleme der Kalkulation eines risikoadäquaten Entgelts sind ungleich höher. Ein geldwerter Ausgleich würde auch unverhältnismäßig intensiv in den Marktablauf eingreifen.[1613]

Von besonderer Bedeutung ist die Berufung auf die **eigene unternehmerische, schöp-** **356** **ferische oder technologische Leistung** als Rechtfertigung für die **Verweigerung der Lizenzierung von Immaterialgüterrechten.** Die besondere Zurückhaltung auch der europäischen Rechtsprechung in diesem Bereich, der eine mögliche kartellrechtliche Zwangslizenz nur bei Vorliegen „außergewöhnlicher Umstände" anerkennt, hat sich insbes. in dem Erfordernis niedergeschlagen, dass die Lizenzverweigerung die **Entstehung eines neuen Produkts verhindert,** nach dem eine potentielle Nachfrage besteht[1614] (vgl. dazu bereits Rn. 335 und näher Fuchs Art. 102 AEUV Rn. 322, 327, 329, 353 ff., 359 ff.). In seiner Microsoft-Entscheidung hat das EuG allerdings die Anforderungen an das Merkmal eines „neuen Erzeugnisses" erheblich abgemildert und – in concreto im Zusammenhang mit dem Zugang zu Schnittstelleninformationen – ganz allgemein auf die mögliche Beeinträchtigung der technischen Entwicklung durch die Lizenzverweigerung im Hinblick auf Produktverbesserungen, Innovationsmöglichkeiten oder sonstige Anknüpfungspunkte für Verbrauchervorteile abgestellt.[1615] Der Gesetzgeber hat daher zu Recht davon abgesehen, beim Zugang zu Immaterialgüterrechten eine Art „new product rule" für die kartellrechtliche Zwangslizenz einzuführen.[1616]

**d) Sonstige Gründe.** Das vom BGH zu § 103 Abs. 5 S. 2 Nr. 4 aF anerkannte Ein- **357** trittsrecht des Netzinhabers[1617] hat für § 19 Abs. 2 Nr. 4 angesichts der unterschiedlichen

---

[1610] Übereinstimmend Begr. 1998 S. 37; Bundesrat Stellungnahme BT-Drs. 13/9720, 73 f.
[1611] Bechtold/Bosch Rn. 80; Schwarze S. 11, 21 f.; Hohmann S. 296 ff.
[1612] Deselaers WuW 2008, 179 (182).
[1613] Ausf. Hohmann S. 251 ff. u. 296 ff.
[1614] EuGH 29.4.2004, Rs. C-418/01, Slg. 2004, I-5039 Rn. 38, 48 f. – IMS Health.
[1615] EuG 17.9.2007, Rs. T-201/04, Slg. 2007, II-3601 Rn. 643–645 – Microsoft/Kommission; näher hierzu Fuchs Art. 102 AEUV Rn. 328 mwN.
[1616] So auch Brenner in Bien/Käseberg/Klumpe/Körber/Ost 10. GWB-Novelle Kap. 1 Rn. 109.
[1617] BGH 15.11.1994 – KVR 29/93, WuW/E BGH 2953 (2965 f.) – Gasdurchleitung.

Regelungszwecke der beiden Normen keinen Bestand. An betriebsbedingten Gründen ist auf die **drohende Gefahr einer Störung des Betriebsablaufs** durch die Gewährung einer Zugangsmöglichkeit hinzuweisen.[1618] Keinen Rechtfertigungsgrund stellt der Verlust an Marktanteilen dar. Dies würde die beabsichtigte Förderung von Wettbewerb konterkarieren.[1619] **Ebenso wenig ist es mit dem Schutzzweck vereinbar, die Sinnhaftigkeit eines Zugangsbegehrens zu überprüfen.** Die dem einzelnen Unternehmen überlassene dezentrale Ermittlung einer Nachfrage ist und bleibt ein Eckpfeiler der marktwirtschaftlichen Wirtschaftsordnung. Auch kann bei unterstelltem mangelndem Verbraucherbedarf für ein neues Produkt auf dem abgeleiteten Markt nicht das Merkmal der Erforderlichkeit der Zugangsgewährung aus verfassungsrechtlicher Perspektive verneint werden.[1620] Das nachhaltige Fehlen von Wettbewerb auf dem abgeleiteten Markt begründet schon für sich die Notwendigkeit zur Initiierung von Wettbewerb. Daneben können uU auch Gründe aus der Sphäre des Zugangspetenten eine Zugangsverweigerung rechtfertigen. Eine **mangelnde Kreditwürdigkeit** oder eine die erforderliche Vertrauensbasis zerstörende schwerwiegende Vertragsverletzung[1621] können die Rechtswidrigkeit einer Verweigerung ausschließen. Ungenau ist es aber, das Fehlen der – praktisch wohl kaum relevanten – technischen und fachlichen Voraussetzungen bei dem Zugangsinteressenten für die Mitbenutzung der Infrastruktureinrichtung in jedem Fall als zulässigen Rechtfertigungsgrund anzusehen.[1622] Sie bleiben grundsätzlich in der Sphäre des Zugangspetenten. Im Einzelfall kann aber die Gefährdung der Betriebs- oder Funktionssicherheit der Infrastruktureinrichtung geltend gemacht werden, sofern dafür konkrete Anhaltspunkte bestehen.

**358**    **e) Einfluss der sektorspezifischen Zugangsregelungen.** Sektorspezifische Zugangsregelungen können – soweit § 19 Abs. 2 Nr. 4 parallel daneben anwendbar ist – Einfluss auf die rechtliche Bewertung der Interessen beim Inhaber der Infrastruktureinrichtung gem. § 19 Abs. 2 Nr. 4 haben. Sind die sektorspezifischen Zugangsregelungen als ausdrückliches oder konkludentes gesetzliches Verbot formuliert, so ist ein Interesse, welches diesem Verbot zwangsläufig zuwiderläuft, nicht im Rahmen der Interessenabwägung zu berücksichtigen. **Somit kann § 20 Abs. 2 EnWG ausnahmsweise zum Einfallstor der nicht-wettbewerblichen, sektorspezifischen Zielsetzungen gem. § 1 EnWG werden.**[1623] Entsprechendes gilt für die anderen als Verbotsnormen formulierten sektorspezifischen Zugangsregelungen. Daneben ist ein nach den sektorspezifischen Regelungen unzulässiges Zugangsentgelt nicht angemessen gem. § 19 Abs. 2 Nr. 4.[1624] Der unbestimmte Rechtsbegriff der Angemessenheit inkorporiert das sektorspezifische Verbot überhöhter Zugangsentgelte.

**359**    Weitergehend wird in der Literatur diskutiert, welche Wirkungen von einem nach den sektorspezifischen Zugangsregelungen zulässigen Verhalten auf die Bewertung gem. § 19 Abs. 2 Nr. 4 ausgehen. Die einen wollen die sektorspezifischen Rechtfertigungsgründe für eine Zugangsverweigerung analog anwenden,[1625] während die anderen lediglich die dahin-

[1618] Bundesrat Stellungnahme BT-Drs. 13/9720, 73.
[1619] Hohmann S. 299; vgl. BKartA 21.12.1999 – B 9–63220-T-199/97 und T-16/98, WuW/E DE-V 253 (261) – Puttgarden.
[1620] Hohmann S. 299 ff.; so aber für §§ 33 ff. TKG aF Stern/Dietlein RTkom 1999, 2 (10).
[1621] Weitergehend v. Wallenberg K&R 1999, 152 (156).
[1622] Klimisch/Lange WuW 1998, 15 (24); Klaue S. 23, 31; ebenso bereits für die europäische essential facilities-doctrine Deselaers EuZW 1995, 563 (568).
[1623] So im Ergebnis auch BKartA 30.8.1999 – B 8–40100-T-99/99, WuW/E DE-V 149 (152 ff.) – Berliner Stromdurchleitung; Markert ET 1998, 252 (253); Kühne RdE 2000, 1 (5 f.); Büdenbender RdE 1999, 1 (10 f.); Weyer AG 1999, 257 (260).
[1624] AA Büdenbender in Energiewirtschaft, S. 73, 123 f.
[1625] Büdenbender in Energiewirtschaft, S. 73, 125 f.; Kühne RdE 2000, 1 (5 f.); vgl. auch Begr. 1998 S. 36 und 52; Weyer AG 1999, 257 (260). Ausdrücklich war dies nur im Energiesektor für die Braunkohleschutzklausel in Art. 4 § 3 NeuRG (BGBl. 1998 I 730 (736)) geregelt; siehe zu dieser Klausel LG Potsdam 2.2.2000 – 51 O 2/00, WuW/E DE-R 464 (468) – Stadtwerke Zehdenick; LG Berlin 27.6.2000 – 16 O 652/99, WuW/E DE-R 533 (537 ff.) – Fortum.

terstehenden Wertungen im Rahmen der Interessenabwägung berücksichtigen möchten.[1626] Im praktischen Ergebnis gehen die Ansichten kaum auseinander. **Richtigerweise sind dagegen die allgemeine Zugangsregelung und die sektorspezifischen Zugangsregelungen als voneinander getrennte Normenkomplexe mit verschiedenen Voraussetzungen und Rechtsfolgen zu verstehen.**[1627] Berücksichtigte man konfligierende sektorspezifische Zielsetzungen, käme es zu Abwägungsentscheidungen, für die es keine rechtlich verlässlichen Maßstäbe gibt. Solche können dann nur politisch-diskretionär sein und sollten politisch legitimierten Instanzen vorbehalten bleiben.[1628] Zudem lässt sich die Unabhängigkeit des Bundeskartellamtes nur rechtfertigen, soweit der Behörde die Wahrnehmung eines eindimensionalen Auftrages überantwortet ist.[1629] Bei der Rechtsanwendung sind lediglich Widersprüche zwischen den behördlichen und gerichtlichen Entscheidungen zu vermeiden.[1630]

Im Übrigen können sich sektorspezifische Einwirkungen aus dem gemeinschaftsrecht- **360** lichen Sekundärrecht ergeben (vgl. → Rn. 256). Besonderheiten des Energieträgers Gas sind insofern im Rahmen der Interessenabwägung zu berücksichtigen, wie die Gasbinnenmarktrichtlinie Regelungen enthält, die für die Auslegung mitgliedstaatlicher Normen relevant sind.[1631] Etwas stellt sich die Rechtslage im Rundfunksektor dar. §§ 51b und 52c RStV 2017 können als Konkretisierungen der vom BVerfG positiv ausgestalteten Rundfunkfreiheit gem. Art. 5 Abs. 1 S. 2 GG die behördliche Zugangskontrolle gem. § 19 Abs. 2 Nr. 4 iVm Abs. 1 und § 32 nur insoweit beschränken, als sie ihrerseits für die Gewährleistung der Rundfunkfreiheit unerlässlich sind.[1632]

**f) Beweislast.** Nach dem Wortlaut des § 19 Abs. 2 Nr. 4 Hs. 2 aF hatte der Inhaber des **361** Netzes oder der Infrastruktureinrichtung das Fehlen der Möglichkeit oder Zumutbarkeit der Zugangsgewährung nachzuweisen und damit die Folgen eines non liquet zu tragen. An dieser **Beweislastumkehr** hat sich im Ergebnis bei der Neufassung und Erweiterung des Regelbeispiels durch die 10. GWB-Novelle nichts geändert. Denn die sachliche Rechtfertigung einer Zugangsverweigerung obliegt dem Marktbeherrscher („es sei denn, die Weigerung ist sachlich gerechtfertigt"). Zwar trägt grds. der Anspruchsteller die Darlegungs- und Beweislast dafür, dass sämtliche anspruchsbegründenden Tatbestandsmerkmale erfüllt sind. Angesichts des weiten Behinderungsbegriffs gilt das im Prinzip auch für den Nachweis der Unbilligkeit und damit das Fehlen einer sachlichen Rechtfertigung. Etwas anderes gilt aber dann, wenn die konkrete Form der Behinderung in aller Regel unbillig ist.[1633] Das ist gerade bei der Zugangsverweigerung mit ihren strengen speziellen Voraussetzungen der Fall. Die Beweislastumkehr im Rahmen der essential facilities doctrine findet ihre wettbewerbspolitische Legitimation zum einen in der besonders hohen Marktmacht des Normadressaten.[1634] Zum anderen stellt die Zugangsgewährung bei Erfüllung der strengen Tatbestandsvoraussetzungen nach dem Normzweck der Öffnung bzw. Aufrecht-

---

[1626] BKartA 30.8.1999 – B 8-40100-T-99/99, WuW/E DE-V 149 (152 ff.) – Berliner Stromdurchleitung; BVerfG 27.4.2000 – 2 BvR 801/99, NVwZ 2000, 789 (791).

[1627] Vgl. Schneider S. 474.

[1628] Möschel WuW 1999, 5 (6 f.).

[1629] Hierzu Möschel Ordo 1997, 241 ff.

[1630] Hohmann S. 302 ff.

[1631] Vgl. LG Dortmund 1.9.2000 – 13 O 134/00 (Kart), WuW/E DE-R 565 – Gashandel; siehe zur richtlinienkonformen Auslegung nach Ablauf der Umsetzungsfrist EuGH 13.11.1990 – C-106/89, Slg. 1990, I-4135 Rn. 8 ff. – Marleasing; EuGH 14.7.1990 – C-91/92, Slg. 1990, I-3325 ff. Rn. 26 – Dori; weitergehend für eine Berücksichtigung der Besonderheiten des Energieträgers Gas siehe Bundesregierung Gegenäußerung BT-Drs. 13/9724, S. 80; Wiedemann in Wiedemann KartellR-HdB, § 23 Rn. 239; Lutz RdE 1999, 102 (107 ff.).

[1632] Zur Historie der sektorspezifischen Rundfunkregulierung Körber ZWeR 2009, 315 ff.

[1633] So auch Nothdurft in Bunte § 19 Rn. 568; vgl. zur regelmäßig vorliegenden Indizwirkung für ein rechtswidriges Verhalten bei der Ungleichbehandlung BGH 12.11.1992 – KZR 18/90, WuW/E BGH 2762 f. – Amtsanzeiger; BGH 11.12.2001 – WuW/E DE-R 839 (842) – Privater Pflegedienst.

[1634] Bundesrat Stellungnahme BT-Drs. 13/9720, 73.

erhaltung des Wettbewerbs den Regelfall dar.[1635] Fraglich ist, ob sich die Umkehr der Beweislast auf die **Angemessenheit des Zugangsentgelts** erstreckt.[1636] Dafür spricht, dass die Umstände für die Bemessung eines angemessenen Zugangsentgelts ganz überwiegend im Geschäftsfeld des Inhabers der wesentlichen Einrichtung und außerhalb des Tätigkeitsbereichs des Zugangspetenten liegen und ihre Ermittlung dem Normadressaten ohne weiteres möglich und zumutbar ist[1637] (vgl. bereits Rn. 347). Jedenfalls trifft den Normadressaten insoweit eine sekundäre Darlegungslast.[1638]

362 **Im kartellbehördlichen Verfahren** gilt die Beweislastumkehr ebenfalls.[1639] Allerdings verbleibt die Beweisführungslast zur Wahrung des im Verwaltungsverfahren geltenden Amtsermittlungsgrundsatzes bei den Kartellbehörden. Etwas anderes gilt im **Bußgeldverfahren.** Hier verlangt der Grundsatz „in dubio pro reo" (vgl. § 46 Abs. 1 OWiG), dass die Behörde das Fehlen einer Rechtfertigung nachweisen muss.[1640]

## IV. Zugang zu wesentlichen Einrichtungen nach anderen Vorschriften

363 Nach den Änderungen von § 19 Abs. 2 Nr. 4 durch die 10. GWB-Novelle, die zu seiner Ausweitung auf sämtliche potentiellen Zugangsobjekte sowie zum Wegfall des Erfordernisses eines Wettbewerbsverhältnisses zum Normadressaten geführt haben, bedarf es weder in den Fällen der Lizenzverweigerung bezüglich gewerblicher Schutzrechte oder Urheberrechte noch bezüglich einer Zugangsverweigerung gegenüber Nicht-Wettbewerbern eines Rückgriffs auf die Generalklausel des § 19 Abs. 1.[1641] Als anderweitige Rechtsgrundlage für Zugangsansprüche zu „essential facilities" kommen damit nur noch besondere sektorspezifische Zugangsregelungen in anderen Gesetzen sowie im Rahmen des § 19 eine Anwendung des Diskriminierungsverbots nach § 19 Abs. 1 iVm Abs. 2 Nr. 1 in Betracht.

364 **1. Diskriminierung nach § 19 Abs. 2 Nr. 1.** Behandelt der Inhaber einer essential facility verschiedene Zugangspetenten ohne sachliche Rechtfertigung ungleich, hat er dieses Verhalten auch nach § 19 Abs. 1 iVm Abs. 2 Nr. 1 abzustellen. Fraglich bleibt, ob ein Inhaber, der selbst auf einem abgeleiteten Markt tätig ist, aber dort keine marktbeherrschende Stellung innehat, Wettbewerbern den Zugang zu seiner „wesentlichen" Einrichtung zu diskriminierungsfreien Bedingungen zu gewähren hat. Einer derartigen wettbewerbsbegründenden Zugangspflicht könnte der vom BGH zu § 20 Abs. 1 aF entwickelte und auf § 19 Abs. 1 übertragene Grundsatz entgegenstehen, dass kein Unternehmer verpflichtet ist, einen Konkurrenten zu seinem eigenen Schaden zu fördern.[1642] Entscheidend kommt es auf die praktische Ausgestaltung des damit verbundenen Regel-Ausnahme-Verhältnisses an. Eine erzwungene Begründung von Wettbewerb stellt per se noch keine Eigenschädigung in diesem Sinne dar.[1643] **Die Schädigung muss vielmehr über die aus**

---

[1635] Vgl. zu § 19 Abs. 2 Nr. 4 aF BGH 11.12.2012 – KVR 7/12, WuW/E DE-R 3821 Rn. 33; Nothdurft in Langen/Bunte, 13. Aufl. 2018, Rn. 455.

[1636] Dagegen Bechtold/Bosch Rn. 76 sowie Voraufl. § 19 Rn. 298a; anders aber wohl BKartA BT-Drs. 13/2790, 73 (zur 6. GWB-Novelle).

[1637] Vgl. OLG Düsseldorf 14.10.2009 – WuW/E DE-R 2806 Rn. 74 – Trassennutzungsänderung; Nothdurft in Bunte Rn. 568.

[1638] Vgl. BGH 11.6.1990 – II ZR 159/89, NJW 1990, 3151; 25.10.1989 – I ZR 242/87, BGHZ 109, 139; 12.11.1991 – KZR 18/90, WuW/E BGH 2762 (2767) – Amtsanzeiger.

[1639] Bechtold/Bosch Rn. 81.

[1640] Ebenso Bechtold/Bosch Rn. 81; Götting in LMR, 2. Aufl. 2009, Rn. 97.

[1641] Vgl. zur Rechtslage vor der 10. GWB-Novelle Fuchs in Voraufl., § 19 Rn. 302 ff.

[1642] Siehe BGH 15.11.1994 – KVR 29/93, WuW/E BGH 2953 (2964) – Gasdurchleitung; BGH 12.11.1991 – KZR 2/90, WuW/E BGH 2755 (2759) – Aktionsbeiträge; OLG Frankfurt a. M. 22.3.1990 – 6 U (Kart) 125/89, WuW/E OLG 4581 (4583 f.) – Toyota I; KG 23.1.1992 – Kart 24/89, WuW/E OLG 4951 (4969) – Kälteanlagen-Ersatzteile; OLG Düsseldorf 25.5.2005 – U (Kart) 7/05, WuW/E DE-R 1577 (1579 f.) – SIM-Karten; KG 15.1.2004 – 2 U 28/03 Kart, WuW/E DE-R 1274 (1278 f.) – GSM-Gateway; OLG München 22.4.2004 – U (K) 1582/04, WuW/E DE-R 1270 (1273) – GSM-Wandler; vgl. zur methodischen Herleitung dieses Grundsatzes Markert WuW 1995, 560 (565 ff.).

[1643] Umfassend Hohmann S. 332 ff.; vgl. BGH 26.10.1972 – KZR 54/71, WuW/E BGH 1238 (1245) – Registrierkassen; BGH 25.10.1988 – KVR 1/87, WuW/E BGH 2535 (2540) – Lüsterbehangsteine; OLG

der Schaffung von Wettbewerb resultierende unternehmerische **Risikoerhöhung hinausgehen.** Dies hat der BGH in drei Fällen angenommen. Eine Eigenschädigung liegt vor, wenn der Zugangspetent Konkurrenzprodukte vertreibt,[1644] die Zugangsgewährung unmittelbar zu einem Kundentausch führt[1645] oder der Zugangspetent sich seinerseits wettbewerbswidrig verhält.[1646] Eine wettbewerbsbegründende Zugangspflicht bleibt für Diskriminierungssachverhalte somit auch gem. § 19 Abs. 1 möglich. Einschlägig sind die Fallgruppen der Geschäftsabschlussverweigerung und der Drittmarktbehinderung (vgl. → Rn. 141 und 275). Eine trennscharfe Abgrenzung zur Zugangsregelung des § 19 Abs. 2 Nr. 4 ist nicht möglich.[1647] **Es bestehen aber wichtige Unterschiede** zwischen § 19 Abs. 2 Nr. 4 und § 19 Abs. 1.[1648] Die spezielle Zugangsregelung ermöglicht eine Kontrolle des Zugangsentgelts anhand der internen Verrechnungspreise bzw. der Kosten für eine effiziente Leistungserbringung, normiert einen bereits tatbestandlich eingeschränkten Verhaltensspielraum und kehrt die materielle Beweislast im Verwaltungsrechtsweg um. Ein Missbrauch gem. § 19 Abs. 1 iVm Abs. 2 Nr. 1 erfordert dagegen eine umfassende Interessenabwägung aller Gesichtspunkte in jedem Einzelfall. Besondere Beachtung kommt hierbei aber wiederum der Inhaberschaft einer wesentlichen Einrichtung zu, sodass regelmäßig das Verbot einer diskriminierenden Zugangsverweigerung verbunden mit einem Kundenwechsel auf § 19 Abs. 1 iVm Abs. 2 Nr. 1 gestützt werden kann. Gegenüber den strengen Voraussetzugen des Abs. 2 Nr. 4 insbes. hinsichtlich der objektiven Notwendigkeit des Zugangs und der Gefahr des Ausschlusseswirksamen Wettbewerbs auf dem abgeleiteten Markt dürfte die nicht gerechtfertigte Ungleichbehandlung gegenüber anderen Zugangspetenten regelmäßig sehr viel leichter nachweisbar sein.

**2. Das Verhältnis zu den sektorspezifischen Zugangsregelungen.** Das Vorhandensein sektorspezifischer Zugangsregelungen führt zu der praktisch bedeutsamen Frage nach dem materiell-rechtlichen Konkurrenzverhältnis dieser Regelungen zu § 19 Abs. 2 Nr. 4. Die Einheitlichkeit der Rechtsanwendung kann angesichts konkurrierender Behördenzuständigkeiten – Kartellbehörden und die sektorspezifischen Aufsichtsbehörden – und evtl. divergierender Rechtswege in Gefahr geraten.     **365**

**a) Eisenbahninfrastrukturen.** Die Bundesnetzagentur fungiert gem. § 4 Abs. 1 des Gesetzes über die Eisenbahnverkehrsverwaltung des Bundes (BEVVG) seit dem 1.1.2006 als zuständige Regulierungsbehörde für die meisten im AEG enthaltenen Regulierungsinstrumente.[1649] Dies sind die Zugangs- und Entgeltregulierung.[1650] Die Überwachung der Separierungsvorschriften obliegt hingegen, wie die sonstige Eisenbahnaufsicht, nach § 3     **366**

---

Düsseldorf 10.12.1991 – U (Kart) 12/91, WuW/E OLG 4901 (4905 f.) – Dehnfolien-Verpackungsmaschinen; OLG Karlsruhe 27.8.1997 – 6 U 4/97 (Kart), WuW/E DE-R 79 (82) – Feuerwehr-Drehleitern; vgl. auch BGH 27.4.1999 – KZR 35/97, WuW/E DE-R 357 (359) – Feuerwehrgeräte.

[1644] Vgl. BGH 22.10.1973 – KZR 22/72, WuW/E BGH 1288 (1292) – EDV-Ersatzteile; BGH 21.2.1989 – KZR 3/88, WuW/E BGH 2589, 2592 – Frankiermaschinen; BGH 12.11.1991 – KZR 2/90, WuW/E BGH 2755 (2758 f.) – Aktionsbeiträge; OLG 22.3.1990 – 6 U (Kart) 125/89, WuW/E OLG 4581 (4583 f.) – Toyota I; KG 23.1.1992 – Kart 24/89, WuW/E OLG 4951 (4969) – Kälteanlagen-Ersatzteile.

[1645] Vgl. BGH 15.11.1994 – KVR 29/93, WuW/E BGH 2953 (2964) – Gasdurchleitung u. KG 15.1.2004 – 2 U 28/03 Kart, WuW/E DE-R 1274 (1278) – GSM-Gateway; OLG München 22.4.2004 – U (K) 1582/04, WuW/E DE-R 1270 (1273) – GSM-Wandler; OLG Düsseldorf 25.5.2005 – U (Kart) 7/05, WuW/E DE-R 1577 (1579 f.) – SIM-Karten.

[1646] BGH 25.10.1988 – KVR 1/87, WuW/E BGH 2535 (2541) – Lüsterbehangsteine.

[1647] So auch – aus anderer Perspektive – Bechtold/Bosch Rn. 67 aE; aA zur essential facilities doctrine Fleischer RIW 2000, 22 (30).

[1648] Hohmann S. 338.

[1649] Begründung des Entwurfs eines Dritten Gesetzes zur Änderung eisenbahnrechtlicher Vorschriften BT-Drs. 15/3280, 20 f.; siehe allg. Kramer NVwZ 2006, 26; Kühling/Ernert NVwZ 2006, 33.

[1650] § 4 Abs. 1 BEVVG (Gesetz über die Eisenbahnverkehrsverwaltung des Bundes) verweist auf die Zugangsregulierung, womit im System des AEG die §§ 14 ff. einschließlich der Entgeltregulierung gemeint sind. Dies ergibt sich auch aus der Konkretisierung der Aufgaben der Regulierungsbehörde in § 14b AEG; aus der Entscheidungspraxis zum AEG s. BGH 9.11.2010 – EnVR 1/10, WuW/E DE-R 3157 – Bahnstromfernleitungen; BGH 18.10.2011 – KZR 18/10, WuW/E DE-R 3417 – Stornierungsentgelt.

Abs. 1 Nr. 2 BEVVG weiterhin dem Eisenbahnbundesamt. Unberührt bleiben die Aufgaben und Zuständigkeiten der Kartellbehörden.[1651] Das ergab sich bisher aus § 14b Abs. 2 S. 1 Allgemeines Eisenbahngesetz (AEG) aF, der das Verhältnis des § 13 Abs. 1 (14 Abs. 1 aF) AEG zu § 19 Abs. 2 Nr. 4 regelte.[1652] Auch die Systematik beider Gesetze spricht für ein Nebeneinander.[1653] Neben dem Zugangsanspruch nach § 14 AEG bleibt daher § 19, insbes. Abs. 2 Nr. 4 und bei Diskriminierungen auch Abs. 2 Nr. 1, mangels explizit entgegenstehender Regelung anwendbar.[1654]

**367**  **b) Telekommunikationsinfrastrukturen und -netze.** Nach § 2 Abs. 4 Telekommunikationsgesetz (TKG) bleiben die Vorschriften des GWB anwendbar, soweit nicht durch das TKG ausdrücklich abschließende Regelungen getroffen werden. Dabei dürfen an den Begriff „ausdrücklich" nicht zu hohe Anforderungen gestellt werden, da es sich beim TKG um ein sehr detailliertes Regelungsgeflecht handelt.[1655] Im Kern bezweckt das TKG, die Verhaltensaufsicht über marktbeherrschende Unternehmen in den für den Wettbewerb auf Telekommunikationsmärkten zentralen Bereichen zu regeln.[1656] Nach dieser sonderwettbewerblichen Gesamtkonzeption bleibt für das GWB im Wesentlichen kein Raum mehr.[1657] Soweit das TKG in den §§ 20 ff. eine Zugangskontrolle zu Telekommunikationsinfrastrukturen und -netzen ermöglicht, scheidet eine Berufung auf § 19 Abs. 2 Nr. 4 aus.[1658] Im Rahmen des Telekommunikationsmodernisierungsgesetzes[1659] (TKMoG), das zum 1.12.2021 in Kraft getreten ist, wurde der Europäische Kodex für die elektronische Kommunikation[1660] in das deutsche Telekommunikationsrecht umgesetzt und das TKG zugleich umfassend modernisiert.[1661] Neu hinzugekommen ist zum Beispiel ein Zugangsanspruch zu baulichen Anlagen marktmächtiger Unternehmen in § 26 Abs. 3 Nr. 10 TKG (insbes. Leerrohre, Masten). Des Weiteren können nun auch Unternehmen, die nicht zwingend eine beträchtliche Marktmacht aufweisen, unter den Voraussetzungen des § 22 TKG durch die Bundesnetzagentur dazu verpflichtet werden, Zugang zu ihren Netzen zu gewähren, sog. symmetrische (ex-ante) Zugangsverpflichtung.[1662] Gem. § 191 TKG ist die Bundesnetzagentur auch weiterhin Regulierungsbehörde im Sinne des TKG und nimmt die ihr nach diesem Gesetz zugewiesenen Aufgaben und Befugnisse wahr. Die Aufgaben und Zuständigkeiten der Kartellbehörden bleiben gem. § 2 Abs. 4 TKG unberührt.

**368**  **c) Energienetze.** § 185 Abs. 3 GWB bestimmt, dass die Vorschriften des EnWG der Anwendung der §§ 19 und 20 nicht entgegen stehen, soweit in § 111 EnWG keine andere Regelung getroffen ist.[1663] § 111 Abs. 1 S. 1 EnWG wiederum schreibt vor, dass die §§ 19

---

[1651] Hohmann S. 357.

[1652] S. hierzu insbes. Ludwigs WuW 2008, 535 (546 ff.). Daran hat sich auch durch das neue Gesetz zur Stärkung des Wettbewerbs im Eisenbahnbereich v. 29.8.2016 BGBl. I S. 2082 nichts geändert.

[1653] Bremer/Höppner WuW 2009, 1271 (1272); aA LG Berlin 17.3.2009 – 98 O 2508, WuW/E DE-R 2561 – Eisenbahngesellschaft.

[1654] Bechtold/Bosch Rn. 82.

[1655] Umfassend zu dem Meinungsstreit Ludwigs WuW 2008, 535 (537 ff.).

[1656] Dazu Schmidt-Volkmar ZWeR 2012, 230 (233 f.).

[1657] Zum Streit, ob die Vorschriften des TKG und des GWB in einem Spezialitätsverhältnis stehen oder parallel anwendbar sind, siehe 3. Aufl. 2001 → Rn. 222 mwN; kritisch dazu Schmidt-Volkmar ZWeR 2012, 230 (237 ff.). Nach BGH 29.10.2019 – KZR 60/18, NZKart 220, 35 Rn. 37 – Berufungszuständigkeit II steht § 2 Abs. 4 TKG jedenfalls einer parallelen Anwendung der §§ 19, 20 GWB neben § 28 TKG nicht entgegen, weil es an einer ausdrücklich abschließenden Regelung im TKG fehlt.

[1658] Vgl. Schultz in Langen/Bunte, 10. Aufl. 2006, Rn. 187; Piepenbrock/Müller MMR-Beil. 4/2000, 1 (17); aA OLG Düsseldorf 13.4.2005 – Kart 3/05 (V), WuW/E DE-R 1473 (1474 ff.) – Konsolidierer; Nothdurft in Bunte Rn. 577.

[1659] Telekommunikationsgesetz vom 23. Juni 2021 (BGBl. I 1858), das zuletzt durch Artikel 8 des Gesetzes vom 10. September 2021 (BGBl. I 4147) geändert worden ist.

[1660] Richtlinie (EU) 2018/1972.

[1661] Dazu Freund/Mengel NVwZ 2022, 24.

[1662] Freund/Mengel, NVwZ 2022, 24 (25).

[1663] Dazu auch BGH 6.11.2012 – KVR 54/11, WuW/E DE-R 3879 Rn. 14 – Gasversorgung Ahrensburg.

und 20 des GWB nicht anzuwenden sind, soweit durch das EnWG oder auf Grund des EnWG erlassene Rechtsverordnungen ausdrücklich abschließende Regelungen getroffen werden. Derartige abschließende Regelungen enthalten gem. § 111 Abs. 2 die Bestimmungen des Teiles 3 des EnWG, der die Regulierung des Netzbetriebs einschließlich des Netzanschlusses und des Netzzugangs regelt.[1664] Die Rechtsverordnungen, die auf Grund von Bestimmungen des Teiles 3 erlassen worden sind, verdrängen die §§ 19, 20 nur, soweit sie sich für abschließend gegenüber den Bestimmungen des GWB erklären. Auch wenn diese Netzzugangs- und Netzentgeltverordnungen nicht insgesamt ausdrücklich einen abschließenden Charakter in Anspruch nehmen, schließt die Regelungstiefe der Rechtsverordnungen kartellrechtliche Bewertungsspielräume aus.[1665] Während für die Durchsetzung des EnWG als Regulierungsbehörde insbes. die Bundesnetzagentur zuständig ist (vgl. § 54 EnWG), bleiben nach § 111 Abs. 1 S. 2 EnWG die Aufgaben und Zuständigkeiten der Kartellbehörden unberührt.

**d) Flugplatzinfrastrukturen.** Die Regelung in § 9 der Verordnung über Bodenabfertigungsdienste auf Flugplätzen (BADV), welche die Einrichtungen eines Flugplatzes zur Erbringung von Bodendienstleistungen durch Dritte öffnet, stellt nach Ansicht des BGH eine spezialgesetzliche Ausprägung der facilitiesessential facilities doctrine dar. Zur Auslegung der in § 9 Abs. 3 BADV enthaltenen Regelung zur Bestimmung eines angemessenen Entgelts kann daher auf die zu § 19 Abs. 2 Nr. 4 ergangene Rechtsprechung zurückgegriffen werden.[1666] Aus § 19c Abs. 1 LuftVG kann demgegenüber kein entsprechender Anspruch hergeleitet werden. Aus dieser Norm folgt noch keine Zugangsregelung zu Flugplatzinfrastrukturen. **369**

**e) Postinfrastrukturen und -netze.** Gem. § 2 Abs. 3 PostG bleiben die Vorschriften des GWB vom Anwendungsbereich des PostG unberührt. Das PostG lehnt sich in der Frage nach dem Verhältnis zum GWB eng an das TKG aF an. **Parallel zu der Diskussion zum TKG aF handelt es sich um einen missglückten sprachlichen Versuch des Gesetzgebers, ein Spezialitätsverhältnis zum Ausdruck zu bringen.**[1667] Dies hat das OLG Düsseldorf im „Konsolidierer" Fall verkannt.[1668] Dem PostG liegt ebenfalls eine sonderwettbewerbliche Gesamtkonzeption zugrunde.[1669] Eine Berufung auf § 19 Abs. 2 Nr. 4 scheidet danach insoweit aus, als das PostG in den §§ 28 und 29 PostG eine Zugangskontrolle zu Postinfrastrukturen und -netzen ermöglicht. **370**

**f) Rundfunksektor, Medienplattformen.** Die Anwendung wettbewerbsrechtlicher Regeln auf Rundfunkveranstalter ist nicht frei von Zweifeln. Keine Schranke für die Anwendung des § 19 Abs. 2 Nr. 4 kann aus der fehlenden Kompetenz des Bundes im Bereich des Rundfunks gefolgert werden. Die Grenzen für die Ausnutzung einer durch das Grundgesetz gewährten Gesetzgebungskompetenz können ausschließlich durch die Grundrechte und sonstige Verfassungsgrundsätze bestimmt werden.[1670] **Ebenso wenig kann die spezifische inhaltliche Offenheitspflege der positiven Rundfunkordnung gem. Art. 5 Abs. 1 S. 2 GG schon per se eine Anwendung des § 19 Abs. 2 Nr. 4 ausschließen.**[1671] Ein Widerspruch dergestalt, dass sich eine Zugangsverfügung mittels des kartellrechtlichen Instrumentariums notwendigerweise gegen eine Gewährleistung der **371**

---

[1664] Dazu auch Ludwigs WuW 2008, 534 (535).

[1665] Vgl. Nothdurft in Bunte Rn. 576.

[1666] BGH 14.7.2011 – III ZR 200/10, WuW/E DE-R 3381 Rn. 34 – Flughafen Berlin-Tegel.

[1667] Siehe Bundesregierung Begründung zum Entwurf eines Postgesetzes BT-Drs. 13/7774, 19 mit identischem Wortlaut wie die Begründung zu § 2 Abs. 3 TKG aF.

[1668] Für eine weitgehende Parallelität OLG Düsseldorf 13.4.2005 – Kart 3/05 (V), WuW/E DE-R 1473; kritisch zu Recht Ludwigs WuW 2008, 535 (542 ff.).

[1669] So auch Ludwigs WuW 2008, 535 (544).

[1670] Siehe BVerfG 28.11.1973 – 2 BvL 42/71, BVerfGE 36, 193 (203); BVerfG 19.10.1982 – 2 BvF 1/81, BVerfGE 61, 149 (204).

[1671] Hohmann S. 364 ff.

Meinungsvielfalt wenden muss, besteht gerade nicht. Der Schutz vor übermäßiger wirtschaftlicher Macht zur Sicherung der Privatautonomie und der Schutz der Rundfunkfreiheit in Form der positiven Gewährleistung von Meinungsvielfalt können sich überschneiden und ergänzen.[1672] Dies gilt insbesondere für die die institutionelle Garantie konkretisierenden **§§ 82, 83 MStV**, welche die Schaffung von (publizistischem) Wettbewerb auf sog. **Medienplattformen (§§ 78 ff. MStV)** beabsichtigen. Die Zugangsregelungen der §§ 82, 83 MStV iVm den länderspezifischen Umsetzungsgesetzen können originäres Bundesrecht nicht verdrängen.[1673] Schließlich zeigen auch die Bestimmungen des § 111 Abs. 1 MStV und des § 50f Abs. 2 GWB, dass parallele Zuständigkeiten bestehen und Zuständigkeitskonflikte im Wege der behördlichen Verwaltungszusammenarbeit zu lösen sind.[1674] Von der Frage nach der Normenkonkurrenz ist die Frage nach einer inhaltlichen Einflussnahme zu trennen (hierzu → Rn. 358 ff.).

# G. Aufforderung zur Vorteilsgewährung (Abs. 2 Nr. 5)

**Schrifttum:** Bräunlich, Hochzeitsrabatte auf Österreichisch, ÖBl. 2019, 10; Eufinger/Maschemer, Die wettbewerbsrechtliche Beurteilung von Preisverhandlungen im deutschen Lebensmitteleinzelhandel, ZLR 2015, 37; Exner, Der Mißbrauch von Nachfragemacht durch das Fordern von Sonderleistungen nach deutschem Recht, 1984; Gayk in: Bauer/Rahlmeyer/Schöner (Hrsg.), Handbuch Vertriebskartellrecht, § 23 Anzapfverbot (S. 396 ff.); Goette, Kaufmacht und Kartellrecht, ZWeR 2003, 135; Haucap/Heimeshoff/Klein/Rickert/Wey, Die Bestimmung von Nachfragemacht im Lebensmitteleinzelhandel: Theoretische Grundlagen und empirischer Nachweis, WuW 2014, 946; Hölzler/Satzky, Wettbewerbsverzerrungen durch nachfragemächtige Handelsunternehmen, 1980; Inderst, Die Ökonomische Analyse von Nachfragemacht in der Wettbewerbspolitik, WuW 2008, 1261; Kirchhoff, Von „Hochzeitsrabatten" und „Partnerschaftsvergütung" – Zum Anzapfverbot nach der Grundsatzentscheidung des BGH vom Januar 2018, GRUR 2021, 262; Köhler, Wettbewerbs- und kartellrechtliche Kontrolle der Nachfragemacht, 1979; ders., Der Mißbrauch von Nachfragemacht, in: Blaurock, Institutionen und Grundfragen des Wettbewerbsrechts, 1988, S. 79; ders., Das Verbot der „Veranlassung" zur Diskriminierung – Resignation oder Reform?, BB 1998, 113; ders., Durchsetzung von Vorzugsbedingungen durch marktmächtige Nachfrager, BB 1999, 1017; ders. Zur Auslegung, Anwendung und Reform des § 20 Abs. 3 GWB, in: FS Tilmann, S. 693; ders., Zur Kontrolle von Nachfragemacht nach dem neuen GWB und dem neuen UWG, WRP 2006, 139; Künstner, Die Anwendung des kartellrechtlichen Anzapfverbots im Lebensmitteleinzelhandel und darüber hinaus, WuW 2015, 1093; Küpper, Mißbräuchliche Ausübung von Nachfragemacht, insbesondere Lösung des sog. Roß und Reiter-Problems, BB 1997, 1105; Lademann, Zur Nachfragemacht von Unternehmen des Lebensmitteleinzelhandels, WuW 2015, 716; Latzel Kartellrechtlicher Schutz von Lieferanten vor Nachfragemacht, ZWeR 2018, 86; Legner, Schadenstheorien bei Nachfragemacht im europäischen und deutschen Kartellrecht, 2019; Lehmann, Zur kartell- und wettbewerbsrechtlichen Kontrolle der Nachfragemacht im Zusammenhang mit der Vergütung von Architekten- und Ingenieurleistungen, WRP 1984, 179; Lettl, Das sog. Anzapfverbot des § 19 II Nr. 5 GWB in seiner neuen Fassung, WRP 2017, 641; Mestmäcker, Der verwaltete Wettbewerb, 1984; Murach, Anzapfverbot, in: Kersting/Podszun (Hrsg.), Die 9. GWB-Novelle, 2017, S. 45; Palatzke, Nachfragemacht im Kartellrecht, 2012; Säcker/Mohr, Forderung und Durchsetzung ungerechtfertigter Vorteile. Eine Analyse des § 20 Abs. 3 GWB, WRP 2010, 1; Schultes, Diskriminierung und Nachfragemacht im deutschen Kartellrecht, MA 1981, 281; ders., Erfahrungen bei der Mißbrauchsaufsicht über Nachfragemacht, WuW 1982, 731; Schmidt, I., Handelskonzentration, Nachfragemacht und 6. GWB-Novelle, WuW 1997, 102; Schmidt, K., Vierte Kartellrechtsnovelle zwischen Effektivität und Legitimationsproblemen, ZRP 1979, 38; Thomas, Nachfragemacht im Kartellrecht, ZWeR 2015, 210; ders., Das Anzapfverbot des § 19 Abs. 2 Nr. 5 i. V. m. § 20 Abs. 2 GWB unter Berücksichtigung vertikaler Wettbewerbsdynamiken – Grundfragen (Teil 1), WuW 2019, 23; Teil 2, WuW 2019, 62; Ulmer, Mehr Wettbewerb?, WuW 1978, 330; ders., Die neuen Vorschriften gegen Diskriminierung und unbillige Behinderung, WuW 1980, 474; Wanderwitz, Der Missbrauch von Nachfragemacht, WRP 2015, 162; s. auch das Schrifttum zu Abs. 1 Nr. 2 und § 20 Abs. 1.

## I. Bedeutung, Entstehungsgeschichte und Normzweck

372    Das Regelbeispiel des § 19 Abs. 2 Nr. 5 enthält eine Sonderregelung für einen Missbrauch durch marktmächtige Nachfrager in Form der sog. **„passiven" Diskriminierung.** Die in der Praxis meist als **„Anzapfverbot"** bezeichnete Vorschrift verbietet einem markt-

---

[1672] Siehe Mestmäcker GRUR-Int 1983, 553 ff.; umfassend dazu auch Körber ZWeR 2009, 315 ff.
[1673] Ebenso (zu § 53 RStV 2000) Monopolkommission Hauptgutachten XII Rn. 546.
[1674] Pohlmann/Lindhauer/Peter, NZKart 2021, 466 (469 f.).

beherrschenden Nachfrager, seine Lieferanten dazu aufzufordern, ihm ohne sachliche Rechtfertigung Vorteile zu gewähren. Ihren Ursprung hat die Norm in dem durch die 4. GWB-Novelle eingeführten § 26 Abs. 3 aF, der das seinerzeit in § 26 Abs. 2 aF enthaltene Diskriminierungsverbot ergänzte und dem Umstand Rechnung tragen sollte, dass die Initiative für ungleiche Behandlungen von Abnehmern durch ihre Lieferanten in Bezug auf Preise, Rabatte und sonstige Konditionen in der Praxis nicht selten von den begünstigten Abnehmern ausgeht; dieser Umstand lässt es rechts- und wettbewerbspolitisch im Ansatz gerechtfertigt erscheinen, für dadurch verursachte „machtbedingte" Wettbewerbsstörungen primär den Initiator in Anspruch zu nehmen.[1675] Das Diskriminierungsverbot des Abs. 2 Nr. 1 greift insoweit grundsätzlich nicht ein, da der bevorzugte Nachfrager selbst, auch wenn er den Lieferanten durch Einsatz von Marktmacht zur Gewährung des Vorteils veranlasst hat, idR keine ungleiche Behandlung begeht; wegen Beteiligung an einer verbotenen Diskriminierung des Lieferanten könnte er nur dann in Anspruch genommen werden, wenn dieser als Anbieter Normadressat der Vorschrift ist und auch ihre übrigen Anwendungsvoraussetzungen erfüllt sind. Eine unmittelbare Behinderung anderer Nachfrager läge nur vor, wenn der begünstigte Nachfrager auf die Lieferanten dahingehend einwirkte, anderen Nachfragern entsprechende Vorteile zu verweigern (→ Rn. 199). Unter das Behinderungsverbot des Abs. 2 Nr. 1 fällt zwar auch die mittelbare Behinderung von Wettbewerbern. Ob aber im Erreichen nachfragemachtbedingter Vorteile bei Lieferanten jedenfalls eine mittelbare Behinderung von Wettbewerbern auf der Nachfrageseite liegt (→ Rn. 199 f.), ist ungewiss, so dass auch wegen der erheblichen Beweisprobleme im Zivilprozess das vom Gesetzgeber angenommene Regelungsbedürfnis[1676] im Ansatz zutreffend war. Den rechtlichen und tatsächlichen Schwierigkeiten bei der Anwendung des Behinderungsverbots auf **nachfragemachtbedingte Diskriminierungen** sollte mit einem **verselbstständigten Tatbestand der versuchten und erfolgreichen Anstiftung** entgegengewirkt werden.[1677]

Die mit der **4. GWB-Novelle** 1980 als § 26 Abs. 3 aF eingeführte erste gesetzliche **373** Regelung, die nur die erfolgreiche Veranlassung zur passiven Diskriminierung erfasste, erwies sich in der gerichtlichen Anwendungspraxis jedoch als wenig praktikabel.[1678] Die oftmals restriktive Linie der Rechtsprechung bei der Auslegung der Norm veranlasste den Gesetzgeber in der Folgezeit zu zahlreichen Nachbesserungsversuchen.[1679] Nachdem die 6. GWB-Novelle den § 26 Abs. 3 aF ohne Textänderung in den § 20 Abs. 3 verlagert hatte,[1680] ist erst durch die **7. GWB-Novelle** 2005 auf Vorschlag des Bundesrates schon das bloße Auffordern zur Gewährung ungerechtfertigter Vorzugsbedingungen in das Verbot einbezogen worden.[1681] Im Vermittlungsausschuss wurde zudem der Begriff der „Vorzugsbedingungen" durch „Vorteile" ersetzt. Im Zuge der **„Preismissbrauchsnovelle" im Jahr 2007** entfiel dann – zunächst auf fünf Jahre befristet – die Voraussetzung, dass es sich bei dem abhängigen Unternehmen um ein kleines oder mittleres Unternehmen (KMU) handeln muss.[1682] Die **8. GWB-Novelle** hat das Verbot des § 20 Abs. 3 aF, soweit es für marktbeherrschende Unternehmen galt, dann inhaltlich unverändert in den neuen § 19

---

[1675] Vgl. Begr. 1978, I, 3.

[1676] Vgl. Begr. 1978, I, 3.

[1677] Begr. 1978, zu Art. 1 Nr. 8b); Köhler, Kontrolle, S. 95; Säcker/Mohr WRP 2010, 1 (2).

[1678] Nothdurft in Bunte Rn. 243.

[1679] Näher zur Entstehungsgeschichte der Norm bis zur 8. GWB-Novelle Markert in Immenga/Mestmäcker, 4. Aufl. 2007, Rn. 93 ff. sowie (einschließlich 9. GWB-Novelle) Nothdurft in Bunte § 19 Rn. 243 f.

[1680] Erweiterungsvorschläge aus der Literatur, vgl. etwa Köhler BB 1998, 116; Küpper BB 1997, 1114; I. Schmidt WuW 1997, 118, wurden seinerzeit nicht aufgenommen.

[1681] Der Vorschlag des BR wurde damit begründet, dass auch schon das erfolglose Auffordern ein vom Kartellrecht missbilligtes Verhalten darstelle und auch beim Boykottverbot des § 21 Abs. 1 bereits der Aufruf zum Boykott verboten sei (s. Entw. 2004 S. 74). Nach der vom BT zunächst verabschiedeten Gesetzesfassung war nur das „wiederholte" Auffordern verboten (s. Bericht 2005 S. 11, 47), da der Vorschlag des BR „weit in den Bereich der Preisverhandlungen gereicht hätte." Der Vermittlungsausschuss hat diese Einschränkung gestrichen.

[1682] BGBl. 2007 I 2966.

Abs. 2 Nr. 5 überführt. Zugleich ist die Norm seither unbefristet gegenüber allen abhängigen Unternehmen gleich welcher Größer anwendbar. Mit der **9. GWB-Novelle** ist § 19 Abs. 2 Nr. 5 neu gefasst worden, um – nach Auffassung des Gesetzgebers – die effektive Anwendung des sog. **„Anzapfverbotes"** sicherzustellen. [1683] So ist das Erfordernis der Ausnutzung der Marktstellung entfallen und die Tatbestandsalternative des Veranlassens gestrichen worden, die seit der Einbeziehung des Aufforderns zur Vorteilsgewährung ihre Bedeutung verloren hatte. Außerdem hat der Gesetzgeber in Abs. 2 Nr. 5 Hs. 2 zwei Abwägungskriterien kodifiziert (→ Rn. 386 ff.), die das BKartA in seiner Anwendungspraxis bereits herangezogen hat. [1684] Mit der Steichung des Merkmals der Ausnutzung hat der Gesetzgeber auf eine Entscheidung des OLG Düsseldorf im Fall „Edeka/Plus Hochzeitsrabatte [1685] reagiert, in der das Gericht betont hatte, dass der geforderte Vorteil gerade auf der Ausnutzung von Marktmacht beruhen müsse.[1686]

374    Abs. 2 Nr. 5 dient dem Zweck, **nachfragebedingte Diskriminierungen** besser erfassen zu können. Nachfragemacht kann allerdings, abhängig von den jeweiligen Marktgegebenheiten, sehr unterschiedliche Auswirkungen auf den Wettbewerbsprozess haben, die in ihren Details noch nicht endgültig geklärt sind, sondern weiterer Forschung bedürfen.[1687] **Nachfragemacht** zeigt sich beispielsweise **im Lebensmitteleinzelhandel,** wie die 2014 vom BKartA durchgeführte Sektoruntersuchung belegt.[1688] In der kartellrechtlichen Praxis hat Abs. 2 Nr. 5 bisher noch keine große Bedeutung erlangt,[1689] auch wenn das Verfahren im Fall „Edeka/Plus" die Problematik wieder stärker in den Fokus gerückt und zu einer ersten (und bisher einzigen) höchstrichterlichen Entscheidung geführt hat.[1690] **Schutzobjekt** des Abs. 2 Nr. 5 sind einerseits der **Wettbewerb als Institution** auf den von nachfragemachtbedingten Diskriminierungen betroffenen Beschaffungsmärkten und andererseits die davon in ihren wettbewerblichen Betätigungsmöglichkeiten **beeinträchtigten Wettbewerber** des Auffordernden. Ob die Norm über die bloße Reflexwirkung dieses **horizontalen Schutzes** hinaus **auch** eine **vertikale Schutzrichtung** aufweist und die abhängigen Anbieter vor Beeinträchtigungen ihrer Wettbewerbsmöglichkeiten auf dem Angebotsmarkt schützt, war lange umstritten.[1691] Für eine **Erstreckung des Schutzes auf**

---

[1683] BegrRegE BT-Drs. 18/10207, 52. Der Begriff des „Anzapfverbotes" ist angelehnt an das früher im UWG statuierte Verbot der passiven Diskriminierung martbeherrschender Nachfrager, vgl. Nothdurft in Langen/Bunte, 12. Aufl. 2014, Rn. 150.

[1684] Vgl. BKartA 3.7.2014 – B2–58/09, BeckRS 2014, 123417 Rn. 264 ff. – Edeka/Plus Hochzeitsrabatte (Prüfung von Leistungsbezug und Angemessenheit der Forderung im Rahmen der sachlichen Rechtfertigung).

[1685] OLG Düsseldorf 18.11.2015 – Kart 6/14 (V), NZKart 2015, 541 ff. Die dagegen erhobene Rechtsbeschwerde des BKartA wurde zugelassen (BGH 15.11.2016 – KVZ 1/16, NZKart 2017, 36; hierzu Bunte EWiR 2017, 157 f.) und hatte Erfolg, s. BGH 23.1.2018 – KVR 3/17, WuW 2018, 209 – Hochzeitsrabatte. Ausführlich zu diesem Verfahren Lettl WRP 2017, 641 (642 ff.); s. auch Bräunlich ÖBl. Heft 3/2019, 10 ff. (zugleich mit Hinweisen auf die Rechtslage in Österreich).

[1686] OLG Düsseldorf 18.11.2015 – Kart 6/14 (V), NZKart 2015, 541 (544).

[1687] Latzel ZWeR 2018, 86 (89 ff.); Thomas ZWeR 2015, 210 (228 ff.); vgl. zum Konzept der Nachfragemacht und den Schadenstheorien insbes. Küstner WuW 2015, 1093 ff.; Haucap/Heimeshoff/Klein/Rickert/Wey WuW 2014, 946 ff.; Inderst WuW 2008, 1261 (1265, 1268); Thomas WuW 2019, 23 (25 ff.); Legner S. 18 ff., 183 ff.

[1688] Vgl. BKartA – B2–15/11, Sektoruntersuchung Lebensmitteleinzelhandel, S. 10, wonach wenige Lebensmitteleinzelhändler über 85 % Marktanteil inne haben. Kritisch zu dieser Untersuchung Lademann WuW 2015, 716 ff., der zahlreiche Schwächen bei der Erhebung darlegt und das Ziel der Sektoruntersuchung, die wesentlichen Einflussfaktoren auf die Netto-Netto-Einstandspreise zu erklären, als verfehlt sieht.

[1689] Seit Einführung des § 26 Abs. 3 aF 1980 bis Ende 2012 gab es nur 80 Verfahren der Kartellbehörden; vgl. auch Loewenheim in LMR, 2. Aufl. 2009, Rn. 100.

[1690] BGH 23.1.2018 – KVR 3/17, NZKart 2018, 136 = WuW 2018, 209 – Hochzeitsrabatte; s. hierzu insbes. Kirchhoff GRUR 2021, 262 ff.

[1691] Dafür insbes. Köhler FS Tilmann, 2003, 693 (694 f.); Köhler WRP 2006, 139 (140); BKartA 3.7.2014 – B2 58/09, BeckRS 2014, 123417 Rn. 261; Busche in Kölner Kommentar GWB § 19 Rn. 180; Nothdurft in Bunte Rn. 245 f.; Lettl WRP 2017, 642 mwN; Wanderwitz WRP 2015, 162 (164); Latzel ZWeR 2018, 86 (97); offen gelassen BGH 24.9.2002 – KVR 8/01, BGHZ 152, 97 = WuW/E DE-R 984 (990) – Konditionenanpassung; aA KG 23.6.1999 – Kart 4327/99, WuW/E DE-R 367 (368) – Schulbuchbeschaffung; 29.11.2000 – Kart 17/99, WuW/E DE-R 699 (702 f.); Bechtold/Bosch Rn. 84; Säcker/Mohr WRP

**das vertikale Verhältnis zu den betroffenen Anbietern** spricht jedenfalls seit der 9. GWB-Novelle die Einführung der Kriterien der Nachvollziehbarkeit und des angemessenen Verhältnisses von Vorteil und Grund der Forderung, denn diese sind nur im Verhältnis zwischen Nachfrager und Anbieter relevant.[1692] Zudem liefe die Norm ansonsten bei einem Nachfrager ohne Wettbewerber sinnwidrig leer, obwohl dort die größten wettbewerblichen Gefahren drohen.[1693] Ebenso lässt die unbefristete Beibehaltung der Anwendbarkeit der Norm auch auf sämtliche abhängigen Unternehmen, nicht nur KMU (→ Rn. 373) darauf schließen, dass der Gesetzgeber auch die Schutzbedürftigkeit der Marktgegenseite im Blick hat. Dass Abs. 2 Nr. 5 auch den Schutz vor Nachfragemacht im Vertikalverhältnis bezweckt, hat der BGH im Fall „Hochzeitsrabatte"[1694] bestätigt.[1695]

Die Bejahung auch einer eigenständigen **vertikalen Schutzrichtung** des Anzapfverbots **375** darf jedoch **nicht** als **Anerkennung** einer Lieferantenwohlfahrt oder „**supplier welfare**"[1696] missverstanden werden.[1697] Auch wenn der BGH betont, dass ein Vorteil iSd Abs. 2 Nr. 5 keine Besserstellung des marktbeherrschenden Nachfragers gegenüber seinen Wettbewerbern voraussetzt,[1698] ist daraus nicht etwa abzuleiten, dass Lieferanten vor „zu viel Nachfragemacht" in dem Sinne zu schützen wären, dass deren Ausübung zu einer „unangemessenen" Verkürzung ihrer Renditeerwartungen oder Bestandsinteressen führen könnte.[1699] Ein „Recht auf auskömmliche Preise"ist kartellrechtlich nicht anzuerkennen; es widerspräche der Auslesefunktion des Wettbewerbs.[1700] Während die horizontale Schutzrichtung des Anzapfverbots daran anknüpft, dass es infolge der Besserstellung des nachfragemächtigen Unternehmens im Vergleich zu seinen Konkurrenten auf nachgelagerten Märkten zu Verdrängungseffekten und damit einer die Verbraucher schädigenden Vermachtung kommen kann, ist das **wettbewerbliche Schadenspotential einer Vorteilsgewährung ohne Ungleichbehandlung** schwieriger zu bestimmen.

Insoweit ist zunächst zwischen zwei Formen der Nachfragemacht zu unterscheiden:[1701] **376** Im **Monopson-Modell** kann der marktmächtige Nachfrager den Preis so festsetzen, dass er für sich einen maximalen Gewinn realisiert, was i. d. R. durch Reduktion der Nachfragemenge erreicht wird.[1702] Dabei wird ein einheitliches Preisniveau auf dem Markt zugrundegelegt,[1703] während die Möglichkeit zur Aushandlung individueller Konditionen im bilateralen Verhältnis zu Lieferanten ausgeblendet bleibt. Das Monopson-Modell ist auf Märkte zugeschnitten, bei denen ein mächtiger Nachfrageer einer Vielzahl kleiner Anbieter gegenübersteht, die für ihn austauschbar sind.[1704] Durch die Mengenreduktion wird die Allokationseffizienz beeinträchtigt, es kommt zu einem deadweight loss.[1705] Im **Modell bilateraler Verhandlungsmacht**[1706] wird der Preis individuell zwischen Nachfrager und

---

2010, 1 (2); Markert in Immenga/Mestmäcker, 4. Aufl. 2007, Rn. 368; Exner S. 57; Thomas ZWeR 2015, 210 (236 f.).

[1692] Lettl WRP 2017, 641 (642); Nothdurft in Bunte § 19 Rn. 246.

[1693] Loewenheim in LMRKM § 19 Rn. 99; Küstner WuW 2015, 1093 (1096).

[1694] BGH 23.1.2018 – KVR 3/17, NZKart 2018, 136 = WuW 2018, 209 Rn. 57 – Hochzeitsrabatte.

[1695] So auch Kirchhoff GRUR 2021, 262 (263) (vertikale Schutzrichtung „mindestens gleichrangig").

[1696] Zum Begriff insbes. Legner S. 16 ff. mwN.

[1697] Thomas WuW 2019, 23 (27 f.); ausführlich Legner, S. 160 ff.; ähnlich Kirchhoff GRUR 2021, 262 (263) (kein Vermögensschutz des Lieferanten, sondern Erhaltung funktionsfähigen Wettbewerbs auf den Absatzmärkten bezweckt).

[1698] BGH 23.1.2018 – KVR 3/17, NZKart 2018, 136 = WuW 2018, 209 Rn. 57.

[1699] Vgl. Thomas WuW 2019, 23 (27).

[1700] Thomas WuW 2019, 23 (27 f.).

[1701] Vgl. Legner S. 18 ff.; BKartA, Nachfragemacht im Kartellrecht – Hintergrundpapier des Arbeitskreises Kartellrecht, 2008; Inderst WuW 2008, 1261 ff.; Thomas ZWeR 2015, 210 ff.; Thomas WuW 2019, 23 (24).

[1702] Näher hierzu Legner, Schadenstheorien bei Nachfragemacht, S. 18 ff.; Palatzke, Nachfragemacht im Kartellrecht, S. 57 ff.

[1703] Thomas WuW 2019, 23 (24) spricht daher vom „Modell des Einheitspreis-Monopsons".

[1704] BKartA, Leitfaden Marktbeherrschung in der Fusionskontrolle, Rn. 127 Fn. 202.

[1705] Thomas WuW 2019, 23 (24).

[1706] Hierzu Legner, Schadenstheorien bei Nachfragemacht, S. 20 ff.; Thomas WuW 2019, 23 (24); vgl. auch Palatzke, Nachfragemacht im Kartellrecht, S. 66 ff.

Lieferant ausgehandelt. Dabei kann der mächtige Nachfrager eine Senkung des Einkaufs-preises schon durch die bloße Androhung einer Reduzierung der Bezugsmenge oder eines Abbruchs der Verhandlungen erreichen, ohne dass es tatsächlich dazu kommen muss. In der Folge gibt es kein einheitliches geringeres Preisniveau, vielmehr werden Lieferanten Nachfragern je nach deren Verhandlungsmacht unterschiedliche Preiszugeständnisse ma-chen.[1707] Die **Wettbewerbswirkungen** sind durchaus **ambivalent,** da die erzielten bes-seren Konditionen einerseits zu Verdrängungseffekten auf dem nachgelagerten Markt gegenüber den schlechter gestellten Konkurrenten führen können, andererseits die Wei-tergabe der Einkaufsvorteile an die Verbraucher positive Auswirkungen auf Wettbewerb und Verbraucherwohlfahrt haben kann. Fehlt es bei der Vorteilsgewährung an einer Ungleichbehandlung kann gleichwohl ein **Wettbewerbsschaden** (competitive harm) **in vertikaler Schutzrichtung** eintreten. Das ist zumindest dann der Fall, wenn es zu einer Einbuße an dynamischer Effizienz kommt, etwa weil den Lieferanten durch die nach-fragemachtbedingten unangemessenen Konditionen der Anreiz oder die Mittel für Investi-tionen in verbesserte oder neue Produkte fehlen.[1708] In der Literatur wird angemahnt, dass ein solcher Effekt nicht einfach unterstellt oder abstrakt angenommen werden dürfe, sondern nur auf der Grundlage einer sorgfältigen Analyse der Marktverhältnisse. Denn die Existenz von Nachfragemacht könne auch den Anreiz zu Innovationen stärken, etwa um die eigene Verhandlungsposition zu stärken oder weil die Investitionssicherheit für den Lieferanten bei konzentrierter Nachfrage unter Umständen höher sei als bei zersplitterter Nachfrage.[1709] Derartige Überlegungen gehören allerdings eher in den Kontext der präven-tiven Fusionskontrolle mit einer Bewertung der zu erwartenden Auswirkungen des Ver-haltens nachfragemächtiger Akteure als zu der nach § 19 Abs. 2 Nr. 5 geforderten zeit-punktbezogenen Analyse des aktuellen Marktverhaltens eines dominanten Nachfragers. Ist die tatbestandliche Voraussetzung einer sachlich nicht gerechtfertigten Aufforderung zur Vorteilsgewährung durch einen Normadressaten gegeben, bedarf es keiner zusätzlichen Darlegung eines konkreten Wettbewerbsschadens. Vielmehr hat der Gesetzgeber mit der Regelung in § 19 Abs. 2 Nr. 5 die Wertung getroffen, dass die damit **indizierte Gefähr-dung des Wettbewerbsprozesses** für einen Marktmachtmissbrauch grundsätzlich genügt. Obwohl mit der Anerkennung (auch) einer vertikalen Schutzrichtung ein gewisser Funk-tionswandel des Anzapfverbots zu konstatieren ist, bleibt es dabei, dass es nur um den Schutz funktionsfähigen Wettbewerbs auf den Absatzmärkten geht. Eine weitergehende Veränderung hin zu einer an Fairnesskriterien orientierten kartellrechtlichen Kontrolle der „Veränderung des Austauschgleichgewichts laufender Geschäftsbeziehungen"[1710] in Fällen erheblicher vertikaler Machtungleichgewichte ist damit nicht verbunden.[1711] Ebensowenig lässt sich aus der Neuausrichtung des Abs. 2 Nr. 5 ableiten, dass die vertikale Schutz-richtung die vorherrschende sei und die passive Diskriminierung nicht mehr erfasst werde.[1712]

## II. Tatbestandliche Voraussetzungen des „Anzapfverbots"

**377** **1. Allgemeines.** Abs. 2 Nr. 5 verbietet marktbeherrschenden Nachfragern im Ge-schäftsverkehr andere Unternehmen dazu aufzufordern ihnen ohne sachlich gerechtfertig-

---

[1707] Näher zu den Methoden zur Bemessung von Verhandlungsmacht Legner, Schadenstheorien bei Nach-fragemacht, S. 49 ff.

[1708] Thomas WuW 2019, 23 (26); krit. Gayk in Bauer/Rahlmeyer/Schöner, Vertriebskartellrecht, § 23 Rn. 8, der betont, dass es für die Anwendung des Anzapfverbots nicht auf den Nachweis ökonomischer Wohlfahrtsverluste ankommt.

[1709] Vgl. Inderst WuW 2008, 1261 (1270).

[1710] Gayk in Bauer/Rahlmeyer/Schöner VertriebsKartellR-HdB § 23 Rn. 3.

[1711] So auch Kirchhoff GRUR 2021, 262 (263) („erscheint zu weitgehend"; eine Kontrolle der „Aus-tauschgerechtigkeit" im Sinne eines „iustum pretium" bei der kartellrechtlichen Prüfung „weder möglich noch wünschenswert").

[1712] So aber Gayk in Bauer/Rahlmeyer/Schöner VertriebsKartellR-HdB § 23 Rn. 12 f.; Gayk WuW 2019, 245 (246).

ten Grund Vorteile zu gewähren. Die gesetzliche Regelung knüpft damit nicht unmittelbar an die Begehungsformen des Abs. 2 Nr. 1 – Behinderung und ungleiche Behandlung – an, sondern an den engeren Begriff der Gewährung von Vorteilen (→ Rn. 383 f.), schöpft also den Rahmen eines verselbstständigten Tatbestandes der erfolglosen oder erfolgreichen Anstiftung zu einem behindernden oder diskriminierenden Verhalten nur teilweise aus. Dem entspricht es, dass einerseits die erfolglose Anstiftung zur Liefer- oder Bezugssperre allen Unternehmen und Unternehmensvereinigungen schon nach § 21 Abs. 1 verboten ist, andererseits aber ein generelles Verbot der Anstiftung zur Behinderung oder ungleichen Behandlung hinsichtlich der im Rahmen von Geschäftsbeziehungen vereinbarten Preise, Rabatte, Geschäftsbedingungen und anderer Vergünstigungen wegen der Gefahr für die Dynamik des Preiswettbewerbs über das Ziel hinausschießen würde.

**2. Normadressaten.** Für die Marktbeherrschung als Normadressatenvoraussetzung des **378** Abs. 2 Nr. 5 kommt es **allein auf die Marktstellung als Nachfrager** einer bestimmten Art von Waren oder gewerblichen Leistungen an.[1713] Der Gesetzeswortlaut lässt zwar auch die Anwendung auf Anbieter zu. Dem widersprechen jedoch Sinn und Zweck der Vorschrift sowie die Entstehungsgeschichte.[1714] Denn Zweck des Abs. 2 Nr. 5 ist ausschließlich eine Abs. 2 Nr. 1 ergänzende Sonderregelung für nachfragemachtbedingte Diskriminierungen durch einen verselbstständigten Anstiftungstatbestand (→ Rn. 372). Dies bestätigen auch die Begründungen zu den Vorschlägen des Referentenentwurfs des BMWi (WRP 1978, 192 f.) und des Regierungsentwurfs zur 4. GWB-Novelle, in denen allein von der Erzwingung von Vorzugsbedingungen durch marktmächtige Nachfrager die Rede ist.[1715] Dem entspricht auch die Nichtaufnahme der preisbindenden Unternehmen, da sie in dieser Eigenschaft nur über Angebotsmacht verfügen können. Aus der Beschränkung der Anwendbarkeit des Abs. 2 Nr. 5 auf die Marktstellung als Nachfrager ergibt sich, dass es **für die Marktabgrenzung auf den Beschaffungsmarkt ankommt.**[1716]

Ebenso wie Abs. 2 Nr. 1 (→ Rn. 81) ist auch Abs. 2 Nr. 5 grundsätzlich nicht nur auf **379** Verhaltensweisen auf dem Markt anwendbar, auf dem die den Normadressatenstatus begründende Machtstellung besteht, sondern auch auf damit ursächlich zusammenhängende **Auswirkungen auf Drittmärkten.** Dies entspricht dem mit Abs. 2 Nr. 1 übereinstimmenden Normzweck (→ Rn. 374). Deshalb ist Abs. 2 Nr. 5 auch anwendbar, soweit ein Nachfrager auf Grund seiner Machtstellung auf dem für die Normadressatenstellung relevanten Markt den betreffenden Anbieter zur Gewährung von Vorteilen auf anderen Märkten auffordert.[1717] Bei nicht einzelproduktbezogenen Leistungen wie Eintrittsgeldern, Werbekostenzuschüssen u. dgl. ist eine Zurechnung zu einem bestimmten sachlich relevanten Markt ohnehin häufig nicht möglich.

**3. Andere Unternehmen.** Andere Unternehmen iSd Abs. 2 Nr. 5 können **nur Anbie- 380 ter** von Waren oder gewerblichen Leistungen sein, die Gegenstand des privatrechtlich geregelten Geschäftsverkehrs sind. Der Begriff setzt wie in § 21 Abs. 1 voraus, dass der Auffordernde und der Adressat im Verhältnis zueinander keine wirtschaftliche Einheit bilden (→ § 21 Rn. 13). Da bereits das erfolglose Auffordern genügt, ist das Bestehen von Geschäftsbeziehungen mit dem anderen Unternehmen nicht erforderlich. Der im Gegen-

[1713] Ebenso Loewenheim in LMRKM Rn. 101; MüKoWettbR/Westermann Rn. 177; Kölner Komm KartellR/Busche Rn. 181; aA Gayk in Bauer/Rahlmeyer/Schöner VertriebsKartellR-HdB § 23 Rn. 14; Gayk WuW 2019, 245 (248 f.) (Anbieter hinsichtlich „Forderungen zur Veränderung bestehender Geschäftsbeziehungen" erfasst).

[1714] Ebenso Exner S. 56; Ulmer WuW 1980, 477; K. Schmidt ZRP 1979, 44; Lehmann WRP 1984, 183.

[1715] Ebenso die Begründung für den Vorschlag des Bundesrates im Rahmen der 7. GWB-Novelle, auch schon die erfolglose Aufforderung zur Gewährung ungerechtfertigter Vorzugsbedingungen in das Verbot des Abs. 2 Nr. 5 einzubeziehen, s. Entwurf 2004 S. 74.

[1716] BGH 24.9.2002 – KVR 8/01, WuW/E DE-R 984 (987) – Konditionenanpassung; OLG Düsseldorf 28.6.1985 – U (Kart) 10/84, WuW/E OLG 3613 (3615) – Elternsammelbestellung von Schulbüchern; Säcker/Mohr WRP 2010, 1 (3).

[1717] So auch Gayk in Bauer/Rahlmeyer/Schöner VertriebsKartellR-HdB § 23 Rn. 22 ff.

satz zu Abs. 2 Nr. 1 verwendete Plural („andere" statt „ein anderes") hat keine materiell-rechtliche Bedeutung.[1718] Ist das andere Unternehmen als Anbieter auf dem Endkunden-markt hinsichtlich des vetriebenen Produkts selbst marktmächtig oder gar marktbeherr-schend, schließt das eine Abhängigkeit vom dominanten Nachfrager nicht aus. So hat der BGH im Fall „Hochzeitsrabatte" das Unternehmen Rotkäppchen-Mumm, das nach den Ermittlungen des BKartAs der führende Sektanbieter in Deutschland mit Marktanteilen von 40–50% ist,[1719] gleichwohl als abhängig vom Nachfrager Edeka eingestuft.[1720]

**381**   **4. Auffordern.** Das Verbot des Abs. 2 Nr. 5 erfasst seit seiner Änderung durch die 7. GWB-Novelle nicht nur wie zuvor das **Veranlassen** als die erfolgreiche Form des Einwirkens auf Lieferanten zum Zwecke des Erlangens ungerechtfertigter Vorteile, sondern auch schon das bloße Auffordern dazu. Im Rahmen der 9. GWB-Novelle ist die Tat-bestandsvariante des Veranlassens vom Gesetzgeber gestrichen worden, da diese mit der Einführung der Tatbestandsalternative des Aufforderns ihre eigenständige Bedeutung ver-loren hat.[1721] Im Ergebnis ist somit jede (auch erfolglose) Aufforderung eines marktbeherr-schenden Nachfragers zur Vorteilsgewährung (→ Rn. 383) ein Missbrauch von Markt-macht, soweit sie nicht gerechtfertigt ist (→ Rn. 386).

**382**   **Auffordern** iSv Abs. 2 Nr. 5 ist, wie nach § 21 Abs. 1 (→ § 21 Rn. 25), jeder Versuch, auf die freie Willensentscheidung eines Lieferanten einzuwirken, hier mit dem Ziel, von diesem ungerechtfertigte Vorteile zu erlangen, unabhängig davon, ob dies im Zuge von Verhandlungen oder in sonstiger Weise geschieht.[1722] Somit ist auch der Versuch von einseitigen Vertragsänderungen durch Vertragsbruch (zB eigenmächtige Rechnungskür-zung) erfasst.[1723] Bietet der Lieferant allerdings ohne Einwirkung seitens des Normadressa-ten Vorteile an, muss dieser sie nicht zurückweisen, da die Norm ein aktives Verhalten seitens des Nachfragers voraussetzt.[1724] Aus der Gesetzgebungsgeschichte lässt sich zudem ableiten, dass auch ein einmaliges Auffordern den Tatbestand erfüllt.[1725] Es ist dabei nach zutreffender Ansicht **nicht erforderlich,** dass der Nachfrager seine **Forderungen als nicht verhandelbar** bezeichnet.[1726] Andernfalls läge die Erfüllung des Tatbestandes in der Hand des Normadressaten, indem dieser bis zuletzt seine Forderungen lediglich formal zur Disposition stellt und als verhandelbar bezeichnet. Die von der Gegenauffassung bezweckte Eingrenzung des Tatbestandes und die Abgrenzung zum „hard bargaining" erfolgt im Rahmen der sachlichen Rechtfertigung (→ Rn. 383, 388).[1727] Auch nach Abs. 2 Nr. 5 kommt es deshalb für die Frage, ob bestimmte Erklärungen oder sonstige Verhaltensweisen eines Normadressaten als derartige Aufforderung zu werten sind, auf eine **wirtschaftliche Betrachtung** und **Gesamtwürdigung aller Umstände** an, wobei nicht die vom Norm-adressaten gewählte Form oder Bezeichnung entscheidend ist, sondern ob der Adressat bei objektiver Betrachtung darin ein Auffordern zur Gewährung ungerechtfertigter Vorteile sehen musste. Die bloße Annahme von Vorteilen, zu deren Gewährung der Lieferant bereits aus eigenem Entschluss bereit ist, zB als Anreiz für die Aufnahme von Geschäfts-beziehungen mit dem begünstigten Nachfrager, fällt nicht unter Abs. 2 Nr. 5. Allerdings kann nach den Umständen des Einzelfalls schon die erste Formulierung von Forderungen

[1718] Westermann in MüKoWettbR Rn. 179 mwN; Nothdurft in Bunte Rn. 261.

[1719] BKartA 3.7.2014 – B2 58/09, BeckRS 2014, 123417 Rn. 161.

[1720] BGH 23.1.2018 – KVR 3/17, WuW 2018, 209 Rn. 43 – Hochzeitsrabatte.

[1721] BegrRegE BT-Drs. 18/10207, 52; so auch bereits Markert in Immenga/Mestmäcker, 4. Aufl. 2007, Rn. 374; aA Wanderwitz WRP 2015, 162 Rn. 35.

[1722] BGH 23.1.2018 – KVR 3/17, WuW 2018, 209 Rn. 67 – Hochzeitsrabatte.

[1723] Lettl WRP 2017, 641 (645); Nothdurft in Bunte Rn. 251.

[1724] Latzel ZWeR 2018, 86 (100).

[1725] Kirchhoff GRUR 2021, 262 (263); Nothdurft in Bunte Rn. 252.

[1726] BGH 23.1.2018 – KVR 3/17, WuW 2018, 209 Rn. 30 – Hochzeitsrabatte; Nothdurft in Bunte Rn. 253; Lettl WRP 2017, 641 (645); Wanderwitz WRP 2015, 162 Rn. 35; aA Köhler WRP 2006, 139 (144); Grave in FK-KartellR § 20 Rn. 157; Eufinger/Maschemer ZLR 2015, 37 (39 f.).

[1727] BGH 23.1.2018 – KVR 3/17, WuW 2018, 209 Rn. 66 – Hochzeitsrabatte; Nothdurft in Bunte Rn. 253.

im Zusammenhang mit der **Eröffnung von Verhandlungen** als ein „Auffordern" zu verstehen sein, da hiermit bereits ein „Anker" für die weiteren Verhandlungen gesetzt wird.[1728]

**5. Vorteile.** Der Begriff der „Vorteile" ist nicht gesetzlich definiert. Auch die Gesetzes-  **383** materialien enthalten keine Definition oder Ausführungen dazu.[1729] Durch das im Rahmen der 7. GWB-Novelle erst im Vermittlungsverfahren ohne Begründung erfolgte Ersetzen des Begriffs „Vorzugsbedingungen" durch „Vorteile" ist klargestellt worden, dass es hierfür allein auf die **objektive Besserstellung des Normadressaten** auf dem Nachfragemarkt ankommt.[1730] An einem solchen Vorteil fehlt es bei Vergünstigungen, die bei objektiver Betrachtung im Synallagma von Leistung und Gegenleistung stehen.[1731] Eine Besserstellung des Normadressaten gegenüber seinen Wettbewerbern ist mit Blick auf den Schutzzweck der Norm (→ Rn. 374) und das Streichen der Tatbestandsvariante der Vorzugsbedingungen nicht erforderlich.[1732] Zum **Vergleichsmaßstab** wird damit grundsätzlich der **bisherige Stand der Konditionen:** Als Vorteil ist **in einem intertemporalen Vergleich** „jede Besserstellung des Normadressaten gegenüber dem bisherigen Zustand zu verstehen".[1733] Allerdings lässt sich daraus nicht ableiten, dass vor der Geltendmachung der Forderungen bereits eine Geschäftsbeziehung zwischen dem Normadressaten und den Anbietern bestanden haben muss.[1734] Auch ein Newcomer, der als Anbieter den Absatzmarkt erstmals betreten will, kann darauf angewiesen sein, dass seine Produkte von einem marktbeherrschenden Nachfrager abgenommen werden, und darf nicht schon bei der Begründung einer Geschäftsbeziehung mit diesem unangemessenen Forderungen ausgesetzt werden. Keinesfalls darf er ohne sachliche Rechtfertigung schlechter als konkurrierende Abnehmer gestellt werden. Vergleichsmaßstab können in diesem Fall die vom Normadressaten üblicherweise verlangten Konditionen auf dem Nachfragemarkt sein. Nicht sachlich gerechtfertigte Abweichungen davon sind dann als Vorteile iSd Abs. 2 Nr. 5 zu qualifizieren. Zusätzlich wird man generell – gewissermaßen als Sicherheitszuschlag – verlangen müssen, dass der **Vorteil von einigem Gewicht** ist, um den Tatbestand nicht zu weit ausufern zu lassen[1735] oder einer Tendenz zu Einheitskonditionen Vorschub zu leisten.

Vorteile iSv Abs. 2 Nr. 5 können günstigere Preise, Rabatte und sonstige Bezugsbedin-  **384** gungen sein,[1736] wobei dies für günstige Preise umstritten ist.[1737] Erfasst ist **auch die**

---

[1728] Vgl. BGH 23.1.2018 – KVR 3/17, WuW 2018, 209 Rn. 32, 64 ff. – Hochzeitsrabatte; Gayk in Bauer/Rahlmeyer/Schöner, Vertriebskartellrecht, § 23 Rn. 43 ff., der aber darüber hinaus – zu weitgehend und vom Wortlaut nicht mehr gedeckt – sogar die Fälle erfassen will, in denen der Normadressat „keine konkreten Vorteile benennt, aber das Ziel verfolgt, den Anbieter dazu zu bewegen, „von sich aus" einen Vorteil anzubieten" (Rn. 45); insoweit zu Recht aA Wanderwitz, S. 95 f.

[1729] Lettl WRP 2017, 641 (644 f.).

[1730] BGH 23.1.2018 – KVR 3/17, WuW 2018, 209 Rn. 56 ff. – Hochzeitsrabatte; Köhler WRP 2006, 139 (141 f.); Nothdurft in Bunte Rn. 263; Wanderwitz WRP 2015, 162 (167); Säcker/Mohr WRP 2010, 1 (20).

[1731] Säcker/Mohr WRP 2010, 1 (20); Eufinger/Maschemer ZLR 2015, 37 (40).

[1732] BGH 23.1.2018 – KVR 3/17, WuW 2018, 209 Rn. 52 ff.; Kirchhoff GRUR 2021, 262 (263); Westermann in MüKoWettbR Rn. 182; anders noch Busche in Kölner Komm KartellR Rn. 185; Lettl WRP 2017, 641 (645).

[1733] Gayk in Bauer/Rahlmeyer/Schöner VertriebsKartellR-HdB § 23 Rn. 47; ebenso Kirchhoff GRUR 2021, 262 (263).

[1734] So aber Gayk in Bauer/Rahlmeyer/Schöner VertriebsKartellR-HdB § 23 Rn. 48; eine Ausweitung des Prüfkonzepts nicht ausschließend dagegen Kirchhoff GRUR 2021, 262 (265), der zu Recht betont, dass sich „die Aussagen des BGH, bedingt durch den Sachverhalt, auf die kartellrechtliche Bewertung der Aufforderung zu Veränderungen im Leistungsaustausch" beschränkten und „dabei" das ursprüngliche Synallagma nicht überprüft werde.

[1735] So auch Lettl WRP 2017, 641 (645); ähnlich Westermann in MüKoWettbR Rn. 183.

[1736] Die in der Amtl. Begr. zur 4. GWB-Novelle (Begr. 1978, zu Art. 1 Nr. 8c)) vertretene Begrenzung auf Gegenstände des sog. Nebenleistungswettbewerbs nimmt normstrukturwidrig Gesichtspunkte der Interessenabwägung (→ Rn. 386 ff.) vorweg und ist daher nicht haltbar.

[1737] Dagegen Säcker/Mohr WRP 2010, 1 (5), die nur Forderungen von Vorteilen erfasst sehen, die außerhalb des vereinbarten Synallagmas von Leistung und Gegenleistung stehen; vgl. aber auch Lettl WRP 2016, 935 (936), der zutreffend darauf hinweist, dass Abs. 2 Nr. 5 dann nahezu überflüssig wäre.

**rückwirkende Durchsetzung** solcher Vorteile und von Ausgleichszahlungen, ohne dass darauf ein zivilrechtlicher Anspruch besteht,[1738] und für Absicherungsmaßnahmen, mit denen der Lieferant gehindert wird, die gleichen Vorteile auch kleinen und mittleren Wettbewerbern zu gewähren.[1739] Die erforderliche Grenzziehung zwischen verbotenem und zulässigem wettbewerbskonformem Verhalten, wozu insbes. auch das „hard bargaining" auf der Nachfrageseite gehört, kann erst bei der Beurteilung der sachlichen Rechtfertigung erfolgen und ist in diesem Rahmen auch gewährleistet. In der Praxis des BKartA zu § 26 Abs. 3 aF[1740] sind folgende Praktiken nach dieser Vorschrift aufgegriffen worden: Zahlung von Eintrittsgeldern, Listungsgebühren und Regalmieten; Sonderrabatte, -boni und -provisionen; finanzielle Zuwendungen zu besonderen Anlässen (Geschäftseröffnung, Neuaufnahme von Geschäftsbeziehungen, Geschäftsjubiläum); Werbekostenzuschüsse, die nicht im Interesse des Herstellers verwandt werden; Delkredere- und Inkassoprovisionen; günstigere Zahlungsbedingungen; unentgeltliche Dienstleistungen; rückwirkende Konditionenanpassungen für die Zeit vor einem Zusammenschluss der Abnehmer;[1741] „Nummer-Eins-Rabatte", mit denen die bloße Größe eines Nachfragers in einer bestimmten Vertriebsschiene oder Region honoriert werden soll, und Konditionenverbesserungen als Folge des Beitritts zu Einkaufsvereinigungen. Im Fall Edeka/Plus „Hochzeitsrabatte" wurden vom BKartA neben einem „Bestwertabgleich" (Vergleich der Preise für drei Stichtage vor dem Zusammenschluss) auch ein „Rosinenpicken" durch Forderung der Anpassung an einzelne günstigere Konditionenbestandteile von Plus ohne Berücksichtigung der jeweiligen Gesamtkonditionen sowie das Verlangen einer „Partnerschaftsvergütung" für die Renovierung und Modernisierung der übernommenen Plus-Zweigstellen beanstandet.[1742]

385   **6. Normative Kausalität.** Trotz Streichung des Tatbestandsmerkmals des „Ausnutzens" im Rahmen der 9. GWB-Novelle[1743] muss das Auffordern (oder Veranlassen) anderer Unternehmen zur Gewährung von Vorteilen nach den allgemeinen Regeln auf der die Normadressatenstellung des Nachfragers begründenden Marktmacht beruhen. Die damit erforderliche Kausalität zwischen der Machtstellung des Normadressaten und der Aufforderung (oder Veranlassung) zur Gewährung sachlich nicht gerechtfertigter Vorteile hat aber, wie nach Abs. 1 (→ Rn. 72), „normativen" Charakter und setzt folglich nicht voraus, dass ohne diese Stellung der Vorteil nicht hätte verlangt oder erlangt werden können.[1744] Ausreichend ist vielmehr eine sog. Ergebniskausalität in dem Sinne, dass die wettbewerbswidrigen Auswirkungen der verbotenen Verhaltensweise auf der Marktmacht des Normadressaten beruhen. Zu beachten ist allerdings, dass dieser generell erforderliche **normative**

---

[1738] BGH 24.9.2002 – KVR 8/01, WuW/E DE-R 984 (990) – Konditionenanpassung. So auch die Einschätzung des Gesetzgebers im Rahmen der 9. GWB-Novelle, BegrRegE BT-Drs. 18/10207, 51.
[1739] Köhler WRP 2006, 139 (143).
[1740] Vgl. TB 1981/82, 68 f.; 1983/84, 24 f.; 1985/86, 22 f.; 1987/88, 20; anders jedoch BKartA 26.2.1999 – B 9–51100-TV-133/98, WuW/E DE-V 94 (98) – Metro („besondere Vorteile, die zusätzlich zu den leistungsbedingten Nachlässen oder sonstigen Leistungsentgelten von dem Nachfrager auf Grund seiner besonderen Marktstellung mit der Absicht durchgesetzt werden, sich damit im Wettbewerb eine weder markt- noch leistungsbedingte Vorzugsstellung gegenüber Konkurrenten zu verschaffen").
[1741] BKartA 26.2.1999 – B 9–51100-TV-133/98, WuW/E DE-V 94 (98) – Metro; insoweit bestätigt durch BGH 24.9.2002 – KVR 8/01, WuW/E DE-R 984 (990 f.) – Konditionenanpassung; BKartA 3.7.2014 – B2-58/09, BeckRS 2014, 123417 – Edeka/Plus Hochzeitsrabatte, insoweit bestätigt durch BGH 23.1.2018 – KVR 3/17, WuW 2018, 209 – Hochzeitsrabatte.
[1742] BKartA 3.7.2014 – B2-58/09, BeckRS 2014, 123417; s. hierzu auch Kirchhoff GRUR 2021, 262.
[1743] BegrRegE BT-Drs. 18/10207, 52. Dies beendet den Streit um den Begriff des Ausnutzens: vgl. dazu Murach in Kersting/Podszun S. 48. Im Zuge der 10. GWB-Novelle hat der Gesetzgeber dann das Merkmal des „Ausnutzens" auch im Grundtatbestand des § 19 Abs. 1 gestrichen, vgl. dazu → Rn. 72, 72c ff.
[1744] Vor dem Wegfall des Merkmals des Ausnutzens im Regelbeispiel des Abs. 2 Nr. 5 war umstritten, ob daraus das Erfordernis einer strengen Kausalität zwischen der Marktmacht des Normadressaten und der Aufforderung bzw. dem Veranlassen der Vorteile abzuleiten war, so etwa OLG Düsseldorf 18.11.2015 – VI-Kart 6/14 (V), NZKart 2015, 541 – Hochzeitsrabatte; aA OLG Düsseldorf 28.6.1985 – U (Kart) 10/84, WuW/E OLG 3613 (3615); Nothdurft in Bunte Rn. 265; Exner S. 108; Bechtold/Bosch Rn. 86.

Zusammenhang zwischen der Marktstellung des Normadressaten und der verbotswidrigen Handlung im Rahmen des Abs. 2 Nr. 5 unwiderleglich vermutet wird.[1745] Schon für Abs. 2 Nr. 5 aF hat der BGH entschieden, dass dem (dem damals noch vorhandenen Kriterium) Ausnutzen der Marktstellung keine eigenständige Bedeutung zukommt, weil der Zusammenhang zwischen überlegener Marktmacht und der beanstandeten Verhaltensweise durch die Beschränkung des Normadressatenkreises auf marktstarke Unternehmen gewährleistet sei.[1746] Die **tatbestandsmäßige Handlung** der Forderung eines sachlich nicht gerechtfertigten Vorteils sei **ohne weiteres Ausdruck der Marktmacht** des Normadressaten gegenüber dem von ihm abhängigen Lieferanten.[1747] Dementsprechend könne eine sachliche Rechtfertigung nicht darauf gestützt werden, dass es an einer Ausnutzung der Marktmacht fehle[1748] bzw. – so wird man nach Streichung dieses Merkmals ergänzen können – keine normative Kausalität nachgewiesen wird. Vielmehr sei eine Kausalität zwischen Vorteil und Marktmacht beim Tatbestandsmerkmal „ohne sachlich gerechtfertigten Grund" in Abs. 2 Nr. 5 GWB ebenso wie bei Abs. 2 Nr. 1 GWB nicht zu prüfen.[1749] Aus diesen teilweise missverständlichen Ausführungen des BGH wird man allerdings nicht die generelle Abschaffung des Kausalitätserfordernisses ableiten können.[1750] Die Streichung des Merkmals Ausnutzen sollte lediglich eine Auslegung des Abs. 2 Nr. 5 verhindern, die zwischen Marktmacht und Aufforderung einen über die allgemeinen Regeln hinausgehenden Ursachenzusammenhang (im Sinne strikter Kausalität) verlangte,[1751] sollte aber das Kausalitätserfordernis nicht generell beseitigen.[1752] Weitergehende Schlussfolgerungen, insbesondere ein genereller Verzicht auf das Kausalitätserfordernis im Sinne normativer Kausalität auch bei den anderen Regelbeispielen des Abs. 2, lassen sich daraus jedoch nicht ableiten.[1753] Daran hat auch die nachfolgende Streichung dieses Merkmals im Tatbestand der Generalklausel des Abs. 1 im Zuge der 10. GWB-Novelle nichts geändert.

**7. Sachliche Rechtfertigung.** Ob die Aufforderung zur Vorteilsgewährung im Einzel- **386** fall ohne sachlich gerechtfertigten Grund erfolgt, ist nach dem gleichen allgemeinen Maßstab zu beurteilen wie die Frage der sachlichen Rechtfertigung im Rahmen des Abs. 2 Nr. 1.[1754] Erforderlich ist deshalb auch nach Abs. 2 Nr. 5 eine **Abwägung der Interessen der Beteiligten unter Berücksichtigung der auf die Freiheit des Wettbewerbs gerichteten Zielsetzung des GWB** (→ Rn. 106). Nach der Gesetzesbegründung zur 9. GWB-Novelle soll trotz Streichung der Tatbestandsvariante des „Veranlassens" berücksichtigt werden, inwiefern sich das Auffordern in den Verhandlungen niedergeschlagen hat.[1755] Es darf bereits bezweifelt werden, ob dies in der Praxis konkret nachgewiesen

---

[1745] Nach Gayk in Bauer/Rahlmeyer/Schöner VertriebsKartellR-HdB § 23 Rn. 50; Gayk WuW 2019, 245 (248) wird die Kausalität zwischen Marktmacht und Missbrauch bei Abs. 2 Nr. 5 damit „fingiert"; ähnlich Westermann in MüKoWettbR Rn. 188. Für Verneinung eines Kausalitätserfordernisses im Rahmen des Abs. 2 Nr. 5 unter Berufung auf BegrRegE BT-Drs. 18/10207; 52 Loewenheim in LMRKM Rn. 109; Lübbert/Schöner in Wiedemann KartellR-HdB § 23 Rn. 252; Lettl WRP 2017, 641 (644).
[1746] BGH 23.1.2018 – KZR 3/17, WuW 2018, 209 = NZKart 2018, 136 Rn. 83 ff.
[1747] BGH 24.9.2002 – KVR 8/01, BGHZ 12, 97, 112 f. – Konditionenanpassung; BGH 23.1.2018 – KZR 3/17, WuW 2018, 209 = NZKart 2018, 136 Rn. 85.
[1748] So noch OLG Düsseldorf 18.11.2015 – VI-Kart 6/14 (V), NZKart 2015, 541(544) – Hochzeitsrabatte.
[1749] BGH 23.1.2018 – KZR 3/17, WuW 2018, 209 = NZKart 2018, 136 Rn. 16.
[1750] So auch Satzky NZKart 2018, 554 (559).
[1751] BegrRegE BT-Drs. 18/10207, S. 52.
[1752] Satzky NZKart 2018, 554 (559).
[1753] So aber Gayk in Bauer/Rahlmeyer/Schöner VertriebsKartellR-HdB § 23 Rn. 50; Gayk WuW 2019, 245 (248) (Fiktion der Kausalität bei allen Regelbeispielen des § 19 Abs. 2).
[1754] Begr. 1978, zu Art. 1 Nr. 8c); BKartA 26.2.1999 – B 9–51100-TV-133/98, WuW/E DE-V 94 (99) – Metro; Säcker/Mohr WRP 2010, 1 (23 f.); Notdurft in Bunte Rn. 267; Westermann in MüKoWettbR Rn. 189; Ulmer WuW 1980, 479; im Ergebnis offengelassen: BGH 24.9.2002 – KVR 8/01, WuW/E DE-R 984 (990) – Konditionenanpassung; weitergehend: Köhler FS Tilmann, 2003, 693 (699 ff.); Köhler WRP 2006, 139 (142 f.).
[1755] BegrRegE BT-Drs. 18/10207, 52.

werden kann. Jedenfalls kann das Nachgeben des Lieferanten grds. sowohl für als auch gegen eine sachliche Rechtfertigung sprechen, so dass diesem Kriterien kaum Bedeutung zukommen dürfte.[1756] Zudem nennt Abs. 2 Nr. 5 Hs. 2 als beispielhafte Abwägungskriterien („insbesondere") (1) **eine nachvollziehbare Begründung der Forderung** des Nachfragers sowie (2) ein **angemessenes Verhältnis zwischen** dem **geforderten Vorteil und** dem **Grund der Forderung.** Die bisherige Konkretisierung der Norm durch Rechtsprechung und Literatur hat laut Regierungsbegründung zu Rechtsunsicherheit geführt.[1757] Die Einführung dieser Kriterien soll daher die Prüfung der sachlichen Rechtfertigung erleichtern, indem eine „verfeinerte Einzelabwägung der Interessen der Beteiligten unter Berücksichtigung der Zielsetzung dieses Gesetzes" ermöglicht wird. **Nicht relevant** sind dagegen die Größe der beteiligten Unternehmen oder die Existenz von Gegenmacht auf Seiten des Lieferanten,[1758] ebensowenig die nachträglich festgestellten Auswirkungen des Verhandlungsergebnisses auf die Stellung des aufgeforderten Unternehmens.[1759] Die konkrete Marktstärke des Normadressaten ist dagegen zu berücksichtigen.[1760]

**387**  Zunächst müssen der **Grund** und gegebenenfalls auch die **Berechnung der Forderung** für den Adressaten der Aufforderung **nachvollziehbar** sein.[1761] Damit kodifiziert das Gesetz ein Kriterium, das schon vom BKartA in der Sache „Edeka/Plus Hochzeitsrabatte" angewandt wurde.[1762] Das Begründungserfordernis darf nicht in dem Sinne verstanden werden, dass generell jede Forderung dargelegt werden muss.[1763] Vielmehr ist der Normadressat aufgrund der Privatautonomie grds. frei, mit wem und unter welchen Bedingungen er Lieferbeziehungen eingehen möchte. Des Weiteren beruhen Forderungen, die sich im üblichen Verhandlungerahmen halten, offensichtlich auf der Motivation, ein möglichst vorteilhaftes Ergebnis zu erzielen.[1764] Aus diesem Grund unterliegen nur solche Forderungen dem **Transparenzerfordernis,** deren Begründung nicht offensichtlich erkennbar ist.[1765] Auf diese Weise wird einerseits sichergestellt, dass das Transparenzgebot in der Praxis nicht zur bloßen Förmelei verkommt. Andererseits wird dadurch die erfolgreiche Forderung ungerechtfertigter Vorteile erschwert. Ist der Normadressat schon selbst nicht in der Lage, seine Forderung plausibel zu begründen, so wird er sie wohl kaum zum Gegenstand der Verhandlungen machen oder ohne den Einsatz von Marktmacht durchsetzen können. Bezüglich des **Umfangs der Begründungspflicht** sind die üblichen Gepflogenheiten in der jeweiligen Branche zu berücksichtigen.[1766] Ob die Begründung den Adressaten tatsächlich besser in die Lage versetzt, die sachliche Rechtfertigung zu beurteilen, bleibt allerdings abzuwarten.[1767] Die Forderung muss für den Lieferanten im Übrigen betriebswirtschaftlich kalkulierbar sein, so dass Plausibilitätserwägungen ins Blaue hinein wie die pauschale Behauptung, dass sich Produkte des Lieferanten in renovierten Filialen besser verkaufen,

---

[1756] Latzel ZWeR 2018, 86 (112); vgl. auch BGH 23.1.2018 – KVR 3/17, WuW 2018, 209 Rn. 31 – Hochzeitsrabatte.
[1757] BegrRegE BT-Drs. 18/10207, 52.
[1758] BGH 23.1.2018 – KVR 3/17, WuW 2018, 209 Rn. 28, 45 – Hochzeitsrabatte; anders bezüglich der Gegenmacht des Lieferanten Westermann in MüKoWettbR Rn. 189.
[1759] BGH 23.1.2018 – KVR 3/17, WuW 2018, 209 Rn. 33 – Hochzeitsrabatte; Gayk in Bauer/Rahlmeyer/Schöner VertriebsKartellR-HdB § 23 Rn. 53.
[1760] Kirchhoff GRUR 2021, 262 (263).
[1761] BegrRegE BT-Drs. 18/10207, 52.
[1762] Vgl. BKartA 3.7.2014 – B2–58/09 BeckRS 2014, 123417 Rn. 265 – Edeka/Plus Hochzeitsrabatte unter Verweis auf die Regierungsbegründung zur 4. GWB-Novelle, BT-Drs. 8/2136, 25; vgl. auch Wanderwitz WRP 2015, 162 Rn. 20 ff., der die Anwendung dieses Kriterium mangels Wettbewerbsrelevanz für verfehlt erachtet hatte.
[1763] Nothdurft in Bunte § 19 Rn. 272; Lettl WRP 2017, 641 (646).
[1764] Nothdurft in Bunte § 19 Rn. 272; Lettl WRP 2017, 641 (646).
[1765] AA Nothdurft in Bunte § 19 Rn. 273, der nur auf solche Forderungen abstellt, die zur Erhöhung der Durchschlagskraft tatsächlich argumentativ begründet werden.
[1766] Vgl. OLG Düsseldorf 18.11.2015 – Kart 6/14 (V), juris Rn. 49 (in NZKart 2015, 541, nicht abgedruckt). Ähnlich auch Murach in Kersting/Podszun S. 52 Rn. 25.
[1767] Ähnlich Lettl WRP 2017, 641 (646).

unzureichend sind.[1768] Somit kann bereits das Fehlen einer ausreichenden Transparenz zur Versagung der sachlichen Rechtfertigung führen. Da die sachliche Rechtfertigung entscheidend von der Leistungsgerechtigkeit der Forderung abhängt, ermöglicht das Transparenzgebot die erleichterte Zurückweisung der Forderung durch Hinweis auf deren Rechtswidrigkeit.[1769] Da ein solches Kriterium bereits vor der Novelle von der Rechtsprechung aufgegriffen worden ist,[1770] dürfte sich durch die Kodifizierung kaum etwas in der praktischen Anwendung ändern.

Des Weiteren ist im Rahmen der sachlichen Rechtfertigung zu berücksichtigen, ob der **388** geforderte **Vorteil in einem angemessenen Verhältnis zum Grund der Forderung** steht und daher **leistungsgerecht** ist. Der BGH hält eine Forderung für nicht leistungsgerecht, wenn sie „weder auf der Menge der abgenommenen Waren oder Leistungen noch auf den übernommenen Funktionen, Serviceleistungen oder anderen betriebswirtschaftlich kalkulierbaren Gegenleistungen des Nachfragers" beruht.[1771] Eine leistungsgerechte Forderung sei stets gerechtfertigt, während die Forderung ohne Leistungsbezug die widerlegliche Vermutung in sich trage, ungerechtfertigt zu sein. Auch der Gesetzgeber geht davon aus, dass ein **offensichtliches Missverhältnis** ein Indiz für das Fehlen der sachlichen Rechtfertigung darstellt.[1772] Offensichtlichkeit ist jedenfalls dann zu bejahen, wenn gegen gesetzliche Wertungen des Leistungsaustausches wie zB § 1 Abs. 2 S. 3 ArchLG und § 7 Abs. 3 HOAI verstoßen wird.[1773] An einem angemessenen Verhältnis zum Grund der Forderung fehlt es aber auch dann ohne weiteres, wenn der für eine Forderung benannte Grund bereits anderweitig berücksichtigt worden ist.[1774] Ein und dieselbe **Gegenleistung oder sonstige Umstände dürfen nicht doppelt** oder mehrfach zur Begründung unterschiedlicher Forderungen **herangezogen werden.** Zugleich mangelt es in einem solchen Fall an hinreichender Transparenz, da für eine der beiden Forderungen eine sie tragende eigenständige Begründung fehlt.[1775] Das Erfordernis der Offensichtlichkeit stellt sicher, dass ein hartes Verhandeln **(„hard bargaining")** auch bei bestehender Nachfragemacht möglich bleibt.[1776] Das Kriterium entspricht somit von seiner Funktion her der Notwendigkeit einer erheblichen Überschreitung bei § 19 Abs. 2 Nr. 2. Bei der Ermittlung der Schwelle ist daher zunächst ein Sicherheitszuschlag vorzunehmen und dann die Offensichtlichkeit zu beurteilen (vgl. → Rn. 232).[1777] Aufgrund dieses vereinfachten Prüfungsmaßstabes ist auch grds. kein Vergleich mit den Konditionen, die andere nicht marktmächtige Nachfrager erzielen (Konzept des Als-ob-Wettbewerbs, → Rn. 216), erforderlich wie bei der Feststellung eines quantitativen Preis- oder Konditionenmissbrauchs nach Abs. 1, Abs. 2 Nr. 2.[1778] Dieser erfordert eine Vielzahl von Vergleichsdaten, die den Verhandlungspartnern grds. nicht zur Verfügung stehen, so dass die Norm faktisch unbrauchbar würde.[1779]

Es ist also zu untersuchen, ob eine **gesicherte und leistungsgerechte Gegenleistung** **389** im Zeitpunkt der Forderung für einen objektiven Betrachter als solche erkennbar war.[1780]

---

[1768] BGH 23.1.2018 – KVR 3/17, WuW 2018, 209 Rn. 98. – Hochzeitsrabatte; Latzel ZWeR 2018, 86 (107); aA offenbar Lettl WRP 2017, 641 (646), der schon das Streben nach möglichst günstigen Konditionen als Begründung ausreichen lässt.

[1769] Nothdurft in Bunte Rn. 284; Latzel ZWeR 2018, 86 (106 f.); aA Lettl WRP 2017, 641 (646).

[1770] Vgl. OLG Düsseldorf 18.11.2015 – Kart 6/14 (V), BeckRS 2015, 19562 Rn. 30 ff. (insoweit nicht in NZKart 2015, 541 abgedruckt).

[1771] BGH 23.1.2018 – KVR 3/17, WuW 2018, 209 Rn. 18 f. – Hochzeitsrabatte.

[1772] BegrRegE BT-Drs. 18/10207, 52.

[1773] Wanderwitz WRP 2015, 162 Rn. 27.

[1774] Gayk in Bauer/Rahlmeyer/Schöner VertriebsKartellR-HdB § 23 Rn. 71.

[1775] So auch Gayk in Bauer/Rahlmeyer/Schöner VertriebsKartellR-HdB § 23 Rn. 59, der dieses „Verbot der Doppelverwertung" im „Grenzbereich zwischen Transparenzgebot und Angemessenheitserfordernis" ansiedelt.

[1776] Lettl WRP 2017, 641 (646).

[1777] Lettl WRP 2017, 641 (646).

[1778] So auch Nothdurft in Bunte Rn. 274; aA Latzel ZWeR 2018, 86 (110).

[1779] Nothdurft in Bunte Rn. 274.

[1780] Vgl. BGH 23.1.2018 – KVR 3/17, WuW 2018, 209 Rn. 91 – Hochzeitsrabatte; Lettl WRP 2017, 641 (647).

Dabei kann zumindest zurückhaltend auch die Höhe des vom Nachfrager erzielten Gewinns herangezogen werden (vgl. → Rn. 231). Eine bloß abstrakte Gegenleistung wie die Andeutung einer möglichen Listungsausweitung reicht dazu nicht.[1781] Nach hM ist für die Beurteilung der Leistungsgerechtigkeit eine **Gesamtbetrachtung** der Konditionen erforderlich, da ein Kaufmann die Vorteilhaftigkeit eines Geschäftes auf der Grundlage einer Kalkulation aller von ihm zu erbringenden Leistungen und der von seinem Geschäftspartner gewährten Gegenleistungen beurteilen wird.[1782] Da bei der Tathandlung des Aufforderns kein endgültiges Verhandlungsergebnis als Beurteilungsgrundlage zur Verfügung steht, fordert der BGH, dass die Konditionen, die in die Gesamtbetrachtung der Leistungsgerechtigkeit der Forderung einzubeziehen sind, bereits Inhalt der Aufforderung sein müssen.[1783] Der Gegenauffassung ist zuzubilligen, dass der Gesetzgeber mit der Einführung der neuen Abwägungskriterien auch den **Verhandlungsprozess** verstärkt in den Blick genommen hat. Daraus lässt sich aber nicht der Schluss ziehen, dass damit auch ein Wechsel von einer Ergebnis- zu einer Prozesskontrolle vollzogen werden sollte, was einer wesentlichen Neukonzeption der Vorschrift entspräche.[1784] Die Ausführungen in der RegBegr. lassen vielmehr den Schluss zu, dass der Gesetzgeber lediglich eine Feinjustierung durch Klarstellungen und Ergänzungen vornehmen wollte.

**390**    Eine **Rechtfertigung** ist nach der Gesetzesbegründung **regelmäßig ausgeschlossen,** wenn jenseits der zivilrechtlichen Möglichkeiten in bestehende Vertragsbeziehungen eingegriffen, **rückwirkende Konditionenanpassungen** vorgenommen werden oder es an jeglicher Gegenleistung fehlt.[1785] Obwohl die Auflistung der rückwirkenden Konditionenanpassung als eigenständige Fallgruppe dies nicht nahelegt, ist damit ebenfalls allein die nachträgliche Änderung einer bestehenden Vertragsbeziehung ohne zivilrechtlichen Anspruch gemeint und nicht rückwirkende Konditionenänderungen aufgrund zulässiger zivilrechtlicher Möglichkeiten wie zB nach § 313 Abs. 1 BGB.[1786] Auch diese Aspekte wurden vielfach bereits nach alter Rechtslage in der Praxis berücksichtigt.[1787]

**391**    Wie schon der Wortlaut verdeutlicht, ist die Aufzählung der genannten Kriterien nicht abschließend („insbesondere"), so dass nach wie vor **andere Aspekte** in die sachliche Rechtfertigung miteinfließen können und nach der Gesetzesbegründung auch sollen.[1788] Es sind also grundsätzlich die gleichen generellen Gesichtspunkte maßgebend wie für die Interessenabwägung nach Abs. 2 Nr. 1 (→ Rn. 106 ff.). Dies gilt insbes. für die Berücksichtigung der konkreten Marktstärke des in Betracht stehenden Normadressaten (→ Rn. 120, 386) und den Grundsatz der Wettbewerbskonformität (→ Rn. 124). Dabei ist den Besonderheiten des Abs. 2 Nr. 5 in angemessener Weise Rechnung zu tragen. Deshalb ist, da es sich im Rahmen dieser Vorschrift um die Beurteilung von Nachfrageverhalten handelt, eine enge Anlehnung an die für solches Verhalten nach Abs. 2 Nr. 1 geltenden Verhaltensmaßstäbe (→ Rn. 186 ff.) geboten. Die Forderung des Normadressaten nach einer **Gleichstellung mit konkurrierenden Nachfragern** ist nicht per se gerechtfertigt; abzustellen ist darauf, ob es im Einzelfall nur darum geht, im Rahmen der notwendigen Gesamtbetrachtung des Leistungsbündels eine Schlechterstellung des Normadressaten gegenüber seinen Wettbewerbern zu vermeiden.[1789]

---

[1781] Vgl. BKartA 3.7.2014 – B2–58/09 BeckRS 2014, 123417 Rn. 447 – Edeka/Plus Hochzeitsrabatte.

[1782] BGH 23.1.2018 – KVR 3/17, WuW 2018, 209 Rn. 20 f. – Hochzeitsrabatte; Köhler Missbrauch S. 24; Lettl WRP 2017, 641 (648); Gayk in Bauer/Rahlmeyer/Schöner VertriebsKartellR-HdB § 23 Rn. 57; grds. zust. jetzt Nothdurft in Bunte Rn. 259 (aA, auf die Einzelforderung abstellend noch in Langen/Bunte, 13. Aufl. 2018, Rn. 236).

[1783] BGH 23.1.2018 – KVR 3/17, WuW 2018, 209 Rn. 22 – Hochzeitsrabatte.

[1784] So aber Nothdurft in Bunte Rn. 232.

[1785] BegrRegE BT-Drs. 18/10207, 52.

[1786] Lettl WRP 2017, 641 (646).

[1787] Siehe nur BGH 24.9.2002 – KVR 8/01, WuW/E DE-R 984 (990 f.) – Konditionenanpassung; OLG Düsseldorf 18.11.2015 – Kart 6/14 (V), NZKart 2015, 541 (542); Westermann in MüKoWettbR Rn. 190; Nothdurft in Bunte Rn. 292 f.

[1788] BegrRegE BT-Drs. 18/10207, 52.

[1789] Vgl. Gayk in Bauer/Rahlmeyer/Schöner VertriebsKartellR-HdB § 23 Rn. 66, demzufolge derartige Fälle aber in der Praxis kaum vorkommen dürften.

Auch die beabsichtigte Weitergabe der erzielten Vorteile im nachgelagerten Markt an die Verbraucher genügt regelmäßig nicht zur sachlichen Rechtfertigung.[1790]

Zum Teil wird vertreten, dass die in Abs. 2 Nr. 5 Hs. 2 genannten Kriterien grund- **392** legender Natur seien und daher bei Vorliegen beider Kriterien eine sachliche Rechtfertigung regelmäßig ausgeschlossen sei.[1791] Zudem sei ein Nichtvorliegen der Kriterien zugunsten des Nachfragers zu berücksichtigen. Ob den Kriterien eine solch **vorrangige Stellung vor anderen Aspekten** einzuräumen ist, lässt sich den Gesetzesmaterialien **nicht eindeutig** entnehmen. Nur ein offensichtliches Missverhältnis von Vorteil und Grund der Forderung wird als Indiz für das Fehlen einer sachlichen Rechtfertigung bezeichnet (→ Rn. 388).[1792] Eine Rechtfertigung sei hingegen regelmäßig ausgeschlossen, wenn in Vertragsbeziehungen (auch rückwirkend) eingegriffen oder es an jeglicher Gegenleistung fehle, wobei allerdings auch die hohe Einzelfallabhängigkeit betont wird. Diese Ausführungen deuten eher darauf hin, dass nur bei einer schwerwiegenden bzw. eindeutigen Beeinträchtigung der in Abs. 2 Nr. 5 Hs. 2 genannten Kriterien eine sachliche Rechtfertigung regelmäßig ausgeschlossen ist und sich im Übrigen pauschale Bewertungen verbieten. Nach Ansicht des BGH ist ein Verstoß gegen das Anzapfverbot zu vermuten, wenn der Normadressat **allgemeine Investitionen** in seine Verkaufsräume, die nicht lieferanten-, warengruppen- oder artikelbezogen erfolgen oder eigene höhere Vertriebskosten (zB eines Vollsortimenters) auf Lieferanten umgelegt.[1793] Denn eine solche Kostenbeteiligung **durchbreche die typische Funktionsteilung zwischen Lieferant und Händler,** indem einseitig die Interessen des Händlers gefördert werden. Der Normadressat könne die Vermutung jedoch widerlegen, wenn mit der Aufforderung eine andere gesicherte und leistungsgerechte Gegenleistung, etwa eine Listungs- oder Abnahmegarantie von bestimmter Dauer, angeboten werde.

Diese Beurteilungsgrundsätze führen zu einer ebenso **engen Abgrenzung des Ver-** **393** **botsbereichs** der Vorschrift wie im Rahmen der Anwendung des Abs. 2 Nr. 1 auf Verhaltensweisen von Nachfragern, soweit es sich nicht um Bezugssperren handelt (→ Rn. 193 ff.). Sachlich nicht gerechtfertigt sind Vorteile danach in jedem Falle, wenn ihre Gewährung bereits aus anderen Gründen, insbes. wegen Verstoßes gegen § 4 Nr. 4 UWG oder AGB-Recht, rechtswidrig ist.[1794] Hingegen reicht die Einordnung als „machtbedingter Einkommensvorteil" iSd Sündenregisters des BMWi (WRP 1975, 24 ff.), „Wettbewerbsverzerrung" iSd „Gemeinsamen Erklärung" (WuW 1984, 712 ff.), Verstoß gegen eine anerkannte Wettbewerbsregel iSd § 26, Nebenleistung oder als „Dysfunktionalität" im Hinblick auf überkommene Funktionsverteilungen zwischen Industrie und Handel nicht aus, um daraus ohne weiteres auf das Fehlen der sachlichen Rechtfertigung zu schließen.[1795] Je weiter sich diese Beurteilungsansätze von der Unlauterkeit iSd § 4 Nr. 4 und § 4a UWG entfernen, desto eingehender ist im Lichte der besonderen Umstände des Einzelfalles zu prüfen, ob Vorteile, die Normadressaten des Abs. 2 Nr. 5 auf deren Initiative gewährt werden sollen oder gewährt wurden, nicht gerechtfertigt sind.[1796]

---

[1790] Kirchhoff GRUR 2021, 262 (263); a. A. Thomas WuW 2019, 62 (64 f.).

[1791] Lettl WRP 2017, 641 (646).

[1792] BegrRegE BT-Drs. 18/10207, 52.

[1793] BGH 23.1.2018 – KVR 3/17, WuW 2018, 209 Rn. 91 ff. – Hochzeitsrabatte; ähnlich Nothdurft in Bunte Rn. 295 f.; grds. zust. auch Gayk in Bauer/Rahlmeyer/Schöner VertriebsKartellR-HdB § 23 Rn. 62 ff. (mit Hinweis auf eine mögliche Einschränkung bei Schaffung zusätzlicher Distributionspunkte); für eine per-se-Unzulässigkeit: Lettl WRP 2017, 641 (646); Köhler WRP 2006, 139 (143); aA OLG Düsseldorf 18.11.2015 – Kart 6/14 (V), NZKart 2015, 541 (542 f.); Säcker/Mohr WRP 2010, 1 (14, 24).

[1794] Vgl. Gayk in Bauer/Rahlmeyer/Schöner VertriebsKartellR-HdB § 23 Rn. 68; zur Beurteilung der Forderung eines Eröffnungsrabatts nach § 1 UWG aF: BGH 9.6.1982 – 1 ZR 96/80, WuW/E BGH 1943 = NJW 1983, 169 – Markenverband-Deschauer; zur lauterkeitsrechtlichen Beurteilung des Missbrauchs von Nachfragemacht umfassend: Köhler in Köhler/Bornkamm/Feddersen § 4 Rn. 4.130 ff.; Köhler WRP 2006, 139 (145 ff.); Säcker/Mohr WRP 2010, 1 (7 ff.); Latzel ZWeR 2018, 86 (103, 105).

[1795] Köhler Missbrauch S. 104; Mestmäcker S. 280 f.; Lehmann WRP 1984, 184; weitergehend Ulmer WuW 1980, 478.

[1796] Die Pauschalbewertungen ausschließende Einzelfallbewertung liegt auch der BGH-Entscheidung „Konditionenanpassung" (WuW/E DE-R 984 (990 f.)) zugrunde. Ebenso Goette ZWeR 2003, 135 (143 f.).

394   **Ungerechtfertigt** sind Vorteile jedenfalls, wenn die damit verbundene **Vorzugsstellung** durch vertragliche oder faktische Mittel **zum Nachteil vergleichbarer anderer Nachfrager abgesichert** wird (Exklusivbindungen, diskriminierende Bezugssperren, Differenzierungsklauseln).[1797] Aus der Vertragsfreiheit folgt allerdings, dass Normadressaten grds. unterschiedliche Sonderkonditionen gegenüber den Lieferanten durchsetzen und dazu ggf. in den Grenzen des Vertragsrechts mit dem Abbruch der Geschäftsbeziehungen drohen dürfen.[1798] IdR sachlich nicht gerechtfertigt ist auch die Aufforderung zur Übertragung von Know-how[1799], zur Meistbegünstigung und zur **rückwirkenden Konditionenanpassung** für die Zeit vor dem Zusammenschluss mit einem bisher begünstigten anderen Nachfrager, ohne dass dafür ein zivilrechtlicher Anspruch besteht.[1800] In der Sache „Edeka/Plus Hochzeitenrabatte"[1801] hat der BGH in der rückwirkenden Konditionenanpassung bereits aufgrund der Berechnungsmethode des „**Bestwertabgleiches**", also eine Anpassung einzelner Bedingungen ohne Berücksichtigung des Gesamtkonditionenpaketes, eine ungerechtfertigte Forderung von Vorteilen gesehen.[1802] Ebenfalls grds. ungerechtfertigt sind Forderungen allein zur Fortsetzung einer Lieferbeziehung (Kooperations-, Partnerschafts oder Treueboni).[1803] Das Verlangen nach Anpassung einer laufenden Geschäftsbeziehung für die Zukunft (also Abschluss eines Änderungsvertrages) ist trotz des Grundsatzes pacta sunt servanda an sich nicht missbräuchlich, sofern der Normadressat leistungsbezogene Gründe substantiiert vorbringen kann.[1804]

### III. Verhältnis zu anderen Rechtsvorschriften

395   Abs. 2 Nr. 1 ist neben Nr. 5 anwendbar, wenn entweder das zur Gewährung von Vorteilen aufgeforderte (oder veranlasste) andere Unternehmen ebenfalls marktbeherrschend ist und mit der Gewährung gegen Nr. 1 verstößt oder das veranlassende Unternehmen das gewährende Unternehmen unter Verstoß gegen Nr. 1 behindert oder ungleich behandelt (→ Rn. 193 f.). Eine Überschneidung mit § 21 Abs. 1 ist ausgeschlossen, da der Bezug von Waren oder gewerblichen Leistungen als solcher nicht unter den Begriff des Vorteils iSd § 19 Abs. 2 Nr. 5 fällt (→ Rn. 383). Für das Verhältnis zu § 21 Abs. 2 gilt das Gleiche wie für Abs. 2 Nr. 1.

396   Verstöße gegen § 19 Abs. 2 Nr. 5 GWB können zugleich Normen des **UWG** verletzen, insbes. § 4 Nr. 4 UWG und § 4a Abs. 1 Nr. 3 UWG; im Falle eines unlauteren Verhaltens ist eine sachliche Rechtfertigung im Rahmen des § 19 Abs. 2 Nr. 5 ausgeschlossen. Ist das fragliche Verhalten dagegen kartellrechtlich zulässig, muss diese Wertung auch im Rahmen der Beurteilung nach dem UWG berücksichtigt werden; ein Verstoß kommt nur bei Vorliegen besonderer unlauterkeitsbegründender Umstände in Betracht, die in die Prüfung des Anzapfverbots nicht eingegangen sind.[1805]

---

[1797] Exner S. 108 ff.; Köhler Missbrauch S. 104; Latzel ZWeR 2018, 86 (101); zur Beurteilung von Absicherungsmaßnahmen nach Abs. 2 Nr. 1 → Rn. 197.

[1798] Vgl. Nothdurft in Bunte Rn. 268; Latzel ZWeR 2018, 86 (102).

[1799] Latzel ZWeR 2018, 86 (102). Für eine generelle Missbräuchlichkeit Nothdurft in Bunte Rn. 298.

[1800] BT-Drs. 18/10207, 52; BGH 24.9.2002 – KVR 8/01, WuW/E DE-R 984 (990 f.) – Konditionenanpassung; BKartA 26.2.1998 – B9-51100-TV-133/98, WuW/E DE-V 94 (99) – Metro. Die Veranlassung zur Anpassung der Konditionen für die Zeit nach dem Zusammenschluss mit einem bisher günstiger gestellten anderen Nachfrager vom Auslaufen der bisherigen Verträge ab ist hingegen sachlich gerechtfertigt.

[1801] BGH 23.1.2018 – KVR 3/17, WuW 2018, 209 Rn. 57 – Hochzeitsrabatte.

[1802] BGH 23.1.2018 – KVR 3/17, WuW 2018, 209 Rn. 73 ff. – Hochzeitsrabatte.

[1803] Vgl. BGH 17.12.1976 – I ZR 77/75, WuW/E BGH 1466 – Eintrittsgeld; Nothdurft in Bunte Rn. 289.

[1804] Vgl. Latzel ZWeR 2018, 86 (104); Köhler WRP 2006, 139 (143). Insbesondere im Lebensmittelhandel wird aufgrund der dortigen Konzentration von einem per se Verbot des Konditionenabgleichs auch für die Zukunft ausgegangen, vgl. Nothdurft in Bunte Rn. 294; Lettl WRP 2017, 641 (649).

[1805] Gayk in Bauer/Rahlmeyer/Schöner VertriebsKartellR-HdB § 23 Rn. 81; vgl. ferner allg. zum Verhältnis des § 19 zum UWG → Rn. 48 ff.

Unberührt bleibt das Anzapfverbot auch gegenüber den Vorschriften des in Umsetzung **397**
der Richtlinie (EU) 2019/633 über unlautere Handelspraktiken (UTP-Richtlinie)[1806] erlassenen **AgrarOLkG**[1807] (s. hierzu bereits → Rn. 52e). Nach § 24 AgrarOLkG bleibt es
im Verhältnis zum kartellrechtlichen Missbrauchsverbot bei der **vollständigen parallelen
Anwendbarkeit,** sodass dieses im Einzelfall auch zu weitergehenden Einschränkungen der
marktmächtigen Nachfrager führen kann.[1808] Gleiches gilt im Verhältnis zur Verordnung
(EU) 2019/1150 „zur Förderung von Fairness und Transparenz für gewerbliche Nutzer
von Online-Vermittlungsdiensten" (sog. Platform to Business- oder kurz **P2B-VO**) (s.
hierzu bereits → Rn. 52d).

## H. Erweiterung des Adressatenkreises
## auf freigestellte horizontale Kartelle und Preisbinder (Abs. 3)

### I. Bedeutung, Entstehungsgeschichte, Normzweck

Durch § 19 Abs. 3 wird der Adressatenkreis des Behinderungs- und Diskriminierungs- **398**
verbots nach Abs. 2 Nr. 1 sowie des „Anzapfverbots" nach Abs. 2 Nr. 5 auf freigestellte
Kooperationen zwischen Wettbewerbern erstreckt (Satz 1), zudem werden auch Unternehmen, die vom Verbot der vertikalen Preisbindung ausgenommen sind, dem Behinderungs-
und Diskriminierungsverbot unterworfen (Satz 2). Die Vorschriften sind mit der 8. GWB-
Novelle im Zuge der systematischen Neuordnung der Regelungen über den Missbrauch
von Marktmacht eingeführt worden, führen aber in der Sache weitgehend nur die alte
Rechtslage fort. Zuvor hatte bereits § 20 Abs. 1 aF das Behinderungs- und Diskriminierungsverbot auch auf die von § 1 freigestellten Kartelle und rechtmäßig preisbindende
Unternehmen erstreckt, während § 20 Abs. 3 aF freigestellte Kartelle in das Verbot der
Aufforderung oder Veranlassung zur ungerechtfertigten Vorteilsgewährung einbezogen
hatte. Aber auch schon die ursprüngliche Fassung des § 26 Abs. 2 aF hatte das erstgenannte
Verbot eingeschlossen[1809]. In der Folgezeit änderten sich jeweils die in Bezug genommenen Freistellungsnormen, etwa im Zusammenhang mit der Aufhebung der Preisbindungsmöglichkeit für Markenwaren im Rahmen der 2. GWB-Novelle und der Abschaffung der
Freistellungstatbestände von Kartellvereinbarungen zwischen Wettbewerbern nach den
§§ 2–8 aF durch die 7. GWB-Novelle[1810]. Da diese aber letztlich nur die Möglichkeit der
Erteilung von Einzelfreistellungen durch das umfassende Prinzip der Legalausnahme gemäß
§ 2 ersetzte, hat sich in der Sache der Anwendungsbereich der Norm praktisch nicht
verändert. Die 8. GWB-Novelle hat sodann die Fälle der zugelassenen Kartelle im Hinblick

---

[1806] RL (EU) 2019/633 des Europäischen Parlaments und des Rates v. 17.4.2019 über unlautere Handelspraktiken in den Geschäftsbeziehungen zwischen Unternehmen in der Agrar- und Lebensmittelversorgungskette, ABl. EU 2019 L 11/59; zu Recht krit. zur Verwendung des Begriffs „unlauter" statt „unfair" in der
deutschen Übersetzung Bernhöft ZWeR 2021, 317 (319), da die UTP-RL explizit keine Aussage zum
Lauterkeitsrecht treffen soll.
[1807] Zweites Gesetz zur Änderung des Agrarmarktstrukturgesetzes v. 2.6.2021, BGBl. I, 1278, in Kraft
getreten am 9.6.2021; hiermit wurde die Bezeichnung des Gesetzes geändert in „Gesetz zur Stärkung der
Organisationen und Lieferketten im Agrarbereich (Agrarorganisationen-und-Lieferketten-Gesetz – Agrar-
OLkG)" und neben anderen Änderungen ein neuer Teil 3 „Geschäftsbeziehungen in der Lebensmittellieferkette" (§§ 10–53) eingefügt, der insbes. „unlautere Handelspraktiken" definiert und verbietet (vgl. §§ 10–24
AgrarOLkG).
[1808] Ebenso Nothdurft in Bunte Rn. 579 unter Hinweis auf BegrRegE BT-Drs. 19/26102, 46 (lediglich
Anhebung des Schutzniveaus durch das AgrarOLkG intendiert).
[1809] Im Regierungsentwurf für das GWB von 1958 (§ 23 E) war dieses Verbot noch auf Kartelle
beschränkt. Erst der Wirtschaftsausschuss des Bundestages erweiterte es auf marktbeherrschende und preisbindende Unternehmen, für letztere mit der Begründung, „dass durch die Ausschaltung des Wettbewerbs der
folgenden Stufen die preisbindenden Unternehmen in eine den marktbeherrschenden Unternehmen ähnliche
Marktlage versetzt werden." (Bericht 1957, zu § 23).
[1810] Die Legalisierngsmöglichkeiten nach altem Recht betrafen Normen- und Typenkartelle, Konditionenkartelle, Spezialisierungs-, Mittelstands-, Rationalisierungs-, Strukturkrisen- und sonstige horizontale Kartelle
sowie die per Ministererlaubnis freigestellten Kooperationen.

auf Branchenvereinbarungen für den Vertrieb preisgebundener Presseerzeugnisse (§ 30 Abs. 2a) und Kartellvereinbarungen in der Wasserwirtschaft (§ 31) noch ausgedehnt, so dass sich die praktische Bedeutung der Norm im Laufe der Zeit nicht vermindert hat[1811]. Durch die 9. GWB-Novelle ist noch eine weitere Freistellung für die verlagswirtschaftliche Zusammenarbeit von Presseunternehmen (§ 30 Abs. 2b) hinzugekommen. In der 10. GWB-Novelle ist die Norm unverändert geblieben.

**399**   Die gesetzgeberische Grundlage für die Einbeziehung von Gruppen rechtmäßig kooperierender Wettbewerber sowie von preisbindenden Unternehmen in den Adressatenkreises der Verbote nach Abs. 2 Nr. 1 (sowie rechtmäßiger horizontaler Kartelle auch in den Anwendungsbereich des Verbots nach Abs. 2 Nr. 5) ist offenbar die Erwägung, dass die Zulassung der damit jeweils verbundenen Wettbewerbsbeschränkungen (vermutlich) zu einem **Machtzuwachs** bei den beteiligten Unternehmen führt und zum Ausgleich Beschränkungen der erweiterten Handlungsspielräume wie bei relativ marktmächtigen Unternehmen (§ 20 Abs. 1, Abs. 2) erfordert.[1812] Gesetzessystematisch hätte die Vorschrift damit besser in § 20 als in § 19 gepasst.[1813]

**400**   Da es bei § 19 Abs. 3 lediglich um die Erweiterung des persönlichen Anwendungsbereichs der Verbote nach Abs. 2 Nr. 1 und Abs. 2 Nr. 5 geht, ergeben sich bei dem mit diesen Normen jeweils verfolgten Regelungszweck (zu Abs. 2 Nr. 1 → Rn. 78, zu Abs. 2 Nr. 5 → Rn. 374) inhaltlich keine Änderungen[1814].

## II. Normadressaten

**401**   **1. Freigestellte horizontale Kartelle.** Die Einbeziehung der in Abs. 3 Satz 1 genannten „**Vereinigungen von miteinander in Wettbewerb stehenden Unternehmen**" in den Kreis der Normadressaten des Abs. 2 Nr. 1 und Abs. 2 Nr. 5 bedeutet, dass die daran beteiligten Unternehmen insoweit den Beschränkungen des Diskriminierungs- und Behinderungsverbots bzw. des „Anzapfverbots" unterliegen, als sie gemeinsam bzw. abgestimmt im Rahmen der Kartellabsprache handeln. Denn nur die Vereinigung als solche unterliegt den genannten Verboten[1815]. Aus der Beschränkung der Anwendbarkeit des Abs. 3 auf die durch die Kooperationsmitglieder gebildete Vereinigung ergibt sich daher, dass **nur die von der Unternehmensvereinigung geregelten Verhaltensweisen potentiell in den Verbotsbereich fallen.** Die Kooperationsmitglieder unterliegen dem Verbot also nicht generell für ihr gesamtes individuelles Marktverhalten, sondern nur insoweit, als sie für bestimmte Verhaltensweisen den Wettbewerb untereinander beschränkt haben oder sich die dadurch erreichte Machtstellung auf ihr übriges Wettbewerbsverhalten auf dem relevanten Markt oder auf Drittmärkten auswirkt.[1816] Ein möglicher Verstoß setzt somit voraus, dass das fragliche Verhalten eines beteiligten Unternehmens noch in den Rahmen des vom Kartell kollektiv Geregelten fällt.[1817] Daneben kann das einzelne Kartellmitglied aus anderen Gründen Verbotsadressat sein, wenn es etwa als Folge der durch das Kartell bewirkten Wettbewerbsbeschränkung die Position eines relativ marktmächtigen Unternehmens iSv § 20 Abs. 1 S. 1 erlangt.

[1811] Anders noch Markert in Immenga/Mestmäcker, 4. Aufl. 2007, Rn. 385.
[1812] Ähnlich Bechtold/Bosch Rn. 90. Dies drängt sich auch deshalb auf, weil eine Freistellung vom Kartellverbot grds. ausscheidet, wenn die Vereinbarung zur Erlangung einer marktbeherrschenden Stellung führt, da dann die Voraussetzung einer fehlenden Möglichkeit zur Ausschaltung des Wettbewerbs für einen wesentlichen Teil der betreffenden Waren (§ 2 Abs. 1 Nr. 2) nicht gegeben ist.
[1813] Vgl. auch Bechtold/Bosch Rn. 90 („an sich ein Fremdkörper").
[1814] Im Ergebnis ebenso Markert in Immenga/Mestmäcker, 4. Aufl. 2007, Rn. 385.
[1815] Markert in Immenga/Mestmäcker, 4. Aufl. 2007, § 19 Rn. 386.
[1816] BGH 13.7.1971 – KZR 10/70, WuW/E BGH 1175 (1179) – Ostmüller (Behinderung auf dem Absatzmarkt für Mehl durch Verweigerung der Lohnvermahlung); Derleder S. 157 f.
[1817] BGH 13.7.1971 – KZR 10/70, WuW/E BGH 1175 (1179) – Ostmüller; 30.9.1971 – KZR 12/70, WuW/E BGH 1200 (1201) = NJW 1972, 486 – Vermittlungsprovision für Flugpassagiere; KG 21.11.1991 – Kart 2/91, WuW/E OLG 4907 (4912 f.) – Offizieller Volleyball; Pescher S. 139.

Erfasst werden nach **Abs. 3 Satz 1** nur die explizit aufgeführten **horizontalen Ver-** 402 **einbarungen** nach den §§ 2, 3 und 28 Abs. 1, § 30 Abs. 2a, 2b und § 31 Abs. 1 Nr. 1, 2 und 4, die jeweils von der Anwendung des § 1 freigestellt sind. Dazu gehören auch Freistellungen nach § 2 Abs. 2 in Verbindung mit der entsprechenden Anwendung einer europäischen Gruppenfreistellungsverordnung, soweit sie Vereinbarungen zwischen aktuellen oder potentiellen Wettbewerbern betreffen, also insbes. nach der VO 1217/2010 für Forschungs- und Entwicklungsvereinbarungen und der VO 1218/2010 für Spezialisierungsvereinbarungen. Nicht unter die Regelung fallen dagegen (freigestellte) vertikale Vereinbarungen.

Im Unterschied zur alten Rechtslage ist im heutigen System der Legalausnahme die 403 Anwendung des § 19 Abs. 3 S. 1 GWB **ohne explizite Freistellungsentscheidung** eröffnet. Daher wird man nicht verlangen können, dass tatsächlich eine wettbewerbsbeschränkende horizontale Vereinbarung vorliegt, die erst durch die Anwendung des gesetzlichen Freistellungstatbestands zulässig wird. Vielmehr muss es für die Anwendung der Vorschrift genügen, dass die kartellrechtliche Zulässigkeit der Tätigkeit der jeweiligen „Vereinigung von miteinander im Wettbewerb stehenden Unternehmen" im Ergebnis keinem (ernsthaften) Zweifel unterliegt.[1818] Denn der Normzweck ist allein darauf gerichtet, die Ausübung der durch eine **prima facie zulässige horizontale Kooperation** erweiterten Handlungsspielräume und damit presumptiv erhöhten Marktmacht der beteiligten Unternehmen den Einschränkungen des § 19 Abs. 1, Abs. 2 Nr. 1 und Nr. 5 zu unterwerfen; das tatsächliche Vorliegen einer besonderen Machtstellung ist dagegen nicht erforderlich ist (näher → Rn. 405).

Auch ohne das Eingreifen einer der genannten Freistellungsnormen fallen daher jeden- 404 falls **auch kartellfreie horizontale Kooperationen** in den Anwendungsbereich des § 19 Abs. 3 S. 1. Andernfalls wäre die Rechtsanwendung mit unnötigen zusätzlichen Unsicherheiten behaftet, da die Abgrenzung zwischen einer im Einzelfall schon nicht wettbewerbsbeschränkenden Zusammenarbeit von Wettbewerbern und einer zwar nach § 1 tatbestandsmäßigen, jedoch aufgrund einer Freistellungsnorm vom Kartellverbot ausgenommenen Kooperation angesichts fließender Übergänge mit großen Schwierigkeiten verbunden wäre. Umgekehrt dürfte eine Anwendung des Abs. 3 Satz 1 selbst bei einem nicht ohne weiteres erkennbaren **Verfehlen der Freistellungsvoraussetzungen** in Betracht kommen, sofern die horizontale Zusammenarbeit zwischen den an der Vereinbarung beteiligten Wettbewerbern offen im Markt praktiziert wird. Denn es ist nicht einzusehen, dass ein unerkannt illegales Kartell einen weitergehenden Handlungsspielraum genießen können soll als ein freigestelltes Kartell.[1819] Zudem kann es einen potentiellen Zivilkläger überfordern, wenn er als Teil der Anspruchsvoraussetzungen die Legalität des Kartells nachweisen müsste.

Die Anwendung des Abs. 3 Satz 1 auf **freigestellte Kartelle oder tatbestandslose** 405 **Kooperationen** setzt nicht voraus, dass die fragliche Unternehmensvereinigung im Einzelfall tatsächlich über eine besondere Machtstellung verfügt. Das Gesetz geht vielmehr, ähnlich wie bei der Unterstellung der preisbindenden Unternehmen unter Abs. 3 Satz 2 (→ Rn. 406), auf Grund einer verallgemeinernden Betrachtungsweise davon aus, dass eine die Anwendung des Verbots legitimierende Machtstellung bereits durch die zur spürbaren Marktbeeinflussung geeignete Beschränkung des Wettbewerbs zwischen den Kartellmitgliedern bzw. die kooperationsbedingt erweiterten Handlungsspielräume entsteht. Die tatsächliche Marktmacht des fraglichen Kartells kann aber im Rahmen der Interessenabwägung für die Beurteilung der Unbilligkeit der Behinderung bzw. des Fehlens der sachlichen Rechtfertigung für die Ungleichbehandlung berücksichtigt werden (→ Rn. 120). Erst in diesem Rahmen stellt sich auch die Frage, ob und inwieweit sich der mit der jeweiligen Frei-

---

[1818] So BKartA 29.6.2016 – B4–71/10, WuW 2016, 548 ff. Rn. 439; weitergehend auch (nicht erkennbar) illegale Kartelle einbeziehend Nothdurft in Bunte § 19 Rn. 116; aA Westermann in MüKoWettbR Rn. 196.
[1819] So auch Nothdurft in Bunte Rn. 116, der „die Frage der Legalität des Kartells schlicht offen lassen" möchte.

stellungsnorm verbundene besondere Gesetzeszweck auf die sich aus Abs. 3 iVm Abs. 2 Nr. 1 und Nr. 5 für Kartelle ergebenden konkreten Verhaltensmaßstäbe auswirkt. Abs. 3 gilt nicht nur für das Verhalten freigestellter Kartelle gegenüber Abnehmern oder Lieferanten, sondern **auch gegenüber Wettbewerbern des Kartells.**[1820]

406   **2. Preisbindende Unternehmen.** Die Erstreckung des Diskriminierungs- und Behinderungsverbots auf preisbindende Unternehmen betrifft nach dem Wortlaut des § 19 Abs. 3 S. 2 nur die **vertikale Preisbindung bei landwirtschaftlichen Erzeugnissen** (§ 28 Abs. 2), **bei Zeitungen und Zeitschriften** (§ 30 Abs. 1 S. 1) sowie seit der 8. GWB-Novelle die **Höchstpreisbindung von Wasserversorgern** nach § 31 Abs. 1 Nr. 3. Die bisherige Anwendungspraxis hat nach dem Wegfall der Preisbindung für Markenartikel durch die 2. GWB-Novelle vor allem die Verleger von Zeitungen und Zeitschriften betroffen.[1821] Verleger und Importeure, die nach § 5 des Buchpreisbindungsgesetzes vom 2.9.2002 die Endpreise für **Bücher** iSd § 2 dieses Gesetzes festsetzen, werden dagegen **nicht erfasst.**[1822]

407   Dafür spricht auch der mit der Unterstellung der preisbindenden Unternehmen unter das Verbot des § 19 Abs. 2 Nr. 1 verfolgte **Gesetzeszweck,** der für die Bestimmung der konkreten Reichweite des Verbots bei der Anwendung auf derartige Unternehmen maßgebend ist. Er liegt in der diesen Unternehmen **typischerweise zukommenden besonderen Marktmacht.**[1823] Diese ergibt sich zum einen daraus, dass der Preisbinder über die erforderliche Marktstärke als Anbieter von Waren verfügt, um für diese ein Preisbindungssystem einführen und lückenlos praktizieren zu können. Zum anderen wird seine Marktstellung als Anbieter der preisgebundenen Waren durch die daraus resultierende Beschränkung des Wettbewerbs auf nachgelagerten Marktstufen weiter gestärkt.[1824] Diese Erwägungen, insbes. der Schluss auf eine typischerweise vorhandene Marktstärke, treffen aber **nur auf eine im Vertragswege** durch einzelne Unternehmen aufgrund eigener Entscheidung **eingeführte, nicht** dagegen auf die **gesetzlich vorgeschriebene vertikale Preisbindung** zu.

408   Keine Anwendung findet § 19 Abs. 3 S. 2, soweit das preisbindende Unternehmen auch andere Waren anbietet, die keiner Preisbindung unterliegen. Gleiches gilt gegenüber Unternehmen auf der vorgelagerten Marktstufe. Dagegen unterliegen preisbindende Unternehmen **als Anbieter der preisgebundenen Waren** dem Verbot nicht nur im Rahmen ihrer Geschäftsbeziehungen mit den gebundenen Abnehmern, sondern **auch gegenüber ungebundenen Außenseitern** auf der Marktstufe, für die die Bindung besteht, so dass auch deren Ausschluss von der Belieferung verbotswidrig sein kann.[1825]

409   Preisbindende Unternehmen iSd § 30 Abs. 1 S. 1 sind auch die von preisbindenden Verlagen mit dem Vertrieb und der Durchführung des Sammelreversverfahrens beauftragten Vertriebsunternehmen.[1826] Die Anwendung des Verbots des § 19 Abs. 2 Nr. 1 im Verhältnis zu Abnehmern der preisgebundenen Ware auf einer Marktstufe, für die die Bindung nicht gilt, kommt insbes. dann in Betracht, wenn die belieferten Unternehmen auf dieser Marktstufe verpflichtet werden, die **Preisbindungsverpflichtung an ihre Abnehmer auf der nächsten Marktstufe weiterzugeben,** zB wenn bei Lieferung der

---

[1820] BGH 13.7.1971 – KZR 10/70, WuW/E BGH 1175 (1179) – Ostmüller; Pescher S. 142 f.
[1821] Vgl. zB OLG Stuttgart 20.12.1991 – 2 U (Kart) 89/91, WuW/E OLG 5083 (5088) – Michel Katalog; BGH 24.10.2011 – KZR 7/10, WuW/E DE-R 3446 (3450) – Grossistenkündigung.
[1822] Bechtold/Bosch Rn. 92.
[1823] Markert in Immenga/Mestmäcker, 4. Aufl. 2007, Rn. 389; BGH 9.11.1967 – KZR 7/66, BGHZ 49, 90 = WuW/E BGH 886 (890) – Jägermeister; Koller S. 38 ff.; Derleder S. 38 ff.; aA zB Belke S. 302 ff.
[1824] Bericht 1957, zu § 23; BGH 9.11.1967 – KZR 7/66, WuW/E BGH 886 (890) – Jägermeister.
[1825] BGH 10.10.1978 – KZR 10/77, WuW/E BGH 1527 – Zeitschriften-Grossisten; 13.2.1979 – KZR 4/77, WuW/E BGH 1584 = NJW 1979, 1412 – Anwaltsbücherdienst; OLG Stuttgart 20.12.1991 – 2 U (Kart) 89/91, WuW/E OLG 5083 (5084) – Michel-Katalog.
[1826] BGH 17.3.1998 – KZR 30/96, WuW/E DE-R 134 = NJW-RR 1998, 1730 – Bahnhofsbuchhandel; KG 22.5.1996 – Kart U 5114/95, AfP 1997, 532; OLG Karlsruhe 22.3.1995 – 6 U 117/94 (Kart), WuW/E OLG 5391 (5392 f.) – Sammelrevers Musikverlage.

preisgebundenen Ware über den Großhandel nur die Endverbraucherpreise des Einzelhandels gebunden sind.[1827]

Auch die **Behinderung von Wettbewerbern** des preisbindenden Unternehmens wird **410** durch Abs. 3 iVm Abs. 2 Nr. 1 erfasst.[1828] Der auf die besondere Marktstärke der preisbindenden Unternehmen abstellende Gesetzeszweck rechtfertigt insoweit keinen Unterschied zu marktbeherrschenden Unternehmen und freigestellten Kartellen, die ebenfalls hinsichtlich der Behinderung von Wettbewerbern dem Verbot des § 19 Abs. 2 Nr. 1 unterliegen (→ Rn. 165 ff.; → Rn. 405). Auch die Entstehungsgeschichte, die in der Tendenz eine weitgehende Gleichstellung der Preisbinder mit marktbeherrschenden Unternehmen erkennen lässt (→ Rn. 398), ergibt nichts Gegenteiliges. Die Behinderung muss allerdings durch die mit der Preisbindung zusammenhängende Machtstellung verursacht sein. Sie kann unter dieser Voraussetzung auch bei nicht der Preisbindung unterliegenden anderen Waren oder bei gewerblichen Leistungen eintreten (→ § 20 Rn. 11 zu der insoweit gleichen Rechtslage nach § 20 Abs. 1 S. 1).

Eine analoge Anwendung des Abs. 2 Nr. 1 auf **preisempfehlende Unternehmen** **411** kommt auch nach der Aufhebung des Empfehlungsverbotes des § 22 aF durch die 7. GWB-Novelle nicht in Betracht.[1829]

## I. Rechtsfolgen eines Verstoßes

### I. Überblick

Durch die 6. GWB-Novelle wurde § 19 Abs. 1 nach dem Vorbild des Art. 82 EG **412** (heute: Art. 102 AEUV) in einen unmittelbar wirkenden Verbotstatbestand umgestaltet. Seither ist schon der Missbrauch einer marktbeherrschenden Stellung als solcher untersagt mit der Folge, dass die davon Betroffenen mit zivilrechtlichen Mitteln gegen den Kartellverletzer vorgehen können (näher → Rn. 385 ff.). Die **kartellbehördlichen Befugnisse** zur Durchsetzung des Verbots sind durch die 7. und 8. GWB-Novelle **erweitert** worden und entsprechen nun weitgehend den Befugnissen der Europäischen Kommission nach Maßgabe der VO 1/2003.[1830] Seit dem 30.6.2013 sind strukturelle Abhilfemaßnahmen nach dem Vorbild des Art. 7 Abs. 1 VO 1/2003 ausdrücklich in § 32 Abs. 2 erwähnt, nachdem der Gesetzgeber der 7. Novelle deren (begrenzte) Zulässigkeit nur in der Gesetzesbegründung angesprochen hatte.[1831] Zusätzlich hat die 8. GWB-Novelle der Kartellbehörde die Befugnis eingeräumt, in der Abstellungsverfügung eine Rückerstattung der aus dem kartellrechtswidrigen Verhalten erwirtschafteten Vorteile anzuordnen (§ 32 Abs. 2a). Dies ist von besonderer Relevanz beim Preisüberhöhungsmissbrauch (näher → Rn. 201 ff.).

---

[1827] BGH 13.7.1971 – KZR 7/66, WuW/E BGH 886 (888) – Jägermeister; Nothdurft in Bunte Rn. 124.

[1828] BGH 30.9.1971 – KZR 13/70, WuW/E BGH 1211 = NJW 1972, 483 – Kraftwagen-Leasing; Nothdurft in Bunte § 19 Rn. 125.

[1829] Auch schon in der Zeit der Geltung dieses Verbots und der Ausnahme nach § 23 aF für unverbindliche Empfehlungen für Markenwaren unstr.

[1830] Verordnung (EG) Nr. 1/2003 des Rates vom 16.12.2002 zur Durchführung der in den Art. 81 und 82 EG niedergelegten Wettbewerbsregeln; zum Verhältnis zwischen europäischem und deutschem Wettbewerbsrecht nach der 7. GWB-Novelle vgl. auch Lutz WuW 2005, 718 ff.; Fuchs WRP 2005, 1384 ff.; Hartog/Noack WRP 2005, 1396 ff.

[1831] Vgl. BegrRegE BT-Drs. 15/3640, 33. Trotz der fehlenden Verankerung im Gesetzestext war die Zulässigkeit struktureller Abhilfemaßnahmen in der Literatur (unter den gleichen Voraussetzungen wie nach Art. 7 Abs. 1 VO 1/2003) ganz überwiegend anerkannt, vgl. zB Emmerich in Immenga/Mestmäcker, 4. Aufl. 2007, § 32 Rn. 40; Fuchs WRP 2005, 1384 (1389); Rehbinder in LMR, 1. Aufl. 2006, § 32 Rn. 17; sehr skeptisch, aber „nicht grds. ausgeschlossen" auch Bornkamm in Langen/Bunte, 11. Aufl. 2011, § 32 Rn. 31; nur bei Kartellverstößen, die selbst auch struktureller Natur sind, Bechtold, 6. Aufl. 2010, § 32 Rn. 17 (zB Auflösung von gegen § 1 GWB/Art. 101 AEUV verstoßenden GU).

413   **Einstweilige Anordnungen** waren vor der 7. GWB-Novelle nach Maßgabe des § 60 möglich.[1832] Seither kann die Kartellbehörde nach § 32a einstweilige Maßnahmen anordnen, die eine Frist von einem Jahr nicht überschreiten dürfen (§ 32a Abs. 2 S. 3). Ausführlicher hierzu sowie zu den weiteren Befugnissen der Kartellbehörden, **Verpflichtungszusagen** für bindend zu erklären (§ 32b), zu entscheiden, dass kein Anlass zum Tätigwerden besteht (§ 32c), sowie zur Möglichkeit, **Sektoruntersuchungen** durchzuführen (§ 32e), siehe die Kommentierung zu §§ 32 ff. GWB.

414   Neben den verwaltungsrechtlichen Sanktionen hat die 7. GWB-Novelle auch die Bedingungen für die **zivilrechtliche Durchsetzung** des Kartellrechts gestärkt. Dadurch sollte vor allem die durch den Wechsel von der Administrativfreistellung zur Legalausnahme tendenziell verminderte behördliche Kontrolldichte ausgeglichen und ein effektives zivilrechtliches Sanktionensystem mit Abschreckungswirkung geschaffen werden.[1833] Aber auch für den vom Wechsel zum Legalausnahmesystem nicht betroffenen Bereich einseitiger missbräuchlicher Verhaltensweisen nach §§ 19–21 sind die Möglichkeiten der davon Betroffenen, sich unabhängig von einem Einschreiten der Kartellbehörde unmittelbar durch die **Geltendmachung von Beseitigungs-, Unterlassungs- und Schadensersatzansprüchen** zur Wehr zu setzen, erheblich verbessert worden. Seit der 8. GWB-Novelle haben zudem nicht nur Wirtschaftsverbände, sondern auch Verbraucherverbände nach § 33 Abs. 2 aF (nunmehr § 33 Abs. 4) die Befugnis zur Geltendmachung von Unterlassungs- und Beseitigungsansprüchen.

415   Mit der Umsetzung der **europäischen Kartellschadensersatzrichtlinie** (RL 2014/104/EU)[1834] durch die 9. GWB-Novelle haben sich die **Rahmenbedingungen für die private Schadensersatzklagen** nicht nur bei Verstößen gegen das Kartellverbot, sondern auch bei einseitigen missbräuchlichen Verhaltensweisen weiter verbessert.[1835] Zwar täuscht die völlige Neugestaltung der §§ 33–33h ein wenig darüber hinweg, dass der Anpassungsbedarf im materiellen Kartelldeliktsrecht letztlich relativ überschaubar war.[1836] Doch neben der Stärkung der Position mittelbarer Abnehmer (insbes. durch die Vermutung der Schadensabwälzung dem Grunde nach gemäß § 33c Abs. 2) kommt den Opfern von Verstößen gegen die §§ 19–21 GWB bzw. Art. 102 AEUV vor allem die Einführung eines Anspruchs auf Herausgabe von Beweismitteln und Erteilung von Auskünften nach § 33g zugute. Auch die modifizierten Regeln zur Verjährung (§ 33h) verbessern die Rechtsposition der Geschädigten.[1837]

---

[1832] Vgl. zur alten Gesetzesfassung zB KG 28.5.1976 – Kart 27/76, WuW/E OLG 1767 – Kombinationstarif; KG 14.4.1978 – Kart 8/78, WuW/E OLG 1983 – Rama-Mädchen; KG 30.5.1979 – 16/79, WuW/E OLG 2148 – Sonntag-Aktuell; OLG Stuttgart 30.4.1979 – 2 Kart 2/78, WuW/E OLG 2126 – Kombinationstarif I.

[1833] Begr. 2004 S. 35.

[1834] Richtlinie des Europäischen Parlaments und des Rates vom 26.11.2014 über bestimmte Vorschriften für Schadensersatzklagen nach nationalem Recht wegen Zuwiderhandlungen gegen wettbewerbsrechtliche Bestimmungen der Mitgliedstaaten und der Europäischen Union, ABl. 2014 L 349, 1.

[1835] Näher zu den zentralen Regelungsgegenständen der RL 2014/104/EU insbes. Fuchs in Fuchs/Weitbrecht PrivKartellRDurchs.-HdB § 2 Rn. 38 ff. mwN.

[1836] Die wesentlichen, in der Rechtsprechung des EuGH aus dem Effektivitätsgrundsatz abgeleiteten und in die Richtlinie eingegangenen Voraussetzungen für wirksame zivilrechtliche Sanktionen bei Verstößen gegen Art. 101, 102 AEUV, s. nur EuGH 20.9.2001 – Rs. C-453/99, ECLI:EU:C:2001:465 = Slg. 2001, I-6297 = EuZW 2001, 715 – Courage; EuGH 13.7.2006 – ECLI:EU:C:2006:461, Slg. 2006, I-6619 = EuZW 2006, 529 – Manfredi, waren in Deutschland durch § 33 GWB aF und seine Konkretisierung in der Rechtsprechung, insbes. durch das wegweisende Urteil des BGH im Fall ORWI (BGH 28.6.2011 – KZR 75/10, BGHZ 190, 145 = WuW/E DE-R 3431 = NJW 2012, 928) bereits erfüllt. Näher zur Umsetzung der RL 2014/104/EU durch die 9. GWB-Novelle Fuchs in Fuchs/Weitbrecht PrivKartellRDurchs.-HdB § 2 Rn. 76 ff. mwN.

[1837] Die teilweise zugleich eingeführten Beschränkungen der privaten Kartellrechtsdurchsetzung dienen vor allem dem Schutz der Kronzeugenprogramme der Kartellbehörden (vgl. insbes. § 33e) und betreffen daher nicht den Bereich missbräuchlicher Verhaltensweisen; auch die Privilegierung von kleinen und mittleren Unternehmen im Rahmen der gesamtschuldnerischen Haftung (§ 33 Abs. 3–5) dürften im Bereich des Marktmachtmissbrauchs von geringer praktischer Relevanz sein.

## II. Kartellbehördliche Maßnahmen

**1. Allgemeines.** Durch die 7. GWB-Novelle wurde die Abstellungsverfügung einge- **416** führt. Gem. § 32 Abs. 1 kann die Kartellbehörde Unternehmen und Vereinigungen von Unternehmen ein Verhalten untersagen, das nach dem GWB verboten ist, also zB einen der Verbotstatbestände des § 19 erfüllt. Die Kartellbehörden können zur wirksamen Abstellung der Zuwiderhandlung nach § 32 Abs. 2 den betroffenen Unternehmen alle Maßnahmen aufgeben, die erforderlich und gegenüber dem festgestellten Verstoß verhältnismäßig sind. Dazu gehören nach § 32 Abs. 2 S. 2 (unter besonderen Voraussetzungen an die Verhältnismäßigkeit) ausdrücklich auch strukturelle Abhilfemaßnahmen (näher → Rn. 71). Daneben können sie auch einstweilige Maßnahmen anordnen (§ 32a), Verpflichtungszusagen von Unternehmen für bindend erklären (§ 32b), vorbehaltlich neuer Erkenntnisse einen Verzicht auf den Erlass von Verfügungen nach §§ 32, 32a zusichern (§ 32c) und die Abschöpfung des wirtschaftlichen Vorteils anordnen (§ 34). Zuständig für den Erlass dieser Verfügungen ist nach § 48 Abs. 2 das BKartA, falls die Wirkung der Marktbeeinflussung, des wettbewerbsbeschränkenden oder diskriminierenden Verhaltens oder einer Wettbewerbsregel über das Gebiet eines Bundeslandes hinausreicht, ansonsten die jeweils zuständige Landeskartellbehörde. Allerdings können das Bundeskartellamt und die obersten Landesbehörden nach § 49 Abs. 3 und 4 auch abweichende Zuständigkeitsvereinbarungen treffen. Umfangreiche Ermittlungsbefugnisse ergeben sich aus den §§ 57 ff.; zur Zusammenarbeit im Netzwerk der europäischen Wettbewerbsbehörden vgl. §§ 50a ff.

Wird die Kartellbehörde tätig, leitet sie ein Verwaltungsverfahren nach §§ 54 ff. ein. Die **417** Behörde hat dem Betroffenen gem. § 56 Abs. 1 Gelegenheit zur Stellungnahme zu geben. Diese erfolgt regelmäßig auf der Grundlage einer Abmahnung.[1838] Nach § 56 Abs. 2 hat die Kartellbehörde die Möglichkeit, den von dem Verfahren berührten Wirtschaftskreisen Gelegenheit zur Stellungnahme zu geben. Darüber hinaus kann sie nach § 54 Abs. 2 Nr. 3 Personen und Personenvereinigungen, deren Interessen durch die Entscheidung erheblich berührt werden, auf ihren Antrag zu dem Verfahren beiladen, insbesondere Verbraucherverbände. Auch kann die Kartellbehörde auf Antrag eines Beteiligten oder von Amts wegen nach § 56 Abs. 3 S. 1 eine öffentliche mündliche Verhandlung durchführen. Gegen Verfügungen der Kartellbehörde ist die Beschwerde zum Kartellsenat des für die erkennende Kartellbehörde zuständigen Oberlandesgerichts möglich (§§ 63 ff., 91, 92). Gegen die Entscheidung des OLG ist nach Maßgabe der §§ 77 ff., 94 die Rechtsbeschwerde zum Kartellsenat des BGH gegeben.

Der ebenfalls durch die 7. GWB-Novelle eingeführte **§ 32e** ermöglicht dem Bundes- **418** kartellamt und den obersten Landesbehörden, über die bisherigen Auskunftsrechte hinausgehend, auch ohne konkreten Anfangsverdacht bezüglich eines Kartellverstoßes durch einzelne Unternehmen **Enquêteuntersuchungen** durchzuführen, die sich auf einen bestimmten Wirtschaftszweig oder eine bestimmte Art von Vereinbarungen beziehen. Voraussetzung ist, dass „starre Preise oder andere Umstände" die Vermutung für eine mögliche Einschränkung oder Verfälschung des Wettbewerbs begründen; § 32e ist daher insbesondere für verkrustete Märkte, die durch die Existenz marktmächtiger Unternehmen geprägt sind, von erhöhter Relevanz. Neben einer Kompensation für den Transparenzverlust, den die Abschaffung des Systems der Administrativfreistellung für die Kartellbehörden mit sich gebracht hat, wollte der Gesetzgeber mit der Befugnis zu Sektoruntersuchungen auch die sog. Ross-und-Reiter-Problematik abmildern, die vor allem im Zusammenhang mit Verstößen nachfragemächtiger Handelsunternehmen gegen § 20 Abs. 3 aF (jetzt: § 19 Abs. 1 Nr. 5 und § 20 Abs. 3) auftritt und betroffene Unternehmen aus Furcht vor Repressalien von Beschwerden abhält.[1839] Das BKartA hat inzwischen in einer ganzen

---

[1838] Wiedemann in Wiedemann KartellR-HdB § 23 Rn. 262.
[1839] Vgl. Begr. 2004 S. 34 f.; Bornkamm/Tolkmitt in Bunte § 32e Rn. 2 mwN.

Reihe von Fällen von seiner Enquêtebefugnis Gebrauch gemacht, zB in den Bereichen Kraftstoffe, Gasfernleitungsnetze, Fernwärmemarkt.[1840]

**419**    **2. Ermessen der Behörde, Anspruch Dritter auf Einschreiten?** Über die Einleitung eines Verfahrens entscheidet die Kartellbehörde grundsätzlich nach pflichtgemäßem Ermessen („kann", § 32).[1841] Dieses Ermessen betrifft nicht nur die Frage, ob überhaupt gegen einen Kartellrechtsverstoß vorgegangen wird, sondern erstreckt sich auch darauf, in welchem Umfang die Behörde tätig wird[1842]. Neben dem **Einschreitens-** kommt der Kartellbehörde auch ein **Auswahlermessen** zu. So kann sie bei einer fortdauernden Zuwiderhandlung anstelle einer Abstellungsverfügung auch lediglich eine Feststellungsentscheidung treffen, wenn dies nach ihrer Einschätzung genügt, um die Unternehmen zur Herstellung eines rechtmäßigen Zustands zu veranlassen[1843]. Im Rahmen ihres Ermessens kann die Entschließung der Behörde, in einem bestimmten Einzelfall kein Verfahren nach § 32 einzuleiten, auch darauf gestützt werden, dass den betroffenen Unternehmen der Zivilrechtsweg offensteht.[1844] Die Erwägung, das kartellbehördliche Verfahren in erster Linie gegen Systembehinderungen und -diskriminierungen anzuwenden, von denen eine Vielzahl von Unternehmen betroffen sind, hält sich im Rahmen sachgemäßer Ermessensausübung. Für den Erlass einer Verfügung nach § 32 reicht die Erfüllung der objektiven Verbotsvoraussetzungen aus; ein Verschulden des Verfügungsadressaten ist nicht erforderlich.

**420**    Bei einem gemeinsamen **Kartellverstoß mehrerer Unternehmen** kann sich die Kartellbehörde bei Vorliegen von sachlichen Gründen im Rahmen ihres Ermessen auch dafür entscheiden, (zunächst) nicht gegen alle potentiellen Delinquenten vorzugehen, sondern sich zB im Rahmen eines „Testverfahrens" auf ein oder mehrere führende Mitglieder zu beschränken. Das KG hat zwar im Fall einer gemeinsamen **Marktbeherrschung durch eine Oligopolgruppe** die Auffassung vertreten, die Kartellbehörde müsse grundsätzlich gegenüber allen Oligopolunternehmen ermitteln und, wenn sie einschreite, gegen alle gleichzeitig vorgehen, falls ein gleichartiger Missbrauch vorliege. Das Herausgreifen nur eines Oligopolunternehmens stelle regelmäßig eine fehlerhafte Ermessensausübung dar. Gleiches soll gelten, wenn während eines laufenden Verfahrens neue Unternehmen als Oligopolunternehmen in den Markt eintreten oder wenn sich ein Monopolmarkt iSv § 18 Abs. 1 in einen Oligopolmarkt iSv § 18 Abs. 5 umgewandelt hat.[1845] Dies erscheint jedoch überzogen. Angesichts der fließenden Übergänge zwischen den genannten Marktformen und ihrer Veränderlichkeit in der Zeit könnte die Notwendigkeit einer solchen Gruppenabgrenzung die Durchführung eines Missbrauchsverfahrens erheblich belasten und ein Einschreiten der Kartellbehörde letztlich sehr erschweren. Ein selektiveres Vorgehen gegen ein oder mehrere bestimmte Unternehmen kann durchaus sinnvoll sein, um den Aufwand überschaubar zu halten und die Missbräuchlichkeit gewisser Verhaltensweisen in einem Pilotverfahren zu klären. Das berechtigte Anliegen des KG, zu verhindern, dass ein zunächst herausgegriffenes Unternehmen im Verhältnis zu seinen Konkurrenten womöglich erhebliche Wettbewerbsnachteile erleidet, lässt sich auch anderweitig umsetzen, etwa dadurch, dass auf die Anordnung einer sofortigen Vollziehung der entsprechenden Missbrauchsverfügung verzichtet oder diese im Falle von Wettbewerbsnachteilen des betroffenen Unternehmens rückgängig gemacht wird.[1846]

---

[1840] Vgl. hierzu und zu weiteren Sektoruntersuchungen → § 32e Rn. 5 mwN.

[1841] S. nur Bechtold/Bosch § 32 Rn. 5; Emmerich → § 32 Rn. 14 f.; Keßler in MüKoWettbR § 32 Rn. 29 ff. jeweils mwN.

[1842] OLG Düsseldorf 30.1.2019 – VI-Kart 7/16 (V), NZKart 2019, 164 (167) – Zahlungsauslösedienst.

[1843] Anders als im Fall einer beendeten Zuwiderhandlung ist in diesem Fall auch kein berechtigtes Interesse an der Feststellung nach § 32 Abs. 3 erforderlich, s. OLG Düsseldorf 30.1.2019 – VI-Kart 7/16 (V), NZKart 2019, 164 (167 f.) – Zahlungsauslösedienst.

[1844] BGH 25.10.1983 – KVR 8/82, WuW/E BGH 2058 (2059) – Internord; KG 7.4.1992 – Kart 15/91, WuW/E OLG 4988 (4989) – Besteckversand.

[1845] KG 24.8.1978 – Kart 3/77, WuW/E OLG 2053 (2059, 2060) – Valium.

[1846] Noch weitergehend Markert Schwerpunkte 1978/79, 87 (93); siehe auch Markert Schwerpunkte 1976/77, 27 (33 f.).

Der BGH lehnt einen **Anspruch** eines von einem Missbrauch betroffenen Dritten **421** **gegen die Kartellbehörden auf Einschreiten ab.**[1847] Das Schrifttum ist dem im Ergebnis überwiegend gefolgt.[1848] Ein Anspruch könne sich **nur ganz ausnahmsweise** unter dem Gesichtspunkt einer **Ermessensreduzierung auf Null** ergeben.[1849] Die Monopolkommission hat de lege ferenda vorgeschlagen, Personen und Personenvereinigungen, deren Interessen durch eine Entscheidung erheblich berührt werden (vgl. § 54 Abs. 2 Nr. 3), ein Recht einzuräumen, die Einleitung eines Verfahrens nach § 32 iVm § 19 durch die Kartellbehörde zu beantragen.[1850]

Ausgangspunkt für eine Stellungnahme ist die Feststellung, dass **dem GWB ein gene- 422 reller, öffentlich-rechtlicher subjektiver Drittschutz fremd ist.** Daran hat sich auch durch die Neufassung des § 33 Abs. 2 Nr. 2 durch die 8. GWB-Novelle mit der nunmehr vorgesehenen Klagebefugnis für Verbraucherschutzorganisationen nichts geändert. Der Zuschnitt des speziellen Verfahrensrechts, die Entstehungsgeschichte des Gesetzes, die vielfältig abgestuften Mitwirkungs-, Anhörungs- und Teilnahmerechte bis hin zur bloßen Beiladungsfähigkeit und eine durchaus abgestufte Pflichtenintensität auf Seiten der Kartellbehörde schließen eine solche Einheitslösung aus. Die Frage ist vielmehr für jede Eingriffsnorm gesondert zu entscheiden.[1851] Teilnahmerechte Dritter sind in § 19 im Unterschied zu sonstigen Tatbeständen des GWB nicht genannt. Überdies könnte das hier ebenso wie bei § 1 geltende Opportunitätsprinzip ausgehöhlt werden: Es hat seinen Sinn, wenn die Kartellbehörde bei der Frage des Einschreitens Zweckmäßigkeitsgesichtspunkte berücksichtigen kann, zumal ihre Ressourcen begrenzt sind. Die Bedeutung der Angelegenheit, Erfolgsaussichten des Verfahrens, Arbeitsaufwand in Relation zu den zur Verfügung stehenden Ressourcen, die Frage, ob das Verfahren in ein konkret verfolgtes Arbeitsprogramm mit seinen Prioritäten und Schwerpunkten passen würde, sind in diesem Zusammenhang legitime Überlegungen. Einem vorhandenen Schutzbedürfnis Dritter und dem Zweck des § 19, einem öffentlichen Interesse über die Interessen Einzelner zu dienen, ist Rechnung getragen, wenn man diesen Dritten einen Anspruch auf fehlerfreie Ermessensausübung seitens der Kartellbehörden einräumt, falls es sich um einen besonders gravierenden Verstoß gegen § 19 handelt.[1852] Zu berücksichtigen ist ferner, dass die durch die missbräuchliche Verhaltensweise geschädigten Dritten seit der 6. GWB-Novelle selbst Beseitigungs-, Unterlassungs- und Schadensersatzklagen erheben können und anders als nach dem früheren § 22 aF nicht auf ein Einschreiten der Kartellbehörden angewiesen sind. Ein Anspruch auf Tätigwerden der Kartellbehörde kommt daher noch weniger in Betracht.[1853] Darüber hinaus können Beseitigungs- und Unterlassungsansprüche seit der 8. GWB-Novelle auch von Verbraucherverbänden geltend gemacht werden (§ 33 Abs. 4 Nr. 2). Ein Bedürfnis für die Einführung eines Anspruchs auf Tätigwerden des Kartellamts besteht daher auch de lege ferenda im Prinzip nicht. Davon wird man nur dann eine – wohl eher theoretisch denkbare – **enge Ausnahme** im Sinne einer **Ermessensreduzierung auf Null** machen können, **wenn neben einem erheblichen öffentlichen Interesse an der Beendigung eines gravierenden Wettbewerbsverstoßes auch eine besondere**

---

[1847] BGH 6.3.2001 – KVZ 20/00, ZIP 2001, 807 – Fachklinik für Herzchirurgie; BGH 14.11.1968 – KVR 1/68, WuW/E BGH 995 (998) – Taxiflug; ohne diese Einschränkung aber BGH 31.10.1978 – KVR 3/77, WuW/E BGH 1556 (1560) – Weichschaum III.

[1848] Siehe Königs Anm. in GRUR 1969, 429; Rehbinder in LMRKM, 3. Aufl. 2016, § 32 Rn. 9; eingehend Möschel, Das Wirtschaftsrecht der Banken, S. 459 ff., 475 ff.; Möschel, Der Oligopolmißbrauch, S. 209 ff.; Möschel NJW 1975, 753 (757); aA namentlich Scholz S. 172 ff.; K. Schmidt KartellVerfR S. 578 ff.

[1849] Bornkamm/Tolkmitt in Bunte § 32 Rn. 9; vgl. auch Rehbinder in LMRKM, 3. Aufl. 2016, § 32 Rn. 9 aE; Emmerich → § 32 Rn. 15.

[1850] Sondergutachten 1 Rn. 64; Sondergutachten 7 Rn. 209.

[1851] Zum Ganzen Möschel, Das Wirtschaftsrecht der Banken, S. 475, 476.

[1852] Vgl. Möschel Der Oligopolmißbrauch S. 210 und Möschel NJW 1975, 753 (757); zur Ermessensreduzierung auf Null vgl. KG 10.11.1976 – Kart 171/75, WuW/E OLG 1813 (1815) – Medizinischer Badebetrieb.

[1853] Ebenso Wiedemann in Wiedemann KartellR-HdB § 23 Rn. 261.

**Schutzbedürftigkeit eines oder mehrerer indivduell Betroffener** gegeben ist; dafür müssen schwere individuelle Nachteile drohen, die der Betroffene selbst mit zumutbaren Mitteln weder rechtlich noch faktisch abwenden kann.[1854] Ein Anspruch betroffener Verbraucher auf Einschreiten der Kartellbehörde im Falle der Verursachung von (größeren) Streuschäden durch einen Marktmachtmissbrauch lässt sich darauf aber nicht stützen.[1855]

**423**    **3. Die Abstellungsverfügung nach § 32.** Die Befugnis der Kartellbehörde nach § 32 geht – anders als nach früherem Recht – über die bloße Untersagung des verbotswidrigen Verhaltens hinaus. In Anlehnung an Art. 7 Abs. 1 VO 1/2003 kann Behörde dem Verfügungsadressaten auch alle für eine wirksame Abstellung der Zuwiderhandlung erforderlichen und gegenüber dem festgestellten Verstoß verhältnismäßigen Maßnahmen gebieten (§ 32 Abs. 2).[1856] Somit ist auch eine positive Tenorierung zulässig.[1857] Dadurch ist die grundsätzliche Legitimation der Kartellbehörde gestärkt, den Normadressaten auch bestimmte Handlungen aufzugeben, zB die **Belieferung** bestimmter Unternehmen durch den Marktbeherrscher oder die **Gewährung des Zugangs** zu bestimmten Daten, Infrastruktureinrichtungen, Netzen oder sonstigen Inputs iSd Abs. 2 Nr. 4. Auch **genaue Vorgaben** für künftige Vertragsabschlüsse sind möglich, **soweit** sie für eine wirksame Abstellung der Zuwiderhandlung **erforderlich und verhältnismäßig** ieS sind.[1858] Dagegen müssen die Unternehmen frei bleiben, ihr Verhalten nach eigenem Ermessen zu gestalten, solange dies kartellrechtskonform ist.[1859] **Keinesfalls** darf die Möglichkeit positiver Vorgaben durch die Kartellbehörde nach § 32 als ein Freibrief für eine **zweckwidrige, wirtschaftslenkende Aktivierung des § 19** missverstanden werden.

**424**    Nicht mehr von der Befugnis der Kartellbehörde zum Erlass von Gebotsverfügungen nach § 32 gedeckt sind Maßnahmen, die über das hinausgehen, was zur Abstellung der verbotswidrigen Verhaltensweise erforderlich und verhältnismäßig ist. Diese Grenze wird überschritten, wenn es Verfügungsadressaten auch auf andere Weise als durch das gebotene Verhalten möglich ist, den beanstandeten Verbotsverstoß zu beenden. Daraus resultieren **spezifische Grenzen** für Abstellungsverfügungen je **nach der Art des zugrundeliegenden Verstoßes:** So ist es in **Preismissbrauchsverfügungen** zwar prinzipiell zulässig, eine **Preisobergrenze** anzugeben, mit der sämtliche Preisgestaltungen erfasst sind, welche diese Marke überschreiten.[1860] Die Anordnung einer Preissenkung darf aber weder in ihrem Umfang noch in ihrer Dauer über das hinausgehen, was zur Vermeidung eines weiteren Verstoßes ausreicht.[1861]

**425**    Bei Verstößen gegen das **Diskriminierungsverbot** ist zu beachten, dass die zur Beendigung der Zuwiderhandlung erforderliche Gleichbehandlung grundsätzlich sowohl dadurch erreicht werden kann, dass die bevorzugten Unternehmen den bislang gewährten Sondervorteil nicht mehr erhalten, als auch dadurch, dass der Vorteil nunmehr auch den übrigen, bisher davon ausgeschlossenen Unternehmen gewährt wird[1862]. In bestimmten Fallkonstellation kommt jedoch für die Beendigung des Verstoßes realistischerweise oder

---

[1854] Insoweit im Ausgangspunkt ähnlich Keßler in MüKoWettbR § 32 Rn. 31.

[1855] In diese Richtung aber wohl Keßler in MüKoWettbR § 32 Rn. 31.

[1856] Die von der Rechtsprechung zu § 32 aF vertretene Ansicht von der Unzulässigkeit positiver Gebotsverfügungen als „unverhältnismäßig stärkerer und sachlich grundsätzlich andersartiger Eingriff in den Rechtskreis des betreffenden Unternehmens", der unter Verstoß gegen Art. 20 Abs. 3 GG den Rahmen der gesetzlichen Eingriffsbefugnis überschreite, ist etwa vgl. BGH 3.4.1975 – KVR 1/74, WuW/E BGH 1345 (1346) = NJW 1975, 1282 – Polyester-Grundstoffe, ist damit endgültig überholt.

[1857] Ganz hM, s. nur Keßler in MüKoWettbR § 32 Rn. 49; Bechtold/Bosch § 32 Rn. 14; Otto in LMRKM § 32 GWB Rn. 16; aA (ohne Begründung) Deister in Schulte/Just Rn. 195.

[1858] Vgl. etwa BKartA 13.1.2006 – B8 113/03, WuW/E DE-V 1147 – E.ON Ruhrgas (Erfassung von Verträgen mit Bedarfsdeckung von 80 % für eine Dauer von nicht mehr als zwei Jahren, Verträge mit Bedarfsdeckung zwischen 50 % und 80 % für eine Dauer von nicht mehr als vier Jahren); bestätigt durch OLG Düsseldorf 4.10.2007 – 2 Kart 1/06 (V), WuW/E DE-R 2197; krit. dazu Dreher/Thomas NJW 2008, 1557.

[1859] Bechtold/Bosch § 32 Rn. 14.

[1860] S. zB BGH 28.6.2005 – KVR 17/04, WuW/E DE-R 1513 (1515) – Stadtwerke Mainz.

[1861] Vgl. etwa OLG Düsseldorf 11.2.2004 – Kart 4/03 (V), WuW/E DE-R 1239 (1242) – TEAG.

[1862] Vgl. Markert in Immenga/Mestmäcker, 4. Aufl. 2007, § 19 Rn. 221.

offensichtlich nur ein bestimmtes Verhalten des Verbotsadressaten in Betracht, zB die Aufnahme von Geschäftsbeziehungen oder die Begründung eines Mitgliedschaftsverhältnisses (→ Rn. 142 f.) mit einem bestimmten Unternehmen. Das gilt etwa, wenn der Normadressat derartige Beziehungen mit zahlreichen anderen, mit dem Petenten gleichartigen Unternehmen unterhält und es nach den gesamten Umständen auszuschließen ist, dass es zu einer generellen Einstellung derartiger Geschäftsbeziehungen kommt. Dann geht auch die Anordnung einer Aufnahme von Geschäftsbeziehungen oder die Begründung eines Mitgliedschaftsverhältnisses in einer Verfügung nach § 32 Abs. 1 nicht über den Rahmen des zur Abstellung des konkreten Verstoßes Erforderlichen und Verhältnismäßigen hinaus.[1863] Wird im Einzelfall von der Kartellbehörde zwar der inhaltliche Rahmen einer Abstellungsverfügung überschritten, ist aber offensichtlich, dass mit der Verfügung jedenfalls auch der konkrete Verbotsverstoß untersagt werden sollte, ist im Beschwerdeverfahren die Verfügung insoweit zu bestätigen.[1864]

Probleme bereitet teilweise in der Praxis, dass derartige Verfügungen im Einklang mit **426** allgemeinen verwaltungsrechtlichen Grundsätzen **hinreichend bestimmt** sein müssen und in ihrem Tenor, nach dem sich die materielle Rechtskraft richtet, die missbräuchliche Verhaltensweise eindeutig bezeichnen müssen.[1865] Zuweilen wird im Wege der Auslegung der gesamte Regelungsgehalt der Verfügung herangezogen, um zu ermitteln, ob sie noch dem Bestimmtheitsgebot genügt.[1866]

Eine kartellbehördliche Anordnung nach § 32 Abs. 2 kann sich auch auf die **Gewäh- 427 rung des Zugangs zu Daten, einem Netz, einer Infrastruktureinrichtung** oder einer sonstigen essential facility nach Abs. 2 Nr. 4 beziehen. Die praktische Wirksamkeit einer solchen „Mitbenutzungsverfügung"[1867] bzw. einer Anordnung zur Belieferung mit einer Ware oder Erbringung einer Dienstleistung hängt zum einen davon ab, dass die mit ihr intendierte Ingangsetzung von wettbewerblichen Prozessen nicht durch lange Rechtsmittelverfahren hinausgezögert wird. Insoweit hat die Streichung des § 64 Abs. 1 Nr. 1 aF im Zuge der GWB-Novelle 2007 einen erheblichen Fortschritt gebracht, weil hiermit der bis dahin geltende Suspensiveffekt von Beschwerden gegen kartellbehördliche Verfügungen zur Abstellung von Missbräuchen nach §§ 19–21 sowie § 29 aufgehoben wurde[1868]. Seither hat der Adressat einer entsprechenden Verfügung nur noch die Möglichkeit, auf Antrag nach § 67 Abs. 3 Nr. 2 oder Nr. 3 (§ 65 Abs. 3 Nr. 2 oder Nr. 3 aF) in Fällen ernstlicher Zweifel an der Rechtmäßigkeit der angefochtenen Verfügung oder bei Vorliegen einer unbilligen, nicht durch überwiegende öffentliche Interessen gebotenen Härte die gericht-

---

[1863] So im Ergebnis bereits zu § 32 aF: BGH 15.11.1994 – KVR 14/94, WuW/E BGH 2951 (2952) = NJW 1995, 462 – Weigerungsverbot; 21.2.1995 – KVR 10/94, BGHZ 129, 53 = WuW/E BGH 2990 (2992) – Importarzneimittel; BVerfG 9.10.2000 – 1 BvR 1627/95, WuW/E DE-R 557 (559 f.).

[1864] KG 9.7.1974 – Kart 25/74, WuW/E OLG 1507 (1511) – Chemische Grundstoffe II. Die in der BGH-Entscheidung „Polyester-Grundstoffe" (BGH 3.4.1975 – KVR 1/74, WuW/E BGH 1345 (1346)) vertretene gegenteilige Ansicht war bereits durch die zu § 22 aF ergangene BGH-Entscheidung v. 16.12.1976 – 2/76, WuW/E BGH 1445 (1446 f.) = NJW 1977, 675 – Valium, überholt. Vgl. auch BGH 15.11.1994 – KVR 14/94, WuW/E BGH 2951 (2952) – Weigerungsverbot; Brinkhoff, Gebotsverfügungen im objektiven Untersagungsverfahren nach § 37a GWB, S. 73 ff.

[1865] Dazu KG 22.7.1968 – 2/68, WuW/E OLG 907 (915) – Sportartikelmesse; KG 5.1.1976 – Kart 41/74, WuW/E OLG 1645 (1647) – Valium-Librium; BGH 15.11.1994 – KVR 29/93, WuW/E BGH 2953 (2957) – Gasdurchleitung; BGH 26.9.1995 – KVR 24/94, WuW/E BGH 3009 (3012) – Stadtgaspreise Potsdam. Die Feststellung der Zuwiderhandlung gehört allerdings nach überwiegender Auffassung nicht in den Tenor der Abstellungsverfügung nach § 32, weil sie lediglich ein Begründungselement darstellt; die oftmals gegenteilige Praxis des BKartAs wird aber als idR unschädlich angesehen, vgl. nur Bornkamm/Tolkmitt in Bunte § 32 Rn. 19 ff. mwN.

[1866] Vgl. etwa BGH 4.3.2008 – KVR 21/07, BGHZ 176, 1 = WuW/E DE-R 2268 – Soda Club II (insbes. Rn. 47 ff.) zu BKartA 9.2.2006 – B3-39/03, WuW/E DE-V 1177 – Soda Club; s. hierzu auch Bornkamm/Tolkmitt in Bunte § 32 Rn. 22; näher zu den Bestimmtheitsanforderungen an kartellbehördliche Verfügungen Bornkamm/Tolkmitt § 32 Rn. 48 ff. mwN.

[1867] Hierzu Markert in Immenga/Mestmäcker, 4. Aufl. 2007, § 19 Rn. 347 ff.

[1868] Vgl. hierzu Lembach in Langen/Bunte, 13. Aufl. 2018, § 64 Rn. 2. Die enumerative Aufzählung der Fälle, in denen eine Beschwerde gegen eine kartellbehördliche Verfügung aufschiebende Wirkung hat, findet sich seit der 10. GWB-Novelle in § 66, s. Bechtold/Bosch § 66 Rn. 1.

liche Wiederherstellung der aufschiebenden Wirkung seiner Beschwerde zu erreichen. Letzteres dürfte wegen der grundsätzlich im öffentlichen Interesse liegenden Markt- und Wettbewerbsöffnung kaum je in Betracht kommen.

**428**    Zum anderen hängt die praktische Durchsetzung der Verfügung maßgeblich davon ab, dass die konkreten Bedingungen für die Zugangsgewährung klar und eindeutig festgelegt werden. Zwar kann sich die Kartellbehörde zunächst mit einer Grundentscheidung über die Verpflichtung des Normadressaten zur Zugangsgewährung begnügen[1869]. Wenn sich aber die Erwartung, dass sich die Parteien danach zügig auf eine angemessene Regelung der Konditionen im Verhandlungswege einigen werden, nicht erfüllt, kann der Zugang des Petenten letztlich nicht erzwungen werden. Daher sollte die kartellbehördliche Verfügung grundsätzlich jedenfalls eine **Obergrenze für das angemessene Zugangsentgelt** festlegen, zumal sie sich (im Gegensatz zum Zugangspetenten) eine Ausgangsbasis für eine solche Festlegung verschaffen kann, indem sie den Inhaber der essential facility nach § 32 verpflichtet, einen Vorschlag zu den aus seiner Sicht angemessenen Zugangskonditionen zu unterbreiten[1870].

**429**    Nach dem insoweit offenen Wortlaut des § 32 Abs. 2 aF konnten schon seit der 7. GWB-Novelle neben verhaltensorientierten **auch strukturelle Abhilfemaßnahmen** angeordnet werden, sofern sie besonderen Anforderungen an die Verhältnismäßigkeit genügten.[1871] Durch die 8. GWB-Novelle ist dies in § 32 Abs. 2 S. 2 ausdrücklich klargestellt worden. Danach kommen strukturelle Eingriffe nur in Betracht, wenn keine gleich wirksamen verhaltensorientierten Abhilfemaßnahmen zur Verfügung stehen oder wenn letztere mit einer größeren Belastung für die beteiligten Unternehmen verbunden wären. Strukturelle Maßnahmen sind dadurch gekennzeichnet, dass sie in die Unternehmenssubstanz eingreifen können. Dazu zählen etwa die Veräußerung von Tochtergesellschaften oder Beteiligungen, die Trennung von Betriebsabteilungen oder einzelnen Vermögensgegenständen.[1872] Auch die Aufgabe oder Veräußerung von Schutzrechten wird hierzu gerechnet. Die Gewährung von Lizenzen stellt dagegen lediglich eine verhaltensorientierte Maßnahme dar,[1873] jedenfalls solange es sich nicht um eine ausschließliche Lizenz handelt.[1874] Auch die Anordnung der Gewährung des Zugangs zu Netzen und Infrastruktureinrichtungen weist zwar einen gewissen strukturellen Bezug auf, bleibt aber letztlich eine verhaltensorientierte Maßnahme, die nicht den besonderen Verhältnismäßigkeitsanforderungen des § 32 Abs. 2 S. 2 unterliegt.

**430**    Ungeachtet des marktstrukturbezogenen Erfordernisses einer marktbeherrschenden Stellung gehören Verstöße gegen § 19 zu den verhaltensbezogenen Kartellverstößen. Denn die Verbotsnorm bezieht sich nicht auf die Existenz der Marktbeherrschung als solcher, sondern auf ihren Missbrauch durch bestimmte Verhaltensweisen. Daraus folgt zunächst, dass mangels Rechtswidrigkeit des bloßen Bestehens von Marktbeherrschung eine **umfassende Entflechtung** zwecks Beseitigung eben dieser Machtposition grundsätzlich **nicht auf § 32 Abs. 2 gestützt werden kann**.[1875] Darüber hinaus kommen einzelne Änderungen an der Unternehmensstruktur oder begrenzte Entflechtungsmaßnahmen aus Gründen der Verhältnismäßigkeit nur in Betracht, „wenn ein erhebliches, durch die Struktur eines

---

[1869] Vgl. BGH 24.9.2002 – KVR 15/01, WuW/E DE-R 979 (982 f.) – Fährhafen Puttgarden I.

[1870] Vgl. Nothdurft in Bunte Rn. 527.

[1871] Vgl. Begr. 2004 S. 33 und ausdrücklich zur Erforderlichkeit einer Verhältnismäßigkeitsprüfung S. 51.

[1872] Vgl. Emmerich → § 32 Rn. 33.

[1873] AA Emmerich → § 32 Rn. 33 aE, der ganz allgemein die Gewährung von Lizenzen als strukurelle Maßnahme ansieht.

[1874] Mit der Exklusivlizenz verpflichtet sich der Lizenzgeber nicht nur wie bei der Alleinlizenz, keine weiteren Lizenzen an Dritte zu erteilen, sondern geht zugleich die weitergehende Verpflichtung ein, die Vertragsprodukte im Vertragsgebiet weder selbst zu produzieren noch aus dem Vertragsgebiet zu liefern, vgl. Klawitter in Wiedemann KartellR-HdB § 14 Rn. 166 ff. Die Erteilung einer Exklusivlizenz kann daher zu dem der Veräußerung von Unternehmensteilen entsprechenden Ergebnis führen, dass der Lizenzgeber selbst aus bestimmten Märkten ausscheidet bzw. auf einen sonst möglichen Marktzutritt verzichtet.

[1875] So auch Begr. 2004 S. 33; Emmerich → § 32 Rn. 33 aE.

Unternehmens als solcher bedingtes Risiko anhaltender oder wiederholter Zuwiderhand-lungen gegeben ist".[1876] Auch wenn die Kartellrechtswidrigkeit eines bestimmten gegen § 19 verstoßenden Verhaltens auch dadurch beendet werden kann, dass ein Unternehmen etwa durch Veräußerung eines Teils seiner Geschäftsaktivitäten seine dominierende Stel-lung im Markt und damit die Eigenschaft als Normadressat verliert, kommt die Anordnung einer so weitgehenden strukturellen Maßnahme nach § 32 Abs. 2 S. 2 mangels Bestehens eines Monopolisierungsverbots grundsätzlich nicht in Betracht. Denn regelmäßig wird es auch weniger gravierende strukturelle Maßnahmen geben, mit denen die Gefahr fortdau-ernder oder wiederholter Kartellrechtsverstöße durch missbräuchliche Verhaltensweisen beseitigt werden kann. Erst wenn „von vornherein keine Chance besteht, das kartellrechts-widrige Verhalten auf andere Weise abzustellen",[1877] dürfen mittels struktureller Abhilfe-maßnahmen die negativen Auswirkungen auf den Wettbewerb dadurch beseitigt werden, dass gezielt die Marktbeherrschung als solche beendet wird. Praktische Beispiele dafür existieren freilich nicht und sind auch kaum vorstellbar.

Nach der durch die 8. GWB-Novelle eingeführten Vorschrift des **§ 32 Abs. 2a** kann die   **431** Kartellbehörde in der Abstellungsverfügung auch eine **Rückerstattung** der aus dem kartellrechtswidrigen Verhalten erwirtschafteten Vorteile anordnen. Damit ist eine Streit-frage entschieden worden, die im Anschluss an ein obiter dictum des BGH im Fall „Stadt-werke Uelzen" entbrannt war. Nach Ansicht des BGH bestanden schon nach alter Rechts-lage „keine grundsätzlichen Bedenken" dagegen, im Rahmen einer Abstellungsverfügung nach § 32 Abs. 2 „auch Maßnahmen anzuordnen, die der Beseitigung einer geschehenen, aber noch gegenwärtigen Beeinträchtigung dienen". Dazu sollte auch die Anordnung gehören, die durch missbräuchliches Verhalten erwirtschafteten Vorteile zurückzuerstat-ten.[1878] In der Literatur stieß diese Ansicht überwiegend auf Ablehnung, da die Abstellungs-verfügung ihrer Natur nach darauf gerichtet sei, „Schädigungen in der Zukunft zu ver-meiden, nicht Vergangenheitsschäden zu beseitigen".[1879] In der Tat ließ sich nach alter Rechtslage die Anordnung von Wiedergutmachungszahlungen nicht als Abstellung eines noch andauernden Verstoßes rechtfertigen.[1880] Mit der expliziten gesetzlichen Erweiterung der kartellbehördlichen Befugnisse ist diesen Bedenken aber nunmehr der Boden entzo-gen.[1881] Aus wettbewerbspolitischer Perspektive ist zu konstatieren, dass die Anordnung der

---

[1876] Erwägungsgrund Nr. 12 Satz 3 zu der VO 1/2003.

[1877] So Bornkamm/Tolkmitt in Bunte § 32 Rn. 32, wobei allerdings nicht ganz klar ist, ob sich diese enge Voraussetzung auf jegliche strukturellen Abhilfemaßnahmen oder nur auf solche beziehen soll, mit denen die marktbeherrschende Stellung als solche beseitigt wird. Nach hier vertretener Auffassung ist Letzteres zu-treffend: Die strukturelle Abhilfemaßnahme darf sich nur dann gezielt auf die Beseitigung der marktbeherr-schenden Stellung beziehen, wenn es keine Alternative zur Beendigung des Verstoßes gibt, insbesondere keine verhaltensorientierten oder weniger gravierenden strukturbezogenen Maßnahmen zur Verfügung stehen. Ein gewissermaßen untrennbar mit der Marktbeherrschung einhergehender Missbrauch ist allerdings schwerlich vorstellbar.

[1878] BGH 10.12.2008 – KVR 2/08, WuW/E DE-R 2538 Rn. 16 – Stadtwerke Uelzen unter Berufung auf Bornkamm in Langen/Bunte, 10. Aufl. 2006, § 32 Rn. 26.

[1879] Bechtold, 6. Aufl. 2010, § 32 Rn. 14; zust. Markert in MüKoWettbR, 1. Aufl. 2008, § 29 Rn. 61 (allerdings unter fälschlicher Berufung auch auf Bornkamm); ausführlich und mit eingehender dogmatischer Begründung Fuchs ZWeR 2009, 176 ff.; s. ferner Reher/Haellmigk WuW 2010, 513 ff.; dem BGH und Bornkamm zust. dagegen Keßler in MüKoWettbR § 32 Rn. 57.

[1880] Näher hierzu Fuchs ZWeR 2009, 176 (193 f., 199 f., 206 ff.). Ein Preishöhenmissbrauch ist bereits mit der Herabsetzung der Preise beendet und nicht erst mit der Durchführung eines Nachteilsausgleichs zuguns-ten der Marktgegenseite. Schon mit der behördlich erzwungenen Preissenkung ist wieder eine kartellrechts-konforme Situation hergestellt. Die Wiedergutmachung der in der Vergangenheit erlittenen Vermögens-einbußen stellt keine zur Beendigung des Normverstoßes erforderliche Maßnahme dar, sondern gehört zur Bewältigung der Folgen der Kartellrechtsverletzung. Auch beim Ausbeutungsmissbrauch geht es nicht primär um den Schutz des Vermögens der Marktgegenseite, sondern um die Korrektur von Markt-ergebnissen als Ausfluss eines marktmachtbedingt grob gestörten Wettbewerbsprozesses. Die in der Ver-gangenheit durch die überhöhten Preise bewirkte Vermögensminderung bei den Betroffenen auf der Markt-gegenseite ist nicht Teil eines anhaltenden Störungszustands, sondern nur die Folge der früheren Störung, die ggf. im Wege des Schadensersatzes zu kompensieren ist.

[1881] So auch Bechtold/Bosch § 32 Rn. 19.

Rückerstattung in Ermangelung effektiver Instrumente des kollektiven Rechtsschutzes ein wirksames und effizientes Instrument vor allem in den Fällen sein kann, in denen ein Preismissbrauch gegenüber einer Vielzahl von Verbrauchern stattgefunden hat, die ihrerseits kaum den individuellen Klageweg beschreiten würden, um ihre Rückzahlungsansprüche geltend zu machen.[1882] Sofern sich die Kartellbehörde auf derartige Konstellationen beschränkt, treten ordnungspolitische Bedenken wegen einer möglichen Instrumentalisierung der im öffentlichen Interesse tätigen Kartellbehörden zur Durchsetzung privater Ansprüche gegenüber Kartellrechtsdelinquenten zurück.

**432** Abgesehen von den Fällen des Preishöhenmissbrauchs ist eine Anordnung der Rückerstattung „der aus dem kartellrechtswidrigen Verhalten erwirtschafteten Vorteile" nach § 32 Abs. 2a auch in den Fällen möglich, in denen ein marktmächtiger Nachfrager sich unter **Verstoß gegen Abs. 2 Nr. 5** sachlich nicht gerechtfertigte Vorteile hat gewähren lassen. Die Wahrscheinlichkeit eines Einschreitens der Kartellbehörde gegen den Verstoß im Rahmen ihres Aufgreifermessens dürfte dabei zwar umso höher sein, je größer der Umfang tatsächlich gewährter Vorteile ist[1883]. Doch sollte die Kartellbehörde im Rahmen ihres Eingreifermessens jedenfalls nicht routinemäßig auch die Rückerstattung der erlangten Vorteile anordnen, solange es den Betroffenen zumutbar ist, insoweit den Zivilrechtsweg zu beschreiten[1884].

**433** Im **Anfechtungsverfahren** gegen Verfügungen des Kartellamts ist das **Beschwerdegericht** auf eine rein kassatorische Entscheidungsbefugnis beschränkt; es darf die angefochtene Verfügung im Falle ihrer Rechtswidrigkeit nicht durch eine andere, rechtlich zulässige Verfügung ersetzen.[1885] Siedelt das Gericht im Falle einer Preisüberhöhungskontrolle die Missbrauchsgrenze höher an als die Kartellbehörde in der angefochtenen Entscheidung, so stellt dies nicht ein unzulässiges Ersetzen eines kartellbehördlichen Verbots durch ein eigenes (vgl. § 76 Abs. 2 = § 71 Abs. 2 aF) dar, sondern eine **zulässige Teilaufhebung.**[1886] Gleiches gilt, wenn eine ursprünglich auf § 32 iVm § 18 Abs. 1 gestützte Verfügung auf der Grundlage des § 32 iVm § 18 Abs. 5 aufrechterhalten wird.[1887] Eine unzulässige eigene Verfügung des Gerichts wäre es dagegen, wenn es ein fehlerhaftes Messkonzept der Kartellbehörde bei der Feststellung einer Missbrauchsgrenze (zB Überschreitung eines Durchschnittspreises) durch das für korrekt gehaltene ersetzen würde (festgestellter Höchstpreis auf dem Vergleichsmarkt).[1888]

**434** **4. Vorteilsabschöpfung.** Der durch die 4. Novelle eingeführte § 34 aF ermöglichte es der Kartellbehörde, einen Mehrerlös abzuschöpfen, den ein Unternehmen auf Grund eines gegen eine Verfügung der Kartellbehörde verstoßenden Verhaltens erlangt hatte. Durch die 7. GWB-Novelle wurde diese Mehrerlösabschöpfung durch die Vorteilsabschöpfung ersetzt. Die Kartellbehörde kann nach § 34 Abs. 1 bei **allen** vorsätzlichen oder fahrlässigen Verstößen gegen deutsches oder europäisches Wettbewerbsrecht den gesamten durch den Verstoß erlangten wirtschaftlichen Vorteil abschöpfen. Zu diesem wirtschaftlichen Vorteil zählt nach den zu § 17 Abs. 4 OWiG entwickelten und hier entsprechend heranzuziehen-

---

[1882] Die subsidiäre Vorteilsabschöpfung durch die Kartellbehörde (§ 34) und nachrangig durch Verbände (§ 34a) kann diese Funktion nicht übernehmen, sondern allenfalls verhindern, dass dem Kartellsünder Vorteile aus dem Verstoß verbleiben. Auch insoweit sind die praktischen Erfahrungen allerdings nicht ermutigend, was zuletzt an der Ausgestaltung und fehlenden Anreizen zum Einsatz dieser Instrumente liegt.

[1883] Murach in Kersting/Podszun 9. GWB-Novelle Kap. 3 Rn. 9.

[1884] Restriktiver (noch zum alten Recht vor Einführung des § 32 Abs. 2a) Köhler WRP 2006, 139 (144), der eine Anordnung zur Rückerstattung nur zulassen wollte, wenn die Rückzahlung an die betroffenen Anbieter anders rechtlich nicht möglich ist.

[1885] S. nur Bechtold/Bosch § 76 Rn. 6 f.; BGH 18.5.1993 – KVZ 10/92, WuW/E BGH 2869 (2871) – Pauschalreisen-Vermittlung II.

[1886] BGH 3.7.1976 – 4/75, WuW/E BGH 1435 (1438) – Vitamin-B-12; BGH 16.12.1976 – 2/76, WuW/E BGH 1445 (1446) – Valium.

[1887] So zu § 22 aF = § 19 nF BGH 12.2.1980 – KVR 3/79, WuW/E BGH 1678 (1679 ff.) – Valium II; dazu Markert Schwerpunkte 1978/79, 87 (93).

[1888] Vgl. KG 22.12.1982 – Kart 29/82, WuW/E OLG 2935 (2941) – BAT Am Biggenkopf Süd.

den Rechtsgrundsätzen nicht nur der in Geld bestehende Gewinn, sondern auch jeder sonstige wirtschaftliche Vorteil, wie zB eine Verbesserung der Marktposition.[1889] Gegenüber individuellen Schadensersatzansprüchen Dritter und gegenüber Geldbußen ist die Vorteilsabschöpfung subsidiär, sofern dadurch der wirtschaftliche Vorteil entzogen ist (§ 34 Abs. 2).[1890]

Bei einem **vorsätzlichen** Kartellrechtsverstoß, durch den eine **Vielzahl von Abneh-** 435 **mern oder Anbietern geschädigt** worden sind, besteht nach **§ 34a** auch ein **subsidiärer Anspruch von Verbänden** iSd § 33 Abs. 4 (Abs. 2 aF) auf Vorteilsabschöpfung. Mangels wirtschaftlicher Anreize zur Geltendmachung – der abgeschöpfte wirtschaftliche Vorteil ist abzüglich einer Erstattung der erforderlichen Aufwendungen (§ 34a Abs. 4)[1891] an den Bundeshaushalt herauszugeben (§ 34a Abs. 1) – hat dieses Instrument, soweit ersichtlich, bislang keine praktische Bedeutung erlangt.

## III. Bußgeldverfahren

Ein Bußgeldverfahren gegen marktbeherrschende Unternehmen kommt nach **§ 81** 436 **Abs. 2 Nr. 1** bei missbräuchlicher Ausnutzung einer marktbeherrschenden Stellung nach § 19 in Betracht. Die **Vermutungen** des § 18 Abs. 4, Abs. 6 **gelten im Bußgeldverfahren nicht** (→ § 18 Rn. 200, 202). Aufgrund des quasi-strafrechtlichen Charakters müssen alle Tatbestandsmerkmale zweifelsfrei feststehen. Die 7. Novelle hat den Sanktionsrahmen für schwere Kartellrechtsverstöße auf 1 Mio. Euro ausgedehnt sowie die bisherige mehrerlösbezogene Bußgeldbemessung durch eine Obergrenze von bis zu 10 % des Jahresumsatzes des gegen das Kartellrecht verstoßenden Unternehmens ersetzt.[1892] Daran hat der Gesetzgeber bei der Neugestaltung der Bußgeldtatbestände im Zuge der 10. GWB-Novelle festgehalten (vgl. § 81c Abs. 2). Bußgelder können dem europäischen Vorbild entsprechend auch einen reinen Ahndungszweck verfolgen, ohne gleichzeitig den wirtschaftlichen Vorteil abzuschöpfen (vgl. § 81d Abs. 3 S. 2).

## IV. Zivilrechtliche Folgen

**1. Nichtigkeit nach § 134 BGB.** Im Rahmen der 7. GWB-Novelle wurde § 19 in 437 einen unmittelbar wirkenden Verbotstatbestand umgeformt. Dadurch ist § 134 BGB grundsätzlich anwendbar,[1893] und zwar auf einseitige (zB Vertragskündigungen) wie zweiseitige Rechtsgeschäfte (zB Ausschließlichkeitsverträge), die gegen das Missbrauchsverbot des § 19 verstoßen.[1894] Die Norm ordnet die Nichtigkeit aber nur insoweit an, als die **Nichtigkeitsfolge** mit dem **Normzweck des jeweiligen gesetzlichen Verbotstatbestands** in Einklang steht.[1895] Über § 139 BGB können die nicht betroffenen Teile eines Vertrages ggf. aufrechterhalten bleiben.[1896]

---

[1889] Begr. 2004 S. 55.
[1890] Zum Verhältnis zwischen Vorteilsabschöpfung und Schadensersatzanspruch vgl. Roth FS Huber, 2006, 1133 (1147 f.).
[1891] Der Aufwendungsersatzanspruch besteht zudem nur, wenn der Anspruch erfolgreich durchgesetzt werden konnte, da er auf die Höhe des an den Bundeshaushalt abgeführten wirtschaftlichen Vorteils beschränkt ist, Bechtold/Bosch § 34a Rn. 13.
[1892] Vgl. zur (umstr.) Interpretation als Bußgeldobergrenze (statt wie im europäischen Recht Kappungsgrenze) BGH 26.3.2013 – KRB 20/12, NZKart 2013, 195 Rn. 50 ff. – Grauzementkartell; bestätigt durch BGH 3.6.2014 – KRB 46/13, NZKart 2014, 513 (514) – Silostellgebühren II; aus der Lit. Bechtold/Bosch § 81c Rn. 4 mwN.
[1893] Ebenso Bechtold/Bosch Rn. 95; Deister in Schulte/Just Rn. 192; Weyer AG 1999, 257 (258).
[1894] BGH 7.3.1989 – KZR 15/87, BGHZ 107, 273 = WuW/E BGH 2584 (2587) – Lotterievertrieb; 24.6.2003 – KVR 32/01, WuW/E DE-R 1144 (1146) – Schülertransporte; 17.12.2013 – KZR 66/12, WuW/E DE-R 4159 (4170) – Stromnetz Berkenthin; OLG Düsseldorf 7.4.1987 – U Kart 14/86, WuW/E OLG 4056 (4058) – Schlachthof-Benutzung; OLG München 28.3.1996 – U (K) 4720/95, WuW/E OLG 5735 (5741) – Biomüll; van Venrooy BB 1979, 555 ff.
[1895] Vgl. BGH 8.12.2020 – KZR 124/18, NZKart 2021, 302 Rn. 24 – Konkurrenz für Schilderpräger II.
[1896] Deister in Schulte/Just Rn. 192.

**438**　a) **Behinderungsmissbrauch.** Bei einem Verstoß gegen das **Behinderungs- oder Diskriminierungsverbot** des Abs. 2 Nr. 1, das ungerechtfertigte Beeinträchtigungen der Betätigungsmöglichkeiten anderer Unternehmen im Wettbewerb verhindern soll, verlangt die ratio legis nur dann die Nichtigkeit eines Rechtsgeschäfts nach § 134 BGB, wenn sich der **Verstoß unmittelbar aus dem betreffenden Rechtsgeschäft** ergibt und nicht ohne dessen Aufhebung beendet werden kann.[1897] Dies gilt etwa für Ausschließlichkeitsbindungen, durch die Dritte beim Marktzugang unbillig behindert werden (→ Rn. 177 ff.), oder für Absicherungsklauseln, die Lieferanten hindern sollen, auch anderen Anbietern Sondervorteile zu gewähren (→ Rn. 197).

**439**　Im Übrigen ergeben sich die wettbewerbswidrigen Wirkungen einer unbilligen Behinderung oder Diskriminierung häufig erst faktisch aus dem Zusammenwirken mit weiteren externen, außerhalb des fraglichen Vertrages oder Rechtsgeschäfts liegenden Umständen, so dass sich ähnliche Fragen stellen wie bei der Abgrenzung von unwirksamen „Ausführungs-„ und wirksamen **„Folgeverträgen"** bei Verstößen gegen das Kartellverbot.[1898] Insbes. sind generell Eingriffe in Rechtspositionen Dritter, die an dem missbräuchlichen Verhalten nicht beteiligt sind, zu vermeiden.[1899] Nicht anwendbar ist § 134 BGB etwa bei Bevorzugung einzelner Marktpartner, solange die darin liegende sachlich nicht gerechtfertigte Ungleichbehandlung unter Aufrechterhaltung dieser Verträge durch Abschluss vergleichbar vorteilhafter Verträge mit den benachteiligten Unternehmen möglich ist oder für die Durchsetzung der Interessen der Beeinträchtigten Schadensersatz- und Unterlassungsansprüche ausreichen.[1900] Dagegen ist eine etwaige Verpflichtung, keinen Anspruch auf Gleichbehandlung geltend zu machen, nach § 134 BGB nichtig.[1901]

**440**　Die gleiche Rechtsfolge trifft regelmäßig einseitige Rechtsgeschäfte, die gegen Abs. 2 Nr. 1 verstoßen, wie etwa die unberechtigte **Kündigung** von Vertragshändler- oder sonstigen Verträgen, auf deren Fortführung der Betroffene wegen der Existenz einer Kontrahierungspflicht des Normadressaten einen Anspruch hat.[1902]

**441**　Sofern sich die Nichtigkeit nach § 134 BGB wegen eines Verstoßes gegen Abs. 2 Nr. 1 nur auf einzelne Bestimmungen eines Vertrages bezieht[1903], ist zwar nach **§ 139 BGB** im Zweifel der gesamte Vertrag nichtig. Etwas anderes gilt aber, wenn eine **salvatorische Klausel** existiert und der nicht gegen Abs. 2 Nr. 1 verstoßende Rest des Vertrages für sich allein noch eine sinnvolle Regelung darstellt.[1904] Im Fall einer zu **kurzen Kündigungsfrist**

---

[1897] Vgl. Nothdurft in Bunte Rn. 569 (Nichtigkeit von Verträgen, die den Verstoß gegen das Verbot „unmittelbar enthalten oder seine Wirkungen herbeiführen"); van Venrooy BB 1979, 556 (558). Aus der Rechtsprechung zB OLG Düsseldorf 17.12.2008 – U (Kart) 15/08, WuW/E DE-R 2522 (2525) – Schilderprägestelle Bad Salzuflen; OLG Koblenz 13.7.1989 – U 1311/86 Kart, WuW/E OLG 4517 (4521) – Dürkheimer Wurstmarkt; OLG München 28.3.1996 – U (K) 4720/95, WuW/E OLG 5735 – Biomüll.

[1898] So auch Bechtold/Bosch Rn. 98; vgl. zu dieser Unterscheidung im Rahmen des § 1 GWB Zimmer → § 1 Rn. 62; Bechtold/Bosch § 1 Rn. 97; Krauß in Bunte § 1 Rn. 374 f. jeweils mwN.

[1899] Vgl. etwa OLG Karlsruhe 25.6.1997 – 6 U 37–97 Kart, WuW/E DE-R 59 (60) – Kfz-Schilderpräger (keine Nichtigkeit bei Eingriff in den im Übrigen kartellrechtsneutrales Rechtsgeschäft).

[1900] BGH 17.12.2013 – KZR 66/12, WuW/E DE-R 4159 (4175) – Stromnetz Berkenthin (für Konzessionsverträge nach § 46 Abs. 2 EnWG); allgemein: Van Venrooy BB 1979, 556 (557 f.); aA Martin-Ehlers ZWeR 2005, 163 ff.

[1901] BGH 30.9.1971 – KZR 12/70, WuW/E BGH 1200 (1204) – Vermittlungsprovision für Flugpassagen.

[1902] Vgl. BGH 7.3.1989 – KZR 15/87, WuW/E BGH 2584 (2587) – Lotterievertrieb; BGH 24.6.2003 – KZR 32/01, WuW/E DE-R 1144 (1145) – Schülertransporte; WuW/E DE-R 1541 (1542 f.) – Sparberaterin II; OLG Stuttgart 11.5.1984 – 2 U 58/84, WuW/E OLG 3415; Bechtold/Bosch GWB § 19 Rn. 96; Ebenroth S. 169 ff.; Emde NZKart 2013, 355 (360 f.); van Venrooy BB 1979, 556 (558).

[1903] Zu prüfen ist auch die Möglichkeit einer geltungserhaltenden Reduktion problematischer Vertragsbestimmungen, die in Betracht kommt, wenn bereits die teilweise Nichtigkeit den Schutzzweck des Abs. 2 Nr. 1 voll erfüllt; vgl. zur Anpassung wettbewerbswidriger Vertragsbestimmungen und Beschränkung auf das noch zulässige Maß zB BGH 10.2.2004 – KZR 39/02, WuW/E DE-R 1305 (1306) – Restkaufpreis; jüngst BGH 8.12.2020 – KZR 124/18, NZKart 2021, 302 Rn. 28 – Konkurrenz für Schilderpräger II.

[1904] Zur Bedeutung salvatorischer Klauseln BGH 24.9.2002 – KZR 10/01, WuW/E DE-R 1031 (1032) – Tennishallenpacht; jüngst BGH 8.12.2020 – KZR 124/18, NZKart 2021, 302 Rn. 29 – Konkurrenz für Schilderpräger II; ausführlich zu Teilnichtigkeit, Anwendung des § 139 BGB, salvatorischen Klauseln und

kann eine geltungserhaltende Reduktion mit umgekehrter Stoßrichtung angewendet werden; dies führt dazu, dass eine zu kurz bemessene Kündigungsfrist der Parteien durch die kartellrechtlich gebotene Kündigungsfrist ersetzt wird.[1905] Ergibt sich umgekehrt die unbillige Behinderung dritter Unternehmen aus einer **zu langen Laufzeit des Vertrags** (bzw. einer dem Vertragspartner des Marktbeherrschers eingeräumten Verlängerungsklausel), kommte eine **teleologische Reduktion** auf eine zulässige Vertragsdauer in Betracht. Denn § 19 Abs. 2 Nr. 1 soll hier lediglich die Bevorzugung einzelner Marktteilnehmer durch die Gewährung langfristiger vertraglicher Rechte und nicht den Vertragsschluss als solchen verhindern. Die missbilligte Beeinträchtigung der Wettbewerbschancen anderer Unternehmen wird in diesen Fällen bereits durch die Rückführung auf ein zulässiges, von den Konkurrenten hinzunehmendes zeitliches Maß beseitigt.[1906]

**b) Ausbeutungsmissbrauch.** Nach der Zielsetzung des **Ausbeutungsmissbrauchs** **442** werden Unternehmen auf der vor- oder nachgelagerten Wirtschaftsstufe vor überhöhten Preisen und unvorteilhaften Geschäftsbedingungen geschützt. So hat das OLG Düsseldorf einen mehrjährigen Mietvertrag als nach **§ 134 BGB iVm § 19 Abs. 2 Nr. 2** nichtig eingestuft, weil dieser dem Mieter durch ein Optionsrecht und eine umfassende Konkurrenzschutzklausel erlaubte, das einzig für einen Konkurrenzbetrieb in der Nachbarschaft in Frage kommende Grundstück zu blockieren.[1907] Auf Verbraucher kann dieser Schutz und die Anwendung von § 134 BGB nur erstreckt werden, soweit sie direkte Abnehmer sind, da sonst der Rahmen einer Wettbewerbsordnung gesprengt würde.

Es stellt sich aber die Frage, ob Verträge im Wege einer teleologischen Reduktion der **443** Nichtigkeitsfolge gem. § 134 BGB an wettbewerbsanaloge Preise und Konditionen anzupassen sind (sog. **geltungserhaltende Reduktion**) bzw. sich die Nichtigkeitssanktion von vornherein nur auf den überhöhten Betrag beschränkt **(Teilnichtigkeit).**[1908] Nach den allgemeinen zivilrechtlichen Grundsätzen sind bei Verstößen gegen Preisbestimmungen die Geschäfte zu dem zulässigen Preis aufrechtzuerhalten, da sie preiswidrige Verträge nicht gänzlich unterbinden wollen, sondern nur die preisgünstige Versorgung der Abnehmer durch Aufrechterhaltung der Rechtsgeschäfte bezwecken.[1909] Dementsprechend hat der BGH in einer neueren Entscheidung zur kartellrechtlichen Zulässigkeit der Preisspaltung zwischen Tarif- (Grundversorgungs-) und Sondervertragskunden bei der Stromversorgung in einem obiter dictum unter Hinweis auf § 134 BGB ausgeführt, dass bei einem Preishöhenmissbrauch unter Verstoß gegen § 29 bzw. § 19 Abs. 1 iVm Abs. 2 Nr. 2 GWB „lediglich der überhöhte Betrag nicht verlangt werden" könne.[1910] Zwar hat sich der BGH dabei explizit auf den Zweck des § 36 EnWG gestützt, einen vertragslosen Zustand zu vermeiden. Einer Übertragung des erwähnten Grundsatzes auf andere Fälle des Erwerbs von Leistungen oder Produkten zu überhöhten Preisen stehen jedoch keine überzeugenden Gründe entgegen. In der Regel beschränkt sich die Nichtigkeitssanktion aus § 134 BGB daher auf den **Überhöhungsbetrag,** während der Vertrag im Übrigen wirksam

---

den Voraussetzungen einer geltungserhaltenden Reduktion Krauß in Bunte § 1 Rn. 355 ff.; Zimmer → § 1 Rn. 65 ff. jeweils mwN.

[1905] OLG Düsseldorf 5.8.2020 – VI-U (Kart) 10/20, NZKart 2020, 483, 485 – Ordentliche Kündigung eines Händlervertrages.

[1906] BGH 8.12.2020 – KZR 124/18, NZKart 2021, 302 Rn. 21 ff., 28 – Konkurrenz für Schilderpräger II mwN.

[1907] OLG Düsseldorf 17.12.2008 – U (Kart) 15/08, WuW/E DE-R 2522 – Schilderprägestelle Bad Salzuflen; vgl. dazu auch OLG Saarbrücken 3.5.2007 – 8 U 253/06, WuW/E DE-R 2025 – Mietvertrag mit Schilderpräger.

[1908] Für Teilnichtigkeit der missbräuchlichen Preisabrede und Schließung der Vertragslücke im Wege der ergänzenden Vertragsauslegung durch den wettbewerbsanalogen Preis (ohne Erheblichkeitszuschlag) Säcker ZWeR 2008, 348 (355, 362).

[1909] S. Seibl/Fischinger/Hengstberger in Staudinger (2021) § 134 Rn. 117 ff.; Ellenberger in Grüneberg, 81. Aufl 2022, § 134 Rn. 27 jeweils mwN.

[1910] BGH 7.3.2017 – EnZR 56/15, NZKart 2017, 245 Rn. 23 – Preisspaltung; zust. Nothdurft in Bunte Rn. 569.

bleibt.[1911] Es erscheint nur konsequent, dem verbotswidrig handelnden Marktbeherrscher einen Erfüllungsanspruch hinsichtlich des missbräuchlich überhöhten Preises zu versagen. Ist der überteuerte Preis bereits bezahlt worden, hat der Betroffene gegen den Normadressaten neben einem Bereicherungsanspruch aus § 812 Abs. 1 Alt. 1 BGB auch einen Schadensersatzanspruch nach § 33a, sofern es nicht ausnahmsweise an einem Verschulden des Marktbeherrschers fehlt.

**444**  Eine **Beschränkung der Nichtigkeit** gem. § 134 BGB **auf deutliche Verstöße** kommt dagegen **nicht** in Betracht,[1912] da sie dem Verbotscharakter des § 19 Abs. 1 iVm Abs. 2 Nr. 2 widerspräche. Im Übrigen kann sich die **Nichtigkeit** des Vertrags bei derartigen Verstößen auch **aus § 138 BGB** ergeben.[1913] Ein Vertrag kann auch aus mehreren Gründen nichtig sein, so nach § 19 iVm § 134 BGB und zugleich wegen Sittenwidrigkeit.[1914]

**445**  **c) Verstöße gegen Abs. 2 Nr. 5.** Kommt es nach einer unzulässigen Aufforderung zu einer Vereinbarung über die Gewährung nicht gerechtfertigter Vorteile, hat der Verstoß gegen das Verbot des Abs. 2 Nr. 5 regelmäßig die **Nichtigkeit** dieses Rechtsgeschäfts zur Folge. Denn Abhilfe ist nur durch Beseitigung der verbotswidrig erreichten Vorzugsstellung zu erreichen. Zudem entspricht es Sinn und Zweck der Norm, zu verhindern, dass der rechtswidrig handelnde Nachfrager den erreichten Vorteil behält.[1915] Daher ist die unzulässige Vereinbarung von Vorzugskonditionen nichtig. Eine geltungserhaltende Reduktion oder Aufspaltung der sachlich nicht gerechtfertigten Forderung kommt nicht in Betracht.[1916] Soweit verbotswidrige Vorteile bereits gewährt worden sind, kann der betreffende Lieferant das unter Verstoß gegen Abs. 2 Nr. 5 Geleistete nach § 812 Abs. 1 S. 1 Alt. 1 BGB zurückfordern. Da er selbst nicht gegen diesen Verbotstatbestand (und idR auch nicht gegen Abs. 2 Nr. 1) verstößt, steht § 817 S. 2 BGB nicht entgegen.[1917]

**446**  **2. Kartellrechtliche Beseitigungs-, Unterlassungs- und Schadensersatzansprüche. a) Aktivlegitimation der Betroffenen.** Die frühere Diskussion um den Schutzgesetzcharakter des § 19[1918] hat seit der Neufassung des § 33 durch die 7. GWB-Novelle ihre Bedeutung verloren. Das Schutzgesetzerfordernis wurde insbesondere vor dem Hintergrund fallen gelassen,[1919] dass nach der Rechtsprechung des EuGH grundsätzlich „jedermann" die volle Kompensation des durch einen Kartellverstoß erlittenen Schadens verlangen kann.[1920] Dementsprechend kann nunmehr **jeder Betroffene** bei allen Kartellrechtsverstößen auch ohne Verschulden des Täters Beseitigung[1921] und bei Wiederholungs-

---

[1911] Ebenso Wolf in MüKoWettbR Rn. 214 mwN. Für Teilnichtigkeit nach §§ 134, 138 BGB und Ersetzung der unwirksamen Preis- oder Konditionenregelung im Wege ergänzender Vertragsauslegung „durch die angemessene Regelung, die faire Vertragspartner in Kenntnis der Unwirksamkeit getroffen hätten" Säcker ZWeR 2008, 348 (352 ff., 362).

[1912] Vgl. aber Weyer AG 1999, 257 (258).

[1913] So hält das LG München zB eine missbräuchliche Koppelungsverpflichtung regelmäßig auch für sittenwidrig, LG München 26.2.1982 – 21 O 17254/81, WuW/E LG/AG 501 – Trabrennkalender. Weitergehend für regelmäßige Nichtigkeit sowohl nach § 134 BGB als auch § 138 BGB Säcker ZWeR 2008, 348 (355 ff.); wohl auch Wolf in MüKoWettbR Rn. 214.

[1914] Für Spezialität des § 134 BGB ggü. § 138 BGB aber BGH 12.1.1970 – VII ZR 48/68, BGHZ 53, 152 (160); grundsätzlich auch Armbrüster in MüKoBGB, 9. Aufl. 2021, BGB § 138 Rn. 4 und Fischinger in Staudinger, 7. Aufl. 2021, BGB § 138 Rn. 17 ff. die nur bei „besonderen sittenwidrigkeitsbegründenden Umständen" beide Normen nebeneinander anwenden wollen.

[1915] Lehmann WRP 1984, 185; Köhler BB 1998, 115 f.; Köhler FS Tilmann, 2003, 693 (702); Köhler WRP 2006, 139 (145); Säcker/Mohr WRP 2010, 1 (24).

[1916] Ebenso Gayk in Bauer/Rahlmeyer/Schöner VertriebsKartellR-HdB § 23 Rn. 74.

[1917] Köhler BB 1999, 117 (118); Köhler FS Tilmann, 2003, 693 (702); Köhler WRP 2006, 139 (145).

[1918] Vgl. Immenga/Mestmäcker, 3. Aufl. 2001, Rn. 249 f.

[1919] Vgl. BegrRegE BT-Drs. 15/5049, 49.

[1920] EuGH 20.9.2001 – C-453/99, Slg. 2001, I-6297 – Courage.

[1921] Ausf. zum Beseitigungsanspruch Fritzsche WRP 2006, 42 ff.; Roth FS Huber, 2006, 1133 (1143 ff.); Fuchs ZWeR 2009, 176 (186 ff.).

gefahr Unterlassung verlangen (§ 33 Abs. 1 S. 1).[1922] Betroffen ist nach § 33 Abs. 3, wer als Mitbewerber oder sonstiger Marktbeteiligter durch den Verstoß beeinträchtigt ist. Beseitigungs- und Unterlassungsansprüche nach § 33 Abs. 1 S. 1 können auch durch bestimmte Wirtschafts- und Verbraucherverbände geltend gemacht werden (§ 33 Abs. 4). Bei einem vorsätzlichen oder fahrlässigen Kartellrechtsverstoß gewährt § 33a Abs. 1 einen Schadensersatzanspruch.[1923]

Der Kreis der potentiell Anspruchsberechtigten ist denkbar weit zu ziehen. Er umfasst **447** nicht nur die **unmittelbar** durch das missbräuchliche Verhalten **Geschädigten,** also zB beim Behinderungsmissbrauch nach Abs. 2 Nr. 1 die von Verdrängungspraktiken betroffenen Wettbewerber des Marktbeherrschers und bei Ausbeutungs- und Strukturmissbräuchen nach Abs. 2 Nr. 2 und Nr. 3 Unternehmen auf der Marktgegenseite[1924]. Darüber hinaus erstreckt sich auch auf nur **mittelbar Betroffene**[1925]. Für die mittelbaren Abnehmer von kartellbefangenen Waren oder Dienstleistungen ist dies schon seit der grundlegenden Entscheidung des BGH aus dem Jahr 2011 im Fall „ORWI" weitgehend geklärt.[1926] Spätestens mit der Umsetzung der europäischen Kartellschadensersatzrichtlinie (RL 201/104/EU) durch die 9. GWB-Novelle steht dies außer Zweifel; zudem ist geklärt, dass die gleichen Grundsätze auch für Verstöße gegen § 19 gelten[1927]. Daher können etwa Schadensersatzansprüche wegen missbräuchlicher Preisüberhöhungen auch von indirekten Abnehmern der davon betroffenen Produkte auf nachfolgenden Marktstufen geltend gemacht werden, sofern der unmittelbare Abnehmer die überhöhten Preise auf sie abgewälzt hat. Nach § 33c Abs. 2 wird dem Grunde nach zugunsten eines mittelbaren Abnehmers widerleglich vermutet, dass der Preisaufschlag auf ihn abgewälzt wurde. Neben dem Preisüberhöhungsschaden ist auch ein entgangener Gewinn, der aus dem Mengeneffekt resultiert (geringere Absatzmenge wegen des höheren Preises), nach § 252 BGB ersatzfähig[1928].

Auf der anderen Seite kann der Marktbeherrscher gegenüber dem klagenden direkten **448** oder mittelbaren Abnehmer den **Einwand der Schadensabwälzung (§ 33c Abs. 1)** geltend machen. Die vom BGH in der „ORWI"-Entscheidung[1929] grundsätzlich bejahte, aber an restriktive Voraussetzungen[1930] geknüpfte Möglichkeit der passing-on defense ist nach Umsetzung der europäischen Kartellschadensersatzrichtlinie durch die 9. GWB-Novelle in noch weiterem Umfang zulässig. Denn § 33c Abs. 1 S. 2 sieht nunmehr **einschränkungslos und zwingend** die Berücksichtigung des Einwands der Schadensabwälzung vor, sofern die tatbestandlichen Voraussetzungen der Norm erfüllt sind[1931]. Danach ist der Schaden des Abnehmers (, der nach Satz 1 eine Ware oder Dienstleistung zu einem übersteuerten Preis bezogen hat,) „ausgeglichen, soweit der Abnehmer einen Preisaufschlag, der durch einen Verstoß nach § 33a Abs. 1 verursacht worden ist, an seine Abnehmer

---

[1922] So auch Deister in Schulte/Just Rn. 194.

[1923] Zur neueren Entwicklung bezüglich der Verjährungsvorschriften s. nur Pohlmann WuW 2013, 357 ff.

[1924] Bornkamm/Tolkmitt in Bunte § 33 Rn. 53; Roth in FK-KartellR § 33 Rn. 70 ff.; Fuchs in Fuchs/Weitbrecht PrivKartellRDurchs.-HdB § 4 Rn. 111.

[1925] Bornkamm/Tolkmitt in Bunte § 33 Rn. 42; Fuchs in Fuchs/Weitbrecht PrivKartellRDurchs.-HdB § 4 Rn. 112.

[1926] BGH 28.6.2011 – KZR 75/10, WuW/E DE-R 3431 Rn. 23 – ORWI.

[1927] Vgl. nur den Wortlaut des § 33c Abs. 2, der für die gesetzliche Vermutung einer Schadensabwälzung zugunsten mittelbarer Abnehmer explizit Verstöße gegen § 19 und Art. 102 AEUV einbezieht.

[1928] Bechtold/Bosch § 33c Rn. 5.

[1929] BGH 28.6.2011 – KZR 75/10, BGHZ 190, 145 – ORWI.

[1930] Dazu gehört neben strengen Anforderungen an die Darlegung des adäquaten Kausalzusammenhangs zwischen dem Kartell und der Weiterwälzung des Schadens insbes. das Postulat der Schadensfreiheit nach Saldierung sämtlicher Vor- und Nachteile aus dem Bezug der kartellbefangenen Produkte und ihrer anschließenden Weiterveräußerung, vgl. BGH 28.6.2011 – KZR 75/10, BGHZ 190, 145 Rn. 59 f., 69 – ORWI; näher hierzu Fuchs in Fuchs/Weitbrecht PrivKartellRDurchs.-HdB Rn. 89 ff., 98 ff. mwN.

[1931] Im Ergebnis ebenso Ascheberg JURA 2016, 1101 (1108); Kersting/Podszun/Kersting Kap. 7 Rn. 79; Kühne/Woitz DB 2015, 1028 (1030); Makatsch/Mir EuZW 2015, 7 (12); Monopolkommission Hauptgutachten XXI Rn. 130; Schweitzer NZKart 2014, 335 (338); Stomper WuW 2016, 410 (412); Thomas ZHR 180 (2016), 45 (68 f.); aA wohl Krohs Kölner Komm KartellR § 33 Rn. 101; Lettl WM 2016, 1961 (1962); Petrasincu WuW 2016, 330 (331).

(mittelbare Abnehmer) weitergegeben hat (Schadensabwälzung)". Raum für zusätzliche Voraussetzungen oder Restriktionen, etwa aus teleologischen, am Zweck des Kartellschadensersatzes orientierten Gründen, besteht nicht mehr. Damit **löst sich** § 33c Abs. 1 S. 2 GWB **ein Stück weit von dem allgemeinen zivilrechtlichen Institut der Vorteilsausgleichung, die** nicht nur ein Kausalitäts-, sondern **vor allem ein Wertungsproblem** darstellt[1932]. So ist nach der zivilrechtlichen Rechtsprechung ein Vorteil dann anzurechnen, wenn er mit dem Schadensereignis in adäquat kausalem Zusammenhang steht, seine Anrechnung dem Zweck des Schadensersatzes entspricht und der Schädiger dadurch nicht unbillig entlastet wird[1933]. Nicht anzurechnen sind etwa Versicherungsleistungen oder freiwillige Unterstützungen durch Dritte, aber auch Vorteile aus eigener Tätigkeit des Geschädigten, um die Schadenswirkung abzumildern[1934].

**449**     Angesichts der eindeutigen Regelung in Art. 13 RL sah der deutsche Gesetzgeber aber wohl keine andere Wahl, als die einschränkungslose Anerkennung des passing on-Einwands im deutschen Kartelldeliktsrecht festzuschreiben[1935]. Wegen der pauschalen Vorgabe der RL und der Pflicht zu einer richtlinienkonformen Auslegung bleibt auch für den Rechtsanwender **kein Raum,** im Einzelfall **aus Sinn und Zweck** des kartellrechtlichen Schadensersatzes **Restriktionen für die Zulassung des Abwälzungseinwands abzuleiten**[1936]. Einschränkungen scheinen lediglich auf der Ebene der Kausalität möglich. So könnte etwa in bestimmten Situationen eine „Weitergabe" des Preisaufschlags zu verneinen sein, weil die Durchsetzung eines höheren Preises gegenüber den mittelbaren Abnehmern nur aufgrund besonderer Vertriebsanstrengungen des Direktabnehmers möglich war und damit letztlich nicht mehr auf der Kartellabsprache beruht.

**450**     An einer Weitergabe an seine „Abnehmer" fehlt es, wenn der Kartellgeschädigte **öffentliche Zuwendungen** erhalten hat. Fraglich ist, ob (außerhalb der Vermutung des § 33c Abs. 2 GWB) auf diesen Fall die allgemeinen Grundsätze zur Vorteilsausgleichung anwendbar sind. Das LG Dortmund verneint dies und sieht eine wertungsmäßige Parallele zum Verhältnis zwischen Unterhaltsberechtigten und -verpflichteten, sodass in analoger Anwendung des § 843 Abs. 4 BGB eine schadensmindernde Anrechnung ausscheiden soll[1937]. Im Ergebnis wird man jedoch differenzieren müssen: Sofern eine direkte Beziehung zwischen der Höhe der Zuwendung und dem kartellbedingt erhöhten Beschaffungspreis besteht, dürfte es an der wertungsmäßigen Vergleichbarkeit für eine Analogie zu § 843 Abs. 4 BGB fehlen. Etwas anderes gilt dagegen, wenn die öffentliche Zuwendung pauschal und unabhängig von der Schädigungshandlung gezahlt wird[1938]. Dann findet keine Anrechnung

---

[1932] Vgl. BGH 28.6.2007 – VII ZR 81/06, BGHZ 173, 83 Rn. 18; 19.6.2008 – VII ZR 215/06, NJW 2008, 2773 Rn. 7; 28.6.2011 – KZR 75/10, NJW 2012, 928 Rn. 57 ff.

[1933] Vgl. nur Deutsch/Ahrens DeliktsR Rn. 634; Grüneberg in Grüneberg, 81. Aufl. 2022, BGB Vor § 249 Rn. 68 mwN aus der Rspr.

[1934] Deutsch/Ahrens DeliktsR Rn. 635.

[1935] So die ganz hM, die in Art. 13 RL eine entsprechende zwingende Vorgabe erblickt, vgl. nur Kersting WuW 2014, 564 (569 f.); Makatsch/Mir EuZW 2015, 7 (12); Müller-Graff ZHR 179 (2015), 691 (700); Kersting/Podszun/Kersting 9. GWB-Novelle Kap. 7 Rn. 79 mwN; aA Lettl WRP 2015, 537 Rn. 35; Petrasincu WuW 2016, 330 (331); Stauber/Schaper NZKart 2014, 346 (351 f.).

[1936] So auch Fritzsche NZKart 2017, 630 (635) gegen Petrasincu WuW 2016, 330 (332), der den Abwälzungseinwand bei Streuschäden nicht zulassen will, weil er mangels Durchsetzung der geringen Ansprüche faktisch zur Nichthaftung des Schädigers im Widerspruch zu Art. 12 Abs. 1 der Richtlinie führen würde. Die Anwendbarkeit der passing-on defense im Falle von Streuschäden bezweifelnd auch OLG München 8.3.2018 – U 3497/16, NZKart 2018, 230 (233) – Schadensersatz Schienenkartell (Landeshauptstadt München), allerdings zur früheren Rechtslage (GWB 2005).

[1937] LG Dortmund 21.12.2016 – 8 O 90/14 (Kart), NZKart 2017, 86 = WuW 2017, 98; krit. hierzu Bernhard EWiR 2017, 513 f.; grds. gegen die Anrechnung öffentlicher Zuwendungen unter Hinweis auf BGH 4.4.2000 – XI ZR 48/99, NJW 2000, 3062 (3063) auch OLG München 8.3.2018 – U 3497/16, NZKart 2018, 230 (233) – Schadensersatz Schienenkartell (Landeshauptstadt München), wobei es im entschiedenen Fall darauf mangels Vortrags der Bekl. zur Abhängigkeit der Zuwendung von den Preisen der bezogenen Materialien und damit zur Kausalität des Vorteils nicht ankam.

[1938] Ebenso Bernhard EWiR 2017, 513 (514).

statt, weil es an einer kausalen Verbindung zwischen der Zuwendung und der kartellbedingten Preiserhöhung fehlt.

Auch die **Grundsätze zu** der Ersatzfähigkeit von **Preisschirmeffekten**[1939] dürften auf   **451**
die Fälle des Marktmachtmissbrauchs nach § 19 grundsätzlich **übertragbar** sein[1940]. Ebenso
wie die Kunden von Kartellaußenseitern, die im Windschatten des Kartells höhere Preise
als unter Bedingungen unverfälschten Wettbewerbs verlangt haben, von den Kartellanten
Schadensersatz in Höhe der Differenz zum hypothetischen Wettbewerspreis verlangen
können, sind die Kunden von Wettbewerbern des Marktbeherrschers im Falle des Preishöhenmissbrauchs aktivlegitimiert, die an andere Anbieter gezahlten Mehrbeträge als durch
das missbräuchliche Verhalten des Marktbeherrschers adäquat kausal verursachten Schaden
geltend zu machen.

**Unternehmen auf Drittmärkten,** dh auf einem anderen als dem beherrschten Markt   **452**
(einschließlich nachfolgender Marktstufen), können von den Wirkungen eines Marktmachtmissbrauchs ebenfalls beeinträchtigt sein[1941]. Dies gilt etwa in den Fällen des **rechtswidrigen Marktmachttransfers** zB durch unzulässige **Koppelungsstrategien,** von denen nicht nur die Marktgegenseite im beherrschten Markt des Hauptprodukts betroffen ist,
sondern auch die Wettbewerber auf dem Markt des gekoppelten Produkts, auf dem der
Normadressat seine Position stärken möchte. Unter Umständen können auch Verhaltensweisen, die auf dem beherrschten Markt unproblematisch sind, auf einem anderen Markt
Behinderungswirkungen entfalten. Dann können die davon in ihren Wettbewerbsmöglichkeiten beeinträchtigten Unternehmen auf dem Drittmarkt anspruchsberechtigt sein, sofern
diese **Drittmarktwirkungen** ein Ausmaß erreichen, das sie nach der erforderlichen
Interessenabwägung im Rahmen des § 19 Abs. 2 Nr. 1 GWB als **unbillige Behinderung**
qualifiziert[1942].

**b) Konkretisierung des Anspruchsinhalts und Haftungsumfangs.** Nach § 33 und   **453**
§ 33a können verbotswidrig handelnde Normadressaten auf Unterlassung, Schadensersatz
oder Beseitigung in Anspruch genommen werden. Für den Umfang des Unterlassungs-
und Beseitigungsanspruchs gilt grundsätzlich das Gleiche wie für die kartellbehördliche
Abstellungsbefugnis (→ Rn. 423 ff.). Für die **Abgrenzung** der zwar bereits eingetretenen,
in ihrer Wirkung aber noch andauernden Beeinträchtigungen von der **Kompensation der
erlittenen Schäden** aus bereits beendeten Verstößen ist zu beachten, dass die **Beendigung eines Kartellrechtsverstoßes** nicht mit der Beseitigung sämtlicher durch ihn verursachter Folgen (einschließlich etwaiger Vermögensschäden betroffener Dritter) gleichgesetzt werden darf.[1943] Erforderlich ist vielmehr eine **normzweckbezogene Konkretisierung:** Solange das rechtlich geschützte Interesse eines Betroffenen fortlaufend
beeinträchtigt ist, dauert der Verstoß an. Bei der missbräuchlichen Verweigerung des
Zugangs zu einer wesentlichen Einrichtung (essential facility) ist das zB solange der Fall,
wie der Vertragsschluss zu Unrecht abgelehnt wird. Gleiches gilt bei Liefer- oder Lizenzverweigerungen sowie der missbräuchlichen Ablehnung von Aufnahmeanträgen in eine
Unternehmensvereinigung. In all diesen Fällen kann der fortdauernde Verstoß jeweils nur
durch den Abschluss des begehrten Vertrages mit Wirkung für die Zukunft abgestellt
werden. Einen Grenzfall stellt insofern die Ableitung eines Anspruchs auf Zahlung einer
angemessenen Vergütung für eingespeisten Strom aus Erzeugungsanlagen zur Nutzung

---

[1939] Grdl. EuGH 5.6.2014 – C-557/12, ZIP 2014, 1301 = WuW/E EU-R 3030 – Kone; vgl. aus der Lit.
insbes. Coppik/Haucap WuW 2016, 50 ff.; Fritzsche NZKart 2014, 428 ff.; Hartmann-Rüppel/Schrader
ZWeR 2014, 300 ff.; Pauer WuW 2015, 14 ff.; Fuchs FS Bornkamm, 2014, 159 (162 ff.); Fuchs in Fuchs/
Weitbrecht PrivKartellRDurchs.-HdB § 4 Rn. 74 ff. mwN.

[1940] Dafür Repas/Kereteš WIRO 2015, 74 (76).

[1941] Zu früheren Einschränkungen der Anspruchsberechtigung bei der sog. Drittmarktbehinderung aus
Schutzzweckerwägungen vgl. Topel in Wiedemann KartellR-HdB § 50 Rn. 59 f. mwN.

[1942] Vgl. zu den Anforderungen an eine unbillige Behinderung auf einem Drittmarkt OLG Düsseldorf
28.3.2012 – VI-U (Kart) 20/11, WuW/E DE-R 3788 (3791) – Schilderprägeunternehmen.

[1943] Fuchs ZWeR 2009, 176 (184).

erneuerbarer Energien und Kraft-Wärme-Kopplung dar. Betrachtet man die Vorenthaltung der angemessenen Vergütung als fortdauernden Verstoß nach Abs. 2 Nr. 1, der die finanzielle Leistungs- und damit Wettbewerbsfähigkeit der betroffenen Unternehmen anhaltend beeinträchtigt, kommt ein verschuldensunabhängiger Beseitigungsanspruch in Betracht.[1944] Erblickt man dagegen in der Zahlung einer zu geringen Einspeisevergütung eher eine Form des Ausbeutungsmissbrauchs, erscheint der Verstoß (jeweils) als mit der Zahlung einer unangemessenen Vergütung beendet und der dadurch eingetretene Schaden nach § 33a Abs. 1 kompensierbar.

**454**   Die richtige **Grundlage** für einen aus der missbräuchlichen Verweigerung eines begehrten Vertragsschlusses folgenden **kartellrechtlichen Kontrahierungszwang** ist grundsätzlich der verschuldensunabhängige **Beseitigungs- bzw. Unterlassungsanspruch** nach § 33 Abs. 1[1945]. Zwar lässt sich weitgehend das gleiche Ergebnis auch über einen Anspruch auf Schadensersatz nach § 33a Abs. 1 im Wege der Naturalrestitution (§ 249 S. 1 BGB) erzielen, wie es insbes. die ältere Rechtsprechung regelmäßig vorgezogen hat.[1946] Daran ist jedoch im Schrifttum zu Recht verbreitet Kritik geübt worden.[1947] Auch wenn das Verschuldenserfordernis wegen der strengen Anforderungen an einen unvermeidbaren Verbotsirrtum keine große Hürde darstellt[1948], überzeugt die Anknüpfung an den Schadensersatzanspruch aus mehreren Gründen nicht. Zum einen trägt sie dem gesetzlichen Zweck des Missbrauchsverbots in den genannten Fällen, die aus dem missbilligten Verhalten des Marktbeherrschers resultierenden Beeinträchtigungen der Wettbewerbsmöglichkeiten Dritter mit Wirkung für die Zukunft zu beseitigen, nur unzureichend Rechnung. Zudem erscheint die Konstruktion eines Anspruchs auf den begehrten Vertragsabschluss als Schadensersatz durch Naturalrestitution generell, aber besonders in Fällen des erstmaligen Marktzutritts durch Newcomer als sehr gekünstelt.[1949]

**455**   Beim (verschuldensabhängigen) **Schadensersatzanspruch** nach § 33a iVm § 19 Abs. 1, Abs. 2 Nr. 1–5 kommen als prinzipiell ersatzfähige **Schadenspositionen** (ebenso wie bei Kartellschäden) neben der erlittenen **Vermögenseinbuße** (damnum emergens) etwa aufgrund missbräuchlich überhöhter Preise oder Verlusten infolge von Kampfpreis- oder sonstigen unbilligen Verdrängungsstrategien des Normadressaten auch ein **entgangener Gewinn** (lucrum cessans) in Betracht.[1950] Letzteres dürfte in Fällen der ungerechtfertigten Liefersperre gewöhnlich der Hauptschadensposten sein. Die durch den Verstoß begründeten Geldschulden sind nach § 33a Abs. 4 **ab Eintritt des Schadens zu verzinsen.**

---

[1944] So BGH 6.10.1992 – KZR 10/91, BGHZ 119, 335 = WuW/E BGH 2805 (2811) – Stromeinspeisung I; 2.7.1996 – KZR 31/95, WuW/E BGH 3074 (3076) = NJW 1996, 3006 – Kraft-Wärme-Kopplung; dazu Lohse AcP 201 (2001), 902 ff.

[1945] Für Unterlassungsanspruch zB OLG Karlsruhe 8.11.1978 – 6 U 192/77 Kart, WuW/E OLG 2085 (2091, 2092 f.) – Multiplex; 12.3.1980 – 6 U 223/77 Kart, WuW/E OLG 2217 (2223) – Allkauf-Saba; KG 12.10.1979 – Kart U 540/79, WuW/E OLG 2210 (2212) – Rote Liste; Ehlers S. 193 ff.; Kilian ZHR 142, 482; Emde NZKart 2013, 355 (356); vgl. auch BGH 13.11.1990 – KZR 25/89, WuW/E BGH 2683 (2687) – Zuckerrübenanlieferungsrecht (Kontrahierungspflicht „als Ausfluss der in § 35 GWB aufgestellten Unterlassungspflicht"); für Beseitigungsanspruch BGH 24.11.2020 – KZR 11/19, NZKart 2021, 175 Rn. 52 f. – Radio Cottbus.

[1946] So zB BGH 26.10.1961 – 1/61, WuW/E BGH 442 (448) – Gummistrümpfe; 24.9.1979 – KZR 20/78, WuW/E BGH 1629 (1634) – Modellbauartikel II; 12.5.1998 – KZR 23/96, WuW/E BGH DE-R 206, 208 = NJW-RR 1999, 189 – Depotkosmetik; anders dagegen (die Grundlage in einem Schadensersatzanspruch ausdrücklich offen lassend) BGH 23.2.1988 – KZR 20/86, WuW/E BGH 2491 (2494) – Opel-Blitz.

[1947] So insbes. Belke S. 423 ff.; Ehlers S. 190 ff.; Busche S. 396 ff.; Kilian ZHR 142, 481; Möschel Wettbewerbsbeschränkungen Rn. 667; Roth FS H. P. Westermann, 2008, 1373; vgl. auch Markert in Immenga/Mestmäcker, 4. Aufl. 2007, Rn. 228.

[1948] Vgl. allg. → Vor § 81 Rn. 106 ff. mwN; s. aber auch für die mögliche anspruchsbegrenzende Wirkung des Verschuldenserfordernisses in Nichtbelieferungsfällen OLG Düsseldorf 4.12.1979 – U (Kart) 10/79, WuW/E OLG 2167 (2171) – Nordmende.

[1949] Kilian ZHR 142, 481; Markert in Immenga/Mestmöcker, 4. Aufl. 2007, Rn. 228.

[1950] Vgl. näher → § 33a Rn. 113 ff.; Fuchs in Fuchs/Weitbrecht PrivKartellRDurchs.-HdB § 6 Rn. 12 ff. mwN.

Ferner werden von den Gerichten bei Vorliegen der Voraussetzungen für einen kartell- **456** rechtlichen Kontrahierungszwang (→ Rn. 118a) als besondere Form des Schadensersatzes im Wege der Naturalrestitution (§ 249 BGB) auch **Belieferungs-, Lizenzierungs- und Zugangsansprüche** zu wesentlichen Einrichtungen oder Unternehmensvereinigungen gewährt. Vorzugswürdig ist allerdings, derartige Ansprüche als verschuldensunabhängige Unterlassungs- oder Beseitigungsansprüche zu qualifizieren (→ Rn. 454).

Für die **Bestimmung des Haftungsumfangs** steht eine ganze Reihe von juristischen **457** und ökonomischen Konzepten zur Verfügung.[1951] In Bezug auf das erforderliche Beweismaß für die Bemessung des Schadens greifen nach § 33a Abs. 3 S. 1 die Erleichterungen des **§ 287 ZPO,** der eine richterliche **Schadensschätzung** erlaubt. Im Gegensatz zum Vollbeweis nach § 286 ZPO genügt insofern für die richterliche Überzeugungsbildung, wenn für die Entstehung eines Schadens eine „deutlich überwiegende, auf gesicherter Grundlage beruhende Wahrscheinlichkeit" besteht[1952]. Der Anspruchsteller hat als Grundlage für die Ausübung des richterlichen Ermessens bei der Schadensschätzung konkrete Ausgangs- und Anknüpfungstatsachen darzulegen und ggf. zu beweisen.[1953]

Ausgangspunkt für die Erfassung der erlittenen Vermögenseinbuße ist die Differenz- **458** hypothese: Die tatsächliche Vermögenslage des Geschädigten ist mit der Situation zu vergleichen, in der er sich ohne das schädigende Ereignis befinden würde[1954]. Zur Ermittlung des hypothetischen Marktpreises, der sich ohne den Verstoß gegen § 19 ergeben hätte, stehen in der Praxis **Vergleichsmarktkonzepte** im Vordergrund. In Betracht kommt beim Ausbeutungsmissbrauch nach Abs. 2 Nr. 2 neben dem Vergleich mit dem Preisniveau auf räumlich benachbarten oder sachlich vergleichbaren Märkten insbes. auch eine Gegenüberstellung des missbräuchlich überhöhten Preises mit dem früheren Wettbewerbspreis des marktbeherrschenden Unternehmens.[1955] Möglich ist auch eine **Berücksichtigung des anteiligen Gewinns,** den das dominante Unternehmen durch den Kartellrechtsverstoß erlangt hat (§ 33a Abs. 3).[1956]

Während für die Ermittlung des Schadens beim Preishöhenmissbrauch letztlich keine **459** anderen Grundsätze gelten als bei den im Vordergrund der Diskussion stehenden Schäden durch rechtswidrige Kartelle, stellt die Quantifizierung von Schäden durch **Behinderungsmissbräuche** und Diskriminierungen nach Abs. 2 Nr. 1 eine noch größere Herausforderung dar. Der von der Kommission herausgegebene Praktische Leitfaden unterscheidet insofern zwischen der **Verhinderung des Markteintritts** potentieller Wettbewerber und der Verdrängung aktueller Konkurrenten vom Markt.[1957] Im ersten Fall bestehen die Einbußen vor allem in den vergeblich aufgewendeten Kosten für die Vorbereitung und den Versuch des Markteintritts; die Darlegung hinreichender Anknüpfungspunkte für eine Schätzung des entgangenen Gewinns im Falle eines erfolgreichen Marktzugangs dürfte dagegen mit kaum überwindlichen Schwierigkeiten verbunden sein.[1958]

Bei **Verdrängungspraktiken** gegenüber aktuellen Konkurrenten lassen sich im Hin- **460** blick auf eine dadurch verursachte Erhöhung des Marktanteils des Marktbeherrschers zu

[1951] Überblick bei Fuchs in Fuchs/Weitbrecht PrivKartellRDurchs.-HdB § 6 Rn. 12 ff.; aus ökonomischer Sicht Inderst/Maier-Rigaud/Schwalbe in Fuchs/Weitbrecht PrivKartellRDurchs.-HdB § 7 Rn. 1 ff. jeweils mwN.

[1952] BGH 12.7.2016 – KZR 25/14, NZKart 2016, 436 Rn. 41, Lottoblock II; BGH 18.3.2004 ¬ IX ZR 255/00, NJW 2004, 1521 (1522).

[1953] Näher zur Anwendung des § 287 ZPO bei privaten Kartellschadensersatzklagen Fuchs in Fuchs/ Weitbrecht PrivKartellRDurchs.-HdB § 6 Rn. 64 ff. mwN.

[1954] S. nur Lübbig in MüKoWettbR § 33a Rn. 37; Ellger FS Möschel, 2011, 191 (197, 200); Rauh/ Zuchandke/Reddemann WRP 2012, 173 (174 f.).

[1955] OLG Frankfurt a. M. 21.12.2010 – 11 U 37/09, WuW/E DE-R 3163 (3167 ff.) – Arzneimittelpreis. Näher zu den Vor- und Nachteilen der sachlichen, räumlichen und zeitlichen Vergleichsmarktkonzepte → Rn. 221 ff.

[1956] Näher hierzu → § 33a Rn. 106 ff.; Fuchs in Fuchs/Weitbrecht PrivKartellRDurchs.-HdB § 6 Rn. 42 ff.

[1957] Kommission, Praktischer Leitfaden zur Ermittlung des Schadensumfangs [...], SWD (2013) 205 Tz. 180 ff., 200 ff.

[1958] Näher hierzu Fuchs in Fuchs/Weitbrecht PrivKartellRDurchs.-HdB § 6 Rn. 86.

Lasten seiner Wettbewerber und einen damit zusammenhängenden Gewinntransfer teilweise schon eher greifbare Anhaltspunkte für die Bestimmung des entgangenen Gewinns in einem kontrafaktischen Szenario ohne den beanstandeten Behinderungsmissbrauch finden. Bestimmte Praktiken können sich auch in Kostensteigerungen der Wettbewerber niederschlagen (zB bei Preis-Kosten-Scheren). Die Ermittlung des Umfangs der Schäden, für die wiederum vor allem Vergleichsmarktkonzepte, und zwar in der Regel ein zeitlicher Vergleichsmarkt, in Betracht kommen,[1959] erweist sich dabei aber immer noch als weitaus komplexer als bei einem Kartell, da die Normadressaten des § 19 regelmäßig eine erhebliche Bandbreite noch zulässiger Verhaltensweisen praktizieren können, die sich jeweils potentiell unterschiedlich auf das Marktgeschehen und die Position der behinderten Konkurrenten auswirken können. Soweit die unbillige Behinderung iSd Abs. 2 Nr. 1 in der Vorenthaltung angemessener Entgelte durch mächtige Nachfrage liegt, ist die Situation dagegen spiegelbildlich mit der Situation bei einem Preishöhenmissbrauch vergleichbar.[1960]

**461**   Bei **Verstößen gegen Abs. 2 Nr. 5** besteht der Schaden nicht automatisch in der Differenz zwischen den verbotswidrig erlangten Vorteilen des Veranlassers und den Konditionen des anderen anspruchstellenden Nachfragers; vielmehr ist die dem Anspruchsteller zugefügte konkrete Benachteiligung im Wettbewerb entscheidend. Für die Schadensberechnung im Einzelfall kann deshalb idR auf die für Verstöße gegen das UWG entwickelten Grundsätze zurückgegriffen werden.[1961]

## § 19a Missbräuchliches Verhalten von Unternehmen mit überragender marktübergreifender Bedeutung für den Wettbewerb

(1) [1]Das Bundeskartellamt kann durch Verfügung feststellen, dass einem Unternehmen, das in erheblichem Umfang auf Märkten im Sinne des § 18 Absatz 3a tätig ist, eine überragende marktübergreifende Bedeutung für den Wettbewerb zukommt. [2]Bei der Feststellung der überragenden marktübergreifenden Bedeutung eines Unternehmens für den Wettbewerb sind insbesondere zu berücksichtigen:

1. seine marktbeherrschende Stellung auf einem oder mehreren Märkten,
2. seine Finanzkraft oder sein Zugang zu sonstigen Ressourcen,
3. seine vertikale Integration und seine Tätigkeit auf in sonstiger Weise miteinander verbundenen Märkten,
4. sein Zugang zu wettbewerbsrelevanten Daten,
5. die Bedeutung seiner Tätigkeit für den Zugang Dritter zu Beschaffungs- und Absatzmärkten sowie sein damit verbundener Einfluss auf die Geschäftstätigkeit Dritter.

[3]Die Verfügung nach Satz 1 ist auf fünf Jahre nach Eintritt der Bestandskraft zu befristen.

(2) [1]Das Bundeskartellamt kann im Falle einer Feststellung nach Absatz 1 dem Unternehmen untersagen,

1. beim Vermitteln des Zugangs zu Beschaffungs- und Absatzmärkten die eigenen Angebote gegenüber denen von Wettbewerbern bevorzugt zu behandeln, insbesondere
   a) die eigenen Angebote bei der Darstellung zu bevorzugen;
   b) ausschließlich eigene Angebote auf Geräten vorzuinstallieren oder in anderer Weise in Angebote des Unternehmens zu integrieren;

---

[1959] Vgl. näher Inderst/Maier-Rigaud/Schwalbe in Fuchs/Weitbrecht PrivKartellRDurchs.-HdB § 7 Rn. 102 ff.

[1960] Vgl. insoweit die Zubilligung von Nachzahlungsansprüchen der unbillig behinderten Lieferanten durch den BGH (auf der Basis eines Beseitigungsanspruchs); BGH 6.10.1992 – KZR 10/91, BGHZ 119, 335 (345 f.) = NJW 1993, 396 – Stromeinspeisung; 2.7.1996 – KZR 31/95, BGHZ 133, 177 (181 f.) = NJW 1996, 3005 – Kraft-Wärme-Kopplung.

[1961] Dazu Köhler in Köhler/Bornkamm/Feddersen UWG § 9 Rn. 1.23 ff.

2. Maßnahmen zu ergreifen, die andere Unternehmen in ihrer Geschäftstätigkeit auf Beschaffungs- oder Absatzmärkten behindern, wenn die Tätigkeit des Unternehmens für den Zugang zu diesen Märkten Bedeutung hat, insbesondere

   a) Maßnahmen zu ergreifen, die zu einer ausschließlichen Vorinstallation oder Integration von Angeboten des Unternehmens führen;

   b) andere Unternehmen daran zu hindern oder es ihnen zu erschweren, ihre eigenen Angebote zu bewerben oder Abnehmer auch über andere als die von dem Unternehmen bereitgestellten oder vermittelten Zugänge zu erreichen;

3. Wettbewerber auf einem Markt, auf dem das Unternehmen seine Stellung, auch ohne marktbeherrschend zu sein, schnell ausbauen kann, unmittelbar oder mittelbar zu behindern, insbesondere

   a) die Nutzung eines Angebots des Unternehmens mit einer dafür nicht erforderlichen automatischen Nutzung eines weiteren Angebots des Unternehmens zu verbinden, ohne dem Nutzer des Angebots ausreichende Wahlmöglichkeiten hinsichtlich des Umstands und der Art und Weise der Nutzung des anderen Angebots einzuräumen;

   b) die Nutzung eines Angebots des Unternehmens von der Nutzung eines anderen Angebots des Unternehmens abhängig zu machen;

4. durch die Verarbeitung wettbewerbsrelevanter Daten, die das Unternehmen gesammelt hat, Marktzutrittsschranken zu errichten oder spürbar zu erhöhen, oder andere Unternehmen in sonstiger Weise zu behindern, oder Geschäftsbedingungen zu fordern, die eine solche Verarbeitung zulassen, insbesondere

   a) die Nutzung von Diensten davon abhängig zu machen, dass Nutzer der Verarbeitung von Daten aus anderen Diensten des Unternehmens oder eines Drittanbieters zustimmen, ohne den Nutzern eine ausreichende Wahlmöglichkeit hinsichtlich des Umstands, des Zwecks und der Art und Weise der Verarbeitung einzuräumen;

   b) von anderen Unternehmen erhaltene wettbewerbsrelevante Daten zu anderen als für die Erbringung der eigenen Dienste gegenüber diesen Unternehmen erforderlichen Zwecken zu verarbeiten, ohne diesen Unternehmen eine ausreichende Wahlmöglichkeit hinsichtlich des Umstands, des Zwecks und der Art und Weise der Verarbeitung einzuräumen;

5. die Interoperabilität von Produkten oder Leistungen oder die Portabilität von Daten zu verweigern oder zu erschweren und damit den Wettbewerb zu behindern;

6. andere Unternehmen unzureichend über den Umfang, die Qualität oder den Erfolg der erbrachten oder beauftragten Leistung zu informieren oder ihnen in anderer Weise eine Beurteilung des Wertes dieser Leistung zu erschweren;

7. für die Behandlung von Angeboten eines anderen Unternehmens Vorteile zu fordern, die in keinem angemessenen Verhältnis zum Grund der Forderung stehen, insbesondere

   a) für deren Darstellung die Übertragung von Daten oder Rechten zu fordern, die dafür nicht zwingend erforderlich sind;

   b) die Qualität der Darstellung dieser Angebote von der Übertragung von Daten oder Rechten abhängig zu machen, die hierzu in keinem angemessenen Verhältnis stehen.

[2] Dies gilt nicht, soweit die jeweilige Verhaltensweise sachlich gerechtfertigt ist. [3] Die Darlegungs- und Beweislast obliegt insoweit dem Unternehmen. [4] § 32 Absatz 2 und 3, die §§ 32a und 32b gelten entsprechend. [5] Die Verfügung nach Absatz 2 kann mit der Feststellung nach Absatz 1 verbunden werden.

(3) Die §§ 19 und 20 bleiben unberührt.

(4) Das Bundesministerium für Wirtschaft und Energie berichtet den gesetzgebenden Körperschaften nach Ablauf von vier Jahren nach Inkrafttreten der Regelungen in den Absätzen 1 und 2 über die Erfahrungen mit der Vorschrift.

**Schrifttum:** Bongartz, § 19a GWB – a keeper?, WuW 2022, 72; Budzinski/Gaenssle/Stöhr, Der Entwurf zur 10. GWB-Novelle: Interventionismus oder Laissez-faire?, List Forum für Wirtschafts- und Finanzpolitik 2020, 157; Crémer/De Montjoye/Schweitzer, Competition policy for the digital era, expert report, 2019; Degenhardt, Verfassungsfragen einer GWB Novelle auf der Grundlage des Referentenentwurfes vom 24.1.2020, WuW 2020, 308; Esser/Höft, Kapitel 1: Wettbewerb und Digitalwirtschaft sowie weitere materiellrechtliche Änderungen, C. Unternehmen mit überragender marktübergreifender Bedeutung, § 19a GWB, II. Auslegung des § 19a GWB aus anwaltlicher Sicht, in Bien/Käseberg/Klumpe/Körber/Ost, Die 10. GWB-Novelle: Das neue Kartellrecht, S. 67; Franck/Peitz, Digital Platforms and the New 19a Tool in the German Competition Act, 12(7) Journal of European Competition Law & Practice S. 513 (2021); Furman et al., Unlocking digital competition, Report of the Digital Competition Expert Panel, 2019; Gerpott, Neue Pflichten für große Betreiber digitaler Plattformen, NZKart 2021, 273; Grünwald, „Big Tech"-Regulierung zwischen GWB-Novelle und Digital Markets Act, MMR 2020, 822; ders., Gekommen, um zu bleiben – § 19a GWB im Lichte des DMA-Entwurfs, NZKart 2021, 496; Heider/Kutscher, Die 10. GWB-Novelle und die Missbrauchsaufsicht digitaler Plattformunternehmen, WuW 2022, 134; Höppner, Plattform-Regulierung light, WuW 2020, 71; Ibáñez Colomo, Self-Preferencing: Yet Another Epithet in Need of Limiting Principles, 43 World Competition (2020), 417; Karbaum/Schulz, „Antitrust Litigation 2.0" – Die 10.GWB-Novelle als Katalysator des Private Enforcement?, NZKart 2022, 187; Käseberg, Kapitel 1: Wettbewerb und Digitalwirtschaft sowie weitere materiellrechtliche Änderungen, C. Unternehmen mit überragender marktübergreifender Bedeutung, § 19a GWB, I. Auslegung des § 19a GWB aus behördlicher Sicht, in Bien/Käseberg/Klumpe/Körber/Ost, Die 10. GWB-Novelle: Das neue Kartellrecht, S. 58; Käseberg/Brenner/Fülling, Das GWB-Digitalisierungsgesetz im Überblick, WuW 2021, 269; Kommission Wettbewerb 4.0, Ein neuer Wettbewerbsrahmen für die Digitalwirtschaft, 2019; Körber, „Digitalisierung" der Missbrauchsaufsicht durch die 10. GWB-Novelle, MMR 2020, 290; ders., Datenzugang und Datennutzung in der Digitalwirtschaft im Fokus der 10. GWB-Novelle, FS Wiedemann, 2021, 261; Kühling, Tackling Big Tech, Verfassungsblog, verfassungsblog.de/tackling-big-tech/ (14.6.2021); Lettl, Der neue § 19a GWB, WRP 2021, 413; Mäger/Budde, Der RefE für die 10. GWB-Novelle: ein Spagat zwischen EU-Rechtsangleichung und deutschem Sonderweg, DB 2020, 378; Nagel/Hillmer, Die 10. GWB-Novelle – Update für die Missbrauchsaufsicht in der Digitalwirtschaft, DB 2021, 327; Paal/Kumkar, Wettbewerbsschutz in der Digitalwirtschaft, NJW 2021, 809; Pohlmann/Lindhauer/Peter, Das Leistungsschutzrecht für Presseverleger und die qualifizierte News-Aggregation durch Google News Showcase: Ein Fall für § 19 und § 19a GWB? – Teil 1, NZKart 2021, 466; Pohlmann/Lindhauer/Peter, Das Leistungsschutzrecht für Presseverleger und die qualifizierte News-Aggregation durch Google News Showcase: Ein Fall für § 19 und § 19a GWB? – Teil 2, NZKart 2021, 544; Polley/Kaup, Paradigmenwechsel in der deutschen Missbrauchsaufsicht – der Referentenentwurf zur 10. GWB-Novelle, NZKart 2020, 113; Polley/Konrad, Der Digital Markets Act – Brüssels neues Regulierungskonzept für Digitale Märkte, WuW 2021, 198; Scholz, Regulierung nach § 19a GWB – Dogmatische Erwägungen zur Beweislastumkehr des § 19a Abs. 2 Satz 2 und 3 GWB, WuW 2022, 128; Schweitzer/Haucap/Kerber/Welker, Modernisierung der Missbrauchsaufsicht, 2018; Scott Morton et al., Stigler Committee on Digital Platforms: Subcommittee on Market Structure and Antitrust Industry, Final Report, 2019; Steinberg/Wirtz, Der Referentenentwurf zur 10. GWB-Novelle, WuW 2019, 606; Zimmer/Göhsl, Die geplante EU-Regulierung für digitale Gatekeeper, ZWeR 2021, 29.

## Übersicht

# A. Allgemeines

## I. Wettbewerbliche Problemstellung – Regelungsanlass des § 19a

**1**    Die Digitalisierung von Information und deren fortschreitende automatisierte Verarbeitung und Nutzung als neues Wirtschaftsgut und Inputfaktor auf allen Stufen der Wertschöpfung ist mit weitreichenden Veränderungen der Funktionsweise von Märkten verbunden. Insbesondere dort, wo die Kommodifizierung von Daten mit der Vermittlung großer Mengen an Information und von Interaktionen zwischen Verbrauchern oder zwischen Verbrauchern und Unternehmen und damit mit der Entwicklung digitaler Plattformen[1] zusammentrifft, sind **neue Machtpositionen und -dynamiken** entstanden. Ausgehend von unterschiedlichen wirtschaftlichen Tätigkeitsschwerpunkten und auf der Basis unterschiedlicher Geschäftsmodelle, Entwicklungspfade und unternehmerischer Strategien sind einige wenige Plattformen – zu nennen sind v. a. Google, Amazon, Facebook und Apple – als Anbieter bestimmter Plattform- und Netzwerkdienste[2] zu zentralen Schnittstellen der Interaktion zwischen Nutzern und Nutzergruppen und – in den Worten des „Digital Markets Act" (DMA) – für gewerbliche Nutzer zu „wichtigen Zugangstoren zu Endnutzern" geworden (Art. 3 Abs. 1 DMA).

---

[1] Der Begriff der „Plattform" wird hier als Oberbegriff für mehrseitige Märkte und Netzwerke iSd § 18 Abs. 3a verwendet.
[2] Der DMA (VO (EU) 2022/1925, ABl. 2022 L 265, 1) spricht von „zentralen Plattformdiensten" und listet in Art. 2 Nr. 2 DMA die folgenden Dienste als „zentrale Plattformdienste" auf: Online-Vermittlungsdienste, Online-Suchmaschinen, Online-Dienste sozialer Netzwerke, Video-Sharing-Plattform-Dienste, nummernunabhängige interpersonelle Kommunikationsdienste, Betriebssysteme, Webbrowser, virtuelle Assistenten, Cloud-Computing-Dienste und Online-Werbedienste. Diese Liste hat für § 19a keine unmittelbare Bedeutung, illustriert aber, mit welchen Plattformdiensten die besondere Art von Machtdynamiken verbunden sein kann, auf die § 19a reagieren soll.

Für Plattformen ist eine spezifische **Konzentrationsdynamik** kennzeichnend: Starke **2** positive (direkte und/oder indirekte) Netzwerkeffekte und extreme Größenvorteile können zu einer „winner takes all"-Dynamik führen – insbesondere dann, wenn ihnen keine ausgeprägte Diversifizierung gegenübersteht und wenn jedenfalls eine Nutzerseite überwiegend „Single-Homing" betreibt, also nicht parallel mehrere Plattformen oder Netzwerke nutzt.

Die Netzwerkeffekte und Größenvorteile gehen mit **Vorteilen beim Zugriff auf 3 Nutzer- und Nutzungsdaten** einher. Da diese erhebliche Bedeutung sowohl für die Verbesserung, Weiterentwicklung und ggfs. Personalisierung dieser Dienste haben können, kann der Datenzugriff zum Ausgangspunkt einer selbstverstärkenden Dynamik der Machtverfestigung und des Machtausbaus werden. Die Verarbeitung von Verbraucherverhaltens- und Dienstenutzungsdaten kann häufig Erkenntnisse von marktübergreifender Relevanz hervorbringen, welche die Ausdehnung der Aktivitäten eines Unternehmens auf neue Märkte erleichtert. In Verbindung mit einer großen Nutzerbasis können sich aussagekräftige Nutzerprofile als „shareable Inputs" erweisen, die beim Eintritt in neue Märkte erhebliche Wettbewerbsvorteile vermitteln. Ein erfolgreicher Plattformdienst mit großer Reichweite und hoher Nutzeraktivität kann so zum Nukleus eines **digitalen Ökosystems** werden: Um die Plattform herum gruppieren sich sodann eine wachsende Zahl weiterer Dienste und Produkte. Die Verbindung der auf diesen Märkten generierten Daten mit den Daten aus dem „Ursprungsmarkt" kann den Wert des Datenbestandes und der aus diesem abgeleiteten Nutzerprofile erheblich steigern. Im Zusammenspiel mit hohen Datenspeicher- und -verarbeitungskapazitäten, entsprechendem herausragendem Know-how und spezialisierten personellen Ressourcen können derartige Daten-Verbundvorteile die Machtposition marktübergreifend verfestigen. Machtpositionen auf datengetriebenen Märkten für Online-Werbung können hinzukommen und eine unmittelbare Monetarisierung von Nutzer- und Nutzungsdaten ermöglichen.

Vergleichbare Ökosystem-Dynamiken können sich ergeben, wenn es einem Unterneh- **4** men gelingt, die **Kontrolle über eine zentrale technische Plattform** – etwa ein Betriebssystem –, und damit über den Zugang weiterer Anbieter zu den Kunden zu erlangen.

Kennzeichnend ist stets ein **Zusammenspiel struktureller Faktoren,** welche die Wett- **5** bewerbsbedingungen auf einem „Kernmarkt" determinieren, mit hieran anknüpfenden **Unternehmensstrategien.** Die großen Digitalunternehmen und -plattformen haben auf diese Weise in ihren jeweiligen Kernmärkten eine auf absehbare Zeit nur noch **schwer angreifbare Machtstellung** erlangt. Wettbewerb findet häufig nur noch an den Rändern des Ökosystems statt und die großen digitalen Ökosystembetreiber verfügen über ein breites Arsenal von Mitteln, um eine Expansion alternativer Diensteanbieter abzuwehren. Ein Mangel an Bestreitbarkeit der Machtposition ist selbst dort zu konstatieren, wo weiterhin verschiedene Anbieter ko-existieren.[3]

Die herkömmliche kartellrechtliche Missbrauchsaufsicht versucht, Machtstellungen mit **6** dem Konzept der „marktbeherrschenden Stellung" zu erfassen (siehe §§ 18, 19 und Art. 102 AEUV). Dieses Konzept basiert auf der Ermittlung der Wettbewerbskräfte, die ein Unternehmen in einem bestimmten Tätigkeitsbereich disziplinieren. Ein besonderes Merkmal digitaler Machtpositionen ist allerdings die enge und vielfältige **Verbundenheit von Märkten.** Nicht nur vermittels des bereits beschriebenen Datenzugriffs entfaltet die Tätigkeit der großen Plattformbetreiber auf ihrem Kernmarkt Ausstrahlungswirkung auf umliegende Märkte. So haben die Plattformanbieter naturgemäß erheblichen Einfluss auf die Märkte, auf denen sie Interaktionen oder Transaktionen vermitteln. Auf diesen Märkten tritt der Plattform- oder Netzwerkbetreiber automatisch und unvermeidlich in eine **Regelsetzungsfunktion** ein. Ist der Wettbewerb „um" den „Kernmarkt" geschwächt, so entfällt

---

[3] So etwa beim Angebot der mobilen Betriebssysteme IoS und Android, vgl.: ACM Market study into mobile app stores, 2019, S. 38 f.; CMA Mobile ecosystems: Market study final report, 2022, S. 49 ff. Zum oligopolistischen Wettbewerb in digitalen Märkten siehe etwa Petit, Technology Giants, the Moligopoly Hypothesis and Holistic Competition: A Primer, 2016, abrufbar über SSRN: ssrn.com/abstract=2856502 zuletzt abgerufen am 27.7.2023; Petit, Big Tech and the Digital Economy: The Moligopoly Scenario, 2020.

in der Folge aber auch die wettbewerbliche Disziplinierung der Regelsetzungsfunktion. Insbesondere dann, wenn der **Plattformbetreiber vertikal oder konglomerat integriert** ist, kann ein Anreiz bestehen, sich selbst oder verbundenen Unternehmen im Wettbewerb „auf" der Plattform Vorteile zu verschaffen. In dem Maße, in dem die Nutzer einer Plattform auf deren Nutzung angewiesen sind, um Zugang zu potenziellen Kunden zu erlangen, entfällt die Ausweichmöglichkeit, und damit die Möglichkeit, wettbewerbsverfälschende Praktiken durch einen Plattformwechsel zu sanktionieren.

7     Die Verbundenheit der Märkte endet hier nicht. Sie setzt sich fort in der Möglichkeit, die Nutzung der eigenen Plattformdienste mit weiteren Diensten zu verbinden, sei es durch echte **Kopplungsstrategien** oder durch **kopplungsähnliche Strategien,** etwa durch die Vorinstallation oder bevorzugte Anzeige eigener Dienste. Wesentliche marktübergreifende Wettbewerbsvorteile lassen sich ferner durch einen **marktübergreifenden Einsatz polyvalenter Ressourcen** – etwa technischem Know-how, wettbewerbsrelevanten Daten und Datenverarbeitungskapazitäten, der eigenen Kundenbasis oder Finanzkraft – erzielen. In der ökonomischen Literatur wird im Zusammenhang mit einer auf Verbundeffekten aufbauenden Ausweitung der Geschäftstätigkeit auf andere Märkte von **„platform envelopment"**-Strategien gesprochen.[4] Derartige Möglichkeiten zur Machtexpansion, mit der zugleich **offensive „leveraging"-Strategien** als auch **defensive** Ziele der präventiven **Abschirmung** des Kernmarkts gegen Angriffe von Nischenanbietern verfolgt werden können, sind Plattformdiensten, welche die Funktion eines zentralen Zugangsportals zum Kunden erlangt haben, in besonderer Weise immanent.

8     Zwar ist die durch eine Machtposition in einem Markt vermittelte Möglichkeit, Wettbewerb auf Drittmärkten zu behindern, der herkömmlichen kartellrechtlichen Missbrauchsaufsicht wohlbekannt. In der Anwendung des Missbrauchsverbots auf Google, Amazon, Facebook und Apple[5] hat es sich jedoch als schwierig erwiesen, mit einem Vorgehen gegen einzelne Verhaltensweisen dem **„systemischen" Wettbewerbsgefährdungspotenzial** zu begegnen, welches der Kontrolle über die Schnittstelle zum Kunden innewohnt. Dies gilt umso mehr, als das allgemeine Missbrauchsverbot grundsätzlich auch dem Marktbeherrscher die Nutzung von Verbundvorteilen gestattet, die Teil eines legitimen Leistungswettbewerbs sein können. Erst dort, wo das Zusammenspiel zwischen einer durch Netzwerkeffekte gestützten Machtposition auf zentralen Kernmärkten und aus diesen folgenden Verbundvorteilen zur Gefahr dauerhaft verfestigter und überdies auf Ausdehnung angelegter Machtstellungen führt, legt das Ziel des Wettbewerbsschutzes eine abweichende Interessenabwägung nahe.

9     Die neuartigen Wettbewerbsgefährdungen sind erst langsam verstanden worden. Seit ca. 2008 sind auf europäischer, nationaler und internationaler Ebene zahlreiche **wettbewerbsrechtliche Verfahren gegen die Betreiber der großen Digitalplattformen** eingeleitet worden.[6] Die Wettbewerbsbehörden sahen sich hierbei jedoch mit erheblichen Schwierigkeiten konfrontiert. Diese Schwierigkeiten haben ihre Ursache zum Teil in der Struktur von Missbrauchsverfahren: Verfahren nach Art. 102 AEUV oder nach § 19 erfordern häufig eine aufwändige Sachverhaltsermittlung und sind daher ressourcenintensiv und langwierig. Die Missbrauchsprüfung baut dabei herkömmlich auf einer klaren Abgrenzung der relevanten Märkte und damit auf einer Ermittlung der relevanten Wettbewerbskräfte in einem bestimmten Tätigkeitsbereich auf. Mit dem „more economic approach" ist die Erwartung hinzugekommen, dass Missbräuche behördlich nur dann verfolgt werden, wenn eine unmittelbare Verbraucherschädigung dargetan werden kann.

---

[4] Eisenmann/Parker/Van Alstyne 32(12) Strat. Mgmt. J. (2011), 1270; Condorelli/Padilla 16(2) JOCLEC (2020), 143.

[5] Für einen internationalen Überblick über die einschlägigen Wettbewerbsverfahren siehe Schweitzer/ Gutmann Unilateral Practices in the digital market: An overview of EU and national case law, 15 juillet 2021, e-Competitions Unilateral practices in the digital market, Art. N° 101045.

[6] Schweitzer/Gutmann Unilateral Practices in the digital market: An overview of EU and national case law, 15 juillet 2021, e-Competitions Unilateral practices in the digital market, Art. N° 101045.

All diese Faktoren können in Verfahren gegen die großen Digitalplattformen Schwierig-   **10**
keiten bereiten. Die Dauer und Komplexität von Missbrauchsverfahren steht im Konflikt
mit den besonders **schnellen Konzentrations- und Verdrängungsprozessen in digitalen Märkten.** Hat ein Unternehmen erst einmal einen substanziellen Wettbewerbsvorteil
erlangt, so können positive Netzwerkeffekte und Größenvorteile zu einem „Kippen"
(„Tipping") der Märkte und mithin zur Entstehung von Machtpositionen führen, die in
der Folge nur noch schwer angreifbar sind. Ausgehend von einer Machtposition in einem
Kernmarkt kann ein systematischer Einsatz von Verdrängungsstrategien zu einem „Aufrollen" auch von weiteren Märkten führen.

Zudem kann die **Marktabgrenzung in Plattformkonstellationen** besondere Fragen   **11**
aufwerfen. Die herkömmliche Methodik der Marktabgrenzung stößt hier an Grenzen.[7]
Geht es primär um die Würdigung der Wettbewerbsgefährdungspotenziale expansiver
Strategien, so kann die Marktabgrenzung überdies am Kern des Problems vorbeizielen:
Zwar sind die wettbewerblich nicht disziplinierten Verhaltensspielräume auf einem „Kern-
markt" auch hier erheblich. Nicht minder relevant ist aber eine systematische Erfassung der
Verbindungskanäle zwischen den Märkten, über die ein auf einem Markt marktstarkes
Unternehmen den Wettbewerb auf Drittmärkten beeinflussen kann. Angesichts der engen
Verbundenheit verschiedener Dienste und ihrer bewussten Einbindung in das Ökosystem
können die Marktgrenzen verschwimmen.[8]

Die Kontrolle über den Zugang zu und den Wettbewerb auf Märkten geht überdies nicht   **12**
notwendig mit einer unmittelbaren **Verbraucherschädigung** einher. Die Gefahren für
Verbraucher sind häufig eher mittel- bis langfristig und über die Schädigung des Wettbewerbsprozesses und von Innovationsaneignungschancen vermittelt. Ihnen können kurzfristige Vorteile von Verbrauchern – etwa aus der Integration verschiedener Dienste –
gegenüberstehen. Gerade auf digitalen Märkten kann damit ein Abstellen auf ein „consumer harm"-Kriterium das Ziel eines effektiven Wettbewerbsschutzes verfehlen.

Die Spannung setzt sich fort, wenn es um die Suche nach geeigneten **Abhilfen** geht.   **13**
Einer potenziell systemischen Missbrauchsgefahr steht mit Art. 102 AEUV und § 19 ein
Missbrauchsverbot gegenüber, das auf eine Durchsetzung in Einzelfällen angelegt ist.
Gelingt der Nachweis eines Missbrauchs, so kann die Wettbewerbsbehörde nur solche
Abhilfen anordnen, die auf die Abstellung des konkreten Missbrauchs zugeschnitten und
mit Blick auf diesen Missbrauch verhältnismäßig sind. Präventive Auflagen zur Verhin-
derung vergleichbarer Strategien auf anderen Märkten sind auf der Grundlage von Art. 102
AEUV bzw. §§ 18, 19 nicht möglich.

Die Besonderheiten digitaler Plattformmärkte und die mit diesen einhergehenden Wett-   **14**
bewerbsgefährdungen sind in einer Serie von zwischen 2018 und 2020 publizierten Studien
und Berichten aufgearbeitet worden.[9] Diese sind zum Ausgangspunkt einer breiten internationalen Diskussion über Reformbedarfe im Wettbewerbsrecht bzw. die Notwendigkeit einer
Plattformregulierung geworden. In einer Vielzahl von Jurisdiktionen ist diese Debatte in
Gesetzgebungsinitiativen eingemündet, die unterschiedliche Regelungsmodelle verfolgen.[10]

---

[7] Franck/Peitz Market Definition and Market Power in the Platform Economy, CERRE Report, 2019.
[8] BKartA 2.5.2022, B6-27/21 Rn. 77 – Meta.
[9] Schweitzer/Haucap/Kerber/Welker, Modernisierung der Missbrauchsaufsicht, 2018; Kommission Wettbewerb 4.0, Ein neuer Wettbewerbsrahmen für die Digitalwirtschaft, 2019. Auf europäischer Ebene der
Sonderberaterbericht zu „Competition policy in the digital era": Crémer/De Montjoye/Schweitzer, Competition policy for the digital era, expert report, 2019. Siehe ferner Furman et al., Unlocking digital competition, Report of the Digital Competition Expert Panel, 2019 (sog. Furman-Report); und Scott Morton et al.,
Stigler Committee on Digital Platforms: Subcommittee on Market Structure and Antitrust Industry, Final
Report, 2019 (sog. Stigler-Report).
[10] Für einen Vergleich zwischen § 19a, dem DMA und den Regulierungsplänen in Großbritannien siehe
zB Witt Platform Regulation in Europe – Per Se Rules to the Rescue?, 18(3) J. Comp. Law Econ (2022),
670 ff.; für einen Vergleich des DMA mit Regulierungsvorhaben in Großbritannien und USA: Geradin/
Katsifis, Selecting the right regulatory design for pro-competitive digital regulation: An analysis of the EU,
UK, and US approaches, abrufbar auf ssrn.com.

Die ökonomische Diskussion zur Funktionsweise „digitaler Ökosysteme" befindet sich weiterhin in der Entwicklung.[11]

## II. Entstehungsgeschichte

**15**    Der deutsche Gesetzgeber hat auf diese Diskussion mit der Einführung eines neuen § 19a, und damit einer besonderen Missbrauchsaufsicht für „Unternehmen mit überragender marktübergreifender Bedeutung für den Wettbewerb" reagiert. Die Vorschrift ist die wohl weitreichendste Neuerung im Rahmen der 10. GWB-Novelle und international ein Vorreiter in den Bemühungen zur Einhegung der neuartigen Machtpositionen der großen digitalen Plattformbetreiber.[12] Mit der „überragenden marktübergreifenden Bedeutung für den Wettbewerb" wird ein **neues Machtkonzept** ins GWB eingeführt, das die Wettbewerbsgefährdungen durch große **„digitale Ökosysteme"** in den Mittelpunkt stellt.[13] Der Anwendungsbereich des § 19a setzt sich insoweit nicht nur vom Anwendungsbereich der herkömmlichen Missbrauchsaufsicht in §§ 18, 19 und Art. 102 AEUV ab, die an eine „marktbeherrschende Stellung" anknüpfen. Jedenfalls konzeptionell unterscheidet sich der persönliche Anwendungsbereich des § 19a auch von dem des Digital Markets Act (DMA), der sich an „Torwächter" (bzw. „Gatekeeper") iSd Art. 3 Abs. 1 DMA richtet. Zwar ist die Kontrolle über ein „wichtiges Zugangstor zu Endnutzern" (Art. 3 Abs. 1 lit. b DMA) auch für die Feststellung einer „überragenden marküübergreifenden Bedeutung für den Wettbewerb" relevant (vgl. § 19a Abs. 1 S. 2 Nr. 5). § 19a will aber insbesondere Unternehmensstrukturen mit Ökosystemcharakter erfassen, und stellt damit die Verbundenheit von Märkten in den Mittelpunkt. Dieser Fokus findet seine Rechtfertigung in den Eigenheiten digitaler Märkte (→ Rn. 2 ff.), ist aber gleichwohl innovativ. Eine besondere Missbrauchsaufsicht im Stile des § 19a war weder in dem das GWB-Digitalisierungsgesetz im Übrigen vorbereitenden Gutachten zur Modernisierung der Missbrauchsaufsicht noch im Bericht der Kommission Wettbewerbsrecht 4.0 angelegt. Die stärksten Bezüge weist es zu den Vorschlägen des sog. Furman-Report auf, der für Digitalunternehmen mit einem festgestellten „Strategic Market Status"[14] die Entwicklung von individuell auf diese zugeschnittenen „Codes of Conduct" vorgeschlagen hat.[15]

**16**    Die im **Referentenentwurf v. 24.1.2020**[16] erstmals vorgeschlagene Formulierung des § 19a hat im Laufe des Gesetzgebungsverfahrens erhebliche Änderungen erfahren.[17] Im

---

[11] Vgl. zB Jacobides/Cennamo/Gawer 39(8) Strat. Mgmt. J. (2018), 2255; Jacobides/Lianos 30(5) Industrial and Corporate Change (2021), 1199 ff.; Hein et al. 87 Electron. Mark. (2020), 87; Subramaniam/Iyer/Venkatraman 62 Bus. Horiz. (2019), 83; Tiwana/Konsynski/Bush 21(4) Inf. Syst. Res. (2010), 675; mit Bezug zur Wettbewerbsproblematik: Bourreau Some Economics of Digital Ecosystems, DAF/COMP/WD (2020)89, 2020; Fletcher, Digital competition policy: Are ecosystems different?, DAF/COMP/WD(2020)96, 2020.

[12] Für entsprechende Ambitionen im Gesetzgebungsverfahren siehe BT-Drs. 19/25868, 8, 9: „Gleichzeitig kann sie international als Blaupause für eine Regulierung der Plattformökonomie dienen, ohne dabei den Schlusspunkt in dieser globalen Debatte zu setzen." Siehe auch Nagel/Hillmer DB 2021, 327 (329).

[13] Begründung des RegE zur 10. GWB-Novelle, BT-Drs. 19/23492, 73.

[14] Der Folgebericht der Digital Markets Taskforce definiert den „Strategic Market Status" als „substantial, entrenched market power in at least one digital activity, providing the firm with a strategic position (meaning the effects of its market power are likely to be particularly widespread and/or significant)" – siehe Digital Markets Taskforce A new pro-competition regime for digital markets, 2020, S. 5 Rn. 12, 28 ff. Rn. 4.9 ff., abrufbar unter assets.publishing.service.gov.uk/media/5fce7567e90e07562f98286c/Digital_Taskforce_-_Advice.pdf, zuletzt abgerufen am 27.7.2023. Siehe nun auch Sec. 2 ff. des im House of Commons verhandelten Entwurfes: Digital Markets, Competition and Consumers Bill, Bill 350 2022-23, abrufbar unter publications.parliament.uk/pa/bills/cbill/58-03/0350/220350.pdf.

[15] Furman et al. Unlocking digital competition, Report of the Digital Competition Expert Panel, 2019, S. 54 ff; vgl. auch Käseberg/Brenner/Fülling WuW 2021, 269 (270).

[16] Entwurf eines Zehnten Gesetzes zur Änderung des Gesetzes gegen Wettbewerbsbeschränkungen für ein fokussiertes, proaktives und digitales Wettbewerbsrecht 4.0 (GWB-Digitalisierungsgesetz), Referentenentwurf des Bundesministeriums für Wirtschaft und Energie v. 24.1.2020, abrufbar unter www.bmwi.de/Redaktion/DE/Downloads/G/gwb-digitalisierungsgesetz-referentenentwurf.pdf, zuletzt abgerufen am 27.7.2023.

[17] Für eine Nachzeichnung des Gesetzgebungsverfahrens siehe Grünwald in FK-KartellR Rn. 13 ff.

Laufe des parlamentarischen Verfahrens wurde der Vorschlag des BMWi noch einmal nachhaltig modifiziert.[18] Die **Modifikationen** betrafen v. a. **§ 19a Abs. 2,** der an die Feststellung des Normadressatenstatus gem. § 19a Abs. 1 die Möglichkeit des BKartA knüpft, den Normadressaten bestimmte, in § 19a Abs. 2 abschließend aufgelistete Verhaltensweisen zu untersagen. Während der Referentenentwurf des BMWi zunächst nur fünf Untersagungstatbestände und keine Regelbeispiele vorsah, wurde § 19a Abs. 2 S. 1 im parlamentarischen Verfahren um zwei weitere Untersagungstatbestände (nämlich die jetzigen Nr. 2 und Nr. 7) ergänzt. Die nunmehr in § 19a Abs. 2 S. 1 Nr. 1, 3 und 4 normierten Untersagungstatbestände wurden um Regelbeispiele ergänzt, die anteilig einige der Verhaltenspflichten aus dem parallel diskutierten DMA (dort Art. 5, 6, 7 DMA) aufnehmen. Der Untersagungstatbestand des § 19a Abs. 2 S. 1 Nr. 2 wurde im Gesetzesentwurf der Bundesregierung vom 19.10.2020 durch das Erfordernis einer „unbilligen" Behinderung eingeschränkt; im parlamentarischen Verfahren wurde das Unbilligkeitserfordernis jedoch wieder gestrichen und durch die Möglichkeit einer sachlichen Rechtfertigung ersetzt[19] (→ Rn. 73 f., 225 ff.).

Erst ganz zum Schluss des Gesetzgebungsverfahrens entschloss sich der Gesetzgeber für **17** die nunmehr in § 73 Abs. 5 geregelte **Rechtswegsverkürzung** für das § 19a-Verfahren (→ Rn. 251 ff.).[20]

### III. Notifizierungspflicht?

Die Bundesregierung hat der Europäischen Kommission § 19a nicht vorab notifiziert. **18** Dies hat eine Diskussion darüber ausgelöst, ob § 19a unter die **Notifizierungspflicht nach Art. 5 der Richtlinie (EU) 2015/1535** fällt.[21] Nach dieser Vorschrift haben die Mitgliedstaaten der Kommission jeden „Entwurf einer technischen Vorschrift" unverzüglich zu übermitteln. Sie haben sodann eine Stillhaltefrist von drei Monaten zu wahren, bevor sie die Maßnahme umsetzen dürfen (Art. 6 Abs. 1 der Richtlinie (EU) 2015/1535). Dies soll der Europäischen Kommission die Möglichkeit geben, für den fraglichen Sachverhalt eine eigene, unionsweite Regelung vorzuschlagen oder zu erlassen, wodurch sich die Stillhaltefrist auf 12 Monate verlängert (Art. 6 Abs. 3 der Richtlinie (EU) 2015/1535). Der Begriff der „technischen Vorschrift" soll gem. Art. 1 Abs. 1 lit. f iVm Art. 1 lit. e und lit. b Vorschriften erfassen, die auf „Dienste der Informationsgesellschaft" abzielen, d. h. auf solche Dienste, die „in der Regel gegen Entgelt elektronisch im Fernabsatz und auf individuellen Abruf eines Empfängers" erbracht werden – allerdings nur solche Vorschriften, „deren Beachtung rechtlich oder de facto [...] verbindlich ist". Rechtsfolge eines Verstoßes gegen die Notifizierungspflicht ist die Unanwendbarkeit der notifizierungspflichtigen Vorschrift.[22]

Unklar und umstritten ist, ob es sich bei § 19a um eine Vorschrift handelt, die auf **19** „Dienste der Informationsgesellschaft" abzielt.[23] Die Frage ist Gegenstand der Beschwerde von Amazon gegen die § 19a Abs. 1-Entscheidung des Bundeskartellamtes (Az. KVB 56/22). Nach einer in der mündlichen Verhandlung kommunizierten vorläufigen Einschätzung plant der BGH allerdings keine Vorlage des Falls an den EuGH wegen der unterbliebenen Notifizierung von § 19a.

Dem ist zuzustimmen. Ziel des § 19a ist der Schutz des Wettbewerbs, auch wenn die von **20** dieser Norm erfassten besonderen Gefährdungen in vielerlei Hinsicht mit digitalen Diens-

---

[18] Für einen Überblick über die Änderungen siehe Wagner v. Papp in BeckOK KartellR Rn. 18 f.
[19] Siehe die Beschlussempfehlung des Ausschusses für Wirtschaft und Energie v. 13.1.2021, BT-Drs. 19/25868.
[20] Siehe dazu Kühling, Tackling Big Tech, Verfassungsblog, verfassungsblog.de/tackling-big-tech/, zuletzt abgerufen am 14.6.2021; Esser/Höft in Bien/Käseberg/Klumpe/Körber/Ost GWB-Novelle Kap. 1 Rn. 281. Siehe auch Grünwald in FK-KartellR Rn. 20.
[21] Siehe dazu Schubert NZKart 2021, 338; Grünwald in FK-KartellR Rn. 29 ff.
[22] Siehe EuGH 12.9.2019 – C-299/17, ECLI:EU:C:2019:716 Rn. 39 – VG Media/Google; EuGH 27.10.2016 – C-613/14, ECLI:EU:C:2016:821 Rn. 64 – James Elliott Construction.
[23] Für eine Diskussion siehe Wagner v. Papp in BeckOK KartellR Rn. 26 f.

ten zusammenhängen.[24] Auch begründet § 19a keine unmittelbar anwendbaren Verpflichtungen.[25] Diese resultieren erst aus einer Verfügung des BKartA gem. § 19a Abs. 2 S. 1. Gem. Art. 38 Abs. 3 DMA ist die Kommission spätestens 30 Tage vor Erlass einer solchen Verfügung zu informieren. Art. 37 und 38 DMA verpflichten die Europäische Kommission und die Mitgliedstaaten zur Kooperation und einer Koordinierung ihrer Rechtsdurchsetzungsaktivitäten. Dem Interesse an der Vermeidung einer Fragmentierung des Binnenmarktes, dem die Richtlinie (EU) 2015/1535 mit Blick auf „Dienste der Informationsgesellschaft" in allgemeiner Weise Rechnung trägt, wird mithin mit Blick auf die Verhaltensvorgaben für digitale Plattformen, die nach § 19a erst aus Einzelfallentscheidungen nach § 19a Abs. 2 S. 1 folgen, durch einen im jeweiligen Einzelfall greifenden Koordinierungsmechanismus nachgekommen.[26]

## IV. Normstruktur und Normzweck

**21**     **1. Inhalt und Struktur der Norm.** § 19a führt ein **zweistufiges Behördenverfahren** für eine besondere Missbrauchsaufsicht über Unternehmen mit überragender marktübergreifender Bedeutung für den Wettbewerb ein. In einem ersten Schritt stellt das Bundeskartellamt durch Verfügung die Normadressatenschaft nach § 19a konstitutiv fest (§ 19a Abs. 1). In einem zweiten Schritt (der ggfs. mit der Feststellung der Normadressatenstellung zusammenfallen kann – siehe § 19a Abs. 2 S. 4) kann das Bundeskartellamt den so designierten Unternehmen einige oder alle der in § 19a Abs. 2 S. 1 näher eingegrenzten Verhaltensweisen untersagen. Verstöße gegen diese Verhaltenspflichten können dann unmittelbar und ohne einen weiteren Nachweis wettbewerbsschädigender Wirkungen unterbunden werden. Sie sind außerdem bußgeldbewehrt (→ Rn. 245). Der ex-post-Kontrolle missbräuchlichen Verhaltens gem. § 19 können damit über § 19a präventiv Verhaltensverbote an die Seite gestellt werden, die dem BKartA ein schnelleres und effektiveres Einschreiten gegen drohende Wettbewerbsschädigungen ermöglichen sollen.

**22**     Ganz überwiegend bleiben die in § 19a Abs. 2 S. 1 abschließend aufgelisteten **Untersagungstatbestände** dabei an herkömmliche Missbrauchsfallgruppen angelehnt – etwa das Verbot wettbewerbsschädigender Kopplung oder missbräuchlicher Exklusivitätsbindungen. Sie sind als Versuch zu verstehen, diejenigen unternehmerischen Strategien, die nach der bisherigen Fallpraxis mit besonderen Wettbewerbsgefährdungen einhergehen können, verallgemeinernd darzustellen. Die wettbewerblichen Gefährdungslagen, auf die sie reagieren und die für ihre Anwendung maßgeblich sind, sind dabei jeweils erst im Wege der Auslegung zu ermitteln.

**23**     Die **Regelbeispiele** in § 19a Abs. 2 S. 1 Nr. 1–4 und Nr. 7 sollen die sieben Untersagungstatbestände konkretisieren, die Art der Wettbewerbsgefährdung, die sie erfassen sollen, veranschaulichen, und damit zur Rechtsklarheit und Beschleunigung des Verfahrens beitragen.[27]

**24**     Gem. § 19a Abs. 2 S. 2 bleibt die Möglichkeit einer **sachlichen Rechtfertigung** stets vorbehalten. Die Darlegungs- und Beweislast liegt jedoch bei den Unternehmen (§ 19a Abs. 2 S. 3).

**25**     Die besondere Missbrauchsaufsicht des § 19a Abs. 1 und 2 tritt neben die allgemeine kartellrechtliche Missbrauchsaufsicht nach §§ 19, 20, verdrängt diese also nicht (§ 19a Abs. 3). § 19a Abs. 4 verpflichtet das BMWK, den gesetzgebenden Körperschaften vier Jahre nach Inkrafttreten des § 19a Bericht zu erstatten, um eine Evaluierung der Vorschrift zu ermöglichen.

---

[24] So auch Wolf in MüKoWettbR Rn. 8.

[25] AA wohl Wagner v. Papp in BeckOK KartellR Rn. 26, der angesichts einer zu vermutenden „Vorfeldwirkung" des § 19a jedenfalls von einer „de facto"-Verbindlichkeit der Norm ausgeht, die für eine Verbindlichkeit iSd Art. 1 Abs. 1 lit. f RL (EU) 2015/1535 ausreiche.

[26] In der Sache ähnlich: Wagner v. Papp in BeckOK KartellR Rn. 27 f.

[27] Siehe dazu auch Nothdurft in Bunte Rn. 51 unter Hinweis auf den Bericht des BT-WiA, BT-Drs. 19/25868, 113.

**2. § 19a und DMA im Vergleich.** § 19a wird in Zukunft neben dem DMA Anwen- **26** dung finden (näher dazu: → Rn. 61 ff.). Auch **Großbritannien** arbeitet an der Einführung eines Regulierungsregimes für Unternehmen mit einer „strategischen Marktstellung" („strategic market status").[28] In den **USA** wird u. a. ein „American Innovation and Choice Online Act" diskutiert, der bestimmten großen Online-Plattformen eine Selbstbegünstigung eigener Produkte auf der Plattform untersagen soll.[29] Ein Vergleich der Regelungsmodelle verdeutlicht die grundlegenden Strukturentscheidungen des § 19a.

Im Gegensatz zum DMA, der sich in Terminologie und Regelungstechnik vom Wett- **27** bewerbsrecht löst, bleibt **§ 19a im Wettbewerbsrecht verankert.** Dies zeigt sich bereits in der systematischen Stellung des § 19a im Recht der Missbrauchsaufsicht. Auch bleibt § 19a den herkömmlichen Zielen des Wettbewerbsrechts – nämlich den Zielen der Freiheit des Wettbewerbs, offener Märkte und einem unverfälschten Wettbewerbsprozess – verpflichtet (näher zum Normzweck → Rn. 33 ff.).[30] Er unterscheidet sich hierin vom DMA, der sich, ungeachtet einer erheblichen Überschneidung mit wettbewerbsrechtlichen Zielen,[31] von diesen abzusetzen sucht.[32]

Weder die Untersagungstatbestände des § 19a noch die in Art. 5, 6 und 7 DMA **28** aufgeführten Verhaltenspflichten sind unmittelbar anwendbar. Beide Regelungsregime setzen in einem ersten Schritt den Erlass einer den Normadressatenstatus konstitutiv feststellenden Verfügung voraus. Der persönliche Anwendungsbereich des § 19a ist mit dem des DMA dabei nicht identisch. Die in Art. 5, 6 und 7 des DMA aufgeführten Verhaltenspflichten richten sich an designierte **„Torwächter"** iSd Art. 3 Abs. 1 DMA. „Torwächter" sind danach Unternehmen, die einen zentralen Plattformdienst iSd Art. 2 Nr. 2 DMA anbieten, der gewerblichen Nutzern als wichtiges Zugangstor zu Endkunden dient, und die hierbei über eine gefestigte und dauerhafte Position verfügen oder diese absehbar in naher Zukunft erlangen und deren Tätigkeit erhebliche Auswirkungen auf den Binnenmarkt hat. Überschreiten die Kennzahlen des zentralen Plattformdienstes die in Art. 3 Abs. 2 DMA aufgeführten quantitativen Schwellenwerte mit Blick auf Umsätze (oder Marktkapitalisierung oder Marktwert) und Nutzerzahlen für drei Geschäftsjahre in Folge, so wird die „Torwächter"-Stellung widerleglich vermutet. Der „Torwächter"-Status kann aber auch anhand der in Art. 3 Abs. 8 DMA aufgelisteten qualitativen Kriterien festgestellt werden.

Der persönliche Anwendungsbereich des § 19a ist demgegenüber an die Feststellung **29** geknüpft, dass ein Unternehmen, das in erheblichem Umfang auf Märkten iSd § 18 Abs. 3a tätig ist, eine **„überragende marktübergreifende Bedeutung für den Wettbewerb"** hat. Der Verweis auf die „Märkte im Sinne des § 18 Abs. 3a" tritt damit an die Stelle einer abschließenden Auflistung von „zentralen Plattformdiensten". Für die „überragende marktübergreifende Bedeutung für den Wettbewerb" ist die Bedeutung der jeweiligen Tätigkeit

---

[28] Siehe UK Government response to the consultation on a new pro-competition regime for digital markets, May 2022, abrufbar unter assets.publishing.service.gov.uk/government/uploads/system/uploads/attachment_data/file/1073164/E02740688_CP_657_Gov_Resp_Consultation_on_pro-comp_digital_markets_Accessible.pdf, zuletzt abgerufen am 27.7.2023; siehe für den im House of Commons verhandelten Entwurf: Digital Markets, Competition and Consumers Bill, Bill 350 2022-23, abrufbar unter publications.parliament.uk/pa/bills/cbill/58-03/0350/220350.pdf, zuletzt abgerufen am 17.7.23; für einen Vergleich des in Großbritannien angestrebten Regulierungsmodells mit § 19a GWB siehe Witt Platform Regulation in Europe – Per Se Rules to the Rescue?, 18(3) J. Comp. Law Leon (2022), 670.
[29] Siehe www.congress.gov/bill/117th-congress/senate-bill/2992, zuletzt abgerufen am 27.7.2023.
[30] Siehe Begr. RegE, BT-Drs. 19/23492, 77: Bei der Prüfung einer sachlichen Rechtfertigung ist den langfristigen Zielen der Offenhaltung von Märkten und dem Schutz wettbewerblicher Chancen besonderes Gewicht einzuräumen; aus der Lit.: Franck/Peitz 12(7) JECLAP (2021), 513 (522 f.).
[31] Siehe dazu Schweitzer ZEuP 2021, 503 (509 ff.).
[32] Siehe ErwGr 11 des DMA: „Diese Verordnung verfolgt ein Ziel, das das im Wettbewerbsrecht definierte Ziel, den unverfälschten Wettbewerb auf bestimmten Märkten zu schützen, ergänzt, aber sich davon unterscheidet"; näher: Zimmer/Göhsl ZWeR 2021, 29 (35 f.); Podszun/Bongartz/Langenstein EuCML, 2021, 60 (61 f.); Monti The Digital Markets Act – Institutional Design and Suggestions for Improvement, TILEC Discussion Paper No. 2021-04, 2021, S. 2 f., abrufbar über SSRN: ssrn.com/abstract=3797730, zuletzt abgerufen am 27.7.2023.

für den Zugang Dritter zu Beschaffungs- und Absatzmärkten eines von mehreren relevanten Kriterien. Dreh- und Angelpunkt der Normadressatenstellung ist bei § 19a Abs. 1 aber nicht die Kontrolle über ein Zugangstor zum Endkunden, sondern die **zentrale Stellung in einem durch verbundene Märkte charakterisierten digitalen Ökosystem.** Knüpft der DMA mit der „Torwächter"-Stellung an „Intermediationsmacht" an, so will § 19a jede Form von marktübergreifender Macht im Kontext digitaler Märkte erfassen. Die in Art. 3 Abs. 8 DMA aufgeführten qualitativen Kriterien für die Feststellung einer „Torwächter"-Stellung weisen gleichwohl erhebliche Überschneidungen mit den in § 19a Abs. 1 S. 2 Nr. 1–5 aufgeführten Kriterien auf. Auch der DMA will im Ergebnis gerade diejenigen Machtpositionen erfassen, mit denen marktübergreifende Wettbewerbsgefährdungen verbunden sind. Die Überschneidung in der Normadressatenschaft ist demgemäß groß.[33] § 19a Abs. 1 verzichtet allerdings auf einen an quantitative Schwellenwerte anknüpfenden Vermutungstatbestand. Die Normadressatenschaft ist vielmehr stets anhand qualitativer Kriterien festzustellen.

**30**    Während die Feststellung des „Torwächter"-Status nach Art. 3 DMA die Geltung der Verhaltenspflichten nach Art. 5, 6 und 7 DMA automatisch zur Folge hat und der **DMA** damit auf ein **„One-Size-Fits-All"-Modell** setzt, löst die Feststellung des Normadressatenstatus nach § 19a Abs. 1 für sich genommen noch keine Verhaltenspflichten aus. Hierfür bedarf es einer weiteren Verfügung nach § 19a Abs. 2, mit der das BKartA festlegt und konkretisiert, welche Untersagungstatbestände im Einzelfall gelten. Die Verhaltensregeln des § 19a Abs. 2 S. 1 sind also – anders als die Verhaltensregeln in Art. 5, 6 und 7 DMA – keine „per-se"-Regeln. § 19a ermöglicht und erfordert vielmehr ein **„Zuschneiden" der Verhaltenspflichten auf die konkrete wettbewerbliche Problemlage.**[34] Anders als im Rahmen des DMA bleibt stets auch eine **sachliche Rechtfertigung** möglich (§ 19a Abs. 2 S. 2), wobei die Darlegungs- und Beweislast hierfür die Normadressaten trifft (§ 19a Abs. 2 S. 3).

**31**    Die Möglichkeit (und Notwendigkeit) der Konkretisierung der Verhaltenspflichten im Einzelfall hat es dem deutschen Gesetzgeber ermöglicht, die Untersagungstatbestände im Vergleich zu den Verhaltenspflichten der Art. 5, 6 und 7 DMA etwas weiter und abstrakter zu fassen. § 19a Abs. 2 S. 1 soll auf diese Weise nicht nur bereits bekannte Missbrauchsstrategien, sondern auch Variationen erfassen, ohne dass der Katalog der Untersagungstatbestände hierfür angepasst werden müsste.[35] Die **Untersagungstatbestände des § 19a Abs. 2 S. 1** sind insoweit **flexibler** als die Verhaltenskataloge in Art. 5, 6 und 7 DMA. Die in § 19a Abs. 2 S. 1 Nr. 1–4, 7 aufgeführten Regelbeispiele von Verhaltensweisen, deren Missbräuchlichkeit vermutet werden soll, sind allerdings teilweise an die in Art. 5, 6 DMA formulierten Verhaltenspflichten angelehnt.

**32**    Die im allgemeinen kartellrechtlichen Missbrauchsverbot angelegte wettbewerbliche Wirkungsanalyse ist damit sowohl im Regime des DMA als auch im Regime des § 19a Abs. 2 modifiziert. Während der DMA aber gänzlich auf eine Wirkungsanalyse verzichtet, setzt der Erlass einer Untersagungsverfügung nach § 19a Abs. 2 weiterhin die Plausibilisierung eines Wettbewerbsschädigungspotenzials voraus (→ Rn. 130 ff.). Im Verhältnis zum allgemeinen Missbrauchsverbot führt § 19a Abs. 2 im Wesentlichen zu einer Absenkung der Nachweisanforderungen.[36]

**33**    **3. Normzweck. a) Schutzgüter des § 19a und Gefährdungslagen.** Die besondere Missbrauchsaufsicht des § 19a ist auf dieselben **Schutzgüter** bezogen wie das GWB ins-

---

[33] Sowohl bei § 19a GWB als auch beim DMA wird allgemein davon ausgegangen, dass auf absehbare Zeit Google, Amazon, Facebook und Apple die vordringlichen Normadressaten sein werden. Siehe Polley/Konrad WuW 2021, 198 (201); in Bezug auf § 19a: Mäger/Budde DB 2020, 378 (382); Nagel/Hillmer DB 2021, 327 (330). Microsoft tritt in jüngerer Zeit als weiterer wichtiger Normadressat hinzu.
[34] Begr. RegE, BT-Drs. 19/23492, 75.
[35] BT-Drs. 19/25868, 113.
[36] Für diese Wirkung des § 19a Abs. 2 siehe Nothdurft in Bunte Rn. 49.

gesamt:[37] § 19a soll **wirtschaftliche Macht begrenzen, Märkte offenhalten** und **„wettbewerbliche Prozesschancen"** schützen.[38] In den Gesetzgebungsmaterialien wird im Übrigen der Schutz des „Leistungswettbewerbs"[39] und der Schutz eines „fairen Wettbewerbs" betont[40] – Konzepte, die auch in der jüngeren Rspr. zur Auslegung des allgemeinen Missbrauchsverbots verstärkt hervorgehoben worden sind.[41] Die Schutzgüter des § 19a weichen damit nicht von den herkömmlichen Schutzgütern des GWB im Allgemeinen und der kartellrechtlichen Missbrauchsaufsicht im Besonderen ab. Dies zeigt sich bereits in der Stellung von § 19a im Recht der Missbrauchsaufsicht.

§ 19a reagiert allerdings auf **neue Gefährdungslagen.** Zu diesen zählt eine stark **herab-** **34** **gesetzte Bestreitbarkeit einer Machtposition auf „gekippten" Märkten** – dies rechtfertigt es, die Offenheit des Marktzugangs als Schutzgut hervorzuheben und den Anwendungsbereich der besonderen Missbrauchsaufsicht auf Konstellationen zu erweitern, in denen womöglich noch keine Marktbeherrschung besteht, jedoch mit dem „Kippen" eines Marktes zu rechnen ist.[42] Weitere von § 19a adressierte Gefährdungslagen sind die **Doppelrolle vertikal integrierter Intermediäre, die als Plattformbetreiber,** aber zugleich auch **als Wettbewerber** auf der Plattform auftreten und folglich Anreize haben können, sich im Wettbewerb auf der Plattform Vorteile zu verschaffen **(„Selbstbegünstigung");** die **Intermediations- und Regelsetzungsmacht von Plattformbetreibern,** die damit über die Zugangs- und Wettbewerbschancen gewerblicher Nutzer entscheiden und strategische Möglichkeiten zur Festigung wie zur Ausdehnung der eigenen Marktposition erlangen; die vielfältigen Möglichkeiten von Normadressaten, die **Kontrolle über strategische Ressourcen und Zugangspunkte** für **Bündelungs-, Kopplungs- und kopplungsähnliche Strategien** zu nutzen, mit deren Hilfe schnell in neue Märkte vorzudringen und diese „aufzurollen" **(„platform envelopment");** die eng damit verbundene und durch die Kontrolle über „shareable inputs" – nicht zuletzt Daten und Nutzerprofilen – erheblich gesteigerte Fähigkeit, das Verhalten der Nutzer auf mannigfaltige Weise zu lenken und damit die **Wahlfreiheit der Nachfrageseite zu beeinträchtigen;** und schließlich die durch die Abhängigkeit v. a. gewerblicher Nutzer und dementsprechend eine fehlende wettbewerbliche Disziplinierung begründete Fähigkeit, deren legitime wirtschaftliche Interessen zu vernachlässigen, mit der Folge der Schwächung dezentraler Innovationsanreize und -chancen.

Die strukturellen Besonderheiten der Machtstellung der Normadressaten und die mit **35** ihnen verbundenen Gefährdungslagen sind Grundlage einer **besonderen Verantwortung der Normadressaten für den Wettbewerb,** die über die besondere Verantwortung hinausreicht, wie sie eine „normale" marktbeherrschende Stellung begründet. Einem Marktbeherrscher ist die Nutzung von Größen- und Verbundvorteilen sowie Synergien nach Maßgabe des allgemeinen Missbrauchsverbots nicht grundsätzlich untersagt. Verbundstrategien können mit erheblichen unternehmerischen Effizienzen und Nutzen auch für die Nachfrageseite einhergehen. Bei den Normadressaten des § 19a übersetzt sich die Größe des Netzwerks jedoch in positive Netzwerkeffekte und damit in einen so dominanten Vorteil für die Nachfrageseite, dass sämtliche andere Leistungsmerkmale darüber an

---

[37] Zu den Schutzgütern des GWB siehe allgemein: Nothdurft in Bunte § 19 Rn. 2 ff. mwN.
[38] Siehe Begr. RegE, BT-Drs. 23492, 77; Bericht BT-WiA, BT-Drs. 19/25868, 113. Zum genuin wettbewerblichen Schutzzweck siehe auch die zusammen mit der 10. GWB-Novelle verabschiedete Entschließung des Bundestages, BT, Plenarprotokoll 19/204, 25643, rechte Spalte unten; Bericht BT-WiA, BT-Drs. 19/25868, 7 ff.; in dem klaren Bekenntnis zu den herkömmlichen Schutzzwecken des GWB unterscheidet sich das GWB vom DMA, der sich in den Begründungserwägungen von den Schutzzwecken des europäischen Wettbewerbsrechts abzugrenzen sucht → Rn. 27.
[39] Siehe Begr. RegE, BT-Drs. 19/23492, 75, 77.
[40] Siehe Bericht BT WiA, BT-Drs. 19/25868, 7, 8, 9.
[41] Für Art. 102 siehe dazu: EuG 10.11.2021 – T-612/17, ECLI:EU:T:2021:763 Rn. 156 (competition on the merits); und Rn. 433, 434 (Wettbewerb auf einer „fairen Grundlage") – Google Shopping.
[42] Das bedeutet nicht, dass die Norm nur den Wettbewerb auf zum Kippen geneigten Märkten schützt – siehe BKartA 3.4.2023 – B9-67/21 Rn. 158 – Apple. AA scheinbar Apple siehe BKartA 3.4.2023 – B9-67/21 Rn. 157 – Apple.

Bedeutung verlieren und Wettbewerbschancen schwinden. In „Google Shopping" hat das EuG aus der besonderen Stellung von Google als einem Zugangstor zum Internet und den hohen Zutrittsschranken zum Markt für allgemeine Suchdienste eine besondere Verpflichtung abgeleitet, sicherzustellen, dass das eigene Verhalten echten und unverfälschten Wettbewerb auf angrenzenden Märkten nicht beschränkt.[43] § 19a kann an diese Rspr. anknüpfen und konkretisiert die besondere Verantwortung, die aus einer mit besonderen Wettbewerbsgefährdungspotenzialen verbundenen Marktstellung folgt. Zu den Grundlinien des § 19a zählt die Verpflichtung der Normadressaten, Größen- und Verbundvorteile nicht zur Lenkung der Auswahlentscheidungen der Nachfrageseite auf Märkten für Komplementärprodukte zu nutzen und die Wahlfreiheit der Nachfrageseite zu respektieren. Die Bezugnahme der Gesetzgebungsmaterialien auf einen „fairen" bzw. „Leistungswettbewerb" ist nicht zuletzt in diesem Sinne zu verstehen.

**36**     In der Hervorhebung des Schutzguts der **„Fairness"** des Wettbewerbs spiegelt sich überdies die **Verwandtschaft der Intermediationsmacht zur Nachfragemacht.**[44] Wie bei der Nachfragemacht, so wirkt sich auch die Intermediationsmacht der Normadressaten nicht zuletzt im bilateralen Verhältnis zu den Anbietern aus, die sich in einer besonderen Abhängigkeit von der Plattform befinden.[45] Die besondere Verantwortung des Normadressaten für den Wettbewerb kann daher auch ein Gebot der Rücksichtnahme auf legitime Interessen der gewerblichen Nutzer der Plattform beinhalten.

**37**     Die Betonung von „Leistungswettbewerb" und einem „fairen" Wettbewerb sind demgegenüber **nicht** als Ausdruck einer generellen **lauterkeitsrechtlichen** oder anderweitigen **„Aufladung" des § 19a** zu verstehen.[46] Zwar gehen von den großen Digitalunternehmen nicht nur Gefahren für den Wettbewerb aus. Besondere Gefährdungen können sich auch für die Medienvielfalt, den Datenschutz, den Verbrauchschutz und die Lauterkeit des Geschäftsverkehrs ergeben.[47] Der Schutz dieser Rechtsgüter ist jedoch anderen Gesetzen vorbehalten.[48] Die Untersagungstatbestände in § 19a Abs. 2 S. 1 Nr. 1 bis Nr. 7 sollen sämtlich die Untersagung von Verhalten dann ermöglichen, wenn es mit einer besonderen Gefährdung des Wettbewerbsprozesses verbunden ist. Beim Erlass von Verfügungen nach § 19a Abs. 2 ist das Wettbewerbsgefährdungspotenzial dementsprechend gesondert festzustellen (→ Rn. 130 ff.) und wesentlicher Bezugspunkt der Verhältnismäßigkeitsprüfung. Dies bedeutet nicht, dass das BKartA im Rahmen des ihm nach § 19a Abs. 1 eingeräumten Aufgreifermessens oder des in § 19a Abs. 2 gewährten Auswahlermessens nicht auch dem Umstand Rechnung tragen kann, dass die überragende marktübergreifende Bedeutung eines Unternehmens für den Wettbewerb mit weitreichenden Einflüssen auf den gesellschaftlichen Bereich verbunden sein kann:[49] Wo die Kontrolle wettbewerblicher Macht-

---

[43] EuG 10.11.2021 – T-612/17, ECLI:EU:T:2021:763 Rn. 183 – Google Shopping.
[44] Zur Ähnlichkeit der Intermediationsmacht zur Nachfragemacht: Schweitzer/Haucap/Kerber/Welker, Modernisierung der Missbrauchsaufsicht für marktmächtige Unternehmen, 2018, S. 87 ff.
[45] Wolf sieht daher eine besondere Überschneidung zwischen § 19a und § 20 Abs. 1 – siehe Wolf in MüKoWettbR Rn. 5.
[46] AA Lettl WRP 2021, 413 (422); Körber MMR 2020, 290 (294); Galle DB 2020, 1274 (1277), die insbes. § 19a Abs. 2 S. 1 Nr. 6 als Ausdruck eines Lauterkeitsrechts für den P2B (= Platform to Business)-Bereich kritisieren; aA wohl auch BKartA 2.5.2022 – B6-27/21 Rn. 655 – Meta: Jenseits der Wirkungen auf den Wettbewerb will das BKartA bei der Feststellung einer überragenden marktübergreifenden Bedeutung von Meta auch den Wettbewerb auch die „prägende Wirkung" des Kommunikationsraums von Meta für das gesellschaftliche Leben, die gesellschaftliche Teilhabe in Form der Partizipation an digitaler Kommunikation und für die öffentliche Meinungsbildung berücksichtigen.
[47] Vgl. Höppner WuW 2020, 71 (73).
[48] Für den Datenschutz siehe die DSGVO; für den Schutz gegen „hate speech" siehe das NetzDG und in Zukunft den Digital Services Act, vgl. Komm Vorschlag für eine Verordnung des Europäischen Parlamentes und des Rates über einen Binnenmarkt für digitale Dienste (Gesetz über digitale Dienste) und zur Änderung der Richtlinie 2000/31/EG, COM/2020/825 final. Zum Zusammenspiel von DMA und DSA siehe Eifert/Metzger/Schweitzer/Wagner CMLR 2021, 987.
[49] Siehe hierzu BKartA 30.12.2021 –B7-61/21 Rn. 416 – Alphabet, unter Hinweis auf BVerfG 6.11.2019 – 1 BvR 16/13, NJW 2020, 300, Rn. 85 – Recht auf Vergessen I.

und Gefährdungspotenziale zugleich politisch und gesellschaftlich relevante Macht- und Gefährdungspotenziale erfasst, ist ein Einschreiten zum Schutz des Wettbewerbs in besonderem Maße geboten.

**b) Normzweck.** Zweck des § 19a ist es, die **Freiheit des Wettbewerbs gegen die** 38 **besonderen Gefährdungen zu schützen,** wie sie aus den besonderen marktübergreifenden Machtpositionen der Normadressaten folgen.[50] Das Ziel, eine effektive und hinreichend **schnelle Intervention** gegen diese Gefährdungen zu ermöglichen,[51] ist im Rahmen einer funktionalen Auslegung von § 19a zu berücksichtigen. Insb. hat auch die Auslegung und Anwendung der Untersagungstatbestände des § 19a Abs. 2 S. 1 mit Blick auf die besonderen Gefährdungslagen bzw. „Schadenstheorien" zu erfolgen, die der Einführung der besonderen Missbrauchsaufsicht zugrunde liegen (zu den besonderen Gefährdungslagen → Rn. 34).

Dem Normzweck des § 19a – einschließlich dem Beschleunigungsziel – entspricht es, 39 dass das BKartA zum Erlass von Verfügungen nach § 19a Abs. 2 bereits dann ermächtigt sein soll, wenn die Struktur des Unternehmens und der Marktkontext eine besondere Gefährdungslage iSd § 19a nahelegen. Zwar ist die Darlegung und Plausibilisierung eines Wettbewerbsschädigungspotenzials geboten (näher: → Rn. 130 ff.). Die Anforderungen an den Nachweis einer (wahrscheinlichen) Wettbewerbsschädigung sind im Verhältnis zum allgemeinen Missbrauchsverbot des § 19 bzw. des Art. 102 AEUV aber herabgesetzt. Den Normadressaten des § 19a wird damit eine **besonders weitreichende Verantwortung für einen unverfälschten Wettbewerb im digitalen Ökosystem** auferlegt.[52] Im Rahmen der Interessenabwägung, die dem kartellrechtlichen Missbrauchsverbot in all seinen Ausprägungen zugrunde liegt, sind die Gewichte infolge der mit der Normadressatenstellung nach § 19a Abs. 1 einhergehenden strukturellen Besonderheiten und des Ausmaßes der Wettbewerbsgefährdung zulasten des Normadressaten verschoben.

**4. Stellung zwischen Wettbewerbsrecht und Regulierung.** § 19a ermöglicht es 40 dem BKartA, designierten Unternehmen nach § 19a Abs. 2 S. 1 bestimmte Verhaltensweisen präventiv zu untersagen. Die vorherige Feststellung eines Missbrauchs ist nicht erforderlich. Obgleich es sich um Verhaltensauflagen handelt, sollen sie doch für eine systematische Wettbewerbsöffnung sorgen und damit die Struktur der Märkte verändern. Die dem BKartA nach § 19a Abs. 2 übertragenen Interventionsbefugnisse stehen damit zwischen der herkömmlichen Missbrauchsaufsicht und einer präventiven Risikobekämpfung, wie sie für die – allerdings genuin strukturell ausgerichtete – Zusammenschlusskontrolle kennzeichnend ist. Die besondere Missbrauchsaufsicht nach § 19a ist nicht vergangenheits-, sondern **zukunftsbezogen,** und damit **pro-aktiver als das herkömmliche Wettbewerbsrecht.**

Pro-aktiver ist das Regime des § 19a überdies auch insoweit, als es **systemischen Wett-** 41 **bewerbsgefährdungen** begegnen will. Auch dort, wo eine bestimmte Verhaltensweise nach Art. 102 AEUV/§§ 18, 19 nicht ohne weiteres als missbräuchlich untersagt werden könnte, kann sie nach § 19a Abs. 2 verboten werden, um **Märkte** – ähnlich wie in den 1990er Jahren im Rahmen der Liberalisierung der Netzsektoren – für Wettbewerb **zu öffnen.**

---

[50] Siehe dazu BT Plenarprotokoll 19/204, 25643, rechte Spalte unten; Bericht BT-WiA BT-Drs. 19/25868, 7 ff.; ausführlich: Nothdurft in Bunte Rn. 2.

[51] Wagner v. Papp in BeckOK KartellR Rn. 3 spricht von einer „Beschleunigungsfunktion".

[52] Ansätze für eine solche, besonders weitreichende „besondere Verantwortung" der Normadressaten finden sich in EuG 10.11.2021 – T-612/17, ECLI:EU:T:2021:763 Rn. 169 ff. (für die Bedeutung der Suchmaschine für den Zugang zum Kunden und die Möglichkeit von Google zur Beeinflussung des Kundenverhaltens); und Rn. 182 f. (für die „superdominante" Stellung von Google und die damit verbundene, besonders starke Verpflichtung, den Wettbewerb nicht zu verfälschen) – Google Shopping.

**42**    In der Literatur wird die „besondere Missbrauchsaufsicht" nach § 19a vor diesem Hintergrund gelegentlich als Regulierung[53] bzw. als **„kartellrechtsnahe Regulierung"**[54] bezeichnet. Im Bereich des präventiven und pro-aktiven Wettbewerbsschutzes wird die Grenze zwischen Wettbewerbsrecht und Regulierung fließend.[55]

**43**    Durch die Verankerung des § 19a im GWB und dort im Teil 1 unter dem Titel „Wettbewerbsbeschränkungen" hat der deutsche Gesetzgeber jedoch zum Ausdruck gebracht, dass § 19a dem Wettbewerbsrecht zugeordnet bleiben soll. Dieser Einordnung ist bei der Auslegung von § 19a Rechnung zu tragen (→ Rn. 130 ff. (Wettbewerbsverfälschungspotenzial)). Wagner von Papp hat § 19a vor diesem Hintergrund treffend als **„regulierungsnahes Kartellrecht"** charakterisiert.[56]

**44**    Praktische Bedeutung erlangt der Streit über die Einordnung des § 19a als Wettbewerbs- oder Regulierungsrecht im Übrigen, weil **Art. 1 Abs. 6 lit. b DMA** die parallele Anwendbarkeit nationaler Regeln, die sich an „Torwächter" richten, ausdrücklich auf Wettbewerbsvorschriften beschränkt, ein nationales Sonder-Regulierungsrecht also ausschließt. Erwgr. 10 zum DMA präzisiert die **Merkmale, die nationale Regeln** in diesem Kontext **als Wettbewerbsvorschriften ausweisen:** Neben dem DMA sollen nur solche nationalen Regeln betreffend einseitiger Verhaltensweisen anwendbar bleiben, die eine Würdigung der Marktposition, des Verhaltens und dessen tatsächlicher oder wahrscheinlicher Auswirkungen im Einzelfall vorsehen, die dementsprechend den genauen Zuschnitt der Verbote im Einzelfall festlegen und dem Adressaten der Verfügung die Möglichkeit einer objektiven Rechtfertigung belassen. Da § 19a sämtliche Kriterien erfüllt, ist er jedenfalls für die Zwecke des Art. 1 Abs. 6 DMA als Wettbewerbsvorschrift einzuordnen.

**45**    Die verbreitete Kennzeichnung der großen Digitalplattformen als die neuen **„public utilities"** der Digitalökonomie[57] legt gleichwohl eine Nähe des § 19a zur „public utilities regulation" nahe. Zwischen den früheren Monopolstellungen in den klassischen Netzindustrien und den durch § 19a erfassten Machtstellungen bestehen allerdings erhebliche Unterschiede. Den Machtstellungen nach § 19a liegen keine staatlich geschützten Monopolrechte, sondern private Investition und Innovation sowie wettbewerblich errungene Erfolge zugrunde. Grundlage der Machtstellung sind keine physischen Netze, sondern digitale Plattformen. Eine Preisregulierung auf Endnutzerseite, wie sie für die herkömmlichen „public utilities" kennzeichnend war, erübrigt sich bei den digitalen Plattformen häufig schon deswegen, weil viele der Vermittlungsdienste im Verhältnis zu Endnutzern unentgeltlich erbracht werden. Auch das für herkömmliche „public utilities" typische Regulierungsanliegen, eine flächendeckende Erbringung der Dienstleistungen sicherzustellen, spielt mit Blick auf die endnutzerseitig allgemein zugänglichen großen Digitalplattformen keine Rolle. Ein Regelungsbedürfnis kann hier allenfalls mit Blick auf eine unangemessen strikte oder diskretionäre Praxis des Ausschlusses bestimmter (v. a. gewerblicher) Nutzer entstehen, die deswegen denkbar ist, weil die gewerblichen Nutzer zwar vom Zugang zu den Diensten des Normadressaten abhängig sind, die Normadressaten aber auf einzelne gewerbliche Nutzer häufig ohne weiteres verzichten können. Angesichts der Komplexität und Vieldimensionalität der Vermittlungsleistung kommt als Abhilfe in sol-

---

[53] Siehe etwa Polley/Konrad WuW 2021, 198 (199); Scholz WuW 2022, 128 (129 f.); auch Paal/Kumkar NJW 2021, 809 (815): „Aspekte einer ex-ante-Regulierung dominieren"; Höppner WuW 2020, 71 (74) spricht von „Regulierung light" und einem „regulatorischen Ermessen" des BKartA, dann allerdings wiederum von einer „Sektoralisierung des Wettbewerbsrechts"; s. auch Wolf in MüKoWettbR Rn. 5: „in formaler Hinsicht" habe § 19a den „Charakter eines Regulierungsinstruments".

[54] Für diesen Begriff siehe Podszun Gutachten zum 73. Deutschen Juristentag, 2020, S. F 77.

[55] Für Versuche einer Abgrenzung zwischen Wettbewerbsrecht und Regulierung siehe Sennekamp Der Diskurs um die Abgrenzung von Kartell- und Regulierungsrecht, 2016; zum Begriff der Regulierung: Ruffert in Fehling/Ruffert, Regulierungsrecht, 2010, S. 332; Basedow FS Immenga, 2004, 3.

[56] Wagner v. Papp in BeckOK KartellR Rn. 11.

[57] Montero/Finger Compet. Regul. Netw. Ind. (2021), 111; Bostoen Regulating Online Platforms, Lessons From 100 Years of Telecommunications Regulation, Working Paper, www.concorrencia.pt/sites/default/files/2021-06/Regulating%20online%20platforms%20-%20Friso%20Bostoen.pdf, zuletzt abgerufen am 27.7.2023.

chen Fällen aber keine Zugangsregulierung klassischen Stils, sondern nur eine komplexe Regulierung der Vermittlungsleistung in Betracht, die auf der Transparenz der Zugangsbedingungen und etwaiger Sanktionsinstrumente von Plattformen, einer Verpflichtung zur Zugangsgewährung zu FRAND-Bedingungen und einem Diskriminierungs- und Selbstbegünstigungsverbot beruht (siehe § 19a Abs. 2 S. 1 Nr. 1 und Nr. 2; vgl. auch Art. 6 Abs. 2–7 DMA). Eine einfache Übertragung der Grundsätze der „public utilities"-Regulierung auf Plattformen scheidet hingegen aus.

Gleichwohl lassen sich gewisse **Parallelen zwischen der herkömmlichen „public** **46** **utilities"-Regulierung und § 19a** finden. Sie betreffen zunächst den persönlichen Anwendungsbereich der „besonderen Missbrauchsaufsicht" nach § 19a: Die Vorschrift soll explizit nur einen kleinen Kreis von Unternehmen – nämlich die großen Digitalkonzerne – erfassen, die für viele Endverbraucher erhebliche Relevanz für die wirtschaftliche und gesellschaftliche Teilhabe erlangt haben, und damit auch für gewerbliche Nutzer zu zentralen „Zugangstoren" im Zugang zu Endkunden geworden sind.[58] In § 19a geht es mit anderen Worten um die **Aufsicht über Unternehmen mit „überragender" infrastruktureller Bedeutung.** Für den Bereich der alten Netzmonopole hielt Art. 106 Abs. 2 AEUV das Konzept der „Dienstleistungen von allgemeinem wirtschaftlichem Interesse" bereit, deren Gewährleistung Ausnahmen von der Anwendung der Wettbewerbsregeln rechtfertigen konnte, wenn ein Mitgliedstaat ein Unternehmen mit der Erbringung solcher Dienste betraute. § 19a soll keine wettbewerbsrechtlichen Ausnahmebereiche schaffen; er soll die Wettbewerbsaufsicht vielmehr verschärfen. Auch bei § 19a geht es aber um die Erfassung wettbewerblicher Besonderheiten, die mit der Erbringung essentieller Infrastrukturleistungen verbunden sind. Allerdings hat sich die wettbewerbliche – und angesichts der Art der Dienste auch die gesellschaftliche – Problemlage verändert.

Verbindungslinien lassen sich hinsichtlich des Ausmaßes der **Machtverfestigung** ziehen: **47** Wie die herkömmlichen Netzmonopole, so haben auch die großen digitalen Plattformen dauerhaft verfestigte Machtposition erlangt, die auf nicht minder effektiven Marktzutrittsschranken beruhen. Produktionsseitig sind extreme Größenvorteile und nachfrageseitig starke positive Netzwerkeffekte zu nennen. Die Marktstellung muss nicht mehr in vollem Umfang im Preis-, Qualitäts- und Innovationswettbewerb verteidigt werden, sondern ist abgesichert durch die Schwierigkeiten eines koordinierten Wechsels. Vorbehaltlich proaktiver wettbewerblicher Intervention sind die Machtpositionen der digitalen Plattformen auf ihren Kernmärkten auf lange Sicht nicht bestreitbar. Wie die herkömmlichen Netzmonopolisten, so verfügen auch die Digitalkonzerne ferner über vielfältige Möglichkeiten, ihre Machtstellung in angrenzende Märkte zu erstrecken. Die Kosten-Nutzen-Bilanz einer vertikalen und konglomeraten Integration kann dabei sehr unterschiedlich ausfallen. § 19a – wie auch der DMA und andere vergleichbare Gesetzgebungsvorhaben – versuchen, die jeweiligen Normadressaten auf ein **Prinzip des „level playing field"** zu verpflichten, wenn sie um Kunden in angrenzenden Märkten konkurrieren.

Erblickt man in § 19a eine Norm, welche speziell die von Anbietern zentraler Infrastruk- **48** turdienste der Digitalökonomie ausgehenden Wettbewerbsgefährdungen erfassen soll, so liegt der **Vergleich** mit den Bemühungen um eine **Liberalisierung der Netzmonopole in den 1990er Jahren** nicht fern. Die Besonderheiten der neuen Machtstellungen gebieten allerdings die **Entwicklung neuer „Regulierungs"-Prinzipien.** Endnutzerseitig geht es nicht mehr um die Sicherstellung eines flächendeckenden Zugangs zu angemessenen Preisen. Angesichts der marktübergreifenden Wettbewerbsgefährdung, wie sie mit der Tendenz zur Bildung digitaler Ökosysteme verbunden ist, erlangt vielmehr ein wirksamer **Schutz der Wahlfreiheit der Verbraucher** zentrale Bedeutung. Dies spiegelt sich in der wiederholten Bezugnahme auf die Wahlfreiheit in den Regelbeispielen in § 19a Abs. 2 S. 1. Bei der Entwicklung weiterer Prinzipien kann § 19a materiell- wie verfahrensrecht-

---

[58] Siehe auch Begr. RegE, BT-Drs. 19/23492, 56, 73; BKartA 30.12.2021 – B7-61/21 Rn. 416 – Alphabet.

lich von den Stärken und Schwächen der herkömmlichen Netzregulierung lernen. Der
Lern- und Adaptionsprozess hat allerdings erst begonnen.

## V. Praktische Bedeutung

**49**     Im Gesetzgebungsprozess ist wiederholt unterstrichen worden, dass sich § 19a an einen
„kleinen Kreis von Unternehmen bzw. digitalen Ökosystemen" richten soll.[59] Die Marktstellung, das Marktverhalten und die Erfahrungen mit den Missbrauchsverfahren gegen
Google, Amazon, Facebook und Apple – wenngleich in den Gesetzgebungsmaterialien
namentlich nicht genannt – bildeten die Folie, auf der § 19a vorgeschlagen und diskutiert
wurde.[60]

**50**     Das BKartA hat dementsprechend und wenig überraschend bislang **fünf Verfahren zur
Feststellung der überragenden marktübergreifenden Bedeutung nach § 19a Abs. 1**
eingeleitet, und zwar gegen **Meta, Amazon, Alphabet, Apple und Microsoft**. In vier
Fällen – nämlich für **Alphabet,**[61] **Meta,**[62] **Amazon**[63] und **Apple**[64] – hat das BKartA eine
überragende marktübergreifende Bedeutung festgestellt. Amazon und Apple haben die
Verfügung vor dem BGH angefochten. In den Fällen Alphabet und Meta sind die Verfügungen des BKartA rechtskräftig geworden. Ein Verfahren zur Feststellung der marktübergreifenden Bedeutung von **Microsoft** für den Wettbewerb ist weiterhin beim BKartA
anhängig.[65]

**51**     Im Rahmen eines **Verfahrens nach § 19a Abs. 2 gegen Google/Alphabet** prüft das
Bundeskartellamt nunmehr eine Untersagungsverfügung nach § 19a Abs. 2 S. 1 Nr. 4
lit. a, gegründet auf einen Verdacht, dass „Google/Alphabet die Nutzung seiner Dienste
von einer Zustimmung zu der Datenverarbeitung abhängig macht, bei der es keine ausreichenden Wahlmöglichkeiten hinsichtlich des Umstands, des Zwecks und der Art und
Weise der Verarbeitung der Daten gibt".[66] Weiterhin untersucht das Bundeskartellamt,
inwieweit Alphabet mit der Google Maps Plattform andere Kartendienste in ihrer Geschäftstätigkeit auf Beschaffungs- oder Absatzmärkten behindert (§ 19a Abs. 2 S. 1 Nr. 2).[67]
Die Bündelung verschiedener Dienste von Google im Rahmen der Google Automative
Systems sowie deren Vorinstallation und die eingeschränkte Interoperabilität für die Dienste
von Wettbewerbern könnte dazu dienen, die eigene Machtposition auf weitere noch nicht
vermachtete Märkte auszudehnen (§ 19a Abs. 2 S. 1 Nr. 3), Wettbewerber in ihrer Geschäftstätigkeit auf Absatzmärkten zu behindern (§ 19a Abs. 2 S. 1 Nr. 2) oder durch
Erschweren der Interoperabilität den Wettbewerb zu behindern (§ 19a Abs. 2 S. 1 Nr. 5
Var. 1).[68] Ein Verfahren betreffend „Google News Showcase", in dessen Rahmen die
Begünstigung von „Google News Showcase" (§ 19a Abs. 2 S. 1 Nr. 1), die Behinderung
anderer Unternehmen in ihrer Geschäftstätigkeit (§ 19a Abs. 2 S. 1 Nr. 2) und die unangemessene Behandlung der teilnehmenden Verlage (§ 19a Abs. 2 S. 1 Nr. 7) geprüft wurden,

---

[59] BT-Drs. 19/25868, 114.

[60] Diese Unternehmen wurden früh als Adressaten ausgemacht, vgl. nur: Mäger/Budde DB 2020, 378
(382); Nagel/Hillmer DB 2021, 327 (329); Polley/Konrad WuW 2021, 198 (201).

[61] BKartA 30.12.2021 – B7-61/21 – Alphabet (rechtskräftig).

[62] BKartA 2.5.2022 – B6-27/21 – Meta (rechtskräftig).

[63] BKartA 5.7.2022 – B2-55/21 – Amazon (nicht rechtskräftig).

[64] BKartA 3.4.2023 – B9-67/21 – Apple (nicht rechtskräftig).

[65] Az. B7-70/21. BKartA Pressemitteilung vom 28.3.2023, abrufbar unter www.bundeskartellamt.de/
SharedDocs/Meldung/DE/Pressemitteilungen/2023/28_03_2023_Microsoft.html;jsessio-
nid=CC4B376651B00010B0D7F2BB405EE8F3.2_cid381?nn=3591568.

[66] Az. B7-70/21. Siehe auch BKartA Pressemitteilung vom 25.5.2021, abrufbar unter www.bundeskartell-
amt.de/SharedDocs/Meldung/DE/Pressemitteilungen/2021/25_05_2021_Google_19a.html, zuletzt abgerufen am 27.7.2023. BKartA Pressemitteilung vom 11.1.2023, abrufbar unter www.bundeskartellamt.de/
SharedDocs/Meldung/DE/Pressemitteilungen/2023/11_01_2023_Google_Datenverarbeitung.html.

[67] BKartA Pressemitteilung vom 21.6.2022, abrufbar unter www.bundeskartellamt.de/SharedDocs/Mel-
dung/DE/Pressemitteilungen/2022/21_06_2022_Google_Maps.html.

[68] BKartA Pressemitteilung vom 21.6.2023, abrufbar unter www.bundeskartellamt.de/SharedDocs/Mel-
dung/DE/Pressemitteilungen/2023/21_06_2023_Google.html.

wurde nach Verbesserungen für die Verlage und der Zusicherung eingestellt, dass „Google News Showcase" nicht in die Ergebnisseite der generellen Google Suchmaschine integriert wird.[69]

Im Fall von **Meta/Facebook** prüft das BKartA, ob die Verknüpfung von Oculus mit **52** Facebook die Auferlegung von Verhaltenspflichten nach § 19a Abs. 2 S. 1 rechtfertigt.[70] Es führt damit ein bereits nach § 19 laufendes Verfahren als § 19a-Verfahren weiter.[71]

Gegen Amazon führt das Bundeskartellamt zwei Verfahren, die schon vor Einführung **53** des § 19a betrieben wurden, unter § 19a Abs. 2 weiter. Dabei geht es zum einen darum, inwieweit von Amazon betriebene Preiskontrollmechanismen Dritthändler in ihrer Geschäftstätigkeit behindern (wohl § 19a Abs. 2 S. 1 Nr. 2). Zum anderen könnte auch die Praxis des Brandgating eine Behinderung darstellen.[72]

Auch gegen Apple läuft ein Verfahren nach § 19a Abs. 2. Apples Tracking-Regelungen **53a** für Dritt-Apps könnten zum einen Apples eigene Dienste bevorzugen (§ 19a Abs. 2 S. 1 Nr. 1) und zum anderen die Betreiber von Dritt-Apps in ihrer Geschäftstätigkeit behindern (§ 19a Abs. 2 S. 1 Nr. 2).[73]

Wie sich die Bedeutung von § 19a nach Inkrafttreten des DMA entwickeln wird, ist **54** offen.

## B. Verhältnis zu anderen Normen

### I. Verhältnis zu §§ 19, 20 (§ 19a Abs. 3)

**Gemäß § 19a Abs. 3 bleiben die §§ 19, 20 unberührt,** also neben § 19a anwend- **55** bar.[74] § 19a ist im Verhältnis zu §§ 19, 20 nicht lex specialis und entfaltet keine Sperrwirkung. Daraus folgt zum einen, dass Verhaltensweisen, die nach Abs. 2 untersagt werden können, auch schon vor Feststellung der Adressateneigenschaft nach Abs. 1 unmittelbar nach §§ 19, 20 verboten sein können, wenn die entsprechenden Voraussetzungen vorliegen. Zum anderen können auch nach Feststellung der Adressateneigenschaft Verhaltensweisen, die sich nicht im Katalog des Abs. 2 wiederfinden, gegen die §§ 19, 20 verstoßen.[75] Der Umstand, dass eine bestimmte Verhaltensweise vom Katalog des § 19a Abs. 2 S. 1 nicht erfasst wird, indiziert nicht die Zulässigkeit des Verhaltens nach den §§ 19, 20. Angesichts der Dynamik auf digitalen Märkten ist vielmehr von der Entwicklung neuer, durch die Kasuistik des § 19a Abs. 2 nicht erfasster Abschottungs- und Verdrängungsstrategien zu rechnen, die (nur) vom allgemeinen kartellrechtlichen Missbrauchsverbot erfasst werden.

---

[69] Az. V-43/20; BKartA Pressemitteilung vom 21.12.2022, abrufbar unter www.bundeskartellamt.de/SharedDocs/Meldung/DE/Pressemitteilungen/2022/21_12_2022_Google_News_Showcase.html, zuletzt abgerufen am 18.7.2023; BKartA FAQ – zum Verfahren „Google News Showcase", 21.12.2022, abrufbar unter www.bundeskartellamt.de/SharedDocs/Publikation/DE/Pressemitteilungen/2022/21_12_2022_FAQ_Google_News_Showcase.pdf?__blob=publicationFile&v=4.

[70] BKartA Pressemitteilung vom 28.1.2021, abrufbar unter www.bundeskartellamt.de/SharedDocs/Meldung/DE/Pressemitteilungen/2021/28_01_2021_Facebook_Oculus.html, zuletzt abgerufen am 27.7.2023. Meta hat in diesem Verfahren bereits erste Zugeständnisse gemacht. Die VR-Brillen des Unternehmens können zukünftig auch ohne Facebook-Konto genutzt werden. Siehe Bundeskartellamt Pressemitteilung vom 23.11.2022, abrufbar unter www.bundeskartellamt.de/SharedDocs/Meldung/DE/Pressemitteilungen/2022/23_11_2022_Facebook.html.

[71] BKartA Pressemitteilung vom 28.1.2021, abrufbar unter www.bundeskartellamt.de/SharedDocs/Meldung/DE/Pressemitteilungen/2021/28_01_2021_Facebook_Oculus.html, zuletzt abgerufen am 27.7.2023.

[72] BKartA Pressemitteilung vom 14.11.2022, abrufbar unter www.bundeskartellamt.de/SharedDocs/Meldung/DE/Pressemitteilungen/2022/14_11_2022_Amazon_19a.html.

[73] BKartA Pressemitteilung vom 14.6.2022, abrufbar unter www.bundeskartellamt.de/SharedDocs/Meldung/DE/Pressemitteilungen/2022/14_06_2022_Apple.html.

[74] Begr. RegE, BT-Drs. 19/23492, 74, 75.

[75] Begr. RegE, BT-Drs. 19/23492, 78.

**56**    Umgekehrt muss sich das BKartA, wenn es eine Verfügung nach § 19a Abs. 2 erwägt, bei seiner Ermessensausübung nicht auf die §§ 19, 20 als vermeintlich „mildere Mittel" verweisen lassen.[76] § 19a Abs. 2 soll vielmehr ein früheres und effektiveres Vorgehen gegen eine spezifische wettbewerbliche Gefahrenlage ermöglichen.

## II. Verhältnis zu Art. 101 und 102 AEUV

**57**    § 19a kann potenziell deutlich weiterreichende Verhaltensvorgaben für die Normadressaten begründen als Art. 102 AEUV. Trotz dieser Abweichung **bleibt § 19a neben Art. 102 AEUV anwendbar,** denn gemäß Art. 3 Abs. 2 S. 2 VO (EG) 1/2003 bleiben „strengere innerstaatliche Vorschriften zur Unterbindung oder Ahndung einseitiger Handlungen" zulässig.[77]

**58**    Der Umstand, dass sich § 19a einer von Art. 101 und Art. 102 AEUV abweichenden Regelungstechnik bedient, indem er seine Anwendung von einer vorausgegangenen Verfügung zur Adressatenstellung und von der konkreten Auferlegung von Verhaltenspflichten im Einzelfall abhängig macht, steht dem nicht entgegen.[78] Entscheidend für die Anwendbarkeit des **Art. 3 Abs. 2 S. 2 VO (EG) 1/2003** ist vielmehr die Anknüpfung an ein irgendwie geartetes Marktmachtkriterium.[79] Ein solches ist mit der überragenden marktübergreifenden Bedeutung für den Wettbewerb gegeben.[80] Es weicht auch nicht weiter von dem herkömmlichen Begriff der Marktbeherrschung ab als die relative Marktmacht im Sinne des § 20, die anerkanntermaßen unter Art. 3 Abs. 2 S. 2 VO (EG) 1/2003 fällt.[81] § 19a bleibt in seinem materiell-rechtlichen Gehalt bewusst kartellrechtsnah. Die in der Lit. zT vertretene Ansicht, dass Art. 3 Abs. 2 S. 2 VO (EG) 1/2003 den Anwendungsvorrang des europäischen Wettbewerbsrechts nur mit Blick auf mitgliedstaatliche Normen zurücknehmen wollte, die bereits bei Inkrafttreten der VO (EG) 1/2003 existierten,[82] findet weder im Text der VO (EG) 1/2003 noch in deren Begründungserwägungen einen Anhaltspunkt.

**59**    Ein Anwendungsvorrang des europäischen Wettbewerbsrechts im Verhältnis zu § 19a ist auch dann zu verneinen, wenn das BKartA einem Normadressaten nach § 19a Abs. 1 mit einer **Verfügung nach § 19a Abs. 2 Verhaltensweisen im Rahmen von Vertragsverhältnissen untersagt.** Zwar dürfen Vereinbarungen, die nach Art. 101 AEUV erlaubt bzw. freigestellt sind, gem. Art. 3 Abs. 2 S. 1 VO (EG) 1/2003 durch mitgliedstaatliches Wettbewerbsrecht nicht verboten werden. Strengere mitgliedstaatliche Vorschriften sind im Anwendungsbereich des Art. 101 AEUV – anders als bei einseitigem Verhalten – nicht erlaubt. Bei denjenigen Konditionen, die das BKartA einem Normadressaten nach § 19a Abs. 2 verbieten kann, handelt es sich jedoch um einseitige Setzungen, die den hierdurch betroffenen Vertragspartnern keine Wahlfreiheit belassen. Auch wenn sie formal Teil eines Vertrages sind, ist auf derartige Setzungen die Regel des Art. 3 Abs. 2 S. 2 VO (EG) 1/ 2003 anwendbar.[83]

---

[76] Ebenso: BKartA 30.12.2021 – B7-61/21 Rn. 421 – Alphabet.

[77] Siehe hierzu Zimmer/Göhsl ZWeR 2021, 29 (58 f.); Höppner WuW 2020, 71 (74); skeptisch: Grünwald in FK-KartellR Rn. 24 mwN.

[78] Bongartz WuW 2022, 72 (74); Zimmer/Göhsl ZWeR 2021, 29 (58 f.): Die Beschränkung des Anwendungsbereichs des Art. 3 Abs. 2 S. 2 VO (EG) 1/2003 auf die ex-post-Ahndung von Missbräuchen lasse sich weder dem Wortlaut noch dem Sinn und Zweck der Norm entnehmen. A. A. Grünwald MMR 2020, 822 (824 f.); Paal/Kumkar NJW 2021, 809 (812): Art. 3 Abs. 2 S. 2 VO (EG) 1/2003 beziehe sich nur auf mitgliedstaatliche Regeln zu einseitigen Verhaltensweisen, die unmittelbar anwendbar sind und eine Missbrauchsaufsicht ex post vorsehen.

[79] Zimmer/Göhsl ZWeR 2021, 29 (58 f.).

[80] Zimmer/Göhsl ZWeR 2021, 29 (59).

[81] Zimmer/Göhsl ZWeR 2021, 29 (59).

[82] So Grünwald MMR 2020, 822 (824 f.).

[83] Heider/Kutscher WuW 2022, 134 (140). Entsprechend einer grundsätzlich weiten Auslegung nach Rehbinder in Immenga/Mestmäcker, 6. Aufl. 2019, VO (EG) 1/2003 Art. 3 Rn. 34–38; ebenso Wolf in MüKoWettbR Rn. 7; zweifelnd: Grünwald MMR 2020, 822 (824 f.).

Zugleich bleiben umgekehrt die **Art. 101 und 102 AEUV neben § 19a anwendbar.** 60
Dies folgt bereits aus dem Anwendungsvorrang des Unionsrechts gegenüber nationalem
Recht.[84] Die in § 19a Abs. 2 S. 1 genannten Verhaltensweisen können mithin – unabhängig von einer Feststellung der Normadressatenschaft nach § 19a Abs. 1 – auch nach
Art. 102 AEUV verfolgt werden. Auch nach einer Feststellung der Normadressateneigenschaft sind marktbeherrschende Unternehmen ferner nicht vor einer weitergehenden Anwendung des Art. 102 AEUV auf in § 19a Abs. 2 S. 1 nicht genannte Verhaltensweisen
geschützt.

### III. Verhältnis zum DMA

Das Verhältnis des § 19a zum DMA war einer der Streitpunkte im europäischen Gesetz- 61
gebungsverfahren zum DMA.[85] Im Verhältnis dieser beiden Regelungsregime entscheidet
sich der für § 19a künftig verbleibende Anwendungsbereich. Der im Trilogverfahren
gefundene Kompromiss belässt an der **parallelen Anwendbarkeit des § 19a neben dem
DMA** keinen Zweifel mehr. Er verpflichtet die zuständigen mitgliedstaatlichen Behörden
und die Kommission aber zur Kooperation.

**1. Überschneidungen und Eigenheiten von § 19a und DMA in materiell-recht- 62
licher Hinsicht – Interessenlage im Gesetzgebungsverfahren zum DMA.** Zwar
weisen § 19a und der DMA in ihren Zielen, in den Kriterien zur Feststellung der Normadressatenstellung und in der Regelungstechnik Unterschiede auf (→ Rn. 26 ff.). Der
Überschneidungsbereich ist gleichwohl groß. Alphabet (Google), Meta (Facebook), Amazon und Apple – die Unternehmen, gegen die das BKartA bislang § 19a Abs. 1-Verfahren
eingeleitet hat – bieten jeweils zentrale Plattformdienste iSv Art. 2 Nr. 2 DMA an und
erfüllen zugleich die Voraussetzungen für die in Art. 3 Abs. 2 DMA normierte „Gatekeeper"-Vermutung. Darüber hinaus gibt es erhebliche Überschneidungen zwischen den Verhaltenspflichten für Torwächter nach Art. 5, 6, 7 DMA und den Untersagungstatbeständen, die dem BKartA gem. § 19a Abs. 2 S. 1 zur Verfügung stehen (→ Rn. 31).

Die Überschneidungen bergen Konfliktpotenzial. Zwar gelten die Verhaltenspflichten 63
der Art. 5, 6, 7 DMA für designierte Torwächter iSd Art. 3 DMA unmittelbar. Jedoch sind
jedenfalls die Pflichten nach Art. 6 und 7 DMA konkretisierungsbedürftig. Denkbar ist
etwa, dass ein Torwächter, dem die Konkretisierung der Verhaltenspflichten nach
Art. 6 DMA im ersten Schritt obliegt, diese Pflichten in anderer Weise interpretiert als das
BKartA in einer Verfügung nach § 19a Abs. 2. Vorbehaltlich einer verbindlichen Festlegung der Verhaltenspflichten durch die Kommission nach Art. 8 Abs. 2 S. 2 DMA – die
Anwendungsvorrang vor einer Verfügung des BKartA nach § 19a Abs. 2 beanspruchen
würde – könnte dann eine Fragmentierung des Binnenmarkts drohen, welche der DMA
eigentlich verhindern soll.[86] Im Übrigen ist bei einer parallelen Anwendung von DMA und
§ 19a auf dieselben Unternehmen der Erlass von Unterlassungsverfügungen durch das
BkartA nach § 19a Abs. 2 denkbar, die über die Verhaltenspflichten in Art. 5, 6, 7 DMA
hinausreichen. Die Normadressaten nach § 19a Abs. 1 müssten dann jeweils entscheiden,
ob sie ihr Verhalten unionsweit oder nur auf dem deutschen Markt anpassen. Auch insoweit
kann also eine Fragmentierung drohen.[87] Alternativ könnte das BkartA eine faktische
Regulierungsmacht erlangen, die über seine rechtliche Regulierungsbefugnis deutlich

---

[84] Vgl. EuGH 15.7.1964 – C-6/64, ECLI:EU:C:1964:66 – Costa/E. N. E.L.

[85] Vgl. insb. Änderungsantrag 31, S. 32 f., EU Parlament, Ausschuss über den Binnenmarkt und Verbraucherschutz, COM(2020)0842 – C9-0419/2020 – 2020/0374(COD), Entwurf eines Berichts über den
Vorschlag für eine Verordnung des Europäischen Parlaments und des Rates über bestreitbare und faire Märkte
im digitalen Sektor (Gesetz über digitale Dienste) – hiernach sollte eine parallele Anwendung des § 19a
ausgeschlossen sein. Ausführlich zur Diskussion des Verhältnisses von DMA und § 19a im Gesetzgebungsverfahren zum DMA: Zimmer/Göhsl ZWeR 2021, 29 (56 ff.).

[86] Siehe Erwägungsgründe 6 ff. des DMA und Art. 1 Abs. 5 DMA.

[87] Vor der drohenden Fragmentierung wurde früh gewarnt, vgl. nur Kühling NZKart 2020, 630 (631);
Kühling, Tackling Big Tech, Verfassungsblog, verfassungsblog.de/tackling-big-tech/, zuletzt abgerufen am

hinausreicht.[88] Um dies zu verhindern, hat das Europäische Parlament im Gesetzgebungs-prozess zum DMA darauf gedrängt, die parallele Anwendung nationaler Regeln der wett-bewerbsnahen Plattformregulierung auf „Torwächter" iSv Art. 3 DMA auszuschließen. Umgekehrt war es ein zentrales Anliegen der Bundesregierung, eine parallele Anwendung des § 19a-Regimes zu ermöglichen.[89] Hierbei spielte die Überzeugung eine Rolle, dass § 19a eine flexiblere Reaktion auf die sich wandelnden, potenziell wettbewerbsschädlichen Verhaltensweisen der großen Digitalkonzerne ermöglicht. Seine Erfahrungen in der An-wendung von § 19a Abs. 2 könne das Bundeskartellamt dann auch auf europäischer Ebene einbringen.[90]

**64**      **2. Die Regelung des Verhältnisses zu mitgliedstaatlichen Regimen der Platt-formregulierung in Art. 1 Abs. 5 bis Abs. 7 DMA.** Der DMA versucht, den oben umrissenen Konflikt im Wege eines Kompromisses aufzulösen. Die **Grundregel** für das Verhältnis zwischen dem DMA und einer mitgliedstaatlichen Gatekeeper-Regulierung ist in **Art. 1 Abs. 5 S. 1 DMA** festgeschrieben. Um eine Fragmentierung des Binnenmarktes zu vermeiden, ist es den Mitgliedstaaten danach untersagt, den vom DMA erfassten „Tor-wächtern" im Wege von Rechts- oder Verwaltungsvorschriften weitergehende Verpflich-tungen mit dem Ziel der Gewährleistung bestreitbarer und fairer Märkte aufzuerlegen. Den Mitgliedstaaten bleibt es gestattet, Unternehmen, die Kernplattformdienste anbieten, Ver-pflichtungen aufzuerlegen, mit denen nicht in den Anwendungsbereich des DMA fallende Ziele des öffentlichen Interesses – etwa des Verbraucherschutzes[91] – verfolgt werden. Diese Verpflichtungen dürfen allerdings nicht an den Torwächter-Status nach Art. 3 DMA anknüpfen.

**65**      **Art. 1 Abs. 6 DMA** formuliert die **Ausnahmen** von dieser Regel. Die Feststellung in Art. 1 Abs. 6 S. 1 DMA, wonach der DMA die Anwendung von Art. 101 und Art. 102 AEUV nicht ausschließt, ist dabei lediglich deklaratorisch: Dies ergibt sich bereits aus dem Anwendungsvorrang des Primärrechts vor dem Sekundärrecht. Der DMA will die Wett-bewerbsregeln lediglich ergänzen, nicht verdrängen. Gem. Art. 1 Abs. 6 S. 2 DMA sollen – gewissermaßen in Fortschreibung des Art. 3 Abs. 2 S. 2 VO (EG) 1/2003 – aber auch **nationale Wettbewerbsregeln neben dem DMA anwendbar bleiben** (Art. 1 Abs. 6 S. 2 lit. a DMA), und zwar einschließlich solcher Regeln, die andere Formen einseitigen Verhaltens als die von Art. 102 AEUV erfassten verbieten, und dazu führen, dass Tor-wächtern iSd DMA zusätzliche Verpflichtungen auferlegt werden (Art. 1 Abs. 6 S. 2 lit. b DMA). In Erwägungsgrund 10 heißt es hierzu weiter, dass diese Ausnahme auch für nationale Wettbewerbsregeln betreffend einseitiges Verhalten gelte, „nach denen Marktstel-lungen und Verhaltensweisen einschließlich ihrer tatsächlichen oder möglichen Auswirkun-gen und des genauen Gegenstands der verbotenen Verhaltensweisen im Einzelfall zu prüfen sind und nach denen Unternehmen Effizienz und objektive Rechtfertigungsgründe als Argumente für derartige Verhaltensweisen anführen können [...]. Die Anwendung der genannten Vorschriften sollte jedoch nicht die Verpflichtungen, die Torwächtern nach dieser Verordnung auferlegt werden, und ihre einheitliche und wirksame Anwendung im Binnenmarkt berühren". Die Ausnahme nach Art. 1 Abs. 6 lit. b DMA scheint damit **auf § 19a zugeschnitten:** § 19a Abs. 1 setzt für die Feststellung der Normadressatenschaft eine

---

14.6.2021; Paal/Kumkar NJW 2021, 809 (812); Grünwald MMR 2020, 822 (826); Nagel/Hillmer DB 2021, 327 (330).

[88] In Anlehnung an den viel diskutierten „Brussels Effect" (siehe Bradford The Brussels Effect: How the European Union Rules the World, 2020) könnte man dann von einem „Bonn Effect" sprechen.

[89] BT-Drs. 19/25868, 9 ff.; siehe auch die im Vorfeld des Competitiveness Council v. 25.11.2021 abge-gebene Protocol Declaration of the acting Government of the Federal Republic of Germany on the DMA.

[90] BT-Drs. 19/25868, 10; so auch: Zimmer/Göhsl ZWeR 2021, 29 (59 f.); Kühling, Tackling Big Tech, Verfassungsblog, verfassungsblog.de/tackling-big-tech/, zuletzt abgerufen am 14.6.2021.

[91] Erwgr. 9 des DMA verweist an dieser Stelle auf legitime Ziele des öffentlichen Interesses iSd AEUV bzw. auf zwingende Gründe des Allgemeininteresses iSd Rspr. des EuGH – siehe dazu etwa Leible/T. Streinz in Grabitz/Hilf/Nettesheim AEUV Art. 34 Rn. 107 ff.

Einzelanalyse der Marktposition des Unternehmens voraus. Eine Untersagungsverfügung nach § 19a Abs. 2 setzt eine Würdigung des Marktverhaltens und von dessen Behinderungswirkung im Einzelfall voraus[92] (näher: → Rn. 130 ff.). Gem. § 19a Abs. 2 S. 2 verbleibt den Normadressaten die Möglichkeit einer sachlichen Rechtfertigung. Über die parallele Anwendbarkeit des § 19a neben dem DMA kann nach dieser Regelung kein Streit mehr bestehen.[93]

In Anlehnung an Art. 16 Abs. 2 VO (EG) 1/2003 stellt **Art. 1 Abs. 7 S. 1 DMA** 66 schließlich fest, dass mitgliedstaatliche Wettbewerbsbehörden keine Entscheidungen treffen dürfen, die einer von der Kommission auf der Grundlage des DMA erlassenen Entscheidung zuwiderlaufen würden. Ergänzt wird dies durch eine Verpflichtung von Kommission und Mitgliedstaaten, bei der Rechtsdurchsetzung eng zu kooperieren **(Art. 1 Abs. 7 S. 2 DMA)**. Diese **Kooperationsverpflichtung** wird in **Art. 37 DMA** bekräftigt und in **Art. 38 DMA** näher ausgeformt. So sollen die Kommission und die mitgliedstaatlichen Behörden sich im Rahmen des ECN über ihre Durchsetzungsaktivitäten informieren. Beabsichtigt eine mitgliedstaatliche Behörde, eine Untersuchung gegen einen „Torwächter" iSd Art. 3 DMA einzuleiten, so ist sie gem. Art. 38 Abs. 2 DMA verpflichtet, die Kommission vor oder unmittelbar nach der Einleitung der ersten förmlichen Untersuchungsmaßnahme schriftlich in Kenntnis zu setzen. Überdies ist der Kommission spätestens 30 Tage vor Erlass einer Untersagungsverfügung ein Entwurf dieser Verfügung zu übermitteln. Wird eine einstweilige Maßnahme erlassen, so ist die Kommission spätestens unmittelbar nach deren Erlass zu informieren (Art. 38 Abs. 3 DMA).

Welche Bedeutung § 19a in der Praxis zukommen wird, sobald der DMA in Kraft 67 getreten ist, ist offen. Aufgrund seines flexibleren Regelungsmodells mit vergleichsweise weiten Grundtatbeständen kann das BKartA mithilfe des § 19a womöglicher schneller auf neue Gefährdungslagen reagieren, die von den stark auf bisherige Missbrauchsformen zugeschnittenen Verboten des Art. 5, 6 und 7 DMA abweichen. Einige der Untersagungstatbestände des § 19a Abs. 2 gehen überdies deutlich über die Verhaltensregeln der Art. 5, 6 und 7 DMA hinaus (siehe zB § 19a Abs. 2 S. 1 Nr. 2 und Nr. 7). Während die Verhaltensregeln des DMA „nur" für die in der Designierungsentscheidung der Europäischen Kommission genannten „zentralen Plattformdienste" (Art. 2 Nr. 2 DMA) eines Torwächters gelten, die für gewerbliche Nutzer als wichtiges Zugangstor zu Endkunden dienen (Art. 3 Abs. 1 lit. b DMA), können die Untersagungstatbestände des § 19a Abs. 2 dem Normadressaten in all denjenigen Tätigkeitsbereichen auferlegt werden, in denen andernfalls eine wettbewerbliche Gefährdungslage droht. Für § 19a verbleibt damit jedenfalls potenziell auch neben dem DMA ein Anwendungsbereich.

## IV. Verhältnis von § 19a zur DSGVO

Gem. § 19a Abs. 2 S. 1 Nr. 5 kann das BKartA den Normadressaten des § 19a eine 68 Verpflichtung zur Gewährleistung der Datenportabilität auferlegen. Wie die Gesetzgebungsmaterialien klarstellen, bildet **§ 19a** aber **keine Rechtsgrundlage für die Verarbeitung personenbezogener Daten.** Bei der Ausgestaltung des Datenzugangs sind daher die Vorschriften der DSGVO zu beachten.[94]

---

[92] Die Notwendigkeit einer sorgfältigen Analyse des Einzelfalls betonend: Franck/Peitz 12(7) JECLAP (2021), 513 (526).

[93] So auch Scholz WuW 2022, 128 (129); Bongartz WuW 2022, 72 (74); siehe auch BKartA 3.4.2023 – B9-67/21 Rn. 172 ff. – Apple. Dies entspricht auch der vorläufigen Einschätzung des Kartellsenats des BGH nach der mündlichen Verhandlung im Amazon-Verfahren. Zu den im Rahmen des Gesetzgebungsverfahrens zum DMA geäußerten Zweifeln an der parallelen Anwendbarkeit des § 19a neben dem DMA siehe etwa Paal/Kumkar NJW 2021, 809 (815); Polley/Konrad WuW 2021, 198 (199); Nagel/Hillmer DB 2021, 327 (330); Grünwald NZKart 2021, 496; Grünwald in FK-KartellR Rn. 25 ff., insbes. Rn. 27.

[94] BT-Drs. 19/25868, 113 f.

## C. Verfassungskonforme Auslegung

**69**   In der Literatur ist gelegentlich die Verfassungsmäßigkeit des § 19a in Zweifel gezogen worden.[95] Die Eingriffsbefugnis des BKartA unterhalb der Marktbeherrschungsschwelle und aufgrund des unbestimmten Rechtsbegriffs der „überragenden marktübergreifenden Bedeutung" eines Unternehmens sowie die Ermächtigung zu Verbotsverfügungen, bevor es zu einem Wettbewerbsschaden gekommen sei, seien unverhältnismäßige Eingriffe in die unternehmerische Freiheit (Art. 12, 14 GG) der betroffenen Unternehmen. Aus dem Rechtsstaatsprinzip des Art. 20 Abs. 3 GG folge die Unzulässigkeit der Beweislastumkehr nach § 19a Abs. 2 S. 3, die überdies unverhältnismäßig in die Berufsausübungsfreiheit eingreife.

**70**   **Unbestimmte Rechtsbegriffe** sind für wettbewerbsrechtliche Normen – ob in Deutschland, auf EU-Ebene oder international – allerdings charakteristisch. Wie in anderen Regelungsbereichen, so steht der Gesetzgeber auch im Wettbewerbsrecht vor der Notwendigkeit, in der Formulierung der Tatbestände der Vielfalt zu erfassender Sachverhalte und der Dynamik unternehmerischer Strategien Rechnung zu tragen. In solchen Fällen ist die Verwendung von Rechtsbegriffen, die in besonderem Maße der Deutung durch den Richter bedürfen, selbst im Rahmen von Straftatbeständen zulässig.[96] § 19a gilt demgegenüber nicht unmittelbar. Das BKartA muss zunächst die Normadressatenschaft nach § 19a Abs. 1 feststellen und die Untersagungstatbestände konkretisieren. Die Untersagungsverfügung muss dabei der wettbewerblichen Zielsetzung des § 19a entsprechen und verhältnismäßig sein und unterliegt einer entsprechenden gerichtlichen Kontrolle. Bevor ein Normadressat mit Sanktionen zu rechnen hat, wird mithin ein hohes Maß an Bestimmtheit hergestellt. Die **Untersagungstatbestände des § 19a Abs. 2 S. 1** sind im Übrigen zwar weit gefasst, jedoch deutlich konkreter als die allgemeinen, generalklauselartig formulierten kartellrechtlichen Missbrauchsverbote. Bedenken gegen eine übermäßige Unbestimmtheit bestehen an dieser Stelle nicht.

**71**   Der **Begriff der „überragenden marktübergreifenden Bedeutung für den Wettbewerb"**, der den persönlichen Anwendungsbereich des § 19a Abs. 1 definiert, weist zwar eine erhebliche Unschärfe auf: Der Gesetzgeber führt hier ein neues Machtkonzept ein, das noch nicht in gleicher konzeptioneller Schärfe konturiert ist wie die „marktbeherrschende Stellung". Gleichwohl wird mit ihm auf ökonomisch gesicherte Besonderheiten der Digitalökonomie und daraus folgende spezifische Gefährdungslagen für den Wettbewerb reagiert.[97] Grundlegende Bedenken gegen seine funktionale Konkretisierung in Auseinandersetzung mit den Umständen des Einzelfalls bestehen nicht. Unklar bleibt allerdings die Interventionsschwelle. Anhand welchen Maßstabs eine „überragende" marktübergreifende Bedeutung für den Wettbewerb festzustellen ist, wird weder in § 19a noch in den Gesetzgebungsmaterialien erläutert. Hier ist eine verfassungskonforme Auslegung von § 19a Abs. 1 geboten: Die mit der „besonderen Missbrauchsaufsicht" des § 19a verbundenen Eingriffe in die unternehmerische Freiheit sind nur verhältnismäßig, wenn das von einem Unternehmen ausgehende Wettbewerbsgefährdungspotenzial seinem Gewicht nach den Wettbewerbsgefährdungen, wie sie aus einer marktbeherrschenden Stellung folgen, jedenfalls entspricht.[98] Dies gilt, obgleich die Normadressatenschaft nach § 19a Abs. 1 eine

---

[95] Siehe insbes. Degenhart WuW 2020, 208; ders. Stellungnahme zum Referentenentwurf eines GWB-Digitalisierungsgesetzes für Amazon, abrufbar unter www.bmwi.de/Redaktion/DE/Downloads/Stellungnahmen/Stellungnahmen-GWB-Digitalisierungsgesetz/Verbaende-und-Unternehmen/amazon.pdf?__blob=publicationFile&v=4, zuletzt abgerufen am 27.7.2023.

[96] Siehe BVerfG 6.5.1987 – 2 BvL 11/85, NJW 1987, 3175 (zur Bestimmtheit von Straftatbeständen auf dem Gebiet des Umweltschutzes).

[97] So auch Nothdurft in Bunte Rn. 8.

[98] AA wohl BKartA, das, weil eine Entscheidung nach Abs. 1 noch keine konkrete Handlungs- oder Unterlassungspflicht nach sich zieht, auch keine restriktive verfassungskonforme Auslegung für notwendig erachtet, vgl. BKartA 3.4.2023 – B9-67/21 Rn. 166 ff. – Apple.

marktbeherrschende Stellung nicht voraussetzt. Kennzeichnend für die „überragende marktübergreifende" Machtstellung sind jedoch „systemische" Missbrauchsgefahren, die den von § 19 und Art. 102 AEUV erfassten Missbrauchsgefahren grundsätzlich ähneln, jedoch über die Grenzen eines Marktes hinausweisen und gerade deshalb mithilfe von §§ 19, 20 bzw. Art. 102 AEUV nicht mehr adäquat erfasst werden können. Hinzu kommt die Besonderheit, dass § 19a bereits vor Erlangung einer marktbeherrschenden Stellung eingreifen kann, wenn ein „Kippen" des Marktes und damit eine besonders verfestigte Machtstellung droht (näher → Rn. 101 („überragende" marktübergreifende Macht)).

Auch die Bedenken gegen die **Verhältnismäßigkeit der durch § 19a ermöglichten** **72** **Eingriffe** in die Berufsfreiheit und unternehmerische Freiheit (Art. 12 GG) der Normadressaten greifen nicht durch. Zwar kann die Untersagungsverfügung präventive Verhaltenspflichten auferlegen. § 19a soll nicht erst ex post eingreifen, sondern bereits erkennbaren Gefährdungslagen entgegenwirken. Gerechtfertigt ist dies allerdings durch die Besonderheit der Gefährdungslagen, wie sie für die Digitalwirtschaft kennzeichnend sind (→ Rn. 34). In der Möglichkeit, auf reine Gefährdungslagen zu reagieren, unterscheidet sich § 19a im Übrigen nur graduell von § 19: Auch das Missbrauchsverbot ist jedenfalls mit Blick auf die wettbewerbsschädigenden Wirkungen eines Verhaltens ein Gefährdungstatbestand. Die Zusammenschlusskontrolle der §§ 35 ff. wirkt ohnehin präventiv.

Schwerer wiegt, dass der Gesetzgeber in **§ 19a Abs. 2 S. 1 Nr. 2, 3, 4 und 5** Untersa- **73** gungstatbestände formuliert hat, die bewusst – und im Gegensatz zu §§ 19, 20 – auf ein **„Unbilligkeits"-Kriterium verzichten.** Dem Wortlaut dieser Normen zufolge kann das BKartA bestimmte Verhaltensweisen eines Normadressaten bereits dann untersagen, wenn sie „Wettbewerber" (Nr. 3), „andere Unternehmen" (Nr. 2, 4) oder „den Wettbewerb" (Nr. 5) „behindern".

Das **Unbilligkeitskriterium in §§ 19, 20** verweist auf die Notwendigkeit einer Interes- **74** senabwägung im Lichte des Ziels, die Freiheit des Wettbewerbs zu schützen.[99] Die Vereinbarkeit eines Verhaltens mit dem Ziel, einen unverfälschten Wettbewerb mit offenen Märkten zu schützen, lässt sich häufig nicht allein aufgrund einer phänomenologischen Umschreibung des Verhaltens ermitteln. Für die Frage, ob das Verhalten Teil eines ergebnisoffenen Prozesses ist, in dem verschiedene Anbieter ihre Stärken nutzen, um bessere Angebote zu entwickeln und die Marktgegenseite von ihrem Angebot zu überzeugen, oder ob das Verhalten geeignet ist, diesen Prozess zu schädigen oder gar zu unterbinden, lässt sich oft nur kontextabhängig ermitteln.

Dies gilt auch im Anwendungsbereich des § 19a Abs. 2. Der Wortlaut des § 19a Abs. 2 **75** enthält allerdings keinen klaren Anknüpfungspunkt für diese Interessenabwägung. **§ 19a Abs. 2 S. 2** verweist zwar auf die Möglichkeit einer sachlichen Rechtfertigung, für welche der Normadressat gem. **Abs. 2 S. 3** die Beweislast trägt. Bei der gebotenen **grundrechtskonformen Auslegung** der Norm darf sich die **Beweislast** allerdings **nur auf Umstände beziehen,** über die der Normadressat über privilegiertes Wissen verfügt, **die** also **der Sphäre des Normadressaten zuzuordnen sind.**[100] Regelmäßig wird es sich hierbei um unternehmerische Effizienzen handeln. Angesichts der spezifischen wettbewerblichen Gefährdungslage, die § 19a adressiert, ist einzelunternehmerischen Effizienzen nur ein begrenztes Gewicht beizumessen. Gewichtiger sind die **voraussichtlichen Auswirkungen eines Verhaltens auf den Wettbewerbsprozess.** Die wettbewerbliche Zielsetzung des § 19a gebietet es, Untersagungsverfügungen nach § 19a Abs. 2 nur dann zu erlassen, wenn eine Wettbewerbsschädigung nach den Umständen des Einzelfalls zu befürchten ist. Hinsichtlich dieser Auswirkungen des Verhaltens verfügt der Normadressat aber über kein überlegenes Wissen.

---

[99] Siehe dazu Nothdurft in Bunte § 19 Rn. 11.
[100] Siehe Bericht BT-WiA BT-Drs. 19/25868, 114; siehe auch Nothdurft in Bunte Rn. 8; Scholz WuW 2022, 128 (132 f.).

**76**   Der Umstand, dass das Tatbestandsmerkmal eines konkreten Wettbewerbsschädigungspotenzials in den Untersagungstatbeständen nicht ausdrücklich genannt ist, führt allerdings nicht zur Verfassungswidrigkeit der Norm. Vielmehr ist **eine funktionale und verfassungskonforme Auslegung des § 19a Abs. 2** geboten, die das Erfordernis einer Konkretisierung und Plausibilisierung eines **Wettbewerbsschädigungspotenzials** anhand der konkreten Umstände des Einzelfalls als **ungeschriebenes Tatbestandsmerkmal** in die Untersagungstatbestände des § 19a Abs. 2 hineinliest. Der Sache nach ergibt sich dies auch bereits aus dem Verhältnismäßigkeitsgrundsatz, an den das BKartA beim Erlass einer Untersagungsverfügung nach § 19a Abs. 2 stets gebunden ist. Eine Untersagungsverfügung, die nicht auf die Feststellung gegründet ist, dass das untersagte Verhalten angesichts der Umstände des Einzelfalls dem Ziel eines unverfälschten Wettbewerbs mit offenen Märkten zuwiderläuft, wäre unverhältnismäßig. Die in verschiedenen Untersagungstatbeständen aufgeführten Regelbeispiele können ein abstraktes Wettbewerbsschädigungspotenzial indizieren und insoweit maßstabsbildend wirken. Die Konkretisierung und Verifizierung im Einzelfall obliegt aber dem BKartA (näher zu den Anforderungen, die an die Feststellung eines Wettbewerbsschädigungspotenzials im Einzelfall zu stellen sind, → Rn. 130 ff.).

## D. Normadressaten (§ 19a Abs. 1)

### I. Überblick

**77**   § 19a Abs. 1 legt den Kreis der Normadressaten fest, dem besondere Verhaltenspflichten auferlegt werden können. **Zwei Voraussetzungen** müssen **kumulativ** erfüllt sein: Das fragliche Unternehmen muss erstens **in erheblichem Maß auf Märkten im Sinne des § 18 Absatz 3a** – also auf mehrseitigen Märkten und Netzwerken – **tätig** sein. Das Unternehmen muss zweitens eine **überragende marktübergreifende Bedeutung für den Wettbewerb** haben. Ob diese zweite Voraussetzung erfüllt ist, ergibt sich aus einer Gesamtabwägung, bei welcher der – allerdings nicht abschließende – Kriterienkatalog des § 19a Abs. 1 S. 2 zu berücksichtigen ist.

**78**   Im Gegensatz zur allgemeinen Missbrauchsaufsicht des § 19 ist **§ 19a nicht unmittelbar anwendbar.** Das BKartA muss die Normadressatenstellung zuerst im Wege einer Verfügung feststellen, bevor es dem Unternehmen eine oder mehrere der in § 19a Abs. 2 aufgeführten Verhaltensweisen untersagen kann. Die Entscheidung über den Erlass einer **Verfügung nach § 19a Abs. 1** liegt im **pflichtgemäßen Ermessen des BKartA.** Ein maßgeblicher Gesichtspunkt für ein Tätigwerden des BKartA wird sein, ob es davon ausgeht, dass ein effektiver Wettbewerbsschutz in absehbarer Zukunft den Erlass von Verfügungen nach § 19a Abs. 2 erfordert.

**79**   Die **Darlegungs- und Beweislast** für das Vorliegen einer erheblichen Tätigkeit auf Märkten im Sinne des § 18 Abs. 3a und für die überragende marktübergreifende Bedeutung des Unternehmens für den Wettbewerb liegen **beim BKartA.** Anders als im DMA gibt es **keine Vermutungsregelung,** die zu einer Beweislastumverteilung und Verfahrenserleichterung führen würde.[101]

**80**   Bislang hat das Bundeskartellamt eine überragende marktübergreifende Bedeutung nach § 19a Abs. 1 in vier Fällen festgestellt, namentlich im Fall von **Alphabet,**[102] **Meta,**[103] **Amazon**[104] und **Apple.**[105] Amazon und Apple haben die Verfügung vor dem BGH

---

[101] Einige Autoren weisen vor diesem Hintergrund auf einen erheblichen Zeit- und Ressourcenaufwand einer § 19a Abs. 1-Verfügung hin – siehe zB Lettl WRP 2021, 413 (416); Steinberg/Wirtz WuW 2019, 606 (611); Höppner WuW 2020, 71 (77 f.); Gerpott NZKart 2021, 273 (275). Die bisher ergangenen § 19a Abs. 1 – Verfügungen zeigen allerdings, dass sich das BkartA nicht vor unüberwindbare Hindernisse gestellt sieht.
[102] BKartA 30.12.2021 – B7-61/21 – Alphabet (rechtskräftig).
[103] BKartA 2.5.2022 – B6-27/21 – Meta (rechtskräftig).
[104] BKartA 5.7.2022 – B2-55/21 – Amazon (nicht rechtskräftig).
[105] BKartA 3.4.2023 – B9-67/21 – Apple.

angefochten. Ein Verfahren zur Feststellung der marktübergreifenden Bedeutung von **Microsoft** für den Wettbewerb ist weiterhin beim BKartA anhängig.[106]

Ob und wenn ja welche Unternehmen darüber hinaus als Normadressaten des § 19a in **81** Betracht kommen, ist offen.[107] Die Voraussetzungen für die Feststellung einer überragenden marktübergreifenden Bedeutung für den Wettbewerb nach § 19a Abs. 1 sind grds. hoch.[108]

## II. Tätigkeit auf Märkten i. S. d. § 18 Abs. 3a in erheblichem Umfang

Erste Voraussetzung für die Feststellung einer Normadressatenschaft eines Unternehmens **82** nach § 19a Abs. 1 ist eine Tätigkeit von erheblichem Umfang auf **Märkten im Sinne des § 18 Abs. 3a,** also auf mehrseitigen Märkten oder Netzwerk-Märkten. Derartige Märkte gibt es zwar auch im analogen Bereich.[109] Die von § 19a Abs. 1 vorausgesetzte überragende marktübergreifende Bedeutung kommt faktisch jedoch nur für Unternehmen mit einem Tätigkeitsschwerpunkt im Digitalbereich in Betracht:[110] Nur hier ist damit zu rechnen, dass die für mehrseitige Märkte (bzw. Plattformen im kartellrechtlichen Sinne) und/oder Netzwerke charakteristischen positiven (indirekten oder direkten) Netzwerkeffekte, Größenvorteile, ggfs. datengetriebene Wettbewerbsvorteile nicht nur zu Konzentrationstendenzen führen, sondern zugleich zum Ausgangspunkt einer sich tendenziell selbstverstärkenden Konzentrations- und Expansionsdynamik werden, welche die durch § 19a erfassten marktübergreifenden Machtpositionen hervorbringen kann.[111]

Das Tatbestandsmerkmal einer Tätigkeit auf Märkten i. S. von § 18 Abs. 3a hat damit **83** eine dem Begriff der **„zentralen Plattformdienste"** im DMA (siehe Art. 3, Art. 2 Nr. 2 DMA) vergleichbare Funktion. Im Vergleich zur abschließenden Liste der „zentralen Plattformdienste" in Art. 2 Nr. 2 DMA bleibt § 19a Abs. 1 aber entwicklungsoffener.

Für die Eröffnung des Anwendungsbereichs des § 19a Abs. 1 genügt die erhebliche **84** Tätigkeit des Unternehmens auf einem Markt iSd § 18 Abs. 3a, wenngleich die großen Digitalkonzerne häufig auf mehreren solcher Märkte aktiv sind.[112]

---

[106] Az. B7-70/21. BKartA Pressemitteilung vom 28.3.2023, abrufbar unter www.bundeskartellamt.de/ SharedDocs/Meldung/DE/Pressemitteilungen/2023/28_03_2023_Microsoft.html;jsessionid=CC4B376651B00010B0D7F2BB405EE8F3.2_cid381?nn=3591568.

[107] In der Begründung des Regierungsentwurfs zur 10. GWB-Novelle wird mit einer niedrigen Zahl von Normadressaten gerechnet – siehe Begr. RegE, BT-Drs. 19/23492, 68, 74. Zustimmend: Bundeskartellamt, Stellungnahme des Bundeskartellamtes zum Referentenentwurf zur 10. GWB-Novelle, 2020, S. 6. Siehe auch BKartA 3.4.2023 – B9-67/21 Rn. 171 – Apple: „so adressiert § 19a GWB Abs. 1 GWB eine wettbewerbliche Problemlage in Form marktübergreifender wirtschaftlicher Machtstellung, die nur bei wenigen, sehr großen Konzernen der Digitalwirtschaft auftritt.". Teile der Lit. erwarten einen potenziell deutlich größeren Adressatenkreis – siehe etwa Franck/Peitz 12(7) JECLAP (2021), 513 (517 ff.), die als Beispiel CTS Eventim anführen.

[108] So auch: BKartA, Stellungnahme des Bundeskartellamtes zum Referentenentwurf zur 10. GWB-Novelle, 2020, S. 6.

[109] Siehe dazu die Gesetzesbegründung zu § 18 Abs. 3a, Begr. RegE, BT-Drs. 18/10207, 49, die Anzeigenblätter, Kreditkartennetzwerke oder Einkaufszentren als Beispiele nennt.

[110] Für die Zielsetzung, speziell digitale Plattform- und Netzwerkmärkte zu erfassen, siehe Begr. RegE, BT-Drs. 19/23492, 56, 74. Wie hier auch Körber FS Wiedemann 2020, 361, 367; aA Nagel/Hillmer DB 2001, 327 (329); Lettl WRP 2021, 413 Rn. 9; Wolf in MüKoWettbR Rn. 17: auch analoge Geschäftsmodelle können erfasst werden.

[111] Ebenso Nothdurft in Bunte Rn. 23.

[112] Vgl. etwa für Google/Alphabet: Der Markt für allgemeine Online-Suchdienste, der Markt für mobile Betriebssysteme (Android) und der damit zusammenhängende App-Store-Markt und der Markt für Videoplattformen (Youtube) – siehe BKartA 30.12.2021 – B7-61/21 Rn. 88 ff. – Alphabet; Meta ist mit all seinen Aktivitäten im Bereich sozialer Medien (Facebook, Instagram, Facebook Messenger, WhatsApp) auf Märkten iSv § 18 Abs. 3a GWB tätig: siehe BKartA 2.5.2022 – B6-27/21 Rn. 83 ff. – Meta; Amazon ist vor allem als Betreiber von Handelsplattformen auf länderspezifischen Domains auf mehrseitigen Märkten iSv § 18 Abs. 3a GWB tätig; zugleich vermittelt Amazon Versandaufträge zwischen Drittändlern auf dem Amazon-Marktplatz und Versanddienstleistern („buy shipping") und betreibt mit Amazon Advertising eine Werbeplattform – siehe BKartA 5.7.2022 – B2-55/21 Rn. 55 ff. – Amazon; Apple betreibt insbesondere verschiedene mobile Betriebssystem und den App Store – siehe BKartA 3.4.2023 – B9-67/21 Rn. 184 ff. – Apple.

**85**    Der Umstand, dass § 19a Abs. 1 eine Tätigkeit auf „Märkten im Sinne des § 18 Abs. 3a"
voraussetzt, verpflichtet das BKartA **nicht** zur Durchführung einer **Marktabgrenzung.**[113]
Mithilfe einer Marktabgrenzung sollen die ein Unternehmen in einem Tätigkeitsbereich
disziplinierenden Wettbewerbskräfte ermittelt werden. Mit der Prüfung, ob das Unternehmen auf Märkten i. S. d. § 18 Abs. 3a tätig ist, soll demgegenüber ermittelt werden, ob die
für Plattform- und Netzwerkmärkte typischen Konzentrations- und Vermachtungstendenzen zu erwarten sind und ob das Unternehmen als Intermediär in einer Position ist, die
Wettbewerbschancen anderer Unternehmen maßgeblich zu beeinflussen. Diese Feststellung
setzt keine konkrete Marktabgrenzung voraus. Es muss lediglich überhaupt ein Markt iSd
Wettbewerbsrechts vorliegen. Dies ist insb. dann (kurz) zu prüfen, wenn eine Leistung
unentgeltlich erbracht wird. Gem. § 18 Abs. 2a steht die unentgeltliche Erbringung einer
Leistung der Annahme eines Marktes aber nicht entgegen, wenn diese integraler Bestandteil
eines zumindest mittel- oder längerfristig auf Erwerbszwecke angelegten Geschäftsmodells
ist.[114]

**86**    Als Normadressat nach § 19a Abs. 1 kommen nur solche Unternehmen in Betracht, die
**in erheblichem Umfang** auf einem Markt iSd § 18 Abs. 3a tätig sind – dh einen Schwerpunkt in diesem Bereich haben. Nicht erforderlich ist, dass das Unternehmen ausschließlich
oder ganz überwiegend auf Märkten iSd § 18 Abs. 3a aktiv ist. Eine Normadressatenschaft
scheidet aber aus, wenn die Tätigkeit als Plattform- oder Netzwerkbetreiber nur eine
vollkommen untergeordnete Rolle spielt. Zwei Szenarien sollen ausweislich des Regierungsentwurfs je für sich zur Unanwendbarkeit des § 19a Abs. 1 führen, nämlich wenn die
Tätigkeit auf einem Markt iSd § 18 Abs. 3a für das Unternehmen selbst im Vergleich zu
seiner sonstigen Tätigkeit (sog. „unternehmensinterner Vergleich"[115]) oder aber auf den
betreffenden Märkten im Vergleich zu Wettbewerbern (sog. „unternehmensexterner Vergleich"[116]) eine völlig untergeordnete Rolle spielt.[117]

**87**    Ab wann im **„unternehmensinternen Vergleich"** der Tätigkeitsbereiche von einem
„erheblichen Umfang" der Tätigkeit auf einem Markt iSd § 18 Abs. 3a auszugehen ist, ist
nicht allein quantitativ[118] – etwa nach Maßgabe des Umsatzes auf einem solchen Markt –
zu ermitteln, sondern unter Einbeziehung qualitativer Gesichtspunkte.[119] Der erhebliche
Umfang einer Tätigkeit auf einem Plattformmarkt im Verhältnis zu den sonstigen Tätigkeiten des Unternehmens kann sich vor allem auch aus der Bedeutung ergeben, welche die
Plattform im Ökosystem des potenziellen Normadressaten einnimmt. So kommt etwa
Googles Tätigkeit auf dem Markt für mobile Betriebssysteme schon wegen der Bedeutung
von Android für den Vertrieb der Google-Dienste (Google-Suche, Browser Chrome,
Google Maps, Gmail u. a.) erhebliche Bedeutung zu.[120] Das Betriebssystem kann mithin
Ausgangspunkt einer marktübergreifenden Wettbewerbsgefährdung werden. Amazon reali-

---

[113] Siehe auch Nothdurft in Bunte Rn. 24; BKartA 30.12.2021 – B7-61/21 Rn. 76 f. – Alphabet.

[114] Vom BKartA etwa bejaht mit Blick auf das unentgeltliche Angebot von allgemeinen Online-Such-
diensten durch Google – siehe BKartA 30.12.2021 – B7-61/21 Rn. 79 – Alphabet; mit Blick auf das
unentgeltliche Angebot von sozialen Medien (Facebook, Instagram, Facebook Messenger, WhatsApp) durch
Meta – siehe BKartA 2.5.2022 – B6-27/21 Rn. 87, 103, 105 – Meta; und mit Blick auf das
unentgeltliche Angebot der mobilen Betriebssysteme und des App Stores durch Apple – BKartA 3.4.2023 –
B9-67/21 Rn 197 f. – Apple.

[115] Für diesen Begriff siehe Nothdurft in Bunte Rn. 26.

[116] Für diesen Begriff siehe Nothdurft in Bunte Rn. 27.

[117] Begr. RegE, BT-Drs. 19/23492, 74.

[118] In diese Richtung allerdings Grünwald in FK-KartellR Rn. 41 – maßgeblich sei der Anteil der
Plattformtätigkeit am Gesamtgeschäft des Unternehmens.

[119] Franck/Peitz 12(7) JECLAP (2021), 513 (515 f.). In seiner Feststellung der Normadressatenschaft von
Google/Alphabet gem. § 19a Abs. 1 hat das BKartA mit Blick auf die Tätigkeit von Google auf dem Markt
für allgemeine Suchdienste als einem Markt iSd § 18 Abs. 3a die Erheblichkeit dieser Tätigkeit im Verhältnis
zur Gesamttätigkeit des Unternehmens unter Hinweis auf die suchgebundene Werbung als wesentlichem
Umsatzträger des Unternehmens und die Erheblichkeit im Verhältnis zur Tätigkeit anderer Anbieter unter
Hinweis auf Googles marktbeherrschende Stellung auf diesem Markt bejaht – siehe BKartA 30.12.2021 – B7-
61/21 Rn. 83 ff. – Alphabet.

[120] In diesem Sinne BKartA 30.12.2021 – B7-61/21 Rn. 93 – Alphabet.

siert mit dem Betrieb der Online-Marktplätze ca. 22 % der Umsätze – auch dies genügte dem BKartA für einen „erheblichen Umfang", zumal der Betrieb der Online-Marktplätze in engem Zusammenhang mit dem Online-Einzelhandelsgeschäft von Amazon steht, über das Amazon ca. 47 % der Umsätze erzielt. Auch weitere Angebote von Amazon, wie etwa Amazon Advertising, knüpfen an den Betrieb der Handelsplattform an.[121] Ein Beispiel für eine untergeordnete, und daher nicht von § 19a erfasste Tätigkeit auf Märkten iSv § 18 Abs. 3a wäre es, wenn ein Automobilhersteller seine Fahrzeuge mit einem Navigationssystem ausstattet.[122]

Ein erheblicher Umfang der Tätigkeit auf einem Markt iSd § 18 Abs. 3a im Vergleich zu **88** Wettbewerbern (**„unternehmensexterner Vergleich"**) kann unterstellt werden, wenn das Unternehmen auf einem solchen Markt eine marktbeherrschende Stellung hat. Eine solche ist jedoch nicht vorausgesetzt.[123] Eine **marktstarke Stellung kann genügen.** Auszuschließen ist die Normadressatenschaft, wenn das Unternehmen, das auf einem Markt iSd § 18 Abs. 3a tätig ist, dort als ein kleiner Wettbewerber agiert.

Während in der Begründung des Regierungsentwurfs noch davon ausgegangen wurde, **89** dass der unternehmensexterne Vergleich eine Definition der relevanten Märkte voraussetzt,[124] ist der Wirtschaftsausschuss des Bundestages einem solchen Erfordernis entgegengetreten: Das mit dem § 19a-Verfahren verbundene Beschleunigungsziel lege es nahe, auf eine formale Marktabgrenzung zu verzichten.[125] Notdurft hat stattdessen einen unmittelbaren Vergleich des potenziellen Normadressaten mit seinen nächsten Wettbewerbern (**„closest competitors"**) nach Maßgabe von im Einzelfall aussagekräftigen Messgrößen (zB Umsatzzahlen, Nutzerzahlen, Transaktionsvolumina, Zahl der Suchanfragen) vorgeschlagen.[126] Nach Ansicht des Bundeskartellamts führt allein der Umstand, dass ein weiteres Unternehmen reichweiten- und umsatzstark ein vergleichbares Produkt vertreibt, nicht zur Verneinung der Erheblichkeit der Tätigkeit.[127]

Eine funktionale Auslegung des § 19a legt es nahe, den unternehmensexternen Vergleich **90** auf die wettbewerbliche Gefährdungslage zu beziehen, die § 19a erfassen soll. Zeigt etwa eine an den Umsätzen orientierte Betrachtung, dass Dritte für den Zugang zu Absatz- oder Beschaffungsmärkten vom Zugang zu einer Plattform abhängig sind (s. § 19a Abs. 1 S. 2 Nr. 5), so kann sich bereits hieraus die Erheblichkeit der Tätigkeit auf Märkten iSd § 18 Abs. 3a ergeben.[128] Von der Erheblichkeit der Tätigkeit ist auch dann auszugehen, wenn ein Vergleich mit den nächsten Wettbewerbern zeigt, dass der potenzielle Normadressat die Dynamik in diesem Tätigkeitsbereich (mit)prägt oder womöglich auch erst im Begriff ist, sich wesentliche Wettbewerbsvorsprünge zu erarbeiten.

Die Voraussetzung der Erheblichkeit der Tätigkeit auf einem Markt iSd § 18 Abs. 3a **91** bedeutet nicht, dass sich die überragende marktübergreifende Bedeutung des Unternehmens gerade aus dieser Tätigkeit speisen muss. Die **überragende marktübergreifende Bedeutung kann auch aus anderen Aktivitäten (oder aus dem Zusammenspiel verschiedener Tätigkeiten) auf digitalen Märkten resultieren.**[129] Die Tätigkeit auf einem Markt bzw. ggfs. mehreren Märkten iSd § 18 Abs. 3a und die für diese Art von

---

[121] BKartA 5.7.2022 – B2-55/21 Rn. 71, 74 f. – Amazon; AWS steht für ca. 13 % der Umsätze und damit – mit Blick auf die Umsätze – an dritter Stelle.

[122] Siehe Notdurft in Bunte Rn. 26. Für weitere Beispiele siehe Franck/Peitz 12(7) JECLAP (2021), 513 (515 f.): Hersteller, die nur einen geringen Teil ihres Absatzes über einen eigenen Onlineshop vertreiben; Autohersteller, die in ihren Autos auch digitale Dienste anbieten.

[123] Siehe auch BKartA 5.7.2022 – B2-55/21 Rn. 78 – Amazon.

[124] Begr. RegE, BT-Drs. 19/23492, 61; so auch weiterhin Grünwald in FK-KartellR Rn. 41.

[125] Siehe Bericht BT-WiA, BT-Drs. 19/25868, 113.

[126] Siehe Notdurft in Bunte Rn. 27.

[127] So ist Apples Tätigkeit im Markt für mobile Betriebssysteme und App Stores nicht allein dadurch unerheblich, dass Google dieselben Produkte mit dem Betriebssystem Android und dem Play Store reichweiten- und umsatzstark vertreibt, siehe BKartA 3.4.2023 – B9-67/21 Rn. 228 – Apple.

[128] Siehe in diesem Sinne auch BKartA 5.7.2022 – B2-55/21 Rn. 79 – Amazon.

[129] Begr. RegE, BT-Drs. 19/23492, 7.

Märkten eigenen Dynamik sollte aber einen Beitrag zu der von § 19a adressierten markt-übergreifenden Wettbewerbsgefährdung leisten.

## III. „Überragende marktübergreifende Bedeutung für den Wettbewerb"

**92**   **1. Marktübergreifende Macht als neues Machtkonzept.** Die zweite Voraussetzung für die Normadressatenschaft nach § 19a Abs. 1 ist eine „überragende marktübergreifende Bedeutung" des Unternehmens für den Wettbewerb. Neben der marktbeherrschenden Stellung (§ 19) und den durch § 20 erfassten Formen bilateraler Marktmacht (nämlich der vertikalen relativen Marktmacht gem. § 20 Abs. 1 und der horizontalen überlegenen Marktmacht gem. § 20 Abs. 3) führt § 19a damit ein drittes, **neuartiges Machtkonzept** ein.[130] Während die marktbeherrschende Stellung stets marktbezogen und damit von einer Marktabgrenzung abhängig ist, die „relative" Marktmacht des § 20 hingegen auf das bilaterale Verhältnis zwischen Unternehmen abstellt, will § 19a die marktübergreifende Machtstellung erfassen, wie sie für die großen digitalen Plattformen kennzeichnend ist: Ausgehend von der Kontrolle über eine durch starke positive Netzwerkeffekte und extreme Größenvorteile gekennzeichneten digitalen Plattform haben einige wenige Unternehmen nicht nur eine verfestigte Machtstellung auf zentralen Vermittlungsmärkten, sondern die **Kontrolle über ganze digitale Ökosysteme** erlangt. Der Furman-Report hat in diesem Zusammenhang von einem **„strategic market status"** gesprochen.[131] Zwar findet an den Rändern des Ökosystems noch Wettbewerb statt. Die Kontrolle über das Ökosystem verschafft dem Normadressaten jedoch eine Vielfalt von Möglichkeiten, innovative wettbewerbliche Vorstöße an den Rändern des Ökosystems abzuwehren und das eigene Ökosystem so zu konsolidieren und um immer neue Angebote und Funktionalitäten zu erweitern. Gesetzgebungsvorhaben in verschiedenen Jurisdiktionen versuchen diese Machtstellung mithilfe verschiedener Kriterien zu erfassen (→ Rn. 26). § 19a legt ein besonderes Augenmerk auf die Prüfung, ob ein Unternehmen **wichtige Zugangstore für Dritte zu Beschaffungs- oder Absatzmärkten** und/oder anderweitige **Einflusskanäle auf die Funktionsweise und den Wettbewerb auf Drittmärkten** kontrolliert und hieraus wettbewerblich nicht hinreichend kontrollierte Spielräume für marktübergreifende wettbewerbsschädigende Strategien erwachsen. Eine marktbeherrschende Stellung auf einem Markt kann für eine solche marktübergreifende Einflussposition ein wichtiger Faktor sein (siehe § 19a Abs. 1 S. 2 Nr. 1). Der Einfluss kann sich aber auch aus der Kontrolle von marktübergreifend wettbewerbsrelevanten Ressourcen (§ 19a Abs. 1 S. 2 Nr. 2), inkl. Daten (§ 19a Abs. 1 S. 2 Nr. 4), aus vertikaler oder konglomerater Integration bzw. der Verbundenheit von Märkten (§ 19a Abs. 1 S. 2 Nr. 3) oder aus der Kontrolle über den Zugang Dritter zur Marktgegenseite (§ 19a Abs. 1 S. 2 Nr. 5) ergeben. Eine marktbeherrschende Stellung ist mithin weder Voraussetzung für die Feststellung der Normadressatenschaft nach § 19a Abs. 1, noch genügt sie für eine solche Feststellung.

---

[130] Kühling, Tackling Big Tech, Verfassungsblog, verfassungsblog.de/tackling-big-tech/ (14.6.2021, zuletzt abgerufen am 14.6.2021); Budzinski/Gaenssle/Stöhr List Forum für Wirtschafts- und Finanzpolitik 2020, 157 (170); Wolf in MüKoWettbR Rn. 15 sieht darin eine „abstrahierende Ausweitung des Konzepts relativer Marktmacht iSd § 20 Abs. 1", übersieht damit aber den besonderen Ökosystem-Bezug des Tatbestandsmerkmals.

[131] Siehe Furman et al., Unlocking digital competition, Report of the Digital Competition Expert Panel, 2019, S. 38–42 Rn. 1.95 ff.; im darauf folgenden Report der Digital Markets Taskforce wird der Strategic Market Status definiert als „substantial, entrenched market power in at least one digital activity, providing the firm with a strategic position (meaning the effects of its market power are likely to be particularly widespread and/or significant)"; Digital Markets Taskforce A new pro-competition regime for digital markets, 2020, S. 5 Rn. 12, 28 ff. Rn. 4.9 ff., abrufbar unter assets.publishing.service.gov.uk/media/5fce7567e90e07562f98286c/ Digital_Taskforce_-_Advice.pdf, zuletzt abgerufen am 27.7.2023. Siehe nun auch Sec. 2 ff. des im House of Commons verhandelten Entwurfes: Digital Markets, Competition and Consumers Bill, Bill 350 2022-23, abrufbar unter publications.parliament.uk/pa/bills/cbill/58-03/0350/220350.pdf.

Das Konzept der marktübergreifenden Macht ist als eine **Machtkonstellation eigener** 93
**Art** zu verstehen.[132] Marktübergreifende Macht ist in der Vergangenheit zwar auch auf der
Grundlage des allgemeinen Missbrauchsverbots erfasst worden, das von einer auf Einzelmärkte fokussierten Machtstellung ausgeht. So ist etwa die „Hebelung" einer marktbeherrschenden Stellung auf einem Markt auf einen bislang nicht beherrschten Drittmarkt mit
wettbewerbswidrigen Mitteln – etwa einer missbräuchlichen Kopplung – verboten. Ein
**Verhalten auf dem verbundenen, nicht beherrschten Markt** wird vom Missbrauchsverbot aber nur unter besonderen Umständen erfasst werden. Insb. müssen besondere
Verbindungen festgestellt werden, die es dem Unternehmen erlauben, sich auch auf dem
nicht beherrschten Markt unabhängig von anderen Wirtschaftsteilnehmern zu verhalten.[133]
Die Machtposition, die ein auf einem Primärmarkt nicht marktbeherrschendes Unternehmen auf einem Folgemarkt im Falle eines „lock-in" von Kunden erlangen kann, versucht
das allgemeine Missbrauchsverbot mit dem Konzept der **„Aftermarkets"** zu erfassen. Mit
der Feststellung einer solchen Machtstellung sind aber bis heute erhebliche Unsicherheiten
verbunden. Zwischen den strikten Anforderungen der auf einen konsequenten Schutz von
Eigentumsrechten und den mit diesen verbundenen Anreizeffekten ausgerichteten „essential facilities"-Doktrin und einer Marktabgrenzung, die bei einem hinreichend ausgeprägten
„lock-in"-Effekt Einzelmärkte für spezifische Vorprodukte und damit potenziell weitreichende Interoperabilitäts- und Zugangsansprüche anerkennt, verblieb stets ein latentes
Spannungsverhältnis. Beide Beispiele verweisen auf erhebliche Schwierigkeiten, Ökosys-
tem-Konstellationen mit den Mitteln des „klassischen" Missbrauchsverbots und dessen
Fokussierung auf Einzelmarktbeherrschung zu erfassen.

Für die Tätigkeit großer digitaler Plattformen soll § 19a die Wettbewerbsbehörden 94
künftig von der Notwendigkeit einer Marktabgrenzung entlasten. Nicht die mangelnde
Verhaltensdisziplinierung auf einem Einzelmarkt rechtfertigt die Intervention, sondern die
Wettbewerbsgefährdungen, die aus überragenden marktübergreifenden Einfluss- und Kontrollmöglichkeiten folgen. Das Erfordernis einer **„überragenden"** marktübergreifenden
**Bedeutung für den Wettbewerb** stellt klar, dass das neue Machtkonzept nicht jedes
digitale Ökosystem erfassen soll, sondern nur solche Fallkonstellationen, in denen der
**marktübergreifende Einfluss „systemisch"** wird und ein Maß erreicht, das eine neue
Form der Missbrauchsaufsicht erfordert. Hinweise auf die Art der Wettbewerbsgefährdungen, die § 19a erfassen soll, lassen sich den Untersagungstatbeständen des § 19a Abs. 2 S. 1
entnehmen.

Die Einführung dieses neuen Machtkonzepts geht zwangsläufig mit anfänglicher Rechts- 95
unsicherheit einher.[134] Seine Konkretisierung bleibt der weiteren Fallpraxis des BKartA und
der Rspr. des BGH vorbehalten.[135]

**2. Marktübergreifende Bedeutung für den Wettbewerb.** Eine **„marktübergrei-** 96
**fende" Bedeutung** für den Wettbewerb setzt einen Einfluss des Unternehmens auf den
Wettbewerb auf mehreren – also mindestens zwei – Märkten voraus.[136] Dieser Einfluss kann
sich aus einer vertikalen Integration des Unternehmens, aus einer Tätigkeit des Unternehmens auf mehreren konglomerat verbundenen Märkten oder aus dem Betrieb einer
mehrseitigen Plattform ergeben, der dem Unternehmen Einfluss auf die gemittelten Märkte
vermittelt, ohne dass es selbst auf diesen Märkten tätig sein müsste.

---

[132] Franck/Peitz 12(7) JECLAP (2021), 513 (517).
[133] EuGH 14.11.1996 – C-333/94, ECLI:EU:C:1996:436, insbes. Rn. 27 ff. – Tetra Pak.
[134] Vgl. nur Monopolkommission, Policy Brief, Ausgabe 4, Januar 2020, S. 3; Lettl WRP 2021, 413 (416);
Degenhardt WuW 2020, 308 (312 f.); Gerpott NZKart 2021, 273 (275); Kühnen WuW 2020, 173; Polley/
Kaub NZKart 2020, 113 (116 f.); Steinberg/Wirtz WuW 2019, 606 (611) fragen, ob die überragende marktübergreifende Bedeutung ein Mehr oder ein Aliud zur marktbeherrschenden Stellung ist.
[135] Monopolkommission, Policy Brief, Ausgabe 4, Januar 2020, S. 3; Lettl WRP 2021, 413 (416);
Budzinski/Gaenssle/Stöhr List Forum für Wirtschafts- und Finanzpolitik 2020, 157 (170).
[136] Lettl WRP 2021, 413 (415 f.).

**97**     Die Märkte, auf welche der potenzielle Normadressat Einfluss nehmen kann, müssen keine Märkte im Sinne des § 18 Abs. 3a sein.[137] § 19a Abs. 1 setzt lediglich voraus, dass einer der Märkte, auf denen das Unternehmen selbst tätig ist, ein mehrseitiger oder Netzwerkmarkt iSd § 18 Abs. 3a ist.

**98**     Für die Ermittlung der „marktübergreifenden Bedeutung" ist es wichtig, die **marktübergreifenden „Einflusskanäle"** zu verstehen. Neben der Stellung des potenziellen Normadressaten auf verschiedenen Märkten ist also von Belang, „wie diese Märkte miteinander verbunden sind und ob sich durch eine vertikale Integration oder anderweitige Verbindungen zwischen den Tätigkeitsfeldern Möglichkeiten ergeben, wettbewerbliche Vorteile zu erzielen oder sogar Marktzugänge zu kontrollieren."[138] Die Art der Verbindung kann sich dabei von Unternehmen zu Unternehmen erheblich unterscheiden.[139] Eine grobe Kategorisierung der Einflusskanäle ergibt sich aus dem in § 19a Abs. 1 aufgeführten Kriterienkatalog. Der Einfluss kann also aus der „Gatekeeper"-Stellung (§ 19a Abs. 1 S. 2 Nr. 5) folgen, die dem Unternehmen Intermediations- und Regelsetzungsmacht für die gemittelten Märkte verschafft; oder aus einer vertikalen und/oder konglomeraten Integration (§ 19a Abs. 1 S. 2 Nr. 3), die dem Unternehmen etwa die Vorinstallation, Integration oder anderweitige Nutzung von Synergien oder den Einsatz von Selbstbegünstigungsstrategien ermöglicht. Ebenso kann sich der Einfluss daraus ergeben, dass das Unternehmen über Fähigkeiten bzw. Ressourcen – einschließlich Daten – verfügt, die marktübergreifend Wettbewerbsvorteile vermitteln (§ 19a Abs. 1 S. 2 Nr. 2 und Nr. 4).[140]

**99**     Die Feststellung einer marktübergreifenden „Bedeutung" setzt nicht voraus, dass der potenzielle Normadressat von seinen Möglichkeiten zur marktübergreifenden „Regulierung" des Wettbewerbs bzw. zur Behinderung von Wettbewerbern bereits Gebrauch gemacht hat. Ausreichend ist, dass er aufgrund seiner Stellung im Wettbewerb über entsprechende **Fähigkeiten** verfügt.[141] § 19a soll in solchen Fällen gerade auch eine präventive Intervention ermöglichen.

**100**    Auch setzt die Feststellung einer marktübergreifenden Bedeutung **keine formale Marktabgrenzung** voraus. Während mithilfe der Marktabgrenzung die Wettbewerbskräfte in einem spezifischen Tätigkeitsfeld systematisch erfasst werden und so das Maß an wettbewerblicher Disziplinierung in diesem Tätigkeitsfeld ermittelt werden soll, ist für die Feststellung der marktübergreifenden Machtstellung die Feststellung erheblich, dass der Einfluss auf mehrere Tätigkeitsfelder oder ihr Verbund dem Unternehmen Verhaltensspielräume vermitteln, die durch Wettbewerb nicht hinreichend diszipliniert werden.[142]

**101**    **3. Überragende marktübergreifende Bedeutung.** Die marktübergreifende Bedeutung für den Wettbewerb muss **„überragend"** sein, um die Feststellung der Normadressatenschaft zu rechtfertigen und damit zugleich eine Anfangsvermutung für eine wettbewerbsschädigende Wirkung der in § 19a Abs. 2 S. 1 aufgelisteten Verhaltensweisen auszulösen. Die „besondere Missbrauchsaufsicht" des § 19a und die potenziell weitreichenden

---

[137] Lettl WRP 2021, 413 (415 f.).

[138] Begr. RegE, BT-Drs. 19/23492, 75.

[139] Siehe auch Nothdurft in Bunte Rn. 32 mit dem Hinweis auf den hohen Grad an Heterogenität der Unternehmen, die in den persönlichen Anwendungsbereich des § 19a fallen.

[140] Vgl. zu den Einflussmöglichkeiten auf andere Märkte, die von der überragenden marktübergreifenden Bedeutung erfasst sein könnten, auch: Budzinski/Gaensle/Stöhr List Forum für Wirtschafts- und Finanzpolitik 2020, 157 (170 ff.).

[141] Ebenso Nothdurft in Bunte Rn. 28. Apple hat im Verfahren nach § 19a Abs. 1 argumentiert, dass eine vertikale Integration iSd § 19a Abs. 1 S. 2 Nr. 3 nur gegeben ist, wenn die „realistische Gefahr wettbewerbswidriger Auswirkungen durch die vertikale Integration oder die konglomeraten Aktivitäten" bestehe. Das Bundeskartellamt hat entgegnet, dass im § 19a Abs. 1-Verfahren keine konkrete Gefährdungslage festgestellt werden müsse, sondern das wettbewerbliche Potential des Unternehmens ausreiche, siehe BKartA 3.4.2023 – B9-67/21 Rn. 545 ff. – Apple. Siehe dieselbe Argumentation in Bezug auf den Zugang zu Ressourcen iSd § 19a Abs. 1 S. 2 Nr. 2 BKartA 3.4.2023 – B9-67/21 Rn. 634 f. – Apple und in Bezug auf den Zugang zu wettbewerbsrelevanten Daten iSd § 19a Abs. 1 S. 2 Nr. 4 BKartA 3.4.2023 – B9-67/21 Rn. 693 ff., 711, 719, 724 ff. – Apple.

[142] Siehe auch die Ausführungen in BKartA 3.4.2023 – B9-67/21 Rn. 163 ff. – Apple.

Interventionen, die mit ihr verbunden sein können, gebieten eine besonders hohe Erheblichkeitsschwelle. Das Tatbestandsmerkmal der „überragenden" marktübergreifenden Bedeutung soll den Anwendungsbereich des § 19a auf einige wenige Unternehmen[143] bzw. die Spitzengruppe der Plattformunternehmen[144] einschränken, die in der Lage sind, das Marktgeschehen nicht nur in Einzelmärkten zu bestimmen, sondern lenkenden Einfluss über ein Ökosystem von erheblicher wirtschaftlicher Tragweite zu nehmen.

Eine „überragende" marktübergreifende Bedeutung setzt damit dreierlei voraus: Kraft **102** der ihm zur Verfügung stehenden marktübergreifenden Einflusskanäle muss das Unternehmen erstens in der Lage sein, **entscheidenden Einfluss auf den Wettbewerb in dem von ihm kontrollierten Ökosystem** zu nehmen. In diesem Ökosystem muss das Unternehmen über mehr als nur „spürbaren" oder „erheblichen" Einfluss auf den Wettbewerb verfügen – es muss eine außergewöhnliche Stellung einnehmen. Ein zentrales Indiz hierfür ist die Kontrolle über den Zugang zum Ökosystem. Zweitens ist eine **überragende infrastrukturelle Bedeutung des vom Normadressaten kontrollierten Ökosystems** zu verlangen, die sich auf Deutschland erstreckt oder in absehbarer Zeit auf Deutschland erstrecken wird.[145] Als quantitative Messgrößen kommen insoweit Nutzerzahlen und Nutzerzeit,[146] die Zahl der von den Diensten des Unternehmens abhängigen Dritten (v. a. gewerblichen Nutzern), die Umsätze und die Marktkapitalisierung in Betracht.[147] In qualitativer Hinsicht kommt es auf die Weite und wirtschaftliche Bedeutung des „strategischen Optionsraums" an, über die das Unternehmen verfügt.[148] Nur in diesem Fall ist das öffentliche Interesse an der Kontrolle der Normadressaten so erheblich, dass die Unterwerfung unter die „besondere Missbrauchsaufsicht" nach § 19a Abs. 2 verhältnismäßig ist. Drittens muss es sich um eine **gefestigte und dauerhafte Machtposition** handeln, die sich auch auf Deutschland erstreckt, oder es muss absehbar sein, dass das Unternehmen in naher Zukunft eine solche Position (auch) in Deutschland erlangt.[149] Für die Feststellung einer gefestigten und dauerhaften Machtposition ist darzulegen, wie sich die relevanten Messgrößen im Zeitablauf entwickelt haben. Hohe und langjährig konstante oder steigende Nutzerzahlen oder Umsätze können ein relevantes Indiz dafür sein, dass die Marktzutrittsschranken dauerhaft hoch sind und die Machtstellung des Unternehmens nur noch schwer angreifbar ist. Die Marktanteile des Unternehmens sind angesichts des marktübergreifenden Charakters nicht entscheidend.[150]

Für die Feststellung einer überragenden marktübergreifenden Bedeutung sind damit **103** dieselben quantitativen Messgrößen relevant, die auch in Art. 3 Abs. 2 DMA in Bezug genommen werden. Anders als Art. 3 Abs. 2 DMA verzichtet § 19a Abs. 1 aber darauf,

---

[143] So Lettl WRP 2021, 413 (416).

[144] So Nothdurft in Bunte Rn. 31; siehe auch BKartA 3.4.2023 – B9-67/21 Rn. 171 – Apple: „so adressiert § 19a GWB Abs. 1 GWB eine wettbewerbliche Problemlage in Form einer marktübergreifenden wirtschaftlichen Machtstellung, die nur bei sehr wenigen, sehr großen Konzernen der Digitalwirtschaft auftritt"; aA Wolf in MüKoWettbR Rn. 19: Allein maßgeblich sei ein überragender Verhaltensspielraum im Vertikalverhältnis.

[145] Eine Normadressatenstellung nach § 19a Abs. 1 käme danach auch in Betracht, wenn das Unternehmen in anderen Jurisdiktionen bereits über eine überragende marktübergreifende Bedeutung verfügt und bereits dazu angesetzt hat, die Machtposition in den deutschen Markt hinein zu erstrecken. Voraussetzung ist in einem solchen Fall, dass ein „Tipping" des deutschen Marktes absehbar ist.

[146] Im parlamentarischen Verfahren wurde diskutiert, die aktive Nutzerzeit als eigenständiges Kriterium in die Liste des § 19a Abs. 1 S. 2 aufzunehmen. Im Ergebnis wurde darauf verzichtet. In der Gesetzesbegründung wird jedoch darauf hingewiesen, dass es sich um einen „hilfreiche[n] Indikator bei der Bestimmung einer überragenden marktübergreifenden Bedeutung" handeln kann. Siehe dazu BT-Drs. 19/25868, 113; und Käseberg in Bien/Käseberg/Klumpe/Körber/Ost GWB-Novelle Kap. 1 Rn. 189.

[147] Siehe Nothdurft in Bunte Rn. 39; vgl. insoweit auch die in Art. 3 Abs. 2 DMA zugrunde gelegten Kriterien.

[148] Für diesen Begriff siehe Nothdurft in Bunte Rn. 45.

[149] Für dieses Kriterium, das auch im Rahmen von § 19a Abs. 1 zugrunde zu legen ist, siehe Art. 3 Abs. 1 lit. c DMA.

[150] Siehe dazu den Bericht des Wirtschaftsausschusses des BT, BT-WiA, BT-Drs. 19/25868, 7. Außerdem Nothdurft in Bunte Rn. 39.

bestimmte quantitative Schwellenwerte mit einer widerleglichen Vermutung zu verbinden. Stattdessen ist in jedem Einzelfall eine **qualitative und quantitative Gesamtwürdigung** unter Berücksichtigung der in § 19a Abs. 1 S. 2 Nr. 1–Nr. 5 aufgelisteten Kriterien geboten. Die Unbestimmtheit des Begriffs gebietet eine am Normzweck orientierte Entwicklung des bei der Gesamtwürdigung zugrunde zu legenden Maßstabs: Der Sache nach geht es um die Erfassung von Machtpositionen, die aus der Kontrolle über Plattformen folgen, die in der neuen Digitalökonomie einen Infrastrukturcharakter erlangt haben und mit der Teilhabe am wirtschaftlichen und gesellschaftlichen Leben verbunden sind (→ Rn. 46 (Wettbewerb-Regulierung)).

**104**  Die „überragende marktübergreifende Bedeutung" ist nicht mit einer Monopolstellung gleichzusetzen. Dies folgt bereits daraus, dass § 19a nicht die Machstellung auf einem Einzelmarkt, sondern die marktübergreifende Bedeutung erfassen soll. Der **Fortbestand eines oligopolistischen Wettbewerbs** zwischen den großen Digitalplattformen jedenfalls in den Teilbereichen, in denen sich ihre Tätigkeitsfelder überschneiden,[151] **schließt die Anwendung des § 19a nicht aus.**[152] Damit wird zugleich dem Befund Rechnung getragen, dass jeder Oligopolist den Zugang zu einer Kundengruppe von erheblicher Größe kontrollieren kann, die ihrerseits kein Multi-Homing betreibt. Der Umstand, dass die Oligopolisten untereinander im Wettbewerb stehen, schließt im Übrigen nicht aus, dass sie sich im Verhältnis zu abhängigen Nutzern für vergleichbare wettbewerbsschädigende Unternehmensstrategien entscheiden.

**105**  **4. Kriterien für die überragende marktübergreifende Bedeutung in § 19a Abs. 1 S. 2.** Ob einem Unternehmen eine überragende marktübergreifende Bedeutung für den Wettbewerb zukommt, hat das BKartA im Rahmen einer Gesamtwürdigung aller im Einzelfall relevanten Umstände zu ermitteln.[153] § 19a Abs. 1 S. 2 nennt fünf Faktoren, denen bei dieser Ermittlung besonderes Gewicht zukommen kann:[154] Die marktbeherrschende Stellung auf einem oder mehreren Märkten (Nr. 1), die Finanzkraft oder der Zugang zu sonstigen Ressourcen (Nr. 2), die vertikale Integration und seine Tätigkeit auf in sonstiger Weise miteinander verbundenen Märkten (Nr. 3), der Zugang zu wettbewerbsrelevanten Daten (Nr. 4) und die Bedeutung der Tätigkeit für den Zugang zu Beschaffungs- und Absatzmärkten sowie der damit verbundene Einfluss auf die Geschäftsfähigkeit (Nr. 5). Dieser **Kriterienkatalog** ist **nicht abschließend.**[155] Die Kriterien müssen ferner **nicht kumulativ** erfüllt sein.[156] Auch ist der Reihenfolge, in der die Kriterien aufgeführt sind, keine Gewichtung zu entnehmen.[157] Vielmehr hat eine **Gesamtabwägung** aller im Einzelfall relevanten Gesichtspunkte zu erfolgen. Ziel dieser Abwägung ist es, festzustellen, ob infolge einer verfestigten marktübergreifenden Machtposition erhebliche, wettbewerblich unkontrollierte Verhaltensspielräume mit nachhaltigem Wettbewerbsschädigungspotenzial bestehen.[158] Für die Feststellung der Normadressatenschaft nach § 19a Abs. 1 entscheidend ist dabei allein die Feststellung, dass sich aus der Machtstellung des Unter-

---

[151] Siehe hierfür etwa Petit, Technology Giants, the Moligopoly Hypothesis and Holistic Competition: A Primer, 2016, abrufbar über SSRN: ssrn.com/abstract=2856502, zuletzt abgerufen am 27.7.2023; Petit, Big Tech and the Digital Economy: The Moligopoly Scenario, 2020.

[152] So auch Nothdurft in Bunte Rn. 31.

[153] Begr. RegE, BT-Drs. 19/23492, 75.

[154] Kritisch zur Gesetzgebungssystematik: Wagner v. Papp in BeckOK KartellR Rn. 43, der auf die Bedeutung auch der Kriterien der Existenz von Marktzutrittsschranken (§ 18 Abs. 3 Nr. 6), von tatsächlichem oder potenziellem Wettbewerb (§ 18 Abs. 3 Nr. 7) und von Ausweichmöglichkeiten der Marktgegenseite (§ 18 Abs. 3 Nr. 9) verweist und feststellt, dass ein pauschaler Verweis auf die Kriterien in § 18 Abs. 3, 3a und 3b sinnvoller gewesen wäre.

[155] Begr. RegE, BT-Drs. 19/23492, 74.

[156] Das BKartA hat in seiner bisherigen Entscheidungspraxis zu § 19a Abs. 1 allerdings stets – wenngleich in unterschiedlichen Gewichtungen – das Vorliegen sämtlicher Faktoren festgestellt; siehe zB BKartA 2.5.2022 – B6-27/21 Rn. 116 – Meta (mit besonderer Gewichtung der in § 19a Abs. 1 S. 2 Nr. 1, 3 und 4 genannten Faktoren und ergänzendem Verweis auf § 19a Abs. 1 S. 2 Nr. 5 und Nr. 2).

[157] Begr. RegE, BT-Drs. 19/23492, 74 f.

[158] Begr. RegE, BT-Drs. 19/23492, 75.

nehmens wettbewerblich nicht hinreichend kontrollierte Verhaltensspielräume einer Art und Größenordnung ergeben können, welche die besondere Missbrauchsaufsicht nach § 19a rechtfertigt. Ebenso wenig wie mit der Feststellung einer marktbeherrschenden Stellung iSd § 18 ist mit der Feststellung einer überragenden marktübergreifenden Bedeutung für den Wettbewerb ein Unwerturteil verbunden. Maßgeblich ist, ob eine Wettbewerbsgefährdung besteht, die präventive Verhaltensauflagen rechtfertigen kann.

Ihrem Wortlaut nach weisen die in **§ 19a Abs. 1 S. 2 Nr. 2–5** aufgelisteten Faktoren **106** ein hohes Maß an Übereinstimmung mit den Faktoren auf, die nach **§ 18 Abs. 3, Abs. 3a, Abs. 3b** bei der Feststellung einer marktbeherrschenden Stellung zu berücksichtigen sind.[159] Jedoch unterscheidet sich der Bezugspunkt der beiden Kriterienkataloge. Im Rahmen des § 19a gilt es, diejenigen **wettbewerblich nicht kontrollierten Verhaltensspielräume** zu ermitteln, **die aus einer marktübergreifenden Stellung und Strategie des Unternehmens folgen** können.[160] Bei der Auslegung und Anwendung des in § 19a Abs. 1 S. 2 Nr. 2–5 niedergelegten Kriterienkatalogs kann daher die Entscheidungspraxis zu § 18 Abs. 3, Abs. 3a und Abs. 3b nicht automatisch übernommen werden. Vielmehr ist bei der Anwendung des Kriterienkatalogs stets zu fragen, ob und wie das maßgebliche Kriterium zu einer überragenden marktübergreifenden Bedeutung für den Wettbewerb beiträgt. Die abschließende Gesamtschau gilt dem Zusammenwirken der verschiedenen Tätigkeiten des Unternehmens und Kriterien mit Blick auf eine überragende marktübergreifende Bedeutung. Für die Normadressatenstellung nach § 19a Abs. 1 genügt es nicht, dass das Unternehmen in einem einzelnen Tätigkeitsbereich keiner hinreichenden wettbewerblichen Disziplinierung unterliegt; in einem solchen Fall ist die maßgebliche Interventionsschwelle weiterhin die Marktbeherrschung nach Art. 102 AEUV / §§ 18, 19 (oder ggfs. die relative Marktmacht nach § 20). Entscheidend ist vielmehr, dass der **Normadressat Einfluss auf eine Mehrzahl von Märkten und Vielzahl von Akteuren** erlangt. Zu ermitteln ist daher, ob die Verbindungen, nutzer- und/oder unternehmensseitigen Verbundvorteile und Wechselwirkung zwischen den Tätigkeiten des Normadressaten dazu führen, dass er sich marktübergreifend einer wettbewerblichen Disziplinierung entzieht, sein Ökosystem konsolidieren und ausbauen und/oder marktübergreifend Regeln der wirtschaftlichen Betätigung diktieren kann.

**a) Marktbeherrschende Stellung auf einem oder mehreren Märkten, § 19a 107 Abs. 1 S. 2 Nr. 1.** Die Feststellung einer überragenden marktübergreifenden Bedeutung für den Wettbewerb setzt das Bestehen einer marktbeherrschenden Stellung nicht voraus.[161] Der Gesetzgeber hat mit § 19a bewusst eine gegenüber der herkömmlichen Interventionsschwelle der Art. 102 AEUV/§§ 18, 19 verselbständigte Interventionsschwelle eingeführt, die auf eine besondere wettbewerbliche Gefährdungslage reagiert (dazu → Rn. 34). Mit dem Verzicht auf die Feststellung einer marktbeherrschenden Stellung soll außerdem den konzeptionellen Schwierigkeiten bei der Marktabgrenzung und bei der Feststellung der Marktbeherrschung auf mehrseitigen Märkten und in „Aftermarket"-Konstellationen Rechnung getragen werden. Die unter Umständen sehr ressourcen- und zeitaufwändigen Ermittlungen, der Befund, dass die Marktgrenzen in den ihrer Natur nach marktübergreifenden digitalen Ökosystemen oftmals verschwimmen, die Rechtsunsicherheiten, die sich in Graubereichen des Marktbeherrschungskonzepts ergeben, und die Verzögerungen, mit denen im Falle neuer, obergerichtlich noch nicht abschließend entschie-

---

[159] So auch Monopolkommission Policy Brief, Ausgabe 4, Januar 2020, S. 3; Kühling, Tackling Big Tech, Verfassungsblog, verfassungsblog.de/tackling-big-tech/ (14.6.2021); Budzinski/Gaensle/Stöhr List Forum für Wirtschafts- und Finanzpolitik 2020, 157 (170).

[160] Siehe auch BKartA 30.12.2021 – B7-61/21 Rn. 51 – Alphabet: Eine schematische Übernahme der Auslegung von gleichlaufenden marktbezogenen Faktoren in § 18 Abs. 3, 3a und 3b verbiete sich; die dort entwickelten Grundsätze seien aber für § 19a Abs. 1 in entsprechender Anwendung heranzuziehen; ebenso BKartA 2.5.2022 – B6-27/21 Rn. 78 – Meta.

[161] Begr. RegE, BT-Drs. 19/23492, 73; BT-Drs. 19/25868, 112 f.; siehe auch Nothdurft in Bunte Rn. 41; zweifelnd offenbar Grünwald in FK-KartellR Rn. 44 f.

dener Fragen zu rechnen ist, erübrigen sich, wenn sich die überragende marktübergreifende Bedeutung bereits aus dem Zusammenspiel anderer Faktoren ergibt.[162]

**108**  Gleichwohl bleibt die marktbeherrschende Stellung auf einem oder mehreren Märkten ein relevantes Kriterium.[163] Ihr kann insb. dann besondere Bedeutung für den Normadressatenstatus zukommen, wenn **sie auf einem Markt iSd § 18 Abs. 3a** besteht und es sich bei diesem Markt um einen **zentralen Zugangspunkt zu einem digitalen Ökosystem** handelt. Positive Netzwerkeffekte und Verbundvorteile sprechen dann für das Vorliegen derjenigen Gefährdungslage, der § 19a Rechnung tragen soll, einschließlich der Gefahr einer dauerhaften Verfestigung der Machtstellung („Tipping").[164] In allen bislang ergangenen § 19a Abs. 1-Verfügungen hat das BKartA eine beherrschende Stellung auf einem Markt iSd § 18 Abs. 3a festgestellt.[165] Für die Prüfung einer marktbeherrschenden Stellung gelten die allgemeinen Kriterien des § 18. Sind der Feststellung eines Normadressatenstatus nach § 19a Abs. 1 Missbrauchsverfahren auf deutscher oder europäischer Ebene vorausgegangen, kann das BKartA auf eine aktuelle und bestandskräftige Entscheidung Bezug nehmen.[166] Eine solche Feststellung entfaltet dann auch für das § 19a Abs. 1-Verfahren Bindungswirkung (siehe § 33b).[167]

**109**  **b) Finanzkraft und Zugang zu Ressourcen, § 19a Abs. 1 S. 2 Nr. 2.** Bei der Feststellung einer überragenden marktübergreifenden Bedeutung ist gem. § 19a Abs. 1 S. 2 Nr. 2 zu berücksichtigen, ob der potenzielle Normadressat über Finanzkraft oder sonstige Ressourcen von marktübergreifender wettbewerblicher Relevanz verfügt – also über Ressourcen, die zur **Ausweitung oder Absicherung des Ökosystems** eingesetzt werden können. Zu den marktübergreifend einsetzbaren Ressourcen können neben Finanzmitteln eine große Kundenbasis, technisches Know-how und Schutzrechte, Rechen- bzw. Datenspeicherungs- und -verarbeitungskapazitäten, aber auch weitere im Unternehmen verfügbare dynamische „capabilities"[168] wie besondere personelle Ressourcen oder Forschungs- und Entwicklungsaktivitäten zählen,[169] denen in einem innovationsgetriebenen Umfeld besondere Bedeutung zukommen kann. Besonderes Gewicht hat im Übrigen die Kontrolle über solche Ressourcen, die – wie der Zugriff auf wettbewerbsrelevante Daten (näher dazu: → Rn. 119 ff.) – zu wettbewerbsgefährdenden **Selbstverstärkungsdynamiken** beitragen können, weil sie die eigenen Marktzutrittsschranken senken, zugleich aber die Marktzutrittsschranken für Wettbewerber erhöhen.[170] Der Zugang zu marktübergreifend relevanten Daten und Datenquellen wird in § 19a Abs. 1 S. 2 Nr. 4 allerdings gesondert aufgeführt.

---

[162] Zur Bedeutung des Rechtsdurchsetzungs-Beschleunigungsziels in diesem Zusammenhang siehe Käseberg in Bien/Käseberg/Klumpe/Körber/Ost, 10. GWB-Novelle Kap. 1 Rn. 188.

[163] Siehe auch Wagner v. Papp in BeckOK KartellR Rn. 41: Es sei kaum vorstellbar, dass eine überragende marktübergreifende Bedeutung für ein Unternehmen festgestellt werden kann, das weder über eine marktbeherrschende Stellung noch über Marktmacht iSd § 20 auf mindestens einem der Märkte nach § 18 Abs 3a verfüge; ähnlich auch Polley/Kaup NZKart 2020, 113 (116).

[164] Siehe BKartA 30.12.2021 – B7-61/21 Rn. 306 – Alphabet; BKartA 5.7.2022 – B2-55/21 Rn. 88 – Amazon; BKartA 3.4.2023 – B9-67/21 Rn. 235, 238 – Apple.

[165] BKartA 5.7.2022 – B2-55/21 Rn. 91 ff. – Amazon; BKartA 2.5.2022 – B6-27/21 Rn. 123 ff. – Meta; BKartA 30.12.2021 – B7-61/21 Rn. 230 ff. – Alphabet; BKartA 3.4.2023 – B9-67/21 Rn. 434 ff., 476 ff. – Apple.

[166] Siehe etwa die umfassenden Bezugnahmen des BKartA auf Feststellungen der Europäischen Kommission, aber auch der CMA und des DoJ in BKartA 30.12.2021 – B7-61/21 Rn. 235 ff. – Alphabet.

[167] Siehe auch Nothdurft in Bunte Rn. 41.

[168] Zu der Bedeutung von „capabilities" für den unternehmerischen Erfolg in einem innovationsgetriebenen Wettbewerb siehe Barney 17(1) J. Mgmt. (1991), 99; Teece/Pisano/Shuen 18(7) Strat. Mgmt. J. (1997), 509; Teece 28 Strat. Mgmt. J. (2007), 1319. Siehe dazu BKartA 30.12.2021 – B7-61/21 Rn. 376 – Alphabet; BKartA 3.4.2023 – B9-67/21 Rn. 629 – Apple.

[169] Siehe BKartA 30.12.2021 – B7-61/21 Rn. 50 – Alphabet.

[170] BKartA 30.12.2021 – B7-61/21 Rn. 377 – Alphabet; BKartA 5.7.2022 – B2-55/21 Rn. 560 – Amazon; BKartA 2.5.2022 – B6-27/21 Rn. 608 – Meta; BKartA 3.4.2023 – B9-67/21 Rn. 630 – Apple.

Eine **große Kundenbasis** kann sich in der Digitalökonomie nicht nur deswegen als **110** besonders wertvoll erweisen, weil sie die Grundlage starker positiver Netzwerkeffekte und damit von Konzentrationstendenzen auf dem Plattformmarkt sind. Sie kann sich zugleich als Basis erfolgreicher Expansionsstrategien in Märkte für Produkte und Dienste erweisen, die sich an dieselbe Kundengruppe(n) richten.[171] Dies gilt nicht zuletzt für werbefinanzierte Plattformen, die um die Aufmerksamkeit von Kunden konkurrieren und daher versuchen, die Plattform mit Produkten und Dienstleistungen zu verknüpfen, die geeignet sind, die Kunden im eigenen Ökosystem zu halten. Aber auch darüber hinaus können reichweitenstarke Dienste zum Ausgangspunkt für den Vertrieb weiterer Dienste werden. Das Unternehmen muss hierfür häufig nicht zu einer echten Kopplung greifen. Eine enge technische Integration der verschiedenen Produkte und Dienste kann genügen, wenn sie Anreize für eine parallele Nutzung des Produktsortiments des Ökosystembetreibers schafft. Die Vorinstallation von Diensten und Produkten sowie Voreinstellungen sind weitere, in der Praxis sehr effektive Instrumente zur Lenkung des Nutzerverhaltens (näher dazu: → Rn. 157 ff.). Besondere Lenkungsmöglichkeiten sind mit der Kontrolle über Plattformen verbunden, die Kunden als zentrale Zugangspunkte für verschiedene Leistungen dienen – wie etwa eine allgemeine Suchmaschine, ein Endgerät mit vorinstalliertem Betriebssystem und App Store, ein Browser oder ein Nutzerkonto, das Nutzern eine diensteübergreifende Anmeldung ermöglicht.[172]

Die **Finanzkraft** wird in § 19a Abs. 1 S. 2 Nr. 2 eigens genannt. Bedeutsam ist dabei **111** vor allem, ob und in welchem Maße die Finanzkraft marktübergreifende Verhaltensspielräume eröffnet.[173] Bei der Würdigung ist die Gesamtheit der Finanzierungsmöglichkeiten zu berücksichtigen, die dem jeweiligen Unternehmen zur Verfügung stehen. Neben den Eigenmitteln sind daher auch die Möglichkeiten der Fremdfinanzierung und der Zugang zum Kapitalmarkt einzubeziehen.[174] Auf die (überwiegend fusionskontrollrechtliche) Praxis zu § 18 Abs. 3 Nr. 2, die sich zu einem erheblichen Teil ebenfalls mit einem marktübergreifenden Einsatz von Finanzmitteln – etwa mit der Quersubventionierung von Anlaufverlusten auf neuen Märkten durch die auf etablierten Märkten generierten Gewinne oder dem Einsatz von Finanzmitteln für Verdrängungsstrategien – befasst, kann Bezug genommen werden.[175]

Gewicht kann das Finanzkraftkriterium etwa dann haben, wenn das Unternehmen auf- **112** grund einer verfestigten Marktstellung, hoher Reichweite und niedrigen Grenzkosten Finanzmittel in so hohem Umfang generiert, dass **defizitäre Tätigkeitsbereiche langfristig fortgeführt** und potenzielle Wettbewerber zur Absicherung und Ausdehnung der eigenen Wettbewerbsposition mit hochpreisigen **Übernahmen** aufgekauft werden können – mit erheblichen Auswirkungen auf die Innovationsdynamiken in den betroffenen Märkten.[176]

---

[171] Vgl. zu den sog. „envelopment"-Strategien: Eisenmann/Parker/Van Alstyne 32(12) Strat. Mgmt. J. (2011), 1270; Condorelli/Padilla 16(2) JOCLEC (2020), 143; siehe auch BKartA 5.7.2022 – B2-55/21 Rn. 598 – Amazon.

[172] Siehe zur Verknüpfung verschiedener Dienste durch ein Nutzerkonto: BKartA 30.12.2021 – B7-61/21 Rn. 118 ff. – Alphabet.

[173] Für eine entsprechende Prüfung siehe BKartA 2.5.2022 – B6-27/21 Rn. 620 ff. – Meta; u. a. wird die durch die Finanzkraft vermittelte Fähigkeit hervorgehoben, Zukäufe zur Absicherung und Ausdehnung des eigenen Tätigkeitsfelds zu tätigen (Rn. 623). Siehe auch BKartA 3.4.2023 – B9-67/21 Rn. 636 ff., 651 ff. – Apple mit den illustrativen Beispielen zu Apple Music (Rn. 660 ff.), Apple TV+ (Rn. 667 ff.) und der Touch ID bzw. Face ID (Rn. 677 ff.).

[174] BKartA 5.7.2022 – B2-55/21 Rn. 564 – Amazon; BKartA 3.4.2023 – B9-67/21 Rn. 640 – Apple.

[175] Vgl. zB BKartA 24.1.1995 WuW/E BKartA 2729, 2750 f. – Hochtief/Philipp Holzmann; dazu → Fuchs § 18 Rn. 125 mwN; siehe auch Grünwald in FK- KartellR Rn. 47.

[176] Siehe hierzu insbes. Scott Morton et al., Stigler Committee on Digital Platforms: Subcommittee on Market Structure and Antitrust Industry, Final Report, 2019, S. 75; siehe auch BKartA 2.5.2022 – B6-27/21 Rn. 624 ff. – Meta; u. a. unter Hinweis darauf, dass die große Finanzkraft der großen Digitalkonzerne zu sog. „Kill Zones" führen kann; ebenso: BKartA 5.7.2022 – B2-55/21 Rn. 562, 590 ff. – Amazon. Siehe auch BKartA 3.4.2023 – B9-67/21 Rn. 631 f., 657 ff. – Apple mit den illustrativen Beispielen zu Apple Music (Rn. 660 ff.) und der Touch ID bzw. Face ID (Rn. 677 ff.).

113    Bei der Würdigung der Finanzkraft kommt es nicht allein auf den Umsatz an. Weiterhin sind etwa der Cashflow, Gewinne über mehrere Jahre, Umsatzrenditen, die Marktkapitalisierung bzw. der Börsenwert[177] und auch Nutzerzahlen von Bedeutung.[178] Bedeutung kann auch der Entwicklung der Finanzkennzahlen über die Zeit zukommen. Insb. die langjährige und konstante Finanzkraft eines Unternehmens kann zu einer überragenden marktübergreifenden Stellung beitragen.[179]

114    **c) Vertikale Integration / Tätigkeit auf in sonstiger Weise verbundenen Märkten, § 19a Abs. 1 S. 2 Nr. 3.** Digitale Ökosysteme sind durch die besondere Verbundenheit von Märkten und die daraus folgende Möglichkeit gekennzeichnet, verschiedene Produkte und Dienste sortimentsartig zu bündeln, die Nutzer im Zugriff auf verschiedene Leistungen zu lenken und hieraus marktübergreifend wettbewerbliche Vorteile zu ziehen. Ein Unternehmen, das eine digitale Plattform oder ein Netzwerk iSd § 18 Abs. 3a betreibt, kann kraft seiner Kontrolle über den Zugang zur Plattform und über die Bedingungen, zu denen Interaktionen bzw. Transaktionen stattfinden können, auch dann erheblichen marktübergreifenden Einfluss ausüben, wenn es selbst nicht auf verbundenen Märkten tätig ist. Die bisherige Erfahrung legt allerdings nahe, dass sich eine Erstreckung der eigenen Tätigkeit auf in unterschiedlicher Weise verbundene Märkte für die großen digitalen Plattform- bzw. Netzwerkbetreibern häufig als unternehmerisch sinnvoll erweist.

115    § 19a Abs. 1 S. 2 Nr. 3 unterscheidet zwischen einer vertikalen Integration und sonstigen Verbindungen. Die Grenzen zwischen diesen Formen der Verbindung von Märkten können fließend sein.[180] Unterschiedliche wettbewerbsrechtliche Wertungen sind mit der Unterscheidung nicht verbunden.[181]

116    Unter einer **vertikalen Integration** von Märkten wird die Tätigkeit eines Unternehmens auf aufeinander aufbauenden Stufen einer Wertschöpfungskette verstanden. Ein Beispiel für ein hohes Maß an vertikaler Integration in digitalen Märkten ist die vertikale Integration von Google im Bereich der Werbedienste: Google bietet sowohl den Anbietern von Werbeflächen als auch den Werbetreibenden eine Vielzahl von Werbediensten an, welche die gesamte Wertschöpfungskette für Online-Display-Werbung umfassen.[182] Ein weiteres Beispiel ist die Integration verschiedener Hard- und Softwareprodukte von Apple über mehrere Wertschöpfungsstufen hinweg. Apple stellt die verbauten Chips selbst her, liefert Hardware, Betriebssystem und den Softwarevertriebskanal des App Store und bietet dazu noch Softwareanwendungen wie das eigene E-Mail Programm oder den Browser oder Dienste wie die Streamingangebote Apple Music und Apple TV+.[183] Auch die häufig anzutreffende parallele Tätigkeit als Plattformbetreiber und Anbieter auf der Plattform wird regelmäßig als vertikale Integration bezeichnet. So ist etwa Amazon als Online-Einzelhändler (Amazon Retail) und Online-Marktplatzbetreiber (Amazon Marketplace) vertikal integriert.[184] Einige Produkte und eine wachsende Anzahl von Medienprodukten werden von Amazon selbst hergestellt und sodann über die Plattform vertrieben (Eigenmarkengeschäft).[185] Amazons Logistikgeschäft[186] lässt sich in diesem Sinne als eine weitere Form vertikaler Integration begreifen. Das Angebot und die Vermittlung von Logistikdienstleistungen für Dritthändler ist zwischen

[177] Dazu ausführlich BKartA 5.7.2022 – B2-55/21 Rn. 581 ff. – Amazon; BKartA 3.4.2023 – B9-67/21 Rn. 636 ff. – Apple.
[178] Begr. RegE, BT-Drs. 19/23492, 75; siehe auch BKartA 5.7.2022 – B2-55/21 Rn. 565 – Amazon.
[179] Siehe Nothdurft in Bunte Rn. 43.
[180] Siehe etwa BKartA 2.5.2022 – B6-27/21 Rn. 304 – Meta.
[181] Siehe dazu auch BKartA 5.7.2022 – B2-55/21 Rn. 272 – Amazon.
[182] BKartA 30.12.2021 – B7-61/21 Rn. 123 ff. – Alphabet; vgl. für eine Übersicht auch Scott Morton/ Dinelli, Roadmap for a Digital Advertising Monopolization Case Against Google, Omidyar Network Report, 2020.
[183] BKartA 3.4.2023 – B9-67/21 Rn. 569 ff. – Apple. Das Bundeskartellamt bezeichnet Apple als den „Prototyp eines vertikal integrierten Konzerns", BKartA 3.4.2023 – B9-67/21 Rn. 627 – Apple.
[184] BKartA 5.7.2022 – B2-55/21 Rn. 280 ff. – Amazon.
[185] BKartA 5.7.2022 – B2-55/21 Rn. 287 – Amazon.
[186] Dazu BKartA 5.7.2022 – B2-55/21 Rn. 289 ff. – Amazon.

der vertikalen Integration und konglomerater Verbundenheit zu verorten. Dasselbe gilt für Amazons Werbegeschäft,[187] den Zahlungsdienst Amazon Pay[188] und Amazon Web Services – Amazons Cloud Computing-Angebot, das seit geraumer Zeit nicht mehr nur konzernintern genutzt, sondern zu einem lukrativen eigenen Geschäftszweig geworden ist.[189]

Wie das Beispiel von Amazons Logistikgeschäft zeigt, können Formen der vertikalen **117** Integration mit vielfältigen Formen der **konglomeraten Verbundenheit** von Märkten verschwimmen. Ein Beispiel für konglomerate Verbundenheit ist im Übrigen die Bündelung von verschiedenen interoperablen Angeboten an Endkunden im gesamten Bereich der sozialen Medien (Facebook, Instagram, WhatsApp, Facebook Messenger) durch Meta. Da sämtliche Angebote mit derselben Facebook-ID genutzt werden können („Single Sign-On"), können Profilinformationen diensteübergreifend automatisch synchronisiert und Informationen und Angebote nahtlos individualisiert werden. Das Diensteportfolio von Meta wird mittlerweile auch durch das Angebot von Virtual Reality (VR)- und Augmented Reality (AR)-Produkten (Meta Quest) ergänzt.[190] Desweiteren bietet Meta Geschäftskunden ein breites, integriertes Portfolio an Werbeflächen und -formaten über alle verschiedenen Produkte hinweg an, wobei aus der Verbindung verschiedener Kommunikations- und Verkaufsräume unter anderem erhebliche Datenvorteile folgen.[191] Amazon ist jedenfalls aus Endkundensicht konglomerat aufgestellt, wenn es neben den Vermittlungsdienstleistungen über den Marketplace auch einen Video-Streamingdienst (Prime Video), Musik-Inhalte (Amazon Music), Medieninhalte wie e-books und Hörbücher sowie Online-Videospiele und Sprachassistenten (Amazon Alexa) anbietet.[192] Auch Amazon verbindet die verschiedenen Angebote mit einem diensteübergreifenden Log-in.[193] Eine besondere Art der Verbindung der verschiedenen Dienste wird ferner über das Prime-Angebot erreicht, das Kunden durch seinen Abonnement-Charakter dazu verleitet, innerhalb des Ökosystems zu verbleiben.[194] Apple wiederum bietet auf verschiedenen Wertschöpfungsstufen mehrere konglomerat verbundene Produkte an: etwa Hardwareprodukte wie das iPhone, das iPad, den Mac oder die Apple Watch[195] sowie digitale Dienstleistungen wie Apple Music, Apple Arcade, Apple TV+, Apple Fitness+ und iCloud+.[196] Dabei verfolgt Apple – insbesondere mittels dienste- und geräteübergreifendem Log-in unter einer Apple ID – das Ziel der nahtlosen Integration der Geräte und Dienste.[197] Um Nutzer an das Ökosystem zu binden, wird diese Form der technischen Bündelung durch Bündelungstrategien bei der Vermarktung ergänzt.[198]

Im Rahmen des Verfahrens zur Feststellung des Normadressatenstatus nach § 19a Abs. 1 **118** ist zu prüfen, ob sich aus der Tätigkeit des Unternehmens auf verbundenen Märkten wesentliche Wettbewerbsvorteile, Möglichkeiten für marktübergreifende Strategien mit erheblichem Wettbewerbsgefährdungspotenzial bzw. wettbewerblich nicht kontrollierte Verhaltensspielräume ergeben.[199] Diese können etwa aus starken – im Fall von Amazon

---

[187] Für eine Beschreibung von Amazons Werbegeschäft siehe BKartA 5.7.2022 – B2-55/21 Rn. 311 ff. – Amazon.

[188] Näher: BKartA 5.7.2022 – B2-55/21 Rn. 330 ff. – Amazon.

[189] Näher: BKartA 5.7.2022 – B2-55/21 Rn. 321 ff. – Amazon.

[190] BKartA 2.5.2022 – B6-27/21 Rn. 309 ff. – Meta.

[191] BKartA 2.5.2022 – B6-27/21 Rn. 307 ff. und Rn. 410 ff. – Meta.

[192] BKartA 5.7.2022 – B2-55/21 Rn. 349 ff. – Amazon.

[193] BKartA 5.7.2022 – B2-55/21 Rn. 365 – Amazon.

[194] BKartA 5.7.2022 – B2-55/21 Rn. 382 – Amazon.

[195] BKartA 3.4.2023 – B9-67/21 Rn. 557 – Apple.

[196] BKartA 3.4.2023 – B9-67/21 Rn. 590 ff. – Apple.

[197] BKartA 3.4.2023 – B9-67/21 Rn. 557 ff. – Apple.

[198] BKartA 3.4.2023 – B9-67/21 Rn. 568, 593 – Apple.

[199] Begr. RegE, BT-Drs. 19/23492, 73 spricht von „besonderen Gefährdungspotentiale[n], insbesondere in Folge verstärkter Möglichkeiten einer vertikalen und konglomeraten Ausnutzung wirtschaftlicher Macht" bzw. davon, dass „Unternehmen, die digitale Plattformen und Netzwerke betreiben, durch die Vorteile konglomerater Strukturen und die Besetzung für den Wettbewerb relevanter Schlüsselpositionen für verschiedene Märkte von zentraler Bedeutung sein können".

durch das Prime-Programm noch verstärkten[200] – Lock-In-Effekten,[201] aus der Kontrolle von Zugangspunkten zum Nutzer,[202] einer Überschneidung der Kundenbasis auf verschiedenen Märkten,[203] verbunden mit der Möglichkeit der Nutzerführung innerhalb des Ökosystems,[204] aus der Möglichkeit des marktübergreifenden Ressourceneinsatzes,[205] einschließlich des diensteübergreifenden Einsatzes von Daten,[206] und aus daraus folgenden Expansionspotenzialen und zugleich Möglichkeiten der Abwehr von externer Innovation ergeben.[207] Anschauungsmaterial für Verbundstrategien mit Wettbewerbsgefährdungspotenzial bieten die Untersagungstatbestände des § 19a Abs. 2 S. 1: Ist der Plattformbetreiber zugleich als Anbieter auf der Plattform tätig, so können sich aus dieser „dualen" Tätigkeit Spielräume für Selbstbegünstigungsstrategien mit Wettbewerbsverfälschungspotenzial ergeben. Die Tätigkeit auf verbundenen Märkten kann aber auch Synergien erzeugen, die ein „Aufrollen" neuer Märkte begünstigen können. Das Merkmal der Tätigkeit auf verbundenen Märkten (Nr. 3) kann hier mit dem Merkmal des Zugangs zu Ressourcen (Nr. 2) und des Zugangs zu wettbewerbsrelevanten Daten (Nr. 4) zusammentreffen, die jeweils marktübergreifend eingesetzt werden und damit – jenseits der Kundenbasis – zu wesentlichen Wettbewerbsvorsprüngen beitragen können.

**119**    **d) Zugang zu wettbewerbsrelevanten Daten, § 19a Abs. 1 S. 2 Nr. 4.** Eines der wesentlichen Merkmale digitaler Märkte ist die wachsende Menge und unternehmerische Bedeutung von Daten[208] im Sinne von maschinenlesbarer, digital codierter Information.[209] Der Zugang zu Daten in diesem Sinne kann in der digitalen Ökonomie über Innovations- und Wettbewerbschancen entscheiden. Die Begründung des Regierungsentwurfs misst dem Zugang zu wettbewerbsrelevanten Daten bei der Anwendung des § 19a erhebliche Bedeutung bei.[210] Auch in den bisher ergangenen § 19a Abs. 1-Verfügungen des BKartA hat der Zugang zu wettbewerbsrelevanten Daten gem. § 19a Abs. 1 S. 2 Nr. 4 durchgängig eine erhebliche Rolle gespielt.[211] Der **Begriff der „Daten"** wird dabei nicht näher definiert oder eingegrenzt. Es kann sich sowohl um personenbezogene Daten iSd Art. 4 Nr. 1 DSGVO als auch um nicht personenbezogene Daten handeln. Unerheblich ist auch, ob es sich um von Nutzern bereitgestellte („provided"), vom Diensteanbieter beobachtete („observed") oder durch Datenverarbeitungstechniken erlangte („inferred"/„derived") Daten handelt.[212] Entscheidend ist stets die kontextabhängig zu ermittelnde marktübergreifende **Wettbewerbsrelevanz,**[213] die insbesondere dann gegeben ist, wenn ein vergleichbarer Datenbestand Dritten nicht zugänglich ist, also weder durch eigene Aktivität generiert

---

[200] BKartA 5.7.2022 – B2-55/21 Rn. 400 – Amazon.
[201] BKartA 3.4.2023 – B9-67/21 Rn. 568, 593 – Apple.
[202] ZB über die Handelsplattform Amazon – siehe BKartA 5.7.2022 – B2-55/21 Rn. 364 – Amazon. Siehe auch für Apples Zugang zu zwei Mrd. Geräten BKartA 3.4.2023 – B9-67/21 Rn. 572, 602 – Apple.
[203] ZB BKartA 5.7.2022 – B2-55/21 Rn. 337, 402 – Amazon.
[204] Dazu etwa BKartA 2.5.2022 – B6-27/21 Rn. 373 ff. – Meta; BKartA 5.7.2022 – B2-55/21 Rn. 400 – Amazon; BKartA 3.4.2023 – B9-67/21 Rn. 552, 590 ff., 605 ff. – Apple.
[205] BKartA 5.7.2022 – B2-55/21 Rn. 335 f. – Amazon.
[206] ZB BKartA 5.7.2022 – B2-55/21 Rn. 341 – Amazon (mit Blick auf das Werbegeschäft von Amazon).
[207] Siehe dazu BKartA 2.5.2022 – B6-27/21 Rn. 392 ff. – Meta; BKartA 5.7.2022 – B2-55/21 Rn. 271 – Amazon.
[208] Ausführlich Schweitzer/Haucap/Kerber/Welker, Modernisierung der Missbrauchsaufsicht, 2018, S. 158 ff.
[209] Vgl. zur Definition: Zech, Information als Schutzgegenstand, 2012, S. 32.
[210] Zur Bedeutung von Daten im Zusammenhang des § 19a siehe RegE, BT-Drs. 23492, 74 f.
[211] BKartA 5.7.2022 – B2-55/21 Rn. 484 ff., 493 ff. – Amazon; BKartA 2.5.2022 – B6-27/21 Rn. 469 ff., 475 ff. – Meta; BKartA 30.12.2021 – B7-61/21 Rn. 144 ff. – Alphabet; BKartA 3.4.2023 – B9-67/21 Rn. 682 ff., 703 ff. – Apple.
[212] Für diese Kategorisierung siehe World Economic Forum Personal Data: The Emergence of a New Asset Class, January 2011. Siehe ferner Crémer/de Montjoye/Schweitzer, Competition Policy for the Digital Era, 2019, S. 24 ff.
[213] Dazu, dass diese sich nur näherungsweise bestimmen lässt, siehe Lindenberg WRP 2021, 302 Rn. 17, und Nothdurft in Bunte Rn. 42.

werden noch am Markt erworben werden kann.[214] Daten können einen marktübergreifend nutzbaren „shareable input" bilden[215] und damit verschiedene Märkte bzw. Dienste miteinander „verklammern".[216] Ökosystembetreiber, die zugleich als Wettbewerber im Ökosystem auftreten, können durch den Zugriff auf Daten ihrer Konkurrenten im Ökosystem Wettbewerbsvorteile gewinnen.[217] Ein diensteübergreifender Zugriff auf Daten kann besondere marktübergreifende Relevanz entfalten, wenn sich aus der Verbindung der Daten zusätzliche wettbewerbsrelevante Information ergeben (näher dazu: → Rn. 121). Für die Wettbewerbsrelevanz der Datensätze kann ferner deren zeitliche Relevanz,[218] Breite und Tiefe erheblich sein. Die Breite eines Datensatzes steigt mit der Anzahl der Nutzer, auf welche sich der Datensatz bezieht. Ein breiter Datensatz verfügt über ein höheres Maß an Repräsentativität. Der Begriff der Datentiefe erfasst die Qualität eines Datensatzes. Zur Qualität kann etwa die Aktualität, die Genauigkeit, die Detailtiefe bzw. Granularität und die Zahl der einem eindeutig identifizierbarem Nutzer zuzuordnenden Datenpunkte beitragen.[219] Einen marktübergreifenden Wettbewerbsvorsprung kann der Datenzugang insb. dann vermitteln, wenn er mit besonderen technischen und personellen Ressourcen und Fähigkeiten zur Datenverarbeitung (siehe § 19a Abs. 1 S. 2 Nr. 2) zusammentrifft.[220]

**120** Der Zugriff auf Daten und besondere Datenverarbeitungskapazitäten kann in der digitalen Ökonomie über die gesamte Wertschöpfungskette hinweg Bedeutung erlangen – von der Entwicklung innovativer Produkte und Dienste über den Bereich der Logistik bis hin zu Marketing und Vertrieb. Daten können für die Verbesserung bestehender Dienste nutzbar gemacht werden – etwa für eine verbesserte Vorhersage von Bedürfnissen und/oder für die Personalisierung von Diensten[221] – oder sie können für die Entwicklung neuer Dienste eingesetzt werden.[222] Der Zugriff auf Nutzerdaten kann überdies durch zielgerichtete Werbung monetarisiert werden.[223] Entscheidend für die Subsumtion unter § 19a Abs. 1 S. 2 Nr. 4 ist die Frage, ob und in welcher Weise der Zugang zu wettbewerbsrelevanten Daten zur marktübergreifenden Bedeutung des fraglichen Unternehmens beitragen und diesem marktübergreifend Wettbewerbsvorteile vermitteln kann.[224] In dieser Blickrichtung unterscheidet sich § 19a Abs. 1 S. 2 Nr. 4 von dem im Übrigen gleichlautenden § 18 Abs. 3 Nr. 3 und § 18 Abs. 3a Nr. 4. Maßgeblich für die Feststellung des Normadressatenstatus nach § 19a Abs. 1 ist das wettbewerbliche Potenzial, nicht die tatsächliche Datennutzung. Auch die Vereinbarkeit einer marktübergreifenden Datennutzung und/oder Kombination von Daten aus verschiedenen Diensten mit dem Datenschutzrecht ist an

---

[214] Für eine entsprechende Prüfung siehe BKartA 2.5.2022 – B6-27/21 Rn. 545 – Meta; BKartA 5.7.2022 – B2-55/21 Rn. 535 – Amazon.

[215] Zur Möglichkeit, Daten über verschiedene Märkte und Dienste hinweg zu nutzen, siehe Schweitzer/Haucap/Kerber/Welker, Modernisierung der Missbrauchsaufsicht, 2018, S. 26 f., 107 f. Siehe auch BKartA 30.12.2021 – B7-61/21 Rn. 141 – Alphabet.

[216] Siehe BKartA 2.5.2022 – B6-27/21 Rn. 472 – Meta; BKartA 5.7.2022 – B2-55/21 Rn. 487 – Amazon; BKartA 3.4.2023 – B9-67/21 Rn. 685 – Apple.

[217] BKartA 5.7.2022 – B2-55/21 Rn. 489, 536 – Amazon; BKartA 3.4.2023 – B9-67/21 Rn. 686, 760 – Apple.

[218] Zur Relevanz sowohl von kurzlebigen als auch von langlebigen Daten siehe BKartA 2.5.2022 – B6-27/21 Rn. 534 – Meta.

[219] Vgl. zu den Begriffen der Datenbreite und -tiefe: Krämer/Schnurr/Broughton/Micova, The Role of Data for Digital Markets Contestability: Case Studies and Data Access Remedies, CERRE Report, 2020, S. 6, 9, 55 f.; für eine ausführliche Prüfung des Zugangs zu wettbewerbsrelevanten Daten und der sich daraus ergebenden Wettbewerbsvorteile siehe zB BKartA 2.5.2022 – B6-27/21 Rn. 478 ff. – Meta; BKartA 30.12.2021 – B7-61/21 Rn. 150 ff. – Alphabet; BKartA 3.4.2023 – B9-67/21 Rn. 740 ff. – Apple.

[220] Siehe dazu BKartA 2.5.2022 – B6-27/21 Rn. 524 ff. – Meta.

[221] BKartA 2.5.2022 – B6-27/21 Rn. 552 – Meta.

[222] BKartA 3.4.2023 – B9-67/21 Rn. 685, 760 f. – Apple.

[223] Für die Bedeutung des Datenzugriffs als Quelle der Monetarisierung von Diensten: BKartA 2.5.2022 – B6-27/21 Rn. 554 – Meta. Siehe auch BKartA 3.4.2023 – B9-67/21 Rn. 687, 762 ff. – Apple.

[224] Dem trägt auch die Prüfung des BKartA im § 19a Abs. 1-Beschluss im Fall Alphabet Rechnung – siehe BKartA 30.12.2021 – B7-61/21 Rn. 141, 147 – Alphabet. Siehe auch BKartA 3.4.2023 – B9-67/21 Rn. 685 – Apple.

dieser Stelle nicht entscheidend, zumal dem Unternehmen stets die Möglichkeit der Einholung von Einwilligungen nach Art. 6 lit. a DSGVO verbleibt.

**121** Der Datenzugriff eines Unternehmens kann insbesondere dann zur marktübergreifenden Bedeutung eines Unternehmens beitragen, wenn die **Kombination der** beim Angebot verschiedener Dienste anfallenden **Daten** zu einer erheblichen Steigerung der Datentiefe und -breite der Datensätze führt und sich hieraus relevante Wettbewerbsvorteile ergeben, etwa weil aussagekräftigere Nutzerprofile[225] und verbesserte Möglichkeiten zur Vorhersage von Nutzerverhalten eine zielgenauere Personalisierung der Dienste, bessere Empfehlungen[226] oder die Optimierung bestehender bzw. die Entwicklung neuer Produkte erlauben.[227] Denkbar ist auch, dass eine Kombination der im Rahmen verschiedener Diensteangebote anfallenden Datensätze verbesserte Möglichkeiten zur Erschließung neuer Märkte mit sich bringt.[228]

**122** Schließlich kann der Zugang zu Nutzer- und Dienstenutzungsdaten auch dann zur marktübergreifenden Bedeutung eines Unternehmens beitragen, wenn dieses die im Rahmen des Diensteangebots gesammelten Daten zum Ausbau seiner Position auf den Märkten für zielgerichtete Online-Werbung nutzen kann.[229] Die Monetarisierung des Datenzugriffs durch gezielte Online-Werbung ermöglicht zugleich die Querfinanzierung unentgeltlicher Dienste und von weiteren Expansionsstrategien der Normadressaten.[230]

**123** **e) Bedeutung für den Zugang zu Absatz- und Beschaffungsmärkten, § 19a Abs. 1 S. 2 Nr. 5.** Das Kriterium der Bedeutung des Unternehmens für den Zugang zu Absatz- und Beschaffungsmärkten und des damit verbundenen Einflusses auf die Geschäftstätigkeit Dritter nimmt die etwaigen **Abhängigkeiten (potenzieller) Geschäftspartner vom (potenziellen) Normadressaten** und die dem Normadressaten daraus erwachsenden Möglichkeiten zur Gestaltung und ggfs. Verfälschung des Wettbewerbsprozesses in den Blick. Zu prüfen ist, ob das Unternehmen im Verhältnis zu gewerblichen Kunden über eine „Gatekeeper"-Position verfügt bzw. – wie Art. 3 Abs. 1 lit. b DMA es formuliert – „als wichtiges Zugangstor" zu Nutzern dient, ob also eine hinreichend große Zahl von Nutzern nur über die Vermittlung des Unternehmens erreicht werden kann. Im deutschen Kartellrecht hat sich daneben der Begriff der **„Intermediationsmacht"** eingebürgert.[231] Kontrolliert ein Unternehmen den Zugang der Nutzer zu den Endkunden, weil gleichwertige Zugangsmöglichkeiten zu den auf der Plattform aktiven Endkunden fehlen, so ist mit wettbewerblich nicht kontrollierten Verhaltensspielräumen in der Zuteilung von Wettbewerbschancen, aber auch in der Gestaltung der Wettbewerbsbedingungen zu rechnen. In den Gesetzgebungsmaterialien wird insoweit von der **„Regelsetzungsmacht"** des „Gate-

---

[225] Für die Bedeutung, welche der datenquellenübergreifenden Identifizierbarkeit eines Nutzers in diesem Zusammenhang zukommen kann, siehe BKartA 30.12.2021 – B7-61/21 Rn. 194 ff. – Alphabet. Apple ist es aufgrund der einheitlichen Apple ID und Geräteinformationen in besonderem Maße möglich, Daten aus dem eigenen Ökosystem spezifischen Nutzern zuzuordnen, siehe BKartA 3.4.2023 – B9-67/21 Rn. 689, 708, 730 ff., 766 f. – Apple.

[226] Siehe hierzu: BKartA 5.7.2022 – B2-55/21 Rn. 552 ff. – Amazon.

[227] Zu den Vorteilen, die sich aus der Kombination von Daten aus verschiedenen Datenquellen ergeben können, siehe Crémer/de Montjoye/Schweitzer, Competition Policy for the Digital Era, 2019, S. 33. Für eine Diskussion der Wettbewerbsvorteile, die sich für Google aus der Möglichkeit einer diensteübergreifenden Datenerhebung und -verarbeitung ergeben, siehe BKartA 30.12.2021 – B7-61/21 Rn. 213 ff. – Alphabet; BKartA 2.5.2022 – B6-27/21 Rn. 473 – Meta; BKartA 5.7.2022 – B2-55/21 Rn. 488, 519 ff., 538 – Amazon; BKartA 3.4.2023 – B9-67/21 Rn. 685 ff., 759 ff. – Apple.

[228] Kommission Wettbewerb 4.0, Ein neuer Wettbewerbsrahmen für die Digitalwirtschaft, 2019, S. 18. Für eine Diskussion, wie Googles Datenzugang die Entwicklung neuer Dienste und Identifizierung neuer Tätigkeitsfelder ermöglicht hat, siehe BKartA 30.12.2021 – B7-61/21 Rn. 224 ff. – Alphabet.

[229] Siehe hierzu BKartA 30.12.2021 – B7-61/21 Rn. 149 ff. und Rn. 227 ff. – Alphabet; BKartA 2.5.2022 – B6-27/21 Rn. 474 – Meta; BKartA 5.7.2022 – B2-55/21 Rn. 549 – Amazon; BKartA 3.4.2023 – B9-67/21 Rn. 687, 762 ff. – Apple.

[230] BKartA 2.5.2022 – B6-27/21 Rn. 474 – Meta; BKartA 5.7.2022 – B2-55/21 Rn. 490 – Amazon.

[231] Siehe Begr. RegE, BT-Drs. 19/23492, 75. Ausführlich zur Intermediationsmacht: Schweitzer/Haucap/Kerber/Welker, Modernisierung der Missbrauchsaufsicht, 2018, S. 85 ff.

keepers" gesprochen:[232] Die Intermediationsmacht verschafft dem „Gatekeeper" die Möglichkeit, Dritten die Bedingungen des Zugangs und der Nutzung des Ökosystems zu diktieren und damit zugleich den Wettbewerb im Ökosystem zu regulieren.[233] Ob und in welcher Weise Produkte und Dienste über die Plattform angeboten und vermarktet werden dürfen, entscheidet maßgeblich der „Gatekeeper".[234]

§ 19a Abs. 1 S. 2 Nr. 5 ist eng verwandt mit § 18 Abs. 3b, der die Bedeutung der Vermittlungsleistung auf mehrseitigen Märkten für den Zugang zu Beschaffungs- und Absatzmärkten als relevanten Faktor für die Feststellung einer marktbeherrschenden Stellung anführt. Im Rahmen des § 19a Abs. 1 geht es demgegenüber um die Feststellung einer marktübergreifenden Machtstellung.[235] Von besonderer Bedeutung ist daher, ob die „Gatekeeper"-Position bzw. Intermediationsmacht dem Unternehmen potenziell die Kontrolle über den Zugang nicht nur zu einzelnen Produkt- oder Dienstleistungsmärkten, sondern zu einem Ökosystem verschafft. Eine solche Position versetzt das Unternehmen in die Lage, die eigene Machtstellung auf immer neue Dienste oder Produkte auszudehnen und potenzielle Konkurrenten klein zu halten oder ganz auszuschließen.

**124**   Die Intermediärs- bzw. potenzielle Gatekeeper-Stellung kann unterschiedlicher Art sein. Auf Handelsplattformen[236] oder Buchungsportalen vermittelt der Plattformbetreiber konkrete Transaktionen. Werbefinanzierte Suchmaschinen oder Vergleichsportale vermitteln Information im Vorfeld möglicher Transaktionen sowie Aufmerksamkeit für Werbetreibende. Technische Plattformen, wie ein Betriebssystem, vermitteln die Möglichkeit zum Angebot einer Vielzahl von Diensten. Zu den notwendigen Aufgaben eines Intermediärs gehören die Selektion und Priorisierung von Angeboten bzw. Informationen: Der Intermediär hat die Angebote bzw. Information nach von ihm ausgewählten Kriterien zu ordnen und über die Art und Weise der Darstellung der Angebote bzw. Informationen zu entscheiden. Auf der eigenen Plattform entscheidet der Intermediär damit zugleich über den Zugang zu Angeboten und Informationen, die Bedingungen der Auffindbarkeit und den Grad der Sichtbarkeit[237] und erlangt auf diese Weise die Möglichkeit, das Nutzerverhalten zu beeinflussen bzw. zu lenken.[238]

**125**   Erlangt eine Plattform eine Marktposition, die eine Abhängigkeit gewerblicher Nutzer vom Zugang zur Plattform bedingt, wenn sie ihre Produkte erfolgreich vermarkten und

---

[232] Siehe die Beschlussempfehlung 10. GWB-Novelle, BT-Drs. 19/25868, 115; zur Regelsetzungsmacht digitaler Plattformen siehe auch Schweitzer, ZEuP 2019, 1 ff.; Crémer/de Montjoye/Schweitzer, Competition Policy for the Digital Era, 2019, S. 60 ff.

[233] BKartA 2.5.2022 – B6-27/21 Rn. 568 – Meta; BKartA 5.7.2022 – B2-55/21 Rn. 417 – Amazon; BKartA 3.4.2023 – B9-67/21 Rn. 787 – Apple.

[234] Siehe den Bericht der Kommission Wettbewerb 4.0, Ein neuer Wettbewerbsrahmen für die Digitalwirtschaft, 2019, S. 20. Als ein Anwendungsfall der Regelsetzungsmacht kann die Möglichkeit der App-Store-Betreiber Google und Apple gelten, App-Publishern Regeln zur Monetarisierung und Werbung vorzugeben und eine Verpflichtung zur Verwendung des jeweils eigenen Abrechnungssystems vorzuschreiben – siehe dazu BKartA 30.12.2021 – B7-61/21 Rn. 361 f. – Alphabet und BKartA 3.4.2023 – B9-67/21 Rn. 860 ff. – Apple; oder aber die Einführung neuer Tracking-Policies durch Apple und Google (Chrome), welche die Möglichkeiten von Drittanbietern zum Einsatz von Third-Party-Cookies beschränken – siehe dazu BKartA 30.12.2021 – B7-61/21 Rn. 364 ff. – Alphabet und BKartA 3.4.2023 – B9-67/21 Rn. 897 ff. – Apple; Geradin/Katsifis/Karanikioti 17(3) Eur. Comp. J. (2021), 617; Höppner/Westerhoff ZfDR 2021, 280; vgl. auch die CMA 11.2.22 – Case Number 50972, Decision to accept commitments offered by Google in relation to its Privacy Sandbox Proposal; Komm Pressemitteilung vom 22.6.2021, IP/21/3143, abrufbar unter ec.europa.eu/commission/presscorner/detail/en/ip_21_3143, zuletzt abgerufen am 28.7.2023; ein weiteres Beispiel für Regelsetzungsmacht sind die AGB von Amazon für die Geschäftstätigkeit von Dritthändlern auf dem Amazon-Marktplatz – siehe BKartA 5.7.2022 – B2-55/21 Rn. 426 ff. – Amazon.

[235] BKartA 2.5.2022 – B6-27/21 Rn. 565 – Meta; BKartA 5.7.2022 – B2-55/21 Rn. 414 – Amazon; BKartA 3.4.2023 – B9-67/21 Rn. 778 – Apple.

[236] Für die Kontrolle von Amazon über den Zugang von Einzelhändlern zu Einzelhandelsmärkten siehe BKartA 5.7.2022 – B2-55/21 Rn. 419 ff. – Amazon.

[237] Siehe zB die Ausgestaltung des Ranking- und Auswahlprozesses für die Belegung der Amazon Buy Box – BKartA 5.7.2022 – B2-55/21 Rn. 449 ff. – Amazon. Siehe zur Sichtbarkeit von Apps im App Store BKartA 3.4.2023 – B9-67/21 Rn. 877 ff. – Apple.

[238] Siehe zB BKartA 5.7.2022 – B2-55/21 Rn. 416 – Amazon.

vertreiben wollen, so entfällt die wettbewerbliche Disziplinierung in der Wahrnehmung der Vermittlungsfunktion. Der „Gatekeeper" kann die Wettbewerbsbedingungen in nicht leistungswettbewerblicher Weise verfälschen, verbundenen Unternehmensteilen Vorteile im Wettbewerb auf der Plattform verschaffen und für eine Ausweitung der Machtstellung auf weitere Märkte sorgen. Damit kann zugleich die Bestreitbarkeit der Machtstellung auf den Märkten abgesenkt werden, welche die Kontrolle über den Zugang zu den Nutzern vermitteln. Das Wettbewerbsgefährdungspotenzial ist besonders ausgeprägt, wenn der potenzielle Normadressat nicht nur als Plattformbetreiber auftritt, sondern zugleich eigene Dienste über die Plattform anbietet.

## IV. Sachliche Reichweite der Verfügung nach § 19a Abs. 1/Formeller Verfügungsadressat

**126** Die Feststellung der Normadressatenschaft nach § 19a Abs. 1 betrifft das „Unternehmen", also die wirtschaftliche Einheit, der eine überragende marktübergreifende Bedeutung für den Wettbewerb zukommt. Es gilt der allgemeine **kartellrechtliche Unternehmensbegriff**.[239]

**127** Als formeller Verfügungsadressat kommen sämtliche zur wirtschaftlichen Einheit zählenden juristischen Personen in Betracht.[240] Seine erste Verfügung nach § 19a Abs. 1 hat das BKartA sowohl an die Alphabet Inc. als auch an die Google Germany GmbH gerichtet.[241]

## E. Verhaltensauflagen (§ 19a Abs. 2)

## I. Struktur und Auslegung von § 19a Abs. 2

**128** **1. Regelungsstruktur im Überblick.** Auf der Grundlage der Feststellung der überragenden marktübergreifenden Bedeutung in einer ersten Verfügung kann das BKartA dem Normadressaten in einer zweiten Verfügung bestimmte Verhaltensweisen untersagen, denen der Gesetzgeber im Zusammenhang mit überragenden marktübergreifenden Machtpositionen abstrakt ein besonderes wettbewerbsschädigendes Potenzial beimisst.[242] In einer Verfügung nach § 19a Abs. 2 S. 1 konkretisiert das BKartA kontextabhängig, welche Verhaltensweisen auf welchen Märkten im konkreten Fall tatsächlich ein besonderes Wettbewerbsschädigungspotenzial aufweisen.[243] Es ist dabei an den Grundsatz der Verhältnismäßigkeit gebunden (→ Rn. 130).[244] Die Verfügung nach § 19a Abs. 2 S. 1 kann – muss aber nicht – mit der Feststellung der Normadressatenschaft nach § 19a Abs. 1 verbunden werden (§ 19a Abs. 2 S. 5). Bislang hat das BKartA die Normadressatenschaft nach § 19a Abs. 1 vorab und separat festgestellt. Erst die Verfügung nach § 19a Abs. 2 entfaltet für die Normadressaten Verbotswirkung.[245] Gegenwärtig prüft das BKartA Verfügungen gem. § 19a Abs. 2 gegen Alphabet zur Gewährleistung von Datenverarbeitungskonditionen, die Dienstenutzern hinreichende Wahlmöglichkeiten bzgl. einer diensteübergreifenden Datenverarbeitung belassen[246] und zur Gewährleistung hinreichender Interoperabilität konkur-

---

[239] Siehe dazu EuGH 6.10.2021 – C-882/19, ECLI:EU:C:2021:800, insbes. Rn. 41 – Sumal: Der Begriff des „Unternehmens" umfasst „jede eine wirtschaftliche Tätigkeit ausübende Einheit, unabhängig von ihrer Rechtsform und der Art ihrer Finanzierung, und bezeichnet somit eine wirtschaftliche Einheit, auch wenn diese aus rechtlicher Sicht aus mehreren natürlichen oder juristischen Personen besteht".

[240] Siehe auch Nothdurft in Bunte Rn. 130.

[241] Siehe BKartA 30.12.2021 – B7-61/21 Rn. 426 – Alphabet.

[242] Siehe auch Begr. RegE, BT-Drs. 19/23492, 73; BKartA, Stellungnahme des Bundeskartellamtes zum Referentenentwurf zur 10. GWB-Novelle, 2020, S. 5; Franck/Peitz 12(7) JECLAP (2021), 513 (519).

[243] Gerpott NZKart 2021, 273 (277); vgl. Erläuterung unter → Rn. 130 ff.

[244] Begr. RegE, BT-Drs. 19/23492, 75; siehe auch Wagner v. Papp in BeckOK KartellR Rn. 32.

[245] Begr. RegE, BT-Drs. 19/23492, 78.

[246] Az. B7-70/21. Siehe auch BKartA Pressemitteilung vom 25.5.2021, abrufbar unter www.bundeskartellamt.de/SharedDocs/Meldung/EN/Pressemitteilungen/2021/25_05_2021_Google_19a.html?nn=3591568, zuletzt abgerufen am 26.7.2023; BKartA Pressemitteilung vom 11.1.2023, abrufbar unter www.bundeskartellamt.de/SharedDocs/Meldung/DE/Pressemitteilungen/2023/11_01_2023_Google_Datenverarbeitung.html.

rierender Kartendienste mit Google Maps;[247] Verfügungen gegen Amazon wegen einer etwaigen wettbewerbsbeschränkenden Beeinträchtigung der Geschäftschancen von Händlern auf dem Amazon Marktplatz durch eine algorithmische Überprüfung der Preissetzung von Dritthändlern, verbunden mit einer Verschlechterung der Auffindbarkeit konkurrierender Händler sowie wegen Vereinbarungen mit Markenherstellern, die zu einem Ausschluss von Händlern vom Verkauf der jeweiligen Markenprodukte auf dem Amazon Marktplatz führen (sog. „Brandgating");[248] eine Verfügung gegen Apple betreffend eine wettbewerbsbehindernde Selbstbegünstigung und die Behinderung anderer Unternehmen im Rahmen des sog. „App Tracking Transparency Framework" von Apple;[249] und eine Verfügung gegen Meta wegen einer möglicherweise wettbewerbsbeschränkenden Kopplung von Facebook mit der Nutzung der Meta-eigenen VR-Brillen (Quest 2; vormals Oculus), sowie der Zusammenführung und Verarbeitung der hierbei anfallenden Nutzerdaten mit Nutzerdaten aus anderen Meta-Diensten.[250] Ein Verfahren in der Sache Google News Showcase[251] wurde am 21.12.2022 eingestellt, nachdem Google Anpassungen in seinem Nachrichtenangebot zugunsten der Verlage vorgenommen hat.[252]

---

[247] Das Verfahren betrifft Einschränkungen der Möglichkeit, Standortdaten von Google Maps, die Google-Suchfunktion oder Google Street View in konkurrierende Kartendienste einzubinden bzw. die Google-Kartendienste mit konkurrierenden Kartendiensten zu kombinieren; im Übrigen steht der Vorwurf im Raum, dass Google die Verwendung seiner „Google Automotive Services" in Infotainment-Systemen in Fahrzeugen in möglicherweise wettbewerbsbeschränkender Weise reglementiert – siehe BKartA Pressemitteilung vom 21.6.2022, abrufbar unter www.bundeskartellamt.de/SharedDocs/Meldung/DE/Pressemitteilungen/2022/21_06_2022_Google_Maps.html. Das Bundeskartellamt hat Google eine Abmahnung zugestellt, die die Bündelung von Diensten, die Vorinstallation eigener Dienste und die Einschränkung der Interoperabiliät im Rahmen der „Google Automotive Services" beanstandet – siehe BKartA Pressemitteilung vom 21.6.2023, abrufbar unter www.bundeskartellamt.de/SharedDocs/Meldung/DE/Pressemitteilungen/2023/21_06_2023_Google.html.

[248] BKartA Pressemitteilung vom 14.11.2022, abrufbar unter www.bundeskartellamt.de/SharedDocs/Meldung/DE/Pressemitteilungen/2022/14_11_2022_Amazon_19a.html.

[249] BKartA 14.6.2022 – Pressemitteilung: Bundeskartellamt prüft Apples Tracking-Regelungen für Dritt-Apps.BKartA Pressemitteilung vom 14.6.2022, abrufbar unter www.bundeskartellamt.de/SharedDocs/Meldung/DE/Pressemitteilungen/2022/14_06_2022_Apple.html. Der von Apple im April 2021 eingeführte „App Tracking Transparency Framework" knüpft das Tracking der Nutzer von Dritt-Apps und eine Kombination von Nutzerdaten aus verschiedenen Quellen an die Voraussetzung, dass beim Erststart einer solchen App in einem Pop-up-Dialog eine gesonderte, von der DSGVO-Einwilligung zu unterscheidende Einwilligung der Nutzer eingeholt wird. Für Apple-eigene Apps wird dieses Verfahren hingegen nicht angewandt. Es besteht die Sorge, dass das Angebot werbefinanzierter Apps durch diese Regelung behindert und benachteiligt wird.

[250] Das Verfahren wurde ursprünglich auf § 19 und Art. 102 AEUV gestützt, nach Einführung des § 19a dann jedoch auch die neue Rechtsgrundlage erweitert. Geprüft wurde eine Verfügung nach § 19a Abs. 2 S. 1 Nr. 3 lit. a (Verbindung der Nutzung von Angeboten – Aufrollen noch nicht beherrschter Märkte mit nicht leistungswettbewerblichen Mitteln) und nach § 19a Abs. 2 S. 1 Nr. 4 lit. a (diensteübergreifende Verarbeitung von Daten). Meta hat auf die Bedenken des BKartA reagiert und bietet nunmehr auch die Möglichkeit an, die Meta-eigenen VR-Brillen (Quest 2; früher Oculus) auch ohne Facebook-Konto in Betrieb zu nehmen, nämlich auf der Grundlage eines separaten Meta-Kontos. Gleichwohl hat das BKartA das Verfahren noch nicht eingestellt, sondern will die tatsächliche Ausgestaltung der Wahlmöglichkeiten der Nutzer und die Regelungen über die Zusammenführung und Verarbeitung von Nutzerdaten aus verschiedenen Meta-Diensten abwarten – siehe BKartA – B55/20 – Fallbericht 23.11.2022: Verknüpfung von Meta Quest (vormals Oculus) mit dem Facebook-Netzwerk; und BKartA Pressemitteilung vom 23.11.2022, abrufbar unter www.bundeskartellamt.de/SharedDocs/Meldung/DE/Pressemitteilungen/2022/23_11_2022_Facebook.html.

[251] Geprüft wurde eine Verfügung nach § 19a Abs. 2, um eine Integration von Google News Showcase – ein Nachrichtenangebot von Google, das Verlegern in einem von Google gesetzten Rahmen Möglichkeiten zur Darstellung von Nachrichteninhalten gibt – in die allgemeine Google-Suche zu verhindern und zu gewährleisten, dass die Teilnahme bzw. Nicht-Teilnahme an Google News Showcase kein relevantes Kriterium für das Ranking von Suchergebnissen ist. Befürchtet wurde eine Verdrängung konkurrierender Nachrichtenangebote und eine unangemessene Benachteiligung der an Google News Showcase teilnehmenden Verlage.

[252] Az. V-43/20. BKartA, Pressemitteilung 21.12.2022 – Verbesserungen für Verlage bei Nutzung von Google News SAz. V-43/20. BKartA Pressemitteilung vom 21.12.2022, abrufbar unter www.bundeskartellamt.de/SharedDocs/Meldung/DE/Pressemitteilungen/2022/21_12_2022_Google_News_Showcase.html, zuletzt abgerufen am 18.7.2023; BKartA FAQ – zum Verfahren „Google News Showcase", 21.12.2022,

**129**  § 19a Abs. 2 S. 1 nennt sieben Untersagungstatbestände, die das Bundeskartellamt für Unternehmen mit überragender marktübergreifender Bedeutung für verbindlich erklären kann (zur Gesetzgebungsgeschichte → Rn. 15 f.). Der Katalog ist abschließend.[253] Einige der Untersagungstatbestände lassen sich als Verallgemeinerungen der Missbrauchsfallgruppen verstehen, wie sie in Missbrauchsverfahren der vergangenen Jahre entwickelt worden sind.[254] So hat die Europäische Kommission Google in der Entscheidung „Google Search (Shopping)" die Begünstigung eigener Angebote in der Darstellung auf der Suchergebnisseite untersagt[255] – eine solche Form der Selbstbegünstigung findet sich nun als Regelbeispiel in § 19a Abs. 2 S. 1 Nr. 1 lit. a. Für die Untersagung der ausschließlichen Vorinstallation eigener Angebote auf Geräten ist die Entscheidung der Europäischen Kommission in „Google Android" ein Präzedenzfall.[256] Die Untersagung der Zusammenführung und Verarbeitung wettbewerbsrelevanter Daten nach § 19a Abs. 2 S. 1 Nr. 4 findet ein Vorbild im Facebook-Verfahren des Bundeskartellamtes.[257]

**130**  **2. Nachweis eines konkreten Wettbewerbsschädigungspotenzials als ungeschriebenes Tatbestandsmerkmal und Bestimmtheitsgebot für § 19a Abs. 2-Verfügungen.** Mit einer Verfügung nach § 19a Abs. 2 werden einem Normadressaten nach § 19a Abs. 1 konkrete Verhaltensregeln auferlegt. Das BKartA legt fest, welche der Untersagungstatbestände des § 19a Abs. 2 S. 1 in welchen Tätigkeitsbereichen des Normadressaten einschlägig sind, und konkretisiert zugleich die Verhaltensanforderungen. Dabei gilt ein Bestimmtheitsgebot: Der Normadressat muss erkennen können, was von ihm gefordert wird.[258] Die Festlegung hat nach **pflichtgemäßem Ermessen** zu erfolgen. Das BKartA ist dabei an den **Verhältnismäßigkeitsgrundsatz** gebunden. Verfügungen nach § 19a Abs. 2 sind primär den Normzwecken des § 19a verpflichtet (→ Rn. 38 f.), und damit dem Ziel, offene Märkte und unverfälschten Wettbewerb zu schützen. Die Eingriffe in die unternehmerische Freiheit der Normadressaten, die mit solchen Verfügungen verbunden sind, müssen mit Blick auf diese Ziele geeignet, erforderlich und verhältnismäßig sein.

**131**  Hieraus folgt als **ungeschriebene Tatbestandsvoraussetzung** die Verpflichtung des BKartA, eine Verfügung nach § 19a Abs. 2 stets auf eine im konkreten Marktkontext verankerte Prognose zu stützen, dass die auferlegten Verhaltensregeln erforderlich sind, um einer der durch § 19a erfassten besonderen Wettbewerbsgefährdungslagen zu begegnen.[259] Es bedarf also einer auf die **konkreten wirtschaftlichen Gegebenheiten** gestützten[260] und an die für § 19a kennzeichnenden Marktstrukturmerkmale und Strategien anknüpfen-

---

abrufbar unter www.bundeskartellamt.de/SharedDocs/Publikation/DE/Pressemitteilungen/2022/21_12_2022_FAQ_Google_News_Showcase.pdf?__blob=publicationFile&v=4. Das Verfahren wurde eingestellt, nachdem Google von einer Integration in die Google-Suche Abstand genommen und sich verpflichtet hat, die Teilnahme bzw. Nicht-Teilnahme an Google News Showcase beim Ranking von Suchergebnissen unberücksichtigt zu lassen. Außerdem soll ein diskriminierungsfreier Zugang zu Google News Showcase gewährleistet werden. Teilnehmern bleibt es möglich, ihr Leistungsschutzrecht kollektiv durch Verwertungsgesellschaften wahrnehmen zu lassen.

[253] Begr. RegE, BT-Drs. 19/23492, 75.

[254] Kühling, Tackling Big Tech, Verfassungsblog, verfassungsblog.de/tackling-big-tech/, zuletzt abgerufen am 14.6.2021.

[255] KOMM 27.6.2017 – AT.39740 – Google Search (Shopping); bestätigt durch EuG 10.11.2021 – T-612/17, ECLI:EU:T:2021:763 – Google Shopping.

[256] KOMM 18.7.2018 – AT.40099, C(2018) 4761 final – Google Android.

[257] BKartA 6.2.2019 – B6-22/16 – Facebook. Für das Verfahren im einstweiligen Rechtsschutz: OLG Düsseldorf 26.8.2019 – VI-Kart 1/19 (V), NZKart 2019, 495; BGH 23.6.2020 – KVR 69/19, NZKart 2020, 473. Für das Hauptsacheverfahren: OLG Düsseldorf 24.3.2021 – Kart 2/19 (V) – Vorlagebeschluss zum EuGH; EuGH 4.7.2023 – C-252/21, ECLI:EU:C:2023:537 – Meta Platforms.

[258] So auch Wolf in Müko WettbR Rn. 36; ein allgemeines Verbot der ausschließlichen Vorinstallation eigener Angebote auf Geräten (§ 19a Abs. 2 S. 1 Nr. 1 lit. b) kann dem Bestimmtheitsgebot genügen; ein allgemeines Verbot der Selbstbevorzugung (§ 19a Abs. 2 S. 1) wäre zu unbestimmt.

[259] Wagner v. Papp in BeckOK KartellR Rn. 87; ähnlich Wolf in MüKoEttbR Rn. 35.

[260] Siehe auch: Wagner v. Papp in BeckOK KartellR Rn. 49: Die Feststellung der Verwirklichung eines Untersagungstatbestandes sei stets auf eine „vorläufige Beurteilung des wettbewerbsbeschränkenden Charakters im konkreten juristischen und ökonomischen Kontext" zu stützen.

den „**Wettbewerbsschädigungstheorie**",[261] dh einer Prognose einer hinreichend wahr-scheinlichen Gefährdungslage und einer schlüssigen Darlegung, in welcher Weise die auf-erlegten Verhaltensregeln geeignet sind, dieser Gefährdung zu begegnen.

Die Feststellung der Gesetzesbegründung, die Untersagungstatbestände des § 19a Abs. 2  **132** seien mit „**widerleglichen Vermutungen**" vergleichbar,[262] ist mithin bei einer teleologi-schen und den verfassungsrechtlichen Anforderungen Rechnung tragenden Auslegung zu **modifizieren:** Zwar kann der Rückgriff eines Normadressaten auf die in § 19a Abs. 2 aufgeführten Verhaltensweisen in Tätigkeitsbereichen, in denen zugleich starke Netzwerk-effekte, Größenvorteile und Datenvorteile am Wirken sind, eine wettbewerbliche Gefähr-dungslage nahelegen. Ein Normadressat kann aber auf einer Vielzahl von Märkten tätig sein, und seine Marktposition wie auch die Wettbewerbsbedingungen können sich erheb-lich unterscheiden. Die Gefährdungslage ist mithin nicht notwendig in allen Tätigkeits-bereichen gleich. Die Untersagungstatbestände und Regelbeispiele sind an konkreten Sach-verhaltskonstellationen ausgerichtet, in denen nationale Wettbewerbsbehörden oder die Europäische Kommission eine Wettbewerbsgefährdung festgestellt haben. Ihres Kontexts entkleidet lässt sich den Verhaltensweisen – auch bei festgestellter Normadressatenschaft – aber eine Indizwirkung nicht entnehmen. In einer Verfügung nach § 19a Abs. 2 muss das BKartA daher plausibel und substantiiert dartun, dass die geplanten Verhaltensauflagen im konkreten Marktkontext auf eine nach § 19a relevante Gefährdungslage reagieren und geeignet sind, die beabsichtigte Schutzwirkung für den Wettbewerb zu entfalten.

An die **Prognose eines Wettbewerbsschädigungspotenzials** und einer **Eignung der**  **133**  **Verhaltensauflage,** diesem im konkreten Marktkontext zu begegnen, sind **keine über-zogenen Beweisanforderungen** zu stellen.[263] § 19a ist als Gefährdungsdelikt ausgestaltet, das dem BKartA ein frühzeitiges Eingreifen ermöglichen soll: § 19a soll seine Wirkung bereits im Vorfeld des allgemeinen Missbrauchsverbots entfalten. Die besondere Miss-brauchsaufsicht soll maßgeblich der Vereinfachung, Effektivierung und Beschleunigung von kartellrechtlichen Missbrauchsverfahren dienen.[264] Das BKartA kann sich daher an den wettbewerblichen Gefährdungslagen bzw. Wettbewerbsschädigungstheorien orientieren, wie sie der Gesetzgeber in § 19a zugrunde gelegt hat. Insbesondere dort, wo in einem durch die Besonderheiten digitaler Märkte gekennzeichneten Tätigkeitsbereich eines der **Regelbeispiele** erfüllt ist, kann eine Vermutung greifen. Wo auf einen der Grundtat-bestände zurückgegriffen wird, können die **Anforderungen an die Substantiierung** eines Wettbewerbsschädigungspotenzials im Einzelfall in Abhängigkeit von der jeweiligen strukturellen Wettbewerbsgefährdung **variieren.** Angesichts der wettbewerblichen Ambi-valenz der Anordnung horizontaler Interoperabilität (→ Rn. 208) sind hier die höchsten Anforderungen zu stellen. Dies spiegelt sich bereits in dem in § 19a Abs. 2 S. 1 Nr. 5 genannten Tatbestandsmerkmal einer „Wettbewerbsbehinderung". In § 19a Abs. 2 S. 1 Nr. 1 hat der Gesetzgeber die Anforderungen abgesenkt, indem er auf jede Qualifizierung verzichtet hat. Zu verlangen ist hier lediglich eine Verifizierung, dass die Aktivierung des Untersagungstatbestandes im konkreten Fall dem Zweck des Gesetzes entspricht.

Im Vergleich zu Missbrauchsverfahren nach § 19/Art. 102 AEUV sind die Nachweisan-  **134**  forderungen durchgängig abgesenkt. Die Pflicht, das Wettbewerbsgefährdungspotenzial eines bestimmten Verhaltens in der jeweiligen Marktumgebung zu plausibilisieren, ist nicht mit einer Pflicht zum Nachweis wettbewerbsbeschränkender Wirkung im Einzelfall gleich-zusetzen, wie sie in einem normalen Missbrauchsverfahren nach Art. 102 AEUV/§ 19 gelten würde. Ebenso wenig setzt eine Untersagungsverfügung nach § 19a Abs. 2 den Nachweis einer Beeinträchtigung der Konsumentenwohlfahrt voraus. Das BKartA bleibt

---

[261] Ähnlich Polley/Kaup NZKart 2020, 113 (118).
[262] BT-Drs. 19/25868, 114; Begr. RegE, BT-Drs. 19/23492, 78.
[263] Wagner v. Papp in BeckOK KartellR Rn. 87; siehe auch Nothdurft in Bunte Rn. 49: Herabsetzung der Nachweisanforderungen durch § 19a.
[264] Vgl. Begr. RegE, BT-Drs. 19/23492, 55 f.; siehe auch Nothdurft in Bunte Rn. 124.

aber verpflichtet, die Voraussetzungen der in § 19a Abs. 2 typisiert zugrunde gelegten Gefährdungslagen im Einzelfall kontextbezogen plausibel darzutun.

**135**    **3. Ermessensleitende Gesichtspunkte beim Erlass von Verbotsverfügungen nach § 19a Abs. 2 im Einzelnen.** Normzweck des § 19a Abs. 2 ist es, den besonderen Wettbewerbsgefährdungspotenzialen zu begegnen, die aus der Normadressatenstellung nach § 19a Abs. 1 erwachsen können (→ Rn. 33 ff. (Normzweck)). Nur eine erhebliche Gefährdung des Wettbewerbsprozesses rechtfertigt die mit § 19a Abs. 2 verbundene Herabsetzung der Interventionsschwelle und der Nachweisanforderungen im Dienste einer Vereinfachung und Beschleunigung der behördlichen Intervention. **Reine Ausbeutungsmissbräuche,** deren Wirkungen grds. reversibel sind, **sind von § 19a Abs. 2 nicht erfasst.** Dementsprechend ist auch die Verknüpfung von Datenbeständen aus verschiedenen Diensten (§ 19a Abs. 2 S. 1 Nr. 4 lit. a), die das BKartA im Facebook-Verfahren als Ausbeutungsmissbrauch verfolgt hat, in § 19a in einen Behinderungskontext gestellt.[265] Dasselbe gilt für § 19a Abs. 2 S. 1 Nr. 6, der die intransparente Leistungserbringung dann als missbräuchlich erfasst, wenn sie den Leistungsvergleich und damit den „Leistungswettbewerb" erschwert (näher → Rn. 215 ff.). Auch der Untersagungstatbestand des § 19a Abs. 2 S. 1 Nr. 7 ist als Verbot einer Ausbeutung mit Wettbewerbsbehinderungspotenzial zu verstehen: Untersagt werden kann ein unangemessenes Leistungs-Gegenleistungsverhältnis dann, wenn dies die Bestreitbarkeit der Machtposition des Normadressaten reduziert, weil dieser von seinen Geschäftspartnern eine höhere Gegenleistung verlangen kann als seine Konkurrenten,[266] oder wenn die Gegenleistung eine Ausweitung der Machtposition ermöglicht.

**136**    Allerdings ist die **Wettbewerbsbehinderung** nur in § 19a Abs. 2 S. 1 Nr. 5 ausdrücklich als Tatbestandsmerkmal genannt. In den meisten anderen Untersagungstatbeständen taucht lediglich das „Behindern" von „anderen Unternehmen" oder Wettbewerbern als Tatbestandsmerkmal auf (siehe Nr. 2, Nr. 3, Nr. 4). Das „Behindern" von Wettbewerbern oder anderen Unternehmen lässt sich mit einer Wettbewerbsbehinderung allerdings nicht ohne Weiteres gleichsetzen: Der Behinderungsbegriff ist grds. weit und erfasst jedes Verhalten, das die wettbewerbliche Betätigungsfreiheit eines anderen Unternehmens nachteilig beeinflusst.[267] Eine solche Behinderungswirkung kann aber auch mit jeder Form eines erfolgreichen Leistungswettbewerbs verbunden sein.[268] Das allgemeine kartellrechtliche Missbrauchsverbot lässt eine „Behinderung" von Wettbewerbern dementsprechend nicht genügen, sondern setzt eine „unbillige" Behinderung – und damit eine Interessenabwägung im Lichte des wettbewerbsrechtlichen Schutzzwecks – voraus.

**137**    Das **„Unbilligkeits"-Korrektiv fehlt in § 19a Abs. 2 S. 1** (dazu bereits → Rn. 16, 73 f.). Die dadurch begründete Unwucht wird auch durch die in § 19a Abs. 2 S. 2 vorbehaltene Möglichkeit einer sachlichen Rechtfertigung nicht korrigiert. Denn diese kann sich nur auf solche Umstände – v. a. unternehmensinterne Effizienzen – beziehen, die aus der Sphäre des Normadressaten stammen (näher → Rn. 233). Die kontextabhängige Auswirkung eines Verhaltens auf den Wettbewerbsprozess ist damit nicht erfasst.

**138**    Im Rahmen der **Verhältnismäßigkeitsprüfung,** die mit dem Erlass einer Verfügung nach § 19a Abs. 2 stets verbunden ist, darf sich das BKartA daher nicht darauf beschränken,

---

[265] Siehe dazu auch bereits BGH 23.6.2020 – KVR 69/19 – Facebook: Ausbeutungsmissbrauch mit Behinderungspotenzial; näher dazu Schweitzer JZ 2022, 16.

[266] Dies ist die Behinderungswirkung, auf die der BGH auch schon im deutschen Facebook-Fall abgestellt hat; vgl. BGH 23.6.2020 – KVR 69/19 – Facebook. Hier geht es nur nicht um Daten, sondern andere Formen der Gegenleistung. Dieses Phänomen wird teilweise auch als „passive Diskriminierung" beschrieben, da die Geschäftspartner dazu gezwungen werden, in ihrer Leistung zwischen dem marktmächtigen Unternehmen und dessen Konkurrenten zu unterscheiden, vgl. Franck/Peitz 12(7) JECLAP (2021), 513 (520); Grünwald in FK-KartellR Rn. 120.

[267] Siehe dazu Nothdurft in Bunte Rn. 62.

[268] Dazu, dass sich fast alle gelisteten Verhaltensweisen je nach Kontext auch als zulässige Formen eines Leistungswettbewerbs darstellen können, siehe Franck/Peitz 12(7) JECLAP (2021), 513 (520 ff.). Siehe auch Körber MMR 2020, 290 (294); Polley/Kaub NZKart 2020, 113 (117).

pauschal und ohne weitere Darlegung und Konkretisierung den gesamten Katalog von Untersagungstatbeständen für anwendbar zu erklären. Vielmehr hat das BKartA aufzuzeigen, dass die fragliche Verhaltensweise angesichts der Struktur und des Geschäftsmodells des Normadressaten sowie der Marktumgebung mit einem besonderen Wettbewerbsschädigungspotenzial verbunden ist.[269] Ist das Verbot einer Verhaltensweise – etwa in einem oligopolistischen Wettbewerb – geeignet, Wettbewerb zu behindern, statt ihn zu schützen, so wäre eine entsprechende Untersagungsverfügung unverhältnismäßig.[270]

Die Verhältnismäßigkeit der Untersagungsverfügung nach § 19a Abs. 2 ist **nicht** von **139** einer behördlichen **Ermittlung unternehmerischer Effizienzen** abhängig. Die Darlegungs- und Beweislast hierfür liegt beim Normadressaten (§ 19a Abs. 2 S. 3; → Rn. 232 f.). Die marktübergreifende Machtposition nach § 19a Abs. 1 und die mit ihr verbundene Wettbewerbsgefährdung können es im Übrigen rechtfertigen, dem Normadressaten die exklusive Nutzung marktübergreifender Verbundvorteile zu untersagen.[271] Der besonderen Wettbewerbsgefährdungslage ist in diesen Konstellationen ein höheres Gewicht beizumessen als dem grds. legitimen Interesse des Normadressaten an der Realisierung einzelunternehmerischer Effizienzen. Der Normadressat kann die Synergien dann nur nutzen, wenn er anderen Unternehmen die gleichen Möglichkeiten einräumt.[272]

**4. Funktion und Bedeutung der Regelbeispiele.** Im parlamentarischen Verfahren **140** sind die Untersagungstatbestände in § 19a Abs. 2 S. 1 Nr. 1 bis Nr. 4 um Regelbeispiele ergänzt worden (näher: → Rn. 16 – Entstehungsgeschichte). Mit den Regelbeispielen werden verschiedene **Ziele** verfolgt:[273] Sie sollen die Zielrichtung der Untersagungstatbestände beispielhaft konkretisieren[274] und damit zugleich das spezifische Wettbewerbsgefährdungspotenzial illustrieren; sie sollen zur Rechtsklarheit beitragen und einer effektiveren und schnelleren Implementierung dienen.[275]

Eine Verfahrensbeschleunigung soll insb. dadurch erreicht werden, dass die Verwirk- **141** lichung eines Regelbeispiels die Verwirklichung des Grundtatbestands indiziert:[276] Die in § 19a Abs. 2 S. 1 aufgeführten Regelbeispiele sollen „**vergleichbar einer widerleglichen Vermutung**" wirken.[277] Dies gilt allerdings nur dann, wenn die jeweiligen einschränkenden Tatbestandsmerkmale des Grundtatbestands (Nr. 1: „beim Vermitteln des Zugangs zu Beschaffungs- und Absatzmärkten"; Nr. 2: Marktzugangsrelevanz der Tätigkeit des Normadressaten; Nr. 3: Behinderung auf einem Markt, auf dem der Normadressat seine Stellung schnell ausbauen kann; Nr. 4: spürbare Erhöhung von Marktzutrittsschranken) erfüllt sind.[278] Die Indizwirkung der Regelbeispiele muss ferner durch eine kontextabhängige Darlegung des Wettbewerbsschädigungspotenzials verifiziert werden (→ Rn. 130 ff.).

Eine „negative" Indizwirkung derart, dass die Zulässigkeit des Verhaltens vermutet wird, **142** wenn die Regelbeispiele nicht verwirklicht sind, soll es demgegenüber nicht geben.[279] Angesichts der schnellen Weiterentwicklung von Märkten und unternehmerischen Strate-

---

[269] In diese Richtung auch: Kühling NZKart 2020, 630 (631); Kühling, Tackling Big Tech, Verfassungsblog, verfassungsblog.de/tackling-big-tech/, zuletzt abgerufen am 14.6.2021; siehe auch Franck/Peitz 12(7) JECLAP (2021), 513 (520 ff.). Siehe auch Lettl WRP 2021, 413 (418): nicht „ohne jeden konkreten Anlass".

[270] Um den Wettbewerb im Markt der Onlinesuchmaschinen zu beleben, kann es angebracht sein, dass Microsoft mit seiner Suchmaschine von den Verhaltenspflichten des Abs. 2 ausgenommen wird, auch wenn Microsoft in Zukunft unter § 19a Abs. 1 GWB fallen könnte. Beispiel nach: Franck/Peitz 12(7) JECLAP (2021), 513 (521).

[271] Nothdurft in Bunte Rn. 48 spricht von einem gesetzlich angeordneten Fall einer „efficiency offense".

[272] Nach Nothdurft in Bunte Rn. 48 zielt § 19a Abs. 2 GWB gerade auf eine „Nivellierung der strategischen Verbundvorteile" des Normadressaten ab.

[273] Siehe dazu auch Nothdurft in Bunte Rn. 51.

[274] BT-Drs. 19/25868, 113.

[275] BT-Drs. 19/25868, 114.

[276] BT-Drs. 19/25868, 113.

[277] Begr. RegE, BT-Drs. 19/23492, 78.

[278] Zu Recht hervorgehoben von Nothdurft in Bunte Rn. 51.

[279] BT-Drs. 19/25868, 113.

gien sollen die Grundtatbestände dem BKartA vielmehr ein flexibleres Einschreiten ermöglichen (→ Rn. 31).

**143**    **5. Verhältnis der Untersagungstatbestände zueinander.** Die einzelnen Untersagungstatbestände des § 19a Abs. 2 lassen sich als Reaktion auf unterschiedliche Aspekte der besonderen Wettbewerbsgefährdungslage (→ Rn. 34) verstehen, die § 19a adressiert (näher dazu, → Rn. 130). Die Untersagungstatbestände können sich aber – ebenso wie die Teilaspekte der Gefährdungslage – in ihrem Anwendungsbereich überlappen. Integriert der Normadressat etwa einen eigenen Dienst in sein Plattformangebot und begründet damit die Gefahr einer Verdrängung konkurrierender Angebote, so kann darin eine Selbstbevorzugung iSd § 19a Abs. 2 S. 1 Nr. 1 lit. b liegen, aber auch eine kopplungsähnliche Praxis, die andere Unternehmen in ihrer Geschäftstätigkeit auf Absatzmärkten behindern kann (§ 19a Abs. 2 S. 1 Nr. 2 lit. a) und ggfs. ein „Aufrollen" von Märkten (§ 19a Abs. 2 S. 1 Nr. 3 lit. a oder lit. b). Das BKartA kann seine **Untersagungsverfügung** in solchen Fällen **parallel auf mehrere Untersagungstatbestände stützen.** Eine sachliche Rechtfertigung nach § 19 Abs. 2 S. 2 wäre in einem solchen Fall für alle Tatbestände gemeinsam zu prüfen.[280]

**144**    **6. Kein Kausalitätserfordernis zwischen überragender marktübergreifender Bedeutung und Verhalten.** Eine Untersagungsverfügung nach § 19a Abs. 2 setzt keine Kausalbeziehung zwischen der überragenden marktübergreifenden Bedeutung eines Unternehmens für den Wettbewerb und dem untersagten Verhalten voraus.[281] Entscheidend für die Untersagung ist vielmehr eine plausible Darlegung des mit dem zu untersagenden Verhalten verbundenen Wettbewerbsgefährdungspotenzials (→ Rn. 130 ff.).

**145**    **7. Erstbegehungs- oder Wiederholungsgefahr.** Nach der Gesetzesbegründung bedarf es für die Untersagung eines bestimmten Verhaltens „grundsätzlich" einer Wiederholungs- oder Erstbegehungsgefahr.[282] Der Nachweis soll sich erübrigen, wenn unter Berücksichtigung der Besonderheiten der digitalen Wirtschaft ausnahmsweise ein früheres Eingreifen erforderlich erscheint.[283] In der Lit. wird im Erfordernis einer Wiederholungs- oder Erstbegehungsgefahr zT eine übermäßige Beschränkung des BKartA in der Anordnung von Verhaltensauflagen gesehen;[284] andere halten die Untersagungsverfügungen nach § 19a Abs. 2 erst dann für gerechtfertigt, wenn der Normadressat ein entsprechendes Verhalten bereits praktiziert hat.[285]

**146**    In der Praxis ist von einer weitgehenden Überlappung zwischen dem Erfordernis einer Erstbegehungs- oder Wiederholungsgefahr und der Notwendigkeit auszugehen, kontextabhängig ein konkretes Wettbewerbsgefährdungspotenzial darzutun (→ Rn. 130 ff.). Angesichts der anteilig präventiven Zielsetzung des § 19a hat die konkrete Darlegung einer Wettbewerbsschädigungsgefahr für die Darlegung einer Erstbegehungsgefahr zu genügen.[286] Verhaltensauflagen, die sich nicht auf eine plausible Wettbewerbsschädigungstheorie stützen können, sind hingegen unverhältnismäßig.

---

[280] Siehe zu alledem Nothdurft in Bunte Rn. 50.

[281] Ausdrücklich mit Blick auf § 19a Abs. 2 S. 1 Nr. 7: BT-Drs. 19/25868, 117.

[282] Begr. RegE, BT-Drs. 19/23492, 75; kritisch: Lettl WRP 2021, 413 (417).

[283] Begr. RegE, BT-Drs. 19/23492, 75; kritisch zu dieser Einschränkung: Wagner v Papp in BeckOK KartellR Rn. 48: Da die Normadressatenstellung für fünf Jahre „auf Vorrat" festgestellt sei, könne auf eine sich abzeichnende Gefahr schnell reagiert werden.

[284] Lettl WRP 2021, 413 (418).

[285] Höppner WuW 2020, 71 (77 f.); Höppner/Weber K&R 2020, 24 (30).

[286] AA Wagner v. Papp in BeckOK KartellR Rn. 48: Es bestehe kein legitimes Interesse an einem Verzicht auf die explizite Feststellung einer Erstbegehungs- oder Wiederholungsgefahr, weil die „auf Vorrat" festgestellte Normadressatenschaft ein schnelles Eingreifen ermögliche.

## II. Untersagungstatbestände (§ 19a Abs. 2 S. 1)

**1. Nr. 1: Selbstbevorzugung. a) Grundtatbestand.** § 19a Abs. 2 S. 1 Nr. 1 ermäch-  **147** tigt das BKartA zum Erlass einer Verfügung, die Normadressaten, die als Intermediäre agieren, zugleich aber selbst auf dem gemittelten Markt konkurrieren, eine Selbstbevorzugung beim Vermitteln des Zugangs zu Beschaffungs- und Absatzmärkten untersagt. Als Regelbeispiele werden die bevorzugte Darstellung der eigenen Angebote (lit. a) und die ausschließliche Vorinstallation oder anderweitige Integration eigener Angebote (lit. b) aufgeführt. Für das Selbstbegünstigungsverbot verweist die Begründung des Regierungsentwurfs auf eine Empfehlung der Kommission Wettbewerbsrecht 4.0.[287] In der kartellrechtlichen Fallpraxis ist die durch das EuG bestätigte Kommissionsentscheidung „Google Search (Shopping)"[288] der maßgebliche, in der Begründung des Regierungsentwurfs ausdrücklich erwähnte Bezugspunkt.[289]

Weder das deutsche noch das europäische Wettbewerbsrecht kennen ein allgemeines  **148** Selbstbegünstigungsverbot für Marktbeherrscher.[290] Das Wettbewerbsrecht behandelt Unternehmen regelmäßig als wirtschaftliche Einheiten, die als solche miteinander in Konkurrenz treten.[291] Der Wettbewerb um die effiziente Unternehmensorganisation – und damit auch um etwaige Synergievorteile vertikaler Integration – ist Teil des durch das Wettbewerbsrecht geschützten Wettbewerbsprozesses. Das Diskriminierungsverbot in Art. 102 lit. c AEUV und § 19 Abs. 2 Nr. 1 Fall 2 gebietet grds. keine Gleichbehandlung von Unternehmensteilen des Marktbeherrschers und Drittunternehmen.[292]

Unter besonderen Umständen kann sich jedoch auch eine Selbstbegünstigung als iSd  **149** Art. 102 AEUV missbräuchlich erweisen. In seiner Begründung in **„Google Shopping"** löst sich das EuG hierbei von den in Art. 102 AEUV genannten Regelbeispielen und nimmt stattdessen auf die Rspr. des EuGH Bezug, der zufolge das Missbrauchsverbot insb. solche Verhaltensweisen erfasst, „die zum Nachteil der Verbraucher die Aufrechterhaltung oder den Ausbau des auf dem Markt noch bestehenden Wettbewerbs oder die Entwicklung dieses Wettbewerbs durch die Verwendung von Mitteln behindern, die von den Mitteln eines normalen Wettbewerbs auf der Grundlage der Leistungen der Unternehmen abweichen".[293] Von einem „normalen" Leistungswettbewerb wird die prominente Platzierung von Google Shopping auf der Suchergebnisseite abgegrenzt, indem auf die Abweichung vom eigentlichen Leistungsangebot hingewiesen wird, das die Suchmaschine ihren Nutzern unterbreitet – nämlich das Ranking aller auffindbaren Inhalte allein nach Relevanzkriterien (→ Rn. 176) und damit eine Intermediationsleistung, die durch die Offenheit für und Gleichbehandlung sämtlicher Drittinhalte gekennzeichnet ist. Erst die ursprüngliche Selbstverpflichtung auf Gleichbehandlung hat der Suchmaschine die Glaubwürdigkeit verschafft, die Grundlage ihrer Netzwerkeffekte und Größenvorteile ist (→ Rn. 178). Für die Qualifizierung dieser Abweichung als missbräuchlich stellt das EuG zugleich auf die Infrastrukturfunktion von Google und seine herausgehobene, durch hohe Marktzutrittsschranken abgesicherte „super-dominante" bzw. „ultra-dominante" Stellung

---

[287] Begr. RegE, BT-Drs. 19/23492, 75; BT-Drs. 19/25868, 114; vgl. Kommission Wettbewerbsrecht 4.0, Ein neuer Wettbewerbsrahmen für die Digitalwirtschaft, 2019, S. 54.

[288] KOMM 27.6.2017 – AT.39740 – Google Search (Shopping); bestätigt durch EuG 10.11.2021 – T-612/17, ECLI:EU:T:2021:763 – Google Shopping.

[289] Begr. RegE, BT-Drs. 19/23492, 75 f.; Kühling, Tackling Big Tech, Verfassungsblog, verfassungsblog.de/tackling-big-tech/ (14.6.2021); Franck/Peitz 12(7) JECLAP (2021), 513 (519); Galle DB 2020, 1274 (1276 f.).

[290] Siehe dazu auch Nothdurft in Bunte Rn. 53; Ibáñez Colomo 43 World Competition (2020), 417 (419 f.).

[291] BGH 24.10.2011 – KZR 7/10, NJW 2012, 773 Rn. 31 – Grossistenkündigung; BGH 31.1.2012 – KZR 65/10, NJW 2012, 2110, Rn. 15 – Werbeanzeigen; BGH 10.2.1987 – KZR 6/86, WuW/E BGH 2360 juris-Rn. 55 – Freundschaftswerbung.

[292] Lettl WRP 2021, 413 (418 ff.).

[293] EuG 10.11.2021 – T-612/17, ECLI:EU:T:2021:763 Rn. 151 – Google Shopping; unter Hinweis auf EuGH 27.3.2012 – C-209/10, ECLI:EU:C:2012:172 Rn. 24 – Post Danmark.

ab, die eine besondere Verantwortung begründe, dass das eigene Verhalten nicht den unverfälschten Wettbewerb im Binnenmarkt verfälsche, und im konkreten Fall daher zur Gewährleistung der Chancengleichheit im Suchmaschinenranking verpflichte (→ Rn. 180, 182). Das EuG hat die Geltung eines Selbstbegünstigungsverbots damit maßgeblich mit der besonderen Marktstellung des Normadressaten und den Eigenarten seines Geschäftsangebots begründet.

**150**    § 19a hat diese Schadenstheorie aufgegriffen und mit dem Vorliegen einer überragenden marktübergreifenden Machtposition iSd § 19a Abs. 1 verknüpft. Liegt eine solche Machtstellung vor, so gestattet § 19a Abs. 2 S. 1 Nr. 1 es dem BKartA, einem Normadressaten, der den Zugang zu Beschaffungs- oder Absatzmärkten mittelt und zugleich auf dem gemittelten Markt konkurriert, jede Selbstbevorzugung zu untersagen. Um von einer Verfügung nach § 19a Abs. 2 S. 1 Nr. 1 erfasst zu werden, muss die Selbstbevorzugung gerade **in Ausübung einer Intermediärsfunktion** erfolgen, also in der Vermittlung von Interaktionen zwischen verschiedenen Parteien auf einer Plattform – sei es eine Handelsplattform oder eine Online-Suchmaschine. Zum anderen richtet sich § 19a Abs. 2 S. 1 Nr. 1 speziell an diejenigen Intermediäre, die auf der Plattform mit anderen Wettbewerbern konkurrieren. § 19a Abs. 2 S. 1 Nr. 1 ist mithin nur auf **vertikal integrierte Normadressaten** anwendbar.

**151**    Die Selbstbegünstigung durch einen vertikal integrierten Intermediär mit überragender marktübergreifender Machtstellung ist mit einem besonderen **Wettbewerbsschädigungspotenzial** verbunden: Es besteht die Gefahr einer „manipulativen" Steuerung der Auswahlentscheidungen der Nachfrageseite. Die Selbstbevorzugung kann die Möglichkeiten von Wettbewerbern beschränken, auf angrenzenden Märkten auf der Grundlage der Leistungsmerkmale ihrer Angebote bzw. des Preis-Leistungs-Verhältnisses zu konkurrieren, und zugleich die Anreize beeinträchtigen, in entsprechende Vorstöße und Innovation zu investieren.[294] Selbstbegünstigungspraktiken können auf diese Weise negativen Einfluss auf das Innovationsniveau im Markt entfalten. Zugleich wird die Ausdehnung der Marktmacht in einem Kernmarkt auf weitere Märkte begünstigt, und im Ergebnis die überragende marktübergreifende Stellung der digitalen Plattform abgesichert und ggfs. noch verstärkt.[295] Demgegenüber soll der Untersagungstatbestand einen Wettbewerb auf der Plattform schützen, in dem alle Wettbewerber über gleiche Chancen verfügen, sich mit ihren Produkten im Leistungswettbewerb durchzusetzen.[296]

**152**    Eine **Selbstbevorzugung** kann eine Vielzahl von **Formen** annehmen: Der Normadressat kann die eigenen Angebote im Ranking priorisieren, sie farblich und optisch hervorheben[297] oder selektiv Einfluss auf die Benutzerbewertungen nehmen, so dass die eigenen Produkte systematisch besser bewertet werden als die Produkte von Drittanbietern. Sämtliche Formen der bevorzugten Behandlung eigener Angebote sind vom Grundtatbestand erfasst. Die beiden **Regelbeispiele in § 19a Abs. 2 S. 1 Nr. 1 lit. a und lit. b** sollen praktisch besonders relevante Ausprägungen einer Selbstbevorzugung erfassen. Sind die Voraussetzungen eines der Regelbeispiele erfüllt, so ist die Vermutung begründet, dass es sich um eine Verhaltensweise handelt, die wegen ihrer Wettbewerbsschädlichkeit zu untersagen ist.[298]

**153**    Eine **sachliche Rechtfertigung** bleibt, wie bei allen Untersagungstatbeständen, möglich. Sie kommt insb. dann in Betracht, wenn der Normadressat darlegen kann, dass die Selbstbevorzugung im konkreten Fall nicht gegen die Grundprinzipien eines Leistungswettbewerbs verstößt, so dass der Wettbewerbsprozess nicht nachhaltig geschädigt wird. Die

---

[294] Begr. RegE, BT-Drs. 19/23492, 75; siehe auch Kommission Wettbewerb 4.0, Ein neuer Wettbewerbsrahmen für die Digitalwirtschaft, 2019, S. 53 f.

[295] Begr. RegE, BT-Drs. 19/23492, 75 f.

[296] BT-Drs. 19/25868, 114.

[297] Vgl. lit. a.

[298] Kritisch gegenüber einer solchen Vermutung: Ibáñez Colomo 43 World Competition (2020), 417 (442 ff.).

bloße Berufung auf etwaige Synergien bzw. Verbundvorteile aus der vertikalen Integration wird für eine sachliche Rechtfertigung regelmäßig nicht genügen.[299]

Das Selbstbegünstigungsverbot ist in § 19a Abs. 2 S. 1 Nr. 1 allgemein und damit **154** deutlich weiter gefasst als im **DMA**, der (nur) einzelne, konkret formulierte Ausprägungen der Selbstbegünstigung verbietet (siehe insb. Art. 6 Abs. 5 DMA). Neben den Regelbeispielen (dazu → Rn. 155 f. und → Rn. 157 ff.) nennt die Gesetzesbegründung zwei weitere Verhaltensweisen, die unter § 19a Abs. 2 S. 1 Nr. 1 fallen können, namentlich die Bevorzugung eines eigenen App-basierten Zahlungsdienstes durch den Anbieter eines Mobil-Betriebssystems (insoweit vergleichbar: Art. 6 Abs. 4 DMA) oder Praktiken, mit denen ein solcher Anbieter verhindert, dass Endnutzer eigene vorinstallierte Apps deinstallieren (insoweit vergleichbar: Art. 6 Abs. 3 DMA, der allerdings nur eine einfache Form der Deinstallation gebietet).[300]

**b) Lit. a: Untersagung der Bevorzugung eigener Angebote bei der Darstel-** **155** **lung.** Nach § 19a Abs. 2 S. 1 lit. a kann das BKartA es einem Normadressaten untersagen, die eigenen Angebote bei der Darstellung zu bevorzugen – also etwa Sonderregeln für die Listung eigener Angebote einzuführen, die diese im Ranking priorisieren, farblich oder in der Darstellungsweise hervorheben oder in einem gesonderten, nur für die eigenen Angebote vorgehaltenen Feld präsentieren. Das Regelbeispiel lehnt sich an das „Google Search (Shopping)"-Verfahren an.[301] Ein dem Untersagungstatbestand des § 19a Abs. 2 S. 1 Nr. 1 lit. a vergleichbares Verbot findet sich in Art. 6 Abs. 5 DMA; dort wird allerdings nicht allgemein auf eine bevorzugte „Darstellung", sondern auf ein bevorzugtes Ranking, sowie die damit verbundene Indexierung und das Auffinden gegenüber ähnlichen Dienstleistungen und Produkten abgestellt.[302]

Der Untersagungstatbestand trägt dem Befund Rechnung, dass schon geringe Hervor- **156** hebungen in der Darstellung das Klickverhalten und in der Folge die Produktwahl von Kunden erheblich beeinflussen können. Für Plattformbetreiber bietet sich so eine Möglichkeit, die eigene Reichweite auf dem gemittelten Markt rapide zu Lasten von Wettbewerbern auszubauen.[303] Ist auch der gemittelte Markt durch Größenvorteile oder Netzwerkeffekte gekennzeichnet, so können derartige Verschiebungen schon nach kurzer Zeit zu irreversiblen Schäden für den Wettbewerb führen.[304] Eine praktische Schwierigkeit in der Anwendung des Untersagungstatbestandes im Einzelfall wird in der Notwendigkeit liegen, unzulässige, ggfs. auch nur mittelbarer Selbstbevorzugung von zulässigem Leistungswettbewerb in einer der behördlichen Überwachung zugänglichen Art und Weise abzugrenzen.

**c) Lit. b: Untersagung der ausschließlichen Vorinstallation oder Integration** **157** **eigener Angebote auf Geräten.** Gemäß lit. b kann das BKartA es einem Normadressaten untersagen, ausschließlich eigene Angebote auf Geräten vorzuinstallieren oder in anderer Weise in Angebote des Unternehmens zu integrieren. Der Untersagungstatbestand lehnt sich an den der Entscheidung der EU-Kommission in der Sache „Google Android"

---

[299] Kritisch: Polley/Kaub NZKart 2020, 113 (117).

[300] BT-Drs. 19/25868, 114.

[301] KOMM 27.6.2017 – AT.39740 – Google Search (Shopping); bestätigt durch EuG 10.11.2021 – T-612/17, ECLI:EU:T:2021:763 – Google Shopping; vgl. BT-Drs. 19/25868, 11.

[302] Das EP hatte weitergehend ein Verbot der Selbstbevorzugung beim Ranking oder der Anzeige von Diensten und Produkten gefordert – siehe EU Parlament, Ausschuss über den Binnenmarkt und Verbraucherschutz, COM(2020)0842 – C9-0419/2020 – 2020/0374(COD), Entwurf eines Berichts über den Vorschlag für eine Verordnung des Europäischen Parlaments und des Rates über bestreitbare und faire Märkte im digitalen Sektor (Gesetz über digitale Dienste), Änderungsantrag 62, S. 50; ob die abschließende Formulierung in Art. 6 Abs. 5 DMA in Verbindung mit dem Umgehungsverbot in Art. 13 DMA im Ergebnis in ein allgemeines Verbot der Begünstigung in der Darstellung mündet, bleibt abzuwarten.

[303] BT-Drs. 19/25868, 114; Kommission Wettbewerbsrecht 4.0, Ein neuer Wettbewerbsrahmen für die Digitalwirtschaft, 2019, S. 53 f.

[304] Kommission Wettbewerbsrecht 4.0, Ein neuer Wettbewerbsrahmen für die Digitalwirtschaft, 2019, S. 53.

zugrunde liegenden Sachverhalt an.[305] Ausdrücklich angeführt wird aber auch das Beispiel des Anbieters eines Betriebssystems für mobile Geräte, der auf dieser Plattform ausschließlich einen eigenen App-basierten Zahlungsdienst vorinstalliert und damit im Wettbewerb mit anderen App-basierten Zahlungsdiensten auf der Plattform einen Vorsprung erlangt.[306] Der Sache nach geht es im Regelbeispiel des § 19a Abs. 2 S. 1 Nr. 1 lit. b um **kopplungsähnliche Sachverhalte.** Das Wettbewerbsgefährdungspotenzial ist besonders hoch, wenn die Kopplung angesichts der Intermediationsmacht des Normadressaten mit der Gefahr eines „Aufrollens" („platform envelopment") des gekoppelten Zielmarktes einhergeht.[307]

158     Zwar kann eine Vorinstallation von Angeboten mit Annehmlichkeiten für Nutzer einhergehen, die auf diese Weise ohne weiteren eigenen Aufwand unmittelbar auf bestimmte Dienste zugreifen können. Gleichzeitig steuert eine solche Vorinstallation oder Integration nachweislich und in erheblichem Maße das Nutzerverhalten.[308] De facto wird ein Produktbündel geschaffen, das von vielen Nutzern als Einheit wahrgenommen wird und – nicht zuletzt angesichts der Trägheit vieler Verbraucher – die Wettbewerbschancen alternativer Anbieter nachhaltig beeinträchtigen kann.[309] Eine relevante Zahl von Nutzern wird nicht mehr nach alternativen Apps suchen.[310] Der Normadressat erlangt so die Chance, neuen oder weniger stark genutzten Diensten die Kundenbasis eines reichweitenstarken Dienstes zuzuführen und ggfs. die Machtstellung aus einem Markt auf andere Märkte zu erstrecken, auch wenn seine Dienste nicht notwendig die bessere Leistung anbieten.[311] Für konkurrierende Anbieter kann dies die Marktzutrittsschranken erheblich erhöhen. § 19a Abs. 2 S. 1 Nr. 1 lit. b soll Normadressaten die Lenkungsmacht, über die sie als Intermediäre verfügen, nehmen.

159     Eine ausschließliche Vorinstallation kann allerdings **sachlich gerechtfertigt** werden. Nach der Gesetzesbegründung kann dies der Fall sein, wenn das eigene Angebote „das Betriebssystem der Hardware betrifft", „für die Nutzbarkeit von Kernfunktionen der Hardware wie zB Telefon, Kamera, Nachrichtenfunktion oder Dateiverwaltung eines Mobiltelefons erforderlich ist" oder es sich um Programme handelt, „die es Benutzern von Hardware ermöglichen, einfach und sicher weitere Applikationen von Drittanbietern auszuwählen (AppStores)".[312]

160     Der **DMA** sieht kein Verbot der Vorinstallation eigener Angebote oder einer Integration eigener Angebote in das Betriebssystem vor. Gem. Art. 6 Abs. 3 DMA müssen Endnutzer lediglich die Möglichkeit haben, vorinstallierte Software-Anwendungen zu deinstallieren.

161     **2. Nr. 2: Behinderung anderer Unternehmen in ihrer Geschäftstätigkeit auf Beschaffungs- oder Absatzmärkten. a) Grundtatbestand.** Nach § 19a Abs. 2 S. 1 Nr. 2 kann das BKartA einem Normadressaten, dessen Tätigkeit für den Zugang anderer Unternehmen zu Beschaffungs- und Absatzmärkten bedeutsam ist, Verhaltensweisen untersagen, die andere Unternehmen in ihrer Geschäftstätigkeit auf diesen Märkten behindern.

---

[305] KOMM 18.7.2018 – AT.40099, C(2018) 4761 final – Google Android; vgl. BT-Drs. 19/25868, 114; vgl. auch BKartA 30.12.2021 – B7-61/21 Rn. 110 ff., Rn. 357 ff. – Alphabet.

[306] BT-Drs. 19/25868, 115; vgl. zum Verfahren der Kommission gegen Apple: KOMM Pressemitteilung vom 2.5.2022, IP/22/2764, abrufbar unter ec.europa.eu/commission/presscorner/detail/en/IP_22_2764, zuletzt abgerufen am 26.7.2023.

[307] Siehe auch Nothdurft in Bunte Rn. 57; vgl. zB zur Entwicklung der Marktanteile für betriebssystemspezifische Browser nach Vorinstallation von Chrome auf Android: KOMM 18.7.2018 – AT.40099, C (2018) 4761 final Rn. 947 ff. – Google Android.

[308] Siehe dazu CMA, Online Platforms and digital advertising, Market Study – Final Report, 1.7.2020, para. 31 ff.

[309] So etwa im Fall der Vorinstallation des Play Stores auf Google Android Endgeräten – siehe BKartA 30.12.2021 – B7-61/21 Rn. 358 – Alphabet.

[310] Siehe etwa BKartA 30.12.2021 – B7-61/21 Rn. 359 – Alphabet (mit Blick auf die Vorinstallation der Google Suchmaschine auf mobilen Endgeräten).

[311] BT-Drs. 19/25868, 114.

[312] BT-Drs. 19/25868, 114.

Nach lit. a kann das BKartA insb. eine ausschließliche Vorinstallation oder Integration von Angeboten des Normadressaten untersagen. Nach lit. b kann das BKartA es dem Normadressaten untersagen, andere Unternehmen an der Bewerbung ihrer eigenen Angebote zu hindern oder diese zu erschweren. Weitergehend kann das BKartA es dem Normadressaten untersagen, andere Unternehmen daran zu hindern, Abnehmer auch über andere als die von dem Unternehmen bereitgestellten oder vermittelten Zugänge zu erreichen, oder ihnen diesen Zugang zu Abnehmern zu erschweren.

Der Untersagungstatbestand weist eine gewisse Nähe zu § 19a Abs. 2 S. 1 Nr. 1 auf, **162** reicht aber deutlich über diesen hinaus. Anders als § 19a Abs. 2 S. 1 Nr. 1 setzt Nr. 2 weder voraus, dass die Behinderung „anderer Unternehmen" im Rahmen eines Vermittlungsverhältnisses erfolgt, noch wird ein Wettbewerbsverhältnis zwischen dem Normadressaten und dem behinderten Unternehmen verlangt.[313] Vorausgesetzt ist lediglich die **Marktzugangsrelevanz** der Tätigkeit des Normadressaten für andere Unternehmen. Der Begriff der „Bedeutung für den Zugang zu Beschaffungs- oder Absatzmärkten" bleibt zugleich weiter als das „Torwächter"-Konzept des Art. 3 DMA.[314]

Ein Wettbewerbsschädigungspotenzial soll sich in solchen Fällen bereits aus der **Regel-** **163** **setzungsmacht** des Normadressaten im Verhältnis zu Drittunternehmen ergeben können, wenn diese zum Ausbau und/oder der Absicherung des eigenen Ökosysteme ausgeübt wird.[315] Das Konzept der Regelsetzungsmacht ist dabei weit und funktional zu verstehen: Wie sich aus dem Regelbeispiel des Abs. 2 S. 1 Nr. 2 lit. a ergibt, ist auch eine „Regulierung durch Technik"[316] oder jede andere Form einer dem Produktdesign innewohnenden faktischen Determinierung der Marktregeln erfasst.[317]

An die Marktzugangsrelevanz der Tätigkeit des Normadressaten und seine faktische **164** Regelsetzungsmacht knüpft § 19a Abs. 2 S. 1 Nr. 2 ein weit gefasstes **Behinderungs-** **verbot.** Die Behinderung – im Sinne einer Erschwerung der wettbewerblichen Betätigung[318] – kann Teil einer defensiven Strategie des Normadressaten zur Absicherung des eigenen „Ökosystems" oder einer offensiven Strategie zu dessen Ausweitung sein.[319] Sie kann sich auch auf einen Drittmarkt beziehen, auf dem der Normadressat weder tätig ist noch kurz- oder mittelfristig werden will: § 19a Abs. 2 S. 1 Nr. 2 setzt nicht zwingend voraus, dass der Behinderung anderer Unternehmen ein kurzfristiger Vorteil des Normadressaten entspricht. § 19a Abs. 2 S. 1 Nr. 2 ermächtigt das BKartA vielmehr, dem Normadressaten eine **besondere Rücksichtnahmepflicht** zugunsten der Entwicklungsmöglichkeiten von Drittunternehmen aufzuerlegen, die für ihren Marktzugang vom Normadressaten abhängig sind.[320]

Das Behinderungsverbot des § 19a Abs. 2 S. 1 Nr. 2 ist sehr weit. Die ursprüngliche **165** erwogene Eingrenzung auf „unbillige Behinderungen" wurde im parlamentarischen Gesetzgebungsverfahren wieder aufgegeben.[321] Für eine Untersagungsverfügung nach § 19a Abs. 2 S. 1 Nr. 2 ist jedenfalls eine konkrete **Darlegung des Wettbewerbsschädigungs-** **potenzials** (→ Rn. 130 ff.) und eine klare Eingrenzung des untersagten Verhaltens zu verlangen. Verhältnismäßig wird eine Untersagungsverfügung des BKartA im Einzelfall im Übrigen nur dann sein, wenn die Behinderungswirkung nicht Ausdruck legitimen Wett-

---

[313] BT-Drs. 19/25868, 115; Käseberg in Bien/Käseberg/Klumpe/Körber/Ost 10. GWB-Novelle Kap. 1 Rn. 195.
[314] Ebenso: Nothdurft in Bunte Rn. 61.
[315] BT-Drs. 19/25868, 115; zur Regelsetzungsmacht von Plattformen siehe: Schweitzer ZEuP 2019, 1 ff.; Crémer/de Montjoye/Schweitzer Competition Policy for the Digital Era, 2019, S. 60 ff.; Boudreau/Hagiu in Gawer, Platforms, Markets and Innovation, 2009, S. 163.
[316] Zur „Regulierung durch Technik" grundlegend: Lessig, Code and Other Laws of Cyberspace, 1999.
[317] Ebenso: Nothdurft in Bunte Rn. 61.
[318] Für den weiten Behinderungsbegriff siehe auch Nothdurft in Bunte Rn. 62.
[319] Eine ausschließliche Vorinstallation oder Integration von Angeboten iSd § 19a Abs. 2 S. 1 Nr. 2 lit. a kann Teil einer defensiven oder offensiven Strategie in diesem Sinne sein.
[320] Siehe auch Nothdurft in Bunte Rn. 64, dort auch mit Beispielen für einschlägige, potenziell als missbräuchlich zu untersagende Verhaltensweisen.
[321] Siehe dazu Grünwald in FK-KartellR Rn. 74.

bewerbsverhaltens des Normadressaten ist oder wenn die wettbewerbsschädigenden Wirkungen die legitimen Ziele des Normadressaten überwiegen. Darlegung und Beweis solcher Ziele obliegen nach § 19a Abs. 2 S. 2 und S. 3 dem Normadressaten.

**166**   **b) Lit. a: Ausschließliche Vorinstallation oder Integration von Angeboten.** Nach § 19a Abs. 2 S. 1 Nr. 2 lit. a kann das BKartA einem Normadressaten Maßnahmen untersagen, die zu einer ausschließlichen Vorinstallation oder Integration von Angeboten des Unternehmens führen. Als Beispiele nennt die Gesetzesbegründung eine ausschließliche Vorinstallation oder Voreinstellung von Suchmaschinen in Browsern[322] oder auf Mobil- oder Desktop-Geräten;[323] die ausschließliche Vorinstallation oder Voreinstellung von Voice-Assistenten auf Mobil- oder Desktopgeräten; und die fehlende Möglichkeit der Deinstallation von Apps auf Mobil-Geräten.[324] Eine bevorzugte, aber nicht ausschließliche Vorinstallation oder Integration von Angeboten des Normadressaten kann ggfs. auf Grundlage des Grundtatbestandes untersagt werden.[325] Anders als bei § 19a Abs. 2 S. 1 Nr. 1 lit. b betrifft die Untersagung typischerweise nicht die Vorinstallation oder Integration des Angebots auf eigenen Plattformen, sondern kann sämtliche Maßnahmen, wie etwa vertragliche Absprachen, erfassen, die zu einer solchen Vorinstallation oder Integration auf fremden Geräten führen.

**167**   Hinter § 19a Abs. 2 S. 1 Nr. 2 lit. a steht die Überlegung, dass der Normadressat durch die Vorinstallation oder Integration eigener Angebote seine **Machtstellung absichern** und ggfs. ausweiten kann: Vorinstallationen und Voreinstellungen lenken nachweislich das Nutzerverhalten.[326] Die Vorinstallation bzw. Integration führt damit zu zusätzlichen Marktzutrittsschranken für Wettbewerber.

**168**   Eine ausschließliche Vorinstallation kann jedoch **sachlich gerechtfertigt** sein, etwa dann, wenn das eigene Angebote „das Betriebssystem der Hardware betrifft", „für die Nutzbarkeit von Kernfunktionen der Hardware wie zB Telefon, Kamera, Nachrichtenfunktion oder Dateiverwaltung eines Mobiltelefons erforderlich ist" oder es sich um Programme handelt, „die es Benutzern von Hardware ermöglichen, einfach und sicher weitere Applikationen von Drittanbietern auszuwählen (AppStores)".[327]

**169**   Eine dem Untersagungstatbestand des § 19a Abs. 2 S. 1 Nr. 2 lit. a vergleichbare Verhaltenspflicht lässt sich im **DMA** nicht finden. Torwächter iSv Art. 3 DMA sind lediglich verpflichtet, den Endnutzern die Möglichkeit zu geben, vorinstallierte Software-Anwendungen zu deinstallieren (Art. 6 Abs. 3), und die Möglichkeit zu schaffen, Softwareanwendungen Dritter und von Dritten betriebene App-Stores, die Betriebssysteme des Gatekeepers nutzen, zu installieren und effektiv zu nutzen (Art. 6 Abs. 4).

**170**   **c) Lit. b: Behinderung anderer Unternehmen im Zugang zu Abnehmern.** Gemäß lit. b kann das BKartA es einem Normadressaten untersagen, andere Unternehmen daran zu hindern oder es ihnen zu erschweren, ihre eigenen Angebote zu bewerben oder Abnehmer auch über andere als die von dem Unternehmen bereitgestellten oder vermittelten Zugänge zu erreichen. Einem Normadressaten, der einen App-Store betreibt, kann also etwa die Verwendung von AGB untersagt werden, die den App-Anbietern einen Absatz ihrer Apps über andere Vertriebskanäle verbieten[328] und auf diesem Wege die Machtstellung des eigenen Ökosystems absichern.[329] Auch andere Maßnahmen, welche

---

[322] Siehe dazu auch BKartA 30.12.2021 – B7-61/21 Rn. 114 ff. – Alphabet.

[323] Siehe etwa BKartA 30.12.2021 – B7-61/21 Rn. 359 – Alphabet (mit Blick auf die Vorinstallation der Google Suchmaschine auf mobilen Endgeräten).

[324] BT-Drs. 19/25868, 115.

[325] BT-Drs. 19/25868, 115.

[326] Siehe dazu CMA Online platforms and digital advertising, Market Study, Final Report, 1.7.2020, para. 3.92. Siehe auch KOMM 18.7.2018 – AT.40099, C(2018) 4761 final Rn. 972 ff. – Google Android.

[327] BT-Drs. 19/25868, 115.

[328] BT-Drs. 19/25868, 115.

[329] BT-Drs. 19/25868, 115. Insb. Apple verpflichtet Anbieter von Apps im App Store das eigene Zahlungssystem IAP zu nutzen, siehe BKartA 3.4.2023 – B9-67/21 Rn. 860 ff. – Apple.

Unternehmen an der Zusammenarbeit mit anderen Mittlern oder am Eigenvertrieb hindern und sich damit rechtlich, wirtschaftlich oder faktisch wie eine Exklusivitätsbindung auswirken, können untersagt werden.[330]

Die zweite Alternative des Regelbeispiels des § 19a Abs. 2 S. 1 Nr. 2 lit. b, nämlich die **171** Behinderung der Bewerbung eigener Angebote über andere als die vom Normadressaten vermittelten Zugänge, setzt das Bestehen eines Intermediationsverhältnisses zwischen dem Normadressaten und dem behinderten Unternehmen, aber anders als § 19a Abs. 2 S. 1 Nr. 1 kein Wettbewerbsverhältnis voraus.

Zwischen dem Regelbeispiel des § 19a Abs. 2 S. 1 Nr. 2 lit. b und den Verhaltenspflich- **172** ten des **DMA** gibt es verschiedene Überschneidungen. Gem. Art. 5 Abs. 3 DMA dürfen Torwächter gewerbliche Nutzer nicht daran hindern, Endnutzern dieselben Produkte oder Dienste über konkurrierende Online-Vermittlungsdienste oder eigene Online-Vertriebskanäle zu anderen Preisen oder Bedingungen anzubieten; gem. Art. 5 Abs. 4 DMA müssen sie es ihnen u. a. ermöglichen, mit Endnutzern, die sie über die zentralen Plattformdienste des „Torwächters" akquiriert haben, auch außerhalb der Plattform Verträge zu schließen; Art. 5 Abs. 7 DMA verbietet es den „Torwächtern", von gewerblichen Nutzern, die über die Plattform Dienste anbieten, zu verlangen, hierbei einen Identifizierungsdienst, Web Browser, Zahlungsdienst oder mit diesem verknüpften technischen Dienst des „Torwächters" zu nutzen. Und nach Art. 6 Abs. 4 DMA müssen „Torwächter" gewährleisten, dass Apps von Drittanbietern installiert werden können und mit dem Betriebssystem des „Torwächters" interoperieren. Dasselbe soll für App-Stores Dritter gelten.

Die genannten Verhaltenspflichten sind mit § 19a Abs. 2 S. 1 Nr. 2 allerdings nicht **173** deckungsgleich. Im Gegensatz zum DMA bleibt nach § 19a ferner stets die Möglichkeit einer sachlichen Rechtfertigung bestehen (§ 19a Abs. 2 S. 2).

**3. Nr. 3: Aufrollen von Märkten („platform envelopment"). a) Grundtat- 174 bestand.** Nach § 19a Abs. 2 S. 1 Nr. 3 kann das BKartA es einem Normadressaten untersagen, Wettbewerber auf einem Markt zu behindern, auf dem der Normadressat – auch ohne marktbeherrschend zu sein – seine Stellung schnell ausbauen kann. Solche marktübergreifenden Strategien, mit denen die großen Digitalunternehmen ihre Tätigkeit auf weitere Märkte im Umfeld der Plattform ausdehnen und in diesen mit hoher Geschwindigkeit erhebliche Marktanteile erlangen, werden auch als „Aufrollen" von Märkten bzw. als „platform envelopment" bezeichnet.[331] Das Potenzial für ein „Aufrollen" einer Vielzahl angrenzender Märkte zählt zu den zentralen **Wettbewerbsschädigungstheorien** im Zusammenhang mit den großen digitalen Ökosystemen. Voraussetzung ist die **Fähigkeit, die Marktstellung auf einem Zweitmarkt schnell auszubauen.** Sie ist in § 19a Abs. 2 S. 1 Nr. 3 dementsprechend als eigenständiges Tatbestandsmerkmal verankert. Sie hängt von der Kontrolle von Ressourcen – insbesondere wettbewerbsrelevanter Daten über Konsumentenpräferenzen, der Kontrolle über große Nutzergruppen, aber auch von finanziellen Ressourcen und Knowhow – ab, die marktübergreifend einsetzbar sind, ggfs. einen schnellen Markteintritt erleichtern und dem Normadressaten auf dem neuen Markt so erhebliche Wettbewerbsvorteile verschaffen, dass die Prognose gerechtfertigt ist, dass die Mittel des Leistungswettbewerbs, die anderen Wettbewerbern zur Verfügung stehen, dahinter zurückstehen werden.[332]

Die Fähigkeit zur Erstreckung von Marktmacht auf angrenzende Märkte mit Mitteln des **175** Behinderungswettbewerbs ist nicht den Normadressaten des § 19a vorbehalten. Der Grundtatbestand des § 19a Abs. 2 S. 1 Nr. 3 ist in deutlicher Anlehnung an § 19 Abs. 1 Abs. 2 Nr. 1 formuliert. Zu den – grds. auch vom allgemeinen Missbrauchsverbot erfassten – Mitteln

---

[330] Siehe Nothdurft in Bunte Rn. 66.
[331] Vgl. Begr. RegE, BT-Drs. 19/23492, 76; BT-Drs. 19/25868, 116; Polley/Kaub NZKart 2020, 113 (117). Grundlegend zum „platform envelopment": Eisenmann/Parker/Van Alstyne 32(12) Strat. Mgmt. J. (2011), 1270; Condorelli/Padilla 16(2) JOCLEC (2020), 143.
[332] Begr. RegE, BT-Drs. 19/23492, 76.

der wettbewerbswidrigen Behinderung, die für diese Zwecke eingesetzt werden können, zählen Kampfpreisstrategien, wettbewerbswidrige Exklusivitätsbindungen oder Kopplungs- bzw. Bündelungsangebote, aber auch andere Mittel, mit denen Wettbewerbern die Generie- rung von eigenen Netzwerkeffekten erschwert oder Kunden am Multi-Homing gehindert werden.[333] Die Kriterien, die für die Designierung der Normadressaten des § 19a eine Rolle spielen – die Tätigkeit auf verbundenen Märkten, der Zugang zu wettbewerbsrelevanten Daten, die Kontrolle über den Zugang zu relevanten Kundengruppen und die Finanzkraft – können „Aufroll"-Strategien aber in besonderer Weise nahelegen und eine Anfälligkeit der „Zweitmärkte" für ein schnelles „Kippen" zugunsten des Normadressaten begründen. Wäh- rend diese Kriterien im Rahmen des § 19a Abs. 1 in allgemeiner Weise zu prüfen sind, sind sie im Rahmen einer § 19a Abs. 2 S. 1-Verfügung in demjenigen spezifischen Marktkontext zu konkretisieren, auf den sich die Untersagungsverfügung beziehen soll.

**176** Obwohl der Untersagungstatbestand des § 19a Abs. 2 S. 1 Nr. 3 einen „Markt" in Bezug nimmt, auf dem der Normadressat seine Stellung schnell ausbauen kann, setzt er **keine herkömmliche Marktabgrenzung** voraus.[334] Für eine Untersagung nach § 19a Abs. 2 S. 1 Nr. 3 ist es ferner unerheblich, ob der Normadressat in dem fraglichen Bereich bereits tätig ist (und somit „nur" eine schnelle Expansion der eigenen Marktstellung „droht"), oder ob bereits der Markteintritt unterbunden werden soll.[335] Entscheidend ist vielmehr, dass der Normadressat Ressourcen kontrolliert, die in einem zweiten, separaten Tätigkeitsbereich Wettbewerbsvorteile von so herausgehobener Bedeutung vermitteln, dass die Prognose einer **beschleunigten Verdrängungsdynamik** und einer damit verbundenen **Stärkung des marktübergreifenden Ökosystems** plausibel erscheint. An diese Prognose sind keine überhöhten Anforderungen zu stellen. Das offenkundige Ziel des § 19a Abs. 2 S. 1 Nr. 3 ist es, dem BKartA ein frühzeitiges Einschreiten gegen Praktiken zu ermöglichen, die den vom Normadressaten kontrollierten strategischen Verbund stärken.[336] Es kommt daher nicht auf den Nachweis eines wahrscheinlichen „Tipping" des Zweitmarktes oder einer wahrscheinlichen Eroberung einer marktbeherrschenden Stellung innerhalb eines konkreti- sierten Zeitfensters an. Entscheidend ist, dass das BKartA die Sogwirkung des zu untersa- genden Verhaltens und eine Stärkung des Ökosystems plausibel darlegen kann.[337] Bereits die Gefahr eines Aufrollens eines Marktes kann die Investitions- und Innovationsanreize anderer Unternehmen verringern, die den Markteintritt eines Normadressaten antizipieren. Dies – und die Geschwindigkeit, mit der eine solche Strategie die Marktstruktur ggfs. dauerhaft verändern kann – können eine präventive Untersagungsverfügung rechtfertigen.

**177** Der **Untersagungstatbestand** des § 19a Abs. 2 S. 1 Nr. 3 – dem im DMA am ehesten die allerdings deutlich eingegrenzteren Kopplungsverbote in Art. 5 Abs. 7 und 8 ähneln – ist allerdings **sehr weit** gefasst:[338] Seinem Wortlaut nach kann er etwa auch ein Markt- verhalten des Normadressaten erfassen, mit dem dieser durch ein Angebot innovativer Produkte oder Dienste bestehende Machtstellungen auf Nachbarmärkten angreift und Wettbewerb fördert.[339] Auch wird eine effiziente Nutzung von marktübergreifenden Sy- nergien im Wettbewerbsrecht normalerweise nicht als missbräuchlich qualifiziert. Der Erfolg eines Normadressaten auf einem Nachbarmarkt und eine damit verknüpfte „Behin- derung" von Wettbewerbern kann sich nach normalen wettbewerbsrechtlichen Maßstäben als das Ergebnis legitimen Leistungswettbewerbs darstellen.[340]

---

[333] BT-Drs. 19/25868, 116.

[334] AA offenbar Grünwald in FK-KartellR Rn. 88; Wolf in MüKoWettbR Rn. 56.

[335] Zweifelnd offenbar Grünwald in FK-KartellR Rn. 89 f.

[336] Siehe auch Nothdurft in Bunte Rn. 70: „eine gewisse Vorverlagerung der Eingriffsschwelle".

[337] Ebenso Nothdurft in Bunte Rn. 72; aA Grünwald in FK-KartellR Rn. 93 f.

[338] Kritisch etwa Polley/Kaub NZKart 2020, 113 (117); Körber MMR 2020, 290 (294); für eine enge Auslegung plädieren auch Kredel/Kresken NZKart 2020, 2 (4); Grünwald in FK-KartellR Rn. 80 f.

[339] So auch: Begr. RegE, BT-Drs. 19/23492, 76; BT-Drs. 19/25868, 116; Käseberg in Bien/Käseberg/ Klumpe/Körber/Ost 10. GWB-Novelle Kap. 1 Rn. 197.

[340] Lettl WRP 2021, 413 (420 f.); Körber MMR 2020, 290 (294). Siehe auch EuG 10.11.2021 – T-612/ 17, ECLI:EU:T:2021:763 Rn. 162 – Google Shopping.

Denkbar ist auch, dass der Angriff des Normadressaten einem Markt gilt, der von einem **178** anderen großen Digitalunternehmen kontrolliert wird und in dem wettbewerbliche Vorstöße nur von einem Unternehmen mit überragender marktübergreifender wettbewerblicher Bedeutung erwartet werden können, das mit einem ähnlich großen Nutzerstamm und einem vergleichbar breiten und tiefen Datenpool antritt. In einer solchen Fallkonstellation wird man selbst dann, wenn eines der in Nr. 3 lit. a oder b genannten Regelbeispiele vorliegt, ggfs. nicht von einer „Behinderung" iSv § 19a Abs. 2 S. 1 Nr. 3 sprechen können.

In allen anderen Fallkonstellationen stellt sich die Frage, ob das BKartA einem Norm- **179** adressaten die Nutzung der ihm aus anderen Tätigkeiten zur Verfügung stehenden Ressourcen schon dann untersagen kann, wenn damit eine reelle Chance auf die Erlangung einer – wenngleich ggfs. durch besonders attraktive Leistungen begründeten – starken Marktstellung auf dem „neuen" Markt verbunden ist, oder nur dann, wenn das Verhalten des Normadressaten ein genuines Wettbewerbsschädigungspotenzial birgt.

Anders als in § 19 Abs. 2 Nr. 1 hat der Gesetzgeber in § 19a Abs. 2 S. 1 Nr. 3 auf ein **180** Unbilligkeitskriterium verzichtet.[341] Während das Unbilligkeitskriterium im Regierungsentwurf noch enthalten war,[342] wurde es im Verlauf des weiteren Gesetzgebungsverfahrens gestrichen. Auf Märkten, auf denen der Normadressat seine Stellung schnell ausbauen kann, kann das BKartA dem Wortlaut der Norm nach demnach bereits jede „Behinderung" untersagen. Ausweislich der Gesetzesbegründung soll der Untersagungstatbestand allerdings auch in seiner neuen Fassung nur das Aufrollen von Märkten mit nicht leistungswettbewerblichen Mitteln erfassen.[343] Verwiesen wird im Übrigen auf die Indizwirkung der Regelbeispiele; sowie auf die Möglichkeit einer sachlichen Rechtfertigung nach § 19a Abs. 2 S. 2 – für welche die Normadressaten allerdings die Darlegungs- und Beweislast trifft.[344]

Den Regelbeispielen der § 19a Abs. 2 S. 1 Nr. 3 lit. a und lit. b lässt sich entnehmen, **181** dass vor allem solche Behinderungen von Wettbewerbern erfasst werden sollen, die aus einer **Beschränkung der Wahlfreiheit der Nutzer** folgen. Mit einer solchen Kopplung geht ein Normadressat über Methoden des reinen Leistungswettbewerbs hinaus und beeinträchtigt die Möglichkeiten der Wettbewerber, sich mit überlegener Leistung gegen ein „Aufrollen" zu behaupten. In der Abweichung der Mittel von solchen des Leistungswettbewerbs ist ein wesentlicher Anknüpfungspunkt für eine am Schutzzweck des § 19a orientierte, restriktive Auslegung des § 19a Abs. 2 S. 1 Nr. 3 zu sehen,[345] wie sie auch die Gesetzesbegründung nahelegt.

Eine Untersagungsverfügung nach § 19a Abs. 2 S. 1 Nr. 3 ist im Übrigen nur dann **182** verhältnismäßig, nämlich zum Schutz des Wettbewerbs geeignet und erforderlich, wenn das zu untersagende Verhalten im konkreten Marktkontext ein **Wettbewerbsschädigungspotenzial** begründet.[346] Hieran wird es regelmäßig fehlen, wenn ein Normadressat gänzlich neue, innovative Produkte oder Dienstleistungen entwickelt, also einen neuen Markt erst eröffnet,[347] oder wenn das Verhalten des Normadressaten geeignet ist, die verfestigte Monopolposition des bisherigen „incumbent" – etwa eines konkurrierenden Normadressaten – aufzubrechen und oligopolistischen Wettbewerb zu begründen.[348]

---

[341] Kritisch hierzu Polley/Kaub NZKart 2020, 113 (117).
[342] Siehe auch Begr. RegE, BT-Drs. 19/23492, 76; BT-Drs. 19/25868, 116: Nur eine Ausweitung der Geschäftstätigkeit mit unbilligen, nicht leistungswettbewerblichen Mitteln sollte vom Untersagungstatbestand erfasst sein. Um einen „chilling effect" auf leistungswettbewerbliches Verhalten zu verhindern, sollte das BKartA in Abweichung von der Beweislastregel des § 19a Abs. 2 S. 3 darzulegen haben, dass es sich bei dem zu untersagenden Verhalten nicht um Leistungswettbewerb handele.
[343] Siehe BT-Drs. 19/25868, 116; insoweit weiterhin übereinstimmend mit BT-Drs. 19/23492, 76.
[344] Dazu, dass dies eine angemessene Beweislastverteilung sei: BT-Drs. 19/25868, 116.
[345] Ebenso Nothdurft in Bunte Rn. 73.
[346] Ähnlich: Wagner v. Papp in BeckOK KartellR Rn. 64.
[347] Begr. RegE, BT-Drs. 19/23492, 76.
[348] Siehe auch Grünwald in FK-KartellR Rn. 92.

**183**    Die teils vertretene Ansicht, dass die Möglichkeit einer Untersagungsverfügung im Übrigen tatbestandlich von einer Ermittlung abhängig sei, ob das Verhalten des Normadressaten nicht nur auf die Ausweitung der eigenen Geschäftstätigkeit, sondern auf die Behinderung eines anderen Unternehmens abzielt,[349] und diese Abgrenzung Raum für eine Abwägung schaffe, vermag nicht zu überzeugen: Die Erstreckung der eigenen Geschäftstätigkeit auf andere Märkte und die Behinderungswirkung gegenüber den in diesen Märkten tätigen Wettbewerbern werden sich regelmäßig als zwei Seiten derselben Medaille darstellen. Der Wortlaut des Untersagungstatbestands verschiebt die umfassende Interessenabwägung, die zur abschließenden Beurteilung der Missbräuchlichkeit erforderlich ist, vielmehr in die Prüfung einer sachlichen Rechtfertigung.

**184**    **b) Lit. a: Bündelungsstrategien.** Nach § 19a Abs. 2 S. 1 Nr. 3 lit. a kann das BKartA es einem Normadressaten untersagen, die Nutzung eigener Angebote mit der automatischen Nutzung weiterer, hierfür nicht erforderlicher Angebote zu verbinden, ohne den Nutzern hinreichende Wahlmöglichkeiten zu belassen. Damit soll verhindert werden, dass Normadressaten durch die Bündelung (oder auch Kopplung) von Produkten bzw. Diensten ihre Machtstellung von einem Markt auf einen anderen übertragen und Nutzer noch stärker an das Ökosystem binden.[350] Das Regelbeispiel ermöglicht sowohl die Untersagung technischer Kopplungen[351] als auch einer Bündelung verschiedener Produkte und Dienste in einer Form, die Nutzern die Wahl von Leistungen außerhalb des Ökosystems erschwert. Wie die Wahlmöglichkeiten der Nutzer ausgestaltet sein müssen, um als „ausreichend" iSd § 19a Abs. 2 S. 1 Nr. 3 lit. a zu gelten, ist unter Berücksichtigung der Umstände des Einzelfalls zu entscheiden. Werden Auswahlmenüs angeboten, so dürfen diese die Nutzer nicht zu einer Entscheidung zugunsten der Angebote des Normadressaten drängen, sondern müssen tatsächlich eine freie Wahl ermöglichen.[352]

**185**    **c) Lit. b: Kopplungsstrategien.** Nach § 19a Abs. 2 S. 1 Nr. 3 lit. b kann das BKartA es einem Normadressaten untersagen, die Nutzung eines Angebots von der Nutzung eines anderen Angebots des Unternehmens abhängig zu machen, also etwa für die Registrierung für einen Dienst ein Nutzerkonto bzw. einen E-Mail-Account bei einem anderen Dienst des Normadressaten vorauszusetzen.[353] In dieser Fallgruppe wird den Nutzern von vornherein keine Wahlfreiheit belassen. Denkbar bleibt eine sachliche Rechtfertigung (§ 19a Abs. 2 S. 2).

**186**    **4. Nr. 4: Behinderung durch Datenverarbeitung. a) Grundtatbestand.** Nach § 19a Abs. 2 S. 1 Nr. 4 kann das BKartA es einem Normadressaten untersagen, durch die Verarbeitung wettbewerbsrelevanter Daten, die das Unternehmen gesammelt hat, Marktzutrittsschranken zu errichten oder spürbar zu erhöhen, oder andere Unternehmen in sonstiger Weise zu behindern. Die Errichtung und die spürbare Erhöhung von Marktzutrittsschranken – letztere setzt eine gewisse Erheblichkeit[354] der Auswirkungen im Wettbewerb voraus – stellen damit Unterfälle einer Behinderung dar. Untersagt werden kann im Übrigen auch schon das Fordern von Geschäftsbedingungen, die eine Datenverarbeitung mit Behinderungswirkung ermöglichen.

---

[349] Käseberg in Bien/Käseberg/Klumpe/Körber/Ost 10. GWB-Novelle Kap. 1 Rn. 197: „Dieser Tatbestand erfordert eine komplexe Abgrenzung".

[350] BT-Drs. 19/25868, 116.

[351] Beispiele sind etwa die Erweiterung eines Betriebssystems um einen Browser, einen Media Player oder auch die Erweiterung einer Suchmaschine um eine Kartenfunktion, Inhalteangebote etc. – siehe dazu Nothdurft in Bunte Rn. 75.

[352] BT-Drs. 19/25868, 116.

[353] BT-Drs. 19/25868, 116.

[354] BT-Drs. 19/25868, 116; das Spürbarkeitserfordernis geht wohl auf eine Forderung der Monopolkommission im Gesetzgebungsverfahren zurück, vgl. Kühling, Tackling Big Tech, Verfassungsblog, verfassungsblog.de/tackling-big-tech/, zuletzt abgerufen am 14.6.2021.

Auch § 19a Abs. 2 S. 1 Nr. 4 führt zwei Regelbeispiele auf: Gemäß lit. a ist von einer **187**
Datenverarbeitung mit Behinderungswirkung insbesondere dann auszugehen, wenn die
Nutzung von Diensten von der Zustimmung zur Verarbeitung von Daten aus anderen
Diensten des Unternehmens oder eines Drittanbieters abhängig gemacht wird. Wenngleich
hier nicht an eine Ausbeutung der Nutzer, sondern an eine Behinderung von Wettbewer-
bern angeknüpft wird, basiert dieses Regelbeispiel auf den Erfahrungen mit dem Facebook-
Verfahren des BKartA[355] und weist weitgehende Parallelen zu der in Art. 5 Abs. 2 DMA
vorgesehenen Verhaltenspflicht für Torwächter auf. Gemäß lit. b wird eine missbräuchliche
Behinderung vermutet, wenn von anderen Unternehmen erhaltene wettbewerbsrelevante
Daten zu anderen als für die Erbringung der eigenen Dienste gegenüber diesen Unternehmen erforderlichen Zwecken verarbeitet werden. Dieses Regelbeispiel, welches dem
gegenwärtig noch bei der Kommission anhängigen Amazon-Verfahren[356] vorgreift, findet
eine Entsprechung in Art. 6 Abs. 1 DMA. Beide Regelbeispiele greifen nur, wenn keine
ausreichende Wahlmöglichkeit hinsichtlich des Umstandes, des Zwecks und der Art und
Weise der Verarbeitung besteht.

Die Regelbeispiele verdeutlichen die **Weite des Datenbegriffs:** Entscheidend ist allein **188**
die Wettbewerbsrelevanz. Auf einen etwaigen Personenbezug der Daten kommt es ebenso
wenig an wie auf Inhalt oder Herkunft der Daten.

Sie verdeutlichen ferner die **Zielrichtung** des Untersagungstatbestandes: Er erlaubt dem **189**
BKartA im Ergebnis die Untersagung jeglicher Form einer **Wettbewerbsbehinderung**
bzw. Herabsetzung der Angreifbarkeit durch Errichtung oder spürbaren Erhöhung von
Marktzutrittsschranken, wie sie **aus der Nutzern und Geschäftspartnern aufgezwungenen oder einer sonst missbräuchlichen Ausweitung des Datenzugriffs** folgen
können.[357] Wie die Regelbeispiele verdeutlichen, wird in der erzwungenen Ausweitung
des Datenzugriffs ein typisches Instrument gesehen, mit dem ein Normadressat sich Daten-
verbundvorteile und dadurch vermittelte Wettbewerbsvorteile verschaffen und sein **Ökosystem absichern**[358] **und ausdehnen** kann. Allgemein wird davon ausgegangen, dass aus
einer Zusammenführung von Daten aus verschiedenen Quellen erhebliche wettbewerbsrelevante Erkenntnisse von marktübergreifender Bedeutung gewonnen werden können.[359]
Der Grundtatbestand kann über den erzwungenen Datenzugriff hinaus aber auch Fälle
eines **freiwillig eingeräumten Datenzugriffs** erfassen, wenn hiermit ein **besonderes
Wettbewerbsschädigungspotenzial** verbunden ist. So sollen etwa nach Art. 6 Abs. 2
lit. d des Vorschlags der Europäischen Kommission für einen künftigen Data Act[360] Drittunternehmen, denen der Nutzer eines IoT-Produkts Zugang zu den durch seine Nutzung
generierten Daten gewährt, einem „Torwächter" iSd Art. 3 DMA keinen Zugang zu
diesen Daten gewähren dürfen – wohl weil die Wettbewerbsvorteile, die aus der erwarteten
Verbindung dieser Daten mit den dem „Torwächter" aus anderen Diensten zur Verfügung
stehenden Daten folgen, für so erheblich erachtet werden, dass sie den Wettbewerb auf
Märkten für datengetriebene Komplementärdienste zu ersticken drohen. Angesichts der
Reichweite des Eingriffs in die Wettbewerbsfreiheit des Normadressaten und die wirtschaftliche Freiheit der Vertragspartner, wie sie mit der Untersagung einer Datenverarbeitung verbunden ist, für die sich Nutzer bzw. Unternehmen freiwillig entscheiden, sind an

---

[355] BKartA 6.2.2019 – B6-22/16 – Facebook. Für das Verfahren im einstweiligen Rechtsschutz: OLG
Düsseldorf 26.8.2019 – VI-Kart 1/19 (V), NZKart 2019, 495; BGH 23.6.2020 – KVR 69/19, NZKart 2020,
473. Für das Hauptsacheverfahren: OLG Düsseldorf 24.3.2021 – Kart 2/19 (V) – Vorlagebeschluss zum
EuGH; EuGH 4.7.2023 – C-252/21, ECLI:EU:C:2023:537 – Meta Platforms; dazu Schweitzer JZ 2022,
16 ff.
[356] KOMM Pressemitteilung vom 10.11.2020, IP/20/2077 – Amazon Marketplace, abrufbar unter ec.eu-
ropa.eu/commission/presscorner/detail/en/IP_20_2077, zuletzt abgerufen am 27.7.2023.
[357] Nothdurft in Bunte Rn. 81, 83 spricht von der Begrenzung der „Mehrung des Datenschatzes".
[358] Zur Bedeutung des Gesichtspunkts einer herabgesetzten Angreifbarkeit siehe BT-Drs. 19/25868, 116.
[359] Begr. RegE, BT-Drs. 19/23492, 76; BT-Drs. 19/25868, 117.
[360] Siehe KOMM Entwurf eines Data Act, 23.2.2022, COM(2022)68 fin., abrufbar unter ec.europa.eu/
newsroom/dae/redirection/document/83521, zuletzt abgerufen am 27.7.2023.

die Darlegung des **Wettbewerbsschädigungspotenzials** in einem solchen Fall allerdings **erhöhte Anforderungen** zu stellen.

190    § 19a Abs. 2 S. 1 Nr. 4 erfasst mithin die volle Bandbreite der Praktiken einer „Mehrung des Datenschatzes" durch den Normadressaten.[361] Er ist hingegen nicht als Generalklausel zur Erfassung sämtlicher denkbarer datenbezogener Behinderungspraktiken konzipiert. Er ermächtigt das BKartA nur zur Untersagung bestimmter Datenzugriffs- bzw. -verarbeitungspraktiken oder des Einforderns der Einwilligung in entsprechende Geschäftsbedingungen. Das BKartA wird durch § 19a Abs. 2 S. 1 Nr. 4 aber **nicht** ermächtigt, einen **Datenzugang durch Wettbewerber** anzuordnen.[362] Datenzugangsansprüche müssen weiterhin auf der Grundlage der allgemeinen Missbrauchstatbestände der § 19 und § 20 geltend gemacht werden. Nicht erfasst werden überdies Praktiken und Geschäftspolitiken, mit denen Normadressaten ein Datensammeln durch Wettbewerber behindern.[363]

191    Soweit der Untersagungstatbestand reicht – soweit es also um „Datenmehrungs"-Praktiken des Normadressaten geht – ist die **Herkunft der Daten für eine Untersagungsanordnung unerheblich** – es kommt also nicht darauf an, ob der Normadressat die Daten gerade bei der Marktgegenseite gesammelt hat. Anders als bei der Anwendung des allgemeinen kartellrechtlichen Missbrauchsverbots ist auch nicht maßgeblich, ob die Daten im Rahmen der Tätigkeit auf einem Markt gesammelt werden, auf dem der Normadressat marktbeherrschend ist.[364] Auch die erzwungene Zustimmung zur Verarbeitung von Daten eines Drittanbieters ist umfasst (lit. a). **Unerheblich** ist auch, **auf welchem Markt konkret sich der erzwungene Datenvorteil auswirkt;** § 19a Abs. 2 S. 1 Nr. 4 lit. b lässt die Überschreitung des für die Diensteerbringung Erforderlichen als Unzulässigkeitsindiz genügen. Verboten werden kann im Übrigen nicht nur die behindernde **Datenverarbeitung**[365] selbst, sondern bereits das **Fordern von Geschäftsbedingungen,** die eine solche Datenverarbeitung ermöglichen würden.[366]

192    Tatbestandlich vorausgesetzt wird im Grundtatbestand des § 19a Abs. 2 S. 1 Nr. 4 die Eignung des zu untersagenden Verhaltens, **Marktzutrittsschranken zu errichten oder spürbar zu erhöhen,** oder andere Unternehmen in sonstiger Weise zu behindern. Obwohl das Regelbeispiel in § 19a Abs. 2 S. 1 Nr. 4 lit. a erkennbar an dem im Ausgangspunkt als Ausbeutungsmissbrauch konzipierten Facebook-Verfahren des BKartA ausgerichtet ist, ist der Grundtatbestand damit als Sonderfall eines **Behinderungsmissbrauchs** konzipiert. Während eine Behinderungswirkung vermutet wird, wenn eines der Regelbeispiele erfüllt ist, ist das Wettbewerbsschädigungspotenzial im Falle einer gänzlich freiwillig eingeräumten Zustimmung zur Kombination verschiedener Datenquellen oder zu einer bestimmten, für die Diensteerbringung nicht erforderlichen Datenverarbeitung gesondert und konkret darzutun. Die Darlegung einer „spürbaren" Erhöhung der Marktzutrittsschranken kann dabei auch qualitativ erfolgen. Zu verlangen ist eine plausible Darlegung, in welcher Weise und in welchem Maße die Datenmehrung die Angreifbarkeit des Normadressaten tatsächlich reduziert.[367]

---

[361] Nothdurft in Bunte Rn. 81.

[362] Kritisch insoweit u. a. Körber MMR 2020, 290 (294): Ein Datenzugangsanspruch Dritter, der für Chancengleichheit im datengetriebenen Wettbewerb sorgen würde, wäre einer Untersagung der Datenverarbeitung durch den Normadressaten vorzuziehen.

[363] Siehe etwa die „Privacy Sandbox" von Google und das „App Tracking Transparency"-Programm von Apple. Dazu Geradin/Katsifis/Karanikioti 17(3) Eur. Comp. J. (2021), 617; Höppner/Westerhoff ZfDR 2021, 280; vgl. auch die CMA 11.2.22 – Case Number 50972, Decision to accept commitments offered by Google in relation to its Privacy Sandbox Proposal; KOMM Pressemitteilung vom 22.6.2021, IP/21/3143, abrufbar unter ec.europa.eu/commission/presscorner/detail/en/ip_21_3143, zuletzt abgerufen am 27.7.2023.

[364] BT-Drs. 19/25868, 116.

[365] § 19a Abs. 2 S. 1 Nr. 4 verwendet hier den Begriff der „Verarbeitung" von Daten, wie er in Art. 4 Nr. 2 DSGVO definiert ist. Dieser Begriff der Datenverarbeitung wird in § 19a unabhängig von einem etwaigen Personenbezug zugrunde gelegt – siehe dazu auch Nothdurft in Bunte Rn. 84.

[366] Ausführlich dazu Nothdurft in Bunte Rn. 85 f.

[367] Siehe auch Nothdurft in Bunte Rn. 89.

Eine Behinderung „in sonstiger Weise" kann sich insbesondere auch auf die Möglich- **193** keiten von Wettbewerbern beziehen, auf angrenzenden Märkten mit dem Normadressaten in Wettbewerb zu treten. Auch insoweit ist eine Behinderungswirkung konkret darzutun – der allgemeine Hinweis auf die durch einen erweiterten Datenzugriff häufig ermöglichten Wettbewerbsvorteile genügt nicht. Auf ein „Unbilligkeits"-Kriterium, das nach den Maßstäben des allgemeinen kartellrechtlichen Missbrauchsverbots eine umfassende Interessenabwägung voraussetzen würde, hat der Gesetzgeber hingegen auch hier verzichtet. § 19a Abs. 2 S. 1 Nr. 4 trägt an dieser Stelle dem Umstand Rechnung, dass die Nutzung von Datenverbundvorteilen zwar grds. Teil eines Leistungswettbewerbs sein können,[368] dass – gerade bei datengetriebenen Diensten – die Datenverbundvorteile eines Normadressaten aber ein Ausmaß erreichen können, das jeden Wettbewerb erstickt. Das **Ziel der Offenhaltung von Märkten kann** in einem solchen Fall das Interesse an der Realisierung von **Datenverbundvorteile überwiegen.** Ob dies der Fall ist, ist im Rahmen einer umfassenden Interessenabwägung zu ermitteln, die jedoch in die Prüfung einer sachlichen Rechtfertigung verschoben ist, für welche die Darlegungs- und Beweislast beim Normadressaten liegt (§ 19a Abs. 2 S. 2 und 3). Der Normadressat muss also sowohl zur Art und zum Ausmaß der Verbundvorteile als auch zu den Wettbewerbsmöglichkeiten eines „datenärmeren" Wettbewerbers vortragen.

**b) Lit. a: Schutz der Wahlmöglichkeit der Nutzer bei Datenzusammenfüh- 194 rung.** Das Regelbeispiel lit. a, das es dem BKartA ermöglicht, einem Normadressaten eine Kopplung des Diensteangebots an eine Einwilligung in die Verarbeitung von Daten aus anderen Diensten des Unternehmens oder eines Drittanbieters zu untersagen und stattdessen die Einräumung einer ausreichenden Wahlmöglichkeit zu verlangen, findet eine Parallele in der Verhaltenspflicht für „Torwächter" nach **Art. 5 Abs. 2 DMA.** Beide Normen sind an das **Facebook-Verfahren** des Bundeskartellamtes angelehnt.[369] Im Gegensatz zu diesem ist die Ratio sowohl von § 19a Abs. 2 S. 1 Nr. 4 lit. a wie auch von Art. 5 Abs. 2 DMA aber nicht darin zu sehen, dass eine Ausbeutung der Nutzer verhindert werden soll. Wie der Grundtatbestand des § 19a Abs. 2 S. 1 Nr. 4 verdeutlicht, ist vielmehr die **vermutete Behinderungswirkung im Verhältnis zu Wettbewerbern** maßgeblich.[370] Bei einem Verstoß gegen das kartellrechtliche Schutzgut der Wahlfreiheit wird sie von § 19a Abs. 2 S. 1 Nr. 4 lit. a aber unterstellt:[371] In einem solchen Fall wird das Grundprinzip ausgehebelt, dass die Allokation von Ressourcen, einschließlich des Datenzugriffs, von den Präferenzen der Nachfrageseite gesteuert werden soll. Ein Normadressat, der diesen Grundsatz missachtet, setzt seine Machtstellung im Verhältnis zu Nachfragern ein, um durch die gemeinsame Auswertung von Daten aus verschiedenen Quellen datengetriebene Verbundvorteile zu generieren,[372] die geeignet sind, die bereits bestehende Machtstellungen zu festigen und/oder sich Wettbewerbsvorteile in weiteren Märkten zu verschaffen. Der Zugriff auf kombinierte Datensets kann

---

[368] Unter diesem Gesichtspunkt kritisch zu § 19a Abs. 2 S. 1 Nr. 4: Kühling, Tackling Big Tech, Verfassungsblog, verfassungsblog.de/tackling-big-tech/, zuletzt abgerufen am 14.6.2021; siehe auch Lettl WRP 2021, 413 (421); Körber MMR 2020, 290 (294).

[369] BKartA 6.2.2019 – B6-22/16 – Facebook. Für das Verfahren im einstweiligen Rechtsschutz: OLG Düsseldorf 26.8.2019 – VI-Kart 1/19 (V), NZKart 2019, 495; BGH 23.6.2020 – KVR 69/19, NZKart 2020, 473. Für das Hauptsacheverfahren: OLG Düsseldorf 24.3.2021 – Kart 2/19 (V) – Vorlagebeschluss zum EuGH; EuGH 4.7.2023 – C-252/21, ECLI:EU:C:2023:537 – Meta Platforms; vgl. BT-Drs. 19/25868, 116; Kühling, Tackling Big Tech, Verfassungsblog, verfassungsblog.de/tackling-big-tech/, zuletzt abgerufen am 14.6.2021; Nagel/Hillmer DB 2021, 327 (329).

[370] Siehe aber auch BT-Drs. 19/25868, 117 sowie Nothdurft in Bunte Rn. 91: § 19a Abs. 2 S. 1 Nr. 4 lit. a mache sich die Theorie des BGH eines kombinierten Ausbeutungs- und Behinderungsmissbrauchs zu eigen.

[371] Anders als bei der Anwendung des Grundtatbestandes des § 19a Abs. 2 S. 1 Nr. 4 ist die Behinderungswirkung bei einer auf lit. a gestützten Untersagungsverfügung daher nicht notwendig zu prüfen.

[372] Dazu BT-Drs. 19/25868, 117; Kommission Wettbewerbsrecht 4.0, Ein neuer Wettbewerbsrahmen für die Digitalwirtschaft, 2019, S. 18.

eine gesteigerte Personalisierung von Diensten und Produkten ermöglichen und damit das Nutzererlebnis und die Qualität der Dienstleistungen und Produkte steigern. Macht ein Normadressat das Angebot seiner Dienste von einer Zustimmung zur Verarbeitung von Daten aus anderen Diensten abhängig, kann die Wettbewerbsrelevanz dieser Praxis im Rahmen des § 19a Abs. 2 S. 1 Nr. 4 lit. a unterstellt werden.

**195**     Voraussetzung für eine Untersagungsverfügung nach dieser Norm ist allerdings, dass die Nutzung der Dienste tatsächlich von der Zustimmung zur Verarbeitung von Daten aus anderen Diensten abhängig gemacht wird und keine „ausreichende Wahlmöglichkeit hinsichtlich des Umstands, des Zwecks und der Art und Weise der Verarbeitung" eingeräumt wird. Auf die Anforderungen, welche Art. 6 Abs. 1 lit. a, Art. 4 Nr. 11 und Art. 7 Abs. 4 DSGVO an die **Freiwilligkeit** einer datenschutzrechtlichen Einwilligung stellen, kann hier schon deswegen nicht vorbehaltlos Bezug genommen werden, weil der Anwendungsbereich von § 19a Abs. 2 S. 1 Nr. 4 lit. a sich nicht auf personenbezogene Daten beschränkt. Soweit es um **personenbezogene Daten** geht, konkretisiert die **DSGVO** allerdings die Anforderungen, die aus dem Recht auf informationelle Selbstbestimmung folgen. Zwar verfolgen § 19a Abs. 2 S. 1 Nr. 4 und die DSGVO unterschiedliche Schutzzwecke: Während § 19a den Wettbewerb vor den besonderen, aus der Normadressatenstellung fließenden Wettbewerbsgefährdungen schützt, dient die DSGVO dem Schutz der individuellen Selbstbestimmung. Diese wird, wenn sie im Marktkontext ausgeübt wird, aber zugleich zu einer wettbewerblichen Kraft. Es ist daher ein **einheitlicher Wertungsmaßstab** angezeigt.[373] Auch nach § 19a Abs. 2 S. 1 Nr. 4 lit. a ist daher eine freiwillig für einen konkret umschriebenen Sachverhalt, in informierter Weise und unmissverständlich abgegebene Willensbekundung des Nutzers zu verlangen (siehe Art. 4 Nr. 11 DSGVO).

**196**     § 19a Abs. 2 S. 1 Nr. 4 lit. a verlangt darüber hinaus ausdrücklich „eine **ausreichende Wahlmöglichkeit**". Die Inanspruchnahme der Dienste muss also auch ohne eine solche Einwilligung möglich sein, und die Nutzer dürfen nicht – etwa durch Voreinstellungen – zur Einwilligung gedrängt werden.[374] Mit Blick auf den kartellrechtlichen Schutzzweck ist davon auszugehen, dass von einer „ausreichenden Wahlmöglichkeit" jedenfalls für **private Nutzer** auch dann nicht ausgegangen werden kann, wenn der Normadressat seine Leistungserbringung im Fall der Nichterteilung einer Einwilligung von einer monetären Vergütung abhängig macht:[375] Das unentgeltliche Angebot wird dann regelmäßig eine weitreichende Sogwirkung entfalten. Die Wettbewerbsgefährdung, die § 19a Abs. 2 S. 1 Nr. 4 lit. a unterbinden soll, wird sich in solchen Fällen in vergleichbarer Weise realisieren, als wenn keine Wahlmöglichkeit bestünde. Handelt es sich um **geschäftliche Nutzer** und um **nicht personenbezogene Daten,** so kann womöglich ein höheres Maß an Informiertheit unterstellt werden. Mit Blick auf die Auswahlmöglichkeiten gelten grds. dieselben Maßstäbe wie für private Nutzer. Ob ein Alternativangebot mit monetärer Vergütung eine „ausreichende Wahlmöglichkeit" darstellt, wäre allerdings im Einzelfall anhand eines genuin kartellrechtlichen Wertungsmaßstabs zu prüfen.

**197**     **c) Lit. b: Zweckbindung bei der Verarbeitung wettbewerbsrelevanter Unternehmensdaten.** § 19a Abs. 2 S. 1 Nr. 4 lit. b ermächtigt das BKartA, Normadressaten zu verbieten, die Daten von Unternehmen, deren Leistungen sie vermitteln, zu Zwecken zu verarbeiten, die über das für die Vermittlungsleistung Erforderliche hinausgehen, oder die eigene Vermittlungsleistung in ihren Geschäftsbedingungen von der Zustimmung zu einer solchen Datenverarbeitung abhängig zu machen.[376] Das BKartA kann einen Normadressaten mithin verpflichten, anderen Unternehmen, die seine Dienste nutzen, ein **Basisange-**

---

[373] Siehe auch Schweitzer JZ 2022, 16 ff.; aA Grünwald in FK-KartellR Rn. 109.

[374] Siehe auch Nothdurft in Bunte § 19a Rn. 93. Zum insoweit vergleichbaren Art. 5 Abs. 2 DMA (Art. 5 lit. a DMA-E): Podszun GRUR Int. 2022, 197 (199).

[375] Vgl. zur insoweit vergleichbaren Problematik nach Art. 5 Abs. 2 DMA (Art. 5 lit. a DMA-E): Podszun GRUR Int. 2022, 197 (198).

[376] Siehe hierzu BT-Drs. 19/25868, 117.

**bot mit zweckgebundener Datenverarbeitung** zu unterbreiten. Den Unternehmen muss stets eine Wahlmöglichkeit hinsichtlich des Umstands, des Zwecks und der Art und Weise der Verarbeitung verbleiben. Für „Torwächter" iSd Art. 3 DMA normiert Art. 6 Abs. 2 DMA eine entsprechende Verhaltenspflicht.

Der Untersagungstatbestand ist vor dem Hintergrund eines vor der europäischen Kommission anhängigen **Missbrauchsverfahrens gegen Amazon** zu lesen. Amazon wird vorgeworfen, den Zugang zu nicht-öffentlichen Geschäftsdaten von auf der Handelsplattform tätigen Unternehmen, den Amazon in seiner Funktion als Plattformbetreiber erhält, auch für den eigenen Vertrieb von Waren über die Plattform und damit in seiner Funktion als Wettbewerber der betroffenen Unternehmen zu nutzen.[377] Amazon könne die Information der Wettbewerber nutzen, um sich den normalen Risiken einer unabhängigen unternehmerischen Planung zu entziehen, und die Machtstellung, über die es als Plattformbetreiber verfüge, auf Produktmärkte zu übertragen. Ein Normadressat, der über eine entsprechende Doppelrolle als Plattformbetreiber und Wettbewerber auf der Plattform verfügt, kann den Informationszugriff also womöglich für ein „Aufrollen" von Produktmärkten nutzen; jedenfalls kann in einem solchen Informationszugriff ein Missbrauch der Regelsetzungsmacht des Plattformbetreibers liegen, der geeignet ist, die Anreize von auf der Plattform tätigen Wettbewerbern zur Investition in einen wettbewerblichen Entdeckungsprozess erheblich zu mindern. **198**

Als **weitere** mögliche **Fallbeispiele** werden genannt: die Bereitstellung einer Analysesoftware durch einen Plattformbetreiber für die Betreiber von Websites, die eine Auswertung von Nutzerbewegungen auf der Website ermöglicht, aber vom Plattformbetreiber zugleich für eigene Zwecke genutzt wird; oder die Übertragung der Nutzungsdaten von Apps an den Betreiber eines App-Stores, der zugleich eigene Apps anbietet.[378] Als Plattformbetreiber sind Normadressaten grds. in der Lage, umfassende Daten über die von ihnen gemittelten Interaktionen zu gewinnen[379] – und benötigen diese oftmals auch für eine optimale Vermittlungsleistung. Wird dieser Datenzugriff aber auch für darüber hinausreichende Zwecke genutzt, so kann dies die Wettbewerbsposition des Normadressaten auf einer Vielzahl von Märkten verstärken. **199**

Auch in § 19a Abs. 2 S. 1 Nr. 4 lit. b macht der Gesetzgeber die Einräumung ausreichender Wahlmöglichkeiten zum Maßstab. Insoweit gilt das zu § 19a Abs. 2 S. 1 Nr. 4 lit. a Gesagte. **200**

**5. Nr. 5: Verweigerung oder Erschwerung der Interoperabilität von Produkten oder Leistungen oder der Portabilität von Daten.** Nach § 19a Abs. 2 S. 1 Nr. 5 kann das BKartA es einem Normadressaten untersagen, die Interoperabilität von Produkten und Leistungen oder die Portabilität von Daten zu verweigern oder zu erschweren und dadurch den Wettbewerb zu behindern. Die beiden Alternativen des Untersagungstatbestandes sind deutlich voneinander zu trennen. Zwar ist es denkbar, dass das BKartA gleichzeitig die Interoperabilität von Produkten und die Portabilität der Daten anordnet, die mit der Nutzung der Produkte verbunden sind. In bestimmten Fallkonstellationen mag erst die kontinuierliche Portabilität der Daten in Echtzeit eine volle Interoperabilität ermöglichen. Dies ist die einzige Fallkonstellation, in welcher die Untersagungstatbestände des § 19a Abs. 2 S. 1 de facto auch die **Anordnung eines Datenzugangs** umfassen können. **201**

Wie bereits der Wortlaut des Untersagungstatbestandes verdeutlicht („oder"), können die Interoperabilität von Produkten bzw. Datenportabilität aber auch separat angeordnet werden. Interoperabilität und Datenportabilität reagieren dabei regelmäßig auf unterschiedliche **Wettbewerbsschädigungspotenziale.** Mit der Anordnung von **Datenportabilität** kann eine uU gravierende Hürde für den **Wechsel des Diensteanbieters** beseitigt werden. Die **202**

---

[377] Siehe KOMM Pressemitteilung v. 10.11.2020, IP/20/2077, abrufbar unter ec.europa.eu/commission/presscorner/detail/de/ip_20_2077, zuletzt abgerufen am 27.7.2023.
[378] Nothdurft in Bunte Rn. 95.
[379] Begr. RegE, BT-Drs. 19/23492, 76.

beim bisherigen Anbieter angesammelten Daten können aus Nutzersicht von so erheblicher Bedeutung sein, dass ohne die Möglichkeit der Datenportierung ein Wechsel faktisch ausgeschlossen ist („lock-in"). Beispiele hierfür sind die in einer Cloud gespeicherten Nutzerdaten, die beim bisherigen E-Mail-Anbieter gespeicherten E-Mails, die Fotos in einer Foto-App oder die Kalendereinträge in einer Kalender-App. Datenportabilität kann uU auch Voraussetzung für ein effektives Multi-Homing sein.

203     Bei der **Interoperabilität** von Produkten oder Leistungen ist zwischen der „horizontalen" und der „vertikalen" Interoperabilität zu unterscheiden.[380] **Horizontale Interoperabilität** beinhaltet die Interoperabilität zwischen konkurrierenden Diensten – etwa zwischen konkurrierenden „Messenger"-Diensten (siehe dazu nunmehr **Art. 7 DMA**). Mit der Anordnung von horizontaler Interoperabilität werden die positiven Netzwerkeffekte, die ohne Interoperabilität allein zugunsten eines Normadressaten wirken, in **marktweite positive Netzwerkeffekte** umgewandelt. Horizontale Interoperabilität kann daher maßgeblich dazu beitragen, den durch positive Netzwerkeffekte bedingten Konzentrationstendenzen entgegenzuwirken und eine verfestigte, kaum noch angreifbare Machtposition bestreitbar zu machen.[381] Hierauf stellt die Begründung des Regierungsentwurfs maßgeblich ab – und scheint damit vor allem auf horizontale Interoperabilität abzuzielen.[382] Horizontale Interoperabilität kann allerdings mit erheblichen Nachteilen verbunden sein, auf die auch der Regierungsentwurf hinweist: Zum einen kann die Interoperabilität auch dem Normadressaten zugutekommen. Netzwerkeffekte, welche ein Wettbewerber mithilfe von Produkten aufgebaut hat, die besondere Nutzergruppen mit speziellen Präferenzen adressieren, wirken nun auch zugunsten des Normadressaten. Horizontale Interoperabilität setzt außerdem regelmäßig eine Standardisierung der betroffenen Produkte und Dienste voraus. Eine solche Standardisierung kann die Möglichkeiten zur Produktdifferenzierung und Produktinnovation beschränken – und damit einen der wichtigsten Treiber von Wettbewerb im digitalen Umfeld.[383] Die Notwendigkeit, horizontale Interoperabilität zu gewährleisten, kann überdies die Kollusion zwischen Wettbewerbern erleichtern.[384]

204     Der Untersagungstatbestand des § 19a Abs. 2 S. 1 Nr. 5 erfasst jedoch auch die Möglichkeit zur Anordnung **vertikaler Interoperabilität,** also zur Bereitstellung von Schnittstellen zwischen einem Dienst eines Normadressaten und komplementären Diensten, die Wettbewerber erbringen oder erbringen wollen. Das Wettbewerbsschädigungspotenzial, auf welches eine solche Anordnung reagiert, ist ein anderes: Ein Normadressat, der die Interoperabilität eines seiner zentralen Dienste mit Komplementärdiensten von Wettbewerbern verweigert oder beschränkt, kann hierdurch seine eigenen Komplementärdienste begünstigen, dadurch den proprietären Anteil des eigenen Ökosystem stärken oder auch neue Märkte „aufrollen". Die Verweigerung oder Beschränkung von Interoperabilität kann dabei ähnliche Wirkungen entfalten wie eine Kopplung.[385] Art. 6 Abs. 7 DMA verpflichtet vor diesem Hintergrund „Torwächter" ganz allgemein zur Gewährleistung „vertikaler Inter-

---

[380] Für eine Systematisierung verschiedener Formen von Interoperabilität siehe Kerber/Schweitzer 8(1) JIPITEC (2017), 39 (51 ff.). Für eine sprachlich abweichende Systematisierung siehe Crémer/De Montjoye/Schweitzer, Competition policy for the digital era, 2019, S. 58 f.: Hier wird zwischen „protocol interoperability" (entspricht vertikaler Interoperabilität) und „full protocol interoperability" (entspricht horizontaler Interoperabilität) unterschieden.

[381] Siehe Crémer/De Montjoye/Schweitzer, Competition policy for the digital era, 2019, S. 59; siehe ferner Scott Morton et. al., Equitable Interoperability: The „Super Tool" of Digital Platform Governance, 2021, abrufbar unter tobin.yale.edu/sites/default/files/2022-11/Digital%20Regulation%20Project%20-%20Equitable%20Interoperability%20-%20Discussion%20Paper%20No.%204.pdf; Scott Morton/Kades, Interoperability as a Competition Remedy for Digital Networks, 2021, abrufbar unter ssrn.com/abstract=3808372, zuletzt abgerufen am 27.7.2023.

[382] Begr. RegE, BT-Drs. 19/23492, 76 f.

[383] Begr. RegE, BT-Drs. 19/23492, 77; siehe auch Kerber/Schweitzer 8(1) JIPITEC (2017), 39 (42); Crémer/De Montjoye/Schweitzer, Competition policy for the digital era, 2019, S. 59; für eine Zusammenfassung der Kritik an etwaigen Interoperabilitätsanordnungen siehe auch Grünwald in FK-KartellR Rn. 112.

[384] Crémer/De Montjoye/Schweitzer, Competition policy for the digital era, 2019, S. 59.

[385] Siehe dazu auch Nothdurft in Bunte Rn. 98.

operabilität" mit den Betriebssystemen, Hardware- oder Softwarefunktionen, die sie selbst für die Erbringung von Nebendienstleistungen zur Verfügung haben bzw. verwenden.

In beiden Tatbestandsalternativen (Interoperabilität/Datenportabilität) unterscheidet 205 § 19a Abs. 2 S. 1 Nr. 5 zwischen zwei Begehungsformen eines Missbrauchs, nämlich der **Erschwerung** und der **Verweigerung**[386] von Interoperabilität bzw. Datenportabilität. Die **Verweigerung** erfasst dabei sowohl die Nichteröffnung von Interoperabilität oder Datenportabilität von Anfang an als auch die vollständige Beseitigung einer zuvor eröffneten Interoperabilität oder Datenportabilität. Das **Erschweren** erfasst sämtliche Formen einer Einschränkung von Interoperabilität oder Datenportabilität unterhalb dieser Schwelle.

Das BKartA kann eine Erschwerung oder Verweigerung von Interoperabilität oder 206 Datenportabilität schließlich nur untersagen, wenn eine **Wettbewerbsbehinderung** droht. Dass der Untersagungstatbestand damit unmittelbar auf die Schädigung des Wettbewerbsprozesses und – anders als § 19a Abs. 2 S. 1 Nr. 1–4 – nicht auf eine Schädigung von Wettbewerbern abstellt, ist nicht als tatbestandliche Eingrenzung zu verstehen.[387] Die Auslegung des Tatbestandsmerkmals ist gleichwohl umstritten: ZT wird die gesonderte Prüfung einer Wettbewerbsbehinderung für obsolet erachtet, weil jegliche Verweigerung oder Erschwerung von Interoperabilität oder Datenportabilität die wettbewerbliche Betätigungsfreiheit anderer Unternehmen behindere.[388] Demgegenüber wollen andere eine Wettbewerbsbehinderung nur annehmen, wenn im Rahmen einer umfassenden Interessenabwägung die Unbilligkeit der Tathandlung festgestellt wurde.[389] Dem Sinn und Zweck des Untersagungstatbestands entspricht am ehesten eine Auslegung, welche die **plausible Darlegung eines Wettbewerbsschädigungspotenzials** unter den besonderen Bedingungen des Einzelfalls verlangt (dazu → Rn. 130 ff.). An die Darlegung eines solchen Wettbewerbsschädigungspotenzials sind bei der Anordnung horizontaler Interoperabilität angesichts von deren wettbewerblicher Ambivalenz erhöhte Anforderungen zu stellen. Dies gilt umso mehr, als die für die Ermittlung des Wettbewerbsschädigungspotenzials maßgeblichen Umstände häufig nicht primär in der Sphäre des Normadressaten liegen werden.

**a) Interoperabilität.** Das BKartA kann Normadressaten gem. § 19a Abs. 2 S. 1 Nr. 5 207 alle Maßnahmen untersagen, „die es verhindern, dass Produkte miteinander arbeiten bzw. interagieren können."[390] Zwar fehlt eine Legaldefinition des Begriffs der Interoperabilität im GWB. Die Gesetzesbegründung legt aber ein weites Verständnis nahe, das horizontale wie vertikale Interoperabilität umfasst.

Voraussetzung für eine **Verpflichtung zur erstmaligen Herstellung horizontaler** 208 **Interoperabilität** ist die substantiierte Darlegung, dass andernfalls eine erhebliche Wettbewerbsschädigung droht (→ Rn. 130 ff.). Hierbei sind die ambivalenten Auswirkungen horizontaler Interoperabilität auf den Wettbewerb (→ Rn. 204) zu berücksichtigen. Das Verhältnismäßigkeitserfordernis, an welches das BKartA beim Gebrauch von § 19a Abs. 2 S. 1 stets gebunden ist, gebietet überdies eine Berücksichtigung der Belastungen[391] – etwa in Form potenziell aufwändiger technischer Änderungen des Produkts und von Einschränkungen der Möglichkeiten zur Produktinnovation – welche die erstmalige Herstellung horizontaler Interoperabilität für den Normadressaten bedeuten kann.

An eine **Verpflichtung zur erstmaligen Herstellung vertikaler Interoperabilität** 209 sind geringere Anforderungen zu stellen. Die vertikale Interoperabilität von Produkten oder Leistungen mit der Plattform bzw. Produkten und Diensten des Normadressaten kann Voraussetzung für das Tätigwerden von Wettbewerbern in dem vom Normadressaten kontrollierten Ökosystem sein, das in besonderem Maße durch die Verknüpfung und

---

[386] Die Begehungsform der Verweigerung ist dem Untersagungstatbestand erst im parlamentarischen Verfahren hinzugefügt worden – siehe BT-Drs. 19/25868, 117; näher dazu Nothdurft in Bunte Rn. 100.

[387] Ebenso: Nothdurft in Bunte Rn. 99.

[388] So Nothdurft in Bunte Rn. 99.

[389] Siehe Grünwald in FK-KartellR Rn. 116, der eine solche Auslegung jedenfalls für möglich hält.

[390] Begr. RegE, BT-Drs. 19/23492, 76 f.

[391] Zu diesen siehe auch Nothdurft in Bunte Rn. 101, 103.

Vernetzung verschiedener Produkte und Dienste gekennzeichnet ist: Betriebssysteme interagieren mit Browsern und Software-Anwendungen (Apps); Termine können aus einer E-Mail durch bloßes Anklicken direkt in eine Kalender-App übertragen werden, die den Nutzer rechtzeitig an diesen erinnert. Im Internet of Things (IoT) sind Haushaltsgeräte mit Sprachassistenten verknüpft und werden durch diese gesteuert. Über die Interoperabilität von Produkten und Diensten mit zentralen Zugangsportalen („gateways") zum Kunden kontrolliert der Normadressaten mithin den Zugang und die Expansionschancen von Drittunternehmen. Im Extremfall kann sich der Normadressat auf diese Weise Folgemärkte für andere Dienste vorbehalten[392] bzw. angrenzende Märkte „aufrollen" (→ Rn. 204). Der **Schutz der Offenheit von Folgemärkten** in digitalen Ökosystemen und der Wahlfreiheit der Nutzer gehören zu den zentralen Zielen des § 19a.[393] Der Wettbewerb ist auf diese Weise nicht länger auf einen Wettbewerb zwischen wenigen Ökosystembetreibern beschränkt. Diensteanbieter können über verschiedene Ökosysteme hinweg konkurrieren. Dies fördert Investitionen und Innovationen auf Folgemärkten. Mittel- bis langfristig kann Wettbewerb auf Folgemärkten auch Angriffe auf die Kernmärkte der Normadressaten begünstigen. Im Lichte dieser Ziele des § 19a liegt die Schwelle für die Plausibilisierung eines Wettbewerbsschädigungspotenzials bei der Anordnung der erstmaligen Herstellung vertikaler Interoperabilität deutlich niedriger als bei der Anordnung der erstmaligen Herstellung horizontaler Interoperabilität. Die Normadressaten können allerdings auch insoweit nur in dem Umfang zur Herstellung von Interoperabilität verpflichtet werden, wie diese technisch möglich und rechtlich zulässig ist.[394]

210      Eine Anordnung von horizontaler wie vertikaler Interoperabilität wird in der Praxis besonders naheliegen, wenn ein Normadressat eine **vormals bereits ermöglichte Interoperabilität nachträglich beseitigt oder beschränkt,**[395] also etwa bestehende Schnittstellen verschließt oder nachteilig verändert. Ähnlich wie sonst im Recht der Geschäftsverweigerung kann, wenn die Beschränkung der Interoperabilität mit einer erheblichen Wettbewerbsbehinderung einhergeht, vom Normadressaten eine sachliche Rechtfertigung verlangt werden. Die Anordnung von Interoperabilität ist in einem solchen Fall auch insoweit erleichtert, als für die Konkretisierung der Interoperabilitätsbedingungen auf die vormalige Praxis verwiesen werden kann.

211      **b) Datenportabilität.** Auch bei einer etwaigen Anordnung von Datenportabilität ist zwischen der Verpflichtung zur **erstmaligen Herstellung von Datenportabilität** und einer Verpflichtung zu unterscheiden, eine **bestehende Möglichkeit zur Datenportierung nicht zu beseitigen oder zu behindern.** In der Praxis wird voraussichtlich vor allem die Verpflichtung zur erstmaligen Herstellung von Datenportabilität (bzw. einer Möglichkeit zur Portierung von Daten in einer einfachen, gut handhabbaren Form, womöglich kontinuierlich und in Echtzeit) im Vordergrund stehen.

212      Der Untersagungstatbestand des § 19a Abs. 2 S. 1 Nr. 5 überschneidet sich mit der in **Art. 6 Abs. 9, 10 DMA** angeordneten Verpflichtung für „Torwächter" iSd Art. 3 DMA, für die effektive Übertragbarkeit der Daten zu sorgen, die durch die Tätigkeit eines gewerblichen Nutzers oder Endnutzers generiert werden. Während in Art. 6 Abs. 9, 10 DMA die Gewährleistung eines permanenten Echtzeitzugangs zu vom Endnutzer oder gewerblichen Nutzer bereitgestellten oder generierten Daten ausdrücklich als Teil der Verpflichtung genannt wird, ist es nach § 19a Abs. 2 S. 1 Nr. 5 Aufgabe des BKartA, die Anordnung der Gewährleistung von Datenportabilität mit einer Spezifizierung der konkreten Portabilitätsbedingungen zu verbinden.[396] Entscheidend ist, was erforderlich ist, um einen unverfälsch-

---

[392] Begr. RegE, BT-Drs. 19/23492, 77.

[393] Polley/Kaub NZKart 2020, 113 (118); Franck/Peitz 12(7) JECLAP (2021), 513 (520).

[394] So auch: Esser/Höft in Bien/Käseberg/Klumpe/Körber/Ost 10. GWB-Novelle Kap. 1 Rn. 261, vgl. auch BT-Drs. 19/25868, 113 f.

[395] Für einen solchen Fall siehe bereits EuG 17.9.2007 – T-201/04, ECLI:EU:T:2007:289 – Microsoft.

[396] Vgl. Empfehlung 11 der Kommission Wettbewerbsrecht 4.0, Ein neuer Wettbewerbsrahmen für die Digitalwirtschaft, 2019, S. 55.

ten Wettbewerb zu ermöglichen. Die Anordnung kann sich auf eine Verpflichtung des Normadressaten beschränken, seine Produkte oder Dienste so zu gestalten, dass die mit der Nutzung verbundenen Daten – ob vom Nutzer bereitgestellt (sog. „provided data")[397] oder im Rahmen der Nutzung automatisch generiert (sog. „observed data"[398]) – exportiert und an einen anderen Produkt- oder Diensteanbieter übertragen werden können, und zwar in einem „strukturierten, gängigen und maschinenlesbaren Format"[399] („Datenportabilität by design"). Sie kann aber auch die Ermöglichung eines kontinuierlichen Datenzugangs in Echtzeit umfassen, wenn dies zum Schutz des Wettbewerbs erforderlich ist. Die Funktion der Datenportabilität kann dabei sowohl darin liegen, das Angebot von datengetriebenen Komplementärprodukten und -diensten durch Wettbewerber zu ermöglichen, als auch darin, den Nutzern einen Wechsel des Produkt- oder Diensteanbieters zu erleichtern. In beiderlei Hinsicht kann eine fehlende Möglichkeit zur Datenportierung einen „lock-in"-Effekt erzeugen und dadurch Marktzutrittsbarrieren bzw. hohe Wechselkosten schaffen. Der Normadressat muss die Datenportabilität in dem vom BKartA konkretisierten Umfang aktiv durch geeignete Maßnahmen ermöglichen.[400]

Die Anordnung von Datenportabilität kann mit dem **Datenschutzrecht** in Spannung **213** geraten, wenn es um die Portierung personenbezogener Daten Dritter geht. Die Gesetzesbegründung weist daraufhin, dass § 19a Abs. 2 S. 1 Nr. 5 keine Rechtsgrundlage für die Verarbeitung personenbezogener Daten schafft.[401] Vielmehr muss die Datenportabilität in Übereinstimmung mit der DSGVO[402] ausgestaltet werden. Die Vorschriften des Datenschutzrechts haben Vorrang.[403] Regelmäßig wird die Anordnung der Datenportabilität aber den Nutzern lediglich die Möglichkeit verschaffen, die sie betreffenden Daten an Dritte zu übertragen. Voraussetzung der Portierung ist dann stets eine wirksame Einwilligung des Betroffenen nach Maßgabe von Art. 6 Abs. 1 lit. a, Art. 4 DSGVO.

Auch einer Anordnung der Datenportabilität kann ein Normadressat grds. gem. § 19a **214** Abs. 2 S. 2 entgegentreten. Der Raum für eine **sachliche Rechtfertigung** der Verweigerung dürfte in der Praxis aber regelmäßig gering sein. Wohl aber kommt ein Vorgehen gegen die konkreten Maßgaben für die Datenportabilität in Betracht, insbesondere, wenn diese die Sicherheit von IT-Systemen und digitalen Infrastrukturen beeinträchtigen.[404]

**6. Nr. 6: Unzureichende Information über Leistungen.** Gemäß § 19a Abs. 2 S. 1 **215** Nr. 6 kann das BKartA es einem Normadressaten untersagen, andere Unternehmen unzureichend über den Umfang, die Qualität oder den Erfolg der erbrachten oder beauftragten Leistung zu informieren oder ihnen in anderer Weise eine Beurteilung dieser Leistung zu erschweren. Er trägt damit den Informationsasymmetrien Rechnung, die für viele digitale Vermittlungsleistungen kennzeichnend sind. Dies gilt insbesondere im Bereich der **Vermittlung von Online-Werbung:** Beschwerden über ein hohes Maß an Intransparenz in diesem Bereich bilden den eigentlichen Regelungsanlass dieses Untersagungstatbestandes.[405] Insoweit weist der Untersagungstatbestand des § 19a Abs. 2 S. 1 Nr. 6

---

[397] Ein Beispiel hierfür wären etwa die von einem Nutzer in einem Kalender abgespeicherten Termine oder auch Telefonkontakte – siehe Begr. RegE, BT-Drs. 19/23492, 77.

[398] Hierbei kann es sich etwa um Klickdaten eines Nutzers handeln, die Aufschluss über die Interessen und Präferenzen des Nutzers geben; für diese Kategorisierung siehe World Economic Forum, Personal Data: The Emergence of a New Asset Class, January 2011. Siehe ferner Crémer/de Montjoye/Schweitzer, Competition Policy for the Digital Era, 2019, S. 24 ff.

[399] Begr. RegE, BT-Drs. 19/23492, 77; vgl. auch Empfehlung 11 der Kommission Wettbewerbsrecht 4.0, Ein neuer Wettbewerbsrahmen für die Digitalwirtschaft, 2019, 55.

[400] Begr. RegE, BT-Drs. 19/23492, 77.

[401] BT-Drs. 19/25868, 113 f.

[402] Verordnung (EU) 2016/679 des europäischen Parlaments und des Rates vom 27. April 2016, ABl. 2016 L 119, S. 1–88.

[403] BT-Drs. 19/25868, 113 f.

[404] BT-Drs. 19/25868, 114.

[405] Nothdurft in Bunte § 19a Rn. 110; zum Hintergrund siehe auch BKartA, Online-Werbung, 2018, abrufbar unter www.bundeskartellamt.de/SharedDocs/Publikation/DE/Schriftenreihe_Digitales/Schriftenreihe_Digitales_3.pdf?__blob=publicationFile&v=5, zuletzt abgerufen am 27.7.2023.

auch Überschneidungen zu **Art. 5 Abs. 9 DMA** auf, der „Torwächter" iSd Art. 3 DMA verpflichtet, Werbetreibenden und Verlagen, für die er Werbedienstleistungen erbringt, auf deren Anfrage hin Auskunft über den vom Werbetreibenden und vom Verlag gezahlten Preis sowie über den Betrag bzw. die Vergütung zu geben, die der Verlag für die Veröffentlichung einer bestimmten Anzeige und für jede der relevanten Werbedienstleistungen des „Torwächters" erhält; sowie zu **Art. 6 Abs. 8 DMA**, dem zufolge designierte „Torwächter" Werbetreibenden und Verlagen auf Antrag kostenlos Zugang zu ihren Instrumenten zur Leistungsmessung und zu den Informationen gewähren müssen, welche die Werbetreibenden und Verlage benötigen, um ihre eigene unabhängige Überprüfung des Werbeinventars vorzunehmen.

216    Obwohl der Bereich der Online-Werbung auch für § 19a Abs. 2 S. 1 Nr. 6 der vorrangige Anwendungsbereich sein dürfte, ist der Untersagungstatbestand nicht auf dieses Segment beschränkt. Die Norm ermächtigt das BKartA vielmehr allgemein, auf das **Zusammentreffen eines Abhängigkeitsverhältnisses mit Informationsasymmetrien** durch die Auferlegung von **Informationspflichten** oder von Verpflichtungen zur Ermöglichung einer Erfolgsmessung zu reagieren. Zum Teil wird angenommen, dass der Untersagungstatbestand damit primär auf einen Ausbeutungsmissbrauch reagiert.[406] Angesichts der allgemeinen Fokussierung des § 19a Abs. 2 S. 1 auf wettbewerbsbehindernde Verhaltensweisen (→ Rn. 135) ist jedoch auch hier primär auf das **Wettbewerbsschädigungspotenzial** der zu untersagenden Verhaltensweise abzustellen: Anders als bei physischen Produkten lässt sich die Qualität und Effektivität digitaler Leistungen deutlich schwerer überprüfen. Oft besteht die Leistung in der zielgenauen Vermittlung – also zum Beispiel darin, dass Nutzern Werbung für Produkte angezeigt werden, bei denen aufgrund des vorherigen Nutzerverhaltens davon ausgegangen werden kann, dass der Nutzer Interesse an diesem Produkt hat. Während der Leistungsanbieter selbst Zugriff auf eine Vielzahl von für die Bewertung der Leistung relevanten Informationen hat – etwa auf Profildaten, Klickverhalten oder Rankingkriterien[407] – kann der Werbekunde ohne Zugang zu diesen Daten nicht überprüfen, wie vielen und welchen Nutzern die Werbung angezeigt wird. Bei funktionierendem Wettbewerb wäre davon auszugehen, dass jeder Leistungsanbieter ein Eigeninteresse an der Übermittlung relevanter Informationen hätte. Für Unternehmen mit überragender marktübergreifender Bedeutung kann es demgegenüber rational sein, die Informationsübermittlung im Verhältnis zu ihren Kunden zu beschränken.[408] Teilweise wird auch bereits die eigene Erfassung der Daten unterbunden, ohne dass es dafür eine erkennbare Rechtfertigung gibt.[409] Die mangelnde Information verhindert sodann einen Vergleich mit der Leistung eines Konkurrenten, so dass dem Nutzer iE eine belastbare Grundlage für die Entscheidung fehlt, ob sich ein Wechsel lohnt.[410] Damit wird die Intransparenz von einem rein vertragsrechtlichen[411] oder lauterkeitsrechtlichen[412] Problem zu einer Wettbewerbsbeschränkung:[413] Sie mindert die Angreifbarkeit der Marktposition des Normadressaten und kann zur Verfestigung und ggfs. zum Ausbau dieser Marktstellung beitragen. Die wettbewerbliche Problemlage hat sich auch nicht durch die P2B-Verordnung (EU) 2019/1150[414] erübrigt: Diese begründet zwar eine Reihe von Transparenz-

---

[406] Nothdurft in Bunte Rn. 109.
[407] Vgl. Begr. RegE, BT-Drs. 19/23492, 77.
[408] Begr. RegE, BT-Drs. 19/23492, 77.
[409] Begr. RegE, BT-Drs. 19/23492, 77.
[410] Begr. RegE, BT-Drs. 19/23492, 77.
[411] Lettl WRP 2021, 413 (422); Körber MMR 2020, 290 (294).
[412] Galle DB 2020, 1274 (1277).
[413] So auch Wolf in MüKoWettbR Rn. 73 mit dem Hinweis, dass der Gefahrentatbestand im Vorfeld von Behinderungspraktiken angesiedelt ist; zweifelnd allerdings Polley/Kaub NZKart 2020, 113 (118), die stattdessen einen Ausbeutungsmissbrauch erwägen. Galle DB 2020, 1274 (1277) hält den Zusammenhang zwischen den Informationsasymmetrien und der Marktmacht des Normadressaten für fraglich.
[414] Verordnung (EU) 2019/1150 des Europäischen Parlaments und des Rates vom 20. Juni 2019 zur Förderung von Fairness und Transparenz für gewerbliche Nutzer von Online-Vermittlungsdiensten, ABl. 2019 L 186, 57–79.

pflichten, nicht jedoch die Verpflichtung, über Umfang, Qualität und Erfolg einer beauftragten Leistung zu informieren.[415]

Als **sachliche Rechtfertigung** (iSd § 19a Abs. 2 S. 2) für eine Beschränkung der **217** Informationsweitergabe kann der Schutz von Geschäftsgeheimnissen und der Schutz personenbezogener Daten in Betracht kommen.[416] Jedoch ist davon auszugehen, dass beide Gesichtspunkte keine volle Informationsverweigerung rechtfertigen, sondern lediglich bei der konkreten Ausgestaltung der Informationspflicht zu berücksichtigen sind.

**7. Nr. 7: Forderung unverhältnismäßiger Vorteile („Anzapfen"). a) Grundtat-** **218** **bestand.** Gemäß § 19a Abs. 2 S. 1 Nr. 7 kann das BKartA einem Normadressaten untersagen, für die Behandlung von Angeboten eines anderen Unternehmens Vorteile zu fordern, die in keinem angemessenen Verhältnis zum Grund der Forderung stehen. § 19a Abs. 2 S. 1 Nr. 7 ist an das sog. „Anzapfverbot" nach § 19 Abs. 2 Nr. 5 angelehnt.[417] Dementsprechend ist die bisherige Rechtsprechung und Entscheidungspraxis des **§ 19 Abs. 2 Nr. 5** bei der Auslegung des § 19a Abs. 2 S. 1 Nr. 7 zu beachten.[418] Dass § 19 Abs. 2 Nr. 5 von einem „Auffordern", § 19a Abs. 2 S. 1 Nr. 7 hingegen von einem **„Fordern"** spricht, steht nicht für eine inhaltliche Abweichung.[419] Wie § 19 Abs. 1 Nr. 5, so erfasst auch der Untersagungstatbestand des § 19a Abs. 2 S. 1 Nr. 7 nicht erst die erfolgreiche Aufforderung, sondern bereits jeden (auch konkludenten) Versuch der Einwirkung auf Lieferanten oder Abnehmer mit dem Ziel, Vorteile zu erlangen.[420] Auch muss keine ausdrückliche Aufforderung erfolgen.[421] Ein „Fordern" iSd Untersagungstatbestandes kann schon in der Art und Weise der Ausgestaltung des Dienstes liegen – also auch etwa schon darin, dass eine Suchplattform bestimmte Suchergebnisse nur anzeigt, wenn ihr Rechte an Bildern eingeräumt werden.[422] Ein rein passives Verhalten – etwa die bloße Annahme eines angetragenen Angebots – lässt sich nach § 19a Abs. 2 S. 1 Nr. 7 hingegen nicht untersagen.[423]

Die Auslegung des Untersagungstatbestandes hat sich im Übrigen am **Schutzzweck** zu **219** orientieren. Zunächst und vordergründig schützt § 19a Abs. 2 S. 1 Nr. 7 den Geschäftspartner vor einer Ausbeutung durch den Normadressaten.[424] Zugleich soll der Untersagungstatbestand aber einen **Schutz des Wettbewerbs vor Behinderungen im Horizontalverhältnis** ermöglichen: Fordert der Normadressat von seinen Kunden Vorteile, die seine Konkurrenten aufgrund ihrer schwächeren ökonomischen Stellung nicht fordern können, und praktizieren die Kunden in der Folge eine Konditionenspaltung zulasten der Konkurrenten, so stärkt der Normadressat dadurch seine eigene Machtstellung im Wettbewerb mit diesen Konkurrenten. § 19a Abs. 2 S. 1 Nr. 7 soll es dem BKartA ermöglichen, eine solche „passive Diskriminierung"[425] zu unterbinden.[426]

Dieser Schutzzweck ist insb. zu berücksichtigen, wenn das BKartA die **Unangemessen-** **220** **heit des Verhältnisses zwischen gefordertem Vorteil und Grund der Forderung** konkretisiert. An die Unangemessenheit sind „hohe Anforderungen" zu stellen.[427] Auch

---

[415] Demgegenüber zweifelnd, ob die marktmachtunabhängigen Transparenzpflichten der P2B-VO nicht genügen: Körber MMR 2020, 290 (294 f.).

[416] Begr. RegE, BT-Drs. 19/23492, 77; siehe auch Nothdurft in Bunte Rn. 112.

[417] BT-Drs. 19/25868, 117.

[418] Vgl. auch Nothdurft in Bunte Rn. 115 f.

[419] BT-Drs. 19/25868, 117.

[420] BT-Drs. 19/25868, 117.

[421] BT-Drs. 19/25868, 117.

[422] BT-Drs. 19/25868, 117.

[423] Esser/Höft in Bien/Käseberg/Klumpe/Körber/Ost 10. GWB-Novelle Kap. 1 Rn. 268.

[424] Nothdurft in Bunte Rn. 113.

[425] Grünwald in FK-KartellR Rn. 120; vgl. zu § 19 Abs. 2 Nr. 5 → Fuchs § 19 Rn. 372.

[426] Zur doppelten Schutzrichtung so wie hier: Franck/Peitz 12(7) JECLAP (2021), 513 (520) sprechen von einer „hybrid theory of harm"; Grünwald in FK-KartellR Rn. 120; zu § 19 Abs. 2 Nr. 5 so auch BGH 23.1.2017 – KVR 3/17, WUW 2018, 109, 214 Rn. 54 – Hochzeitsrabatte; → Fuchs § 19 Rn. 374.

[427] BT-Drs. 19/25868, 117 f.

der Normadressat darf in Vertragsverhandlungen nach seinem eigenen wirtschaftlichen Vorteil streben. Die Schwelle der Unangemessenheit ist erst bei einem offensichtlichen Missverhältnis von Leistung und Gegenleistung erreicht.[428] Hierbei ist auf die Gesamtheit der Forderungen und der zu erbringenden Gegenleistungen abzustellen.[429] Maßgeblich ist eine wertende Gesamtbetrachtung aller Umstände[430] im Lichte der Ziele des § 19a, insb. dem Schutz der Offenheit des Wettbewerbs, des Leistungswettbewerbs und des fairen Wettbewerbs (zu den Schutzzwecken des § 19a → Rn. 33 ff.). Die **Darlegungs- und Beweislast trägt das BKartA.**[431]

221     Die Gesetzesbegründung nennt zwei **Indizien,** die bei der Konkretisierung der Unangemessenheit einer Forderung zu beachten sind: Zunächst die **Erforderlichkeit einer Leistung** für die Erbringung der Vermittlungsleistung; Je weniger dies der Fall ist, desto eher soll eine Unangemessenheit in Betracht kommen.[432] Daneben sei darauf abzustellen, ob **ernsthafte Verhandlungen** über den entsprechenden Vorteil der Marktgegenseite stattgefunden haben. Sei dies nicht der Fall, so spreche dies für die Unverhältnismäßigkeit der Forderung.[433] Am Gewicht dieses Indizes sind allerdings Zweifel angebracht: Die fehlende individuelle Aushandlung ist ein Kennzeichen aller AGB. Ein Indiz für die Unangemessenheit kann darin nur gesehen werden, wenn die mangelnde Verhandlungsbereitschaft auf den fehlenden Ausweichmöglichkeiten der Gegenseite beruht.[434] Dies gilt ungeachtet des Umstandes, dass der Untersagungstatbestand des § 19a Abs. 2 S. 1 Nr. 7 eine Kausalität zwischen Marktstellung und Vorteilsgewährung nicht voraussetzt.[435]

222     Indizien für eine Unangemessenheit können sich aus einem Abweichen von wesentlichen Grundgedanken anderer Regelregime – etwa des Datenschutz- oder Urheberrechts – ergeben (siehe auch § 307 Abs. 2 BGB).[436]

223     **b) Regelbeispiele, Nr. 7 lit. a und Nr. 7 lit. b: Forderung nach Übertragung von Daten oder Rechten.** Gemäß lit. a kann das BKartA einem Normadressaten untersagen, für die Darstellung von Angeboten die Übertragung von Daten und Rechten zu fordern, die dafür nicht zwingend erforderlich sind. **§ 19a Abs. 2 S. 1 Nr. 7 lit. a** betrifft damit den Fall, dass ein Normadressat das **„Ob" der Vermittlung** von der Übertragung von Daten oder Rechten abhängig macht.[437] **§ 19a Abs. 2 S. 1 Nr. 7 lit. b** betrifft demgegenüber den Fall, dass die Qualität der Darstellung – also das **„Wie" der Leistungserbringung**[438] – von einer solchen Übertragung abhängig gemacht wird, die hierzu in „keinem angemessenen Verhältnis" steht. Der Begriff der „Darstellung" eines Angebots ist in lit. a und lit. b – wie in § 19a Abs. 2 S. 1 Nr. 1 – weit zu verstehen, so dass auch das Ranking in Suchergebnissen darunterfällt.[439]

224     Ausweislich der Gesetzesbegründung sollen die beiden Regelbeispiele es dem BKartA ermöglichen, Normadressaten daran zu hindern, von **Presseverlegern** im Gegenzug für eine Vermittlungsleistung die **Einräumung von** für die Vermittlung nicht erforderlichen **unentgeltlichen Lizenzen für urheberrechtlich geschützte Inhalte** zu verlangen.[440]

---

[428] Zu § 19 Abs. 2 Nr. 5: BGH 23.1.2017 – KVR 3/17, WUW 2018, 109, 214 Rn. 19 – Hochzeitsrabatte; → Fuchs § 19 Rn. 388.

[429] Zu § 19 Abs. 2 Nr. 5: BGH 23.1.2017 – KVR 3/17, WUW 2018, 109, 214 Rn. 20 f. – Hochzeitsrabatte; → Fuchs § 19 Rn. 389.

[430] BT-Drs. 19/25868, 117 f.

[431] BT-Drs. 19/25868, 117.

[432] BT-Drs. 19/25868, 117 f.

[433] BT-Drs. 19/25868, 117 f.

[434] Ähnlich Wagner v. Papp in BeckOK KartellR Rn. 79; Esser/Höft in Bien/Käseberg/Klumpe/Körber/ Ost 10. GWB-Novelle Kap. 1 Rn 269.

[435] BT-Drs. 19/25868, 117.

[436] Nothdurft in Bunte Rn. 119.

[437] BT-Drs. 19/25868, 118.

[438] BT-Drs. 19/25868, 118.

[439] BT-Drs. 19/25868, 118.

[440] BT-Drs. 19/25868, 118; ausführlich zur Anwendbarkeit der Vorschrift auf Google: Pohlmann/Lindhauer/Peter NZKart 2021, 466 (479); Pohlmann/Lindhauer/Peter NZKart 2021, 544 (550).

Verschiedene Presseverleger hatten in den letzten Jahrzehnten wiederholt, jedoch erfolglos, versucht, einen kartellrechtlichen Anspruch auf Vergütung ihrer bei der Darstellung von Vorschaubildern oder kleiner Textbausteine („snippets") in der Anzeige der Suchergebnisse berührten Leistungsschutzrechte nach § 87g UrhG[441] zu begründen.[442] Unter Berücksichtigung der Bedeutung des über die Google-Suchmaschine zugeleiteten Traffics für die Presseverleger und des Umstands, dass die Darstellung der „snippets" das Informationsinteresse von Teilen der potenziellen Leserschaft bereits befriedigt, reicht die dem BKartA mit § 19a Abs. 2 S. 1 Nr. 7 eingeräumte Anordnungsbefugnis nun über den Stand des Kartellrechts deutlich hinaus.[443]

### III. Sachliche Rechtfertigung und Beweislast (§ 19a Abs. 2 S. 2 und S. 3)

**1. Materiell.** Das BKartA kann die in § 19a Abs. 2 S. 1 aufgelisteten Verhaltensweise **225** nicht untersagen, wenn dem jeweils betroffenen Normadressaten eine sachliche Rechtfertigung gelingt – wobei **Darlegungs- und Beweislast** den **Normadressaten** treffen (§ 19a Abs. 2 S. 3 – näher → Rn. 232 f.). Ob eine Verhaltensweise sachlich gerechtfertigt ist, ist in einer **umfassenden Interessenabwägung** festzustellen, die am Ziel des GWB auszurichten ist, die Freiheit des Wettbewerbs zu sichern.[444] Die Interessenabwägung ähnelt damit im Grundsatz derjenigen, wie sie auch bei der Prüfung eines Missbrauchs nach § 19 durchzuführen ist.[445] Die besondere Wettbewerbsgefährdungslage, auf die § 19a reagiert, führt jedoch zu **Verschiebungen in der Gewichtung der Interessen.** Vorrangiges Ziel des § 19a ist es, die Offenheit der Märkte und einen unverfälschten Wettbewerbsprozess auch dort zu ermöglichen bzw. zu gewährleisten, wo eine überragende marktübergreifende Machtstellung diese Ziele gefährdet. Diese marktübergreifende Machtstellung ist häufig mit Größen- und Verbundvorteilen und Vorteilen im Zugriff auf Nutzerdaten verknüpft, die sich im Verhältnis zu Nutzern als Effizienzvorteile darstellen können. Ihre Grundlage finden diese Effizienzvorteile allerdings va in positiven Netzwerkeffekten und den dadurch angetriebenen Konzentrations- und Expansionstendenzen: Aus Nutzersicht sind die positiven Netzwerkeffekte häufig bedeutsamer als andere Leistungsparameter, um welche der Normadressat mit anderen Wettbewerbern konkurriert. Würde der Nachweis von Effizienzvorteilen, die auf Größen- und Verbundvorteilen beruhen, für eine sachliche Rechtfertigung genügen, so würde dies daher der Zielsetzung des § 19a, auch in dem durch besondere Konzentrations- und Expansionstendenzen geprägten Umfeld Märkte offenzuhalten und wettbewerbliche Prozesschancen zu sichern, diametral entgegenlaufen.[446] Die Untersagungstatbestände des § 19a Abs. 2 S. 1 sollen gerade dazu beitragen, die Größen- und Verbundvorteile zu nivellieren.[447]

Zu Recht stellt die Gesetzesbegründung daher klar, dass dem **Schutz des Wett- 226 bewerbsprozesses, der Bestreitbarkeit von Märkten und der Wahlfreiheit der Nachfrageseite** – und damit zugleich dynamischen und langfristigen Effizienzwirkungen, einschließlich der Möglichkeit dezentraler Innovation[448] – im Rahmen der Interessenabwägung **Vorrang gegenüber dem Ziel einer kurzfristigen Steigerung der Konsumentenwohlfahrt** einzuräumen ist.[449] Verhaltensweisen nach § 19a Abs. 2 mit einem vom BKartA plausibel dargelegten Wettbewerbsschädigungspotenzial können daher nicht

[441] In Umsetzung von Art. 15 der DSM-Richtlinie.
[442] Siehe BKartA 8.9.2015 – B6-126-14 – Google/VG Media; LG Berlin 19.2.2016 – 92 O 5/14 Kart, NZKart 2016, 338 – Google Snippets; näher: Nothdurft in Bunte Rn. 118.
[443] Kritisch Real/Stadler NZKart 2021, 643 (646).
[444] Begr. RegE, BT-Drs. 19/23492, 77; BT-Drs. 19/25868, 113 f.
[445] Siehe dazu etwa Nothdurft in Bunte § 19 Rn. 175 ff., 336 ff.
[446] Begr. RegE, BT-Drs. 19/23492, 77.
[447] So auch Nothdurft in Bunte Rn. 122, der die Untersagungstatbestände des § 19a Abs. 2 damit als Fälle einer gesetzlich angeordneten „efficiency offence" charakterisiert.
[448] Begr. RegE, BT-Drs. 19/23492, 73; Esser/Höft in Bien/Käseberg/Klumpe/Körber/Ost 10. GWB-Novelle Kap. 1 Rn. 230.
[449] Begr. RegE, BT-Drs. 19/23492, 77; Franck/Peitz 12(7) JECLAP (2021), 513 (523).

unter Hinweis auf etwaige Größen- und Verbundvorteile gerechtfertigt werden. Die Rechtfertigungslast verschiebt sich insoweit zulasten der Normadressaten.[450]

227    Neben den genuin wettbewerbsrechtlichen Zielsetzungen erwähnt die Gesetzesbegründung **gesellschaftliche Teilhaberechte** und **gesetzliche Wertungen aus anderen Bereichen,** insb. datenschutzrechtliche Vorgaben und Grundrechtspositionen, als weitere Belange, welche die Interessenabwägung beeinflussen können.[451] Damit wird letztlich der Ausstrahlungswirkung der Grundrechte Rechnung getragen. Eine grundrechtliche Verankerung kann etwa dem Gesichtspunkt des Schutzes der Wahlfreiheit der Dienstenutzer besonderes Gewicht verleihen.[452] Derartige Belange kommen jedoch nur insoweit in Betracht, als sie eine genuin wettbewerbliche Verankerung finden.

228    Als sachliche Rechtfertigung kommt damit vor allem ein substantiierter Vortrag des Normadressaten in Betracht, der aufzeigt, dass ein durch einen Untersagungstatbestand erfasstes Verhalten, für welches das BKartA zunächst ein Wettbewerbsschädigungspotenzial ermittelt hat, angesichts von Besonderheiten des Marktkontextes voraussichtlich pro-kompetitive Wirkung entfaltet (**„pro-competition defense"**). So können Selbstbegünstigungs- bzw. Kopplungspraktiken durch einen Normadressaten, der in dem betroffenen Markt der Herausforderer ist, womöglich ein geeignetes Mittel sein, um den zugunsten eines anderen Normadressaten wirkenden Konzentrationstendenzen entgegenzuwirken. Im Rahmen der sachlichen Rechtfertigung hat der Normadressat mithin Gelegenheit, die Wettbewerbsschädigungshypothese des BKartA zu widerlegen.

229    Neben einer „pro-competition defense" kann sich ein Normadressat auf **rechtliche oder technische Unmöglichkeit** berufen. Ist ein Normadressat aufgrund rechtlicher Vorgaben – etwa des Datenschutzrechts – zu einem bestimmten Verhalten gezwungen, so ist das Verhalten auch sachlich gerechtfertigt. So bedarf etwa die Portierung personenbezogener Daten im Einzelfall immer einer datenschutzrechtlichen Rechtsgrundlage.[453] § 19a stellt keine Rechtsgrundlage für die Verarbeitung personenbezogener Daten dar. Auch die Aufrechterhaltung der Sicherheit von IT-Systemen ist ein legitimer Gesichtspunkt, der zu einer sachlichen Rechtfertigung führen kann.[454]

230    Auch technisch kann von einem Normadressaten – etwa im Rahmen einer Interoperabilitätsanordnung – nur verlangt werden, was möglich ist. Unterhalb der Grenze technischer Unmöglichkeit ist jedoch fraglich, **welchen Kostenaufwand der Normadressat hinnehmen muss** und in welchem Maße eine Umgestaltung des Produkts verlangt werden kann. Dies ist im Rahmen einer **umfassenden Interessenabwägung** unter Beachtung der obigen Maßstäbe im Einzelfall zu beurteilen.

231    Angesichts von **Überlappungen der Untersagungstatbestände** des § 19a Abs. 2 (zB zwischen § 19a Abs. 2 S. 1 Nr. 1 lit. a, Nr. 3 und Nr. 5) kann das BKartA die Untersagung ein- und desselben Verhaltens uU auf mehrere Untersagungstatbestände stützten. In einem solchen Fall ist die sachliche Rechtfertigung einheitlich für alle Untersagungstatbestände zu prüfen.[455] Einer zusätzlichen Prüfung einer sachlichen Rechtfertigung bedarf es in einem späteren Verfahren zur Feststellung eines Verstoßes gegen eine Verbotsverfügung.[456]

232    **2. Darlegungs- und Beweislast (S. 3).** Die Darlegungs- und Beweislast für die sachliche Rechtfertigung obliegt gemäß § 19a Abs. 2 S. 3 den betroffenen Unternehmen. Ein non liquet geht dementsprechend am Ende des Verfahrens zu Lasten des Unternehmens.[457] Dies gilt ausdrücklich auch im Verwaltungsverfahren. § 19 Abs. 2 S. 3 begrenzt damit den Amtsermittlungsgrundsatz. Der Gesetzgeber verspricht sich hiervon einen erheblichen

---

[450] Ebenso Nothdurft in Bunte Rn. 122; kritisch Grünwald in FK-KartellR Rn. 130.
[451] BT-Drs. 19/25868, 113.
[452] BGH 23.6.2020 – KVR 69/19, Rn. 121 ff. – Facebook.
[453] BT-Drs. 19/25868, S. 113 f.
[454] BT-Drs. 19/25868, S. 113 f.
[455] Ebenso Nothdurft in Bunte Rn. 121.
[456] So auch Wolf in MüKo Rn. 231.
[457] Begr. RegE, BT-Drs. 19/23492, 77.

Effektivitätsgewinn im Vergleich zu herkömmlichen Missbrauchsverfahren:[458] Mit der Überwälzung der Darlegungs- und Beweislast besteht für den Normadressaten ein Anreiz, alle relevanten Informationen aus seiner Sphäre fristgerecht zu offenbaren.[459] Auch eine etwaige pro-kompetitive Wirkung der Ausgestaltung der eigenen Dienste kann der Normadressat, der diese Dienste besser kennt und deren Wirkungsweise besser versteht, der Behörde gegenüber erläutern. Dies mindert die Informationsasymmetrien zwischen Unternehmen und Behörde.

Zur Gewährleistung der Verhältnismäßigkeit der Beweislastumkehr (→ Rn. 75) ist **233** gleichwohl eine einschränkende Auslegung von § 19a Abs. 2 S. 3 geboten, verbunden mit erhöhten, der Gesetzesbegründung nicht klar zu entnehmenden Anforderungen an die Darlegungen des BKartA, wenn es den Normadressaten den Entwurf einer Untersagungsverfügung nach § 19a Abs. 2 S. 1 unterbreitet. Vom BKartA ist erstens zu verlangen, dass es das zu untersagende Verhalten konkretisiert[460] und diese Konkretisierung mit einer Darlegung einer Wettbewerbsschädigungsprognose verbindet (dazu bereits → Rn. 130 ff.). Erst dies gibt dem Normadressaten einen hinreichend konkreten Anknüpfungspunkt für eine sachliche Rechtfertigung. Zweitens kann sich die **Darlegungs- und Beweislast nur** auf solche **Informationen** beziehen, die **aus der Sphäre des Normadressaten** stammen.[461] Informationen, die nur mithilfe von Ermittlungsbefugnissen beschafft werden können, wie sie dem BKartA, nicht aber dem Normadressaten zur Verfügung stehen, bleiben dem Amtsermittlungsgrundsatz unterworfen.[462]

## F. Verfahren und Rechtsfolgen

### I. Verfahren, Wirkung und Geltungsdauer der Verfügungen nach § 19a Abs. 1 und § 19a Abs. 2

**1. Wirkung der Verfügung, Ermessen des BKartA.** Anders als §§ 19, 20 entfalten **234** die Missbrauchstatbestände des § 19a Abs. 2 S. 1 **keine unmittelbare Wirkung.** Sie setzen den Erlass einer die Normadressateneigenschaft feststellenden Verfügung nach § 19a Abs. 1 sowie einer weiteren – ggfs. mit dieser Verfügung verbundenen (§ 19a Abs. 2 S. 5) – Konkretisierung der Verhaltenspflichten des Normadressaten nach § 19a Abs. 2 zwingend voraus.

Von der Ermächtigung zum Erlass der Verfügung nach § 19a Abs. 1 (siehe § 19a **235** Abs. 1 S. 1) und zum Erlass der Verfügung nach § 19a Abs. 2 (siehe § 19a Abs. 2 S. 1) hat das BKartA nach **pflichtgemäßem Ermessen** Gebrauch zu machen:[463] Beide Ermächtigungen sind als „Kann"-Vorschrift ausgestaltet. Bei der Ausübung dieses Ermessens hat sich das BKartA an den Schutzzwecken des § 19a (dazu → Rn. 33 ff.) auszurichten. Im Vordergrund steht der Schutz des öffentlichen Interesses an offenen Märkten mit unverfälschtem Wettbewerb. Zu begründen ist, warum die allgemeine Missbrauchsaufsicht nach § 19 und Art. 102 AEUV nicht genügt.[464] Private Schutz-

[458] Begr. RegE, BT-Drs. 19/23492, 78; BKartA, Stellungnahme des Bundeskartellamtes zum Referentenentwurf zur 10. GWB-Novelle, 2020, S. 5 f.

[459] Begr. RegE, BT-Drs. 19/23492, S. 78; BKartA, Stellungnahme des Bundeskartellamtes zum Referentenentwurf zur 10. GWB-Novelle, 2020, S. 5 f; Franck/Peitz 12(7) JECLAP (2021), 513 (522).

[460] Vgl. Begr. RegE, BT-Drs. 19/23492, 78; BT-Drs. 19/25868, 114.

[461] Begr. RegE, BT-Drs. 19/23492, 78; BT-Drs. 19/25868, 114; siehe auch Lettl WRP 2021, 413 (422); Polley/Kaub NZKart 2020, 113 (118).

[462] BT-Drs. 19/25868, 114.

[463] Begr. RegE, BT-Drs. 19/23492, 75; es gelten die allgemeinen Grundsätze der Ermessensfehlerlehre; die besonderen Grundsätze des Regulierungsermessens sind nicht übertragbar; siehe dazu Wolf in MüKoWettbR Rn. 88.

[464] Siehe hierfür etwa BKartA 2.5.2022 – B6-27/21 Rn. 662 ff. – Meta (Wettbewerbsgefährdungen, die gerade von der marktübergreifenden Machtstellung ausgehen; und auf das Ziel der Verfahrensbeschleunigung); und BKartA 5.7.2022 – B2-55/21 Rn. 644 ff. – Amazon (vom Wettbewerb nicht kontrollierte Verhaltensspielräume nicht mit Blick auf einen Einzelmarkt, sondern im Ökosystem; schnelleres Vorgehen).

interessen allein begründen **keinen Anspruch auf Einschreiten des BKartA** (dazu → Rn. 248).[465] Angesichts des Ressourcenaufwands, der mit der besonderen Missbrauchsaufsicht nach § 19a voraussichtlich verbunden ist, kann ferner eine Priorisierung bei der Anwendung von § 19a geboten sein.

236   Das BKartA hat die Verfügungen nach § 19a Abs. 1 S. 1 und nach § 19a Abs. 2 S. 1 gemäß § 61 Abs. 1 zu **begründen.** Es muss hierfür zu allen Voraussetzungen des § 19a Abs. 1 die wesentlichen tatsächlichen und rechtlichen Gründe mitteilen, die die Behörde zu ihrer Entscheidung bewogen haben.[466]

237   Die **Darlegungs- und Beweislast für die Feststellung der Normadressatenschaft nach § 19a Abs. 1 S. 1** liegt beim BKartA. Die Feststellung der Normadressatenschaft setzt danach aufwändige Ermittlungen voraus, die erhebliche Zeit in Anspruch nehmen können.[467] Nicht vorausgesetzt ist ein Anfangsverdacht bzgl. eines gem. § 19a Abs. 2 missbräuchlichen Verhaltens.[468] Zwar hat das BKartA bisher bei der Einleitung eines Verfahrens nach § 19a Abs. 1 häufig schon auf ein potenziell missbräuchliches Verhalten hingewiesen.[469] Die Notwendigkeit der Priorisierung bei der Einleitung von § 19a Abs. 1-Verfahren legt es nahe, das neue Regime der Missbrauchsaufsicht zuerst auf diejenigen Unternehmen anzuwenden, bei denen potenzielle Missbräuche bereits identifiziert worden sind. Ziel der Feststellung der Normadressateneigenschaft nach § 19a Abs. 1 kann es aber ebenso sein, schnell gegen künftig wettbewerbsschädigende Verhaltensweisen vorgehen zu können, so dass die Feststellung der Adressatenschaft schon vor dem Auftreten konkreter Verhaltensweisen gerechtfertigt sein kann.[470]

238   Die **Verfügung nach § 19a Abs. 1 ist sofort vollziehbar** (e contrario § 66 Abs. 1).[471] Mit Zustellung bildet sie eine taugliche Grundlage für den Erlass von verhaltenskonkretisierenden Verfügungen nach § 19a Abs. 2 S. 1. Hierin liegt die eigentliche Wirkung der Verfügung nach § 19a Abs. 1. Ohne eine ergänzende Verfügung nach § 19a Abs. 2 begründet die die Normadressatenschaft feststellende Verfügung keine besonderen Verhaltenspflichten. Das Erfordernis einer feststellenden Verfügung für die Normadressateneigenschaft wie auch für die konkreten Verhaltenspflichten soll Rechtssicherheit für die potenziell betroffenen Unternehmen gewährleisten.[472]

239   Die Darlegungs- und Beweislast für den Erlass einer Unterlassungsverfügung nach § 19a Abs. 2 liegt bei den Normadressaten (§ 19a Abs. 2 S. 3) (dazu → Rn. 232). Einer Verfügung nach § 19a Abs. 2 S. 1 muss aber stets die Darlegung eines konkreten Wettbewerbsschädigungspotenzials durch das BKartA zugrunde liegen. Auch die Eignung der Verhaltensauflagen zur Bekämpfung der Gefährdungslage ist darzutun (dazu → Rn. 133). Auch die **Verfügung nach § 19a Abs. 2 S. 1 ist sofort vollziehbar.**

## 2. Geltungsdauer der Verfügungen nach § 19a Abs. 1 und nach § 19a Abs. 2.

240  Die **Verfügung nach § 19a Abs. 1 S. 1,** mit welcher die Normadressateneigenschaft festgestellt wird, ist nach § 19a Abs. 1 S. 3 verbindlich auf **fünf Jahre nach Eintritt der**

---

[465] Siehe auch Nothdurft in Bunte Rn. 128: An einer Ermessensreduzierung auf Null werde es regelmäßig fehlen.

[466] Vgl. zu § 61 Abs. 1 GWB → Bach § 61 Rn. 14.

[467] So auch: Gerpott NZKart 2021, 273 (275).

[468] Siehe auch Nothdurft in Bunte Rn. 129.

[469] BKartA Pressemitteilung vom 28.1.2021, abrufbar unter www.bundeskartellamt.de/SharedDocs/Meldung/DE/Pressemitteilungen/2021/28_01_2021_Facebook_Oculus.html, zuletzt abgerufen am 27.7.2023; Pressemitteilung vom 25.5.2021, abrufbar unter www.bundeskartellamt.de/SharedDocs/Meldung/DE/Pressemitteilungen/2021/25_05_2021_Google_19a.html, zuletzt abgerufen am 27.7.2023; Pressemitteilung vom 21.6.2021, abrufbar unter www.bundeskartellamt.de/SharedDocs/Meldung/DE/Pressemitteilungen/2021/21_06_2021_Apple.html, zuletzt abgerufen am 27.7.2023.

[470] Nothdurft in Bunte Rn. 129 spricht von einem „Vorratscharakter" der Feststellung der Normadressateneigenschaft nach § 19a Abs. 1.

[471] Nothdurft in Bunte Rn. 128.

[472] Begr. RegE, BT-Drs. 19/23492, 74; BKartA, Stellungnahme des Bundeskartellamtes zum Referentenentwurf zur 10. GWB-Novelle, 2020, S. 6.

**Bestandskraft**[473] zu befristen.[474] Die Befristung dient der Wahrung der Verhältnismäßigkeit.[475] Der Regierungsentwurf wollte die Geltungsdauer der Verfügung noch ins pflichtgemäße Ermessen des BKartA legen. Das BKartA sollte sich bei der Festlegung der Geltungsdauer an dem zur wirksamen Begrenzung der Wettbewerbsrisiken voraussichtlich notwendigen Zeitraum ausrichten.[476] Ein rechtssicherer Maßstab für den Umgang mit den unvermeidlichen und erheblichen Prognoseunsicherheiten war jedoch nicht ersichtlich.[477] Vor diesem Hintergrund befristet § 19 Abs. 1 S. 3 die Geltungsdauer der Verfügung nunmehr generell auf fünf Jahre.

Verändern sich die Marktverhältnisse vor Ablauf der Frist in einer Weise, welche die 241 Voraussetzungen für die Normadressatenschaft entfallen lassen, so wäre die Verfügung gem. § 49 Abs. 1 VwVfG mit Wirkung ex nunc zu widerrufen.[478]

Eine Geltungsdauer für **Verfügungen nach § 19a Abs. 2 S. 1** ist gesetzlich nicht 242 festgelegt. Die Geltungsdauer der Verhaltensauflagen ist durch die Geltungsdauer der Normadressatenschaft begrenzt. Im Übrigen ist sie vom BKartA festzulegen und zu begründen.

## II. Durchsetzungsverfahren

**1. Allgemeines.** Für die Durchsetzung des § 19a Abs. 2 stehen dem BKartA die all- 243 gemeinen, im GWB vorgesehenen Befugnisse und Entscheidungsmöglichkeiten zu.[479] Gem. § 19a Abs. 2 S. 4 sind **§ 32 Abs. 2, Abs. 3, § 32a und § 32b entsprechend** anzuwenden. Der Verweis erstreckt sich nicht auf § 32 Abs. 2a, welcher es dem BKartA erlaubt, eine Abstellungsverfügung mit der Anordnung einer Rückerstattung der aus dem kartellrechtswidrigen Verhalten erwirtschafteten Vorteile zu verbinden; denn die Untersagungsverfügung nach § 19a Abs. 2 S. 1 entfaltet Wirkung nur ex nunc.[480] Eine **Rückerstattungsanordnung nach § 32 Abs. 2a** kommt allerdings in Betracht, wenn ein Normadressat gegen eine bereits in Kraft getretene Untersagungsverfügung nach § 19a Abs. 2 verstößt.[481]

Die Untersagung einer oder mehrerer der in § 19a Abs. 2 S. 1 aufgeführten Verhaltens- 244 weisen kann nach § 32 Abs. 2 mit der **Anordnung aller erforderlichen Abhilfemaßnahmen** verhaltensorientierter oder struktureller Art verbunden werden,[482] die mit Blick auf das Ziel des Untersagungstatbestands verhältnismäßig und für die effektive Durchsetzung des Verbots erforderlich sind. Abhilfemaßnahmen struktureller Art sind im Verhältnis zu Verhaltensauflagen subsidiär. Sie können also nur auferlegt werden, wenn keine gleich wirksamen Verhaltensauflagen zur Verfügung stehen oder wenn die Verhaltensauflagen mit größeren Belastungen für die Normadressaten verbunden wären (§ 32 Abs. 2 S. 2). Die Auferlegung einer Entflechtung kommt mithin wohl erst in Betracht, wenn ein Normadressat wiederholt gegen die Verhaltensauflagen verstößt.[483] Für das BKartA ist das in § 19a Abs. 2 verankerte Regime der Verhaltenskontrolle mit einem erheblichen und fortlaufenden Regulierungs- und Überwachungsaufwand verbunden. In besonderem Maße

---

[473] Kritisch zur Festlegung der Bestandskraft als Fristbeginn Grünwald in FK-KartellR Rn. 55.
[474] Zur Gesetzgebungsgeschichte siehe Grünwald in FK-KartellR Rn. 54.
[475] Begr. RegE, BT-Drs. 19/23492, 75.
[476] Begr. RegE, BT-Drs. 19/23492, 75.
[477] Nothdurft in Bunte Rn. 128.
[478] Nothdurft in Bunte Rn. 128; siehe auch BKartA 30.12.2021 – B7-61/21 Rn. 423 – Alphabet; aus der Lit. Lettl WRP 2021, 413 (417).
[479] Begr. RegE, BT-Drs. 19/23492, 74.
[480] Begr. RegE, BT-Drs. 19/23492, 74, 78.
[481] In diese Richtung auch Wagner v. Papp in BeckOK KartellR Rn. 98.
[482] Das reine Unterlassen der in den Untersagungstatbeständen aufgeführten Verhaltensweisen ist bereits mit der Verfügung nach § 19a Abs. 2 S. 1 angeordnet; dementsprechend bezieht sich § 32 Abs. 2 im Rahmen eines Verfahrens nach § 19a nur auf darüber hinaus gehende Anordnungen; vgl. Nothdurft in Bunte Rn. 131.
[483] Ebenso: Wagner v. Papp in BeckOK KartellR Rn. 96.

kann dies für die Auferlegung einer Interoperabilitäts- und Datenportabilitätsverpflichtung gelten. Geeignete institutionelle Implementierungs- und Überwachungsregime wird das BKartA erst noch entwickeln müssen.

**245**  Wird gegen eine vollziehbare Untersagungsverfügung nach § 19a Abs. 2 S. 1 verstoßen, so stellt dies gemäß § 81 Abs. 1 Nr. 2 lit. a Var. 1 eine bußgeldbewehrte Ordnungswidrigkeit dar.

**246**  **2. Verpflichtungszusagen nach § 32b GWB.** Das BKartA kann in einem Verfahren zur Feststellung der Verhaltenspflichten nach § 19a Abs. 2 S. 1 Verpflichtungszusagen der Normadressaten entgegennehmen (siehe den Verweis auf § 32b in § 19a Abs. 2 S. 4) und für verbindlich erklären, sofern sie geeignet sind, die Bedenken des BKartA auszuräumen. In herkömmlichen Missbrauchsverfahren nach § 19, Art. 102 AEUV dienen Verpflichtungszusagen häufig der Abkürzung des Verfahrens. In einem Verfahren nach § 19a Abs. 2 können Verpflichtungszusagen vor allem eine einvernehmliche Regelung der Implementierungsmodalitäten bestimmter Untersagungstatbestände beinhalten.

**247**  **3. Einstweilige Maßnahmen.** § 19a Abs. 2 S. 4 verweist auch auf die entsprechende Anwendbarkeit des § 32a, und damit auf die Möglichkeit des Erlasses einstweiliger Maßnahmen. Die Anordnung einstweiliger Maßnahmen setzt gemäß § 32a voraus, dass eine Zuwiderhandlung im Sinne des § 32 Abs. 1 überwiegend wahrscheinlich erscheint und die einstweilige Maßnahme zum Schutz des Wettbewerbs oder aufgrund einer unmittelbar drohenden, schwerwiegenden Beeinträchtigung eines anderen Unternehmens geboten ist. Da die Untersagungstatbestände des § 19a Abs. 2 S. 1 keine automatische Geltung beanspruchen, kommt eine Zuwiderhandlung im Rahmen des § 19a – anders als bei den §§ 19, 20 – jedoch erst dann in Betracht, wenn das BKartA eine Verhaltensverfügung nach § 19a Abs. 2 S. 1 erlassen hat. Ab diesem Zeitpunkt sollte sich die Anordnung einer einstweiligen Maßnahme allerdings im Regelfall erübrigen.[484] Der Verweis auf § 32a ist vor diesem Hintergrund so zu verstehen, dass **einstweilige Maßnahmen schon vor Erlass der zweiten Verfügung nach § 19a Abs. 2 S. 1** (aber nach Feststellung der Normadressatenstellung gem. § 19a Abs. 1) erlassen werden können, um im Vorgriff auf eine Verfügung nach § 19a Abs. 2 möglichen Schaden für den Wettbewerb abzuwenden.[485]

**248**  **4. Verpflichtungsklagen: Kein Anspruch auf Einschreiten des BKartA.** § 19a dient vorrangig dem Schutz des öffentlichen Interesses am unverfälschten Wettbewerb vor den besonderen Gefahren, wie sie aus überragenden marktübergreifenden Machtstellungen in der Digitalwirtschaft folgen. Zugleich wird in den verschiedenen Nummern des § 19a Abs. 2 S. 1 immer wieder auf den Schutz von „Wettbewerbern" oder anderen, in ihrer Tätigkeit vom Normadressaten abhängigen Unternehmen vor Behinderung abgestellt. Ein drittschützender Charakter des § 19a kommt damit zwar grds. in Betracht. Auf den Erlass einer Verfügung nach § 19a Abs. 1 und Abs. 2 gerichtete Verpflichtungsklagen Privater werden gleichwohl regelmäßig scheitern.[486] Dem BKartA steht bei der Anwendung des § 19a ein weites Ermessen zu.[487] Zu den Gesichtspunkten, welche die Ermessensausübung anleiten, zählen die Schutzzwecke des § 19a, von denen der Individualschutz nur einer unter mehreren ist;[488] ferner ist die Möglichkeit zu berücksichtigen, alternativ nach §§ 19, 20 vorzugehen. In Zukunft ist außerdem den Überlappungen mit dem DMA Rechnung zu tragen. Zusätzlich muss das BKartA aufgrund seiner begrenzten Ressourcen sein Aufgreifermessen derart ausüben, dass mit möglichst wenigen Eingriffen ein möglichst umfassender

---

[484] Vgl. Höppner WuW 2020, 71 (76): Eine einstweilige Maßnahme hätte ab diesem Zeitpunkt nur noch dann einen eigenständigen Regelungsgehalt, wenn Streit über den Inhalt der Verhaltensverfügung nach § 19a Abs. 2 bestünde.

[485] AA Wagner v. Papp in BeckOK KartellR Rn. 99.

[486] So auch: Nothdurft in Bunte Rn. 128.

[487] Höppner WuW 2020, 71 (76) führt dies als Argument gegen einen drittschützenden Charakter von § 19a an.

[488] Nothdurft in Bunte Rn. 128.

und effektiver Schutz des Wettbewerbs erzielt wird.[489] Auch in der Auswahl und Ausgestaltung der Verhaltenspflichten verfügt das BKartA über ein weites Ermessen. Eine Verpflichtungsklage hätte nur im Falle einer Ermessensreduzierung auf Null Erfolg. Eine solche Ermessensreduzierung dürfte in der Praxis die absolute Ausnahme sein. Zu berücksichtigen ist dabei auch, dass ein erheblicher Teil der in § 19a Abs. 2 S. 1 aufgeführten Verhaltensweisen auch durch die §§ 19, 20 erfasst werden dürfte und privaten Unternehmen insoweit eigene Rechtsbehelfe zur Verfügung stehen.

**5. Private Unterlassungs- und Schadensersatzklagen, §§ 33 Abs. 1, 33a.** Die Untersagungstatbestände des § 19a Abs. 2 S. 1 sind nicht unmittelbar anwendbar. Sie werden erst durch eine Untersagungsverfügung des BKartA aktiviert. Erst in der Folge einer Verfügung nach § 19a Abs. 2 S. 1 kommt dann auch eine private Durchsetzung in Betracht: Sobald eine solche Verfügung vollziehbar ist, können diejenigen „Wettbewerber" und „anderen Unternehmen", die in den Schutzbereich einer solchen Verfügung fallen, gem. § 33 Abs. 1 vom Normadressaten Unterlassung[490] oder gem. § 33a Schadensersatz verlangen. 249

## G. Rechtsschutz

Zulässiges Rechtsmittel gegen eine (grds. sofort vollziehbare[491]) Verfügung des BKartA nach § 19a – ob nach § 19a Abs. 1 S. 1 zur Normadressatenschaft oder nach § 19a Abs. 2 S. 1 zu den Verhaltenspflichten eines Normadressaten – ist gem. § 73 Abs. 1 S. 1 die Beschwerde.[492] Schon gegen die die Normadressatenschaft begründende Verfügung nach Abs. 1 S. 1 kann Beschwerde eingelegt werden, da bereits diese erste Verfügung das wirtschaftliche Interesse der Verfügungsadressaten betrifft.[493] Auch wenn die Verfügungen gem. Abs. 1 und gem. Abs. 2 gemeinsam ergehen (vgl. § 19a Abs. 2 S. 4), bleiben sie eigenständig anfechtbar.[494] Die Beschwerde hat keine aufschiebende Wirkung.[495] 250

In Abweichung von der grundsätzlichen Zuständigkeit der Oberlandesgerichte gemäß § 73 Abs. 4 für Beschwerden gegen Verfügungen des BKartA begründet **§ 73 Abs. 5** die **ausschließliche und erstinstanzliche Zuständigkeit des Bundesgerichtshofs** für die Beschwerde gegen § 19a-Verfügungen. Diese Zuweisung gilt nach § 73 Abs. 5 Nr. 2 auch für die entsprechenden Verfügungen nach den § 32a und § 32b und umfasst nicht nur verfahrensabschließende Verfahrenshandlungen, sondern auch sonstige Verfahrenshandlungen wie Auskunftsbeschlüsse oder Beiladungen.[496] Die Zuweisung gilt gemäß § 73 Abs. 5 Nr. 1 auch dann, wenn das Verfahren parallel auf § 19, § 20 oder Art 102 AEUV gestützt ist. Der Bundesgerichtshof „entscheidet als Beschwerdegericht", so dass nicht die Vorschriften über die Rechtsbeschwerde, sondern diejenigen über die Beschwerde Anwendung finden.[497] 251

Als Grund für die – in der Lit. teils scharf kritisierte[498] – erstinstanzliche und abschließende Zuständigkeit des BGH verweist die Gesetzesbegründung auf die Notwendigkeit der Verfahrensbeschleunigung[499] als eines der wesentlichen Ziele des § 19a und der 10. GWB- 252

---

[489] Vgl. auch Nothdurft in Bunte Rn. 128.

[490] § 19a ist eine Vorschrift des Teils 1 des GWB gem. § 33 Abs. 1 GWB.

[491] E contr. § 66 Abs. 1 GWB.

[492] Die Begründung des Regierungsentwurfs stellt fälschlicherweise auf § 63 Abs. 1 ab; vgl. Begr. RegE, BT-Drs. 19/23492, 74.

[493] Begr. RegE, BT-Drs. 19/23492, 74; Polley/Kaub NZKart 2020, 113 (118).

[494] Grünwald in FK-KartellR Rn. 156.

[495] Nothdurft in Bunte Rn. 128; Grünwald in FK-KartellR Rn. 161.

[496] BT-Drs. 19/25868, 121.

[497] BT-Drs. 19/25868, 121.

[498] Franck/Peitz 12(7) JECLAP (2021), 513 (520); Esser/Höft in Bien/Käseberg/Klumpe/Körber/Ost 10. GWB-Novelle Kap. 1 Rn. 280 ff.

[499] BT-Drs. 19/25868, 9, 119.

Novelle.[500] Es bestehe ein „besonderes Interesse an einer raschen und abschließenden Klärung der mit solchen Verfahren verbundenen Rechtsfragen."[501] Mit § 19a ist eine neuartige Missbrauchskontrolle eingeführt worden. Die Auslegung der neuen Vorschrift ist mit erheblicher Rechtsunsicherheit verbunden,[502] die sich auch auf die Frage erstreckt, wieviel und welche Art von Sachverhaltsinformation vom BKartA beigebracht werden muss. Würde der BGH in einem mehrinstanzlichen Verfahren den Fall für weitere Ermittlungen an die Vorinstanz zurückverweisen, so könnte sich ein § 19a-Verfahren hierdurch erheblich in die Länge ziehen.[503] Derartige Verzögerungen könnten überdies gleich doppelt auftreten, wenn die Verfügungen zur Feststellung der Normadressatenschaft nach § 19a Abs. 1 und die Untersagungsverfügung nach § 19a Abs. 2 separat angegriffen würden. In dem durch besonders schnelle Marktentwicklungen gekennzeichneten digitalen Umfeld können bei verspäteter Intervention dauerhafte, mit den zur Verfügung stehenden Abhilfemaßnahmen nicht mehr zu behebende Schäden für den Wettbewerb drohen.[504] Die sofortige Vollziehbarkeit der Verfügungen beseitigt diese Gefahr nicht vollständig: Angesichts der Komplexität der Sachverhalte und der Vielzahl ungeklärter Rechtsfragen könnte sie ihrerseits – wie im Facebook-Verfahren geschehen[505] – Gegenstand eines längerwierigen Rechtsmittelverfahrens sein.[506] Schließlich sind Antragsteller selbst nach Zurückweisung eines Antrags auf Aussetzung der sofortigen Vollziehung nicht daran gehindert, weitere Anträge zu stellen.[507] Angesichts der besonderen Bedeutung, die im digitalen Umfeld einer schnellen Intervention gegen Praktiken mit gravierendem Wettbewerbsbehinderungspotenzial beigemessen wird, soll die erstinstanzliche und zugleich abschließende Zuständigkeit des BGH eine zeitnahe Klärung aller relevanten tatsächlichen und rechtlichen Fragen gewährleisten.[508]

**253**   Die gesetzliche Anordnung einer erstinstanzlichen und abschließenden Zuständigkeit der Obergerichte des Bundes ist ungewöhnlich, aber kein Novum.[509] Das BVerfG hat eine solche Zuständigkeit in der Vergangenheit für verfassungsgemäß gehalten.[510] Gleichwohl geht ein Teil des juristischen Diskurses zur Auslegung und Anwendung des Rechts in einem neuen, juristisch wie ökonomisch komplexen Umfeld verloren.[511] Um in dieser Situation unabhängige ökonomische Expertise in das Verfahren einzuführen, wird der BGH in § 75 Abs. 5 ermächtigt, in Verfahren nach § 73 Abs. 5 GWB eine **Stellungnahme der Monopolkommission** einzuholen.[512] Der Bundesgerichtshof kann die Stellungnahme auf die Beantwortung konkreter Fragen beschränken.[513] Er kann der Monopolkommission ferner eine Frist für die Stellungnahme setzen, wobei die Gesetzesbegründung in Anlehnung an § 42 Abs. 5 S. 3 im Regelfall eine Frist von zwei Monaten für

---

[500] Begr. RegE, BT-Drs. 19/23492, 55.
[501] BT-Drs. 19/25868, 119.
[502] BT-Drs. 19/25868, 121.
[503] BT-Drs. 19/25868, 121.
[504] Begr. RegE, BT-Drs. 19/23492, 56; BT-Drs. 19/25868, 119 f.
[505] Dazu Franck/Peitz 12(7) JECLAP 2021, 513 (525).
[506] BT-Drs. 19/25868, 121.
[507] BT-Drs. 19/25868, 121.
[508] BT-Drs. 19/25868, 9; optimistisch hinsichtlich des Ziels der Beschleunigung: Kühling, Tackling Big Tech, Verfassungsblog, verfassungsblog.de/tackling-big-tech/, zuletzt abgerufen am 14.6.2021.
[509] Zahlreiche erstinstanzliche Zuweisungen an das BVerwG finden sich zB in § 50 VwGO. Der BGH ist dagegen im Regelfall erstinstanzliches Gericht für Entscheidungen über Streitigkeiten nach dem PUAG, vgl. § 36 I PUAG.
[510] St. Rspr. seit BVerfG 10.6.1958 – 2 BvF 1/56, BVerfGE 8, 174, 181 f.; zuletzt etwa BVerfG 4.7.1995 – 1 BvF 2/86, 1 BvF 1/87, 1 BvF 2/87, 1 BvF 3/87, 1 BvF 4/87 und 1 BvR 1421/86, BVerfGE 92, 365, 410; vgl. auch BVerwG 9.7.2008 – 9 A 14/07, BVerwGE 131, 274. Auch Heider/Kutscher WuW 2022, 134 (139).
[511] Vgl. Franck/Peitz 12(7) JECLAP (2021), 513 (525), verbunden mit dem Hinweis, dass die Verkürzung des Rechtswegs den Eingriff in Berufs- und Eigentumsfreiheit der Unternehmen vertieft.
[512] BT-Drs. 19/25868, 122.
[513] BT-Drs. 19/25868, 122.

angemessen erachtet.[514] Die Einbeziehung der Monopolkommission schließt eine Hinzuziehung weiterer Sachverständiger nicht aus.[515]

## H. Berichtspflicht des BMWK (§ 19a Abs. 4)

Gemäß § 19a Abs. 4 hat das BMWK den gesetzgebenden Körperschaften nach Ablauf **254** von vier Jahren nach Inkrafttreten der Norm über die Erfahrungen mit ihrer Anwendung zu berichten. Der deutsche Gesetzgeber trägt damit dem „experimentellen" Charakter des § 19a Rechnung:[516] Der Gesetzgeber hat hiermit ein Regime der wettbewerbsnahen Plattformregulierung eingeführt, für das es bislang keine etablierten Vorbilder gibt, und bewusst eine Vorreiterrolle in der Regulierung von Märkten in Anspruch genommen, deren Wirkmechanismen ökonomisch nicht vollständig erfasst und verstanden sind, und die sich in hohem Tempo weiterentwickeln. Vor diesem Hintergrund – aber auch angesichts der rechtlichen Entwicklungen auf europäischer Ebene, namentlich dem für 2023 erwarteten Inkrafttreten des DMA[517] – ist damit zu rechnen, dass Anpassungen des § 19a notwendig werden.[518]

## § 20 Verbotenes Verhalten von Unternehmen mit relativer oder überlegener Marktmacht

(1) ¹§ 19 Absatz 1 in Verbindung mit Absatz 2 Nummer 1 gilt auch für Unternehmen und Vereinigungen von Unternehmen, soweit von ihnen andere Unternehmen als Anbieter oder Nachfrager einer bestimmten Art von Waren oder gewerblichen Leistungen in der Weise abhängig sind, dass ausreichende und zumutbare Möglichkeiten, auf dritte Unternehmen auszuweichen, nicht bestehen und ein deutliches Ungleichgewicht zur Gegenmacht der anderen Unternehmen besteht (relative Marktmacht). ²§ 19 Absatz 1 in Verbindung mit Absatz 2 Nummer 1 gilt ferner auch für Unternehmen, die als Vermittler auf mehrseitigen Märkten tätig sind, soweit andere Unternehmen mit Blick auf den Zugang zu Beschaffungs- und Absatzmärkten von ihrer Vermittlungsleistung in der Weise abhängig sind, dass ausreichende und zumutbare Ausweichmöglichkeiten nicht bestehen. ³Es wird vermutet, dass ein Anbieter einer bestimmten Art von Waren oder gewerblichen Leistungen von einem Nachfrager abhängig im Sinne des Satzes 1 ist, wenn dieser Nachfrager bei ihm zusätzlich zu den verkehrsüblichen Preisnachlässen oder sonstigen Leistungsentgelten regelmäßig besondere Vergünstigungen erlangt, die gleichartigen Nachfragern nicht gewährt werden.

(1a) ¹Eine Abhängigkeit nach Absatz 1 kann sich auch daraus ergeben, dass ein Unternehmen für die eigene Tätigkeit auf den Zugang zu Daten angewiesen ist, die von einem anderen Unternehmen kontrolliert werden. ²Die Verweigerung des Zugangs zu solchen Daten gegen angemessenes Entgelt kann eine unbillige Behinderung nach Absatz 1 in Verbindung mit § 19 Absatz 1, Absatz 2 Nummer 1 darstellen. ³Dies gilt auch dann, wenn ein Geschäftsverkehr für diese Daten bislang nicht eröffnet ist.

(2) § 19 Absatz 1 in Verbindung mit Absatz 2 Nummer 5 gilt auch für Unternehmen und Vereinigungen von Unternehmen im Verhältnis zu den von ihnen abhängigen Unternehmen.

---

[514] BT-Drs. 19/25868, 122.
[515] BT-Drs. 19/25868, 122.
[516] Kritisch hierzu zB Monopolkommission, Policy Brief, Ausgabe 4, Januar 2020, S. 3; Mäger NZKart 2020, 101 (102); Galle DB 2020, 1274 (1277): Die Einführung einer so neuartigen Regulierung hätte eine längere Vorlaufzeit und gründlichere Evaluierung nahegelegt.
[517] Die Entwicklungen auf europäischer Ebene sollen im Bericht des BMWK ausdrücklich berücksichtigt werden – siehe BT-Drs. 19/25868, 118.
[518] BT-Drs. 19/25868, 9.

(3) [1]Unternehmen mit gegenüber kleinen und mittleren Wettbewerbern überlegener Marktmacht dürfen ihre Marktmacht nicht dazu ausnutzen, solche Wettbewerber unmittelbar oder mittelbar unbillig zu behindern. [2]Eine unbillige Behinderung im Sinne des Satzes 1 liegt insbesondere vor, wenn ein Unternehmen

1. Lebensmittel im Sinne des Artikels 2 der Verordnung (EG) Nr. 178/2002 des Europäischen Parlaments und des Rates zur Festlegung der allgemeinen Grundsätze und Anforderungen des Lebensmittelrechts, zur Errichtung der Europäischen Behörde für Lebensmittelsicherheit und zur Festlegung von Verfahren zur Lebensmittelsicherheit (ABl. L 31 vom 1.2.2002, S. 1), die zuletzt durch die Verordnung (EU) 2019/1381 (ABl. L 231 vom 6.9.2019, S. 1) geändert worden ist, unter Einstandspreis oder

2. andere Waren oder gewerbliche Leistungen nicht nur gelegentlich unter Einstandspreis oder

3. von kleinen oder mittleren Unternehmen, mit denen es auf dem nachgelagerten Markt beim Vertrieb von Waren oder gewerblichen Leistungen im Wettbewerb steht, für deren Lieferung einen höheren Preis fordert, als es selbst auf diesem Markt

anbietet, es sei denn, dies ist jeweils sachlich gerechtfertigt. [3]Einstandspreis im Sinne des Satzes 2 ist der zwischen dem Unternehmen mit überlegener Marktmacht und seinem Lieferanten vereinbarte Preis für die Beschaffung der Ware oder Leistung, auf den allgemein gewährte und im Zeitpunkt des Angebots bereits mit hinreichender Sicherheit feststehende Bezugsvergünstigungen anteilig angerechnet werden, soweit nicht für bestimmte Waren oder Leistungen ausdrücklich etwas anderes vereinbart ist. [4]Das Anbieten von Lebensmitteln unter Einstandspreis ist sachlich gerechtfertigt, wenn es geeignet ist, den Verderb oder die drohende Unverkäuflichkeit der Waren beim Händler durch rechtzeitigen Verkauf zu verhindern sowie in vergleichbar schwerwiegenden Fällen. [5]Werden Lebensmittel an gemeinnützige Einrichtungen zur Verwendung im Rahmen ihrer Aufgaben abgegeben, liegt keine unbillige Behinderung vor.

(3a) Eine unbillige Behinderung im Sinne des Absatzes 3 Satz 1 liegt auch vor, wenn ein Unternehmen mit überlegener Marktmacht auf einem Markt im Sinne des § 18 Absatz 3a die eigenständige Erzielung von Netzwerkeffekten durch Wettbewerber behindert und hierdurch die ernstliche Gefahr begründet, dass der Leistungswettbewerb in nicht unerheblichem Maße eingeschränkt wird.

(4) Ergibt sich auf Grund bestimmter Tatsachen nach allgemeiner Erfahrung der Anschein, dass ein Unternehmen seine Marktmacht im Sinne des Absatzes 3 ausgenutzt hat, so obliegt es diesem Unternehmen, den Anschein zu widerlegen und solche anspruchsbegründenden Umstände aus seinem Geschäftsbereich aufzuklären, deren Aufklärung dem betroffenen Wettbewerber oder einem Verband nach § 33 Absatz 4 nicht möglich, dem in Anspruch genommenen Unternehmen aber leicht möglich und zumutbar ist.

(5) Wirtschafts- und Berufsvereinigungen sowie Gütezeichengemeinschaften dürfen die Aufnahme eines Unternehmens nicht ablehnen, wenn die Ablehnung eine sachlich nicht gerechtfertigte ungleiche Behandlung darstellen und zu einer unbilligen Benachteiligung des Unternehmens im Wettbewerb führen würde.

## Übersicht

# A. Behinderung und Diskriminierung durch relative Marktmacht (Abs. 1)

**Schrifttum:** Bien/Käseberg/Klumpe/Körber/Ost, Die 10. GWB-Novelle, 2021; Billing/Lettl, Franchising und § 20 Abs. 1 GWB, WRP 2012, 773 und 906; Heinz, Relative Marktmacht und digitale Plattformen – gibt es plattformbedingte Abhängigkeit? in: FS Schroeder, 2018, 309; Heuchert, Die Normadressaten des § 26 Abs. 2 GWB – Eine ökonomische Analyse, 1987; Köhler, Die Abhängigkeitsvermutung des § 26 II 3 GWB – Taugliches Mittel zur Erfassung von Nachfragemacht?, DB 1982, 313; Kouker, Die Normadressaten des Diskriminierungsverbotes (§ 26 Abs. 2 und 3 GWB), 1984; Markert, Der gegenwärtige Stand der Rechtsprechung zur Anwendung des § 26 Abs. 2 GWB auf Vertriebsselektionen von Markenartikelherstellern, in Immenga/Markert/Schaper/Wichmann, Selektiver Vertrieb und SB-Warenhäuser, 1982, 23; Nothdurft, Relative Marktmacht – Gutachten, 2015; Pfeiffer, Das kartellrechtliche Diskriminierungsverbot aus richterlicher Sicht, in Schwerpunkte 1981/82, 73; Petersen, Die Preisdiskriminierung in § 26 Abs. 2 GWB nach der 2. GWB-Novelle unter besonderer Berücksichtigung der marktpartnerbeherrschenden Unternehmen, 1977; Podszun, Empfiehlt sich eine stärkere Regulierung von Online-Plattformen und anderen Digitalunternehmen? Gutachten F zum Deutschen Juristentag 2020/2022, 2020; Podszun/Kersting, Eine Wettbewerbsordnung für das digitale Zeitalter: Wie lässt sich die kartellrechtliche Missbrauchsaufsicht modernisieren?, ZRP 2019, 34; Schweitzer/Haucap/Kerber/Welker, Modernisierung der Missbrauchsaufsicht für marktmächtige Unternehmen, 2018; Taube, Das Diskriminierungs- und Behinderungsverbot für „relativ marktstarke" Unternehmen, 2006; Ulmer, Die neuen Vorschriften gegen Diskriminierung und unbillige Behinderung, WuW 1980, 474; Ulmer, Kartellrechtliche Unterschiede in der Behandlung von Angebots- und Nachfragemacht, in: Wettbewerbsbeziehungen zwischen Industrie und Handel, FIW-Schriftenreihe Heft 102, 1982, 33; v. Ungern-Sternberg, Interessenabwägung nach § 26 Abs. 2 GWB, in FS Odersky, 1996, 987; Wagner-von Papp, Brauchen wir eine Missbrauchskontrolle von Unternehmen mit nur relativer oder überlegener Marktmacht?, in: Bien (Hrsg.), Das deutsche Kartellrecht nach der 8. GWB-Novelle, 2013, 96; Wiedemann, H., Erfahrungen bei der Anwendung des § 26 Abs. 2 GWB unter besonderer Berücksichtigung der beengten Versorgungssituation auf dem Mineralölmarkt, mineralöl 1980, 77; Wilde, Wettbewerbsverzerrungen und Wettbewerbsbeschränkungen durch Nachfragemacht, 1979; Wirtz, Die Anwendbarkeit von

§ 20 GWB auf selektive Vertriebssysteme nach Inkrafttreten der VO 1/ 2003, WuW 2003, 1039. S. auch das Schrifttum zu § 19 Abs. 2 Nr. 1.

## I. Bedeutung der Vorschrift, Normzweck

1     § 20 Abs. 1 erstreckt das nach § 19 Abs. 2 Nr. 1 für marktbeherrschende Unternehmen geltende Verbot der unbilligen Behinderung und sachlich nicht gerechtfertigten ungleichen Behandlung gleichartiger anderer Unternehmen auf Unternehmen und Vereinigungen von Unternehmen mit der in § 20 Abs. 1 definierten relativen Marktmacht (iE → Rn. 7 ff.). Damit soll den auch von dieser Form der Marktmacht ausgehenden Beeinträchtigungen wettbewerblicher Betätigungsmöglichkeiten anderer Unternehmen in gleicher Weise wie den von marktbeherrschenden Unternehmen verursachten entgegengewirkt werden. Der Normzweck des § 19 Abs. 2 Nr. 1 (→ § 19 Rn. 78 f.) gilt deshalb auch für dessen Anwendung auf die Normadressaten des § 20 Abs. 1. Diese Erweiterung der machtbezogenen Verhaltenskontrolle des GWB über den Rahmen der Marktbeherrschung hinaus ist mit dem diese Kontrolle in Art. 102 AEUV auf marktbeherrschende Unternehmen begrenzenden EU-Recht nach Art. 3 Abs. 2 S. 2 VO 1/2003 vereinbar.

## II. Entstehungsgeschichte

2     Durch die **2. GWB-Novelle** wurde der Kreis der Normadressaten des § 26 Abs. 2 aF durch Herausnahme der nach § 1 verbotenen Kartelle einerseits eingeengt, andererseits aber durch einen neuen Satz 2 auf Unternehmen und Unternehmensvereinigungen mit der in der Vorschrift definierten relativen Marktmacht erweitert. Aus den Gesetzesmaterialien (Begr. 1971, zu Art. 1 Nr. 9; Bericht 1973, zu §§ 16, 17 und zu § 26 Abs. 2) ergibt sich als generelles Normziel, die relative Marktmacht von Anbietern und Nachfragern auf Grund vertikaler Abhängigkeitsverhältnisse kontrollierbar zu machen. Außerdem sollte ein Ersatz für das mit der gleichzeitigen Aufhebung der Ausnahmevorschrift für die vertikale Markenwarenpreisbindung verbundene Herausfallen der bisher preisbindenden Markenartikelhersteller aus dem Verbot des § 26 Abs. 2 aF geschaffen werden. Satz 2 setzte deshalb nach Auffassung des Wirtschaftsausschusses des Bundestages „dem denkbaren Bestreben von Markenartikelherstellern Grenzen, durch einen gezielt selektiven Vertrieb oder entsprechende Rabattierung die Einhaltung der empfohlenen Verkaufspreise für berühmte Markenartikel sicherzustellen. Für Hersteller von Markenartikeln, die ein Händler, wenn er wettbewerbsfähig sein will, in seinem Sortiment führen muss, besteht nach der neuen Vorschrift grundsätzlich eine Lieferpflicht" (Bericht 1973, zu § 26 Abs. 2).

3     Durch die **4. GWB-Novelle** ist entsprechend der Fassung des Regierungsentwurfs die Abhängigkeitsvermutung (§ 26 Abs. 2 S. 2 aF) eingefügt worden. In der Amtl. Begr. wird zur allgemeinen Zielsetzung dieser Vorschrift und des auch für die Normadressaten des Abs. 2 aF geltenden Anzapfverbots des Abs. 3 aF ausgeführt, dass die Erweiterung durch die 2. GWB-Novelle zwar für die Anbieter- und Nachfrageseite gleichermaßen gelte, aber die Anwendungsfälle in der seitherigen Praxis sich nahezu ausnahmslos auf Anbieter bezogen hätten (Begr. 1978, I. 3). Die Erfahrungen hätten gezeigt, „dass sich, anders als für die Anbieterseite, das Kriterium hoher Marktanteile, wie sie z. B. den Vermutungen des § 22 Abs. 3 zugrunde liegen, als Anhaltspunkt für die Ermittlung von Marktmacht auf der Nachfrageseite nur beschränkt eignet" (Begr. 1978, zu Art. 1 Nr. 8b). Die neue Vermutung knüpfe daher an solche Sachverhalte an, „in denen die regelmäßige Erlangung besonderer Vergünstigungen zusätzlich zu den im Geschäftsverkehr üblicherweise gewährten Preisnachlässen oder sonstigen Leistungsentgelten durch einen Nachfrager von einem Anbieter ein Indiz für dessen Abhängigkeit von diesem Nachfrager ist." Bei solchen Sachverhalten sei die Kartellbehörde zur Prüfung verpflichtet, ob eine Abhängigkeit tatsächlich vorliege. Eine Umkehr der Beweislast werde jedoch durch diesen „Aufgreiftatbestand" nicht bewirkt. Die Vermutung greife nicht, „wenn trotz des durch die Einräumung

besonderer Vergünstigungen erzeugten äußeren Anscheins die nähere Prüfung ergibt, dass die Differenzierung in sachgerechter Weise dem Leistungsverhältnis des jeweiligen Austauschverhältnisses entspricht." Sie werde ferner durch den Nachweis ausreichender und zumutbarer Ausweichmöglichkeiten des Anbieters auf andere Nachfrager ausgeräumt, was sich zB aus den jeweiligen Marktanteilen des Anbieters und des Nachfragers, aus dem Verhältnis ihrer Unternehmensgrößen, aus dem Grad der Spezialisierung oder Sortimentsbreite oder aus der Knappheit oder dem Überangebot der in Frage stehenden Waren ergeben könne.

Mit der **5. GWB-Novelle** ist der Kreis der Geschützten auf kleine und mittlere Unter-   **4** nehmen begrenzt und die Beschränkung der Abhängigkeitsvermutung auf das behördliche Untersagungsverfahren aufgehoben worden. Nach der Regierungsbegründung (Begr. 1989, zu Art. 1 Nr. 9) bezweckt die erste Änderung durch eine engere Fassung der Adressatenvoraussetzungen eine Einschränkung des kartellrechtlichen Belieferungszwangs, ohne den Inhalt der Vorschrift im Übrigen und ihren vornehmlich auf den Wettbewerb als Institution gerichteten Schutzzweck zu ändern. Dieser Zwang müsse als „besonders scharfer Eingriff in die Vertragsfreiheit" und, „da er in einer Marktwirtschaft im Prinzip einen Fremdkörper darstellt", auf die Fälle begrenzt werden, in denen er zwingend erforderlich sei. Dies treffe bei Großunternehmen, soweit sie nicht marktbeherrschenden Anbietern gegenüberstünden, aus heutiger Sicht nicht mehr zu, da sie in der Regel auch ohne besondere Schutzvorschrift über ausreichende Möglichkeiten verfügten, um die Waren für ihre Sortimente zu marktgerechten Konditionen zu erhalten, zumal ihnen auch die verbesserten Einfuhrmöglichkeiten im Zuge der Integration des europäischen Marktes und der Weltmärkte offen stünden. Die Änderung bei der Abhängigkeitsvermutung solle erreichen, dass diese künftig „auch im Zivilprozess Vermutungswirkung entfaltet und damit die Beweissituation des Klägers im Verfahren nach § 26 Abs. 2 und 3 hinsichtlich des Tatbestandsmerkmals der Abhängigkeit verbessert." Im Rahmen der **6. GWB-Novelle** wurde § 26 Abs. 2 S. 2 aF als § 20 Abs. 2 ohne Änderung des Inhalts übernommen. Durch die **8. GWB-Novelle** wurde der bisherige Abs. 2 inhaltlich unverändert zu Abs. 1 und blieb dies auch nach der 9. GWB-Novelle.

Durch die **10. GWB-Novelle** ist in Abs. 1 S. 2 ein neuer Abhängigkeitstatbestand   **5** eingeführt worden, der die Abhängigkeit von Vermittlern auf mehrseitigen Märkten benennt (iE → Rn. 49 ff.). Damit wird das Konzept der „Intermediationsmacht" wie auch in § 18 Abs. 3b GWB aufgegriffen. Zudem wurde die bisherige Begrenzung des persönlichen Schutzbereichs des Abs. 1 S. 1 auf kleine und mittlere Unternehmen (KMU) gestrichen und die sich daraus für diesen Bereich ergebende Erweiterung auf große Unternehmen durch den neuen Hs. 2 teilweise wieder für den Fall eingeschränkt, dass kein „deutliches Ungleichgewicht" zulasten der als abhängig iSv Abs. 1 S. 1 in Betracht stehenden anderen Unternehmen besteht. Mit diesen dem Vorschlag des RegE (BT-Drs. 19/23492) entsprechenden Änderungen sind die Empfehlungen der Modernisierungsstudie[1] zu § 20 Abs. 1 umgesetzt worden. Zur Begründung der Streichung des KMU-Erfordernisses ist in der Begr. 2020, 78 ausgeführt, die Einschätzung des Gesetzgebers der 5. GWB-Novelle, dass relative Marktmacht gegenüber großen Unternehmen nicht existiere, sei mittlerweile als überholt anzusehen – und zwar unabhängig von den neuen Marktlagen in der digitalen Wirtschaft. Dort sei auch ein besonders großer Nutzen dieser Änderung für den Wettbewerb zu erwarten. Eine besondere Bedeutung könne § 20 Abs. 1 damit zB im Fall von Behinderungsstrategien digitaler Plattformen mit „Torwächter"-Position entwickeln, weil von solchen Plattformen auch große Unternehmen abhängig sein können. Die Einschränkung auf Fälle von Machtungleichgewichten soll nach der Begr. 2020, 79 verhindern, dass § 20 Abs. 1 nunmehr in einer Vielzahl von Verträgen zwischen gleichrangigen Partnern anwendbar wird. Dessen Heranziehung sei deshalb in den Fällen auszuschließen, in denen

---

[1] Schweitzer/Haucap/Kerber/Welker, Modernisierung der Missbrauchsaufsicht für marktmächtige Unternehmen, 56 ff.

GWB § 20 6, 7 Teil 1. Kap. 2. Marktbeherrschung

zwischen den Partnern kein deutliches Machtungleichgewicht besteht.[2] „Ein solches Ungleichgewicht kommt insbesondere in solchen Konstellationen in Betracht, in denen eine Beendigung der Vertragsbeziehung für die Vertragspartner sehr unterschiedliche Folgen hätte, zum Beispiel im Hinblick auf die relative Bedeutung der wegfallenden Umsätze im Verhältnis zu den Gesamtumsätzen des jeweiligen Vertragspartners auf dem betreffenden Markt. Besondere Fragen könnten sich beispielsweise bei Zulieferbeziehungen in den Bereichen Automobilbau oder IT ergeben, wenn Vertragspartner eine spezialisierte und außerhalb dieses Vertragsverhältnisses nicht ohne weiteres verkäufliche bzw. ersetzbare Leistung vereinbaren bzw. erbringen. Mit dieser Leistung können die Vertragspartner nicht einfach auf andere Anbieter oder Nachfrager ausweichen, sind hiervon jedoch ggf. unterschiedlich stark betroffen. Beispielsweise soll sich ein Unternehmen gegenüber einem Anbieter von Software, die speziell für dieses Unternehmen erstellt worden ist, nicht auf eine Abhängigkeit berufen können, wenn die Software für das Geschäft dieses Unternehmens nur von untergeordneter Bedeutung ist, während sie bei dem Anbieter der Software für einen erheblichen Teil des Umsatzes steht." (Begr. 2020, 79). S. 1 Hs. 2 diene außerdem – wie auch der neue Abs. 1 S. 2 und § 18 Abs. 3b – der Aufnahme des Konzepts der Intermediationsmacht, die auch bei der Anwendung des § 20 Abs. 1 eine relevante Rolle spielen könne, weil eine Abhängigkeit im Sinne dieser Norm gerade nicht hinsichtlich aller Unternehmen der Marktgegenseite vorliegen müsse.

### III. Relative Marktmacht iSv § 20 Abs. 1

6 **1. Systematische Einordnung, Schutzzweck.** Nach Abs. 1 S. 1 gilt das Verbot des § 19 Abs. 2 Nr. 1 auch für Unternehmen und Unternehmensvereinigungen, soweit von ihnen andere Unternehmen als Anbieter oder Nachfrager einer bestimmten Art von Waren oder gewerblichen Leistungen in der Weise abhängig sind, dass ausreichende und zumutbare Möglichkeiten, auf dritte Unternehmen auszuweichen, nicht bestehen und ein deutliches Ungleichgewicht zur Gegenmacht der anderen Unternehmen besteht **(relative Marktmacht).** Rechtssystematisch ist dies eine **Rechtsgrundverweisung,** die nicht nur auf die Rechtsfolgen, sondern auch auf den Inhalt des § 19 Abs. 2 Nr. 1 Bezug nimmt. Die Funktion des § 20 Abs. 1 S. 1 beschränkt sich daher auf eine Erweiterung der Normadressaten dieser Vorschrift in der Weise, dass ohne Veränderung des Verbotsinhalts auch die in Abs. 1 S. 1 genannten Adressaten dem Verbot des § 19 Abs. 2 Nr. 1 unterstellt sind.[3]

7 Die durch das Fehlen ausreichender und zumutbarer Ausweichmöglichkeiten von Unternehmen auf der anderen Marktseite definierte Stellung eines Unternehmens oder einer Unternehmensvereinigung lässt sich in einem zweifachen Sinne als **relative Marktmacht** verstehen (so zB Pfeiffer S. 91). Ihre Relativität besteht zunächst darin, dass hier nicht, wie bei der Marktbeherrschung, auf das generelle („absolute") Machtverhältnis gegenüber allen aktuellen oder potentiellen Geschäftspartnern und Wettbewerbern auf dem betreffenden Markt abgestellt wird, sondern auf die bilaterale Beziehung zu einzelnen Anbietern oder Nachfragern. Diese subjektiv-individualisierende Sicht der Relativität der Machtstellung wird jedoch in dem Maße tendenziell zu einer objektiv-generalisierenden, in dem das bilaterale Machtverhältnis schon an der generellen Marktbedeutung des marktmächtigen Unternehmens oder der Unternehmensvereinigung und der typischen Situation aller oder der Mehrzahl der ihnen gegenüberstehenden Nachfrager oder Anbieter gemessen wird. Unter dieser, vor allem durch die Rechtsprechung zur sortimentsbedingten Abhängigkeit untermauerten Voraussetzung (iE → Rn. 28 ff.) ist die Marktmacht der Normadressaten des

---

[2] In der Regierungsbegründung (Begr. 2020, 79) wird auch angeführt, dass nach der BGH-Entscheidung Hochzeitsrabatte (BGH 23.1.2018 – KZR 3/17 Rn. 47, NZKart 2018, 136), adäquate Gegenmacht bereits nach bestehender Rechtslage das Vorliegen eines Abhängigkeitsverhältnisses ausschließe und daher eine deutliche Asymmetrie der wechselseitigen Abhängigkeiten zu berücksichtigen sei.

[3] BGH 20.11.1975 – KZR 1/75, WuW/E BGH 1391 (1392) – Rossignol.

838 Markert/Podszun

Abs. 1 S. 1 auch in dem Sinne relativ, dass es sich um eine gegenüber der „absoluten" Macht marktbeherrschender Unternehmen **graduell geringere generelle Marktmacht** handelt. Diese Doppeldeutigkeit des Begriffs „relative Marktmacht" gilt in gleicher Weise auch für die früher gebräuchliche Bezeichnung der Normadressaten des Abs. 1 S. 1 als „marktstarke" Unternehmen oder Unternehmensvereinigungen.[4]

Für die Einbeziehung von Unternehmen und Unternehmensvereinigungen mit relativer **8** Marktmacht iSv Abs. 1 S. 1 in das Verbot des § 26 Abs. 2 aF war bestimmend, dass Beeinträchtigungen des Marktzugangs und der wettbewerblichen Betätigungsmöglichkeiten anderer Unternehmen auf den verschiedenen Marktstufen und daraus resultierende nachteilige Wirkungen für den Wettbewerbsprozess von der Art, wie sie durch dieses Verbot verhindert werden sollen, nicht nur von Marktbeherrschern, sondern **auch von Unternehmen mit geringerer Marktmacht ausgehen können**.[5] Aus der Entstehungsgeschichte des Abs. 1 S. 1 ergibt sich, dass mit dieser Vorschrift zunächst allgemein den von bilateralen Abhängigkeitsverhältnissen ausgehenden Störungsmöglichkeiten für das Wettbewerbsgeschehen entgegengewirkt werden sollte (Begr. 1971, zu Art. 1 Nr. 9). Erst mit der im Endstadium der parlamentarischen Beratungen der 2. GWB-Novelle getroffenen Entscheidung über die Abschaffung der Preisbindungsmöglichkeit für Markenartikel kam der weitere Zweck hinzu, zugleich einen, wenn auch nur partiellen, Ersatz für das Herausfallen der bisher preisbindenden Markenartikelhersteller aus dem Anwendungsbereich des § 26 Abs. 2 S. 1 aF zu schaffen (Bericht 1973, zu §§ 16, 17 und zu § 26 Abs. 2). An dieser Zwecksetzung hat sich durch die späteren Novellierungen nichts geändert. Die Beschränkung des persönlichen Schutzbereichs des Abs. 1 S. 1 auf kleine und mittlere Unternehmen ab der 5. GWB-Novelle bis zum Inkrafttreten der 10. GWB-Novelle beruhte ausschließlich auf der damaligen gesetzgeberischen Einschätzung, dass Großunternehmen über den Rahmen des § 19 Abs. 2 Nr. 1 hinaus bei den heutigen wirtschaftlichen Gegebenheiten typischerweise nicht mehr schutzbedürftig seien. Dass Schutzgrund und -umfang im Übrigen unverändert fortbestehen sollten, ist in diesem Zusammenhang ausdrücklich hervorgehoben worden (Begr. 1989, zu Art. 1 Nr. 9a) bb)).

**Schutzzweck** des Abs. 1 S. 1 ist deshalb auch weiterhin, das Verbot des § 19 Abs. 2 **9** Nr. 1 über den Kreis der marktbeherrschenden Unternehmen hinaus auf Unternehmen und Unternehmensvereinigungen mit relativer Marktmacht iS des Abs. 1 S. 1 zu erweitern, um damit die auch von solchen Machtstellungen ausgehenden Beeinträchtigungen der Wettbewerbsfreiheit anderer Unternehmen und „Störungen des Marktgeschehens" nach den Maßstäben dieses Verbots unterbinden zu können, insbes. soweit es sich um Marktstörungen durch relativ marktmächtige Markenartikelhersteller und Nachfrager handelt.[6] Der Herausforderung durch Plattformen, zu denen aufgrund von Netzwerkeffekten häufig Abhängigkeiten entstehen, wird durch § 20 Abs. 1 ebenfalls Rechnung getragen, auch durch Einfügungen im Zuge des GWB-Digitalisierungsgesetzes. Damit fügt sich Abs. 1 S. 1 voll in den Rahmen des allgemeinen Schutzzweckes des Verbots des § 19 Abs. 2 Nr. 1 ein (→ § 19 Rn. 78 f.), insbes. auch in die Zielsetzung, „die Märkte offenzuhalten".[7] Für darüber hinaus gehende außerwettbewerbliche Schutzzwecke, zB einen strukturpolitisch orientierten Bestandsschutz für kleine und mittlere Unternehmen oder einen sozialpolitisch motivierten Kündigungsschutz für kleine und mittlere Vertragshändler entsprechend den Regeln des Arbeits- und Handelsvertreterrechts, ist daher auch im Rahmen des Abs. 1 S. 1 kein Raum.[8]

---

[4] Vgl. zB BGH 26.6.1979 – KZR 7/78, WuW/E BGH 1620 (1623) – Revell Plastics; Begr. 1989, zu Art. 1 Nr. 9a) bb).

[5] BGH 20.11.1975 – KZR 1/75, WuW/E BGH 1391 (1392) – Rossignol; 24.9.1979 – KZR 20/78, WuW/E BGH 1629 (1630) – Modellbauartikel II; Bericht 1973, zu § 26 Abs. 2.

[6] BGH 20.11.1975 – KZR 1/75, WuW/E BGH 1391 (1392) – Rossignol; 17.1.1979 – KZR 1/78, WuW/E BGH 1567 (1568) – Nordmende; 24.9.1979 – KZR 20/78, WuW/E BGH 1629 (1630) – Modellbauartikel II; Kouker S. 92 f.; Ulmer BB 1975, 666 f.

[7] BGH 17.1.1979 – KZR 1/78, WuW/E BGH 1567 (1569) – Nordmende.

[8] BGH 23.2.1988 – KZR 30/86, WuW/E BGH 2491 (2495) – Opel Blitz.

**10**    Die Erweiterung des für marktbeherrschende Unternehmen geltenden Behinderungs- und Diskriminierungsverbots des § 19 Abs. 2 Nr. 1 auf Unternehmen und Unternehmens- vereinigungen mit relativer Marktmacht iSv § 20 Abs. 1 S. 1 und Abs. 1a ist zwar ein Schritt in Richtung auf ein „allgemeines", dh für alle Unternehmen geltendes Verbot dieses Inhalts. Daraus lässt sich jedoch, entgegen einer im älteren Schrifttum verbreiteten Auf- fassung,[9] **für eine besonders restriktive Auslegung nichts herleiten.** Der Gefahr der Erstarrung des Wettbewerbs durch ein zu weitgehendes Behinderungs- und Diskriminie- rungsverbot kann auch im Rahmen der übrigen Tatbestandsvoraussetzungen, insbes. der Interessenabwägung, ausreichend begegnet werden.[10] Auch die „schwere Erkennbarkeit der gesetzlichen Verpflichtung für den Verbotsadressaten im Einzelfall" (Benisch in GK § 26 aF Anm. 23) und das „Prinzip der Vertragsfreiheit" (BMWi WRP 1976, 673) sind keine stichhaltigen Gründe, Abs. 1 S. 1 entgegen dem Normzweck besonders restriktiv auszulegen. Der BGH ist vereinzelten Versuchen in der Rechtsprechung der Instanzge- richte, Abs. 1 S. 1 so auszulegen, zurecht nicht gefolgt.

**11**    **2. Schutzbereich.** Der **persönliche Schutzbereich** des Abs. 1 S. 1 erfasst seit der 10. GWB-Novelle wie auch schon bis zur 5. GWB-Novelle alle Unternehmen unabhängig von ihrer Größe, allerdings nach dem neuen Hs. 2 nur bei Bestehen eines deutlichen Ungleichgewichts zulasten der als abhängig in Betracht stehenden anderen Unternehmen (iE zu dieser Einschränkung → Rn. 26). Der **sachliche Schutzbereich** des Abs. 1 S. 1 umfasst beide in § 19 Abs. 2 Nr. 1 geregelten Verhaltensweisen, dh neben der ungleichen Behandlung auch die Behinderung.[11] Dies gilt auch für (horizontale) Behinderungen von nicht selbst abhängigen Wettbewerbern der Normadressaten, soweit für solche Behinderun- gen der Einsatz der aus dem Abhängigkeitsverhältnis resultierenden relativen Marktmacht ursächlich ist,[12] zB wenn ein Normadressat die von ihm abhängigen Unternehmen ver- anlasst, bestimmte Waren nicht an Dritte zu liefern[13] oder von Dritten zu beziehen.[14] Die im Schrifttum vertretene Gegenansicht[15] widerspricht der systematischen Einordnung des Abs. 1 S. 1 als Erweiterung des Normadressatenkreises ohne Veränderung des auch die Wettbewerberbehinderung einschließenden Verbotsinhalts und dem sich in die generelle Zielsetzung des Verbots des § 19 Abs. 2 Nr. 1 einfügenden Normzweck des § 20 Abs. 1, auch unterhalb der Marktbeherrschungsschwelle machtbedingten Wettbewerbsstörungen entgegenzuwirken und den Marktzugang offenzuhalten (→ Rn. 9). Im Lichte dessen ist es folgerichtig, Behinderungen nicht abhängiger Dritter auch dann dem Anwendungsbereich des Abs. 1 S. 1 zuzurechnen, wenn diese nicht mit dem Normadressaten in einem Wett- bewerbsverhältnis stehen.[16]

---

[9] So zB Hefermehl GRUR 1975, 275 ff.; Stahl MA 1976, 511 ff.; Benisch in FS Pfeiffer, 1998, 611 ff.; ebenso: BMWi WRP 1976, 673 ff.

[10] Vgl. zB zur Preis- und Konditionendiskriminierung: BGH 24.2.1976 – KVR 3/75, WuW/E BGH 1429 (1435) – Asbach-Fachgroßhändlervertrag; 19.3.1996 – KZR 1/95, WuW/E BGH 3058 (3065) = Pay- TV-Durchleitung.

[11] Für die Behinderung Abhängiger ist dies unstr., zB BGH 19.1.1993 – KVR 25/91, WuW/E BGH 2875 (2880) – Herstellerleasing.

[12] BGH 22.9.1981 – KVR 8/80, WuW/E BGH 1829 (1832) – Original-VW-Ersatzteile II; OLG Düssel- dorf 17.11.1992 – U (Kart) 6/92, WuW/E OLG 5105 (5111) – Garantierückabwicklung.

[13] So bereits für preisbindende Unternehmen: BGH 30.9.1971 – KZR 13/70, WuW/E BGH 1211 (1214 ff.) – Kraftwagen-Leasing; für die Abhängigkeit iSv Abs. 1 S. 1: BKartA 2.7.1990, WuW/E BKartA 2459 (2460) – VW-Leasing. KG und BGH haben in diesem Fall nur auf die Behinderung der abhängigen Händler abgestellt.

[14] BGH 22.9.1981 – KVR 8/80, WuW/E BGH 1829 (1832) – Original-VW-Ersatzteile II.

[15] So zB Ulmer WuW 1980, 474 (486); Köhler, Nachfragemacht, 80 ff.

[16] So zB OLG Frankfurt a. M. 14.12.1989 – 6 U (Kart) 95/89, WuW/E OLG 4507 (4509) – Auto-Leasing für den Fall, dass ein Automobilhersteller seinen Vertragshändlern die Belieferung von Leasingunternehmen untersagt, die ihren Sitz außerhalb des Vertragsgebiets des Händlers haben. Dies verstößt auch gegen § 21 Abs. 1; vgl. BGH 2.7.1996 – KZR 20/91, WuW/E BGH 3067 – Fremdleasingboykott II; für die Erfassung auch von Drittmarktbehinderungen: Habersack/Ulmer 106 f.

**3. Unternehmen, Vereinigungen von Unternehmen.** Für den Begriff des Unter-  **12** nehmens als Voraussetzung für die Normadressatenstellung des Abs. 1 S. 1 ist der für auch die Normadressaten des § 19 Abs. 2 Nr. 1 geltende Begriffsinhalt maßgebend (→ § 19 Rn. 80). Zu den Vereinigungen von Unternehmen iSv Abs. 1 S. 1 gehören nicht die als freigestellte Kartelle bereits unter § 19 Abs. 3 fallenden Vereinigungen. Auch auf Unternehmensvereinigungen, die nach § 1 oder Art. 101 AEUV verbotene Kartelle sind, ist Abs. 1 S. 1 nicht anwendbar, da nicht angenommen werden kann, dass solche Vereinigungen durch die 2. GWB-Novelle einerseits aus dem sachnäheren Adressatenkreis des § 26 Abs. 2 aF herausgenommen, andererseits aber bei relativer Marktmacht dem Verbot des Abs. 1 S. 1 wieder unterstellt werden sollten.[17] Mit diesen beiden Einschränkungen ist der Begriff der Vereinigung von Unternehmen iSv Abs. 1 S. 1 weit auszulegen und umfasst alle Arten der organisatorischen Zusammenfassung von Unternehmen unabhängig von ihrer Rechtsform. Die erst durch den Wirtschaftsausschuss des Bundestages ohne Begründung im Ausschussbericht eingefügte Erweiterung des Abs. 1 S. 1 auf Vereinigungen von Unternehmen hat allerdings nur geringe praktische Bedeutung. Da sich das Abhängigkeitsverhältnis nach Abs. 1 S. 1 auf das Angebot von und die Nachfrage nach Waren oder gewerblichen Leistungen bezieht und daher gesellschaftsrechtliche oder andere Arten der Abhängigkeit nicht einschließt (Köhler NJW 1978, 2478 ff.), kann eine Vereinigung als solche immer nur insoweit Normadressat des Abs. 1 S. 1 sein, als sie entweder selbst tatsächlicher oder potentieller Anbieter oder Nachfrager von Waren oder gewerblichen Leistungen ist oder ihre Tätigkeit in unmittelbarem Zusammenhang mit dem Angebots- oder Nachfrageverhalten ihrer Mitgliedsunternehmen steht. Im ersten Fall ist sie selbst Unternehmen und damit schon in dieser Eigenschaft Normadressat des Abs. 1 S. 1. Eine eigenständige Bedeutung kommt dem Begriff der Vereinigung von Unternehmen in Abs. 1 S. 1 deshalb nur zu, wenn sich die Vereinigung, ohne selbst als Anbieter oder Nachfrager von Waren oder gewerblichen Leistungen unternehmerisch tätig zu sein und ohne gegen § 1 oder Art. 101 AEUV zu verstoßen, unmittelbar mit dem Waren- oder Dienstleistungsgeschäft ihrer Mitgliedsunternehmen befasst, zB als Vermittler oder als lediglich Rahmenverträge zugunsten ihrer Mitglieder abschließende Ein- oder Verkaufsgemeinschaft, oder sonst das Ein- oder Verkaufsverhalten der Mitgliedsunternehmen koordiniert. Hierin ist auch der eigentliche Vorteil der Einbeziehung der Vereinigungen von Unternehmen in Abs. 1 S. 1 zu sehen, da in derartigen Fällen nicht gegen jedes Mitgliedsunternehmen einzeln vorgegangen werden muss, sondern deren Gesamtheit als Vereinigung in Anspruch genommen werden kann. Außerdem wird die Möglichkeit des Schutzes der Mitglieder der Vereinigung und von Unternehmen, die die Mitgliedschaft anstreben, im Verhältnis zur Vereinigung eröffnet (zur Aufnahmeverweigerung im Einzelnen → § 19 Rn. 142 f.). Soweit nur das autonome Verhalten einzelner Mitglieder einer Unternehmensvereinigung in Betracht steht, ist Abs. 1 S. 1 nur auf diese Unternehmen anwendbar.[18]

**4. Relevanter Markt.** Die Abhängigkeit iSv Abs. 1 S. 1 muss sich auf die Stellung der  **13** als abhängig in Betracht gezogenen Unternehmen als Anbieter oder Nachfrager einer bestimmten Art von Waren oder gewerblichen Leistungen beziehen. Der Begriff „bestimmte Art von Waren oder gewerbliche Leistungen" bezeichnet wie in § 18 Abs. 1 den sachlich relevanten Markt. Die Feststellung eines Abhängigkeitsverhältnisses setzt daher zunächst die Abgrenzung des im Einzelfall sachlich relevanten Marktes voraus, wobei grundsätzlich die gleichen Kriterien wie für die sachliche Marktabgrenzung bei der Feststellung von Marktbeherrschung (→ § 18 Rn. 37–57) maßgebend sind.[19] Der sachlich

---

[17] Ebenso Köhler, Nachfragemacht, S. 62.

[18] Ebenso Nothdurft in Bunte Rn. 22.

[19] So zB BGH 23.2.1988 – KZR 17/86, WuW/E BGH 2483 (2489) – Sonderungsverfahren; 13.11.1990 – KZR 25/89, WuW/E BGH 2683 (2685) – Zuckerrübenanlieferungsrecht; 12.7.2013 – KVR 11/12, WuW/E DE-R 3967 – Rabattstaffel; Nothdurft in Bunte Rn. 25 ff.; Löwenheim in LMRKM Rn. 12, Westermann in MüKoGWB Rn. 22. AA zur Maßgeblichkeit des nach § 18 Abs. 1 für die sachliche Marktabgrenzung Geltenden: Schweitzer/Haucap/Kerber/Welker, 50.

relevante Markt ist deshalb in Fällen relativ marktmächtiger Anbieter deren Absatzmarkt. Dagegen kommt es für die Abhängigkeit von Anbietern auf den Beschaffungsmarkt auf die Sicht der relativ marktmächtigen Nachfrager an.[20] Bei Plattformen kann eine Abhängigkeit auf dem Vermittlungsmarkt vorliegen (→ Rn. 64 ff.). Ausweichmöglichkeiten auf andere sachlich relevante Märkte sind für die Beurteilung der Abhängigkeit irrelevant.[21] Andere Unternehmen iSv Abs. 1 S. 1 können daher immer nur auf dem betreffenden sachlich relevanten Markt tatsächlich oder potenziell tätige sein.

14    Für die **räumliche Marktabgrenzung** sind ebenfalls die nach § 18 Abs. 1-2a maßgeblichen Grundsätze (→ § 18 Rn. 58–65) bestimmend.[22] Die für das Vorliegen von Abhängigkeit mitentscheidende Voraussetzung, dass für den sachlich relevanten Markt keine zumutbaren Ausweichmöglichkeiten bestehen, beschränkt sich jedoch nicht zwingend auf das räumlich relevante Marktgebiet, sondern kann im Einzelfall auch darüber hinausgehen.[23] Auch im räumlich relevanten Markt bestehende Ausweichmöglichkeiten können unzumutbar sein, zB wegen fehlender Konkurrenzfähigkeit (→ Rn. 19). Für die Frage der sortimentsbedingten Abhängigkeit von Händlern unter dem Aspekt der Beeinträchtigung ihrer Wettbewerbsfähigkeit bei der Weiterveräußerung der bezogenen Waren kommt es auf den jeweils räumlichen Angebotsmarkt des abhängigen Händlers an (→ Rn. 35).

15    **5. Die Abhängigkeit: Allgemeines. a) Ausweichmöglichkeiten.** Die Möglichkeit, als tatsächlicher oder potenzieller Anbieter oder Nachfrager einer bestimmten Art von Waren oder gewerblichen Leistungen auf andere Unternehmen ausweichen zu können, besteht nur, wenn auf dem betreffenden sachlich relevanten Markt neben dem als relativ marktmächtig in Betracht stehenden Nachfrager oder Anbieter dieser Waren oder Leistungen auch noch andere vorhanden sind, die mit ihm keine Unternehmenseinheit bilden und auch tatsächlich zum Bezug oder zur Belieferung in der Lage und dazu auch bereit sind. Ob für den als abhängig in Betracht gezogenen Anbieter oder Nachfrager eine Notwendigkeit zum Ausweichen besteht, ist dabei unerheblich.[24] Das Abstellen des Abhängigkeitsbegriffs auf das Fehlen **tatsächlich bestehender Bezugs- oder Absatzalternativen** verdeutlicht den wettbewerblichen Bezug des Abhängigkeitsverhältnisses iSv Abs. 1 S. 1. Ob nach dieser Vorschrift solche Alternativen bestehen und auch ausreichend und zumutbar sind, ist daher grundsätzlich nach der Bedeutung für die wettbewerblichen Betätigungsmöglichkeiten der als abhängig iSv Abs. 1 S. 1 in Betracht gezogenen Unternehmen zu beurteilen.[25] Neben dem Bezug von Waren und Dienstleistungen kann auch die Notwendigkeit des Zugangs zu Daten eine Abhängigkeit begründen (Abs. 1a).

16    **b) Ausreichen und Zumutbarkeit.** Relative Marktmacht iSv Abs. 1 S. 1 gegenüber Unternehmen auf der anderen Marktseite setzt voraus, dass diese Unternehmen auf dem sachlich relevanten Markt nicht nur keine ausreichenden, sondern auch keine zumutbaren Bezugs- oder Absatzalternativen haben. Aus der Entstehungsgeschichte des erst während der Beratungen des Wirtschaftsausschusses des Bundestages (s. Bericht 1973, zu § 26 Abs. 2) eingefügten Tatbestandsmerkmals „zumutbar" ergibt sich, dass damit der Schutz-

---

[20] BGH 13.11.1990 – KZR 25/89, WuW/E BGH 2683 (2685) – Zuckerrübenanlieferungsrecht; 22.3.1994 – KZR 3/93, WuW/E BGH 2919 (2921) – Orthopädisches Schuhwerk; BKartA 3.7.2014 – B2-58/09 Rn. 140 ff – Hochzeitsrabatte (relevanter Beschaffungsmarkt für Schaumwein). Der BGH hat in seinem Urteil v. 23.1.2018 – KVR 3/17 Rn. 42 ff., NZKart 2018, 136 – Hochzeitsrabatte, für die Bezugsanteile von EDEKA auf diesen Markt abgestellt.

[21] BGH 17.1.1979 – KZR 1/78, WuW/E BGH 1567 (1569) – Nordmende; 13.11.1990 – KZR 25/89, WuW/E BGH 2683 (2685) – Zuckerrübenanlieferungsrecht.

[22] BGH 23.2.1988 – KZR 17/86, WuW/E BGH 2483 (2489) – Sonderungsverfahren.

[23] So zB BGH 26.6.1979 – KZR 7/78, WuW/E BGH 1620 (1623) – Revell Plastics (zumutbare Ausweichmöglichkeiten von Handelsunternehmen ua auf „japanische Importware").

[24] AA zB Köhler, Nachfragemacht, S. 65.

[25] So im Ansatz durch Abstellen auf die Wettbewerbsfähigkeit des abhängigen Unternehmens: BGH 20.11.1975 – KZR 1/75, WuW/E BGH 1391 (1394) – Rossignol; 17.1.1979 – KZR 1/78, WuW/E BGH 1567 (1568) – Nordmende; 21.2.1995 – KVR 10/94, WuW/E BGH 2990 (2994) – Importarzneimittel.

umfang des Abs. 1 S. 1 dahingehend erweitert werden sollte, dass auch bei Vorhandensein ausreichender Ausweichmöglichkeiten der als abhängig in Betracht gezogenen Unternehmen auf dem relevanten Markt ein Abhängigkeitsverhältnis iSv Abs. 1 S. 1 anzunehmen ist, wenn ihnen wegen besonderer Umstände trotzdem das Ausweichen auf andere Unternehmen nicht zumutbar ist. Daraus folgt, dass das Zumutbarkeitserfordernis nicht als Einschränkung des Tatbestandsmerkmals „ausreichend" ausgelegt und die Abhängigkeit nicht immer schon dann verneint werden kann, wenn dem in Betracht stehenden Anbieter oder Nachfrager zugemutet werden kann, sich im Zeitablauf ausreichende Ausweichmöglichkeiten zu schaffen.[26] Davon unberührt bleibt, dass die Frage, ob Anbieter oder Nachfrager auf einem Markt ausreichende und zumutbare Absatz- oder Bezugsalternativen haben, immer nur zeitbezogen beantwortet werden und sich deshalb die Abhängigkeit eines Unternehmens im Zeitablauf verändern kann (→ Rn. 25).

Im Hinblick auf die Ergänzung des Abs. 1 S. 1 durch ein allein auf Einzelfallbesonderhei- **17** ten abstellendes (s. Bericht 1973, zu § 26 Abs. 2) Zumutbarkeitserfordernis ist **nur ein primär objektiv-generalisierendes Verständnis des Begriffs „ausreichend" sinnvoll.**[27] Ausreichende Ausweichmöglichkeiten sind daher nicht schon deshalb gegeben, weil auch noch eine größere Zahl anderer Anbieter oder Nachfrager auf dem betreffenden Markt tätig sind und dort mit dem als relativ marktmächtig iSv Abs. 1 S. 1 in Betracht gezogenen Unternehmen in wesentlichem Wettbewerb stehen, denn das Fehlen solchen Wettbewerbs ist bereits als Fall der Marktbeherrschung dem Verbot des § 19 Abs. 2 Nr. 1 unterstellt, so dass § 20 Abs. 1 S. 1 andernfalls leerlaufen würde. Entscheidend ist vielmehr, ob ein Unternehmen unterhalb der Schwelle der überragenden Marktstellung iSd § 18 Abs. 1 Nr. 3 als Anbieter oder Nachfrager auf dem betreffenden Markt eine derartige Marktbedeutung hat, dass die von ihm angebotene oder nachgefragte Ware oder Leistung von den Nachfragern oder Anbietern auf der Marktgegenseite typischerweise als nicht ohne Inkaufnahme von erheblichen Wettbewerbsnachteilen austauschbar angesehen wird, zB bei Markenartikelherstellern im Verhältnis zu Handelsunternehmen im Hinblick auf die Geltung und das Ansehen ihrer Markenware auf dem Markt unter Berücksichtigung ihres Preises, ihrer Qualität und der für ihre Absatzförderung angewendeten Werbemaßnahmen.[28]

Demgegenüber ist bei der Frage, ob trotz Vorhandenseins ausreichender Ausweichmög- **18** lichkeiten das Gebrauchmachen von diesen Möglichkeiten im Einzelfall ausnahmsweise nicht **zumutbar** ist, in erster Linie auf **individuelle Besonderheiten** des als abhängig in Betracht stehenden Unternehmens abzustellen.[29] Dabei kann es nur auf die Interessen dieses Unternehmens ankommen, denn eine Abwägung mit den Interessen des als relativ marktmächtig iSv Abs. 1 S. 1 in Betracht stehenden Unternehmens würde die erst im Rahmen der Tatbestandsmerkmale „unbillig" und „ohne sachlich gerechtfertigten Grund" erforderliche umfassende Interessenabwägung ganz oder jedenfalls zu einem großen Teil vorwegnehmen und damit der Normstruktur des Abs. 1 S. 1 widersprechen.[30] Diese Auslegung des Begriffs „zumutbar" nimmt dem Tatbestandsmerkmal „ausreichend" nicht die eigenständige Bedeutung.[31] Denn die mit dem Begriff „ausreichend" verbundene objektiv-generalisierende Regelbetrachtung macht im Rahmen eines zweistufigen Prüfungsverfah-

---

[26] Köhler, Nachfragemacht, S. 66 f.; aA KG 3.12.1974 – Kart 37/74, WuW/E OLG 1548 (1550) – SABA. Zur Relevanz eines eigenen Verschuldens des Abhängigen an seiner Abhängigkeit → Rn. 20.

[27] BGH 20.11.1975 – KZR 1/75, WuW/E BGH 1391 (1393) – Rossignol; 17.1.1979 – KZR 7/78, WuW/E BGH 1568 (1569) – Nordmende; 24.9.1979 – KZR 20/78, WuW/E BGH 1629 (1630) – Modellbauartikel II; krit. zB Busche S. 340 f.

[28] BGH 24.9.1979 – KZR 20/78, WuW/E BGH 1629 (1630) – Modellbauartikel II.

[29] BGH 26.6.1979 – KZR 7/78, WuW/E BGH 1620. 1623 – Revell Plastics; KG 9.11.1982 – Kart 31/81, WuW/E OLG 2975 (2977) – Orientteppich-Importmesse.

[30] BGH 23.2.1988 – KZR 20/86, WuW/E BGH 2491 (2494) – Opel Blitz; Nothdurft in Bunte Rn. 38.

[31] So aber mit der Begründung, dass es letztlich allein auf die Zumutbarkeit ankomme: Fischötter WuW 1974, 383; Sack GRUR 1975, 511.

rens eine besondere Beurteilung der subjektiv-individuellen Zumutbarkeit der Ausweichmöglichkeiten erforderlich.[32]

19    Als Beispiele, dass ausreichende Ausweichmöglichkeiten im Einzelfall für das als abhängig in Betracht gezogene Unternehmen nicht zumutbar sind, werden im Bericht des Bundestagsausschusses für Wirtschaft zur 2. GWB-Novelle genannt, dass mit dem Ausweichen „unverhältnismäßige Belastungen verbunden wären" oder „sich ein Unternehmen z. B. durch eine langjährige Geschäftsverbindung auf den nachgefragten Artikel besonders eingestellt und den Geschäftsbetrieb darauf eingerichtet hat, so dass in einer Umstellung der Produktion oder des Vertriebs ein zu großes oder nicht kalkulierbares Risiko läge" (Bericht 1973, zu § 26 Abs. 2). Daraus ist zu folgern, dass es bei der Zumutbarkeit allein um die Frage geht, **welche individuellen Nachteile sich für das einzelne Unternehmen ergeben,** wenn es von ausreichend auf dem Markt vorhandenen Ausweichmöglichkeiten Gebrauch macht, zB von der Möglichkeit, als Einzelhändler die Ware eines Markenartikelherstellers auch über den Großhandel beziehen zu können.[33] Maßstab hierfür kann wegen der wettbewerblichen Relevanz der Ausweichmöglichkeiten (→ Rn. 15) auch hier allein die **Wettbewerbsfähigkeit des als abhängig in Betracht stehenden Unternehmens auf dem relevanten Markt sein.** Ausreichende Ausweichmöglichkeiten sind deshalb bereits dann nicht mehr für das Unternehmen zumutbar, wenn sie von ihm nicht im Wesentlichen zu den gleichen Voraussetzungen und Bedingungen in Anspruch genommen werden können wie sie den Wettbewerbern zur Verfügung stehen.[34] Die bloße Möglichkeit des „Schleichbezugs" kann schon wegen der Unvereinbarkeit mit § 4 Nr. 4 UWG[35] oder jedenfalls des Risikos der Verletzung dieser Vorschrift in aller Regel nicht als zumutbare Ausweichmöglichkeit angesehen werden.[36] Gleiches gilt für nicht längerfristig gesicherte Importmöglichkeiten.[37]

20    Bei der Prüfung der Zumutbarkeit des Ausweichens in Fällen bereits langjähriger Lieferbeziehungen und eines auf eine bestimmte Marke ausgerichteten Geschäftsbetriebes eines Händlers ist vor allem der wettbewerbliche Normzweck des Abs. 1 S. 1 zu berücksichtigen, der einen über bloße Reflexwirkungen des Wettbewerbsschutzes hinausgehenden **Sozialschutz ausschließt** (→ Rn. 9). Daraus ergibt sich jedoch nicht zwangsläufig, dass das Ausweichen nur dann unzumutbar ist, wenn das schwerpunktmäßige Ausrichten des Geschäftsbetriebes auf ein langfristiges Vertragsverhältnis oder auf einen bestimmten Abnehmer oder Lieferanten unvermeidbar war, zB weil ein Markenartikelhersteller seine Ware grundsätzlich nur über für ihn ausschließlich tätige Vertragshändler vertreibt (Beispiel Automobilvertrieb, → Rn. 38). Dass das als abhängig in Betracht gezogene Unternehmen im Einverständnis mit seinem Geschäftspartner auf der anderen Marktseite seine Lage selbst vorhersehbar oder bewusst mitverursacht hat, ändert nichts daran, dass es abhängig ist, wenn ihm tatsächlich keine hinreichenden Ausweichmöglichkeiten auf dem relevanten Markt offen stehen.[38] Etwas anderes gilt allerdings, wenn es ihm offen stehende zumutbare Ausweichmöglichkeiten ohne Mitwirkung des anderen Unternehmens verbaut[39] oder den ihm ohne weiteres möglichen Abschluss eines nur unter Einhaltung einer längeren Frist kündbaren Liefervertrages versäumt hat.[40]

---

[32] BGH 26.6.1979 – KZR 7/78, WuW/E BGH 1620 (1623) – Revell Plastics; 24.9.1979 – KZR 20/78, WuW/E BGH 1629 (1630) – Modellbauartikel II.

[33] BGH 26.6.1979 – KZR 7/78, WuW/E BGH 1620 (1623) – Revell Plastics; OLG München 20.10.1992 – U (K) 6221/91, WuW/E OLG 5116 (5118) – Import Parfümerie.

[34] BGH 26.6.1979 – KZR 7/78, WuW/E BGH 1620 (1806 f.) – Revell Plastics; 26.5.1981 – KZR 22/80, WuW/E BGH 1805 (1806 f.) – Privatgleisanschluss; 21.2.1995 – KVR 10/94, WuW/E BGH 2990 (2994) – Importarzneimittel.

[35] Köhler in Köhler/Bornkamm/Feddersen UWG § 4 Rn. 4.63.

[36] BGH 23.2.1988 – KVR 2/87, WuW/E BGH 2479 (2481) – Reparaturbetrieb; KG 13.6.1980 – Kart 35/78, WuW/E OLG 2425 (2427) – Levi's Jeans.

[37] BGH 24.3.1987 – KZR 39/39/85, WuW/E BGH 2419 (2423) – Saba-Primus; KG 13.6.1980 – Kart 35/78, WuW/E OLG 2425 (2427) – Levi's Jeans.

[38] Köhler Nachfragemacht S. 66 ff.; aA zB Kouker S. 106 ff.

[39] BGH 26.5.1981 – KZR 22/80, WuW/E BGH 1805 (1807) – Privatgleisanschluss.

[40] BGH 19.1.1993 – KZR 1/92, WuW/E BGH 2855 (2857) – Flaschenkästen.

c) **Generalisierende Betrachtungsweise.** Bei der Beurteilung der Abhängigkeit iSv **21** Abs. 1 S. 1 ist nicht nur eine lediglich auf das konkrete bilaterale Lieferanten-Abnehmerverhältnis zwischen zwei Unternehmen abstellende, rein subjektiv-individualisierende, sondern je nach Fallgestaltung auch eine eingeschränkt objektiv-generalisierende Betrachtungsweise zulässig.[41] Zwar ist die mit der Normadressatenstellung iSv Abs. 1 S. 1 verbundene Machtstellung einzelmarktbezogen (→ Rn. 13) und im Gegensatz zur „absoluten" Macht marktbeherrschender Unternehmen relativ in dem Sinne, dass sie nicht von vornherein allen Unternehmen auf der anderen Marktseite gegenüber besteht. Einer derartigen relativen Machtstellung können jedoch auf einem Markt gleichzeitig nicht nur einzelne Unternehmen isoliert, sondern eine Vielzahl von Unternehmen in gleicher Weise gegenüberstehen, ohne dass sich dabei die individuellen Besonderheiten der einzelnen Unternehmen voneinander wesentlich unterscheiden. Dies ist zB der Fall, wenn, wie auf dem Automobilmarkt, Hersteller ihre Waren nur über durch langfristige Vertragshändlerverträge ausschließlich an sie gebundene Vertragshändler vertreiben (→ Rn. 38). Außerdem können nicht unmittelbar einzelmarktbezogene Gegebenheiten, zB die typischerweise mit dem Markenartikelvertrieb verbundene direkte Einwirkung der Hersteller auf die Endverbraucherstufe, die Frage der Ausweichmöglichkeiten zahlreicher Handelsunternehmen in gleicher Weise beeinflussen. Schon dies legt bei Fallgestaltungen dieser Art eine stärker auf die typische Situation der als abhängig in Betracht stehenden Nachfrager oder Anbieter abstellende Sicht nahe, wie sie in dem Kriterium „ausreichend" im Ansatz ohnehin angelegt ist (→ Rn. 17). Für eine derart typisierende Betrachtungsweise der Abhängigkeit bei Vorhandensein zahlreicher gleichgelagerter Parallelverhältnisse spricht auch, dass eine rein subjektiv-individualisierende Betrachtung, nach der die Abhängigkeit jedes einzelnen Unternehmens unter Berücksichtigung aller individuellen Umstände besonders festgestellt werden muss, die Anwendung des Verbots des § 19 Abs. 2 Nr. 1 auf von Normadressaten des § 20 Abs. 1 S. 1 praktizierte systematische Diskriminierungen oder Behinderungen, von denen in der Regel gleichzeitig zahlreiche Unternehmen in gleicher Weise betroffen sind,[42] außerordentlich erschweren würde.

Aus diesen Gründen ist hier tendenziell eine objektiv-generalisierende Betrachtungs- **22** weise für die Beurteilung der Abhängigkeit iSv Abs. 1 S. 1 geboten.[43] Dieser Grundsatz gilt jedoch **nur eingeschränkt.** So lässt sich für Markenartikelhersteller im Verhältnis zu Handelsunternehmen das Vorliegen der Voraussetzungen des Abs. 1 S. 1 weder schlechthin ohne Rücksicht auf die tatsächliche Marktmacht, noch bei festgestellter genereller Marktmacht pauschal im Verhältnis zu allen diesen Unternehmen annehmen.[44] Zwar wird bei Markenartikeln mit erheblicher Marktbedeutung und bei Unternehmen, die ihre Ware nur über für sie tätige Vertragshändler vertreiben, der erste Anschein häufig dafür sprechen, dass die in Betracht kommenden Handelsunternehmen von der Belieferung dieser Ware abhängig sind (→ Rn. 38). Aber dieser Anschein ist im Einzelfall widerlegbar, zB dadurch, dass es auf dem betreffenden Markt für die Wettbewerbsfähigkeit eines Einzelhandelsunternehmens auf das Führen gerade der betreffenden Marke im Sortiment nicht ankommt, weil genügend andere Marken für ein wettbewerbsfähiges Sortiment zu konkurrenzfähigen Bedingungen zur Verfügung stehen,[45] oder ein Automobilvertragshändler

---

[41] Für alleinige Zulässigkeit der ersten Betrachtungsweise insbes. Fischötter GRUR 1978, 120 ff.; Baur BB 1974, 1592; Hefermehl GRUR 1975, 279; Benisch in Schwerpunkte 1978/79, 108 f.; in der Tendenz auch Busche S. 335 ff.

[42] Vgl. zB BGH 24.2.1976 – KVR 3/75, WuW/E BGH 1429 – Asbach-Fachgroßhändlervertrag; 22.9.1981 – KVR 8/80, WuW/E BGH 1829 – Original-VW-Ersatzteile II.

[43] So zB BGH 23.2.1988 – KZR 20/86, WuW/E BGH 2591 (2594) – Opel Blitz; 21.2.1995 – KZR 33/93, WuW/E BGH 2983 (2988) – Kfz-Vertragshändler; im Ergebnis auch schon BGH 24.2.1976 – KVR 3/75, WuW/E BGH, 1429, 1431 – Asbach-Fachgroßhändlervertrag durch Abstellen auf die generelle Marktbedeutung der Marke „Asbach" für den Sortimentsgroßhandel.

[44] BGH 26.6.1979 – KZR 20/78, WuW/E BGH 1629 (1630) – Modellbauartikel II; 22.1.1985 – KZR 35/83, WuW/E BGH 2125 (2127) – Technics.

[45] BGH 26.6.1979 – KZR 7/78, WuW/E BGH 1620 (1623) – Revell Plastics; 22.1.1985 – KZR 35/83, WuW/E BGH 2125 (2127) – Technics.

eines Herstellers bereits über ein verbindliches Angebot zum Überwechseln auf einen anderen Hersteller verfügt und ihm dies ohne Beeinträchtigung seiner Wettbewerbsfähigkeit auch möglich ist.

**23**  Abs. 1 S. 1 lässt sonach auch unter Einbeziehung des Aspekts der Zumutbarkeit Raum für eine – allerdings in mehrfacher Hinsicht eingeschränkte – objektiv-generalisierende Betrachtungsweise.[46] Sie scheidet zwar bei rein individuell geprägten bilateralen Lieferanten-Abnehmerverhältnissen von vornherein aus, kommt aber dann in Betracht, wenn eine Vielzahl von Anbietern oder Nachfragern typischerweise nur über begrenzte Ausweichmöglichkeiten auf andere Unternehmen verfügt, insbes. soweit es sich um **systembedingte Behinderungen und Diskriminierungen** handelt. Dabei bleibt zwar die Notwendigkeit bestehen, die Voraussetzungen des Abs. 1 S. 1 für das in Betracht stehende relativ marktmächtige Unternehmen auf dem sachlich relevanten Markt im Einzelfall festzustellen.[47] Das Vorliegen der objektiven Voraussetzungen für die Verneinung ausreichender Ausweichmöglichkeiten (→ Rn. 17) und der für Unternehmen auf der anderen Marktseite auf dem betreffenden Markt typischen Abhängigkeitsmerkmale reicht jedoch **prima facie** für den Nachweis eines Abhängigkeitsverhältnisses iSv Abs. 1 S. 1 zwischen dem relativ marktmächtigen Unternehmen und den diese Voraussetzungen bei generalisierender Betrachtung erfüllenden Anbietern oder Nachfragern aus. Dies gilt indes **nur in dem Maße, in dem sich nicht aus konkreten Gegengründen ergibt, dass ein bestimmter Anbieter oder Nachfrager auf Grund besonderer Umstände dennoch über ausreichende und zumutbare Ausweichmöglichkeiten verfügt.**[48] Liegen solche Gründe vor, ist jedoch die Anwendung des Verbots des § 19 Abs. 2 Nr. 1 nur gegenüber dem betroffenen einzelnen Anbieter oder Nachfrager ausgeschlossen. Jedoch bleiben seine Anwendbarkeit im Übrigen und damit auch der Bestand von Entscheidungen gegen Systemdiskriminierungen und -behinderungen, die auf eine objektiv-generalisierende Feststellung der Abhängigkeit einer Mehrzahl von Unternehmen gestützt sind, davon unberührt.[49]

**24**  **d) Anwendbarkeit auf Newcomer.** Die Feststellung, dass ein Anbieter oder Nachfrager auf einem sachlich relevanten Markt keine ausreichenden und zumutbaren Möglichkeiten hat, auf andere Unternehmen auszuweichen, setzt nicht voraus, dass mit dem als Normadressat iSv Abs. 1 S. 1 in Betracht gezogenen Unternehmen bereits ein Lieferanten-Abnehmerverhältnis besteht oder jedenfalls bisher bestand, aber von ihm abgebrochen wurde.[50] Die grundsätzliche Anwendbarkeit des Abs. 1 S. 1 auch auf Newcomer-Fälle, in denen entweder auf dem betreffenden Markt schon tätige Unternehmen ihre Tätigkeit durch Aufnahme von Geschäftsbeziehungen mit neuen Partnern erweitern oder sich auf diesem Markt erstmalig betätigen wollen, entspricht der auch für Abs. 1 S. 1 geltenden Zielsetzung des Verbots des § 19 Abs. 2 Nr. 1, den Marktzugang offenzuhalten.[51] Dies gilt mit Ausnahme der unternehmensbedingten für alle Formen der Abhängigkeit gleichermaßen (→ Rn. 40, 42, 48). Die weitere Frage, ob auch im Rahmen der Interessenabwägung bereits vorhandene Geschäftspartner und Newcomer gleichbehandelt werden müssen, bleibt davon unberührt (→ § 19 Rn. 145).

**25**  **e) Zeitliche Begrenzung.** Ebenso wie die Marktbeherrschung als Normadressatenvoraussetzung kann auch die Abhängigkeit iSv Abs. 1 S. 1 immer nur für einen bestimmten Zeitraum beurteilt werden. Wie im Falle der Marktbeherrschung bedeutet dies jedoch

---

[46] BGH 23.2.1988 – KZR 30/86, WuW/E BGH 2591 (2594) – Opel Blitz; in der Tendenz zB auch Ebenroth S. 97 ff.; Kouker S. 103 ff.

[47] BGH 24.9.1979 – KZR 20/78, WuW/E BGH 1629 (1630) – Modellbauartikel II.

[48] BGH 20.11.1975 – KZR 1/75, WuW/E BGH 1391 (1394) = NJW 1976, 801 – Rossignol; Ulmer BB 1975, 667.

[49] Vgl. BGH 24.2.1976 – KVR 3/75, WuW/E BGH 1429 – Asbach-Fachgroßhändlervertrag.

[50] BGH 26.6.1979 – KVR 7/78, WuW/E BGH 1620 (1623) – Revell Plastics; 30.6.1981 – KZR 19/80, WuW/E BGH 1885 (1886) – adidas; 21.2.1995 – KVR 10/94, WuW/E BGH 2990 (2993 f.) – Importarzneimittel.

[51] BGH 17.1.1979 – KZR 1/78, WuW/E BGH 1567 (1569) – Nordmende.

nicht, dass die Abhängigkeit stets nur eine zeitlich befristete sein kann mit der Folge, dass hierauf gestützte Entscheidungen mit Wirkung für die Zukunft grundsätzlich nicht getroffen werden können. Auch aus dem Zumutbarkeitserfordernis kann nicht gefolgert werden, dass eine Verpflichtung des Abhängigen besteht, ein bestehendes Abhängigkeitsverhältnis alsbald zu beenden oder nicht neu entstehen zu lassen (→ Rn. 18). Bei festgestellter Abhängigkeit, insbes. wenn für diese Feststellung im Einzelfall eine objektiv-generalisierende Betrachtung maßgebend war (→ Rn. 17), ist jedenfalls prima facie davon auszugehen, dass die Abhängigkeit auch in Zukunft fortbesteht, solange sich keine Veränderung bei den die Abhängigkeit begründenden Umständen ergibt.

**f) Anwendungsbegrenzung durch Gegenmacht (Abs. 1 S. 1 Hs. 2).** Nach Abs. 1 **26** S. 1 setzt relative Marktmacht nicht nur die Abhängigkeit der betroffenen anderen Unternehmen wegen fehlender ausreichender und zumutbarer Ausweichmöglichkeit auf Drittunternehmen voraus, sondern erfordert nach Hs. 2 darüber hinaus, dass im Einzelfall ein „deutliches Machtungleichgewicht" zur Gegenmacht der anderen Unternehmen besteht. Damit soll nach der Gesetzesbegründung (Begr. 2020, 78 f.) verhindert werden, dass insbes. die seit der 10. GWB-Novelle wieder in den Schutzbereich des Abs. 1 fallenden großen Unternehmen, aber fallbedingt auch kleine und mittlere Unternehmen, den Schutz des Abs. 1 auch dann noch in Anspruch nehmen können, wenn sie „im Hinblick auf die jeweilige konkrete Abhängigkeitslage mit einer entsprechenden Gegenmacht ausgestattet sind." Im Ansatz war eine derartige Begrenzung des Anwendungsbereichs des Abs. 1 bereits vor der Einführung des S. 1 Hs. 2 in der BGH-Entscheidung Hochzeitsrabatte[52] anerkannt worden. Auf den dabei maßgeblichen Stärkegrad der beiderseitigen Abhängigkeiten – gemessen am Gewicht der im Falle eines Abbruchs oder der Verweigerung der in Rede stehenden Lieferbeziehung für die jeweilige Seite eintretenden Beeinträchtigung – ist auch bei der Auslegung des S. 1. Hs. 2 abzustellen. Ob danach im Einzelfall ein „deutliches Marktungleichgewicht" zulasten eines Unternehmens vorliegt, um dessen Schutz nach Abs. 1 es jeweils geht, ist deshalb weniger wie nach Abs. 1 aF nach den beiderseitigen Unternehmensgrößen als vielmehr nach der relativen Bedeutung der wegfallenden oder verhinderten Umsätze im Verhältnis zu den Gesamtumsätzen der beiden Partner auf dem relevanten Markt und nach der Dringlichkeit zu beurteilen, mit der sie auf den Bezug oder Absatz der Ware oder Leistung des jeweils anderen Partners angewiesen sind. Im Verhältnis zwischen auf einzelne Produkte spezialisierten Lebensmittelherstellern und großen vollsortierten Einzelhändlern wie Edeka ist deshalb idR von einem „deutlichen Machtungleichgewicht" zulasten der Hersteller und damit von ihrer nachfragebedingten Abhängigkeit von diesen Händlern auszugehen. Umgekehrt können auch große Unternehmen wie Automobilhersteller als Nachfrager nach zugelieferten Teilen oder Software im Verhältnis zu deren aus ggf kleinen oder mittleren Unternehmen bestehenden Anbietern einem Machtungleichgewicht ausgesetzt sein, wenn sie praktisch keine adäquaten Ausweichmöglichkeiten auf andere Lieferanten haben und vom Fehlen dieser Waren oder Leistungen große Teile ihrer Produktion betroffen wären (Begr. 2020, 79). Ob solche Machtungleichgewichte „deutlich" sind, kann im Einzelfall nur schwierig zu beurteilen sein und lässt sich abschließend nur auf der Grundlage aller relevanten Umstände entscheiden.

---

[52] BGH 23.1.2018 – KVR 3/17 Rn 47, NZKart 218, 136. Hier ging es in einem Amtsverfahren nach § 20 Abs. 2 iVm § 19 Abs. 2 Nr. 1 um die Frage, ob die relative Marktmacht des Lebensmitteleinzelhändlers Edeka als Nachfrager von Markensekt dadurch ausgeschlossen wird, dass Edeka seinerseits von den vier führenden Markensekthersteller sortimentsbedingt abhängig wäre, weil Edeka als Vollsortimenter auf die Sekte dieser Hersteller nicht habe verzichten können. Der BGH hat dies mit der Begründung verneint, dass anderenfalls eine „deutliche Asymmetrie" der wechselseitigen Abhängigkeiten zwischen Edeka und den vier Sektherstellern unberücksichtigt bliebe. Abgestellt wurde dabei auf die im Falle eines Abbruchs der Lieferbeziehungen die bei den vier Sektherstellern mit ihrem gesamten Absatz an Edeka ungleich stärker eintretende Beeinträchtigung als bei Edeka gemessen an deren gesamten Unternehmensumsatz. Dazu und zur Bedeutung des S. 1 Hs. 2 iE auch Nothdurft in Bunte Rn. 37 f. Im Fall Edeka/Coca Cola hat das LG Hamburg (WuW 2022, 692, 695) die Abhängigkeit von Edeka wegen fehlendem Martungleichgewicht verneint.

**27**   **6. Die Abhängigkeit im Einzelnen.** Wie sich schon aus der Entstehungsgeschichte des Abs. 1 S. 1 ergibt (vgl. Bericht 1973, zu § 26 Abs. 2) und durch die Anwendungspraxis bestätigt wird, erfasst der Abhängigkeitsbegriff dieser Vorschrift ungleiche Formen der Abhängigkeit, bei denen, wie im Falle der langfristigen Geschäftsverbindungen, entweder der individuell-bilaterale Aspekt oder, wie im Falle des Markenartikelvertriebs, generalisierend-gesamtmarktbezogene Gesichtspunkte im Vordergrund stehen. Deshalb hat sich im Anschluss an die im Bericht 1973 genannten Falltypen die Unterscheidung zwischen sortimentsbedingter, unternehmensbedingter und knappheitsbedingter Abhängigkeit durchgesetzt. Dazu ist spätestens seit der besonderen Hervorhebung der Abhängigkeit von Nachfragern durch die Einführung der Vermutung des Abs. 1 S. 3 und des Anzapfverbots des Abs. 3 im Rahmen der 4. GWB-Novelle als vierter Falltypus die nachfragebedingte Abhängigkeit. Als fünfter Falltypus ist durch den mit der 10. GWB-Novelle eingefügten Satz 2 die Abhängigkeit von Vermittlern hinzugekommen. Darüber hinaus können auch noch andere Formen der Abhängigkeit iSv Abs. 1 S. 1 ergeben. In Abs. 1a ist zudem die Abhängigkeit von Datenzugang geregelt worden. Die Unterteilung in Falltypen kann zwar zunächst nicht mehr als eine „grobe Systematisierung" zum Zwecke der besseren Darstellung der Entscheidungspraxis sein, ist aber, wie schon die allgemeinen Ausführungen zum Abhängigkeitsbegriff, insbes. zur Zulässigkeit einer objektiv-generalisierenden Betrachtungsweise (→ Rn. 21 ff.), erkennen lassen, mehr als nur ein deskriptives Hilfsmittel. Denn die typischen Besonderheiten der einzelnen Abhängigkeitsformen wirken sich auch auf die materiellrechtliche Beurteilung aus, weil für die Frage, ob im Einzelfall für Unternehmen ausreichende und zumutbare Ausweichmöglichkeiten bestehen, je nach Falltypus häufig ungleiche Gesichtspunkte maßgeblich sind.

**28**   **a) Sortimentsbedingte Abhängigkeit.** Diese Art der Abhängigkeit bezeichnet das Angewiesensein von Wiederverkäufern auf das Führen von Waren bestimmter Hersteller in ihrem Sortiment, um als Anbieter dieser Art von Waren wettbewerbsfähig sein zu können. In der bisherigen Praxis ging es dabei fast ausschließlich um die Abhängigkeit von Handelsunternehmen von der Belieferung mit bekannten Markenartikeln. Das Fehlen ausreichender und zumutbarer Ausweichmöglichkeiten eines Wiederverkäufers im Hinblick auf die Konkurrenzfähigkeit seines Sortiments kann hierbei auf zwei Gründen beruhen: Erstens kann die Ware eines Herstellers auf dem relevanten Markt über eine Spitzenstellung in dem Sinne verfügen, dass sie – jedenfalls auf einer bestimmten Vertriebsstufe (zB Großhandel) – generell durch gleichartige Waren anderer Hersteller im Händlersortiment nicht ersetzbar ist **(Spitzenstellungsabhängigkeit).**[53] Zweitens kann sich das Angewiesensein auf das Führen der Ware eines bestimmten Herstellers im Sortiment auch daraus ergeben, dass diese Ware zwar ohne Beeinträchtigung der Konkurrenzfähigkeit des Sortiments durch gleichartige Waren von ebenfalls zur Spitzengruppe auf dem betreffenden Markt gehörenden anderen Herstellern ersetzbar ist, diese Waren aber tatsächlich nicht zu konkurrenzfähigen Bedingungen bezogen werden können, zB weil ihre Hersteller die Belieferung verweigern **(Spitzengruppenabhängigkeit).**[54] Die Spitzenstellungsabhängigkeit lässt sich auch als absolute, dh nicht von der Verfügbarkeit gleichartiger Markenwaren anderer Hersteller abhängende Markenabhängigkeit bezeichnen. Demgegenüber ist die Spitzengruppenabhängigkeit nur eine relative, weil sie nur dadurch zustande kommt, dass nicht bereits gleichartige Waren anderer Hersteller für ein hinreichend wettbewerbsfähiges Händlersortiment zur Verfügung stehen. In beiden Fällen kann dennoch die Abhängigkeit vom Her-

---

[53] Vgl. zB BGH 20.11.1975 – KZR 1/75, WuW/E BGH 1391 (1394) – Rossignol; 30.6.1981 – KZR 19/80, WuW/E BGH 1385 (1386) – adidas; 9.5.2000 – KZR 28/98, WuW/E DE-R 481 (482) – Designer-Polstermöbel; OLG Düsseldorf 14.4.2021 – VI-U (Kart) 14/20, NZKart 2021, 368; OLG München 15.9.2015 – U 3886/14 Kart, WuW/E DE-R 4910 (4915) – Markenkoffer.

[54] Vgl. zB BGH 17.1.1979 – KZR 1/78, WuW/E BGH 1567 (1569) – Nordmende; 22.1.1985 – KZR 35/83, WuW/E BGH 2125 (2127) – Technics; 21.2.1995 – KVR 10/94 = WuW/E BGH 2990 (2994) – Importarzneimittel; 4.11.2003 – KZR 2/02, WuW/E DE-R 1203 (1204) – Depotkosmetik im Internet.

steller oder Alleinimporteur zu verneinen sein, wenn deren Ware auch anderweitig, zB über den Großhandel, zu gleichermaßen konkurrenzfähigen Bedingungen bezogen werden kann (→ Rn. 19).

Ob Handelsunternehmen im Einzelfall von einem Lieferanten sortimentsbedingt abhän- **29** gig sind, ist in erster Linie nach der **Geltung und dem Ansehen seiner Markenware auf dem Markt** zu beurteilen, wobei für die Einschätzung der Bedeutung der Ware in diesem Zusammenhang vor allem ihr Preis, ihre Qualität und die zur Förderung ihres Absatzes angewendete Werbung maßgebend sind.[55] Von der nach diesen Kriterien zu bestimmenden generellen Marktbedeutung der Ware eines Herstellers hängt es entscheidend ab, wie sich ihr Fehlen im Händlersortiment bei dem auf dem betreffenden Markt gegebenen typischen Verhalten der Endkunden auf die Wettbewerbsfähigkeit der in Betracht stehenden Handelsunternehmen regelmäßig auswirkt. Sortimentsbedingte Abhängigkeit von der Belieferung mit der Markenware eines Herstellers ist deshalb generell immer dann zu bejahen, wenn deren Marktbedeutung in dem vorgenannten Sinne so stark ist, dass sie unter Berücksichtigung der wirtschaftlichen Funktion und Vertriebskonzeption der in Betracht stehenden Handelsunternehmen und des typischen Nachfrageverhaltens der Endkunden im Sortiment geführt werden muss, weil andernfalls eine nicht nur unerhebliche Beeinträchtigung der Wettbewerbsfähigkeit dieser Unternehmen auf dem relevanten Markt zu erwarten ist.[56]

Für die **Spitzenstellungsabhängigkeit** ist im Rahmen einer umfassenden Würdigung **30** der Umstände des konkreten Falles neben der das Nachfrageverhalten der die Verbraucher beeinflussenden Werbung und sonstigen Vertriebsförderungsmaßnahmen **vor allem auch die Distributionsrate** der Ware bei den in Betracht stehenden vergleichbaren Händlern ein wichtiges Indiz.[57] Denn nur wenn in dem für die Beurteilung der Wettbewerbsfähigkeit des Sortiments maßgeblichen räumlichen Gebiet alle oder der weitaus größte Teil dieser Händler die betreffende Ware tatsächlich in ihrem Sortiment führen, ist die Folgerung einer Spitzenstellung gerechtfertigt.[58] Demgegenüber ist der Marktanteil des Herstellers sowohl absolut als auch im Verhältnis zu den Anteilen der anderen Hersteller auf dem betreffenden Markt nur begrenzt aussagekräftig, weil die Spitzenstellung einer Marke im Einzelfall gerade darauf beruhen kann, dass ihr Hersteller durch bewussten Verzicht auf Mengenausweitung ein hohes Verkaufspreisniveau und das damit verbundene „Luxusimage" sichern will.[59] IdR wird die Spitzenstellung einer Marke allerdings auch in ihrem Marktanteil zum Ausdruck kommen.[60]

Spitzenstellungsabhängigkeit auf einem Markt kann auch von mehreren Herstellern **31** nebeneinander gegeben sein, wenn deren Waren jede für sich jedenfalls für bestimmte Kategorien von Händlern (zB Großhändler, Facheinzelhändler) praktisch unersetzbar sind,

---

[55] BGH 20.11.1975 – KZR 1/75, WuW/E BGH 1391 (1393) – Rossignol; 23.10.1979 – KZR 19/78, WuW/E BGH 1635 (1636) – Plaza SB-Warenhaus; 24.3.1987 – KZR 39/85, WuW/E BGH 2419 (2420) – Saba-Primus; Nothdurft in Bunte Rn. 45.

[56] Grundlegend BGH 20.11.1975 – KZR 1/75, WuW/E BGH 1391 (1394) – Rossignol; 17.1.1979 – KZR 1/78, WuW/E BGH 1567 (1569) – Nordmende, jeweils auf eine „gewichtige Beeinträchtigung der Wettbewerbsfähigkeit" des Händlers durch Fehlen der betr. Markenware in seinem Sortiment abstellend.

[57] So zB BGH 20.11.1975 – KZR 1/75, WuW/E BGH 1391 (1393) – Rossignol; 16.6.1981 – KVZ 3/80, WuW/E BGH 1867 (1870) – Levi's Jeans; 9.5.2000 – KZR 28/98, WuW/E DE-R 481 (483 f.) – Designer-Polstermöbel; 12.12.2017 – KZR 5015 Rn. 18 – NZKart 2018, 134 – Rimowa (Vorinstanz: OLG München 17.9.2015 – U 3886/14 Kart, WuW/E DE-R 4910 (4915) – Markenkoffer); Nothdurft in Bunte Rn. 44.

[58] Vgl. zB BGH 20.11.1975 – KZR 1/75, WuW/E BGH 1391 (1394) – Rossignol (Präsenz der betr. Marke in allen bedeutenden Fachgeschäften); KG 13.6.1980 – Kart 35/78, WuW/E OLG 2425 (2427) – Levi's Jeans; OLG München. 17.9.2015 – U 3886/14 Kart, WuW/E DE-R 4910 (4915) – Markenkoffer; Reimann GRUR 1981, 844 f.

[59] Vgl. zB BGH 20.11.1975 – KZR 1/75, WuW/E BGH 1391 (1394) – Rossignol (Spitzenstellung bei nur 8% Marktanteil bundesweit auf Grund der besonders intensiven Werbung, der „Rennerfolge" und der hohen Distributionsrate in Sportfachgeschäften).

[60] Vgl. zB BGH 24.3.1981 – KZR 2/80, WuW/E BGH 1793 (1795) – SB-Verbrauchermarkt. Bei hohen Marktanteilen kommt häufig auch schon eine marktbeherrschende Stellung in Betracht, so zB KG 4.2.1985 – Kart 2/84, WuW/E OLG 3501 (3502) – Märklin.

weil ihr Fehlen im Sortiment dessen Wettbewerbsfähigkeit nicht unerheblich beeinträchtigen würde. Dies kommt **in erster Linie bei Sortimentsgroßhändlern** in Betracht, soweit für deren Wettbewerbsfähigkeit ein möglichst breites und alle führenden Marken einschließendes Sortiment wesentlich ist, weil die bei ihnen beziehenden Einzelhändler typischerweise dazu neigen, ihren in der Zusammensetzung durch das Verbraucherverhalten weitgehend vorgegebenen gesamten Bedarf an einzelnen Marken nur bei einem einzigen oder wenigen Großhändlern zu beziehen.[61] Bei derartigen Gegebenheiten besteht Spitzenstellungsabhängigkeit von jedem Hersteller einer derart unersetzbaren Marke. Gleiches gilt für Facheinzelhändler, wenn im Hinblick auf die Verbrauchergewohnheiten auf dem betreffenden Markt das Führen mehrerer bestimmter, untereinander nicht substituierbarer Marken für ein wettbewerbsfähiges Sortiment erforderlich ist.[62] Auch bei dieser Form der Abhängigkeit ist die Distributionsrate der jeweiligen Marke bei vergleichbaren Unternehmen in dem relevanten räumlichen Gebiet ein wichtiges Indiz.[63]

32    **Spitzengruppenabhängigkeit** ist vor allem auf der Einzelhandelsebene die in der Praxis weit häufiger in Betracht kommende Variante der sortimentsbedingten Abhängigkeit, da mit Ausnahme der besonderen Situation des Sortimentsgroßhandels die Hersteller mit ihren Markenartikeln auf dem relevanten Markt idR für die Konkurrenzfähigkeit der Händlersortimente nicht die Bedeutung haben, dass diese Artikel unbedingt geführt werden müssen, weil sie nicht durch verfügbare Markenwaren anderer führender Hersteller ersetzbar sind. In derartigen Fällen sind die auf das Führen bekannter Markenwaren in ihrem Sortiment angewiesenen Händler **von allen diese Waren anbietenden Herstellern (Spitzengruppe) abhängig,** soweit ihnen die für die Konkurrenzfähigkeit ihres Sortiments erforderliche Zahl solcher Markenwaren nicht bereits anderweitig zur Verfügung steht.[64] Spitzengruppenabhängigkeit kommt insbes. dann in Betracht, wenn Newcomer bei dem Versuch, auf dem relevanten Markt als Händler mit einem konkurrenzfähigen Sortiment aufzutreten, von allen oder fast allen Herstellern der Spitzengruppe nicht beliefert werden.[65] Da in diesem Falle Abhängigkeit von allen Anbietern der Spitzengruppe besteht, fällt jedes die Belieferung verweigernde Spitzengruppenunternehmen in den Anwendungsbereich des Abs. 1 S. 1; eine bestimmte Reihenfolge, zB gemessen an der konkreten Marktbedeutung der einzelnen Hersteller, braucht beim Vorgehen gegen diese Hersteller nicht eingehalten zu werden.[66] Die Abhängigkeit besteht allerdings nur bis zum Erreichen des zur Konkurrenzfähigkeit erforderlichen Sortimentsminimums.[67] Die Beweislast, dass hierfür andere Bezugsmöglichkeiten tatsächlich nicht bestehen, trägt im Zivilprozess der sich auf sortimentsbedingte Abhängigkeit berufende Kläger.[68] Gegen die Abhängigkeit spricht dabei bereits der Umstand, dass sich der Kläger von vornherein nicht um die

---

[61] BGH 24.2.1976 – KVR 3/75, WuW/E BGH 1429 (1431) – Asbach-Fachgroßhändlervertrag; KG 20.4.1984 – Kart 20/83, WuW/E OLG 3288 (3289) – Rohrnetzarmaturen; OLG Stuttgart 12.3.1982 – 2 U/Kart) 108/81, WuW/E OLG 2728 (2729) – Keramik-Masse.

[62] BGH 24.9.1979 – KZR 20/78, WuW/E BGH 1629 (1631) – Modellbauartikel II; KG 16.6.1981 – Kart 35/78, WuW/E OLG 2427 – Levi's Jeans.

[63] KG 20.4.1984 – Kart 20/83, WuW/E OLG 3288 (3289) – Rohrnetzarmaturen; OLG Stuttgart 27.6.1980 – 2 U (Kart) 130/79, WuW/E OLG 2352 (2353) – Grundig-Südschall.

[64] BGH 17.1.1979 – KZR 1/78, WuW/E BGH 1667 (1669) – Nordmende; 21.2.1995 – KVR 10/94, – WuW/E BGH 2990 (2994) – Importarzneimittel; 9.5.2000 – KZR 28/98, WuW/E DE-R 481 (483 f.) – Designer-Polstermöbel; 4.11.2003 – KZR 2/02, WuW/E DE-R 1203, 1204 – Depotkosmetik im Internet; Nothdurft in Bunte Rn. 47.

[65] So zB BGH 24.9.1979 – KZR 20/78, WuW/E BGH 1629, – Modellbauartikel II; OLG Düsseldorf 25.5.1982 – VI (Kart) 27/81, WuW/E OLG 2732 – Elektrowerkzeuge.

[66] BGH 24.3.1987 – KZR 39/85, WuW/E BGH 2419 (2420) – Saba-Primus; 21.2.1995 – KVR 10/94, – WuW/E BGH 2990 (2994) – Importarzneimittel.

[67] BGH 22.1.1985 – KZR 35/83, WuW/E BGH 2125 (2127) – Technics; OLG Düsseldorf 21.1.1986 – U (Kart) 9/85, WuW/E OLG 3862 (3864) – Clarins; OLG Stuttgart 31.7.1987 – 2 U 72/87, WuW/E OLG 4047 (4049) – Blaupunkt.

[68] BGH 24.3.1987 – KZR 39/85, WuW/E BGH 2419 (2423) – Saba-Primus; 9.5.2000 – KZR 28/98, WuW/E DE-R 481 (482) – Designer-Polstermöbel.

Erschließung alternativer Bezugsmöglichkeiten bemüht hat, sondern sich auf den Vertrieb einer bestimmten Spitzengruppenmarke beschränken will.[69]

Welche auf dem relevanten Markt anbietenden Hersteller der Spitzengruppe zuzurech- **33** nen sind, richtet sich in erster Linie **nach der typischen Sortimentsgestaltungspraxis vergleichbarer Handelsunternehmen** auf diesem Markt, wobei zunächst mindestens so viele Marken dieser Hersteller einzubeziehen sind, wie von solchen Unternehmen zur Gewährleistung der Konkurrenzfähigkeit ihres Sortiments geführt werden müssen.[70] Für die dazu erforderliche Bestimmung der Marktbedeutung der Hersteller sind vor allem ihre Marktanteile ein wichtiges Indiz.[71] Anders als für die Beurteilung der Spitzenstellungsabhängigkeit (→ Rn. 30) haben dagegen die Distributionsraten der einzelnen Marken bei vergleichbaren Handelsunternehmen nur eine relativ geringe Aussagekraft, weil die Marken untereinander substituierbar sind und deshalb typischerweise auch nicht von allen diesen Unternehmen geführt werden.[72]

Für die Sortimentsgestaltungspraxis vergleichbarer Handelsunternehmen auf dem rele- **34** vanten Markt kommt es primär auf die unmittelbaren Wettbewerber des als abhängig in Betracht stehenden Unternehmens an, wobei empirische Erhebungen bei den Vergleichsunternehmen am aussagekräftigsten sind.[73] Den Verbrauchererwartungen an die Sortimentsgestaltung beim Vertrieb bestimmter Warenarten kann demgegenüber nur geringere Bedeutung zukommen, weil sie idR zu sehr von den bisherigen Vertriebsstrukturen bestimmt sind, so dass bei einem Abstellen allein darauf der Normzweck der Öffnung des Marktzugangs für Newcomer und neue Vertriebsformen Gefahr liefe, verfehlt zu werden.[74]

Ob und inwieweit bei der **Abgrenzung der Spitzengruppe** über die Zahl der für ein **35** konkurrenzfähiges Händlersortiment mindestens erforderliche Anzahl führender Marken hinausgegangen werden kann, ist in der Rechtsprechung nicht abschließend geklärt. Eine Begrenzung auf diese Zahl liegt dann nahe, wenn alle der Spitzengruppe zugerechneten Hersteller nach ihrer primär an den längerfristigen Marktanteilen gemessenen Marktbedeutung mit deutlichem Abstand vor den übrigen Herstellern liegen.[75] Lässt sich auf dem relevanten Markt eine Gruppe besonders marktstarker Anbieter von den übrigen nicht so eindeutig unterscheiden, sind in die für die sortimentsbedingte Abhängigkeit maßgebliche Spitzengruppe alle Anbieter einzubeziehen, deren Markenwaren geeignet sind, die zur Wettbewerbsfähigkeit erforderliche Sortimentsbreite herzustellen.[76] Für diese Lösung spricht, dass auf diese Weise Rechtsunsicherheiten durch Veränderungen der Marktpositionen der Hersteller im Zeitablauf minimiert werden können. Andererseits verbietet es jedoch der Machtbezug des Abs. 1 S. 1, den Kreis der Normadressaten zu weit zu ziehen. Deshalb ist eine Einbeziehung von mehr Herstellern in die Spitzengruppe als die für das Sortimentsminimum erforderliche Zahl nur gerechtfertigt, wenn sich die „überzähligen" Hersteller nach ihrer Marktstärke nicht spürbar von den vor ihnen liegenden unterscheiden.

---

[69] BGH 26.6.1979 – KZR 7/78, WuW/E BGH 1620 (1623) – Revell Plastics; 24.3.1987 – KZR 39/85, WuW/E BGH 2419 (2420) – Saba-Primus.

[70] BGH 17.1.1979 – KZR 1/78, WuW/E BGH 1567 (1569) – Nordmende; 16.12.1986 – KZR 25/85, WuW/E BGH 2351 (2354 f.) – Belieferungsunwürdige Verkaufsstätten II.

[71] BGH 22.1.1985 – KZR 35/83, WuW/E BGH 2125 (2127) – Technics; 24.3.1987 – KZR 39/85, WuW/E BGH 2419 (2423) – Saba-Primus.

[72] Vgl. zB BGH 24.3.1987 – KZR 39/85, WuW/E BGH 2419 (2420 ff.) – Saba-Primus, wo ebenso wie in den früheren Entscheidungen zur Spitzengruppenabhängigkeit von Geräte der Unterhaltungselektronik vertreibenden Einzelhändlern nicht auf die Distributionsraten der einzelnen Marken abgestellt wurde.

[73] BGH 17.1.1979 – KZR 1/78, WuW/E BGH 1567 (1569) – Nordmende; 24.3.1987 – KZR 39/85, WuW/E BGH 2419 (2420 ff.) – Saba-Primus.

[74] Vgl. zB BGH 23.10.1979 – KZR 19/78, WuW/E BGH 1635 (1636) – Plaza SB-Warenhaus; Möschel, Wettbewerbsbeschränkungen, Rn. 634; krit. zB Fischötter/Lübbert GRUR 1979, 562.

[75] Vgl. zB BGH 24.9.1979 – KZR 16/78, WuW/E BGH 1671 (1672) – robbe-Modellsport (vier Anbieter mit vollständigem Sortiment heben sich deutlich von allen übrigen ab).

[76] OLG Düsseldorf 29.5.1990 – U (Kart) 28/89, WuW/E OLG 4692 (4693) – Installateurverzeichnis; andeutungsweise auch BGH 17.1.1979 – KZR 1/78, WuW/E BGH 1567 (1569) – Nordmende; krit. Fischötter/Lübbert GRUR 1980, 183.

Für die Bestimmung der Marktstärke der einzelnen Unternehmen sind wegen bestehender Unternehmenseinheit alle demselben Konzern zuzurechnenden Marken zusammenzufassen.[77]

36   Wegen der Maßgeblichkeit der Gegebenheiten auf dem jeweils relevanten Markt (→ Rn. 13 f.) kann die Abhängigkeit hinsichtlich anderer als diesem Markt zuzurechnender Waren nicht schon daraus gefolgert werden, dass der Hersteller in der Form einer Verpflichtung seiner Abnehmer zur Führung seines Gesamtsortiments diese Waren nur zusammen mit denjenigen zu liefern bereit ist, bei denen die Abhängigkeit besteht.[78] Verweigert der Hersteller in diesem Falle unter Berufung auf die fehlende Abhängigkeit bei anderen Waren seines Sortiments die Belieferung, läuft er allerdings Gefahr, die Sortimentsführungsverpflichtung wegen Verstoßes gegen das Diskriminierungsverbot des § 19 Abs. 2 Nr. 1 seinen anderen Abnehmern gegenüber nicht mehr durchsetzen zu können. Die Unternehmensgröße der als abhängig in Betracht gezogenen Handelsunternehmen sowie der Umstand, dass sie nicht nur das fachspezifische Sortiment, sondern auch andere Arten von Waren vertreiben, sind für die Beurteilung der Abhängigkeit irrelevant.[79] Soweit Großunternehmen des Einzelhandels sortimentsbedingte Abhängigkeit von Herstellern geltend machen, kann dem allerdings im Einzelfall die Einschränkung des Abs. 1 S. 1 Hs. 2 wegen ihrer überwiegenden Gegenmacht entgegenstehen (iE → Rn. 26).

37   **b) Unternehmensbedingte Abhängigkeit.** Unternehmensbedingte Abhängigkeit liegt vor, wenn ein Anbieter oder Nachfrager einer bestimmten Art von Waren oder gewerblichen Leistungen seinen Geschäftsbetrieb im Rahmen langfristiger Vertragsbeziehungen so stark auf ein bestimmtes anderes Unternehmen auf der anderen Marktseite ausgerichtet hat, dass er nur unter Inkaufnahme gewichtiger Wettbewerbsnachteile auf dem betreffenden Markt auf andere Unternehmen überwechseln kann.[80] In Betracht hierfür kommen auf der Nachfrageseite in erster Linie Handelsunternehmen, die sich im Rahmen langfristiger Lieferbeziehungen als Handelsvertreter, Kommissionsagent, Franchisenehmer oder Vertragshändler auf den Vertrieb der Ware eines bestimmten Herstellers konzentriert und ihr äußeres Erscheinungsbild auf ihn ausgerichtet haben und deshalb auch von ihren Kunden weitgehend mit ihm identifiziert werden. Auf der Anbieterseite liegt unternehmensbedingte Abhängigkeit häufig bei Herstellern vor, die auf einem Markt weitgehend nur als Zulieferer weniger großer Fertigproduktherstellern tätig sind oder den Vertrieb ihrer Ware ausschließlich einem Handelsunternehmen übertragen haben (zur damit ebenfalls in Betracht kommenden nachfragebedingten Abhängigkeit → Rn. 46).

38   Unternehmensbedingt abhängige Nachfrager sind idR die **Vertragshändler und -werkstätten** der Automobilindustrie.[81] Ob sich die Investitionen des Vertragshändlers in seinen Geschäftsbetrieb bereits amortisiert haben, ist dabei unerheblich. Dies gilt auch, soweit der Vertrieb im Rahmen von Handelsvertreter- oder Kommissionsagenturverhält-

---

[77] In den vom BGH bisher entschiedenen Fällen aus dem Bereich der Unterhaltungselektronik ist dies jedoch unberücksichtigt geblieben. Vgl. zB BGH 16.12.1986 – KZR 25/85, WuW/E BGH 2351 (2354) – Belieferungsunwürdige Verkaufsstätten II.

[78] BGH 16.12.1986 – KZR 25/85, WuW/E BGH 2351 (2354) – Belieferungsunwürdige Verkaufsstätten II.

[79] BGH 17.1.1979 – KZR 1/78, WuW/E BGH 1567 (1569) – Nordmende; 23.10.1979 – KZR 19/78, WuW/E BGH 1635 (1636) – Plaza SB-Warenhaus.

[80] BGH 23.2.1988 – KZR 20/86, WuW/E BGH 2491 (2493) – Opel Blitz; 21.2.1995 – KZR 33/93, WuW/E BGH 2983 (2988) – Kfz-Vertragshändler; OLG Frankfurt a. M. 16.8.1990 – 6 U (Kart) 36/90, WuW/E OLG 4689 (4690 f.) – neuform; OLG Düsseldorf 5.8.2020 – VI U(Kart) 10/20, WuW 2020, 542 (547); Bericht 1973, zu § 26 Abs. 2; Nothdurft in Bunte Rn. 54; Loewenheim in LMRKM Rn. 30.

[81] BGH 23.2.1988 – KZR 20/86, WuW/E BGH 2491 (2493) – Opel Blitz; 19.1.1993 – KZR 25/91, WuW/E BGH 2875 (2877) – Herstellerleasing; 21.2.1995 – KZR 33/93, WuW/E BGH 2983 (2988) – Kfz-Vertragshändler; 6.10.2015 – KZR 87/13 Rn. 53 ff., NZKart 2015, 535 – Porsche-Tuning; 26.1.2016 – KZR 41/14 Rn. 28, NZKart 2016, 285 – Jaguar-Vertragswerkstatt; OLG Düsseldorf 27.3.2019 – U (Kart) 16/18, WuW 2019, 529 (532) – Vertragswerkstatt; OLG Frankfurt 14.2.2023 – 11 U 9/22 (Kart), WuW 2023, 283 – Grundmargen; OLG Hamburg 27.8.1998 – 3 U 74/89, WuW/E DE-R 211 – Honda.

nissen erfolgt.[82] Auch die ausschließlich die Marke einer Brauerei vertreibenden Gaststätten sind häufig von dieser unternehmensbedingt abhängig.[83] Gleiches gilt für Franchisenehmer.[84]

Die Abhängigkeit der bereits in Vertragsbeziehungen stehenden Händler lässt sich in **39** derartigen Fällen häufig schon auf Grund einer **auf die typische Situation dieser Händler abstellenden** objektiv-generalisierenden Betrachtungsweise beurteilen.[85] Diese Betrachtung wird auch hier dem auf die Wettbewerbsfähigkeit abstellenden wettbewerbsbezogenen Normzweck des Abs. 1 S. 1 am besten gerecht und ermöglicht auch bei unternehmensbedingter Abhängigkeit die Anwendung auf Fälle von Systembehinderungen und -diskriminierungen.[86] Sie lässt offen, dass der aus der typischen Stellung des in Betracht stehenden Nachfragers resultierende erste Anschein der Abhängigkeit im Einzelfall durch Gegengründe widerlegt werden kann (→ Rn. 23). Die Gefahr, durch eine zu weite Anwendung des Abs. 1 S. 1 die Grenzen des wettbewerbsorientierten Schutzzwecks des Verbots zu überschreiten, rechtfertigt keine besonders restriktive Auslegung des Abhängigkeitsbegriffs, da ihr im Rahmen der Interessenabwägung hinreichend begegnet werden kann.[87]

Unternehmensbedingte Abhängigkeit ist bei Unternehmen, die bisher mit dem Lieferan- **40** ten noch nicht in Vertragsbeziehungen stehen **(Newcomer)**, begrifflich ausgeschlossen.[88] Newcomer können jedoch entsprechend den für die sortimentsbedingte Abhängigkeit geltenden Grundsätzen (→ Rn. 28 ff.) von den führenden Lieferanten abhängig sein.

**c) Knappheitsbedingte Abhängigkeit.** Unternehmen können als Nachfrager einer **41** bestimmten Art von Waren oder gewerbliche Leistungen auch deshalb von Lieferanten dieser Waren oder Leistungen iSv Abs. 1 S. 1 abhängig sein, weil sie in einer Situation nicht vorhersehbarer Verknappung durch plötzlichen Ausfall von Liefermöglichkeiten, zB durch ein Embargo ausländischer Staaten, Streiks oder Katastrophenfälle, nicht zu konkurrenzfähigen Bedingungen auf andere Lieferanten ausweichen können.[89] Die Anwendung des Abs. 1 S 1. kommt allerdings in derartigen Fällen nur dann in Betracht, wenn trotz der Knappheit auf dem relevanten Markt noch wesentlicher Wettbewerb herrscht, da andernfalls die betroffenen Lieferanten bereits als marktbeherrschende Unternehmen iSd § 18 Abs. 1 Nr. 2 dem Verbot des § 19 Abs. 2 Nr. 1 unterliegen.[90] Für die Anwendung des § 20 Abs. 1 S. 1 ist deshalb nur dann Raum, wenn sich entweder trotz genereller Knapp-

---

[82] TB 1989/90, 58; Nothdurft in Bunte Rn. 54; Westermann in MüKoGWB Rn. 38; aA OLG Düsseldorf 9.5.1997, OLG-Rp. Düsseldorf 1998, 11; Rittner WuW 1993, 592 (604 f.); für Abhängigkeit der im Kraftstoffabsatz als Handelsvertreter der Lieferanten tätigen Markentankstellen zB TB 1977, 49.

[83] Vgl. auch OLG Düsseldorf 16.10.1979 – U (Kart) 7/79, WuW/E OLG 2133 – Premiumbier, für einen auf den Absatz einer bestimmten Marke spezialisierten Bierverleger.

[84] BKartA 8.5.2006 – B 9–149/04, 29 – Praktiker Baumärkte; offengelassen in diesem Fall OLG Düsseldorf 16.1.2008 – VI-Kart 1/06 (V), WuW/E DE-R 2235 (2237) – Baumarkt. Vgl. dazu auch BGH 11.11.2008 – KVR 17/08, WuW/E DE-R 2514 (2515) – Bau und Hobby. Einschränkend: Billing/Lettl WRP 2012, 773 (775 ff.).

[85] So beim Absatz von Neufahrzeugen: BGH 23.2.1988 – KZR 20/86, WuW/E BGH 2491 (2493) – Opel Blitz; 21.2.1995 – KZR 33/93, WuW/E BGH 2983 (2988) – Kfz-Vertragshändler; OLG Frankfurt 10.3.2022 – 11 U 19/21 (Kart), WuW 2022, 350 (356) – Händlervertrag, auch unter Berücksichtigung des Machtgefälles zulasten der Händler iSv Abs. 1 S. 1 Hs. 2; TB 1979/80, 60.

[86] Vgl. zB BGH 19.1.1993 – KZR 25/91, WuW/E BGH 2875 – Herstellerleasing; KG 28.11.1979 – Kart 12/79, WuW/E OLG 2247 (2249) – Parallellieferteile.

[87] Vgl. insbes. BGH 21.2.1995 – KZR 33/93, WuW/E BGH 2983 (2988 ff.) – Kfz-Vertragshändler. Zur analogen Anwendung des § 89b HGB auf Kfz-Vertragshändler zB BGH 26.2.1997 – VIII ZR 272/95, NJW 1997, 1503.

[88] Heuchert S. 97. Vgl. aber OLG Düsseldorf 20.9.1983 – U (Kart) 27/82, WuW/E OLG 3036 (3037 f.) – Peugeot-Vertretung, wonach ein Kfz-Vertragshändler auch von einer von ihm noch nicht geführten Zweitmarke seines Lieferanten abhängig sein kann.

[89] KG 4.7.1974 – Kart 24/74, WuW/E OLG 1499 (1502) – Agip II; Bericht 1973, zu § 26 Abs. 2; TB 1973, 75; 1974, 65; 1975, 46; 1989/90, 45; H. Wiedemann mineralöl 1980, 78 ff.; im Schrifttum wird auch die Bezeichnung mangelbedingte Abhängigkeit verwendet, zB Nothdurft in Bunte Rn. 52.

[90] Fischötter WuW 1974, 387 f.; für Art. 82 EG (Art. 102 AEUV): KOMM. 19.4.1977, WuW/E EV 705 (706); offengelassen: EuGH 29.6.1978 – Rs. 77/77, Slg. 1978, 1513 (1526) = WuW/E EWG/MUV 445 (446) – A. B. G.

heit die Frage des wesentlichen Wettbewerbs auf dem Markt nicht ohne weiteres klären lässt oder nur einzelne Lieferanten in ihrer Liefermöglichkeit beeinträchtigt sind und ihre Abnehmer nicht auf andere Lieferanten ausweichen können, zB weil diese bindende Lieferverträge mit anderen Abnehmern haben.

**42**     Knappheitsbedingte Abhängigkeit kann **auch für Newcomer** gegeben sein.[91] Allerdings ist hier bei der Interessenabwägung besonders sorgfältig zu prüfen, ob Newcomer im Verhältnis zu bisher belieferten Kunden grundsätzlich gleichbehandelt werden müssen (→ § 19 Rn. 145 f.).

**43**     **d) Nachfragebedingte Abhängigkeit.** Nachfragebedingte Abhängigkeit liegt vor, wenn Anbieter einer bestimmten Art von Waren oder gewerblichen Leistungen von Nachfragern dieser Waren oder Leistungen in der in Abs. 1 S. 1 bezeichneten Weise abhängig sind, dh im Verhältnis zu den als relativ marktmächtig iSv Abs. 1 in Betracht stehenden Nachfragern keine ausreichenden und zumutbaren Ausweichmöglichkeiten auf andere Nachfrager dieser Waren oder Leistungen haben. Die dadurch charakterisierte relative Nachfragemacht kann ebenso wie die relative Anbietermarktmacht entweder durch mehr individuell-unternehmensbedingte oder durch mehr generell-marktbedingte Gegebenheiten begründet sein. Auch bei der nachfragebedingten Abhängigkeit sind deshalb mehrere Falltypen zu unterscheiden (iE → Rn. 46 ff.).

**44**     Die nachfragebedingte Abhängigkeit muss sich auf die Stellung eines oder mehrerer Anbieter einer „bestimmten Art von Waren oder gewerblichen Leistungen", dh auf einen bestimmten, aus der Sicht der Marktgegenseite abzugrenzenden sachlich relevanten Markt beziehen **(Beschaffungsmarkt).** Dieser Markt ist grundsätzlich nach den gleichen Kriterien abzugrenzen wie im Falle „absoluter" Nachfragemacht marktbeherrschender Nachfrager (dazu → § 18 Rn. 78 ff.). Der Gesetzesbegriff „Anbieter einer bestimmten Art von Waren oder gewerblichen Leistungen", an den bei der nachfragebedingten Abhängigkeit für die sachliche Marktabgrenzung anzuknüpfen ist, legt zwar vor dem Hintergrund seiner Auslegung im Rahmen des § 18 eine davon abweichende, allein auf das Bedarfsmarktkonzept für die Anbieterseite, dh die funktionelle Austauschbarkeit aus der Sicht der Nachfrager abstellende Abgrenzung nahe. Ebenso wie bei der „absoluten" Nachfragemacht iSd § 18 Abs. 1 kommt es jedoch auch für die relative iSd § 20 Abs. 1 S. 1 letztlich **auf die Ausweichmöglichkeiten der betroffenen Unternehmen auf der anderen Marktseite an,** so dass auch schon die Marktabgrenzung auf dieses Ziel hin ausgerichtet werden muss.[92] Für die Frage nach den Ausweichmöglichkeiten des Anbieters eines Produkts ist es aber unerheblich, ob dieses von bestimmten Abnehmern für die besonderen Zwecke ihres Bedarfs als mit anderen funktionell austauschbar angesehen wird, solange noch genügend andere Abnehmer vorhanden sind, die dasselbe Produkt für andere Bedarfszwecke nachfragen, zB Handelsunternehmen auf der einen Seite und direktbeziehende unternehmerische Großverbraucher auf der anderen. In gleicher Weise wirken sich Angebotsumstellungsmöglichkeiten im Rahmen des für die Bestimmung von marktbeherrschender Nachfragemacht maßgeblichen sachlich relevanten Marktes auf die Frage aus, ob ein Anbieter ausreichende und zumutbare Ausweichmöglichkeiten auf andere Unternehmen hat.

**45**     Dem sachlich relevanten Beschaffungsmarkt sind deshalb alle Absatzmöglichkeiten für ein bestimmtes Produkt oder eine Dienstleistung zuzurechnen, ohne dass es hierfür, wie bei der Abgrenzung des Absatzmarktes für die Bestimmung von Anbietermacht, auf den besonderen Verwendungszweck der Verbraucher und auf Besonderheiten der einzelnen

---

[91] TB 1973, 75; 1974, 65; 1975, 46; Möschel, Wettbewerbsbeschränkungen, Rn. 637; Grave in FK-KartellR Rn. 54; aA zB Heuchert S. 115 f.; Sack GRUR 1975, 511 (515).

[92] BGH 23.2.1988 – KZR 17/86, WuW/E BGH 2483 (2487 f.) – Sonderungsverfahren; 22.3.1994 – KZR 3/93, WuW/E BGH 2919 (2921) – Orthopädisches Schuhwerk; 21.2.1995 – KVR 10/94, WuW/E BGH 2990 (2994) – Importarzneimittel; 24.9.2002 – KZR 34/01, WuW/E DE-R 1011 (1012) – Wertgutscheine für Asylbewerber; KG 11.4.1990 – Kart U 213/90, WuW/E OLG 4566 (4567) – Messevertragsspediteure; Köhler, Nachfragemacht, S. 37 f.; Möschel, Wettbewerbsbeschränkungen, Rn. 638; zur Marktabgrenzung im Zusammenhang mit Marktbeherrschung auf der Nachfrageseite → § 18 Rn. 151 ff.

Absatzstufen (Export, Großhandel, Einzelhandel, gewerbliche Verbraucher) ankommt.[93] Außerdem gehören zu diesem Markt andere Produkte oder Dienstleistungen, auf die der Anbieter im Rahmen eines vorhandenen Produktions- oder Vertriebsunternehmens sein **Angebot ohne gewichtige Beeinträchtigung seiner Wettbewerbsfähigkeit umstellen kann (Angebotsumstellungskonzept).**[94] Lediglich Absatzmöglichkeiten an private Endverbraucher scheiden aus, weil es allein auf Ausweichmöglichkeiten auf „Unternehmen" ankommt.[95] Dies kann zwar in Einzelfällen zu sinnwidrigen Ergebnissen führen (zB wenn ein Einzelhändler auf seinem örtlichen Markt ein Produkt zwar an zahlreiche private Endverbraucher, aber nur einen einzigen gewerblichen Verbraucher mit einem minimalen Abnahmeanteil liefert), was offenbar bei der pauschalen Gleichstellung von Anbietern und Nachfragern in Abs. 1 S. 1 vom Gesetzgeber nicht bedacht wurde. Dennoch erscheint es nicht gerechtfertigt, insoweit entgegen dem klaren Gesetzeswortlaut vom Unternehmensbegriff völlig abzugehen. Soweit private Endverbraucher durch von ihnen gebildete Einkaufsorganisationen zentral einkaufen, handelt es sich bei diesen um Unternehmen.[96]

Nachfragebedingte Abhängigkeit von Anbietern kommt insbes. dann in Betracht, wenn **46** ein Anbieter auf dem sachlich relevanten Markt entweder von vornherein seine gesamte Geschäftstätigkeit auf einen bestimmten, nicht marktbeherrschenden Nachfrager ausrichtet (zB als Hersteller eines Fertigprodukts durch einen ausschließlichen Alleinvertriebsvertrag mit einem Handelsunternehmen oder dadurch, dass ein Teilehersteller seine Produktion auf den besonderen Bedarf eines bestimmten Fertigproduktherstellers spezialisiert) oder wenn auf einen solchen Nachfrager **faktisch ein hoher Anteil am Absatz des Anbieters auf dem relevanten Markt** entfällt. Letzteres ist zB häufig bei industriellen Zulieferern von Fertigproduktherstellern der Fall, soweit entweder, wie im Falle der Zulieferung von Kraftfahrzeugteilen und -zubehör, von vornherein nur wenige große Nachfrager mit hohen Abnahmeanteilen vorhanden sind oder einzelne Zulieferer ihren Absatz aus wirtschaftlichen Gründen, zB wegen hoher Transportkosten, auf wenige Abnehmer konzentrieren.[97] Dass die Abhängigkeit von Zulieferern regelmäßig auf eine produktmäßige oder räumliche Spezialisierung zurückzuführen ist, steht der Annahme eines Abhängigkeitsverhältnisses iSv Abs. 1 S. 1 nicht entgegen (vgl. auch → Rn. 20). Nachfragebedingte Abhängigkeit kann ferner auf hohen Absatzanteilen mit bestimmten Handelsunternehmen oder gewerblichen Großverbrauchern einschließlich der öffentlichen Hand beruhen.[98] Es sind daher drei Haupttypen relativ marktmächtiger Nachfrager iSv Abs. 1 S. 1 zu unterscheiden: Fertigprodukthersteller als Abnehmer der Zulieferindustrie, große Handelsunternehmen und Einkaufszusammenschlüsse als Abnehmer von Fertigprodukten, insbes. Markenartikeln, und die öffentliche Hand als Hauptabnehmer bestimmter Waren oder Dienstleistungen (vgl. TB 1978, 34 ff.).

Welche **Höhe der Anteil eines Nachfragers am Absatz eines Anbieters** auf dem **47** relevanten Markt haben muss, um nachfragebedingte Abhängigkeit iSv Abs. 1 S. 1 zu

---

[93] BGH 13.11.1990 – KZR 25/89, WuW/E BGH 2683 (2685) – Zuckerrübenanlieferungsrecht; 21.2.1995 – KVR 10/94, WuW/E BGH 2990 (2994) – Importarzneimittel; KG 11.4.1990 – Kart U 213/90, WuW/E OLG 4566 (4567) – Messevertragsspediteure.

[94] OLG Düsseldorf 12.2.1980 – U (Kart) 8/79, WuW/E OLG 2270 (2274) – Fernmeldetürme; zu § 19: KG 5.11.1986 – Kart 15/86, WuW/E OLG 3917 (3927) – Coop-Wandmaker; Monopolkommission, Sondergutachten 7 Rn. 46 ff.; Köhler, Nachfragemacht, S. 36 ff.; Möschel, Wettbewerbsbeschränkungen, Rn. 638; aA insbes. Hölzler/Satzky S. 85 ff., 112 ff.; vgl. auch BGH 13.11.1990 – KZR 25/89, WuW/E BGH 2683 (2685) – Zuckerrübenanlieferungsrecht (keine Berücksichtigung der Umstellungsmöglichkeiten von Zuckerrübenanbauern auf die Erzeugung anderer Feldfrüchte).

[95] BGH 22.3.1994 – KZR 3/93, WuW/E BGH 2919 (2921) – Orthopädisches Schuhwerk.

[96] BGH 29.10.1970 – KZR 3/70, WuW/E BGH 1142 (1143) – Volksbühne II.

[97] Zur Abhängigkeit der Zulieferindustrie zB Monopolkommission, Sondergutachten 7, Rn. 132 ff.; Klaue ZIP 1989, 1313 ff.; Köhler, Nachfragemacht, S. 67 f.

[98] Vgl. zB BGH 12.5.1976 – KZR 14/75, WuW/E BGH 1423 – Sehhilfen; 22.3.1994 – KZR 3/93, WuW/E BGH 2919 – Orthopädisches Schuhwerk; 23.1.2018 – KVR 3/17 Rn. 40 ff., NZKart 2018, 136 – Hochzeitsrabatte; OLG Frankfurt a. M. 26.7.1988 – 6 U 53/83, WuW/E OLG 4354 – Betankungsventile.

begründen, lässt sich nicht für alle Märkte und Falltypen generell festlegen.[99] In den wenigen bisher in der Rechtsprechung entschiedenen Fällen ging es um relativ hohe Anteile.[100] In der Verwaltungspraxis der Kartellbehörden sind demgegenüber auch schon wesentlich geringere Anteile von Nachfragern am Absatz des Lieferanten als ausreichend angesehen worden, insbes. im Verhältnis zwischen Konsumgüterherstellern und großen Handelsunternehmen.[101] **Im Sinne einer widerlegbaren Vermutung dürfte für das Verhältnis von Konsumgüterherstellern zu Handelsunternehmen ein Umsatzanteil von 10 vH oder mehr für die Annahme einer nachfragebedingten Abhängigkeit auf der Lieferantenseite ausreichend sein.**[102] Dabei ist allerdings die besondere Situation von Einkaufszusammenschlüssen zu berücksichtigen, soweit bei ihnen auch die Direktbelieferung der Mitglieder faktisch möglich ist.

48    Nachfragebedingte Abhängigkeit eines Anbieters von einem Nachfrager **kann auch unabhängig von der Höhe des auf diesen Nachfrager entfallenden Anteils am Absatz des Anbieters** gegeben sein, wenn aus besonderen Gründen ausreichende und zumutbare Absatzalternativen fehlen. Dies gilt zB für Arzneimittelimporteure im Verhältnis zum Großhandel, wenn dieser das Führen von Importarzneimitteln generell verweigert und der Direktvertrieb an Apotheken nicht voll konkurrenzfähig ist, weil diese ganz überwiegend nur vom vollsortierten Großhandel beziehen,[103] oder wenn die Sozialversicherungsträger mit einem Nachfrageanteil von 80 vH in ihrem Nachfrageverhalten ein wettbewerbsloses Parallelverhalten praktizieren.[104] Auch beim Absatz von Markenartikeln können Hersteller von Handelsunternehmen – unabhängig von der Höhe der auf diese Unternehmen entfallenden Absatzanteile – nachfragebedingt abhängig sein, wenn praktisch alle Einzelhändler nur über den Sortimentsgroßhandel beziehen oder die Präsenz der Ware im Sortiment von Kaufhäusern wegen der großen Werbewirkung für ihre generelle Konkurrenzfähigkeit wesentlich ist.[105] In allen diesen Fällen können auch Newcomer, die bisher mit dem in Betracht stehenden Nachfrager noch keine Lieferbeziehungen hatten, abhängig sein. Jedoch ist hier besonders sorgfältig zu prüfen, ob die Verweigerung des Bezugs der Ware bereits gegen § 19 Abs. 2 Nr. 1 verstößt (→ § 19 Rn. 189 ff.).

---

[99] BGH 24.9.2002 – KVR 8/01, WuW/E DE-R 984 (988 f.) – Konditionenanpassung; Goette ZWeR 2003, 135 (143 f.); Köhler, Nachfragemacht, S. 68.

[100] Vgl. zB BGH 8.5.1990 – KZR 21/89, WuW/E BGH 2665 (2666) – Physikalisch-Therapeutische Behandlung (Nachfrageanteil der marktstarken Ersatzkassen über 40 %); 23.1.2018 – KVR 3/17 Rn. 42 ff., NZKart 2018, 136 – Hochzeitsrabatte (Lieferanteile von Sektherstellern an Edeka zwischen 10 und 40 %). In der Entscheidung Orthopädisches Schuhwerk (BGH 22.4.1994 – KZR 3/93, WuW/E BGH 2919 (2921 f.)) hat der BGH die Abhängigkeit des Anbieters von allen Sozialversicherungsträgern mit einem Nachfrageanteil von zusammen 80 vH angenommen und dabei dem Marktanteil des beklagten Versicherers als Nachfrager von orthopädischem Schuhwerk keine Bedeutung zugemessen.

[101] Vgl. zB BKartA 26.2.1999, WuW/E DE-V 94 (96) – Metro (Absatzanteil von 7,5 % indiziert Abhängigkeit des Lieferanten); TB 1975, 76 im Fall des Neckermann-Jubiläumsverkaufs, wo sogar generell die Abhängigkeit kleiner und mittlerer Lieferanten angenommen wurde; TB 1978, 37. Die geringere Höhe der Anteile lässt sich allerdings in den nicht zur Entscheidung gelangten Fällen nur mittelbar daraus folgern, dass auf die verfahrensbetroffenen Handelsunternehmen nicht mehr als 10 % des Absatzes jedes einzelnen ihrer Lieferanten entfiel. Zur Abhängigkeit von Konsumgüterherstellern von großen Handelsunternehmen iE auch Nothdurft in Bunte Rn. 59 ff.

[102] Vgl. BGH 24.9.2002 – KVR 8/01, WuW/E DE-R 984 (989) – Konditionenanpassung (auch zu den Möglichkeiten der Widerlegung); 23.1.2018 – KVR 3/17 Rn. 42 ff., NZKart 2018, 136 – Hochzeitsrabatte; Goette ZWeR 2003, 135 (143); weitergehend zB Schultes WuW 1982, 740 („Missbrauchsgefahr" schon bei 5 vH Absatzanteil eines Nachfragers); krit. zur Brauchbarkeit solcher Richtgrößen insbes. Köhler, Nachfragemacht, S. 68. Zur Bedeutung von Gegenmacht des potenziell abhängigen Unternehmens → Rn. 26.

[103] BGH 21.2.1995 – KVR 10/94, WuW/E BGH 2990 (2993 f.) – Importarzneimittel. In diesem Fall besteht entsprechend den für die sortimentsbedingte Spitzengruppenabhängigkeit geltenden Grundsätzen (→ Rn. 33) Abhängigkeit von jedem einzelnen der führenden Großhändler.

[104] BGH 22.3.1994 – KZR 3/93, WuW/E BGH 2919 (2921 f.) – Orthopädisches Schuhwerk. Die nahe liegende Folgerung, dass hier ein marktbeherrschendes Nachfrageoligopol der Sozialversicherungsträger vorliegen dürfte, hat der BGH offengelassen.

[105] So für die Abhängigkeit von Herstellern von Markenparfüms von Kaufhausunternehmen: TB 1976, 69; 1977, 63. Im Schrifttum wird diese Art der Abhängigkeit auch als „goodwill-bedingt" bezeichnet, zB Köhler, Nachfragemacht, S. 69; Loewenheim in LMRKM Rn. 38; krit. zB Heuchert S. 131 f.

**7. Die Abhängigkeit von Intermediären (Satz 2). a) Hintergrund und Norm-** **49** **zweck.** Mit der 10. GWB-Novelle wurde Satz 2 eingefügt, der die Verpflichtung aus § 19 Abs. 1, 2 Nr. 1 auf sog. Intermediäre ausdehnt, Vermittler auf mehrseitigen Märkten, von denen andere Unternehmen abhängig sind. Mit der Einführung des Konzepts der **„Intermediationsmacht"** knüpft der Gesetzgeber an Überlegungen in zahlreichen Studien an, die die Bedeutung von Plattformen als Intermediäre im Vorfeld der GWB-Novelle anerkannt hatten.[106] Intermediäre können demnach rasch Schlüsselstellungen im Wettbewerb einnehmen und als „Gatekeeper" oder „bottleneck" fungieren, sodass von ihnen der Zugang zur nachgelagerten Marktstufe abhängt. Parallel zur Änderung in § 20 wurde in § 18 Abs. 3b das Konzept der Intermediationsmacht ausdrücklich normiert. Schon im Rahmen der 9. GWB-Novelle waren in § 18 Abs. 3a die wesentlichen Charakteristika mehrseitiger Märkte (Netzwerkeffekte, Multihoming und Wechselkosten, Größenvorteile, Datenzugang und innovationsgetriebener Wettbewerbsdruck) normiert worden.[107]

Die Abhängigkeit bezieht sich auf den Zugang zu Beschaffungs- und Absatzmärkten, **50** wenn die Plattform diesen Zugang vermittelt. **Abhängigkeit** liegt auch hier nur vor, wenn ausreichende und zumutbare Ausweichmöglichkeiten (→ Rn. 15, 16) nicht bestehen. Ein typisches Beispiel für diese Art von Abhängigkeit ist gegeben, wenn ein Einzelhändler einen Großteil seines Umsatzes mit Hilfe einer Retail-Plattform im Internet erzielt (soweit nicht schon Marktbeherrschung vorliegt)[108]: In diesem Fall kann es sein, dass der Zugang zu Absatzmärkten wesentlich von der Vermittlung durch den Plattformbetreiber gesteuert wird.

In der Plattformökonomie ist es typisch geworden, dass bestimmte Unternehmen die **51** **Schnittstellen zu Kunden oder Lieferanten** besetzen und Leistungen zwischen verschiedenen Marktseiten vermitteln. Anbietende Unternehmen und Konsumenten nutzen diese Vermittlungsdienste, da die Plattformen Transaktionskosten stark reduzieren und neue Kunden- und Lieferantenkreise erschließen können. In der Praxis haben etwa Plattformen der großen Digitalkonzerne (GAFA) sowie solche für Hotelbuchungen, Essenslieferungen, Kleidungsverkauf, Personenbeförderung oder Musikstreaming ganze Branchen disruptiv verändert. Damit sind Innovations- und Modernisierungsschübe einhergegangen. Aufgrund von Netzwerkeffekten (→ § 18 Rn. 143) können die Plattformen rasch hohe Bedeutung erlangen. Zugleich monopolisieren die Vermittler häufig die Schnittstelle zwischen den Geschäftspartnern (etwa durch Begrenzung des Informationsflusses) und können so den Kontakt von Anbieter und Nachfrager steuern.[109]

Seine **ökonomische Rechtfertigung** findet § 20 Abs. 1 S. 2 in den erheblichen **52** Macht- und **Informationsasymmetrien** und der Gefahr von Prinzipal-Agenten-Konflikten bei Vermittlern.[110] Bei digitalen Kontakten und Transaktionen wird eine Vielzahl von Daten generiert, auf die insgesamt nur der Betreiber des Portals Zugriff hat, in dem sich die Akteure treffen. Er hat gegenüber den übrigen Beteiligten also einen erheblich besseren Informationsstand und kann die Daten für seine Zwecke nutzen. Daraus folgt eine wettbewerblich problematische Informationsasymmetrie, der mit der europäischen Platform-to-business-Verordnung (P2B-VO) (VO (EU) 2019/1150) nur teilweise entgegengesteuert wird. Zudem wird der Vermittler als Mittelsmann zu zwei entgegengesetzten Seiten hin

---

[106] BT-Drs. 19/23492, 69; Schweitzer/Haucap/Kerber/Welker, Modernisierung der Missbrauchsaufsicht für marktmächtige Unternehmen, S. 85 ff.; Kommission Wettbewerbsrecht 4.0, Bericht, Empfehlung 2; Monopolkommission, Sondergutachten 68: Herausforderung digitale Märkte, 2015, S. 33 ff.; Furman u. a. Unlocking digital Competition, 2019, para 1.117; Scott Morton u. a. Stigler-Report, 2019, S. 84 ff.; Crémer/ de Montjoye/Schweitzer Bericht der Special Advisers der Wettbewerbskommissarin, 2019, S. 49 f.; vgl. auch Heinz in FS Schroeder, 2018, 309, 313.

[107] Dazu iE → § 18 Rn. 143; Grave in Kersting/Podszun, Die 9. GWB-Novelle, 2017, Kap. 2 Rn. 12 ff.

[108] So angenommen im Fall LG München I 31.3.2021 – 37 O 32/21, WuW 2021, 380 – Amazon-Marketplace.

[109] Vgl. Podszun Handwerk in der digitalen Ökonomie, 2021, S. 42 ff.

[110] Näher Podszun Gutachten F zum 73. Deutschen Juristentag: Regulierung von Online-Plattformen, 2020, S. F 49 ff.

tätig, sowohl für den Anbieter als auch für den Nachfrager einer Leistung. Es liegt damit ein Fall vor, der einer Doppelvertretung ähnelt, da beiden Marktseiten vom Vermittler in Aussicht gestellt wird, jeweils in ihrem Interesse zu vermitteln. Der ohnehin durch das Informationsproblem verstärkte **Prinzipal-Agenten-Konflikt** (principal agent conflict) wird also verdoppelt. Die Vermittlung zu beiden Seiten hin kann dazu führen, dass der Vermittler unfair agiert (nämlich in erster Linie im eigenen Interesse). Aus wettbewerblicher Sicht besteht die Gefahr, dass der den Wettbewerb kennzeichnende Koordinationsprozess am Markt manipuliert wird. Dies kann dazu führen, dass das marktwirtschaftliche Wettbewerbsmodell durchbrochen wird: Angebot und Nachfrage werden nicht mehr durch die „unsichtbare Hand" (Adam Smith) zusammengeführt, sondern durch die interessengeleitet programmierten Algorithmen des Plattformbetreibers. Die Macht wird dadurch noch verstärkt, dass Plattformen durch Bereitstellung der Transaktions-Infrastruktur und Kontrolle der Datenflüsse auch die Institutionen schaffen und die **Regelsetzungsmacht** für ihr Ökosystem haben.[111] Die besonderen wettbewerblichen Gefahren, die dadurch in der Plattformökonomie drohen, wurden im GWB-Digitalisierungsgesetz systematisch erfasst. So ist es konsequent, das Konzept der Intermediationsmacht auch in § 20 einzubeziehen.

53    Eine **dreistufige Prüfung** ist erforderlich: Festzustellen ist zunächst, dass ein Unternehmen Vermittler auf mehrseitigen Märkten ist. Sodann ist zu prüfen, welche Bedeutung die vom Vermittler zugänglich gemachten Beschaffungs- und Absatzmärkte für das die Abhängigkeit behauptende Unternehmen haben. Dann ist die Stellung des Vermittlers für diesen Zugang zu bewerten, insbesondere sind Ausweichmöglichkeiten abzuklären.

54    **b) Vermittler auf mehrseitigen Märkten.** Vermittler auf mehrseitigen Märkten sind Unternehmen, die den Kontakt zwischen verschiedenen Marktseiten koordinieren. So bringt etwa eine Retail-Plattform Einzelhändler und Konsumenten zusammen. Eine Mobilitätsplattform vermittelt Beförderungen an Verbraucher. Eine B2B-Plattform vermittelt Kontakte zwischen Lieferanten und Herstellern.[112] An die Stelle einer Austauschbeziehung zwischen A und B tritt eine Leistungsbeziehung mit mindestens drei Beteiligten, von denen einer vermittelnd tätig ist.

55    Ausgangspunkt für die **Definition** ist die Funktionsweise mehrseitiger Märkte (→ § 18 Rn. 69, 70), die in der Wirtschaftswissenschaft inzwischen vielfach analysiert worden ist.[113] Kernpunkt ist die Zusammenführung verschiedener Akteure durch eine zentrale Vermittlungsstelle. Es wird also ein „Marktplatz" geschaffen, auf dem der Betreiber mit Hilfe von Daten Angebot und Nachfrage koordiniert. Die wettbewerbliche Relevanz (und den betriebswirtschaftlichen Erfolg) verdankt der Vermittler den Netzwerkeffekten, die durch die Bündelung verschiedener Anbieter und/oder Nachfrager auf dem Marktplatz entstehen können (zu Netzwerkeffekten → § 18 Rn. 143). Vermittler in diesem Sinne führen also Anbieter und Nachfrager auf einer Plattform zusammen. Sie bieten ein Forum für deren Treffen, sind aber auch durch Auswahl und Zusammenführung der Akteure und in der Regel auch durch Vorbereitung und Koordination einer möglichen Transaktion beteiligt. Die Transaktion muss dabei nicht zwingend in einem Rechtsgeschäft münden. Vielmehr genügt dessen Anbahnung oder die bloße Kontaktvermittlung zwischen Anbieter und Nachfrager. Nach Art. 2 Nr. 2 der P2B-VO sind Online-Vermittlungsdienste solche, die Dienste der Informationsgesellschaft sind und die es gewerblichen Nutzern auf Basis eines Vertragsverhältnisses ermöglichen, Verbrauchern Waren oder Dienstleistungen anzubieten, indem sie die Einleitung direkter Transaktionen zwischen diesen gewerblichen Nutzern und Verbrauchern vermitteln, unabhängig davon, wo diese Transaktionen letztlich abge-

---

[111] Schweitzer ZEuP 2019, 1, 3.
[112] Zu B2B-Plattformen Podszun/Bongartz BB 2020, 2882.
[113] Rochet/Tirole 1(4) journal of the European Economic Association 2003, 990; Rochet/Tirole 37 Rand Journal of Economics 2006, 645; Bundeskartellamt, Arbeitspapier Marktmacht von Plattformen und Netzwerken, 2016, S. 9 ff.

schlossen werden. Diese Definition ist für das deutsche Kartellrecht nicht bindend, erfasst aber den Kern des Vermittlungsbegriffs.

Ein angemessenes **gesetzgeberisches Leitbild** für diese Vermittlungsfunktion gibt es **56** bislang nicht.[114] Im Zivilrecht ist am ehesten an den Maklervertrag (§ 652 ff. BGB) zu denken. Makler werden jedoch regelmäßig nur für eine Person vermittelnd tätig. Die wenigen, für diesen Vertragstypus im BGB vorgesehenen (und seit 1900 unveränderten) Vorschriften erfassen das Wesen digitaler Plattformen jedenfalls nicht. In der europäischen Rechtsprechung werden digitale Vermittler unterschiedlich rechtlich charakterisiert, mal als Dienst der Informationsgesellschaft (Airbnb), mal als Leistungserbringer (Uber).[115] Die Schwierigkeiten der rechtlichen Erfassung zeigen, dass der Vermittlerbegriff noch nicht abschließend geklärt ist.

Kartellrechtlich ist die Erfassung über die **Marktabgrenzung** ebenfalls lange umstritten **57** gewesen.[116] Zwei Besonderheiten erschweren die Marktabgrenzung: Zum einen wird diese klassisch im Verhältnis von zwei Akteuren, Anbieter und Nachfrager, gedacht. Darauf sind auch die Methoden der Marktabgrenzung ausgerichtet. Zum anderen ist es der digitalen Wirtschaft immanent, dass klare Rollenverteilungen erodieren und Leistungen integriert werden, die zuvor völlig getrennten Märkten zuzurechnen waren. Das wird vor allem dadurch möglich, dass alle Akteure, Produkte, Leistungen, Transaktionen usw. in Daten übersetzt werden, die einheitlich verarbeitet werden können. Für die Feststellung der relativen Marktmacht eines Vermittlers ist eine **Marktabgrenzung nicht zwingend erforderlich.** Der Gesetzgeber wollte gerade auch sicherstellen, dass hybride und veränderliche oder wechselnde Rollen berücksichtigt werden können.[117] Für Vermittler ist mittlerweile anerkannt, dass diese auf einem Vermittlungsmarkt tätig werden, der eigenständig abgegrenzt werden kann.[118] Zur Marktabgrenzung bei Plattformen → § 18 Rn. 69 ff.

Intermediäre gibt es auch **außerhalb der digitalen Wirtschaft** (z. B. Messen, Taxizen- **58** tralen, Reisebüros, technische Standards, Spielekonsolen, Zeitungen, Immobilienmakler oder Kreditkartenunternehmen).[119] Sie sind in § 20 Abs. 1 S. 2 ebenfalls erfasst. Durch das Matching mit Hilfe von Daten und Algorithmen hat die Vermittlungtätigkeit in der digitalen Welt aber eine neue Dimension erreicht. Aufgrund der hier stärker wirkenden Netzwerkeffekte sind auch Machtasymmetrien häufiger.

Der **Digital Markets Act,** der einige große Online-Plattformen als „Gatekeeper" **59** einstuft und umfassend reguliert, differenziert zwischen verschiedenen zentralen Plattformdiensten. Dabei werden Online-Vermittlungsdienste u. a. von Online-Suchmaschinen, sozialen Netzwerken, Betriebssystemen, Videosharing-Plattformen, Kommunikationsdiensten, Cloud Computing und Werbediensten unterschieden (Art. 2(2) DMA). Diese Differenzierung ist instruktiv. Sie ist für das deutsche Kartellrecht aber nicht rechtlich bindend. Sie dient vielmehr regulatorischen Zwecken. Unterschieden wird im Definitionsartikel des DMA zwischen diesen Diensten auch, weil auf sie zum Teil unterschiedlich Vorschriften Anwendung finden. Das deutsche Kartellrecht hat kein derart ausgefeiltes Regelungskonzept, sondern erfasst alle Vermittler auf mehrseitigen Märkten ohne Rücksicht darauf,

---

[114] Grünberger AcP 218 (2018), 213 (280 ff.); Podszun, Gutachten F zum 73. Deutschen Juristentag: Regulierung von Online-Plattformen, 2020, S. F 20 f. mwN; vgl. Engert AcP 218 (2018), 304.

[115] EuGH 19.12.2019 – C-390/18, ECLI:EU:C:2019:1112 – Airbnb; 20.12.2017 – C-434/15, ECLI:EU:C:2017:981 – Uber Spain; 10.4.2018 – C-320/16, ECLI:EU:C:2018:221 – Uber France.

[116] Vgl. Wismer/Rasek Market Definition in Multi-Sided Markets, OECD Note DAF/COMP/WD (2017); Volmar Digitale Marktmacht, 2019, S. 193 ff.; Franck/Peitz Market Definition and Market Power in the Platform Economy – CERRE Report, 2019.

[117] BT-Drs. 19/23492, 70.

[118] BGH 18.5.2021 – KVR 54/20, WuW 2021, 517 Rn. 51 – Booking.com; 12.1.2021 – KVR 34/20, WuW 2021, 350 Rn. 11 – CTS Eventim/Four Artists; OLG Düsseldorf 17.5.2017 – VI-U (Kart) 3/17, WuW 2017, 514 Rn. 6 – Taxivermittlung; BKartA, Arbeitspapier Marktmacht von Plattformen und Netzwerken 2016, S. 7 ff.

[119] Grave in Kersting/Podszun, Die 9. GWB-Novelle, 2017, Kap. 2 Rn. 13.

welche Produkte und Dienstleistungen vermittelt werden. Auch eine Differenzierung zwischen verschiedenen Arten von Plattformen (zB Matching-/Transaktionsplattorm, Aufmerksamkeitsplattform, Informationsintermediäre)[120] findet sich nicht. Es muss lediglich zu einer Vermittlungsleistung kommen.

60    Als Vermittler werden **vertikale Suchmaschinen** tätig, die gegen Provision der gelisteten Anbieter Nutzern Suchergebnisse anzeigen und in der Folge Transaktionen vermitteln (zB Hotelbuchungsplattformen, Essenslieferdienst-Plattformen). Anzeigenbasierte, **horizontale Suchmaschinen** führen Internetnutzer und Werbetreibende zusammen: Ökonomisch wird die Internetsuche lediglich deshalb Nutzern zur Verfügung gestellt, damit diese Werbung konsumieren können. Für die Nutzer ist die Leistung der Suchmaschine kostenlos. Auch in dieser Konstellation ist der Betreiber der Suchmaschine als Vermittler anzusehen. § 20 Abs. 1 S. 2 ist also anwendbar. In § 18 Abs. 2a hat der Gesetzgeber zunächst klargestellt, dass die Unentgeltlichkeit einer Leistung der Annahme eines Marktes nicht entgegensteht. Inzwischen wird als gesichert angenommen, dass auch der Internetnutzer eine Gegenleistung erbringt, sei es durch die Preisgabe von Daten oder die Aufmerksamkeit.[121]

61    Die **Anbieter von Betriebssystemen** können Transaktionen vermitteln. Dies liegt aber nicht schon darin, dass sie eine Schnittstelle zur Hardware bereitstellen. Hier kann auch das typische Zwei-Personen-Verhältnis vorliegen. Etwas anderes gilt aber etwa, wenn ein Marktplatz geboten wird, zB in einem App-Store, über den Software-Entwickler ihre Produkte an Konsumenten vertreiben können. Auch bei Cloud Computing-Anbietern ist zu schauen, ob sie tatsächlich als Vermittler zwischen Anbieter und Nachfrager treten und deren Transaktionen anbahnen, oder ob sie einseitig ihre Leistung vertreiben.

62    Sog. **soziale Netzwerke** sind nur eingeschränkt als Vermittler iSd § 20 Abs. 1 S. 2 anzusehen, da der Gesetzgeber in § 18 Abs. 3a zwischen mehrseitigen Märkten und Netzwerken differenziert hat. In § 20 Abs. 1 S. 2 sind nur „Vermittler auf mehrseitigen Märkten", nicht aber Betreiber sozialer Netzwerke benannt. Soziale Netzwerke vermitteln Kontakte zwischen Menschen, die in Kontakt miteinander treten wollen. Ihre Ambition ist nicht auf einen wirtschaftlichen Austausch von Leistungen gerichtet. Beispiele für solche sozialen Netzwerke sind Messengerdienste und profilbasierte Kommunikationsplattformen. Innerhalb dieser sozialen Netzwerke kann es aber zu Vermittlungsleistungen kommen. Dann ist der Vermittler auch wieder Normadressat. So wäre die bloße Kontaktvermittlung zwischen Freunden auf Facebook nicht von § 20 Abs. 1 S. 2 erfasst. Vermittelt Facebook als Betreiber auf dieser Plattform aber Verkäufe, kann auch § 20 grundsätzlich greifen. In ähnlicher Weise ist bei Bild- oder Videosharing-Plattformen abzugrenzen, wo es teilweise um reinen Kontakt unter Menschen wie bei einem Messengingdienst geht, wo aber teilweise auch Vermittlungsleistungen (zB Werbung) erbracht werden. Erfasst werden sollen laut Gesetzesbegründung „auch hybride und uU noch veränderliche bzw. in der Entwicklung befindliche Geschäftsmodelle mit einer Vermittlungsleistung, die sowohl Elemente einer Angebots- als auch Elemente einer Nachfragetätigkeit enthält".[122] **Hybride Plattformen** sind solche, die sowohl den „Marktplatz" betreiben als auch selbst als Anbieter auf einem solchen Marktplatz anbieten. Mit dem Hinweis stellt der Gesetzgeber klar, dass der Schwerpunkt nicht auf der Vermittlungsleistung liegen muss. Die Vermittlungsleistung kann auch Bestandteil eines weitergehenden Geschäftsmodells sein. Entscheidend ist die Leistung, nicht die Charakterisierung des Unternehmens insgesamt.

63    Damit sind auch **digitale Ökosysteme** erfasst, innerhalb derer es regelmäßig zu Vermittlungsleistungen kommt. Gerade Ökosysteme (zT auch „walled gardens" genannt) sind zu einer besonderen wettbewerblichen Herausforderung geworden. Mit dem Begriff wird

---

[120] Vgl. u. a. Ackermann in Bien Kap. 1 Rn. 348 f.

[121] Vgl. Pohlmann/Wismann NZKart 2016, 555, 557 f.; AG Digitaler Neustart der Konferenz der Justizminister/innen der Länder, Bericht vom 15.5.2017, S. 220 ff.; Langhanke/Schmidt-Kessel EuCML 2015, 218.

[122] BT-Drs. 19/23492, 70.

gekennzeichnet, dass manche digitale Geschäftsmodelle darauf abzielen, Nutzer immer länger und umfassender innerhalb eines Konzerns zu halten.[123] Ein Ökosystem liegt zB vor, wenn ein Anbieter ein Betriebssystem für mobile Geräte zur Verfügung stellt, den App Store betreibt, die Suchmaschine, den Kalender, das E-Mail-Programm, die Landkartenfunktion usw. Nutzer müssen in diesem Umfeld für viele Leistungen nicht mehr das Ökosystem verlassen, insbesondere wenn Vermittlungsaktivitäten hinzutreten. Verschiedene Märkte werden so vernetzt und miteinander integriert, Daten können noch gezielter abgeschöpft und verknüpft werden. Nutzer, die in einem solchen Ökosystem „gefangen" sind (lock-in-Effekt) (etwa weil es besonders bequem ist, alles aus einer Hand zu bekommen), sind für Unternehmen außerhalb des Ökosystems für immer mehr Angebote kaum mehr erreichbar. Aus wettbewerblicher Sicht ist das problematisch, weil es zu Abhängigkeitssituationen kommen kann, in denen die freie Auswahlmöglichkeit des Nutzers eingeschränkt ist.

**c) Von der Vermittlungsleistung abhängig.** Andere Unternehmen müssen von der **64** Vermittlungsleistung abhängig sein. Dies ist der Fall, wenn ausreichende und zumutbare Ausweichmöglichkeiten nicht bestehen. Die Vermittlungsleistung muss sich auf den Zugang zu Beschaffungs- und Absatzmärkten beziehen. Damit wird der in § 18 Abs. 3 Nr. 4 etablierte Topos aufgegriffen, der sich dort aber auf die Möglichkeiten des marktbeherrschenden Unternehmens bezieht. Im Kontext von § 18 Abs. 3b und für die Verwendung hier ist hingegen der Zugang Dritter zu Absatz- und Beschaffungsmärkten relevant. Für den Begriff des Zugangs zu Beschaffungs- und Absatzmärkten ist auf die Kommentierung → § 18 Rn. 127 ff. zu verweisen.

Nur **Unternehmen** sind geschützt. Die Abhängigkeit von Verbrauchern ist nur spiegel- **65** bildlich relevant, indem durch die starke Bindung der Verbraucher an den Intermediär der Zugang zu diesen Verbrauchern erschwert wird. Die Vorschrift findet auch im reinen B2B-Bereich Anwendung, etwa wenn ein Intermediär in einer Branche als Beschaffungsplattform besonders relevant ist oder wenn eine Plattform als Nadelöhr für den Zugang zu Finanzdienstleistungen oder Patentlizenzen von Bedeutung ist.

Die **Art der abhängigen Unternehmen** wird nicht weiter eingeschränkt. Hier kom- **66** men alle Unternehmen in Betracht, große und kleine. Die Norm schützt also nicht nur gewerbliche Kleinsthändler, die beispielsweise auf Amazon Marketplace oder eBay vertreiben, sondern auch große Hersteller, wenn ein Vertriebskanal für sie entsprechend wichtig ist. Das Größenverhältnis ist ebenfalls nicht relevant, es muss lediglich ein deutliches Ungleichgewicht zur Gegenmacht des anderen Unternehmens bestehen (Abs. 1 S. 1 Hs. 2). So könnte zB ein bedeutender Automotive-Zulieferer von einer kleinen Sourcing-Plattform abhängig sein, wenn dies der einzige Zugangskanal zu einem wichtigen Autohersteller ist.

Eine Abhängigkeit setzt **keine schon bestehende Geschäftsbeziehung** zwischen Ver- **67** mittler und abhängigem Unternehmen voraus (→ Rn. 24 mwN).[124] Geschützt sind auch Newcomer und der potenzielle Wettbewerb. Das Angewiesensein auf den Zugang zur Plattform kann schon die Abhängigkeit begründen, selbst wenn dieser Zugang noch nicht gewährt wurde. Die entsprechende Behinderungshandlung kann dann gerade die Zugangsverweigerung sein.

Das Unternehmen muss von der Vermittlungsleistung abhängig sein. Die **Vermitt- 68 lungsleistung** umfasst die Unterstützung bei der Auswahl der Geschäftspartner, die Bereitstellung von Kontaktmöglichkeiten, die Anbahnung und Vorbereitung des Kontakts, die Ermöglichung der Kommunikation und einer Transaktion und die Abwicklung einer Transaktion. Der Vermittler muss nicht alle diese Leistungen anbieten. Entscheidend ist,

[123] Schweitzer/Haucap/Kerber/Welker, Modernisierung der Missbrauchsaufsicht für marktmächtige Unternehmen, S. 106 ff.; Bourreau/de Streel Digital Conglomerates and EU Competition Policy 2019; Ezrachi/Stucke Virtual Competition 2016, 147.
[124] Vgl. u. a. Ackermann in Bien Kap. 1 Rn. 336.

dass der Intermediär die Marktseiten mit Blick auf eine Transaktion zusammenführt. Diese Transaktion muss nicht auf der Plattform vorgenommen werden. Es kann sich auch um eine Transaktion handeln, die nicht durch eine monetäre Leistung vollzogen wird (zB Aufmerksamkeit für Werbung).

69  Laut Gesetzesbegründung ist es nicht notwendig, dass die Abhängigkeit gegenüber allen Anbietern im Markt besteht. Sie ist vielmehr „jeweils abhängig von den Umständen des Einzelfalls zu beurteilen".[125] Eine derartige **Einzelfallbetrachtung** ist dem Konzept der relativen Marktmacht aber ohnehin immanent.

70  Eine **Abhängigkeit** von der Vermittlungsleistung besteht, wenn ein Unternehmen ohne den Vermittler keinen Zugang zu einem wesentlichen Teil seiner Abnehmer oder Zulieferer hat. Diese Abhängigkeit kann zunächst kongruent laufen zu den Fallgruppen, die für Satz 1 entwickelt wurden (→ Rn. 27 ff.). Satz 2 ergänzt darüber hinaus aber die Abhängigkeit vom Vermittler als eigenen, von den bisherigen Fallgruppen losgelösten Tatbestand der Abhängigkeit.

71  Die **Prüfung** der Abhängigkeit ist wie folgt vorzunehmen: Zunächst ist die Bedeutung des (auch potenziellen) Kundenkreises oder Lieferantenkreises für das abhängige Unternehmen festzustellen (Beschaffungs- und Absatzmärkte). Im zweiten Schritt ist die Bedeutung des Vermittlers für die Erreichbarkeit der dort tätigen Geschäftspartner zu ermitteln. Der Begriff der **Beschaffungs- und Absatzmärkte** ist nicht streng im Sinne einer Marktabgrenzung zu verstehen. Es kommt auf den Zugang zu solchen Märkten an. Damit rückt das Gesetz die individuellen (ggf. potentiellen) Geschäftsbeziehungen in den Blickpunkt. Die Bedeutung für das die Abhängigkeit behauptende Unternehmen kann sich daraus ergeben, dass zu bestimmten Anbietern oder Lieferanten wiederum ein Abhängigkeitsverhältnis besteht. Ist etwa ein Händler von der Belieferung mit einem Spitzenprodukt abhängig, kann er aber dieses Spitzenprodukt nur über die Vermittlungsplattform erhalten, läge ein solcher Fall vor. Abhängigkeit ist in diesem Verhältnis aber keine Voraussetzung.

72  **Kriterien** für eine hohe Bedeutung der Unternehmen oder Verbraucher auf den Beschaffungs- und Absatzmärkten für das jeweils betroffene Unternehmen können sein: hohe Zahl von Abnehmern oder Lieferanten; hohes Geschäftsvolumen insgesamt oder einzelner Akteure; ausschließliche Erreichbarkeit der Marktgegenseite für bestimmte Produkte über Plattformen; besondere Bedeutung einzelner Abnehmer oder Lieferanten, etwa wegen auf dieser zugeschnittener Angebote, deren hoher Reputation, Bedeutung eines Materials oder Bauteils für die eigene Produktion. Hinzu kommen die o. g. Abhängigkeitsfallgruppen.

73  „Abhängigkeit" ist **Ergebnis einer normativen Bewertung im Einzelfall.** Zu würdigen sind also die jeweiligen Umstände. Hier sind quantitative ebenso wie qualitative Aspekte von Bedeutung, die in einer Gesamtschau zu würdigen sind. Quantitative Angaben können nur einen ersten Anhaltspunkt bieten (nicht zuletzt wegen der hypothetischen Aspekte). Als quantitativer Maßstab kommt der Anteil am Umsatz in Betracht, der sich für das Abhängigkeit behauptende Unternehmen nach plausibler Darlegung mit solchen Geschäftspartnern erzielen lässt, zu denen Zugang vermittelt wird. Macht ein Unternehmen 80 % aller seiner Umsätze über eine Plattform, ist es von dieser Plattform abhängig. Das gilt auch, wenn 80 % aller seiner Umsätze mit nur einem bestimmten Produkt über diese Plattform macht, aber daneben noch hohe Umsätze mit anderen Produkten auf anderen Wegen macht. Die Abhängigkeit ist insoweit marktbezogen zu bestimmen (siehe Gesetzesformulierung) und also von dem Produkt bzw. der Dienstleistung abhängig. Machen die Umsätze hingegen unter 10 % am Gesamtumsatz mit dem entsprechenden Produkt aus, wird man Abhängigkeit wohl verneinen können. Wie hoch der Anteil sein muss, um Abhängigkeit zu bejahen, hängt auch von der Branche und unternehmensspezifischen Merkmalen ab. Sind Umsätze stark festgelegt und Anbieterwechsel in einer Branche äußerst selten, kann schon ein kleineres Volumen Abhängigkeit begründen. Will man mit Prozentzahlen – trotz der Bedenken – arbeiten, lassen sich Prozentschwellen in anderen kartell-

---

[125] BT-Drs. 19/23492, 79.

rechtlichen Vorschriften (Bagatellbekanntmachung, Gruppenfreistellungsverordnungen) heranziehen. Qualitative Kriterien sind beispielsweise Ruf und Erforderlichkeit des Zugangs zu ganz bestimmten Unternehmen, die Umstellungsflexibilität, legitime Handelserwartungen, technische Aspekte.

Abhängigkeit kann auch für **Newcomer** (→ Rn. 24) bestehen, wenn ihr Geschäfts- **74** modell darauf ausgerichtet ist, bestimmte Kundenkreise zu erreichen.

Wenn die Bedeutung der hinterliegenden Marktteilnehmer für das Abhängigkeit behaup- **75** tende Unternehmen festgestellt ist, ist zu prüfen, ob insoweit eine **Abhängigkeit vom Vermittler** vorliegt. Abhängigkeit meint das Fehlen ausreichender und zumutbarer Ausweichmöglichkeiten (→ Rn. 7), hier bezogen auf den Zugang zu den Märkten. Abhängigkeit liegt vor, wenn diese Kreise der Abnehmer oder Lieferanten nur über den Vermittler erreicht werden können oder nur schwer, mit erheblichen Kosten, in ineffizienter Weise anderweitig angesprochen werden können. Kann der Intermediär ein Unternehmen in seinem Verhalten entscheidend beeinflussen oder bestimmen, hat der Intermediär also Macht über das Unternehmen, dann ist Abhängigkeit zu bejahen. Kann sich das Unternehmen hingegen frei entscheiden, auf Forderungen oder Angebote des Vermittlers nicht einzugehen, ohne dass dies erhebliche negative wirtschaftliche Folgen hat, liegt keine Abhängigkeit vor. Zum Begriff der ausreichenden und zumutbaren Ausweichmöglichkeiten → Rn. 15 ff.

Besonders häufig tritt eine **Abhängigkeit in digitalen Ökosystemen** zutage, wenn **76** andere Unternehmen oder Verbraucher sich immer stärker selbst an den Betreiber des Ökosystems gebunden haben. Dann ist Zugang häufig kaum mehr ohne den Intermediär (= den Betreiber des Ökosystems) möglich. Dies wird meist anzunehmen sein, wenn ein Betriebssystem zugrundeliegt, das zentrale Abläufe steuert, z. B. als Betriebssystem eines mobilen Endgeräts, aber auch bei smart homes oder smart factories.

Zum Teil haben digitale Plattformen ganz **neue Geschäftsfelder für Dritte erst** **77** **zugänglich gemacht.** So sind die geringen Investitionskosten, um als Onlinehändler über eine Retail-Plattform tätig zu werden, für viele Händler erst die Voraussetzung geworden, sich überhaupt in diesem Geschäftsfeld zu betätigen. Eine solche geschäftseröffnende Rolle der Plattform steht aber einer Anwendung von § 20 GWB nicht entgegen. Abhängigkeit kann trotzdem gegeben sein. Behält sich ein hybrid tätiger Intermediär vor, den Kontakt zu bestimmten Kreisen abzuschotten, kann Abhängigkeit gegeben sein, wenn dadurch ein relevanter Anteil der Anbieter oder Nachfrager dem Markt entzogen wird. Einwände wie mangelnde Erfüllung von Sicherheits- oder Verkäuferstandards sind erst eine Frage der Unbilligkeit der Behinderung, nicht schon der Normadressatenstellung.

**d) Behinderung.** § 20 Abs. 1 S. 2 erweitert die Abhängigkeitsvermutung für die Fälle **78** des § 19 Abs. 1 iVm Abs. 2 Nr. 1, also die unbillige Behinderung oder Diskriminierung. Die Erweiterung des Anwendungsbereichs soll die abhängigen Unternehmen gerade in ihrem Zugang zu Beschaffungs- und Absatzmärkten schützen. Fraglich ist, ob nur Behinderungen dieses Zugangs erfasst sind, oder ob die Vorschrift – nach Feststellung der Abhängigkeit – ein **allgemeines Behinderungsverbot unabhängig vom Grund der Abhängigkeit** statuiert. Für Letzteres spricht der Wortlaut. Demnach gibt es kein strenges Kausalitätserfordernis. Praktisch wird sich dieses Problem nur selten stellen: Wenn die Abhängigkeit gerade für die Vermittlung des Zugangs gegeben ist, wird die Plattform typischerweise auch in diesem Bereich ihre Macht ausspielen. Das muss allerdings nicht so sein. Es kann auch zu Fällen kommen, in denen Abhängigkeit besteht, aber auf einem anderen Markt behindert wird. Ob dann Kausalität erforderlich ist und in welchem Sinn, richtet sich nach § 19 (→ § 19 Rn. 72 ff.). Fehlt allerdings jeglicher Bezug zwischen Abhängigkeit und untersuchtem Verhalten, wird schon Abhängigkeit für den konkreten Fall zu verneinen sein.

**Typische Behinderungskonstellationen** im Verhältnis zwischen Intermediären und **79** gewerblichen Nutzern werden sich erst im Laufe der Anwendungspraxis herausbilden. Für die Verpflichtungen, die sich insoweit ergeben, sind die **Vorgaben in § 19a GWB, der P2B-VO und dem DMA** beispielhaft.

80    Offensichtliche Fälle sind die **Verweigerung des Zugangs** zur Plattform oder die Sperrung eines Nutzerkontos ohne sachlichen Grund.[126] Eine Behinderung oder Diskriminierung kann auch vorliegen, wenn nicht der gesamte Zugang geschlossen wird, aber der Zugang zu bestimmten Kunden verschlossen oder übermäßig erschwert, z. B. verteuert, wird. Diskriminierend ist die Anwendung unterschiedlicher Konditionen auf gleichartige Transaktionen, z. B. wenn ein Unternehmen ohne sachlichen Grund höhere Provisionen zahlen muss als ein anderes.

81    Weitere Behinderungskonstellationen werden sich aus dem **Umgang mit Daten** ergeben (vgl. § 18 Abs. 1a, § 19a Abs. 2 Nr. 4 und 6 sowie § 20 Abs. 1a). Beispiele sind das Vorenthalten von Informationen oder die diskriminierende Bereitstellung von Informationen sowie die Nutzung von Daten aus Transaktionen für eigene Zwecke. Hier wird insbesondere das Herausdrängen von Leistungserbringern auf Basis vorheriger Datenanalyse zu nennen sein, wenn der Vermittler die Leistungsbeziehungen zum Kunden selbst übernehmen will. Darin kann eine Behinderung in Form eines Trittbrettfahrens liegen.[127]

82    Eine Behinderung oder Diskriminierung kann auch darin liegen, dass **Kommunikation und Werbung** erschwert werden (vgl. § 19a Abs. 2 Nr. 2b). Bei Suchmaschinen verschlechtert sich der Zugang, wenn der Vermittler die Darstellung oder das Ranking der Angebote so aufbaut, dass das betroffene Unternehmen schlechter sichtbar ist (vgl. § 19a Abs. 2 Nr. 1). Zumindest denkbar ist, dass die Bevorzugung eigener Dienste und Leistungen (z. B. deren bessere Sichtbarkeit) einen Verstoß gegen das Missbrauchsverbot darstellt.[128]

83    Eine Behinderung kann sich auch aus der **Vorinstallation** von Diensten ergeben (vgl. § 19a Abs. 2 Nr. 2a) oder aus der notwendigen Inanspruchnahme von Leistungen des Vermittlers. Eine Behinderung kann auch vorliegen, wenn der Vermittler Maßnahmen ergreift, um Netzwerkeffekte quasi zu Lasten des abhängigen Unternehmens zu erzielen (vgl. § 18 Abs. 3a, § 19a Abs. 2), zB indem Kunden abgeworben oder übernommen werden. Ob im Einzelfall ein Missbrauch der Vermittlungsmacht vorliegt, ist jedoch nach den Kriterien des § 19 zu ermessen.

84    **8. Die Abhängigkeitsvermutung (Satz 3). a) Bedeutung, Rechtsnatur.** Nach Abs. 1 S. 3 wird nachfragebedingte Abhängigkeit eines Anbieters vermutet, wenn ein Nachfrager von ihm zusätzlich zu den verkehrsüblichen Preisnachlässen oder sonstigen Leistungsentgelten regelmäßig besondere Vergünstigungen erhält, die gleichartigen Nachfragern nicht gewährt werden. Die in der ursprünglichen Gesetzesfassung enthaltene Beschränkung dieser Vermutung auf das verwaltungsrechtliche Untersagungsverfahren ist durch die 5. GWB-Novelle aufgehoben worden. Nach der Amtl. Begr. (Begr. 1989, zu Art. 9a) cc)) sollte damit die aus der Vermutung erwartete Erleichterung des Nachweises der Voraussetzungen nachfragebedingter Abhängigkeit im Einzelfall auf das zivilrechtliche Verfahren nach §§ 33 ff. erstreckt werden. Die Vermutung steht in engem Zusammenhang mit dem durch die 4. GWB-Novelle gleichzeitig eingeführten § 26 Abs. 3 aF, dessen S. 2 auch die nachfragebedingte Abhängigkeit erfasste. Beide Regelungen zielten darauf ab, Schwierigkeiten bei der Anwendung auf von der Nachfrageseite ausgehende unbillige Behinderungen und Diskriminierungen zu beseitigen (Begr. 1978, I.3). Damit sollte insbesondere ein schärferes Vorgehen gegen die auch als Indiz für nachfragebedingte Abhängigkeit angesehenen Sondervergünstigungen erreicht werden, „die nicht auf besonderen Leistungen des bevorzugten Nachfragers zugunsten des Anbieters beruhen."

---

[126] LG München I 31.3.2021 – 37 O 32/21, WuW 2021, 380 – Amazon-Marketplace.
[127] IE → § 20 Abs. 1a Rn. 136.
[128] Europäische Kommission, 27.6.2017, AT.39740 – Google Shopping; vgl. Art. 5 und 7 P2B-Verordnung (VO (EU) 2019/1150).

Der dazu vom Gesetzgeber gewählte Lösungsweg, die Machtstellung im Zusammenhang **85** mit nachfragebedingter Abhängigkeit tendenziell bereits aus der Preis- und Konditionendifferenzierung in der Form von Sondervergünstigungen zu folgern, ist jedoch **wettbewerbspolitisch problematisch.**[129] Dennoch lassen sich daraus durchgreifende Zweifel an der Verfassungsmäßigkeit des Abs. 1 S. 3 einschließlich seiner Anwendbarkeit in kartellrechtlichen Zivilrechtsstreitigkeiten nicht herleiten.[130] Die Vermutung des Abs. 1 S. 3 hat für die Anwendung des Verbots die gleiche rechtliche Bedeutung wie die Marktbeherrschungsvermutung des § 18 Abs. 4 (dazu iE → § 18 Rn. 185 ff.).[131] Bei ihrer Anwendung ist allerdings zu berücksichtigen, dass im Grunde ein Funktionszusammenhang zwischen der Vermutungsvoraussetzung (Gewähren von Sondervergünstigungen) und der vermuteten Rechtsfolge der nachfragebedingten Abhängigkeit fehlt. Da die Erfüllung dieser Voraussetzung deshalb **allenfalls nur einen sehr schwachen ersten Anschein einer Machtstellung iSv Abs. 1 S. 1 begründen** kann, wird die materielle Beweislastwirkung der Vermutung nur ganz selten den Ausschlag für die Entscheidung geben können, ob im Einzelfall tatsächlich Abhängigkeit besteht, insbes. wenn die in Betracht stehenden Sondervergünstigungen ihrer Höhe und Dauer nach nur wenig vom Verkehrsüblichen abweichen.

**b) Die Vermutungsvoraussetzungen.** Die Anwendung der Vermutung setzt voraus, **86** dass ein Anbieter einem Nachfrager zusätzlich zu den verkehrsüblichen Preisnachlässen oder sonstigen Leistungsentgelten regelmäßig besondere Vergünstigungen einräumt, die gleichartigen Nachfragern nicht gewährt werden. Erforderlich ist deshalb zunächst, „verkehrsübliche Preisnachlässe und sonstige Leistungsentgelte" von zusätzlichen „besonderen Vergünstigungen" abzugrenzen. Verkehrsübliche Preisnachlässe und sonstige Leistungsentgelte sind alle Arten von Rabatten auf einen vom Anbieter angekündigten und allgemein geforderten Ausgangspreis oder von Entgelten für eine besondere Leistung des Nachfragers gegenüber dem Anbieter, die im Geschäftsverkehr zwischen „gleichartigen" (→ § 19 Rn. 90) Anbietern und Nachfragern einen nicht unerheblichen Verbreitungsgrad haben. Dabei sind an die Verkehrsüblichkeit in Übereinstimmung mit den Maßstäben für das durch die 8. GWB-Novelle aufgehobene Tatbestandsmerkmal des „gleichartigen Unternehmen üblicherweise zugänglichen Geschäftsverkehrs"[132] keine strengen Anforderungen zu stellen. Deshalb können auch neue, am Markt noch nicht allgemein durchgesetzte Entwicklungen verkehrsüblich sein. Auf die Vereinbarkeit mit der in der jeweiligen Branche herrschenden „Verkehrssitte" kommt es nicht an (Köhler DB 1982, 316).

Aus der Verwendung des Begriffs „sonstige Leistungsentgelte" ergibt sich, dass es sich **87** auch bei den Preisnachlässen iSv Abs. 1 S. 3 um Leistungsentgelte für eine vom Nachfrager dem Lieferanten erbrachte Leistung handeln muss (Begr. 1978, zu Art. 1 Nr. 8b). Dies bedeutet jedoch nur, dass überhaupt ein Bezug zu einer konkreten Leistung des Nachfragers, die sich vorteilhaft auf den Absatz des Anbieters auswirkt, vorliegen muss, **nicht jedoch, dass Entgelt und Leistung auch der Höhe nach in einem angemessenen Verhältnis zueinander stehen.**[133] Würde man, von krassen Fällen eines Missverhältnisses abgesehen, auch hierauf abstellen, würde regelmäßig bereits bei der Anwendung des Abs. 1 S. 3 normstrukturwidrig die von der Erfüllung der Normadressatenvoraussetzungen zu unterscheidende Beurteilung der sachlichen Rechtfertigung vorweggenommen. Deshalb

---

[129] IE Markert in Immenga/Mestmäcker, 2. Aufl. 1992, § 26 Rn. 138. Die von der Kritik befürchteten nachteiligen Auswirkungen auf den Wettbewerb im Handelsbereich sind allerdings bisher offenbar nicht eingetreten, wozu auch beigetragen hat, dass die Vermutung in der Anwendungspraxis zu § 20 Abs. 1 so gut wie keine Rolle gespielt hat. Nach Nothdurft in Bunte Rn. 63 f. ist die Vermutung ohnehin „objektiv nutzlos".

[130] Dazu eingehend Ittner S. 142 ff., 258 ff.; aA insbes. Meier ZHR 145, 394 (411 ff.).

[131] So auch zB Kouker GRUR 1986, 31 f.; Ulmer WuW 1980, 480; Möschel, Wettbewerbsbeschränkungen, Rn. 641; Loewenheim in LMRKM Rn. 41.

[132] Dazu iE Markert in Immenga/Mestmäcker, 4. Aufl. 2007, Rn. 108 ff.

[133] Möschel, Wettbewerbsbeschränkungen, Rn. 642; aA zB Köhler DB 1982, 316 f.; Ulmer WuW 1980, 483.

---

kann es für die Frage, ob es sich um einen verkehrsüblichen Preisnachlass oder ein sonstiges Leistungsentgelt iSv Abs. 1 S. 3 handelt, auch nicht darauf ankommen, ob im Falle der Anwendbarkeit der Verbote des § 19 Abs. 2 Nr. 1 und Nr. 5 die sachliche Rechtfertigung zu bejahen wäre.

**88**     Generell sind danach Rabatte und sonstige Leistungsentgelte, soweit sie sich an einer **größeren Abnahmeleistung** des Nachfragers (Abnahmemenge, Jahresumsatz) oder an der Ausübung einer mit besonderen Leistungen für den Lieferanten verbundenen **Handelsfunktion** orientieren und im relevanten Geschäftsverkehr einen nicht unerheblichen Verbreitungsgrad aufweisen, als verkehrsübliche Preisnachlässe oder sonstige Leistungsentgelte iSv Abs. 1 S. 3 anzusehen, die nicht zur Anwendung der Vermutung führen können (Begr. 1978, zu Art. 1 Nr. 8b)). Auch **Werbekostenzuschüsse** für Werbemaßnahmen, soweit diese auch den Absatz des Herstellers fördern, scheiden in aller Regel für die Anwendung der Vermutung aus. Wegen der gebotenen weiten Auslegung des Begriffs „verkehrsübliche Preisnachlässe und sonstige Leistungsentgelte" (→ Rn. 87) ist im Zweifel von einem hinreichenden Leistungsbezug und Verbreitungsgrad auszugehen.

**89**     Als **besondere Vergünstigungen** iSv Abs. 1 S. 3 kommen insbes. die lauterkeitsrechtlich unzulässigen Vorteilsgewährungen, zB gegen § 4 Nr. 4 UWG verstoßende Eintrittsgelder[134] oder Schaufenstermieten[135] oder durch wirtschaftlichen Druck erzwungene unentgeltliche Preisauszeichnungen durch den Hersteller,[136] in Betracht, da schon wegen ihrer Rechtswidrigkeit regelmäßig davon ausgegangen werden kann, dass diese Verhaltensweisen nicht in einem verkehrsüblichen Ausmaß praktiziert werden (krit. Köhler DB 1982, 317). In ähnlicher Form können Rückschlüsse aus den Verpflichtungen in der P2B-Verordnung (VO (EU) 2019/1150) gezogen werden, in der etwa die differenzierte Behandlung explizit geregelt ist.[137] Vergünstigungen sind auch durch differenzierte Behandlung in Rankings oder bei privilegiertem Zugriff auf Daten denkbar. Auch bei den im „Sündenregister" des BMWi (WRP 1975, 24 ff.), in der „Gemeinsamen Erklärung" der Spitzenorganisationen der gewerblichen Wirtschaft (WuW 1984, 712) oder in anerkannten Wettbewerbsregeln iSv § 24 Abs. 2 und § 26 als Verstoß gegen die Grundsätze eines leistungsgerechten Wettbewerbs, Gefährdung des Leistungswettbewerbs oder Wettbewerbsverzerrung bezeichneten Sondervorteilen dürfte es sich häufig um besondere Vergünstigungen iSd Abs. 1 S. 3 handeln, da hier ein hinreichender Leistungsbezug regelmäßig fehlt. Über diesen Rahmen hinaus wird jedoch das Vorliegen einer besonderen Vergünstigung nur bei Hinzutreten weiterer Umstände angenommen werden können.

**90**     Die Anwendung der Vermutung des Abs. 1 S. 3 setzt außerdem voraus, dass die besonderen Vergünstigungen dem Nachfrager „**regelmäßig**" gewährt werden. Dies lässt sich nur für einen längeren Zeitraum feststellen. Nur kurzfristige („sporadische"), sich nicht über eine längere Zeitspanne wiederholende Vergünstigungen reichen hierfür nicht aus.[138] Weitere Anwendungsvoraussetzung ist, dass die Vergünstigung „gleichartigen" Nachfragern nicht gewährt wird. Diese Nachfrager müssen Abnehmer des als abhängig in Betracht stehenden Anbieters sein (Köhler DB 1982, 318). Ihre **Gleichartigkeit** ist nach den gleichen funktionsbezogenen Kriterien zu bestimmen, die auch für die Beurteilung der Gleichartigkeit der Unternehmen iSv § 19 Abs. 2 Nr. 1 gelten (Begr. 1978, zu Art. 1 Nr. 8b); dazu iE → § 19 Rn. 90 ff.).

---

[134] Begr. 1978, zu Art. 1 Nr. 8b). Vgl. zB BGH 17.12.1976 – I ZR 77/75, WuW/E BGH 1466 – Eintrittsgeld; TB 1985/86, 85.

[135] BGH 3.12.1976 – I ZR 34/75, WuW/E BGH 1485 = NJW 1977, 631 – Schaufenster-Aktion.

[136] Vgl. OLG Saarbrücken 6.4.1977 – 1 U 223/76, WuW/E OLG 1837 – Globus; Köhler in Bornkamm/Feddersen/Köhler UWG § 4 Rn. 4.134.

[137] Art. 7 P2B-Verordnung (VO (EU) 2019/1150), vgl. zur Heranziehung der P2B-Verordnung LG München I 31.3.2021 – 37 O 32/21, WuW 2021, 380 – Amazon-Marketplace.

[138] Begr. 1978 zu Art. 1 Nr. 8b); Köhler DB 1982, 317; Ulmer WuW 1980, 483.

## IV. Geltung des Verbots des § 19 Abs. 2 Nr. 1

Nach § 20 Abs. 1 gilt das Verbot des § 19 Abs. 2 Nr. 1 auch für relativ marktmächtige **91** Unternehmen und Unternehmensvereinigungen iSd § 20 Abs. 1. Auch ihnen sind deshalb die unmittelbare oder mittelbare unbillige Behinderung anderer Unternehmen und deren gegenüber gleichartigen Unternehmen unmittelbare oder mittelbare ungleiche Behandlung ohne sachlich gerechtfertigten Grund (Diskriminierung) verboten. Zu den Voraussetzungen eines anderen Unternehmens → § 19 Rn. 103, der unmittelbaren oder mittelbaren Behinderung solcher Unternehmen → § 19 Rn. 84 ff., der Gleichartigkeit von Unternehmen → § 19 Rn. 90 ff., der unmittelbaren oder mittelbaren ungleichen Behandlung anderer Unternehmen → § 19 Rn. 88 ff., der Unbilligkeit der Behinderung und des Fehlens der Rechtfertigung für die ungleiche Behandlung → § 19 Rn. 105 ff. und zur Beurteilung der einzelnen in Betracht kommenden Verhaltensweisen → § 19 Rn. 125 ff. Abweichungen können sich im Einzelfall allenfalls bei der Beurteilung der Unbilligkeit oder der sachlichen Rechtfertigung im Hinblick darauf ergeben, dass bei der erforderlichen Interessenabwägung auch die tatsächliche Stärke der Marktmacht des in Betracht stehenden Normadressaten zu berücksichtigen ist (→ § 19 Rn. 120). Außerdem kann wegen der hier fehlenden Marktbeherrschung der Umstand, dass das zu beurteilende Verhalten in den Rahmen einer Freistellung nach Art. 101 Abs. 3 AEUV oder § 2 GWB fällt, den Verstoß gegen Abs. 2 Nr. 1 ausschließen (→ § 19 Rn. 122 ff.).

## V. Rechtsfolgen, Verhältnis zu anderen Vorschriften

§ 20 Abs. 1 iVm § 19 Abs. 2 Nr. 1 ist als unmittelbar anwendbares Verbot im Ver- **92** letzungsfall mit verwaltungs-, bußgeld- und zivilrechtlichen Rechtsfolgen verbunden. Für diese gilt das Gleiche wie für § 19 Abs. 2 Nr. 1 (→ § 19 Rn. 412 ff.), ebenso für das Verhältnis zu anderen Vorschriften (→ § 19 Rn. 42 ff.).

## B. Datenbedingte Abhängigkeit (Abs. 1a)

**Schrifttum:** Bien/Käseberg/Klumpe/Körber/Ost, Die 10. GWB-Novelle, 2021; Blankertz/Specht, Wie eine Regulierung für Datentreuhänder aussehen sollte, Stiftung Neue Verantwortung, Juli 2021; Davilla, Is Big Data a Different Kind of Animal? The Treatment of Big Data Under the EU Competition Rules, JECLAP 2017, 370; Drexl, Neue Regeln für die Europäische Datenwirtschaft, NZKart 2017, 339; Drexl (et al.), Data Ownership and Access to Data, Max Planck Institute for Innovation & Competition Research Paper No. 16-10; Drexl, Designing Competitive Markets for Industrial Data – Between Propertisation and Access, Max Planck Institute for Innovation & Competition Research Paper No. 16-13; Deuring, Datenmacht, 2021; Fezer, Dateneigentum, MMR 2017, 3; Grothe, Datenmacht in der kartellrechtlichen Missbrauchskontrolle, 2019; Hacker, Datenprivatrecht, 2020; Herrlinger, Der geänderte § 20 GWB, WuW 2021, 325; Kerber, Digital Markets, Data and Privacy – Competition Law, Consumer Law and Data Protection, GRUR Int 2016, 639; Kerber, Data Sharing in IoT Ecosystems and Competition Law: The Example of Connected Cars, JCLE 15 (2019), 381; Kerber, Datenzugangsansprüche im Referentenentwurf zur 10. GWB-Novelle aus ökonomischer Perspektive, WuW 2020, 249; Kerber, Competition Law in Context: The Example of its Interplay with Data Protection Law from an Economic Perspective, WuW 2021, 400; Kerber, Governance of IoT Data: Why the EU Data Act will not fulfill its objectives, SSRN 2022; Körber, „Ist Wissen Marktmacht?", NZKart 2016, 303 und 348; Körber/Immenga, Daten und Wettbewerb in der digitalen Ökonomie, 2017; Körber, Digitalisierung der Missbrauchsaufsicht durch die 10. GWB-Novelle, MMR 2020, 290; Louven, Datenmacht und Zugang zu Daten, NZKart 2018, 217; McColgan, lex Apple Pay – Technikregulierung am kartellrechtlichen Limit, NZKart 2020, 515; Nuys, „Big Data": Die Bedeutung von Daten im Kartellrecht, WuW 2016, 512; Paal/Hennemann, Big Data as an Asset, abida, 2019; Paal/Kumkar, Die wichtigsten Neuerungen der 10. GWB-Novelle im Überblick, NJW 2021, 809; Podszun, Handwerk in der digitalen Ökonomie – Rechtlicher Rahmen für den Zugang zu Daten, Software und Plattformen, 2021; Podszun in: Busch, P2B-Verordnung, Art. 9, 2021; Schmidt, Zugang zu Daten nach europäischem Kartellrecht, 2020; Schweda/von Schreitter, Ran an die Datenschätze? Datenzugangsansprüche nach der 10. GWB-Novelle, WuW 2021, 145; Schweitzer, Datenzugang in der Datenökonomie: Eckpfeiler einer neuen Informationsordnung, GRUR 2019, 569; Weber, Datenzugang nach dem Referentenentwurf der 10. GWB-Novelle, WRP 2020, 559; Zech, Information als Schutzgegenstand, 2012.

## I. Hintergrund

**93**   **1. Normzweck.** Mit § 20 Abs. 1a wurde in der 10. GWB-Novelle ein wettbewerblich begründeter Datenzugangsanspruch geschaffen. Gemäß S. 1 kann eine Abhängigkeit auch dadurch entstehen, dass Zugang zu Daten benötigt wird, die von einem anderen Unternehmen kontrolliert werden. Darin liegt die Begründung eines weiteren spezifischen Abhängigkeitstatbestands, **datenbedingte Abhängigkeit.** S. 2 schafft einen eigenen Missbrauchstatbestand der **Zugangsverweigerung** in Verbindung mit § 19 Abs. 1, Abs. 2 Nr. 1. S. 3 eröffnet diesen Anspruch auch, soweit der Datenkontrolleur Zugang zu seinen Daten als Marktleistung angeboten hat. Die Vorschrift steht in engem Zusammenhang mit § 19 Abs. 2 Nr. 4, der mit der 10. GWB-Novelle den Zugang zu Daten auch als eine Art Unterfall der essential facility-Doktrin eingeordnet hat. Die Voraussetzungen in § 20 dürften leichter zu erfüllen sein. Der Gesetzgeber hat einen **materiell sehr weiten allgemeinen Datenzugangsanspruch geschaffen, bei dem lediglich die Unbilligkeitsprüfung eine Begrenzung darstellen kann.**[139] Praktische Schwierigkeiten des Zugangsanspruchs werden weitgehend der Zuständigkeit der Gerichte überantwortet. In der Durchsetzung dürften sich einige Schwierigkeiten, gerade hinsichtlich der Folgefragen (Höhe des Entgelts, Art der Zugangsgewährung, Updatepflichten usw.) ergeben.

**94**   Der Gesetzgeber geht mit dieser Vorschrift ein **Schlüsselthema der digitalen Wirtschaft** an, das gerade auch für den industriellen Bereich im Verhältnis B2B von Bedeutung ist.[140] Der Zugang zu Daten wird als wesentlich für den wettbewerblichen Erfolg einzelner Unternehmen, aber auch als Treiber für Innovationen und volkswirtschaftliches Wachstum angesehen. Die Vorschrift soll daher sowohl Innovations- und Wettbewerbschancen von Unternehmen sichern als auch die Wettbewerbsfähigkeit der Volkswirtschaft, da Daten „über die gesamte Wertschöpfungskette künftig zu den wesentlichen Treibern der wirtschaftlichen Entwicklung" gehören.[141] Die Norm wird die Abhängigkeit anderer Unternehmen von starken Dateninhabern nicht umfassend aufbrechen.[142] Gerade in der privaten Rechtsdurchsetzung werden sich in der Handhabung von § 20 Abs. 1a zudem Schwierigkeiten durch Beweisfragen, die voraussetzungsintensive Abwägung der Billigkeit und die Folgefragen zur Umsetzung ergeben. Viele dieser Fragen sind streitanfällig. Der Wert der Vorschrift besteht vor diesem Hintergrund allerdings auch darin, dass in kartellrechtlichen Leuchtturmverfahren Maßstäbe für künftige Regulierung entwickelt werden.[143]

**95**   **Ökonomisch** sind Daten als wesentlicher Input für zahlreiche digitale Geschäftsmodelle einzuordnen. Der Gesetzgeber will hier also den Zugriff auf einen „Rohstoff" der neuen Ökonomie gewährleisten. Durch verbesserten Datenzugang sollen **Innovationen** ermöglicht werden, die ökonomisch und gesellschaftlich wünschenswert sind. Dadurch soll auch der allgemeine Wohlstand gesteigert werden.[144] Datenmärkte entstehen möglicherweise auch deshalb nicht in ausreichendem Maße, weil Machtasymmetrien zu einem Marktversagen führen.[145] Allerdings sinkt durch zu weitreichende Offenlegungspflichten möglicherweise auch der Anreiz, Daten zu erzeugen und in ihre Qualität zu investieren.[146]

---

[139] Sehr kritisch VDA, Stellungnahme zum Regierungsentwurf, Deutscher Bundestag, Ausschussdrucksache 19(9)876, S. 5.
[140] Vgl. umfassend Podszun, Handwerk in der digitalen Ökonomie, 2021, zur Legitimation solcher Vorschriften insbes. S. 17 ff., 105 ff.; Autorité de la Concurrence/Bundeskartellamt, Competition Law and Big Data, 2016; Stucke/Grunes, Big Data and Competition Policy, 2016; Telle WRP 2016, 814; Grave/Nyberg WuW 2017, 363; Weber WRP 2020, 559 (560).
[141] BT-Drs. 19/23492, 80.
[142] Vgl. Podszun, Handwerk in der digitalen Ökonomie, 2021, S. 88 ff., 92 f.
[143] Vgl. Schmidt, Zugang zu Daten nach europäischem Kartellrecht, 2020, S. 4; Podszun, Handwerk in der digitalen Ökonomie, 2021, S. 94.
[144] Vgl. OECD, Data-Driven Innovation: Big Data for Growth and Well-Being, 2015.
[145] Deuring, Datenmacht, 2021, S. 74 ff., 170 ff.; Kerber WuW 2020, 249 (250).
[146] Kerber WuW 2020, 249 (250).

Zu bedenken ist, dass es ein **„Eigentum" an Daten** grundsätzlich nicht gibt.[147]  **96** Einzelne Informationen können geschützt sein, z. B. immaterialgüterrechtlich oder als Geschäftsgeheimnisse. In der Regel sind Daten aber frei, ihre rechtliche Zuordnung zu einer Person erfolgt zunächst rein faktisch (wo fallen die Daten an, wer misst oder erfasst sie?). Dadurch ist die Person, bei der die Daten liegen, auch wesentlich weniger schutzwürdig als ein Erfinder, der ein Patent angemeldet hat. Zudem sind Daten **nicht-rival:** Es kommt durch Datenteilung nicht zu einer Abnutzung oder einem Verbrauch der Daten (anders etwa als bei körperlichen Sachen). Auch das mindert die Schutzwürdigkeit.

Die Vorschrift soll diejenigen, die Datenzugang begehren, in die Lage versetzen, am Markt  **97** überhaupt oder effizienter tätig werden zu können. Die Vorschrift zielt auf die Beseitigung einer Input-Hürde im Wettbewerb, nämlich die fehlende Möglichkeit, bestimmte Daten zu nutzen, ab. Datenzugang wird also nicht aus Transparenzgründen oder zur „Ausspionierung" eines anderen Unternehmens gewährt, sondern um den Petenten in die Lage zu versetzen, seine Leistungen am Markt zur Geltung bringen zu können und so den Leistungswettbewerb zu bereichern. Mit der Klarstellung in S. 3 werden nicht nur Fälle erfasst, die an die traditionellen Tatbestände der Lieferverweigerung und Diskriminierung anknüpfen. Vielmehr wird der Anspruch zu einem **Markteröffnungsanspruch.** Eine Marktabschottung durch technische Zugangshürden in der vernetzten Wirtschaft wird verhindert.

**2. Entstehungsgeschichte.** Der Gesetzgeber beruft sich für die Einführung eines Da-  **98** tenzugangsanspruchs auf die Modernisierungsstudie.[148] Das Autorenteam hatte sich allerdings nur sehr zurückhaltend für einen weitergehenden Datenzugangsanspruch ausgesprochen.[149] Insbesondere war gefordert worden, im Rahmen von § 19 Abs. 1, Abs. 2 Nr. 1 GWB niedrigere Anforderungen an die Missbräuchlichkeit zu stellen, soweit die Daten ohne besondere Investitionserfordernisse generiert werden. Für die Konstellation des Datenzugangs in Internet-of-Things-Netzwerken genügten **vertragliche Lösungen.** Über Lösungen für den Zugang zu Trainingsdaten für selbstlernende Algorithmen müsse noch weiter nachgedacht werden. So war für § 20 lediglich eine **Änderung für sog. Wertschöpfungsnetzwerke** vorgeschlagen worden, „wenn ein Unternehmen für eine substanzielle Wertschöpfung in einem Wertschöpfungsnetzwerk auf den Zugriff zu automatisiert erzeugten Maschinen- bzw. Dienstenutzungsdaten angewiesen ist, die exklusiv von einem anderen Unternehmen kontrolliert werden."[150] Die Sonderberater der Kommission hatten nur empfohlen, die Praxis zu Art. 102 AEUV weiterzuentwickeln, da die Zugangsverweigerung dort bereits erfasst werden könne.[151] Die Gutachter im Rahmen des Assessing Big Data-Projekts (ABIDA) hatten sich für sektorspezifische Lösungen ausgesprochen.[152] Als Anstoß in der rechtspolitischen Debatte war auch der von der SPD gemachte Vorschlag eines „Daten-für-Alle-Gesetzes" einflussreich.[153]

Im **Gesetzgebungsprozess** wurde zwischen Referentenentwurf und Verabschiedung  **99** im Bundestag die Norm in Details noch modifiziert.[154] Insbesondere wurde der Bezug zu § 19 eingefügt. Klargestellt wurde, dass eine Zugangseröffnung als Rechtsfolge nur gegen angemessenes Entgelt zu erfolgen hat. Von Beginn an war die Formulierung enthalten, dass

---

[147] Vgl. Zech CR 2015, 137; Drexl et al., Data Ownership and Access to Data, Max Planck Institute for Innovation & Competition Research Paper No. 16-10; Kornmeier/Baranowski BB 2019, 1219; Amstutz AcP 218 (2018), 438; Fezer MMR 2017, 3.

[148] BT-Drs. 19/23492, 80.

[149] Schweitzer/Haucap/Kerber/Welker, Modernisierung der Missbrauchsaufsicht für marktmächtige Unternehmen, 2018, S. 158 ff., 195 f.

[150] Schweitzer/Haucap/Kerber/Welker, Modernisierung der Missbrauchsaufsicht für marktmächtige Unternehmen, 2018, S. 196.

[151] Cremér/de Montjoye/Schweitzer, Competition policy for the digital era, 2019, S. 98 ff.

[152] Paal/Hennemann, Big Data as an asset – Daten und Kartellrecht, 2018, S. 81 f.

[153] Nahles, Digitaler Fortschritt durch ein Daten-für-Alle-Gesetz, Februar 2019, abrufbar unter www.spd.de/aktuelles/daten-fuer-alle-gesetz/ (zuletzt abgerufen 27.6.2022).

[154] Vgl. RefE, S. 10; RegE in BT-Drs. 19/23492, 12; Beschluss Wirtschaftsausschuss BT-Drs. 19/25868, 23, 118 f. Siehe auch Brenner in Bien/Käseberg/Klumpe/Körber/Ost 10. GWB-Novelle Kap. 1 Rn. 71, 72.

ein Geschäftsverkehr noch nicht eröffnet sein muss. Der Gesetzgeber will also gezielt eine Erweiterung der Datenmärkte fördern. Im Gesetzgebungsverfahren wurde die Norm von Seiten der Automobilindustrie stark kritisiert.[155] Andere Sachverständige äußerten sich differenziert.[156]

**100**　　**3. Bisherige Rechtslage.** Schon nach bisheriger Rechtslage gab es Fälle, in denen der Zugang zu Daten kartellrechtlich verhandelt wurde und ggf. eine kartellrechtliche Zwangslizenz denkbar war.[157] Theoretisch konnte sich eine Abhängigkeit daraus ergeben, dass der Zugang zu Daten für eine wirtschaftliche Aktivität erforderlich war. Die Zugangsverweigerung konnte dann ggf. als Missbrauch gewertet werden. Die insoweit **ergangene Rechtsprechung** bildet die Basis für den neuen Datenzugangsanspruch. Die Regierungsbegründung zitiert ausdrücklich die (nach Art. 102 AEUV ergangene) EuG-Entscheidung Contact Software, in der es um die Weigerung eines Unternehmens ging, Schnittstelleninformationen zur Verfügung zu stellen.[158] Im konkreten Fall wurde der Zugang zu den Schnittstelleninformationen allerdings nicht für unerlässlich gehalten, um wirksamen Wettbewerb auf dem entsprechenden Markt zu gewährleisten.[159] In Porsche-Tuning entschied der BGH, dass der Autohersteller für Wartungs- und Reparaturinformationen marktbeherrschend ist und eine Verweigerung unbillig sein kann.[160] Die BGH-Entscheidung Werbeanzeigen wird für die Begründung herangezogen, dass Zugang zu vor- oder nachgelagerten Märkten gewährt werden muss, auch wenn bislang keine Geschäftsbeziehung zwischen Zugangspetent und Dateninhaber bestand.[161] Das OLG Brandenburg nahm in einem Lotterie-Fall an, dass eine gewerbliche Spielvermittlerin auf die Inanspruchnahme einer elektronischen Schnittstelle zur Dateneinspeisung angewiesen sei.[162] Das OLG Nürnberg entschied (allerdings gestützt auf § 1 GWB), dass eine Taxi-Genossenschaft die Positionsdaten von Taxi-Fahrern nicht zurückhalten kann.[163] Die Daten müssen vielmehr auch konkurrierenden Taxivermittlungsdiensten gemeldet werden dürfen. Der Zugang zu Informationen wurde nach der IMS Health-Rechtsprechung nur gewährt, wenn ein neues Produkt oder – mit dem EuG in Microsoft – wenigstens technischer Fortschritt vom Zugangspetenten offeriert wurde.[164] Diese Rechtsprechung zu Schutzrechten oder Geschäftsgeheimnissen ist allerdings auf sonstige Daten, die keinen besonderen Schutz genießen, nicht übertragbar.[165] Dass Unternehmen, die über besonderen Zugang zu Daten verfügen, marktmächtig sein können, ist in mehreren Fällen und durch den Gesetzgeber in § 18 Abs. 3 Nr. 3 sowie § 18 Abs. 3a Nr. 4 anerkannt.[166]

**101**　　Die allgemein-kartellrechtliche Lösung steht in Konkurrenz zu vertraglichen Aushandlungsprozessen und ist bei diesen ein Hebel. Vertragliche Lösungen haben den Nachteil, dass Machtasymmetrien nicht ausgeglichen werden können. Daneben treten sektorspezifische Lösungen, die zum Teil legislativ verortet werden. **Vertragsrecht und Sektorregulierung** dürften praxisnäher sein als die allgemeine Regelung im GWB. Sektorspezifische Regulierung hat den Nachteil, dass die zunehmende sektorübergreifende Vernetzung

---

[155] VDA, Stellungnahme zum Regierungsentwurf, Deutscher Bundestag, Ausschussdrs. 19(9)876, 5.

[156] VZBV, Stellungnahme zum Kabinettsentwurf, Deutscher Bundestag, Ausschussdrs. 19(9)875, 10; Podszun, Stellungnahme zur 10. GWB-Novelle, Deutscher Bundestag, Ausschussdrs. 19(9)887, 18 ff.

[157] Vgl. Louven NZKart 2018, 217.

[158] EuG 14.9.2017 – T-751/15, ECLI:EU:T:2017:602, NZKart 2017, 549 – Contact Software, siehe BT-Drs. 19/23492, 82.

[159] EuG 14.9.2017 – T-751/15, ECLI:EU:T:2017:602, NZKart 2017, 549 – Contact Software.

[160] BGH 6.10.2015 – KZR 87/13, Rn. 108 ff. – Porsche Tuning. Im Kfz-Markt ist der Datenzugangsanspruch für Reparaturwerkstätten sektorspezifisch durch Art. 6 VO (EG) Nr. 715/2007 reguliert.

[161] BGH 31.1.2012 – KZR 65/10, NJW 2012, 2110 – Werbeanzeigen; siehe BT-Drs. 19/23492, 81.

[162] OLG Brandenburg 31.3.2009 – Kart U 4/08, WuW DE-R 2824.

[163] OLG Nürnberg 22.1.2016 – 1 U 907/14 – Taxigenossenschaft.

[164] EuGH 29.4.2004 – C-418/01, ECLI:EU:C:2004:257 – IMS Health; EuG 17.7.2007 – T–201/04 – ECLI:EU:T:2007:289 – Microsoft; Fuchs, § 19 Rn. 338.

[165] Vgl. Eilmansberger/Bien in MüKo WettbR AEUV Art. 102 Rn. 252.

[166] Siehe Fuchs § 18 Rn. 126a ff.; vgl. nur BKartA 6.2.2019, B6-22/16, Rn. 482 – Facebook; BKartA 4.12.2017, B6-132/14-2 – CTS Eventim.

und die Integration branchenfremder Dienste in ein Ökosystem nicht abgebildet werden können. Zudem kann derartige Regulierung auch zur Verfestigung bestehender Machtstrukturen beitragen, wenn der Status quo zum Ausgangspunkt gemacht wird, ohne künftige Innovationen zu berücksichtigen.[167] Kartellrechtliche Ansprüche sind demgegenüber unspezifisch. Dies kann dazu führen, dass Gerichte hier zahlreiche Detailfragen zu entscheiden haben. Der Gesetzgeber hat nun in erster Linie die Normadressatenstellung ausgedehnt und den Behinderungstatbestand explizit geregelt.

**4. Europäisches Recht. a) Anspruch nach Art. 102 AEUV.** Im europäischen Kar- **102** tellrecht sind weder die datenbedingte Abhängigkeit noch ein kartellrechtlicher Datenzugangsanspruch explizit geregelt. Ein Anspruch auf Datenzugang kann sich auf Basis von Art. 102 AEUV ergeben.[168] Ansprüche auf Zugang zu Informationen werden insbesondere auf Basis der **IMS-Health-Rechtsprechung** gewährt, die, wie die übrigen Fälle in dieser Entscheidungslinie, jedoch rechtlich besonders geschützte Informationen betrifft. Die strengen Voraussetzungen sind daher nicht auf den Zugang zu Daten übertragbar, die keinem besonderen Schutz unterliegen, da der Abgrenzungsbereich zu den Immaterialgüterrechten nicht berührt ist. Im Fall Reuters Instrument Codes hat die Kommission einen weltweiten **Markt für konsolidierte Echtzeit-Datenfeeds** abgegrenzt, auf dem das Unternehmen Thomson Reuters marktbeherrschend sein sollte.[169] Die angebliche Behinderung bezog sich allerdings nicht primär auf die Verweigerung des Zugangs, sondern auf die Erschwerung des Wechsels zu Drittanbietern. Der Fall wurde durch Verpflichtungszusagen abgeschlossen und bleibt daher wenig aussagekräftig.

**b) Transparenzverpflichtung in der P2B-Verordnung.** In der P2B-VO (VO (EU) **103** Nr. 2019/1150) sieht Art. 9 Abs. 1 vor, dass die Anbieter von Online-Vermittlungsdiensten „in ihren allgemeinen Geschäftsbedingungen den technischen und vertraglichen Zugang oder das Fehlen eines solchen Zugangs für gewerbliche Nutzer zu personenbezogenen oder sonstigen Daten oder beidem, die gewerbliche Nutzer oder Verbraucher für die Nutzung der betreffenden Online-Vermittlungsdienste zur Verfügung stellen oder die im Zuge der Bereitstellung dieser Dienste generiert werden" erläutern müssen.[170] Es muss also – bei Anwendbarkeit der P2B-VO gem. ihres Art. 1 – **Transparenz über den Datenzugang für gewerbliche Nutzer** hergestellt werden. Diese Verpflichtung wird ergänzt dadurch, dass gem. Art. 9 Abs. 2 lit. a der Datenzugang der Plattform selbst und gem. Art. 9 Abs. 2 lit. d der Datenzugang unbeteiligter Dritter dargestellt werden muss. Die technischen und vertraglichen Voraussetzungen für den Datenzugang sind jeweils anzugeben. Die Offenlegung der Datenzugangsbedingungen auf Basis der P2B-VO kann kartellrechtliche Verfahren erheblich erleichtern.[171] Durch die Transparenz lassen sich zum einen Diskriminierungssituationen unmittelbar erfassen. Zum anderen wird ein Anker für die Überprüfung der Folgefragen gesetzt, namentlich die technischen und vertraglichen Voraussetzungen für den Datenzugang. Ansprüche nach § 20 Abs. 1a dürften davon profitieren.

**c) Datenzugang im DMA; Data Act.** Im DMA sind Datenzugangsvorschriften vor- **104** gesehen, die allerdings nur die **digitalen Gatekeeper** verpflichten, die vom DMA erfasst sind und von der Kommission als solche eingestuft werden. Gem. Art. 5 Abs. 9, 10 DMA sind Werbetreibende und „Herausgeber" umfassend darüber zu informieren, welche Preise für Werbung und Werbedienstleistungen von wem an wen gezahlt wurden. Diese Verpflichtung gilt ohne weiteres. Die übrigen Datenzugangsvorschriften unterliegen hingegen

[167] Vgl. Kerber JCLE 15 (2019), 381.
[168] Fuchs AEUV Art. 102 Rn. 3, 331 ff.; Schmidt, Zugang zu Daten nach europäischem Kartellrecht, 2020.
[169] KOM, 20.12.2012, AT.39654, Rz. 28 ff. – Reuters Instrument Codes.
[170] Kommentierung bei Podszun in: Busch, P2B-Verordnung, 2021, Art. 9.
[171] Höppner/Schulz ZIP 2019, 2329 (2331).

potentiell einer Spezifizierung (Art. 8 Abs. 3 DMA) zwischen Kommission und Gatekeeper. Hier geht es in Art. 6 Abs. 8 wiederum um den Bereich der **Onlinewerbung.** Das Recht aus Art. 5 Abs. 9, 10 wird erweitert auf einen kostenlosen Zugang zu Instrumenten zur Leistungsmessung und zu den Daten, die gewerbliche Nutzer benötigen, um ihre eigene unabhängige Überprüfung des Werbeinventars vorzunehmen. Art. 6 Abs. 10 sieht die Gewährung eines effektiven, hochwertigen und permanenten Echtzeitzugangs und die Nutzung von Daten für gewerbliche Nutzer vor, soweit es um Daten geht, die durch die gewerblichen Nutzer oder Endnutzer im Rahmen von Transaktionen auf der jeweiligen Plattform bereitgestellt und generiert wurden. Hier ergibt sich eine Parallele zu Art. 9 P2B-VO. Der Zugang bezieht sich nur auf diese quasi „eigenen" Daten der gewerblichen Nutzer (sowie die ihrer Kunden). Die Endverbraucher müssen der Nutzung ihrer persönlichen Daten zugestimmt haben. In Art. 6 Abs. 11 werden Gatekeeper verpflichtet, Betreibern von Online-Suchmaschinen Zugang zu Ranking-, Such-, Klick- und Anzeigedaten zu FRAND-Bedingungen zu gewähren.

105    Die Vorschriften im DMA sind relativ eng gefasst und betreffen nur einen begrenzten Kreis von Normadressaten. Ist die Gatekeeper-Stellung etabliert und der genaue Zuschnitt der Verpflichtung festgelegt, dürfte die **Berufung auf den DMA einfacher** sein als das Vorgehen aus allgemeinem Kartellrecht. Neben dem DMA sind weitergehende Verpflichtungen gem. Art. 1 Abs. 6 DMA möglich, sodass § 20 Abs. 1a GWB anwendbar bleibt.

106    Die EU-Institutionen haben sich auf ein Datengesetz („Data Act") verständigt, das zum Ziel haben soll, „eine gerechte Verteilung der Wertschöpfung aus Daten auf die Akteure der Datenwirtschaft zu gewährleisten und den Datenzugang und die Datennutzung zu fördern".[172] Demnach sollen Nutzer von smarten (datenerzeugenden) Geräten berechtigt sein, vom Dateninhaber (etwa dem Hersteller von Produkten oder Erbringer verbundener Dienste) einen Echtzeitzugang zu den Daten zu verlangen – wenn möglich durch eine direkte Schnittstelle. Auch Dritte können auf Verlangen des Nutzers einen Datenzugangsanspruch erhalten. Die Verordnung wird auf Art. 114 AEUV gestützt (also nicht kartellrechtlich eingeordnet) und komplementiert den Data Governance Act.[173]

107    **5. Praktische Bedeutung.** Bis Redaktionsschluss wurde lediglich eine Untersuchung des Bundeskartellamts gegen die Deutsche Bahn wegen des Zugangs zu Mobilitätsdaten (B9-144/19) nach § 20 Abs. 1a **GWB** bekannt. Allerdings kann die Vorschrift möglicherweise Vertragsverhandlungen über Datenzugang zugunsten des Petenten beeinflussen. Theoretisch ist der Anwendungsbereich weit. Praktisch bestehen **hohe Durchsetzungshürden.** Dies liegt erstens daran, dass zahlreiche Fragen hinsichtlich der Voraussetzungen (welche Daten? welche Abhängigkeit?) sowie der weiteren Folgen (angemessenen Entgelt? Art der Zurverfügungstellung der Daten?) nicht gesetzlich konturiert sind und also streitanfällig sind.[174] Das mindert den Klageanreiz erheblich. Zweitens können Zugangspetenten, gerade wenn ein Geschäftsverkehr noch gar nicht eröffnet ist, schwer einschätzen, welche Daten in welcher Form bei anderen Unternehmen vorliegen und ggf. angefordert werden können. Drittens bleibt auch in § 20 Abs. 1a das abhängigkeitstypische Problem der Machtasymmetrie bestehen, das potentielle Kläger von der Geltendmachung von Ansprüchen abschrecken kann.

## II. Abhängigkeit vom Zugang zu Daten (Satz 1)

108    Satz 1 verweist auf den gesamten Abs. 1. Die datenbedingte Abhängigkeit kann also eine Abhängigkeit im Sinne des Abs. 1 begründen mit den dort benannten Folgen.

---

[172] KOM, DatenG, COM(2022) 68 final, S. 2; dazu Kerber SSRN 2022; Podszun/Pfeifer GRUR 2022, iE (Veröffentlichung vsl. Juli 2022).

[173] KOM, Vorschlag für eine Verordnung des Europäischen Parlaments und des Rates über europäische Daten-Governance (Daten-Governance-Gesetz), 25.11.2020, COM (2020) 767 final.

[174] Vgl. Paal/Kumkar NJW 2021, 809, Rn. 33; Podszun, Stellungnahme für den Ausschuss für Wirtschaft und Energie des Deutschen Bundestags, Ausschussdrucksache 19(9)887, 2020, S. 18 f.

**1. Ausdehnung der Normadressatenstellung.** Die Normadressatenstellung wird **109** durch Abs. 1a auf Fälle erweitert, in denen – auch unterhalb der Schwelle der Marktbeherrschung – ein Unternehmen vom Zugriff auf einen Datenbestand abhängig ist. Nach Auffassung des Gesetzgebers handelt es sich bei der gesetzlichen Normierung zunächst um eine Klarstellung.[175] Das bedeutet, dass schon nach Abs. 1 die datenbedingte Abhängigkeit erfasst wäre. Durch die Gesetzesbegründung wird explizit auf die **bisherige Rechtsprechung zu § 20 Abs. 1 GWB** verwiesen, die auch im Rahmen des 2021 neu eingeführten Abs. 1a zu berücksichtigen sein soll.[176] Da die Voraussetzungen des § 20 Abs. 1 in Bezug genommen werden, muss auch ein deutliches Ungleichgewicht bestehen. Diese Asymmetrie führt dazu, dass § 20 Abs. 1a nicht von anderen datenstarken Unternehmen (z. B. einem digitalen Gatekeeper) eingesetzt werden kann, um sich Daten zu sichern, selbst wenn die speziellen Daten bei einem anderen Unternehmen liegen.

Eine datenbedingte Abhängigkeit kann **ohne vorherige Beziehung zwischen Norm-** **110, 111** **adressat und Normbegünstigtem** vorliegen. Einer vertraglichen oder wenigstens faktischen Verbindung zwischen den Unternehmen bedarf es nicht. Nach Auffassung des Gesetzgebers ist die Vorschriften damit „in Randbereichen"[177] weiter als § 20 Abs. 1 der bisherigen Fassung. Die Änderung ist jedoch als fundamental einzuschätzen. Auf § 20 Abs. 1a können sich auch Unternehmen berufen, die zuvor keinerlei Beziehung oder Kontakt zum Normadressaten hatten. In Fällen der unternehmensbedingten Abhängigkeit hatte die Rechtsprechung im Rahmen von § 20 Abs. 1 zumindest eine faktische Ausrichtung des Geschäftsmodells in steter Praxis auf den Normadressaten verlangt.[178] Die Abhängigkeit kann sich im Rahmen von Abs. 1a also **aus dem Nichts** heraus plötzlich ergeben, wenn nicht eine Unbilligkeit vorliegt. So könnte etwa ein Unternehmen gegründet werden, das in seinem Geschäftsmodell von vornherein darauf basiert, Zugang zu bestimmten Daten zu erhalten, um diese kommerziell auszubeuten. Als Start-up wäre es einem etablierten Unternehmen deutlich unterlegen. Wäre das Geschäftsmodell allein darauf ausgerichtet, den Datenbestand eines anderen Unternehmens zu kommerzialisieren, läge möglicherweise auch eine Abhängigkeit vor.[179] Eine **quasi-zwangsweise Öffnung des Datenschatzes** eines etablierten Unternehmens würde dann ermöglicht. Verneint man in solchen Konstellationen die Abhängigkeit, wird die wirtschaftspolitisch erwünschte Entwicklung neuer Datengeschäftsmodelle durch Start-ups gebremst. Zu prüfen ist aber stets, ob die Datenzugangsverweigerung unbillig ist.

Zum Teil wird verlangt, dass ein aktuelles oder wenigstens potentielles **Vertikalverhält-** **112** **nis** zwischen den Unternehmen vorliegen muss.[180] Ein **Zugang zu Daten eines Wettbewerbers** werde nicht ermöglicht. Das ist in dieser Allgemeinheit so nicht haltbar.[181] Der Verweis auf Abs. 1 erfasst die dortige Wendung „von ihnen andere Unternehmen als Anbieter oder Nachfrager einer bestimmten Art von Waren oder gewerblichen Leistungen" gerade nicht. Diese Wendung wird in Abs. 1a ersetzt durch „für die eigene Tätigkeit". Die kann auch in etwas ganz anderem liegen als dem Anbieten von Waren oder Dienstleistungen mit Bezug zum Dateninhaber. Eine **vertragliche oder geschäftliche Beziehung ist nicht verlangt.**[182] In der Datenökonomie liegt ein Teil des Reizes gerade darin, dass fernliegende Leistungen miteinander vernetzt werden können – ohne dass zwischen den Unternehmen zuvor vertikale oder horizontale Beziehungen bestanden. Dies wirkt auf den Datenzugangsanspruch fort. Hinzukommt, dass auch der Zugang zu Daten von Wettbewer-

---

[175] BT-Drs. 19/23492, 80.
[176] BT-Drs. 19/23492, 80.
[177] BT-Drs. 19/23492, 80.
[178] BT-Drs. 19/23492, 80; BGH 6.10.2015 – KZR 87/13 – Porsche Tuning.
[179] Vgl. BGH 26.1.2016 – KZR 41/14, Rz. 28 – Jaguar-Vertragswerkstatt.
[180] Brenner in Bien/Käseberg/Klumpe/Körber/Ost 10. GWB-Novelle Kap. 1 Rn. 133.
[181] Ebenso Westermann in MüKo WettbR § 20 GWB Rn. 66 f.
[182] Siehe auch VDA, Stellungnahme zum Regierungsentwurf, Deutscher Bundestag, Ausschussdrucksache 19(9)876, S. 5.

bern nicht kategorisch ausgeschlossen werden kann. In den häufig hybriden Geschäftsmodellen der Daten- und Plattformökonomie verliert die Unterscheidung in verschiedene
Wertschöpfungsstufen an Bedeutung.

113    Die Abhängigkeit kann auch zu **Plattformen** bestehen, also Unternehmen i. S. d. § 20
Abs. 1 S. 2, die als Vermittler auf mehrseitigen Märkten tätig sind.[183] Ein gewerblicher
Nutzer, der seine Leistungen auf einer Buchungsplattform anbietet (ggf. auch in Konkur-
renz zu Leistungen des Plattformkonzerns selbst), kann also bei Vorliegen der übrigen
Voraussetzungen den Zugriff auf Daten fordern. Die **Öffentliche Hand** ist nur dann
Adressat der Vorschrift, wenn sie unternehmerisch tätig ist. Im Übrigen gelten für den
Zugang zu ihren Daten die Vorschriften des Datennutzungsgesetzes.[184] Klarzustellen ist,
dass § 20 Abs. 1a sich **nicht ausschließlich auf sog. Digitalunternehmen** bezieht,
sondern auch den Zugang zu Daten ermöglicht, die in traditionelleren Branchen anfallen.[185]

114    Auch die **Vermutung des Abs. 1 S. 3** ist von der Verweisung erfasst (→ Rn. 165). Die
Vermutung setzt in Abs. 1 selbstverständlich voraus, dass die Vergünstigungen sich auf das
Leistungsverhältnis beziehen, in dem die Abhängigkeit besteht. In der Übertragung auf
Abs. 1a bedeutet dies, dass die Vermutung nur greifen kann, wenn die gewährten Vergüns-
tigungen in einem unmittelbaren Zusammenhang zum Datenzugang stehen.

115    **2. Auf Zugang zu Daten angewiesen.** Das den Zugang begehrende Unternehmen
müsste auf den Zugang zu Daten angewiesen sein.

116    **a) Daten.** Der **Begriff** „Daten" bezeichnet laut Duden „elektronisch gespeicherte
Zeichen, Angaben und Informationen".[186] Daten sind demnach „maschinenlesbare codierte Informationen".[187] Korrekter wäre eine Abgrenzung von Informationen und Daten.
Daten sind Zeichen und Symbole, die verwendet werden, um „Informationen" in maschinenlesbarer Weise zu transportieren. Sie werden durch eine Kontextualisierung, also die
Verleihung eines Sinngehalts, zu Informationen. (Beispiel: Ob die Ziffernfolge 1–9–7–5
einen Asteroiden, eine Jahreszahl, eine Popband, eine Produktnummer oder eine Ge-
wichtsangabe ist, erschließt sich nur aus dem Kontext.)

117    Der Gesetzgeber hat von einer Definition oder Eingrenzung abgesehen.[188] Es ist nicht
davon auszugehen, dass eine „technische" Datendefinition gemeint war, etwa in dem
Sinne, dass nur der Zugang zu Rohdaten oder zB Zahlenwerte zu gewähren wäre.[189]
Grundsätzlich ist ein weiter Datenbegriff im Sinne des natürlichen Sprachgebrauchs an-
zunehmen. Die Definition läuft gleich zu derjenigen in § 18 Abs. 3 Nr. 3, § 19 Abs. 2
Nr. 4 und § 19a GWB. Die Gerichte haben beispielsweise Kundendaten eines Konzertver-
anstalters mit Name, E-Mail-Adresse, Wohnort mit Postleitzahl, Straße und Hausnummer,
Telefon sowie Zahlungsdaten und besuchten Veranstaltungen als relevante Daten iSd
Marktbeherrschungskriterien angenommen.[190]

---

[183] Brenner in Bien/Käseberg/Klumpe/Körber/Ost 10. GWB-Novelle Kap. 1 Rn. 136. Beispielhaft
BKartA 4.12.2017, B6-132/14-2, Rn. 195 ff. – CTS Eventim.
[184] Basierend auf RL (EU) 2019/1024; siehe die Beiträge in Dreier/Fischer/van Raay/Spiecker, Informationen der öffentlichen Hand – Zugang und Nutzung, 2016.
[185] Westermann in Müko WettbR (NEU), § 20 GWB Rn. 59.
[186] Siehe www.duden.de/rechtschreibung/Daten (zuletzt abgerufen 27.6.2022).
[187] Zech, Informationen als Schutzgegenstand, 2012, S. 32. Vgl. Westermann in MükoWettbR Rn. 58;
Deuring, Datenmacht, 2021, S. 33 ff.
[188] Vgl. Brenner in Bien/Käseberg/Klumpe/Körber/Ost 10. GWB-Novelle Kap. 1 Rn. 81 f.; kritisch
Studienvereinigung Kartellrecht, Stellungnahme zu den mit dem Referentenentwurf vorgeschlagenen Neuregelungen – Missbrauchsaufsicht/Digitalisierung, 14.2.2020, Rn. 22.
[189] Ebenso wohl Westermann in Müko WettbR § 20 GWB Rn. 59.
[190] OLG Düsseldorf 5.12.2018 – Az. Kart 3/18 (V), Rn. 88; bestätigt durch BGH 12.1.2021 – KVR 34/
20, Rn. 14 – CTS Eventim.

Eine **weitergehende Kategorisierung** von Daten[191] ist für den Anspruch als solchen **118** zunächst nicht erforderlich, wegen unterschiedlicher rechtlicher Regime und Abwägungs- aspekte jedoch im Verlauf der Prüfung des § 20 Abs. 1a unabdingbar.

Das Datenschutzrecht differenziert zwischen personenbezogenen und nicht-personenbe- **119** zogenen Daten.[192] **Personenbezogene Daten** sind Informationen, die sich auf eine identi- fizierte oder identifizierbare natürliche Person beziehen.[193] Diese Daten unterliegen den besonderen Vorschriften der DSGVO. Eine Anonymisierung oder Pseudonymisierung löst den Personenbezug auf. Allerdings lassen sich oft aus Kombination mit anderen Daten Informationen wieder identifizierbar machen. Im Datenschutzrecht sind einzelne Informa- tionen wiederum gesondert geschützt, z. B. Daten, die zu Diskriminierungen führen können (Art. 9 DSGVO) oder biometrische Daten (Art. 4 Nr. 13–15 DSGVO). **Nicht-personen- bezogene Daten**, z. B. Maschinendaten, unterfallen keinem spezifischen Schutzregime. Sie können aber ausnahmsweise immaterialgüterrechtlich oder als Geschäftsgeheimnisse ge- schützt sein. Maschinendaten werden in Prozess- und Produktdaten unterschieden.

In den **Horizontalleitlinien** 2023 werden Daten nach ihrer strategischen Bedeutung **120** kategorisiert.[194] Diese wird an ihrer Bedeutung für die Ausübung von Wettbewerbspara- metern gemessen. Besonders genannt werden etwa Preis-, Mengen-, Kosten-, Nachfrage- und Technologiedaten. Die Daten werden auch danach beurteilt, wie viel Aufschluss sie über den Markt insgesamt bieten (Marktabdeckung), ob es sich um aggregierte oder individuell unternehmensspezifische Daten handelt, wie alt sie sind (aktuell/historisch) und ob es sich um öffentliche oder nicht-öffentliche Informationen handelt.[195]

Angesichts der Integration von Wettbewerbern in **Datenpools** und der häufiger an- **121** zutreffenden hybriden Aktivität vieler Unternehmen (d. h. Tätigkeit auf mehreren Wert- schöpfungsstufen) können die Horizontalleitlinien auch den Datenzugangsanspruch beein- flussen. Die Unterscheidungen und die hohe Rechtsunsicherheit für Datenpools in den Horizontalleitlinien 2011 führen dazu, dass diese sich für den Datenaustausch als bremsend herausgestellt haben. (Zu den kartellrechtlichen Grenzen des Informationsaustauschs § 1 Rn. 155 ff.). Für den Datenzugangsanspruch in der digitalen Ökonomie kommt es idR auf Zugang zu Echtzeitdaten an, also Daten, die zB während des laufenden Produktionsvor- gangs übermittelt werden. Die Daten müssen zudem unternehmensspezifisch und detailliert sein, sie werden nicht öffentlich verfügbar sein.

Daten können **nach ihrer Art** unterschieden werden in Rohdaten, verarbeitete (ver- **122** edelte) Daten, Datensets und Ergebnisse von Datenanalysen. Zugangspetenten werden häufig gar kein Interesse an Rohdaten (also einer Zeichen- und Ziffernfolge ohne Kontext) haben, da sie zu deren Verarbeitung oder Erkenntnis kaum in der Lage sein werden. Zugangspetenten werden daher nicht Zugang zu Rohdaten begehren, sondern **Zugriff auf ein Dashboard** (oder ein ähnliches angepasstes Datenpräsentationsformat), in dem Informationen gegeben werden, etwa wenn Handelsdaten in geordneter, aggregierter oder analysierter Form von einem Marktplatzbetreiber zur Verfügung gestellt werden. Solche Dashboards oder andere Zugangstools, die Daten aufbereiten und in praktikabler Form zur Verfügung stellen, sind Mittel, um Daten bereitzustellen. Der Datenzugangsanspruch kann sich also auf Zugang darauf richten, da die Kenntnis der Daten begehrt wird. Die Art der Bereitstellung – ob in Form eines Dashboards oder in Form von Rohdaten – ist eine Frage des Wie, nicht des Ob. In einer solchen Aufbereitung ist allerdings eine **Wertschöpfung des Dateninhabers** enthalten,[196] die auch im Rahmen von § 20 Abs. 1a nicht ohne

---

[191] Autorité de la Concurrence/Bundeskartellamt, Competition Law and Data, 10.5.2016, S. 4; Podszun in Busch, P2B-VO, 2021, Art. 9 Rn. 50 ff.

[192] Vgl. Louven NZKart 2018, 217 (219).

[193] Art. 4 Nr. 1 DSGVO. Siehe auch Ernst in: Paal/Pauly, DS-GVO BDSG, 2. Auflage, 2018, Art. 4 DS- GVO Rn. 3 ff.; Schild in: BeckOK-Datenschutzrecht, 33. Edition, 2020, Art. 4 DSGVO Rn. 3 ff.

[194] KOM, Horizontalleitlinien 2023, Rz. 384.

[195] KOM, Horizontalleitlinien 2023, Rz. 384 ff.

[196] Vgl. Schweitzer/Haucap/Kerber/Welker, Modernisierung der Missbrauchsaufsicht für marktmächtige Unternehmen, 2018, abrufbar unter: www.bmwi.de/Redaktion/DE/Publikationen/Wirtschaft/modernisie-

Weiteres oder nur zu einem erhöhten Entgelt erlangt werden kann. Je stärker Daten zu Informationen weiterverarbeitet worden sind und je stärker eine erhebliche „Veredelungsleistung" in den ursprünglichen Rohdaten steckt, desto eher wird die Abwägung gegen einen Datenzugang oder zugunsten engerer Datenzugangsbedingungen (z. B. höheres Entgelt) ausfallen.

123     Nach **Art ihrer Gewinnung** können Daten in freiwillig übermittelte Daten (volunteered data), beobachtete Daten (observed data) und abgeleitete Daten (inferred data) unterschieden werden.[197] Manche Daten werden bewusst oder unbewusst übermittelt (zB Kundendaten), andere werden automatisch generiert (zB Informationen über Browseraktivitäten) und dabei beobachtet, wieder andere können durch Analyse oder Verarbeitung abgeleitet werden (zB durch Zusammenschau von Einkaufsverhalten, Adresse und Wohnungspreisen). Daten können auch **nach den inhaltlichen Bezügen** unterschieden werden.[198] Beispiele für möglicherweise geschäftlich relevante Daten sind: Preisbildungsinformationen, Kundenprofile, Zahlungs- und Finanzdaten, Suchdaten, Kaufverhalten, Produktangaben, Wartungsinformationen, Verbrauchsdaten, Handelsdaten, Transportdaten, Rücksendequoten, Bewertungen, Zeitangaben, Marktanteile, Bestelldaten, Konversionsrate, Werbenutzung usw. Die Kategorien unterschiedlicher Daten sind jeweils nicht trennscharf abgrenzbar.[199] Eine solche Abgrenzung ist für den grundsätzlichen Zugang auch nicht erforderlich, kann aber über die Bedingungen des Zugangs entscheiden. **Kein Zugang** wird zu Daten gewährt, die der Dateninhaber eigens erheben müsste, aber noch nicht erhoben hat.[200]

124     **b) Zugang.** Zugang meint die **Eröffnung einer Möglichkeit,** die Daten zur Kenntnis zu nehmen oder sie abzurufen. Der Zugangsbegriff muss nach teleologischer Auslegung auch eine gewisse Nutzung der Daten erfassen. Im Wortsinn bezeichnet Zugang zunächst die Eröffnung eines Wegs, um die Daten zur Kenntnis zu nehmen. Der Zugangspetent kann im Erfolgsfall also die Daten betrachten. Nicht umfasst ist das Recht, die Daten zu bearbeiten oder zu verändern. Das wäre Zugriff. Die Möglichkeit der Kenntnisnahme muss aber so geboten werden, dass die Kenntnisnahme sinnvoll ist. Werden die Daten nicht zum Download, zur Speicherung, zur weiteren Bearbeitung zur Verfügung gestellt, muss mindestens gewährleistet sein, dass der Zugangspetent die Daten so einsehen kann, dass eine weitergehende **Nutzung** möglich ist. Das folgt daraus, dass der Zugangsanspruch darauf gerichtet ist, geschäftliches Verhalten zu ermöglichen. Dieser Zweck der Vorschrift würde verfehlt, wenn Datenzugang nur formal eröffnet würde. Der Zugangsbegriff umfasst die Möglichkeit der Nutzung für das Tätigwerden am Markt. Welche Nutzungsmöglichkeit erforderlich ist – ob vielleicht sogar bloße Kenntnisnahme genügt oder eine Speicherung oder Weiterverarbeitung der Daten im eigenen IT-System möglich ist, ist eine Frage des Einzelfalls. In der Microsoft-Entscheidung der KOM war verfügt worden, dass Microsoft Interoperabilitätsinformationen zur Verfügung stellt und die Nutzung gestattet.[201] Zurverfügungstellen und Gestatten der Nutzung waren also beides Bestandteile dieser Zugangseröffnung.

In Art. 9 P2B-Verordnung wird zwischen den **technischen Zugangsbedingungen und den rechtlichen Zugangsbedingungen** unterschieden, die offenzulegen sind. Diese

---

rung-der-missbrauchsaufsicht-fuer-marktmaechtige-unternehmen.pdf (zuletzt abgerufen 27.6.2022), S. 129; Schweitzer GRUR 2019, 569 (571); Peitz/Schweitzer NJW 2018, 275 (276).

[197] World Economic Forum, Personal Data: The Emergence of a New Asset Class, 2011, S. 7; Schweitzer GRUR 2019, 569 (571).

[198] Vgl. beispielhaft Kommission, Business-to-Business relations in the online platform environment – Final Report, 2017, abrufbar unter: op.europa.eu/s/obop (zuletzt abgerufen 27.6.2022), S. 45 ff.

[199] Körber NZKart 2016, 303 (304); Crémer/de Montjoye/Schweitzer, Competition policy for the digital era, 2019, abrufbar unter ec.europa.eu/competition/publications/reports/kd0419345enn.pdf (zuletzt abgerufen 27.6.2022), Kap. 2.

[200] BT-Drs. 19/23492, 82.

[201] KOM 24.4.2004, COMP/C-3/37.792 – Microsoft, Rn. 30 f.

beiden Dimensionen sind auch für die Zugangseröffnung nach § 20 Abs. 1a relevant. Antrag bzw. Verfügung müssen abdecken, in welcher technischen Form Zugang eröffnet wird und zu welchen rechtlichen Bedingungen.

**Technisch** kann Zugang durch ganz unterschiedliche Lösungen eröffnet werden, etwa **125** durch Zugang zu einem Dashboard, die Einrichtung eines Datenstreams, über den in Echtzeit Daten übertragen werden, eine offene Schnittstelle, über die sich Zugangspetenten einloggen können oder durch Übersendung einer Excel-Tabelle. Unterschieden werden Push- und Pull-Lösungen, je nachdem ob die Daten zur Verfügung gestellt werden (Push) oder selbst abgeholt werden müssen (Pull).[202] Die Lösungen sind grundsätzlich allesamt möglich, aber die Zugangseröffnung darf den Schutzzweck – die Ermöglichung der wirtschaftlichen Aktivitäten am Markt – nicht konterkarieren oder erheblich erschweren. Beispielhaft steht dafür die zu einer Zugangsverpflichtung im Kfz-Sektor ergangene Entscheidung des EuGH, dass das Abspeisen freier Werkstätten mit einem wenig praktikablen Web-Formular nicht für die Zugangseröffnung genügt.[203] In dem zugrundeliegenden Fall war allerdings in der sektorspezifischen Rechtsgrundlage (Art. 6 Abs. 1 VO 715/2007) vorgesehen, dass der Zugang uneingeschränkt und standardisiert, auf leicht und unverzüglich zugängliche Weise eröffnet werden müsse. Diese Qualifikationen des Zugangs müssen in der kartellrechtlichen Judikatur erst aus dem Telos der Norm herausgearbeitet werden. Bei professionellen Digitalunternehmen wie etwa den großen Plattformen werden für gewerbliche Nutzer regelmäßig Datencenter, eigene Auswertungswebsites oder Dashboards vorgehalten, in denen die Nutzer bestimmte Daten einsehen und abrufen können.[204]

Das **Format der Daten** muss so sein, dass der Nutzer, der Zugang erhält, mit diesen **126** Daten praktisch etwas am Markt anfangen kann. Das betrifft die Gängigkeit des Dateiformats, ihre Lesbarkeit und Verständlichkeit, die Aussagekraft und den Informationsgehalt der Daten, die technisch erforderlichen Werkzeuge zur Datennutzung und ihre grundsätzliche Portabilität. Am „Komfort" des Datenzugangs richtet sich dann wiederum die Angemessenheit des Entgelts oder anderer Konditionen aus. Wird Zugang aber nicht in einer gut zu verarbeitenden Format gewährt, liegt schon eine Zugangsverweigerung vor. Allerdings können entsprechende Defizite auch durch **Marktlösungen** ausgeglichen werden, also durch Dienstleister, die für den gewerblichen Nutzer wiederum den Datenzugang besorgen.[205]

Der Zugang hat neben diesem technischen auch einen rechtlichen Aspekt. Festzulegen **127** ist, **zu welchen Bedingungen der Datenzugang erfolgen kann.** Damit sind die „Lizenzbedingungen" gemeint. Neben der Entgeltfrage (→ Rn. 142 ff.) kann etwa geregelt werden, wie die Daten zugänglich gemacht werden, wo und wofür sie genutzt und nicht genutzt werden, ob die Daten weiter gehandelt werden dürfen, welche Geschäftsgeheimnis-, Datenschutz- oder Sicherheitsvorkehrungen erforderlich sind, ob es Reziprozitätspflichten gibt, für welche Dauer, wann, in welcher Frequenz und mit welcher Aktualität Datenzugang gewährt wird, welche Haftung übernommen wird (etwa im Fall falscher oder ausfallender Datenübermittlung oder beim Bruch von Geheimhaltungspflichten),[206] unter welchen Bedingungen der Datenzugang endet, welche Personen Datenzugang erhalten.[207] In dieser Bestimmung der Detailfragen des Zugangsanspruchs liegt – neben der Dauer

---

[202] Louven NZKart 2018, 217 (222).
[203] EuGH 19.9.2019 – C-527/18, ECLI:EU:C:2019:762, Rz. 24 ff. – KIA.
[204] Kommission, Study on data in platform-to-business relations – Final Report, 2017, abrufbar unter: ec.europa.eu/newsroom/dae/document.cfm?doc_id=51703 (zuletzt abgerufen 27.6.2022), S. 39 ff.
[205] Vgl. Peitz/Schweitzer NJW 2018, 275. Die Kommission geht aber davon aus, dass neuen Markt-Lösungen auch technische Barrieren entgegenstehen, vgl. Kommission, Business-to-business relationships in the online platforms environment – data access, (re-)use and portability – Report of an engagement workshop hosted by the European Commission, 2016, abrufbar unter: ec.europa.eu/newsroom/document.cfm?doc_id=40698 (zuletzt abgerufen 27.6.2022), S. 3.
[206] Vgl. Kerber GRUR Int 2016, 989 (994).
[207] Vgl. Podszun, Handwerk in der digitalen Ökonomie, 2021, S. 161 ff.; Brenner in Bien/Käseberg/Klumpe/Körber/Ost 10. GWB-Novelle Kap. 1 Rn. 83 ff.

kartellrechtlicher Verfahren und der ex-post-Betrachtung – das wesentliche Problem kartellrechtlicher Datenzugangsansprüche in der Praxis.[208] Rechtspolitisch sind daher alternative Lösungen, z. B. sektorspezifische Ansprüche mit einem größeren Detailgrad oder Interoperabilitätsverpflichtungen, erfolgversprechender.[209]

**128**   **c) für die eigene Tätigkeit angewiesen.** Der Zugangspetent muss für die eigene Tätigkeit auf den Datenzugang angewiesen sein. In diesem Kriterium liegt die Bestimmung der „Abhängigkeit". Der Begriff **„angewiesen sein"** taucht in § 20 GWB im Übrigen nicht auf. Die Formulierung („eine Abhängigkeit nach Absatz 1") macht aber deutlich, dass die dort genannten Voraussetzungen für Abhängigkeit auch bei datenbedingter Abhängigkeit gelten sollen. Es dürfen also keine ausreichenden und zumutbaren Ausweichmöglichkeiten bestehen (→ Rn. 15 ff.), und es muss ein deutliches Ungleichgewicht bestehen (→ Rn. 26). Die Ausführungen zu § 20 Abs. 1 gelten somit entsprechend für die datenbedingte Abhängigkeit. Es handelt sich bei der datenbedingten Abhängigkeit jedoch nicht um einen Unterfall der bisherigen Fallgruppen, sondern um eine eigenständige, neue Form der Abhängigkeit.[210]

**129**   Die Abhängigkeit muss sich „für die eigene Tätigkeit" ergeben, also für die wirtschaftliche Aktivität am Markt durch das Anbieten oder Nachfragen von Waren oder Dienstleistungen. Der Datenzugangsanspruch soll Unternehmen **in die Lage versetzen, in den Markt einzutreten bzw. ihre Leistungen in einem Leistungswettbewerb zur Geltung bringen** zu können (→ Rn. 17). Das gilt angesichts des Normzwecks insbesondere mit Blick auf mögliche Innovationen. Wären die Daten also die Grundlage für eine erhebliche wirtschaftliche Leistung oder eine Neuerung, ist eine Abhängigkeit eher zu bejahen.[211] Ein Aspekt ist auch, ob die mehrfache Nutzung von Daten besonders effizient ist.[212] Nicht erforderlich ist hingegen, dass die Marktpräsenz nur wegen des Datenzugangs überhaupt möglich ist.[213]

**130**   Mit der eigenen Tätigkeit ist hier die **primäre wirtschaftliche Tätigkeit des Unternehmens** gemeint. Nicht erfasst ist etwa das Angewiesensein auf bestimmte Informationen für die Durchsetzung von Schadensersatzansprüchen oder sekundäre Unternehmensfunktionen, etwa die interne Unternehmensführung.

**131**   Auf einen Rohstoff ist angewiesen, wer diesen für die eigene Produktion benötigt. Hiermit ist **keine strenge Unerlässlichkeit** gemeint.[214] Das ergibt sich schon daraus, dass § 20 unterhalb der Marktbeherrschungsschwelle ansetzt (→ Rn. 17). Es genügt aber andererseits auch nicht, dass es für das Unternehmen schlicht einfacher und angenehmer wäre, Zugang zu den Daten zu haben. Statt „nice to have" wäre also „must have" zu fordern – nicht in dem Sinne, dass Datenzugang unerlässliche Bedingung für den Fortbestand des Unternehmens ist, sondern, wie von Markert formuliert, dass auf den Datenzugang typischerweise nicht ohne Inkaufnahme erheblicher Wettbewerbsnachteile verzichtet werden kann (→ Rn. 17). Für ein zeitgemäßes, effizientes Auftreten am Markt müsste der Zugang zu diesen Daten als Standard erwartet werden. Formelhaft ließe sich sagen: Es ginge auch ohne, aber nicht auf Dauer gut.

**132**   **Nicht auf den Datenzugang angewiesen** ist, wer sich die Daten auf andere Weise einfach beschaffen kann oder wer die Daten ohne großen Aufwand reproduzieren kann.[215] Ebenfalls nicht auf die Daten angewiesen ist, wer ein Substitut zur Verfügung hat oder wer

---

[208] Podszun, Handwerk in der digitalen Ökonomie, 2021, S. 92 ff.; Paal/Kumkar NJW 2021, 809, Rn. 33.
[209] Vorschläge bei Podszun, Handwerk in der digitalen Ökonomie, 2021, S. 126 ff.
[210] Vgl. Herrlinger WuW 2021, 325 (328).
[211] Brenner in Bien/Käseberg/Klumpe/Körber/Ost 10. GWB-Novelle Kap. 1 Rn. 143 ff.
[212] Brenner in Bien/Käseberg/Klumpe/Körber/Ost 10. GWB-Novelle Kap. 1 Rn. 143 ff.
[213] BT-Drs. 19/23492, S. 80.
[214] Brenner in Bien/Käseberg/Klumpe/Körber/Ost 10. GWB-Novelle Kap. 1 Rn. 132; Herrlinger WuW 2021, 325 (328).
[215] Vgl. Brenner in Bien/Käseberg/Klumpe/Körber/Ost 10. GWB-Novelle Kap. 1 Rn. 132; BT-Drs. 19/23492, S. 81 f.; Westermann in MükoWettbR Rn. 60.

eine Umgehungslösung für das zu lösende wirtschaftliche Problem hat. Dabei müssen allerdings realistisch die Möglichkeiten des Unternehmens berücksichtigt werden: Ein kleiner Marketplace-Händler könnte sich eventuell bestimmte Daten auch von seinen Kunden besorgen. Erstens wird dies aber nicht den relevanten Marktüberblick bieten, zweitens ist es gerade die Spezialität von Marketplace-Operatoren, Daten der verschiedenen Nutzer zu erheben und zu sammeln. Wäre die eigene Einholung der Daten übermäßig schwierig oder würde diese Verbraucher/innen zusätzlich belasten, kann ein Unternehmen auch auf die Daten eines anderen angewiesen sein.[216] Zu typischen Fallgruppen der datenbedingten Abhängigkeit → Rn. 134 ff.

**3. Von einem anderen Unternehmen kontrolliert.** Die Daten müssen von einem **133** anderen Unternehmen kontrolliert werden. Ein Dritter müsste also **rechtliche und/oder tatsächliche Herrschaftsmacht** über die Daten haben. Aus diesem Kriterium ergibt sich die Passivlegitimation. Der Antragsgegner muss tatsächlich und rechtlich in der Lage sein, die begehrten Informationen überhaupt zur Verfügung zu stellen. Daten werden faktisch zuweilen eher zufällig bestimmten Personen zugeordnet, etwa demjenigen, der die Daten abmisst oder der eine Maschine betreibt und ausliest.

**4. Typische Fälle der datenbedingten Abhängigkeit. Fallgruppen** der daten- **134** bedingten Abhängigkeit werden sich erst mit der Rechtsprechung entwickeln. In Gesetzesbegründung und Literatur werden aber bereits verschiedene Konstellationen unterschieden, in denen Unternehmen auf Daten angewiesen sein können, die von anderen Unternehmen kontrolliert werden.[217] Anzuknüpfen ist insbesondere auch an die etablierten Fallgruppen der Abhängigkeit nach Abs. 1 (→ Rn. 27 ff.).

**a) Abhängigkeit in B2B-Wertschöpfungsnetzwerken.** Eine datenbedingte Abhän- **135** gigkeit kann in **Wertschöpfungsnetzwerken** vorliegen,[218] in denen mehrere Unternehmen zusammenarbeiten **(netzwerkbedingte Datenabhängigkeit)**. Dies betrifft insbesondere den B2B-Bereich. Zu denken ist an die Kooperation im **Internet of Things** oder an **Datenpools** für Entwicklungs- oder Industriezwecke. In der zunehmenden „Multi-Stakeholder-Zusammenarbeit", die stark sensoren- und datenbasiert ist, können sich Machtpositionen ergeben, etwa beim zentralen Operator eines F&E-Netzwerks oder bei einem Unternehmen, das eine smarte Produktionsanlage betreibt, an die verschiedene Unternehmen angeschlossen sind. Auch der Fall eines Poolens bestimmter Daten mit einem Poolbetreiber kann dazu führen, dass die Unternehmen für die Erbringung ihrer eigenen Leistungen darauf angewiesen sind, Datenzugang zu erhalten, der von anderen kontrolliert wird.[219] In der Regel werden vertragliche Lösungen in solchen Netzwerken gegeben sein.[220] Gerade bei einer zunächst experimentellen oder informellen Zusammenarbeit kann eine sorgfältige, vorausschauende vertragliche Begleitung aber ausbleiben. Wenn dann Machtpositionen entstehen, liegt möglicherweise Abhängigkeit vor.

**b) Abhängigkeit für Leistungserbringung auf vor- und nachgelagerten Märkten. 136** Eine datenbedingte Abhängigkeit kann für Leistungserbringer entstehen, die auf vor- oder nachgelagerten Märkten tätig sind **(sekundärmarktbedingte Datenabhängigkeit)**. Die Missbrauchsstudie spricht in diesem Zusammenhang von **Lock-in-Konstellationen,** da der Hersteller, der ein digitalisiertes Produkt in den Verkehr bringt, häufig über die Datenschnittstelle den Sekundärmarkt kontrollieren kann.[221] Wegen der zunehmenden Digitali-

---

[216] Einschränkend Westermann in MüKoWettbR Rn. 62.
[217] BT-Drs. 19/23492, 80 f.; noch zu Art. 102 AEUV, aber übertragbar vgl. Deuring, Datenmacht, 2021, S. 271 ff.
[218] BT-Drs. 19/23492, 80 f.; Schweitzer/Haucap/Kerber/Welker, Modernisierung der Missbrauchsaufsicht für marktmächtige Unternehmen, 2018, S. 190 f.; Kerber WuW 2020, 249 (251).
[219] Vgl. Podszun/Bongartz BB 2020, 2882.
[220] BT-Drs. 19/23492, 80 f.
[221] Schweitzer/Haucap/Kerber/Welker, Modernisierung der Missbrauchsaufsicht für marktmächtige Unternehmen, 2018, S. 187 f. Siehe auch BT-Drs. 19/23492, 80 f.

sierung aller Waren, Dienstleistungen, Häuser und Anlagen wird dieses Problem immer gravierender – zumal die Datenbetreiber einen Anreiz haben, die Leistungen auf dem Sekundärmarkt zu kontrollieren.[222] Dabei ist für die wettbewerbliche Entfaltung auf den Sekundärmärkten erforderlich, dass nicht eine komplette Steuerung der Leistungserbringung durch den Dateninhaber erfolgt. Dem kann nur mit einem weitreichenden Datenzugang begegnet werden.

Zu denken ist insbesondere an Unternehmen, die **Reparatur** und **Wartung** von Produkten oder Anlagen übernehmen, dies aber nur noch können, wenn sie auch Zugang zu den erforderlichen Daten erhalten. Ein solcher Fall ist etwa gegeben, wenn der Hersteller einer Waschmaschine dank der datenbasierten Steuerung nur noch solchen Unternehmen die für Reparaturen oder vorausschauende Wartung (predictive maintenance) erforderlichen Daten öffnet, die Provisionen zahlen.

Hinzu kommen sonstige Anbieter, die **Mehrwertdienste** zu einer Leistung oder zu einem Produkt erbringen. Hier liegt ein klassisch vertikales Verhältnis vor; häufig werden – wie bei der unternehmensbedingten Abhängigkeit – bereits bestehende Geschäftsbeziehungen vorliegen.[223] Der BGH hat beispielsweise den Zugang zum Diagnose- und Informationssystem eines Kfz-Herstellers samt der erforderlichen technischen Informationen für ein Tuning-Unternehmen gewährt.[224] Ein anderes Beispiel wäre der Zugriff auf Daten von (autonom fahrenden) Fahrzeugen für das Fuhrparkmanagement.[225]

**137**    **c) Abhängigkeit bei Intermediationsleistungen.** Eine datenbedingte Abhängigkeit kann auch gegenüber Intermediären vorliegen,[226] vgl. schon § 20 Abs. 1 S. 2 (→ Rn. 49), insbesondere im B2C-Bereich, wenn Leistungen an Konsumenten über eine Plattform vermittelt werden **(plattformbedingte Datenabhängigkeit)**. Im Unterschied zu § 20 Abs. 1 S. 2 regelt Abs. 1a dezidiert die datenbedingte Abhängigkeit. In diesen Konstellationen kann etwa ein Unternehmen, das über einen Internetmarktplatz Leistungen vertreibt, darauf angewiesen sein, Zugang zu Transaktions-, Such-, Performance- oder Kundendaten zu erhalten, um seine eigene Tätigkeit leistungsgerecht erbringen zu können. Das Gleiche gilt für Werbetreibende und ihre Agenturen hinsichtlich von **Werbedaten**. Ein Sonderfall ist der Zugriff auf Suchdaten einer Suchmaschine. Hier wird häufig keine vertragliche Bindung vorliegen. Das muss eine Abhängigkeit nicht zwingend ausschließen.[227]

**138**    **d) Abhängigkeit für Innovationen.** Denkbar ist eine datenbedingte Abhängigkeit auch für Unternehmen, die neuartige Leistungen anbieten wollen und die bislang in keinem Verhältnis zum Dateninhaber stehen, also beispielsweise kein Vertragsverhältnis mit diesem haben. Eine solche **innovationsbedingte Datenabhängigkeit** kann bedeuten, dass eine neue Leistung oder ein neues Produkt entwickelt werden oder ein neues Geschäftsmodell etabliert werden soll.[228] Dabei kann sich die Innovation auf einen gänzlich anderen Bereich als die Branche des Dateninhabers beziehen – das macht gerade die Vernetzung durch Digitalisierung aus. Ist etwa ein Anbieter einer datenbasierten Gesundheitsdienstleistung auf Navigationsdaten eines Anbieters von geographischen Daten angewiesen, könnte sich eine solche Konstellation ergeben. Eine vorherige Geschäftsbeziehung oder ein vertikales Abhängigkeitsverhältnis sind für § 20 Abs. 1a nicht erforderlich.[229] Die Vorschrift gilt, mit Blick auf ihren Telos, gerade auch für Newcomer (→ Rn. 24).

---

[222] Ausführlich Podszun, Handwerk in der digitalen Ökonomie, 2021, passim.
[223] Brenner hält einen Missbrauch ohne vorherige Geschäftsbeziehung in diesen Konstellationen für fernliegend, in Bien/Käseberg/Klumpe/Körber/Ost 10. GWB-Novelle Kap. 1 Rn. 158.
[224] BGH 6.10.2015 – KZR 87/13, Rz. 104 ff. – Porsche-Tuning.
[225] Beispiel bei Brenner in Bien/Käseberg/Klumpe/Körber/Ost 10. GWB-Novelle Kap. 1 Rn. 143 ff.
[226] Brenner in Bien/Käseberg/Klumpe/Körber/Ost 10. GWB-Novelle Kap. 1 Rn. 148 ff.
[227] Kritischer Brenner in Bien/Käseberg/Klumpe/Körber/Ost 10. GWB-Novelle Kap. 1 Rn. 159.
[228] Vgl. Brenner in Bien/Käseberg/Klumpe/Körber/Ost 10. GWB-Novelle Kap. 1 Rn. 143 ff.
[229] Vgl. BT-Drs. 19/23492, 81; Brenner in Bien/Käseberg/Klumpe/Körber/Ost 10. GWB-Novelle Kap. 1 Rn. 153 ff.

Eine Abhängigkeit kann auch dadurch gegeben sein, dass ein Unternehmen **Trainings-** 139
**daten für Künstliche Intelligenz (KI)** benötigt. In der Modernisierungsstudie haben sich
die Autoren für die Gewährleistung eines breiten Zugangs zu großen Datasets für Zwecke
der KI ausgesprochen.[230] Der KI wird für zahlreiche Anwendungen und Entwicklungen
eine herausragende Bedeutung für die Zukunft zugemessen. Für das „machine learning"
muss aber mit großen Datensätzen trainiert werden. Diese können bei anderen Unternehmen liegen.

**e) Abhängigkeit für Datenhandel.** Eine Abhängigkeit kann sich schließlich daraus 140
ergeben, dass die Daten selbst Gegenstand des Geschäftsmodells sind, etwa für Daten-
händler. Eine solche kann vorliegen, wenn die Daten selbst das Produkt sind (**primär-
datenbedingte Abhängigkeit**).[231] Dies kann der Fall sein, wenn der Zugangspetent zB
Finanzdaten, Sensordaten oder sonstige Daten handelt, aufbereitet oder analysiert. Dies
wird dann ohne Zugriff auf Datensätze von Unternehmen nicht möglich sein. Entsprechende Fälle können auch über § 20 Abs. 1 gelöst werden.[232]

## III. Behinderung (Satz 2)

**1. Verweigerung des Zugangs.** Satz 2 definiert ausdrücklich die Form des Miss- 141
brauchs. Missbräuchlich ist die **Verweigerung des Zugangs** zu den Daten. Die Zugangsverweigerung ist in der Auslegung an den für § 19 Abs. 2 Nr. 1 etablierten Fällen der
Zugangsverweigerung zu messen (→ § 19 Rn. 141). Zugangsverweigerung meint, dass
technisch oder rechtlich keine Möglichkeit der Kenntnisnahme und ggf. Nutzung der
Daten eingeräumt wird. Die Zugangsverweigerung kann verbal, aber auch verdeckt geschehen, etwa durch Aufbau technischer Hürden, sodass faktisch kein Zugang erlangt werden
kann.
Transparenz wird für viele Fälle durch **Art. 9 P2B-VO** sichergestellt, insbesondere mit
Blick auf eine mögliche **Diskriminierung,** die von § 19 Abs. 2 Nr. 1 ebenfalls erfasst ist.
Durch die nach der P2B-VO notwendige Erklärung der Zugangsbedingungen lässt sich
einschätzen, woran sich der Dateninhaber selbst messen lassen will, welche Vorkehrungen
vorgesehen sind und wie Zugangspetenten grundsätzlich behandelt werden. Die Erklärung
kann wichtiges Beweisstück in einem Diskriminierungsfall sein.[233]
Die Zugangsverweigerung kann auch darin liegen, dass die **Bedingungen** (zB Höhe des
Entgelts, Bindungen, technische Komplexität des Zugangs, hohe Unsicherheit für technische Systeme bei Zugriff) so ausgestaltet sind, dass praktisch ein Zugang ausgeschlossen
wird.[234]
Sonstige Formen des Missbrauchs, insbesondere solche, die sich nicht direkt auf den
Datenzugang beziehen, kommen nicht in Betracht.[235]

**2. Angemessenes Entgelt.** Zugang zu Daten muss nur gegen angemessenes Entgelt 142
gewährt werden, wie im Laufe des Gesetzgebungsverfahrens ausdrücklich klargestellt wurde.[236] Die Frage des angemessenen Entgelts ist **Teil der Unbilligkeitsprüfung:** Wird kein
Zugang gewährt, obwohl ein angemessenes Entgelt vom Zugangspetenten angeboten wird,
ist die Zugangsverweigerung unbillig. Weigert sich der Zugangspetent, ein solches Entgelt
zu entrichten, ist die Verweigerung nicht unbillig. Das Entgelt ist damit Bestandteil der
Gesamtabwägung der Interessen im Rahmen der Unbilligkeit.

---

[230] Schweitzer/Haucap/Kerber/Welker, Modernisierung der Missbrauchsaufsicht für marktmächtige Unternehmen, 2018, S. 185 f.
[231] Brenner in Bien/Käseberg/Klumpe/Körber/Ost 10. GWB-Novelle Kap. 1 Rn. 138 ff.
[232] Brenner in Bien/Käseberg/Klumpe/Körber/Ost 10. GWB-Novelle Kap. 1 Rn. 156 mwN.
[233] Vgl. Podszun in: Busch, P2B-Verordnung, Art. 9 Rn. 122.
[234] Vgl. Bechtold/Bosch in Bechtold/Bosch GWB § 19 Rn. 68 mwN.
[235] Brenner in Bien/Käseberg/Klumpe/Körber/Ost 10. GWB-Novelle Kap. 1 Rn. 135.
[236] BT-Drs. 19/23492, S. 81; BT-Drs. 19/25868, S. 118, 119.

**143**     **a) Art des Entgelts.** Das Entgelt kann in einer **Geldleistung** bestehen. Ein Entgelt kann aber **auch in anderen Leistungen** bestehen, zB in der Einräumung bestimmter Rechte oder einer Reziprozitätsverpflichtung für die Datenoffenlegung oder einer Saldierung mit sonstigen Leistungen in einem Vertragsverhältnis.[237] Das Entgelt kann auch bei null liegen.

**144**     **b) Angemessenheit.** Die Höhe des Entgelts muss angemessen sein. Angemessen ist ein Entgelt, das im Hinblick auf die Daten, zu denen Zugang begehrt wird, verhältnismäßig ist. Für die Berechnung des Entgelts der Höhe nach kommen mehrere Anknüpfungspunkte in Betracht. Eine **Parallele ergibt sich zu § 19 Abs. 2 Nr. 4,** allerdings ist dort der Wert der Ware oder Dienstleistung selbst zu vergüten. Diese Vergütungspflicht entfällt bei Daten, da der Dateninhaber, der sie teilt, die Daten selbst weiterhin behält. Er kann auch bei Datenteilung die Daten selbst weiterhin nutzen. Ihm ist zudem im Regelfall – anders als bei körperlichen Gegenständen oder beim Immaterialgüterrecht – das Recht am Datum nicht zugeordnet. An den von § 20 Abs. 1a GWB betroffenen Daten besteht kein Schutzrecht, das die wirtschaftliche Verwertung sicherstellen soll.[238]

**145**     Eine weitere Parallele lässt sich zu den Fällen der kartellrechtlichen Zwangslizenz im Patentrecht ziehen, wo ebenfalls regelmäßig das angemessene Entgelt für eine Lizenz ein Streitpunkt ist. Für standardessentielle Patente wird häufig der **FRAND-Standard** referenziert (fair, reasonable and non-discriminatory), der im Wort „angemessen" durchaus mitschwingt (→ § 19 Rn. 306 ff.). Gefolgert werden kann aus der Parallele insbesondere, dass eine diskriminierende Entgeltforderung ebenfalls unangemessen ist. Der Dateninhaber muss Zugangspetenten gleichbehandeln. Darüber hinaus hat der FRAND-Standard aber noch nicht zu einer bedeutenden Erleichterung der Berechnung eines Entgelts geführt.[239]

**146**     **c) Keine Entschädigung des Exklusivitätsverlusts.** Der Dateninhaber **wird nicht dafür entschädigt,** dass er die Exklusivität an den Daten durch die Weitergabe verliert. Diese Exklusivität wird durch den Datenzugangsanspruch von Rechts wegen beseitigt. Der Zugangspetent hat einen Anspruch auf die Daten. Der Wegfall der exklusiven Befugnis über die Daten ist gerade das, was durch den Datenzugangsanspruch erreicht werden soll. Es wäre paradox, müsste die Eröffnung des Wettbewerbs dem herrschenden Unternehmen vergütet werden. Dieses könnte dann eine Monopolrendite erzielen.

**147**     **d) Kein Entgelt für den Verkehrswert der Daten.** Fraglich ist, ob der Verkehrswert der Daten entgolten werden muss. Die Daten selbst werden in vielen Fällen einen eigenen Wert, ggf. sogar einen Marktpreis, haben. Dieser Wert wird dem Dateninhaber – aus rechtlicher Perspektive – aber nicht zugeordnet. Die Daten sind (anders beispielsweise als Urheberrechte) **nicht Teil des ihm zugewiesenen Rechtskreises,** an ihnen besteht kein Eigentumsrecht. Der Dateninhaber hat lediglich eine faktische Herrschaftsmacht über die Daten, die aber nicht automatisch dazu berechtigt, den Wert der Daten abzuschöpfen. Einigen sich die Parteien vertraglich auf die Einräumung eines Datenzugangs, kann selbstverständlich dieser Marktpreis verlangt werden. Kommt es aber in Folge eines wettbewerblichen Datenzugangsanspruchs zu einer verpflichtenden Datenoffenlegung, kann eine Kommerzialisierung der Daten selbst nicht erfolgen. Gibt der Gesetzgeber einem Dritten Datenzugang, wird die fehlende faktische Zugangsmöglichkeit überwunden, nicht die auf eine Rechtsposition gestützte Verweigerung. Würde der Zugangsanspruch darüber hinaus auch den Wert der Daten ersetzen, würde dies anerkennen, dass die Kommerzialisierung dieser Daten zumindest zum Teil auch dem kontrollierenden Unternehmen zusteht. Damit würde de facto ein **Immaterialgüterrecht mit Zugangsschranke** geschaffen. Anders als bei Gegenständen entsteht zudem kein Verlust an der Sache. Der Dateninhaber verliert die

---

[237] BT-Drs. 19/25868, 118; Schweda/v. Schreitter WuW 2021, 145 (148).
[238] Vgl. auch Nothdurft in Bunte Rn. 105.
[239] Vgl. ähnlich Fuchs § 19 Rn. 314.

Daten durch Weitergabe nicht, sondern kann den Datenbestand auch selbst weiter ohne Einschränkungen nutzen (Daten sind nicht-rival).

Auch in einem **Fall der „aufgezwungenen Kommerzialisierung"**, wenn also bislang **148** die Daten gar nicht Dritten zur Verfügung gestellt wurden, ergibt sich kein Anspruch auf eine Abgeltung des Werts des bislang schlummernden Datenschatzes:[240] Wenn der Anspruch nach § 20 Abs. 1a gegeben ist, spricht der Gesetzgeber ja gerade die Wertung aus, dass dieser Datenschatz von verschiedenen Unternehmen gehoben werden darf. Würde man dies anders sehen, würde die wettbewerbseröffnende Wirkung von § 20 Abs. 1a verpuffen.

**e) Entgelt für Erzeugungs- und Bereitstellungsaufwand.** Abzugelten ist lediglich **149** der Aufwand, den der Dateninhaber betrieben hat, um die **Daten zu erzeugen oder zu messen, aufzubereiten und bereitzustellen.** Die Begründung des Regierungsentwurfes führt die „Beeinträchtigung von Anreizen zur Generierung, Speicherung sowie Pflege der Daten" als maßgebliches Merkmal für die Abwägung an. Daraus ergibt sich eine Möglichkeit für den Dateninhaber, die Kosten zu verlangen, die durch diese Vorgänge entstehen. Insoweit ergibt sich eine Parallel zu § 33g Abs. 7 GWB. Aus den Begründungen ergibt sich aber auch, dass selbst diese Kosten nicht in jedem Fall gezahlt werden müssen.[241] Insbesondere sollen die Kosten nicht erhoben werden, wenn sie nicht signifikant sind. Durch die Aufnahme des Merkmals „gegen angemessenes Entgelt" lässt sich aber zumindest die **Kostenerstattung als Regel** formulieren. Ersetzt werden können nicht die tatsächlichen Kosten, sondern nur die Kosten einer effizienten Leistungserbringung.[242]

Diese Kosten müssen **anteilig** abgegolten werden. Das angemessene Entgelt im Sinne **150** der Vorschrift soll dem Dateninhaber nicht ein neues profitables Geschäftsfeld eröffnen. Werden Daten zu eigenen Zwecken im Unternehmen ohnehin erhoben und werden sie ggf. einer großen Zahl an Unternehmen weitergereicht, ist der anteilige zu vergütende Aufwand gering. Angemessen kann auch ein Entgelt von null sein.[243] Besteht bislang **kein Vertragsverhältnis** zwischen den Parteien, wird regelmäßig davon auszugehen sein, dass ein finanzielles Entgelt zu entrichten ist.

Der **Aufwand** kann sich u.a. danach bemessen, wie viele Daten zugänglich gemacht **151** worden, wie schwierig es ist, diese zu erheben, wie nutzerfreundlich sie aufbereitet sind, welche Investitionen zu treffen sind, um die Daten in schneller und sicherer Weise zu übertragen, welche Kosten für Datenerzeugung, -pflege, -speicherung und -übertragung anfallen,[244] und ob zuvor persönliche Daten oder Geschäftsgeheimnisse ausgesondert werden müssen. Je umfangreicher die Vorarbeiten des Dateninhabers ausfallen und je besser sein Service für den Zugangspetenten ist, desto höher wird das angemessene Entgelt ausfallen. Der „Service" muss sich allerdings an den Bedürfnissen des Zugangspetenten orientieren. Dieser darf nicht so luxuriös ausfallen, dass es für den Zugangspetenten unerschwinglich wird, den Service zu zahlen. Das würde dem Schutzzweck des § 20 Abs. 1a ebenfalls entgegenlaufen. Daher sind die Kosten für den zusätzlichen Aufwand zu decken. Im Einzelfall kann möglicherweise auch ein **Gewinnaufschlag** zu zahlen sein, **wenn sonst der Anreiz entfällt,** überhaupt noch Daten zu erzeugen oder zu erheben.[245] Dies kann etwa der Fall sein, wenn ein Dateninhaber die Daten für eigene Zwecke nicht benötigt und nur für Dritte erhebt.

Die Bestimmung richtet sich nach **Einzelfall** und Fallgruppe.[246] So wird in einem **152** Wertschöpfungsnetzwerk die Situation gänzlich anders zu beurteilen sein, als bei einem

---

[240] AA Schweda/v. Schreitter WuW 2021, 145 (148).
[241] BT-Drs. 19/25868, 118, 119.
[242] Siehe Fuchs § 19 Rn. 345.
[243] BT-Drs. 19/25868, 118; Kritisch Schweda/v. Schreitter WuW 2021, 145 (148).
[244] BT-Drs. 19/25868, 118.
[245] Brenner in Bien/Käseberg/Klumpe/Körber/Ost 10. GWB-Novelle Kap. 1 Rn. 165.
[246] Vgl. Brenner in Bien/Käseberg/Klumpe/Körber/Ost 10. GWB-Novelle Kap. 1 Rn. 166.

Zugangsbegehren eines Dritten. Bestehen bereits Datenzugangsbedingungen für andere Unternehmen, sind diese als Maßstab heranzuziehen.

**153**  **f) Verfahren der Bestimmung der Angemessenheit.** Der Zugangspetent muss mit seinem Anspruch ein angemessenes Entgelt **anbieten.** Die Bereitschaft zur Entrichtung eines angemessenen Entgelts muss im Zugangsbegehren klar zum Ausdruck kommen. Die Höhe wird allerdings streitanfällig sein und im Vorhinein, d. h. bei Antragstellung, schwer zu beziffern sein, insbesondere wenn noch keine Vergleichsfälle bekannt geworden sind. Für die Klageerhebung dürfte es genügen, dass der Zugangspetent seine Bereitschaft zur Zahlung eines angemessenen Entgelts erklärt und Hinweise auf die aus seiner Sicht zu erbringenden Leistungen und möglicherweise auch deren Vergütung gibt. Dies wird durch die Transparenz-Vorschriften in Art. 9 P2B-VO erleichtert. Sodann liegt es am Dateninhaber (auch schon vorprozessual) eine Bezifferung des Entgelts vorzuschlagen. Da die Fakten für die Ermittlung der Kosten komplett in seiner Sphäre liegen, kann hier eine **Beweislastumkehr,** jedenfalls aber eine **sekundäre Darlegungslast** angenommen werden.[247] Die sekundäre Darlegungslast greift, wenn der Anspruchsteller keine Kenntnis der relevanten Tatsachen hat, der Anspruchsgegner aber sehr wohl und hierzu auch zumutbare Angaben machen kann.[248] Es genügt dann die pauschale Behauptung des Anspruchstellers.

**154**  Im Rahmen der kartellrechtlichen Zwangslizenz haben die Gerichte von einer eigenen Feststellung des angemessenen Preises regelmäßig abgesehen und stattdessen einen **Pfad für die Aushandlung eines angemessenen Entgelts und fairer Bedingungen** vorgegeben.[249] Dieses Verfahren, das schon im Patentrecht überaus komplex und problembehaftet ist, lässt sich auf die vorliegende Konstellation **nicht übertragen:** In den patentrechtlichen Fällen geht es regelmäßig um einen Missbrauchseinwand in Patentverletzungsverfahren, die häufig langwierig verhandelt werden. Streitgegenstand ist regelmäßig nicht der Nutzungsanspruch, sondern die Höhe der Entschädigung, was die Fälle wesentlich weniger zeitsensitiv macht. Zudem ist im Immaterialgüterrecht der Wert des Patents dem Inhaber des Patents normativ zugeordnet, dieser muss entgolten werden – nicht bloß der Aufwand von Messung, Aufbereitung und Bereitstellung.

**155**  **3. Unbillige Behinderung.** Die Verweigerung müsste unbillig sein. Dies eröffnet einen **Abwägungsvorgang,** in dem die Interessen der Parteien unter besonderer Berücksichtigung der auf die Freiheit des Wettbewerbs gerichteten Zielsetzung des GWB abzuwägen sind.[250] Insoweit ist auf die Definition von Unbilligkeit in § 19 Abs. 2 Nr. 1 (→ § 19 Rn. 105 ff.) abzustellen.[251] Der Wortlaut „kann eine unbillige Behinderung ... darstellen" ist insoweit eindeutig, dass es keinen automatischen Anspruch auf Datenzugang gibt. Vielmehr müssen im Streitfall die Gerichte erst im Wege einer Abwägung diese Entscheidung treffen. Der Gesetzgeber hätte aber § 20 Abs. 1a nicht eingefügt, wenn er nicht auch eine gewisse praktische Relevanz dafür vorgesehen hätte. Es findet eine Gesamtabwägung der betroffenen Interessen statt. Die Abwägung ist stark **einzelfallabhängig.** In vielen Fällen wird zu entscheiden sein, **ob die positiven Effekte der Wettbewerbsbelebung** durch den Zugangspetenten mittelfristig **die negativen Effekte der Anreizminderung für Investitionen in Daten durch den Dateninhaber überwiegen.**

Spezifisch für den Datenzugangsanspruch sind folgende **Parameter** im Rahmen der Abwägung zu berücksichtigen:[252]

---

[247] Für die sekundäre Darlegungslast Fuchs, § 19 Rn. 298a mwN; vgl. Bechtold/Bosch, § 19 Rn. 74 ff.
[248] Fritsche in MüKoZPO § 138 Rn. 24 mwN.
[249] EuGH 16.7.2015 – C-170/13, ECLI:EU:C:2015:477 – Huawei/ZTE; vgl. auch Eilmansberger/Bien in Müko WettbR AEUV Art. 102 Rn. 777 ff.; Heinemann GRUR 2015, 855 (856).
[250] Vgl. BGH 27.9.1962 – BGHZ 38, 90 = KZR 6/61 – Treuhandbüro; BGH 6.10.2015 – KZR 87/13, Rn. 59 = NZKart 2015, 535 – Porsche Tuning; Fuchs § 19 Rn. 106 mwN.
[251] Brenner in Bien/Käseberg/Klumpe/Körber/Ost 10. GWB-Novelle Kap. 1 Rn. 165.
[252] Siehe zum Folgenden BT-Drs. 19/23492, 81; Brenner in Bien/Käseberg/Klumpe/Körber/Ost 10. GWB-Novelle Kap. 1 Rn. 165; Kerber WuW 2020, 249 (254); Weber WRP 2020, 559 (564).

**Wettbewerbliche Folgen:** Wird durch den Datenzugang der Wettbewerb in einem **156** sonst verkrusteten Markt belebt oder ist der Datenzugang sogar unerlässlich, um den Wettbewerb zu sichern, ist eine Verweigerung eher unbillig. Der Verschluss von Sekundärmärkten soll beseitigt werden, sodass in Fällen, in denen eine Marktabschottung vorliegt, die Verweigerung eher unbillig sein wird. Darüber hinaus genügt aber auch, dass ein „zusätzliches Wettbewerbspotential" verloren geht, wenn der Datenzugang verweigert wird.[253] Zugunsten des Datenzugangs ist es zu werten, wenn es zu Neuentwicklungen, Innovationen oder allgemeiner der Befriedigung einer (potentiellen) Verbrauchernachfrage kommt. In Porsche Tuning hat der BGH festgehalten, dass die Verdrängung eines Unternehmens vom Markt weder durch die Freiheit zur Vertriebsgestaltung noch dadurch gerechtfertigt werde, dass niemand zur Förderung seines Konkurrenten verpflichtet sei.[254]

**Beziehung der Parteien:** Bei **bestehenden Vertragsverhältnissen und Kooperationen** **157** wird ein Datenzugangsanspruch eher in Betracht kommen, als für bislang unverbundene Dritte (für deren Ansprüche die Gesetzesbegründung „Zurückhaltung" anmahnt).[255] Hier ist auch noch einmal an die Kriterien der unternehmensbedingten Abhängigkeit zu denken, wenn der Zugangspetent sich ganz auf den Dateninhaber eingestellt hat. Auch die Asymmetrie der Parteien (Großkonzern einerseits, KMU andererseits) kann berücksichtigt werden.

**Mitwirkung des Petenten:** Eine Verweigerung kann unbillig sein, wenn das abhängige **158** Unternehmen an der Erzeugung der Daten beteiligt war.[256] Das ist etwa der Fall, wenn ein Händler Transaktionsdaten mit Kunden auf einer Plattform generiert hat oder in einem B2B-Wertschöpfungsnetzwerk Beiträge des abhängigen Unternehmens eingeflossen sind. Eine solche Beteiligung ist aber nicht Voraussetzung für den Zugangsanspruch. Denkbar ist z. B. auch, dass ein Immobilienmakler Datenzugang zu geographischen Daten eines Kartendienstes erhalten will, um sein eigenes Angebot auszuweiten.[257] Das ist jedenfalls nicht von vornherein ausgeschlossen. Wenn keine „transaktionsspezifischen Investitionen" des Zugangspetenten vorliegen, dieser also gar keinen Mitwirkungsbeitrag erbringen muss, kann eine Verweigerung eher gerechtfertigt sein.[258]

**Bedeutung der Daten:** Handelt es sich bei den Daten um zentrale Bausteine des **159** Unternehmenserfolgs, auf die sich der Erfolg des Dateninhabers gründet (zB die Rezepturdaten eines Getränks), ist die Zugangsverweigerung nicht unbillig. Ein Indiz dafür kann sein, ob die Daten als Geschäftsgeheimnisse iSd GeschGehG gehütet werden. Handelt es sich um zufällig gemessene Daten, die ohnehin im Unternehmen anfallen, aber dort gar nicht genutzt werden, ist eine Zugangsverweigerung unbillig. Es handelt sich bei der Bewertung der Daten um eine graduelle Frage.

**Entgelt:** Die Verweigerung ist nicht unbillig, wenn der Zugangspetent kein angemesse- **160** nes Entgelt entrichtet (→ Rn. 142 ff.).

**Aufwand und Anreiz:** Unbillig kann es sein, wenn der Dateninhaber durch die **161** notwendige Weitergabe zahlreiche Kräfte binden muss, der Aufwand im Rahmen der konkreten Unternehmensorganisation unzumutbar ist, das Unternehmen den Anreiz zur Datenerzeugung/-messung verliert oder durch das Angebot des Zugangspetenten sonstige erhebliche Nachteile erleiden kann, die sein Geschäftsmodell wiederum bedrohen.

**Rechtliche Bedenken:** Kommt eine Datenweitergabe wegen rechtlicher Bedenken nur **162** unter sehr aufwändigen Vorkehrungen in Betracht, die nur unzureichend abgegolten werden können, ist die Verweigerung nicht unbillig. Dies ist etwa der Fall, wenn sehr

---

[253] Herrlinger WuW 2021, 325 (328).
[254] BGH 6.10.2015 – KZR 87/13, Rn. 109 – Porsche Tuning.
[255] BT-Drs. 19/23492, S. 81. Vgl. Steinberg/Wirtz WuW 2019, 606 (607). Gegen eine generelle Zurückhaltung Kerber WuW 2020, 249 (255).
[256] BT-Drs. 19/23492, S. 81; Herrlinger WuW 2021, 325 (328).
[257] Beispiel von Herrlinger WuW 2021, 325 (328).
[258] Studienvereinigung Kartellrecht, Stellungnahme zu den mit dem Referentenentwurf vorgeschlagenen Neuregelungen – Missbrauchsaufsicht/Digitalisierung, 14.2.2020, Rn. 73.

aufwändig Geschäftsgeheimnisse geschwärzt werden müssten oder persönliche Daten eine Weitergabe verunmöglichen. Dies kann auch schon gelten, wenn diesbezüglich Unsicherheiten bestehen. Immaterialgüterrechtlich geschützte Informationen müssen nicht weitergegeben werden. Insoweit greifen die strengeren Grundsätze des Zugangs zu IP-Rechten (→ § 19 Rn. 306 ff.). Grundsätzlich können aber auch persönliche Daten, Geschäftsgeheimnisse oder IP-Informationen vom Datenzugang erfasst sein.[259] Die Frage ist lediglich, ob eine Weitergabe und zu welchen Bedingungen in Betracht kommt. Manche Bedenken, gerade im Datenschutzrecht, werden sich in einigen Fällen bei genauerer Betrachtung der Erlaubnistatbestände in Art. 6 DSGVO auflösen.[260] Soweit aber personenbezogene Daten vorliegen, für deren Verarbeitung kein Erlaubnistatbestand greift, ist eine Weitergabe rechtlich unzulässig und also auch die Verweigerung nicht unbillig.[261] Für Maschinendaten, die nur zufällig beim Betreiber der Maschine anfallen, bestehen solche Probleme nicht. Werden Datentreuhänder als Clearingstellen eingeschaltet, können Bedenken ggf. ausgeräumt werden.[262]

**163**  **Sicherheits- und Haftungsfragen:** Abzuwägen sind auch die Sicherheitsrisiken einer Datenweitergabe. Eine Datenübertragung kann Gateways öffnen und sowohl für den Dateninhaber als auch den Datenempfänger zum Einfallstor für Viren, Malware oder und sonstige Risiken für die IT-Sicherheit und die Belastbarkeit des Systems werden. Weitere Sicherheitsrisiken bestehen mit Blick auf die Daten selbst. Die Übertragung erhöht das Risiko von Datenleaks und Datenmanipulationen, was im Einzelfall kritisch sein kann. Zwar können solche Sicherheitsbedenken nicht pauschal zur Verweigerung des Datenzugangs angeführt werden. Es kann aber eine Frage der Billigkeit sein, wie bei Eröffnung des Datenzugangs diese Risiken und eine eventuelle Haftung verteilt werden. Im Einzelfall kann der Dateninhaber verlangen, dass der Zugangspetent Konzepte vorlegt und Garantien übernimmt.

**164**  **Geplante Nutzung:** Für den Zugangsanspruch sprechen in der Abwägung vor allem die Vorhaben des Zugangspetenten. Wenn dieser dank des Datenzugangs innovativ werden kann, neue Märkte erschließt oder Wettbewerb auf Sekundärmärkten entfacht, ist ein Datenzugangsanspruch eher zu bejahen. Eine Nutzung, nach der mutmaßlich eine Verbrauchernachfrage besteht, die ansonsten nicht befriedigt wird, ist ein gutes Argument für den Datenzugang (aber keine Notwendigkeit). Mit Blick auf den Normzweck sind insbesondere dann Datenzugangsansprüche zu bejahen, wenn Innovationen ermöglicht werden oder der Wettbewerb gestärkt wird. Es ist aber weder erforderlich, dass ein „neues Produkt" angeboten wird, noch dass der technische Fortschritt gefördert wird. Die Rechtsprechungslinie zum geistigen Eigentum ist auf die Datenzugangsfälle nicht übertragbar, da Daten den immaterialgüterrechtlich geschützten Leistungen und Informationen nicht vergleichbar sind.[263]

## IV. Fehlende Eröffnung des Geschäftsverkehrs (Satz 3)

**165**  Gemäß S. 3 kommt ein Anspruch auf Datenzugang auch in Betracht, wenn ein Geschäftsverkehr insoweit bislang nicht eröffnet war. Damit geht der Gesetzgeber auf die Modernisierungsstudie ein.[264] Der **Dateninhaber kann sich also nicht darauf berufen, dass die angefragten Daten bislang nicht kommerzialisiert oder Dritten zur Verfügung gestellt werden.** In der Abwägung zur Unbilligkeit kann dies aber eine Rolle spielen. Mit der Aufnahme von S. 3 hat der Gesetzgeber deutlich gemacht, dass eine

---

[259] BT-Drs. 19/23492, 80 f.
[260] Vgl. Podszun, Handwerk in der digitalen Ökonomie, 2021, S. 118 f.
[261] Vgl. Grothe, Datenmacht in der kartellrechtlichen Missbrauchskontrolle, 2019, S. 178.
[262] Vgl. Blankertz/Specht, Wie eine Regulierung für Datentreuhänder aussehen sollte, Stiftung Neue Verantwortung, Juli 2021.
[263] Vgl. EuG 17.9.2007 – T-201/04, ECLI:EU:T:2007:289 – Microsoft.
[264] Schweitzer/Haucap/Kerber/Welker, Modernisierung der Missbrauchsaufsicht für marktmächtige Unternehmen, 2018, S. 156; BT-Drs. 19/23492, S. 80.

weitergehende Öffnung der Datensätze gewünscht ist. Unternehmen sollen – ggf. im Wege von Zugangsansprüchen Dritter – angereizt werden, ihre Datenschätze zu heben und zur Verfügung zu stellen, damit datengetriebene Innovation möglich wird. Die Begrifflichkeit erinnert an das mit der 8. GWB-Novelle in § 20 Abs. 1 gestrichene Merkmal des „Geschäftsverkehrs, der gleichartigen Unternehmen üblicherweise zugänglich ist".

## V. Durchsetzungsfragen und Konkurrenzen

**1. Zivilprozessuales Verfahren.** Der zivilprozessualen Klage wird regelmäßig eine **166** vorprozessuale Nutzungsanfrage vorausgehen. Der Zugangspetent im Zivilprozess bzw. die Behörde im Verwaltungsverfahren müssen die Daten, auf die zugegriffen werden soll, **so genau wie möglich bezeichnen.**[265] Die Genauigkeit und **Bestimmtheit des Antrags** bzw. der Verfügung sind Erfordernisse, die – wie bei einem Herausgabeanspruch in Eigentumsstreitigkeiten – an der Vollstreckbarkeit gemessen werden müssen. Da es sich bei der Offenlegung von Daten allerdings um eine nicht-vertretbare Handlung im Sinne des § 888 ZPO handelt,[266] sind Vergleiche mit der Vollstreckung in Sacheigentum nur begrenzt hilfreich. Das Erfordernis der Bestimmtheit des Klageantrags (§ 253 Abs. 2 Nr. 2 ZPO) in der derzeitigen Auslegung durch die Zivilgerichte[267] stellt eine **erhebliche Hürde für die Durchsetzung von Datenzugangsansprüchen** dar, wenn der Kläger nicht genau weiß, welche Daten beim Anspruchsgegner vorliegen. Angesichts des besonderen Charakters von (digitalen) Daten, die sich von körperlichen Sachen ebenso unterscheiden wie von immaterialgüterrechtlichen Informationen, muss die Rechtsprechung die Anforderungen an die Bestimmtheit möglicherweise überdenken. Es wird schlicht nicht möglich sein, in einem Antrag sämtliche Daten exakt zu bezeichnen, zu denen Zugang gewährt werden muss.

**Ausreichend bestimmt** dürfte ein Klageantrag sein, der Zugang zu den (ggf. näher **167** bezeichneten) Leistungsdaten einer bestimmten Maschine in Echtzeit verlangt. Auch ein Antrag auf Zugang zu den Daten, die einen bestimmten Bezug zu einem Unternehmen oder einer bestimmten Aktivität aufweisen oder die in einem bestimmten Wertschöpfungsnetzwerk eingespeist oder generiert wurden, dürfte die Bestimmtheitsanforderungen erfüllen.

Ist dem Kläger nicht näher bekannt, welche Daten beim Dateninhaber vorliegen, in **168** welcher Form und wie diese strukturiert sind, gibt es verschiedene Möglichkeiten: Es muss in erster Linie mit **Umschreibungen** gearbeitet werden, die den Schuldner des Zugangsanspruchs in die Lage versetzen, die Anforderungen genau zu verstehen. Dabei kann auf die **Funktionalität** abgestellt werden („alle Daten, die erforderlich sind, um …"). Eine Überspannung der Anforderungen an die Bestimmtheit des Klageantrags würde den klaren gesetzgeberischen Auftrag, dass Datenzugang erleichtert werden soll, überfordern und den Dateninhaber leicht in die Lage versetzen, das Prozessrisiko auf den Petenten abzuwälzen.[268] Die Kommission hat, ohne Beanstandung durch das EuG, im Microsoft-Fall einen großzügigen Maßstab angelegt. Sie hat von einer genauen Definition der zur Verfügung zu stellenden Schnittstelleninformationen abgesehen, diese aber ihrer Funktion nach definiert.[269] Die Gerichte müssen ggf. auf Stellung eines sachdienlichen Antrags hinwirken. Notfalls wäre eine **Auskunftsklage** anzustrengen, die darauf gerichtet ist, die für einen bestimmten Zweck beim Dateninhaber vorhandenen Daten in Umfang, Struktur und Format zu erfassen. Eine solche Stufenklage mit Auskunft führt allerdings zu Zeitverzug. Eine Klage ins Blaue hinein, kann nicht erhoben werden. Insoweit schützt § 253 Abs. 2

---

[265] Louven NZKart 2018, 217 (221 f.).
[266] Zur Vollstreckung vgl. LG Köln 26.7.2018 – 9 W 15/18, ZD 2018, 536.
[267] Siehe etwa BGH 21.11.2017 – II ZR 180/15, NJW 2018, 1159 Rn. 8; BAG 27.4.2021 – 2 AZR 342/20, NJW 2021, 2379 Rn. 19; BGH 28.11.2002 – I ZR 168/00, NJW 2003, 668 (669).
[268] Vgl. BGH 10.7.2015 – V ZR 206/14 Rn. 9.
[269] Vgl. EuG 17.9.2007 – T-201/04, ECLI:EU:T:2007:289 Tz. 192 ff. – Microsoft.

Nr. 2 ZPO in gewisser Weise Dateninhaber auch vor einer Ausbeutung ihres Datenschatzes durch digitale Glücksritter. Scheitern Datenzugangsansprüche reihenweise daran, dass sie nicht zivilprozessual sinnvoll formuliert werden können, wäre seitens des Gesetzgebers daran zu denken, Formulierungen wie in § 33g zu verwenden oder eine Klage auf Einschaltung einer Ombudsperson oder eines „Monitoring Trustees" zuzulassen, die den genauen Umfang des Datenzugangs konkretisieren. Ist die zivilprozessuale Durchsetzung zu komplex, können sich Zugangspetenten an die Kartellbehörde wenden, um diese mit ihren erweiterten Ermittlungs- und Entscheidungsmöglichkeiten einzubinden. Das ist gerade bei innovationsbedingter Abhängigkeit vorstellbar, wenn ein öffentliches Interesse an der Erlangung des Datenzugangs besteht.

**169**      Neben der Benennung des Datenbestands muss der Kläger seine **Bereitschaft signalisieren, ein angemessenes Entgelt zu entrichten.** Dieses muss nicht in einer monetären Gegenleistung bestehen. Da die Angemessenheit streitanfällig ist und der Aufwand des Beklagten nicht vorab vom Kläger abgeschätzt werden kann, genügt die ausdrückliche Anzeige der Zahlungsbereitschaft samt einer Angabe möglicher Details. Im Übrigen greift eine Beweislastumkehr für die Höhe des Entgelts oder zumindest eine sekundäre Darlegungslast (→ Rn. 153).

**170**      Im Antrag sollten die **sonstigen Bedingungen des Datenzugangs** ausformuliert werden, insbesondere die Art der Datenübertragung, die Aktualität, Geschwindigkeit, Häufigkeit und Dauer der Übertragung, das Format, in dem die Daten zur Verfügung zu stellen sind, sowie der Umfang des möglichen Zugriffs bzw. der Nutzung der Daten. Ggf. ist auf Updatepflichten einzugehen. Der Kläger sollte zudem Garantien abgeben, wie mit personenbezogenen Daten umgegangen wird, wie Geschäftsgeheimnisse und Immaterialgüterrechte behandelt werden, welche Sicherheitsvorkehrungen für den Datenbestand getroffen werden und wie die Daten genutzt werden. Zu spezifizieren sind auch die übrigen technischen und rechtlichen Bedingungen des Zugangs. So kommt es vor, dass Dateninhaber die Nutzung bestimmter Instrumente vorgeben, zB Software, die zunächst von ihnen zu erwerben ist.

All diese Faktoren können bei der Billigkeitsprüfung eine Rolle spielen, sind aber auch für die Bestimmtheit des Klageantrags erforderlich. Werden dazu im Urteil keine Aussagen getroffen, bestehen zahlreiche **Verzögerungsmöglichkeiten** und Streitthemen, die den Datenzugang letztlich vereiteln können. Die Schwierigkeiten mit übrigen Zugangsansprüchen sind hier mahnendes Beispiel (→ § 19 Rn. 253 ff.). Die eindeutige Klärung dieser Folgefragen ist von größter Relevanz für die praktische Wirksamkeit der Norm.[270] Die Gerichte sollten daher auf eine Lösung derartiger Probleme schon im ersten Verfahren umfassend hinwirken. Für die Praxis wäre die Entwicklung von (branchenspezifischen) Standards, etwa in Form eines standardisierten Lizenzvertrags für Datenübermittlung, hilfreich.

**171**      Der Datenzugangsanspruch wird in aller Regel **zügig** durchgesetzt werden müssen: Ein Handwerker, der eine Maschine reparieren will, aber vom Hersteller die erforderlichen Daten nicht erhält, kann nicht bis zur Klärung in der Hauptsache warten. Die Dringlichkeit für ein einstweiliges Verfahren wird daher oft zu bejahen sein. Vor diesem Hintergrund und mit Blick auf das Machtgefälle der Parteien bringt es nichts, wenn das Gericht für die Klärung von Folgefragen (zB genaue Art der Bereitstellung des Datenzugangs) auf den Verhandlungsweg verweist, so wie das in Patentstreitigkeiten nach den Huawei-Prinzipien geschieht. Das Gericht muss dann entweder durchentscheiden oder auf einen schnellen außergerichtlichen Streitschlichtungsmechanismus (zB Ombudsperson oder Monitoring Trustee) verweisen.[271]

**172–177**      *(nicht besetzt)*

---

[270] Vgl. Podszun, Handwerk in der digitalen Ökonomie, 2021, S. 161 ff.
[271] Vgl. Podszun, Stellungnahme zum Regierungsentwurf, Deutscher Bundestag, Ausschussdrs. 19(9)887, S. 19.

Der BGH hat für den vergleichbaren Fall des Zugriffs auf ein Diagnose- und Informati- **178** onssystem für Kfz-Wartungsinformationen eine **Tenorierung** aufrecht erhalten, die die Beklagte verpflichtete, es zu unterlassen, „der Klägerin den Zugang zum Diagnose- und Informationssystem (…) im jeweils aktuellen Stand im Umfang und zu den Konditionen des „Kauf- und Lizenzvertrag" (…) zu verweigern und/oder verweigern zu lassen, und die Nutzung der [Software] im jeweils aktuellen Stand durch die Klägerin im Umfang und zu den Konditionen des genannten Vertrags zu dulden".[272]

Für die Geltendmachung des Anspruchs können die nach **Art. 9 P2B-VO** erforderli- **179** chen Angaben herangezogen werden. Die darin niedergelegten Bedingungen enthalten eine Selbstbindung des Dateninhabers. Mit ihnen kann daher der Antrag belegt werden.

**2. Behördliche Durchsetzung.** In der behördlichen Rechtsdurchsetzung hat die Be- **180** hörde die Möglichkeit, den Datenbestand zu ermitteln. Im Ausspruch sind die **Modalitäten der Zugangseröffnung** (→ Rn. 124 ff.) aufzuführen. Eine Klärung dieser Modalitäten und Bedingungen ist gerade auch bei Verpflichtungszusagen erforderlich. Idealerweise wird ein Musterlizenzvertrag für den Datenzugang erarbeitet, der sodann den Petenten vorgelegt wird. Ggf. ist ein Monitoring Trustee einzusetzen. Auf diese Lösung, kombiniert mit täglichen Geldbußen bei Nichtvollzug, hatte die Europäische Kommission beispielsweise im Microsoft-Fall gesetzt, in dem die konkrete Ausformulierung der Informationen, die zur Verfügung zu stellen waren, eher vage blieb, dafür aber ein Monitoring Trustee eingesetzt wurde, der die Abwicklung kontrollierte.[273] Zudem wurde ein Bewertungsmechanismus für die Unternehmen eingerichtet, die Zugang begehrten und die über den Bewertungsmechanismus die bereitgestellten Informationen bewerten konnten.[274] Die Kommission verpflichtete Microsoft, die Informationen „kontinuierlich und unverzüglich" zu aktualisieren.[275] Da Datenzugang in der Regel rasch erlangt werden muss, bieten sich Fälle des § 20 Abs. 1a, wenn sie behördlicherseits aufgegriffen werden, gerade auch für **einstweilige Maßnahmen** an.

**3. Verhältnis zu anderen Vorschriften. a) Weitere kartellrechtliche Daten-** **181** **zugangsansprüche.** Kartellrechtliche Ansprüche auf Datenzugang können sich auch aus § 19 Abs. 2 Nr. 4 (→ § 19 Rn. 229) und Art. 102 AEUV (→ Rn. 104 und Art. 102 Rn. 331 ff.) ergeben.[276] Die Abgrenzung kann im Einzelnen offen bleiben. § 20 Abs. 1a steht ganz in der Tradition der Vorschrift des § 20: Der Adressatenkreis wird ausgedehnt. Auch die sonstigen Anforderungen in § 19 Abs. 2 Nr. 4 dürften höher sein (Nicht-Duplizierbarkeit der Daten). Das spiegelt sich im Abwägungsvorgang und der entsprechenden Rechtsfolge: Ein Anspruch, der auf § 19 Abs. 2 Nr. 4 gründet, wird zwar schwieriger nachzuweisen sein, reicht im Folgenausspruch dann aber weiter als ein solcher, der auf § 20 Abs. 1a gestützt ist. Die Ansprüche stehen nebeneinander und können ggf. parallel geltend gemacht werden. Gegenüber § 20 Abs. 1 ist Abs. 1a jedoch die speziellere Regel. Gegen einzelne Unternehmen kann sich ein Anspruch auf Datenzugang auch aus § 19a GWB oder künftig dem Digital Markets Act ergeben.[277]

**b) Sektorspezifische Datenzugangsansprüche.** In immer mehr Branchen entstehen **182** sektorspezifische Lösungen[278] für das Datenzugangsproblem, zB für Reparaturen im **Kfz-**

---

[272] BGH 6.10.2015 – KZR 87/13, Rz. 104 ff. – Porsche-Tuning.
[273] KOM 24.4.2004 – COMP/C-3/37.792, Rn. 1043 ff., Art. 7 der Entscheidung – Microsoft Rn. 1043 ff. Zum Mandat des Trustees siehe KOM 28.7.2005 – C(2005)2988 final – Microsoft. Das EuG hat die Einsetzung des Trustees teilweise für rechtswidrig gehalten, vgl. die Folgeentscheidung der KOM 4.3.2009 in der Sache COMP/C-3/37.792.
[274] KOM 24.4.2004 – COMP/C-3/37.792, Art. 5c der Entscheidung – Microsoft.
[275] KOM 24.4.2004, COMP/C-3/37.792, Art. 5b der Entscheidung – Microsoft.
[276] Zur Abgrenzung Schweda/v. Schreitter WuW 2021, 145; Brenner in Bien/Käseberg/Klumpe/Körber/ Ost 10. GWB-Novelle Kap. 1 Rn. 167.
[277] Siehe oben Rn. 104 ff.
[278] Siehe auch KOM, Staff Work Document on the free flow of data and emerging issues of the European data economy, 10.1.2017, SWD (2017) 2 final, S. 12 ff.

**Sektor,**[279] für die **Interoperabilität von Zahlungsdienstleistern,**[280] in der **Chemie-**Industrie[281] oder für Kundendaten in der **Telekommunikation**[282]. Weitergehend wird diskutiert, smarte Produkte nur noch zuzulassen, wenn diese über offene Schnittstellen verfügen oder ein **„right to repair"** einzuführen, was einige Konstellationen aufbrechen würde. In einzelnen Branchen werden Standards für den Zugang gesetzt. Die sektorspezifischen Lösungen werden regelmäßig einfacher durchzusetzen sein, sodass sie den kartellrechtlichen Regeln vorgezogen werden. Denkbar ist, dass kartellrechtliche Ansprüche im Einzelfall einmal weitergehen können. Allerdings kann im Rahmen der Abwägung darauf Rücksicht genommen werden. In Einzelfällen kann eine sektorspezifische Regulierung auch eine abschließende Regelung treffen und den kartellrechtlichen Anspruch sperren.[283]

183    **c) Grenzen aus Datenschutzrecht, Kartellrecht und sonstigen Vorschriften.** Die **datenschutzrechtlichen Regeln** sollen unberührt bleiben.[284] Der kartellrechtliche Zugangsanspruch kann daher die Regeln der **DSGVO** nicht außer Kraft setzen. Die DSGVO ist für personenbezogene Daten (Art. 4 Nr. 1 DSGVO) anwendbar. Maschinendaten, Produktionsdaten und viele andere Daten im B2B-Bereich fallen nicht darunter. Eine Verarbeitung personenbezogener Daten iSd Art. 4 Nr. 2 DSGVO liegt u. a. in der Übermittlung von Daten an Dritte. Für eine solche Verarbeitung müssen die Grundsätze des Art. 5 DSGVO (ua Datensparsamkeit) gewahrt bleiben. Gem. Art. 6 muss die Verarbeitung personenbezogener Daten rechtmäßig sein. Die Rechtmäßigkeit ergibt sich aus der Einwilligung des Betroffenen nach Art. 6 Abs. 1 lit. a DSGVO, aber auch aus anderen **Erlaubnistatbeständen,** zB zur Vertragserfüllung (lit. b) oder wegen des Überwiegens der Interessen des Verarbeitenden (lit. f). Für viele Konstellationen wird wegen dieser Vorschriften die DSGVO keine unüberwindliche Hürde für eine Datenteilung darstellen.[285] Gerade bei weitergehenden, innovativen Anwendungen, die die Vertragserfüllung überschreiten und für die keine Einwilligung vorliegt, kann die DSGVO aber den Datenzugangsanspruch vereiteln.[286] Art. 15 DSGVO gibt einen eigenen Auskunftsanspruch für personenbezogene Daten.

184    **Kartellrechtliche Grenzen** ergeben sich insbesondere aus den Vorschriften zum Informationsaustausch.[287] Gerade bei der Eröffnung des Datenzugangs für Wettbewerber ist darauf zu achten, dass keine Preisdaten und ähnlich sensible Geschäftsdaten ausgetauscht werden. Hier ist auch an die Eturas-Konstellation zu denken, bei der Daten über ein gemeinsames System zugänglich gemacht wurden, was der EuGH als verbotene Vereinbarung wertete.[288]

Wird **Zugang zu immaterialgüterrechtlich geschützten Informationen** begehrt (zB Patentinformationen oder urheberrechtlich geschützten Texten) gelten vorrangig die dafür entwickelten Regelungen (→ § 19 Rn. 306 ff.). Hier soll der Datenzugangsanspruch aus § 20 Abs. 1a nicht dazu führen, Schutzrechte auszuhebeln.

185    **Geschäftsgeheimnisse** sind nicht in vergleichbarer Weise absolut geschützt wie Immaterialgüterrechte. Durch das GeschGehG und die zugrundeliegende RL (EU) 2016/943

---

[279] Art. 61 ff. Verordnung (EU) 2018/858 (ersetzt Art. 6 und 7 VO (EG) 715/2005).
[280] § 675f Abs. 3 BGB (basierend auf Art. 66, 67 RL (EU) 2015/2366 (PSD2-RL); siehe auch § 58a ZAG (sog. lex Apple Pay), dazu kritisch McColgan NZKart 2020, 515.
[281] Art. 5 VO (EG) 1907/2006 (REACH-VO).
[282] § 47 Abs. 1 TKG (basierend auf Art. 25 Abs. 2 RL (EG) 2002/22).
[283] Brenner in Bien/Käseberg/Klumpe/Körber/Ost 10. GWB-Novelle Kap. 1 Rn. 90.
[284] BT-Drs. 19/23492, 72, 81; BT-Drs. 19/25868, 119. Vgl. Brenner in Bien/Käseberg/Klumpe/Körber/Ost 10. GWB-Novelle Kap. 1 Rn. 89; siehe auch Kerber WuW 2021, 400.
[285] Bock CR 2020, 173 ff.; Sattler JZ 2017, 1036.
[286] Tombal, GDPR as shield to a data sharing remedy, 2020, S. 6 ff.; Spiecker gen. Döhmann in: BMJV/MPI, Data Access, Consumer Interests and Public Welfare, 2021, S. 175 ff.; vgl. Podszun, Handwerk in der digitalen Ökonomie, 2021, S. 118 ff.
[287] Vgl. KOM, Horizontalleitlinien, Rn. 366 ff.; für Technologiepools siehe die TT-GVO-Leitlinien Rn. 244 ff.
[288] EuGH 21.1.2016 – C-74/14, ECLI:EU:C:2016:42 – Eturas, siehe Zimmer AEUV Art. 101 Rn. 247.

wird ein Schutz gegen die unbefugte Erlangung von Geschäftsgeheimnissen vermittelt. Das liegt bei einer auf Gesetz gestützten Verpflichtung zur Offenlegung aber gerade nicht vor. Die Wettbewerbsvorschriften sollen ausweislich Erwägungsgrund 38 der Richtlinie nicht berührt werden. Der Charakter als Geschäftsgeheimnis bedeutet somit keine Schranke für den Datenzugangsanspruch. Vielmehr ist die Bedeutung der konkreten Information und ihre ggf. aufwendige Geheimhaltung **in der Unbilligkeitsabwägung zu berücksichtigen:** Es wäre unbillig, wenn ein Hersteller von zuckrigen Getränken seine „Cola-Formel" auf Basis von § 20 Abs. 1a herausgeben müsste.

## C. Aufforderung zur Vorteilsgewährung (Abs. 2)

**Schrifttum:** Exner, Der Mißbrauch von Nachfragemacht durch das Fordern von Sonderleistungen nach deutschem Recht, 1984; Gayk, Das Hochzeitsrabattverfahren – Klarstellungen zum Anzapfverbot, WuW 2019, 245; Goette, Kaufmacht und Kartellrecht, ZWeR 2003, 135; Kirchhoff, Von „Hochzeitsrabatten" und „Partnerschaftsvergütung". Zum Anzapfverbot nach der Grundsatzentscheidung des BGH vom Januar 2018, GRUR 2021, 262; Köhler, Das Verbot der „Veranlassung" zur Diskriminierung – Resignation oder Reform?, BB 1998, 113; Köhler, Durchsetzung von Vorzugsbedingungen durch marktmächtige Nachfrager, BB 1999, 1017; Köhler., Zur Auslegung, Anwendung und Reform des § 20 Abs. 3 GWB, in FS Tilmann, 2003, 693; Köhler, Zur Kontrolle von Nachfragemacht nach dem neuen GWB und dem neuen UWG, WRP 2006, 139; Küpper, Mißbräuchliche Ausübung von Nachfragemacht, insbesondere Lösung des sog. Roß und Reiter-Problems, BB 1997, 1105; Lettl, Das sog. Anzapfverbot des § 19 Abs. 2 Nr. 5 GWB in seiner neuen Fassung, WRP 2017, 641; Säcker/Mohr, Forderung und Durchsetzung ungerechtfertigter Vorteile. Eine Analyse des § 20 Abs. 3 GWB, WRP 2010, 1; Thomas, Das Anzapfverbot des § 19 Abs. 1, 2 Nr. 5 i. V. mit § 20 Abs. 2 GWB unter Berücksichtigung vertikaler Wettbewerbsdynamiken, WuW 2019, 23 und 62; Ulmer, Die neuen Vorschriften gegen Diskriminierung und unbillige Behinderung, WuW 1980, 474; Wagner-von Papp, Brauchen wir eine Missbrauchskontrolle von Unternehmen mit nur relativer oder überlegener Marktmacht?, in Bien (Hrsg.), Das deutsche Kartellrecht nach der 8. GWB-Novelle, 2013, 96.

## I. Bedeutung der Vorschrift, Normzweck

§ 20 Abs. 2 erstreckt das für marktbeherrschende Unternehmen nach § 19 Abs. 2 Nr. 5 **186** geltende Verbot des Aufforderns zur ungerechtfertigten Vorteilsgewährung (sog. **Anzapfverbot**) auf relativ marktmächtige Unternehmen und Unternehmensvereinigungen iSv Abs. 1. Die erst durch die 5. GWB-Novelle eingeführte Begrenzung des Schutzes auf kleine und mittlere Unternehmen wurde durch das Gesetz zur Bekämpfung von Preismissbrauch im Bereich der Energieversorgung und des Lebensmittelhandels im Dezember 2007 wieder aufgehoben und entgegen dem Regierungsentwurf für die 8. GWB-Novelle auch nicht neu eingeführt. Geschützt sind damit alle abhängigen Unternehmen iSv Abs. 1. Zur Bedeutung des Abs. 2 und seinem Normzweck im Übrigen gilt das Gleiche wie für § 19 Abs. 2 Nr. 5 (→ § 19 Rn. 372 ff.).

## II. Entstehungsgeschichte

In dem erst durch die 4. GWB-Novelle als § 26 Abs. 3 aF eingeführten Verbot des **187** Veranlassens zur Gewährung von Vorzugsbedingungen ohne sachlich gerechtfertigten Grund waren als Normadressaten neben den marktbeherrschenden auch schon die relativ marktstarken Unternehmen und Unternehmensvereinigungen im Verhältnis zu den von ihnen abhängigen Unternehmen einbezogen worden. Die durch die 5. GWB-Novelle erfolgte Begrenzung des Abhängigkeitsschutzes auf kleine und mittlere Unternehmen galt durch die Bezugnahme auf die Normadressatenvoraussetzung des § 26 Abs. 2 S. 2 aF auch für Abs. 3, der in dieser Fassung im Rahmen der 6. GWB-Novelle inhaltlich unverändert als § 20 Abs. 3 aF übernommen wurde. Erst durch die 7. GWB-Novelle ist auf Vorschlag des Bundesrates auch schon das bloße Auffordern zur Gewährung ungerechtfertigter Vorzugsbedingungen in das Verbot aufgenommen und durch den Vermittlungsausschuss das Wort „Vorzugsbedingungen" durch „Vorteile" ersetzt worden. Die im Rahmen des Preismissbrauchsgesetzes von 2007 erst vom Wirtschaftsausschuss des Bundestages eingefügte Aufhebung der Begrenzung des Abhängigkeitsschutzes auf kleine und mittlere Unternehmen ist ohne Begründung erfolgt.[289] Im Regierungsentwurf für die 8. GWB-Novelle[290] wurde die Wiederherstellung des Rechtszustandes vor diesem Gesetz mit der Begründung vorgeschlagen, aus der Praxis der Kartellbehörden hätte sich keine Notwendigkeit ergeben, die damalige Ausweitung des Schutzbereichs der Norm zu verlängern. In der Praxis des BKartA habe es in fast vier Jahren nur zwei Anwendungsfälle gegeben. Der derzeitige Schutzbereich des Abs. 2 sei zu weit gefasst, soweit dadurch auch große Unternehmen Schutz erfahren, die ihren Verhandlungspartnern trotz Abhängigkeit ebenbürtig seien. Große Unternehmen seien regelmäßig selbst in der Lage, sich gegen sachlich nicht gerechtfertigte Forderungen ihrer Vertragspartner zu Wehr zu setzen. Wann ein Schutzbedürfnis bestehe, also ein kleines oder mittleres Unternehmen iSv Abs. 2 aF vorliege, bedürfe einer Einzelfallprüfung. Dabei dürfe neben der horizontalen Einordnung das vertikale Größenverhältnis zur Marktgegenseite nicht außer Acht bleiben. Der Vermittlungsausschuss beließ es jedoch ohne Begründung bei der bisherigen, alle abhängigen Unternehmen schützenden Gesetzesfassung. In der 9. und der 10. GWB-Novelle hat sich daran nichts geändert.

## III. Materiellrechtlicher Norminhalt

**188**    **1. Normadressaten.** Normadressaten des Abs. 2 sind die relativ marktmächtigen Unternehmen und Unternehmensvereinigungen iSv Abs. 1 und Abs. 1a im Verhältnis zu den von ihnen abhängigen Unternehmen unabhängig von deren Größe. Wie nach § 19 Abs. 2 Nr. 5 bei marktbeherrschenden Normadressaten kommt es auch für die Normadressaten des § 20 Abs. 2 **nur auf ihre Marktstellung als Nachfrager** einer bestimmten Art von gewerblichen Leistungen an (→ § 19 Rn. 378). Abhängigkeit iSv Abs. 2 kann deshalb nur nachfragebedingte Abhängigkeit sein (iE dazu → Rn. 43 ff.). Auf kartellfreie Einkaufsvereinigungen ist Abs. 2 nur anwendbar, wenn sie als Nachfrager über relative Marktmacht iSv Abs. 1 verfügen.

**189**    **2. Geltung des Verbots des § 19 Abs. 2 Nr. 5.** Nach § 20 Abs. 2 gilt das Verbot des § 19 Abs. 2 Nr. 5 auch für die Normadressaten des § 20 Abs. 2. Auch sie dürfen deshalb andere Unternehmen nicht dazu auffordern, ihnen ohne sachlich gerechtfertigten Grund Vorteile zu gewähren. Für die Voraussetzungen der Anwendbarkeit dieses Verbots auf die Normadressaten des § 20 Abs. 2 gilt das Gleiche wie das zu § 19 Abs. 2 Nr. 5 Ausgeführte (→ § 19 Rn. 380 ff.). Abweichungen können sich im Einzelfall allenfalls bei der Frage der sachlichen Rechtfertigung im Hinblick darauf ergeben, dass bei der danach erforderlichen Interessenabwägung auch die tatsächliche Stärke der Marktmacht des in Betracht stehenden Normadressaten zu berücksichtigen ist (→ § 19 Rn. 120).

## IV. Rechtsfolgen, Verhältnis zu anderen Rechtsvorschriften

**190**    Für die Rechtsfolgen von Verstößen gegen das Verbot des Abs. 2 iVm § 19 Abs. 2 Nr. 5 und für das Verhältnis zu anderen Vorschriften gilt das Gleiche wie für § 19 Abs. 2 Nr. 1 (→ § 19 Rn. 412 ff.) und § 20 Abs. 1 (→ Rn. 92).

# D. Behinderung kleiner und mittlerer Wettbewerber (Abs. 3 und 4)

**Schrifttum:** Alexander, Privatrechtliche Durchsetzung des Verbots von Verkäufen unter Einstandspreis, WRP 2010, 727; Baudenbacher, Wettbewerbspolitik durch „soft law" – Drei Jahre Berliner Gelöbnis, WuW 1986, 941; Block, Verkauf unter Einstandspreis, 2002; Caspary, Der Verkauf unter Einstandspreis, 2004; Faustmann/Raapke, Zur Neuregelung des Preismissbrauchs im Energie- und Lebensmittelsektor – Fortschritt für den Wettbewerb?, WRP 2010, 67; Fichert/Keßler, Untereinstandspreisverkäufe im Lebensmitteleinzel-

---

[289] Ausschussbericht zum Gesetz zur Bekämpfung des Preismissbrauchs im Bereich der Energieversorgung und des Lebensmittelhandels v. 18.12.2007, BT-Drs. 16/7156, B., zu Nr. 2 (§ 20).
[290] Begr. 2012, zu Nr. 7c. Krit. zum Verbot des § 20 Abs. 2: Wagner-v. Papp S. 143 ff.

handel, WuW 2002, 1173; Frenz, Die Kosten-Preis-Schere im Licht aktueller Entwicklungen, NZKart 2013, 60; Gassner/Dangelmaier, Neues zur Kartellrechtswidrigkeit von Verkäufen unter Einstandspreis, WuW 2003, 491; Goette, Kaufmacht und Kartellrecht, ZWeR 2003, 135; Henk-Merten, Die Kosten-Preisschere im Kartellrecht, 2004; Hoffmann, Preisscheren durch vertikal integrierte Oligopole, WuW 2003, 1278; Hucko, Die neue Beweisregelung im Behinderungstatbestand der Fünften GWB-Novelle, WuW 1990, 618; Kamlah, Der Verkauf unter Einstandspreis nach § 20 Abs. 4 S. 2 GWB, 2003; Kleineberg/Wein, Relevanz von Margin Squeeze Preissetzung – ein empirischer Test für den deutschen Kraftstoffmarkt, WuW 2018, 382; Köhler, „Verkauf unter Einstandspreis" im neuen GWB, BB 1999, 697; Krause/Oppholzer, Anwendungsprobleme des § 20 IV GWB hinsichtlich des Verkaufs unter Einstandspreis, WuW 2000, 17; Lademann, Schutzzweck- und Rechtstatsachenprobleme bei der Untersagung von Verkäufen unter dem Einstandspreis, DB 1984, 758; Lettl, Kartell- und wettbewerbsrechtliche Schranken für Angebote unter Einstandspreis, JZ 2003, 662; Lettl, Der neue § 20 IV GWB, WRP 2008, 1299; Markert, Die Wettbewerberbehinderung im GWB nach der vierten Kartellnovelle, ZHR-Beiheft 55, 1982; Mees, Unbillige Behinderung durch Preis- und Rabattgestaltung, in Schwerpunkte 1988/89 Rn. 9; Mees, Preisunterbietungen als Behinderungen aus wettbewerbsrechtlicher und kartellrechtlicher Sicht in der Rechtsprechung des Bundesgerichtshofs, WRP 1992, 223; Mestmäcker, Der verwaltete Wettbewerb, 1984; Meyer, Die Preis-Kosten-Schere im europäischen Wettbewerbs- und im deutschen Postrecht, 2015; Möschel, Anforderungen an eine kartellbehördliche Mißbrauchsverfügung bei Verkäufen unter Einkaufspreis, BB 1986, 1785; Möschel, Gefahren einer erweiterten Kontrolle marktstarker Unternehmen, BB 1987, 2104; Murach, Verkauf unter Einstandspreis, in Kersting/ Podszun (Hrsg.), Die 9. GWB-Novelle, 2017, 57; Sack, Der Verkauf unter Selbstkosten in Handel und Handwerk, BB Beilage 3/1988; Schäfer, § 37a Abs. 3 GWB und die Berücksichtigung marktstarker Konkurrenten des „Normadressaten", 1986; Schmidt/Wuttke, Leistungswettbewerb und unbillige Behinderung iSd § 26 Abs. 4 GWB, BB 1998, 753; Schneider, Überarbeitete Auslegungsgrundsätze des Bundeskartellamtes zum Angebot unter Einstandspreis, WRP 2004, 171; v. Ungern-Sternberg, Zur inhaltlichen Bestimmtheit von Kartellverwaltungsakten, in FS Geiß, 2000, 655; Ulmer, Die neuen Vorschriften gegen Diskriminierung und unbillige Behinderung (§ 26 Abs. 2 S. 3 und Abs. 3, § 37a Abs. 3), WuW 1980, 474; Ulmer, Kartellrechtliche Schranken der Preisunterbietung nach § 26 Abs. 4 GWB, in FS v. Gamm, 1990, 677; Ulmer, Kartellrechtliche Schranken der Preisunterbietung nach § 26 Abs. 4 GWB, in Schwerpunkte 1990/91, 71; Wackerbeck, Verkäufe unter Einstandspreis – Gelöste und ungelöste Auslegungsprobleme des § 20 Abs. 4 S. 2 GWB, WRP 2006, 991; Wagner-von Popp, Brauchen wir eine Missbrauchskontrolle von Unternehmen mit relativer oder überlegener Marktmacht?, in Bien (Hrsg.), Das deutsche Kartellrecht nach der 8. GWB-Novelle, 2013, 96; Westen, Unbillige Behinderung von Wettbewerbern durch Verkäufe unter Einstandspreis, 1987; Wrage-Molkenthin, Zur kartellrechtlichen Erfassung des Verkaufs unter Einkaufspreis, wistra 1990, 183; Wuttke, Sicherung des Leistungswettbewerbs durch das Verbot der unbilligen Behinderung in § 26 Abs. 4 GWB, 1995.

## I. Bedeutung der Vorschrift

Das erst durch die 5. GWB-Novelle als § 26 Abs. 4 aF in das GWB eingefügte Verbot **191** des § 20 Abs. 3 S. 1 ist die inhaltlich gestraffte („entschlackte") Nachfolgeregelung für den gleichzeitig aufgehobenen § 37a Abs. 3 aF. Nach diesem konnte die zuständige Kartellbehörde „auch einem Unternehmen, das auf Grund seiner gegenüber kleinen und mittleren Wettbewerbern überlegenen Marktmacht in der Lage ist, die Marktverhältnisse wesentlich zu beeinflussen, ein Verhalten untersagen, das diese Wettbewerber unmittelbar oder mittelbar unbillig behindert und geeignet ist, den Wettbewerber nachhaltig zu beeinträchtigen". Rechtssystematisch ist § 20 Abs. 3 S. 1 die Erstreckung des in Abs. 1 iVm § 19 Abs. 2 Nr. 1 geregelten Verbots der unbilligen Wettbewerberbehinderung (→ § 19 Rn. 165 ff.) auf die vom Gesetzgeber ebenfalls als relativ marktmächtig eingestufte Normadressatengruppe der Unternehmen mit gegenüber kleinen und mittleren Wettbewerbern überlegener Marktmacht. Mit der bereits durch § 37a Abs. 3 aF erreichten Einbeziehung dieser Unternehmen in das System der machtbezogenen Verhaltenskontrolle des GWB sollte nach der Intention des Gesetzgebers eine **„Schutzlücke" in diesem System geschlossen** werden, die darin gesehen wurde, dass (horizontale) Behinderungen von Wettbewerbern vom Verbot des § 26 Abs. 2 aF entweder nur bei „absoluter" Marktmacht gegenüber allen Wettbewerbern (Marktbeherrschung) oder bei Ausnutzung eines vertikalen Abhängigkeitsverhältnisses erfasst werden (Bericht 1980, zu § 26 Abs. 2 und 3, § 37a Abs. 3; Begr. 1989, zu Art. 1 Nr. 9b)). Mit der mit § 37a Abs. 3 aF begonnenen Neuregelung ist „relative", dh nur gegenüber bestimmten Unternehmen bestehende Marktmacht nicht nur vertikal im Verhältnis zu Lieferanten und Abnehmern (Abs. 1), sondern nach Abs. 3 auch horizontal im Verhältnis zu tatsächlichen und potentiellen Wettbewerbern als Voraussetzung für die

Anwendbarkeit dieser Kontrolle relevant, allerdings nur, soweit kleine und mittlere Unternehmen unbillig behindert werden.

192     Praktische Bedeutung hatte bereits die mit § 37a Abs. 3 aF zunächst auf eine verwaltungsrechtliche Eingriffsbefugnis der Kartellbehörden begrenzte kartellrechtliche Verhaltenskontrolle für Unternehmen mit relativer horizontaler Marktmacht **fast nur im Zusammenhang mit Niedrigpreispraktiken von Großunternehmen** in der Form des Verkaufs unter Einkaufs- oder Einstandspreis im Lebensmitteleinzelhandel erlangt. Alle vier nach dieser Vorschrift ergangenen Hauptsacheentscheidungen von Kartellbehörden[291] richteten sich gegen solche Verkäufe. Nur in einem Fall ist nach § 37a Abs. 3 aF eine Entscheidung (einstweilige Anordnung) gegen ein anderes Behinderungsverhalten (Geltendmachung ausschließlicher Filmaufführungsrechte) ergangen.[292] Auch nach der Umwandlung des § 37a Abs. 3 aF in den Verbotstatbestand des § 26 Abs. 4 aF hat sich daran nichts geändert.[293] Auch die einzige dazu ergangene BGH-Entscheidung hatte einen Fall von Niedrigpreisangeboten im Einzelhandel zum Gegenstand.[294]

193     Die Bedeutung des § 37a Abs. 3 aF erschöpfte sich jedoch nicht in den bis zu seiner Ersetzung durch § 26 Abs. 4 aF durchgeführten Verfahren der Kartellbehörden, sondern erstreckte sich – beginnend mit der ersten Untersagungsverfügung der LKartB Bayern im Fall Kaufmarkt – zunehmend auf die **mittelbare Vorgabe von generellen Kalkulationsrichtlinien** für die Berechnung des für die Anwendung der Vorschrift als maßgeblich angesehenen Einkaufspreises und auf die – individuelle oder kollektive – **Festlegung** der als Normadressaten in Betracht kommenden Großunternehmen **auf die Einhaltung der danach berechneten Preisuntergrenzen.** Der erste Aspekt kam am deutlichsten in der Definition des Einkaufspreises durch das BKartA im Fall Massa (TB 1985/86, 82) zum Ausdruck, die auch allen größeren Konkurrenten des betroffenen Einzelhandelsunternehmens als „verbindlich" übermittelt wurde.[295] Der zweite Aspekt lässt sich am besten an dem auf Initiative des damaligen Präsidenten des BKartA zustande gekommenen „Berliner Gelöbnis" vom 14.10.1983 ersehen, in dem eine Reihe großer Einzelhandelsunternehmen zusicherten, in Zukunft auf systematische Untereinkaufspreisverkäufe auch mit einzelnen Waren zu verzichten, wobei als Ausnahme nur der Eintritt in Niedrigpreise von Konkurrenten gelten sollte, soweit es sich dabei um eine notwendige Reaktion auf dauerhafte Preisunterbietungen handelt (WuW 1983, 843; TB 1983/84, 26). Diese Zusicherungen wurden später dahingehend ergänzt, Sonderaktionen mit Untereinkaufspreisverkäufen anlässlich der Neueröffnung von Filialen auf einen Zeitraum von maximal vier Wochen zu begrenzen und „unangemessene" Reaktionen auf die Preise von Wettbewerbern zu unterlassen.[296] § 37a Abs. 3 aF wurde dabei auch als Rechtfertigung der kollektiven Seite dieses Vorgehens in Anspruch genommen, in dem lediglich eine zulässige Art „antizipierter" Missbrauchsaufsicht gesehen wurde.[297] Praktisch relevant ist dies alles allerdings so gut wie nicht geworden, was einerseits an der Unverbindlichkeit des „Berliner Gelöbnisses" und

---

[291] BKartA 5.5.1983, WuW/E BKartA 2029 – Coop Bremen, und zwei Parallelentscheidungen (vgl. TB 1983/84, 94); LKartB Bayern 14.5.1982, WuW/E LKartB 223 – Kaufmarkt. Zum letztgenannten Fall s. auch OLG München 28.7.1983 – Kart 8/82, WuW/E OLG 2942 – Kaufmarkt; BGH 28.3.1984 – KVR 12/83, WuW/E BGH 2073 – Kaufmarkt.

[292] KG 28.5.1985 – Kart 18/84, WuW/E OLG 3527 – Kurfürstendamm-Filmtheater.

[293] Bis Ende 1998 gab es nach den in den Tätigkeitsberichten des BKartA veröffentlichten Übersichten 246 Verfahren des BKartA und der LKartB. Da daraus die verfahrensgegenständlichen Verhaltensweisen nicht hervorgehen, lässt sich nicht genau beziffern, wie viele der Verfahren sich gegen Niedrigpreisangebote richteten; es dürften aber die große Mehrzahl sein. Nach § 20 Abs. 4 aF wurden bis Ende 2010 119 Verfahren der Kartellbehörden eingeleitet.

[294] BGH 4.5.1995 – KZR 34/93, BGHZ 129, 203 = WuW/E BGH 2977 – Hitlisten-Platten.

[295] Abgedruckt bei Möschel BB 1986, 1787; in BB 1986, 1785 ff., auch kritische Auseinandersetzung mit diesem Aspekt.

[296] Vgl. die Antwort von StS im BMWi Grüner auf eine parlamentarische Anfrage des Abg. Dr. Haussmann, BT-Drs. 10/2297, 21 = DB 1985, 102.

[297] Krit. dazu insbes. Monopolkommission, Sondergutachten 14, Rn. 194 ff.; zust. insbes. Baudenbacher WuW 1986, 941 ff.

den nicht einbezogenen Außenseitern sowie der nicht genügenden Bestimmtheit der Kalkulationsvorgaben und andererseits auch daran gelegen haben mag, dass die von den Befürwortern dieser Art des Vorgehens als „störend" empfundenen Niedrigpreisangebote in aller Regel auch unter Beachtung dieser Vorgaben die Grenze des Einkaufspreises allenfalls nur in sehr kurzen Zeiträumen unterschritten.[298]

Die Ersetzung des auf eine behördliche Eingreifermächtigung beschränkten § 37a Abs. 3 **194** aF durch den mit § 20 Abs. 3 S. 1 inhaltsgleichen Verbotstatbestand des § 26 Abs. 4 aF diente neben der Eröffnung des Zivilrechtswegs für die unbillig behinderten Unternehmen und klageberechtigte Verbände vor allem auch dem Ziel einer stärkeren Aktivierung der neuen Vorschrift als Mittel gegen Niedrigpreisangebote im Einzelhandel in der Form des Verkaufs unter Einkaufs- oder Einstandspreis. Dies geht nicht nur aus den Gesetzesmaterialien hervor, sondern auch aus der gleichzeitig eingeführten gesetzlichen Beweisregelung des § 26 Abs. 5 aF (jetzt § 20 Abs. 4), die im Wesentlichen nur in Fällen solcher Niedrigpreisangebote auftretende Schwierigkeiten bei der Sachaufklärung betrifft, nachdem sich die zu deren Behebung vorgeschlagene Alternative eines mit Beweislastumkehr verbundenen Regelbeispiels bei den parlamentarischen Beratungen noch nicht hatte durchsetzen lassen (→ Rn. 196). Dies ist jedoch durch den mit der 6. GWB-Novelle eingeführten **§ 20 Abs. 4 S. 2 aF** korrigiert worden. Damit ist der in der bisherigen Anwendungspraxis dominierende Maßstab des Verkaufs unter dem (eigenen) Einkaufspreis durch den wegen der Einbeziehung der Beschaffungsaufwendungen idR höheren **Einstandspreis** ersetzt (iE → Rn. 219 ff.). und für Angebote unter diesem eine **Beweislastumkehr** für die Frage der Unbilligkeit der durch solche Angebote bewirkten Behinderung eingeführt (iE → Rn. 227 ff.).

## II. Entstehungsgeschichte

Die erste Regelung im GWB zur Kontrolle von Wettbewerberbehinderungen durch **195** Unternehmen mit relativer horizontaler Marktmacht (§ 37a Abs. 3 aF) wurde erst vom Wirtschaftsausschuss des Bundestages in die **4. GWB-Novelle** eingefügt (Bericht 1980, zu § 26 Abs. 2 und 3, § 37a Abs. 3). Nachdem sich der Versuch, mit dem UWG ein im Verhältnis zur BGH-Rechtsprechung zum Verkauf unter Einstandspreis schärferes Vorgehen durch einen neuen § 6d zu erreichen, als nicht realisierbar erwiesen hatte, konzentrierten sich die Überlegungen auf die von Ulmer vorgeschlagene kartellrechtliche Lösung zur Schließung der von ihm gesehenen „Schutzlücke" im GWB. Danach sollte § 26 aF durch einen neuen Abs. 4 ergänzt werden, nach dem das Verbot des Abs. 2 S. 1 auch für andere als die dort genannten Adressaten gelten sollte, „wenn die Behinderung oder die ungleiche Behandlung geeignet ist, die Wettbewerbsbedingungen für diese oder andere Waren oder gewerblichen Leistungen wesentlich zu beeinträchtigen". Der Wirtschaftsausschuss des Bundestages entschied sich jedoch für eine wesentlich engere Regelung, die nur die unbillige Behinderung kleiner und mittlerer Wettbewerber durch Unternehmen mit gegenüber diesen Wettbewerbern überlegener Marktmacht erfasste und sich außerdem auf eine kartellbehördliche Untersagungsbefugnis beschränkte (Bericht 1980, zu § 26 Abs. 2 und 3, § 37a Abs. 3). Als Behinderungspraktiken, die von der neuen Vorschrift erfasst werden sollten, sind im Ausschussbericht beispielhaft „der systematische und gezielte Einsatz aggressiver Preis- und Rabattpraktiken gegenüber kleinen und mittleren Wettbewerbern" und „Kopplungspraktiken" genannt.

Der Vorschlag, im Rahmen der **5. GWB-Novelle** § 37a Abs. 3 aF durch einen neuen **196** § 26 Abs. 4 als **Verbotstatbestand** zu ersetzen, war bereits im Regierungsentwurf enthalten (Begr. 1989, Art. 1 Nr. 9b)) und ist unverändert Gesetz geworden. Forderungen im

---

[298] Vgl. dazu zB TB 1993/94, 75; 1995/96, 93 f. zu den Niedrigpreisangeboten der sog. Supermarkt-Tankstellen im Mineralölsektor; zum ähnlichen Ergebnis des Mitte 1999 eingeleiteten Prüfungsverfahrens gegen Metro und Rewe wegen deren Niedrigpreisangebote im Lebensmitteleinzelhandel: BKartA-Presseinformation vom 27.9.1999, vgl. WuW 1999, 1054.

politischen Raum, § 37a Abs. 3 aF mit dem Ziel einer stärkeren Aktivierung insbesondere gegen Untereinstandspreisverkäufe zu reformieren, waren – offensichtlich als Reaktion auf den Fehlschlag des Verfahrens der bayerischen Landeskartellbehörde im Fall „Kaufmarkt" (→ Rn. 192) – zunächst von Bayern erhoben worden und hatten sowohl im Bundesrat und in den Bundestagsfraktionen der CDU/CSU und SPD als auch auf der Verbandsebene und im Schrifttum Unterstützung gefunden.[299] In der Amtl. Begr. (Begr. 1989, I. 3a) bb)) ist zu dem Vorschlag des Regierungsentwurfs ausgeführt, damit solle insbes. auch ein „Beitrag zur Verbesserung der Wirksamkeit der Vorschrift gegen Behinderungspraktiken marktstarker Unternehmen geleistet werden, die zum Nachteil kleiner und mittlerer Konkurrenten systematisch und ohne sachlich gerechtfertigten Grund Waren unter Einkaufspreis anbieten." Auch der Bericht des Bundestagsausschusses für Wirtschaft (Bericht 1989, zu § 26 Abs. 4) bezieht sich auf die negative Wertung von „machtbedingten Rabattspreizungen und systematischen, sachlich nicht gerechtfertigten Unter-Einstandspreis-Verkäufen". Zu einer unbilligen Behinderung könnten solche Verkäufe „nicht erst bei Vernichtung oder konkreter Gefährdung der Existenz kleiner und mittlerer Wettbewerber führen, sondern schon dann, wenn das Wettbewerbsverhalten generell geeignet ist, die Wettbewerbssituation zu Lasten kleiner und mittlerer Wettbewerber zu verzerren." Die Durchsetzung hoher Rabatte könne im Horizontalverhältnis als mittelbare Behinderung unbillig sein, „wenn sie nicht leistungsgerecht ist, sondern auf überlegener Marktmacht beruht." Die erst vom Wirtschaftsausschuss eingeführte Beweisregelung des § 26 Abs. 5 aF wird im Ausschussbericht (Bericht 1989, zu § 26 Abs. 3) damit begründet, dadurch die Chancen einer erfolgreichen Prozessführung für den Kläger zu verbessern. Sie sei dann anwendbar, „wenn sich auf Grund der konkreten Umstände des Einzelfalls der Anschein ergibt, dass der Tatbestand des § 26 Abs. 4 erfüllt ist." (s. auch Hucko WuW 1990, 618 ff.). Aus verfassungsrechtlichen Gründen seien die Beweiserleichterungen in § 26 Abs. 5 aF in Übereinstimmung mit der bisherigen Rechtsprechung in Wettbewerbssachen unter die Voraussetzung der Zumutbarkeit gestellt worden. Damit seien im jeweiligen Einzelfall das Interesse an einer wirksamen Sanktionierung von Wettbewerbsverstößen einerseits sowie der Schutz der Geschäftsgeheimnisse andererseits sachgerecht abzuwägen. In der Stellungnahme des Rechtsausschusses wird in diesem Zusammenhang betont, es dürfe nicht zu einer Umkehr der Beweislast kommen (WuW 1990, 364).

**197**     Durch die **6. GWB-Novelle** sind § 26 Abs. 4 und 5 aF als § 20 Abs. 4 S. 1 und Abs. 5 textgleich übernommen worden. Der Vorschlag, das Verbot des Abs. 4 S. 1 in einem S. 2 durch ein **Regelbeispiel** für das nicht nur gelegentliche Angebot von Waren oder gewerblichen Leistungen unter ihrem Einstandspreis ohne sachlich gerechtfertigten Grund zu ergänzen, war bereits im Regierungsentwurf enthalten. In der Amtl. Begr. (Begr. 1998, I. 3. a) gg)) ist dazu ausgeführt, mit der Neuregelung werde der dem GWB und dem gesamten Wirtschaftsrecht zugrundeliegende Grundsatz der freien Preisbildung ebenso wenig in Frage gestellt wie durch die bisherige Regelung des § 26 Abs. 4 aF. Der neue Satz 2 ziehe die Grenzen zulässiger Preisgestaltung dort, wo „vorsätzliche Verdrängungspraktiken oder systematische Untereinstandspreisverkäufe zu einer Gefährdung des funktionierenden Wettbewerbs auf den betroffenen Märkten führen." Durch das Merkmal „ohne sachlich gerechtfertigten Grund" knüpfe Satz 2 an die gesetzliche Terminologie in den bisherigen §§ 22 und 26 und an die dazu ergangene Rechtsprechung an. Grundsätzlich sei deshalb auch hier eine an der auf die Freiheit des Wettbewerbs gerichteten Zielsetzung des GWB orientierte Interessenabwägung vorzunehmen. Durch das Merkmal „nicht nur gelegentlich" werde klargestellt, „dass bestimmte Verhaltensweisen, von denen keine anhaltenden wettbewerblichen Auswirkungen ausgehen, von vornherein nicht vom Verbotstatbestand erfasst werden." Der Wirtschaftsausschuss des Bundestages hat den Regierungsvorschlag zu § 20 Abs. 4 S. 2 dahingehend verändert, dass die Formulierung „ohne sachlich

---

[299] Ausführliche Darstellung dazu bei Sack BB Beilage 3/1988, 3; dafür zB Ulmer MA 1987, 333 ff.; Harms MA 1987, 550 ff.; Sack BB Beilage 3/1988, 30 f.; krit. insbes. Möschel BB 1987, 2104 ff.

gerechtfertigten Grund" durch die Worte „es sei denn, dies ist sachlich gerechtfertigt" ersetzt wurde.[300] Zur Erläuterung ist in der Begründung zu diesem Punkt des interfraktionell erarbeiteten Änderungsantrages (Bericht 1998, Anl. 5, Begründung zu 6 (§ 20 Abs. 4 S. 2)) ausgeführt, mit der neuen Regelung werde klargestellt, dass Verdrängungsabsicht oder nachhaltige Beeinträchtigung des Wettbewerbs entgegen der bisherigen Rechtsprechung nicht mehr Voraussetzung für die Kartellrechtswidrigkeit des Untereinstandspreisverkaufs sein sollen. Durch die neu aufgenommene Formulierung „es sei denn" werde klargestellt, „dass die Beweislast bezüglich der Ausnahmegründe bei dem Unternehmen liegt, das unter Einstandspreis verkauft."

Durch das **Gesetz zur Bekämpfung von Preismissbrauch im Bereich der Energie-** **198** **versorgung und des Lebensmittelhandels vom 18.12.2007**[301] ist in einem neuen Satz 2 Nr. 1 für Untereinstandspreisangebote von Lebensmitteln iSv § 2 Abs. 2 des Lebensmittel- und Futtermittelgesetzbuches die Einschränkung „nicht nur gelegentlich" gestrichen worden. Außerdem ist für diese Angebote in einem neuen Satz 3 die Voraussetzung der sachlichen Rechtfertigung weiter eingegrenzt und bestimmt worden, dass die Abgabe von Lebensmitteln an gemeinnützige Einrichtungen zur Verwendung im Rahmen ihrer Aufgaben keine unbillige Behinderung ist. Zur Begründung dieser Verschärfung des Verbots des Untereinstandsangebots von Lebensmitteln ist in der Regierungsbegründung[302] ausgeführt, damit solle ein Signal für einen hohen Sicherheitsstandard bei Lebensmitteln gesetzt und Niedrigpreisstrategien entgegengewirkt werden. Gleichzeitig solle der „ruinöse Preiswettbewerb" im Lebensmittelhandel begrenzt und kleine und mittlere Lebensmittelhändler vor unbilligen Verdrängungspraktiken marktstarker Handelskonzerne wirksamer geschützt werden. Sachlich gerechtfertigte Verkäufe blieben im Einzelfall möglich. Erst durch den Wirtschaftsausschuss des Bundestages ist schließlich auch noch die Preis-Kosten-Schere durch eine neue Nr. 3 in Satz 2 als weiteres Regelbeispiel eingefügt worden. Beide Änderungen wurden nach Art. 1a des Gesetzes vom 18.12.2007 bis Ende 2012 befristet. Sie waren deshalb danach bis zum Inkrafttreten der **8. GWB-Novelle** am 30.6.2013 nicht mehr anwendbar. Durch diese Novelle sind die bisherigen Abs. 4 und 5 inhaltsgleich in die Abs. 3 und 4 überführt worden. Gleichzeitig ist durch Art. 2 und 7 des 8. GWB-Änderungsgesetzes die Sonderregelung für Untereinstandspreisangebote von Lebensmitteln auf Ende 2017 begrenzt worden. Im Regierungsentwurf zur 8. GWB-Novelle (Begr. 2012, zu Art. 2) ist deren Verlängerung um weitere fünf Jahre nicht begründet worden. Die Verlängerung des Verbots der Preis-Kosten-Schere ohne Befristung ist damit begründet worden, dass insbesondere im Mineralölbereich nach wie vor unbillige Behinderungsmöglichkeiten in dieser Form bestünden, zum Beispiel wenn marktmächtige Mineralölunternehmen ihren Konkurrenten Kraftstoffe zu einem höheren Preis liefern als sie selbst an ihren eigenen Tankstellen von den Endverbrauchern verlangen (Begr. 2012, A. 5. b)).

Durch die **9. GWB-Novelle** ist der in Abs. 3 S. 2 Nr. 1 und 2 enthaltene Gesetzes- **199** begriff des **Einstandspreises** in einem neuen Satz 3 erstmals als der zwischen dem Normadressaten und seinem Lieferanten vereinbarte Preis für die Beschaffung der Ware oder Leistung gesetzlich definiert worden, „auf den allgemein gewährte und im Zeitpunkt des Angebots bereits mit hinreichender Sicherheit feststehende Bezugsvergünstigungen anteilig angerechnet werden, soweit nicht für bestimmte Waren oder Leistungen ausdrücklich etwas anderes vereinbart ist." Nach der Amtl. Begr. (Begr. 2017, 53) wird dadurch die Freiheit der Händler bei der Anrechnung von Vergünstigungen zur Bestimmung des Einstandspreises zu Gunsten der Lieferanten beschränkt. Denn nach der Rossmann-Entscheidung des OLG Düsseldorf vom 12.11.2009 – VI-2 Kart 9/08 OWi bestehe bisher auf Seiten der Händler ein erheblicher Spielraum hinsichtlich der Berücksichtigung von Vergünstigungen, die ihnen Lieferanten auf den ursprünglichen Einkaufspreis gewährt haben. Dieses weitrei-

---

[300] So im Schrifttum bereits Schmidt/Wuttke BB 1998, 753 (757), allerdings auch für Abs. 1 und ergänzt durch eine Legaldefinition des Einstandspreises.
[301] BGBl. I S. 2266. In Kraft getreten am 22.12.2007. Dazu iE zB Ritter WuW 2008, 142 ff.
[302] BT-Drs. 16/5847, 9.

chende Ermessen der Händler gefährde die effektive Anwendung der Vorschrift und laufe ihrem Schutzzweck zuwider. Nach dem neuen Satz 3 seien allgemeine Vergünstigungen grundsätzlich nur noch proportional auf das gesamte Sortiment anrechenbar, das ein Händler von einem Lieferanten bezieht. Zur überproportionalen Absenkung des Einstandspreises eines bestimmten Produkts sollen solche allgemeinen Vergünstigungen nur noch verwendet werden können, wenn die Zuordnung zu den jeweiligen Waren oder Leistungen von den Vertragsparteien konkret vereinbart wird. Eine generelle Gestattung der Umlegung nach Wahl des Händlers reiche insoweit nicht mehr aus, um den Einstandspreis zu verändern. Damit werde zugleich die Kalkulationsfreiheit der Händler im erforderlichen Maße gewährleistet, die auch weiterhin zur Ermittlung des Einstandspreises Vergünstigungen berücksichtigen könnten, die sie mit hinreichender Sicherheit von Lieferanten aufgrund der bereits bestehenden Vereinbarungen oder deren Fortschreibung erhalten werden. Diese Eingrenzung sei erforderlich, da gewährleistet sein müsse, dass der Einstandspreis im Zeitpunkt des Angebots bzw. Weiterverkaufs hinreichend sicher bestimmbar ist. Ferner wurde durch Art. 2 der 9. GWB-Novelle die bis Ende 2017 geltende Befristung des verschärften Verbots des Angebots von Lebensmitteln unter Einstandspreis aufgehoben. In der 10. GWB-Novelle blieben Abs. 3 und 4 unverändert. Durch Art 10 Abs. 2 des am 10.8.2021 in Kraft getretenen Vierten Gesetzes zur Änderung des Lebensmittel- und Futtermittelgesetzbuches und anderer Vorschriften vom 7.7.2021, BGBl. I S. 3274, ist in Abs. 3 S. 2 Nr. 1 die Definition von Lebensmitteln durch die seither geltende Gesetzesfassung ersetzt worden.

### III. Normzweck

**200**     Zweck des Abs. 3 ist auch über den Rahmen des Adressatenkreises der § 19 Abs. 2 Nr. 1 und § 20 Abs. 1 S. 1 hinaus, die unbillige Behinderung kleiner und mittlerer Wettbewerber insbes. durch Untereinstandspreisangebote und Anwendung der Preis-Kosten-Schere zu verbieten, soweit Unternehmen im Verhältnis zu diesen Wettbewerbern eine relative horizontale Machtstellung in der Form überlegener Marktmacht haben. Der damit bezweckten Schließung einer vom Gesetzgeber gesehenen „Schutzlücke" im System der machtbedingten Verhaltenskontrolle des GWB liegt eine **zweifache Analogie** zugrunde: erstens in dem Sinne, dass aus der 1973 mit § 26 Abs. 2 S. 2 aF eingeführten Erfassung relativer Marktmacht in vertikaler Hinsicht die Notwendigkeit und Rechtfertigung einer entsprechenden gesetzlichen Regelung auch in der **rein horizontalen Richtung** gefolgert wird (→ Rn. 195), und zweitens durch die Anknüpfung an die bei der überragenden Marktstellung iSd § 18 Abs. 1 Nr. 3 maßgebliche „Ressourcenbetrachtung" für die Konkretisierung des zur Schließung der „Schutzlücke" neu geschaffenen Machtkriteriums der überlegenen Marktmacht gegenüber kleinen und mittleren Wettbewerbern (vgl. Bericht 1980, zu § 26 Abs. 2 und 3, § 37a Abs. 3). Ob indessen die angenommene „Schutzlücke", zumal nach der Klarstellung durch den BGH, dass auch die durch vertikale Abhängigkeit vermittelte Wettbewerberbehinderung unterhalb der Marktbeherrschungsschwelle unter Abs. 1 iVm § 19 Abs. 2 Nr. 1 fällt (→ Rn. 11), tatsächlich in einem eine besondere gesetzliche Regelung rechtfertigenden Ausmaß besteht und der zu ihrer Schließung aus Abs. 1 heraus erfolgte „eher formale Wertungstransfer" (Möschel, Wettbewerbsbeschränkungen, Rn. 673) auf das rein horizontale Verhältnis zu Wettbewerbern wettbewerbstheoretisch tragfähig ist, war im Gesetzgebungsverfahren nicht Gegenstand kritischer Analyse. Gleiches gilt für die weitere Frage, ob auf der Grundlage einer „Ressourcenbetrachtung" iSd § 18 Abs. 3 eine sinnvolle Eingrenzung des Normadressatenkreises möglich ist, die den für die ordnungspolitische Legitimität der neuen Vorschrift erforderlichen Machtbezug nicht nur verbal postuliert, sondern auch als empirisch belegbare Erscheinung der Marktrealität überzeugend vermitteln kann.[303] Auch gesetzessystematisch ist die Regelung des

---

[303] Kritisch deshalb zum Konzept der überlegenen Marktmacht eingehend: Kamlah S. 180 ff.

Abs. 3 insbes. im Hinblick darauf **problematisch,** dass durch Satz 2 für die Sonderfälle der Untereinstandspreisangebote und Anwendung der Preis-Kosten-Schere nur der tendenziell am wenigsten marktstarke Normadressatenkreis des Abs. 3 einer schärferen Regelung unterstellt ist, die jedenfalls dem Gesetzeswortlaut nach über das hinausgeht, was nach § 19 Abs. 2 Nr. 1 für marktbeherrschende Unternehmen mit absoluter Marktmacht gilt.[304]

Diese Begründungsdefizite relativieren sich jedoch in ihrer Bedeutung für das Verständnis **201** des Normzwecks in dem Maße, in dem sich der Maßstab des Abs. 3 für die Beurteilung unternehmerischen Verhaltens von Normadressaten unter dem Aspekt der unbilligen Behinderung kleiner und mittlerer Wettbewerber **noch in dem wettbewerbsorientierten Rahmen des Systems der §§ 19 und 20 hält.** Für Abs. 3 S. 1 ist dies schon durch den mit § 19 Abs. 2 Nr. 1 übereinstimmenden Unbilligkeitsmaßstab gewährleistet (→ Rn. 214). Aber auch der davon abweichende Maßstab der fehlenden sachlichen Rechtfertigung in Satz 2 für die Beurteilung von Wettbewerberbehinderungen durch Untereinstandspreisangebote und Anwendung der Preis-Kosten-Schere führt im Hinblick darauf, dass dieser Maßstab auch in § 19 Abs. 2 Nr. 1 und Nr. 4 sowie in § 20 Abs. 5 verwendet wird, nicht zwangsläufig zu einem Systembruch. Dies gilt auch unter Berücksichtigung der Beweislastfrage, da auch nach diesen Vorschriften für die sachliche Rechtfertigung im Zivilprozess eine vom Unbilligkeitsmaßstab abweichende Beweislastumkehr gilt.[305] Auf der Grundlage dieses Verständnisses des Normzwecks und einer ihm entsprechenden Auslegung und Anwendung, insbes. was die entscheidende Tatbestandsvoraussetzung der Unbilligkeit der Behinderung und der fehlenden sachlichen Rechtfertigung iSv Satz 2 betrifft, ist Abs. 3 **mit dem GG vereinbar.**[306] Die Vereinbarkeit mit dem EU-Wettbewerbsrecht, das keine entsprechende Regelung enthält, ergibt sich aus § 3 Abs. 2 S. 2 VO 1/2003.

## IV. Materiellrechtlicher Norminhalt

**1. Allgemeines.** Für die Anwendbarkeit des Abs. 3 S. 1 kommt es nur auf zwei Merk- **202** male an: die relative horizontale Machtstellung von Unternehmen mit überlegener Marktmacht gegenüber kleinen und mittleren Wettbewerbern und das Ausnutzen dieser Stellung durch unbillige Behinderung dieser Wettbewerber. Beide sind nach ihrem Wortlaut verhältnismäßig klar gegeneinander abgegrenzt, so dass sich besondere Probleme wie bei § 19 Abs. 2 Nr. 1 und 5 und § 20 Abs. 1, sie jeweils normstrukturgerecht auszulegen und anzuwenden, hier nicht ergeben. Dennoch stehen beide Merkmale schon deshalb nicht zusammenhanglos nebeneinander, weil – wie sich aus den Worten „dazu ausnutzen" ergibt – die den Normadressatenstatus begründende Machtstellung für die als unbillig in Betracht gezogene Wettbewerberbehinderung ursächlich sein muss (→ Rn. 212). Außerdem ist, wie nach § 19 Abs. 2 Nr. 1 (→ § 19 Rn. 120), für die Beurteilung der Unbilligkeit die konkrete Stärke der Machtstellung des im Einzelfall behindernden Normadressaten zu berücksichtigen (→ Rn. 215). Der durch das Merkmal der überlegenen Marktmacht gegenüber kleinen und mittleren Wettbewerbern definierte Machtbezug ist schließlich auch noch für das mit der Unbilligkeit verbundene Unwerturteil insofern von Bedeutung, als dieses in dem Maße seine wettbewerbspolitische Legitimation verlieren würde, in dem sich dieser Bezug als Folge einer zu weiten, auf eine reine Unternehmensgrößenbetrachtung hinauslaufenden Auslegung dieses Merkmals nicht mehr auf eine der Marktbeherrschung oder der relativen vertikalen Marktmacht iSv Abs. 1 vergleichbare Machtstellung mit einen ähnlichen Störungspotential für das Funktionieren des Wettbewerbs stützen könnte, sondern

---

[304] Zur Kritik an § 20 Abs. 3 S. 2 aus wettbewerbspolitischer Sicht eingehend: Block S. 124 ff.; Krause/Oppholzer WuW 2000, 17 ff.; Fichert/Keßler WuW 2002, 1173 (1178 ff.); Wagner-v. Papp S. 118 ff.; Murach S. 66 f.; Zur Gegenposition zB Caspary S. 133 ff.

[305] ZB BGH 13.11.1990 – KZR 25/89, WuW/E BGH 2683 (2687) – Zuckerrübenanlieferungsrecht.

[306] So für § 37a Abs. 3 aF: BVerfG 1.4.1987 – 1 BvR 358/87, WuW/E VG 320 – Kathreiner; BGH 20.3.1984 – KVR 12/83, WuW/E BGH 2073 (2074) – Kaufmarkt. Durch die Umwandlung in eine Verbotsnorm hat sich insoweit nichts geändert. Zur Verfassungskonformität der Verbotsnorm des § 26 Abs. 2 aF: BVerfG 12.7.1982 – 1 BvR 1239/81, WuW/E VG 293 – adidas.

diese Stellung im Grunde genommen nur noch verbal postuliert würde (→ Rn. 211). Umgekehrt erscheint aber auch eine weite Auslegung des Überlegenheitsmerkmals im Verhältnis zu kleinen und mittleren Wettbewerbern umso eher vertretbar, je mehr im Rahmen der Unbilligkeitsprüfung der Gesichtspunkt der Wettbewerbskonformität (→ § 19 Rn. 124) als Garantie dafür zum Tragen kommt, dass sich die Anwendung der Vorschrift im Rahmen ihres wettbewerbsbezogenen Normzwecks hält.

**203**   **2. Normadressatenvoraussetzungen. a) Unternehmensbegriff.** Dem Verbot des Abs. 3 unterliegen nur Unternehmen. Der Inhalt dieses Begriffs stimmt mit dem allgemeinen Unternehmensbegriff des GWB (→ § 1 Rn. 18 ff.) und insbes. mit dem Unternehmensbegriff in Abs. 1 (→ Rn. 12) als Voraussetzung für die Normadressatenstellung nach diesen Vorschriften überein. Anders als nach Abs. 1 sind Vereinigungen von Unternehmen von Abs. 3 nicht als besondere Normadressatengruppe erfasst. Sie unterliegen diesem Verbot daher nur, soweit sie selbst unternehmerisch tätig werden und daher insoweit Unternehmen sind. Die für die Normadressatenstellung nach Abs. 3 erforderliche unternehmerische Tätigkeit kann sich **sowohl auf das Angebot als auch die Nachfrage von Waren und gewerblichen Leistungen** beziehen.[307] Die Entstehungsgeschichte der Vorschrift spricht für die Einbeziehung auch der Nachfragetätigkeit von Unternehmen, weil nur so die in den Materialen vorausgesetzte Erfassbarkeit von „wettbewerbswidrigen Rabattspreizungen" (Begr. 1989, zu Art. 1 Nr. 9b) aE) und der „Durchsetzung hoher Rabatte" (Bericht 1989, zu § 26 Abs. 4 GWB aE) als unbillige Wettbewerberbehinderung iSv Abs. 3 möglich ist.

**204**   **b) Überlegene Marktmacht gegenüber kleinen und mittleren Wettbewerbern. aa) Einzelmarktbezug.** Die Normadressatenstellung von Unternehmen nach Abs. 3 setzt eine durch überlegene Marktmacht gegenüber kleinen und mittleren Wettbewerbern gekennzeichnete Marktstellung voraus. Diese lässt sich nur für die Tätigkeit von Unternehmen auf einzelnen, in sachlicher, räumlicher und zeitlicher Hinsicht abgegrenzten Märkten bestimmen.[308] Für die Anwendung des Abs. 3 ist deshalb in jedem Falle die Abgrenzung des relevanten Angebots- oder Beschaffungsmarktes erforderlich. Dies folgt auch aus der Begrenzung der maßgeblichen Marktstellung auf das Verhältnis zu kleinen und mittleren Wettbewerbern. Denn ob einem als Normadressat des Abs. 3 in Betracht gezogenen Unternehmen kleine oder mittlere Unternehmen als Wettbewerber gegenüberstehen, kann ebenfalls nicht generell für deren gesamte unternehmerische Tätigkeit, sondern nur einzelmarktbezogen auf abgegrenzten relevanten Märkten beurteilt werden.

**205**   **bb) Relevanter Markt.** Für die Abgrenzung des relevanten Marktes in sachlicher, räumlicher und zeitlicher Hinsicht gelten die gleichen Maßstäbe wie für die Marktabgrenzung im Rahmen der §§ 19 und 20 Abs. 1 (→ § 18 Rn. 37–68 ff.). Weder generell, noch in dem bereits in der Anwendungspraxis zu den beiden Vorläufervorschriften des Abs. 3 im Vordergrund stehenden besonderen Fall des Lebensmitteleinzelhandels ist eine von diesen Maßstäben abweichende Marktabgrenzung geboten. Auch für Abs. 3 gelten deshalb die von der Rechtsprechung zur Fusionskontrolle im Lebensmittelhandel entwickelten Marktabgrenzungsgrundsätze.[309] Die Besonderheiten, die sich aus der Begrenzung des Schutz-

---

[307] KG 30.7.1999 – Kart 27/97, WuW/E DE-R 380 (381) – Milchlieferverträge. Westermann in MüKoGWB Rn. 82.

[308] BGH 9.7.2002 – KZR 30/00, WuW/E DE-R 1006 (1008) – Fernwärme für Börnsen; 12.11.2002 – KVR 5/02, WuW/E DE-R 1242 (1243) – Wal-Mart; OLG Düsseldorf 13.11.2000 – Kart 16/00 (V), WuW/E DE-R 589 (590 f.) – Freie Tankstellen.

[309] Dementsprechend hat das BKartA in seinen auf § 20 Abs. 4 S. 2 aF gestützten Entscheidungen v. 1.9.2000, WuW/E DE-V 314 – Aldi-Nord, und WuW/E DE-V 316 – Wal-Mart, den sachlich relevanten Markt nach dem Sortiment des Lebensmittel-Einzelhandels und den räumlichen Markt regional abgegrenzt. Davon sind im Fall Wal-Mart auch das OLG Düsseldorf 19.12.2001 – Kart 21/00 (V), WuW/E DE-R 781 (786), und der BGH 12.11.2002 – KVR 5/02, WuW/E DE-R 1041 (1043), ausgegangen. Das Abstellen für die sachliche Marktabgrenzung auf das Gesamtsortiment schließt nicht aus, dass die Behinderung nur bei einzelnen Produkten dieses Sortiments eintritt.

bereichs der Vorschrift auf kleine und mittlere Wettbewerber ergeben, sind nicht im Rahmen der Marktabgrenzung, sondern bei der Abgrenzung der im Einzelfall maßgeblichen Gruppe solcher Unternehmen (→ Rn. 206) zu berücksichtigen.

**cc) Kleine und mittlere Wettbewerber.** Für die Feststellung des Bestehens überlege- **206** ner Marktmacht iSv Abs. 3 S. 1 kommt es ausschließlich auf das Verhältnis zu kleinen und mittleren Wettbewerbern auf dem relevanten Markt an. Der Begriff „Wettbewerber" definiert die rein horizontale Dimension des Marktmachtbezugs des Abs. 3 (Bericht 1980, zu § 26 Abs. 2 und 3, § 37a Abs. 3; Begr. 1989, zu Art. 1 Nr. 9b)). Entscheidend ist daher nicht die unternehmerische Betätigung im Wettbewerb als solche, sondern **nur im Rahmen eines tatsächlichen oder potentiellen Wettbewerbsverhältnisses mit dem als Normadressat in Betracht gezogenen größeren Unternehmen.** Anders als Abs. 1 (→ Rn. 11) ist deshalb Abs. 3 auf Drittmarktbehinderungen nicht anwendbar.[310] Nach dem Gesetzeswortlaut ist nicht erforderlich, dass das für die Überlegenheit iSv Abs. 3 charakteristische Machtgefälle in gleicher Weise gegenüber allen kleinen und mittleren Wettbewerbern auf dem relevanten Markt besteht. Auch nach dem Sinn und Zweck der Vorschrift ist dies nicht geboten, weil damit deren Anwendung auf Behinderungen eines Teils oder einzelner kleiner und mittlerer Wettbewerber nur unnötig erschwert würde. In solchen Fällen genügt deshalb die Feststellung, dass jedenfalls gegenüber den behinderten kleinen und mittleren Wettbewerbern überlegene Marktmacht iSv Abs. 3 besteht.[311] Auf die Gesamtmarktbedeutung der kleinen und mittleren Wettbewerber, denen gegenüber überlegene Marktmacht besteht, kommt es nicht an.[312] Insoweit besteht im Ansatz Übereinstimmung mit der relativen vertikalen Marktmacht iSd Abs. 1 S. 1, die ebenfalls nicht von der Gesamtmarktrelevanz des jeweiligen bilateralen Machtverhältnisses abhängt (→ Rn. 7 f.). Wie dort lässt sich auch bei der Anwendung des Abs. 3 der Gefahr, dass eine zu starke „Individualisierung" des Marktmachterfordernisses den Wettbewerbsbezug der Norm verlässt, im Rahmen der Unbilligkeitsprüfung (→ Rn. 215 ff.) hinreichend begegnen (Begr. 1989, zu Art. 1 Nr. 9b).

Für die Abgrenzung, welche Wettbewerber auf dem relevanten Markt als **kleine und** **207** **mittlere Unternehmen** anzusehen sind, kommt es allein auf das **(horizontale) Verhältnis der Unternehmensgrößen** der in Betracht stehenden Unternehmen an.[313] Die generelle Festlegung einer absoluten Obergrenze ist auch im Rahmen des Abs. 3 nicht möglich (ebenso für § 3, → § 3 Rn. 47).

**dd) Überlegene Marktmacht.** Ob ein Unternehmen als Anbieter oder Nachfrager auf **208** einem Markt im Verhältnis zu allen oder einem Teil der dort tätigen kleinen oder mittleren Wettbewerber über überlegene Marktmacht verfügt, ist im Ansatz ähnlich zu beurteilen wie das „Überragen" einer Marktstellung gegenüber allen Wettbewerbern iSv § 18 Abs. 1 Nr. 3.[314] Deshalb kommt es für die Überlegenheit iSd § 20 Abs. 3 auf eine **Gesamtbetrachtung** der für die horizontale Marktstellung eines Unternehmens bestimmenden

---

[310] Vgl. dazu Kamlah S. 177 f. Die Frage stellt sich praktisch nur, wenn der in Betracht stehende Normadressat auf dem Drittmarkt weder tatsächlicher noch potentieller Wettbewerber ist. Ist er dort Wettbewerber, wird er auch auf dem Drittmarkt die Normadressatenvoraussetzung des Abs. 3 erfüllen.

[311] OLG Düsseldorf 13.11.2000 – Kart 16/00 (V), WuW/E DE-R 589 (591) – Freie Tankstellen; Wuttke S. 103; Nothdurft in Bunte Rn. 141.

[312] BGH 12.11.2002 – KVR 5/02, WuW/E DE-R 1043 (1043) – Wal-Mart; OLG Düsseldorf 13.11.2000 – Kart 16/00 (V), WuW/E DE-R 589 (591) – Freie Tankstellen.

[313] Begr. 1989, zu Art. 1 Nr. 9b); OLG Düsseldorf 13.11.2000 – Kart 16/00 (V), WuW/E DE-R 589 (591) – Freie Tankstellen; Wuttke S. 102 f.; Ulmer in FS v. Gamm, 1990, 681. Für den für die vertikale Abhängigkeit zulässigen Vertikalvergleich (→ Rn. 11) ist daher im Rahmen des Abs. 3 kein Raum.

[314] BGH 12.11.2002 – KVR 5/02, WuW/E DE-R 1042 (1044) – Wal-Mart (abstellend insbes. auf überragende finanzielle Ressourcen, ein größeres Warenangebot als bei den kleinen und mittleren Wettbewerbern und auf Einkaufsvorteile); OLG Düsseldorf 12.11.2000 – Kart 16/00 (V), WuW/E DE-R 589 (591) – Freie Tankstellen; BKartA, Bekanntmachung Nr. 124/2003 v. 4.8.2003 zur Anwendung des § 20 Abs. 4 Satz 2 GWB (nachfolgend Bek. Nr. 124/2003) B. 1.; Goette ZWeR 2003, 135 (145); Kamlah S. 149 ff.

Umstände, zu denen auch die in § 18 Abs. 3 genannten Strukturkriterien gehören (→ § 18 Rn. 106–150 ff.), unter dem Aspekt an, ob sich daraus ein wettbewerblich nicht hinreichend kontrollierter, besonderer Verhaltensspielraum folgern lässt, der „die gleichen Störungen des Marktgeschehens verursachen kann, als wenn die negativen Marktauswirkungen von einem marktbeherrschenden Unternehmen ausgingen."[315] Die erforderliche Gesamtbetrachtung lässt es in der Regel nicht zu, allein daraus, dass ein größeres Unternehmen im Verhältnis zu kleineren und mittleren Wettbewerbern bei einzelnen dieser Kriterien, insbes. der absoluten Unternehmensgröße als Indiz für Finanzkraft (→ § 18 Rn. 125 f.), einen deutlichen Vorsprung gegenüber diesen Wettbewerbern hat, ohne weiteres auf einen derartigen Verhaltensspielraum zu schließen.[316] Diesem Schluss kann zB entgegenstehen, dass im Einzelfall die in Betracht stehenden kleinen und mittleren Wettbewerber im Verhältnis zu allen oder einzelnen der auf demselben Markt tätigen größeren Wettbewerber zwar nach der absoluten Unternehmensgröße weit zurückliegen, aber andererseits ebenfalls über erhebliche und langfristig stabile Marktanteile verfügen, zumal wenn ihr Wettbewerbspotential gegenüber den Großunternehmen durch Beteiligung an potenten Einkaufskooperationen noch weiter verstärkt wird (vgl. Mestmäcker S. 236, 238). Solche Beteiligungen heben zwar, soweit sie nicht ausnahmsweise zu einer großen Unternehmenseinheit der Mitgliedsunternehmen führen, die Eigenschaft der Unternehmen als kleine und mittlere Wettbewerber auf dem Anbietermarkt nicht auf, können aber für die Frage, ob sie überlegener Marktmacht größerer Wettbewerber ausgesetzt sind, von erheblicher Bedeutung sein.[317]

**209**     Da es für die Überlegenheit der Marktmacht eines Unternehmens iSv Abs. 3 S. 1 allein auf das Verhältnis zu kleinen und mittleren Wettbewerbern auf dem relevanten Markt ankommt, ist es unerheblich, ob auf diesem Markt noch weitere große Unternehmen tätig sind, selbst wenn deren Unternehmensgröße diejenige des als Normadressat in Betracht stehenden Unternehmens noch erheblich übertrifft.[318] Anders als bei der Marktbeherrschung eines Unternehmens in der Form der überragenden Marktstellung iSd § 18 Abs. 1 Nr. 3 können daher **auch mehrere Unternehmen unabhängig nebeneinander** auf einem Markt überlegene Marktmacht iSd § 20 Abs. 3 im Verhältnis zu kleinen und mittleren Wettbewerbern haben.[319] Dass in diesem Falle die Stellung eines der großen Unternehmen bereits so stark ist, dass sie die Voraussetzungen einer überragenden Marktstellung erfüllt, schließt dabei die Annahme einer iSv Abs. 3 S. 1 überlegenen Marktmacht anderer großer Unternehmen nicht aus. Umgekehrt ist es auch bei nicht nur unwesentlichem Wettbewerb zwischen mehreren Großunternehmen nicht von vornherein ausgeschlossen, dass diese Unternehmen im Verhältnis zu kleinen und mittleren Wettbewerbern über solche Marktmacht verfügen können.[320]

**210**     In welchem Ausmaß **auf dem relevanten Markt tatsächlich Wettbewerb herrscht,** insbes. ob dieser wesentlich ist, ist jedoch bei der erforderlichen Gesamtbetrachtung für die Feststellung, ob die Marktmacht eines oder mehrerer großer Unternehmen im Verhältnis zu kleinen und mittleren Wettbewerbern überlegen ist, zu berücksichtigen. Da Abs. 3 eine reine Verhaltenskontrollvorschrift ist, wäre es hier noch weniger gerechtfertigt als beim Marktbeherrschungstatbestand der überragenden Marktstellung iSd § 18 Abs. 1 Nr. 3, das

---

[315] Bericht 1980, zu § 26 Abs. 2 und 3, § 37a Abs. 3.

[316] Wuttke S. 102; Nothdurft in Bunte Rn. 132; weitergehend zB KG 28.5.1985 – Kart 18/84, WuW/E OLG 3527 (3528) – Kurfürstendamm-Filmtheater („Ressourcenvorsprung" kann für Überlegenheit genügen). Vgl. auch OLG München 22.7.1982 – Kart 5/82, WuW/E OLG 2738 (2740) – Wertkauf.

[317] Insoweit nicht hinreichend differenzierend zB BKartA 5.5.1983, WuW/E BKartA 2029 (2032 f.) – Coop Bremen; LKartB Bayern 14.5.1982, WuW/E LKartB 223 (226) – Kaufmarkt.

[318] BGH 12.11.2002 – KVR 5/02, WuW/E DE-R 1042 (1043) – Wal-Mart; BKartA, Bek. Nr. 124/2003, B. 1.; Goette ZWeR 2003, 135 (146).

[319] BGH 12.11.2002 – KVR 5/02, WuW/E DE-R 1042 (1043) – Wal-Mart; Nothdurft in Bunte Rn. 136.

[320] OLG Düsseldorf 13.11.2000 – Kart 16/00 (V), WuW/E DE-R 589 (591) – Freie Tankstellen; Schäfer S. 76; krit. Mestmäcker S. 239.

Wettbewerbsverhalten der Unternehmen auf dem relevanten Markt völlig außer Betracht zu lassen und die Feststellung der für die Anwendung der Vorschrift erforderlichen Marktstärke nur auf eine reine Strukturbetrachtung zu stützen.[321] Es muss deshalb idR gesondert geprüft werden, ob ein durch strukturelle Merkmale indiziertes bilaterales Machtgefälle im Verhältnis zu kleinen und mittleren Wettbewerbern dem oder den in Betracht stehenden Großunternehmen tatsächlich einen besonderen, wettbewerblich nicht hinreichend kontrollierten Verhaltensspielraum eröffnet. Der Umstand, dass ein solches Unternehmen in der Vergangenheit Verhaltensweisen praktiziert hat, auf die Abs. 3 primär Anwendung finden soll, insbes. Angebote unter Einstandspreis, kann dabei ebenso wenig ausschlaggebend sein wie es zulässig ist, im Rahmen der §§ 19 und § 20 Abs. 1 aus der Behinderung von Wettbewerbern eines Unternehmens ohne weiteres auf die Erfüllung der Normadressatenvoraussetzungen zu schließen. Aus der Unternehmensgröße und anderen Strukturmerkmalen allein lässt sich überlegene Marktmacht gegenüber kleinen und mittleren Wettbewerbern jedenfalls dann nicht folgern, wenn sich diese auf dem relevanten Markt über einen längeren Zeitraum hinweg auch im Wettbewerb mit den Großunternehmen behaupten oder ihre Position sogar noch verbessern konnten und daran erkennbar wird, dass die Größe allein in diesem Wettbewerb keinen wesentlichen Vorteil darstellt.

Verallgemeinerungen, zB dass alle „Großbetriebe des Einzelhandels (SB-Märkte, Filial- **211** unternehmen, Warenhäuser u. a.)" und Oligopolisten, die wegen fortbestehenden Binnenwettbewerbs nicht unter § 18 Abs. 5 fallen, typische Normadressaten seien (Ulmer WuW 1980, 489), sind mit der erforderlichen einzelmarktbezogenen Gesamtbetrachtung unter Berücksichtigung auch des Wettbewerbsverhaltens nicht vereinbar.[322] Andererseits ist aber nicht zu verkennen, dass die im Rahmen des Abs. 3 besonders großen Schwierigkeiten, operationale Kriterien für die Bestimmung des für die Marktmacht iS dieser Vorschrift bestimmenden Verhaltensspielraums im Verhältnis zu kleinen und mittleren Wettbewerbern zu finden, in der Rechtsanwendung im Ergebnis eine **gewisse Pauschalierung** nahelegen, um die Anwendbarkeit der Vorschrift gerade in den besonders sensiblen Bereichen des Lebensmitteleinzelhandels und Kraftstoffvertriebs an Tankstellen nicht in aller Regel schon an der Hürde der Normadressatenvoraussetzungen scheitern zu lassen. Je mehr sich diese Tendenz in der Praxis durchsetzt, umso größere Bedeutung kommt dann aber der Interessenabwägung im Rahmen des Unbilligkeitsmerkmals zur Gewährleistung wettbewerbskonformer Rechtsanwendungsergebnisse zu (→ Rn. 215, 227 ff., 236).

**3. Ausnutzen der Marktmacht.** Das Verbot des Abs. 3 ist nur anwendbar, wenn die **212** unbillige Behinderung kleiner und mittlerer Wettbewerber auf einem Ausnutzen der für die Normadressatenstellung erforderlichen Marktmacht gegenüber diesen Wettbewerbern beruht. Zwischen dieser Machtstellung und der unbilligen Behinderung kleiner und mittlerer Wettbewerber muss deshalb ein ursächlicher Zusammenhang in der Weise bestehen, „dass die besondere wettbewerbliche Gefährlichkeit des betreffenden Verhaltens... gerade aus der spezifischen Machtstellung des Unternehmens erwächst, das es praktiziert" (Bericht 1989, zu Art. 1 Nr. 9b)). Dies ist als eine **rein „normative" Kausalität** zu verstehen.[323] Das Tatbestandsmerkmal hat deshalb im Grunde keine eigenständige Bedeutung, da Verhaltensweisen von Normadressaten immer schon dann in den Verbotsbereich fallen, wenn

---

[321] Nothdurft in Bunte Rn. 133; Westermann in MüKoGWB Rn. 84; anders zB LKartB Bayern 14.5.1982, WuW/E LKartB 223 (224 f.) – Kaufmarkt; in der Tendenz auch BKartA 5.5.1983, WuW/E BKartA 2029 (2031 ff.) – Coop-Wandmaker; zur Bedeutung des Wettbewerbsverhaltens im Zusammenhang mit der Feststellung einer überragenden Marktstellung → § 18 Rn. 106 ff.

[322] Möschel, Wettbewerbsbeschränkungen, Rn. 676; Mestmäcker S. 235, 239.

[323] BGH 12.11.2002 – KVR 5/02, WuW/E DE-R 1042 (1045) – Wal-Mart; OLG Düsseldorf 19.12.2001 – Kart 21/00 (V), WuW/E DE-R 781 (785) – Wal-Mart; Goette ZWeR 2003, 135 (148). Dies bedeutet, dass ein Ausnutzen der die Normadressatenstellung begründenden Marktmacht immer schon dann vorliegt, wenn der Normadressat die nach der Vorschrift verbotene Verhaltensweise begeht, womit dem Tatbestandsmerkmal des Ausnutzens dieser Macht keine eigenständige Bedeutung mehr zukommt. So für § 19 Abs. 2 Nr. 5 aF: BGH 23.1.2018 – KVR 317 Rn. 80 ff., NZKart 2018, 136 – Hochzeitsrabatte.

sie sich als unbillige Behinderung der vom Schutzbereich der Norm erfassten Wettbewerber auswirken.[324]

**213**    **4. Unbillige Behinderung.** Ebenso wie in § 19 Abs. 2 Nr. 1 ist auch in § 20 Abs. 3 zwischen der Verhaltensweise der Behinderung (→ Rn. 214) und ihrer normativen Bewertung im Rahmen des Tatbestandsmerkmals „unbillig" zu unterscheiden. Auch hier dürfen deshalb normative Bewertungsgesichtspunkte nicht unzulässigerweise bereits in den Behinderungsbegriff Eingang finden. Im Gegensatz zum Behinderungsverbot des § 19 Abs. 2 Nr. 1 erfasst das Verbot des § 20 Abs. 3 allerdings nur die Behinderung derjenigen Wettbewerber, die im Einzelfall zu den geschützten kleinen und mittleren Unternehmen gehören.

**214**    **a) Behinderung.** Behinderung iSd Abs. 3 ist ebenso wie nach § 19 Abs. 2 Nr. 1 (→ § 19 Rn. 84 ff.) jede Beeinträchtigung der Betätigungsmöglichkeiten anderer Unternehmen im Wettbewerb, unabhängig davon, ob die hierzu angewendeten Mittel „wettbewerbsfremd" oder in sonstiger Weise anfechtbar sind.[325] Ebenso wie § 19 Abs. 2 Nr. 1 erfasst § 20 Abs. 3 auch mittelbare Behinderungen (zur Bedeutung → § 19 Rn. 87).[326] Im Unterschied zu § 19 Abs. 2 Nr. 1 fällt unter § 20 Abs. 3 jedoch nur die Behinderung von Wettbewerbern, dh von Unternehmen, die mit dem behindernden Normadressaten in einem tatsächlichen oder potentiellen Wettbewerbsverhältnis stehen. Damit können alle nach § 19 Abs. 2 Nr. 1 unter dem Aspekt der Wettbewerberbehinderung relevanten Verhaltensweisen von Anbietern (→ § 19 Rn. 165 ff.) oder Nachfragern (→ § 19 Rn. 199 f.) auch Wettbewerberbehinderungen iSv § 20 Abs. 3 sein. Dies gilt auch für Behinderungen durch Geschäftsabschlussverweigerung und durch ungleiche Behandlung im Rahmen bestehender Geschäftsbeziehungen, soweit dadurch die Wettbewerbsmöglichkeiten der Behinderten mit dem behindernden Normadressaten beeinträchtigt werden, zB durch dessen Weigerung, ein Zulieferteil für ein Fertigprodukt zu liefern, mit dem der Gesperrte auf dem Fertigproduktmarkt dem Lieferanten als Wettbewerber gegenübersteht.[327] Die praktische Bedeutung der Anwendbarkeit des Abs. 3 auf Fälle von Wettbewerberbehinderungen, die ihre Ursache in einer Geschäftsabschlussverweigerung oder Preis- und Konditionendiskriminierung des in Betracht stehenden Normadressaten haben, ist allerdings gering, da die behinderten kleinen und mittleren Wettbewerber idR zugleich von dem betreffenden Normadressaten iSv Abs. 1 abhängig sein dürften, so dass die Behinderung bereits nach Abs. 1 iVm § 19 Abs. 2 Nr. 1 verboten wäre.[328]

**215**    **b) Unbilligkeit.** Für die Beurteilung, ob eine nach Abs. 3 S. 1 relevante Wettbewerberbehinderung unbillig ist, gilt der gleiche Maßstab wie für die Unbilligkeit nach § 19 Abs. 2 Nr. 1. Es kommt deshalb auch hier für die Beurteilung der Unbilligkeit auf eine die Beteiligten (Behindernder, Behinderte) erfassende **Interessenabwägung** unter Berücksichtigung der auf die Freiheit des Wettbewerbs gerichteten Zielsetzung des GWB an.[329]

---

[324] Folgerichtig ist deshalb durch die 10. GWB-Novelle in § 19 Abs. 1 die Voraussetzung, dass der nach dieser Vorschrift verbotene Missbrauch durch Ausnutzen der marktbeherrschenden Stellung des Normadressaten verursacht sein muss. gestrichen worden (vgl. dazu Begr. 2020, 70 f.).

[325] OLG Düsseldorf 13.11.2000 – Kart 16/00 (V), WuW/E DE-R 589 (591 f.) – Freie Tankstellen; Bericht 1980, zu § 26 Abs. 2 und 3, § 37a Abs. 3; hM im Schrifttum, zB Ulmer in FS v. Gamm, 1990, 684; Nothdurft in Bunte Rn. 145.

[326] OLG Düsseldorf 13.11.2000 – Kart 16/00 (V), WuW/E DE-R 589 (592) – Freie Tankstellen.

[327] Ulmer WuW 1980, 493. Die im Bericht 1980 (zu § 26 Abs. 2 und 3, § 37a Abs. 3) vertretene Ansicht, § 20 Abs. 1 sei insoweit lex specialis, ist eine unzulässige Verallgemeinerung daraus, dass sich Lieferant und Abnehmer idR nur in einer rein vertikalen Lieferbeziehung gegenüberstehen und insoweit eine horizontale Wettbewerberbehinderung schon begrifflich ausscheidet.

[328] OLG Düsseldorf 13.11.2000 – Kart 16/00 (V), WuW DE-R 589, 594 – Freie Tankstellen; 13.2.2002 – Kart 16/00 (V), WuW/E DE-R 829 (833 f.) – Freie Tankstellen, auch zur Frage, ob Abs. 3 in derartigen, mit Abs. 1 erfassbaren Fällen überhaupt anwendbar ist.

[329] BGH 9.7.2002 – KZR 30/00, WuW/E DE-R 1006 (1009) – Fernwärme für Börnsen; 12.11.2002 – KVR 5/02, WuW/E DE-R 1042 (1046) – Wal-Mart; OLG Düsseldorf 13.2.2002 – Kart 16/00 (V), WuW/E DE-R 829 (837 f.) – Freie Tankstellen; BKartA, Bek. Nr. 124/2003, B. 4.; Begr. 1997, I. 3. c), gg); Köhler

Dies gilt auch für die in Satz 2 geregelten Sonderfälle der unbilligen Behinderung durch Untereinstandspreisangebote[330] und Anwendung der Preis-Kosten-Schere. Deshalb sind die für die Unbilligkeit nach § 19 Abs. 2 Nr. 1 entwickelten generellen Grundsätze (→ § 19 Rn. 105 ff.) auch für den Unbilligkeitsmaßstab des § 20 Abs. 3 bestimmend. Das Unbilligkeitsurteil kann daher auch hier nicht allein aus der Unvereinbarkeit mit den „Grundsätzen des Leistungswettbewerbs" oder sich daran orientierenden Maßstäben wie „Nichtleistungswettbewerb", „Leistungsfremdheit" oder Fehlen der „Leistungsgerechtigkeit" oder des „Leistungsbezugs" gefolgert werden (s. dazu für § 19 Abs. 2 Nr. 1 iE: → § 19 Rn. 115 ff.). Auch in den in Abs. 3 S. 2 geregelten besonderen Fällen der Untereinstandspreisangebote und Anwendung der Preis-Kosten-Schere ist die Einordnung des behindernden Verhaltens als Verstoß gegen die „Grundsätze des Leistungswettbewerbs" oder als „Nicht-Leistungswettbewerb" oder „leistungsfremd" für sich allein zur Begründung der Unbilligkeit wegen Fehlens einer sachlichen Rechtfertigung nicht ausreichend, sondern eine einzelfallbezogene und normzweckorientierte Interessenabwägung erforderlich.[331] Eine in der Tendenz schärfere Beurteilung von Wettbewerberbehinderungen nach Abs. 3 lässt sich auch nicht mit dem Erfordernis der Berücksichtigung der konkreten Marktstärke des im Einzelfall in Betracht stehenden Normadressaten begründen, da die überlegene Marktmacht iS dieser Vorschrift keinen generell höheren Grad von Marktmacht darstellt als im Falle von Marktbeherrschung oder relativer vertikaler Marktmacht iSv Abs. 1, sondern im Gegenteil ihrem Stärkegrad nach tendenziell geringer ist. Nur für die in § 20 Abs. 2 S. 2 geregelten Sonderfälle der Untereinstandspreisangebote und Anwendung der Preis-Kosten-Schere ergibt sich ein **schärferer Maßstab** aus dem besonderen Normzweck der Vorschrift und der zu seinem Erreichen eingeführten Beweislastumkehr für die Frage der sachlichen Rechtfertigung.[332]

---

BB 1999, 697 (699); Nothdurft in Bunte Rn. 147; Grave in FK-KartellR Rn. 172; Westermann in MüKoGWB Rn. 90; Loewenheim in LMRKM Rn. 61; Bechtold/Bosch Rn. 38; aA Lettl JZ 2003, 662 (664). Zu § 26 Abs. 4 aF: BGH 4.4.1995 – KZR 34/93, WuW/E BGH 2977 (2981) – Hitlisten-Platten; BKartA 17.11.1997, WuW/E DE-V 24 (25) – Milchlieferverträge; Begr. 1989, zu Art. 1 Nr. 9b); Mees WRP 1992, 223 (228); Möschel ZRP 1989, 373; zu § 37a Abs. 3 aF: Bericht 1980, zu § 26 Abs. 2 und 3, § 37a Abs. 3; Monopolkommission Sondergutachten 14 Rn. 184; Schäfer S. 95 ff.; Mestmäcker S. 293 ff.; Möschel, Wettbewerbsbeschränkungen, Rn. 679; für das Abstellen auf einen an den Grundsätzen des Leistungswettbewerbs orientierten Maßstab dagegen zu § 37a Abs. 3 aF und § 26 Abs. 4 aF: BKartA 5.5.1983, WuW/ E BKartA 2029 (2036 f.) – Coop Bremen; LKartB Bayern 14.5.1982, WuW/E LKartB 223 (227) – Kaufmarkt; Westen S. 107 ff.; Wuttke S. 77 ff.; Ulmer in FS v. Gamm, 1990, 677 (683 ff. und 693 ff.); Bunte BB 1990, 1005.
[330] BGH 12.11.2002 – KVR 5/02, WuW/E DE-R 1042 (1046) – Wal-Mart; BKartA, Bek. Nr. 124/ 2003, B. 4.; Köhler BB 1999, 697 (699); aA Lettl JZ 2003, 662 (664); Caspary S. 244 ff. Aus den Gesetzesmaterialien zu Abs. 3 S. 2 (→ Rn. 197) ergibt sich kein Hinweis darauf, dass mit der Konkretisierung des Unbilligkeitsmaßstabs für die besonderen Fälle der Untereinstandspreisangebote und Anwendung der Preis-Kosten-Schere durch das Fehlen einer sachlichen Rechtfertigung eine Abweichung von diesem auch in § 19 Abs. 2 Nr. 1 und 4 verwendeten Interessenabwägungsmaßstab beabsichtigt ist. Dies lässt sich auch nicht aus der gegenüber dem Regierungsentwurf geänderten Beweislastregelung folgern, da sich auch diese Regelung innerhalb des Rahmens dieses Maßstabs hält (zur Beweislast im Zivilprozess für das Fehlen der sachlichen Rechtfertigung nach § 19 Abs. 2 Nr. 1 zB BGH 24.9.2002 – KZR 38/99, WuW/E DE-R 1051 (1054) – Vorleistungspflicht).
[331] Auch der BGH hat im Fall „Wal-Mart" (WuW/E DE-R 1042) auf diesen Maßstab abgestellt, den Normzweck des Satzes 2 nach der Änderung im Regierungsentwurf vorgeschlagenen Fassung durch den federführenden Wirtschaftsausschuss des Bundestages jedoch anders interpretiert als im Fall Hitlisten-Platten (WuW/E BGH 2977) den Normzweck der Vorläufervorschrift des § 26 Abs. 4 aF („Paradigmenwechsel"). Die Divergenzen im Schrifttum zum Unbilligkeitsmaßstab verlieren allerdings in dem Maße ihre praktische Relevanz, in dem die Bezugnahme auf den „Leistungswettbewerb" im Grunde nur der nach dem Interessenabwägungsmaßstab erforderlichen Interessenbewertung dient und als „leistungswidrig" danach solche Wettbewerberbehinderungen angesehen werden, für die es unter Berücksichtigung der auf die Freiheit des Wettbewerbs gerichteten Zielsetzung des GWB kein überwiegendes anzuerkennendes Interesse gibt. So in der Tendenz zB: Ulmer in FS v. Gamm, 1990, 677 (683 ff.); Wuttke S. 77 ff.
[332] BGH 12.11.2002 – KVR 5/02, WuW/E DE-R 1042 (1046) – Wal-Mart; Lettl JZ 2003, 662 (663 f.); Caspary S. 244 ff.

**216**    **c) Beurteilung einzelner Verhaltensweisen.** Ebenso wie im Rahmen des § 19 Abs. 2 Nr. 1 (→ § 19 Rn. 125 f.) lässt der Maßstab der normzweckorientierten Interessenabwägung schon wegen seiner Einzelfallbezogenheit auch nach § 20 Abs. 3 S. 1 generelle Aussagen darüber, ob bestimmte Verhaltensweisen von Normadressaten als unbillige Behinderung verboten sind, nur sehr eingeschränkt zu. Dies gilt für die als Wettbewerberbehinderung in Betracht kommenden Verhaltensweisen (→ Rn. 214) in besonderer Weise, da hier − anders als bei der ungleichen Behandlung − vom Verhalten selbst **keine generelle Indizwirkung** im Hinblick auf das im Rahmen der Interessenabwägung zu findende Unwerturteil ausgeht, wie sich auch aus der Regelung der zivilprozessualen Beweislastverteilung ersehen lässt (→ Rn. 248 ff.). Über den Bereich hinaus, in dem sich die Unbilligkeit der Behinderung bereits aus der Rechtswidrigkeit des behindernden Verhaltens nach anderen rechtlichen Gesichtspunkten ergibt, zB aus einem Verstoß gegen das UWG, oder − wie im Falle von Treuerabatten (→ § 19 Rn. 159) − ein besonders krasser Verstoß gegen das gesetzliche Wertungssystem der Wettbewerbsfreiheit vorliegt, lässt sich daher der Verbotsbereich des § 20 Abs. 3 S. 1 kaum noch weiter generalisierend kennzeichnen. Nur in den durch Satz 2 als Regelbeispiele normierten besonderen Fällen der Untereinstandspreisangebote und Anwendung der Preis-Kosten-Schere besteht eine stärkere Indizwirkung des behindernden Verhaltens für seine Bewertung als unbillig.

**217**    **aa) Angebote unter Einstandspreis (S. 2 Nr. 1 und 2).** Nach Abs. 3 S. 2 Nr. 2 ist eine unbillige Behinderung kleiner und mittlerer Wettbewerber insbes. dann gegeben, wenn Normadressaten Waren oder gewerbliche Leistungen nicht nur gelegentlich unter ihrem Einstandspreis anbieten, es sei denn, dies ist sachlich gerechtfertigt. Nach Satz 2 Nr. 1 gilt dies auch schon für nur gelegentliche Untereinstandspreisangebote von Lebensmitteln iSd § 2 Abs. 2 des Lebensmittel- und Futtermittelgesetzbuches.[333] Durch diese Regelbeispiele einer unbilligen Behinderung iSv Satz 1 wird zum einen die kausale Verknüpfung zwischen der Ausübung überlegener Marktmacht durch Untereinstandspreisangebote und der Gefahr für die Wettbewerbsfähigkeit der kleinen und mittleren Wettbewerber **unwiderleglich** und zum anderen die fehlende sachliche Rechtfertigung solcher Angebote und damit die Unbilligkeit der von ihnen ausgehenden Behinderung dieser Wettbewerber **widerleglich vermutet.**[334] Auf eine zusätzliche Feststellung, dass diese Behinderung die Wettbewerbsverhältnisse auf dem relevanten Markt spürbar beeinträchtigt, kommt es dabei nicht mehr an.[335] Die Reichweite der Verbote des Satzes 2 Nr. 1 und 2 wird deshalb entscheidend von den Maßstäben für das Vorliegen eines Untereinstandspreisangebots und den Anforderungen an den vom Normadressaten zu erbringenden Nachweis bestimmt, dass ein derartiges Angebot im Einzelfall sachlich gerechtfertigt ist.

**218**    **(1) Angebot von Lebensmitteln und anderen Waren oder gewerblichen Leistungen.** Für die Anwendung des Abs. 3 S. 2 Nr. 1 und 2 genügt bereits das Anbieten der betreffenden Ware oder Leistung unter dem im Einzelfall maßgeblichen Einstandspreis, ohne dass es dabei auf die Verbindlichkeit des Angebots iSd § 145 BGB ankommt, wobei bereits die im Einzelhandel übliche Einladung zu Kaufangeboten zu dem angebotenen Preis (invitatio ad offerendum) ausreicht. Nicht erforderlich ist deshalb, dass das Angebot auch angenommen und die Ware geliefert oder die Leistung erbracht wurde. Meistens dürfte sich allerdings die Frage, ob nach Nr. 2 der Fall eines nicht nur gelegentlichen Anbietens unter dem Einstandspreis vorliegt, erst nach einiger Zeit und nach bereits erfolgten Verkäufen oder Lieferungen beurteilen lassen. Die Voraussetzung des nicht nur gelegentlichen Anbietens in Nr. 2 schließt auch die Anwendung von S. 2 Nr. 1 und 2 auf nicht allgemein am

---

[333] Diese Vorschrift verweist für die Definition von Lebensmitteln auf Art. 2 der Verordnung (EG) Nr. 178/2002 v. 28.1.2002, ABl. 2002 L 31, 1.

[334] BGH 12.11.2002 – KVR 5/02, WuW/E DE-R 1042 (1046) – Wal-Mart.

[335] BGH 12.11.2002 – KVR 5/02, WuW/E DE-R 1042 (1049) – Wal-Mart. Die im Fall „Hitlisten-Platten" (WuW/E BGH 2977 (2981 f.)) zu § 20 Abs. 4 aF vertretene gegenteilige Ansicht (so auch Markert in Immenga/Mestmäcker, 4. Aufl. 2007, Rn. 308) ist damit vom BGH aufgegeben worden.

Markt, sondern nur wenigen einzelnen Abnehmern gemachte Angebote idR aus. Erforderlich ist, wie sich auch aus dem Begriff „Einstandspreis" ergibt, dass der in Betracht stehende Normadressat eine von Dritten bezogene Ware oder Leistung **als Eigenhändler weiterliefert.** Die bloße Vermittlung des Absatzes für Dritte, zB als Handelsvertreter oder Kommissionsagent, fällt daher nicht unter Satz 2 Nr. 1 und 2. Insoweit kann nur ein Gesetzesverstoß des Geschäftsherrn in Betracht kommen, wenn er selbst Normadressat ist und eine fremdbezogene Ware oder Leistung unter seinem eigenen Einstandspreis anbietet.

**(2) Einstandspreis.** Mit dem Abstellen in Satz 2 Nr. 1 und 2 auf den Einstandspreis hat **219** der Gesetzgeber eine Preisuntergrenze festgelegt, die tendenziell höher liegt als die in der Anwendungspraxis der Kartellbehörden zu § 37a Abs. 3 aF und § 26 Abs. 4 aF als maßgeblich angesehene Grenze des Einkaufspreises,[336] der die über diesen Preis hinausgehenden Bezugskosten des Käufers, insbes. Verpackungs-, Transport-, Versicherungs-, Zoll- und Provisionskosten, nicht einschließt.[337] Nach dem Normzweck und der Entstehungsgeschichte, insbes. nach der Begründung für die Änderung des Wortlauts des S. 2 durch den Wirtschaftsausschuss des Bundestages, kann **nur eine auf die einzelne angebotene Ware oder Leistung bezogene Auslegung des Begriffs Einstandspreis in Betracht kommen.**[338] Dass mehrere, nicht zu einem Gesamtpreis angebotene Waren oder Leistungen in der Summe nicht unter ihrem Einstandspreis angeboten werden, schließt daher die Anwendung von S. 2 Nr. 1 und 2 nicht aus. Umgekehrt kann ein aus mehreren Waren oder Leistungen bestehendes und zu einem einheitlichen Preis angebotenes „Paket" nicht deshalb als Angebot unter Einstandspreis angesehen werden, weil einzelne Waren oder Leistungen des „Pakets" bei der Bildung des Gesamtpreises kalkulatorisch unter ihrem Einstandspreis eingesetzt sind, solange der Gesamtpreis auf der Grundlage einer betriebswirtschaftlich vertretbaren Kalkulation nicht unter dieser Grenze liegt. Mit der Festlegung des Einstandspreises als Preisuntergrenze ist auch der in aller Regel etwas niedrigere Verkauf unter Einkaufspreis erfasst. Dagegen kommt es auf die neben dem Einstandspreis vom Anbieter für die Zwecke des Weiterverkaufs getätigten weiteren Aufwendungen (Selbstkosten) nicht an. Weitergehende Forderungen, bereits den „Verlustpreisverkauf" im Handel unterhalb der Grenze der alle eigenen Aufwendungen des Händlers einschließenden Selbstkosten einem Verbot zu unterwerfen,[339] sind vom Gesetzgeber nicht aufgegriffen worden. Mit der Entscheidung für ein nur Untereinstandspreisangebote erfassendes Verbot ist gleichzeitig der Verbotsbereich **praktisch auf den Handel mit fremdbezogenen Waren und Dienstleistungen begrenzt** worden und gilt nicht für selbst hergestellte Waren oder erbrachte Dienstleistungen.[340]

Der für das Verbot des S. 2 Nr. 1 und 2 maßgebliche **Begriff des Einstandspreises** ist **220** durch den mit der 9. GWB-Novelle neu eingefügten S. 3 nunmehr auch gesetzlich festgelegt worden (Legaldefinition). Danach ist Einstandspreis der zwischen dem Normadressaten und seinem Lieferanten vereinbarte Preis für die Beschaffung der Ware oder Leistung,

---

[336] So insbes. BKartA 5.5.1983, WuW/E BKartA 2029 (2045 f.) – Coop Bremen; TB 1985/86, 82 – Massa; LKartB Bayern 14.5.1982, WuW/E LKartB 223 (229) – Kaufmarkt. Die Definition des Einkaufspreises im Fall Massa ist abgedruckt bei Möschel BB 1986, 1787. Zu den Unterschieden der Begriffsdefinitionen in diesen Fällen zB Häntze GRUR 1988, 881 ff.

[337] Vgl. zB Westen S. 18 ff., auch zu den in Rechtsprechung und Literatur zum UWG aF in anderer Hinsicht nicht einheitlichen Begriffsinhalten.

[338] So zB auch die Beurteilung im Fall Wal-Mart, in dem aus dem breiten Sortiment des verfahrensbetroffenen Unternehmens nur drei Produkte (H-Milch, Zucker und Pflanzenmargarine/Pflanzenfett) unter dem Einstandspreis angeboten worden waren, s. BGH 12.11.2002 – KVR 5/02, WuW/E DE-R 1042. Bestätigt wird dies durch den Wortlaut der mit der 9. GWB-Novelle eingefügten Legaldefinition des maßgeblichen Einstandspreises in Abs. 3 S. 3 als Preis für die Beschaffung der jeweils in Betracht stehenden einzelnen Ware oder Leistung.

[339] So schon de lege lata: LKartB Bayern 14.5.1982, WuW/E LKartB 223 (228 f.) – Kaufmarkt; Wuttke S. 15 ff.; auf den Verkauf unter Einkaufspreis begrenzt dagegen Schmidt/Wuttke BB 1998, 753 (758).

[340] HM, zB Westermann in MüKoGWB Rn. 96; Bechtold/Bosch Rn. 34. Für Einbeziehung de lege ferenda auch des Herstellerverkaufs: Caspary S. 300 ff.

auf den allgemein gewährte und im Zeitpunkt des Angebots bereits mit hinreichender Sicherheit feststehende Bezugsvergünstigungen anteilig angerechnet werden, soweit nicht für bestimmte Waren etwas anderes vereinbart ist. Der Gesetzgeber hat damit auf die vom BGH[341] bestätigte Rossmann-Entscheidung des OLG Düsseldorf[342] reagiert, nach der der Händler mit Duldung seines Lieferanten berechtigt war, ihm vom Lieferanten allgemein auf das gesamte Liefersortiment gewährte Vergünstigungen (zB Werbekostenzuschüsse, umsatzbezogene Vergütungen, Boni, Rabatte, Skonti) auf den ursprünglich vereinbarten Lieferantenpreis einzelner Produkte umzulegen.[343] Diese Kalkulationsfreiheit der Händler ist nach dem neuen Satz 3 in der Weise eingeschränkt worden, dass danach im Regelfall solche Vergünstigungen vom Händler **nur noch proportional auf das vom Lieferanten bezogene gesamte Sortiment anrechenbar sind.** Damit ist eine überproportionale Absenkung des Einkaufspreises einer bestimmten Ware oder Leistung durch Verwendung solcher Vergünstigungen nur zulässig, wenn eine dementsprechende Zuordnung mit dem Lieferanten konkret vereinbart wurde.[344]

221      Dieser Begriffsinhalt des maßgeblichen Einstandspreises lag auch schon der Bekanntmachung des BKartA Nr. 124/2003, B. 3. zugrunde. Auch damit waren aber die bereits zu § 37a Abs. 3 aF deutlich gewordenen erheblichen Schwierigkeiten, auf dieser Grundlage vor allem im Lebensmitteleinzelhandel mit breiten Warensortimenten den Einstandspreis für einzelne Artikel zweifelsfrei zu bestimmen, nicht behoben.[345] Dabei geht es neben der **Behandlung der Mehrwertsteuer** vor allem um die Bestimmung des Einstandspreises für Waren, die aus einem zu ungleichen Preisen und auch bei verschiedenen Lieferanten bezogenen **Lagerbestand** verkauft werden, zB Vergaserkraftstoff und Diesel aus einem zu unterschiedlichen Tagespreisen mehrerer Lieferanten ständig neu aufgefüllten Tanklager, und um die Behandlung von den allgemein auf das gesamte Liefersortiment oder Teile davon gewährten Bezugsvergünstigungen, die sich zwar auf die einzelnen bezogenen Waren oder Leistungen zurechnen lassen, deren Höhe aber im Zeitpunkt des als Verstoß gegen S. 2 Nr. 1 und 2 angegriffenen Angebots **noch nicht feststeht,** weil die für die Berechnung maßgebliche Zeitperiode (zB das Vertragsende oder ein anderer Abrechnungszeitraum) noch nicht abgelaufen ist. Alles dies lässt sich zwar in den idR längere Zeit dauernden förmlichen Kartellverwaltungs- und Zivilgerichtsverfahren abschließend klären. Da jedoch das Unterschreiten des Einstandspreises Tatbestandsvoraussetzung eines die Normadressaten bindenden und bußgeldbewehrten Verbots ist, muss auch schon im Zeitpunkt des im Einzelfall zu beurteilenden Angebots für den Normadressaten erkennbar sein, ob sein Angebotspreis noch innerhalb der Grenze des maßgeblichen Einstandspreises liegt oder schon darunter. Nach Abs. 3 S. 3 kommt es für die Bestimmung des für die Anwendung der Verbote des S. 2 Nr. 1 und 2 maßgeblichen Einstandspreises **auf den Zeitpunkt des jeweiligen Angebots** an, wobei künftige Bezugsvergünstigungen nur berücksichtigt werden können, wenn sie zu diesem Zeitpunkt bereits mit hinreichender Sicherheit feststehen.[346] Dies hat allerdings zur Folge, dass sich in Fällen eines so berechneten Untereinstandspreisangebots erst im Laufe eines deshalb anhängig gemachten Verwaltungs- oder Zivilverfahrens abschließend feststellen lässt, ob für die jeweilige Berechnungsperiode noch weitere anrechenbare Bezugsvergünstigungen zu berücksichtigen sind, wodurch sich möglicherweise der Verwurf eines verbotenen Unterschreitens des Einstandspreises nachträglich als unbegründet erweist, was bereits die Voraussetzung eines Angebots unter Einstandspreis

---

[341] BGH 9.11.2010 – KRB 57/10, berichtet in BKartA TB 2009/10, 81.
[342] OLG Düsseldorf 12.11.2009 – VI.-2 Kart 9/08 OWiG, BB 2009, 2489.
[343] RegBegr., BT-Drs. 18/10207, 53; Nothdurft in Bunte Rn. 165 ff.; Murach S. 59 f.
[344] Der diese Zuordnung durch den Händler bisher nur duldende Lieferant wie im Rossmann-Fall wird vermutlich idR auch zu einer den Vorstellungen des Händlers entsprechenden konkreten Vereinbarung bereit sein, womit die praktische Wirkung des S. 3 gering bleiben dürfte.
[345] Vgl. BGH 20.3.1984 – KVR 12/83, WuW/E BGH 2073 (2075) – Kaufmarkt; OLG München 28.7.1983 – Kart 8/82, WuW/E OLG 2942 (2945) – Kaufmarkt.
[346] So auch schon BKartA-Bek. Nr. 124/2003, B.3.; Köhler BB 1999, 697 (698 ff.).

betrifft und nicht erst dessen vom Normadressaten zu beweisende sachliche Rechtfertigung.[347]

Die Abgrenzung zwischen dem Normadressaten gewährten finanziellen Vorteilen, die **222** im Zusammenhang mit dem Bezug bestimmter Waren oder Leistungen stehen, und allgemein gewährten Bezugsvergünstigungen kann insbes. bei den nicht unmittelbar für die Abnahme einer konkreten Waren- oder Leistungsmenge gewährten Vergünstigungen, zB bei Listungsgebühren, Eröffnungs- und Jubiläumsboni, Werbungskostenzuschüssen, Displayvergütungen und Regalmieten, im Einzelfall schwierig sein. Entscheidend für die Zuordnung ist dabei nicht die Bezeichnung, sondern ob die Parteien einen **hinreichenden waren- oder leistungsbezogenen Zusammenhang vereinbart** haben.[348] Deshalb kann auch eine als **Werbekostenzuschuss** bezeichnete Bezugsvergünstigung für die Bestimmung des Einstandspreises für einzelne Waren anrechenbar sein, wenn vereinbarungsgemäß die damit beabsichtigte Absatzförderung für diese Waren durch einen besonders günstigen Verbraucherpreis erfolgen soll.[349] Für die Bestimmung des Einstandspreises für Waren, die aus einem Lager mit wechselndem Bestand geliefert werden, ist der nach einer kaufmännisch vertretbaren Kalkulation ermittelte durchschnittliche Einstandspreis maßgebend. Die Mehrwertsteuer bleibt bei der Bestimmung des Einstandspreises ebenso wie andere durchlaufende Posten außer Betracht.[350]

Ob eine Bezugsvergünstigung möglicherweise **durch rechtswidrige Mittel**, zB unter **223** Verstoß gegen § 19 Abs. 2 Nr. 1 oder Nr. 5, § 20 Abs. 2 GWB oder § 4 Nr. 4 UWG, erlangt wurde, schließt die Berücksichtigung bei der Bestimmung des Einstandspreises nur dann aus, wenn die Rechtswidrigkeit entweder bereits abschließend geklärt oder so offensichtlich ist, dass sie für den Normadressaten unschwer erkennbar ist.[351] Die weitergehende Ansicht[352] würde den Normadressaten in die nicht zumutbare Zwangslage bringen, in Zweifelsfällen, ob eine Bezugsvergünstigung rechtmäßig ist, gegen sich selbst zu entscheiden. Außerdem kann es vor allem bei der zivilrechtlichen Durchsetzung nicht Aufgabe eines gegen verbotswidrige Untereinstandspreisverkäufe gerichteten Verfahrens sein, inzidenter auch über die Zulässigkeit solcher Vergünstigungen zu entscheiden. Bei hinreichendem Verdacht, dass bei der Berechnung des Einstandspreises berücksichtigte Bezugsvergünstigungen unter Verstoß gegen die vorgenannten GWB-Vorschriften erlangt wurden, kann aber die Kartellbehörde auch von Amts wegen ihr Verfahren auch darauf erstrecken.

**(3) Angebot unter Einstandspreis.** Ein derartiges Angebot liegt auch vor, wenn ein **224** unveränderter Angebotspreis erst zu einem späteren Zeitpunkt die Grenze des Einstandspreises unterschreitet, weil sich dieser inzwischen erhöht hat.[353] Allerdings ist bei über-

---

[347] Für Letzteres aber Köhler BB 1999, 697 (699 f.).

[348] BKartA-Bek. Nr. 124/2003, B.3.; Köhler BB 1999, 698; ebenso die Definition des BKartA im Fall Massa (TB 1985/86, 82).

[349] Vgl. OLG Düsseldorf 12.11.2009 – VI-2 Kart 9/08 (OWi), BB 2009, 2489 – Rossmann. Die Rechtsbeschwerde der Staatsanwaltschaft gegen den Freispruch des Normadressaten durch das OLG wurde vom BGH ohne Begründung verworfen (9.11.2010 – KRB 57/19, berichtet in BKartA TB 2009/10, 81). Nach Ansicht des OLG ist die Bestimmung des Kaufpreises seitens des Herstellers oder Lieferanten der Ware. Die Zurechnung von Werbekostenzuschüssen auf einzelne besonders beworbene Waren eines breiteren Sortiments mit der Folge einer dadurch bewirkten Reduzierung des Einstandspreises dieser Waren durch den Normadressaten sei deshalb zulässig, wenn sie mit Zustimmung oder bewusster Duldung des Herstellers Nothdurft oder Lieferanten erfolgt. Die Zuschüsse seien in diesem Fall wie Mengenrabatte dazu bestimmt, im Wettbewerb preiswirksam eingesetzt zu werden. Durch den mit der 9. GWB-Novelle in Abs. 3 eingefügten in S. 3 ist inzwischen jedoch bestimmt, dass dabei die bloße Duldung des Lieferanten für ein entsprechendes Vorgehen des Händlers nicht mehr ausreicht, sondern dafür eine ausdrückliche Vereinbarung mit dem Lieferanten erforderlich ist. Zum Rossmann-Fall ausführlich: Nothdurft in Bunte Rn. 159 ff.; Murach S. 59 f.

[350] BKartA, Bek. Nr. 124/2003, B.3.; Westen S. 19; Block S. 144.

[351] Ebenso BKartA, Bek. Nr. 124/2003, B.3. Zu Beispielen für wegen Verstoßes gegen § 19 Abs. 2 Nr. 5 rechtswidriger Vorteile s. BGH 23.1.2018 – KVR 3/17, NZKart 2018, 136 – Hochzeitsrabatte.

[352] So für § 37a Abs. 3 aF: LKartB Bayern, WuW/E LKartB 223 (229) – Kaufmarkt; Schmidt/Wuttke BB 1998, 758; krit. zB Westen S. 22 ff.

[353] BGH 12.11.2002 – KVR 5/02, WuW/E DE-R 1042 (1044) – Wal-Mart; BKartA, Bek. Nr. 124/ 2003, B.3.; Goette ZWeR 2003, 135 (147).

raschenden Erhöhungen des Einstandspreises, insbes. wenn sie in einer rechtswidrigen Einwirkung von Konkurrenten des Anbieters auf seinen Lieferanten ihre Ursachen haben, die Beibehaltung des bisherigen Angebotspreises für eine **angemessene Übergangszeit** bis zur zumutbaren Erschließung alternativer Bezugsmöglichkeiten sachlich gerechtfertigt.[354]

**225**    **(4) Nicht nur gelegentlich.** Nach S. 2 Nr. 2 sind mit Ausnahme von Lebensmitteln iSv Nr. 1 Untereinstandspreisangebote nur dann verboten, wenn sie „nicht nur gelegentlich" erfolgen. Diese bereits im Regierungsvorschlag zu § 20 Abs. 4 S. 2 aF enthaltene Einschränkung ist vor dem Hintergrund der vorangegangenen rechtspolitischen Diskussion synonym mit „systematisch" zu verstehen.[355] Damit scheiden alle Angebote aus, die nicht von vornherein auf eine mehr oder weniger regelmäßige Wiederholung, sondern nur ad hoc auf eine einzelne Sondersituation, zB Geschäftseröffnung oder Reaktion auf einzelne Konkurrenzangebote, hin angelegt sind.[356]

**226**    Als nicht nur gelegentlich anzusehen sind in erster Linie Dauerangebote unter dem Einstandspreis. Dagegen wird die im Lebensmitteleinzelhandel übliche Praxis der zu Werbezwecken eingesetzten **kurzfristigen Sonderangebote** mit wechselnden Produkten eines breiten Sortiments idR davon nicht erfasst.[357] Dabei lassen sich die Dauer der einzelnen Angebote und der zeitliche Abstand zwischen den Angeboten nicht von vornherein generell festlegen.[358] Für Untereinstandsangebote von Lebensmitteln gilt die Einschränkung „nicht nur gelegentlich" nach S. 2 Nr. 1 jedoch nicht.

**227**    **(5) Fehlen einer sachlichen Rechtfertigung.** Ob Untereinstandspreisangebote im Einzelfall sachlich gerechtfertigt und deshalb keine unbillige Behinderung kleiner und mittlerer Wettbewerber sind, ist grundsätzlich nach dem auch für § 19 Abs. 2 Nr. 1 (→ § 19 Rn. 106) geltenden Maßstab der **Abwägung der Interessen** der Beteiligten unter Berücksichtigung der auf die Freiheit des Wettbewerbs gerichteten Zielsetzung des GWB zu beurteilen.[359] Dabei ergibt sich jedoch aus dem besonderen Normzweck des Satzes 2 Nr. 1 und 2, die wettbewerblichen Betätigungsmöglichkeiten kleiner und mittlerer Wettbewerber insbes. im Einzelhandel stärker gegen Beeinträchtigungen durch Untereinstandspreisangebote von Normadressaten zu schützen, und aus der zu diesem Zweck eingeführten Beweislastumkehr für die Frage der sachlichen Rechtfertigung ein erheblich geringerer Zulässigkeitsspielraum als für die nur mit Satz 1 erfassbaren Behinderungen. Dies geht allerdings nicht so weit, dass der Aspekt der Berücksichtigung der Wettbewerbsfreiheit hier gänzlich außer Betracht zu bleiben hat und deshalb auch das angemessene Reagieren auf wettbewerbskonformes Preisverhalten von Wettbewerbern prinzipiell als sachlich nicht gerechtfertigt anzusehen ist.[360] Diese Folgerung lässt sich auch nicht aus der Entscheidung des BGH im Fall Wal-Mart ziehen.[361] Die gegenteilige Ansicht würde den auch in den

---

[354] BGH 12.11.2002 – KVR 5/02, WuW/E DE-R 1042 (1048) – Wal-Mart.

[355] So schon zu § 26 Abs. 4 aF: Begr. 1989, zu Art. 1 Nr. 9b); BKartA 5.5.1983, WuW/E BKartA 2029 (2036) – Coop Bremen, Ulmer FS v. Gamm, 1990, 693 ff.

[356] BKartA, Bek. Nr. 124/2003, B.2.; Köhler BB 1999, 699 f.; Nothdurft in Bunte Rn. 163.

[357] Ulmer Schwerpunkte 1990/91, 82; stärker auf den Einzelfall abstellend Köhler BB 1999, 699; noch enger: BKartA, Bek. Nr. 124/2003, B.2., wonach Untereinstandspreisangebote mit wechselnden Produkten auf demselben (räumlichen) Markt nicht mehr als nur gelegentlich angesehen werden können.

[358] Enger: BKartA, Bek. Nr. 124/2003, B.2 (Begrenzung auf drei Wochen); BKartA 17.12.2004, WuW/E DE-V 911 (913 f.) – Fotoarbeitstasche; Wackerbeck WRP 2006, 991 (994 f.); Nothdurft in Bunte Rn. 172; wie hier: Loewenheim in LMRKM Rn. 79.

[359] BGH 12.11.2002 – KVR 5/02, WuW/E DE-R 1042 (1046) – Wal-Mart; OLG Düsseldorf 19.12.2001 – Kart 21/00 (V), WuW DE-R 781, 782 – Wal-Mart; BKartA-Bek. Nr. 124/2003, B. 4.; Block S. 156 ff.; Köhler BB 1999, 699; aA Caspary S. 244 ff.; in der Tendenz auch Lettl JZ 2003, 662 (664 f.).

[360] So aber Lettl JZ 2003, 662 (664 ff.); Caspary S. 259 ff.

[361] Der in dieser Entscheidung verkündete „Paradigmenwechsel" (WuW/E DE-R 1045) beschränkt sich auf die vom BGH im Fall Hitlisten-Platten (WuW/E BGH 2977 (2981 f.)) zu § 20 Abs. 4 aF vertretene und nunmehr ausdrücklich aufgegebene Ansicht, das Verbot erfasse nur solche Untereinstandspreisangebote, aus denen „die Gefahr einer nachhaltigen Beeinträchtigung der strukturellen Voraussetzungen für einen wirksamen Wettbewerb – einschließlich des Wettbewerbs durch kleine und mittlere Wettbewerber – erwächst",

parlamentarischen Beratungen über die Änderung des im Regierungsentwurf vorgeschlagenen Gesetzeswortlauts nicht grundsätzlich in Frage gestellten Wettbewerbsbezug der Vorschrift aufgeben und die Grenze zu einem strukturkonservierenden Protektionismus überschreiten.[362]

**Sachlich gerechtfertigt** sind insbes. regelmäßige Abverkäufe verderblicher, beschädig- **228** ter, technisch nicht mehr auf dem neuesten Stand befindlicher oder nicht mehr der neuesten Mode entsprechender Waren.[363] Auch darüber hinaus kann es in Einzelfällen gerechtfertigt sein, auf eine sinkende Nachfrage nach einer Ware mit angemessenen Preissenkungen zu reagieren, auch wenn dabei der im Zeitpunkt der Beschaffung geltende Einstandspreis unterschritten wird. Hier dürfte allerdings idR – ebenso wie in Fällen von Geschäftseröffnungen oder -liquidationen oder Jubiläumsverkäufen – schon die Voraussetzung eines nicht nur gelegentlichen Angebots fehlen.

Für Untereinstandspreisangebote von **Lebensmitteln** iSv Abs. 3 S. 2 Nr. 1 wird der **229** Rahmen für die sachliche Rechtfertigung durch Abs. 3 S. 4 dadurch weiter eingeschränkt, dass über den auch für andere Waren oder Dienstleistungen geltenden Fall des Abverkaufs bei drohender Unverkäuflichkeit beim Händler hinaus solche Angebote nur noch „**in vergleichbar schwerwiegenden Fällen**" sachlich gerechtfertigt sind. Ob sich dies noch im Rahmen des Wettbewerbsbezugs des Abs. 3 hält, zumal hier nach dem Gesetzeswortlaut bereits jedes einzelne, für den Wettbewerb uU völlig unbedeutende Angebot unter das Verbot fällt, ist fraglich.[364] Dies zeigt sich auch daran, dass es der Gesetzgeber für erforderlich hielt, für die aus wettbewerblicher Sicht offensichtlich völlig irrelevante Abgabe von Lebensmitteln an gemeinnützige Einrichtungen zur Verwendung im Rahmen ihrer Aufgaben eine unbillige Behinderung ausdrücklich auszuschließen.[365]

In aller Regel gerechtfertigt sind jedenfalls Untereinstandspreisangebote iSv S. 2 Nr. 2 **230** auch, wenn sie durch eine **unvorhergesehene Erhöhung des Einstandspreises des Anbieters verursacht sind** und nicht länger dauern, als zur Erschließung von anderen Bezugsmöglichkeiten erforderlich ist, die eine Beibehaltung des bisherigen Verkaufspreises ohne Unterschreiten des Einstandspreises ermöglichen.[366] Dies gilt jedenfalls dann, wenn die Erhöhung des Einkaufspreises die Folge eines die Marktgegebenheiten verfälschenden Einwirkens von Wettbewerbern auf den bisherigen Lieferanten des Normadressaten war. Die Frage, ob dies auch ohne ein derartiges Einwirken gilt, hat der BGH in der Entscheidung Wal-Mart als hier nicht entscheidungserheblich ausdrücklich offengelas-

---

und darauf, dass die von solchen Angeboten ausgehende Gefahr für die Wettbewerbsfähigkeit des kleinen und mittleren Unternehmen unwiderleglich vermutet wird, so dass nach Abs. 3 S. 2 Nr. 1 und 2 auch für eine Spürbarkeitsgrenze kein Raum ist (WuW/E DE-R 1049; Goette ZWeR 2003, 135 (148 f.)). Zur sachlichen Rechtfertigung von Untereinstandspreisangeboten als Reaktion auf preisliche Wettbewerbsvorstöße großer Wettbewerber hat sich der BGH in der Entscheidung Wal-Mart nur mit dem besonderen Fall befasst, dass es sich um rechtswidrige Vorstöße solcher Unternehmen handelt (WuW/E DE-R 1042 (1046 f.); Goette ZWeR 2003, 135 (149 f.)).

[362] Aus der Begründung des Wirtschaftsausschusses des Bundestages für die Textänderung des Abs. 4 S. 2 aF gegenüber der Fassung des Regierungsentwurfs (BT-Drs. 13/10633, 95 f.) ergibt sich nur, dass damit eine nachhaltige Beeinträchtigung des Wettbewerbs entgegen der bisherigen Rechtsprechung nicht mehr Voraussetzung für die Kartellrechtswidrigkeit von Untereinstandspreisangeboten sein soll und die Beweislast für die sachliche Rechtfertigung dem Anbieter auferlegt wird. Außerdem heißt es dort: „Ob die Voraussetzungen des § 20 Abs. 4 S. 2 im Einzelfall gegeben sind, haben die Kartellbehörden und Gerichte zu prüfen und festzustellen."

[363] BKartA, Bek. Nr. 124/2003, B.4.; Kamlah S. 113 ff.; Köhler BB 1999, 700; Lettl JZ 2003, 662 (665).

[364] Bejahend zB Westermann in MüKoGWB Rn. 100; Nothdurft in Bunte Rn. 164, der allerdings versucht, im Wege der teleologischen Reduktion der Norm sinnwidrige Ergebnisse auszuschließen wie die unentgeltliche Darreichung kleiner Portionen zum sofortigen Verzehr zur Anreizung der Kauflust oder Stärkung der Kundenbindung, davon jedoch das Sponsoring außerhalb der Abgabe an gemeinnützige Einrichtungen ausnimmt. Krit. auch Monopolkommission, Sondergutachten 47, Rn. 61.

[365] Der Begriff der gemeinnützigen Einrichtung ist weder im Gesetz selbst noch in den Gesetzesmaterialien näher erläutert und dürfte jedenfalls nicht mit dem steuerrechtlichen Begriffsinhalt übereinstimmen. Vgl. Nothdurft in Bunte Rn. 173.

[366] BGH 12.11.2002 – KVR 5/02, WuW/E DE-R 1042 (1048 f.) – Wal-Mart.

sen;[367] sie ist jedoch konsequenterweise zu bejahen, wobei allerdings der Anbieter dafür beweispflichtig ist, dass es ihm in dem begrenzten Zeitraum seines Angebots unter Einstandspreis nicht schon früher möglich war, die Differenz durch preisgünstigere andere Bezugsmöglichkeiten zu beseitigen.

231      Als wettbewerbskonform gerechtfertigt sind schließlich auch Einstandspreisangebote als **Reaktion auf rechtmäßige niedrigere Preise von Wettbewerbern** bis zur Grenze des Eintritts in diese Preise.[368] Etwas anderes gilt allerdings, wenn die zur Rechtfertigung herangezogenen Preise von Wettbewerbern wegen Verstoßes gegen kartell- oder lauterkeitsrechtliche Vorschriften rechtswidrig sind,[369] es sei denn, dass es für den im Preis unterbotenen Normadressaten ausnahmsweise nicht zumutbar ist, dagegen im Zivilrechtswege vorzugehen oder ein Eingreifen der zuständigen Kartellbehörde oder eines klagebefugten Verbandes abzuwarten.[370] In Anbetracht der typischerweise gegebenen Schwierigkeit, bei einem niedrigeren Angebotspreis eines Wettbewerbers zu erkennen, ob dessen Einstandspreis darunter liegt, kann – dem Ausnahmecharakter der Rechtfertigungsmöglichkeit nach Abs. 3 S. 2 Nr. 2 entsprechend – die sachliche Rechtfertigung auch schon dann verneint werden, wenn der unter seinem Einstandspreis anbietende Normadressat auf Grund konkreter Anhaltspunkte damit rechnen musste, dass der niedrigere Wettbewerberpreis, auf den reagiert werden soll, rechtswidrig und deshalb der Rechtsweg oder ein kartellbehördliches Eingreifen dagegen nicht von vornherein aussichtslos ist.[371]

232      **bb) Preis-Kosten-Schere.** Abs. 3 S. 2 Nr. 3 normiert als weiteres Regelbeispiel einer unbilligen Behinderung iSv Satz 1 den Fall, dass ein Normadressat für die Lieferung von Waren oder gewerblichen Leistungen an kleine und mittlere Unternehmen, mit denen er auf dem nachgelagerten Markt beim Absatz dieser Waren oder gewerblichen Leistungen an Endkunden im Wettbewerb steht, einen höheren Preis fordert, als er selbst auf diesem Markt an Endkunden anbietet (Preis-Kosten-Schere). Wie sich aus der Regierungsbegründung zur 8. GWB-Novelle für die Aufhebung der bisherigen Befristung bis Ende 2012 ergibt,[372] soll mit S. 2 Nr. 3 insbes. das auch nach der Sektoruntersuchung Kraftstoffe des BKartA von 2011[373] feststellbare Verhalten der großen integrierten Mineralölunternehmen,

---

[367] WuW/E DE-R 1049.

[368] Ebenso Block S. 167 ff.; Loewenheim in LMRKM Rn. 80; Westermann in MüKoGWB Rn. 107; einschränkend Bechtold/Bosch Rn. 38; aA BKartA, Bek. Nr. 124/2003, B. 4. („Der Eintritt in (niedrigere) Wettbewerbspreise stellt für sich allein noch keine sachliche Rechtfertigung dar".); Notdurft in Bunte Rn. 172; Caspary S. 259 ff.; Kamlah S. 130 ff.; Lettl JZ 2003, 662 (666); Wackerbeck WRP 2006, 99; vermittelnd: Köhler BB 1999, 697 (700). Der BGH hat in seiner Entscheidung im Fall Wal-Mart zur Rechtfertigung von Untereinstandspreisangeboten als Reaktion auf rechtmäßige niedrigere Preise von Wettbewerbern nicht Stellung genommen, da er von der Tatsachenfeststellung der Vorinstanz ausging, dass es sich bei den in diesem Fall zu beurteilenden Preisen um kartellrechtswidrig gebildete handelte (WuW/E DE-R 1042 (1047)).

[369] Dies können neben § 20 Abs. 2 auch § 19 Abs. 2 Nr. 1 und 5 GWB und § 4 Nr. 4 UWG sein.

[370] BGH 12.11.2002 – KRB 5/02, WuW/E DE-R 1042 (1047) – Wal-Mart; Goette ZWeR 2003, 135 (149 f.). Danach kann selbst in diesem Fall der Rechtswidrigkeit des niedrigeren Konkurrentenpreises das darauf reagierende Angebot unter Einstandspreis ausnahmsweise gerechtfertigt sein, wenn der in Betracht stehende Normadressat mangels zumutbarer Alternative auf diese handeln musste, wobei ihn für diese Zwangslage die Beweislast trifft (WuW/E DE-R 1042 (1047)). Dies entspricht der (an strenge Voraussetzungen geknüpften) Zulassung im Rahmen des § 21 Abs. 1 des Abwehrboykotts trotz der nach dieser Vorschrift geltenden grundsätzlichen Rechtswidrigkeit des Boykotts (→ § 21 Rn. 39).

[371] Zu den praktischen Schwierigkeiten, ohne konkrete Anhaltspunkte auf bloßen Verdacht hin gegen Preise von Wettbewerbern wegen Unterschreitens des Einstandspreises vorzugehen, zutreffend: Schneider WRP 2004, 171 (174). Der Ausweg aus diesen Schwierigkeiten, das Reagieren auf niedrigere Preise von Wettbewerbern bei Unterschreiten des eigenen Einstandspreises per se als ungerechtfertigt und daher als nach Abs. 3 S. 2 Nr. 2 verboten anzusehen (so Lettl JZ 2003, 662 (666)), wäre aber mit dem auch für diese Vorschrift geltenden Wettbewerbsbezug nicht vereinbar.

[372] BT-Drs. 17/9852, 24.

[373] BKartA, Sektoruntersuchung Kraftstoffe, Abschlussbericht 2011, S. 142 ff. Dazu ausführlich: Kleineberg/Wein WuW 2018, 382 ff., mit dem empirischen Befund, dass in der von ihnen untersuchten Zeit ab 2014 Fälle einer negativen Marge zwischen beiden Preisen im Kraftstoffabsatz nur ganz selten und auch Fälle von knappen positiven Margen bis zu 5 Cent pro Liter nur in verschwindend kleiner Anzahl feststellbar waren.

**Benzin und Dieselkraftstoff an kleine und mittlere Tankstellenunternehmen** zu höheren Preisen zu liefern als sie selbst an ihren eigenen Tankstellen von Endverbrauchern verlangen, besser erfassbar gemacht werden. Das in den Gesetzesmaterialien zur Einführung der Vorschrift im Dezember 2007 noch unausgesprochene eigentliche Ziel, die durch die Entscheidung des OLG Düsseldorf vom 13.2.2002[374] deutlich gewordenen Schwierigkeiten bei der Anwendung des Abs. 1 und Abs. 3 S. 1 auf dieses Verhalten zu überwinden,[375] ist damit bekräftigt worden.

Unter S. 2 Nr. 3 fällt nur das Fordern eines **höheren** Preises für die Lieferungen an auf **233** dem nachgelagerten Endkundenmarkt tätige kleine und mittlere Wettbewerber als ihn der Normadressat selbst auf diesem Markt von Endkunden fordert. Mit dieser Beschränkung auf den Fall einer **„negativen" Differenz** zwischen beiden Preisen wird der für das Verhalten marktbeherrschender Unternehmen nach Art. 102 AEUV[376] und § 19 Abs. 2 Nr. 1 (→ § 19 Rn. 173 ff.) geltende Anwendungsbereich des Verbots der Preis-Kosten-Schere, der auch den Fall einer für die Konkurrenzfähigkeit der betroffenen Wettbewerber auf dem Endkundenmarkt nicht ausreichenden „positiven" Differenz („margin squeeze" im weiteren Sinne) einschließt, nicht voll ausgeschöpft. Auf diesen Fall ist bei Fehlen der Marktbeherrschungsvoraussetzung auf dem vorgelagerten Markt deshalb nur Abs. 3 S. 1 anwendbar, dh ohne die mit S. 2 Nr. 3 verbundene Beweislastumkehr für die sachliche Rechtfertigung bzw. das Fehlen der Unbilligkeit der Behinderung.

Nach S. 2 Nr. 3 reicht **jede „negative" Preisdifferenz** im vorgenannten Sinne aus, **234** auch wenn sie nur gelegentlich eintritt. Seine Anwendbarkeit hängt auch weder davon ab, dass der für die Belieferung kleiner und mittlerer Wettbewerber auf dem Endkundenmarkt geforderte Preis als Preishöhenmissbrauch gegen § 19 Abs. 2 Nr. 2 verstößt, noch davon, dass der vom Normadressaten auf diesem Markt geforderte Endkundenpreis als Niedrigpreisangebot nach § 19 Abs. 2 Nr. 1 oder § 20 Abs. 3 S. 2 Nr. 2 GWB oder § 4 Nr. 4 UWG gesetzwidrig ist. Auch dass der Normadressat auf dem Endkundenmarkt die Normadressatenvoraussetzungen der §§ 19 und 20 Abs. 1 oder Abs. 3 erfüllt, ist nicht erforderlich.[377] Ein Vertrieb auf diesem Markt iSv S. 2 Nr. 3 liegt auch vor, wenn – wie häufig im Kraftstoffabsatz – der Normadressat dort zwar nur mittelbar über seine Marke benutzende Vertriebspartner anbietet, diese aber für ihn als Handelsvertreter oder Kommissionsagenten tätig sind.[378]

Für die Feststellung der nach S. 2 Nr. 3 erforderlichen „negativen" Preisdifferenz kommt **235** es auf den jeweiligen sachlich und räumlich relevanten Endkundenmarkt an, auf dem sich der in Betracht stehende Normadressat und kleine und mittlere Unternehmen als tatsächliche oder potentielle Wettbewerber gegenüberstehen. Beim Absatz von Kraftstoffen ist daher in räumlicher Hinsicht auf die einzelnen regionalen Märkte abzustellen.[379] Besondere Schwierigkeiten bei der Ermittlung der jeweils maßgeblichen Vorlieferanten- und End-

---

[374] Kart 16/00 (V), WuW/E DE-R 829 – Freie Tankstellen.

[375] Vgl. Nothdurft in Bunte Rn. 175.

[376] Dazu im Einzelnen: EuGH 17.2.2011 – C-52/09, ECLI:EU:C:2011:83, EuZW 2011, 339 (340 ff.) – Telia Sonera Sverige mAnm Leopold; Bd. 1/1 → AEUV Art. 102 Rn. 373 ff.; 25.3.2021 – C-165/19 P – Breitbandmarkt Slowakei II, NZKart 2021, 300 (301); Frenz NZKart 2013, 60 ff.; zum Art. 102 AEUV nachgebildeten Art. 54 des EWR-Abkommens: EFTA-Gerichtshof 30.5.2018 – E-6/17, NZKart 2018, 325 – Siminn; 5.5.2022 – E 12/20, NZKart 2022, 352 – Telenor.

[377] So zu Art. 102 AEUV: EuGH 17.2.2011 – C-52/09 Rn. 89, ECLI:EU:C:2011:83, EuZW 2011, 339 – Telia Sonera Sverige; zu Art. 54 EWR-Abkommen: EFTA-Gerichtshof 30.5.2018 Rn. 75 ff., NZKart 2018, 325 – Siminn.

[378] Ob hingegen auch die Belieferung von auf dem Endkundenmarkt nicht anbietenden Zwischenhändlern, soweit sie dort tätige kleine und mittlere Wettbewerber des Vorlieferanten beliefern, unter S. 2 Nr. 3 fällt (so BKartA, Sektoruntersuchung Kraftstoffe, S. 148 f.), ist in dieser Allgemeinheit zweifelhaft. Anders jedoch bei Zwischenhändlern (zB Einkaufsgemeinschaften), die ganz oder überwiegend nur für diese Wettbewerber Kraftstoffe beziehen.

[379] Vgl. dazu aus der Fusionskontrollpraxis: BGH 6.12.2011 – KVR 95/10, WuW/E DE-R 3591 (3595 ff.) – Total/OMV; OLG Düsseldorf 4.8.2010 – IV-2 Kart 6/09 (V), WuW/E DE-R 3000 (3002 ff.) – Tankstellenbetriebe Thüringen.

kundenpreise ergeben sich hier schon wegen der häufigen, oft täglich oder sogar in noch kürzeren Abständen erfolgenden Preisänderungen, aber auch wegen der Preisunterschiede auf der Vorlieferantenstufe und der nicht seltenen Gewährung von Rabatten auf die Endkundenpreise. Diese Schwierigkeiten sind im Bericht des BKartA über die Sektoruntersuchung Kraftstoffe (S. 149 ff.) im Detail beschrieben. Das BKartA stellt danach jeweils einschließlich Energiesteuer, EBV-Umlage und Mehrwertsteuer für den maßgeblichen Vorlieferantenpreis ab auf den **täglichen Brutto-Raffineriepreis zuzüglich Frachtkosten** und für den Endkundenpreis des Vorlieferanten auf den **Brutto-Tankstellenpreis abzüglich eventueller Rabatte**. Ist der erstgenannte Preis auch nur in Einzelfällen geringfügig höher als der zweite, liegt deshalb bei fehlendem Nachweis der sachlichen Rechtfertigung durch den Normadressaten eine gegen S. 2 Nr. 3 verstoßende Preis-Kosten-Schere vor.

236     Der Spielraum für die **sachliche Rechtfertigung** ist hier schon im Hinblick darauf besonders eng zu begrenzen, dass S. 2 Nr. 3 nur den stärksten Fall eines „margin squeeze" in der Form einer „negativen" Differenz zwischen den beiden maßgeblichen Preisen erfasst. Deshalb erscheint es vertretbar, an den Rechtfertigungsgrund des Eintritts in niedrigere Preise von Wettbewerbern hier noch deutlich strengere Anforderungen zu stellen als bei Untereinstandspreisverkäufen iSd Nr. 2.[380] Andererseits ist die Rechtfertigung zu bejahen, wenn der Normadressat nachweist, dass den betroffenen kleinen und mittleren Wettbewerbern im maßgeblichen Zeitraum auch im Umfang ihres Bedarfs ausreichende und zumutbare Ausweichmöglichkeiten auf mindestens ebenso günstigere rechtmäßige Bezugsalternativen offen standen.[381]

237     **cc) Kopplungspraktiken.** Durch die vertragliche oder wirtschaftliche Kopplung des Bezugs einer Ware oder gewerblichen Leistung an die Abnahme einer anderen Ware oder Leistung können andere Anbieter dieser Ware oder Leistung in ihren Absatzmöglichkeiten beeinträchtigt und damit in ihrer Stellung als Wettbewerber des koppelnden Unternehmens behindert werden (zur Behinderung iSd § 19 Abs. 2 Nr. 1 → § 19 Rn. 182 ff.). Soweit diese Wettbewerber kleine und mittlere Unternehmen sind, kann die Behinderung durch Kopplungspraktiken von Normadressaten deshalb gegen § 20 Abs. 3 S. 1 verstoßen.[382] Für die Unbilligkeit gelten die gleichen Grundsätze wie zu § 19 Abs. 2 Nr. 1 (→ § 19 Rn. 183 ff.).

238     **dd) „Rabattspreizung".** Da überlegene Marktmacht iSv Abs. 3 auch in der Nachfrage nach Waren und gewerblichen Leistungen gegeben sein kann (→ Rn. 202), kann das Erwirken von Sondervorteilen im Einkauf durch Normadressaten dieser Vorschrift, wenn die gleichen Vorteile nicht auch den kleinen und mittleren Wettbewerbern gewährt werden, diese Unternehmen im Wettbewerb auf dem nachgelagerten Angebotsmarkt mittelbar behindern.[383] Eine eigenständige Bedeutung hat diese Anwendungsmöglichkeit jedoch nur in den Fällen, in denen der begünstigte Nachfrager auf dem Nachfragemarkt weder marktbeherrschend noch relativ marktmächtig iSv Abs. 1 ist. Außerdem kann nicht jeder Sondervorteil, den ein Nachfrager erlangt, ohne weiteres als mittelbare Behinderung von Wettbewerbern auf dem nachgelagerten Angebotsmarkt angesehen werden (→ § 19 Rn. 199). Für die Unbilligkeit gelten auch hier die gleichen Grundsätze wie für § 19 Abs. 2 Nr. 1 (→ § 19 Rn. 200). Die „Rabattspreizung" bzw. „Durchsetzung hoher Rabatte", ohne dass gleichzeitig eine faktische oder vertragliche Absicherung gegen die Gewäh-

---

[380] Hier sogar für völligen Ausschluss dieser Rechtfertigungsmöglichkeit: BKartA, Bericht über die Sektoruntersuchung Kraftstoffe, S. 158.

[381] So auch Nothdurft in Bunte Rn. 178. Im Ergebnis ebenso durch das Erfordernis eines „anti-competitive effects" des margin squeeze: EuGH 17.2.2011 – C-52/09 Rn. 60 ff., ECLI:EU:C:2011, 83, EuZW 2011, 339 – Telia Soners Sverige; EFTA-Gerichtshof 30.5.2018 – E-6/17 Rn. 61 ff.; NZKart 2018, 325 – Siminn.

[382] So für § 37a Abs. 3 aF: Bericht 1980, zu § 26 Abs. 2 und 3, § 37a Abs. 3; Kamlah S. 217 ff.; vgl. auch KG 28.5.1985 – Kart 18/84, WuW/E OLG 3527 – Kurfürstendamm-Filmtheater.

[383] Vgl. Begr. 1989, II. zu Art. 1 Nr. 9b); Bericht 1989, II. 2, zu § 26 Abs. 4 GWB aF.

rung vergleichbarer Bezugsvergünstigungen an dritte Unternehmen erfolgt, kann deshalb nur ganz ausnahmsweise als unbillige Behinderung dieser Unternehmen im Angebotswettbewerb auf dem nachgelagerten Markt angesehen werden.

**ee) „Einstandsgelder".** Eine unbillige Wettbewerberbehinderung iSd Abs. 3 kann **239** auch die Gewährung von „Einstandsgeldern" an Lieferanten eines knappen Vorprodukts für den Fall sein, dass der Lieferant seinen Liefervertrag mit dem bisherigen Abnehmer vorfristig kündigt.[384] Hingegen ist das Anbieten oder Gewähren eines höheren Kaufpreises für die Zeit nach dem Auslaufen bisheriger Lieferverträge mit einem anderen Abnehmer als wettbewerbskonformes Verhalten nicht unbillig, auch wenn dies zu ungleichen Preisen für die Altlieferanten mit noch laufenden Verträgen und für neu hinzugekommene Lieferanten führt.[385]

## V. Rechtsfolgen

**1. Untersagungsverfahren.** § 32 ermächtigt die nach § 48 zuständige Kartellbehörde, **240** Unternehmen, deren Verhalten gegen § 20 Abs. 3 verstößt, durch Verwaltungsakt zu verpflichten, dieses Verhalten abzustellen. Für die Anwendung dieser Ermächtigung gelten die gleichen Grundsätze wie für die Unterbindung eines gegen § 19 Abs. 2 Nr. 1 verstoßenden Verhaltens (dazu → § 19 Rn. 423 ff.). Ob gegen Unternehmen wegen des Verdachts eines Verbotsverstoßes ein Verfahren eingeleitet und bei Vorliegen eines Verstoßes eine Abstellungsverfügung erlassen werden soll, ist deshalb auch im Falle des Abs. 3 von der Kartellbehörde nach pflichtgemäßem Ermessen zu entscheiden. Dies betrifft auch die Frage der Beschränkung des Vorgehens auf bestimmte Unternehmen, wenn auf einem Markt auch noch andere Unternehmen die Normadressatenvoraussetzungen des Abs. 3 erfüllen und die als unbillige Behinderung kleiner und mittlerer Wettbewerber in Betracht stehenden Verhaltensweisen ebenfalls anwenden.

Die Beschränkung der Eingriffsbefugnis auf das konkrete verbotswidrige Verhalten des **241** Verfügungsadressaten und das verwaltungsverfahrensrechtliche Bestimmtheitsgebot (§ 37 Abs. 1 VwVfG) führen vor allem bei **Untereinstandspreisangeboten** zu erheblichen Praktikabilitätsproblemen, wie bereits der erste Fall einer Untersagungsverfügung nach § 37a Abs. 3 aF gezeigt hat.[386] Unproblematisch unter diesem Aspekt ist die Verpflichtung zur Abstellung des vom Verfügungsadressaten praktizierten Preisangebots, das nach Auffassung der Kartellbehörde die gegen Abs. 3 verstoßende unbillige Behinderung kleiner und mittlerer Wettbewerber bewirkt. Allerdings ist eine solche Tenorierung wenig effizient, weil die Verfügung schon mit der geringsten Veränderung dieses Preises und erst recht, wenn für das Niedrigpreisangebot eine andere Ware oder Leistung gewählt wird, obsolet wird. Dem kann teilweise dadurch begegnet werden, dass die Abstellungsverpflichtung auf das Unterschreiten einer nach dem Einstandspreis der einzelnen Ware oder Leistung bezifferten Preisuntergrenze erstreckt wird. Dieser Art der Tenorierung stehen zwar in Anlehnung an die für die Preishöhenkontrolle nach § 19 Abs. 2 Nr. 2 entwickelten Grundsätze (→ § 19 Rn. 423 ff.) keine prinzipiellen Bedenken entgegen (Möschel BB 1987, 1790). Sie ist jedoch nur dann zulässig, wenn nicht nur der tatsächlich angebotene, sondern auch jeder andere die Preisgrenze unterschreitende Preis die Verbotsvoraussetzungen des Abs. 3 erfüllen würde. Dies ist aber nach dem für die Beurteilung der Unbilligkeit maßgebenden einzelfallbezogenen Interessenabwägungsmaßstab (→ Rn. 215, 227) jeden-

---

[384] BKartA 17.11.1997, WuW/E DE-V 24 (25) – Milchliefervertrag. Die Unbilligkeit folgt hier bereits aus dem nach § 4 Nr. 4 UWG rechtswidrigen Verleiten zum Vertragsbruch; zB. Köhler in Köhler/Bornkamm/Feddersen § 4 UWG Rn. 4.36a.

[385] KG 30.7.1999 – Kart 27/97, WuW/E DE-R 380 (382 f.) – Milchlieferverträge; weitergehend in diesem Fall das BKartA, wonach nur ein generelles Anbieten oder Gewähren höherer Zahlungen an alle Lieferanten wettbewerbskonform sei.

[386] BGH 20.3.1984 – KVR 12/83, WuW/E BGH 2073 – Kaufmarkt; Möschel BB 1986, 1785 ff.; v. Ungern-Sternberg in FS Geiß, 2000, 658 f.

falls schon dann nicht mehr der Fall, wenn für die Bewertung des im Einzelfall angebotenen Preises als unbillige Behinderung iSv Abs. 3 auch situationsbedingte Aspekte wie das genaue Ausmaß der Unterschreitung des Einstandspreises, die Dauer der Unterschreitung und sonstige Umstände (zB Einführungsangebote bei Neueintritt in den Markt) mitbestimmend waren (→ Rn. 228).

**242**    Wird nicht das Angebot einer Ware oder Dienstleistung zu einem bestimmten Preis oder das Unterschreiten einer bezifferten Preisuntergrenze, sondern lediglich allgemein das Angebot unter dem Einstandspreis untersagt,[387] ergeben sich zusätzliche Probleme aus dem verwaltungsverfahrensrechtlichen **Bestimmtheitsgebot** (§ 37 Abs. 1 VwVfG; auch → § 32 Rn. 46 ff.). Da der im Einzelfall maßgebliche Einstandspreis häufig nicht von vornherein feststeht, insbes. in dem in der Praxis wohl häufigsten Fall des Verkaufs aus einem Warenlager mit wechselndem Bestand, muss jedenfalls in der Entscheidungsbegründung die Methode für die Berechnung der nach der Verfügung maßgeblichen Preisgrenze einschließlich der Frage der Berücksichtigung der Mehrwertsteuer näher bestimmt werden.[388] Nicht hinreichend bestimmt ist deshalb die Untersagung des Angebots von Waren oder Leistungen unter ihren jeweiligen Einstandspreisen.[389] Je detaillierter allerdings, um den Anforderungen des Bestimmtheitsgebots gerecht zu werden, die maßgebliche Preisuntergrenze definiert wird, desto größer ist die Gefahr, dass der damit festgelegte Untersagungsrahmen in materiellrechtlicher Hinsicht auf der Grundlage des für die Unbilligkeit bzw. das Fehlen der sachlichen Rechtfertigung maßgeblichen einzelfallbezogenen Interessenabwägungsmaßstabes (→ Rn. 215, 227) nicht mehr begründet ist.

**243**    Die **Beweislast** für das Vorliegen der Untersagungsvoraussetzungen des Abs. 3 S. 1 iVm § 32 trägt nach dem im Kartellverwaltungsverfahren geltenden Amtsermittlungsprinzip grundsätzlich die Kartellbehörde. Wie im Fall des § 19 Abs. 2 Nr. 1 kann allerdings auch im Untersagungsverfahren nach den Grundsätzen des Prima-facie-Beweises das als Normadressat in Betracht stehende Unternehmen im Einzelfall gehalten sein, den Anschein der Erfüllung der Verbotsvoraussetzungen, insbes. soweit es sich um die von ihm geltend gemachten Gründe für die fehlende Unbilligkeit handelt, durch substantiierten Sachvortrag mit Beweisantritt zu widerlegen. Die primär für den Zivilrechtsschutz vorgesehene Beweisregelung des Abs. 4 ist auch im Verwaltungsverfahren anwendbar.[390] Für die Feststellung, ob im Einzelfall ein Angebot unter Einstandspreis vorliegt, dürfte Abs. 4 in der Praxis allerdings kaum Bedeutung erlangen, da insoweit der Kartellbehörde nach § 59 wesentlich weitergehende Sachaufklärungsmöglichkeiten zur Verfügung stehen als einem Kläger im Zivilprozess. Für die Frage, ob ein derartiges Angebot oder die Anwendung einer Preis-Kosten-Schere sachlich gerechtfertigt und damit keine unbillige Behinderung ist, trägt auch im Verwaltungsverfahren der Normadressat die formelle und materielle Beweislast.[391] Zu der in Fällen von Untereinstandspreisangeboten bes. bedeutsamen Frage der Wahrung von Geschäftsgeheimnissen im kartellrechtlichen Verwaltungsverfahren → Rn. 253; → § 72 Rn. 7 f.; § 30 VwVfG; Krieger in FS Steindorff, 1990, 899 ff.

---

[387] So zB BKartA 1.9.2000, WuW/E DE-V 316 – Wal-Mart, allerdings unter Angabe des maßgeblichen Einstandspreises in den Entscheidungsgründen; zu § 37a Abs. 3 aF: BKartA 5.5.1983, WuW/E BKartA 2029 – Coop Bremen; LKartB Bayern 14.5.1982, WuW/E LKartB 223 – Kaufmarkt. Ebenso der auf § 20 Abs. 4 aF gestützte erste Klageantrag auf Unterlassung im Fall Hitlisten-Platten; vgl. BGH 4.4.1995 – KZR 34/93, WuW/E BGH 2977 (2978).

[388] So zu § 37a Abs. 3 aF: BGH 20.3.1984 – KVR 12/83, WuW/E BGH 2073 (2075 f.) – Kaufmarkt; Möschel BB 1986, 1792 f.

[389] Dies gilt auch für die im Fall „Kaufmarkt" verfügte Einschränkung, dass „leistungswidrig erlangte Vorzugspreise und -konditionen bzw. nicht durch entsprechende Gegenleistungen des marktstarken Unternehmens gerechtfertigte Nebenleistungen" (WuW/E LKartB 229) bei der Berechnung der maßgeblichen Preisuntergrenze nicht berücksichtigt werden dürfen; dazu BGH 20.3.1984 – KVR 12/83, WuW/E BGH 2073 (2075 f.) – Kaufmarkt; Möschel BB 1986, 1293.

[390] AA Grave in FK-KartellR Rn. 194.

[391] BGH 12.11.2002 – KVR 5/02, WuW/E DE-R 1042 (1045) – Wal-Mart; Goette ZWeR 2003, 135 (149).

**2. Bußgeldverfahren.** Der vorsätzliche oder fahrlässige Verstoß gegen Abs. 3 kann nach 244 § 81 Abs. 2 Nr. 1 als Ordnungswidrigkeit mit Geldbuße geahndet werden (§ 10 OWiG). Die Grundsätze zur Anwendung des § 19 Abs. 2 Nr. 1 im Bußgeldverfahren (→ § 19 Rn. 436) gelten deshalb auch für § 20 Abs. 3. Auch die Anwendbarkeit dieser Vorschrift im Bußgeldverfahren scheidet nicht schon wegen der in ihr enthaltenen unbestimmten Rechtsbegriffe generell aus (auch → Rn. 201), dürfte allerdings in der Praxis auch hier nur ausnahmsweise, in erster Linie bei Verstößen gegen Abs. 3 S. 2, in Betracht kommen.[392]

**3. Zivilrechtsschutz. a) Nichtigkeit nach § 134 BGB.** Für die Anwendbarkeit des 245 § 134 BGB auf gegen § 20 Abs. 3 verstoßende ein- oder zweiseitige Rechtsgeschäfte, zB Kopplungsbindungen (→ Rn. 237), gelten die gleichen Grundsätze wie zu § 19 Abs. 2 Nr. 1 (→ § 19 Rn. 437 ff.). Die nach diesen Grundsätzen gebotenen Einschränkungen für die Anwendbarkeit der zivilrechtlichen Nichtigkeitsfolge sind auch für Abs. 3 relevant. In Fällen, in denen Niedrigpreisangebote oder die Durchsetzung von „Rabattspreizungen" gegen Abs. 3 vorstoßen, sind deshalb, wie bei der gegen 19 Abs. 2 Nr. 1 verstoßenden Preisdiskriminierung, die Preisvereinbarungen nicht nach § 134 BGB nichtig. Die behinderten Wettbewerber sind in diesen Fällen auf die Geltendmachung von Schadenersatz-, Unterlassungs- und Beseitigungsansprüchen (→ Rn. 246) beschränkt.

**b) Ansprüche auf Schadensersatz, Unterlassung, Beseitigung.** Die unbillig behin- 246 derten kleinen und mittleren Wettbewerber haben als Betroffene im Verletzungsfall nach § 33 Abs. 1 Anspruch auf Beseitigung und bei Wiederholungsgefahr auf Unterlassung einschließlich Folgenbeseitigung (dazu im Einzelnen → § 33 Rn. 29 ff.) und nach § 33a Abs. 1 auf Schadensersatz (→ § 33a Rn. 18 ff.). Die Ansprüche auf Beseitigung und Unterlassung können nach § 33 Abs. 4 auch von Verbänden geltend gemacht werden.[393] Da eine Wettbewerberbehinderung im Einzelfall auch durch Geschäftsabschlussverweigerung bewirkt werden kann (→ Rn. 214), kann auch ein Anspruch auf Abschluss eines Vertrages („Kontrahierungszwang") in Betracht kommen, für den im Einzelnen das Gleiche gilt wie für § 19 Abs. 2 Nr. 1 (→ § 19 Rn. 454 ff.).

**c) Prozessuale Durchsetzung.** Für die Geltendmachung der Ansprüche aus § 20 247 Abs. 3 iVm §§ 33, 33a GWB und § 1004 BGB sind die gleichen Grundsätze wie für § 19 Abs. 2 Nr. 1 maßgebend (→ § 19 Rn. 446 ff.). Der Unterlassungsanspruch kann sich auch im Falle des Abs. 3 nur gegen die konkrete Verletzungshandlung des in Betracht stehenden Normadressaten richten. Die Tenorierung von Unterlassungsurteilen muss deshalb den gleichen Anforderungen entsprechen wie im Verwaltungsverfahren (→ Rn. 241 f.). Gleiches gilt für die vor allem in Fällen von Niedrigpreisangeboten wichtige Frage der hinreichenden Bestimmtheit des Urteils- oder Verfügungstenors (→ Rn. 242).[394]

**d) Darlegungs- und Beweislast. aa) Grundsatz.** Ebenso wie bei der unbilligen 248 Behinderung nach § 19 Abs. 2 Nr. 1 trifft auch im Falle des Abs. 3 grundsätzlich denjenigen, der aus einem Gesetzesverstoß zivilrechtliche Ansprüche geltend macht, die Darlegungs- und Beweislast für alle anspruchsbegründenden Tatsachen einschließlich derjenigen, aus denen sich die Unbilligkeit der Behinderung ergibt. In den Sonderfällen der Unter- einstandspreisangebote und Preis-Kosten-Scheren iSd Abs. 3 S. 2 ist jedoch der Norm- adressat dafür darlegungs- und beweispflichtig, dass die von ihm bewirkte Behinderung als sachlich gerechtfertigt nicht unbillig ist.[395] Dies entspricht dem, was im Rahmen des § 19

---

[392] Beispiel: BKartA 17.12.2003, WuW/E DE-V 911 – Fotoarbeitstasche; 6.2.2007 – Rossmann, berichtet in TB 2009/2010, 80 f., aufgehoben durch OLG Düsseldorf 12.11.2009 – VI-2 Kart 9/08, BB 2009, 2489.

[393] Zu den Voraussetzungen im Einzelnen: BGH 4.5.1995 – KZR 43/93, BGHZ 129, 203 = WuW/E BGH 2977 (2978 f.) – Hitlisten-Platten.

[394] Zum Verletzungsunterlassungsanspruch nach § 8 UWG: Köhler in Köhler/Bornkamm/Feddersen § 8 UWG Rn. 1.40 ff.; Teplitzky in FS Oppenhoff, 487 ff.

[395] So für das Verwaltungsverfahren: BGH 12.11.2002 – KVR 5/02, WuW/E DE-R 1042 (1045) – Wal-Mart. Für das Zivilrechtsverfahren muss dies erst recht gelten.

Abs. 2 Nr. 1 für die zivilprozessuale Darlegungs- und Beweislast hinsichtlich der sachlichen Rechtfertigung der ungleichen Behandlung gilt.[396] Für die Tatbestandsvoraussetzung eines Untereinstandspreisangebots bleibt es bei dem Grundsatz der Darlegungs- und Beweislast desjenigen, der ein solches Angebot behauptet.

**249**   **bb) Die Sonderregelung des Abs. 4.** Der in → Rn. 248 dargelegte Grundsatz wird durch Abs. 4 mit dem Ziel einer Beweiserleichterung für behinderte kleine und mittlere Wettbewerber und Verbände iSd § 33 Abs. 2 ergänzt. Falls sich auf Grund bestimmter Tatsachen nach allgemeiner Erfahrung der Anschein ergibt, dass ein Unternehmen seine Marktmacht iSv Abs. 3 ausgenutzt hat, obliegt es ihm, diesen Anschein zu widerlegen und solche anspruchsbegründenden Umstände aus seinem Geschäftsbereich aufzuklären, deren Aufklärung dem behinderten Wettbewerber oder einem Verband iSd § 33 Abs. 2 nicht möglich, dem in Anspruch genommenen Unternehmen aber leicht möglich und zumutbar ist. Diese erst in den Beratungen des Bundestagsausschusses für Wirtschaft in die 5. GWB-Novelle aufgenommene Regelung (s. Hucko WuW 1990, 620) verbindet zwei ungleiche beweisrechtliche Gesichtspunkte, auf die bereits in der Regierungsbegründung Bezug genommen worden war: das Rechtsinstitut des Beweises des ersten Anscheins und die in der Rechtsprechung. zu § 3 UWG aF für Fälle unrichtiger Werbebehauptungen entwickelte **„Bärenfang-Doktrin".** Nach dieser ist auch ohne Vorliegen des Anscheins eines Gesetzesverstoßes im Einzelfall in Abweichung von der grundsätzlichen Beweislastverteilung eine Darlegungs- und Beweispflicht des wegen Unrichtigkeit von Werbebehauptungen in Anspruch genommenen Beklagten anzunehmen, „wenn dem außerhalb des Geschehensablaufs stehenden Kl. eine genaue Kenntnis der rechtserheblichen Tatsachen fehlt, der Bekl. dagegen sie hat und leicht die erforderlichen Aufklärungen beibringen kann".[397] Die Verbindung dieser beiden Gesichtspunkte ist jedoch fragwürdig, weil eine die Anwendung der Grundsätze des Anscheinsbeweises rechtfertigende Typizität von unternehmerischen Verhaltensweisen im Hinblick auf ihre Auswirkung als unbillige Wettbewerberbehinderung auch in Fällen von Untereinstandspreisangeboten, für die § 20 Abs. 3 nach der Intention des Gesetzgebers in erster Linie in Betracht kommen soll, im Grunde nicht besteht, was auch durch die Beschränkung der Beweislastumkehr in S. 2 auf das Vorliegen von Rechtfertigungsgründen für solche Angebote bestätigt wird. Bei dem Erfordernis des Anscheins einer Ausnutzung von Marktmacht iSd Abs. 4 kann es deshalb sinnvollerweise nicht um das Vorhandensein eines typischen, in dieser Form in der Praxis häufig wiederkehrenden Geschehensablaufs gehen, sondern nur um einen geringeren Wahrscheinlichkeitsgrad einer solchen Ausnutzung, der es jedoch andererseits – wie im Falle der „Bärenfang-Doktrin" das „vorangegangene Tun" der Aufstellung öffentlicher Werbebehauptungen mit dem immanenten Anspruch auf Richtigkeit – noch zu rechtfertigen vermag, die besondere Aufklärungspflicht dieser Doktrin in Abweichung von der allgemeinen Regelung der Darlegungs- und Beweislast nach Treu und Glauben zu begründen. Der Schwerpunkt der Verbindung der beiden Beweisprinzipien in Abs. 4 ist nach diesem Verständnis ganz eindeutig bei dem zweiten, an die jeweiligen Wissenssphären der Parteien anknüpfenden Prinzip zu sehen.[398] Das Anscheinserfordernis hat hingegen nur die Funktion, die Anwendbarkeit der „Bärenfang-Doktrin" zu legitimieren und gleichzeitig deren Anwendung auf den kartellrechtlichen Behinderungstatbestand des Abs. 3 dem wettbewerblichen Normzweck dieser Vorschrift (→ Rn. 199 ff.) und dem Gesamtsystem des GWB entsprechend sinnvoll zu begrenzen.

---

[396] ZB BGH 24.9.2002 – KZR 38/99, WuW/E DE-R 1042 (1045) – Vorleistungspflicht.
[397] BGH 13.7.1962 – I ZR 43/61, GRUR 1963, 270 (271) = NJW 1962, 2149 – Bärenfang; 5.5.1983 – I ZR 46/81, GRUR 1983, 650 (651) – Kamera; Köhler in Köhler/Bornkamm/Feddersen UWG § 5 Rn. 1.245.
[398] So auch schon andeutungsweise BGH 8.6.1967 – KZR 5/66, WuW/E BGH 863 (870) – Rinderbesamung II, für die Beweislast hinsichtlich der die Unbilligkeit der Behinderung iSd § 26 Abs. 2 aF begründenden Umstände.

Der für die Anwendbarkeit der besonderen Aufklärungspflicht des Behindernden nach **250** Abs. 4 im Einzelfall erforderliche **Anschein** muss sich auf die Ausnutzung der die Normadresseteneigenschaft begründenden Machtstellung zur Behinderung derjenigen kleinen und mittleren Wettbewerber beziehen, denen gegenüber diese Machtstellung besteht. Für die Normadressatenvoraussetzungen selbst verbleibt es damit bei dem in → Rn. 248 dargelegten Grundsatz. Die weiteren Voraussetzungen des Ausnutzens der Machtstellung und der Behinderung kleiner und mittlerer Wettbewerber werden zwar vom Wortlaut des Abs. 4 erfasst, können jedoch angesichts ihres Inhalts (→ Rn. 212, 214) für die Klägerseite nicht zu besonderen, durch Beweiserleichterungen zu behebenden Beweisschwierigkeiten führen. Diese Schwierigkeiten beschränken sich vielmehr praktisch allein auf die Umstände, aus denen sich die Unbilligkeit der Behinderung ergibt. Unter praktischen Aspekten verkürzt sich aber auch hierzu der Problembereich auf die Fälle von Untereinstandspreisangeboten (→ Rn. 217 ff.) und nachfrageinduzierten „Rabattspreizungen" (→ Rn. 238), soweit es für deren Beurteilung unter dem Gesichtspunkt der unbilligen Wettbewerberbehinderung darauf ankommt, dass das Preisangebot des Normadressaten tatsächlich unter seinem Einstandspreis liegt bzw. der in Anspruch genommene Normadressat für die gleiche Ware von dem betreffenden Lieferanten tatsächlich günstigere Einkaufskonditionen erhält als seine kleinen und mittleren Wettbewerber.

Im Zusammenhang mit **Untereinstandspreisangeboten** setzt der Anschein der Aus- **251** nutzung einer Machtstellung iSv Abs. 3 S. 2 Nr. 1 und 2 mindestens voraus, dass konkrete Umstände im Einzelfall für ein Unterschreiten des eigenen Einstandspreises des Normadressaten sprechen (s. auch Bericht 1989, zu § 26 Abs. 3). Dabei kann der Umstand allein, dass der Angebotspreis des Normadressaten unter dem Einkaufs- oder Einstandspreis der behinderten kleinen und mittleren Wettbewerber für die gleiche Ware liegt, für einen solchen Anschein noch nicht ausreichen, da es ohne weiteres möglich und sogar häufig nahe liegend ist, dass die Einkaufskonditionen des Normadressaten nicht unerheblich günstiger sind, so dass die Folgerung, dessen niedriger Verkaufspreis müsse auch unter seinem Einstandspreis liegen, nicht schlüssig ist.[399] Auf eine breitere, nicht nur auf die Einkaufskonditionen dieser Wettbewerber abstellende Vergleichsgrundlage, zB den „üblichen" Einstandspreis für die betreffende Ware,[400] lässt sich hingegen dieser Anschein schon eher stützen, vor allem, wenn die **Differenz zwischen den beiden Vergleichspreisen erheblich ist,** dh der in Betracht stehende Normadressat nicht nur geringfügig unter dem „üblichen" Einstandspreis anbietet. Werden allerdings nur die Selbstkosten der betroffenen kleinen und mittleren Wettbewerber oder die „üblichen" Selbstkosten in der betreffenden Branche mit dem Verkaufspreis des wegen verbotener unbilliger Behinderung in Anspruch genommenen Normadressaten verglichen, wird die Folgerung eines Anscheins des Ausnutzens von Marktmacht iSv Abs. 3 tendenziell schwieriger, weil hier auch noch die Möglichkeit der Erklärung festgestellter Differenzen durch nicht unerhebliche Kostenunterschiede bei den einzelnen Unternehmen in Betracht zu ziehen ist. Für die Anforderungen an den Anschein einer nach Abs. 3 verbotswidrigen **„Rabattspreizung"** gilt grundsätzlich das Gleiche. Auch hier reicht allein ein Vergleich des Preisangebots des in Betracht stehenden Normadressaten mit den Einkaufskonditionen kleiner und mittlerer Wettbewerber für diesen Anschein noch nicht aus. Es kommt noch hinzu, dass sich hier der Anschein nicht nur auf das Erlangen günstigerer Einkaufskonditionen, sondern auch auf das Einwirken auf die Lieferantenseite erstrecken muss, den kleinen und mittleren Abnehmern gleichartige Vergünstigungen nicht zu gewähren (→ Rn. 238).

Das Vorliegen des für die Anwendung des Abs. 4 ausreichenden Anscheins einer gegen **252** Abs. 3 verstoßenden unbilligen Behinderung kleiner und mittlerer Wettbewerber führt jedoch **nicht zu einer vollständigen Beweislastumkehr,**[401] sondern legt dem Norm-

---

[399] OLG Frankfurt a. M. 22.2.2005 – 11 U 47/04 (Kart), WuW/E DE-R 1589 (1591) – Fernsehzeitschrift.
[400] Ulmer MA 1987, 335; krit. zu diesem Ansatz jedoch Lettl JZ 2003, 662 (667).
[401] Anders § 611a BGB; die von Bunte BB 1990, 1006 f. aus dieser Vorschrift für § 20 Abs. 4 aF gezogene Folgerung geht daher fehl.

adressaten, gegen den der Anschein spricht, nur die beweisrechtlichen Folgen auf, falls ihm im Rahmen der Zumutbarkeit die Widerlegung des Anscheins nicht gelingt. Von einer Widerlegung dieses Anscheins in Fällen von Niedrigpreisangeboten ist zB auszugehen, wenn der Normadressat nachweist, dass es sich bei den ihm angelasteten Verkäufen nur um vom Verbot des Abs. 3 nicht erfasste, sachlich gerechtfertigte Ausnahmefälle (→ Rn. 227 ff.) handelt. Kann der Anschein im Einzelfall auf diese Weise widerlegt werden, fällt die Darlegungs- und Beweislast, dass das Verhalten des Normadressaten dennoch eine unbillige Behinderung iSv Abs. 3 S. 1 ist, auf die dies geltend machende Partei zurück, soweit nicht die Beweislastumkehr nach S. 2 Platz greift.

253    Gelingt es dem Normadressaten hingegen nicht, den gegen ihn sprechenden Anschein einer solchen Behinderung zu widerlegen, trifft ihn grundsätzlich die sich aus Abs. 4 ergebende besondere Aufklärungspflicht für anspruchsbegründende Umstände aus seinem Geschäftsbereich, wenn ihm dies leicht möglich und zumutbar ist. Als derartige Umstände kommen in Fällen von Niedrigpreisangeboten in erster Linie der eigene Einstandspreis und in Fällen nachfrageinduzierter „Rabattspreizungen" die eigenen Einkaufskonditionen bei bestimmten Lieferanten in Betracht. Dabei handelt es sich in aller Regel für den an sich Aufklärungspflichtigen um besonders im Verhältnis zu Konkurrenten wichtige **Geschäftsgeheimnisse,**[402] die auch im kartellrechtlichen Zivilverfahren grundsätzlich zu schützen sind (so auch Bericht 1989, zu § 26 Abs. 3). Macht ein Normadressat, gegen den ein Anschein iSv Abs. 4 spricht, im Einzelfall glaubhaft, dass es sich bei seinen Einkaufskonditionen oder Selbstkosten aus seiner Sicht um zu schützende Geschäftsgeheimnisse handelt, ist daher bei der dann erforderlichen Abwägung seines Geheimhaltungsinteresses mit dem „Interesse an einer wirksamen Sanktionierung von Wettbewerbsverstößen" (Bericht 1989, zu § 26 Abs. 3) ersterem in der Regel der Vorrang einzuräumen und die Erfüllung der Aufklärungspflicht als unzumutbar zu betrachten. Die Berufung auf den Schutz von Geschäftsgeheimnissen darf in diesem Falle demjenigen, der dies geltend macht, auch nicht mittelbar im Rahmen der Beweiswürdigung als Indiz für die Unbilligkeit der von Niedrigpreisangeboten oder „Rabattspreizungen" ausgehenden Behinderung angelastet werden. Wäre dies zulässig, würde der in Abs. 4 enthaltene Zumutbarkeitsvorbehalt jede eigenständige Bedeutung verlieren und die Vorschrift im Ergebnis auf eine weitgehende generelle Beweislastumkehr auch hinsichtlich des Vorliegens eines Untereinstandspreisangebotes hinauslaufen, was zur Vermeidung von „Konditionenschnüffelei" durch Konkurrenten und dahinter stehende Verbände und der davon ausgehenden Gefahr der Erstarrung des – meist geheimen – Konditionenwettbewerbs mit Abs. 3 gerade nicht erreicht werden sollte.[403] Nur wenn im Einzelfall der Anschein einer verbotenen unbilligen Behinderung so gravierend ist, dass ausnahmsweise ein typischer Geschehensablauf iSd Prima-facie-Beweises angenommen werden kann, und dieser Anschein nicht widerlegt wird, erscheint es gerechtfertigt, zu Lasten eines Normadressaten, der sich zulässigerweise auf die Unzumutbarkeit der Offenlegung von Geschäftsgeheimnissen beruft, von der Unbilligkeit der in Betracht stehenden Behinderung auszugehen. Nur im Falle des Nachweises eines Untereinstandspreisangebotes oder Anwendung der Preis-Kosten-Schere trägt der Normadressat die volle Darlegungs- und Beweislast, dass dieses Angebot sachlich gerechtfertigt und daher keine unbillige Behinderung iSv Abs. 3 ist (→ Rn. 248).

### VI. Verhältnis zu anderen Rechtsvorschriften

254    Für das Verhältnis des Abs. 3 zu anderen Vorschriften des GWB gilt grundsätzlich das Gleiche wie für § 19 Abs. 2 Nr. 1 (→ § 19 Rn. 42 ff.). Der Anwendbarkeit des Abs. 3 steht nicht entgegen, dass das als Normadressat dieser Vorschrift in Betracht gezogene Unterneh-

---

[402] Vgl. zB KG 18.11.1985 – 1 Kart 32/85, WuW/E OLG 3917 (3927 ff.) – Coop/Wandmaker; OLG Karlsruhe 13.6.1990 – 6 U 35/86 Kart, WuW/E OLG 4611 (4616) – Stadtkurier; → § 70 Rn. 7.
[403] Vgl. insbes. die Stellungnahme des Rechtsausschusses des Bundestages zur 5. GWB-Novelle, WuW 1990, 364; Hucko WuW 1990, 623.

men zugleich die Normadressatenvoraussetzungen des § 19 oder § 20 Abs. 1 erfüllt.[404] Für Wettbewerberbehinderungen durch Geschäftsabschlussverweigerung oder ungleiche Behandlung im Rahmen bestehender Geschäftsbeziehungen sind diese Vorschriften im Verhältnis zu Abs. 3 nicht lex specialis. Für das Verhältnis zu Vorschriften außerhalb des GWB, insbes. zu § 4 Nr. 4 UWG, gilt das Gleiche wie für § 19 Abs. 2 Nr. 1 (→ § 19 Rn. 48 ff.).

## E. Behinderung bei der Erzielung von Netzwerkeffekten (Anti-Tipping-Regel) (Abs. 3a)

**Schrifttum:** Bien/Käseberg/Klumpe/Körber/Ost, Die 10. GWB-Novelle, 2021; Bundeskartellamt, Arbeitspapier Marktmacht von Plattformen und Netzwerken, 2016; Cetintas, Gefährlicher („Tipping"-)Gefährdungstatbestand?, WuW 2020, 446; Esser, Kartellrecht und Tipping – Kippt die Missbrauchsaufsicht mit Einführung des § 20 Abs. 3a GWB-RefE in eine präventive Regulierung? in: FS Wiedemann, 2020, S. 285; Haucap/Schröder, Beschränkungen von Multi-Homing und Market Tipping: Wettbewerbsökonomische Erwägungen und die Fälle CTS Eventim, Google AdWords und Google AdSense als praktische Beispiele, in: FS Wiedemann, 2020, S. 335; Herrlinger, Der geänderte § 20 GWB, WuW 2021, 325; Körber, Die Digitalisierung der Missbrauchsaufsicht durch das „GWB-Digitalisierungsgesetz" im Spannungsfeld von moderater Anpassung und Überregulierung, 2020, abrufbar unter https://papers.ssrn.com/sol3/papers.cfm?abstract_id=3543719; Louven, Braucht es mehr materielles Kartellrecht für digitale Plattformen?, ZWeR 2019, 154; Podszun/Kreifels, Digital Platforms and Competition Law, EuCML 2016, 33; Podszun/Schwalbe, Digitale Plattformen und GWB-Novelle: Überzeugende Regeln für die Internetökonomie?, NZKart 2017, 98; Steinberg/Wirtz, Der Referentenentwurf zur 10. GWB-Novelle, WuW 2019, 606.

## I. Hintergrund

**1. Normzweck.** § 20 Abs. 3a ist die **Anti-Tipping-Regel.** Verhindert werden soll, **255** dass Unternehmen mit überlegener Marktmacht einen Markt zum Kippen bringen („tipping"), sodass im Wesentlichen nur noch ein Anbieter auf dem Markt verbleibt.[405] Im Fall des Tippings endet der Wettbewerb auf dem Markt, der Wettbewerb um den Markt ist zugunsten des marktmächtigen Unternehmens entschieden. Es droht die Gefahr eines monopolistischen Angebots (winner takes it all). Ist ein Markt gekippt, lässt sich die Marktstruktur nur noch schwer aufbrechen. Die Marktzutrittsbarrieren für Wettbewerber und andere Unternehmen sind hoch; Kunden geraten in Abhängigkeit vom Sieger des Tipping-Prozesses, ihre Auswahl wird beschränkt.

Tipping ist auf digital geprägten Märkten (und nur auf diese ist § 20 Abs. 3a anwendbar) **256** zu einem ernsthaften Problem geworden, da positive Netzwerkeffekte auf Plattformmärkten stark wirken können. **Direkte und indirekte Netzwerkeffekte** (zur Definition → § 18 Rn. 143) setzen eine Machtspirale in Gang, die es schwierig macht, den Sog zu nur einem Anbieter zu durchbrechen.[406] Ein neuer Wettbewerber müsste sehr viele Kunden gewinnen, um überhaupt in Wettbewerb treten zu können. Für den späteren Monopolisten bestehen starke Anreize, ein Tipping herbeizuführen, da zukünftig möglicherweise eine

---

[404] Die früher vertretene Ansicht (Markert in Immenga/Mestmäcker, 2. Aufl. 1992, § 26 Rn. 395), Abs. 3 sei wegen seiner Lückenschließungsfunktion im Verhältnis zu § 19 Abs. 2 Nr. 1 und § 20 Abs. 1 subsidiär, ist nach der Einführung des Abs. 3 S. 2 mit einem im Vergleich zu jenen Vorschriften tendenziell schärferen Rechtfertigungsmaßstab für Untereinstandspreisangebote und Preis-Kosten-Scheren nicht mehr haltbar. Mittelbar gilt deshalb Abs. 3 S. 2 einschließlich seiner Beweislastregelung auch für marktbeherrschende und relativ marktmächtige Unternehmen iSd § 20 Abs. 1, wenn diese auf dem beherrschten Markt auch über eine überlegene Marktmacht im Verhältnis zu ihren kleinen und mittleren Wettbewerbern verfügen und die aus dem Verstoß gegen diese Vorschrift folgende Rechtswidrigkeit des Verhaltens auch die Unbilligkeit iSd § 19 Abs. 2 Nr. 1 begründet.
[405] Zu Tipping siehe Schweitzer/Haucap/Kerber/Welker, Modernisierung der Missbrauchsaufsicht, 2018, S. 77; Crémer/de Montjoye/Schweitzer, Competition policy for the digital era, 2019, S. 57 f; Kommission Wettbewerbsrecht 4.0, Bericht, 2019, S. 49; Bundeskartellamt, Arbeitspapier Marktmacht von Plattformen und Netzwerken, 2016, S. 50; Monopolkommission, Sondergutachten 68: Herausforderung digitale Märkte, 2015, Rn. 145, 276, 302, 379, 400, 525; Podszun/Kreifels EuCML 2016, 33 (36).
[406] Vgl. Haucap/Schröder in FS Wiedemann, 2020, S. 335 (336 ff.).

Monopolrendite winkt.[407] Im sog. Silicon-Valley-Kapitalismus ist die rasche Skalierung durch Netzwerkeffekte hin zu einer Monopolstellung zum Business-Prinzip geworden. Das klassische Wettbewerbsmodell wird dadurch in Frage gestellt.[408]

**257**  Dem Unternehmen, das auf Netzwerkeffekte setzt, spielt die Trägheit der Kunden in die Karten. Wenn dieser Effekt durch **nicht-leistungswettbewerbliche Maßnahmen** seitens des Unternehmens verstärkt wird, insbesondere durch die Erhöhung von Wechselkosten oder die Bindung von Kunden durch lock-in-Effekte, ist ein kartellrechtlicher Eingriff geboten.[409] § 20 Abs. 3a bietet dafür die Grundlage. Tipping ist allerdings selbst in Plattformmärkten nicht zwingend. Es gibt auch Märkte, auf denen die Nutzung mehrerer paralleler Dienste (Multihoming) üblich ist.

**258**  Die Vorschrift soll die Entstehung von Monopolen und hochkonzentrierten Marktkonstellationen durch Nicht-Leistungswettbewerb frühzeitig unterbinden. In monopolistisch oder quasi-monopolistisch geprägten Märkten droht die Gefahr von Missbräuchen und Abhängigkeiten, das beherrschende Unternehmen muss sich nicht mehr in gleicher Weise effizient und innovativ verhalten.[410] § 20 Abs. 3a ermöglicht den frühzeitigen Eingriff unterhalb der Schwelle der Marktbeherrschung. Damit wird der **Restwettbewerb** geschützt, der im deutschen Kartellrecht traditionell geschützt wird.[411] Zudem wird es Unternehmen erschwert, **Quersubventionierungen** zulasten abhängiger Marktseiten vorzunehmen. Die Autoren der Modernisierungsstudie weisen darauf hin, dass damit der Grundsatz verwirklicht werde, „dass jede Marktseite für sich genommen wettbewerbsrechtlichen Schutz genießt."[412] In gewisser Weise erinnert § 20 Abs. 3a an den Fall des Marktstrukturmissbrauchs,[413] da weniger die konkrete Behinderung im Fokus steht als die zukünftige Vermachtung der Märkte.

**259**  **2. Entstehungsgeschichte.** Der Gesetzgeber hat eine Empfehlung der Modernisierungsstudie aufgegriffen.[414] Vorangegangen waren insbesondere **Fälle und Papiere des Bundeskartellamts,** das sich früh mit der Gefahr von Tipping auseinandergesetzt hatte, etwa bei der Prüfung von Fusionen von Immobilienplattformen und Datingplattformen.[415] Im Facebook-Verfahren hat das Amt Tipping als einen Grund für die Machtposition des Netzwerks identifiziert.[416]

Im Zuge des Gesetzgebungsverfahrens blieb die Vorschrift weitgehend unangetastet (das Wort „positive" vor Netzwerkeffekte wurde gestrichen), sie traf aber durchaus auf Kritik.[417] Moniert wurde insbesondere, dass die Vorschrift zu unbestimmt und zu weitreichend sei.[418] Im Gesetzgebungsverfahren gab es freilich auch Zustimmung.[419]

---

[407] Schweitzer/Haucap/Kerber/Welker, Modernisierung der Missbrauchsaufsicht, 2018, S. 78.

[408] Vgl. Podszun, Handwerk in der digitalen Ökonomie, 2021, S. 45 f.

[409] BT-Drs. 19/23492, S. 82.

[410] Vgl. Schweitzer/Haucap/Kerber/Welker, Modernisierung der Missbrauchsaufsicht, 2018, S. 82.

[411] Vgl. BGH 12.1.2021 – KVR 34/20, Rn. 35 – CTS Eventim/Four Artists; BGH 23.6.2020 – KVR 69/19, Rn. 123 – Facebook.

[412] Schweitzer/Haucap/Kerber/Welker, Modernisierung der Missbrauchsaufsicht, 2018, S. 82.

[413] → § 19 Rn. 243 ff. Vgl. Gasser, Der Marktstrukturmissbrauch in der Plattformökonomie, 2021.

[414] BT-Drs. 19/23492, 82; Schweitzer/Haucap/Kerber/Welker, Modernisierung der Missbrauchsaufsicht, 2018, S. 81.

[415] BT-Drs. 19/23492, 82; vgl. BKartA, Arbeitspapier Marktmacht von Plattformen und Netzwerken, 2016; BKartA 25.6.2015 – B6-39/15 – Immowelt/Immonet; BKartA 22.10.2015 – B6-57/15 – Parship/Elitepartner; BKartA 4.12.2017 – B6-132/14-2 – CTS Eventim. Zu CTS Eventim siehe Haucap/Schröder in FS Wiedemann, 2020, 335 (343 ff.).

[416] BKartA 6.2.2019 – B6-22/16, Rn. 387 – Facebook.

[417] Ackermann in Bien/Käseberg/Klumpe/Körber/Ost 10. GWB-Novelle Kap. 1 Rn. 351, 352.

[418] Cetinas WuW 2020, 446; Körber, Die Digitalisierung der Missbrauchsaufsicht durch das „GWB-Digitalisierungsgesetz" im Spannungsfeld von moderater Anpassung und Überregulierung, 2020, S. 37 f.; Herrlinger WuW 2021, 325 (329 f.); Esser in FS Wiedemann, 2020, 285.

[419] VZBV, Stellungnahme zum Kabinettsentwurf, Deutscher Bundestag, Ausschussdrs. 19(9)875, 16; Podszun, Stellungnahme zur 10. GWB-Novelle, Deutscher Bundestag, Ausschussdrs. 19(9)887, 20.

**3. Verhältnis zu anderen Vorschriften. Im europäischen Recht** gibt es keine ver- 260
gleichbare Vorschrift. Das Tipping wurde aber auch von der Wettbewerbskommissarin als
problematisch anerkannt.[420] Über Art. 102 AEUV können bei Vorliegen von Marktbeherrschung entsprechende Praktiken ggf. erfasst werden. Auch **§ 19 Abs. 1 GWB** eröffnet
grundsätzlich diese Möglichkeit. In **§ 19a GWB** sind Regeln für bestimmte Unternehmen
vorgesehen, die Verhaltensweisen erfassen, die in § 20 Abs. 3a eine Rolle spielen können.
In den genannten Fällen sind die Voraussetzungen jedoch unterschiedlich, insbesondere da
§ 20 Abs. 3a ein frühzeitiges Eingreifen unterhalb der Marktbeherrschungsschwelle bzw.
bei anderen Unternehmen als den spezifischen Normadressaten in § 19a vorsieht. Ein
**Vorrang dieser Regelungen besteht nicht.** § 20 Abs. 3a ist ein eigenständiger Tatbestand, kein Auffangtatbestand. Das bedeutet auch, dass die Wertungen und etablierten
Muster der anderen Missbrauchstatbestände nicht ohne Weiteres in die Prüfung von § 20
Abs. 3a integriert werden können. Die Vorschrift soll neue Verbotsformen etablieren und
dabei Schwächen der bisher geltenden Vorschriften kompensieren. Würden sich keine
strengeren Anforderungen ergeben, wäre die Gesetzgebung mit dem Ziel, das Kippen von
Märkten zu verhindern, nutzlos geblieben. Wie das Verhältnis zum Digital Markets Act
ausgestaltet ist, richtet sich nach dem europäischen Recht.

Einige Verhaltensweisen, die unter § 20 Abs. 3a fallen, können **auch als wettbewerbs-** 261
**beschränkende Vereinbarungen** eingestuft werden, etwa Ausschließlichkeitsbindungen
im Vertikalverhältnis. In diesen Fällen stellt sich bei zwischenstaatlichem Bezug die Frage,
ob das europäische Kartellverbot Vorrang gegenüber den deutschen Missbrauchsvorschriften beansprucht (→ Art. 3 VO 1/2003 Rn. 3, 32 ff.).[421]

Gegenüber **§ 4 Nr. 4 UWG** und erst recht § 3 Abs. 1 UWG dürfte § 20 Abs. 3a die
speziellere Vorschrift sein. Allerdings ist der Anwendungsbereich der lauterkeitsrechtlichen
Vorschrift weiter, da keine überlegene Marktmacht vorausgesetzt wird.

## II. Ausgangskonstellation

Die Vorschrift setzt voraus, dass auf einem Markt i. S. d. § 18 Abs. 3a, also einem mehr- 262
seitigen Markt oder einem Netzwerk, ein Unternehmen mit überlegener Marktmacht
gegenüber einem Wettbewerber tätig ist. Zur **Definition solcher Märkte** → § 18 Rn. 69.
Zum Merkmal der überlegenen Marktmacht → Rn. 140 ff. Die überlegene Marktmacht
muss gegenüber Wettbewerbern bestehen.

**1. Unternehmen mit überlegener Marktmacht.** Die überlegene Marktmacht muss 263
**nicht zwingend gegenüber kleinen und mittleren Wettbewerbern** gegeben sein. Dies
ist nicht von der Verweisung auf Abs. 3 umfasst. Abs. 3a lässt dies offen. Das Unternehmen
mit überlegener Marktmacht kann also auch einem Wettbewerber gegenüberstehen, der
selbst eine gewisse Marktstärke hat oder zu einem potenten Konzern gehört.[422] Das ist
konsequent, da bei der Spiralwirkung des Tippings regelmäßig nur ein Unternehmen
überlebt. Auf die Größe der Wettbewerber kommt es dann nicht mehr an. Auch die Größe
des Unternehmens mit überlegener Marktmacht ist nicht festgelegt.[423] Allerdings werden
Start-ups schon wegen ihrer übrigen Aufstellung selbst bei hohen Marktanteilen wohl nur
selten überlegene Marktmacht haben können.

**Wenn bereits überlegene Marktmacht vorliegt, ist Tipping nicht mehr aus-** 264
**zuschließen.** Ob § 20 Abs. 3a dann überhaupt noch das Tipping verhindern kann, ist
offen. Ein früheres Eingreifen, etwa zu Beginn eines gerade erst startenden Tipping-Pro-

---

[420] Vestager, 2.3.2020, Rede am College of Europe in Brügge, abrufbar unter hbfm.link/7680.
[421] Cetintas WuW 2020, 446.
[422] BT-Drs. 19/23492, 83; KG Berlin 11.2.2022 – U 4/21 Kart (Hinweisbeschluss) zu LG Berlin 8.4.2021
– 16 O 73/21 Kart; Ackermann in Bien/Käseberg/Klumpe/Körber/Ost 10. GWB-Novelle Kap. 1 Rn. 357.
[423] Körber, Die Digitalisierung der Missbrauchsaufsicht durch das „GWB-Digitalisierungsgesetz" im Spannungsfeld von moderater Anpassung und Überregulierung, 2020, S. 37 f.

zesses, ist vom Gesetzgeber allerdings ausdrücklich nicht erwünscht.[424] Das Unternehmen, dem überlegene Marktmacht attestiert wird, muss zum Zeitpunkt des Eingreifens in aussichtsreicher Lage sein, den Wettbewerb um den Markt für sich zu entscheiden.[425] Das bedeutet aber auch, dass nicht auch noch eine Chance für andere Unternehmen bestehen kann, den Markt zu gewinnen – sonst wäre bereits Marktbeherrschung gegeben.[426]

265    Die überlegene Marktmacht muss **nicht allen Wettbewerbern** gegenüber bestehen. Genügend ist überlegene Marktmacht gerade dem oder den behinderten Unternehmen gegenüber.[427] Allerdings muss das überlegene Unternehmen eines sein, das damit rechnen kann, den Wettbewerb um den Markt zu gewinnen. Gibt es insoweit mehrere aussichtsreiche Aspiranten, von denen einer ein unterlegenes Unternehmen behindert, kommt § 20 Abs. 3a in Betracht.[428] Das sind Fälle, in denen eine Art Plattform-Oligopol mit Intra-Plattform-Wettbewerb steht.

266    **2. Tipping-geneigter Markt?** § 20 Abs. 3a gilt für mehrseitige Märkte und Netzwerke i. S. d. § 18 Abs. 3a (→ § 18 Rn. 69). Weder der Wortlaut in § 20 Abs. 3a, noch in § 18 Abs. 3 ist auf „digitale Märkte" beschränkt.[429] Fraglich ist, ob schon bei der Feststellung des betroffenen Markts eine **Begrenzung auf solche Märkte** vorzunehmen ist, **die „tipping-geneigt" sind.** Andernfalls ergibt sich eine entsprechende Prüfung erst im Merkmal der Gefahr (→ Rn. 277 ff.). Tipping-geneigt sind Märkte, bei denen ein Eintritt eines Tippings in kurzer oder mittlerer Frist wahrscheinlich ist. Das ist nicht der Fall, wenn auf Märkten Multihoming betrieben wird oder die Wechselkosten sehr niedrig sind. Das Bundeskartellamt hat beispielsweise herausgearbeitet, dass Partnersuchende oft mehrere Eisen im Feuer haben (Multihoming).[430] Auch bei stark nachgefragten, einmalig angeschafften und teuren Investitionsgütern wie Immobilien schauen sich Kunden häufig auf verschiedenen Plattformen um, wenn auch möglicherweise sequentiell. Für eine genaue und möglichst frühe Prüfung der Tipping-Neigung spricht, dass bei § 20 Abs. 3a eine gewisse Gefahr eines over-enforcements bestehen kann, wenn nämlich Strategien, die Verbraucher anlocken, im Sinne einer Tipping-Verhinderung abgewürgt werden. Gewarnt wird, die digitale Ökonomie habe schon manche kurzlebig sehr erfolgreiche Plattform für unangreifbar erachtet.[431] Dem Wortlaut ist aber bei der Aufgreifschwelle eine solche Begrenzung nicht zu entnehmen. Der Wirkungsmechanismus der Netzwerkeffekte wirkt grundsätzlich auf allen mehrseitigen Märkten, sodass grundsätzlich auch stets ein Tipping auftreten kann.

## III. Unbillige Behinderung

267    § 20 Abs. 3a normiert einen Fall der unbilligen Behinderung. Das überlegene Unternehmen muss durch seine Maßnahmen die eigenständige Erzielung von Netzwerkeffekten durch Wettbewerber behindern. Die Unbilligkeit ist hier nicht eigenständiges Prüfungsmerkmal, sondern wird durch die weiteren in der Norm genannten Voraussetzungen definiert. Die für die Behinderungstatbestände typische Abwägung wird im Rahmen des Merkmals der ernstlichen Gefahr für den Leistungswettbewerb vorgenommen.

---

[424] BT-Drs. 19/23492, 82 f.
[425] Ackermann in Bien/Käseberg/Klumpe/Körber/Ost 10. GWB-Novelle Kap. 1 Rn. 356.
[426] Volmar, Digitale Marktmacht, 2019, S. 356.
[427] Westermann in MüKoWettbR Rn. 118.
[428] Westermann in MüKoWettbR Rn. 118; Ackermann in Bien/Käseberg/Klumpe/Körber/Ost 10. GWB-Novelle Kap. 1 Rn. 357. Vgl. Herrlinger WuW 2021, 325 (329 f.).
[429] Cetintas WuW 2020, 446.
[430] BKartA, Arbeitspapier Marktmacht von Plattformen und Netzwerken, 2016; BKartA 25.6.2015 – B6-39/15 – Immowelt/Immonet; BKartA 22.10.2015 – B6-57/15 – Parship/Elitepartner.
[431] Körber, Die Digitalisierung der Missbrauchsaufsicht durch das „GWB-Digitalisierungsgesetz" im Spannungsfeld von moderater Anpassung und Überregulierung, 2020, S. 37 f.

**1. Eigenständige Erzielung von Netzwerkeffekten.** Abgeschnitten wird die eigen- 268
ständige Erzielung von **Netzwerkeffekten** (zu Netzwerkeffekten → § 18 Rn. 143) durch
einen Wettbewerber. Der Begriff „**eigenständige Erzielung**" verlangt, dass der Wettbewerber sich dem Wettbewerb selbst stellt und sich anstrengt. Erforderlich ist, dass ein
Wettbewerber aktuell oder potentiell Anstrengungen unternimmt, um Kunden zu gewinnen und an sich zu binden. Die Analyse des Falles muss den Wirkungsmechanismus der
behindernden Maßnahme nachzeichnen. Dazu ist in einem kontrafaktischen Szenario aufzuzeigen, welche Möglichkeiten ein Wettbewerber hatte oder gehabt hätte. Diese dürfen
nicht unrealistisch sein. Ein leistungsloser Zufluss von Kunden soll nicht garantiert werden.
Nach der Gesetzesbegründung soll § 20 Abs. 3a **nicht die Verweigerung von Interoperabilität** erfassen.[432] Verlange ein Wettbewerber vom überlegenen Unternehmen Interoperabilität, liege darin nämlich keine eigenständige Erzielung von Netzwerkeffekten,
sondern die Nutzung fremder Netzwerkeffekte.[433] Hier würde sich der Anspruchsteller
lediglich an den Erfolg des überlegenen Unternehmens anhängen.

**2. Behinderung – Definition und Wirkung.** Der **Begriff der Behinderung** wird 269
durch den Verweis auf Abs. 3 konturiert, sodass insbesondere sowohl die unmittelbare als
auch die mittelbare Behinderung erfasst werden (→ Rn. 214). Eine Behinderung ist also
jede Beeinträchtigung der Betätigungsmöglichkeiten anderer Unternehmen im Wettbewerb. Die **Behinderungswirkung** ist nachzuweisen. Sie ist objektiv festzustellen
(→ § 19 Rn. 84). Dabei geht es jedoch nicht um die Feststellung der Wirkungen der
Behinderung auf dem Markt – das ist erst Gegenstand des Prüfungspunkts der ernstlichen
Gefahr für den Leistungswettbewerb. Vielmehr ist die Wirkung für die betroffenen Wettbewerber gemeint. Bei ihnen muss eine Einschränkung der wettbewerblichen Handlungsfreiheit vorliegen. Das überlegene Unternehmen kann Marktreaktionen aufzeigen, die –
ggf. im kontrafaktischen Szenario – erkennen lassen, dass es zu einer Behinderung nicht
kommen wird oder die Wettbewerber andere erfolgversprechende Strategien wählen werden.

Durch die neugefasste Vorschrift kann es dazu kommen, dass **Ausschließlichkeitsbin-** 270
**dungen,** die einem Marktbeherrscher bislang offenstanden, und die nicht von § 19 Abs. 2
erfasst wurden, trotz der geringeren Hürde der überlegenen Marktmacht nun verboten sind
(soweit eine ernstliche Gefahr gegeben ist). Das ist hinzunehmen: Der Gesetzgeber wollte
für Märkte, auf denen Netzwerkeffekte wirken, eine schärfere Kontrolle.

**3. Behinderung – Maßnahmen.** Die Norm ist offen formuliert und erfasst so alle, auch 271
noch nicht bekannten Maßnahmen, die zu einer Behinderung führen.[434] Der Gesetzgeber
hatte **insbesondere zwei Fallgruppen** im Blick, Verbot oder Behinderung von Multihoming und Erschwerung des Plattformwechsels.[435]

**a) Verbot oder Behinderung von Multihoming. Multihoming** meint die parallele 272
Nutzung verschiedener Plattformen.[436] Nutzern wird dies zB durch rechtliche Exklusivitätsbindungen verboten, durch Treuerabatte oder Meistbegünstigungsklauseln (MFN-Klau-
seln) erschwert. Der BGH hat zB die engen Bestpreisklauseln eines Hotelbuchungsportals
für unzulässig gehalten und dabei auf indirekte Netzwerkeffekte und die Gefahr des
Tippings abgestellt.[437] Der Fall war allerdings auf Art. 101 AEUV gestützt, eine Prüfung
nach § 20 GWB wurde nicht erforderlich.

**Weitere Maßnahmen zur exklusiven Bindung von Nutzern** sind Kopplungsbindun- 273
gen, Lockangebote, Flatrates oder Nullpreisangebote zur raschen Kundengewinnung (ggf.

---

[432] BT-Drs. 19/23492, 83.
[433] Ackermann in Bien/Käseberg/Klumpe/Körber/Ost 10. GWB-Novelle Kap. 1 Rn. 358.
[434] BT-Drs. 19/23492, 83.
[435] BT-Drs. 19/23492, 83.
[436] Vgl. zur „herausragenden Bedeutung" und mit differenzierender Betrachtung Haucap/Schröder in FS
Wiedemann, 2020, 335 (338 f.).
[437] BGH 18.5.2021 – KVR 54/20, Rn. 28, 66, 86 – Booking.com.

durch Quersubventionierung), Loyalitätsbindungen, Rabatte und Kundenbindungsprogramme.[438] Gerade bei derartigen Maßnahmen zeigt sich der schmale Grat von kurzfristig verbraucherfreundlichen Wachstumsstrategien und mittelfristig wettbewerbsschädigenden Tipping-Strategien.[439] Ökonomisch basieren diese Strategien häufig auf der Idee des „raising rivals' costs", die zu einer Abschottung der Kunden, aber auch des Inputs für die Plattform in Form von neuen Nutzern führen.[440]

**274** **Beispiele:** Wegen der Erschwerung des Multihomings auf Werbemärkten durch Google hat die **Europäische Kommission** im Fall AdSense ein Bußgeld verhängt.[441] Google hatte Website-Publishern, die über das Google-Werbevermittlungsportal Anzeigen bezogen, zunächst untersagt, Anzeigen anderer Vermittler anzunehmen. Später wurde die Klausel dahin abgeändert, dass die besten Werbeplätze für Google vorbehalten werden mussten. Schließlich durften die Website-Publisher nur nach Zustimmung von Google Vereinbarungen mit anderen Vermittlern schließen. Das **KG Berlin** hatte zu beurteilen, ob die Gewährung eines Rabatts im Gegenzug für eine Verpflichtung zur exklusiven Listung von 95 % aller Immobilienangebote eines Immobilienmaklers in der ersten Woche auf einer Plattform eine Behinderung des Multihomings darstellt (list-first-Rabatt). Das wurde wegen der äußerst schnellen Nachfrage auf angespannten Immobilienmärkten bejaht.[442] Ein ähnlicher Rabatt, wenn eine bestimmte Menge (hier: 95 %) aller Angebote des makelnden Unternehmens auf dieser Plattform gelistet werden (sog. list-all-Rabatt), wurde nicht als Behinderung gewertet.

**275** **b) Erschwerung des Plattformwechsels.** Plattformwechsel meint, dass Nutzer von einer Plattform zu einer anderen umziehen. Dem stehen ggf. **Wechselkosten (switching costs)** (dazu → § 18 Rn. 146) entgegen. Diese Wechselkosten können etwa darin bestehen, dass Investitionen, die in einen Plattformauftritt gemacht wurden, nicht mitgenommen werden können (sunk costs), dass beim Verlassen der Plattform Ausgleichszahlungen fällig werden oder dass der Aufwand eines Wechsels extrem hoch ist. Der Wechsel kann auch durch rechtliche Risikoüberwälzungen oder technische Maßnahmen erschwert werden, insbesondere durch die Verstärkung von Lock-in-Effekten. Dies kann etwa der Fall sein, wenn Leistungen aneinander gekoppelt werden und Nutzer in ein digitales Ökosystem (walled garden) eingesponnen werden, sodass der Verlust an Vorteilen immer größer wird. Hier wirken die Selbstverstärkungseffekte der Plattform in den Dimensionen eines ganzen Nutzeruniversums.

**276** **c) Sonstige Maßnahmen.** Auch die **Datenzusammenführung,** die Gegenstand des Facebook-Verfahrens ist, wird als Behinderung interpretiert, die zu einem Tipping führen kann.[443] Als **behindernde Maßnahmen im UWG** wurden Preisunterbietungen, das Verschenken von Waren oder Leistungen und Koppelungsangebote diskutiert.[444] Adblocker, also Programme, die Geschäftsmodelle anderer Unternehmen gezielt blockieren,[445] sowie automatisierte Softwarelösungen, die in Märkte eingreifen,[446] wurden ebenfalls als behindernde Maßnahmen erwogen. § 20 Abs. 3a ist bewusst offen gehalten und kann weitere Maßnahmen erfassen.

---

[438] Vgl. Haucap/Schröder in FS Wiedemann, 2020, 335 (340).

[439] Vgl. Körber, Die Digitalisierung der Missbrauchsaufsicht durch das „GWB-Digitalisierungsgesetz" im Spannungsfeld von moderater Anpassung und Überregulierung, 2020, S. 37 f.

[440] Haucap/Schröder in FS Wiedemann, 2020, S. 335 (341) m. w. N.

[441] KOM 20.3.2019 – AT.40411 – Google Search (AdSense) – nicht rechtskräftig. Dazu Haucap/Schröder in FS Wiedemann, 2020, 335 (357).

[442] KG Berlin 11.2.2022 – U 4/21 Kart (Hinweisbeschluss) zu LG Berlin 8.4.2021 – 16 O 73/21 Kart; so auch LG Berlin 24.2.2022 – 16 O 82/22 Kart.

[443] Steinberg/Wirtz WuW 2019, 606 (610).

[444] Siehe ausführlich Omsels in Harte-Bavendamm/Henning-Bodewig UWG § 4 Rn. 563 ff.

[445] BGH 19.4.2018 – I ZR 154/16, GRUR 2018, 1251 Rn. 45 – Adblocker II.

[446] LG Hamburg 16.7.2002 – 312 O 271/02, MMR 2002, 755 (756).

## IV. Gefahr der Einschränkung des Leistungswettbewerbs

Durch die Behinderung muss die ernstliche Gefahr begründet werden, dass der Leis- **277** tungswettbewerb in nicht unerheblichem Maße eingeschränkt wird. Damit wird eine **Prognoseentscheidung** hinsichtlich der Folgen des Verhaltens für den Wettbewerb erforderlich. Die Darstellung der Gefahr für den Leistungswettbewerb – ein auswirkungsorientiertes Kriterium – begrenzt den Anwendungsbereich der Vorschrift. Das Gesetz lässt aber eine ernstliche Gefahr genügen, eine drohende Gefahr wird nicht verlangt. Mit dieser geringeren Eingriffsschwelle wird deutlich, dass durchaus eine strengere Kontrolle auf Plattformmärkten gesetzgeberisch gewollt ist. Die Entstehung von Marktbeherrschung durch leistungsfremde Mittel wird unterbunden.

Der Gesetzgeber hat vorgeschlagen, die Auslegung an der UWG-Fallgruppe der **278** „Marktstörung" zu orientieren.[447] Das ist irritierend. Die Leitentscheidung des BGH zur Marktstörung (auf die der Gesetzgeber verweist) stammt von 2003.[448] In der Entscheidung zu kostenlosen Anzeigenblättern wurde eine unlautere Marktstörung vom BGH verneint. Der Senat fürchtete, dass bei Annahme eines UWG-Verstoßes die Marktzutrittsschranken für innovative Wettbewerber erhöht worden wären. Diese Überlegung wurde auf kartellrechtliche Wertungen gestützt. Seither ist das UWG noch weiter liberalisiert worden. Überzeugende Fälle, in denen eine Marktstörung gem. § 3 Abs. 1 UWG bejaht wurde, sind rar.[449] Angesichts dieses Befunds aus der Praxis und der konzeptionellen Kritik[450] am Tatbestand der Marktstörung wirkt der Verweis darauf durch den Gesetzgeber selbst kurios.

**1. Ernstliche Gefahr.** Es muss eine ernstliche Gefahr begründet werden. § 20 Abs. 3a **279** ist damit als **Gefährdungstatbestand** ausgestaltet. Die Gefahr muss weder drohend sein (also unmittelbar bevorstehen), noch muss sie sich bereits realisiert haben. Es ist kein konkreter Nachweis einer Gefährdung erforderlich.[451] Dieses Absenken der Nachweisschwelle ist Programm, um eine rasche behördliche oder gerichtliche Reaktion zu ermöglichen:[452] Eingriffe gegen Tipping sind ein Wettlauf gegen die Zeit, da die selbstverstärkenden Effekte von Tipping rasant wirken können.

Die Gefahr darf weder fernliegend noch in den Wirkungen vernachlässigbar sein. Sie **280** muss auf **Tatsachen** beruhen und über eine bloß theoretische Möglichkeit hinausgehen.[453] Für Gefährdungstatbestände ist eine Prognose erforderlich. Dazu ist auf typische Geschehensabläufe abzustellen. **Art und Grad der Gefährdung** sind darzulegen. Die Darlegungen müssen für die jeweilige Branche anhand der verfügbaren Daten und Erfahrungen plausibilisiert werden. Das Bestehen der Gefahr muss durch Beobachtungen, Geschäftsverläufe oder Daten zur Marktentwicklung untermauert sein. Richtigerweise müssen die angenommenen Geschehensabläufe mit Behinderung auch dem kontrafaktischen Szenario (ohne die behindernde Verhaltensweise) gegenübergestellt werden. Das KG Berlin hat im einstweiligen Verfahren eine eidesstattliche Versicherung des Vertreters des unterlegenen Wettbewerbers genügen lassen, dass ein Kundenrückgang zu verzeichnen sei.[454] Die Aus-

---

[447] BT-Drs. 19/23492, 83.

[448] BGH 20.11.2003 – I ZR 151/01 – 20 Minuten Köln.

[449] Marktstörung bejaht: OLG Hamburg 28.9.2006 – 3 U 78/05, WRP 2007, 210 – Fliegerzeitschrift. Verneint: BGH 8.10.2019 – KZR 73/17, GRUR 2019, 1305 Rn. 22 ff. – Adblocker III; BGH 25.4.2002 – I ZR 250/00, GRUR 2002, 825 (826) – Elektroarbeiten; BGH 2.10.2008 – I ZR 48/06, GRUR 2009, 416 Rn. 24 f. – Küchentiefstpreis-Garantie; BGH 27.10.1988 – I ZR 29/87, GRUR 1990, 371 – Preiskampf; BGH 3.7.1981 – I ZR 84/79, GRUR 1982, 53 – Bäckerfachzeitschrift.

[450] Schlieper, Der Anwendungsbereich der lauterkeitsrechtlichen Generalklausel in § 3 I UWG, 2011, S. 65. Siehe auch Lux, Der Tatbestand der allgemeinen Marktbehinderung, 2006; Omsels in Harte-Bavendamm/Henning-Bodewig UWG § 4 Rn. 550 ff.

[451] BT-Drs. 19/23492, 83. Kritisch, auch zum Gesamtkonzept des Gefährdungstatbestands, Cetintas WuW 2020, 446 ff.

[452] BT-Drs. 19/23492, 83.

[453] KG Berlin 11.2.2022 – U 4/21 Kart (Hinweisbeschluss) zu LG Berlin 8.4.2021 – 16 O 73/21 Kart.

[454] KG Berlin 11.2.2022 – U 4/21 Kart (Hinweisbeschluss) zu LG Berlin 8.4.2021 – 16 O 73/21 Kart.

sage wurde plausibilisiert und, in gewissem Rahmen, mit anderen Erklärungsmöglichkeiten abgeglichen.

281     **2. Einschränkung des Leistungswettbewerbs.** Die Gefahr muss sich auf die Einschränkung des Leistungswettbewerbs beziehen. Damit wird ein bekannter, aber lange Jahre eingemotteter Begriff des Wettbewerbsrechts hervorgeholt. Erst 2021 ist der Begriff vom BGH in Kartellsachen wieder einmal aufgegriffen worden.[455] „Leistungswettbewerb" wird im gesamten GWB sonst nicht verwendet. Den Begriff hat Nipperdey 1930 geprägt.[456] Das dadurch ausgedrückte Leitbild ist, dass der **Erfolg im Wettbewerb durch „eigene tüchtige Leistung"** errungen wird. Wird „die Funktionsfähigkeit des an der Leistung orientierten Wettbewerbs im wettbewerblichen Handeln einzelner Unternehmen oder als Institution" gestört,[457] wird der Leistungswettbewerb beeinträchtigt. Der Begriff wird zum Teil kritisch gesehen.[458]

282     Der Leistungswettbewerb wird eingeschränkt, **wenn einzelne Unternehmen ihre Leistungen nicht mehr angemessen am Markt zur Geltung bringen können.** Sie werden dann in ihrem wettbewerblichen Handeln gestört. Ihre komparativen Vorteile werden durch die Durchsetzung von Netzwerkeffekten verdrängt.[459] Das ist zB dann der Fall, wenn ihnen Wege versperrt werden, ihre Abnehmer zu erreichen **(Verlust der Kundenschnittstelle).** Solche Fälle sind insbesondere bei der Behinderung von Kundenwerbung und Vertrieb gegeben. Der Fall des KG Berlin (→ Rn. 274) ist hier einzuordnen, da das konkurrierende Immobilienportal wegen der zeitlichen Exklusivitätsbindung einen Teil der Anbieter nicht mehr ins Programm aufnehmen konnte. Das für den Weiterbestand der Plattform erforderliche Multihoming wurde so erschwert. Teil des Leistungswettbewerbs ist es, dass der Kunde als Schiedsrichter über den Erfolg der Rivalen im Wettbewerb entscheidet. Dazu müssen Kunden aber überhaupt wahrnehmen können, welche Leistungen ein Unternehmen ihnen bieten.

283     Eine Einschränkung des Leistungswettbewerbs liegt auch vor, wenn die **Funktionsfähigkeit des Wettbewerbs als Institution gestört** wird. Damit ist nach dem in Deutschland vorherrschenden Verständnis gemeint, dass der Wettbewerbsprozess – das Ringen um den Kunden mit Angebot und Nachfrage am Markt – ungehindert ablaufen kann.[460] An dieser Stelle ist an die frühere UWG-Fallgruppe der Marktstörung zu denken. Eine **Marktstörung** soll etwa vorliegen, wenn eine Preisunterbietung sachlich nicht gerechtfertigt ist und dazu führen kann, dass Mitbewerber vom Markt verdrängt werden und der Wettbewerb dadurch auf diesem Markt völlig oder nahezu aufgehoben wird.[461] Demnach muss die Gefahr bestehen, dass der Markt zusammenbricht oder der Wettbewerb außer Kraft gesetzt wird.

284     Bei dieser Art der Einschränkung des Leistungswettbewerbs besteht die Gefahr nicht für einen einzelnen Marktteilnehmer, sondern für den Markt als solchen, also **für alle Wettbewerber.**[462] Der BGH war mit der Feststellung einer Marktstörung zurückhaltend. Insbesondere sollen bestehende Wettbewerbsstrukturen und Kundenbeziehungen nicht vor innovativen Geschäftsmodellen geschützt werden.[463] Wird die Nachfrage weiterhin durch verschiedene Anbieter befriedigt, wenn auch auf neuen oder anderen Wegen, und ist dies

---

[455] BGH 6.7.2021 – KZR 22/18, Rn. 24 – wilhelm.tel.; BGH 9.3.2021 – KZR 55/19, Rn. 45 – Gasnetz Berlin.

[456] Nipperdey, Wettbewerb und Existenzvernichtung, 1930, S. 16; vgl. Ulmer GRUR 1977, 565.

[457] BVerfG 12.7.2007 – 1 BvR 2041/04, GRUR 2008, 81, 82 f. – Pharmakartell. Ähnlich BVerfG 7.11.2002 – 1 BvR 580/02, NJW 2003, 277 – Juve-Handbuch.

[458] Vgl. Busche, Privatautonomie und Kontrahierungszwang, 1999, S. 378 mwN; Henning-Bodewig GRUR 1997, 180 (189).

[459] Steinberg/Wirtz WuW 2019, 606 (609).

[460] Vgl. Fuchs § 19 Rn. 18 ff.; Säcker in MükoWettbR GWB Einleitung Rn. 5 ff.; Mestmäcker/Schweitzer, Europäisches Wettbewerbsrecht, 2014, § 3 Rn. 8 ff.

[461] BGH 2.10.2008 – I ZR 48/06, GRUR 2009, 416 Rn. 24 f. – Küchentiefstpreis-Garantie.

[462] BGH 25.4.2002 – I ZR 250/00, GRUR 2002, 825 (826) – Elektroarbeiten.

[463] BGH 19.4.2018 – I ZR 154/16, GRUR 2018, 1251 Rn. 45 – Adblocker II mwN.

auch mittelfristig und nachhaltig so zu erwarten, liegt keine Marktstörung und – gemünzt auf § 20 Abs. 3a – keine ernstliche Gefahr einer Einschränkung des Leistungswettbewerbs vor.

Denkbare Fälle betreffen etwa die für Plattformen typische **Nullpreispolitik** auf der 285 einen Marktseite mit Querfinanzierung durch die andere Marktseite. Diese Konstellation ist mit dem Verschenken von Waren und Leistungen in den klassischen Marktstörungsfällen vergleichbar. Denkbar sind auch Fälle, in denen Leistungen in einem digitalen Ökosystem immer weiter integriert werden, sodass der eigenständige Markt dafür wegfällt. Dies kann auch in Form eines **platform envelopment** geschehen, indem eine Plattform die Leistung anderer Plattformen in ihr Angebotsportfolio übernimmt und so den Wettbewerber leer laufen lässt.[464]

Entscheidend ist, ob das überlegene Unternehmen mit seinem Verhalten noch fremden 286 Wettbewerb zulässt oder ob der **Wettbewerb ausgeschaltet** wird.[465] Dafür kann ein Anhaltspunkt sein, dass sich das Verhalten des überlegenen Anbieters nur tragen kann, wenn alle Wettbewerber vom Markt verdrängt werden. In der Marktwirtschaft gilt das Wettbewerbsparadigma. Eine Abschaffung von Wettbewerb durch Unternehmen und eine Konzentration allein auf einen Anbieter als dauerhaftes System ist nicht vorgesehen. Wegen der schweren Bestreitbarkeit von Machtpositionen, die auf Netzwerkeffekten gründen, liegt dann eine Störung der Funktionsfähigkeit des Marktmechanismus vor.

**3. Normative Würdigung.** Die Einschränkung darf **nicht unerheblich** sein. Dies ist 287 die Stellschraube, um die weite Anwendung des § 20 Abs. 3a normativ zu korrigieren. Dazu ist **abzuwägen, welche Art Wettbewerb geschützt werden soll** und inwieweit das Verhalten des überlegenen Unternehmens dazu führt, dass sich Wettbewerber nicht mehr in gleicher Weise entfalten können. Jedenfalls erheblich ist die Einschränkung, wenn eine Vielzahl von Wettbewerbern oder Kunden betroffen ist, wenn der Markt insgesamt in Mitleidenschaft gezogen wird oder die volkswirtschaftlichen Folgen erheblich sind. Die Erheblichkeit kann sich auch aus qualitativen Kriterien ergeben, zB einer nachhaltigen Störung des Wettbewerbsprozesses oder einem besonders brutalen Vorgehen im Markt, ohne dass eine nachhaltige Marktstrategie ersichtlich ist. Von Ökonomen wird gefordert, das Bestehen wechselseitiger Netzwerkeffekte, die Stärke der Netzwerkeffekte und die Wirkung des Multihoming genau zu prüfen.[466]

Der Grat zwischen missbräuchlichen Verhaltensweisen und dem selbstverständlichen und 288 grundsätzlich zulässigen Versuch, Kunden zu binden, ist sehr schmal.[467] Verlangt wird an dieser Stelle eine **umfassende Interessenabwägung.**[468] Eine solche allgemeine Interessenabwägung, wie sie auch aus § 20 Abs. 3 bekannt ist, ist allerdings nach dem Wortlaut nicht vorgesehen. Behinderung und Gefahr der Wettbewerbsbeschränkung führen zur Annahme von Unbilligkeit. Die für § 20 so typische Abwägung ist in dieser Vorschrift nicht frei und umfassend, sondern wird **durch den Gesetzgeber vorgeprägt,** indem diese Merkmale vorgegeben werden. Gleichwohl ist anzunehmen, dass sich in der Praxis eine Abwägung der Interessen der Beteiligten unter besonderer Berücksichtigung der auf die Freiheit des Wettbewerbs gerichteten Zielsetzung des GWB ergeben wird. Omsels hat für die – vom Gesetzgeber zum Vorbild erhobene – Marktstörung im Lauterkeitsrecht festgehalten, es müsse eine „normative Gesamtwürdigung" stattfinden. Dazu sollen folgende Parameter ermittelt und abgewogen werden: **Marktverhältnisse, Marktmechanismen, Art der Gefährdung des Wettbewerbs auf dem betroffenen Markt, Grad der Gefährdung** durch die beanstandete Verhaltensweise.[469]

---

[464] Bourreau/de Streel, Digital Conglomerates and EU Competition Policy, 2019, S. 16 mwN.

[465] BGH 22.5.1981 – I ZR 85/79, GRUR 1981, 746 (748) – Ein-Groschen-Werbeaktion.

[466] Haucap/Schröder in FS Wiedemann, 2020, 335 (359 f.).

[467] Vgl. Cetintas WuW 2020, 446.

[468] Cetintas WuW 2020, 446; Westermann in MüKo-WettbR § 20 GWB Rn. 133, 134; Nothdurft in Bunte Rn. 186 ff.

[469] Omsels in Harte-Bavendamm/Henning-Bodewig UWG § 4 Rn. 554 ff.

289   Daran wird sich auch die Rechtsprechung zu § 20 Abs. 3a orientieren können. Gleichwohl ist der Versuch zu unternehmen, den vom Gesetzgeber genannten Tatbestandsmerkmalen zum Durchbruch zu verhelfen – anders als im UWG, wo die Marktstörung in der
Generalklausel des § 3 Abs. 1 UWG verortet wird, ist der Anti-Tipping-Paragraph **nicht
generalklauselartig formuliert**. Eine **Möglichkeit der sachlichen Rechtfertigung** ist
ebenfalls nicht vorgesehen.[470] Insbesondere wird auch keine Rücksicht auf kurzfristige
Verbraucherinteressen genommen, die es möglicherweise bequem finden, alle Leistungen
aus einer Hand zu erhalten (und die die damit verbundenen Abhängigkeitseffekte erst später
spüren).[471]

290   Ob zur Feststellung der Behinderungswirkung eine **ökonomische Analyse** zwingend
erforderlich ist, müssen die Gerichte und Behörden im Rahmen ihrer Überzeugungsbildung von Fall zu Fall entscheiden. Eine Verpflichtung zur Inanspruchnahme ökonomischen Sachverstands ist jedenfalls nicht ersichtlich. Im einstweiligen Verfahren wird sich
eine aufwendige Analyse schon aus Zeitgründen nicht ergeben.

## V. Rechtsdurchsetzung

291   Die Vorschrift wird v. a. in der **privaten Rechtsdurchsetzung** relevant werden. Häufig
werden einstweilige Verfahren angestrengt werden. Im Zivilprozess wird im Erfolgsfall ein
Unterlassungsanspruch gewährt. Dabei muss in Antragstellung und Tenorierung der Spagat
geschafft werden, dem Gegner keine Schlupflöcher zu lassen, aber den Wettbewerb auf
Leistungsbasis zuzulassen. Etabliert hat sich dafür eine Tenorierung, die auf den konkreten
Fall abstellt und mit der Wendung „wenn dies geschieht wie …" arbeitet. Die Dringlichkeit
wird bei tipping-geneigten Märkten meist gegeben sein.

292   In der **behördlichen Rechtsdurchsetzung** werden konkrete Maßnahmen zur Verhinderung zukünftiger Tipping-Strategien präziser sein können. So hat im Fall CTS
Eventim das Bundeskartellamt verfügt, dass – zur Verhinderung eines Tippings – nur 80 %
der Tickets pro Veranstaltung exklusiv gebunden werden dürfen und dies für maximal zwei
Jahre.[472] Auch hier ist Schnelligkeit essentiell, worauf der Gesetzgeber eigens hinweist.[473]
Einstweilige Maßnahmen werden daher regelmäßig in Frage kommen. Auf § 20 Abs. 3a
können dann auch weitergehende Maßnahmen nach §§ 32 ff. GWB oder Bußgelder
gestützt werden.

293   Die **Vermutung in § 20 Abs. 4** (dazu → Rn. 249 ff.) gilt für die Ausnutzung von
Marktmacht „im Sinne des Absatzes 3". Ob sie auch für die Fälle des Absatzes 3a gilt, hängt
an der Frage, ob die Anti-Tipping-Regel ein Unterfall der Behinderung nach Abs. 3 ist
oder ein eigenständiger Behinderungstatbestand. Für einen Unterfall spricht die Stellung im
Gesetz. In der Gesetzesbegründung ist von einem neuen Eingriffstatbestand die Rede, der
systematisch an Abs. 3 anknüpfe.[474] Das spricht eher für einen von Abs. 3 unabhängigen
Tatbestand. Schlagend ist das Argument, dass Abs. 3 einen anderen Anwendungsbereich
hat (überlegene Marktmacht gegenüber kleinen und mittleren Wettbewerbern versus überlegene Marktmacht) und auch im Übrigen eigenständige Regelungen enthält. Demnach ist
nicht davon auszugehen, dass der Gesetzgeber die Vermutung auch auf Abs. 3a erstrecken
wollte, zumal im Gesetzgebungsverfahren darauf hingewiesen wurde.[475] Die allgemein
geltenden Grundsätze der sekundären Darlegungslast helfen ggf. über Schwierigkeiten bei
der Darlegung hinweg.

---

[470] Kritisch: Cetintas WuW 2020, 446. Zu möglichen Effizienzen bei der Erschwerung von Multihoming
siehe Haucap/Schröder in FS Wiedemann, 2020, 335 (342).
[471] Vgl. Herrlinger WuW 2021, 325 (329 f.).
[472] BKartA 4.12.20217 – B6-132/14-2 – CTS Eventim.
[473] BT-Drs. 19/23492, 82.
[474] BT-Drs. 19/23493, 83.
[475] Podszun, Stellungnahme zur 10. GWB-Novelle, Deutscher Bundestag, Ausschussdrs. 19(9)887, 20;
Cetintas WuW 2020, 446.

## F. Verweigerung der Aufnahme in Verbände (Abs. 5)

**Schrifttum:** Bohn, Der Zwang zur Aufnahme von Mitgliedern in Wirtschafts- und Berufsvereinigungen nach § 27 GWB, BB 1964, 788; Fuchs, Satzungsautonomie und Aufnahmezwang nach dem GWB, NJW 1965, 1509; Grunewald, Vereinsaufnahme und Kontrahierungszwang, AcP 182, 181; Michael, Verfassungsrechtliche Fragen des Aufnahmezwangs, 1995; Nicklisch, Der verbandsrechtliche Aufnahmezwang und die Inhaltskontrolle satzungsmäßiger Aufnahmevoraussetzungen, JZ 1976, 105; Scholz-Hoppe, Das Recht auf Aufnahme in Wirtschafts- und Berufsvereinigungen, in FS G. Pfeiffer, 1988, 785; Steinbeck, Der Anspruch auf Aufnahme in einen Verein – dargestellt am Beispiel der Sportverbände, WuW 1996, 91; Traub, Verbandsautonomie und Diskriminierung, WRP 1985, 591; Wiebe, Wettbewerbs- und zivilrechtliche Rahmenbedingungen der Vergabe und Verwendung von Gütezeichen, WRP 1993, 74 und 156.

### I. Bedeutung der Vorschrift, Normzweck

§ 20 Abs. 5 richtet sich gegen Beeinträchtigungen der wettbewerblichen Betätigungs-**294** möglichkeiten von Unternehmen durch diskriminierende Verweigerung der Mitgliedschaft in Wirtschaftsverbänden und den ihnen gleichgestellten Gütezeichengemeinschaften. Die verfassungsrechtlich geschützte Verbandsautonomie (→ Rn. 311) wird dadurch eingeschränkt. Die Vorschrift ist als eine **besondere Diskriminierungsregelung** zu betrachten, die das „allgemeine", dh alle Formen der Ungleichbehandlung von Unternehmen erfassende Diskriminierungsverbot des § 19 Abs. 2 Nr. 1 ergänzt, das auf den Zugang zur Mitgliedschaft in Wirtschaftsverbänden und Gütezeichengemeinschaften, die idR nicht selbst als Anbieter oder Nachfrager von Waren oder gewerblichen Leistungen unternehmerisch tätig werden, nur ausnahmsweise anwendbar ist (→ § 19 Rn. 142 f.). Der enge Konnex mit der auf dem allgemeinen Rechtsgedanken beruhenden Vorschrift des § 19 Abs. 2 Nr. 1, dass „Organisationen oder Unternehmen mit wirtschaftlicher Macht im geschäftlichen Verkehr nicht diskriminieren dürfen" (Begr. 1952 zu § 26 E, Ziff. 1), wird nicht dadurch aufgehoben, dass der Aufnahmezwang nach Abs. 5 nicht von einer besonderen wirtschaftlichen Machtstellung des die Aufnahme verweigernden Verbandes abhängt. Denn in Abs. 5 wird auf Grund einer typisierenden Betrachtungsweise davon ausgegangen, dass Wirtschaftsverbände und Gütezeichengemeinschaften idR über solche Macht verfügen. Sie werden deshalb in der Zugangsfrage generell einer Nichtdiskriminierungsregelung unterworfen, so wie auch in § 19 Abs. 3 typisierend unterstellt wird, dass legalisierte Kartelle und preisbindende Unternehmen eine die Anwendung des Verbots dieser Vorschrift rechtfertigende Machtstellung haben (→ § 19 Rn. 398 f.). Der Zweck des Abs. 5 als wettbewerbsbezogene Nichtdiskriminierungsregelung lässt für die Verfolgung anderer Ziele bei der Anwendung dieser Vorschrift keinen eigenständigen Spielraum. Dies gilt insbes. für die über den Rahmen der Wettbewerbspolitik weit hinausgehende gesellschaftspolitische Aufgabe, den Unternehmen ausreichende Zugangs- und Mitwirkungsmöglichkeiten in den als ihr „Sprachrohr" gegenüber Staat und Öffentlichkeit auftretenden Wirtschaftsverbänden zu sichern. Das **EU-Recht** enthält keine entsprechende Sonderregelung für den Zugang zu Wirtschaftsverbänden und Gütezeichengemeinschaften. Zugangsverweigerungen sind deshalb dort nur mit den allgemeinen Regeln der Art. 101 und 102 AEUV erfassbar.

### II. Entstehungsgeschichte

Ein kartellrechtlicher Aufnahmezwang in Wirtschaftsverbände bestand bereits nach dem **295** Dekartellierungsrecht der alliierten Besatzungsmächte nach 1945, dessen insoweit einschlägige Vorschriften auch als Schutzgesetze iSd § 823 Abs. 2 BGB angesehen wurden und abgewiesenen Unternehmen den direkten Zugang zu den Zivilgerichten eröffneten.[476] Der **GWB-Entwurf 1952** sah in § 26 Abs. 1 nur eine Befugnis der Kartellbehörden vor, die Aufnahme abgelehnter Bewerber in Wirtschafts- und Berufsvereinigungen anzuordnen,

---

[476] BGH 25.5.1956 – VI ZR 66/55, WuW/E BGH 154 (155) – Darmimporteure.

falls die Verweigerung ihrer Aufnahme „das Recht auf grundsätzliche Gleichbehandlung ohne wichtigen Grund beeinträchtigt und die Betätigung des Unternehmens innerhalb der Wirtschaftskreise, denen es nach Art und Gegenstand angehört, unbillig erschwert". In der Amtl. Begr. (Begr. 1952, zu § 26) ist dazu ua ausgeführt, es sei „für jedes Unternehmen von wesentlicher Bedeutung, ob es Mitglied in einer Wirtschafts- oder Berufsvereinigung ist." Diese Vereinigungen seien „Sprachrohr der darin zusammengefassten Unternehmen gegenüber der Allgemeinheit", könnten zu einschlägigen Gesetzesvorschlägen Stellung nehmen und wirkten teilweise sogar bei der Verwaltung mit. „Ein Unternehmen wird also in seiner Stellung in der Öffentlichkeit und im Gesamtgefüge der Wirtschaft beeinträchtigt, wenn man ihm den Beitritt zu derartigen Vereinigungen verschließt, die das Unternehmen nach Art und Gegenstand seiner Betätigung als berufene Vertretung seiner Interessen ansehen kann." Der in der Stellungnahme des Bundesrates enthaltene Alternativvorschlag war hingegen stärker an die Textfassung des Diskriminierungsverbots (§ 25 E) angepasst und sah ferner vor, dass ein Anordnungsrecht der Kartellbehörde nur auf Antrag besteht und Wirtschaftsvereinigungen auch „Gütezeichen- und Werbegemeinschaften" sind. In der vom wirtschaftspolitischen Bundestagsausschuss erarbeiteten **Endfassung** ist, auch aus verfassungsrechtlichen Gründen (Art. 9 GG), das Kriterium der unbilligen Erschwerung der „Betätigung des Unternehmens innerhalb der Wirtschaftskreise, denen es nach Art und Gegenstand angehört", durch die Formulierung „unbillige Benachteiligung des Unternehmens im Wettbewerb" ersetzt worden. Durch die **6. GWB-Novelle** ist der bisherige, seinem Wortlaut nach auf eine verwaltungsrechtliche Eingriffsbefugnis der Kartellbehörden beschränkte § 27 in eine Verbotsnorm umgewandelt und als Abs. 6 an die allgemeinen Diskriminierungs- und Behinderungsverbote des § 20 Abs. 1–4 aF angefügt worden. Dadurch hat sich der Literaturstreit über die Schutzgesetzfunktion des § 27 aF (dazu Markert in Immenga/Mestmäcker, GWB, 2. Aufl., § 27 Rn. 47 ff.) erledigt. Durch die 8. GWB-Novelle ist der bisherige Abs. 6 textgleich zu Abs. 5 geworden.

### III. Materiellrechtlicher Norminhalt

296    **1. Wirtschafts- und Berufsvereinigungen. a) Allgemeiner Begriffsinhalt.** Wirtschafts- und Berufsvereinigungen iSv Abs. 5 sind nach Normzweck und Entstehungsgeschichte der Vorschrift „freiwillige", dh auf der Grundlage eines privatrechtlicher Parteiautonomie unterliegenden Mitgliedschaftsverhältnisses organisierte Verbindungen von Unternehmen, die nicht lediglich besondere Einzelzwecke im Interesse ihrer Mitglieder verfolgen, sondern eine umfassende Förderung der gemeinsamen wirtschaftlichen, berufsständischen und sozialen Interessen ihrer Mitglieder und ihre Vertretung nach außen zum Ziel haben.[477] Der Begriffsinhalt wird damit im Wesentlichen durch die „Freiwilligkeit" der Mitgliedschaft und die allgemeine verbandspolitische Zielsetzung der Vereinigung bestimmt. Die erste Voraussetzung folgt daraus, dass dem GWB nur private, nicht aber hoheitliche Wettbewerbsbeschränkungen unterliegen, die zweite aus der Entstehungsgeschichte des § 27 aF, insbesondere aus der erst später auf Vorschlag des Bundesrates erfolgten Einbeziehung der Gütezeichengemeinschaften, deren es nicht bedurft hätte, wenn auch Einzelzweckvereinigungen vom allgemeinen Begriffsinhalt der Wirtschafts- und Berufsvereinigung iSv Abs. 5 erfasst würden. Dass Abs. 5 neben Wirtschafts- auch Berufsvereinigungen erfasst, dient nur der Klarstellung, dass die Regelung auch auf Vereinigungen von Angehörigen freier Berufe anwendbar ist, soweit es sich um Unternehmen handelt.[478]

297    **b) „Freiwilligkeit".** Das Erfordernis eines privatautonom geregelten Mitgliedschaftsverhältnisses schließt Wirtschaftsorganisationen mit einer öffentlich-rechtlichen Regelung

---

[477] BGH 9.12.1969 – KZR 4/89, WuW/E BGH 1061 (1062) – Zeitschriftengroßhandel; 13.11.1979. KVR 1/79, WuW/E BGH 1725 (1726) – Deutscher Landseer Club; 1.10.1985 – KVR 2/84, WuW/E BGH 2191 (2193) – Schwarzbuntzüchter.
[478] Vgl. zB BGH 26.6.1979 – KZR 25/78, WuW/E BGH 1625 (1627) = NJW 1980, 186 – Anwaltsverein (offenlassend, ob ein Anwaltsverein eine Vereinigung iSv Abs. 5 ist).

dieses Verhältnisses aus dem Anwendungsbereich des Abs. 5 aus. Dies gilt zB für Industrie-
und Handelskammern, Handwerkskammern und Handwerksinnungen (vgl. §§ 53, 90
HandwO) und andere als Körperschaften des öffentlichen Rechts organisierte Kammern,
obwohl deren Mitglieder Unternehmen im Sinne des GWB sind. Andererseits ist die
Zugehörigkeit von Genossenschaften zu einem genossenschaftlichen Prüfungsverband trotz
der gesetzlichen Verpflichtung nach § 54 GenG, einem solchen Verband anzugehören, ein
privatrechtliches Rechtsverhältnis.[479]

**c) Verbandspolitische Zielsetzung.** Eine Vereinigung hat eine allgemeine verbands-   **298**
politische Zielsetzung auch dann, wenn sie im Wesentlichen die gemeinsamen Interessen
der Mitglieder fördert und nach außen vertritt. Dass einzelne Interessen von besonderen
Organisationen oder Gremien wahrgenommen werden, steht daher der Annahme einer
allgemeinen verbandspolitischen Zielsetzung der Vereinigung nicht entgegen.[480] Ebenso
unerheblich ist, ob die Vereinigung über ihr allgemeines verbandspolitisches Ziel hinaus
zusätzliche Einzelzwecke verfolgt, den Mitgliedern gegenüber bestimmte Leistungen erbringt oder selbst eine gewerbliche Tätigkeit ohne Beschränkung auf die Mitglieder ausübt.[481] Bei Anwaltsvereinen mit standespolitischer Zielsetzung wird in der Regel das
verbandspolitische Ziel zu bejahen sein.[482] Anderseits fallen Vereinigungen, die nur
Einzelzwecke verfolgen oder nur bestimmte Leistungen für die Mitglieder erbringen oder
gewerblich tätig werden, nicht unter Abs. 5.[483] Ein Aufnahmezwang kann in diesen Fällen
jedoch nach § 19 Abs. 2 Nr. 1 in Betracht kommen (→ § 19 Rn. 142 ff.).

**d) Sonstige Voraussetzungen.** Der Begriff der Wirtschafts- und Berufsvereinigung ist   **299**
nicht an eine bestimmte Rechtsform gebunden. Deshalb können nicht nur eingetragene oder
nicht eingetragene Vereine, sondern auch Personen- und Kapitalgesellschaften sowie Genossenschaften im Einzelfall Wirtschafts- und Berufsvereinigungen iSv Abs. 5 sein. Das Erfordernis des Abschlusses eines Gesellschaftsvertrages steht dem nicht entgegen. Anderenfalls
könnten sich Verbände durch die bloße Wahl einer bestimmten Rechtsform ihrer Verpflichtung nach Abs. 5 zur diskriminierungsfreien Zulassung von Mitgliedern entziehen.

Da Abs. 5 nur die Verweigerung der Aufnahme von Unternehmen erfasst, können   **300**
Wirtschafts- und Berufsvereinigungen iS dieser Vorschrift nur solche sein, die von Unternehmen gebildet werden und deren **unternehmerische Interessen fördern und nach
außen vertreten.** Keine derartigen Vereinigungen sind deshalb Vereinigungen von Privatpersonen,[484] Arbeitgeberverbände, Gewerkschaften[485] und Sportverbände, soweit sie
nicht überwiegend wirtschaftliche Interessen vertreten.[486]

Um eine Unternehmensvereinigung iSv Abs. 5 handelt es sich auch, wenn die Ver-   **301**
einigung neben Unternehmen, deren Interessen sie verbandspolitisch wahrnimmt und vertritt, **auch Nichtunternehmen als Mitglieder hat**[487] oder die Vereinigung zwar nur aus

---

[479] BGH 24.5.1962 – KZR 10/61, WuW/E BGH 499 – Prüfungsverband. Genossenschaftliche Prüfungs-
verbände sind deshalb, soweit sie neben der Prüfung der Mitglieder auch deren Interessenvertretung nach
außen wahrnehmen, Vereinigungen iSv Abs. 5.

[480] LG Mainz 12.5.2005 – 12 HK O 25/04 Kart, WuW/E DE-R 1534 (1535) – PETCYCLE; offengelassen: BGH 13.11.1979 – KVR 1/79, WuW/E BGH 1725 – Deutscher Landseer Club.

[481] BGH 1.10.1985 – KVR 2/84, WuW/E BGH 2191 (2193) – Schwarzbuntzüchter.

[482] Offenlassend BGH 6.6.1979 – KZR 25/78, WuW/E BGH 1625 (1627) – Anwaltsverein.

[483] Vgl. BGH 22.4.1980 – KZR 4/79, WuW/E BGH 1707 (1708) – Taxibesitzervereinigung; OLG
Frankfurt 17.3.1983 – VI VA 3/82, WuW/E OLG 3011 – Funktaxi-Zentrale Langen; OLG München
9.7.1981 – U (K) 2294/80, WuW/E OLG 2781 – Traberverein.

[484] Haus- und Grundbesitzervereine sind Vereinigungen iSv Abs. 5, wenn ihre Mitglieder als Vermieter
oder Verpächter unternehmerisch tätig sind; vgl. auch BGH 11.4.1978 – KZR 1/77, WuW/E BGH 1521 –
Gaststättenverpachtung.

[485] Vgl. zB BGH 19.10.1987 – II ZR 43/87, WuW/E BGH 2471 = NJW 1988, 552 – Gewerkschafts-
fremde Liste; Küttner NJW 1980, 968.

[486] Vgl. zB BGH 2.12.1974 – II ZR 78/72, – WuW/E BGH 1374 – Rad- und Kraftfahrerbund;
weitergehend: Steinbeck WuW 1996, 91 (95 f.).

[487] BGH 13.11.1979 – KVR 1/79, WuW/E BGH 1725 (1726) – Deutscher Landseer Club.

natürlichen Personen besteht, die nicht selbst Unternehmen sind, aber mit ihrer Mitgliedschaft Unternehmen repräsentieren, deren allgemeine Interessen die Vereinigung vertritt.[488]

**302**  Nicht erforderlich ist, dass die Vereinigung eine Alleinstellung oder einen bestimmten **Repräsentanzgrad** für die betreffende Branche hat. Das Vorhandensein anderer gleichartiger Verbände in einer Branche kann allenfalls im Rahmen der Prüfung, ob die Ablehnung sachlich nicht gerechtfertigt ist und zu einer unbilligen Benachteiligung im Wettbewerb führt, relevant werden (→ Rn. 310, 325). Spitzenverbände mit dem ausschließlichen Ziel, die gemeinsamen Interessen von Verbänden zu fördern und zu vertreten, fallen nicht unter Abs. 5. Hier kommt jedoch idR der Aufnahmezwang nach § 826 BGB (→ Rn. 338) in Betracht.[489] Abs. 5 ist jedoch anwendbar, wenn die Mitglieder eines Spitzenverbandes selbst unternehmerisch tätig sind.[490]

**303**  **2. Gütezeichengemeinschaften.** Dem Verbot des Abs. 5 unterliegen auch Gütezeichengemeinschaften, obwohl sie nur der Förderung bestimmter einzelner Interessen ihrer Mitglieder dienen und damit idR die für Wirtschaftsvereinigungen erforderliche verbandspolitische Zielsetzung (→ Rn. 298) fehlt. Dadurch wird sichergestellt, dass auch „die für die Stellung eines Unternehmens im Wettbewerb sehr wichtigen" (Bericht 1957, zu § 26 E) Gütezeichengemeinschaften bei Aufnahme und Ausschluss von Mitgliedern der besonderen Nichtdiskriminierungsregelung des Abs. 5 unterliegen. Gütezeichengemeinschaften iSd Abs. 5 sind auf freiwilliger Basis zustande gekommene und privatrechtlich verfasste Vereinigungen von Unternehmen, die als Träger von Gütezeichen Gütebedingungen für Waren oder Dienstleistungen aufstellen, das Recht zur Führung des Gütezeichens gewähren und die Erfüllung der Gütebedingungen durch die Mitglieder überwachen.[491] Unter Gütezeichen in diesem Sinne sind jedenfalls diejenigen zu verstehen, die den vom RAL (Reichsausschuss für Lieferbedingungen und Gütesicherung beim deutschen Normenausschuss) herausgegebenen Grundsätzen entsprechen oder tatsächlich die für ein diesen Grundsätzen entsprechendes Zeichen typische Garantiefunktion im Verhältnis zu den Abnehmern haben. Der RAL selbst ist keine Gütezeichengemeinschaft, da ihm nur Vertreter von Spitzenverbänden der Wirtschaft, der Gewerkschaften und staatlicher und kommunaler Stellen, nicht jedoch Unternehmen angehören, zwischen denen die Einhaltung von Gütebedingungen vereinbart werden könnte; er wirkt auch nur beratend bei der Aufstellung von Gütebedingungen durch Gütezeichengemeinschaften mit (TB 1968, 53). Keine Gütezeichengemeinschaften sind idR auch die als Inhaber von Kollektivmarken fungierenden Kollektive (vgl. §§ 97 f. MarkenG), da sie nur ausnahmsweise die Führung des Zeichens mit besonderen Güteanforderungen verbinden.[492] Vereinbarungen von Unternehmen, nur noch Waren oder Leistungen herzustellen oder anzubieten, die den Anforderungen einer Gütezeichengemeinschaft entsprechen, verstoßen gegen § 1.

**304**  **3. Unternehmen.** Abs. 5 verbietet nur die Verweigerung der Aufnahme von Unternehmen. Der Begriff des Unternehmens in diesem Sinne ist in Übereinstimmung mit dem generellen Unternehmensbegriff des GWB (→ § 1 Rn. 18 ff.) weit auszulegen und umfasst jedwede Betätigung im geschäftlichen Verkehr mit Waren und gewerblichen Leistungen, die nicht hoheitlich geregelt oder auf private Tätigkeiten beschränkt ist.[493] Deshalb kann auch ein Verein privater Hundezüchter, der die Aufzucht und Veräußerung von Hunden

---

[488] BKartA 29.4.1965, WuW/E BKartA 935 (936) – Intimartikelversand II.

[489] So für Sportspitzenverbände BGH 2.2.1974 – II ZR 78/72, WuW/E BGH 1347 – Rad- und Kraftfahrerverband; 10.12.1985 – KZR 2/85, WuW/E BGH 2226 – Aikido-Verband.

[490] BGH 13.11.1979 – KVR 1/79, WuW/E BGH 1725 (1727) – Deutscher Landseer Club.

[491] Vgl. OLG Frankfurt 27.6.1985 – 6 U 122/84 (Kart), GRUR 1986, 184 – Entziehung des Weinsiegels; LG Köln 12.3.2008 – 28 O (Kart) 529/07, WuW/E DE-R 2388 (2390) – Pressfitting; BKartA 4.8.1967, WuW/E BKartA 1170 (1172) – RAL; Wiebe WRP 1993, 74 ff.; vgl. auch OLG Düsseldorf 25.7.1989 – U (Kart) 16/88, WuW/E OLG 4698 – Gütegemeinschaft Kachelöfen.

[492] Ebenso Westermann in MüKoWettbR Rn. 150; Bechtold/Bosch Rn. 57.

[493] BGH 13.11.1979 – KVR 1/79, WuW/E BGH 1725 (1727) – Deutscher Landseer Club; OLG Hamburg 25.3.1982 – 3 U 88/81, WuW/E OLG 2775 (2776) – Hauptverband für Traberzucht und -rennen.

aktiv unterstützt, insbes. durch einheitliche Zuchtrichtlinien, als Anbieter von gewerblichen Leistungen Unternehmen iSv Abs. 5 sein.[494] Ebenso können private Hauseigentümer als Vermieter oder Verpächter Unternehmen sein.[495] Dagegen ist die Unternehmenseigenschaft von Rechtsanwälten im Hinblick auf ihre Mitgliedschaft in standespolitischen Organisationen idR zu verneinen, da insoweit die unternehmerischen Aspekte, zB die Beschaffung von Arbeitsmaterial, allenfalls eine untergeordnete Nebenrolle spielen.[496] Eine Erweiterung des Unternehmensbegriffs des Abs. 5 im Verhältnis zum Unternehmensbegriff in anderen Vorschriften des GWB ist nach dem besonderen Normzweck nur insoweit geboten, als auch natürliche Personen als Unternehmen iSv Abs. 5 zu betrachten sind, wenn sie mit ihrer Mitgliedschaft in einem Wirtschaftsverband Unternehmen repräsentieren.[497] Ob Bewerber, deren Aufnahme verweigert wird, Unternehmen iSv Abs. 5 sind, ist jedoch für die zivilrechtliche Durchsetzung von Aufnahmeansprüchen häufig nicht ausschlaggebend, da § 826 BGB auch Nichtunternehmen einen inhaltlich an Abs. 5 stark angenäherten Aufnahmeanspruch gewährt (→ Rn. 338).

**4. Aufnahmeverweigerung.** Aufnahme ist bei Vereinen die Begründung eines vereins- **305** rechtlichen Mitgliedschaftsverhältnisses, bei Gesellschaften und Genossenschaften die Einräumung der Rechtsstellung eines Gesellschafters bzw. Genossen. Keine Aufnahme ist es daher, wenn der Bewerber ohne Begründung eines Mitgliedschaftsverhältnisses lediglich zu bestimmten Leistungen der Vereinigung zugelassen oder ihm ohne satzungsmäßige Grundlage lediglich eine befristete vorläufige Mitgliedschaft angeboten wird.[498] Ist hingegen ein vollwertiges Mitgliedschaftsverhältnis begründet worden, ist das betreffende Mitglied auch dann als aufgenommen zu betrachten, wenn es verbandsintern benachteiligt wird, da mit Ausnahme des einer Aufnahmeverweigerung gleichkommenden Falles des Ausschlusses (→ Rn. 306) verbandsinterne Vorgänge durch Abs. 5 nicht geregelt werden.[499] Dies ist vielmehr Aufgabe des Vereinsrechts[500] und des § 826 BGB.[501]

Eine Aufnahme kann auch dadurch verweigert werden, dass dem Aufnahmeantrag **306** **innerhalb einer angemessenen Frist nicht stattgegeben**[502] oder die Aufnahme **von unzumutbaren Bedingungen abhängig gemacht** wird.[503] Ob solche Bedingungen generell durch die Satzung des Verbandes oder für den konkreten Einzelfall aufgestellt sind, ist in diesem Zusammenhang unerheblich.

Als Aufnahmeverweigerung ist auch der **Ausschluss aus einem Verband** anzusehen, da **307** hiermit stets die Entscheidung des Verbandes verknüpft ist, die sofortige Wiederaufnahme des ausgeschlossenen Mitglieds zu verweigern.[504] Ein vorheriges Wiederaufnahmegesuch ist hier deshalb nicht erforderlich. Im Falle eines drohenden Ausschlusses unter Verstoß gegen Abs. 5 kann durch einstweilige Anordnung nach § 32a angeordnet werden, dass bis zum

---

[494] BGH 13.11.1979 – KZR 1/79, WuW/E BGH 1725 (1727) – Deutscher Landseer Club; 11.3.1986 – KZR 26/84, WuW/E BGH 2269 – Verband für Deutsches Hundewesen.

[495] Vgl. zB BGH 11.4.1978 – KZR 1/77, WuW/E BGH 1521 – Gaststättenverpachtung.

[496] Offenlassend BGH 26.6.1979 – KZR 25/78, WuW/E BGH 1625 (1627) = NJW 1980, 186 – Anwaltsverein.

[497] BKartA 29.4.1965, WuW/E BKartA 935 (936) – Intimartikelversand.

[498] BGH 11.3.1986 – KZR 26/84, WuW/E BGH 2269 (2270) – Verband für Deutsches Hundewesen.

[499] Vgl. BGH 26.10.1961 – KZR 3/61, WuW/E BGH 451 (458) – Export ohne WBS; anders in der Tendenz BGH 11.3.1986 – KZR 26/84, WuW/E BGH 2269 (2270) – Verband für Deutsches Hundewesen (Ausschluss von Neumitgliedern von der Führung eines eigenen Zuchtbuchs verstößt gegen § 27 aF).

[500] Vgl. zB Reuter in MüKoBGB Vor § 21 Rn. 52 ff.

[501] Vgl. zB OLG Frankfurt a. M. 27.6.1985 – 6 U 122/84 (Kart), GRUR 1986, 184 – Entziehung des Weinsiegels; BVerfG 12.10.1995 – 1 BvR 1938/93, NJW 1996, 1203.

[502] BGH 11.3.1986 – KZR 26/84, WuW/E BGH 2269 (2270) – Verband für Deutsches Hundewesen; OLG Hamburg 14.4.1988 – 3 U 145/87, WuW/E OLG 4309 (4310) – Branchenseiten.

[503] BGH 25.5.1956 – VI ZR 66/55, BGHZ 21, 1 = WuW/E BGH 154 – Darmimporteure; ebenso zum Aufnahmeanspruch nach § 826 BGB zB KG 1.10.1986 – 1 Kart U 302/86, WuW/E OLG 4003 (4004) – Deutscher Pool-Billard Bund.

[504] OLG Karlsruhe 11.5.1988 – 6 U 259/86 Kart., WuW/E OLG 4313 (4314) – Tankuntersuchung; TB 1971, 89.

Abschluss der Prüfung der Ausschlussgründe im Hauptverfahren eine etwaige Ausschlussentscheidung vorerst nicht vollzogen wird (vgl. TB 1971, 89). Soweit gegen die Ausschlussentscheidung ein gesonderter Verbandsrechtsweg eröffnet ist, setzt die Ablehnung voraus, dass dieser Weg zunächst ausgeschöpft wird,[505] es sei denn, dass dadurch die endgültige Entscheidung in unzumutbarer Weise verzögert wird.[506]

**308**    **5. Sachlich nicht gerechtfertigte ungleiche Behandlung. a) Verhältnis zur Wettbewerbsbenachteiligung.** Der Wortlaut des Abs. 5 unterscheidet zwischen der in der Aufnahmeverweigerung liegenden Diskriminierung („sachlich nicht gerechtfertigte ungleiche Behandlung") und der dadurch bewirkten Wettbewerbsbeeinträchtigung („unbillige Benachteiligung des Unternehmens im Wettbewerb"). Beide Voraussetzungen müssen im Einzelfall kumulativ erfüllt sein. Sie sind jedoch nicht voneinander unabhängig, sondern stehen in einem engen Funktionszusammenhang zueinander, der statt einer isolierten Einzelbetrachtung eine **Gesamtbeurteilung erfordert**.[507] Dies folgt insbes. daraus, dass nach dem Normzweck des Abs. 5 als einer besonderen Nichtdiskriminierungsregel auch hier der für die Beurteilung der Unbilligkeit und der sachlichen Rechtfertigung nach Abs. 1 entwickelte Maßstab einer umfassenden Interessenabwägung unter Berücksichtigung der auf die Freiheit des Wettbewerbs gerichteten Zielsetzung des GWB (→ § 19 Rn. 106) zugrunde zu legen ist. Das bedeutet, dass sowohl bei der Prüfung der sachlichen Rechtfertigung der Aufnahmeverweigerung als auch der Unbilligkeit der Wettbewerbsbenachteiligung der allgemeine Gesetzeszweck einer möglichst weitgehenden Gewährleistung der Wettbewerbsfreiheit der Unternehmen in die Abwägung einbezogen werden muss. Ob die Ablehnung eines Bewerbers im Einzelfall sachlich gerechtfertigt ist, kann deshalb nur nach einer Abwägung mit ihrer Auswirkung auf die Betätigungsmöglichkeiten des abgelehnten Bewerbers im Wettbewerb abschließend beurteilt werden. Dabei sind umso höhere Anforderungen an das Gewicht der geltend gemachten Ablehnungsgründe zu stellen, je stärker im Einzelfall das abgelehnte Unternehmen durch die Ablehnung im Wettbewerb benachteiligt wird.[508] Insbes. in Fällen, in denen die Mitgliedschaft in einem Verband notwendige Voraussetzung für den Marktzugang ist (zB wenn die Marktgegenseite dazu tendiert, nur mit Verbandsmitgliedern in Geschäftsbeziehungen zu treten, → Rn. 323), sind an die sachliche Rechtfertigung der Ablehnung besonders hohe Anforderungen zu stellen.

**309**    **b) Ungleiche Behandlung.** Die ungleiche Behandlung im Sinne des Abs. 5 liegt bereits darin, dass der ablehnende Verband das abgelehnte Unternehmen im Gegensatz zu anderen Unternehmen, insbes. den bereits als Mitglied aufgenommenen, nicht aufnimmt. Zwar setzt die darin liegende Ungleichbehandlung begrifflich ein gewisses Maß an Gleichartigkeit zwischen dem abgelehnten und den aufgenommenen Unternehmen voraus. ist aber anders als nach § 19 Abs. 2 Nr. 1 keine von der sachlichen Rechtfertigung zu unterscheidende, eigenständige gesetzliche Tatbestandsvoraussetzung. Wenn dennoch in einzelnen Entscheidungen und im älteren Schrifttum[509] zwischen Gleichartigkeit und sachlicher Rechtfertigung unterschieden wird, so erweist sich dies als wenig ergiebig, weil die Gleichartigkeit im Sinne des Abs. 5 nicht nach anderweitig vorgegebenen Maßstäben (zB nach den Gleichartigkeits-

[505] OLG Düsseldorf 18.3.1969 – U (Kart) 4/68, WuW/E OLG 981 (982) – Zeitungsgroßhandel; anders bei Verweigerung der erstmaligen Aufnahme: KG 1.10.1986 – 1 Kart U 302/86, WuW/E OLG 4003 (4004) – Deutscher Pool-Billard Bund.

[506] BKartA 5.10.1960, WuW/E BKartA 269 (270) – Mineralölgroßhandelsverband.

[507] So auch BGH 13.11.1979 – KVR 1/79, WuW/E BGH 1725 (1728) – Deutscher Landseer Club, wonach eine Abwägung der Rechtfertigungsgründen des Verbandes und der Wettbewerbsbeeinträchtigung zum Nachteil des Bewerbers mit dem Ziel der Ermittlung des für diesen „mildesten" Mittels erforderlich ist. Ähnlich BGH 10.12.1985 – KZR 2/85, WuW/E BGH 2226 – Aikido-Verband.

[508] BGH 13.11.1979 – KRB 1/79, WuW/E BGH 1725 (1728) – Deutscher Landseer Club; KG 14.1.1976 – Kart 152/75, WuW/E OLG 1719 (1720) – Blitzschutzanlagen.

[509] So zB OLG Düsseldorf 18.3.1969 – U (Kart) 4/68, WuW/E OLG 981 (982) – Zeitungsgroßhandel; Bohn BB 1964, 789 f.

kriterien des § 19 Abs. 2 Nr. 1), sondern immer nur für den Einzelfall im Lichte der Satzung, der Aufnahmepraxis und des Zwecks des jeweils in Betracht stehenden Verbandes festgestellt werden kann. Die Annahme einer ungeschriebenen Gleichartigkeitsvoraussetzung im gesetzlichen Tatbestand des Abs. 5 könnte deshalb nicht mehr leisten als das, was im Rahmen der Prüfung der sachlichen Rechtfertigungsgründe ohnehin aus Gründen der Verfahrensökonomie zweckmäßigerweise zu tun ist, nämlich zunächst festzustellen, ob nicht die Ablehnung ohne eine weiter ins Einzelne gehende Abwägung schon deswegen als sachlich gerechtfertigt anzusehen ist, weil der abgelehnte Bewerber von vornherein mit den bereits aufgenommenen Mitgliedern nicht vergleichbar ist, zB weil das die Aufnahme in einen Großhändlerverband begehrende Unternehmen reiner Einzelhändler ist.

**c) Fehlen der sachlichen Rechtfertigung.** Für die Beurteilung der sachlichen Recht- **310** fertigung kommt es auf eine **Interessenabwägung** zwischen dem Interesse des Bewerbers an der Mitgliedschaft und dem Interesse des Verbandes an der Nichtaufnahme des Bewerbers an.[510] Dabei kann die in der Ablehnung liegende Ungleichbehandlung des abgelehnten Bewerbers im Einzelfall aus zwei Arten von Gründen gerechtfertigt sein: erstens weil der Bewerber schon die durch die Verbandssatzung, die Aufnahmepraxis des Verbandes oder den Verbandszweck fixierten generellen Aufnahmevoraussetzungen nicht erfüllt, zweitens weil trotz Erfüllung dieser Voraussetzungen sonstige Gründe der Aufnahme entgegenstehen, insbes. solche, die in individuellen Besonderheiten des Bewerbers liegen. Die Nichterfüllung der generellen Aufnahmevoraussetzungen durch den Bewerber bedeutet dabei nicht, dass bereits allein deswegen die Ablehnung sachlich gerechtfertigt ist. Vielmehr können auch generelle Aufnahmevoraussetzungen, zB Satzungsbestimmungen, zu einer Diskriminierung iSv Abs. 5 führen.[511] Auch sie sind deshalb, soweit sie für die Ablehnung ursächlich sind, in die umfassende Interessenabwägung mit einzubeziehen.

**aa) Satzung, Aufnahmepraxis, Verbandszweck.** Im Rahmen der durch Art. 9 **311** Abs. 1 GG gewährleisteten Vereinigungsfreiheit und Verbandsautonomie ist es grundsätzlich Sache der Verbände selbst, ihren Zweck und Tätigkeitsrahmen sowie die dadurch bedingten generellen Aufnahmevoraussetzungen eigenverantwortlich festzulegen.[512] Die satzungsmäßige oder sonstige generelle Beschränkung der Aufnahme von Mitgliedern nach der Zugehörigkeit zu einem bestimmten Wirtschaftszweig, zu einer bestimmten Wirtschaftsstufe (Hersteller, Importeure, Großhandel, Einzelhandel), Vertriebsform (Bedienungshandel, Selbstbedienungshandel, Versandhandel, Fachhandel, Warenhäuser etc), Sortimentsgestaltung (Voll-, Teilsortimenter), Unternehmens- und Betriebsgröße (Großbetriebsformen, kleine und mittlere Unternehmen), Rechtsform (zB genossenschaftlich organisierte Unternehmen) oder ähnlichen Abgrenzungsmerkmalen behandelt daher Unternehmen, denen wegen Nichterfüllung dieser Merkmale die Aufnahme verweigert wird, nur ausnahmsweise ohne sachlich gerechtfertigten Grund ungleich. Ob eine Ausnahme vorliegt, hängt einerseits davon ab, welches Gewicht im Lichte des Verbandszwecks dem Interesse des Verbandes gerade an dem der Aufnahme des Bewerbers entgegenstehenden

---

[510] BGH 13.11.1979 – KVR 1/79, WuW/E BGH 1725 (1727 f.) – Deutscher Landseer Club; 1.10.1985 – KVR 2/84, WuW/E BGH 2191 (2192) – Schwarzbuntzüchter 10.12.1985 – KZR 2/85, WuW/E BGH 2226 – Aikido-Verband; OLG Düsseldorf 23.1.2013 – 6 U (Kart) 5/12, WuW/E DE-R 3841 (3844) – Großhandelsverband Haustechnik; OLG Frankfurt a. M. 3.3.2009 – 11 U 57/08 (Kart), WuW/E DE-R 2648 (2649) – Handballverband; hM im Schrifttum, zB Nothdurft in Bunte Rn. 211.

[511] BGH 10.12.1985 – KZR 2/85, WuW/E BGH 2226 (2228) – Aikido-Verband; KG 4.10.1983 – Kart 30/82, WuW/E OLG 3159 (3160) – Kunstversteigerer; OLG München 28.4.2005 – U (K) 5016/04, WuW/E DE-R 1227 (1229) – Apothekenumschau; hM im Schrifttum, zB Nicklisch JZ 1976, 105 ff.; Nothdurft in Bunte Rn. 219.

[512] BGH 14.11.1968 – KZR 3/67, WuW/E BGH 949 – Universitätssportclub; 13.11.1979 – KVR 1/79, WuW/E BGH 1725 (1728) – Deutscher Landseer Club; 1.10.1985 – KZR 2/84, WuW/E BGH 2191 (2194) – Schwarzbuntzüchter; 10.12.1986 – KZR 2/85, WuW/E BGH 2226 (2230) – Aikido-Verband; OLG Düsseldorf 23.1.2013 – VI-U (Kart) 5/12, WuW/E DE-R 3841 (3844) – Großhandelsverband Haustechnik; OLG München 28.4.2005 – U(K) 5018/04, WuW/E DE-R 1527 (1529) – Apothekenumschau; hM im Schrifttum, zB Nicklisch JZ 1976, 105 ff.; zur verfassungsrechtlichen Seite insbes. Scholz-Hoppe 788 ff.

Abgrenzungsmerkmal beizumessen ist, und andererseits von dem Interesse des abgelehnten Bewerbers, durch das Fehlen der Mitgliedschaft in dem betreffenden Verband nicht in seiner Wettbewerbsfähigkeit beeinträchtigt zu werden. Beide Interessen sind im Lichte des besonderen Normzwecks des Abs. 5 und der auf die Freiheit des Wettbewerbs gerichteten Zielsetzung des GWB gegeneinander abzuwägen.

**312**    Bei der Gewichtung des Abgrenzungsinteresses des Verbandes ist idR dem Aufnahmeerfordernis der **Zugehörigkeit zu einer bestimmten Wirtschaftsstufe** einer Branche eine höhere Bedeutung beizumessen als darüber hinausgehenden Abgrenzungsmerkmalen, insbes. wenn diese den Verdacht erwecken, dass der Verband eine Strukturkonservierung beabsichtigt und den Marktzugang für Newcomer erschweren will, zB wenn für die Aufnahme in einem Großhändlerverband für Mineralölerzeugnisse gefordert wird, dass die Bewerber über eigene Transportmittel verfügen,[513] oder wenn ein Flachglas-Großhändlerverband von Bewerbern verlangt, dass sie jederzeit das übliche und vollständige Sortiment der Branche vorrätig halten.[514]

**313**    Ob der Bewerber der für die Aufnahme vorausgesetzten jeweiligen Wirtschaftsstufe zuzurechnen ist, ist nicht allein nach der subjektiven Praxis des ablehnenden Verbandes, sondern **primär nach der objektiven Funktion** des Bewerbers unter Berücksichtigung der Verkehrsauffassung zu beurteilen. Ein Großhändlerverband kann deshalb die Aufnahme eines Bewerbers nicht allein mit der Begründung verweigern, dieser sei als Alleinimporteur und Generalrepräsentant eines ausländischen Herstellers nicht dem Handel zuzurechnen, da auch Importeure die Großhandelsfunktion ausüben (TB 1967, 62). Auch ein von Unternehmen einer vor- oder nachgelagerten Wirtschaftsstufe gegründetes Unternehmen, das auf einer bestimmten Wirtschaftsstufe tätig ist, zB ein von Einzelhändlern oder gewerblichen Verbrauchern gegründetes Handelsunternehmen, kann nicht generell von der Zurechnung zu dieser Wirtschaftsstufe mit der Begründung ausgeschlossen werden, dass es überwiegend oder ganz nur für die Gründer tätig sei.[515] Jedoch kann hier die Ablehnung der Aufnahme eines solchen Unternehmens wegen seiner Verbindung mit Unternehmen einer anderen Wirtschaftsstufe und des zwischen den einzelnen Stufen bestehenden Interessengegensatzes gerechtfertigt sein.[516]

**314**    **Andere,** nicht mit der Zugehörigkeit zu einer bestimmten Wirtschaftsstufe zusammenhängende **Aufnahmebeschränkungen** können wegen ihres geringeren Gewichts im Rahmen der Interessenabwägung nur mit weniger Wahrscheinlichkeit die Ablehnung von auf dieser Stufe tätigen Bewerbern rechtfertigen. So wird regelmäßig die Rechtfertigung fehlen, wenn ohne Beziehung des Verbandszwecks zu einem tatsächlich vorhandenen Interessengegensatz Unternehmen einer bestimmten Rechtsform die Aufnahme verweigert wird.[517] Die Ablehnung kann ausnahmsweise auch wegen eines durch den Verband nicht zu überbrückenden Interessengegensatzes mit anderen Mitgliedern gerechtfertigt sein.[518]

---

[513] BKartA 5.10.1960, WuW/E BKartA 269 – Mineralölgroßhandelsverband.

[514] TB 1969, 77; anders KG 24.4.1970 – Kart 24/69, WuW/E OLG 1110 – Flachglas-Großhandel, wo in den entsprechenden Satzungsbestimmungen keine sachlich ungerechtfertigte Ungleichbehandlung gesehen wurde, obwohl Anzeichen dafür vorlagen, dass der ablehnende Verband damit nur einen unbequemen preisaktiven Außenseiter treffen wollte.

[515] Anders jedoch BKartA 12.11.1962, WuW/E BKartA 565 – Kraftfahrzeugbedarf II.

[516] So zB OLG München 9.7.1981 – U (K) 2294/80, WuW/E OLG 2781 (2783) – Trabrennverein; TB 1976, 75; zur Bedeutung der Verflechtung eines Pressegrossisten mit einem Zeitungsverlag: BGH 9.12.1969 – KZR 4/69, WuW/E BGH 1061 – Zeitungsgroßhandel II, allerdings insoweit bedenklich, als die sachliche Rechtfertigung der Ablehnung ohne Abwägung mit der Wettbewerbsbenachteiligung für den abgelehnten Bewerber bejaht wurde.

[517] So zB BKartA 22.3.1962, WuW/E BKartA 455 – Kraftfahrzeugbedarf (Ablehnung der Aufnahme eines Bewerbers mit genossenschaftlichem Charakter in einen Großhändlerverband nur deshalb sachlich gerechtfertigt, weil der Bewerber eine Einkaufsvereinigung von Einzelhändlern war); 18.3.1963, WuW/E BKartA 743 (Beschränkung der Mitgliedschaft auf Unternehmen mit genossenschaftlicher Zielsetzung gerechtfertigt).

[518] BGH 13.11.1979 – KVR 1/79, WuW/E BGH 1725 (1727) – Landseer Club (unvereinbare ungleiche Vorstellungen eines Hundezuchtvereins über den Standard der Rasse, die Zuchtweise und andere Aufgaben der Hundezucht können Ablehnung der Aufnahme in einen Züchterverband rechtfertigen).

Auch vom Verbandszweck nicht gebotenen und für den Bewerber mit unverhältnismäßi- **315** gen Opfern verbundenen **Vorbedingungen** wird in aller Regel die Rechtfertigung fehlen, zB wenn ein Verband von Mineralbrunnen-Unternehmen, dem Hersteller angehören müssen, wenn sie einer Genossenschaft beitreten wollen, die nur Mitgliedern die Verwendung ihrer Brunneneinheitsflasche erlaubt, von neuen Bewerbern verlangt, dass diese zuvor bereits die Produktion aufgenommen haben müssen, was nur unter Verwendung eines anderen Flaschentyps möglich ist und eine spätere Umstellung der Abfüllanlage erforderlich macht.[519] Auch dem Erfordernis, dass neu aufzunehmende Mitglieder gleichzeitig einem legalisierten Kartell beitreten müssen, fehlt wegen Verstoßes gegen den Rechtsgedanken des § 21 Abs. 3 Nr. 1 in aller Regel die sachliche Rechtfertigung.[520]

Andererseits sind **angemessene Zuverlässigkeitsanforderungen** idR sachlich ge- **316** rechtfertigt, zB wenn ein Bankenverband in seiner Satzung fordert, dass die Mitglieder gleichzeitig dem Prüfungsverband deutscher Banken angehören müssen (TB 1975, 85). Dasselbe gilt für Satzungsbestimmungen, wonach durch die Aufnahme des Bewerbers das Ansehen des Verbandes nicht gröblich geschädigt werden darf.[521] Dagegen wird durch ein satzungsmäßiges Erfordernis der vorherigen Beibringung von Bürgen der Rahmen des sachlich Gerechtfertigten idR überschritten.[522] Frühere Wettbewerbsverstöße des Bewerbers reichen nicht aus, sofern sie nicht eine künftige systematische Missachtung des lauteren Wettbewerbs befürchten lassen.[523]

Die Berufung des ablehnenden Verbandes auf satzungsmäßige Aufnahmehindernisse kann **317** schließlich auch deshalb als sachliche Rechtfertigung für die Ablehnung ausscheiden, weil der Verband eine von der Satzung **abweichende Aufnahmepraxis** eingeführt hat.[524] Hierfür genügt idR, dass der Verband in der Vergangenheit bereits mehrfach andere im Verhältnis zu dem abgewiesenen Bewerber vergleichbare Unternehmen aufgenommen hat, ohne dass dafür besondere Rechtfertigungsgründe geltend gemacht werden können.[525] Jedoch ist für die Zukunft eine Rückkehr zu einer satzungskonformen Aufnahmepraxis zulässig.[526] Soweit der Verband umgekehrt über die Satzung hinaus weitergehende Aufnahmeanforderungen generell praktiziert, sind diese wie satzungsmäßige Anforderungen zu beurteilen.

Die für die abschließende Beurteilung der sachlichen Rechtfertigung erforderliche Ge- **318** wichtung des Verbandsinteresses und Abwägung mit dem Interesse des Bewerbers macht auch eine Prüfung notwendig, ob trotz eines berechtigten Interesses des Verbandes an dem mit der Aufnahmebeschränkung verfolgten Zweck dem Verband eine Änderung in der Form einer **weniger strengen Ausgestaltung zumutbar** ist,[527] oder ob bei begründeter

---

[519] TB 1978, 71 f.; einschränkend KG 15.5.1979 – Kart 23/78, WuW/E OLG 2343 (2344) – Brunneneinheitsflasche, vgl. auch BKartA 11.2.1985, WuW/E BKartA 2185 – Latex (unverhältnismäßig hohe Aufnahmegebühr).

[520] Vgl. auch Abschnitt A. 1. 3. der Bek. des BKartA Nr. 110/98 über Verwaltungsgrundsätze bei der Anmeldung von Normen-, Typen-, Konditionen- und Spezialisierungskartellen und von Normen-, Typen- und Konditionenempfehlungen v. 16.12.1998, wonach ein Verband nur dann als Rechtsträger eines Kartells gewählt werden darf, wenn durch eine entsprechende Satzungsbestimmung sichergestellt ist, dass ein Unternehmen dem Verband auch angehören kann, ohne sich an dem Kartell zu beteiligen.

[521] BKartA 29.4.1965, WuW/E BKartA 937 – Intimartikelversand II. Ob allerdings die dort angenommene grobe Ansehensschädigung allein daraus gefolgert werden kann, dass ein Verlagsunternehmen gleichzeitig einen Intimartikelversand betreibt und für beide Geschäftsbereiche zusammen Werbung betreibt, ist nach heutiger Verkehrsanschauung zweifelhaft.

[522] KG 4.10.1983 – Kart 30/82, WuW/E OLG 3159 (3160) – Kunstversteigerer.

[523] KG 16.9.1977 – U 1379/77, WuW/E OLG 1901 (1903) – Berliner Möbeleinzelhandelsverband.

[524] BGH 9.12.1969 – KZR 4/69, WuW/E BGH 1061 (1063) – Zeitungsgroßhandel II; OLG Düsseldorf 23.1.2013 – VI-U (Kart) 5/12, WuW/E DE-R 3841 (3847) – Haustechnik-Großhändler; TB 1967, 62; 1993/94, 122.

[525] BGH 13.11.1979 – KVR 1/79, WuW/E BGH 1725 (1728) – Deutscher Landseer Club; 10.12.1985 – KZR 2/85, WuW/E BGH 2226 (2230) – Aikido-Verband.

[526] BGH 2.2.1974 – II ZR 78/72, BGHZ 63, 282 = WuW/E BGH 1347 (1348) – Rad- und Kraftfahrerbund; 10.12.1985 – KZR 2/85, WuW/E BGH 2226 (2230) – Aikido-Verband.

[527] BGH 2.12.1974 – II ZR 78/72, WuW/E BGH 1347 (1348) – Rad- und Kraftfahrerbund; 13.11.1986 – KZR 26/84, WuW/E BGH 2269 (2270) – Verband für deutsches Hundewesen; KG 1.10.1986 – 1 Kart

Befürchtung, dass die Verbandszugehörigkeit des Bewerbers die Erfüllung von Verbandsaufgaben gefährden könnte, organisatorische Vorkehrungen, zB eine Einschränkung der satzungsmäßigen Mitgliedschaftsrechte des Bewerbers, ausreichen, die Befürchtung auszuräumen.[528] Andererseits kann die sachliche Rechtfertigung genereller Aufnahmevoraussetzungen auch schon aus dem Grunde zu bejahen sein, dass dem Bewerber eine Anpassung an diese Voraussetzungen ohne unverhältnismäßige Opfer zumutbar ist, zB im Falle eines Bankenverbandes die gleichzeitige Mitgliedschaft in einem Prüfungsverband (TB 1975, 85). Die schließlich noch in die Abwägung einzubeziehende Auswirkung der Ablehnung auf die Wettbewerbsfähigkeit des abgewiesenen Bewerbers deckt sich weitgehend mit dem Tatbestandsmerkmal „unbillige Benachteiligung des Unternehmens im Wettbewerb" und wird deshalb im Zusammenhang damit behandelt (→ Rn. 322 ff.).

**319**    **bb) Sonstige Ablehnungsgründe.** Sonstige Gründe, die eine Ablehnung trotz Erfüllung der generellen Aufnahmevoraussetzungen im Einzelfall rechtfertigen können, sind insbes. solche, die mit dem Ansehen und der Vertrauenswürdigkeit des Bewerbers oder der für ihn tätig werdenden Personen zusammenhängen. Auch hier ist nach dem Normzweck des Abs. 5 und der auf die Freiheit des Wettbewerbs gerichteten Zielsetzung des GWB ein strenger Maßstab anzulegen. Deshalb reichen abweichende Auffassungen des Bewerbers über verbandspolitische Ziele,[529] Auseinandersetzungen mit der Verbandsführung, zumal wenn sie erst durch die Ablehnung ausgelöst wurden,[530] oder Austrittsdrohungen von Mitgliedern für den Fall der Aufnahme des Bewerbers[531] in aller Regel nicht zur Rechtfertigung der Ablehnung aus. Auch der Einwand, dass dem Bewerber die für die betreffende wirtschaftliche Tätigkeit erforderliche Fachkunde fehle, kann nach der auf die Freiheit des Wettbewerbs gerichteten Zielsetzung des GWB idR keine Berücksichtigung finden.

**320**    Die sachliche Rechtfertigung ist insbes. auch dann zu verneinen, wenn die Nichtaufnahme eines Bewerbers oder der Ausschluss eines Verbandsmitglieds dazu dienen soll, mit zulässigen rechtlichen Mitteln erlangte Wettbewerbsvorsprünge einzelner Mitglieder gegenüber anderen zu verhindern.[532] Andererseits rechtfertigen ein systematisch gesetzwidriges Geschäftsgebaren des Bewerbers,[533] schwerwiegende Verstöße gegen die mit der Mitgliedschaft verbundenen Verpflichtungen und grobe Schädigungen des Ansehens des Verbandes in der Öffentlichkeit idR die Ablehnung oder den Ausschluss, zumal wenn damit keine schwerwiegende Beeinträchtigung der Wettbewerbschancen des Betroffenen verbunden ist.[534] Der bloße Verdacht, dass der Bewerber sich später so verhalten könnte, genügt jedoch nicht. Erforderlich ist vielmehr mindestens eine auf Tatsachen gestützte, begründete Befürchtung.[535]

**321**    **6. Unbillige Benachteiligung im Wettbewerb.** Die Aufnahmeverweigerung verstößt nur dann gegen Abs. 5, wenn sie auch zu einer unbilligen Benachteiligung des abgelehnten Unternehmens im Wettbewerb führt. Andere Nachteile aus der Ablehnung, die sich nicht

---

302/86, WuW/E OLG 4003 (4007) – Deutscher Pool-Billard Bund; Möschel, Wettbewerbsbeschränkung; Rn. 691.

[528] So zB auch Nicklisch JZ 1976, 110; anders BGH 9.12.1969 – KZR 4/69, WuW/E BGH 1061 (1063) – Zeitungsgroßhandel II, mit der Begründung, dass bei Bestehen eines Interessenkonflikts eine solche Beschränkung wegen der geringeren Bedeutung der formellen Mitgliedschaftsrechte im Verhältnis zu den Einfluss- und Informationsmöglichkeiten nichts ändern würde.

[529] Vgl. zB BKartA 14.2.1963, WuW/E BKartA 653 (654) – Zentralverband des Genossenschaftlichen Groß- und Einzelhandels; 20.7.1965, WuW/E BKartA 948 (951) – Mineralölgroßhandelsverband.

[530] KG 4.10.1983 – Kart 30/82, WuW/E OLG 3159 (3162) – Kunstversteigerer.

[531] KG 16.9.1977 – U 1379/77, WuW/E OLG 1901 (1902) – Berliner Möbeleinzelhandelsverband.

[532] OLG Düsseldorf 26.4.1988 – U (Kart) 24/87, WuW/E OLG 4318 (4320) – Offertenblatt; TB 1975, 60.

[533] KG 14.1.1976 – Kart 152/75, WuW/E OLG 1719 (1720) – Blitzschutzanlagen; OLG Karlsruhe 14.5.1988 – 6 U 259/86 Kart, WuW/E OLG 4313 – Tankuntersuchung.

[534] Vgl. KG 14.1.1976 – Kart 152/75, WuW/E OLG 1719 (1720) – Blitzschutzanlagen; OLG München 21.3.1974 – U (K) 3980/73, WuW/E OLG 1474 – Reformhaus-Genossenschaft.

[535] BGH 9.12.1969 – KZR 4/69, WuW/E BGH 1061 (1063) – Zeitschriftengroßhandel II.

– auch nicht mittelbar – auf die Betätigungsmöglichkeiten des Unternehmens im Wettbewerb auswirken (zB der Ausschluss von den Einflussmöglichkeiten im politischen oder gesellschaftlichen Raum), reichen daher für die Anwendung des Abs. 5 nicht aus.[536] Da die aus der Ablehnung folgenden Nachteile für den Bewerber bereits bei der Interessenabwägung im Rahmen der sachlichen Rechtfertigung zu berücksichtigen sind (→ Rn. 307), kommt dem Tatbestandsmerkmal der unbilligen Benachteiligung des Unternehmens im Wettbewerb nur noch die Bedeutung zu, aus der umfassenden Interessenabwägung die nicht wettbewerbsbezogenen Interessen des Bewerbers auszuschließen.[537]

**a) Benachteiligung im Wettbewerb.** Wegen des idR großen Umfangs der Betreuungs- und Förderleistungen der Verbände gegenüber ihren Mitgliedern mit dem Ziel, deren Wettbewerbsfähigkeit zu verbessern, führt die Ablehnung der Aufnahme eines Unternehmens in einen für sein Tätigkeitsgebiet zuständigen Verband in aller Regel schon deswegen zu einer Benachteiligung des Bewerbers im Wettbewerb, weil ihm die Betreuungs- und Förderleistungen des Verbandes im Gegensatz zu seinen Wettbewerbern nicht zur Verfügung stehen.[538] Andererseits kann eine Benachteiligung durch Verweigerung der ordentlichen Mitgliedschaft zu verneinen sein, wenn der Verband auch außerordentlichen Mitgliedern alle Leistungen zukommen lässt und solche Mitglieder auch sonst gegenüber ordentlichen im Wettbewerb keine Nachteile haben.[539]     **322**

Eine Benachteiligung im Wettbewerb ist vor allem dann anzunehmen, wenn die Mitgliedschaft in dem betreffenden Verband vom Markt selbst als eine nicht völlig unbedeutende Wettbewerbsvoraussetzung gewertet wird. Dafür kann bereits ausreichen, dass das Fehlen der Mitgliedschaft eines Unternehmens in einem für seine Branche repräsentativen Verband, zumal wenn dieser Umstand durch eine bekanntgewordene ausdrückliche Ablehnung noch besonders unterstrichen wird, **von einem nicht unerheblichen Teil der Marktgegenseite als Mangel angesehen** wird, der sich auf die Auswahl der Geschäftspartner auswirkt.[540] Ein Indiz für die Wettbewerbsrelevanz der Mitgliedschaft in einem Verband ist bereits darin zu sehen, dass die auf einem bestimmten Markt tätigen Unternehmen ihm typischerweise angehören.[541] Noch gewichtiger ist die Benachteiligung des abgelehnten Bewerbers im Wettbewerb, wenn die Marktgegenseite von vornherein nur mit Verbandsmitgliedern kontrahiert[542] oder sonstige wesentliche Wettbewerbsvorteile nur für Verbandsmitglieder erreichbar sind, zB die Verwendung einer am Markt präferierten Brunnen-Einheitsflasche (TB 1978, 71) oder eines im Geschäftsverkehr bedeutsamen Verbandszeichens[543] oder die Gewährung eines Sonderrabatts für Verbandsmitglieder.     **323**

Die **Möglichkeit, einem anderen Verband beizutreten,** schließt die Annahme einer Benachteiligung im Wettbewerb nur dann aus, wenn die Mitgliedschaft dort im Wesentlichen die gleichen Wettbewerbsvorteile bietet und die Beitrittsmöglichkeit auch tatsächlich gegeben ist.[544] Die Benachteiligung im Wettbewerb braucht mit der Ablehnung noch nicht     **324**

---

[536] Vgl. auch BGH 26.6.1979 – KZR 25/78, WuW/E BGH 1625 (1626) = NJW 1980, 186 – Anwaltsverein, wonach es für den Aufnahmezwang nach § 826 BGB nicht genügt, dass die Mitgliedschaft nur ein „gewisses Geltungsbedürfnis" des Bewerbers befriedigt.

[537] Ebenso Nothdurft in Bunte Rn. 225; Westermann in MüKoWettbR Rn. 159.

[538] BGH 25.5.1959 – KZR 2/58, WuW/E BGH 288 (291) – Großhändlerverband II; KG 4.10.1983 – Kart 30/82, WuW/E OLG 1901 (1903) – Berliner Möbeleinzelhandelsverband; OLG Düsseldorf 14.4.1988 – 3 U 145/87, WuW/E OLG 4309 (4312) – Branchenseiten.

[539] OLG München 29.11.1979 – U (K) 2069/79 (unveröff.).

[540] BGH 25.5.1956 – VI ZR 66/55, BGHZ 21, 1 = WuW/E BGH 154 (157) – Darmimporteure; KG 24.4.1970 – Kart 24/69, WuW/E OLG 1110 (1111) – Flachglas-Großhandel.

[541] Vgl. auch BGH 26.6.1979 – KZR 25/78, WuW/E BGH 1625 (1627) = NJW 1980, 186 – Anwaltsverein, allerdings bedenklich insoweit, als ein Repräsentanzgrad von 50 vH offenbar für nicht ausreichend gehalten wurde.

[542] OLG Koblenz 2.1.1973 – Kart V 1/72, BB 1973, 576 – Friedhofsgärtner; BKartA 17.12.1996, WuW/E BKartA 2899 (2901 f.) – DMS International.

[543] KG 4.10.1983 – Kart 30/82, WuW/E OLG 3159 (3162) – Kunstversteigerer.

[544] Vgl. zur Frage alternativer Interessenvertretungsorganisationen auch BGH 26.6.1979 – KZR 25/78, WuW/E BGH 1625 (1626) – Anwaltsverein.

unmittelbar einzutreten; es genügt, dass sie als Folge der Ablehnung erst in Zukunft zu erwarten ist („zu...führt"). Für diese Erwartung spricht idR bereits die Aufnahmeverweigerung als solche, allerdings nicht im Sinne einer Vermutung mit Beweislastumkehr (Scholz-Hoppe S. 792 f.)

**325**   **b) Unbilligkeit.** Die Benachteiligung des abgelehnten Bewerbers im Wettbewerb ist unbillig, wenn eine Abwägung der Interessen des ablehnenden Verbandes und seiner Mitglieder mit dem Aufnahmeinteresse des abgelehnten Bewerbers unter Berücksichtigung der auf die Freiheit des Wettbewerbs gerichteten Zielsetzung des GWB ergibt, dass der Bewerber unzumutbar benachteiligt wird.[545] Diese Abwägung deckt sich praktisch mit der Interessenabwägung im Rahmen der Prüfung der sachlichen Rechtfertigung (→ Rn. 308).[546] Daher ist die Frage, ob und wie stark die Ablehnung den Bewerber im Wettbewerb benachteiligt, bereits dort zu berücksichtigen.[547] Die Unbilligkeit entfällt nicht schon deswegen, weil im Einzelfall die Möglichkeit besteht, gegen die Behinderung oder Diskriminierung von Nichtverbandsmitgliedern durch die Marktgegenseite nach § 19 Abs. 2 Nr. 1 vorzugehen.[548]

**326**   **c) Einzelfragen der Gütezeichengemeinschaften.** Bei der umfassenden Interessenabwägung für die Beurteilung, ob die Ablehnung den Bewerber ohne sachliche Rechtfertigung ungleich behandelt und im Wettbewerb unbillig benachteiligt, ist bei Gütezeichengemeinschaften vor allem abzustellen auf das Interesse der Gemeinschaft, dass nur den Qualitätsanforderungen entsprechende Waren und Leistungen mit dem Zeichen versehen werden, und auf das Interesse des Bewerbers, bei Vorhandensein eines Gütezeichens mit nicht ganz unerheblicher Marktbedeutung durch die Möglichkeit der Verwendung dieses Zeichens die Gleichheit seiner Wettbewerbschancen auf dem betreffenden Markt zu sichern. Erfüllt die Ware oder Leistung des Bewerbers objektiv die für das Gütezeichen aufgestellten Qualitätsanforderungen nicht, ist die Ablehnung sachlich gerechtfertigt und eine etwaige Benachteiligung des Bewerbers im Wettbewerb nicht unbillig.[549]

**327**   Umgekehrt wird bei objektiver Erfüllung dieser Anforderungen durch die Bewerber die **sachliche Rechtfertigung in aller Regel fehlen,** zB wenn die Aufnahme neuer Mitglieder von erschwerten Bedingungen[550] oder vom Eingehen von Verpflichtungen abhängig gemacht wird, die gegen Vorschriften des GWB verstoßen[551] oder für den Bewerber eine unzumutbare Belastung darstellen.[552] Auch dass der Bewerber seinen Sitz im Ausland hat, rechtfertigt allein seine Ablehnung idR nicht.[553] Jedoch kann die Ablehnung eines ausländischen Bewerbers gerechtfertigt und eine unbillige Wettbewerbsbenachteiligung zu verneinen sein, wenn im Einzelfall für die Kontrolle der Einhaltung der Güteanforderungen eine Überwachung der Fertigung erforderlich ist, die im Ausland nicht durchgeführt

---

[545] KG 14.1.1976 – Kart 152/75, WuW/E OLG 1719 (1720) – Blitzschutzanlagen; Löwenheim in LMRKM Rn. 102; Westermann in MüKoWettbR Rn. 159.

[546] Nothdurft in Bunte Rn. 226.

[547] BGH 13.11.1979 – KVR 1/79, WuW/E BGH 1725 (1727) – Deutscher Landseer Club. Bedenklich daher, wenn in einzelnen von der Rspr. entschiedenen Fällen für die Rechtfertigung der Ablehnung ungeprüft blieb, wie diese sich auf die Wettbewerbsposition des Bewerbers auf dem relevanten Markt auswirkt; so zB BGH 9.12.1969 – KZR 4/69, WuW/E BGH 1061 – Zeitschriftengroßhandel II; KG 24.4.1970 – Kart 24/69, WuW/E OLG 1110 – Flachglas-Großhandel; OLG Koblenz 2.1.1973 – 2 Kart V 1/72, BB 1973, 576 – Friedhofsgärtner.

[548] So jedoch BKartA 29.4.1965, WuW/E BKartA 935 – Intimartikelversand II.

[549] OLG Düsseldorf 25.7.1989 – U (Kart) 16/88, WuW/E OLG 4698 (4700) – Gütegemeinschaft Kachelöfen; LG Köln 12.3.2008 – 28 O (Kart) 529/07, WuW/E DE-R 2388 (2390 f.) – Pressfitting; BKartA 4.8.1967, WuW/E BKartA 1170 (1173) – RAL; TB 1993/94, 33; Wiebe WRP 1993, 74 (87 f.).

[550] ZB von strengeren Anforderungen an die Person des Herstellers oder die Ausbildung seines Personals oder die technische Ausrüstung seines Betriebes (TB 1993/94, 34) oder von höheren finanziellen Beiträgen, schärferen Gütekontrollen oder einer langjährigen Produktionstätigkeit (TB 1968, 39; 1981/82, 48).

[551] ZB von der Verpflichtung, nur noch mit dem Zeichen versehene Waren herzustellen und anzubieten (TB 1964, 21; 1968, 52).

[552] ZB die gleichzeitige Mitgliedschaft in einem freigestellten Kartell (TB 1968, 52) oder die Beteiligung an einem Unternehmen (TB 1993/94, 34).

[553] BKartA 4.8.1967, WuW/E BKartA 1170 (1171) – RAL; TB 1993/94, 34.

werden kann.[554] Die Aufnahme ausländischer Bewerber kann nicht davon abhängig ge-macht werden, dass vergleichbaren deutschen Unternehmen im Sitzland des Bewerbers die Aufnahme in entsprechende Organisationen offensteht, da die Geltung des § 185 Abs. 2 nicht unter dem Vorbehalt des Gegenseitigkeitsprinzips steht.[555]

Eine **unbillige Benachteiligung im Wettbewerb** durch eine sachlich nicht gerecht-   **328** fertigte Ablehnung der Aufnahme in eine Gütezeichengemeinschaft ist idR immer schon dann zu bejahen, wenn das Führen des Zeichens für das Kaufverhalten eines nicht unerheb-lichen Teils der Nachfrager von Bedeutung ist, insbes. wenn Nachfrager nur noch mit dem Gütezeichen versehene Waren oder Leistungen der betreffenden Art beziehen. Auf die Stärke der Marktstellung des Bewerbers und die Marktgeltung seines eigenen Warenzei-chens kommt es dabei nicht an.[556] Die Beeinträchtigung entfällt auch nicht dadurch, dass dem Bewerber auch der Zugang zu einer anderen Gütezeichengemeinschaft möglich ist (→ Rn. 324) oder die Gemeinschaft ihm ausnahmsweise als Nichtmitglied die Führung des Zeichens gestattet.[557]

## IV. Rechtsfolgen

Als unmittelbar wirksames und nach § 81 Abs. 2 Nr. 1 bußgeldbewehrtes Verbot hat   **329** § 20 Abs. 5 im Verletzungsfall verwaltungs-, bußgeld- und zivilrechtliche Rechtsfolgen. Nach der Umwandlung des § 27 aF in einen Verbotstatbestand hat sich der Literaturstreit über die von der Rechtsprechung dieser Vorschrift dennoch zugebilligte Schutzgesetzfunk-tion mit einem zivilrechtlichen Aufnahmeanspruch für abgelehnte oder ausgeschlossene Bewerber (dazu Markert in Immenga/Mestmäcker, GWB, 2. Aufl., § 27 Rn. 47 ff.) erle-digt.

**1. Untersagungsverfahren.** Nach § 32 kann die nach § 48 Abs. 2 zuständige Kartell-   **330** behörde die gegen das Verbot des § 20 Abs. 5 verstoßenden Normadressaten im Ver-waltungsverfahren (§§ 54 ff.) zur Abstellung des Verbotsverstoßes verpflichten. Die nach § 27 aF den Kartellbehörden verliehene Befugnis, die Aufnahme positiv anzuordnen und Anordnungsverfügungen mit Auflagen zu verbinden, ist mit der 6. GWB-Novelle ebenso entfallen wie das Erfordernis eines förmlichen Antrages des abgelehnten Unternehmens. Allerdings ist es wenig wahrscheinlich, dass eine Kartellbehörde im Rahmen des ihr nach § 32 eingeräumten Eingreifermessens gegen die Ablehnung der Aufnahme eines Bewerbers einschreitet, wenn dieser der Behörde gegenüber nicht wenigstens seinen Aufnahmewillen irgendwie zum Ausdruck gebracht hat. Dagegen dürften Abstellungsverfügungen in Fällen genereller Aufnahmeverweigerungen, insbes. durch den in Satzungen oder in sonstiger Weise festgelegten Ausschluss bestimmter Arten von Bewerbern von der Mitgliedschaft, auch ohne „Anträge" von Bewerbern in Betracht kommen. Die darin liegende kartellrecht-liche Kontrolle der Zulässigkeit genereller Aufnahmeerfordernisse ist von den Kartellbehör-den faktisch schon nach altem Recht ausgeübt worden (zB TB 1993/94, 33 f.). Durch die Neufassung des Abs. 5 ist sie auch im Verfügungswege möglich.

Die Beschränkung der Eingriffskompetenz der Kartellbehörde auf die Unterbindung von   **331** Verstößen gegen das Verbot des Abs. 5 lässt **Gebotsverfügungen,** mit denen die Auf-nahme abgelehnter Bewerber angeordnet wird, aus dem gleichen Grunde wie in Fällen gegen § 19 Abs. 2 Nr. 1 verstoßender Geschäftsabschluss- und Aufnahmeverweigerungen (→ § 19 Rn. 127 f.) nicht mehr zu. Dies hindert die Behörde jedoch nicht, gegen die Ablehnung der Aufnahme von Bewerbern ohne weitere Eingrenzungen des Verfügungs-tenors einzuschreiten, wenn sich die geltend gemachten Ablehnungsgründe als nach Abs. 5 nicht tragfähig erweisen und andere, welche die Ablehnung rechtfertigen würden, vom

---

[554] BKartA 4.8.1967, WuW/E BKartA 1170 (1173) – RAL; TB 1993/94, 34.
[555] Anders: BKartA 4.8.1967, WuW/E BKartA 1170 (1173) – RAL.
[556] Anders: BKartA 4.8.1967, WuW/E BKartA 1170 (1174) – RAL.
[557] TB 1959, 16.

ablehnenden Verband weder vorgebracht wurden noch ersichtlich sind, auch wenn dies im Ergebnis eine Aufnahmepflicht begründet.[558] Die Kartellbehörde muss allerdings bei dieser Art der Tenorierung der Verfügung die fehlende Tragfähigkeit anderer Ablehnungsgründe in der Verfügungsbegründung darlegen. Aus verfahrensökonomischen Gründen kann es daher im Einzelfall zweckmäßig sein, den Verfügungstenor darauf zu beschränken, dass dem Verband nur untersagt wird, Bewerber aus im Einzelnen bezeichneten Gründen abzulehnen. Richtet sich das Verfahren gegen generelle Zulassungsanforderungen, zB dagegen, dass nur inländische Bewerber zugelassen werden, ist die Beschränkung der Tenorierung auf die in diesen Anforderungen liegende Ablehnung von Bewerbern zwangsläufig.

332    **Einstweilige Anordnungen** nach § 32a kommen insbes. dann in Betracht, wenn das Interesse an einer Mitgliedschaft in dem ablehnenden Verband für abgelehnte Bewerber hauptsächlich in der Erlangung von Förderleistungen des Verbandes besteht, die für die Wettbewerbsfähigkeit dieser Bewerber wichtig sind und vom Verband nur Mitgliedern gewährt werden. Können solche Leistungen zu vergleichbaren Bedingungen ohne unzumutbare Belastung für den Verband auch Nichtmitgliedern zugänglich gemacht werden, ist die Anordnung aus Gründen der Verhältnismäßigkeit darauf zu beschränken. In Fällen offensichtlich verbotswidriger Aufnahmeverweigerungen kommt auch die Anordnung der Aufnahme in Betracht – uU mit Einschränkungen bei den Mitgliedschaftsrechten, zB die Aufnahme als außerordentliches Mitglied.[559]

333    Die **Beweislast** für das Vorliegen der Verbotsvoraussetzungen des Abs. 5 trägt grundsätzlich die Kartellbehörde. Jedoch kann der ablehnende Verband nach den Grundsätzen des Prima-facie-Beweises verpflichtet sein, Gründe, auf die er sich für die Ablehnung beruft, substantiiert darzulegen, insbes. wenn andere vergleichbare Bewerber bereits aufgenommen wurden und die geltend gemachten Gründe mit den besonderen Verhältnissen des ablehnenden Verbandes zusammenhängen.

334    **2. Bußgeldverfahren.** Der vorsätzliche oder fahrlässige Verstoß gegen das Verbot des Abs. kann nach § 81 Abs. 2 Nr. 1 als Ordnungswidrigkeit mit Geldbuße geahndet werden. Die Grundsätze für die Anwendung des § 19 Abs. 2 Nr. 1 im Bußgeldverfahren (→ § 19 Rn. 436) gelten deshalb auch für Abs. 5. Die Verhängung von Geldbußen kommt auch hier nur ausnahmsweise in Betracht, zB in Fällen, in denen die Rechtswidrigkeit der Ablehnung eines Bewerbers von vornherein keinem vernünftigen Zweifel unterliegen konnte, oder wenn die Ablehnung vergleichbarer Bewerber bereits bestands- oder rechtskräftig untersagt wurde und andere Gründe für die Ablehnung eines neuen Bewerbers nicht geltend gemacht werden.

335    **3. Zivilrechtsschutz. a) Nichtigkeit nach § 134 BGB.** Rechtsgeschäfte, die gegen das Verbot des Abs. 5 verstoßen, sind nach § 134 BGB nichtig. Insofern gilt für Abs. 5 das Gleiche wie für § 19 Abs. 2 Nr. 1 (→ § 19 Rn. 437). Auf Beschlüsse der Normadressaten des Abs. 5 über den Ausschluss von Mitgliedern sind deshalb die für nach § 19 Abs. 2 Nr. 1 verbotswidrige Vertragskündigungen geltenden Grundsätze anwendbar.[560] An Beschlüsse von Verbandsgremien, einen Bewerber unter Verstoß gegen Abs. 5 nicht als Mitglied aufzunehmen, sind die für den Verband nach außen handlungsberechtigten Organe nicht gebunden. Die Nichtigkeit nach § 134 BGB gilt auch für Satzungsbestimmungen, soweit

---

[558] So zur gleichlautenden Untersagungsbefugnis nach § 37a Abs. 2 aF: BGH 15.11.1994 – KVR 14/94, WuW/E BGH 2951 (2952) – Weigerungsverbot.

[559] Vgl. OLG München 29.11.1979 – U (K) 2000/79 (unveröff.), wonach eine außerordentliche Mitgliedschaft sogar in der Hauptsache ausreichen kann, wenn sie dem Bewerber die gleichen Rechte und Vorteile gewährt wie ordentlichen Mitgliedern.

[560] Dazu insbes. BGH 7.3.1989 – KZR 15/87, BGHZ 107, 273 = WuW/E BGH 2584 (2587) – Lotterievertrieb. Zu § 27 aF: KG 27.10.1989 – Kart U 1494/88, WuW/E OLG 4560 – Systematische Selbstaufführungen.

diese einen verbotswidrigen Ausschluss von Unternehmen vom Erwerb der Mitgliedschaft bewirken.

**b) Aufnahmezwang, Schadensersatz.** Nach § 33 Abs. 1 haben unter Verstoß gegen **336** Abs. 5 abgelehnte Bewerber Anspruch auf Beseitigung und bei Wiederholungsgefahr auf Unterlassung und nach § 33a Abs. 1 auf Ersatz des ihnen durch den Verbotsverstoß entstandenen Schadens. Ebenso wie in den Fällen einer gegen § 19 Abs. 2 Nr. 1 verstoßenden Geschäftsabschlussverweigerung (→ § 19 Rn. 454) schließt dieser Anspruch auch das Recht ein, die Aufnahme in den sich verbotswidrig weigernden Verband oder Gütezeichengemeinschaft zu verlangen. In Fällen eines verbotswidrigen Ausschlusses von einer bereits bestehenden Mitgliedschaft kommt allerdings in erster Linie die Feststellung der Nichtigkeit des Ausschlusses und damit des Fortbestandes des bisherigen Mitgliedschaftsverhältnisses in Betracht.[561] Der Unterlassungs- und Beseitigungsanspruch setzt kein Verschulden des ausschließenden oder die Neuaufnahme verweigernden Verbandes voraus.[562] Für die Darlegungs- und Beweislast gilt das Gleiche wie in den Fällen einer gegen § 19 Abs. 2 Nr. 1 verstoßenden ungleichen Behandlung, dh der ablehnende oder ausschließende Verband bzw. die Gütezeichengemeinschaft ist beweispflichtig dafür, dass die Nichtaufnahme oder der Ausschluss des in Betracht stehenden Unternehmens sachlich gerechtfertigt ist. Wegen der weitgehenden Überschneidung dieser Frage mit der Voraussetzung einer unbilligen Beeinträchtigung dieses Unternehmens im Wettbewerb (→ Rn. 308) gilt diese Beweispflicht auch hierfür. Für den einstweiligen Rechtsschutz gelten die gleichen Grundsätze wie für § 19 Abs. 2 Nr. 1.

## V. Verhältnis zu anderen Vorschriften

**1. § 19 Abs. 2 Nr. 1.** Die Verweigerung der Aufnahme eines Unternehmens in einen **337** Wirtschaftsverband kann auch gegen § 19 Abs. 2 Nr. 1 verstoßen (→ § 19 Rn. 142 ff.). Da Wirtschafts- und Berufsvereinigungen iSv Abs. 5 und Gütezeichengemeinschaften jedoch idR nicht selbst als Anbieter oder Nachfrager von Waren oder gewerblichen Leistungen unternehmerisch tätig werden, kommt allerdings die gleichzeitige Anwendung des Abs. 5 und des § 19 Abs. 1 Nr. 2 auf denselben Sachverhalt nur selten in Betracht. Soweit dies der Fall ist, können die zivilrechtlichen Ansprüche aus beiden Vorschriften nebeneinander geltend gemacht werden.[563]

**2. §§ 25, 826 BGB.** Die Weigerung eines Verbandes oder Vereins, einen Bewerber als **338** Mitglied aufzunehmen, und der Ausschluss von Mitgliedern können ferner gegen allgemeines Zivilrecht verstoßen und danach einen Anspruch auf Aufnahme begründen. Dieser in der Rechtsprechung des BGH zunächst auf „Monopolverbände" begrenzte zivilrechtliche Aufnahmezwang[564] ist später auf alle Verbände und Vereine erweitert worden, die im wirtschaftlichen oder gesellschaftlichen Bereich eine überragende Machtstellung innehaben, sofern ein hinreichendes Interesse am Erwerb der Mitgliedschaft besteht.[565] Dabei hat der BGH von Anfang an in Anlehnung an § 27 GWB aF als weitere Anspruchsvoraussetzung nur darauf abgestellt, ob die Ablehnung von Bewerbern oder der Ausschluss von Mitgliedern, auch wenn dies von der Satzung gedeckt ist, im Verhältnis zu den bereits auf-

---

[561] So bereits zu § 27 aF: KG 27.10.1989 – Kart U 1494/88, WuW/E OLG 4560 – systematische Selbstaufführungen.

[562] So bereits zu § 27 aF: BGH 25.2.1959 – KZR 2/58, WuW/E BGH 288 (291) – Großhändlerverband II; OLG Hamburg 25.3.1982 – 3 U 88/81, WuW/E OLG 2227 (2280) – Hauptverband für Traberzucht und -rennen.

[563] BGH 22.4.1980 – KZR 4/79, WuW/E BGH 1707 (1708) – Taxi-Besitzervereinigung.

[564] BGH 2.12.1974 – II ZR 78/72, WuW/E BGH 1347 – Rad- und Kraftfahrerbund; offenlassend BGH 26.6.1979 – KZR 25/78, WuW/E BGH 1625 = NJW 1980, 186 – Anwaltsverein.

[565] BGH 10.12.1984 – II ZR 91/84, BGHZ 93, 151 = NJW 1985, 1216 – IG Metall; 10.12.1985 – KZR 2/85, WuW/E BGH 2226 – Aikido-Verband; 23.11.1998 – II ZR 54/98, BGHZ 140, 74 = NJW 1999, 1326; Reuter in MüKoBGB Vor § 21 Rn. 109 ff.; Traub WRP 1985, 591 (593 f.); Grunewald AcP 182, 181 ff.; Steinbeck WuW 1996, 93 ff.

genommen Mitgliedern zu einer sachlich nicht gerechtfertigten ungleichen Behandlung und unbilligen Benachteiligung des abgelehnten Bewerbers oder ausgeschlossenen Mitglieds führt.[566] Damit sind der kartellrechtliche und der zivilrechtliche Aufnahmezwang nahezu deckungsgleich. Ersterer ist nur insoweit enger, als nur Unternehmen geschützt werden. Anderseits geht der kartellrechtliche über den zivilrechtlichen Aufnahmeanspruch insoweit hinaus, als es nach Abs. 5 nicht darauf ankommt, ob der in Anspruch genommene Verband eine überragende wirtschaftliche oder gesellschaftliche Machtstellung hat. Beide Ansprüche können nebeneinander geltend gemacht werden.[567]

**339**   **3. § 4 Nr. 4 UWG.** Die Verweigerung der Aufnahme eines Unternehmens in einen Wirtschaftsverband oder in eine Gütezeichengemeinschaft kann auch gegen § 4 Nr. 4 UWG verstoßen, wenn sie zu Zwecken des Wettbewerbs erfolgt, wofür es bereits ausreicht, dass mit der Aufnahmeverweigerung der Wettbewerb der Mitglieder im Verhältnis zu dem abgelehnten Unternehmen gefördert werden soll.[568] Auch insoweit gilt im Verhältnis zu § 20 Abs. 5 GWB und § 826 BGB Anspruchskonkurrenz.[569]

## § 21 Boykottverbot, Verbot sonstigen wettbewerbsbeschränkenden Verhaltens

(1) Unternehmen und Vereinigungen von Unternehmen dürfen nicht ein anderes Unternehmen oder Vereinigungen von Unternehmen in der Absicht, bestimmte Unternehmen unbillig zu beeinträchtigen, zu Liefersperren oder Bezugssperren auffordern.

(2) Unternehmen und Vereinigungen von Unternehmen dürfen anderen Unternehmen keine Nachteile androhen oder zufügen und keine Vorteile versprechen oder gewähren, um sie zu einem Verhalten zu veranlassen, das nach folgenden Vorschriften nicht zum Gegenstand einer vertraglichen Bindung gemacht werden darf:
1. nach diesem Gesetz,
2. nach Artikel 101 oder 102 des Vertrages über die Arbeitsweise der Europäischen Union oder
3. nach einer Verfügung der Europäischen Kommission oder der Kartellbehörde, die auf Grund dieses Gesetzes oder auf Grund der Artikel 101 oder 102 des Vertrages über die Arbeitsweise der Europäischen Union ergangen ist.

(3) Unternehmen und Vereinigungen von Unternehmen dürfen andere Unternehmen nicht zwingen,
1. einer Vereinbarung oder einem Beschluss im Sinne der §§ 2, 3, 28 Absatz 1 oder § 30 Absatz 2a oder Absatz 2b beizutreten oder
2. sich mit anderen Unternehmen im Sinne des § 37 zusammenzuschließen oder
3. in der Absicht, den Wettbewerb zu beschränken, sich im Markt gleichförmig zu verhalten.

(4) Es ist verboten, einem Anderen wirtschaftlichen Nachteil zuzufügen, weil dieser ein Einschreiten der Kartellbehörde beantragt oder angeregt hat.

---

[566] BGH 2.12.1974 – II ZR 78/72, WuW/E BGH 1347 (1348) – Rad- und Kraftfahrerbund; 10.12.1985 – KZR 2/95, WuW/E BGH 2226 – Aikido-Verband.
[567] BGH 26.6.1979 – KZR 25/78, WuW/E 1625 (1627) = NJW 1980, 186 (187) – Anwaltsverein; OLG Hamburg 25.3.1982 – 3 U 88/81, WuW/E OLG 2775 (2780) – Hauptverband für Traberzucht und -rennen.
[568] OLG Hamburg 25.3.1982 – 3 U 88/81, WuW/E OLG 2775 (2780) – Hauptverband für Traberzucht und -rennen.
[569] OLG Hamburg 25.3.1982 – 3 U 88/81, WuW/E OLG 2775 (2780) – Hauptverband für Traberzucht und -rennen.

## Übersicht

## A. Boykott (Abs. 1)

**Schrifttum zu Abs. 1:** Bauer/Wrage-Molkenthin, Zum Begriff der Aufforderung in § 26 Abs. 1 GWB, wistra 1988, 247; Bauer/Wrage-Molkenthin, Die Unbilligkeit der Beeinträchtigung in § 26 Abs. 1 GWB, wistra 1988, 336; Bauer/Wrage-Molkenthin, Aufforderung zu Liefer- oder Bezugssperren, BB 1989, 1495; Bergerhoff, Nötigung und Boykott, 1998; Degenhart, Meinungs- und Medienfreiheit in Wirtschaft und Wettbewerb, FS Lukes 1989, 287; Kreuzpointner, Boykottaufrufe durch Verbraucherorganisationen, 1980; Markert, Aufforderung zu Liefer- oder Bezugssperren, BB 1989, 921; Möllers, Zur Zulässigkeit des Verbraucherboykotts – Brent Spar und Mururoa, NJW 1996, 1374; Möschel, Zum Boykott-Tatbestand des § 26 Abs. 1 GWB, FS Benisch 1989, 339; Simmler, Der wirtschaftliche Boykott als Kartellordnungswidrigkeit und Straftat, 1981; Werner, Wettbewerbsrecht und Boykott, 2008.

### I. Bedeutung, Normzweck

1     Das Verbot des § 21 Abs. 1 knüpft an den im deutschen Lauterkeits- und Deliktsrecht entwickelten Boykottbegriff an. Danach setzt der Boykott ein **Dreierverhältnis** voraus: den Boykottierer oder Verrufer, der einen anderen zur Liefer- oder Bezugssperre auffordert, den Adressaten oder Ausführer, der die Sperre ausführen soll oder ausführt, und den Boykottierten oder Verrufenen, gegen den sich die Sperre richtet.[1] Der international gebräuchliche Begriff des Boykotts (engl. boycott, frz. boycottage, it. boicottaggio) geht auf die Vorgehensweise der irischen Landliga gegen den Gutsverwalter Charles Cunningham Boycott zurück und kennzeichnet über den engeren Boykottbegriff des deutschen Rechts hinaus jede Form der versuchten oder ausgeführten organisierten Absperrung einzelner Personen, Unternehmen oder Gruppen als Druckmittel zur Durchsetzung wirtschaftlicher, sozialer, politischer, gesellschaftlicher oder sonstiger Ziele (vgl. Bergerhoff 1 ff.). Auch in vielen ausländischen Wettbewerbsrechten wird schon die von mehreren verabredete und gemeinsam ausgeführte Sperre als Boykott angesehen, während die Aufforderung oder Veranlassung Dritter zur Sperre als mittelbarer oder sekundärer Boykott gilt, so auch im Antitrustrecht der USA, das sowohl die reine Sperrvereinbarung als auch das Einwirken der an der Vereinbarung Beteiligten auf Dritte als per-se-Verstoß gegen das Kartellverbot der Sec. 1 Sherman Act behandelt.[2]

2     **Zweck** des § 21 Abs. 1 ist, die bereits delikts- und lauterkeitsrechtlich grundsätzlich unzulässige (→ Rn. 49 f.) Anwendung des Boykotts auch kartellrechtlich zu unterbinden, um dadurch den freien Zugang von Unternehmen zu Absatz- und Beschaffungsmöglichkeiten als eine der wichtigsten Wettbewerbsvoraussetzungen gegen Beeinträchtigungen durch rechtswidrige Boykottaufforderungen auch mit den schärferen Mitteln des Kartellrechts (Verwaltungszwang, Geldbußen) zu schützen. **Schutzobjekt** des § 21 Abs. 1 sind sowohl das verrufene Unternehmen als auch der Wettbewerb als Institution auf den Märkten, auf denen Unternehmen durch Boykottaufforderung beeinträchtigt werden oder werden sollen (→ Rn. 47). Dabei genügt seit der 2. GWB-Novelle bereits die abstrakte Gefährdung der Absatz- und Beschaffungsmöglichkeiten durch an andere Unternehmen oder Unternehmensvereinigungen in wettbewerbsbeeinträchtigender Absicht gerichtete Sperraufforderungen. Dass die Aufforderung tatsächlich zu einer Sperre führt und sich daraus eine Beeinträchtigung des Gesperrten im Wettbewerb ergibt, ist für den Verbotsverstoß nicht erforderlich. § 21 Abs. 1 ist deshalb ein vom Nachweis einer konkreten Wettbewerbsgefährdung losgelöstes, abstraktes Gefährdungsdelikt (vgl. auch → § 81 Rn. 290). Da die Liefer- oder Bezugssperre als solche nach den Vorschriften des GWB nicht generell, sondern nur unter besonderen Voraussetzungen verboten ist (→ Rn. 47), lässt sich § 21 Abs. 1 auch als ein verselbstständigtes Delikt der versuchten Anstiftung kennzeichnen.

3     Durch die **4. GWB-Novelle** ist der wettbewerbsbezogene Schutzzweck des § 21 Abs. 1 nicht verändert worden. Zwar setzt die geänderte Gesetzesfassung nicht mehr voraus, dass

---

[1] ZB Köhler in Köhler/Bornkamm/Feddersen UWG § 4 Rn. 4.116.
[2] ZB United States v. General Motors Corporation, 384 U. S. 127 = 1966 CCH Trade Cases § 71,750.

der zur Sperre Auffordernde und der Verrufene zueinander in einem tatsächlichen oder potentiellen Wettbewerbsverhältnis stehen. Mit der Neufassung sollte nur der in der Praxis zu § 1 UWG aF bereits berücksichtigten Erfahrung Rechnung getragen werden, dass gezielte Eingriffe in den Wettbewerbsprozess durch Boykottaufforderungen nicht nur von tatsächlichen oder potentiellen Wettbewerbern des Verrufenen, sondern auch von anderen Unternehmen, Verbänden oder sonstigen Dritten, insbes. von Brancheninformationsdiensten, ausgehen können.[3] Der auch aus der Stellung des § 21 Abs. 1 im GWB folgende, ausschließlich wettbewerbsbezogene Schutzzweck wirkt sich vor allem auf die Auslegung der Tatbestandsvoraussetzung der Absicht der unbilligen Beeinträchtigung aus. Durch deren sich an diesem Zweck orientierende Auslegung lassen sich trotz des insoweit nicht eindeutigen Gesetzeswortlauts Boykottaufforderungen mit einer rein außerwettbewerblichen Zielsetzung weiterhin aus dem Anwendungsbereich des § 21 Abs. 1 heraushalten (→ Rn. 32 ff.).

## II. Entstehungsgeschichte

Die zu Wettbewerbszwecken von Unternehmen und Wirtschaftsverbänden ausgehende **4** Aufforderung oder Veranlassung anderer Unternehmen oder Verbände zu Liefer- oder Bezugssperren wurde bereits vor der KartVO von 1923 unter bestimmten Voraussetzungen als unlautere Wettbewerbshandlung (§ 1 UWG aF) oder sittenwidrige Schädigung (§ 826 BGB) beurteilt.[4] Die **KartVO** von 1923 brachte eine erste kartellrechtliche Regelung insofern, als nach § 9 Abs. 1 Sperren oder Nachteile von ähnlicher Bedeutung auf Grund von Kartellverträgen oder -beschlüssen nur mit Einwilligung des Vorsitzenden des Kartellgerichts verhängt werden durften und die Einwilligung zu versagen war, wenn eine Gefährdung der Gesamtwirtschaft oder des Gemeinwohls oder eine unbillige Beeinträchtigung der wirtschaftlichen Bewegungsfreiheit des Gesperrten zu befürchten war. Demgegenüber waren nach dem alliierten Dekartellierungsrecht der „Boykott oder die diskriminierende Behandlung von Herstellern, Grossisten, Verbrauchern oder anderen Personen zum Zwecke der Ausschaltung oder Verhinderung des Wettbewerbs" generell verboten.

Trotz dieses sehr weitgehenden Verbots enthielt der **GWB-Entwurf 1952** keine besondere Vorschrift gegen die Aufforderung zu oder Veranlassung von Liefer- und Bezugssperren. Erst der Bundesrat machte in seiner Stellungnahme einen entsprechenden Vorschlag (§ 23a), der mit der Gesetzesfassung von 1957 praktisch übereinstimmt (bis auf die vom wirtschaftspolitischen Ausschuss des Bundestages vorgenommene Erweiterung auf Vereinigungen von Unternehmen). Zur Begründung wurde ausgeführt, die Veranlassung zu Liefer- und Bezugssperren beruhe „in der Regel auf der Ausnutzung einer Machtstellung" und widerspreche „dem nach dem Leistungswettbewerb ausgerichteten Grundgedanken" des GWB. Das UWG biete gegen die von einem Einzelunternehmer ausgehenden Sperren nur unzureichende Handhaben.

Durch die **2. GWB-Novelle** ist der Begriff „veranlassen" durch „auffordern" ersetzt **6** worden. Dadurch (Begr. 1971, zu Art. 1 Nr. 9) sollte auch schon die erfolglose Aufforderung zu Liefer- und Bezugssperren verboten werden, weil der wettbewerbliche Unwert des Boykotts bereits in der Handlungsweise des Verrufers liege. Außerdem sollte die Verfolgung durch die Kartellbehörden dadurch erleichtert werden, dass diese nur noch die Aufforderung zur Sperre, nicht mehr jedoch den Kausalzusammenhang mit der nachfolgenden Sperre nachweisen müssen. Die **4. GWB-Novelle** hat das Wort „Wettbewerber" durch „Unternehmen" ersetzt. Damit (Begr. 1978, zu Art. 1 Nr. 8) sollte von der gesetzlichen Voraussetzung, dass zwischen dem Verrufer und dem zu sperrenden Unternehmen ein Wettbewerbsverhältnis bestehen muss, abgegangen werden, da die bisherigen Erfahrun-

---

[3] Zur Anwendbarkeit des § 4 Nr. 4 UWG in solchen Fällen: BGH 13.11.1979 – KZR 1/79, WuW/E BGH 1666 – Denkzettel-Aktion; 2.2.1984 – I ZR 4/82, WuW/E BGH 2069 = NJW 1985, 60 – Kundenboykott.
[4] Köhler in Köhler/Bornkamm/Feddersen UWG § 4 Rn. 4.128 f.

gen gezeigt hätten, dass diese Voraussetzung gezielt zur Verbotsumgehung ausgenutzt werde. Immer häufiger erschienen in Presseerzeugnissen, insbes. in Informationsdiensten der Wirtschaft oder in Mitteilungen oder Rundschreiben von Wirtschaftsverbänden an ihre Mitglieder, Aufrufe zum Boykott bestimmter Unternehmen, die von den am Boykott interessierten Unternehmen lanciert seien, aber nach der geltenden Gesetzesfassung wegen Fehlens eines Wettbewerbsverhältnisses mit dem Verrufenen nicht verfolgt werden könnten. Die unter Wettbewerbsgesichtspunkten notwendige Verfolgung von Behinderungen des Verrufenen in seiner wirtschaftlichen und wettbewerblichen Betätigungsfreiheit könne nicht davon abhängen, ob die Behinderung durch einen Mitbewerber oder einen nicht konkurrierenden Dritten erfolge, weil sie den Verrufenen in beiden Fällen gleich schwer treffe. Durch die **6. GWB-Novelle** ist § 26 Abs. 1 aF ohne inhaltliche Veränderung als § 21 Abs. 1 übernommen worden und seither unverändert geblieben.

### III. Materiellrechtlicher Norminhalt

**7**  **1. Vorbemerkung.** Die Anwendung des § 21 Abs. 1 setzt drei verschiedene Beteiligte voraus: den zur Liefer- oder Bezugssperre Auffordernden (Boykottierer, Verrufer), den Adressaten der Aufforderung (Ausführer, Sperrer) und denjenigen, gegen den sich die Sperre richtet (Boykottierter, Verrufener, Gesperrter).[5] Insoweit deckt sich der Boykottbegriff des GWB mit dem des Rechts gegen unlauteren Wettbewerb.[6] Aber auch in anderer Hinsicht decken sich die Inhalte beider Boykottbegriffe sehr weitgehend (→ Rn. 49). Entscheidungen der Zivilgerichte in Fällen wirtschaftlich motivierter Boykottaufrufe sind daher nicht selten sowohl auf § 21 Abs. 1 als auch auf § 4 Nr. 4 UWG gestützt.[7] Deshalb können für die Auslegung des § 21 Abs. 1, soweit dem nicht normspezifische Besonderheiten entgegenstehen, auch die im Rahmen der Anwendung des § 4 Nr. 4 UWG gewonnenen Ergebnisse herangezogen werden. Ein weiterer Auslegungszusammenhang mit § 4 Nr. 4 UWG ergibt sich daraus, dass in dem Maße, in dem die Aufforderung zu Liefer- und Bezugssperren bereits als grundsätzlich unlautere Wettbewerbshandlung iSd § 4 Nr. 4 UWG und damit als rechtswidrig angesehen wird (→ Rn. 49), auch über die Unbilligkeit iSd § 21 Abs. 1 entschieden wird, da ein rechtswidriges Verhalten nicht zugleich als der Billigkeit entsprechend beurteilt werden kann (→ Rn. 37).

**8**  **2. Unternehmen, Vereinigungen von Unternehmen.** Die drei Beteiligten des Boykottbegriffs des § 21 Abs. 1 – Boykottierer, Ausführer und Boykottierter – müssen Unternehmen oder – im Falle des Boykottierers und Ausführers – Vereinigungen von Unternehmen sein. Beide Begriffe sind in Übereinstimmung mit den allgemeinen Grundsätzen für die Auslegung des Unternehmensbegriffs im GWB für alle Beteiligte einheitlich und weit auszulegen und schließen „jedwede Tätigkeit im geschäftlichen Verkehr" ein, unabhängig von der Rechtsform und ob daneben auch noch in anderer Weise, zB hoheitlich, gehandelt wird (→ § 1 Rn. 18 ff.). Unternehmen iSd § 21 Abs. 1 sind deshalb auch Presseverlage,[8] Ärzte, soweit sie im Wettbewerb mit gewerblichen Unternehmen stehen und diesen Wettbewerb beeinträchtigen,[9] oder öffentlich-rechtliche Krankenversicherungen, soweit sie ihre Vertragskrankenhäuser auffordern, Krankentransportaufträge ausschließlich über den Rettungsdienst zu vergeben,[10] oder im Rahmen des Sachleistungsprinzips Arzneimittel zur Versorgung der Versicherten nachfragen.[11]

---

[5] ZB BGH 27.4.1999 – KZR 54/97, WuW/E DE-R 303 (304) – Taxi-Krankentransporte; 28.9.1999 – KZR 18/98, WuW/E DE-R 395 (396) – Beteiligungsverbot für Schilderpräger.
[6] Köhler in Köhler/Bornkamm/Feddersen UWG § 4 Rn. 4.117.
[7] ZB OLG Hamburg 2.3.1978 – 3 U 179/77, WuW/E OLG 2067 – Kaffeegeschirr.
[8] BGH 2.2.1984 – I ZR 4/82, WuW/E BGH 2069 – Kundenboykott.
[9] BGH 22.3.1976 – GSZ 2/75, WuW/E BGH 1469 (1470) – Autoanalyzer.
[10] BGH 10.10.1989 – KZR 22/88, WuW/E BGH 2603 (2605) – Neugeborenentransporte.
[11] BGH 10.2.1987 – KZR 1/86, WuW/E BGH 2368 – Importvereinbarung.

**Vereinigungen von Unternehmen** iSd § 21 Abs. 1 sind alle Arten der organisatori- **9** schen Zusammenfassung von Unternehmen unabhängig von ihrer Rechtsform, zB Einkaufsgenossenschaften von Einzelhändlern,[12] „Erfa-Gruppen" von Facheinzelhändlern (TB 1978, 76), Wirtschaftsverbände[13] und Körperschaften des öffentlichen Rechts, soweit ihre Mitglieder unternehmerisch tätig werden und den Wettbewerb mit Dritten beeinträchtigen.[14]

Auf die für den Begriff der Vereinigung von Unternehmen iSd § 20 Abs. 5 erforderliche **10** verbandspolitische Zielsetzung (→ § 20 Rn. 298) kommt es im Rahmen des § 21 Abs. 1 nicht an. Dass der Vereinigung auch Nichtunternehmen angehören, steht ihrer Qualifizierung als Vereinigung von Unternehmen iSv § 21 Abs. 1 nicht entgegen.[15] Vereinigungen von Unternehmen sind **auch Dachverbände.**[16] Um eine Vereinigung von Unternehmen handelt es sich auch, wenn die Vereinigung nur aus natürlichen Personen besteht, die zwar nicht selbst Unternehmen sind, aber mit ihrer Mitgliedschaft Unternehmen repräsentieren.[17] Keine Vereinigungen von Unternehmen sind hingegen, soweit sie nicht ausnahmsweise am geschäftlichen Verkehr teilnehmen, Privatverbraucherzusammenschlüsse,[18] Gewerkschaften und Amateursportverbände (vgl. TB 1961, 31; 1964, 29).

**3. Normadressat (Boykottierer).** Normadressat des Verbots des § 21 Abs. 1 kann nur **11** das aufrufende Unternehmen oder die Vereinigung von Unternehmen selbst sein. Nur soweit § 21 Abs. 1 in Verbindung mit § 81 Abs. 3 Nr. 1 auch Verbotsnorm im Bereich des Ordnungswidrigkeitenrechts ist und es sich um die Ahndung als Ordnungswidrigkeit handelt, sind Normadressaten (Täter) die für das auffordernde Unternehmen oder die auffordernde Unternehmensvereinigung handelnden natürlichen Personen (→ § 81 Rn. 292). Das Unternehmen bzw. die Vereinigung selbst sind in diesem Fall Nebenbetroffene iSv § 30 OWiG.[19]

**Handelnde Personen** für ein Unternehmen oder eine Vereinigung von Unternehmen **12** sind im Rahmen des Tatbestandsmerkmals „wer" jedenfalls die in § 9 OWiG bezeichneten Organe oder Beauftragten, zB Geschäftsführer einer Einkaufsgenossenschaft[20] oder eines Wirtschaftsverbandes.[21] Handeln solche Personen in einer für den Aufgeforderten erkennbaren Weise im Interesse des Unternehmens oder der Unternehmensvereinigung, können sie sich nicht darauf berufen, die Aufforderung sei lediglich eine private Meinungsäußerung gewesen oder in einer anderen Funktion für einen Dritten abgegeben worden oder der Auffordernde sei im Innenverhältnis nicht befugt oder verpflichtet gewesen, die Aufforderung auszusprechen.[22]

**4. Aufforderungsadressat (Ausführer).** Die Aufforderung zur Liefer- oder Bezugs- **13** sperre muss sich an ein anderes Unternehmen oder eine andere Vereinigung von Unternehmen richten. Dies ist nicht der Fall, wenn Auffordernder und Aufgeforderter organisatorisch demselben Unternehmen zuzurechnen sind, zB im Falle einer Weisung eines weisungsberechtigten Gesellschafters eines Verlages an die Geschäftsführung, von einem Inserenten keine Anzeigen mehr aufzunehmen.[23] Auch wenn beide zwar im Verhältnis zueinander rechtlich selbstständige Unternehmen sind, aber auf Grund eines Konzernver-

[12] KG 2.12.1977 – Kart 14/76, WuW/E OLG 1965 – Interfunk.
[13] BGH 23.4.1985 – KRB 7/84, WuW/E BGH 2148 – Sportartikelhandel; TB 2001/2002, 222 f. (DSD).
[14] BGH 22.3.1976 – GSZ 2/75, WuW/E BGH 1469 (1470) – Autoanalyzer.
[15] KG 2.12.1977 – Kart 37/74, WuW/E OLG 1687 (1691) – Laboruntersuchungen.
[16] So zB für den Hauptverband des Deutschen Einzelhandels: KG 23.3.1994 – Kart 19/93, WuW/E OLG 5299 (5308) – Schnäppchenführer.
[17] So für den Begriff der Vereinigung von Unternehmen iSd § 20 Abs. 5: BKartA 29.4.1965, WuW/E BKartA 935 (936) – Intimartikelversand.
[18] OLG Stuttgart 4.6.1975 – 4 U 14/75, WuW/E OLG 1635 – Piz Buin II.
[19] ZB BGH 5.7.1995 – KRB 8/95, WuW/E BGH 3006 – Handelsvertretersperre.
[20] KG 2.12.1977 – Kart 14/76, WuW/E OLG 1965 – Interfunk.
[21] BGH 23.4.1985 – KRB 7/84, WuW/E BGH 2148 – Sportartikelhandel.
[22] BGH 5.7.1995 – KRB 8/95, WuW/E BGH 3006 (3007) – Handelsvertretersperre.
[23] KG 2.2.1976 – Kart 32/74, WuW/E OLG 1687 (1701) – Laboruntersuchungen.

hältnisses iSd § 18 AktG eine unternehmerische Einheit bilden, handelt es sich nicht um ein „anderes" Unternehmen.[24] Dies gilt auch für Handelsvertreter und Kommissionäre, wenn sie im Einzelfall faktisch mit dem Unternehmen des Geschäftsherrn so eng verbunden sind, dass eine wirtschaftliche Einheit besteht.[25] Die Interessenförderungspflicht des Absatzmittlers und die sich daraus ergebende Weisungsbefugnis des Geschäftsherrn reichen hierfür allein aber nicht aus. Soweit sich aus dieser Befugnis das Recht des Geschäftsherrn ergibt, dem Absatzmittler die Aufnahme von Geschäftsbeziehungen mit einem Dritten zu untersagen, liegt jedoch in einem entsprechenden Verlangen entweder schon keine Aufforderung iSd § 21 Abs. 1, da der Adressat insoweit über keine beeinflussbare Entscheidungsfreiheit verfügt (→ Rn. 27), oder es fehlt die Absicht der unbilligen Beeinträchtigung des Dritten.[26]

**14**     Dass der Aufgeforderte aus anderen Gründen, zB auf Grund einer rechtswirksamen **Ausschließlichkeitsverpflichtung,** dem Auffordernden gegenüber in seiner Entschlussfreiheit hinsichtlich der Belieferung oder des Bezugs von Dritten beschränkt ist, schließt seine Qualifizierung als anderes Unternehmen iSd § 21 Abs. 1 nicht aus.[27] Die zum Boykott iSd § 4 Nr. 4 UWG vertretene Auffassung, dass schon eine dem Auffordernden gegenüber bestehende vertragliche Beschränkung der Entscheidungsfreiheit des Aufgeforderten ausreiche, das für den Boykott erforderliche Dreierverhältnis zu verneinen,[28] ist auf § 21 Abs. 1 schon deswegen nicht übertragbar, weil hier ausdrücklich nur auf die fehlende Unternehmenseinheit („andere") abgestellt wird. Solche Beschränkungen können jedoch für die Frage Bedeutung haben, ob eine Aufforderung zur Liefer- oder Bezugssperre vorliegt (→ Rn. 25) und der Auffordernde in der Absicht der unbilligen Beeinträchtigung Dritter handelt (→ Rn. 41).

**15**     Um im Verhältnis zum Auffordernden andere Unternehmen handelt es sich auch, wenn sich mehrere Unternehmen **wechselseitig zur Liefer- oder Bezugssperre auffordern**[29] oder ein Verband eine Sperraufforderung an seine Mitglieder richtet.[30] Dies gilt auch, wenn einzelne Mitglieder einer Vereinigung von Unternehmen andere Mitglieder oder die Vereinigung selbst zur Sperre auffordern. Soweit die aufgeforderte Vereinigung nicht selbst Lieferant oder Abnehmer ist, ist die Aufforderung an sie zur Liefer- oder Bezugssperre als an die Mitglieder gerichtet anzusehen. Für den Aufforderungsadressaten verlangt der Gesetzeswortlaut – anders als für den Boykottadressaten – nicht, dass es sich um bestimmte andere Unternehmen bzw. Vereinigungen von Unternehmen handelt. Deshalb reicht ein irgendwie noch individualisierbarer Adressatenkreis aus, zB die Aufforderung von Einzelhändlern an „den Großhandel", Betriebs- und Belegschaftsläden zu sperren (Ulmer/Reimer, UnlWb III, Nr. 878). Bei der sehr weiten Abgrenzung des Bestimmtheitsmerkmals durch die Rechtsprechung (→ Rn. 17) kommt allerdings diesem Unterschied kaum praktische Bedeutung zu.

**16**     **5. Bestimmte Unternehmen (Boykottierte).** Boykottierter iSd § 21 Abs. 1 kann jedes dritte Unternehmen sein, unabhängig davon, ob es mit dem zur Liefer- oder Bezugssperre Auffordernden in einem Wettbewerbsverhältnis steht. Der nach der Gesetzesfassung vor der 4. GWB-Novelle bestehende Streit, ob der Begriff „Wettbewerber" ein solches Verhältnis erfordert, hat sich durch die Novellierung erledigt. Nach der geltenden Gesetzesfassung kann das Vorliegen eines Wettbewerbsverhältnisses zwischen dem Auffordern-

[24] BGH 26.10.1972 – KZR 54/71, WuW/E BGH 1238 (1240) – Registrierkassen.
[25] OLG Stuttgart 30.12.1988 – 2 U 122/88 (Kart), WuW/E OLG 4448 (4450) – Lottoannahmestellenleiter.
[26] Vgl. auch BGH 5.7.1995 – KRB 8/95, WuW/E BGH 3006 (3007) – Handelsvertretersperre.
[27] Ebenso Rixen/Roth in FK-KartellR Rn. 21; vgl. auch OLG Stuttgart 15.2.1974 – 2 U (Kart) 145/73, WuW/E OLG 1445 (1446) – Badische Ausstellung.
[28] Vgl. Köhler in Köhler/Bornkamm/Feddersen § 4 UWG Rn. 4.117.
[29] BGH 12.3.1965 – KZR 8/63, WuW/E BGH 697 (699) – Milchboykott.
[30] KG 15.1.1988 – Kart 16/85, WuW/E OLG 4108 (4110) – Sportartikelhandel; BKartA 23.8.2006 – B10 –148/05 Rn. 476 – DLTL und Landeslottogesellschaften.

den und dem Boykottierten allenfalls als Indiz für die Absicht der unbilligen Beeinträchtigung Bedeutung erlangen (→ Rn. 35).

Die Boykottaufforderung muss sich **gegen einen bestimmten Betroffenen richten.** **17** Dies setzt tendenziell einen höheren Grad an Individualisierbarkeit als für die Aufforderungsadressaten (→ Rn. 15) voraus. Andererseits ist aber eine ausdrückliche Benennung eines einzelnen Unternehmens oder einer genau abgegrenzten kleinen Gruppe von Unternehmen nicht erforderlich. Es genügt vielmehr, dass aus einem größeren Kreis potentiell Betroffener einzelne Unternehmen oder Gruppen noch hinreichend bestimmbar sind. Aufforderungen zur Liefer- oder Bezugssperre, die sich zB gegen „die Verbrauchermärkte" richten, betreffen deshalb bestimmte Unternehmen iSd § 21 Abs. 1.[31] Gleiches gilt für eine Boykottaufforderung gegen Hersteller, die Fabrikverkäufe durchführen.[32] Nicht mehr gegen bestimmte Unternehmen richtet sich hingegen die Aufforderung, für Einheimische vorgesehene Eintrittskarten zu einer Veranstaltung nicht an gewerbliche Wiederverkäufer zu liefern.[33]

Die Voraussetzung der Bestimmtheit des Boykottierten entfällt nicht schon deshalb, weil **18** der Adressat lediglich dazu aufgefordert wird, seinen Geschäftsverkehr auf bestimmte Unternehmen zu beschränken. Diese mittelbare Aufforderung, mit Dritten keine entsprechenden Liefer- oder Abnahmebeziehungen zu unterhalten,[34] ist immer dann als auch gegen bestimmte Unternehmen gerichtet anzusehen, wenn aus einem praktisch unbegrenzten Kreis potentiell Betroffener jedenfalls einer oder einige wenige in einer für den Auffordernden erkennbaren Weise getroffen werden. Deshalb fallen auch der **Abschluss von Ausschließlichkeitsverträgen** oder die Aufforderung hierzu nicht schon deswegen von vornherein aus dem Anwendungsbereich des § 21 Abs. 1 heraus, weil es an der Bestimmtheit der Betroffenen fehlt.[35] Häufig wird hier aber die Absicht der unbilligen Beeinträchtigung fehlen (→ Rn. 43).

Da § 21 Abs. 1 nur erfordert, dass die Sperraufforderung auf die Beeinträchtigung **19** bestimmter dritter Unternehmen abzielt, müssen Aufforderungsadressat und Beeinträchtigter **zueinander nicht in einem Lieferanten-Abnehmerverhältnis stehen.** Erfasst wird deshalb auch der sog. mehrstufige Boykott, zB wenn Einzelhändler einen nur über den Großhandel vertreibenden Markenartikelhersteller auffordern, den Großhändlern aufzuerlegen, einen bestimmten anderen Einzelhändler nicht zu beliefern, oder die Aufforderung an einen sonstigen Zwischenhändler gerichtet wird[36] oder Einzelhändler zur Bezugssperre gegenüber Herstellern aufgefordert werden mit dem Ziel, diese dadurch zur Liefersperre gegenüber Verbrauchermarktunternehmen zu veranlassen.[37] Dass im Falle eines Boykottaufrufs einer Vereinigung von Unternehmen das Unternehmen, das durch die Sperre beeinträchtigt werden soll, dieser Vereinigung selbst angehört, steht der Eigenschaft dieses Unternehmens als Boykottierter iSd § 21 Abs. 1 nicht entgegen.

**6. Liefer- oder Bezugssperre.** Liefer- oder Bezugssperre ist jede dauerhafte oder **20** vorübergehende Beendigung bestehender oder die Verweigerung neuer Lieferbeziehungen

---

[31] OLG Celle 16.10.2003 – 13 U 60/03, WuW/E DE-R 1197 (1198) – Vermietungsboykott; für den Boykottaufruf nach § 4 Nr. 4 UWG: BGH 13.11.1979 – KZR 1/79, WuW/E BGH 1666 – Denkzettel-Aktion; 24.11.1983 – I ZR 192/81, NJW 1985, 62 – Copy Charge; 2.2.1984 – I ZR 4/82, WuW/E BGH 2069 = NJW 1985, 60 – Kundenboykott.
[32] KG 23.3.1994 – Kart 19/93, WuW/E OLG 5299 (5308) – Schnäppchenführer.
[33] OLG München 14.12.1989 – U (K) 5926/89, WuW/E OLG 4622 (4623) – Einheimischen Regelung.
[34] BGH 10.10.1989 – KZR 22/88, WuW/E BGH 2603 – Neugeborenentransporte.
[35] BGH 28.9.1999 – KZR 18/98, WuW/E DE-R 395 (396) – Beteiligungsverbot für Schilderpräger; OLG Stuttgart 24.3.1978 – 2 Kart 5/77, WuW/E OLG 2269 (2270) – ARA-Kollektion; OLG Hamburg 26.1.1984 – 3 U 3/83, WuW/E OLG 3249 (3253) – Castrol; aA OLG Düsseldorf 19.5.1965 – 20 U (Kart) 222/65, WuW/E OLG 725 (727) – marktfreie Milcherzeugnisse; OLG Celle 20.6.1969 – 13 U 30/69 (Kart), WuW/E OLG 1001 (1002) – Hauswirtschaftsausstellung.
[36] BKartA 11.7.1969, WuW/E BKartA 1280 (1284) – Oldtimer; TB 1969, 61.
[37] BGH 13.11.1979 – KZR 1/79, WuW/E BGH 1666 (1667) – Denkzettel-Aktion; 2.2.1984 – I ZR 4/82, WuW/E BGH 2069 (2071) – Kundenboykott.

im Geschäftsverkehr mit Waren oder gewerblichen Leistungen durch den Lieferanten oder Abnehmer.[38] Auch eine von vornherein zeitlich begrenzte Nichtbelieferung ist deshalb eine Sperre.[39] Gleiches gilt für eine zunächst als zeitlich unbefristet gewollte Sperre, die später wieder aufgehoben wird.[40]

**21**    Eine Sperre liegt nicht nur vor, wenn sämtliche Geschäftsbeziehungen mit dem Verrufenen beendet oder nicht aufgenommen werden; vielmehr reicht aus, dass dies hinsichtlich **einzelner Gegenstände des Geschäftsverkehrs** geschieht, zB wenn nur die Belieferung mit vertriebsgebundener Ware gesperrt wird.[41] Auch eine mengenmäßige Begrenzung von Lieferungen oder Bezügen kann eine Sperre sein.[42] Dagegen kann allein deswegen, weil die Belieferung zu für den Geschäftspartner ungünstigen Preisen, Rabatten, Geschäftsbedingungen oder sonstigen Voraussetzungen erfolgt, eine Sperre ausnahmsweise nur dann angenommen werden, wenn sich dieses Vorgehen im wirtschaftlichen Ergebnis als Sperre erweist, weil für den Geschäftspartner der Geschäftsverkehr unter diesen Voraussetzungen wirtschaftlich nicht sinnvoll ist.[43] Ist eine Sperre zu verneinen, kann dennoch eine gegen § 4 Nr. 4 UWG verstoßende boykottähnliche Maßnahme vorliegen.[44]

**22**    Gegenstand einer Sperre können nicht nur Waren sein. Die Begriffe „Liefer-" und „Bezugs-" kennzeichnen lediglich die beiden Marktseiten.[45] Die Sperre kann sich deshalb auch auf alle Arten des zivilrechtlich geregelten Geschäftsverkehrs mit **gewerblichen Leistungen** beziehen, zB auf laborärztliche Leistungen.[46] Absatzmittlung,[47] Krankentransporte[48] und den Erwerb oder die Veräußerung von Beteiligungen an Unternehmen.[49] Keine Sperre ist es hingegen mangels eines entsprechenden Geschäftsverkehrs, wenn Industrieunternehmen Informationen, die für den Handel bestimmt sind, einem Brancheninformationsdienst nicht zur Verfügung stellen (TB 1975, 77).

**23**    Nicht erforderlich für die Sperre ist, dass dem Gesperrten der **Geschäftsverkehr** mit der Art von Waren oder gewerblichen Leistungen, die Gegenstand der Sperre sind, **üblicherweise zugänglich** ist.[50] Anders als nach § 20 Abs. 1 aF ist für eine solche Einschränkung schon nach dem Gesetzeswortlaut kein Raum. Sie widerspräche auch dem Normzweck des § 21 Abs. 1, im Interesse der Offenhaltung des Marktzugangs jede Art von bestehenden oder potentiellen Geschäftsbeziehungen von Unternehmen vor Boykottaufrufen zu schützen, insbesondere auch solche, die neue Entwicklungen auf dem Markt einleiten (→ Rn. 2). Der Begriff der Sperre setzt schließlich auch nicht voraus, dass der Gesperrte auf die Geschäftsbeziehungen mit dem Sperrenden besonders angewiesen ist und durch die Sperre besonders getroffen würde.[51]

[38] BGH 5.7.1995 – KRB 8/95, WuW/E BGH 3006 (3008) = NJW 1996, 1531 – Handelsvertretersperre; 27.4.1999 – KZR 54/97, WuW/E DE-R 303 (305) – Taxi-Krankentransporte; Rixen/Roth in FK-KartellR Rn. 28.

[39] OLG Düsseldorf 17.3.1969 – W (Kart) 4/68, WuW/E OLG 977 (979) – Vororttheater.

[40] BGH 27.5.1969 – Kart 22/68, WuW/E OLG 1029 – Anzeigensperre.

[41] KG 2.12.1977 – Kart 14/76, WuW/E OLG 1965 – Interfunk.

[42] OLG Frankfurt 23.9.1997 – 11 U (Kart) 18/97, WRP 1998, 98 (100) – GS Zeichen.

[43] Vgl. OLG Schleswig 27.8.1985 – 6 U (Kart) 48/84, WuW/E OLG 3780 (3781) – Import-Arzneimittel; Rixen/Roth in FK-KartellR Rn. 35. Die Aufforderung zu Maßnahmen, die den Geschäftsverkehr lediglich erschweren, kann jedoch eine Anstiftung zu einem Verstoß gegen § 19 Abs. 2 Nr. 1 sein.

[44] OLG Karlsruhe 1.3.1984 – 4 U 241/83, WuW/E OLG 3277 (3278) – Innungskrankenkasse; Köhler in Köhler/Bornkamm/Feddersen UWG § 4 Rn. 4.121a.

[45] BGH 5.7.1995 – KRB 8/95, WuW/E BGH 3006 (3008) = NJW 1996, 1531 – Handelsvertretersperre.

[46] BGH 22.1.1976 – GSZ 2/75, WuW/E BGH 1469 – Autoanalyzer.

[47] BGH 5.7.1995 – KRB 8/95, WuW/E BGH 3006 – Handelsvertretersperre.

[48] BGH 10.10.1989 – KZR 22/88, WuW/E BGH 2603 – Neugeborenentransporte.

[49] BGH 28.9.1999 – KZR 18/98, WuW/E DE-R 395 (397) – Beteiligungsverbot für Schilderpräger.

[50] BKartA 23.8.2006 – B10-148/05 Rn. 472, – DLTB und Landeslottogesellschaften.

[51] Vgl. zB KG 2.12.1977 – Kart 14/76, WuW/E OLG 1965 – Interfunk; OLG Celle 16.10.2003 – 13 U 60/03, GRUR-RR 2004, 118 (119) – Vermietungsboykott. Zur Frage, ob Ausweichmöglichkeiten des Gesperrten bei der Beurteilung der Absicht der unbilligen Beeinträchtigung zu berücksichtigen sind, → Rn. 38.

**7. Aufforderung.** Nach der durch die 2. GWB-Novelle geänderten Gesetzesfassung **24** reicht für den Verstoß gegen § 21 Abs. 1 bereits die Aufforderung zur Liefer- oder Bezugssperre aus. Dass der Aufgeforderte die Sperre tatsächlich verhängt und die Aufforderung hierfür ursächlich war, ist deshalb unerheblich. Nicht erforderlich ist ferner, dass die Aufforderung mit Druck- oder Lockmitteln iSd § 21 Abs. 2 verbunden wird.[52] In der Praxis sind jedoch Boykottaufforderungen zu wettbewerbsbeeinträchtigenden Zwecken häufig mit der mindestens indirekt zum Ausdruck kommenden Androhung von „Konsequenzen" für den Fall verbunden, dass der Adressat der Aufforderung nicht Folge leistet.[53]

Unter Aufforderung zur Liefer- oder Bezugssperre ist **jeder Versuch** zu verstehen, **auf** **25** **die freie Willensentscheidung** des Adressaten, mit Dritten Lieferbeziehungen aufzunehmen oder aufrecht zu erhalten, einen auf die Verhinderung oder Aufhebung solcher Beziehungen abzielenden **Einfluss zu nehmen.**[54] Dabei genügt bereits der Versuch der mittelbaren Willensbeeinflussung, zB wenn die von einem Hersteller gegen einen Konkurrenten zielende Sperraufforderung lediglich an den Geschäftsführer des Verbandes der als Abnehmer in Betracht kommenden Großhändler gerichtet wird und dieser die Aufforderung jedenfalls an einen Teil der Mitglieder weiterleitet.[55] Dass der Versuch der Willensbeeinflussung gelingt und die Entschlussfreiheit des Aufgeforderten durch die Aufforderung tatsächlich aufgehoben oder eingeschränkt wird, ist nicht erforderlich. Keine Aufforderung zur Bezugssperre ist hingegen die Werbung des Anbieters für das eigene Angebot und die bloße mittelbare Auswirkung der eigenen Bezugsentscheidung eines Nachfragers.[56]

Die Aufforderung muss zur Willensbeeinflussung geeignet sein. Dies setzt voraus, dass **26** der Aufgeforderte darüber, ob er Lieferbeziehungen mit dem Verrufenen aufnimmt oder aufrechterhält, **über einen eigenen Entscheidungsspielraum verfügt.** Verstoßen solche Beziehungen gegen ein gesetzliches Verbot oder eine dem Auffordernden gegenüber rechtswirksame vertragliche Unterlassungspflicht,[57] liegt daher keine Aufforderung iSd § 21 Abs. 1 vor, wenn der Adressat lediglich auf den Verstoß hingewiesen und zur Unterlassung aufgefordert wird, zB wenn ein Ärzteverband von einem Zeitschriftenverlag verlangt, Anzeigen, die gegen ein gesetzliches Werbeverbot verstoßen würden, nicht zu veröffentlichen,[58] oder ein durch eine rechtswirksame Platzschutzvereinbarung begünstigter Händler den Hersteller lediglich zur Einhaltung der Vereinbarung auffordert[59] oder ein Verband von Kraftfahrzeugimporteuren seine Mitglieder auffordert, die von ihnen belieferten Vertragshändler auf deren rechtswirksame Vertragspflicht hinzuweisen, Neufahrzeuge nur auf bestimmten „freigegebenen" Ausstellungen zu präsentieren.[60] Eine Sperraufforderung liegt dagegen vor, wenn ein Dritter einen vertriebsbindenden Hersteller auffordert, gebundene Händler, die die Vertriebsbindung nicht einhalten, zu sperren.[61]

---

[52] BGH 22.1.1985 – KZR 4/84, WuW/E BGH 2137 (2139) – Ideal-Standard.
[53] Vgl. zB KG 2.12.1977 – Kart 14/76, WuW/E OLG 1965 – Interfunk.
[54] StRspr des BGH, zB BGH 27.4.1999 – KZR 54/97, WuW/E DE-R 303 (305) – Taxi-Krankentransporte; 22.7.1999 – KZR 13/97, WuW/E DE-R 352 (354) – Kartenlesegerät; Rixen/Roth in FK-KartellR Rn. 36; teilweise krit. Bergerhoff S. 30 ff.
[55] KG 13.12.1979 – Kart 2/79, WuW/E OLG 2246 – Diamanteninstrumente.
[56] BGH 10.2.1987 – KZR 1/86, WuW/E BGH 2370 (2373) – importierte Fertigarzneimittel; 22.7.1999 – KZR 13/97, WuW/E DE-R 352 (354) – Kartenlesegerät; 14.3.2000 – KZR 15/98, WuW/E DE-R 487 (490) – Zahnersatz aus Manila.
[57] OLG Hamburg 16.10.1980 – 3 U 13/80, WuW/E OLG 2361 (2362) – glide window; OLG Düsseldorf 29.12.2004 – VI Kart 17/04 (V), WuW/E DE-R 1453 (1454 f.) – PPK-Entsorgung.
[58] Vgl. KG 2.2.1976 – Kart 37/74, WuW/E OLG 1687 (1699) – Laboruntersuchungen.
[59] OLG Stuttgart 24.3.1978 – 2 Kart 5/77, WuW/E OLG 2269 – ARA-Kollektion.
[60] OLG Stuttgart 15.2.1974 – 2 U (Kart) 145/73, WuW/E OLG 1445 (1446) – Badische Ausstellung; vgl. auch OLG Stuttgart 30.12.1998 – 2 U 207/98, WuW/E DE-R 256 (257) – Gerüstbau.
[61] BGH 25.10.1988 – KRB 4/88, WuW/E BGH 2562 (2563) – markt-intern-Dienst. Der BGH hat hier jedoch mit problematischer Begründung (dazu Markert BB 1989, 921 ff.) die Absicht der unbilligen Beeinträchtigung verneint.

**27**  Ein **beeinflussbarer Entscheidungsspielraum** des Adressaten ist auch gegeben, soweit seine Unterlassungsverpflichtung wegen Verstoßes gegen gesetzliche Verbote, zB § 19 Abs. 2 Nr. 1 oder Art. 101 Abs. 1 AEUV, unwirksam oder wegen Lückenhaftigkeit einer Vertriebsbindung nicht durchsetzbar ist. Eine Aufforderung iSd § 21 Abs. 1 liegt ferner vor, wenn der Auffordernde über die Aufforderung eines wirksam Gebundenen hinaus auch vertraglich nicht gebundene Dritte zur Sperre auffordert[62] oder im Falle eines unlauteren Verhaltens eines Konkurrenten dessen Abnehmer oder Lieferanten zur Sperre aufgefordert werden[63] oder Dritte unter Berufung auf tatsächlich nicht bestehende gewerbliche Schutzrechte zur Unterlassung des Bezugs bestimmter Waren aufgefordert werden.[64] Dass der Aufgeforderte bereits aus anderen Gründen, zB wegen einer vorangegangenen Aufforderung eines Dritten oder aus eigenem Antrieb, zur Sperre bereit ist, schließt für sich allein einen beeinflussbaren Entscheidungsspielraum noch nicht aus.[65] Nur wenn eine solche Haltung bereits unumstößlich ist und der Auffordernde dies weiß, ist aus den gleichen Gründen wie in den in Rn. 26 genannten Fällen ein beeinflussbarer Entscheidungsspielraum zu verneinen.[66]

**28**  Für die Frage, ob im Einzelfall bestimmte Erklärungen oder Verhaltensweisen eine Aufforderung zur Liefer- oder Bezugssperre darstellen, kommt es auf eine **wirtschaftliche Betrachtung und Gesamtwürdigung aller Umstände** an. Deshalb ist nicht die vom Erklärenden oder Handelnden gewählte Form und Bezeichnung entscheidend, sondern ob der Adressat bei objektiver Betrachtung in der betreffenden Erklärung oder Verhaltensweise eine Aufforderung zur Sperre sehen musste, wobei die Anschauungen und Gepflogenheiten des Fachkreises, dem der Adressat angehört, von besonderer Bedeutung sind.[67] Auch bloße Tatsachenmitteilungen können ausnahmsweise bei Hinzutreten weiterer Umstände als Sperraufforderung zu bewerten sein.[68] Dies gilt zB, wenn ein Brancheninformationsdienst, der sich erklärtermaßen für eine Beschränkung des Markenartikelvertriebs auf den Fachhandel einsetzt, „Treue-Barometer" veröffentlicht, aus denen hervorgeht, welche Hersteller in welchem Umfang auch andere Handelsformen beliefern, und aus der Art der Darstellung und sonstigen Umständen erkennbar ist, dass damit eine Konzentration der Bezüge auf die fachhandelstreuen Hersteller angestrebt wird (vgl. auch TB 1977, 41; 1985/86, 63).

**29**  Die Abgrenzung zu **legitimer Verbands- oder Pressetätigkeit,** zu der auch die Möglichkeit kommentierender und kritischer Bewertung gehört, kann im Einzelfall schwierig sein. Dies zwingt jedoch nicht zu einer generell engen Auslegung des Begriffs „Aufforderung", da diesen legitimen Zielsetzungen auch bei der Feststellung der Absicht, bestimmte Unternehmen unbillig zu beeinträchtigen, Rechnung getragen werden kann (→ Rn. 33 ff.). Ein wichtiger Aspekt bei der Frage, ob im Einzelfall eine Sperraufforderung

---

[62] OLG Stuttgart 21.5.1976 – 2 U 136/76, WuW/E OLG 1721 – Miniaturparfümflaschen.
[63] BGH 10.7.1974 – KRB 1/74, berichtet in TB 1974, 86 (ein Konkurrent eines Versicherungsvermittlers, der dessen Rückversicherer zur Aufhebung des Rückversicherungsvertrages auffordert, verstößt selbst dann gegen § 26 Abs. 1 aF, wenn sich der Verrufene gesetzwidrig verhalten hätte); KG 27.5.1969 – Kart 22/68, WuW/E OLG 1029 (1032) – Anzeigensperre.
[64] Vgl. BGH 15.6.1951 – I ZR 59/50, NJW 1951, 712 (713) – Mülltonnen.
[65] KG 28.1.1985 – Kart 9/84, WuW/E OLG 3543 (3545) – Kontaktlinsenpflegemittel; krit. Bauer/Wrage-Molkenthin wistra 1988, 247 ff.
[66] Insoweit zutreffend Bauer/Wrage-Molkenthin wistra 1988, 247 ff.
[67] BGH 2.2.1984 – I ZR 4/82, WuW/E BGH 2069 (2071 f.) – Kundenboykott; 22.11.1985 – KZR 4/84, WuW/E BGH 2137 (2138) – Ideal Standard; KG 23.3.1994 – Kart. 19/93, WuW/E OLG 5299 (5304) – Schnäppchenführer; OLG Düsseldorf 7.5.1985 – U (Kart) 25/84, WuW/E OLG 3550 (3554) – Kupferrohr-Bestellungen; OLG Frankfurt a. M. 23.9.1997 – 11 U (Kart) 18/97, WRP 1998, 99 – GS Zeichen; Rixen/Roth in FK-KartellR Rn. 36 ff.; Köhler in Köhler/Bornkamm/Feddersen UWG § 4 Rn. 4.119a ff.
[68] BGH 8.1.1960 – I ZR 7/59, WuW/E BGH 391 (393) – Schleuderpreise; OLG Düsseldorf 1.8.1980 – U (Kart) 12/80, WuW/E OLG 2401 – Telex-Verlag (keine Boykottaufforderung, wenn lediglich aus begründetem Anlass auf die Gefahr der Verwechslung des Auffordernden mit anderen Unternehmen hingewiesen wird). Andererseits jedoch BGH 22.2.1974 – I ZR 106/72, GRUR 1974, 477 – Hausagentur (Mitteilung eines Verbandes von Werbeagenturen und Werbemittlern an Zeitungsverlage, eine bestimmte Werbeagentur sei eine „Hausagentur", verstößt gegen § 1 UWG aF).

anzunehmen ist, wird häufig das vom Erklärenden verfolgte Interesse sein.[69] Daher liegt die Annahme einer Sperraufforderung immer dann nahe, wenn Verbände oder Brancheninformationsdienste durch ihr Vorgehen primär die Wettbewerbsinteressen ihrer Mitglieder oder der Wirtschaftskreise, mit deren Zielen sie sich identifiziert haben, durch Ausschaltung oder Behinderung von Wettbewerbern fördern und nicht lediglich Informationen oder Wertungen an unbeteiligte Dritte oder die Öffentlichkeit weitergeben wollen.[70]

Ob sich **Anregungen** von der Aufforderung iSd § 21 Abs. 1 generell unterscheiden **30** lassen (so zB v. Gamm GRUR 1989, 377 (379)), erscheint zweifelhaft. Die Grenzen sind vielmehr auch hier fließend, so dass das Risiko, dass eine als bloße Anregung gemeinte Erklärung vom Adressaten als Sperraufforderung verstanden werden musste, als erheblich einzuschätzen ist.[71] Dies gilt insbes., wenn gezielt Kritik an der Belieferungs- oder Bezugspraxis bestimmter Unternehmen geübt wird und Warnungen vor der Aufnahme oder Fortsetzung von Lieferbeziehungen ausgesprochen werden, insbes. wenn damit mindestens unterschwellig das Inaussichtstellen von Nachteilen („Konsequenzen") verbunden ist.[72]

Kennzeichnend für die weite Auslegung des Begriffs „auffordern" sind folgende **Bei- 31 spielsfälle** aus der Rechtsprechung, in denen unter Berücksichtigung der Umstände des Einzelfalls in bestimmten Äußerungen eine Sperraufforderung gesehen wurde: die in einem Schreiben einer Einkaufsgenossenschaft von Facheinzelhändlern an einen Hersteller, in dem gegen die Aufnahme der Belieferung einiger Filialen eines Verbrauchermarktunternehmens protestiert wurde, geäußerte „Bitte", „Ihre Entscheidung zu revidieren";[73] die Äußerung des geschäftsführenden Vorstandsmitglieds einer Vereinigung von Drogisten auf einer Sitzung ihres Industriebeirates im Rahmen einer Kritik an dem bevorstehenden Erscheinen einer Zeitschrift, die mit der von der Vereinigung herausgegebenen in Konkurrenz treten sollte, die neue Zeitschrift sei überflüssig und er hoffe, die inserierende Industrie werde sich mit der kritischen Haltung dieses Blattes nicht identifizieren;[74] der Hinweis in einer Veröffentlichung eines Branchenpressedienstes, dass die Einkaufsgenossenschaften der Facheinzelhändler verpflichtet seien, „mit ihrem mächtigen Einkaufsvolumen den für die Bereinigung des Markts notwendigen Druck zu erzeugen", verbunden mit der Aufforderung an die Fachhändler, den Herstellern, die durch Belieferung von Verbrauchermärkten „am frechsten ihre Treue-Schwüre gebrochen haben", einen Denkzettel dadurch zu verpassen, dass sie ihren Genossenschaften die Entlistung dieser Hersteller vorschlagen;[75] die Versendung eines Dossiers eines Transportversicherungsvermittlers über Geschäftspraktiken eines Konkurrenten an dessen Rückversicherer verbunden mit dem Hinweis auf von diesen Praktiken ausgehende „Marktstörungen" und der „dringenden Warnung" vor der Verlängerung des Rückversicherungsvertrages mit dem Konkurrenten;[76] die Äußerung in einem Schreiben eines Fachverbandes von Glas-, Porzellan- und Keramik-Einzelhändlern an Porzellanhersteller, die von einer Kaffee-Großrösterei zur Bereitstellung von Kaffee-Geschirr für eine Werbeaktion aufgefordert worden waren, der Verband „glaubt, dass durch eine Beteiligung dem Namen Ihres Hauses mit Sicherheit mehr Schaden als Nutzen entstünde und bittet Sie, diese Meinung bei Ihrer Entscheidung zu

---

[69] BGH 10.7.1974 – KRB 1/74, berichtet in TB 1974, 86.

[70] BGH 24.11.1983 – I ZR 192/81, NJW 1985, 62 – Copy Charge; 2.2.1984 – I ZR 4/82, WuW/E BGH 2069 – Kundenboykott; 22.1.1985 – KZR 4/84, WuW/E BGH 2137 – Ideal Standard.

[71] Vgl. BGH 27.4.1999 – KZR 54/97, WuW/E DE-R 303 (305) – Taxi-Krankentransport; Köhler in Köhler/Bornkamm/Feddersen § 4 UWG Rn. 4.119c ff.

[72] Vgl. zB BGH 2.2.1984 – I ZR 4/82, WuW/E BGH 2069 – Kundenboykott; 22.1.1985 – KZR 4/84, WuW/E BGH 2137 – Ideal Standard; KG 28.1.1985 – Kart 9/84, WuW/E OLG 3543 (3545) – Kontaktlinsenpflegemittel 15.1.1988 – 1 Kart 16/85, WuW/E OLG 4108 (4110 f.) – Sportartikelhandel; OLG Hamburg 2.3.1978 – 3 U 179/77, WuW/E OLG 2067 (2068) – Kaffeegeschirr; OLG Düsseldorf 7.5.1985 – U (Kart) 25/84, WuW/E OLG 3550 (3554) – Kupferrohr-Bestellungen; Rixen/Roth in FK-KartellR Rn. 43.

[73] KG 2.12.1977 – Kart 14/76, WuW/E OLG 1965 – Interfunk.

[74] KG 9.3.1978 – Kart 26/76, WuW/E OLG 2023 – Drogisten-Fachzeitschrift.

[75] BGH 13.11.1979 – KZR 1/79, WuW/E BGH 1666 – Denkzettel-Aktion.

[76] BGH 10.7.1974 – KRB 1/74, berichtet in TB 1974, 86.

berücksichtigen";[77] die Aussage in einem Brancheninformationsdienst, die Abwanderung der Fachhändler aus dem Vertrieb eines Produkts sei in vollem Gange, „immer mehr Händler werfen von sich aus das Handtuch und sehen sich nach neuen Fabrikaten um,", und Kollegen deckten sich aus anderen Quellen mit preisgünstiger Ware ein, verbunden mit dem Angebot des Adressennachweises solcher Quellen;[78] die Aussage in einem Brancheninformationsdienst: „Wenn die Kaffeeröster glauben, mit Uhren als Schnelldrehern ihr Geschäft zu machen, ... befinden sie sich in einem Irrtum. Immer mehr Kollegen ziehen die Konseqüenz und sagen dem Kunden einfach „Für diese Uhr habe ich keine passende Batterie";[79] die von einem Einzelhändlerverband seinen Mitgliedern gegebene Anregung, „dass der Einzelhändler die Auswirkungen dieser Fabrikverkäufe auf sein eigenes Unternehmen überprüft und die für ihn notwendigen Schlussfolgerungen zieht",[80] und die von einer AOK an die niedergelassenen Ärzte in ihrem Bezirk geäußerte „Bitte", bei der Verordnung von Krankentransporten mit Taxi- und Mietwagen ihre Patienten vorrangig an bestimmte Transportunternehmen zu verweisen.[81]

**32**    Eine Aufforderung zur Liefer- oder Bezugssperre kann auch darin liegen, dass der Aufgeforderte zum Abschluss einer faktischen oder vertraglichen **Ausschließlichkeitsbindung** zugunsten des Auffordernden veranlasst wird oder werden soll, die ihn daran hindert, mit Dritten entsprechende Geschäftsbeziehungen zu unterhalten.[82] Dies ist zB der Fall, wenn Filmtheaterunternehmen auf Filmverleihunternehmen einwirken, mit ihnen Vorspielklauseln zu vereinbaren, die das Verleihunternehmen verpflichten, während der vereinbarten Schutzzeit den betreffenden Film nicht von anderen örtlichen Filmtheaterunternehmen vorführen zu lassen.[83] Ob derartige Ausschließlichkeitsbindungen als positive („darf nur X beliefern") oder negative Verpflichtung („darf außer X keine anderen beliefern") formuliert werden, kann in diesem Zusammenhang keinen Unterschied machen. Dass die Verhinderung von Geschäftsbeziehungen mit Dritten auf einer nach § 2 oder Art. 101 Abs. 3 AEUV freigestellten Ausschließlichkeitsbindung beruht, kann allenfalls für die Frage bedeutsam sein, ob der Binder in der Absicht handelt, bestimmte andere Unternehmen unbillig zu beeinträchtigen (→ Rn. 43).

**33**    **8. Absicht der unbilligen Beeinträchtigung.** Angesichts der weiten Auslegung der Tatbestandsvoraussetzung „zu Liefersperren oder Bezugssperren auffordern" kommt der „Absicht, bestimmte Unternehmen unbillig zu beeinträchtigen", eine zentrale Bedeutung zu. Sie ist nach der Gesetzesänderung durch die 4. GWB-Novelle, nach der sich diese Absicht nicht nur gegen Wettbewerber, sondern gegen Unternehmen generell richten kann, das entscheidende Kriterium, um den wettbewerblichen Bezug des § 21 Abs. 1 sicherzustellen und insbes. bei publizistischen Äußerungen die Abgrenzung gegenüber dem weniger strengen Regeln unterliegenden Boykott im außerwirtschaftlichen Bereich (→ Rn. 42, 50) zu ermöglichen. Für den Boykottbegriff des § 21 Abs. 1 reicht bereits die bloße Absicht des zur Sperre Auffordernden aus, bestimmte Unternehmen unbillig zu beeinträchtigen. Dass die beabsichtigte Beeinträchtigung auch tatsächlich eintritt, ist nicht erforderlich. Es kommt vielmehr allein darauf an, dass der Auffordernde in Beeinträchtigungsabsicht handelt und die beabsichtigte Beeinträchtigung im Falle ihrer Verwirklichung für den Beeinträchtigten unbillig wäre.

**34**    **a) Absicht.** Absicht setzt voraus, dass ein bestimmter Erfolg – hier die unbillige Beeinträchtigung bestimmter Unternehmen – angestrebt (bezweckt) wird (vgl. → § 81

---

[77] OLG Hamburg 2.3.1978 – 3 U 179/77, WuW/E OLG 2067 – Kaffeegeschirr.

[78] BGH 24.11.1983 – I ZR 192/81, NJW 1985, 62 – Copy-Charge.

[79] BGH 2.2.1984 – I ZR 4/82, WuW/E BGH 2069 – Kundenboykott.

[80] KG 23.3.1994 – Kart. 19/93, WuW/E OLG 5299 – Schnäppchenführer.

[81] BGH 27.4.1999 – KZR 54/97, WuW/E DE-R 303 – Taxi-Krankentransporte.

[82] BGH 4.11.1980 – KRB 3/80, WuW/E BGH 1786 (1787) – ARA; 28.9.1999 – KZR 18/98, WuW/E DE-R 395 (396) – Beteiligungsverbot für Schilderpräger.

[83] OLG Düsseldorf 17.9.1969 – W (Kart) 4/68, WuW/E OLG 977 (978) – Vorstadttheater; TB 1965, 55; 1967, 77.

Rn. 296 ff.). Dass der Erfolg lediglich billigend in Kauf genommen wird (dolus eventualis), genügt daher nicht. Andererseits braucht aber die unbillige Beeinträchtigung nicht der einzige durch die Aufforderung erstrebte Erfolg zu sein. Es genügt vielmehr, wenn für die Aufforderung auch dieser Zweck mitbestimmend ist und gegenüber sonstigen Zielen nicht völlig zurücktritt.[84] Deshalb kann auch in der versuchten oder vollendeten Herbeiführung einer Ausschließlichkeitsbindung, soweit diese den anderen Vertragspartner an Geschäftsbeziehungen mit bestimmten dritten Unternehmen hindert, die Absicht der Beeinträchtigung dieser Unternehmen liegen.[85] Dass mit der Bindung in erster Linie eigene Geschäftsinteressen des Binders gefördert werden sollen, schließt nicht schon die Beeinträchtigungsabsicht, sondern allenfalls die Unbilligkeit aus (→ Rn. 43).

Die Absicht muss sich auch auf die Unbilligkeit der Beeinträchtigung erstrecken. Dazu **35** genügt die **Kenntnis der die Unbilligkeit begründenden Umstände.** Dass der zur Liefer- oder Bezugssperre Auffordernde diese Umstände, insbes. die verschiedenen Interessen, auch richtig bewertet und gegeneinander abgewogen hat, ist nicht erforderlich.[86] Die Annahme einer Beeinträchtigungsabsicht liegt insbes. dann nahe, wenn der Auffordernde mit demjenigen, gegen den sich die Sperre richten soll, in einem Wettbewerbsverhältnis steht oder im Interesse anderer Unternehmen in deren Wettbewerbsbeziehungen eingreifen will.[87]

**b) Beeinträchtigung.** Darunter ist objektiv jede Zufügung eines Nachteils (→ Rn. 58) **36** zu verstehen, der sich auf die Stellung des Verrufenen im geschäftlichen Verkehr als Anbieter oder Nachfrager bestimmter Waren oder gewerblicher Leistungen auswirkt (zum weitgehend inhaltsgleichen Begriff „behindern" → § 19 Rn. 84). Der wettbewerbliche Bezug des Begriffs „beeinträchtigen", der andere Arten der Beeinträchtigung, zB rein gesellschaftlicher oder politischer Art, ausschließt, ergibt sich zwar seit der 4. GWB-Novelle nicht mehr aus der Voraussetzung, dass sich die Beeinträchtigung gegen Wettbewerber des zur Sperre Auffordernden richten muss. Aus der Stellung des § 21 Abs. 1 im GWB und dem Zweck seiner Erweiterung durch die 4. GWB-Novelle, die Verfolgung von Behinderungen des Verrufenen in seiner wettbewerblichen Betätigungsfreiheit zu erleichtern (→ Rn. 6), folgt jedoch auch für die neue Gesetzesfassung, dass der bisherige wettbewerbsbezogene Inhalt des Beeinträchtigungsbegriffs unverändert geblieben ist.

**c) Unbilligkeit.** Für die Beurteilung, ob die mit der Sperraufforderung beabsichtigte **37** Beeinträchtigung unbillig ist, kommt es auf eine **Abwägung der Interessen der Beteiligten unter Berücksichtigung der auf die Freiheit des Wettbewerbs gerichteten Zielsetzung des GWB** an.[88] Mit diesem, im Ansatz offenen Maßstab ist es vereinbar,

---

[84] BGH 2.7.1996 – KZR 20/91, WuW/E BGH 3067 (3072) – Fremdleasingboykott II; 27.4.1999 – KZR 54/97, WuW/E DE-R 303 (307) – Taxi-Krankentransporte; KG 23.3.1994 – Kart 19/93, WuW/E OLG 5299 (5310) – Schnäppchenführer; Rixen/Roth in FK-KartellR Rn. 58.

[85] BGH 4.11.1980 – KRB 3/80, WuW/E BGH 1786 (1787) – ARA; 28.9.1999 – KZR 18/98, WuW/E DE-R 395 (396) – Beteiligungsverbot für Schilderpräger.

[86] BGH 2.7.1996 – KRB 20/91, WuW/E BGH 3067 (3072) – Fremdleasingboykott II; 28.9.1999 – KZR 18/98, WuW/E DE-R 395 (398) – Beteiligungsverbot für Schilderpräger; OLG Düsseldorf 29.12.2004 – VI-Kart 17/04 (V), WuW/E DE-R 1453 (1457) – PPK-Entsorgung; Rixen/Roth in FK-KartellR Rn. 59. Ob im Bußgeldverfahren strengere Anforderungen gelten (so OLG Düsseldorf 16.11.2004 – VI-Kart 24–27/03 OWiG, WuW/E DE-R 1381 (1387) – DSD; Bauer/Wrage-Molkenthin WuW 1988, 586 (591 ff.); vgl. auch → § 81 Rn. 297), hat der BGH ausdrücklich offengelassen. Zu den Anforderungen an einen schuldausschließenden Rechtsirrtum als Ausschlussgrund für den Schadensersatzanspruch nach § 21 Abs. 1 iVm § 33a: BGH 10.10.1989 – KZR 22/88, WuW/E BGH 2603 (2607) – Neugeborenentransporte; 2.7.1996 – KZR 20/91, WuW/E BGH 3067 (3073) – Fremdleasingboykott II; OLG München 5.3.1992 – U Kart 3461/91, WuW/E OLG 4977 (4981 f.) – Parfums-Discount.

[87] So für Brancheninformationsdienste: BGH 13.11.1979 – KZR 1/79, WuW/E BGH 1666 – Denkzettel-Aktion; 21.1.1985 – KZR 4/84, WuW/E BGH 2137 – Ideal Standard.

[88] BGH 25.10.1988 – KRB 4/88, WuW/E BGH 2562 (2563) – markt-intern-Dienst; 27.4.1999 – KZR 54/97, WuW/E DE-R 303 (305 f.) – Taxi-Krankentransporte; 28.9.1999 – KZR 18/98, WuW/E DE-R 395 (397) – Beteiligungsverbot für Schilderpräger; KG 23.3.1994 – Kart 19/93, WuW/E OLG 5299 (5308) – Schnäppchenführer; OLG Frankfurt a. M. 2.4.1996 – 11 W (Kart) 2/96, PharmR 1996, 410 (413) –

wenn – wegen des bei Aufforderungen zu Liefer- oder Bezugssperren iSd § 21 Abs. 1 nur sehr geringen Spielraums für die Anerkennung berücksichtigungsfähiger Interessen des Auffordernden (→ Rn. 41–43) – nach einer in der Rechtsprechung der Instanzgerichte und im Schrifttum verbreiteten Auffassung die beabsichtigte Beeinträchtigung Dritter durch Liefer- und Bezugssperren als **regelmäßig unbillig** angesehen wird, dh nur in wenigen, eng begrenzten Ausnahmesituationen als nicht unbillig und damit als mit § 21 Abs. 1 vereinbar.[89] Dieses Regel-Ausnahme-Verhältnis ergibt sich bereits daraus, dass die nach § 21 Abs. 1 zu beurteilenden Aufforderungen zur Liefer- oder Bezugssperre wegen ihrer wettbewerbsbezogenen, auch die Förderung fremden Wettbewerbs einschließenden Zielsetzung regelmäßig auch unter § 4 Nr. 4 UWG fallen und **insoweit grundsätzlich rechtswidrig** sind (iE → Rn. 49). Das Interesse an der Verwirklichung von Zielen mit nach dieser Vorschrift rechtswidrigen Mitteln ist in der Interessenabwägung nach § 21 Abs. 1 ebenso wenig berücksichtigungsfähig wie das Interesse an Sperraufforderungen, die gegen EU-Recht verstoßen.[90]

38      Da es allein auf die Absicht einer unbilligen Beeinträchtigung ankommt, ist deren **tatsächlicher Eintritt** für die Unbilligkeit **unerheblich.** Dass dem Verrufenen ausreichende Ausweichmöglichkeiten auf Dritte offenstehen, schließt deshalb auch die Unbilligkeit nicht aus.[91]

39      Als **Ausnahmen** von der regelmäßigen Unbilligkeit kommen im Wesentlichen nur die Abwehr eines rechtswidrigen Angriffs, die Wahrnehmung berechtigter Interessen und die Anwendung zulässiger Vertragsbindungen und gewerblicher Schutzrechte in Betracht. Ebenso wie im Rahmen des § 4 Nr. 4 UWG kann auch bei der Interessenabwägung nach § 21 Abs. 1 der **Zweck der Abwehr eines rechtswidrigen Angriffs** auf den zur Liefer- oder Bezugssperre Auffordernden seine Aufforderung dazu ausnahmsweise rechtfertigen.[92]

---

Wirksame Arzneimittel; im Ansatz hM im Schrifttum, zB Rixen/Roth in FK-KartellR Rn. 61; Nothdurft in Bunte Rn. 38 f.

[89] So zB KG 15.1.1988 – 1 Kart 16/85, WuW/E OLG 4108 (4111) – Sportartikelhandel (für eine „umfassende" Abwägung dagegen: 23.3.1994 – Kart 19/93, WuW/E OLG 5299 (5308) – Schnäppchenführer); OLG Frankfurt a.M. 2.4.1996 – 11 W (Kart) 2/96, PharmR 1996, 410 (413) – Wirksame Arzneimittel; OLG Stuttgart 15.1.1988 – 2 U 257/87, WuW/E OLG 4254 (4256) – AOK Ravensburg; OLG München 15.9.1988 – U (K) 4657/88, WuW/E OLG 4437 (4438) – Liegendtransporte; OLG Hamburg 5.1.1984 – 3 U 175/83, WuW/E OLG 3233 (3235) – markt intern Apotheke/Pharmazie; OLG Celle 16.10.2003 – 13 U 60/03, WuW/E DE-R 1197 (1199) – Vermietungsverbot; Nothdurft in Bunte Rn. 42; Loewenheim in LMRKM Rn. 18; Möschel, Wettbewerbsbeschränkungen, Rn. 615 (einschränkend jedoch in FS Benisch 1989 339, (344 f.)); Lange in Emmerich/Lange S. 275; aA zB OLG Düsseldorf 16.11.2004 – VI-Kart 27/03 OWiG, WuW/E DE-R 1381 (1384) – LanDSD; OLG Karlsruhe 13.5.2009 – 6 U 50/08 (Kart), WuW/E DE-R 2650 (2653) – Freiburger Repetitor; Rixen/Roth in FK-KartellR Rn. 61. Krauser in MüKoWettbR Rn. 32 f.; Röhling in Kölner Komm KartellR Rn. 18; Bauer/Wrage-Molkenthin wistra 1988, 336 ff. und BB 1989, 1495 f., krit. dazu Markert BB 1989, 921 (922).

[90] So für eine gegen Art. 81 Abs. 1 EG (Art. 101 Abs. 1 AEUV) verstoßende Sperraufforderung: BGH 2.7.1996 – KZR 29/91, WuW/E BGH 3067 (3071) – Fremdleasingboykott II. Ebenso bereits zur Interessenabwägung nach § 20 Abs. 1: BGH 10.12.1985 – KZR 20/85, WuW/E BGH 2195 (2199) – Abwehrblatt II; 19.1.1993 – KVR 25/91, WuW/E BGH 2875 (2880) – Herstellerleasing. Die Gegenansicht widerspricht dem für den Begriff der Unbilligkeit im GWB generell geltenden Grundsatz, dass das Interesse an der Durchsetzung von Zielen mit Mitteln, die gegen gesetzliche Vorschriften verstoßen, nicht berücksichtigungsfähig ist. Eine nach § 4 Nr. 4 UWG unlautere und damit gesetzwidrige Boykottaufforderung (→ Rn. 49) kann daher nicht nach § 21 Abs. 1 GWB als nicht unbillig und damit rechtswirksam beurteilt werden.

[91] KG 28.1.1985 – Kart 9/84, WuW/E OLG 3543 (3546) – Kontaktlinsenpflegemittel (Irrelevanz von Bezugsmöglichkeiten im Wege des Schleichbezugs); 2.12.1977 – Kart 14/76, WuW/E OLG 1965 – Interfunk (Irrelevanz der Zumutbarkeit des Verzichts auf den Bezug des zu sperrenden Produkts); OLG Celle 16.10.2003 – 13 U 607/03, GRUR-RR 2004, 118 (119) – Mietboykott; aA zB OLG Stuttgart 30.6.1976 – 2 Kart 3/75, WuW/E OLG 1742 (1743) – Sanitärhandel.

[92] BGH 2.2.1984 – I ZR 4/82, WuW/E BGH 2069 (2073) – Kundenboykott; KG 25.1.1985 – Kart 9/84, WuW/E OLG 3543 (3546) – Kontaktlinsenpflegemittel; 2.3.1993 – Kart U 7357/92, WuW/E OLG 5103 (5105) – Dire Straits-European Tour 1992; OLG Düsseldorf 7.5.1985 – U (Kart) 25/84, WuW/E OLG 3550 (3557) – Kupferrohrbestellungen; Rixen/Roth in FK-KartellR Rn. 68 ff. Zur Beurteilung nach § 4 Nr. 4 UWG: Köhler in Köhler/Bornkamm/Feddersen UWG § 4 Rn. 4.124.

Dies setzt aber voraus, dass der Verrufene rechtswidrig handelt,[93] dem Auffordernden andere Abhilfemittel, insbes. die Anrufung gerichtlicher oder behördlicher Instanzen, nicht rechtzeitig zur Verfügung stehen,[94] und der Boykottaufruf in seinem gegenständlichen Umfang und seiner Auswirkung auf den Verrufenen nicht über das zur Abwehr des rechtswidrigen Angriffs unbedingt erforderliche Maß hinausgeht.[95]

Auch ein nach dem UWG **unlauteres Wettbewerbsverhalten** eines Konkurrenten **40** rechtfertigt deshalb nicht ohne weiteres, dessen Lieferanten oder Abnehmer zur Liefer- oder Bezugssperre aufzufordern.[96] Nicht gerechtfertigt ist ferner, wenn vertriebsgebundene Abnehmer eines Markenartikelherstellers diesen pauschal zur Liefersperre eines mit ihnen konkurrierenden Verbrauchermarktunternehmens auffordern, obwohl nur einzelne Filialen dieses Unternehmens die Belieferungsanforderungen der Vertriebsbindung des Herstellers nicht erfüllen.[97] Nicht unbillig ist dagegen die an den Hersteller gerichtete Aufforderung durch vertriebsgebundene Händler oder einen deren Interessen vertretenden Brancheninformationsdienst, eine rechtmäßige Vertriebsbindung einzuhalten und für ihre möglichst lückenlose Durchführung zu sorgen.[98]

Eine Sperraufforderung ist ferner nicht unbillig, wenn sie in zulässiger **Wahrnehmung 41 berechtigter Interessen** erfolgt.[99] Dies setzt voraus, dass die Aufforderung zur Liefer- oder Bezugssperre nach Inhalt, Form und Begleitumständen das gebotene und notwendige Mittel zur Erreichung eines gebilligten Zwecks darstellt.[100] Davon wird idR ausgegangen werden können, wenn ein Unternehmen oder eine Unternehmensvereinigung andere Unternehmen lediglich in zutreffender Weise darauf hinweist, dass Lieferbeziehungen mit Dritten gegen gesetzliche Verbote, zB wegen Verletzung gewerblicher Schutzrechte,[101] oder wirksame vertragliche Verpflichtungen verstoßen, und auf die sich bei Nichtbeachtung ergebenden Rechtsfolgen aufmerksam macht.[102] Hier wird aber die Anwendung des § 21 Abs. 1 regelmäßig ohnehin schon deswegen ausscheiden, weil es an der Eignung zur Willensbeeinflussung (→ Rn. 26) oder an der erforderlichen Bestimmtheit des Beeinträchtigten (→ Rn. 17) fehlt.

Soweit der Boykottaufruf dem Ziel der Beeinträchtigung des wirtschaftlichen Wett- **42** bewerbs dient, kann sich der Boykottierende auch nicht auf sein **Grundrecht der freien Meinungsäußerung** (Art. 5 Abs. 1 S. 1 GG) als Wahrnehmung eines berechtigten Inte-

---

[93] ZB wegen Verstoßes gegen ein gesetzliches Werbeverbot, KG 2.2.1976 – Kart 37/74, WuW/E OLG 1687 (1699) – Laboruntersuchungen.

[94] KG 2.3.1993 – Kart U 7357/92, WuW/E OLG 5103 (5105).

[95] BGH 2.2.1984 – I ZR 4/82, WuW/E BGH 2069 (2073) – Kundenboykott.

[96] BGH 10.7.1974 – KRB 1/74, berichtet in TB 1974, 86; vgl. auch BGH 27.6.1975 – I ZR 97/74, WuW/E BGH 1381 – Einfirmenvertreter (Drohung eines Versicherungsvertreters, Verstöße eines Konkurrenten gegen ein wirksames Konkurrenzverbot dem vertretenen Versicherungsunternehmen zur Kenntnis zu bringen, verstößt gegen § 1 UWG aF).

[97] Vgl. KG 2.2.1977 – Kart 14/76, WuW/E OLG 1965 – Interfunk.

[98] BGH 25.10.1988 – KRB 4/88, WuW/E BGH 2562 (2563) – markt intern-Dienst; in der Begründung problematisch allerdings insoweit, als auch die an den Hersteller gerichtete Aufforderung zur Sperre nicht bindungstreuer Händler als gerechtfertigt angesehen wurde, obwohl dem Hersteller auch das mildere Mittel der Geltendmachung seines Rechtsanspruchs auf Einhaltung der Vertriebsbindung zur Verfügung stand. Zu weiteren Kritikpunkten an dieser Entscheidung: Markert BB 1989, 921 (923 f.).

[99] BGH 25.10.1988 – KRB 4/88, WuW/E BGH 2562 (2563 f.) – markt intern-Dienst; KG 23.3.1994 – Kart 19/93, WuW/E OLG 5299 (5308) – Schnäppchenführer; OLG Frankfurt a. M. 2.4.1996 – 11 W (Kart) 2/96, PharmR 1996, 410 (413) – Wirksame Arzneimittel; Rixen/Roth in FK-KartellR Rn. 72 ff. Zum Boykottaufruf nach § 823 BGB zB OLG Düsseldorf 7.5.1985 – U (Kart) 25/84, WuW/E OLG 3550 (3557) – Kupferrohr-Bestellungen; zu § 4 Nr. 4 UWG zB BGH 21.11.1958 – I ZR 115/57, GRUR 1959, 247 – Versandbuchhandlung.

[100] BGH 10.7.1974 – KRB 1/74, berichtet in TB 1974, 86; 17.12.1969 – I ZR 152/67, GRUR 1970, 465 (466) – Prämixe; OLG Frankfurt a. M. 2.4.1996 – 11 W (Kart) 2/96, PharmR 1996, 410 (413) – Wirksame Arzneimittel.

[101] Vgl. BGH 16.10.1962 – KZR 2/62, WuW/E BGH 509 (516) – Original-Ersatzteile.

[102] OLG Stuttgart 24.3.1978 – 2 (Kart) 5/77, WuW/E OLG 2269 – ARA-Kollektion; OLG Düsseldorf 29.12.2004 – VI-Kart 17/04 (V), WuW/E DE-R 1453 (1454 f.) – PPK-Entsorgung.

resses berufen.[103] Dies gilt auch für das Grundrecht der **Pressefreiheit.**[104] Nur bei Verfolgung außerwirtschaftlicher Ziele, zB des Tierschutzes[105] oder der politischen Auseinandersetzung,[106] besteht für den Boykott ein grundrechtlich geschützter größerer Handlungsspielraum.[107] Aber selbst dann scheidet die Wahrnehmung berechtigter Interessen aus, wenn die Aufforderung zur Liefer- oder Bezugssperre mit wirtschaftlichem Druck verbunden wird, der eine freie Entscheidung des Aufgeforderten ausschließt,[108] oder zum Rechts- oder Vertragsbruch aufgefordert wird.[109]

**43**      **Ausschließlichkeitsbindungen,** soweit sie nicht bereits wegen Verstoßes gegen andere gesetzliche Verbote, zB § 1 oder Art. 101 Abs. 1 AEUV, nichtig sind, und auch schon die Aufforderung zum Abschluss solcher zulässigen Bindungen, durch die der Gebundene am Bezug von oder der Lieferung an dritte Unternehmen gehindert wird, fallen nur in Ausnahmefällen unter das Verbot des § 21 Abs. 1, soweit dessen Anwendung nicht bereits wegen fehlender Bestimmtheit dieser Unternehmen ausscheidet.[110] Allerdings lässt sich dieses Ergebnis nicht mehr – wie in der Zeit der Geltung des § 18 GWB aF – damit begründen, dass Vertikalbindungen nach dem GWB grundsätzlich zulässig seien.[111] Sie sind allerdings, wenn sie die Eignung zur Beeinträchtigung des Handels zwischen EU-Mitgliedstaaten haben, nach Art. 101 Abs. 3 AEUV iVm der EU-Vertikal-GVO (EU) 2022/720 und ohne diese Eignung nach § 2 Abs. 3 GWB weitgehend von den Verboten des § 1 und Art. 101 Abs. 1 AEUV freigestellt. Diese grundsätzlich positive Wertung wirkt sich auch auf die Beurteilung der Unbilligkeit der Beeinträchtigung durch Vertikalbindungen und die Aufforderung zum Abschluss solcher Bindungen tendenziell in gleicher Weise aus wie die Regelung des § 18 aF. Eine unbillige Beeinträchtigung kommt deshalb hier nur in Betracht, wenn die Bindung eine gegen bestimmte Dritte gerichtete Zielsetzung aufweist und damit individualisierbare Dritte getroffen oder sogar vom Markt verdrängt oder ferngehalten werden sollen und keine besonderen Umstände vorliegen, welche die Bindung ausnahmsweise rechtfertigen.[112] Die Rechtfertigung scheidet allerdings von vornherein aus, wenn die Bindung schon wegen Verstoßes gegen andere gesetzliche Verbote, zB Art. 101 Abs. 1 AEUV, nichtig ist.[113]

## IV. Rechtsfolgen

**44**      § 21 Abs. 1 ist ein unmittelbar wirkendes Verbot, dessen Verletzung mit verwaltungs-, bußgeld- und zivilrechtlichen Rechtsfolgen verbunden ist.

---

[103] BVerfG 15.11.1982 – 1 BvR 108/80, BVerfGE 62, 230 (245 ff.) = WuW/E VG 294 (296 f.) – Denkzettel-Aktion; BGH 24.11.1983 – I ZR 192/81, NJW 1985, 62 – Copy Charge; 2.4.1984 – I ZR 4/82, WuW/E BGH 2069 (2072) – Kundenboykott; 25.1.1985 – KZR 4/84, WuW/E BGH 2137, 2137 – Ideal Standard; KG 27.7.1987 – Kart 1/86, WuW/E OLG 4065 (4071 f.) – markt intern Sanitär Installation; OLG Düsseldorf 7.5.1985 – U (Kart) 25/84, WuW/E OLG 3550 (3557) – Kupferrohr-Bestellungen; zu § 4 Nr. 4 UWG: Köhler in Köhler/Bornkamm/Feddersen § 4 UWG Rn. 4.123.

[104] BVerfG 15.11.1982 – 1 BvR 108/80, BVerfGE 62, 230 (243 ff.) = WuW/E VG 294 (296) – Denkzettel-Aktion; BGH 13.11.1979 – KZR 1/79, WuW/E BGH 1666 (1669) – Denkzettel-Aktion; 15.1.1985 – KZR 4/84, WuW/E BGH 2137 (2139) – Ideal Standard; OLG Düsseldorf 5.5.1983 – 2 U 40/82, GRUR 1984, 131 (134) – Fragebogenaktion. Zur Beurteilung nach Art. 10 EMRK: EGMR 20.11.1989 – 3/1988/147/201, EGMR 1989 Serie A Nr. 165 – markt intern Verlag; Krüger GRUR 1989, 738 ff.

[105] OLG Frankfurt a. M. 7.3.1969 – 16 U 80/68, WuW/E OLG 991 – Seehundmäntel.

[106] BVerfG 26.2.1969 – 1 BvR 619/63, BVerfGE 25, 264 = WuW/E VG 228 – Blinkfüer.

[107] Vgl. zB Degenhart, FS Lukes, 287 ff.

[108] BVerfG 26.2.1969 – 1 BvR 619/63, WuW/E VG 228 – Blinkfüer.

[109] BGH 29.1.1985 – VI ZR 130/83, NJW 1985, 1620 – Mietboykott.

[110] BGH 4.11.1980 – KRB 3/80, WuW/E BGH 1786 (1787) – ARA; 28.9.1999 – KZR 18/98, WuW/E DE-R 395 (398) – Beteiligungsverbot für Schilderpräger; 3.7.2001 – KZR 11/00, BGH-Rep. 2001, 972 (973) – Beteiligungsverbot für Schilderpräger II; OLG Hamburg 26.1.1984 – 3 U 3/83, WuW/E OLG 3151 (3153) – Castrol; Rixen/Roth in FK-KartellR Rn. 64 ff.

[111] So zB BGH 28.9.1999 – KZR 18/98, WuW/E DE-R 395 (398) – Beteiligungsverbot für Schilderpräger.

[112] BGH 28.9.1999 – KZR 18/98, WuW/E DE-R 395 (398) – Beteiligungsverbot für Schilderpräger; 9.7.2002 – KZR 30/00, WuW/E DE-R 1006 (1010) – Fernwärme für Börnsen.

[113] BGH 2.7.1996 – KZR 20/91, WuW/E BGH 3067 (3071) – Fremdleasingboykott II.

Im **Verwaltungsverfahren** kann die Kartellbehörde nach § 32 gegen § 21 Abs. 1 ver-  **45** stoßende Unternehmen oder Vereinigungen von Unternehmen durch Verfügung verpflichten, den Verbotsverstoß abzustellen (→ § 32 Rn. 35). Die Entscheidung liegt im pflichtgemäßen Ermessen der Kartellbehörde und richtet sich gegen die zur Liefer- oder Bezugssperre auffordernden Unternehmen oder Unternehmensvereinigungen (→ Rn. 11). Dass hierbei die für das Unternehmen bzw. die Unternehmensvereinigung tätig werdenden Personen schuldhaft handeln, ist nicht erforderlich.

Nach § 81 Abs. 3 Nr. 1 handelt **ordnungswidrig,** wer vorsätzlich dem Verbot des § 21  **46** Abs. 1 zuwiderhandelt. „Wer" iSd § 81 Abs. 3 Nr. 1 sind jedenfalls die für den Normadressaten handelnden natürlichen Personen iSd § 9 OWiG (→ Rn. 12; → § 81 Rn. 292). Das auffordernde Unternehmen bzw. Unternehmensvereinigung kann insoweit nur Nebenbetroffener iSd § 30 OWiG sein.[114] Der Aufforderungsadressat, soweit er der Aufforderung Folge leistet, verstößt als notwendiger Teilnehmer nicht gegen das Verbot des § 21 Abs. 1.[115]

Nach § 33 Abs. 1 kann der Verrufene als Betroffener gegen den Verrufer auf **Beseitigung**  **47** und bei Wiederholungsgefahr auf **Unterlassung** und nach § 33a Abs. 1 auf **Schadensersatz** klagen.[116] Der Sperrer ist auch insoweit notwendiger Teilnehmer am Delikt und kann daher nur dann nach § 21 Abs. 1 in Anspruch genommen werden, wenn er an der Aufforderung mitgewirkt hat.[117] Da der Sperrer in der Regel nicht gegen § 21 Abs. 1 verstößt, kommt ein auf diese Vorschrift gestützter Anspruch des Gesperrten gegen den Sperrer auf Lieferung oder Bezug nicht in Betracht. Der Anspruch auf Schadensersatz setzt ein Verschulden des Auffordernden voraus.[118] Die **Beweislast** im Zivilprozess für das Vorliegen der Voraussetzungen des § 21 Abs. 1 einschließlich der Unbilligkeit der Beeinträchtigungsabsicht trifft grundsätzlich denjenigen, der den Verbotsverstoß geltend macht. Allerdings ist wegen der regelmäßigen Unbilligkeit beabsichtigter Beeinträchtigungen durch Aufforderung zur Liefer- oder Bezugssperre (→ Rn. 37) nach den Grundsätzen des Prima-facie-Beweises idR der Auffordernde dafür darlegungs- und beweispflichtig, dass ausnahmsweise die Unbilligkeit aus den in → Rn. 39–43 genannten Gründen zu verneinen ist. Unterlassungs- und Beseitigungsansprüche können auch im Wege der einstweiligen Verfügung durchgesetzt werden.[119] Zu den weiteren Voraussetzungen des kartellrechtlichen Zivilrechtsschutzes Betroffener im Verletzungsfall iE → §§ 33–33h und deren Kommentierung.

## V. Verhältnis zu anderen Vorschriften

**1. Vorschriften des GWB.** Die an andere Unternehmen oder Unternehmensvereini-  **48** gungen gerichtete Aufforderung zur Liefer- oder Bezugssperre gegenüber Dritten kann insbes. auch gegen folgende Vorschriften des GWB verstoßen: § 1, soweit die Aufforderung auf einer Vereinbarung zwischen Wettbewerbern, einem Verbandsbeschluss oder einem abgestimmten Verhalten beruht,[120] und § 21 Abs. 2, soweit mit der Aufforderung dem

---

[114] Vgl. zB BGH 5.7.1995 – KRB 8/95, WuW/E BGH 3006 = NJW 1996, 1531 – Handelsvertretersperre.

[115] BGH 25.1.1983 – KZR 12/81, WuW/E BGH 1985 (1986) – Familienzeitschrift; vgl. auch → § 81 Rn. 293.

[116] Zum Beseitigungsanspruch: OLG Frankfurt a. M. 2.4.1996 – 11 W (Kart) 2/96, PharmR 1996, 410 (415) – Wirksame Arzneimittel; OLG Stuttgart 10.6.1988 – 2 U 62/88, WRP 1989, 202 (205); → § 33 Rn. 29 ff.

[117] So zB in Fällen einer wechselseitigen Aufforderung, vgl. BGH 12.3.1965 – KZR 8/63, WuW/E BGH 697 (699) – Milchboykott.

[118] Zu den Anforderungen zB BGH 10.10.1989 – KZR 22/88, WuW/E BGH 2603 (2607) – Neugeborenentransporte; 2.7.1996 – KZR 20/91, WuW/E BGH 3067 (3073) – Fremdleasingboykott II.

[119] ZB OLG Frankfurt a. M. 2.4.1996 – 11 W (Kart) 2/96, Pharma Recht 1996, 410 – Wirksame Arzneimittel; KG 2.3.1993 – Kart U 7357/92, WuW/E OLG 5103 – Dire Straits-European Tour 1992.

[120] Beispiel für einen verabredeten kollektiven Boykottaufruf: BKartA 24.1.1964, WuW/E BKartA 802 (803) – Ratio-Verbrauchermarkt. Beispiel für eine verabredete (kollektive) Sperre: BGH 25.1.1983 – KZR 12/81, WuW/E BGH 1965 – Familienzeitschrift.

Verrufenen ein Nachteil angedroht oder zugefügt wird, um ihn zu einen wettbewerbs-beschränkenden Verhalten iS dieser Vorschrift zu veranlassen. Die von einem marktbeherr-schenden oder relativ marktstarken Unternehmen iSd § 20 Abs. 1 und 3 ausgehende Aufforderung zur Liefer- oder Bezugssperre kann ferner gegen § 19 Abs. 1 und 2 Nr. 1 oder gegen § 20 Abs. 3 verstoßen. Alle diese Vorschriften sind grundsätzlich neben § 21 Abs. 1 anwendbar.

**49**  **2. Vorschriften außerhalb des GWB. a) § 4 Nr. 4 UWG.** Soweit der zur Liefer- oder Bezugssperre Auffordernde damit ein wettbewerbsbezogenes Ziel iSd § 2 Abs. 1 Nr. 1 UWG verfolgt, verstößt die Aufforderung grundsätzlich gegen § 4 Nr. 4 UWG.[121] Sehr häufig fällt daher der von § 21 Abs. 1 GWB erfasste Boykottaufruf auch unter § 4 Nr. 4 UWG und umgekehrt.[122] Insoweit besteht Anspruchskonkurrenz. Eine Abweichung ergibt sich nur insoweit, als nach § 4 Nr. 4 UWG die Sperraufforderung auch an Nichtunterneh-men gerichtet werden kann, zB an private Verbraucher. Andererseits geht § 21 Abs. 1 seit der 4. GWB-Novelle insoweit weiter als § 4 Nr. 4 UWG, als der Verrufene zum Verrufer nicht mehr in einem Wettbewerbsverhältnis stehen muss (→ Rn. 16). Die praktische Bedeutung dieses Unterschiedes ist jedoch gering, da eine geschäftliche Handlung iSd § 2 Abs. 1 Nr. 1 iVm § 4 Nr. 4 UWG auch in der Förderung fremden Wettbewerbs liegen kann.[123]

**50**  **b) §§ 823, 826 BGB.** Die Aufforderung zur Liefer- oder Bezugssperre kann ferner als rechtswidriger Eingriff in den eingerichteten und ausgeübten Gewerbebetrieb des Ver-rufenen gegen § 823 Abs. 1 BGB[124] oder als sittenwidrige Schädigung gegen § 826 BGB verstoßen.[125] Diese Vorschriften kommen insbes. bei Boykottaufforderungen im außerwett-bewerblichen Bereich in Betracht, zB bei Boykottaufrufen durch Presseorgane oder Bran-cheninformationsdienste, soweit sie keine geschäftliche Handlung iSd § 2 Abs. 1 Nr. 1 UWG sind,[126] oder bei von Verbraucher-, Tier- oder Umweltschützern organisierten „Käuferstreiks".[127]

**51**  Im Zivilprozess können die Ansprüche aus § 21 Abs. 1 einerseits und § 4 Nr. 4 UWG, § 826 BGB andererseits nebeneinander geltend gemacht werden.[128] Der Anspruch nach § 823 Abs. 1 BGB wegen Eingriffs in den eingerichteten und ausgeübten Gewerbebetrieb

---

[121] BGH 13.11.1979 – KZR 1/79, WuW/E BGH 1666 (1667) – Denkzettel-Aktion; OLG Hamburg 21.12.1978 – 3 U 100/78, WuW/E OLG 2076 (2077) – Kaffeekrieg II; Köhler in Köhler/Bornkamm/Feddersen § 4 UWG Rn. 4.122; Peifer in GK-UWG § 4 Nr. 10 Rn. 138: Götting in Fezer/Büscher/Obergfell §§ 4–10 UWG Rn. 33; für Gesamtwürdigung ohne Vermutungswirkung: Omsels in Harte-Havendamm/Henning-Bodewig § 4 UWG Rn. 246.

[122] BGH 28.9.1999 – KZR 18/98, WuW/E DE-R 395 (398 f.) – Beteiligungsverbot für Schilderpräger; OLG Hamburg 2.3.1978 – 3 U 179/77, WuW/E OLG 2067 (2071) – Kaffeegeschirr.

[123] BGH 28.9.1999 – KZR 18/98, WuW/E DE-R 395 (396) – Beteiligungsverbote für Schilderpräger. Zu der den Anlass für die Erweiterung des § 21 Abs. 1 durch die 4. GWB-Novelle bildenden Fallkonstellati-on der Sperraufforderung durch Brancheninformationsdienste, die damit die Interessen des Fachhandels gegen andere Vertriebsformen vertreten, zB BGH 13.11.1979 – KZR 1/79, WuW/E BGH 1666 (1668) – Denkzettel-Aktion; 24.11.1983 – I ZR 192/81, GRUR 1984, 214 (215) – Copy-Charge; 2.2.1984 – I ZR 4/82, WuW/E BGH 2069 (2070) – Kundenboykott.

[124] BGH 12.3.1965 – KZR 8/63, WuW/E BGH 697 (699) – Milchstreik; 29.1.1985 – VI ZR 130/83, NJW 1985, 1620 – Mietboykott; 6.2.2014 – I ZR 75/13, WRP 2014, 1067 – Aufruf zur Kontokündigung, iE Wagner in MüKoBGB § 823 Rn. 397 ff.

[125] Vgl. zB Wagner in MüKoBGB § 826 Rn. 215.

[126] BGH 29.1.1985 – VI ZR 130/83, NJW 1985, 1620 – Mietboykott; OLG Hamburg 2.12.1978 – 3 U 100/78, WuW/E OLG 2076 – Kaffeekrieg II.

[127] Vgl. zB BGH 7.2.1984 – VI ZR 193/82, NJW 1984, 1607 – Schnellbahntrasse; OLG Frankfurt 29.1.1987 – 16/U 132/85, NJW-RR 1988, 52 – Plakatwerbung gegen Pelzbranche; ausführlich dazu: Möllers NJW 1996, 1374 ff.

[128] So für das Verhältnis von § 21 Abs. 1 und § 4 Nr. 4 UWG zB OLG Hamburg 2.3.1978 – 3 U 179/77, WuW/E OLG 2067 (2071) – Kaffeegeschirr; OLG Düsseldorf 17.11.1998 – U (Kart) 22/98, NJWE-WettbR 1999, 123 – Call-by-Call; OLG Frankfurt a. M. 23.9.1997 – 11 U (Kart) 18/97, WRP 1998, 98 (100) – GS-Zeichen.

ist gegenüber diesen Ansprüchen subsidiär.[129] Zur Beurteilung von mit Druck durchgesetzten Sperraufforderungen als strafrechtliche Nötigung (§ 240 StGB) s. Bergerhoff S. 38 ff.

## B. Anwendung von Druck- und Lockmitteln (Abs. 2)

**Schrifttum zu Abs. 2 und 3:** Belke, Die vertikalen Wettbewerbsbeschränkungen nach der Kartellgesetznovelle 1973, ZHR 138, 291; Gutzler, Gelöste und ungelöste Fragen der Lieferverweigerung, BB 1966, 394; Immenga, Der Vorteilsbegriff des Lockverbotes nach § 25 Abs. 2 GWB, in FS Werner, 1984 375; Markert, Zum Schutzgesetzcharakter des § 25 Abs. 1 GWB, WRP 1966, 330; Pescher, Der äußere Kartellzwang, 1984; Sauter, Androhung und Verhängung einer Liefersperre durch preisempfehlende Unternehmen, NJW 1969, 638; Schmiedel, Kontrahierungszwang aus § 25 Abs. 1 GWB?, WRP 1966, 41.

## I. Normzweck, Bedeutung, Entstehungsgeschichte

Das Verbot des § 21 Abs. 2 soll verhindern, dass mit den in § 21 Abs. 2 bezeichneten **52** Druck- und Lockmitteln ein Verhalten des Adressaten bezweckt wird, das als Inhalt einer einvernehmlichen Regelung die für wettbewerbsbeschränkende Vereinbarungen geltenden Verbote des § 1 GWB und Art. 101 Abs. 1 AEUV oder eine kartellbehördliche Verbotsverfügung gegen solche Vereinbarungen verletzen würde.[130] Die aus solchen Vereinbarungen resultierenden wettbewerbsbeschränkenden Verhaltensweisen wie insbes. horizontale Gebietsabgrenzungen zwischen Wettbewerbern oder vertikale Vorgaben für die Gestaltung der Wiederverkaufspreise von Abnehmern sollen in ihrem wirtschaftlichen Ergebnis auch nicht durch derartige Mittel herbeigeführt werden können und die Umgehung der genannten Verbote damit verhindert werden. Dabei genügt für das Eingreifen des Verbots des § 21 Abs. 2 bereits der auf das Erreichen dieses umgehenden Ergebnisses abzielende Zweck der Willensbeeinflussung. Es kommt daher nicht darauf an, ob der diesem Zweck dienende Versuch des Mittelanwenders auch gelingt und das damit erstrebte wettbewerbsbeschränkende Verhalten auch angewendet wird.

Die erhebliche **praktische Bedeutung** des § 21 Abs. 2 wird schon daraus erkennbar, **53** dass bis Ende 2022 dazu über 1100 Verfahren von Kartellbehörden eingeleitet wurden. Dabei ging es in erster Linie um Fälle der Druckanwendung durch Lieferanten im Zusammenhang mit dem Verbot der vertikalen Preisbindung, daneben aber auch um horizontale Disziplinierungsversuche, um Außenseiter dazu zu bringen, in ihrem Marktverhalten bestimmte festgelegte oder übliche Vorgaben zu beachten, zB die von Kammern für ihre Mitglieder aufgestellten Gebührenordnungen und Werbeverbote.[131] Bei diesen Verfahren ist der Anteil von Ahndungen nach dem OWiG sehr viel höher als bei den Verfahren nach § 19 Abs. 2 Nr. 1 und § 20 Abs. 1, was daran liegt, dass in den Fällen der Anwendung von Druckmaßnahmen von erheblichem Gewicht nach den Gesamtumständen häufig auch der Umgehungszweck auf der Seite des Anwenders offensichtlich ist und nicht ernsthaft in Frage stehen kann, so dass die schärfere Sanktion der Verhängung von Geldbußen nach dem OWiG eher angebracht ist.[132]

§ 21 Abs. 2 war als § 25 Abs. 1 bis zur 2. GWB-Novelle und als § 25 Abs. 2 bis zur **54** 6. GWB-Novelle bereits textgleich im GWB enthalten. Die im Gesetzgebungsverfahren

---

[129] Wagner in MüKoBGB § 823 Rn. 372.
[130] St.Rspr. des BGH, zuletzt BGH 13.7.2020 – KRB 25/20, WuW 2020, 612 (614) – Bezirksschornsteinfeger; KG 17.9.1992 – Kart 12/91, WuW/E OLG 5053 (5058) – Einflussnahme auf die Preisgestaltung; im Schrifttum unstr., zB Roth in FK-KartellR Rn. 151. Zum zivilrechtlichen Schutzumfang des § 21 Abs. 2 → Rn. 78.
[131] So zB BGH 16.12.1976 – KVR 5/75, WuW/E BGH 1474 – Architektenkammer; 21.10.1986 – KZR 28/85, WuW/E BGH 2326 – Guten Tag Apotheke II; 19.3.1991 – KVR 4/89, WuW/E BGH 2688 – Warenproben in Apotheken.
[132] Vgl. zB BGH 6.11.1972 – KRB 1/72, WuW/E BGH 1246 = NJW 1973, 94 – Feuerschutzanzüge; KG 17.9.1992 – Kart 12/91, WuW/E OLG 5053 – Einflussnahme auf die Preisgestaltung; TB 1993/94, 102 (Schulranzen); 1995/96, 94 (Heizöl).

nicht umstrittene Regelung war erst auf Vorschlag des Bundesrates aufgenommen worden (Begr. 1952, Anl. 2, § 22a) und erhielt in den Beratungen des BT-Ausschusses für Wirtschaftspolitik ihre derzeitige Fassung (Bericht 1957, zu § 22a). Die ersten sieben Novellierungen des GWB haben keine inhaltlichen Veränderungen gebracht. Durch die 8. GWB-Novelle ist das Verbot des § 21 Abs. 2 auf Umgehungen der Verbote der Art. 101 und 102 AEUV und darauf gestützter kartellbehördlicher Verbote erweitert worden.

## II. Materiellrechtlicher Norminhalt

55    **1. Normstruktur.** Das Verbot des § 21 Abs. 2 besteht aus dem objektiven Tatbestand des an andere Unternehmen gerichteten Androhens oder Zufügens von Nachteilen (Druckmittel) und Versprechens oder Gewährens von Vorteilen (Lockmittel) und dem subjektiven Element, damit diese Unternehmen zu einem Verhalten zu veranlassen, das im Falle seiner Festlegung durch eine Vereinbarung insbes. gegen das nach § 1 GWB geltende Verbot solcher Vereinbarungen verstoßen würde. Ausschlaggebend dafür, ob die Anwendung solcher Druck- oder Lockmittel unter § 21 Abs. 2 fällt, ist deshalb der mit ihnen verfolgte Zweck, die relevanten Verbote damit zu umgehen. Dieser häufig nur aus den Umständen des Einzelfalles im Wege des Indizienbeweises feststellbare Zweck hat deshalb die Schlüsselfunktion für die Bestimmung der Reichweite der Vorschrift; erst durch ihn lässt sich die praktisch unbegrenzte Fülle der in Betracht kommenden Druck- und Lockmittel auf das für das Erreichen des Normzwecks erforderliche Maß begrenzen. Hier stellen sich auch für die Durchsetzung der Vorschrift die größten Anwendungsprobleme. Insbes. die Bewertung von Liefersperren als – in der Terminologie der Saba-Entscheidung des BGH[133] – entweder verbotene „zeitweilige Willensbeugungssperre" oder zulässige „endgültige Vergeltungssperre" ist in der Praxis häufig besonders schwierig (→ Rn. 70).

56    **2. Normadressaten.** Das Verbot des § 21 Abs. 2 richtet sich wie Abs. 1 sowohl an einzelne Unternehmen als auch an Unternehmensvereinigungen. Für den Inhalt beider Begriffe gilt das Gleiche wie für Abs. 1 (→ Rn. 8 f.). Auch nach Abs. 2 können deshalb Vereinigungen von Unternehmen auch Körperschaften des öffentlichen Rechts sein.[134] Nicht erforderlich für die Anwendbarkeit des Abs. 2 ist, dass der Anwender von Druck- oder Lockmitteln an der wettbewerbsbeschränkenden Vereinbarung, deren Verbot durch das mit diesen Mitteln angestrebte Verhalten umgangen werden soll, selbst beteiligt sein würde.[135]

57    **3. Andere Unternehmen.** Die von Normadressaten angewendeten Druck- oder Lockmittel müssen an andere Unternehmen gerichtet sein. Dazu gehören, wie nach Abs. 1, nur diejenigen Unternehmen nicht, die mit dem in Betracht stehenden Normadressaten eine wirtschaftliche Einheit bilden, zB als unter einheitlicher Leitung stehende Konzernunternehmen.[136] Andere Unternehmen iSd Abs. 2 sind daher auch Mitglieder von Unternehmensvereinigungen, gegen die von der Vereinigung Druck zur Einhaltung wettbewerbsbeschränkender Regelungen der Vereinigung für das Marktverhalten der Mitglieder ausgeübt wird.[137] Die Einbeziehung auch von Maßnahmen des inneren

---

[133] BGH 28.10.1965 – KRB 3/65, WuW/E BGH 707 (710 f.).

[134] BGH 16.12.1976 – KVR 5/75, WuW/E BGH 1474 – Architektenkammer; 19.3.1991 – KVR 4/89, WuW/ BGH 2688 – Warenproben in Apotheken. Zur Frage der bußgeldrechtlichen Verantwortlichkeit der für Unternehmen oder Unternehmensvereinigungen handelnden natürlichen Personen → Rn. 77.

[135] BGH 14.7.1980 – KRB 6/79, WuW/E BGH 1736 (1737 f.) – markt intern; Roth in FK-KartellR Rn. 184.

[136] AA offenbar nur Roth in FK-KartellR Rn. 162. Für die Anwendbarkeit des § 21 Abs. 2 kann diese Frage jedoch dahingestellt bleiben, weil es hier jedenfalls an einer unter die in Betracht kommenden Primärverbote fallenden wettbewerbsbeschränkenden Vereinbarung fehlt, deren Umgehung mit Druck- oder Lockmitteln bezweckt werden könnte.

[137] BGH 16.12.1976 – KRB 5/75, WuW/E BGH 1774 (1780) – Architektenkammer; 21.10.1986 – KZR 28/85, WuW/E BGH 2326 (2328) – Guten Tag Apotheke; KG 3.3.1987 – Kart 4/86, WuW/E OLG 4008 (4016) – Apothekerkammer Bremen; Roth in FK-KartellR Rn. 160; Pescher S. 121 f.

Organisationszwangs in den Anwendungsbereich der Vorschrift ist nach deren Wortlaut und dem die Entscheidungsfreiheit anderer Unternehmen generell schützenden Normzweck geboten.

**4. Androhen oder Zufügen von Nachteilen.** Als **Nachteil** iSv § 21 Abs. 2 ist jedes **58** Übel zu werten, das objektiv geeignet ist, den Willen des Adressaten zu beeinflussen und ihn zu einem die in § 21 Abs. 2 genannten Verbote umgehenden wettbewerbsbeschränkenden Verhalten zu veranlassen.[138] Ob eine Beeinträchtigung in diesem Sinne, die auch der Entzug eines bisher gewährten Vorteils sein kann, im Einzelfall vorliegt, ist durch Vergleich der Situation des Adressaten vor und nach der Anwendung des angewendeten Mittels zu beurteilen, wobei auch Beeinträchtigungen anderer als wirtschaftlicher Art, zB gesellschaftlicher Druck, in Betracht kommen.[139] Ob der Nachteil für sich genommen rechtswidrig ist, ist unerheblich, da auch rechtmäßige Maßnahmen dem Umgehungszweck iSd Abs. 2 dienen können.[140] Deshalb kann ein Nachteil auch in einer Klageerhebung vor den ordentlichen oder Berufsgerichten bestehen (→ Rn. 61). Nicht erforderlich ist auch, dass der Nachteil für den Adressaten ein erhebliches Gewicht hat oder jedenfalls für ihn besonders spürbar ist.[141] Andererseits setzt jedoch die notwendige Eignung eines Mittels zur Willensbeeinflussung voraus, dass es nicht bereits abstrakt gesehen diesen Einfluss von vornherein nicht haben kann, zB weil im Falle einer Liefersperre die betreffende Ware problemlos auch aus anderen Quellen zu denselben Konditionen bezogen werden kann.[142]

In der Anwendungspraxis zu § 21 Abs. 2 standen als Nachteil bisher **Liefersperren** von **59** Herstellern gegen die gelieferten Waren zu besonders niedrigen Preisen weiterverkaufende Handelsunternehmen im Vordergrund.[143] Solche Sperren sind jedenfalls immer schon dann ein Nachteil, wenn gleichwertige Möglichkeiten, die gesperrte Ware anderweitig zu beziehen, praktisch nicht bestehen. Auch die Verweigerung einer erstmaligen Belieferung ist in der Regel als Nachteil zu werten, wobei es nicht entscheidend darauf ankommen kann, ob dem Nachfrager die Belieferung bereits in Aussicht gestellt war und er im Hinblick darauf bereits eigene Aufwendungen getätigt hatte.[144] Auch **innerhalb bestehender Lieferbeziehungen** können Lieferanten ihren Abnehmern Nachteile iSv § 21 Abs. 2 zufügen oder androhen, zB durch Streichen oder Kürzen von Rabatten oder Umsatzboni (TB 1969, 86; 1971, 70), Gegenanzeigen und Aufkaufaktionen,[145] Verweigerung von anderen Abnehmern gewährten Unterstützungsleistungen (TB 1976, 53) oder Verbot des Vertriebs der gelieferten Ware über Internetplattformen.[146]

---

[138] BGH 16.12.1976 – KRB 5/75, WuW/E BGH 1474 (1478 f.) – Architektenkammer; 19.3.1991 – KVR 4/89, WuW/E BGH 2688 (2692) – Warenproben in Apotheken; OLG Düsseldorf 18.9.2019 – VI U (Kart) 3/19, WuW 2019, 592 (594) – Preisbindung der zweiten Hand; Roth in FK-KartellR Rn. 163.

[139] Ebenso Roth in FK-KartellR Rn. 165.

[140] BGH 13.7.2020 – KRB 21/20 Rn. 21, WuW 2020, 612 – Bezirksschornsteinfeger (Androhung der Verweigerung von nicht zwingend zu übergebenden Daten an einen für den betreffenden Kehrbezirk bestellten weiteren Schornsteinfeger), Nothdurft in Bunte Rn. 60, 62; Roth in FK-KartellR Rn. 169.

[141] Ebenso FK-Roth Rn. 168. Problematisch insoweit OLG Düsseldorf 19.9.2019 – VI-U(Kart) 3/19, WuW 2019, 592 (595) – Preisbindung der zweiten Hand, mit dem durch § 21 Abs. 2 nicht gedeckten Erfordernis, dass eine danach verbotene Drohung mit einer Liefersperre nur vorliege, wenn der Adressat wegen eines Nachteils bestehenden „Machtgefälles" im Verhältnis zu dem drohenden Lieferanten wirtschaftlich abhängig ist.

[142] KG 17.9.1992 – Kart 12/91, WuW/E OLG 5053 (5059) – Einflussnahme auf die Preisgestaltung; Roth in FK-KartellR Rn. 166.

[143] ZB BGH 24.6.1965 – KZR 7/64, WuW/E BGH 690 (693) – Brotkrieg II; 10.6.1966 – KZR 4/65, WuW/E BGH 755 (757) – Flaschenbier; KG 17.9.1992 – Kart 12/91, WuW/E OLG 5053 (5059) – Einflussnahme auf die Preisgestaltung; OLG Düsseldorf 8.7.2020 – VI-U(Kart) 3/20, WuW 2020, 412 (414) – Vergeltungssperre; Roth in FK-KartellR Rn. 170.

[144] BGH 6.11.1972 – KRB 1/72, WuW/E BGH 1246 (1247) – Feuerschutzanzeige; Roth in FK-KartellR Rn. 173.

[145] KG 17.9.1992 – Kart 12/91, WuW/E OLG 5053 (5054 f.).- Einflussnahme auf die Preisgestaltung.

[146] KG 19.9.2013 – 2 U 8/09 Kart, WuW/E DE-R 4019 – Schulranzen und -rucksäcke.

**60**  Auch **Bezugssperren** kommen als Druckmittel iSv § 21 Abs. 2 in Betracht, da auch sie zum Zwecke der Umgehung von verbotenen wettbewerbsbeschränkenden Vereinbarungen eingesetzt werden können, insbesondere hinsichtlich der Preise und Geschäftsbedingungen des gesperrten Lieferanten gegenüber anderen Abnehmern.[147]

**61**  Druckmittel in horizontaler Richtung **gegen Wettbewerber** zum Zwecke der Umgehung des § 1 oder Art. 101 Abs. 1 AEUV kann auch ein „normales" Wettbewerbsverhalten sein, zB Preisunterbietungen.[148] In der Praxis standen allerdings verbandsrechtliche Maßnahmen der jeweiligen Branchenorganisationen im Vordergrund, zB die Verhängung von Vereinsstrafen,[149] der Ausschluss aus einem Verband,[150] die Einleitung berufsrechtlicher Maßnahmen[151] oder das Anhängigmachen von Gerichtsverfahren.[152] Durch die Bewertung der zuletzt genannten Maßnahme als Druckmittel wird das Recht jedes Beteiligten, unterschiedliche Auffassungen über bestehende Rechte und Pflichten durch eine gerichtliche Entscheidung klären zu lassen, nicht in Frage gestellt, da dem bei der Prüfung des Vorliegens eines nach § 21 Abs. 2 relevanten Umgehungszwecks ausreichend Rechnung getragen werden kann.[153] Kein Nachteil sind dagegen Maßnahmen nur zu dem Zweck, Verhaltensweisen zu ermitteln, die unstreitig gesetzwidrig sind, zB Verstöße gegen § 4 Nr. 4 UWG, da es sich hier allein um die Auswirkung gesetzlicher Verpflichtungen handelt und auch Vereinbarungen zur Einhaltung solcher Verpflichtungen nicht unter § 1 fallen würden.[154]

**62**  Da § 21 Abs. 2 sowohl das Androhen als auch Zufügen von Nachteilen erfasst, kann im Einzelfall dahingestellt bleiben, ob ein angedrohter Nachteil auch als zugefügt anzusehen ist. Eine **Androhung** ist jedes ernsthafte Inaussichtstellen eines Druckmittels, bei dem der Adressat nach normalen Umständen davon ausgehen muss, dass dieses Mittel auch ausgeführt werden könnte.[155] Eine genaue Bezeichnung ist nicht erforderlich, so dass auch das Inaussichtstellen nicht näher bestimmter „unliebsamer Schritte" ausreicht.[156] Ob der Adressat im Einzelfall die Drohung seinerseits ernst nimmt und mit der Ausführung der angedrohten Maßnahme rechnet, ist unerheblich.[157] Die Drohung muss demjenigen, dessen Willen beeinflusst werden soll, nur irgendwie zur Kenntnis gelangen, wobei auch die Kenntnisnahme von einer an einen Dritten gerichteten Erklärung ausreichen kann, zB wenn eine Liefersperre gegen einen bestimmten Abnehmer in der

---

[147] ZB BGH 14.7.1980 – KRB 6/79, WuW/E BGH 1736 (1738) – markt intern (Bezugssperre von Fachhändlern, um die Hersteller zu veranlassen, nur noch den Fachhandel zu beliefern und Direktverkäufe zu unterlassen); TB 1978, 57, allerdings aufgehoben wegen fehlenden Umgehungszwecks durch KG 15.2.1980 – Kart 22/79, WuW/E OLG 2268 – Anlagen für unterbrechungsfreie Stromversorgung; Roth in FK-KartellR Rn. 172.

[148] KG 28.5.1976 – Kart 165/75, WuW/E OLG 1775 (1776) – Silierungsanlagen.

[149] BGH 26.10.1961 – KZR 3/61, WuW/E BGH 451 (455) – Speditionswerbung.

[150] OLG Karlsruhe 11.5.1988 – 6 U 257/87 (Kart), WuW/E OLG 4113 (4117) – Tankuntersuchung.

[151] BGH 21.10.1986 – KZR 28/85, WuW/E BGH 2326 (2328) – Guten Tag Apotheke II.

[152] BGH 16.12.1976 – KRB 5/75, WuW/E BGH 1474 (1479) – Architektenkammer; 19.3.1991 – KVR 4/89, WuW/E BGH 2688 (2692) – Warenproben in Apotheken.

[153] Dieses Recht wird in den BGH-Entscheidungen Architektenkammer (16.12.1976 – KRB 5/75, WuW/E BGH 1474 (1479)) und Warenproben in Apotheken" (19.3.1991 – KVR 4/89, WuW/E BGH 2688 (2692)) trotz Annahme eines Nachteils ausdrücklich anerkannt. Die Bejahung eines Verbotsverstoßes in beiden Fällen wurde mit den besonderen Begleitumständen, zB der angewandten Publizität, begründet. Ebenso OLG Düsseldorf 29.12.2004 – VI-Kart 17/04 (V), WuW/E DE-R 1453 (1457) – PPK-Entsorgung; Roth in FK KartellR Rn. 175.

[154] BGH 18.11.1986 – KZR 41/85, WuW/E BGH 2347 (2348) – Aktion Rabattverstöße.

[155] BGH 14.7.1980 – KRB 6/79, WuW/E BGH 1736 (1738) – markt intern; OLG Düsseldorf 18.9.2019 – VI U (Kart) 3/19, WuW 2019, 592 (594) – Preisbindung der zweiten Hand; 8.7.2020 – VI-U (Kart) 3/20, WuW/E 2020, 412 (413) – Vergeltungssperre; Nothdurft in Bunte Rn. 58; Roth in FK-KartellR Rn. 167.

[156] KG 13.4.1973 – Kart 27/72, WuW/E OLG 1394 (1396) – japanischer Fotoimport; 28.5.1976 – Kart 165/75, WuW/E 1775 (1776) – Silierungsanlagen. Vgl. aber auch OLG Stuttgart 31.7.1987 – 2 U 72/87, WuW/E OLG 4047 (4052) – Blaupunkt, wo die als Androhung in Betracht stehende Äußerung als zu unbestimmt beurteilt wurde.

[157] Ebenso Roth in FK-KartellR Rn. 181.

Erwartung bekanntgemacht wird, damit auch das Preisverhalten anderer Abnehmer zu beeinflussen.[158]

Bloße **Empfehlungen** ohne Druckanwendung gegen den Adressaten sind auch dann **63** keine Nachteilsandrohung, wenn der Empfehlungsempfänger vom Empfehlenden abhängig ist und die Empfehlung deshalb faktisch wie eine Bindung wirkt.[159] **Warnungen** vor nachteiligen Folgen des Verhaltens des Gewarnten sind als Druckandrohung zu werten, wenn sie von diesem den Umständen nach als Ankündigung eines auch vom Warnenden ausgehenden Nachteils verstanden werden müssen und nicht nur als Hinweis auf wahrscheinliche Reaktionen Dritter, auf die er keinen Einfluss hat.[160] Die Abgrenzung im Einzelfall zu dem auch nach § 21 Abs. 2 zulässigen wettbewerbskonformen Reagieren auf verstoßenden Wettbewerb Dritter lässt sich erst im Rahmen der Feststellung des erforderlichen Umgehungszwecks treffen und ist nicht von der gewählten Bezeichnung der zu beurteilenden Erklärungen oder Maßnahmen abhängig.

**5. Versprechen oder Gewähren von Vorteilen.** Unter Vorteil ist als Gegensatz zum **64** Nachteil jede beim Adressaten eintretende Verbesserung seiner Lage zu verstehen, die geeignet ist, seinen Willen zu beeinflussen und ihn zu einem nach § 21 Abs. 2 relevanten wettbewerbsbeschränkenden Verhalten zu veranlassen.[161] Deshalb gelten hier die Kriterien für die Bestimmung eines Nachteils iSd Abs. 2 entsprechend (→ Rn. 58). Die Eignung zur Willensbeeinflussung durch das Gewähren oder Versprechen eines Vorteils kann auch gegeben sein, wenn darauf ein Rechtsanspruch besteht, dessen sofortige Durchsetzung jedoch nicht sichergestellt ist.[162]

**Vorteile** iSv § 21 Abs. 2 können im Zusammenhang mit dem Verbot des § 1 insbes. alle **65** Arten von Sondervergünstigungen für weiterverteilende Abnehmer sein, zB Treuerabatte oder Werbekostenzuschüsse (TB 1977, 51) und die Aufhebung früher verhängter Liefersperren. Auch die Beteiligung an einer für den Adressaten günstigen verbotenen wettbewerbsbeschränkenden Vereinbarung kann ein Vorteil sein, zB das Angebot an einen Konkurrenten, eine Niederlassung in dessen Verkaufsgebiet aufzulösen oder ihr Sortiment zu begrenzen, wenn der Konkurrent sich im Gegenzug aus dem Verkaufsgebiet des Anbietenden zurückzieht.[163] Dies gilt jedoch nur, wenn dem Angebotsempfänger ein Vorteil versprochen wird, der deutlich über das hinausgeht, was er in der konkreten Situation sonst als Anteil am Vereinbarungsergebnis und Ausgleich für seine Leistung erwarten könnte, zB im Falle einer **Submissionsvereinbarung** über das übliche Maß einer Abstandszahlung für die Abgabe eines Scheinangebots oder das Unterlassen eines eigenen Angebots hinausgeht.[164] Zwar lässt sich diese Ansicht nach der Neufassung des § 1 durch die 6. GWB-Novelle nicht mehr damit begründen, dass nicht bereits der Abschluss der unter diese Vorschrift fallenden Vereinbarungen, sondern erst ihre Durchführung verboten sei. Sie ist aber aus einem anderen Grunde auch jetzt noch zutreffend. Denn § 21 Abs. 2 bezweckt offensichtlich nicht, mittels des Verbots der Vorteilsgewährung zum Zwecke der Umgehung des § 1 auch schon jede erfolglose Anstiftung zum Abschluss der unter diese Vorschrift fallenden Vereinbarungen per se zu verbieten. Dafür besteht auf der Grundlage

---

[158] Vgl. BGH 28.10.1965 – KRB 3/65, WuW/E BGH 704 (709, 712) – Saba. Zum Zweck der Drittbeeinflussung durch endgültige Vergeltungssperren → Rn. 73.

[159] OLG Düsseldorf 8.7.2020 – VI-U(Kart) 3/20, WuW 2020, 412 (414) – Vergeltungssperre.

[160] Roth in FK-KartellR Rn. 183; vgl. auch BGH 14.7.1980 – KRB 6/97, WuW/E BGH 1736 (1738) – markt intern; BGH 6.11.2012 – KZR 13/12, NZKart 2013, 84 – Druckausübung; TB 2011/2012, 42.

[161] BGH 1.12.1966 – KRB 1/66, WuW/E BGH 858 (862) – Konkurrenzfiliale; 17.10.2017 – KZR 59/16 Rn. 15, NZKart 2018, 52 – Almased Vitalkost (Angebot eines Sonderrabatts an Apotheken geknüpft ua an die Bedingung, dass sie sich zur Einhaltung des vom Lieferanten vorgegebenen Mindestverkaufspreises verpflichten), Immenga in FS Werner S. 375; Roth in FK-KartellR Rn. 186.

[162] Ebenso Roth in FK-Roth Rn. 188.

[163] BGH 1.12.1966 – KRB 1/66, WuW/E BGH 858 (862) – Konkurrenzfiliale.

[164] BGH 26.5.1987 – KRB 1/87, WuW/E BGH 2377 (2378) – Abwasserbauvorhaben Oberes Aartal; KG 11.11.1988 – Kart 37/85, WuW/E OLG 4398 (4399) – Bundesbahnbedienstete; Immenga in FS Werner, 375 (377 ff.); Roth in FK-KartellR Rn. 190. Auch → § 81 Rn. 306.

der vom BGH gemachten Einschränkung auch kein wettbewerbspolitisches Bedürfnis. Wird im Falle der Aufforderung zur Beteiligung an einer Submissionsabsprache das Angebot einer Abstandszahlung angenommen, liegt bereits darin der Abschluss einer nach § 1 verbotenen Vereinbarung; eine Schutzlücke im Gesetz ist daher nicht erkennbar.[165]

66  Für das ausdrückliche oder schlüssige **Versprechen** eines Vorteils reicht es aus, wenn er dem Adressaten ernsthaft in Aussicht gestellt wird.[166] Ein mit dem Adressaten abgestimmtes Vorgehen ist dabei nicht erforderlich. Das Gewähren eines Vorteils ist auch einseitig möglich, zB durch Verzicht auf die Durchsetzung von Ansprüchen gegen den Adressaten.

67  **6. Umgehungszweck. a) Allgemeines.** Die Anwendung von Druck- oder Lockmitteln iSv § 21 Abs. 2 muss den Zweck haben, den Adressaten zu einem wettbewerbsbeschränkenden Verhalten zu veranlassen, das, wenn es vertraglich vereinbart würde, gegen die relevanten Verbote solcher Vereinbarungen oder gegen eine kartellbehördliche Verbotsverfügung (zB nach § 30 Abs. 3) verstoßen würde. Dieser Zweck setzt die **Absicht** des Anwenders dieser Mittel voraus, damit den Erfolg eines solchen wettbewerbsbeschränkenden Verhaltens zu erreichen.[167] Ein nur bedingter Vorsatz, der diesen Erfolg ohne ihn anzustreben, lediglich billigend in Kauf nimmt, reicht daher für den erforderlichen Umgehungszweck nicht aus.[168] Die gegenteilige Ansicht würde dazu führen, dass endgültige Liefersperren gegen einzelne preisgünstige Weiterverkäufer fast immer nach § 21 Abs. 2 verboten wären, weil mit solchen Sperren unvermeidlich die Wirkung verbunden ist, die übrigen Abnehmer in ihrem Preisverhalten zu beeinflussen, so dass diese Wirkung als billigend in Kauf genommen anzusehen wäre. Die in der Rechtsprechung getroffene Unterscheidung zwischen zulässigen endgültigen Vergeltungssperren und verbotenen Willensbeugungssperren (→ Rn. 70–73) verlöre dann fast jede praktische Bedeutung.[169]

68  Der Zweck, mit dem angewendeten Druck- oder Lockmittel den Adressaten zu einem wettbewerbsbeschränkenden Verhalten zu veranlassen, braucht nicht der Einzige vom Anwender verfolgte zu sein; vielmehr reicht es aus, wenn er neben anderen Zielen angestrebt wird.[170] Es genügt, dass dieser Zweck nach der Vorstellung des Anwenders **für den Adressaten erkennbar** ist; dass dieser ihn tatsächlich erkennt, ist nicht erforderlich.[171]

69  **b) Beweisanforderungen.** Ob die Anwendung eines Druck- oder Lockmittels im Einzelfall den für die Anwendbarkeit des Verbots des § 21 Abs. 2 erforderlichen Umgehungszweck hat, lässt sich häufig nur im Wege einer Gesamtbeurteilung aller Umstände feststellen.[172] Dabei ist ein Rückschluss aus dem objektiven Tatbestand des Androhens oder Zufügens eines Nachteils bzw. des Versprechens oder Gewährens eines Vorteils auf den Umgehungszweck wegen der weitgehend fehlenden Indizwirkung dieses Tatbestandes für

[165] BGH 13.7.2020 – KRB 21/28 Rn 14, WuW 2020, 612 – Bezirksschornsteinfeger; iE dazu Immenga in FS Werner 375 (377 ff.).
[166] BGH 1.12.1966 – KRB 1/66, WuW/E BGH 858 (862) – Konkurrenzfiliale; Roth in FK-KartellR Rn. 191.
[167] BGH 6.11.1972 – KRB 1/72, WuW/E BGH 1246 (1248) – Feuerschutzanzüge; 13.7.2020 – KRB 21/20, Rn. 11, WuW 2020, 612 – Bezirksschornsteinfeger; OLG Düsseldorf 8.7.2020 – VI-U(Kart) 3/20, WuW 2020, 412 (416) – Vergeltungssperre; Roth in FK-KartellR Rn. 197; Loewenheim in LMRKM Rn. 39; einschränkend: Krauser in MüKoWettbR Rn. 51.
[168] AA insbes. Belke ZHR 138, 291 (298); Gutzler BB 1966, 390 (393).
[169] Zu den Gegenargumenten gegen das Genügenlassen des bedingten Vorsatzes eingehend: Roth in FK-KartellR Rn. 196 mwN.
[170] BGH 10.6.1965 – KZR 4/65, WuW/E BGH 755 (758) – Flaschenbier; Roth in FK-KartellR Rn. 198.
[171] BGH 28.10.1965 – KRB 3/65, WuW/E BGH 704 (709) – Saba; 10.6.1966 – KZR 4/65, WuW/E BGH 755 (758) – Flaschenbier; Roth in FK-KartellR Rn. 197.
[172] BGH 28.10.1965 – KRB 3/65, WuW/E BGH 704 (711) – Saba; 10.6.1966 – KZR 4/65, WuW/E BGH 755 (758) – Flaschenbier; OLG Düsseldorf 8.7.2020 – VI-U(Kart) 3/20, WuW 2020, 412 (415 f.) – Vergeltungssperre; Roth in FK-KartellR Rn. 202.

diesen Zweck nur begrenzt möglich.[173] Am ehesten lässt sich dieser Schluss ziehen, wenn ein Nachteil nur angedroht oder ein Vorteil nur versprochen wird und dabei vom Anwender ein Zusammenhang mit einem von ihm bezeichneten wettbewerbsbeschränkenden Verhalten iSd § 21 Abs. 2 hergestellt wird, da hier der Umgehungszweck auf der Hand liegt.[174] Dagegen lässt sich in aller Regel aus dem Zufügen eines Nachteils, insbes. durch Liefersperren in der Form der Nichtfortsetzung bisheriger und der Weigerung der Aufnahme erstmaliger Lieferbeziehungen, nur bei Hinzutreten weiterer Umstände folgern, dass damit neben möglicherweise noch anderen Zwecken (zB „Marktpflege") jedenfalls auch der nach § 21 Abs. 2 relevante Umgehungszweck verfolgt wird.[175]

**c) Beurteilung von Liefersperren.** In der Praxis führt die Feststellung des für die **70** Anwendbarkeit des § 21 Abs. 2 erforderlichen Umgehungszwecks insbes. bei verhängten Liefersperren zu erheblichen Beweisschwierigkeiten. Diese ergeben sich aus der vom BGH erstmals im Fall Saba[176] getroffenen Unterscheidung zwischen rechtmäßigen endgültigen Vergeltungssperren und verbotenen zeitweiligen Willensbeugungssperren. § 21 Abs. 2 hindert danach Lieferanten grundsätzlich nicht, ihre Abnehmer aus dem Grunde zu sperren, dass deren Verkaufspreise den Vorstellungen des Lieferanten, zB seinen empfohlenen Weiterverkaufspreisen, nicht entsprechen, wenn der gesperrte Abnehmer durch die Sperre nicht gleichzeitig zu künftigem Wohlverhalten veranlasst werden soll, sondern die Sperre endgültig ist. Bei einer solchen Sperre als Reaktion auf vergangenes Preisverhalten des Gesperrten wird jedenfalls diesem gegenüber die Möglichkeit einer Willensbeeinflussung in Bezug auf dieses Verhalten verneint.[177] Dies gilt auch dann, wenn eine zunächst mit dem Zweck einer solchen Beeinflussung angedrohte oder verhängte Sperre später in eine endgültige umgewandelt wird, allerdings erst vom Zeitpunkt eines derartigen Zweckwechsels an gerechnet.[178] Umgekehrt kann auch eine zunächst als endgültig verhängte Sperre später zu einer nach § 21 Abs. 2 verbotenen Willensbeugungssperre werden, wenn ihre Aufhebung für den Fall in Aussicht gestellt wird, dass sich der Gesperrte künftig den Vorstellungen des Lieferanten über die Gestaltung seiner Wiederverkaufspreise fügen sollte.[179] Andererseits hat der BGH in der Saba-Entscheidung auch ausgeführt, dass eine endgültige Liefersperre gegen einen bestimmten Abnehmer zugleich den Zweck haben kann, andere bisher nicht gesperrte Abnehmer durch die darin konkludent zum Ausdruck gebrachte Drohung, sie gegebenenfalls ebenfalls zu sperren, zu einem den Vorstellungen des Lieferanten entsprechenden Preisverhalten beim Weiterverkauf zu veranlassen.[180]

---

[173] BGH 24.6.1965 – KZR 7/64, WuW/E BGH 690 (695) – Brotkrieg II; 28.10.1965 – KRB 3/65, WuW/E BGH 704 (711) – Saba; Roth in FK-KartellR Rn. 202.

[174] Vgl. zB BGH 24.6.1965 – KZR 7/64, WuW/E BGH 690 (693) – Brotkrieg II; KG 22.9.1982 – Kart U 641/82, WuW/E OLG 2822 (2823) – Druckempfehlung; Roth in FK-KartellR Rn. 203.

[175] BGH 28.10.1965 – KRB 3/65, WuW/E BGH 704 (710f.) – Saba; KG 7.7.1976 – Kart 166/75, WuW/E OLG 1780 (1783) – Krawatten.

[176] BGH 28.10.1965 – KRB 3/65, WuW/E BGH 704 (710f.).

[177] Wie BGH im Fall Saba auch BGH 10.6.1966 – KZR 4/65, WuW/E BGH 755 (758) – Flaschenbier; 6.11.1972 – KRB 1/72, WuW/E BGH 1246 (1248) – Feuerschutzanzüge; KG 13.4.1973 – Kart 27/72, WuW/E OLG 1394 (1396) – japanischer Fotoimport; OLG Düsseldorf 8.7.2020 – VI-U(Kart) 3/20, WuW 2020, 412 (415f.) – Vergeltungssperre; Roth in FK-KartellR Rn. 199.

[178] BGH 24.6.1965 – KZR 7/64, WuW/E BGH 690 (694) – Brotkrieg II; OLG Düsseldorf 20.2.1969 – U (Kart) 5/68, WuW/E OLG 974 (977) – Bierverlag; Roth in FK-KartellR Rn. 211. Bis zum Zeitpunkt des Zweckwechsels bleibt das Verhalten des Sperrenden nach § 21 Abs. 2 verboten und im Hinblick auf zivilrechtliche Ansprüche des Gesperrten rechtswidrig.

[179] BGH 24.6.1965 – KZR 7/64, WuW/E BGH 690 (695) – Brotkrieg II; 10.6.1966 – KZR 4/65, WuW/E BGH 755 (758) – Flaschenbier; OLG Düsseldorf 20.2.1969 – U (Kart) 5/58, WuW/E OLG 974 (976) – Bierverlag; Roth in FK-KartellR Rn. 210. Das Inaussichtstellen der Aufhebung einer rechtmäßig verhängten Sperre ist als Versprechen eines Vorteils zu werten. Es kann zugleich ein Indiz dafür sein, dass die Sperre in Wirklichkeit keine endgültige sein sollte, sondern von Anfang an den Zweck der Preisbeeinflussung unter Fortsetzung der Belieferung hatte.

[180] BGH 28.10.1965 – KRB 3/65, WuW/E BGH 704 (712) – Saba; 19.3.1991 – KVR 4/89, WuW/E BGH 2688 (2693) – Warenproben in Apotheken; OLG Koblenz 24.11.1967 – 2 U 651/67, WuW/E OLG 867 (871) – Anzeige; TB 1987/88, 64; eingehend Belke ZHR 138, 291 (304ff.); Roth in FK-KartellR Rn. 213.

**71**     Der an der Unterscheidung des BGH geübten **Kritik**[181] kann nicht nur de lege lata,
sondern auch in rechts- und wettbewerbspolitischer Hinsicht **nicht gefolgt** werden.[182]
Denn ihre Konsequenz wäre ein mit der Systematik des GWB nicht vereinbarer Lieferzwang, der noch erheblich über das hinausginge, was für marktbeherrschende und relativ
marktstarke Lieferanten nach § 19 Abs. 2 Nr. 1 und § 20 Abs. 1 gilt.[183] Auch marktbeherrschende und relativ marktstarke Lieferanten sind nach diesen Vorschriften grundsätzlich
berechtigt, ihren Absatz nach eigenen Vorstellungen zu gestalten und dabei sogar den
Vertrieb über Händler generell auszuschließen (→ § 19 Rn. 130). Der Gefahr, dass auf der
Grundlage der vom BGH getroffenen Unterscheidung das Verbot des § 21 Abs. 2 in Fällen
von Liefersperren gegen preisaktive Wiederverkäufer weitgehend leerlaufen könnte, lässt
sich auch durch hinreichend realitätsbezogene Anforderungen an den Nachweis des Umgehungszwecks wirksam begegnen, zumal wenn hierbei auch an einen möglichen Zweck der
Drittbeeinflussung durch endgültige Liefersperren gegen einzelne Abnehmer keine über-
zogenen Beweisanforderungen gestellt werden, allerdings auch das andere Extrem vermieden wird, bei solchen Sperren regelmäßig oder gar in jedem Falle den Zweck der
Drittbeeinflussung anzunehmen.[184] Auch lässt die Marktentwicklung seit 1965, vor allem
nach der 1973 erfolgten Erweiterung des Anwendungsbereichs des § 26 Abs. 2 aF auf
relativ marktmächtige Lieferanten und der starken Zunahme gleichwertiger anderweitiger
Beschaffungsmöglichkeiten im Zuge der wachsenden Europäisierung und Globalisierung
der Märkte, die zunächst sicher berechtigte Befürchtung, die Liefersperre könnte sich auf
der Grundlage der Rechtsprechung des BGH zu einem wirksamen Disziplinierungsinstru-
ment gegen preisaktive Einzelhändler entwickeln, aus heutiger Sicht als unbegründet
erscheinen.[185]

**72**     Ob im Einzelfall die Androhung oder Verhängung einer Liefersperre gegen einen
Wiederverkäufer als in der Absicht erfolgt anzusehen ist, dessen Preisverhalten zu beein-
flussen, lässt sich **häufig nur im Wege des Indizienbeweises** aus dem gesamten äußeren
Geschehensablauf folgern. Selbst wenn im Falle einer verhängten Sperre auf der Seite des
Sperrenden außer dem Preisverhalten des Gesperrten ein anderer Anlass nicht erkennbar ist,
zB die Durchsetzung einer wirksamen Vertriebsbindung, ist wegen der Vereinbarkeit
endgültiger Vergeltungssperren mit § 21 Abs. 2 ein automatischer Rückschluss von der
Sperre auf eine damit verbundene Preisbeeinflussungsabsicht nicht möglich.[186] Dies gilt
auch, wenn eine bereits intern getroffene Sperrentscheidung dem Gesperrten schon vor
deren Wirksamkeit mitgeteilt wird.[187] Dagegen liegt der Schluss auf eine Absicht, das

---

[181] So OLG Koblenz 24.11.1967 – 2 U 651/67, WuW/E OLG 867 (871 f.) – Anzeige; im Schrifttum
insbes. Belke ZHR 138, 291 (298 ff.); Möschel, Wettbewerbsbeschränkungen, Rn. 602; Nothdurft in Bunte
Rn. 70 ff.

[182] Wie hier insbes. Roth in FK-KartellR Rn. 201; Krauser in MüKoWettbR Rn. 53. De lege lata ist auch
von Bedeutung, dass die an der Unterscheidung des BGH geäußerte Kritik vom Gesetzgeber in den späteren
Novellierungen des GWB nicht zum Anlass für eine Gesetzesverschärfung genommen wurde, obwohl es
hierfür ausländische Modelle gab, zB die Regelung in § 4 Abs. 4 des britischen Resale Prices Act 1964
(deutsche Übersetzung in WuW 1964, 945).

[183] Auf den systematischen Zusammenhang mit dem marktmachtorientierten Lieferzwang nach den §§ 22
und 26 Abs. 2 aF hatte der BGH bereits in seiner ersten einschlägigen Entscheidung (damals zu § 25 Abs. 1
aF) vom 24.6.1965 – KZR 7/64, WuW/E BGH 690 (694) – Brotkrieg II, hingewiesen. Zum Lieferzwang
nach § 19 Abs. 2 Nr. 1 → § 19 Rn. 454.

[184] Soweit die Kritik an der Unterscheidung des BGH mit einem Plädoyer für realistische Beweisanforderungen verbunden ist, ist ihr voll beizupflichten. Dazu zB auch Gutzler BB 1966, 390 (391 ff.). Zu
weitgehend in der Annahme einer Drittbeeinflussung durch verhängte Liefersperren zB Lange in Emmerich/
Lange S. 276, der eine solche Wirkung „stets" für gegeben hält, und Möschel, Wettbewerbsbeschränkung,
Rn. 602, der dies als Regelfall annimmt.

[185] So auch Roth in FK-KartellR Rn. 201.

[186] So insbes. BGH 28.10.1965 – KRB 3/65, WuW/E BGH 704 (711), – Saba; Roth in FK-KartellR
Rn. 202.

[187] So OLG Düsseldorf 20.2.1969 – U (Kart) 5/68, WuW/E OLG 974 (976) – Bierverlag, mit dem
Hinweis, dass die vorherige Mitteilung sogar nach § 242 BGB geboten sein kann, um den Abnehmer nicht
plötzlich vor vollendete Tatsachen zu stellen und ihn dadurch möglicherweise zu schädigen.

Preisverhalten des Gesperrten zu beeinflussen, nahe, wenn die Sperre nur angedroht wird und mangels anderer erkennbarer Beweggründe des Lieferanten zu folgern ist, dass sie nur dann ausgeführt werden soll, wenn der Adressat sein Preisverhalten nicht an die Vorstellungen der Lieferanten anpasst.[188] Wichtige **Indizien,** die diesen Schluss stützen, sind zB, dass der Lieferant durch Preisempfehlungen oder in sonstiger Weise generell auf die Wiederverkaufspreise seiner Erzeugnisse Einfluss zu nehmen versucht und der betroffene Wiederverkäufer davon bereits nach unten abgewichen ist oder künftig abweichen will, der Lieferant grundsätzlich alle in Betracht kommenden Wiederverkäufer beliefert und in der Vergangenheit bereits das Preisverhalten des Wiederverkäufers ohne Androhen einer Liefersperre als zu niedrig moniert hatte.[189] Auch wenn das Gesamtbild solcher Indizien im Einzelfall ergibt, dass die Androhung oder Verhängung einer Liefersperre in der Absicht erfolgt ist, das Preisverhalten des Gesperrten zu beeinflussen, kann jedoch der Lieferant immer noch mit ex-nunc-Wirkung eine endgültige Vergeltungssperre verhängen.[190]

Für die Beurteilung, ob endgültige Vergeltungssperren gegen einzelne Wiederverkäufer **73** auch bezwecken, das **Preisverhalten anderer Wiederverkäufer zu beeinflussen,** ist vor allem von Bedeutung, ob und in welcher Weise der Sperrende die Sperre den anderen von ihm belieferten Wiederverkäufern zur Kenntnis bringt.[191] Legen die Begleitumstände nahe, dass eine Sperre nicht allein als Bereinigung eines Einzelfalls zu verstehen ist, sondern auch als Statuieren eines Exempels, womit auch jeder andere belieferte Wiederverkäufer in einer vergleichbaren Situation rechnen muss, reicht dies in aller Regel für die Annahme einer Drittbeeinflussung aus. Die Grenzziehung zwischen solchen Fällen und der häufig unvermeidlichen und daher nicht unter § 21 Abs. 2 fallenden Signalwirkung jeder endgültigen Sperre eines Niedrigpreisanbieters für das Preisverhalten der anderen Abnehmer des Sperrenden kann im Einzelfall besonders schwierig sein.

**7. Relevante Primärverbote.** Der für das Eingreifen des Verbots des § 21 Abs. 2 **74** erforderliche Umgehungszweck bezieht sich praktisch zum einen auf das in § 1 und Art. 101 Abs. 1 AEUV normierte Verbot wettbewerbsbeschränkender vereinbarter Bindungen und zum anderen auf alle von den Kartellbehörden verfügten Verbote solcher Bindungen auf der Grundlage von § 30 Abs. 3. Der Bezug zu diesen Verboten setzt voraus, dass für den Fall, dass das mit Druck- oder Lockmitteln iSd § 21 Abs. 2 erstrebte Verhalten zum Gegenstand einer Vereinbarung gemacht würde, diese jedenfalls gegen eines der genannten Verbote verstoßen würde. Im Falle der Primärverbote des § 1 und des Art. 101 Abs. 1 AEUV muss deshalb die Marktbedeutung des erstrebten (horizontalen) wettbewerbsbeschränkenden Verhaltens dem Spürbarkeitserfordernis dieser Vorschriften genügen.[192] Dies gilt allerdings nicht in Fällen von bezweckten Beschränkungen, die schon ihrer Natur nach als schädlich für das gute Funktionieren des normalen Wettbewerbs angesehen werden und deshalb unabhängig von ihrer konkreten Auswirkungen eine spürbare Beschränkung des Wettbewerbs darstellen.[193]

---

[188] So zB KG 13.4.1973 – Kart 27/72, WuW/E OLG 1394 (1396) – japanischer Fotoimport; Roth in FK-KartellR Rn. 204.

[189] Vgl. insbes. Belke ZHR 138, 291 (316). Problematisch deshalb OLG Düsseldorf 8.7.2020 – VI-U(Kart) 3/20, WuW 2020, 412 (414) – Vergeltungssperre, wonach eine solche Sperre auch für den Fall vorgenommen wird, dass sie erst einige Zeit nach Kritik des Lieferanten an den „aggressiven" und „wirtschaftlich kaum zu verantwortenden" Preisen des betroffenen Händlers verhängt wird.

[190] BGH 24.6.1965 – KZR 7/64, WuW/E BGH 690 (694 f.) – Brotkrieg II; 10.6.1966 – KZR 4/65, WuW/E BGH 755 (758) – Flaschenbier. Zu den Beweisanforderungen an einen derartigen Zweckwechsel: KG 22.9.1982 – Kart U 641/82, WuW/E OLG 2822 (2824 f.) – Uhrenpreisempfehlung; Belke ZHR 138, 291 (317); Roth in FK-KartellR Rn. 212.

[191] OLG Koblenz 24.11.1967 – 2 U 651/67, WuW/E OLG 867 (871) – Anzeige; TB 1987/88, 64; Belke ZHR 138, 291 (306); Roth in FK-KartellR Rn. 212.

[192] BGH 19.9.1991 – KVR 4/89, WuW/E BGH 2683 (2690) – Warenproben in Apotheken; Roth in FK-KartellR Rn. 215.

[193] So BGH 17.10.2017 – KZR 59/16 Rn. 20 ff., NZKart 2018, 52 – Almased Vitalkost, in Anlehnung an die dazu ergangene EuGH-Rspr. (im entschiedenen Fall vom BGH in Rn. 25 allerdings offengelassen, weil

### III. Rechtsfolgen

**75**     § 21 Abs. 2 ist wie Abs. 1 ein unmittelbar wirkendes Verbot, dessen Verletzung mit verwaltungs-, bußgeld- und zivilrechtlichen Rechtsfolgen verbunden ist.

**76**     Im **Verwaltungsverfahren** kann die Kartellbehörde nach § 32 gegen § 21 Abs. 2 verstoßende Unternehmen und Vereinigungen von Unternehmen verpflichten, den Verbotsverstoß abzustellen (→ § 32 Rn. 35). Die Entscheidung liegt im pflichtgemäßen Ermessen der Kartellbehörde und richtet sich gegen das Druck- oder Lockmittel anwendende Unternehmen oder die Unternehmensvereinigung. Dass sie schuldhaft handeln, ist nicht erforderlich.

**77**     Nach § 81 Abs. 3 Nr. 2 handelt **ordnungswidrig,** wer vorsätzlich dem Verbot des § 21 Abs. 2 zuwiderhandelt. „Wer" iSd § 81 Abs. 3 Nr. 2 sind jedenfalls die für die Normadressaten des § 21 Abs. 2 handelnden natürlichen Personen iSd § 9 OWiG.[194] Die Normadressaten selbst können nur Nebenbetroffene nach § 30 OWiG sein.

**78**     Die Ansprüche nach § 33 Abs. 1 und § 33a Abs. 1 stehen primär den Unternehmen zu, gegen die Druck- oder Lockmittel angewendet werden.[195] Darüber hinaus bezweckt § 21 Abs. 2 den Schutz der durch die Anwendung solcher Mittel beeinträchtigten Wettbewerber des Verbotsadressaten. Die Geschützten können im Verletzungsfall nach § 33 Abs. 1 auf **Beseitigung und/oder Unterlassung** und nach § 33a Abs. 1 auf **Schadenersatz** klagen. Besteht der Verbotsverstoß nur in einem Versprechen oder Gewähren von Vorteilen, dürfte allerdings der Eintritt eines zu ersetzenden Schadens desjenigen, dessen Verhalten dadurch beeinflusst werden sollte, in aller Regel zu verneinen sein.

**79**     Der Anspruch auf Unterlassung, Beseitigung und Schadensersatz kann in den Fällen, in denen das angewendete Druckmittel im Abbruch einer bestehenden oder Verweigerung einer erstmaligen Lieferbeziehung besteht, einen Anspruch auf Belieferung einschließen **(Kontrahierungszwang).**[196] Insoweit gilt grundsätzlich das Gleiche wie für Belieferungsansprüche in Fällen gegen § 19 Abs. 2 Nr. 1 verstoßender Geschäftsabschlussverweigerungen (iE dazu → § 19 Rn. 454). Ein auf § 21 Abs. 2 iVm §§ 33, 33a gestützter Anspruch auf künftige Belieferung setzt voraus, dass der Lieferant mit seiner Belieferungsverweigerung weiterhin bezweckt, das Preisverhalten des Gesperrten zu beeinflussen, dh von seiner bisherigen Willensbeugungssperre nicht auf eine endgültige Vergeltungssperre übergeht.[197]

**80**     Rechtsgeschäfte, zB Vertragskündigungen, die nach § 21 Abs. 2 verbotene Druck- oder Lockmittel sind, sind **nach § 134 BGB nichtig** (zur Parallele nach § 19 Abs. 2 Nr. 1 → § 19 Rn. 437 f.). In Fällen gegen § 21 Abs. 2 verstoßender Kündigungen von Sukzessiv-

---

[194] BGH 26.10.1965 – KRB 3/65, WuW/E BGH 704 (707 f.) – Saba; → § 81 Rn. 308.

[195] BGH 24.6.1965 – KZR 7/64, WuW/E BGH 690 (693) – Brotkrieg II; 10.6.1966 – KZR 7/65, WuW/E BGH 755 (757) – Flaschenbier; KG 22.9.1982 – Kart U 641/82, WuW/E OLG 2822 (2824) – Uhrenpreisempfehlung; hM im Schrifttum, zB Roth in FK-KartellR Rn. 228; Markert WRP 1966, 330 f.; aM nur Schmiedel WRP 1966, 41 ff. Dies gilt auch für das Lockverbot. Für eine den Schutzumfang des § 21 Abs. 2 betreffende Unterscheidung zwischen Druck- und Lockverbot (offenlassend BGH 10.6.1965 – KZR 4/65, WuW/E BGH 755 (757) – Flaschenbier) besteht kein einleuchtender Sachgrund; glA Roth in FK-KartellR Rn. 228.

[196] BGH 24.6.1965 – KZR 7/64, WuW/E BGH 690 (694) – Brotkrieg II; 10.6.1966 – KZR 4/65, WuW/E BGH 755 (759) – Flaschenbier; KG 22.9.1982 – Kart U 641/82, WuW/E OLG 2822 (2824) – Uhrenpreisempfehlung; Roth in FK-KartellR Rn. 229.

[197] Vgl. dazu BGH 24.6.1965 – KVR 7/64, WuW/E BGH 690 (694) – Brotkrieg II. Zu den Beweisanforderungen für einen solchen „Motivwechsel" im Laufe eines anhängigen Verfahrens: KG 22.9.1982 – Kart U 641/82, WuW/E OLG 2822 (2824 f.) – Uhrenpreisempfehlung. Ob im Falle einer zweifelsfrei als endgültige Vergeltungssperre gegen einen bestimmten Händler zu beurteilenden Sperre, in der gleichzeitig eine gegen § 21 Abs. 2 verstoßende Sperrandrohung gegen die vom Sperrenden belieferten anderen Händler zu sehen ist, der gesperrte Händler dennoch einen Belieferungsanspruch nach § 21 Abs. 2 iVm §§ 33, 33a hat (so Belke ZHR 138, 291 (309) mit der Begründung, die Sperre sei hier ein Gesamtvorgang, der nur einheitlich beurteilt werden könne), erscheint zweifelhaft.

lieferungs- und Dauerschuldverträgen reicht daher für die Fortsetzung des Lieferverhält-
nisses die Klage auf Feststellung der Unwirksamkeit der Kündigung aus.[198]

## IV. Verhältnis zu anderen Vorschriften

Soweit Druckmittel, zB Liefersperren, von Normadressaten der §§ 19 und 20 Abs. 1 **81**
angewendet werden, ist § 21 Abs. 2 auch neben diesen Vorschriften anwendbar. Führt eine
gegen § 21 Abs. 2 verstoßende Anwendung von Druck- oder Lockmitteln zu einer Vereinbarung zwischen Anwender und Adressaten über ein wettbewerbsbeschränkendes Verhalten entsprechend dem vom Anwender verfolgten Ziel, verstoßen beide gegen die
jeweiligen Primärverbote, zB gegen § 1 im Falle einer Einigung eines mit einer Liefersperre
des Herstellers bedrohten Einzelhändlers, die vom Hersteller empfohlenen Wiederverkaufspreise einzuhalten.

## C. Kartell- und Fusionszwang (Abs. 3)

## I. Normzweck, Entstehungsgeschichte, Bedeutung

Das Verbot des § 21 Abs. 3 soll verhindern, dass der Beitritt von Unternehmen zu den in **82**
der Vorschrift genannten Ausnahmekartellen sowie die Beteiligung an Zusammenschlüssen
iSv § 37 und an einem zulässigen parallelen Marktverhalten mit Zwangsmitteln herbeigeführt wird. Durch dieses Verbot des äußeren Organisationszwangs soll die Entschlussfreiheit von Unternehmen auch insoweit gegen die Beeinflussung durch Zwangsmittel
geschützt werden, als es sich um vom Verbot des § 1 ausgenommene Kartelle, um Zusammenschlüsse, die als solche nach dem GWB zulässig sind und nur nach § 36 Abs. 1
untersagt werden können, und um von § 1 nicht erfasstes bewusstes Parallelverhalten von
Wettbewerbern handelt. § 21 Abs. 3 richtet sich damit, anders als Abs. 2, nicht gegen den
mit Druck- oder Lockmitteln erstrebten wettbewerbsbeschränkenden Erfolg, sondern
**allein gegen das eingesetzte Mittel** des Zwangs zur Beteiligung an einer für sich
betrachtet zulässigen Wettbewerbsbeschränkung.

Der **Regierungsentwurf zum GWB** (Entwurf 1952, § 23 Abs. 2) sah lediglich ein **83**
uneingeschränktes Verbot des Beitrittszwangs zu (auch verbotenen) Kartellen vor. Der
Wirtschaftsausschuss des Bundestages hat dieses Verbot auf den Beitritt zu durch Gesetz
oder Verwaltungsakt erlaubten Kartellen beschränkt (Bericht 1957, zu § 22a). Ferner hat er
mit dem Ziel, „den Gefahren, die dem Wettbewerb durch Herausbilden marktbeherrschender Unternehmen und aus gleichförmigem Verhalten von Marktteilnehmern erwachsen, wirksamer begegnen zu können", das Verbot auf den Zwang zum Beitritt zu Zusammenschlüssen und gleichförmigem Marktverhalten erweitert. In den ersten fünf GWB-
Novellen blieb dieser Verbotsinhalt unverändert. Durch die 6. GWB-Novelle wurde der
Beitrittszwang zu anerkannten Wettbewerbsregeln ohne Begründung aus dem Verbot
gestrichen. Mit der 7. GWB-Novelle wurde der Kreis der relevanten Ausnahmekartelle an
die veränderte Rechtslage angepasst.

Die **praktische Bedeutung** des § 21 Abs. 3, insbes. der Nrn. 2 und 3, ist, gemessen an **84**
der Zahl kartellbehördlicher Verfahren und Zivilgerichtsentscheidungen, äußerst gering
geblieben. Da die BKartA-Statistik die Verfahren nach § 21 Abs. 2 und 3 nicht für jeden
Absatz gesondert aufschlüsselt, liegen genaue Zahlen über Verwaltungsverfahren nach
Abs. 3 nicht vor. Von den Einzelfalldarstellungen in den Tätigkeitsberichten des BKartA
seit 1974 betrifft keine einzige § 21 Abs. 3. Auch in dem offenbar einzigen zum BGH
gelangten Zivilverfahren ging es nur mittelbar um diese Vorschrift, nämlich als Vorfrage für
die Rechtmäßigkeit einer Geschäftsabschlussverweigerung nach § 26 Abs. 2 aF.[199] Inwie-

---

[198] Zur Parallelproblematik gegen § 19 Abs. 2 Nr. 1 verstoßender Vertragskündigungen: BGH 7.3.1989 –
KZR 15/87, WuW/E BGH 2584 (2587) – Lotterievertrieb; Roth in FK-KartellR Rn. 229.

weit dieses fast völlige Fehlen von Anwendungsfällen auf die Vorfeldwirkung der Vorschrift oder auf andere Ursachen zurückzuführen ist, ist schwer einschätzbar. Eine Prüfung, ob eine Sonderregelung gegen den äußeren Organisationszwang unter den heutigen wirtschaftlichen Gegebenheiten und dem Eingreifen anderer GWB-Vorschriften, insbes. des für freigestellte Kartelle geltenden Behinderungsverbots des § 19 Abs. 3, noch erforderlich ist (eingehend dazu Pescher S. 125 ff.), ist anders als beim inneren Organisationszwang (Streichung der §§ 13 und 14 aF) bisher in der Gesetzgebung unterblieben, obwohl diese Prüfung auch wegen des Fehlens einer entsprechenden Regelung im europäischen Kartellrecht unter dem Aspekt der Harmonisierung naheliegt.

## II. Materiellrechtlicher Norminhalt

85 **1. Normadressaten, geschützter Personenkreis.** Verbotsadressaten des § 21 Abs. 3 sind, wie nach Abs. 1 und 2, Unternehmen und Vereinigungen von Unternehmen. Für den Inhalt beider Begriffe gilt das Gleiche wie nach diesen Vorschriften (→ Rn. 8 f. und 56). Geschützt gegen Zwang iSv Abs. 3 sind Unternehmen. Auch insoweit besteht begrifflich Übereinstimmung mit Abs. 1 und 2.

86 **2. Zwang.** Das nach § 21 Abs. 3 verbotene Mittel der Willensbeeinflussung beschränkt sich auf das im Vergleich zum Druck iSv Abs. 2 intensivere Mittel der Zwangsausübung, die eine Willensbetätigung des Beeinflussten zwar nicht völlig ausschließt, aber so stark ist, dass allenfalls formell Alternativen gegenüber dem geforderten Verhalten bleiben, denen zu folgen nach den Grundsätzen wirtschaftlicher Vernunft mit Rücksicht auf die Schwere der angedrohten oder zugefügten Nachteile jedoch nicht mehr zugemutet werden kann.[200] Darauf, ob die zur Ausübung von Zwang eingesetzten Mittel für sich betrachtet rechtswidrig sind, kommt es nicht an. Die Rechtswidrigkeit ergibt sich vielmehr schon aus ihrer Anwendung mit dem Ziel, den Adressaten zu den in Abs. 3 bezeichneten Verhaltensweisen zu veranlassen.[201] Deshalb kann zB Zwang iSv Abs. 3 auch die vertragsgemäße Kündigung eines Kredits mit diesem Ziel sein, wenn der Adressat dadurch im Ergebnis vor die Wahl gestellt wird, entweder die gestellte Forderung eines Verhaltens iS dieser Vorschrift zu erfüllen oder seine wirtschaftliche Existenz aufzugeben. Bereits die Herbeiführung dieser Zwangslage reicht für die Anwendung des Abs. 3 aus. Nicht erforderlich ist deshalb, dass das geforderte Verhalten auch tatsächlich ausgeführt, zB der Beitritt zu einem freigestellten Kartell rechtswirksam erklärt wird.[202] Das Verbot des Abs. 3 beschränkt sich nicht auf die in Nr. 1 genannten freigestellten Kartelle und ihre Mitglieder, Beteiligte an Zusammenschlüssen iSv § 37 und andere Teilnehmer an dem in Betracht stehenden gleichförmigen Verhalten, sondern gilt auch für Dritte.

87 **3. Erzwungene Verhaltensweisen.** Die in § 21 Abs. 3 Nr. 1–3 enthaltene Auflistung von Verhaltensweisen, die nicht erzwungen werden dürfen, ist abschließend. Nicht erfasst ist deshalb der Beitritt zu Vereinbarungen über die Einhaltung anerkannter Wettbewerbsregeln (§ 26 Abs. 2).[203]

88 **a) Kartellzwang (Nr. 1).** Die Gesetzesformulierung „Vereinbarung oder Beschluss im Sinne der §§ 2, 3, 28 Abs. 1, oder § 30 Absatz 2a oder Absatz 2b" bezeichnet, ebenso wie in § 19 Abs. 3 (→ § 19 Rn. 401 f.), Kartelle, die nach diesen Vorschriften vom Verbot des

---

[199] BGH 7.10.1980 – KZR 25/79, WuW/E BGH 1740 – Rote Liste. Vorinstanz: KG 12.10.1979 – Kart U 540/79, WuW/E OLG 2210.

[200] BGH 7.10.1980 – KZR 25/79, WuW/E BGH 1740 (1745) – Rote Liste; hM im Schrifttum, zB Roth in FK-KartellR Rn. 239; krit. zB Pescher S. 120.

[201] BGH 7.10.1980 – KZR 25/79, WuW/E BGH 1740 (1744) – Rote Liste; Roth in FK-KartellR Rn. 241.

[202] Ebenso Roth in FK-KartellR Rn. 243; aA → § 81 Rn. 136.

[203] Bis zur 6. GWB-Novelle war auch der Beitritt zu solchen Vereinbarungen erfasst, vgl. KG 12.10.1979 – Kart U 540/79, WuW/E OLG 2210 (2211) – Rote Liste.

§ 1 freigestellt sind. Dem Gesetzeszweck der Verhinderung des äußeren Kartellzwangs entsprechend sind jedoch die Verbotsvoraussetzungen des § 21 Abs. 3 Nr. 1 auch schon erfüllt, wenn der Beitritt zu einem Kartellvertrag oder -beschluss erzwungen wird, der nach den Vorstellungen der daran Beteiligten die Freistellungsvoraussetzungen erfüllt.[204] Fehlt es dagegen hieran, ist auf den Beitrittszwang nur § 21 Abs. 2 anwendbar, soweit, was regelmäßig der Fall sein dürfte, im Zwang zum Beitritt zugleich eine Druckausübung mit dem Ziel zu sehen ist, ein dem (verbotenen) Kartell entsprechendes wettbewerbsbeschränkendes Verhalten zu veranlassen. Als Beitritt ist auch die Beteiligung am Gründungsvorgang eines Kartells zu verstehen, nicht erst der spätere Anschluss an ein bereits bestehendes Kartell.

**b) Fusionszwang (Nr. 2).** Das Verbot des § 21 Abs. 3 Nr. 2 erfasst den Zwang zu **89** jedem Zusammenschluss iSd § 37 ohne Rücksicht darauf, ob er unter die Fusionskontrolle nach dem GWB fällt (§ 35) oder die Untersagungsvoraussetzungen des § 36 Abs. 1 erfüllt. Verbotener Zwang kann sich gegen jedes an einem Zusammenschluss iSd § 37 beteiligte Unternehmen richten, dessen Mitwirkung für das Zustandekommen des Zusammenschlusses erforderlich ist. Dass einzelne Beteiligte dabei ohne Zwang mitwirken, ist unerheblich. Unter das Verbot des § 21 Abs. 3 Nr. 2 fällt daher beim Vermögens- und Anteilserwerb auch die Zwangsausübung gegen den Veräußerer, obwohl dieser fusionskontrollrechtlich am Zusammenschluss nicht beteiligt ist.[205]

**c) Gleichförmiges Verhalten (Nr. 3).** Bei dieser Variante des Zwangsverbots ist ein **90** eigenständiger Anwendungsbereich, der nicht bereits von anderen Verboten des GWB erfasst ist, und daher auch die wettbewerbspolitische Erforderlichkeit der Regelung besonders schwer nachvollziehbar. Dies liegt schon daran, dass die Entstehungsgeschichte darüber keinen Aufschluss gibt. Erfasst werden mit der Formulierung „gleichförmiges Verhalten im Markt" sollte offenbar das insbes. aus der amerikanischen Antitrustpraxis bekannte bewusste Parallelverhalten von Wettbewerbern (conscious parallelism), soweit es nicht das Ergebnis einer Vereinbarung oder Abstimmung ist und daher nicht unter das Kartellverbot fällt. Gleichförmig ist danach ein wettbewerbsbezogenes Verhalten von Konkurrenten, wenn es nicht auf eigener autonomer Entscheidung beruht, sondern bewusst am Verhalten anderer Wettbewerber, meist eines Marktführers, ausgerichtet wird. Eine solche Ausrichtung, die nicht notwendigerweise zu völlig identischem Verhalten führen muss, darf aber nach § 1 in der Regel nicht zum Gegenstand einer vertraglichen Bindung gemacht werden. Sie darf daher nach § 21 Abs. 2 schon durch die im Verhältnis zum Zwang weniger intensive Druckausübung nicht herbeigeführt werden. Für einen neben dieser Vorschrift eigenständigen Anwendungsbereich des § 21 Abs. 3 bleiben daher nur die Fälle übrig, in denen durch Ausnahmeregelungen kollektive Beschränkungen zwischen Wettbewerbern ohne besonderes Verfahren von § 1 freigestellt sind. Dies sind die §§ 2, 3 und 28 Abs. 1. Nach der gesetzlichen Systematik des § 21 Abs. 2 und 3 beschränkt sich daher der Anwendungsbereich des Abs. 3 auf den Zwang gegen Außenseiter der nach diesen Ausnahmevorschriften freigestellten Kartelle, sich dem kartellierten Verhalten entsprechend am Markt zu verhalten.[206] Durch die Gesetzesformulierung „Absicht, den Wettbewerb zu beschränken", wird das bewusste vom rein zufälligen Parallelverhalten abgegrenzt. Für diese Absicht genügt es daher, dass der Adressat, wenn auch unter Zwang, sein eigenes wettbewerbliches Verhalten bewusst am Verhalten des freigestellten Kartells ausrichtet.[207] Die Zwang Ausübenden müssen in der Absicht handeln, dieses wettbewerbsbeschränkende Marktergebnis herbeizuführen.

---

[204] Für Begrenzung auf tatsächlich legalisierte Kartelle: Pescher S. 119 Fn. 20.

[205] Ebenso Roth in FK-KartellR Rn. 247 f.; zur Beteiligtenstellung bei den einzelnen Zusammenschlussformen des § 37 → § 37 Rn. 56 f., 182 ff., 223, 269.

[206] Roth in FK-KartellR Rn. 251.

[207] Bei diesem Verständnis ist eine „korrigierende" Auslegung des Abs. 3 nicht erforderlich. So aber insbes. Roth in FK-KartellR Rn. 250 mit der misslichen Folge, dass diese Auslegung nur für das Untersagungsverfahren nach § 32 und den Zivilrechtsschutz gelten soll.

### III. Rechtsfolgen

**91**  Für die Rechtsfolgen von Verstößen gegen das Verbot des § 21 Abs. 3 gilt das Gleiche wie für Verstöße gegen Abs. 2 (→ Rn. 75–80). Ordnungswidrig nach § 81 Abs. 2 Nr. 1 ist hier auch der fahrlässige Gesetzesverstoß. Betroffen iSv §§ 33 ff. sind jedenfalls die durch verbotenen Zwang Genötigten.[208]

### IV. Verhältnis zu anderen Vorschriften

**92**  Maßnahmen des äußeren Kartellzwangs können insbesondere auch gegen § 1 verstoßen, soweit sie von der Freistellung des Kartells nicht erfasst sind, und als unbillige Behinderung von Wettbewerbern auch gegen § 19 Abs. 2 Nr. 1 (eingehend dazu Pescher S. 125 ff.). Alle genannten Vorschriften sind neben § 21 Abs. 3 anwendbar.

## D. Nachteilszufügung wegen Einschaltung der Kartellbehörden (Abs. 4)

### I. Bedeutung, Normzweck

**93**  Durch § 21 Abs. 4 ist das bis zur 6. GWB-Novelle in § 38 Abs. 1 Nr. 9 aF als Ordnungswidrigkeitstatbestand normierte Verbot der Nachteilszufügung wegen Einschaltung der Kartellbehörden gesetzessystematisch zutreffender in ein bußgeldbewehrtes verwaltungsrechtliches Verbot umgewandelt worden. Zweck der Vorschrift ist unverändert, den **Weg zu den Kartellbehörden offenzuhalten,** um diese zur Prüfung von und ggf. zum Einschreiten gegen Wettbewerbsbeschränkungen nach den Vorschriften des GWB (einschließlich des § 50) zu bewegen, und dies nicht durch Vergeltungsmaßnahmen in der Form der Nachteilszufügung beeinträchtigen zu lassen. Die Vorschrift dient damit sowohl dem öffentlichen Interesse an der Aufdeckung und Unterbindung verbotenen oder missbräuchlichen Verhaltens als auch dem Individualschutz derjenigen, die sich als „Beschwerdeführer" oder Whistleblower an die Kartellbehörden wenden.

**94**  Die praktische Bedeutung der Vorschrift war bisher noch geringer als bei Abs. 3. Die Statistik des BKartA weist keine Verfahren aus. Ob bereits die Existenz der Regelung das verbotene Verhalten verhindert hat, ist nicht zuverlässig feststellbar. Auch hier ist bei den Arbeiten an der 6. GWB-Novelle eine Prüfung der weiteren Notwendigkeit einer gesetzlichen Regelung trotz Fehlens einer Parallelvorschrift im EU-Recht unterblieben.

### II. Materiellrechtlicher Norminhalt

**95**  **1. Normadressaten, geschützter Personenkreis.** Das Verbot des § 21 Abs. 4 richtet sich an jedermann, dh nicht nur wie in Abs. 1–3, an Unternehmen und Vereinigungen von Unternehmen. Täter können deshalb alle natürlichen oder juristischen Personen sein. Dass sich die Einschaltung der Kartellbehörde gegen denjenigen richten würde oder gerichtet hat, der den Nachteil iSv § 21 Abs. 4 zugefügt hat, ist nicht erforderlich. Es kommt nur darauf an, dass die Nachteilszufügung durch wen auch immer als Vergeltung für ein Herantreten an eine Kartellbehörde geschieht. Geschützt sind alle Arten von „Beschwerdeführern" und Wistleblower einschließlich von Privatpersonen und Behörden. Nicht erforderlich ist ein direktes oder mittelbares Betroffensein durch die Verhaltensweise, die Gegenstand der in Betracht stehenden Einschaltung der Kartellbehörde ist.

**96**  **2. Nachteilszufügung.** Anders als nach Abs. 2 ist nach Abs. 4 nicht bereits das Androhen, sondern erst das Zufügen eines Nachteils verboten. Der Inhalt des Begriffs des Nachteils iSd Abs. 4 deckt sich mit dem in Abs. 2 (→ Rn. 58). Nach Abs. 4 sind allerdings

---

[208] Zu § 33 aF iVm § 21 Abs. 3: BGH 7.10.1980 – KZR 25/79, WuW/E BGH 1740 (1744) – Rote Liste. Nicht geschützt nach § 21 Abs. 3 sind danach die Geschäftspartner der Genötigten.

nur wirtschaftliche Nachteile relevant. Andere Nachteile, zB solche rein gesellschaftlicher Art, reichen daher, anders als nach Abs. 2, nicht aus. Die Beschränkung des Verbots auf das Zufügen wirtschaftlicher Nachteile lässt die Möglichkeit unberührt, sich gegen unzutreffende Vorwürfe eines verbotenen oder missbräuchlichen Verhaltens mit angemessenen rechtlichen Mitteln zu verteidigen einschließlich der Geltendmachung von Widerrufs- und Schadensersatzansprüchen.

**3. Beantragung oder Anregung eines kartellbehördlichen Einschreitens.** Unter 97 „Einschreiten" ist jede Art der Befassung einer Kartellbehörde mit einem nach dem GWB relevanten Sachverhalt zu verstehen. Dafür genügt bereits die informelle Prüfung durch die Behörde, ob Anlass zu weiterer Sachverhaltsaufklärung und ggf. zu formlosen (Abmahnung) oder förmlichen Maßnahmen nach dem GWB und (iVm § 81) nach dem OWiG besteht. Dies gilt auch, soweit die Kartellbehörden nach § 50 zum Vollzug des europäischen Kartellrechts zuständig sind. Dass die Kartellbehörde auf den Antrag oder die Anregung hin ein förmliches Verfahren einleitet, ist nicht erforderlich. Anregung eines Einschreitens ist in aller Regel auch schon die bloße Unterrichtung der Kartellbehörde über einen Sachverhalt, ohne dass damit der Wunsch nach einem bestimmten Tätigwerden der Behörde verbunden sein muss. Nicht erforderlich ist ferner, dass sich der Antrag oder die Anregung zum Einschreiten in dem Sinne als begründet erweisen, dass der dabei vermutete Verbotsverstoß oder Missbrauch tatsächlich vorliegt. Es kommt schließlich auch nicht darauf an, dass die angegangene Kartellbehörde nach § 48 Abs. 2 für die Prüfung der Sache und das Ergreifen von Maßnahmen nach dem GWB zuständig ist.

**4. Vergeltungsmotiv.** Der wirtschaftliche Nachteil muss im Hinblick darauf zugefügt 98 worden sein, dass der davon Betroffene ein kartellbehördliches Einschreiten beantragt oder angeregt hatte. Damit ist eine Motivation bezeichnet, die bei dem den Nachteil Zufügenden ausschließlich oder vorrangig vorhanden sein muss.[209] Aus der Nachteilszufügung allein lässt sich diese Motivation noch nicht ohne weiteres folgern, sondern, wie im Falle des Umgehungszwecks nach Abs. 2 (→ Rn. 69), vielfach erst auf der Grundlage des Gesamtbildes aller vorliegenden Indizien. Ein vorrangiges Vergeltungsmotiv ist zu verneinen, wenn ein grundlos Beschuldigter in angemessener Weise reagiert, zB mit einer Beendigung von Geschäftsbeziehungen, wenn für deren Fortsetzung durch eine offensichtlich unbegründete „Anschwärzung" bei der Kartellbehörde keine Vertrauensbasis mehr besteht, oder mit einem Vorgehen gegen rechtswidriges oder strafbares Verhalten von Arbeitnehmern bei der Weitergabe geschützter Daten.[210]

## III. Rechtsfolgen

Für die Rechtsfolgen von Verstößen gegen § 21 Abs. 4 gilt das Gleiche wie für die 99 Absätze 1–3 (→ Rn. 44 ff., 75 ff.). Ordnungswidrig nach § 81 Abs. 2 Nr. 1 ist hier auch der fahrlässige Gesetzesverstoß. § 21 Abs. 4 begründet als Verbotsnorm auch den Zivilrechtsschutz nach §§ 33 ff.

---

[209] Ebenso Achenbach in FK-KartellR Rn. 306.
[210] Ebenso Achenbach in FK-KartellR Rn. 309 unter Hinweis auf arbeitsrechtlich zulässige fristlose Kündigungen wegen nach § 17 UWG strafbarer Offenbarung geschützter Unternehmensgeheimnisse und auf die Grenzen dieses Schutzes.

## Kapitel 3. Anwendung des europäischen Wettbewerbsrechts

### § 22 Verhältnis dieses Gesetzes zu den Artikeln 101 und 102 des Vertrages über die Arbeitsweise der Europäischen Union

(1) [1]Auf Vereinbarungen zwischen Unternehmen, Beschlüsse von Unternehmensvereinigungen und aufeinander abgestimmte Verhaltensweisen im Sinne des Artikels 101 Absatz 1 des Vertrages über die Arbeitsweise der Europäischen Union, die den Handel zwischen den Mitgliedstaaten der Europäischen Union im Sinne dieser Bestimmung beeinträchtigen können, können auch die Vorschriften dieses Gesetzes angewandt werden. [2]Ist dies der Fall, ist daneben gemäß Artikel 3 Absatz 1 Satz 1 der Verordnung (EG) Nr. 1/2003 des Rates vom 16. Dezember 2002 zur Durchführung der in den Artikeln 81 und 82 des Vertrages niedergelegten Wettbewerbsregeln (ABl. EG 2003 Nr. L 1 S. 1) auch Artikel 101 des Vertrages über die Arbeitsweise der Europäischen Union anzuwenden.

(2) [1]Die Anwendung der Vorschriften dieses Gesetzes darf gemäß Artikel 3 Absatz 2 Satz 1 der Verordnung (EG) Nr. 1/2003 nicht zum Verbot von Vereinbarungen zwischen Unternehmen, Beschlüssen von Unternehmensvereinigungen und aufeinander abgestimmten Verhaltensweisen führen, welche zwar den Handel zwischen den Mitgliedstaaten der Europäischen Union zu beeinträchtigen geeignet sind, aber

1. den Wettbewerb im Sinne des Artikels 101 Absatz 1 des Vertrages über die Arbeitsweise der Europäischen Union nicht beschränken oder
2. die Bedingungen des Artikels 101 Absatz 3 des Vertrages über die Arbeitsweise der Europäischen Union erfüllen oder
3. durch eine Verordnung zur Anwendung des Artikels 101 Absatz 3 des Vertrages über die Arbeitsweise der Europäischen Union erfasst sind.

[2]Die Vorschriften des Kapitels 2 bleiben unberührt. [3]In anderen Fällen richtet sich der Vorrang von Artikel 101 des Vertrages über die Arbeitsweise der Europäischen Union nach dem insoweit maßgeblichen Recht der Europäischen Union.

(3) [1]Auf Handlungen, die einen nach Artikel 102 des Vertrages über die Arbeitsweise der Europäischen Union verbotenen Missbrauch darstellen, können auch die Vorschriften dieses Gesetzes angewandt werden. [2]Ist dies der Fall, ist daneben gemäß Artikel 3 Absatz 1 Satz 2 der Verordnung (EG) Nr. 1/2003 auch Artikel 102 des Vertrages über die Arbeitsweise der Europäischen Union anzuwenden. [3]Die Anwendung weitergehender Vorschriften dieses Gesetzes bleibt unberührt.

(4) [1]Die Absätze 1 bis 3 gelten unbeschadet des Rechts der Europäischen Union nicht, soweit die Vorschriften über die Zusammenschlusskontrolle angewandt werden. [2]Vorschriften, die überwiegend ein von den Artikeln 101 und 102 des Vertrages über die Arbeitsweise der Europäischen Union abweichendes Ziel verfolgen, bleiben von den Vorschriften dieses Abschnitts unberührt.

**Schrifttum:** Bartosch, Von der Freistellung zur Legalausnahme – Der Vorschlag der EG-Kommission für eine „neue Verordnung Nr. 17", EuZW 2001, 101; Bechtold/Bosch, Modernisierung des EG-Wettbewerbsrechts: Der Verordnungsentwurf der Kommission zur Umsetzung des Weißbuchs, BB 2000, 2425; Billing/Lettl, Franchising und § 20 GWB, WRP 2012, 773; Cetintas, Gefährlicher („Tipping"-)Gefährdungstatbestand?, WuW 2020, 446 (449); de Bronett, Kommentar zum europäischen Kartellverfahrensrecht, 2. Aufl. 2012; Dalheimer/Feddersen/Miersch, EU-Kartellverfahrensverordnung – Kommentar zur VO 1/2003, 2005; Glöckner, Alles bleibt so wie es wird, WRP 2003, 1327; Esser, Kartellrecht und Tipping – Kippt die Missbrauchsaufsicht mit Einführung des § 20 Abs. 3a GWB-RefE in eine präventive Regulierung?, in: FS Wiedemann, 2020, 285 (298); Grünwald, „Big Tech"-Regulierung zwischen GWB-Novelle und Digital Markets Act, MMR 2020, 822; Harte-Bavendamm/Kreutzmann, Neue Entwicklungen in der Beurteilung selektiver Vertriebssysteme, WRP 2003, 682; Hossenfelder/Lutz, Die neue Durchführungsverordnung zu den Artikeln 81 und 82 EG-Vertrag, WuW 2003, 118; Käseberg, Unternehmen mit überragender marktübergreifender Bedeutung, § 19a GWB, in: Bien/Käseberg/Klumpe/Körber/Ost 10. GWB-Novelle,

S. 58 ff.; Klees, Europäisches Kartellverfahrensrecht mit Fusionskontrollverfahren, 2005; Lampert/Niejahr/ Kübler/Weidenbach, EG-KartellVO – Praxiskommentar zur Verordnung (EG) Nr. 1/2003, 2004; Pace, Die Dezentralisierungspolitik im EG-Kartellrecht, WuW 2004, 301; Schnelle/Bartosch/Hübner, Das neue EU-Kartellverfahrensrecht – Auswirkungen der Verordnung (EG) Nr. 1/2003 auf die Kartellrechtspraxis, 2004; Schwarze/Weitbrecht, Grundzüge des EG-Kartellverfahrensrechts, 2004; Weitbrecht, Das neue EG-Kartellverfahrensrecht, EuZW 2003, 69; Wirtz, Anwendbarkeit von § 20 GWB auf selektive Vertriebssysteme nach Inkrafttreten der VO Nr. 1/2003, WuW 2003, 1039; Zimmer/Göhsl, Vom New Competition Tool zum Digital Markets Act: Die geplante EU-Regulierung für digitale Gatekeeper, ZWeR 2021, 29; Zwiener, Die Auswirkungen der Verordnung Nr. 1/2003 auf das europäische und deutsche Kartellverfahren, 2005; ferner: Kommentare zum EU-Wettbewerbsrecht (Art. 3 VO 1/2003) und zum GWB (§ 22 GWB), s. Abkürzungs- und Literaturverzeichnis; s. auch Literatur in Bd. 1, zu Art. 3 VO 1/2003.

## Übersicht

## A. Allgemeines

### I. Entstehungsgeschichte

Die Vorschrift regelt das Verhältnis des GWB zu den Art. 101, 102 AEUV (ex-Art. 81, **1** 82 EG). Sie wurde durch die 7. GWB-Novelle eingefügt und durch die 8. Novelle an den Lissabon-Vertrag angepasst. Sie hat nach den Aussagen der Gesetzesverfasser (Begr. 2004, S. 31) im Wesentlichen nur **klarstellende Wirkung.** Art. 3 VO 1/2003 regelt das Verhältnis zwischen den Art. 101, 102 AEUV einerseits und dem nationalen Recht andererseits mit unmittelbarer Wirkung und löst daher die bisherigen Konkurrenzregeln (modifizierte Zwei-Schranken-Theorie) mit ihren zahlreichen Streitfragen[1] ab. Der deutsche Gesetzgeber hielt die in § 22 enthaltene Klarstellung für sinnvoll, um die Rechtsanwendung zu erleichtern (Begr. 2004, S. 31). Dies ist freilich nur in begrenztem Umfang gelungen, da ein wesentlicher Aspekt der Verhältnisproblematik, nämlich die Einheitlichkeit der Rechtsanwendung durch die Bindung der nationalen Kartellbehörden an Kommissionsentscheidungen, nicht berücksichtigt worden ist.[2] **Eigenständige Bedeutung** besitzt § 22 nach den Vorstellungen der Gesetzesverfasser insofern, als Abs. 1 von der Ermächtigung für die Mitgliedstaaten Gebrauch macht, im Fall der Anwendbarkeit der Art. 101, 102 AEUV (ex-Art. 81, 81 EG) parallel dazu auch das nationale Recht anzuwenden (Begr. 2004, S. 46). Auch die Regelung des Abs. 2 S. 2 ist insofern eigenständig, als sie die Ausnahme vom Vorrang des EU-Rechts für einseitige Handlungen nach Art. 3 Abs. 2 S. 2 VO 1/2003 nicht wörtlich übernimmt. Mit der Bestimmung, dass die Vorschriften des Zweiten Ab-

---

[1] Vgl. → VO 1/2003 Art. 3 Rn. 5 ff. mwN.
[2] Vgl. Schneider in Bunte Rn. 1, 5; Loewenheim in LMRKM Rn. 1; Klees § 4 Rn. 2.

schnitts des GWB unberührt bleiben, wollte der Gesetzgeber seine Interpretation der Ausnahmeregelung für einseitige Handlungen zum Gesetz erheben (Begr. 2004, S. 31, 46). Im Hinblick auf das Inkrafttreten des Vertrages über die Arbeitsweise der Europäischen Union am 1.12.2009 hat die 8. Novelle sämtliche Verweise auf die Art. 81, 82 EG in solche auf die Art. 101, 102 AEUV umgeschrieben.

## II. Inhalt und Systematik

2     Art. 3 VO 1/2003 regelt das Verhältnis zwischen den Art. 101, 102 AEUV einerseits und dem nationalen Recht andererseits mit unmittelbarer Wirkung (näher → VO 1/2003 Art. 3 Rn. 1 ff.). § 22 folgt im Wesentlichen, nicht aber in allem der Systematik der Verordnung. Soweit die Vorschrift unmittelbar auf Art. 3 VO 1/2003 Bezug nimmt, handelt es sich um eine statische Verweisung auf den gegenwärtigen Text. Unabhängig hiervon wären allerdings spätere Änderungen der Verordnung unmittelbar anwendbar. Die Rechtsanwendungsnorm des § 22 wird durch die Aufgaben- und Zuständigkeitsnorm des § 50 ergänzt. Beide Vorschriften müssen im Zusammenhang gesehen werden. Kernpunkte der Regelung in Art. 3 VO 1/2003 sind die Grundsätze der **parallelen Anwendung** von EU-Wettbewerbsrecht bei der Anwendung von nationalem Recht und des **Vorrangs des EU-Rechts** bei inhaltlichen Divergenzen sowie die Ausnahme von diesem Vorrang bei einseitigen Handlungen. Diese Regelung wird auf der Ebene der Rechtsanwendung, insbesondere der Auslegung der Art. 101, 102 AEUV, durch Art. 16 VO 1/2003 ergänzt. Art. 3 und 16 VO 1/2003 sind unmittelbar anwendbar und binden die einzelstaatlichen Kartellbehörden und Gerichte, lassen allerdings auch gewisse Spielräume für eigenständige nationale Regelungen und mit Sicherheit für unterschiedliche Interpretationen. Eine völlig harmonisierte Rechtsanwendung ist daher nicht zu erwarten.

3     **§ 22 Abs. 1** bestimmt entsprechend der Ermächtigung in Art. 3 Abs. 1 VO 1/2003 in Form einer Ermessensregelung die gleichzeitige Anwendbarkeit des deutschen Kartellrechts neben Art. 101 AEUV sowie die Verpflichtung zur Anwendung des Art. 101 AEUV. Eine Verpflichtung zur Anwendung des GWB besteht daher nicht, sie liegt vielmehr im behördlichen und gerichtlichen Ermessen. **§ 22 Abs. 2** entspricht im Wesentlichen Art. 3 Abs. 2 VO 1/2003. Die Vorschrift regelt den Vorrang (Verdrängungswirkung) des Art. 101 AEUV (S. 1) sowie in bloßer Anlehnung an Art. 3 Abs. 2 S. 2 VO 1/2003 Ausnahmen vom Abweichungsverbot hinsichtlich der Regelungen des Zweiten Abschnitts des Gesetzes. Darüber hinaus bestimmt § 22 Abs. 2 S. 3 für die in Art. 3 VO 1/2003 nicht geregelten Fälle ausdrücklich den Anwendungsvorrang des (strengeren) EU-Kartellrechts nach allgemeinen Grundsätzen. **§ 22 Abs. 3 S. 1 und 2** regelt entsprechend Art. 3 Abs. 1 S. 2 VO 1/2003 die generelle Anwendbarkeit des § 19 GWB neben Art. 102 AEUV ohne Vorrang der letzteren Vorschrift. Abs. 3 S. 3 sieht darüber hinaus in Anlehnung an Art. 3 Abs. 2 S. 2 VO 1/2003 vor, dass weitergehende Vorschriften des GWB bei Missbräuchen anwendbar sind. **§ 22 Abs. 4** schließlich bestimmt entsprechend Art. 3 Abs. 3 VO 1/2003, dass vorbehaltlich anderweitiger Regelungen des EU-Kartellrechts die Regelungen in den Absätzen 1–3 nicht für die Zusammenschlusskontrolle gelten, und enthält weiterhin eine Ausnahme für Regelungen mit außerkartellrechtlicher Zielsetzung.

## III. Auslegung

4     Obwohl der im Regierungsentwurf als § 23 vorgesehene Grundsatz der **europafreundlichen Auslegung** nicht Gesetz geworden ist, muss sich die Auslegung des § 22 an Art. 3 VO 1/2003 ausrichten (vgl. allgemein → Einl. Rn. 43 ff.). Dies folgt schon daraus, dass § 22 im Wesentlichen Art. 3 VO 1/2003 übernimmt, zum Teil auch auf die Verordnung verweist und eine eigenständige Regelung nur im Rahmen der dort enthaltenen Ermächtigungen zulässig ist. Die Orientierung am europäischen Recht betrifft nicht nur die VO 1/2003 selbst, sondern auch die dort enthaltenen Bezugnahmen auf die Art. 101, 102 AEUV

(ex-Art. 81, 82 EG). Schließlich knüpft das Gebot der Anwendung europäischen Rechts und das Verbot der Abweichung hiervon an diese Vorschriften an.[3] Die Frage spielt insbesondere bei der Abgrenzung von Vereinbarungen, für die das Abweichungsverbot gilt, und einseitigem Verhalten, wo abweichendes nationales Recht angewendet werden kann, eine Rolle. Die Bindung an die Auslegung der Art. 101, 102 AEUV umfasst allerdings nur Entscheidungen der europäischen Gerichte und der Kommission. Eine Bindung an Leitlinien und Bekanntmachungen der Kommission besteht nicht, mögen sie auch in der nationalen Praxis weitgehend befolgt werden.[4]

## B. Grundsatz der parallelen Anwendung

### I. Zweck

§ 22 Abs. 1 und Abs. 3 S. 1, 2 enthält den Grundsatz der parallelen Anwendung der   **5** Art. 101, 102 AEUV und des GWB. Dieser hat zwei Seiten. Die Regelung ermächtigt zum einen die Kartellbehörden und Gerichte, gleichzeitig mit der Anwendung der Art. 101, 102 AEUV auch das GWB anzuwenden. Weiterhin verpflichtet die Vorschrift die Kartellbehörden und Gerichte zur Anwendung der Art. 101, 102 AEUV. Der Grundsatz der parallelen Anwendung dient der Sicherung der **einheitlichen Anwendung** der Art. 101, 102 AEUV in der gesamten Union (ErwG. 1, 8 VO 1/2003). Die auf Art. 3 Abs. 1 VO 1/2003 beruhende Pflicht zur Anwendung des EU-Kartellrechts soll insbesondere sicherstellen, dass bei vertraglichen Wettbewerbsbeschränkungen die **Verdrängungswirkung** des Art. 101 AEUV beachtet wird. Soweit, wie im Bereich der Missbrauchsaufsicht und der sonstigen Verbote einseitigen wettbewerbsbeschränkenden Verhaltens, ein Vorrang des EU-Kartellrechts nicht besteht, soll die Pflicht zur Anwendung des Art. 102 AEUV allgemein die Anwendung des europäischen Rechts fördern und das nationale Recht zurückdrängen. Die parallele Anwendung ermöglicht darüber hinaus nach Art. 12 Abs. 2 S. 2 VO 1/2003, Amtshilfe durch die Kommission und die Wettbewerbsbehörden der anderen Mitgliedstaaten im Rahmen des Netzwerkes der europäischen Wettbewerbsbehörden nach Art. 12 Abs. 1 VO 1/2003, § 50a auch für die Zwecke des nationalen Rechts in Anspruch zu nehmen (vgl. Begr. 2004, S. 46).

### II. Reichweite

Der Grundsatz der gleichzeitigen Anwendung gilt nicht nur für vertragliche Wett-   **6** bewerbsbeschränkungen, sondern auch für die Missbrauchsaufsicht über marktbeherrschende Unternehmen einschließlich marktbeherrschender Kartelle. Die Regelung enthält eine **Ermächtigung** zur Anwendung des GWB und eine **Verpflichtung** zur Anwendung des EU-Kartellrechts. Zum einen sind die Kartellbehörden und Gerichte (sowie ggf. auch die Staatsanwaltschaft im Bußgeldverfahren nach § 69 Abs. 4 OWiG) ermächtigt, gleichzeitig mit der Anwendung der Art. 101, 102 AEUV auch das GWB anzuwenden. Die Anwendung des GWB steht aber in ihrem Ermessen, eine Pflicht zur Anwendung gibt es nicht. Die Kartellbehörden und Gerichte können entweder ausschließlich EU-Kartellrecht oder parallel hierzu das GWB anwenden.[5] In der Praxis wurde früher in grenzüberschreitenden Fällen meist allein das GWB angewandt.[6] Dagegen verpflichtet die Vorschrift die Kartellbehörden und Gerichte nunmehr (auch) zur Anwendung der Art. 101, 102 AEUV. Diese

---

[3] Loewenheim in LMRKM Rn. 3; Bardong in MüKoWettbR Rn. 7 ff.

[4] Vgl. Pampel EuZW 2005, 11; Schweda WuW 2004, 1139; Schneider in Bunte Rn. 6.

[5] Begr. 2004, S. 31, 46; Loewenheim in LMRKM Rn. 6; Schneider in Bunte Rn. 10; Bechtold/Bosch Rn. 5; kritisch Beurskens in Kölner Komm KartellR Rn. 10; Jaeger in FK-KartellR Rn. 8.

[6] Vgl. BGH 7.10.1997 – Az. KVR 14/96, WuW/E DE-R 89 (91 f.) = NJW-RR 1998, 764 – Selektive Exklusivität; BGH 24.9.2002 – Az. KVR 15/01, BGHZ 152, 84 (93 ff.) = GRUR 2003, 169 W – Puttgarden I.

Pflicht bezieht sich auch auf die Legalausnahme nach Art. 101 Abs. 3 AEUV und die Gruppenfreistellungsverordnungen. Allerdings wird hierdurch das behördliche Ermessen hinsichtlich der Frage, ob überhaupt eingeschritten werden soll (§ 32 sowie § 47 OWiG), nicht berührt (→ VO 1/2003 Art. 3 Rn. 17).

### III. Voraussetzungen und Verfahren

7    Voraussetzung für die Pflicht zur Anwendung von EU-Kartellrecht ist zunächst, dass die Kartellbehörde oder das Gericht das GWB anwendet. Dies wiederum bedingt (vorbehaltlich unrichtiger Rechtsanwendung), dass das GWB nach § 185 Abs. 2 wegen Inlandsauswirkung anwendbar ist. Im Kartelldeliktsrecht ergibt sich aus Art. 6 Abs. 3 der Rom II-VO ggf. ein erweiterter Anwendungsbereich (→ § 185 Rn. 315, 321, 398 ff.). Dagegen besteht entgegen dem Mandat der VO 1/2003, wie es sich aus einem Rückschluss aus dessen Abs. 3 ergibt (→ VO 1/2003 Art. 3 Rn. 49), keine entsprechende Verpflichtung bei Anwendung wettbewerbspolitisch motivierter Regelungen in sektorspezifischen Gesetzen wie TKG und EnWiG. **Rechtsanwendung** umfasst alle Verfahren, in denen ein Fall nach dem GWB **geprüft und beurteilt** wird, insbesondere die Abstellung von Zuwiderhandlungen, Entscheidungen über Verpflichtungszusagen, der Entzug einer Freistellung, die Verhängung von Sanktionen, der Schadensersatz und die Vorteilsabschöpfung. Erfasst sind auch „negative" Sachentscheidungen wie die Verneinung eines Verstoßes gegen das GWB (und eine darauf gestützte Verfahrenseinstellung) oder die Ablehnung eines Anspruchs.[7] All dies gilt auch gegenüber natürlichen Personen, soweit es um eine Verletzung von Kartellrecht geht.

8    Voraussetzung für die Pflicht zur gleichzeitigen Anwendung von **EU-Wettbewerbsrecht** ist ferner, dass letzteres an sich **anwendbar** ist, insbesondere eine (mögliche) wettbewerbsbeschränkende Vereinbarung geeignet ist, den zwischenstaatlichen Handel zu beeinträchtigen; dazu gehört auch das einschränkende Tatbestandsmerkmal der Spürbarkeit.[8] Auch wenn § 22 Abs. 3 S. 1 (anders als § 22 Abs. 1 S. 1) nicht ausdrücklich an die Handelsbeeinträchtigung anknüpft, ergibt sich Entsprechendes für Art. 102 AEUV aus der Bezugnahme auf einen nach dieser Vorschrift verbotenen Missbrauch. Es muss bei Anhaltspunkten für eine Beeinträchtigung des zwischenstaatlichen Handels daher stets geprüft werden, ob die Art. 101, 102 AEUV anwendbar sind. Dabei wird sich die Behörde an den entsprechenden (allerdings nicht verbindlichen) Leitlinien der Kommission[9] orientieren. Bei Zweifeln hierüber empfiehlt sich eine doppelte Begründung; die Behörde kann in diesem Fall das Vorliegen der Handelsbeeinträchtigung offen lassen und den Fall (hilfsweise) auch nach EU-Recht behandeln, um das Risiko unrichtiger Rechtsanwendung zu vermindern.[10] Die exklusive Anwendung des GWB in Zweifelsfällen ist mit größeren Risiken verbunden (vgl. → Rn. 10) als eine derartige Hilfsbegründung, selbst wenn letztere die Kooperationspflichten nach Art. 11 Abs. 3, 6 VO 1/2003 und die Möglichkeit des Austauschs von Betriebs- und Geschäftsgeheimnissen nach Art. 12 VO 1/2003 auslösen mag. Im Hinblick auf die weitgehende Harmonisierung von deutschem und EU-Kartellrecht sind im Allgemeinen keine abweichenden Ergebnisse zu erwarten. Bei der Missbrauchsaufsicht ist dies zwar ggf. anders, jedoch bleibt auch hier eine hilfsweise Anwendung des EU-Rechts möglich. Ist die Vereinbarung oder der Missbrauch nicht geeignet, den zwischenstaatlichen Handel spürbar zu beeinträchtigen, so gilt **ausschließlich nationales**

---

[7] Jaeger in FK-KartellR Rn. 5; aM de Bronett VO 1/2003 Art. 3 Rn. 10 („negative" Entscheidungen seien keine Rechtsanwendung, aber unmittelbare Wirkung der Art. 101, 102 AEUV).

[8] → VO 1/2003 Art. 3 Rn. 12 f., 15 f.; Schneider in Bunte Rn. 18; Beurskens in Kölner Komm KartellR Rn. 13; Jaeger in FK-KartellR Rn. 7.

[9] KOMM., Leitlinien über den Begriff Beeinträchtigung des zwischenstaatlichen Handels, ABl. 2004 C 101, S. 81 ff.; zur fehlenden Verbindlichkeit für die Mitgliedstaaten s. EuGH 13.12.2012 – C-226/11, ECLI:EU:C:2012:795 Rn. 24 ff. = BeckRS 2012, 82643 – Expedia.

[10] Zuber in LMRKM VO 1/2003 Art. 3 Rn. 12, 16; Bechtold/Bosch GWB § 22 Rn. 6 f.; aM Jaeger in FK-KartellR Rn. 11 f. (wegen Aufweichung des Geheimnisschutzes).

**Recht.** Art. 3 VO 1/2003 und § 22 sind nicht anwendbar. Wenn dagegen die Tatbestands-mäßigkeit aus anderen Gründen zu verneinen ist, so greift zum Teil das Verbot der Abweichung von Art. 101, 102 AEUV ein, zum Teil gilt nur das GWB (→ Rn. 12 f.). Die gebotene gleichzeitige Anwendung des EU-Wettbewerbsrechts bedeutet, dass der Fall auch nach diesem Recht betrieben und beurteilt werden muss und die Rechtsfolgen auch auf die Art. 101, 102 AEUV oder eine Gruppenfreistellungsverordnung zu stützen sind. Bloße Ergebnisrichtigkeit genügt nicht; sie stellt keine „Anwendung" des EU-Rechts dar.[11]

Das Gebot der gleichzeitigen Anwendung von GWB und EU-Recht regelt nur die  **9** Fallbehandlung. Die Verhängung von Mehrfachsanktionen ist nach Auffassung des EuGH[12] jedenfalls dann zulässig, wenn und soweit die Sanktionen insgesamt in angemessenem Verhältnis zur Art des Verstoßes stehen. Für das **Verfahren** gilt grds. das deutsche Recht. Dies betrifft insbesondere die internationale Zuständigkeit, das Aufgreifen eines Falls (Opportunitätsprinzip), die Wahl der Verfahrensart und die Grundsätze der Sachverhalts-ermittlung. Im letzterem Fall bestehen allerdings nach Art. 2 S. 2 VO 1/2003 – aus der Sicht des Art. 48 Abs. 1 GRCh jedenfalls im Ordnungswidrigkeitenverfahren problemati-sche – Bindungen hinsichtlich der Beweislast.[13] (Näheres zum Verfahren s. in → VO 1/2003 Art. 3 Rn. 17).

## IV. Rechtsfolgen

Die Anwendungsverpflichtung löst eine Reihe unterschiedlicher Rechtsfolgen (Pflichten  **10** und Rechte) aufgrund des Kooperationsverhältnisses zur Kommission und den anderen Mitgliedstaaten aus, die überwiegend in der VO 1/2003 geregelt sind (vgl. Art. 11, 12, 15, 16, 22 VO 1/2003; ferner § 50 Abs. 2, 3, §§ 50a ff., 90a). Fraglich ist, welche **Rechts-folgen** eine Verkennung der Befugnis zur gleichzeitigen Anwendung des GWB und der Pflicht zur Anwendung des EU-Kartellrechts durch die Kartellbehörde oder das Gericht hat. Wird der Kommission eine derartige Konstellation bekannt, so hat sie die Möglichkeit, nach Art. 11 Abs. 6 VO 1/2003 die Kartellbehörde im Konsultationsverfahren von ihrer Interpretation zu überzeugen oder den Fall an sich zu ziehen und damit der Kartellbehörde die Zuständigkeit zu entziehen. Im letzteren Fall hätte die Kommissionsentscheidung Vor-rang (Art. 16 VO 1/2003). Abgesehen hiervon stellt die Verletzung der Pflicht zur paralle-len Anwendung im Verwaltungsverfahren einen wesentlichen Verfahrensfehler dar, da es sich um eine inhaltlich unbedingte Verpflichtung handelt, die die praktische Wirksamkeit des Evokationsrechts nach Art. 11 Abs. 6 VO 1/2003 sichern und zur Kohärenz der Rechtsanwendung beitragen soll. Daher könnte man die Auffassung vertreten, dass die Entscheidung unabhängig vom Ergebnis stets rechtswidrig ist.[14] Dies ist aber eine sehr formale Rechtsauffassung, bei der vor allem die Konsequenz, dass die Entscheidung dann trotz „richtigen" Ergebnisses aufgehoben und ohne Änderung des Ergebnisses erneut ent-schieden werden müsste, unter dem Gesichtspunkt der effektiven Bekämpfung von Wett-bewerbsbeschränkungen nicht befriedigt. Vorzugswürdig ist die Annahme, dass es sich im Verhältnis zwischen Kartellbehörde und dem Betroffenen oder zwischen den Betroffenen untereinander so lange um einen **folgenlosen Verfahrensfehler** (Begründungsfehler) iSd § 46 VwVfG handelt, als die Entscheidung im Sachergebnis eindeutig richtig ist und nicht zu von der Rechtslage abweichenden Rechtsfolgen führt. Eine **Beschwer** für die Betroffe-nen kann sich insoweit erst aus der mangelnden Beachtung des Abweichungsverbots

---

[11] → VO 1/2003 Art. 3 Rn. 13; Dalheimer in Dalheimer/Feddersen/Miersch VO 1/2003 Art. 3 Rn. 5; aM Bardong in MüKoWettbR Rn. 14; Bardong/Mühle in MüKoWettbR VO 1/2003 Art. 3 Rn. 59; Beur-skens in KölnKomm KartR Rn. 60; zu den Rechtsfolgen → Rn. 10.

[12] EuGH 3.4.2019 – C-617/17, ECLI:EU:C:2019:283 Rn. 34 ff. = BeckRS 2019, 4801 – Ne bis in idem; EuGH 25.2.2021 – C-857/19, ECLI:EU:C:2021:139 = BeckRS 2021, 2514 – Slovak Telecom; EuGH 22.3.2022 – C-151/20, ECLI:EU:C:2022:203 = BeckRS 2022, 5010 – Nordzucker.

[13] Dazu Henn, Strafrechtliche Verfahrensgarantien im europäischen Kartellrecht, 2018, S. 154 ff.; → VO 1/2003 Art. 2 Rn. 12 ff., 39.

[14] So wohl de Bronett VO 1/2003 Art. 3 Rn. 4.

ergeben. Auf jeden Fall sollte eine Ergänzung der Begründung nach § 45 Abs. 1 Nr. 2, Abs. 2 VwVfG, § 114 S. 2 VwGO analog zugelassen werden.[15] Im Bußgeldverfahren sind Verstöße gegen die Anwendungspflicht erst im gerichtlichen Verfahren relevant, da das zuständige Oberlandesgericht nicht über die Rechtmäßigkeit des Bußgeldbescheids, sondern über die Tat entscheidet (§ 71 Abs. 1 OWiG iVm § 411 Abs. 1 StPO). Im Zivilprozess stehen die normalen Rechtsmittel zur Verfügung. Im Verhältnis zu den EU-Organen stellt die Verletzung der Pflicht zur gleichzeitigen Anwendung des EU-Kartellrechts allerdings bereits eine Vertragsverletzung dar.

# C. Abweichungsverbot

## I. Zweck und Grundzüge der gesetzlichen Regelung

11    § 22 Abs. 2 S. 1 regelt im Einklang mit Art. 3 Abs. 2 S. 1 VO 1/2003 das Verbot der Abweichung vom europäischen Kartellrecht bei vertraglichen Wettbewerbsbeschränkungen einschließlich abgestimmter Verhaltensweisen und Beschlüsse. Die Regelung ist vor dem Hintergrund des Systemwechsels der europäischen Wettbewerbspolitik zum System der Legalausnahme und dezentraler Rechtsanwendung zu sehen. Sie soll Gleichheit der Rahmenbedingungen für den Wettbewerb im gesamten Binnenmarkt herstellen. Allein der aus allgemeinen Grundsätzen abgeleitete Vorrang strengeren EU-Wettbewerbsrechts, der weiterhin gilt und auf den § 22 Abs. 2 S. 3 verweist, vermag dies nicht zu gewährleisten. Nach § 22 Abs. 2 S. 1 setzt sich EU-Wettbewerbsrecht durch, auch wenn es milder ist als das GWB. Dabei handelt es sich nicht um einen echten (Geltungs- oder Anwendungs-)Vorrang, sondern um eine **faktische Verdrängungswirkung** oder einen Ergebnisvorrang (→ VO 1/2003 Art. 3 Rn. 19 f.). Die Vorrangregel stellt materielles Recht dar, ihre Verletzung ist daher ein Verstoß sowohl gegen § 22 Abs. 2 GWB als auch Art. 3 Abs. 2 VO 1/2003, der zur Rechtswidrigkeit der betreffenden Entscheidung führt. Nicht ausdrücklich geregelt ist die Behandlung der **zivilrechtlichen Rechtsfolgen** nach Art. 101 Abs. 2 AEUV. § 22 Abs. 2 S. 1 bestimmt zwar nur, dass die Anwendung des GWB nicht zu einem von Art. 101 AEUV abweichenden Verbot führen darf. Gemeint ist jedoch jede nachteilige Rechtsfolge einschließlich der Verhängung von Sanktionen. Da die Nichtigkeitsfolge einen integralen Teil des Verbots wettbewerbsbeschränkender Vereinbarungen bildet, gilt auch für sie das Abweichungsverbot.[16] Beim Missbrauch marktbeherrschender Stellungen und bei sonstigen einseitigen Wettbewerbsbeschränkungen gilt das Abweichungsverbot nicht (§ 22 Abs. 2 S. 2, Abs. 3 S. 3). § 22 Abs. 2 S. 3 bestimmt darüber hinaus deklaratorisch die Anwendung der **allgemeinen Grundsätze** auf die nicht von Art. 3 Abs. 2 S. 1 VO 1/2003 erfassten Fälle. Dies betrifft den Anwendungsvorrang schärferen EU-Kartellrechts (→ Rn. 18).

## II. Vertragliche Wettbewerbsbeschränkungen

12    Im Gegensatz zum allgemeinen Grundsatz der parallelen Anwendung von nationalem und EU-Kartellrecht, wie ihn der EuGH entwickelt hat, enthält § 22 Abs. 2 S. 1 entsprechend Art. 3 Abs. 2 S. 1 VO 1/2003 für vertragliche Wettbewerbsbeschränkungen nur ein inhaltlich schwaches, aber in der Reichweite starkes **Verbot der Abweichung** von Art. 101 AEUV einschließlich des Art. 101 Abs. 3 und der nach dieser Vorschrift erlasse-

---

[15] → VO 1/2003 Art. 3 Rn. 18; Schneider in Bunte Rn. 15; Bardong in MüKoWettbR Rn. 41; Bardong/Mühle in MüKoWettbR VO/2003 Art. 3 Rn. 130 ff.; Beurskens in Kölner Komm KartellR Rn. 59 ff.; Jaeger in FK-KartellR Rn. 10; aM Dalheimer in Dalheimer/Feddersen/Miersch VO 1/2003 Art. 3 Rn. 9.

[16] → VO 1/2003 Art. 3 Rn. 30; Schneider in Bunte Rn. 18; Loewenheim in LMRKM Rn. 8; Bardong in MüKoWettbR Rn. 20; Bardong/Mühle in MüKoWettbR VO 1/2003 Art. 3 Rn. 87; aM Koenigs DB 2003, 755 (758).

nen Gruppenfreistellungsverordnungen. Dies bedeutet, dass sich milderes EU-Kartellrecht gegenüber strengerem deutschem Recht durchsetzt. Die Verbote des GWB bleiben zwar anwendbar, dürfen jedoch nicht zu abweichenden Ergebnissen führen und werden daher faktisch verdrängt. Die Verdrängungswirkung setzt voraus, dass Art. 101 AEUV an sich anwendbar ist. Die Vereinbarung muss daher geeignet sein, den Handel zwischen den Mitgliedstaaten spürbar zu beeinträchtigen (hierzu → AEUV Art. 101 Abs. 1 Rn. 181 ff., → AEUV Art. 102 Rn. 22 ff.). Ansonsten gilt ausschließlich **nationales Recht.**[17] Eine lediglich hilfsweise Anwendung des Art. 101 AEUV unter Offenlassen der Handelsbeeinträchtigung (→ Rn. 11) kommt auf dieser Stufe nicht mehr in Betracht. Das Abweichungsverbot nach § 22 Abs. 2 S. 1 greift bei zwischenstaatlich relevanten Vereinbarungen ein, die – etwa wegen Überwiegens der wettbewerbsfördernden Wirkungen – keine (spürbaren) Wettbewerbsbeschränkungen darstellen (Nr. 1), nach Art. 101 Abs. 3 AEUV freigestellt sind (Nr. 2) oder unter eine Gruppenfreistellungsverordnung fallen (Nr. 3) (vgl. → VO 1/2003 Art. 3 Rn. 23, 26 ff.). Wegen der Angleichung des GWB an das EU-Kartellrecht ist die praktische Bedeutung des Abweichungsverbots aber gering.

§ 22 Abs. 2 S. 1 bezieht das Abweichungsverbot ausdrücklich nur auf zwischenstaatlich **13** relevante Vereinbarungen, die aus der Sicht des EU-Rechts den Wettbewerb nicht beschränken. Es ist fraglich, ob es zur Vermeidung von Wertungswidersprüchen auch dann gelten muss, wenn Art. 101 AEUV deshalb nicht anwendbar ist, weil **andere materielle Tatbestandsmerkmale** des Verbots nicht erfüllt sind. Nach dem Wortlaut der Vorschrift bezieht sich das Abweichungsverbot nicht auf den Tatbestand des Art. 101 AEUV insgesamt. Es gibt auch keine stichhaltigen Argumente für eine Ausdehnung aufgrund des Zwecks der Regelung. Ist etwa der Unternehmensbegriff des deutschen Rechts weiter (zB bei der Beschaffungstätigkeit der öffentlichen Hand), so handelt es sich um eine Aktivität, für die sich das europäische Wettbewerbsrecht nicht interessiert; die Herstellung gleicher Wettbewerbsbedingungen ist nicht geboten. Ein Verhalten, das nach dem GWB, nicht aber nach EU-Kartellrecht ein abgestimmtes Verhalten darstellt, ist aus der Sicht des EU-Kartellrechts eine einseitige Handlung, für die der Vorrang nicht gilt. Eine Verdrängung strengeren nationalen Rechts tritt daher nicht ein.[18] Entsprechendes gilt für die nach der 11. GWB-Novelle vorgesehene Befugnis des BKartA gem. § 32 f RefE-GWB, im Falle einer erheblichen, andauernden oder wiederholten Störung des Wettbewerbs, Maßnahmen verhaltensbezogener und stuktureller Art (Abs. 3) und insbesondere die Entflechtung (Abs. 4) anzuordnen – unabhängig von einer kartellrechtlichen Zuwiderhandlung. Nach der hier vertretenen Ansicht steht § 22 Abs. 2 S. 2 dem nicht entgegen, sofern die materiellen Tatbestandsmerkmale des Art. 101 AEUV nicht erfüllt sind.[19]

### III. Ausnahme für einseitige Handlungen

Das Abweichungsverbot beschränkt sich nach Art. 3 Abs. 2 S. 2 VO 1/2003 auf ver-    **14** tragliche Wettbewerbsbeschränkungen einschließlich abgestimmter Verhaltensweisen und Beschlüsse, es gilt nicht für einseitige Wettbewerbsbeschränkungen. Hierzu hat § 22 Abs. 2 S. 2, Abs. 3 S. 3 Regelungen getroffen, die nicht auf die Einseitigkeit des wettbewerbsbeschränkenden Verhaltens abstellen, sondern **generell** den Vorrang der Vorschriften des Zweiten Abschnitts, also der §§ 19–21, auf wettbewerbsbeschränkende Verträge und weitergehender Vorschriften auf wettbewerbsbeschränkende „Handlungen" bestimmen. Das Gesetz geht dabei von der Auslegungstradition aus, die sich zum Verhältnis zwischen den §§ 14, 16 und den §§ 20, 21 sowie im Rahmen der Kernbereichslehre entwickelt hat.[20]

---

[17] → VO 1/2003 Art. 3 Rn. 16, 19; Begr. 2004, S. 46; Schneider in Bunte Rn. 19.
[18] → VO 1/2003 Art. 3 Rn. 24; Bardong in MüKoWettbR Rn. 9 f., 17; Bardong/Mühle in MüKoWettbR VO/2003 Art. 3 Rn. 54 ff.; Schneider in Bunte Rn. 6, 19; Jaeger in FK-KartellR Rn. 14; de Bronett Art. 3 Rn. 7, 12; aM Beurskens in Kölner Komm KartellR Rn. 15 f.; Lampe/Niejahr/Kübler/Weidenbach Rn. 103.
[19] AM Thomas, ZWeR 4/29022, 333 (351).
[20] BGH 1.7.1976 – Az. KZR 34/75, GRUR 1977, 49 (50) – BMW; → VO 1/2003 Art. 3 Rn. 6 f.

Wenn man die Regelung so versteht, ist sie zu weit geraten und muss im Wege europarechtskonformer Auslegung **restriktiv ausgelegt werden.** Allerdings ist streitig, in welchem Umfang eine restriktive Auslegung geboten ist.

15 Ausgangspunkt für die Auslegung ist der Begriff der einseitigen Handlung, der sich nach **europäischem Recht bestimmt.** Unproblematisch ist dies bei Wettbewerbshandlungen von Unternehmen mit relativer Marktmacht, die nicht vertraglich gebunden sind oder sich abgestimmt haben. Diese Fälle sind von § 22 Abs. 3 S. 3 erfasst. Da allerdings die europäische Rechtsprechung einseitige Maßnahmen im Rahmen vertraglicher Wettbewerbsbeschränkungen bei Zustimmung der Betroffenen regelmäßig als Vereinbarung wertet,[21] ergibt sich jedoch ein potentiell weiter Anwendungsbereich des Abweichungsverbots. Im Einklang mit der überwiegenden Meinung[22] muss sich die Auslegung des § 22 Abs. 2 S. 2 grds. an der europäischen Rechtsprechung orientieren. Nach anderer Auffassung ist trotz Vorliegens einer Vereinbarung im Sinne der europäischen Rechtsprechung eine einseitige Handlung anzunehmen, wenn der **Schwerpunkt der Maßnahmen** nicht in der vertraglichen Vereinbarung, sondern in einem missbräuchlichen tatsächlichen Verhalten bei der Durchführung liegt[23] oder wenn sich die Maßnahme innerhalb eines Vertragsverhältnisses **gegen Dritte richtet.**[24] Gegen die letzteren Auffassungen lässt sich einwenden, dass die ergänzende Anwendung nationaler Beurteilungsmaßstäbe dazu führen würde, dass freigestellte vertragliche Wettbewerbsbeschränkungen im Gemeinsamen Markt nicht überall in gleicher Weise praktiziert werden könnten. Dies erscheint mit dem durch die VO 1/2003 etablierten System kohärenter Rechtsanwendung im Bereich vertraglicher Wettbewerbsbeschränkungen schwer vereinbar. Sofern die Unternehmen außerhalb des Freistellungsbereichs handeln, verstößt ihr Verhalten gegen Art. 101 AEUV, § 1 und kann schon nach § 32 untersagt werden. Bei Gruppenfreistellungsverordnungen greift grundsätzlich die Missbrauchsaufsicht nach Art. 29 Abs. 2 VO 1/2003, § 32d ein, die in erheblichem Umfang durch die nationalen Kartellbehörden ausgeübt werden kann.

16 Andererseits ist von Bedeutung, dass auch nach europäischem Recht das **Missbrauchsverbot nach Art. 102 AEUV** neben Art. 101 AEUV und insbesondere auch neben der Missbrauchsaufsicht über zulässige Kartellverträge angewandt wird, sofern das Kartell insgesamt oder einzelne Mitglieder marktbeherrschend sind.[25] Die Funktionen des Verbots wettbewerbsbeschränkender Vereinbarungen und des Missbrauchsverbots sind unterschiedlich. Das Missbrauchsverbot richtet sich nicht gegen den freigestellten Vertrag als solchen, sondern gegen seine Umsetzung (ggf. auch schon den Abschlusszwang) unter den besonderen Umständen des Falls, nämlich wenn diese durch marktbeherrschende Unternehmen geschieht. Eine vergleichbare **Doppelkontrolle** kann auch den Mitgliedstaaten nicht verwehrt werden. § 19 Abs. 1 und 2 ist daher uneingeschränkt auf marktbeherrschende Kartelle anwendbar. Dieses Ergebnis kann auch auf § 22 Abs. 3 S. 1 gestützt werden, der sich auf die Anwendbarkeit des Art. 102 AEUV bezieht. Im Hinblick darauf, dass den Mitgliedstaaten generell eine Missbrauchsaufsicht auch über lediglich marktstarke Unternehmen gestattet ist, erscheint es durchaus folgerichtig, die Doppelkontrolle wettbewerbsbeschränkender Verträge auch auf § 20, wohl aber nicht auf § 19 Abs. 3 zu

---

[21] ZB EuGH 6.1.2004 – C-2/01 und 3/01 P, ECLI:EU:C:2004:2 Rn. 96–103, 143 = BeckRS 2004, 74893 – Bundesverband der Arzneimittelimporteure/Bayer; EuG 3.12.2003 – T-208/01, ECLI:EU:T:2003:326 Rn. 30–68 = GRUR Int 2004, 427 – VW Passat.

[22] → VO 1/2003 Art. 3 Rn. 34 ff.; Begr. 2004, S. 31; Mestmäcker/Schweitzer § 6 Rn. 33; Schnelle/Bartosch/Hübner S. 39; Schneider in Bunte Rn. 20; Wirtz WuW 2003, 1039 (1043 f.); Bardong in MüKoWettbR Rn. 25; Dalheimer in Dalheimer/Feddersen/Miersch Art. 3 Rn. 17 f.; Harte-Bavendamm/Kreutzmann WRP 2003, 682 (688); Glöckner WRP 2003, 1327 (1330); Beurskens in Kölner Komm KartellR Rn. 32 ff.; Jaeger in FK-KartellR Rn. 15 f.

[23] Schneider in Bunte Rn. 20.

[24] Weitbrecht EuZW 2003, 69 (71 f.); Lampert/Niejahr/Kübler/Weidenbach Rn. 110 f.; auch Bechtold/Bosch Rn. 8; Zuber in LMRKM VO 1/2003 Art. 3 Rn. 6.

[25] Vgl. EuGH 13.2.1979 – 85/76, ECLI:EU:C:1979:36 Rn. 116 = BeckRS 9998, 104928 – Hoffmann La Roche; KOMM., Leitlinien zur Anwendung des Art. 81 Abs. 3 EG-Vertrag, ABl. 2004 C 101, S. 97 Rn. 106 mwN.

übertragen, soweit eine besondere Marktstellung oder relative Marktmacht ausgenutzt wird.[26] Dafür spricht auch, dass Art. 102 AEUV auch relative Marktmacht erfasst (→ AEUV Art. 102 Rn. 85). Entsprechendes gilt für die im Zuge der 10. GWB-Novelle im 2. Kapitel neu eingeführten Tatbestände, soweit diese für einseitige Handlungen im Vergleich zu Art. 102 AEUV strengere Regelungen treffen, insbesondere für die Möglichkeit zur Untersagung bestimmter Verhaltensweisen von Unternehmen mit überragender marktübergreifender Bedeutung für den Wettbewerb (§ 19a),[27] sowie für die Bekämpfung von missbräuchlichen Verhalten, das zum „Kippen" von Märkten zum Monopol („Tipping") führen kann (§ 20 Abs. 3a).[28] Soweit allerdings nach § 19a oder § 20 bereits das bloße Bestehen einer an sich zulässigen wettbewerbsbeschränkenden Vereinbarung und ihrer normalen Wirkungen für den Wettbewerb als missbräuchlich angesehen würde, gilt in jedem Fall die allgemeine Vorrangregel. Insoweit ist § 22 Abs. 2 S. 3 einschränkend auszulegen. Kollektive Formen des Boykotts, der Nachteilsandrohung und des Organisationszwangs (§ 21 Abs. 1–3) sind bereits nach Art. 101 AEUV und § 1 verboten, sofern, wie meist, eine Wettbewerbsbeschränkung zumindest bezweckt ist. Findet keine Verhaltensabstimmung zwischen den Akteuren statt, so liegt aus der Sicht des EU-Kartellrechts eine einseitige Handlung vor, sodass strengeres nationales Recht ohne weiteres anwendbar ist (vgl. → Rn. 13).

Im Einzelnen ist zwischen verschiedenen Fallgruppen zu unterscheiden.[29] Zunächst geht **17** es darum, ob nach den Kriterien der europäischen Rechtsprechung überhaupt eine Vereinbarung oder Abstimmung anzunehmen ist. Wenn dies nicht der Fall ist, sind die §§ 19–21 ohne weiteres anwendbar. Bei tatsächlichem wettbewerbsbeschränkendem Verhalten mehrerer Unternehmen oder eines einzelnen Unternehmens im Rahmen einer Geschäftsbeziehung oder bestehenden Vereinbarung liegt es allerdings nahe, wegen zumindest stillschweigender Zustimmung im Rechtssinne eine Vereinbarung oder Abstimmung anzunehmen. Die Ausgestaltung von Selektionskriterien im Rahmen eines Vertriebssystems oder die Aufforderung zur Abstandnahme von Re-Exporten zB stellt grds. eine Vereinbarung dar, die vorrangig nach Art. 101 Abs. 3 und den GVOs zu beurteilen ist. Bei kollektiven Zwangsmaßnahmen gegenüber Dritten liegt vielfach zumindest eine unzulässige Verhaltensabstimmung vor. Bei Maßnahmen zur Umsetzung einer zulässigen Vereinbarung ist stärker im Sinne der → Rn. 16 zu differenzieren. Nach der hier vertretenen Auffassung können die §§ 19, 19a, 20 angewandt werden, sofern das oder die aktiv handelnden Unternehmen allein oder kollektiv über Marktmacht, eine besondere Marktstellung oder relative Marktmacht verfügen und diese zum Nachteil des Vertragspartners oder Dritter ausnutzen. Dabei ist aber die Freistellung in der Abwägung zu berücksichtigen; ihr Kern darf nicht in Frage gestellt werden. Insgesamt sprechen daher gute Argumente für eine

---

[26] → VO 1/2003 Art. 1 Rn. 35 ff., 38; Nothdurft in Bunte § 19 Rn. 361 ff., § 20 Rn. 8; Weitbrecht EuZW 2003, 69 (71 f.); Lampert/Niejahr/Kübler/Weidenbach Rn. 110 ff.; im Ergebnis auch Bechtold/Bosch Rn. 8; einschränkend Schneider in Bunte Rn. 20; Westermann in MüKoWettbR § 20 Rn. 11; ferner Beurskens in KölnerKomm KartellR Rn. 36; aM Bardong in MüKoWettbR Rn. 23; Jaeger in FK-KartellR Rn. 18. Der BGH 11.11.2008 – Az. KVR 17/08, GRUR 2009, 424 Rn. 14, 17 – Bau und Hobby hat die Frage offengelassen.
[27] Vergleiche auch → § 19a Rn. 58 ff. Siehe auch Nothdurft in Bunte § 19a Rn. 136 f. Kritisch zur Einordnung von § 19 Abs. 2 Nr. 4 als Regelung betreffend einseitige Handlungen Grünwald MMR 2020, 822 (824); zu einem möglichen Spannungsverhältnis zwischen § 19a Abs. 2 S. 1 Nr. 2 GWB und Art. 101 Abs. 3 AEUV (insb. der Vertikal GVO) siehe Studienvereinigung Kartellrecht, Stellungnahme der Studienvereinigung Kartellrecht zum Referentenentwurf 10. GWB-Novelle (GWB-Digitalisierungsgesetz) – Vorschriften über die Reform der Missbrauchsaufsicht und zum Thema Digitalisierung, 10.2.2020, Rn. 111.
[28] Zu Bedenken im Hinblick auf ein potenzielles Spannungsverhältnis zwischen § 20 Abs. 3a GWB und Art. 101 Abs. 3 AEUV (insb. der Vertikal GVO) siehe Esser FS Wiedemann, 2020, 285 (298); Cetintas, WuW 2020, 446 (449); Studienvereinigung Kartellrecht, Stellungnahme der Studienvereinigung Kartellrecht zum Referentenentwurf 10. GWB-Novelle (GWB-Digitalisierungsgesetz) – Vorschriften über die Reform der Missbrauchsaufsicht und zum Thema Digitalisierung, 10.2.2020, Rn. 53.
[29] Hierzu eingehend → VO 1/2003 Art. 3 Rn. 39 ff.; ferner Wirtz WuW 2003, 1039 (1044); Harte-Bavendamm/Kreutzmann WRP 2003, 682 (687).

Anwendung der § 19 Abs. 1, 2, § 19a und § 20 auf zulässige vertragliche Wettbewerbs-beschränkungen, aber es bleibt abzuwarten, ob dies auch von der europäischen Gerichts-barkeit so gesehen wird.

## IV. Allgemeiner Anwendungsvorrang strengeren EU-Kartellrechts

**18**    Soweit europäisches Kartellrecht **strenger** ist als das GWB, gelten die allgemeinen Grundsätze über den Anwendungsvorrang des europäischen Rechts gegenüber dem nationalen Recht.[30] Danach darf durch Anwendung milderen nationalen Kartellrechts die praktische Wirksamkeit des EU-Wettbewerbsrechts nicht beeinträchtigt werden; die Kartellbehörde und die Gerichte haben das strengere EU-Recht anzuwenden. Dies wird durch § 22 Abs. 2 S. 3 für den Fall vertraglicher Wettbewerbsbeschränkungen klargestellt, gilt aber auch darüber hinaus für den Missbrauch einer marktbeherrschenden Stellung. Allerdings hätte es nahe gelegen, anstelle einer bloßen Verweisung auf die allgemeinen Grundsätze über den Vorrang des EU-Rechts deutlich auszusprechen, dass es sich um den Vorrang strengeren EU-Rechts handelt. Als Anwendungsfälle kommen Mittelstandskartelle (§ 3 Abs. 1) und die Preisbindung im Verlagswesen (§ 30) in Betracht, sofern bei zwischenstaatlich relevanten Sachverhalten im Einzelfall die Freistellungsvoraussetzungen des Art. 101 Abs. 3 AEUV nicht erfüllt sind. Bei Anhaltspunkten dafür, dass das EU-Recht strenger ist, kann dessen Anwendbarkeit aufgrund einer potentiellen Handelsbeeinträchtigung nicht offengelassen werden. Da der Vorrang des EU-Rechts davon abhängt, muss dessen Anwendbarkeit vielmehr positiv festgestellt werden. Eine Verpflichtung der Kartellbehörde zum Einschreiten besteht aber nicht (§ 32 sowie § 47 OWiG).

## V. Missbrauchsverbot für marktbeherrschende und marktstarke Unternehmen

**19**    Das Abweichungsverbot gilt entsprechend Art. 3 Abs. 2 S. 2 VO 1/2003 nach § 22 Abs. 3 S. 3 nicht für die zwischenstaatlich relevante Missbrauchsaufsicht über marktbeherrschende Unternehmen. Für sie bleibt es beim Grundsatz der gleichzeitigen Anwendung mit der Ermächtigung, entweder ausschließlich Art. 102 AEUV oder parallel dazu auch § 19 anzuwenden (§ 22 Abs. 3 S. 1, 2). Die frühere Praxis, auch bei Erfüllung der Zwischenstaatlichkeitsklausel ausschließlich § 19 anzuwenden, kann also nicht aufrechterhalten werden. Zweck der Regelung ist es, der Kommission einen Zugriff auf das Verfahren nach Art. 11, 12 und 16 VO 1/2003 zu ermöglichen. **Strengeres nationales Recht** der Missbrauchsaufsicht wird aber nicht verdrängt, sondern bleibt uneingeschränkt anwendbar, während milderes nationales Recht nach allgemeinen Grundsätzen unanwendbar ist.[31] Bei Unklarheiten über die Beeinträchtigung des zwischenstaatlichen Handels kann Art. 102 AEUV auch hilfsweise angewandt werden, selbst wenn sich wegen Vorrangs des § 19 im Ergebnis die Rechtsfolgen ausschließlich nach der letzteren Vorschrift bestimmen sollten.[32] Die Anwendbarkeit strengerer Regelungen des GWB gilt nicht nur, soweit der Anwendungsbereich des § 19 weiter ist, sondern auch bei inhaltlichen Abweichungen, etwa in Form einer strengeren Auslegung des Begriffs der oligopolistischen Marktbeherrschung nach § 18 Abs. 5, der Vermutungen nach § 18 Abs. 4 und 6 oder eines weitergehenden Kontrahierungszwangs bei Angewiesensein auf wesentliche Einrichtungen iSv § 19 Abs. 2

---

[30] EuGH 13.2.1969 – 14/68, ECLI:EU:C:1969:4 Rn. 3 ff. = GRUR Int 1969, 264 – Walt Wilhelm; EuGH 9.9.2003 – C-198/01, ECLI:EU:C:2003:430 Rn. 48–50 = GRUR Int 2004, 40 – Consorzio Industrie Fiammiferi; hierzu eingehend → VO 1/2003 Art. 3 Rn. 39 ff.
[31] EuGH 13.2.1969 – 14/68, ECLI:EU:C:1969:4 Rn. 3 ff. = GRUR Int 1969, 264 – Walt Wilhelm; EuGH 9.9.2003 – C-198/01, ECLI:EU:C:2003:430 Rn. 48–50 = GRUR Int 2004, 40 – Consorzio Industrie Fiammiferi; → VO 1/2003 Art. 3 Rn. 28; Schneider in Bunte Rn. 21; Hossenfelder/Lutz WuW 2003, 118 (121); missverständlich Begr. 2004, S. 31 (Vorrang aus Art. 3 VO 1/2003).
[32] AM Bechtold/Bosch Rn. 15; Jaeger in FK-KartellR Rn. 21.

Nr. 4. Dies gilt auch für den mit der 10. GWB-Novelle eingeführten § 19a und das hier (in Abs. 1) enthaltene Konzept der überragenden marktübergreifenden Bedeutung für den Wettbewerb.[33] In der Literatur werden vereinzelt Zweifel geäußert, ob der damit vermeintlich verbundene Regimewechsel hin zu einer sektorspezifischen ex-ante Regulierung von der Öffnungsklausel des Art. 3 Abs. 2 S. 2 VO 1/2003 gedeckt ist.[34] Dem ist entgegenzuhalten, dass § 19a einen marktmachtorientierten Ansatz verfolgt, auch wenn dieser (ähnlich wie § 20) vom Marktmachtbegriff des Art. 102 AEUV abweicht.[35] Vor allem aber sind die Regeln der §§ 20, 21 über die Kontrolle der Machtausübung durch einzelne marktstarke Unternehmen und sonstiges wettbewerbsbeschränkendes Verhalten anwendbar, soweit es um Maßnahmen autonom handelnder Unternehmen geht (vgl. ErwG. 8 zur VO 1/2003).[36] Auch die mit der 11. GWB-Novelle in § 32f Abs. 3 und Abs. 4 GWB neu eingeführten Befugnisse des BKartA, verhaltensunabhängig Maßnahmen anzuordnen (einschließlich der missbrauchsunabhängigen Entflechtung), um einer erheblichen und fortwährenden Störung des Wettbewerbs entgegenzuwirken, stehen zu § 22 Abs. 3 S. 3 nicht im Widerspruch. Entgegen der in der Literatur zum Teil vertretenen Ansicht lässt sich insbesondere kein Gegenschluss dahingehend ziehen, dass Instrumente und Eingriffsbefugnisse des BKartA ohne Verhaltensbezug grundsätzlich unzulässig sind. Dazu enthält § 22 Abs. 3 S. 3 (der das Verhältnis des verhaltensbezogenen Art. 102 AEUV zum nationalen Recht in Bezug nimmt) keine Aussage.[37]

## D. Zusammenschlusskontrolle

**20** Entsprechend Art. 3 Abs. 3 VO 1/2003 und § 21 Abs. 1 FKVO gelten nach § 22 Abs. 4 S. 1 die Regelungen über die parallele Anwendbarkeit und das Verbot der Abweichung vom europäischen Recht nicht im Bereich der Zusammenschlusskontrolle. Dies beruht darauf, dass die FKVO vom System **exklusiver Zuständigkeiten** ausgeht. Soweit nicht die FKVO nach deren Art. 21 Abs. 3 wegen Überschreitens der Schwellenwerte für die unionsweite Bedeutung Vorrang beansprucht, können die §§ 35 ff. angewandt werden. Die Kartellbehörde kann in diesem Rahmen auch Entscheidungen treffen, die von der FKVO und der zu ihr ergangenen Entscheidungspraxis abweichen (Begr. 2004, S. 47). Dies gilt auch für weitergehende Regelungen des deutschen Rechts, selbst wenn es sich nach den Kriterien der FKVO nicht um Zusammenschlüsse handelt, wie etwa beim Erwerb von Minderheitsbeteiligungen (§ 37 Abs. 1 Nr. 3 Buchst. b GWB), der Begründung eines wettbewerblich erheblichen Einflusses (§ 37 Abs. 1 Nr. 4 GWB) oder kooperativen Teilfunktionsunternehmen.[38] Der Vorrang des deutschen Rechts gilt bei **kooperativen Gemeinschaftsunternehmen** ohne unionsweite Bedeutung wohl auch hinsichtlich der parallelen Anwendung des Kartellverbots neben den Regelungen über Unternehmenszusammenschlüssen im Wege der deutschen Doppelkontrolle.[39] Dafür spricht, dass nach

---

[33] Siehe dazu Käseberg, in Bien/Käseberg/Klumpe/Körber/Ost 10. GWB-Novelle, Kap. 1 Rn. 186 ff.; Nothdurft in Bunte § 19a Rn. 136; vergleiche auch → § 19a Rn. 57 f.

[34] Grünwald MMR 2020, 822 (824); Paal/Kumkar, NJW 2021, 809 (812).

[35] Siehe dazu Zimmer/Göhsl, ZWeR 1/2021, 29 (58 f.), die auch argumentieren, dass der Wortlaut des Art. 3 Abs. 2 S. 2 VO 1/2003 („Unterbindung" sowie der fehlende Verweis auf Art. 102 AEUV) dafür spricht, dass schon im Vorfeld einer drohenden einseitigen Maßnahme intervenieren werden könne; vgl. auch Käseberg, in Bien/Käseberg/Klumpe/Körber/Ost 10. GWB-Novelle, Kap. 1 Rn. 215 mit dem Hinweis, dass der Vorschlag der Europäischen Kommission für einen Digital Markets Act deutlich näher in den Bereich der Regulierung rückt als § 19a.

[36] Schneider in Bunte Rn. 23 f.

[37] Zur aM siehe Roth in FS Möschel, 2011, 503 (510 f.); Kruse/Maturana, EuZW 2022, 798 (800); Thomas ZWeR 4/2022, 333 (351).

[38] Siehe dazu BGH 17.7.2018 – Az. KVR 64/17, NZKart 2018, 541 (542), Rn. 26 f. – EDEKA/Kaiser's Tengelmann II.

[39] Vgl. zur Doppelkontrolle → § 1 Rn. 162 ff. Konzentrative Gemeinschaftsunternehmen unterliegen nur der Fusionskontrolle; → § 1 Rn. 169 ff.

Art. 2 Abs. 4 FKVO in solchen Fällen die Prüfung auf Vereinbarkeit mit dem Kartellverbot des Art. 101 AEUV integraler Bestandteil der Fusionskontrolle ist. Daher muss auch der Begriff der Zusammenschlusskontrolle in Art. 3 Abs. 3 S. 1 VO 1/2003 und § 22 Abs. 4 S. 1 in diesem Sinne verstanden werden. Dem Argument, die Kontrolle nach § 1 sei nicht auf den Zusammenschluss, sondern auf die spätere Kooperation bezogen, steht entgegen, dass Art. 2 Abs. 4 FKVO dies anders wertet. Es kann nicht von der Systematik des jeweiligen nationalen Kartellrechts abhängen, ob das nationale Recht einen umfassenden Vorrang genießt oder nicht. Die Verweisung des Art. 21 Abs. 1 Hs. 2 FKVO auf die VO 1/2003 ändert hieran nichts, da sie auch die Ausnahmeregelung des Art. 3 Abs. 3 VO 1/2003 einschließt. Zur Vermeidung von Wertungswidersprüchen mit der FKVO sowie einer ungerechtfertigten Ungleichbehandlung verschiedener Mitgliedstaaten je nach Systematik des nationalen Rechts ist hier § 22 Abs. 1 und 2 nicht anwendbar.[40] Aufgrund der deklaratorischen Verweisung des Art. 3 Abs. 3 VO 1/2003 und des § 22 Abs. 3 S. 1 auf die allgemeinen Grundsätze des europäischen Unionsrechts kommt allerdings ein Anwendungsvorrang strengeren EU-Kartellrechts, dh insbesondere des Art. 101 AEUV, in Betracht, der freilich in der Praxis keine besondere Rolle spielt (→ VO 1/2003 Art. 3 Rn. 46).[41]

## E. Vorschriften mit außerkartellrechtlicher Zielsetzung

**21**    § 22 Abs. 4 S. 2 nimmt entsprechend Art. 3 Abs. 3 VO 1/2003 die Anwendung von Vorschriften des deutschen Rechts vom Gebot der parallelen Anwendung und vom Abweichungsverbot aus, soweit sie überwiegend ein von den Art. 101, 102 AEUV **abweichendes** Ziel verfolgen. Vorbehalten bleibt die Anwendung der allgemeinen Grundsätze und sonstigen Vorschriften des Unionsrechts, was eine Selbstverständlichkeit ist. Bei der Regelung des § 22 Abs. 4 S. 2 handelt es sich nicht um ein Rangproblem, sondern um ein Abgrenzungsproblem. Abgesehen von § 21 Abs. 4 geht es insbesondere um das Recht des **unlauteren Wettbewerbs.** Dieses stellt Mindestanforderungen fairen Wettbewerbs zum Schutz der Marktteilnehmer und des Wettbewerbs, während das Kartellrecht den freien Wettbewerb als Koordinationsmechanismus der Marktwirtschaft gegen Beschränkungen schützt.[42] Da es vom Kartellrecht abweichende Zwecke verfolgt, kann es selbst bei Deckungsgleichheit einzelner Verbotstatbestände uneingeschränkt angewendet werden.[43] Ferner kommen das Recht des gewerblichen Rechtsschutzes, das Presserecht und das Verbraucherschutzrecht (→ VO 1/2003 Art. 3 Rn. 48) sowie **sektorale Regelungen** in den Bereichen Telekommunikation, Post und Energie in Betracht. In letzterem Fall gilt die Ausnahme aber nicht, soweit es sich um autonome, nicht zur Umsetzung einer EU-Richtlinie erlassene Regelungen handelt, die gerade dem Schutz des Wettbewerbs dienen.[44]

**22**    § 22 Abs. 4 S. 2 gilt auch für das nationale **Strafrecht,** soweit es dem Schutz allgemeiner Rechtsgüter wie zB des Vermögens dient. Dagegen unterliegt spezifisches Wettbewerbsstrafrecht, wie insbesondere der Straftatbestand des § 298 StGB über den Submissions-

---

[40] → VO 1/2003 Art. 3 Rn. 45 f.; siehe auch Jaeger in FK-KartellR Rn. 24; anders die hM; Beurskens in KölnKomm KartR § 22 Rn. 46, 50; Bardong in MüKoWettbR Rn. 35; Bardong/Mühle. in MüKoWettbR VO 1/2003 Art. 3 Rn. 39 ff.; Schneider in Bunte Rn. 27; Bechtold/Bosch Rn. 18.

[41] AM Jaeger in FK-KartellR Rn. 24.

[42] Köhler in Köhler/Bornkamm/Feddersen UWG Einl. 6.11 ff.

[43] → VO 1/2003 Art. 3 Rn. 47; Loewenheim in LMRKM § 22 Rn. 156; Zuber in LMRKM VO 1/2003 Art. 3 Rn. 18; Bechtold/Bosch/Brinker VO 1/2003 Art. 3 Rn. 28; Bechtold/Bosch Rn. 19; einschränkend Lampert/Niejahr/Kübler/Weidenbach Rn. 121 ff.; Dalheimer in Dalheimer/Feddersen/Miersch Art. 3 Rn. 24; vgl. zu § 21 Abs. 4 Bardong in MüKoWettbR Rn. 39; Bardong/Mühle in MüKoWettbR VO 1/2003 Art. 3 Rn. 21 ff.; Beurskens in Kölner Komm KartellR Rn. 52.

[44] → VO 1/2003 Art. 3 Rn. 49; Lampert/Niejahr/Kübler/Weidenbach Rn. 125; Bechtold/Bosch. BB 2000, 2425 (2429); Beurskens in Kölner Komm KartellR Rn. 53; aM Bartosch EuZW 2001, 101 (104).

betrug, dem Grundsatz der gleichzeitigen Anwendung und dem Abweichungsverbot, soweit es sich um Normadressaten des Kartellrechts handelt. Dies bedeutet, dass bei der Frage, ob eine unzulässige Absprache vorliegt, Art. 101 AEUV zu beachten ist.[45]

## § 23 (weggefallen)

## Kapitel 4. Wettbewerbsregeln

**Schrifttum zu den §§ 24–27 (Viertes Kapitel. Wettbewerbsregeln):** Alexander, Die Probeabonnement-Entscheidung des BGH – Schnittbereich kartellrechtlicher, lauterkeitsrechtlicher und medienrechtlicher Aspekte, ZWeR 2007, 239; Baur, Wettbewerbsregeln und Außenseiter, ZHR 141 (1977), 293; ders., Der Missbrauch im deutschen Kartellrecht, 1972; Bechtold, Anmerkungen zum Urteil „Probeabonnement", WRP 2006, 1162. Belke, Die vertikalen Wettbewerbsbeschränkungsverbote nach der Kartellgesetznovelle 1973, ZHR 139 (1975), 51; Benckendorff, Kartellrecht und Werbemaßnahmen, WuW 1952, 800; ders., Inhalt und Eintragung von Wettbewerbsregeln, WuW 1958, 416; Benisch, Beschränkungen des Nachfragewettbewerbs, WuW 1960, 842 ff.; ders., Kooperationsfibel, 4. Aufl., 1973; ders., Wettbewerbsregeln gegen Rabattdiskriminierungen, GRUR 1976, 448; ders., Wettbewerbsverzerrungen und Wettbewerbsregeln, Schwerpunkte 1975/76, S. 39; ders., Wettbewerbsregeln der „grauen Zone", WuW 1956, 643; ders., Zur Problematik eines gesetzlichen Schutzes des Leistungswettbewerbs, WuW 1955, 421; ders., Zur Rechtspraxis des Bundeskartellamtes auf dem Gebiete der Wettbewerbsregeln, DB 1963, 953; Böx, Typik und Zulässigkeit von Wettbewerbsregeln (§ 28 Abs. 2 GWB), Diss. Göttingen 1974; Bogner, Die Praxis der Kartellbehörden und der Gerichte zu den Wettbewerbsregeln, Diss. München 1975; Borck, Wertreklame: Leistungs- oder Nichtleistungswettbewerb? WRP 1976, 285; Bornkamm, Verhaltenskodizes und Kartellverbot – Gibt es eine Renaissance der Wettbewerbsregeln?, in: FS Canenbley, 2012, S. 67; Bunte, Vertrauensschutz und Verwirkung im Kartellrecht, BB 1980, 1073; Burchardi/Wolf, Allgemeinverbindlicherklärung von Wettbewerbsregeln aus rechtlicher Sicht, WuW 1977, 743; Dreyer, Verhaltenskodizes im Referentenentwurf eines Ersten Gesetzes zur Änderung des Gesetzes gegen unlauteren Wettbewerb, WRP 2007, 1294; Dethloff, Der Kartellbeschluß, Diss. Göttingen 1965; Dörinkel, Bringt die Kartellnovelle Erleichterungen für die Zusammenarbeit der Unternehmen? WuW 1971, 607; ders., Leistungswettbewerb – Rechtsbegriff oder Schlagwort? DB 1967, 1883; Droste, Den Wettbewerb durch Unlauterkeit fördern? – Eine Erwiderung – Zugleich ein Beitrag zur Notwendigkeit einer methodischen Rechtsprechung auch im Blick des UWG, WRP 64, 300; Ehricke, Kontrolldefizite hinsichtlich der Kartellrechtsmäßigkeit von Wettbewerbsregeln gem. §§ 24 ff. GWB, in: FS Möschel, 2011, S. 169; Emmerich, Kooperationen im Wettbewerbsrecht – Kritische Bemerkungen zum gegenwärtigen Stand der Kooperationsdiskussion, ZGR 1976, 167; ders., Kartellrecht, 12. Aufl., 2012; Franzen, Die Wettbewerbsregeln des Markenverbandes – Ergebnisse der Rechtsprechung oder mehr? WRP 1976, 519; ders., Auslegungsfragen im Recht der Wettbewerbsregeln, WuW 1957, 741; Freitag, Der Leistungswettbewerb als rechtliche Denkfigur, Diss. Göttingen 1968; Gaertner, Zur Zulässigkeit von Prämien im Einzelverkauf und Direktvertrieb, AfP 2006, 413; Gieseler, Konsumgüterwerbung und Marktstruktur, 1971; Gries, Wettbewerbsregeln – ungenutzte Chance? MA 1977, 240; Günther, Schutz des Leistungswettbewerbs durch Wettbewerbsregeln, MA 1954, 346; ders., Wettbewerbsregeln-Entwicklung und Möglichkeiten, MA 69, 170; Hamm, Die Bedeutung des leistungsgerechten Wettbewerbs im Rahmen der Wettbewerbsregeln, WuW 1975, 115; Henner, Gegenstand und Inhalt von Wettbewerbsregeln, Diss. Würzburg 1962; Herber, Leistungswettbewerb und Preisunterbietung, Diss. Köln 1956; Herrmann, Interessenverbände und Wettbewerbsrecht, 1981; Hönn, Wettbewerbsregeln und die Wirksamkeit eines leistungsgerechten Wettbewerbs, GRUR 1977, 141; Hoppmann, Die Funktionsmäßigkeit des Wettbewerbs – Bemerkungen zu Kantzenbachs Erwiderung, JfNSt. Bd. 181 (1967), 251; ders., Die sogenannten Bagatellkartelle der „neuen Wettbewerbspolitik", DB 1970, 93; ders., Workable Competition als wettbewerbspolitisches Konzept, in Theoretische und institutionelle Grundlagen der Wirtschaftspolitik, Theodor Wessels zum 65. Geburtstag, 1967, S. 145; ders., „Neue Wettbewerbspolitik": Vom Wettbewerb zur staatlichen Mikrosteuerung. (Bemerkungen zu einem „neuen Leitbild der Wettbewerbspolitik"), JbNSt. 184 (1970), S. 397; ders., Marktmacht und Wettbewerb, 1977; ders., Das Konzept des wirksamen Preiswettbewerbs, 1978; Jacob, Werbung und Wettbewerb: eine theoretische Analyse, in Schmollers Jahrbuch für Gesetzgebung, Verwaltung und Volkswirtschaft, 86. Jg. (1966), II. Halbbd., S. 385; Kartte, Ein neues Leitbild für die Wettbewerbspolitik, (FIW-Schriftenreihe, Heft 49), 1969; ders., Wettbewerbsregeln und Mittelstandsempfehlungen, Schwerpunkte 1973/74, S. 65;

---

[45] → VO 1/2003 Art. 3 Rn. 50; Loewenheim in LMRKM Rn. 15; Zuber in LMRKM VO 1/2003 Art. 3 Rn. 17; Jaeger in FK-KartellR Rn. 28; Schneider in Bunte § 22 Rn. 7, 30; Bardong/Mühle in MüKoWettbR VO 1/2003 Art. 3 Rn. 34; aM Dalheimer in Dalheimer/Feddersen/Miersch Art. 3 Rn. 28.

Kellermann, Wettbewerbsbeschränkung durch Wettbewerbsregeln, WuW 1965, 551; ders., Fairer Wettbewerb durch Wettbewerbsregeln, in Zehn Jahre Bundeskartellamt, 1968, S. 61; Koenigs, Das Gesetz gegen Wettbewerbsbeschränkungen und das Recht des unlauteren Wettbewerbs unter besonderer Berücksichtigung der Wettbewerbsregeln, GRUR 1958, 589; Kopp, Selbstkontrolle durch Verhaltenskodizes im europäischen und deutschen Lauterkeitstrecht, 2016; Koppensteiner, Marktbezogene Unlauterkeit und Missbrauch von Marktmacht, WRP 2007, 475; Kroitzsch, Die Wettbewerbsregeln in kartell- und wettbewerbsrechtlicher Sicht, GRUR 1965, 12; ders., Wirtschaftspolitische Entscheidungen durch Wettbewerbsregeln oder durch die UWG-Rechtsprechung? BB 1977, 220; Kunisch, Eintragungsfähigkeit, rechtliche und wirtschaftliche Bedeutung von Wettbewerbsregeln gemäß §§ 28 ff. GWB, Diss. Darmstadt 1968; Lieberknecht, Regeln zur Förderung des Leistungswettbewerbs als Wettbewerbsregeln im Sinne des § 28 Abs. 2 GWB, in: FS Möhring, 1965, S. 67; Loewenheim, Suggestivwerbung, unlauterer Wettbewerb, Wettbewerbsfreiheit und Verbraucherschutz, GRUR 1975, 99; Mangold, Preislistenzwang und heimliche Preisunterbietung, Diss. Tübingen 1963; Markert, Legalisierung von Preismeldesystemen?, DB 1964, 140; Mees, Die Wettbewerbsregeln des GWB, GRUR 1981, 878; ders., WRP 1985, 373; Meier, Die Allgemeinverbindlicherklärung von Wettbewerbsregeln – ein Fortschritt? ZRP 1977, 105; Merkel, Allgemeinverbindlicherklärung von Wettbewerbsregeln der Wirtschaftsverbände? Einwände und Gegenvorschlag, BB 1977, 473 und 1175; Mestmäcker, Der verwaltete Wettbewerb, 1984; ders., Wirtschaftspolitik in der Industriegesellschaft, ZgesStw. 129 (1973), 89; ders., Wettbewerbs- und Strukturpolitik – Zur Reform des Gesetzes gegen Wettbewerbsbeschränkungen, Die Aussprache Jg. 20 (1970), 60; ders., Über das Verhältnis des Rechts der WB-Beschränkungen zum Privatrecht, AcP 168 (1968), 235; Möschel, Der Oligopolmißbrauch im Recht der Wettbewerbsbeschränkungen, 1974; Nordemann, Verhaltenskodizes und Wettbewerbsregeln – Die kartellrechtliche Zulässigkeit selbstregulierender Abreden nach Art. 101 ARUV und §§ 1, 2 GWB, FS Ahrens, 2016, 121; Oehler, Wettbewerbsregeln als Instrument der Wettbewerbspolitik, Diss. Marburg 1966; Ohm, Definitionen des Leistungswettbewerbs und ihre Verwendungsfähigkeit für die praktische Wirtschaftspolitik, in Zur Grundlegung wirtschaftspolitischer Konzeptionen, hrsgg. von H. J. Seraphim (Schriften des Vereins für Socialpolitik N. F., Bd. 18), 1960, S. 239; Ottel, Leistungswettbewerb, in: FS W. Heinrich, Graz 1963; Pichler, Das Verhältnis von Kartell- und Lauterkeitsrecht, Diss. Tübingen 2009; Raiser, Marktbezogene Unlauterkeit, GRUR Int. 1973, 443; Reimann, Wettbewerbsregeln der Verbände, WUW 57, 111; Reimers, Die Frage der Eintragungsfähigkeit wettbewerbsbeschränkender Wettbewerbsregeln in der Verwaltungspraxis des Bundeskartellamts, Diss. Hamburg 1969; Röper, Zur Verwirklichung der Leistungswettbewerbs, in Zur Grundlegung wirtschaftspolitischer Konzeptionen (Schriften des Vereins für Socialpolitik N. F., Bd. 18), 1960, S. 261; Sack, Die Wettbewerbsregeln nach §§ 28 ff. GWB und das Recht des unlauteren Wettbewerbs, Diss. Tübingen 1969; ders., Der zulässige Inhalt von Wettbewerbsregeln, WuW 1970, 195; ders., Lauterer und leistungsgerechter Wettbewerb durch Wettbewerbsregeln, GRUR 75, 297; Säcker, Zielkonflikte und Koordinationsprobleme im deutschen und europäischen Kartellrecht, 1971; 1974, S. 9; Scheel, Wettbewerbsregeln über Preiswettbewerb, Diss. Kiel 1967; Schlecht, Sicherung des Leistungswettbewerbs – ständige Aufgabe der Wettbewerbspolitik, MA 1976, 465; Schmidt, I., US-amerikanische und deutsche Wettbewerbspolitik gegenüber Marktmacht. Eine vergleichende Untersuchung und kritische Analyse der Rechtsprechung gegenüber Tatbeständen des externen und internen Unternehmenswachstums sowie des Behinderungswettbewerbs. Bd. 6 der Quaestiones Oeconomicae, 1973; Schmidt, K., Kartellverfahrensrecht – Kartellverwaltungsrecht – Bürgerliches Recht, 1977; ders., Kartellverbot und sonstige Wettbewerbsbeschränkungen, 1978; ders., Der kartellverbotswidrige Beschluß, in: FS R. Fischer, 1979, S. 693; Schmiedel, Der „leistungsgerechte Wettbewerb" in der Neufassung des § 28 GWB, WuW 1975, 743; Schneider, Die „Internationalen Verhaltensregeln für die Werbepraxis", WRP 1967, 147; Skiba, Preisdiskriminierung und die Wettbewerbsregeln des GWB, WUW 1972, 211; Sosnitza, Wettbewerbsregeln nach §§ 24 GWB im Lichte der 7. GWB-Novelle und des neuen Lauterkeitsrechts, in: FS Bechtold, 2006, S. 515; Spengler, Preisschleuderei, Preisdiskriminierung und Wettbewerbsregeln, WUW-Schriftenreihe Heft 2, 1955; Tschiersky, Anmerkung zum Urteil des OLG Düsseldorf vom 25. Juli 1929 – Benrather Benzinkampf, Kartellrundschau 1930, 255; Tolksdorf, Stand und Entwicklungstendenzen der Wettbewerbstheorie, WuW 1980, 785; Ulmer, Schranken zulässigen Wettbewerbs marktbeherrschender Unternehmen, 1977; ders., Kartellrechtswidrige Konkurrentenbehinderung durch leistungsfremdes Verhalten marktbeherrschender Unternehmen, Festgabe Max Kummer, 1980; ders., Wettbewerbs- und kartellrechtliche Grenzen der Preisunterbietung im Pressewesen, AfP 1975, 870; ders., Der Begriff „Leistungswettbewerb" und seine Bedeutung für die Anwendung von GWB- und UWG-Tatbeständen, GRUR 1977, 565; Versteyl, Zur Vereinbarkeit von Wettbewerbsregeln zum Zwecke leistungsgerechten Wettbewerbs mit den rechtspolitischen Grundlagen des geltenden Kartellrechts, Diss. Berlin 1973; Walde, Aufstellung und Eintragung der Wettbewerbsregeln in das Register für Wettbewerbsregeln und ihre Rechtsfolgen, Diss. Köln 1963; Wiedemann, Gesellschaftsrecht, 1980; Willeke, Leistungswettbewerb und Leistungsprinzip, in: FS Wilhelm Rieger, 1963, S. 158; Wirtz, Werberegeln nach § 28 Abs. 2 GWB zur leistungsgerechten Erfolgsverteilung im Wettbewerb, Diss. Frankfurt am Main 1978; Wolf, Wettbewerbsregeln – Zweck, Arten und Anwendung, 1972; Wolf, Behördliche Durchsetzung des Lauterkeitsrechts zur Optimierung des Wettbewerbsschutzes, WRP 2019, 283; Wolter, M. Die Möglichkeiten unternehmerischer Kooperation nach der Zweiten Novelle des Gesetzes gegen Wettbewerbsbeschränkungen, Diss. Göttingen 1977; Wolter, H., Über die Gestaltung von Wettbewerbsregeln, WRP 1959, 315.

## § 24 Begriff, Antrag auf Anerkennung

(1) Wirtschafts- und Berufsvereinigungen können für ihren Bereich Wettbewerbsregeln aufstellen.

(2) Wettbewerbsregeln sind Bestimmungen, die das Verhalten von Unternehmen im Wettbewerb regeln zu dem Zweck, einem den Grundsätzen des lauteren oder der Wirksamkeit eines leistungsgerechten Wettbewerbs zuwiderlaufenden Verhalten im Wettbewerb entgegenzuwirken und ein diesen Grundsätzen entsprechendes Verhalten im Wettbewerb anzuregen.

(3) Wirtschafts- und Berufsvereinigungen können bei der Kartellbehörde die Anerkennung von Wettbewerbsregeln beantragen.

(4) [1] Der Antrag auf Anerkennung von Wettbewerbsregeln hat zu enthalten:
1. Name, Rechtsform und Anschrift der Wirtschafts- oder Berufsvereinigung;
2. Name und Anschrift der Person, die sie vertritt;
3. die Angabe des sachlichen und örtlichen Anwendungsbereichs der Wettbewerbsregeln;
4. den Wortlaut der Wettbewerbsregeln.

[2] Dem Antrag sind beizufügen:
1. die Satzung der Wirtschafts- oder Berufsvereinigung;
2. der Nachweis, dass die Wettbewerbsregeln satzungsmäßig aufgestellt sind;
3. eine Aufstellung von außenstehenden Wirtschafts- oder Berufsvereinigungen und Unternehmen der gleichen Wirtschaftsstufe sowie der Lieferanten- und Abnehmervereinigungen und der Bundesorganisationen der beteiligten Wirtschaftsstufen des betreffenden Wirtschaftszweiges.

[3] In dem Antrag dürfen keine unrichtigen oder unvollständigen Angaben gemacht oder benutzt werden, um für den Antragsteller oder einen anderen die Anerkennung einer Wettbewerbsregel zu erschleichen.

(5) Änderungen und Ergänzungen anerkannter Wettbewerbsregeln sind der Kartellbehörde mitzuteilen.

### Übersicht

# A. Vorbemerkungen

## I. Einleitung

Eine Besonderheit des deutschen Kartellrechts sind die im vierten Abschnitt des GWB **1** befindlichen so genannten **„Wettbewerbsregeln"**, welche Wirtschafts- und Berufsvereinigungen für ihren Bereich aufstellen und von der KartB anerkennen lassen können. Wettbewerbsregeln sind nach § 24 Abs. 2 „Bestimmungen, die das Verhalten von Unternehmen im Wettbewerb regeln zu dem Zweck, einem den Grundsätzen des lauteren oder der Wirksamkeit eines leistungsgerechten Wettbewerbs zuwiderlaufenden Verhalten im Wettbewerb entgegenzuwirken und ein diesen Grundsätzen entsprechendes Verhalten im Wettbewerb anzuregen". Im Grundsatz können Wettbewerbsregeln somit als ein **lauterkeitsrechtliches Rechtsinstitut** qualifiziert werden, welches das wettbewerbliche Verhalten von Unternehmen regelt. Das in den §§ 24–27 normierte **Anerkennungsverfahren** bewirkt gemäß § 26 Abs. 1 S. 2, „dass die KartB von den ihr nach dem Sechsten Abschnitt zustehenden Befugnissen keinen Gebrauch machen wird". Das Rechtsinstitut der Wettbewerbsregeln eröffnet hierdurch eine Handhabung für die Ausschließung unlauteren Verhaltens im Wettbewerb.

## II. (Verbleibende) Bedeutung der Wettbewerbsregeln

**1. Systematik: Historischer Anpassungsbedarf und Bedeutungsverlust.** Die Wett- **2** bewerbsregeln stehen regelmäßig auf dem Prüfstand.[1] Bereits im Rahmen der **7. GWB-Novelle** wurde über den Anpassungsbedarf an das Europäische Gemeinschaftsrecht und das (neue) **System der Legalausnahme** heftig diskutiert. Der Gesetzgeber hat sich jedoch dafür entschieden, die Vorschriften über die Wettbewerbsregeln lediglich anzupassen. Auch die **10. GWB Novelle** hat die Wettbewerbsregeln – trotz des zunehmenden Bedeutungsverlustes – nicht angetastet.

Von der Sonderstellung der Wettbewerbsregeln – als weitere Ausnahme von dem Kartell- **3** verbot des § 1 in Form eines eigenständigen Freistellungstatbestandes – ist nicht viel übriggeblieben. Während die KartB früher die Möglichkeit hatte, die Anerkennung mit der Folge der Freistellung vom Kartellverbot auszusprechen (iS eines **eigenständigen Frei-**

---

[1] Stellungnahme des Bundeskartellamts zum Referentenentwurf zur 8. GWB-Novelle v. 30.11.2011, S. 23.

**stellungstatbestandes**), ist nunmehr eine solche rechtsgestaltende, zudem im Ermessen der KartB stehende Freistellung nicht mehr möglich. Denn die KartB **muss** heute den Antrag auf Anerkennung nach § 26 Abs. 2 ablehnen, soweit eine ·Wettbewerbsregel gegen § 1 (bzw. Art. 101 Abs. 1 AEUV) verstößt und nicht nach den §§ 2 und 3 (bzw. Art. 101 Abs. 3 AEUV) freigestellt ist oder andere Gesetze, insbes. das UWG, verletzt. Insoweit führt die Anerkennung lediglich dazu, dass die KartBn nicht gegen die Wettbewerbsregel nach den §§ 32 ff. vorgehen können. Die Anerkennung durch die KartB hat auch keine bindende Wirkung mehr gegenüber Dritten, so dass nunmehr auch in Drittprozessen die Kartellrechtswidrigkeit von Wettbewerbsregeln auf den Prüfstand gelangen kann.

4    **2. Praxisrelevanz.** Im Hinblick auf das System der Legalausnahme ist die durch die 7. GWB-Novelle erfolgte Gesetzesänderung nachvollziehbar. Dennoch ist schwer erkennbar, welchen legitimen Interessen die Vorschriften zu den Wettbewerbsregeln noch dienen können. Insoweit erkennt auch der **BGH** zuletzt in der (wegweisenden) Entscheidung „Probeabonnement" an, dass den Wettbewerbsregeln nur noch eine **„begrenzte Bedeutung"** zukommt und sie „allenfalls eine **indizielle** Bedeutung für die Frage der Unlauterkeit haben".[2] Selbst die nach bisherigem Verständnis den Wettbewerbsregeln zugrundeliegende Funktion – „zur Ausfüllung der lauterkeitsrechtlichen Generalklauseln und zur Ausfüllung unbestimmter Rechtsbegriffe" – wird (nunmehr) vom BGH abgelehnt.[3] Insoweit „beschränkt sich die rechtliche Bedeutung der Anerkennung auf eine Selbstbindung der KartB, die bei unveränderter Sachlage die Verabschiedung der Wettbewerbsregeln nicht mehr als Kartellverstoß nach § 1 GWB verfolgen kann".[4]

5    Selbst aus Sicht des **Bundeskartellamtes** sollte (schon in der 8. GWB-Novelle) die Erforderlichkeit der für Wettbewerbsregeln im GWB befindlichen Sonderregelungen kritisch geprüft werden. Denn „hier besteht Potential für eine weitere Entbürokratisierung".[5]

6    Auch nach Auffassung der **Literatur** wird das Institut der Wettbewerbsregeln zur **praktischen Bedeutungslosigkeit** verurteilt[6] und es wird zu Recht die Frage aufgeworfen, ob diese Vorschriften nicht „ersatzlos zu streichen" sind.[7]

7    Das Anerkennungsverfahren für Wettbewerbsregeln hat demzufolge erhebliche Anreizverluste[8] erlitten und die Bedeutung dieser Vorschriften ist für die Praxis mittlerweile sehr gering.[9] Mit den grundlegenden Änderungen durch die 7. GWB-Novelle hat die Zahl der Anerkennungen durch die KartBn und der bedeutsamen Entscheidungen in der Gerichtspraxis – bis auf die Entscheidung des BGH in „Probeabonnement" – naturgemäß an Bedeutung verloren.[10]

8    Damit stellt sich aus Sicht der Praxis die Frage nach dem objektiven Wert einer solchen Feststellung.[11] Die Gewährleistung von **Rechtssicherheit** in der rechtlichen Beurteilung von Wettbewerbsregeln ist es nicht (mehr). Denn die Anerkenntnis ist rein deklaratorisch und hindert andere Behörden und Gerichte nicht, hiervon abzuweichen. Darüber hinaus vermindern weitere Risiken im Hinblick auf die Dauer, die Kosten und den Erfolg den

---

[2] BGH 7.2.2006 – KZR 33/04, WuW/E 1779 (1781) – Probeabonnement; ausf. hierzu Alexander ZWeR 2007, 239.

[3] BGH 7.2.2006 – KZR 33/04, WuW/E 1779 (1782) – Probeabonnement; krit. hierzu Alexander ZWeR 2007, 239 (250).

[4] BGH 7.2.2006 – KZR 33/04, WuW/E 1779 (1782) – Probeabonnement; zuletzt hierzu Wolf, WRP 2019, 283.

[5] Stellungnahme des Bundeskartellamts zum Referentenentwurf zur 8. GWB-Novelle v. 30.11.2011, S. 23.

[6] Bechtold WRP 2006, 1162 (1164).

[7] Ehricke FS Möschel 2011, 169 (189); ähnlich Bechtold/Bosch GWB Vor §§ 24 ff. Rn. 2.

[8] Ausf. Ehricke FS Möschel, 2011, 169 (174 ff.).

[9] Gegenwärtig sind etwa 120 Wettbewerbsregeln durch die Kartellbehörde anerkannt worden. Im letzten Tätigkeitsbericht des Bundeskartellamts wurden nur wenige neue (idR lediglich „geänderte")Wettbewerbsregeln verzeichnet; BT-Drs. 19/30775, 160.

[10] BGH 7.2.2006 – KZR 33/04, WuW/E 1779 (1782) – Probeabonnement.

[11] Bornkamm FS Canenbley, 2012, 67 (70 ff.).

Anreiz für die Durchführung eines Anerkennungsverfahrens.[12] Dennoch hat das Anerkennungsverfahren auch (verbleibende) positive Seiten. Denn es bietet die Möglichkeit, die Wettbewerbsregeln einer **präventiven Rechtskontrolle** zu unterziehen.[13] Es verschafft insoweit Rechtsklarheit in der sog. grauen Zone und die förmliche Anerkennung kann den Geltungsanspruch gegenüber den „gebundenen" Unternehmen erhöhen.[14]

**3. Allgemeine Verbandsregeln.** Allgemeine Verbandsregeln – insbes. iF v. sog. **Ver-** 9
**haltenskodizes** – erhalten eine (neue) **praktische Bedeutung** in diesem Zusammenhang.[15] Denn (anerkannte) Wettbewerbsregeln stellen lediglich einen kleinen Ausschnitt aller möglichen Verbandsregelungen (bspw. „Verhaltensregeln", „Leitfaden", „Code of Conduct" etc) dar, welche sich einer zunehmenden Beliebtheit erfreuen.[16] Verhaltenskodizes sind im Kern Erscheinungsformen von Wettbewerbsregeln iSd §§ 24 ff.[17] Besondere praktische Relevanz erhalten Verhaltenskodizes angesichts der Tatsache, dass sie in § 2 Abs. 1 Nr. 5 UWG nunmehr ausdrücklich definiert werden und im Rahmen des **Irreführungsverbotes** eine eigenständige Rolle erhalten haben (§ 5 Abs. 1 S. 2 Nr. 6 UWG iVm dem Anhang Nr. 1 und 3 zu § 3 Abs. 3 UWG).[18]

Im Grenzbereich zwischen UWG und GWB kommt es für ihre **kartellrechtliche** 10
**Relevanz** jedoch va darauf an, dass diese – sofern sie gegen das Kartellverbot verstoßen – als Wettbewerbsregeln iSd § 26 GWB „anerkannt" werden oder dass sie zumindest nach den §§ 2 und 3 freigestellt sind.[19] Denn sonst stellen sie sich lediglich als **Vereinbarungen über nicht anerkannte Wettbewerbsregeln** dar und genießen nicht das aus der Anerkennung folgende Privileg des § 26 Abs. 1 S. 2, das allerdings nach der 7. GWB-Novelle ohnehin nur noch als Selbstbindung der KartB wirkt. Ob die Regeln, Verträge oder Beschlüsse iSd § 1 oder nach den §§ 2 und 3 freigestellt sind, richtet sich allein nach ihrem materiellen Gehalt. Soweit diese sich darauf beschränken, das Recht des unlauteren Wettbewerbs zu verdeutlichen und zu konkretisieren, sind sie unbedenklich. Die Unternehmen, die Vereinbarungen über die Einhaltung nicht anerkannter Wettbewerbsregeln treffen, gehen jedoch das Risiko ein, dass die Regeln den Bereich des unlauteren Wettbewerbs falsch abgrenzen und in den durch § 1 geschützten Bereich eingreifen mit der Folge, dass die KartB von den ihr nach dem 6. Abschnitt zustehenden Befugnissen Gebrauch macht und/oder Bußgeldverfahren einleitet.

Aus **lauterkeitsrechtlicher Perspektive** sind derartige Regelwerke kritisch zu betrach- 11
ten und Verstöße gegen sie werden allenfalls noch als ein **Indiz** für unlauteres Verhalten angesehen.[20] Besonderer Erwähnung bedarf die Entscheidung des BGH in „FSA-Kodex."[21] Hier wurde die Entscheidung des OLG München aufgehoben, welche sich zur Begründung eines Wettbewerbsverstoßes ausschließlich auf den Verstoß gegen den Kodex berufen hatte. Ein Verhalten, das gegen einen Verhaltenskodex eines Unternehmensverbandes verstoße, stelle nicht bereits deshalb einen Verstoß gegen die lauterkeitsrechtliche Generalklausel dar.[22] In weiteren Ausführungen hat sich der BGH im Kern seinen bedeutsamen

---

[12] Ehricke FS Möschel, 2011, 169 (175).
[13] Begr. Reg-Entw. BT-Drs. 15/3640, 47.
[14] Vgl. Sack in Loewenheim et al. § 26 Rn. 10b.
[15] Ausf. hierzu Bornkamm FS Canenbley, 2012, 67 (70 ff.); Köhler in Köhler/Bornkamm/Feddersen § 2 Rn. 113.
[16] Vgl. mwN Dreyer WRP 2007, 1294 (1295); Sosnitza FS Bechtold, 2006, 515.
[17] Siehe zum Vergleich § 2 Abs. 1 Nr. 5 UWG; hierzu Köhler in Köhler/Bornkamm/Feddersen § 2 Rn. 113 ff.
[18] Siehe zur Richtlinie 2005/29/EG über unlautere Geschäftspraktiken Bornkamm FS Canenbley, 2012, 67 (72 ff.).
[19] Köhler in Köhler/Bornkamm § 2 Rn. 115.
[20] BGH 9.9.2010 – I ZR 157/08, GRUR 2011, 431 Rn. 13 – FSA-Kodex – mit Verweis auf BGH 7.2.2006 – KZR 33/04, WuW/E 1779 (1781) – Probeabonnement. MwN Sosnitza FS Bechtold, 2006, 515 (516); Bornkamm FS Canenbley, 2012, 67 (74 ff.); Dreyer WRP 2007, 1294.
[21] BGH 9.9.2010 – I ZR 157/08, GRUR 2011, 431 – FSA-Kodex.
[22] BGH 9.9.2010 – I ZR 157/08, GRUR 2011, 431 Rn. 12 ff. – FSA-Kodex.

Ausführungen in „Probeabonnement" angeschlossen. Diese Entscheidung spiegelt wider, dass Verhaltenkodizes oft als Mittel des Wettbewerbskampfes eingesetzt werden und insoweit deutliche Gefahren mit der lauterkeitsrechtlichen Anerkennung von Verhaltenkodizes verbunden sind.[23]

**12**   **4. Liberalisierung des deutschen Lauterkeitsrechts.** Die Entstehungsgeschichte der Wettbewerbsregeln hat dazu geführt, dass das Gesetz nunmehr mit dem „lauteren" und dem „leistungsgerechten" Wettbewerb nebeneinander **zwei zentrale Zulässigkeitsmaßstäbe für die Wettbewerbsregeln** beinhaltet. Naturgemäß wird die Beurteilung dieser Maßstäbe – hinsichtlich ihrer Auslegung – auch heute noch kontrovers diskutiert. Hier ist eine **zeitgemäße Auslegung** erforderlich, welche die fortschreitende Liberalisierung des deutschen Lauterkeitsrechts berücksichtigt. Daher erfordert die Auslegung von § 24 Abs. 2, dass Wettbewerbsregeln heute einen konkreten Lauterkeitsbezug aufweisen müssen.[24]

**13**   Darüber hinaus ist zu beachten, dass in Folge dieser **Liberalisierungstendenzen** eine Reihe von Wettbewerbsregeln, welche früher als unzulässig betrachtet wurden, **nunmehr als zulässig angesehen werden.**[25] Hierzu gehören insbes. Vorschriften über Rabatte, Zugaben, Sonderveranstaltungen sowie solche über vergleichende Werbung oder über das Ausnutzen fremden Vertragsbruchs.[26]

**14**   **5. Überarbeitungsbedarf: Auswirkungen durch Veränderungen des Lauterkeitsrechts.** Die Liberalisierung und Novellierung des Lauterkeitsrechts hat Auswirkungen auf die (bestehenden) Wettbewerbsregeln. Gem. § 26 Abs. 4 ist die Anerkennung zurückzunehmen oder zu widerrufen, wenn die KartB nachträglich feststellt, dass die Voraussetzungen für die Ablehnung nach Absatz 2 vorliegen. Diese **Aufhebungsvoraussetzungen** sind auch dann gegeben, wenn die KartB nachträglich feststellt, dass sich die tatsächlichen Voraussetzungen der Anerkennungsverfügung nachträglich verändert (Widerruf) haben. Die KartB hat die Anerkennungsverfügung insoweit auch schon auf Grund **geänderter Rechtsansicht** zu **widerrufen.** Dies gilt insbes. bei Veränderungen des deutschen Lauterkeitsrechts.

**15**   Daher ist es ratsam, auf nachträgliche Veränderungen der Rechtslage zu achten – insbes. wenn danach die Anerkennung nicht mehr zulässig wäre. Das kann der Fall sein, wenn sich die anerkannte Rspr. zum UWG und GWB ändert und wenn die Gesetze selbst geändert werden. Angesichts der tiefgreifenden Veränderungen des deutschen Lauterkeitsrechts, wird hier oftmals eine **Überprüfung** des Altbestands der bereits anerkannten Wettbewerbsregeln erforderlich sein.[27]

**16**   **6. Gestaltungsraum in der Legalausnahme.** Die Unternehmen, die Vereinbarungen über die Einhaltung **nicht anerkannter Wettbewerbsregeln** treffen, gehen demnach das Risiko ein, dass die Regeln in den durch § 1 geschützten Bereich eingreifen. Dann stellt sich die Frage nach der **Freistellung** im Rahmen der Legalausnahme.

**17**   Nach hM fallen zwar Beschlüsse und Verträge, die wettbewerbliche Verhaltensweisen untersagen, die als unlauterer Wettbewerb zu werten sind oder die gegen andere Rechtsvorschriften verstoßen, nicht unter das Verbot des § 1.[28] Denn **§ 1 schützt nur den lauteren und gesetzgemäßen Wettbewerb.** Demgemäß kann Wettbewerbsregeln iSd § 24 Abs. 2 im Regelfall die Anerkennung nicht versagt werden. Etwas anderes kommt allerdings dann – aber auch nur dann – in Frage, wenn Wettbewerbsregeln zwar zum Zweck des § 24 Abs. 2 aufgestellt sind, aber dennoch eine Verhinderung, Einschränkung

---

[23] Bornkamm FS Canenbley, 2012, 67 (74 ff.).
[24] → § 24 Rn. 57.
[25] Vgl. Sack in Loewenheim et al. § 24 Rn. 47.
[26] Ausf. Sosnitza FS Bechtold, 2006, 515 (522 ff.).
[27] Ausf. Sosnitza FS Bechtold, 2006, 515 ff.
[28] Grundlegend BGH 26.10.1961 – KZR 3/61, BGHZ 36, 105 (111) = WuW/E 451 – Export ohne WBS; mwN auch Sack in Loewenheim et al. § 26 Rn. 17.

oder Verfälschung des lauteren und sonst nicht gesetzwidrigen Wettbewerbs bezwecken oder bewirken. Muss danach ein Verstoß gegen § 1 bejaht werden, ist der Antrag auf Anerkennung nur begründet, wenn die Freistellungsvorschriften der §§ 2 und 3 eingreifen.

Soweit es um die Entscheidung geht, ob im konkreten Fall Wettbewerbsregeln gegen § 1 **18** verstoßen und/oder die Freistellungsvoraussetzungen der §§ 2 und 3 gegeben sind, wird auf die Kommentierung zu den §§ 1, 2 und 3 verwiesen. Bei der Beurteilung im Einzelnen werden insbes. die Fragen nach der „Spürbarkeit" der Wettbewerbsbeschränkung und der „Verbesserung der Warenerzeugung und -verteilung" Bedeutung erlangen.[29]

Dabei wird zu beachten sein, dass die Liberalisierung des Lauterkeitsrechts zu einer **19** Veränderung der Rechtslage geführt hat. Bestimmte (insbes. nunmehr aufgehobene) **preis-bildungsrelevante** Regelungen (bspw. Zugaben und Rabatte), die keine angemessene Beteiligung der Verbraucher an einem etwa entstehenden Gewinn gewährleisten und die Möglichkeit zur Ausschaltung des Wettbewerbs bieten, werden insoweit kaum ausreichen, um eine Freistellung über § 2 GWB zu erwirken.[30]

### III. Entstehungsgeschichte

**1. Geschichte bis zum Erlass des GWB in 1958.** Die mit dem Rechtsinstitut der **20** Wettbewerbsregeln im Jahre 1958 eingeführte **Gesetzessystematik** hat weder einen unmittelbaren Vorläufer in der deutschen Gesetzesgeschichte noch in anderen Rechtsordnungen.[31]

**2. Die Gesetzesgeschichte. a) Ursprüngliche Fassung.** Der Entwurf 1952 enthält **21** noch keine Vorschriften über Wettbewerbsregeln. Der BR vermisste dies und forderte besondere Vorschriften zum Schutze des Leistungswettbewerbs zugunsten der Unternehmen, die durch ruinösen Wettbewerb bedroht werden.[32] Die Bundesregierung erkannte diese Forderung in ihrer Stellungnahme zu den Änderungsvorschlägen an.[33] Im Laufe des Gesetzgebungsverfahrens wurden Gesetzesvorschläge eingebracht und der Wirtschaftsausschuss des BT beschloss dann den Gesetz gewordenen Abschnitt über Wettbewerbsregeln. Der Rechtsausschuss befasste sich damit nicht mehr ausdrücklich, ebenso wenig das Plenum des BT.[34] Als Gesetzesmaterialien, die für eine Auslegung der §§ 24 ff. herangezogen werden können, kommen danach praktisch nur die Ausführungen im Bericht 1957 in Betracht.[35]

**b) Die Entscheidungspraxis des BKartA.** Die Entscheidungspraxis des BKartA bei **22** der Anerkennung von Wettbewerbsregeln machte im Laufe der Jahre bis zum Inkrafttreten der zweiten GWB-Novelle einen Wandel durch. Die ersten Entscheidungen verstanden unter dem Begriff „Grundsätze des lauteren Wettbewerbs" den „anerkannten Wertbegriff des allgemeinen Wettbewerbsrechts, der Inhalt und Sinn aus dem Gebot der guten Sitten und der Beachtung der besonderen Wettbewerbsvorschriften erhält".[36] Damit sollten allein

---

[29] Ausf. hierzu Bornkamm FS Canenbley, 2012, 67 (74).

[30] Vgl. mwN Sosnitza FS Bechtold, 2006, 515 (520).

[31] Zwar sind die Regelungen in den USA für den deutschen Gesetzgeber in gewisser Hinsicht Vorbild für die Einführung eines besonderen Abschnittes über Wettbewerbsregeln in das GWB gewesen, allerdings weniger die „Codes of Fair Competition" von Wirtschaftsverbänden, sondern vielmehr die „Trade Practice Rules". Das GWB ist jedoch eigenständige Wege gegangen, so dass sie für die Auslegung der §§ 24 ff. keine wesentliche Bedeutung haben können und eine Erörterung im Einzelnen nicht geboten ist. Vgl. zur amerikanischen Praxis im Einzelnen Oehler S. 5 ff. mwN Zur deutschen Historie bis 1958 siehe Immenga in Immenga/Mestmäcker, 4. Aufl. 2007, Rn. 2.

[32] Entwurf 1952 Anl. 2 Abschn. II.

[33] Entwurf 1952 Anl. 3 Abschn. II Nr. 33.

[34] Im Einzelnen kann auf die umfassende Darstellung von Wolf S. 8–28 verwiesen werden.

[35] In erster Linie der Bericht des MdB Elbrächter, der die Vorstellungen des Ausschusses zu den Gesetz gewordenen §§ 28–33 wiedergibt. Von Bedeutung sind aber auch einige Stellen des Generalberichtes des MdB Hellwig (Generalbericht Abschn. C I) sowie der Bericht des MdB Kurlbaum (zu § 1).

[36] BKartA 9.12.1959, WuW/E 98 – Kohleneinzelhandel; 30.12.1960, WuW/E 301 – Ziehereien und Kaltwalzwerke; 18.3.1963, WuW/E 612 – Kraftfahrzeughandel; TB 1959, 50.

die sachlich-rechtlichen **Grundsätze der Lauterkeit Beurteilungsmaßstab** bei der Eintragung von Wettbewerbsregeln sein, wobei das BKartA dieses Prinzip aber nicht nur dann als verletzt ansah, wenn das zu beurteilende Wettbewerbsverhalten nach dem UWG und seinen Nebengesetzen verboten war, sondern bereits dann, wenn ihm eine „Tendenz zur Unlauterkeit" innewohnte.[37] Im Rahmen der Förderung des lauteren Wettbewerbs hielt es das BKartA für zulässig, dass Wettbewerbsregeln in den Schutzbereich des § 1 eingriffen. Zunächst herrschte allerdings noch die Auffassung, dass nur „Randbezirke" des § 1 berührt werden dürften.[38] Spätere Entscheidungen leiteten dann aus § 31 der ursprünglichen Fassung (= § 26 der Fassung nach der 6. GWB-Novelle) den allgemeinen Rechtssatz ab, die KartB könnten nach pflichtgemäßem Ermessen Regeln anerkennen und damit wirksam machen, die den Tatbestand des § 1 erfüllen, sofern dadurch die Lauterkeit im Wettbewerb gefördert wird.

23     Der Begriff **Leistungswettbewerb,** der in der wissenschaftlichen Auseinandersetzung um das Rechtsinstitut der Wettbewerbsregeln eine immer größere Bedeutung erlangte, wurde nach den gleichen Grundsätzen behandelt, dh Regeln zum Schutze und zur Förderung des Leistungswettbewerbs wurden nur anerkannt, wenn sie „lauterkeitsbezogen" waren. Der Begriff des Leistungswettbewerbs könne trotz seiner Unbestimmtheit so weit in seinem Wesensgehalt erfasst werden, dass er zur Abgrenzung der unzulässigen von den zulässigen Beschränkungen des Wettbewerbs zu verwenden sei; Wettbewerbshandlungen, die nicht dem Leistungswettbewerb entsprächen, verstießen erfahrungsgemäß auch gegen die sittlich-rechtliche Ordnung des Wettbewerbs.[39] Damit wurden die Begriffe lauterer Wettbewerb und Leistungswettbewerb einander weitgehend gleichgestellt. Andererseits wandten sich die Beschlussabteilungen des BKartA dagegen, strukturpolitische Ziele oder wirtschaftliche Interessen mit Hilfe von Wettbewerbsregeln durchzusetzen. Wettbewerbsregeln seien nach geltendem Recht allein dazu bestimmt, die Spielregeln anständigen kaufmännischen Verhaltens festzulegen, nach denen sich der freie Wettbewerb vollziehe. Sie könnten nicht die wirtschaftlichen Folgen des Wettbewerbs beseitigen oder auch nur lockern und steuern. Aus diesem Grunde dürften sie auch nicht dazu eingesetzt werden, um ungleiche wettbewerbliche Startbedingungen auszugleichen, insbes. Wettbewerbsvorteile auszuschalten, die in Größe, Struktur oder Marktstellung der einzelnen Unternehmen ihre Ursache hätten.[40]

24     **c) Das KG.** Das KG hat im Kern die Auffassung der Beschlussabteilungen des BKartA bestätigt. Es hat unter Zurückweisung einer Beschwerde ausgesprochen, dass Wettbewerbsregeln mehr verbieten dürften, als nach den Bestimmungen des UWG und seiner Nebengesetze unzulässig sei, sofern sie dem Schutze oder der Förderung der Lauterkeit im Wettbewerb dienten; ein Anspruch auf Eintragung bestehe aber nur dann, wenn die Entfaltung des freien Wettbewerbs nicht wesentlich behindert werde.[41]**Der BGH** hat mit Urteil vom 26.10.1961 zwar zu erkennen gegeben, dass Wettbewerbsregeln auch in den von § 1 geschützten Bereich einwirken könnten,[42] hat andererseits aber keinen Zweifel daran gelassen, dass nur lauterkeitsbezogene Wettbewerbsregeln eintragungsfähig sind.[43] Die weiter umstrittene Frage, ob Wettbewerbsregeln auch als Instrument zur Unterstützung strukturpolitischer Zielfunktionen der Wirtschaftspolitik verwandt werden könnten, hat er

---

[37] BKartA 29.3.1963, WuW/E 591 – Bauindustrie; 19.8.1963, WuW/E 721 – Immobilienmakler; 30.12.1963, WuW/E 772 – Kraftfahrzeughandel; 14.5.1964, WuW/E 815 – Bauindustrie II; 29.12.1964, WuW/E 905 – Schälmühlen; TB 1959, 51; 1960, 58.
[38] TB 1959, 51.
[39] BKartA 30.12.1960, WuW/E 304 – Ziehereien und Kaltwalzwerke.
[40] TB 1959, 50; 1960, 56 f.; BKartA 30.12.1960, WuW/E 305 – Ziehereien und Kaltwalzwerke.
[41] KG 9.10.1964 – Kart V 2/64, WuW/E OLG 703 – Kraftfahrzeughandel; KG 29.6.1965 – Kart V 11/64, WuW/E OLG 756 – Bauindustrie III.
[42] BGH 26.10.1961 – KZR 3/61, BGHZ 36, 105 = WuW/E 451 – Export ohne WBS.
[43] BGH 15.7.1966 – KVR 3/65, BGHZ 46, 168 = WuW/E 771 – Bauindustrie.

ausdrücklich offengelassen, weil die angefochtenen Regeln den vom GWB gewollten Wettbewerb ohnehin zu stark beschränkten.

**d) Der Weg zum § 28 Abs. 2 (= § 24 Abs. 2 der geltenden Fassung).** Das Bestre- 25 ben der Bundesregierung ging nach Inkrafttreten des GWB zunächst ganz allgemein dahin, den Anwendungsbereich von Wettbewerbsregeln mit Hilfe des Begriffs Leistungswettbewerb weit auszudehnen.[44] Darüber hinaus bestätigte sie, dass nach ihrer Ansicht die Vorschriften über Wettbewerbsregeln auch die Verwirklichung strukturpolitischer Ziele gestatteten.[45] Bereits 1968 wurden Novellierungsbestrebungen mit dem Ziele erkennbar, § 28 Abs. 2 in dieser Richtung zu erweitern.[46] In den sich anschließenden Vorarbeiten zum Entwurf einer zweiten GWB-Novelle wurden verschiedene Formulierungen vorgeschlagen, die alle in die Richtung gingen, den funktionsfähigen Wettbewerb durch Bekämpfung des Nichtleistungswettbewerbs zu erhalten und zu fördern. Der Entwurf 1971 sah dementsprechend auch solche Wettbewerbsregeln vor, die das Verhalten von Unternehmen im Wettbewerb zu dem Zweck regeln, „einem der Wirksamkeit eines leistungsgerechten Wettbewerbs zuwiderlaufenden Verhalten entgegenzuwirken und ein diesen Grundsätzen entsprechendes Verhalten im Wettbewerb anzuregen". Nach der Begründung sollte die Neufassung insbes. kleinen und mittleren Unternehmen dabei helfen, Wettbewerbspraktiken entgegenzuwirken, die dem Gedanken des Leistungswettbewerbs zuwiderlaufen. Der Entwurf scheiterte in der 6. Wahlperiode daran, dass über die Abschaffung der Preisbindung keine Einigung zustande kam. Er wurde aber unverändert von den Fraktionen der SPD und FDP im 7. BT eingebracht[47] und, soweit § 28 Abs. 2 aF (= § 24 Abs. 2 nF) in Betracht kommt, mit dem vorgeschlagenen Inhalt Gesetz.

**e) Das G zur Bereinigung wirtschaftsrechtlicher Vorschriften vom 24.2.1985.**[48] 26 Das G zur Bereinigung wirtschaftsrechtlicher Vorschriften vom 24.2.1985 hat neben dem Kartellregister auch das Register für Wettbewerbsregeln abgeschafft, um so den Verwaltungsaufwand zu verringern. Die Effizienz dieser Register hatte sich in der Vergangenheit als sehr gering erwiesen; die Einsichtnahme Dritter hielt sich in sehr engen Grenzen.[49]

Das Gesetz wurde außerdem dahin geändert, dass an die Stelle des Verfahrens der Eintragung von Wettbewerbsregeln in das Register für Wettbewerbsregeln, das Verfahren auf Anerkennung der Wettbewerbsregeln durch die KartB trat (§ 28 Abs. 3 = § 24 Abs. 3). Eine inhaltliche Änderung des Prüfungsverfahrens war damit aber nicht verbunden; denn schon bisher unterzog die KartB die Wettbewerbsregeln einer vollen materiellen Prüfung anhand des Maßstabes, den § 28 Abs. 2 und § 31 Abs. 1 setzten.

**f) 6. GWB-Novelle.** Die 6. GWB-Novelle hat die Vorschriften über Wettbewerbs- 27 regeln als 4. Abschnitt des 1. Teiles in das Gesetz aufgenommen. Die Bestimmungen wurden redaktionell überarbeitet. Am materiellen Gehalt sollte sich nichts ändern.[50] Der neue Absatz 4 Satz 3 des § 24 entspricht dem § 38 Abs. 7 aF; die Bußgelddrohung enthält § 81 Abs. 1 Nr. 2 (= § 81 Abs. 3 Nr. 3 der 7. GWB-Novelle). Außerdem wurde die in der 3. Aufl. dieses Kommentars von Kellermann vertretene Auffassung ausdrücklich Inhalt des Gesetzes (§ 26 Abs. 1 und 2); es bestand nun Klarheit dahin, dass die KartB Wettbewerbsregeln, die in Widerspruch zu § 1 oder § 22 Abs. 1 stehen, mit der Anerkennungsverfügung nach pflichtgemäßem Ermessen von diesen Verboten freistellen kann und dass der Anerkennungsantrag abzulehnen ist, soweit eine Regel andere Bestimmungen des

---

[44] Stellungnahme zum TB 1963, 2 ff.
[45] BT-Drs. V/1238, 1 ff.
[46] Vgl. den im BMWi erstellten und veröffentlichten Entwurf einer zweiten GWB-Novelle in WRP 68, 218; im Einzelnen Kartte S. 104.
[47] BT-Drs. 7/76.
[48] BGBl. I S. 457.
[49] Bericht des Wirtschaftsausschusses, BT-Drs. 10/2579, II.
[50] Begr. 1998, S. 38 zu d.

GWB, des Gesetzes gegen unlauteren Wettbewerb oder einer anderen Rechtsvorschrift verletzt (§ 26 Abs. 1 und 2).

28  **g) 7. GWB-Novelle.** Die 7. GWB-Novelle hat das deutsche Kartellrecht dem europäischen Gemeinschaftsrecht angepasst. Insoweit hat das **System der Legalausnahme** den Abschnitt über die Wettbewerbsregeln entscheidend beeinflusst: Von der Sonderstellung der Wettbewerbsregeln – als weitere Ausnahme von dem Kartellverbot des § 1 in Form eines eigenständigen Freistellungstatbestandes – ist nicht viel übrig geblieben. Denn die Freistellung vom Kartellverbot – iS eines **eigenständigen Freistellungstatbestandes** – ist nunmehr nicht mehr gegeben. Wettbewerbsregeln sind nur noch anerkennungsfähig, wenn sie die Voraussetzungen des § 1 bzw. des Art. 101 Abs. 1 AEUV nicht erfüllen oder wenn sie nach den allgemeinen Kriterien der §§ 2, 3 bzw. des Art. 101 Abs. 3 AEUV freigestellt sind.

29  Der **Bundesrat** hat in seiner Stellungnahme zum Gesetzentwurf der Bundesregierung vorgeschlagen,[51] für Wettbewerbsregeln iSd § 24 lediglich eine Pflicht zur Veröffentlichung nach § 27 mit der Möglichkeit einer Verfahrenseinleitung durch die KartB nach § 54 oder ein Anmeldeverfahren iSd § 9 Abs. 3, § 22 Abs. 3 ff. geltender Fassung vorzusehen. Zur Begründung führt er aus, die unverändert vorgesehene „Anerkennung" von Wettbewerbsregeln durch eine auf Antrag ergehende Verfügung stelle einen Bruch des nunmehr geltenden Systems der Legalausnahme von § 1 GWB dar. Wettbewerbsregeln, die vom Kartellverbot erfasst werden, seien freigestellt, wenn sie die Voraussetzungen der §§ 2 und 3 GWB erfüllen. Eine weiterreichende Bindungswirkung könne durch die vorgesehene kartellbehördliche Verfügung nicht erzielt werden. Eine auf Antrag erfolgende „Anerkennung" erwecke demgegenüber irreführend und systemwidrig den Eindruck, sie entfalte konstitutive Wirkungen. Dies gelte auch im Hinblick auf die Vereinbarkeit einer Bestimmung mit dem Gesetz gegen den unlauteren Wettbewerb oder einer anderen Rechtsvorschrift.

30  Die **Bundesregierung** folgte dem Vorschlag nicht.[52] Die Beibehaltung des Anerkennungsverfahrens für Wettbewerbsregeln sei sachgerecht. Es biete für Wirtschafts- und Berufsvereinigungen die Möglichkeit, Wettbewerbsregeln einer **präventiven Kontrolle** durch die KartBn zu unterziehen. Die vorgesehene Anerkennung von Wettbewerbsregeln durch eine auf Antrag ergehende Verfügung stelle keinen Bruch des nunmehr geltenden Systems der Legalausnahme dar. Die Anerkennung entfalte keine konstitutive Wirkung, denn bereits nach geltendem Recht treffe dies für solche Wettbewerbsregeln zu, die nicht kartellrechtlich relevant seien. Es werde auch kein anderer Eindruck erweckt. Vielmehr stelle die Neufassung des § 26 Abs. 1 ausdrücklich klar, dass die Anerkennung zum Inhalt hat, dass die KartB von den ihr zustehenden Befugnissen keinen Gebrauch machen wird. Eine verbindliche Feststellung der Rechtmäßigkeit liege darin nicht. Damit entspreche der Inhalt einer Anerkennung einer Entscheidung nach § 32c des Entwurfs. Der Ausschuss für Wirtschaft und Arbeit hat den Gesetzentwurf der Bundesregierung insoweit unverändert gelassen.[53] Der Bundestag hat in gleicher Weise beschlossen.

31  **h) 8. GWB-Novelle.** Im Rahmen der 8. GWB-Novelle wurden die Wettbewerbsregeln nicht berührt. Zwar gab es im Vorfeld vereinzelt Forderungen, die Regelungen (insgesamt) zu streichen: „Aus Sicht des BKartA sollte die Erforderlichkeit der für Wettbewerbsregeln im GWB befindlichen Sonderregelungen kritisch geprüft werden. Hier besteht Potential für eine weitere Entbürokratisierung".[54] Die Bundesregierung hat diesen Hinweis nicht umgesetzt.

---

[51] BT-Drs. 15/3640, 75 f. Nr. 6.
[52] BT-Drs. 15/3640, 87 Nr. 6.
[53] BT-Drs. 15/5049, 12.
[54] Stellungnahme des Bundeskartellamts zum Referentenentwurf zur 8. GWB-Novelle v. 30.11.2011, S. 23.

**i) 9. und 10. GWB-Novelle.** Im Rahmen der 9. und 10. GWB-Novelle wurden die  **32**
Wettbewerbsregeln nicht einmal diskutiert. Dies spiegelt deutlich wider, welche Rolle die
Wettbewerbsregeln mittlerweile in Wissenschaft und Praxis einnehmen. Insoweit erkennt
selbst der BGH zuletzt in der (wegweisenden) Entscheidung „Probeabonnement" an, dass
den Wettbewerbsregeln nur noch eine **„begrenzte Bedeutung"** zukommt.[55] Angesichts
des aufgezeigten Bedeutungsverlustes ist schwer erkennbar, welchen legitimen Interessen –
außer der präventiven Rechtskontrolle – die Vorschriften zu den Wettbewerbsregeln noch
dienen können.

## IV. Normzweck

**1. Leistungsgerechter Wettbewerb.** Das Institut der Wettbewerbsregeln eröffnet Wirt-  **33**
schafts- und Berufsverbänden im bestimmten Umfange Möglichkeiten, den Wettbewerb in
ihrem Bereich zu regeln. Bis zum Inkrafttreten der zweiten GWB-Novelle waren diese
Möglichkeiten beschränkt; Wettbewerbsregeln mussten lauterkeitsbezogen sein, dh **dem
Schutze und der Förderung des lauteren Wettbewerbs** dienen, nämlich dem Wettbewerb, der durch das UWG und seine Nebengesetze sowie durch andere gesetzliche
Bestimmungen als schutzwürdig anerkannt worden ist. Nunmehr sind die Verbände in der
Lage, das Wettbewerbsverhalten auch zum Schutze und der Förderung der Wirksamkeit
eines **leistungsgerechten Wettbewerbs** zu regeln. Ursprünglich wurde angenommen,
dass die Hauptfunktionen von Wettbewerbsregeln sein sollten, solche Tatbestände aufzunehmen, die nach dem UWG und seinen Nebengesetzen oder sonstigen rechtlichen
Vorschriften verboten sind, dieses Recht und die dazu ergangene Rechtsprechung in die
Sprache des Kaufmanns zu übersetzen, sowie den jeweiligen Branchenverhältnissen anzupassen. Insoweit dienen Wettbewerbsregeln der Rechtssicherheit und Rechtsklarheit.
Diese Funktionen bestehen fort. Spätestens seit Inkrafttreten der zweiten GWB-Novelle
gehen die Befugnisse der Wirtschafts- und Berufsvereinigungen bei der Aufstellung von
Wettbewerbsregeln erheblich weiter.

**2. Unzulängliche Begriffsbestimmung.** Angesichts der sprachlich und inhaltlich un-  **34**
klaren und **unzulänglichen Begriffsbestimmung** ist es unerlässlich, die Regierungsbegründung 1971 und die Berichte des zuständigen BT-Ausschusses bei der Auslegung mit
heranzuziehen. Nach dem **Bericht 1957** hat sich der Wirtschaftsausschuss von der Überzeugung leiten lassen, für die Unternehmen sei es wesentlich und eine sehr wertvolle Hilfe,
wenn die Vorschriften gegen die Beschränkung des Wettbewerbs durch Vorschriften über
Wettbewerbsregeln ergänzt würden, die jeweils in einem konkreten Wirtschaftszweig eine
positive Handhabe für den Ausschluss eines unlauteren Verhaltens im Wettbewerb und
insbes. für die Anregung und Förderung des Leistungswettbewerbs gäben.[56]
Der Bericht 1973 beschränkt sich auf den Hinweis, der Ausschuss sei übereinstimmend **35**
der Auffassung, dass durch die Neufassung von § 28 Abs. 2 (= § 24 Abs. 2 nF) Wettbewerbspraktiken, die dem Gedanken des Leistungswettbewerbs zuwiderliefen, besser entgegengetreten werden könne. Dagegen gibt die **Begr. 1971** weitergehenden Aufschluss.
Durch die Einfügung des neuen unbestimmten Rechtsbegriffs „leistungsgerechter Wettbewerb" sollte klargestellt werden, dass Wettbewerbsregeln auch zum Schutze des leistungsgerechten Wettbewerbs aufgestellt werden könnten. Insbes. kleinere und mittlere Unternehmen sollten in die Lage versetzt werden, Wettbewerbspraktiken entgegenzutreten, die
dem Gedanken des Leistungswettbewerbs zuwiderliefen.

**3. Freistellungsvorschrift und Ausnahmetatbestand.** Während es unter der Geltung **36**
des § 28 Abs. 2 aF umstritten war, ob Wettbewerbsregeln in den durch § 1 **geschützten
Bereich des Wettbewerbs** eingreifen konnten, war dies nach der 6. GWB-Novelle nicht

---

[55] BGH 7.2.2006 – KZR 33/04, WuW/E 1779 (1782) – Probeabonnement.
[56] Vgl. Abschn. IV a).

mehr zweifelhaft. Hiernach musste § 26 als Freistellungsvorschrift und Ausnahmetatbestand zu § 1 und § 22 Abs. 1 gesehen werden.

37    Demgegenüber hat die 7. GWB-Novelle mit der Anpassung des GWB an das europäi-sche Recht nicht nur normiert, dass Wettbewerbsregeln – soweit sie in den Schutzbereich des § 1 GWB eingreifen – nicht nur kraft Gesetzes verboten sind, sondern auch, dass sie kraft Gesetzes (es bedarf keiner vorherigen Entscheidung der KartB) von dem Verbot freigestellt sind, wenn sie die Voraussetzungen der §§ 2 und 3 GWB erfüllen (Prinzip der Legalausnahme). Die **Anerkennungsverfügung hat keine konstitutive Wirkung.** Es gelten die Grundsätze, die schon nach bisherigem Recht für Wettbewerbsregeln galten, die Bestimmungen des Gesetzes gegen den unlauteren Wettbewerb oder andere Rechtsvor-schriften verletzten.

38    **4. Verlust des Freistellungstatbestandes.** Mit dem Verlust des Freistellungstatbestan-des ist schwer erkennbar, welchen legitimen Interessen die Vorschriften zu den Wett-bewerbsregeln noch dienen können. Insoweit erkennt der BGH zuletzt in der (wegweisen-den) Entscheidung „Probeabonnement" an, dass den Wettbewerbsregeln nur noch eine **„begrenzte Bedeutung"** zukommt und sie „allenfalls eine **indizielle** Bedeutung für die Frage der Unlauterkeit haben". Selbst die nach bisherigem Verständnis den Wettbewerbs-regeln zugrunde liegende Funktion – „zur Ausfüllung der lauterkeitsrechtlichen General-klauseln und zur Ausfüllung unbestimmter Rechtsbegriffe" – wird nunmehr vom BGH abgelehnt.[57]

## V. Wettbewerbsregeln im Grenzbereich zwischen GWB und UWG

39    UWG und GWB dienen der **Ordnung der Wirtschaft durch Wettbewerb.** Das UWG schützt den Wettbewerb gegen unlautere Verhaltensweisen, das GWB gegen Be-schränkungen. Sie stehen einerseits selbstständig nebeneinander mit der Folge, dass beide auf ein bestimmtes wettbewerbswidriges Verhalten angewandt werden können. Anderer-seits ergänzen sie sich zum Schutze der Wettbewerbsordnung.[58]

40    Es entspricht ganz der hM, dass die durch § 1 GWB geschützte Wettbewerbsfreiheit nur den lauteren und sonst nicht gesetzwidrigen Wettbewerb umfasst, so dass kartellrechtliche Verträge und Beschlüsse nicht zu beanstanden sind, die lediglich einen nach dem UWG oder anderen Gesetzen **unzulässigen Wettbewerb** unterbinden sollen.[59] Eine Wett-bewerbsbeschränkung setzt voraus, dass überhaupt die rechtliche Möglichkeit zu freier wirtschaftlicher Betätigung besteht. Aus der Korrelation beider Rechtsgebiete folgt aber auch, dass die Wettbewerbsfreiheit weder durch eine isolierte Erfassung noch durch eine Überspannung des Unlauterkeitsbegriffs über Gebühr eingeengt werden darf.[60] Das Urteil über die Sittenwidrigkeit einer Wettbewerbsmaßnahme kann nur gesprochen werden, wenn das Wesen und der Sinn des Wettbewerbs in einer freien Marktwirtschaft, insbes. seine wirtschaftlichen und gesellschaftlichen Funktionen einbezogen werden.[61] Die Verbote des UWG-Rechts dürfen nicht als einseitige Beschränkung der durch das GWB geschütz-ten Wettbewerbsfreiheit angesehen werden, sondern sind ihrerseits in Verbindung mit den Wertentscheidungen des GWB auszulegen.[62]

41    Die Wettbewerbsregeln sind im **Schnittpunkt beider Rechtsgebiete** und beider Auf-gabenbereiche angesiedelt. Sie sollen die Grundsätze des lauteren Wettbewerbs und die Wirksamkeit eines leistungsgerechten Wettbewerbs sicherstellen und fördern. Bei ihrer Anerkennung wird es deshalb in gleicher Weise darauf ankommen, dass einerseits das einzelne Unternehmen gegen unlautere und nicht leistungsgerechte Wettbewerbshandlun-

---

[57] BGH 7.2.2006 – KZR 33/04, WuW/E 1779 (1782) – Probeabonnement.
[58] Hierzu zuletzt ausf. Pichler.
[59] BGH 26.10.1961 – KZR 3/61, BGHZ 36, 105 (111) = WuW/E 451 – Export ohne WBS.
[60] Vgl. im Einzelnen die Nachweise bei Sack GRUR 75, 297 (298).
[61] Kellermann S. 80.
[62] Immenga in Immenga/Mestmäcker, 4. Aufl. 2007, § 26 Rn. 12.

gen wirksam geschützt ist und andererseits der Wettbewerb so gesichert bleibt, dass er seine Funktionen in der Marktwirtschaft erfüllen kann.

## VI. Spezialität der GWB-Anspruchsgrundlagen

Der BGH hat in seiner Entscheidung „Probeabonnement" das Verhältnis von Kartell- **42** recht und Lauterkeitsrecht neu bestimmt.[63] Beide Rechtsgebiete überschneiden sich vielfach, bedürfen aber der Abgrenzung, weil sie auf der Sanktionsebene wichtige Unterschiede aufweisen. Von besonderer Bedeutung waren demzufolge die Ausführungen des BGH über das Verhältnis zwischen den zivilrechtlichen Ansprüchen nach dem GWB und den wettbewerbsrechtlichen Anspruchsgrundlagen. Hier wurde die frühere Rechtsprechung, wonach „kartellrechtliche Verstöße unter dem Gesichtspunkt des Rechtsbruchs lauterkeitsrechtlich verfolgt werden können", **ausdrücklich aufgegeben**.[64] Dies basiert va auf der Erkenntnis, dass der Gesetzgeber mit den zivilrechtlichen Ansprüchen für die Durchsetzung kartellrechtlicher Bestimmungen in den §§ 33 ff. eine **abschließenden Regelung** getroffen habe.[65] Der BGH begründet dies mit der Neuregelung der Anspruchsberechtigung in § 33 in Abgrenzung zu der des UWG. Darüber hinaus unterscheide die kartellrechtliche Regelung klar zwischen kartellrechtlichen Verboten, die auch zivilrechtlich durchgesetzt werden könnten, und bloßen (Missbrauchs-)Tatbeständen, die (wie § 30 Abs. 3) lediglich ein Eingreifen der KartBn ermöglichten. Diese differenzierte gesetzliche Regelung würde konterkariert, wenn bloße kartellrechtliche Missbrauchstatbestände mithilfe des Lauterkeitsrechts zu Verboten umgemünzt oder wenn über das UWG Anspruchberechtigungen (bspw. die von Verbraucherverbänden) konstruiert werden können, die kartellrechtlich – wegen der Begrenzung in § 33 – nicht vorhanden sind.[66]

Jedoch beschränkt sich der klare Vorrang der zivilrechtlichen Ansprüche in den §§ 33 ff. **43** auf die Fälle, in denen sich der Vorwurf der Unlauterkeit allein aus dem kartellrechtlichen Verstoß ergibt. Basiert die Unlauterkeit dagegen auf einem eigenständigen lauterkeitsrechtlichen Tatbestand, stehen die zivilrechtlichen Ansprüche, die sich aus dem Kartellrecht und aus dem Lauterkeitsrecht ergeben, gleichberechtigt nebeneinander.[67]

## VII. Rechtstatsachen; Verzeichnis der anerkannten Wettbewerbsregeln

**1. Allgemeines.** Das Institut der Wettbewerbsregeln hat in den ersten Jahren nach **44** Inkrafttreten des GWB keine große Bedeutung erlangt. In den ersten fünf Jahren kam es lediglich zur Eintragung von zwei Wettbewerbsregeln durch das BKartA.[68] Der nordrheinwestfälische Minister für Wirtschaft, Mittelstand und Verkehr trug ferner die Regeln des Landesverbandes Nordrhein-Westfalen im Bund deutscher Fliesengeschäfte ein.[69] Bis zum Inkrafttreten der zweiten GWB-Novelle am 5.8.1973 kam es zur Eintragung von insgesamt 16 Wettbewerbsregeln durch das BKartA und von sieben Wettbewerbsregeln durch die LKartBn. Nach Erweiterung der Zweckbestimmung der Wettbewerbsregeln durch die zweite GWB-Novelle häuften sich die Eintragungsanträge. Gegenwärtig sind etwa 100 Wettbewerbsregeln durch die KartBn anerkannt worden.[70] Im letzten Tätigkeitsbericht des

---

[63] BGH 7.2.2006 – KZR 33/04, WuW/E 1779 – Probeabonnement; ausf. hierzu Alexander ZWeR 2007, 239 und Pichler S. 417 ff.

[64] BGH 7.2.2006 – KZR 33/04, WuW/E 1779 (1780) – Probeabonnement.

[65] Vgl. Bechtold WRP 2006, 1162.

[66] BGH 7.2.2006 – KZR 33/04, WuW/E 1779 (1781) – Probeabonnement.

[67] BGH 7.2.2006 – KZR 33/04, WuW/E 1779 (1781) – Probeabonnement.

[68] BKartA 9.12.1959, WuW/E 96 – Kohleneinzelhandel; BKartA 30.12.1960, WuW/E 301 – Ziehereien und Kaltwalzwerke.

[69] LKartB 1.3.1962, WuW/E 63 – Fliesenregeln.

[70] Besondere Bedeutung erlangten die Wettbewerbsregeln, die der Markenverband für die Markenartikelindustrie aufgestellt hat. Über 30 Verbände, insbes. aus dem Bereich der Nahrungs- und Genussmittelindustrie, haben entsprechende Wettbewerbsregeln eintragen und anerkennen lassen. BKartA 10.5.1976, WuW/E 1633 ff. – Markenverband.

BKartA wurden jedoch nur wenige neue Wettbewerbsregeln verzeichnet.[71] Die praktische Relevanz der Wettbewerbsregeln nimmt insoweit konsequent weiter ab. Die häufige Bezeichnung als Verhaltens- oder Compliance-Kodex spiegelt wider, dass es sich immer weniger um kartell- und/oder lauterkeitsrechtlich relevante (Wettbewerbs-)Regeln handelt.[72]

**45**   **2. Verzeichnis der Wettbewerbsregeln.** Der neueste Stand anerkannter Wettbewerbsregeln[73] wird jeweils in den TBn mitgeteilt.[74] In formeller Hinsicht ist darauf hinzuweisen, dass mit dem Gesetz zur Bereinigung wirtschaftsrechtlicher Vorschriften vom 24.2.1985 das Register für Wettbewerbsregeln abgeschafft worden ist. Materiell hat sich dadurch nichts geändert. Wettbewerbsregeln werden (auch) im Internet (elektronischen Bundesanzeiger) veröffentlicht.[75]

# B. Der Begriff der Wettbewerbsregeln (§ 24 Abs. 2)

## I. Vorbemerkung

**46**   Die **Entstehungsgeschichte** der Wettbewerbsregeln hat dazu geführt, dass das Gesetz nunmehr mit dem „lauteren" und dem „leistungsgerechten" Wettbewerb nebeneinander **zwei Zulässigkeitsmaßstäbe** beinhaltet. Die **Lauterkeitsregeln** haben dabei den Zweck, einem den Grundsätzen des lauteren Wettbewerbs zuwiderlaufenden Verhalten im Wettbewerb entgegenzuwirken und ein diesen Grundsätzen entsprechendes Verhalten anzuregen. Hingegen haben die 1973 ins Gesetz aufgenommenen (kartellrechtlich geprägten) **Leistungswettbewerbsregeln** den Zweck, einem der Wirksamkeit eines leistungsgerechten Wettbewerbs zuwiderlaufenden Verhalten im Wettbewerb entgegenzuwirken und ein diesen Grundsätzen entsprechendes Verhalten im Wettbewerb anzuregen. Bei beiden Maßstäben muss man außerdem zwischen Regeln unterscheiden, die einem gegen die fraglichen Maßstäbe verstoßenden Verhalten entgegenwirken sollen und solchen Regeln, die ein diesen Grundsätzen entsprechendes Verhalten im Wettbewerb anregen sollen.

Naturgemäß war und ist auch heute noch im Detail – hinsichtlich der Auslegung dieser Maßstäbe – viel umstritten. Hier ist eine **zeitgemäße Interpretation** erforderlich, welche die fortschreitende **Liberalisierung des deutschen Lauterkeitsrechts** berücksichtigt.[76]

## II. Inhalt und Zweckrichtung

**47**   **1. Der Gegenstand von Wettbewerbsregeln. a) Wettberbliches (marktbezogenes) Verhalten.** Wettbewerbsregeln können jedes wettbewerbliche (marktbezogenes) Verhalten von Unternehmen zum Gegenstand haben. Sie können den Charakter von Geboten und Verboten oder die Form der unverbindlichen Empfehlung haben.[77] Das folgt aus der weiten Fassung des § 24 Abs. 2, wonach durch Wettbewerbsregeln ganz allg. „das Verhalten von Unternehmen im Wettbewerb" geregelt werden kann. Die entscheidende Einschränkung und Konkretisierung folgt aus der gesetzlichen Zweckbestimmung. Erst in diesem Zusammenhang wird die **umstrittene Frage** bedeutsam, ob und in welchem Umfange das geregelte Verhalten selbst lauter oder unlauter ist oder die „Wirksamkeit eines leistungsgerechten Wettbewerbs" beeinflusst.

---

[71] BT-Drs. 18/12760, 150.
[72] → Rn. 9 ff.
[73] Siehe hierzu die Übersicht in Immenga in Immenga/Mestmäcker, 5. Aufl. 2014, Rn. 24 ff.
[74] Zuletzt: BT-Drs. 18/12760, 150.
[75] www.bundesanzeiger.de.
[76] → § 24 Rn. 57.
[77] Kellermann S. 61; Hönn GRUR 1977, 141 (142); BGH 15.7.1966 – KVR 3/65, BGHZ 46, 168 (172) = WuW/E BGH 771 – Bauindustrie.

**b) Unlauteres und gesetzwidriges Verhalten.** Grundsätzlich kann sowohl unlauteres **48** und sonst gesetzwidriges Verhalten als auch lauteres und gesetzmäßiges Verhalten geregelt werden. Wörtlich genommen müsste aus der Gesetzesformulierung geschlossen werden, dass neben Regelungen, die den arbeits- und tarifrechtlichen Bereich der Unternehmenstätigkeit betreffen, auch solche Bestimmungen nicht zulässig sind, die sich auf innerbetriebliche Maßnahmen beziehen. Insoweit erscheint jedoch eine **reine Wortinterpretation zu eng.** Da die Wettbewerbsregeln inhaltlich von ihrem Zweck bestimmt werden, kann an das unmittelbar geregelte Verhalten ein **großzügiger Maßstab** angelegt werden. Es reicht aus, dass sich das geregelte Verhalten auf das Wettbewerbsverhalten auswirkt.[78] Das entspricht auch der ständigen Übung der KartBn und der Rechtsprechung. Denn die meisten von der KartB anerkannten Regeln enthalten solche Bestimmungen. Der BGH hat bspw. die Verpflichtung zur Vorkalkulation nicht unter diesem Gesichtspunkt, sondern allein wegen der Zielrichtung beanstandet.[79] Das BKartA hat Hilfsvorschriften ohne eigenen Lauterkeitsbezug ausdrücklich als anerkennungsfähig bezeichnet.[80]

**2. Die Zweckrichtung im Allgemeinen. a) Grundsätze.** Seit der zweiten GWB- **49** Novelle kommen von der Zielrichtung her gesehen **vier Arten von Wettbewerbsregeln** in Betracht, die sich allerdings überschneiden können: Sie wirken einem Verhalten, das den Grundsätzen des lauteren Wettbewerbs oder der Wirksamkeit eines leistungsgerechten Wettbewerbs zuwiderläuft entgegen oder regen ein Verhalten an, das den Grundsätzen des lauteren Wettbewerbs oder den Grundsätzen über die Wirksamkeit des leistungsgerechten Wettbewerbs entspricht. Der Zweck iSd § 24 Abs. 2 ist erfüllt, wenn eine der vier Zielrichtungen festgestellt werden kann. Der Wortlaut des Gesetzes, wonach der Zweck darauf gerichtet sein muss, einem. Verhalten im Wettbewerb entgegenzuwirken und ein. Verhalten im Wettbewerb anzuregen, steht dem zwar entgegen, würde jedoch das Verbindungswort **„und"** im Sinne einer Kumulation verstanden, könnten beispielsweise gerade solche Regeln nicht eingetragen werden, die sich auf die Bekämpfung unlauteren Wettbewerbs beschränken. Keineswegs bewirkt das Verbot unlauterer Handlungsweisen immer – jedenfalls nicht ohne weiteres – eine positive Anregung zu lauterem Verhalten. Nach Entstehungsgeschichte, Sinn und Zweck des Instituts sollen aber gerade Wettbewerbsregeln, die unlauteres oder sonst gesetzwidriges Verhalten bekämpfen, unproblematisch sein und ohne weiteres anerkannt werden. Ein zusätzlicher Förderungszweck kann danach nicht verlangt werden. Das gilt umgekehrt für Regeln, die lauteres Verhalten im Wettbewerb anregen sollen; allerdings wird in diesen Fällen häufiger angenommen werden können, dass damit gleichzeitig unlauteres Verhalten bekämpft wird. Auch nach den Materialien des Gesetzes können Wettbewerbsregeln das Verhalten von Unternehmen so regeln, dass einem „unlauteren Verhalten entgegengewirkt oder lauteres Verhalten angeregt oder gefördert wird".[81] Gleicher Auffassung ist offenbar auch der BGH.[82]

**b) Einheitliche Auslegung.** Die gegenteilige Auffassung erscheint nur haltbar, wenn **50** man davon ausgeht, der letzte Halbsatz des § 24 Abs. 2 sei ein **Pleonasmus** und überflüssig, da in dem Aufstellen von Regeln, die einem unlauteren Verhalten entgegenwirken, gleichzeitig ein Anregen zu lauterem Verhalten liege.[83] Die Zulässigkeit von Regeln zur Förderung des lauteren Wettbewerbs durch Anordnung bestimmter – positiver – Verhaltensweisen (im Unterschied zu solchen, die nur bestimmte Verhaltensweisen verbieten), die nach Sinn und Zweck und Entstehung des Abschnittes möglich sein sollen, müsste dann allerdings unmittelbar aus der Formulierung des § 24 Abs. 2, wonach Regeln dem Ziel zu dienen haben, einem unlauteren Verhalten „entgegenzuwirken", abgeleitet werden.

---

[78] Lieberknecht S. 69; Sack S. 48 f.
[79] BGH 15.7.1966 – KVR 3/65, BGHZ 46, 168 = WuW/E BGH 771 – Bauindustrie.
[80] BKartA 30.8.1974, WuW/E 1523 – Elektroleuchten.
[81] Bericht 1957, zu § 26a; vgl. hierzu die gründliche Diss. von Reimers S. 220, 216.
[82] BGH 15.7.1966 – KVR 3/65, BGHZ 46, 168 (174) = WuW/E BGH 771 – Bauindustrie.
[83] So von Gamm KartR Rn. 10.

**51**    Es besteht kein Anlass, § 24 Abs. 2 insoweit (hinsichtlich der dargelegten Alternativen) **unterschiedlich auszulegen,** je nachdem ob sich die Wettbewerbsregeln auf die „Grundsätze des lauteren Wettbewerbs" beziehen oder auf die „Wirksamkeit eines leistungsgerechten Wettbewerbs".[84] Die Auslegung, Anregungsregeln könnten nur lauterkeitsbezogenes Verhalten betreffen, steht auch in Widerspruch zur Gesetzesgeschichte, nach der mit der Einfügung des Begriffs der Wirksamkeit eines leistungsgerechten Wettbewerbs von Anfang an bezweckt worden ist, positive Handhaben „insb. auch für die Anregung und Förderung des Leistungswettbewerbs" zu geben.[85]

**52**    **c) Objektivierung des Zwecks.** Der Zweck, durch den die Wettbewerbsregeln entscheidend geprägt und abgegrenzt werden, ist nicht schon dann erfüllt, wenn Wirtschafts- oder Berufsvereinigungen subjektiv das in § 24 Abs. 2 bezeichnete Ziel verfolgen. Es ist vielmehr erforderlich, dass sie **objektiv diesem Zweck dienen.**[86] Dieser Grundsatz folgt aus dem Sinngehalt des § 24 Abs. 2 und aus der wirtschaftspolitischen Zielsetzung, die mit der Einführung des Abschnittes über die Wettbewerbsregeln verfolgt worden ist. Er liegt auch unausgesprochen der Entscheidung des BGH „Bauindustrie" zugrunde.[87] Aus dieser Entscheidung folgt weiterhin, dass die Wettbewerbsregeln darüber hinaus geeignet sein müssen, diesem Zweck zu dienen.[88] Wenn der durch § 24 Abs. 2 gedeckte Zweck im Vergleich zu einem damit verbundenen unzulässigen Zweck in den Hintergrund tritt, ist die Wettbewerbsregel unzulässig.[89]

**53**    **d) Die Merkmale „Entgegenwirken" und „Anregen".** Die beiden Alternativpaare in der Zwecksetzung, einerseits einem wettbewerblichen Verhalten entgegenzuwirken, das den Grundsätzen des lauteren Wettbewerbs oder der Wirksamkeit eines leistungsgerechten Wettbewerbs zuwiderläuft, andererseits ein wettbewerbliches Verhalten anzuregen, das den Grundsätzen des lauteren Wettbewerbs oder den Grundsätzen der Wirksamkeit eines leistungsgerechten Wettbewerbs entspricht, haben im Schrifttum den unterschiedlichsten Sinngehalt erfahren. Hervorzuheben ist die **Unterscheidung zwischen Verbots- und Vorbeugungsregeln**[90] und die vorgenommene Aufteilung in **Verbots- oder Negativregeln und Gebots- oder Positivregeln.**[91] Diese Kennzeichnungen veranschaulichen die einzelnen Typen und Formen von Wettbewerbsregeln. Ihnen kann jedoch nichts über den zulässigen Inhalt entnommen werden. Sie lassen insbes. außer Betracht, dass sich die beiden Zwecksetzungen sehr nahe stehen und sich überschneiden. In vielen Fällen werden Regeln, die dem Zweck dienen, einem negativ zu beurteilenden Verhalten entgegenzuwirken, gleichzeitig den Zweck erfüllen, ein positives Verhalten anzuregen und umgekehrt.[92]

**54**    Dennoch behält die Unterscheidung Bedeutung: Zumindest wird man häufig der Sprache und den Dingen Gewalt antun müssen, wenn ein bestimmtes Verhalten dahin qualifiziert werden muss, es diene dem Zweck, einem negativen Verhalten entgegenzuwirken und rege gleichzeitig zu positivem Verhalten an. Der entscheidende Unterschied zu der ersten Alternative ist darin zu sehen, dass dort als Erfolg ein Unterlassen unlauteren Handelns, hier aber ein lauteres Verhalten im Wettbewerb erreicht werden soll. Das bedeutet jedoch nicht, dass im ersten Fall die Wettbewerbsregeln inhaltlich nur als Verbots- oder Negativregeln angesehen werden können und im zweiten Fall als Gebots- oder Positivregeln.[93] Allerdings werden natürlicherweise Wettbewerbsregeln der ersten Alternati-

---

[84] AA Schmiedel WuW 1975, 743 (747 ff.).

[85] Begr. 1971, S. 34; in gleicher Weise schon Bundesregierung im TB 1962, 3 f. und TB 1963, 2; vgl. im Einzelnen Hönn GRUR 1977, 141 (142).

[86] Benkendorff WuW 1958, 420; Kellermann S. 74.

[87] BGH 15.7.1966 – KVR 3/65, BGHZ 46, 168 = WuW/E 767 – Bauindustrie.

[88] Noch weitergehend Wolf S. 127 ff.; er verlangte Erforderlichkeit und Eignung.

[89] BGH 15.7.1966 – KVR 3/65, BGHZ 46, 168 (178) = WuW/E 767 (773) – Bauindustrie.

[90] Wolf S. 129 ff.

[91] Hönn GRUR 1977, 141 f.

[92] Insoweit ist v. Gamm KartR Rn. 10 zuzustimmen.

[93] Hönn GRUR 1977, 141 (142).

ve primär Verbote zum Inhalt haben, also als sog. Negativregeln gestaltet sein und Wettbewerbsregeln der zweiten Alternative Gebote aufstellen, also aussprechen, wie sich die Beteiligten positiv verhalten sollen. Nach der gesetzlichen Norm ist das aber nicht notwendig. Die gesetzlich gewollte Unterscheidung liegt in der **Zwecksetzung.** Als Mittel zur Erreichung dieses Zwecks, dh als Inhalt der Wettbewerbsregeln, kommen für sämtliche gesetzlich vorgesehenen vier Zwecksetzungen in Betracht, „die das Verhalten von Unternehmen im Wettbewerb regeln". Demgemäß können Wettbewerbsregeln jeder dieser Alternativen sowohl ein Tun als auch ein Unterlassen zum Gegenstand haben; sie können sowohl negative als auch positive Regeln sein, sowohl Gebote als auch Verbote enthalten.

Als **Ergebnis** ist festzustellen, dass die Tatbestände des § 24 Abs. 2 in einem **alternati-** 55 **ven Verhältnis** zueinander stehen, in ihrer praktischen Anwendung aber – in ähnlicher Weise wie bei den Tatbeständen der Behinderung und unterschiedlichen Behandlung nach § 19 Abs. 2 Nr. 1 – sich **weitgehend überschneiden.** Eine klare Trennung ist nicht möglich und auch nicht notwendig; denn für die normative Bewertung gilt ein **einheitlicher Maßstab.** Die allseits als unbefriedigend angesehene Fassung des § 24 Abs. 2 bringt jedenfalls zum Ausdruck, dass Wettbewerbsregeln ganz allg. alle Tatbestände umfassen können, die objektiv auf den Zweck gerichtet und geeignet sind, dem Zweck zu dienen, wettbewerbliche Verhaltensweisen zu bekämpfen, die unlauter oder sonst gesetzwidrig sind oder die Wirksamkeit eines leistungsgerechten Wettbewerbs beeinträchtigen oder die den lauteren oder die Wirksamkeit eines leistungsgerechten Wettbewerbs erhalten, sichern oder fördern.

## III. Regeln zur Erhaltung, Sicherung und Förderung der Lauterkeit des Wettbewerbs

Bei der Bestimmung des zulässigen Inhalts von Wettbewerbsregeln kommt es maßgeblich 56 auf den Lauterkeitsbegriff des § 24 Abs. 2 – „Grundsätze des lauteren Wettbewerbs" – an. Damit knüpft § 24 Abs. 2 unzweifelhaft an das Recht des unlauteren Wettbewerbs an. Die Grundsätze des lauteren Wettbewerbs werden demzufolge **primär** durch das UWG bestimmt.

**1. Der Begriff des lauteren Wettbewerbs. a) Anknüfungspunkte der „Grund-** 57 **sätze des lauteren Wettbewerbs".** Es ist jedoch allg. anerkannt, dass das Gesetz mit der Formulierung „Grundsätze des lauteren Wettbewerbs" nicht nur an das **UWG,** seinen **Nebengesetzen** und den auf seiner Grundlage erlassenen Verordnungen (bspw. PAngV), sondern **auch** an die wettbewerblichen Grundsätze im **GWB** anknüpft (i. e., §§ 18–21).[94] Darüber hinaus sind bei der Beurteilung, ob bestimmte Regeln der Lauterkeit dienen, ganz allg. die gesetzlichen Tatbestände und Wertungsmaßstäbe in **Spezialgesetzen** einzubeziehen, die besondere Wettbewerbsvorschriften enthalten.

Es ist grundsätzlich als unlauter anzusehen, durch Gesetzesverletzung unter Ausnutzung 58 der Gesetzestreue der Mitbewerber Vorteile zu erstreben. Genauso wie eine Reihe von Tatbeständen des UWG und seiner Nebengesetze auch insoweit zu beachten sind, als sie nicht typisch unlauteren Wettbewerb bekämpfen, sondern Ausdruck ordnender Zweckmäßigkeit sind, hat dies nach dem Sinngehalt der §§ 24 ff. für andere gesetzliche Vorschriften zur Verhinderung unerwünschten Wettbewerbs zu gelten. Das entspricht offenbar auch der Auffassung des BKartA, wonach die Grundsätze des lauteren Wettbewerbs durch „**den anerkannten Wertbegriff des allg. Wettbewerbsrechts,** der seinen Sinn und Inhalt aus dem Gebot der guten Sitten und der Beachtung der besonderen wettbewerblichen Vorschriften erhält", geprägt werden.[95] Angesichts der mit der 7. GWB-Novelle

---

[94] Vgl. mwN Sack in Loewenheim et al. Rn. 34.
[95] TB 1959, 50; TB 1960, 56; BKartA 9.12.1959, WuW/E 98 – Kohleneinzelhandel; 30.12.1960, WuW/E 304 – Ziehereien und Kaltwalzwerke; 18.3.1963, WuW/E 612 – Kraftfahrzeughandel.

eingefügten Normen zur Angleichung des deutschen Rechts an das europäische Wettbewerbsrecht ist zu ergänzen, dass auch dessen Grundsätze zu berücksichtigen sind.[96]

**59**   **b) Zweck der Wettbewerbsregeln.** Bei der Beurteilung im Einzelnen, ob Wettbewerbsregeln auf den Zweck gerichtet sind, lauteres Verhalten im Sinne des UWG, seiner Nebengesetze und anderer wettbewerbsrechtlicher Vorschriften zu bekämpfen oder ein Verhalten im Sinne der hier zum Ausdruck kommenden Wertungsmaßstäbe anzuregen, ist zu beachten: Diese Gesetze dürfen nicht in einer Weise ausgelegt werden, dass dadurch der durch das GWB gegen Beschränkungen durch Unternehmen geschützte freie Wettbewerb beeinträchtigt wird. Die durch das GWB geschützten Werte zwingen dazu, auch Geltung und Anwendungsbereich dieser Gesetze zu überprüfen. Das gilt in besonderem Maße für das UWG selbst. Nach Inkrafttreten des GWB kann das Urteil über die Unlauterkeit einer Wettbewerbsmaßnahme nach § 3 UWG, der die Berücksichtigung sowohl der Interessen der Mitbewerber als auch der Verbraucher und der sonstigen Marktteilnehmer fordert, nur gesprochen werden, wenn Wesen, Funktion und Sinn der durch das GWB geschützten Freiheit des Wettbewerbs berücksichtigt werden.[97]

**60**   Hierbei kommt den letzten Novellierungen des UWG und der neuesten Rechtsprechung besondere Bedeutung zu.[98] Sie bestätigen die in diesem Kommentar von Anfang an zum Ausdruck gekommene Auffassung, dass es für die Frage der Unlauterkeit nicht maßgeblich auf das Anstandsgefühl des verständigen Durchschnittsgewerbetreibenden und auf die Verkehrssitte (die im Verkehr herrschende tatsächliche Übung) ankommt.[99] Auf dieser Linie hat der BGH in „Probeabonnement"[100] ausdrücklich festgestellt, heute bestehe Einigkeit darüber, dass der Wettbewerb in bedenklicher Weise beschränkt würde, „wenn das Übliche zur Norm erhoben würde". Insoweit erkennt der BGH an, dass Wettbewerbsregeln „allenfalls eine **indizielle** Bedeutung für die Frage der Unlauterkeit haben".[101] Selbst die nach bisherigem Verständnis den Wettbewerbsregeln zugrundeliegende Funktion – „zur Ausfüllung der lauterkeitsrechtlichen Generalklauseln und zur Ausfüllung unbestimmter Rechtsbegriffe" – wird nunmehr vom BGH abgelehnt.[102]

**61**   Diese Auffassung hat der BGH in seiner Entscheidung „FSA-Kodex" aus dem Jahr 2010 bestätigt.[103] Der BGH hat hier die Entscheidung des OLG München aufgehoben, das sich zur Begründung eines Wettbewerbsverstoßes ausschließlich auf den Verstoß gegen den Kodex berufen hatte. Ein Verhalten, das gegen einen Verhaltenskodex eines Unternehmensverbandes verstoße, stelle nicht bereits deshalb einen Verstoß gegen die lauterkeitsrechtliche Generalklausel dar.[104] In weiteren Ausführungen hat sich der BGH im Kern seinen bedeutsamen Ausführungen in „Probeabonnement" angeschlossen. Die Entscheidung „FSA-Kodex" spiegelt wider, dass deutliche Gefahren mit der lauterkeitsrechtlichen Anerkennung von Verhaltenkodizes verbunden sind[105] – welche im Kern Erscheinungsformen von Wettbewerbsregeln iSd §§ 24 ff. sind.[106]

---

[96] Vgl. zu diesem Problemkreis Sack in Loewenheim et al. § 26 Rn. 26 ff.

[97] Kellermann S. 79 f.

[98] Sosnitza FS Bechtold, 2006, 515 (516).

[99] Vgl. für die Vergangenheit BGH 22.2.1957 – I ZR 68/56, BGHZ 23, 365 (373) – Suwa; 8.3.1962 – KZR 8/61, BGHZ 37, 30 (32) – Selbstbedienungsgroßhandel; 13.2.1961 – I ZR 134/59, BGHZ 34, 264 (274) – Einpfennig-Süßwaren; 14.4.1965 – Ib ZR 72/63, BGHZ 43, 359 (364) – Warnschild; 3.7.1981 – I ZR 84/79, BGHZ 81, 291 (296) – Bäckerfachzeitschrift; 5.6.1956 – I ZR 62/54, NJW 1956, 1556 = GRUR 1957, 23 (24) – Bünder Glas; 4.12.1964 – VIII ZR 118/63, NJW 1965, 628 = GRUR 1965, 315 (316) – Werbewagen.

[100] BGH 7.2.2006 – KZR 33/04, WuW/E 1779 (1781) = NJW 2006, 2627 – Probeabonnement; ausf. hierzu Alexander ZWeR 2007, 239.

[101] BGH 7.2.2006, KZR 33/04, WuW/E 1779 (1781) – Probeabonnement; hierzu bereits → § 24 Rn. 42.

[102] BGH 7.2.2006 – KZR 33/04, WuW/E 1779 (1782) – Probeabonnement; krit. hierzu Alexander ZWeR 2007, 239 (251).

[103] BGH 9.9.2010 – I ZR 157/08, GRUR 2011, 431 – FSA-Kodex.

[104] BGH 9.9.2010 – I ZR 157/08, GRUR 2011, 431 Rn. 12 ff. – FSA-Kodex.

[105] Bornkamm FS Canenbley, 2012, 67 (74 ff.).

[106] Vgl. § 2 Abs. 1 Nr. 5 UWG; hierzu Köhler in Köhler/Bornkamm/Feddersen § 2 Rn. 115.

**c) Leistungswettbewerb.** In Bezug auf die Frage des Leistungswettbewerbs ist schon **62** hier zu unterstreichen: Rechtslehre und Rechtsprechung verwenden den Begriff Leistungswettbewerb schon seit langem als **Antithesen zu den Begriffen des Behinderungswettbewerbs und des Nichtleistungswettbewerbs** und ganz allg. als Begriff des allg. Wettbewerbsrechts, insbes. des UWG. Das RG hat im „Benzinkampf-Urteil"[107] als Leistungswettbewerb Verhaltensweisen angesehen, die die Absatztätigkeit mit den Mitteln der eigenen Leistung fördern und demgegenüber den Behinderungswettbewerb als ein Verhalten beschrieben, das den eigenen Absatz nicht durch die eigene Leistung, sondern durch eine Behinderung des Mitbewerbers aufrechterhält und ausweitet. Der BGH hat in einer Reihe von Entscheidungen zu § 1 UWG aF ebenfalls den Begriff Leistungswettbewerb verwendet und ihm gerade in den letzten Jahren eine zunehmende Bedeutung eingeräumt – eine Tatsache, die offenbar lange Zeit dazu beigetragen hat, die Absicht, § 1 UWG um einen gesetzlichen Tatbestand in Richtung auf den Schutz des „leistungsgerechten Wettbewerbs" zu erweitern, nicht zu verwirklichen. Insbes. in den Entscheidungen zur Wertreklame,[108] zur Beeinflussung der Handelsfunktionen,[109] zur Herausgabe und kostenlosen Verteilung von Anzeigenblättern mit redaktionellem Teil[110] und zum „Eintrittsgeld"[111] wird wesentlich darauf abgestellt, ob das zu beurteilende Verhalten dem Sinn des Leistungswettbewerbs entspricht.[112] Gleiches ergibt sich aus Entscheidungen des Kartellsenats des BGH zu den Tatbeständen des § 26 aF = §§ 20, 21 nF GWB, die ähnliche Wertungsmaßstäbe zum Ausdruck bringen, welche bei der Beurteilung der Lauterkeit zu berücksichtigen sind.[113] In diesem Umfange – soweit der Begriff des leistungsgerechten Wettbewerbs vom Begriff des lauteren Wettbewerbs umfasst wird – **findet der leistungsgerechte Wettbewerb in den Grundsätzen des lauteren Wettbewerbs Niederschlag** und muss deshalb hier anerkannt werden, soweit es um die Entscheidung der Frage geht, ob Wettbewerbsregeln diesem Zweck dienen.

Der Übernahme des von der Rechtsprechung und Rechtslehre zum UWG entwickelten **63** **Begriff des Leistungswettbewerbs** im Rahmen der ersten Alternative des § 24 Abs. 2 steht nicht entgegen, dass mit der 2. GWB-Novelle ein eigenes Tatbestandsmerkmal zum Schutze der Wirksamkeit eines leistungsgerechten Wettbewerbs eingeführt worden ist. Der von der Rechtsprechung verwendete Begriff Leistungswettbewerb, der Teil des Lauterkeitsmaßstabes ist, knüpft zwar auch – aber nicht nur – an den durch das GWB geschützten wirksamen Wettbewerb an, der Gegenstand der zweiten Alternative ist. Er schließt insoweit einerseits die Definition des Leistungswettbewerbs ein, geht andererseits aber weiter, denn er leitet das Unwerturteil entscheidend daraus her, dass den Interessen der Allgemeinheit zuwider der Wettbewerbsbestand auf dem betroffenen Markt gefährdet ist.[114] Die Einbeziehung des so verstandenen Begriffs des Leistungswettbewerbs in den Lauterkeitstatbestand ist jedoch deshalb gerechtfertigt und notwendig, weil er seinen Ansatzpunkt im UWG findet.[115]

**2. Der zulässige Inhalt. a) Zweck der Lauterkeit des Wettbewerbs.** Der Zweck, **64** einem Verhalten im Wettbewerb entgegenzuwirken, das den Grundsätzen des lauteren

---

[107] RGZ 134, 342.

[108] BGH 4.7.1975 – I ZR 34/75, BGHZ 65, 68 – Brachenfremde Vorspannangebote; 17.121976 – I ZR 41/76, BGHZ 43, 278 = NJW 1977, 1060 – Verschenken von Originalware.

[109] BGH 3.12.1976 – I ZR 34/75, GRUR 1977, 257 – Schaufensteraktion; 28.10.1970 – I ZR 39/69, GRUR 1971, 223 – clix-Mann.

[110] BGH 27.1.1956 – I ZR 146/54, BGHZ 19, 392; 18.12.1968 – I ZR 113/66, BGHZ 51, 236; 26.3.1971 – I ZR 128/69, NJW 1971, 2025 – Stuttgarter Wochenblatt II; 11.3.1977 – I ZR 101/75, GRUR 1977, 669 – WAZ-Anzeiger.

[111] BGH 17.12.1976 – I ZR 77/75, NJW 1977, 1242 – Eintrittsgeld.

[112] Vgl. Ulmer GRUR 1977, 565 (568 f.).

[113] BGH 26.10.1972 – KZR 54/71, WuW/E 1238 – Registrierkassen.

[114] BGH 18.12.1968 – I ZR 113/66, BGHZ 51, 236; 26.3.1971 – I ZR 58/70, NJW 1971, 2025 – Stuttgarter Wochenblatt II.

[115] Vgl. die unter einem anderen Blickpunkt stehenden Untersuchungen von Wolf WRP 2019, 283; Ulmer GRUR 1977, 765; L. Raiser GRUR-Int 1973, 443; Sack WRP 1975, 65 (71).

Wettbewerbs zuwiderläuft, ist immer dann als gegeben anzusehen, wenn es sich um Bestimmungen handelt, die unmittelbar unlauteres oder sonst gesetzwidriges Verhalten in dem dargelegten Sinne verbieten. Solche Regeln können auch in Form von Geboten auftreten. Dies ist immer dann der Fall, wenn jedes Abweichen vom gebotenen Verhalten unlauter ist. Es ist undenkbar, dass derartige Regeln nicht dem vom Gesetz verlangten Zweck dienen. Im Einzelnen fallen hierunter insbes. Verhaltensweisen, die nach Wortlaut, Sinn und Zweck der wettbewerbsrechtlichen Normen oder nach Standesrecht als unerlaubt anzusehen sind.

**65**   **b) Vermeintlich lauteres Verhalten.** Darüber hinaus können Wettbewerbsregeln selbst solche Verhaltensweisen erfassen und verbieten, die bei objektiver Beurteilung als lauter erscheinen. Es ist heute allg. anerkannt, dass Wettbewerbsregeln sich nicht auf die Bekämpfung von Tatbeständen beschränken müssen, die nach dem UWG und seinen Nebengesetzen oder sonstigen rechtlichen Vorschriften verboten sind. Die wissenschaftliche Diskussion geht deshalb auch weniger um das Problem, ob Wettbewerbsregeln in den Bereich des an sich zulässigen Wettbewerbs vorstoßen dürfen, sondern darum, in welchem Umfang sie den freien Wettbewerb beschränken können. Nach dem Inkrafttreten der 2. GWB-Novelle braucht in diesem Zusammenhang nicht mehr darauf eingegangen zu werden, ob schon aus der Bestimmung, dass Wettbewerbsregeln den Schutz des lauteren Wettbewerbs bezwecken dürfen, die Zulässigkeit auch solcher Regeln folgt, die die Wirksamkeit eines leistungsgerechten Wettbewerbs sichern und dem Schutz der wettbewerblichen Struktur dienen. Die Aufnahme eines besonderen Abschnittes über Wettbewerbsregeln und die Einführung eines umfangreichen und zeitraubenden Verfahrens zur Anerkennung wäre unverständlich, wenn Wettbewerbsregeln nur wiederholen oder ausfüllen dürften, was ohnehin schon gegen das UWG und seine Rechtsvorschriften verstößt. § 24 Abs. 2 gibt den Wirtschafts- und Berufsvereinigungen bei der Gestaltung von Wettbewerbsregeln einen außerordentlich weiten Spielraum (der dann allerdings durch § 26 wiederum eingeschränkt wird): Praktisch kann jedes wettbewerbliche Verhalten geregelt werden, wenn der erforderliche Zweck erfüllt wird, nämlich die Grundsätze des lauteren Wettbewerbs zu erhalten, diese zu sichern und zu fördern. Die Grundsätze des lauteren Wettbewerbs brauchen nicht unmittelbar Inhalt der Wettbewerbsregeln zu sein. Dies wird besonders deutlich, soweit es um die Förderungsregeln („anzuregen") geht, muss dann aber sinngemäß auch für solche Wettbewerbsregeln gelten, die dem Zweck zu dienen bestimmt sind, einem unlauteren Verhalten entgegenzuwirken.[116] Damit können beispielsweise auch **Marktinformations- und Preismeldesysteme** im Sinne der Entscheidung des BGH in „Aluminiumhalbzeug"[117] – um ein von der höchstrichterlichen Rechtsprechung nach § 1 qualifiziertes Verhalten darzustellen – Inhalt von Wettbewerbsregeln sein, wenn angenommen werden kann, dass sie dem Zweck zu dienen bestimmt und geeignet sind, auf dem betreffenden Markt einem unlauteren Ausspielen der Anbieter durch die Abnehmer entgegenzutreten. Der erforderte Lauterkeitsbezug wäre gegeben; es stünde allerdings noch die Frage im Raum, ob das Verbot des § 1 einerseits und die Freistellungsnormen der §§ 2, 3 andererseits eingreifen.

**66**   **c) „Graue Zone".** In der Vergangenheit – schon vor Inkrafttreten des GWB – wurden Regeln in dem Grenzbereich zwischen lauterem und unlauterem Wettbewerb unter dem schlagwortartigen Begriff der **„Grauen Zone"** (weitergehend sogar in eine **Drei-Zonen-Theorie** und **Zwei-Zonen-Theorie**) zusammengefasst.[118] Im Anschluss an die Feststellung, Wettbewerbsregeln könnten mehr enthalten als nur Bestimmungen zur Verhinderung unlauteren Wettbewerbs, wurde dahin argumentiert, alle Regeln über Verhaltensweisen, die der sog. Grauen Zone zuzurechnen seien, stünden mit den §§ 24 ff. in Einklang. Die

---

[116] Dies folgt mittelbar auch aus BGH 26.10.1961 – KZR 3/61, BGHZ 36, 105 – Export ohne WBS.
[117] BGH 29.1.1975 – KRB 4/74, BGHSt 26, 56 = NJW 1975, 788.
[118] Vgl. mwN Sack in Loewenheim et al. Rn. 35 ff. und die Zusammenstellung bei Walde S. 86 ff.; Sack S. 93 ff.

Auffassungen über den diesem Begriff zukommenden Inhalt weichen allerdings erheblich voneinander ab.[119] Im Kern sollten davon Wettbewerbsmaßnahmen erfasst werden, die sich im labilen Grenzbereich zwischen Lauterkeit und Unlauterkeit bewegen und für die noch keine gefestigte Rechtsprechung vorliegt; außerdem wurden solche wettbewerbsrechtliche Verhaltensweisen dazu gerechnet, die zwar eindeutig erlaubt waren, aber als unerwünscht erschienen, weil sie in den betr. Wirtschaftskreisen als unkorrekt, unseriös oder unfair betrachtet wurden.[120] Diesem Begriff kann jedoch für die entscheidende Frage nach dem Anwendungsbereich von Wettbewerbsregeln keine Bedeutung zuerkannt werden. Ihm fehlt nicht nur der für eine Rechtsanwendung notwendige einheitliche Begriffsinhalt, sondern auch jegliche rechtliche Aussagekraft. An der Prüfung der Tatbestandsmerkmale der §§ 24, 26 führt kein Weg vorbei. Insoweit hat die Diskussion über die graue Zone zuletzt nach der 7. GWB-Novelle erheblich an praktischer Bedeutung verloren. Denn Wettbewerbsregeln nach § 24 Abs. 2 sind gem. § 26 Abs. 2 abzulehnen, wenn sie den Wettbewerb nach § 1 beschränken und nicht nach § 2 oder § 3 freigestellt sind.

## IV. Die Wirksamkeit eines leistungsgerechten Wettbewerbs

Der Begriff des leistungsgerechten Wettbewerbs hat zwar seinen Ursprung im Lauter- **67** keitsrecht; er ist jedoch im Rahmen des § 24 Abs. 2 insbes. **kartellrechtlich zu interpretieren.**

**1. Besondere Auslegungsprobleme. a) Kein Lauterkeitsbezug.** Die 2. GWB-No- **68** velle hat den Bereich, in dem Wirtschafts- und Berufsvereinigungen Wettbewerbsregeln aufstellen und anerkennen lassen können, erheblich **erweitert.**[121] Inhalt von Wettbewerbs- regeln können nunmehr auch solche das Wettbewerbsverhalten von Unternehmen regelnde Bestimmungen sein, die bezwecken, einem der Wirksamkeit eines leistungsgerechten Wett- bewerbs zuwiderlaufenden Verhalten im Wettbewerb entgegenzuwirken oder ein diesen Grundsätzen entsprechendes Verhalten im Wettbewerb anzuregen. Der Rechtsbegriff **„Wirksamkeit eines leistungsgerechten Wettbewerbs"** und die Art und Weise, wie er in die ohnehin schon schwer verständliche Norm des § 24 Abs. 2 eingebettet worden ist, bringt **erhebliche Auslegungs- und Vollziehungsschwierigkeiten.** Über ihren Inhalt wird jedoch hinreichend Klarheit gewonnen, wenn neben dem Wortlaut der Sinnzusam- menhang berücksichtigt wird, in den die (neue) Bestimmung gestellt ist, und das Ergebnis an dem aus der Entstehungsgeschichte zu erschließenden Zweck gemessen wird. Wird die Tatsache berücksichtigt, dass der (neue) Tatbestand dem Begriff des lauteren Wettbewerbs gegenübergestellt worden ist und eine andere Ausrichtung erfahren hat, so folgt schon daraus die Ablehnung der Auffassung, Regeln zum Schutz des leistungsgerechten Wett- bewerbs müssten in gleicher Weise wie Lauterkeitsregeln einen Lauterkeitsbezug aufweisen.

**b) Neues Leitbild der Wettbewerbspolitik?** Nicht gefolgt werden kann der bis dahin **69** überwiegend vertretenen Auffassung, dem Wettbewerbsbegriff liege als neues Leitbild der Wettbewerbspolitik der Begriff des funktionsfähigen Wettbewerbs zugrunde, oder aus der Wettbewerbstheorie über die Funktionen des (wirksamen) Wettbewerbs sei eine von mehreren Funktionen, nämlich „die **Steuerung der Einkommensverteilung nach Marktleistung"** übernommen worden.[122]

Mit dem Begriff Wirksamkeit des Wettbewerbs knüpft § 24 Abs. 2 an den durch das **70** GWB – insbes. durch § 1 – vor Beschränkungen und Beeinträchtigungen geschützten Wettbewerb an. Das entspricht dem Wortlaut und dem Sinnzusammenhang, in den § 24 Abs. 2 gestellt ist. Es kann insbesondere nicht angenommen werden, dass das **Konzept des funktionsfähigen Wettbewerbs** Eingang gefunden hat. Denn das hätte die nach der

---

[119] Vgl. die Darstellung bei Sack in Loewenheim et al. Rn. 35 ff.
[120] Benisch WuW 1956, 643; Dörinkel WuW 1960, 593.
[121] → Rn. 20 ff. zur Entstehungsgeschichte.
[122] Vgl. insbes. Hönn GRUR 1977, 141 (144).

Systematik des Gesetzes als ausgeschlossen anzusehende Folge, dass über Wettbewerbsregeln Wettbewerbsbeschränkungen bis zur Grenze der Funktionsfähigkeit des Wettbewerbs eingeführt werden dürften.[123]

**71**    Entscheidend ist, dass es nach dem heutigen **Stand der Wettbewerbstheorie** ausgeschlossen erscheint, ohne eindeutige Aussage des Gesetzgebers dem Wettbewerbsbegriff einen Inhalt zu geben, der einer Theorie entnommen ist, die heftig umstritten und einem steten Wandel unterworfen ist.[124]

**72**    **2. Der zulässige Inhalt. a) Allgemeines.** Anerkennungsfähig sind Wettbewerbsregeln, die den Zweck haben, einem Verhalten im Wettbewerb entgegenzuwirken, das die Wirksamkeit eines leistungsgerechten Wettbewerbs beeinträchtigt, oder ein Verhalten im Wettbewerb anzuregen, das den Grundsätzen entspricht, die aus dem Begriff der Wirksamkeit eines leistungsgerechten Wettbewerbs abzuleiten sind. Diese Voraussetzungen sind gegeben, wenn Wettbewerbsregeln darauf gerichtet sind, nicht leistungsgerechten Wettbewerb zu bekämpfen oder leistungsgerechten Wettbewerb zu erhalten, zu sichern und zu fördern. Sie sind aber auch dann gegeben, wenn sie dem Schutz der Wirksamkeit des durch das GWB geschützten Wettbewerbs schlechthin dienen.

**73**    **b) Wirksamkeit des Wettbewerbs.** § 24 Abs. 2 bezieht sich nicht nur auf den leistungsgerechten Wettbewerb, sondern spricht ausdrücklich von der Wirksamkeit eines leistungsgerechten Wettbewerbs. Bei der Prüfung einzelner Wettbewerbsregeln kommt es deshalb nicht allein auf die Leistungsgerechtigkeit an. Vielmehr sind Wettbewerbsregeln auch dann zulässig, wenn sie ein wettbewerbliches Verhalten zu dem Zweck regeln, die Wirksamkeit des Wettbewerbs schlechthin vor Beeinträchtigungen zu schützen oder die Wirksamkeit des Wettbewerbs schlechthin zu fördern. Jede Regel, die die Wirksamkeit des Wettbewerbs schlechthin schützt und fördert, schützt und fördert auch die Wirksamkeit eines leistungsgerechten Wettbewerbs.[125] Nicht zulässig sind allerdings Bestimmungen in Wettbewerbsregeln, die den Schutz und die Förderung der Wirksamkeit des Wettbewerbs mit nicht leistungsgerechten Mitteln bezwecken. Im Prinzip können danach auch leistungsgerechte Verhaltensweisen ausgeschlossen werden, wenn die entsprechenden Bestimmungen bezwecken und geeignet sind, die wettbewerbliche Struktur eines Marktes zu erhalten und die Vermachtung des Marktes zu verhindern. Es liegt in der Natur der Sache, dass solchen Regeln im Gesamtkonzept der §§ 24 ff. geringe Bedeutung zukommt. Das Schwergewicht liegt auf den Leistungswettbewerbsregeln.

**74**    **c) Leistungsgerechter Wettbewerb. aa) Die Grundsätze.** Aus dem in der Rspr., der Rechtslehre und der Volkswirtschaftslehre (wenn auch mit teilweise unterschiedlichem Inhalt) verwendeten Begriff der Wirksamkeit des Wettbewerbs folgt, dass ein solcher Wettbewerb im allg. zur Leistungsgerechtigkeit führt. Aus der Einfügung des Wortes „leistungsgerecht" und dem Zusammenhang, in den der Gesamtbegriff gestellt ist, kann deshalb zwanglos entnommen werden, dass der Gesetzgeber jene Formen des Wettbewerbs treffen und bekämpfen will, die den leistungsgerechten Wettbewerb verfälschen, dh, dass das Ziel, das mit Wettbewerbsregeln verfolgt werden darf, darauf gerichtet sein muss, einem nicht leistungsgerechten Verhalten im Wettbewerb entgegenzuwirken. **Zum Schutz und zur Förderung der Wirksamkeit des Wettbewerbs soll nicht leistungsgerechtem Wettbewerbsverhalten entgegengetreten werden können.** Soweit leistungsgerechter Wettbewerb gefördert werden kann, ist aus den gleichen Gründen, aus denen für die zweite Alternative der Lauterkeitsregeln ein Lauterkeitsbezug gefordert wird, hier zu schließen, dass der Zweck auf die Abwehr nicht leistungsgerechten Wettbewerbsverhaltens gerichtet sein muss.

---

[123] Siehe hierzu Immenga in Immenga/Mestmäcker, 5. Aufl. 2014, Rn. 73 ff.
[124] Vgl. Tolksdorf WuW 1980, 785.
[125] Hönn GRUR 1977, 141 (143), der zu Recht darauf hinweist, dass dieser Gesichtspunkt in der bisherigen Diskussion zu wenig beachtet worden ist.

**bb) Ausfüllung des Begriffs.** Die Zielvorstellungen, die dem § 24 Abs. 2 zugrunde **75** liegen, zeigen, dass die Begriffe leistungsgerechter Wettbewerb und Leistungswettbewerb synonym gebraucht werden können.[126] Beide Begriffe sind unbestimmt und unscharf und haben sowohl in der rechtswissenschaftlichen als auch in der volkswirtschaftlichen Literatur unterschiedliche Auslegung erfahren.[127] Dementsprechend wurden gegen seine Aufnahme in das G ohne klarstellenden Zusatz Bedenken geltend gemacht.[128] Nachdem er aber in das Rechtsinstitut der Wettbewerbsregeln eingegangen ist, muss dieser auch für die Praxis erschlossen werden. Dabei wird entscheidend auf den Gesamtzusammenhang des GWB, seinen Schutzgedanken und die ihm zugrundeliegenden Wertungen abzustellen sein. Die Vieldeutigkeit und generalklauselartige Fassung des Begriffs macht es dabei auch notwendig, bei der Auslegung neben dem Wortlaut und Sinnzusammenhang den aus der **Entstehungsgeschichte zu entnehmenden Zweck** heranzuziehen.[129] Hieraus ergeben sich gewisse **Parallelen zum Recht gegen den unlauteren Wettbewerb**, vor allem, wenn die Entwicklung in der Rspr. und Rechtslehre berücksichtigt wird, die das UWG nicht nur im Blick auf das Interesse der Wettbewerber auslegt, sondern als Zweckrichtung auch den Schutz der Marktgegenseite und der Allgemeinheit im Auge hat. In der Rspr. und Rechtslehre zum UWG und seinen Nebengesetzen wird der Begriff des Leistungswettbewerbs schon über 70 Jahren verwendet und geformt.[130] Alle diese Arten und weitere daraus abgeleitete Formen des Leistungswettbewerbs können zwar – da sie aus dem UWG abgeleitet sind – schon den Lauterkeitsregeln zugrunde gelegt werden, sie können aber auch den Ausgangspunkt für den Begriff des Leistungswettbewerbs bilden, der seinen Sinngehalt aus dem GWB bezieht. Das gilt insbes. für den Gedanken, dass ein Wettbewerbsverhalten, das nicht unlauter, sondern nur leistungsfremd ist, dann abgelehnt werden muss, wenn als weitere Wirkung die Gefährdung des Wettbewerbsbestandes hinzutritt, sei es unmittelbar auf Grund des zu beurteilenden Wettbewerbsverhaltens oder sei es im Hinblick auf eine damit verbundene Nachahmungsgefahr.[131]

Ein **wesentlicher Unterschied** zwischen beiden Arten von Wettbewerbsregeln besteht **76** zwar darin, dass Leistungswettbewerbsregeln – jedenfalls auch – an Tatbestände des GWB anknüpfen. Das bedeutet, dass der Begriff aus der **Zielsetzung und dem Schutzzweck des GWB** und damit aus dem Gesamtzusammenhang des GWB und den ihm zugrundeliegenden Wertungen zu erschließen ist.[132] Der zwischen dem UWG und dem GWB festzustellende Zusammenhang ist jedoch so stark, dass der von der Rspr. zum UWG entwickelte Begriff des Leistungswettbewerbs dennoch im Rahmen des § 24 Abs. 2 fruchtbar gemacht werden kann. Die Aussage in der Begr. 1971, der Ausdruck lauterer und unlauterer Wettbewerb sei dem Individualschutz zugeordnet, der Ausdruck leistungsgerechter Wettbewerb auf den Institutionsschutz gerichtet, steht dem nicht entgegen.[133] Zwar ist das UWG auf den Schutz des lauteren Wettbewerbs und das GWB auf den Schutz der Freiheit des Wettbewerbs (gegen Beschränkungen) gerichtet; das UWG will Auswüchse bekämpfen, das GWB den freien Wettbewerb in seinem Bestand gegen Beschränkungen sichern. Diese unterschiedlichen Zielsetzungen treffen sich aber in dem gemeinsamen Begriff des Wettbewerbs und in der gemeinsamen Aufgabe „jeweils die beste Leistung zur Geltung zu bringen".[134]

---

[126] Vgl. Begr. 1971, die beide Begriffe abwechselnd benutzt und ihnen die gleiche Bedeutung beimisst; Bericht 1973, der in gleicher Weise von der Bedeutung des Leistungswettbewerbs spricht, soweit er auf den „leistungsgerechten Wettbewerb" Bezug nimmt.

[127] Vgl. die Darstellungen von Freitag und Ohm.

[128] Sack GRUR 1975, 302.

[129] Hierzu ausführlich Immenga in Immenga/Mestmäcker, 5. Aufl. 2014, Rn. 51.

[130] Hierzu ausführlich Immenga in Immenga/Mestmäcker, 4. Aufl. 2007, Rn. 52.

[131] Vgl. L. Raiser GRUR-Int 1973, 443; Ulmer S. 64; Ulmer GRUR 1977, 577.

[132] Vgl. Sack GRUR 1975, 297 (302).

[133] Begr. 1971, S. 33.

[134] Begr. 1971, S. 34.

**77**  Auch die Rspr. zum UWG versteht unter Leistungswettbewerb einen Wettbewerb, der positiv insbes. mit der Güte und Preiswürdigkeit der eigenen Ware wirbt und darauf gerichtet ist, die eigene Marktstellung durch die bessere Leistung zu sichern und zu stärken.[135] Da diese Zielsetzungen – trotz der im Übrigen festzustellenden Unterschiede – denen des GWB entsprechen, bestehen keine Bedenken, den Begriff des Leistungswettbewerbs und damit des Nichtleistungswettbewerbs im GWB gleichermaßen als materielle Wertungsgrundlage zu verwenden, soweit es um die Beurteilung der Frage geht, ob eine bestimmte Wettbewerbsregel den zu fordernden „Leistungsbezug" nach § 24 Abs. 2 aufweist.

**78**  Der Begriff leistungsgerechter Wettbewerb iSd § 24 Abs. 2 geht jedoch weiter. Er erfasst auch solche Formen des Wettbewerbs und des Wettbewerbsverhaltens, die nicht mehr unter das UWG gebracht werden können. Wenn auch die Rspr. nicht leistungsgerechten Wettbewerb unter der Voraussetzung als unlauter qualifiziert, dass der Wettbewerbsbestand gefährdet wird oder eine allg. Marktbehinderung eintritt, so ist doch nicht zu verkennen, dass sein Inhalt vom Zweck des UWG geprägt wird, Auswüchse des freien Wettbewerbs zu bekämpfen. Die Rspr. trägt zwar einerseits der Tatsache Rechnung, dass lauterer und freier Wettbewerb als Schutzobjekte nicht beziehungslos nebeneinander stehen, sondern sich gegenseitig überlagern und demgemäß bei der Auslegung des UWG die Wertungen des GWB nicht außer Betracht bleiben dürfen.[136] Wie die Begr. 1971 zeigt, soll andererseits mittels Wettbewerbsregeln der Vermachtung eines Marktes durch Einsatz nicht leistungsgerechten Wettbewerbs entgegengetreten werden können, dh, dass nicht nur der insbes. in § 1 GWB als wirtschaftspolitisches Ordnungsprinzip verankerte Schutz der Wettbewerbsfreiheit Berücksichtigung finden muss, sondern auch die beispielsweise aus den §§ 1 ff. und §§ 35 ff. folgende **Zielrichtung zur Erhaltung eines wettbewerblich strukturierten Marktes.**

**79**  Darüber hinausgehende Anknüpfungspunkte bilden weiterhin alle **Missbrauchstatbestände nach §§ 19 ff.** Der Begriff des Leistungswettbewerbs und des Nichtleistungswettbewerbs muss unter **Berücksichtigung der jeweils als Wertungsgrundlage in Betracht kommenden Norm** ausgelegt werden. Der Maßstab für die Beurteilung eines Missbrauchs iSd § 19 ist beispielsweise nicht nur aus dem Begriff der Sittenwidrigkeit abzuleiten, sondern auch und in erster Linie aus den Ordnungsprinzipien einer Wettbewerbswirtschaft. Besonderes Gewicht erhält das Anliegen, den Zugang zu den einzelnen Märkten eines marktbeherrschenden Unternehmens offenzuhalten. Als missbräuchlich und deshalb regelungsfähig können Verhaltensweisen angesehen werden, die dem marktbeherrschenden Unternehmen allein auf Grund seiner Marktmacht offen stehen oder die einem einzelnen Unternehmen bei vorherrschen von Wettbewerb unmöglich wären oder durch die andere Unternehmen in einer Weise behindert oder benachteiligt werden, wie es bei wirksamem Wettbewerb ausgeschlossen wäre.[137] Darüber hinaus kommen auch Missbrauchstatbestände in Betracht, bei denen nicht angenommen werden kann, das marktbeherrschende Unternehmen habe nur deshalb so handeln können, weil es marktbeherrschend ist, zum Beispiel Behinderungspraktiken, die auch Unternehmen möglich sind, die in Wettbewerb stehen, die aber bei bestehender Marktbeherrschung besonders nachteilige Auswirkungen zeigen,[138] wie zum Beispiel: Kopplung des Bezugs von Waren, für die Marktbeherrschung besteht, mit einer anderen Ware; bestimmte Formen des Gesamtumsatz- und des Treuerabatts.[139] Diese Formen des Wettbewerbs können, wenn nicht besondere Umstände hinzukommen, unter dem Gesichtspunkt des UWG nicht beanstandet werden. Unter Zugrundelegung der Wertungen der §§ 19 ff. sind sie aber als leistungs-

---

[135] Immenga in Immenga/Mestmäcker, 5. Aufl. 2014, Rn. 55.
[136] Immenga in Immenga/Mestmäcker, 5. Aufl. 2014, Rn. 56.
[137] Äußerung des Wissenschaftlichen Beirats beim BMWi, BT-Drs. IV/617, 96.
[138] Monopolkommission Sondergutachten 1 Rn. 22; Möschel S. 204; Baur S. 197; Ulmer AfP 75, 870 (878 ff.).
[139] Weitere Fälle führt Sack an, GRUR 1975, 303 ff.

fremde Maßnahmen anzusehen, die den **Leistungsvergleich erschweren und letztlich verfälschen.** Hierbei handelt es sich um den Einsatz von „nicht leistungsgerechten Vorteilen und Vorsprüngen im Wettbewerb", die seine Auslesefunktion verfälschen.[140]

**cc) Grenzen der Leistungswettbewerbsregeln.** Regeln zur Bekämpfung nicht leis- **80** tungsgerechten Wettbewerbs und zur Erhaltung, Sicherung und Förderung leistungsgerechten Wettbewerbs erfüllen die Voraussetzungen des § 24 Abs. 2 nur dann, wenn damit gleichzeitig die Wirksamkeit des Wettbewerbs geschützt oder gefördert wird. Der Zweck muss auf die Wirksamkeit des Wettbewerbs gerichtet sein. Das bedeutet, dass sie nicht zulässig sind, wenn die **Wirksamkeit des Wettbewerbs negativ beeinträchtigt** wird. Dagegen kann daraus nicht entnommen werden, es müsse feststehen, dass der Wettbewerb seine wirtschaftlichen Funktionen nicht optimal erfüllt; sie brauchen deshalb auch nicht geeignet zu sein, den vorgefundenen Zustand in Richtung auf das Optimum zu verändern.

**d) Überschneidungen.** Leistungswettbewerbsregeln und Lauterkeitsregeln werden sich **81** häufig überschneiden. Bei der praktischen Anwendung wird deshalb zweckmäßig in der Weise vorgegangen, dass die Zulässigkeitsprüfung zunächst anhand der Lauterkeitstatbestände erfolgt und die Leistungsgerechtigkeit des Wettbewerbs erst dann beurteilt wird, wenn diese Prüfung zu einem negativen Ergebnis geführt hat.

**e) Einwendungen.** Der Einwand, die weite Fassung des § 24 Abs. 2 begründe die **82** **Gefahr der Kartellierung** und der Selbstorganisation der Märkte durch Wirtschafts- und Berufsvereinigungen – Unternehmen könnten selbst darüber entscheiden, welchen Strukturwandel sie für leistungsgerecht hielten und welches Marktverhalten im Interesse kompetitiver Marktstrukturen und zum Schutz kleiner und mittlerer Unternehmen erwünscht sei – ist gewichtig.[141] Er lässt auch die Rechtsfrage entstehen, ob § 24 Abs. 2 in der Weise ausgelegt werden kann, dass zur Bestimmung zulässiger wettbewerbsbeschränkender Wettbewerbsregeln Normen herangezogen werden, die, wie die §§ 19 ff., der Missbrauchsaufsicht dienen und im Kern nur Eingriffsrechte für die KartBn begründen. Gerade auf dies stützt sich im Wesentlichen die Begr. dafür, dass mit Wettbewerbsregeln die dargelegten Zwecke verfolgt werden dürfen. Die Tatsache, dass der Gesetzgeber auch an die Eingriffstatbestände des GWB anknüpfen konnte und wollte, steht außer Frage. Es kann sich nur die Frage erheben, ob ein solcher gesetzgeberischer Wille hinreichenden Ausdruck gefunden hat. Aber auch das muss mit Rücksicht auf den dargelegten Sinnzusammenhang und Zweck der Vorschrift bejaht werden. Der Gesetzgeber hat dementsprechend die Voraussetzungen zur Abwendung der Gefahren geschaffen, die für die Allgemeinheit entstehen können, wenn Wirtschafts- oder Berufsvereinigungen Wettbewerbsregeln mit dem hiernach möglichen weiten Gestaltungsbereich aufstellen. Die KartBn sind in der Lage, Wettbewerbsregeln auf das für die Wettbewerbswirtschaft hinzunehmende Maß zu beschränken. § 26 Abs. 2 gibt ihnen die Befugnis, solchen Wettbewerbsregeln entgegenzutreten, die eine nicht erwünschte Kartellierung bewirken. Dies gilt va nach der 7. GWB-Novelle und der hiermit weggefallenen Option einer „Freistellung" durch Anerkennung.

## C. Die Aufstellung und der Antrag auf Anerkennung von Wettbewerbsregeln (§ 24 Abs. 1 und 3)

### I. Befugnis zur Aufstellung von Wettbewerbsregeln

**1. Die Bedeutung des Privilegs. a) Aufstellung außerhalb einer Wirtschafts- 83 oder Berufsvereinigung.** § 24 Abs. 1 legt nicht fest, dass nur Wirtschafts- und Berufsvereinigungen für ihren Bereich Wettbewerbsregeln aufstellen können und andere Verbände,

---

[140] Begr. 1971, S. 34.
[141] Vgl. im Einzelnen Mestmäcker ZfGStW 129 [1973], 96; Emmerich ZGR 1976, 184; Säcker S. 54.

Unternehmen oder Personen davon ausgeschlossen sind. Vielmehr ist **jedermann** berechtigt, Wettbewerbsregeln aufzustellen, soweit er die Rechtsordnung, insbes. auch die Normen des GWB, nicht verletzt. § 24 Abs. 1 erlangt seine Bedeutung durch § 24 Abs. 3 iVm § 26 Abs. 1 und 2: Nur Wettbewerbsregeln von Wirtschafts- und Berufsvereinigungen können **anerkannt** werden und demgemäß die Rechtsfolgen des § 26 begründen.[142]

84   **b) Umfang des Privilegs nach § 26 Abs. 1.** Wer Wettbewerbsregeln aufstellt, ohne Wirtschafts- oder Berufsvereinigung zu sein, nimmt an der Privilegierung des § 26 Abs. 1 nicht teil. Das gilt auch für Wirtschafts- und Berufsvereinigungen, die Wettbewerbsregeln aufstellen, ohne die Anerkennung zu erreichen. Aus dem Wesen der Wettbewerbsregeln, dem Sinn und Zweck des Anerkennungsverfahrens und dem Wortlaut des § 24 Abs. 1 folgt weiter, dass Wirtschafts- und Berufsvereinigungen Wettbewerbsregeln nur insoweit aufstellen dürfen, als sie sich auf den von ihnen wahrzunehmenden **Interessenbereich** beziehen.

85   **2. Wirtschafts- und Berufsvereinigungen. Wirtschafts- und Berufsvereinigungen** sind Vereinigungen von Unternehmen oder Unternehmensverbänden, die die wirtschaftlichen oder beruflichen Interessen ihrer Mitglieder wahrnehmen und für den betr. Wirtschaftszweig jedenfalls für einen bestimmten örtlichen Bereich **repräsentativ** sind. Es sollen nur Regeln von solchen Verbänden anerkannt werden, die stellvertretend für die Unternehmen einer bestimmten Branche stehen. Hierzu gehören regelmäßig die in § 20 Abs. 5 genannten Vereinigungen; denn Vereinigungen, die einem Aufnahmezwang unterliegen, werden immer einen solchen Aufgabenbereich und eine solche Bedeutung haben, dass sie für den betr. Wirtschaftszweig repräsentativ sind. Anerkennungsfähig können aber auch Regeln solcher Vereinigungen sein, die von § 20 Abs. 5 nicht erfasst werden. In Betracht kommen insbes. berufsständische Organisationen (Körperschaften) des öffentlichen Rechts wie Handwerksinnungen, Apothekenkammern, Architektenkammern, Ärztekammern und Anwaltskammern. Das BKartA vertritt hierzu eine etwas **großzügigere Auffassung.**[143]

86   Naturgemäß können auch **Körperschaften des öffentlichen Rechts,** welche den Vorschriften des GWB unterliegen, Wettbewerbsregeln aufstellen, soweit sie wirtschafts- oder berufspolitische Zielsetzungen haben, das öffentliche Recht diese Materie nicht regelt und die Regelung durch private Wettbewerbsregeln nicht ausschließt.

87   Es kann nicht gefordert werden, dass die Vereinigungen die beruflichen und wirtschaftlichen Interessen ihre Mitglieder umfassend nachkommen. Es genügt, dass sie „repräsentativ" sind und **typische Verbandausgaben** im Interesse ihrer Mitglieder wahrnehmen. Andererseits reicht es nicht aus, dass sie nur auf einem eng begrenzten Interessengebiet tätig werden. Ausgeschlossen ist, dass sie sich auf die Aufstellung und Durchsetzung von Wettbewerbsregeln beschränken.[144] Ungeachtet der Meinungsverschiedenheiten bei der Auslegung des § 20 Abs. 5 können auch solche Verbände die Anerkennung von Wettbewerbsregeln beantragen, die keine Unternehmen, sondern nur Verbände (Verbände von Unternehmen) zu Mitgliedern haben. Sie erscheinen besonders geeignet, das Anliegen des § 24 Abs. 2 wahrzunehmen.

88   Es entspricht zu Recht ständiger **Praxis der LKartBn,** Wettbewerbsregeln örtlicher und regionaler Vereinigungen zuzulassen und anzuerkennen. Für die Zulässigkeit solcher Regeln spricht mittelbar die Regelung des § 25, wonach die KartB den „Bundesorganisationen der beteiligten Wirtschaftsstufen" Gelegenheit zur Stellungnahme zu geben hat.

89   Da Wirtschafts- und Berufsvereinigungen für ihren Bereich Wettbewerbsregeln aufstellen dürfen, können sie, soweit sie **mehrere Wirtschaftsstufen** vertreten (wie zB der Börsenverein des deutschen Buchhandels und der Verband der Automatenindustrie) Regelungen treffen, die für alle Stufen gelten und das Verhalten der Stufen untereinander betreffen.[145]

---

[142] BGH 26.10.1961 – KZR 3/61, BGHZ 36, 105 (112) = WuW/E 456 – Export ohne WBS.
[143] MwN Immenga in Immenga/Mestmäcker, 5. Aufl. 2014, Rn. 66.
[144] Vgl. TB 1958, 59.
[145] BKartA 5.8.1966, WuW/E 111 – Automatenindustrie.

Als im Rahmen der Gesetzesregelung liegend muss es erachtet werden, wenn mehrere Verbände einheitlich für ihre Bereiche Wettbewerbsregeln aufstellen und die Anerkennung beantragen.[146] Dies erscheint sachlich geboten und entspricht dem Sinn und Zweck des Abschnitts über Wettbewerbsregeln. Dadurch können die Nachteile vermieden werden, die entstehen, wenn mehrere Verbände, deren Mitglieder konkurrierende Unternehmen sind, Wettbewerbsregeln mit unterschiedlichem Inhalt aufstellen. Den Bedenken und Gefahren, die daraus entstehen, dass mehrere Verbände sich abstimmen und dass die mit Wettbewerbsregeln uU verbundenen Wettbewerbsbeschränkungen potenziert werden, kann im Rahmen des Anerkennungsverfahrens in der notwendigen Weise begegnet werden.

Es bestehen keine Bedenken, dass Wirtschafts- und Berufsvereinigungen nicht anerkann- **90** te und erst recht anerkannte **Wettbewerbsregeln anderer Vereinigungen übernehmen** und deren Anerkennung für sich beantragen.[147]

## II. Allgemeine Grundsätze des Anerkennungsverfahrens

**1. Antragsrecht; Änderung und Ergänzung anerkannter Wettbewerbsregeln.** Es **91** besteht keine Pflicht, Wettbewerbsregeln anerkennen zu lassen (§ 24 Abs. 3). Wirtschafts- und Berufsvereinigungen haben aber ein Antragsrecht mit der Folge, dass sie in ihren Rechten verletzt und zur Einlegung von Rechtsmitteln berechtigt sind, wenn die KartB ihrem Antrag nicht stattgibt. Sind Wettbewerbsregeln auf Antrag anerkannt worden, so besteht die Verpflichtung, **Änderungen und Ergänzungen** (§ 24 Abs. 5) und die Außerkraftsetzung der KartB mitzuteilen (§ 26 Abs. 3). Hierbei handelt es sich allerdings um eine bloße Ordnungsvorschrift, deren Nichtbefolgung nicht mit Sanktionen verknüpft ist. Soweit Änderungen und Ergänzungen dazu führen, dass sie Bestimmungen der anerkannten Wettbewerbsregeln in ihrem Wesen verändern, greift jedoch mittelbar eine Sanktion ein: Wie alle nicht anerkannten Regeln sind sie mit der Rechtsunsicherheit und dem damit verbundenen Risiko behaftet, dass die KartB von den ihr nach dem Gesetz zustehenden Befugnissen Gebrauch macht.

Es liegt deshalb im Interesse der Verbände und der Beteiligten, die sich zur Einhaltung **92** von Wettbewerbsregeln verpflichten, der KartB Änderungen und Ergänzungen mitzuteilen. Soweit die Änderungen und Ergänzungen die bisher anerkannten Regeln in ihrem **Wesensgehalt verändern,** bedarf es eines besonderen Anerkennungsantrages. Die mit der Anerkennung verbundenen Privilegien und die daraus folgenden Nachteile für die Wettbewerber, die Marktgegenseite und die Allgemeinheit sind nur gerechtfertigt, wenn die formellen und materiellen Voraussetzungen, die das Gesetz vorsieht (§§ 24, 25, 26), geprüft und erfüllt sind.

**2. Förmlichkeiten.** Bei der Antragsstellung muss den besonderen Anforderungen des **93** § 24 Abs. 4 Rechnung getragen werden. Sie sollen dazu beitragen, dass die KartB ihrer Pflicht zur Anhörung insbes. von Außenseiter-Unternehmen und von Wirtschafts- und Berufsvereinigungen der durch die Wirtschaftsregeln betroffenen Lieferanten und Abnehmer und von Bundesorganisationen der beteiligten Wirtschaftsstufen nachkommen kann (§ 25).

**Zuständig für das Anerkennungsverfahren** und die Anerkennung ist nach § 48 **94** Abs. 2 das BKartA, sofern die Wirkung einer Wettbewerbsregel über das Gebiet eines Landes hinausreicht. Beschränkt sich die Wirkung auf ein Land, ist die LKartB zuständig (§ 48 Abs. 2).

---

[146] LKartB 15.1.1968, WuW/E 137 – Brauereiregeln Baden-Württemberg.
[147] MwN Immenga in Immenga/Mestmäcker, 5. Aufl. 2014, Rn. 71.

## D. Die Anerkennungspraxis der Kartellbehörden
## und die Beurteilung der Gerichte

### I. Allgemeines

95    **1. Historie.** Die Praxis der KartB weist eine deutliche **Zäsur** auf, die vom **Inkraft-treten der 2. GWB-Novelle** gekennzeichnet ist. In der Zeit vor dieser Novelle ist eine äußerst einschränkende Zulassungspraxis festzustellen. Nach dem Inkrafttreten der Novelle zeigten sich neue Ansätze; die Zulassungspraxis wurde großzügiger. Hierbei ist die Zu-nahme der Zahl von Anerkennungen in dieser Zeit nicht nur darauf zurückzuführen, dass die zweite GWB-Novelle einen neuen Tatbestand geschaffen hat, sondern auch darauf, dass die KartB den schon bisher zulässigen Lauterkeitsregeln einen weiteren Anwendungs-bereich zuerkannten.

96    Mit den grundlegenden Änderungen durch die 7. GWB-Novelle hat die Zahl der Anerkennungen und der bedeutsamen Entscheidungen in der Gerichtspraxis – bis auf die Entscheidungen des BGH in „Probeabonnement" und „FSA-Kodex" – naturgemäß stetig **an Bedeutung verloren.** Dies spiegelt die geringfügige Anzahl der zuletzt anerkannten Wettbewerbsregeln deutlich wider.[148]

97    **2. Auslegungsgrundsätze.** Die Entscheidungen der KartB, insbes. des BKartA, enthal-ten zwar zu dem in § 24 Abs. 2 enthaltenen Begriff der Grundsätze des lauteren Wett-bewerbs allgemeingültige Aussagen, nicht aber zu dem nach wie vor heftig umstrittenen Begriff der Wirksamkeit eines leistungsgerechten Wettbewerbs. Das BKartA hält nach wie vor daran fest, dass für die Grundsätze der Lauterkeit der **Wertbegriff des allg. Wett-bewerbsrechts** maßgeblich ist, und dass unter diesem Gesichtspunkt bereits solche Regeln anerkennungsfähig sind, die sich gegen ein Verhalten richten, dem eine Tendenz zur Unlauterkeit innewohnt.[149] Regeln ohne Lauterkeitsbezug erachtet das BKartA bei Vor-liegen der entsprechenden Voraussetzungen als **Leistungswettbewerbsregeln** für zuläs-sig.[150]

98    In weiteren Entscheidungen wurde im Zusammenhang mit Wettbewerbsregeln zur För-derung der Lauterkeit ausgesprochen, die Anerkennung scheitere nicht daran, dass Regeln den Tatbestand des § 1 erfüllten (sofern dadurch die Lauterkeit im Wettbewerb gefördert wird). Dem lag die herrschende Meinung zugrunde, die mit der 6. GWB-Novelle Gesetz geworden war, wonach Wettbewerbsregeln, die unter § 1 oder § 22 Abs. 1 fallen, nach pflichtgemäßem Ermessen von diesen Verboten freigestellt werden konnten.[151]

99    Dieser Rechtsauffassung wurde mit der Neufassung des Gesetzes die Grundlage entzo-gen. Das mit der 7. GWB-Novelle übernommene System des europäischen Rechts (Ein-führung des Legalitätsprinzips) hat den KartBn die Möglichkeit zur Freistellung vom Kartellverbot genommen. An die Stelle der konstitutiven Freistellungsentscheidung „nach pflichtgemäßem Ermessen" (§ 26 Abs. 2 aF) ist die **gesetzliche Freistellungsregelung** der §§ 2 und 3 getreten. Die KartB kann nur noch aussprechen, dass sie von den ihr nach dem 6. Abschnitt zustehenden Befugnissen keinen Gebrauch machen wird.[152] Für diesen eingeschränkten Entscheidungsspielraum können allerdings die Wertungen bedeutsam wer-den, die den früheren Verfügungen zugrundeliegen.

100   Dabei ist aber wiederum zu beachten, dass es inzwischen Novellierungen des UWG gab und bspw. das Rabattgesetz sowie die ZugabeVO, die in den älteren Entscheidungen des

[148] → Rn. 44.
[149] BKartA 29.3.1963, WuW/E 591 – Bauindustrie; 19.8.1963, WuW/E 719 – Immobilienmakler; 30.12.1963, WuW/E 766 – Kraftfahrzeughandel; 14.5.1964, WuW/E 815 – Bauindustrie II; 29.12.1964, WuW/E 905 – Schälmühlen; 16.2.1971, WuW/E 1327 – Tapetenhandel; TB 1959, 61; TB 1960, 58.
[150] BKartA 10.5.1976, WuW/E 1633 (1636) – Markenverband.
[151] MwN Immenga in Immenga/Mestmäcker, 5. Aufl. 2014, Rn. 102 ff.
[152] Vgl. im Einzelnen die Ausführungen zu § 26 Abs. 1.

BKartA eine wichtige Rolle gespielt haben, inzwischen aufgehoben worden sind. Inwieweit die Verbote aus diesen Vorschriften in den Unlauterkeitstatbeständen des UWG fortleben – ist noch weitgehend ungeklärt.[153] Insoweit ist zu beachten, dass in Folge dieser Liberalisierungstendenzen eine Reihe von Wettbewerbsregeln, welche **früher als unzulässig betrachtet wurden, nunmehr als zulässig** angesehen werden können. Dies gilt insbes. für (überholte) Wettbewerbsregeln mit Bezug zu Rabatten, Zugaben, Sonderveranstaltungen oder vergleichender Werbung.[154]

## II. Der zulässige Inhalt von Wettbewerbsregeln

Die Verwaltungspraxis der KartBn ist für die an der Aufstellung von Wettbewerbsregeln **101** interessierten Verbände von überragender Bedeutung. Ihren typischen Ausdruck findet die Verwaltungspraxis[155] va in den anerkannten **Wettbewerbsregeln des Markenverbandes und** des **Bundesverbandes der Pharmazeutischen Industrie** sowie auch in dem FSA-Kodex des **Freiwillige Selbstkontrolle für die Arzneimittelindustrie eV.**[156] Nachfolgend werden im Wesentlichen die Praxis des BKartA und die Beurteilung in der Gerichtsbarkeit wiedergegeben.[157] Die LKartBn haben sich im allg. der Praxis des BKartA angeschlossen.[158]

Zuletzt ist die Anzahl der anerkannten Wettbewerbsregeln bzw. der Anträge auf An- **102** erkennung deutlich zurückgegangen. Auch „inhaltlich" scheint sich die materiell rechtliche Bedeutung der angemeldeten „Compliance- und Verhaltens-Kodizes" auf (kartellrechtlich) unkritische Regeln zu reduzieren.[159] Demzufolge kann mittlerweile nur noch auf die **ältere Entscheidungspraxis** verwiesen werden.

**1. Regeln zur Preisbildung und Preisgestaltung, insbes. zur unternehmensinter- 103 nen Preisbildung.** Regeln, die den unternehmensinternen Vorgang der Preisbildung beeinflussen, stoßen beim BKartA und den übrigen KartBn auf große Zurückhaltung. Dem liegt die Überlegung zugrunde, dass es sich beim Preiswettbewerb um sog. Hauptleistungswettbewerb und damit um ein wichtiges – häufig um das wichtigste – Wettbewerbsmittel handelt und somit ein entscheidendes Element der Wettbewerbswirtschaft berührt wird. Selbst Regeln, die auf den ersten Blick harmlos erscheinen, wurden offensichtlich nur mit Bedenken anerkannt.[160] Soweit der Eindruck entstehen konnte, dass ein unzulässiger Einfluss auf die Preisbildung ausgeübt werden sollte, wurde Wert auf die Aufnahme eines klarstellenden Zusatzes gelegt.[161]

Die Bauindustrie hat auf Anregung des BKartA den Hinweis gestrichen, dass die **Preis- 104 bildung nach „wirtschaftlichen Grundsätzen"** zu erfolgen habe. Selbst gegen die Auffassung, die Preise seien nach Wettbewerbsgrundsätzen zu bilden, wurden Bedenken erhoben, weil die Unternehmen nicht zum Wettbewerb „verpflichtet" seien.[162] Klar kommt insoweit die Auffassung des BKartA in dem Beschluss über die Eintragung der Wettbewerbsregeln des Tapetenhandels zum Ausdruck.[163]

[153] Sack in Loewenheim et al. Rn. 34.
[154] Hierzu ausf. Sosnitza FS Bechtold, 2006, 515 (522 ff.).
[155] Hierzu vertiefend Immenga/Mestmäcker, 4. Aufl. 2007, Rn. 80 ff.
[156] Vgl. mwN Immenga/Mestmäcker, 5. Aufl. 2014, Rn. 105.
[157] Zur Beurteilung der Anerkennungspraxis durch die Gerichte siehe va Immenga in Immenga/Mestmäcker, 4. Aufl. 2007, Rn. 127 ff.
[158] Im Einzelnen ist auf die dieses Thema behandelnde Diss. von Bogner zu verweisen, S. 66 ff.; vgl. auch die spezielle Kritik von Öhler S. 121.
[159] Hierzu bereits → Rn. 9.
[160] Ähnliche Formulierungen finden sich in den vom BKartA veröffentlichten Wettbewerbsregeln „Kohleneinzelhandel" WuW/E 97; „Ziehereien und Kaltwalzwerke" WuW/E 312; „Bauindustrie" WuW/E 587; „Schälmühlenindustrie" WuW/E 903; „Büromaschinen" WuW/E 1091; „Tapetenhandel" WuW/E 1327; „Baustoffhändler"WuW/E 1213.
[161] BKartA 9.12.1959, WuW/E 96 – Kohleneinzelhandel.
[162] BKartA 29.3.1963, WuW/E 587 – Bauindustrie.
[163] BKartA 16.2.1971, WuW/E 1327 (1342 f.) – Tapetenhandel.

**105**  Bei der Anerkennung der Wettbewerbsregeln des Börsenvereins des Deutschen Buchhandels, handelt es sich weitgehend um eine Konkretisierung des Buchpreisbindungsgesetzes (BuchPrG). Anerkannt wurde hier jedoch auch, dass die Änderung oder Aufhebung von gebundenen Ladenpreisen mit einer Vorlaufzeit von 14 Tagen im Markt anzukündigen ist.[164]

**106**  **2. Verpflichtung zur Vorkalkulation.** Es entspricht ständiger Praxis des BKartA, dass die **Anregung** (Empfehlung, Sollvorschrift), vor der Abgabe von Preisangeboten eine Selbstkostenermittlung vorzunehmen (Vorkalkulation), als Wettbewerbsregel anerkannt werden kann.[165] Es ist jedoch zu beachten, dass das BKartA solche Wettbewerbsregeln offenbar nicht allg., sondern nur unter besonderen Voraussetzungen als anerkennungsfähig ansieht.[166]

**107**  Die **Verpflichtung,** dass der Abgabe von Preisangeboten eine Selbstkostenermittlung vorauszugehen habe (als Mussvorschrift), hat das BKartA im Bereich der Bauindustrie ebenfalls als zulässig angesehen. Die Beschlussabteilung hielt eine derartige Regel mit Rücksicht auf die besonderen Verhältnisse auf dem Baumarkt für geeignet, einen leistungsgerechten Wettbewerb zu sichern, der erhöhten Gefahr von Wettbewerbsverfälschungen entgegenzuwirken und marktwirtschaftliche Grundsätze verstärkt durchzusetzen.[167] Demgegenüber war das KG der Auffassung, die Regel greife in die allg. unternehmerische Freiheit unverhältnismäßig stark ein und sei geeignet, den Preiswettbewerb zu beschränken, ohne eindeutig unlauterem Wettbewerb entgegenzuwirken.[168] Dieser Beurteilung schloss sich der BGH an.[169]

**108**  **3. Das Verbot, unter Selbstkosten anzubieten und zu verkaufen.** Dieses ist in dieser allg. Form in keinem Fall anerkannt worden. Angebote unter Selbstkosten seien grundsätzlich ein wettbewerbsgerechtes Mittel, das erst beim Hinzutreten besonderer Umstände unlauter werde.[170] Es wurde nur dann nicht beanstandet, wenn klargestellt war, dass sich das Preisangebot nach Beweggrund, Mittel und Zweck als sittenwidrig darstellen müsse.[171] **KG und BGH** haben die Praxis des BKartA unter Berufung auf die herrschende Auffassung in Rspr. und Rechtslehre bestätigt.[172]

**109**  Bei der Bestimmung des **Begriffs der Selbstkosten** hat das BKartA darauf bestanden, dass weder der Unternehmerlohn noch der Unternehmergewinn dazu gerechnet wurde.[173]

**110**  Zu beachten ist, dass das Verbot, unter Selbstkosten anzubieten und zu verkaufen, insofern neue Fragen aufgeworfen hat, als mit der 6. GWB-Novelle eine Vorschrift über das Anbieten unter Einstandspreis geschaffen worden ist (§ 20 Abs. 4 S. 2), welche mit der 8. und 9. GWB-Novelle weitergehend konkretisiert wurde.

**111**  **4. Preisunterbietung.** Für die Preisunterbietung hat das BKartA in gleicher Weise wie für das Preisangebot unter Selbstkosten erklärt, dass sie für sich allein nicht wettbewerbsfremd sei. Sie gehöre zu den zulässigen Mitteln eines freien Wettbewerbs und könne

---

[164] BKartA 13.5.2011; Dokumentenband zum Tätigkeitsbericht 2011/2012, S. 152.

[165] BKartA 30.12.1960, WuW/E 312 – Ziehereien und Kaltwalzwerke; 18.3.1963, WuW/E 610 – Kraftfahrzeughandel; 29.12.1964, WuW/E 903 – Schälmühlenindustrie; 21.7.1966, WuW/E 1091 – Büromaschinen; 16.4.1968, WuW/E 1213 – Baustoffhändler; 16.2.1971, WuW/E 1328 – Tapetenhandel.

[166] Insbes. – Ziehereien und Kaltwalzwerke, – Kraftfahrzeughandel, – Schälmühlenindustrie.

[167] BKartA 29.3.1963, WuW/E 591 – Bauindustrie und BKartA 14.5.1964, WuW/E 815 – Bauindustrie II.

[168] KG 29.6.1965 – Kart V 6 und 11/64, WuW/E OLG 756 – Bauindustrie III.

[169] BGH 15.7.1966 – KVR 3/65, WuW/E 770 ff. – Bauindustrie.

[170] BKartA 9.12.1959, WuW/E 100 – Kohleneinzelhandel; 29.12.1964, WuW/E 906 – Schälmühlenindustrie; 21.7.1966, WuW/E 1091 – Büromaschinen; 29.3.1963, WuW/E 587 – Bauindustrie; 22.12.1966, WuW/E 1118 – Lackindustrie; 30.11.1967, WuW/E 1166 – Hefeindustrie; 16.4.1968, WuW/E 1213 – Baustoffhändler; 16.2.1971, WuW/E 1328 – Tapetenhandel.

[171] KG 29.6.1965 – Kart V 6 und 11/64, WuW/E OLG 755 (760) – Bauindustrie.

[172] KG 29.6.1965 – Kart V 6 und 11/64, WuW/E OLG 755 (760) – Bauindustrie; BGH 16.7.1966 – KVR 3/65, WuW/E 767 (782) – Bauindustrie.

[173] BKartA 29.3.1963 – KVR 3/65, WuW/E 587 – Bauindustrie.

deshalb grundsätzlich nicht verboten werden. Erst die besondere Gestaltung im Einzelfall könne nach Anlass, Mittel und Zweck zu einem Unwerturteil führen und in Wettbewerbsregeln verboten werden. Dies sei vor allem bei planmäßigen und gezielten Unterbietungen der Fall, durch die bestimmte Wettbewerber vernichtet oder vom Markt verdrängt werden sollen.[174]

**5. Preisklarheit und Preiswahrheit.** Die Aufnahme des Grundsatzes der Preisklarheit **112** und Preiswahrheit, dh, dass Angaben über Preise, Preisbestandteile und Konditionen klar und wahr sein müssen, wurde unter dem Gesichtspunkt für zulässig erachtet, dass es sich hier um einen anerkannten Grundsatz handele, der Ausfluss der das ganze Wettbewerbsrecht beherrschenden Wahrheitspflicht sei.[175] Auf diese Weise sollen unwahre oder irreführende Angaben ausgeschlossen werden. Der BGH hat diese Auffassung bestätigt.[176]

Wichtige Grundsätze enthält die hierzu ergangene Entscheidung des BKartA in „Kaffee- **113** röstereien". Danach widerspricht es der Preisklarheit und Preiswahrheit, wenn ein Unternehmen seinen Verkäufen ohne sachlich gerechtfertigten Grund für den gleichen Kundenkreis **mehrere Preislisten mit unterschiedlichen Preisen** zugrunde legt und im einzelnen Fall willkürlich eine dieser Preislisten anwendet, ohne dem Kunden gegenüber die Zusammenhänge offenzulegen.[177]

In den Beschlüssen über die Eintragung der Regeln „Kraftfahrzeughandel"[178], „Büro- **114** maschinen"[179] und „Versandhandel"[180] wurde das Verbot gerechtfertigt, bei **Kredit-geschäften** mit einer Einzahlungssumme zu werben, die unter der Höhe der einzelnen Abzahlungsraten liegt, sofern nicht gleichzeitig die Höhe und Zahl der Raten angegeben wird.

**6. Preislistenführungspflicht.** Die Verpflichtung oder Anregung zur Führung von **115** Preislisten wurde grundsätzlich nicht als anerkennungsfähig angesehen. Da sich ihre Zulässigkeit nicht allg. aus den Grundsätzen des lauteren Wettbewerbs herleiten lasse, sei die Anerkennung nur dann zu vertreten, wenn die Führung von Preislisten in einer Branche bereits aus kaufmännisch-technischen oder betriebsorganisatorischen Gründen notwendig und nachweislich allg. üblich sei.[181]

**Preislistentreue.** In Fällen, in denen eine Preisliste geführt wurde, hat das BKartA **116** Regeln anerkannt, nach denen ein Unternehmen seine Preisliste entsprechend ändern muss, wenn es allg. von ihr abweicht.[182] Der Grundsatz der Preisklarheit und Preiswahrheit verlange eine solche Korrektur, weil in diesem Fall die Preisliste praktisch aufgegeben werde.

**7. Das Verbot, Sondernachlässe zu gewähren oder anzukündigen.** Das Verbot, **117** Sondernachlässe zu gewähren oder anzukündigen, wurde als anerkennungsfähig erachtet, sofern die Zielrichtung des § 9 RabattG eingehalten wird und die Maßnahme das zur Erreichung des Zwecks Erforderliche nicht überschreitet.[183] Die Regeln können verbieten,

---

[174] BKartA 9.12.1959, WuW/E 100 – Kohleneinzelhandel; 27.11.1964, WuW/E 874 (876) – Flüssiggas-Großbetriebe; 29.12.1964, WuW/E 906 – Schälmühlenindustrie.

[175] BKartA 9.12.1959, WuW/E 97 – Kohleneinzelhandel; 30.12.1960, WuW/E 303 – Ziehereien und Kaltwalzwerke; 29.12.1964, WuW/E 903 – Schälmühlenindustrie; 29.3.1963, WuW/E 587 – Bauindustrie; 18.3.1963, WuW/E 611 – Kraftfahrzeughandel; 21.7.1966, WuW/E 1091 – Büromaschinen; 16.2.1971, WuW/E 1344 – Tapetenhandel.

[176] BGH 15.7.1966 – KVR 3/65, WuW/E 779 – Bauindustrie.

[177] BKartA 14.7.1978, WuW/E 1760 – Kaffeeröstereien. Hierzu vertiefend Immenga/Mestmäcker, 5. Aufl. 2014, Rn. 116 ff.

[178] BKartA 18.3.1963, WuW/E 611 – Kraftfahrzeughandel.

[179] BKartA 21.7.1966, WuW/E 1092 – Büromaschinen.

[180] BKartA 30.11.1967, WuW/E 1186 – Versandhandel.

[181] BKartA 9.12.1959, WuW/E 99 – Kohleneinzelhandel; 30.12.1960, WuW/E 308 – Ziehereien und Kaltwalzwerke; 29.12.1964, WuW/E 906 – Schälmühlen; TB 1959, 55. Zu den engen Ausnahmen Immenga/Mestmäcker, 5. Aufl. 2014, Rn. 80 ff.

[182] BKartA 29.12.1964, WuW/E 903 (906) – Schälmühlen; 30.12.1960, WuW/E 303 (309) – Ziehereien und Kaltwalzwerke.

[183] BKartA 21.7.1966, WuW/E 1097 – Büromaschinen.

dass zum Zwecke der Rechtfertigung eines Preisnachlasses eine Wertminderung herbeigeführt oder vorgegeben wird.[184] Dabei ist aber zu beachten, dass das Rabattgesetz aufgehoben worden ist. Inwieweit die Verbote aus diesen Vorschriften in den Unlauterkeitstatbeständen des UWG fortleben – ist noch weitgehend ungeklärt.[185]

**118**    **8. Verbot von Lockvogelangeboten.** Das Verbot von Lockvogelangeboten wurde in verschiedenen Ausgestaltungen anerkannt, insbes. auch in den beiden klassischen Fällen, wonach es unlauter ist, Waren mit einem erheblichen Preisnachlass anzubieten, wenn die Abnehmer durch die Form der Ankündigung über die vorhandene Warenmenge getäuscht werden, oder durch die Form der Ankündigung einiger besonders preisgünstiger Angebote den Anschein einer besonderen Leistungsfähigkeit zu erwecken und dadurch vorzutäuschen, dass alle übrigen Angebote ebenso preisgünstig kalkuliert sind.[186] Als zulässig wurde eine Regel aber auch in folgender Ausgestaltung angesehen: als Verbot einer Erhöhung der Rabatte, die durch gleichzeitige Erhöhung der Preise ausgeglichen wird;[187] als Verbot, Kaufinteressenten unter dem Anschein eines Privatangebotes anzulocken.[188]

**119**    **9. Diskriminierungsverbot.** Ein allg. Diskriminierungsverbot entspricht nicht dem geltenden Wettbewerbsrecht und ist deshalb nach der Entscheidungspraxis des BKartA **nicht** anerkennungsfähig.[189] Diskriminierungen werden danach vielmehr nur dann und insoweit als wettbewerbswidrig angesehen, als ein erhöhtes Schutzbedürfnis bestimmter Marktteilnehmer bejaht werden kann, dh soweit rechtsgeschäftliche oder faktische Wettbewerbsbeschränkungen bestehen. Da die Rechtsordnung grundsätzlich die Freiheit des Wettbewerbs und damit die wirtschaftliche Bewegungsfreiheit der Marktbeteiligten gewährleiste, könne im Bereich der Leistungsaustauschverträge ein Anspruch auf Gleichbehandlung weder aus dem Gleichheitsgrundsatz noch aus dem Grundsatz der guten kaufmännischen Sitten abgeleitet werden. Die Entscheidungsfreiheit des Unternehmens in der Preisbildung umfasse damit auch das Recht, von veröffentlichten Preislisten abzuweichen und die eigenen üblichen Preise zugunsten einzelner Abnehmer zu unterschreiten. In Wettbewerbsregeln wurden deshalb Diskriminierungsverbote lediglich für konkrete Fälle unlauteren Verhaltens zugelassen. So wurde dem ehemaligen RabattG für den Geschäftsverkehr mit Letztverbrauchern in Gütern des lebensnotwendigen Bedarfs ein allg., wenn auch nicht ausnahmsloses, Diskriminierungsverbot entnommen.[190] Weiterhin wurde es als zulässig angesehen, ein Abweichen von den Bedingungen einer allg. bekanntgegebenen Preisliste dann zu untersagen, wenn Abnehmer sittenwidrig (bewusst oder planmäßig) über die wahre Preisstellung des Verkäufers getäuscht werden.[191] Schließlich gab das BKartA seine Zustimmung zu einem Verbot, von Preislisten für den Fall abzuweichen, dass darauf gezielt wird, durch sittenwidrige Ausnutzung eigenen oder fremden Rechtsbruchs Wettbewerbsvorteile gegenüber gesetzes- oder vertragstreuen Mitbewerbern zu erlangen.[192] Hierbei wurde bewusst die Frage offengelassen, ob auch die Verletzung statistischer Meldepflichten einen Rechtsbruch im Sinne dieser Regeln darstellt.

**120**    Der **restriktiven Zulassungspraxis** ist im Ausgangspunkt zuzustimmen. Eine Änderung wird die Praxis jedoch erfahren müssen, soweit das BKartA selbst solche Diskriminierungs-

---

[184] BKartA 16.4.1970, WuW 1970, 483 – Farbengroßhandel.

[185] Sack in Loewenheim et al. Rn. 34.

[186] BKartA 18.3.1963, WuW/E 611 – Kraftfahrzeughandel.

[187] BKartA 30.12.1960, WuW/E 312 – Ziehereien und Kaltwalzwerke; 16.4.1968, WuW/E 1214 – Baustoffhändler; 16.2.1971, WuW/E 1329 – Tapetenhandel.

[188] BKartA 19.8.1963, WuW/E 720 – Immobilienmakler; 21.7.1966, WuW/E 1092 – Büromaschinen.

[189] TB 1959, 51 iVm BKartA 9.12.1959, WuW/E 101 – Kohleneinzelhandel.

[190] Vgl. die Konkretisierungen in BKartA 9.12.1959, WuW/E 97 – Kohleneinzelhandel; 21.7.1966, WuW/E 1091 (1096) – Büromaschinen.

[191] BKartA 9.12.1959, WuW/E 97 – Kohleneinzelhandel; 29.12.1964, WuW/E 903 – Schälmühlenindustrie.

[192] BKartA 30.12.1960, WuW/E 309 – Ziehereien und Kaltwalzwerke; 29.12.1964, WuW/E 906 – Schälmühlenindustrie.

verbote in Wettbewerbsregeln für unzulässig hält, die verhindern sollen, dass marktstarke Abnehmer gegenüber gleiche Leistungen erbringenden marktschwächeren Abnehmern Sondervorteile erlangen. Wenn und soweit diese den Zweck verfolgen, mittelständischen Lieferanten, die solche Sonderleistungen nicht erbringen können, gleiche Wettbewerbschancen zu erhalten, und/oder die Masse der Abnehmer, die diese Marktmacht nicht besitzt, vor den, mit der Gewährung von Sondervorteilen an marktmächtige Unternehmen verbundenen, Wettbewerbsnachteilen zu schützen, erfüllen sie den Zweck des § 24 Abs. 2, einem der Wirksamkeit des leistungsgerechten Wettbewerbs zuwiderlaufenden Verhalten entgegenzuwirken.[193] Solche Regeln können deshalb nicht, wie geschehen, mit der Begründung abgewiesen werden, sie seien nicht lauterkeitsbezogen, sondern verfolgten strukturpolitische Ziele. Allerdings müssen sie noch die Hürde des § 26 Abs. 2 überspringen. Die Entscheidung über die endgültige Zulassung wird deshalb insbes. von der Intensität der Wettbewerbsbeschränkungen abhängen, die das Verbot auf dem konkreten Markt herbeiführt. Dass die neuere Praxis in diese Richtung geht, folgt daraus, dass das BKartA im Rahmen der Wettbewerbsregeln des Markenverbandes Bestimmungen zugelassen hat, die sich gegen Forderungen der Abnehmer nach zusätzlichen Leistungen wenden und die Sonderleistungen verbieten.

**10. Preiswettbewerb.** Die erheblichen Bedenken, die in Entscheidungen und sonstigen **121** Verlautbarungen des BKartA gegenüber Wettbewerbsregeln zum Ausdruck kommen, die den Preiswettbewerb beschränken, sind nicht in solchen Fällen festzustellen, in denen es um Beschränkungen des **Nebenleistungswettbewerbs** und des **Werbungswettbewerbs** geht. Das generelle Verbot **irreführender Werbung** ist in allen Fällen als geeignetes Mittel zur Verhinderung unlauteren Wettbewerbs zugelassen worden.[194] Die gleiche Praxis ist gegenüber Regeln festzustellen, in denen näher bestimmt wurde, welche speziellen Formen irreführender Werbung als wettbewerbswidrig anzusehen sind – insbes. die Werbung mit unrichtigen oder irreführenden Angaben über eigene geschäftliche Verhältnisse, die Verwendung von Gutachten, Prüfberichten und Hinweisen auf Schrifttum; gleiches gilt für irreführende Angaben bei der Abgabe von Angeboten.[195] Umfassende Regelungen zur irreführenden Werbung in der Arzneimittelindustrie wurden im FSA-Kodex Fachkreise anerkannt.[196]

Einschränkende Bestimmungen über die **Einschaltung von Laienwerbern** wurden im **122** Kern als anerkennungsfähig angesehen.[197] Die Entscheidungspraxis ist ein instruktives Beispiel dafür, wie das BKartA ähnliche Regeln unterschiedlich behandelt je nach den besonderen Verhältnissen in den einzelnen Branchen, in denen diese praktiziert werden.[198]

In „Markenspirituosen"[199] wird ausgesprochen, durch Wettbewerbsregeln könne aus- **123** geschlossen werden, dass der Hersteller eine **Vergütung** zahle **für Werbeverkäufe des Absatzmittlers,** für das besondere Herausstellen der Ware in der Stätte der Warenabgabe, für die Überlassung oder werbliche Ausgestaltung von Schaufenstern, Vitrinen, Regalen, Verkaufsgondeln uä Vorrichtungen, für die Überlassung von Werbeflächen in Verkaufsräumen und für Anzeigen des Absatzmittlers.

---

[193] Vgl. die Hinweise von Benisch S. 435 ff.
[194] BKartA 9.12.1959, WuW/E 97 – Kohleneinzelhandel; 29.3.1963, WuW/E 587 – Bauindustrie; 6.5.1964, WuW/E 806 – Diätetische Lebensmittelindustrie; 18.3.1963, WuW/E 611 – Kraftfahrzeughandel; 19.8.1963, WuW/E 720 – Immobilienmaklern; 27.11.1964, WuW/E 874 – Flüssiggas-Großbetriebe; 29.12.1964, WuW/E 904 – Schälmühleinindustrie; 21.7.1966, WuW/E 1093 – Büromaschinen.
[195] BKartA 6.5.1964, WuW/E 806 – Diätetische Lebensmittelindustrie; 18.3.1963, WuW/E 611 – Kraftfahrzeughandel; 27.11.1964, WuW/E 877 – Flüssiggas-Großbetriebe; 21.7.1966, WuW/E 1093 – Büromaschinen; 22.12.1966, WuW/E 1117 – Lackindustrie.
[196] Zuletzt geändert und bekannt gemacht im Bundesanzeiger vom 27.6.2016.
[197] BKartA 18.3.1963, WuW/E 610 – Kraftfahrzeughandel; 19.8.1963, WuW/E 720 – Immobilienmakler; 21.7.1966, WuW/E 1092 – Büromaschinen; 16.2.1971, WuW/E 1330 – Tapetenhandel.
[198] Hierzu mwN Immenga in Immenga/Mestmäcker, 5. Aufl. 2014, Rn. 127.
[199] BKartA 22.11.1968, WuW/E 1233 (1239 f.) – Markenspirituosen.

**124**   Nicht anerkannt wurde dagegen der Teil der Regel, der dem Hersteller untersagen sollte, dem Absatzmittler eine Vergütung dafür zu gewähren, dass dieser **für den Hersteller Eigenwerbung** durchführt oder sie fördert oder ermöglicht.[200]

**125**   In diesem Zusammenhang werden auch die Bestimmungen in den vorstehend behandelten **Wettbewerbsregeln des Markenverbandes** zu beachten sein, die anerkannt worden sind: Das Verbot, den Abnehmern Zuwendungen ohne Gegenleistung anzubieten und zu gewähren, die geeignet sind, geschäftliche Entscheidungen unsachlich zu beeinflussen, insbes. Schaufenster, Regale oder sonstige Plätze des Absatzmittlers zu mieten; das Verbot, Anzapfversuchen der Abnehmer nachzugeben; das Verbot, Sonderprämien an die Mitarbeiter der Abnehmer zu gewähren.[201]

**126**   Auf der gleichen Ebene liegt es, wenn das Verbot, **Werbegeschenke oder Warenproben** (über einen bestimmten Umfang hinaus) zu gewähren, grundsätzlich als anerkennungsfähig angesehen worden ist.[202] Es ist unzulässig, durch Werbegeschenke die Entscheidungsfreiheit des Abnehmers unsachlich zu beeinflussen, und es ist nicht Sinn und Zweck von Warenproben, normalen Bedarf zu decken; außerdem wird auch bei Warenproben größeren Umfanges die Entscheidungsfreiheit der angesprochenen Kreise beeinträchtigt.

**127**   Anerkannt wurden schließlich Bestimmungen, die verhindern sollen, dass bei **Werbeveranstaltungen** (insbes. bei Betriebsbesichtigungen) Aufwendungen zum persönlichen Vorteil der Besucher über ein bestimmtes Maß hinaus gemacht werden.[203] Solche Aufwendungen sollen über die Kosten für einfache Bewirtung, Beförderung von und zur nächstgelegenen Bahnstation und „sonstige Kosten, deren Bezahlung den Besuchern nicht zugemutet werden kann", nicht hinausgehen.

**128**   **11. Das Verbot, Nebenleistungen, Rabatte und Zugaben zu gewähren.** In Ergänzung des Beschlusses über die Eintragung der Wettbewerbsregeln des Markenverbandes vom 10.5.1976[204] befasst sich der Beschluss vom 14.7.1978[205] eingehend mit dem Problem der zulässigen und unzulässigen Nebenleistungen. Diese Regeln beziehen sich sachlich nur auf den Geschäftsverkehr von Kaffeeröstereien und Vertriebsfirmen mit der Gastronomie und den Gemeinschaftsverpflegungsbetrieben. Das Anbieten und Überlassen geldwerter Güter ist danach erst dann unzulässig, wenn sie geeignet sind, wirtschaftliche Entscheidungen unsachlich zu beeinflussen.[206]

**129**   Im Anerkennungsverfahren über die Wettbewerbsregeln des Kraftfahrzeughandels[207] wandte sich das BKartA gegen die Regel, nach der es verboten sein sollte, beim Verkauf neuer Kraftfahrzeuge **in Zahlung genommene Gebrauchtfahrzeuge** höher zu bewerten als zum Verkehrswert am Tage der Inzahlungnahme.

**130**   Eine umfassende Regelung zu der Zusammenarbeit der Fachkreise und insbesondere zu Geschenken in der Arzneimittelindustrie wurde im FSA-Kodex Fachkreise anerkannt.[208]

**131**   Bei der Beurteilung und Verwertung dieser Entscheidungen ist zu beachten, dass das **Rabattgesetz** und die **Zugabeverordnung** inzwischen **aufgehoben** worden sind. Inwieweit die Verbote aus diesen Vorschriften in den Unlauterkeitstatbeständen des UWG fortleben – ist noch weitgehend ungeklärt.[209] Zumindest ist der Entscheidung des BGH in

---

[200] BKartA 22.11.1968, WuW/E 1240 – Markenspirituosen.

[201] Hierzu Immenga in Immenga/Mestmäcker, 4. Aufl. 2007, Rn. 80.

[202] BKartA 9.12.1959, WuW/E 97 – Kohleneinzelhandel; 6.5.1964, WuW/E 807 – Diätetische Lebensmittel; 29.12.1964, WuW/E 903 – Schälmühlenindustrie; 22.12.1966, WuW/E 1118 – Lackindustrie; 30.11.1967, WuW/E 1166 – Hefeindustrie; WuW/E 1236 – Markenspirituosen;16.4.1968, WuW/E 1213 – Baustoffhändler.

[203] BKartA 18.3.1963, WuW/E 611 – Kraftfahrzeughandel; 6.5.1964, WuW/E 807 – Diätetische Lebensmittel; 30.11.1967, WuW/E 1167 – Hefeindustrie.

[204] BKartA 10.5.1976, WuW/E 1633 ff. – Markenverband.

[205] BKartA 14.7.1978, WuW/E 1760 – Kaffeeröstereien.

[206] Hierzu Immenga/Mestmäcker, 5. Aufl. 2014, Rn. 133.

[207] BKartA 18.3.1963, WuW/E 611 – Kraftfahrzeughandel.

[208] → Rn. 101.

[209] Sack in Loewenheim et al. Rn. 34.

„Probeabonnement", eine liberale(re) Grundeinstellung gegenüber Zugaben zu entnehmen.[210]

**12. Neupreis und Listenpreis.** Abgelehnt wurde die Anerkennung einer Regel, nach   **132**
der jeder **Hinweis** darauf, dass der Warenpreis unter dem **„Neupreis, Listenpreis"** oder
einem anderen als üblich dargestellten Preis liege, unlauter sein sollte.[211] Die Beschlussabteilung ging dabei davon aus, dass eine auf Wahrheit und Sachlichkeit beruhende vergleichende Werbung allein noch kein Verstoß gegen die guten Sitten darstelle. Der **Preisvergleich** sei ein wesentliches Mittel des Preiswettbewerbs. Er sei geeignet, die Marktüber-
sicht der Verbraucher zu verbessern. Sein Ausschluss würde die Funktionsfähigkeit des
Preiswettbewerbs erheblich beeinträchtigen. Die Einspruchsabteilung begründete die Unzulässigkeit der Regel damit, dass die untersagten Hinweise nicht in den Bereich der
vergleichenden Werbung fielen, weil die einfache Gegenüberstellung des eigenen Preises
mit dem vom Hersteller empfohlenen Preis keinen Bezug auf die Preise von Mitbewerbern
nehme.[212] Sie seien allenfalls geeignet, die Käufer zur Vornahme eines derartigen Ver-
gleiches zu veranlassen. Solche Werbeankündigungen seien damit weder unlauter noch
sonst gesetzwidrig. Ebenso wenig wiesen sie eine Tendenz zur Unlauterkeit auf. Die
Verbraucherwerbung in Form der einfachen Gegenüberstellung des empfohlenen und des
eigenen Preises diene der Förderung der eigenen Leistung und sei deshalb lauter. Der
Ausschluss wirke dem Leistungswettbewerb entgegen. Diese Entscheidung („Bezugnahme
auf Listenpreise") wurde vom KG bestätigt.[213]

**13. Sicherheits- und Kennzeichnungsvorschriften.** Wettbewerbsregeln zur Durch-   **133**
setzung von Sicherheits- und Kennzeichnungsvorschriften wurden ausnahmslos anerkannt.[214]

**14. Verleitung zum Vertragsbruch.** Regeln, die es untersagten, in bestehende Ver-   **134**
tragsverhältnisse mit der Absicht der Verleitung zum Vertragsbruch einzuwirken, wurden
unter dem Gesichtspunkt, ein solches Verhalten sei wettbewerbswidrig oder trage die
Tendenz zur Unlauterkeit in sich, anerkannt.[215] Mittlerweile hält die Rspr. das bloße
Ausnutzen des Vertragsbruchs eines Dritten nicht mehr für unlauter, so dass auch diesbezügliche Wettbewerbsregeln überholt sind.[216]

**15. Ausspannung.** Ausnahmslos anerkannt wurde das Verbot, **Arbeitnehmer oder**   **135**
**Kunden abzuwerben** (auszuspannen), soweit das Verhalten als „sittenwidriges" oder als
„planmäßiges, auf Behinderung des Mitbewerbers" gerichtetes Verhalten gekennzeichnet
war.[217]

**16. Verbot von Kopplungsgeschäften.** Das Verbot von Kopplungsgeschäften wurde   **136**
in den Regeln der Immobilienmakler[218], der Lackindustrie[219] und der Baustoffhändler[220]
anerkannt. Die Kopplung von mehreren Geschäften sei grundsätzlich nicht wettbewerbs-

[210] BGH 7.2.2006 – KZR 33/04, WuW/E 1779 (1782) – Probeabonnement.
[211] BKartA 18.3.1963, WuW/E 611 – Kraftfahrzeughandel.
[212] BKartA 18.3.1963, WuW/E 767 – Kraftfahrzeughandel.
[213] KG 9.10.1964 – Kart V 2/64, WuW/E OLG 703 – Kraftfahrzeughandel.
[214] BKartA 6.5.1964, WuW/E 806 – Diätetische Lebensmittelindustrie; 27.11.1964, WuW/E 874 –
Flüssiggas-Großvertriebe; 22.12.1966, WuW/E 1117 – Lackindustrie.
[215] BKartA 19.8.1963, WuW/E 720 – Immobilienmakler; 27.11.1964, WuW/E 874 – Flüssiggas-Großvertriebe; 16.4.1968, WuW/E 1213 – Baustoffhändler.
[216] BGH 1.12.1999 – I ZR 130/96, GRUR 2000, 724 (726) – Aussenseiteranspruch II; Sosnitza FS
Bechtold, 2006, 515 (525).
[217] BKartA 29.3.1963, WuW/E 588 – Bauindustrie; 18.3.1963, WuW/E 610 – Kraftfahrzeughandel;
21.7.1966, WuW/E 1094 – Büromaschinen; 22.12.1966, WuW/E 1118 – Lackindustrie; 30.11.1967,
WuW/E 1167 – Hefeindustrie; 16.2.1971, WuW/E 1330 – Tapetenhandel; WuW 1967, 492 – Versandhandel; 16.4.1968, WuW/E 1213 – Baustoffhändler.
[218] BKartA 19.8.1963, WuW/E 720 – Immobilienmakler.
[219] BKartA 22.12.1966, WuW/E 1118 – Lackindustrie.
[220] BKartA 16.4.1968, WuW/E 1214 – Baustoffhändler.

widrig, aber unter besonderen Umständen missbräuchlich oder ungesetzlich. Das sei beispielsweise der Fall, wenn mehrere Geschäfte, die normalerweise von dem betr. Berufsstand nicht getätigt werden, miteinander gekoppelt werden.[221]

137     Hier ist nunmehr ausdrücklich auf das Urteil des Kartellsenats in „Probeabonnement" hinzuweisen, in dem im Hinblick auf frühere Entscheidungen zum „Kopplungsangebot" ausgeführt wird, dass die ältere Rechtsprechung des BGH nicht mehr uneingeschränkt herangezogen werden könne.[222] Soweit das BKartA im Anerkennungsbescheid davon ausgegangen sei, dass die Wettbewerbsregeln in etwa die Grenzen des ohnehin Zulässigen beschrieben, weil in den besonders attraktiven Probeabonnements ein **übertriebenes Anlocken** liege, habe das BKartA die alte Rechtsprechung zugrunde gelegt, die jedoch seit den – vom BKartA in seinem Beschluss zitierten – Entscheidungen „Kopplungsangebot I und II" des BGH[223] nicht mehr uneingeschränkt herangezogen werden könne. Danach bestünden keine durchgreifenden lauterkeitsrechtlichen Bedenken dagegen, dass Produkte, die nicht in einem Funktionszusammenhang stehen, zu einem gekoppelten Angebot zusammengefasst würden. Auch mit Blick auf den Wert der **Zugabe** stelle das beworbene Probeabonnement kein missbräuchliches Kopplungsangebot dar. Weder der günstige Preis noch die attraktive Zugabe könne den Vorwurf einer unsachlichen Beeinflussung der Verbraucher rechtfertigen.

## E. Wettbewerbsverzerrungen nach dem Beispielskatalog des BMWi und der Erklärung der Spitzenorganisationen der gewerblichen Wirtschaft

138     Das Institut der Wettbewerbsregeln erfüllte (zunächst) nicht die Erwartungen.[224] Das BMWi unternahm daher im Jahr 1974 den Versuch einer „amtlichen" Konkretisierung des „Leistungswettbewerbs" mittels eines Beispielkatalogs. Ein Jahr später veröffentlichte die Spitzenorganisation der Wirtschaft eine sinnähnliche gemeinsame Erklärung mit einer Zusammenstellung „wettbewerbsverzerrender" Verhaltensweisen. Hierdurch sollte va auf die Auslegung des § 28 Abs. 2 durch die KartBn Einfluss genommen werden.

### I. Beispielskatalog des BMWi

139     Angesichts der Unbestimmtheit des „leistungsgerechten Wettbewerbs" hat der BMWi einen Beispielskatalog von Tatbeständen veröffentlicht.[225] Diese Zusammenstellung enthält – unabhängig von einer rechtlichen Wertung – Beispiele für Praktiken, bei denen es zu Wettbewerbsverzerrungen kommen kann (sog. „Sündenregister"). Sie will in erster Linie solche Wettbewerbsverzerrungen erfassen, die – ohne positive preispolitische Wirkungen – zu machtbedingten Einkommensverteilungen führen.

140     Eine aussagekräftige Beurteilung der vom BMWi angeführten Tatbestände möglicher Wettbewerbsverzerrungen unter dem Gesichtspunkt des § 24 Abs. 2 (und des § 26 Abs. 2) ist angesichts der Tatsache, dass sie nicht hinreichend konkretisiert sind, nicht möglich. Soweit die Tatbestände dahin beschrieben und ergänzt werden, dass sie sich – wie Eingangs zu den gegebenen Beispielen angeführt – als marktbedingte Wettbewerbsverzerrungen darstellen, werden sie im allg. als missbräuchliche Verhaltensweisen marktmächtiger Unternehmen qualifiziert werden können. Regeln, die dem Zweck dienen, diesen Verhaltens-

---

[221] BKartA 16.4.1968, WuW/E 1215 – Baustoffhändler; TB 1968, 74. Im Fall „Baustoffhändler" wurde ein unzulässiges Kopplungsgeschäft für den Fall angenommen, dass ein mit einer Baustoffhandlung verbundenes Unternehmen die Erteilung eines Bauauftrages davon abhängig macht, dass die Baustoffe für das Bauobjekt bei dem verbundenen Baustoffhandel bezogen werden.

[222] BGH 7.2.2006 – KZR 33/04, WuW/E 1779 = NJW 2006, 2627 – Probeabonnement.

[223] BGH 13.6.2002 – I ZR 173/01, NJW 2002, 3403 – Kopplungsgebot I und 13.6.2002 – I ZR 71/01, NJW 2002, 3405 – Kopplungsangebot II.

[224] Zur Entstehungsgeschichte → Rn. 20 ff.

[225] Abgedruckt in WRP 1975, 24. Hierzu ausf. Immenga in Immenga/Mestmäcker, 4. Aufl. 2007, Rn. 139 ff.

weisen entgegenzuwirken, werden im allg. die Wirksamkeit eines leistungsgerechten Wettbewerbs iSd § 24 Abs. 2 erhalten, sichern und fördern. Eine andere Frage wird es sein, ob im Einzelfall die Voraussetzungen des § 26 Abs. 2 gegeben sind.

## II. Gemeinsame Erklärung von Organisationen der gewerblichen Wirtschaft

Mit der Gemeinsamen Erklärung der Spitzenverbände der gewerblichen Wirtschaft **141** wurde ein weiterer Versuch unternommen, Wettbewerbsverzerrungen in der Wirtschaft entgegenzutreten.[226] Diese Zusammenstellung von bestimmten Beispielen hat das Ziel, im Wege der Selbsthilfe der Wirtschaft Störungen des Leistungswettbewerbs zu vermeiden und zu verhindern. Dies soll – unabhängig von einer rechtlichen Wertung – durch Aufzählung wettbewerbsverzerrender Verhaltensweisen geschehen.

Die Tatbestände, die die **Spitzenorganisationen** und weitere Verbände der gewerb- **142** lichen Wirtschaft in ihren Katalog aufgenommen haben, werden im allg. als Verhaltensweisen erachtet werden können, die die Wirksamkeit eines leistungsgerechten Wettbewerbs beeinträchtigen. Ein wesentlicher Teil der beschriebenen Verhaltensweisen wurde auch bereits in Wettbewerbsregeln aufgenommen und anerkannt. Wichtige Teile der gemeinsamen Erklärung finden schließlich auch in der Rechtsprechung zum UWG ihren Niederschlag.[227]

Die große **Bedeutung der „Gemeinsamen Erklärung"** und der darin gekennzeichne- **143** ten Tatbestände einer Gefährdung des Leistungswettbewerbs kommt darin zum Ausdruck, dass der BGH sie im Rahmen seiner Begründungen (wie in den beiden vorstehend angeführten Urteilen) heranzieht und sie als Auffassung der „beteiligten Verkehrskreise" kennzeichnet, weil ihr neben den Spitzenverbänden insbes. auch die maßgeblichen Organisationen des Handels zugestimmt haben, die Verbände der Mittel- und Großbetriebe des Einzelhandels, des Versandhandels, der Lebensmittelfilialbetriebe und des Groß- und Außenhandels.[228] In ähnlicher Weise argumentiert das BKartA, allerdings mit dem berechtigten Hinweis, dass es sich um ein Indiz handele, das die konkrete Bewertung des Einzelfalls nicht ersetze.[229]

Auf dieser Linie weist auch die neueste Rechtsprechung des BGH in „FSA-Kodex" und **144** „Probeabonnement" solchen Erklärungen und Richtlinien mittelbar eine geringe(re) Bedeutung zu, wenn dem Verstoß gegen eine Wettbewerbsregel bzw. Verhaltenskodex lediglich eine indizielle Bedeutung für einen Wettbewerbsverstoß zukommt.[230]

## § 25 Stellungnahme Dritter

[1]**Die Kartellbehörde hat nichtbeteiligten Unternehmen der gleichen Wirtschaftsstufe, Wirtschafts- und Berufsvereinigungen der durch die Wettbewerbsregeln betroffenen Lieferanten und Abnehmer sowie den Bundesorganisationen der beteiligten Wirtschaftsstufen Gelegenheit zur Stellungnahme zu geben.** [2]**Gleiches gilt für Verbraucherzentralen und andere Verbraucherverbände, die mit öffentlichen Mitteln gefördert werden, wenn die Interessen der Verbraucher erheblich berührt sind.** [3]**Die Kartellbehörde kann eine öffentliche mündliche Verhandlung über den Antrag auf Anerkennung durchführen, in der es jedermann freisteht, Einwendungen gegen die Anerkennung zu erheben.**

**Schrifttum:** Siehe vor § 24.

---

[226] WRP 1976, 9; erweitert in WuW 1984, 712. Hierzu ausf. Immenga in Immenga/Mestmäcker, 4. Aufl. 2007, Rn. 140 ff.

[227] Vgl. BGH 3.12.1976 – I ZR 34/75, WuW/E 1485 = NJW 1977, 631 – Schaufensteraktion; BGH 17.12.1976 – I ZR 77/75, WuW/E 1466 = NJW 1977, 1242 – Eintrittsgeld.

[228] BGH 17.12.1976 – I ZR 77/75, WuW/E 1466 = NJW 1977, 1242 – Eintrittsgeld.

[229] BKartA 17.11.1997, WuW/E 1725, 25 – Milchlieferverträge.

[230] BGH 9.9.2010 – ZR 157/08, GRUR 2011, 431 Rn. 13 – FSA-Kodex – mit Verweis auf BGH 7.2.2006 – KZR 33/04, WuW/E 1779 – Probeabonnement.

## A. Allgemeines

1    Die allgemeinen Vorschriften des Verwaltungsverfahrens über die Anhörung der Beteiligten und über das Recht der KartB, alle Ermittlungen zu führen und alle Beweise, die
erforderlich sind, zu erheben (§§ 54 ff.), werden durch § 25 konkretisiert und erweitert.
Das Verfahren wird vom Prinzip der Öffentlichkeit beherrscht und dient der **umfassenden
Unterrichtung der KartB** über die Wirkungen der Wettbewerbsregeln. Die Durchsetzung der Befugnisse und Pflichten der KartB werden durch die Vorschriften des § 24
Abs. 4 S. 2 Nr. 3 sichergestellt, wonach die Wirtschafts- oder Berufsvereinigung dem
Antrag eine Aufstellung von außenstehenden Wirtschafts- oder Berufsvereinigungen und
Unternehmen der gleichen Wirtschaftsstufe sowie der Lieferanten- und Abnehmerver-
einigungen und der Bundesorganisationen der beteiligten Wirtschaftsstufen des betr. Wirt-
schaftszweiges beizufügen hat. Dem gleichen Zweck dient die Bekanntmachung nach § 27
Abs. 2 und 3.

## B. Das Anhörungsverfahren

### I. Verpflichtung zur Anhörung

2    § 25 begründet für die KartB eine **Verpflichtung zur Anhörung** von bei der Aufstellung der Wettbewerbsregeln nicht beteiligt gewesenen Unternehmen der gleichen Wirtschaftsstufe, der Wirtschafts- und Berufsvereinigungen der durch die Wettbewerbsregeln
betroffenen nachfolgenden und vorangehenden Wirtschaftsstufen sowie der Bundesorganisationen der beteiligten Wirtschaftsstufen.[1] Die Anhörung der Bundesorganisationen der
beteiligten Wirtschaftsstufen soll dazu dienen, dass die gesamten Belange des Wirtschaftszweiges nicht außer acht gelassen werden. Die Anhörung im Übrigen soll gewährleisten,
dass die Interessen der Wettbewerber und der Lieferanten und Abnehmer bei der Entscheidung berücksichtigt werden.

3    **1. Nichtbeteiligte Unternehmen.** Nichtbeteiligte Unternehmen der gleichen Wirtschaftsstufe sind die Wettbewerber der Unternehmen, die die Wettbewerbsregeln beschlossen haben, dh solche Unternehmen, die zwar der gleichen Wirtschaftsstufe aber nicht dem
antragstellenden Verband angehören (Außenseiter). Ihre Stellungnahme ist deshalb von
besonderer Bedeutung, weil sie erfahrungsgemäß auf Grund ihrer Stellung als Insider der
Branche in der Lage sind, mit Wettbewerbsregeln verbundene Wettbewerbsbeschränkungen
und besonders deren schädliche Wirkungen für den Wettbewerb zu erkennen und offenzulegen. Sie bieten eine gewisse Gewähr dafür, dass alle zur Beurteilung der Wettbewerbsregeln erforderlichen Gesichtspunkte bei der Entscheidung nach § 26 Abs. 1 und 2 berücksichtigt werden.

4    **2. Wirtschafts- oder Berufsvereinigungen.** Wirtschafts- oder Berufsvereinigungen
der von den Wettbewerbsregeln betroffenen **Lieferanten oder Abnehmer** sind die Verbände der vor- und nachgelagerten Wirtschaftsstufen. Über sie sollen die Tatsachen zur
Kenntnis der KartB gebracht werden, die aus dem zwischen verschiedenen Wirtschaftsstufen vielfach bestehenden Interessengegensatz folgen. Die diesen Vereinigungen angehörenden Unternehmen sind von den Wettbewerbsregeln unmittelbar betroffen. Bestimmungen, die das Verhalten im Wettbewerb regeln, sind marktbezogen und wirken damit
bestimmungsgemäß auf die Marktgegenseite. Gerade im Hinblick auf ihre Außenwirkungen sind sie auf ihre Anerkennungsfähigkeit zu prüfen. Die Stellungnahme der Marktgegenseite gewährleistet dementsprechend, dass bei der Entscheidung deren Interessen

---

[1] Vgl. mwN Sack in Loewenheim et al. Rn. 1.

hinreichend berücksichtigt werden und die Grundlagen für die Entscheidung gegeben sind, ob der erforderliche Interessenausgleich vorgenommen worden ist.

**3. Anhörung von Bundesorganisationen der beteiligten Wirtschaftsstufen.** Eine **5** besondere Anhörung von Bundesorganisationen der beteiligten Wirtschaftsstufen kommt vor allem dann in Betracht, wenn Landesverbände Wettbewerbsregeln aufstellen. Sie hat aber auch dann zu erfolgen, wenn mehrere konkurrierende Wirtschafts- oder Berufsvereinigungen in dem betr. Wirtschaftszweig tätig sind.

**4. Verbraucherpolitische Bedeutung.** Der durch die 7. GWB-Novelle eingefügte **6** Satz 2 trägt der verbraucherpolitischen Bedeutung von Wettbewerbsregeln Rechnung. Nach dem Gesetzentwurf der Bundesregierung sind die Interessen der Verbraucher insbes. dann berührt, „wenn sich Wettbewerbsregeln – wie es ihrer Natur entspricht – auf eine Vielzahl von Verbrauchern auswirken. Einer besonderen wirtschaftlichen Auswirkung auf jeden einzelnen Verbraucher bedarf es nicht."[2]

**5. Erfüllung der Anhörungspflicht. Die Anhörungspflicht** wird dadurch **erfüllt,** **7** dass die in § 25 genannten Unternehmen und Verbände Gelegenheit erhalten, zu den Wettbewerbsregeln Stellung zu nehmen. Eine Verpflichtung zur Stellungnahme besteht nicht.[3] Es ist ausreichend, dass die KartB jedenfalls die in § 25 genannten Unternehmen und Verbände (deren konkrete Kennzeichnung überdies in dem Antrag auf Anerkennung von Wettbewerbsregeln enthalten sein muss – § 24 Abs. 4 S. 2 Nr. 3) unmittelbar von dem Antrag auf Anerkennung **unterrichtet.** Hierbei wird allerdings nichts dagegen einzuwenden sein, dass auf die Veröffentlichung des Wortlauts der Regeln (im Bundesanzeiger) verwiesen wird. Im Interesse der Rechtssicherheit ist allerdings ein solcher **Mangel des Anhörungsverfahrens mit der Anerkennung als geheilt anzusehen.** Auch eine Rücknahme und ein Widerruf nach § 26 Abs. 4 kann nicht allein auf das fehlerhafte Anhörungsverfahren gestützt werden. Etwas anderes kann aber dann gelten, wenn sich die Nichtanhörung oder die fehlerhafte Anhörung auf die Entscheidung nach § 26 Abs. 1 und 2 ausgewirkt hat.

## II. Fakultative mündliche Verhandlung

**1. Pflichtgemäßes Ermessen.** Neben der Verpflichtung, den beteiligten Wirtschafts- **8** kreisen Gelegenheit zur Stellungnahme zu geben, steht die Befugnis der KartB, eine öffentliche, mündliche Verhandlung über den Anerkennungsantrag durchzuführen. Hierzu besteht keine Verpflichtung. Die Anberaumung unterliegt vielmehr ihrem pflichtgemäßen Ermessen. Ein Anlass wird dann gegeben sein, wenn Zweifel in der Beurteilung des Sachverhaltes oder/und des anzuwendenden Rechts eine mündliche Erörterung zweckmäßig erscheinen lassen. Gegen die Anordnung der mündlichen Verhandlung ist das Rechtsmittel der Beschwerde nicht gegeben.[4]

**2. Durchführung der mündlichen Verhandlung.** Für die **Durchführung der** **9** **mündlichen Verhandlung** sind zunächst die allg. Verfahrensbestimmungen zu beachten. Darüber hinaus gilt: Die Anberaumung des Termins ist im Bundesanzeiger oder im elektronischen Bundesanzeiger bekanntzumachen (§ 27 Abs. 2 Nr. 2). An der mündlichen Verhandlung können nicht nur die am Verfahren Beteiligten und die betroffenen Wirtschaftskreise teilnehmen. Vielmehr kann **jedermann** Einwendungen gegen die Anerkennung erheben.

---

[2] BT-Drs. 15/3640 zu Nr. 12 (§ 25).
[3] Bechtold/Bosch Rn. 2.
[4] BGH 16.11.1970 – KVR 5/70, BGHZ 55, 40 = WuW/E 1161 – Feuerfeste Steine, zu dem insoweit gleichgelagerten Fall der Aufforderung zu einer mündlichen Verhandlung nach § 24 aF.

**10**   **3. Die Beteiligtenstellung.** Das Anhörungsrecht nach § 25 (wie auch die tatsächliche Anhörung durch die KartB) und die Teilnahme an der mündlichen Verhandlung (wie die Erhebung von Einwendungen gegen die Anerkennung) begründen nicht die Rechtsstellung eines Beteiligten. Die anzuhörenden Unternehmen haben insbes. nicht das Beschwerderecht. Diese Stellung können sie nur dadurch erreichen, dass die KartB auf ihren Antrag die Beiladung zum Verfahren ausspricht (§ 54 Abs. 2 Nr. 3). Der Begriff „Einwendungen" enthält weder ein Antragsrecht noch ein förmliches Beschwerderecht. Einwendungen stellen vielmehr nur Anregungen an die KartB dar, deren Nichtbeachtung kein Beschwerderecht offeriert.

## § 26 Anerkennung

(1) ¹Die Anerkennung erfolgt durch Verfügung der Kartellbehörde. ²Sie hat zum Inhalt, dass die Kartellbehörde von den ihr nach Kapitel 6 zustehenden Befugnissen keinen Gebrauch machen wird.

(2) Soweit eine Wettbewerbsregel gegen das Verbot des § 1 verstößt und nicht nach den §§ 2 und 3 freigestellt ist oder andere Bestimmungen dieses Gesetzes, des Gesetzes gegen den unlauteren Wettbewerb oder eine andere Rechtsvorschrift verletzt, hat die Kartellbehörde den Antrag auf Anerkennung abzulehnen.

(3) Wirtschafts- und Berufsvereinigungen haben die Außerkraftsetzung von ihnen aufgestellter, anerkannter Wettbewerbsregeln der Kartellbehörde mitzuteilen.

(4) Die Kartellbehörde hat die Anerkennung zurückzunehmen oder zu widerrufen, wenn sie nachträglich feststellt, dass die Voraussetzungen für die Ablehnung der Anerkennung nach Absatz 2 vorliegen.

**Schrifttum:** Siehe vor § 24.

## Übersicht

## A. Systematik

§ 24 Abs. 2 gibt den Wirtschafts- und Berufsvereinigungen bei der Aufstellung von **1** Wettbewerbsregeln einen weiten Spielraum. Den **Gefahren,** die damit **für die Wettbewerbsfreiheit** verbunden sind, wirkt § 26 entgegen. Aus dem Umstand, dass Wettbewerbsregeln die Voraussetzungen des § 24 Abs. 2 erfüllen, kann deshalb noch nicht auf die Zulässigkeit geschlossen werden. Nach § 26 Abs. 2 „hat" die KartB selbst dann die Anerkennung von Wettbewerbsregeln abzulehnen, wenn sie in dem von § 24 Abs. 2 vorgegebenen Rahmen bleiben.

Demnach bilden § 26 Abs. 1 und 2 neben § 24 Abs. 2 den **materiellen Kern** der **2** Wettbewerbsregeln. Mit § 26 Abs. 2 ist den KartBn ein Mittel an die Hand gegeben, um mögliche Gefahren für den Bestand des Wettbewerbs entgegenzutreten, die von Wettbewerbsregeln ausgehen können. Dieses Regulativ wirkt vor allem deshalb bes. stark, weil der weite Gestaltungsspielraum, den § 24 Abs. 2 gibt, nicht zuletzt dadurch begründet ist, dass der Begriff Wettbewerbsregeln vom Zweck bestimmt wird, für die Beurteilung nach § 26 aber der objektive Gehalt der einzelnen Wettbewerbsregeln und die Wirkungen auf dem Markt entscheidend sind.

§ 26 Abs. 1 S. 1 stellt zunächst klar, dass es sich bei der Anerkennung um eine Verfügung **3** mit den daran zu knüpfenden rechtlichen Folgen handelt. Abs. 1 Satz 2 wurde mit der 7. GWB-Novelle eingeführt und dokumentiert für den Abschn. „Wettbewerbsregeln" die Überleitung vom bisherigen Prinzip der konstitutiven Freistellungsentscheidung zum System der Legalausnahme. Der Anerkennungsbeschluss führt nur zu einer **Selbstbindung der KartB** und hat keine Freistellung zum Inhalt (entsprechend § 32c). Die KartB kann die Selbstbindung beenden (Abs. 4). Sie hat die Anerkennung zurückzunehmen oder zu widerrufen, wenn sie nachträglich feststellt, dass die Voraussetzungen für die Ablehnung der Anerkennung vorliegen.

Die **Neufassung des § 26 Abs. 2** durch die 7. GWB-Novelle bringt mit der Anpassung **4** des deutschen Kartellrechts an das europäische Wettbewerbsrecht eine weitere bedeutsame Änderung.[1] Während nach der früheren Regelung die KartB Wettbewerbsregeln, die unter das Kartellverbot des § 1 fielen, nach pflichtgemäßem Ermessen von diesem Verbot freistellen konnte, „hat" sie nunmehr – als **Pflicht und ohne Ermessensspielraum** – den

---

[1] Vgl. zur neuen Systematik bereits → § 24 Rn. 2 ff.

Antrag auf Anerkennung abzulehnen, soweit solche Regeln nicht nach §§ 2 und 3 freigestellt sind. Soweit Wettbewerbsregeln andere Bestimmungen des GWB, des Gesetzes gegen den unlauteren Wettbewerb oder eine andere Rechtsvorschrift verletzen, bleibt es bei der bisherigen Regelung: Ablehnung des Antrags auf Anerkennung.

## B. Anerkennungsvoraussetzungen; Ablehnungsgründe

### I. Grundsätze

**5**     **1. Rechtsqualität anerkannter Wettbewerbsregeln.** Der BGH hat in „Probeabonnement" erklärt und in „FSA-Kodex" wiederholt unterstrichen, dass die Anerkennung von Wettbewerbsregeln **keine Rechtsqualität** verleiht.[2] Die rechtliche Bedeutung der Anerkennung beschränkt sich auf die **Selbstbindung** der KartB, die bei unveränderter Sachlage die Verabschiedung dieser Wettbewerbsregeln nicht mehr als Kartellverstoß nach § 1 GWB verfolgen kann.[3] Die Anerkennungsverfügung führt insbes. nicht mehr zur Freistellung vom Kartellverbot des § 1, sondern begründet für die KartB nur die Verpflichtung, von den ihr nach dem 6. Abschnitt zustehenden Befugnissen keinen Gebrauch zu machen. Insoweit wird das mit der 7. GWB-Novelle eingeführte System der Legalausnahme ohne konstitutive Freistellungsmöglichkeit auf den 4. Abschnitt des GWB („Wettbewerbsregeln") übertragen. Das Anerkennungsverfahren bietet den Unternehmen insoweit jedoch die Möglichkeit, ihre Wettbewerbsregeln einer präventiven Verhaltenskontrolle zu unterziehen.

**6**     **2. Rechtsanspruch auf Anerkennung und Ablehnung der Anerkennung.** § 26 Abs. 1 S. 1 bringt zum Ausdruck, dass alle Rechtsmittel gegen die Anerkennung und Ablehnung der Anerkennung eingelegt werden können, die das Gesetz gegen zuerkennende und ablehnende Entscheidungen der KartB zur Verfügung stellt. Nach den allgemein anerkannten Verwaltungsrechtsgrundsätzen haben die antragstellenden Wirtschafts- und Berufsvereinigungen einen rechtlich durchsetzbaren Anspruch auf Anerkennung, wenn die gesetzlichen Voraussetzungen erfüllt sind; es handelt sich um eine zugunsten der Wirtschafts- und Berufsvereinigung getroffene Regelung. Dass der Antrag abzulehnen ist, wenn die Voraussetzungen des § 26 Abs. 2 vorliegen, folgt unmittelbar aus dem Gesetz.

**7**     Mit der **7. GWB-Novelle** sind alle Zweifelsfragen ausgeräumt, die aus der alten Fassung des § 26 Abs. 2 folgten. Die KartB kann Wettbewerbsregeln, die unter das Kartellverbot des § 1 fallen, nicht mehr nach „pflichtgemäßem Ermessen" freistellen. Sie sind kraft Gesetzes freigestellt, wenn sie die Voraussetzungen der §§ 2 und 3 erfüllen. Die Neufassung legt andererseits ausdrücklich fest, dass die KartB den Antrag auf Anerkennung abzulehnen hat, soweit eine Wettbewerbsregel gegen § 1 verstößt und nicht nach den §§ 2 und 3 freigestellt ist.[4]

**8**     **Ablehnungsgründe** liegen auch dann vor, wenn die Voraussetzungen des § 24 Abs. 2 nicht gegeben sind. Der Kartellsenat des BGH hat die Anerkennung von Wettbewerbsregeln allein mit der Begründung abgelehnt, sie dienten nicht dem in § 24 Abs. 2 festgelegten Zweck.[5]

### II. Beurteilungsmaßstab

**9**     **1. Verstöße gegen das Verbot des § 1.** Nach hM fallen Beschlüsse und Verträge, die wettbewerbliche Verhaltensweisen untersagen, die als unlauterer Wettbewerb zu werten

---

[2] BGH 9.9.2010 – ZR 157/08, GRUR 2011, 431 Rn. 13 – FSA-Kodex – mit Verweis auf BGH 7.2.2006 – KZR 33/04, WuW/E 1779 (1781) – Probeabonnement.

[3] BGH 9.9.2010 – ZR 157/08, GRUR 2011, 431 Rn. 13 – FSA-Kodex – mit Verweis auf BGH 7.2.2006 – KZR 33/04, WuW/E 1779 (1781) – Probeabonnement.

[4] Vgl. Gesetzentwurf BT-Drs. 15/3640 Nr. 13 b.

[5] BGH 15.7.1966 – KVR 3/65, WuW/E BGH 767 – Bauindustrie.

sind oder die gegen andere Rechtsvorschriften verstoßen, nicht unter das Verbot des § 1.[6]
**§ 1 schützt nur den lauteren und gesetzgemäßen Wettbewerb.**[7] Demgemäß kann
Wettbewerbsregeln iSd § 24 Abs. 2 im Regelfall die Anerkennung nicht versagt werden.
Etwas anderes kommt allerdings dann – aber auch nur dann – in Frage, wenn Wettbewerbsregeln zwar zum Zweck des § 24 Abs. 2 aufgestellt sind, aber dennoch eine Verhinderung,
Einschränkung oder Verfälschung des lauteren und sonst nicht gesetzwidrigen Wettbewerbs
bezwecken oder bewirken. Muss danach ein Verstoß gegen § 1 bejaht werden, ist der
Antrag auf Anerkennung nur begründet, wenn die Freistellungsvorschriften der §§ 2 und 3
eingreifen.

Soweit es um die Entscheidung geht, ob im konkreten Fall Wettbewerbsregeln gegen § 1
verstoßen und/oder die Freistellungsvoraussetzungen der §§ 2 und 3 gegeben sind, wird
auf die Kommentierung zu den §§ 1, 2 und 3 verwiesen. Bei der Beurteilung im Einzelnen
werden insbes. die Fragen nach der „**Spürbarkeit**" der Wettbewerbsbeschränkung und
der „**Verbesserung der Warenerzeugung und -verteilung**" Bedeutung erlangen.
Insoweit muss insbes. aufgezeigt werden, dass die Wettbewerbsregeln konkrete Vorteile für
den Verbraucher vermitteln und zum technischen oder wirtschaftlichen Fortschritt beitragen.

Dabei wird zu beachten sein, dass die Liberalisierung des Lauterkeitsrechts zu einer  **10**
Veränderung der Rechtslage geführt hat. Bestimmte **preisbildungsrelevante** Regelungen
(bspw. Zugaben und Rabatte), welche nunmehr aufgehoben wurden, die keine angemessene Beteiligung der Verbraucher an einem etwa entstehenden Gewinn gewährleisten und
die Möglichkeit zur Ausschaltung des Wettbewerbs bieten, werden insoweit kaum ausreichen, um eine Freistellung über § 2 GWB zu erwirken.[8]

**2. Verletzung anderer Rechtsvorschriften. a) Vorschriften.** Als Vorschriften, deren  **11**
Verletzung zwingend zur Versagung der Anerkennung führen, kommen insbes. in Betracht: §§ 20, 21 GWB, Vorschriften des UWG, des Lebensmittel- und Weinrechts, Tatbestände des Kennzeichnungsrechts aus dem Warenzeichengesetz und BGB, der gewerbliche Rechtsschutz, das Urheberrecht und das Preisrecht.[9]

**b) In der Praxis.** In der **Praxis** steht die Beurteilung von Tatbeständen im Vorder-  **12**
grund, die sich aus dem **Gesetz gegen den unlauteren Wettbewerb** ergeben. Durch die
§§ 24 ff. sollen Wirtschafts- und Berufsvereinigungen dazu angeregt werden, für ihren
Bereich Regeln zu dem Zweck aufzustellen, den lauteren und leistungsgerechten Wettbewerb zu erhalten und zu fördern. Das Wettbewerbsrecht iSd UWG wird weitgehend von
der Rechtsprechung und Rechtslehre geprägt. Bei der Entscheidung darüber, ob die
Anerkennung von Wettbewerbsregeln wegen eines Verstoßes gegen die Lauterkeitsregeln
abzulehnen ist, sind deshalb die Rechtsgrundsätze zu berücksichtigen, die **Rechtsprechung und Rechtslehre** entwickelt haben.

Entscheidungen der ordentlichen Gerichte, sofern diese sich noch nicht zum Gewohn-  **13**
heitsrecht verdichtet haben, können zwar weder in objektiver noch in subjektiver Hinsicht
ihre **materielle Rechtskraftwirkung** auf das Verfahren über die Anerkennung von Wettbewerbsregeln erstrecken; auch eine Gestaltungs- und Tatbestandswirkung kommt nicht in
Betracht. Es ist jedoch selbstverständlich, dass die Rechtsprechung Ausgangspunkt für die
Beurteilung von Wettbewerbsregeln sein muss. Nur so kann auch der Gefahr vorgebeugt
werden, dass im Kartellverwaltungsrecht ein eigenes Wettbewerbsrecht aufgebaut wird.
Ausgeschlossen ist auch, § 26 Abs. 2 dahin auszulegen, dass die Anerkennung nur dann

---

[6] Grundlegend BGH 26.10.1961 – KZR 3/61, BGHZ 36, 105 = WuW/E 451 – Export ohne WBS;
mwN auch Sack in Loewenheim et al. Rn. 17.
[7] Zur weitergehenden Problematik der Angleichung des § 1 an Art. 101 AEUV – welchem keine Grenzen
durch das nationale Lauterkeitsrecht gesetzt werden – siehe Sack in Loewenheim et al. Rn. 26.
[8] Vgl. mwN Sosnitza FS Bechtold, 2006, 520.
[9] Kellermann S. 61 f.

versagt werden kann, wenn eindeutige oder gar offensichtliche Rechtsverstöße festzustellen sind.[10] Den berechtigten Interessen der am Verfahren Beteiligten ist durch die Ausgestaltung des Rechtsmittelverfahrens hinreichend Rechnung getragen.

**14**    Im **Verhältnis zwischen GWB und UWG** müssen im besonderen Maße die gegenseitigen Zielrichtungen beachtet werden.[11] Hier greift insbes. der Grundsatz, dass neue Gesetze dazu zwingen, Geltung und Anwendungsbereich bestehender Gesetze zu überprüfen. Umgekehrt können sich neue Gesetze auch nicht den **Ausstrahlungen der Rechtsordnung** im Übrigen entziehen. Das gilt insbes. für Normen, die wie das UWG auf den weiten Begriff der Unlauterkeit abstellen, und bei solchen Vorschriften, die eine Interessenabwägung notwendig machen.[12] Nach der Rechtsprechung erfordert die Beurteilung wettbewerblichen Verhaltens unter dem Blickpunkt des UWG die Berücksichtigung der Interessen der Mitbewerber, der übrigen Marktbeteiligten (insbes. der Abnehmer, Verbraucher und Lieferanten) und der Allgemeinheit. Das Urteil über die Unlauterkeit kann deshalb nur gesprochen werden, wenn das **Wesen und der Sinn des Wettbewerbs** in der heutigen Wettbewerbsordnung in die Wertung einbezogen werden.[13] Es erscheint deshalb als ausgeschlossen, dass die KartBn und die für Kartellverwaltungssachen zuständigen Gerichte bei der Anwendung der §§ 24 ff. gerade im Hinblick auf solche G gebunden sein sollen, die vom GWB neue Impulse erfahren. Sie können vielmehr selbst dazu beitragen, dass die Vorstellung von der Freiheit des Wettbewerbs, die sich mit dem Erlass des GWB durchgesetzt hat, auch Anerkennung findet, soweit es um die Beurteilung des UWG geht. Im Ergebnis folgt dies auch aus dem neueren Schrifttum, wonach bei der Wertung des UWG die Auswirkungen auf den Bestand des Wettbewerbs einbezogen werden müssen. Das öffentliche Interesse an der **Erhaltung des Wettbewerbs und seiner Funktionsfähigkeit ist ein wesentliches Entscheidungskriterium.**[14]

**15**    Dies unterstreicht auch der BGH in „Probeabonnement".[15] Er weist darauf hin, dass die Frage, ob ein bestimmtes Verhalten als unlauter zu beurteilen ist, nicht mehr uneingeschränkt auf der Grundlage der früheren Rechtsprechung entschieden werden kann. Es bestehe heute „Einigkeit darüber, dass der Wettbewerb in bedenklicher Weise beschränkt würde, wenn das Übliche zur Norm erhoben würde". Der BGH rügt ausdrücklich, dass das BKartA bei seiner Anerkennungsverfügung die ältere Rechtsprechung zugrunde gelegt hat.[16]

**16**    **c) Nichtanerkennungsfähige Wettbewerbsregeln.** Nicht anerkennungsfähig sind Wettbewerbsregeln, welche gegen **Art. 101 Abs. 1 AEUV** verstoßen und nicht nach Art. 101 Abs. 3 AEUV freigestellt sind. Im Grundsatz ist diese Vorschrift – ebenso wie § 1 – nicht anwendbar auf Beschränkungen des unlauteren Wettbewerbs. Dem Art. 101 Abs. 1 AEUV setzt jedoch im Grundsatz nur das teilweise kodifizierte europäische Lauterkeitsrecht Grenzen.[17] Insoweit stellt sich diesbezüglich die Frage, welcher (gemeinschaftsrechtliche) Lauterkeitsstandard hier als **immanente Grenze** anzuerkennen ist. Denn erst wenn der Wettbewerb über diese immanenten Schranken hinaus durch Wettbewerbsregeln beschränkt wird, setzt die Anerkennung nach § 26 Abs. 2 eine Freistellung nach Art. 101 Abs. 3 AEUV voraus.[18]

---

[10] So auch Sack in Loewenheim et al. Rn. 16.
[11] Hierzu → § 24 Rn. 42 ff.
[12] BVerfGE 7, 215; Meyer-Cording JZ 1964, 278 (310 ff.); Koenigs NJW 1961, 1041.
[13] So schon BGH 10.6.1964 – Ib ZR 128/62, WuW/E 629 – 20 % unter Richtpreis.
[14] BGH 27.10.1988 – I ZR 29/87, WuW/E 2547 – Preiskampf.
[15] BGH 7.2.2006 – KZR 33/04, WuW/E 1779 (1781, 1782) – Probeabonnement.
[16] BGH 7.2.2006 – KZR 33/04, WuW/E 1779 (1781, 1783) – Probeabonnement.
[17] Vgl. mwN Sack in Loewenheim et al. Rn. 28 ff.
[18] Hierzu ausf. mwN Sack in Loewenheim et al. Rn. 27.

## C. Gestaltungsrahmen der Anerkennungsverfügung

### I. Bedeutung der Anerkennung

Für die **Wirkung der Anerkennung** ist es unerheblich, ob die Wettbewerbsregeln die 17
Voraussetzungen des § 24 Abs. 2 und § 26 Abs. 2 im Einzelfall erfüllen oder nicht, ob die
KartB sie insbes. auf Grund unvollständiger oder unrichtiger Tatsachen oder unter fehlerhafter Rechtsanwendung zu Unrecht anerkannt hat oder die Voraussetzungen für die
Ablehnung nachträglich entstanden sind. Der Umstand, dass eine Verpflichtung zur Rücknahme oder zum Widerruf besteht (§ 26 Abs. 4) führt zu keiner anderen Beurteilung. **Erst
mit der Rücknahme oder dem Widerruf selbst entfallen die Wirkungen der Anerkennung.**

Andererseits führt die Anerkennung im Unterschied zum alten Recht nicht mehr zur 18
Freistellung vom Kartellverbot des § 1. Die Mitglieder der Wirtschafts- und Berufsvereinigung, die die Wettbewerbsregeln aufgestellt hat, sind deshalb nicht zur Einhaltung der
Regeln verpflichtet, wenn diese gegen § 1 verstoßen und nicht nach den §§ 2 und 3
freigestellt sind. Es bestehen dann auch keine vertraglichen und satzungsmäßigen Ansprüche wegen Verletzung der Wettbewerbsregeln. **Nur die KartB ist entsprechend dem
Inhalt der Anerkennungsverfügung gebunden.**

**Vereinbarungen über nicht anerkannte Wettbewerbsregeln,** gleichgültig ob sie von 19
Wirtschafts- und Berufsvereinigungen aufgestellt worden sind oder von anderen Organisationen, genießen nicht das aus der Anerkennung folgende Privileg des § 26 Abs. 1 S. 2,
welches allerdings nach der 7. GWB-Novelle ohnehin nur noch als Selbstbindung der
KartB wirkt. Ob die Regeln Verträge oder Beschlüsse iSd § 1 oder nach den §§ 2 und 3
freigestellt sind, richtet sich allein nach dem materiellen Gehalt der Regeln. Soweit diese
sich darauf beschränken, das Recht des unlauteren Wettbewerbs zu verdeutlichen und zu
konkretisieren, sind sie unbedenklich. Die Unternehmen, die Vereinbarungen über die
Einhaltung nicht anerkannter Wettbewerbsregeln treffen, gehen jedoch das Risiko ein, dass
die Regeln den Bereich des unlauteren Wettbewerbs falsch abgrenzen und in den durch § 1
geschützten Bereich mit der Folge eingreifen, dass die KartB von den ihr nach dem
6. Abschnitt zustehenden Befugnissen Gebrauch macht und/oder Bußgeldverfahren einleitet.

Dies gilt insbes. für allgemeine Verbandsregeln – insbes. iF v. sog. **Verhaltenskodizes** – 20
in diesem Zusammenhang.[19] Denn (anerkannte) Wettbewerbsregeln stellen lediglich einen
kleinen Ausschnitt aller möglichen Verbandsregelungen (bspw. „Verhaltensregeln", „Leitfaden", „Code of Conduct" etc) dar, welche sich einer zunehmenden Beliebtheit erfreuen.
Verhaltenskodizes sind im Kern Erscheinungsformen von Wettbewerbsregeln iSd §§ 24 ff.[20]
Im Grenzbereich zwischen UWG und GWB kommt es für ihre **kartellrechtliche Relevanz** jedoch va darauf an, dass diese – wenn sie gegen das Kartellverbot verstoßen – iSd
§ 26 GWB als Wettbewerbsregeln „anerkannt" werden oder dass sie zumindest nach den
§§ 2 und 3 freigestellt sind.[21]

### II. Mittelbare Auswirkungen der Anerkennung

Die KartB selbst bleibt an ihre Anerkennungsverfügung gebunden. Sie darf „von den ihr 21
nach dem 6. Abschnitt zustehenden Befugnissen keinen Gebrauch machen". Die **Selbstbindung** beschränkt sich aber nicht darauf, sondern erstreckt sich vielmehr auch auf etwa
in Betracht kommende **Bußgeldverfahren**. Bei der Anerkennungsverfügung handelt es

---

[19] Ausf. hierzu Bornkamm FS Canenbley, 2012, 67 (70 ff.); Köhler in Köhler/Bornkamm/Feddersen § 7
Rn. 1 ff.; Köhler in Köhler/Bornkamm/Feddersen § 2 Rn. 113 ff.
[20] Hierzu bereits → § 24 Rn. 9 ff.
[21] Köhler in Köhler/Bornkamm § 2 Rn. 115.

sich um eine die KartB **bindende Zusage,** kein Verwaltungsverfahren nach §§ 32 ff. durchzuführen. Sie hat zur Grundlage, dass die Wettbewerbsregeln nicht gegen die Norm des § 1 verstoßen, deren Vorliegen wiederum Voraussetzung für ein Bußgeldverfahren wäre. Mit der Einleitung eines solchen Verfahrens würde sich die KartB in Widerspruch zu ihrer Zusage setzen. Im Gesetzentwurf der Bundesregierung,[22] dem der Ausschuss für Wirtschaft und Arbeit insoweit zugestimmt hat,[23] heißt es demgemäß, die Beibehaltung des Anerkennungsverfahrens soll Wirtschafts- und Berufsvereinigungen die Möglichkeit bieten, Wettbewerbsregeln einer präventiven Rechtskontrolle durch die KartB zu unterziehen. Sie soll der Klärung und der Rechtssicherheit im Verhältnis der Betroffenen zu den KartBn dienen und einer Entscheidung nach § 32c entsprechen. Dieser Zweck würde verfehlt, wenn die KartB nach wie vor berechtigt wäre, Bußgeldverfahren nach §§ 81 ff. durchzuführen.[24]

## D. Der Wirkungsbereich anerkannter Wettbewerbsregeln

### I. Grundsätzliches

22     Anerkannte Wettbewerbsregeln gelten für den **Interessenbereich, den die antragstellende Wirtschafts- und Berufsvereinigung wahrnimmt.** Im Einzelnen ist der Bereich, für den sie aufgestellt sind und wirken, aus der Anerkennungsverfügung der KartB in Verbindung mit den in § 24 Abs. 4 S. 1 Nr. 3 erwähnten Angaben „zum sachlichen und örtlichen Anwendungsbereich der Wettbewerbsregeln" zu entnehmen. Begünstigt sind die Wirtschafts- und Berufsvereinigung selbst und alle Unternehmen, die Mitglied der Vereinigung sind, die die Regeln aufgestellt und deren Anerkennung beantragt hat.

23     **Außenseiter** können sich gegenüber der KartB auf die Anerkennung berufen, wenn sie zur Branche der aufstellenden Vereinigung in dem Sinne gehören, dass sie die sachlichen und örtlichen Anforderungen nach § 24 Abs. 4 S. 1 Nr. 3 erfüllen. **Andere Außenseiter,** insbes. Unternehmen anderer Branchen und Unternehmen, die auf einem anderen Markt tätig sind, erlangen nicht das Privileg des § 26 Abs. 1 S. 2, wenn sie sich zur Einhaltung anerkannter Wettbewerbsregeln verpflichten. Diese Einschränkungen folgen aus § 24, wonach Wirtschafts- und Berufsvereinigungen nur für ihren Bereich Wettbewerbsregeln aufstellen und die Anerkennung beantragen können und aus dem Umstand, dass bei der Anerkennungsentscheidung die speziellen Branchenverhältnisse zu berücksichtigen sind. Begünstigt sind dagegen auch Vereinbarungen, durch die sich Wettbewerber mit Sitz außerhalb des Verbandsgebietes verpflichten, die Wettbewerbsregeln im räumlichen Anwendungsbereich einzuhalten, soweit sie dort als Wettbewerber tätig werden.[25]

24     **Verbindlichkeit** erlangen Wettbewerbsregeln erst durch eine entsprechende **(privatrechtliche) Vereinbarung** mit den Verbandsmitgliedern. Typischerweise geschieht dies durch einen entsprechenden Verbandsbeschluss oder durch eine Vereinbarung mit den Verbandsmitgliedern, wie etwa durch eine Verbandssatzung.[26]

### II. Wirkungen für Verbandsmitglieder

25     Bedenken bestehen gegen die Unterwerfung von Verbandsmitgliedern unter Wettbewerbsregeln durch **Mehrheitsbeschlüsse.**[27] Der Beschluss unterscheidet sich als mehr-

---

[22] BT-Drs. 15/3640.

[23] BT-Drs. 15/5049.

[24] Rehbinder kommt im Hinblick auf die analoge Vorschrift des § 32c zum gleichen Ergebnis, vgl. Rehbinder in Loewenheim et al. § 32c Rn. 8.

[25] Zur Kontrolle von Wettbewerbsregeln durch Private – insbes. Außenseiter – vgl. Ehricke FS Möschel, 2011, 169 (186 ff.).

[26] Sack in Loewenheim et al. § 24 Rn. 91; Ehricke FS Möschel, 2011, 169 (179).

[27] TB 1958, 59; TB 1959, 52; ausf. Ehricke FS Möschel, 2011, 169 (180); Ehricke weist darauf hin, dass durch die 7. GWB-Novelle die frühere Voraussetzung „Vereinbarung" (§ 29 aF) durch das „Aufstellen von

seitiges Rechtsgeschäft vom Vertrag dadurch, dass er auf der Grundlage einer verbands-
mäßigen Organisation abgegeben wird. Er kommt durch Abgabe paralleler Willenserklärungen zustande. Der Beschluss unterscheidet sich sachlich durch die Möglichkeit von
Mehrheitsbeschlüssen und damit von Majorisierungen, soweit nicht Einstimmigkeit durch
die Rechtsform oder das Statut gefordert ist. Wirksamkeit, Inhalt und Umfang einer durch
Beschluss begründeten Verpflichtung der beteiligten Unternehmen zur Einhaltung von
Wettbewerbsregeln richten sich nach **Verbandsrecht**. Denn das GWB enthält insoweit
keine abweichenden Vorschriften. Das Verbandsrecht entscheidet insbes. darüber, ob ein
Beschluss auch diejenigen bindet, die ihm (wegen Abwesenheit oder Stimmenthaltung)
nicht zugestimmt oder die gegen ihn gestimmt haben oder die gar nicht mitstimmen
konnten (weil beispielsweise die Entscheidung von einem besonderen Ausschuss oder dem
Vorstand getroffen worden ist).[28]

**1. Allgemeines.** Die speziellen Vorschriften über die Wettbewerbsregeln sind allerdings **26**
nicht der angemessene Anknüpfungspunkt, um die Möglichkeiten und **Voraussetzungen
von Verbandsbeschlüssen** im Einzelnen darzustellen und insbes. die Probleme zu erörtern, die aus dem kartellverbotswidrigen Beschluss erwachsen.[29]

Von Bedeutung ist hier allein die Frage, ob das GWB das Verbandsrecht insoweit außer **27**
Kraft gesetzt hat, dass Mehrheitsbeschlüsse über Wettbewerbsregeln ausgeschlossen sind.
Die KartBn und die Rechtsprechung haben diese Frage bisher nicht entschieden. Das
BKartA hat allerdings damit verbundene Zweifel aufgeworfen und Ermahnungen ausgesprochen. Im Hinblick auf die Frage, ob Majorisierungen zulässig sind, führt das BKartA
aus, es habe „um einer missbräuchlichen Anwendung von Wettbewerbsregeln von vornherein vorzubeugen anlässlich der ersten Eintragung von Wettbewerbsregeln in das Register
erklärt, dass Mehrheitsbeschlüsse einer Wirtschafts- oder Berufsvereinigung, durch die auch
überstimmte oder an der Abstimmung nicht beteiligte Mitglieder zur Einhaltung von
Wettbewerbsregeln verpflichtet werden, erheblichen Bedenken begegnen". Das BKartA hat
daher den Wirtschaftsvereinigungen empfohlen, die Einhaltung und Anwendung einge-
tragener Wettbewerbsregeln nicht zu erzwingen.[30]

Die Forderung bzw. Anregung des BKartA finden in den angeführten Vorschriften keine **28**
hinreichende Rechtfertigung. Sie stehen vor allem in **Widerspruch zum Wesen anerkannter Wettbewerbsregeln** und zu den Intentionen, die der Einführung des Abschn.
über die Wettbewerbsregeln in das GWB zugrundeliegen. Entscheidend ist, ob der Beschluss eine Grundlage in der Satzung findet.[31]

**2. Argumente aus § 20 Abs. 5.** Es ist zwar richtig, dass sich ein Verbandsmitglied **29**
einerseits einem Mehrheitsbeschluss grundsätzlich nur durch Austritt aus dem Verband
entziehen kann, dass es aber andererseits einen **Anspruch auf Aufnahme in eine Wirt-
schafts- oder Berufsvereinigung hat** (§ 20 Abs. 5). Daraus kann jedoch nicht abgeleitet
werden, dass Mehrheitsbeschlüsse über die Einhaltung von Wettbewerbsregeln für die nicht
zustimmenden Mitglieder nicht verbindlich seien.[32] Hierbei kann dahinstehen, ob Unternehmen, die einen Rechtsanspruch auf Aufnahme in eine Wirtschafts- oder Berufsvereinigung haben, in jedem Fall an die Satzung gebunden sind und jede nachteilige Wirkung auf
sich nehmen müssen. Keinesfalls können sie sich über solche Satzungsbestimmungen und

---

Wettbewerbsregeln" ersetzt worden ist und vertritt die Auffassung, dass dieser weite Begriff darauf hinweise,
„dass eine Mehrheitsentscheidung auch die Minderheit und die nicht abstimmenden Verbandsmitglieder in
dem Sinne binden kann, dass für sie die Wettbewerbsregeln verbindlich sind, wenn und soweit dies verbands-
rechtlich möglich ist"; ausf. Immenga in Immenga/Mestmäcker, 4. Aufl. 2007, Rn. 23 ff.

[28] Hierzu zuletzt ausf. Ehricke FS Möschel, 2011, 169 (180 ff.); Sack in Loewenheim et al. § 24 Rn. 91 ff.

[29] Vgl. BGH 21.6.1971 – KZR 8/70, BGHZ 56, 327 = WuW/E 1205 – Verbandszeitschrift; K. Schmidt
FS Fischer, 1979, 693; Dethloff S. 26 ff.

[30] TB 1959, 52.

[31] Ausf. Immenga in Immenga/Mestmäcker, 5. Aufl. 2014, Rn. 29.

[32] So auch Sack in Loewenheim et al. § 24 Rn. 98 und Ehricke FS Möschel, 2011, 169 (181 ff.).

ihre Wirkungen hinwegsetzen, die das Gesetz, wie in §§ 24 ff., als zulässig erachtet. Daraus folgt in der Tat, dass sich Mitgliedsunternehmen den Wirkungen von Wettbewerbsregeln, die im Rahmen der Satzung für alle Mitglieder verbindlich geworden sind, nur durch den Austritt aus dem Verband entziehen können. Das ist angesichts der Stellung, die die Wettbewerbsregeln innerhalb des GWB einnehmen, aus Sachgründen nicht zu beanstanden.

30     **3. Argumente aus § 21 Abs. 3 Nr. 1.** Zutreffenderweise wird allgemein auch verneint, dass eine Bestimmung, welche vorsieht, dass alle Verbandsmitglieder durch eine Mehrheitsentscheidung gebunden werden, einen Verstoß gegen § 21 Abs. 3 Nr. 1 darstellt. Denn dies folgt bereits aus dem Umstand, dass in diesem Fall kein Zwang iSv § 21 Abs. 3 Nr. 1 vorliegt.[33]

31     **4. Satzungsmäßige Grundlage, Satzungsänderungen. a) Rechtsform.** Der Begriff der Wirtschafts- und Berufsvereinigung ist nicht an eine bestimmte **Rechtsform** gebunden. Deshalb können sowohl eingetragene und nicht eingetragene Vereine als auch Personen- und Kapitalgesellschaften Wirtschafts- und Berufsvereinigungen sein. Regelmäßig handelt es sich bei Wirtschafts- und Berufsvereinigungen, die Wettbewerbsregeln aufstellen und durch Beschluss ihren Mitgliedern auferlegen, um körperschaftlich strukturierte Verbände, in denen bei Beschlussfassungen in der Versammlung der Mitglieder das Mehrheitsprinzip gilt. Die für den Mehrheitsbeschluss geltenden Grundsätze gelten, soweit es um den hier allein interessierenden Beschluss über die Einhaltung anerkannter Wettbewerbsregeln geht, auch dann, wenn die Aufgabe einem anderen Organ (insbes. dem Vorstand, einem Ausschuss oder einer Vertreterversammlung) zulässigerweise übertragen worden ist.

32     Gleichgültig wie man die Entstehung der Bindungswirkung rechtsdogmatisch sieht, ist jedes Mitglied eines Verbandes mit dem Erwerb der Mitgliedschaft der Verbandsordnung und damit späteren Mehrheitsbeschlüssen, die auf Grund der Satzung ergehen, unterworfen.[34] Die Unterwerfung bezieht auch **Mehrheitsbeschlüsse iSd §§ 24 ff.** ein, sofern sie eine hinreichende **satzungsmäßige Grundlage** haben.

33     **b) Satzungsändernder Beschluss.** Die erforderliche Ermächtigung, durch Mehrheitsbeschluss alle Mitglieder zur Einhaltung der aufgestellten und anerkannten Wettbewerbsregeln zu verpflichten, muss aus der Satzung unzweideutig hervorgehen; denn damit werden mitgliedschaftsrechtliche Pflichten begründet, die einen erheblichen Eingriff in die wirtschaftliche Betätigungsfreiheit des Mitglieds darstellen können.[35] Enthält die Satzung keine solche Ermächtigung, so kann sie durch einen **satzungsändernden Beschluss** herbeigeführt werden. Dieser kann nach § 33 BGB mit einer Dreiviertelmehrheit gefasst werden, sofern die Satzung nichts anderes bestimmt (§ 40 BGB). Im Schrifttum wird zwar die Meinung vertreten, bei Satzungsänderungen, durch die bestehende Pflichten gesteigert und neu begründet werden, sei die Zustimmung aller Mitglieder erforderlich, die von einer Pflichtenmehrung betroffen worden seien.[36] Dem kann in dieser Allgemeinheit nicht gefolgt werden.

34     Die Befugnis der Mitgliederversammlung, den einzelnen Mitgliedern durch Mehrheitsbeschluss **neue Pflichten** aufzuerlegen, wird allerdings im allg. dort ihre Grenze finden, wo die Mitglieder über das beim Eintritt voraussehbare Maß hinaus belastet werden sollen. Durch einen satzungsändernden Mehrheitsbeschluss werden neue Pflichten nur in einem Umfang begründet werden können, die einerseits sachlich geboten und andererseits für die einzelnen Mitglieder zumutbar sind.[37] Von einem solchen Übermaß kann im allg. nicht die

---

[33] Vgl. mwN Ehricke FS Möschel, 2011, 169 (183 ff.); Sack in Loewenheim et al. § 24 Rn. 99.
[34] BGH 6.3.1967 – II ZR 231/64, BGHZ 47, 172 (175).
[35] Baur ZHR 141 (1977), 293 (299) mwN.
[36] Baur ZHR 141 (1977), 293 (299) hält dies für zweifelhaft.
[37] BGH 3.3.1971 – II ZR 53/69, BGHZ 55, 361; 19.4.1971 – II ZR 3/70, BGHZ 56, 106 (109 ff.); 20.6.1978 – II ZR 13/77, WM 1978, 1005 f.; Wiedemann, Gesellschaftsrecht, S. 393, 395 f.; vgl. andererseits 14.7.1980 – II ZR 145/79, WM 1980, 1064, wonach für eine Satzungsänderung, die einen „schwerwiegenden Eingriff" in die Rechte der Mitglieder darstellt, die Zustimmung aller Gesellschafter erforderlich ist.

Rede sein, wenn es sich um eine Satzungsänderung in dem Sinne handelt, dass anerkannte Wettbewerbsregeln durch Mehrheitsbeschluss für die Mitglieder verbindlich erklärt werden. Es genügt hier der Hinweis darauf, dass die Aufstellung von Wettbewerbsregeln zu den natürlichen und vom Gesetz vorausgesetzten Aufgaben einer Wirtschafts- oder Berufsvereinigung gehört und nach dem Inhalt und Zweck des Gesetzes davon ausgegangen werden muss, dass sie auch für die Durchsetzung der aufgestellten und anerkannten Wettbewerbsregeln sorgen können.

**5. Schutz gegen Majorisierung durch fristlose Kündigung aus wichtigem 35 Grund.** Die §§ 39, 40 BGB, § 65 GenG geben dem einzelnen Mitglied ein zwingendes Austrittsrecht, die §§ 723 Abs. 3 BGB, §§ 105, 165, 339 HGB ein unentziehbares, ordentliches Kündigungsrecht. Es ist ferner allg. anerkannt, dass nicht nur für das Gesellschaftsrecht (§ 723 Abs. 1 BGB) sondern für sämtliche Dauerschuldverhältnisse ein Lösungsrecht aus wichtigem Grunde zur Verfügung steht.[38] Ein verbandsrechtlicher Minderheitsschutz zugunsten der Mitglieder, die dem Verpflichtungsbeschluss nicht zugestimmt haben, ist demgemäß in gewissem Umfange durch das auch ohne Satzungsbestimmung gegebene Recht zur außerordentlichen (fristlosen) Kündigung aus wichtigem Grunde gewährleistet.[39]

Ein **wichtiger Grund** liegt vor, wenn ein Verbleiben im Verband bis zu der in der 36 Satzung oder im Gesetz (insbes. § 39 BGB) festgelegten Kündigungsfrist für das Mitglied eine unzumutbare und untragbare Belastung bedeuten würde. Hierzu kann im Einzelfall auch die Auferlegung der Verpflichtung gehören, die vom Verband aufgestellten und von der KartB anerkannten Wettbewerbsregeln einzuhalten. Ob das der Fall sein wird, kann nur im Einzelfall entschieden werden und wird letztlich davon abhängen, in welchem Umfange die Wettbewerbsregeln die wettbewerbliche und wirtschaftliche Betätigungsfreiheit des einzelnen Unternehmens beeinträchtigen. Die Tatsache der Majorisierung allein stellt keinen wichtigen Grund dar. Die Voraussetzungen für eine fristlose Kündigung (Austritt) aus wichtigem Grund werden dann eher gegeben sein, wenn der Verpflichtungsbeschluss eine Satzungsänderung erforderte, weil dann das einzelne Mitglied jedenfalls über das bei seinem Eintritt voraussehbare Maß hinaus belastet worden ist.[40]

**6. Beschluss einer Spitzenorganisation.** Der Beschluss einer Spitzenorganisation 37 (Vereinsverband) begründet Rechte und Pflichten nur für die ihm unmittelbar angehörenden Mitgliedsvereine (Untergliederungen). Die in den Mitgliedsvereinen zusammengeschlossenen Unternehmen werden unmittelbar nur dann berechtigt und verpflichtet, wenn die Satzung des Mitgliedsverbandes dies vorsieht oder wenn sie neben dem Mitgliedsverband Mitglied der Spitzenorganisation sind.[41] Ist dies nicht der Fall, so kann die Verpflichtung zur Einhaltung von Wettbewerbsregeln durch Beschluss nur dadurch begründet werden, dass der Mitgliedsverband seine Mitglieder auf die Regeln des Spitzenverbandes verpflichtet.

**7. Durchsetzung der Verpflichtung.** Die Erfüllung der satzungsgemäß begründeten 38 Verpflichtung zur Einhaltung von Wettbewerbsregeln kann grundsätzlich nur vom Verband, vertreten durch das zuständige Organ (Vorstand), gefordert werden. Das einzelne Mitglied verpflichtet sich nicht den anderen Verbandsangehörigen gegenüber. Es widerspräche der Reichweite seines erklärten Bindungswillens, wollte man ihm außer dem Verband noch weitere Personen als Anspruchsgegner gegenüberstellen.[42] Damit ist jedoch nicht ausgeschlossen, dass jedem einzelnen Mitglied durch besondere Vereinbarung das Recht eingeräumt wird, die Einhaltung von Wettbewerbsregeln zu verlangen.

---

[38] Wiedemann Gesellschaftsrecht, 396 f. mwN.
[39] RGZ 130, 375; BGHZ 9, 157 (162); BGH 1.4.1953 – II ZR 235/52.
[40] Vgl. zum Genossenschaftsrecht BGH 15.6.1978 – II ZR 13/77, WM 1978, 1005 (1006).
[41] BGH 18.9.1958 – II ZR 332/56, BGHZ 28, 131.
[42] Reuter in MüKoBGB § 38 Rn. 1 ff.

## III. Wirkungen für Verbandsaußenseiter

**39**    **Verbandsaußenseiter,** dh Nichtmitglieder der Wirtschafts- oder Berufsvereinigung, können durch einen Verbandsbeschluss **nicht gebunden** werden.[43] Wettbewerbsregeln können deshalb für sie nur dann verbindlich werden, wenn sie unmittelbar eine Verpflichtung zur Einhaltung übernehmen. Eine solche Verpflichtung ist allerdings nur wirksam, soweit die Wettbewerbsregeln nicht gegen § 1 verstoßen oder nach den §§ 2 u. 3 freigestellt sind. Soweit Wettbewerbsregeln sich nicht darauf beschränken, nur unlautere und gesetzwidrige Verhaltensweisen zu bekämpfen, bestehen auch keine anderen Möglichkeiten, die Außenseiter in Übereinstimmung mit den geregelten Tatbeständen zu binden.

**40**    Wie der BGH zuletzt in „Probeabonnement" festgehalten hat, ist ein Wettbewerbsverhalten insbes. nicht schon deshalb unlauter iSd UWG, weil es gegen anerkannte Wettbewerbsregeln verstößt. Anerkannte Wettbewerbsregeln legen nicht mit bindender Wirkung für die Gerichte fest, was unlauter oder sonst gesetzwidrig ist und „der Umstand, dass Wettbewerbsregeln von der KartB anerkannt werden, verleiht ihnen keine Rechtsnormqualität".[44]

## IV. Allgemeinverbindlichkeitserklärung von Wettbewerbsregeln

**41**    Eine **Allgemeinverbindlichkeitserklärung** von Wettbewerbsregeln (etwa nach dem Vorbild des arbeitsrechtlichen Tarifvertragsrechts) ist dem geltenden Recht unbekannt. Mit dem Ziel, Wettbewerbsverzerrungen zu beseitigen, die dadurch entstehen, dass für einen Teil von Unternehmen einer bestimmten Branche Wettbewerbsregeln verbindlich sind, für andere aber nicht, wurde die Frage erörtert, wie Wettbewerbsregeln eine über den Verband hinausgreifende Geltung verschafft werden kann.[45] Neben der Regulierung des Wettbewerbsverhaltens durch staatliche Behörden und neben dem Zusammenwirken des Staates mit Wirtschafts- und Berufsverbänden entsprechend den in den USA geltenden Trade Practics Rules wurde insbes. die Frage einer Allgemeinenverbindlichkeitserklärung als Lösungsmöglichkeit aufgezeigt.

**42**    Die wettbewerbspolitischen und verfassungsrechtlichen Bedenken haben sich in der Diskussion als kaum überwindbar dargestellt. Nach ablehnenden Voten des BKartA und der Monopolkommission wurden diese Pläne nicht weiterverfolgt.[46] Es wäre rechtsstaatlich auch nicht unbedenklich, die KartB zum Ersatzgesetzgeber für das Verbot lauterer aber nicht leistungsgerechter Verhaltensweisen im Wettbewerb zu machen.[47] Ursprünglich gerechtfertigte Wettbewerbsregeln können durch eine Veränderung der Marktverhältnisse ihren Zweck verfehlen und das Gegenteil des Gewollten bewirken, nämlich ein Korsett darstellen, das eine Fortentwicklung des Marktes behindert. Wettbewerbsbeschränkende Wettbewerbsregeln können damit zu einer ernsthaften Gefahr für den Bestand des Wettbewerbs werden, wenn ihnen auch die Außenseiter unterstellt werden und somit die Korrekturfunktion des Marktes ausgeschaltet ist.[48]

**43**    Zuletzt dürfte eine gesetzlich vorgesehene Möglichkeit einer hoheitlichen Allgemeinverbindlichkeitserklärung von Wettbewerbsregeln auf alle Unternehmen einer Branche gegen die **europarechtliche Verpflichtung** der Mitgliedstaaten verstoßen, alle Maßnahmen zu unterlassen, die die praktische Wirksamkeit der Wettbewerbsvorschriften des AEUV beeinträchtigen können.[49]

---

[43] Vgl. mwN Sack in Loewenheim et al. § 24 Rn. 100.

[44] BGH 7.2.2006 – KZR 33/04, WuW/E 1779 (1782) – Probeabonnement.

[45] TB 1976, 33 f.; TB 1977, 34 f.; Baur ZHR 141 [1977], 293; Benisch Schwerpunkte 1975/76, 50 f.; Meier ZRP 1977, 105; Merkel BB 1977, 473.

[46] TB 1977, 34 f.

[47] Hönn GRUR 1977, 147.

[48] Baur ZHR 141 (1977), 293 (305 f.).

[49] Vgl. dazu mwN Ehricke FS Möschel, 2011, 169 (185).

## E. Teilanerkennung und Teilablehnung

Falls die KartB einzelne Wettbewerbsregeln – deren Anerkennung beantragt ist – nicht  **44**
anerkennen will, kann sie eine Teilanerkennung bzw. eine Teilablehnung aussprechen.[50]
Dies ist insbes. üblich, wenn der Anerkennungsantrag nicht vorher freiwillig geändert
wurde.[51]

## F. Bedingungen und Auflagen

Obwohl es **unzulässig ist,** die Anerkennung von Wettbewerbsregeln mit Bedingungen  **45**
und Auflagen zu verbinden,[52] entsprach es ständiger Übung des BKartA, den Beschluss, mit
dem einem Antrag auf Anerkennung von Wettbewerbsregeln stattgegeben wurde, mit
Auflagen an die Vereinigung zu verbinden, alle Beschlüsse ihrer satzungsmäßigen Organe
und alle Vereinbarungen ihrer Mitglieder über die Einhaltung und Anwendung anerkannter Wettbewerbsregeln sowie alle Entscheidungen und Vergleiche, die in Verfahren über
Beschlüsse und Vereinbarungen erlassen oder geschlossen werden, unverzüglich dem BKartA bekanntzugeben.[53]

Der BGH hat diese Praxis hinsichtlich der Berichtspflichten mit der Begründung für  **46**
unzulässig erklärt, für derartige Auflagen gäbe es **keine gesetzliche Grundlage.** Das
GWB bestimme abschließend, in welchen Fällen von Freistellungen des Kartellverbots die
Erteilung der Erlaubnis nach pflichtgemäßem Ermessen mit Auflagen verbunden werden
dürfe. Die abschließende Regelung des GWB habe auch Vorrang vor einschlägigen Vorschriften des VwVfG (insbes. vor § 36 Abs. 2 Nr. 4 VwVfG), da diese lediglich subsidiär
anwendbar seien. Die Befugnisse nach § 46 aF = § 59 nF stünden der KartB nur bei
Bestehen eines gewissen Anfangsverdachts zu. Die abstrakte Gefahr des Missbrauchs von
Freistellungen begründe aber keinen Anfangsverdacht, der ein Auskunftsersuchen rechtfertige.[54]

Das BKartA hat daraufhin die bisherige Praxis eingestellt und den betroffenen Wirt-  **47**
schafts- und Berufsvereinigungen mitgeteilt, dass aus den alten Verfügungen hinsichtlich
der Auflagen keine Rechte mehr hergeleitet werden.[55]

Einer ausdrücklichen gesetzlichen Bestimmung, dass Auflagen zulässig sind, bedarf es  **48**
jedoch dann nicht, wenn die Anerkennung ohne die Auflage im Rahmen des der KartB
zustehenden Ermessens abgelehnt werden könnte. Aus dem der KartB zustehenden **Ermessensspielraum** folgt die Berechtigung, Auflagen zu erteilen, die notwendig sind, um
zu erreichen und durchzusetzen, dass Wettbewerbsregeln – insbes. solche mit nicht ein-
deutigem Inhalt – in der Praxis nicht einen von der Anerkennungsverfügung abweichenden
Sinn und Zweck erhalten.[56]

---

[50] Vgl. dazu mwN Sack in Loewenheim et al. Rn. 4 ff.

[51] Siehe Bechtold/Bosch Kartellgesetz Rn. 6.

[52] BGH 15.5.1984, BGHZ 91, 178 = WuW/E 2095 = WM 1984, 1294 – Pronuptia de Paris.

[53] In einigen Fällen enthielt der Anerkennungsbeschluss ferner die Auflage, in Prozessen und Schieds-
verfahren die Anerkennungsgründe des BKartA vorzulegen; damit sollte gewährleistet werden, dass die
entscheidende Instanz die Regeln iSd BKartA auslegt. Siehe BKartA 30.11.1967, WuW/E 1165 – Hefeindustrie; 16.2.1971, WuW/E 1327 – Tapetenhandel.

[54] BGH 15.5.1984 – KVR 11/83, BGHZ 91, 178 = WuW/E 2095 = WM 1984, 1294 – Pronuptia de
Paris.

[55] TB 1983/84, 36 (45).

[56] MwN Sack in Loewenheim et al. Rn. 5.

## G. Die Außerkraftsetzung

**49**   Nach § 26 Abs. 3 sind Wirtschafts- und Berufsvereinigungen verpflichtet, die Außerkraftsetzung anerkannter Wettbewerbsregeln der KartB **mitzuteilen**. Die Verletzung dieser Pflicht ist keine Ordnungswidrigkeit, noch sieht das GWB andere Sanktionen vor. Die KartB kann die Anmeldung jedoch im Wege des Verwaltungszwangs erzwingen. Die Anmeldepflicht ist eine unmittelbar aus dem G folgende öffentlich-rechtliche Verpflichtung. Bei Nichterfüllung können derartige Pflichten durch die Verwaltungsbehörde mittels Androhung eines Zwangsgelds und Vollstreckung durchgesetzt werden.

## H. Rücknahme und Widerruf der Anerkennung

### I. Grundsätze

**50**   Die Anerkennung ist zurückzunehmen oder zu widerrufen, wenn die KartB nachträglich feststellt, dass die Voraussetzungen für die Ablehnung nach Absatz 2 vorliegen. Diese **Aufhebungsvoraussetzungen** sind sowohl dann gegeben, wenn die KartB nachträglich feststellt, dass die tatsächlichen Voraussetzungen der Anerkennungsverfügung sich im Anschluss geändert (Widerruf) haben, als auch dann, wenn die KartB feststellt, dass die Anerkennungsvoraussetzungen von vornherein nicht vorgelegen haben (Rücknahme). Letzteres ist insbes. dann der Fall, wenn der von der KartB beurteilte Sachverhalt von vornherein nicht mit der Wirklichkeit übereinstimmte. Die Aufhebungstatbestände beschränken sich jedoch nicht darauf. § 26 Abs. 4 ist umfassender zu sehen und zu würdigen.

**51**   Die KartB hat die Anerkennungsverfügung auch schon auf Grund **geänderter Rechtsansicht** zu widerrufen. Dies gilt insbes. bei Veränderungen des deutschen Lauterkeitsrechts.[57]

**52**   Angesichts der Rspr. des BGH[58] ist davon auszugehen, dass **§ 26 Abs. 4 eine Rechtsvorschrift iSd Subsidiaritätsklausel des VwVfG** ist. Es handelt sich um eine Rechtsvorschrift des Bundes, die als inhaltsgleiche oder entgegenstehende Bestimmung dem insoweit subsidiär geltenden VwVfG vorgeht. Demgemäß sind Aufhebungsverfügungen allein aus den im GWB selbst angeführten Gründen zulässig, die einengenden Vorschriften des VwVfG stehen nicht entgegen.[59] Die **§§ 48, 49 VwVfG** sind – insbes. hinsichtlich des Vertrauensschutzes – ergänzend heranzuziehen.[60]

**53**   Unter diesen Umständen kann die Rücknahme oder der Widerruf einer Anerkennung ganz allg. – sofern das noch zu erörternde Gebot des Vertrauensschutzes nicht entgegensteht – dann verfügt werden, wenn die Voraussetzungen für die Anerkennung von vornherein nicht vorlagen oder jetzt nicht mehr vorliegen. Im Einzelnen kommen folgende Tatbestände in Betracht:

**54**   **1. Unrechtmäßige Anerkennung.** Die Anerkennung ist erfolgt, obwohl die **gesetzlichen Voraussetzungen von Anfang an nicht vorlagen.** Hierunter sind die Fälle zu rechnen, in denen der Sachverhalt, der Entscheidungsgrundlage war, mit der Wirklichkeit nicht übereinstimmte, gleichgültig, ob dies auf mangelhafte und unvollständige Ermittlungen der KartB zurückzuführen ist oder darauf, dass der Antragsteller unrichtige oder unvollständige Angaben gemacht hat. Es reicht auch aus, dass die KartB den vollständigen und richtigen Sachverhalt wirtschaftlich oder rechtlich fehlerhaft gewürdigt hat. Die KartB ist berechtigt und verpflichtet, eine falsche Rechtsauffassung nachträglich zu ändern. Al-

---

[57] Ausf. mit Anwendungsbeispielen Sosnitza FS Bechtold, 2006, 515 ff.
[58] BGH 24.6.1980 – KVR 6/79, BGHZ 77, 366 = WuW/E 1717 – Haus- und Hofkanalguss; 2.12.1980 – KVR 3/80, WuW/E 1758 – Schleifscheiben.
[59] Vgl. auch BGH 15.5.1984 – 11/83, BGHZ 91, 178 (181 ff.) = WuW/E 2095 (2097).
[60] Bechtold/Bosch Kartellgesetz Rn. 8.

lerdings wird in den letztgenannten Fällen dem Gedanken des Vertrauensschutzes, der ebenso wie der Verfassungsgrundsatz des Übermaßverbotes einen Kontrollmaßstab und eine Interpretationsleitlinie darstellt, besondere Bedeutung zukommen.

**2. Ursprüngliche rechtmäßige Anerkennung.** Die Anerkennungsverfügung war **55** zwar **ursprünglich rechtmäßig.** Die Anerkennungsvoraussetzungen des § 26 Abs. 2 liegen jedoch im Zeitpunkt der Aufhebungsverfügung nicht mehr vor. Das ist insbes. dann der Fall, wenn sich die Verhältnisse seit der Anerkennungsverfügung verändert haben oder nachträglich neue Tatsachen eingetreten sind. **Nachträgliche Veränderungen der Rechtslage** gehören ebenfalls hierher, sofern danach die Anerkennung nicht mehr zulässig wäre. Das kann der Fall sein, wenn sich die anerkannte Rspr. zum UWG und GWB ändert und wenn die G selbst geändert werden. Gleiches gilt, wenn sich die wirtschaftspolitischen Grundsatzentscheidungen nachträglich ändern. Angesichts der tiefgreifenden Veränderungen des deutschen Lauterkeitsrechts, wird eine Überprüfung des Altbestands der bereits anerkannten Wettbewerbsregeln erforderlich. Dies gilt insbes. für (überholte) Wettbewerbsregeln mit Bezug zu Rabatten, Zugaben, Sonderveranstaltungen oder vergleichender Werbung.[61]

## II. Vertrauensschutz

Dem Gebot des Vertrauensschutzes muss grundsätzlich angemessen Rechnung getragen **56** werden. Nach allg. verwaltungsrechtlichen Grundsätzen schränkt dieses Gebot die **Rücknahme begünstigender rechtswidriger VAe** ein.[62] Der durch einen VA Begünstigte (bei einem privatrechtsgestaltenden VA kommen auch Dritte in Betracht) richtet sich im Vertrauen auf dessen Bestand in dem Umfang, wie dieser zeitlich und sachlich nach dem Gesetz vorgesehen ist, ein und trifft auf dieser Grundlage persönliche und wirtschaftliche in die Zukunft wirkende Entscheidungen. Der Grundsatz der Rechtssicherheit gebietet, hierauf Rücksicht zu nehmen.[63]

## I. Rechtsmittel im Anerkennungs- und Aufhebungsverfahren

Das Verfahren über die Anerkennung von Wettbewerbsregeln weist, wie das Auf- **57** hebungsverfahren, **keine Besonderheiten** auf, die für die Befugnis zur Einlegung von Rechtsmitteln und für das Beschwerde- und Rechtsbeschwerdeverfahren Bedeutung erlangen könnten. Die §§ 63 ff. und die §§ 74 ff. können danach uneingeschränkt angewandt werden.

## I. Anerkennungsverfahren

**1. Ablehnung der Anerkennung.** Gegen die Ablehnung der Anerkennung hat die **58** antragstellende Berufs- oder Wirtschaftsvereinigung das Rechtsmittel der Beschwerde. Zuständig ist das für den Sitz der KartB zuständige OLG (§ 63), für Beschlüsse des BKartA ist nach dessen Sitzverlegung nach Bonn das OLG Düsseldorf zuständig. Gegen den Beschluss des Beschwerdegerichts gibt es die Rechtsbeschwerde und die Nichtzulassungsbeschwerde an den BGH (§§ 74, 75).

**2. Rechtsbeschwerde und Nichtzulassungsbeschwerde.** Entscheidungen, die dem **59** Antrag auf Anerkennung von Wettbewerbsregeln stattgeben, können von den Unternehmen und Verbänden, die sich gegen die Anerkennung gewandt haben, mit der Beschwerde angefochten werden, wenn die KartB sie zu dem Verfahren beigeladen hat (§§ 63 Abs. 2,

---

[61] Ausf. Sosnitza FS Bechtold, 2006, 515 (522 ff.).
[62] BGH 24.6.1980 – KVR 6/79, BGHZ 77, 366 = WuW/E 1717 – Haus- und Hofkanalguss.
[63] Ausf. zum Vertrauensschutz und der damit verbundenen Abwägung Immenga in Immenga/Mestmäcker, 5. Aufl. 2014, Rn. 57 ff.

54 Abs. 2 Nr. 3). Im Beschwerdeverfahren ist in Erweiterung des Wortlauts des § 67 auch die Wirtschafts- oder Berufsvereinigung beteiligt, die den Antrag auf Anerkennung der Wettbewerbsregeln gestellt hat.[64]

**60**    Die **Rechtsbeschwerde und die Nichtzulassungsbeschwerde** stehen den am Beschwerdeverfahren Beteiligten zu. Es ist nicht mehr erforderlich, dass deren Rechte beeinträchtigt sind. Die zweite GWB-Novelle hat dieses zusätzliche Erfordernis für die Rechtsbeschwerdeberechtigung beseitigt. Die Rspr. zur Ausfüllung dieses Tatbestandsmerkmals und die hiergegen gerichteten Angriffe[65] sind damit gegenstandslos geworden.

## II. Aufhebungsverfahren

**61**    **1. Rücknahme oder Widerruf.** Hat die KartB die Rücknahme oder den Widerruf verfügt, weil es nachträglich die Voraussetzungen für die Ablehnung nach § 26 Abs. 2 festgestellt hat, so steht der betroffenen Wirtschafts- und Berufsvereinigung sowie den sonst am Verfahren vor den KartB Beteiligten die Beschwerde zu (§§ 63, 54). Die Beschwerde hat aufschiebende Wirkung (§ 63 Abs. 1 Nr. 2). Die Rechtsbeschwerde und die Nichtzulassungsbeschwerde stehen dem an Beschwerdeverfahren Beteiligten zu.

**62**    **2. Ablehnung der Aufhebung.** Leitet die KartB ein Aufhebungsverfahren nach § 26 Abs. 4 unter dem Gesichtspunkt ein, die Voraussetzungen für die Ablehnung nach § 26 Abs. 2 nachträglich zu überprüfen und kommt sie zu dem Ergebnis, dass die Voraussetzungen für eine Aufhebung nicht gegeben sind, so steht den Gegnern der Wettbewerbsregeln kein Rechtsmittel zu. Sie haben kein Antragsrecht, sondern können nur formlose Anregungen geben. Die KartB wird von Amts wegen tätig; ihr **Tätigwerden ist nicht erzwingbar.**

## J. § 131 Abs. 3 aF

**63**    **Vor der 7. GWB-Novelle** bewirkte die Anerkennung eine unbefristete Freistellung vom Verbot des § 1. Demgegenüber bestimmte § 131 Abs. 3 aF iVm § 131 Abs. 2 S. 1 und 2 aF, dass Verfügungen der KartB, durch die Wettbewerbsregeln nach § 26 Abs. 1 und 2 S. 1 aF freigestellt waren, am 31.12.2007 unwirksam wurden. Für die **Zeit nach dem 31.12.2007** folgt daraus, dass die **Anerkennungsverfügung weiter wirkt,** soweit sie Wettbewerbsregeln zum Gegenstand hat, die nicht gegen § 1 verstoßen. Es liegen keine Anhaltspunkte dafür vor, dass Anerkennungsverfügungen wirkungslos werden sollen, soweit sie wettbewerbliche Verhaltensweisen betreffen, die nach altem und neuem Recht zulässig sind.

**64**    Probleme entstehen allerdings dadurch, dass die früheren Anerkennungsverfügungen ganz allgemein die von Wirtschafts- und Berufsvereinigungen für ihren Bereich aufgestellten Wettbewerbsregeln billigen und häufig nicht erkennen lassen, ob und welche Regeln unter § 1 fallen und demgemäß vom Kartellverbot freigestellt sind. Im Einzelfall entsteht damit **Rechtsunsicherheit** darüber, in welchem Umfang die Anerkennungsverfügung – mit den eingeschränkten Wirkungen des § 26 Abs. 1 S. 2 – über den 31.12.2007 hinaus fortbesteht. Darüber hinaus ist offen, wie sich die **Rechtslage nach der 7. GWB-Novelle** darstellt, ob und in welchem Umfang die unter § 1 fallenden Regeln nach den §§ 2 und 3 freigestellt sind. Die Anerkennung nach altem Recht kann für die Zeit nach dem 31.12.2007 nur Wirkungen entfalten, wenn die Wettbewerbsregeln mit dem neuen Recht vereinbar sind. Die damit verbundenen Risiken können im Verhältnis zur KartB dadurch beseitigt werden, dass die Wirtschafts- und Berufsvereinigung **erneut einen Antrag auf Anerkennung** ihrer Wettbewerbsregeln stellt (§ 24 Abs. 3).[66] Ein rechtliches Interesse ist

---

[64] BGH 15.7.1966 – KVR 3/65, BGHZ 46, 168 = WuW/E 767 – Bauindustrie.
[65] Schwartz GRUR 1967, 54.
[66] Ausf. Sosnitza FS Bechtold, 2006, 515 ff.

gegeben, zumal damit im Ergebnis dem Willen des Gesetzgebers entsprochen wird, der das Anerkenntnisverfahren beibehalten hat, um Wirtschafts- und Berufsvereinigungen die Möglichkeit zu bieten, Wettbewerbsregeln einer präventiven Rechtskontrolle zu unterziehen und Transparenz für die beteiligten Wirtschaftskreise und Verbraucher sowie Rechtssicherheit im Verhältnis zur KartB zu schaffen.[67]

## § 27 Veröffentlichung von Wettbewerbsregeln, Bekanntmachungen

(1) **Anerkannte Wettbewerbsregeln sind im Bundesanzeiger zu veröffentlichen.**

(2) **Im Bundesanzeiger sind bekannt zu machen**

1. **die Anträge nach § 24 Absatz 3;**
2. **die Anberaumung von Terminen zur mündlichen Verhandlung nach § 25 Satz 3;**
3. **die Anerkennung von Wettbewerbsregeln, ihrer Änderungen und Ergänzungen;**
4. **die Ablehnung der Anerkennung nach § 26 Absatz 2, die Rücknahme oder der Widerruf der Anerkennung von Wettbewerbsregeln nach § 26 Absatz 4.**

(3) **Mit der Bekanntmachung der Anträge nach Absatz 2 Nummer 1 ist darauf hinzuweisen, dass die Wettbewerbsregeln, deren Anerkennung beantragt ist, bei der Kartellbehörde zur öffentlichen Einsichtnahme ausgelegt sind.**

(4) **Soweit die Anträge nach Absatz 2 Nummer 1 zur Anerkennung führen, genügt für die Bekanntmachung der Anerkennung eine Bezugnahme auf die Bekanntmachung der Anträge.**

(5) **Die Kartellbehörde erteilt zu anerkannten Wettbewerbsregeln, die nicht nach Absatz 1 veröffentlicht worden sind, auf Anfrage Auskunft über die Angaben nach § 24 Absatz 4 Satz 1.**

**Schrifttum:** Siehe vor § 24.

## A. Bekanntmachung

§ 27 ist **Ausdruck des besonderen öffentlichen Interesses,** das der Gesetzgeber **1** Wettbewerbsregeln von Wirtschafts- und Berufsvereinigungen beimisst. Schon **Anträge auf Anerkennung** von Wettbewerbsregeln sind im Bundesanzeiger oder im elektronischen Bundesanzeiger bekanntzumachen (§ 24 Abs. 2 Nr. 1). Hierzu gehören auch Anträge auf Anerkennung von **Änderungen und Ergänzungen** anerkannter Wettbewerbsregeln.[1] Gleiches gilt für die Anberaumung von Terminen zur **mündlichen Verhandlung** nach § 25 S. 3, die Anerkennung von Wettbewerbsregeln, ihrer Änderungen und Ergänzungen (§ 27 Abs. 2 Nr. 2 und Nr. 3) sowie die Ablehnung der Anerkennung, die Rücknahme und den Widerruf der Anerkennung (§ 27 Abs. 2 Nr. 4).

## B. Öffentliche Einsichtnahme

Die KartBn veröffentlichen die Anträge nach § 24 Abs. 3 regelmäßig mit dem vollen **2** Wortlaut der Wettbewerbsregeln, um den angesprochenen Unternehmen und Verbänden (§ 25) die Beurteilung der Wettbewerbsregeln zu ermöglichen. Nach der gesetzlichen Regelung sind sie dazu nicht verpflichtet und haben mit der Bekanntmachung nur darauf hinzuweisen, dass die Wettbewerbsregeln, deren Anerkennung beantragt ist, bei der KartB zur **öffentlichen Einsichtnahme** ausgelegt sind.

---

[67] BT-Drs. 15/3640 u. 15/5049.
[1] Siehe www.bundesanzeiger.de.

## C. Veröffentlichung

**3**  Soweit die Anträge nach § 24 Abs. 3 zur Anerkennung führen, genügt für die Bekanntmachung der Anerkennung die Bezugnahme auf die Bekanntmachung der Anträge (§ 27 Abs. 4). Das ist schon deshalb als ausreichend anzusehen, weil die anerkannten Wettbewerbsregeln durch die Neufassung von Abs. 1 ohnehin im Bundesanzeiger oder im elektronischen Bundesanzeiger zu veröffentlichen sind. „Damit wird dem Umstand Rechnung getragen, dass anerkannte Wettbewerbsregeln Bedeutung nicht nur für die Mitglieder der Wirtschafts- und Berufsvereinigung haben, die den Antrag auf Anerkennung gestellt haben, sondern auch für Dritte, etwa für Unternehmen der Marktgegenseite."[2]

Die Veröffentlichungspflicht für anerkannte Wettbewerbsregeln gilt nicht für Wettbewerbsregeln, die bereits bei Inkrafttreten der 7. Novelle anerkannt sind (und nicht nach Abs. 1 veröffentlicht worden sind). Entsprechend der Regelung des früheren Abs. 1 erteilt jedoch die KartB Auskunft zu solchen Regeln.[3]

## Kapitel 5. Sonderregeln für bestimmte Wirtschaftsbereiche

### § 28 Landwirtschaft

(1) [1]§ 1 gilt nicht für Vereinbarungen von landwirtschaftlichen Erzeugerbetrieben sowie für Vereinbarungen und Beschlüsse von Vereinigungen von landwirtschaftlichen Erzeugerbetrieben und Vereinigungen von solchen Erzeugervereinigungen über

1. die Erzeugung oder den Absatz landwirtschaftlicher Erzeugnisse oder
2. die Benutzung gemeinschaftlicher Einrichtungen für die Lagerung, Be- oder Verarbeitung landwirtschaftlicher Erzeugnisse,

sofern sie keine Preisbindung enthalten und den Wettbewerb nicht ausschließen. [2]Als landwirtschaftliche Erzeugerbetriebe gelten auch Pflanzen- und Tierzuchtbetriebe und die auf der Stufe dieser Betriebe tätigen Unternehmen.

(2) Für vertikale Preisbindungen, die die Sortierung, Kennzeichnung oder Verpackung von landwirtschaftlichen Erzeugnissen betreffen, gilt § 1 nicht.

(3) Landwirtschaftliche Erzeugnisse sind die in Anhang I des Vertrages über die Arbeitsweise der Europäischen Union aufgeführten Erzeugnisse sowie die durch Be- oder Verarbeitung dieser Erzeugnisse gewonnenen Waren, deren Be- oder Verarbeitung durch landwirtschaftliche Erzeugerbetriebe oder ihre Vereinigungen durchgeführt zu werden pflegt.

**Schrifttum:** Bechthold, GWB, Kartellgesetz, Gesetz gegen Wettbewerbsbeschränkungen, Kommentar, 7. Auflage, 2013; Bechthold/Buntscheck, Die 7. GWB-Novelle und die Entwicklung des deutschen Kartellrechts 2003 bis 2005, NJW 2005; Bendel-Reuter, Kommentar zum Marktstrukturgesetz, 1970; Böneker, Rechtliche Fragen der Gemüseanbauverträge, eine Erscheinungsform der vertikalen Integration, Diss. Göttingen 1968; Buth, in Loewenheim/Meessen/Riesenkampff, Kommentar zum Kartellrecht 2020; Busse, in Kölner Kommentar zum Kartellrecht 2015; Deselaers, Züchtervereinigungen zwischen Kartellrecht und Tierzuchtrecht, AgrarR 1981, 279; ders., Das DFB-Urteil – Auswirkungen auf das Traberzucht?, AgrarR 1998, 201; Dobroschke, Zur Verfassungsmäßigkeit des § 100 Abs. 1 und Abs. 4 GWB (Art. 3 Abs. 1 GG), WuW 67, 713; Schweizer, in: Düsing/Martinez Agrarrecht cht Eberle, Das erlaubte Erzeugerkartell nach § 100 Abs. 1 GWB, Diss. Münster 1965; Grages, Die Lieferrechte der Zuckerrübenanbauer, 1989 (Schriftenreihe des Instituts für Landwirtschaftsrecht der Universität Göttingen, 35); Giesen/Besgen, Öffentliche Forstdienstleistungen und Wettbewerbsrecht, AgrarR 1998, 329; Himmelmann, Das Kartellrecht und die Pferdewette, AgrarR 1998, 206 ff.; Leßmann/Würtenberger, Deutsches und europäisches Sortenschutzrecht, Handbuch, 2009; Liebing, Die für Unternehmen des Agrarsektors geltenden Wettbewerbsregelungen innerhalb der EWG, Diss. Köln 1965; Linnewedel, Das Erzeugungs- und Absatzkartell in der Land- und Fischwirtschaft.

---

[2] BT-Drs. 15/3640, zu Nr. 14 (§ 27) Buchst. b.
[3] Vgl. BT-Drs. 15/3640, zu Nr. 14 (§ 27) Buchst. d.

Dargestellt am Beispiel der Seefisch-Absatz-Gesellschaft m. b. H. und der Hochseefischerei-Fangvereinbarung, Diss. Göttingen 1965; v. Massenbach, Das Marktstruktur- und Absatzfondsrecht. Der europäische Vorschlag und die deutschen Gesetze aus wirtschafts- und verfassungsrechtlicher Sicht, Diss. Göttingen 1972; Möhring, Lizenzverträge über Pflanzenzüchtungen in kartellrechtlicher Sicht, in: FS W. Hefermehl zum 65. Geburtstag, 1971, S. 139; Nägele, in: Frankfurter Kommentar, 2006; Pabsch, Die ländlichen Genossenschaften in der Verbundwirtschaft, BüL N. F. 63, 44; 283; Pelhak, Tierzuchtrecht, Kommentar zum Bundesrecht und zum bayerischen Landesrecht, 2006; Pelhak/Wüst, Aktuelle Probleme des Marktstrukturgesetzes aus Bayerischer Sicht, AgrarR 75, 128; Petry, Die Wettbewerbsbeschränkungen der Landwirtschaft nach nationalem und europäischem Wettbewerbsrecht. Ein Beitrag zum Agrar-Kartellrecht, Diss. Hohenheim 1975; Pohlmann, Kommentar zur Entscheidung des KG Berlin vom 10.10.2001, EWiR 2002; Recke-Sotzeck, Marktstrukturgesetz, 1970; v. Renthe gen. Fink, Neue Bereichsausnahme zum GWB. Bemerkungen zu § 11 MStrG, WuW 69, 441; Schroer, Rechtsformen der Zusammenarbeit landwirtschaftlicher sowie fischwirtschaftlicher Erzeuger untereinander und mit ihren Marktpartnern nach dem Marktstrukturgesetz, Diss. Münster 1971; Schulze-Hagen, Die landwirtschaftlichen Zusammenschlüsse nach deutschem und europäischem Wettbewerbsrecht, 1977 (Schriftenreihe des Instituts für Landwirtschaftsrecht der Universität Göttingen. 18); Schweizer, in: Immenga/Mestmäcker EU-Wettbewerbsrecht, Bd. 1. EU/Teil 2, 6. Auflage, Kommentar 2019, Abschnitt VIII. Landwirtschaft. C.; Schweizer, in: Düsing/Martinez Agrarrecht Kommentar 2016; Schweizer/Woeller, Die Änderungen in der Bereichsausnahme des § 28 GWB im Rahmen der siebten Novelle zum GWB, AuR 2007, S. 285 f.; Thomas, Bundeswaldgesetz, 2 Auflage 2015; Loewenheim/Meessen/Riesenkampff, Kommentar zum Kartellrecht 2016er, Die wirtschaftliche Bedeutung der Bereichsausnahme für die Landwirtschaft im GWB, 1977 (Volkswirtschaftliche Schriften 262).

## Übersicht

# A. Entstehung und Zweck der Vorschrift

## I. Entstehungsgeschichte

1    Der Gesetzgeber hat mit der Bereichsausnahme für die Landwirtschaft **Neuland** betreten. Weder die KartVO von 1923 noch das Dekartellierungsrecht der Besatzungsmächte kannten Sondervorschriften für die Landwirtschaft. Der somit auch für die Landwirtschaft geltende Grundsatz der Wettbewerbsfreiheit war allerdings bereits durch Zwangskartelle und Marktordnungen erheblich eingeengt worden.

2    Das GWB vom 27.7.1957 kannte verschiedene Ausnahmebereiche, darunter auch die Land- und Forstwirtschaft, die ursprünglich in § 100 GWB aF geregelt worden ist. Abgesehen von einigen geringfügigen redaktionellen Änderungen ist zwischen 1957 und 1998 nur eine einzige gewichtigere Änderung des § 100 aF erfolgt. Die **Vierte Novelle zum GWB** hat die in § 100 Abs. 3 aF bei Saatgut vorgesehene Freistellung vom Verbot der vertikalen Preisbindung auf von nach dem Tierzuchtgesetz anerkannten Zuchtunternehmen oder Züchtervereinigungen abgesetzte Tiere, die zur Vermehrung in einem mehrstufigen Zuchtverfahren bestimmt sind, ausgedehnt. Daneben sind Bedeutung und Anwendungsbereich des § 100 GWB aF durch **andere** Rechtsvorschriften beeinflusst worden, und zwar durch § 11 Marktstrukturgesetz vom 16.5.1969 (BGBl. I S. 423) idF vom 26.9.1990 (BGBl. I S. 2134) und durch § 26 des Gesetzes über forstwirtschaftliche Zusammenschlüsse vom 1.9.1969 (BGBl. I S. 1543), der durch § 40 Bundeswaldgesetz vom 2.5.1975 (BGBl. I S. 1037) ersetzt worden ist. Zugleich ist die Anwendung des § 100 GWB aF durch das EG-Recht überlagert worden, und zwar durch die VO Nr. 26 vom 4.4.1962 und verschiedene Rechtsakte über Erzeugergemeinschaften bzw. Erzeugerorganisationen sowie über Branchenverbände und Branchenvereinbarungen (→ Rn. 91, 100). Die Rechtsgrundlage für das EU-Kartellrecht in der Landwirtschaft bildet Art. 42 AEUV der die Anwendung der Wettbewerbsregeln für die Landwirtschaft von einem Beschluss des Europäischen Parlamentes und des Rates abhängig macht[1]. Durch die VO Nr. 26 von 1962 wurden Ausnahmen vom grundsätzlichen Kartellverbot für die Landwirtschaft normiert. Die Verordnung Nr. 26 wurde durch die VO Nr. 1184/2006 des Rates vom 24.7.2006 zur Anwendung bestimmter Wettbewerbsregeln auf die Produktion landwirtschaftlicher Erzeugnisse inhaltlich unverändert ersetzt.[2]

3    Die **Sechste Novelle zum GWB** hat die besondere kartellrechtliche Regelung für die Landwirtschaft **in ihrem Kern aufrechterhalten;** sie ist aber vereinfacht, an die neue Strukturierung des Gesetzes angepasst und in gewissen Aspekten eingeschränkt worden. Ist sie bislang als § 100 GWB aF im 5. Teil, der den Anwendungsbereich des Gesetzes festgelegt hat, verankert gewesen, erscheint sie nunmehr als § 28 im 1. Teil, 5. Abschnitt, der

---

[1] Schweizer in Immenga/Mestmäcker EU-Wettbewerbrecht, BD II, VIII. Abschnitt: Landwirtschaft Rn. 2.
[2] Schweizer in Immenga/Mestmäcker EU-Wettbewerbrecht, BD II, VIII. Abschnitt: Landwirtschaft Rn. 1, 2.

Sonderregeln für bestimmte Wirtschaftsbereiche enthält. Im Vergleich zu § 100 GWB aF ist im Hinblick auf die Definition des landwirtschaftlichen Erzeugerbetriebes und der landwirtschaftlichen Erzeugnisse eine Vereinfachung und eine Verklammerung mit dem EU-Recht erfolgt. Die Angleichung an das Gemeinschaftsrecht wird dazu führen, dass künftig die Auslegung der deutschen Sonderregelung für die Landwirtschaft in stärkerem Ausmaß unter den Einfluss des EU-Rechts geraten wird.[3]

Auf eine Definition des landwirtschaftlichen Erzeugerbetriebes wurde in Anlehnung an **4** Art. 2 Abs. 1 S. 2 VO Nr. 26/62 verzichtet[4]. Landwirtschaftliche Erzeugnisse, die von durch § 28 erfasste Erzeugerbetriebe erzeugt oder gewonnen werden, sind die im Anhang I zum AEUV aufgeführten Erzeugnisse, außerdem die durch Be- oder Verarbeitung dieser Erzeugnisse gewonnenen Waren, deren Be- oder Verarbeitung durch landwirtschaftliche Erzeugerbetriebe oder ihre Vereinigungen durchgeführt zu werden pflegt. Der bisherige Verweis auf eine Benennungs-Verordnung, durch die die von der kartellrechtlichen Freistellung erfassten Be- und Verarbeitungserzeugnisse im Einzelnen festgelegt worden sind, ist entfallen. Da Anhang I zum AEUV in Kapitel 3 Fische, Krebstiere und Weichtiere ausdrücklich aufführt, ist eine besondere Erwähnung von Fischereierzeugnissen nicht mehr erforderlich gewesen. Die kartellrechtliche Freistellung bestimmter Vereinbarungen und Beschlüsse von Erzeugerbetrieben und ihrer Zusammenschlüsse ohne Preisbindung sowie die Freistellung vom Verbot der Konditionenbindung für die Sortierung, Kennzeichnung und Verpackung landwirtschaftlicher Erzeugnisse sind beibehalten worden. Veränderungen und Einschränkungen ergeben sich im Vergleich zum bisherigen § 100 GWB aF insbesondere im Hinblick auf die Zulässigkeit vertikaler Bindungen. Aufgehoben worden ist die bislang für zulässig erklärte vertikale Preisbindung für Saatgut. Beibehalten wurde aber die Freistellung vom Preisbindungsverbot für den Bereich Tierzucht wegen ihrer Erforderlichkeit für die Aufrechterhaltung des Schweinezuchtprogramms. Der Gesetzgeber hat aber diese Regelung nunmehr aus dem GWB herausgelöst und sie wegen des Sachzusammenhangs in das Tierzuchtgesetz überführt. Kartellabreden forstwirtschaftlicher Zusammenschlüsse waren bisher sowohl in § 100 Abs. 7 GWB aF als auch in § 40 Abs. 1[5] BWaldG angesprochen. Die Regelung ist nunmehr wegen des Sachzusammenhangs vollständig ins Bundeswaldgesetz überführt worden und auf diese Weise zusammengefasst worden. Schließlich hat der Gesetzgeber auf eine Aufzählung deutscher Marktordnungsgesetze verzichtet, soweit diese Wettbewerbsbeschränkungen zulassen. Ihr Vorrang gegenüber dem GWB ergibt sich bereits aus allgemeinen Rechtsgrundsätzen. Unproblematisch ist auch der Anwendungsvorrang des EG-Agrarkartellrechts (s. BT-Drs. 13/9720, 41).

Die **Siebte Novelle zum GWB,** die am 1.7.2005 in Kraft getreten ist, hatte vorrangig **5** zum Ziel, das nationale Kartellrecht an die neuen europäischen Regelungen anzupassen. Die Novellierung basiert auf der VO (EG) Nr. 1/2003 vom 16.12.2002, zur Durchführung der in den Artikeln 81 und 82 EG niedergelegten Wettbewerbsregeln.

Vor allem im Rahmen der vertikalen Wettbewerbsbeschränkungen, wo die Differenzen **6** zwischen deutschem und europäischem Recht am größten waren, wurde eine deutliche Angleichung erzielt, insbesondere durch die drei wichtigsten Gruppenfreistellungsverordnungen für Vertikalverträge – VO (EG) Nr. 2790/1999 für Vertikalvereinbarungen, VO EG Nr. 1400/2002 für Vertikalvereinbarungen im Kraftfahrzeugsektor und VO EG Nr. 772/2004 für Technologietransfer-Vereinbarungen.[6]

Für § 28 Abs. 1 ist vor allem die Streichung des § 28 Abs. 1 S. 2 GWB aF relevant. Die **7** ursprüngliche Regelung nach dem Prinzip der Administrativfreistellung musste einem System der Legalausnahme, nach europäischem Vorbild, weichen. Es bedarf also folglich

---

[3] de Bronett in Wiedemann KartellR-HdB § 32 Rn. 38.

[4] Zur VO Nr. 26 ausführlich: Schweizer in Immenga/Mestmäcker EU-Wettbewerbrecht, BD II, VIII. Abschnitt: Landwirtschaft Rn. 1 ff.

[5] Gesetz zur Erhaltung des Waldes und zur Förderung der Forstwirtschaft (Bundeswaldgesetz) vom 2.5.1975 (BGBl. I S. 1037), zuletzt geändert durch Artikel 1 des Gesetzes vom 31.7.2010 (BGBl. I S. 1050).

[6] Bechthold/Buntscheck NJW 2005, 2966.

keines behördlichen Entscheidungsaktes mehr und den Unternehmen selbst obliegt nun die Beurteilung gem. § 28 Abs. 1 GWB.

8    Im Zuge der Neuerung des Regelungsgehalts von § 1, der sich nunmehr nicht nur auf horizontale, sondern auch auf vertikale Wettbewerbsbeschränkungen bezieht, wurde auch § 28 Abs. 2 an die neue Rechtslage angeglichen. Insbesondere sind nun die ursprünglichen Abgrenzungsschwierigkeiten zwischen horizontalen und vertikalen Wettbewerbsbeschränkungen durch die Vereinheitlichung ausgeräumt (Schweizer/Woeller AuR 2007, 285). Als Konsequenz dieser Angleichung wurden unter anderem die bisherigen **§§ 14–18 aufgehoben.** Da die Freistellung des § 28 Abs. 1 nicht für Preisbindungen gilt und § 1 nunmehr auch vertikale Beschränkungen erfasst, wurde auch der Verweis auf § 14 aF (aufgehoben) gestrichen und eine Ausnahme für vertikale Preisbindungen, hinsichtlich Sortierung, Kennzeichnung oder Verpackung von landwirtschaftlichen Erzeugnissen, iSd § 1 direkt normiert. Eine Änderung der materiellen Rechtslage gemäß § 28 Abs. 2 aF sollte damit nicht bezweckt werden (s. BT-Drs. 15/3640, 48).

9    Bei der Umformulierung des § 28 Abs. 2 handelt es sich lediglich um eine redaktionelle Änderung. Da mit dem Vertrag von Amsterdam die landwirtschaftlichen Erzeugnisse fortan in Anhang I aufgeführt sind, verweist die aktuelle Fassung nunmehr auf diesen Anhang.

Mit dem Wegfall der sog. konstitutiven Freistellungsentscheidung geht auch die Streichung des § 28 Abs. 4 aF einher. Als natürliche Konsequenz besteht nunmehr keine Notwendigkeit einer Aufsicht über bereits freigestellter Kartelle (s. BT-Drs. 15/3640, 48). Die allgemeinen Befugnisse der Kartellbehörden, insbesondere nach den §§ 32 ff. bleiben durch diese Streichung aber unberührt.

10   Die **Achte Novelle zum GWB,** die am 30.6.2013 in Kraft getreten ist, brachte für den § 28 Abs. 3 die Aktualisierung des Verweises auf den Anhang I des Vertrages über die Arbeitsweise der der Europäischen Union (AEUV), der den EG-Vertrag abgelöst hat. Eine materiell rechtliche Änderung ist damit nicht verbunden.

Die **Neunte Novelle zum GWB,** die am 9.6.2017 in Kraft getreten ist (BGBl. 2017 I S. 1416 ff.) bringt keine für den § 28 GWB beziehungsweise für die Landwirtschaft spezifischen Änderungen mit sich.

Die **Zehnte Novelle zum GWB,** die am 19.1.2021 in Kraft getreten ist (BGBl. 2021 I S. 2 ff.) bringt keine für den § 28 GWB beziehungsweise für die Landwirtschaft spezifischen Änderungen mit sich.

## II. Zweck der Bereichsausnahme

11   Mit der Schaffung einer Bereichsausnahme für die Landwirtschaft wollte der Gesetzgeber die besondere Natur der landwirtschaftlichen Produktionsbedingungen berücksichtigen sowie die verminderte Anpassungsfähigkeit der landwirtschaftlichen Erzeuger an das Marktgeschehen ausgleichen. Zwar stellt auch in der Land- und Forstwirtschaft der Marktpreis das entscheidende Kriterium dar; die natürlichen Gegebenheiten des Produktionsprozesses erlauben es aber den Landwirten nicht, ihre Marktreaktionen nach diesem Preis auszurichten (Begr. 1952, S. 23). Die Länge der Produktionsdauer, die Ungewissheit des Produktionserfolges, die Art der Produktion, die einer Produktionsumstellung enge Grenzen setzt, sowie schließlich die Nötigung für die Landwirte, sich gegen den Preisverfall eines bestimmten Produkts oft nur durch eine den marktwirtschaftlichen Gesetzen widersprechende Steigerung des Angebots wehren zu können, machen **marktstabilisierende** Maßnahmen erforderlich, sei es unmittelbar durch den Staat, sei es durch die Landwirtschaft selbst mittels der Schaffung von Instrumenten der Selbsthilfe.[7] Während sich auf der Nachfrageseite für landwirtschaftliche Produkte erhebliche Konzentrationsprozesse vollziehen, ist das landwirtschaftliche Angebot erheblich zersplittert mit der Folge einer schwachen Position der landwirtschaftlichen Erzeuger gegenüber ihren Marktpartnern. Eine uneingeschränkte

---

[7] Bericht 1957 zu § 75, S. 41 f.; s. auch Hootz im GK § 100 Anm. 3; Bechthold § 100 Anm. 1.

Anwendung des GWB kommt wegen der besonderen Bedingungen für die Erzeugung und den Absatz landwirtschaftlicher Produkte nicht in Frage (BT-Drs. 13/9720, 40).

### III. Auslegung der Sonderregelung für die Landwirtschaft

War bislang zwar nicht im Gesetzeswortlaut, wohl aber im Schrifttum und in Berichten[8] **12** im Hinblick auf die Landwirtschaft von einem Ausnahmebereich die Rede, so ist § 28 nunmehr in den Abschnitt mit Sonderregeln für bestimmte Wirtschaftsbereiche eingeordnet. Bei diesen Sonderregeln handelt es sich aber nicht um echte Ausnahmen vom Anwendungsbereich des GWB, sondern um inhaltlich eng begrenzte Spezialvorschriften, die wegen der Besonderheiten der betreffenden Wirtschaftsbereiche erforderlich sind (BT-Drs. 13/9720, 38). Die Auslegung des § 28 hat sich dabei an den Besonderheiten der Landwirtschaft, nämlich an der für die landwirtschaftliche Produktion und für die Agrarmärkte charakteristischen Situation, zu orientieren.

### IV. Verfassungsmäßigkeit der Sonderregelung für die Landwirtschaft

Die Verfassungsmäßigkeit der Bereichsausnahme für die Landwirtschaft ist sowohl im **13** Gesetzgebungsverfahren als auch im Schrifttum erörtert worden. Infolge der besonderen Verhältnisse im Agrarsektor hat der Gesetzgeber mit dieser Regelung und mit der Differenzierung zwischen Kartellabsprachen von Erzeugervereinigungen und von Privatunternehmen nicht gegen das Willkürverbot des Art. 3 Abs. 1 GG verstoßen (Nachweise bei Hootz im GK § 100 Anm. 4–5).

## B. Anwendungsbereich des § 28

### I. Persönlicher Anwendungsbereich

§ 28 Abs. 1 stellt bestimmte Verträge und Beschlüsse von Erzeugerbetrieben, Vereini- **14** gungen von Erzeugerbetrieben und Vereinigungen von Erzeugervereinigungen von § 1 frei. Die praktische Bedeutsamkeit der Bereichsausnahme für die Landwirtschaft hat durch die kartellrechtliche Privilegierung der Erzeugergemeinschaften nach § 11 MStrG abgenommen. Darüber hinaus kommen kartellrechtlich relevante Erzeugerabsprachen nur in beschränktem Umfang vor (Wendler S. 194 ff.).[9]

**1. Erzeugerbetriebe.** Eine dem früheren § 100 Abs. 6 GWB aF entsprechende **Legal- 15 definition** des Erzeugerbetriebes fehlt in der neuen Vorschrift. Darauf ist in Anlehnung an Art. 2 Abs. 1 S. 2 VO (EWG) Nr. 26/62 (hierzu → Rn. 2) verzichtet worden (BT-Drs. 13/9720, 41), ohne dass damit eine inhaltliche Änderung gegenüber der bisherigen Rechtslage verbunden ist. Es wird lediglich klargestellt, dass als landwirtschaftliche Erzeugerbetriebe auch Pflanzen- und Tierzuchtbetriebe und die auf der Stufe dieser Betriebe tätigen Unternehmen gelten (§ 28 Abs. 1 S. 2). Daraus ist zu entnehmen, dass auch landwirtschaftliche Erzeugnisse, die in mehreren Stufen hergestellt werden, unter § 28 fallen.[10] Der Begriff des landwirtschaftlichen Erzeugerbetriebes ist auf der Grundlage des § 28 Abs. 3, der eine Legaldefinition der landwirtschaftlichen Erzeugnisse aufstellt, zu bestimmen. Damit sind unter landwirtschaftlichen Erzeugerbetrieben die Betriebe zu verstehen, die in Anhang I AEUV aufgeführten Erzeugnisse erzeugen oder gewinnen.

Herkömmlicherweise ist kennzeichnend für die landwirtschaftliche Produktion die un- **16** mittelbare Ausnutzung der organischen Erzeugungskraft des Bodens. Moderne Entwick-

---

[8] S. Bericht der Bundesregierung über die Ausnahmebereiche des GWB, BT-Drs. 7/3206.
[9] Zur Aufsichtstätigkeit des Bundeskartellamts auf verschiedenen Märkten der Agrarwirtschaft s. Bericht der Bundesregierung über die Ausnahmebereiche des Gesetzes gegen Wettbewerbsbeschränkungen (GWB), BT-Drs. 7/3206, Rn. 21–53.
[10] de Bronett in Wiedemann, Handbuch des Kartellrechts, § 32 Rn. 39.

lungen haben in manchen Bereichen aber zu einer gewissen Lösung der landwirtschaftlichen Produktion von der unmittelbaren Bodenverbindung geführt. So können tierische Produkte in industriemäßigen Formen gewonnen werden (bodenunabhängige Intensivtierhaltung, Eierproduktion usw). Die Einordnung als landwirtschaftliches Erzeugnis gemäß § 28 Abs. 3 Satz I und damit auch die als landwirtschaftlicher Erzeugerbetrieb ist auch dann zu bejahen, wenn der Betrieb das Erzeugnis industriell gewinnt.[11] Damit soll vor allem eine einheitliche Auslegung zwischen nationalen und europäischen Begrifflichkeiten in diesem Sinne erreicht werden.[12] Auch der Gartenbau hat Produktionsmethoden entwickelt, die sich nicht mehr des Bodens als gewachsenen Substrates bedienen (Hydrokultur usw). Für die Bereichsausnahme nach § 28 stellt sich das Problem, ob die privilegierten Erzeugerbetriebe **produktbezogen** nach Art des von ihnen gewonnenen Erzeugnisses **oder nach Art und Weise der Produktion abgegrenzt** werden, ob insbesondere landwirtschaftlicher Grundbesitz und eine landwirtschaftliche Betriebsstelle für einen Erzeugerbetrieb erforderlich sind.

17    Bei den in Anhang I AEUV aufgelisteten Urprodukten erfolgt die Abgrenzung **produktbezogen;** unerheblich ist es, ob sie mit oder ohne Ausnutzung der organischen Erzeugungskraft des Bodens gewonnen werden. Das gilt auch für die in Anhang I aufgeführten Erzeugnisse wie zB Fleischzubereitung oder Müllereierzeugnisse, die sogar überwiegend in Handwerks- oder Industriebetrieben be- oder verarbeitet werden. Ansatzpunkt für den Gesetzgeber ist nämlich das spezifische Produktions- und Marktrisiko der landwirtschaftlichen Betriebe gewesen (Bericht 1957 zu § 75, S. 41 f.). Bei der Erzeugung landwirtschaftlicher Urprodukte in industriemäßigen Formen ist das Produktions- und Marktrisiko dieser Betriebe zwar im Vergleich zu den bodenabhängigen Erzeugerbetrieben herabgesetzt. Der mit der Bereichsausnahme verfolgte Zweck einer Marktstabilisierung für landwirtschaftliche Produkte durch Selbsthilfemaßnahmen der Landwirtschaft könnte aber in Frage gestellt werden, wenn in industrieller Weise erzeugte landwirtschaftliche Urprodukte von Absprachen über Erzeugung und Absatz ausgenommen würden; so könnten etwa industriemäßig erzeugende Eierproduktionen Stabilisierungsmaßnahmen landwirtschaftlicher Erzeugerbetriebe auf dem Eiermarkt unterlaufen. Das mit der Bereichsausnahme verfolgte Ziel der Marktstabilisierung verlangt somit eine **produktbezogene Abgrenzung** der Erzeugerbetriebe.[13]

18    Soweit durch Be- oder Verarbeitung von Erzeugnissen des Anhangs I gewonnene Waren, die üblicherweise in landwirtschaftlichen Erzeugerbetrieben oder deren Vereinigungen be- oder verarbeitet werden, unter § 28 gezogen werden, erfolgt dagegen die Abgrenzung der privilegierten Betriebe nicht produkt-, sondern **betriebsbezogen.** Keine Erzeugerbetriebe sind Unternehmen, die lediglich solche landwirtschaftlichen Urprodukte be- oder verarbeiten, selbst wenn die Be- oder Verarbeitung auch von landwirtschaftlichen Erzeugerbetrieben oder ihren Vereinigungen vorgenommen werden kann, so zB private Molkereien (Hootz im GK § 100 Anm. 6). Die Be- und Verarbeitung von Produkten unterfällt nur dann der Ausnahmeregelung, wenn sie von den Erzeugern selbst vorgenommen wird; denn § 28 Abs. 3 stellt darauf ab, dass die Be- oder Verarbeitung landwirtschaftlicher Erzeugnisse durch landwirtschaftliche Erzeugerbetriebe oder ihre Vereinigungen durchgeführt zu werden pflegt. Abgestellt wird damit auf die Üblichkeit der Be- oder Verarbeitung durch einen landwirtschaftlichen Erzeugerbetrieb. Der Umstand, dass abweichend vom Üblichen ein landwirtschaftlicher Erzeugerbetrieb bestimmte Erzeugnisse be- oder verarbeitet, begründet noch nicht die kartellrechtliche Freistellung. Die Be- und Verarbeitung kann entweder einen integrierten Bestandteil des landwirtschaftlichen Betriebes darstellen, oder aber in Form eines Nebenbetriebes des landwirtschaftlichen Unternehmens erfolgen. Privilegiert

---

[11] KG WuW/E DE-R 2001, 816–824.
[12] Pohlmann EwiR 2002, 161–162.
[13] Im Ergebnis übereinstimmend TB 69, 90 zu auf industrieller Weise erzeugten Hühnereiern; Hootz im GK § 100 Anm. 6; Hennig in Bunte § 100 Anm. 4; Bechtold Anm. 4; aA Schulze-Hagen S. 36; Petry S. 58; Dobroschke WuW 67, 714; Zipfel im GK, § 100 Anm. 64.

ist die Be- oder Verarbeitung landwirtschaftlicher Erzeugnisse auch dann, wenn sie von Vereinigungen von Erzeugerbetrieben zB Molkereigenossenschaften usw durchgeführt wird, somit also mittelbar von den Erzeugerbetrieben getragen wird.

Unschädlich für die kartellrechtliche Freistellung ist es, wenn ein **Doppelbetrieb** vor- **19** liegt, bei dem ein landwirtschaftlicher Betrieb und ein Gewerbebetrieb keine notwendige Wirtschaftseinheit bilden, sondern sich beide Wirtschaftsteile nach den gegebenen Eigentumsverhältnissen und wirtschaftlichen Voraussetzungen trennen lassen. Der landwirtschaftliche Betrieb ist dann nach § 28 privilegiert, während der Gewerbebetrieb den allgemeinen Vorschriften des GWB unterfällt.

Bei einem gemischten Betrieb, bei dem ein landwirtschaftlicher und ein Gewerbebetrieb **20** derart miteinander verflochten sind, dass sie sich ohne Nachteile für den einen oder anderen Betriebsteil nicht trennen lassen, ist für die Anwendung des § 28 ausschlaggebend, **welche Betriebsart überwiegt.**[14] Zweifelhaft kann es insbesondere sein, wenn ein Betrieb neben selbst gewonnenen Erzeugnissen auch noch fremde Erzeugnisse be- oder verarbeitet bzw. verkauft. Maßgeblich wird dabei grundsätzlich sein, ob die Urproduktion überwiegt. Die Abgrenzung zwischen Landwirtschaft und Gewerbe kann von dem Gesetzgeber nach den von ihm in einzelnen Rechtsgebieten verfolgten Zwecken unterschiedlich vorgenommen werden; dabei können aber auch für das GWB die steuerrechtlichen Abgrenzungskriterien einen Anhaltspunkt bilden. Werden landwirtschaftliche Urprodukte be- oder verarbeitet, so ist ein Nebenbetrieb der Landwirtschaft so lange anzunehmen, als die Rohstoffmenge überwiegend im eigenen Hauptbetrieb erzeugt wird und die be- und verarbeiteten Produkte überwiegend (vgl. Abschnitt R 15.5 der Einkommensteuerrichtlinien (EStH) 2012 idF der Bekanntmachung vom 1.3.2013). Stellt dagegen der landwirtschaftliche Betrieb ein Nebenunternehmen eines Gewerbebetriebes dar, indem er planmäßig in dessen Interesse geführt wird (zB Gemüseanbau einer Konservenfabrik; Hopfenanbau einer Brauerei), so liegt in der Regel ein einheitliches gewerbliches Unternehmen vor, wenn das Gewerbe im Vordergrund steht und die land- und forstwirtschaftliche Betätigung nur die untergeordnete Bedeutung einer Hilfstätigkeit hat (Abschnitt R 15.5 der Einkommensteuerrichtlinien (EStH 2012 idF der Bekanntmachung vom 1.3.2013); in diesem Fall ist eine kartellrechtliche Privilegierung ausgeschlossen. Werden neben eigenen Erzeugnissen auch fremde Erzeugnisse abgesetzt (zB bei Gartenbaubetrieben), so kann für die Frage, ob Erzeugerbetrieb und Handelsgeschäft einen einheitlichen Betrieb oder zwei selbständige Betriebe bilden und ob, sofern sie einen einheitlichen Betrieb bilden, dieser einen Betrieb der Land- und Forstwirtschaft oder einen Gewerbebetrieb darstellt, auf die Kriterien der Einkommensteuer-Richtlinien Abschnitt R 15.5 der Einkommensteuerrichtlinien (EStH 2012 idF der Bekanntmachung vom 1.3.2013) Abs. 5 f. zurückgegriffen werden.

Den Erzeugerbetrieben gleichgestellt sind **Pflanzenzuchtbetriebe** und **Tierzucht-** **21** **betriebe** sowie die auf der Stufe dieser Betriebe tätigen Unternehmen. Dazu gehören einmal die sog. Vermehrer-Organisations- und Vermehrer-Vertragsfirmen, die auf Grund von Verträgen mit Pflanzenzüchtern und Saatzuchtbetrieben Saatgut vermehren und es in den Verkehr bringen, ohne über eigenen landwirtschaftlichen Grundbesitz zu verfügen, ebenso Tierzuchtbetriebe, die die Vermehrung von Tieren in einem mehrstufigen Zuchtverfahren vornehmen.

**2. Vereinigungen von Erzeugerbetrieben.** Privilegiert sind neben Erzeugerbetrieben **22** auch Vereinigungen von Erzeugerbetrieben. Dabei ist es unerheblich, welcher Rechtsform sich der Zusammenschluss bedient. Erzeugervereinigungen gemäß § 28 Abs. 1 S. 1 können auch Kapital oder Personenhandelsgesellschaften sein.[15] Wenngleich die Genossenschaften überwiegen, so sind auch andere Rechtsformen wie etwa die GmbH zulässig.[16]

---

[14] Hootz in GK § 100 Anm. 6; aA Hennig in Bunte § 100 Anm. 4, der auf den Tätigkeitsbereich und nicht auf die überwiegende Betriebsart abstellen will.
[15] KG 2001, WuW/E DE-R 816–824.
[16] Schulze-Hagen S. 37; Hootz im GK § 100 Anm. 7; Hennig in Bunte § 100 Anm. 4.

Der BGH qualifiziert öffentlich rechtlich organisierte Standesorganisationen wie Apothe-
ker- und Architekten-Kammern als Unternehmensvereinigungen,[17] sofern sie den ihnen
zugewiesenen Aufgabenbereich deutlich erkennbar verlassen haben mit der Folge, dass
dann auf die betreffenden Maßnahmen das GWB anwendbar wird.[18] Dies würde auch für
Landwirtschaftskammern gelten, wenn bestimmte Maßnahmen durch die für sie bestehenden Rechtsgrundlagen in keiner Weise gedeckt sind. Wenn somit Landwirtschaftskammern ggf. im Sinne des GWB als Unternehmensvereinigungen angesehen werden können,
stellt sich die Frage, ob sie dann den Erzeugervereinigungen nach § 28 Abs. 1 gleichgestellt sind. Dies hätte zur Folge, dass Landwirtschaftskammern unter den Voraussetzungen des Abs. 1 entsprechend agieren könnten. Bei privatrechtlichen Erzeugervereinigungen beruht die Mitgliedschaft auf freiwilligem Beitritt, während die Landwirtschaftskammern eine Zwangsmitgliedschaft kennen. Funktional sind aber Erzeugervereinigungen und
Landwirtschaftskammern bei Einschaltung in den Wettbewerb gleichwertig, so dass § 28
auch auf wettbewerbsrechtlich relevante Maßnahmen der Landwirtschaftskammern anwendbar ist.

23    Umstritten ist die Frage, ob es sich bei den Vereinigungen von Erzeugerbetrieben um
reine Erzeugervereinigungen handeln muss oder ob es unschädlich ist, wenn auch Unternehmen des Handels Mitglieder sind, sofern dadurch der Gesamtcharakter als landwirtschaftliche Selbsthilfeorganisation nicht geändert wird. Die Bereichsausnahme für die Landwirtschaft verfolgt den Zweck, die urproduzierenden Erzeugerbetriebe zu begünstigen;
weiterverarbeitende Betriebe sollen nur dann erfasst werden, wenn sie von den Erzeugerbetrieben getragen werden mit dem Ergebnis, dass die Vorteile des Zusammenschlusses
ihnen mittelbar zugute kommen. Sowohl der Wortlaut als auch der Gesetzeszweck rechtfertigen eine enge Auslegung und eine Beschränkung der Bereichsausnahme auf Erzeugervereinigungen, denen **ausschließlich Erzeugerbetriebe als Mitglieder** angehören, und
zwar selbst dann, wenn die Privatunternehmen nach Umsatz, Stimmberechtigung und
Kapitalanteil nur eine unbedeutende Rolle spielen.[19] Eine Erzeugervereinigung, die neben
den Erzeugnissen ihrer Mitglieder noch zugekaufte Waren vertreibt oder aber noch andere
Tätigkeiten ausübt, ist nur für die Erzeugnisse ihrer Mitglieder im Rahmen des § 28
privilegiert.[20] Lassen sich privilegierte und nicht privilegierte Tätigkeit nicht trennen,
entfällt die kartellrechtliche Freistellung für die Erzeugervereinigung.

24    **3. Vereinigungen von Erzeugervereinigungen.** Bei Vereinigungen von Erzeugervereinigungen handelt es sich insbesondere um **Zentralgenossenschaften und Absatzzen-
tralen.** Die Rechtsform ist für die Privilegierung gleichgültig. Unbedenklich ist es, wenn
Privatpersonen als Mitglieder dem Vorstand oder dem Aufsichtsrat der Vereinigung angehören; sie dürfen aber auf der Wirtschaftsstufe der angeschlossenen Erzeugervereinigungen
keine Wirtschaftätigkeit entfalten.[21] Bei Vereinigungen von Erzeugervereinigungen lässt
die Mitgliedschaft von Unternehmen, die als gewerbliche Betriebe auf der Stufe der
Erzeugervereinigungen tätig werden, die kartellrechtliche Privilegierung entfallen. Mit der
Beschränkung der Mitgliedschaft auf Erzeugervereinigungen wird auch dem mit der Ausnahmeregelung verfolgten Zweck einer Verbesserung der Wettbewerbsfähigkeit der Landwirtschaft gegenüber der gewerblichen Wirtschaft mittels der Förderung der Kooperation
und der Marktstabilisierung hinreichend Rechnung getragen. Zentralgenossenschaften

---

[17] S. Odersky, Aus der Kartellrechtsprechung des Bundesgerichtshofs, GRUR 1994, 756 (758) Fn. 16 mit
Nachweisen.
[18] BGH 19.3.1991, GRUR 1991, 622 (625).
[19] BGH 19.10.1982, WuW/E BGH 1977 (1979) = MDR 1983, 199 – Privatmolkerei; BKartA 16.2.1972,
WuW/E BKartA 1389 (1392) – Butter Exportkontor; Petry S. 60; Schulze-Hagen S. 38; Hennig in Bunte
§ 100 Anm. 6; Hootz im GK Anm. 7; aA Gleiss-Hootz im GK 3. Aufl. § 100 Anm. 8; Dobroschke WuW
67, 714.
[20] Hootz im GK § 100 Anm. 7; zweifelnd dazu, ob Genossenschaften, die auch zur Sortimentsergänzung
zugekaufte Ware vertreiben, überhaupt als Erzeugergemeinschaften anerkannt werden können TB 69, 90.
[21] TB 60, 34; Petry S. 61; Hootz im GK § 100 Anm. 8.

können somit nur dann kartellrechtliche Vergünstigungen in Anspruch nehmen, wenn sie **ausschließlich** aus **nicht gewerblichen Unternehmen** bestehen.[22]

## II. Sachlicher Anwendungsbereich

Bislang waren landwirtschaftliche Erzeugnisse der Landwirtschaft, die kartellrechtlich **25** privilegiert waren, in § 100 Abs. 5 GWB aF definiert. Zu ihnen gehörten einerseits die landwirtschaftlichen Urprodukte (Abs. 5 Ziff. 1), dh die Erzeugnisse der Landwirtschaft, des Gemüse-, Obst-, Garten- und Weinbaus und der Imkerei sowie die durch Fischerei gewonnenen Erzeugnisse. Andererseits waren neben den Urprodukten bestimmte Be- und Verarbeitungsprodukte privilegiert, und zwar unter 2 Voraussetzungen: einmal musste die Be- oder Verarbeitung von Urprodukten üblicherweise durch Erzeugerbetriebe oder Vereinigungen von Erzeugerbetrieben durchgeführt werden; zum anderen mussten die betreffenden durch Be- oder Verarbeitung von Urprodukten gewonnenen Waren in einer Rechtsverordnung, die die Bundesregierung mit Zustimmung des Bundesrates erließ, im Einzelnen benannt werden. Beide Voraussetzungen mussten kumulativ erfüllt sein, dh der Verordnungsgeber konnte nur Produkte, die üblicherweise in Erzeugerbetrieben be- oder verarbeitet wurden, in die Benennungs-VO aufnehmen.[23]

Zwischen dem Agrarkartellrecht der EG und der Legaldefinition des § 100 GWB Abs. 5 **26** aF bestanden erhebliche Diskrepanzen. Art. 32 Abs. 1 S. 2 EGV bestimmt zwar, dass unter landwirtschaftlichen Erzeugnissen die Erzeugnisse des Bodens, der Viehzucht und der Fischerei sowie die mit diesen in unmittelbarem Zusammenhang stehenden Erzeugnisse der ersten Verarbeitungsstufe zu verstehen sind. Der Anhang I AEUV, durch den diese Legaldefinition konkretisiert wird, und der auch für den Anwendungsbereich der VO Nr. 26/62 maßgeblich war[24], enthält eine Liste, die an Hand des Brüsseler Zolltarifschemas die Erzeugnisse aufführt, für die der Titel des AEUV über die Landwirtschaft gelten soll (Art. 38 Abs. 3 AEUV früher Art. 32 Abs. 3 EGV). Von der Legaldefinition des Art. 32 Abs. 1 S. 2 AEUV weicht aber die Liste des Anhangs I in zweifacher Weise ab. Sie ist einerseits enger, als Urprodukte des Bodens oder der Viehzucht (zB Holz, Häute, Wolle) nicht in Anhang I aufgelistet sind. Andererseits ist sie auch weiter, als Erzeugnisse, die weder der landwirtschaftlichen Urproduktion noch der ersten Verarbeitungsstufe angehören, sondern von der landwirtschaftlichen Urproduktion eine oder mehrere Wirtschaftsstufen entfernt sind (zB Margarine, Stärke, Zubereitungen aus Früchten, Zucker, Mühlenerzeugnisse usw) erfasst werden. Dadurch kann die Freistellung von kartellrechtlichen Regelungen auch für die Lebensmittelindustrie relevant werden. Die 6. Novelle zum GWB führte eine Harmonisierung mit dem Agrarkartellrecht der EG herbei. § 28 Abs. 3 bestimmt den gegenständlichen Anwendungsbereich der kartellrechtlichen Privilegierung der Landwirtschaft in Übereinstimmung mit Art. 1 VO Nr. 26/62 durch Bezugnahme auf Anhang I des AEUV. Dadurch wird eine ausdrückliche Aufführung der Erzeugnisse der Landwirtschaft, des Gemüse-, Obst-, Garten- und Weinbaus, der Imkerei und der Fischerei sowie der in der Benennungs-VO aufgelisteten Verarbeitungserzeugnisse überflüssig, da diese in Anhang I zum AEUV enthalten sind. Da die bislang von § 100 Abs. 5 GWB aF erfassten Erzeugnisse sämtlich in Anhang I zum AEUV enthalten sind, ist eine Aufführung in § 28 Abs. 3 nicht mehr erforderlich. Im Zuge der 7. Novelle[25] und 8. Novelle[26] zum GWB fand lediglich eine redaktionelle Anpassung statt, als die landwirtschaftlichen Erzeugnisse nunmehr in Anhang I des AEUV aufgeführt sind.

---

[22] BKartA 16.2.1972, WuW/E BKartA 1389 (1392) – Butter/Exportkontor; Schulze-Hagen S. 39 ff.

[23] S. dazu die Benennungs-VO vom 29.10.1960 (BGBl. I S. 837) mit Änderungs-VOen vom 28.8.1967 (BGBl. I S. 936), vom 26.3.1970 (BGBl. I S. 301) und vom 27.3.1984 (BGBl. I S. 494).

[24] Zur VO Nr. 26 ausführlich: Schweizer in Immenga/Mestmäcker EU-Wettbewerbsrecht, BD II, VIII. Abschnitt: Landwirtschaft Rn. 1 ff.

[25] S. BT-Drs. 15/3640, 48.

[26] → Rn. 10.

27    Allerdings geht der deutsche Gesetzgeber bei der kartellrechtlichen Freistellung von Erzeugnissen über die Liste des Anhangs I zum AEUV hinaus. Dies erweist sich deshalb als notwendig, da der Anhang I zum AEUV eine geschlossene Liste darstellt und nur noch innerhalb einer kurzen Frist um weitere Erzeugnisse erweitert werden konnte, wie es durch die VO Nr. 7a vom 18.12.1960 (ABl. 1961 S. 71) geschehen ist. Produktinnovationen könnten daher bei einer Verweisung auf Anhang I zum AEUV nicht mehr berücksichtigt werden. Um Produktinnovationen angemessen berücksichtigen zu können, hat der Gesetzgeber insoweit über den gegenständlichen Anwendungsbereich der VO Nr. 26/62[27] hinausgehend auch Be- und Verarbeitungserzeugnisse in den Kreis der kartellrechtlichen Privilegierung einbezogen, deren Be- oder Verarbeitung durch landwirtschaftliche Erzeugerbetriebe oder deren Vereinigungen durchgeführt zu werden pflegt (wie zB Fruchtjoghurt) (BT-Drs. 13/9720, 53). Während im Hinblick auf die in Anhang I des AEUV aufgelisteten Erzeugnisse die kartellrechtliche Freistellung **produktbezogen** vorgenommen wird, erfolgt sie im Hinblick auf weitere Erzeugnisse **betriebsbezogen,** dh ihre Be- oder Verarbeitung muss in landwirtschaftlichen Erzeugerbetrieben oder deren Vereinigungen üblich sein.

28    Hinsichtlich der von Anhang I zum AEUV erfassten Erzeugnisse ist die Rechtsprechung des EuGH zu berücksichtigen. Durch Weiterverarbeitung gewonnene Produkte, die aus in Anhang I aufgelisteten Urprodukten hergestellt werden, sind keine landwirtschaftlichen Erzeugnisse wie zB Cognac-Branntweine;[28] sie unterfallen daher nicht der kartellrechtlichen Privilegierung. Ebenso gilt die kartellrechtliche Freistellung nicht für solche Urprodukte, die nicht in Anhang I aufgeführt werden, jedoch als Hilfsstoffe für in Anhang I aufgeführte Erzeugnisse verwendet werden wie tierische Labfermente, die zur Käseproduktion verwendet werden.[29] Unanwendbar ist die kartellrechtliche Sonderregelung auch für solche Urprodukte, die ein nicht in Anhang I aufgelistetes Nebenprodukt darstellen wie zB Tierhäute und Tierfelle.[30] Gleichfalls gilt die kartellrechtliche Freistellung nicht für andere Hilfsstoffe, die zur Herstellung eines in Anhang I genannten Erzeugnisses dienen.[31] Soweit Urprodukte bereits be- oder verarbeitet sind, fallen sie nur dann unter die kartellrechtliche Sonderregelung, wenn das Be- oder Verarbeitungserzeugnis in Anhang I aufgeführt wird. Dreschen von Getreide bildet aber einen Teil der Erntearbeiten und macht Getreide nicht zum bearbeiteten Produkt (Hootz im GK § 100 Anm. 15).

29    Die Üblichkeit der Be- oder Verarbeitung von Urprodukten in Erzeugerbetrieben oder deren Vereinigungen stellte bereits ein maßgebliches Kriterium für die Aufnahme eines solchen Produktes in die Benennungs-VO dar. Die Auslegung, die dieses Kriterium im Schrifttum zur Benennungs-VO erfahren hat, kann auch noch zur Interpretation dieses Merkmals in § 28 Abs. 3 herangezogen werden, wenn es um die Einbeziehung neuartiger Be- und Verarbeitungserzeugnisse in die kartellrechtliche Sonderregelung geht. Bei welchen landwirtschaftlichen Erzeugnissen die Be- und Verarbeitung in Erzeugerbetrieben oder deren Vereinigungen durchgeführt zu werden pflegt, wurde im Schrifttum unterschiedlich beantwortet. Einerseits wurde auf ein historisches Kriterium abgestellt, wonach alle Erzeugnisse, die bei der Schaffung des GWB zum Kernbereich der Landwirtschaft gehörten, Eingang in die Benennungsverordnung finden sollten (Pabsch BüL N. F. 63, 299). Andererseits sollte der Marktanteil ein Indiz für die Üblichkeit liefern, wobei feste Prozentsätze zugrunde gelegt wurden.[32] Im Gesetzgebungsverfahren zur Benennungsverordnung bestand über die Zugehörigkeit von Butter, Käse und Wein zu den Produkten des Abs. 5 Ziff. 2 Einigkeit, obwohl Käse zu dem Zeitpunkt nur zu etwa 70 vH, Butter nur zu

---

[27] Zur VO Nr. 26 ausführlich: Schweizer in Immenga/Mestmäcker EU-Wettbewerbrecht, BD II, VIII. Abschnitt: Landwirtschaft Rn. 1 ff.
[28] EuGH 30.1.1985, Slg. 1985, I-391 (422).
[29] EuGH 25.3.1981, Slg. 1981, I-851 (869).
[30] EuGH 2.7.1992, Slg. 1992, II-1931 (1947).
[31] EuGH 15.12.1994, Slg. 1994, I-5641 (5685).
[32] Eberle S. 54; Hootz im GK § 100 Anm. 22; Bericht Ausnahmebereiche, BT-Drs. 7/3206, Rn. 47.

mindestens 75 vH und Wein nur zu 80–85 vH von Erzeugerbetrieben oder Vereinigungen von Erzeugerbetrieben hergestellt wurde (Amtliche Begründung, BR–Drs. 240/60, 2). Bei der Entscheidung der Frage, ob die Be- und Verarbeitung in Erzeugerbetrieben üblich ist, wird man beide Gesichtspunkte nebeneinander zu berücksichtigen haben; einerseits wird auf den vorhandenen **Kernbereich** abzustellen sein; andererseits sind die **Marktanteile** der von Erzeugerbetrieben hergestellten Be- und Verarbeitungsprodukte ausschlaggebend, die auf jeden Fall überwiegen müssen (Schulze-Hagen S. 35).

## C. Ausnahme vom Kartellverbot des § 1

### I. Ausnahmen nach § 28 Abs. 1 für landwirtschaftliche Erzeugerbetriebe und ihre Vereinigungen

**1. Persönlicher Anwendungsbereich.** Durch Abs. 1 werden bestimmte Verträge und **30** Beschlüsse von Erzeugerbetrieben, Vereinigungen von Erzeugerbetrieben und Vereinigungen von Erzeugervereinigungen vom Verbot des § 1 ausgenommen. Die Freistellung bezieht sich nur auf Erzeugerbetriebe sowie ein- und mehrstufige Erzeugervereinigungen. Verträge zwischen Genossenschaftsmolkereien und Privatmolkereien werden von der Privilegierung nicht erfasst (TB 68, 80).

**2. Gegenständlicher Anwendungsbereich.** Die Ausnahmeregelung des Abs. 1 setzt **31** voraus, dass das Verhalten der Erzeugerbetriebe und ihrer Vereinigungen an sich durch **§ 1 erfasst** wird. Seit dem 1.7.2005 fallen unter den Regelungsbereich des § 1 nun auch vertikale Vereinbarungen, entsprechend Artikel 101 Abs. 1 AEUV (Art. 81 Abs. 1 EGV, BT-Drs. 15/3640, 23). § 1 ist nur anwendbar, wenn von einer Wettbewerbsbeschränkung ein spürbarer Einfluss auf die Erzeugung oder die Marktverhältnisse ausgeht (vgl. → § 1 Rn. 256 ff.). Bei zahlreichen Kooperationen unter Landwirten im Produktionsbereich (zB überbetriebliche Maschinenverwendung, Anlagengemeinschaften usw) wird diese Voraussetzung nicht gegeben sein.

Die Bereichsausnahme erfasst bei landwirtschaftlichen Erzeugerbetrieben Vereinbarun- **32** gen, bei deren ein- und zweistufigen Vereinigungen sowohl **Verträge als auch Beschlüsse.** Bereits das Statut einer Genossenschaft kann wettbewerbsbeschränkende Vereinbarungen enthalten und insoweit einen Kartellvertrag im Sinne von § 1 darstellen (Hootz im GK § 100 Anm. 9). Als Beschlüsse der Vereinigung gelten auch Beschlüsse der Mitgliederversammlung. Die Wirksamkeit von Beschlüssen einer Vereinigung ist nach dem Gesellschafts- und Genossenschaftsrecht zu beurteilen.[33] § 28 Abs. 1 spricht zwar nur von Vereinbarungen bzw. von Beschlüssen, während § 1 darüber hinaus auch abgestimmte Verhaltensweisen verbietet. Die kartellrechtliche Freistellung des § 28 Abs. 1 ist aber dahin auszulegen, dass bei Vorliegen der Voraussetzungen auch abgestimmte Verhaltensweisen vom Kartellverbot des § 1 freigestellt sind.[34] Wenn schon bestimmte Vereinbarungen und Beschlüsse vom Kartellverbot freigestellt sind, so muss dies umso mehr für abgestimmte Verhaltensweisen gelten, da es bei diesen an einer vertraglichen Bindung fehlt.

Verträge, Beschlüsse und abgestimmte Verhaltensweisen, die an sich gegen das Verbot **33** des § 1 verstoßen würden, sind nur erlaubt, wenn sie die Erzeugung oder den Absatz landwirtschaftlicher Produkte oder die Benutzung gemeinschaftlicher Einrichtungen für die Lagerung, Be- und Verarbeitung landwirtschaftlicher Erzeugnisse betreffen. Ob dies der Fall ist, ist nicht subjektiv nach der Zwecksetzung der Beteiligten, sondern **objektiv** zu entscheiden.[35]

---

[33] TB 68, 79 zur Begründung von Andienungspflichten durch Mehrheitsbeschluss der Generalversammlung einer Genossenschaft.
[34] de Bronett in Wiedemann KartellR-HdB § 32 Rn. 39.
[35] Hootz im GK § 100 Anm. 10.

**34**    Zulässig sind nach Abs. 1 Verträge oder Beschlüsse, soweit sie sich **unmittelbar auf die Erzeugung** beziehen. So können Absprachen über die flächenmäßige oder mengenmäßige Beschränkung der Erzeugung bestimmter Produkte sowie über die Begrenzung der Fischfänge oder der Herstellung von Frostfisch getroffen werden. Erlaubt sind auch Absprachen über Rodungsbeschränkungen (TB 66, 63 zu Anbau- und Liefergemeinschaften von Frühkartoffelerzeugern) sowie über die vorzeitige Schlachtung von Legehennen (TB 72, 86). Zulässig ist auch die Übernahme der Verpflichtung, nur bestimmte Erzeugnisse, diese nur in bestimmten Mengen oder überhaupt nicht anzubauen. Erlaubt sind ferner Absprachen über die Verwendung eines bestimmten Saatgutes (TB 62, 62). Die kartellrechtliche Freistellung des § 28 Abs. 1 erfasst auch Beschlüsse, zum Zwecke der Marktentlastung bestimmte Erzeugnisse zu anderen Produkten zu verarbeiten, so etwa die Verarbeitung von Konsumeiern zu Eiprodukten (TB 72, 86; 74, 79). Problematisch sind Kartellabsprachen, die nur eine **mittelbare Beziehung** zur Erzeugung aufweisen, so etwa die Vereinbarung, nur bestimmte Geräte, Futtermittel, Düngemittel oder Pflanzenschutzmittel zu verwenden. Sofern sich solche Abreden auf die Anwendung solcher Mittel beziehen und somit dazu dienen, nahezu gleichwertige und gleichartige Produkte zu erreichen, fallen sie unter die Bereichsausnahme des Abs. 1, die gerade auch das Angebot qualitativ einheitlicher Erzeugnisse fördern soll.[36] Unzulässig sind aber Vereinbarungen, die über die Verpflichtung zur gleichmäßigen Verwendung bestimmter Produktionsmittel hinaus die Mitglieder eines Zusammenschlusses nötigen, diese Mittel nur bei einer Stelle, etwa nur bei der Vereinigung selbst, zu beziehen.[37] Unzulässig sind auch Satzungsbestimmungen von Vereinigungen von Erzeugervereinigungen über den gemeinsamen Einkauf von landwirtschaftlichen Bedarfsartikeln und anderen Waren, selbst wenn die Mitglieder nicht rechtlich verpflichtet sind, ihren Bedarf bei der Vereinigung zu decken (aA TB 60, 34). Beschränkungen der Mitglieder einer Einkaufsgenossenschaft von Schweinemästern bei eigenen Einkäufen von Futtermitteln sind unzulässig, zumal wenn eine besondere Seuchengefahr bei Bezug von Außenstehenden nicht zu erkennen ist. Gegen § 1 verstößt gleichfalls eine den Mitgliedern auferlegte Bezugsverpflichtung für von der Einkaufsgenossenschaft eingekaufte Futtermittel, da hierdurch das unternehmerische Risiko der Genossenschaft auf die Genossen abgewälzt wird (TB 69, 90). IdR erlaubt sind Abreden über die Art und Weise der Erzeugung, über die Pflege des Erzeugnisses, über das Sammeln, Sortieren und Verpacken des Erzeugnisses.

**35**    Durch die Privilegierung von Absatzabsprachen soll die Selbsthilfe der Erzeuger gefördert werden. Dieser Zwecksetzung wird dadurch Rechnung getragen, dass nur eigene Produkte der Erzeugerbetriebe, nicht landwirtschaftliche Erzeugnisse schlechthin, begünstigt werden. Absatzabsprachen über **importierte** Waren unterfallen somit nicht der kartellrechtlichen Freistellung nach Abs. 1 (TB 65, 57 über importierte Butter). Sofern aber durch die Verweisung auf Anhang I zum AEUV auch verarbeitete Erzeugnisse, die nicht von den Erzeugerbetrieben bzw. ihren Vereinigungen, sondern von der Lebensmittelindustrie hergestellt und abgesetzt werden, in die kartellrechtliche Sonderregelung einbezogen werden, könnten auch importierte Erzeugnisse aus anderen EU-Ländern sowie aus Ländern außerhalb der EU erfasst werden.[38]

**36**    Zulässig sind Absprachen über den Absatz landwirtschaftlicher Produkte, die **unmittelbar den Weg vom Erzeuger zum Verbraucher festlegen.** Hierzu gehören insbesondere die Verpflichtung der Erzeuger, alle Erzeugnisse an eine besondere Stelle oder über bestimmte Organisationen abzuliefern (Andienungspflicht), ggf. verbunden mit einer Abnahmepflicht des Vertragspartners, die Verpflichtung der Erzeuger überhaupt abzusetzen (Absatzzwang) oder einzulagern, die nähere Ausgestaltung der Andienungspflicht durch Absatz- und Verkaufsbedingungen (TB 64, 46), die Aufstellung einheitlicher Qualitätsnormen (TB 70, 86), die vertragliche Aufteilung von Absatzgebieten (TB 69, 90; 70, 85;

---

[36] Eberle S. 70; Schulze-Hagen S. 44.
[37] Eberle S. 71; Schulze-Hagen S. 44; Hootz im GK § 100 Anm. 11.
[38] Zum EG-Agrarkartellrecht s. Schweizer in Immenga/Mestmäcker EU-Wettbewerbsrecht, Bd. II. Abschnitt VIII. Landwirtschaft. C. Kommentierung VO Nr. 26 Rn. 4.

71, 86), die Vereinbarung bestimmter Lieferwege und einheitlicher Lieferbedingungen. Die Erzeuger können wirksam vereinbaren, nur an Abnehmer zu liefern, die sich ihrerseits verpflichten, die betreffenden Erzeugnisse ausschließlich von den beteiligten Erzeugern zu beziehen (TB 66, 63 über Anbau- und Liefergemeinschaften der Erzeuger von Frühkartoffeln). Zulässig sind auch Vereinbarungen über die Förderung des Exportes zum Zwecke der Marktentlastung (TB 72, 86; 74, 79). Verträge zwischen den Molkereien über die Abgrenzung der Absatzgebiete, durch die der Wegfall der gesetzlich festgelegten Molkereiabsatzgebiete des Milch- und Fettgesetzes aufgefangen werden sollte, sind als Absatzregelung nach Abs. 1 zulässig, allerdings nur soweit sie landwirtschaftliche Erzeugnisse betreffen; Milchmischprodukte fallen nicht darunter (TB 69, 90; 70, 85). Eine Genossenschaftsmolkerei kann ihre Mitglieder zur Abnahme ihrer Verarbeitungsprodukte (zB Trockenmilch) für Fütterungszwecke verpflichten (TB 68, 80). Zulässig ist der Rückkauf angedienter Waren, um sie konsumgerecht weiterzuverarbeiten oder als Großhändler unbearbeitet weiterzuverkaufen.[39]

Ein wettbewerbsbeschränkendes **Beteiligungsverbot** in den Statuten von ländlichen **37** Molkereigenossenschaften, durch das die Mitglieder verpflichtet werden, sich weder mittelbar noch unmittelbar an einem gleichen oder ähnlichen Unternehmen ohne Genehmigung des Vorstandes zu beteiligen, ist insoweit als zulässig angesehen worden, als es räumlich auf den Geschäftsbezirk der Genossenschaft und auf die Errichtung eines **Konkurrenzunternehmens** beschränkt ist; das Verbot einer mittelbaren, insbesondere finanziellen, Beteiligung an einem Konkurrenzunternehmen ist unzulässig (TB 66, 64). Bei Vereinigungen von Erzeugervereinigungen hat das BKartA das Verbot der mittelbaren oder unmittelbaren Beteiligung an Konkurrenzunternehmen im Hinblick auf die Treuepflicht der Genossen als zulässig angesehen, sofern eine Andienungspflicht besteht.[40]

Privilegiert durch Abs. 1 werden Vereinbarungen über die **Benutzung gemeinsamer 38 Einrichtungen** zur Lagerung, Be- und Verarbeitung (zB Trocknungsanlagen, Saatgutbeizen, Versteigerungshallen, genossenschaftliche Molkereien oder Zuckerfabriken usw). Während Bearbeitung jegliches Behandeln eines Erzeugnisses zum Zwecke der Verbesserung, des Haltbarmachens oder der Vorbereitung zum Konsum ist, versteht man unter Verarbeitung die Herstellung eines neuen Erzeugnisses ganz oder überwiegend unter Verwendung des landwirtschaftlichen Urproduktes. Das durch Be- und Verarbeitung entstehende Produkt muss aber ein landwirtschaftliches Produkt im Sinne von § 28 Abs. 3 sein. Auch die gemeinschaftliche Lagerung darf sich nur auf landwirtschaftliche Erzeugnisse beziehen. Zulässig sind auch Vereinbarungen über die **Finanzierung** gemeinsamer Einrichtungen, sofern hierdurch nicht gegen das Verbot der Preisbindung verstoßen wird.[41]

### 3. Einschränkungen. a) Verbot der Preisbindung. Wettbewerbsbeschränkende Ver- **39**
träge und Beschlüsse von Erzeugerbetrieben und deren Vereinigungen über Erzeugung, Absatz und Benutzung gemeinsamer Einrichtungen sind nicht unbeschränkt von dem Kartellverbot des § 1 ausgenommen, sie sind nur insoweit zulässig, als sie keine Preisbindung enthalten. Damit soll auch für den privilegierten landwirtschaftlichen Bereich das Aktionsparameter des Preises von Wettbewerbsbeschränkungen frei bleiben.

Mit der siebten Novelle zum GWB von 2005, werden von Abs. 1 nun nicht mehr nur **40** horizontale Preisabreden erfasst, sondern auch vertikale Wettbewerbsbeschränkungen. Nach der bisherigen nationalen Rechtslage unterlagen vertikale Preisvereinbarungen va dem Preis- und Konditionenbindungsverbot des § 14 aF. Bereits durch die sechste Novelle zum GWB wurde der Wortlaut des Kartellverbots im bisherigen § 1 an Artikel 101 Abs. 1 AEUV (Art. 81 Abs. 1 EGV) angeglichen, wobei sich dieser aber ausschließlich auf horizontale Preisabreden beschränkte. Durch die siebte GWB-Novelle wird nunmehr auch der

---

[39] Hootz im GK § 100 Anm. 12.
[40] TB 60, 34; zum gesellschaftsrechtlichen Wettbewerbsverbot vgl. → § 1 Rn. 282 ff.; insbesondere Genossenschaften und Vereine → § 1 Rn. 288 f.
[41] Hootz im GK § 100 Anm. 13.

Regelungsgehalt des Artikel 101 Abs. 1 AEUV (Art. 81 Abs. 1 EG) im obigen Sinne übernommen. Dem Vorrang des europäischen Rechts und der grundsätzlichen Integrationsoffenheit der Mitgliedsstaaten, wird durch diese Verschärfung des deutschen Rechts Rechnung getragen (s. BT-Drs. 15/3640, 23, 24).

41    Enthält eine Absprache eine unzulässige Preisregelung, so ist nur diese kartellrechtlich unzulässig; gleichzeitige Absprachen über Erzeugung und Absatz bleiben kartellrechtlich privilegiert. Die Wirkung der Unwirksamkeit der Preisabsprache auf den ganzen Vertrag ist nach § 139 BGB zu beurteilen (Hootz im GK § 100 Anm. 24; vgl. auch → § 1 Rn. 328 ff.).

42    Das Preisbindungsverbot gilt für Verträge, Beschlüsse und abgestimmte Verhaltensweisen,[42] grundsätzlich auch für wechselseitige und einseitige **Preisempfehlungen**.[43]

43    § 28 Abs. 1 untersagt jegliche Preisbindung. Damit ist aber nicht automatisch jede Preisabsprache unwirksam. Verboten ist eine Preisvereinbarung nur, wenn sie die **Schwelle des § 1** erreicht. Erforderlich ist dafür allerdings, dass von der Preisabsprache ein spürbarer Einfluss auf die Marktverhältnisse ausgeht; infolge der atomistischen Angebotsstruktur in der Landwirtschaft könnten Preisabsprachen unter Erzeugerbetrieben im Einzelfall unter der Verbotsschwelle des § 1 bleiben, soweit von ihnen spürbare Wirkungen auf die Marktverhältnisse nicht ausgehen (Petry S. 83 f.; zur Spürbarkeit vgl. → § 1 Rn. 256 ff.).

44    Unerheblich ist es, ob durch die Absprache der Preis erhöht oder gesenkt wird (Gleiss-Hootz im GK § 100 Anm. 32). Das Verbot der Preisbindung bezieht sich auch auf Verträge und Beschlüsse über die Festlegung von **Preisbestandteilen;**[44] (zB Sorten- und Gewinnaufschläge, Mengenabschläge, Be-, Verarbeitungs-, Handelsspannen, Fracht-, Transport-, Verpackungskosten). So ist die Vereinbarung einer Abgabe für Qualitätskontrolle und Werbung als Preisbestandteil (TB 67, 79) und die Vereinbarung eines einprozentigen Zuschlages zum Rechnungsbetrag als Werbebeitrag (TB 68, 81) unzulässig; erlaubt ist aber ein freiwilliger Beitrag, der auf der Rechnung neben dem Kaufpreis gesondert ausgewiesen wird (TB 69, 91).

45    Die Preisbildung kann durch Abschöpfungen und durch Ausgleichsabreden beeinflusst werden. Unter **Abschöpfung** sind Maßnahmen zur Beseitigung eines Überangebotes zu verstehen, durch die ein Teil der Ware aus dem Angebot herausgenommen und vernichtet, eingelagert oder anderweitig abgesetzt wird. Sie beeinflussen den Preis nur mittelbar und sind daher zulässig (Linnewedel S. 44 f.). Bei **Ausgleichsabreden** ist danach zu differenzieren, ob ein erlösbezogener oder preisbezogener Ausgleich durchgeführt wird. Zulässig ist ein erlösbezogener Ausgleich, der von der Höhe des Erlöses abhängig ist oder in einem bestimmten Verhältnis zu ihm steht (TB 60, 35; 62, 62; Linnewedel S. 45). Dazu gehören eine Erlöspoolung einschließlich der Einbeziehung der Kosten für die Lagerung.[45] Erlaubt sind gleichfalls erlösbezogene Ausgleichsabreden wie ein Exportunkostenausgleich für unterschiedliche Frachtkosten und Verkaufserlöse (TB 60, 35), ein Ausgleich für Absatzverluste bei der Hochseefischerei (TB 66, 65) oder Beihilfen für Erlösminderungen beim Absatz von Butter, sofern die Butter zunächst ohne Einwirkung auf den Verkaufspreis abgesetzt wird und Erlösschmälerungen erst später durch finanzielle Zuschüsse ganz oder teilweise ausgeglichen werden (TB 74, 71) sowie ein Ausgleich von Frachtdifferenzen zugunsten marktferner Erzeuger (TB 65, 57). **Unzulässig** ist dagegen ein **preisbezogener** Ausgleich, so etwa wenn in günstigen Absatzgebieten oder zu günstigen Absatzzeiten zum Ausgleich von Nachteilen in ungünstigeren Absatzgebieten oder Absatzzeiten bestimmte Aufschläge zu den Preisen verlangt werden.[46]

46    Das Verbot der Preisbindung greift nicht nur ein, wenn eine unmittelbare vertragliche Verpflichtung zur Einhaltung bestimmter Preise übernommen wird. Verboten ist auch eine

---

[42] Hootz im GK § 100 Anm. 25.
[43] Bechtold § 28 Anm. 8.
[44] Hootz im GK § 100 Anm. 28; Hennig in Bunte § 100 Rn. 12.
[45] TB 68, 81 zum Kostenausgleich für die Lagerung von Frostfisch in Kühlhäusern.
[46] Linnewedel S. 45 f.; Hootz im GK § 100 Anm. 29.

**mittelbare Preisbindung,** die eine Beeinflussung des Wettbewerbs bezweckt oder bewirkt, so wenn den Beteiligten bei Einhaltung oder Nichteinhaltung eines bestimmten Preises im Vertrag oder Beschluss Vorteile bzw. Nachteile angedroht werden, zB die Vereinbarung einer Vertragsstrafe bei Nichteinhaltung eines bestimmten Preises.[47]

Eine größere Bedeutung als die Bindung von Verkaufspreisen durch die Absprache von  **47** Erzeugerbetrieben untereinander haben Beschlüsse und Verträge über eine Preisbindung, die von oder **innerhalb** einer **Erzeugervereinigung** getroffen werden. Einer Vereinigung ist es verwehrt, ihre Mitglieder, die den Absatz in eigener Regie betreiben, zur Einhaltung bestimmter Verkaufspreise zu verpflichten.[48] Setzt eine Vereinigung die Produkte ihrer Mitglieder selbst ab, so ist zwischen den Ankaufs- und den Verkaufspreisen zu unterscheiden. Keine unzulässige Preisbindung nach Abs. 1 stellt die Bindung von Ankaufspreisen dar. Die Festlegung von Ankaufspreisen berührt nämlich nur das Innenverhältnis zwischen der Vertriebsorganisation und ihren Mitgliedern, nicht aber den Wettbewerb im Hinblick auf den Verbraucher.[49]

Das Preisbindungsverbot gilt somit nur für das **Außenverhältnis,** kommt also bei der  **48** Festlegung der Preise für den Verkauf zum Tragen. Erlaubt ist eine – in der Praxis allerdings kaum vorkommende – Regelung, wonach jeder andienende Erzeuger einen Preis festsetzen kann, zu deren Einhaltung die Vereinigung verpflichtet ist. Es handelt sich hier im Regelfall nicht um eine vertikale Preisbindung, weil die Vereinigung selbst nicht eine besondere Wirtschaftsstufe, sondern nur eine organisatorische Zwischenstelle zwischen Erzeuger und Abnehmer darstellt (Schulze-Hagen S. 54).

Bei der Preisgestaltung durch eine Vereinigung von Erzeugerbetrieben muss weiter  **49** zwischen **einheitlichen Preisen** und der Höhe nach festgelegten Preisen (Festpreise) unterschieden werden. Erlaubt ist der Verkauf zu einheitlichen Preisen durch einen Zusammenschluss, da anderenfalls die Vereinigung ihre Aufgabe, das Angebot zu konzentrieren und die Verkaufsverhandlungen für ihre Mitglieder zu führen, nicht erfüllen kann.[50] Für die Zulässigkeit vereinheitlichter Preise ist ausschlaggebend, dass vereinheitlichte Preise gegenüber Abnehmern variabel sein können. Gleichwohl liegt bereits in der Vereinheitlichung eine faktische Preisbindung zwischen den Erzeugerbetrieben, wodurch das Preisbindungsverbot des Abs. 1 relativiert wird. Somit erfasst die Einschränkung „ohne Preisbindung" weder einheitlich festgesetzte **Ankaufs-** und **Verkaufspreise.** Nach jüngster Rechtsprechung lässt sich eine Preisbindung gemäß § 28 Abs. 1 S. 1 nicht allein daraus herleiten, dass die Beteiligten damit einverstanden sind, dass die gemeinsame Vertriebsstelle zu von ihr kalkulierten Preisen verkauft. Der Verzicht auf eine eigene Preisbildung ist der Vertriebsgemeinschaft wesensmäßig und kann nicht zu einem Ausschluss der Privilegierung nach § 28 Abs. 1 S. 1 führen.[51]

Anders verhält es sich mit der Zulässigkeit von der Höhe nach festgelegten Preisen. Es  **50** kann sich hierbei um **Festpreise, Höchst- oder Mindestpreise** handeln; auch Preisbestandteile können der Höhe nach festgelegt werden. Legt eine Vereinigung solche Festpreise fest, so wird dadurch ein über den Preis geführter Wettbewerb ausgeschlossen. Ein solcher Beschluss einer Vereinigung verstößt somit gegen das Verbot der Preisbindung. Dabei ist es grundsätzlich unerheblich, welches **Organ der Vereinigung,** ob die Mitgliederversammlung, ein Beirat oder die Geschäftsführung einen der Höhe nach festen Preis bestimmt.[52] Das Preisbindungsverbot erfasst nicht nur Verträge und Beschlüsse von Vereinigungen, die die Entscheidungsfreiheit Dritter oder der Mitglieder der Vereinigung bei

---

[47] Linnewedel S. 28; Eberle S. 76 ff.; Petry S. 69; Hootz im GK § 100 Anm. 27; aA LG Hamburg 3.12.1962, WuW/E LG/AG, 214, 216 – Butter.

[48] Hootz im GK § 100 Anm. 26.

[49] Linnewedel S. 23; Petry S. 70; Schulze-Hagen S. 53; Hootz im GK § 100 Anm. 26.

[50] Linnewedel S. 29 f.; Schulze-Hagen S. 55 f.; Hootz im GK zu § 100 Anm. 26; Bechtold Rn. 7; Hennig in Bunte § 100 Rn. 12.

[51] KG 2001, WuW/E DE-R 816 (819); aA Nägele in FK-KartellR Rn. 47.

[52] Schulze-Hagen S. 54 f.; Petry S. 69 f.; Linnewedel S. 31.

der eigenen Preisgestaltung einschränken;[53] es entfaltet gerade auch seine Wirkung, wenn durch Beschlüsse einer Vereinigung deren eigene Möglichkeit, die Preise entsprechend den Marktverhältnissen festzulegen, ausgeschlossen oder eingeschränkt wird. Hierdurch wird der Wettbewerb über den Preis beeinträchtigt.[54]

**51**     Das Bundeskartellamt hat es aber zugelassen, wenn nicht die Mitgliederversammlung oder ein weisungsabhängiger Geschäftsführer, sondern ein selbständig und **weisungsfrei handelnder Geschäftsführer** Mindestpreise für den Verkauf der angedienten Produkte festsetzt, und zwar auch dann, wenn die Verkaufspreise für einen längeren Zeitraum im Voraus festgelegt werden.[55] Diese vom BKartA vorgenommene Differenzierung überzeugt aber nicht. Die Preisfestsetzung durch eine unabhängige Geschäftsführung vergrößert zwar die Flexibilität im Hinblick auf Veränderungen der Marktverhältnisse, führt aber ebenso wie bei der Preisfestsetzung durch die Organe einer Absatzorganisation zu einer Preisbindung und könnte auf diese Weise den Wettbewerb über den Preis beeinflussen. Freilich werden Abnehmer durch eine Mindestpreisgrenze, die als absolute Unkostengrenze auch bei Verkäufen zu einheitlichen Preisen idR nicht unterschritten wird, in ihren Wahlmöglichkeiten nicht übermäßig beschränkt, so dass es an der Spürbarkeit der Preisregelung fehlen dürfte (Schulze-Hagen S. 56). Der entscheidende Gesichtspunkt für die Zulässigkeit von Mindestpreisen bei Auktionsverkäufen dürfte in den Besonderheiten des Auktionsverkaufes liegen.[56]

**52**     **b) Verbot des Wettbewerbsausschlusses.** Abs. 1 S. 1 verbietet, durch Vereinbarungen von landwirtschaftlichen Erzeugerbetrieben bzw. durch Vereinbarungen und Beschlüsse von Vereinigungen landwirtschaftlicher Erzeugerbetriebe und von Vereinigungen solcher Erzeugervereinigungen den Wettbewerb auszuschließen. Damit ist klargestellt, dass das Verbot des Wettbewerbsausschlusses für alle Kartellabsprachen, gleichgültig auf welcher Stufe sie getroffen werden, gilt.[57] Wenn sich auch das Verbot des Wettbewerbsausschlusses nunmehr nach der Neufassung auf die Stufen der Erzeugerbetriebe, der Erzeugervereinigungen und der Dachorganisationen bezieht, wird es praktische Bedeutung freilich entsprechend der bisherigen Praxis des Bundeskartellamtes nur für Kartellabsprachen von Dachorganisationen und von einstufigen Erzeugervereinigungen mit einer Dachorganisationen entsprechenden überregionalen Marktwirkung haben. Die Vereinbarung zweier Genossenschaftsmolkereien, eine mittlere Großstadt nicht mehr mit Joghurt, sondern mit einem teureren Sauermilcherzeugnis zu beliefern, ist wegen Ausschlusses des Wettbewerbs untersagt worden (TB 62, 61). Vereinbarungen von Genossenschaftsmolkereien über die Abgrenzung ihrer Absatzgebiete sind nur insoweit zulässig, als hierdurch der Wettbewerb nicht ausgeschlossen wird (TB 69, 90). Ein Vertriebskartell von drei norddeutschen Zuckererzeugern ist untersagt worden, da durch dieses der Wettbewerb in großen und wirtschaftlich wichtigen Teilen des Vertriebsgebietes nahezu vollständig oder zumindest weitgehend ausgeschlossen worden ist (TB 1997/98, 80). Das BKartA selbst führt dazu aus, dass die Bestimmungen über einen möglichen Ausschluss des Wettbewerbs grundsätzlich wett-

---

[53] So aber Hootz im GK zu § 100 Anm. 26

[54] Vgl. TB 1971, 86 zur – Eier-Stabilisierungsfonds-Vermögensverwaltungs-GmbH; LG Hamburg 3.12.1962, WuW/E LG/AG 214 (216) – Butter; aA Hootz im GK § 100 Anm. 26, der auch die Festlegung von der Höhe nach bestimmten Preisen durch eine Absatzorganisation als eine vom Preisbindungsverbot des Abs. 1 nicht erfasste unternehmensinterne Preisregelung ansieht.

[55] TB 60, 35; 62, 62; 66, 65; 67, 80 für die Mindestpreise der Seefisch-Absatz-Gesellschaft mbH; bei den Preisen der Seefrostvertrieb GmbH wird später die Unabhängigkeit der Geschäftsführung nicht mehr ausdrücklich herausgestellt, TB 69, 91 und 74, 79; hierzu Linnewedel S. 28 ff.; Petry S. 70; Schulze-Hagen S. 56 f.; Hennig in Bunte § 100 Rn. 12; ferner TB 71, 86.

[56] Linnewedel S. 36 f.; Petry S. 70 f.

[57] Nach dem Wortlaut des § 100 Abs. 1 S. 3 GWB aF bezog sich das Verbot des Wettbewerbsausschlusses nur auf Verträge und Beschlüsse von Vereinigungen von Erzeugervereinigungen. Das BKartA hat aber das Verbot des Wettbewerbsausschlusses über die Dachorganisationen hinaus auch auf einstufige Erzeugervereinigungen angewendet, soweit diese eine ähnliche überregionale Marktwirkung haben wie Vereinigungen von Erzeugervereinigungen (TB 59, 32; 60, 35).

bewerbsfreundlich auszulegen sind. Im Übrigen sei auch die Annahme verfehlt, dass der Ausschluss von Wettbewerb im Sinne von Abs. 1 Satz 1 erst **wesentlich** oberhalb des Bereichs ansetze, in dem die Marktbeherrschung beginne. Die Ansicht wird mit der besonderen gesetzgeberischen Intention und auch dem europäischen Bestreben, eine Stärkung des Wettbewerbs zu schaffen begründet.[58]

Demgegenüber wurde vom KG zu § 19 Abs. 3 GWB entschieden, dass das Erreichen **53** der Marktanteilsschwellen kein Indiz für den Ausschluss von Wettbewerb im Sinne von § 28 Abs. 1 S. 1 darstellt. Insbesondere mit dem Wortlaut des § 28 Abs. 1 S. 1 aE wäre der Maßstab von einer Marktbeherrschung nicht zu vereinbaren.[59]

Der Wettbewerb dürfte ausgeschlossen sein, wenn er die ihm in der Marktwirtschaft **54** obliegende Steuerfunktion nicht mehr erfüllen kann, und zwar selbst dann, wenn ein kleines unbedeutendes Konkurrenzangebot gegenüber dem umfangreichen Angebot des Hauptkonkurrenten nicht ins Gewicht fällt und somit für den Nachfrager keine echte Wahlmöglichkeit mehr besteht. Ein **Außenseitermarktanteil** von weniger als 10 % wird in der Regel keinen funktionsfähigen Wettbewerb mehr gewährleisten,[60] wohl aber ein Marktanteil anderer Konkurrenten über 40 %. In dem Bereich zwischen 10 %–40 % wird es auf den Einzelfall ankommen (Schulze-Hagen S. 61; s. auch Petry S. 77 ff.); freilich wird in den meisten Fällen der Ausschluss des Wettbewerbs zu verneinen sein. Ein vorübergehender zeitlich begrenzter Ausschluss des Wettbewerbs ist aber unschädlich (TB 60, 35). Unerheblich ist es, von wem der Wettbewerb ausgeht, so etwa von **Importen** aus dem Ausland, von Außenseitern, die nicht Mitglieder der Vereinigung sind, oder schließlich von den Mitgliedern der Vereinigung selbst, wenn sie wegen Fehlens einer Andienungspflicht als selbständige Verkäufer auftreten (Eberle S. 86; Linnewedel S. 50 f.; Schulze-Hagen S. 61); ob aber Mitglieder einer Vereinigung ohne Andienungszwang als alleinige selbständige Anbieter auf dem Markt einen funktionsfähigen Wettbewerb gewährleisten können, wird von der Beurteilung des Einzelfalls, insbesondere ihrer wirtschaftlichen Verflechtung mit der Erzeugervereinigung abhängen.

Die Beurteilung der Frage, ob der Wettbewerb ausgeschlossen ist, hängt von der Abgren- **55** zung des **relevanten Marktes** ab. Der betroffene Markt lässt sich dabei nicht allgemein bestimmen, sondern ist nach personellen, sachlichen, zeitlichen und räumlichen Kriterien abzugrenzen (Petry S. 73 ff.). Maßgeblich ist zunächst die Frage, welche Gruppen von Marktteilnehmern sich gegenüberstehen. So ist der Markt zwischen Erzeuger und Handel ein anderer als der Markt zwischen Handel und Endverbraucher (Petry S. 76). Die Bestimmung des persönlich relevanten Marktes wirkt sich auf die Abgrenzung des sachlich relevanten Marktes aus, da die funktionale Austauschbarkeit des Produktes von den jeweiligen Marktbeteiligten her gesehen werden muss. Die funktionale Austauschbarkeit von Gütern, die für den sachlich relevanten Markt bestimmend ist, ist unter Berücksichtigung von Preis, Verwendbarkeit, besonderen Eigenschaften und der allgemeinen Verkehrsauffassung zu beurteilen (Schulze-Hagen S. 62; s. auch Petry S. 73 f.). Der räumlich relevante Markt wird durch die Beschaffenheit der Erzeugnisse, insbesondere auch der Höhe der Transportkosten, bestimmt. Für den zeitlich relevanten Markt ist es maßgebend, dass die Anbieter nur dann in Wettbewerb miteinander stehen, wenn sie zur gleichen Zeit anbieten können.

**c) Meldepflicht.** Die Meldepflicht nach **§ 28 Abs. 1 S. 2 GWB aF** ist im Zuge der **56** siebten Gesetzesnovellierung des GWB aufgehoben worden. Dabei wurde gleichzeitig ein System der Legalausnahme, wie im europäischen Recht, eingeführt und auf das bisherige System der Notifizierung und Administrativfreistellung verzichtet.

Ein System konstitutiver Freistellungsentscheidungen, wie nach alter Rechtslage üblich, konnte neben dem Artikel 101 Abs. 1 AEUV (81 Abs. 1 EGV) nur schwer weiterbestehen,

---

[58] BKartA Berlin 1999, WuW/E DE-V 103 (105).
[59] KG 2001, WuW/E DE-R 816 (819 ff.), kritisch dagegen Pohlmann EWiR 2002, 161 (162).
[60] Hennig in Bunte § 100 Rn. 13; aA Bechtold Rn. 8, der selbst einen Außenseiterwettbewerb mit einem Marktanteil unter 10 % oder sogar einen nur potentiellen Wettbewerb noch für ausreichend hält.

da auch in Deutschland eine nicht unerhebliche Anzahl wettbewerbsbeschränkender Vereinbarungen und Verhaltensweisen vom Anwendungsbereich des Art. 101 Abs. 1 AEUV (Art. 81 Abs. 1 EGV) erfasst sind.

57    Theoretisch wäre ein Administrativfreistellungsverfahren, gem. § 28 Abs. 1 S. 2 aF nur möglich, wenn es sich ausschließlich um Vereinbarungen mit innerstaatlichem Bezug handelt. Eine derartige Parallelität von nationalem Freistellungsverfahren und europäischer Legalausnahme, hätte aber eine untragbare Rechtsunsicherheit zur Folge (s. BT-Drs. 15/ 3640, 29). Im Übrigen wäre eine zusätzliche Belastung der lediglich regional tätigen Unternehmen, im Hinblick auf das staatliche Anmeldungsverfahren, eine nicht gerechtfertigte Ungleichbehandlung gegenüber international tätigen Unternehmen.[61]

58    Als Folge des vollständigen Wegfalls des bisherigen Systems der Administrativfreistellung, besteht nunmehr bei den Unternehmen selbst eine erhöhte Eigenverantwortung für eine effektive Wettbewerbskontrolle. Da die Unternehmen in Zukunft über mehr Gestaltungsfreiräume verfügen, besteht auch die Gefahr vermehrter illegaler Kartellabsprachen. Durch die Verschärfung der Kontroll- und Sanktionsmöglichkeiten der Kartellbehörden (§§ 32 ff.) besteht aber zukünftig ein hohes Risiko für eine falsche Einschätzung der Freistellungsvoraussetzungen, durch die Unternehmen.[62] Letztlich ist also auch im Interesse des beurteilenden Unternehmens selbst eine eher restriktive Handhabung der Freistellungsvoraussetzungen angezeigt. Einer eventuellen Rechtsunsicherheit kann durch eine informelle Abklärung mit der Kartellbehörde oder einer kartellbehördlichen Entscheidung nach § 32c GWB wirksam begegnet werden.

59    Im Ergebnis ist, im Wege der Vereinheitlichung nationalen und europäischen Wettbewerbsrecht, die Einführung des System einer Legalausnahme als begrüßenswerte Alternative zu beurteilen, die nicht zuletzt dem Anliegen der Entbürokratisierung und der Entlastung des Verwaltungsaufwands der Unternehmen selbst dient.[63]

## II. Kartellrechtliche Behandlung der Erzeugergemeinschaften nach dem Agrarmarktstrukturgesetz

60    Die kartellrechtliche Sonderregelung des § 28 ist durch das Gesetz zur Weiterentwicklung der Marktstruktur im Agrarbereich (Agrarmarktstrukturgesetz – AgrarMSG) vom 25.4.2013 Art. 1 G vom 20.4.2013 BGBl. I S. 917[64] ergänzt worden.§ 5 AgrarMSG bringt eine **weitere Ausnahme zu § 1**. § 5 Abs. 1 AgrarMSG erklärt § 1 für unanwendbar für Tätigkeiten die von einer Agrarorganisation in dem von ihrer Anerkennung umfassten Bereich vorgenommen werden. Nach § 11 Abs. 1 MStrG wurde die Anwendung des § 1 auf Beschlüsse einer anerkannten Erzeugergemeinschaft, soweit sie Erzeugnisse betreffen, die satzungsmäßig Gegenstand ihrer Tätigkeit sind ausgeschlossen. Durch den Bezug in § 5 Abs. 1 AgrarMSG an „von ihrer Anerkennung umfassten Bereich" wird an die Systematik des § 11 Abs. 1 MStrG, der sich auf die „Erzeugnisse, die satzungsgemäß Gegenstand ihrer Tätigkeit sind" angeknüpft. Anders als § 11 Abs. 1 MStrG nennt § 5 Abs. 1 AgrarMSG nicht nur „Beschlüsse" sondern umfasst generell alle von der Anerkennung umfasste Tätigkeiten.[65]

Dies dient auch der Rechtsvereinheitlichung mit dem EU-Recht, das keine Beschränkungen auf formale Beschlüssse kennt. § 5 Abs. 1 AgrarMSG umfasst zudem über das MStrG hinaus auch Branchenverbände. Dadurch wird einem unionrechtlichen Regelungsbedarf Rechnung getragen, soweit das Unionsrecht die Mitgliedstaaten verpflichtet, auf Antrag des Branchenverbandes eine Anerkennung vorzunehmen (Obst und Gemüse, Ta-

---

[61] Schweizer/Woeller AuR 2007, 286.
[62] Schweizer/Woeller AuR 2007, 286.
[63] Schweizer/Woeller AuR 2007, 286.
[64] Durch das Agrarmarktstrukturgesetz wurde das Gesetz zur Anpassung der landwirtschaftlichen Erzeugung an die Erfordernisse des Marktes (MStrG) vom 16.5.1969 (BGBl. I S. 423) idF vom 26.9.1990 (BGBl. I S. 2134) ersetzt.
[65] BT-Drs. 17/11294, 14 zu § 5.

bak). Darüber hinaus können durch das AgrarMSG nun auch in anderen Erzeugnisbereichen, die entweder unionsrechtlich optional ausgestaltet sind (Wein, Milch) oder unionsrechtlich bisher nicht näher geregelt, Branchenverbände anerkannt werden.[66]

Bislang ist im EU-Recht nur für wenige Erzeugnisbereiche eine Freistellung vom Kartellverbot geregelt (vgl. Art. 176a Abs. 1, Art. 177 Abs. 1 und Art. 177a Abs. 1 EGMO). Durch die Bezugnahme des Abs. 1 auf die Anerkennung wwird gewährleistet, dass die Freistellung nur in dem Umfang erfolgt, in dem das AgrarMSG die Anerkennung von Branchenverbänden vorsieht.[67]

Dass das allgemeine Kartellrecht im Übrigen – insbesondere die allgemeine kartellrechtliche Mißbrauchsaufsicht – uneingeschränkte Anwendung findet, stellt § 5 S. 2 AgrarMSG, der § 11 Abs. 3 MStrG entspricht, klar.[68]

§ 5 Abs. 2 AgrarMSG enthält eine Verordnungsermächtigung zur Regelung des Austauschs von Erkenntnissen über Tatsachen hinsichtlich der anerkannten Agrarorganisationen zwischen den anerkannten Stellen, des Widerrufs oder der Anordnung des Ruhens einer Anerkennung für eine Agrarorganisation bei Verstößen sowie die für die Durchführung der Kartellbestimmungen des EU-Rechts erforderlichen Anforderungen einschließlich des Verfahrens zu regeln.[69]

Nach § 11 AgrarMSG in Verbindung mit § 23 Abs. 3 AgrarMSV[70] gilt die **Anerkennung von Agrarorganisationen,** die Aufgrund der **bis zum 24.4.2013** geltenden Vorschriften erteilt worden sind, bis zum 29.5.2015 fort; soweit EU-Recht zu den anerkannten Agrarorganisationen nicht entgegensteht. Die Übergangsbestimmungen der Art. 154 Abs. 2, Art. 156 Abs. 1 UAbs. 2 und Art. 158 Abs. 2 VO (EU) Nr. 1308/2013 in Verbindung mit Art. 23 Abs. 1 AgrarMSV bewirken die Fortführung der vor dem 1.1.2014 anerkannten Agrarorganisationen als Agrarorganisationen im Sinne der Verordnung (EU) Nr. 1308/2013. Soweit allerdings diese Agrarorganisationen nicht alle EU-rechtlichen Anerkennungsvoraussetzungen erfüllen, ist ihre[71] Anerkennung gemäß Art. 154 Abs. 3, Art. 156 Abs. 1 UAbs. 2 und Art. 158 Abs. 3 VO (EU) Nr. 1308/2013 ab dem 1.1.2015 erloschen, was die Anerkennungsbehörde durch Bescheid festzustellen hat.[72]

Das VG Würzburg hat auf der Grundlage des AgrarMSG und der AgrarMSV die Ablehnung eines bereits 2009 gestellten Antrags auf Anerkennung einer Erzeugerorganisation bestätigt, da die eingereichte Satzung wegen unter anderem der der Mitgliedschaft von Nichterzeugern, die maßgeblichen Einfluss auf die interne Preisgestaltung haben sollten nicht den Anerkennungsvoraussetzungen entsprach. Dabei stellte das VG Würzburg als maßgebliches Ziel von Erzeugerorganisationen heraus, dass sich die Erzeuger zusammenschließen, der Handelsseite gegenüber geschlossen auftreten und ihre Agrarerzeugnisse durch die Erzeugerorganisationen zum Verkauf anbieten lassen, damit das Angebot und dessen Vermarktung gebündelt wird.[73]

**Erzeugergemeinschaften** stellen einen Zusammenschluss von Inhabern land- oder **61** fischwirtschaftlicher Betriebe dar, die gemeinsam den Zweck verfolgen, die Erzeugung und den Absatz den Erfordernissen des Marktes anzupassen. Auch Betriebe, deren Inhaber die Erzeugung landwirtschaftlicher Erzeugnisse gewerblich betreiben, können Mitglieder einer Erzeugergemeinschaft sein.[74] Nicht Mitglieder einer Erzeugergemeinschaft können aber

---

[66] BR-Drs. 556/12, 15.
[67] BT-Drs. 17/11294, 14 zu § 5.
[68] BT-Drs. 17/11294, 14 zu § 5.
[69] BT-Drs. 17/11294, 14 zu § 5.
[70] Verordnung zur Weiterentwicklung der Marktstruktur im Agrarbereich (Agrarmarktstrukturverordnung AgarMSV) vom 15.11.2013 (BGBl. I S. 3998), zuletzt geändert durch Artikel 1 des Gesetzes vom 4.7.2017 (BGBl. I S. 2199).
[71] VG Würzburg 13.3.2014 – W 3 K 12.636, AUR 2014, 353 f.
[72] So auch Busse in Kölner Komm KartellR Rn. 396.
[73] VG Würzburg 13.3.2014 – W 3 K 12.636, AUR 2014, 353 f.
[74] Petry S. 129 f.; Recke-Sotzeck § 1 Rn. 2.2; Bendel-Reuter § 1 Rn. 5.1.

bloße Be- und Verarbeitungsbetriebe sein, die nicht mit der landwirtschaftlichen Urproduktion verbunden sind.[75]

62   Die **Erzeugnisse,** für die Erzeugergemeinschaften gebildet und anerkannt werden können, werden bei der Begriffsbestimmung in § 2 AgrarMSG geregelt, der auf Anhang I AEUV verweist.[76] Nach § 2 Abs. 2 AgrarMSG kann auch ein Nicht Anhang I Erzeugnis ein Agrarerzeugnis sein, wenn das Unionsrecht Bestimmungen über die Anerkennung dieses Erzeugnisses enthält ((§ 2 Abs. 2 Nr. 1 AgraMSG) oder eine Rechtsverordnung nach § 2 Abs. 3 AgrarMSG das AgrarMSG für dieses Erzeugnis für anwendbar erklärt (§ 2 Abs. 2 Nr. 2 AgrarMSG). Erzeugerorganisationen und Vereinigungen von Erzeugerorganisationen sowie Branchenverbände können nur anerkannt werden, soweit sich ihre Tätigkeit auf Agrarerzeugnisse bezieht (§ 1 Abs. 1 Nr. 1a und § 1 Abs. 1 Nr. 1b). Die Vergünstigungen des AgrarMSG hängen von einer förmlichen Anerkennung ab. Die Anerkennung wird ausgesprochen, wenn die Satzung bestimmte Aufgabenbereiche regelt, die von der Erzeugergemeinschaft wahrgenommen werden müssen. Dazu gehören unter anderem die Verpflichtung der Mitglieder, bestimmte Erzeugungs- und Qualitätsregeln einzuhalten, die ein marktgerechtes Angebot sicherstellen; die Verpflichtung der Mitglieder, ihre gesamten zur Veräußerung bestimmten Erzeugnisse durch die Erzeugergemeinschaft zum Verkauf anbieten zu lassen oder aber zumindest ihre Erzeugnisse nach gemeinsamen Verkaufsregeln zu verkaufen, (Mindestmengen, Mindestmarktwerte, Mindestanbauflächen, Mindestmitgliederzahl usw). Eine Erzeugergemeinschaft muss als juristische Person organisiert sein (§ 4 Abs. 1 Nr. 2b AgrarMSG).

63   Auch Vereinigungen von Erzeugergemeinschaften, denen nur anerkannte Erzeugergemeinschaften angehören können, müssen bestimmte Pflichtaufgaben übernehmen. (§ 4 Abs. 1 Nr. 2c f. AgrarMSG).

64   Die Anerkennung ist sowohl bei Erzeugergemeinschaften als auch bei Vereinigungen von Erzeugergemeinschaften davon abhängig, dass sie den **Wettbewerb auf dem Markt nicht ausschließen.**[77] Sind die Anerkennungsvoraussetzungen nicht mehr gegeben, so zum Beispiel auch hinsichtlich des Verbotes des Wettbewerbsausschlusses, kann die Anerkennung widerrufen werden (§ 5 Abs. 2 Nr. 2 AgrarMSG). Bei einer Vereinigung von 5 Erzeugergemeinschaften für Frühkartoffeln, die über ein knappes Viertel der Anbaufläche für Frühkartoffeln im Bundesgebiet verfügt und deren Vermarktungsanteil etwa ein Drittel der deutschen Ernte umfasst, ist das Weiterbestehen eines funktionsfähigen Wettbewerbs angenommen worden (TB 74, 78 f.).

65   § 5 Abs. 1 AgrarMSG (§ 11 MStrG) enthält für Erzeugergemeinschaften und deren Vereinigungen Ausnahmen von wesentlichen Bestimmungen des GWB. Da die die kartellrechtliche Befreiung auf Agrarorganisationen abhebt, entfällt eine unterschiedliche Ausgestaltung für Erzeugergemeinschaften und deren Vereinigungen wie in § 11 MStG.

66   Erzeugergemeinschaften werden durch § 5 Abs. 1 AgrarMSG von dem Verbot des § 1 freigestellt. Sie dürfen somit Absatzabsprachen treffen und die Märkte nach Ort, Zeitpunkt und Warengruppe aufteilen. Diese Freistellung **unterscheidet** sich von der Bereichsausnahme des § 28 Abs. 1 in folgenden Punkten (vgl. auch Hootz im GK § 100 Anm. 42).

a) Privilegiert sind nur Erzeugergemeinschaften, die förmlich anerkannt worden sind, nicht aber in Bildung begriffene Erzeugergemeinschaften.

b) Die satzungsmäßige Tätigkeit von Erzeugergemeinschaften kann sich auf der in Anhang I zum AEUV aufgeführten Produkte erstrecken. Nach § 2 Abs. 2 AgrarMSG können aber auch Nicht-Anhang I Erzeugnisse erfasst werden, wenn das Unionsrecht Bestimmungen über die Anerkennung dieses Erzeugnisses enthält ((§ 2 Abs. 2 Nr. 1 AgraMSG) oder eine Rechtsverordnung nach § 2 Abs. 3 AgrarMSG das AgrarMSG für dieses Erzeugnis für anwendbar erklärt (§ 2 Abs. 2 Nr. 2 AgrarMSG).

---

[75] Recke-Sotzeck § 1 Rn. 2.3; Petry S. 131 f.; Hootz im GK § 100 Anm. 39.
[76] BT-Drs. 17/11294, 13 zu § 2.
[77] § 5 Abs. 1, Nr. 2 AgrarMSG, vgl. früher § 3 Abs. 1 Ziff. 8; § 4 Abs. 1 Ziff. 2 MStrG; s. hierzu Petry S. 142 ff.).

c) Die kartellrechtliche Befreiung des § 5 Abs. 1 AgrarMSG bezieht sich auf Tätigkeiten in dem von der Anerkennung umfassten Bereich. (Bislang nach § 11 Abs. 1 MStrG sich nur auf Beschlüsse von Erzeugergemeinschaften)[78].

d) Die kartellrechtliche Befreiung für Beschlüsse von Erzeugergemeinschaften ist gegenüber § 28 Abs. 1 dadurch erweitert, dass das Verbot der Preisbindung nicht besteht. Somit können Erzeugergemeinschaften ihrem zuständigen Organ die Einhaltung von der Höhe nach bestimmten Preisen vorschreiben, und zwar sind sowohl Höchst- als auch Mindestpreise zulässig (Schulze-Hagen S. 91). Darüber hinaus ist aber auch eine Preisbindung unmittelbar gegenüber den Mitgliedern erlaubt, sofern diese ausnahmsweise berechtigt sind, ihre Erzeugnisse selbst zu verkaufen.[79] Eine Erzeugergemeinschaft, die unter Beschränkung auf die in der Satzung aufgeführten Bundesländer anerkannt worden ist, der aber auch Erzeugerbetriebe außerhalb ihres Geschäftsbereichs angehören, kann Preisregelungen nur für ihren satzungsmäßigen Geschäftsbereich treffen; an Preisbeschlüssen dürfen nur die Erzeugerbetriebe, die im Geschäftsbereich der Erzeugergemeinschaft liegen, mitwirken. Auf den Preislisten muss der Hinweis enthalten sein, dass sie nur für Erzeugerbetriebe und für im Geschäftsbereich der Erzeugergemeinschaft gewonnene Erzeugnisse gelten (TB 76, 89).

Die kartellrechtliche Befreiung der Erzeugergemeinschaften ist freilich nicht unbegrenzt, **67** sondern weist gewisse **Einschränkungen** auf:

a) **Einkaufssyndikate,** die gemeinsam Geräte, Futtermittel, Düngemittel usw beschaffen, werden grundsätzlich von § 5 Abs. 1 AgrarMSG nicht umfasst, da die zulässigen Tätigkeiten die Erzeugnisse betreffen müssen, die satzungsgemäß Gegenstand der Erzeugergemeinschaft sind. Da es aber zu den Aufgaben der Erzeugergemeinschaft gehört, gemeinsame Erzeugungs- und Qualitätsregeln aufzustellen, ist es zulässig, dass die Erzeugergemeinschaften ihren Mitgliedern die Verwendung einheitlicher Produktionsmittel vorschreiben; diese Befugnis besteht aber nur soweit, als dies zur Gewährleistung einer Standardisierung der Produkte erforderlich ist; nicht zulässig ist die Verpflichtung, die Produktionsmittel bei einem einzigen Lieferanten zu beziehen, wenn sie von mehreren Lieferanten angeboten werden (Schroer S. 158; Petry S. 135 f.; Schulze-Hagen S. 92 f.).

b) § 5 Abs. 1 AgrarMSG (§ 11 Abs. 1 MStrG) stellt lediglich eine **Ausnahmevorschrift** gegenüber § 28 Abs. 1 dar (Schulze-Hagen S. 86 ff.); die übrigen Bestimmungen des GWB bleiben unberührt (§ 11 Abs. 3 S. 1 MStrG).

Anerkannte Vereinigungen von Erzeugergemeinschaften sind **nicht generell** von § 1 **68** freigestellt; für sie gilt die Bereichsausnahme des § 28 Abs. 1, soweit deren Voraussetzungen vorliegen. Ergreifen Vereinigungen Maßnahmen zur Koordinierung des Absatzes, so sind entsprechende Tätigkeiten/Beschlüsse etwa über die Regelung der Marktbeschickung nach Regionen, Zeitpunkt, Mengen und Qualitäten im Rahmen des § 28 Abs. 1 zulässig.

Anerkannte Vereinigungen von Erzeugergemeinschaften können ihre Mitglieder bei der **69** Preisbildung beraten und zu diesem Zweck gegenüber ihren Mitgliedern Preisempfehlungen aussprechen. Soweit Erzeuger, die Mitglieder von Erzeugergemeinschaften sind, ihre Produkte selbst vermarkten, ist es zulässig, dass die Erzeugergemeinschaft die Empfehlung an ihre Mitglieder weitergibt, da auch Preisempfehlungsbeschlüsse der Erzeugergemeinschaft selbst wegen der Freistellung von § 1 nicht unter § 22 Abs. 1 aF (aufgehoben) gefallen wären.[80]

Das Agrarmarktstrukturgesetz (AgrarMSG)[81] dient auch der Umsetzung und Durch- **70** führung der Rechtsakte der EU hinsichtlich der im Unionsrecht geregelten Organisationen

---

[78] Ausführlich → Rn. 60.
[79] § 3 Abs. 1 Nr. 3d, Abs. 2 MStrG; Petry S. 134; Schulze-Hagen S. 91 f.
[80] Petry S. 138; Recke-Sotzeck § 11 Rn. 3.1; aA Schulze-Hagen S. 97 f., der wegen fehlenden Bedürfnisses eine erweiternde Auslegung verneint.
[81] Gesetz zur Weiterentwicklung der Marktstruktur im Agrarbereich (Agrarmarktstrukturgesetz – AgrarMSG) vom 25.4.2013 Art. 1 G vom 20.4.2013 BGBl. I S. 917.

und Verbänden, die mit den Agrarorganisationen vergleichbar sind und der im Unionsrecht enthaltenen Freistellung der betreffenden Organisationen und Verbände vom Kartellverbot. Die Bildung und Förderung von Erzeugergemeinschaften bzw. Erzeugerorganisationen unterliegt für Obst und Gemüse, Fischereierzeugnisse, Hopfen Rohtabak und der Fischerei **gemeinschaftsrechtlichen Regelungen.** Sowohl hinsichtlich den Voraussetzungen und Verfahren der Anerkennung von Agrarorganisationen (§ 4 AgrarMSG) als auch der weiteren Ausgestaltung und Durchführung der Kartellbestimmungen (§ 5 Abs. 2) enthält das AgrarMSG sehr weitgehende Verordnungsermächtigungen.

Dies erscheint insbesondere deshalb geboten, da die im Rahmen der gegenwärtig laufenden Reformen der Gemeinsamen Agrarpolitik, die 2014 in Kraft treten sollen, umfangreiche Legislativvorschläge der Europäischen Kommission vorliegen, die einen vertieften Unionsrechtsrahmen für Erzeugerorganisationen, deren Vereinigungen sowie Branchenverbände vorsehen.

### III. Kartellrechtliche Behandlung der forstwirtschaftlichen Zusammenschlüsse

71 Bislang beruhte die kartellrechtliche Privilegierung von forstwirtschaftlichen Zusammenschlüssen auf zwei Rechtsgrundlagen, zum einen auf § 100 Abs. 7 GWB und zum anderen auf § 40 Bundeswaldgesetz. Die 6. Novelle zum GWB hat nunmehr die Aufsplitterung der Rechtsgrundlagen überwunden und die bisherige Regelung des § 100 Abs. 7 GWB in das Bundeswaldgesetz (§ 40 Abs. 1) überführt. Ebenso wie das AgrarMSG unterscheidet das BWaldG zwischen einstufigen und mehrstufigen Zusammenschlüssen von forstwirtschaftlichen Erzeugerbetrieben. § 40 BWaldG stellt Beschlüsse von anerkannten Forstbetriebsgemeinschaften, Forstbetriebsverbänden sowie forstlichen Zusammenschlüssen mit einem örtlich begrenzten Wirkungskreis von § 1 frei. Eine anerkannte Forstwirtschaftliche Vereinigung als Dachorganisation darf ihre Mitglieder bei der Preisbildung beraten und Preisempfehlungen aussprechen. Im Übrigen bleiben die Vorschriften des GWB unberührt. Auch wenn forstwirtschaftlichen Zusammenschlüssen staatlich gefördert werden können, erscheint es weit hergeholt im Bundeswaldgesetz eine Parallele zu den Agrarmarktordnungen bzw. darin sogar eine „gewisse nationale Waldmarktordnung" zu sehen.[82] Das Bundeswaldgesetz trägt der Multifunktionalität des Waldes und dessen existenziellen Bedeutung für auf Schutz des Bodens, Wasser, Luft, Klima, Biodiverisät und der Freizeit und Erholungsfunktion (Betretungsrecht) Rechnung. Im Gegensatz zu den Agrarmarktordnungen kommt der Vermarktung im Bundeswaldgesetz nur eine untergeordnete Bedeutung zu.

72 Das Bundeswaldgesetz enthält **keine Legaldefinition,** was unter forstwirtschaftlichen Erzeugnissen zu verstehen ist. Hierzu rechnen die in § 3 des Gesetzes über forstliches Saat- und Pflanzgut idF vom 26.7.1979 (BGBl. I S. 1242) aufgeführten Baumarten, außerdem alle auf Grund von Bewirtschaftungsmaßnahmen gewonnenen Urerzeugnisse des Waldes wie Holz, Tannengrün, Weihnachtsbäume, Wildlinge usw. Nicht dazu gehören aber bearbeitete Erzeugnisse wie Schnittholz sowie freiwachsende Pilze, Kräuter und Beeren (Hootz im GK § 100 Anm. 78). Das BKartA hatte Forstbaumschulerzeugnisse, soweit sie unter intensiver gärtnerischer Bearbeitung gewonnen werden und für fremden Bedarf (also nicht für den Eigenbedarf eines forstwirtschaftlichen Betriebes) bestimmt sind, als Erzeugnisse des Gartenbaus im Sinne von § 100 Abs. 5 Nr. 1 aF aufgefasst und sie den für landwirtschaftliche Erzeugerbetriebe geltenden kartellrechtlichen Befreiungen unterstellt (TB 60, 34). Dies ist nunmehr nach der Neufassung des § 28 nicht mehr möglich, da Forstbaumschulerzeugnisse nicht in Anhang I zum EGV aufgelistet werden.

73 § 40 BWaldG enthält kartellrechtliche Freistellungen für die folgenden ein- oder mehrstufigen forstwirtschaftlichen Zusammenschlüsse:

---

[82] So Busse in Kölner Komm KartellR Rn. 399.

**1. Anerkannte Forstbetriebsgemeinschaften.** Hierunter sind privatrechtliche Zusammenschlüsse von Grundbesitzern zu verstehen, die den Zweck verfolgen, die Bewirtschaftung der angeschlossenen Waldflächen und der zur Aufforstung bestimmten Grundstücke zu verbessern (§ 16 BWaldG). Zu den Pflichtaufgaben der Forstbetriebsgemeinschaften gehört mindestens eine der in § 17 BWaldG bestimmten Aufgaben (unter anderem die Abstimmung der Betriebspläne oder Betriebsgutachten, Wirtschaftspläne sowie der einzelnen forstlichen Vorhaben, die Abstimmung der für die forstwirtschaftliche Erzeugung wesentlichen Vorhaben und Absatz des Holzes oder sonstiger Forstprodukte, die Durchführung des Holzeinschlages, der Holzaufbereitung und der Holzbringung, das heißt Abfuhr aus dem Wald). Die **Anerkennung** einer Forstbetriebsgemeinschaft setzt voraus, dass diese eine juristische Person des Privatrechts ist; die Satzung oder der Gesellschaftsvertrag muss die Verpflichtung der Mitglieder enthalten, das zur Veräußerung bestimmte Holz ganz oder teilweise durch die Forstbetriebsgemeinschaft zum Verkauf anbieten zu lassen, sofern sie den Absatz des Holzes zur Aufgabe hat (§ 18 BWaldG).

**2. Forstbetriebsverbände.** Es handelt sich bei ihnen um Zusammenschlüsse von Grundstückseigentümern in Form des öffentlichen Rechts, die unter bestimmten Voraussetzungen für forstwirtschaftlich besonders ungünstig strukturierte Gebiete gebildet werden können (§§ 21 ff. BWaldG).[83]

In § 40 Bundeswaldgesetz ist als Abs. 4 nunmehr die bisherige Regelung des § 100 **74** Abs. 7 GWB eingefügt worden.Fußnote[84] Demnach sind als Vereinigungen forstwirtschaftlicher Erzeugerbetriebe Waldwirtschaftsgemeinschaften, Waldwirtschaftsgenossenschaften, Forstverbände, Eigentumsgenossenschaften und ähnliche Vereinigungen anzusehen, deren Wirkungskreis nicht wesentlich über das Gebiet einer Gemarkung oder Gemeinde hinausgeht und die zur gemeinschaftlichen Durchführung forstbetrieblicher Maßnahmen gebildet werden oder gebildet worden sind.

Den Vereinigungen von Erzeugergemeinschaften entsprechen die anerkannten **forst-** **75** **wirtschaftlichen Vereinigungen.** Es handelt sich hierbei um privatrechtliche Zusammenschlüsse von anerkannten Forstbetriebsgemeinschaften, Forstbetriebsverbänden oder nach Landesrecht gebildeten Waldwirtschaftsgenossenschaften oder ähnlichen Zusammenschlüssen einschließlich der Gemeinschaftsforsten zu dem ausschließlichen Zweck, auf die Anpassung der forstwirtschaftlichen Erzeugung und des Absatzes von Forsterzeugnissen an die Erfordernisse des Marktes hinzuwirken (§ 37 BWaldG). Sie müssen juristische Personen des privaten Rechts sein.[85]

Die forstwirtschaftlichen Zusammenschlüsse müssen einen **wesentlichen Wettbewerb** **76** auf dem Holzmarkt bestehen lassen. Diese Einschränkung stellt für Forstbetriebsgemeinschaften eine Voraussetzung für ihre Anerkennung (§ 18 Abs. 1 Ziff. 1 BWaldG), für Forstbetriebsverbände eine Voraussetzung für ihre Bildung (§ 22 Abs. 1 Ziff. 2 BWaldG) sowie für Forstwirtschaftliche Vereinigungen eine Voraussetzung für ihre Anerkennung dar (§ 38 Abs. 1 Ziff. 4 BWaldG); für nach Landesrecht gebildete öffentlich rechtliche Waldwirtschaftsgenossenschaften und ähnliche Zusammenschlüsse hängt die kartellrechtliche Freistellung gleichfalls von dem Bestehen lassen eines wesentlichen Wettbewerbs auf dem Holzmarkt ab (§ 40 Abs. 1 S. 2 BWaldG). Die vom AgrarMSG abweichende Formulierung wurde mit Rücksicht auf die stärkere Regionalisierung der Rohholzmärkte und wegen der Marktstellung des Waldbesitzes der öffentlichen Hand gewählt. Wesentlicher Wettbewerb besteht nur solange, als noch andere Wettbewerber die betreffenden Erzeugnisse intensiv anbieten (BT-Drs. V/4231, 16). Der Restwettbewerb muss also größer sein als der nach

---

[83] Eine Freistellung von § 1 ist auch für nach Landesrecht gebildete öffentlichrechtliche Waldwirtschaftsgenossenschaften und ähnliche Zusammenschlüsse in der Forstwirtschaft (§ 40 Abs. 1 S. 2 BWaldG), außerdem für einige andere den Forstbetriebsverbänden gleichgestellte Forstverbände (§ 39 Abs. 1 BWaldG) vorgesehen.

[84] § 40 Abs. 3 BWaldG wurde Abs. 4 mit der Änderung des BWaldG vom 7.1.2017 (BGBl. I S. 75), in Kraft getreten am 27.1.2017.

[85] Zu den Forstwirtschaftlichen Organisationsformen s. Thomas, Bundeswaldgesetz S. 405 f.

§ 28 Abs. 1 oder nach dem AgrarMSG erforderliche Restwettbewerb (Hootz im GK § 100 Anm. 80; vgl. auch → § 4 Rn. 57 ff.).

77  Die Freistellung bei einstufigen forstwirtschaftlichen Zusammenschlüssen gilt anders als bei § 28 Abs. 1 **nur für Beschlüsse,** nicht für Verträge. Die Beschlüsse dürfen sich lediglich auf die Erzeugung und den Absatz forstwirtschaftlicher Erzeugnisse beziehen, nicht aber auf die Benutzung gemeinschaftlicher Einrichtungen. Die Beschränkung der kartellrechtlichen Freistellung auf Beschlüsse entsprach § 11 MStrG (→ Rn. 60 f.) bei Erzeugergemeinschaften. Ebenso wie bei den Erzeugergemeinschaften nach § 11 MStrG, aber abweichend von § 28 Abs. 1 gilt für Beschlüsse forstwirtschaftlicher Zusammenschlüsse nach § 40 Bundeswaldgesetz das Verbot der Preisbindung nicht. Ein solches Verbot war aber bislang in § 100 Abs. 7 GWB enthalten. Die Inkorporation der kartellrechtlichen Sonderregelung des § 100 Abs. 7 GWB in das Bundeswaldgesetz hat für die nunmehr in § 40 Abs. 4 Bundeswaldgesetz geregelten forstwirtschaftlichen Vereinigungen mit einem beschränkten örtlichen Wirkungskreis die Folge, dass sie vom Verbot der Preisbindung befreit sind und somit ihre kartellrechtliche Privilegierung erweitert worden ist.

78  Eine anerkannte Forstwirtschaftliche Vereinigung darf ihre Mitglieder bei der Preis-bildung beraten und zu diesem Zweck gegenüber ihren Mitgliedern Empfehlungen aus-sprechen (§ 40 Abs. 2 BWaldG). Forstwirtschaftliche Vereinigungen können Beschlüsse, die die Erzeugung oder den Absatz forstwirtschaftlicher Produkte betreffen, nicht fassen; sie sind allein hinsichtlich Preisempfehlungen vom GWB freigestellt.

79  Soweit die Voraussetzungen des § 40 BWaldG nicht vorliegen, finden die allgemeinen Vorschriften des GWB auf forstwirtschaftliche Erzeugnisse Anwendung. So hat das BKartA die Preisfestsetzung der Landesforstverwaltung des Landes Brandenburg bei einer Vermark-tungsaktion für Kalamitätsholz nach § 22 Abs. 4 Nr. 1 aF wegen missbräuchlicher Ausnut-zung einer marktbeherrschenden Stellung beanstandet, da der von ihr festgelegte Mindest-preis weit unter dem Marktpreis lag und somit der dadurch verursachte Preisverfall sich nachteilig auf die Rentabilität insbesondere des privaten Waldbesitzes auswirkte (TB 1993/94, 131).[86]

Beim sogenannten **Rundholzverfahren** hatte das Land Baden-Württemberg eine Ver-pflichtungszusage abgegeben, die das Bundeskartellamt am 9.12.2008 nach § 32b Abs. 1, 2 GWB für bindend erklärte. Das Land Baden-Württemberg verpflichtete sich in dieser Zusage, sich an Holzvermarktungskooperationen mit privaten oder kommunalen Forst-unternehmen nur zu beteiligen, wenn die Forstbetriebsfläche keines der beteiligten nicht-staatlichen Unternehmen 3.000 ha übersteigt.[87] Die Gesamtforstbetriebsfläche einer sol-chen Kooperation durfte zudem 8.000 ha nicht übersteigen. Das Land verpflichtete sich darüber hinaus, sicherzustellen, dass Kooperationsinitiativen außerhalb des Holzvermark-tungssystems der staatlichen Forstverwaltungen in keiner Weise behindert, sondern statt-dessen im Sinne einer „Hilfe zur Selbsthilfe" unterstützt werden. Nachdem weitere Be-schwerden der Sägeindustrie und privater Vermarktungsorganisationen, die mangelnde Förderung und Unterstützung ihrer Arbeit eingegangen sind, kündigte das Bundeskartell-amt dem Land Baden-Württemberg an, Ermittlungen zu den Marktverhältnissen durch-zuführen. Mit Beschluss vom 9.7.2015 in der Fassung des Berichtigungsbeschlusses vom 16.7.2015 und des Änderungsbeschlusses vom 16.7.2015 hat das Bundeskartellamt seine Entscheidung vom 9.12.2008 aufgehoben und festgestellt, dass die Vereinbarungen zur gemeinsamen Vermarktung von Nadelstammholz zwischen dem Land und Privat – sowie Körperschaftswaldbesitzern gegen Art. 101 AEUV bzw. § 1 GWB verstoßen und nicht nach Art. 101 Abs. 3 AEUV bzw. § 2 GWB freigestellt sind, soweit eine Körperschaft, ein Privatwaldbesitzer oder ein forstwirtschaftlicher Zusammenschluss jeweils über eine Wald-fläche von mehr als 100 ha verfügen. Darüber hinaus hat das Bundeskartellamt untersagt

---

[86] Zur Anwendbarkeit des GWB auf Dienstleistungen der Forstverwaltung s. Giesen/Besgen, Öffentliche Forstdienstleistungen und Wettbewerbsrecht, AgrarR 1998, 329 ff. (331 f.).

[87] Dieser Schwellenwert galt auch für die einzelnen Mitglieder von niochtstaatlichen Kooperationen, die sich an der gemeinsamen Holzvermarktung beteiligten.

nach dem Ablauf von Übergangsfristen für Privat- und Körperschaftswaldbesitzer Holz zu verkaufen und zu fakturieren, soweit diese Waldflächen von mehr als 100 ha oder mehr besitzen sowie für diese Waldbesitzer Holz auszuzeichnen, Holzerntemaßnahmen zu betreuen, Holz aufzunehmen und Holzlisten zu drucken oder diese Leistungen durch Personen erbringen zu lassen, die in der Forstverwaltung eingebunden sind. Auf die Beschwerde des Landes hat das OLG Düsseldorf die angegriffene Abstellungsverfügung des Bundeskartellamtes durch Entscheidung vom 15.3.2017 nur in geringem Umfang aufgehoben und sie unter Zurückweisung des weitergehenden Rechtsmittels neu gefasst. Die Entscheidung vom 9.12.2008 wird mit Wirkung für die Zukunft aufgehoben und ausgeführt, dass die gemeinsame Vermarktung von Nadelstammholz zwischen dem Land Baden-Württemberg und den Privat- und Körperschaftswaldbesitzern gegen Art. 101 Abs. 1 AEUV verstoßen und nicht nach Art. 101 Abs. 3 AEUV freigestellt sind, soweit eine Körperschaft (§ 3 Abs. 2 BWaldG), ein Privatwaldbesitzer (§ 3 Abs. 3 BWaldG) oder ein forstwirtschaftlicher Zusammenschluss (§ 15 BWaldG) jeweils über eine Waldfläche von über 100 ha verfügen. Dem Land wird untersagt für die o. g. Waldbesitzer Holz zu verkaufen oder zu fakturieren, Holz auszuzeichnen, Holzerntemaßnahmen zu betreuen, Holz aufzunehmen und Holzlisten zu drucken sowie unter bestimmten Umständen die jährliche Betriebsplanung, die forsttechnische Betriebsleitung und den forstlichen Revierdienst durch zuführen. Durch Beschluss des BGH vom 12.6.2018[88] auf der Grundlage der mündlichen Verhandlung vom 10.4.2018 hob der BGH sowohl den Beschluss des OLG Düsseldorf vom 15.3.2017 sowie den Beschluss des Bundeskartellamtes vom 9.7.2015 auf. Der Bundesgerichtshof sah das Bundeskartellamt an die Verpflichtungszusagenentscheidung vom 9.12.2008 gebunden und sah die Voraussetzungen für eine Wiederaufnahme des Verfahrens nicht gegeben.

Zeitgleich zum laufenden o. g. Rundholzverfahrenverfahren wurde das BWaldG wie folgt geändert:

*„§ 46 BWaldG Weitere Vorschriften in besonderen Fällen*
*(1) Für Beschlüsse und Vereinbarungen über die der Holzvermarktung nicht zuzurechnenden forstwirtschaftlichen Maßnahmen von nichtstaatlichen oder staatlichen Trägern oder von deren Kooperationen, soweit auf diese Beschlüsse und Vereinbarungen die Regelungen des Gesetzes gegen Wettbewerbsbeschränkungen anzuwenden sind, gelten die Voraussetzungen für eine Freistellung im Sinne des § 2 des Gesetzes gegen Wettbewerbsbeschränkungen als erfüllt. Maßnahmen im Sinne des Satzes 1 umfassen die Bereiche der Planung und Ausführung waldbaulicher Maßnahmen, der Markierung, der Ernte und der Bereitstellung des Rohholzes bis einschließlich seiner Registrierung.*
*(2) Soweit auf Beschlüsse und Vereinbarungen im Sinne des Absatzes 1 die Regelungen des Artikels 101 des Vertrages über die Arbeitsweise der Europäischen Union anzuwenden sind, wird vermutet, dass die Voraussetzungen für eine Freistellung im Sinne des Artikels 101 Absatz 3 des Vertrages über die Arbeitsweise der Europäischen Union erfüllt sind.“*

Der Bundesrat hat am 16.12.2016 dem Dritten Gesetz zur Änderung des Bundeswaldgesetzes (Drucksache 18/10456) zugestimmt. Am 15.12.2016 hatte der Bundestag den Regierungsentwurf unverändert beschlossen.

Nach § 46 BWaldG wird vermutet, dass die der Holzvermarktung vorgelagerten forstwirtschaftlichen Maßnahmen die Voraussetzungen für eine Freistellung iSd § 2 des Gesetzes gegen Wettbewerbsbeschränkungen (GWB) und Art. 101 Abs. 3 des Vertrages über die Arbeitsweise der Europäischen Union (AEUV) erfüllt sind. § 46 Abs. 1 enthält eine unwiderlegliche Vermutung, dass die Voraussetzungen für eine Freistellung iSd § 2 GWB erfüllt sind.

§ 46 Abs. 2 WaldG enthält für den Fall, dass der innergemeinschaftliche Handel spürbar beeinträchtigt ist, eine widerlegbare Vermutung, dass die Voraussetzungen einer Freistel-

---

[88] KVR 38/17.

lung nach Art. 101 Abs. 3 AEUV grundsätzlich – soweit es dem nationalen Gesetzgeber möglich ist, eine solche Regelung zu treffen – gegeben sind. § 46 Abs. 3 BWaldG sieht vor, dass die getroffenen Regelungen evaluiert werden. In einem fortlaufenden Review-Prozess, der sowohl die strukturellen Entwicklungen im Forstsektor als auch die maßgeblichen kartellrechtlichen Weichenstellungen einbezieht, soll die Erreichung der gesetzgeberischen Zielsetzungen in den 16 Bundesländern überprüft werden. Hierüber ist dem Bundestag zu berichten und Änderungsvorschläge zu unterbreiten, damit gegebenenfalls nachgesteuert werden kann. Dies wäre zB dann angezeigt, wenn die in den Absätzen 1 und 2 enthaltenen Regelungen wider Erwarten indirekt die Bildung oder Entwicklung von Forstbetriebsgemeinschaften behindern würden.

Private und kommunale Waldbesitzer sollen auch künftig die Möglichkeit haben, sich bei der Bewirtschaftung ihrer Wälder – soweit sie dies wünschen – durch das fachkundige Personal der staatlichen Forstverwaltung betreuen zu lassen. Mit der Novellierung des § 46 BWaldG wurde der rechtliche Rahmen geschaffen, dass die bisherigen staatlichen Betreuungsangebote der Länder für kleinere private und kommunale Waldeigentümer kartellrechtlich zulässig gestaltet werden und weiterhin aufrechterhalten werden können. Um die im öffentlichen Interesse liegenden Forstdienstleistungen von der rein wirtschaftlichen Tätigkeit der Holzvermarktung abzugrenzen, wurde in § 46 BWaldG definiert, welche forstlichen Maßnahmen im Einzelnen nicht zur Holzvermarktung im engeren Sinne zu zählen sind. Die Holzvermarktung im engeren Sinne, dh der Verkauf des an der Waldstraße liegenden, nach Qualität sortierten Holzes und die Vermarktung des Holzes stellen wirtschaftliche Tätigkeiten dar. Diejenigen Tätigkeiten, die den Holzverkauf und die Holzvermarktung im engeren Sinnen vorbereiten, könnten sowohl wirtschaftliche wie auch öffentlichen Interessen dienende Aspekte beinhalten. Zum einen liefern die Planung von Holzerntemaßnahmen, das Holzauszeichnen, der Holzeinschlag und die Holzaufnahme in Holzlisten wichtige Daten für den Holzverkauf, wie beispielsweise Informationen zu Baumart, Sortiment, Qualität, Stärke und Menge. Nur mit Hilfe dieser Daten könnten Holzverkaufsverhandlungen effektiv ausgestaltet werden. Zum anderen dienten diese forstwirtschaftlichen Maßnahmen aber auch der Waldpflege und Walderhaltung. Der Wald hat neben einer Nutzfunktion auch eine Schutz- und Erholungsfunktion. So gehe es bei der jährlichen Betriebsplanung auch um die Maßnahmen, die für den Waldschutz und die Waldpflege zu treffen seien. Die Holzlistenerstellung diene auch der Gewährleistung der Nachhaltigkeit des Holzeinschlages und der Sicherung des Herkunftsnachweises nach der EU-Holzhandelsverordnung. Und auch beim Holzauszeichnen spielten die Stabilitätssicherung und das nachhaltige Wachstum der Baumbestände eine Rolle, so die Bundesregierung in ihrer Begründung zum Gesetzentwurf (Drucksache 18/10456).

## D. Vertikale Bindungen

### I. Änderungen durch die 6. Novelle zum GWB

80     Das GWB in seiner bislang geltenden Fassung sah verschiedene Ausnahmen für die Landwirtschaft von Verboten im Hinblick auf vertikale Bindungen vor. Während grundsätzlich Verträge, die einen Beteiligten in der Freiheit der Gestaltung von Preisen und Geschäftsbedingungen bei solchen Verträgen beschränken, die er mit Dritten schließt, verboten waren, waren Verträge über Sortierung, Kennzeichnung und Verpackung landwirtschaftlicher Erzeugnisse von diesem Verbot ausgenommen (§ 100 Abs. 2 GWB). In zwei Fällen sah das GWB Ausnahmen vom Verbot der vertikalen Preisbindung vor (§ 100 Abs. 3 GWB); erlaubt war die vertikale Preisbindung bei Saatgut und bei Tieren, die zur Vermehrung in einem mehrstufigen Zuchtverfahren bestimmt waren. Schließlich waren in der bislang geltenden Fassung des GWB Erleichterungen für die Vertragslandwirtschaft geschaffen, indem es der Kartellbehörde **verwehrt war,** Verträge zwischen Erzeugerbetrie-

ben oder Vereinigungen von Erzeugerbetrieben einerseits und Unternehmen oder Vereinigungen von Unternehmen andererseits über die Erzeugung, Lagerung, Be- oder Verarbeitung oder den Absatz landwirtschaftlicher Erzeugnisse gemäß § 18 GWB aF für unwirksam zu erklären, soweit diese Verträge bestimmte vertikale Bindungen enthielten (§ 100 Abs. 4 GWB aF). Diese Ausnahme hatte insbesondere Bedeutung für Bezugs- und Absatzverträge sowohl im Bereich der pflanzlichen (zB Gemüseanbauverträge) als auch der tierischen Produktion (zB Schweinemastverträge, Eiererzeugung usw).

Hinsichtlich der Freistellung der Landwirtschaft von Beschränkungen vertikaler Bindun- **81** gen hat die 6. Novelle zum GWB einschneidende Änderungen gebracht. Beibehalten ist lediglich die Ausnahme vom Verbot von vertikalen Vereinbarungen über Geschäftsbedingungen im Hinblick auf die Sortierung, Kennzeichnung und Verpackung landwirtschaftlicher Erzeugnisse (§ 28 Abs. 2). Die für nach dem Tierzuchtgesetz anerkannte Zuchtunternehmen und Züchtervereinigungen geltende Freistellung vom Verbot vertikaler Preisbindungen ist aus dem GWB herausgelöst und als § 27 in das Tierzuchtgesetz übernommen worden. Aufgehoben worden ist die nach § 100 Abs. 3 Nr. 1 GWB aF bisher als zulässig anerkannte Preisbindung für Saatgut, da sie ihre Bedeutung weitgehend verloren hat. Infolge eines EG-Verfahrens wurde sie bereits teilweise aufgegeben, da eine Lückenlosigkeit der Preisbindung nicht durchsetzbar war (BT-Drs. 13/9720, 40). Aufgehoben wurde durch die 6. Novelle zum GWB auch die Freistellung von Ausschließlichkeitsbindungen zwischen landwirtschaftlichen Erzeugerbetrieben und Erzeugervereinigungen einerseits und Unternehmen und Unternehmensvereinigungen auf der Abnehmerseite andererseits von der Missbrauchsaufsicht der Kartellbehörde gemäß § 18 aF. Eine § 100 Abs. 4 GWB aF entsprechende Ausnahmeregelung ist wegen Änderungen im Hinblick auf die Eingriffsvoraussetzungen für die Missbrauchsaufsicht der Kartellbehörde entbehrlich geworden (BT-Drs. 13/9720, 41 f.). Bislang war allerdings auch die Freistellung nach § 100 Abs. 4 aF nicht schrankenlos, sondern Vertikalvereinbarungen mit Ausschließlichkeitsbindungen unterlagen einer Missbrauchsaufsicht nach § 104 aF.

## II. Änderungen durch die 7. Novelle zum GWB

Im Rahmen der 7. Novellierung wurde vor allem der Anwendungsbereich des § 1, **82** entsprechend Artikel 101 Abs. 1 AEUV, auf vertikale Wettbewerbsbeschränkungen erweitert. Konsequenz dieser Änderung ist, dass die bisherigen §§ 14–18 **aufgehoben** wurden. Die ursprüngliche Regelung zur Missbrauchsaufsicht über vertikale Vereinbarungen gemäß § 16 **fällt** somit **ersatzlos weg** (s. BT-Drs. 15/3640, 24). Für Wettbewerbsbeschränkungen außerhalb des § 28 Abs. 1und Abs. 2 finden die allgemeinen Vorschriften der § 1 ff. Anwendung.[89]

## III. Ausnahmeregelung

**1. Verträge über Sortierung, Kennzeichnung und Verpackung landwirtschaftli- 83 cher Erzeugnisse.** § 28 Abs. 2 schafft eine Ausnahme von § 1. Da nunmehr auch vertikale Preisbindungen vom Verbot des § 1 erfasst sind, ist eine Freistellung von § 1 geboten (s. BT-Drs. 15/3640, 48). Nach der gesetzgeberischen Intention sollte damit keine Änderung der materiellen Rechtslage gemäß § 28 Abs. 1, Abs. 2 aF bezweckt werden (s. BT-Drs. 15/3640, 48).

Die Freistellung beschränkt sich allerdings auf Verträge über Sortierung, Kennzeichnung **84** und Verpackung landwirtschaftlicher Erzeugnisse. Dem landwirtschaftlichen Erzeuger soll es dadurch ermöglicht werden, die Beibehaltung einer auf ihn verweisenden Sortierung, Kennzeichnung oder Verpackung bis zum Einzelhändler und zum Endverbraucher durchzusetzen. Bei dieser Ausnahme handelt es sich nicht um eine bloße Klarstellung, die an sich

---

[89] Nägele, FK-KartellR § 28 Rn. 59.

überflüssig wäre,[90] sondern um eine notwendige Regelung, bei deren Fehlen § 1 eingreifen würde (Gleiss-Hootz im GK § 100 Anm. 54). Die praktische Bedeutung dieser Freistellung wird allerdings nur gering sein. Entsprechende Vereinbarungen unter den Beteiligten sind nur zulässig, soweit nicht zwingende gesetzliche Vorschriften wie etwa nach dem Gesetz über die gesetzlichen Handelsklassen vom 5.12.1968 idF vom 23.11.1972 (BGBl. I S. 2201) über Sortierung, Kennzeichnung und Verpackung solchen Abreden entgegenstehen. Dies gilt insbesondere für kleinere landwirtschaftliche Erzeugerbetriebe, die durch die Ausnahme nach Abs. 2 in die Lage versetzt werden, durch entsprechende Vereinbarungen den Letztverbraucher über die Herkunft ihrer Produkte zu informieren.

**85**   **2. Ausnahmen vom Verbot vertikaler Preisbindung bei der Tierzucht.** Verboten bleibt grundsätzlich eine vertikale Preisbindung. Die Ausnahme vom Verbot der vertikalen Preisbindung bei Tieren, die zur Vermehrung in einem mehrstufigen Zuchtverfahren bestimmt sind, ist wegen des Sachzusammenhangs als § 29 in das Tierzuchtgesetz 2006[91] übernommen worden. Bei der Novellierung des Tierzuchtgesetzes 2019 wurde § 29 des Tierzuchtgesetzes 2006 identisch als § 27 im Tierzuchtgesetz 2019 übernommen.[92] Die Beibehaltung der Freistellung vom Verbot vertikaler Preisbindung bei der Tierzucht ist zur Aufrechterhaltung des Schweinezuchtprogramms weiterhin erforderlich[93] (BT-Drs. 13/9720, 40 sowie BT-Drs. 16/2292, 41). Während nach § 100 Abs. 3 Nr. 2 GWB aF die Privilegierung den nach dem Tierzuchtgesetz anerkannten Zuchtunternehmen und Züchtervereinigungen zu Gute kam, bezieht sich die Neuregelung des § 27 Tierzuchtgesetz 2019 auf die nach dem Tierzuchtgesetz anerkannten Zuchtorganisationen. Dies stellt aber keine sachliche Einschränkung nach dem bisher geltenden Recht dar, da der Begriff „Zuchtorganisation" sowohl Zuchtunternehmen als auch Züchtervereinigungen einschließt.

**86**   Die Reichweite dieser Privilegierung ist beschränkt auf nach dem Tierzuchtgesetz idF vom 18.1.2019 (BGBl. I S. 18) **anerkannte** Zuchtunternehmen oder Züchtervereinigungen. Ein Betrieb oder ein vertraglicher Verbund von Betrieben, die ein Kreuzungszuchtprogramm zur Züchtung auf Kombinationseignung von Zuchtlinien in der Schweinezucht durchführen (Art. 2 Ziffer 4 der Verordnung (EU) 2016/1012), können als Zuchtunternehmen anerkannt werden. Ein körperschaftlicher Zusammenschluss von Züchtern, der ein Zuchtprogramm durchführt (Art. 2 Nr. 6 der Verordnung (EU) 2016/1012), kann als Züchtervereinigung anerkannt werden.[94] Die **Anerkennung** ist von bestimmten **Voraussetzungen** abhängig (§ 4 TierZG 2019).

**87**   Die Freistellung ist gegenständlich beschränkt auf zur Vermehrung **bestimmte Tiere,** bei denen die Vermehrung in einem mehrstufigen Zuchtverfahren erfolgt. Das Tierzuchtgesetz (§ 1 Abs. 1 TierZG). gilt für die Zuchtverwendung von Rindern, Büffel, Schweinen, Schafen, Ziegen und Hauspferden sowie Hauseseln und deren Kreuzungen (Equiden). Praktische Bedeutung hat diese Ausnahmeregelung lediglich nur für das Hybridzuchtprogramm für Schweine. Die Bedeutung dieser Vorschrift ist aber begrenzt, da eine Preisbindung des Abnehmers nur hinsichtlich der von ihm erworbenen zur Vermehrung bestimmten Zuchttiere bei der Weiterveräußerung zulässig ist, nicht aber im Hinblick auf den Vertrieb von anderen Tieren, die ein Vermehrungszuchtbetrieb auf Grund von ihm erworbener Zuchttiere selbst gewonnen hat.[95] Ebenso unterliegen Schlachttiere weiterhin dem Preisbindungsverbot entsprechend 1.

**88**   Soweit bei Tierzuchtorganisationen, dh Zuchtunternehmen und Züchtervereinigungen eine vertikale Preisbindung erlaubt ist, sind auch Empfehlungen und abgestimmte Ver-

---

[90] So aber Müller/Gießler/Scholz § 100 Anm. 6; Bechtold Anm. 10.
[91] Tierzuchtgesetz (TierZG) in der Fassung der Bekanntmachung vom 21.12.2006 (BGBl. I S. 3294).
[92] Tierzuchtgesetz (TierZG) in der Fassung der Bekanntmachung vom 18.1.2019 (BGBl. I S. 18).
[93] Schweizer in Agrarrecht Kommentar Düsing/Martinez, 2016, S. 1711 f.
[94] Pelhak, Tierzuchtrecht, 2. Teil S. 14.
[95] Hennig in Bunte § 100 Anm. 18, Schweizer in Düsing/Martinez TierZG § 29 Rn. 2.

haltensweisen zulässig (Hootz im GK § 100 Anm. 66). Horizontale Preisbindungen bleiben aber untersagt.[96]

## E. Wegfall der Missbrauchsaufsicht gem. § 12 aF

Bereits nach dem früheren Recht war die Freistellung bestimmter horizontaler und **89** vertikaler Kartellvereinbarungen im Agrarsektor nicht unbegrenzt. Stellten Verträge, Beschlüsse oder Empfehlungen, die an sich nach § 100 GWB aF zulässig waren, oder die Art ihrer Durchführung einen Missbrauch der durch die Freistellung von den Vorschriften des GWB erlangten Marktstellung dar, so gab § 104 GWB aF der Kartellbehörde gewisse Eingriffsmöglichkeiten an die Hand.

Die 6. Novelle zum GWB hat zwar die kartellrechtliche Sonderregelung für die Land- **90** wirtschaft grundsätzlich beibehalten; auf der anderen Seite zeigt sich aber die Tendenz, auch die Landwirtschaft stärker in das allgemeine Recht des GWB zu integrieren. So ist bei der Gesetzesänderung eine eigenständige Missbrauchsaufsicht für Kartellvereinbarungen im Agrarsektor entfallen.

Wenn auch durch die 6. Novelle zum GWB die bisherige eigenständige Missbrauchs- **91** aufsicht der Kartellbehörde über Agrarkartelle beseitigt worden ist, so erlaubte auch § 12 Abs. 1 GWB aF(aufgehoben) der Kartellbehörde bei der Kontrolle von horizontalen und vertikalen Kartellvereinbarungen in der Landwirtschaft die spezifischen Bedingungen dieses Wirtschaftszweiges mit den für ihn kennzeichnenden naturbedingten Schwankungen der Produktion und des Marktgeschehens zu berücksichtigen. Die Kartellbehörde hatte bei der Ausübung ihrer Missbrauchsaufsicht der besonderen Lage der Landwirtschaft im Hinblick auf die Produktions- und Vermarktungsbedingungen Rechnung zu tragen, die den Agrarsektor von anderen Wirtschaftsbereichen unterscheidet. § 12 Abs. 1 aF gab wie bereits früher § 104 Abs. 2 der Kartellbehörde drei Handlungsmöglichkeiten an die Hand. Bei Vorliegen der Voraussetzungen für einen Missbrauch der durch Freistellung vom Verbot des § 1 erlangten Stellung im Markt durch Vereinbarungen oder Beschlüsse oder die Art ihrer Durchführung konnte die Kartellbehörde entweder den beteiligten Unternehmen aufgeben, einen beanstandeten Missbrauch abzustellen, oder den beteiligten Unternehmen aufgeben, die Vereinbarungen oder Beschlüsse zu ändern, oder die Vereinbarungen oder Beschlüsse verbieten. Ein Einschreiten der Kartellbehörde war in zwei Fällen wegen Missbrauch möglich, einmal wenn die Vereinbarungen und Beschlüsse selbst einen Missbrauch darstellten, und zum anderen wenn die Art ihrer Durchführung einen Missbrauch darstellte.

Nach § 28 Abs. 4 aF in Verbindung mit § 12 Abs. 1 GWB aF standen der Kartell- **92** behörde verschiedene Aufsichtsbefugnisse, hinsichtlich bereits freigestellter Kartelle zu. Die Kartellbehörde hatte aber bei der Ausübung ihrer Missbrauchsaufsicht die besondere Lage der Landwirtschaft zu berücksichtigen, die den Agrarsektor von anderen Wirtschaftsbereichen unterscheidet.

Da aber im Zuge der 7. Novellierung des GWB das ursprüngliche System der konstituti- **93** ven Freistellungsentscheidungen einem System der Legalausnahme, gemäß dem europäischen Modell, gewichen ist, ist eine Aufsicht gegen missbräuchliches Verhalten der freigestellten Kartelle hinfällig geworden. Eine Abschaffung des IV war somit nur konsequent.[97] Im Übrigen sind der wettbewerblichen Kontrolle, durch diese Streichung aber keine weiteren Grenzen gesetzt, insbesondere bleiben die Befugnisse der §§ 32 ff. GWB unberührt. Die Kartellbehörden können also weiterhin in diesem Rahmen Verstöße gegen

---

[96] Zu weiteren Fragen im Verhältnis zwischen TierZG und GWB s. Deselaers, Züchtervereinigungen zwischen Kartellrecht und Tierzuchtrecht, AgrarR 1981, 279 f.; Deselaers, Das DFB-Urteil – Auswirkungen auf die Traberzucht?, AgrarR 1998, 201 ff. (205); Himmelmann, Das Kartellrecht und die Pferdewette, AgrarR 1998, 206 ff.
[97] Schweizer/Woeller AuR 2007, 286.

diese Vorschriften feststellen und die Unternehmen verpflichten diese abzustellen (s. BT-Drs. 15/3640, 48). Wie schon nach alter Rechtslage hat sie dabei aber die besonderen Gegebenheiten der Landwirtschaft zu berücksichtigen, so dass an die Voraussetzung eines Missbrauchs eher höhere Anforderungen zu stellen sind.[98]

## F. Verhältnis von § 28 zum Marktordnungsrecht

**94**      Sowohl das deutsche als auch das europäische Marktordnungsrecht enthalten öffentlich-rechtliche Wettbewerbsbeschränkungen. Diese Bestimmungen werden durch das GWB nicht berührt. Die 6. Novelle zum GWB hat die im bisherigen § 100 Abs. 8 GWB aF enthaltene Aufzählung von Marktordnungsgesetzen, deren wettbewerbsbeschränkende Regelungen dem GWB vorgehen, aufgehoben. Eine solche Bestimmung ist entbehrlich, da wettbewerbsbeschränkende Vorschriften in anderen Gesetzen leges speciales darstellen, denen nach allgemeinen Rechtsgrundsätzen der Vorrang zukommt (Bechtold § 28 Rn. 1).

**95**      Das deutsche Marktordnungsrecht ist weitgehend durch Gemeinschaftsrecht abgelöst worden. Gegenwärtig gelten nur noch in rudimentärer Form das Milch- und Fettgesetz vom 10.12.1952 (BGBl. I S. 811), zuletzt geändert durch die Neunte Zuständigkeitsanpassungsverordnung vom 31.10.2006 (BGBl. I S. 2407), außerdem das Fleischgesetz vom 9.4.2008 (BGBl. I S. 714) sowie das Weingesetz, das derzeit in der Fassung der Bekanntmachung vom 18.1.2011 gilt (BGBl. I S. 66). Das Weingesetz enthält ua Anbauregelungen zum Zwecke der Erzeugungsbeschränkung und Steuerung der Preisbildung und geht als hoheitliche Regelung dem GWB vor (TB 61, 51 zum früheren Weinwirtschaftsgesetz).

**96**      Die Bestimmungen des GWB sind gleichfalls unanwendbar, soweit Vorschriften des EU-Agrarmarktordnungsrechts eine nach den GWB verbotene Wettbewerbsbeschränkung zulassen.[99] Sofern aber das Gemeinschaftsrecht keine Regelung trifft, steht der Anwendung des GWB nichts im Wege. Die Mitgliedstaaten haben allerdings bei der Anwendung des nationalen Rechts die Grundsätze und Regelungen der Gemeinsamen Agrarpolitik zu beachten.[100]

**97**      Wettbewerbsbeschränkungen, die über den nach dem Marktordnungsrecht zulässigen Rahmen hinausgehen, unterliegen dem GWB.[101] Das gilt auch für eine unternehmerische Betätigung der Bundesanstalt für Landwirtschaft und Ernährung, die aus der durch ein Gesetz vom 2.8.1994 (BGBl. I S. 2018) bewirkten Zusammenlegung der Bundesanstalt für landwirtschaftliche Marktordnung und des Bundesamtes für Ernährung und Forstwirtschaft hervorgegangen ist, als staatliche Interventionsstelle. Wenn auch die Wahrnehmung ihrer Aufgaben durch privatrechtlichen Vertrag mit Dritten nicht allein schon wegen der gewählten Rechtsform eine unternehmerische Betätigung darstellt,[102] wird dies aber in der Regel bei Abschluss privatrechtlicher Verträge der Fall sein. Zur Verdrängung des nationalen Wettbewerbs reichen auch einzelne Entscheidungen der EU-Kommission aus.[103] Sind die von der Bundesanstalt für Landwirtschaft und Ernährung durchgeführten Maßnahmen nach Gemeinschaftsrecht in allen Einzelheiten vorgeschrieben, so dass ihr kein Gestaltungsspiel-

---

[98] Buth in Loewenheim/Meessen/Riesenkampff Rn. 43.
[99] BGH 14.11.1978, BGHZ 72, 371 = WuW/E BGH 1548 (1550) = NJW 1979, 490 – Butaris; BGH 22.9.1982, WuW/E BGH 1963 – Butterreinfett.
[100] EuGH 17.11.1993 – C-134/92, – Burkhard Mörlins/Zuckerfabrik Königslutter-Twülpstedt AG, EuZW 1994, 123.
[101] BGH 7.11.1960, BGHZ 33, 259 = WuW/E BGH 407 (410) = NJW 1961, 172 – Molkereigenossenschaft; BGH 2.4.1964, BGHZ 41, 271 = WuW/E BGH 613 (616) = NJW 1964, 1617 – Werkmilchabzug; TB 62, 61; Schulze-Hagen S. 71; Hootz im GK § 100 Anm. 81; Müller/Giessler/Scholz § 100 Anm. 16; Hennig in Bunte § 100 Anm. 25.
[102] Langen 6. Aufl. § 100 Anm. 18.
[103] Hennig in Bunte § 100 Anm. 25.

raum mehr bleibt, wird wegen Vorrangs des Gemeinschaftsrechts das GWB unanwendbar.[104] VII. Verhältnis des § 28 zum EG-Agrarkartellrecht.[105]

Soweit eine Kartellabsprache geeignet ist, den Handel zwischen Mitgliedstaaten zu beein-    **98** trächtigen, und sie eine Störung des innergemeinschaftlichen Wettbewerbs bezweckt oder bewirkt, kann neben dem deutschen Kartellrecht auch das EU-Kartellrecht eingreifen. Freilich enthält auch das EU-Kartellrecht eine Bereichsausnahme für die Landwirtschaft, die in ihren Voraussetzungen dem Tatbestand des § 28 Abs. 1 S. 1 im Großen und Ganzen entspricht. Darüber hinaus werden aber auch Kartellabsprachen, die wesentlicher Bestandteil einer einzelstaatlichen Marktordnung sind, oder die, ohne Bestandteil einer Marktordnung zu sein, zur Verwirklichung der Ziele des Art. 39 AEUV (ex 33 EGV) notwendig sind, vom Kartellverbot freigestellt (Art. 2 Abs. 1 VO Nr. 26 vom 26.4.1962, ABl. 1962, S. 993. Die Verordnung Nr. 26 wurde durch die VO Nr. 1184/2006 des Rates vom 24.7.2006 zur Anwendung bestimmter Wettbewerbsregeln auf die Produktion landwirtschaftlicher Erzeugnisse inhaltlich unverändert ersetzt.[106]). Der Anwendungsbereich von § 28 und Art. 2 VO Nr. 26 stimmen aber nicht vollständig überein. Beide Vorschriften verweisen für die Definition des landwirtschaftlichen Erzeugnisses auf Anhang I AEUV. Während es sich aber bei den Erzeugnissen nach Anhang I AEUV um eine geschlossene Liste handelt, erlaubt § 28 Abs. 3 auch die Einbeziehung neuartiger aus Erzeugnisses des Anhangs I gewonnener Produkte, deren Be- oder Verarbeitung durch landwirtschaftliche Erzeugerbetriebe oder ihre Vereinigungen üblich ist.

Im EU-Recht finden sich verschiedene gemeinschaftsrechtliche Regelungen über Erzeu-    **99** gergemeinschaften bzw. Erzeugerorganisationen. So enthalten vier Agrarmarktverordnungen der EG – frisches Obst und Gemüse VO Nr. 2200/96, Fischereierzeugnisse VO (EG) Nr. 104/2000, Hopfen VO Nr. 1696/71 und Rohtabak VO Nr. 2075/92 – Bestimmungen über Erzeugergemeinschaften. In Deutschland sind bislang nach Gemeinschaftsrecht in den Sektoren frisches Obst und Gemüse, Fischereierzeugnisse und Hopfen Erzeugerzusammenschlüsse gebildet worden. Die EG-Regelung über Erzeugerorganisationen in der Gemeinsamen Marktorganisation für frisches Obst und Gemüse sowie in der Gemeinsamen Marktorganisation für Fischereierzeugnisse gehen insbesondere im Hinblick auf Preisregelungen über die §§ 28 GWB, § 5 AgrarMSG (früher § 11 MStrG hinaus. So obliegt den Erzeugerorganisationen für frisches Obst und Gemüse die Durchführung von Interventionen; Erzeugerorganisationen für Fischereierzeugnisse können Rücknahmepreise festsetzen, unter denen sie die von ihren Mitgliedern angelieferten Erzeugnisse nicht verkaufen. Die gemeinsamen Wettbewerbsregeln von Erzeugerorganisationen für Fischereierzeugnisse sowie Produktions- und Vermarktungsvorschriften und Vorschriften über die Rücknahme aus dem Markt der Erzeugerorganisationen für frisches Obst und Gemüse können unter bestimmten Voraussetzungen für allgemein verbindlich erklärt und damit auf Nicht-Mitglieder erstreckt werden. Bei Erzeugergemeinschaften für Hopfen und Rohtabak sind in den Gemeinsamen Marktorganisationen ausdrücklich keine Preismaßnahmen vorgesehen; sie können bei ihnen aber nach der VO Nr. 26 zulässig sein, wenn dies zur Verwirklichung der Ziele des Art. 39 AEUV (ex Art. 33 EGV) notwendig ist.

Während es sich bei Erzeugergemeinschaften bzw. Erzeugerorganisationen um horizon-    **100** tale Zusammenschlüsse handelt, die von bestimmten kartellrechtlichen Bestimmungen freigestellt sind, kennt darüber hinaus das Gemeinschaftsrecht gewisse kartellrechtliche Privilegierungen im Hinblick auf vertikale Bindungen. Verschiedene Gemeinsame Marktorganisationen enthalten Bestimmungen über Branchenvereinbarungen und Liefervertäge.[107]

---

[104] Vgl. OLG Frankfurt a. M. 28.3.1985, OLGZ 1986, 76 = WuW/E OLG 3529 – Kostenlose EG-Butter.

[105] Zum EG-Kartellrecht s. Schweizer in Immenga/Mestmäcker EG-Wettbewerbsrecht. Bd. II, VIII. Abschnitt: Landwirtschaft Rn. 1 ff., 96; de Bronett in Wiedemann KartellR-HdB § 32 Rn. 1–36.

[106] Schweizer in Immenga/Mestmäcker EU-Wettbewerbrecht, BD II, VIII. Abschnitt: Landwirtschaft Rn. 1, 2.

[107] Nachweise bei Schweizer in Immenga/Mestmäcker EG-Wettbewerbsrecht. Bd. II, VIII. Abschnitt: Landwirtschaft. C. Rn. 94.

Unter gewissen Voraussetzungen können Branchenverbände im Tabaksektor und im Sektor Obst und Gemüse eine Allgemeinverbindlicherklärung im Hinblick auf von ihnen abgeschlossene Branchenvereinbarungen erreichen. Im Übrigen galt die VO Nr. 26/62 grundsätzlich auch für vertikale Bindungen. Die Verordnung Nr. 26 wurde durch die VO Nr. 1184/2006 des Rates vom 24.7.2006 zur Anwendung bestimmter Wettbewerbsregeln auf die Produktion landwirtschaftlicher Erzeugnisse inhaltlich unverändert ersetzt.[108]

**101**    Kartellabsprachen mit Auswirkungen auf den innergemeinschaftlichen Handel können sowohl dem deutschen und dem europäischen Kartellrecht unterliegen. Für den zwischenstaatlichen Bereich kommt dem Gemeinschaftsrecht ein Anwendungsvorrang zu.[109]

**102**    Mit dem § 1 Abs. 2 AgrarMSG (ähnlich dem durch die Novelle zum MStrG vom 20.8.1975 (BGBl. I S. 2245) eingefügten § 11 Abs. 4) hat der Gesetzgeber versucht, eine Koordinierung zwischen dem deutschen und dem EG-Recht im Hinblick auf die kartellrechtliche Behandlung von Erzeugergemeinschaften bzw. Erzeugerorganisationen vorzunehmen (→ Rn. 60).

## G. Anwendung anderer Vorschriften des GWB

### I. Marktbeherrschende Unternehmen (§ 19)

**103**    Durch § 28 wird nur § 1 unter bestimmten Voraussetzungen außer Kraft gesetzt. § 11 Abs. 1 MStrG und § 40 Abs. 1 BWaldG heben gleichfalls nur § 1 auf; die §§ 11 Abs. 2 MStrG und 40 Abs. 2 BWaldG erlauben bestimmten Dachorganisationen Preisberatung und Preisempfehlungen. Nach dem Tierzuchtgesetz anerkannte Zuchtorganisationen werden von dem Verbot vertikaler Preisbindungen freigestellt. Die übrigen Vorschriften des GWB bleiben unberührt. Dies wird durch § 5 AgrarMSG (ähnlich ex § 11 Abs. 3 S. 1 MStrG und § 40 Abs. 3 BWaldG ausdrücklich klargestellt. Die Vorschrift über den Missbrauch einer marktbeherrschenden Stellung (§ 19) bleibt somit unberührt; sie gilt sowohl für die Unternehmen des § 28 als auch für anerkannte Erzeugerzusammenschlüsse nach § 5 AgrarMSG (vgl. ex § 11 MStrG) und forstwirtschaftliche Zusammenschlüsse nach § 40 BWaldG. In der Regel unterliegen Fälle des Missbrauchsverbotes nach § 19 Abs. 1 auch § 20 (Petry S. 119). Das BKartA hat es einer Molkereigenossenschaft mit beherrschender Marktstellung gemäß § 22 Abs. 4 und 5 aF untersagt, ihren Mitgliedern einen Aufschlag zum Milchauszahlungspreis unter der Bedingung zu gewähren, dass das Mitglied ein von der Molkereigenossenschaft hergestelltes Milchaustauschfuttermittel in bestimmter Mindestmenge bezieht.[110]

### II. Zusammenschlüsse von Unternehmen (§§ 35–43)

**104**    In der Agrar- und Ernährungswirtschaft nimmt die Zahl der Fusionen fortlaufend zu. Infolge der steigenden Konzentration im Agrarbereich gewinnen auch die Vorschriften über die Zusammenschlusskontrolle (§§ 35–43) eine zunehmende Bedeutung. Ein Zusammenschluss, von dem zu erwarten ist, dass er eine marktbeherrschende Stellung erlangt oder verstärkt, ist vom Bundeskartellamt zu untersagen. Im Gesetzgebungsverfahren ist in diesem Zusammenhang die Abwägungsklausel beibehalten worden, wonach ein Zusammenschluss dann nicht zu untersagen ist, wenn die beteiligten Unternehmen nachweisen, dass durch den Zusammenschluss auch Verbesserungen der Wettbewerbsbedingungen eintreten und dass diese Verbesserungen die Nachteile der Marktbeherrschung überwiegen (§ 36 Abs. 1). Diese Abwägungsklausel würde es erlauben, bei der Freigabe von Unternehmenszusammenschlüs-

---

[108] Schweizer in Immenga/Mestmäcker EU-Wettbewerbrecht, BD II, VIII. Abschnitt: Landwirtschaft Rn. 1, 2.
[109] S. dazu die sog. Teerfarbenentscheidung des EuGH 13.2.1968 – 14/68, Slg. XV, 1 = WuW/E EWG 201 – zu Einzelfragen im Agrarbereich Schulze-Hagen 203 ff.
[110] TB 1981/82, 66; TB 1983/84, 91; KG 9.11.1983, WuW/E OLG 3124 – Milchaustauschfuttermittel.

sen im Rahmen der Fusionskontrolle auch die schwache Wettbewerbsstellung der Unternehmen der Agrarwirtschaft (Molkereien, Schlachthofbranche) gegenüber der Nachfragemacht ihrer hochkonzentrierten Abnehmer auf der Seite des Handels oder aber gegenüber der Angebotsmacht hochkonzentrierter Konkurrenten aus dem Ausland zu berücksichtigen.

Freilich ist die Abwägungsklausel seit ihrer Einfügung in das GWB im Jahre 1973 bei **105** Zusammenschlüssen der Agrarwirtschaft in keinem Fall zur Anwendung gekommen. Der Zusammenschluss zwischen der Süddeutschen Zucker AG, Mannheim, mit der Zuckerfabrik Franken GmbH, Ochsenfurth, ist vom Bundeskartellamt nicht untersagt worden, da die Unternehmensverschmelzung zu keiner wesentlichen Verstärkung der bereits zuvor bestehenden Unternehmensverbindung geführt hat; beide Unternehmen wurden schon vorher faktisch durch die Süddeutsche Zuckerrübenverwertungsgenossenschaft e. G., Stuttgart, beherrscht (TB 1987/88, 80 f.). Ebenso sind mehrere Fusionen im Schlachthofsektor unter Beteiligung einiger führender genossenschaftlicher Unternehmen nicht untersagt worden; dabei hat das Bundeskartellamt für den Schlachthofsektor darauf abgestellt, dass der relevante Markt durch die branchenüblichen Lebendviehtransportstrecken von maximal 80–100 km begrenzt wird, dass der Marktanteil eines Unternehmens nach der Fusion 30 % nicht übersteigen darf und dass der Zugang zum Schlachthof für regionale Vieh- und Fleischvermarkter gesichert bleiben muss (TB 1987/88, 83).

Zunächst hat das Bundeskartellamt die Gründung einer gemeinsamen Betriebsgesellschaft **106** durch zwei genossenschaftliche in der Vieh- und Fleischvermarktung tätiger Unternehmen infolge ihrer überragenden Marktstellung untersagt.[111] Auf eine Beschwerde hin ist aber dieser Beschluss aufgehoben worden, nachdem der stärkste Wettbewerber durch Fusionen bei der Vieherfassung und beim Schlachten sich der Marktposition der betreffenden Unternehmen angenähert hat (TB 1989/90, 93). Freigegeben hat das Bundeskartellamt die Verschmelzung von zwei Zentralgenossenschaften und 12 Primärgenossenschaften im Molkereisektor zu einer einstufigen Genossenschaft, da sich durch den Zusammenschluss die Struktur der Molkereiwirtschaft im räumlich relevanten Markt nur unwesentlich verändert hat (TB 1995/96, 80 f.). Untersagt worden ist aber die Fusion zweier Mühlen wegen Begründung einer marktbeherrschenden Stellung auf dem Markt für Haushaltsmehl aus Weichweizen in Norddeutschland, da Industrie- und Haushaltsmehl verschiedenen sachlich relevanten Märkten angehören und die Transportkostenbelastung dazu führt, dass Mühlen traditionell regionale Absatzbereiche haben.[112] Untersagt wurde gleichfalls im Bereich des Landhandels die Fusion der BayWa AG und der WLZ Raiffeisen AG, zweier Zentralgenossenschaften im süddeutschen Raum. Zentralgenossenschaften und Primärgenossenschaften sind zwar keine verbundenen Unternehmen im Sinne von § 36 Abs. 2 nF (§ 23 Abs. 1 S. 2 aF), sie bilden aber eine wirtschaftliche Einheit und erfüllen mindestens die Voraussetzungen für ein marktbeherrschendes Oligopol nach § 18 Abs. 5 nF (§ 22 Abs. 2 aF), da sie gleichzeitig auf der Einzelhandelsstufe tätig sind.[113] Die von beiden Zentralgenossenschaften nach § 24 Abs. 3 aF (§ 42 nF) für ihren Zusammenschluss beantragte Ministererlaubnis ist durch Verfügung des Bundesministers für Wirtschaft vom 16.6.1992[114] verweigert worden; der Genossenschaftsgedanke begründet keinen Vorrang vor dem Kartellrecht. Gleichfalls hat das Bundeskartellamt die Fusion der Hauptgenossenschaft (HaGe) Kiel und der Raiffeisen-Hauptgenossenschaft (RHG) Hannover untersagt.[115]

Die Untersagungsverfügung des BKartA ist durch den BGH[116] unter Zugrundelegung **107** eines realitätsbezogenen Marktbeherrschungskonzepts mit Verweis auf die Bedeutsamkeit

---

[111] BKartA 30.11.1989, WuW/E BKartA 2428.
[112] BGH 7.3.1989, AG 1989, 275 – Kampffmeyer/Plange.
[113] BKartA 27.12.1991, AG 1992, 130.
[114] WuW/BWM 213 = WuW 1992, 965 – BayWA AG/WLZ Raiffeisen AG.
[115] BKartA 20.9.1993, 1993, 571 – HaGe Kiel/RHG Hannover, AG.
[116] BGH 19.12.1995 – Raiffeisen, WuW/E BGH 3037 = WuW 1996, 495 = NJW 1996, 1820 = WM 1996, 1330; das KG (9.11.1994, WuW/E OLG 5364 = WuW 1995, 408 = AG 1995, 434) hatte zuvor den Beschluss des BKartA aufgehoben.

der Verflechtungen mit anderen Unternehmen bestätigt worden; für unanwendbar hat der BGH auch die Bagatellklausel § 35 Abs. 2 Nr. 2 Fassung 2010 gehalten, da bei Beherrschung einer Vielzahl angrenzender regionaler Märkte eine gesamtwirtschaftliche Bedeutung nicht verneint werden kann. Die Praxis des Bundeskartellamtes und die Rechtsprechung tendieren dahin, dass auch Zusammenschlüsse von Genossenschaften wie solche anderer Unternehmen behandelt werden, ohne etwa bei der Beurteilung der Verflechtung von Primär- und Zentralgenossenschaften spezifische Besonderheiten des genossenschaftlichen Förderungsauftrags zu berücksichtigen. Die Abgrenzung des relevanten Marktes im Zusammenhang mit der Bagatellklausel führt zudem dazu, dass eine Zusammenfassung des atomistischen landwirtschaftlichen Angebots nur auf abgegrenzten regionalen Märkten möglich ist ohne Berücksichtigung des Umstandes, dass gegenwärtig die zentralen landwirtschaftlichen Absatzmärkte wie Getreide, Ölsaaten, Milch und Fleisch sowie Obst und Gemüse weitestgehend bereits EU-Binnenmärkte sind, die sich wegen Abbau des Außenschutzes auch den Weltmärkten zu öffnen beginnen.

### III. Marktbeherschung, sonstiges wettbewerbsbeschränkendes Verhalten (§§ 20, 21)

108   **1. Marktbeherrschung, sonstiges wettbewerbsbeschränkendes Verhalten.** Grundsätzlich sind die §§ 18–21 uneingeschränkt bei Agrarkartellen neben § 28 GWB, § 5 AgrarMSG, § 40 BWaldG und § 27 Tierzuchtgesetz anwendbar. Auch Wettbewerbsbeschränkungen, die über die Marktordnungsgesetze hinausgehen, unterliegen dem GWB, insbesondere dem Diskriminierungsverbot des § 19 Abs. 2.[117] Besondere Bedeutung haben § 21 Abs. 1 § 21 Abs. 21 im Bereich von § 28. Bedeutsam wird **§ 21 Abs. 2** insbesondere in den Fällen, in denen Lieferanten Weiterverkäufer zur Änderung ihrer Weiterverkaufspreise veranlassen wollen (Petry S. 103). Die Landeskartellbehörden griffen nach § 21 Abs. 2 (§ 25 Abs. 2 aF). und § 21 Abs. 1 (§ 26 Abs. 1 aF) bei der Androhung von Liefersperren durch einige Molkereien gegenüber Niedrigpreisgeschäften ein, um sie zur Aufhebung ihrer Preise zu veranlassen (TB 71, 87). Als bedenklich hat es das BKartA sowohl im Hinblick auf § 21 Abs. 2 als auch im Hinblick auf § 21 Abs. 1 angesehen, wenn der Milchförderungsfonds Fördermittel zur Förderung der Qualität und des Absatzes von Molkereierzeugnissen einsetzen wollte, um den Buttergroßhandel von seinen Bezugsquellen abzudrängen; unbedenklich ist es aber, wenn die Fördermittel für besondere Kosten der Erfassung beim Absatz über Molkereizentralen und marktfern erzeugter Butter gewährt werden (TB 65, 57). Das **Diskriminierungsverbot** des § 19 Abs. 2 (§ 26 Abs. 2 aF). wurde bei frei praktizierenden Tierärzten verneint, die von einer marktbeherrschenden Rinderbesamungsgenossenschaft verlangten, die Besamung von Rindern der Genossen auch durch den Haustierarzt und nicht nur von angestellten Tierärzten und Besamungstechnikern der Genossenschaft durchführen zu lassen und dem Haustierarzt zu diesem Zweck Samen zur Verfügung zu stellen, da die Rinderbesamungsgenossenschaft sachliche Gründe habe, die frei praktizierenden Tierärzte von der Besamung auszuschließen.[118]

109   Ein Verstoß gegen § 19 Abs. 2 (§ 26 Abs. 2 aF) liegt aber bei einer Vereinbarung von Winzergenossenschaften vor, den Cash- und Carry-Großhandel bei Unterbieten der empfohlenen Preise nicht mehr zu beliefern oder die Rabattsätze entsprechend zu kürzen (TB 68, 80). Einen Verstoß gegen das Diskriminierungsverbot des § 19 Abs. 1 iVm § 19 Abs. 2 Nr. 1 stellt nach § 20 Abs. 1 (vgl. § 26 Abs. 2 S. 1 aF) auch der von einer Molkereigenossenschaft an ihre Mitglieder gewährte Aufschlag zum Milchauszahlungspreis dar, der an die Bedingung des Bezuges einer bestimmten Mindestmenge der von der Molkereigenossenschaft erzeugten Milchaustauschfuttermittel durch das Mitglied geknüpft

---

[117] BGH 7.11.1960, BGHZ 33, 259 = WuW/E BGH 407 (410), = NJW 1961, 172 – Molkereigenossenschaft; BGH 2.4.1964, BGHZ 41, 271 = WuW/E BGH 613 (616) = NJW 1964, 1617 – Werkmilchabzug.
[118] BGH 20.11.1964, BGHZ 42, 318 = WuW/E BGH 647 = NJW 1965, 500 – Rinderbesamung I; BGH 8.6.1967, WuW/E BGH 863 = BB 1967, 1068 – Rinderbesamung II; s. dazu Petry S. 108 ff.

ist.[119] Unzulässig ist danach auch die unterschiedliche Milchgeldzahlung verschiedener Molkereien, indem bei Nichtgenossen der Auszahlungspreis gekürzt wird und der einbehaltene Betrag diesen erst nach Jahren ausgezahlt werden soll (TB 62, 61). Werkmilchabzüge, die eine Molkerei bei einem Nichtmitglied vorgenommen hatte, dessen Viehbestand noch nicht tuberkulosefrei war, können als solche gerechtfertigt sein; die Differenz zwischen der Auszahlung für tuberkulosefreie und nicht tuberkulosefreie Milch muss aber der Billigkeit entsprechen bzw. auf einem sachlich gerechtfertigten Grund beruhen.[120] Eine bevorzugte Belieferung der mit den Gesellschaftern der Seefrost-Vertriebsgesellschaft konzernmäßig verbundenen Fischverarbeitungsbetriebe ist als eine nach verbotene Diskriminierung angesehen worden (TB 73, 105); dabei unterliegen nicht nur die Seefrost-Vertriebsgesellschaft selbst, sondern auch ihre Gesellschafter beim eigenen Verkauf zu den festgelegten Verkaufsregeln dem Diskriminierungsverbot (TB 74, 79).

Im letzten Jahrzehnt haben sich verschiedene Gerichtsentscheidungen mit der Verteilung **110** von Zuckerrübenlieferungsrechten durch die Zuckerhersteller an die Zuckerrübenanbauer befassen müssen. Die EG-Mitgliedstaaten haben bei der Anwendung des nationalen Kartellrechts die Grundsätze und Regeln der gemeinsamen Agrarpolitik zu beachten. Da weder der Gemeinschaftsgesetzgeber noch der deutsche Gesetzgeber Kriterien festgelegt haben, wonach die Zuckerhersteller die Zuckermengen im Rahmen der A- und B-Quote auf die Zuckerrübenanbauer zu verteilen haben, steht das Gemeinschaftsrecht dem Grundsatz der Gleichbehandlung der Lieferanten nach deutschem Kartellrecht und der Aktionäre einer Nebenleistungsaktiengesellschaft nach deutschem Gesellschaftsrecht hinsichtlich der Verteilung der Zuckerrübenmengen innerhalb der A- und B-Quote auf die Zuckerrübenanbauer nicht entgegen.[121] Das GWB ist somit auf die Beziehungen zwischen Zuckerfabrik und Rübenlieferant anwendbar, da das Gemeinschaftsrecht keine Regelungen enthält, die Wettbewerbsbeschränkungen bei der Beschaffung von Rohstoffen durch Zuckerfabriken zulassen. Als sachlich relevanter Markt ist der Markt für Zuckerrüben anzusehen, die im Rahmen der A- und B-Quote abgesetzt werden können, da andere wirtschaftlich sinnvolle Verwertungsarten als die Verarbeitung zu Zucker im Rahmen der begünstigten Quoten nicht feststellbar sind.[122]

Da ein Kontrahierungszwang besonders nachhaltig in den Rechtskreis eines Normadres- **111** saten eingreift, ist ein Nachfrager grundsätzlich nicht verpflichtet, die benötigten Waren und Dienstleistungen so nachzufragen, dass jeder Anbieter anteilsmäßig berücksichtigt wird. Das gilt auch für die Nachfrager von Zuckerrüben; die gemeinsame Marktorganisation für Zucker steht dem Verhalten eines Zuckerherstellers nicht entgegen, durch das der Anteil an C-Zucker-Lieferungen eines Landwirts erhöht wird.[123] Zuckerhersteller sind gemäß § 19 Abs. 1 und 2 verpflichtet, die sich aus der gemeinsamen Marktorganisation für Zucker ergebenden bevorzugten Quoten zur Gewährleistung gleicher Wettbewerbschancen beim Abschluss von Lieferverträgen mit regionalen Zuckerrübenanbauern nach objektiven Kriterien zu verteilen. Eine vereinbarte Lieferrechtsübertragung kann nach § 138 Abs. 1 BGB nichtig sein, wenn sie Rechtswirkungen zu Lasten dritter Zuckerrübenanbauer hat, indem sie deren Berücksichtigung in einem nach objektiven Kriterien gestalteten Quotenverteilungsverfahren vereitelt.[124] Die agrarpolitische Zielsetzung der gemeinsamen Marktorganisation für Zucker, nämlich die Begrenzung des Angebots im gemeinsamen Markt als Grundlage einer Abnahme- und Preisgarantie, führt dazu, dass bei einer Interessenabwägung nach § 19 Abs. 1 und 2 dem Ziel der Regelung des GWB, die Marktzutritt-

---

[119] KG 9.11.1983, WuW/E OLG 3124 (3132) – Milchaustauschfuttermittel.

[120] BGH 2.4.1964, BGHZ 41, 271 = WuW/E BGH 618 = NJW 1964, 1617 – Werkmilchabzug.

[121] EuGH 17.11.1993 – C-134/92, EuZW 1994, 123 – Burkhard Mörlins/Zuckerfabrik Königslutter-Twülpstedt AG – Vorlagebeschluss Landgericht Braunschweig 7.4.1992, Agrarrecht 1993, 50.

[122] S. BGH 13.11.1990 – Zuckerrübenanlieferungsrecht I, WuW/E BGH 2683 = WuW 1991, 479 = MDR 1991, 960 = LM GWB § 26 Nr. 71 = Agrarrecht 1991, 221.

[123] BGH 14.1.1997 – Zuckerrübenanlieferungsrecht II; WuW/E BGH 3104 = WuW 1997, 426.

[124] OLG Celle 16.8.1995, WuW/E OLG 5491 = WuW 1996, 137 – Rückübertragung von Zuckerrübenlieferrechten.

schancen für neue Anbieter von Zuckerrüben niedrig zu halten, nur eine eingeschränkte Bedeutung zukommt.[125]

**112**    **2. Behinderungsverbot für Unternehmen mit überlegener Marktmacht.** § 20 Abs. 3 verbietet Unternehmen mit gegenüber kleinen oder mittleren Unternehmen überlegener Marktmacht, ihre Marktmacht dazu auszunutzen, solche Wettbewerber unmittelbar oder mittelbar unbillig zu behindern. Dieser Bestimmung hat das BKartA erstmalig gegenüber einer sächsischen Molkerei angewendet und dieser untersagt, Erzeugern von Rohmilch zum Milchauszahlungspreis zusätzlich sog. „Begrüßungs- oder Einstandsgelder" für den Fall zu gewähren, dass sie nach Auslaufen bestehender Milchlieferverträge mit anderen Molkereien zu dieser Molkerei überwechseln. Durch diese Zuschlagszahlung konnte die betreffende Molkerei erhebliche Mengen von Milcherzeugern der Region neu unter Vertrag nehmen zu Lasten kleinerer und mittlerer Wettbewerber (TB 1997/98, 79).

**113**    Bei der Novellierung des GWB in 1998 ist insbesondere auf Drängen der Landwirtschaft das für Unternehmen mit überlegener Marktmacht geltende Behinderungsverbot gegenüber kleinen und mittleren Mitbewerbern dahingehend präzisiert worden, dass eine unbillige Behinderung insbesondere dann vorliegt, wenn ein Unternehmen Waren oder gewerbliche Leistungen nicht nur gelegentlich unter Einstandspreis anbietet, sofern dies nicht sachlich gerechtfertigt ist. Für diese Bestimmung hat sich besonders der landwirtschaftliche Berufsstand eingesetzt, veranlasst durch den immer häufigeren Verkauf von Lebensmitteln wie zB Joghurt zu Schleuderpreisen. Durch diese Bestimmung soll dem Verkauf von Lebensmitteln zu Dumpingpreisen durch große Handelsketten ein Riegel vorgeschoben werden. Freilich bleibt der Ausverkauf von leicht verderblicher Ware, da sachlich gerechtfertigt, auch künftig erlaubt. Das BKartA geht hinsichtlich der Feststellung des Einstandspreises bei Lebensmitteln vom Listenpreis des Herstellers aus, von dem alle zwischen Lieferanten und Abnehmer vereinbarten preiswirksamen Konditionen wie Skonti, Rabatte usw abgezogen werden. Pauschale Leistungen der Lieferanten wie zB Werbekostenzuschüsse, Verkaufsförderungsprämien oder Eröffnungsrabatte können freilich nur entsprechend dem Anteil eines Erzeugnisses am Gesamtumsatz aller vom Lieferanten gelieferten Produkte berücksichtigt werden.[126] Im Einzelfall dürfte es für die Kartellbehörde schwierig sein, einen unzulässigen Verkauf von landwirtschaftlichen Produkten unter dem Einstandspreis nachzuweisen.

**114**    **3. Ablehnung der Aufnahme eines Unternehmens in eine Wirtschafts- und Berufsvereinigung.** Wirtschafts- und Berufsvereinigungen sowie Gütezeichengemeinschaften dürfen die Aufnahme eines Unternehmens nicht ablehnen, wenn die Ablehnung eine sachlich nicht gerechtfertigte ungleiche Behandlung darstellen und zu einer unbilligen Benachteiligung des Unternehmens im Wettbewerb führen würde (§ 20 Abs. 5). Wirtschafts- und Berufsvereinigungen sind zB Tierzuchtverbände, die über Dienstleistungen hinaus übergreifende gemeinsame Interessen ihrer Mitglieder etwa durch Beratung und Aufstellung von Qualitätsrichtlinien für die Zucht wahrnehmen. Eine Aufnahmeverweigerung liegt auch vor, wenn über den Annahmeantrag nicht in einer zumutbaren Frist entschieden wird. Sachlich nicht gerechtfertigt ist eine Aufnahmeverweigerung, die damit begründet wird, dass die betreffende Tierrasse bereits in der Vereinigung repräsentiert sei.[127] Ein Zuchtverband für Rindvieh kann aber nicht gezwungen werden, entgegen seiner Satzung einen Bewerber aufzunehmen, dessen Hof nicht in dem Gebiet liegt, auf das sich satzungsgemäß der Tätigkeitsbereich der Vereinigung beschränkt, wenn der Bewerber wegen individueller wirtschaftlicher Vorteile die Mitgliedschaft anstrebt.[128]

---

[125] OLG Karlsruhe 12.4.1995, WuW/E OLG 5505 = WuW 1996, 229 – Quote folgt Fläche.
[126] Kein Verfahren wegen Verkauf unter Einstandspreis. Agra-Europe Nr. 49 vom 4.10.1999. II. Länderberichte, S. 6 f.
[127] KG 27.9.1978, WuW/E OLG 2028 betr. Wirtschaftsvereinigung für Hundezuchtvereine.
[128] BGH 1.10.1985, NJW-RR 1986, 339.

## IV. Kooperationsmöglichkeiten außerhalb des § 28

Für weitergehende Formen der Kooperation, die nicht nach § 28 freigestellt sind, sind **115** Erzeugerbetriebe auf die **allgemeinen Bestimmungen des GWB** verwiesen. Neben Preisbeschlüssen und (horizontalen sowie vertikalen) Preisempfehlungen ist den Erzeugerbetrieben und ihren Zusammenschlüssen grundsätzlich die Bildung von Einkaufssyndikaten verwehrt, so die Verpflichtung der Mitglieder eines Zusammenschlusses, ihre Produktionsmittel nur von einer bestimmten Stelle zu beziehen (→ Rn. 36, 67). Neben inhaltlichen Beschränkungen für Kartellvereinbarungen von Erzeugerbetrieben und ihren Vereinigungen weist § 28 auch eine Begrenzung der begünstigten Unternehmen auf. Absprachen zwischen Genossenschaftsmolkereien und Privatmolkereien über eine Rationalisierung durch **Spezialisierung** in der Erzeugung bestimmter Molkereiprodukte sind nicht durch § 28 Abs. 1 nF gedeckt[129] [130]. Nicht der Bereichsausnahme des § 28 unterfallen auch Be- und Verarbeitungsunternehmen für landwirtschaftliche Erzeugnisse sowie Handelsunternehmen; Unternehmen der Ernährungsindustrie sind für ihre Kooperation gleichfalls auf die allgemeinen Erleichterungen des 1. Teils des GWB angewiesen.

Die Vorschriften über das Empfehlungsverbot gemäß § 22 GWB aF, sowie die unver- **116** bindliche Preisempfehlung von Markenwaren gemäß § 23 GWB aF wurden im Zuge der 7. GWB-Novelle ersatzlos gestrichen. Folge dieser Streichung ist vor allem, dass es fortan keine Privilegierung von Mittelstands-, Normen- und Typen-, Konditionen- und Markenwarenpreisempfehlungen mehr gibt. Die Zulässigkeit etwaiger Empfehlungen iSd § 22 GWB aF richtet sich fortan nach den allgemeinen Voraussetzungen der §§ 1 f. GWB. Der Wegfall des Empfehlungsverbots gem. § 22 GWB aF hat aber erhebliche Auswirkungen auf praktischer Seite (Bechthold/Buntscheck NJW 2005, 2968). Zwar ist die vertikale Preisempfehlung in größerem Umfang als bisher zulässig, die nach § 22 Abs. 2 GWB aF zugelassenen Horizontalempfehlungen (Mittelstand, Normen und Typen, Konditionen) erfüllen aber im Regelfall die Voraussetzungen des „Beschluss"-Merkmals in Artikel 101 Abs. 1 AEUV (Artikel 81 Abs. 1 EGV) und § 1 GWB und sind demnach nur zulässig, wenn auch die Anforderungen des 101 Abs. 3 EG bzw. § 2 GWB erfüllt sind.[131]

## H. Kartellrechtliche Besonderheiten bei Sortenschutzrechten, Pflanzenzüchtungen und Saatgut

## I. Lizenzverträge über Sortenschutzrecht, Pflanzenzüchtungen und Saatgut

Nach § 8 Abs. 1 S. 1 des **Sortenschutzgesetzes** vom 19.12.1997 (BGBl. I S. 3164) **117** zuletzt geändert durch Gesetz zur Verbesserung der Durchsetzung von Rechten des geistigen Eigentums vom 7.7.2008 (BGBl. I S. 1191 (1208)) steht das Recht auf Sortenschutz dem Ursprungszüchter oder Entdecker der Sorte oder seinem Rechtsnachfolger zu. Nach § 10 SortG hat der Sortenschutz die Wirkung, dass allein der Sortenschutzinhaber berechtigt ist, Vermehrungsmaterial der geschützten Sorte zu erzeugen, für Vermehrungszwecke aufzubereiten, in den Verkehr zu bringen, ein- oder auszuführen oder zu einem der vorgenannten Zwecke aufzubewahren.

Das Recht auf Sortenschutz, der Anspruch auf Erteilung des Sortenschutzes und der Sortenschutz kann nach § 11 Abs. 1 SortG grundsätzlich auf natürliche, juristische Personen und Personenhandelsgesellschaften übertragen werden. Besondere Bedeutung und Tradition im Sortenschutzrecht hat die Rechtsübertragung durch den Abschluss von Lizenzverträgen, die den Pflanzenzüchtern über die Lizenzgebühren eine wesentliche Einnahmequelle – einerseits für die bereits getätigten Aufwendungen bei der Züchtung der

---

[129] Vgl. § 100 Abs. 1 aF.
[130] Sie hätten nur nach (§ 5a aF) legalisiert werden können (TB 68, 80).
[131] Bechthold/Buntscheck NJW 2005, 2968.

Sorte und andererseits bei der Finanzierung weiterer Züchtungen – verschafft. Das Wesen des Sortenschutzrechtes als Ausschließlichkeitsrecht erlaubt dem Rechtsinhaber anderen in den Lizenzverträgen Verhaltenspflichten aufzuerlegen, die den Vertragspartner in dessen wettbewerblicher Freiheit beschränken[132]. Derartige Beschränkungen würden grundsätzlich vom nationalen und europäischen Kartellrecht erfasst, sollte das Kartellrecht nicht berücksichtigen, dass die dem Ausschließlichkeitsrecht als solchem innewohnende wettbewerbsbeschränkende Wirkung von der Rechtsordnung anerkannt ist und wegen des Sortenschutzrechtes als gerechtfertigt angesehen wird.[133] Die sich aus dem Sortenschutzrecht ergebenden wettbewerbsrechtlichen Bestimmungen beinhalten Sonderregelungen für Beschränkungen, die dem Lizenznehmer auch unter wettbewerbsrechtlichen Gesichtspunkten auferlegt werden können[134] soweit dies Verträge über die Veräußerung oder Lizenzierung von Sortenschutzrechten oder von anderen gewerblichen Schutzrechten sind Das Verbot nach § 17 GWB aF für Lizenzverträge dem Erwerber oder Lizenznehmer weitere Beschränkungen aufzuerlegen, die über den Inhalt dieser Sortenschutzrechte oder anderen gewerblichen Schutzrechten hinausgehen, ist durch die 7. Novelle des GWB vom 1.7.2005 entfallen. Gleichfalls entfallen ist mit der 7. Novelle des GWB vom 1.7.2005 § 18 GWB aF der die Regelung des § 17 GWB aF ua auch auf Verträge über die Veräußerung oder Lizenzierung von nicht geschützten, den Pflanzenbau bereichernden Leistungen auf dem Gebiet der **Pflanzenzüchtung,** soweit sie wesentliche Geschäftsgeheimnisse darstellen und identifiziert sind sowie auf Verträge über Saatgut einer aufgrund des **Saatgutverkehrsgesetzes**[135] zugelassenen nicht geschützten Sorten zwischen einem Züchter und einem Vermehrer oder einem Unternehmen auf der Vermehrungsstufe, erstreckte. Die Aufhebung der für Lizenzverträge geltenden §§ 17 aF und 18 aF durch die 7. Novelle des GWB vom 1.7.2005 hatte keine größere praktische Relevanz, da der Markt für sortenschutzrechtlich geschütztes Pflanzenmaterial fast ausschließlich im zwischenstaatlichen Bereich stattfindet.[136]

Das Recht des Sortenschutzinhabers nach dem Sortenschutzgesetz, idF vom 19.12.1997 (BGBl. I S. 3164) erleidet gewisse Beschränkungen. Hierzu gehört das Recht der Landwirte auf Nachbau. Das bedeutet, dass die Wirkung des Sortenschutzes sich nicht auf das Erntegut erstreckt, das ein Landwirt durch Anbau von Vermehrungsmaterial einer geschützten Sorte bestimmter in einer Anlage zum Sortenschutzgesetz aufgeführter Arten mit Ausnahme von Hybriden und synthetischen Sorten im eigenen Betrieb gewonnen hat und dort als Vermehrungsmaterial verwendet. Ein Landwirt ist zum Nachbau aber nur berechtigt, wenn er dem Sortenschutzinhaber ein angemessenes Entgelt entrichtet; als angemessen gilt ein Entgelt, wenn es deutlich niedriger ist als der Betrag, der in demselben Gebiet für die Erzeugung von Vermehrungsmaterial derselben Sorte aufgrund eines Nutzungsrechts vereinbart wird. Die Verpflichtung zur Zahlung eines angemessenen Entgelts gilt aber nicht für Kleinerzeuger, dh für solche Landwirte, die Pflanzen nicht auf einer Fläche anbauen, die größer ist als eine Fläche, die zur Produktion von 92 Tonnen Getreide benötigt wird. Den Vereinbarungen zwischen Sortenschutzinhabern und Landwirten über ein angemessenes Entgelt können entsprechende Vereinbarungen zwischen deren berufsständische Vereinigungen zugrunde gelegt werden. Diese Vereinbarungen dürfen aber den Wettbewerb auf dem Saatgutsektor nicht ausschließen. § 10a Abs. 4 S. 2 Sortenschutzgesetz schränkt § 1 GWB ein. Während nach § 1 alle Kartellvereinbarungen verboten sind, die eine Verhinderung, Einschränkung oder Verfälschung des Wettbewerbs bezwecken oder bewirken, erklärt § 10a Abs. 4 S. 2 Sortenschutzgesetz nur solche Vereinbarungen der berufsstän-

---

[132] Leßmann/Würtenberger § 4 Rn. 65.
[133] Leßmann/Würtenberger § 4 Rn. 65.
[134] Leßmann/Würtenberger § 4 Rn. 65.
[135] Saatgutverkehrsgesetz idF vom 20.8.1985 (BGBl. I S. 1633), neugefasst durch Bek. v. 16.7.2004 BGBl. I S. 1673 zuletzt geändert.
durch G v. 20.12.2016 (BGBl. I S. 3041).
[136] Leßmann/Würtenberger § 4 Rn. 70.

dischen Organisationen über die Angemessenheit des Entgelts für den Nachbau für unzulässig, die den Wettbewerb ausschließen; eine bloße Beeinträchtigung des Wettbewerbs
reicht nicht aus. § 10a Abs. 4 S. 2 Sortenschutzgesetz ist als lex specialis gegenüber § 1
anzusehen, der § 1 im Hinblick auf seine Anwendung auf solche Vereinbarungen berufsständischer Vereinigungen einschränkt. Wäre dies vom Gesetzgeber nicht gewollt, so wäre
§ 10a Abs. 4 S. 2 Sortenschutzgesetz überflüssig gewesen. Freilich ist aus der teilweisen
Einschränkung der Anwendbarkeit des § 1 nicht der Schluss zu ziehen, dass das Wettbewerbsrecht insgesamt keine Anwendung im Bereich des Sortenschutzes findet (Begr.
BT-Drs. 13/7038, 14). Das Merkmal des Ausschlusses des Wettbewerbs auf dem Saatgutsektor erfasst sowohl den Fall, dass eine Vereinbarung berufsständischer Vereinigungen
eine solche Folge bezweckt, als auch den Fall, dass eine Vereinbarung berufsständischer
Vereinigungen eine solche Folge bewirkt. Soweit Vereinbarungen über die Angemessenheit des Entgelts für den Nachbau vom Kartellverbot des § 1 ausgenommen sind, gilt dies
auch für abgestimmte Verhaltensweisen. Die zwischen dem Deutschen Bauernverband und
dem Bundesverband Deutscher Pflanzenzüchter vereinbarte Nachbauregelung ist vom
BKartA als wettbewerbsrechtlich unbedenklich angesehen worden, da die Nachbaugebüh-
ren die Züchter-Lizenzgebühren nicht überschreiten, bei der Berechnung der Saatgut-
wechselklasse Saatgutimporte mit einbezogen werden und schließlich mit dem gesetzlichen
Einzelverfahren Alternativen zur Teilnahme an dem von den berufsständischen Vereinigungen entwickelten Kooperationsabkommen bestehen (TB 1997/98, 77).

## § 29 Energiewirtschaft

**[1] Einem Unternehmen ist es verboten, als Anbieter von Elektrizität, Fernwärme oder
leitungsgebundenem Gas (Versorgungsunternehmen) auf einem Markt, auf dem es
allein oder zusammen mit anderen Versorgungsunternehmen eine marktbeherrschende Stellung hat, diese Stellung missbräuchlich auszunutzen, indem es**
**1. Entgelte oder sonstige Geschäftsbedingungen fordert, die ungünstiger sind als dieje-
nigen anderer Versorgungsunternehmen oder von Unternehmen auf vergleichbaren
Märkten, es sei denn, das Versorgungsunternehmen weist nach, dass die Abweichung sachlich gerechtfertigt ist, wobei die Umkehr der Darlegungs- und Beweislast
nur in Verfahren vor den Kartellbehörden gilt, oder**
**2. Entgelte fordert, die die Kosten in unangemessener Weise überschreiten.**
**[2] Kosten, die sich ihrem Umfang nach im Wettbewerb nicht einstellen würden, dürfen
bei der Feststellung eines Missbrauchs im Sinne des Satzes 1 nicht berücksichtigt
werden. [3] Die §§ 19 und 20 bleiben unberührt.**

**Schrifttum:** Baumgart/Rasbach/Rudolph, Eine brisante Mischung – Erste Erfahrungen mit § 29 GWB
im Zusammenspiel mit §§ 32 und 64 f. GWB, Festschrift Kühne, 2009; Becker, Wettbewerbsaufsicht bei
Energie im Wandel der Herausforderungen, in FS Danner, 2019, S. 37; Becker/Blau, Die Preismissbrauchsnovelle in der Praxis, 2010; Becker/Zapfe, Energiekartellrechtsanwendung in Zeiten der Regulierung, ZWeR
2007, 419; Beckmerhagen/Stadler, Der Entwurf eines Gesetzes zur Bekämpfung von Preismissbrauch im
Bereich der Energieversorgung, et 2007, 115; Börner, Die Missbrauchsaufsicht über Strom- und Gaspreise
und ihre Verschärfung, Versorgungswirtschaft 2008, 77; Büdenbender, Das kartellrechtliche Preismissbrauchsverbot in der aktuellen höchstrichterlichen Rechtsprechung, ZWeR 2006, 233; Ehricke, Die Vereinbarkeit des geplanten § 29 GWB n. F. mit den Warenverkehrsvorschriften des EG-Vertrags, EuZW 2007,
717; Engelsing, Konzepte der Preismissbrauchsaufsicht im Energiesektor, ZNER 2003, 111; Glaeve, Die
Marktabgrenzung in der Elektrizitätswirtschaft, ZfE 2008, 120; Glaeve, Marktabgrenzung und Marktbeherr-
schung auf Elektrizitätsmärkten, ZfE 2010, 101; Haellmigk, BeckOK KartellR, 3. Ed. 7.1.2022; Kahlenberg/
Haellmigk, Aktuelle Änderungen des Gesetzes gegen Wettbewerbsbeschränkungen, BB 2008, 174; Klaue,
Einige Bemerkungen zur sachlichen Marktabgrenzung in der Gaswirtschaft, ZNER 2008, 107; Klaue, Einige
Bemerkungen zum energiewirtschaftlichen Sondergutachten der Monopolkommission, ZNER 2011, 594;
Klaue/Schwintowski, Preisregulierung durch Kartellrecht: § 29 GWB auf dem Prüfstand des europäischen
Rechts, EWerk Sonderheft Dezember 2008; Klaue/Schwintowski, Die Abgrenzung des räumlich-relevanten
Marktes bei Strom und Gas nach deutschem und europäischem Kartellrecht, BB Beilage 1/2010, 1; Klaue/
Schwintwoski, Verstoß gegen EU-Recht, ZfK 4/2012, 12; Kling/Thomas, Kartellrecht, 2. Aufl. 2016;
König/Baumgart, Der EU-Binnenmarkt und die einheitliche Stromgebotszone in Deutschland, EuZW 2018,

491; Körber, Drittzugang zu Fernwärmenetzen, 2. Aufl. 2015; Körber, „Digitalisierung" der Missbrauchsaufsicht durch die 10. GWB-Novelle, MMR 2020, 290; Körber/Fricke, Abschied vom Konzept eines einheitlichen Wärmemarktes, N&R 2010, 222; Koleva, Die Preismissbrauchskontrolle nach § 29 GWB, 2013; Kolpatzik/Berg, Gasversorger in der Zwickmühle – oder was taugen die Preismissbrauchsverfahren?, WuW 2011, 712; Kuhn, Preishöhemissbrauch (excessive pricing) im deutschen und europäischen Kartellrecht, WuW 2006, 578; Lademann/Lange, Sachliche Marktermittlung bei der Versorgung von HuK-Kunden mit Erdgas, WuW 2010, 387; Lohse, Energiepreise unter Kontrolle? Zur Verschärfung der kartellrechtlichen Missbrauchsaufsicht durch § 29 GWB, Festschrift Kreutz, 2010, S. 715; Lotze/Thomale, Neues zur Kontrolle von Energiepreisen: Preismissbrauchsaufsicht und Anreizregulierung, WuW 2008, 257; Markert, Die Preishöhenkontrolle der Strom- und Gaspreise nach dem neuen § 29 GWB, ZNER 2007, 365; Müller-Graff, Sektorale kartellrechtliche Preiskontrolle im Licht der Grundfreiheiten des Binnenmarktes, in: FS-Hirsch, 2008, S. 273; M. Pohlmann/Vasbender, Preismissbrauchsverfahren des Bundeskartellamts nach § 29 GWB – Ausgewählte Probleme aus der Sicht der Praxis, KSzW 2011, 268; Pritzsche/Vacha, Energierecht, 2017; Ritter/Lücke, Die Bekämpfung von Preismissbrauch im Bereich der Energieversorgung und des Lebensmittelhandels – geplante Änderungen des GWB, WuW 2007, 698; Rostankowski, Die Ausgleichsmechanismus-Verordnung und der Ausbau Erneuerbarer Energien, ZNER 2010, 125; Säcker (Hrsg.), Berliner Kommentar zum Energierecht 4. Aufl. 2019 ff.; Säcker, Zum Verhältnis von § 315 BGB zu §§ 19 GWB, 29 RegE GWB – Konsequenzen aus den Entscheidungen des Achten Senats des Bundesgerichtshofs vom 28.3. und 13.6.2007, ZNER 2007, 114; Säcker, Marktabgrenzung und Marktbeherrschung auf dem Stromgroßhandelsmarkt, et 2011, 74; Säcker, Die wettbewerbsorientierte Anreizregulierung von Netzwirtschaften, N&R 2009, 78; Chr. Schmidt, Kein einheitlicher Wärmemarkt in der kartellrechtlichen Missbrauchskontrolle, WuW 2008, 550; Schneider/Theobald (Hrsg.), Recht der Energiewirtschaft, 5. Aufl. 2021; Schuler, GASCADE Gastransport GmbH und Gazprom export LLC – Verstoß gegen die Entflechtungsvorschriften (Einflussnahme, Verhaltensabstimmung i. S. v. Art. 101 AEUV) zum Zwecke der Wettbewerbsbeeinflussung (Art. 102 AEUV) im Verfahren der BNetzA BK9-19-610 (REGENT 2021), EWeRK 2020, 197; Schwintowski/Klaue/Sauer, Die missbräuchliche Zurückhaltung von Stromerzeugungskapazitäten, EWeRK 2016, 383; Sliwiok-Born, Zur Abrechnung von marginalen Bezugsstrommengen in kleinen EEG-Anlagen, ZNER 2014, 544; Stadler, Der Gesetzentwurf zur Bekämpfung von Preismissbrauch im Bereich der Energieversorgung, BB 2007, 60; Theobald/Kühling (Hrsg.), Energierecht (Loseblatt), München, 109. EL Januar 2021; v. Weizsäcker, Die vorgeschlagene Novellierung des Kartellrechts und der Großhandelsmarkt für Strom, et 2007, 30; Wiedemann, Handbuch des Kartellrechts, 4. Aufl. 2020; Würmeling, Rahmenbedingungen für marktgerechte Strompreise, RdE 2007, 33; Wustlich/Müller, Die Direktvermarktung von Strom aus erneuerbaren Energien im EEG 2012, ZNER 2011, 380.

## Übersicht

# A. Einleitung

## I. Entstehungsgeschichte

**1. Kartellrechtliche Energiepreiskontrolle vor § 29 GWB.**[1] Sonderregeln für den **1**
Energiesektor hatte es vor dem Inkrafttreten des § 29 GWB bereits seit Anbeginn des
GWB gegeben. **§ 103 GWB 1957** normierte eine weitreichende Bereichsausnahme, wel-
che Demarkationsvereinbarungen (Abs. 1 Nr. 1) und Konzessionsvereinbarungen (Abs. 1
Nr. 2) vom Kartellverbot freistellte. Die Versorgungsunternehmen waren dafür nach § 104
GWB 1957 einer besonderen Missbrauchsaufsicht unterworfen.[2] Für die Feststellung eines
Preismissbrauchs verlangte der BGH in der **Strom-Tarif-Entscheidung** einen Struktur-
vergleich. Danach waren die zur Überwindung ungünstiger struktureller Verhältnisse eines
Versorgungsgebiets erforderlichen Kosten nicht als missbräuchlich anzusehen, während auf
individuellen Eigenheiten des Versorgungsunternehmens beruhende Kostenfaktoren beim
Strukturvergleich nicht zu berücksichtigen waren.[3] Mit der 4. GWB-Novelle 1980 wurde
die Missbrauchsaufsicht in § 103 Abs. 5 und 6 neu geregelt. **§ 103 Abs. 5 S. 2 Nr. 2
GWB aF** enthielt bereits eine Beweislastumkehr zu Lasten der Versorgungsunternehmen.
Danach lag ein Missbrauch insbesondere vor, wenn „ein Versorgungsunternehmen [spür-
bar][4] ungünstigere Preise oder Geschäftsbedingungen fordert als gleichartige Versorgungsunternehmen, es sei denn, das Versorgungsunternehmen weist nach, daß die Abweichung
auf Umständen beruht, die ihm nicht zurechenbar sind".[5] Auf diese Weise sollten die von
den Kartellbehörden geltend gemachten Schwierigkeiten in Bezug auf den vom BGH
angeordneten Strukturvergleich abgemildert werden.[6] Die Kartellbehörden machten von
dieser Vorschrift ausgiebig Gebrauch.[7] Sie kann als **Vorbild für die Beweislastumkehr
in § 29 S. 1 Nr. 1 GWB** gesehen werden, so dass der Praxis zu § 103 Abs. 5 S. 2 Nr. 2

---

[1] Zur Preishöhenkontrolle im Energiesektor vor Inkrafttreten der Norm s. ausführlich Markert in MüKo-
WettbR Rn. 4 ff.; Mohr in BerlKommEnergieR Anh B § 39 EnWG (§ 29 GWB) Rn. 11 ff.; Baron in FK-
KartellR Rn. 2 ff.; Koleva S. 51 ff.
[2] BGBl. 1957 I 1081.
[3] BGH 31.5.1972 – KVR 2/71, NJW 1972, 1369 (1371) – Strom-Tarif.
[4] Das Wort „spürbar" war in dem durch die 4. Novelle eingefügten Text enthalten, wurde aber durch die
5. GWB-Novelle 1990 gestrichen, s. BGBl. 1990 I 235; zur Entwicklung bis zur Einführung des § 29 GWB
auch Becker in FS Danner, 37 ff.
[5] BGBl. 1980 I S. 1761.
[6] Markert in MüKoWettbR Rn. 6.
[7] Vgl. Baron in FK-KartellR Rn. 2; Markert in MüKoWettbR Rn. 8; jeweils mwN.

GWB aF (selbstverständlich unter Berücksichtigung der Unterschiede zwischen den Normen) Anregungen für die Anwendung des § 29 GWB entnommen werden können.[8]

2     Die Bereichsausnahme für den Energiesektor wurde durch Art. 2 des (ersten) Gesetzes zur Neuregelung des Energiewirtschaftsrechts 1998 aufgehoben.[9] Die Energiepreiskontrolle wurde damit zum **Gegenstand der allgemeinen Missbrauchsaufsicht,** dh ab Inkrafttreten der 6. GWB-Novelle ab 1999 der §§ 19, 20 GWB, insbesondere des § 19 Abs. 4 Nr. 2 GWB aF (jetzt § 19 Abs. 2 Nr. 2 GWB).[10] Den Kartellbehörden oblag bis 2005 auch die Kontrolle über die Netzentgelte, die mit dem Inkrafttreten des EnWG 2005 allerdings auf besondere Regulierungsbehörden, insbesondere die BNetzA, überging,[11] während den Kartellbehörden die Preiskontrolle auf den dem Netz vor- und nachgelagerten Märkten verblieb.[12] Die insoweit durchaus stattfindende Kontrolle auf der Grundlage des § 19 GWB wurde indes – auch mit Blick darauf, dass zahlreiche Entscheidungen des BKartA vom OLG Düsseldorf aufgehoben worden waren[13] – seitens des Gesetzgebers als unzureichend empfunden.

3     **2. Entstehung des § 29 GWB.** § 29 GWB wurde Ende 2007 durch das Gesetz zur Bekämpfung von Preismissbrauch im Bereich der Energieversorgung und des Lebensmittelhandels vom 18.12.2007 **(PreismissbrauchsG)**[14] in das GWB eingeführt.[15] Die Norm greift die besondere Missbrauchsaufsicht über Energieversorgungsunternehmen (→ Rn. 1) wieder auf und zielt im Vergleich zu der zwischenzeitlichen Kontrolle allein nach den allgemeinen Regeln der §§ 19, 20 GWB (→ Rn. 2) auf eine zeitlich begrenzte sektorale „Schärfung des kartellrechtlichen Instrumentariums zur Bekämpfung missbräuchlich überhöhter Energiepreise".[16] Hinter der Schaffung der Norm stand die **Enttäuschung über die Entwicklung des Wettbewerbs und der Strom- und Gaspreise** trotz Regulierung der Netze (→ Rn. 9). Deshalb wurde der schon aus § 103 Abs. 5 S. 2 Nr. 2 GWB aF bekannte Gedanke einer Beweislastumkehr wieder aufgegriffen und für die Feststellung eines Ausbeutungsmissbrauchs neben dem Vergleichsmarktkonzept (§ 29 S. 1 Nr. 1) mit § 29 S. 1 Nr. 2 alternativ auch das Gewinnbegrenzungskonzept ausdrücklich normiert. Von der beabsichtigten Verschärfung gegenüber der allgemeinen Missbrauchsaufsicht ist allerdings in der Gesetz gewordenen Fassung wenig übrig geblieben.[17]

4     Gegenüber dem ursprünglich vorgelegten **Referentenentwurf** aus dem Jahre 2006[18] hat die Regelung im Laufe des Gesetzgebungsverfahrens nicht unwesentliche Änderungen erfahren. Im **Regierungsentwurf**[19] wurden die Anbieter von **Fernwärme** aus der Definition des Begriffs der von der Norm erfassten Versorgungsunternehmen herausgenommen (s. aber → Rn. 6). Der ausdrückliche Verzicht auf einen **Erheblichkeitszuschlag** („auch wenn die Abweichung nicht erheblich ist") wurde ebenso gestrichen wie der Hinweis auf „Entgeltbestandteile" (als Kontrollgegenstand neben Entgelten und Geschäftsbedingungen) in S. 1 Nr. 1 und die Erwähnung der „Kostenbestandteile" in S. 2. Schließlich wurde die **Beweislastumkehr,** die im RefE noch S. 1 Nr. 1 und Nr. 2 erfasst hatte, auf das Vergleichsmarktkonzept in Nr. 1 beschränkt. Dies geschah vor dem Hintergrund

---

[8] Vgl. Mohr in BerlKommEnergieR Anh B § 39 EnWG (§ 29 GWB) Rn. 39 ff.; Markert in MüKoWettbR Rn. 39.

[9] BGBl. 1998 I 729.

[10] Vgl. auch Markert in MüKoWettbR Rn. 3; Baron in FK-KartellR Rn. 4.

[11] Zweites Gesetz zur Neuregelung des Energiewirtschaftsrechts, BGBl. 2005 I 1970.

[12] Vgl. Baron in FK-KartellR Rn. 6 f.

[13] Dazu Baron in FK-KartellR Rn. 8 mwN.

[14] BGBl. 2007 I 2966.

[15] Ausführlich zur Genese auch Becker/Blau Preismissbrauchsnovelle Rn. 1 ff.; Baron in FK-KartellR Rn. 11 ff.; Markert in MüKoWettbR Rn. 3 und 10 ff.; Koleva S. 32 ff.

[16] So BegrRegE, BT-Drs. 16/5847, 9.

[17] Dazu im Einzelnen bei den Detailregelungen sowie im Überblick Baron in FK-KartellR Rn. 18 ff.

[18] Entwurf eines Gesetzes zur Bekämpfung von Preismissbrauch im Bereich der Energieversorgung und des Lebensmittelhandels vom 9.11.2006.

[19] BT-Drs. 16/5847, 5.

massiver Kritik seitens der Monopolkommission[20] und der Literatur[21]. Später wurde die Reichweite der förmlichen Beweislastumkehr in S. 1 Nr. 1 auf der Grundlage der Beschlussempfehlung des **Ausschusses für Wirtschaft und Technologie** noch weiter auf das kartellbehördliche Verfahren begrenzt; sie gilt also nicht für Zivilverfahren (dazu noch → Rn. 113 ff.). Hinsichtlich des Anwendungsbereichs der Norm im Gasbereich wurde schließlich noch klargestellt, dass nur die Anbieter von leitungsgebundenem Gas erfasst werden.[22]

**3. GWB-Novellen.** Die **8. GWB-Novelle** hat **keine inhaltlichen Änderungen** ge- 5 bracht. Das BKartA hatte sich im Vorfeld der Novelle wiederholt[23] und unterstützt durch den Bundesrat[24] für eine Einbeziehung der Anbieter von Fernwärme in den Anwendungsbereich der Norm ausgesprochen, konnte sich damit aber nicht durchsetzen. Die Bundesregierung wies in ihrer Gegenäußerung zur Stellungnahme des Bundesrates zu Recht darauf hin, dass § 29 GWB als Übergangsvorschrift nicht auf den Fernwärmesektor passe, in dem aufgrund struktureller Besonderheiten dauerhaft nicht mit Wettbewerb zu rechnen sei.[25] Auch die Monopolkommission hatte sich aus diesem Grunde in ihrem 63. Sondergutachten **gegen eine Ausdehnung auf die Anbieter von Fernwärme** ausgesprochen.[26] Stattdessen hatte die Monopolkommission empfohlen, die Kontrolle von Fernwärmeentgelten durch eine gesonderte Regulierungsvorschrift zu regeln.[27] Diesem Vorschlag ist der Gesetzgeber aber ebenfalls nicht gefolgt. Die Aufsicht über die Preise im Fernwärmesektor erfolgt daher weiterhin nach den allgemeinen Regelungen in §§ 18 ff. GWB.[28] Neu geregelt wurde lediglich das Ablaufdatum der Norm gemäß § 131 Abs. 1 GWB aF. Entsprechendes gilt für die **9. GWB-Novelle**[29] **und die 10. GWB-Novelle.** Ein Versuch des Bundesrates, den Regelungsbereich auf die Fernwärme zu erweitern,[30] wurde – angesichts der grundsätzlichen Unterschiede der Fernwärme zu Strom und Gas völlig zu Recht – abgelehnt.

**2022** wurde mit der **„Osternovelle" des EnWG** (Gesetz zur Änderung des EnWG im 6 Zusammenhang mit dem Klimaschutz-Sofortprogramm und zu Anpassungen im Recht der Endkundenbelieferung) auch die **Fernwärme in § 29 GWB einbezogen.** Zu diesem Zweck wurde in den Normtext hinter dem Begriff „Elektrizität" das Wort „Fernwärme" eingefügt werden. Der RegE vom 2.5.2022 begründet dieses Vorhaben mit dem „Ziel das Fortschreiten der Energiewende und die Entwicklungen im Fernwärmesektor kartellrechtlich zu unterstützen und abzusichern".[31] Der RefE vom 16.3.2022 maß § 29 GWB noch eine Brückenfunktion zu, bis eine grundsätzliche, dauerhafte Regelung kartell- und regulierungsrechtlicher Art für die Fernwärme gefunden sei und deren Notwendigkeit bejaht wurde. Da infolge der strukturellen Eigenschaften des Fernwärmesektors langfristig kein Wettbewerb erwartbar sei, hält der RegE zwar im Grundsatz an dieser Einschätzung fest, sieht aber eine Evaluation vor, die prüfen soll, ob eine dauerhafte Regulierung erforderlich ist. Zu der Frage, warum überhaupt eine solche Neuregelung neben dem allgemeinen

[20] Monopolkommission Sondergutachten 47 S. 9 ff. Rn. 4 ff.
[21] Vgl. etwa Stadler BB 2007, 115 ff.; Weizsäcker et 2007, 30 ff.; Beckmerhagen/Stadler et 2007, 115 ff.
[22] Vgl. BT-Drs. 16/7156, 11.
[23] Vgl. BKartA, Abschlussbericht Sektoruntersuchung Fernwärme gem. § 32e GWB, 2012, S. 111 Rn. 286 ff.; BKartA Stellungnahme zum RefE zur 8. GWB-Novelle vom 30.11.2011, S. 21 (für beide siehe www.bundeskartellamt.de).
[24] Bundesrat, BR-Drs. 176/12, 7.
[25] Bundesregierung, Gegenäußerung vom 16.5.2012 zur Stellungnahme des Bundesrates v. 11.5.2012, S. 4 f.
[26] Monopolkommission Sondergutachten 63 S. 40 ff. Rn. 106 ff.
[27] Monopolkommission Sondergutachten 63 S. 42 Rn. 111.
[28] Dazu neben den einschlägigen Kommentierungen etwa M. Pohlmann/Vasbender KSzW 2011, 268 (269).
[29] BT-Drs. 18/10207, 107.
[30] BT-Drs. 19/24439, 3 ff.
[31] RegE BT-Drs. 20/1599, 60.

Kartellrecht und der AVBFernwärmeV erforderlich sein soll, schweigt der RefE ebenso wie zu der Frage, warum § 29 GWB den strukturellen Besonderheiten dieses Sektors zum Trotz nunmehr doch für die Fernwärmeversorgung gelten soll.

## II. Geltungsdauer (§ 187 GWB)

**7**    Die Geltungsdauer des **am 22.12.2007 in Kraft getretenen** ursprünglichen § 29 GWB[32] war nach § 131 Abs. 7 GWB 2007 ursprünglich bis zum 31.12.2012 befristet, da der Gesetzgeber von einem vorübergehenden Marktversagen ausging. Im RegE zur **8. GWB-Novelle** war bereits vorgesehen, diese Befristung trotz Widerstandes durch die Monopolkommission[33] bis Ende 2017 zu verlängern. Die Bundesregierung betonte, dass eine Verlängerung der Regelung erforderlich sei, da im Energiebereich immer noch kein strukturell nachhaltig gesicherter Wettbewerb herrsche und die Regelung den Kartellbehörden die Wahrnehmung der Preismissbrauchsaufsicht erleichtere.[34] Da es nicht gelang, die 8. GWB-Novelle wie geplant bis zum 1.1.2013 in Kraft zu setzen, ist § 29 GWB dann allerdings mit Ablauf des 31.12.2012 vorübergehend außer Kraft getreten und war danach gemäß § 131 Abs. 7 GWB 2007 bis zur erneuten Inkraftsetzung durch die 8. GWB-Novelle nicht mehr anzuwenden. Dies hatte zur Folge, dass auf der Grundlage der Norm keine neuen Entscheidungen mehr erlassen werden durften,[35] und zwar auch nicht in Bezug auf Verstöße, die vor dem Außerkrafttreten der Norm erfolgt waren.[36] Allerdings bleiben auf der Grundlage des § 29 GWB getroffene Entscheidungen wirksam;[37] diese Entscheidungen müssen auch nicht aufgehoben werden. Im Zuge der dann zum 30.6.2013 in Kraft getretenen 8. GWB-Novelle wurde § 29 GWB dann wieder in Kraft gesetzt, durch § 131 Abs. 1 GWB aber erneut bis zum 31.12.2017 befristet. Mit der **9. GWB-Novelle 2017** wurde die zeitliche Geltung des § 29 GWB erneut bis zum 31.12.2022 verlängert (§ 186 Abs. 1 GWB).[38] Die **10. GWB-Novelle 2021** sah demgegenüber keine weitere Verlängerung des Ablaufdatums vor,[39] so dass nach deren Inkrafttreten damit gerechnet wurde, dass § 29 zum 31.12.2022 auslaufen würde.

**8**    Angesichts der massiven Energiepreissteigerungen im Jahr 2022 hat der Gesetzgeber sich dann aber kurzfristig anders entscheiden und mit der **„EnWG Osternovelle"** die Geltungsdauer des § 29 GWB in § 187 Abs. 1 um weitere fünf Jahre **bis zum 31.12.2027 verlängert.**

## III. Normzweck

**9**    § 29 GWB zielt ausweislich der Regierungsbegründung auf eine **Verschärfung und Erleichterung der Missbrauchsaufsicht im Energiesektor** durch Schärfung des kartellrechtlichen Instrumentariums zur Bekämpfung missbräuchlich überhöhter Energiepreise mittels einer auf den Energiesektor zugeschnittenen Ausprägung der Generalklausel des § 19 Abs. 1 GWB. Mit dieser zeitlich befristeten Regelung solle den spezifischen Problemen der Missbrauchsaufsicht auf den betroffenen Märkten begegnet, nicht aber eine

---

[32] S. Art. 3 PreismissbrauchsG, BGBl. 2007 I 2966.

[33] Monopolkommission Sondergutachten 59 S. 307 Rn. 744, Sondergutachten 63 S. 40 Rn. 105 und Sondergutachten 65 S. 255 Rn. 511; befürwortend dagegen Ritter/Käseberg WuW 2012, 661 (663).

[34] RegBegr BT-Drs. 17/9852, 27.

[35] Mohr in BerlKommEnergieR Anh B § 39 EnWG (§ 29 GWB) Rn. 193; ausf. Baron in FK-KartellR Rn. 164 mit dem Hinweis, dass die Zeit vom 1.1. bis 29.6.2013 auch bei der Bußgeldbemessung wg. Art. 103 Abs. 2 GG in Bezug auf einen andauernden Verstoß nicht berücksichtigt werden dürfe.

[36] Ebenso in Bezug auf feststellende Entscheidungen nach § 32 Abs. 3 Bechtold/Bosch Rn. 36; aA Markert in MüKoWettbR Rn. 74.

[37] Markert in MüKoWettbR Rn. 74; Mohr in BerlKommEnergieR Anh B § 39 EnWG (§ 29 GWB) Rn. 193; aA Baron in FK-KartellR Rn. 165 (Entscheidungen verlieren mit Außerkrafttreten der Norm ihre Wirkung); Bechtold/Bosch Rn. 36 (Entscheidungen bleiben zwar wirksam, sind aber auf Antrag aufzuheben).

[38] BT-Drs. 18/10207, 107.

[39] BGBl. 2021 I 2.

Preisregulierung eingeführt werden; erleichterte Missbrauchsverfahren seien erforderlich, solange sich der Wettbewerb in der Energiewirtschaft noch nicht voll entfaltet habe.[40] Dies ist vor dem Hintergrund der **Unzufriedenheit des Gesetzgebers mit der Entwicklung des Wettbewerbs** auf den (der ex ante regulierten und nicht unter § 29 GWB fallenden Netzebene) vor- und nachgelagerten Märkten zu sehen, die sich auch acht Jahre nach der Marktöffnung nicht zu funktionierenden Wettbewerbsmärkten entwickelt hätten.[41] Vielmehr hätten die Energiekosten ein volkswirtschaftlich bedenkliches Niveau erreicht, welches durch die Entwicklung der Primärenergiekosten nicht hinreichend begründbar sei und industrielle Abnehmer wie Haushaltskunden über Gebühr belaste.[42]

Da kurzfristig weder mit einer zu Preissenkungen führenden Ausweitung des Energie- **10** angebots (etwa durch Bau neuer Kraftwerke) zu rechnen war (im Gegenteil deutete der schon damals absehbare Atomausstieg eher in die entgegengesetzte Richtung), noch marktstrukturelle Maßnahmen kurzfristig Abhilfe schaffen konnten, sollte § 29 GWB als **besondere Ausprägung des Verbots des Ausbeutungsmissbrauchs**[43] jedenfalls dazu beitragen, für die Übergangszeit Preisauswüchse zu Lasten der Abnehmer zu verhindern.[44] Dies wurde auch mit Blick auf das Auslaufen der Tarifgenehmigung für Strom zum Juli 2007 für sinnvoll erachtet.[45] Im Zuge der 8. GWB-Novelle wurde eine Verlängerung bzw. Wiederinkraftsetzung für erforderlich erachtet, da im Energiebereich immer noch kein strukturell nachhaltig gesicherter Wettbewerb herrsche und die Regelung den Kartellbehörden die Wahrnehmung der Preismissbrauchsaufsicht erleichtere.[46] Die Vorschrift ist seit ihrer Einführung wettbewerbspolitisch umstritten; insbesondere wird kritisiert, dass eine besonders scharfe Kontrolle des Wettbewerbs – wie sie § 29 GWB enthält – das Preisniveau dauerhaft gering halte und daher auf den monopolistischen Energiemärkten wenig Anreize für neue Wettbewerber setze, mit geringen Preisen in den Markt einzutreten.[47]

## IV. Zuständigkeit

Sowohl das **BKartA** als auch die **Landeskartellbehörden** sind zur Anwendung des § 29 **11** GWB berufen. Die Zuständigkeitsabgrenzung richtet sich nach der allgemeinen Regelung in § 48 Abs. 2 GWB. Entscheidend ist nach dem Wortlaut der Norm die räumliche Dimension der Wirkung des Missbrauchsverhaltens, wobei schon vergleichsweise geringfügige Auswirkungen auf andere Bundesländer ausreichen, um eine Zuständigkeit des BKartA zu begründen.[48] Ob das von den Ermittlungen nach § 29 GWB betroffene Unternehmen in mindestens zwei Bundesländern über eine marktbeherrschende Stellung verfügt, ist zwar für die Zuständigkeitsverteilung nach dem an das Auswirkungsprinzip knüpfenden § 48 Abs. 2 GWB normalerweise nicht ausschlaggebend (dazu → § 48 Rn. 17), doch besteht in Bezug auf § 29 GWB die Besonderheit, dass Verhaltensweisen auf nicht beherrschten Drittmärkten nicht in den Anwendungsbereich dieser Norm fallen (dazu → Rn. 69). Deshalb ist effektiv auch eine marktbeherrschende Stellung in mindestens zwei Bundesländern erforderlich, wenn das BKartA aus eigener Zuständigkeit nach § 29 GWB tätig werden will.[49] Nach § 54 Abs. 3 GWB ist das BKartA auch an Verfahren der Landeskartellbehörden beteiligt. Nach § 49 Abs. 3 und 4 GWB kommen zudem **Verweisungen**

[40] RegBegr BT-Drs. 16/5847, 1 und 9; vgl. auch Judith in Theobald/Kühling MbA-EnW160 Rn. 71.
[41] RegBegr BT-Drs. 16/5847, 9; s. auch Bechtold/Bosch Rn. 3.
[42] RegBegr BT-Drs. 16/5847, 1, 9; vgl. auch Ritter/Lücke WuW 2007, 698 (699 f.); Koleva S. 43 ff.
[43] Dazu Mohr in BerlKommEnergieR Anh B § 39 EnWG (§ 29 GWB) Rn. 2.
[44] Baron in FK-KartellR Rn. 12; Ritter/Lücke WuW 2007, 698 (701).
[45] Ritter/Lücke WuW 2007, 698 (701); Baron in FK-KartellR Rn. 11.
[46] RegBegr BT-Drs. 17/9852, 27.
[47] So zB Kling/Thomas KartellR § 18 Rn. 22.
[48] Baron in FK-KartellR Rn. 160; s. auch OLG Düsseldorf 4.10.2010 – VI-2 Kart 8/09 (V) zur Zuständigkeit des BKartA für die Sektoruntersuchung Fernwärme; BKartA 19.3.2012 – B 10 – 16/09, 7 Rn. 18 – Entega.
[49] Becker/Blau Preismissbrauchsnovelle Rn. 251; Mohr in BerlKommEnergieR Anh B § 39 EnWG (§ 29 GWB) Rn. 73.

zwischen BKartA und Landeskartellbehörden in Betracht, von denen in Verfahren gemäß § 29 GWB auch bereits Gebrauch gemacht wurde (dazu noch → Rn. 24 ff.). Innerhalb des Bundeskartellamtes ist für die Durchführung von Verfahren nach § 29 GWB die für die Energiemärkte zuständige **Beschlussabteilung** (zunächst die 10. BA, derzeit die 8. BA) zuständig.[50]

## V. Verhältnis zu anderen Vorschriften

12   **1. §§ 19 und 20 GWB (§ 29 S. 3).** Die Regierungsbegründung bezeichnet § 29 GWB als eine auf den Energiesektor zugeschnittene Ausprägung der Generalklausel des § 19 Abs. 1 GWB und betont, die von der Rechtsanwendung entwickelten Konzepte der Missbrauchsaufsicht nach § 19 GWB und Artikel 82 EG (jetzt Art. 102 AEUV) würden in das Gesetz übernommen.[51] Entsprechend ordnet **§ 29 S. 3 GWB** ausdrücklich an, dass die **§§ 19 und 20 GWB unberührt** bleiben. Die Regelung ist also keine lex specialis im Verhältnis zu den allgemeinen Missbrauchsregelungen.[52] § 19 GWB bleibt insbesondere für die Bekämpfung von Behinderungsmissbräuchen (§ 19 Abs. 2 Nr. 1) und Konditionenspreizungen (§ 19 Abs. 2 Nr. 3)[53] relevant, die von § 29 GWB nicht erfasst werden.[54]

13   **2. AEUV.** Eine § 29 GWB vergleichbare unionsrechtliche Sonderregelung zur Missbrauchsaufsicht gegenüber Energieversorgungsunternehmen existiert nicht. Im Verhältnis zu **Art. 102 AEUV** kann § 29 GWB schon aus normhierarchischen Gründen keine lex specialis sein. Art. 102 AEUV kann als Norm des EU-Primärrechts jedenfalls dann nicht durch einfache nationale Gesetze wie das GWB beschränkt werden, wenn es sich bei diesen um autonom deutsche Vorschriften handelt.[55] Umgekehrt steht Art. 102 AEUV allerdings einer Verschärfung der nationalen deutschen Missbrauchsaufsicht durch § 29 GWB nicht entgegen. Art. 3 Abs. 2 S. 2 VO 1/2003 lässt ausdrücklich eine im Vergleich zu Art. 102 AEUV strengere Missbrauchsaufsicht auf nationaler Ebene zu.[56] Nach Art. 3 Abs. 1 S. 2 VO 1/2003 (und deklaratorisch § 22 Abs. 3 S. 2 GWB) muss die Kartellbehörde sogar Art. 102 AEUV parallel zu § 29 GWB anwenden, wenn dessen Verbotstatbestand erfüllt ist, weil das Missbrauchsverhalten geeignet ist, den Wettbewerb im Binnenmarkt und den Handel zwischen den Mitgliedstaaten zu beeinträchtigen. Zum Verhältnis zur Warenverkehrsfreiheit nach **Art. 34 AEUV** noch → Rn. 18.

14   **3. EnWG.** Die Vorschriften des EnWG stehen einer Anwendung des § 29 GWB nach § 185 Abs. 3 GWB entgegen, soweit in § 111 EnWG eine andere Regelung getroffen ist.[57] Mit Blick auf die im EnWG speziell geregelte Regulierung der Netzebene entfaltet **§ 29 GWB** mithin **nur Wirkung für die den Netzen vor- und nachgelagerten Märkte.**[58] Dies gilt für Behördenverfahren und für Zivilverfahren.[59]

15   Ferner ist **§ 111 Abs. 3 EnWG** zu beachten. Danach sind **in Verfahren nach § 29 GWB** (ebenso wie in solchen nach §§ 19, 20 GWB), welche Preise von Energieversorgungsunternehmen für die Belieferung von Letztverbrauchern betreffen, deren tatsächlicher

---

[50] S. Organigramm des BKartA, abrufbar unter www.bundeskartellamt.de.

[51] RegBegr BT-Drs. 16/5847, 9, 11.

[52] Mohr in BerlKommEnergieR Anh B § 39 EnWG (§ 29 GWB) Rn. 189, 191; teils aA Baron in FK-KartellR Rn. 43, der § 29 als lex specialis zu § 19 Abs. 4 Nr. 2 GWB aF für den Energiebereich ansieht.

[53] Hierzu LG Frankfurt a. M. 7.3.2007 – 2/6 O 489/06, RdE 2007, 242.

[54] Baron in FK-KartellR Rn. 44; Markert in MüKoWettbR Rn. 71.

[55] Vgl. Kling/Thomas KartellR § 18 Rn. 13; Schuler EWeRK 2020, 197 (214 f.). Auf die umstrittene Frage nach dem Verhältnis des Art. 102 AEUV zum Energieregulierungsrecht kommt es nicht an, weil § 29 GWB eine autonom deutsche Regelung ist, die nicht auf Vorgaben einer EU-Richtlinie basiert.

[56] Ganz hM, vgl. etwa Bechtold/Bosch Rn. 41; Baron in FK-KartellR Rn. 46; Mohr in BerlKommEnergieR Anh B § 39 EnWG (§ 29 GWB) Rn. 22; ausführlich zur Vereinbarkeit von § 29 GWB und Art. 102 AEUV Koleva S. 97 ff.

[57] Vgl. auch Kling/Thomas KartellR § 18 Rn. 15.

[58] So auch RegBegr BT-Drs. 16/5847, 9.

[59] Säcker in BerlKommEnergieR § 111 Rn. 31.

oder kalkulatorischer Bestandteil Netzzugangsentgelte iSd § 20 Abs. 1 EnWG sind, **die von Betreibern von Energieversorgungsnetzen nach § 20 Abs. 1 EnWG veröffentlichten Netzzugangsentgelte als rechtmäßig zugrunde zu legen,** soweit nicht ein anderes durch eine sofort vollziehbare oder bestandskräftige Entscheidung der Regulierungsbehörde oder ein rechtskräftiges Urteil festgestellt worden ist. Dies gilt nur für das Behördenverfahren und nicht im Zivilverfahren.[60] Doch gelten nach **§ 30 Abs. 1 S. 2 Nr. 5 Teilsatz 3 EnWG** Entgelte, die die Obergrenzen einer dem betroffenen Unternehmen erteilten Genehmigung nach § 23a EnWG nicht überschreiten, und im Falle der Durchführung einer Anreizregulierung nach § 21a EnWG Entgelte, die für das betroffene Unternehmen für eine Regulierungsperiode vorgegebene Obergrenzen nicht überschreiten, als sachlich gerechtfertigt. Dies sollte auch im Zivilverfahren Berücksichtigung finden.[61] Bei der Anwendung von Art. 102 AEUV durch die EU-Kommission können die veröffentlichten Netzzugangsentgelte hingegen schon wegen des Vorrangs des EU-Rechts nicht als rechtmäßig zugrunde gelegt werden.[62]

**4. BGB.** Die Billigkeitskontrolle nach **§ 315 BGB** wird im Zivilprozess durch die Preis- **16** missbrauchskontrolle nach § 29 GWB ebenso wenig verdrängt,[63] wie durch diejenige nach § 19 GWB.[64] Gleiches gilt für **§ 138 BGB** und **§§ 305 ff. BGB.** Allerdings ist § 315 Abs. 3 BGB bei einer Preiserhöhung unmittelbar nur auf den Erhöhungsbetrag anwendbar. Für eine analoge Anwendung des § 315 Abs. 3 BGB auf den (ausdrücklich oder konkludent) vereinbarten Anfangspreis (Preissockel) ist selbst bei einer Monopolstellung des Versorgungsunternehmens kein Raum, weil es – auch mit Blick auf die Möglichkeit einer kartellrechtlichen Preismissbrauchsaufsicht nach § 29 GWB – insoweit an einer planwidrigen Regelungslücke fehlt.[65]

## VI. Kritik durch Monopolkommission und Literatur

Gegen § 29 werden oftmals ungeachtet der im Laufe des Gesetzgebungsverfahrens **17** erfolgten erheblichen Änderungen **auch nach Inkrafttreten der Norm Bedenken** ua in unionsrechtlicher, verfassungsrechtlicher und ordnungspolitisch-ökonomischer sowie praktischer Hinsicht erhoben.[66]

In **unionsrechtlicher Hinsicht** wird insbesondere die Vereinbarkeit des § 29 GWB mit **18** der Warenverkehrsfreiheit des **Art. 34 AEUV** problematisiert und behauptet, die Regelung führe zu einer den Warenverkehr zwischen den Mitgliedstaaten erschwerenden staatlichen Höchstpreisregelung.[67] Dagegen spricht bereits, dass die Regelung nicht auf eine umfassende Preisregulierung zielt, sondern nur das Fordern von Preisen unterbinden soll, die über dem wettbewerbsanalogen Preis liegen.[68] § 29 Abs. 1 Nr. 1 GWB geht insoweit in seiner

---

[60] Markert in MüKoWettbR Rn. 73; Säcker in BerlKommEnergieR § 111 Rn. 32.

[61] Säcker in BerlKommEnergieR § 111 Rn. 33; Markert in MüKoWettbR Rn. 73; vgl. auch jüngst EuGH 27.10.2022, Rs. 721/20, ECLI:EU:C:2022:832 = NZKartA 2022, 637 zu den Grenzen der Anwendung des Art. 102 AEUV auf der Regulierung unterliegende Entgelte durch die Zivilgerichte.

[62] Kling/Thomas, KartellR, § 18 Rn. 16.

[63] Ausführlich zum Verhältnis des § 315 BGB zur kartellrechtlichen Missbrauchsaufsicht Bechtold/Bosch Rn. 40; Baron in FK-KartellR Rn. 47; s. auch Markert in MüKoWettbR Rn. 72; Mohr in BerlKommEnergieR Anh B § 39 EnWG (§ 29 GWB) Rn. 190; Just in Schulte/Just Rn. 56 ff.

[64] BGH 13.6.2007 – VIII ZR 36/06, NJW 2007, 2540.

[65] BGH 19.11.2008 – VIII ZR 138/07, NJW 2009, 502 Rn. 24; BGH 13.7.2011 – VIII ZR 342/09, NJW 2011, 2800 Rn. 36 – Gas- und Wasserversorgungsentgelte.

[66] Dazu sehr ausführlich Baron in FK-KartellR Rn. 24 ff.; Mohr in BerlKommEnergieR Anh B § 39 EnWG (§ 29 GWB) Rn. 54 ff.

[67] Ausführlich Müller-Graff FS Hirsch, 2008, 273 (275 ff.); ebenso Ehricke EuZW 2007, 717, 718 f.; Klaue/Schwintowski EWerk Sonderheft Dezember 2008, 24; Klaue/Schwintowski. ZfK 4/2012, 12; zweifelnd auch Bechtold/Bosch Rn. 4.

[68] Markert ZNER 2007, 365; Haellmigk in BeckOK KartellR Rn. 3; Mohr in BerlKommEnergieR Anh B § 39 EnWG (§ 29 GWB) Rn. 55 ff. (auch zur – von Klaue/Schwintowski, ZfK 4/2012, 12 ebenfalls bestrittenen – Vereinbarkeit mit Art. 119, 120 AEUV und 4 Abs. 3 EUV).

Verbotswirkung nicht über den auch durch Art. 102 AEUV verbotenen Bereich hinaus, und § 29 S. 1 Nr. 2 GWB kodifiziert ausweislich der Regierungsbegründung ausdrücklich den vom EuGH zu Art. 102 AEUV entwickelten Maßstab.[69]

**19**    **In verfassungsrechtlicher Hinsicht** hatte schon die Monopolkommission in ihrem 47. Sondergutachten Bedenken hinsichtlich der **Umkehrung der Beweislast** angemeldet. Dabei bezog sie sich allerdings noch auf den später mehrfach abgemilderten Referentenentwurf (→ Rn. 4): Eine umfassende Beweislastumkehr, so die Monopolkommission, hätte zur Folge, dass das Kartellamt den Preis eines anderen Versorgungsunternehmens als Vergleichsmaßstab heranziehen könne, obwohl der Preis aufgrund struktureller Unterschiede nicht mit dem Preis des betroffenen Unternehmens vergleichbar sei. Letzteres aber könne die Strukturdaten der anderen Unternehmen, die für eine Widerlegung erforderlich wären, nicht beibringen. Die Vorschrift sei daher verfassungskonform dahingehend auszulegen, dass die Kartellbehörde eine strukturelle Vergleichbarkeit der in Bezug genommenen Versorgungsunternehmen nachzuweisen habe, bevor sie aus dem Vergleich der Entgelte auf einen Missbrauch schließen könne.[70]

**20**    Unverkennbar geht mit der Regelung eine graduelle Verschlechterung der **Verhandlungsposition** der Unternehmen einher, die es den Kartellbehörden auch erleichtern dürfte, weitreichende Verpflichtungszusagen iSd § 32b GWB durchzusetzen. Trotzdem verliert die verfassungsrechtliche Problematik deutlich an Schärfe, wenn man berücksichtigt, dass auch für Verfahren nach § 29 GWB der **Amtsermittlungsgrundsatz** gilt und die Beweislastumkehr dadurch begrenzt ist, dass die Kartellbehörde verpflichtet bleibt, auch die für das betroffene Unternehmen entlastenden Umstände zu ermitteln.[71] Letztlich resultiert aus der Beweislastumkehr mithin zwar eine **materielle Beweisbelastung** der Unternehmen in non liquet-Situationen,[72] in formeller Hinsicht aber letztlich nur eine **gesteigerte Darlegungs- und Nachweispflicht,** die insbesondere die in der eigenen Sphäre der Unternehmen liegenden Umstände betrifft, während sie – auch nach der Praxis des BKartA[73] – für außerhalb ihrer Sphäre liegende Fakten (etwa Geschäftsgeheimnisse der Vergleichsunternehmen) nicht darlegungs- und beweispflichtig sind.[74] Die Praxis dürfte den verfassungsrechtlichen Anforderungen genügen.

**21**    **In ordnungspolitisch-ökonomischer Hinsicht** wurde § 29 GWB insbesondere von der Monopolkommission wiederholt entgegengehalten, dass die Norm die Anreize für kollusives Verhalten zwischen den Versorgungsunternehmen steigere und die Anreize zur Preisunterbietung und für den Marktzutritt neuer Anbieter senke bzw. zur Verdrängung von Außenseitern führe, da sie zu einer kartellbehördlich **erzwungenen Preisangleichung** führe.[75] Auch erwecke § 29 GWB den Eindruck einer hinreichenden Disziplinerung von Energieversorgungsunternehmen durch die Kartellbehörden, was zu einem Rückgang der Wechselanreize für die Endkunden und damit letztlich eines durch die

---

[69] RegBegr BT-Drs. 16/5847, 11; vgl. auch Baron in FK-KartellR Rn. 42: „Die Bekämpfung des Missbrauchs von marktbeherrschenden Unternehmen bleibt ein legitimes ordnungspolitisches Anliegen des Wettbewerbsrechts"; ausführlich zur Diskussion und zur Vereinbarkeit des § 29 GWB mit Art. 34 AEUV Koleva S. 120 ff. mwN.

[70] Monopolkommission Sondergutachten 47 S. 13 Rn. 14; s. ferner Kolpatzik/Berg WuW 2011, 712 (718), die hinsichtlich der Unbestimmtheit des Normtatbestandes Bedenken mit Blick auf den rechtsstaatlichen Grundsatz der Rechtssicherheit erheben, dagegen Mohr in BerlKommEnergieR Rn. 62.

[71] Ritter/Lücke WuW 2007, 698 (703); Baron in FK-KartellR § 29 Rn. 111; Mohr in BerlKommEnergieR Anh B § 39 EnWG (§ 29 GWB) Rn. 62; vgl. auch Kling/Thomas KartellR § 18 Rn. 31.

[72] Ritter/Lücke WuW 2007, 698 (703); Mohr in BerlKommEnergieR Anh B § 39 EnWG (§ 29 GWB) Rn. 62.

[73] Dazu Becker/Blau Preismissbrauchsnovelle Rn. 189 ff.; vgl. auch BKartA 19.3.2012 – B 10 – 16/09, S. 20 f. Rn. 57 ff. – Entega.

[74] Auch → Rn. 113 ff.; Baron in FK-KartellR Rn. 111 f.; Ritter/Lücke WuW 2007, 698 (703).

[75] Im Einzelnen Monopolkommission Sondergutachten 47 S. 18 ff. Rn. 32 ff.; Monopolkommission Sondergutachten 59 S. 297 Rn. 714; sehr pointiert Kahlenberg/Haellmigk BB 2008, 174 (177): Die absurde Folge könne sein, dass es künftig keinen Energiepreiswettbewerb mehr gebe.

Abnehmer induzierten Preiswettbewerbs führe.[76] Problematisch sei insoweit insbesondere, dass die Vorschrift nicht an den eigentlichen Ursachen eines fehlenden Wettbewerbs im Energiesektor ansetze, sondern lediglich auf seine Symptome reagiere.[77] Es entstehe ein Zielkonflikt zwischen kurzfristigen Verbrauchervorteilen (die der Gesetzgeber durch die Preiskontrolle in Anwendung des § 29 GWB anstrebe) und mittel- und langfristigen Strukturnachteilen.[78]

Diese Argumentation ist in der Theorie – auch wenn sie mit Inkrafttreten des § 29 GWB **22** praktisch obsolet sein mag – stimmig. Allerdings handelt es sich dabei genaugenommen nicht um eine **Kritik** an § 29 GWB, sondern **an der Preismissbrauchsaufsicht als solcher.**[79] Die (neben die Preiskontrolle nach §§ 138 und 315 BGB tretende) kartellrechtliche Preismissbrauchsaufsicht stellt nicht nur einen gegenüber strukturellen Maßnahmen wie der eigentumsrechtlichen Entflechtung der Versorgungsunternehmen grundsätzlich milderen Eingriff dar.[80] Vor allem muss sie in der Praxis keineswegs zwingend zu den beschriebenen ordnungspolitisch-ökonomischen Fehlanreizen führen. **Preisunterschiede bleiben** einerseits **möglich,** wenn man mit dem BKartA davon ausgeht, dass bei der Ermittlung eines Preismissbrauchs auch im Rahmen des § 29 GWB ein Erheblichkeitszuschlag zu berücksichtigen ist (dazu noch → Rn. 85 f. und 88 ff.). Aber selbst, wenn man dies ablehnt, ist andererseits zu berücksichtigen, dass die Versorgungsunternehmen weiterhin Preisunterschiede durch strukturelle Abweichungen rechtfertigen können.[81]

Vor allem aber können die **Kartellbehörden in ihrer Praxis** im Rahmen der Betäti- **23** gung ihres Aufgreifermessens und der zur Feststellung eines Missbrauchs anzustellenden umfassenden Gesamtabwägung den diesbezüglichen Bedenken Rechnung tragen und dadurch die befürchteten wettbewerbsschädlichen Effekte vermeiden.[82] Der Umstand, dass die befürchtete Preisnivellierung auch fünf Jahre nach Inkrafttreten des § 29 GWB noch immer nicht eingetreten ist,[83] deutet darauf hin, dass die Kartellbehörden dieser Verantwortung bisher gerecht geworden sind. Auch eine **Abschreckung vom Marktzutritt** war **nicht zu verzeichnen.** Im Gegenteil stellt das BKartA in seinem TB 2009/2010 fest, der Wettbewerb auf der Letztverbraucherstufe habe seit dem Abschluss der Gaspreisverfahren (dazu sogleich → Rn. 24) kontinuierlich an Schwung gewonnen.[84] Diese Tendenz hat sich ausweislich des TB 2011/2012 auch später fortgesetzt, wenngleich das BKartA darin zugleich die nach wie vor starke Position der Grundversorger, insbesondere im Heizstrombereich, bemängelt.[85]

## VII. Praktische Bedeutung

Das BKartA hat eine Reihe von Verfahren (auch) auf der Grundlage des § 29 GWB **24** durchgeführt.[86] Bereits im März 2008 leitete das Bundeskartellamt wegen des Verdachts der missbräuchlichen Forderung überhöhter **Gaspreise** von Haushalts- und Gewerbekunden auf regional abgegrenzten Märkten für die Belieferung von SLP-Kunden mit Heizgas in den Jahren 2007 und 2008 Verfahren gegen 35 Gasversorgungsunternehmen ein. Davon fielen 20 Verfahren in die originäre Zuständigkeit des BKartA, 14 wurden auf Antrag des Bundeskartellamtes gemäß § 49 Abs. 3 GWB von den zuständigen Landeskartellbehörden

---

[76] Monopolkommission Sondergutachten 54 S. 229 Rn. 517; M. Pohlmann/Vasbender KSzW 2011, 268 (276); Klaue/Schwintowski EWerk Sonderheft Dezember 2008, 7.

[77] Monopolkommission Sondergutachten 59 S. 297 Rn. 714 f.

[78] Klaue/Schwintowski EWerk Sonderheft Dezember 2008, 14.

[79] Baron in FK-KartellR Rn. 33; Mohr in BerlKommEnergieR Anh B § 39 EnWG (§ 29 GWB) Rn. 59.

[80] Baron in FK-KartellR Rn. 36; Mohr in BerlKommEnergieR Anh B § 39 EnWG (§ 29 GWB) Rn. 59.

[81] Becker/Blau Preismissbrauchsnovelle Rn. 30 ff., insbes. Rn. 34 ff.; Mohr in BerlKommEnergieR Anh B § 39 EnWG (§ 29 GWB) Rn. 60.

[82] Baron in FK-KartellR Rn. 37.

[83] So auch Mohr in BerlKommEnergieR Anh B § 39 EnWG (§ 29 GWB) Rn. 60.

[84] BKartA TB 2009/2010, BT-Drs. 17/6640, 120.

[85] BKartA TB 2011/2012, BT-Drs. 17/13675, 19.

[86] Hierzu auch eingehend Becker in FS Danner, S. 47 ff.

an das BKartA abgegeben und eines zurück an die Landeskartellbehörden Brandenburg und Sachsen verwiesen.[87] Bei den von ihm durchgeführten Verfahren hat das BKartA gestützt auf § 19 Abs. 4 Nr. 2 GWB aF für das Jahr 2007 das Konzept des mengengewichteten Netto-Erlösvergleichs und gestützt auf § 29 S. 1 Nr. 1 GWB für das Jahr 2008 das Konzept des mengengewichteten Netto-Vergleichs des Tarifs angewendet, in dem sich die meisten Kunden befanden.[88] Von den 34 Verfahren, über die das BKartA letztlich entschied, wurden drei eingestellt, weil sich der Missbrauchsverdacht nicht bestätigt hatte. Bei einem weiteren wies das Versorgungsunternehmen so niedrige Vergleichspreise auf, dass es als Vergleichsunternehmen herangezogen wurde. Die übrigen 30 Verfahren wurden nach **Verpflichtungszusagen** der Versorger beendet, davon die Hälfte durch förmliche Entscheidungen nach § 32b GWB.[89] Die Unternehmen sagten ua die **Rückzahlung überhöhter Entgelte** an die Kunden (im Rahmen der nächsten Jahresrechnung), Preissenkungen bzw. die Verschiebung von Preiserhöhungen zu und versicherten in sog. „**No-Repeated-Game-Klauseln**", die dadurch eintretenden Einbußen nicht durch künftige Preiserhöhungen zu kompensieren.[90] Hinzu kamen besondere Zusagen in Einzelfällen, etwa die Zusage der GASAG, eine Gasnetzkarte zur Verfügung zu stellen.[91] Das BKartA hat die **Einhaltung dieser Zusagen 2009 und 2010 evaluiert** und ist zu dem Ergebnis gekommen, dass die finanziellen Kompensationen vollumfänglich an die Kunden ausgeschüttet und Kostensteigerungen in erheblichem Umfang nicht in Form höherer Preise an die Kunden weitergegeben wurden; insgesamt seien die Kunden der vom Bundeskartellamt untersuchten Gasversorger in den Jahren 2008 und 2009 um ca. 444 Mio. Euro entlastet worden.[92]

25    Im Herbst 2009 leitete das Bundeskartellamt, wiederum gestützt auf § 19 Abs. 4 Nr. 2 GWB aF und § 29 S. 1 Nr. 1 GWB, Missbrauchsverfahren gegen 17 **Heizstromversorger** ein. Dabei ging das BKartA von räumlich auf das Gebiet des jeweiligen Versorgungsunternehmens beschränkten und sachlich gegenüber anderen Strom- und Wärmeenergiemärkten eigenständigen Märkten für Heizstrom aus.[93] Die Verfahren wurden mit einer Ausnahme (Entega) nach rund einem Jahr abgeschlossen. Vier Verfahren wurden wegen Nichterweislichkeit eines Missbrauchs eingestellt und 13 nach Zusagen der Unternehmen abgeschlossen, davon zwölf mit förmlichen **Entscheidungen nach § 32b GWB.** Alle Versorger (einschließlich der Vergleichsunternehmen) verpflichteten sich zu umfassenden marktöffnenden Maßnahmen, etwa in Gestalt der Verwendung temperaturabhängiger Lastprofile und zur Veröffentlichung dieser Lastprofile sowie der Heizstromtarife im Internet. Die 13 Unternehmen, gegen die sich der Missbrauchsverdacht erhärtet hatte, verpflichteten sich zusätzlich zu Rückerstattungen an ihre Heizstromkunden bzw. Preismoratorien im Umfang von insgesamt rund 27 Mio. Euro.[94] Im Verfahren gegen **Entega** erließ das BKartA am 19.3.2012 die bislang einzige (für die Jahre 2008 und 2009) auf § 29 GWB gestützte **Missbrauchsverfügung nach § 32 GWB,** mit welcher es feststellte, dass das Unternehmen von 2007 bis 2009 überhöhte Heizstrompreise verlangt habe und eine **Rückerstattung** an die Abnehmer anordnete.[95]

26    Die **Monopolkommission hat das Vorgehen des BKartA** in den Heizstromverfahren als methodisch fehlerhaft **kritisiert.** Sie hat darauf hingewiesen, dass die Heizstroman-

---

[87] BKartA TB 2007/2008, BT-Drs. 16/13500, 114 ff.
[88] BKartA 1.12.2008 – B 10 – 21/08, 6 f. Rn. 18 ff. – RheinEnergie AG; BKartA TB 2007/2008, BT-Drs. 16/13500, 115.
[89] Vgl. BKartA TB 2007/2008, BT-Drs. 16/13500, 118.
[90] BKartA TB 2007/2008, BT-Drs. 16/13500, 118.
[91] BKartA TB 2007/2008, BT-Drs. 16/13500, 118.
[92] BKartA TB 2009/2010, BT-Drs. 17/6640, 120.
[93] BKartA TB 2009/2010, BT-Drs. 17/6640, 116.
[94] BKartA TB 2009/2010, BT-Drs. 17/6640, 116 f.
[95] BKartA 19.3.2012 – B 10 – 16/09 – Entega; kritisch zu einer auf § 32 GWB aF gestützten (aber jedenfalls seit der 8. GWB-Novelle durch § 32 Abs. 2a ausdrücklich legitimierten) Anordnung von „Wiedergutmachungszahlungen" Kolpatzik/Berg WuW 2011, 712 (716, 721).

bieter oftmals noch nicht einmal kostendeckend operieren könnten; dies habe das BKartA zwar teilweise berücksichtigt, doch habe das Amt im Gegensatz zur gewöhnlichen Kostenprüfung in regulierten Industrien im Rahmen der Kostenprüfung die Kapitalkosten nicht explizit berücksichtigt. Dies sei fehlerhaft, weil daraus folge, dass die Erlöse eines Unternehmens bereits dann als missbräuchlich bewertet werden könnten, wenn diese es dem Unternehmen lediglich erlaubten, seine Kapitalkosten und damit auch Opportunitätskosten wie etwa Eigenkapitalkosten zu decken.[96] Ferner wurden auch die für den Erlösvergleich gewählten Zeiträume kritisiert: Das Amt habe Erlös- und Kostendaten für 2007 bis 2009 geprüft, dann aber das Preissetzungsverhalten in Bezug auf einzelne Jahre bewertet. Die Asymmetrie der Zeiträume für die Wahl von Vergleichsunternehmen und für die Feststellung eines Missbrauchs könnten nach Auffassung der Monopolkommission zu falschen Resultaten führen.[97]

Bis Ende 2016 wurden durch die **Landeskartellbehörden** im Jahre 2009 46, im Jahre **27** 2010 18, im Jahre 2011 acht, im Jahre 2012 ebenfalls acht, im Jahre 2013 fünf, im Jahre 2014 keine, im Jahre 2015 vier und im Jahre 2016 zwei Verfahren auf der Grundlage von § 29 GWB eingeleitet.[98] Davon endeten 20 mit Verpflichtungszusagen und eines mit einer Verfügung nach § 32 GWB, in 19 Fällen wurde das beanstandete Verhalten aufgegeben, ein Fall wurde an eine andere Behörde abgegeben und in 27 Fällen wurde aus anderen Gründen das Verfahren eingestellt.[99] Diese Verfahren bezogen sich ua auf Heizstrompreise.[100]

In **Gerichtsverfahren** hat § 29 GWB bisher, soweit ersichtlich, bis Mitte 2021 erst in **28** sechs Verfahren Erwähnung gefunden. In einem Beschluss des OLG Düsseldorf vom 20.5.2010 wies dieses die Beschwerde von Entega gegen ein Auskunftsersuchen des BKartA zurück.[101] In einem Urteil vom 30.12.2010 stellte das OLG Stuttgart fest, dass § 29 GWB auf den vor Inkrafttreten der Vorschrift spielenden Sachverhalt nicht anwendbar sei.[102] Das AG Euskirchen lehnte es in einem Urteil vom 3.5.2011 ab, in der Kündigung eines Gas-Sonderversorgungsvertrages einen Missbrauch iSv §§ 19, 29 GWB zu sehen, wenn die Abnehmer danach als Tarifkunden weiter beliefert würden.[103] In seinem Urteil vom 7.3.2017 unterstrich der BGH, dass „soweit das verlangte Entgelt der Höhe nach gegen das Verbot des § 29 GWB bzw. § 19 Abs. 1 i. V. m. Abs. 2 Nr. 2 GWB verstößt, […] lediglich der überhöhte Betrag nicht verlangt werden" kann.[104] Das OLG München lehnte 2017 die Unwirksamkeit eines langfristigen Stromliefervertrags mit der Begründung ab, dass die Klägerin eine marktbeherrschende Stellung der Rechtsvorgängerin der Beklagten nicht dargetan habe; zudem hätten die Entgelte die Kosten auch nicht in unzulässiger Weise überschritten.[105] 2022 zog das OLG Düsseldorf § 29 GWB im Rahmen eines Missbrauchsverfahrens in Bezug auf die Tarifspaltung bei der Grund- und Ersatzversorgung zwischen Alt- und Neukunden heran.[106]

---

[96] Monopolkommission Sondergutachten 59 S. 302 f. Rn. 729 ff.

[97] Monopolkommission Sondergutachten 59 S. 303 ff. Rn. 733 ff.

[98] BKartA TB 2009/2010, BT-Drs. 17/6640, 167; TB 2011/2012, BT-Drs. 17/13675, 137 ff.; TB 2013/2014, BT-Drs. 18/5210, 140 f.; BKartA TB 2015/2016, BT-Drs. 18/12760, 148 f.

[99] BKartA TB 2009/2010, BT-Drs. 17/6640, 167; TB 2011/2012, BT-Drs. 17/13675, 137 ff.; als mögliche andere Gründe führt das BKartA an: „Einstellung gem. § 47 OWiG und gem. § 170 Absatz 2 StPO, kein Anlass zum Tätigwerden (ohne förmliche Verfügung) und alle übrigen Gründe (zB Verjährung, Mangel an Beweisen, etc.)".

[100] Vgl. BKartA, Bericht Heizstrom vom September 2010, S. 10, wo das BKartA Heizstromverfahren erwähnt, während der TB 2009/2010 keine genaueren Angaben zum Gegenstand der 64 Verfahren macht.

[101] OLG Düsseldorf 20.5.2010 – VI-2 Kart 9/09 (V), 2 Kart 9/09, BeckRS 2010, 18157.

[102] OLG Stuttgart 31.12.2010 – 2 U 94/10, BeckRS 2010, 10029.

[103] AG Euskirchen 3.5.2011 – 17 C 1391/10, BeckRS 2011, 16469.

[104] BGH 7.3.2017 – EnZR 56/15, BeckRS 2017, 105624.

[105] OLG München 27.4.2017 – U 3922/15 Kart, NZKart 2017, 599 (600) – Virtuelles Kraftwerk.

[106] OLG Düsseldorf 1.4.2022 – 5 W 2/22 Kart, EnWZ 2022, 229 Rn. 25.

# B. Normvoraussetzungen

## I. Überblick

**29**   § 29 GWB ist in drei Sätze gegliedert. **Satz 1** bildet den Kern. Neben der Legaldefinition des Versorgungsunternehmens regelt S. 1 einen besonderen Fall des Ausbeutungsmissbrauchs und beschreibt dafür zwei Methoden zur Feststellung des Missbrauchsvorwurfs: Nr. 1 enthält das Vergleichsmarktkonzept samt der besonderen Rechtfertigungsregelung mit begrenzter Beweislastumkehr, Nr. 2 normiert erstmals ausdrücklich das Gewinnbegrenzungskonzept. **Satz 2** präzisiert, dass Kosten, die sich ihrem Umfang nach im Wettbewerb nicht einstellen würden, bei der Feststellung des Missbrauchs nach S. 1 nicht berücksichtigt werden dürfen (Als-Ob-Wettbewerbskonzept).[107] **Satz 3** stellt klar, dass die Norm die Anwendbarkeit der §§ 19, 20 GWB nicht berührt (dazu bereits → Rn. 12).

## II. Normadressaten

**30**   **1. Versorgungsunternehmen.** Normadressaten des § 29 GWB sind Versorgungsunternehmen, welche S. 1 als **„Anbieter von Elektrizität, Fernwärme oder leitungsgebundenem Gas" legal definiert.** Der Adressatenkreis ist damit deutlich enger als derjenige des § 19 GWB.[108] Diese Angebotstätigkeit muss unternehmerisch erfolgen. Hinsichtlich des kartellrechtlichen **Unternehmensbegriffs** als solchen bestehen keine Besonderheiten (dazu → § 1 Rn. 18 ff.). Wo das Unternehmen seinen Sitz hat, ist grds. irrelevant. Insoweit gilt auch mit Blick auf den internationalen Anwendungsbereich des § 29 GWB nach § 130 Abs. 2 GWB das Auswirkungsprinzip. Die Norm findet daher auch Anwendung auf **im Ausland ansässige Unternehmen,** soweit diese Strom oder Gas nach Deutschland einführen. Stromexporte werden nur von § 29 GWB erfasst, soweit davon hinreichende Rückwirkungen auf das Inland ausgehen.[109] Durch die Legaldefinition des § 29 S. 1 GWB wird der Adressatenkreis allerdings in zweifacher Weise beschränkt:

**31**   Erstens setzt die Norm eine **Angebotstätigkeit** voraus; die reine Eigenversorgung wird also nicht erfasst.[110] Erfolgt ein Angebot **gegenüber Dritten** ist unbeachtlich, auf welcher Spannungsebene bzw. Druckstufe es erfolgt, ob das Versorgungsunternehmen als Erzeuger, Importeur oder Weiterverteiler/Händler agiert und ob die Abnehmer ihrerseits Unternehmen (Weiterverteiler oder industrielle Abnehmer) oder private Endverbraucher sind.[111] Im weitgehend nicht markt-, sondern planwirtschaftlichen Grundsätzen folgenden Anwendungsbereich des EEG wird § 29 GWB nicht relevant, soweit die Preise staatlich reguliert sind.[112] Erfasst werden aber die Direktvermarktung von EEG-Strom[113] und die Vermarktung von EEG-Strom durch Übertragungsnetzbetreiber.[114] Das OLG München hat 2017 einen Markt für physische und virtuelle Kraftwerkebeteiligungen in Bezug auf eine von den Strom-Großhandelspreisen unabhängige, auf fiktiven Erzeugungskosten eines virtuellen Steinkohlekraftwerks basierende Preisvereinbarung angenommen, diese Auffassung aber

---

[107] Markert in MüKoWettbR Rn. 59; Becker in Bunte Rn. 65; Mohr in BerlKommEnergieR Anh B § 39 EnWG (§ 29 GWB) Rn. 60.

[108] Vgl. auch Judith in Theobald/Kühling MbA-EnW 160 Rn. 72.

[109] Markert in MüKoWettbR Rn. 18.

[110] Baron in FK-KartellR Rn. 71.

[111] Markert in MüKoWettbR Rn. 18.

[112] Vgl. Just in Schulte/Just Rn. 8; Becker in Bunte Rn. 16.

[113] Mohr in BerlKommEnergieR Anh B § 39 EnWG (§ 29 GWB) Rn. 68; s. dazu auch BKartA 8.12.2011 – B 8 – 94/11, S. 11 Rn. 30 aE – Stadtwerke Unna; zur Direktvermarktung nach § 33a EEG Wustlich/Müller ZNER 2011, 380 ff.

[114] Mohr in BerlKommEnergieR Anh B § 39 EnWG (§ 29 GWB) Rn. 69; Rostankowski ZNER 2010, 125 (126).

2019 aufgegeben und mit Blick auf die Frage der marktbeherrschenden Stellung stattdessen auf den Markt für den Erstabsatz von Strom abgestellt.[115]

Zweitens muss es sich um das Angebot **von Elektrizität, Fernwärme oder leitungs-** **32** **gebundenem Gas** handeln. Deshalb fallen einerseits **reine Netzbetreiber nicht** in den Anwendungsbereich des § 29, obwohl sie vom insoweit weiteren Begriff „Energieversorgungsunternehmen" (EVU) in § 3 Nr. 18 EnWG umfasst sind.[116] Ob der Anbieter auch ein Netz betreibt, ist für die Anwendung des § 29 GWB irrelevant, da § 29 GWB nur die dem Netz vor- und nachgelagerten Marktstufen erfasst, während der Netzbetrieb als solcher für das deutsche Recht abschließend im EnWG geregelt ist.[117]

Der **Anwendungsbereich** der Norm ist **in sachlicher Hinsicht** traditionell auf **Elek-** **33** **trizität** und **leitungsgebundenes Gas** beschränkt. Mit der „EnWG Osternovelle" wurde der Anwendungsbereich des § 29 GWB auch **auf die Fernwärme ausgedehnt** (→ Rn. 6).

„**Elektrizität**" meint dabei elektrischen Strom, gleich welcher Spannungsebene.[118] **34** Erfasst wird (obwohl eine begriffliche Einschränkung anders als beim Gas fehlt) nur das leitungsgebundene Stromangebot (nicht zB der Vertrieb mittels Batterien). Der Begriff „**Gas**" ist ebenfalls weit zu verstehen und umfasst alle Arten von Gas iSd § 3 Nr. 19a EnWG, unabhängig vom Aggregatzustand,[119] neben Erdgas also insbesondere auch Biogas und Flüssiggas,[120] soweit es **durch ein Gasversorgungsnetz** iSd § 3 Nr. 20 EnWG geliefert wird.[121] Gleiches gilt für Wasserstoff iSd § 3 Nr. 19a EnWG. Nicht erfasst wird demgegenüber das Angebot von Tank- oder Flaschengas.[122] Wärmelieferungen fallen nach der Definition des BGH unter den Begriff „**Fernwärme**", wenn „aus einer nicht im Eigentum des Gebäudeeigentümers stehenden Heizungsanlage von einem Dritten nach unternehmenswirtschaftlichen Gesichtspunkten eigenständig Wärme produziert und an andere geliefert" wird. Der BGH hat hinzugesetzt, dass es auf die Nähe der Anlage zu dem versorgten Gebäude oder das Vorhandensein eines größeren Leitungsnetzes nicht ankomme. Auch Nahwärmelösungen fallen daher (entgegen dem natürlichen Wortsinn) unter den Begriff der Fernwärme.[123]

**2. Marktbeherrschende Stellung. a) Allgemeines.** Wie § 19 GWB erfasst auch § 29 **35** GWB nur das Verhalten marktbeherrschender Unternehmen und verbietet es demgemäß einem Versorgungsunternehmen „auf einem Markt, auf dem es allein oder zusammen mit anderen Versorgungsunternehmen eine marktbeherrschende Stellung hat, diese Stellung missbräuchlich auszunutzen". Ob eine marktherrschende Stellung vorliegt, bestimmt sich **nach Maßgabe des § 18 GWB.**

Die Ermittlung einer marktbeherrschenden Stellung setzt nach ganz hM eine sachliche, **36** räumliche und ggf. zeitliche **Marktabgrenzung nach allgemeinen Regeln** voraus.[124] Die hM und Praxis gehen heute von getrennten Märkten für Elektrizität und Gas aus (dazu im Einzelnen sogleich → Rn. 38 ff.). Insbesondere wird die **Existenz eines „einheitlichen Wärmemarktes"**, der neben Erdgas auch andere Energieträger wie Heizöl, Strom, Holzpellets, Kohle und Fernwärme umfasst, (entgegen einem in diese Richtung abschwei-

---

[115] S. OLG München 27.4.2017 – U 3922/15 Kart, NZKart 2017, 599 – Virtuelles Kraftwerk; revidiert durch OLG München 18.7.2019 – 29 U 2041/18 Kart, EuWZ 2020, 21 – Virtuelle Kraftwerksscheibe.
[116] Markert in MüKoWettbR Rn. 17; Baron in FK-KartellR Rn. 71; Thoma in Berg/Mäsch Rn. 4.
[117] → Rn. 14 f.; ferner Bechtold/Bosch Rn. 7; Baron in FK-KartellR Rn. 70.
[118] Baron in FK-KartellR Rn. 72.
[119] Markert in MüKoWettbR Rn. 19.
[120] Ebenso Haellmigk in BeckOK KartellR GWB Rn. 8; wohl eher scheinbar aA Becker in Bunte Rn. 12, die eine Anwendbarkeit auf Flüssiggas verneint, zur Begründung aber auf die fehlende Leitungsgebundenheit abstellen. In der Tat wird Flüssiggas in der Praxis derzeit, soweit ersichtlich, nicht durch Leitungsnetze angeboten.
[121] Markert in MüKoWettbR Rn. 19; Baron in FK-KartellR Rn. 72.
[122] Zur Beschränkung auf leitungsgebundenes Gas auf Empfehlung des Wirtschaftsausschusses → Rn. 4 aE.
[123] BGH 25.10.1989 – VIII ZR 229/88, NJW 1990, 1181.
[124] Dazu → FKVO (6. Aufl. 2020) Art. 2 Rn. 16 ff.; → § 18 Rn. 26 ff.

fenden, vereinzelt gebliebenen Urteil des BGH[125]) heute sowohl vom BGH[126] als auch von der ganz überwiegenden Meinung **verneint.**[127]

37    Bei der Marktabgrenzung ist der **Dynamik der Entwicklung der Energiemärkte** Rechnung zu tragen. So haben ua der zunehmende Wettbewerb, Produktionsverschiebungen (Stichwort: Energiewende), Änderungen des Nachfrageverhaltens, der technische Fortschritt sowie Verbesserungen bei der Netzdurchleitung und beim Ausbau von Grenzkuppelstellen zu **wiederholten Anpassungen bei der Marktabgrenzung** geführt und werden weitere Anpassungen nach sich ziehen.[128] Im Detail hat sich die Praxis bei der sachlichen Marktabgrenzung von einer strikt an Kundengruppen und Distributionsstufen orientierten Betrachtung sowie teilweise auch vom Bedarfsmarktkonzept gelöst.[129] Auch bei der räumlichen Marktabgrenzung ist infolge von Liberalisierung und Netzregulierung eine Entwicklung weg von den traditionell an den Absatzgebieten der früheren Monopolisten orientierten (und damit regionalen) und hin zu einer weiträumigeren (zunehmend bundesweiten) Marktabgrenzung zu verzeichnen.[130] Schließlich haben sich auch in der Terminologie Modifikationen ergeben. So werden die Endkunden heute bei Elektrizität und Gas in **SLP-Kunden** (Belieferung nach Standard-Lastprofil, früher idR Haushaltskunden bzw. HuK-Kunden) und **RLM-Kunden** (Belieferung anhand registrierender Leistungsmessung, früher idR Industriekunden) unterteilt.[131] Im Mittelpunkt der bisherigen Praxis zu § 29 GWB standen die Endkundenmärkte für Gas und Heizstrom (→ Rn. 24 f.). § 29 GWB erfasst **nur die dem Netz vor- und nachgelagerten Märkte** (→ Rn. 14 f.). Die der Regulierung nach dem EnWG unterliegende Netzebene kann daher nachfolgend außer Betracht bleiben.

38    **b) Elektrizität.** Elektrischer Strom ist ein homogenes Gut, das sich derzeit nicht in nennenswertem Maße speichern lässt, so dass die erzeugte Strommenge und der Verbrauch in jedem Zeitpunkt gleich sein müssen. Deshalb werden, wie das BKartA zu Recht betont hat, auf den Strommärkten **genaugenommen Strombezugsrechte gehandelt,** die über einen bestimmten Zeitraum hinweg zu einer spezifizierten Entnahme von Strom aus dem Netz berechtigen und den Veräußerer dieses Rechts verpflichten, in diesem Zeitraum die entsprechende Strommenge dem Netz zur Verfügung zu stellen.[132] Trotz partieller Austauschbarkeit mit anderen Energieträgern handelt es sich bei der Versorgung mit Elektrizität um einen **eigenständigen, in mehrere Einzelmärkte unterteilbaren Marktbereich.**[133] Das BKartA unterscheidet zunächst **drei Marktstufen:** Die Import- und Erzeugerstufe, die Distributionsstufe und die Letztverbraucherstufe.[134]

---

[125] BGH 13.6.2007 – VIII ZR 36/06, BGHZ 172, 315 (327 f.) (zu § 315 BGB); nachdrücklich auch Klaue ZNER 2008, 107 (110 f.); weitere Nachweise für in die gleiche Richtung gehende OLG-Entscheidungen und Literaturstimmen bei Körber/Fricke N&R 2010, 222 (223 f.).

[126] Gegen die Annahme eines einheitlichen Wärmemarktes für Zwecke des Kartellrechts BGH 29.4.2008 – KZR 2/07, NJW 2008, 2172 f. – Erdgassondervertrag; auf diese Linie einlenkend auch wieder BGH 19.11.2008 – VIII ZR 138/07, NJW 2009, 502 (503) – Stadtwerke Dinslaken.

[127] BKartA 30.11.2009 – B 8 – 107/09, S. Rn. 53 – Integra/Thüga; Monopolkommission Sondergutachten 59 S. 93 Rn. 162 f.; Mohr in BerlKommEnergieR Anh B § 39 EnWG (§ 29 GWB) Rn. 93 f.; vgl. Thoma in Berg/Mäsch Rn. 13; eingehend mit zahlreichen weiteren Nachweisen Körber/Fricke N&R 2010, 222 ff.

[128] Vgl. Monopolkommission, Hauptgutachten 19, BT-Drs. 17/10365, S. 282 Rn. 688; Monopolkommission., Sondergutachten 59, S. 88 Rn. 149; Monopolkommission, Sondergutachten 65, S. 254 Rn. 508 („keine wesentlichen neuen Entwicklungen" seit dem 19. Hauptgutachten); Mohr in BerlKommEnergieR Anh B § 39 EnWG (§ 29 GWB) Rn. 74; Glaeve ZfE 2008, 120 ff.; Glaeve. ZfE 2010, 101 ff.

[129] Becker/Blau Preismissbrauchsnovelle Rn. 76; Glaeve ZfE 2010, 101 (102) (Ergänzung des Bedarfsmarktkonzepts durch Betrachtung der Anbieterseite); auch → Rn. 39.

[130] Becker/Blau Preismissbrauchsnovelle Rn. 77; Röhling in Kölner Komm KartellR Rn. 15 f.; zur Entwicklung auch Glaeve ZfE 2008, 120 ff.; Glaeve. ZfE 2010, 101 (105).

[131] Becker/Blau Preismissbrauchsnovelle Rn. 76; Röhling in Kölner Komm KartellR Rn. 26.

[132] BKartA 30.11.2009 – B 8 – 107/09, S. 9 Rn. 25 – Integra/Thüga.

[133] Markert in MüKoWettbR Rn. 21; Schwensfeier in LMRKM Rn. 19 ff.

[134] BKartA 30.11.2009 – B 8 – 107/09, S. 9 Rn. 25 – Integra/Thüga; s. auch Monopolkommission Sondergutachten 59, S. 85 Rn. 142 f.; vgl. auch Schwensfeier in LMRKM Rn. 19 ff.

**aa) Import- und Erzeugerstufe.** Auf der Erzeugerstufe grenzt das BKartA im Einklang  **39** mit der Rechtsprechung des OLG Düsseldorf[135] und des BGH[136] in sachlicher Hinsicht einen **Markt für den erstmaligen Absatz von Strom** ab. Auf diesem Markt stehen sich regionale Weiterverteiler als Nachfrager und überregionale Fernversorgungsunternehmen (Produzenten oder Importeure) als Anbieter gegenüber. **Außer Betracht** bleibt in der Praxis die **bloße Weiterverteilung des Stroms** durch Zwischenhändler, weil nach Auffassung des BGH von Weiterverteilungsunternehmen keine relevanten wettbewerblichen Impulse auf die stromerzeugenden und -importierenden Unternehmen ausgehen.[137] Darin kann eine **partielle Abkehr vom Bedarfsmarktkonzept** gesehen werden, da es aus der Sicht der Nachfrager mit Blick auf die Homogenität des elektrischen Stroms (bzw. den Umstand, dass im Grunde Strombezugsrechte gehandelt werden) irrelevant ist, ob der ihnen angebotene Strom erstmals abgesetzt wird oder bereits vorher gehandelt wurde.[138] Einen Markt für physische oder und virtuelle Kraftwerksbeteiligung hat das OLG München zwar in einer älteren Entscheidung angenommen.[139] Das Gericht hat diese Auffassung zwischenzeitlich aber wieder verworfen und das betreffende Verhalten dem Markt für den erstmaligen Absatz von Strom zugeordnet.[140]

In gegenständlicher Hinsicht werden sämtliche, auf dem deutschen Markt zur Verfügung  **40** stehenden Strommengen erfasst, dh Elektrizität, die entweder in Deutschland erzeugt oder aus dem Ausland nach Deutschland importiert wird.[141] Davon **abzuziehen** sind nach Auffassung des BKartA die **Regelenergie,** die auf einem separaten Markt angeboten wird,[142] sowie der **EEG-Strom,** dessen Erzeugung und Angebot ebenfalls weitgehend von den Marktmechanismen aus dem Bereich der allgemeinen Stromerzeugung entkoppelt sind.[143] In Bezug auf Regelenergie, Systemdienstleistungen und EEG-Strom geht die Praxis also von **gesonderten Märkten** aus,[144] soweit man im EEG-Bereich überhaupt von einem „Markt" sprechen kann (→ Rn. 31).

**In räumlicher Hinsicht** hat der BGH den Markt für den erstmaligen Absatz von Strom  **41** im Jahre 2008 im Beschluss E.ON/Stadtwerke Eschwege bundesweit abgegrenzt. Ein europaweiter Markt bestehe angesichts der begrenzten Übertragungskapazität der Grenzkuppelstellen noch nicht.[145] Das BKartA ist demgegenüber in seiner Sektoruntersuchung Stromerzeugung und Stromgroßhandel 2011 bereits von einem integrierten **deutsch-österreichischen Markt** ausgegangen und hat diese Abgrenzung in der Entscheidung Stadtwerke Unna bekräftigt.[146] Allerdings hat **ACER 2016** die **Trennung dieser einheit-**

---

[135] OLG Düsseldorf 6.6.2007 – VI-2 Kart 7/04 (V), WuW/E DE-R 2094 Rn. 31 ff. – E.ON/Stadtwerke Eschwege.

[136] BGH 11.11.2008 – KVR 60/07, WuW/E DE-R 2451 = NJW-RR 2009, 264 Rn. 14 ff. – E.ON/Stadtwerke Eschwege.

[137] BGH 11.11.2008 – KVR 60/07, WuW/E DE-R 2451 = NJW-RR 2009, 264 Rn. 16 ff. – E.ON/Stadtwerke Eschwege; mit Blick auf die Begründung des BGH kritisch Monopolkommission Sondergutachten 59, S. 90 Rn. 154 f.

[138] Monopolkommission Sondergutachten 59, S. 89 Rn. 152 f.

[139] OLG München 27.4.2017 – U 3922/15 Kart, NZKart 2017, 599 – Virtuelles Kraftwerk.

[140] OLG München 18.7.2019 – 29 U 2041/18 Kart, EuWZ 2020, 21 – Virtuelle Kraftwerksscheibe.

[141] BKartA 30.11.2009 – B 8 – 107/09, S. 9 Rn. 26, S. 10 Rn. 30 – Integra/Thüga; dem grds. zustimmend auch Monopolkommission Sondergutachten 59, S. 89 Rn. 152 f.

[142] BKartA 8.12.2011 – B 8 – 94/11, S. 10 Rn. 29 – Stadtwerke Unna; s. auch BKartA, Sektoruntersuchung Stromerzeugung und Stromgroßhandel, Januar 2011, S. 71 f.; vgl. auch Pritzsche/Vacha EnergieR § 9 Rn. 40.

[143] BKartA 8.12.2011 – B 8 – 94/11, S. 11 Rn. 30 – Stadtwerke Unna; s. auch BKartA, Sektoruntersuchung Stromerzeugung und Stromgroßhandel, Januar 2011, S. 73 f.; dazu kritisch Säcker et 2011, 74 (75); vgl. die kritische Würdigung und nach Energiequellen differenzierte Betrachtung bei Monopolkommission, Sektorgutachten 7, S. 23 ff.; Sektorgutachten 8 S. 12 f.

[144] S. auch Monopolkommission Sondergutachten 59, S. 85 Rn. 143; Pritzsche/Vacha EnergieR § 9 Rn. 26.

[145] BGH 11.11.2008 – KVR 60/07, WuW/E DE-R 2451 = NJW-RR 2009, 264 Rn. 24 – E.ON/Stadtwerke Eschwege. Ebenso mit Blick auf andere Länder mit Ausnahme Österreichs BKartA, Sektoruntersuchung Stromerzeugung und Stromgroßhandel, Januar 2011, S. 81 f.

[146] BKartA, Sektoruntersuchung Stromerzeugung und Stromgroßhandel, Januar 2011, S. 75 ff.; BKartA 8.12.2011 – B 8 – 94/11, S. 13 Rn. 36 ff. – Stadtwerke Unna.

**lichen Strompreiszone angeordnet.**[147] Daraufhin einigten sich BNetzA und E-Control auf die Einführung eines Engpassmanagements an der deutsch-österreichischen Grenze zum 1.10.2018.[148] Die Rechtmäßigkeit der Trennung der deutsch-österreichischen Stromgebotszone wird in der Literatur aus EU-rechtlichen Gründen kritisiert,[149] aber in der Praxis akzeptiert.[150] Mittlerweile existiert eine **deutsch-luxemburgische Preiszone**[151] und damit auch ein deutsch-luxemburgisches Marktgebiet. Dass die eingeräumten Kapazitäten zu einem häufigen Ausgleich der Strompreise in den beiden (deutsch-luxemburgischen und österreichischen) Gebieten führen und daher von einem einheitlichen Markt ausgegangen werden könnte, ist aktuell nicht ersichtlich[152]. Entscheidend sind ausreichende Grenzkapazitäten.[153]

42      Mit Blick auf die Feststellung einer **Marktbeherrschung** erachtete der BGH **in der Vergangenheit** im Beschluss *E.ON/Stadtwerke Eschwege* die Annahme eines marktbeherrschenden **Duopols** von E.ON und RWE durch das BKartA und das OLG Düsseldorf für korrekt, aber auch ein **Vierer-Oligopol** unter Einbeziehung von Vattenfall und EnBW für möglich. Der BGH stellte zur Begründung auf den hohen Anteil von E.ON und RWE an der bundesweiten Nettostromerzeugung von 57 % ab und betonte das Fehlen hinreichenden Binnenwettbewerbs und eine in ihrer Gesamtheit im Verhältnis zu ihren Wettbewerbern überragende Marktstellung.[154] In seiner Sektoruntersuchung Stromerzeugung und Stromgroßhandel 2011 sah das BKartA noch keinen Anlass, die Annahme eines Duopols (bzw. ggf. auch eines Oligopols unter Einschluss von Vattenfall und EnBW) in Zweifel zu ziehen.[155] Das BKartA hielt es in Anwendung des sog. **„Residual-Supply-Index" (RSI)** sogar für möglich, dass jedes der vier benannten Unternehmen als allein marktbeherrschend anzusehen sei. Es führte dazu aus: „Der Index gibt an, ob die im Markt verbleibende Kapazität, wenn Unternehmen i ausfällt, ausreicht, um die Gesamtnachfrage zu decken. Ist der Index kleiner 1, dann wird Unternehmen i benötigt, um die Gesamtnachfrage im Markt zu decken. Unternehmen i ist dann *unverzichtbarer* (i. e. pivotaler) Anbieter. Das Unternehmen kann sich in wesentlichem Umfang unabhängig von seinen Wettbewerbern und Abnehmern verhalten".[156] In Anwendung dieses Tests kam es zu dem Schluss, dass im Untersuchungszeitraum E.ON, RWE und Vattenfall sowie jedenfalls 2007 auch EnBW unverzichtbar und damit individuell marktbeherrschend gewesen seien.[157] Dies erschien bereits damals zweifelhaft, da der marktstrukturbezogene RSI für sich genommen noch keinen Aufschluss darüber gibt, ob das betreffende Unternehmen auch unter realen Wettbewerbsbedingungen in der Lage ist, unabhängig von den Wettbewerbern zu agieren.[158]

43      In seinem **Marktmachtbericht 2020**[159] vom 28.12.2020[159] hat das BKartA den „Residual-Supply-Index" (RSI) Ansatz weiter ausgebaut und ausgeführt, dass es aufgrund der besonderen Eigenschaften des Strommarktes in ständiger Praxis eine umfassende Pivotalana-

---

[147] ACER, Entscheidung 06/2016 vom 17.11.2016.
[148] BNetzA, Pressemitteilung „Deutschland und Österreich: Einigung auf gemeinsamen Rahmen für Engpassmanagement" vom 15.5.2017.
[149] König/Baumgart EuZW 2018, 491.
[150] Monopolkommission, Sektorgutachten 8, S. 13 f.: BKartA, Fallbericht vom 31.5.2019 zum Zusammenschluss E.ON SE/RWE AG vom 26.2.2019, Az. B8-28/19, S. 6.
[151] Vgl. BKartA/BNetzA, Monitoringbericht 2021, S. 226.
[152] Mit Gegenüberstellung auch zu den anderen angrenzenden Gebotszonen bei Monopolkommission Sektorgutachten 8 S. 14.
[153] Monopolkommission, Sektorgutachten 8, S. 13 f.
[154] BGH 11.11.2008 – KVR 60/07, WuW/E DE-R 2451 = NJW-RR 2009, 264 Rn. 26 ff., 57 – E.ON/Stadtwerke Eschwege.
[155] BKartA, Sektoruntersuchung Stromerzeugung und Stromgroßhandel, Januar 2011, S. 94 f.
[156] BKartA, Sektoruntersuchung Stromerzeugung und Stromgroßhandel, Januar 2011, S. 98 (Hervorhebung im Original).
[157] BKartA, Sektoruntersuchung Stromerzeugung und Stromgroßhandel, Januar 2011, S. 113.
[158] So zu Recht auch Säcker et 2011, 74 (78 f.); Mohr in BerlKommEnergieR Anh B § 39 EnWG (§ 29 GWB) Rn. 91.
[159] BKartA, Wettbewerbsverhältnisse im Bereich der Erzeugung elektrischer Energie 2020 (Marktmachtbericht 2020) vom 28.12.2020, aufrufbar von der Webseite des BKartA (www.bundeskartellamt.de).

lyse mit Hilfe des RSI verwende, um die Marktmachtverhältnisse auf dem Stromerstabsatz-markt festzustellen.[160] Dabei sieht das BKartA die **Grenze** für die Annahme der Markt-beherrschung üblicherweise bei **5 Prozent der Jahresstunden.**[161] Angesichts der **aktuellen Entwicklungen,** insbesondere auch im Lichte des Atom- und Kohleausstiegs, dürfte **heute keiner** der früheren Platzhirsche mehr als **marktbeherrschend** anzusehen sein.[162]

**bb) Distributionsstufe.** Der Distributionsstufe sind nach Auffassung des BKartA sämtli- **44** che Unternehmen zuzurechnen, die mit Strom handeln, Strom verkaufen oder nicht zum eigenen Verbrauch kaufen, namentlich regionale Energieversorgungsunternehmen, Stadt-werke und vertikal integrierte EVU, die sich über konzerneigene Stadtwerke und Regio-nalversorger sowie über spezialisierte Tochtergesellschaften am Handel beteiligen, ferner Energiehändler und Banken im Terminhandel. Dabei ist irrelevant, ob die Unternehmen Strom direkt an die Endverbraucher oder an andere **Zwischenhändler** verkaufen.[163]

**In sachlicher Hinsicht** kommt die **Abgrenzung verschiedener Großhandelsmärk- 45 te für Strom** in Betracht. Eine genaue Abgrenzung einzelner Märkte auf dieser Stufe war in der Praxis bisher nicht erforderlich.[164] Das BKartA hat dazu in der Entscheidung Integra/Thüga (letztlich offenlassend) ausgeführt: „Auf der Distributionsstufe ist die Ab-grenzung verschiedener Großhandelsmärkte, auf denen Strombezugsrechte gehandelt wer-den, denkbar. Eine mögliche Unterscheidung verschiedener Großhandelsmärkte könnte sich entsprechend der Fristigkeit der gehandelten Strombezugsrechte ergeben und eigen-ständige Märkte für den Spothandel und den Terminhandel begründen. Weiterhin könnten Großhandelsmärkte danach unterschieden werden, ob Strombezugsverträge an der Strom-börse, über Broker als Over-the-Counter-Geschäfte (fortan: OTC-Geschäfte) oder direkt durch bilaterale Verträge gehandelt werden. Ferner könnten Großhandelsmärkte auch nach den gehandelten Stromprodukten (beispielsweise Baseload- oder Peak-Stromlieferungen) separiert werden".[165]

**In räumlicher Hinsicht** dürften diese Märkte **bundesweit** abzugrenzen sein.[166]   **46**

Mit Blick auf **potentielle Machtmissbräuche** durch marktbeherrschende Stromhändler **47** hat die Monopolkommission die Möglichkeit einer **Kapazitätszurückhaltung** bei sekun-där gehandeltem Strom (mit der Folge überhöhter Preise auf den Endkundenmärkten) und Rückwirkungen der Zwischenmärkte auf die Missbrauchsanreize auf dem Erstabsatzmarkt hervorgehoben.[167] Darüber hinaus wies sie ausdrücklich auf die Entscheidung des BKartA hin, dass es sich auch bei dem Angebot durch die Energieversorger von Kapazität mit Mark-ups um eine Kapazitätszurückhaltung handeln könne.[168] Allerdings ist nicht jede Kapazitätszurückhaltung ohne Weiteres missbräuchlich. Eine Kapazitätszurückhaltung **kann** aus verschiedenen Gründen **sachlich gerechtfertigt sein.**[169] Dies kann aufgrund

---

[160] BKartA, Marktmachtbericht 2020, Rn. 55 ff.; dazu auch ausführlich Thoma in Berg/Mäsch Rn. 19 ff.
[161] Monopolkommission, Sektorgutachten Energie 2019 Rn. 22.
[162] Markert in MüKoWettbR § 29 Rn. 23; vgl. BKartA, Fallbereicht vom 31.5.2019 zum Zusammen-schluss E.ON SE/RWE AG vom 26.2.2019, Az. B8-28/19, S. 6 ff. S. auch Mohr in BerlKommEnergieR Anh B § 39 EnWG (§ 29 GWB) Rn. 92 unter Verweis auf Monopolkommission, Sektorgutachten Energie 2015 Rn. 88 und Sektorgutachten Energie 2017 Rn. 127.
[163] BKartA 30.11.2009 – B 8 – 107/09, S. 9 Rn. 27 – Integra/Thüga.
[164] Monopolkommission Sondergutachten 59, S. 86 Rn. 143 sowie (dieser Annahme zustimmend) Mono-polkommission Sondergutachten 59, S. 90 Rn. 156.
[165] BKartA 30.11.2009 – B 8 – 107/09, S. 11 Rn. 31 – Integra/Thüga.
[166] Klaue/Schwintowski BB Beilage 1/2010, 1 (5).
[167] Monopolkommission Sondergutachten 59, S. 90 Rn. 154 f.; vgl. auch § 47e GWB, der ausweislich der RegBegr zum MarktransparenzstellenG, BT-Drs. 7/10060, 25 auch dazu dient, Kapazitätszurückhaltungen transparent zu machen und dadurch zur missbräuchlichen Zurückhaltung von Stromerzeu-gungskapazitäten auch Schwintowski/Klaue/Sauer EWeRK 2016, 383.
[168] Monopolkommission, Sektorgutachten 7, S. 21 f.; BKartA, Sektoruntersuchung Stromerzeugung und -großhandel, S. 191 ff.
[169] Dazu im Einzelnen BKartA/BNetzA, Leitfaden für die kartellrechtliche und energiegroßhandelsrecht-liche Missbrauchsaufsicht im Bereich Stromerzeugung/-großhandel, Rn. 58 ff.; zur Rechtfertigung von Mark-ups s. BKartA, Sektoruntersuchung Stromerzeugung und -großhandel, S. 193 ff.

gesetzlicher oder behördlicher Vorgaben, aber auch aus wirtschaftlichen Gründen der Fall sein, zB bei einer Kapazitätszurückhaltung für die Bereitstellung von Ausgleichs- und Regelenergie[170] oder nach Auffassung des BKartA sogar unter Hinweis auf die fehlende Vollkostendeckung für den Kraftwerkspark eines Anbieters aus allen Vermarktungswegen.[171]

**48**   **cc) Letztverbraucherstufe.** Auf der Letztverbraucherstufe (Endkundenstufe) treten den Stromanbietern private und unternehmerische Kunden gegenüber, **welche elektrischen Strom zum eigenen Verbrauch nachfragen.** Auf dieser Stufe hat das BKartA bislang **vier getrennte Märkte** abgegrenzt: einen Markt für die Belieferung von RLM-Kunden und drei Märkte für die Belieferung von SLP-Kunden.[172]

**49**   Auf dem **Markt für die Belieferung von RLM-Kunden** fragen Großkunden Strom nach, deren Verbrauch durch eine registrierende Leistungsmessung (RLM) erfasst wird.[173] RLM-Kunden sind erheblich preissensibler und wechselfreudiger als normale Haushaltskunden, weil für sie Strom als Produktions- und damit Kostenfaktor relevant ist.[174] Sie decken ihre Nachfrage daher oft auch als direkte Nachfrager auf den Großhandelsmärkten.[175]

**50**   Auf dem **Markt für die Belieferung von Grundversorgungskunden** fragen Haushaltskunden beim für das bestreffende Gebiet als Grundversorger fungierenden EVU Strom nach, deren Verbrauch auf der Basis von Standardlastprofilen (SLP) und ohne registrierende Leistungsmessung und zu Allgemeinen Preisen und Allgemeinen Bedingungen iSd § 36 Abs. 1 EnWG und des § 38 Abs. 1 EnWG abgerechnet wird.[176]

**51**   Der **Markt für die Belieferung von Sondervertragskunden** umfasst alle Letztverbraucher, deren Verbrauch von elektrischer Energie auf der Basis eines Standardlastprofils ohne registrierende Leistungsmessung außerhalb Allgemeiner Preise abgerechnet wird.[177] Sondervertragskunden sind (was ihr auf einem Wechsel beruhendes Sondervertragsverhältnis belegt) tendenziell flexibler, informierter und wechselwilliger als Grundversorgungskunden.[178] Anbieter kann der Grundversorger (aufgrund eines von der Grundversorgung abweichenden Vertrages) oder ein anderes Versorgungsunternehmen sein.

**52**   Schließlich existiert ein gesonderter **Markt für die Belieferung von Heizstromkunden.** Auch bei diesen erfolgt die Abrechnung auf der Basis eines Standardlastprofils. Sie nutzen Strom insbesondere für Nachtspeicherheizungen oder Wärmepumpen und unterscheiden sich von den übrigen SLP-Kunden durch ein abweichendes Nutzerprofil, da die Abnahme von Heizstrom deutlich höher als die von Haushaltsstrom und zudem außentemperaturabhängig ist. Heizstrom wird im Gegensatz zu Haushaltstrom primär nachts nachgefragt. Schließlich unterscheidet sich das Preisniveau deutlich von demjenigen von Haushaltsstrom. Haushaltsstrom und Heizstrom sind daher grds. nicht miteinander austauschbar.[179]

**53**   In **räumlicher Hinsicht** werden der Markt für die Belieferung von **Grundversorgungskunden** und der Markt für die Belieferung von **Heizstromkunden regional** nach

---

[170] Becker/Breuer in Schneider/Theobald EnergieWirtschaftsR-HdB § 13 Rn. 71.

[171] BKartA/BNetzA, Leitfaden für die kartellrechtliche und energiegroßhandelsrechtliche Missbrauchsaufsicht im Bereich Stromerzeugung/-großhandel, Rn. 59; kritisch dazu Monopolkommission, Sektorgutachten 7, S. 30 ff.

[172] Kritisch gegenüber der Bildung mehrerer Teilmärkte für SLP-Kunden Koleva S. 212 ff.

[173] BKartA 30.11.2009 – B 8 – 107/09, 11 Rn. 33 – Integra/Thüga (mit erklärenden Ausführungen zur registrierenden Leistungsmessung).

[174] BKartA 30.11.2009 – B 8 – 107/09, 11 Rn. 33 – Integra/Thüga; Mohr in BerlKommEnergieR Anh B § 39 EnWG (§ 29 GWB) Rn. 78.

[175] Monopolkommission Sondergutachten 59, S. 86 Rn. 143.

[176] BKartA 30.11.2009 – B 8 – 107/09, 13 Rn. 35 – Integra/Thüga.

[177] BKartA 30.11.2009 – B 8 – 107/09, 14 Rn. 36 – Integra/Thüga.

[178] BKartA 30.11.2009 – B 8 – 107/09, 14 Rn. 37 – Integra/Thüga.

[179] BKartA 19.3.2012 – B 10 – 16/09, 7 f. Rn. 19 ff. – Entega; BKartA 30.11.2009 – B 8 – 107/09, 15 Rn. 38 – Integra/Thüga.

den Versorgungsgebieten der Grundversorger[180] bzw. Heizstromanbieter[181] abgegrenzt. Das folgt hinsichtlich der Grundversorgungskunden bereits daraus, dass es für ein bestimmtes Gebiet nach § 36 EnWG, § 1 Abs. 3 StromGVV nur einen Grundversorger gibt und für die Heizstromkunden daraus, dass de facto in Ermangelung konkurrierender Angebote keine Wechselmöglichkeiten bestehen.[182] Der Markt für die Belieferung von **RLM-Kunden** und der Markt für die Belieferung von **Sondervertragskunden** werden demgegenüber **bundesweit** abgegrenzt, weil diese Kundengruppen bundesweit nach den für sie günstigen Anbietern suchen.[183]

Mit Blick auf die Frage nach der Marktbeherrschung von Versorgungsunternehmen ist **54** ebenfalls zu differenzieren: Die **Grundversorger** haben aus rechtlichen Gründen (§ 36 EnWG, § 1 Abs. 3 StromGVV) eine **Monopolstellung** inne.[184] Auch die **Heizstromanbieter** verfügen de facto über eine marktbeherrschende, oftmals quasi-monopolistische Marktstellung mit Marktanteilen von mehr als 90 %, oft sogar praktisch 100 %.[185] Demgegenüber verfügen die **Anbieter von Strom für RLM-Kunden und Sondervertragskunden regelmäßig** über **keine marktbeherrschende Stellung.** Dies gilt mit Blick auf die disziplinierende Wirkung der Wechseldrohung und die bundesweite Marktabgrenzung auch dann, wenn sie in ihrem angestammten Versorgungsgebiet noch über sehr hohe Marktanteile verfügen.[186]

**c) Gas.** Wie bereits beim elektrischen Strom geht die Praxis auch in Bezug auf das **55** Angebot von leitungsgebundenem Gas von einem **eigenständigen, in mehrere Einzelmärkte unterteilbaren Marktbereich** aus (insbesondere wird die Annahme eines einheitlichen Wärmemarktes ganz überwiegend abgelehnt, dazu bereits → Rn. 36).

In sachlicher Hinsicht hat das BKartA noch genauer unterschieden. Es hat **separate 56 Märkte für Erdgas** angenommen und unterscheidet, nachdem es zunächst wie beim elektrischen Strom nur drei Marktstufen,[187] dann zwischenzeitlich vier Marktstufen unterschieden hatte,[188] nunmehr wieder **drei Marktstufen:** eine Gasgroßhandelsstufe und zwei Distributionsstufen (Distributionsstufe und Letztverbraucherstufe).[189] Dies trägt dem Umstand Rechnung, dass die Gasversorgung im Gegensatz zur Stromversorgung durch einen geringen Anteil inländischer Förderkapazitäten und ein hohes Maß von Importen geprägt ist.

**aa) Großhandelsstufe.** Zwischenzeitlich war das BKartA von einer separaten Import- **57** und Erzeugerstufe ausgegangen, auf der sich in- und ausländische Produzenten und überregionale Ferngasgesellschaften gegenüberstehen und auf die dann eine Großhandelsstufe folgte, auf der überregionale Ferngasunternehmen Weiterverteiler und Großabnehmer belieferten.[190] Von dieser Unterscheidung ist das BKartA nunmehr abgerückt. Es unter-

[180] BKartA 30.11.2009 – B 8 – 107/09, 17 Rn. 41 – Integra/Thüga; BKartA 8.12.2011 – B 8 – 94/11, 14 Rn. 39 – Stadtwerke Unna.
[181] BKartA 19.3.2012 – B 10 – 16/09, 9 Rn. 23 f. – Entega; BKartA 30.11.2009 – B 8 – 107/09, 17 Rn. 41 – Integra/Thüga; BKartA 8.12.2011 – B 8 – 94/11, 14 Rn. 40 – Stadtwerke Unna.
[182] BKartA 19.3.2012 – B 10 – 16/09, 9 Rn. 24 – Entega; BKartA 30.11.2009 – B 8 – 107/09, 17 Rn. 41 – Integra/Thüga.
[183] BKartA 30.11.2009 – B 8 – 107/09, 16 f. Rn. 39 f. – Integra/Thüga; BKartA 8.12.2011 – B 8 – 94/11, 13 f. Rn. 37 f. – Stadtwerke Unna.
[184] Becker/Blau Preismissbrauchsnovelle Rn. 102.
[185] BKartA 19.3.2012 – B 10 – 16/09, 10 Rn. 29 – Entega; ausführlich Mohr in BerlKommEnergieR Anh B § 39 EnWG (§ 29 GWB) Rn. 88.
[186] Becker/Blau Preismissbrauchsnovelle Rn. 101 f.; Mohr in BerlKommEnergieR Anh B § 39 EnWG (§ 29 GWB) Rn. 89; offenlassend BKartA 8.12.2011 – B 8 – 94/11, 21 f. Rn. 61 ff. – Stadtwerke Unna.
[187] So noch BKartA 30.11.2009 – B 8 – 107/09, 21 f. Rn. 55 ff. – Integra/Thüga; s. auch OLG Düsseldorf 4.10.2007 – 2 Kart 1/06, NJOZ 2008, 891 (906).
[188] BKartA 20.3.2012 – B 8 – 124/11, 11 f. Rn. 31 ff. – Enovos/ESW (mit Schaubild in Anhang 2); BKartA 31.1.2012 – B 8 – 116/11, 21 f. Rn. 66 ff. – Gazprom/VNG.
[189] BKartA 23.10.2014 – B 8 – 69/14, 24 Rn. 79 – Freigabe EWE/VNG.
[190] Vgl. BKartA 20.3.2012 – B 8 – 124/11, 11 Rn. 32 – Enovos/ESW; BKartA 31.1.2012 – B 8 – 116/11, S. 22 Rn. 70 – Gazprom/VNG; s. dazu auch Immenga/Mestmäcker, 5. Aufl. 2014, Rn. 56 ff.

scheidet nicht mehr zwischen überregionalen und regionalen Ferngasgesellschaften und geht von einer einheitlichen Großhandelsstufe aus.[191]

58  Weiterhin bedarf es nach Auffassung des BKartA auch keiner Unterteilung für H-Gas (High Caloric Gas, höherer Brennwert) und L-Gas (Low Caloric Gas, niedrigerer Brennwert).[192] Je nach Gebiet wird derzeit in Deutschland zwar entweder H-Gas oder L-Gas angeboten, doch sind die beiden Qualitäten ineinander konvertierbar. Das BKartA hat daher einen **einheitlichen Markt** für Erdgas angenommen und eine Differenzierung in L-Gas und H-Gas abgelehnt.[193]

59  Dies wird in der Literatur mit Hinweis auf die getrennten Leitungssysteme und Bezugsverträge der Ferngasgesellschaften für L- und H-Gas, die Umstellungskosten und die (ohne Konvertierung bestehende) Inkompatibilität von L-Gas und H-Gas kritisiert.[194]

60  **In räumlicher Hinsicht** ist die Marktabgrenzung im Fluss.[195] Traditionell erfolgte die Abgrenzung regional nach dem Vertriebsgebiet des anbietenden Ferngasunternehmens, das wiederum typischerweise durch das Netzgebiet der mit dem Ferngasunternehmen verbundenen Netzgesellschaft beschrieben wurde.[196] Zwischenzeitlich hatte das BKartA Sympathie für eine bundesweite Abgrenzung signalisiert, diese Frage aber letztlich, zB in den Entscheidungen Gazprom/VNG und Enovos/ESW, noch offen gelassen gehabt und die Marktverhältnisse alternativ für beide Alternativen geprüft.[197] Mit seinem Beschluss in der Sache „Freigabe EWE/VNG" ist es dann 2014 explizit zu einer **bundesweiten Marktabgrenzung** übergegangen.[198] Hauptgrund dafür war die positive Entwicklung des Wettbewerbs im Erdgasbereich.

61  Der Umbruch bei der räumlichen Marktabgrenzung ist auch für die Ermittlung der **Marktbeherrschung** bedeutsam. Bei netzbezogener Abgrenzung war regelmäßig eine marktbeherrschende Stellung einzelner Gasversorgungsunternehmen anzunehmen.[199] Doch wurde diese Stellung bereits durch zunehmenden gebietsüberschreitenden Wettbewerb erodiert.[200] Unter Zugrundelegung einer bundesweiten Marktabgrenzung wird die Annahme einer Marktbeherrschung weiter relativiert.

62  **bb) Distributionsstufe.** Auf der Distributionsstufe liefern die regionalen Ferngasgesellschaften und die (von den überregionalen Ferngasgesellschaften belieferten) großen Weiterverteiler Erdgas **an regionale und lokale Weiterverteiler** (in der Regel Stadtwerke) **sowie an (leistungsmessende) industrielle Letztverbraucher.**[201]

63  **In räumlicher Hinsicht** hatte das BKartA auch diesen Markt zunächst regional (netzbezogen) abgegrenzt und dann die Frage nach einem Übergang zu einer bundesweiten Marktabgrenzung (allerdings mit einer stärkeren Tendenz zu einer nach wie vor netzbezogenen Betrachtungsweise) offengelassen.[202] Mit dem Beschluss „Freigabe EWE/VNG" hat

---

[191] BKartA 23.10.2014 – B 8 – 69/14, 24 f. Rn. 79 ff. – Freigabe EWE/VNG; vgl. dazu auch Brändle Versorgungswirtschaft 3/2015, 81; Pritzsche/Vacha EnergieR § 9 Rn. 45 ff.

[192] BKartA 23.10.2014 – B 8 – 69/14, 28 f. Rn. 91 ff. – Freigabe EWE/VNG.

[193] BKartA 31.1.2012 – B 8 – 116/11, 55 Rn. 174 – Gazprom/VNG; BKartA 20.3.2012 – B 8 – 124/11, 24 Rn. 60 – Enovos/ESW; BKartA 23.10.2014 – B 8 – 69/14, 28 f. Rn. 91 ff. – Freigabe EWE/VNG.

[194] Röhling in Kölner Komm KartellR Rn. 22.

[195] Hierzu auch M. Pohlmann/Vasbender KSzW 2011, 268 (269 f.).

[196] BKartA 30.11.2009 – B 8 – 107/09, 23 Rn. 59 – Integra/Thüga; BKartA 8.12.2011 – B 8 – 94/11, 31 f. Rn. 96 ff. – Stadtwerke Unna.

[197] BKartA 20.3.2012 – B 8 – 124/11, 15 f. Rn. 43 – Enovos/ESW.

[198] BKartA 23.10.2014 – B 8 – 69/14, Rn. 102 – Freigabe EWE/VNG; dazu Brändle Versorgungswirtschaft 3/2015, 81.

[199] Vgl. etwa BKartA 30.11.2009 – B 8 – 107/09, 25 Rn. 64 – Integra/Thüga.

[200] Vgl. etwa BKartA 20.3.2012 – B 8 – 124/11, 36 Rn. 86 – Enovos/ESW.

[201] BKartA 20.3.2012 – B 8 – 124/11, 11 f. Rn. 32 f. – Enovos/ESW; gegen eine Einbeziehung industrieller Letztverbraucher in diesen Markt aber noch OLG Düsseldorf 4.10.2007 – 2 Kart 1/06, NJOZ 2008, 891 (907).

[202] BKartA 20.3.2012 – B 8 – 124/11, 20 f. Rn. 54 – Enovos/ESW.

es 2014 auch in Bezug auf diesen Markt den Übergang zu einer **bundesweiten Markt-abgrenzung** vollzogen.[203]

Mit Blick auf die Feststellung einer **marktbeherrschenden Stellung** gilt letztlich das **64** bei (→ Rn. 61) in Bezug auf die Großhandelsstufe Gesagte: Aufgrund des Übergangs zu einer bundesweiten räumlichen Marktabgrenzung ist der Aussagewert früherer Entscheidungen relativiert und das Vorliegen einer marktbeherrschenden Stellung neu und im Einzelfall besonders sorgfältig zu prüfen.

**cc) Letztverbraucherstufe.** Auf der Letztverbraucherstufe liefern lokale oder regionale **65** Weiterverteiler Erdgas an private oder unternehmerische Kunden, welche dieses zum eigenen Verbrauch nachfragen. Wie beim Strom wird insoweit zwischen einem **Markt für die Belieferung von (leistungsmessenden) RLM-Kunden** mit Erdgas und einem **Markt für die Belieferung von SLP-Kunden,** deren Verbrauch nach Standardlastprofilen (§ 24 GasNZV) abgerechnet wird, **mit Erdgas** unterschieden. Auf dem erstgenannten Markt fragen industrielle und gewerbliche Sondervertragskunden Erdgas nach, auf dem zweiten sind es Gaskleinkunden (Haushalts- und Kleinkunden sowie Heizgaskunden).[204] Nach richtiger, auch von der Monopolkommission vertretener Auffassung **sollte** in Bezug auf die SLP-Kunden – wie beim Strom – **weiter zwischen Grundversorgungskunden und Sondervertragskunden unterschieden werden.**[205]

Mit der Entscheidung in der Sache „Freigabe EWE/VNG" bestimmte das BKartA 2014 **66** die **räumliche Marktabgrenzung** auch in Bezug auf die Letztverbraucherstufe in wesentlichen Teilen neu. Die Endkundenmärkte werden nunmehr in Märkte für RLM- („Industriekunden") und SLP-Sondervertragskunden („Haushaltskunden") unterteilt.[206] Beim Markt für die Belieferung von **Industriekunden** findet eine **bundesweite Abgrenzung** statt.[207] Der Markt für die Belieferung von Haushaltskunden unterteilt sich in Grundversorgungskunden und Sondervertragskunden:[208] Bei den **Grundversorgungskunden** erfolgt nach Auffassung des BKartA aufgrund der Monopolstellung des jeweiligen Grundversorgers immer noch eine **netzbezogene Abgrenzung.** Das BKartA begründet seine Ansicht mit dem nachweislich trägen Wechselverhalten des „typischen" Grundversorgungskunden, für den sich ein Wechsel aufgrund der geringen Bezugsmengen nicht lohne.[209] In der Literatur wird diese Sichtweise gleichwohl mit Blick auf Wechselmöglichkeiten und kurze Kündigungsfristen kritisiert.[210] Bei den **Sondervertragskunden** geht das BKartA ebenfalls wegen der positiven Wettbewerbsentwicklung von einem **bundesweiten Markt** aus.[211]

Für die Feststellung der **Marktbeherrschung** gilt das in Bezug auf die anderen Gas- **67** märkte Gesagte. Soweit das BKartA zu einer räumlich bundesweiten Marktabgrenzung übergegangen ist, ist eine sorgfältige Neubewertung erforderlich. Demgegenüber wird man eine Marktbeherrschung des Grundversorgers in Bezug auf die Versorgung der Grundversorgungskunden, wie bisher,[212] vergleichsweise einfach bejahen können, weil dieser insoweit aus rechtlichen Gründen (§ 36 EnWG, § 1 Abs. 3 GasGVV) eine Monopolstellung innehat.

---

[203] BKartA 23.10.2014 – B 8 – 69/14 – Freigabe EWE/VNG; dazu Brändle Versorgungswirtschaft 3/2015, 81.

[204] BKartA 30.11.2009 – B 8 – 107/09, 22 f. Rn. 58 – Integra/Thüga.

[205] Monopolkommission Sondergutachten 59, S. 96 Rn. 171.

[206] BKartA 23.10.2014 – B 8 – 69/14, 68 f. Rn. 168 ff. – Freigabe EWE/VNG; Brändle Versorgungswirtschaft 3/2015, 81.

[207] BKartA 23.10.2014 – B 8 – 69/14, 64 Rn. 161 – Freigabe EWE/VNG; Brändle Versorgungswirtschaft 3/2015, 81; Kling/Thomas KartellR § 18 Rn. 20.

[208] BKartA 23.10.2014 – B 8 – 69/14, 75 f. Rn. 190 ff. – Freigabe EWE/VNG; dazu Brändle Versorgungswirtschaft 3/2015, 81 (82).

[209] BKartA 23.10.2014 – B 8 – 69/14, 75 f. Rn. 191 ff. – Freigabe EWE/VNG; Brändle Versorgungswirtschaft 3/2015, 81 (82).

[210] Brändle Versorgungswirtschaft 3/2015, 81 (82); Röhling in Kölner Komm KartellR Rn. 26.

[211] BKartA 23.10.2014 – B 8 – 69/14, 76 f. Rn. 193 ff. – Freigabe EWE/VNG.

[212] Vgl. etwa BKartA 30.11.2009 – B 8 – 107/09, 25 Rn. 64 – Integra/Thüga.

**67a**    **d) Fernwärme.** Fernwärmemärkte sind aufgrund der physischen Besonderheiten der Fernwärme **in aller Regel lokaler oder maximal regionaler Natur.** Dies liegt insbesondere daran, dass Fernwärmenetze als Einheit aus Produktion (Kraftwerk) und Transport (Netz) konzipiert und gebaut werden, dass Fernwärmenetz nur sehr selten (und auch in diesen wenigen Fällen stets regional begrenzt) mit anderen Fernwärmenetze verbunden sind (keine „Kupferplatte") und dass Fernwärme aufgrund von Wärmeverlusten nur über eine begrenzte Distanz transportiert werden kann. Die Missbrauchsaufsicht obliegt daher regelmäßig den **Landeskartellbehörden.** Der Anbieter der Fernwärme ist angesichts der Abgeschlossenheit der Netze typischerweise im Verhältnis zu den Fernwärmekunden **Monopolist.**[213]

## III. Missbrauch der marktbeherrschenden Stellung

**68**    **1. Allgemeines.** Wie die anderen Missbrauchsverbote des GWB verbietet auch § 29 GWB nicht die marktbeherrschende Stellung als solche, sondern nur deren Missbrauch. Die Norm regelt einen **besonderen Fall des Ausbeutungsmissbrauchs** (bereits → Rn. 3 und 10), ohne dadurch die Anwendung der allgemeinen Missbrauchsverbote der §§ 19, 20 GWB zu verdrängen, wie § 29 S. 3 GWB klarstellt (→ Rn. 12). Anders als § 19 Abs. 1 GWB, der seit der 10. GWB-Novelle nicht mehr von „missbräuchliche Ausnutzung einer marktbeherrschenden Stellung", sondern vom „Missbrauch einer marktbeherrschenden Stellung" spricht,[214] hat § 29 GWB im Zuge der 10. GWB-Novelle keine Wortlautänderung erfahren (→ Rn. 5). Daraus folgt aber schon deshalb keine inhaltliche Diskrepanz, weil zB auch Art. 102 AEUV in der deutschen Fassung (nach wie vor) von „missbräuchlicher Ausnutzung" spricht und in der englischen von „Missbrauch" (abuse), ohne dass damit ein Unterschied in der Sache verbunden wäre. Ausweislich der Gesetzesbegründung sollte die Anpassung des § 19 GWB „klarstellen", dass die Missbrauchsaufsicht nicht nur kausal auf die marktbeherrschende Stellung zurückzuführende missbräuchliche Verhaltensweisen erfasst (sog. Verhaltenskausalität), sondern auch jedes andere Verhalten eines marktbeherrschenden Unternehmens, welches zu Marktergebnissen führt, die bei funktionierendem Wettbewerb nicht zu erwarten wären (sog. Ergebniskausalität).[215] In Wirklichkeit handelte es sich dabei um einem Paradigmenwechsel, durch welchen die bisher h M (die für einen Ausbeutungsmissbrauch Verhaltenskausalität verlangte) zugunsten der Auffassung des BKartA verworfen werden sollte.[216] Unabhängig von diesem nach wie vor umstrittenen Aspekt ist davon auszugehen, dass § 19 und § 29 GWB trotz nunmehr abweichenden Wortlauts einheitlich auszulegen sind, es sich bei der Nichtanpassung des § 29 GWB also nur um ein Redaktionsversehen handelt.

**69**    Konkret verbietet es § 29 GWB einem Versorgungsunternehmen, „auf einem Markt, auf dem es allein oder zusammen mit anderen Versorgungsunternehmen eine marktbeherrschende Stellung hat, **diese Stellung missbräuchlich auszunutzen".**[217] Aus dieser Formulierung folgt zugleich, dass die allein oder kollektiv marktbeherrschende Stellung gerade auf dem Markt vorliegen muss, auf dem auch der Missbrauch erfolgt. Hierin unterscheidet sich § 29 GWB von § 19 GWB. **Verhaltensweisen auf nicht beherrschten Drittmärkten werden nicht von § 29 GWB erfasst;** insoweit ist allenfalls § 19 GWB einschlägig.[218]

---

[213] Zu den Besonderheiten der Fernwärme s. Körber, Drittzugang zu Fernwärmenetzen, S. 13 ff.

[214] S. Art. 1 Nr. 3 lit. a BGBl. 2021 I 3.

[215] BT-Drs. 19/23492, 71.

[216] Dazu z B Körber MMR 2020, 290, 291; Bueren in Bien/Käseberg/Klumpe/Körber/Ost 10. GWB-Novelle Kap. 1 Rn. 8 ff.

[217] Hervorhebung durch den Verfasser.

[218] Bechtold/Bosch Rn. 8; Becker in Bunte Rn. 15; Baron in FK-KartellR Rn. 62; Markert in MüKo-WettbR Rn. 20; zur Verfolgung des Machtmissbrauchs auf Drittmärkten nach § 19 GWB etwa BGH 4.11.2003 – KZR 16/02, NJW-RR 2004, 1178 (1179) – Strom und Telefon I.

§ 29 GWB normiert zwei Methoden, mittels derer der Nachweis missbräuchlich über- **70** höhter Preise geführt werden kann: das **Vergleichsmarktkonzept** (S. 1 Nr. 1) und das **Gewinnbegrenzungskonzept** (S. 1 Nr. 2). Maßstab sind bei Nr. 1 die Preise von anderen Vergleichsunternehmen, während Nr. 2 insoweit auf die Kosten des von den Ermittlungen nach § 29 GWB betroffenen Unternehmens selbst abstellt. Beiden Berechnungsmethoden liegt, wie auch durch S. 2 deutlich wird, das Konzept des „Als-Ob-Wettbewerbs" zugrunde.

Das **Verhältnis der beiden Methoden zueinander** ist in Bezug auf § 19 GWB **71** umstritten. In der Praxis herrscht bislang das Vergleichsmarktkonzept vor (dazu → Rn. 24 ff.). Teilweise wurde das Vergleichsmarktkonzept sogar für von Rechts wegen vorrangig erachtet und eine nur subsidiäre Anwendbarkeit des Gewinnbegrenzungskonzepts (etwa bei Fehlen geeigneter Vergleichsmärkte) angenommen.[219] Doch hat der **BGH** dieser Sichtweise in der Entscheidung **Wasserpreise Calw** eine klare Absage erteilt und betont, die in § 19 Abs. 4 Nr. 2 GWB aF enthaltene Regelung des Vergleichsmarktkonzepts hindere die Kartellbehörden nicht daran, bei der Feststellung eines Preismissbrauchs auch andere, hierzu ebenfalls geeignete Umstände (etwa in Gestalt einer Überprüfung der Preisbildungsfaktoren) vorzunehmen.[220] Dabei können sich beide Tatbestände in der Praxis auch überschneiden.[221] § 29 GWB setzt beide Methoden klar in ein **Alternativverhältnis** („oder"). Bei den beiden Varianten handelt es sich also nicht nur um Regelbeispiele, sondern um Tatbestandsalternativen.[222] Sie sind theoretisch gleichberechtigt, obgleich in der Praxis bisher (und wohl auch in Zukunft) klar das Vergleichsmarktkonzept dominiert.[223]

**Praktische Relevanz** hat das Vergleichsmarktkonzept insbesondere in Bezug auf die **72** Kontrolle der Letztverbraucherpreise erlangt (→ Rn. 24 ff.), während eine Anwendung des Gewinnbegrenzungskonzepts (weil es insoweit an einem Vergleichsmarkt im Inland fehlt) insbesondere in Bezug auf die Kontrolle der Preise auf den Märkten für Erzeugung, Import und Erstabsatz von Strom und Gas in Betracht kommt.[224]

**2. Vergleichsmarktkonzept (S. 1 Nr. 1). a) Überblick.** Nach § 29 S. 1 Nr. 1 han- **73** delt ein Versorgungsunternehmen (unbeschadet einer Rechtfertigung) missbräuchlich, wenn es auf einem beherrschten Markt (dazu unten b) Entgelte oder sonstige Geschäftsbedingungen fordert, die (dazu unten c) ungünstiger sind als diejenigen anderer Versorgungsunternehmen oder von Unternehmen auf vergleichbaren Märkten, es sei denn (dazu unten d) das Versorgungsunternehmen weist nach, dass die Abweichung sachlich gerechtfertigt ist, wobei (dazu unten e) die Umkehr der Darlegungs- und Beweislast nur in Verfahren vor den Kartellbehörden gilt. Dabei dürfen (was für Nr. 1 aber erst auf der Ebene der Rechtfertigung relevant wird) nach S. 2 Kosten nur dann berücksichtigt werden, wenn diese sich auch im Wettbewerb einstellen würden (Als-Ob-Wettbewerbskonzept). Soweit die Norm Parallelen zu § 103 Abs. 5 S. 2 Nr. 2 GWB aF aufweist, kann die dazu ergangene Rechtsprechung mit herangezogen werden.[225]

---

[219] OLG Stuttgart 25.8.2011 – 201 Kart 2/11, WuW/E DE-R 3389 – Wasserpreise Calw (auch: „Tarifwasser-Kunden") zu § 19 GWB; aA Monopolkommission, Hauptgutachten 19, BT-Drs. 17/10365, Rn. 622 ff.; anders auch bereits OLG Düsseldorf 22.4.2002 – Kart 2/02 V, WuW DE-R 914, 916 – Netznutzungsentgelt (Kostenkontrolle neben oder statt Vergleichsmarktkonzept bei vertretbaren Gründen).

[220] BGH 15.5.2012 – KVR 51/11, NZKart 2013, 34 Rn. 12 ff. = WuW/E DE-R 3634 – Wasserpreise Calw.

[221] Vgl. BGH 15.5.2012 – KVR 51/11, NZKart 2013, 34 Rn. 12 ff. = WuW/E DE-R 3634 – Wasserpreise Calw; Markert in MüKoWettbR Rn. 27.

[222] Kling/Thomas KartellR § 18 Rn. 27.

[223] Dazu eingehend Baron in FK-KartellR Rn. 120 f.

[224] Markert in MüKoWettbR Rn. 27; Baron in FK-KartellR Rn. 74.

[225] Vgl. → Rn. 1 sowie Markert in MüKoWettbR Rn. 28 f. mit ausführlicher Erörterung der Gemeinsamkeiten und Unterschiede der beiden Regelungen.

**74**    **b) Fordern von Entgelten oder sonstigen Geschäftsbedingungen.** Vergleichs-
gegenstand sind Entgelte oder sonstige Geschäftsbedingungen. Diese müssen vom Versorgungsunternehmen noch nicht zwingend aufgrund einer verbindlichen vertraglichen
Vereinbarung mit den Abnehmern kassiert werden. Nach dem Wortlaut der Norm reicht
es aus, dass das Versorgungsunternehmen sie **fordert.** Der Tatbestand kann daher bereits
durch eine lediglich angekündigte Preiserhöhung oder Änderung der Geschäftsbedingungen erfüllt werden.[226] Zur Erforderlichkeit einer Gesamtbetrachtung in Bezug auf Entgelte
und sonstige Geschäftsbedingungen → Rn. 81 ff.

**75**    **aa) Entgelte.** Der Begriff der Entgelte entspricht demjenigen des § 19 Abs. 2 Nr. 2 und
3 GWB.[227] Dabei handelt es sich um **in Euro bezifferte Preise.**[228] In der Praxis wird
allerdings häufig zwischen einem nach der abgenommenen Energiemenge berechneten
**Arbeitspreis** und einem davon unabhängigen **Leistungs- oder Grundpreis** als Entgelt
für die Bereitstellung von Strom oder Gas unterschieden.[229] Hinzu kommt, dass in der
Praxis eine **Vielzahl von Preisen (Tarifen)** existiert, in denen diese Faktoren oftmals
unterschiedlich kombiniert sind. Das BKartA vergleicht deshalb regelmäßig nicht einzelne
Preise oder Preisbestandteile, sondern stellt auf einen **Vergleich repräsentativer Abnahmefälle** ab bzw. nimmt einen **Erlösvergleich** vor (dazu noch → Rn. 84 ff.).

**76**    Der Referentenentwurf erwähnte zusätzlich zu Entgelten und sonstigen Geschäftsbedingungen noch „Entgeltbestandteile" als Vergleichsgegenstände. Dies wurde aber bereits
im Regierungsentwurf **gestrichen** (→ Rn. 4). Die Missbrauchskontrolle kann sich daher
nicht auf bloße Entgeltbestandteile beschränken und etwa einen Missbrauch damit begründen, dass einzelne Entgeltbestandteile missbräuchlich seien, obwohl es das Entgelt als
solches nicht ist.[230]

**77**    Das bedeutet nicht, dass einzelne **Preisbildungsfaktoren** für die Feststellung eines Missbrauchs unerheblich wären. So hat der BGH (worauf auch die Regierungsbegründung
hinweist[231]) zu § 19 GWB wiederholt betont, dass es zwar zutreffend sei, „dass sich letztlich
nicht die Art der Preisfindung, sondern nur deren Ergebnis als Missbrauch einer marktbeherrschenden Stellung darstellen kann. Dessen ungeachtet kann jedoch der Ansatz insbesondere
einer Mehrheit von Preisbildungsfaktoren, von denen anzunehmen ist, dass auf ihrer Grundlage kalkulierte Preise bei wirksamem Wettbewerb auf dem Markt nicht durchgesetzt werden
könnten, ein **Indiz** dafür sein, dass der so gewonnene Preis missbräuchlich überhöht ist".[232]
Andererseits bleiben grds. solche **Preisbildungsfaktoren unberücksichtigt, die dem
Einfluss der Unternehmen entzogen sind** (etwa durch die Regulierungsbehörden festgelegte Netzentgelte, mit der KAV vereinbare Konzessionsabgaben oder Steuern).[233]

**78**    Zudem soll der Entgeltbegriff nach der Regierungsbegründung zum Preismissbrauchsgesetz auch „einzeln ausgewiesene und einer eigenen Preisbildung zugängliche Preise, zB
Messpreise" umfassen, so dass auch diese einer Missbrauchskontrolle unterzogen werden
könnten.[234] Ob und unter welchen Umständen eine Missbrauchskontrolle in Bezug auf die

---

[226] Baron in FK-KartellR Rn. 90; Becker in Bunte Rn. 28; Markert in MüKoWettbR Rn. 33; Mohr in
BerlKommEnergieR Anh B § 39 EnWG (§ 29 GWB) Rn. 133.
[227] RegBegr BT-Drs. 16/5847, 10; Markert in MüKoWettbR Rn. 29; Bechtold/Bosch Rn. 15; Becker in
Bunte Rn. 29; Judith in Theobald/Kühling MbA-EnW 160 Rn. 73.
[228] Bechtold/Bosch Rn. 15; Thoma in Berg/Mäsch Rn. 32.
[229] Markert in MüKoWettbR Rn. 29; Becker in Bunte Rn. 32.
[230] Bechtold/Bosch Rn. 15; Baron in FK-KartellR Rn. 86; vgl. auch Monopolkommission Sondergutachten 47, S. 13 Rn. 17.
[231] RegBegr BT-Drs. 16/5847, 10 f. (mit Verweis auf BGH KVR 37/04, gemeint ist aber BGH KZR 36/
04, NJW 2006, 684 = WuW/E DE-R 1617).
[232] BGH 18.10.2005 – KZR 36/04, NJW 2006, 684 = WuW/E DE-R 1617 Rn. 26 – Netznutzungsentgelt I (Hervorhebung durch den Verfasser); zuletzt BGH 15.5.2012 – KVR 51/11, NZKart 2013, 34
Rn. 15 = WuW/E DE-R 3634 – Wasserpreise Calw; s. auch Becker in Bunte Rn. 31.
[233] Mohr in BerlKommEnergieR Anh B § 39 EnWG (§ 29 GWB) Rn. 106; Baron in FK-KartellR
Rn. 87 f.; dazu noch im Einzelnen → Rn. 105 ff.
[234] RegBegr BT-Drs. 16/5847, 10.

Preise solcher **Nebenleistungen** (oder „qualifizierter Entgeltbestandteile"[235]) zulässig ist, ist umstritten.[236] Sie dürften nach dem Vorgesagten einerseits grundsätzlich nicht aus dem Gesamtpreis herausgerechnet und gesondert einer Missbrauchskontrolle unterworfen werden. Andererseits kommt aber eine gesonderte Kontrolle ausnahmeweise dann in Betracht, wenn sie einer größeren Zahl von Versorgern getrennt abgerechnet werden und der Abnehmer insoweit ein Wahlrecht hat.[237] Ferner wird man insoweit verlangen müssen, dass das Versorgungsunternehmen auch in Bezug auf diese Nebenleistungen marktbeherrschend ist und dass die Nebenleistung nicht der Regulierung nach dem EnWG unterliegt.[238] In der Praxis bleiben damit im Wesentlichen die in der Regierungsbegründung erwähnten **Messpreise** übrig, und auch diese nur für den Fall, dass nach § 5 Abs. 1 MsbG (bzw. früher § 21b EnWG aF) vereinbart wurde, dass der Messstellenbetrieb ausnahmeweise nicht (wie § 3 Abs. 1 MsbG dies als Regelfall vorsieht) Aufgabe des Netzbetreibers ist und damit der Regulierung unterliegt.[239]

**bb) Sonstige Geschäftsbedingungen.** Auch der Begriff der sonstigen Geschäftsbedin- **79** gungen entspricht demjenigen des § 19 Abs. 2 Nr. 2 und 3 GWB.[240] Er umfasst **alle Bedingungen der Energielieferung** (außer den Entgelten) unabhängig davon, ob es sich dabei um einseitig vorgegebene AGB oder individuell vereinbarte Konditionen handelt.[241] Für die Bestimmung der Missbräuchlichkeit können auch AGB-rechtliche Wertungen berücksichtigt werden.[242] **Nicht** erfasst werden (wie bei den Entgelten) Geschäftsbedingungen, die staatlich, etwa durch die **StromGVV** und die **GasGVV** in Bezug auf Grundversorgungskunden, vorgegeben sind; das gilt natürlich nur, soweit den Versorgungsunternehmen kein eigener Gestaltungsspielraum verbleibt.[243] Übernehmen die Versorgungsunternehmen Bestimmungen der StromGVV oder GasGVV in ihre Sonderverträge, so entzieht dies die Bestimmungen weder der AGB-rechtlichen noch der kartellrechtlichen Kontrolle, doch liegt es nahe, die betreffenden Bedingungen als nicht missbräuchlich anzusehen, soweit sie den Verordnungsregelungen entsprechen.[244] Praktische Relevanz hat die Kontrolle sonstiger Geschäftsbedingungen, soweit ersichtlich, bisher nicht erlangt.[245]

**c) Ungünstiger als diejenigen der Vergleichsunternehmen. aa) Günstigkeitsver- 80 gleich.** Missbräuchlich handelt das marktbeherrschende Versorgungsunternehmen nach § 29 S. 1 Nr. 1 GWB dann, wenn es „Entgelte oder sonstige Geschäftsbedingungen fordert, die ungünstiger sind als diejenigen anderer Versorgungsunternehmen oder von Unternehmen auf vergleichbaren Märkten", dh es werden höhere Entgelte gefordert oder schlechtere sonstige Geschäftsbedingungen gewährt als durch das oder die Vergleichsunternehmen. Der Begriff **„ungünstiger"** ist letztlich ebenso auszulegen wie in § 103 Abs. 5 S. 2 Nr. 2 aF, § 19 Abs. 2 Nr. 2 und 3 sowie § 31 Abs. 4 Nr. 2 GWB.[246]

---

[235] So Becker in Bunte Rn. 29.

[236] Dagegen Bechtold/Bosch Rn. 15 („mit dem Gesetz gewordenen Wortlaut nicht vereinbar"); dafür Ritter/Lücke WuW 2007, 698 (708).

[237] Baron in FK-KartellR Rn. 86; Mohr in BerlKommEnergieR Anh B § 39 EnWG (§ 29 GWB) Rn. 104.

[238] Markert in MüKoWettbR Rn. 31.

[239] Markert in MüKoWettbR Rn. 31; Mohr in BerlKommEnergieR Anh B § 39 EnWG (§ 29 GWB) Rn. 105.

[240] Markert in MüKoWettbR Rn. 32; Baron in FK-KartellR Rn. 86.

[241] Mohr in BerlKommEnergieR Anh B § 39 EnWG (§ 29 GWB) Rn. 105; Bechtold/Bosch Rn. 16; Schwensfeier in LMRKM Rn. 36.

[242] Becker in Bunte Rn. 34; Mohr in BerlKommEnergieR Anh B § 39 EnWG (§ 29 GWB) Rn. 107.

[243] Markert in MüKoWettbR Rn. 32.

[244] Markert in MüKoWettbR Rn. 32 Fn. 105.

[245] Baron in FK-KartellR Rn. 89; Mohr in BerlKommEnergieR Anh B § 39 EnWG (§ 29 GWB) Rn. 107; Schwensfeier in LMRKM Rn. 37.

[246] Markert in MüKoWettbR Rn. 34; Haellmigk in BeckOK KartellR Rn. 27.

**81**    **(1) Gesamtbetrachtung.** In Bezug auf den Günstigkeitsvergleich ist ein direkter Vergleich einzelner Geschäftsbedingungen noch schwieriger als bei den Entgelten (vgl. → Rn. 74). Für die Feststellung eines Missbrauchs ist daher grundsätzlich eine Gesamtbetrachtung des Leistungsbündels **aller Geschäftsbedingungen einschließlich des Entgelts** vorzunehmen.[247]

**82**    Ob auch die **isolierte Feststellung** eines Preismissbrauchs allein aufgrund **missbräuchlicher Entgelte** auch ohne Berücksichtigung der sonstigen Geschäftsbedingungen möglich ist, ist umstritten. Der BGH hat diese Frage in Bezug auf § 103 Abs. 5 S. 2 Nr. 2 GWB aF bejaht.[248] In der Literatur wird sie demgegenüber unter Hinweis darauf, dass eine trennscharfe Abgrenzung von Entgelten und sonstigen Geschäftsbedingungen (etwa im Fall von Zahlungsfristen und Zahlungsbedingungen) oft nicht möglich sei, verneint und zu Recht gefordert, es müsse stets eine Gesamtbetrachtung erfolgen; eine isolierte Entgeltkontrolle komme nur in Betracht, wenn die entgeltrelevanten Bedingungen gleich seien (und umgekehrt).[249]

**83**    Wie bereits bei → Rn. 74 angedeutet, ist auch ein **direkter Vergleich der Entgelte schwierig.** Dies gilt einerseits mit Blick auf die Trennung in Arbeitspreis und Leistungs- bzw. Grundpreis und andererseits angesichts der Vielzahl der in der Praxis angebotenen Tarife, in denen diese Faktoren oftmals unterschiedlich kombiniert sind. So können zB auch Besonderheiten bei Abrechnung von marginalen Bezugsstrommengen in kleinen EEG-Anlagen auftreten.[250] Daher kann ein Missbrauch nicht einfach durch separaten Vergleich der Arbeits- bzw. Grundpreise ermittelt werden, sondern muss im Wege einer **Gesamtbetrachtung von Arbeits- und Grundpreis** erfolgen.[251] Hinzu kommt, dass – insbesondere bei Erdgas und Heizstrom – erhebliche Schwankungen des Abnahmevolumens im Jahresverlauf die Missbrauchsaufsicht bei Preisänderungen erschweren.[252] Aus diesem Grunde ist eine Stichtagsbetrachtung grds. nicht sachgerecht. Methodisch kommen, wie auch die nachfolgend dargestellte Praxis zeigt, ein **Tarifvergleich** oder ein **Erlösvergleich** in Betracht, wobei in der Praxis heute der Erlösvergleich überwiegt.[253]

**84**    **(2) Praxis des BKartA.** Das BKartA stellt daher in seiner Praxis[254] mit Billigung des BGH auf einen **Vergleich repräsentativer Abnahmefälle** ab[255] bzw. nimmt einen **Erlösvergleich** vor.[256] So hat das BKartA in den Gaspreisverfahren (dazu auch → Rn. 24) gestützt auf § 19 Abs. 4 Nr. 2 GWB aF für das Jahr 2007 das Konzept des mengengewichteten Netto-Erlösvergleichs und gestützt auf § 29 S. 1 Nr. 1 GWB für das Jahr 2008 (weil ein Erlösvergleich mangels vorliegender Daten für 2008 noch nicht möglich war) das Konzept des mengengewichteten Netto-Vergleichs des Tarifs angewendet, in dem sich die meisten Kunden befanden.[257] Im Heizstrom-Verfahren gegen Entega stellte es sowohl bei Anwendung des § 19 Abs. 4 Nr. 2 GWB aF als auch bei Anwendung des § 29 S. 1 Nr. 1

---

[247] BGH 6.11.1984 – KVR 13/83, NJW 1986, 846 = WuW/E BGH 2103 – Favorit; Bechtold/Bosch Rn. 16; Becker in Bunte Rn. 34.

[248] BGH 2.2.2010 – KVR 66/08, NJW 2010, 2573 Rn. 39 – Wasserpreise Wetzlar; BGH 21.2.1995 – KVR 4/94, NJW 1995, 1894 (1896) = WuW/E BGH 2967 – Weiterverteiler (auch: „Strompreis Schwäbisch Hall"); ihm folgend Mohr in BerlKommEnergieR Anh B § 39 EnWG (§ 29 GWB) Rn. 107; Markert in MüKoWettbR Rn. 32.

[249] Bechtold/Bosch Rn. 16; Just in Schulte/Just Rn. 26.

[250] Dazu Sliwiok-Born ZNER 2014, 544 (551 ff.).

[251] Becker in Bunte Rn. 32; Mohr in BerlKommEnergieR Anh B § 39 EnWG (§ 29 GWB) Rn. 121.

[252] Baron in FK-KartellR Rn. 95.

[253] Dazu eignehend Becker/Breuer in Schneider/Theobald EnergieWirtschaftsR-HdB § 13 Rn. 36 ff.

[254] BKartA 1.12.2008 – B 10 – 21/08, S. 6 Rn. 18 ff. – RheinEnergie AG; BKartA TB 2007/2008, BT-Drs. 16/13500, 114 ff. (Gaspreisverfahren) und BKartA 19.3.2012 – B 10 – 16/09, 11 f. Rn. 36 ff. – Entega; BKartA TB 2009/2010, BT-Drs. 17/6640, 116 (Heizstromverfahren); dazu auch bereits → Rn. 24 ff.

[255] BGH 6.5.1997 – KVR 9/96, NJW 1997, 3173 = WuW/E BGH 3140 – Gaspreis (zu § 19 GWB).

[256] BGH 28.6.2005 – KVR 17/04, WuW/E DE-R 1513 (1515) – Stadtwerke Mainz (zu § 19 GWB); kritisch zum Erlösvergleich Kolpatzik/Berg WuW 2011, 712 (716 f.).

[257] BKartA 1.12.2008 – B 10 – 21/08, 6 Rn. 18 ff. – RheinEnergie AG; BKartA TB 2007/2008, BT-Drs. 16/13500, 115.

GWB ebenfalls einen Erlösvergleich an.[258] Nachfolgend wird das Vorgehen der zuständigen 10. Beschlussabteilung des BKartA kurz skizziert:[259]

Im Beschluss **RheinEnergie AG** verglich das BKartA im Rahmen des **Tarifvergleichs** 85 die Tarife anhand von fünf repräsentativen Muster-Verbrauchsfällen, die von Landeskartell-behörden und Bundeskartellamt gemeinsam als **repräsentative Verbrauchsfälle** erarbeitet worden waren (Wohnungen mit Gastherme, Einfamilienhaus, freistehendes Einfamilien-haus, 6-Familienhaus, große Mehrfamilienhäuser). Da eine Stichtagsregelung den Schwan-kungen im Jahres-Gasverbrauch nicht gerecht würde, nahm das BKartA eine **Zeitraum-betrachtung** vor und ließ die einzelnen Monate entsprechend ihrem Gewicht beim Gasverbrauch in den Vergleich einfließen. Die Gewichtung erfolgte nach Gradtagszahlen, die im langjährigen Mittel von 1970 bis 2007 bestimmt wurden. Von dem auf diese Weise **mengengewichteten Tarif** zog das BKartA Heizgassteuer, Netzentgelte und Konzessi-onsabgaben (dazu aber → Rn. 87) ab, um auf diese Weise die für den Vergleich ausschlag-gebenden, weil von den Unternehmen beeinflussbaren **Nettobeträge** zu ermitteln. Schließlich gewährte es den Unternehmen einen **Erheblichkeitszuschlag**, für dessen Bestimmung es auf die Intensität des Restwettbewerbs abstellte. Diesen wiederum maß es anhand der Wechselquote in dem betreffenden Versorgungsgebiet.[260]

Im Beschluss **Entega** stellte das BKartA einen **Erlösvergleich** an. Dazu zog es von den 86 seitens der Heizstromanbieter erzielten Erlösen zunächst die nicht von ihnen beeinfluss-baren Komponenten (Netzentgelte, Konzessionsabgaben (dazu aber → Rn. 87), KWK-Abgabe, Stromsteuer, Umsatzsteuer) ab, um auf diese Weise die „**bereinigten Netto-erlöse**" als Vergleichsbasis zu bestimmen. Dabei erklärte es das BKartA für unbeachtlich, ob diese nach Art und Höhe unvermeidbaren erlösmindernden Positionen hoheitlich oder durch ein drittes Unternehmen auferlegt würden. Davon abgesehen bezog es alle Erlöse ein, unabhängig davon, ob sie in Form von Grund-, Arbeits-, Mess- oder sonstigen Preisen vereinnahmt wurden. Auch hier stellte das BKartA wiederum eine **Zeitraumbetrachtung** (und keine Stichtagsbetrachtung) an (vgl. → Rn. 85). Es berücksichtigte einen auf Basis der Wechselquote bestimmten **Erheblichkeitszuschlag**, lehnte es aber ab, einen zusätzlichen **Sicherheitszuschlag** zu berücksichtigen, wie es die Beteiligten unter Hinweis auf die schmale Vergleichsbasis von nur einem Unternehmen verlangt hatten.[261]

**(3) Grenzen der Subtraktionsmethode.** Die Beschränkung des BKartA auf einen 87 Vergleich bereinigter Nettoerlöse („Subtraktionsmethode") ist grundsätzlich sinnvoll,[262] aber nicht immer unproblematisch. Der Abzug der **Netzentgelte** ist letztlich durch § 111 Abs. 3 EnWG vorgegeben (dazu → Rn. 15), kann aber insbesondere mit Blick auf eine ggf. unterschiedliche Praxis der BNetzA und der Landesregulierungsbehörden Probleme auf-werfen.[263] Besonders problematisch ist der **Abzug der Konzessionsabgaben,** weil es bei überwiegend in kommunaler Hand befindlichen Versorgungsunternehmen auf Grund hoher Konzessionsabgaben zu verdeckten Gewinnausschüttungen an die Kommunen und deshalb wiederum zum Verzicht auf Vertriebsmargen, letztlich also zu einer Quersubven-tionierung, kommen kann, die den Wettbewerb mit privaten Versorgungsunternehmen verzerrt und dazu führen kann, dass kommunale Vertriebsunternehmen nicht oder private Unternehmen zu Unrecht in den Fokus der Missbrauchsaufsicht geraten. Das BKartA hat

---

[258] BKartA 19.3.2012 – B 10 – 16/09, 11 f. Rn. 36 ff. – Entega.
[259] Ausführlich zur Praxis nach § 29 GWB auch Becker/Blau Preismissbrauchsnovelle S. 61 ff. Rn. 139 ff.; Becker/Breuer in Schneider/Theobald EnergieWirtschaftsR-HdB § 13 Rn. 36 ff.; Mohr in BerlKommEner-gieR Anh B § 39 EnWG (§ 29 GWB) Rn. 116 ff.
[260] BKartA 1.12.2008 – B 10 – 21/08, 7 ff. Rn. 22 ff. – RheinEnergie AG.
[261] BKartA 19.3.2012 – B 10 – 16/09, 13 f. Rn. 40 ff. – Entega.
[262] Dazu auch eingehend Becker/Blau Preismissbrauchsnovelle S. 64 ff. Rn. 146 ff.
[263] Dazu Becker/Blau Preismissbrauchsnovelle S. 64 ff. Rn. 146 ff., insbes. Rn. 149 ff.; Mohr in Berl-KommEnergieR Anh B § 39 EnWG (§ 29 GWB) Rn. 126 (mit Hinweis auf die trotz § 111 Abs. 3 EnWG weiter bestehende Kontrollfähigkeit der Netzentgelte nach Art. 102 AEUV); kritisch auch Baumgart/Rasbach/Rudolph FS Kühne, 2009, 25 (32 ff.); Pohlmann/Vasbender KSzW 2011, 268 (271).

dieses Problem allerdings erkannt und versucht, ihm dadurch Rechnung zu tragen, dass es die Konzessionsabgaben nicht vollständig, sondern **nur begrenzt** (grds. nur in Höhe der für Sondervertragskunden maximal zulässigen Konzessionsabgabe je kWh) **als Abzugsposten anerkennt.**[264]

**88**    **(4) Erheblichkeitszuschlag.** Besonders umstritten ist, ob für einen Missbrauch iSd § 29 S. 1 Nr. 1 GWB ein erhebliches, für den Abnehmer ungünstiges Abweichen der Entgelte oder sonstigen Geschäftsbedingungen von denen des oder der Vergleichsunternehmen erforderlich ist. Die Rechtsprechung zu **§ 103 Abs. 5 S. 2 Nr. 2 GWB** in der Fassung der 5. GWB-Novelle verzichtete in den Zeiten der durch ausschließliche Versorgungsgebiete geprägten Energiewirtschaft auf einen Erheblichkeitszuschlag.[265] Insoweit ist bemerkenswert, dass der ursprüngliche Normwortlaut noch auf „spürbar" ungünstigere Preise abgestellt hatte, diese Einschränkung aber durch die 5. GWB-Novelle gestrichen wurde (→ Rn. 14). Für die seit 1999 auch die Energiepreise umfassende Preishöhenkontrolle nach **§ 19 Abs. 4 Nr. 2 GWB aF** verlangte der BGH demgegenüber eine erhebliche Überschreitung, um einen Missbrauch zu bejahen.[266] Der **Referentenentwurf** zum Preismissbrauchsgesetz normierte demgegenüber ausdrücklich, dass auch unerhebliche Abweichungen missbräuchlich sein könnten. Diese Regelung wurde dann wiederum im **Regierungsentwurf** gestrichen, ohne ausdrücklich das Gegenteil zu regeln (→ Rn. 4). Diese Änderung ist vor dem Hintergrund massiver **Kritik** am Referentenentwurf zu sehen, die eine Ausschaltung des Preiswettbewerbs durch Einführung des § 29 GWB befürchtete.[267] Gegen den Verzicht auf einen Erheblichkeitszuschlag wurde insbesondere angeführt, dass in diesem Fall die bereits im Markt tätigen Unternehmen gezwungen wären, auch geringe Preisunterschreitungen eines Newcomers nachzuvollziehen, was wiederum Newcomer abschrecke, die durch Preisunterbietungen auf den Markt drängen wollten.[268] Zudem zwinge der Verzicht auf einen Erheblichkeitszuschlag die Versorgungsunternehmen zur detailgenauen Beobachtung der Entgelte und sonstigen Geschäftsbedingungen potentieller Vergleichsunternehmen, was regelmäßig bereits faktisch nicht möglich sei.[269]

**89**    Das **BKartA** hat in seiner Praxis zu § 29 einen **Erheblichkeitszuschlag gewährt** (→ Rn. 84 ff.). In der **Literatur** herrscht Uneinigkeit. Auch mit Blick auf die Gesetzgebungsgeschichte wird **überwiegend** im Einklang mit der Praxis gefolgert, bei Anwendung des § 29 S. 1 Nr. 1 GWB seien – wie bei derjenigen des § 19 Abs. 2 Nr. 2 GWB – erheblich ungünstigere Entgelte oder sonstige Geschäftsbedingungen erforderlich, um einen Missbrauch anzunehmen.[270] Gegen einen Erheblichkeitszuschlag wird angeführt, dass bei § 29 GWB – anders als bei § 19 Abs. 2 Nr. 2 GWB – die Ungünstigkeit allein noch keinen Missbrauchsvorwurf begründe; dies sei erst bei Fehlen einer sachlichen Rechtfertigung der Fall, so dass auch erst in diesem Rahmen das konkrete Ausmaß der Überschreitung zu berücksichtigen sei.[271] Zudem ziele § 29 GWB auf eine Verschärfung der Missbrauchsaufsicht gegenüber § 19 GWB und sei insoweit eher mit § 103 Abs. 5 S. 2

---

[264] BKartA 19.3.2012 – B 10 – 16/09, 14 f. Rn. 44 ff. – Entega; ausführlich hierzu auch Becker/Blau Preismissbrauchsnovelle S. 66 ff. Rn. 153 ff.; ferner Baron in FK-KartellR Rn. 88; Kolpatzik/Berg WuW 2011, 712 (719 f.); Baumgart/Rasbach/Rudolph FS Kühne, 2009, 25 (33).

[265] BGH 21.2.1995 – KVR 4/94, NJW 1995, 1894 (1896) = WuW/E BGH 2967 (2974) – Weiterverteiler.

[266] BGH 28.6.2005 – KVR 17/04, WuW/E DE-R 1513 (1519) – Stadtwerke Mainz; s. auch BGH 22.7.1999 – KVR 12/98, WuW/E DE-R 375 (379) – Flugpreisspaltung.

[267] Dazu bereits → Rn. 21 ff.; im Einzelnen Monopolkommission Sondergutachten 47 S. 18 ff. Rn. 32 ff.; Monopolkommission, Sondergutachten 59, S. 297 Rn. 714.

[268] Vgl. etwa Stadler BB 2007, 60 (61); zum RefE Beckmerhagen/Stadler et 2007, 115 (119); dazu auch Becker in Bunte Rn. 38.

[269] Vgl. Beckmerhagen/Stadler et 2007, 115 (120).

[270] So etwa Becker/Blau Preismissbrauchsnovelle S. 70 Rn. 164; Becker/Breuer in Schneider/Theobald EnergieWirtschaftsR-HdB § 13 Rn. 53 f.; Bechtold/Bosch Rn. 18; Becker in Bunte Rn. 35 ff.; Baron in FK-KartellR § 29 Rn. 97; Wiedemann/Scholz KartellR-HdB § 34 Rn. 163, 167; Ritter/Lücke WuW 2007, 698 (707); Lotze/Thomale WuW 2008, 257 (261); Kahlenberg/Haellmigk BB 2008, 174 (177 f.).

[271] Markert in MüKoWettbR Rn. 34.

Nr. 2 GWB aF vergleichbar.[272] Auch sei das Abstellen auf die erhebliche Ausnutzung der marktbeherrschenden Stellung nur ein prozessualer Aufgreiftatbestand, wonach der Rechtsstaat nicht mit „Kanonen auf Spatzen schießen" solle.[273] Bei homogenen Gütern wie Strom oder Erdgas reiche schließlich schon eine sehr geringe Abweichung, teils von unter 1 %, um die Erheblichkeit zu bejahen.[274]

In der Summe erscheint es **sinnvoll und richtig,** auch bei Anwendung des § 29 GWB **90** einen Erheblichkeitszuschlag vorzunehmen. Dafür spricht einerseits die Gesetzgebungsgeschichte, insbesondere wird dadurch der – vor allem von der Monopolkommission geübten – ökonomisch-ordnungspolitischen Kritik an den mutmaßlich nivellierenden Wirkungen der Preismissbrauchskontrolle nach § 29 GWB effektiver Rechnung getragen.[275] Zu berücksichtigen ist andererseits die (auch von der Gegenansicht betonte Flexibilität) bei der Anwendung des Erheblichkeitszuschlags und die wettbewerbsfördernde Wirkung dieses Ansatzes: Die Praxis orientierte sich insoweit bereits bei Anwendung des § 19 Abs. 4 Nr. 2 GWB aF an der Stärke des vorhandenen Restwettbewerbs und sah daher bei monopolähnlichen Märkten einen oftmals lediglich rudimentären Zuschlag vor, während mit steigendem Wettbewerbsdruck anderer Anbieter und steigender Wechselbereitschaft der Abnehmerseite ein mit dem Missbrauchsvorwurf verbundenes „Unwerturteil" und ein kartellbehördliches Einschreiten nur noch bei deutlich höherer Überschreitung der Vergleichsentgelte in Betracht kam.[276] Diesem sinnvollen und sowohl Marktzutritt als auch Wechselbereitschaft fördernden Ansatz ist auch das BKartA in seiner Praxis ausdrücklich durch eine **Orientierung des Erheblichkeitszuschlags an den Wechselquoten** gefolgt.[277]

**bb) Vergleichsunternehmen.** Der vorstehend beschriebene Günstigkeitsvergleich setzt **91** die Ermittlung tauglicher Vergleichsunternehmen voraus. Zum Vergleich herangezogen werden können sowohl andere Versorgungsunternehmen iSd § 29 (Alt. 1) als auch Unternehmen auf vergleichbaren Märkten (Alt. 2). Dabei ist ausweislich der Regierungsbegründung irrelevant, ob die Vergleichsunternehmen hinreichend vergleichbar sind. Dies sei erst im Rahmen der sachlichen Rechtfertigung zu klären.[278] Der Gesetzgeber hat damit bewusst im Gegensatz zu § 103 Abs. 5 S. 2 Nr. 2 GWB aF auf ein Tatbestandsmerkmal der **„Gleichartigkeit"**[279] bzw. **„strukturellen Vergleichbarkeit"** der Vergleichsunternehmen verzichtet und die Beweislast insoweit den von den Ermittlungen nach § 29 GWB betroffenen Unternehmen auferlegt (dazu noch im Einzelnen → Rn. 113 ff.).[280] Das in § 103 GWB aF enthaltene Merkmal der Gleichartigkeit hatte in der Praxis zu nicht unerheblichen Beweisschwierigkeiten für die Kartellbehörden geführt,[281] die allerdings seitens der Rechtsprechung bereits abgemildert worden waren, indem diese ihm „nur die Funktion zu[gewiesen hatte], eine grobe Sichtung unter den als Vergleichsunternehmen in

---

[272] Mohr in BerlKommEnergieR Anh B § 39 EnWG (§ 29 GWB) Rn. 128, der die Anwendung eines Erheblichkeitszuschlags in Bezug auf § 19 GWB kritisiert.

[273] Mohr in BerlKommEnergieR Anh B § 39 EnWG (§ 29 GWB) Rn. 128; mit Verweis auf Säcker N&R 2009, 78 (80).

[274] Mohr in BerlKommEnergieR Anh B § 39 EnWG (§ 29 GWB) Rn. 128.

[275] So auch Becker/Blau Preismissbrauchsnovelle S. 70 f. Rn. 164.

[276] BGH 22.7.1999 – KVR 12/98, WuW/E DE-R 375 (379) – Flugpreisspaltung; BGH 28.6.2005 – KVR 17/04, WuW/E DE-R 1513 (1519) – Stadtwerke Mainz; s. auch Schwensfeier in LMRKM Rn. 51; Bechtold/Bosch Rn. 18; Becker in Bunte Rn. 35 ff.

[277] BKartA 1.12.2008 – B 10 – 21/08, 9 f. Rn. 28 ff. – RheinEnergie AG; BKartA 19.3.2012 – B 10 – 16/09, 16 f. Rn. 49 ff. – Entega.

[278] RegBegr BT-Drs. 16/5847, 11.

[279] Diesem Kriterium wurde bereits in der Rechtsprechung zu § 103 Abs. 5 S. 2 Nr. 2 GWB aF nur die Funktion einer „groben Sichtung" beigemessen, dazu etwa BGH 21.2.1995 – KVR 4/94, NJW 1995, 1894 (1896) = WuW/E BGH 2967 – Weiterverteiler; BGH 2.2.2010 – KVR 66/08, NJW 2010, 2573 Rn. 28 ff. = WuW/E DE-R 2841 – Wasserpreise Wetzlar.

[280] BT-Drs. 16/5847, 11; Baron in FK-KartellR Rn. 78; Mohr in BerlKommEnergieR Anh B § 39 EnWG (§ 29 GWB) Rn. 110; Heitzer WuW 2007, 854 (857).

[281] Vgl. Monopolkommission Sondergutachten 47, S. 9 Rn. 7.

Betracht kommenden Versorgungsunternehmen zu ermöglichen".[282] Die mit der Streichung des Merkmals der Gleichartigkeit verbundene Beweislastumkehr im Rahmen des § 29 GWB wurde ua von der Monopolkommission heftig als verfassungswidrig kritisiert.[283] In der Praxis wird § 29 GWB aber jedenfalls verfassungskonform angewendet (dazu → Rn. 19 f. sowie → Rn. 113 ff.). Aus praktischer Sicht versteht es sich zudem von selbst, dass eine strukturelle Vergleichbarkeit für einen sinnvollen Vergleich unerlässlich[284] und in aller Regel nur Vergleiche mit funktionsgleichen, dh auf dem gleichen sachlichen Markt tätigen Unternehmen hinreichend aussagekräftig sind.[285]

92     Der Wortlaut („anderer") deutet zwar auf das Erfordernis mehrerer Vergleichsunternehmen, doch **reicht** nach ganz hM (und der Rechtsprechung zu § 103 Abs. 5 S. 2 Nr. 2 GWB aF und § 19 Abs. 4 Nr. 2 GWB aF[286]) auch **ein einziges Vergleichsunternehmen** aus,[287] obwohl der Vergleich natürlich umso belastbarer wird, je mehr Unternehmen herangezogen werden.[288] Dies gilt auch für den Vergleich mit Unternehmen auf vergleichbaren Märkten (2. Alt.).[289] Zieht die Kartellbehörde nur ein oder wenige Vergleichsunternehmen heran, so ist zweierlei zu beachten: Einerseits dürfen dem Vergleich **keine Preise von nicht kostendeckend arbeitenden Vergleichsunternehmen** zugrunde gelegt werden, die unter deren Selbstkosten liegen.[290] Andererseits müssen die wegen der schmalen Vergleichsbasis bestehenden Unsicherheiten angemessen berücksichtigt werden.[291]

93     Soweit möglich sollten als Vergleichsmärkte **wettbewerbliche Märkte** herangezogen werden. Doch ist dies **nicht zwingend.** Die Regierungsbegründung betont sogar ausdrücklich, dass es keine Rolle spiele, ob die Unternehmen auf Märkten mit oder ohne funktionierenden Wettbewerb tätig seien und verweist insoweit auf die BGH-Rechtsprechung zu § 19 GWB.[292] Es ist also auch ein **Monopolpreisvergleich zulässig.**[293]

---

[282] BGH 21.2.1996 – KVR 4/94, NJW 1995, 1894 (1896) = WuW/E BGH 2967 (2972) – Weiterverteiler; BGH 2.2.2010 – KVR 66/08, NJW 2010, 2573 Rn. 28 ff. = WuW/E DE-R 2841 – Wasserpreise Wetzlar; KG 15.1.1997 – Kart 25/95, WuW/E OLG 5926 (5928) – SpreeGas.

[283] Monopolkommission Sondergutachten 47 S. 13 Rn. 14; s. auch Kritik bei Baumgart/Rasbach/Rudolph FS Kühne, 2009, 25 (31), die zum Argument der Beweisschwierigkeiten der Kartellbehörden anmerken, dass diese Schwierigkeiten erst recht bei den nunmehr beweisbelasteten Unternehmen auftreten, sowie unter Hinweis auf rechtsstaatliche Gründe bei Schwintowski/Klaue/Sauer EWeRK 2016, 383 (384); dagegen Baron in FK-KartellR Rn. 79.

[284] So zu Recht Baron in FK-KartellR Rn. 78; Mohr in BerlKommEnergieR Anh B § 39 EnWG (§ 29 GWB) Rn. 111.

[285] So zu Recht Markert in MüKoWettbR Rn. 35. Baron fürchtet, dass durch eine Beschränkung auf funktionsgleiche Unternehmen die Sonderregel des § 29 GWB weitgehend bedeutungslos würde, Baron in FK-KartellR Rn. 80.

[286] Zu § 103 GWB aF: BGH 2.2.2010 – KVR 66/08, NJW 2010, 2573 Rn. 68 = WuW/E DE-R 2841 – Wasserpreise Wetzlar; BGH 21.2.1995 – KVR 4/94, NJW 1995, 1894 (1895) = WuW/E BGH 2967 (2973) – Weiterverteiler und BGH 21.10.1986 – KVR 7/85, NJW-RR 1987, 554 (555) = WuW/E BGH 2309 (2311) – Glockenheide; zu § 19 GWB: BGH 28.6.2005 – KVR 17/04, WuW/E DE-R 1513 – Stadtwerke Mainz.

[287] Markert in MüKoWettbR Rn. 36; Becker in Bunte Rn. 25; Mohr in BerlKommEnergieR Anh B § 39 EnWG (§ 29 GWB) Rn. 109; zweifelnd Bechtold/Bosch Rn. 10 f., der für diesen Fall jedenfalls besonders hohe Anforderungen an die strukturelle Vergleichbarkeit des Vergleichsunternehmens mit dem Normadressaten fordert.

[288] Markert in MüKoWettbR Rn. 36; Bechtold/Bosch Rn. 11.

[289] Bechtold/Bosch Rn. 12.

[290] BKartA 19.3.2012 – B 10 – 16/09, 12 Rn. 37 f. – Entega mit Verweis auf BGH 2.2.2010 – KVR 66/08, NJW 2010, 2573 Rn. 67 = WuW/E DE-R 2841 – Wasserpreise Wetzlar (zu § 103 GWB aF); vgl. auch Monopolkommission, Hauptgutachten 19, BT-Drs. 17/10635, 266 f. Rn. 631 f.; Monopolkommission, Sondergutachten 19, S. 301 Rn. 727 f.

[291] BGH 2.2.2010 – KVR 66/08, NJW 2010, 2573 Rn. 68 = WuW/E DE-R 2841 – Wasserpreise Wetzlar zu (§ 103 Abs. 5 S. 2 Nr. 2 GWB aF) mit Verweis auf BGH 21.2.1995 – KVR 4/94, NJW 1995, 1894 = WuW/E BGH 2967 – Weiterverteiler und BGH 21.10.1986 – KVR 7/85, NJW-RR 1987, 554 = WuW/E BGH 2309 – Glockenheide; s. auch Bechtold/Bosch Rn. 11.

[292] RegBegr BT-Drs. 16/5847, 11 (ohne Benennung konkreter Entscheidungen; gemeint sein dürfte BGH 28.6.2005 – KVR 17/04, WuW/E DE-R 1513 (1517) – Stadtwerke Mainz; s. auch BGH 21.2.1995 – KVR 4/94, NJW 1995, 1895 = WuW/E BGH 2967 – Weiterverteiler (zu § 103 GWB aF).

[293] So auch Mohr in BerlKommEnergieR Anh B § 39 EnWG (§ 29 GWB) Rn. 108, der dies aber treffend als „second-best-Lösung" bezeichnet.

**(1) Andere Versorgungsunternehmen (1. Alt).** Die erste Alternative bezieht sich nur **94** auf Unternehmen, die **auf dem gleichen sachlichen Markt** (zur Marktabgrenzung → Rn. 38 ff.) tätig sind.[294] Der Begriff des Versorgungsunternehmens ist in § 29 S. 1 GWB legal iSv Anbietern von Strom und leitungsgebundenem Gas definiert (→ Rn. 30 ff.). Der Normwortlaut verlangt zwar nur, dass es sich um ein anderes Versorgungsunternehmen handelt. Danach kämen zB auch Vergleiche zwischen Gas- und Stromversorgern oder zwischen auf verschiedenen Marktstufen tätigen Unternehmen in Betracht.[295] Doch handelt es sich bei diesen Unternehmen richtigerweise um Unternehmen, die auf vergleichbaren Märkten iSd 2. Alt. tätig sind. Eine pauschale Anwendung der 1. Alt. auf alle Versorgungsunternehmen würde nicht nur die 2. Alt. weitgehend leer laufen lassen,[296] sondern auch den nach dem Normwortlaut der 2. Alt. den Kartellbehörden obliegendem Nachweis der Vergleichbarkeit der Märkte auf die Unternehmen verlagern und diese dadurch zusätzlich belasten.

Zulässig ist andererseits nicht allein der Vergleich mit Versorgungsunternehmen **auf 95 anderen räumlichen Märkten,**[297] sondern auch mit anderen Versorgungsunternehmen **auf demselben räumlichen Markt,** sodass auch ein Preisvergleich mit Wettbewerbern in Betracht kommt.[298]

**(2) Unternehmen auf vergleichbaren Märkten (2. Alt).** Die zweite Alternative **96** erweitert den Kreis der Vergleichsunternehmen um solche, die **auf anderen sachlichen Märkten** als das betroffene Unternehmen tätig sind. Die Regierungsbegründung weist insoweit darauf hin, dass als Vergleichsunternehmen **auch nicht dem Energiesektor zugehörige Unternehmen** in Betracht kämen, soweit sie auf einem ansonsten vergleichbaren Markt agierten.[299] In Frage kämen insoweit insbesondere Märkte, die ebenfalls ganz oder teilweise von Netzstrukturen geprägt seien. Weiterhin könnten Rohstoffmärkte, für deren Preisbildung der Handel über Warenbörsen eine zentrale Rolle spiele, als Vergleichsmärkte in Betracht kommen.[300] Die Vergleichsunternehmen iSd 2. Alt. müssen also nicht zwingend „Versorgungsunternehmen" iSd § 29 GWB sein. Das schließt es aber natürlich nicht aus, diese Alternative auch auf Versorgungsunternehmen anzuwenden. Vielmehr fallen **Versorgungsunternehmen, die nicht auf den gleichen sachlichen Strom- oder Gasmärkten tätig sind** wie das betroffene Unternehmen und daher nicht schon nach der 1. Alt. als Vergleichsunternehmen in Betracht kommen, erst recht in den Anwendungsbereich der 2. Alt.[301]

Der **Nachweis der Vergleichbarkeit der Märkte obliegt den Kartellbehörden.**[302] **97** Ihrem Wortlaut nach verlangt die 2. Alt. nur die Vergleichbarkeit der Märkte, nicht der

---

[294] Mohr in BerlKommEnergieR Anh B § 39 EnWG (§ 29 GWB) Rn. 108; Becker in Bunte Rn. 16; Bechtold/Bosch Rn. 8; aA Markert in MüKoWettbR Rn. 35; Baron in FK-KartellR Rn. 82.

[295] Für ein so weites Verständnis Markert in MüKoWettbR Rn. 35, der diese (seiner Ansicht vom Gesetz vorgegebene) Sichtweise allerdings selbst für in der Praxis nicht sinnvoll erachtet; Baron in FK-KartellR Rn. 82.

[296] Vgl. Becker in Bunte Rn. 24.

[297] In diese Richtung deutend Becker/Blau Preismissbrauchsnovelle S. 31 Rn. 70; Mohr in BerlKommEnergieR Anh B § 39 EnWG (§ 29 GWB) Rn. 108.

[298] Lohse FS Kreutz, 2010, 715 (723); Bechtold/Bosch Rn. 11.

[299] Enger als die Regierungsbegründung Baron in FK-KartellR Rn. 82, der die 2. Alt. sogar ausschließlich auf Unternehmen auf anderen Märkten als Strom und Gas beziehen will; wohl auch Stadler BB 2007, 60 (61), der dies aber kritisiert; enger auch Wiedemann, der lediglich auf andere Energiemärkte (HEL, HS, Kohle) oder energieaffine Märkte abstellen würde, darüber hinaus aber bezweifelt, dass die Kartellbehörden ein Wahlrecht hinsichtlich der Vergleichsunternehmen haben sollen, wenn genügend viele Strom- oder Gas-Versorger existieren, Wiedemann/Wiedemann KartellR-HdB Rn. 218.

[300] RegBegr BT-Drs. 16/5847, 11; Judith in Theobald/Kühling MbA-EnW 160 Rn. 74.

[301] Dazu soeben → Rn. 94; nach aA (Markert in MüKoWettbR Rn. 35; Baron in FK-KartellR Rn. 82) fallen diese Unternehmen unter die 1. Alt.; nach Baron in FK-KartellR Rn. 82 bezieht sich die 2. Alt. sogar nur auf Unternehmen auf anderen Märkten als Strom und Gas (insoweit weiter auch die RegBegr BT-Drs. 16/5847, 11: „auch").

[302] Kahlenberg/Haellmigk BB 2008, 174 (177); Mohr in BerlKommEnergieR Anh B § 39 EnWG (§ 29 GWB) Rn. 115.

Unternehmen.[303] Doch wäre es in der Praxis sinnlos, Unternehmen als „Vergleichsunternehmen" heranzuziehen, die sich zu sehr von dem betroffenen Unternehmen unterscheiden. Im Gegenteil kommen mit Blick darauf, dass Vergleichsunternehmen und betroffenes Unternehmen bei Anwendung der 2. Alt. notwendig auf unterschiedlichen sachlichen Märkten tätig sind, als Vergleichsunternehmen in praktischer Hinsicht allenfalls solche Unternehmen in Betracht, die dem betroffenen dafür in struktureller Hinsicht umso ähnlicher sind. Ein sinnvoller Vergleich setzt voraus, dass sich sowohl Märkte als auch Unternehmen in ihrer Struktur in etwa entsprechen.[304] Es ist unklar, wem der Nachweis der **(fehlenden) Vergleichbarkeit der** auf einem (nachweislich) vergleichbaren Markt tätigen **Unternehmen** mit dem betroffenen Unternehmen obliegt. Die Regierungsbegründung differenziert insoweit nicht zwischen den beiden Alternativen. Dies scheint darauf zu deuten, dass dieser Aspekt auf der Rechtfertigungsebene angesiedelt ist und die **Beweislast** insoweit den betroffenen Unternehmen obliegt.[305] Allerdings handelt es sich bei der Beweislastumkehr um eine eng auszulegende Ausnahme vom Amtsermittlungsgrundsatz. Dies spricht zusammen mit dem insoweit offenen Wortlaut eher dafür, nicht nur die Beweislast für die Vergleichbarkeit der Märkte, sondern erst recht auch diejenige für die Vergleichbarkeit der Unternehmen bei den Behörden bzw. (im Zivilverfahren) bei den Klägern zu sehen.[306]

**98**    **Ungeklärt** ist ferner, **ob** als Vergleichsunternehmen im Rahmen der 2. Alt. wie bei der 1. Alt. **ein „anderes Unternehmen" erforderlich ist oder** ob insoweit **auch** die Preise und sonstigen Geschäftsbedingungen als Vergleichsmaßstab in Betracht kommen, die das von den Ermittlungen nach § 29 GWB **betroffene Unternehmen selbst** auf einem anderen sachlichen, räumlichen oder auch zeitlichen Markt fordert bzw. gefordert hat. Der nur auf „Unternehmen" abstellende Wortlaut der 2. Alt. würde dies zulassen. Interessant ist insoweit die Frage nach der Möglichkeit der Anwendung eines **zeitlichen Vergleichsmarktkonzepts** im Falle von Preiserhöhungen.[307] In der Literatur wird die Zulässigkeit eines solchen Selbstvergleichs unterschiedlich bewertet.[308] Letztlich stehen weder der insoweit offene Wortlaut noch Sinn und Zweck der Norm einem „Selbstvergleich" entgegen.

**99**    **Praktische Bedeutung** hat § 29 S. 1 Nr. 1 Alt. 2, soweit ersichtlich, bisher nicht erlangt.[309]

**100**    **d) Sachliche Rechtfertigung.** Das Fordern ungünstigerer Entgelte oder sonstiger Geschäftsbedingungen ist nach der gesetzlichen Regelung nur dann missbräuchlich, wenn das Versorgungsunternehmen nicht nachweist, dass die Abweichung sachlich gerechtfertigt ist („es sei denn, ...").

**101**    **aa) Interessenabwägung.** Da es sich bei § 29 GWB um eine besondere Ausprägung des Verbots des Ausbeutungsmissbrauchs handelt (→ Rn. 10), ist die im Rahmen der Rechtfertigungsprüfung anzustellende Interessenabwägung auf die Interessen der betroffenen Unternehmen und der Abnehmer zu fokussieren.[310] Im Rahmen der Interessenabwägung dürfen nach § 29 S. 2 GWB Kosten nur dann berücksichtigt werden, wenn diese sich

---

[303] Becker in Bunte Rn. 26; Bechtold/Bosch Rn. 12; Baron in FK-KartellR Rn. 83.
[304] So auch Bechtold/Bosch Rn. 12.
[305] Vgl. RegBegr BT-Drs. 16/5847, 11.
[306] Im Ergebnis ebenso Mohr in BerlKommEnergieR Anh B § 39 EnWG (§ 29 GWB) Rn. 115, der die Beweislast bei den Kartellbehörden sieht, diesen Nachweis allerdings durch Anwendung der Rspr. zum Gleichartigkeitserfordernis erleichtern will. Der „Gleichartigkeit" kommt danach nur die Funktion einer groben Sichtung zu (→ Rn. 90).
[307] Aus der Praxis OLG Frankfurt a. M. 21.12.2010 – 11 U 37/09 (Kart) WuW/E DE-R 3163 – Arzneimittelpreise (zu § 19 GWB); dazu Mohr in BerlKommEnergieR Anh B § 39 EnWG (§ 29 GWB) Rn. 113.
[308] Dafür Mohr in BerlKommEnergieR Anh B § 39 EnWG (§ 29 GWB) Rn. 113; aA Becker in Bunte § 26 Rn. 18; Bechtold/Bosch Rn. 13, der insoweit für Fälle des Strukturmissbrauchs oder der Preisspaltung auf § 19 GWB verweist.
[309] Baron in FK-KartellR Rn. 83.
[310] Bechtold/Bosch Rn. 20; Becker in Bunte Rn. 40; Markert in MüKoWettbR Rn. 38.

auch im Wettbewerb einstellen würden.[311] Anhaltspunkte für die insoweit konkret berücksichtigungsfähigen Interessen können der Rechtsprechung zu § 19 Abs. 4 Nr. 2 und 3 GWB aF (jetzt § 19 Abs. 2 Nr. 2 und 3)[312] sowie insbesondere zum früheren § 103 Abs. 5 S. 2 Nr. 2 GWB[313] entnommen werden.

Auf Seiten der **Abnehmer** ist in diesem Zusammenhang ausweislich der Regierungs- **102** begründung das im EnWG normierte Ziel der preisgünstigen Energieversorgung zu berücksichtigen.[314] Sie sollen, wie sich auch aus § 29 S. 2 GWB ableiten lässt, grundsätzlich nur mit wettbewerbsadäquaten Kosten belastet werden, dh mit Kosten, die auch bei wirksamem Wettbewerb hätten durchgesetzt werden können.[315]

Auf Seiten der betroffenen **Unternehmen** besteht demgegenüber ein legitimes Interesse **103** an einer Kostendeckung einschließlich einer angemessenen Gewinnmarge, die ihnen auch Raum für notwendige Investitionen lässt.[316] Anzuerkennen ist nach der Rechtsprechung insbesondere das Interesse daran, nicht zu einer Preisgestaltung gezwungen zu werden, die trotz wirtschaftlicher Betriebsführung und Ausschöpfung vorhandener Rationalisierungspotentiale noch nicht einmal die Selbstkosten deckt (Einwand der Kostendeckung).[317]

**bb) Rechtfertigungsgründe.** Für die Ermittlung der im Rahmen des § 29 S. 1 GWB **104** statthaften **Rechtfertigungsgründe für höhere Kosten** kann mit Blick auf die Parallelen zu § 103 Abs. 5 S. 2 Nr. 2 GWB aF die zu jener Norm ergangene Rechtsprechung herangezogen werden.[318] § 103 GWB aF war zwar insoweit anders formuliert, als nicht davon die Rede war, dass die Abweichung sachlich gerechtfertigt sei, sondern davon „daß die Abweichung auf Umständen beruht, die ihm [dem Unternehmen] nicht zurechenbar sind". Doch lag der älteren Regelung eine vergleichbare Interessenlage zugrunde. Dass der Gesetzgeber sich für einen abweichenden Wortlaut entschieden hat, lässt zwar Raum für eine im Detail abweichende (insbesondere in Bezug auf § 29 GWB weitere) Auslegung der Rechtfertigungsgründe, schließt es aber nicht aus, auch im Rahmen des § 29 GWB für deren Ausfüllung primär darauf abzustellen, ob die vorgetragenen Umstände **dem betroffenen Unternehmen zugerechnet werden können** oder nicht.[319] Dafür spricht auch § 29 S. 2 GWB, nach dem Kosten, die sich ihrem Umfang **nach im Wettbewerb nicht einstellen würden,** bei der Feststellung eines Missbrauchs nicht berücksichtigt werden dürfen.[320]

Mit Bezug auf § 103 Abs. 5 S. 2 Nr. 2 GWB aF hat der **BGH** in ständiger Recht- **105** sprechung wie folgt differenziert: „Unter nicht zurechenbaren Umständen sind grundsätzlich solche Kostenfaktoren zu verstehen, die auch jedes andere Unternehmen in der Situation des betroffenen vorfinden würde und nicht beeinflussen könnte, etwa ungünstige strukturelle Gegebenheiten des Versorgungsgebiets. Diese Faktoren müsste jedes Unternehmen seiner Kalkulation zu Grunde legen. Die dadurch verursachten Preisunterschiede

---

[311] Vgl. Bechtold/Bosch Rn. 21; Becker in Bunte Rn. 40; vgl. Haellmigk in BeckOK KartellR Rn. 35.

[312] RegBegr BT-Drs. 16/5847, 11 („Entsprechend dem von der Rechtsprechung zu § 19 Abs. 4 Nr. 2 GWB entwickelten Grundsatz ist für Preise, die sich bei der Anwendung des Vergleichsmarktkonzeptes als überhöht darstellen, eine sachliche Rechtfertigung möglich. Es gelten die für § 19 Abs. 4 Nr. 3 GWB entwickelten Grundsätze").

[313] Markert in MüKoWettbR Rn. 38; Mohr in BerlKommEnergieR Anh B § 39 EnWG (§ 29 GWB) Rn. 135; abw. Bechtold/Bosch Rn. 20.

[314] RegBegr BT-Drs. 16/5847, 11.

[315] Vgl. RegBegr BT-Drs. 16/5847, 11; Markert in MüKoWettbR Rn. 38; Markert ZNER 2007, 365 (367).

[316] Baron in FK-KartellR Rn. 103; vgl. auch Überblick bei Thoma in Berg/Mäsch Rn. 39.

[317] Dazu noch → Rn. 110 sowie BGH 22.7.1999 – KVR 12/98 (KG), NJW 2000, 76 (78) = WuW/E DE-R 375 (377 f.) – Flugpreisspaltung; BGH 2.2.2010 – KVR 66/08, NJW 2010, 2573 Rn. 65 f. – Wasserpreise Wetzlar; BKartA 19.3.2012 – B 10 – 16/09, 28 f. Rn. 73 ff. – Entega.

[318] Zu dieser Rspr. bereits → Rn. 1 sowie Markert in MüKoWettbR Rn. 29 f. mit ausführlicher Erörterung der Gemeinsamkeiten und Unterschiede der beiden Regelungen.

[319] Für eine Übertragbarkeit der Rechtsprechung zu § 103 GWB aF insbesondere Markert in MüKoWettbR Rn. 39; s. auch Mohr in BerlKommEnergieR Anh B § 39 EnWG (§ 29 GWB) Rn. 135; mit Blick auf den anderen Wortlaut dagegen Bechtold/Bosch Rn. 20; differenzierend auch Baron in FK-KartellR § 29 Rn. 106.

[320] Markert in MüKoWettbR Rn. 39; Becker in Bunte Rn. 40.

sind deshalb hinzunehmen. Dagegen haben individuelle, allein auf eine unternehmerische Entschließung oder auf die Struktur des betroffenen Versorgungsunternehmens zurückgehende Umstände außer Betracht zu bleiben".[321] Davon ausgehend kann zwischen strukturellen Unterschieden und unternehmensindividuellen Aspekten unterschieden werden.[322]

**106**    Als **strukturelle, nicht von dem betroffenen Unternehmen beeinflussbare** Anteile an den **Kosten** der Erzeugung, der Beschaffung oder des Vertriebs von Energie[323] kommen etwa besondere Kosten aufgrund ungünstiger struktureller Gegebenheiten des Versorgungsgebiets in Betracht,[324] namentlich eine geringe Einwohner-, Abnahme- und/oder Versorgungsdichte, ein ungünstiges Verhältnis von Groß- und Kleinkunden[325] oder vom Netzbetreiber vorgegebene Lastprofile, denen sich das Versorgungsunternehmen nicht entziehen kann.[326] Nicht zurechenbar sind grds. auch regulierte Netzentgelte und mit der KAV vereinbare Konzessionsabgaben (dazu bereits → Rn. 15 und 87) sowie hoheitliche Abgaben und Steuern (zB KWK-Abgabe, Stromsteuer, Umsatzsteuer) oder Vergütungen bei gesetzlichen Abnahmepflichten (etwa im EEG-Bereich).[327]

**107**    **Unternehmensindividuell** sind demgegenüber die **Struktur** des betroffenen Unternehmens (zB seine Größe oder Konzernverbundenheit), seine **Ressourcen,**[328] seine **Finanzierung,**[329] aus einer früheren Monopolstellung resultierende **Ineffizienzen**[330] und natürlich erst recht alle auf **unternehmerischen Entscheidungen** basierenden Besonderheiten in Bezug auf Organisation und strategisches Verhalten.

**108**    Die **Abgrenzung** zwischen strukturellen und unternehmensindividuellen Aspekten ist nicht **immer trennscharf möglich.**[331] Mit Blick auf die **Kosten der Energieerzeugung** beruhen beispielsweise Errichtung und Betrieb einer bestimmten Energieerzeugungsanlage (zB Gas-, Kohle- oder Windkraftwerk) zunächst einmal auf einer unternehmerischen Entscheidung. Stellt sich eine Investition ex post gegenüber dem Fremdbezug als unwirtschaftlich heraus (zB weil die Kosten für den betreffenden Primärenergieträger stärker als diejenigen anderer Energieträger gestiegen sind), so kann das Unternehmen die Kosten seiner Fehlentscheidung nach Auffassung des BKartA selbst dann nicht auf die Abnehmer abwälzen, wenn dies ex ante nicht vorhersehbar war, weil eine solche Kostenabwälzung unter Wettbewerbsbedingungen nicht möglich wäre.[332] Das Kammergericht hat die **unterschiedliche Kostensituation beim Einsatz unterschiedlicher Primärenergien** demgegenüber als strukturell angesehen.[333] Markert plädiert für eine ex ante-Betrachtung und will die Kosten der Eigenerzeugungsanlage jedenfalls dann berücksichtigen, wenn auch jeder andere rational handelnde Anbieter der jeweiligen Energie im Zeitpunkt der Investitionsentscheidung die gleiche Entscheidung getroffen hätte.[334] Dem ist beizupflichten. Entsprach eine Investition ex ante vernünftigen wirtschaftlichen Erwägungen und war der Fehlschlag nicht vorhersehbar, sollten auch **fehlgeschlagene Investitionen oder fehlgeschlagene Aufwendungen für Forschung und Entwicklung** berücksichtigungsfähig

---

[321] BGH 2.2.2010 – KVR 66/08, NJW 2010, 2573 Rn. 42 – Wasserpreise Wetzlar mwN ua auf BGH 31.5.1972 – KVR 2/71, BGHZ 59, 42 (47 ff.) = WuW/E BGH 1221 – Strom-Tarif.

[322] S. auch Überblick über berücksichtigungsfähige und nicht berücksichtigungsfähige Faktoren bei Koleva S. 298 ff.

[323] Vgl. BKartA 19.3.2012 – B 10 – 16/09, 30 f. Rn. 77 ff. – Entega.

[324] BGH 2.2.2010 – KVR 66/08, NJW 2010, 2573 Rn. 42 – Wasserpreise Wetzlar.

[325] Baron in FK-KartellR Rn. 106; Kahlenberg/Haellmigk BB 2008, 174 (178).

[326] BKartA 19.3.2012 – B 10 – 16/09, 20 f. Rn. 58 ff. – Entega; kritisch zur Berücksichtigung von Lastprofilen Schwensfeier in LMRKM Rn. 57.

[327] Markert in MüKoWettbR Rn. 40.

[328] Baron in FK-KartellR Rn. 106.

[329] BGH 2.2.2010 – KVR 66/08, NJW 2010, 2573 Rn. 52 f. – Wasserpreise Wetzlar.

[330] BGH 2.2.2010 – KVR 66/08, NJW 2010, 2573 Rn. 42 – Wasserpreise Wetzlar.

[331] Eingehend Lohse FS Kreutz, 2010, 715 (725 f.); zu den Beschaffungskosten Baumgart/Rasbach/Rudolph FS Kühne, 2009, 25 (35 f.).

[332] BKartA TB 1983/84, BT-Drs. 10/3550, 114.

[333] KG 15.1.1997 – Kart 25/95, WuW/E OLG 5926 (5929) – SpreeGas (zu § 103 GWB aF) unter Hinweis auf die RegBegr zur 4. GWB-Novelle (BT-Drs. 8/2136, 33 = WuW 1980, 337 (364)).

[334] Markert in MüKoWettbR Rn. 40.

sein,[335] da diese Aufwendungen gerade Ausdruck eines Wettlaufs zwischen Konkurrenten sind.[336] Nicht berücksichtigungsfähig sind dagegen Kosten, die aus einem Investitionsbedarf entstehen, der gerade daraus resultiert, dass aufgrund einer staatlich geschützten Monopolstellung in der Vergangenheit notwendige Investitionen unterlassen wurden.[337]

Ebenfalls problematisch ist die Einordnung der **Kosten der Energiebeschaffung.** Auch   **109** hier ist die Entscheidung über das Ob und Wie von Energiebezugsverträgen einerseits unzweifelhaft unternehmensindividuell.[338] Besonders hohe Energiebeschaffungskosten dürften jedoch andererseits jedenfalls dann als unvermeidbar angesehen werden, wenn eine günstigere Bezugs- oder Eigenerzeugungsmöglichkeit im Zeitpunkt des Vertragsschlusses nicht existierte.[339] Auch Bezugsbindungen sind im Rahmen des kartellrechtlich Zulässigen insoweit zu respektieren.[340] In der Praxis kann das BKartA Unsicherheiten dadurch Rechnung tragen, dass es nicht die Kosten einzelner Unternehmen vergleicht (etwa diejenigen des betroffenen Unternehmens mit dem effizientesten Vergleichsunternehmen), sondern eine **Durchschnittsbetrachtung** anstellt.[341]

Die Abgrenzung zwischen strukturellen und unternehmensindividuellen Aspekten ist   **110** zudem nur der Ausgangspunkt. Auch wenn **unternehmensindividuelle Aspekte grundsätzlich nicht berücksichtigungsfähig** sind, erscheint es mit Blick auf den weiten Wortlaut des § 29 S. 1 GWB nicht ausgeschlossen, solche Aspekte gleichwohl zu berücksichtigen, soweit sich dies ausnahmsweise mit dem Grundsatz des § 29 S. 2 GWB vereinbaren lässt.[342] Berücksichtigungsfähig ist grundsätzlich insbesondere der **Einwand der Kostendeckung,** dh das Interesse der Unternehmen daran, nicht zu einer Preisgestaltung gezwungen zu werden, die noch nicht einmal die Selbstkosten deckt.[343] Dies ist allerdings nicht im Sinne eines „Bestandsschutz für monopolbedingte Ineffizienzen oder Preisüberhöhungstendenzen"[344] oder eines Freibriefes misszuverstehen, die Folgen schlechter Unternehmensführung auf die Abnehmer abzuwälzen.[345] Vielmehr ist der Einwand nur dann berücksichtigungsfähig, „wenn das marktbeherrschende Unternehmen auch bei ordnungsgemäßer Zuordnung der bei ihm entstehenden Kosten und bei Ausschöpfung etwaiger Rationalisierungsreserven lediglich Einnahmen erzielt, die die Selbstkosten nicht decken".[346]

**Unwägbarkeiten,** die sich aus nachweislich vorhandenen, aber nicht eindeutig quantifi-   **111** zierbaren strukturellen Unterschieden der verglichenen Unternehmen ergeben, können auf der Ebene der Rechtfertigung **durch Korrektur- und Sicherheitszuschläge berücksichtigt werden.**[347] Allerdings gilt dies erstens nur, soweit diese Aspekte nicht bereits auf der Tatbestandsseite im Rahmen der Ermittlung der **bereinigten Nettoerlöse**

---

335 So auch Baron in FK-KartellR Rn. 135; Bruhn in BerlKommEnergieR, 2. Aufl. 2010, Rn. 101.
336 Heitzer WuW 2007, 854 (858).
337 BGH 2.2.2010 – KVR 66/08, NJW 2010, 2573 Rn. 57 – Wasserpreise Wetzlar.
338 Vgl. KG 15.1.1997 – Kart 25/95, WuW/E OLG 5926 (5930) – SpreeGas (zu § 103 GWB aF): „Vorteilhafte Konditionen bei der Beschaffung zu erlangen, ist von vornherein schon weitgehend eine Sache des individuellen Geschicks".
339 Markert in MüKoWettbR Rn. 40.
340 Markert in MüKoWettbR Rn. 40.
341 Vgl. zB BKartA 19.3.2012 – B 10 – 16/09, 29 f. Rn. 75 ff. – Entega; ausführlich dazu mit Blick auf die Gaspreisverfahren Becker/Blau Preismissbrauchsnovelle Rn. 171 ff., 178 f.; Mohr in BerlKommEnergieR Anh B § 39 EnWG (§ 29 GWB) Rn. 141; Baron in FK-KartellR Rn. 104, 108 f.; mit Blick auf die sukzessive Marktöffnung an einer Durchschnittskostenbetrachtung zweifelnd Becker/Breuer in Schneider/Theobald Energiewirtschaft § 13 Rn. 56.
342 Ähnlich Baron in FK-KartellR Rn. 106 f.; im Ergebnis auch Bechtold/Bosch Rn. 30 f.
343 BGH 22.7.1999 – KVR 12/98 (KG), NJW 2000, 76 (78) = WuW/E DE-R 375 (377 f.) – Flugpreisspaltung; BGH 2.2.2010 – KVR 66/08, NJW 2010, 2573 Rn. 65 f. – Wasserpreise Wetzlar; BKartA 19.3.2012 – B 10 – 16/09, 28 f. Rn. 73 ff. – Entega.
344 BGH 2.2.2010 – KVR 66/08, NJW 2010, 2573 Rn. 42 – Wasserpreise Wetzlar.
345 So auch Haellmigk in BeckOK KartellR Rn. 40.
346 BGH 22.7.1999 – KVR 12/98 (KG), NJW 2000, 76 (78) = WuW/E DE-R 375 (377 f.) – Flugpreisspaltung (Hervorhebung durch den Verfasser); BKartA 19.3.2012 – B 10 – 16/09, 29 Rn. 75 – Entega.
347 Dazu BKartA 19.3.2012 – B 10 – 16/09, 20 f. Rn. 58 ff. – Entega; BGH 2.2.2010 – KVR 66/08, NJW 2010, 2573 Rn. 43 – Wasserpreise Wetzlar (zu § 103 GWB aF); ausführlich Baron in FK-KartellR Rn. 105; Mohr in BerlKommEnergieR Anh B § 39 EnWG (§ 29 GWB) Rn. 110 f.

(→ Rn. 84 ff.) durch Zu- oder Abschläge zugunsten der betroffenen Unternehmen berücksichtigt worden sind.[348] Zweitens kann auf Zu- und Abschläge grundsätzlich verzichtet werden, wenn als Vergleichswerte nicht die Daten eines konkreten Vergleichsunternehmens, sondern **Durchschnittswerte** einer repräsentativen Gruppe von Vergleichsunternehmen herangezogen wurden.[349] Und schließlich ist drittens zu berücksichtigen, dass es nach § 29 S. 1 GWB grundsätzlich Sache des betroffenen Unternehmens ist, nachzuweisen, dass und in welchem Umfang ein Rechtfertigungsgrund vorliegt. Deshalb gehen **Zweifel** über Vorliegen und Umfang dieser Umstände grundsätzlich zu seinen Lasten.[350]

112 Ungeklärt ist, inwieweit **energiepolitische Zielsetzungen als Rechtfertigungsgründe** berücksichtigt werden können. Ausweislich der Regierungsbegründung ist das im EnWG normierte Ziel der **preisgünstigen Energieversorgung** auch bei Anwendung des § 29 GWB zu berücksichtigen.[351] Die Berücksichtigungsfähigkeit anderer energiepolitischer Ziele erscheint demgegenüber zweifelhaft. Wenn ein Unternehmen zB einen **besonders hohen Anteil erneuerbarer Energien** erzeugt (oder beschafft), ist dies zwar energiepolitisch erwünscht, führt aber, wenn diese Energien teurer sind als konventionell erzeugte, zu Kosten, die eindeutig auf einer unternehmerischen Entscheidung beruhen und damit dem Unternehmen zurechenbar sind. Gegen eine Berücksichtigung solcher Aspekte spricht (unbeschadet einer gesetzgeberischen Klarstellung), dass das BKartA grundsätzlich eine rein wettbewerbliche Bewertung vornimmt und eine Berücksichtigung politischer Zielsetzungen ablehnt. Andererseits hat zB der Wirtschaftsausschuss zum Merkmal des sachlich gerechtfertigten Grundes in § 103a Abs. 3 Nr. 1 GWB aF betont, dadurch würden „solche vorgegebenen Umstände der Energieversorgung erfasst, die auf energiepolitischen Maßnahmen oder Einflussnahmen, z. B. Förderung des Einsatzes heimischer Primärenergien, beruhen".[352] Auch gibt es Bereiche, in denen eine Berücksichtigung energiepolitischer Wertungen zur Vermeidung von Wertungswidersprüchen ausnahmsweise erforderlich erscheint.[353] Die Anwendung des § 29 S. 1 GWB gehört aber grundsätzlich nicht zu diesen Bereichen, da der **Staat erneuerbare Energien bereits umfassend** (und zu Lasten der Abnehmer) **subventioniert.** Soweit den Unternehmen dadurch (etwa in Form von Abgaben) unvermeidliche Kosten entstehen, können diese berücksichtigt werden. Für eine darüber hinausgehende Berücksichtigung als Rechtfertigungsgrund besteht kein Anlass.

113 **e) Umkehr der Darlegungs- und Beweislast.** § 29 S. 1 Nr. 1 Hs. 2 GWB enthält eine in mehrfacher Hinsicht eingeschränkte und der Präzisierung bedürftige Umkehr der Darlegungs- und Beweislast zu Lasten der betroffenen Unternehmen („es sei denn, das Versorgungsunternehmen weist nach, dass die Abweichung sachlich gerechtfertigt ist, wobei die Umkehr der Darlegungs- und Beweislast nur im Verfahren vor den Kartellbehörden gilt"). Diese Beweislastumkehr gilt, wie sich schon aus ihrer systematischen Stellung ergibt, **nur bei Anwendung des Vergleichsmarktkonzepts** nach § 29 S. 1 Nr. 1 GWB.[354] Sie gilt ferner (anders als noch im Referentenentwurf vorgesehen war,

---

[348] Baron in FK-KartellR Rn. 104; Becker in Bunte Rn. 40.

[349] Baron in FK-KartellR Rn. 105 mit Verweis auf BKartA 11.11.2010 – B 10 – 13/09, 9 f. Rn. 19 – E.ON Mitte (wo das BKartA auf Zu- oder Abschläge verzichtete, weil die strukturellen Besonderheiten bereits im Niveau der genehmigten Netzentgelte widergespiegelt wurden); zur Praxis der Durchschnittbetrachtung durch das BKartA s. auch Becker/Blau Preismissbrauchsnovelle Rn. 171 ff.; Mohr in BerlKommEnergieR Anh B § 39 EnWG (§ 29 GWB) Rn. 141.

[350] Vgl. Mohr in BerlKommEnergieR Anh B § 39 EnWG (§ 29 GWB) Rn. 140; Baron in FK-KartellR Rn. 105; Markert in MüKoWettbR Rn. 41; s. auch KG 15.1.1997 – Kart 25/95, WuW/E OLG 5926 (5930) – SpreeGas (zu § 103 GWB aF).

[351] RegBegr BT-Drs. 16/5847, 11. Insoweit besteht ohnehin kein Konflikt mit der wettbewerblichen Ausrichtung des GWB, vgl. → Rn. 124 aE.

[352] Beschlussempfehlung und Bericht des Wirtschaftsausschusses zur 4. GWB-Novelle, BT-Drs. 8/3690, 33.

[353] Vgl. Körber, Drittzugang zu Fernwärmenetzen, S. 90 ff.

[354] So auch die Beschlussempfehlung des Ausschusses für Wirtschaft und Technologie, BT-Drs. 16/7156, 11.

→ Rn. 4) ausweislich ihres Wortlauts „nur im Verfahren vor den Kartellbehörden", also grds. **nicht in Zivilverfahren** (dazu noch → Rn. 115). Dadurch sollte sichergestellt werden, dass die vorgesehene Beweislastverteilung die Versorgungsunternehmen in Kartellzivilverfahren nicht über Gebühr belastet.[355] Das ist gelungen. Allerdings ist die Wortwahl des Gesetzes gleichwohl unglücklich. Einerseits ist der Wortlaut zu weit geraten, denn die Beweislastumkehr gilt zweifelsohne ebenfalls **nicht für das Kartellbußgeldverfahren**.[356] Andererseits ist der Wortlaut insoweit zu eng geraten, als die Beweislastumkehr natürlich nicht nur für Kartellverwaltungsverfahren, sondern **auch für Kartellbeschwerdeverfahren** gelten muss, in denen die Entscheidung der Kartellbehörde gerichtlich überprüft wird.[357]

**Selbst im Kartellverwaltungsverfahren** erfolgt, anders als der Normwortlaut andeutet, **114** **keine vollständige Verlagerung** der Darlegungs- und Beweislast auf das betroffene Versorgungsunternehmen. Das wäre (wie auch die Monopolkommission zum Referentenentwurf angemerkt hat[358]) verfassungsrechtlichen Bedenken ausgesetzt. Vielmehr gilt auch in Verfahren nach § 29 S. 1 Nr. 1 GWB der **Amtsermittlungsgrundsatz.** Die Beweislastumkehr ist insoweit begrenzt, als die Kartellbehörde verpflichtet bleibt, auch die für das betroffene Unternehmen entlastenden Umstände zu ermitteln.[359] **In formeller Hinsicht** folgt aus der „Beweislastumkehr" mithin letztlich nur eine **gesteigerte Darlegungs- und Nachweispflicht** der Unternehmen, die insbesondere die in der eigenen Sphäre der Unternehmen liegenden Umstände betrifft. Für außerhalb ihrer Sphäre liegende Fakten (und erst recht für Geschäftsgeheimnisse der Vergleichsunternehmen) sind sie dagegen – auch nach der Praxis des BKartA[360] – nicht darlegungs- und beweispflichtig.[361] Das versteht sich letztlich auch von selbst, denn schließlich haben die betroffenen Unternehmen in Ermangelung eigener Ermittlungsbefugnisse keinen Zugriff auf vertrauliche Daten anderer Unternehmen und sollen darauf mit Blick auf die mögliche Kartellrechtswidrigkeit eines Austausches individualisierbarer Daten auch keinen Zugriff haben.[362] In materieller Hinsicht resultiert aus der Beweislastumkehr allerdings eine **materielle Beweislast** der Unternehmen in non liquet-Situationen, dh die Nichterweislichkeit bestimmter Fakten trotz umfassender Ermittlungen der Kartellbehörden geht zu ihren Lasten (dazu auch → Rn. 111 aE).[363]

**Im Zivilprozess und im Bußgeldverfahren** muss nach dem Wortlaut der Norm **115** weiterhin derjenige, der einen Missbrauch iSd § 29 GWB behauptet, nicht nur das Vorliegen ungünstigerer Entgelte und/oder sonstiger Konditionen, sondern grundsätzlich auch das Fehlen einer sachlichen Rechtfertigung und damit verbunden die strukturelle Vergleichbarkeit der Vergleichsunternehmen nachweisen, weil insoweit die Umkehr der Darlegungs- und Beweislast ausweislich des § 29 S. 1 Nr. 1 Hs. 2 nicht gilt.[364] **Für das Zivil-**

---

[355] Beschlussempfehlung des Ausschusses für Wirtschaft und Technologie, BT-Drs. 16/7156, 11; kritisch dazu vor dem Hintergrund der mit der 7. GWB-Novelle zuvor betriebenen Stärkung privater Rechtsdurchsetzung Ritter WuW 2008, 142 (147).

[356] Bechtold/Bosch Rn. 22; Baron in FK-KartellR Rn. 113; Schwensfeier in LMRKM Rn. 63 f.

[357] RegBegr BT-Drs. 16/5847, 11; Beschlussempfehlung des Ausschusses für Wirtschaft und Technologie, BT-Drs. 16/7156, 11; s. auch Bechtold/Bosch Rn. 22.

[358] Vgl. Monopolkommission Sondergutachten 47 S. 13 Rn. 14; dazu schon → Rn. 19.

[359] So auch die Beschlussempfehlung des Ausschusses für Wirtschaft und Technologie, BT-Drs. 16/7156, 11; ferner Ritter/Lücke WuW 2007, 698 (703); Kahlenberg/Haellmigk BB 2008, 174 (177); Becker in Bunte Rn. 41; Baron in FK-KartellR Rn. 111; Mohr in BerlKommEnergieR Anh B § 39 EnWG (§ 29 GWB) Rn. 62.

[360] Dazu Becker/Blau Preismissbrauchsnovelle Rn. 189 ff.; vgl. auch BKartA 19.3.2012 – B 10 – 16/09, 20 f. Rn. 57 ff. – Entega.

[361] Ritter/Lücke WuW 2007, 698 (703); Becker in Bunte Rn. 40 f.; Baron in FK-KartellR Rn. 111 f.; Baumgart/Rasbach/Rudolph FS Kühne, 2009, 25 (31).

[362] Vgl. Stadler BB 2007, 60 (63); Baumgart/Rasbach/Rudolph FS Kühne, 2009, 25 (30); zur möglichen Kartellrechtswidrigkeit eines Informationsaustauschs s. → § 1 Rn. 155 ff.

[363] Ritter/Lücke WuW 2007, 698 (703); Becker in Bunte Rn. 43; Mohr in BerlKommEnergieR Anh B § 39 EnWG (§ 29 GWB) Rn. 62.

[364] Baron in FK-KartellR Rn. 115.

**verfahren** ist allerdings **umstritten,** ob das beklagte Versorgungsunternehmen damit auch von einer Darlegungslast hinsichtlich der in seiner Sphäre liegenden und damit dem Kläger nicht zugänglichen Umstände befreit ist,[365] sich also letztlich auf ein bloßes unsubstantiiertes Bestreiten zurückziehen kann oder ob es jedenfalls im Sinne einer **sekundären Darlegungslast**[366] darlegen muss, aus welchen in seiner Sphäre liegenden Gründen eine sachliche Rechtfertigung der ungünstigeren Entgelte und/oder Konditionen anzunehmen ist.[367] Zu folgen ist der zweiten Auffassung, denn die Beschränkung der Beweislastumkehr auf das Kartellverwaltungsverfahren sollte ausweislich der Gesetzesbegründung nur eine Belastung der Versorgungsunternehmen „über Gebühr" vermeiden.[368] Davon aber kann schwerlich die Rede sein, wenn man ihnen eine gesteigerte Mitwirkungspflicht in Bezug auf in ihrer Sphäre liegende Umstände auferlegt.[369] Eine Umkehrung der formellen oder materiellen Beweislast ist damit nicht verbunden. Bleibt trotz hinreichender Mitwirkung der Versorgungsunternehmen unklar, ob eine Rechtfertigung vorliegt, geht dies aber zu Lasten des Klägers, dh bei einem non liquet ist von einer Rechtfertigung der ungünstigeren Entgelte und/oder Konditionen auszugehen.

**116**   **3. Gewinnbegrenzungskonzept (S. 1 Nr. 2). a) Überblick.** Mit Einführung des § 29 GWB durch das Preismissbrauchsgesetz hat der Gesetzgeber in dessen S. 1 Nr. 2 erstmals ausdrücklich das Gewinnbegrenzungskonzept als Methode zur Feststellung eines Preismissbrauchs normiert. Dabei handelt es sich allerdings nicht um ein echtes Novum, sondern, wie auch die Regierungsbegründung betont, nur um eine **Klarstellung:** § 29 S. 1 Nr. 2 GWB kodifiziert danach lediglich „die Prüfungskonzepte der Kostenkontrolle und Gewinnbeschränkung für die Anwendung von § 19 Abs. 1, 4 Nr. 2 GWB und Artikel 82 EG-Vertrag, die die Rechtsprechung insbesondere zu Artikel 82 EG-Vertrag bereits anerkannt hat".[370] Die Regierungsbegründung hebt dabei besonders die **EuGH-Entscheidung United Brands** zu Art. 82 S. 2 lit. a EG (heute Art. 102 S. 2 lit. a AEUV) hervor, in welcher der Europäische Gerichtshof einen verbotenen Missbrauch aus einem übertriebenen Missverhältnis zwischen tatsächlich entstandenen Kosten (Gestehungskosten) und dem tatsächlich verlangten Verkaufspreis abgeleitet hatte.[371] Dementsprechend stellt auch Nr. 2 auf einen Vergleich von Kosten und Entgelten ab.

**117**   § 29 GWB setzt Vergleichsmarktkonzept (Nr. 1) und Gewinnbegrenzungskonzept (Nr. 2) in ein **Alternativverhältnis** („oder") und stellt sie damit formell gleichrangig nebeneinander. In der Praxis dominiert aber das Vergleichsmarktkonzept.[372] Eine Anwendung des Gewinnbegrenzungskonzepts kommt in der Praxis insbesondere in Bezug auf die Kontrolle der Preise auf den Märkten für Erzeugung, Import und Erstabsatz von Strom und Gas in Betracht, weil es insoweit an einem **Vergleichsmarkt im Inland fehlt.**[373] Zumindest ergänzend kann die Heranziehung des Gewinnbegrenzungskonzepts auch hilfreich sein, wenn zwar **Vergleichsmärkte** zur Verfügung stehen, diese jedoch **ebenfalls** vermachtet oder gar **monopolisiert** sind, so dass das Preisniveau möglicherweise auch auf

---

[365] So Bechtold/Bosch Rn. 23.

[366] So auch OLG Frankfurt a. M. 21.12.2010 – 11 U 37/09 (Kart), WuW/E DE-R 3163 – Arzneimittelpreise zu § 19 Abs. 4 Nr. 2 GWB aF (jetzt § 19 Abs. 2 Nr. 2 GWB).

[367] So grds. Markert in MüKoWettbR Rn. 70 (der darin immer noch eine Privilegierung gegenüber der – freilich umstrittenen – Beweisbelastung nach § 19 Abs. 2 Nr. 2 GWB sieht); Baron in FK-KartellR Rn. 115 (kein Zurückstehen im Vergleich zu § 19 Abs. 2 Nr. 2 GWB); Becker in Bunte Rn. 44 (unter Berufung auf BGH 3.2.1999 – VIII ZR 14/98, NJW 1999, 1404 (1405) – Kanzleiverkauf); Mohr in BerlKommEnergieR Anh B § 39 EnWG (§ 29 GWB) Rn. 148.

[368] Beschlussempfehlung des Ausschusses für Wirtschaft und Technologie, BT-Drs. 16/7156, 11.

[369] AA Bechtold/Bosch Rn. 23; Haellmigk in BeckOK KartellR Rn. 43.

[370] RegBegr BT-Drs. 16/5847, 11.

[371] EuGH 14.2.1978 – 27/76, ECLI:EU:C:1978:22 Rn. 248 – United Brands.

[372] Zum Verhältnis der beiden Methoden bereits → Rn. 71 f.

[373] Becker/Blau Preismissbrauchsnovelle S. 87 Rn. 216; Markert in MüKoWettbR Rn. 27; Baron in FK-KartellR Rn. 74, 121.

diesen überhöht ist.[374] Praktische Erfahrungen mit dieser Norm müssen erst noch gesammelt werden. So hat das OLG München 2017 eine von den Strom-Großhandelspreisen unabhängige, auf fiktiven Erzeugungskosten eines virtuellen Steinkohlekraftwerks basierende Preisvereinbarung an dieser Norm gemessen und für damit vereinbar befunden. Es hat dazu betont, insoweit sei „nicht isoliert auf den lieferunabhängigen Jahresleistungspreis abzustellen, sondern auf die gesamte Preisklausel mit Arbeits- und Startpreis. Im Zeitpunkt des Vertragsschlusses gingen beide Parteien davon aus, dass die Gestehungskosten aus dem streitgegenständlichen Vertrag bei Lieferbeginn [...] unterhalb des Strom-Großhandelspreises liegen würden. Die Entwicklung des Marktpreises war zu diesem Zeitpunkt unsicher. Für die Rechtsvorgängerin der Beklagten bestand das Risiko, dass die Marktpreise weiter steigen, womit insbesondere die Klägerin rechnete. Die Vereinbarung eines lieferunabhängigen Leistungspreises, in dem die – fiktiven – Investitionskosten eines Steinkohlekraftwerks nachgebildet sein sollten, erscheinen ungeachtet der konkreten Berechnungskalkulation jedenfalls im Rahmen des Gesamtpreises aus damaliger Sicht nicht unangemessen hoch".[375]

Im Rahmen des Gesetzgebungsverfahrens hat § 29 S. 1 Nr. 2 GWB heftige **Kritik**  **118** erfahren. Dem Gesetzgeber wurde ua vorgeworfen, damit eine behördliche Preisregulierung auch außerhalb des Netzbetriebs einzuführen.[376] Diese Kritik bezog sich allerdings letztlich weniger auf § 29 S. 1 Nr. 2 GWB als auf das bereits zuvor auch in Bezug auf § 19 GWB und Art. 102 AEUV anerkannte Gewinnbegrenzungskonzept als solches. In der Tat handelt es sich bei einer behördlichen Gewinnspannenbegrenzung um eine „ordnungspolitische Gratwanderung".[377] Insbesondere seitens der Monopolkommission wurden darüber hinaus die Unbestimmtheit des Prüfmaßstabes, namentlich des Kostenbegriffs, und die daraus resultierende Rechtsunsicherheit kritisiert. Die Monopolkommission hat daher eine allenfalls ergänzende Anwendung des Gewinnbegrenzungskonzepts gefordert.[378] Auch wenn die ebenfalls von der Monopolkommission beschworene Gefahr, dass die Unternehmen im Schutze dieser Unbestimmtheit künstlich Kosten produzieren, um auf diese Weise verdeckte Gewinne zu machen,[379] als eher theoretisch erscheint,[380] dürfte die Unbestimmtheit des Kostenbegriffs die Kartellbehörden vor nicht unerhebliche praktische Schwierigkeiten stellen[381] und dazu beitragen, dass das Gewinnbegrenzungskonzept auch in Zukunft eher ein Dasein im Schatten des Vergleichsmarktkonzepts führen wird.

Bei Anwendung des § 29 S. 1 Nr. 2 GWB sind folgende **Prüfschritte** erforderlich:  **119** Zunächst sind die relevanten Kosten und Entgelte zu ermitteln. Dabei ist zu berücksichtigen, dass nach S. 2 nur Kosten berücksichtigungsfähig sind, die sich ihrem Umfang nach auch im Wettbewerb einstellen würden. Dann ist festzustellen, ob der tatsächliche erzielte Erlös die Kosten übersteigt, also ein Gewinn gemacht wurde. Ist dies der Fall, ist wertend festzustellen, ob die Entgelte die Kosten in unangemessener Weise überschreiten, also ein unangemessen hoher Gewinn erzielt wird. Die Beweislast dafür trägt, anders als bei Nr. 1, nach allgemeinen Regeln die Kartellbehörde. Im Einzelnen gilt Folgendes:

**b) Entgelte.** Der Entgeltbegriff in Nr. 2 entspricht demjenigen in Nr. 1. Gemeint sind  **120** in Euro bezifferte Preise (dazu im Einzelnen → Rn. 75 ff.). Auf Entgeltbestandteile wurde (anders als bei Nr. 1) auch im Referentenentwurf nicht abgestellt. Ebenso wenig findet sich

---

[374] Monopolkommission Sondergutachten 47, S. 14, Rn. 20; Becker in Bunte Rn. 45; Mohr in BerlKommEnergieR Anh B § 39 EnWG (§ 29 GWB) Rn. 150; zur Möglichkeit einer Überschneidung beider Tatbestände in der Praxis vgl. BGH 15.5.2012 – KVR 51/11, NZKart 2013, 34 Rn. 12 ff. = WuW/E DE-R 3634 – Wasserpreise Calw; Markert in MüKoWettbR Rn. 27.
[375] OLG München 27.4.2017 – U 3922/15 Kart, NZKart 2017, 599 (601) – Virtuelles Kraftwerk.
[376] ZB Stadler BB 2007, 60 (63); Beckmerhagen/Stadler et 2007, 115 (121 f.); M. Pohlmann/Vasbender KSzW 2011, 268 (276); aA Ritter/Lücke WuW 2007, 698 (702); Heitzer WuW 2008, 854 (857).
[377] So trefflich Becker/Blau Preismissbrauchsnovelle S. 2; Baron in FK-KartellR Rn. 120.
[378] Monopolkommission Sondergutachten 47, S. 14 f. Rn. 20; s. auch Bechtold/Bosch Rn. 26.
[379] So Monopolkommission Sondergutachten 47, S. 20 Rn. 40; auch Bechtold/Bosch Rn. 24.
[380] Ebenso Baron in FK-KartellR Rn. 125.
[381] Hierzu auch Becker/Blau Preismissbrauchsnovelle Rn. 33.

in Nr. 2 eine Bezugnahme auf sonstige Geschäftsbedingungen. Unangemessene Entgeltbestandteile oder **Geschäftsbedingungen** können daher nicht als solche einen Missbrauch
iSd Nr. 2 begründen. Gleichwohl ist praktisch einhellig anerkannt, dass auch unangemessene Geschäftsbedingungen **mittelbar** für die Bestimmung der Unangemessenheit der Entgelte relevant sein können, sofern sie (zB weil sie Zahlungsfristen oder Haftungsfragen
regeln) kostenrelevant[382] bzw. für die Leistung wertprägend sind.[383]

**121**   **c) Kosten.** Anders als im Rahmen der Nr. 1 (→ Rn. 104 ff.) spielen die Kosten bei
Prüfung der Nr. 2 nicht erst auf der Rechtfertigungsebene eine Rolle, sondern sind ebenso
wie die Entgelte **als Teil der Tatbestandsprüfung von den Kartellbehörden zu
ermitteln und nachzuweisen.** Diese besitzen dabei einen vergleichsweise großen Spielraum, denn der Gesetzgeber hat sich der Kritik der Monopolkommission[384] zum Trotz
explizit gegen eine über § 29 S. 2 GWB hinausreichende gesetzliche Klarstellung des
Kostenbegriffs entschieden. Die Regierungsbegründung betont dazu: „Das Gesetz verwendet keinen bestimmten Kostenbegriff etwa im Sinne von Durchschnittskosten. Die
Kartellbehörden haben bei Anwendung des § 29 anerkannte ökonomische Theorien zu
beachten, z. B. den Grundsatz, dass bei vollkommenem Wettbewerb die Preise den Grenzkosten entsprechen. Die Kartellbehörde kann nach § 59 das Versorgungsunternehmen
auffordern, Kosten, deren Aufschlüsselung und Kalkulationsgrundlagen darzulegen".[385]

**122**   Zu den relevanten **Kostenpositionen** zählen (wie auf der Rechtfertigungsebene bei
Nr. 1) insbesondere die **Gestehungskosten** (Produktions- bzw. Beschaffungskosten), die
den Löwenanteil[386] ausmachen dürften; hierzu – auch zu der Frage der Berücksichtigungs-
fähigkeit (fehlgeschlagener) Investitionskosten – gilt grds. das bei → Rn. 108 f. Gesagte.
Ferner sind die **Vertriebskosten** relevant, zu denen etwa die Kosten für Marketing,
Kundenbetreuung und Forderungsmanagement zählen. Diese produkt- bzw. leistungsspezi-
fischen Kosten sind um einen angemessenen Anteil an den allgemeinen Betriebskosten
**(Gemeinkosten)** zu ergänzen.[387]

**123**   Mit Blick auf die Frage, welcher **Kostenmaßstab** anzuwenden ist, ist insbesondere **§ 29
S. 2 GWB** zu beachten.[388] Wie schon bei Prüfung einer Rechtfertigung im Rahmen der
Nr. 1 sind also nicht etwa alle tatsächlich bei dem konkreten Unternehmen anfallenden
Kosten berücksichtigungsfähig, sondern nur solche Kosten, die sich auch im Wettbewerb
einstellen würden. Auch hier gilt der Grundsatz, dass der Hinweis auf die Notwendigkeit,
kostendeckend zu arbeiten, nicht im Sinne eines „Bestandsschutz für monopolbedingte
Ineffizienzen oder Preisüberhöhungstendenzen"[389] oder eines Freibriefes misszuverstehen
ist, die Folgen schlechter Unternehmensführung auf die Abnehmer abzuwälzen (dazu
bereits → Rn. 110). Die Regierungsbegründung führt dazu aus, „dass das für den Ausbeutungsmissbrauch geltende Als-ob-Wettbewerbskonzept auch den Maßstab für die Ansetzbarkeit der Kosten bildet. Kosten, die ein Unternehmen bei funktionierendem Wettbewerb vermeiden oder nicht geltend machen würde bzw. nicht über die Preise abwälzen
könnte, dürfen bei der Anwendung von § 29 nicht zugunsten des Normadressaten berücksichtigt werden. Das **Gesetz verwendet keinen bestimmten Kostenbegriff** etwa im
Sinne von Durchschnittskosten. Die Kartellbehörden haben bei Anwendung des § 29
anerkannte ökonomische Theorien zu beachten, zB den Grundsatz, dass bei vollkom-

---

[382] Bechtold/Bosch Rn. 25; Becker in Bunte Rn. 50.
[383] Markert in MüKoWettbR Rn. 48; Baron in FK-KartellR Rn. 147.
[384] Monopolkommission Sondergutachten 47, S. 14 f. Rn. 20.
[385] RegBegr BT-Drs. 16/5847, 11.
[386] Baumgart/Rasbach/Rudolph FS Kühne, 2009, 25 (35) sprechen von „über 90 %".
[387] Baron in FK-KartellR Rn. 129. Vgl. auch Monopolkommission Sondergutachten 47, S. 14 Rn. 20 mit
dem Hinweis auf das Problem, eine angemessene Gemeinkostenschlüsselung zu finden; zu Besonderheiten
bei Abrechnung von marginalen Bezugsstrommengen in kleinen EEG-Anlagen s. Sliwiok-Born ZNER 2014,
544 (552 f.).
[388] Dazu auch BKartA 19.3.2012 – B 10 – 16/09, 30 ff. Rn. 77 ff. und S. 38 ff. Rn. 97 ff. – Entega.
[389] BGH 2.2.2010 – KVR 66/08, NJW 2010, 2573 Rn. 42 – Wasserpreise Wetzlar.

menem Wettbewerb die Preise den Grenzkosten entsprechen".[390] Als Kostenmaßstab bietet sich damit regelmäßig derjenige der nicht nur kurzfristigen **„wettbewerbsanalogen Vollkosten"** an.[391] Mit Blick auf die grundsätzliche Offenheit des Kostenbegriffs dürfte bei Bestimmung der berücksichtigungsfähigen Kosten aber (wie bei Nr. 1) auch ein Abstellen auf die **Durchschnittskosten** einer repräsentativen Gruppe von Unternehmen[392] oder auf die **Grenzkosten**[393] möglich sein. Entscheidend ist in jedem Fall, dass nur wettbewerbsanaloge Kosten berücksichtigungsfähig sind.

Hinsichtlich der im Einzelnen anzuwendenden Maßstäbe kann nicht nur auf die eher **124** überschaubaren Erfahrungen bei der Anwendung des Gewinnbegrenzungskonzepts im Rahmen von § 19 GWB[394] und Art. 102 AEUV,[395] sondern auch auf **Leitlinien aus der energierechtlichen Praxis** zurückgegriffen werden. In diesem Zusammenhang wird in der Literatur zu Recht auf die Nähe des Kostenmaßstabs des § 29 S. 2 GWB zum fast wortgleichen **§ 21 Abs. 2 S. 2 EnWG** und in diesem Zusammenhang auf die **Grundsätze kostenorientierter Leistungserbringung** (KeL) hingewiesen,[396] ferner auf die energierechtlichen Entgeltverordnungen wie StromNEV und GasNEV.[397] Dabei ist allerdings zu berücksichtigen, dass bei Anwendung des GWB ein **grundsätzlich streng wettbewerblicher Maßstab** anzulegen ist, so dass insbesondere außerwettbewerbliche politische Zielsetzungen des Energierechts grundsätzlich außer Betracht bleiben müssen.[398] Zwar betont die Regierungsbegründung zu § 29 GWB, Maßstab der Angemessenheitsprüfung sei „neben den Ordnungsprinzipien einer Wettbewerbswirtschaft, wie sie sich aus dem GWB ergeben, gerade auch – mit Blick auf die Nachfrager – das im EnWG normierte Ziel der preisgünstigen Energieversorgung".[399] Doch lässt sich dies unschwer mit dem kartellrechtlichen Ziel in Einklang bringen, durch Schutz des Wettbewerbs auch die Konsumentenwohlfahrt zu fördern und – gerade auch durch Anwendung des § 29 GWB – eine Ausbeutung der Abnehmer zu verhindern.

**d) Unangemessenes Überschreiten. aa) Gewinn.** Voraussetzung für die Feststellung **125** eines Ausbeutungsmissbrauchs iSd § 29 S. 1 Nr. 2 GWB ist, dass die Entgelte die Kosten „in unangemessener Weise überschreiten". Dafür ist es zunächst erforderlich, dass **die berücksichtigungsfähigen Kosten und die Entgelte saldiert** werden. Ergibt sich daraus für das Unternehmen kein Überschuss, scheidet eine Anwendung des § 29 S. 1 Nr. 2 GWB schon seinem Wortlaut nach aus. Dass ein Unternehmen überhaupt einen **Gewinn** macht, begründet selbstverständlich für sich genommen ebenfalls noch keinen Missbrauch, sondern ist legitimer Ausdruck und Ansporn wirtschaftlichen Erfolges. Es versteht sich insoweit von selbst, dass das Unternehmen eine **angemessene Verzinsung** für das eingesetzte Eigen- und Fremdkapital erlösen und angemessene **Dividenden** an die Anteilseigner auskehren darf.[400] Gleiches gilt für die Verwendung von Gewinnen für

---

[390] RegBegr BT-Drs. 16/5847, 11 (Hervorhebung durch den Verfasser).
[391] Markert in MüKoWettbR Rn. 51; explizit gegen jedweden Vollkostenansatz Haellmigk in BeckOK KartellR GWB § 29 Rn. 49.
[392] Baron in FK-KartellR Rn. 130; zu diesem Ansatz im Einzelnen bereits → Rn. 109 f.; explizit gegen die Anwendung des Durchschnittskostenansatz Haellmigk in BeckOK KartellR Rn. 49.
[393] Kahlenberg/Haellmigk BB 2008, 174, 179; Haellmigk in BeckOK KartellR Rn. 49.
[394] Etwa BGH 15.5.2012 – KVR 51/11, NZKart 2013, 34 Rn. 12 ff. = WuW/E DE-R 3634 – Wasserpreise Calw; → § 19 Rn. 228 ff.; Mohr in BerlKommEnergieR Anh B § 39 EnWG (§ 29 GWB) Rn. 157 ff.
[395] Grundlegend EuGH 14.2.1978 – 27/76, ECLI:EU:C:1978:22 Rn. 248 ff. – United Brands; ausführlich → AEUV (6. Aufl. 2019) Art. 102 Rn. 175 ff.; Mohr in BerlKommEnergieR Anh B § 39 EnWG (§ 29 GWB) Rn. 154 ff.
[396] Markert in MüKoWettbR Rn. 51; Baron in FK-KartellR Rn. 129, 132 f.
[397] Markert in MüKoGWB Rn. 51 ff., der ferner auch auf die ARegV verweist; gegen eine Berücksichtigung von Aspekten der Anreizregulierung bei Anwendung des § 29 GWB Baron in FK-KartellR Rn. 133.
[398] Dazu bereits → Rn. 112.
[399] RegBegr BT-Drs. 16/5847, 11.
[400] Eingehend dazu Mohr in BerlKommEnergieR Anh B § 39 EnWG (§ 29 GWB) Rn. 176 f.; Baron in FK-KartellR Rn. 149.

**Investitionen** (zB in F&E, Erhaltung oder Ausbau von Anlagen)[401] und die Bildung angemessener Rücklagen für künftige Investitionen. Nach der BGH-Entscheidung Wasserpreise Wetzlar gilt dies allerdings nur dann, wenn der erhöhte Finanzbedarf nicht daraus resultiert, dass aufgrund einer staatlich geschützten Monopolstellung in der Vergangenheit notwendige Investitionen unterlassen wurden.[402]

126   Fällt ein **besonders großer Gewinn** an, obwohl ein Unternehmen ordnungsgemäße und marktgerechte Preise verlangt, so ist das in aller Regel Ausdruck seiner besonderen Effizienz und kann daher grundsätzlich nicht als Missbrauch verfolgt werden.[403] Es ist nicht Zweck der Preiskontrolle nach § 29 GWB, besonders effizientes Beschaffungs- und Vertriebsverhalten zu sanktionieren.[404] So entspricht der **Marktpreis** im Strombereich nach der **Merit-Order** grundsätzlich den (nicht auf einer Marktmanipulation, etwa durch eine ungerechtfertigte Kapazitätszurückhaltung, basierenden) **kurzfristigen variablen Kosten des Grenzkraftwerks,** so dass der Gewinn bei Grundlastkraftwerken kurzfristig sehr hoch ausfallen kann, ohne dass dies zu beanstanden wäre.[405] Der Befund, dass dadurch richtige Investitionsanreize gesetzt werden,[406] trifft umso mehr zu, wenn man bedenkt, dass eine effiziente Fahrweise solcher Kraftwerke durch die sog. „Energiewende" auf der einen Seite immer stärker beeinträchtigt wird. Auf der anderen Seite sind Preise oberhalb der kurzfristigen variablen Grenzkosten ebenfalls nicht missbräuchlich, solange die Erlöse die **wettbewerbsanalogen Vollkosten** (→ Rn. 123) nicht unangemessen überschreiten.[407] Die Monopolkommission hat hierzu in ihrem Sondergutachten 77 ausgeführt, es sollte „berücksichtigt werden, dass sich auf vielen anderen Märkten (die grundsätzlich durch wirksamen Wettbewerb gekennzeichnet sind) keine Preise einstellen, die jederzeit auf Höhe der Grenzkosten liegen. Eine so strikte Interpretation, dass der Preis nicht oder nur in Ausnahmefällen die Grenzkosten überschreiten darf, ist nach Auffassung der Monopolkommission weder in § 19 Abs. 2 Nr. 2 GWB (Vergleichsmaßstab: Entgelte, die sich bei wirksamem Wettbewerb mit hoher Wahrscheinlichkeit ergeben würden) noch in § 29 GWB (Maßstab: Entgelte, die die Kosten in unangemessener Weise überschreiten) angelegt. Im Prüfkonzept des Bundeskartellamtes werden Grenzkosten durch die inkrementellen Kosten des Kraftwerkseinsatzes approximiert. Entsprechend sollte der Sicherheitszuschlag berücksichtigen, dass auch marktbeherrschende Energieversorger ihre Kapazität zu Preisen anbieten dürfen, die in einem angemessenen Rahmen von den Inkrementalkosten abweichen."[408] BKartA und BNetzA haben sich 2019 in ihrem gemeinsamen Leitfaden für die kartellrechtliche und energiegroßhandelsrechtliche Missbrauchsaufsicht im Bereich Stromerzeugung/-großhandel ausführlich mit **Preisspitzen** und ihrer Zulässigkeit nach Kartellrecht und REMIT auseinandergesetzt.[409]

127   **bb) Unangemessenheit.** Die grundsätzliche Preisbildungsfreiheit der Unternehmen und der Umstand, dass das Kartellrecht keine allgemeine Preiskontrolle einführen, sondern nur Missbräuche verhindern soll, sprechen dafür, **hohe Anforderungen** an die Feststellung

---

[401] Vgl. Mohr in BerlKommEnergieR Anh B § 39 EnWG (§ 29 GWB) Rn. 177; Baron in FK-KartellR Rn. 149.

[402] BGH 2.2.2010 – KVR 66/08, NJW 2010, 2573 Rn. 57 – Wasserpreise Wetzlar; dazu bereits bei → Rn. 108.

[403] Abw. Baron in FK-KartellR Rn. 143, der meint, auch ein durch ordnungsgemäße und marktgerechte Preise erzielter „übermäßig hoher" Gewinn könne einen Missbrauchsvorwurf nach § 29 S. 1 Nr. 2 GWB begründen, was allerdings die Frage aufwirft, wie – unbeschadet einer Preismanipulation (dazu → Rn. 132) – ein Gewinn in einem solchen Fall „übermäßig" sein kann.

[404] So auch Ritter/Lücke WuW 2007, 698 (709).

[405] Becker/Blau Preismissbrauchsnovelle Rn. 245; Mohr in BerlKommEnergieR Anh B § 39 EnWG (§ 29 GWB) Rn. 179 ff.

[406] Becker/Blau Preismissbrauchsnovelle Rn. 245.

[407] Bechtold/Bosch Rn. 28; insoweit offenlassend Becker/Blau Preismissbrauchsnovelle Rn. 247.

[408] Monopolkommission Sondergutachten 77, S. 46 Rn. 82.

[409] BKartA/BNetzA, Leitfaden für die kartellrechtliche und energiegroßhandelsrechtliche Missbrauchsaufsicht im Bereich Stromerzeugung/-großhandel, Rn. 9 ff. (Kartellrecht) und Rn. 25 ff. (REMIT).

einer Unangemessenheit iSd § 29 S. 1 Nr. 2 GWB zu stellen. Nach der grundlegenden, auch in der Regierungsbegründung explizit erwähnten United Brands-Entscheidung des EuGH ist für einen Preismissbrauch iSd **Art. 102 AEUV** nicht nur ein Missverhältnis, sondern ein **„übertriebenes Missverhältnis"** zwischen Kosten und Preis erforderlich.[410] Der Preis muss also nicht nur überhöht, sondern „stark überhöht"[411] bzw. „eindeutig überhöht"[412] sein. Der strenge Maßstab verfolgt den Zweck, die Unsicherheit über den anzuwendenden Maßstab zu kompensieren.[413] Die Preisbildung muss grundsätzlich dem Markt überlassen bleiben. Klare Leitlinien dafür, wann eine solche Unangemessenheit anzunehmen ist, fehlen allerdings.

Wie auch bei Anwendung des § 19 GWB oder des Art. 102 AEUV ist **keine für alle** 128 **Fälle einheitlich quantifizierbare Grenze** anzuerkennen, von der an eine Gewinnspanne als unangemessen anzusehen wäre. In der Literatur werden eine Überschreitung des niedrigsten Preises durch den geforderten Preis um mindestens 30 %[414] oder auch ein Mindestabstand von Kosten und Entgelten in der Regel nicht unter 5 %[415] als Untergrenzen vorgeschlagen. Doch führen solche (letztlich willkürlich gegriffenen) Werte nicht wirklich weiter. Entscheidend ist nach praktisch allgM letztlich eine Betrachtung der **Umstände des Einzelfalles.**

Die **Regierungsbegründung** bleibt auch insoweit vage: „Die Prüfung des Verhältnisses 129 von Gewinn und Kosten orientiert sich an den üblichen Preisbildungsmechanismen im Wettbewerb. Maßstab der Angemessenheitsprüfung ist neben den Ordnungsprinzipien einer Wettbewerbswirtschaft, wie sie sich aus dem GWB ergeben, gerade auch – mit Blick auf die Nachfrager – das im EnWG normierte Ziel der preisgünstigen Energieversorgung. Hohe Preis-Kosten-Abstände können zwar ein Indiz für ein unangemessenes Preis-Kosten-Verhältnis sein. Bei der Prüfung der Angemessenheit sind jedoch gegebenenfalls Sonderfaktoren zu berücksichtigen. So kann beispielsweise ein hoher Preis-Kosten-Abstand auf außerordentliche Effizienzsteigerungen zurückgehen oder dadurch zu erklären sein, dass in die Folgeperiode verschobene Investitionen zu einer außerplanmäßigen Minderung der Aufwendungen in der betrachteten Periode geführt haben. Für die Beurteilung, ob ein Missverhältnis zwischen Preis und Kosten gegeben ist, können auch Erfahrungswerte aus Branchen außerhalb der Energiewirtschaft herangezogen werden".[416]

Neben der Praxis zu § 19 GWB bzw. § 102 AEUV können Anhaltspunkte ggf. auch 130 anderen Rechtsgebieten, namentlich dem Regulierungsrecht[417] und dem Bürgerlichen Recht entnommen werden. Allerdings nur mit der gebotenen Vorsicht und unter Berücksichtigung der unterschiedlichen Schutzziele. So geht es bei § 29 GWB beispielsweise gerade nicht um die staatliche Festsetzung einer angemessenen Gegenleistung, so dass der Maßstab des **§ 315 BGB** nicht passt, während umgekehrt die Wuchergrenze des **§ 138 Abs. 2 BGB** wohl zu streng wäre.[418] Auch können im Bereich der **Netzregulierung** für angemessen erachtete Renditen nicht ohne Weiteres auf die Anwendung des § 29 GWB übertragen werden, eben weil § 29 GWB nicht der Preisregulierung, sondern lediglich der Missbrauchsbekämpfung dient.[419]

[410] So EuGH 14.2.1978 – 27/76, ECLI:EU:C:1978:22 Rn. 248/257 – United Brands.
[411] So EuGH 13.11.1975 – 26/75, ECLI:EU:C:1975:150, S. 1380 Rn. 15/16 – General Motors Continental.
[412] So Kommission 2.7.1984 – ABl. 1984 L 207, 11 (15) – British Leyland.
[413] So zu Recht Fuchs in Immenga/Mestmäcker, 6. Aufl. 2019, AEUV Art. 102 Rn. 185.
[414] Eilmansberger/Bien in MüKoWettbR AEUV Art. 102 Rn. 365.
[415] So Markert in MüKoWettbR Rn. 55; vorsichtiger Baron in FK-KartellR Rn. 141 („allenfalls Mindestschwelle von 10 % als Untergrenze denkbar").
[416] RegBegr BT-Drs. 16/5847, 11.
[417] Vgl. Baron in FK-KartellR Rn. 150 f.
[418] Vgl. Baron in FK-KartellR Rn. 145; Markert in MüKoWettbR Rn. 55.
[419] Insoweit weniger zurückhaltend Baron in FK-KartellR Rn. 151, der in den Netzrenditen einen geeigneten Vergleichsmaßstab sieht.

**131**    **Indizien** für ein in diesem Sinne unangemessenes Verhältnis von Kosten und Entgelten können sich neben **hohen Preis-Kosten-Abständen** auch aus einem **Vergleich mit Konkurrenzprodukten**[420] oder – wie die Regierungsbegründung betont – zu anderen Branchen[421] bzw. Märkten ergeben.[422] Die Entgelte dürfen auch nicht auf der Basis von **Leistungen** kalkuliert werden, **welche das Unternehmen gar nicht erbracht hat.**[423] Geschieht dies, so ist damit zwar noch nicht der Nachweis eines Missbrauchs iSd § 29 S. 1 Nr. 2 GWB erbracht, weil dieser auf einen objektiv überhöhten Gewinn abstellt,[424] doch kann darin ein Indiz für einen Ausbeutungsmissbrauch gesehen werden.

**132**    Obgleich § 29 GWB darauf abzielt, zu verhindern, dass die Abnehmer durch marktbeherrschende Unternehmen ausgebeutet werden und dabei, wie insbesondere S. 2 verdeutlicht, auf einen Vergleich mit der Situation bei funktionierendem Wettbewerb abstellt,[425] bedeutet dies **nicht, dass zwingend eine kausale Verknüpfung zwischen Marktbeherrschung und Ausbeutung** in dem Sinne erforderlich ist, dass das Unternehmen gerade kraft seiner Marktbeherrschung zur Preisüberhöhung in der Lage ist.[426] Es reicht vielmehr aus, dass das Unternehmen marktbeherrschend ist und dass es ein missbräuchliches Verhalten an den Tag legt.[427] Wenn allerdings ein Preismissbrauch gerade daraus abgeleitet werden soll, dass die Preisbildung auf den Energiemärkten manipuliert wurde (etwa im Wege der **Kapazitätszurückhaltung**),[428] so wird man auf die Feststellung eines insoweit zumindest mitursächlichen Verhaltens des betreffenden Unternehmens nicht verzichten können.[429] Der Nachweis einer missbräuchlichen Kapazitätszurückhaltung reicht allerdings als solcher nicht aus, um einen Missbrauch iSd § 29 S. 1 Nr. 2 GWB zu begründen, sondern kann **allenfalls ein Indiz** dafür liefern.[430]

**133**    Liegt ein unangemessenes Verhältnis zwischen Kosten und Entgelten vor, so ist bei Anwendung des § 29 S. 1 Nr. 2 GWB **weder für einen Erheblichkeitszuschlag noch für eine sachliche Rechtfertigung Raum,** da mit dem Merkmal der Unangemessenheit bereits ein abschließendes Unwerturteil verbunden ist. Dies stellt für die Unternehmen keinen Nachteil dar, weil einerseits der Begriff der Unangemessenheit notwendig die Erheblichkeit einschließt[431] und andererseits die bei Nr. 1 auf der Ebene der Rechtfertigung zu prüfenden Umstände bei Anwendung der Nr. 2 **bereits beim Tatbestandsmerkmal der Unangemessenheit zu berücksichtigen** sind.[432] Bei der Tatbestandsprüfung muss auch Faktoren Rechnung getragen werden, die von den Unternehmen vorgetragen wurden und die für eine Angemessenheit der Erlöse sprechen (also gleichsam „Rechtfertigungsgründen"). Solche Faktoren können, wie die Regierungsbegründung

---

[420] EuGH 14.2.1978 – 27/76, ECLI:EU:C:1978:22 Rn. 248/257 – United Brands; ebenso Markert in MüKoWettbR Rn. 56.
[421] RegBegr BT-Drs. 16/5847, 11 (s. Zitat bei → Rn. 129).
[422] Baron in FK-KartellR Rn. 150.
[423] Vgl. etwa Kommission 20.4.2001 – COMP D 3/34493, ABl. 2001 L 166, 1 Rn. 102 ff. – DSD; EuG 24.5.2007 – T-151/01, ECLI:EU:T:2007:154 Rn. 125 ff. – Der Grüne Punkt, wo ein Missbrauch auch daraus abgeleitet wurde, dass die Entgelte nicht auf der Basis der tatsächlich von DSD erbrachten Leistungen, sondern aufgrund der Kennzeichnung der zu entsorgenden Verpackungen mit dem Grünen Punkt berechnet wurden; s. auch Becker in Bunte Rn. 59 mwN.
[424] So zu Recht Baron in FK-KartellR Rn. 144.
[425] Vgl. Baron in FK-KartellR Rn. 139.
[426] Baron in FK-KartellR Rn. 142; Mohr in BerlKommEnergieR Anh B § 39 EnWG (§ 29 GWB) Rn. 180.
[427] Vgl. EuGH 21.3.1973 – 6/72, ECLI:EU:C:1973:22 Rn. 27 – Continental Can; sehr deutlich EuGH 13.2.1979 – 85/76, ECLI:EU:C:1979:36 Rn. 91 – Hoffmann-La Roche.
[428] Vgl. BKartA, Sektoruntersuchung Stromerzeugung und Stromgroßhandel, Januar 2011, S. 115 ff.
[429] Becker/Blau Preismissbrauchsnovelle Rn. 229.
[430] Für die Anwendung von § 19 Abs. 1, Abs. 4 Nr. 2 und nicht von § 29 S. 1 Nr. 2 auf Fälle der Kapazitätszurückhaltung Baron in FK-KartellR Rn. 143; s. auch Mohr in BerlKommEnergieR Anh B § 39 EnWG (§ 29 GWB) Rn. 179; vgl. § 47e GWB, der ausweislich der RegBegr zum Markttransparenzstellengesetz (BT-Drs. 7/10060, 25) auch dazu dient, Kapazitätszurückhaltungen transparent zu machen und dadurch zu vermeiden.
[431] Markert in MüKoWettbR Rn. 52; Baron in FK-KartellR Rn. 140.
[432] Vgl. Becker in Bunte Rn. 64; Baron in FK-KartellR Rn. 140; Ritter/Lücke WuW 2007, 698 (709).

betont hat, zB darin liegen, dass besonders hohe Gewinne auf außerordentlichen Effizienz-steigerungen oder in die Folgeperiode verschobenen Investitionen beruhen.[433] Es versteht sich dabei von selbst, dass diese Aspekte nur einmal berücksichtigt werden dürfen. So können zB außerordentliche Effizienzsteigerungen nur insoweit besonders hohe Gewinne legitimieren, als ihnen nicht bereits bei der Ermittlung der berücksichtigungsfähigen Kosten Rechnung getragen wurde.[434] Gleiches gilt für den Wert von bzw. die Belastung der Unternehmen durch besonders kundenfreundliche **Geschäftsbedingungen.**[435]

**Nicht** zur Begründung der Angemessenheit geeignet ist demgegenüber das Argument, **134** dass besonders hohe Gewinne für die **Quersubventionierung** defizitärer Unternehmens-bereiche oder für **Auslandsinvestitionen** benötigt würden.[436] Auch der **Einwand der Kostendeckung** spielt insoweit keine Rolle, als die Norm ohnehin nur eingreift, wenn unter Berücksichtigung aller berücksichtigungsfähigen Kosten ein Überschuss erzielt wird. Erzielt ein Unternehmen dagegen nur deshalb effektiv einen Verlust, weil es etwa aufgrund monopolbedingter Ineffizienzen nicht berücksichtigungsfähigen Kostenbelastungen aus-gesetzt ist (vgl. → Rn. 110), so ist dies nicht geeignet, überhöhte Entgelte zu legitimieren.[437]

**cc) Beweislast.** Die formelle wie materielle Beweislast liegt in allen Verfahrensarten **135** (Behördenverfahren, Bußgeldverfahren, Zivilrechtsstreitigkeiten) – anders als bei Nr. 1 – nach allgemeinen Regeln auf Seiten der **Behörde bzw. der Kläger.** Diese müssen ins-besondere auch nachweisen, dass die geforderten Entgelte die Kosten in unangemessener Weise überschreiten.[438] Das gilt auch dann, wenn sich die Angemessenheitsprüfung nach Nr. 2 mit der Prüfung der sachlichen Rechtfertigung nach Nr. 1 überschneidet.[439] Die Unternehmen kann allerdings für Umstände, die in ihrer Sphäre liegen, auch bei Anwen-dung der Nr. 2 eine gesteigerte **Mitwirkungspflicht** treffen.[440] Besteht ein hinreichender Anfangsverdacht,[441] so kann die Kartellbehörde nach § 59 das Versorgungsunternehmen auffordern, ihre Kosten, deren Aufschlüsselung sowie die Kalkulationsgrundlagen darzule-gen.[442] Bleiben nicht aufklärbare Zweifelsfragen, so ist **für Sicherheitszuschläge grund-sätzlich kein Raum,**[443] denn bei Anwendung von Nr. 2 ist es anders als bei Nr. 1 Aufgabe der Behörde bzw. des Klägers, die Vermeidbarkeit bestimmter Kosten bzw. die Unangemessenheit des Verhältnisses von Entgelten und Kosten nachzuweisen.[444] Ein non liquet geht daher zu Lasten der Behörde bzw. des Klägers.

**4. Berücksichtigungsfähige Kosten (§ 29 S. 2).** Nach S. 2 dürfen Kosten, die sich **136** ihrem Umfang nach im Wettbewerb nicht einstellen würden, bei der Feststellung eines Missbrauchs im Sinne des S. 1 nicht berücksichtigt werden. Ausweislich der **Regierungs-begründung** soll S. 2 klarstellen, „dass das für den Ausbeutungsmissbrauch geltende **Als-ob-Wettbewerbskonzept** auch den Maßstab für die Ansetzbarkeit der Kosten bildet. Kosten, die ein Unternehmen bei funktionierendem Wettbewerb vermeiden oder nicht geltend machen würde bzw. nicht über die Preise abwälzen könnte, dürfen bei der Anwendung von § 29 nicht zugunsten des Normadressaten berücksichtigt werden".[445] Insoweit ist nicht auf den im Anwendungsbereich des § 29 GWB real existierenden, durch

[433] RegBegr BT-Drs. 16/5847, 11.
[434] Markert in MüKoWettbR Rn. 57.
[435] Vgl. Baron in FK-KartellR Rn. 147 aE; dazu auch bereits → Rn. 120.
[436] Markert in MüKoWettbR Rn. 57; Baron in FK-KartellR Rn. 149.
[437] Ebenso Baron in FK-KartellR Rn. 140.
[438] Beschlussempfehlung des Ausschusses für Wirtschaft und Technologie, BT-Drs. 16/7156, 11.
[439] Bechtold/Bosch Rn. 29.
[440] Baron in FK-KartellR Rn. 136; Mohr in BerlKommEnergieR Anh B § 39 EnWG (§ 29 GWB) Rn. 182.
[441] Dazu Mohr in BerlKommEnergieR Anh B § 39 EnWG (§ 29 GWB) Rn. 182.
[442] RegBegr BT-Drs. 16/5847, 11; Baron in FK-KartellR Rn. 138.
[443] Anders Markert in MüKoWettbR Rn. 52.
[444] Baron in FK-KartellR Rn. 137, 140.
[445] RegBegr BT-Drs. 16/5847, 11 (Hervorhebung durch den Verfasser).

das Bestehen marktbeherrschender Stellungen beschränkten Wettbewerb, sondern auf einen fiktiven **funktionierenden** und **wesentlichen Wettbewerb** abzustellen.[446]

137　§ 29 S. 2 bezieht sich – wie sich auch aus seiner systematischen Stellung ergibt – **sowohl** auf das **Vergleichsmarktkonzept** (S. 1 Nr. 1) **als auch** auf das **Gewinnbegrenzungskonzept** (S. 1 Nr. 2). Im Rahmen der Nr. 1 spielen die Kosten des Unternehmens grundsätzlich erst im Rahmen der Rechtfertigungsprüfung eine Rolle (→ Rn. 104 ff.). Sie werden aber zum Teil bereits tatbestandlich relevant, wenn ein Erlösvergleich vorgenommen wird (→ Rn. 84 ff.). Im Rahmen der Prüfung von Nr. 2 sind sie als Tatbestandsmerkmal zu prüfen (→ Rn. 121 ff.).

138　Ausschlaggebend für die **Berücksichtigungsfähigkeit** ist nach S. 2 die Frage, ob die betreffenden Kosten auch bei funktionierendem Wettbewerb angefallen wären und an die Nachfrager weitergegeben werden könnten oder ob das Unternehmen diese Kosten bei funktionierendem Wettbewerb vermieden bzw. notgedrungen internalisiert hätte. Für die Konkretisierung können auch Erfahrungen aus dem Regulierungsrecht mit der Anwendung des fast wortgleichen **§ 21 Abs. 2 S. 2 EnWG** herangezogen werden.[447] Im Ergebnis kann die Anwendung des Als-Ob-Wettbewerbs-Konzepts zu einer vollen Berücksichtigung, aber auch zu einer Kappung von ihrer Art nach berücksichtigungsfähigen Kosten auf einen wettbewerbsäquivalenten Umfang oder sogar zu einer vollständigen Nichtberücksichtigung von Kostenpositionen führen. Dafür kann insbesondere die Frage der **Zurechenbarkeit** relevant sein. Kosten, denen sich das Unternehmen unabhängig von der Wettbewerbsintensität nicht entziehen kann, insbesondere **staatlich regulierte Kosten** (Netzentgelte, mit der KAV vereinbare Konzessionsabgaben, Abgaben, Steuern usw) sind nach allgM anzuerkennen. Details zur Abgrenzung zwischen berücksichtigungsfähigen und nicht berücksichtigungsfähigen Kosten wurden bereits bei → Rn. 104 ff. bzw. → Rn. 121 ff. erörtert. Die **tatsächlich angefallenen Kosten** bilden dabei eine **Obergrenze**. Es würde dem Sinn und Zweck des § 29 S. 2 GWB widersprechen, wenn man den Unternehmen gestatten würde, fiktive wettbewerbsanaloge Kosten anzusetzen, die nachweislich über den tatsächlichen Kosten liegen.[448]

139　Die **Beweislast** hinsichtlich der Berücksichtigungsfähigkeit der Kosten bestimmt sich, da S. 2 keine eigene Beweislastregel enthält, nach den für den jeweils geprüften Tatbestand des S. 1 geltenden Regeln[449] (zur Beweislast bei Nr. 1 → Rn. 113 ff., zur Beweislast bei Nr. 2 → Rn. 135).

## C. Rechtsfolgen

### I. Verbotsnorm

140　§ 29 S. 1 GWB ist als **unmittelbar wirkende Verbotsnorm** ausgestaltet, enthält also (wie §§ 19 und 20 GWB) ein **gesetzliches Verbot,** an welches sich die Versorgungsunternehmen halten müssen, auch ohne dass zuvor eine auf § 29 GWB basierende kartellbehördliche Entscheidung ergangen ist. Die Norm kann behördlicherseits Grundlage sowohl für ein Kartellverwaltungsverfahren als auch für die Verhängung von Bußgeldern sein, und sie hat unmittelbare zivilrechtliche Konsequenzen, die zur Grundlage einer Privatklage gemacht werden können.

### II. Kartellverwaltungsverfahren

141　Für ein auf § 29 GWB gestütztes Kartellverwaltungsverfahren gelten die gleichen Grundsätze wie für ein auf das allgemeine Missbrauchsverbot des § 19 GWB gestütztes Verfahren.

---

[446] Bechtold/Bosch Rn. 32; Markert in MüKoWettbR Rn. 59.
[447] Markert in MüKoWettbR Rn. 60 f.; Becker in Bunte Rn. 67; Baron in FK-KartellR Rn. 129.
[448] Bechtold/Bosch Rn. 31; Haellmigk in BeckOK KartellR Rn. 59.
[449] Bechtold/Bosch Rn. 33; Mohr in BerlKommEnergieR Anh B § 39 EnWG (§ 29 GWB) Rn. 188.

Besonderheiten ergeben sich mit Blick auf die für die Anwendung des § 29 S. 1 Nr. 1 geltende Beweislastumkehr (dazu bereits umfassend → Rn. 113 ff.). Zur **Zuständigkeitsverteilung** zwischen BKartA und Landeskartellbehörden sowie zu den **Verweisungsmöglichkeiten** nach § 49 GWB → Rn. 11. Nach § 54 Abs. 3 GWB ist das BKartA auch an Verfahren der Landeskartellbehörden beteiligt.

Die zuständige Kartellbehörde besitzt ein **Aufgreifermessen** hinsichtlich der Einleitung **142** eines Verwaltungsverfahrens und der Frage, ob sie eine förmliche Entscheidung erlässt.[450] Eine Verfügung nach § 32 kann sowohl auf **Unterlassung** gerichtet sein als auch positiv tenoriert werden. Durch die 8. GWB-Novelle wurde in § 32 Abs. 2 klargestellt, dass die Behörde **Abhilfemaßnahmen** verhaltensorientierter oder (ausnahmsweise) struktureller Art anordnen darf. § 32 Abs. 2a stellt klar, dass die Kartellbehörde auch eine **Rückerstattung** der aus kartellrechtswidrigem Verhalten erwirtschafteten Vorteile anordnen darf, wie es das BKartA bereits auf der Basis des alten Rechts im Einklang mit dem BGH getan hatte.[451] Auch der Erlass von **einstweiligen Maßnahmen** nach § 32a, von **Verpflichtungszusageentscheidungen** nach § 32b sowie von Entscheidungen gemäß § 32c **(kein Anlass zum Tätigwerden)** oder gemäß § 34 **(Vorteilsabschöpfung)** kommt in Betracht. In der Praxis standen bisher Verpflichtungszusageentscheidungen nach § 32b im Vordergrund (dazu → Rn. 24 ff.). Eine Abstellungsverfügung nach § 32 erging bisher nur im Fall Entega.[452]

**Missbrauchsverfügungen** der Kartellbehörden **nach § 32 Abs. 1 und 2** sind nach **143** Aufhebung des früheren § 64 Abs. 1 Nr. 1 durch die Preismissbrauchsnovelle 2007 grundsätzlich **sofort vollziehbar.** Beschwerden gegen solche Verfügungen haben keine aufschiebende Wirkung. Gleiches gilt für die Anordnung einstweiliger Maßnahmen nach § 32a Abs. 1.[453] Den Unternehmen bleibt die Möglichkeit, die Herstellung der aufschiebenden Wirkung oder die Aussetzung der Vollziehung gem. § 67 Abs. 3 beim Beschwerdegericht zu beantragen.[454] **Beschwerden gegen Entscheidungen nach § 32 Abs. 2a S. 1** (Rückerstattung) oder § 34 Abs. 1 (Vorteilsabschöpfung) haben demgegenüber nach § 66 Abs. 1 Nr. 1 eine **aufschiebende Wirkung.** Die Aufnahme des § 32 Abs. 2a S. 1 in § 66 Abs. 1 Nr. 1 erfolgte im Rahmen der 8. GWB-Novelle, da es den Unternehmen ansonsten bei einem späteren Obsiegen kaum möglich wäre, die erstatteten Beträge von einer Vielzahl von Empfängern zurückzuerhalten.[455]

### III. Bußgeldverfahren

Ein **vorsätzlicher oder fahrlässiger Verstoß** gegen § 29 S. 1 ist nach § 81 Abs. 2 **144** Nr. 1 **ordnungswidrig** und kann dementsprechend eine Bußgeldhaftung nach § 81c Abs. 1 nach sich ziehen. Dass § 81 Abs. 2 nur § 29 S. 1 erwähnt, bedeutet nicht etwa, dass S. 2 im Bußgeldverfahren nicht anwendbar wäre, sondern ist dem Umstand geschuldet, dass der Verbotstatbestand in S. 1 enthalten ist, während S. 2 nur eine Auslegungsregel normiert.[456] Die Beweislastumkehr des § 29 S. 1 Nr. 1 findet im Bußgeldverfahren keine Anwendung (dazu bereits → Rn. 115).

### IV. Zivilrechtliche Rechtsfolgen und zivilrechtliche Durchsetzung

§ 29 S. 1 GWB ist nach allgM ein **Verbotsgesetz iSd § 134 BGB.** Die Vereinbarung **145** eines missbräuchlich überhöhten Entgelts ist somit **nichtig.** Nach Maßgabe des § 139 BGB

---

[450] RegBegr BT-Drs. 16/5847, 9; Baron in FK-KartellR Rn. 153; Bechtold/Bosch Rn. 35.

[451] Vgl. BKartA 19.3.2012 – B 10 – 16/09, 42 Rn. 108 ff. – Entega; BGH 15.5.2012 – KVR 51/11, NZKart 2013, 34 Rn. 21 = WuW/E DE-R 3634 – Wasserpreise Calw; Röhling in Kölner Komm KartellR Rn. 71; dazu auch bereits → Rn. 25 aE.

[452] BKartA 19.3.2012 – B 10 – 16/09 – Entega.

[453] Markert in MüKoWettbR Rn. 66.

[454] Hierzu eingehend Baumgart/Rasbach/Rudolph FS Kühne, 2009, S. 25 (49 ff.).

[455] RegBegr BT-Drs. 17/9852, 33 zu Nr. 35 (auch wiedergegeben in NZKart Beilage 1/2013, 56).

[456] Bechtold/Bosch Rn. 37; Thoma in Berg/Mäsch Rn. 69.

dürfte damit aber regelmäßig keine Gesamtnichtigkeit des Energiebezugsvertrags verbunden sein.[457] Vielmehr ist das Entgelt entsprechend § 315 BGB auf einen angemessenen Betrag festzusetzen.[458] Der BGH hat dazu 2017 festgestellt, dass, soweit das verlangte Entgelt der Höhe nach gegen das Verbot des § 29 GWB verstößt, mit Blick auf § 134 BGB lediglich der überhöhte Betrag nicht verlangt werden könne.[459] Die **Beweislastumkehr** des § 29 S. 1 Nr. 1 findet im Zivilverfahren keine Anwendung, allerdings kommt (nach umstrittener Auffassung) eine sekundäre Darlegungslast des Versorgungsunternehmens in Bezug auf in seiner Sphäre liegende und damit dem Kläger nicht zugängliche Umstände in Betracht (dazu bereits → Rn. 115).

146     Der Überhöhungsbetrag kann, da der Energiebezugsvertrag insoweit nichtig ist, nach § 812 BGB **kondiziert** werden.[460] Ein Verstoß gegen § 29 S. 1 GWB (oder gegen eine darauf basierende kartellbehördliche Verfügung) kann auch zum Gegenstand einer **zivilrechtlichen Unterlassungs- oder Schadensersatzklage nach § 33a GWB** oder einer Vorteilsabschöpfung durch einen Verband nach § 34a GWB gemacht werden. Praktische Bedeutung dürften private Schadensersatzklagen aber im Anwendungsbereich des § 29 GWB kaum erlangen. Angesichts der erheblichen Nachweisschwierigkeiten, vor denen private Kläger stehen, dürften solche Klagen allenfalls als sog. follow on-Klagen nach bestandskräftiger (und nach § 33b GWB für die Zivilgerichte verbindlicher) behördlicher Feststellung eines Verstoßes gemäß § 32 GWB in Betracht kommen. Verpflichtungszusageentscheidungen nach § 32b GWB, die in der Praxis zu § 29 GWB dominieren, lassen aber gerade offen, ob ein solcher Verstoß vorliegt.[461] Eine private Leistungsklage würde schließlich allenfalls dann einen Sinn ergeben, wenn nicht bereits behördlicherseits durch eine Verfügung nach § 32 Abs. 2a GWB die Rückerstattung des Überhöhungsbetrages angeordnet worden ist.

147     Privatrechtlich problematisch ist schließlich, **ob ein Versorgungsunternehmen die Weiterbelieferung von einer vollständigen Zahlung des Abnehmers abhängig machen darf.** Das BKartA hat die mehrfache Androhung einer Liefersperre gegenüber einem Tarifkunden, der Preiserhöhungen nach § 315 BGB widersprochen und seine Zahlungen entsprechend gekürzt hatte, als Verstoß gegen § 19 Abs. 1 GWB bewertet.[462] In der Literatur wird unter Berufung darauf teilweise betont, ein Versorgungsunternehmen dürfe die Belieferung nicht verweigern, wenn der Kunde die Zahlung des Überhöhungsbetrages verweigere.[463] Dem ist sicher zuzustimmen, wenn und soweit feststeht, dass die geforderten Entgelte überhöht sind. Solange dies nicht der Fall ist, erscheint es demgegenüber angemessen, von dem Kunden neben der Zahlung des unstreitigen Betrages die Zustimmung zu einer Vereinbarung zu verlangen, nach welcher das Versorgungsunternehmen die streitige Differenz nachfordern kann, wenn und soweit letztlich festgestellt wird, dass das geforderte Entgelt nicht missbräuchlich überhöht war.[464]

## § 30 Presse[1]

(1) [1]**§ 1 gilt nicht für vertikale Preisbindungen, durch die ein Unternehmen, das Zeitungen oder Zeitschriften herstellt, die Abnehmer dieser Erzeugnisse rechtlich oder wirtschaftlich bindet, bei der Weiterveräußerung bestimmte Preise zu vereinbaren oder ihren Abnehmern die gleiche Bindung bis zur Weiterveräußerung an den letzten**

---

[457] Vgl. Baron in FK-KartellR Rn. 159; Markert in MüKoWettbR Rn. 68 Fn. 195.
[458] Vgl. Baron in FK-KartellR Rn. 159.
[459] BGH 7.3.2017 – EnZR 56/15, NZKart 2017, 245 Rn. 23 – Preisspaltung.
[460] Bechtold/Bosch Rn. 38.
[461] Becker in Bunte Rn. 58; → § 32b Rn. 26.
[462] BKartA TB 2005/2006, BT-Drs. 16/5710, 133.
[463] Markert in MüKoWettbR Rn. 68; ihm folgend Baron in FK-KartellR Rn. 159.
[464] So Bechtold/Bosch Rn. 38.
[1] Beachte hierzu auch G über die Preisbindung für Bücher (Buchpreisbindungsgesetz).

Verbraucher aufzuerlegen. [2] Zu Zeitungen und Zeitschriften zählen auch Produkte, die Zeitungen oder Zeitschriften reproduzieren oder substituieren und bei Würdigung der Gesamtumstände als überwiegend verlagstypisch anzusehen sind, sowie kombinierte Produkte, bei denen eine Zeitung oder eine Zeitschrift im Vordergrund steht.

(2) [1] Vereinbarungen der in Absatz 1 bezeichneten Art sind, soweit sie Preise und Preisbestandteile betreffen, schriftlich abzufassen. [2] Es genügt, wenn die Beteiligten Urkunden unterzeichnen, die auf eine Preisliste oder auf Preismitteilungen Bezug nehmen. [3] § 126 Absatz 2 des Bürgerlichen Gesetzbuchs findet keine Anwendung.

(2a) [1] § 1 gilt nicht für Branchenvereinbarungen zwischen Vereinigungen von Unternehmen, die nach Absatz 1 Preise für Zeitungen oder Zeitschriften binden (Presseverlage), einerseits und Vereinigungen von deren Abnehmern, die im Preis gebundene Zeitungen und Zeitschriften mit Remissionsrecht beziehen und mit Remissionsrecht an Letztveräußerer verkaufen (Presse-Grossisten), andererseits für die von diesen Vereinigungen jeweils vertretenen Unternehmen, soweit in diesen Branchenvereinbarungen der flächendeckende und diskriminierungsfreie Vertrieb von Zeitungs- und Zeitschriftensortimenten durch die Presse-Grossisten, insbesondere dessen Voraussetzungen und dessen Vergütungen sowie die dadurch abgegoltenen Leistungen geregelt sind. [2] Insoweit sind die in Satz 1 genannten Vereinigungen und die von ihnen jeweils vertretenen Presseverlage und Presse-Grossisten zur Sicherstellung eines flächendeckenden und diskriminierungsfreien Vertriebs von Zeitungen und Zeitschriften im stationären Einzelhandel im Sinne von Artikel 106 Absatz 2 des Vertrages über die Arbeitsweise der Europäischen Union mit Dienstleistungen von allgemeinem wirtschaftlichem Interesse betraut. [3] Die §§ 19 und 20 bleiben unberührt.

(2b) [1] § 1 gilt nicht für Vereinbarungen zwischen Zeitungs- oder Zeitschriftenverlagen über eine verlagswirtschaftliche Zusammenarbeit, soweit die Vereinbarung den Beteiligten ermöglicht, ihre wirtschaftliche Basis für den intermedialen Wettbewerb zu stärken. [2] Satz 1 gilt nicht für eine Zusammenarbeit im redaktionellen Bereich. [3] Die Unternehmen haben auf Antrag einen Anspruch auf eine Entscheidung der Kartellbehörde nach § 32c, wenn

1. bei einer Vereinbarung nach Satz 1 die Voraussetzungen für ein Verbot nach Artikel 101 Absatz 1 des Vertrages über die Arbeitsweise der Europäischen Union nach den der Kartellbehörde vorliegenden Erkenntnissen nicht gegeben sind und

2. die Antragsteller ein erhebliches rechtliches und wirtschaftliches Interesse an dieser Entscheidung haben.

[4] Die §§ 19 und 20 bleiben unberührt.

(3) [1] Das Bundeskartellamt kann von Amts wegen oder auf Antrag eines gebundenen Abnehmers die Preisbindung für unwirksam erklären und die Anwendung einer neuen gleichartigen Preisbindung verbieten, wenn

1. die Preisbindung missbräuchlich gehandhabt wird oder

2. die Preisbindung oder ihre Verbindung mit anderen Wettbewerbsbeschränkungen geeignet ist, die gebundenen Waren zu verteuern oder ein Sinken ihrer Preise zu verhindern oder ihre Erzeugung oder ihren Absatz zu beschränken.

[2] Soweit eine Branchenvereinbarung nach Absatz 2a oder eine Vereinbarung nach Absatz 2b einen Missbrauch der Freistellung darstellt, kann das Bundeskartellamt diese ganz oder teilweise für unwirksam erklären.

(4) Das Bundesministerium für Wirtschaft und Energie berichtet den gesetzgebenden Körperschaften nach Ablauf von fünf Jahren nach Inkrafttreten der Regelung in den Absätzen 2b und 3 Satz 2 über die Erfahrungen mit der Vorschrift.

Schrifttum: 1. Allgemein zur Preisbindung: Belke, Die Geschäftsverweigerung im Recht der Wettbewerbsbeschränkungen, 1966; Eckstein, Vertikale Preisbindung und Produzentenwettbewerb unter besonderer Berücksichtigung des Preiswettbewerbs in § 16 GWB, in Wettbewerb als Aufgabe, 1968, S. 209; Fikentscher, Die Preisbindung für Markenartikel im Blickwinkel der Mißbrauchsaufsicht, in Wettbewerb als Aufgabe, 1968, S. 257; Groß, Die Preisbindung im Handel, 1957; Hax, Vertikale Preisbindung in der Markenartikelindustrie, 1961; Harms, Lückenlosigkeit der Preisbindung ohne Reimportverbote, 1973; Hoppmann, Markenartikelpreisbindung und Qualitätswettbewerb, Ordo 1962, 407; Jacob/Steinorth, Der zweigleisige Vertrieb von Markenwaren im deutschen und amerikanischen Recht, 1964; B. Kasten, Höchstpreisbindungen, 2005; Kraßer, Der SchuTz von Preis- und Vertriebsbindungen gegenüber Außenseitern, 1972; Mahlmann, Genossenschaftsrecht und Wettbewerbsordnung, 1971; Müller/Scholz, Das Preisbindungsprivileg für Markenartikel und Verlagserzeugnisse nach § 16 GWB, 1969; Nöcker, Der Mißbrauch bei der erlaubten Preisbindung für Markenwaren, 1971; Schüller, Vermachtungserscheinungen im tertiären Sektor, Ordo 1968, 171; Völp, Preisbindung für Markenartikel, 1961.

**2. Speziell zur Preisbindung für Verlagserzeugnisse:** Monopolkommission, Die Buchpreisbindung in einem sich ändernden Marktumfeld, Sondergutachten 80, 2018; Alexander; Die Probeabonnement-Entscheidung des BGH, ZWeR 2007, 239; ders., Buchpreisbindung gemeinschaftswidrig?, AfP 2009, 335; ders., Die Preisbindung für Zeitungen und Zeitschriften, GRUR-Int 2010, 803; ders., Pressevertrieb im Umbruch, ZWeR 2012, 215; Bechtold, Pressegroßhandel und Kartellrecht, in: FS Wiedemann, 2020, S. 223; Bechtold/Bosch, Probeabonnement, WRP 2006, 1162; v. Becker, Vertrieb von Verlagserzeugnissen, in: Martinek/Semler/Habermeier, Handbuch des Vertriebsrechts, 2. Aufl. 2003, § 44 = ZUM 2002, 171; Böck, Die Auswirkungen neuer Markt- und Vertriebsformen auf Preisbindung und Sortiment, 1980; Böhm, Markenpreisbindung und fester Ladenpreis im Buchhandel, Ordo 1963, 197; Brummund, Struktur und Organisation des Pressevertriebs, 2006; Bunte, Die Preisbindung für Verlagserzeugnisse auf dem kartellrechtlichen Prüfstand, NJW 1997, 3127; ders., Die grenzüberschreitende Buchpreisbindung zwischen Deutschland und Österreich, in: FS Koppensteiner, 2001, S. 307; Emmerich, The Law on the National Book Price Maintenance, EBOR 2 (2001), 553 = Liber Amicorum Mestmäcker, The Hague 2003, S. 125; ders., Das neue BuchpreisbindungsGesetz von 2002, in: FS Immenga, 2004, S. 111; ders., Der böse Außenseiter, in: FS Erdmann, 2002, S. 561; ders., Unlauterer Wettbewerb, in: Festg. 50 Jahre BGH Bd II, 2000, S. 627; ders., Die Preisbindung für Zeitungen und Zeitschriften, in: FS H. P. Westermann, 2008. S. 899; ders., Das Presseprivileg des § 30 Abs. 2a GWB, in: FS Dauses, 2014, S. 77; M. Engelmann, Die Zukunft der Buchpreisbindung im Europäischen Binnenmarkt, dargestellt anhand des Systems der deutsch-österreichischen Buchpreisbindung, Diss. Würzburg 2002; Everling, Buchpreisbindung im deutschen Sprachraum und europäisches Gemeinschaftsrecht, 1997; Fezer, Teilhabe und Verantwortung, 1986; Freytag/Gerlinger, Kombinationsangebote im Pressemarkt, WRP 2004, 537; R. Goldschmitt, Grenzüberschreitende Buchpreisbindung und internationaler Buchmarkt, 2000; Großhardt, Die Preisbindung für Verlagserzeugnisse nach europäischem Gemeinschaftsrecht, 1995; Grundmann, Literatur ohne Preisbindung, 3. Aufl. 1976; ders., Buchhandel zwischen Geist und Kommerz, 1984; Handel, Der Schutz internationaler Vertriebs- und Preisbindungen gegen Außenseiter, 1992; Haus/Schmidt, Pressekooperationen, ZWeR 2017, 240; Th. Hoffmann, Buchpreisbindung auf dem Prüfstand des Europarechts, GRUR 2000, 555; Kaiser, Das Recht des Presse-Grosso, 1974; KroiTzsch, Die Zweigleisigkeit des Buch- und Schallplattenvertriebs in kartell- und urheberrechtlicher Sicht, NJW 1970, 1661; Langen, Ist der Buchgemeinschaftsmarkt ein von dem übrigen verbreitenden Buchhandel abgetrennter Markt?, DB 1971, 925; Löffler/Ricker, Hdb. des Presserechts, 5. Aufl. 2005, Kap. 46, 84 (S. 403, 662 ff.); Meyer-Dohm, Der westdeutsche Büchermarkt, 1957; ders./Uhlig, Zur Problematik der vertikalen Preisbindung bei Verlagserzeugnissen, JNSt. 175 (1963), 12; Müller-Graff, Wettbewerbsbeschränkung durch Gesetz – Preisbindungspflicht bei Büchern, EuR 1985, 293; J. B. Nordemann, Das deutsche Presse-Grosso: Ein zulässiges Kartell?, In: FS Köhler, 2014, S. 495; Oberwexer, Das österreichische Buchpreisbindungssystem auf dem Prüfstand des Gemeinschaftsrechts, EuR 2008, 736; Obert, Preisbindung im Buchhandel in Deutschland und im Vereinigten Königreich in der Sicht des europäischen Rechts, 2000; dies., Die Buchpreisbindung in Deutschland und im Vereinigten Königreich, GRURInt 1999, 1017; C. Peter, Das geänderte Rechtsumfeld der Arzneimittelpreisbindung und die Auswirkungen auf den Buchsektor, WuW 2020, 569; Raible, Die Erweiterung der kartellrechtlichen Freistellung im Pressevertrieb, in: Bien, Das deutsche Kartellrecht nach der 8. GWEB-Novelle, 2013, S. 209; Schröder, Die Entwicklung des Kartellrechts und des kollektiven Arbeitsrechts durch die Rechtsprechung des Reichsgerichts vor 1914, 1988; Soppe, Von „Add-Ons", „Gadgets" und „Covermounts" im Pressevertriebsrecht – preisbindungsrechtliche Überlegungen, WRP 2005, 525; Straub, § 15 GWB als Generalklausel des Rechts gegen vertragliche Wettbewerbsbeschränkungen, 1986; Strauss, Der feste Ladenpreis im Buchhandel, 1963; Wallenberger, Preisbindung bei Zeitungen und Zeitschriften: Der neue § 15 GWB, NJW 2002, 2914; Wallenfels/Russ, BuchPrG, 7. Aufl. 2018; Warth, Verlagserzeugnisse, in: Martinek/Semler/Habermeier, Handbuch des Vertriebsrechts, 2. Aufl. 2003, § 44; Winterhoff, Der „feste Ladenpreis" – ein Vorteil für Buchhandel und Bücher?; Ordo 1963, 235; Zimmer, Zulässige Parallelausgaben, WRP 2004, 330. – Literatur zum Schriftformerfordernis s. u. bei Rn. 57, zur Durchsetzung der Preisbindung s. u. bei Rn. 99, zu Abs. 2a s. u. bei Rn. 137 sowie zur Mißbrauchsaufsicht s. u. bei Rn. 118.

## Übersicht

## A. Überblick

1    Die Vorschrift des § 30 Abs. 1, Abs. 2 und Abs. 3 S. 1 beruht auf der 7. Novelle von 2005. § 30 entspricht insoweit dem früheren § 15 in der Fassung des Gesetzes zur Regelung der Preisbindung bei Verlagserzeugnissen vom 2.9.2002, in Kraft getreten am 1.10.2002.[2] Dieses Gesetz, ein Artikelgesetz, hatte in Art. 1 ein neues **Buchpreisbindungsgesetz** gebracht, jetzt gültig in der Fassung des Änderungsgesetzes von 2016.[3] Da das BuchpreisbindungsG von 2002 eine **gesetzliche Preisbindung für Bücher** eingeführt hatte (s. die §§ 3 und 5 des genannten Gesetzes), beschränkte sich fortan der Anwendungsbereich des § 15 aF auf Zeitungen und Zeitschriften. In dieser Form wurde schließlich § 15 aF in der Fassung von 2002 unter Anpassung an die Streichung des § 14 aF und dessen Ersetzung durch die neue Generalklausel des § 1 im Jahre 2005 in das neue GWB übernommen.[4] Abs. 2a und Abs. 3 Satz 2 der Vorschrift gehen dagegen auf die 8. Novelle von 2013 zurück,[5] während Abs. 2b und Abs. 4 erst durch die 9. Novelle von 2017 in das Gesetz eingefügt wurden.[6]

2    Vorläufer des § 15 aF, zuletzt geändert 2002, waren die **§§ 16, 17 und 34 von 1957** gewesen, die erst durch die sechste Novelle zu einer Vorschrift zusammengefasst worden waren.[7] In seiner ursprünglichen Fassung hatte § 16 aF auch noch die **Preisbindung für Markenartikel** geregelt, die jedoch bereits 1973 abgeschafft worden war; an ihre Stelle war die Erlaubnis „bloßer" Preisempfehlungen für Markenartikel getreten (§ 23 aF), die 2005 im Zuge der weiteren Anpassung des deutschen Kartellrechts an das europäische gleichfalls wieder entfallen ist, weil die Wettbewerbsregeln des AEUV keine besonderen Vorschriften für Empfehlungen kennen.

3    Die angedeutete Gesetzesgeschichte (→ Rn. 1 f.) hatte zunächst zu einem **fortlaufenden Bedeutungsverlust** des § 30 nF (= § 15 von 1998 und 2002) geführt. Während die Vorläufervorschriften (§§ 16, 17 und 34 von 1957) noch umfassend die Zulässigkeit der

---

[2] BGBl. I 3438 (3670).
[3] BGBl. I 1937.
[4] S. die Begr. z. RegE der 7. Novelle, BT-Drs. 15/3640 (li. Sp. „Zum neuen § 30").
[5] BGBl. I, 1738; s. dazu den Ausschußbericht, BT-Drs. 17/11053, 15 ff., 24.
[6] BGBl. I, 1416; s. dazu die Begr. RegE, BT-Drs. 18/10207, 38, 53 f.
[7] S. die Begr. von 1998, 35, 50.

Preisbindung für Markenartikel und sämtliche Verlagserzeugnisse geregelt hatten, beschränkte sich **seit 1973** ihr Anwendungsbereich bereits auf **Verlagserzeugnisse** einschließlich Zeitungen und Zeitschriften. **2002** wurde sodann auch die **Buchpreisbindung** einer **besonderen gesetzlichen Regelung** zugeführt, um sie „europafest" zu machen, so dass seitdem § 15 aF nur noch die auf Vertrag beruhende Preisbindung für Zeitungen und Zeitschriften regelte. In jüngster Zeit scheint sich indessen die Entwicklung hin zu einem fortlaufenden Bedeutungsverlust der Vorschrift **umzukehren,** seit der Gesetzgeber offenbar den § 30 als geeigneten Platz für die zunehmende Freistellung der Presse von den Fesseln des Kartellrechts entdeckt hat. Die Entwicklung begann im Jahre 2013 mit der (problematischen) Erlaubnis der so genannten **Branchenvereinbarungen,** dh von Preis-, Konditionen- und Gebietskartellen bei dem Vertrieb von Zeitungen und Zeitschriften über die Großhandelsstufe, das so genannte Grosso, (§ 30 Abs. 2a; dazu → Rn. 136 ff.), und setzte sich auf Druck der Presse 2017 mit der zusätzlichen Erlaubnis beliebiger **Pressekooperationen** durch den neuen § 30 Abs. 2b fort, diesmal freilich unter dem Vorbehalt der Vereinbarkeit der Kooperationen mit dem vorrangigen Art. 101 AEUV, wodurch die Bedeutung der weiteren Freistellung der Presse deutlich wieder relativiert wird (dazu → Rn. 156 ff.).

## B. Geschichte

### I. Markenartikel

Die Preisbindung für Markenartikel, die heute schon lange Geschichte ist, hatte sich in  **4** Deutschland bereits gegen Ende des 19. Jahrhunderts weitgehend durchgesetzt. Ihrer Zulässigkeit wurden erstmals 1930 unter dem Eindruck der Weltwirtschaftskrise auf Grund der Ermächtigung in § 1 Abs. 1 lit. a der Kartellnotverordnung gewisse Schranken gezogen.[8] Ein generelles **Verbot** brachten aber erst die alliierten **Dekartellierungsgesetze** von 1947. Gleichwohl bedeutete auch dies nicht das Ende der Preisbindung, da die Dekartellierungsbehörden alsbald wieder auf die Verfolgung der vertikalen Preisbindung unter der Voraussetzung verzichteten, dass der fragliche Vertrag den Erfordernissen des seinerzeit erst im **Entwurf** vorliegenden § 16 GWB von 1957 entsprach.[9] Von der Rechtsprechung wurde diese Haltung der Dekartellierungsbehörden als **generelle Erlaubnis der Preisbindung** interpretiert, soweit sie sich im Rahmen des § 16 GWB in der Fassung des Regierungsentwurfs hielt.[10]

In den **Beratungen zum GWB** setzten sich nach heftigen Auseinandersetzungen auf  **5** Druck der Industrie schließlich ebenfalls die Befürworter der Preisbindung durch.[11] Die **Kritik** an der Preisbindung für Markenartikel verstummte gleichwohl nicht, sondern nahm im Gegenteil in der Folgezeit immer mehr zu, da sich ihre gesamtwirtschaftlichen Nachteile mit wachsender Deutlichkeit abzeichneten. Zugleich geriet die Preisbindung infolge der fortschreitenden Grenzöffnung im Rahmen der **Europäischen Union** unter **zusätzlichen Druck,** da Kommission und Gerichtshof von Anfang an Reexport- und Reimportverbote zum Schutze der deutschen Preisbindung als Verstöße gegen Art. 101 AEUV behandelten. Deshalb strich der **wirtschaftspolitische Ausschuss** schließlich bei den Beratungen der 2. GWB-Novelle von 1973 die Erlaubnis der Preisbindung für Markenwaren als überlebt.[12]

---

[8] RGBl. 1930 I, 328; vgl. die AusführungsVO über Aufhebung und Untersagung von Preisbindungen vom 3.8.1930 (RAnz. Nr. 205 v. 30.8.1930) und die VO über Preisbindung für Markenwaren vom 16.1.1931 (RGBl. I, 13).

[9] Vgl. die beiden sog. Willner-Briefe 18.11.1952 und 6.1.1953 WuW/E Allg. 35 ff.

[10] BGH 10.12.1957 – I ZR 175/56, LM GWB-Allg. Nr. 1 = NJW 1958, 589 = WuW/E BGH 205 – Waldbaur; 10.12.1957 – I ZR 208/55, LM GWB-Allg. Nr. 2. = WuW/E BGH 218 – Buchhandel; 20.5.1958 – I ZR 57/56, LM MRG (AmZ) 56 Art. 5 Nr. 7 = WuW/E BGH 266 – Sursum Corda.

[11] Wegen der Einzelheiten s. Böhm Ordo 1963, 197; Meyer Ordo 1954, 133.

[12] Bericht 1973, 4.

## II. Bücher

6　Die Preisbindung für Verlagserzeugnisse geht auf die Bemühungen der im Börsenverein organisierten Buchhändler, der sogenannten Sortimenter, unter Führung des damaligen Präsidenten des Börsenvereins Kröner aus den siebziger und achtziger Jahren des 19. Jahrhunderts zurück (deshalb auch **Krönersche „Reformen"** genannt). Primäres Ziel dieser Bemühungen war die Verdrängung besonders rationeller Vertriebsformen wie namentlich des in Leipzig konzentrierten Versandbuchhandels und damit die Beschränkung des Preiswettbewerbs im Interesse des weniger leistungsfähigen Sortiments. Als Vehikel hierfür diente die vom Börsenverein des deutschen Buchhandels, einem Preiskartell, aufgestellte **„Buchhändlerische Verkehrsordnung",** durch die den Verlegern die **Einführung der Preisbindung zur Pflicht gemacht** wurde. Die Durchsetzung dieser „Verkehrsordnung" gelang erst Ende der achtziger Jahre des 19. Jahrhunderts nach mehrjährigen Bemühungen durch heftigen Druck auf die Verleger in Verbindung mit rücksichtslosen Kampfmaßnahmen gegen Außenseiter. Das Reichsgericht hatte dieser Entwicklung nahezu keinen Widerstand entgegengesetzt.[13]

7　In der Folgezeit teilte die Preisbindung für Verlagserzeugnisse das Schicksal der Preisbindung für Markenartikel (deshalb → Rn. 4 ff.). Ihre Erlaubnis durch § 16 idF von 1957 rechtfertigte die BReg. vor allem mit der Erwägung, damit werde das seit Jahrzehnten in Deutschland „bewährte" **System des festen Ladenpreises** im Buchhandel beibehalten; dieses System sei mit dem gesamten System des buchhändlerischen Vertriebs- und Abrechnungsvorgangs und mit der Erhaltung eines gut ausgebildeten „Sortimenterstandes" so eng verknüpft, dass Eingriffe nicht ohne schädliche Auswirkungen für Verleger, Autoren und Sortimenter bleiben könnten.[14] Daraus wurden dann im Laufe der Zeit sogenannte **„kulturpolitische Gründe",** die nach Meinung des Gesetzgebers die Buchpreisbindung auch heute noch rechtfertigen sollen, wobei vor allem an den Schutz eines „leistungsfähigen" Sortimenterstandes gedacht wird.[15]

8　(Nur) die Buchpreisbindung geriet jedoch in der Folgezeit unter massiven **Druck** seitens **der Europäischen Kommission,** insbesondere, nachdem es infolge des Beitritts der Republik Österreich zur Europäischen Union im Jahre 1993 zu einem **umfangreichen Buchhandel über die deutsch-österreichische Grenze** gekommen war, wobei man wissen muss, dass 80 % der in Österreich verkauften Bücher aus Deutschland stammen. Die **Unvereinbarkeit** der auf Verträgen beruhenden Buchpreisbindung für Deutschland und Österreich **mit Art. 101 AEUV** war seitdem mit Händen zu greifen.[16] Die Verleger versuchten gleichwohl an der auch grenzüberschreitenden Preisbindung für ihre Bücher festzuhalten, weil sie offenbar nichts mehr fürchten als den Preiswettbewerb für ihre überteuerten Bücher. Sie **beantragten** deshalb im Jahre 1993 eine **Freistellung** für den sogenannten Dreiländersammelrevers nach Art. 101 Abs. 3 AEUV. Die Kommission gewährte daraufhin zunächst eine bis zum 30.6.1996 befristete Freistellung durch bloßes Verwaltungsschreiben unter der Voraussetzung, dass der grenzüberschreitende Buchhandel

---

[13] RG 25.6.1890, RGZ 28, 238; 14.12.1902, RGZ 56, 271.

[14] Begr. 1955, S. 36; BVerfG 26.11.1986 – 1 BvR 1091/85, NJW 1987, 1397; BGH 30.6.1966 – Ib ZR 101/63, BGHZ 46, 74 (82 ff.) = NJW 1966, 343; 11.3.1997 – KVR 19/95, BGHZ 135, 74 = NJW 1997, 1911 – CD-ROM; 13.3.1979 – KVR 1/77, NJW 1979, 1411 = LM GWB § 17 Nr. 7; 13.3.1979 – KZR 4/77, NJW 1979, 1412 = BB 1979, 544; 9.7.1985 – KZR 7/84, LM GWB § 1 Nr. 32 = NJW-RR 1986, 259 = WuW/E 2175; 23.4.1985 – KVR 4/84, LM GWB § 16 Nr. 17 = NJW 1986, 1256 = WuW/E BGH 2166; ebenso für Österreich OGH 2.4.1985, SZ Bd. 58 (1985) Nr. 53, S. 258 (262 ff.) – Baedecker.

[15] S. den Bericht von 1973, S. 4; die Begr. von 1998, S. 35 sowie die Begr. z. dem Buchpreisbindungs-Gesetz, BT-Drs. 14(2002)/9196; dazu kritisch Monopolkommission, Sondergutachten 80, 2018; Emmerich WuW 2003, 225; Emmerich FS Immenga, 2004, 111; Möschel WRP 2004, 857.

[16] Zum Folgenden ausführlich Alexander AfP 2009, 335; Alexander. GRUR-Int 2010, 903, 907 ff.; Emmerich FS Immenga, 2004, 111 (114 ff.); Engelmann, Die Zukunft der Buchpreisbindung; Goldschmitt, Grenzüberschreitende Buchpreisbindung; Möschel WRP 2004, 857; Waldenberger/Pardemann in FK-Kartellrecht Rn. 22 ff.; Zimmer WRP 2004, 330.

aus der Preisbindung ausgeklammert wird. Die Verleger lehnten dies jedoch ab und setzten nunmehr die Kommission unter **massiven Druck,** um sie zu veranlassen, den Sammelrevers unverändert zu genehmigen.[17] Die Kommission ließ sich indessen nicht in ihrer ablehnenden Haltung beirren und versandte im Jahre 1998 die Beschwerdepunkte an den Börsenverein und eine Reihe von Verlegern Da die Kommission nicht nachgab, lenkten die Verleger schließlich ihrerseits ein und klammerten den **grenzüberschreitenden Buchhandel** aus der Preisbindung wieder aus.

Die Kommission erklärte daraufhin in einer **Mitteilung vom 10.6.2000,** dass die neue **9** deutsche und österreichische Buchpreisbindung wegen ihrer Beschränkung auf den jeweiligen Mitgliedstaat **keine spürbaren Auswirkungen** auf den Handel zwischen Mitgliedstaaten habe, so dass Art. 101 AEUV keine Anwendung mehr finde.[18]Österreich reagierte auf diese Mitteilung mit der Einführung einer gesetzlichen Buchpreisbindung,[19] während **Deutschland** eine Lösung zunächst über die Anpassung des § 15 in der Fassung von 1998 an die neue Rechtslage durch das kurzlebige **Gesetz zur Sicherung der nationalen Buchpreisbindung** vom 30.11.2000 versuchte.[20] Es blieb folglich zunächst bei der vertraglichen Buchpreisbindung, und zwar auch für den grenzüberschreitenden Handel (§ 15 Abs. 1 S. 2 in der Fassung von 2000), im Verhältnis zwischen den Mitgliedstaaten der Europäischen Union indessen nur, sofern mit der Durchsetzung der Preisbindung „der Schutz einer im Inland zulässigen Preisbindung gegen Umgehungen bezweckt ist".

Von den Verlegern wurde diese Regelung mit Billigung der deutschen Gerichte prompt **10** dahin ausgelegt, dass grundsätzlich **jeder Reimport** von Büchern nach Deutschland oder Österreich eine **Umgehung** der jeweiligen nationalen Buchpreisbindung darstelle und deshalb gegen die Preisbindung verstoße – mit der weiteren Folge der Berechtigung zur Sperre reimportierender Händler.[21] Auf Beschwerde eines betroffenen Händlers hin leitete die Kommission jedoch gegen den Börsenverein und zwei beteiligte Verlage erneut ein Verfahren ein. In diesem kam es schließlich zu einer Einigung, in der sich die Betroffenen mit der grundsätzlichen **Preisbindungsfreiheit des grenzüberschreitenden Handels** (wieder einmal) **einverstanden** erklärten,[22] woraufhin die Kommission endlich am 17.4.2002 das ersehnte **Negativattest** für den Sammelrevers von 2000 erteilte.[23]

Zur Absicherung dieses Kompromisses (→ Rn. 10, → Rn. 35) dient letztlich das bereits **11** erwähnte **Gesetz zur Regelung der Preisbindung bei Verlagserzeugnissen** von 2002 idF von 2016,[24] das in Deutschland nach französischem und österreichischem Vorbild die frühere vertragliche Preisbindung für Bücher durch eine **gesetzliche Preisbindung** ersetzt hat, wobei man sich vor allem auf die bekannten Urteile des Gerichtshofs aus den Jahren 1985 und 2000 in den Sachen „Leclerc" und „Echirolles" stützte, mit denen der **Gerichtshof** die Vereinbarkeit der französischen Loi Lang mit dem Vertrag im Kern bestätigt hatte, in erster Linie unter Hinweis darauf, dass die Gemeinschaftsorgane noch keine gemeinsame Politik mit Bezug auf nationale Buchpreisbindungssysteme entwickelt hätten.[25] Der Gerichtshof hatte freilich einschränkend hinzugefügt, dass die **Erstreckung** der Buchpreisbindung auch **auf importierte Bücher** gegen Art. 28 AEUV verstoße, außer, „wenn sich

[17] Die skandalösen Details bei van Miert, Markt, Macht, Wettbewerb, 2000, S. 144 ff.
[18] ABl. 2000 C 162, 25 f.
[19] BundesGesetz über die Preisbindung bei Büchern aus dem Jahre 2000, öBGBl. 2000 I Nr. 45 (auch abgedruckt bei Wallenfels/Russ BuchPrG S. 195).
[20] BGBl. I 1634; s. dazu die Begr., BT-Drs. 14(2000)/3509, 4 f.; Emmerich EBOR 2 (2001), 553 = Liber Amicorum Mestmäcker, 2001, 125.
[21] LG Berlin 18.7.2000 – 102 O. 133/00 (Kart), NJWE-WettbR 2000, 251 (252 f.) – Librodisk; LG München I 18.7.2000 – 7 O. 12730/00, n. v. zustimmend Bunte FS Koppensteiner, 2001, 307 (311 ff.).
[22] S. die Erklärung von 2002, Börsenblatt 2002 Nr. 24, 4 f.
[23] Wallenfels/Russ BuchPrG § 1 Rn. 34.
[24] BGBl. 2002 I S. 3448; 2016 I S. 1937; s. dazu Wallenfels/Russ, BuchPrG; Bahr in Bunte Anh. § 30: BuchpreisbindungsGesetz (S. 871 ff.); Nordemann in LMRKM Anh. § 30: BuchpreisbindungsGesetz (S. 2140 ff.); zu Österreich s. Oberwexer EuR 2008, 736.
[25] EuGH 10.1.1985 – 229/83, ECLI:EU:C-1985, 1 = Slg. 1985, 17 Rn. 15 ff. – Leclerc; 3.10.2000 – 9/99, Slg. 2000, I-8224 Rn. 24 ff. – Echirolles.

aus objektiven Umständen ergeben sollte, dass die betreffenden Bücher allein zum Zwecke ihrer Wiedereinfuhr ausgeführt worden sind, um eine gesetzliche Regelung (wie die Loi Lang) zu umgehen".[26] Diese Formel übernahm nach Übergang zu dem System der gesetzlichen Preisbindung für Bücher die Vorschrift des **§ 4 Abs. 2** des Buchpreisbindungsgesetzes,[27] während der § 30 für Zeitungen und Zeitschriften, obwohl es auch bei diesen durchaus einen (geringen) grenzüberschreitenden Handel gibt, keine entsprechende Einschränkung enthält (dazu → Rn. 18 f., 35 f.).

12  Die **wettbewerbspolitische Berechtigung** der Buchpreisbindung ist seit langem umstritten. **Zu Gunsten** der **Buchpreisbindung** wird gewöhnlich vorgebracht, allein über die Sicherung einer „auskömmlichen" Spanne für den Sortimenterstand sei es möglich, eine ausreichende Zahl von Buchhandlungen zu erhalten, um die Buchversorgung der Bevölkerung sicherzustellen. Außerdem sei den Verlegern nur auf dem Weg über die Gewährleistung „auskömmlicher Spannen" zumal bei Bestsellern heute noch die Herausgabe etwa von Klassikern oder von Lyrikbänden im Wege der „Quersubvention" möglich.[28] Bei dieser „Argumentation" wird jedoch bewusst ausgeblendet, dass das Buch eine **normale Ware** wie andere auch ist, bei der **Preiswettbewerb** möglich und sinnvoll ist, wie durch zahlreiche ausländische Beispiele belegt wird. Durch die sachlich nicht zu rechtfertigende Beibehaltung der Buchpreisbindung wird lediglich zum Schaden der Verbraucher (einschließlich nicht zuletzt der wissenschaftlichen Bibliotheken) die Herausbildung neuer, rationeller Vertriebsformen, insbesondere für wissenschaftliche Literatur, verhindert.[29] Nach den Untersuchungen der die **Schweizerischen Wettbewerbskommission** würde die Aufhebung der Buchpreisbindung mit großer Wahrscheinlichkeit auf den meisten Gebieten zu spürbaren **Preissenkungen** und nur auf wenigen Gebieten zu Preiserhöhungen führen, eine durchaus erwünschte Preisdifferenzierung entsprechend der Elastizität der Nachfrage.[30] Zu erwarten ist außerdem eine – ebenfalls begrüßenswerte – Konzentration bei dem überbesetzten Sortiment. All dies wird – zum evidenten Nachteil für die Verbraucher – durch die gesetzliche Buchpreisbindung in Deutschland und Österreich verhindert. Die negativen Folgen, die üblicherweise von einer Aufhebung der Buchpreisbindung befürchtet werden, sind durchweg nur vorgeschoben und letztlich nicht ernst gemeint, da zahlreiche ausländische Beispiele belegen, dass eine in jeder Hinsicht zufriedenstellende **Buchversorgung** der Allgemeinheit (natürlich) **auch ohne Preisbindung,** aber eben billiger als mit Preisbindung möglich ist. Tatsächlich geht es nur um einen grundsätzlich **verfehlten Strukturschutz zu Gunsten des herkömmlichen Sortiments** mit

---

[26] EuGH 10.1.1985 – 229/83, ECLI:EU:C-1985, 1 = Slg. 1985, 17, 35 Rn. 25, 27 ff.
[27] Ebenso für Österreich § 3 Abs. 3 und 4 des Bundesgesetzes über die Preisbindung bei Büchern.
[28] Fezer Teilhabe S. 385 ff.; Fezer GRUR 1988, 185; Fezer NJW 1997, 2150; Fezer WRP 1994, 669; Fezer./Großhardt AWD/RIW 1991, 141; Wallenfels/Russ BuchPrG § 1 Rn. 5 ff. (S. 12 ff.); Goldschmitt Buchpreisbindung S. 10 ff.; Meyer-Dohm Büchermarkt; Meyer-Dohm./Uhlig JNSt. 175, 12 (36 ff.); Tuchtfeldt Ordo 1958, 492; – grundsätzlich zust. offenbar auch BGH 6.10.2015 – KZR 27/14, NJW 2016, 1652 = NZKart 2016, 78 Rn. 51 ff.; Hennemann NZKart 2016, 160.
[29] Ebenso BReg., Kartellbericht, S. 33 ff.; Monopolkommission, 11. Hauptgutachten 1994/95, Rn. 970 (S. 404 f.); Monopolkommission., Sondergutachter 80, 2018 = WuW 2018, 547; Wissenschaftlicher Beirat, BT-Drs. IV/617, Anh. S. 93; KG 20.10.1976 – Kart 4/76, WuW/E OLG 1805 (1811 f.) = NJW 1977, 392; insbesondere (ausführlich) Schweizerische Wettbewerbskommission 21.3.2005 – WuW/E KRInt 89 Rn. 32, 46 ff.; bestätigt durch Rekurskommission 11.7.2006, WuW/E KRInt 137 ff.; im Prinzip auch Schweizerisches BG 14.8.2002, BGE 129 (2003) II, 18 (36 ff.); 6.2.2007 – 2 A 430/2006, WuW/E KRInt 147 (148 f.) = WuW 2007, 429 (430 f.); Ahrens/Jänisch GRUR 1998, 599 f.; Böhm Ordo 1963, 197; Brühl Preisbindungsverbot S. 152; Emmerich WuW 2003, 225; Emmerich EBOR 2 (2001), 553 = Liber Amicorum Mestmäcker, 2001, 125; Emmerich FS Immenga, 2004 111 (117 ff.); Möschel Wettbewerbsbeschränkungen Rn. 377; Möschel WRP 2004, 857; Müller/Vogelsang, Staatliche Regulierung, 1979, S. 277 ff.; Müller/Scholz Preisbindungsprivileg S. 127 ff.; Winterhoff Ordo 1963, 235; – anders zu Unrecht BGH 13.3.1979 – KVR 1/77, LM GWB § 17 Nr. 7 = NJW 1979, 1411; 26.10.2015 – KZR 27/14, NJW 2016, 1652 = NZKart 2016, 78 Rn. 51 ff.
[30] Schweizerische Wettbewerbskommission 21.3.2005, WuW/E KRInt 89 Rn. 32, 50, 102 ff.; Marx/Podszun in Kölner Komm KartellR Rn. 17 ff.

den Mitteln des Kartellrechts und zum Nachteil der Verbraucher, – über den die technische Entwicklung ohnehin in absehbarer Zeit hinweg gehen wird.[31]

Bei der jetzigen gesetzlichen Buchpreisbindung handelt es sich daher der Sache um nichts **13** anderes als um ein **gesetzliches Zwangskartell** der Verleger und Buchimporteure, dessen widerstandslose Hinnahme seitens der Öffentlichkeit man nur mit Erstaunen zur Kenntnis nehmen kann. Die Vereinbarkeit dieser Regelung mit der **effet-utile-Doktrin** des EuGH ist keineswegs gesichert und eher zweifelhaft. Weder Art. 106 noch Art. 167 AEUV legitimieren ein derartiges Zwangskartell zum offenbaren Schaden der Verbraucher.[32] Auch der **Gerichtshof** hat mittlerweile klargemacht, dass er den totalen Ausschluss jeden Preiswettbewerbs bei Büchern durch das deutsche und das österreichische Buchpreisbindungsgesetz keineswegs mehr kritiklos hinzunehmen bereit ist. In dem **Libro-Urteil** vom 30.4.2009 hat er vielmehr – zur großen Sorge der preisbindenden Branche – die Regelung des § 5 Abs. 2 S. 2 des deutschen und des § 3 Abs. 2 des österreichischen Buchpreisbindungsgesetzes verworfen, durch die die **Importeure** an die von den Verlagen festgesetzten Preise im Verlagsstaat **gebunden** werden, und zwar mit der Begründung, die Importeure würden dadurch im Gegensatz zu den Verlegern im Importland und damit im Widerspruch zu Art. 34 AEUV daran gehindert, die Preise für das Importland ebenso wie die dortigen Verlage frei entsprechend den örtlichen Gegebenheiten festzusetzen.[33] Der deutsche Gesetzgeber hat 2016 mit der Streichung des § 4 des Buchpreisbindungsgesetzes (der die Preisbindung im grenzüberschreitenden Verkehr regelte) und mit der Änderung des § 5 Abs. 1 dieses Gesetzes reagiert. Die Linie, nationale Preisbindungssysteme vorrangig an den Art. 34 und 36 AEUV zu messen, hat der Gerichtshof mittlerweile in dem DocMorris-Urteil von 2016 betont fortgesetzt (dazu → Rn. 14).

Das so genannte **DocMorris-Urteil** des EuGH von 2016 betraf die ebenso wie die **14** Buchpreisbindung auf Gesetz beruhende Preisbindung für Arzneimittel, die nach § 78 AMG auch für aus dem EU-Ausland ins Inland versandte Arzneimittel gilt. Die deutschen Gerichte hatten diese Preisbindung mehrfach, unter ausdrücklicher Ablehnung einer Vorlage der Frage an den EuGH, als mit dem AEUV vereinbar eingestuft, zuletzt sogar der Gemeinsame Senat der Obersten Bundesgerichte.[34] Auf Vorlage des OLG Düsseldorf[35] entschied der EuGH jedoch am 19.10.2016 entgegengesetzt, indem er grundsätzlich jede nationale Preisbindung als Verstoß gegen den Grundsatz der Warenverkehrsfreiheit nach Art. 34 AEUV einstufte, weil nämlich dadurch ausländische Anbieter gegenüber inländischen Anbietern diskriminiert würden, so dass die Preisbindung nur im Einzelfall aufgrund einer Verhältnismäßigkeitsprüfung zum Schutze der in Art. 36 AEUV genannten Gemeinwohlgründe gerechtfertigt werden könne, wobei der Gerichtshof offenbar sehr strenge Anforderungen an die Plausibilität der zur Rechtfertigung der Preisbindung angeführten nationalen Schutzerwägungen stellen will.[36] Die Bundesregierung hatte darauf mit dem Entwurf eines Gesetzes zur Stärkung der Vor-Ort-Apotheken reagiert. Im Schrifttum ist umstritten, ob die Situation bei der Buchpreisbindung mit der bei der (strengeren) Preisbindung für Arzneimittel vergleichbar ist.[37] Tatsächlich dürften die Unterschiede jedoch zu vernachlässigen sein, sodass es auf der Hand liegt, dass das weitere Schicksal der deutschen Buchpreisbindung, gesehen im Lichte der DocMorris-Doktrin, zumindest als offen be-

---

[31] Ebenso zB Alexander AfP 2009, 335 (341).

[32] Anders im Ergebnis Alexander AfP 2009, 335 (339); Oberwexer EuR 2008, 736 (756 ff.).

[33] EuGH, 30.4.2009 – 531/07, ECLI:EU:C-2009:276, Slg. 2009, I-3768 = EuZW 2009, 426 Rn. 21 ff. (auf Vorlage des OGH 13.11.2003, Medien und Recht 2007, 393); zustimmend Alexander GRUR-Int 2010, 335 (340 f.); anders Oberwexer EuR 2008, 736 (744 ff.); Wallenfels/Russ BuchPrG § 1 Rn. 63 ff.

[34] 22.8.2012 – GmS-OGB 1/10, BGHZ 194, 354 = NJW 2013, 1425; BGH 26.2.2014 – I ZR 79/10, NJW 2014, 3245.

[35] 24.3.2015 – 20 U 149/13, GRUR-Int 2015, 1054.

[36] EuGH 19.10.2016 – C-148/15, NJW 2016, 3771 = NZKart 2016, 525 = EuZW 2016, 958; ebenso im Anschluß daran OLG Düsseldorf 25.4.2017 – 20 U 149/13, GRUR 2017, 835 ff.

[37] Dafür ausführlich Peter WuW 2020, 569; dagegen insbesondere OLG Wien, 31.5.2017 – 4 R 22/17k.

zeichnet werden muss.[38] Sollte die Buchpreisbindung zu Fall kommen, dürfte auch die Preisbindung für Zeitungen und Zeitschriften, auf die sich heute § 30 allein bezieht, nicht mehr aufrechtzuerhalten sein.

### III. Zeitungen und Zeitschriften

15   § 30 regelt heute – nach Auslagerung der Buchpreisbindung in das Gesetz von 2002 – nur noch die vertragliche Preisbindung für Zeitungen und Zeitschriften sowie seit 2013 die Freistellung der Branchenvereinbarungen (§ 30 Abs. 2a) und seit 2017 auch die der sogenannten Pressekooperationen (§ 30 Abs. 2b) von dem Kartellverbot. Die von der Buchpreisbindung durchaus zu unterscheidende Preisbindung für Zeitungen und Zeitschriften hat erst seit ihrer gesonderten gesetzlichen Regelung in § 30 eine gewisse, wenngleich beschränkte Aufmerksamkeit gefunden. Die Märkte für Zeitungen und die für Zeitschriften weisen erhebliche Unterschiede auf:[39] Während bei **Zeitschriften** ein lebhafter Wettbewerb herrscht, gekennzeichnet durch den ständigen Markteintritt neuer Titel, ist der **Zeitungsmarkt** weitgehend geschlossen; zu Neugründungen von Zeitungen ist es in den letzten Jahren praktisch nicht mehr gekommen. Gegenwärtig existieren rund **350 Zeitungsverlage,** die insgesamt über 1.500 sogenannte redaktionelle Ausgaben herstellen, wobei es sich jedoch häufig um bloße Kopfzeitungen oder Lokalausgaben handelt. An wirtschaftlich unabhängigen Zeitungsverlagen werden seit Jahrzehnten in Deutschland rund 130 gezählt. Die meisten Zeitungen sind lokale oder regionale Tageszeitungen. Die Zahl der überregionalen Zeitungen und der Straßenverkaufszeitungen beträgt demgegenüber zusammen noch nicht einmal 20. Der Export von Zeitungen ist verschwindend gering.[40]

16   Zeitungen und Zeitschriften werden auf unterschiedlichen Wegen vertrieben. Die wichtigsten drei **Vertriebswege** sind das System der **Monopol-Grossisten,** der Vertrieb im Abonnement sowie der Vertrieb über den Bahnhofsbuchhandel und den gleichstehenden Flughafenbuchhandel; Als weitere Vertriebswege werden daneben noch der werbende Zeitschriftenhandel sowie Lesezirkel genannt.[41] **Tageszeitungen** werden überwiegend im Abonnement, dh direkt von den Verlagen und damit ohne Preisbindung vertrieben. Bei den lokalen und regionalen Tageszeitungen beträgt dieser Anteil rund 60 %;[42] weitere 10 % werden über den Bahnhofsbuchhandel verkauft, der individuelle Preisbindungsverträge mit den Verlagen abschließt. Nur die restlichen 30 % werden über den Großhandel abgesetzt. **Zeitschriften** werden ebenfalls zu einem großen Teil (rund 45 %) direkt von den Verlagen im Abonnement und damit ohne Preisbindung vertrieben; nur der Rest wird über den Groß- und Einzelhandel abgesetzt, wobei zu beachten ist, dass bei den Zeitschriften keineswegs generell eine Preisbindung besteht. Bei den Zeitschriften, die der Preisbindung unterliegen, beruht sie entweder auf dem (modifizierten) Sammelrevers oder auf individuellen Verträgen zwischen den Zeitschriftenverlegern und den Händlern.[43] Der Vertrieb über Monopol-Grossisten hat somit die größte Bedeutung bei dem Vertrieb von Zeitungen, während seine Bedeutung bei Zeitschriften weit geringer ist.

17   Als **Monopol-Grossisten** bezeichnet man Großhändler, die in ihrem Vertriebsgebiet aufgrund von Ausschließlichkeitverträgen mit den Verlagen über ein Monopol verfügen, weil sämtliche Zeitungen in ihrem Gebiet über sie an die Einzelhändler abgesetzt werden.

---

[38] Ebenso Brigola NJW 2016, 3761 (3764); Mittwoch EuZW 2016, 936 (939).

[39] Vgl. zum Folgenden zB Wissenschaftlicher Beirat beim Bundesministerium für Wirtschaft und Arbeit 24.4.2004, Keine Aufweichung der Pressefusionskontrolle, WuW 2004, 622; v. Becker ZUM 2002, 171 = in: Martinek/Semler/Habermeier, Handbuch des Vertriebsrechts, § 44; Brummund, Struktur und Organisation des Pressevertriebs, 2006; Mann/Smid, Pressevertriebsrecht, 2008; Möschel WRP 2004, 857; Möschel. JZ 2004, 1060; Nordemann FS Köhler, 2014, 495; Raible in Bien Dt. KartellR S. 209, 211 ff.; Stumpf WuW 2017, 13.

[40] Zahlen bei Alexander GRUR-Int 2010, 803 (807) (unter C I 1).

[41] Marx/Podszun in Kölner Komm KartellR Rn. 7.

[42] Bremer/Hackl/Klasse in MüKoWettbR Rn. 6.

[43] S. Wallenfels/Russ BuchPrG § 1 Rn. 39 ff.; v. Becker ZUM 2002, 171 =: Martinek/Semler/Habermeier VertriebsR-HdB § 44; Löffler/Ricker PresseR-HdB 46. Kap.; Wallenberger NJW 2002, 2914 ff.

Das Bundesgebiet ist weitgehend, nicht ganz in derartige Monopole aufgeteilt. Mehrere Großhändler nebeneinander sind unter anderem in Hamburg und in Teilen Berlins tätig (so genanntes **Doppel-Grosso**), wobei die verschiedenen miteinander konkurrierenden Großhändler unterschiedliche Produkte der Verlage vertreiben. Zu beachten ist, dass allein bei diesem Vertriebsweg über den Groß- und Einzelhandel die Preisbindung auf **Verträgen zwischen** den **Zeitungsverlagen und** den **Monopolgrossisten** oder deren **Verbänden** beruht, in denen die Großhändler verpflichtet werden, die Preisbindung an die Einzelhändler weiterzugeben. Als **weitere Merkmale** dieses eigenartigen Vertriebssystems sind das so genannte **Dispositionsrecht** der Verlage und der Großhändler sowie das **Remissionsrecht** der Händler und Großhändler hervorzuheben. Als Dispositionsrecht bezeichnet man das Recht der Verlage und Großhändler, ihren jeweiligen Vertragspartnern die von diesen zu vertreibenden Zeitungen und Zeitschriften vorzuschreiben; den Ausgleich bildet das Remissionsrecht der Großhändler und der Einzelhändler, worunter man deren Befugnis versteht, nicht verkaufte Zeitungen oder Zeitschriften an die Verlage auf deren Kosten zurückzugeben, so dass der Handel nicht das Vertriebsrisiko trägt. In einer so genannten **„Gemeinsamen Erklärung"** vom 19.8.2004 haben die beteiligten Verbände diese Merkmale des Pressevertriebs zusammen mit der Verwendungsbindung der Grossisten und deren Neutralitätspflicht als „Essentials", dh als Wesensmerkmale des in Deutschland bestehenden Systems des Pressevertriebs bezeichnet.[44] Im Augenblick gibt es über 50 Pressegrossisten, von denen die meisten (zuletzt 48) verlagsunabhängig sind. Die Konditionen und Handelsspannen werden zwischen den Verlagen oder deren Verbänden und den Verbänden der Grossisten im Voraus für mehrere Jahre in den bereits mehrfach erwähnten **Branchenvereinbarungen** ausgehandelt – mit der notwendigen Folge der Vereinheitlichung der Preise, Spannen und Konditionen, zumal sich auch die von Verlagen abhängigen Großhändler ausnahmslos an die von den übrigen Großhändlern ausgehandelten Konditionen und Preise halten. Darauf beruht letztlich die Notwendigkeit der speziellen Freistellung der Branchenvereinbarungen durch § 30 Abs. 2a (→ Rn. 137 ff.).

Das geschilderte monopolistische Vertriebssystem für Zeitungen und Zeitschriften wird **18** von interessierter Seite damit „gerechtfertigt", allein das durch die Existenz von Monopolgrossisten, Dispositionsrecht, Preisbindung und Remissionsrecht gekennzeichnete **Pressevertriebssystem** sei geeignet, die sogenannte **Überallerhältlichkeit** der Zeitungen sicherzustellen, weil nämlich die Zeitungshändler nur unter der Bedingung des Remissionsrechts bereit seien, alle ihnen von den Verlagen angebotenen Zeitungen und Zeitschriften zu führen (**Dispositionsrecht** der Verlage), und weil auf der anderen Seite das **Remissionsrecht** für die Verlage nur unter der Bedingung der Preisbindung wirtschaftlich tragbar sei.[45] Gleichwohl gerät das geschilderte herkömmliche Vertriebssystem in jüngster Zeit aus mehreren Richtungen unter wachsenden Druck: Am wichtigsten ist wohl die technische Entwicklung, insbesondere der Umstand, dass das Internet zunehmend Zeitungen und Zeitschriften ersetzt – mit der Folge eines fortschreitenden Bedeutungsverlusts des bisherigen Vertriebssystems und insbesondere der Preisbindung bei Zeitungen und Zeitschriften. Die Konsequenz ist ein kontinuierlicher Rückgang der Abonnementszahlen und der Anzeigenerlöse, wodurch die Presse in zunehmende Bedrängnis zu geraten droht[46] – und womit letztlich auch die weitere Freistellung der Presse vom Kartellverbot durch den (durchaus problematischen) § 30 Abs. 2b begründet wurde.

[44] Bechtold FS Wiedemann, 2020, 223 ff., 229 f.; Marx/Podszun in Kölner Komm KartellR Rn. 4.

[45] So auch die Begr. zum RegE des PreisbindungsGesetzes, BT-Drs. 14(2002)/9196, 14; der Ausschußbericht von 2012, BT-Drs. 17(2012)/11053, 24; ebenso BGH 1.12.1989 – KZR 37/80, BGHZ 82, 238 (240 ff.) = NJW 1982, 644 = WuW/E 1879; 22.9.2005 – I ZR 28/03, WuW/E DER 1604 (1606 f.) = GRUR 2006, 161 = NJW-RR 2006, 409 = AfP 2005, 555; 6.10.2015 – KZR 17/14, NJW 2016, 1652; Hennemann NZKart 2016, 160; Kühling ZUM 2013, 18; Löffler/Ricker PresseR-HdB 46. Kap. Rn. 3 ff.; Raible in Bien Dt. KartellR S. 209, 211 ff.; Schwarze NZKart 2013, 270; Stumpf WuW 2017, 13; Wallenberger NJW 2002, 2914 ff.

[46] S. Marx/Podszun in Kölner Komm KartellR Rn. 8 ff.

**19**     Der wettbewerbsbeschränkende Charakter des Vertriebs von Zeitungen und Zeitschriften über Monopol-Grossisten liegt ebenso auf der Hand wie der Umstand, dass die Praktizierung eines derart **umfassenden wettbewerbsbeschränkenden Systems** unter Einbeziehung nahezu sämtlicher Marktteilnehmer im Grunde nur auf der Grundlage entsprechender Vereinbarungen aller Beteiligten vorstellbar ist, – wobei hier an die erwähnte Gemeinsame Erklärung der beteiligten Verbände von 2004 zu erinnern ist (→ Rn. 17). Die (deshalb naheliegende) Kritik an diesem System erreichte ihren Höhepunkt, als der **BGH** Ende des Jahres 2011 die **Unvereinbarkeit** des Systems **mit § 1 GWB** bestätigte und zugleich offen ließ, ob hier Raum für eine Freistellung nach § 2 GWB ist.[47] Dem schlossen sich sodann auch andere Gerichte für **Art. 101 AEUV** mit der Begründung an, dass das ganze System zumindest auf einer abgestimmten Verhaltensweise der Grossisten beruhe, mit der der Zweck verfolgt werde, den Wettbewerb zu beschränken.[48] Eine Anwendung des Art. 101 Abs. 3 AEUV wurde zugleich mit der Begründung abgelehnt, dass das System für die Verbraucher nur nachteilig sei.[49] Eine „Lösung" iSd Presse brachte hier erst 2013 partiell der neue § 30 Abs. 2a (u. → Rn. 21).

**20**     Soweit bei Zeitungen und bei Zeitschriften eine Preisbindung praktiziert wird, gilt sie auch für den **grenzüberschreitenden Handel,** insbesondere im Verhältnis zwischen Deutschland und Österreich und einigen anderen deutschsprachigen Gebieten (schon → Rn. 11). Anders als bei Büchern (→ Rn. 6 ff.) steht die **Kommission** der **Preisbindung** hier indessen mit Rücksicht auf das Remissionsrecht des Handels sowie wegen der geringen Bedeutung des innergemeinschaftlichen Handels mit Zeitungen und Zeitschriften im Grunde **positiv** oder doch zumindest neutral gegenüber.[50] Deshalb wurden bisher vielfach die der Preisbindung für Zeitungen und Zeitschriften von Art. 101 AEUV drohenden Gefahren als vergleichsweise gering eingeschätzt.[51] Bei der Beschränkung des Anwendungsbereichs des § 15 aF im Jahre 2002 auf die (vertragliche) Preisbindung für Zeitungen und Zeitschriften wurde aus diesem Grund auf die im Jahre 2000 in die genannte Vorschrift eingefügten, besonderen Bestimmungen für den grenzüberschreitenden Handel (§ 15 Abs. 1 S. 3 und 4 von 2000) wieder verzichtet, so dass sich das erstaunliche Ergebnis ergibt, dass § 30 bei Zeitungen und Zeitschriften auch eine **grenzüberschreitende Preisbindung** gestattet.

**21**     Die Situation wurde daher in den Augen der Befürworter des herkömmlichen monopolistischen Vertriebssystems für Presseerzeugnisse erst kritisch, als die Gerichte dessen generelle Vereinbarkeit mit dem Kartellverbot des deutschen und des europäischen Rechts infrage zu stellen begannen (→ Rn. 19). Prompt verlangte der **Bundesrat** jetzt, im Zuge der Beratungen der 8. Novelle Regelungsmöglichkeiten zur Sicherung des Presse-Grossos zu prüfen, weil nur dieses ein vielfältiges und neutrales Angebot von Presseerzeugnissen gewährleiste.[52] In dieselbe Richtung zielten zahlreiche **Stellungnahmen** von Verbänden und Verlagen während der Ausschussberatungen.[53] Ergebnis waren die erst in den **Ausschussberatungen** in das Gesetz eingefügten neuen Bestimmungen des Abs. 2a und Abs. 3 Satz 2 des § 30, mit denen der Ausschuss offenbar einem Formulierungsvorschlag

---

[47] BGH 24.10.2011 – KZR 7/10, WuW/E DER 3446 Rn. 25 f. = NJW 2012, 773 = GRUR 2012, 84 – Grossistenkündigung; zust. Alexander ZWeR 2012, 215 (220 ff.); Podszun GWR 2011, 575.

[48] OLG Düsseldorf 15.9.2012 – VI-Kart 5/10 (V);LG Köln 14.2.2012 – 88 O. (Kart) 17/11, GRUR-RR 2012, 177 = WuW/E DER 3532 (3540 ff.) – Presse-Grosso; bestätigt durch OLG Düsseldorf 26.2.2014 – U (Kart) 7/12, NZKart 2014, 154 = WuW/E DER 4242 = GRUR-RR 2014, 353; aber aufgehoben durch BGH 6.10.2015 – KZR 17/14, NJW 2016, 1652 = NZKart 2016, 78 = WuW 2016, 133 – Zentrales Verhandlungsmandat.

[49] LG Köln 14.2.2012 – 88 O. (Kart) 17/11, GRUR-RR 2012, 177 WuW/E DER 3532 (3546 ff.) – Presse-Grosso; Paschke AfP 2012, 431 (433 ff.).

[50] S. KOMM., 29. Wettbewerbsbericht 1999, 2000, S. 181 f. – AMP.

[51] So ausdrücklich die BReg, Begr. z. RegE des BuchpreisbindungsGesetzes, BT-Drs. 14(2002)/9196, 14; Waldenberger NJW 2002, 2914 (2916 f.); Waldenberger/Pardemann in FK-KartellR Rn. 26 ff.; – kritisch Alexander GRUR-Int 2010, 803 (807 ff.); Paschke AfP 2012, 431.

[52] S. BT-Drs. 17/9852, 41 (li. Sp.).

[53] Ausschußbericht BT-Drs. 17/11053, 15 ff.

des BVPG gefolgt ist.[54] Zur Begründung heißt es in dem **Ausschussbericht,**[55] die neuen Vorschriften dienten der kartellrechtlichen Absicherung des bewährten Presse-Grosso-Vertriebssystems. Deshalb sollten Branchenvereinbarungen des Presse-Grossos und der Verlage zugelassen werden, sofern die Branchenvereinbarungen Leistungen bzw. Gegenleistungen oder sonstige Voraussetzungen für einen flächendeckenden und diskriminierungsfreien Vertrieb an den Einzelhandel regeln. Dies diene zugleich der europarechtlichen Konformität der Regelung. Unberührt blieben das Missbrauchs- und das Diskriminierungsverbot (wegen der Einzelheiten → Rn. 137 ff.).

Die (ohnehin problematische) Freistellung der Branchenvereinbarungen vom deutschen **22** Kartellverbot (→ Rn. 21) bietet freilich keine Lösung für das Problem der Vereinbarkeit der durch § 30 ebenfalls erlaubten **grenzüberschreitenden Preisbindung** mit Art. 101 AEUV. Jede Form der vertikalen Preisbindung stellt bekanntlich eine grundsätzlich nicht freistellungsfähige **Kernbeschränkung** dar, woran im Handel zwischen Mitgliedstaaten auch § 30 GWB nichts zu ändern vermag (s. Art. 3 Abs. 2 S. 1 VO Nr. 1/2003; § 22 Abs. 2 GWB). Deshalb dürfte hier auch kein Raum für die Anwendung der Art. 2 und 3 der Gruppenfreistellungsverordnung für Vertikalvereinbarungen Nr. 330/2010 vom 20.4.2010[56] sein. Eine Ausnahme kommt allein unter den Voraussetzungen des Art. 106 Abs. 2 AEUV in Betracht, – woraus sich der neue Abs. 2a des § 30 erklärt, durch den die Verlage und Grossisten sowie ihre Verbände zusätzlich sogar zu **Dienstleistungsunternehmen** iSd Art. 106 Abs. 2 AEUV ernannt wurden, auf die das Kartellverbot des Art. 101 AEUV keine Anwendung finden soll, um ihnen die Erfüllung ihrer im allgemeinen Interesse liegenden Aufgaben bei dem Vertrieb von Zeitungen und Zeitschriften zu ermöglichen (→ Rn. 137 ff.). Obwohl es höchst zweifelhaft ist, ob hier tatsächlich die Voraussetzungen des Art. 106 Abs. 2 AEUV erfüllt sind,[57] hat doch der BGH, ohne die Frage dem EuGH vorzulegen (wozu er wohl verpflichtet gewesen wäre), diese Regelung – anders als zuvor noch das OLG Düsseldorf[58] – als mit dem AEUV vereinbar eingestuft.[59] Der BGH ist dabei von einer überaus positiven Bewertung des monopolistischen Pressevertriebssystems ausgegangen und hat sich zugleich für eine nur schwer vertretbare, ganz weite Auslegung des Art. 106 Abs. 2 AEUV eingesetzt, um das System der Monopol-Grossisten vor Art. 101 Abs. 1 AEUV zu „retten" (→ Rn. 137 ff.).

## C. Bindungsfähige Produkte

### I. Begriff, Abgrenzung

Der Anwendungsbereich des § 30 beschränkt sich heute auf Zeitungen und Zeitschriften. **23** Anders als früher ist es deshalb jetzt notwendig, innerhalb der Verlagserzeugnisse weiter zwischen Büchern auf der einen Seite und Zeitungen und Zeitschriften auf der anderen Seite zu unterscheiden:

Weder das GWB noch ein sonstiges Gesetz enthalten eine **Definition** der Begriffe Buch, **24** Zeitung und Zeitschrift. Klar ist nach dem Zweck der gesetzlichen Regelung lediglich, dass es sich bei allen drei genannten Produkten um Verlagserzeugnisse handeln muss, die auf Papier gedruckt jedenfalls auch auf dem herkömmlichen Weg über den Großhandel und das Sortiment vertrieben werden, weil es bei der ganzen Regelung letztlich allein um den

---

[54] BT-Drs. 17/11053, 15 (li. Sp.).

[55] BT-Drs. 17/11053, 24.

[56] ABl. 2010 L 102, 1.

[57] Dagegen zB Bach NJW 2016, 1630; Bremer/Hackl/Klasse in MüKoWettbR Rn. 114 ff.: Emmerich FS Dauses, 2014, 77; Marx/Podszun in Kölner Komm KartellR Rn. 72 f.; Nordemann FS Köhler, 2014, 495; Paschke AfP 2012, 501.

[58] 26.2.2014 – U (Kart) 7/12, NZKart 2014, 154 = WuW/E DER 4242 = GRUR-RR 2014, 353.

[59] 6.10.2015 – KZR 17/14, NJW 2016, 1652 = NZKart 2016, 78 = WuW 2016, 133 – Zentrales Verhandlungsmandat; ebenso zB Haus WuW 2014, 830; Hennemann NZKart 2016, 160; Kühling ZUM 2013, 18; Raible in Bien Dt. KartellR S. 209; Schwarze NZKart 2013, 270; Stumpf WuW 2017, 13.

Schutz des Sortiments vor dem Wettbewerb durch andere Vertriebswege geht. Das **BuchpreisbindungsG** bestimmt lediglich ergänzend in § 2 Abs. 1 Nr. 1–4 idF von 2016, dass Bücher im Sinne des Gesetzes auch Musiknoten (§ 2 Abs. 1 Nr. 1), kartographische Produkte (§ 2 Abs. 1 Nr. 2) sowie Produkte sind, die Bücher, Musiknoten oder kartographische Produkte reproduzieren oder substituieren (wie zB zum dauerhaften Zugriff angebotene elektronische Bücher) und die bei Würdigung der Gesamtumstände als überwiegend verlags- oder buchhandelstypisch anzusehen sind (§ 2 Abs. 1 Nr. 3); gleich stehen kombinierte Produkte, bei denen eines der genannten Erzeugnisse die Hauptsache bildet (§ 2 Abs. 1 Nr. 4). Das entspricht dem herkömmlichen Begriffsverständnis unter den Vorläufern des § 30, wonach Bücher Werke der Literatur, Tonkunst, Kunst und Photographie sind, sofern sie durch ein graphisches Verfahren vervielfältigt werden und eine im Vordergrund stehende Informations- oder Anleitungsaufgabe haben.[60] Ebenso behandelt wurden schon früher die neuen elektronischen Medien mit Buchersatzfunktion wie namentlich elektronische Wörterbücher, CD-ROM's oder Bücher auf Mikrofiches.[61] Im Ergebnis wurden auf diese Weise mit Rücksicht auf den Zweck der Vorschrift, das System des festen Ladenpreises im Buchhandel zu legalisieren, alle Verlagserzeugnisse erfasst, die herkömmlich zu festen Preisen über den traditionellen Buchhandel vertrieben werden.[62]

25      **Kombinationserzeugnisse** konnten nach § 15 Abs. 1 aF nur einheitlich im Preis gebunden werden, wenn der **Informationsgehalt** bei ihnen eindeutig **überwog**.[63] Darauf war vor allem bei der Verbindung nicht preisbindungsfähiger Ware mit Gebrauchsanleitungen oder Verpackungen abzustellen.[64] Keine preisbindungsfähigen Verlagserzeugnisse waren dagegen halbfertige Bücher und Rohdrucke, weil sie nicht zu den klassischen Gegenständen des Buchhandels gehören,[65] sowie antiquarisch gehandelte Bücher. Diese Produkte fallen heute folgerichtig nach § 2 BuchpreisbindungsG auch nicht in den Anwendungsbereich dieses Gesetzes, so dass bei ihnen eine Preisbindung weiterhin unzulässig ist.

26      Geht man von dem geschilderten herkömmlichen Verständnis des Begriffs Buch aus (→ Rn. 24 f.), so liegt der wesentliche Unterschied von Büchern zu **Zeitungen und Zeitschriften** vor allem in der **periodische Erscheinungsweise** der letzteren.[66] Wichtig für die Abgrenzung ist ferner, ob das fragliche Produkt herkömmlich über den **Buchhandel oder** über den **Zeitschriftenhandel** vertrieben wird.[67] Periodisch erscheinende Romanhefte und vergleichbare Produkte zählen danach zu den Zeitschriften und nicht zu den Büchern, so dass sich bei ihnen die Preisbindung nach § 30 richtet.[68] Der **Unterschied** zwischen Zeitungen und Zeitschriften schließlich wird überwiegend darin gesehen, dass **Zeitungen** fortlaufend nach Art von Tagebüchern über Tagesereignisse berichten, entweder allgemein oder auf bestimmten Gebieten, während **Zeitschriften** einzelne Themen auf bestimmten Gebieten aufgreifen; Paradigmata sind die wissenschaftlichen Zeitschriften. Die Grenzen sind fließend, aber unerheblich, da das Gesetz Zeitungen und Zeitschriften in

---

[60] BReg., Kartellbericht, S. 33.

[61] BGH 11.3.1997 – KVR 19/95, BGHZ 135, 74 (78 ff.) = NJW 1997, 1911 – CD-ROM; OLG Hamburg 10.8.1995 – 3 U 68/95, GRUR 1995, 830 (832); BKartA TB 1991/92, 40; Bunte NJW 1997, 3127; Fezer WuW 1994, 740; Bunte WRP 1994, 669; Bunte NJW 1997, 2150; Kort WiB 1997, 719; ebenso jetzt § 2 Abs. 1 Nr. 3 BuchpreisbindungsG.

[62] BGH 30.6.1966 – KZR 5/65, BGHZ 46, 74 (77 ff.) = NJW 1967, 343 – Schallplatten; 11.3.1997 – KVR 19/95, BGHZ 135, 74 (78 ff.) = NJW 1997, 1911 – CD-ROM; BGH 18.1.1977 – KVR 3/76, WuW/E BGH 1463 = LM GWB § 16 Nr. 16 – Briefmarkenalben; 23.4.1985 – KVR 4/84, LM GWB § 16 Nr. 17 = NJW 1986, 1256 – Schulbuch-Preisbindung; Fezer WRP 1994, 669.

[63] Ebenso jetzt § 2 Abs. 1 Nr. 4 BuchpreisbindungsG.

[64] OLG Hamburg 4.12.1997 – 3 U 255/97, NJW 1998, 1085 = WuW/E DER 66 (67 f.) – Pastabesteck.

[65] BGH 20.5.1958 – I ZR 57/58, WuW/E BGH 266 (267) = LM MRG (AmZ) 56 Art. V Nr. 7 – Sursum Corda.

[66] Bahr in Bunte Rn. 16; Marx/Podszun in Kölner Komm KartellR Rn. 23; v. Becker ZUM 2002, 171 (174); Waldenberger NJW 2002, 2914 (2918) (li. Sp.); vgl. § 7 Nr. 1 der Buchhändlerischen Verkehrsordnung.

[67] Waldenberger (NJW 2002, 2914 (2918) (li. Sp.); Marx/Podszun in Kölner Komm KartellR Rn. 23; Nordemann in LMRKM Rn. 12.

[68] Bahr in Bunte Rn. 16; Nordemann in LMRKM Rn. 12.

jeder Hinsicht gleichbehandelt. Hervorzuheben ist lediglich, dass die **äußere Erscheinungsform,** wie auch § 2 Abs. 1 Nr. 1 und 2 BuchpreisbindungsG für Bücher zeigt, keine Rolle spielt.

## II. Substitute

Nach § 30 Abs. 1 S. 2 Hs. 1 zählen zu den Zeitungen und Zeitschriften auch Produkte, **27** die Zeitungen oder Zeitschriften reproduzieren oder substituieren und bei Würdigung der Gesamtumstände als überwiegend verlagstypisch anzusehen sind. Vorbild der Regelung ist § 2 Abs. 1 Nr. 3 BuchpreisbindungsG, der entsprechendes für Bücher bestimmt. Die gesetzliche Regelung knüpft damit an die Rechtsprechung zu § 15 aF an, durch die bereits das Preisbindungsprivileg auf die **neuen elektronischen Medien** erstreckt worden war, soweit sie **Buchersatzfunktion** haben (→ Rn. 25). Die Preisbindung kann folglich weiterhin auf Zeitungen und Zeitschriften erstreckt werden, die **in elektronischer Form** erscheinen, vorausgesetzt, dass die fraglichen Produkte bei Würdigung der Gesamtumstände als überwiegend **verlagstypisch** anzusehen sind, womit gemeint ist, dass ihr **Vertriebsweg** im Wesentlichen dem herkömmlichen Vertriebsweg für Zeitungen oder Zeitschriften über das Sotiment entspricht.[69]

Von einer **Reproduktion** spricht man, wenn der Text nicht durch Druck, sondern auf **28** andere Weise, insbesondere durch grafische, fotomechanische oder digitale Verfahren vervielfältigt wird; **Beispiele** sind Mikrofilme und Mikrofiches.[70] Um ein **Substitut** handelt es sich dagegen, wenn die herkömmliche Papierausgabe einer Zeitung oder Zeitschrift durch eine andere Erscheinungsweise ersetzt wird, insbesondere durch Veröffentlichung im Internet oder auf elektronischen Datenträgern.[71] Entscheidend ist letztlich in beiden Varianten die **Ersatzfunktion** für Zeitungen oder Zeitschriften, so dass das betreffende Medium **Lesestoff** enthalten muss, der herkömmlich dem Benutzer auf dem Weg über Zeitungen oder Zeitschriften zur Verfügung gestellt wird. Streitig ist, ob außerdem zuvor eine gedruckte Version vorliegen muss oder ob dies entbehrlich ist, so dass auch Zeitschriften, die **nur noch über** das **Internet verbreitet** werden, unter § 30 Abs. 1 S. 2 fallen. Es ist jedoch offenkundig, dass bei reinen online-Ausgaben für einen Schutz des Sortiments, den eigentlichen Zweck des § 30 Abs. 1, von vornherein kein Raum mehr ist, so dass für die Zulassung der Preisbindung hier kein Anlass besteht.[72] **Multimediale Inhalte** schließen ebenfalls die Preisbindungsfähigkeit des Produkts aus, wenn sie nicht mehr lediglich dienende Funktion gegenüber einem im Vordergrund stehenden Text haben.[73]

## III. Kombinationsprodukte

In Übereinstimmung mit § 2 Abs. 1 Nr. 4 BuchpreisbindungsG erstreckt § 30 Abs. 1 **29** S. 2 Hs. 2 das Preisbindungsprivileg ferner auf so genannte kombinierte Produkte, bei denen eine Zeitung oder Zeitschrift im Vordergrund steht. Bereits unter § 15 aF war anerkannt, dass preisbindungsfähig auch Kombinationserzeugnisse sind, sofern nur der Informationsgehalt eindeutig überwiegt (→ Rn. 26). Das wurde zwar für die Kombination von Zeitschriften mit CD-ROMs, nicht aber zB für die Kombination mit geringwertigen Küchengeräten angenommen.[74] Derartige Kombinationsprodukte erfreuen sich heute zunehmender Beliebtheit, um den Absatz von Zeitschriften zu fördern, wofür so schöne

---

[69] S. Bechtold/Bosch Rn. 9; Wallenfels/Russ PreisbindungsG § 2 Rn. 5 ff.; Waldenberger NJW 2002, 2914 (2918); Nordemann in LMRKM Rn. 14 ff.

[70] Bahr in Bunte Rn. 19; Nordemann in LMRKM Rn. 13 f.

[71] Bahr in Bunte Rn. 20.

[72] Marx/Podszun in Kölner Komm KartellR Rn. 25; anders wohl Waldenberger/Pardemann in FK-KartellR Rn. 51; → Rn. 24.

[73] Franzen/Wallenfels/Russ PreisbindungsG § 15 Rn. 4.

[74] OLG Hamburg 4.12.1997 – 3 U 255/97, NJW 1998, 1085 = WuW/E DER 66 (67 f.) – Pastabesteck.

deutsche Wörter wie **„Add-ons, Gadgets und Covermounts"** üblich sind.[75] Die Behandlung dieser Fälle ist wenig geklärt. Im Lichte des Zwecks der neuen gesetzlichen Regelung dürfte in erster Linie von folgenden Überlegungen auszugehen sein:

**30**    § 30 Abs. 1 S. 2 nF lässt jede **Kombination von „Produkten"** zu – unter der einzigen Voraussetzung, dass es sich um eine Kombination mit Zeitungen oder Zeitschriften handeln muss, bei der die letzteren im Vordergrund stehen. Daraus folgt zunächst, dass eine **Kombination** von Zeitungen oder Zeitschriften **mit Dienstleistungen,** mit Gutscheinen auf Dienstleistungen oder mit Bargeld ausscheidet, weil es sich dabei durchweg nicht um „Produkte" handelt.[76] Eine Frauenzeitschrift kann daher nicht mit einem Gutschein für eine Frisur oder eine Schönheitsbehandlung kombiniert werden, solange für die Zeitschrift eine Preisbindung nach § 30 besteht.

**31**    Alle anderen Dinge sind dagegen an sich „Produkte" iSd § 30 Abs. 1 S. 2. Im Einzelnen hat man wohl die folgenden **drei Formen von Produkten** zu unterscheiden: 1. preisbindungsfähige Produkte, dh Bücher, Zeitungen und Zeitschriften, 2. sonstige Produkte mit Informationsgehalt wie CD-ROMs oder Mikrofiches sowie 3. beliebige sonstige Produkte mit irgendeinem Zusatznutzen für die Leser, wobei man sich die unterschiedlichsten Dinge vorstellen kann, von Lippenstiften bei Frauenzeitschriften über Sonnenbrillen bis zu entsprechenden Produkten bei sogenannten Herrenjournalen. Unstreitig möglich ist zunächst die Kombination von Zeitungen oder Zeitschriften mit anderen **preisbindungsfähigen Waren;** freilich dürfte bei einer Kombination **mit Büchern** in erster Linie von der Regelung des § 2 Abs. 1 Nr. 4 PreisbindungsG auszugehen sein. Sind alle gekoppelten Produkte im Preis gebunden, sei es nach dem BuchpreisbindungsG, sei es nach dem § 30 GWB, so ist lediglich darauf zu achten, dass der **Preis für das Kombinationsprodukt** der Summe der einzelnen gebundenen Preise entspricht, weil andernfalls ein Missbrauch iSd § 30 Abs. 3 Nr. 1 in Gestalt des zweigleisigen Vertriebs vorliegen dürfte.[77]

**32**    Was sodann die anderen genannten Fälle angeht (→ Rn. 31), so bedarf zunächst der Klärung, ob § 30 Abs. 1 S. 2 nur eine Kombination mit anderen Produkten mit Informationsgehalt[78] oder auch mit beliebigen anderen Produkten zulässt.[79] Überwiegend wurde zunächst unter Berufung auf die Rechtsprechung zu dem früheren Recht das Erstere angenommen. Dagegen hat der BGH mittlerweile auch eine **Kombination** von Zeitungen und Zeitschriften **mit beliebigen anderen,** an sich nicht preisbindungsfähigen **Waren** wie zB Sonnenbrillen zugelassen.[80] Das ist nicht unbedenklich, weil § 30 als eine sachlich kaum zu rechtfertigende Ausnahme von dem grundsätzlichen Preisbindungsverbot (§ 1) nach Möglichkeit restriktiv ausgelegt werden sollte. § 30 darf keinen Weg eröffnen, durch die Verbindung beliebiger Waren mit Zeitungen oder Zeitschriften durch die Hintertür die bereits 1973 überwundene Preisbindung für Markenartikel zumindest partiell wiedereinzuführen. Deshalb ist daran festzuhalten, dass § 30 Abs. 1 S. 2 Hs. 2 **nur** eine **Kombination** von Zeitungen und Zeitschriften **mit anderen Produkten mit Informationsgehalt** zulässt, und auch dies nur unter der weiteren Voraussetzung, dass nach dem äußeren Erscheinungsbild und dem Preisverhältnis für die jeweils angesprochenen Verbraucherkreise die **Zeitung** oder Zeitschrift weiterhin **im Vordergrund** steht, so dass es sich letztlich um eine Zeitung oder Zeitschrift mit Zusatzinformationen handelt.[81]

---

[75] S. Freytag/Gerlinger WRP 2004, 537; Soppe WRP 2005, 565.

[76] → Rn. 38; ebenso Soppe WRP 2005, 565 (567) (re. Sp.); anders Nordemann in LMRKM Rn. 18.

[77] → Rn. 125; ebenso Soppe WRP 2005, 565 (568).

[78] So Soppe WRP 2005, 565 (567 f.).

[79] So Bahr in Bunte Rn. 22; Freytag/Gerlinger WRP 2004, 537 (540); Waldenberger/Pardemann in FK-KartellR Rn. 54 ff.

[80] 22.9.2005 – I ZR 28/03, WuW/E DER 1604 (1606 f.) = NJW-RR 2006, 409 = GRUR 2006, 161 (163).

[81] Emmerich FS H. P. Westermann, 2008, 899 (909); Soppe WRP 2005, 565 (567 f.) unter Hinweis auf LG Hamburg 5.7.2004 – 312 O 621/04, n. v. 31.8.2004 – 407 O 183/04, n. v.

## D. Beteiligte

### I. Unternehmen

Die vertikale Preisbindung kann nach § 30 Abs. 1 S. 1 nur durch „Unternehmen" einge- **33** führt werden, die Zeitungen oder Zeitschriften „herstellen". Das ist missverständlich, weil darunter an sich auch Druckereien fallen, eine Freistellung von Druckereien indessen niemals beabsichtigt war. Gemeint sind vielmehr allein Buch- und Zeitschriftenverlage, freilich im weitesten Sinne. Das folgt nicht nur aus Sinn und Zweck des § 30, sondern auch aus der Gesetzesgeschichte. Denn noch in der ursprünglichen Fassung des GWB (§ 16 Abs. 1 Nr. 2 von 1957) war ausdrücklich von „Verlagsunternehmen" die Rede gewesen. Zwar sprach dann das Gesetz seit 1973[82] nur noch von „Unternehmen", meinte damit jedoch weiterhin ausschließlich „Verlagsunternehmen", wie daraus zu folgern war, dass das Preisbindungs-privileg nach § 15 aF voraussetzte, dass das fragliche Unternehmen gerade „die Abnehmer seiner Verlagserzeugnisse" in bestimmter Weise band. Das aber konnten allein Buch- und Zeitschriftenverlage im herkömmlichen Sinne sein.[83] „Bierverlage" und ähnliche Unternehmen schieden damit von vornherein aus dem Anwendungsbereich des § 16 aF aus.[84]

An der geschilderten Rechtslage (→ Rn. 33) dürfte sich trotz der erneuten Änderung des **34** Wortlauts der Vorschrift im Jahre 2002 durch Art. 2 des BuchpreisbindungsG nichts geändert haben, obwohl das Gesetz seitdem nur noch ganz allgemein von Unternehmen spricht, die Zeitungen oder Zeitschriften „herstellen". Unter **Herstellern von Zeitungen oder Zeitschriften** iSd § 30 sind daher **allein** die **Verlage** im Gegensatz zu den Groß- und Einzelhändlern sowie den Importeuren zu verstehen.[85] Hinzu kommen musste noch nach bisher herrschender Meinung, dass der betreffende Verlag die verlegerische, redaktionelle und fertigungstechnische Arbeit selbst durchführt oder von anderen Unternehmen für sich durchführen lässt.[86] Darunter sollten freilich auch Fortdrucke durch Bezug des fertigen Satzes von einem anderen Verlag, insbesondere bei sogenannten Kopfzeitungen und sonstigen lokalen Ausgaben fallen.[87] Dagegen wurde das Recht zur Einführung der Preisbindung solchen „Verlagen" abgesprochen, die fertige Zeitungen oder Zeitschriften von anderen Verlagen beziehen und weiterverkaufen.[88] Ausschlaggebend für die Annahme eines Verlages ist letztlich die redaktionelle und wirtschaftliche oder finanzielle Verantwort-lichkeit für die Herausgabe und den Inhalt der Zeitung oder Zeitschrift.[89] **Importeure** oder bloße **Handelsunternehmen** sind folglich nach wie vor nicht zur Einführung der Preisbindung berechtigt. Der Alleinimporteur eines ausländischen Verlegers darf die Preis-bindung nur einführen, wenn er hierzu von dem ausländischen Verleger wirksam bevoll-mächtigt ist.[90] Dabei ist Art. 101 AEUV zu beachten (→ Rn. 35).

Erzeugnisse, die einmal in den **preisbindungsfreien Handel** geraten sind, insbesondere **35** also aus dem preisbindungsfreien Ausland stammende Zeitungen und Zeitschriften, **bleiben** nach dem Zweck des § 30 **preisbindungsfrei**. Auch Verlage, zB Tochtergesell-schaften ausländischer Verlage, können die Händler nicht verpflichten, die von ihnen im preisbindungsfreien Ausland bezogenen Erzeugnisse im Inland nur zu gebundenen Preisen zu vertreiben.[91]

---

[82] § 16 in der Fassung von 1973 = § 15 in der Fassung von 1998 und 2000.
[83] BGH 30.6.1966 – KZR 5/65, BGHZ 46, 74 (78) = NJW 1967, 343; BKartA TB 1962, 32.
[84] BGH 30.6.1966 – KZR 5/65, BGHZ 46, 74 (78) = NJW 1967, 343.
[85] Bahr in Bunte Rn. 13; Marx/Podszun in Kölner Komm KartellR Rn. 27; Nordemann in LMRKM Rn. 10.
[86] BKartA TB 1970, 82.
[87] BKartA TB 1972, 106.
[88] BKartA TB 1970, 82.
[89] Waldenberger/Pardemann in FK-KartellR Rn. 38.
[90] BKartA TB 1962, 58; 1964, 27; 1965, 54; 1970, 77; Müller/Scholz Preisbindungsprivileg S. 99 f., 128; Straub, § 15 GWB als Generalklausel, S. 27 f.
[91] BKartA TB 1978, 84 (1. Sp.).

## II. Abnehmer

**36**     Gebunden werden können **alle Abnehmer** der fraglichen Zeitungen oder Zeitschriften, die gewerblich Zeitungen oder Zeitschriften weiterveräußern (§ 30 Abs. 1 S. 1). Gemeint sind mit Abnehmern folglich **alle Handelsunternehmen** im Gegensatz zu den Endverbrauchern, den Einkaufsgemeinschaften der Endverbraucher und den sog. „Leihbibliotheken", bei denen eine gewerbliche Weiterveräußerung der Erzeugnisse – zu gebundenen Preisen – ausscheidet. Möglicher Vertragspartner der Verlage bei der Einführung der Preisbindung sind mithin in erster Linie der Einzel- und der Zwischenhandel, das sogenannte Sortiment und das Pressegrosso, sowie schließlich Reise- und Versandbuchhändler und Kommissionäre.

**37**     § 30 enthält heute anders als sein letzter Vorläufer (§ 15 in der Fassung von 2000[92]) keine speziellen Regelungen mehr für den grenzüberschreitenden Handel (schon → Rn. 11, 18 f.). Die Vorschrift unterscheidet mit anderen Worten nicht mehr zwischen in- und ausländischen Abnehmern, so dass § 30 grundsätzlich auch eine **Bindung ausländischer Abnehmer,** dh eine **grenzüberschreitende Preisbindung** gestattet. Dagegen galt nach § 15 in der Fassung von 2000 für den grenzüberschreitenden Handel mit Zeitungen oder Zeitschriften noch folgendes: Die Preisbindung konnte auch im grenzüberschreitenden Handel angewendet werden (§ 15 Abs. 1 S. 2 in der Fassung von 2000). Im Verhältnis zu **Abnehmern in** Mitgliedstaaten der **Europäischen Union** war dies jedoch für sich spürbar auf den grenzüberschreitenden Handel innerhalb der Europäischen Union auswirkende Preisbindungsvereinbarungen nur gestattet, soweit hiermit der Schutz einer im Inland zulässigen Preisbindung gegen **Umgehungen** bezweckt war (§ 15 Abs. 1 Satz 3). Satz 4 des § 15 Abs. 1 in der Fassung von 2000 fügte noch hinzu, dass die Beachtung von Pflichten, die sich aus dem AEUV ergeben, der Wirksamkeit und Durchsetzbarkeit der Preisbindung im Übrigen nicht entgegenstehe, womit zum Ausdruck gebracht werden sollte, dass ein etwaiger preisbindungsfreier grenzüberschreitender Handel die Lückenlosigkeit der deutschen Preisbindung nicht beeinträchtigte.

**38**     Alle genannten Vorschriften (→ Rn. 37), die im Jahre 2000 auf Druck der Europäischen Kommission in das Gesetz eingefügt worden waren, um die Vereinbarkeit der deutschen Buchpreisbindung mit Art. 101 AEUV sicherzustellen, sind 2002 bei der Beschränkung des Anwendungsbereichs der Vorschrift auf Zeitungen und Zeitschriften wieder als überflüssig **gestrichen** worden, weil die Kommission die Zulässigkeit der Preisbindung für Zeitungen und Zeitschriften nicht in Frage stelle.[93] Tatsächlich ist jedoch nach wie vor von der grundsätzlichen **Anwendbarkeit des Art. 101 Abs. 1 AEUV** auf jede Form der grenzüberschreitenden Preisbindung für Zeitungen und Zeitschriften auszugehen (→ Rn. 18 f.), wie sie auch heute noch insbesondere im Verhältnis zwischen Deutschland und Österreich praktiziert wird. Alle diese Preisbindungsvereinbarungen sind infolgedessen unter den Voraussetzungen des Art. 101 Abs. 1 AEUV **nichtig** (Art. 101 Abs. 2 AEUV), soweit nicht nach § 30 Abs. 2a S. 2 heute die Ausnahme für Dienstleistungsunternehmen iSd Art. 106 Abs. 2 AEUV eingreift (dazu → Rn. 137 ff.). Eine andere Beurteilung kommt höchstens in Betracht, sofern sich aus objektiven Umständen ergeben sollte, dass die betreffenden Zeitschriften oder Zeitungen **allein zum Zwecke ihrer Wiedereinfuhr ausgeführt** worden sind, um die deutsche Preisbindung für Zeitungen und Zeitschriften zu **umgehen,**[94] – vorausgesetzt, dass diese sogenannten Leclerc-Doktrin überhaupt auf die vertragliche Preisbindung anwendbar ist, woran durchaus Zweifel bestehen. Zu Art. 106 Abs. 2 AEUV → Rn. 151 f.

---

[92] BGBl. I, 1634; s. dazu Emmerich EBOR 2 (2001), 553 = Liber Amicorum Mestmäcker, 2001, 125; Jungermann NJW 2000, 3189.
[93] So die Begr. zu dem RegE des BuchpreisbindungsG, BT-Drs. 14(2002)/9196, 14 (re. Sp. u.).
[94] S. EuGH 10.1.1985 – Rs 229/83, ECLI:EU:C:1985:1 = Slg. 1985, 17 Rn. 25, 27 ff. – Leclerc.

## E. Nur Preise

Nach § 30 Abs. 1 S. 1 gilt das Verbot des § 1 nicht für „vertikale Preisbindungen", deren **39** Gegenstand „bestimmte Preise" im Falle einer Weiterveräußerung von Presseerzeugnissen sind. Gebunden werden können mit anderen Worten im Verhältnis zwischen Verlagen und Groß- oder Einzelhändlern **nur bestimmte Verkaufspreise für Zeitungen und Zeitschriften,** wobei freilich nicht weiter zwischen der unmittelbaren Bindung der Abnehmer und der Preisbindung zweiter Hand unterschieden wird.[95] Den Gegensatz. bilden die sonstigen Geschäftsbedingungen oder **Konditionen,** so dass es insoweit bei dem Verbot wettbewerbsbeschränkender Vereinbarungen durch § 1 bleibt. Die einzige Ausnahme stellt die durch § 30 Abs. 1 S. 1 ausdrücklich zugelassene Preisbindung zweiter Hand dar.

Verlagen ist es folglich ebenso wie anderen Unternehmen nach § 1 **untersagt,** die **40** **Konditionen** für den Verkauf ihrer Verlagserzeugnisse sowie die **Preise für andere Waren** oder für beliebige **gewerbliche Leistungen** zu binden, soweit nicht im Einzelfall die Erlaubnis für kombinierte Produkte nach § 30 Abs. 1 S. 2 Hs. 2 oder die Freistellung der Branchenvereinbarungen durch § 30 Abs. 2a eingreift (→ Rn. 146 ff.).[96] Bedeutung hat dieses Verbot insbesondere für die Vergütung von Leistungen Dritter, vor allem also für die Bindung von **Provisionen für Vertreter** und sonstige Vermittler[97] sowie für die Bindung der Preise für gewerbliche Leistungen, die im Zusammenhang mit der Veräußerung erbracht werden.[98] Unzulässig ist es schließlich, für Verlagserzeugnisse und gewerbliche Leistungen einheitliche kombinierte Preise festzusetzen.[99] In allen diesen Fällen bleibt es bei dem Verbot des § 1, immer vorbehaltlich der Ausnahme für Branchenvereinbvarungen durch Abs. 2a. Wegen der im einzelnen umstrittenen **Abgrenzung** zwischen den (bindungsfähigen) Preisen und den (nicht bindungsfähigen) Konditionen ist auf die Ausführungen weiter unten (→ Rn. 75 ff.) zu verweisen.

## F. Bindung

### I. Nur autonome Preisbindung

§ 30 Abs. 1 S. 1 gestattet allein die „vertikale" Preisbindung eines einzelnen Verlegers **in 41 Vereinbarungen mit** seinen **Abnehmern.** Den Gegensatz. bilden **horizontale Vereinbarungen.** Daraus wird zum Teil der Schluss gezogen, es müsse hier auf die alte Abgrenzung zwischen horizontalen und vertikalen Vereinbarungen zurückgegriffen werden, die den §§ 1 und 14 von 1957 zugrundelag. Derartige Bemühungen sind verfehlt.[100] Entscheidend ist vielmehr allein der **Zweck** der Regelung, durch die Beschränkung des Preisbindungsprivilegs auf „vertikale Preisbindungen" in § 30 Abs. 1 S. 1 zu **verhindern,** dass unter dem Deckmantel einer Preisbindung für Presseerzeugnisse **beliebige Preiskartelle** unter Beteiligung von Verlagen praktiziert werden können. Eine „horizontale" Preisbindung im Gegensatz. zu einer vertikalen Preisbindung iSd § 30 Abs. 1 S. 1 liegt folglich immer schon dann vor, wenn die Preisbindung den **Gegenstand einer wettbewerbsbeschränkenden Vereinbarung** eines Verlages mit einem beliebigen anderen Unterneh-

---

[95] Begr. 1955, 36.
[96] Zu den kombinierten Produkten s. o. n. 25 ff.; Begr. 1955, S. 36; BGH 8.7.1970 – KVR 1/70, BGHZ 54, 227 (233 f.) = NJW 1971, 35; BGH 20.5.1958 – I ZR 57/56, LM MRG (AmZ) 56 Art. V Nr. 7 = WuW/E BGH 266 – Sursum Corda.
[97] BGH 8.7.1970 – KVR 1/70, BGHZ 54, 227 (231) = NJW 1971, 35; BKartA TB 1964, 34; anders für Umgehungsfälle BGH 12.3.1965 – KZR 4/64, WuW/E BGH 715 (719 ff.) = DB 1965, 1171 = GRUR 1965, 616 – Esslinger Wolle.
[98] BKartA TB 1964, 11 (34); 1965, 35 (42, 45); 1967, 59 f.; 1968, 59 f.; 1969, 87.
[99] BKartA TB 1967, 59 f.; 1968, 15; 1972, 61 f.
[100] Emmerich FS H. P. Westermann, 2006, 899 (910 ff.).

men bildet, wobei es sich gleichermaßen um Konkurrenten wie um Abnehmer oder sonstige (dritte) Unternehmen handeln kann, weil es sich dann in jedem Fall um ein ausnahmslos verbotenes Preiskartell handelt. Gemeint ist folglich mit der Bezugnahme auf „vertikale Preisbindungen" in § 30 Abs. 1 S. 1 der herkömmliche Gegensatz. zwischen der erlaubten **autonomen und** der verbotenen **heteronomen Preisbindung.** § 30 bietet keine Grundlage für die **kollektive Einführung** der Preisbindung auf Grund von Absprachen mehrerer Unternehmen. Solche Absprachen verstoßen vielmehr gegen § 1 sowie – bei Beeinträchtigung des Handels zwischen Mitgliedstaaten – gegen Art. 101 Abs. 1 AEUV und sind **nichtig;**[101] dasselbe gilt für Absprachen über gemeinsame Preiserhöhungen.[102] Die Nichtigkeit des Kartells erfasst dann auch die auf Grund des Kartells vereinbarten Preisbindungsverträge als Ausführungsverträge.[103] Inwieweit in Branchenvereinbarungen nach § 30 Abs. 2a S. 1 Fragen der Preisbindung geregelt werden können, ist noch offen (dazu → Rn. 145).

42     Da Absprachen über die Einführung der Preisbindung unzulässig sind (→ Rn. 41), kann sich ein Verlag gegenüber anderen Unternehmen weder zur Einführung noch zur Beibehaltung der Preisbindung verpflichten.[104] Er muss vielmehr **Herr der Preisbindung** bleiben (→ Rn. 48 f., 84, 86 f.). Für das Verhältnis zu den Abnehmern folgt dasselbe aus § 30 Abs. 1, der **lediglich** eine **Bindung der Abnehmer** durch die Verleger und nicht auch umgekehrt eine solche der Verleger seitens der Abnehmer gestattet; insoweit bleibt es mithin ebenfalls bei dem Verbot des § 1.[105]

43     Die Preisbindung kann **nur durch** eine Vereinbarung (s. § 30 Abs. 2 S. 1), dh durch einen **Vertrag** begründet werden, da es sich bei der rechtlichen wie bei der wirtschaftlichen Bindung der Abnehmer iSd § 30 Abs. 1 S. 1 (→ Rn. 50) um rechtsgeschäftliche Beschränkungen ihrer Vertragsfreiheit hinsichtlich der von ihnen mit ihren Abnehmern abzuschließenden Zweitverträge handelt. Keine Rolle spielt, ob der Preisbindungsvertrag mit dem einzelnen **Kaufvertrag** über die gebundene Ware verbunden oder unabhängig davon als **Rahmenvertrag** für die späteren Veräußerungsgeschäfte vereinbart wird. Im zweiten Fall spricht man von **Reversen,** deren Inhalt sich dann auf die Verpflichtung der Abnehmer beschränkt, bei späteren Veräußerungsgeschäften über die gebundenen Waren die vorgeschriebenen Preise einzuhalten oder die Preisbindung weiterzugeben (→ Rn. 44 f.). Im Falle des **mehrstufigen Vertriebs** durch Einschaltung des Großhandels kann der Preisbindungsvertrag mit den Zwischenhändlern, den sogenannten Grossisten, die dann zur Weitergabe der Preisbindung verpflichtet werden müssen, oder direkt mit den Händlern abgeschlossen werden (→ Rn. 53 f.). In jedem Fall ist zusätzlich erforderlich, dass die **Bindung der Abnehmer gleichmäßig** ist.[106]

## II. Sammelrevers

44     Die Buchpreisbindung beruhte bis zu dem Erlass des BuchpreisbindungsG auf dem sogenannten Sammelrevers, worunter man die Zusammenfassung der Preisbindungen mehrerer Verlage in einer einzigen von dem Abnehmer zu unterzeichnenden Urkunde verstand.[107] Durch die Einführung der gesetzlichen Preisbindung für Bücher hat der herkömmliche Sammelrevers in Deutschland und Österreich – anders als (noch) in der Schweiz

---

[101] KOMM. 12.12.1988 ABl. 1989 L 22, S. 12 – Netto-Bücher; Nordemann in LMRKM Rn. 19 f.
[102] BKartA WuW 1979, 164 f.
[103] BGH 10.12.1957 – I ZR 175/56, LM GWB-Allg. Nr. 1 = NJW 1958, 589 = WuW/E BGH 205 (211) – Waldbaur; 9.7.1985 – KZR 7/84, LM GWB § 1 Nr. 32 = NJW-RR 1986, 259 = WuW/E BGH 2175.
[104] → Rn. 7; BKartA TB 1965, 35 (54).
[105] Ebenso Marx/Podszun in Kölner Komm KartellR Rn. 29.
[106] BGH 26.4.1967– Ib ZR 22/65, LM RabattG Nr. 17 = BB 1967, 773 = WuW/E BGH 951 = MDR 1967, 818 – Büchereinachlass; → Rn. 48.
[107] V. Becker ZUM 2002, 171 (173); v. Becker in Martinek/Semler/Habermeier VertriebsR-HdB § 44; Inhalt des Sammelreverses bei Wallenfels/Russ BuchpreisbindungsG § 1 Rn. 32 f., 34.

– weitgehend seine praktische Bedeutung verloren. Er wird lediglich in beschränktem Umfang für **Zeitschriften** fortgeführt, während die Preisbindung für Zeitungen heute auf Verträgen zwischen den Verlagen und den wenigen Monopolgrossisten (sowie dem Bahnhofsbuchhandel) beruht.

Nach überwiegender Meinung handelt es sich bei dem Sammelreverssystem um eine **45** bloße äußerliche Zusammenfassung mehrerer selbstständiger Verträge in einer einheitlichen Urkunde, gegen die aus kartellrechtlicher Sicht so lange **keine Bedenken** bestehen sollen, wie die Händler die Befugnis behalten, einzelne Verlage aus dem Sammelrevers zu streichen.[108] Daraus wird unter anderem der Schluss gezogen, dass die **Unwirksamkeit** einzelner Bindungen die Wirksamkeit der anderen grundsätzlich unberührt lasse; für die Anwendung des **§ 139 BGB** sei kein Raum.[109] Auch nach herrschender Meinung darf jedoch der Sammelrevers **nicht** zur Praktizierung verbotener **Preiskartelle** unter seinem Deckmantel missbraucht werden. § 1 greift insbesondere ein, wenn die Verwendung des Sammelreverses auf **Absprachen** der Verlage beruht und dadurch zu einer Vereinheitlichung der Preise oder Konditionen führt.[110] Ohnehin ist nur schwer vorstellbar, wie das Sammelreverssystem ohne zugrundeliegende Absprachen der Verleger funktionieren kann, so dass das ganze System unvermeidlich in die Reichweite des § 1 und des Art. 101 Abs. 1 AEUV gerät.[111]

### III. Rechtsnatur

**1. Atypischer schuldrechtlicher Vertrag.** Die Preisbindungsvereinbarung ist, mag sie **46** nun mit dem einzelnen Kaufvertrag verbunden sein oder selbstständig als sog. Reversvertrag abgeschlossen werden (→ Rn. 43), ein nicht geregelter (atypischer) schuldrechtlicher Vertrag, der die (einseitige) Verpflichtung der gebundenen Abnehmer zur Einhaltung des gebundenen Preises oder zur Weitergabe der Preisbindung begründet.[112] **Leistungspflichten des Preisbinders** ergeben sich aus ihm dagegen nicht (→ Rn. 42), so dass er keinen gegenseitigen Vertrag darstellt. Auch als Reversvertrag (→ Rn. 44) ist der Preisbindungsvertrag ein bloßer Rahmenvertrag, aus dem weder eine Lieferpflicht des Verlages noch eine Abnahmepflicht der gebundenen Abnehmer hergeleitet werden kann.[113]

**2. Lieferpflicht.** Eine Lieferpflicht des Preisbinders kann sich nur im Einzelfall **aus § 19** **47** **Abs. 1** und **Abs. 3** in Verbindung mit §§ 33 f. oder aus zusätzlichen Abreden der Parteien ergeben. Wichtig ist das vor allem für das im Zeitungshandel übliche System der **Monopolgrossisten,** auf die ausnahmslos § 19 Abs. 1 und 3 anwendbar ist. Die Monopolgrossisten sind deshalb zur Belieferung jedes Zeitungskiosks ohne Rücksicht auf dessen Größe verpflichtet. Sie dürfen außerdem nicht zwischen den Zeitungen diskriminieren und zB Anzeigenblätter vom Vertrieb ausschalten, während die **Verlage** als berechtigt angesehen werden, ausschließlich die Monopolgrossisten zu beliefern, weil das herkömmliche Pressevertriebssystem über Monopolgrossisten als grundsätzlich sachlich gerechtfertigt angesehen wird, wie sich jetzt zwanglos aus Abs. 2a ableiten läßt.[114]

---

[108] BGH 9.7.1985 – KZR 7/84, LM GWB § 1 Nr. 32 = NJW-RR 1986, 259 = WuW/E BGH 2175; bestätigt durch BGH 21.11.1989 – KZR 17/88, LM GWB (Bl. 2 f.) § 16 Nr. 18 = NJW 1990, 1993 = WuW/E BGH 2615; Nordemann in LMRKM Rn. 24.

[109] BGH 20.11.1969 – KZR 1/69, BGHZ 53, 76 (83 f.) = NJW 1970, 858; 3.6.1964 – Ib ZR 49/63, WuW/E BGH 623 (626) = LM GWB § 16 Nr. 6 = NJW 1964, 1955 – Grauer Markt.

[110] → Rn. 39 f.; BGH 3.6.1964 – Ib ZR 49/63, LM GWB § 16 Nr. 6 = NJW 1964, 1955 = WuW/E BGH 623 (626) – Grauer Markt.

[111] Vgl. BKartA TB 1958, 51 ff.; 1964, 44; 1965, 54; Emmerich FS H. P. Westermann, 2008, 899 (912); Nöcker Missbrauch S. 134 ff.

[112] Vgl. BGH 27.9.1962 – KZR 6/61, BGHZ 38, 90 (93) – Grote-Revers; 20.11.1969 – KZR 1/69, BGHZ 53, 76 (86) = NJW 1970, 858 – Schallplatten II.

[113] BGH 27.9.1962 – KZR 6/61, BGHZ 38, 90 (93) – Grote-Revers.

[114] S. mN Löffler/Rickers PresseR-HdB 46. Kap. Rn. 3 ff.

**48**    **3. Gleichmäßige Preisbindung.** Den Abnehmern ist die Einhaltung der gebundenen Preise nur zuzumuten, wenn ihre Konkurrenten in gleicher Weise im Wettbewerb beschränkt werden. Deshalb ergibt sich für den Preisbinder schon aus dem Vertrag die Pflicht oder besser: Obliegenheit (→ Rn. 49), die Abnehmer gleichmäßig zu binden (→ Rn. 43); dasselbe folgt aus § 19 Abs. 1 und 3. Der Preisbinder muss ferner die ihm möglichen und zumutbaren Maßnahmen ergreifen, um die **Einhaltung** der Preisbindung zu **überwachen;** nach Kenntnis von Verstößen muss er außerdem unverzüglich gleichmäßig gegen die Verletzer, nicht nur willkürlich gegen einzelne von ihnen, einschreiten (sog. gedankliche und praktische **Lückenlosigkeit;** dazu im Einzelnen → Rn. 90 f.). Die gebundenen Abnehmer können die Erfüllung des Vertrages nach den §§ 242 und 273 BGB verweigern, wenn und solange der Preisbinder nicht in diesem Sinne für ein gedanklich und praktisch lückenloses Bindungssystem sorgt.

**49**    Die genannten „Pflichten“ des Preisbinders sind, rechtlich gesehen, bloße **Obliegenheiten,** wie aus § 1 folgt, weil andernfalls die Annahme unausweichlich wäre, dass die gebundenen Abnehmer auf Grund des Vertrages von dem preisbindenden Verlag die Aufrechterhaltung und Verteidigung der Preisbindung verlangen könnten. Das aber wäre mit dem sich aus § 1 und aus § 30 Abs. 1 ergebenden Grundsatz unvereinbar, dass der Preisbinder in der Einführung, Durchführung und Aufrechterhaltung der Preisbindung frei bleiben muss.[115]

## IV. Bindung der Abnehmer

**50**    **1. Rechtliche Bindung.** § 30 Abs. 1 S. 1 unterscheidet im Anschluss an das frühere Recht die rechtliche und die wirtschaftliche Bindung der Abnehmer (zur letzteren → Rn. 52 f.). Von einer rechtlichen Bindung spricht man, wenn die Preisbindungsvereinbarung auf der Seite der Abnehmer – anders als auf der Seite des Preisbinders – **echte** vertragliche **Leistungspflichten** begründet Der **zulässige Inhalt** dieser Pflichten ergibt sich aus § 30 Abs. 1 iVm § 1. Die Abnehmer können sich danach sowohl dazu verpflichten, bei der Weiterveräußerung der fraglichen Erzeugnisse den vertraglich fixierten Preis einzuhalten **(Preisbindung ieS),** als auch dazu, ihren Abnehmern, sofern diese Wiederverkäufer sind, die Preisbindung für den Fall der Weiterveräußerung der Verlagserzeugnisse aufzuerlegen **(Preisbindung der zweiten Hand;** → Rn. 55). Im Übrigen aber bleibt § 1 unberührt, so dass den Abnehmern in dem Preisbindungsvertrag insbesondere keine Vorschriften hinsichtlich der von ihnen den Zweitverträgen zugrundezulegenden Konditionen gemacht werden können. Auch eine Abnahmepflicht folgt für sie aus der Preisbindungsvereinbarung allein nicht (→ Rn. 46).

**51**    Mit Rücksicht auf § 1 kann der **Verlag** von den Abnehmern in dem Vertrag weder zur Einführung noch zur Aufrechterhaltung der Preisbindung verpflichtet werden (→ Rn. 49, so dass der Verlag die Preisbindung auch **jederzeit wieder aufgeben** kann, zB wenn er im Falle von Sammelbestellungen größere Buchmengen selbst zu einem niedrigeren Preis als bisher gebunden abgeben möchte (→ Rn. 42). Die notwendige Konsequenz hieraus ist, dass die **Abnehmer** ebenfalls **jederzeit** in der Lage sein müssen, ohne Einhaltung einer Kündigungsfrist die Preisbindung zu **kündigen.**

**52**    **2. Wirtschaftliche Bindung.** Der rechtlichen Bindung der Abnehmer (→ Rn. 50 f.) steht nach § 30 Abs. 1 S. 1 die so genannte wirtschaftliche Bindung gleich.[116] Praktische Bedeutung hat die wirtschaftliche Bindung heute offenbar nicht mehr. Von einer wirtschaftlichen Bindung im Gegensatz. zur rechtlichen Bindung spricht man bei Vertragsgestaltungen, die dadurch gekennzeichnet sind, dass die Erstvereinbarung zwischen dem

---

[115] → Rn. 42, 48; OLG Frankfurt a. M. 13.6.1985 – 6 U 121/83, NJW-RR 1986, 262 = BB 1985, 1557 = WuW/E OLG 3609; Kraßer Preis- und Vertriebsbindungen S. 175 ff.; dagegen Waldenberger/Pardemann in FK-KartellR Rn. 75.

[116] S. dazu Harms FS Sölter, 1982, 287 (294 ff.); Weber WuW 1998, 134.

Verlag und seinen Abnehmern, den Grossisten oder Einzelhändlern, in der Weise mit dem Inhalt der Zweitvereinbarung zwischen den Händlern und deren Abnehmern verbunden (gekoppelt) ist, dass sich **aus der Gestaltung der Zweitvereinbarung positive oder negative Rückwirkungen** auf den Inhalt der Erstvereinbarung ergeben können. Merkmal der wirtschaftlichen Bindung ist es folglich, dass es dem durch die Bindung betroffenen Abnehmer, dem Händler, an sich (rechtlich gesehen) sehr wohl freisteht, zu welchen Preisen er die Vereinbarung mit seinen Abnehmern (einschließlich der Endverbraucher) abschließen will. Wenn er aber von den schon in der Erstvereinbarung mit dem Verlag festgesetzten Preisen abweicht, drohen ihm auf Grund der Erstvereinbarung bestimmte **Nachteile,** sei es in Gestalt der Belastung mit zusätzlichen Kosten, sei es in Gestalt des Verlustes von Vergünstigungen wie zB eines zusätzlichen Rabatts. Der Begriff wird allgemein weit ausgelegt. Den Gegensatz bilden bloße tatsächliche, nachteilige Auswirkungen, die von dem Verhalten einer Partei und insbesondere ihrer Werbung ausgehen können, ohne jedoch im Zusammenhang mit einem Vertrag zu stehen.[117] Eine wirtschaftliche Bindung liegt **zB** vor bei der in der Erstvereinbarung enthaltenen Koppelung einer bestimmten Gestaltung der Preise in der Zweitvereinbarung mit der Gewährung von Werbekostenzuschüssen oder Rabatten.[118]

## V. Preisbindung der zweiten Hand

§ 30 Abs. 1 S. 1 gestattet in Abweichung von § 1 über die eigentliche Preisbindung **53** hinaus auch die sog. Preisbindung der zweiten Hand. Man versteht darunter die **Verpflichtung der Zwischenhändler** gegenüber den Verlegern, ihrerseits erst den Händlern die eigentliche **Preisbindung aufzuerlegen.** Praktische Bedeutung hat die Preisbindung zweiter Hand allein bei dem Vertrieb von **Zeitungen** infolge des hier verbreiteten Systems der Monopolgrossisten. Aus der Erlaubnis dieser besonderen Form einer Konditionenbindung durch § 30 Abs. 1 S. 1 wird überwiegend der Schluss gezogen, dass der Verlag in der Entscheidung frei ist, ob er nur den Einzelhandel oder nur den Großhandel oder beide zugleich binden will. Außerdem kann er auch noch nachträglich die Bindung der Einzelhandelspreise um die der Großhandelspreise ergänzen.[119] Häufig ist die Preisbindung der zweiten Hand ferner mit Vertriebsbindungen verbunden.[120]

## G. Form

**Schrifttum:** Brautlecht, Definition, Anwendungsbereich und Wirkungen der Schriftform gemäß § 34 GWB, 1985; Emmerich, Die Form wettbewerbsbeschränkender Verträge, NJW 1980, 1363; Häsemeyer, Die gesetzliche Form der Rechtsgeschäfte, 1971; Heidmeier, Maßstäbe für die Wirksamkeit von Fachhandelsvertriebsbindungen, 1983; Jesch, Das kartellrechtliche Schriftformgebot (§ 34 GWB), 1990.

## I. Geschichte

Nach § 30 Abs. 2 S. 1 bedürfen Preisbindungsvereinbarungen zwischen einem Verleger **54** und den Abnehmern seiner Erzeugnisse der Schriftform, soweit sie Preise- und Preisbestandteile betreffen. Es genügt, wenn die Beteiligten Urkunden unterzeichnen, die auf eine Preisliste oder eine Preismitteilung Bezug nehmen (§ 30 Abs. 2 S. 2). Die Einzelheiten ergeben sich aus § 126 Abs. 1 BGB in Verbindung mit § 125 BGB; § 126 Abs. 2 BGB

---

[117] S. im einzelnen BGH 27.1.1981 – KVR 4/80, BGHZ 80, 43 (50 ff.) = NJW 1981, 2052 – Garant; BGH 2.2.1999 – KZR 11/97, BGHZ 140, 342 (346 ff.) = NJW 1999, 2671– Sixt; 6.10.1992 – KZR 21/91, LM GWB § 15 Nr. 18 = NJW-RR 1993, 550; 3.4.2003 – KZR 27/02, NJW 2003, 2682 = GRUR 2003, 637 = WuW/E DER 1110; 20.5.2003 – KZR 27/02, NJW-RR 2003, 1624 = GRUR 2003, 1062 = WuW/E DER 1170 (1174); OLG Frankfurt a. M. 22.10.2002 – 6 U (Kart) 8/02, GRUR-RR 2003, 59 (60).

[118] S. OLG München 1.8.2002, WuW/E DER 991 (993); BKartA TB 1979/80, 48.

[119] BGH 27.9.1962 – KZR 6/61, BGHZ 38, 90 (97) – Grote-Revers.

[120] Vgl. Krasser, Preis- und Vertriebsbindungen gegenüber Außenseitern, 1972, S. 4 ff.

findet keine Anwendung (§ 30 Abs. 2 S. 3). § 30 Abs. 2 geht zurück auf **§ 34 von 1957,** der jedoch einen wesentlich **weiteren Anwendungsbereich** als der heutige § 30 Abs. 2 hatte. Denn nach den §§ 34 und 105 von 1957 galt das Schriftformerfordernis generell für wettbewerbsbeschränkende Verträge und Beschlüsse einschließlich insbesondere der Kartelle, der Vertriebs- und der Ausschließlichkeitsbindungen. Die Folge war seinerzeit gewesen, dass vor allem zahlreiche **Ausschließlichkeitsbindungen,** die nach dem Gesetz (§ 16 aF) ursprünglich allein einer wenig effektiven Missbrauchsaufsicht unterlagen, doch nichtig waren, weil die Beteiligten nicht das Schriftformerfordernis des § 34 von 1957 beachtet hatten (§ 125 BGB). § 34 aF hatte sich dergestalt zu einem verbreiteten und beliebten Mittel entwickelt, sich nachträglich von lästig gewordenen, vertraglichen Bindungen zu befreien.

55    Die Bundesregierung hatte deshalb bereits im Zuge der Beratungen der fünften Novelle von 1989 eine Zeitlang den Plan verfolgt, § 34 aF ersatzlos zu streichen, weil die Vorschrift überflüssig sei und in großem Umfang zur Befreiung von lästigen Verträgen missbraucht werde.[121] Durchzusetzen vermochte sie diesen Plan indessen erst 1998 mit der sechsten Novelle.[122] Seitdem beschränkt sich der **Anwendungsbereich** des Schriftformerfordernisses (§ 15 Abs. 2 in der Fassung von 1998 = § 30 Abs. 2 nF) auf die wenigen noch zulässigen **Preisbindungsverträge** und damit seit 2002 allein noch auf die Preisbindung **für Zeitungen und Zeitschriften.** Erst durch die 8. Novelle von 2013 hat der alte § 34 eine unerwartete Wiederauferstehung für die Wasserwirtschaft in § 31 Abs. 2 erlebt. Eine Übergangsregelung enthielt das Gesetz seinerzeit nicht, so dass auf **Altverträge,** die bis zum Ablauf des 31.12.1998 abgeschlossen wurden, **§ 34 aF** noch **weiterhin** Anwendung findet.

56    Auf **europäischer Ebene** gibt es **keine** dem § 30 Abs. 2 entsprechende **Formvorschrift.** Spezielle Formvorschriften finden sich lediglich in verschiedenen Durchführungsverordnungen zu Art. 101 Abs. 3 AEUV. Soweit sie eingreifen, ist wegen des Vorrangs des Unionsrechts kein Raum für die Anwendung des § 30 Abs. 2.[123] Daraus wird zum Teil der Schluss gezogen, auf die **grenzüberschreitende Preisbindung** dürfe § 30 Abs. 2 generell **nicht mehr angewandt** werden, da diese zwar unter Art. 101 AEUV falle, aber letztlich immer erlaubt sei.[124] Diese Auffassung beruht auf der unzutreffenden Prämisse einer generellen Erlaubnis der grenzüberschreitenden Preisbindung. Wie gezeigt (→ Rn. 18 f.), kann davon keine Rede sein.

## II. Zweck

57    § 34 von 1957 hatte in erster Linie die Aufgabe, den Kartellbehörden und -gerichten die **Kontrolle** der vom GWB (ausnahmsweise) zugelassenen wettbewerbsbeschränkenden Verträge zu ermöglichen, indem er sicherstellte, dass die Behörden und Gerichte den Inhalt wettbewerbsbeschränkender Absprachen ausnahmslos bestimmten Schriftstücken entnehmen konnten, ohne langwierige Nachforschungen über zusätzliche mündliche Absprachen der Parteien anstellen zu müssen (ebenso jetzt wieder § 31 Abs. 2 nF).[125] Daran dürfte auch für § 30 Abs. 2 S. 1 festzuhalten sein. Wenn diese Vorschrift für Preisbindungsvereinbarungen iSd § 30 Abs. 1 schriftliche Abfassung vorschreibt, soweit sie Preise und Preisbestand-

---

[121] S. die Begr. von 1989, 24.
[122] S. die Begr. von 1998, 50 (li. Sp.).
[123] BGH 22.9.1982 – VIII ZR 215/79, LM GVG § 13 Nr. 155 = NJW 1983, 519 = WuW/E BGH 1963 – Butterreinfett; OLG Naumburg 22.5.1997 – 2 U 1/96 (Kart), NJWE-WettbR 1998, 161 (162).
[124] Nordemann in LMRKM Rn. 36; Waldenberger/Pardemann in FK-KartellR Rn. 72.
[125] BGH 26.2.1970 – KZR 5/69, BGHZ 53, 304 (306 f.) = NJW 1970, 1131; 9.4.1970 – KZR 7/69, BGHZ 54, 245 (248) = NJW 1970, 2157; 19.11.1978 – KZR 24/77, BGHZ 72, 371 (377) = NJW 1979, 490 – Butaris; 26.6.1972 – KZR 64/71, LM GWB § 18 Nr. 7 = WuW/E BGH 1280 = NJW 1977, 1712 – Großkücheneinrichtung usw bis BGH 10.4.1984 – KZR 6/83, LM GWB § 34 Nr. 23 = WM 1984, 847 = WuW/E BGH 2081 – Kalktransporte; 17.3.1998 – KZR 64/71, WuW/E DER 138 = NJW-RR 1998, 1502.

teile betreffen, dann offenkundig (nur) zu dem **Zweck,** dem **Bundeskartellamt** die ihm nach § 30 Abs. 3 S. 1 obliegende **Missbrauchsaufsicht** über Preisbindungsvereinbarungen **zu ermöglichen.** Von diesem Zweck der Vorschrift ist daher bei ihrer Auslegung in erster Linie auszugehen.

## III. Umfang

Das Gesetz ordnet heute in § 30 Abs. 2 S. 1 Schriftform für die Preisbindungsverein- **58** barungen nur noch an, „soweit sie Preise und Preisbestandteile betreffen", während die übrigen Vereinbarungen der Parteien – abweichend von der früheren Rechtslage – formlos möglich sind.[126] § 30 Abs. 2 S. 2 fügt noch hinzu, dass die Parteien dabei auch auf Preislisten oder Preismitteilungen Bezug nehmen können, womit zugleich gesagt ist, dass in diesem Fall jedenfalls die Bezugnahme der Beurkundung bedarf.

§ 30 Abs. 2 S. 1 wirft demnach in erster Linie die Frage auf, welche typischerweise zu **59** einer Preisbindungsvereinbarung gehörenden Abreden „die **Preise** und Preisbestandteile" iSd § 30 Abs. 2 S. 1 **„betreffen".** Bei der Abgrenzung dürfte von dem Zweck des Schriftformerfordernisses auszugehen sein, dem BKartA die ihm nach § 30 Abs. 3 S. 1 obliegende **Missbrauchsaufsicht** über Preisbindungsvereinbarungen zu ermöglichen (→ Rn. 57). Diese ist dem BKartA nun aber offenkundig nur möglich, wenn es **an Hand nachprüfbarer Urkunden** und nicht auf Grund unüberprüfbarer Angaben der Beteiligten über (angebliche) mündliche Absprachen beurteilen kann, welche Vereinbarungen die Parteien hinsichtlich der Preisbindung tatsächlich getroffen haben. Daraus ist der Schluss zu ziehen, dass das Schriftformerfordernis des § 30 Abs. 2 S. 1 **alle,** aber auch nur diejenigen **Teile** der Preisbindungsvereinbarung erfasst, die im weitesten Sinne **für die Missbrauchsaufsicht** des BKartA nach § 30 Abs. 3 S. 1 **relevant** sind, während sonstige Abreden formlos möglich sind, selbst wenn sie einen Bestandteil der Preisbindungsvereinbarung bilden.

Die Missbrauchsaufsicht des BKartA erstreckt sich nach § 30 Abs. 3 S. 1 auf die Frage, **60** ob die Preisbindung missbräuchlich gehandhabt wird (§ 30 Abs. 3 S. 1 Nr. 1) oder ob sie oder ihre Verbindung mit anderen Wettbewerbsbeschränkungen geeignet ist, die gebundenen Waren zu verteuern oder ein Sinken ihrer Preise zu verhindern oder ihre Erzeugung oder ihren Absatz zu beschränken (§ 30 Abs. 3 S. 1 Nr. 2; im Einzelnen → Rn. 103, 118 ff.). Nach dem Gesagten (→ Rn. 57) müssen folglich **sämtliche Punkte** der Preisbindungsvereinbarung schriftlich abgefasst werden, **deren Kenntnis erforderlich** ist, um dem BKartA die **Prüfung** zu ermöglichen, ob ein Missbrauch in dem genannten Sinne vorliegt. Hierunter fallen zunächst die Abreden über die **Höhe des** gebundenen **Preises oder** einzelner **Preisbestandteile.** Beispiele sind in erster Linie Rabatte, Werbungskostenzuschüsse sowie sonstige Nachlässe. Gleich stehen Abreden über Kalkulationsgrundsätze und besondere Verfahren zur Ermittlung des gebundenen Preises, worauf auch § 30 Abs. 2 S. 2 hindeutet (→ Rn. 103 ff.).

Dies (→ Rn. 60) allein kann indessen – trotz des insoweit mißverständlichen Wortlauts **61** des § 30 Abs. 2 S. 1 – schwerlich ausreichen. Wenn die Missbrauchsaufsicht des BKartA weiterhin möglich sein soll, müssen außerdem zumindest die folgenden Punkte, weil sie die Preise „betreffen", in der Urkunde enthalten sein: die **Parteien** der Preisbindungsvereinbarung, der **Vertragsgegenstand,** wobei ebenso wie früher die Festlegung der Warenart genügen dürfte,[127] die Einräumung eines **Preisbestimmungsrechts** an den bindenden Verlag (s. § 315 BGB und § 30 Abs. 2 S. 2), die **Vertragsdauer,** die **Art** der Preisbindung, vor allem also, ob es sich um eine Preisbindung der zweiten Hand handeln soll, sowie **Vertragsstrafenabreden** und vergleichbare Vereinbarungen, da nur bei deren Kenntnis das Ausmaß der mit der Preisbindungsvereinbarung verbundenen Wettbewerbsbeschränkung beurteilt werden kann.[128]

---

[126] Begründung von 1998, 50 (li. Sp.).
[127] S. OLG Frankfurt a. M. 30.8.1979, WuW/E OLG 2195 (2196).
[128] Vgl. OLG Karlsruhe 12.7.1995 – 6 U 230/94, NJW-RR 1996, 35 = WuW/E OLG 5515 (5519).

**62**  Soweit die Parteien die Vereinbarungen über die genannten Punkte nachträglich ändern, bedarf außerdem die **Änderungsvereinbarung** der Schriftform.[129] Dasselbe gilt für einen etwaigen Parteiwechsel, insbesondere also für den **Beitritt** neuer Verleger oder weiterer Händler zu den (früher) üblichen **Sammelreversen**.[130] **Vorverträge** zu Preisbindungsverträgen dürften dagegen heute anders als früher nach § 34 in der Fassung von 1957 **formlos** möglich sein,[131] weil diese nicht der Missbrauchsaufsicht durch das BKartA nach § 30 Abs. 3 S. 1 unterliegen. Stellt die Preisbindungsvereinbarung schließlich wie im Falle des Sammelreverses einen bloßen **Rahmenvertrag** dar, so bedürfen die auf der Grundlage des Rahmenvertrages abgeschlossenen **Kaufverträge** über Zeitungen oder Zeitschriften nur dann (ausnahmsweise) ebenfalls der Schriftform, wenn sie zusätzliche, dh über den Rahmenvertrag hinausgehende Bindungen der Abnehmer iSd § 30 Abs. 1 mit Bezug auf Preise oder Preisbestandteile enthalten.[132]

## IV. Schriftliche Abfassung

**63**  Nach § 30 Abs. 2 S. 1 sind Preisbindungsvereinbarungen im Sinne § 30 Abs. 1 „schriftlich abzufassen", freilich nur, soweit sie Preise und Preisbestandteile betreffen.[133] Die fragliche Formulierung, die sich ebenso bereits in § 34 S. 1 von 1957 fand, geht auf den Wirtschaftspolitischen Ausschuss zurück, der mit ihr den Unterschied zu § 126 Abs. 1 BGB betonen wollte, wo von „Schriftform" die Rede ist.[134] Trotz dieser subtilen Unterscheidung ordnet jedoch der Sache nach § 30 Abs. 2 S. 1 ebenso wie der frühere § 34 von 1957 für Preisbindungsvereinbarungen **Schriftform iSd § 126 Abs. 1 BGB** an (dazu → Rn. 64). Keine Anwendung findet freilich **§ 126 Abs. 2 BGB,** nach dem bei einem Vertrag die Unterzeichnung der Parteien grundsätzlich auf derselben Urkunde erfolgen muss (§ 30 Abs. 2 S. 3; dazu → Rn. 65). Nach Satz 2 des § 30 genügt es außerdem, wenn die Beteiligte Urkunden unterzeichnen, die auf eine **Preisliste** oder auf Preismitteilungen Bezug nehmen (→ Rn. 68 f.). – Gleich steht, da das Gesetz nichts anderes bestimmt, die (ungebräuchliche) **elektronische Form des § 126a BGB,** wobei jedoch in diesem Fall § 126a Abs. 2 BGB zu beachten ist.[135]

**64**  Schriftliche Abfassung der Preisbindungsvereinbarung iSd § 30 Abs. 2 S. 1 bedeutet gemäß § 126 Abs. 1 BGB, dass die **Vertragsurkunde** (→ Rn. 63) **von beiden Parteien eigenhändig unterzeichnet** sein muss, so dass ein Faksimile oder ein Stempel ebensowenig wie ein Telegramm oder Telefax genügen.[136] Die Unterschrift muss außerdem von demjenigen stammen, der die Vertragserklärungen abgegeben hat, im Falle der Vertretung daher vom Vertreter.[137] Da **beide Parteien unterschreiben müssen,** reicht die eigenhändige Unterschrift nur einer Partei ebenfalls nicht aus (aber → Rn. 65). Weder die einseitige schriftliche Bestätigung eines Vertrages noch die konkludente Annahme des schriftlichen Antrages des anderen Vertragsteiles entsprechen dem § 30 Abs. 2 S. 1.[138]

---

[129] S. Brautlecht Definition S. 88 ff.; Jesch Schriftformerfordernis S. 176 ff.

[130] S. für den Beitritt zu Kartellen Begr. von 1955, 44; BGH 12.12.1978 – KZR 13/77, LM GWB § 34 Nr. 12 = WuW/E BGH 1577; 17.12.1985 – KZR 4/85, NJW-RR 1986, 724 = WuW/E BGH 2221 (2224) – Rosengarten.

[131] Zur früheren Rechtslage s. insbesondere BGH 24.2.1975 – KZR 13/71, LM GWB § 34 Nr. 6 = NJW 1975, 1170 – Werkzeug-Verbindungsmaschinen.

[132] S. BGH 23.7.1997 – VIII ZR 130/96, NJW 1997, 3304 (3306) (insoweit nicht in BGHZ 136, 295 abgedruckt); Brautlecht Definition S. 77 ff.; Jesch Schriftformerfordernis S. 164 ff.; Schwartz WuW 1961, 838 (849 ff.).

[133] Zum Umfang der danach gebotenen Schriftform → Rn. 58 ff.

[134] S. den Bericht von 1957, 31 (li. Sp.).

[135] Bremer/Hackl/Klasse in MüKoWettbR Rn. 73; Bahr in Bunte Rn. 65; noch weitergehend Nordemann in LMRKM Rn. 32.

[136] Bahr in Bunte Rn. 65.

[137] Brautlecht Definition S. 20 ff.

[138] BGH 2.2.1999 – KZR 51/97 = NJW-RR 1999, 689 = WuW/E DER 261 (263) – Cover-Disk.

Gewisse Erleichterungen ergeben sich daraus, dass **§ 126 Abs. 2 BGB,** nach dem bei **65** Verträgen die Unterzeichnung der Parteien grundsätzlich auf derselben Urkunde erfolgen muss, hier **nicht anwendbar** ist (§ 30 Abs. 2 S. 3). Der Vertragstext kann folglich **in verschiedenen Urkunden** niedergelegt werden, die zudem nicht ausgetauscht zu werden brauchen. Dadurch wird vor allem (in Abweichung von § 126 BGB) ein Vertragsabschluss durch **bloßen Briefwechsel** möglich, vorausgesetzt, dass sich aus dem Briefwechsel der gesamte Vertragsinhalt ergibt, dass es sich bei den Schreiben eindeutig um Antrag und Annahme handelt und dass jedes Schreiben von dem jeweils Erklärenden eigenhändig unterschrieben ist.[139] Außerdem ist erforderlich, dass die verschiedenen Schreiben deutlich **aufeinander Bezug nehmen** (→ Rn. 66). Die bloße mündliche Annahme des schriftlichen Antrags der anderen Partei genügt nicht.[140]

Für die **wechselseitige Bezugnahme** der Urkunden im Falle der Aufteilung des Ver- **66** trags auf verschiedene Schriftstücke (→ Rn. 65) genügt grundsätzlich die bloße Erwähnung der anderen Urkunde in dem jeweiligen Schriftstück; es ist nicht erforderlich, zusätzlich den Inhalt der anderen Urkunde erneut wiederzugeben. Dasselbe gilt für wirtschaftlich unmittelbar zusammenhängenden Verträge.[141] **Ergänzungsverträge** brauchen zudem nur einseitig auf den Hauptvertrag Bezug zu nehmen.[142]

Bei Erklärungen unter Abwesenden muss zwischen der Abgabe und dem Zugang der **67** Willenserklärung unterschieden werden (§ 130 BGB). Das Schriftformerfordernis des § 30 Abs. 2 S. 1 GWB gilt für beides, also nicht nur für die Abgabe, sondern auch für den **Zugang** der Willenserklärung.[143] Das gilt gleichermaßen für den Antrag einer Partei wie für dessen Annahme durch den anderen Teil.[144] Für die **Buchpreisbindung** ist früher vielfach eine **abweichende Auffassung** vertreten worden, vor allem aus der Erwägung heraus, das seinerzeit übliche **Sammelreversverfahren** sei nur bei einer entsprechenden Einschränkung des Schriftformerfordernisses praktizierbar.[145] Dem war und ist indessen nicht zu folgen.[146] Das Sammelreversverfahren ist auch dann, soweit man es heute noch etwa für die Preisbindung für Zeitschriften überhaupt für erforderlich hält, praktizierbar. Beispielshalber ist daran zu denken, dass die Abnehmer auf den Zugang der schriftlichen Annahmeerklärung des Preisbinders formgerecht verzichten (**§ 151 BGB** iVm § 30 Abs. 2 GWB) oder dass sie einen vom Preisbinder eingeschalteten **Treuhänder** in ihrem Antrag **bevollmächtigen,** für sie die Annahme des Preisbinders entgegenzunehmen.[147] Die eigenartige Rechtsfigur des Preisbindungstreuhänders (s. § 9 Abs. 2 Nr. 3 BuchpreisbindungsG) hätte hier eine sinnvolle Funktion. Wird die Preisbindung durch einen sog. **Leitverleger**

[139] BGH 2.2.1999 – KZR 51/97 = NJW-RR 1999, 689 = WuW/E DER 261 (263) – Cover-Disk; Jesch Schriftformerfordernis S. 114 ff.

[140] BGH 9.11.1967 – KZR 10/65, LM GWB § 34 Nr. 2 = BB 1968, 7 = WuW/E BGH 900 (904 f.); 7.5.1986 – VIII ZR 238/85, LM GWB § 34 Nr. 26 = NJW 1986, 2435 = WuW/E BGH 2290; 2.2.1999 – KZR 51/97 = NJW-RR 1999, 689 = WuW/E DER 261 (263); OLG Frankfurt a. M. 1.2.1990 – 6 U (kart) 137/88, NJW-RR 1990, 1381 (1382); Bremer/Hackl/Klasse in MüKoWettbR Rn. 71; Bahr in Bunte Rn. 65; Nordemann in LMRKM Rn. 33.

[141] BGH 29.6.1982 – KZR 15/81, BGHZ 84, 322 (324) = NJW 1982, 2872 = WuW/E BGH 1975 – Laterne; 10.4.1984 – KZR 6/83, LM GWB § 34 Nr. 23 = WM 1984, 847 = WuW/E BGH 2081 – Kalktransporte; 9.7.1985 – KZR 8/84, LM GWB § 34 Nr. 24 = WuW/E BGH 2158 = NJW-RR 1986, 336 – Anschlussvertrag; 11.3.1997 – KZR 44/95, LM GWB § 34 Nr. 32 = WM 1997, 1355 = WuW/E BGH 3110 (3111); 9.3.1999, WuW/E DER 259 (260) – Markant.

[142] BGH 10.4.1984 – KZR 6/83, LM GWB § 34 Nr. 23 = WM 1984, 847 = WuW/E BGH 2081; 6.5.1997 – KZR 42/95 LM GWB § 34 Nr. 33 = NJW-RR 1997, 1537.

[143] RG 27.10.1905, RGZ 61, 414 (415); BGH 14.7.2004 – XII ZR 68/02, BGHZ 160, 97 (101) = NJW 2004, 2962; 27.5.1986 – KZR 38/85, LM GWB § 34 Nr. 27 = NJW 1986, 1300 – Annahmeerklärung; str.

[144] BGH 14.7.2004 – XII ZR 68/02, BGHZ 160, 97 (101) = NJW 2004, 2962; 27.5.1986 – KZR 38/85 LM GWB § 34 Nr. 27 = NJW 1986, 1300 – Annahmeerklärung.

[145] OLG Frankfurt a. M. 2.8.1962 – 6U 11/52, WuW/E OLG 519 (520 f.) = NJW 1963, 113 (114); 21.3.1963 – 6 U 100/62, WuW/E OLG 590, 595 = NJW 1963, 1622; Brautlecht Definition S. 60 ff.; Heidmeier Maßstäbe S. 30 f.; Jesch Schriftformgebot S. 123 ff.

[146] BGH 27.5.1986 – KZR 38/85, LM GWB § 34 Nr. 27 = NJW 1986, 1300 = WuW/E BGH 2292; Emmerich NJW 1980, 1363 (1366).

[147] Bremer/Hackl/Klasse in MüKoWettbR Rn. 32.

für mehrere andere Verleger gleichzeitig eingeführt, so ist ebenfalls Voraussetzung der Formwirksamkeit der Verträge, dass der Leitverleger von den anderen Verlegern ordnungsgemäß zum Abschluss der Preisbindungsverträge bevollmächtigt wurde.[148]

## V. Preislisten und Preismitteilungen

**68** Nach § 30 Abs. 2 S. 2 genügt es für die Erfüllung des gesetzlichen Schriftformerfordernisses, wenn die Beteiligten, dh die Parteien der Preisbindungsvereinbarung, Urkunden unterzeichnen, die auf eine Preisliste oder auf Preismitteilungen Bezug nehmen. Vorbild der Regelung war § 34 S. 3 von 1957. Die Aufzählung der **Urkunden,** die nach dieser Vorschrift im Vertrag in Bezug genommen werden durften, war von den Gesetzesverfassern ursprünglich als abschließend gedacht gewesen. Hieran hatte sich die Rechtsprechung indessen nicht gehalten und auch die Bezugnahme auf **andere Urkunden** zugelassen, vorausgesetzt, dass sie mit den in § 34 S. 3 aF genannten Urkunden vergleichbar waren, dass sie für eine größere Zahl von Fällen einheitlich gelten sollten und dass sie für die Kartellbehörden zweifelsfrei bestimmbar und überprüfbar waren.[149] Entgegen einer verbreiteten Meinung[150] ergab sich daraus jedoch nicht auch die weitere Befugnis des preisbindenden Verlages zur **Bezugnahme auf zukünftige Geschäftsbedingungen,** weil dies entgegen § 311 Abs. 1 BGB auf ein einseitiges Vertragsänderungsrecht des Preisbinders hinausgelaufen wäre.[151]

**69** Anders als § 34 S. 3 von 1957 lässt § 30 Abs. 2 S. 2 heute nur noch eine Bezugnahme auf **Preislisten und Preismitteilungen** zu. Voraussichtlich wird sich die Praxis indessen auch hierdurch nicht daran gehindert sehen, weiterhin die Bezugnahme auf andere, vergleichbare Urkunden einschließlich namentlich allgemeiner Geschäftsbedingungen zuzulassen.[152] Es muss sich dabei aber nach dem Gesagten (→ Rn. 68) um die **aktuellen Geschäftsbedingungen** des preisbindenden Verlages handeln. Eine Bezugnahme auf **zukünftige Geschäftsbedingungen** kommt nur in Betracht, wenn dem Preisbinder zusätzlich in dem Vertrag ein entsprechendes Gestaltungsrecht eingeräumt wird (§ 315 BGB).

**70** § 30 Abs. 2 S. 2 nennt nebeneinander Preislisten und Preismitteilungen. Der Begriff der **Preisliste** fand sich schon in § 34 S. 3 von 1957.[153] Gemeint ist damit eine schriftliche Aufstellung über die von einer Partei geforderten oder der anderen für den Fall der Weiterveräußerung vorgeschriebenen Preise, die den Beteiligten jederzeit zugänglich ist.[154] Dafür genügen auch bloße Rundschreiben; möglich ist es außerdem, Abgabepreise und Rabatte auf verschiedene Preislisten zu verteilen.[155] Sind die genannten Voraussetzungen erfüllt, so ist auch eine Bezugnahme auf die **jeweils gültigen, zukünftigen Preislisten** von Preisbindern zulässig,[156] während eine nachträgliche Ausdehnung der Preisbindung auf andere Arten von Verlagserzeugnissen durch neue Preislisten nicht möglich ist.[157]

---

[148] BGH 26.4.1967 – Ib ZR 22/65, WuW/E BGH 951 (961 f.) = LM RabattG Nr. 17 – Büchereinachlass.

[149] BGH 14.11.1978 – KZR 24/77, BGHZ 72, 371 (376 ff.) = NJW 1979, 490 – Butaris; 1.12.1977 – KZR 6/76, LM GWB § 34 Nr. 8 = NJW 1978, 822 = WuW/E BGH 1498 – Püff; 9.7.1985 – KZR 8/84, LM GWB § 34 Nr. 24 = NJW-RR 1986, 336 = WuW/E BGH 2158 – Anschlussvertrag; Brautlecht Definition S. 48 ff.; Heidmeier Maßstäbe S. 39 ff.; Jesch Schriftformgebot S. 102 ff.

[150] Heidmeier Maßstäbe S. 41 ff.

[151] BKartA TB 1968, 15; 1969, 63 (74); Emmerich NJW 1978, 823; 1980, 1363 (1367).

[152] Ebenso Bechtold/Bosch Rn. 18; Bahr in Bunte Rn. 67; Nordemann in LMRKM Rn. 34.

[153] S. dazu Brautlecht Definition S. 44 ff.; Jesch Schriftformgebot S. 100 ff.

[154] OLG Düsseldorf 31.7.1979, WuW/E OLG 2296; OLG Hamm 29.10.1979, WuW/E OLG 2298.

[155] BKartA TB 1969, 81.

[156] BGH 1.12.1977 – KZR 6/76, LM GWB § 34 Nr. 8 = NJW 1978, 822 = WuW/E BGH 1498 – Püff; 6.3.1979 – KZR 12/78, LM GWB § 34 Nr. 11 = NJW 1979, 2247 = WuW/E BGH 1592; 17.1.1979 – VIII ZR 262/77, LM BGB (Bb) § 138 Nr. 44 = NJW 1979, 865 = WuW/E BGH 1641 – Tanzcafe.

[157] OLG Frankfurt a. M. 16.11.1961 – 6 U 71/60, WuW/E OLG 447 (450) = NJW 1962, 870; OLG Hamm 30.6.1963, WuW/E OLG 598 = BB 1963, 450 (451); Brautlecht Definition S. 46 ff.; Heidmeier Maßstäbe S. 43.

§ 30 Abs. 2 S. 2 nennt neben Preislisten (→ Rn. 70) ferner **Preismitteilungen** als **71** möglichen Gegenstand der Bezugnahme in der Preisbindungsvereinbarung. Das Schrifttum tendiert heute im Interesse einer Erleichterung des Formerfordernisses zu einer **weiten Auslegung** dieses Begriffs, so dass neuerdings abweichend von der früheren Praxis[158] auch **bloße Preisaufdrucke** auf Verlagserzeugnissen als ausreichend angesehen werden.[159] Dem ist indessen nicht zu folgen, weil dann endgültig nicht mehr erkennbar ist, welchen Sinn das Formerfordernis überhaupt noch haben soll.

§ 30 Abs. 2 ist auch anwendbar auf die **Preisbindung zweiter Hand,** dh, wenn der **72** Großhandel lediglich zur Weitergabe der Preisbindung verpflichtet wird, während die Großhandelspreise selbst frei bleiben.[160] In einem solchen Fall müssen in den schriftlichen Verträgen mit dem Großhandel die gebundenen Waren und Preise festgelegt werden. Das folgt aus dem Kontrollzweck der ganzen Regelung (§ 30 Abs. 3).

## VI. Rechtsfolgen

Ein Verstoß gegen das Schriftformerfordernis des § 30 Abs. 2 S. 1 hat nach § 125 BGB **73** die **Nichtigkeit** der Preisbindungsvereinbarung zur Folge, freilich nur, soweit sie heute noch unter § 30 Abs. 2 S. 1 fällt, nicht dagegen im Übrigen, so dass sich die Nichtigkeit gegenbenfalls auf einen Teil des Vertrages beschränkt. Das Schicksal des nicht formbedürftigen Vertragsrestes beurteilt sich in diesem Fall nach **§ 139 BGB.**[161] Wegen des öffentlichen Interesses an der Beachtung des § 30 Abs. 2 verstößt eine Partei, die sich auf die Formnichtigkeit des Vertrages beruft, grundsätzlich nicht gegen Treu und Glauben (§ 242 BGB).[162] Die **Praktizierung** eines wegen Verstoßes gegen § 30 Abs. 2 nichtigen Preisbindungssystems fällt – mangels Anwendbarkeit der Freistellung des § 30 – unter das Verbot des § 1[163] und stellt zugleich einen **Missbrauch** dar, so dass die Kartellbehörden dagegen auf Grund des § 30 Abs. 3 S. 1 und des § 32 einschreiten können (→ Rn. 108).

Ist eine Preisbindungsvereinbarung wegen des Verstoßes gegen § 30 nichtig, so ändert **74** dies nichts an der **Wirksamkeit der einzelnen Lieferverträge,** die auf Grund des nichtigen Rahmenvertrages abgeschlossen wurden. Die Lieferverträge bilden mit der Preisbindungsvereinbarung keine Einheit iSd § 139 BGB und werden deshalb von deren Nichtigkeit nicht erfasst.[164]

## H. Der feste Ladenpreis

## I. Überblick

Durch § 30 wollte der Gesetzgeber das überkommene System des festen Ladenpreises im **75** Zeitschriftenhandel legalisieren. Folgerichtig erlaubt § 30 Abs. 1 nur solche Abreden, die erforderlich sind, um den festen Ladenpreis im Handel zu gewährleisten. Im Übrigen bleibt § 1 unberührt.[165] Das bedeutet vor allem, dass § 30 – von wenigen Ausnahmen abgesehen – **keine Konditionenbindung** zulässt, soweit sich nicht heute im Einzelfall aus § 2 Abs. 1 oder aus § 30 Abs. 2a und Abs. 2b etwas anderes ergibt. Unter den **Geschäftsbedingun-**

---

[158] BKartA TB 1964, 44; 1969, 86.
[159] Bechtold/Bosch Rn. 18; Bahr in Bunte Rn. 67; Nordemann in LMRKM Rn. 34.
[160] OLG Frankfurt a. M. 14.12.1967, WuW/E OLG 943.
[161] Begr. von 1998, 50 (li. Sp.); Nordemann in LMRKM Rn. 35.
[162] BGH 24.2.1975 – KZR 3/74, LM BGB § 34 Nr. 6 = NJW 1975, 1170 = WuW/E BGH 1356 (1358) – Werkzeug-Verbindungsmaschine; 1.12.1977 – KZR 5/76, LM GWB § 34 Nr. 9 = NJW 1978, 823 = WuW/E BGH 1513 (1514 f.) – Belüftungsgitter; 6.3.1979 – KZR 12/78, LM GWB § 34 Nr. 11 = NJW 1979, 2247 = WuW/E BGH 1593 (1595); 8.7.1985 – KZR 8/84, LM GWB § 34 Nr. 24 = NJW-RR 1986, 336 = WuW/E BGH 2158; Pfeiffer FS Benisch, 1989, 313 (322 f.).
[163] Nordemann in LMRKM Rn. 35.
[164] OLG Stuttgart 24.6.1983, WuW/E OLG 3017; Schwartz WuW 1961, 838 (849).
[165] Begr. 1955, 36.

**gen** oder Konditionen sind in diesem Zusammenhang sämtliche Vertragsbestandteile zu verstehen, die sich nicht gerade auf Preis und Ware beziehen.[166] Die **Abgrenzung** kann im Einzelfall Schwierigkeiten bereiten, weil letztlich alle Konditionen in der einen oder anderen Weise Einfluss auf die Preisgestaltung haben. In derartigen Fällen ist davon auszugehen, dass § 30 eine grundsätzlich restriktiv zu interpretierende Ausnahme von § 1 darstellt, so dass eine Bindung von Geschäftsbedingungen nur zulssig ist, soweit erforderlich, um die gleichmäßige und lückenlose Durchführung der Preisbindung sicherzustellen.[167] Darüber hinaus kann sich auch aus **§ 2 Abs. 2** in Verbindung mit der **Gruppenfreistellungsverordnung Nr. 330/2010** für Vertikalvereinbarungen im Einzelfall die Zulässigkeit der Bindung von Geschäftsbedingungen ergeben. § 30 hat keinen Vorrang vor § 2.[168]

**76**    § 30 Abs. 1 S. 1 gestattet nur die Bindung „bestimmter Preise". Das können Brutto- oder Nettopreise sein. Auch die Bindung von **Bruttopreisen** unter gleichzeitiger **Festlegung der Rabatte für die Handelsstufen** ist zulässig.[169] Unbedenklich ist ebenso die Bindung der **Nettopreise zuzüglich der „jeweiligen Mehrwertsteuer"**.[170] Durch das Gesagte wird es nicht ausgeschlossen, dass der Preisbinder die gebundenen Preise in der Zeit unterschiedlich festsetzt. In diesem Fall muss lediglich genau bestimmt werden, von welchem Zeitpunkt ab der neue Preis gelten soll.[171] Hierauf beruht vor allem die Möglichkeit von **Subskriptionspreisen.**[172]

**77**    Die früher hM ging davon aus, dass „bestimmter" Preis iSd § 30 Abs. 1 auf allen Handelsstufen nur ein **Festpreis** sein könne.[173] Diese Auffassung hatte der BGH jedoch zumindest für die **Großhandelsstufe** zurückgewiesen und die Bindung von Höchst- und Mindestpreisen zugelassen.[174] Es sind außerdem keine Umstände ersichtlich, die eine abweichende Beurteilung dieser Frage auf der **Einzelhandelsstufe** rechtfertigen könnten, zumal im Interesse der Wettbewerbsbelebung ein Übergang zu „Margentarifen" etwa bei Zeitschriften nur begrüßt werden könnte. Die Frage ist zwar nach wie vor umstritten; aus den genannten Gründen sollte jedoch weiterhin die Bindung insbesondere von Höchstpreisen ebenso wie der Ausspruch von Preisempfehlungen zugelassen werden.[175]

## II. Sonderpreise

**78**    Im Buch- und Zeitschriftenhandel sind seit langem Sonderpreise und Nachlässe für unterschiedliche Abnehmergruppen üblich. Der **Sammelrevers von 1987** nannte insbesondere Serienpreise für den geschlossenen Kauf einer Reihe zusammengehöriger Werke desselben Verlags, Mengenpreise für den Verkauf einer größeren Anzahl desselben Werks an denselben Endabnehmer, Subskriptionspreise, ermäßigte Preise für Zeitschriften bei dem Bezug durch Personen, die sich noch in der Ausbildung befinden, Vorzugspreise für Sonder- und Ergänzungshefte zu Zeitschriften, Umtauschpreise, Sonderpreise für Körperschaften sowie Teilzahlungspreise und -zuschläge. Die Mehrzahl der Verlage gestattete außerdem Nachlässe für wissenschaftliche Bibliotheken und Volksbüchereien.[176]

---

[166] BKartA 30.11.1965, WuW/E BKartA 1023 (1028); TB 1958, 51 ff.; Grüneklee Geschäftsbedingungen S. 53 ff.; Lukes JuS 1962, 161 (168 f.); Müller/Scholz Preisbindungsprivileg S. 114 ff.; Nordemann in LMRKM Rn. 28.

[167] BKartA 20.7.1965, WuW/E BKartA 959 (963).

[168] Bahr in Bunte Rn. 43.

[169] Müller/Scholz Preisbindungsprivileg S. 108 f.

[170] Bremer/Hackl/Klasse in MüKoWettbR Rn. 61; Bahr in Bunte Rn. 44.

[171] BKartA TB 1970, 61.

[172] Bremer/Hackl/Klasse in MüKoWettbR Rn. 66.

[173] BKartA TB 1959, 36; 1960, 41 (1. Sp.); 1964, 37 (38); 1965, 45; Müller/Scholz Priesbindungsprivileg S. 111 ff.

[174] BGH 8.7.1970 – KVR 1/70, BGHZ 54, 227 (235) = NJW 1971, 35.

[175] Nordemann in LMRKM Rn. 26; anders Bahr in Bunte Rn. 30.

[176] Franzen Preisbindung S. 41, 52, 138, 164 ff.

Für die **Buchpreisbindung** hat der Fragenkreis mittlerweile eine ausdrückliche gesetzli- **79**
che Regelung in den §§ 3, 5 Abs. 4 und § 7 des BuchpreisbindungsG idF von 2016
gefunden. Die in diesen Vorschriften geregelten **Ausnahmen** von der Buchpreisbindung
beruhten früher auf dem Sammelrevers (→ Rn. 78) sowie partiell auch auf dem öffentlichen
Preisrecht. Sie wurden, weil **historisch gewachsen und allgemein üblich,** als unbedenklich angesehen und beeinträchtigten infolgedessen die Lückenlosigkeit der Preisbindung
nicht, sofern es sich bei ihnen um fest begrenzte Ausnahmefälle handelte und sichergestellt
war, dass nicht über die privilegierten Abnehmer in größerem Umfang verbilligte Bücher in
den Markt flossen.[177] Im Anschluss an die geschilderte Praxis sieht heute der **neue Sammelrevers** für Zeitschriften entsprechende Ausnahmen von der Preisbindung für Zeitschriften
vor. Als unbedenklich gelten danach insbesondere **ermäßigte Preise für** bestimmte, unter-
stützungsbedürftige Bezieherkreise wie **Studenten oder Schüler** sowie für Sonderver-
öffentlichungen in Verbindung mit der Zeitschrift, während die Einführung neuer Sonderpreise oder Nachlässe weithin auf Bedenken stößt.[178] Jedoch sind nach Meinung des BGH
erheblich verbilligte „Test- oder **Probeabonnements"** der Verlage, mit denen sie versuchen, neue Bezieher zu gewinnen, unbedenklich.[179] Soweit danach überhaupt Sonderpreise zulässig sind, hat der Verlag die **Wahl:** Er kann entweder ganz auf eine Preisbindung
verzichten oder die Nachlässe und Sonderpreise selbst vorschreiben. Außerdem sollte dem
Verlag im Interesse der dringend gebotenen Liberalisierung der Materie die Befugnis eingeräumt werden, die Gewährung der Sonderpreise in das Ermessen der Sortimenter zu
stellen.[180] Deshalb ist es zB mit § 30 Abs. 1 vereinbar, wenn ein Verlag seinen Abnehmern
gestattet, Zeitschriften an gewerbliche Abnehmer für Jubiläums- und Geschenkzwecke zu
ihnen freigestellten Preisen zu verkaufen; Voraussetzung ist lediglich, dass er zugleich Sorge
dafür trägt, dass diese Ware nicht an andere Abnehmer weiterverkauft wird.[181]

## III. Unterschiedliche Preise

Der gebundene Preis muss nach § 19 Abs. 1 (iVm Abs. 3 Satz 2) grundsätzlich **überall** **80**
**derselbe** sein, so dass zB **regional unterschiedliche Preise** im Regelfall zugleich einen
Missbrauch isd § 30 Abs. 3 S. 1 Nr. 1 darstellen.[182] Die vom Preisbinder verwandte
**Rabattstaffel** darf gleichfalls **nicht diskriminierend** sein (§ 19 Abs. 1); willkürliche
Rabattdifferenzierungen zwischen den Abnehmern derselben Wirtschaftsstufe sind viel-
mehr grundsätzlich missbräuchlich (→ Rn. 114 f.). Zulässig sind dagegen **zusätzliche**
**Rabatte für Großhändler,** ohne dass freilich der Verleger verpflichtet wäre, einen Funk-
tionsrabatt für den Großhandel vorzusehen.[183] Vertreibt der Verlag seine Produkte gleich-
zeitig über den Großhandel und direkt über den Einzelhandel, so darf die Rabattstaffel die
Großhändler nicht im Wettbewerb mit dem Verlag behindern; der Verleger muss den
Großhändlern vielmehr gestatten, den Einzelhändlern dieselben Rabatte zu gewähren, wie
er sie diesen beim Direktvertrieb einräumt.[184]

## IV. Ausschluss von Preisnachlässen

Preisnachlässe für die Endverbraucher durchlöchern das System des festen Ladenpreises **81**
auf der Handelsstufe. Deshalb war schon unter der Geltung des alten Rabattgesetzes und
der Zugabeverordnung anerkannt, dass **Rabatte und zT auch Zugaben,** selbst wenn sie

---

[177] BGH 26.4.1967 – Ib ZR 22/65, LM RabattG Nr. 17 = BB 1967, 773 = WuW/E BGH 951 –
Büchereinachlass; KG 23.9.1983, WuW/E OLG 3154, 3156; OLG Düsseldorf 28.6.1985, WuW/E OLG
3613 (3622 f.).
[178] Bahr in Bunte Rn. 32 f.; Nordemann in LMRKM Rn. 26.
[179] BGH 7.2.2006 – KZR 33/04, BGHZ 166, 154 = NJW 2006, 2627.
[180] Dagegen Bremer/Hackl/Klasse in MüKoWettbR Rn. 64.
[181] BKartA TB 1964, 28; 1968, 51.
[182] → Rn. 114 ff.; BKartA TB 1960, 41; 1962, 16; Bremer/Hackl/Klasse in MüKoWettbR Rn. 65.
[183] BGH 27.9.1962, BGHZ 38, 90 (100 ff.) – Grote-Revers.
[184] BKartA TB 1966, 47 f.; 1971, 71; 1972, 67; 1974, 76; 1976, 84.

nach den genannten Gesetzen erlaubt waren, durch den Preisbindungsvertrag ganz oder teilweise **ausgeschlossen** werden konnten.[185] Wurden **Mengenrabatte** zugelassen, so mussten sie außerdem **genau bestimmt** sein, um die Lückenlosigkeit der Preisbindung sicherzustellen.[186] Das RabattG und die ZugabeVO sind im Jahre 2001 ersatzlos gestrichen worden, um auf der Einzelhandelsstufe wieder Preisfreiheit einzuführen. Sonderregelungen finden sich jetzt nur noch für die **Buchpreisbindung** in § 7 Abs. 2 und 3 BuchpreisbindungsG, während für Zeitungen und **Zeitschriften** keine gesetzliche Regelung mehr bestehen. Durch den Preisbindungsvertrag kann die Frage der Rabattgewährung deshalb von den Beteiligten **beliebig geregelt** werden. Rabatte wie zB **Mengenrabatte** oder Barzahlungsrabatte können folglich ebensowohl ausgeschlossen wie beschränkt werden; es sollte aber auch zulässig sein, ihre Gewährung den Abnehmern freizustellen. Ebenso zu behandeln sind die herkömmlichen **Personalrabatte,** die Abnehmer ihren Mitarbeitern einräumen. Auch sie können daher ausgeschlossen, der Höhe nach festgelegt oder freigegeben werden.

82    **Zugaben** sind, sofern sie in keiner unmittelbaren Beziehung zu dem geforderten Preis stehen (ebenso § 7 Abs. 4 BuchpreisbindungsG), **kein Preisbestandteil** iSd § 30 Abs. 1, so dass ihr vertraglicher Ausschluss gegen § 1 verstößt.[187] Dasselbe gilt für **echte Skonti,** durch die eine vorzeitige Zahlung des Kunden vergütet wird.[188] Soweit dagegen wie bei Verlagserzeugnissen **Barzahlung** des Kunden bei Auslieferung üblich ist, stellen Nachlässe, die dem Kunden bei Zahlung gewährt werden, ohne Rücksicht auf ihre Benennung **Rabatte** dar, die vertraglich ausgeschlossen werden können, aber nicht ausgeschlossen werden müssen. Für **Bücher** hat die Rechtsprechung daraus mittlerweile den Schluss gezogen, dass jedes Verlangen von Preisnachlässen über den engen Rahmen des § 7 BuchpreisbindungsG hinaus, zB seitens der öffentlichen Hand für die Sammelbestellung von Schulbüchern, gegen das BuchpreisbindungsG verstößt und auch nicht als Verlangen nach einem Skonto – als Gegenleistung für eine vorzeitige Zahlung – gerechtfertigt werden kann (§§ 3, 4 Nr. 4 UWG iVm § 1004 BGB).[189]

83    Umstritten war bereits unter dem früherem Recht die Frage, ob durch den Preisbindungsvertrag, wie es der Sammelrevers von 1987 vorsah, auch eine „Umgehung der Preisbindung" durch die Gewährung von **Warenrückvergütungen,** von Umsatzprämien oder von Gewinnbeteiligungen untersagt werden konnte, soweit diese von den mit dem Kunden getätigten Umsätzen des Händlers mit preisgebundenen Verlagserzeugnisse abhingen.[190] Von der überwiegenden Meinung wurde – trotz auf der Hand liegender Bedenken – die **Zulässigkeit** dieser Klauseln im Interesse der Durchsetzbarkeit der Buchpreisbindung **bejaht,** und zwar gleichermaßen im Verhältnis zur genossenschaftlichen Warenrückvergütung wie zu sonstigen umsatzbezogenen Gewinnbeteiligungen bei anderen Handelsgesellschaften, immer vorausgesetzt, dass der fragliche Zusammenschluss von „Abnehmern" allein eine „Umgehung" der Preisbindung durch Abschöpfung der Einzelhandelsspanne und deren Verteilung unter den Mitgliedern bezweckte; außerdem wurde angenommen, dass die Verleger (entgegen § 19 Abs. 1 und Abs. 3 S. 2) nicht verpflichtet seien, solche

---

[185] BGH 15.2.1962 – KVR 1/61, BGHZ 36, 370 (373) = NJW 1962, 1010 – Agfa-Filme; 13.3.1979 – KVR 1/77, LM GWB § 17 Nr. 7 = NJW 1979, 1411; 26.4.1967 – Ib ZR 22/65, LM RabattG Nr. 17 = WuW/E BGH 951 (958) – Büchereinachlass; 12.3.1965 – KZR 4/64, WuW/E BGH 715 (724) = GRUR 1965, 616 – Esslinger Wolle.
[186] So wohl auch BGH 26.4.1967 – Ib ZR 22/65, LM RabattG Nr. 17 = WuW/E BGH 951 (958) – Büchereinachlass; 23.4.1985 – KVR 4/84, LM GWB § 16 Nr. 17 = NJW 1986, 1256 = WuW/E BGH 2166; 12.3.1965 – KZR 4/64, WuW/E BGH 715 (724) = GRUR 1965, 616 – Esslinger Wolle.
[187] KG 14.3.1961, WuW/E OLG 386 (390); BKartA 16.8.1960, WuW/E BKartA 236 (237).
[188] BGH 15.2.1962 – KVR 1/61, BGHZ 36, 370 (373 f.) = NJW 1962, 1010.
[189] BGH 24.6.2003 – KZR 37/02, BGHZ 155, 189 (196 ff.) = NJW 2003, 2525; dagegen Emmerich FS Immenga, 2004, 111 (124).
[190] Wegen der Einzelheiten s. Grüneklee, Bindungen von Geschäftsbedingungen in Austauschverträgen, 1966, S. 63 ff.; Lehmpfuhl GRUR 1979, 495; Kroitzsch GRUR 1979, 492; Mahlmann, Genossenschaftsrecht und Wettbewerbsordnung, 1971, S. 103, 184, 195 ff.; Michalski, Warenrückvergütung, BB 1983, Beil. 2 zu Heft 8.

Zusammenschlüsse zu beliefern.[191] Folgt man dem, so wird man heute auch für die Preisbindung für Zeitschriften kaum anders entscheiden können.[192] Tatsächlich kann diese ganze überholte Praxis indessen heute **keine Billigung** mehr finden. Durch sie wird ohne Not die ohnehin verfehlte und wettbewerbsfeindliche Regelung des § 30 auf weitere rechtliche Gestaltungen erstreckt, die vom Wortlaut des Gesetzes eindeutig nicht mehr erfasst werden. Der Ausschluss von Warenrückvergütungen und Gewinnbeteiligungen verstößt daher – mangels Anwendbarkeit des Privilegs des § 30 – gegen das Verbot des § 1.

Soweit die Voraussetzungen des § 30 erfüllt sind, ist die Preisbindungsvereinbarung ohne **84** weiteres **gültig;** einer Anmeldung beim BKartA bedarf es hierzu heute – anders als früher bei Markenartikeln – nicht mehr. Die Preisbindungsvereinbarung findet dagegen ihr **Ende,** wenn sie vom preisbindenden Verlag (einseitig) durch Erklärung gegenüber den gebundenen Händlern aufgehoben („gekündigt") wird, wozu der Verlag – als Herr der Preisbindung – jederzeit befugt ist (→ Rn. 42, 86). Die gebundenen Abnehmer sind gleichfalls zu jedem Zeitpunkt zur **Kündigung** der Vereinbarung berechtigt (§ 242 BGB). Abweichende Vereinbarungen sind nicht möglich (§ 1).

## I. Durchsetzung der Preisbindung

**Schrifttum:** Emmerich, in: Festg. 50 Jahre BGH Bd. II, 2000, S. 627; ders. in: FS Erdmann, 2002, S. 561; Emmerich/Lange, Unlauterer Wettbewerb, 12. Aufl. 2022, § 7 Rn. 17 ff. (S. 46 ff.); M. Gwozdz, Die Bedeutung der Lückenlosigkeit selektiver Vertriebssysteme im Wettbewerbs- und Kartellrecht, 2002; Handel, Der Schutz internationaler Vertriebs- und Preisbindungen gegen Außenseiter, 1992; Harms, Lückenlosigkeit der Preisbindung ohne Reimportverbote, 1973; Kraßer, Der Schutz von Preis- und Vertriebsbindungen gegenüber Außenseitern, S. 171 ff.; Müller/Scholz, Preisbindungsprivileg, S. 146 ff.; Nöcker, Mißbrauch, S. 121 ff.

## I. Überblick

Preisbindungssysteme sind nur praktizierbar, wenn sie vom Preisbinder mit zumutbarem **85** Aufwand gegen Abnehmer und Außenseiter, die es immer geben wird, durchgesetzt werden können. Gegen seine Vertragspartner, die gebundenen Abnehmer, stehen dem Preisbinder zu diesem Zweck naturgemäß in erster Linie vertragliche Ansprüche zur Verfügung (→ Rn. 88 ff.), während gegen nicht gebundene Außenseiter allein deliktische Ansprüche in Betracht kommen, wobei vor allem an die §§ 3 Abs. 1 und 4 Nr. 4 UWG in Verbindung mit den §§ 8 und 9 UWG zu denken ist (→ Rn. 98 ff.). In der Mehrzahl der Fälle setzen die genannten Ansprüche des Preisbinders die sogenannte **Lückenlosigkeit** des Preisbindungssystems voraus, eine wettbewerbsrechtliche Besonderheit der Materie, die außerhalb der Preisbindung nur noch bei der Vertriebsbindung eine gewisse Entsprechung hat (→ Rn. 90 ff.). Eine wieder andere Frage ist, ob den vertraglichen Ansprüchen des Preisbinders gegen seine Abnehmer korrespondierende Ansprüche der gebundenen Abnehmer gegen den Preisbinder, etwa auf Durchsetzung der Preisbindung gegen andere Abnehmer oder Außenseiter, gegenüberstehen (→ Rn. 86 f.).

Noch nicht endgültig geklärt ist die Frage, ob und gegebenenfalls welche Ansprüche die **86** gebundenen Abnehmer aus dem Preisbindungsvertrag gegen den Preisbinder, den Verlag, herleiten können. Auszugehen ist wohl davon, dass der Preisbinder nach dem Konzept der §§ 1 und 30 grundsätzlich **„Herr" der Preisbindung** bleiben muß (→ Rn. 42, 84). Es ist mit anderen Worten allein seine Sache, über die Einführung, Aufrechterhaltung oder Abschaffung der Preisbindung für seine Verlagserzeugnisse zu entscheiden (§ 1). Daraus

---

[191] BGH 12.11.1974 – I ZR 111/73, LM RabattG Nr. 25 = NJW 1975, 215; 9.10.1963 – Ib ZR 65/62, LM UWG § 1 Nr. 130 = NJW 1964, 352; 12.3.1965- KZR 4(64, WuW/E BGH 715 (724) = GRUR 1965, 616 – Esslinger Wolle; 13.3.1979 – KVR 1/77, LM GWB § 17 Nr. 7 = NJW 1979, 1411; 13.3.1979 – KZR 4/77, NJW 1979, 1412; OLG Düsseldorf 26.4.1977 – U (Kart) 9/76, NJW 1977, 2169.

[192] Bremer/Hackl/Klasse in MüKoWettbR Rn. 68; Nordemann in LMRKM Rn. 56.

folgt, dass die gebundenen Händler aus dem Preisbindungsvertrag **keine Ansprüche** herleiten können, durch die der Preisbinder im Ergebnis **zur Einführung, Aufrechterhaltung oder Abschaffung** der Preisbindung gezwungen würde;[193] sie können vielmehr lediglich auf **Feststellung** klagen, dass sie, namentlich bei Lückenhaftigkeit der Preisbindung, nicht mehr an den Vertrag gebunden sind.[194]

87    Aus der Verneinung einer Pflicht des Preisbinders zur Einführung und Aufrechterhaltung der Preisbindung aufgrund des Preisbindungsvertrages (→ Rn. 86) darf nicht der Schluss gezogen werden, dass den Preisbinder aufgrund des Vertrages überhaupt keine Pflichten träfen; vielmehr gelten auch für ihn (selbstverständlich) die allgemeinen Pflichten der Parteien eines Schuldvertrages aufgrund der §§ 241, 242, 276 und 280 BGB. Für den Preisbinder können sich daraus von Fall zu Fall insbesondere **Rücksichtnahme- und Leistungstreuepflichten** gegenüber seinen Abnehmern ergeben, so dass er nichts tun darf, was ohne Not die Bindung der Endverkaufspreise (solange er an der Preisbindung festhält) untergräbt und den vertragstreuen gebundenen Händlern Schwierigkeiten bereiten kann.[195] Unbedenklich ist jedoch nach Meinung des BGH das **Angebot besonders günstiger Einführungs- oder Probeabonnements** eines Verlages für seine Zeitungen oder Zeitschriften.[196]

## II. Ansprüche gegen die gebundenen Händler[197]

88    **1. Vertrag.** Der Preisbindungsvertrag ist ein schuldrechtlicher Vertrag, aus dem sich die Verpflichtung der gebundenen Abnehmer zur Einhaltung der vorgeschriebenen Weiterverkaufspreise oder zur Weitergabe der Bindung an andere Wiederverkäufer ergibt (→ Rn. 46 ff.). Verstoßen die Abnehmer gegen diese Pflichten, so kann der **Preisbinder** Erfüllung durch **Unterlassung** weiterer Verstöße (§ 241 Abs. 1 S. 2 BGB) und gegebenenfalls **Schadensersatz** verlangen (§§ 249, 276, 280 Abs. 1 BGB). Für konkurrierende Ansprüche der Verlage gegen die Abnehmer aufgrund des § 4 Nr. 4 UWG ist daneben – mangels eines konkreten Wettbewerbsverhältnisses zwischen Verlagen und Abnehmern – grundsätzlich kein Raum.[198]

89    Zur leichteren Durchsetzung der Preisbindung lassen sich die Verlage in den Preisbindungsverträgen in der Regel **Vertragsstrafenversprechen** geben. Dagegen bestehen im kaufmännischen Verkehr grundsätzlich keine Bedenken (§§ 307 Abs. 2, 309 Nr. 6, 310 BGB). Dasselbe gilt nach überwiegender Meinung für **Buchprüfungsklauseln**.[199] Auch ohne besondere Vereinbarung müssen die gebundenen Händler ferner Kontrollmaßnahmen der preisbindenden Verlage durch **Testkäufe** dulden; Behinderungen solcher Testkäufe, etwa durch Hausverbote für Testkäufer, werden meistens als unlauter angesehen (§§ 3, 4 Nr. 4 UWG), vorausgesetzt freilich, dass sich die Testkäufer wie normale Käufer verhalten.[200] Im äußersten Fall kann der Preisbinder auf Vertragsverletzungen des gebundenen Abnehmers mit einer **Liefersperre** reagieren (§ 273 BGB).

---

[193] Bremer/Hackl/Klasse in MüKoWettbR Rn. 54 ff.; Bahr in Bunte Rn. 59; im Ergebnis wohl auch Nordemann in LMRKM Rn. 68; anders wohl Waldenberger/Pardemann in FK-KartellR Rn. 91.

[194] OLG Frankfurt a. M. 13.6.1985 – 6 U 121/83, NJW-RR 1986, 262 = WuW/E OLG 3609.

[195] So wörtlich BGH 7.2.2006 – KZR 33/04, BGHZ 166, 154 Rn. 22 ff. = NJW 2006, 2627.

[196] BGH 7.2.2006 – KZR 33/04, BGHZ 166, 154 Rn. 24 ff. = NJW 2006, 2627; ebenso der BGH in 2 weiteren Urteilen vom selben Tag: KZR 39/03, BeckRS 2006, 09133 und KZR 27/05, BeckRS 2006, 09132; s. dazu Alexander ZWeR 2007, 239 (248 f.); Bechtold/Bechtold/Bosch WRP 2006, 1162; Bechtold/Bechtold/Bosch Rn. 19 f.; Bahr in Bunte Rn. 59; Emmerich JuS 2006, 1030; Nordemann in LMRKM Rn. 39, 67–70; kritisch Waldenberger/Pardemann in FK-KartellR Rn. 77 ff.

[197] S. zum Folgenden ausf. auch Emmerich/Lange LauterkeitsR § 7 Rn. 17 ff. (S. 46 ff.); → Rn. 79.

[198] Anders früher BGH 10.12.1957 – I ZR 208/55, LM GWB-Allg. Nr. 2 = NJW 1958, 591 = WuW/E BGH 218 – Buchhandel; OLG Zweibrücken 9.2.1996 – 2 W 21/95, GRUR 1997, 77 (78).

[199] BGH 21.11.1989 – KZR 17/88, LM GWB § 16 Nr. 18 = NJW 1990, 1993 = WuW/E BGH 2615; BKartA TB 1970, 82.

[200] BGH 14.4.1965 – Ib ZR 72/63, BGHZ 43, 359 (364 ff.) = NJW 1965, 1527 – Warnschild; 25.2.1992 – X ZR 41/90, BGHZ 117, 262 (269) = NJW 1992, 2292 – Nicola; 23.5.1996 – I ZR 122/94, LM UWG § 1 Nr. 719 = NJW-RR 1997, 104; öOGH 30.1.1990, SZ Bd. 63 I Nr. 8, S. 51 (56 f.).

**2. Lückenlosigkeit.** Den Abnehmern ist die Einhaltung der Preisbindung grundsätzlich   **90**
nur unter der Voraussetzung **zumutbar,** dass das System gedanklich (theoretisch) **lücken-**
**los** aufgebaut ist und auch tatsächlich (praktisch) lückenlos gehandhabt wird (§§ 242, 273
BGB). Wenn und solange es hieran fehlt, ist der Preisbindungsvertrag gegen die gebundenen Händler nicht durchsetzbar.[201] Ein lückenhaftes Preisbindungssystem ist zudem in sich
diskriminierend und auch deshalb nichtig (§ 19 Abs. 1 GWB iVm § 134 BGB).[202]

Ein Preisbindungssystem ist **gedanklich** (oder theoretisch) **lückenlos** aufgebaut, wenn   **91**
der preisbindende Verlag sein Vertriebssystem so geordnet hat, dass **ausnahmslos jeder**
**Wiederverkäufer** zur Einhaltung des gebundenen Preises oder doch zur Weitergabe der
Preisbindung an seine gewerblichen Abnehmer verpflichtet ist. Die gedankliche Lückenlosigkeit fehlt dagegen, wenn das Vertragssystem seinem Aufbau nach auch Vertriebswege
ohne Preisbindung eröffnet.[203] Die Lückenlosigkeit braucht nur auf dem Markt zu bestehen, auf dem der fragliche Abnehmer tätig ist. Es spielt keine Rolle, wenn das System auf
anderen, deutlich getrennten Märkten, zB im Ausland, lückenhaft ist,[204] sofern nicht
Reimporte aus dem Ausland ernsthaft in Betracht kommen (→ Rn. 93).

Zur gedanklichen Lückenlosigkeit gehört, dass der Preisbinder **Maßnahmen zur Über-**   **92**
**wachung** des Systems ergreift, die geeignet sind, ihn über etwaige Verstöße zu informieren
(→ Rn. 89; → Rn. 94). Der Preisbinder darf sein Vertragssystem nicht sich selbst überlassen, sondern muss eine geeignete Überwachungsorganisation, etwa durch ein Netz von
Testkäufern oder durch die Einschaltung von Treuhändern, aufbauen und zugleich Sorge
dafür tragen, dass die ihm auf diesem Wege bekannt werdenden **Verstöße** gegen sein
Bindungssystem unverzüglich **verfolgt** werden.[205]

Die gedankliche Lückenlosigkeit eines Preisbindungssystems ist vor allem dann nicht mehr   **93**
gewährleistet, wenn die (ernsthafte) Möglichkeit von **Reimporten** aus dem preisbindungsfreien Ausland besteht.[206] Spätestens seit dem Beitritt Österreichs zur Europäischen Union
im Jahre 1993 ist dies die „Achillesferse" der deutschen Preisbindung für Verlagserzeugnisse,
da eine grenzüberschreitende Preisbindung wegen des Verstoßes gegen Art. 101 AEUV von
der Kommission nicht geduldet wird, jedoch bei nennenswerten Reimporten preisbindungsfreier Verlagserzeugnisse aus Österreich nach Deutschland die Preisbindung infolge ihrer
Lückenhaftigkeit zusammenzubrechen droht (schon → Rn. 6 ff.). Auch **Reimportpreis-**
**bindungen** für Verlagserzeugnisse, die deutsche Abnehmer im preisbindungsfreien Ausland
erworben haben, sind unzulässig, weil sie gegen Art. 101 Abs. 1 AEUV verstoßen und mit
§ 30 Abs. 1 GWB unvereinbar sind.[207] Für die **Buchpreisbindung** hat der Gesetzgeber
deshalb einen Ausweg über die Einführung einer gesetzlichen Preisbindung versucht;
Grundlage ist das BuchpreisbindungsG von 2002 idF von 2016 (→ Rn. 6 ff.). Bei **Zeitungen**
und Zeitschriften sah der Gesetzgeber dagegen bisher (noch) keinen „Handlungsbedarf",
weil die Europäische Kommission insoweit Zurückhaltung „signalisiert" hatte (→ Rn. 18 f.).

---

[201] So zumindest früher ständig der BGH, zB BGH 15.2.1962; BGHZ 36, 370 (375 f.) = NJW 1962, 1010;
14.6.1963 – KZR 5/62, BGHZ 40, 135 (139 ff.) = NJW 1964, 152 – Trockenrasierer; 10.1.1964 – Ib ZR
78/62, LM UWG § 1 Nr. 140 = NJW 1964, 917 = JZ 1964, 681 = WuW/E BGH 567 – Maggi; 3.6.1964 –
Ib ZR 49/63, LM GWB § 16 Nr. 6 = NJW 1964, 1955 = WuW/E BGH 623 – Grauer Markt.
[202] Ebenso Bremer/Hackl/Klasse in MüKoWettbR Rn. 58 ff.; Bahr in Bunte Rn. 73 ff.; Bechtold/Bech-
told/Bosch Rn. 21; Waldenberger in FK-KartellR Rn. 84 ff.; Nordemann in LMRKM Rn. 37 ff.; Walden-
berger/Pardemann in FK-KartellR Rn. 93.
[203] BGH 22.6.1989 – I ZR 126/87, LM UWG § 1 Nr. 527/528 = NJW-RR 1989, 1383 (1385) –
Schweizer Außenseiter.
[204] OLG Frankfurt a. M. 4.7.1963, WuW/E OLG 624 (626); M. Wolter/Lubberger GRUR 1999, 17
(25 ff.).
[205] BGH 14.6.1963 – KZR 5/62, BGHZ 40, 135 (139 ff.) = NJW 1964, 152 – Trockenrasierer; 14.4.1965
– Ib ZR 72/63, BGHZ 43, 359 (361 ff.) = NJW 1965, 1527 – Warnschild; 10.1.1964 – Ib ZR 78/62, LM
UWG § 1 Nr. 140 = NJW 1994, 917 – Maggi.
[206] BGH 14.6.1963 – KZR 5/62, BGHZ 40, 135 (139 ff.) = NJW 1964, 152 – Trockenrasierer II;
9.11.1967, WuW/E BGH 916 (922 f.) = BB 1968, 1365; OLG Stuttgart 5.2.1988 – 2 U 111/87, NJW-RR
1988, 623 (624); dagegen Waldenberger/Pardemann in FK-KartellR Rn. 95.
[207] BKartA TB 1978, 84 (li. Sp. u.).

Im heutigen Schrifttum wird diese (angebliche) Zurückhaltung der Kommission ebenfalls vielfach dahin interpretiert, dass der Preisbindung für Zeitungen und Zeitschriften im Ergebnis nach wie vor keine Gefahren von Reimporten drohten.[208] Richtig daran ist nur, dass es wegen des (bisher) nur ganz geringen Exports von Presseerzeugnissen (unter 2 %) wohl meistens an der Eignung der Wettbewerbsbeschränkung zur spürbaren Beeinträchtigung des Handels zwischen Mitgliedstaaten iSd Art. 101 Abs. 1 AEUV fehlen wird. Doch kann dies von Fall zu Fall, etwa bei weitverbreiteten Publikumszeitschriften, auch anders zu beurteilen sein.

94      Zur gedanklichen Lückenlosigkeit (→ Rn. 90 ff.) muss die **tatsächliche** oder praktische **Lückenlosigkeit** des Systems hinzukommen, wenn es gegen die gebundenen Abnehmer durchsetzbar sein soll. Voraussetzung dafür ist, dass die (gedanklich lückenlose) Preisbindung im Wesentlichen – von einzelnen, unvermeidlichen und vorübergehenden Fehlschlägen abgesehen – von den gebundenen Händlern **eingehalten** wird, so dass deren Wettbewerbslage tatsächlich gleich ist. Deshalb muss der Preisbinder sein System ständig in geeigneter Weise **überwachen und** gegen ihm bekannt werdende Verstöße alsbald **einschreiten** (→ Rn. 89, 91). Tut er dies nicht oder wird trotz solcher Maßnahmen **in nennenswertem Umfang** gegen die Preisbindung verstoßen, so „bricht" das Preisbindungssystem „zusammen" mit der Folge, dass die vertraglich gebundenen Händler, freilich gegebenenfalls nur vorübergehend bis zur Wiederherstellung des Systems und auch nur auf den jeweils betroffenen Märkten, frei werden.[209]

95      **3. Direktverkäufe, zweigleisiger Vertrieb.** Der Preisbinder darf nichts tun, was die gleichmäßige und einheitliche Bindung der Abnehmer untergräbt, solange er an der Preisbindung festhalten will (→ Rn. 86 f.). Verstößt er gegen diese Pflicht, so handelt er missbräuchlich iSd § 30 Abs. 3 S. 1 Nr. 1 (→ Rn. 111) und läuft zugleich Gefahr, dass seine Preisbindung zusammenbricht. Die wichtigsten hierher gehörenden Fälle sind Direktverkäufe des Preisbinders unter dem gebundenen Preis sowie der sogenannten zweigleisige Vertrieb zu gespaltenen Preisen (dazu → Rn. 96). Bei **Direktverkäufen** an die Endabnehmer muss der Preisbinder die von ihm selbst festgesetzten Endverkaufspreise einhalten, sofern nicht einer der Ausnahmetatbestände vorliegt, in denen Sonderpreise vereinbart werden dürfen. Unterbietet er die gebundenen Händler im Direktgeschäft, so handelt er missbräuchlich (§ 30 Abs. 3 S. 1 Nr. 1); außerdem wird den Händlern dann die Einhaltung der Preisbindung unzumutbar, so dass das System zusammenbricht (→ Rn. 87).

96      Von einem **zweigleisigen Vertrieb** preisgebundener Verlagserzeugnisse spricht man dagegen, wenn der Verlag dasselbe Verlagserzeugnis, wenn auch möglicherweise mit geringfügigen Veränderungen, auf zwei verschiedenen Vertriebswegen zu unterschiedlichen Preisen vertreibt (→ Rn. 111). Solches Verhalten hat gleichfalls den Zusammenbruch der Preisbindung zur Folge.[210] Das folgt schon aus § 30 Abs. 1, der immer nur die Bindung **eines bestimmten** Preises zulässt, so dass ein Absatz zu unterschiedlichen Preisen unter das Verbot des § 1 fällt; lediglich der **Abonnementspreis** von Zeitschriften darf den Einzelverkaufspreis unterschreiten (→ Rn. 87).

97      **4. Beweislast.** Der Preisbinder trägt die Beweislast für die Wirksamkeit der Preisbindung einschließlich insbesondere der Lückenlosigkeit des Systems. Das gilt jedenfalls für die **gedankliche Lückenlosigkeit** seines Systems sowie für dessen geeignete **Überwachung,** während es vielfach als Sache des gebundenen Abnehmers angesehen wird, den Beweis für

---

[208] Bahr in Bunte Rn. 80 ff.; Nordemann in LMRKM Rn. 40.

[209] BGH 22.6.1989 – I ZR 126/87, LM UWG § 1 Nr. 527; Nr. 528 = GRUR 1989, 832 = NJW-RR 1989, 1383 (1385); OLG Düsseldorf 7.11.1985 – 2 U 71/85, NJW-RR 1986, 842.

[210] BGH 20.11.1969 – KZR 1/69, BGHZ 53, 76 (86 ff.) = NJW 1970, 858 – Schallplatten; OLG Frankfurt a. M. 13.6.1985 – 6 U 121/83, NJW-RR 1986, 262 = BB 1985, 1557 = WuW/E OLG 3609; BKartA TB 1987/88, 93 (94); Waldenberger/Pardemann in FK-KartellR Rn. 76.

die **tatsächliche Lückenhaftigkeit** des Systems zu erbringen.[211] Dahinter steht die Überlegung, dass der Nachweis der gedanklichen Lückenlosigkeit sowie der regelmäßigen und ausreichenden Überwachung des Systems den Beweis des ersten Anscheins für die praktische Lückenlosigkeit des Systems begründe. Damit ist zugleich gesagt, dass den Preisbinder (wohl entgegen der hM) auch die Beweislast für die praktische Lückenlosigkeit seines Systems trifft, sofern es dem gebundenen Abnehmer gelingt, den Beweis des ersten Anscheins für die praktische Lückenlosigkeit des Systems zu erschüttern. Der gebundene Abnehmer trägt außerdem die Beweislast für die Voraussetzungen der übrigen Fälle, in denen ein Zusammenbruch der Preisbindung angenommen wird (→ Rn. 95 ff.).

### III. Ansprüche gegen Außenseiter

**Außenseiter** nennt man solche Wiederverkäufer preisgebundener Artikel, die sich nicht **98** vertraglich der Preisbindung unterworfen haben. Gelingt es solchen Händlern in nennenswertem Umfang, sich preisgebundene Ware zu verschaffen, so erweist sich das Vertriebssystem als lückenhaft mit der Folge, dass es zusammenbricht (→ Rn. 90 ff.). Es ist daher – oder war doch früher – an sich eine Existenzfrage für jeden Preisbinder, ob er über ausreichende Möglichkeiten verfügt, sein System notfalls auch gegen Außenseiter zu verteidigen. Tatsächlich ist jedoch die **praktische Relevanz** dieser Frage heute seit der Beschränkung der vertraglichen Preisbindung auf Zeitungen und Zeitschriften nur noch gering. Bedeutung behalten hat sie lediglich für die hier nicht weiter interessierende Vertriebsbindung.

Der Außenseiter handelt nach überwiegender Meinung unlauter (§§ 3, 4 Nr. 4 UWG), **99** wenn er sich die preisgebundene Ware durch sogenannten Schleichbezug (→ Rn. 100) oder durch die Verleitung eines gebundenen Händlers zum Vertragsbruch (→ Rn. 101) verschafft. Dagegen ist die frühere Rechtsprechung, dass auch die bloße Ausnutzung fremden Vertragsbruchs durch den Außenseiter bei Hinzutreten weiterer Umstände wie insbesondere der Unterbietung des gebundenen Preises sittenwidrig ist, mittlerweile aufgegeben (→ Rn. 102 f.).

Unter **Schleichbezug** versteht man den **Bezug** preisgebundener Ware **durch Täu- 100 schung** gebundener, vertragstreuer Abnehmer. Beispiele sind die Einschaltung von Mittelsmännern, die Verheimlichung des wahren Abnehmers, das Zusammenwirken mit ungetreuen Angestellten oder das Verschweigen einer verhängten Liefersperre (§§ 3, 4 Nr. 4 UWG).[212] In solchen Fällen wird häufig sogar auf die Lückenlosigkeit der Preisbindung als Anspruchsvoraussetzung verzichtet,[213] dies indessen zu Unrecht, da bei Lückenhaftigkeit des Systems mangels einer wirksamen Bindung der Vertragspartner des Preisbinders ein „Schleichbezug" Dritter gar nicht möglich ist.[214] Die Beweislast für den Schleichbezug trifft den Preisbinder.[215]

Die **Verleitung** gebundener Abnehmer durch den Außenseiter **zum Vertragsbruch 101** wird gleichfalls überwiegend als unlauter angesehen (§§ 3, 4 Nr. 4 UWG), weil sich der Außenseiter dadurch auf nicht zu billigende Weise einen Vorsprung vor seinen ebenfalls nicht gebundenen Konkurrenten verschaffe. Für die Annahme solcher Verleitung zum Vertragsbruch genügt nach überwiegender Meinung (zu Unrecht) bereits das bewusste

---

[211] BGH 3.6.1964 – Ib ZR 49/63, LM GWB § 16 Nr. 6 = NJW 1964, 1955 – Grauer Markt; Wolters/Lubberger GRUR 1999, 17 (21 ff.).

[212] BGH 5.12.1991 – I ZR 63/90, LM UWG § 3 Nr. 330 = NJW-RR 1992, 427 = GRUR 1992, 171; 30.6.1994 – I ZR 56/92, LM UWG § 1 Nr. 663 = NJW-RR 1994, 1326 – Tageszulassung.

[213] BGH 14.6.1963 – KZR 5/62 BGHZ 40, 135 (137 ff.) = NJW 1964, 152 – Trockenrasierer; 10.1.1969 – Ib ZR 78/62, LM UWG § 1 Nr. 140 = NJW 1964, 917 = WuW/E BGH 567 – Maggi; 14.7.1988 – I ZU 184/86, LM UWG § 1 Nr. 496 = NJW-RR 1988, 1441 = GRUR 1988, 916; 5.12.1991 – I ZR 63/90, LM UWG § 3 Nr. 330 = NJW-RR 1992, 427 = GRUR 1992, 171.

[214] OLG Hamburg 12.11.1987 – 3U 82/87. GRUR 1988, 387 (389); OLG Stuttgart 28.10.1988 – 2 U 185/87, NJW-RR 1989, 1004 (1006); Kraßer Schutz S. 196 f.; Koenigs JuS 1965, 384 (386).

[215] KG 7.3.1989 – 5 U 2417/87, GRUR 1989, 843 (844 f.); → Rn. 112.

Hinwirken auf den Vertragsbruch eines anderen, selbst wenn dieser ohnehin schon zum Vertragsbruch entschlossen ist.[216] Nur wenn sich der Außenseiter auf die Aufforderung zum Vertragsabschluss beschränkt oder einen Preisnachlass verlangt, wird eine Verleitung zum Vertragsbruch verneint.[217] Die Unlauterkeit der Verleitung eines gebundenen Händlers zum Vertragsbruch setzt ebenso wie die des Schleichbezugs (→ Rn. 100) voraus, dass die Preisbindung gedanklich und praktisch **lückenlos** ist, weil andernfalls der Lieferant gar nicht mehr zum „Vertragsbruch" verleitet werden kann, sowie dass der Außenseiter die Umstände kennt, die sein Verhalten als unlauter erscheinen lassen.[218] Die Beweislast trägt wiederum der Preisbinder (→ Rn. 97).

**102**  Weder der sogenannte Schleichbezug noch die Verleitung zum Vertragsbruch lassen sich gewöhnlich nachweisen (→ Rn. 100 f.). Preisbindungssysteme sind infolgedessen gegen Außenseiter in der Mehrzahl der Fälle nur durchsetzbar, sofern man hier (ausnahmsweise) bereit ist, bereits die **bloße Ausnutzung fremden Vertragsbruchs** als unlauter zu qualifizieren, sofern noch bestimmte andere, leicht nachweisbare Umstände hinzukommen. Das ist der Grund, weshalb die Gerichte früher schon den „Gesamttatbestand" aus bloßer **Ausnutzung** fremden Vertragsbruchs **und Unterbietung** der gebundenen Preise als unlauter ansahen.[219] Die **Bedenken** gegen diese Rechtsprechung, die vertraglichen Wettbewerbsbeschränkungen eine quasi-dingliche Wirkung gegen Dritte beilegte, lagen auf der Hand. Der BGH hat sie deshalb mittlerweile **aufgegeben,** so dass der Fragenkreis hier nicht mehr weiter zu verfolgen ist.[220] Soweit die Rechtsprechung den bindenden Unternehmen **Ersatzstrategien** eröffnet hat, insbesondere durch die (überraschende) Qualifizierung der Entfernung von Kontrollnummern als unlauterer Behinderungswettbewerb (§§ 3, 4 Nr. 4 UWG), betrifft dies allein Vertriebsbindungen, nicht dagegen die Preisbindung für Zeitungen und Zeitschriften.

## J. Missbrauch

### I. Überblick

**103**  § 30 Abs. 3 S. 1 enthält die im öffentlichen Interesse erforderliche Korrektur der durch § 30 Abs. 1 erlaubten Preisbindung für Zeitungen und Zeitschriften durch Einführung einer dem BKartA obliegenden Missbrauchsaufsicht in zwei Fällen, nämlich 1. bei missbräuchlicher Handhabung der Preisbindung (→ Rn. 106 ff.), sowie 2. im Falle der Eignung der Preisbindung zur grundlosen Verteuerung der im Preis gebundenen Zeitungen oder Zeitschriften (→ Rn. 118 ff.). Satz 2 der Vorschrift, der auf die 8. und die 9. Novelle zurückgeht, erstreckt die Missbrauchsaufsicht des Bundeskartellamtes auf die durch § 30 Abs. 2a von 2013 erlaubten Branchenvereinbarungen (dazu → Rn. 137 ff.) sowie auf die durch die neunte Novelle von 2017 noch zusätzlich zum Schutz der Presse freigestellten Pressekooperationen nach § 30 Abs. 2b (dazu → Rn. 156 ff.).

---

[216] So BGH 8.3.1962 – KZR 8/61, BGHZ 37, 30 (32 f.) = NJW 1962, 1105 – Cash and Carry; diese ganze überzogene Praxis bedarf dringend der Überprüfung (s. Emmerich/Lange LauterkeitsR § 7 Rn. 31, 37.

[217] BGH 26.4.1967 – Ib ZR 22/&%, LM RabattG Nr. 17 = WuW/E BGH 951 (958 f.) – Büchereinachlass; noch weitergehend vielfach das neuere preis- und vertriebsbindungsfreundliche Schrifttum.

[218] BGH 8.3.1962 – KZR 8/61, BGHZ 37, 30 (32 f.) = NJW 1962, 1105 – Cadbury; 26.4.1967 – Ib ZR 22/65, LM RabattG Nr. 17 = WuW/E BGH 951 (958 f.) – Büchereinachlass; Kraßer Schutz S. 191 ff.

[219] RG 6.10.1931, RGZ 133, 330 (335 f.); 5.4.1932, RGZ 136, 65 (73); 15.5.1936, RGZ 151, 239 (243 f.); BGH 8.3.1962 – KZR 8/61, BGHZ 37, 30 (34 ff.) = NJW 1962, 1105; 3.6.1964 – Ib ZR 7862, LM UWG § 1 Nr. 140 = NJW 1964, 1955 = WuW/E BGH 567 – Maggi; Bahr in Bunte Rn. 116.

[220] BGH 1.12.1999 – I ZR 130/96, BGHZ 143, 232 (240 ff.) = NJW 2000, 2504; 15.7.1999 – I ZR 130/96, LM UWG (Bl. 4 R) § 1 Nr. 801 = NJWE-WettbR 1999, 217 = GRUR 1999, 1113 = WRP 1999, 1022; 5.10.2000 – I ZR 1/98, LM UWG § 1 Nr. 840 = NJW-RR 2001, 1188 = GRUR 2001, 448 – Chanel; 21.2.2002 – I ZR 140/99, LM UWG § 1 Nr. 881 = NJW-RR 2002, 1119 = GRUR 2002, 709.

Vorläufer des § 30 Abs. 3 S. 1 war § 17 Abs. 1 S. 1 Nr. 2 und Nr. 3 von 1957 gewesen, **104** der indessen einen weit größeren Anwendungsbereich als der heutige § 30 Abs. 3 S. 1 gehabt hatte, weil er auch die praktisch hochbedeutsame, damals noch zulässige, seit 1973 aber verbotene **Preisbindung für Markenartikel** umfasste. Neben den beiden erwähnten Eingriffstatbeständen kannte das Gesetz deshalb seinerzeit auch noch in Gestalt des Fehlens oder des Wegfalls der Preisbindungsvoraussetzungen einen dritten Eingriffstatbestand (§ 17 Abs. 1 S. 1 Nr. 1 GWB von 1957), der jedoch 1973 zusammen mit der Aufhebung der Preisbindung für Markenartikel gestrichen wurde (→ Rn. 105).

Die **Erfahrungen** des BKartA mit der Missbrauchsaufsicht über die Preisbindung für **105** Markenartikel waren in den ersten Jahren nach Inkrafttreten des Gesetzes alles andere als ermutigend.[221] Deshalb war § 17 von 1957 zunächst durch die erste Novelle von **1965** um zwei, freilich bereits 1973 wieder gestrichene **Vermutungstatbestände** für die Fälle der Lückenhaftigkeit der Preisbindung und des zweigleisigen Vertriebs ergänzt worden (§ 17 Abs. 1 S. 2 aF). Denn durch die Streichung der Preisbindung für Markenartikel im Jahr 1973 beschränkte sich fortan der Anwendungsbereich des § 17 von 1957 auf die Preisbindung für **Verlagserzeugnisse**. Durch die sechste Novelle von **1998** wurden ferner in § 17 Abs. 3 Nr. 2 aF (= § 17 Abs. 1 Nr. 2 von 1957) die Worte „in einer durch die gesamtwirtschaftliche Verhältnisse nicht gerechtfertigten Weise" gestrichen, um klarzustellen, dass es bei der Frage, ob die mit der Preisbindung verbundene Verteuerung der Ware einen Missbrauch darstellt, allein darauf ankommt, ob sich die negativen Wirkungen der Preisbindung im Rahmen des mit der Zulassung der Preisbindung verfolgten Gesetzeszweckes halten oder darüber hinausgehen.[222] In dieser Fassung gilt die Vorschrift unverändert seit 1998, jetzt in Gestalt des § 30 Abs. 3 S. 1. Durch die Abwanderung der **Buchpreisbindung** im Jahre 2002 in das BuchpreisbindungsG reduzierte sich indessen die **praktische Bedeutung** der Vorschrift erneut erheblich, da sie seitdem nur noch für die Preisbindung für Zeitungen und Zeitschriften galt. Erst durch die Novellen von 2013 und 2017 kam es erstmals zu einer Umkehrung dieser Tendenz, da sich die Missbrauchsaufsicht des Bundeskartellamts seitdem auch auf die Branchenvereinbarungen des § 30 Abs. 2a und die Pressekooperationen des § 30 Abs. 2b erstreckt. Gleichwohl sind in den letzten Jahren Verfahren des Bundeskartellamtes aufgrund des § 30 Abs. 2 S. 1 nicht mehr bekannt geworden. Offenbar sieht das Amt bisher keinen Anlass mehr, von seinen Befugnissen aufgrund des § 30 Abs. 3 S. 1 überhaupt noch Gebrauch zu machen.[223] Jedoch kann sich das jederzeit ändern, etwa, wenn die Presse von der grundlosen Privilegierung wettbewerbsbeschränkender Vereinbarungen durch § 30 Abs. 2b einen exzessiven Gebrauch machen sollte – oder wenn sich endlich die Erkenntnis durchsetzen sollten, dass die weit überhöhten Preise zahlreicher Zeitschriften nur durch die Preisbindung künstlich zum Nachteil der Verbraucher (und der öffentlichen Bibliotheken) am Leben erhalten werden.

## II. Mißbräuchliche Handhabung (§ 30 Abs. 3 S. 1 Nr. 1)

**1. Überblick.** Nach der Nr. 1 des § 30 Abs. 3 S. 1 kann das Bundeskartellamt gegen **106** eine Preisbindung von Amts wegen oder auf Antrag (nur) eines gebundenen Abnehmers einschreiten, wenn die Preisbindung missbräuchlich gehandhabt wird. Durch diese Regelung soll sichergestellt werden, dass von der Erlaubnis der Preisbindung ausschließlich ein dem **Zweck** der Regelung **entsprechender Gebrauch** gemacht wird. Daraus ist der Schluss zu ziehen, dass ein Missbrauch der Preisbindung insbesondere dann anzunehmen ist, wenn mit der Preisbindung nicht mehr der Zweck der Legalisierung des überkommenen Pressevertriebssystems (→ Rn. 14 ff.), sondern weitergehende **wettbewerbsbeschränkende Zwecke** verfolgt werden oder wenn mit ihr so schwerwiegende **sonstige Nachteile** verbunden sind, dass demgegenüber ihr Beitrag zur Verwirklichung des genann-

---

[221] S. die Kritik der Bundesregierung in dem Kartellbericht von 1962 (BT-Drs. IV/617), S. 23 ff., 36.
[222] S. die Begr. v. 2016 von 1998, 50.
[223] Ebenso Bahr in Bunte Rn. 148.

ten Zwecks ganz in den Hintergrund tritt.[224] Der Begriff ist **objektiv** zu verstehen und setzt kein Verschulden voraus.[225]

**107**   § 30 Abs. 3 S. 1 Nr. 1 stellt auf die missbräuchliche „**Handhabung**" der **Preisbindung** ab. Dieser Begriff ist im weitesten Sinne zu verstehen und umfasst daher gleichermaßen die **Einführung** wie die inhaltliche **Ausgestaltung** und die Durchführung der Preisbindung.[226] Im Grunde handelt es sich dabei mithin um eine Art Generalklausel, unter die unbedenklich jedenfalls die Mehrzahl der Fallgruppen eines Missbrauchs subsumiert werden können, die früher in der umfangreichen Praxis zu § 17 aF, dem Vorläufer des heutigen § 30 Abs. 3 S. 1 Nr. 1, entwickelt worden sind[227] und über die deshalb im folgenden ein Überblick gegeben werden soll (Rn. 108–117). Von der Nr. 2 des § 30 Abs. 3 S. 1 unterscheidet sich die Nr. 1 der Vorschrift letztlich nur dadurch, dass bei der Nr. 2 bereits die bloße Eignung der Preisbindung zur Hervorrufung bestimmter nachteiliger Wirkungen für das Eingreifen des BKartA genügt, während die Anwendung der Nr. 1 weitergehend den **Eintritt** der als Missbrauch zu qualifizierenden negativen **Bedeutung** der Preisbindung voraussetzt (→ Rn. 119).[228] Dabei handelt es sich indessen allenfalls um einen graduellen Unterschied, weshalb das BKartA seine Entscheidungen früher in der Regel gleichzeitig auf beide Nummern des § 30 Abs. 3 S. 1 gestützt hat (→ Rn. 109).[229]- Die wichtigsten Fallgruppen der früheren Praxis:

**108**   **2. Fehlen der Voraussetzungen des § 30 Abs. 1.** Nach der bis 1973 gültigen Fassung des § 17 Abs. 1 Nr. 1 von 1957 konnte das BKartA eine Preisbindung für unwirksam erklären, wenn die **Voraussetzungen** des § 15 von 1957 **nicht** oder nicht mehr **erfüllt** waren. Obwohl in diesem Fall die Preisbindung bereits nach § 14 von 1957 nichtig war, kam folglich bei einem Verstoß gegen § 15 aF noch (zusätzlich) eine Unwirksamkeitserklärung mit freilich **nur deklaratorischer Bedeutung** in Betracht, um die Rechtslage mit Wirkung für und gegen jedermann klarzustellen.[230] **Beispiele** waren der grundlose Ausschluss der genossenschaftlichen Warenrückvergütung[231] sowie das Fehlen eines bestimmten Preises.[232] An dieser Eingriffsmöglichkeit des BKartA ist auch heute noch auf Grund des § 30 Abs. 3 S. 1 Nr. 1 festzuhalten. Dass in der Mehrzahl der Fälle **zugleich** **§ 32** eingreift, ist unerheblich.[233] § 32 ist nicht lex spezialis gegenüber § 30 Abs. 3 S. 1; umgekehrt gilt dasselbe (str.). Ebenso ist zu entscheiden, wenn die Preisbindungsvereinbarung wegen Verstoßes gegen § 30 Abs. 2 **(Schriftform)** nichtig ist (§ 125 BGB).[234]

**109**   **3. Lückenhaftigkeit der Preisbindung.** Die Erfahrungen mit den §§ 16 und 17 von 1957 haben gelehrt, dass preisbindende Unternehmen dazu neigen, an der Preisbindung selbst dann festzuhalten, wenn das System inzwischen längst zusammengebrochen ist insbesondere wegen der Lückenhaftigkeit der Preisbindung. Das Gesetz **vermutete** deshalb in der Zeit von 1965 bis 1973 in § 17 Abs. 1 das Vorliegen eines Missbrauchs bei **ver-**

---

[224] BGH 13.3.1979 – KVR 1/77, LM GWB § 17 Nr. 7 = NJW 1979, 1411 = WuW/E BGH 1604 – Sammelrevers 1974; 23.4.1985 – KVR 4/84, LM GWB § 16 Nr. 17 = NJW 1986, 1256 = WuW/E BGH 2166 = GRUR 1985, 933 – Schulbuchpreisbindung.

[225] BGH 5.5.1967 – KVR 1/65, LM GWB § 17 Nr. 2 = BB 1967, 1014 = WuW/E BGH 852 (855) – Großgebinde IV; Ballerstedt FS Hefermehl, 1976 37 (40 ff.).

[226] BGH 13.7.1979 – KVR 1/77, LM GWB § 17 Nr. 7 = NJW 1979, 1411 = WuW/E BGH 1604 – Sammelrevers 1974.

[227] Ebenso im Ergebis Waldenberger/Pardemann in FK-KartellR Rn. 180 f.

[228] BKartA 13.7.1965 – E1-59/64, WuW/E BKartA 943 (945).

[229] BKartA 13.7.1965 – E1-59/64, WuW/E BKartA 943.

[230] BKartA 11.12.1970, WuW/E BKartA 1323.

[231] BKartA 22.12.1975, WuW/E BKartA 1599 (1601); → Rn. 95.

[232] BKartA TB 1971, 62.

[233] BGH 13.3.1979 – KVR 1/77, WuW/E BGH 1604 = NJW 1979, 1411 = LM GWB § 17 Nr. 7; KG 20.10.1976 – Kart 4/76 WuW/E OLG 1805 = NJW 1977, 392; BKartA TB 1987/88, 33 (94) für den zweigleisigen Vertrieb; Bremer/Hackl/Klasse in MüKoWettbR Rn. 87; Nordemann in LMRKM Rn. 47 f.; str., anders zB Bahr in Bunte Rn. 153.

[234] BKartA 10.11.1969 – B3-257/69, WuW/E BKartA 1305 (1308).

**breiteter Lückenhaftigkeit der Preisbindung.** Daran hat sich in der Sache durch die Streichung des genannten Vermutungstatbestandes im Jahre 1973 nichts geändert, da die weitere Praktizierung einer unwirksam gewordenen Preisbindung auf die **Täuschung** der Abnehmer und Verbraucher über die Preissituation hinausläuft (§ 5 UWG).[235] Besonders nahe liegt die Annahme solchen Missbrauchs, wenn die gebundenen Verlagserzeugnisse ohne weiteres aus dem preisbindungsfreien Ausland importiert werden können.[236] Ausnahmen gelten allenfalls für einen kurzen Einführungszeitraum[237] oder bei einzelnen unvermeidlichen Fehlschlägen.[238]

Ein Missbrauch ist ferner anzunehmen, wenn die gebundenen **Preise** von den Abneh-    **110** mern verbreitet **überschritten** werden.[239] Ein Beispiel ist die Praxis zahlreicher Sortimenter, den Kunden im Falle der Bestellung von nicht auf Lager befindlichen Verlagserzeugnissen zusätzliche **Beschaffungskosten** in Rechnung zu stellen.[240] Missbräuchlich ist es außerdem, wenn ein Verlag versucht, das wirtschaftliche Risiko durch **Einschränkung des Remissionsrechts** ganz oder teilweise auf seine Abnehmer abzuwälzen oder wenn durch überhöhte Preise oder durch die Verbindung der Preisbindung mit Ausschließlichkeits- oder Vertriebsbindungen die **Bezugsmöglichkeiten** der Abnehmer unnötig **eingeschränkt** werden.[241] In derartigen Fällen kann zugleich eine Beschränkung der Erzeugung oder des Absatzes im Sinne der Nr. 2 des § 30 Abs. 3 S. 1 angenommen werden (→ Rn. 126).

**4. Zweigleisiger Vertrieb.** Unter einem zweigleisigen Vertrieb versteht man den Ver-    **111** trieb desselben Verlagserzeugnisses (im wirtschaftlichen Sinne) mit und ohne Preisbindung oder mit unterschiedlichen gebundenen Preisen (→ Rn. 80, 95 f.). Eine derartige auf Täuschung der Abnehmer angelegte Absatzpolitik ist mit § 30 unvereinbar, weil § 30 Abs. 1 allein die Bindung eines bestimmten Preises zulässt.[242] Der zweigleisige Vertrieb führt daher zur Unanwendbarkeit des Privilegs des § 30 Abs. 1 und damit zur **Unwirksamkeit** der Preisbindung (§ 1). Wegen der mit ihm verbundenen Täuschung der Abnehmer und Verbraucher über die Verbindlichkeit der Preisbindung und über das Preisniveau (§ 5 Abs. 1 S. 2 Nr. 2 UWG) liegt in ihm **zugleich** ein **Missbrauch** iSd § 30 Abs. 3 S. 1 Nr. 1.[243] § 17 Abs. 1 S. 2 in der Fassung von 1965 bis 1973 hatte dies noch ausdrücklich klargestellt. Den Gegensatz bildet die grundsätzlich unbedenkliche Herausgabe von **Sonder- und Parallelausgaben** (→ Rn. 78 f.). Die Abgrenzung richtet sich danach, ob es sich bei den verschiedenen Verlagserzeugnissen aus der allein maßgeblichen Sicht der Verbraucher wirtschaftlich um dasselbe Produkt oder wegen des unterschiedlichen Inhalts oder der unterschiedlichen Ausstattung um ein anderes Produkt handelt.[244] **Beispiele** für einen unzulässigen zweigleisigen Vertrieb von Verlagserzeugnissen sind die Festsetzung besonders niedriger Preise für einzelne Abnehmergruppen, die keinen Sondermarkt bilden,[245] sowie der Vertrieb identischer Verlagserzeugnisse mit geringfügigen Unterschieden in der Aufmachung zu unterschiedlichen Preisen.[246] Ein zweigleisiger Vertrieb liegt dagegen nicht vor, wenn die Zeitschriften unterschiedlich ausgestaltet sind[247] oder wenn sich die Lizenz-

---

[235] Ebenso BKartA TB 1978, 84.
[236] BKartA TB 1962, 36; 1963, 35 ff.; 1971, 83; 1978, 84; DB 1971, 1102.
[237] Vgl. BKartA TB 1964, 41.
[238] KG 10.3.1972 – Kart 14/70, WuW/E OLG 1244; 29.9.1972 – Kart 7/72, WuW/E OLG 1321 f.
[239] Bremer/Hackl/Klasse in MüKoWettbR Rn. 89.
[240] BKartA TB 1972, 84 (li. Sp.).
[241] Nordemann in LMRKM Rn. 55, 56, 60.
[242] BGH 20.11.1969 – KZR 1/69, BGHZ 53, 76 (86 ff.) = NJW 1970, 858 – Schallplatten; OLG Frankfurt a. M. 13.6.1985 – 6 U 121/83, NJW-RR 1986, 262 = WuW/E OLG 3609.
[243] BGH 20.11.1969 – KZR 1/69, BGHZ 53, 76 (86 ff.) = NJW 1970, 858 – Schallplatten; BKartA TB 1967, 54 ff.; 1987/88, 33 (94).
[244] S. BKartA TB 1995/96, 89 – Buchverlage.
[245] BKartA 30.11.1965 – B5-75/65, WuW/E BKartA 1023 (1029).
[246] BKartA TB 1967, 54 f.
[247] BKartA TB 1963, 50 f.

ausgabe nicht nur äußerlich, sondern auch inhaltlich von der Originalausgabe unterscheidet.[248]

112    Wieder andere Fragen wirft der übliche Preisabstand zwischen dem Einzelverkaufspreis von Presseerzeugnissen und dem regelmäßig deutlich niedrigeren **Abonnementspreis** auf. Das Bundeskartellamt ging hier ursprünglich davon aus, dass eine **über 15 % hinausgehende Differenz** zwischen dem Einzelverkaufspreis und dem Abonnementspreis von Zeitschriften grundsätzlich zur Annahme eines missbräuchlichen zweigleisigen Vertriebs führe,[249] ließ aber später bei kurzfristigen Einführungs- oder Probeabonnements auch eine Differenz von **35 %** zu.[250] Der **BGH** hatte sogar gegen eine Preisdifferenz von über **40 %** keine Bedenken.[251] Tatsächlich handelt es sich bei dem Einzelverkauf von Presseerzeugnissen und dem Vertrieb im Abonnement um **verschiedene Märkte**, so dass ein Vergleich der auf den beiden Märkten geforderten unterschiedlichen Preise – von Extremfällen abgesehen – ohne Aussagekraft für die Annahme eines Missbrauchs ist.[252]

113    **5. Inhaltskontrolle, Täuschung der Abnehmer.** § 30 Abs. 3 S. 1 Nr. 1 ermöglicht dem BKartA ferner eine **Inhaltskontrolle** über Preisbindungsvereinbarungen. Enthalten sie gesetzwidrige oder übermäßige, weil über das nach Treu und Glauben vertretbare Maß hinausgehende Beschränkungen oder Belastungen der Abnehmer, so ist die Verwendung derartiger Vertragsformulare missbräuchlich.[253] Hierher gehören **zB** die Bindung einer zu geringen Handelsspanne, das Verbot einer umsatzbezogenen Gewinnausschüttung an die Gesellschafter einer Buchhandlung, Querlieferungsverbote für den Großhandel,[254] der Vorbehalt der Belieferung von Großabnehmern,[255] weiter etwa die Abwälzung der Last der Durchsetzung der Preisbindung auf den Großhandel,[256] die Durchsetzung der Preisbindung durch Kollektivsperren mehrerer Preisbinder gemeinsam (§ 1)[257] sowie die Vereinbarung übermäßig hoher Vertragsstrafen.[258] Auch auf die **Täuschung** der Abnehmer angelegte Preisbindungsvereinbarungen können unter diesem Gesichtspunkt vom BKartA beanstandet werden. Als missbräuchlich ist es zB anzusehen, wenn bei Subskriptionsangeboten die Dauer des Angebots nicht mitgeteilt wird und außerdem eine Gegenüberstellung der beiden Preise fehlt,[259] wenn die Preisbindungsvereinbarung eine unklare Bezugnahme auf zahlreiche verschiedene Preislisten enthält[260] oder wenn der Preisbinder an einem unwirksamen oder unwirksam gewordenen Preisbindungssystem festhält (§§ 3, 5 UWG; → Rn. 109 f.).

114    **6. Diskriminierung.** Die Preisbindung wird missbraucht, wenn ihre Einführung oder Handhabung gegen das Diskriminierungsverbot des § 19 Abs. 1 und Abs. 2 Nr. 1 verstößt.[261] **Beispiele** sind die willkürliche Benachteiligung einzelner Gruppen von Großhändlern bei der Rabattgewährung[262] sowie die Unterbietung der dem Großhandel vorgeschriebenen Preise durch den Preisbinder selbst im Direktgeschäft mit dem Handel.[263]

---

[248] BKartA TB 1965, 33 f.

[249] BKartA TB 1987/88, 33 (94).

[250] BKartA 10.1.2002 – B5 – 93/01, (unveröffentlicht); Nordemann in LMRKM Rn. 56.

[251] BGH 7.2.2006 – KZR 33/04, BGHZ 166, 154 Rn. 24 ff. = NJW 2006, 2627.

[252] Bremer/Hackl/Klasse in MüKoWettbR Rn. 84 ff.

[253] BGH 13.3.1979 – KVR 1/77, LM GWB § 17 Nr. 7 = NJW 1979, 1411 = WuW/E BGH 1604 – Sammelrevers 1974.

[254] BKartA TB 1965, 38.

[255] BKartA TB 1959, 19.

[256] BKartA TB 1959, 38.

[257] BKartA TB 1960, 43; 1961, 44.

[258] BKartA TB 1968, 70.

[259] BKartA TB 1971, 83.

[260] BKartA TB 1968, 47.

[261] BGH 13.3.1979– KVR 1/77, LM GWB § 17 Nr. 7 = NJW 1979, 1411 = WuW/E BGH 1604 – Sammelrevers 1974.

[262] BGH 13.3.1979 – KVR 1/77, LM GWB § 17 Nr. 7 = NJW 1979, 1411 = WuW/E BGH 1604 – Sammelrevers 1974.

[263] BKartA 7.11.1972 – B3-233/71, WuW/E BKartA 1441.

Außerdem gehören hierher noch die Festlegung unterschiedlicher Preise für verschiedene Verkaufszonen,[264] die Berechnung unterschiedlicher Preise für Alt- und Neukunden,[265] der Ausschluss einzelner Händler von der Gewährung von Mengenrabatten,[266] weiter der Ausschluss großer Teile des Fachhandels vom Direktbezug beim Preisbinder wegen der Führung von Konkurrenzprodukten[267] oder die Gewährung zusätzlicher Rabatte in Abhängigkeit von Bezügen bei der Konkurrenz (sog. **Treuerabatte**)[268] sowie schließlich die Gewährung zusätzlicher Rabatte für die Erbringung besonderer Leistungen erst von einer bestimmten Abnahmemenge ab.[269] Nur die Kehrseite der Diskriminierung einzelner Abnehmer oder Abnehmergruppen ist die **Privilegierung** anderer. Unter diesem Gesichtspunkt missbräuchlich sind zB die individuelle Aushandlung der Preise mit den Abnehmern innerhalb eines weiten Rabattrahmens,[270] die Gewährung zusätzlicher Rabatte und sonstiger Vergünstigungen nur an einzelne Abnehmer wie zB Einkaufsgemeinschaften[271] sowie die Gewährung von Zusatzrabatten für nicht eindeutig abgegrenzte Großabnehmer[272] oder von Funktionsrabatten an Großabnehmer, die keine Großhändler sind.[273]

Der Preisbinder ist in der Entscheidung frei, ob er den **Großhandel** in sein Vertriebssystem einbeziehen will oder nicht.[274] Beliefert er den Großhandel, so ist er außerdem nicht verpflichtet, ihm einen besonderen **Funktionsrabatt** zu gewähren; er kann sich stattdessen auch auf eine durchgängige Mengenrabattstaffel beschränken.[275] Voraussetzung ist freilich, dass das **Mengenrabattsystem** nicht seinerseits in sich diskriminierend wirkt.[276] Der bloße Umstand, dass Großabnehmer günstigere Bedingungen als kleine Abnehmer erzielen, ist freilich jedem Mengenrabattsystem immanent und stellt deshalb für sich allein noch keine Diskriminierung dar.[277] Anders jedoch, wenn in die Mengenrabattstaffel zusätzlich ein Funktionsrabatt für Großabnehmer eingebaut ist, die keine Großhändler sind, weil dadurch der echte Großhandel behindert wird,[278] oder wenn durch die Mengenrabattstaffel Großabnehmer übermäßig, dh weit über die mit der Mehrabnahme verbundenen Vorteile für den Preisbinder hinaus begünstigt werden.[279]

**7. Verbindung mit anderen Wettbewerbsbeschränkungen.** Obwohl an sich allein die Nr. 2 des § 30 Abs. 3 S. 1 die Verbindung der Preisbindung mit anderen Wettbewerbsbeschränkungen als besonderen, die Mißbräuchlichkeit der Preisbindung begründenden Umstand erwähnt, besteht Übereinstimmung, dass nichts hindert, diesen Umstand auch im Rahmen des Grundtatbestandes der **Nr. 1** des § 30 Abs. 3 S. 1 zu berücksichtigen. Dies versteht sich zunächst von selbst für die Verbindung der Preisbindung mit einer **verbotenen Wettbewerbsbeschränkung**.[280] Beispiele sind die **kollektive Einführung** oder Durchsetzung der Preisbindung (§ 1 GWB; Art. 101 AEUV) sowie Verstöße gegen das **Diskriminierungsverbot** (§ 19 Abs. 1 und Abs. 2 Nr. 1; → Rn. 114 ff.). Hierher gehören die Kombination der Preisbindung mit einer solchen für gewerbliche Leistungen,[281] die

[264] BKartA TB 1962, 16.
[265] BKartA TB 1963, 48.
[266] BKartA TB 1972, 72 f.
[267] KG 30.1.1968 – Kart-V 33/67, WuW/E OLG 877 (881 ff.).
[268] BKartA TB 1969, 80.
[269] BKartA TB 1969, 69 f.
[270] BKartA TB 1963, 48.
[271] BKartA TB 1969, 84; 1971, 77 (78).
[272] BKartA 27.8.1958, WuW/E BKartA 6.
[273] BKartA TB 1964, 40.
[274] BKartA TB 1969, 66 (70).
[275] BGH 27.9.1962 – KZR 6/61, BGHZ 38, 90 (100 ff.) = NJW 1963, 293 – Grote-Revers.
[276] BGH 27.9.1962 – KZR 6/61, BGHZ 38, 90 (100 ff.) = NJW 1963, 293 – Grote-Revers.
[277] BKartA 4.6.1964 – B2-184/60, WuW/E BKartA 823.
[278] BKartA TB 1964, 40.
[279] BKartA 21.2.1972 – B3-112/71, WuW/E BKartA 1429 (1431).
[280] Bremer/Hackl/Klasse in MüKoWettbR Rn. 98; Bahr in Bunte Rn. 164 f.
[281] BKartA TB 1964, 34.

Hinderung des Preisbinders an einer Senkung seiner Preise durch sog. Baisseklauseln[282] sowie die Verpflichtung des Preisbinders zur Beibehaltung der Preisbindung oder zu deren Ausdehnung auf neue Artikel (§ 1).[283]

**117**    Anders beurteilt wurde dagegen früher meistens die Verbindung der Preisbindung mit nach dem GWB seinerzeit **erlaubten Wettbewerbsbeschränkungen**. Beispiele waren ihre Verbindung mit einem Konditionenkartell (§ 2 Abs. 2 aF) oder mit einer **Vertriebsbindung** (§ 16 Nr. 3 aF).[284] Heute kommt dagegen die Verbindung der Preisbindung für Zeitungen oder Zeitschriften mit einem Konditionenkartell oder mit Vertriebsbindungen nur noch in Betracht, wenn diese zusätzlichen Wettbewerbsbeschränkungen unter § 30 Abs. 2a oder Abs. 2b fallen oder wenn sie im Einzelfall ausnahmsweise die Voraussetzungen des § 2 GWB bzw. des Art. 101 Abs. 3 AEUV, bei Vertriebsbindungen jeweils in Verbindung mit der Gruppenfreistellungsverordnung Nr. 330/2010 für vertikale Vereinbarungen vom 20.4.2010,[285] erfüllen.

## III. Eignung zur Auslösung schädlicher Wirkungen (§ 30 Abs. 3 S. 1 Nr. 2)

**118**    **1. Überblick.** Nach § 30 Abs. 3 S. 1 Nr. 2 kann das BKartA die Preisbindung ferner für unwirksam erklären, wenn sie allein oder ihre Verbindung mit anderen Wettbewerbsbeschränkungen geeignet ist, die gebundenen Waren zu verteuern (→ Rn. 120 ff.), ein Sinken ihrer Preise zu verhindern (→ Rn. 125) oder ihre Erzeugung oder ihren Absatz zu beschränken (→ Rn. 126). Vorbild der Regelung war § 17 Abs. 1 Nr. 2 von 1957, von dem sich die Vorschrift lediglich durch die Streichung des Zusatzes „in einer durch die gesamtwirtschaftlichen Verhältnisse nicht gerechtfertigten Weise" unterscheidet.

**119**    Die Nr. 2 des § 30 Abs. 3 S. 1 unterscheidet sich von der Nr. 1 vor allem dadurch, dass bei ihr bereits die **bloße Eignung** der Preisbindung zur Auslösung schädlicher Wirkungen für ein Eingreifen des BKartA ausreicht (→ schon Rn 107). Die schädlichen Folgen brauchen mithin noch nicht eingetreten zu sein; es genügt, dass ihr Eintritt mit hoher Wahrscheinlichkeit zu erwarten ist.[286] Auf die tatsächliche Handhabung der Preisbindung kommt es demgegenüber nicht an.[287] Sind indessen die fraglichen Wirkungen bereits eingetreten, so kann neben der Nr. 2 auch die Nr. 1 des § 30 Abs. 3 S. 1 angewandt werden (→ Rn. 107), so zB, wenn die Preisbindung ein durch die Marktverhältnisse nahegelegtes Sinken der Preise verhindert.[288]

**120**    **2. Verteuerung.** § 30 Abs. 3 S. 1 Nr. 2 erlaubt dem BKartA eine **Preisaufsicht** über Zeitungen und Zeitschriften. Solche Preisaufsicht stürzt die Rechtsanwendung indessen hier gleich aus zwei Gründen in ein kaum lösbares Dilemma. Der erste Grund ist der bekannte Umstand, dass der einzige ernst zu nehmende Maßstab für eine kartellrechtliche Preisaufsicht, nämlich der hypothetische Wettbewerbspreis, eine hoffnungslose Unbekannte darstellt, wobei hier noch zweitens erschwerend hinzukommt, dass eine Preisbindung an sich notwendigerweise zu einer Verteuerung der gebundenen Waren im Verhältnis zum reinen Marktpreis führt (das ist schließlich Ihre Aufgabe), sodass die Kartellbehörden letztlich vor der (unlösbaren) Aufgabe stehen, zu entscheiden, um welchen Betrag die Preisbindung den ohnehin unbekannten hypothetischen Marktpreis verteuern darf und wo die Grenze zum Missbrauch überschritten ist. Wegen der Unlösbarkeit dieser Aufgabe – offenkundig eine Rechnung mit mehreren Unbekannten – war seinerzeit bereits die Preisaufsicht über die gebundenen Markenartikel praktisch zum Erliegen gekommen – und findet seitdem gegenüber den wenigen noch preisgebundenen Waren nicht mehr statt. Um dies

---

[282] BKartA 30.11.965, WuW/E BKartA 1023 (1028); TB 1965, 37; 1967, 56.
[283] BKartA TB 1965, 35.
[284] BKartA 4.7.1962 – B2-133/62, WuW/E BKartA 497 (499).
[285] ABl. 2010 L 102, 1.
[286] BKartA 13.7.1965 – E1-59/64, WuW/E BKartA 943 (945).
[287] BGH 5.5.1967 – KVR 1/65, WuW/E BGH 853 (856 f.) = LM GWB § 17 Nr. 2 – Großgebinde IV.
[288] BKartA TB 1978, 84.

zu verdeutlichen, soll im folgenden zunächst ein kurzer Überblick über die frühere, im Ergebnis weitgehend gescheiterte Preiskontrolle gegenüber preisgebundenen Markenartikeln gegeben werden (→ Rn. 121 f.). Im Anschluss daran ist auf die Konsequenzen dieser Entwicklung für die heutige Preiskontrolle gegenüber Zeitungen und Zeitschriften einzugehen (→ Rn. 123).

Während der Zulässigkeit der Preisbindung für Markenartikel, also von 1957 bis 1973 ist **121** das BKartA durchweg davon ausgegangen, dass als Maßstab für die Preisaufsicht nach § 17 Abs. 1 Nr. 2 von 1957 allein der **hypothetische Marktpreis** in Betracht komme, während es keine Rolle spielen sollte, ob dieser Preis dem Preisbinder eine Deckung seiner Kosten ermöglichte und ob er dem Handel „angemessene" Spannen beließ.[289] Der BGH hatte demgegenüber betont, der Marktpreis könne nicht allein entscheidend sein, weil das Gesetz in § 15 aF (= § 30 Abs. 1 nF) gerade einen Ausschluss des Preiswettbewerbs auf der Handelsstufe – mit der notwendigen Folge von Preiserhöhungen, gemessen am Marktpreis – zulasse; entscheidend sei vielmehr letztlich das **Spannungsverhältnis,** dh der Abstand zwischen dem hypothetischen Marktpreis und den gebundenen Preisen, während es auf die Kosten des Preisbinders und des Handels ebensowenig wie auf die Angemessenheit der Spannen ankomme.[290] Zu einer weiteren Konkretisierung des Maßstabes für die Preisaufsicht über preisgebundene Waren ist es in der Rechtsprechung später nicht mehr gekommen. Das BKartA wich deshalb in der Mehrzahl der Fälle, in denen es keine Anhaltspunkte für den hypothetischen Marktpreis sah, auf andere Konzepte aus. Hervorzuheben ist insbesondere das **Zeitvergleichskonzept,** nach dem sich die Preisbindung, wenn sie erst nachträglich eingeführt wurde, grundsätzlich an dem bis dahin üblichen Marktpreis orientieren musste, so dass die Festsetzung des gebundenen Preises auf einem deutlich höheren Niveau als missbräuchlich beanstandet wurde.[291] Wo auch dies nichts half, griff das BKartA schließlich auf eine **bloße Kontrolle der Handelsspannen** auf ihre Angemessenheit zurück, weil überhöhte Handelsspannen im Regelfall zu einer grundlosen Verteuerung der gebundenen Ware führten, zumal die Preisbindung nicht die Aufgabe habe, dem Handel ausreichende Erträge zu sichern.[292] Ebenso wurde es beurteilt, wenn die vom Preisbinder festgelegte Spanne, insbesondere infolge einer Kumulierung von Rabatten und sonstigen Vergünstigungen, erheblich die durchschnittliche Handelsspanne für vergleichbare Ware überstieg.[293]

Weitere derartige **Indizien** für eine übermäßige Verteuerung der gebundenen Waren **122** durch die Preisbindung waren in den Augen des BKartA – neben überhöhten Handelsspannen (→ Rn. 121) – die Festsetzung **unterschiedlicher Preise** für das In- und Ausland, sofern lediglich die Preisbindung die Angleichung der hohen inländischen an die niedrigeren ausländischen Preise verhinderte,[294] sowie die Festsetzung unterschiedlicher Preise innerhalb Deutschlands.[295] Ebenso wurde es beurteilt, wenn bei einem **Nachfragerückgang** lediglich die Preisbindung eine dringend gebotene Preissenkung verhinderte[296] oder wenn bestimmte Händler durch eine **Kumulierung von Rabatten** und sonstigen Vorteilen so niedrige Einkaufspreise erzielten, dass sie allein durch die Preisbindung daran gehindert wurden, die gebundene Ware wesentlich billiger weiter zu verkaufen.[297]

Nach dem Gesagten steht heute fest, dass, weil jeder Preisbindung eine gewisse ver- **123** teuernde Wirkung infolge der mit ihr letztlich bezweckten Stabilisierung der Einzelhandelspreise immanent ist, daß der hypothetische **Marktpreis** jedenfalls nicht der alleinige

---

[289] Ebenso auch heute für § 30 Abs. 3 S. 1 Bremer/Hackl/Klasse in MüKoWettbR Rn. 105 f.; Bahr in Bunte Rn. 170 ff.; Nordemann in LMRKM Rn. 58.
[290] BGH 5.5.1967 – KVR 1/65, LM GWB § 17 Nr. 2 = BB 1967, 1014 = WuW/E BGH 853 (856 f.).
[291] BKartA 26.6.1964 – B5-89/64, WuW/E BKartA 853 (857 f.); TB 1964, 31 f. (40).
[292] BKartA 24.10.1963 – B3-120/62, WuW/E BKartA 725 (728 f.).
[293] BKartA TB 1970, 67 (72); 1971, 69 (76, 78); 1972, 67 f.
[294] BKartA TB 1962, 58; 1971, 63; 1973, 85; 1978, 84 (1192 f.).
[295] BKartA TB 1963, 52 f.
[296] BKartA 3.3.1961 – B4-46/61, WuW/E BKartA 355.
[297] BKartA 21.2.1972, WuW/E BKartA 1429 (1432).

**Maßstab** für die Anwendung des § 30 Abs. 3 S. 1 Nr. 2 sein kann,[298] missbräuchlich vielmehr nur eine „**übermäßige**", durch den Zweck der Regelung nicht mehr gedeckte **Verteuerung** der gebundenen Ware sein kann, – womit zugleich gesagt ist, dass für eine Preismissbrauchsaufsicht über Verlagserzeugnisse im Ergebnis nur ein schmaler Raum bleibt, da schon alle Maßstäbe für die Ermittlung des hypothetischen Marktpreises fehlen, erst recht aber für die Bestimmung einer mit dem Gesetzeszweck (gerade noch) vereinbaren Verteuerung der gebundenen Ware gegenüber dem Marktpreis. Die Preiskontrolle muß sich deshalb notwendigerweise auf einige besonders gelagerte Fallgestaltungen beschränken müssen. Bereits mehrfach erwähnte **Beispiele** sind die Bindung der Preise für Verlagserzeugnisse weit über dem Niveau des preisbindungsfreien Auslandes,[299] der zweigleisige Vertrieb von Verlagserzeugnissen (→ Rn. 111 f.), die weitere Praktizierung der Preisbindung für Zeitungen oder Zeitschriften trotz ihrer Lückenhaftigkeit (→ Rn. 109 f.), die massive Unterbietung der gebundenen Preise im Handel, ein übermäßiger Preisabstand zwischen Parallelausgaben, überhöhte Einzelhandelsspannen (→ Rn. 120) ist sowie die weitere Praktizierung der Preisbindung zu dem alleinigen Zweck, eigentlich nach den Marktverhältnissen dringend gebotene und mögliche Preissenkungen zum Schaden der Verbraucher zu verhindern (Rn. 125).

124    **3. Subskriptionspreise.** Unter Subskriptionspreisen versteht man vom Verlag im Voraus **angekündigte, vorübergehende Preisermäßigungen,** um den Absatz neuer Produkte zu fördern. Subskriptionspreise müssen vor allem von den bei Zeitschriften verbreiteten Einführungs- oder **Probeabonnements** unterschieden werden, die heute nahezu unbeschränkt zulässig sind. Das Problem der Subskriptionspreise spielt in erster Linie eine Rolle bei der heute gesetzlich geregelten Buchpreisbindung,[300] kommt aber auch bei der Einführung neuer Zeitschriften gelegentlich vor. Subskriptionspreise sind Sonderpreise, gegen die an sich, weil herkömmlich und üblich, keine Bedenken bestehen (→ Rn. 78 ff.). Um eine **Täuschung der Abnehmer** zu verhindern, beanstandete das BKartA jedoch früher häufig Subskriptionspreise als missbräuchlich, wenn sie um **mehr als 20 %** unter dem angekündigten, späteren Preis lagen oder wenn der Subskriptionszeitraum übermäßig lang war, dh deutlich eine Frist von drei Monaten nach Erscheinen der Zeitschrift überschritt. Ein Missbrauch sollte außerdem vorliegen, wenn die Abnehmer über den Subskriptionszeitraum im unklaren gelassen wurden oder wenn der Verlag überhaupt nicht ernsthaft die Absicht hatte, den angekündigten höheren Preis später tatsächlich jemals zu verlangen (§ 5 Abs. 1 S. 2 Nr. 2 UWG).[301] Soweit der Missbrauch in einer Täuschung der Abnehmer gesehen wird, dürfte daran auch heute noch festzuhalten sein. Im übrigen aber kann die zunehmende Liberalisierung der Praxis bei Probeabonnements (→ Rn. 112) auf die Dauer nicht ohne Folgen für die Beurteilung von besonders niedrigen oder ungewöhnlich langfristig gewährten Subskriptionspreisen bleiben. Dem entspricht es, dass schon lange keine neuen Verfahren gegen (angeblich) missbräuchliche Subskriptionspreise mehr bekannt geworden sind.

125    **4. Verhinderung von Preissenkungen.** Nach § 30 Abs. 3 S. 1 Nr. 2 kann das BKartA eine Preisbindung ferner für unwirksam erklären, wenn sie allein oder infolge ihrer Verbindung mit anderen Wettbewerbsbeschränkungen geeignet ist, ein Sinken der gebundenen Preise zu verhindern Diese Vorschrift fand sich schon in der ursprünglichen Fassung des § 17 von 1957, wobei das Gesetz seinerzeit vorwiegend Fälle im Auge gehabt hatte, in denen die gebundenen Preise von Markenartikeln zwar ursprünglich – bei ihrer Einführung – dem (hypothetischen) Marktpreis (annähernd) entsprochen hatten, dieser jedoch in der

---

[298] So wohl schion die Begr. v. 2016 von 1998, 50; ebenso. Bunte NJW 1997, 3127 (3128 f.); Nordemann in LMRKM Rn. 58; Waldenberger/Pardemann in FK-KartellR Rn. 182: „Rätsel".

[299] BKartA TB 1978, 84.

[300] S. § 5 Abs. 4 Nr. 3 PreisbindungsG und dazu Wallenfels/Russ § 5 Rn. 15 f.; früher schon Franzen Börsenblatt 1985, 114.

[301] BKartA TB 1970, 61; 1971, 72; 1983/84, 103.

Zwischenzeit gesunken war, so dass allein durch die Preisbindung eine Anpassung der gebundenen Preise an die gesunkenen Marktpreise verhindert wurde. Nach § 17 Abs. 1 S. 2 in der von 1965 bis 1973 gültigen Fassung des Gesetzes wurde das Vorliegen eines derartigen Falles zudem vermutet, wenn die gebundenen Preise auf dem Markt verbreitet unterboten wurden. Hieran hatte sich auch nach Streichung dieses Vermutungstatbestandes nichts geändert: **Verbreitete Unterbietungen** des gebundenen Preises waren nach wie vor ein **deutliches Indiz** für das Vorliegen eines Missbrauchs und führten deshalb regelmäßig zur Aufhebung der Preisbindung.[302] Dasselbe galt für den **zweigleisigen Vertrieb** von Markenartikeln (→ Rn. 111). Heute stellt sich stattdessen hier vor allem die Frage, ob nicht tatsächlich die Preisbindung bei zahlreichen Zeitschriften letztlich nur noch die Aufgabe hat, eine an sich durchaus mögliche spürbare **Preissenkung zu verhindern.**[303] Vor allem die erheblichen Rationalisierungsgewinne der letzten Jahre bei der Herstellung und dem Vertrieb von Zeitschriften, denen ständig steigende Preise gegenüberstehen, legen die Annahme nahe, dass hier tatsächlich nur noch die Preisbindung eine mögliche spürbare Preissenkung verhindert und verhindern soll, um den Verlagen einen Ausgleich für die kontinuierlich sinkenden Erlöse aus dem Buchgeschäft zur möglichen.[304] Wenn dem tatsächlich so sein sollte, wofür zahlreiche Anzeichen sprechen, eröffnete sich hier ein wichtiges neues Anwendungsfeld für § 30 Abs. 3 S. 1 Nr. 1.

**5. Beschränkung der Erzeugung oder des Absatzes.** Eine Preisbindung kann vom **126** BKartA nach § 30 Abs. 3 S. 1 Nr. 2 schließlich noch für unwirksam erklärt werden, wenn sie allein oder infolge ihrer Verbindung mit anderen Wettbewerbsbeschränkungen geeignet ist, die Erzeugung oder den Absatz der preisgebundenen Ware zu beschränken. Dieser Tatbestand besaß gleichfalls nur so lange eine gewisse Bedeutung wie die Preisbindung für Markenartikel noch erlaubt war, also lediglich bis 1973. Sein Vorliegen wurde zB angenommen, wenn die **Festsetzung erheblich überhöhter Preise** dazu führte, dass die Lager ständig wuchsen, während der Marktanteil der gebundenen Ware zugleich kontinuierlich zurückging.[305] Eine Absatzbeschränkung konnte außerdem aus der Verbindung der Preisbindung mit einer **Vertriebsbindung** resultieren, sofern dadurch die ordnungsmäßige und ausreichende Versorgung der Verbraucher verhindert wurde.[306] Heute kommt die Anwendung dieses Tatbestandes etwa in Betracht, wenn Maßnahmen der genannten Art dazu führen, dass die **Überallerhätlichkeit** von Zeitungen oder Zeitschriften seitens eines Verlages ohne Not beeinträchtigt wird (→ Rn. 110), ein wohl eher theoretischer Fall.

## IV. Verfahren

**1. Geschichte.** Das BKartA „kann" nach § 30 Abs. 3 S. 1 von Amts wegen oder auf **127** Antrag eines gebundenen Abnehmers bei Vorliegen eines Missbrauchs (→ Rn. 106 ff.) die Preisbindung für unwirksam erklären und die Anwendung einer neuen, gleichartigen Preisbindung verbieten. Der Erlass einer Unwirksamkeitserklärung steht im Ermessen des Bundeskartellamtes. Das Ermessen bezieht sich gleichermaßen auf die Frage, ob das Amt überhaupt tätig werden soll (Rn. 134 f.) wie auf die Frage, zu welchem Zeitpunkt die Preisbindung gegebenenfalls für unwirksam zu erklären ist (Rn. 132), sowie außerdem auf die Frage des Umfangs der Unwirksamkeitserklärung (Rn. 129). In früheren Fassungen des Missbrauchsverbots war dies zum Teil noch ausdrücklich bestimmt (Rn. 127a).

Die heutige Fassung des Missbrauchsverbots, die auf die sechste Novelle von 1998 zurück- **127a** geht, unterscheidet sich von der ursprünglichen Fassung der Vorschrift (§ 17 Abs. 1 Hs. 1 von 1957) u in mehreren nicht unwichtigen Punkten. Hervorzuheben ist, dass in § 30 Abs. 3 S. 1 (ohne Begründung) die frühere Bestimmung gestrichen wurde, dass das BKartA

---

[302] BKartA 5.11.1969, WuW/E BKartA 1303.
[303] Waldenberger/Pardemann in FK-KartellR Rn. 185.
[304] Waldenberger/Pardemann in FK-KartellR Rn. 185.
[305] BKartA 30.11.1965 – B3-112/71, WuW/E BKartA 1023 (1027).
[306] BKartA TB 1962, 51.

auf Antrag eines gebundenen Abnehmers die Preisbindung im Falle eines Missbrauchs für unwirksam erklären „soll" (→ Rn. 134). Gestrichen wurde außerdem der Zusatz, dass das BKartA eine missbräuchliche Preisbindung „mit sofortiger Wirkung oder zu einem von ihm zu bestimmenden künftigen Zeitpunkt" für unwirksam erklären kann (§ 17 Abs. 1 Hs. 1 aF), dies deshalb, weil es dem BKartA im Rahmen seines Ermessens ohnehin freistehe, den **Zeitpunkt** festzulegen, zu dem die Preisbindung verboten wird.[307] Aufgehoben wurde ferner die früher in § 17 Abs. 2 aF geregelte Verpflichtung des BKartA, vor Erlass einer Unwirksamkeitserklärung das preisbindende Unternehmen aufzufordern, den beanstandeten Missbrauch abzustellen. Schließlich ist auch der **frühere § 19,** der die Auswirkungen der Unwirksamkeitserklärung auf die weiteren Abreden der Parteien regelte, als überflüssig aufgehoben worden. **Zuständig** für die Unwirksamkeitserklärung ist nach § 30 Abs. 3 S. 1 allein das BKartA. Soweit durch die Novellen von 2013 und 2017 die Missbrauchsaufsicht des BKartA auf die **Branchenvereinbarungen** des § 30 Abs. 2a sowie auf die **Presse-kooperationen** nach § 30 Abs. 2b erstreckt wurde (§ 30 Abs. 3 S. 2 in der Fassung von 2017) dürfte für das Verfahren vor dem BKartA im Wesentlichen dasselbe wie für die Missbrauchsaufsicht über Preisbindungen nach § 30 Abs. 1 gelten (→ Rn. 152, 162).

**128**   **2. Abschließende Regelung.** § 30 Abs. 3 S. 1 regelt die Rechtsfolgen eines Missbrauchs des Preisbindungsprivilegs für Verlagserzeugnisse abschließend, so dass daneben ein Rückgriff auf das **UWG** ausscheidet. Konkurrenten und Abnehmer können daher im Falle der missbräuchlichen Handhabung der Preisbindung nicht aufgrund der §§ 3, 3a, 8 und 9 UWG Unterlassung und Schadensersatz verlangen.[308] Mit Rücksicht auf den abschließenden Charakter der Regelung des § 30 Abs. 3 S. 1 ist außerdem anzunehmen, dass das BKartA im Falle eines Missbrauchs der Preisbindung darauf beschränkt ist, die Preisbindung ganz oder teilweise für unwirksam zu erklären (→ Rn. 129), während ihm **gestaltende Eingriffe** in die Preisbindung mit dem Ziel der Beseitigung des Missbrauchs nach § 30 verwehrt sind. Selbst wenn der Missbrauch nur in der Fassung einer einzigen Klausel des Preisbindungsreverses besteht, kann das BKartA daher nicht deren Umgestaltung verlangen, sondern ist auf den in § 30 Abs. 3 S. 1 vorgesehenen Ausspruch der Unwirksamkeit der fraglichen Klausel beschränkt (→ Rn. 129).[309]

**129**   Das BKartA hat nach pflichtgemäßem Ermessen zu entscheiden, ob es die Preisbindung **insgesamt oder** nur **teilweise** für unwirksam erklären will. Dies sagt zwar die Vorschrift des § 30 Abs. 3 S. 2 ausdrücklich nur für die Fälle des § 30 Abs. 2a und § 30 Abs. 2b, folgt aber aus dem Umstand, dass Maßnahmen aufgrund des § 30 Abs. 3 S. 1 im Ermessen des Bundeskartellamts stehen (vgl Rn. 127, 132). Eine partielle („teilweise") Unwirksamkeitserklärung kommt namentlich in Betracht, wenn der Missbrauch lediglich in der Fassung **einzelner,** von den übrigen Vertragsbestimungen abtrennbarer **Klauseln** des Reverses oder in der Verbindung einer an sich zulässigen Preisbindung mit unzulässigen anderen Abreden wie zB einer Preisbindung für gewerbliche Leistungen besteht.[310] Das Schicksal des Vertragsrestes oder der anderen Abreden beurteilt sich dann allein nach **§ 139 BGB.**[311] Ist die Preisbindung durch einen **Sammelrevers** begründet worden, so richtet sich die Unwirksamkeitserklärung auch nicht etwa gegen sämtliche in dem Sammelrevers gebündelten Preisbindungen, sondern nur gegen die **einzelne,** jeweils missbräuchlich gehandhabte **Preisbindung;** die übrigen Preisbindungen bleiben davon unberührt.[312]

---

[307] Begr. von 1998, 50 (li. Sp. u.).
[308] BGH 7.2.2006 – KZR 33/04, BGHZ 166, 154 Rn. 13 ff. = NJW 2006, 2627; Alexander ZWeR 2007, 239 (244 ff.); Bechtold/Bechtold/Bosch Rn. 27 f.; Bahr in Bunte Rn. 188; früher sehr str., s. Emmerich JuS 2006, 1030 mN.
[309] KG 20.10.1976 – Kart 4/76, NJW 1977, 392 = WuW/E OLG 1805 (1808 f.).
[310] KG 20.10.1976 – Kart 4/76, NJW 1977, 392 = WuW/E OLG 1805 (1808 f.); Bahr in Bunte Rn. 189; Nordemann in LMRKM Rn. 62.
[311] Bechtold/Bechtold/Bosch Rn. 28; Nordemann in LMRKM Rn. 62.
[312] BGH 20.11.1969 – KZR 1/69, BGHZ 53, 76 (84) = NJW 1970, 858 = WuW/E BGH 1073 – Schallplatten II.

**3. Unwirksamkeitserklärung. a) Privatrechtsgestaltender Verwaltungsakt.** Die **130**
Unwirksamkeitserklärung ist ein privatrechtsgestaltender Verwaltungsakt mit **Wirkung für
und gegen jedermann.** Er ergeht (nur) gegenüber dem Preisbinder und führt zur
Nichtigkeit aller Preisbindungsvereinbarungen mit den gebundenen Abnehmern einschließlich der etwaigen Preisbindungsvereinbarungen zwischen den Großhändlern und
den Einzelhändlern im Falle der Preisbindung zweiter Hand.[313] Die Folge ist, dass für die
fragliche Preisbindung an die Stelle der Erlaubnis des § 30 Abs. 1 wieder das **Verbot des
§ 1** tritt.[314] Eine Unwirksamkeitserklärung kommt auch in Betracht, wenn die Preisbindung an sich **bereits** wegen Verstoßes gegen die §§ 1, 30 Abs. 2 oder 19 Abs. 1 oder aus
zivilrechtlichen Gründen (zB § 125 BGB) **nichtig** ist. Die Erklärung hat dann zwar nur
**deklaratorische** Wirkung.[315] Aus Gründen der Rechtssicherheit und Rechtsklarheit ist
die Erklärung aber selbst dann angesichts ihrer Bindungswirkung für die Zivilgerichte als
zulässig anzusehen.[316]

Sind mit der Preisbindung **andere Wettbewerbsbeschränkungen,** zB solche iSd §§ 1 **131**
oder 19 **verbunden,** so werden diese von einer Unwirksamkeitserklärung allein auf Grund
des § 30 Abs. 3 S. 1 nicht erfasst (→ Rn. 130). Indessen können Verfahren nach den §§ 1,
19 und 32 ohne weiteres mit Verfahren auf Grund des § 30 Abs. 3 S. 1 verbunden werden
(→ § 32 Rn. 20 ff.). Außerdem hindert nichts, die Verfügungen auf Grund der verschiedenen Vorschriften äußerlich zusammenzufassen.

**b) Zeitpunkt.** Die Unwirksamkeit der Preisbindung kann mit sofortiger Wirkung oder **132**
zu einem zukünftigen Zeitpunkt ausgesprochen werden. Das war in § 17 Abs. 1 Hs. 1 von
1957 noch ausdrücklich ausgesprochen; heute ergibt es sich aus dem Ermessensspielraum,
über den das BKartA bei der Unwirksamkeitserklärung einer Preisbindung verfügt
(→ Rn. 127).[317] Die Regel bildet die **sofortige** Unwirksamkeitserklärung. Die Erklärung
der Unwirksamkeit zu einem **späteren Zeitpunkt** kommt nur in Betracht, wenn eine
sofortige Umstellung für den Handel nicht zumutbar ist, so dass ihm noch der Verkauf
seines Lagers zu den gebundenen Preisen ermöglicht werden muss.[318] Dagegen scheidet
eine **rückwirkende** Unwirksamkeitserklärung aus.[319]

**4. Verbot einer neuen gleichartigen Preisbindung.** Mit der Unwirksamkeitserklä- **133**
rung kann das BKartA nach § 30 Abs. 3 S. 1 Hs. 1 das Verbot der Anwendung einer
neuen, gleichartigen Preisbindung verbinden. Dadurch sollen **Umgehungen** des § 30
Abs. 3 S. 1 durch die Wiederholung im wesentlichen gleichartiger Preisbindungen verhindert werden. In solchen Fällen erspart dann das Verbot der neuen gleichartigen Preisbindung bei Wiederholung der Preisbindung ein erneutes Verfahren nach § 30 Abs. 3 S. 1,
da die neuen Verträge kraft Gesetzes sofort nichtig sind (§ 134 BGB); außerdem stellt die
Anwendung der neuen Preisbindung eine **Ordnungswidrigkeit** dar (§ 81 Abs. 2 Nr. 2
lit. a).[320] Bei einzelnen **Änderungen** der Preisbindung kommt es für die Frage der Gleichartigkeit im vorliegenden Zusammenhang darauf an, ob die Änderungen ein derartiges
Gewicht haben, dass vom Standpunkt eines objektiven Betrachters aus eine neue, andere
Preisbindung vorliegt. Eine bloße Anpassung des gebundenen Preises an die veränderten
Marktverhältnisse reicht dafür nicht aus.[321]

**5. Ermessen des BKartA.** Das BKartA „kann" ein Verfahren nach § 30 Abs. 3 S. 1 **134**
**von Amts wegen** oder auf **Antrag** eines gebundenen Abnehmers einleiten. § 30 Abs. 3

[313] Bahr in Bunte Rn. 189.
[314] Begr. v. 1955, S. 37 (li. Sp. o.).
[315] BKartA TB 1969, 86; Bahr in Bunte Rn. 194; Nordemann in LMRKM Rn. 64.
[316] Waldenberger/Pardemann in FK-KartellR Rn. 188.
[317] Begr. von 1998, S. 50 (li. Sp. u.).
[318] BKartA 13.5.1964 – B3-323/63, WuW/E BKartA 835 (840 f.).
[319] BGH 27.9.1962 – KZR 6/61, BGHZ 38, 90 (100) – Grote-Revers.
[320] KG 10.3.1972 – Kart 14/70, WuW/E OLG 1244 (1246); Nordemann in LMRKM Rn. 65.
[321] BGH 17.5.1973 – KVR 1/72, WuW/E BGH 1283 (1284 f.).

S. 1 unterscheidet sich insoweit in einem wichtigen Punkt von § 17 Abs. 1 Hs. 1 von 1957, da das BKartA früher im Falle des Antrages eines gebundenen Abnehmers das Verfahren einleiten „sollte". so dass es bei Vorliegen eines Antrags über kein Ermessen mehr verfügte. Nach der jetzigen Gesetzesfassung steht dagegen die Einleitung des Verfahrens in jedem Fall im **Ermessen** des Bundeskartellamts, so dass der „Antrag" eines gebundenen Abnehmers in Wirklichkeit nur die Bedeutung einer **Anregung** hat. Solche Anregungen können freilich von **jedermann** an das Bundeskartellamt gerichtet werden, insbesondere auch von Konkurrenten und Außenseitern, so dass die Beschränkung der Antragsbefugnis gerade auf gebundene Abnehmer in § 30 Abs. 3 S. 1 heute ohne Sinn ist.

135    Für die **Ermessensentscheidung** des Bundeskartellamts über die Einleitung eines Verfahrens kommt es in erster Linie auf Art und Schwere des Missbrauchs, auf die Belastung des Amtes sowie auf die gesamtwirtschaftliche Bedeutung des Preisbindungssystems an, während das Interesse des Preisbinders an dem Fortbestand seines Bindungssystems keine Rolle spielt, da es kein schutzwürdiges Interesse an der Aufrechterhaltung einer missbräuchlichen Preisbindung geben kann.[322] Sobald aber das BKartA einmal ein **Verfahren eingeleitet** hat, besitzt es kein Ermessen mehr; vielmehr muss es jetzt die Preisbindung für unwirksam erklären, sofern sich in dem Verfahren herausstellt, dass die Voraussetzungen des § 30 Abs. 1 oder 2 fehlen oder dass ein Missbrauch iSd § 30 Abs. 3 S. 1 vorliegt.[323] Das BKartA ist nicht etwa befugt, eine als missbräuchlich erkannte Preisbindung zu dulden. Vor Erlass einer Unwirksamkeitserklärung muss das BKartA nach hM — trotz Streichung des früheren § 17 Abs. 2 (→ Rn. 127) — außerdem eine **Abmahnung** aussprechen, um den Betroffenen Gelegenheit zu geben, selbst für die Abstellung des Missbrauchs zu sorgen.[324]

136    **6. Rechtsmittel.** Die Unwirksamkeitserklärung einer Preisbindung wird mit ihrer Zustellung wirksam (§ 61). Die **Beschwerde** (§ 73) gegen sie hat nach § 66 Abs. 1 Nr. 2 aufschiebende Wirkung.[325] Das BKartA kann aber die sofortige Vollziehung seiner Verfügung anordnen (§ 67). Die Beschwerde kann nicht darauf gestützt werden, dass das BKartA jahrelang gegen eine später als missbräuchlich beanstandete Preisbindung nicht eingeschritten sei. Die bloße Passivität des BKartA begründet keinen schutzwürdigen Besitzstand, der das Vertrauen darauf rechtfertigte, dass das Amt auch in Zukunft gegen einen Missbrauch nicht einschreiten werde.[326] Bis zur endgültigen Entscheidung über die Unwirksamkeitserklärung kann das BKartA gemäß § 60 Nr. 3 ferner **einstweilige Anordnungen** zur Regelung eines einstweiligen Zustandes treffen. In Betracht kommt insbesondere die Untersagung einer missbräuchlichen Handhabung der Preisbindung, wobei nicht zuletzt an Verstöße gegen das Diskriminierungsverbot zu denken ist.[327]

## K. Branchenvereinbarungen

**Schrifttum:** Bach, Kartellrechtliche Absicherung des Presse-Grosso-Systems, NJW 2016, 1630; R. Bechtold, Pressegroßhandel und Kartellrecht, ein Erfahrungsbericht, FS Wiedemann, 2020, 223; Emmerich, Das Pressepriveleg des § 30 Abs. 2a GWB, in FS Dauses, 2014, S. 77; Haus Zur Auslegung des § 30 Abs. 2a GWB, WuW 2014, 830; Kühling, Kartellrechtliche Befreiung und Betrauung des Presse-Grosso in der GWB- Novelle, ZUM 2013, 18; J. B. Nordemann, Das deutsche Presse-Grosso: Ein zulässiges Kartell?, in: FS Köhler, 2014, S. 495; Paschke, Bestandsschutz für das Presse-Grosso als Eingriff in die Pressevertriebsfreiheit, AfP 2012, 431; ders., Kartellrechtsnovelle für Presse-Grosso ohne Kompetenzgrundlage, AfP 2012, 501; Raible, Die Erweiterung der kartellrechtlichen Freistellung im Presse-Vertrieb, in: Bien, Das deutsche

---

[322] Anders Bahr in Bunte Rn. 182; Nordemann in LMRKM Rn. 61.

[323] KG 15.10.1971 – Kart 1/71, WuW/E OLG 1207 (1215).

[324] Bechtold/Bechtold/Bosch Rn. 26; Nordemann in LMRKM Rn. 61.

[325] BKartA 18.2.1970 – B3-377/69, WuW/E BKartA 1311 (1314).

[326] BGH 5.12.1968 – KVR 2/68, BGHZ 51, 163 (165) = NJW 1969, 1024 – Farbumkehrfilm; BGH 17.5.1973 – KVR 2/72, BGHZ 61, 1 (4) = NJW 1973, 1236 – Asbach-Uralt; seitdem unstr.

[327] Bremer/Hackl/Klasse in MüKoWettbR Rn. 174 f.; Bahr in Bunte Rn. 186 f.; Nordemann in LMRKM Rn. 62.

Kartellrecht nach der 8. GWB-Novelle, 2013, S. 209; Schwarze, Zur Zulässigkeit der neuen Regelung über das Presse-Grosso, NZKart 2013, 270; Stumpf Pressegrosso als Dienstleistung von allgemeinem wirtschaftlichem Interesse im Sinne des Art. 106 Abs. 2 AEUV, WuW 2017, 13.

## I. Überblick

Durch die 8. Novelle von 2013 ist die Vorschrift des § 30 auf die Freistellung so **137** genannter Branchenvereinbarungen zwischen Vereinigungen von Presseverlagen und von Pressegroßhändlern, so genannten Grossisten erstreckt worden (§ 30 Abs. 2a S. 1; zur Vorgeschichte schon → Rn. 17 ff., 22). Die Freistellung soll auf dem Weg über Art. 106 Abs. 2 AEUV auch für das Kartellverbot des Art. 101 AEUV gelten (S. 2 des § 30 Abs. 2a; dazu → Rn. 148 ff.). Unberührt bleiben jedoch die §§ 19 und 20 (S. 3 des § 30 Abs. 2a). Im übrigen unterliegen die Branchenvereinbarungen fortan nur noch einer Missbrauchsaufsicht durch das Bundeskartellamt (§ 30 Abs. 3 S. 2; dazu → Rn. 152).

Die Freistellung der Branchenvereinbarungen zwischen den Vereinigungen oder Ver- **138** bänden der Presseverlage und der Großhändler, der so genannten Grossisten setzt voraus, dass in der fraglichen Vereinbarung der flächendeckende und diskriminierungsfreie Vertrieb von Zeitungs- und Zeitschriftensortimenten über den Großhandel, insbesondere dessen Voraussetzungen und Vergütungen sowie die dadurch abgegoltenen Leistungen geregelt sind (§ 30 Abs. 2a S. 1 Hs. 2). Durch diese Regelung, die in erster Linie auf einen Formulierungsvorschlag (ausgerechnet) des Bundesverbandes der Presse-Grossisten zurückgeht,[328] soll „das seit Jahrzehnten bewährte Presse-Grosso-Vertriebssystem, das wesentlich zur Überallerhältlichkeit von Presseartikeln und zu einem diskriminierungsfreien Zugang insbesondere auch von Titeln kleinerer Verlage und von Titeln mit kleineren Auflagen zum Lesermarkt beiträgt, kartellrechtlich abgesichert werden."[329] Hintergrund ist nach einer Bemerkung der Gesetzesverfasser ein zivilrechtliches Gerichtsverfahren, in dem sich die Bauer Media-Group mit einem Marktanteil von ungefähr 15 % gegen das von dem Pressegossoverband in Anspruch genommene so genannte zentrale Verhandlungsmandat insbesondere bezüglich der Handelsspannen für seine Mitglieder in den Verhandlungen mit den Verlagen als kartellrechtlich unzulässig wandte, und zwar gleichermaßen nach nationalem wie nach Unionsrecht (§ 1 GWB, Art. 101 AEUV). Die Klage hatte vor dem LG Köln[330] und dem OLG Düsseldorf[331] Erfolg, wurde aber schließlich vom BGH unter Berufung auf den neuen § 30 Abs. 2a abgewiesen (schon → Rn. 22 sowie → Rn. 151).[332] Eine Verfassungsbeschwerde der Bauer Media-Group blieb ebenfalls erfolglos. Daraufhin kam es 2018 zu einer neuen Branchenvereinbarung, nachdem die Presseverlage eine „Allianz" gebildet hatten, „um ihre Verhandlungsposition zu stärken."[333]

## II. Beteiligte

Die Freistellung der Branchenvereinbarungen durch § 30 Abs. 2a S. 1 gilt nur für **Ver-** **139** **einbarungen** iSd § 1 GWB sowie des Art. 101 Abs. 1 AEUV zwischen bestimmten Verbänden oder Vereinigungen, vom Gesetz Vereinigungen von Presseverlagen und Vereinigungen von deren Abnehmern (dh von Pressegroßhändlern oder Grossisten) genannt. Daraus folgt – ebenso wie aus einem Vergleich mit § 2 Abs. 1 Hs. 1 und § 3 Hs. 1 – als

---

[328] Ausschußbericht, BT-Drs. 17/11053, 15 (re. Sp.; ausführlich zur Entstehungsgeschichte Bechtold, in: FS Wiedemann, 2020, S. 223 ff.)

[329] So wörtlich der Ausschußbericht, BT-Drs. 17/11053, 25 (li. Sp. u.).

[330] LG Köln 14.2.2012 – 88 O (Kart) 17/11, WuW/E DER 3532 = GRUR-RR 2012, 171.

[331] OLG Düsseldorf 26.2.2014 – U (Kart) 7/12, NZKart 2014, 154 = WuW/E DER 4242 – GRUR-RR 2014, 353; zustimmend Nordemann FS Köhler 2014 495; ablehnend Haus WuW 2014, 830.

[332] BGH 26.10.2015 – KZR 17/14, NZKart 2016, 78 = NJW 2016, 1652 = WuW 2016, 133; zustimmend Hennemann NZKart 2016, 160; Stumpf WuW 2017, 13; – kritisch Bach NJW 2016, 1630; Emmerich FS Dauses, 2014, 77; Marx/Podszun in Kölner Komm KartellR Rn. 72 f.; Waldenberger/Pardemann in FK-KartellR Rn. 101, 106 ff.

[333] Waldenberger/Pardemann in FK-KartellR Rn. 129 f.; alle Einzelheiten bei Bechtold, in: FS Wiedemann, 2020, 223 ff.

erstes, dass kein Raum für eine Anwendung des § 30 Abs. 2a auf Beschlüsse von Unternehmensvereinigungen oder auf abgestimmte Verhaltensweisen ist. Der Kreis der möglichen **Vertragsparteien** einer Branchenvereinbarung ist nach dem Gesagten begrenzt. Er beschränkt sich auf ganz bestimmte Vereinigungen oder besser: Verbände, nämlich auf der einen Seite auf Vereinigungen von Zeitungsverlagen. Eine **Vereinigung von Zeitungsverlagen** ist nach § 30 Abs. 2a S. 1 Hs. 1 anzunehmen, wenn es sich gerade um eine Vereinigung (oder einen Verband) von Unternehmen handelt, die nach § 30 Abs. 1 Preise für Zeitungen oder Zeitschriften binden (wegen der Einzelheiten → Rn. 20, 31 ff.). Zu denken ist hier wohl in erster Linie, aber natürlich nicht allein an den Bundesverband Deutscher Zeitungs-Verleger **(BDZV).**[334] Presseverlage, die ohne Preisbindung auskommen, können sich auch nicht an Branchenvereinbarungen beteiligen.[335]

**140**    Als Vertragspartner für die Vereinigungen oder Verbände von Presseverlagen und damit insbesondere für den BDZV (→ Rn. 139) kommen nach § 30 Abs. 2a S. 1 nur **Vereinigungen von Presse-Grossisten,** dh von Pressegroßhändlern in Betracht. Gemeint sind damit sämtliche **Abnehmer** der Presseverlage, die im Bundesgebiet Zeitungen oder Zeitschriften mit Remissionsrecht beziehen und mit Remissionsrecht an Letztverkäufer, das so genannte Sortiment, weiterverkaufen. Hier hat das Gesetz wohl vornehmlich den Bundesverband Deutscher Buch-, Zeitungs- und Zeitschriften-Grossisten **(BVPG,** → Rn. 17) im Auge, auf dessen Formulierungsvorschlag die neue Vorschrift ohnehin offenbar zurückgeht (→ Rn. 138). Der Anwendungsbereich des Gesetzes beschränkt sich mit anderen Worten auf Vereinigungen von Großhändlern für Zeitungen und Zeitschriften, die sich an dem herkömmlichen Vertriebssystem für Presseprodukte beteiligen, gekennzeichnet durch Gebietsmonopole der Großhändler, das Dispositionsrecht der Verlage und Großhändler, das Remissionsrecht der Großhändler und des Sortiments sowie durch die Preisbindung (→ Rn. 14 ff.). Die merkwürdige Folge ist, dass andere an dem Vertrieb von Zeitungen und Zeitschriften beteiligte Verbände oder Unternehmen wie insbesondere Sortimenter und Bahnhofsbuchhandlungen und deren Verbände das Privileg des § 30 Abs. 2a nicht in Anspruch nehmen können.[336] Dasselbe gilt für einzelne Verlage allein, also ohne den Umweg über einen Verband.[337] Hier stellt sich ernsthaft die Frage nach der Vereinbarkeit der Regelung mit Art. 3 Abs. 1 GG.

### III. Zulässiger Inhalt

**141**    § 30 Abs. 2a S. 1 enthält neben den Vorschriften der §§ 2 und 3 sowie des § 30 Abs. 2b idF von 2017 eine weitere **Ausnahme von** dem grundsätzlichen **Kartellverbot** des **§ 1** GWB und des Art. 101 AEUV durch die Freistellung bestimmter Vereinbarungen, die die genannten Vereinigungen (→ Rn. 139 f.) im Namen der von ihnen jeweils vertretenen Unternehmen, dh der Verlage und der Großhändler abschließen, wobei vorausgesetzt wird, dass die Unternehmen den Vereinigungen eine entsprechende Vollmacht erteilt haben.[338] Die Freistellung gilt jedoch nicht etwa generell für alle beliebigen wettbewerbsbeschränkenden Vereinbarungen der genannten Verbände, sondern allein für Vereinbarungen, dh für Kartellverträge, durch die, wie es in § 30 Abs. 2a S. 1 Hs. 2 heißt, der flächendeckende und diskriminierungsfreie Vertrieb von Zeitungs- und Zeitschriftensortimenten durch die Großhändler, die so genannten Grossisten, insbesondere dessen Voraussetzungen und dessen Vergütungen sowie die dadurch abgegoltenen Leistungen geregelt werden.[339]

**142**    § 30 Abs. 2a soll nach dem Willen der Gesetzesverfasser „das seit Jahrzehnten bewährte Presse-Grosso-Vertriebssystem" kartellrechtlich absichern, und zwar im Interesse der Über-

---

[334] S. Marx/Podszun in Kölner Komm KartellR Rn. 57.
[335] Waldenberger/Pardemann in FK-KartellR Rn. 132.
[336] Marx/Podszun in Kölner Komm KartellR Rn. 59.
[337] Waldenberger/Pardemann in FK-KartellR Rn. 133.
[338] Waldenberger/Pardemann in FK-KartellR Rn. 134.
[339] S. dazu insbesondere Bremer/Hackl/Klasse in MüKoWettbR Rn. 109 ff.; Marx/Podszun in Kölner Komm KartellR Rn. 60 ff.

allerhältlichkeit von Presseartikeln und des diskriminierungsfreien Zugangs aller Titel zum Lesermarkt.[340] Die wesentlichen **Merkmale** dieses „bewährten" **Absatzsystems** sind – entsprechend der so genannten Gemeinsamen Erklärung von 2004 (→ Rn. 17), [341] – wie auch von den Verbänden in den Ausschussberatungen mehrfach betont wurde,[342] neben der Preisbindung insbesondere die Gebietsmonopole und die Verwendungsbindung der meisten Großhändler, das Dispositionsrecht der Verlage und der Großhändler, ihre Neutralitätspflicht sowie das Remissionsrecht der Großhändler und der Einzelhändler (→ Rn. 15 ff.). Wenn die Gesetzesverfasser dieses Vertriebssystem durch die Erlaubnis von Branchenvereinbarungen „kartellrechtlich absichern" wollten, so muss man annehmen, dass zu den „Voraussetzungen und Vergütungen" sowie zu den „dadurch abgegoltenen Leistungen" im Rahmen des Pressevertriebs (die nach § 30 Abs. 2a S. 1 in Branchevereinbarungen geregelt werden dürfen) insbesondere die Vereinbarungen über die **Handelsspannen** und die **Konditionen** gehören, die auf diese Weise – entgegen der vorausgegangenen Rechtsprechung (→ Rn. 138) – auch **vereinheitlicht** werden können, weil die Verhandlungen von den Vereinigungen einheitlich für ihre Mitglieder geführt werden. Dies deuten auch die Gesetzesverfasser an, indem sie in diesem Zusammenhang ausdrücklich auf die umstrittene Zulässigkeit des „Verhandlungsmandats des Pressegrossoverbandes über Handelsspannen" in den Verhandlungen mit den Verlagen hinweisen.[343] Daraus folgt jedenfalls, dass in den Branchenvereinbarungen das **Dispositionsrecht** der Verlage, das **Remissionsrecht** der Großhändler und die **Handelsspannen** festgelegt werden können, zusätzlich zu den **Preisen** für die Weiterveräußerung der Presseartikel, die bereits unter § 30 Abs. 1 fallen.[344]

Man kann durchaus bezweifeln, ob das Gesagte (→ Rn. 142) mit der nötigen Klarheit in **143** der Vorschrift des § 30 Abs. 2a S. 1 Hs. 2 zum Ausdruck gelangt ist.[345] Es ist ohne weiteres möglich, § 30 Abs. 2a auch weit enger auszulegen, nämlich in dem Sinne, dass in einer Branchenvereinbarung nur der flächendeckende und diskriminierungsfreie Pressevertrieb als Zweck der Vereinbarung festgelegt werden darf und dass dementsprechend allein in diesem Rahmen, dh soweit gerade für die Erreichung des genannten Zwecks erforderlich, auch die so genannten „essentials" des Pressevertriebssystems (→ Rn. 142) vereinheitlicht und vertraglich fixiert werden können. Dieses Gesetzesverständnis (als Konsequenz der Notwendigkeit, Ausnahme vom Kartellverbot möglichst eng zu interpretieren) implizierte bei jeder einzelnen vertraglichen Regelung als Voraussetzung ihrer Zulässigkeit den Nachweis, dass die betreffende Vereinbarung tatsächlich zur Erreichung des Gesetzeszweckes, nämlich zur Gewährleistung des flächendeckenden und diskriminierungsfreien Pressevertriebs erforderlich ist. Gelingt dieser Nachweis nicht, so verbleibt es eben bei dem Kartellverbot des § 1, wobei die Beweislast die Beteiligten treffen dürfte. Die Konsequenzen, insbesondere für die Festlegung der Gebietsmonopole und für die Vereinheitlichung der Handelsspannen wären erheblich (→ Rn. 144).

Indessen wird man wohl davon auszugehen haben, dass die Gesetzesverfasser ihre Vor- **144** schrift, mit der sie einem Wunsch der betroffenen Verbände nachgekommen sind, nicht so eng wie oben angedeutet (→ Rn. 143) verstanden wissen wollten. Gemeint war vielmehr offenbar, dass die „Essentials" des herkömmlichen Pressevertriebs, wie sie in der Gemeinsamen Erklärung von 2004 niedergelegt sind, ohne weiteres, dh generell in Branchenvereinbarungen vereinbart werden dürfen, weil man der Meinung war, nur dann sei der erstrebte „flächendeckende und diskriminierungsfreie" Pressevertrieb gewährleistet. Bereits die Tatsache, dass in mehreren Großstädten konkurrierende Großhändler nebeneinander

[340] So der Ausschußbericht, BT-Drs. 17/11053, 24 (li. Sp. u.).

[341] S. zB Bremer/Hackl/Klasse in MüKoWettbR Rn. 108.

[342] S. Ausschußbericht, BT-Drs. 17/11053, 15 ff.

[343] Ausschußbericht, BT-Drs. 17/11053, 24 (li. Sp. u.).

[344] Ebenso Marx/Podszun in Kölner Komm KartellR Rn. 60–63; kritisch Bremer/Hackl/Klasse in MüKoWettbR Rn. 109 ff.

[345] Kritisch zu Recht Bremer/Hackl/Klasse in MüKoWettbR Rn. 109 f.

tätig sind, belegt an sich, dass ein flächendeckender und diskriminierungsfreier Vertrieb von Presseerzeugnissen ohne weiteres auch **ohne Gebietsmonopole möglich** ist. Momentan beruhen die Gebietsmonopole der meisten (nicht aller) Großhändler auf **Ausschließlichkeitsbindungen** der Verlage gegenüber den Großhändlern, deren Zulässigkeit umstritten ist (schon → Rn. 17 ff.). § 30 Abs. 2a S. 1 erfasst solche Ausschließlichkeitsbindungen der Verlage gegenüber Großhändlern lediglich dann, wenn die Ausschließlichkeitsbindungen in den Branchenvereinbarungen vorgesehen werden. Dass das Gesetz in diesem Sinne zu verstehen sein soll, folgt auch aus der Bezugnahme auf den „flächendeckenden" Vertrieb von Presseerzeugnissen in § 30 Abs. 2a S. 1. Offenbar wollten die Gesetzesverfasser mit dieser Formulierung zugleich die **Zulässigkeit der Vereinbarung von Ausschließlichkeitsbindungen** mit der Folge von Gebietsmonopolen klarstellen, aber eben nur bei ihrer Festlegung in den Branchenvereinbarungen, während es bei individueller Aushandlung der Ausschließlichkeitsbindungen zwischen den einzelnen Verlagen und Großhändlern bei der umstrittenen und noch nicht endgültig geklärten, bisherigen Rechtslage verbleibt. Vergleichbare Probleme wirft eine etwaige Vereinheitlichung der Handelsspannen auf (auch → Rn. 145).

145      § 30 Abs. 1 gestattet nur die so genannte **autonome** im Gegensatz zur heteronomen **Preisbindung;** von einer solchen spricht man insbesondere bei Vereinbarungen mehrerer Verlage untereinander oder mit dritten Unternehmen über die (kollektive) Einführung der Preisbindung. Das folgt aus der Beschränkung des § 30 Abs. 1 auf „vertikale Preisbindungen", woran auch die 8. Novelle von 2013 nichts geändert hat (→ Rn. 41 f.). Gleichwohl stellt sich jetzt die Frage, ob heute etwas anderes aus § 30 Abs. 2a S. 1 für Branchenvereinbarungen zu folgern ist, da die genannte Vorschrift ausdrücklich auch die Regelung von „Vergütungen" in Branchenvereinbarungen gestattet, so dass in der Tat zu prüfen ist, ob darunter auch die Preisbindung einschließlich der Verpflichtung der Großhändler zur Weiterleitung der Preisbindung an den Einzelhandel fällt. Man wird unterscheiden müssen: Aus dem Umstand, dass Abs. 1 des § 30 im Zuge der 8. Novelle nicht geändert wurde, ist der Schluss zu ziehen, dass eine **Verpflichtung** der Verlage zur Einführung der Preisbindung durch Branchenvereinbarungen weiterhin nicht begründet werden kann, zumal der flächendeckende und diskriminierungsfreie Vertrieb von Presseartikeln ohnehin eine Preisbindung nicht notwendig voraussetzt. Wenn aber ein Verlag – autonom – die Preisbindung eingeführt hat, so kann in der Branchenvereinbarung durchaus auch die Verpflichtung des Großhandels zur Weiterleitung der Preisbindung an die Einzelhändler, das so genannte Sortiment vorgesehen werden. Wiederum kann man freilich sicher sein, dass die Gesetzesverfasser dies alles bei der Konzipierung des § 30 Abs. 2a ganz anders gesehen haben und die Zulässigkeit der heteronomen Preisbindung gleich mitregeln wollten. Jedoch kommt dies angesichts der abweichenden Formulierung in § 30 Abs. 1 nicht mehr mit hinreichender Deutlichkeit im Gesetz zum Ausdruck (zur Annahme eines Missbrauchs → Rn. 153). Auf keinen Fall gestattet § 30 Abs. 2b, Regelung anderer Vertriebsformen wie insbesondere den Vertrieb im Abonnement.

146      § 30 Abs. 1 S. 1 gestattet nur die Bindung „bestimmter Preise". Den Gegensatz bilden die **Konditionen** des Vertriebs, deren Bindung jedenfalls nicht durch Abs. 1 des § 30 gestattet ist (→ Rn. 39 f.). Auch hier stellt sich die Frage, ob Ausnahmen von dieser Regel auf § 30 Abs. 2a S. 1 gestützt werden können. Denkbar ist das allenfalls, soweit eine **Konditionenbindung** ausnahmsweise zur Sicherung eines flächendeckenden und diskriminierungsfreien Vertriebs von Presseartikeln erforderlich sein sollte. Derartige Fälle sind indessen bisher nicht hervorgetreten (→ Rn. 40).

147      Branchenvereinbarungen unterliegen nach § 30 Abs. 3 S. 2 der Missbrauchsaufsicht des Bundeskartellamts. Dies impliziert, obwohl es im Gesetz nicht ausdrücklich gesagt ist, dass Branchenvereinbarungen **schriftlich** abgefasst werden müssen,[346] dies schon deshalb, weil

---

[346] Ebenso Marx/Podszun in Kölner Komm KartellR Rn. 53; anders Waldenberger/Pardemann in FK-KartellR Rn. 136.

nur so ihre Ernstlichkeit und ihr kontrollpflichtiger Inhalt überhaupt festgestellt werden
können. Von Branchenvereinbarungen erfasst werden zudem immer nur diejenigen Unternehmen, die tatsächlich den beteiligten Verbänden ein „Verhandlungsmandat", dh eine
**Vollmacht** zum Abschluss der Vereinbarung erteilt haben. Eine Erstreckung des Anwendungsbereichs der Branchenvereinbarungen auf Dritte scheidet von vornherein aus.[347]

### IV. Art. 101, 106 AEUV

Nach S. 2 des § 30 Abs. 2a sind die in S. 1 der Vorschrift genannten Vereinigungen **148**
(→ Rn. 138 f.) ebenso wie die von ihnen vertretenen Presseverlage und Presse-Grossisten
„insoweit", dh soweit es um den Abschluss von Branchenvereinbarungen im Sinne des
Satzes 1 des § 30 Abs. 2a zur Sicherstellung eines flächendeckenden und diskriminierungsfreien Vertriebs von Zeitungen und Zeitschriften (nur) im stationären Einzelhandel geht,
iSd Art. 106 Abs. 2 AEUV mit Dienstleistungen von allgemeinem wirtschaftlichem Interesse betraut. Durch diese eigenartige Vorschrift soll auf Vorschlag des Presse-Grosso-Ver-
bandes (BVPG)[348] die „europarechtliche Konformität" der Freistellung der Branchenvereinbarungen vom Kartellverbot des Art. 101 AEUV sichergestellt werden, weil Art. 106
Abs. 2 AEUV unter den dort genannten Voraussetzungen auch Ausnahmen vom unionsrechtlichen Kartellverbot gestattet.[349]

Eine Anwendung des Art. 101 Abs. 1 AEUV auf die Branchenvereinbarungen kommt **149**
von vornherein nur in Betracht, wenn diese überhaupt geeignet sind, den **Handel zwischen Mitgliedstaaten zu beeinträchtigen** (dazu → AEUV Art. 101 Rn. 194 ff.). Das
versteht sich keineswegs von selbst, da der Export und Import von Zeitungen und Zeitschriften in der Union ganz gering sind, so dass die Kommission bisher keinen Anlass sah,
jedenfalls gegen die grenzüberschreitende Preisbindung für Zeitungen und Zeitschriften im
Verhältnis zwischen Deutschland und Österreich einzuschreiten (im einzelnen
→ Rn. 18 f.). Auf der anderen Seite werden mit Branchenvereinbarungen gerade „flächendeckende" Wettbewerbsbeschränkungen** bei dem Vertrieb von Presseprodukten
angestrebt, nicht zuletzt durch die Begründung einer begrenzten Zahl nationaler **Gebietsmonopole,** so dass auch unter Berücksichtigung der so genannten NAAT-Regel der
Kommission (5 %-Grenze) eine Beeinträchtigung des Handels zwischen Mitgliedstaaten
durch Branchenvereinbarungen nicht von vornherein ausgeschlossen werden kann, – wovon offenbar auch die Gesetzesverfasser ausgegangen sind.

Branchenvereinbarungen führen zu einer Vereinheitlichung der Spannen und Konditio- **150**
nen. Sie bezwecken und bewirken deshalb eine **Beschränkung des Wettbewerbs** zwischen den Beteiligten iSd Art. 101 Abs. 1 AEUV. Auch für eine Anwendung des **Art. 101
Abs. 3 AEUV** wird häufig, wenn nicht im Regelfall kein Raum sein, weil das durch die
Branchenvereinbarungen ermöglichte monopolistische Vertriebssystem für Presseprodukte
durch den totalen Ausschluss des Preiswettbewerbs für die Verbraucher nur nachteilig ist,
ferner, weil die Wettbewerbsbeschränkung übermäßig und unverhältnismäßig ist und
schließlich, weil Branchenvereinbarungen für einen wesentlichen Teil der betreffenden
Waren zu einem völligen Ausschluss des Wettbewerbs führen,[350] – so dass dann in der Tat
zur Rettung der Branchenvereinbarungen nur noch der Rückgriff auf Art. 106 Abs. 2
AEUV verbleibt.

Nach Art. 106 Abs. 2 S. 1 AEUV findet Art. 101 AEUV grundsätzlich auch auf Unter- **151**
nehme Anwendung, die mit Dienstleistungen von allgemeinem wirtschaftlichem Interesse

[347] Marx/Podszun in Kölner Komm KartellR Rn. 55.
[348] S. den Ausschußbericht, BT-Drs. 17/11053, 15 (re. Sp. u.).
[349] Ausschußbericht, BT-Drs. 17/11053, 24 (re. Sp. o.).
[350] LG Köln 14.2.2012 – 88 O. (Kart) 17/11, WuW/E DER 3532 (3546 ff.) = GRUR-RR 2012, 171 –
Presse-Grosso; OLG Düsseldorf 15.9.2012 – VI-Kart 5/10 (V); 26.2.2014 – U (Kart) 7/12, NZKart 2014,
154 = GRUR-RR 2014, 353 = WuW/E DER 4242; offengelassen in BGH 6.10.2015 – KZR 17/14, NJW
2016, 1652 = NZKart 2016, 78 = WuW 2016, 133; Marx/Podszun in Kölner Komm KartellR Rn. 64 ff.;
Waldenberger/Pardemann in FK-KartellR Rn. 113 ff.

betraut sind, außer wenn die Anwendung des Kartellverbots im Einzelfall die Erfüllung der diesen Unternehmen übertragenen besonderen Aufgabe rechtlich oder tatsächlich verhinderte. Die Anwendung des Art. 106 Abs. 2 S. 1 AEUV, die immer **nur im Einzelfall** eine Durchbrechung des grundsätzlich auch für Dienstleistungsunternehmen geltenden Kartellverbots zu rechtfertigen vermag, setzt folglich zweierlei voraus, nämlich einmal eine Betrauung der fraglichen Unternehmen mit Dienstleistungen von allgemeinem wirtschaftlichem Interesse durch Hoheitsakt und zum anderen eine Verhinderung der Aufgabenerfüllung durch die Anwendung des Kartellverbots im Einzelfall. Nach Meinung des BGH sind die genannten Voraussetzungen für eine Anwendung des Art. 106 Abs. 2 AEUV bei § 30 Abs. 2a erfüllt, so dass die Freistellung des Pressevertriebs von der Anwendung des Art. 101 AEUV wirksam sei.[351] Der BGH geht dabei von einer überaus positiven Bewertung des monopolistischen Pressevertriebssystems aus und betont zugleich den ganz weiten Ermessensspielraum des nationalen Gesetzgebers bei der Anwendung des Art. 106 Abs. 2 AEUV. Beides zusammen rechtfertigt in seinen Augen die in § 30 Abs. 2a getroffene Regelung des deutschen Gesetzgebers. Diese extensive Handhabung des Art. 106 Abs. 2 AEUV im Sinne eines praktisch unbeschränkten Souveränitätsvorbehalts für den nationalen Gesetzgeber (der diesem praktisch die Abschaffung der Wettbewerbsregeln des AEUV erlaubte) ist mit dem Wortlaut des **Art. 106 Abs. 2 S. 1 AEUV** ebenso **unvereinbar** wie mit der Rechtsprechung der Unionsgerichte,[352] so dass der BGH zumindest verpflichtet gewesen wäre, die Frage einer derart weiten Auslegung des Art. 106 Abs. 2 AEUV nach Art. 267 S. 3 AEUV dem EuGH zur Vorabentscheidung vorzulegen. Da dies bedauerlicherweise nicht geschehen ist, muss wohl – bis zu einer abweichenden Entscheidung des EuGH – von der Gültigkeit des § 30 Abs. 2a (trotz aller Bedenken) aufgrund der Rechtsprechung des BGH ausgegangen werden.

## V. Missbrauch

**152**    Die Freistellung der Branchenvereinbarungen jedenfalls von dem deutschen Kartellverbot (§ 1) durch § 30 Abs. 2a S. 1 ist (natürlich) nicht schrankenlos. Unberührt bleibt einmal die allgemeine Missbrauchsaufsicht über marktbeherrschende Verlage und Großhändler auf der Grundlage der §§ 19 und 20 (so S. 3 des § 30 Abs. 2a; dazu → Rn. 155). Zum andern unterliegen die Branchenvereinbarungen aber auch einer speziellen Missbrauchsaufsicht durch das Bundeskartellamt nach Maßgabe des Satzes 2 des § 30 Abs. 3 in der Fassung von 2013. Nach dieser Vorschrift kann das Bundeskartellamt eine Branchenvereinbarung ganz oder teilweise für unwirksam erklären, soweit sie einen Missbrauch der Freistellung darstellt (dazu → Rn. 153 f.).

**153**    **1. § 30 Abs 3 S. 2.** Der **Begriff des Missbrauchs** ist in S. 2 des § 30 Abs. 3 ebenso **objektiv** wie in § 30 Abs. 3 S. 1 Nr. 1 zu verstehen, so dass darunter jeder zweckwidrige Einsatz von Branchenvereinbarungen nicht zur Sicherstellung eines flächendeckenden und diskriminierungsfreien Vertriebs von Presseartikeln, sondern zB zum Zwecke der Wettbewerbsbeschränkung zu verstehen ist. Dies kommt insbesondere in Betracht, wenn mit einer Branchenvereinbarung über den Zweck der Freistellung hinausgehende **wettbewerbsbeschränkende Zwecke** verfolgt werden, ferner wenn mit ihr übermäßige, dh unverhältnismäßige Nachteile für die Verbraucher durch eine unnötige Verteuerung von Presseartikeln verbunden sind, weiter wenn die Voraussetzungen der Freistellung fehlen, und zwar ungeachtet des Umstandes, dass die Branchenvereinbarung dann schon wegen des Verstoßes gegen § 1 nichtig ist (§ 134 BGB), sowie wenn die Branchenvereinbarung mit

---

[351] BGH, 6.10.2015 – KZR 17/14, NJW 2016, 1652 = NZKart 2016, 78 = WuW 2016, 133.
[352] Ebenso Bach NJW 2016, 1630; Bremer/Hackl/Klasse in MüKoWettbR Rn. 114 ff.; Emmerich FS Dauses, 2014, 77; Nordemann FS Köhler, 2014 495; Paschke AfP 2012, 431 (440 ff.); Nordemann AfP 2012, 501 (504 ff.); anders aber Bechtold/Bechtold/Bosch ZWeR 2013, 387 (398 f.); Haus WuW 2014, 830; Kühling ZUM 2013, 18 (24 f.); Raible in Bien, Das deutsche Kartellrecht, S. 209; Schwarze NZKart 2013, 270; Stumpf WuW 2017, 13; Waldenberger/Pardemann in FK-KartellR Rn. 108, 118, 146 ff.

weiteren nicht freigestellten Wettbewerbsbeschränkungen verbunden wird, wobei neben Verstößen gegen die §§ 19 und 20 (s. § 30 Abs. 2a S. 3; Rn 155) insbesondere an die kollektive Einführung der Preisbindung auf dem Weg über Branchenvereinbarungen zu denken ist (→ Rn. 145).

Wegen des **Verfahrens,** das vom Bundeskartellamt bei der Unwirksamkeitserklärung **154** von Branchenvereinbarungen zu beachten ist, kann auf die Ausführungen zu § 30 Abs. 3 S. 1 verwiesen werden (→ Rn. 127 ff.). Hervorzuheben ist lediglich, dass § 30 Abs. 3 und § 32 nebeneinander anwendbar sind, so dass das Bundeskartellamt bei Nichtigkeit einer Branchenvereinbarung wegen eines Verstoßes gegen die §§ 1, 19, 20 und 30 Abs. 2a S. 1 die Wahl hat, ob es nach § 30 Abs. 3 S. 2 oder nach § 32 vorgehen will. Liegt ein Missbrauch vor, so hat das Amt nach pflichtgemäßem Ermessen zu entscheiden, ob es die Branchenvereinbarung ganz oder teilweise für unwirksam erklären will. Die Unwirksamkeitserklärung ist ein privatrechtsgestaltender Verwaltungsakt.

**2. §§ 19, 20.** Unberührt bleibt nach § 30 Abs. 2a S. 3 ferner das allgemeine **Miss-** **155** **brauchs- und Diskriminierungsverbot** der §§ 19 und 20. Das ist wichtig, weil sich der Anwendungsbereich des Behinderungs- und des Diskriminierungsverbots des § 19 Abs. 2 Nr. 1 nach § 19 Abs. 3 S. 1 und S. 2 auf Vereinigungen iSd § 30 Abs. 2a (Branchenvereinbarungen) sowie überdies generell auf preisbindende Unternehmen nach § 30 Abs. 1 erstreckt. Die Folge ist vor allem, dass sämtliche Presseverlage und Großhändler, soweit sie auf der Grundlage des § 30 Ab s. 1 Preise binden, dem Behinderungs- und dem Diskriminierungsverbot des § 19 Abs. 1 und Abs. 2 Nr. 1 unterliegen. Dagegen verstößt es zB, wenn Verlage oder Großhändler entgegen ihrer so genannten **Neutralitätspflicht** einzelne besonders umsatzstarke Abnehmer oder Lieferanten bei den Konditionen bevorzugen oder Nischenprodukte benachteiligen.[353] Auf der anderen Seite steht es aber einem Verlag ungeachtet der Gemeinsamen Erklärung von 2004 und der Billigung der monopolistischen Pressevertriebssystems durch § 30 Abs. 2a nach wie vor frei, einen Vertriebsvertrag mit einem Großhändler zu **kündigen** und den Vertrieb einem anderen Großhändler zu übertragen, selbst wenn dieser zum selben Konzern wie der Verlag gehört.[354] Auch § 30 Abs. 2a begründet keinen Anspruch der Großhändler, die in einem Gebiet ein Monopol beanspruchen, auf Belieferung durch sämtliche Verlage.

## L. Pressekooperationen

**Schrifttum:** Begr. zum RegE der 9. Novelle, BT-Drucks. 18 (2016)/10207, S. 53 f.; Haus/F. Schmidt, Pressekooperationen nach der 9. GWB-Novelle, ZWeR 2017, 240; Klumpp, Presse und Kartellrecht nach der neunten Novelle, NZKart 2017, 300; Podszun, Pressekooperationen, in: Kersting/Podszun, Die 9. GWB-Novelle, 2017, S. 69; Podszun/Schwalbe, Zulässigkeit von Pressekooperationen in der neunten GWB-Novelle, ZUM 2017, 339; Soppe/Neubauer, Kooperationen von Presseverlagen unterhalb der redaktionellen Ebene, ZUM 2017, 24; Scholl/Weck, Die Neuregelung der kartellrechtlichen Ausnahmebereiche, WuW 2017, 261.

## I. Überblick

Durch die 9. Novelle von 2017 ist das Gesetz in Gestalt der neuen Vorschrift des § 30 **156** Abs. 2b S. 1 um eine weitere Ausnahme vom Kartellverbot des § 1 erweitert worden, diesmal für Vereinbarungen zwischen Zeitungs- oder Zeitschriftenverlagen über eine verlagswirtschaftliche Zusammenarbeit, soweit die Vereinbarung den Beteiligten ermöglicht, ihre wirtschaftliche Basis für den intermedialen Wettbewerb zu stärken (so genannte **Pressekooperation**). Ausgenommen ist jedoch die Zusammenarbeit im redaktionellen

---

[353] Marx/Podszun in Kölner Komm KartellR Rn. 78 im Anschluß an LG Hamburg 26.4.2010 – 315 O. 99/10, AfP 2010, 234.
[354] BGH 24.10.2011 – KZR 7/10, NJW 2012, 773 Rn. 30 ff. = GRUR 2012, 84 = WuW/E DER 3446 (3450 f.); Alexander ZWeR 2012, 215.

Bereich (§ 30 Abs. 2b S. 2). Aus § 30 Abs. 2b S. 3 Nr. 1 folgt außerdem, dass das Kartell-verbot des Art. 101 AEUV unberührt bleibt. Liegt danach eine zulässige Pressekooperation vor, so haben die Beteiligten auf Antrag einen Anspruch auf eine Entscheidung der Kartell-behörde nach § 32c, wenn sie ein erhebliches rechtliches oder wirtschaftliches Interesse an der Entscheidung darlegen (§ 30 Abs. 2b S. 3 Nr. 2). Unberührt bleiben jedoch das Miss-brauchs- und das Diskriminierungsverbot der §§ 19 und 20 (§ 30 Abs. 2b S. 4). Außerdem erstreckt sich die Missbrauchsaufsicht des Bundeskartellamt aufgrund des § 30 Abs. 3 fortan auch auf Pressekooperationen (§ 30 Abs. 3 S. 2 in der Fassung von 2017). Fünf Jahre nach Inkrafttreten des § 30 Abs. 2b am 9.6.2017 soll die Regelung schließlich evaluiert werden (§ 30 Abs. 4). Ergänzend bestimmt noch der ebenfalls neue § 186 Abs. 6, dass § 30 Abs. 2b nur auf Vereinbarungen Anwendung findet, die nach Inkrafttreten des Gesetzes am 9.6.2017 und vor dem 31.12.2027 wirksam geworden sind. Die ganze Regelung liegt auf einer Linie mit den vielfältigen **Privilegien** der Presse, die die letzten Novellen bei der Fusionskontrolle gebracht haben. Hervorzuheben sind die Erleichterung für Sanierungs-fusionen durch § 36 Abs. 1 S. 2 Nr. 3 von 2013 sowie die neue Presserechenklausel des § 38 Abs. 3 von 2021, die beide auf massiven Druck der Presse zurückgehen und daher vielfach kritisiert werden.[355]

157    Mit der neuen Vorschrift des § 30 Abs. 2b wurde ein Auftrag des Koalitionsvertrages vom Dezember 2013 umgesetzt.[356] **Zweck** der Regelung ist in erster Linie die Erweiterung des kartellrechtlichen Spielraums der Presseverlage im Interesse der Stabilisierung ihrer wirtschaftlichen Basis.[357] Gemeint ist damit, wie aus § 30 Abs. 2b S. 1 Hs. 2 zu folgern ist, die Stärkung der wirtschaftlichen Basis der Presseverlage „für den intermedialen Wett-bewerb". Zu diesem Zweck soll den Presseverlagen angesichts der sich verschärfenden wirtschaftlichen Rahmenbedingungen der Presse eine Zusammenarbeit ermöglicht werden, die „der Rationalisierung und der Synergiegewinnung in der verlagswirtschaftlichen Tätig-keit dient."

158    Die **Berechtigung** der Einführung eines neuen Ausnahmebereichs für Presseverlage ist ebenfalls umstritten.[358] Die Befürworter die Regelung verweisen vor allem auf die sich ständig verschlechternde wirtschaftliche Situation der Presseverlage, insbesondere gekenn-zeichnet durch einen kontinuierlichen Rückgang der Abonnententenzahlen und der Wer-beeinnahmen,[359] der es rechtfertige, der Presse durch Ausnahmen von dem Kartellverbot zusätzliche Einnahmen zu verschaffen. Das **Bundeskartellamt** hat dagegen (zu Recht) eingewandt, dass der neue Ausnahmebereich neben den §§ 2 und 3 entbehrlich sei und dass auf keinen Fall die Erlaubnis auch von Kernbeschränkungen in Gestalt von Preis- und Gebietskartellen gerechtfertigt werden könne.[360] Zweck der Regelung sei nicht der Aus-schluss des Wettbewerbs, sondern im Gegenteil die Stärkung des Wettbewerbs zwischen Zeitungen und anderen Medien.[361] Zwar komme unter den Voraussetzungen des § 30 Abs. 2b auch die Gründung von Gemeinschaftsunternehmen zwischen Zeitungs- oder Zeitschriftenverlagen in Betracht; Vorrang habe aber in jedem Fall das Kartellverbot des Art. 101 AEUV.[362]

158a   Die Vorschrift des § 30 Abs. 2b bedeutet einen durch nichts zu rechtfertigender **Bruch mit der bisherigen Wettbewerbspolitik,** indem sie einer Branche, die sich einem

[355] S. Emmerich/Lange KartellR § 33 Rn. 34.
[356] Koalitionsvertrag v. 16.12.2013, Deutschlands Zukunft gestalten, S. 13.
[357] Begr. v. 2016, S. 53.
[358] Sehr kritisch Eufinger AfP 2016, 385; Gronemeyer/Slobodenjuk Betr. 2017, 1010 (1017); Scholl/Weck WuW 2017, 261 (262 f.); Marx/Podszun in Kölner Komm KartellR Rn. 82 ff.; Podszun in Kersting/Podszun 9. GWB-Novelle Kap. 5 Rn. 39, 51 ff.; Podszun/Schwalbe ZUM 2017, 339 (342, 344 ff.); wohl auch Bahr in Bunte Rn. 137; – positiver dagegen Haus/F. Schmidt ZWeR 2017, 240; Klumpp NZKart 2017, 300; Meixner WM 2017, 1233; Soppe/Neubauer ZUM 2017, 24 (31).
[359] Zahlen bei Podszun/Schwalbe ZUM 2017, 339, Fn. 3.
[360] Nachw. bei Scholl/Weck WuW 2017, 261 (262 f.).
[361] BKartA 3.9.2018 – B7 – 185/17, nv.
[362] BKartA, 23.10.2020 – B7 – 161/20, NZKart 2020, 692, 694 ff. – FAZ/SZ.

gewissen Innovationsdruck ausgesetzt sieht, sogar Kernbeschränkungen wie Preis- oder Gebietskartelle erlaubt, um sich der nötigen Anpassung an die sich ändernde Medienlandschaft durch Abwälzung der Kosten auf die Verbraucher entziehen zu können, – ganz abgesehen davon, dass sich derartige „Strukturkrisenkartelle", und darum geht es der Sache nach hier, noch immer als letztlich ungeeignetes Mittel zur Anpassung einer Branche an veränderte Rahmenbedingungen erwiesen haben. Es kommt hinzu, dass jede grundlose Privilegierung einzelner Branchen unvermeidlich Begehrlichkeiten anderer Branchen wecken. Und in der Tat fordern mittlerweile auch schon die über Gebühren, sprich: Steuern finanzierten öffentlich-rechtlichen Rundfunkanstalten – mit Unterstützung des Bundesrats – ein vergleichbares Privileg,[363] bisher freilich ohne Erfolg.[364]

## II. Anwendungsbereich

Der Anwendungsbereich des § 30 Abs. 2b beschränkt sich auf **Vereinbarungen** zwi- **159** schen Zeitungs- oder Zeitschriftenverlagen. Von Vereinbarungen müssen, wie sich aus den §§ 1–3 ergibt, abgestimmte Verhaltensweisen und Beschlüsse von Unternehmensvereinigungen unterschieden werden. Insoweit dürfte für § 30 Abs. 2b dasselbe die bereits für § 30 Abs. 2a gelten: Da in § 30 Abs. 2b S. 1 ausdrücklich nur „Vereinbarungen" freigestellt sind, kann das Privileg nicht auf abgestimmte Verhaltensweisen von Presseverlagen oder auf Beschlüsse von Vereinigungen der Presseverlage erstreckt werden, dies auch deshalb nicht, weil § 30 Abs. 2b als sachlich kaum begründete Ausnahme von dem grundsätzlichen Kartellverbot (→ Rn. 158) möglichst eng ausgelegt werden muss.[365] Obwohl das Gesetz darüber schweigt, dürfte außerdem – ebenfalls in Übereinstimmung mit der Rechtslage bei § 30 Abs. 2a (→ Rn. 144) – davon auszugehen sein, dass die Vereinbarungen iSd § 30 Abs. 2b der **Schriftform** bedürfen, weil anders eine Missbrauchsaufsicht des Bundeskartellamts über die Vereinbarungen, wie sie das Gesetz in § 30 Abs. 3 S. 2 fordert, nur schwer vorstellbar ist.[366] Ein Antrag nach § 32c aufgrund des § 30 Abs. 2b S. 3 ist gleichfalls nur in schriftlicher Form vorstellbar, zumal die Unternehmen ihren Antrag begründen müssen, wozu notwendigerweise die Vorlage von Dokumenten gehört (→ Rn. 166 f.).

Als Parteien der Vereinbarungen (→ Rn. 159) kommen gemäß § 30 Abs. 2b S. 1 allein **160** **„Zeitungs- und Zeitschriftenverlage"** in Betracht. Gemeint sind damit die Presseverlage iSd § 30 Abs. 2a S. 1 Hs. 1, dh Unternehmen, die Zeitungen oder Zeitschriften herstellen und die Preise dafür nach § 30 Abs. 1 binden, einschließlich etwa der Anzeigenblätter (im einzelnen → Rn. 33 ff., 139).[367] Darunter fallen wohl auch Kooperationen zwischen Zeitungs- und Zeitschriftenverlagen, nicht jedoch Kooperationen mit reinen Internetmedien.[368] Soweit die Bundesregierung für reine Internetzeitungen demgegenüber von der Anwendbarkeit des Gesetzes ausgeht,[369] ist dem mit Rücksicht auf den insoweit eindeutigen Wortlaut des Gesetzes nicht zu folgen.[370] Umstritten ist ferner die Zulässigkeit der Kooperation von Verlagen mit reinen Vertriebsunternehmen und insbesondere mit Grossisten. Gegen die Zulässigkeit spricht, dass Grossisten eben keine Verlage sind; offen ist, ob dasselbe gilt, sofern das Vertriebsunternehmen von dem Verlag abhängig ist.[371]

Den Verlagsunternehmen (Rn 160) stehen nach Meinung der Bundesregierung andere, **160a** mit Presseverlagen (iSd §§ 15–19 AktG) **verbundene Unternehmen** gleich, sofern sie

[363] Nachw. bei Soppe/Neubauer ZUM 2017, 24; Podszun/Schwalbe ZUM 2017, 339 (343); Kritik bei Podszun in Kersting/Podszun 9. GWB-Novelle Kap. 5 Rn. 58; auch → § 185 Rn. 52.
[364] Waldenberger/Pardemann in FK-KartellR Rn. 382.
[365] Ebenso Podszun in Kersting/Podszun 9. GWB-Novelle Kap. 5 Rn. 14; – ganz anders Haus/F. Schmidt ZWeR 2017, 240 (245 f.); Klumpp NZKart 2017, 300 (301 f.); Soppe/Neubauer ZUM 2017, 24 (26).
[366] Anders Soppe/Neubauer ZUM 2017, 24 (26).
[367] Haus/F. Schmidt ZWeR 2017, 240 (243 f.).
[368] BKartA, 3.9.2018 – B7 – 185/11, nv.; Waldenberger/Pardemann in FK-KartellR Rn. 160.
[369] Begr. v. 2016, S. 53 („Zu Buchstabe b", 3. Abs.).
[370] Podszun in Die 9. GWB-Novelle Kap. 5 Rn. 22 f.; Podszun/Schwalbe ZUM 2017, 339 (341); anders Bahr in Bunte § 30 Rn. 135.
[371] S. Rn. 160a; Waldenberger/Pardemann in FK-KartellR Rn. 157.

ebenfalls **verlagstypische Tätigkeiten** ausüben, nicht dagegen reine Vertriebsunternehmen.[372] Hierher rechnen wohl sämtliche **Verlagstöchter,** die sich ebenfalls in der Herstellung von Zeitungen oder Zeitschriften zumindest partiell betätigen.[373] Derartige verbundene Unternehmen, insbesondere also Tochtergesellschaften von Presseverlagen, dürfen jedoch das Privileg des § 30 Abs. 2b allein für verlagstypische Tätigkeiten in Anspruch nehmen. Eine Ausdehnung des Privilegs auf andere Tätigkeitsfelder wäre nicht mehr durch das Gesetz gedeckt (str.).

161     Nach § 30 Abs., 1 S. 2 zählen zu Zeitungen und Zeitschriften im Sinne des Gesetzes unter bestimmten Voraussetzungen auch **Reproduktionen** und **Substitute** von Zeitungen sowie **kombinierte Produkte** (im Einzelnen → Rn. 27 ff.).[374] Um Umgehungen des Gesetzes zu verhindern, wird man hier jedoch zusätzlich zu fordern haben, dass die Herstellung von Substituten oder Reproduktionen im unmittelbaren Zusammenhang mit der Herstellung von Zeitungen oder Zeitschriften steht. Bei jeder anderen Auslegung würde der Anwendungsbereich des neuen Presseprivilegs uferlos.[375] Die Herstellung verwandter Produkte wie insbesondere Bücher, Buchreihen oder Broschüren wird dagegen nicht erfasst.

### III. Verlagswirtschaftliche Zusammenarbeit

162     Gemäß § 30 Abs. 2b S. 1 findet das Kartellverbot des § 1 keine Anwendung auf Vereinbarungen von Presseverlagen (→ Rn. 159 f.) über eine verlagswirtschaftliche Zusammenarbeit, soweit die Vereinbarung den Beteiligten ermöglicht, ihre wirtschaftliche Basis für den intermedialen Wettbewerb zu stärken. Die Gesetzesverfasser hatten dabei **jede Form der Zusammenarbeit** im Auge, die der Rationalisierung und der Synergiegewinnung durch Senkung der Kosten oder Erhöhung der Erlöse in der verlagswirtschaftlichen Tätigkeit dient, insbesondere eine Zusammenarbeit von Presseverlagen im Anzeigen- und Werbegeschäft, bei dem Vertrieb, bei der Herstellung und bei der Zustellung von Zeitungen und Zeitschriften sowie von Substituten und Reproduktionen, ohne dass freilich die Gewährung des Privilegs von dem Nachweis der Rationalisierung wirtschaftlicher Vorgänge oder der Synergiegewinnung abhängig gemacht worden wäre; vielmehr soll ein unmittelbarer intermedialer Bezug entbehrlich sein, sofern nur insgesamt die wirtschaftliche Basis der Verlage durch eine Erhöhung ihrer Erlöse oder durch die Senkung ihrer Kosten auf dem Weg der Kooperation gestärkt wird.[376] Die Stärkung der wirtschaftlichen Basis der Verlage im intermedialen Wettbewerb muss aber das eigentliche Ziel der Kooperation sein. Daraus folgt jedenfalls, dass die Rationalisierungsgewinne grundsätzlich im Unternehmen verbleiben müssen (um dessen wirtschaftliche Basis zu stärken) und nicht etwa an die Inhaber der Verlage ausgeschüttet werden dürfen. Ebenso wenig reicht es aus, wenn nur die wirtschaftliche Basis einzelner, nicht aller an der Kooperation beteiligten Unternehmen gestärkt wird.[377] Dies bedeutet nicht, dass im Einzelfall ein Nachweis der Rationalisierung wirtschaftlicher Vorgänge erforderlich ist. Jedoch wird man zumindest zu fordern haben, dass die Beteiligten darlegen und gegebenenfalls beweisen, inwiefern die Verbesserung ihrer finanziellen Situation durch die verlagswirtschaftliche Zusammenarbeit letztlich der Verbesserung ihrer Position im intermedialen Wettbewerb zugutekommt und nicht nur der Verbesserung ihrer Situation im Wettbewerb mit anderen Presseverlagen oder der Erhöhung des Gewinns der Inhaber des Verlagsunternehmens dienen soll.[378]

---

[372] Begr. v. 2016, 53 („Zu Buchstabe b", 3. Abs.); Bahr in Bunte Rn. 135.
[373] Soppe/Neubauer ZUM 2017, 24 (27); Podszun in Kersting/Podszun 9. GWB-Novelle Kap. 5 Rn. 17.
[374] Begr. v. 2016, 53.
[375] Zutreffend Podszun in Kersting/Podszun 9. GWB-Novelle Kap. 5 Rn. 18; Podszun/Schwalbe ZUM 2017, 339 (341); anders etwa Klumpp NZKart 2017, 300 (302).
[376] Klumpp NZKart 2017, 300 (302); Podszun in Kersting/Podszun 9. GWB-Novelle Kap. 5 Rn. 22 ff.; Podszun/Schwalbe ZUM 2017, 339 (341).
[377] Berchtold/Bechtold/Bosch Rn. 52.
[378] Ebenso Podszun in Kersting/Podszun 9. GWB-Novelle Kap. 5 Rn. 28.

Die Bundesregierung geht offenbar davon aus, dass selbst **Kernbeschränkungen** wie 162a
Preis- und Gebietskartelle ebenso wie Produktionsbeschränkungen, Gebiets- und Kundenaufteilungen sowie Wettbewerbsverbote erlaubt sein sollen, soweit sie sich nur in dem
genannten Rahmen halten.[379] Dagegen spricht indessen, dass mit derartigen Kernbeschränkungen die vom Gesetz anvisierten Rationalisierungserfolge kaum zu erreichen sein dürften. Auf demselben Standpunkt steht das Bundeskartellamt.[380]

Erlaubt ist außerdem allein eine Zusammenarbeit im **verlagswirtschaftlichen Bereich** 163
(§ 30 Abs. 2b S. 1). Den Gegensatz bildet die weiterhin nach § 1 verbotene Zusammenarbeit im **redaktionellen** Bereich (§ 30 Abs. 2b S. 2). **Zweck** dieser Gegenausnahme ist
der Schutz der Pressevielfalt, verstanden als Vielzahl unterschiedlicher publizierter Mei-
nungen. Hält man sich dies vor Augen, so umfasst der redaktionelle Bereich alles, was den
Einfluss der Presse auf die öffentliche Meinung ausmacht, in erster Linie also die Sammlung und Ermittlung, die Anfertigung und die Aufbereitung von Texten nebst den
zugehörigen Bildern und Grafiken sowie das gesamte Layout.[381] Die exakte **Abgrenzung**
zwischen diesen beiden Bereichen der Pressearbeit ist naturgemäß schwierig, etwa bei der
Zusammenarbeit mehrerer Verlage bei der Anmietung von Räumen oder bei der Einstellung von Personal. Weil und soweit in den genannten Fällen eine **Rückwirkung**
(„Ansteckung") auf den redaktionellen Bereich durch die wie immer geartete Zusammenarbeit bei der Verfassung von Texten nicht auszuschließen ist, sondern im Gegenteil
naheliegt, sollte für die Anwendung des Presseprivilegs des § 30 Abs. 2b kein Raum
sein.[382] Das gilt für jede auch konkludente Abstimmung der redaktionellen Inhalte, zB für
eine Koordinierung der jeweils behandelten Themen.[383] Ebenso verhält es sich (erst recht)
etwa bei der Einrichtung einer gemeinsamen Lokalredaktion mehrerer Zeitungen oder bei
einem gemeinsamen überregionalen Mantel. Zu beachten ist aber, dass dann im Einzelfall
immer noch eine Freistellung unter den zusätzlichen Voraussetzungen §§ 2 und 3 möglich
bleibt.[384]

Nach Ausklammerung des redaktionellen Bereichs (→ Rn. 163) verbleibt als genuiner 164
Anwendungsbereich der durch § 30 Abs. 2b S. 1 erlaubten verlagswirtschaftlichen Zusammenarbeit alles, was – im Gegensatz zu der Verfassung von Texten – zum **Druck und
Vertrieb** dieser Texte im weitesten Sinne gehört einschließlich der Organisation und der
Finanzierung von Presseverlagsunternehmen, und zwar gleichermaßen auf dem Leser- wie
auf dem Anzeigenmarkt.[385] Voraussetzung ist allein, dass die Zusammenarbeit der **Stärkung der wirtschaftlichen Basis** der beteiligten Verlagsunternehmen gerade **für den
intermedialen Wettbewerb** dient.

Unberührt bleibt das (vorrangige) Kartellverbot des **Art. 101 AEUV** (§ 30 Abs. 2b S. 3 165
Nr. 1).[386] Für eine Anwendung des Souveränitätsvorbehalts des Art. 106 Abs. 2 AEUV,
etwa analog § 30 Abs. 2a S. 2, ist hier kein Raum. Die genaue Reichweite der Freistellung
der Pressekooperationen von dem deutschen Kartellverbot des § 1 durch § 30 Abs. 2b von
2017 hängt somit letztlich von der engen oder weiten Interpretation der **Zwischenstaatlichkeitsklausel** in Art. 101 Abs. 1 AEUV ab (→ AEUV Art. 101 Rn. 194 ff.).[387] Da die
Unionsorgane ebenso wie das Bundeskartellamt zu einer weiten Auslegung dieser Klausel

---

[379] So die Begr. v. 2016, 53 („Zu Buchstabe b", 3. Abs.); dazu zB Bahr in Bunte Rn. 136; Haus/F.
Schmidt ZWeR 2017, 240 (244 ff.) sowie noch (sehr kritisch) Scholl/Weck WuW 2017, 261 (262 f.); Marx/
Podszun in Kölner Komm KartellR Rn. 83, 86, 88.
[380] BKartA, 3.9.2018 – B7 185/17, nv.; Waldenberger/Pardemann in FK-KartellR Rn. 162.
[381] Podszun in Kersting/Podszun 9. GWB-Novelle Kap. 5 Rn. 21 f.; Waldenberger/Pardemann in FK-
KartellR Rn. 164.
[382] Zutreffend Haus/Schmidt ZWeR 2017, 240 (253); Marx/Podszun in Kölner Komm KartellR Rn. 87.
[383] Bahr in Bunte Rn. 136.
[384] Klumpp NZKart 2017, 300 (303).
[385] Klumpp NZKart 2017, 300 (302); Podszun in Kersting/Podszun 9. GWB-Novelle Kap. 5 Rn. 22 ff.;
Podszun/Schwalbe ZUM 2017, 339 (341).
[386] Ausführlich BKartA, 27.10.2020 – B7 – 161/20, NZKart 2020, 692, 694 ff. – FAZ/SZ.
[387] Ausführlich Haus/Schmidt ZWeR 2017, 240 (249 ff.).

tendieren, geraten zumindest alle bundesweiten Pressekooperationen unvermeidlich in die Reichweite des europäischen Kartellverbots,[388] wie das Bundeskartellamt mittlerweile bereits für die Kooperation zweier großer überregionaler Zeitungen bei der Werbung entschieden hat.[389] Oder anders gewendet: In den Genuss der neuen Freistellung durch § 30 Abs. 2b werden wohl nur **lokale oder regionale Formen** der Zusammenarbeit von Verlagen gelangen können.[390]

## IV. Verfahrensfragen

**166**      Nach § 30 Abs. 2b S. 3 haben die an einer Kooperation beteiligten Verlage einen Anspruch auf eine Entscheidung der Kartellbehörde nach § 32c, dass nach den Erkenntnissen der Kartellbehörde für diese kein Anlass zum Tätigwerden besteht, wenn 1. die Voraussetzungen des Art. 101 AEUV nicht gegeben sind (→ Rn. 165) und 2. die Antragsteller ein erhebliches rechtliches und wirtschaftliches Interesse an der Entscheidung der Kartellbehörde haben. Entscheidungen nach § 32c stehen an sich im Ermessen der Kartellbehörde (→ § 32c Rn. 12 ff.). Abweichend hiervon gibt § 30 Abs. 2b S. 3 den Beteiligten ausnahmsweise einen **Anspruch** auf eine derartige Entscheidung der Kartellbehörde, um den Beteiligten in Zweifelsfällen Rechtssicherheit hinsichtlich der Zulässigkeit ihrer Kooperation insbesondere im Hinblick auf die Vereinbarkeit mit Art. 101 AEUV zu geben.[391] Voraussetzung ist ein erhebliches rechtliches und wirtschaftliches **Interesse** der Beteiligten an der Entscheidung der Kartellbehörde. Ein **rechtliches** Interesse in diesem Sinne dürfte bereits anzunehmen sein, wenn die Zulässigkeit der Kooperation zweifelhaft ist, während ein wirtschaftliches Interesse begründet ist, wenn zB die angestrebte Kooperation für die Beteiligten mit erheblichen Investitionen verbunden ist.[392]

**167**      Lehnt das Bundeskartellamt entgegen dem Antrag der Beteiligten den Erlass einer Entscheidung nach § 32c ab, so können die Beteiligten **Beschwerde** einlegen (§ 73 Abs. 3). Die **rechtliche Tragweite** einer Entscheidung des Bundeskartellamts aufgrund der §§ 30 Abs. 2b S. 3 und 32 ist gering. Sie beschränkt sich im wesentlichen darauf, dass das Bundeskartellamt sich selbst verpflichtet, nicht gegen die fragliche Kooperation einzuschreiten, solange dem Amt keine neuen Tatsachen zur Kenntnis gelangen. Weiten dagegen die Beteiligten ihre Kooperation über den angemeldeten Rahmen hinaus aus, so kann das Bundeskartellamt auch wieder tätig werden. Eine Bindung Dritter, der Gerichte oder gar der Kommission scheidet ohnehin von vornherein aus.[393]

**168**      Die Vereinbarkeit des § 30 Abs. 2b S. 3 mit dem **Unionsrecht** wird im Schrifttum[394] mit guten Gründen bezweifelt, weil die Regelung letztlich darauf hinausläuft, den Beteiligten einen Anspruch auf Erteilung eines **Negativattests** durch die Kartellbehörden zu verleihen, indem die Kartellbehörden, gegebenenfalls auf dem Weg der Beschwerde nach § 63 Abs. 3 (→ Rn. 167), gezwungen werden können, die Vereinbarkeit der Kooperation mit Art. 101 AEUV festzustellen. Es spricht in der Tat vieles dafür, dass für einen derartigen Anspruch auf Negativatteste durch die nationalen Kartellbehörden im System der Verordnung Nr. 1/2003 heute kein Raum mehr ist, wie aus dem Wortlaut des Art. 5 S. 2 der Verordnung zu folgern sein dürfte.

---

[388] Ebenso Bahr in Bunte Rn. 139; Podszun in Kersting/Podszun 9. GWB-Novelle Kap. 5 Rn. 11 f.; Marx/Podszun in Kölner Komm KartellR Rn. 84, 89; Scholl/Weck WuW 2017, 261 (262).
[389] BKartA, 27.10.2020 – B7 – 161/20, NZKart 2020, 692, 694 ff. – FAZ/SZ.
[390] S. (sehr weit) Klumpp NZKart 2017, 300 (304); Soppe/Neubauer ZUM 2017, 24 (28).
[391] Begr. v. 2016, 54o.
[392] Bechtold/Bechtold/Bosch Rn. 56; Haus/Schmidt ZWeR 2017, 240, 253 ff.; Soppe/Neubauer ZUM 2017, 24, 229; Podszun in Kersting/Podszun 9. GWB-Novelle Kap. 5 Rn. 35 f.
[393] → § 32c Rn. 18–21; Bahr in Bunte Rn. 138 (Abs. 2).
[394] S. ausf. Podszun in Kersting/Podszun 9. GWB-Novelle Kap. 5 Rn. 39 ff.

## V. Mißbrauch

Soweit eine Vereinbarung nach § 30 Abs. 2b über eine Kooperation von Verlagen einen **169** Missbrauch der Freistellung darstellt, kann das Bundeskartellamt die Vereinbarung gemäß § 30 Abs. 3 S. 2 ganz oder teilweise für unwirksam erklären. Insoweit gilt für Pressekooperationen im Ergebnis dasselbe wie für Branchenvereinbarungen (deshalb im einzelnen → Rn. 152 ff.). Ein Missbrauch dürfte insbesondere anzunehmen sein, wenn unter dem Deckmantel einer Pressekooperation handfeste Preis- oder Gebietskartelle von Presseverlagen praktiziert werden.[395] Ebenso ist es zu beurteilen, wenn in die Kooperation andere Produkte als Zeitungen und Zeitschriften oder andere Unternehmen einbezogen werden, die keine Presseverlage iSd § 30 sind.[396] Weitere **Beispiele** eines Missbrauchs sind die Ausdehnung der Kooperation auf den redaktionellen Bereich, die Verfolgung des Zwecks, die Position der Beteiligten im Wettbewerb mit anderen Presseverlage zu stärken oder sonst Konkurrenten übermäßig zu behindern, sowie die Diskriminierung einzelner Abnehmer.[397] In allen genannten Fällen dürfte freilich bereits das Verbot des § 1 unmittelbar eingreifen, weil die Freistellungsvoraussetzungen (§ 30 Abs. 2b) nicht mehr erfüllt sind. Das Bundeskartellamt hat dann die Wahl, ob es nach § 30 Abs. 3 S. 2 oder nach § 32 vorgehen will.[398]

## VI. Evaluierung, Befristung

Fünf Jahre nach Inkrafttreten des neuen Presseprivilegs am 9.6.2017 soll der Bundeswirt- **170** schaftsminister dem Bundestag und dem Bundesrat über die Erfahrungen mit dem Presseprivileg berichten (so genannte **Evaluierung** nach § 30 Abs. 4). Dem Gesetzgeber soll dadurch eine Bewertung der Angemessenheit der Regelung im Hinblick auf die mit ihr bezweckte Stärkung der Wettbewerbsfähigkeit der Verlage im intermedialen Wettbewerb und den Schutz der Pressevielfalt ermöglicht werden, wozu auch eine Auswertung der Anträge nach § 30 Abs. 2b S. 3 beitragen soll.[399] Aus denselben Gründen ist die Regelung (vorerst) auf die Dauer von zehn Jahre nach ihrem Inkrafttreten **befristet** (§ 186 Abs. 6). Nach allen Erfahrungen mit vergleichbaren Befristungen wettbewerbsrechtlicher Privilegien wird man aber wohl davon auszugehen haben, dass das Privileg nach zehn Jahren in Dauerrecht verwandelt wird, weil sich alle Beteiligten so schön daran gewöhnt haben.

## § 31 Verträge der Wasserwirtschaft

(1) **Das Verbot wettbewerbsbeschränkender Vereinbarungen nach § 1 gilt nicht für Verträge von Unternehmen der öffentlichen Versorgung mit Wasser (Wasserversorgungsunternehmen) mit**

1. **anderen Wasserversorgungsunternehmen oder mit Gebietskörperschaften, soweit sich damit ein Vertragsbeteiligter verpflichtet, in einem bestimmten Gebiet eine öffentliche Wasserversorgung über feste Leitungswege zu unterlassen;**
2. **Gebietskörperschaften, soweit sich damit eine Gebietskörperschaft verpflichtet, die Verlegung und den Betrieb von Leitungen auf oder unter öffentlichen Wegen für eine bestehende oder beabsichtigte unmittelbare öffentliche Wasserversorgung von Letztverbrauchern im Gebiet der Gebietskörperschaft ausschließlich einem Versorgungsunternehmen zu gestatten;**
3. **Wasserversorgungsunternehmen der Verteilungsstufe, soweit sich damit ein Wasserversorgungsunternehmen der Verteilungsstufe verpflichtet, seine Abnehmer mit**

---

[395] Ebenso wohl Bahr in Bunte Rn. 127.
[396] Podszun in Kersting/Podszun 9. GWB-Novelle Kap. 5 Rn. 46.
[397] Bechtold/Bechtold/Bosch Rn. 58; Klumpp NZKart 2017, 300 (305, 306).
[398] Bechtold/Bechtold/Bosch Rn. 58.
[399] Begr. v. 2016, 54 (3. Abs.).

Wasser über feste Leitungswege nicht zu ungünstigeren Preisen oder Bedingungen zu versorgen, als sie das zuliefernde Wasserversorgungsunternehmen seinen vergleichbaren Abnehmern gewährt;

4. anderen Wasserversorgungsunternehmen, soweit sie zu dem Zweck abgeschlossen sind, bestimmte Versorgungsleistungen über feste Leitungswege einem oder mehreren Versorgungsunternehmen ausschließlich zur Durchführung der öffentlichen Versorgung zur Verfügung zu stellen.

(2) Verträge nach Absatz 1 sowie ihre Änderungen und Ergänzungen bedürfen der Schriftform.

(3) Durch Verträge nach Absatz 1 oder die Art ihrer Durchführung darf die durch die Freistellung von den Vorschriften dieses Gesetzes erlangte Stellung im Markt nicht missbraucht werden.

(4) Ein Missbrauch liegt insbesondere vor, wenn

1. das Marktverhalten eines Wasserversorgungsunternehmens den Grundsätzen zuwiderläuft, die für das Marktverhalten von Unternehmen bei wirksamem Wettbewerb bestimmend sind, oder

2. ein Wasserversorgungsunternehmen von seinen Abnehmern ungünstigere Preise oder Geschäftsbedingungen fordert als gleichartige Wasserversorgungsunternehmen, es sei denn, das Wasserversorgungsunternehmen weist nach, dass der Unterschied auf abweichenden Umständen beruht, die ihm nicht zurechenbar sind, oder

3. ein Wasserversorgungsunternehmen Entgelte fordert, die die Kosten in unangemessener Weise überschreiten; anzuerkennen sind die Kosten, die bei einer rationellen Betriebsführung anfallen.

(5) Ein Missbrauch liegt nicht vor, wenn ein Wasserversorgungsunternehmen sich insbesondere aus technischen oder hygienischen Gründen weigert, mit einem anderen Unternehmen Verträge über die Einspeisung von Wasser in sein Versorgungsnetz abzuschließen, und eine damit verbundene Entnahme (Durchleitung) verweigert.

**Schrifttum:** Bundesverband der Energie- und Wasserwirtschaft, Branchenbild der deutschen Wasserwirtschaft 2015; ders., Branchenbild der deutschen Wasserwirtschaft 2020; Bundeskartellamt, Bericht über die großstädtische Trinkwasserversorgung in Deutschland, Juni 2016; Coenen/Haucap, Kommunal- statt Missbrauchsaufsicht: Zur Aufsicht über Trinkwasserentgelte nach der 8. GWB-Novelle, Dezember 2013, Ordnungspolitische Perspektiven Nr. 53, WuW 2014, 356; Hollaender, u. a., Trinkwasserpreise in Deutschland, VKU Berlin 2008; Daiber, Die Entscheidung des Bundesgerichtshofes vom 2. Februar 2010 „Wasserpreise Wetzlar" – neuere Entwicklungen des Wasserkartellrechts, in gwf-Wasser/Abwasser 2010 S. 226; Klaue, Einige Bemerkungen zur kartellrechtlichen Missbrauchsaufsicht in der Wasserwirtschaft, in ZNER 2010 S. 233; Lotze, Zukunft kartellrechtlicher Wasserpreis-Missbrauchskontrolle nach „enwag", in gwf-Wasser/Abwasser 2010 S. 236; Markert, Preismissbrauch: Follow-on-Klage gegen Berliner Wasserbetriebe als „unschlüssig" abgewiesen, WuW 2016, 444; Monopolkommission, Hauptgutachten 2008/2009, Mehr Wettbewerb, wenig Ausnahmen, Baden-Baden 2010; dies. Hauptgutachten 2012/2013, Eine Wettbewerbsordnung für die Finanzmärkte, Baden-Baden 2014; dies. Sondergutachten 63, Die 8. GWB-Novelle aus wettbewerbspolitischer Sicht, Baden-Baden 2012; Reinhardt, Die kartellrechtliche Kontrolle der Wasserpreise aus rechtswissenschaftlicher Sicht, in LKV 4/2010 S. 145; Säcker, Die kartellrechtliche Missbrauchskontrolle über Wasserpreise und Wassergebühren, in NJW 2012 S. 1105; Schmidt/Weck, Kartellrechtliche Effizienzkontrolle kommunaler Gebühren nach der 8. GWB-Novelle – ein Schlag ins Wasser?, NZKart 2013, 343; Starke/Rottmann/Hesse/Kratzmann/Mengs, Trinkwasserversorgung: privat gleich teuer?, Wirtschaftsdienst 2018, 519; WiFOR, Der Frisch-und Abwassermonitor für das Bundesland Hessen, im Auftrag des Hessischen Industrie- und Handelskammertag (HIHK), April 2018; Zipperer, Graf, Fäcks, Danz, Weiß, 10 Jahre Benchmarking – Fernwasserversorgung in Deutschland, 2018.

**Übersicht**

## A. Normzweck und Entstehungsgeschichte

Das GWB enthielt schon in seiner Ursprungsfassung eine **umfassende Bereichsaus-** 1
**nahme für Unternehmen der leitungsgebundenen Versorgung mit Strom, Gas
und Wasser.** Mit der früheren Regelung des § 103 aF wurden bestimmte horizontale und
vertikale Wettbewerbsbeschränkungen vom Kartellverbot des § 1 und den damals noch
geltenden §§ 15 und 18 freigestellt. Der Gesetzgeber begründete diese Ausnahme damit,
dass **die freigestellten Demarkations-, Konzessions-, Preisbindungs- und Verbundverträge die Grundlage für eine geregelte und preisgünstige Versorgung**
bildeten. Im Hinblick auf die freigestellten Demarkations- und Konzessionsverträge erklärte
er, dass eine technisch ausreichend gesicherte und preisgünstige Versorgung nur möglich
sei, wenn dem Versorgungsunternehmen ein bestimmter, in seinem Bedarf übersehbarer
Abnehmerkreis gegenüberstehe. Nur so könnten die Unternehmen für ihre Erzeugungs-
und Verteilungsanlagen einen hohen Ausnutzungsgrad erreichen und damit bei technisch
ausreichend gesicherter Versorgung einen niedrigen Preis für ihre Leistung in Rechnung
stellen. Das setze voraus, dass bestimmte Gebiete zur ausschließlichen Versorgung oder
bestimmte Wege zur ausschließlichen Leitungsführung zur Verfügung stünden.[1]

Mit der 4. GWB-Novelle im Jahr 1980 wurde eine spezifische, **verschärfte Missbrauchs-** 2
**aufsicht** eingeführt.[2] § 103 Abs. 5 S. 2 Nr. 2 aF bestimmte ausdrücklich eine **Beweislastumkehr zulasten der betroffenen Unternehmen** im Rahmen der kartellbehördlichen
Preishöhenmissbrauchsaufsicht. Laut Begr. zum damaligen RegE kann ein Versorgungsunternehmen, bei dem auf Grund eines Vergleichs mit einem gleichartigen Unternehmen
spürbar höhere Preise oder ungünstigere Konditionen festgestellt werden, den Missbrauchsvorwurf durch den Nachweis ausräumen, dass die Abweichung auf Umständen beruht, die
ihm nicht zurechenbar sind. Möglich sei unter anderem die Berücksichtigung ungünstiger
struktureller Gegebenheiten eines Versorgungsgebietes (zB geringe Abnehmerzahl bei langem Leitungsnetz). Hierbei sei jedoch besonders darauf zu achten, dass die Berücksichtigung
der strukturellen Verhältnisse eines Versorgungsgebietes nicht zu einer ungerechtfertigten
Konservierung ungünstiger Gebiets- und Unternehmensstrukturen führe.[3] Diese – auf-

---

[1] BReg, Entwurf eines Gesetzes gegen Wettbewerbsbeschränkungen, BT-Drs. 2/1158, 57.
[2] BReg, Entwurf eines Vierten Gesetzes zur Änderung des Gesetzes gegen Wettbewerbsbeschränkungen,
BT-Drs. 8/2136, 33 re. Sp., 34 li. Sp.
[3] BReg, Entwurf eines Vierten Gesetzes zur Änderung des Gesetzes gegen Wettbewerbsbeschränkungen,
BT-Drs. 8/2136, 34 li. Sp.

grund der weitgehenden Beweislastumkehr – verschärfte Missbrauchsaufsicht gilt für die Trinkwasserversorgung im Kern bis heute in § 31 Abs. 4 Nr. 2 fort.

3    Mit der Neufassung des Energiewirtschaftsgesetzes am 24.4.1998 wurde der kartellrechtliche **Ausnahmetatbestand für Strom und Gas abgeschafft.** Es verblieb die vom Gesetzgeber zunächst über § 131 Abs. 8 idF der 6. GWB-Novelle, dann über § 131 Abs. 6 idF der 7. Novelle verfügte **Fortgeltung der §§ 103, 103a und 105 für die Wasserwirtschaft.** Nach der Begr. zum RegE der 6. GWB-Novelle (noch zu § 98 Abs. 2, der dem § 131 Abs. 8 entspricht) sei Konzeption und Durchführung der staatlichen Aufsicht bisher von der rechtlichen Zulässigkeit geschlossener Versorgungsgebiete ausgegangen, wie sie durch die §§ 103 und 103a ermöglicht worden seien. Es sei bislang nicht abschließend geklärt, ob und mit welchem Inhalt die Fachgesetze geändert oder ergänzt werden müssten, wenn die kartellrechtliche Freistellung von Demarkationsabsprachen und ausschließlichen Wegerechten auch für Wasser entfalle. § 98 Abs. 2 enthalte daher eine **Übergangsbestimmung,** die nur solange benötigt werde, bis die evtl. notwendigen Änderungen oder Ergänzungen der Fachgesetze vorgenommen worden seien.[4]

4    Mit der 8. GWB-Novelle wurde dieses Provisorium beendet und der Inhalt von § 103 GWB 1990 in die §§ 31, 31a und 31b überführt. Für die deutsche Wasserwirtschaft wird damit eine **bleibende Sonderregelung geschaffen, die wesentliche Teile der Übergangsbestimmung übernimmt.** Früher behandelte Fragen nach der gleichzeitigen Anwendung der allgemeinen Missbrauchsaufsicht in § 22 aF und § 19 entfallen[5]. Nach § 31b Abs. 6 kann in jedem Falle neben der besonderen Missbrauchskontrolle in § 31 Abs. 3, 4 iVm § 31b Abs. 3 und 5 die Vorschrift des § 19 angewendet werden. Auf Veranlassung des Wirtschaftsausschusses wurden die den Missbrauch konkretisierenden Fallgruppen in § 31 Abs. 4 durch eine Nr. 3 (Konzept der Kostenkontrolle) ergänzt. Im Vermittlungsausschuss wurde außerdem § 31 Abs. 5 (kein Missbrauch bei Durchleitungsverweigerung) angefügt.[6]

5    Somit sind in der Wasserwirtschaft auch nach der 8. GWB-Novelle **Demarkations-, Konzessions-, Preisbindungs- und Verbundverträge zulässig.** Die BReg geht weiterhin davon aus, dass sich durch die Gewährung geschlossener Versorgungsgebiete Größen-, Verbund- und Rationalisierungsvorteile im Sinne der Kunden generieren lassen. Die Norm des § 31 Abs. 1 ziele darauf ab, auch zukünftig eine sichere und preisgünstige Versorgung mit Wasser zu gewährleisten.[7] Das in den Absätzen 3 und 4 normierte **besondere Missbrauchsverbot betrachtet die BReg als ein notwendiges Korrektiv für den fehlenden Wettbewerb im Wassersektor.** Aus der monopolistischen Marktstellung der Wasserversorger lasse sich eine besondere Missbrauchsgefahr ableiten. Die Wasserversorgung bedürfe daher einer effektiven Kontrolle durch die Kartellbehörden, sie werde weiterhin einer verschärften Missbrauchskontrolle unterworfen.[8]

Die Begr. zum RegE geht in diesem Zusammenhang davon aus, dass die zu der Übergangsvorschrift ergangene Rechtsprechung weiterhin maßgeblich bleibt.[9] Dies ist insbesondere im Hinblick auf die **Grundsatzentscheidung des BGH in dem Verfahren „Wasserpreise Wetzlar"** von Bedeutung.[10] Ausgehend von einem Verfahren der LKartB Hessen hatte der BGH noch zu der Regelung des § 103 GWB 1990 klargestellt, dass ein marktbeherrschendes Wasserversorgungsunternehmen der verschärften Preismissbrauchskontrolle auch dann unterliegt, wenn es von der Freistellungsmöglichkeit keinen Gebrauch gemacht hat.

---

[4] BReg, Entwurf eines Sechsten Gesetzes zur Änderung des Gesetzes gegen Wettbewerbsbeschränkungen, BT-Drs. 13/9720, 70 li. Sp.
[5] Reif in MüKoWettbR Rn. 121.
[6] Bosch in Bechtold/Bosch Rn. 2.
[7] BReg, Entwurf eines Achten Gesetzes zur Änderung des Gesetzes gegen Wettbewerbsbeschränkungen, BT-Drs. 17/9852, 25 li. Sp.
[8] BReg, BT-Drs. 17/9852, 25 re. Sp.
[9] BReg, BT-Drs. 17/9852, 21.
[10] BGH 2.2.2010 – KVR 66/08, NJW 2010, 2573 – Wasserpreise Wetzlar.

In **deutlichem Widerspruch zu den Ausführungen im RegE** steht die auf Ver-  6
anlassung des Vermittlungsausschusses neu eingeführte Regelung des § 185 Abs. 1 S. 2.
Hiernach sind Gebühren und Beiträge von der Missbrauchsaufsicht der §§ 19, 20 und 31b
Abs. 5 ausgenommen (vgl. C. Anwendungsbereich → Rn. 20).

Innerhalb der Diskussion um die Liberalisierung der Versorgungswirtschaft in den 1990er  7
Jahren spielte auch die Frage nach einer stärker wettbewerbsorientierten Ausgestaltung der
Wasserwirtschaft eine erhebliche Rolle. Dabei herrschte die Ansicht vor, dass wegen
sachlicher, technischer, hygienischer und ökologischer Besonderheiten in der Wasserwirtschaft die Liberalisierungskonzepte für andere leitungsgebundene Strukturen nicht ohne
weiteres auf die Wasserwirtschaft zu übertragen seien.[11] Auch vonseiten der EU sind bislang
**keine wesentlichen Anstöße** für eine Liberalisierung der Wasserwirtschaft zu verzeichnen. So wurde in die EU-Wasserrahmen-RL das Postulat kostendeckender Preise aufgenommen und nicht der Vorrang wettbewerblicher Preisbildung. Die Mitgliedstaaten
wurden verpflichtet, bis 2010 dafür zu sorgen, dass die Nutzer „einen angemessenen
Beitrag" zur Kostendeckung leisten.[12] Das Projekt, durch die Aufnahme des Wassersektors
in die EU-Dienstleistungsrichtlinie für mehr Wettbewerb zu sorgen, ist jedenfalls bislang
gescheitert.[13]

## B. Besondere Merkmale der Wasserwirtschaft

Vom Wasserdargebot in Deutschland, also der Menge an Grund- und Oberflächenwasser,  8
die pro Jahr durch Niederschläge abzüglich der Verdunstung und durch Zufluss aus den
Nachbarstaaten theoretisch verfügbar ist, nutzten im Jahr 2016 Wärmekraftwerke, Industrie,
Bergbau und Landwirtschaft zusammen ca. 10,7 %, die öffentliche Trinkwasserversorgung
etwa 2,8 %.[14] Da Trinkwasser ein Lebensmittel ist, statuieren die Fachgesetze hohe Anforderungen an Qualität und Verfügbarkeit. Nach § 50 Abs. 1 Wasserhaushaltsgesetz sowie
nach Wassergesetzen und Gemeindeordnungen der Länder ist die allgemeine Trinkwasserversorgung eine **Pflichtaufgabe der öffentlichen Hand.** Die Verantwortung und Zuständigkeit liegt regelmäßig bei den Kommunen, die zur Erfüllung dieser Aufgabe auf
**private und öffentliche Unternehmen und Betriebe** zurückgreifen können.

Im Jahr 2018 waren etwa zwei Drittel der Wasserbetriebe **öffentlich-rechtlich organi-**  9
**siert,** etwa ein Drittel wurde in **privater Rechtsform** geführt. Innerhalb der öffentlich-
rechtlich organisierten Organisationsformen überwogen die Zweckverbände mit 19 %,
während der Anteil der Eigenbetriebe 10 % und der Anteil der Regiebetriebe 1 % betrug.
22 % der Betriebe wurden als gemischt-öffentlich-privatrechtliche Gesellschaften in der
Form einer AG oder GmbH geführt.[15] Gemessen am Wasseraufkommen standen 2003
mehr als 95 % der Wasserunternehmen- und betriebe unter direktem oder indirektem

---

[11] Vgl. zB Bericht der BReg über die Ergebnisse der Verhandlungen mit dem Europäischen Parlament
über die Wasserrahmenrichtlinie. BT-Drs. 14/5305; Brackemann ua, Liberalisierung der deutschen Wasserversorgung, 2000; Sachverständigenrat für Umweltfragen, Umweltgutachten 2000; Sachverständigenrat für
Umweltfragen, Umweltgutachten 2002; Antrag der Fraktion Bündnis 90/DIE GRÜNEN, Nachhaltige
Wasserwirtschaft in Deutschland, BT-Drs. 14/7177 und Beschluss des Bundestages vom 21.3.2002, Plenar-
prot. 14/227; LAWA, Positionspapier vom 23.3.2001 der Länderarbeitsgemeinschaft Wasser zur Liberalisierung der Wasserversorgung, gwf Wasser/Abwasser 142 (2001), 542; Bericht der BReg zur Modernisierungs-
strategie für die deutsche Wasserwirtschaft und für ein stärkeres internationales Engagement der deutschen
Wasserwirtschaft, BT-Drs. 16/1094; Zur Reformdiskussion Reif in MüKoGWB § 31 Rn. 17 ff.

[12] Richtlinie 2000/60/EG des Europäischen Parlaments und des Rates vom 23.10.2000 zur Schaffung
eines Ordnungsrahmens für Maßnahmen der Gemeinschaft im Bereich der Wasserpolitik, ABl. 2000 L 327,
S. 1 (12 f.); s. auch die Mitteilung der Kommission vom 26.7.2000, Die Preisgestaltung als politisches Instrument zur Förderung eines nachhaltigen Umgangs mit Wasserressourcen, KOM(2000) 477 endgültig.

[13] Vgl. Reif in MüKoWettbR Rn. 20.

[14] Bundesverband der Energie- und Wasserwirtschaft e.V, Branchenbild der deutschen Wasserwirtschaft
2020, S. 17.

[15] Bundesverband der Energie- und Wasserwirtschaft e.V, Branchenbild der deutschen Wasserwirtschaft
2020, S. 33.

eigentumsrechtlichem Einfluss von kommunalen Gebietskörperschaften, weniger als 4 % waren reine Privatbetriebe ohne Eigentümeranteile der öffentlichen Hand.[16] Privatrechtlich geführte Trinkwasserversorger bieten ihre Leistung zu **Preisen** an, öffentlich-rechtlich organisierte Versorger haben die Wahl, ob sie die Leistungsbeziehung zu ihren Kunden privatrechtlich oder öffentlich-rechtlich ausgestalten. Im ersten Fall können sie Entgelte in Form von Preisen, im zweiten Fall in Form von Gebühren verlangen; **typischerweise erheben sie Gebühren.** Neuere Untersuchungen zeigen, dass die in jüngerer Zeit beobachtete Rekommunalisierung, dh die Umstrukturierung von Wasserversorgern zugunsten öffentlicher Anteilseigner, keinen entgeltsenkenden oder -dämpfenden Effekt erzeugt.[17]

10     Die Trinkwasserversorgung in Deutschland ist **stark fragmentiert,** bundesweit waren im Jahr 2016 5.845 Wasserversorgungsunternehmen tätig.[18] Auf eine Million Einwohner entfallen in Deutschland somit erheblich mehr Wasserversorger, als dies in anderen europäischen Ländern der Fall ist. Der Grad der Fragmentierung unterscheidet sich in den einzelnen Bundesländern, so findet sich in Bayern etwa ein Drittel der deutschen Versorger.[19] Neben einer Vielzahl kleiner, auf den kommunalen Bereich beschränkter Wasserbetriebe, existieren in Deutschland rd. 30 Fernwasserversorger, die als Vorlieferanten tätig sind. Zum Teil hängen die belieferten Wasserversorger vollständig vom Vorlieferanten ab und treten als reine Weiterverteiler auf, zum Teil dient der Anschluss an die Fernwasserversorgung lediglich dazu, die Versorgungssicherheit zu erhöhen.[20] Im Bundesgebiet zeigen sich für den Verbraucher **erhebliche Unterschiede in den Entgelten** für die Trinkwasserversorgung.[21] Aus ökonomischer Sicht bestehen erhebliche Zweifel daran, ob diese Unterschiede allein auf strukturellen Unterschieden, zB naturräumlichen Gegebenheiten wie Topologie, Geologie und Wasserverfügbarkeit, der jeweiligen Versorgungsgebiete beruhen. Vielmehr ist davon auszugehen, dass sich Wasserpreise und Wassergebühren nicht immer an den Kosten der effizienten Leistungsbereitstellung orientieren.[22]

11     Der Vertrieb der Trinkwasserversorgung ist durch ortsgebundene Leitungsnetze gekennzeichnet, sodass jeder Wasserversorger typischerweise ein **natürlicher Monopolist** in dem von ihm versorgten Gebiet ist. Die Möglichkeit des jeweiligen Monopolisten, seine Entgelte zu erhöhen, wird nicht durch potenziellen Wettbewerb beschränkt: Zum einen ist der Aufbau paralleler Leitungsnetze unwirtschaftlich. Zum anderen verhindern die relativ hohen Transportkosten bei der Wasserversorgung, dass Durchleitungswettbewerb zu einem nennenswerten Preisdruck auf die etablierten Trinkwasseranbieter führt.[23] Das faktische Monopol eines Wasserversorgers wird durch ein **rechtliches Monopol** ergänzt, wenn in der jeweiligen Gebietskörperschaft ein **Anschluss- und Benutzungszwang** besteht.

---

[16] Bardt, Wettbewerb im Wassermarkt, 2006, S. 7, Tab. 1.

[17] Starke/Rottmann/Hesse/Kratzmann/Mengs, Trinkwasserversorgung: privat gleich teuer?, Wirtschaftsdienst 2018, 519 (626).

[18] Vgl. Bundesverband der Energie- und Wasserwirtschaft eV, Branchenbild der deutschen Wasserwirtschaft 2020, S. 33.

[19] Monopolkommission, Hauptgutachten 2012/2013, Rn. 1233 f.; Monopolkommission, Hauptgutachten 2008/2009, Rn. 1.

[20] Zipperer, Graf, Fäcks, Danz, Weiß, 10 Jahre Benchmarking – Fernwasserversorgung in Deutschland, 2018, S. 3.

[21] Vgl. Niedersächsisches Ministerium für Wirtschaft, Arbeit, Verkehr und Digitalisierung, Trinkwasseruntersuchung zum Stichtag 31.12.2019, Große Unterschiede bei Trinkwasserpreisen in Niedersachsen, Presseinformation v. 29.7.2020; BKartA, Bericht über die großstädtische Trinkwasserversorgung in Deutschland, 2016, S. 38; Für Unternehmen wurden noch höhere Abweichungen festgestellt; so sind im Bundesland Hessen die Wasserentgelte für Unternehmen in der teuersten Kommune bis zu vier Mal höher als in der günstigsten Kommune, WifOR, Der Frisch- und Abwassermonitor für das Bundesland Hessen, 2018, Abschn. 3.2.

[22] Monopolkommission. Hauptgutachten 2008/2009, Rn. 3; Monopolkommission, Sondergutachten 63, Rn. 115.

[23] Monopolkommission, Hauptgutachten 2008/2009, Rn. 18; Monopolkommission, Sondergutachten 63, Rn. 121.

Darüber hinaus ergeben sich mit der Wahl der Rechtsform durch die zuständige Gebiets- **12** körperschaft **Unterschiede in den Aufsichtszuständigkeiten und Aufsichtskriterien.** Gestaltet ein öffentlich-rechtlicher Wasserversorger die Leistungsbeziehung zu seinen Abnehmern öffentlich-rechtlich aus und erhebt infolgedessen Gebühren, erfolgt eine Entgeltkontrolle nur im Rahmen der jeweiligen **Kommunalaufsicht.** Dagegen sind Preise der privatrechtlich organisierten Wasserbetriebe – unabhängig davon, ob diese im privaten oder öffentlichen Eigentum stehen – von der kartellrechtlichen Missbrauchsaufsicht erfasst sind. Anders als die Missbrauchsaufsicht haben **Effizienzgesichtspunkte** allenfalls geringe Bedeutung im Rahmen der Kommunalaufsicht (vgl. C. Anwendungsbereich → Rn. 18).

Vor dem Hintergrund der aufgezeigten strukturellen Besonderheiten hat die Monopol- **13** kommission die **Einführung einer sektorspezifischen Regulierung von Preisen und Gebühren** in der Trinkwasserversorgung empfohlen. Die vorgeschlagene Entgeltregulierung wäre explizit an den **Kosten der effizienten Leistungsbereitstellung** auszurichten, dh insbesondere an solchen Kosten, die sich aus unvermeidbaren strukturellen Unterschieden bei Aufbereitung und Vertrieb von Wasser ergeben. Nicht zu berücksichtigen wären dagegen Unterschiede bei den unspezifischen Gemeinkosten, sodass eine entsprechend Anreizregulierung auch dazu beitragen würde, den gegenwärtig noch **stark fragmentierten deutschen Trinkwassermarkt mittelfristig neu zu ordnen.** Insbesondere hätten Wasseranbieter Anreize, bei ineffizient hohen unspezifischen Gemeinkosten ihre Aktivitäten mit anderen Anbietern zusammenzuführen und so Größenvorteile besser auszuschöpfen. Eine Erhöhung der Effizienz auf dem deutschen Wassermarkt kann nach Auffassung der Monopolkommission ebenfalls durch die Zusammenlegung von Netzverwaltungen oder das Outsourcing bestimmter Aufgaben, etwa der Rechnungsstellung oder des Messwesens, erreicht werden.[24]

Die vorgeschlagene Entgeltregulierung bliebe – wie bislang – von der technischen, an qualitativen Kriterien ausgerichteten Regulierung, wie sie die Gesundheitsämter ausüben, getrennt. Die Zuständigkeit für die Entgeltkontrolle sollte jedenfalls in der Einführungsphase bei der **Bundesnetzagentur** liegen, weil es notwendig ist, die Daten möglichst vieler Wasserversorger zu Vergleichen heranziehen zu können. Zudem sprechen für die Zuständigkeit der Bundesnetzagentur die bei ihr bestehende Methodenkompetenz und die erheblichen Skalenvorteile einer einheitlichen Regulierung.[25]

Der gelegentlich gegen die Einführung einer Regulierung erhobene Einwand, dass es **14** sich bei den zu kontrollierenden Entgelten im Wassersektor meist um Endkundenpreise handele, während eine Regulierung in der Regel bei der vorgelagerten Infrastruktur ansetze, weist die Monopolkommission zutreffender Weise zurück. Systematisch muss eine Entgeltregulierung stets an der vertikalen Stufe eines Wirtschaftssektors ansetzen, auf der auch zukünftig **kein Wettbewerb zu erwarten** ist. Während typischerweise in bereits regulierten Wirtschaftssektoren wie der Eisenbahninfrastruktur oder den Energienetzen der monopolistische Engpassbereich bereits bei einem Vorprodukt endet, reicht dieser auf den Wassermärkten bis zur **Endkundenebene.**[26] Auch das Argument, wegen der Vielzahl der auf den Wassermärkten tätigen Akteure sei eine Regulierung zu aufwändig, kann letztlich nicht überzeugen.[27] Zum einen weist auch die Energiewirtschaft mehr als 2.000 Unternehmen auf, die der Regulierung unterliegen. Zum anderen ist die Komplexität einer für die Wasserwirtschaft einzuführenden Regulierung skalierbar und muss nicht notwendiger Weise das für andere Sektoren erreichte Ausmaß haben. Darüber hinaus kann zB die Einführung von De-minimis-Regeln und Schätzverfahren dazu beitragen, den Aufwand niedrig zu halten.

---

[24] Monopolkommission, Hauptgutachten 2008/2009, Rn. 20 ff.; Monopolkommission, Sondergutachten 63, Rn. 121 ff.
[25] Monopolkommission, Hauptgutachten 2008/2009, Rn. 20.
[26] Monopolkommission, Sondergutachten 63, Rn. 112.
[27] Vgl. zum Meinungsstand Reif in MüKoGWB § 31 Rn. 42 ff.

## C. Anwendungsbereich

### I. Öffentliche Trinkwasserversorgung

15   Die §§ 31 ff. betreffen die **öffentliche Versorgung** mit Wasser (vgl. Abs. 1 Hs. 1 und § 31b Abs. 2) oder wie es in Abs. 1 Nr. 1 und 2 heißt, „die öffentliche Wasserversorgung". Diese ist nur gegeben, wenn ein Unternehmen eine Vielzahl von Rechtsträgern in einem bestimmten Gebiet über ein festes Leitungsnetz beliefert. Dagegen ist nicht von einer öffentlichen Versorgung auszugehen, wenn ein Unternehmen nur einen anderen oder wenige andere beliefert, ohne ein bestimmtes Gebiet allgemein mit Wasser zu versorgen.[28]

16   Wasser kann sowohl Trink- als auch Brauchwasser sein. Brauchwasser wird ganz überwiegend für industrielle Zwecke genutzt, allerdings stammt es zu ca. 95 % aus der Eigenerzeugung oder -förderung und wird insoweit nicht aus dem für die öffentliche Versorgung mit Wasser bestimmten Leitungsnetz bezogen. Ob **Brauchwasser** von der Ausnahmeregelung der §§ 31, 31a und 31b erfasst wird, erscheint zweifelhaft, wenn man die Gesetzesgeschichte heranzieht. Zum einen spricht der Gesetzesentwurf zur 8. GWB-Novelle von der Wasserversorgung der Endkunden.[29] Zum zweiten sollen die bisherigen Übergangsregelungen in das aktuelle GWB überführt werden. Diese Übergangsregelungen bezogen sich allerdings nach der Begründung der 6. GWB-Novelle allein auf **Trinkwasser**,[30] sodass der Schluss naheliegt, allein die Trinkwasserversorgung als Gegenstand des Ausnahmebereichs anzusehen.

17   Verschiedentlich ist diskutiert worden, ob die **Abwasserentsorgung** von der Bereichsausnahme des § 103 GWB 1990 erfasst wurde. Der Wortlaut der Vorschriften („Versorgung mit Wasser" und „Wasserversorgung von Letztverbrauchern") und die oben erwähnte Gesetzesgeschichte sprechen gegen die Ausdehnung der Vorschriften auf Abwasser. Eine analoge Anwendung scheidet ebenso aus, da Ausnahmevorschriften eng auszulegen sind.[31]

### II. Preise und Gebühren

18   Öffentlich-rechtlich organisierte Wasserunternehmen können gegenüber ihren Abnehmern öffentlich-rechtlich oder privatrechtlich auftreten und somit **Gebühren** oder **Preise** verlangen. Da der frühere § 103 GWB 1990 und die jetzigen §§ 31, 31a und 31b in ihrem Kern Missbrauchsaufsicht statuierten bzw. statuieren, wurde die Frage diskutiert, ob dieser Missbrauchsaufsicht nur Preise oder auch Gebühren unterliegen.[32] Diese Frage ist wegen der Tatsache, dass die Wasserentgelte der weitaus meisten Wasserversorger öffentlich-rechtlich als Benutzungsgebühren auf der Grundlage kommunaler Gebührensatzungen ausgestaltet sind, besonders relevant. Wird die Anwendbarkeit der kartellrechtlichen Missbrauchsregeln auf Gebühren verneint, unterliegt die Gebührenhöhe lediglich der Kommunalaufsicht der jeweiligen Bundesländer. Anders als bei den Wettbewerbs- und Regulierungsbehörden hat für die Kommunalaufsicht die Effizienz der Leistungsbereitstellung nur eine untergeordnete Bedeutung. Im Mittelpunkt der Prüfung stehen vielmehr das Äquivalenzprinzip, wonach Gebühren in einem angemessenen Verhältnis zu den mit dem Verwaltungsaufwand zusammenhängenden Kosten stehen müssen, sowie die Sicherstellung einer nachhaltigen Haushaltsführung der Kommunen. Die Monopolkommission sieht darin ein ernsthaftes Problem

---

[28] Vgl. Bosch in Bechtold/Bosch § 31 Rn. 4; OLG Frankfurt a. M. 3.3.2011 – 11 W 2/11 (Kart), WuW/E DE-R 3238 (3240) – Wasserversorgung O1.

[29] BReg, BT-Drs. 17/9852, 25 li. Sp.

[30] BReg, BT-Drs. 13/9720, 70.

[31] Reif in MüKoWettbR Rn. 60; s. auch Wolfers/Wollenschäger WuW 2013, 237; Wolf WuW 2013, 246.

[32] Bejahend Monopolkommission, Hauptgutachten 2008/2009, Rn. 398 ff.; differenzierend Säcker NJW 2012, 1105; Bosch in Bechtold/Bosch Rn. 31 m w N

der faktischen Ungleichbehandlung gleicher Sachverhalte, die zulasten der Verbraucher geht.[33] Da die Kommunen selbst durch die Wahl der Rechtsform entscheiden können, ob sie der kartellrechtlichen Missbrauchsaufsicht oder der Kommunalaufsicht unterliegen, besteht die Gefahr einer „Flucht ins Gebührenrecht". Dies belegen zB die Entwicklungen in Wetzlar, Wiesbaden und Wuppertal. Die Monopolkommission hat daher im Zuge der 8. GWB-Novelle empfohlen, in § 31 klarzustellen, dass auch Wassergebühren der kartellrechtlichen Missbrauchskontrolle unterliegen.[34]

Die Diskussion hat mit der Entscheidung des BGH „Niederbarnimer Wasserverband"[35] **19** neue Bedeutung erhalten, weil das BKartA in diesem Verfahren die Auffassung vertreten hat, dass öffentlich-rechtlich organisierte Wasserunternehmen auch bei öffentlich-rechtlicher Ausgestaltung der Leistungsbeziehungen zu ihren Abnehmern grundsätzlich als Unternehmen im Sinne des GWB anzusehen seien. Der BGH hat diese **Grundsatzfrage offen gelassen.**[36] Er hat allerdings die Adressateneigenschaft für eine Auskunftsverfügung iSd § 59 Abs. 1 bejaht. Der BGH nimmt– ausgehend vom funktionalen Unternehmensbegriff des GWB – an, dass grundsätzlich jede Person und jeder Verband, der sich wirtschaftlich betätigt, als Unternehmen anzusehen ist. Dementsprechend könnten auch Körperschaften des öffentlichen Rechts Unternehmen iSd Kartellrechts sein, wenn und soweit sie wirtschaftlich tätig sind.[37] Letzteres ist seiner Auffassung nach zwar nicht der Fall, wenn die Körperschaft ihre Leistungsbeziehung zu den Abnehmern öffentlich-rechtlich organisiert.[38] Ob dieser Grundsatz auch dann gilt, wenn die öffentlich-rechtliche und die privatrechtliche Ausgestaltung der Leistungsbeziehung – wie im Fall der Wasserversorgung – weitgehend austauschbar sind, sei allerdings bislang nicht geklärt und könne im konkreten Fall offen bleiben.[39]

Der Gesetzgeber hat im Zuge der 8. GWB-Novelle eine Klärung herbeigeführt. Auf **20** Initiative des Vermittlungsausschusses wurde die Bestimmung des § 185 Abs. 1 S. 2 eingeführt, wonach die §§ 19, 20 und 31b Abs. 5 **keine Anwendung auf öffentlich-rechtliche Gebühren und Beiträge** finden sollen.[40] Damit wurde – zulasten der Verbraucher – eine einheitliche, effizienzorientierte Entgeltkontrolle von Wassergebühren und Wasserpreisen verhindert. Allerdings wird man bezweifeln müssen, dass eine Gemeinde der kartellrechtlichen Missbrauchsaufsicht dadurch entgehen kann, dass sie einen kommunalen Eigenbetrieb nur zum Schein, also ohne reale Übernahme der Betreiberaufgaben gründet.[41]

Der deutsche Gesetzgeber kann mittels § 185 Abs. 1 S. 2 zudem **nicht die Anwendung 21 europäischen Wettbewerbsrechts ausschließen.** Hat die Tätigkeit eines marktbeherrschenden Wasserversorgers einen Bezug zum zwischenstaatlichen Handel, kann das Missbrauchsverbot des Art. 102 AEUV anwendbar sein. Allerdings ist die Trinkwasserversorgung in aller Regel ortsgebunden und auf die jeweiligen Kommunalgebiete beschränkt. Im Gegensatz zu Elektrizität und Gas gibt es für Trinkwasser keine grenzüberschreitenden Netze oder gar ein vorgelagertes europäisches Verbundnetz. Daher sind bislang auch keine Fälle ersichtlich, in denen Art. 102 AEUV angewendet worden ist.

Darüber hinaus hat die Monopolkommission zur **Stärkung der Gebührenaufsicht 22** allgemein empfohlen, dass in den Kommunalabgabengesetzen zusätzliche **verpflichtende Transparenzvorgaben** zur Höhe von Gebühren verankert werden. Diese Pflicht zur

---

[33] Monopolkommission, Hauptgutachten 2008/2009, Rn. 10.

[34] Monopolkommission, Sondergutachten 63, Rn. 119.

[35] BGH 18.10.2011 – KVR 9/11, NJW 2012, 1150 – Niederbarnimer Wasserverband, unter Aufhebung OLG Düsseldorf 8.12.2010 – VI 2 Kart 1/10(V), WuW/DE-R 3170 – Wasserversorger.

[36] BGH 18.10.2011 – KVR 9/11, NJW 2012, 1150 Rn. 11 – Niederbarnimer Wasserverband.

[37] Zur Frage der öffentlichen Wasserversorgung als wirtschaftliche Tätigkeit s. Beschl. d. BKartA 4.6.2012 – B8 – 40/10, BeckRS 2013, 10697 Rn. 48 ff. – Berliner Wasserbetriebe.

[38] BGH 18.10.2011 – KVR 9/11, NJW 2012, 1150 Rn. 10 – Niederbarnimer Wasserverband.

[39] BGH 18.10.2011 – KVR 9/11, NJW 2012, 1150 Rn. 11 – Niederbarnimer Wasserverband.

[40] Zu der Frage, ob die Regelung des § 31b Abs. 3 auf Gebühren anwendbar bleibt, vgl. Schmidt/Weck NZKart 2013, 343.

[41] Säcker NJW 2012, 1105 (1109 f.); Becker in Bunte Rn. 48.

Veröffentlichung müsste sich auf den Erlös pro Mengeneinheit der Leistung, in der Trinkwasserversorgung also auf EUR/m³⁺ beziehen. Dadurch ließe sich die Vergleichbarkeit der Gebühren der Wasserversorger in allen Kommunen wesentlich erleichtern. Die gewonnenen Informationen könnten als Anhaltspunkt für eine potenzielle Gebührenüberhöhung genutzt werden. Eine solche Verpflichtung zur Veröffentlichung wäre von den kommunalen Unternehmen zudem ohne größeren Aufwand erfüllbar, da zur Kalkulation lediglich die Gesamterlöse eines Jahres sowie die gesamte Leistungsmenge desselben Zeitraums benötigt werden. Durch Division von Gesamterlösen und Leistungsmenge würde sich der Stückerlös ergeben. Dieser sollte spätestens ein Jahr nach Ende des entsprechenden Zeitraumes ausgewiesen werden.[42]

# D. Freistellung von § 1 (Abs. 1)

## I. Überblick

23   In Abs. 1 werden vier Vertragstypen mit wettbewerbsbeschränkender Wirkung genannt, die im Bereich der Wasserwirtschaft vom Verbot des § 1 ausgenommen sind: Dies sind nach Nr. 1 **Demarkationsverträge**, nach Nr. 2 **Konzessionsverträge**, nach Nr. 3 **Höchstpreisbindungen** und nach Nr. 4 **Verbundverträge**. Diese Vertragstypen sind dem früheren § 103 Abs. 1 GWB 1990 mit den – für den eingeschränkten Anwendungsbereich auf Wasser – notwendigen Änderungen entnommen.

24   Zweck der Freistellung vom Kartellverbot ist laut Begründung zum RegE die Annahme, dass sich durch die Gewährung geschlossener Versorgungsgebiete **Größen-, Verbund- und Rationalisierungsvorteile** im Sinn der Kunden generieren lassen. Die Norm ziele darauf ab, auch zukünftig eine sichere und preisgünstige Versorgung mit Wasser zu gewährleisten.[43]

25   Abs. 1 gilt für Verträge im Sinne von § 1, erfasst also **Horizontal- und Vertikalverträge.** Die zusätzliche Bezugnahme in § 103 GWB 1990 auf vertikale Abreden im Sinne der §§ 15 und 18 aF wurde wegen des Wegfalls dieser beiden Bestimmungen im Zuge der 7. GWB-Novelle gestrichen. Sie waren mit der europarechtlich gebotenen Neufassung der Bestimmung des § 1 überflüssig geworden, da diese seit der 7. GWB-Novelle die früher in den §§ 15 und 18 beschriebenen Wettbewerbsbeschränkungen mit erfasst. Soweit in § 1 Beschlüsse erfasst werden, bezieht § 31 auch solche Tatbestände ein. Die Freistellung wirkt jedoch nicht für „abgestimmte Verhaltensweisen", da diese einer Schriftform nicht zugänglich sind.[44]

26   Die Vorschrift ist – wie die Anmeldepflicht nach § 31a – nur von geringer praktischer Bedeutung, da es kaum Anmeldungen von Verträgen im Sinn des Abs. 1 gibt. **Demarkationsverträge** dürften aus Sicht der Praxis überflüssig sein, weil das Leitungsnetz für die Abgrenzung der jeweiligen Tätigkeit der Wasserversorgungsunternehmen offenbar genügt. **Konzessionsverträge** im Sinne von Abs. 1 Nr. 2 werden zwar abgeschlossen, aber nicht angemeldet, weil sie wohl bereits nach § 2 vom Kartellverbot freigestellt sein dürften. Die gleiche Situation findet sich für die Verträge im Sinne des Abs. 1 Nr. 3 und 4. Dies steht im Gegensatz zur früheren Praxis unter der Geltung des § 103 GWB 1990 für die gesamte Versorgungswirtschaft, also auch für Strom und Gas. In der Energiewirtschaft waren zB Demarkationsverträge aus der Sicht der Unternehmen notwendig, denn hier drohte die Durchleitung oder der Bau von Stichleitungen. Sie wurden deshalb flächendeckend in der Bundesrepublik abgeschlossen und konnten dann durch die Freistellung nach § 103 GWB 1990 nach erfolgter Anmeldung Wirksamkeit erlangen. Verträge nach den früheren §§ 15

---

[42] Monopolkommission, Hauptgutachten 2012/2013, Rn. 1226 ff.
[43] BReg, BT-Drs. 17/9852, 25.
[44] Bosch in Bechtold/Bosch Rn. 5.

und 18 konnten ebenfalls nur über die Anmeldung wirksam werden, weil es den heutigen § 2 noch nicht gab.

Auch hinsichtlich der **verschärften Missbrauchsaufsicht** über Wasserversorgungs- **27** unternehmen erlangt die **Freistellung von Verträgen keine Bedeutung für die Praxis.** Zwar nimmt Abs. 3 ausdrücklich nur Bezug auf den Missbrauch einer durch die Freistellung erlangten Position. Abs. 3 und 4 sind aber – unabhängig vom Vorliegen einer Freistellung – über § 31b Abs. 5 ebenso auf den Missbrauch einer marktbeherrschenden Position anwendbar.

## II. Demarkationsverträge (Abs. 1 Nr. 1)

Abs. 1 Nr. 1 greift ein, wenn ein Wasserversorgungsunternehmen mit anderen Wasser- **28** versorgern oder Gebietskörperschaften vereinbart, dass ein Vertragsbeteiligter eine öffentliche Wasserversorgung über feste Leitungswege in einem bestimmten Gebiet unterlässt. Eine entsprechende Regelung fand sich bereits in § 103 Abs. 1 Nr. 1 GWB 1990. Derartige **Demarkationsverträge** kommen in der Wasserwirtschaft, soweit sie überhaupt abgeschlossen werden, in zwei Fallgruppen vor. Einmal handelt es sich um Verträge zwischen zwei nebeneinander liegenden Wasserverteilerunternehmen, in denen sich die Vertragspartner verpflichten, weder unmittelbar noch mittelbar Wasser in das unmittelbare oder mittelbare Versorgungsgebiet des jeweils anderen zu liefern. Zum anderen gibt es Verträge zwischen einem Wassererzeuger oder -lieferant auf der einen Seite und einem Weiterverteiler auf der anderen Seite über die Abgrenzung der beiderseitigen Versorgungsgebiete – immer im Zusammenhang mit einem Wasserliefervertrag. Der Lieferant verpflichtet sich also, dem von ihm belieferten Wasserunternehmen in dessen Gebiet keine Kunden streitig zu machen und der Weiterverteiler verpflichtet sich, das ihm gelieferte Wasser nicht in das Versorgungsgebiet des Lieferanten zu liefern. Diese Tatbestandsgruppe wird als unmittelbare oder selbständige Demarkation bezeichnet Von mittelbarer Demarkation spricht man, wenn zwei Erzeugungsunternehmen untereinander ihre Abnehmer, also die weiterverteilenden Wasserunternehmen der nächsten Stufe, aufteilen.

Die **unmittelbare oder selbständige Demarkation** ist eine typische Gebietsaufteilung **29** iSd § 1. Zwei Wasserversorgungsunternehmen mit aneinander grenzenden Versorgungsgebieten verpflichten sich, keine unmittelbare (öffentliche) Versorgung mit Trinkwasser im Gebiet des anderen anzubieten und durchzuführen. Soweit Wettbewerb zwischen ihnen möglich ist, zB durch Bau von kurzen Stichleitungen zu einzelnen Kunden an der Grenze des jeweiligen Versorgungsgebietes, wird der Wettbewerb zwischen ihnen ausgeschlossen. Eine solche vertragliche Vereinbarung würde von § 1 erfasst und wäre nach dieser Vorschrift nicht nur verboten, sondern auch zivilrechtlich von Anfang an nichtig.

Bei der **mittelbaren Demarkation** sind folgende Konstellationen möglich: Zwei Was- **30** sererzeugerunternehmen teilen die zu beliefernden Weiterverteiler untereinander auf. In der Terminologie des Wettbewerbsrechtes handelt es sich hierbei um Kundenschutzabkommen, das ohne Zweifel unter § 1 zu subsumieren ist. Ob eine Klausel, einen oder mehrere bestimmte Weiterverteiler nicht zu beliefern, unter Nr. 1 fällt, könnte streitig sein, weil nicht die Belieferung in einem bestimmten Gebiet zu unterlassen ist. Man wird jedoch die namentliche Benennung des Weiterverteilers durch Auslegung nach Sinn und Zweck als eine Verpflichtung ansehen müssen, eine Belieferung in dem Gebiet des namentlich genannten Weiterverteilers zu unterlassen.

Eine Vereinbarung kann auch dann freigestellt sein, wenn sie keinen vollständigen Aus- **31** schluss der Versorgung in einem bestimmten Gebiet vorsieht, sondern auf ein bestimmtes Gebiet bezogen ist und zusätzliche Abgrenzungskriterien enthält. Dies ist der Fall, wenn einzelne Kunden in einem konkreten Gebiet namentlich oder ab einer bestimmten Abnahmemenge **(Grenzmengenabkommen)** aufgeteilt werden. Weitere Voraussetzung ist allerdings, dass ein solches Abgrenzungskriterium geeignet ist, zu der vom Gesetz angestrebten Rationalisierung beizutragen. Diesem Zweck kann nach Auffassung des BGH zB eine Aufteilung nach Abnahmemengen entsprechen, wenn im allgemeinen nach den derzeitigen technischen Verhältnissen Abnehmer einer über einer bestimmten Größe liegenden Jahresmenge über ein anderes Leitungsnetz versorgt werden.[45]

32    Ganz grundsätzlich werden nur solche Vereinbarungen freistellbar sein, die sich auf ein bestimmtes Gebiet beziehen. Eine allgemeine Verpflichtung, außerhalb des eigenen Versorgungsgebietes keine öffentliche Versorgung mit Wasser durchzuführen, würde keine Rationalisierungswirkungen haben und wäre nach Sinn und Zweck der Vorschrift nicht freistellbar. So sind zB Reservierungen von Interessengebieten nicht freigestellt.[46]

### III. Konzessionsverträge (Abs. 1 Nr. 2)

33    Freigestellt sind nach Nr. 2 **Konzessionsverträge** zwischen Wasserversorgungsunternehmen und Gebietskörperschaften, durch die ersteren die ausschließliche Nutzung von öffentlichen Verkehrsflächen für die Verlegung und den Betrieb von Wasserleitungen gestattet wird. Die Norm geht auf § 103 Abs. 1 Nr. 2 GWB 1990 zurück. Im Gegensatz zu den Demarkationsverträgen haben Konzessionsverträge in der Praxis eine große Bedeutung für die Wasserwirtschaft, wenn auch die vielen kleinen kommunalen Eigenbetriebe in ländlichen Gegenden keinen Konzessionsvertrag im zivilrechtlichen Sinne abschließen können.[47] Nach der Rechtsprechung des BGH fallen Konzessionsverträge in den Anwendungsbereich von § 1, was zu § 103 GWB 1990 umstritten war und was nach dem Wegfall des früheren § 18 jetzt von Bedeutung ist.

34    Nach Auffassung des BGH verfolgen die Parteien eines Konzessionsvertrages den **gemeinsamen Zweck,** eine öffentliche Versorgung in einem Gemeindegebiet durch ein Monopol des Versorgungsunternehmens sicher zu stellen. Sie beschränken den Wettbewerb auf dem örtlichen Markt, da der Marktzutritt durch andere Versorgungsunternehmen versperrt wird, denn eine Doppelverlegung von Leitungen erscheint unter ökonomischen Gesichtspunkten ausgeschlossen. Dies wissen die Vertragschließenden, weshalb es auf eine verbale Ausschließlichkeit in dem Konzessionsvertrag nicht ankommt. Die kartellrechtliche Beurteilung kann sich hier nicht auf den Wortlaut des Vertrages beschränken. Sie muss den Hintergrund der Besonderheiten der öffentlichen Versorgung mit Trinkwasser berücksichtigen, die beiden Vertragschließenden bekannt sind.

35    Die Einräumung des **Wegerechts** bezieht sich auf alle öffentlichen Straßen, Wege, Plätze und Brücken und möglicherweise auch auf alle im Eigentum der Gebietskörperschaft stehende Grundflächen. Praktisch kann jede Grundfläche erfasst werden, über die die Gebietskörperschaft verfügen kann. Der Wortlaut der Vorschrift, „öffentliche Wege" ist weit auszulegen[48].

36    Die Gestattung muss sich auf die unmittelbare öffentliche Wasserversorgung von Letztverbrauchern im Gebiet der Gebietskörperschaft beziehen. Der Konzessionsvertrag muss nicht für das gesamte Gebiet der Gebietskörperschaft abgeschlossen werden, es können auch **Teilgebiete** Gegenstand sein. Namentlich bei großflächigen Gebietskörperschaften kann es vernünftig sein und dem Rationalisierungsgedanken mehr entsprechen, mit mehreren Wasserversorgungsunternehmen Konzessionsverträge abzuschließen. In jedem Falle muss es sich aber um die Trinkwasserversorgung mit Letztverbrauchern handeln. Damit scheidet als Gegenstand die mittelbare Versorgung aus. Wegerechte für eine Durchleitung zur mittelbaren Versorgung anderer Wasserversorgungsunternehmen werden von Nr. 2 nicht erfasst.

37    Die Gebietskörperschaft kann sich aber auch nicht weigern, ihre öffentlichen Wege Dritten zur **Belieferung von Sonderabnehmern** zur Verfügung zu stellen. Eigenerzeu-

---

[45] BGH 19.6.1975 – KZR 10/74, WuW/E BGH 1405 Rn. 24 – Grenzmengenabkommen.

[46] Vgl. zu diesem Problemkreis BGH 19.6.1975 – KZR 10/74, WuW/E BGH 1405 – Grenzmengenabkommen und WuW/E BKartA 2648 – Ruhrgas/Thyssengas.

[47] Konzerninterne Vorgänge sind kein freistellungsfähiger Vorgang, s. auch Bosch in Bechtold/Bosch Rn. 8.

[48] BGH 15.4.1986 – KVR 6/85, WuW/E BGH 2247 – Wegenutzungsrecht.

ger haben ebenfalls das Recht, die öffentlichen Wege für sich selbst zu benutzen. Sonderabnehmer müssen das Recht zum Bau eigener Leitungen zum Bezug von Brauchwasser von anderen Unternehmen behalten. Für die Einräumung des Wegerechts werden die Wasserversorgungsunternehmen in der Regel verpflichtet, eine Konzessionsabgabe zu zahlen. Die Höhe der Konzessionsabgabe kann für die Missbrauchsaufsicht von Bedeutung sein. (Vgl. E. Missbrauchsaufsicht → Rn. 78).

## IV. Preisbindungen (Abs. 1 Nr. 3)

Nr. 3 erfasst Verträge von Wasserversorgern mit einem Wasserversorgungsunternehmen **38** der Verteilungsstufe, in dem sich das belieferte Unternehmen verpflichtet, seine Abnehmer nicht zu ungünstigeren Preisen oder Bedingungen zu versorgen, als sie das zuliefernde Unternehmen seinen Abnehmern einräumt **(Höchstpreisbindung)**. Die Vorschrift geht auf § 103 Abs. 1 Nr. 3 GWB 1990 zurück, der Verträge nach dem damaligen § 15 GWB 1990 freistellte. Vertikale Wettbewerbsbeschränkungen, zB Preisbindungen, sind nach dem in der 7. GWB-Novelle neugefassten § 1 verboten, weshalb der Gesetzgeber Verträge nach Nr. 3 vom Verbot des § 1 freigestellt hat.

Der Abschluss solcher Höchstpreisbindungsverträge setzt eine Lieferbeziehung zwischen **39** einem Wasserversorger und einem Wasserversorger auf der Verteilungsstufe voraus. In dem Liefervertrag oder in einem Zusatzvertrag darf sich das belieferte Unternehmen verpflichten, beim Weiterverkauf des gelieferten Trinkwassers den eigenen Abnehmern keine **ungünstigeren** Preise oder Bedingungen abzuverlangen, als das Lieferunternehmen seinen eigenen Abnehmern gewährt. Die Vorschrift bezweckt damit in erster Linie den Schutz der Abnehmer. Die bloße Einschaltung eines Verteilerunternehmens soll nicht verteuernd wirken.

Aus der Formulierung des Gesetzes, „nicht zu ungünstigeren Preisen oder Bedingungen" **40** folgt, dass das Verteilerunternehmen zu günstigeren Preisen oder Bedingungen liefern darf. Eine Bindung, nicht zu günstigeren Preisen oder Bedingungen zu beliefern, wäre von Nr. 3 nicht gedeckt und damit auch nicht freistellungsfähig. Das bedeutet aber auch, dass eine sogenannte **Gleichpreisigkeitsklausel,** nach der das Verteilerunternehmen gleiche Preise oder Bedingungen wie das liefernde Wasserversorgungsunternehmen gewähren muss, unzulässig ist, denn sie schließt die günstigere Versorgung aus.[49]

Für den Vergleich sind nur die Preise und Bedingungen der jeweiligen Abnahmeverhält- **41** nisse heranzuziehen. Auf eine Begründung des abweichenden Preises oder der Bedingungen kommt es nicht an. Auch strukturelle Faktoren, wie topografische oder geologische Gegebenheiten, spielen hier keine Rolle.

## V. Verbundverträge (Abs. 1 Nr. 4)

Nach Nr. 4 sind Verträge zwischen Wasserversorgungsunternehmen vom Verbot des § 1 **42** freigestellt, die zu dem Zweck geschlossen werden, bestimmte Versorgungsleistungen über feste Leitungswege ausschließlich einem oder mehreren Versorgungsunternehmen zur Verfügung zu stellen **(Verbundverträge)**. Eine entsprechende Regelung war bereits in § 103 Abs. 1 Nr. 4 GWB 1990 verankert. Ein bestimmter Vertragsinhalt ist nicht vorgegeben, allerdings müssen die Leistungen die Versorgung mit Wasser über feste Leitungswege zur öffentlichen Versorgung betreffen. Aufbau, Ausbau, Nutzung und Unterhaltung von Leitungsnetzen könnten Gegenstand solcher Vereinbarungen sein[50]. Die Regelung hat in der Praxis kaum Bedeutung erlangt.

---

[49] S. auch Bosch in Bechthold/Bosch Rn. 9.
[50] OLG Dresden. 8.4.1998 – 7 U 2980/97, Elbauenwasser, WuW/E DE-R 169 (173); Reif in MüKo-WettbR Rn. 93.

## VI. Schriftform nach Abs. 2

43    Alle in Abs. 1 genannten Verträge bedürfen der Schriftform, auch die nach § 31a nicht anmeldepflichtigen Verträge nach Abs. 1 Nr. 3. Eine Schriftform war im Zusammenhang mit Anmeldungen bei der Kartellbehörde ua für Verträge nach § 103 GWB 1990 über §§ 105 und 34 GWB 1990 angeordnet. Da die §§ 105 und 34 entfallen sind, war eine Sonderregelung im Rahmen der Vorschriften über die Wasserwirtschaft erforderlich.

44    Fraglich ist, ob Abs. 2 inhaltlich nach wie vor auf § 34 GWB 1990 Bezug nimmt oder die allgemeine Regelung des § 126 BGB gilt. Dies ist von Bedeutung, weil die beiden Normen teilweise unterschiedliche Anforderungen an die Schriftform stellen. Zwar heißt es in der Begr. zum RegE, dass das in § 105 GWB 1990 enthaltende Schriftformerfordernis übernommen wird.[51] Allerdings findet sich die Vorstellung einer Weitergeltung von § 34 GWB 1990 nicht im Gesetzeswortlaut wieder, sodass davon auszugehen ist, dass nunmehr die Regelung des § 126 BGB maßgeblich ist. Sie soll der Klarheit und Beweisfähigkeit für Art und Umfang der eingegangenen Wettbewerbsbeschränkung dienen. Daher ist davon auszugehen, dass nunmehr grundsätzlich der **gesamte Vertrag** schriftlich abzufassen ist, weil andernfalls die KartBen Umfang und Tragweite der Wettbewerbsbeschränkung nur eingeschränkt beurteilen könnten.[52]

45    Die in § 31 Abs. 1 Nr. 1, 2 und 4 genannten Verträge bedürfen außerdem nach § 31a Abs. 1 S. 1 zu ihrer Wirksamkeit der Anmeldung bei der Kartellbehörde. (Vgl. § 31a, B. Anmeldung und Mitteilung → Rn. 6).

## E. Missbrauchsaufsicht

### I. Überblick

46    Abs. 3, 4 und 5 übernehmen im Prinzip die früheren Missbrauchsregelungen für die Wasserwirtschaft aus § 103 Abs. 5 und 7 GWB 1990. Ausgangspunkt für die Überlegungen des Gesetzgebers, eine **spezifische Missbrauchsaufsicht** über Wasserversorger zu schaffen, war die Erkenntnis, dass die **Wasserwirtschaft monopolistisch geprägt** ist. Den Verbrauchern stehen mit den lokalen Wasserversorgungsunternehmen jeweils Monopole gegenüber, deren Entgeltgestaltung nach Auffassung des Gesetzgebers einer **effektiven staatlichen Kontrolle** bedarf[53]. Insofern fügen sich die besonderen Vorschriften zur Missbrauchsaufsicht in der Wasserwirtschaft in die allgemeine Regelung einer Missbrauchsaufsicht über marktbeherrschende Unternehmen ein. Dies kommt auch in § 31b Abs. 6 zum Ausdruck, wonach neben der spezifischen Wassermissbrauchsaufsicht gemäß §§ 31 ff. die **allgemeine Missbrauchsaufsicht nach § 19** anwendbar ist.

47    Die mehrfache Erwähnung der Notwendigkeit einer Preiskontrolle in der Regierungsbegründung zeigt aber auch die **systematische Schieflage** der §§ 31 ff. Es handelt sich eben nicht in erster Linie um eine Missbrauchsaufsicht über die nach Anmeldung bei der Kartellbehörde von § 1 freigestellten wettbewerbsbeschränkenden Verträge im Sinne von Abs. 1 Nr. 1–4, sondern vielmehr um die endgültige Einführung einer **speziellen Preishöhenkontrolle für Wasserversorger.** Dies zeigt auch die Betrachtung der Rechtstatsachen. Zum einen gibt es nur sehr wenige Anmeldungen der in Abs. 1 beschriebenen Wettbewerbsbeschränkungen. Zum anderen gab es bis heute keine Verfahren gegen Wasserversorger, die sich mit der Frage beschäftigen, ob die in Abs. 1 Nr. 1–4 beschriebenen Wettbewerbsbeschränkungen an sich gegen die Freistellung verstoßen. Es hätte sich deshalb eine klarere gesetzgeberische Lösung empfohlen, in der nach der allgemeinen gesetzlichen Struktur Wettbewerbsbeschränkungen nach § 1 nur dann freigestellt sind, wenn sie die

---

[51] BReg, BT-Drs. 17/9852, 25 re. Sp.
[52] So auch Becker in Bunte Rn. 35.
[53] BReg, BT-Drs. 17/9852, 25 li. Sp.

Voraussetzungen des § 2 erfüllen, und marktbeherrschende Unternehmen der Wasserwirtschaft der Missbrauchsaufsicht nach § 19 unterstehen. Daneben hätte der Gesetzgeber eine sektorspezifische Regulierung der Wasserentgelte schaffen sollen. (Vgl. B. Besondere Merkmale der Wasserwirtschaft, → Rn. 13 f.).

Ob ein Wasserversorger einen Vertrag nach Abs. 1 abgeschlossen und angemeldet hat, **48** war und ist für die durchgeführten Missbrauchsverfahren in der Wasserwirtschaft ohne Bedeutung geblieben. Liegt eine solche Freistellung vor, kann die KartB nach § 31 Abs. 3, 4 iVm § 31b Abs. 3, 4 einschreiten, wenn die durch die Freistellung erlangte Stellung im Markt missbraucht wurde **(Freistellungsmissbrauch).** Wird keine Freistellung in Anspruch genommen, ist ein kartellbehördliches Einschreiten auf Grundlage von § 31 Abs. 3, 4 iVm § 31b Abs. 5 iVm § 31b Abs. 3, 4 möglich, sofern das betroffene Wasserversorgungsunternehmen eine marktbeherrschende Stellung innehat, wovon in aller Regel auszugehen ist **(Marktmachtmissbrauch).** Damit ist eine Gleichbehandlung aller in der Wasserwirtschaft privatwirtschaftlich agierenden Unternehmen gewährleistet, denn es kann unterstellt werden, dass basierend auf den verlegten Leitungsnetzen die Marktbeherrschung bei allen Trinkwasseranbietern gegeben ist. Nach Abs. 6 bleibt die allgemeine Missbrauchsaufsicht über marktbeherrschende Wasserversorgungsunternehmen parallel anwendbar. Von der **Gleichbehandlung ausgenommen** sind aufgrund des § 185 Abs. 1 S. 2 allerdings alle Wasserversorger, die keine Preise, sondern Gebühren verlangen. (Vgl. C. Anwendungsbereich → Rn. 18 ff.).

Ausgangspunkt für die Freistellungskontrolle ist die **Generalklausel** des Abs. 3, wonach **49** die durch die Freistellung von den Vorschriften dieses Gesetzes erlangte Stellung am Markt nicht missbraucht werden darf. Die Generalklausel wird in Abs. 4 durch drei, nicht abschließende, **konkretisierende Fallgruppen** aufgefüllt:

– Nach Abs. 4 Nr. 1 liegt ein Missbrauch vor, wenn das Marktverhalten eines Wasserunternehmens den Grundsätzen zuwiderläuft, die für das Marktverhalten von Unternehmen bei wirksamen Wettbewerb bestimmend sind. Ein solcher Verstoß wird als **Grundsätzeverstoß** bezeichnet.
– Nach Abs. 4 Nr. 2 liegt ein Missbrauch vor, wenn ein Wasserversorgungsunternehmen von seinen Abnehmern ungünstigere Preise oder Geschäftsbedingungen fordert als gleichartige Wasserunternehmen, es sei denn das Wasserversorgungsunternehmen weist nach, dass der Unterschied auf abweichenden Umständen beruht, die ihm nicht zurechenbar sind. Es handelt sich hier um eine **Preishöhenkontrolle.**
– Nach Abs. 4 Nr. 3 liegt ein Missbrauch vor, wenn ein Wasserunternehmen Entgelte fordert, welche die Kosten in unangemessener Weise überschreiten; anzuerkennen sind lediglich Kosten, die bei einer rationellen Betriebsführung anfallen. Diese **Kostenkontrolle** ist erst im Zuge der 8. GWB-Novelle in das Gesetz aufgenommen worden.

Neben dieser spezifischen Missbrauchsaufsicht nach den Abs. 3 und 4 iVm § 31b Abs. 3, **50** 4 und 5 unterliegen die Wasserversorgungsunternehmen nach § 31b Abs. 6 der allgemeinen Missbrauchsaufsicht nach § 19, sofern sie eine marktbeherrschende Stellung im Sinne dieser Vorschrift innehaben.[54] Dies kann für Wasserversorgungsunternehmen unterstellt werden. Der BGH hat in der Sache „Wasserpreise Wetzlar" § 19 neben § 103 GWB 1990 für anwendbar erklärt, ohne seine Entscheidung materiell auf diese Vorschrift zu stützen[55].

## II. Generalklausel (Abs. 3)

Nach der **Generalklausel** in Abs. 3 darf die durch die Freistellung am Markt erlangte **51** Stellung nicht missbraucht werden. Ohne Auffüllung durch die Beispiele in Abs. 4 bereitet die Anwendung der Generalklausel Schwierigkeiten, die schon bei § 103 GWB 1990

---

[54] Zu den Ergebnissen und Voraussetzungen der Missbrauchsaufsicht des § 19 vgl. die Kommentierung dieser Vorschrift.
[55] BGH 2.2.2010 – KVR 66/08, NJW 2010, 2573 Rn. 26 – Wasserpreise Wetzlar.

bestanden. Letztlich wurde die Einführung von konkretisierenden Fallgruppen mit der 4. GWB-Novelle aufgrund der Unsicherheit bei der Rechtsanwendung durch die Kartell-behörden und die Gerichte bewirkt. Diese Unsicherheit ist mit der Neufassung der Vor-schriften über Wasserversorgungsunternehmen nicht beseitigt worden.

**52**    Fraglich ist, ob der Missbrauchstatbestand des Abs. 3 ein **gesetzliches Verbot** oder nur eine **Ermächtigung** der Kartellbehörde enthält, eine Abstellungsverfügung nach § 31b Abs. 3 und 5 zu erlassen. Sowohl der Wortlaut der Norm („darf die durch die Frei-stellung…. erlangte Stellung im Markt nicht missbraucht werden") als auch die Begr. zum RegE, die von einem „in den Abs. 3 und 4 normierten Missbrauchsverbot" spricht,[56] streiten für ersteres. In der Antwort der Bundesregierung[57] zur Stellungnahme des Bundes-rates[58] über die Anwendung des § 32 für die Wasserwirtschaft hatte die Bundesregierung allerdings die Auffassung vertreten, dass es sich bei Absatz 3 nicht um ein gesetzliches Verbot handele. Für eine reine Ermächtigungsnorm spricht auch der Umstand, dass die frühere Regelung ohne materielle Änderungen übernommen werden sollte. § 103 Abs. 5 GWB 1990 gab ausdrücklich nur der Kartellbehörde das Recht, bestimmte Maßnahmen zu treffen, soweit die Verträge oder die Art ihrer Durchführung einen Missbrauch der Frei-stellung von den Vorschriften des Gesetzes darstellten. Auch gesetzessystematische Gründe sprechen eher für das Vorliegen einer Ermächtigung der KartBen, weil ein Verstoß gegen Abs. 3 nicht als Ordnungswidrigkeit ausgestaltet ist und eine Beschwerde gegen eine ent-sprechende Verfügung der KartB keine aufschiebende Wirkung hat.[59] Darüber hinaus wurde die parallele Anwendbarkeit des § 19 gesetzlich in § 31b Abs. 6 verankert. Dies wäre nicht notwendig gewesen, wenn Abs. 3 als unmittelbar geltendes Verbot ausgestaltet wäre.[60]

**53**    In welchem Verhältnis Freistellung und Missbrauch stehen, ist weiterhin unklar, ins-besondere ob die Freistellung einer Wettbewerbsbeschränkung nach Abs. 1 **kausal** für den Missbrauch sein muss. Ob man von einer typischen Gefährdung durch die freigestellte Wettbewerbsbeschränkung ausgehen darf[61], erscheint zweifelhaft, vor allem wenn man die Tatsache berücksichtigt, dass offenbar in der Praxis kaum Bedarf für eine Freistellung nach Abs. 1 besteht. Die tatsächliche Monopolstellung reicht wohl aus. Man kann dann nicht ohne weiteres davon sprechen, dass das missbräuchliche Verhalten einem freigestellten Versorgungsunternehmen bereits deshalb „verboten" sei, weil es aufgrund der Freistellung keinem brancheninternen Wettbewerb unterliege[62]. Der BGH hat in der Sache „Wasser-preise Wetzlar" in einem Nebensatz die Frage etwas vordergründig wie folgt behandelt: „Eine erhöhte Missbrauchsgefahr liegt nahe, wenn ein Versorgungsunternehmen in seinem Verhaltensspielraum vom Wettbewerb deshalb nicht wirksam kontrolliert wird, weil es von der Freistellung gemäß § 103 Abs. 1 GWB 1990 Gebrauch gemacht hat".[63] Die Frage hat allerdings für die Praxis nur untergeordnete Bedeutung.

**54**    Maßnahmen nach Abs. 3 sind gemäß § 31b Abs. 4 unter Berücksichtigung von Sinn und Zweck der Freistellung, insbesondere der **möglichst sicheren und preisgünstigen Ver-sorgung** zu treffen. Diese Regelung geht auf die Beratungen zu einem § 103 als Aus-nahmebereich für Elektrizität, Gas und Wasser zurück. Die Eigenart von Erzeugung und Verbrauch, der Aufwand von Zeit und Kapital für die Errichtung neuer Versorgungs-anlagen, die Darbietung über feste Leitungswege, begrenzte Speicherfähigkeit, wirtschaftli-ches Interesse an der öffentlichen Versorgung, sind die Sachpunkte, die seitdem den § 103 begleitet haben und die noch heute für die Wasserversorgung beansprucht werden.[64] Dabei

---

[56] BReg, BT-Drs. 17/9852, 25 re. Sp.
[57] Gegenäußerung der Bundesregierung zur Stellungnahme des Bundesrates, BT-Drs. 17/9852, 51.
[58] Stellungnahme des Bundesrats, BT-Drs. 17/9852, 44.
[59] Bosch in Bechtold/Bosch Rn. 14.
[60] Reif in MüKoWettbR Rn. 101.
[61] Reif in MüKoWettbR Rn. 119, 99; Bosch in Bechtold/Bosch Rn. 15.
[62] BGH 6.5.1997 – KVR 9/96, WuW/E BGH 3140 – Gaspreis.
[63] BGH 2.2.2010 – KVR 66/08, NJW 2010, 2573 Rn. 23 – Wasserpreise Wetzlar.
[64] BReg, Entwurf eines Gesetzes gegen Wettbewerbsbeschränkungen, BT-Drs. 2/1158, 57.

muss man sehen, dass jedenfalls für Elektrizität und Gas alle diese Gesichtspunkte nicht mehr gelten. (Vgl. § 31b, D. Missbrauchsverfügung bei besonderer Missbrauchsaufsicht, → Rn. 15 ff.)

Für den Missbrauchsbegriff in der Generalklausel des Abs. 3 verbleibt es im Ergebnis bei 55 der generellen Bezeichnung des missbräuchlichen Verhaltens als einer Abweichung von dem Verhalten bei wirksamem Wettbewerb. Hierzu wird auf die grundsätzlichen Bemerkungen zu § 19 verwiesen.

## III. Grundsätzeverstoß (Abs. 4 Nr. 1)

Nach Abs. 4 Nr. 1 liegt ein Missbrauch insbesondere dann vor, wenn das Marktverhalten 56 eines Wasserunternehmens den Grundsätzen zuwiderläuft, die für das **Marktverhalten von Unternehmen bei wirksamem Wettbewerb** bestimmend sind **(Grundsätzeverstoß)**. Die Vorschrift geht auf den früheren § 103 Abs. 5 S. 2 Nr. 1 GWB 1990 zurück. Maßstab ist ein allgemeines Verhalten bei wirksamem Wettbewerb, nicht aber das Verhalten eines bestimmten Unternehmens auf einem bestimmten Markt, der durch wirksamen Wettbewerb gekennzeichnet ist. Der Gesetzgeber trägt hier dem Umstand Rechnung, dass es in der Wasserwirtschaft keine wettbewerblich strukturierten Märkte gibt. Maßstab ist ein sogenanntes idealtypisches Verhalten von Unternehmen im Wettbewerb. Als ein solches Verhalten kommen in Betracht: Wahrnehmung aller sich bietenden Rationalisierungsmöglichkeiten, Betreibung von Forschung, Nutzung neuester Technik und Materialien, Verbesserung von unternehmerischen Strategien, Streben nach marktgerechten Kapazitäten, keine Quersubventionen, Preiskalkulation nach dem Kostenverursachungsprinzip, normale Eigenkapitalverzinsung und leistungsgerechte Preise.

Die praktische Bedeutung des Abs. 4 Nr. 1 in Rechtsprechung und Verwaltung blieb 57 letztlich wegen seiner Unschärfe gering. So wurde zum Beispiel die Einführung eines Zonenpreissystems bei der Versorgung mit Wasser abgemahnt, bei dem den Kunden eine von der vorherigen Tarifgestaltung abweichende Tarifstruktur aufgezwungen werden sollte.[65] Die Änderung von Preisanpassungsklauseln in Stromlieferverträgen, die dem Versorger eine Preiserhöhung ermöglichten, wurde untersagt, weil sich die Kunden auf eine solche einseitige Klausel im Wettbewerb nicht einlassen würden.[66]

Soweit die KartBen Nr. 1 neben Nr. 2 (nach der insoweit wortgleichen Fassung des 58 § 103 GWB 1990) zur **Preishöhenkontrolle** verwendet haben, hat der BGH mehrfach widersprochen. Nach Auffassung des BGH kann auch bei in Wettbewerb stehenden Unternehmen nicht davon ausgegangen werden, dass für gleiche Leistungen gleiche Preise gefordert würden. Preisunterschiede könnten zudem aus der Anpassung an unterschiedliche Kostensteigerungen resultieren. Es gäbe auch keine Verhaltensregel, wonach Preisveränderungen des Vorlieferanten sofort ganz oder teilweise an die eigenen Abnehmer weitergegeben werden müssten.[67] Die KartBen und die Literatur haben sich angeschlossen[68].

Ob und inwieweit Nr. 1 Bedeutung in der Praxis für den sog. Preisstrukturmissbrauch 59 behält, muss sich erweisen. Die Kartellbehörden konzentrieren sich in der jüngeren Vergangenheit auf die Preishöhenkontrolle nach Nr. 2. Hinsichtlich der Grundsätzeverstöße ist es bisher bei der bloßen Ankündigung geblieben.[69]

---

[65] Abmahnung der LKartB NRW 24.6.1982 – WuW/E LKartB 233.
[66] LKartB Bayern 19.7.1984 – 5596r-IV/6a-31969, WuW/E LKartB 269 – Lech-Elektrizitätswerke.
[67] BGH 21.2.1995 – KVR 4/94, BGHZ 129, 37 (45) – Weiterverteiler = WuW/E BGH 2967, 2971 – Strompreis Schwäbisch Hall; WuW/E BGH 3009 – Stadtgaspreis Potsdam; BGHZ 130, 390 – Stadtgaspreise.
[68] BKartA 25.10.1995 – B8–40200-T-130/95, WuW/E BKartA 2843 – Spreegas; Markert in RdE 1996, 205; Reif in MüKoWettbR Rn. 148.
[69] Leitlinien der Kartellbehörden des Bundes und der Länder „Kartellrechtliche Missbrauchskontrolle der Wasserpreise von Haushaltskunden", abgdr. in der 4. (Vor)Auflage zu § 131 Abs. 6.

**IV. Preishöhenkontrolle (Abs. 4 Nr. 2)**

60    Ein Missbrauch liegt nach Abs. 4 Nr. 2 vor, wenn ein Wasserversorgungsunternehmen von seinem Abnehmern ungünstigere Preise oder Geschäftsbedingungen fordert als gleichartige Wasserversorgungsunternehmen, es sei denn das Wasserversorgungsunternehmen weist nach, dass der Unterschied auf abweichenden Umständen beruht, die ihm nicht zurechenbar sind. Die Vorschrift geht auf § 103 Abs. 5 S. 2 Nr. 2 GWB 1990 zurück und enthält drei Kernelemente: die Auswahl der oder des **Vergleichsunternehmens,** den **Vergleichspreis** und die **Rechtfertigungsgründe** für die Preisabweichungen. Sie ist für die Praxis besonders wichtig, weil sie verfahrensrechtlich eine **weitgehende Verschiebung der Darlegungs- und Beweislast zulasten der betroffenen Unternehmen** bedeutet.[70] Die Kartellbehörden haben sich zB in den Verfahren „Wasserpreise Wetzlar" und „Berliner Wasserbetriebe" auf die Preishöhenkontrolle gestützt.

61    **1. Vergleichsunternehmen.** Zum Vergleich herangezogen werden können nur gleichartige Wasserversorgungsunternehmen. Dem Tatbestandsmerkmal der **Gleichartigkeit** kommt allerdings, wie der BGH noch unter dem Regime des § 103 Abs. 5 S. 2 Nr. 2 GWB 1990 in der Sache „Wasserpreise Wetzlar" entschieden hat, nur die Funktion zu, eine **grobe Sichtung** unter den als Vergleichsunternehmen in Betracht kommenden Unternehmen vorzunehmen.[71] Insofern setzt der BGH seine Rechtsprechung seit der grundlegenden „Weiterverteiler"-Entscheidung konsequent fort.[72] Nach Auffassung des BGH sind keine zu hohen Anforderungen an die Gleichartigkeit zu stellen. Diese fehlt nur dann, wenn sich die Unternehmen schon auf den ersten Blick signifikant unterscheiden. Umgekehrt sind zwei Unternehmen jedenfalls dann gleichartig, wenn zwischen ihnen hinsichtlich der wirtschaftlichen Rahmenbedingungen keine wesentlichen Unterschiede bestehen, die aus der Sicht der Abnehmer von vornherein eine deutlich unterschiedliche Beurteilung der Preisgestaltung rechtfertigen. Letztlich haben die KartBen aufgrund des weiten Begriffs der Gleichartigkeit einen erheblichen Spielraum bei der Auswahl der Vergleichsunternehmen.[73]

62    In der dem Beschluss des BGH „Wasserpreise Wetzlar" zugrunde liegenden Entscheidung der LKartB Hessen[74] sind für die Frage der Gleichartigkeit die Versorgungsdichte (Metermengenwert), die Abnehmerdichte (Netzlänge pro Hausanschluss), die Anzahl der versorgten Einwohner, die nutzbare Wasserabgabe, die Abgabestruktur (Haushalts- und Kleingewerbekunden) und die Gesamterträge der Wassersparte herangezogen worden.[75] Der BGH hat dies als ausreichend angesehen, weil damit **wesentliche Kennwerte** der Kostenstrukturen zur Grundlage der Auswahl der zu vergleichenden Unternehmen gemacht worden sind. Eine umfassende Feststellung aller maßgeblichen Strukturen ist für die Beurteilung der Gleichartigkeit dagegen nicht erforderlich.[76] Das OLG Frankfurt a. M. hat nicht beanstandet, dass die Kartellbehörde sich zur Auswahl der Vergleichsunternehmen auf fünf Kriterien beschränkt. Ferner hat es als zulässig angesehen, dass der Metermengenwert als zentraler Gesichtspunkt herangezogen wird.[77]

63    **Wasserbeschaffungs- und Aufbereitungskosten** werden vom BGH nicht unter dem Gesichtspunkt der Gleichartigkeit berücksichtigt, weil diese jedenfalls teilweise von individuellen Entscheidungen des betroffenen Unternehmens abhängen. Auch die mit der

---

[70] S. auch Bosch in Bechtold/Bosch Rn. 18.

[71] BGH 2.2.2010 – KVR 66/08, NJW 2010, 2573 Rn. 29 – Wasserpreise Wetzlar.

[72] BGH 21.2.1995 – KVR 4/94, BGHZ 129, 37 (46) – Weiterverteiler = WuW/E BGH 2967, 2971 – Strompreis Schwäbisch Hall.

[73] Reif in MüKoWettbR Rn. 185.

[74] LKartB Hessen 9.5.2007 – III 2 A-78k 20/01–556-06, WuW/E DE V 1487 – Wasserversorgung Wetzlar.

[75] S. auch BKartA 4.6.2012 – B 8 – 40/10, BeckRS 2013, 10697 Rn. 99 ff. – Berliner Wasserbetriebe.

[76] BGH 2.2.2010 – KVR 66/08, NJW 2010, 2573 Rn. 30 – Wasserpreise Wetzlar; s. auch BKartA 4.6.2012 – B8–40/10, BeckRS 2013, 10697 Rn. 84 ff. – Berliner Wasserbetriebe.

[77] OLG Frankfurt a. M. 17.3.2020 – 11 W 5/16 (Kart) Rn. 69 ff., 77 f. (zit. nach Juris).

**Topografie und Geologie** der Versorgungsgebiete verbundenen (Vertriebs-)Mehrkosten müssen nach Auffassung des BGH nicht auf der Ebene der Gleichartigkeit erfasst werden, weil sich die topografischen und geologischen Umstände schon angesichts ihrer Vielgestaltigkeit der Berücksichtigung unter dem Gesichtspunkt der Gleichartigkeit entziehen. Die Ermittlung der topografischen und geologischen Einflüsse auf die Preise mache umfangreiche Untersuchungen und Kostenkalkulationen erforderlich. Insoweit obliege es dem betroffenen Unternehmen darzulegen, dass ein höherer Preis aufgrund besonderer Umstände zu rechtfertigen sei.[78] Die Forderung, **Baukostenzuschüsse** im Rahmen der Gleichartigkeit in Rechnung zu stellen, hat der BGH zurückgewiesen.[79] Es handele sich um einen Umstand, der bei dem betroffenen Wasserversorgungsunternehmen für seine Kalkulation der Preise eine Rolle spiele und im Rahmen der Beweislastverteilung zu den von dem Unternehmen darzulegenden Umständen gehöre.

Obwohl das Gesetz von Wasserversorgungsunternehmen im Plural spricht, ist es laut **64** BGH zulässig, den Preisvergleich auf **ein einziges Vergleichsunternehmen** zu beschränken.[80] Allerdings sei zu beachten, dass die Preise eines einzigen Vergleichsunternehmens eine schmale Vergleichsbasis bilden, weshalb die dadurch bestehenden Unsicherheiten angemessen berücksichtigt werden müssen. Die KartBen haben in allen bekannt gewordenen Fällen keinen reinen Einzelvergleich vorgenommen. Es wurden immer mehrere Unternehmen (bis zu 20) herangezogen. Außerdem wurde nicht das preisgünstigste Vergleichsunternehmen für den Missbrauchsvorwurf ausgewählt, sondern ein Unternehmen im mittleren Bereich[81].

Da das Merkmal der Gleichartigkeit weit ausgelegt wird, sind die strukturellen Unter- **65** schiede der Kosten des betroffenen und der Vergleichsunternehmen durch **Zu- und Abschläge** auszugleichen. Dies hat der BGH in der „Wasserpreise Wetzlar"-Entscheidung noch einmal inzident gebilligt, wenn er darauf verweist, dass die LKartB einzelne Faktoren durch Zu- und Abschläge ausgeglichen habe.[82]

**2. Der Vergleichspreis und die Vergleichsmethode.** Das Wasserversorgungsunter- **66** nehmen darf von seinen Abnehmern keine ungünstigeren Preise oder Geschäftsbedingungen fordern als gleichartige Wasserversorgungsunternehmen. Es handelt sich um einen Vergleich mit Wasserunternehmen und nicht mit anderen Unternehmen gleich welcher Sparte. Es muss sich auch um die Preise von Trinkwasser oder um die Geschäftsbedingungen handeln, die den Bezug von Trinkwasser im Verhältnis zu den Abnehmern von Trinkwasser regeln sollen.[83] In der Praxis stützen die KartBen den Missbrauchsvorwurf in aller Regel auf das Vorliegen **ungünstigerer Preise.**

Ein Preisvergleich in der Wasserwirtschaft ist bereits wegen der dort üblichen **mehr-** **67** **gliedrigen Tarife** schwierig. So setzen sich die Wasserentgelte häufig aus verbrauchsabhängigen (Entgelt pro Kubikmeter) und verbrauchsunabhängigen Komponenten (zB Zähler-, Ablese-, Grund- oder Verwaltungsentgelt) zusammen. Hinzu kommen häufig abweichende Baukostenzuschüsse und Hausanschlusskosten sowie unterschiedliche Abgaben und Steuern.[84] Die KartBen begegnen diesen Schwierigkeiten, indem sie entweder **Tarifvergleiche oder Erlösvergleiche** durchführen.

---

[78] BGH 2.2.2010 – KVR 66/08, NJW 2010, 2573 Rn. 37 – Wasserpreise Wetzlar.

[79] BGH 2.2.2010 – KVR 66/08, NJW 2010, 2573 Rn. 40 – Wasserpreise Wetzlar.

[80] BGH 28.6.2005 – KVR 17/04, WuW/E DE-R 1513 – Stadtwerke Mainz; BGH 2.2.2010 – KVR 66/08, NJW 2010, 2573 Rn. 68 – Wasserpreise Wetzlar.

[81] LKartB Hessen 9.5.2007 – III 2 A-78k 20/01–556-06, WuW/E DE V 1487 – Wasserversorgung Wetzlar; s. auch LKartB Hessen 10.12.2007 – IV5b-78k20-01/575-17 – Mainova, abrufbar auf der Internetseite des hess. Wirtschaftsministeriums https://wirtschaft.hessen.de/sites/default/files/ media/hmwvl/vfg_dezember_2007_anonym_anmerkung_aufgehoben.pdf, zuletzt abgerufen 30.8.21 und 10.4.2008 – IV5b-78k20-01/538-11 – Städtische Werke Kassel.

[82] BGH 2.2.2010 – KVR 66/08, NJW 2010, 2573 Rn. 36 – Wasserpreise Wetzlar.

[83] Zur allgemeinen Preiskalkulation von Trinkwasserpreisen s. den von der VKU und dem BDEW erarbeiteten Leitfaden zur Wasserpreiskalkulation, 2012.

[84] WifOR, Der Frisch- und Abwassermonitor für das Bundesland Hessen, 2018, Abschn. 2.2.

**68**   Beim Tarifvergleich werden die Preise für bestimmte Abnehmergruppen miteinander verglichen. Das Problem der Bestimmung der Kundengruppe, die zum Vergleich bei dem anderen Wasserversorgungsunternehmen herangezogen werden soll, hat der BGH im Strombereich schon vor der 4. GWB-Novelle zu §§ 103 und 104 aF behandelt.[85] Er hat in seiner späteren Rechtsprechung zu §§ 103, 104 GWB 1990 und zu § 19 Abs. 4 Nr. 2 aF ganz grundsätzlich die **Bildung repräsentativer Abnehmergruppen** für den Preisvergleich als zulässig erachtet.[86] Mit der Entscheidung „Wasserpreise Wetzlar"[87] hat er für den Vergleich der Preise für Trinkwasser bei der Anwendung des § 103 GWB 1990 unter Bezugnahme auf seine Entscheidung „Weiterverteiler"[88] die Bildung vergleichbarer Typgruppen endgültig gebilligt. Der BGH stellt auch klar, dass bei einem so durchgeführten Vergleich die sonstigen Geschäftsbedingungen nicht berücksichtigt werden müssen. Wegen der Wortgleichheit des früheren § 103 Abs. 5 S. 2 Nr. 2 GWB 1990 mit dem jetzigen Abs. 4 Nr. 2 kann diese Rechtsprechung auf die neue Vorschrift übertragen werden.

**69**   Der BGH hat damit zugleich die **Typbildung** der LKartB Hessen[89] (Typfall 1 = Jahresverbrauch 150 m³, Wasserzähler bis 5 m³/h und Typfall 2 = Jahresverbrauch 400 m³ und Wasserzähler bis 5 m³/h) gebilligt. Die LKartB Hessen hat in einer weiteren Verfügung[90] zwei weitere Typfälle zugrunde gelegt (Jahresverbrauch 700 m³ in einem Mehrfamilienhaus mit neun Wohneinheiten und Jahresverbrauch von 960 m³ in einem Mehrfamilienhaus mit zwölf Wohneinheiten[91]).

**70**   Ob und inwieweit im Rahmen der Preishöhenkontrolle nach Abs. 4 Nr. 2 neben einem Preisvergleich und Tarifvergleich ein sogenannter **Erlösvergleich** zulässig ist, erschien in der Vergangenheit fraglich.[92] Der Erlösvergleich geht auf die Entscheidung des BGH in der Sache „Schwäbisch Hall"[93] zurück, wo der BGH den Ansatz der KartB, den Vergleich nicht auf typische Arbeitnehmerverhältnisse, sondern auf die Verteuerung der Strompreise für die Sondervertragskunden insgesamt abzustellen, gebilligt hat. Die Behörde hatte zuvor die Summe der Erlöse des betroffenen Unternehmens aus der Versorgung der Sondervertragskunden mit den **hypothetischen Erlösen** bei Zugrundelegung des Tarifwerkes des Vergleichsunternehmens verglichen. Auch die Bundesregierung geht davon aus, dass ein solcher Erlösvergleich im Rahmen der Preishöhenkontrolle in der Wasserwirtschaft zulässig ist.[94]

**71**   Bei dem Konzept des Erlösvergleichs wird der Stückerlös (zB in der Wasserwirtschaft EUR/m³) jeweils bei dem betroffenen Unternehmen und den Vergleichsunternehmen mittels Division von Gesamterlös durch Leistungsmenge ermittelt. Der Erlösvergleich findet über alle Tarifgruppen hinweg statt und ist daher – auch nach Ansicht der Monopolkommission in vielen Fällen das vorzugswürdigere Konzept.[95] Das BKartA hat zB in seiner Entscheidung „Berliner Wasserbetriebe" einen Erlösvergleich zugrunde gelegt. Grundlage sind danach die von allen Endkunden erhobenen abgabenbereinigte Erlöse pro Kubikmeter Wasser.[96]

---

[85] BGHZ 59, 42 (50), Stromtarif.

[86] BGH 6.5.1997 – KVR 9/96, WuW/E BGH 3140 – Gaspreis.

[87] BGH 2.2.2010 – KVR 66/08, NJW 2010, 2573 Rn. 39 – Wasserpreise Wetzlar.

[88] BGH 21.2.1995 – KVR 4/94, BGHZ 129, 37 – Weiterverteiler = WuW/E BGH 2967 – Strompreis Schwäbisch Hall.

[89] LKartB Hessen 9.5.2007 – III 2 A-78k20/01–556-06, WuW/E DE-V 1487 – Wasserversorgung Wetzlar.

[90] LKartB Hessen 10.12.2007 – IV5b-78k20-01/575-17 Rn. 9 – Mainova, abrufbar auf der Internetseite des hess. Wirtschaftsministeriums https://wirtschaft.hessen.de/sites/default/files/ media/hmwvl/vfg_dezember_2007_anonym_anmerkung_aufgehoben.pdf, zuletzt abgerufen 30.8.21.

[91] S. zu dieser Problematik auch: Leitlinien der KartB „Kartellrechtliche Kontrolle der Wasserpreise von Haushaltskunden", abgedr. in Immenga/Mestmäcker, 4. Aufl. 2007, § 131 Abs. 6 Rn. 35 ff.

[92] MüKoWettbR/Reif, 1. Aufl. 2008, § 131 Rn. 123 mwN.

[93] BGH 21.2.1995 – KVR 4/94, BGHZ 129, 37 – Weiterverteiler.

[94] BReg, BT-Drs. 17/9852, 26 li. Sp.

[95] Monopolkommission, Hauptgutachten 2010/2011, Rn. 629 ff., 631.

[96] BKartA 4.6.2012 – B8–40/10, BeckRS 2013, 10697 Rn. 172 – Berliner Wasserbetriebe; s. dazu auch Becker in Bunte GWB § 31 Rn. 19.

Die Monopolkommission hat auch **Benchmarking-Projekte** – als eine Art Yardstick- **72** Wettbewerb – für grundsätzlich geeignet gehalten, die Effizienz in der Wasserwirtschaft zu verbessern. Als zwingende Voraussetzung für die Wirksamkeit eines Benchmarkings hat sie allerdings vor allem die verpflichtende Teilnahme jedenfalls eines Großteils der Betriebe, die Vergleichbarkeit der angewendeten Kriterien sowie die weitgehende Transparenz der Ergebnisse erachtet. Die gegenwärtig in der Wasserwirtschaft durchgeführten Projekte basierten hingegen in erster Linie auf Freiwilligkeit und Vertraulichkeit.[97] Dadurch werde zwar möglicherweise die Bereitschaft der Unternehmen gesteigert, an Benchmarking-Projekten teilzunehmen. Allerdings könnten derartige Projekte nicht die Effizienz der Branche gewährleisten. Vielmehr stehe zu befürchten, dass vor allem motivierte und bereits heute gut organisierte Wasserversorger am Benchmarking mitwirken, während weniger effiziente Versorger von vornherein davon Abstand nehmen.[98] Dies legten auch die Angaben des BDEW nahe, nach denen 2012 lediglich 59 % der Trinkwasserversorger wiederholt am Unternehmensbenchmarking teilnahmen, während zum Teilnehmeranteil am Prozess-benchmarking keine Angaben veröffentlicht wurden.[99] Insoweit sei das Benchmarking in seiner heutigen Form bestenfalls geeignet, die kartellrechtliche Preismissbrauchsaufsicht oder – besser – Regulierung zu ergänzen.

Die Bestimmung des Abs. 4 Nr. 2 erfasst auch ungünstigere **Geschäftsbedingungen**. **73** In der Praxis hat die Überprüfung von Geschäftsbedingungen unter Missbrauchsgesichts-punkten für das Regime des § 103 GWB 1990 allerdings keine Rolle gespielt. Es erscheint auch zweifelhaft, ob Geschäftsbedingungen für sich allein oder im Zusammenhang mit den Preisen eines Wasserversorgungsunternehmens missbräuchlich sein können. In diesem Zu-sammenhang ist zu beachten, dass die Geschäftsbedingungen der Wasserversorgungsunter-nehmen vereinheitlicht sind. Es gilt insoweit die Verordnung über allgemeine Bedingungen für die Versorgung mit Wasser.[100]

**3. Die Rechtfertigung von Preisabweichungen.** Wird eine Preisabweichung fest- **74** gestellt, kann das betroffene Wasserversorgungsunternehmen dem Missbrauchsvorwurf nur dadurch begegnen, dass es nachweist, dass der Unterschied auf **abweichenden Umstän-den beruht, die ihm nicht zurechenbar** sind. Das heißt, dass der betroffene Versorger weitgehend die **Darlegungs- und Beweislast** trägt. Unter nicht zurechenbaren Umstän-den versteht der BGH solche Kostenfaktoren, die auch jedes andere Unternehmen in der Situation des betroffenen vorfinden würde und nicht beeinflussen könnte, zB ungünstige strukturelle Gegebenheiten des Versorgungsgebietes. Diese Faktoren müsste jedes Unter-nehmen seiner Kalkulation zugrunde legen, die dadurch verursachten Preisunterschiede seien deshalb hinzunehmen. Dagegen hätten individuelle, allein auf eine unternehmerische Entschließung oder auf die Struktur des betroffenen Versorgungsunternehmens zurück-gehende Umstände außer Betracht zu bleiben. Ein Bestandsschutz für monopolbedingte Ineffizienzen oder Preisüberhöhungstendenzen sei nicht anzuerkennen.[101]

Der BGH hat damit eine zentrale Zusammenfassung des Tatbestandmerkmals der zu- **75** rechenbaren Umstände gegeben, wobei im Einzelfall zu entscheiden ist, welche Faktoren heranzuziehen sind. Im Übrigen ist die Trennung von individuellen Entscheidungen eines Unternehmens, die es selbst zu verantworten hat und der „**schicksalhaften Struktur**", die jedes andere Unternehmen auch vorfinden würde, schon lange die Grundlage der Praxis der KartBen.[102]

---

[97] Vgl. auch Bundesverband der Energie- und Wasserwirtschaft e.V., Branchenbild der deutschen Wasser-wirtschaft 2020, S. 57.

[98] Monopolkommission, Hauptgutachten 2012/2013, Rn. 1248, 1249.

[99] Vgl. Bundesverband der Energie- und Wasserwirtschaft, Benchmarking: „Lernen von den Besten", Leistungsvergleiche in der deutschen Wasserwirtschaft, 2013.

[100] AVBWasserV v. 20.6.1980, BGBl. I S. 750.

[101] BGH 2.2.2010 – KVR 66/08, NJW 2010, 2573 Rn. 42 – Wasserpreise Wetzlar mwN.

[102] S. Leitlinien der Kartellbehörden zur kartellrechtlichen Kontrolle der Wasserpreise, III, 4.1 abgedr. in Immenga/Mestmäcker, 4. Aufl. 2007, § 131 Abs. 6 Rn. 35 ff.

**76**    Die mit den **topografischen und geologischen Verhältnissen** eines Versorgungsgebiets verbundenen Kosten müssen nach der Rspr. des BGH zwar nicht auf der Ebene der
Gleichartigkeit erfasst werden. Das betroffene Unternehmen kann aber darlegen, dass ein
höherer Preis aufgrund besonderer Umstände gerechtfertigt ist. In diesem Zusammenhang
ist allerdings zu berücksichtigen, dass mit topografischen und geologischen Besonderheiten
sowohl Mehr- als auch Minderkosten verbunden sein können.[103] **Baukostenzuschüsse**
können ebenfalls grundsätzlich höhere Preise rechtfertigen und gehören zu den von dem
betroffenen Unternehmen darzulegenden Umständen. Nach Auffassung des BGH sind
Unterschiede in den Tarifpreisen, die auf unterschiedlich hohen Baukostenzuschüssen
beruhen, wegen der Tarifgestaltungsfreiheit der Wasserversorgungsunternehmen hinzunehmen und geeignet, einen höheren Preis zu rechtfertigen.[104]

**77**    **Eigen- und Fremdkapitalkosten** können laut BGH dagegen grundsätzlich nicht zur
Rechtfertigung höherer Preise herangezogen werden, weil sie in die unternehmensindividuelle Sphäre gehören. Nur wenn die Kapitalkosten aufgrund außergewöhnlicher Umstände, zB wenn der Eigentümer auf eine Rendite verzichte, ungewöhnlich niedrig seien,
könne etwas anderes gelten.[105] Diese Aussage bedeutet nicht, dass jeglicher Kapitaldienst für
die Versorgungsanlagen mit Trinkwasser unberücksichtigt zu bleiben hat. Hat ein Unternehmen strukturelle Unterschiede dargelegt, zB weil es mehr Pumpen, mehr Hochbehälter, andere Leitungen usw benötigt, dann müssen die Mehrinvestitionen für diese Anlagen
in die Kosten umgerechnet werden können. Zur Frage der Eigenkapitalverzinsung könnte
hilfsweise die Höhe der im Rahmen der Anreizregulierung für Strom- und Gasnetze von
der Bundesnetzagentur festgesetzten Verzinsung herangezogen werden.

**78**    Ob eine **Konzessionsabgabe** überhaupt als Kostenfaktor zu berücksichtigen ist, hat der
BGH offen gelassen.[106] Jedenfalls bestätigt er die Praxis der LKartB Hessen, die Unterschiede in der Höhe der Konzessionsabgaben durch prozentuale Zu- oder Abschläge auf die
Vergleichspreise zu berücksichtigen. Das BKartA hat die Konzessionsabgabe für den Erlösvergleich herausgerechnet[107]

**79**    Die KartBen. erkennen folgende weitere Strukturmerkmale zur **Rechtfertigung von
Preisabweichungen** an: die Bevölkerungsdichte und die Versorgungsdichte, dh die
durchschnittliche Abgabe pro Hausanschluss oder Kilometer Versorgungsnetz gemessen
anhand des Metermengenwertes; die Durchmischung, dh die unterschiedliche Abgabe an
die Kundengruppen; die Anzahl und Kapazität der Wasserspeicher: die Rohwasser- und
Bodenverhältnisse; hoher Aufwand bei Belastungen durch Chemikalien bei landwirtschaftlicher Nutzung der Wassergewinnungsfelder; eine hohe Anzahl von Pumpstationen und
Hochbehälter wegen der Höhenunterschiede des Versorgungsgebietes.[108] Nicht als Rechtfertigungsgründe anerkannt wurden hingegen: rückläufiger Wasserabsatz, Kosten für Lei-
tungsumlegungen bei großen Bauvorhaben und gesellschaftsrechtliche Beteiligung an Vorlieferanten.[109]

---

[103] BGH 2.2.2010 – KVR 66/08, NJW 2010, 2573 Rn. 37 – Wasserpreise Wetzlar.
[104] BGH 2.2.2010 – KVR 66/08, NJW 2010, 2573 Rn. 50 – Wasserpreise Wetzlar.
[105] BGH 2.2.2010 – KVR 66/08, NJW 2010, 2573 Rn. 52 – Wasserpreise Wetzlar.
[106] BGH 2.2.2010 – KVR 66/08, NJW 2010, 2573 Rn. 47 – Wasserpreise Wetzlar.
[107] BKartA 4.6.2012 – B8–40/10, BeckRS 2013, 10697 Rn. 117 und 157 – Berliner Wasserbetriebe.
[108] LKartB Hessen 9.5.2007 – III2A–78k20/01–556-06, WuW/E DE-V 1487 – Wasserversorgung Wetzlar; LKartB Hessen 10.12.2007 – IV5b-78k20-01/575-17 Rn. 60 – Mainova, abrufbar auf der Internetseite
des hess. Wirtschaftsministeriums https://wirtschaft.hessen.de/sites/default/files/media/hmwvl/vfg_dezem-
ber_2007_anonym_anmerkung_aufgehoben.pdf, zuletzt abgerufen 30.8.21; LKartB Hessen 10.4.2008 –
IV5b-78k20-01/575-17 Rn. 119 – Städtische Werke Kassel; s. auch Daiber in WuW 2000, 352 (357); Reif
in MüKoWettbR Rn. 236 ff.
[109] LKartB Hessen 9.5.2007 – III2A–78k20/01–556-06, WuW/E DE-V 1487 – Wasserversorgung
Wetzlar; LKartB Hessen 10.12.2007 – IV5b-78k20-01/575-17 – Mainova, abrufbar auf der Internetseite des
hess. Wirtschaftsministeriums https://wirtschaft.hessen.de/sites/default/files/media/hmwvl/vfg_dezember_
2007_anonym_anmerkung_aufgehoben.pdf, zuletzt abgerufen 30.8.21; LKartB Hessen 10.4.2008 – IV5b-
78k20-01/575-17 – Städtische Werke Kassel.

Bei den grundsätzlich berücksichtigungsfähigen Faktoren muss allerdings werden, dass sie nicht für alle Fälle in der Zukunft **Bestandschutz** haben können, weil die marktwirtschaftlich-wettbewerblich orientierte Missbrauchsaufsicht die Unternehmen letztlich zwingen muss, durch Maßnahmen zur Kostensenkung und Strukturoptimierung einen Beitrag für angemessene Preise gegenüber ihren Abnehmern zu erbringen. Hier ist an geeignete Unternehmenskonzepte zu erinnern, die auf Dauer zu anderen strukturbedingten Kosten führen können, wie Fremdbezug anstelle von Eigenförderung, Rückbau und Optimierung von älteren Versorgungsanlagen, Einsatz von moderner Technik und Nutzung von Kooperationen. Eine solche Zeitkomponente schließt die Prüfung ein, ob die Preisunterschiede zwar strukturell bedingt, aber letztlich auf eine Untätigkeit der betroffenen Unternehmen zurückzuführen sind, und deshalb nicht für immer anerkannt werden können. Grundsätzlich verlangt der BGH zu § 19, dass Rationalisierungsreserven im Rahmen des Möglichen ausgeschöpft werden[110], was als Grundgedanke auf die Missbrauchsaufsicht über Wasserversorgungsunternehmen zu übertragen ist. Auch die Begr. zum RegE geht davon aus, dass das betroffene Unternehmen im Rahmen der Rechtfertigung ungünstigerer Entgelte seine Rationalisierungsbemühungen darzulegen hat.[111] Bei der Anwendung der Vorschrift wird allerdings zu beachten sein, dass wegen der Langfristigkeit mancher Strategieentscheidungen kein Zwang zu betriebswirtschaftlichen Sofortentscheidungen über kartellbehördliche Verfügungen ausgeübt werden kann. **80**

Der BGH hat in diesem Zusammenhang die Frage geprüft[112], ob eine erhöhte **Erneuerungs- und Instandhaltungsbedürftigkeit** des Netzes und der Hausanschlüsse mit dadurch einhergehenden Wasserverlusten im Grundsatz höhere Preise rechtfertigen können. Für die Frage, ob ein erhöhter Investitionsbedarf einen höheren Preis rechtfertigen könne, sei nicht allein auf den jetzigen Zustand des Netzes abzustellen. Nach der Zielsetzung der Norm, ein Korrektiv für das Fehlen von Wettbewerb zu sein, sei in diesem Zusammenhang zu prüfen, ob das Unternehmen unter dem Schutz seiner Monopolstellung in der Vergangenheit notwendige Investitionen unterlassen oder ineffektiv durchgeführt habe. Die Abnehmer dürften nicht mit Kosten belastet werden, die allein auf Fehlentscheidungen des Unternehmens beruhten und nicht durch die Struktur vorgegeben seien. **81**

Im Rahmen der Rechtfertigung sind **positive und negative Strukturmerkmale** zu berücksichtigen, denn es hat eine umfassende Bewertung stattzufinden. Ferner sind nicht nur strukturelle Besonderheiten des betroffenen Unternehmens, sondern auch solche der Vergleichsunternehmen in Rechnung zu stellen.[113] In diesem Zusammenhang weist der BGH darauf hin, dass Preise von Vergleichsunternehmen, die **nicht kostendeckend** sind, nicht als Vergleichsmaßstab herangezogen werden können. Ebenso wenig, wie das betroffene Wasserversorgungsunternehmen verpflichtet werden könne, Preise zu verlangen, die auch bei wirtschaftlicher Betrachtungsweise seine **Selbstkosten** nicht decken, könnten Preise von Vergleichsunternehmen zugrunde gelegt werden, die unter den Selbstkosten liegen.[114] Hierbei ist allerdings zu beachten, dass der BGH in der von ihm in Bezug genommenen Entscheidung „Flugpreisspaltung" zur Voraussetzung gemacht hat, dass die Verluste des Unternehmens auf objektiven Umständen beruhen, die jeden Mitbewerber in gleichem Maße treffen würden. **82**

An den **Nachweis der Umstände,** die einen abweichenden Preis rechtfertigen, dürfen nach Ansicht des BGH **nicht zu geringe Anforderungen** gestellt werden. Nur so lasse sich der Gefahr begegnen, dass monopolistische Kostenüberhöhungstendenzen in die Beurteilung einfließen.[115] Das betroffene Unternehmen muss mit seinem Vorbringen zu den **83**

[110] BGHZ 142, 239 (248) Flugpreisspaltung.
[111] BReg, BT-Drs. 17/9852, 25 re. Sp.
[112] BGH 2.2.2010 – KVR 66/08, NJW 2010, 2573 Rn. 55 – Wasserpreise Wetzlar.
[113] BGH 2.2.2010 – KVR 66/08, NJW 2010, 2573 Rn. 65 – Wasserpreise Wetzlar.
[114] BGH 2.2.2010 – KVR 66/08, NJW 2010, 2573 Rn. 66 – Wasserpreise Wetzlar unter Bezugnahme auf BGHZ 142, 239 (246) Flugpreisspaltung.
[115] BGH 2.2.2010 – KVR 66/08, NJW 2010, 2573 Rn. 62 – Wasserpreise Wetzlar.

abweichenden Umständen eine umfassende Bewertung seiner Preise und derjenigen der Vergleichsunternehmen ermöglichen.[116] Daher genügen bloße Behauptungen des betroffenen Unternehmens nicht. Vielmehr hat es konkret nachzuweisen, in welcher Höhe Mehrkosten anfallen, wie diese Mehrkosten in die verlangten Preise einfließen und dass insoweit keine Rationalisierungsreserven bestehen.[117] Beruft sich etwa ein Unternehmen zur Rechtfertigung höherer Preise auf geringere Baukostenzuschüsse, kann es sich nach Meinung des BGH nicht darauf beschränken, diese nachzuweisen. Es muss auch darlegen, in welchem Umfang seine Preise dadurch beeinflusst werden und dazu eine Kalkulation vorlegen, aus der sich ergibt, wie sich die Preise veränderten, wenn gleich hohe Baukostenzuschüsse wie von den Vergleichsunternehmen berechnet würden.[118]

## V. Kostenkontrolle (Abs. 4 Nr. 3)

84　　Ob für die Wasserwirtschaft unter dem Regime des § 103 GWB 1990 eine Kostenkontrolle im Wege der Missbrauchsaufsicht möglich war, ist bis zum Inkrafttreten der 8. GWB-Novelle streitig geblieben[119]. Die Frage wurde im Zuge der 8. GWB-Novelle mit dem neuen Abs. 4 Nr. 3 geklärt. Hiernach liegt ein Missbrauch vor, wenn ein Wasserversorgungsunternehmen Entgelte fordert, die die **Kosten in unangemessener Weise überschreiten.** Dabei sind nur die Kosten anzuerkennen, die bei einer rationellen Betriebsführung anfallen.

85　　In dem ersten Entwurf der BReg einer 8. GWB-Novelle war die Vorschrift noch nicht enthalten.[120] Der BR hat jedoch in seiner Stellungnahme die Einführung einer speziellen Kostenkontrolle für die Wasserwirtschaft neben dem Vergleichsmarktkonzept gefordert. Durch die Einführung einer solchen Kostenkontrolle solle es möglich sein, die Wasserpreise auch auf der Basis der beim Wasserversorger entstandenen Kosten zu prüfen. Nach Auffassung des BR könne es sehr aufwändig sein, geeignete Vergleichsunternehmen zu finden. Die Prüfung nach dem Vergleichsmarktkonzept erfordere eine umfassende Datenerhebung bei den Vergleichsunternehmen, die auch bei diesen mit erheblichen Kosten und Arbeitsaufwand verbunden sei. Erheblichen Aufwand verursache außerdem die sachliche Rechtfertigung der Unterschiede des geprüften Unternehmens zu den Vergleichsunternehmen. Schließlich könne das geprüfte Unternehmen durch das Vergleichsmarktkonzept in die Kostenunterdeckung gezwungen werden. Dadurch würde der Anreiz genommen werden, Investitionen zur Sicherung einer hohen Wasserqualität zu tätigen.[121]

86　　Die BReg hat dem BR in ihrer Stellungnahme grundsätzlich zugestimmt. Sie teilte die Auffassung des BR, dass im Einzelfall die Anwendung des Vergleichsmarktkonzeptes aufwändiger sein kann als eine Kostenprüfung. Die Anwendung des Vergleichsmarktkonzeptes könne unter Umständen an Grenzen stoßen, wenn ein Wasserversorgungsunternehmen über sehr günstige Kostenbedingungen verfüge und daher immer noch niedrigere Entgelte verlangen könne als Vergleichsunternehmen. Der Vorschlag des BR entspreche ferner dem von der BReg mit der Schaffung von § 29 GWB im Jahre 2007 für den Bereich der Strom- und Gasanbieter verfolgten Anliegen, zur Erleichterung einer Missbrauchsaufsicht klarzustellen, dass neben der Vergleichsmarktbetrachtung auch eine Überprüfung der Kosten-Preis-Relation zulässig sei.[122] Die BReg hielt es jedoch für erforderlich, über den Vorschlag des BR hinaus sicherzustellen, dass im Rahmen der Missbrauchsaufsicht Kosten, die sich ihrem Umfang nach im Wettbewerb nicht einstellen würden, bei der Feststellung eines Missbrauchs unbe-

---

[116] BGH 2.2.2010 – KVR 66/08, NJW 2010, 2573 Rn. 43 – Wasserpreise Wetzlar.
[117] BGH 2.2.2010 – KVR 66/08, NJW 2010, 2573 Rn. 62, 63 – Wasserpreise Wetzlar.
[118] BGH 2.2.2010 – KVR 66/08, NJW 2010, 2573 Rn. 50 – Wasserpreise Wetzlar.
[119] Reif in MüKoGWB, 1. Aufl. 2008, § 131 Rn. 146 ff. mwN.
[120] BReg, BT-Drs. 17/9852, 9.
[121] Stellungnahme des Bundesrats, BT-Drs. 17/9852, 42.
[122] Gegenäußerung der BReg, BT-Drs. 17/9852, 51.

rücksichtigt bleiben. Eine entsprechende Einschränkung enthält § 29 S. 2 für die Bereiche Strom und Gas. Die damit bezweckte Klarstellung, dass Kosten, die ein Unternehmen bei funktionierendem Wettbewerb vermeiden oder nicht geltend machen würde bzw. nicht über die Preise abwälzen könnte, nicht zugunsten des Normadressaten berücksichtigt werden können, gelte in gleicher Weise für die Wasserwirtschaft.[123] Die jetzige Fassung „anzuerkennen sind die **Kosten, die bei einer rationellen Betriebsführung anfallen**", geht im Wortlaut auf einen Änderungsantrag der Fraktionen der CDU/CSU und der FDP[124] sowie auf die Beschlussempfehlung des Ausschusses für Wirtschaft und Technologie[125] unter Bezugnahme auf die Entscheidung „Wasserpreise Calw" des BGH zurück.

Dem Gesetzgeber ist darin zuzustimmen, dass **Kostenkonzepte bestimmte Vorzüge** 87 gegenüber dem Vergleichsmarktansatz haben. Beispielsweise entfällt im Rahmen der Kostenkontrolle das Problem der Feststellung und Überprüfung von sachlich gerechtfertigten Unterschieden zwischen dem betroffenen und den zum Vergleich herangezogenen Unternehmen. Allerdings birgt auch die Kostenkontrolle nicht zu unterschätzende Probleme. Anders als der Gesetzgeber annahm, ist mit einer Kostenkontrolle in den meisten Fällen ein **sehr hoher Aufwand** für Erhebung, Prüfung und Zuordnung von Kosten verbunden, der typischerweise den bei einer Anwendung des Vergleichsmarktkonzeptes notwendigen Aufwand übersteigt. Ein weiteres Kernproblem bei der Kalkulation eines wettbewerbsadäquaten Entgeltes aus den Kosten besteht darin, zwischen Kosten aufgrund von Ineffizienzen und den Kosten, die bei effizienter Betriebsführung anfallen, zu unterscheiden. Letztere Kosten werden in der Regulierungsökonomik auch als **Kosten der effizienten Leistungserstellung** bezeichnet und fließen in ein wettbewerbskonformes Entgelt mit ein. Hierzu gehören zB auch Kapitalkosten, deren Ermittlung ein gesondertes Problem darstellt. Darüber hinaus bieten in der Realität fast alle Unternehmen mehrere Produkte an. Bei diesen Mehrproduktunternehmen besteht das Problem der **Zuordnung von Gemeinkosten**. Da es keinen objektiv richtigen Maßstab für die Zuordnung von Gemeinkosten im Rahmen der Kostenträgerrechnung gibt, müsste den Unternehmen die richtige Zuordnung der Gemeinkosten ex ante vorgegeben werden, um diese überprüfbar zu machen.[126] (Vgl. in diesem Zusammenhang den Vorschlag der Monopolkommission, die Entgeltkontrolle der Wasserwirtschaft einer sektorspezifischen Regulierung zu unterstellen, B. Besondere Merkmale der Wasserwirtschaft, → Rn. 13 f.)

Im Rahmen der Kostenkontrolle nach Abs. 4 Nr. 3 sind zunächst die Kosten einer 88 rationellen Betriebsführung festzustellen. Danach ist zu prüfen, ob die Differenz zwischen diesen Kosten und den Entgelten unangemessen hoch ist. In der Praxis haben die KartBen allerdings bislang nur die Differenz zwischen den Kosten einer rationellen Betriebsführung und den tatsächlichen Kosten beanstandet.[127]

Anzuerkennen sind nach Abs. 4 Nr. 3 Hs. 2 lediglich die **Kosten einer rationellen** 89 **Betriebsführung,** dh die Kosten, die ein Unternehmen bei funktionierendem Wettbewerb geltend machen würde. Somit rechtfertigen nur die dem betroffenen Unternehmen nicht zurechenbaren strukturbedingten Kosten höhere Preise. Dies bringt auch die BReg in ihrer Gegenäußerung zu Abs. 4 Nr. 3 zum Ausdruck. Hiernach dürfen Kosten, die sich ihrem Umfang nach im Wettbewerb nicht einstellen würden, bei der Feststellung eines Missbrauchs nicht berücksichtigt werden. Der Grundsatz, dass unternehmensindividuell bedingte Umstände nicht zu berücksichtigen seien, komme auch in § 31 Absatz 4 Nummer 2 GWB-E zum Ausdruck, wo – wie schon bisher – ausdrücklich geregelt sei, dass nur nicht

---

[123] Gegenäußerung der BReg, BT-Drs. 17/9852, 51.
[124] Ausschussdrucks. 17(a) 937, 3.
[125] BT-Drs. 17/11053, 5.
[126] Monopolkommission, Hauptgutachten 2010/2011, Rn. 623; Monopolkommission, Hauptgutachten 2012/2013, Rn. 1209.
[127] Vgl. hierzu Becker in Bunte Rn. 54.

zurechenbare Umstände zu Gunsten eines der Missbrauchskontrolle unterliegenden Wasserversorgungsunternehmens berücksichtigt werden könnten.[128]

90   Der BGH greift in seiner Entscheidung „Wasserpreise Calw" insoweit auf den Erfahrungssatz zurück, wonach das Wasserversorgungsunternehmen, wäre es wirksamem Wettbewerb ausgesetzt, die Ausübung seines Preisgestaltungsspielraums maßgeblich davon abhängig machen würde, welchen Erlös es erzielen müsste, um die bei Ausschöpfung von Rationalisierungsreserven zu erwartenden Kosten zu decken und eine möglichst hohe Rendite zu erwirtschaften, andererseits aber zu verhindern, dass Kunden wegen zu hoher Preise zu einem Wettbewerber abwandern. Als Indiz für eine missbräuchliche Preisüberhöhung lässt es der BGH genügen, wenn das betroffene Unternehmen mehrere Preisbildungsfaktoren angesetzt hat, von denen anzunehmen ist, dass die auf ihrer Grundlage kalkulierten Preise **bei wirksamem Wettbewerb nicht durchsetzbar** wären. Bei der Überprüfung der Kosten könne auf die einschlägigen und ggf. weiter zu entwickelnden **ökonomischen Theorien** zurückgegriffen werden.[129] In seiner Entscheidung „Wasserpreise Calw II" führt der BGH ergänzend aus, dass der Begriff der „ökonomischen Theorien" umfassend zu verstehen sei. Dazu könnten die Grundsätze der Strom- und GasnetzentgeltVO ebenso wie andere Kalkulationsweisen gehören. Die KartBen dürften auch nur einzelne Elemente aus den genannten VOen verwenden und könnten im Übrigen auf eine Übernahme oder Anpassung an die Besonderheiten der Wasserwirtschaft verzichten.[130]

91   Die Monopolkommission hat in diesem Zusammenhang darauf hingewiesen, dass die KartBen sich bei der Kostenkontrolle auf **ökonomische, nicht auf buchhalterische Kosten** stützen müssen. Dabei ist davon auszugehen, dass Unternehmen selbst bei vollkommener Konkurrenz buchhalterische Gewinne erwirtschaften, die im ökonomischen Sinne jedoch Kosten darstellen. Es handelt sich um solche Kosten, die für den unternehmerischen Einsatz von Fremd- und Eigenkapital zwingend anfallen müssen. Die vollständige Nichtberücksichtigung von Kapitalkosten hätte dagegen zur Folge, dass sich bei wirksamem Wettbewerb solche Kosten nicht erwirtschaften ließen und dass – im Umkehrschluss – die Erwirtschaftung der Kapitalkosten bereits einen Missbrauch darstellen würde.[131]

92   Im Rahmen der kostenbasierten Ermittlung eines Preismissbrauchs trägt die KartB – anders als nach der Vergleichsmarktmethode iSd Abs. 4 Nr. 2 – die (materielle) **Beweislast** für den Missbrauch. Dem betroffenen Unternehmen obliegt nach § 26 Abs. 2 VwVfG, konkretisiert durch die Auskunftspflicht in § 59 Abs. 1, allerdings eine **Mitwirkungspflicht**. Das Unternehmen muss der KartB die Daten aus seinem Einwirkungsbereich übermitteln, die sich die Behörde nicht auf anderem zumutbaren Weg beschaffen kann. Solche Auskünfte können zB darauf gerichtet sein zu ermitteln, mit welchen Zeitanteilen die Mitarbeiter eines Unternehmens mit mehreren Tätigkeitsbereichen für die Wassersparte tätig werden und welche Aufgaben sie dort erfüllen.[132]

## VI. Sicherheits- und Erheblichkeitszuschläge

93   Sowohl bei Anwendung des Abs. 4 Nr. 2 als auch im Rahmen der Kostenkontrolle nach Abs. 4 Nr. 3 sind Unsicherheiten, zB beim Vergleichsmaterial oder bei der Feststellung relevanter Preisbildungsfaktoren, durch **Sicherheitszuschläge** zu berücksichtigen.[133] Der BGH hat in diesem Zusammenhang für § 103 Abs. 5 S. 2 Nr. 2 anerkannt, dass Unsicherheiten der Vergleichsbasis, die daraus resultieren, dass nur ein einziges Vergleichsunternehmen herangezogen wird, durch einen angemessenen Sicherheitsaufschlag zu berücksichti-

---

[128] Gegenäußerung der BReg, BT-Drs. 9852, 51.
[129] BGH 15.5.2012 – KVR 51/11, NJW 2012, 3243 Rn. 15 – Wasserpreise Calw mwN.
[130] BGH 14.7.2015 – KVR 77/13, NZKart 2015, 448 Rn. 25 – Wasserpreise Calw II.
[131] Monopolkommission, Hauptgutachten 2010/2011, Rn. 633.
[132] BGH 14.7.2015 – KVR 77/13, NZKart 2015, 448 Rn. 30 ff. – Wasserpreise Calw II.
[133] BGH 15.5.2012 – KVR 51/11, NJW 2012, 3243 Rn. 15 – Wasserpreise Calw.

## B. Auskunftspflicht (Abs. 1)

Die Auskunftspflicht steht in engem Zusammenhang mit der Anmeldepflicht des § 31a **2** Abs. 1. Sie betrifft ebenfalls nur die in § 31 Abs. 1 Nr. 1, 2 und 4 genannten Demarkations-, Konzessions- und Durchleitungsverträge, dagegen sind Höchstpreisbindungsverträge (Nr. 3) nicht erfasst. Der Umfang der Auskünfte ergibt sich zum einen aus der Anmeldepflicht nach § 31a, zum anderen aus § 31b Abs. 1 Nr. 1 und 2. Die Auskünfte sind **gegenüber jedermann** zu gewähren, es wird kein berechtigtes Interesse vorausgesetzt.[3] Die Auskunft ist gemäß § 62 Abs. 1 S. 2 Nr. 2 gebührenpflichtig. Die Höhe der Gebühr beträgt nach § 62 Abs. 2 S. 2 Nr. 4 höchstens 5.000 EUR.

Die Bedeutung der Vorschrift für den Wettbewerb dürfte schon aufgrund der niedrigen **3** Zahl der bei den KartBen angemeldeten Verträge gering sein. Für eine Stärkung des Wettbewerbs in der Wasserwirtschaft müssten weitergehende Maßnahmen ergriffen werden. So würde zB ein Wettbewerb um Wasserkonzessionen erfordern, dass bislang potenzielle Wettbewerber rechtzeitig und in einfacher Weise von dem Auslaufen einer Konzession und allen netzrelevanten Daten Kenntnis erlangen können. Für die Erteilung von Energiekonzessionen sieht deshalb § 46 Abs. 3 Energiewirtschaftsgesetz (EnWG) vor, dass die jeweilige Gemeinde spätestens zwei Jahre vor Ablauf von Konzessionsverträgen das Vertragsende und einen ausdrücklichen Hinweis auf die von der Gemeinde in geeigneter Form zu veröffentlichenden Daten durch Veröffentlichung im Bundesanzeiger und bei mehr als 100.000 Kunden zusätzlich im Amtsblatt der Europäischen Union bekannt geben muss. Darüber hinaus verpflichtet § 46a EnWG den bisherigen Konzessionsinhaber, der Gemeinde spätestens ein Jahr vor Bekanntmachung der Gemeinde nach § 46 Abs. 3 EnWG diejenigen Informationen über die technische und wirtschaftliche Situation des Netzes zur Verfügung zu stellen, die für eine Bewertung des Netzes im Rahmen einer Bewerbung um den Abschluss eines Vertrages nach § 46 Abs. 2 S. 1 EnWG erforderlich sind. Die genannten Bestimmungen finden nach § 46 Abs. 6 EnWG auch für Eigenbetriebe der Gemeinden entsprechende Anwendung.[4] All diese Maßnahmen zur Gewährleistung eines fairen Wettbewerbs hat der Gesetzgeber im Hinblick auf die öffentliche Wasserversorgung bislang nicht getroffen.

## C. Benehmen der Fachaufsicht (Abs. 2)

Abs. 2 bestimmt, dass die Kartellbehörden ihre Verfügungen im Bereich der öffentlichen **4** Versorgung mit Wasser über feste Leitungswege im Benehmen mit der Fachaufsichtsbehörde erlassen. Die Vorschrift führt den inhaltsgleichen § 103 Abs. 4 GWB 1990 fort und gilt für alle Missbrauchsverfügungen auf Grundlage des § 31b Abs. 3 und 5 sowie des § 19. Laut Begr. zum RegE wird durch die unveränderte Übernahme der Benehmensregelung zusätzlich zur Bindung der Kartellbehörden an Fachgesetze und Entscheidungen anderer Fachbehörden sichergestellt, dass neben ökonomischen auch sonstige Gesichtspunkte und Prinzipien, insbesondere des Umwelt- und Gesundheitsschutzes, der Sicherung der Trinkwasserqualität (einschließlich rechtlich verbindlicher Minimierungsgebote und -verpflichtungen zur Einhaltung der allgemein anerkannten Regeln der Technik) sowie der Versorgungssicherheit, hinreichend berücksichtigt werden.[5]

---

[3] BReg, Entwurf eines Achten Gesetzes zur Änderung des Gesetzes gegen Wettbewerbsbeschränkungen, BT-Drs. 17/9852, 25 re. Sp.

[4] S. auch Becker, der die nach § 31b Abs. 1 bestehende punktuelle Informationsmöglichkeit von (potenziellen) Wettbewerbern für nicht ausreichend hält und als Abhilfe eine allgemein zugängliche Übersicht über den groben Inhalt und Regelungsgegenstand der Verträge vorschlägt, Becker in Bunte Rn. 2.

[5] BReg, BT-Drs. 17/9852, 26 li. Sp.

**5** Die Pflicht zur Herstellung des Benehmens ist eng auszulegen und erfasst nur **verfahrensabschließende Verfügungen** der Kartellbehörden. Vorbereitende Entscheidungen, zB ein Missbrauchsverfahren überhaupt einzuleiten oder Auskünfte nach § 59 oder § 32e iVm § 59 einzuholen, fallen dagegen nicht in den Anwendungsbereich von Abs. 2.[6] Insofern besteht kein Berührungspunkt zu den von der Fachaufsichtsbehörde in das Kartellverfahren einzubringenden Aspekten, wie den Umwelt- oder Gesundheitsschutz. In diese Richtung hatten sich auch BR und BReg im Zuge des Gesetzgebungsverfahrens geäußert. Laut BR ist eine entsprechende Beteiligung erst vor dem Erlass einer Missbrauchsverfügung sinnvoll, da zuvor noch nicht einmal feststehe, ob es tatsächlich im weiteren Verlauf zum Erlass einer verfahrensabschließenden Missbrauchsverfügung komme. Zu den auf der Grundlage des § 59 GWB erlassenen Verfügungen erläuterte der BR, dass diese dem weiteren Erkenntnis- und Informationsgewinn der Kartellbehörden im Rahmen der von Amts wegen durchzuführenden Sachverhaltsermittlung dienten. Auswirkungen auf die Preisgestaltung bzw. -kalkulation der Wasserversorger hätten diese Verfügungen hingegen nicht.[7] Die BReg stellte klar, dass der Begriff der Verfügung in § 31b Abs. 2 GWB-E enger sei als der Begriff der Verfügung in §§ 61 und 63 GWB. Aus dem Regelungszusammenhang des GWB und dem Zweck des in § 31b Abs. 2 GWB-E vorgesehenen Benehmens mit der Fachaufsichtsbehörde ergebe sich, dass das Missbrauchsverfahren der Kartellbehörden in seinen einzelnen Verfahrensschritten keine Abstimmung mit der Fachaufsichtsbehörde voraussetze. Sie führte weiter aus, dass es der Fachaufsichtsbehörde ohne Kenntnis der Ergebnisse eines von den Kartellbehörden betriebenen Verwaltungsverfahrens regelmäßig überhaupt nicht möglich sei, sich zu der Frage zu äußern, ob ihre Kompetenzen berührende Gesichtspunkte und Prinzipien bei der von der Kartellbehörde zu treffenden Entscheidung zu berücksichtigen seien.[8]

**6** Die Fachaufsicht im Bereich der Wasserversorgung regeln die Wassergesetze der Länder. Fachaufsichtsbehörden sind regelmäßig die Umweltministerien der Länder. Aufgrund der meist kleinteiligen Wasserversorgungsgebiete ist in der Regel nur die Fachaufsicht eines Landes zuständig. Ist jedoch das Gebiet mehrerer Länder betroffen, zB wenn sich eine Missbrauchsverfügung gegen ein überregional tätiges Wasserversorgungsunternehmen richtet, muss das Benehmen sämtlicher betroffenen Fachaufsichtsbehörden eingeholt werden. Das Benehmen erfordert, dass eine **Stellungnahme der Fachaufsichtsbehörde** eingeholt und im Rahmen der kartellbehördlichen Entscheidung **berücksichtigt** wird. Anders als im Fall des Einvernehmens, bei dem ein Einverständnis vorliegen muss, ist die Kartellbehörde allerdings nicht an die Stellungnahme der Fachaufsichtsbehörde gebunden. Die Kartellbehörde hat sich lediglich mit den gegebenenfalls abweichenden Argumenten der Fachaufsicht auseinanderzusetzen.

**7** Versäumt es die Kartellbehörde, das Benehmen mit der Fachaufsicht herzustellen, führt dies nicht zur Nichtigkeit (§ 44 Abs. 3 Nr. 4 VwVfG), sondern zur **Rechtswidrigkeit** ihrer Verfügung. Der Verfahrensfehler kann gemäß § 45 Abs. 1 Nr. 5, Abs. 2 VwVfG bis zum Abschluss der letzten Tatsacheninstanz eines verwaltungsgerichtlichen Verfahrens nachgeholt und dadurch geheilt werden.

## D. Missbrauchsverfügung bei besonderer Missbrauchsaufsicht (Abs. 3–5)

### I. Überblick

**8** Eine Missbrauchsverfügung gegen ein Wasserversorgungsunternehmen kann auf die **besonderen Missbrauchsregeln** (Abs. 3, 4 und Abs. 5) und gemäß Abs. 6 (zusätzlich) auf das **allgemeine Missbrauchsrecht** für marktbeherrschende Unternehmen gemäß § 19

---

[6] AA Bosch in Bechtold/Bosch Rn. 10.
[7] Stellungnahme des BR, BT-Drs. 17/9852, 43.
[8] Gegenäußerung der BReg, BT-Drs. 17/9852, 51 re. Sp.

gestützt werden. Im Rahmen der spezifischen Missbrauchsaufsicht kann die Kartellbehörde eine Verfügung gegen ein Wasserversorgungsunternehmen auf Abs. 3 stützen, wenn die durch eine Freistellung erlangte Position missbraucht wurde **(Freistellungsmissbrauch)**. Nach Abs. 5 stehen ihr die Befugnisse nach Abs. 3 (entsprechend) aber auch zu, wenn der Missbrauch auf einer marktbeherrschenden Position des Wasserversorgers gründet **(Marktmachtmissbrauch)**.

An die besondere Missbrauchsaufsicht sind bestimmte Folgen geknüpft. Einerseits gilt die **9** **Beweislastumkehr** des § 31 Abs. 4 Nr. 2 zulasten des betroffenen Unternehmens. Andererseits kann die KartB nur **auf die Zukunft gerichtete Verfügungen** aussprechen. Dies gilt unabhängig davon, ob ein Freistellungsmissbrauch nach Abs. 3 oder ein Marktmachtmissbrauch nach Abs. 5 iVm Abs. 3 (entsprechend) verfolgt wird.

## II. Befugnisse der KartBen

Abs. 3 nennt die Befugnisse der KartBen für den Fall, dass die durch eine Freistellung **10** erlangte Position missbraucht wurde **(Freistellungsmissbrauch)**. Die KartBen können in solchen Fällen die am Missbrauch beteiligten Unternehmen verpflichten, den **beanstandeten Missbrauch abzustellen** (Nr. 1) und die nach § 31 Abs. 1 freigestellten **Verträge zu ändern** (Nr. 2); außerdem können sie die **Verträge für unwirksam erklären** (Nr. 3). Die Vorschrift führt § 103 Abs. 6 GWB 1990 fort. Soweit in Nr. 2 und 3 von „Beschlüssen" die Rede ist, geht dies auf den früheren Wortlaut des § 1 zurück, der heute nur noch von Vereinbarungen spricht. Eine Anpassung der gesetzlichen Formulierungen wäre empfehlenswert.

Die KartBen können aufgrund eines Verstoßes gegen Abs. 3 nur **auf die Zukunft** **11** **gerichtete Verfügungen** aussprechen. Dagegen haben sie keine Befugnis, eine rückwirkende Feststellung eines bereits beendeten Missbrauchs nach § 32 Abs. 3 vorzunehmen oder eine Rückerstattung nach § 32 Abs. 2a anzuordnen. Die Beschwerde gegen Verfügungen nach Abs. 3 hat nach § 64 Abs. 1 Nr. 2 aufschiebende Wirkung. Die KartBen können Verfügungen allerdings nach § 65 Abs. 1 für sofort vollziehbar erklären.

Im Gesetzgebungsverfahren zur 8. GWB-Novelle sprach sich der BR – im Anschluss an **12** entsprechende Empfehlungen des BKartA und der Monopolkommission[9] – dafür aus, dass die KartBen das Recht erhalten sollten, Feststellungen für die Vergangenheit zu treffen und Rückzahlungen an die Verbraucher anzuordnen.[10] Dies diene der einheitlichen Handhabung der Missbrauchsaufsicht über Unternehmen der leitungsgebundenen Versorgungswirtschaft und sei für eine effektive und gleichzeitig verbrauchernahe Kartellrechtsdurchsetzung im Bereich der Wasserversorgung notwendig. Die BReg blieb jedoch bei ihrem ursprünglichen Vorhaben, die Befugnisse der Kartellbehörden aus § 103 GWB 1990 unverändert zu übernehmen und sah für die vorgeschlagene Erweiterung der kartellbehördlichen Befugnisse keinen Raum.[11]

Eine rückwirkende Anwendung scheidet somit sowohl hinsichtlich der Verhaltenskon- **13** trolle als auch hinsichtlich der Eingriffe in die angemeldeten Verträge aus.[12] Vielmehr setzt ein Einschreiten der KartBen voraus, dass der **Missbrauch noch begangen wird oder** **unmittelbar bevorsteht**. Ist das missbräuchliche Verhalten bereits abgeschlossen, kann seine Abstellung nicht mehr angeordnet werden. Für die frühere Rechtslage hat der BGH entschieden, dass § 103 Abs. 5 GWB 1990 kein für die Anwendung des § 32 erforderliches gesetzliches Verbot enthält. Vielmehr ermächtige die Vorschrift die KartB lediglich, eine Verfügung mit Wirkung für die Zukunft zu erlassen.[13] Gesetzgebungsgeschichte und

---

[9] BKartA, Stellungnahme zum Referentenentwurf zur 8. GWB-Novelle, 30.11.2011, S. 20; Monopolkommission, Sondergutachten 63, Rn. 120.
[10] Stellungnahme des BR, BT-Drs. 17/9852, 44 li. Sp.
[11] Gegenäußerung der BReg, BT-Drs. 17/9852, 26 li. Sp., 51 f.
[12] BReg, BT-Drs. 17/9852, 26 li. Sp.
[13] BGH 2.2.2010 – KVR 66/08, NJW 2010, 2573 Rn. 76, WuW/E DE-R 2841 (2852) – Wasserpreise Wetzlar.

-systematik sprechen dafür, dass auch § 31 Abs. 3 kein gesetzliches Verbot statuiert (vgl. § 31, E. Missbrauchsaufsicht → Rn. 52). Die KartB kann Verfügungen nach § 32 Abs. 2a und 3 aber erlassen, wenn sie auf der Grundlage von § 19 tätig wird; in diesem Fall trägt die KartB aber auch die Beweislast für das missbräuchliche Verhalten.

**14**    **Abstellungsverfügungen** nach Abs. 3 Nr. 1 sind der Hauptanwendungsfall, wenn die KartBen Verfahren wegen missbräuchlich überhöhter Preise durchführen. Würde man den Verträgen eine ursächliche Bedeutung für das missbräuchliche Verhalten beimessen, müsste daneben geprüft werden, ob auch die Verträge zu ändern oder aufzuheben sind. Eine solche Prüfung findet in der Praxis regelmäßig nicht statt. Bisher haben die KartBen auch weder Änderungen der angemeldeten Verträge nach Abs. 3 Nr. 2 angeordnet noch die angemeldeten Verträge nach Abs. 3 Nr. 3 für unwirksam erklärt. Die Anmeldung von Verträgen im Sinne von § 31 erweist sich auch damit als ein lediglich formales Aufgreifkriterium. Den Verträgen selbst werden von den KartBen regelmäßig keine tatsächlichen Wirkungen hinsichtlich des beanstandeten missbräuchlichen Verhaltens beigemessen.

### III. Sinn und Zweck der Freistellung

**15**    Erlässt die KartB eine Verfügung nach Abs. 3, berücksichtigt sie laut Abs. 4 **Sinn und Zweck der Freistellung** und insbesondere das **Ziel einer möglichst sicheren und preisgünstigen Versorgung**. Nach Auffassung der BReg ist mit der Freistellung der in § 31 Abs. 1 genannten Verträge die Annahme verbunden, dass sich durch die Gewährung geschlossener Versorgungsgebiete Größen-, Verbund- und Rationalisierungsvorteile im Sinne der Kunden generieren lassen. Die Norm ziele darauf ab, auch zukünftig eine sichere und preisgünstige Versorgung mit Wasser zu gewährleisten"[14]. Damit wird an die Rechtsprechung des BGH zu § 103 GWB 1990 angeknüpft[15].

**16**    Die Bedeutung von Abs. 4 für die Praxis erscheint gering. Die aufgrund der freigestellten Verträge zu generierenden Größen-, Verbund- und Rationalisierungsvorteile könnten in erster Linie dann berührt werden, wenn ein > freigestellter Vertrag gemäß Abs. 3 Nr. 3 für unwirksam erklärt wird oder die beteiligten Unternehmen nach Abs. 3 Nr. 2 dazu verpflichtet werden, einen freigestellten Vertrag zu ändern. Derartige Verfügungen kommen in der Praxis – soweit ersichtlich – nicht vor. Bei einer Entscheidung, die auf die Abstellung missbräuchlich überhöhter Entgelte zielt, dürften allerdings kaum Interessenkonflikte zwischen dem Ziel einer sicheren und preisgünstigen Versorgung mit Wasser einerseits und dem Ziel einer effektiven Missbrauchsaufsicht andererseits vorliegen. Einerseits garantiert gerade auch eine effektive Missbrauchsaufsicht die **preisgünstige Wasserversorgung der Kunden.** Missbräuchlich überhöhte Entgelte hingegen liegen sicher nicht im Verbraucherinteresse. Andererseits wird die **Versorgungssicherheit** durch eine Vielzahl gesetzlicher Vorschriften gewährleistet, die von den betroffenen Unternehmen zu befolgen sind. Soweit dadurch Kosten entstehen, haben die KartBen diese selbstverständlich im Rahmen ihrer Missbrauchsprüfung zu berücksichtigen. Die Verpflichtung, künftig keine missbräuchlich überhöhten Entgelte mehr zu verlangen, kann daher in aller Regel keine Auswirkungen auf die Sicherheit der Wasserversorgung haben.

### IV. Marktmachtmissbrauch

**17**    Nach Abs. 5 gilt Abs. 3 entsprechend, soweit ein Wasserversorgungsunternehmen eine **marktbeherrschende Stellung** hat und diese missbraucht (Marktmachtmissbrauch). Die Vorschrift soll die Gleichbehandlung aller Wasserversorgungsunternehmen sicherstellen, unabhängig davon, ob sie von der Freistellungsmöglichkeit des § 31 Abs. 1 Gebrauch gemacht haben oder nicht. Die erhöhte Missbrauchsgefahr sei auf Grund der monopolisti-

---

[14] BReg, BT-Drs. 17/9852, 25 li. Sp.
[15] BGH 27.11.1964 – KVR 3/63, BeckRS 1964, 31177372, WuW/E BGH 655 – Zeitgleiche Summenmessung; BGH 31.5.1972 – KVR 2/71, GRUR 1972, 715, WuW/E BGH 1221 – Stromtarif.

schen Strukturen der Wasserwirtschaft unabhängig von der tatsächlichen Inanspruchnahme der Freistellungsmöglichkeit gegeben[16]. Die Gleichbehandlung gilt nicht nur hinsichtlich der verfahrensrechtlichen Befugnis, die in Abs. 3 genannten Verfügungen zu erlassen. Sie bezieht die materielle Norm des § 31 Abs. 3, 4 und insbesondere die in Abs. 4 Nr. 2 verankerte Beweislastumkehr zugunsten der Kartellbehörde ein.

Abs. 5 übernimmt die Rechtsprechung zur früheren Rechtslage. So hatte der BGH in **18** seiner Entscheidung „**Wasserpreise Wetzlar**" entschieden, dass marktbeherrschende Wasserversorgungsunternehmen, die von der Freistellungsmöglichkeit des § 103 Abs. 1 GWB 1990 Gebrauch machen, und sonstige marktbeherrschende Wasserversorgungsunternehmen gleich zu behandeln sind. Der Gesetzgeber habe die Beweiserleichterungen für die Kartellbehörde aus § 103 Abs. 5 GWB 1990 nicht nur auf den „Freistellungsmissbrauch" beschränkt, sondern in § 103 Abs. 7 GWB 1990 auch auf den „Marktmachtmissbrauch" erstreckt. Ein Wasserversorgungsunternehmen solle nicht deshalb besser stehen, weil es die Freistellungsmöglichkeiten des § 103 Abs. 1 GWB 1990 nicht genutzt habe. Gleiches gelte auch, wenn der Konzessions- oder Demarkationsvertrag wegen einer gesellschaftsrechtlichen Verbindung der Vertragspartner im Sinn des § 36 Abs. 2 GWB nicht in den Anwendungsbereich des § 1 GWB fallen sollte.[17]

Die Vorschrift des Abs. 5 ist in der Praxis von erheblicher Bedeutung, da von der **19** Freistellungsmöglichkeit des § 31 Abs. 1 – wie in der Vergangenheit von der des § 103 Abs. 1 GWB 1990 – kaum Gebrauch gemacht wird. Der Gesetzgeber nimmt hier zur Kenntnis, dass die Versorgung mit Trinkwasser in aller Regel nur über monopolistische Strukturen erfolgen kann und deshalb **alle Wasserversorgungsunternehmen einer verschärften Missbrauchsaufsicht zu unterstellen sind.** Allerdings wird die Bedeutung der Norm dadurch relativiert, dass gemäß § 185 Abs. 1 S. 2 die Anwendung des § 31b Abs. 5 ausdrücklich ausgeschlossen wird, wenn Wasserversorger nicht Preise verlangen, sondern Gebühren erheben, (vgl. → § 31, C. Anwendungsbereich, Rn. 20).

## E. Parallele Anwendung der allgemeinen Missbrauchsaufsicht (Abs. 6)

Die Vorschrift des Abs. 6 eröffnet den KartBen die Möglichkeit, auf missbräuchliches **20** Verhalten nach § 31 Abs. 3 und 4 parallel zu den besonderen Missbrauchsregeln der § 31 ff. die allgemeine Missbrauchsaufsicht nach § 19 anzuwenden. Unter dem Regime des § 103 GWB 1990 war die Anwendbarkeit der allgemeinen Missbrauchsregeln noch umstritten. Der Gesetzgeber hat diese Frage unter Bezugnahme auf die Rechtsprechung des BGH geklärt.[18] Laut Begr. zum RegE soll die neu eingeführte Vorschrift des § 31b Abs. 6 in Fortführung der Rechtsprechung des Bundesgerichtshofs klarstellen, dass die allgemeine Missbrauchskontrolle des § 19 durch die Anwendung des bisherigen § 103 nicht ausgeschlossen wird. Im Unterschied zu der besonderen Missbrauchsaufsicht in der Wasserwirtschaft liegt bei der Anwendung des § 19 allerdings der Schwerpunkt der **Beweislast bei der Kartellbehörde;** gleichzeitig sind **Feststellungen auch bezüglich der Vergangenheit und Rückerstattungsanordnungen** zulässig.[19] Die Bedeutung der Vorschrift wird dadurch geschmälert, dass gemäß § 185 Abs. 1 S. 2 die allgemeine Missbrauchsaufsicht gemäß §§ 19, 20 nicht auf öffentlich-rechtliche Gebühren oder Beiträge anzuwenden ist (vgl. → § 31, C. Anwendungsbereich, Rn. 20).

---

[16] BReg, BT-Drs. 17/9852, 26 re. Sp.
[17] BGH 2.2.2010 – KVR 66/08, NJW 2010, 2573 Rn. 23, WuW/E DE-R 2841 (2843 f.) – Wasserpreise Wetzlar.
[18] BGH 2.2.2010 – KVR 66/08, WuW/E DE-R 2841 – Wasserpreise Wetzlar.
[19] BReg, BT-Drs. 17/9852, 26 re. Sp.

## Kapitel 6. Befugnisse der Kartellbehörden, Schadensersatz, Vorteilsabschöpfung

### Abschnitt 1. Befugnisse der Kartellbehörden

## § 32 Abstellung und nachträgliche Feststellung von Zuwiderhandlungen

(1) Die Kartellbehörde kann Unternehmen oder Vereinigungen von Unternehmen verpflichten, eine Zuwiderhandlung gegen eine Vorschrift dieses Teils oder gegen Artikel 101 oder 102 des Vertrages über die Arbeitsweise der Europäischen Union abzustellen.

(2) [1] Sie kann ihnen hierzu alle erforderlichen Abhilfemaßnahmen verhaltensorientierter oder struktureller Art vorschreiben, die gegenüber der festgestellten Zuwiderhandlung verhältnismäßig und für eine wirksame Abstellung der Zuwiderhandlung erforderlich sind. [2] Abhilfemaßnahmen struktureller Art können nur in Ermangelung einer verhaltensorientierten Abhilfemaßnahme von gleicher Wirksamkeit festgelegt werden, oder wenn letztere im Vergleich zu Abhilfemaßnahmen struktureller Art mit einer größeren Belastung für die beteiligten Unternehmen verbunden wäre.

(2a) [1] In der Abstellungsverfügung kann die Kartellbehörde eine Rückerstattung der aus dem kartellrechtswidrigen Verhalten erwirtschafteten Vorteile anordnen. [2] Die in den erwirtschafteten Vorteilen enthaltenen Zinsvorteile können geschätzt werden. [3] Nach Ablauf der in der Abstellungsverfügung bestimmten Frist für die Rückerstattung sind die bis zu diesem Zeitpunkt erwirtschafteten Vorteile entsprechend § 288 Absatz 1 Satz 2 und § 289 Satz 1 des Bürgerlichen Gesetzbuchs zu verzinsen.

(3) Soweit ein berechtigtes Interesse besteht, kann die Kartellbehörde auch eine Zuwiderhandlung feststellen, nachdem diese beendet ist.

**Schrifttum:** Alexander, Schadensersatz und Abschöpfung im Lauterkeits- und Kartellrecht, 2010; Ackermann, Prävention als Paradigma: Zur Verteidigung eines effektiven kartellrechtlichen Sanktionssystems, ZWeR 2010, 329; Baumgart/Rasbach/Rudolph, Erste Erfahrungen mit § 29 GWB im Zusammenspiel mit §§ 32 und 64 f. GWB, in: FS Kühne, 2009, S. 25; Bien, Erleichterung des privaten Rechtsschutzes durch die achte Novelle, ZWeR 2013, 448; ders., Der Anspruch der Verbraucherverbände und Verbände der Marktgegenseite auf Unterlassung, Beseitigung und Vorteilsabschöpfung, in: Bien, Das deutsche Kartellrecht nach der 8. Novelle, 2013, S. 329; Dreher/Thomas, Die Beschränkung der Vertragsabschlussfreiheit durch kartellbehördliche Verfügungen, NJW 2008, 1557; Fuchs, Die Anordnung von Wiedergutmachungszahlungen als Inhalt kartellbehördlicher Abstellungsverfügungen?, ZWeR 2009, 176; Spiecker, Die Zulässigkeit von Wiedergutmachungszahlungen gemäß § 32 Abs. 2 GWB, in: FS Säcker, 2011, S. 771; ders., Private Enforcement durch Beseitigungsklage WRP 2015, 929; Lohse, Preiskartelle als fehlerhafte Gesellschaften?, in: FS Säcker, 2011, S. 827; Podszun, Paradigmenwechsel in der kartellbehördlichen Befugnisausübung: Grundlagen, Gefahren, Grenzen, ZWeR 2012, 48; Rehr/Haellmigk, Die kartellrechtliche Rückzahlungsverpflichtung „nach § 32 Abs. 2", WuW 2000, 513; K. Schmidt, Kartellverfahrensrecht-Kartellverwaltungsrecht-Bürgerliches Recht, 1977; ders., Aufgaben und Leistungsgrenzen der Gesetzgebung im Kartelldeliktsrecht, 1978; Schwarze/Weitbrecht, Grundzüge des europäischen Kartellverfahrensrechts, 2004; K. Westermann, Die Entscheidung des BGH zum Lotteriewettbewerb, ZWeR 2010, 81; R. Wilhelmi, Strukturelle Abhilfemaßnahmen, in: Bien, Das deutsche Kartellrecht nach der 8. GWB-Novelle, 2013, S. 347; ders., Reform, ZWeR 2013, 448.

### Übersicht

## A. Geschichte

§ 32 regelt zusammen mit den §§ 32a–32e und § 34 die **Befugnisse der Kartellbehör-** **1** **den** (§§ 48 ff.) bei **Verstößen** von Unternehmen und deren Vereinigungen gegen die Verbote des **GWB** sowie gegen die **Art. 101 und 102 AEUV.** Nach § 32 kann die Kartellbehörde Unternehmen oder Vereinigungen von Unternehmen verpflichten, eine (festgestellte) Zuwiderhandlung gegen eine Vorschrift des GWB oder gegen die Art. 101 oder 102 AEUV abzustellen. Vorläufer der Vorschrift war § 32 in der Fassung der 6. Novelle von 1998, der erstmals generell die Befugnis der Kartellbehörden begründet hatte, Unternehmen und Vereinigungen von Unternehmen ein Verhalten zu untersagen, das nach dem GWB verboten ist. Durch die 7. Novelle von 2005 war § 32 sodann weitgehend, aber (noch) nicht ganz, dem **Art. 7 der VO Nr. 1/2003 angepasst** worden (→ Rn. 2 ff.). Die geltende Fassung des § 32 beruht auf der **8. Novelle von 2013,** durch die Abs. 2 der Vorschrift völlig den Sätzen 2 und 3 des Art. 7 Abs. 1 der Verordnung Nr. 1/2003 angeglichen und ein neuer Abs. 2a in das Gesetz eingefügt wurde. Die 9. Novelle von 2017 hat nur geringfügige redaktionelle Änderungen gebracht, mit denen indessen keine sachlichen Änderungen verbunden waren.

In seiner ursprünglichen Fassung hatte das GWB lediglich drei Sanktionen gekannt, die **2** Unwirksamkeit oder Nichtigkeit von Verträgen (vgl. insbes. die §§ 1, 15 und 20 von 1957), Schadensersatzansprüche (§ 35 von 1957) und Bußgelder (§ 38 von 1957). Aus dieser – offenbar als abschließend gedachten – Regelung war seinerzeit überwiegend der Schluss gezogen worden, die Kartellbehörden besäßen keine weitergehenden Befugnisse zur Durchsetzung des GWB und damit insbesondere **nicht** die **Befugnis, die Praktizierung** unwirksamer oder nichtiger Verträge sowie die Vornahme verbotener Handlungen im Verwaltungsverfahren **zu verbieten.**[1] Lediglich in den Fällen, in denen das GWB selbst unmittelbar ein Gebot zur Vornahme bestimmter Handlungen aussprach, wurde die Befugnis der Kartellbehörden bejaht, den verpflichteten Unternehmen die Erfüllung ihrer gesetzlich begründeten Pflichten durch Verfügung aufzugeben und anschließend die Verfügung im Verwaltungszwangsverfahren nach dem VerwVollstrG vom 27.4.1953[2] durchzusetzen.[3]

Dieser Rechtszustand galt allgemein als unbefriedigend. Deshalb wurde bereits durch die **3** **2. Novelle von 1973** ein § 37a in das Gesetz eingefügt, der den Kartellbehörden erstmals die Möglichkeit eröffnete, gegen die Praktizierung verbotener Verträge und gegen die Vornahme verbotener Handlungen ohne Rücksicht auf ein Verschulden im so genannten **objektiven Verwaltungsverfahren** nach den §§ 54 ff. vorzugehen,[4] freilich nur in bestimmten Fällen, nicht etwa generell. Hervorzuheben waren Verstöße gegen die §§ 1, 15,

---

[1] v. Köhler NJW 1961, 2093 (2097); Rowedder WRP 1972, 32; aA Markert ZHR 134 (1970), 208 (233 f.).

[2] BGBl. I, 157.

[3] BGH 1.10.1970 – KVR 2/70, WuW/E BGH 1126 (1127, 1130) = NJW 1971, 37 – Schaumstoff II (insoweit nicht in BGHZ 54, 311 abgedruckt).

[4] Vgl. die Begr. 1971, 35 (li. Sp.).

20 und 21 von 1957 (§ 37a Abs. 1 aF) sowie gegen die §§ 25, 26 und 38 Abs. 1 Nr. 11 und 12 von 1957 (§ 37a Abs. 2 aF). Weitere Eingriffsbefugnisse der Kartellbehörden ergaben sich allein noch aus den verschiedenen Missbrauchsverboten des früheren GWB (s. insbesondere die §§ 22 Abs. 5, 103 Abs. 6 und 104 von 1957).

4     Durch die **6. Novelle von 1998** waren sodann alle genannten Fälle (→ Rn. 3) erstmals in dem neuen § 32 zusammengefasst worden. Zur Begründung hatten die Gesetzesverfasser ausgeführt, § 32 (von 1998) habe die Aufgabe, die Untersagungsbefugnis der Kartellbehörden auf sämtliche Verbotstatbestände des Gesetzes einschließlich des § 19 auszudehnen.[5] Die Erstreckung dieser Befugnis auf Verstöße gegen die Art. 101 und 102 AEUV ergab sich seinerzeit aus § 50 in der Fassung von 1998.

5     Durch die **7. Novelle von 2005** wurde § 32 im Zuge der allgemeinen Anpassung des deutschen Kartellrechts an das europäische Kartellrecht im Wesentlichen an **Art. 7 der VO Nr. 1/2003** vom 16.12.2002 zur Durchführung der Art. 101 und 102 AEUV angeglichen. § 32 von 2005 unterschied sich von Art. 7 VO Nr. 1/2003 lediglich noch durch die fehlende Bezugnahme auf **strukturelle Maßnahmen** in Abs. 2. Nach Meinung der Gesetzesverfasser sollte sich die Zulässigkeit solcher Maßnahmen nach dem Verhältnismäßigkeitsgrundsatz beurteilen.[6]

6     Die Zulässigkeit struktureller Abhilfemaßnahmen wurde schließlich durch die **8. Novelle von 2013** in dem neuen § 32 Abs. 2 geklärt, der wörtlich mit Art. 7 Abs. 1 S. 2 und 3 der Verordnung Nr. 1/2003 übereinstimmt. Zugleich wurde ein Abs. 2a in das Gesetz eingefügt, nach dem die Kartellbehörde in der Abstellungsverfügung eine **Rückerstattung** der aus dem kartellrechtswidrigen Verhalten erwirtschafteten Vorteile anordnen kann. Zur Begründung haben die Gesetzesverfasser ausgeführt, durch Abs. 2 des § 32 werde klargestellt, dass strukturelle Maßnahmen mit dem Gesetz vereinbar sind. Zugleich werde im Anschluss an die Rechtsprechung des BGH bestimmt, dass die Kartellbehörde auch die Möglichkeit hat, die Rückerstattung der erwirtschafteten Vorteile infolge kartellrechtswidrigen Verhaltens anzuordnen.[7]

7     Das Gesetz zieht mit der Regelung des § 32 letztlich die gebotenen Folgerungen aus **Art. 5 S. 1 der VO Nr. 1/2003,** nach dem die Wettbewerbsbehörden der Mitgliedstaaten jetzt generell für die **Anwendung der Wettbewerbsregeln** des Vertrages (Art. 101 und 102) in Einzelfällen zuständig sind. Satz 2 dieser Vorschrift fügt hinzu, dass die Wettbewerbsbehörden der Mitgliedstaaten hierzu von Amts wegen oder auf Grund einer Beschwerde Entscheidungen erlassen können, mit denen 1. die Abstellung von Zuwiderhandlungen angeordnet wird (s. § 32 GWB), 2. einstweilige Maßnahmen angeordnet werden (s. § 32a GWB idF von 2021), 3. Verpflichtungszusagen entgegengenommen werden (s. § 32b GWB) oder 4. Geldbußen, Zwangsgelder oder sonstige im innerstaatlichen Recht vorgesehene Sanktionen verhängt werden (s. §§ 34, 81, 86a GWB) idF von 2021+. Nach Art. 5 S. 3 der VO Nr. 1/2003 können die Wettbewerbsbehörden der Mitgliedstaaten schließlich, wenn die Voraussetzungen für ein Verbot nach den ihnen vorliegenden Informationen nicht gegeben sind, auch entscheiden, dass für sie kein Anlass besteht, tätig zu werden (s. § 32c GWB).

## B. Anwendungsbereich

8     Der Anwendungsbereich des § 32 umfasst seit der 6. Novelle von 1998 zunächst **sämtliche Verbotstatbestände des 1. Teils** des GWB.[8] Die wichtigsten **Beispiele** sind das Kartellverbot des § 1, das Missbrauchsverbot des § 19, die verschiedenen Verbote des § 20

---

[5] S. die Begr. von 1998, 41 f., 55 (li. Sp.).
[6] S. die Begr., Drs. 15/3640, 33 (re. Sp.).
[7] Begr. von 2012, 28, 32 f.
[8] → Rn. 4 sowie BGH 2.2.2010 – KVR 66/08, BGHZ 184, 168 Rn. 75 = NJW 2010, 2573.

sowie die Verbote des § 21 und des § 41 Abs. 1 S. 1.[9] Hinzugetreten waren bereits im Jahre 1998 auf Grund des damaligen § 50 Abs. 2 Verstöße gegen die **Art. 101 und 102 AEUV.** Dasselbe besagt jetzt ausdrücklich § 32 Abs. 1 von 2013. **§ 30 Abs. 3** schließt die Anwendbarkeit des § 32 gleichfalls nicht aus, wenn zugleich ein Verstoß gegen die Verbote des GWB oder des AEUV vorliegt (→ Rn. 21, → § 30 Rn. 3, 169). Dasselbe gilt für **§ 36,** sofern die Gründung eines Gemeinschaftsunternehmens sowohl gegen § 1 als auch gegen § 36 verstößt (→ Rn. 20) oder wenn ein beliebige Unternehmenszusammenschluss zugleich gegen ein Missbrauchsverbot (§§ 19 und 20) (→ Rn. 20).[10] Keine Anwendung findet § 32 dagegen auf bloße Eingriffsermächtigungen wie insbesondere § 31b Abs. 3.

Nach § 32 Abs. 1 kann die Kartellbehörde Unternehmen und Vereinigungen von **9** Unternehmen verpflichten, eine „Zuwiderhandlung" gegen die genannten Verbote des GWB und des AEUV (→ Rn. 8) „abzustellen". Aus dieser Formulierung des Gesetzes darf nicht der Schluss gezogen werden, dass die Kartellbehörde erst tätig werden könne, wenn es bereits zu einer Zuwiderhandlung, insbesondere also zu einem Verstoß gegen die Verbote der §§ 1, 19, 20, 21 und 41 Abs. 1 S. 1 GWB oder der Art. 101 und 102 AEUV, gekommen ist; vielmehr genügt es, wenn nur erstmals die **ernste Besorgnis** einer drohenden Gesetzesverletzung besteht (sog. **Erstbegehungsgefahr**).[11] Ist es in der Vergangenheit bereits einmal zu einem Gesetzesverstoß gekommen, so genügt außerdem die ernsthafte Gefahr einer Wiederholung des Verstoßes.[12] Zur Widerlegung der **Wiederholungsgefahr** bedarf es in derartigen Fällen zwar nicht wie im Lauterkeitsrecht einer strafbewehrten Unterlassungserklärung,[13] wohl aber einer eindeutigen, offenen und glaubwürdigen Distanzierung der beteiligten Unternehmen von dem vorausgegangenen Gesetzesverstoß. Die Eingriffsbefugnis der Kartellbehörde findet erst ihr Ende, wenn der Gesetzesverstoß endgültig **beendet** ist, wie unmittelbar aus § 32 Abs. 3 folgt (→ Rn. 10, 25).

Für die Annahme einer **Erstbegehungsgefahr** (→ Rn. 9) genügen nicht bloße unver- **10** bindliche, nicht weiter konkretisierte Planungen der Unternehmen über eine mögliche Wettbewerbsbeschränkung, wohl aber ein für die nächste Zukunft mit Sicherheit zu erwartender Gesetzesverstoß.[14] Entscheidend ist maW, ob sich die Planungen der beteiligten Unternehmen bereits soweit verfestigt haben, dass konkret für die nächste Zukunft mit einem Gesetzesverstoß zu rechnen ist. Das Bundeskartellamt kann daher zB bereits gegen die bloße „Vereinbarung" eines Marktinformationsverfahrens (§ 1) einschreiten, sofern die Beteiligten keinen Zweifel daran lassen, dass sie mit dem Informationsaustausch alsbald beginnen werden.[15] Hat das Bundeskartellamt einen Zusammenschluss nach § 36 untersagt, so kann es außerdem zugleich aufgrund der §§ 32 Abs. 1 und 41 Abs. 1 S. 1 schon jetzt alsbald drohende Verstöße der beteiligten Unternehmen gegen das Vollzugsverbot des § 41 Abs. 1 S. 1 verbieten.[16] Besonderheiten gelten, wenn es bereits in der Vergangenheit zu einem Gesetzesverstoß, zB zu einer verbotenen Verhaltensabstimmung gekommen war. In diesem Fall ist ein Eingreifen der Kartellbehörden aufgrund des § 32 Abs. 1 jedenfalls möglich, solange die **Wirkungen** des Gesetzesverstoßes **fortbestehen,** sich die Unterneh-

---

[9] BGH 14.11.2017 – KVR 57/16 Rn. 37 ff., NZKart 2018, 91 = WuW 2018, 206 = AG 2018, 233 (235 f.) – Edeka/KT.

[10] OLG Düsseldorf, 3.4.2019 – Kart 2/18 – Ticketvertrieb II, NZKart 2019, 282, 284 = WuW 2019, 318.; Emmerich AG 2018, 662; 2019, 871, 875; Jx 4.

[11] BGH 14.11.2017 – KVR 57/16 Rn. 38, NZKart 2018, 91 = WuW 2018, 206 = AG 2018, 233 (235 f.) – Edeka/KT; OLG Düsseldorf 16.9.2009 – Kart 1/09, WuW/E DER 2755 (2759) – DFL-Vermarktungsrechte; 3.4.2019 – Kart 2/18 – Ticketvertrieb II, NZKart 2019, 282, 284 = WuW 2019, 318.

[12] BGH 8.5.2001 – KVR 12/99, BGHZ 147, 325 (341 f.) = NJW 2001, 3782 = WuW/E DER 711 – Ost-Fleisch; 24.9.2002 – KVR 8/01, BGHZ 152, 97 (102 f., 105) = NJW 2003, 205 = WuW/E DER 984 – Konditionenanpassung.

[13] Spiecker in MüKoWettbR Rn. 24.

[14] Ausführlich Podszun in Kölner Komm KartellR Rn. 11 ff.

[15] BGH 18.11.1986 – KVR 1/86, LM GWB § 1 Nr. 37 = WuW/E BGH 2313 = NJW 1987, 1821 – Baumarkt-Statistik.

[16] BGH 14.11.2017 – KVR 57/16 Rn. 37 ff., NZKart 2018, 91 = WuW 2018, 206 = AG 2018, 233 (235 f.) – Edeka/KT.

men also etwa weiter an die verbotene Verhaltensabstimung halten, wofür eine **Vermutung** sprechen kann.[17] Die Situation ändert sich erst, wenn sich die Unternehmen eindeutig und offen von dem Gesetzesverstoß, in dem Beispiel von der Verhaltensabstimmung distanzieren, wenn es maW unbezweifelbar zu einer **Zäsur** in dem Verhalten der Unternehmen kommt, wofür je nach den Umständen des Falles bereits die Zustellung einer Abstellungsverfügung der Kartellbehörden nach § 32 Abs. 1 ausreichen kann, aber nicht ausreichen muss.[18]

## C. Adressaten

11    Als Adressaten von Verfügungen auf Grund des § 32 Abs. 1 kommen **allein Unternehmen und Vereinigungen von Unternehmen** in Betracht, soweit sie dem GWB oder dem AEUV unterstehen. Der Begriff des Unternehmens und der Unternehmensvereinigung ist hier derselbe wie in § 1 GWB und im AEUV, so dass wegen der Einzelheiten auf die Erläuterungen zu § 1 GWB und Art. 101 AEUV verwiesen werden kann.[19] **Ausreichend** ist in jedem Fall, dass das Unternehmen oder die Unternehmensvereinigung an dem Verstoß anderer Unternehmen oder Unternehmensvereinigungen gegen ein Verbot des GWB, etwa als **Gehilfe oder Anstifter,** mitgewirkt haben. Es gilt hier derselbe **weite Täterbegriff** wie im Deliktsrecht des BGB (s. § 830 BGB).[20]

12    Unternehmen iSd § 32 sind insbesondere auch sämtliche **öffentlichen Unternehmen** iSd § 185 Abs. 1 (→ § 185 Rn. 43–74), und zwar, wie besonderer Hervorhebung bedarf, einschließlich der **Gebietskörperschaften,** soweit sie sich unternehmerisch betätigen und deshalb gemäß § 185 Abs. 1 dem GWB unterliegen.[21] Ein Beispiel sind die Berliner Wasserbetriebe, die heute die Rechtsform einer Anstalt des öffentlichen Rechts haben. Auf sie sind die §§ 19, 31 und 32 auf jeden Fall anwendbar, wenn die Leistungserbringung in privatrechtlicher Form erfolgt, richtiger Meinung nach aber auch, wenn die Leistungserbringung aufgrund einer Satzung in öffentlich-rechtlicher Form durchgeführt wird, da es nicht gut vorstellbar ist, dass sich das Land Berlin durch den bloßen Wechsel in eine öffentlich-rechtliche Form der Leistungserbringung dem Zugriff des Kartellrechts und damit der Kartellbehörden über § 32 entziehen kann.[22] § 32 ist außerdem etwa auf die Bewirtschaftung staatlicher und privater Wälder durch die Landesforstverwaltungen sowie auf die anschließende Vermarktung des Holzes durch das Land anwendbar. Verstößt ein Land bei dieser Tätigkeit gegen den AEUV oder gegen das GWB, etwa durch Vereinbarung eines Vertriebskartells mit privaten Waldbesitzern, so eröffnet § 32 Abs. 1 dem Bundeskartellamt die Möglichkeit, dem sich unternehmerisch betätigenden Land im Einzelnen sämtliche Tätigkeiten zu verbieten, die gegen die Verbote des Unionsrechts oder des GWB verstoßen.[23] Das gilt selbst dann, wenn ein Land durch Gesetz Unternehmen ein Verhalten vorschreibt, das gegen die Wettbewerbsregeln des AEUV verstößt, weil das fragliche Gesetz dann wegen des Vorrangs des Unionsrechts nicht anwendbar ist. Lediglich die Feststellung des Verstoßes des Landesgesetzes gegen das Unionsrecht bereits im Tenor

---

[17] Grdl. BGH 12.7.2016 – KZR 25/14 Rn. 24 ff., BGHZ 211, 246 (256 f.) = NJW 2016, 3527 – Lottoblock II; Mehrbrey/Jaeger WuW 2016, 492 (493); Rother NJW 2016, 3534; K. Westermann ZWeR 2010, 81.
[18] BGH 12.7.2016 – KZR 25/14 Rn. 33 ff., BGHZ 211, 246 (259 f.) = NJW 2016, 3534 – Lottoblock II; Bornkamm/Tolkmitt in Bunte Rn. 16.27.
[19] Zu Art. 101 AEUV → AEUV Art. 101 Abs. 1 Rn. 6–53, zu § 1 → § 1 Rn. 27–76.
[20] Jaeger in FK-KartellR Rn. 7; Spiecker in MüKoWettbR Rn. 28.
[21] Jaeger in FK-KartellR Rn. 6; Spiecker in MüKoWettbR Rn. 28.
[22] OLG Düsseldor 24.2.2014 – Kart 4/12, NZKart 2014, 237 (239) = WuW/E DER 4189.
[23] BGH 14.6.2008 – KVR 54/07, WuW/E DER 2408 Rn. 82 f. = WRP 2008, 1456 – Lottoblock; ausführlich OLG Düsseldorf 15.3.2017 – Kart 10/15, WuW 2017, 338 (343 ff.) = NZKart 2017, 247 – Rundholzvermarktung; ebenso zuvor BKartA 9.7.2015 – B 1 – 72/177, WuW 2017, 44 – Rundholzvermarktung.

der Verfügung ist dem Bundeskartellamt nach Meinung des BGH verwehrt, weil dem Amt dazu die nötige Kompetenz aufgrund des § 32 Abs. 1 fehle.[24]

Adressaten von Verfügungen der Kartellbehörden aufgrund des § 32 sind – als Unter-  **13** nehmensvereinigungen – ferner die **Kammern** der freien Berufe, obwohl sie Körperschaften des öffentlichen Rechts sind, vorausgesetzt, dass sie im Einzelfall als Unternehmen oder Unternehmensvereinigungen tätig werden und durch ihr Verhalten gegen das GWB oder den AEUV verstoßen. Unter dieser Voraussetzung steht dann selbst die parallele Zuständigkeit etwaiger anderer **Aufsichtsbehörden** der Anwendung des GWB durch die Kartellbehörden nicht entgegen.[25] Folgerichtig geht in diesem Fall der Rechtszug im Falle einer Abstellungsverfügung der Kartellbehörden zu den Kartellgerichten und nicht etwa zu den Verwaltungsgerichten.[26] Entsprechendes gilt zB für die **Krankenkassen** im Rahmen der §§ 4 Abs. 3 S. 2 und 69 Abs. 2 SGB V idF von 2013. Eine konkurrierende Zuständigkeit von **Regulierungsbehörden** ändert gleichfalls grundsätzlich nichts an der Zuständigkeit der Kartellbehörden aufgrund des § 32; anders verhält es sich lediglich dann, wenn die betreffende Regulierungsbehörde nach dem jeweiligen Regulierungsgesetz eindeutig eine ausschließliche Zuständigkeit haben soll (im einzelnen umstritten).

## D. Verfahren

### I. Ermessen

Die **Zuständigkeit** der Kartellbehörden zu Verfügungen auf Grund des § 32 richtet sich  **14** nach den §§ 48 f. Die Verfügungen ergehen im **allgemeinen Verwaltungsverfahren** der §§ 54 ff., so dass sich das Verfahren neben dem GWB hilfsweise nach den Vorschriften des Verwaltungsverfahrensgesetzes (VerwVfG) richtet (§ 54 Abs. 1 S. 3). Den Verfahrensbeteiligten iSd § 54 Abs. 2 ist rechtliches Gehör zu gewähren (§ 56; Art. 103 GG), meistens in Gestalt einer so genannten Abmahnung. Die Verfügung muss begründet und den Beteiligten zugestellt werden (§ 61). Bei einem Kartell gehören dazu sämtliche Kartellmitglieder.[27] In Fällen mit **Bezügen zum anderen Mitgliedstaaten** der Europäischen Union richtet sich die Zusammenarbeit mit der Kommission und den Kartellbehörden der anderen Mitgliedstaaten nach den Art. 11 f. der Verordnung Nr. 1/2003, nach den §§ 50a ff. und 50e GWB idF von 2021 sowie nach den Regeln des European Competition Networks.[28]

§ 32 sieht anders als Art. 7 VO Nr. 1/2003 **kein Antragsrecht Dritter** vor. Es handelt sich mit anderen Worten bei § 32 um ein reines Amtsverfahren, dessen Einleitung, wie sich auch aus dem Wortlaut des § 32 Abs. 1 („… kann …") ergibt, im **Ermessen** der Kartellbehörden steht.[29] Jedermann kann sich zwar mit „Anträgen" (oder besser: **Anregungen**) oder mit Anzeigen an die Kartellbehörden wenden, wofür im deutschen Recht anders als nach Art. 7 Abs. 2 VO Nr. 1/2003 auch nicht ein besonderes Interesse erforderlich ist; ebenso wenig bestehen irgendwelche Formvorschriften. Ob die Kartellbehörden indessen daraufhin ein Verfahren einleiten, entscheiden sie allein nach pflichtgemäßem Ermessen, so dass sie auf ein Einschreiten auch verzichten können. Entsprechendes gilt, wenn die Kartell-

---

[24] BGH 14.6.2008 – KVR 54/07, WuW/E DER 2408 Rn. 82 f. = WRP 2008, 1456 – Lottoblock; Bornkamm/Tolkmitt in Bunte Rn. 20; – zweifelhaft, s. Westermann ZWeR 2010, 81 (89 ff.).

[25] BGH 16.12.1976 – KVR 5/75, LM GWB § 25 Nr. 6 = MDR 1977, 818 = WuW/E BGH 1474 (1481) – Architektenkammer; 19.3.1991 – KVR 4/89, LM GWB (Bl. 3 R ff.) § 1 Nr. 43 = NJW-RR 1991, 1067 = WuW/E BGH 2688 – Apothekenkammer; 29.9.1998 – KVR 17/97, LM GWB § 37a Nr. 9 = NJW-RR 1999, 262 = WuW/E DER 195; Odersky AG 1991, 281 (283 ff.).

[26] BGH 19.3.1991 – KVR 4/89, WuW/E BGH 2688 (2695 f.) (insoweit nicht in LM GWB § 1 Nr. 43 = NJW-RR 1991, 1067 abgedruckt).

[27] KG 19.12.1979 – Kart 6/78, WuW/E OLG 2193 (2194).

[28] Podszun in Kölner Komm KartellR Rn. 74.

[29] ZB OLG Düsseldorf 5.4.2017 – Kart 13/15, NZKart 2017, 316 (317); 30.1.2019 – Kart 7/16, NZKart 2019, 164 (167 f.) = WuW 2019, 206 – Zahlungsauslösedienst; 5.4.2019 – Kart 2/16, NZKart 2019, 503 f. – Preisvergleichsportal.

behörden aufgrund anderer Verfahren oder durch Mitteilungen anderer Behörden Kenntnis von möglichen Verstößen gegen das GWB oder gegen den AEUV erhalten.[30] Entscheiden sich die Kartellbehörden für die Einleitung eines Verfahrens, so ist ihre Ermessensausübung zwar grundsätzlich im Rahmen des § 76 Abs. 5 durch die Gerichte auf Beschwerde hin überprüfbar, so dass die Kartellbehörden die Ausübung ihres Ermessens in der von ihnen auf der Grundlage des § 32 erlassenen Verfügung grundsätzlich begründen müssen.[31] Jedoch liegt die Verfolgung von Kartellverstößen in aller Regel im öffentlichen Interesse, so dass eine besondere **Begründung** für die Bejahung des **öffentlichen Interesses** an der Verfolgung des Kartellverstoßes in der Verfügung der Kartellbehörde nur ausnahmsweise erforderlich sein dürfte.[32]

15   Bei **Verneinung** eines öffentlichen Interesses am **Eingreifen** der Kartellbehörde wird ein Verfahren entweder erst gar nicht eingeleitet oder ein bereits eingeleitetes Verfahren wieder intern eingestellt, so dass keine an Dritte gerichtete Verfügung ergeht, in der die Ablehnung oder Einstellung des Verfahrens begründet werden müsste und gegen die sich der oder die Antragsteller mit der Beschwerde wenden könnten (§ 63). Deshalb stellt sich hier die Frage, ob Dritte unter bestimmten Voraussetzungen (ausnahmsweise) einen **Anspruch** auf Einleitung eines Verfahrens haben, so dass sie, wenn ihr Antrag keinen Erfolg hatte, nach § 63 Abs. 3 **Verpflichtungsbeschwerde** einlegen können. Die Rechtsprechung ist bisher mit Rücksicht auf den Wortlaut des § 32 grundsätzlich ablehnend.[33] Das soll selbst in Fällen der **Ermessensreduzierung auf Null,** dh in solchen Fällen gelten, in denen nur eine einzige Entscheidung der Kartellbehörden pflichtgemäß ist, jedenfalls, wenn es dem betroffenen Dritten selbst möglich und zumutbar ist, gegen einen Verstoß gegen das GWB oder den AEUV auf Grund des §§ 33 ff. vorzugehen.[34] Eine abweichende Entscheidung, dh die **Bejahung** eines echten Antragsrechts Dritter, kommt lediglich dann in Betracht, wenn dem Antragsteller ein **schwerer Schaden droht,** der auf andere Weise nicht mit zumutbarem Aufwand abgewendet werden kann.[35]

16   Ein **vorbeugender Rechtsschutz** gegen die Kartellbehörden wird den Betroffenen gleichfalls in der Regel versagt, selbst dann, wenn die Drohung einer Abstellungsverfügung der Kartellbehörde im Raum steht, die Kartellbehörde indessen (vorerst) tatsächlich nicht tätig wird, so dass die durch eine Abstellungsverfügung möglicherweise betroffenen Unternehmen auch nicht ihrerseits Beschwerde einlegen können (§ 63). Der BGH hat zwar die Möglichkeit einer vorbeugenden Unterlassungsbeschwerde im Kartellverfahren anerkannt, verweist aber in den fraglichen Fällen die Betroffenen doch grundsätzlich auf die Möglichkeit eines späteren Rechtsschutzes durch Beschwerde gegen eine schließlich ergangene Abstellungsverfügung der Kartellbehörde.[36]

17   In einer Reihe eigenartiger Fallgestaltungen hat das Bundeskartellamt, jedenfalls früher, aufgrund seines Ermessens (→ Rn. 14) nicht nur im Einzelfall, sondern generell auf ein Einschreiten nach § 32 (sowie gemäß § 47 OWiG nach § 81 GWB) verzichtet. Das wichtigste Beispiel sind bis heute **Kooperationen kleiner und mittlerer Unternehmen,**

---

[30] Bechtold/Bosch/Bosch Rn. 5 f.

[31] BGH 11.3.1997 – KVR 22/96 WuW/E BGH 3113 (3114).

[32] BGH 22.7.1999 – KVR 12/98, BGHZ 142, 239 (252 f.) = NJW 2000, 76 = WuW/E DER 375 (380) – Flugpreisspaltung; Jaeger in FK-KartellR § 32 Rn. 11; enger wohl Podszun in Kölner Komm KartellR Rn. 72.

[33] BGH 25.10.1983 – KVR 8/82, WuW/E BGH 2058 (2059 f.) = NVwZ 1984, 265 – Internord;19.12.1995 – KVZ 23/95, WuW/E BGH 3035 (3036); 11.3.1997 – KVZ 22/96 WuW/E BGH 3113 (3119); 6.3.2001 – KZR 77/99, ZIP 2001, 807; BKartA TB 1983/84, 44; 1995/96, 47; K. Schmidt Kartellverfahrensrecht S. 628 ff.; R. Werner in Schwerpunkte 1977/78, 49 (57 ff.).

[34] BGH 25.10.1983 – KVR 8/82, WuW/E BGH 2058 (2059 f.) = NVwZ 1984, 265 – Internord;11.3.1997 – KVZ 22/96 WuW/E BGH 3113 (3119).

[35] Ebenso (mit Unterschieden im einzelnen) Bechtold/Bosch Rn. 5 f.; Bornkamm/Tolkmitt in Bunte Rn. 9; Jaeger in FK-KartellR Rn. 13; Spiecker in MüKoWettbR Rn. 29; Podszun in Kölner Komm KartellR Rn. 79; Rehbinder in LMRKM Rn. 8.

[36] BGH 18.2.1992 – KVR 4/91, LM GWB § 62 Nr. 6 = NJW 1992, 1829; Podszun in Kölner Komm KartellR Rn. 80 mN.

sofern nur ein kleiner Kreis rechtlich und wirtschaftlich selbstständiger Unternehmen beteiligt ist, deren Marktanteil bei horizontalen Vereinbarungen insgesamt 10 % und sonst 15 % nicht überschreitet. Die Einzelheiten ergeben sich aus der an die Bagatellbekanntmachung der Kommission von 2001 angelehnten **Bagatellbekanntmachung** des BKartA Nr. 18/2007.[37] Ein weiteres Beispiel waren **Selbstbeschränkungsabkommen** und Verbandsempfehlungen **mit umweltschutzpolitischer Zielsetzung.**[38] Diese Praxis ist nicht unbedenklich, weil sie der Sache nach – trotz des verbleibenden zivilrechtlichen „Restrisikos" – auf die **Schaffung neuer Ausnahmen** vom Kartellverbot hinausläuft, zu der das BKartA schwerlich befugt sein dürfte.[39]

Die frühere Duldung eines rechtswidrigen Verhaltens seitens der Kartellbehörden **18** (→ Rn. 17) schließt den Erlass einer Verfügung auf Grund des § 32 für die Zukunft grundsätzlich nicht aus, weil die bloße Untätigkeit der Kartellbehörden noch **keinen Vertrauenstatbestand** schafft, aus dem ein Anspruch auf weitere Passivität der Kartellbehörden hergeleitet werden könnte.[40] Die Kartellbehörden bleiben daher befugt, ihre Haltung zu ändern und nunmehr gegen bisher geduldete Wettbewerbsbeschränkungen einzuschreiten. Aus dem gebotenen Vertrauensschutz zugunsten der Betroffenen kann sich jedoch in derartigen Fällen die Notwendigkeit ergeben, den Betroffenen eine angemessene **Anpassungsfrist** zur Einstellung auf die neue Rechtslage einzuräumen.[41] **Anders** wurde früher entschieden, wenn sich die Kartellbehörden nicht auf die bloße Duldung wettbewerbsbeschränkenden Verhaltens beschränkt, sondern weitergehend dessen Zulässigkeit durch einen **feststellenden Verwaltungsakt** ausdrücklich bejaht hatten.[42] Jetzt ist § 32c maßgebend.[43]

Der **Zeitpunkt,** in dem die Voraussetzungen für den Erlass einer Verfügung nach § 32 **19** vorliegen müssen, ist der ihres **Erlasses.**[44] Lagen die **Voraussetzungen** einer Abstellungsverfügung ursprünglich, insbesondere bei Einleitung des Verfahrens vor, sind sie indessen während des Verfahrens endgültig **entfallen,** so kommt nur noch eine Feststellungsentscheidung nach § 32 Abs. 3 in Betracht, nicht mehr dagegen eine Abstellungsverfügung nach § 32 Abs. 1 oder 2. So verhält es sich insbesondere, wenn das betroffene Unternehmen das fragliche **Verhalten endgültig aufgibt** und keine Wiederholungsgefahr besteht (→ Rn. 10, 25). Ebenso ist es zB zu beurteilen, wenn eine ursprünglich rechtswidrige **Lieferverweigerung** jetzt (wieder) sachlich begründet ist (§ 20 Abs. 1). In solchem Fall kann eine deshalb nunmehr grundlose Verfügung auch nicht damit gerechtfertigt werden, dass der sachliche Grund für die Lieferverweigerung möglicherweise in Zukunft wieder wegfallen könnte. Der Wegfall stellt dann vielmehr einen neuen Sachverhalt dar, auf den gegebenenfalls eine neue Verfügung gestützt werden muss.[45]

---

[37] BAnz. 2007 Nr. 133 = WuW 2007, 369.
[38] BKartA TB 1983/84, 86; 1985/86, 70; 1987/88, 72; s. auch BKartA TB 1985/86, 99.
[39] Ebenso Spiecker in MüKoWettbR Rn. 34; Rehbinder in LMRKM Rn. 9; Rehbinder FS Buxbaum, 2000, 433.
[40] Podszun in Kölner Komm KartellR Rn. 85.
[41] → Rn. 20 sowie BGH 24.6.1980 – KVR 6/79, BGHZ 77, 366 (374 ff.) = NJW 1981, 119 – Haus- und Hofkanaluss; 27.1.1981 – KVR 4/80, BGHZ 80, 43 (54 f.) = NJW 1981, 2052 – Garant; 2.12.1980 – KVR 3/80 WuW/E BGH 1758 (1760 f.) – Schleifscheiben und Schleifkörper; 12.3.1991 – KVR 1/90, BGHZ 114, 40 (55 ff.) = NJW 1991, 3152 = WuW/E BGH 2697 – Golden Toast; KG 18.11.1985 – Kart 5/84, WuW/E OLG 3685 = AG 1986, 200 (202 f.) – Aral.
[42] BGH 12.3.1991 – KVR 1/90, BGHZ 114, 40 (55 ff.) = NJW 1991, 3152 = WuW/E BGH 2697 – Golden Toast; KG 18.11.1985 – Kart 5/84, WuW/E OLG 3685 = AG 1986, 200 (202 f.) – Aral.
[43] → § 32c Rn. 19 ff.; Rehbinder in LMRKM Rn. 9.
[44] BGH 10.2.2009 – KVR 67/07, BGHZ 180, 323 Rn. 50 = NJW-RR 2009, 1635 – Gaslieferungsverträge.
[45] BGH 25.10.1988 – KVR 1/87, LM GWB § 26 Nr. 65 = NJW-RR 1989, 485 = WuW/E BGH 2535 – Lüsterbehangsteine.

## II. Entscheidungen

20     Verfügungen der Kartellbehörden auf Grund des § 32 sind **Verwaltungsakte** im Sinne der Verwaltungsverfahrensgesetze des Bundes und der Länder, so dass auf Verfahren vor den Kartellbehörden hilfsweise, dh soweit das GWB keine besonderen Regeln enthält, die Verwaltungsverfahrensgesetze Anwendung finden, auf das Verfahren vor dem Bundeskartellamt folglich das **Verwaltungsverfahrensgesetz** (VerwVfG) des Bundes (§ 54 Abs. 1 S. 3). Daraus folgt zB, dass in jedem Verfahren Vorsorge dagegen zu treffen ist, dass ein Beamter an dem Verfahren mitwirkt, bei dem die Besorgnis der Befangenheit besteht (§ 21 VerwVfG).[46] Die Verfügungen der Kartellbehörden, dh ihre Verwaltungsakte haben zwar keine rechtsgestaltende Wirkung, sondern sind **deklaratorisch**.[47] Sie bilden aber nach Bestandskraft (→ Rn. 25) bei Verstößen gegen die Verfügung die Grundlage für den Erlass von Bußgeldbescheiden (§ 81 Abs. 1 Nr. 2 lit. a). Außerdem kommen in diesem Fall **zivilrechtliche Ansprüche** der Betroffenen gegen die Adressaten der Verfügung in Betracht (§ 33 Abs. 1 und 3; → Rn. 23). Die Verfügung kann mit einer **aufschiebenden Bedingung** versehen, zB nur für den Fall erlassen werden, dass eine andere, weitergehende Verfügung im Rechtszug aufgehoben wird (§ 36 Abs. 2 Nr. 2 VerwVfG).[48] Außerdem kann die Kartellbehörde in der Verfügung den Betroffenen eine Auslauf- oder **Abwicklungsfrist** gewähren, um ihnen eine Anpassung an die Verbote des GWB zu ermöglichen (→ Rn. 18), wobei die Feststellungswirkung aufgrund des § 33b zu beachten ist (Rn. 22). Im Rahmen ihres Ermessens (Rn. 14 ff.) können die Kartellbehörden ferner diese Feststellungswirkung berücksichtigen, um den Betroffenen durch Erlass einer Verfügung aufgrund des § 32 die Verfolgung ihrer Ersatzansprüche zu erleichtern – im öffentlichen Interesse an der Durchsetzung des Kartellrechts.[49]

## III. Konkurrenzen

21     Die Kartellbehörde ist nicht gehindert, eine Untersagungsverfügung gleichzeitig auf § 32 und auf eine andere Vorschrift des GWB zu stützen, sofern sie für beide Verfahren zuständig ist.[50] Wichtig ist das etwa bei kooperativen **Gemeinschaftsunternehmen,** die gleichermaßen dem § 1 wie dem § 36 unterliegen. Untersagt das BKartA das Gemeinschaftsunternehmen in einer Verfügung, gestützt gleichermaßen auf § 1 wie auf § 36 Abs. 1, so liegt auch im Rechtsinne lediglich eine Verfügung vor, die nur einheitlich angefochten werden kann.[51] **Missbrauchsverfügungen nach § 30 Abs. 3** (dazu → § 30 Rn. 103 ff., 127 f.) können ebenfalls mit Verfügungen auf Grund des § 32 verbunden werden, zB wenn der Missbrauch in einem Verstoß gegen Art. 101 AEUV, gegen § 1 oder gegen § 19 Abs. 1 besteht. Die Kartellbehörden können ferner jederzeit nach ihrem Ermessen von einem Untersagungsverfahren zu einem **Bußgeldverfahren** übergehen, ebenso wie beide Verfahren ohne weiteres auch nebeneinander betrieben werden können.[52]

22     Verfügungen nach § 32 haben keine rechtsgestaltende Wirkung (→ Rn. 20) und deshalb grundsätzlich auch keinen Einfluss auf **zivilrechtliche Streitigkeiten,** etwa über die Nichtigkeit eines Vertrages nach § 1 oder nach § 30.[53] Die Beurteilung der Rechtslage durch die Kartellbehörden in einem Verfahren nach § 32 bindet daher an sich in einem Zivilrechtsstreit nicht die ordentlichen Gerichte.[54] **Anders** indessen heute unter den

---

[46] OLG Düsseldorf 12.7.2016 – Kart 3/16, NZKart 2016, 380 = WuW 2016, 371 – Edeka/KT.

[47] Begr. von 1991, 35; Spiecker in MüKoWettbR Rn. 27; Rehbinder in LMRKM Rn. 18.

[48] BKartA 24.7.1995 – B8-139/93, WuW/E BKartA 2778 (2792).

[49] OLG Düsseldorf, 5.4.2019 – Kart 2/16, NZKart 2019, 563, 566 – Preisvergleichsportal.

[50] Schon → Rn. 8; BKartA TB 1991/92, 80; Spiecker in MüKoWettbR Rn. 16 ff.; Podszun in Kölner Komm KartellR Rn. 82.

[51] BGH 8.5.2001 – KVR 12/99, BGHZ 147, 325 (331 ff.) = NJW 2001, 3782 – Ostfleisch.

[52] Podszun in Kölner Komm KartellR Rn. 82.

[53] Spiecker in MüKoWettbR Rn. 17; K. Schmidt KartellVerfR S. 244 f.

[54] Anders Bornkamm ZWeR 2003, 73 (80 ff.).

Voraussetzungen des § 33b, wenn zivilrechtliche Ansprüche gerade auf **Verstöße** gegen Verbotsvorschriften gestützt werden, die **Gegenstand einer bestandskräftigen Verfügung** eine Kartellbehörde sind (§§ 33 Abs. 1, 33a Abs. 1; → Rn. 20, → Rn. 24). In diesem Fall kommt der bestandskräftigen Verfügung eine so genannte **Feststellungswirkung** zu, so dass sie für die ordentlichen Gerichte bindend ist (§ 33b).[55]

## IV. Rechtsmittel

Verfügungen nach § 32 sind mit der **Beschwerde** (§ 73) und der Rechtsbeschwerde  **23** (§ 77) anfechtbar.[56] Die Beschwerde hat seit Streichung des § 64 Abs. 1 Nr. 1 im Jahr 2007 keine aufschiebende Wirkung mehr. Das Beschwerdegericht hat nach § 76 Abs. 2 nur die Wahl, die Verfügung aufzuheben oder zu bestätigen.[57] Dagegen ist es nicht befugt, an die Stelle der aufgehobenen Verfügung seine eigene zu setzen.[58] Der BGH lässt freilich in engen Grenzen eine **Teilaufhebung** der Verfügung und damit der Sache nach deren inhaltliche Abänderung durch das Beschwerdegericht zu.[59]

Die Verfügung erlangt mit Ablauf der Beschwerdefrist (§ 66) oder mit ihrer Bestätigung  **24** im Rechtszug (→ Rn. 23) formelle **Bestandskraft. Ändern** sich die tatsächlichen Verhältnisse, auf Grund derer die Verfügung erlassen wurde, so **entfällt** die Bestandskraft für die Zukunft, so dass das verbotene Verhalten fortan wieder beobachtet werden darf. Das BKartA muss die Verfügung dann widerrufen oder zurückzunehmen.[60] Als Voraussetzung dafür reichen jedoch geringfügige Veränderungen der tatsächlichen Verhältnisse nicht aus, die im Hinblick auf den sachlichen Gehalt der Verfügung irrelevant sind.[61] Sofern eine derartige Veränderung der tatsächlichen Verhältnisse bereits bei Erlass der Verfügung absehbar ist, kann diese auch entsprechend **befristet** werden.[62]

## V. Erledigung

Der Erlass einer Verfügung auf Grund des § 32 setzt eine Erstbegehungs- oder Wieder-  **25** holungsgefahr voraus (→ Rn. 9 f.). **Fällt** die Gefahr nachträglich **fort**, so **erledigt** sich das Verfahren (→ Rn. 18). Dafür reicht es nicht aus, wenn das betroffene Unternehmen das beanstandete Verhalten lediglich unter dem Druck des Verfahrens und unter Aufrechterhaltung seines Rechtsstandpunktes aufgibt.[63] Für die Annahme einer Erledigung des Verfahrens ist vielmehr erforderlich, dass sich das Unternehmen von dem fraglichen Verhalten glaubwürdig und unbedingt **distanziert** und damit freiwillig endgültig Abstand nimmt oder dass ein Kartellvertrag endgültig aufgehoben wird und auch nach den Umständen **keine Wiederholungsgefahr** besteht.[64] Anders als im Wettbewerbsrecht ist dafür nicht die Abgabe einer strafbewehrten Unterlassungserklärung erforderlich.[65] Jedoch muss die Veränderung der Sachlage von den Beteiligten **zweifelsfrei nachgewiesen** werden; bleiben Zweifel, so kann das Verfahren fortgesetzt werden.[66] Dasselbe gilt, wenn die Beteiligten – trotz Aufgabe ihres Verhaltens – an ihrem Rechtsstandpunkt festhalten, so dass

[55] S. Bornkamm/Tolkmitt in Bunte Rn. 65.
[56] Begr. 1971, 35 (li. Sp. u.).
[57] Zur Überprüfung des Ermessens der Kartellbehörde schon → Rn. 14.
[58] Spiecker in MüKoWettbR Rn. 39.
[59] BGH 3.7.1976 – KVR 4/75, BGHZ 67, 104 (110 f.) = NJW 1976, 2259 – Vitamin B 12; 12.2.1980 – KVR 3/79, BGHZ 76, 142 (146 ff.) = NJW 1980, 1164 – Valium II; 3.4.1975 – KVR 1/74, LM GWB § 37a Nr. 1 = NJW 1975, 1282 = WuW/E BGH 1345 f. – Polyestergrundstoffe.
[60] BGH 10.2.2009 – KVR 67/07, BGHZ 180, 323 Rn. 50 – Gaslieferungsverträge.
[61] BGH 3.7.1976 – KVR 4/75, BGHZ 67, 104 (107 ff.) = NJW 1976, 2259 – Vitamin B 12; KG 5.1.1976 – Kart 11/74, WuW/E OLG 1645 (1646 f.).
[62] BKartA 16.9.2009 – B10-11/09, WuW/E DEV 1803 Rn. 71 – Gasversorgung Ahrensburg.
[63] KG 21.2.1977, WuW/E OLG 1828 (1829 f.); BKartA TB 1977, 96.
[64] → Rn. 10, 18; KG 25.8.1983 – Kart 151/75, WuW/E OLG 3121 (3123).
[65] Bornkamm/Tolkmitt in Bunte Rn. 15 f.; Spiecker in MüKoWettbR Rn. 24.
[66] Spiecker in MüKoWettbR Rn. 44.

weiter Wiederholungsgefahr besteht. Im Falle der Erledigung des Rechtsstreits im **Beschwerdeverfahren** ist schließlich § 76 Abs. 3 zu beachten.

## E. Inhalt der Verfügung

### I. Überblick

**26**    Die Kartellbehörde kann gemäß § 32 Abs. 1 Unternehmen oder Vereinigungen von Unternehmen verpflichten, eine Zuwiderhandlung gegen die Vorschriften des GWB oder des AEUV abzustellen. Abs. 2 Satz 1 der Vorschrift fügt (im Anschluß an Art. 7 Abs. 1 S. 2 und 3 der VO Nr. 1/2003) hinzu, dass die Kartellbehörde hierzu die erforderlichen Abhilfemaßnahmen verhaltensorientierter oder struktureller Art vorschreiben kann, die gegenüber der festgestellten Zuwiderhandlung verhältnismäßig und für eine wirksame Abstellung der Zuwiderhandlung erforderlich sind. Nach Satz 2 der Vorschrift können jedoch Abhilfemaßnahmen struktureller Art nur in Ermangelung einer verhaltensorientierten Abhilfemaßnahme von gleicher Wirksamkeit festgelegt werden, oder wenn Letztere im Vergleich zu Abhilfemaßnahmen struktureller Art mit einer größeren Belastung für die beteiligten Unternehmen verbunden wäre. Schließlich bestimmt noch § 32 Abs. 2a S. 1, dass die Kartellbehörde in der Abstellungsverfügung auch eine Rückerstattung der aus dem kartellrechtswidrigen Verhalten erwirtschafteten Vorteile anordnen kann. Die in den erwirtschafteten Vorteilen enthaltenen Zinsvorteile können gemäß S. 2 der Vorschrift geschätzt werden. Außerdem sind nach § 32 Abs. 2a S. 3 die Vorteile, die bis zum Ablauf der für die Rückerstattung bestimmten Frist erwirtschaftet wurden, entsprechend den §§ 288 Abs. 1 S. 2 und 289 S. 1 BGB zu verzinsen.

**27**    Die geltende Fassung des § 32 Abs. 2 und Abs. 2a beruht im wesentlichen auf der 7. Novelle von 2005 und der 8. Novelle von 2013 (im Einzelnen → Rn. 5 und 6). Mit den wiederholten Änderungen des § 32 Abs. 2 durch die beiden Novellen von 2005 und 2013 wurde nicht zuletzt der **Zweck** verfolgt, die Vorschrift des § 32 fortlaufend an Art. 7 der Verordnung Nr. 1/2003 anzupassen (→ Rn. 31) und dabei zugleich insbesondere die Zulässigkeit struktureller Abhilfemaßnahmen zu klären.[67]

**28**    Aus der Formulierung des § 32 Abs. 2 wird ebenso wie aus Art. 7 Abs. 1 der Verordnung Nr. 1/2003 allgemein der Schluss gezogen, dass jede Abstellungsverfügung aus zwei Bestandteilen besteht, nämlich aus der **Feststellung des Kartellverstoßes** (→ Rn. 52 ff.) sowie aus der Vorschrift oder **Anordnung von Maßnahmen** zur Abstellung des festgestellten Verstoßes (→ Rn. 32 ff.).[68] Die Feststellung eines Kartellverstoßes ist letztlich die Basis für die Anordnung geeigneter und verhältnismäßiger Maßnahmen zur Abstellung des Verstoßes. Es ist üblich geworden, die Feststellung deshalb ebenfalls in den **Tenor** der Verfügung aufzunehmen. Es genügt jedoch, wenn sich die Feststellung lediglich aus der Begründung der Verfügung ergibt. Auch die Feststellung muss aber das Verhalten von Unternehmen als der alleinigen Adressaten von Verfügungen aufgrund des § 32 zum Gegenstand haben (→ Rn. 11 f.). Nicht zulässig ist daher die Feststellung des BKartA, dass ein bestimmtes Gesetz eines Bundeslandes gegen das vorrangige Unionsrecht verstoße,[69] während (natürlich) das Amt nichts hindert, entsprechende Aussagen in der Begründung seiner Verfügung, eines Verwaltungsaktes, zu machen, wie es auch tatsächlich immer wieder geschieht.

**29**    Die jetzige Formulierung des § 32 Abs. 1 und 2 stellt außerdem klar, dass die Kartellbehörden heute den Unternehmen auch bestimmte Handlungen „positiv" vorschreiben können und nicht mehr auf den bloßen (negativen) Ausspruch von Verboten beschränkt

---

[67] S. die Begr. von 2005, BT-Drs. 15/3640, 33 (re. Sp. 3. Abs.), 51 (re. Sp. o.); Begr. von 2012, 26.

[68] Bornkamm/Tolkmitt in Bunte Rn. 18 ff.; Jaeger in FK-KartellR Rn. 15 f.; Spiecker in MüKoWettbR Rn. 46.

[69] → Rn. 11 f.; BGH 14.8.2008 – KVR 54/07, WuW/E DER 2408 Rn. 82 f. = WRP 2008, 1456 = BeckRS 2008, 20019 – Lottoblock; str.

sind (so genannte **positive Tenorierung**). Dagegen hatte noch § 32 von 1998 ursprünglich den Kartellbehörden lediglich die Befugnis verliehen, Unternehmen und Unternehmensvereinigungen ein verbotenes Verhalten zu „untersagen". Daraus war allgemein der Schluss gezogen worden, dass die Kartellbehörden (negativ) auf das **Verbot konkreter rechtswidriger Handlungen** beschränkt seien. Die Folge war, dass die Kartellbehörden zB in Diskriminierungsfällen dem betreffenden Unternehmen grundsätzlich nur das konkrete diskriminierende Verhalten verbieten durften; sie waren dagegen etwa im Falle einer gegen § 20 Abs. 1 verstoßenden Lieferverweigerung nicht befugt, ihm auch „positiv" die Belieferung eines anderen Unternehmens aufzugeben.[70] In der Mehrzahl der Fälle rechtfertigte sich diese Praxis bereits aus der Überlegung heraus, dass dem Adressaten der Verfügung gewöhnlich **mehrere Möglichkeiten** zu Gebote stehen, die beanstandete Diskriminierung zu beseitigen, so dass ihm die Wahl überlassen bleiben muss, auf welcher Ebene er die Diskriminierung tatsächlich beseitigen will.[71]

Ob ein (zulässiges) **Verbot oder** ein (grundsätzlich unzulässiges) **Gebot** vorlag (→ Rn. 29), richtete sich nicht nach der äußeren Form der Verfügung, sondern nach ihrem sachlichen Gehalt.[72] Danach konnte zB die **Festsetzung einer Höchstgrenze** für Preise durch eine Missbrauchsverfügung durchaus als Verbot angesehen werden, weil damit zugleich die Überschreitung der Grenze als missbräuchlich verboten wurde.[73]    **30**

Durch die 8. Novelle von 2013 ist § 32 Abs. 2 in vollem Umfang dem **Art. 7 Abs. 1 S. 2 und 3 der Verordnung Nr. 1/2003** angeglichen worden. Seitdem ist es unbedenklich, zur weiteren Präzisierung der den Kartellbehörden durch § 32 Abs. 2 nF verliehenen Befugnisse die Praxis der Unionsorgane zu Art. 7 der Verordnung Nr. 1/2003 heranzuziehen.[74] Die größte Rolle haben in der Praxis der Unionsorgane bisher neben der Anordnung von Belieferungspflichten Anordnungen der Kommission gespielt, durch die der Zugang zu Infrastruktureinrichtungen (iSd § 19 Abs. 2 Nr. 4 GWB) eröffnet werden soll. Weitere **Beispiele** für den Unternehmen auferlegte Handlungspflichten sind die Änderung von Preis- und Rabattsystemen oder von Geschäftsbedingungen, die Gewährung von Lizenzen, die Eröffnung des Zugangs zu bestimmten Informationen sowie (in Ausnahmefällen) sogar der Verkauf von Beteiligungen oder Geschäftsbereichen. Die genannten Beispiele zeigen zugleich, dass das Schwergewicht derartiger positiver Handlungspflichten der Unternehmen von Anfang an bei Verstößen gegen Art. 102 AEUV lag, während ihre Anordnung in Fällen des Art. 101 AEUV die seltene Ausnahme bildet. Dazu zwingt schon der **Verhältnismäßigkeitsgrundsatz**, da die Eingriffe in die Vertragsfreiheit der beteiligten Unternehmen niemals weiter gehen dürfen als zur Beseitigung des rechtswidrigen Zustandes unbedingt erforderlich und ausreichend.[75]    **31**

## II. Strukturelle Maßnahmen

Das Gesetz unterscheidet in § 32 Abs. 2 Abhilfemaßnahmen verhaltensorientierter und struktureller Art. Die Zulässigkeitsvoraussetzungen sind unterschiedlich (→ Rn. 34). Daraus ergibt sich die Notwendigkeit, Kriterien zu entwickeln, die eine **Unterscheidung** verhaltensorientierter und struktureller Abhilfemaßnahmen erlauben. Diese Aufgabe hat sich als ausgesprochen schwierig erwiesen, da (natürlich) strukturelle Abhilfemaßnahmen wohl    **32**

---

[70] So schon die Begr. 1978, 29 sowie BGH 3.7.1976 – KVR 4/75, BGHZ 67, 104 (107 ff.) = NJW 1976, 2259 – Vitamin B 12; 3.4.1975 – KVR 1/74, LM GWB § 37a Nr. 1 = NJW 1975, 1282 = WuW/E BGH 1345 f. – Polyestergrundstoffe; 16.12.1976 – KVR 5/75, LM GWB § 25 Nr. 6 = WuW/E BGH 1474 (1481) – Architektenkammer; KG 28.11.1979 – Kart 12/79, WuW/E OLG 2247 (2248).

[71] KG 8.11.1995 – Kart 21/94, WuW/E OLG 5565 (5578).

[72] BGH 3.7.1976 – KVR 4/75, BGHZ 67, 104 (107 ff.) = NJW 1976, 2254 – Vitamin-B-12.

[73] BGH 3.7.1976 – KVR 4/75, BGHZ 67, 104 (107 ff.) = NJW 1976, 2254 – Vitamin-B-12; 28.6.2005 – KVR 17/04, WuW/E DER 1513 (1515) – Stadtwerke Mainz.

[74] → VO 1/2003 Art. 7 Rn. 34 ff. sowie Mestmäcker/Schweitzer EuWettbR § 21 Rn. 29 ff.; Völcker in Kamann/Ohlhoff/Völcker Kartellverfahren-HdB § 11 Rn. 1 ff. (S. 186 ff.).

[75] EuGH 6.4.1995 – C 241, 242/91 P, Slg. 1995, I-808 Rn. 93 = EuZW 1995, 339 – RTE.

ebenfalls durchweg die Mitwirkung der betroffenen Unternehmen erfordern (s. die Beispiele in → Rn. 33) und insoweit zugleich ebenfalls „verhaltensorientiert" sind. Letztlich kommt es wohl darauf an, worauf jeweils der Schwerpunkt der Verfügung liegt, auf den Vorgaben für das zukünftige Verhalten der Unternehmen am Markt oder auf dem punktuellen Eingriff in die Unternehmensstruktur. Verhaltensorientierte Maßnahmen setzen maW in erster Linie bei dem zukünftigen unternehmerischen Verhalten an, während strukturelle Maßnahmen mit Eingriffen in die Unternehmenssubstanz verbunden sind, wobei gleichermaßen an Eingriffe in den personellen wie in den sachlichen oder vermögensmäßigen Bestand eines Unternehmens zu denken ist.[76]

33    **Beispiele** für strukturelle Abhilfemaßnahmenfinden finden sich vor allem in der Praxis der Kommission.[77] Hervorzuheben sind die Veräußerung von Geschäftsbereichen, Unternehmensteilen und Beteiligungen, die Beendigung von Kartellen oder das Ausscheiden einzelner Unternehmen aus Kartellen, die Aufgabe sonstiger wettbewerbsbeschränkender Vertragssysteme einschließlich Lizenz- und Vertriebsvereinbarungen, weiter die Öffnung des Zugangs zu Infrastruktureinrichtungen wie etwa Häfen und Informationssystemen, ferner die Erteilung von Zwangslizenzen sowie schließlich die Auflösung personeller Verflechtungen. Ein weiteres, in jüngster Zeit vieldiskutiertes Beispiel ist die Aufgabe von Gemeinschaftsunternehmen, die gegen das Kartellverbot verstoßen.[78] Häufig sind derartige Eingriffe in die Unternehmensstruktur letztlich nicht ohne die (mehr oder weniger) „freiwillige" Mitwirkung der betroffenen Unternehmen möglich. Ein spektakuläres Beispiel aus jüngster Zeit war die Auflösung zahlreicher Gemeinschaftsunternehmen auf dem Markt für Walzasphalt, nachdem das Bundeskartellamt auf diesem Markt im Rahmen einer Sektoruntersuchung eine Vielzahl von Verflechtungen der Anbieter über Gemeinschaftsunternehmen festgestellt hatte, deren Beseitigung nur durch die Auflösung der Gemeinschaftsunternehmen auf Druck des Bundeskartellamts möglich gewesen war.[79] Für noch weitergehende Maßnahmen, insbesondere also für eine zwangsweise **Entflechtung** marktbeherrschender Unternehmen ist dagegen allein aufgrund des § 32 weiterhin kein Raum, da – mangels eines Monopolisierungsverbotes im deutschen Recht – die bloße Existenz eines marktbeherrschenden Unternehmens noch nicht gegen das GWB verstößt.[80]

34    Die **Voraussetzungen** struktureller Abhilfemaßnahmen sind – zusammengefasst – eine konkret drohende Zuwiderhandlung gegen die Verbote des Gesetzes oder gegen die Wettbewerbsregeln des AEUV, Kausalität zwischen der Struktur der betroffenen Unternehmen und der fraglichen Zuwiderhandlung sowie Verhältnismäßigkeit der ins Auge gefassten strukturellen Abhilfemaßnahmen, die nur gegeben ist, wenn die betreffende Maßnahme zur Beseitigung der Ursachen der Zuwiderhandlung geeignet und erforderlich ist, insbesondere, weil keine weniger belastende verhaltensorientierte Maßnahme zur Verfügung steht.[81] Strukturelle Maßnahmen sind daher grundsätzlich subsidiär gegenüber verhaltensorientierten Maßnahmen (→ Rn. 35 f.).[82] Für die Auflösung gegen das Kartellverbot verstoßender **Gemeinschaftsunternehmen** bedeutet dies zB, dass sich die Kartellbehörden, wenn das Verbot der weiteren Praktizierung einzelner Absprachen oder auch die Anordnung des Ausscheidens einzelner Unternehmen zur Beseitigung der Wettbewerbsbeschränkung ausreicht, auf die genannten Maßnahmen beschränken müssen, während weiterge-

---

[76] Podszun in Kölner Komm KartellR Rn. 20 mN; Wilhelmi in Bien Dt. KartellR S. 347, 357 ff.

[77] S. Wilhelmi in Bien Dt. KartellR S. 347, 359 ff.

[78] S. zB Lohse FS Säcker, 2011, 827; K. Schmidt FS Säcker, 2011, 949; Wilhelmi in Bien Dt. KartellR S. 347, 359, 372.

[79] S. dazu Bischka/Brak NZKart 2015, 150; Emmerich AG 2016, 126; Müller-Feldhammer WuW 2015, 133; Ulshöfer NZKart 2018, 246.

[80] Anders für Ausnahmefälle nur Wilhelmi in Bien Dt. KartellR S. 347, 374.

[81] Wilhelmi in Bien Dt. KartellR S. 347, 358 ff.

[82] BGH 4.3.2008 – KVR 55/07, WuW/E DER 2361 Rn. 18 – Nord KS/Xella; Bechtold/Bosch Rn. 17 f.; Jaeger in FK-KartellR Rn. 36–38; Spiecker in MüKoWettbR Rn. 47; Wilhelmi in Bien Dt. KartellR S. 347, 357 ff.

hende strukturelle Maßnahmen ausscheiden.[83] Nur wenn die genannten Maßnahmen nicht ausreichen, kommt die Anordnung der Auflösung der Gesellschaft in Betracht, jedenfalls, wenn es sich um eine Personengesellschaft handelt.[84]

## III. Verhaltensorientierte Maßnahmen

Von den strukturellen Abhilfemaßnahmen (dazu → Rn. 32 ff.) sind die Maßnahmen **35** verhaltensorientierter Art zu unterscheiden, die im Gegensatz zu den Ersteren primär an das zukünftige unternehmerische Verhalten am Markt anknüpfen, in erster Linie, aber nicht nur durch das Verbot bestimmter als wettbewerbsbeschränkend identifizierter Verhaltensweisen (schon → Rn. 32). Die Grenzen sind flüssig. Im Vordergrund des Interesses stehen die herkömmlichen Unterlassungsverfügungen in Gestalt des **Verbots rechtswidriger Verhaltensweisen,** auf die sich schon lange nicht mehr das kartellbehördliche Instrumentarium beschränkt.[85] Eine Reihe von **Beispielen** aus der bisherigen Praxis der Unionsorgane ist bereits weiter oben genannt worden; darauf kann verwiesen werden (→ Rn. 29). Weitere hierher gehörige Beispiele[86] sind die Anordnung der Belieferung einzelner Unternehmen oder doch der Aufnahme von Verhandlungen über eine Belieferung, bei einem Preismissbrauch ferner die Festsetzung einer Höchstgrenze für zukünftige Preisforderungen, die Anordnung der Änderung oder der Kündigung von Verträgen (- Rn 36) sowie die Anordnung der (zeitlich begrenzten) Information Dritter über die vorgeschriebenen Abhilfemaßnahmen, um zu verhindern, dass das verbotene Verhalten einfach wie bisher fortgesetzt werden kann.[87] Die Anordnungen müssen dem konkreten Verstoß angepasst und zur Wiederherstellung des gesetzmäßigen Zustandes geeignet sein. Sie dürfen nicht weiter als nötig in die Entscheidungsfreiheit der Unternehmen eingreifen. Es ist insbesondere unzulässig, die Unternehmen einer laufenden Verhaltenskontrolle zu unterstellen.[88] Wenn dies nach den Umständen ausreicht, kann sich die Kartellbehörde vielmehr auch darauf beschränken, lediglich den Verstoß festzustellen (→ Rn. 42) und die Unternehmen zu Vorschlägen aufzufordern, wie sie den Verstoß abstellen wollen, oder den Unternehmen mehrere Alternativen aufgeben.[89]

Insgesamt verfügen die Kartellbehörden somit über einen **weiten Spielraum** bei der **36** Auswahl der jeweils geeigneten Maßnahmen zur Beseitigung eines Kartellverstoßes. Im Falle von gegen das Kartellverbot verstoßenden **Vertragssystemen** sind sie daher zB nicht darauf beschränkt, lediglich die gegen das Gesetz verstoßenden Verträge zu verbieten,[90] sondern können den Unternehmen, wenn dies nach der Sachlage erforderlich erscheint, um den Markt wieder zu öffnen, außerdem etwa detaillierte **Vorgaben für** die in Zukunft abzuschließenden **Verträge** machen;[91] ein Beispiel ist ein ausdifferenziertes Preismengengerüst für den (zukünftigen) Abschluss neuer Energielieferungsverträge durch ein marktbeherrschendes Energieversorgungsunternehmen,[92] ein weiteres die genaue Regelung der noch zulässigen Maßnahmen des Landes Baden-Württemberg bei der Rundholzvermarktung, insbesondere durch das Verbot des Holzverkaufs und der Holzfakturierung für private

---

[83] OLG Düsseldorf 4.3.2008 – Kart 14/06, WuW/E DER 2146 Rn. 49 ff. – Nord-KS/Xella.
[84] BGH 4.3.2008 – KVR 55/07, WuW/E DER 2361 Rn. 14 ff. – Nord-KS/Xella; Wilhelmi in Bien Dt. KartellR S. 347, 359; enger wohl Lohse FS Säcker, 2011, 827 (840 ff.); Ulshöfer NZKart 2018, 246.
[85] Ebenso zB Jaeger in FK-KartellR Rn. 17–22.
[86] Jaeger in FK-KartellR Rn. 18–25; Podszun in Kölner Komm KartellR Rn. 29 ff.
[87] BGH 4.3.2008 – KVR 21/07, BGHZ 176, 1 Rn. 50 f. = NJW-RR 2008, 996 = WuW/E DER 893 – Soda Club II.
[88] Spiecker in MüKoWettbR Rn. 56.
[89] Im einzelnen → Rn. 52; Jaeger in FK-KartellR Rn. 23; zB BGH, 7.4.2020 – KVR 13/19 Rn. 10, NZKart 2020,231 = WuW 2020,540 – Zahlungsauslösedienst.
[90] So Dreher/Thomas NJW 2008, 1557.
[91] ZB OLG Düsseldorf, 3.4.2019 – Kart 2/18, NZKart 2019, 282, 286 = WuW 2019, 318 – Ticketvertrieb II.
[92] BGH 12.2.2009 – KVR 67/07, BGHZ 180, 323 Rn. 21, 32, 37 ff. = NJW-RR 2009, 1635 = WuW/E DER 2679 – Gaslieferverträge; kritisch Podszun in Kölner Komm KartellR Rn. 52.

Waldbesitzer ab einer bestimmten Größe.[93] Zu beachten bleibt freilich, dass in derartigen Fällen stets die Gefahr eines übermäßigen Eingriffs in die unternehmerische Freiheit der betroffenen Unternehmen und damit einer Verletzung des Verhältnismäßigkeitsgrundsatzes besteht, dies umso mehr, als die Kartellbehörden aufgrund ihrer nur beschränkten Marktkenntnisse und der generellen Ungewissheit der Zukunft wohl kaum in der Lage sein dürften, die Entwicklung der Märkte unter dem Einfluss der von ihnen angeordneten Maßnahmen in jeder Hinsicht zutreffend abzuschätzen.[94]

37   Im Schrifttum werden verschiedene **Fallgruppen** hervorgehoben, in denen nach den bisherigen Erfahrungen vor allem Abstellungsverfügungen zumal verhaltensorientierter Art in Betracht kommen.[95] Die wichtigsten sind Eingriffe in wettbewerbsbeschränkende Verträge und Vertragssystemen, wobei das Spektrum möglicher kartellbehördlicher Maßnahmen, wie gezeigt, von dem Verbot einzelner wettbewerbsbeschränkender Klauseln bis zur präzisen Vorgabe komplexer Vertragssysteme für die Zukunft reichen kann, weiter die Öffnung verkrusteter Beschaffungs– oder Absatzmärkte sowie insbesondere die Öffnung des Zugangs zu **wesentlichen Einrichtungen** iSd § 19 Abs. 2 Nr. 4.[96] Hier kommen ebenfalls je nach den (missbräuchlichen) Verhaltensweisen des Inhabers der Einrichtung, zB eines Hafenbetreibers, unterschiedliche kartellbehördliche Maßnahmen in Betracht (§§ 19 Abs. 2 Nr. 4, 32 Abs. 1 und Abs. 2). Weigert sich etwa der Inhaber der Einrichtung, überhaupt in Verhandlungen über den Zugang mit einem Petenten einzutreten, so können sich die Kartellbehörden zunächst darauf beschränken, dem Inhaber der Einrichtung diese Verweigerung zu untersagen, um die Aufnahme von Verhandlungen zu erzwingen (§ 32 Abs. 1; → Rn. 49).[97] Erst wenn diese zu keinem Erfolg führen, kann die Kartellbehörde dann in einem zweiten Schritt auf der Grundlage konkreter Vorschläge der beteiligten Unternehmen eine Interessenabwägung vornehmen und sodann die Öffnung des Zugangs zu der Einrichtung zu bestimmten Konditionen aufgrund des § 32 Abs. 2 anordnen.[98]

## IV. Rückerstattung von Vorteilen

38   Nach § 32 Abs. 2a S. 1 von 2013 kann die Kartellbehörde in der Abstellungsverfügung auch eine Rückerstattung der aus dem kartellrechtswidrigen Verhalten erwirtschafteten Vorteile anordnen. Die in den erwirtschafteten Vorteilen enthaltenen Zinsvorteile können gemäß S. 2 der Vorschrift geschätzt werden. Außerdem sind nach § 32 Abs. 2a S. 3 die Vorteile, die bis zum Ablauf der für die Rückerstattung bestimmten Frist erwirtschaftet wurden, entsprechend den §§ 288 Abs. 1 S. 2 und 289 S. 1 BGB zu verzinsen (schon → Rn. 6, 26).

39   Mit der Bestimmung des § 32 Abs. 2a wurde vor allem eine **Klarstellung der Rechtslage** bezweckt, da vor Inkrafttreten der 8. Novelle von 2013 umstritten gewesen war, welche Befugnisse die Kartellbehörden besitzen, wenn zwar der Kartellverstoß, zB ein Preismissbrauch, inzwischen abgeschlossen ist, von ihm aber immer noch eine gegenwärtige Beeinträchtigung ausgeht, so dass die negativen Wirkungen des Verstoßes noch andauern. Die Kartellbehörden hatten in diesem Fall früher mit Billigung des BGH eine Erledigung des Verfahrens verneint[99] und daraus die Befugnis abgeleitet, im Falle des Preismissbrauchs sowie in vergleichbaren Fällen auf § 32 Abs. 2 aF sogar die Anordnung der Rückzahlung

[93] BKartA 9.7.2015 – B1-72/12, WuW 2016, 44; gebilligt durch OLG Düsseldorf 15.3.2017 – Kart 10/15, NZKart 2017, 257 = WuW 2017, 338 (340 f., 348 ff.); dazu zB B. Chr. Becker NZKart 2016, 508.
[94] Podszun ZWeR 2012, 48 (65 f.); Podszun in Kölner Komm KartellR Rn. 52.
[95] Spiecker in MüKoWettbR Rn. 52–57; Podszun in Kölner Komm KartellR Rn. 28–42.
[96] S. dazu Emmerich/Lange KartellR § 26 Rn. 87; Podszun in Kölner Komm KartellR Rn. 41 f.
[97] BGH 24.9.2002 – KVR 15/01, BGHZ 152, 84 (87 ff.) = NJW 2003, 748 – Fährhafen Puttgarden I; BKartA 27.1.2010 – B9–188/05, WuW/E DE-V 1879 – Scandlines.
[98] BKartA TB 2001/2002, 30 (57).
[99] BGH 10.12.2008 – KVR 2/08, NJW 2009, 1212 = WuW/E DER 2538 Rn. 19 – Stadtwerke Uelzen; 10.12.2008 – KVR – 8/08, BeckRS 2009, 054161; BKartA 16.9.2009 – B 10 – 11/09, WuW/E DEV 1803 Rn. 72 f. – Gasversorgung Ahrensburg.

der zu Unrecht empfangenen Beträge zu stützen.[100] Im Schrifttum war dies vielfach kritisiert worden, weil tatsächlich im Augenblick des Erlasses der Rückzahlungsanordnung der Verstoß, in dem Beispiel der Preismissbrauch längst beendet sei, so dass allein eine Feststellungsentscheidung nach § 32 Abs. 3 in Betracht komme, zumal nach Erstattung der Beträge praktisch auch kein Rechtsschutz mehr möglich sei.[101] Mit Rücksicht auf diese Kontroverse hielten die Verfasser der 8. Novelle eine Klarstellung der Rechtslage für geboten. Ergänzend heißt es in der **Begründung** der 8. Novelle von 2013, S. 2 des § 32 Abs. 2a sehe im Interesse der Vereinfachung des Verfahrens die Möglichkeit der Kartellbehörden vor, erwirtschaftete Vorteile in Gestalt von Zinsvorteilen zu schätzen. Die Pauschalierung des § 32 Abs. 2a S. 3 schließlich hänge mit der aufschiebenden Wirkung der Beschwerde gegen Verfügungen der Kartellbehörden in diesen Fällen zusammen (§ 66 Abs. 1 Nr. 2 nF) und solle bei Streuschäden die Begünstigten ebenso stellen, als ob sie selbst als Verbraucher Rückerstattung gefordert hätten.[102]

Trotz seiner Klarstellungsfunktion (→ Rn. 39) blieb der neue § 32 Abs. 2a zunächst **40** sowohl in seiner Reichweite als auch in seiner rechtspolitischen Berechtigung umstritten. Hervorzuheben ist das unklare Verhältnis des § 32 Abs. 2a zur **Vorteilsabschöpfung** durch die Kartellbehörden (§ 34) und durch Verbände (§ 34a) sowie insbesondere zu dem **Beseitigungsanspruch** Privater (§ 33 Abs. 1 und Abs. 4), durchweg Rechtsbehelfe, mit denen offenbar weitgehend, wenn nicht vollständig dieselben Ziele wie mit der Rückerstattungsanordnung der Kartellbehörden aufgrund des § 32 Abs. 2a verfolgt werden können.[103] Richtig ist, dass sich angesichts der üblichen weiten Auslegung des Beseitigungsanspruch des § 33 Abs. 1 und Abs. 4 insbesondere dessen Anwendungsbereich im wesentlichen mit dem des § 32 Abs. 2a decken dürfte. Daraus ergibt sich indessen kein Argument für eine Einschränkung des Anwendungsbereichs des § 32 Abs. 2a entgegen dem Wortlaut des Gesetzes; vielmehr ist lediglich festzuhalten, dass (natürlich) dieselben Vorteile nur einmal, entweder auf dem Weg über § 32 Abs. 2a oder mittels des Beseitigungsanspruchs (§ 33 Abs. 1 und Abs. 4) (sowie gegebenenfalls auf dem Weg über die §§ 34 und 34a) zurückgefordert und erstattet werden können.[104] Es steht im pflichtgemäßen Ermessen der Kartellbehörden, ob sie nach § 32 Abs. 2a GWB oder nach § 34 GWB vorgehen wollen.[105]

Der **Anwendungsbereich** des § 32 Abs. 2a S. 1 beschränkt sich auf durch „kartell-   **41** rechtswidriges Verhalten erwirtschaftete Vorteile", in denen Zinsvorteile enthalten sein können (so § 32 Abs. 2a S. 2) und die in einer von der Kartellbehörde zu bestimmenden Frist zurückerstattet werden müssen (so § 32 Abs. 2a S. 3). Diese Regelung zeigt, dass es hier in erster Linie um **geldwerte Vorteile** geht, die auf vertraglicher Basis gezahlt wurden, so dass später auch ohne weiteres die Geschädigten identifiziert werden können, an die die zu Unrecht erhobenen Beträge auf Anordnung der Kartellbehörde zurückerstattet werden müssen. Im wesentlichen wird es sich dabei wohl um Dauerschuldverhältnisse in der **Versorgungswirtschaft** über die Lieferung von Strom, Gas oder Wasser sowie um vergleichbare Verträge mit **Telekommunikationsunternehmen** handeln.[106] Es sind

---

[100] BGH 10.12.2008 – KVR 2/08, NJW 2009, 1212 = WuW/E DER 2538 Rn. 19 – Stadtwerke Uelzen; 15.5.2012 – KVR 51/11, NJW 2012, 3243 = WuW/E DER 3632 Rn. 20 ff. – Wasserpreis Calw; OLG Frankfurt a. M. 3.3.2011 – 11 W 2/11, WuW/E DER 3238 (3243); BKartA 1.12.2008 – B 10–21/08, WuW/E DEV 1704 – Rhein-Energie; 16.9.2009 – B 10 – 11/09, WuW/E DEV 1803 Rn. 72 f. – Gasversorgung Ahrensburg; TB 2007/2008, 107.

[101] Baumgart/Rasbach/Rudolph FS Kühne, 2009, 25 (39 ff.); Fuchs ZWeR 2009, 176 (196 ff.); Podszun ZWeR 2012, 48 (66, 69); Rehr/Haellmigk WuW 2010, 513; – dagegen schon immer insbesondere Alexander Schadensersatz S. 465 ff.; Spiecker FS Säcker, 2011, 771.

[102] Begr. v. 2012, 26 f.; zust. BKartA Stellungnahme WuW 2012, 257 (269); Bien ZWeR 2013, 448 (461 ff.).

[103] S. Bien in Bien Dt. KartellR S. 329, 336 f.; Bien ZWeR 2013, 445 (461 ff.); Kapp FS Möschel, 2011, 319; Spiecker WRP 2015, 929; Podszun in Kölner Komm KartellR Rn. 44 f.

[104] Jaeger in FK-KartellR Rn. 35a.

[105] BGH 14.2.2023 – KVZ 28/20 Rn. 37 f., NZKart 2023, 369, 370 f. – Wasserpreise Gießen.

[106] Bien ZWeR 2013, 448 (463); Spiecker in MüKoWettbR Rn. 66; Podszun in Kölner Komm KartellR Rn. 45, 47.

dies zugleich diejenigen Fallgestaltungen, in denen eine behördliche Anordnung der Rückerstattung an die Vertragspartner deshalb sinnvoll erscheint, weil es sich dabei um sogenannte **Streuschäden** handelt, bei denen eine eigene Aktivität der Geschädigten nicht ernsthaft zu erwarten ist (→ Rn. 44).[107]

**42**     Der Anwendungsbereich des § 32 Abs. 2a umfasst darüber hinaus auch Fälle des **Preismissbrauchs** (§§ 19 Abs. 2 Nr. 2 und Nr. 3, 29 und 31 Abs. 4; Art. 102 S. 2 lit. a AEUV) sowie der Ausplünderung der Kunden durch **Preis-, Quoten** oder **Gebietskartelle** (§ 1 und Art. 101 Abs. 1 AEUV). Im Schrifttum wird in diesem Zusammenhang diskutiert, ob ein auf Rückerstattung von Vorteilen in Anspruch genommenes Unternehmen, zB ein marktbeherrschendes Unternehmen oder die Mitglieder eines Kartells, ebenso wie gegenüber Schadensersatzansprüchen der Abnehmer (vgl. § 33c) einwenden können, die Abnehmer hätten gar keinen Nachteil erlitten, weil es ihnen gelungen sei, die überhöhten Preise in vollem Umfang auf ihre Abnehmer abzuwälzen (so genannte **Schadensabwälzung,** passing-on-defense). Um sonst unvermeidliche Wertungswidersprüche zu der Regelung des § 33c zu vermeiden, dürfte die Frage zu bejahen sein, – womit sich freilich zugleich die praktische Relevanz des § 32 Abs. 2a nochmals erheblich reduzieren dürfte (schon → Rn. 40).[108]

**43**     Bisher noch offen ist, ob bei der in Ausnahmefällen denkbaren missbräuchlichen Erzwingung **unangemessen niedriger Einkaufspreise** durch marktbeherrschende Abnehmer (§ 19 Abs. 1; Art. 102 S. 2 lit. a AEUV) gleichfalls Raum für eine Anwendung des § 32 Abs. 2a ist. Der Wortlaut steht nicht entgegen, da es sich bei der machtbedingten Ersparnis von Anschaffungskosten durchaus um durch „kartellrechtswidriges Verhalten erwirtschaftete Vorteile" iSd § 32 Abs. 2a S. 1 handelt (vgl. § 33c Abs. 4).[109]

**44**     Der Erlass einer Anordnung auf Rückerstattung der Vorteile nach § 32 Abs. 2a steht im pflichtgemäßen **Ermessen** der Kartellbehörde. Eine derartige Anordnung dürfte vor allem dann geboten sein, wenn es sich um so genannte **Streuschäden** handelt, für deren Erstattung, realistisch gesehen, aus praktischen Gründen kaum ein anderer Weg als eine Anordnung nach § 32 Abs. 2a in Betracht kommt (schon → Rn. 41).[110] In die Verfügung sollte eine so genannte **no-repeated-game-Klausel** aufgenommen werden, durch die dem Adressaten der Verfügung verboten wird, alsbald die erstatteten Beträge von den Abnehmern auf dem Weg über eine Preiserhöhung zurückzufordern.[111] Die **Beschwerde** gegen die Verfügung hat aufschiebende Wirkung (§ 64 Abs. 1 Nr. 2), dies deshalb, weil einmal an eine Vielzahl von Abnehmern erstattete, möglicherweise geringfügige Beträge praktisch – bei Erfolg der Beschwerde – nicht mehr zurückgefordert werden können.

**45**     In der Abstellungsverfügung, durch die auf der Grundlage des § 32 Abs. 2a die Rückerstattung bestimmter Beträge angeordnet wird (→ Rn. 44), müssen der zurückzuzahlende **Betrag** ebenso wie der Kreis der **Empfänger** möglichst genau bezeichnet werden, weil sonst eine Vollstreckung der Verfügung nicht möglich ist (im einzelnen → Rn. 46 ff.).[112] Eine bloße Schätzung der Vorteile dürfte nicht genügen, wie aus § 32 Abs. 2a S. 2 zu folgern ist, der sich allein auf die Zinsen aus den Vorteilen bezieht. Die Vorschrift des § 33a Abs. 3 kann nicht entsprechend angewandt werden.[113] In der Verfügung ist außerdem eine **Frist** für die Rückerstattung der Vorteile zu bestimmen, wie sich aus § 32 Abs. 2a S. 3 ergibt, wofür sich analog § 286 Abs. 3 S. 1 BGB eine Frist von 30 Tagen nach Zustellung der Verfügung empfiehlt. Nach Ablauf dieser Frist sind die Vorteile gemäß den §§ 288 Abs. 1 S. 2, 289 S. 1 BGB zu **verzinsen,** dh grundsätzlich iHv 5 Prozentpunkten über

---

[107] Bien ZWeR 2013, 448 (463).
[108] Bien ZWeR 2013, 448 (464); dagegen Jaeger in FK-KartellR Rn. 35a 2. Abs.
[109] Ebenso Bien ZWeR 2013, 448 (465); Bornkamm/Tolkmitt in Bunte Rn. 57; Jaeger in FK-KartellR Rn. 35a.
[110] Spiecker in MüKoWettbR Rn. 68.
[111] Podszun in Kölner Komm KartellR Rn. 46.
[112] Bornkamm/Tolkmitt in Bunte Rn. 60; Jaeger in FK-KartellR Rn. 35a.
[113] Anders Spiecker in MüKoWettbR Rn. 70.

dem Basiszinssatz des § 247 BGB. Die Einlegung der Beschwerde hat auf den Lauf der Frist trotz deren aufschiebender Wirkung (→ Rn. 44) keinen Einfluss,[114] sondern hindert lediglich die Vollstreckung der Verfügung bis zur rechtskräftigen Entscheidung über die Beschwerde.

## F. Bestimmtheit, Verhältnismäßigkeit

Verfügungen auf Grund des § 32 sind Verwaltungsakte, so dass für sie gemäß § 54 Abs. 1 **46** S. 3 neben dem Verhältnismäßigkeitsgrundsatz (→ Rn. 51) insbesondere der Bestimmtheitsgrundsatz des § 37 Abs. 1 VerwVfG gilt. Die Verfügung muss folglich eindeutig den Adressaten erkennen lassen und inhaltlich hinreichend bestimmt, dh so **vollständig, klar und eindeutig** sein, dass sich die Adressaten ohne weiteres nach ihr richten können und eine Vollstreckung der Verfügung nach § 86a und dem Verwaltungsvollstreckungsgesetz jederzeit möglich ist. Die Entscheidung, was von dem Adressaten der Verfügung **konkret verlangt** wird, darf daher nicht offen bleiben und etwa in die Vollstreckung verlagert werden, sondern muss in der Verfügung selbst getroffen werden. Das sollte nach Möglichkeit bereits im Tenor der Verfügung geschehen; indessen hindert nichts, zur Präzisierung des Tenors gegebenenfalls die Gründe heranzuziehen.[115] Außerdem muss berücksichtigt werden, dass sich die wirtschaftlichen Verhältnisse unaufhörlich in einer nicht voraussehbaren Weise ändern. Deshalb sind Verfügungen aufgrund des § 32 Abs. 1 grundsätzlich zeitlich auf wenige Jahre zu befristen, so dass die **Dauer** der Verfügung ebenfalls in der Verfügung genau bestimmt werden muss.[116]

Die genauen Anforderungen an die Bestimmtheit einer Verfügung der Kartellbehörde **47** aufgrund des § 32 Abs. 1 schwanken notwendigerweise von Fall zu Fall. Maßgebend sind jeweils der Gehalt des gesetzlichen Regelungsauftrags sowie der damit verfolgte Sinn und Zweck.[117] Daher muss auf der einen Seite die Zielsetzung des Gesetzes und der Regelungsauftrag der Kartellbehörden berücksichtigt werden; auf der anderen Seite darf aber auch nicht übermäßig in die Freiheitsrechte der betroffenen Unternehmen eingegriffen werden (→ Rn. 51), so dass es im Einzelfall geboten sein kann, die **Anforderungen** an die Bestimmtheit der kartellbehördlichen Verfügungen **gering** zu halten.[118] Dies spielt vor allem dann eine Rolle, wenn die betroffenen Unternehmen **mehrere Möglichkeiten** haben, der festgestellten Zuwiderhandlung abzuhelfen. Es sollte dann genügen, den betroffenen Unternehmen die Wahl zwischen mehreren genau bezeichneten Handlungsalternativen zu überlassen. Dagegen darf sich das BKartA nach Meinung des BGH nicht auf das bloße Verbot beschränken, von Maßnahmen gleicher Zweckbestimmung und Wirkung wie das verbotene Verhalten abzusehen, sondern muss den betroffenen Unternehmen nach Möglichkeit konkrete Vorgaben für das von ihnen in Zukunft geforderte Verhalten machen.[119]

Schwierigkeiten haben sich aus dem Gesagten (→ Rn. 47) vor allem im Anwendungs- **48** bereich des § 19 Abs. 2 Nr. 2 (Preismissbrauch), des § 20 Abs. 3 (Verkauf unter „Ein-

---

[114] Bornkamm/Tolkmitt in Bunte Rn. 59; Jaeger in FK-KartellR Rn. 35b.

[115] BGH 14.3.1990 – KVR 4/88, BGHZ 110, 371 (377, 379) = NJW 1990, 2815 = WuW/E BGH 2627 – Globalvertrag; 15.11.1994 – KVR 29/93, BGHZ 128, 17 (24) = NJW 1995, 2718 = WuW/E BGH 2953 – VNG; 21.2.1995– KVR 4/94, BGHZ 129, 37 (40 f.) = NJW 1995, 1894 = WuW/E BGH 2967 – Stromversorgung Schwäbisch-Hall; 24.9.2002– KVR 15/01, BGHZ 152, 84 (85, 92 f.) = NJW 2003, 748 = WuW/E DER 977 – Fährhafen Puttgarden; 4.3.2008 – KVR 21/07, BGHZ 176, 1 Rn. 47 = NJW-RR 2008, 996 – Soda Club II; Bornkamm/Tolkmitt in Bunte Rn. 47 ff.; Jaeger in FK-KartellR Rn. 39–41b.

[116] OLG Koblenz 17.8.2006 – W 330/06, WuW/E DER 1905 (1907); Podszun in Kölner Komm KartellR Rn. 66.

[117] BGH 24.9.2002– KVR 15/01, BGHZ 152, 84 (92) = NJW 2003, 748 (750 f.) (unter 2) = WuW/E DER 977.

[118] BGH 24.9.2002 – KVR 15/01, BGHZ 152, 84 (92) = NJW 2003, 748 (751) = WuW/E DER 977.

[119] BGH 10.2.2009 – KVR 67/07, BGHZ 180, 323 Rn. 52 = NJW-RR 2009, 1635 = WuW/E DER 2679 – Gaslieferverträge gegen EuG 23.10.2003 – T-65/98, Slg. 2003, II-4653 Rn. 205 = WuW/E EuR 765 – Van den Bergh Foods.

standspreis") sowie des § 19 Abs. 2 Nr. 4 (Zugang zu Infrastruktureinrichtungen) ergeben. Die Gerichte haben darauf unterschiedlich reagiert. Das generelle Verbot eines **Verkaufs „unter Einstandspreis"** ist bisher in der Regel als zu unbestimmt beanstandet worden, einfach deshalb, weil es den einen Einstandspreis gar nicht gibt, dieser vielmehr auf sehr verschiedene Weise berechnet werden kann,[120] während es in den Fällen des **Preismissbrauchs** zugelassen wird, in der Untersagungsverfügung eine **Obergrenze** festzusetzen, jenseits derer die Preisforderung des betroffenen Unternehmens in jedem Fall als missbräuchlich anzusehen ist.[121] In Missbrauchsverfügungen gegen Energieversorgungsunternehmen kann zur Bestimmung dieser Obergrenze außerdem auf das **Tarifwerk anderer Energieversorgungsunternehmen** Bezug genommen werden, vorausgesetzt, dass diese dem betroffenen Unternehmen unschwer zugänglich sind.[122]

**49**    Weigert sich ein marktbeherrschendes Unternehmen unter Verstoß gegen § 19 Abs. 2 Nr. 4 GWB oder gegen Art. 102 AEUV, anderen Unternehmen **Zugang zu** seinen **Infrastruktureinrichtungen,** zB zu einem Netz oder Hafen zu gewähren, so lässt sich der mit § 19 Abs. 2 Nr. 4 verfolgte Zweck gleichfalls nur erreichen, wenn den Kartellbehörden die Befugnis zugebilligt wird, dem betreffenden Unternehmen zunächst generell diese **Weigerung zu untersagen,** so dass es jedenfalls Verhandlungen mit dem Petenten aufnehmen muss.[123] **Scheitern** diese Verhandlungen, weil das marktbeherrschende Unternehmen auf missbräuchlichen Konditionen beharrt, so muss gegebenenfalls ein zweites Missbrauchsverfahren durchgeführt werden (schon → Rn. 37).[124] Anders kann nur verfahren werden, wenn ein Abschluss zwischen dem marktbeherrschenden Betreiber einer Infrastruktureinrichtung und einem Petenten praktisch nur zu ganz bestimmten Bedingungen erfolgen kann, weil alle anderen Konditionen missbräuchlich wären, wobei insbesondere an Fälle zu denken ist, in denen sich am Markt Bedingungen durchgesetzt haben, zu denen allgemein abgeschlossen wird. Nur in derartigen Fällen kann daher sofort der **Zugang** zu den genannten Bedingungen auf Grund der §§ 19 Abs. 2 Nr. 4 und 32 sowie des Art. 102 AEUV angeordnet werden.[125]

**50**    In einem Fall wurde es außerdem als ausreichend angesehen, Pharmagroßhändlern die Weigerung zu untersagen, Importarzneimittel von den Importeuren „zu großhandelsüblichen Bedingungen" zu beziehen.[126] Dagegen wies eine Verfügung, durch die einer Apothekenkammer aufgegeben wurde, „lauteres Verhalten" der Mitglieder nicht mehr zu beanstanden, in den Augen des BGH nicht die nötige Bestimmtheit auf, weil die Frage, was lauter und was unlauter iSd § 3 UWG ist, in der Verfügung nicht offen bleiben durfte.[127] Hinter diesen Entscheidungen steht letztlich das allgemeine Problem, unter welchen Voraussetzungen in einer Abstellungsverfügung der Kartellbehörde **normative** oder **unpräzise** Begriffe verwandt werden dürfen.[128] Auf der einen Seite kann es dann leicht an der nötigen Bestimmtheit der Verfügung fehlen, wenn die fraglichen Begriffe auf unterschied-

[120] BGH 20.3.1984 – KVR 12/93, LM GWB § 37a Nr. 2 = BB 1985, 416 = WuW/E BGH 2073 – Kaufmarkt; kritisch dazu Kirchhoff ZHR 150 (1986), 303 (313 ff.); Möschel BB 1986, 1785 (1791 ff.).
[121] → Rn. 19; BGH 28.6.2005 – KVR 17/04, BGHZ 163, 282 = WuW/E DER 1513 (1515) – Stadtwerke Mainz.
[122] BGH 21.2.1995 – KVR 4/94, BGHZ 129, 37 (40 f.) = NJW 1995, 1894 = WuW/E BGH 2967 – Stromversorgung Schwäbisch-Hall; 26.9.1995 – KVR 25/14, WuW/E BGH 3009 (3012) – Stadtgaspreis Potsdam; s. BKartA TB 1995/96, 43.
[123] BGH 24.9.2002 – KVR 15/01, BGHZ 152, 84 (94 ff.) = NJW 2003, 748 = WuW/E DER 977 – Fährhafen Puttgarden; BGH 8.5.2001, WuW/E DER 703 – Puttgarden II.
[124] BGH 24.9.2002 – KVR 15/01, BGHZ 152, 84 (89) = NJW 2003, 748 = WuW/E DER 977 – Fährhafen Puttgarden; Jaeger in FK-KartellR Rn. 41a.
[125] BGH 24.9.2002 – KVR 15/01, BGHZ 152, 84 (94 ff.) = NJW 2003, 748 = WuW/E DER 977 – Fährhafen Puttgarden.
[126] BGH 21.2.1995 – KVR 10/94, LM GWB § 26 Nr. 85 = NJW 1995, 2415 (2416) = WuW/E BGH 2990 (2992) (insoweit nicht in BGHZ 129, 53 (56) abgedruckt).
[127] BGH 29.9.1998 – KVR 17/97, LM GWB § 37a Nr. 9 = NJW-RR 1999, 262 = WuW/E DER 195 (196 f.).
[128] Dazu ausführlich Jaeger in FK-KartellR Rn. 40.

liche Weise interpretiert werden können; auf der anderen Seite gibt es aber unbestreitbar auch Fallgestaltungen, in denen nicht ohne die Verwendung derartiger Begriffe auszukommen ist, vor allem, wenn bei Verwendung genauerer Begriffe übermäßig in die Handlungsfreiheit der betroffenen Unternehmen eingegriffen würde. Maßgeblich ist immer, was im Einzelfall möglich, erforderlich und verhältnismäßig ist (→ Rn. 51).

Verfügungen der Kartellbehörden aufgrund des § 32 Abs. 1 müssen nicht nur bestimmt **51** (→ Rn. 46 ff.), sondern auch **verhältnismäßig** sein, wie das Gesetz in § 32 Abs. 2 S. 1 ausdrücklich nochmals hervorhebt.[129] Dies bedeutet, dass die von der Kartellbehörde ergriffenen Maßnahmen zur Beseitigung einer Wettbewerbsbeschränkung, **erforderlich, geeignet und angemessen** sein müssen. Daran fehlt es insbesondere, wenn es ebenso wirksame, aber mildere Mittel als gerade die von der Kartellbehörde tatsächlich angeordneten Maßnahmen zur Beseitigung der Wettbewerbsbeschränkung gibt. Am schwerwiegendsten sind wohl durchweg Eingriffe in die unternehmerische Handlungsfreiheit, so dass sie nur zulässig sind, wenn jede andere mildere Maßnahme als nicht ausreichend ausscheidet. Zwischen mehreren gleich wirksamen Maßnahmen haben die Kartellbehörden dagegen nach pflichtgemäßem Ermessen die Wahl. Das gilt namentlich für das Verhältnis zwischen § 32 und § 32b. Bieten die betroffenen Unternehmen in einem Verfahren nach § 32 die Übernahme von Verpflichtungen iSd § 32b an, so steht es im pflichtgemäßen Ermessen der Kartellbehörde, ob sie auf das Angebot von Verpflichtungszusagen eingehen oder doch nach § 32 verfahren will.[130] Dasselbe gilt für die Wahl zwischen einer Abstellungsverfügung und der bloßen Feststellung der Rechtswidrigkeit eines bestimmten Verhaltens gemäß § 32 Abs. 3 (→ Rn. 52).

## G. Feststellung von Zuwiderhandlungen

Eine Abstellungsverfügung ist nur möglich, solange der Kartellverstoß noch andauert **52** oder Wiederholungsgefahr besteht, nicht dagegen nach endgültiger Beendigung des Verstoßes. Da indessen auch dann immer noch ein Interesse an der Feststellung des Verstoßes bestehen kann, bestimmt § 32 Abs. 3 nach dem Vorbild von Art. 7 Abs. 1 S. 4 der VO Nr. 1/2003, dass die Kartellbehörde selbst dann noch eine Zuwiderhandlung feststellen kann, wenn die Zuwiderhandlung an sich beendet ist, indessen ein berechtigtes Interesse an der Feststellung (weiter) besteht. Die Anwendung des § 32 Abs. 3 setzt danach zweierlei voraus, einmal die Beendigung der Zuwiderhandlung, zum anderen den Fortbestand eines berechtigten Interesses der Kartellbehörde an der (bloßen) Feststellung der Zuwiderhandlung trotz deren Beendigung. Daraus darf nicht der Schluss gezogen werden, dass die Kartellbehörde, solange die Zuwiderhandlung noch **nicht beendet** ist, etwa weil eine konkrete Wiederholungsgefahr besteht oder weil noch nachteilige Folgen der Zuwiderhandlung andauern (→ Rn. 10, 19 und 25), keine Möglichkeit zur Feststellung der Zuwiderhandlung besitze, sondern auf die Anordnung verhaltensorientierter oder struktureller Abhilfemaßnahmen gemäß § 32 Abs. 1 und Abs. 2 beschränkt sei.[131] Denn auf dem Boden des Grundsatzes der Verhältnismäßigkeit ist kein sachlicher Grund erkennbar, von den Kartellbehörden in solchem Fall zusätzlich die Anordnung verhaltensorientierter oder struktureller Abhilfemaßnahmen aufgrund des § 32 Abs. 1 und 2 zu verlangen, sofern nach ihrem Ermessen bereits die bloße Feststellung der Zuwiderhandlung zur Wiederherstellung des dem Gesetz entsprechenden Zustandes ausreicht.[132] Die Kartellbehörde kann sich folg-

---

[129] Ausführlich Podszun in Kölner Komm KartellR Rn. 59–68.

[130] OLG Düsseldorf 5.4.2017 – Kart 13/15, NZKart 2017, 316 (317); 5.4.2019 – Kart 2/16, NZKart 2019, 503, 506 – Preisvergleichsportal.

[131] So offenbar Spiecker in MüKoWettbR Rn. 80 und die wohl hM.

[132] BGH 4.3.2008 – KVR 21/07, BGHZ 176, 1 Rn. 49 = NJW-RR 2008, 996 – Soda Club II; 7.4.2020 – KVR 13/19, NZKart 2020, 321 Rn. 10 = WuW 2020, 540 – Zahlungsauslösedienst; OLG Düsseldorf 10.1.2019 – Kart 7/16, NZKart 2019, 164 (167 f.) = WuW 2019, 206; 5.4.2019 – Kart 2/16, NZKart 2019, 503 f. – Preisvergleichsportal; schon → Rn. 35.

lich auf die **bloße Feststellung** eines rechtswidrigen Zustandes beschränken, wenn ihr dies nach den Umständen des Falles gegenüber dem Kartellverstoß als ausreichend erscheint, etwa, weil davon auszugehen ist, dass die beteiligten Unternehmen dann von selbst wieder einen rechtmäßigen Zustand herstellen werden. Auf das zusätzliche Erfordernis eines berechtigten Interesses an der Feststellung kommt es dann nicht an.

53   Die Rechtslage ändert sich erst, wenn nach endgültiger Aufgabe des rechtswidrigen Verhaltens durch die betroffenen Unternehmen nicht mehr die ernste Besorgnis einer Wiederholung des Kartellverstoßes besteht, so dass dieser (iSd § 32 Abs. 3) **beendet** ist (→ Rn. 10, 19 und 25). Für diesen Fall eröffnet § 32 Abs. 3 den Kartellbehörden die Möglichkeit (nur) zur **Feststellung** der Zuwiderhandlung, vorausgesetzt freilich, dass jetzt an der Feststellung noch ein **berechtigtes Interesse** besteht. Die Gesetzesverfasser hatten dabei dieselben Fälle im Auge, die nach Art. 7 Abs. 1 S. 4 der Verordnung Nr. 1/2003 die Feststellung der Zuwiderhandlung erlauben.[133] Das wird vor allem angenommen, wenn es sich um neue, **klärungsbedürftige Rechtsfragen** handelt oder wenn die **Wirkungen** des rechtswidrigen Verhaltens **fortbestehen** und deshalb nur über die Feststellung der Zuwiderhandlung für die Zukunft beseitigt werden können (→ VO 1/2003 Art. 7 Rn. 50 ff.).[134]

54   Bei der Prüfung des berechtigten Interesses a an der Feststellung der Zuwiderhandlung ein berechtigtes Interesse ist gleichermaßen das Interesse der Kartellbehörde, dh das öffentliche Interesse an der Verhinderung von Wettbewerbsbeschränkungen wie das Interesse der durch eine Wettbewerbsbeschränkung betroffenen Dritten an der Bindungswirkung einer Feststellung nach § 33b ins Auge zu fassen. Für die Anwendung des § 32 Abs. 3 genügt dabei z. B. das Interesse der Kartellbehörde an der Klarstellung der Unzulässigkeit bestimmter Klauseln in wettbewerbsbeschränkenden Verträgen[135] ebenso wie das Interesse der Kartellbehörde, mit der Feststellungsentscheidung die Grundlage für **private Ersatzansprüche nach § 33b zu** schaffen.[136]

# H. Rechtsfolgen

55   Abstellungsverfügungen haben keine rechtsgestaltende Wirkung (→ Rn. 20), äußern aber eine eigenartige Feststellungswirkung für nachfolgende Schadensersatzprozesse (→ § 33b Rn. 22). Verstöße gegen bestandskräftige Abstellungsverfügungen können ferner Beseitigungs-, Unterlassungs- und Schadensersatzansprüche aufgrund des § 33 Abs. 1 und 3 sowie des § 33a Abs. 1 auslösen und stellen gegebenenfalls gemäß § 81 Abs. 2 Nr. 1 eine Ordnungswidrigkeit dar. Mit Verfahren nach § 32 können ferner Verfahren aufgrund der verschiedenen Missbrauchs- und Diskriminierungsverbote des Gesetzes (§§ 19, 20, 21 und 30 Abs. 3) sowie nach § 36 oder nach § 41 Abs. 1 S. 1 zusammentreffen (→ Rn. 21 f.). Auch Verfahren nach § 32b (Verpflichtungszusagen) haben keinen Vorrang vor § 32; die Kartellbehörden können vielmehr nach pflichtgemäßem Ermessen entscheiden, auf welchem Weg sie gegebenenfalls vorgehen wollen (→ Rn. 52). Dasselbe gilt grundsätzlich im Verhältnis zu Verfahren vor besonderen Aufsichtsbehörden (→ Rn. 12). Für die Vollstreckung von Abstellungsverfügungen gilt § 86a in Verbindung mit dem Verwaltungsvollstreckungsgesetz.

---

[133] S. Begr. BT-Drs. 15/3640, 51 (re. Sp. 2. Abs. „Zu Abs. 3“).

[134] S. die Begründungserwägung Nr. 11 Satz 2 zu der VO Nr. 1/2003; EuGH 2.3.1983 – 7/82, Slg. 1983, I-483 Rn. 23–28 = NJW 1984, 2755 – GVL; KOM 2.6.2004, WuW/E EuV 1053 Rn. 340–342 – Clearstream.

[135] OLG Düsseldorf 5.4.2019 – Kart 2/16, NZKart 3019,503,506 – Preisvergleichsportal.

[136] OLG Düsseldorf 8.6.2007– Kart 15/06, WuW/E DER 2003 (Ls. 3) – Lottoblock; 5.4.2019 – Kart 2/16, NZKart 3019, 503, 506 – Preisvergleichsportal; Bechtold/Bosch/Bosch Rn. 20; Bornkamm/Tolkmitt in Bunte Rn. 63; Jaeger in FK-KartellR Rn. 43; Podszun in Kölner Komm KartellR Rn. 52 f.; Rehbinder in LMRKM Rn. 19; – enger Alexander Schadensersatz S. 430 ff.; ablehnend für den Regelfall Spiecker in MüKoWettbR Rn. 81.

## § 32a Einstweilige Maßnahmen

(1) ¹Die Kartellbehörde kann von Amts wegen einstweilige Maßnahmen anordnen, wenn eine Zuwiderhandlung im Sinne des § 32 Absatz 1 überwiegend wahrscheinlich erscheint und die einstweilige Maßnahme zum Schutz des Wettbewerbs oder aufgrund einer unmittelbar drohenden, schwerwiegenden Beeinträchtigung eines anderen Unternehmens geboten ist. ²Dies gilt nicht, sofern das betroffene Unternehmen Tatsachen glaubhaft macht, nach denen die Anordnung eine unbillige, nicht durch überwiegende öffentliche Interessen gebotene Härte zur Folge hätte.

(2) ¹Die Anordnung gemäß Absatz 1 ist zu befristen. ²Die Frist kann verlängert werden. ³Sie soll insgesamt ein Jahr nicht überschreiten.

**Schrifttum:** Ahrens, Der Wettbewerbsprozess, 9. Aufl. 2021; Bach, Einstweilige Maßnahmen – Reformbedarf durch Fehlverständnisse, Festschrift für Gerhard Wiedemann, 2020, S. 727–735; Bernhard, Einstweilige Maßnahmen, in Bien/Kaeseberg/Klumpe/Körber/Ost, 10. GWB-Novelle, S. 158–171; De Bronett, Kommentar zum europäischen Kartellverfahrensrecht, VO 1/2003, 2. Aufl. 2012; Fuchs, Die 7. GWB-Novelle – Grundkonzeption und praktische Konsequenzen, WRP 2005, 1384 ff.; Hochhuth, Vor schlicht hoheitlichem Verwaltungseingriff anhören? Drei Thesen zur Dogmatik des Realhandelns, NVwZ 2003, 30 ff.; Kopp/Ramsauer, Verwaltungsverfahrensgesetz, 19. Aufl. 2018; Lampert/Niejahr/Kübler/Weidenbach EG KartellVO, Praxiskommentar, 2004; Nordsjo, Regulation 1/2003: Power of the Commission to Adopt Interim Measures, E.C.L.R. 2006, 299 ff.; Schwarze/Weitbrecht, Grundzüge des europäischen Kartellverfahrensrechts. Die Verordnung (EG) Nr. 1/2003, 2004; Stelkens/Bonk/Sachs, Verwaltungsverfahrensgesetz, 9. Aufl. 2018.

### Übersicht

## A. Normzweck und Bedeutung

### I. Zweck

**1**    Der mit der 10. GWB-Novelle grundlegend geänderte § 32a ist Ausdruck des Bestrebens, den deutschen Kartellbehörden mit deutlich abgesenkten Anwendungsvoraussetzungen ein auch praktisch **wirksames Instrument** zur temporären Intervention in laufenden Verfahren nach § 32 zur Verfügung zu stellen.[1] Die **Absenkung der Anwendungsvoraussetzungen** erfolgte in bewusster Abkehr vom unionsrechtlichen Modell für einstweilige Maßnahmen von Kartellbehörden.[2] Zur Begründung wurde einerseits auf eine angeblich mangelnde Praxistauglichkeit[3] der Vorgängernorm verwiesen. Andererseits wurde ein erhöhter Bedarf für zeitnahe Interventionen auf digitalen Märkten konstatiert. Beide Begründungsansätze erscheinen defizitär. Die deutschen Kartellbehörden hatten noch nicht einmal den Versuch unternommen, die Praxistauglichkeit von § 32a aF zu testen. Dies mag auch mit Fehlverständnissen von den Anwendungsvoraussetzungen zusammenhängen, insbesondere in Bezug auf das Merkmal des nicht wieder gut zu machenden Schadens für den Wettbewerb.[4] Spezifischer Interventionsbedarf auf digitalen Märkten vermag eine generelle, sektorübergreifende Absenkung der Interventionsschwelle nicht wirklich zu rechtfertigen.

**2**    § 32a enthält eine **wichtige Ergänzung der Abstellungsverfügung nach § 32.** Erscheint eine Zuwiderhandlung iS des § 32 überwiegend wahrscheinlich und besteht eine spezifische Gefährdungslage für den Wettbewerb oder für ein anderes Unternehmen, kann die Behörde einstweilige Maßnahmen anordnen. Die Anforderungen des förmlichen Kartellverwaltungsverfahrens sollen nicht dazu führen, dass die Kartellbehörde derartige Gefährdungslagen und drohende Verschlechterungen während dieses Verfahrens sehenden Auges hinnehmen muss. Ungeachtet der abgesenkten Interventionsschwellen bleibt nach der Konzeption des GWB der Erlass einstweiliger Maßnahmen **auf Ausnahmefälle beschränkt.** Die Befristung als zwingender Bestandteil der Verfügung sichert deren vorläufigen Charakter.

**3**    § 32a ermöglicht es der Kartellbehörde, in allen Kartellverwaltungsverfahren außerhalb des Anwendungsbereichs von § 60 einstweilige Maßnahmen zu treffen. Von der geänderten Norm geht eine nicht unerhebliche **Vorfeldwirkung** aus.[5] Allein die Möglichkeit, solche Maßnahmen ohne restriktive gesetzliche Vorgaben „zum Schutz des Wettbewerbs" erlassen zu können, wird die Bereitschaft erhöhen, einvernehmliche Lösungen mit dem Bundeskartellamt zu erzielen. Dies ist nicht Zweck der Gesetzesänderung. Die Anforderungen an eine spezifische Gefährdungslage und die Verhältnismäßigkeit der Maßnahmen müssen daher dem Ausnahmecharakter der Vorschrift entsprechend ausgestaltet werden.

---

[1] BT-Drs. 19/23492, 84.
[2] BT-Drs. 19/23492, 84.
[3] BT-Drs. 19/23492, 84: nicht zur Anwendung gekommen.
[4] Dazu eingehend Bach FS Gerhard Wiedemann, 2020, 727 (732).
[5] Vgl. Bernhard in BKKKO 10. GWB-Novelle, B Rn. 139 unter Verweis auf Mundt WuW 2009, 181 (185).

## II. Abkehr vom unionsrechtlichen Modell

Die jetzige gesetzliche Regelung zu einstweiligen Maßnahmen in § 32a kehrt sich 4 bewusst vom unionsrechtlichen Modell in Art. 8 VO 1/2003 ab.[6] Diesem wird die Praxistauglichkeit abgesprochen. Der Gesetzgeber hat zwar durchaus konstatiert, dass Art. 11 VO 2019/1 erneut dieses Modell als Richtschnur für die Gesetzgebung der Mitgliedstaaten zu den Kompetenz nationaler Kartellbehörden ausgegeben hat. Er wollte aber bewusst über den Mindeststandard der ECN+-Richtlinie hinausgehen und den deutschen Kartellbehörden einstweilige Maßnahmen unterhalb der Schwelle des unionsrechtlichen Modells ermöglichen.[7] Dies steht im Einklang mit der den Mitgliedstaaten nach Erwägungsgrund 38 der ECN+-Richtlinie ausdrücklich eingeräumten Möglichkeit, ihre Behörden mit umfassenderen Befugnissen zur Auferlegung einstweiliger Maßnahmen auszustatten.[8] Die jetzige Regelung verzichtet bewusst auf den Gleichlauf mit den Kompetenzen der Kommission nach Art. 8 VO 1/2003, der ursprünglich die von § 60 abweichende Regelung in Verfahren gerechtfertigt hatte, die regelmäßig auch der Durchsetzung der europäischen Wettbewerbsregeln dienen.

Die in Abs. 1 nun aufgenommene Möglichkeit, einstweilige Maßnahmen nicht nur zum 5 Schutz des Wettbewerbs, sondern auch zum Schutz anderer Unternehmen erlassen zu können, kann sich allerdings auf die Rechtsprechung des EuGH stützen. Dieser hatte noch unter der Geltung der VO 17/62 die Möglichkeit der Kommission begründet, einstweilige Maßnahmen auch auf einen schweren und nicht wieder gutzumachenden Schaden für die den Erlass der Maßnahmen beantragenden Partei zu stützen.[9] Die vorsichtige Öffnung des strikten Schutzes des Wettbewerbs als Institution in der jetzigen Fassung von § 32a steht daher durchaus nicht im Widerspruch zu den unionsrechtlichen Anforderungen. Die unverändert geltende Befristungsregelung in Abs. 2 beruht im Kern auf dem Europäischen Vorbild. Wie nach Art. 8 Abs. 2 VO 1/2003 ist die Anordnung zwingend zu befristen, wobei diese Frist verlängert werden kann. Mit der Anordnung einer Regelfrist von einem Jahr bleibt die deutsche Regelung im Interesse der von der Anordnung betroffenen Unternehmen[10] auch weiterhin bei einer eher restriktiven Linie.

## III. Verhältnis zu § 60

Bis zur 7. GWB-Novelle waren einstweilige Anordnungen nach § 60 aF möglich.[11] 6 Anders als § 32a enthielt die Vorschrift aber, ähnlich wie der heutige § 60, keine Normierung des Anordnungsgrundes für den Erlass einer einstweiligen Anordnung. Die Neuregelung von § 32a hat beide Normen wieder stärker aneinander angenähert. Der annähernd konturenlose Anordnungsgrund der Gefahr für den Wettbewerb in § 32a erfordert wie bei § 60 eine restriktive Auslegung anhand des Gesetzeszwecks. Nach § 60 waren stets auch Anordnungen im überwiegenden Interesse eines Beteiligten und auf dessen Antrag möglich. Dem entspricht die in § 32a aufgenommene Gefahrenlage in Gestalt einer unmittelbar drohenden schwerwiegenden Beeinträchtigung eines anderen Unternehmens.

**§ 60 geht als Spezialregelung** in seinem Anwendungsbereich **vor**. Dieser umfasst den 7 Bereich der Fusionskontrolle, der spezialgesetzlichen Missbrauchskontrolle in der Wasserwirtschaft sowie die in § 60 Nr. 3 zusammengefassten Fälle einer Rücknahme der An-

---

[6] BT-Drs. 19/23492, 84.
[7] BT-Drs. 19/23492, 84.
[8] Spiecker in MüKoWettbR Rn. 2.
[9] EuGH 17.1.1980 – C-792/79, Slg. 1980, I-119 Rn. 18 f. – Camera Care; EuGH 29.9.1982 – 229/82 R, Slg. 1982, I-3091 Rn. 13 – Ford; EuG 12.7.1991 – T-23/90, Slg. 1991, II-653 Rn. 66 – Peugeot; EuG 26.10.2001 – T-184/01, Slg. 2001, II-3193 Rn. 49 ff. – IMS Health; vgl. auch Nachweise in Bauer in MüKoWettbR VO 1/2003 Art. 8 Rn. 1; Schwarze/Weitbrecht § 6 Rn. 45 ff.; De Bronett Art. 8 Rn. 2.
[10] BT-Drs. 15/3640, S. 51.
[11] Dies galt nach zutreffender Auffassung auch außerhalb der in § 60 aF aufgeführten Anwendungsfälle, dazu K. Schmidt in Immenga/Mestmäcker, 3. Aufl. 2001, § 60 Rn. 5.

erkennungsverfügung für Wettbewerbsregeln, der Unwirksamkeitserklärung von Preisbindungen sowie der Vorteilsabschöpfung bei Kartellverstößen. Allen drei Fällen ist gemeinsam, dass es sich jeweils um spezifische Normen des deutschen Kartellrechts handelt. Aufgrund des stark eingeschränkten Anwendungsbereichs von § 60 hat der Gesetzgeber der 10. GWB-Novelle offensichtlich keinen Anlass für eine ausdrückliche Harmonisierung beider Vorschriften gesehen. Die gesetzliche Regelung des Anordnungsgrundes für den Erlass einstweiliger Maßnahmen in § 32a hat aber gewisse **Rückwirkungen auf die Auslegung von § 60**. Zumindest die bei § 32a bestehenden Anordnungsgründe erlauben auch einstweilige Anordnungen nach § 60. Allerdings verbleiben gewichtige Unterschiede. Während § 32a auf Grund der Bindung an den Rahmen der Abstellungsverfügung nach § 32[12] nur „negative" Maßnahmen ermöglicht, kommen nach § 60 auch Anordnungen in Betracht, die positive Entscheidungen wie zB eine vorläufige Freigabe oder Erlaubnis beinhalten.

## B. Wahrscheinlichkeit der Zuwiderhandlung

8      § 32a setzt einen wahrscheinlichen Verstoß gegen eine der in § 32 Abs. 1 genannten Vorschriften voraus. Mit der 10. GWB-Novelle wurde das Maß für die Wahrscheinlichkeit des Verstoßes ausdrücklich geregelt. Eine Zuwiderhandlung iS § 32 muss „überwiegend wahrscheinlich erscheinen". Der Gesetzgeber sah sich zu dieser **Klarstellung** veranlasst, weil die bislang überwiegend und auch hier durchweg vertretene Auffassung „nicht gesichert"[13] sei, wonach einstweilige Maßnahmen in Übereinstimmung mit Art. 8 VO 1/2003 eine **nur prima facie festgestellte Zuwiderhandlung** erfordern. Eine Änderung in der Sache ist damit nicht verbunden.[14]

9      Eine prima facie festgestellte Zuwiderhandlung setzt voraus, dass im Rahmen einer **summarischen Prüfung** ein **Verstoß** in dem Sinne **wahrscheinlich** ist, dass **gute Gründe** für das Vorliegen einer Zuwiderhandlung sprechen. Das Ergebnis der summarischen Prüfung muss sein, dass die Feststellung eines Verstoßes auch im Hauptsacheverfahren wahrscheinlicher ist, als dass dies nicht der Fall ist.[15] Dies entspricht der Rechtsprechung der europäischen Gerichte zum fumo boni iuris.[16] Die Gewissheit einer eindeutigen Zuwiderhandlung ist nicht erforderlich.[17] Umgekehrt schließen ernstliche Zweifel am Vorliegen der Untersagungsvoraussetzungen den Erlass einstweiliger Maßnahmen aus.[18] Vom Hauptsacheverfahren unterscheidet sich die vorzunehmende Prüfung in erster Linie hinsichtlich der Ermittlung des Sachverhalts. Einstweilige Maßnahmen setzen nicht voraus, dass sich die Kartellbehörde Gewissheit über die tatsächlichen Voraussetzungen jedes Tatbestandselements verschafft hat. Ausreichend ist vielmehr ein abgesenkter Grad an Sicherheit, für den auch weniger weitreichende Ermittlungen genügen. Die Kartellbehörde hat diejenigen Informationen auszuwerten, die ihr zum Erlasszeitpunkt tatsächlich zur Verfügung stehen. Danach muss eine überwiegende Wahrscheinlichkeit dafür bestehen, dass sich auch nach einer vollständigen Ermittlung des Sachverhalts eine nach den Maßstäben des Hauptsacheverfahrens zu belegende Zuwiderhandlung ergibt.

10      Auch in **rechtlicher Hinsicht** sind die Anforderungen an die Feststellung der Zuwiderhandlung gelockert. In Übereinstimmung mit der Rechtsprechung des EuG kann auch hier

---

[12] Dazu → Rn. 16.

[13] BT-Drs. 19/23492, 85.

[14] Bernhard in BKKKO 10. GWB-Novelle, B Rn. 153.

[15] BT-Drs. 23492, 86; Spiecker in MüKoWettbR Rn. 4.

[16] EuG 22.12.2004 – T-201/04 R Slg. 2004 II-4463 Rn. 404 – Microsoft; EuG 24.1.1992 – T-44/90, Slg. 1992, II-1 Rn. 61 – La Cinq.

[17] EuG 24.1.1992 – T-44/90, Slg. 1992, II-1 Rn. 18 – La Cinq; Bornkamm/Tolkmitt in Bunte KartellR Rn. 5; Lampert/Niejahr/Kübler/Weidenbach EG KartellVO Art. 8 Rn. 157; Bechtold/Bosch GWB Rn. 4; Nordsjo ECLR 2006, 299 (301).

[18] Spiecker in MüKoWettbR Rn. 10.

nicht diejenige Gewissheit gefordert werden, die für eine Entscheidung in der Hauptsache erforderlich ist.[19] Einstweilige Maßnahmen sind auch nicht deshalb ausgeschlossen, weil bei der Beurteilung des Sachverhalts neue, bislang nicht geklärte Rechtsfragen aufgeworfen werden.[20] Allerdings ist das Maß rechtlicher Unsicherheit bei der Ausübung des von § 32a eingeräumten Ermessens zu berücksichtigen. Daran hat sich auch durch die Modifikation im Rahmen der 10. GWB-Novelle nichts geändert. Die Feststellung eines Verstoßes im Hauptsacheverfahren ist nur dann überwiegend wahrscheinlich, wenn auch die rechtlichen Voraussetzungen einer Zuwiderhandlung vorliegen. Je einschneidender die in Betracht gezogene Maßnahme für den Adressaten ist, desto höhere Anforderungen sind danach an den Grad der rechtlichen Gewissheit zu richten.[21] Beruht die Feststellung einer Zuwiderhandlung umgekehrt auf einer extensiven Auslegung des Gesetzes oder wird mit der Auslegung **juristisches Neuland** betreten, ist bei der Anordnung einstweiliger Maßnahmen **Zurückhaltung** geboten. Derartige Maßnahmen kommen vielmehr nur bei besonders schwerwiegenden Gefährdungslagen in Betracht.

Im Rahmen der gebotenen **summarischen Prüfung** hat die Kartellbehörde ihre **11** Erkenntnismöglichkeiten einzusetzen. Einstweilige Maßnahmen können auch weiterhin nur von Amts wegen ergehen, wenngleich als Anordnungsgrund nun auch schwerwiegende Beeinträchtigungen anderer Unternehmen in Betracht kommen. Auch nach den Erfahrungen anderer Rechtsordnungen ist damit eher mit Anregungen betroffener Unternehmen auf Erlass solcher Maßnahmen zu rechnen. Soweit diese Anregungen mit eigenem Sachvortrag unterlegt sind, kann dieser nur Anregung für eigene Ermittlungen Behörde sein und kann nicht ungeprüft übernommen werden. Soweit hinsichtlich der prima facie festgestellten Zuwiderhandlung in Anlehnung an die Rechtsprechung der europäischen Gerichte teilweise von „**Glaubhaftmachung**" die Rede ist, bezieht sich dies auf den Grad der Wahrscheinlichkeit und nicht auf Glaubhaftmachung im Sinne von § 294 ZPO. Es ist danach für den gebotenen Ermittlungsumfang ohne Bedeutung, wenn Sachvortrag in Form einer eidesstattlichen Versicherung erfolgen sollte.

Einstweilige Maßnahmen kommen auch in Betracht, wenn die Zuwiderhandlung noch **12** nicht erfolgt ist, aber mit hinreichender Wahrscheinlichkeit **zu erwarten** ist.[22] In Betracht kommen etwa angekündigte Beendigungen von Geschäftsbeziehungen oder Änderungen von Entgelten, die prima facie einen Verstoß gegen § 19 GWB darstellen.

## C. Anordnungsgrund

### I. Fortbestehendes Erfordernis

Wie jede einstweilige Maßnahme setzen auch Maßnahmen nach § 32a einen Anord- **13** nungsgrund voraus. Dieser **Anordnungsgrund hat eine Zeitdimension und eine Gefährdungsdimension.** Die Zeitdimension ergibt sich aus dem Zeitablauf im Vergleich zum Abschluss des Hauptsacheverfahrens nach § 32 als gesetzlichem Normalfall. Die Gefährdungsdimension ergibt sich aus der bis zum Abschluss des Hauptsacheverfahrens eintretenden Gefährdung des jeweiligen Schutzgutes. Der Anordnungsgrund beantwortet daher die Frage, weshalb im konkreten Fall nicht bis zum Abschluss des anhängigen Hauptsacheverfahrens abgewartet werden kann, sondern **Maßnahmen schon jetzt geboten** sind, um die Gefährdung abzuwenden oder zumindest zu verringern. Die Betonung beider Dimensionen des Anordnungsgrundes dient der analytischen Klarheit und bedeutet nicht, dass zwingend eine zweistufige Prüfung durchzuführen wäre.

---

[19] EuG 26.10.2001 – T-184/01, Slg. 2001, II-3193 Rn. 67 – IMS Health mwN.
[20] EuG 26.10.2001 – T-184/01, Slg. 2001, II-3193 Rn. 93 – IMS Health; Spiecker in MüKoWettbR GWB § 32a Rn. 10.
[21] Ähnlich Rehbinder in LMRKM Rn. 3.
[22] Ähnlich Bechtold/Bosch GWB Rn. 4.

**14**   Nach der bis zur 10. Novelle geltenden Fassung waren beide Dimensionen des Anordnungsgrundes ausdrücklich gesetzlich geregelt. Das Merkmal des „dringenden Falles"
adressierte die zeitliche Dimension und die Gefahr eines ernsten Schadens für den Wettbewerb die Gefährdungsdimension. Mit der 10. GWB-Novelle gewollt war eine Absenkung der Voraussetzungen bezüglich der Gefährdungslage im Hinblick auf den Wettbewerb.[23] Zugleich wurde eine weitere relevante Gefährdungslage aufgenommen, die sich
auf die Beeinträchtigung anderer Unternehmen bezieht. Dagegen gibt es in den Gesetzesmaterialien keine Anhaltspunkte dafür, dass systemwidrig auf das Erfordernis eines Anordnungsgrundes ganz verzichtet oder die Zeitdimension beseitigt werden sollte.

## II. Dringender Fall

**15**   § 32a Abs. 1 verlangt unverändert einen Anordnungsgrund[24] und damit in zeitlicher
Hinsicht das Vorliegen eines „dringenden Falles". Die Kartellbehörde muss belegen, dass
im konkreten Fall der Ausgang des Hauptsacheverfahrens **nicht abgewartet werden
kann,** ohne dass eine spezifische Gefährdung des betreffenden Schutzgutes zu erwarten ist.
Diese Gefährdung ist im Hinblick auf die geschützten Interessen anderer Unternehmen
relativ konkret beschrieben (unmittelbar drohende, schwerwiegende Beeinträchtigung) und
erscheint in Bezug auf den Wettbewerb auf den ersten Blick konturenlos.

**16**   Für ein Vorgehen im summarischen Verfahren der einstweiligen Maßnahme genügt es
nicht, dass eine materielle Zuwiderhandlung wahrscheinlich ist[25] und die konkret erwogene
Maßnahme verhältnismäßig erscheint. Die Behörde hat vielmehr zu analysieren, wann aufgrund der erforderlichen Ermittlungen und dem zu erwartenden Verfahrensablauf mit dem
Abschluss eines Hauptsacheverfahrens zu rechnen wäre. Sie hat dann in einem weiteren
Schritt zu prüfen, welche Auswirkungen sich für das Schutzgut Wettbewerb oder die spezifisch geschützten Interessen anderer Unternehmen ergäben, wenn der Abschluss des Hauptsacheverfahrens abgewartet würde. Sind diese Auswirkungen derart, dass sie im Hinblick auf
ihre Bedeutung für die Schutzgüter **auch temporär nicht hingenommen** werden können, liegt ein dringender Fall vor. Nach der Regierungsbegründung muss ein qualifizierter
Schaden für den Fall drohen, dass die Eilmaßnahme nicht durchgeführt wird.[26]

**17**   Für die Frage, ob die zu erwartenden Auswirkungen temporär hingenommen werden
können, ist nicht unerheblich, ob und wie diese Auswirkungen im Rahmen einer Verfügung nach § 32 wieder **rückgängig** gemacht werden können. Dabei ist das gesamte
Instrumentarium nach § 32 zu berücksichtigen. Dazu gehört auch die Anordnung der
Rückerstattung von Vorteilen → § 32 Rn. 38. Anders als nach altem Recht ist aber für den
Erlass einstweiliger Maßnahmen nicht mehr positiv erforderlich, dass der Schaden durch die
spätere Entscheidung nicht wieder gutzumachen wäre.[27] Dies ist Teil der gewollten Absenkung der Voraussetzungen für den Erlass solcher Maßnahmen.

**18**   Das Erfordernis eines dringenden Falles ist nicht mit der wettbewerbsrechtlichen **Dringlichkeit** zu verwechseln. Einem dringenden Fall im Sinne von § 32a steht nicht entgegen,
dass die Kartellbehörde bereits seit mehreren Monaten Kenntnis von denjenigen Umständen hatte, die bei summarischer Prüfung zu einer Zuwiderhandlung im Sinne von § 32
führen. Das Merkmal ist vielmehr objektiv zu verstehen und knüpft an das Vorliegen der
entsprechenden Gefahrenlage an.

## III. Qualifizierter Schaden für den Wettbewerb

**19**   Für den Anordnungsgrund nach der ersten Alternative in § 32a Satz 1 muss beim
Ausbleiben einstweiliger Maßnahmen bis zum Abschluss des Hauptsacheverfahrens ein

---

[23] BT-Drs. 19/23492, 84.
[24] Spiecker in MüKoWettbR Rn. 11.
[25] Ähnlich zum wettbewerbsrechtlichen Verfügungsgrund Singer in Ahrens Kap. 47 Rn. 5.
[26] BT-Drs. 19/23492, 85.
[27] Dazu Vorauflage Rn. 15 und Bach FS Gerhard Wiedemann, 2020, 727 (732).

**qualifizierter Schaden** für den Wettbewerb drohen.[28] Die Begründung des Regierungsentwurfs lässt offen, ob damit am Erfordernis eines „ernsten Schadens" festgehalten werden soll. Dies kann dahin stehen, da das Merkmal des ernsten Schadens bislang keine Konkretisierung erfahren hatte. Die Auslegung auf der Ebene des Wortlauts ist auch in Bezug auf den „qualifizierten Schaden" unergiebig. Angesichts der vielfältigen Möglichkeiten einer Beeinträchtigung von Wettbewerb kann sich erkennbar nicht schon aus jedem Schaden für den Wettbewerb ein Anordnungsgrund ergeben. Umgekehrt ist mit der sicher zutreffenden Erkenntnis, der Schaden für den Wettbewerb müsse eine **gewisse Erheblichkeitsschwelle** überschreiten, zunächst wenig gewonnen. Beeinträchtigungen von geringer Bedeutung oder kurzfristiger Dauer führen aber jedenfalls weder zu einem qualifizierten Schaden noch zu einer ernsten Gefahr. Kaum weiterführend sind auch die Hinweise in der Begründung des Regierungsentwurfs, Schutzgut sei der Wettbewerb „im Sinne eines unverfälschten Wettbewerbsprozesses" oder „in seinem ungestörten Ablauf". Wettbewerb läuft nach aller Erfahrung praktisch nie ungestört ab.

Entscheidend sind die Auswirkungen der Zuwiderhandlung auf die **Funktionsfähigkeit 20 des Wettbewerbs.** Ein qualifizierter Schaden droht daher insbesondere dort, wo infolge der wahrscheinlichen Zuwiderhandlung der Zugang zu Märkten oder die Wettbewerbsfähigkeit von Lieferanten und Nachfragern beeinträchtigt wird oder die Vermachtung von Märkten in einer Weise erhöht wird, die eine kurzfristige Erosion nicht mehr erwarten lässt.[29] Eine Kontrollfrage für das Bestehen qualifizierter Schäden lautet, inwieweit im Falle einer mehrjährigen Fortdauer der Zuwiderhandlung deren bloßer Wegfall zu einer Situation führt, die hinsichtlich der Intensität des Wettbewerbs und der Marktergebnisse im Wesentlichen der Situation vor Beginn der Zuwiderhandlung entspricht. Ist dies nicht der Fall, sondern ist eine anhaltende strukturelle Verschlechterung des Wettbewerbs zu erwarten, spricht dies für das Vorliegen eines Anordnungsgrundes.

Der Anordnungsgrund für eine einstweilige Maßnahme lässt sich **nicht der Erforder- 21 lichkeit** und der Verhältnismäßigkeit im engeren Sinne **entnehmen,** wie dies die Begründung zum Regierungsentwurf nahezulegen scheint.[30] Beides sind Anforderungen, denen die von der Behörde konkret beabsichtigte Maßnahme zu genügen hat → Rn. 30. Weder die Einhaltung des Interventionsminimums noch die Verhältnismäßigkeit der konkreten Maßnahme vermögen die Frage zu beantworten, weshalb statt einer Abstellungsverfügung im Hauptsacheverfahren eine einstweilige Maßnahme ergehen kann. Dem Gesetzeswortlaut ließe sich allenfalls die Anforderung entnehmen, zum Schutze des Wettbewerbs müsse gerade eine einstweilige Maßnahme geboten sein. Bei diesem Verständnis formuliert Abs. 1 die Frage, nicht aber Kriterien einer Antwort.

Inwieweit auch Nachteile für Wettbewerber oder andere Unternehmen zu einem **22** qualifizierten Schaden für den Wettbewerb führen können, bedarf keiner Entscheidung. Hier hat die 10. GWB-Novelle spezifische Anforderungen an den Anordnungsgrund normiert.

## IV. Schwerwiegende Beeinträchtigung eines anderen Unternehmens

Ein Anordnungsgrund liegt nach der zweiten Alternative in § 32a Satz 1 auch dann vor, **23** wenn sich ein dringender Fall aus einer unmittelbar drohenden schwerwiegenden Beeinträchtigung eines anderen Unternehmens ergibt. Hier werden die Folgen einer Zuwiderhandlung nach § 32 am Ausmaß der Beeinträchtigung anderer Unternehmen gemessen. Diese muss schwerwiegend und unmittelbar auf die Zuwiderhandlung zurück zu führen sein. Die Kartellbehörde braucht nicht abzuwarten, bis die Beeinträchtigung sicher und nachweisbar eingetreten ist. Die **Beeinträchtigung droht** bereits dann, wenn zum Zeit-

---

[28] BT-Drs. 19/23492, 85.
[29] Ähnlich Spiecker in MüKoWettbR Rn. 12.
[30] BT-Drs. 19/23492, 85.

punkt der Entscheidung mit überwiegender Wahrscheinlichkeit mit ihrem Eintritt in nächster Zukunft[31] zu rechnen ist.

24      Hinter dieser Alternative steht nicht in erster Linie der Individualschutz, sondern die **Erleichterung des Nachweises** gravierender Folgen der Zuwiderhandlung.[32] Schutzgut bleibt daher auch im Rahmen dieser Alternative der Wettbewerb im Sinne eines unverfälschten Wettbewerbsprozesses.[33] Es besteht daher auch kein Anlass, diese Alternative auf Fälle zu verengen, in denen die durch die Zuwiderhandlung verletzte Norm den Individualschutz eines Unternehmens bezweckt.[34] Im Kern ermöglicht die Feststellung schwerwiegender Beeinträchtigung individueller Unternehmen den indirekten Nachweis nachteiliger Auswirkungen einer Zuwiderhandlung auf den Wettbewerb insgesamt.[35] Dies lässt sich als **Indikatorfunktion** bezeichnen. So hat die Praxis der französischen Wettbewerbsbehörde gezeigt, dass sich die Auswirkungen eines potentiell missbräuchlichen Verhaltens auf einen Abnehmer wesentlich leichter belegen und quantifizieren lassen als „Gefahren für den Wettbewerb".[36] Eine schwerwiegende Beeinträchtigung konnte etwa mit drastischen Umsatzrückgängen aufgrund der wahrscheinlichen Zuwiderhandlung belegt werden.[37] Demgegenüber ist der direkte Nachweis von Gefahren für den Wettbewerb mit wesentlich höheren tatsächlichen und rechtlichen Unsicherheiten belastet.

25      Für die Beantwortung der Frage, wann eine Beeinträchtigung **schwerwiegend** ist, ist die Indikatorfunktion ebenfalls von Bedeutung. Eine Beeinträchtigung ist umso eher schwerwiegend, je stärker sie für eine Schädigung des Wettbewerbs insgesamt spricht. Daher stehen nicht notwendig die finanziellen Folgen für das beeinträchtigte Unternehmen, sondern die Folgen für seine Wettbewerbsposition im Fokus. Diese Folgen sind am gravierendsten, wenn sogar zu befürchten ist, dass das Unternehmen aus dem Markt ausscheiden wird. Eine nachhaltige, also für eine gewisse Dauer zu erwartende, Beschädigung seiner Wettbewerbsposition reicht für die geforderte Beeinträchtigung sicher aus.[38]

26      Auch wenn eine einstweilige Maßnahme auf die Beeinträchtigung eines anderen Unternehmens gestützt werden soll, bleibt es bei einer Entscheidung **von Amts wegen.** Ein Antrag ist nicht vorgesehen. Ähnlich hebt auch die Kommission für die Anwendung von Art. 8 VO 1/2003 hervor, dass Beschwerdeführer keinen Antrag auf einstweilige Maßnahmen stellen können.[39] Ein Antrag wäre als Anregung an die Kartellbehörde zu verstehen, den Erlass solcher Maßnahmen zu prüfen. Selbstverständlich bleibt es Unternehmen unbenommen, sich beschwerdeführend an die Behörden zu wenden und dabei nicht nur mögliche Verstöße, sondern auch die Voraussetzungen einer einstweiligen Maßnahme vorzutragen. § 32a gewährt aber auch den potentiell durch die Zuwiderhandlung beeinträchtigen Unternehmen **keinen Anspruch** auf Erlass einstweiliger Maßnahmen.[40] Kartellbehörden müssen in der Lage sein, auch bei offenkundigen Zuwiderhandlungen ihr Aufgreifermessen auszuüben und beim Einsatz prinzipiell beschränkter Ressourcen ihre Prioritäten zu setzen.[41] Wird ein Einschreiten abgelehnt, so bleibt beeinträchtigten Marktteilnehmern der einstweilige **Rechtsschutz vor den Zivilgerichten.**

---

[31] BT-Drs. 19/23492, 85.
[32] Ähnlich Bernhard in BKKO 10. GWB-Novelle, B Rn. 161, allerdings unter dem Gesichtspunkt einer Beweiserleichterung.
[33] BT-Drs. 19/23492, 85.
[34] So aber Bernhard in BKKO 10. GWB-Novelle, B Rn. 143.
[35] BT-Drs. 19/23492, 85; Bornkamm/Tolkmitt in Bunte KartellR Rn. 9.
[36] Dazu Bach FS Gerhard Wiedemann, 2020, 727 (732f).
[37] Vgl. Autorité de la Concurrence, Entscheidung n° 19-MC-01 du 31 janvier 2019 relative à une demande d'une mesure conservatoire de la société Amadeus, Rn. 164, www.autoritedelaconcurrence.fr/fr/decision/relative-une-demande-de-mesures-conservatoires-de-la-societe-amadeus.
[38] BT-Drs. 19/23492, 85.
[39] Bekanntmachung der Kommission über die Behandlung von Beschwerden durch die Kommission gem. Art. 81 und 82 EG-Vertrag, ABl. 2004 C 101, S. 65 Rn. 80.
[40] BT-Drs. 19/23492, 85.
[41] BT-Drs. 19/23492, 85.

## D. Anforderungen an den Inhalt der Maßnahme

### I. Begrenzung durch Gegenstand einer Hauptsacheentscheidung

Einstweilige Maßnahmen nach § 32a sind durch den Gegenstand einer Hauptsacheent- **27** scheidung begrenzt, die auf Grund der wahrscheinlich gegebenen Zuwiderhandlung erlassen werden könnte. Die Kartellbehörde kann daher nur **solche Regelungen treffen,** die **zumindest als Nebenbestimmungen** auch in eine Hauptsacheentscheidung nach § 32 aufgenommen werden könnten.[42] Umgekehrt können mit einstweiligen Maßnahmen weder Regelungen getroffen noch Zwecke verfolgt werden, die nicht auch für ein Hauptsacheverfahren zulässig wären. Die Handlungsmöglichkeiten der Kartellbehörde werden nicht in materieller, sondern nur in zeitlicher Hinsicht erweitert.[43] Auch im Hinblick auf den Inhalt einer möglichen Hauptsacheentscheidung gelten allerdings die Einschränkungen, die sich aus der gebotenen summarischen Prüfung des Sachverhalts und des geringeren Grades an rechtlicher Gewissheit ergeben. Maßgeblich ist daher, welche Hauptsacheentscheidung die Kartellbehörde nach dem Stand ihrer summarischen Prüfung treffen könnte. Bestehen erhebliche Zweifel, ob die Entscheidung auch in der Hauptsache nach § 32 ergehen könnte, darf die einstweilige Maßnahme nicht erlassen werden.[44]

### II. Vorläufiger und sichernder Charakter

§ 32a erlaubt nur einstweilige Maßnahmen. Die Einstweiligkeit ergibt sich nicht schon **28** aus der nach § 32a Abs. 2 zwingend vorzusehenden Befristung. Vielmehr muss auch die Maßnahme selbst einen vorläufigen und sichernden Charakter aufweisen.[45] Als Maßnahmen vorläufiger und sichernder Art kommen insbesondere solche in Betracht, die einen vor Beginn der möglichen Zuwiderhandlung bestehenden **status quo sichern.** Dazu zählt insbesondere die temporäre Nichtanwendung neu eingeführter vertraglicher Bestimmungen oder sonstiger Beschränkungen. Darüber hinaus können aber im Einzelfall Maßnahmen geboten sein, die vorläufig ein vom status quo abweichendes Verhalten vorgeben. In keinem Fall vorläufiger und sichernder Art sind allerdings strukturelle Abhilfemaßnahmen. Die für strukturelle Maßnahmen gesteigerten Anforderungen an die Verhältnismäßigkeit führen dazu, dass sie als einstweilige Maßnahmen ausscheiden.[46]

### III. Vorwegnahme der Hauptsache

Einstweilige Maßnahmen sollen vorläufige und sichernde Anordnungen enthalten und **29** die Hauptsacheentscheidung nicht endgültig vorwegnehmen. Allerdings sind die Besonderheiten im Bereich von § 32 zu beachten. Abstellungsverfügungen werden regelmäßig darauf gerichtet sein, ein Verhalten zu untersagen, in dem eine Zuwiderhandlung gegen Vorschriften des GWB oder der Art. 101, 102 AEUV liegt. Dennoch müssen einstweilige Maßnahmen zulässig sein, mit denen ein entsprechendes Verhalten jedenfalls vorläufig untersagt wird, obwohl die Wirkung dieser einstweiligen Maßnahme während ihrer Dauer derjenigen einer Hauptsacheentscheidung zumindest weitgehend entspricht. Darüber hinaus müssen, insbesondere im Bereich des Missbrauchsverbots, auch Maßnahmen möglich sein, die etwa den vorübergehenden Zugang zu einer wesentlichen Einrichtung oder die Belieferung eines Abnehmers zum Gegenstand haben. § 32a ist daher **kein generelles**

---

[42] Ähnlich Bornkamm/Tolkmitt in Bunte KartellR Rn. 9; Bechtold/Bosch Rn. 8; Rehbinder in LMRKM § 32a Rn. 8; vgl. auch BT-Drs. 15/3640, S. 51.
[43] So für § 60 GWB Bracher in FK-KartellR GWB 2013 § 60 Rn. 9.
[44] Bechtold/Bosch GWB § 32a Rn. 8; vgl. auch KG 11.1.1993 – Kart 25/92, WuW/E OLG 5151 (5160) = BeckRS 1993, 4867.
[45] Bornkamm/Tolkmitt in Bunte KartellR Rn. 9; Bechtold/Bosch Rn. 9; Rehbinder in LMRKM Rn. 8; Nordsjo ECLR 2006, 299 (304).
[46] Spiecker in MüKoWettbR Rn. 17.

**Verbot einer Vorwegnahme** der Hauptsache zu entnehmen.[47] Allerdings ist darauf zu achten, dass die Wirkungen einer zeitlich begrenzten Vorwegnahme der Hauptsache nicht ihrerseits zu einer irreversiblen, durch die Hauptsacheentscheidung selbst nicht zu korrigierenden Wirkung führen.[48]

## IV. Interventionsminimum

30    § 32a ermächtigt nur zum Erlass solcher Maßnahmen, die zum Schutz des Wettbewerbs oder aufgrund einer schweren Beeinträchtigung eines anderen Unternehmens geboten sind. Die gesetzliche Neuregelung betont also das Prinzip des Interventionsminimums. Die vorgesehene einstweilige Maßnahme muss geeignet und erforderlich[49] sein, um die angestrebte Sicherung zu erreichen. Lässt sich die angestrebte Sicherung mit mehreren Mitteln erreichen, so ist dasjenige auszuwählen, das den **geringsten Eingriff** in die Position des Adressaten bewirkt und am ehesten reversibel ist.[50] Insoweit erfährt die übliche Prüfung des Interventionsminimums eine Ergänzung durch die angestrebte Vorläufigkeit der Maßnahme. Irreparable Folgen sind im Rahmen einstweiliger Maßnahmen in jedem Fall zu vermeiden. Dies gilt ungeachtet möglicher weiterer Einschränkungen aufgrund der Härteklausel in Abs. 1 Satz 2.

31    Die Bindung an das Interventionsminimum verpflichtet die Kartellbehörde auch zur Prüfung, inwieweit statt einer Verfügung nach § 32a Zusagen des möglichen Adressaten in Betracht kommen. Nach der nun aufgrund der Härtefallklausel durchweg gebotenen Gewährung rechtlichen Gehörs[51] werden Unternehmen der Behörde in geeigneten Fällen im Rahmen einer Zusage anbieten, das inkriminierte Verhalten vorläufig, etwa bis zum Abschluss des Hauptsacheverfahrens, nicht zu praktizieren. Es ist zweifelhaft, ob mit einer derartigen Zusage schon die Gefahrenlage entfällt.[52] Jedenfalls **entfällt bei geeigneten Zusagen die Erforderlichkeit** einer einstweiligen Maßnahme. Formal handelt es sich bei derartigen Zusagen um öffentlich-rechtliche Verträge, deren Einhaltung mit den Mitteln des Verwaltungszwangs durchgesetzt werden kann. Die Behörde kann stattdessen aber auch die Verfügung nach § 32a erlassen. Schon bei berechtigten Zweifeln an der Einhaltung der Zusage ist diese nicht mehr geeignet, die Erforderlichkeit einer einstweiligen Maßnahme einzuschränken.

## V. Verhältnismäßigkeit

32    Die Maßnahme muss nicht nur geeignet und erforderlich, sondern auch verhältnismäßig im engeren Sinne sein. Die Beeinträchtigung des Adressaten muss also in einem angemessenen Verhältnis zur Schwere der Gefahr stehen. Dabei sind nicht nur die wettbewerblichen Interessen des Adressaten in die Abwägung einzustellen, wie dies in einer missverständlichen Formulierung der Begründung zum Regierungsentwurf der 10. Novelle anklingt.[53] Auch die übrigen Interessen des Adressaten, etwa an der Aufrechterhaltung seines Geschäftsmodells, sind prinzipiell schutzwürdig. Bei dieser Abwägung ist zu berücksichtigen, dass der Gesetzgeber der Funktionsfähigkeit des Wettbewerbs als Institution einen derartigen Rang eingeräumt hat, dass einstweilige Maßnahmen trotz der zwangsläufigen Beeinträchtigung des Adressaten grundsätzlich möglich sind. Die vorzunehmende **Interessenabwägung**[54] ist durch die Änderungen der 10. GWB-Novelle modifiziert worden.

---

[47] BT-Drs. 19/23492, 84.
[48] Rehbinder in LMRKM Rn. 8; Spiecker in MüKoWettbR Rn. 18.
[49] BT-Drs. 19/23492, 85.
[50] Ähnlich: → § 60 Rn. 16; Bornkamm/Tolkmitt in Bunte KartellR Rn. 9; Rehbinder in LMRKM Rn. 7.
[51] Vgl. → Rn. 41.
[52] So Bechtold/Bosch Rn. 9.
[53] BT-Drs. 19/23492, 85.
[54] Spiecker in MüKoWettbR Rn. 15.

Bestimmte Interessen des Adressaten sind durch die Härtefallklausel so gewichtet worden, dass der Erlass einstweiliger Maßnahmen ausscheidet. Neben den Interessen des potentiellen Adressaten ist sowohl das öffentliche Interesse an der Funktionsfähigkeit des Wettbewerbs als auch das Interesse anderer Unternehmen einzustellen, von schwerwiegenden Beeinträchtigungen verschont zu bleiben, die sich auch auf ihre Wettbewerbsposition beziehen. Fraglich ist, ob sich durch die Einführung der Härtefallklausel auch die Zumutbarkeitsgrenze für den Adressaten zu dessen Lasten dahingehend verschoben hat, dass seinen Interessen erst bei Vorliegen unbilliger Härten der Vorrang einzuräumen wäre. Dies widerspräche den Intentionen des Gesetzgebers, der mit der Härtefallklausel eine zusätzliche Sicherung zugunsten des Adressaten einführen,[55] nicht aber die Gewichtung seiner Interessen in der Abwägung schmälern wollte. Wird also in die Rechtsposition des Adressaten schwerwiegend und kaum reparabel eingegriffen, ist dessen Interessen auch weiterhin grundsätzlich der Vorrang einzuräumen.[56]

Die Härtefallklausel ändert auch nichts daran, dass die abzuwägenden Interessen einschließlich der Auswirkungen für den Adressaten weiterhin **von Amts wegen** zu ermitteln sind. Ohne ausreichende Tatsachenbasis kann keine Verhältnismäßigkeitsprüfung durchgeführt werden, eine dennoch erlassene Maßnahme wäre rechtswidrig. **33**

## E. Anhängiges Hauptsacheverfahren

Einstweilige Maßnahmen nach § 32a können nur getroffen werden, wenn ein Hauptsacheverfahren anhängig ist.[57] Ebenso wie nach Art. 8 VO 1/2003[58] und § 60 GWB[59] gibt es also **kein isoliertes Verfahren auf Erlass einstweiliger Maßnahmen.** Das Verfahren muss gerade auf Erlass einer Abstellungsverfügung nach § 32 gerichtet sein. Ein anderweitig anhängiges Verfahren der Behörde stellt keine taugliche Basis dar. Dies gilt insbesondere für den Fall eines Fusionskontrollverfahrens.[60] Dem steht auch die mögliche Doppelkontrolle von Gemeinschaftsunternehmen nicht entgegen. Die Kontrolle möglicher koordinativer Effekte nach § 1 GWB erfolgt nach der Praxis des BKartA gerade außerhalb des Fusionskontrollverfahrens. Daraus ergeben sich keine Schutzlücken, denn die Einleitung eines Kartellverwaltungsverfahrens ist ohne nennenswerte formale Hürden möglich. Die Behörde muss nur dann, wenn sie bisher in einer anderen Verfahrensart ermittelt, deutlich machen, dass sie parallel ein auf eine Verfügung nach § 32 gerichtetes Verfahren eingeleitet hat. Nach Abschluss des Hauptsacheverfahrens mit einer **Abstellungsverfügung** sind einstweilige Maßnahmen nicht mehr möglich. Sie widersprächen deren vorläufigem Charakter und der Sicherungsfunktion.[61] Für einstweilige Maßnahmen nach Erlass der Hauptsacheverfügung besteht auch kein praktisches Bedürfnis. Seit der GWB-Novelle 2007 haben Beschwerden gegen Abstellungsverfügungen keine aufschiebende Wirkung mehr. **34**

## F. Härtefallklausel

### I. Zusätzliche Sicherung

Die mit der 10. GWB-Novelle neu eingefügte Härtefallklausel ist eine zusätzliche Sicherung zugunsten des potentiellen Adressaten einer einstweiligen Maßnahme.[62] Mit ihr **35**

---

[55] BT-Drs. 19/23492, 86.
[56] Rehbinder in LMRKM Rn. 7; Spiecker in MüKoWettbR Rn. 15.
[57] Bornkamm/Tolkmitt in Bunte KartellR Rn. 4; Spiecker in MüKoWettbR Rn. 4.
[58] → VO 1/2003 Art. 8 Rn. 9; Schwarze/Weitbrecht § 6 Rn. 54.
[59] → § 60 Rn. 4.
[60] OLG Düsseldorf 9.12.2015 VI Kart 1/15 (V), NZKart 2016, 30 (37) – Vollzugsverbot I.
[61] Spiecker in MüKoWettbR Rn. 4.
[62] BT-Drs. 19/23492, 86.

reagiert der Gesetzgeber auf die gewollte Absenkung der Eingreifschwelle. Eine einstweilige Maßnahme kann nicht ergehen, wenn sie eine unbillige Härte zur Folge hätte.

**36**     Die Härtefallklausel tritt **neben die** unverändert gebotene **Verhältnismäßigkeitsprüfung**.[63] Sie führt auch nicht zu einer Modifikation der Maßstäbe im Rahmen dieser Prüfung. Die Interessen des Adressaten sind also nicht geringer zu gewichten, weil er darüber hinaus noch die Voraussetzungen der Härtefallklausel dartun könnte. Die Härtefallklausel kann selbst zum Ausschluss solcher Maßnahmen führen, die sich als verhältnismäßig erwiesen hätten.

**37**     Die Härtefallklausel enthält **keine negativen Tatbestandsvoraussetzungen** für einstweilige Maßnahmen. Sie eröffnet einen zusätzlichen Prüfungsschritt, der grundsätzlich von der Initiative des betroffenen Unternehmens abhängt.

## II. Unbillige Härte

**38**     Nur **schwerwiegende Nachteile** vermögen eine Härte zu begründen. Dabei stehen mögliche wirtschaftliche Nachteile im Vordergrund. Im Hinblick auf geltend gemachte Umsatz- oder Ertragseinbußen ist die Leistungsfähigkeit des Unternehmens im Sinne der wirtschaftlichen Einheit zu berücksichtigen. Bei entsprechend leistungsfähigen Unternehmen rechtfertigen daher auch Belastungen im zweistelligen Millionenbereich für sich alleine nicht die Annahme eines unbilligen Nachteils.[64]

**39**     Unbillig sind solche Härten, die nicht durch überwiegende Interessen geboten sind. Das Unbilligkeitsurteil ist das Ergebnis einer **einzelfallbezogenen Abwägung** der Interessen und Belange des betroffenen Unternehmens einerseits und der öffentlichen Kartellrechtsdurchsetzung andererseits. Gerade die Hinnahme der Härte muss im öffentlichen Interesse geboten sein. Dies ist nur der Fall, wenn die öffentlichen Interessen auch in Kenntnis der die Härte begründenden Umstände noch deutlich überwiegen. Eine Bedrohung des betroffenen Unternehmens in seiner Existenz stellt ohne weiteres eine unbillige Härte dar.[65] Die Unbilligkeit kann sich auch daraus ergeben, dass die Folgen der einstweiligen Maßnahme zu einer irreversiblen Schädigung der Wettbewerbsposition des Adressaten führen würden. Umgekehrt wird der Verlust eines möglichen Wettbewerbsvorsprungs oder der finanziellen Vorteile einer neuen Vertriebsstrategie regelmäßig keine Unbilligkeit begründen. Für die Frage der Unbilligkeit ist trotz der gebotenen Befristung auch die Dauer der zu erwartenden Nachteile zu berücksichtigen. Nicht jeder Nachteil muss für die Dauer eines Jahres ohne Hauptsacheentscheidung im öffentlichen Interesse hingenommen werden. In Bezug auf die öffentlichen Interessen der Kartellrechtsdurchsetzung ist das **bisherige Verhalten der Behörde** zu berücksichtigen. War der Behörde das die Zuwiderhandlung begründende Verhalten schon länger bekannt, ohne dass dies beanstandet wurde, fehlt ein überwiegendes öffentliches Interesse.[66]

**40**     Der Gesetzgeber hat sich hinsichtlich des Wortlauts der Härtefallklausel an § 67 Abs. 3 Nr. 3 angelehnt. Die unterschiedliche Funktion von Härtefallklausel einerseits und Anordnung oder Widerherstellung der aufschiebenden Wirkung einer Beschwerde andererseits stehen allerdings einer schlichten Übernahme der Auslegungsergebnisse entgegen. Insbesondere ist dort im Bereich von Verfügungen nach § 32 ein besonderes Interesse an der sofortigen Beseitigung vorausgesetzt und nicht, wie im Kontext von § 32a, erst zu begründen. Daher sind etwa im Rahmen von § 67 Abs. 3 Satz 3 Nachteile hinzunehmen, die mit der Vollziehung der Verfügung notwendigerweise verbunden sind.[67] Dieses Argument ist auf die Härteklausel nicht übertragbar.

---

[63] Bernhard in BKKKO 10. GWB-Novelle, B Rn. 163.
[64] BGH Beschluss v. 23.6.2020 – KVR 69/19 – Facebook II, NZKart 2020, 473 Rn. 136.
[65] Ähnlich → § 67 Rn. 16; zurückhaltender LMRKM/Kühnen § 65 Rn. 14.
[66] Ähnlich Bechtold/Bosch § 67 Rn 7.
[67] BGH Beschluss v. 23.6.2020 – KVR 69/19 – Facebook II, NZKart 2020, 473, Rn. 137, 140.

### III. Darlegungs- und Beweislast

Nach der ausdrücklichen Regelung in Abs. 1 Satz 2 liegt die Darlegungslast für Tatsa- **41** chen, aus denen sich eine unbillige Härte ergibt, bei dem betroffenen Unternehmen, also dem potentiellen Adressaten der einstweiligen Maßnahme. Das Unternehmen muss zunächst **behaupten,** dass die beabsichtigte Maßnahme zu einer unbilligen Härte führt. Dies setzt voraus, dass die Behörde im Rahmen des zwingend zu gewährenden **rechtlichen Gehörs** die Maßnahme so beschrieben hat, wie sie erlassen werden soll, denn nur dann können die konkreten Auswirkungen analysiert und vorgetragen werden.

Das betroffene Unternehmen muss zunächst diejenigen **Tatsachen substantiiert vor-** **42** **tragen,** die nach seiner Auffassung schwerwiegende Nachteile begründen.[68] Fraglich ist, ob sich die Darlegungslast auch auf die Tatsachen erstreckt, die den Bewertungsschritt der Unbilligkeit tragen. In jedem Fall muss dem betroffenen Unternehmen Gelegenheit gegeben werden, auch zur einzelfallbezogenen Abwägung vorzutragen. Dies setzt voraus, dass Gegenstand des rechtlichen Gehörs auch diejenigen Umstände sind, auf die die Behörde das öffentliche Interesse an der einstweiligen Anordnung stützt. Eine echte Darlegungslast des betroffenen Unternehmens kann sich aber nur auf solche Umstände beziehen, die **in seiner Sphäre liegen.** Dies gilt für die Nachteile und deren Gewicht. Dagegen bleibt die Ermittlung von Tatsachen, die das öffentliche Interesse an der einstweiligen Maßnahme stützen, sowie von deren Gewicht im Rahmen der Abwägung Sache der Behörde.

Die vom betroffenen Unternehmen zu Art und Umfang der Nachteile vorgetragenen **43** Tatsachen sind **glaubhaft** zu machen. Nach der Begründung des Regierungsentwurfs **genügt ein substantiierter Vortrag** zu den Umständen, die eine besondere Härte begründen.[69] Diese weitgehende Absenkung des Beweismaßes ist den besonderen Umständen des Eilverfahrens geschuldet. Das betroffene Unternehmen ist in der Kürze der zur Verfügung stehenden Zeit regelmäßig nicht in der Lage, Beweismittel wie Urkunden oder Sachverständigengutachten beizubringen, welche die Nachteile belegen könnten, zumal es sich vielfach um Auswirkungen zukünftiger Entwicklungen handeln wird. Die Kartellbehörde hat daher den substantiierten Tatsachenvortrag des betroffenen Unternehmens als solchen hinzunehmen und in die Unbilligkeitsprüfung einzustellen. Zwar sind weitergehende Ermittlungen der Kartellbehörde – auch zu den vorgetragenen Tatsachen – nicht ausgeschlossen. Von Bedeutung für die substantiiert vorgetragenen Tatsachen ist dies aber erst, wenn die Ermittlungsergebnisse die Behörde in die Lage versetzen, diese **Tatsachen zu widerlegen.** Dagegen reicht nicht aus, dass die Behörde den substantiierten Vortrag in Zweifel zieht oder für nicht belegt hält.

## G. Befristung und Verlängerung (Abs. 2)

### I. Befristung

Nach § 32a sind einstweilige Maßnahmen zwingend zu befristen. Die Befristung ist **44** notwendiger und **nicht abdingbarer Inhalt** der kartellbehördlichen Verfügung.[70] Die Befristung sichert die Vorläufigkeit der Maßnahme und schließt, jedenfalls formal, endgültige Maßnahmen auf der Basis von § 32a aus.

Abweichend von Art. 8 VO 1/2003 enthält § 32a Abs. 2 S. 3 eine Regelung über die **45** **Höchstdauer,** die allerdings als Soll-Vorschrift ausgestaltet ist. Der Gesetzgeber hatte diese Regelung ausdrücklich im Interesse der betroffenen Unternehmen aufgenommen.[71] Sie blieb im Rahmen der 10. GWB-Novelle unverändert. Nachdem die Dauer der Anordnung

---

[68] BT-Drs. 19/23492, 86.
[69] BT-Drs. 19/23492, 86.
[70] Spiecker in MüKoWettbR Rn. 26; Bechtold/Bosch GWB § 32a Rn. 10.
[71] BT-Drs. 15/3640, S. 51.

insgesamt, dh auch im Falle einer Verlängerung, ein Jahr nicht überschreiten soll, lässt sich der Regelung ein deutlicher Hinweis auf die erforderliche **Beschleunigung des Verfahrens** entnehmen. Entschließt sich die Kartellbehörde, durch Erlass einstweiliger Maßnahmen schon vorläufig in die Position der betroffenen Unternehmen einzugreifen, so ist das Hauptsacheverfahren beschleunigt abzuschließen. Der Gesetzgeber ging von einer insgesamt nicht zu überschreitenden Frist von einem Jahr aus.[72] Einstweilige Anordnungen stehen nicht am Anfang eines Verwaltungserfahrens. Ihnen geht eine erste Sachverhaltsermittlung und rechtliche Bewertung voraus. Daher ist grundsätzlich eine Anordnungsdauer von unter einem Jahr anzustreben. Seit Einführung der Höchstdauer im Jahr 2004 haben Kartellverfahren allerdings deutlich an Komplexität gewonnen. Dem ist im Einzelfall auch bei der Bemessung der Anordnungsdauer Rechnung zu tragen.

46    Eine **Überschreitung der Obergrenze** von einem Jahr ist nicht ausgeschlossen, aber eine begründungsbedürftige Ausnahme. In diesen Fällen müssen besondere rechtliche oder tatsächliche Schwierigkeiten vorliegen, die dem Abschluss des Hauptsacheverfahrens innerhalb der geltenden Obergrenze entgegenstehen. Derartige Schwierigkeiten können aber nicht dazu führen, dass schon bei erstmaliger Anordnung die Frist von einem Jahr überschritten wird. Dies kommt vielmehr erst im Rahmen einer Verlängerungsentscheidung in Betracht, in der die Kartellbehörde die Gründe für eine Überschreitung der Jahresfrist im Einzelnen darzulegen hat. Die mangelnde Personalausstattung der Behörde oder Organisationsmängel rechtfertigen eine Verlängerung nicht.[73]

## II. Verlängerung

47    Die Geltungsdauer der Anordnung kann verlängert werden.[74] Darin liegt eine gesonderte kartellbehördliche Verfügung. Insoweit gelten die allgemeinen Vorschriften. Die **Begründung der Verlängerungsentscheidung** muss schlüssig und nachvollziehbar darlegen, weshalb das Hauptsacheverfahren **nicht innerhalb des ursprünglich vorgesehenen Zeitraums abgeschlossen werden konnte.** Die Entscheidung hat auch darzutun, dass die verlängerte Dauer der Anordnung zu keiner geänderten Bewertung hinsichtlich der Verhältnismäßigkeit der Maßnahme führt. Führt die Verlängerung zur Überschreitung der Jahresfrist, ist überdies darzutun, welche außergewöhnlichen rechtlichen oder tatsächlichen Schwierigkeiten bestehen. Selbstverständlich müssen die übrigen Voraussetzungen einer einstweiligen Maßnahme auch zum Zeitpunkt der Verlängerungsentscheidung gegeben sein. Sind dagegen erhebliche Zweifel an der Berechtigung einer Abstellungsverfügung aufgetreten, ist die Anordnung nicht zu verlängern, sondern aufzuheben.[75]

## H. Verfahren

### I. Nebenverfahren

48    Das Verfahren auf Erlass einer einstweiligen Maßnahme nach § 32a ist nicht Teil des Hauptsacheverfahrens nach § 32. Es ist aber vom Verlauf des Hauptsacheverfahrens abhängig und steht zu diesem in einem **Akzessoritätsverhältnis.**[76] Die Anordnung einer einstweiligen Maßnahme setzt die Einleitung eines Hauptsacheverfahrens voraus.[77] Mit Erlass der Verfügung im Hauptsacheverfahren ist die einstweilige Anordnung aufzuheben. Dassel-

---

[72] BT-Drs. 15/3640, S. 51.
[73] Ebenso Spiecker in MüKoWettbR Rn. 26.
[74] Spiecker in MüKoWettbR Rn. 26.
[75] Ähnlich Bechtold/Bosch Rn. 10.
[76] Vgl. zu → § 60 Rn. 21; Bornkamm/Tolkmitt in Bunte KartellR Rn. 4; zu Art. 8 VO 1/2003: Klees § 6 Rn. 100.
[77] Vgl. → Rn. 4.

be gilt im Falle einer Einstellung des Hauptsacheverfahrens, etwa wegen veränderter tatsächlicher oder rechtlicher Umstände.

## II. Zuständigkeit

Die Zuständigkeit für die einstweilige Anordnung richtet sich nach der Zuständigkeit im **49** Hauptsacheverfahren. Leitet die Kommission zum Gegenstand des Hauptsacheverfahrens ein Verfahren nach Kapitel III der VO 1/2003 ein, führt dies nach Art. 11 Abs. 6 VO 1/2003 zum Wegfall der Zuständigkeit der zunächst tätigen deutschen Kartellbehörde. Diese hat ihr Verfahren einzustellen und eine erlassene einstweilige Anordnung aufzuheben. Dagegen sind die Verweisungen nach § 49 Abs. 3 und 4 als „Abgabe der Sache" ausgestaltet. Dasselbe Kartellverfahren wird vom Bundeskartellamt bzw. der obersten Landesbehörde fortgeführt. Eine vor Abgabe erlassene einstweilige Anordnung bleibt daher wirksam. Die Zuständigkeit zum Erlass einstweiliger Anordnungen endet mit der Entscheidung im Hauptsacheverfahren.[78]

## III. Amtsverfahren

Das Verfahren nach § 32a kann ausschließlich von Amts wegen eingeleitet werden. Dies **50** schließt selbstverständlich nicht aus, dass die Kartellbehörde mit der Verfahrenseinleitung auf Anregungen oder „Beschwerden" reagiert. Ungeachtet des zusätzlichen Anordnungsgrundes der Beeinträchtigung eines anderen Unternehmens kennt § 32a **kein Antragsrecht**.[79] Die Kartellbehörde braucht also über einen Antrag auf Erlass einstweiliger Maßnahmen nicht zu entscheiden. Sie behandelt ihn als Anregung, die Voraussetzungen für den Erlass einstweiliger Maßnahmen zu prüfen. Auch die ausdrückliche Ablehnung einstweiliger Anordnungen ist nicht anfechtbar.

Das Verfahren nach § 32a unterliegt als Amtsverfahren dem Opportunitätsprinzip.[80] Die **51** Kartellbehörde entscheidet nach pflichtgemäßem Ermessen, ob sie eine einstweilige Anordnung trifft.[81]

Am Verfahren beteiligt sind die **Beteiligten** des Hauptsacheverfahrens. Dies sind zu- **52** mindest diejenigen, gegen die sich das Verfahren gem. § 32 richtet. Eine Beiladung erstreckt sich auch auf das Nebenverfahren der einstweiligen Anordnung. Da es sich um ein Amts- und nicht um ein Antragsverfahren handelt, sind die Beschwerdeführer auch dann nicht nach § 54 Abs. 2 Nr. 1 beteiligt, wenn sie den Erlass einstweiliger Maßnahmen beantragt haben sollten.

## IV. Rechtliches Gehör

Vor Erlass der einstweiligen Anordnung ist denjenigen Unternehmen, an die die An- **53** ordnung gerichtet werden soll, rechtliches Gehör zu gewähren. Dies folgt aus dem dem Rechtsstaatsprinzip zuzuordnenden[82] Gebot eines fairen Verfahrens. § 56 Abs. 1 gilt auch für einstweilige Maßnahmen.[83] Teilweise wird vertreten, von einer vorherigen Gewährung rechtlichen Gehörs könne abgesehen werden, soweit dies wegen des Eilcharakters „untun-

---

[78] Vgl. → Rn. 4.
[79] → VO 1/2003 Art. 8 Rn. 4; Bauer in MüKoWettbR VO EG Nr. 1/2003 Art. 8 Rn. 26; Spiecker in MüKoWettbR Rn. 7; Bechtold/Bosch GWB § 32a Rn. 11; Rehbinder in LMRKM Rn. 6; Nordsjo ECLR 2006, 299 (300).
[80] Vgl. → § 54 Rn. 7.
[81] Rehbinder in LMRKM Rn. 7.
[82] Vgl. grundlegend aus der Rechtsprechung: BVerfGE 7, 275 (279); 9, 89 (95); 55, 1 (5 f.); BVerfG 18.1.2000 1 BvR 321/96, NJW 2000, 1709 (1710); BVerwG 31.8.2000 11 B 30/00, NVwZ 2001, 94 (95); aus dem Schrifttum: Ritgen in Knack/Henneke, 10. Aufl. 2014, § 28 Rn. 12; Kallerhoff/Mayen in Stelkens/Bonk/Sachs, 9. Aufl. 2018, § 28 Rn. 1 f.; Kopp/Ramsauer, 19. Aufl. 2018, § 28 Rn. 3; Schwarz HK-VerwR § 28 Rn. 7.
[83] OLG Düsseldorf 9.12.2015 VI – Kart 1/15 (V) NZKart 2016, 30 (33) – Vollzugsverbot I.

lich" wäre.[84] Dieser Auffassung ist spätestens mit Einführung der Härtefallklausel die Grundlage entzogen worden. Der **Eilcharakter** steht der Gewährung rechtlichen Gehörs **nicht entgegen.** Er setzt allenfalls Grenzen in Bezug auf die Ausgestaltung des rechtlichen Gehörs. Dies zeigt die Ausgestaltung der einstweiligen Anordnung nach Art. 8 VO 1/2003. Art. 27 Abs. 1 VO 1/2003 ordnet auch vor einer Entscheidung gem. Art. 8 VO 1/2003 ausdrücklich und ohne Einschränkung an, dass den Unternehmen, gegen die sich das Verfahren richtet, Gelegenheit zu geben ist, sich zu den Beschwerdepunkten zu äußern.[85] Die Härtefallklausel nach Abs. 1 Satz 2 setzt voraus, dass das betroffene Unternehmen die beabsichtigen Maßnahmen und die geltend gemachten öffentlichen Interessen kennt. Hinzu kommen die Besonderheiten der Verfahren nach § 32. In einem Verfahren, das auf die Abstellung von Zuwiderhandlungen gegen kartellrechtliche Vorschriften gerichtet ist, führt schon die Gewährung rechtlichen Gehörs zur beabsichtigten einstweiligen Anordnung zu einer deutlichen Pflichtenmahnung für die betroffenen Unternehmen. Sie werden angesichts der zivilrechtlichen und bußgeldrechtlichen Konsequenzen einer Zuwiderhandlung regelmäßig erwägen, das beanstandete Verhalten gegebenenfalls vorläufig einzustellen. Umgekehrt kommt einem möglichen Überraschungseffekt einer Anordnung ohne vorheriges rechtliches Gehör im Bereich der Verfahren nach § 32 keine zusätzliche Wirkung zu. Zudem bietet die regelmäßig bloß summarische Prüfung des Sachverhalts besonderen Anlass, die betroffenen Unternehmen vor Erlass der Entscheidung anzuhören.

54     Vor Erlass einstweiliger Maßnahmen ist rechtliches Gehör in der Weise zu gewähren, dass den betroffenen Unternehmen zunächst eine **schriftliche Information** über den ermittelten Sachverhalt und das Ergebnis der kartellbehördlichen Prüfung übermittelt wird.[86] Diese Information ist so auszugestalten, dass die Ermittlungs- und Prüfungsergebnisse nachvollzogen und einer kritischen Überprüfung nicht zuletzt im Hinblick auf die Härteklausel unterzogen werden können. Eine mündliche Anhörung nach § 56 Abs. 1 Satz 3 kommt im Verfahren nach § 32a nicht in Betracht. Eine Stellungnahmefrist muss so gesetzt werden, dass eine Überprüfung vorgenommen und eine schriftliche Stellungnahme verfasst werden kann.[87] Dabei kann eine Frist von einer Woche allenfalls in rechtlich einfach gelagerten Fällen und bei offenkundigem Sachverhalt unterschritten werden.[88]

## V. Entscheidung, Begründung

55     Die Anordnung einstweiliger Maßnahmen ist Verfügung iSv § 61 Abs. 1. Insoweit gelten die allgemeinen Vorschriften. Die Anordnung unterliegt insbesondere dem **Bestimmtheitserfordernis.** Der Adressat muss einschätzen können, welches Verhalten von ihm gefordert wird.[89] Die Anordnung hat sich in den Grenzen der nach § 32 möglichen Abstellungsverfügungen zu bewegen.

56     Die Anordnung ist schriftlich zu begründen. Der Umfang der Begründung entspricht § 39 Abs. 1 S. 2 VwVfG. In der Begründung sind also die **wesentlichen tatsächlichen und rechtlichen Gründe** mitzuteilen, die die Behörde zu ihrer Entscheidung bewogen haben. Bei den tatsächlichen Gründen handelt es sich um den im Rahmen der summarischen Prüfung festgestellten Sachverhalt aus Sicht der Behörde. Die rechtlichen Gründe werden insbesondere durch die, möglicherweise vorläufige, Subsumtion unter die jeweilige Norm der Zuwiderhandlung dargetan. Dabei bedarf es einer gesonderten Darlegung, weshalb die Voraussetzungen für den Erlass einer einstweiligen Anordnung vorliegen. Nachdem es sich um eine Ermessensentscheidung handelt, sind auch diejenigen Erwägungen darzulegen, von denen die Behörde bei der Ausübung ihres Ermessens ausgegangen ist. Ein

---

[84] → § 60 Rn. 22.
[85] → VO 1/2003 Art. 8 Rn. 9.
[86] OLG Düsseldorf 9.12.2015 VI Kart 1/15 (V), NZKart 2016, 30 (33) – Vollzugsverbot I.
[87] OLG Düsseldorf 9.12.2015 VI Kart 1/15 (V), NZKart 2016, 30 (33) – Vollzugsverbot I.
[88] OLG Düsseldorf 9.12.2015 VI Kart 1/15 (V), NZKart 2016, 30 (33) – Vollzugsverbot I.
[89] → § 61 Rn. 10.

**Begründungsmangel** kann nach § 45 Abs. 1 Nr. 2 VwVfG geheilt werden, allerdings nur bis zur Einlegung einer möglichen Beschwerde.[90]

Die Anordnung ist den Beteiligten zuzustellen (§ 61 Abs. 1 S. 1) und im Bundesanzeiger **57** bekannt zu machen (§ 61 Abs. 3). Die Zustellung ist Wirksamkeitserfordernis.[91]

## VI. Wegfall der Voraussetzungen

Einstweilige Maßnahmen sind nur berechtigt, solange die besonderen Voraussetzungen **58** nach § 32a vorliegen. Ergibt sich daher im Laufe des Verfahrens, dass die Gefahrenlage nicht nur vorübergehend entfallen ist, **muss die einstweilige Maßnahme aufgehoben** werden, auch wenn die befristete Geltungsdauer noch nicht abgelaufen ist.[92] Eine Aufhebung ist auch geboten, wenn nach Erlass der einstweiligen Anordnung erhebliche Zweifel auftreten, ob das inkriminierte Verhalten tatsächlich die rechtlichen Voraussetzungen einer Zuwiderhandlung erfüllt. Die Aufhebung selbst ist eine gesonderte kartellbehördliche Verfügung, für die ebenfalls die allgemeinen Anforderungen nach § 61 Abs. 1 gelten.

## VII. Rechtsmittel

Einstweilige Maßnahmen nach § 32a können von den Unternehmen, gegen die sich die **59** Verfügung richtet, mit der **Beschwerde** angefochten werden. Die Beschwerde hat keine aufschiebende Wirkung.[93] Allerdings kann das Beschwerdegericht auf gesonderten Antrag nach § 67 Abs. 3 S. 3 die aufschiebende Wirkung einer Beschwerde ganz oder teilweise anordnen, wenn entweder ernstliche Zweifel an der Rechtmäßigkeit der Verfügung bestehen oder die Vollziehung für den Betroffenen eine unbillige, nicht durch überwiegende öffentliche Interessen gebotene Härte zur Folge hätte. Der Antrag kann schon vor Einreichung der Beschwerde gestellt werden.[94] Gegen den Beschluss des Beschwerdegerichts über die Beschwerde ist die Rechtsbeschwerde zum BGH gegeben, wenn das OLG diese zugelassen hat.

## I. Rechtsfolgen

### I. Sanktionen

**1. Bußgeld, Verwaltungszwang.** Verstöße gegen die einstweilige Anordnung stellen **60** nach § 81 Abs. 2 Nr. 2 Buchst. a Ordnungswidrigkeiten dar, für die § 81c eine besonders **hohe Geldbuße** vorsieht. Der tatbezogene Umsatz nach § 81d Abs. 1 Satz 2 gehört allerdings nicht zu den für die Bußgeldhöhe abwägungsrelevanten Umständen. Die Kartellbehörde kann die einstweilige Anordnung darüber hinaus mit den Mitteln des **Verwaltungszwangs** durchsetzen.

**2. Weitere Sanktionen.** Bei einem Verstoß gegen eine einstweilige Anordnung können **61** darüber hinaus zivilrechtliche Ansprüche gem. §§ 33, 33a, insbesondere **Schadensersatz- und Beseitigungsansprüche,** gegeben sein. Zudem kommt eine Vorteilsabschöpfung nach §§ 34, 34a in Betracht.[95] Fraglich ist, welche Bedeutung in diesem Zusammenhang dem vorläufigen Charakter der Verfügung zukommt. Die hM will Schadensersatzansprüche bei einem Verstoß gegen einstweilige Anordnungen alleine für materielle Verstöße und nicht nur für die bloß formelle Zuwiderhandlung gegen eine kartellbehördliche Verfügung

---

[90] → § 61 Rn. 15.
[91] Spiecker in MüKoWettbR Rn. 24.
[92] Bechtold/Bosch Rn. 10.
[93] Bechtold/Bosch Rn. 12; Spiecker in MüKoWettbR Rn. 24.
[94] → § 65 Rn. 16.
[95] Fuchs WRP 2005, 1384 (1389).

gewähren.[96] Dem ist zuzustimmen, da auch die im Hauptsacheverfahren mögliche Abstellungsverfügung nach § 32 keine konstitutive, sondern nur deklaratorische Bedeutung hätte.[97] Die Funktion der Ansprüche nach §§ 33, 33a, 34a liegt aber nicht in der Sanktion von Ungehorsam gegenüber der Kartellbehörde, sondern in der zivilrechtlichen Durchsetzung der materiellen Verbotsnormen. Die Haftung nach §§ 33, 33a entfällt daher, wenn sich im Rahmen des Hauptsacheverfahrens eine andere materielle Beurteilung des Verhaltens ergibt, in dem zum Zeitpunkt des Erlasses der einstweiligen Anordnung eine Zuwiderhandlung gesehen wurde.

## II. Ungerechtfertigte einstweilige Maßnahmen

62 Erweist sich eine einstweilige Anordnung als von vorne herein unberechtigt, kommen grundsätzlich Amtshaftungsansprüche nach Art. 34 GG, § 839 BGB in Betracht. Da einstweilige Maßnahmen nach § 32a auch nach der Änderung durch die 10. GWB-Novelle nicht durch einen Antragsteller erwirkt, sondern im öffentlichen Interesse erlassen werden, scheidet eine analoge Anwendung der Schadensersatzansprüche nach §§ 123 Abs. 3 VwGO, 945 ZPO aus.[98]

## § 32b Verpflichtungszusagen

(1) [1]Bieten Unternehmen im Rahmen eines Verfahrens nach § 30 Absatz 3, § 31b Absatz 3 oder § 32 an, Verpflichtungen einzugehen, die geeignet sind, die ihnen von der Kartellbehörde nach vorläufiger Beurteilung mitgeteilten Bedenken auszuräumen, so kann die Kartellbehörde für diese Unternehmen die Verpflichtungszusagen durch Verfügung für bindend erklären. [2]Die Verfügung hat zum Inhalt, dass die Kartellbehörde vorbehaltlich des Absatzes 2 von ihren Befugnissen nach den § 30 Absatz 3, § 31b Absatz 3, §§ 32 und 32a keinen Gebrauch machen wird. [3]Sie kann befristet werden.

(2) Die Kartellbehörde kann die Verfügung nach Absatz 1 aufheben und das Verfahren wieder aufnehmen, wenn

1. sich die tatsächlichen Verhältnisse in einem für die Verfügung wesentlichen Punkt nachträglich geändert haben,
2. die beteiligten Unternehmen ihre Verpflichtungen nicht einhalten oder
3. die Verfügung auf unvollständigen, unrichtigen oder irreführenden Angaben der Parteien beruht.

**Schrifttum:** Bartosch, Von der Freistellung zur Legalausnahme: Der Vorschlag der EG-Kommission für eine neue Verordnung Nr. 17, EuZW 2001, 101; Becker, Die Befristung von Zusagen und von Zusagenentscheidungen gemäß § 32b GWB, NZKart 2016, 508; Bornkamm, Die Verpflichtungszusage nach § 32b GWB. Ein neues Instrument im deutschen Kartellverwaltungsverfahren, Festschrift Rainer Bechtold, 2006, S. 45; Busse/Leopold, Entscheidungen über Verpflichtungszusagen nach Art. 9 VO (EG) Nr. 1/2003, WuW 2005, 146; Dalheimer/Feddersen/Miersch, Kommentar zur VO 1/2003;; Ehricke, Die Doppelmacht der Kommission in Wettbewerbssachen- ein Plädoyer für die Etablierung einer eigenständigen und unabhängigen EG-Wettbewerbsbehörde, WuW 2008, 411; Frenz/Ehlenz, Die Verhältnismäßigkeit im Wettbewerbsrecht- „Alrosa", EWS 2010, 305; Fuchs, Die Anordnung von Wiedergutmachungszahlungen als Inhalt kartellbehördlicher Abstellungsverfügungen nach § 32 GWB?; ZWeR 2009, 176; Gauer/Dalheimer/Kjolbye/De Smijter, Regulation 1/2003: a modernised application of EC competition rules, Competition Policy Newsletter Nr. 1 2003, 3; Geiger, Das Weißbuch der EG-Kommission zu Art. 81, 82 EG – eine Reform, besser als ihr Ruf, EuZW 2000, 165; Hahn, Drittwirkungen von Zusagenentscheidungen nach der VO 1/2003, Festbeigabe Franz Jürgen Säcker, 2006, S. 77; Kellerbauer, Weitreichender Spielraum für einvernehmliche Lösungen nach Art. 9 Verordnung (EG) Nr. 1/2003 – Anmerkung zum Urteil des EuGH vom 29.6.2010 in der Rechtssache Alrosa, EuZW 2010, 652; Kirchhof, Der Verwaltungsakt auf Zustimmung, DVBl. 1985, 651; Klees, Die Zusagenpraxis der Europäischen Kommission in Kartellverfahren – Eine kritische Analyse,

---

[96] → § 60 Rn. 27; Jaeger in FK-KartellR Rn. 22; Rehbinder in LMRKM § 33 Rn. 30.
[97] Zur Unterscheidung Bornkamm/Tolkmitt in Bunte KartellR § 32 Rn. 18 ff.
[98] Spiecker in MüKoWettbR Rn. 28; Rehbinder in LMRKM Rn. 10.

EWS 2011, 14; ders., Das Instrument der Zusagenentscheidung der Kommission und der Fall „E.ON" – Ein (weiterer) Sündenfall, WuW 2009, 374; Knack/Henneke, Verwaltungsverfahrensgesetz, 10. Aufl. 2014; Kopp/Ramsauer, Verwaltungsverfahrensgesetz, 22. Auf. 2021; Kreße, Die Verpflichtungszusage als Instrument der europäischen Wettbewerbsaufsicht, WRP, 2014, 1261; Le More, Kartellbekämpfung, Verpflichtungszusagen und Grundrechte: eine schwierige „Ménage à trois", EuZW 2007, 722; Markert, Die Anwendung des deutschen und europäischen Kartellrechts und der zivilrechtlichen Preiskontrolle nach §§ 307, 315 BGB im Strom- und Gassektor im zweiten Jahrzehnt der Marktliberalisierung, ZNER 2009, 193; O. Mayer, Deutsches Verwaltungsrecht, 1. Band, 3. Aufl. 1924; Mestmäcker, Versuch einer kartellpolitischen Wende in der EU, EuZW 1999, 523; K. Schmidt, Umdenken im Kartellverfahrensrecht! Gedanken zur Europäischen VO Nr. 1/2003, BB 2003, 1237; Schwarze, Die Bedeutung des Grundsatzes der Verhältnismäßigkeit bei der Behandlung von Verpflichtungszusagen nach der europäischen Fusionskontrollverordnung, EuZW 2002, 741; Schwarze/Weitbrecht, Grundzüge des europäischen Kartellverfahrensrechts. Die Verordnung (EG) Nr. 1/2003, 2004; Stelkens/Bonk/Sachs, Verwaltungsverfahrensgesetz, 9. Aufl. 2018; Temple Lang, Commitment Decisions Under Regulation 1/2003: Legal Aspects of a New Kind of Competition Decision, ECLRev. 2003, 347; Wolff/Bachof/Stober/Kluth, Verwaltungsrecht I, 13. Aufl. 2017; Wiedemann, Zur Bindungswirkung von Entscheidungen der Kommission über Verpflichtungszusagen nach Art. 9 VO Nr. 1/ 2003 gegenüber nationalen Kartellbehörden und Kartellgerichten, Festschrift Ulf Doepner, 2008, S. 89; Wolter, Hohe Belastungen für Gasversorgungsunternehmen: Zur analogen Anwendbarkeit der §§ 119 ff. BGB auf Verpflichtungszusagen nach § 32b Abs. 1 GWB, RdE 2009, 247.

## Übersicht

# A. Normzweck und Rechtsnatur

## I. Normzweck

Verpflichtungszusagen von Unternehmen in Kartellverwaltungsverfahren haben eine **1** gewisse Bedeutung erlangt, wenn es darum geht, eine drohende kartellbehördliche Abstellungsverfügung zu verhindern. Vor Einführung von § 32b bewegte sich die **informelle Zusagenpraxis** des Bundeskartellamtes im Kartellverwaltungsverfahren allerdings in einem mehr oder minder **rechtsfreien Raum.**

Die Vorschrift ermöglicht es der Kartellbehörde, Verfahren, die auf Erlass einer Abstel- **2** lungsverfügung gerichtet sind, dadurch zu beenden, dass sie von den beteiligten Unternehmen angebotene Verpflichtungszusagen **durch Verfügung für bindend erklärt.** Die Zusagenverfügung stellt im Kanon der kartellbehördlichen Handlungsformen ein neuartiges Instrument dar. Ihr Vorbild findet die Vorschrift des § 32b in Art. 9 VO 1/2003, dem sie inhaltlich weitgehend entspricht. Die Zusagenverfügung ist Ausdruck des Bestrebens, den deutschen Kartellbehörden bei der Anwendung von Art. 101, 102 AEUV und der Parallelvorschriften des GWB weitgehend dieselben verfahrensrechtlichen Instrumente zur Verfügung zu stellen, über die die Kommission nach der VO 1/2003 verfügt.[1] Mit der 10. GWB-Novelle wurde der Anwendungsbereich des § 32b durch § 19a Abs. 2 S. 4 auf die Untersagungsbefugnis nach § 19a Abs. 2 (Untersagungen gegen Unternehmen mit festgestellter überragender marktübergreifender Bedeutung) erweitert.

3     Die Norm verfolgt das Ziel einer möglichst wirksamen Durchsetzung der Wettbewerbsregeln bei möglichst verfahrensökonomischem Vorgehen. Mit Hilfe einer **konsensualen Lösung zwischen Kartellbehörde und betroffenem Unternehmen**[2] soll eine rasche, effiziente und ressourcenschonende Erledigung des Falles[3] und eine Konformität mit dem Wettbewerbsrecht erreicht werden, verbunden mit einer rechtlichen Absicherung der Zusage.[4] Neben diesem öffentlichen Interesse dient das Instrument der Zusagenentscheidung aber auch dem Interesse der betroffenen Unternehmen an der **Vermeidung eines zeit- und kostenaufwändigen Verwaltungsverfahrens** und einer sich möglicherweise anschließenden gerichtlichen Auseinandersetzung.[5] Zwar machen die Unternehmen aus ihrer Sicht Zugeständnisse gegenüber der Kartellbehörde, erhalten dafür aber im Gegenzug Schutz vor weiteren Belastungen und in gewissem Umfang Rechtssicherheit. Die Kartellbehörde kann das Verfahren nur bei einer Änderung der tatsächlichen Verhältnisse, bei Nichteinhaltung der übernommenen Verpflichtungen oder unvollständigen, unrichtigen oder irreführenden Angaben der Parteien wieder aufnehmen (§ 32b Abs. 2). Den betroffenen Unternehmen eröffnet das Instrument der Verpflichtungszusage zudem die Möglichkeit, im Rahmen einer **Verhandlungslösung** entscheidenden Einfluss auf den Inhalt der kartellbehördlichen Entscheidung zu nehmen. Damit können Lösungen gefunden werden, die einerseits die vorläufigen Bedenken der Behörde beseitigen und sich andererseits an der wirtschaftlichen Situation und Geschäftspraxis des betroffenen Unternehmens sowie an den Besonderheiten des jeweiligen Marktes orientieren. Eine Zusagenverfügung hat zudem den Vorteil, dass sie anders als die Kartellverwaltungsakte nach § 32 keine abschließende und verbindliche Aussage darüber enthält, ob ein Kartellrechtsverstoß vorgelegen hat oder noch vorliegt und damit auch **keine Bindungswirkung für zivilgerichtliche Schadensersatzprozesse** entfaltet (§ 33 Abs. 4 S. 1).[6]

4     Das Bundeskartellamt hat in den letzten Jahren von der Möglichkeit des § 32b sowohl im Bereich des Kartellverbots als auch im Bereich der Missbrauchsaufsicht Gebrauch gemacht. Die Zahl der Verfahren ist aber rückläufig und pendelt bei 2 bis 4 pro Jahr. Im Falle eines vom Bundeskartellamt geführten „Musterverfahrens" nutzt das Bundeskartellamt das Verfahren nach § 32b auch dazu, die parallel gelagerten Fallgestaltungen einer vorübergehenden Regelung zuzuführen, bis über den Ausgang des Musterverfahrens rechtskräftig entschieden ist.[7]

## II. Rechtsnatur

5     Die Regelungstechnik der Zusagenverfügung erinnert an eine Mischung aus der überkommenen kartellrechtlichen Zusagenpraxis auf Grundlage eines öffentlich-rechtlichen Vertrages und der verwaltungsrechtlichen Technik der Auflagen und Bedingungen als

---

[1] Begr. 2004, S. 21, 34 zur Angleichung an das europäische Recht.
[2] BGH 12.6.2018 – KVR 38/17 NZKart 2018, 368 Rn. 37.
[3] Zustimmend BGH 12.6.2018 – KVR 38/17 NZKart 2018, 368 Rn. 40.
[4] Otto in LMRKML Rn. 1; Dalheimer in Dalheimer/Feddersen/Miersch VO 1/2003 Art. 9 Rn. 2.
[5] Spiecker in MüKoWettbR Rn. 4.
[6] Begr. 2004, S. 34.
[7] Vgl. zB BKartA 30.1.2007 – BeckRS 2016, 14243, WuW/E DE-V 1389 (1391) – WINGAS als Verpflichtungszusagenentscheidung zum Musterverfahren iS „Langfristige Gaslieferverträge", BKartA 13.1.2006 – BeckRS 2008, 02886, WuW/E DE-V 1147 – E.ON Ruhrgas.

Nebenbestimmung zu einem Verwaltungsakt.[8] Einerseits liegt der Verfügung notwendigerweise ein Konsens der Beteiligten zugrunde, wobei sich die unterschiedlichen Positionen
beider Seiten oft durch gegenseitiges Nachgeben aufeinander zu bewegen werden. Andererseits kann die für bindend erklärte Verpflichtungszusage wie eine Auflage mit Mitteln
des Verwaltungszwangs durchgesetzt werden. Vergleichbar mit den Rechtsfolgen einer
nichterfüllten Bedingung entfällt der mit der Verfügung verbundene Rechtsvorteil (Verzicht auf eine Abstellungsverfügung und Verfahrenseinstellung), wenn die Zusagen nicht
eingehalten werden. Rechtstechnisch handelt es sich jedoch bei der Zusagenverfügung
weder um einen öffentlich-rechtlichen Vertrag noch bei den Verpflichtungszusagen um
Nebenbestimmungen zu einem Verwaltungsakt. Vielmehr ermächtigt § 32b die Kartellbehörde zum Erlass eines **mitwirkungsbedürftigen Verwaltungsaktes,** der die Rechte
und Pflichten des betroffenen Unternehmens auf Grundlage der von diesem angebotenen
Verpflichtungszusagen konkretisiert und festlegt. Mitwirkungsbedürftige Verwaltungsakte
sind dadurch gekennzeichnet, dass eine behördliche Maßnahme kraft Gesetz oder nach der
Natur der Sache eine Beteiligung des Bürgers voraussetzt, die Rechtsordnung also die
Gestaltung oder Feststellung des materiellen Rechts durch die Behörde **von dem Wollen
des Betroffenen abhängig macht.**[9] Auch bei mitwirkungsbedürftigen Verwaltungsakten
ist Geltungsgrund für die gesetzte Rechtsfolge ausschließlich der behördliche Ausspruch, so
dass es sich trotz der Mitwirkung um eine einseitig hoheitliche Regelung und nicht um
einen öffentlich-rechtlichen Vertrag handelt.[10] Teilweise wird in der Zusagenverfügung
eine neue Variante des **„Verwaltungsaktes auf Unterwerfung"** gesehen.[11] Bei diesem
von Otto Mayer geschaffenen Rechtsinstitut handelt es sich um einen Unterfall des mitwirkungsbedürftigen Verwaltungsaktes, für dessen Erlass eine rechtliche Grundlage nicht
vorhanden ist, sondern die Zustimmung des Betroffenen den alleinigen Geltungsgrund
bildet.[12] Verbreitet wird das Institut jedoch verfassungsrechtlich für gescheitert und der
Begriff daher insgesamt als untauglich angesehen.[13] Für die Zusagenverfügung passt er
bereits deshalb nicht, weil § 32b gerade eine ausdrückliche Ermächtigungsgrundlage zur
Verbindlichkeitserklärung der Zusagen durch Verwaltungsakt enthält.

Das Instrument der Zusagenverfügung genügt dem Vorbehalt des Gesetzes, birgt jedoch **6**
**ordnungspolitische Risiken.** Auf der einen Seite können Verpflichtungszusagen dazu
führen, dass auch schwerwiegende Vorwürfe von Verstößen gegen das GWB von den
Kartellbehörden nicht abschließend aufgeklärt werden und damit den geschädigten Marktteilnehmern die Durchsetzung ihrer zivilrechtlichen Ansprüche aufgrund der fehlenden
Rechtswirkung des § 33b erschwert wird. Besonders deutlich wird diese Problematik in
Fällen des § 29. Hier gilt die Beweislastumkehr nach § 29 S. 1 Nr. 1 nur in Verfahren vor
den Kartellbehörden. Sie kommt damit den geschädigten Marktteilnehmern im zivilrechtlichen Verfahren nicht zugute, solange § 33b keine Wirkung entfaltet.[14] Auf der anderen
Seite lässt § 32b bereits eine vorläufige Beurteilung des Falles durch die Kartellbehörde für
die Annahme und Verbindlicherklärung von Zusagen ausreichen, so dass die Gefahr einer
Reglementierung von Verhaltensweisen besteht, die sich bei eingehender Untersuchung
gar nicht als wettbewerbsbeschränkend erweisen würden. Darüber hinaus können auch
solche Maßnahmen zum Inhalt einer Verpflichtungszusage gemacht werden, die den
betroffenen Unternehmen durch eine Abstellungsverfügung nach § 32 nicht aufgegeben
werden könnten.[15] Dies gilt insbesondere für strukturelle Maßnahmen. Da die Entscheidung über die Annahme der Zusagen letztlich im Ermessen der Behörde liegt, befindet sie

---

[8] K. Schmidt BB 2003, 1237 (1242); Spiecker in MüKoWettbR Rn. 2.
[9] Wolff/Bachof/Stober/Kluth § 46 Rn. 34 ff.; U. Stelkens in Stelkens/Bonk/Sachs § 35 Rn. 229 ff.
[10] U. Stelkens in Stelkens/Bonk/Sachs § 35 Rn. 229; Wolff/Bachof/Stober/Kluth § 46 Rn. 34.
[11] K. Schmidt BB 2003, 1237 (1242); Otto in LMRKML § 32b Rn. 1; zweifelnd Spiecker in MüKo-
WettbR Rn. 2.
[12] O. Mayer S. 98; Henneke in Knack/Henneke § 35 Rn. 172.
[13] Kirchhof DVBl 1985, 651 (654).
[14] Markert ZNER 2009, 193 (197).
[15] AA Klees EWS 2011, 14 (20); zur „Doppelmacht der Kommission" Ehricke WuW 2008, 411 ff.

sich in einer wesentlich stärkeren Position. Dies kann dazu führen, dass sich das betroffene Unternehmen zu **einschneidenderen Maßnahmen** bereit erklärt, als sie ihm bei einer Abstellungsverfügung drohen würden. Insoweit ist jedoch zu berücksichtigen, dass die Behörde trotz der Mitwirkung des betroffenen Unternehmens nach wie vor dem **Vorrang des Gesetzes** unterliegt und auch bei Zusagenverfügungen an den grundrechtlichen **Verhältnismäßigkeitsgrundsatz** gebunden ist.[16] In gewissem Umfang ist mit Zusagenverfügungen auch die Möglichkeit einer laufenden Verhaltenskontrolle durch die Kartellbehörden verbunden.[17] Anders als im Bereich der Fusionskontrolle können Zusagen nicht auf strukturelle Maßnahmen begrenzt werden. Die Gefahr einer konsensualen Ordnung der Märkte[18] darf allerdings nicht überbetont werden. Die Angst vor dem wettbewerbspolitischen Sündenfall sollte nicht pragmatische Lösungen im Interesse des Wettbewerbs und der Unternehmen verhindern.

7      Nach dem Willen des Gesetzgeber sollen die Kartellbehörden neben der Befugnis, nach § 32b Zusagenverfügungen zu erlassen, weiterhin die Möglichkeit haben, **öffentlich-rechtliche Zusagenverträge** mit den betroffenen Unternehmen abzuschließen.[19] Es darf allerdings bezweifelt werden, ob die Kartellbehörden noch Zusagen akzeptieren werden, ohne diese durch Verfügung für bindend zu erklären.

## B. Voraussetzungen für den Erlass einer Zusagenverfügung

### I. Verfahrenseinleitung

8      Eine Zusagenverfügung kann nach dem Wortlaut des § 32b Abs. 1 S. 1 nur im Rahmen eines „Verfahrens nach § 32" ergehen. Die Kartellbehörde muss daher zunächst von Amts wegen oder auf Grund einer Beschwerde ein Verwaltungsverfahren nach § 54 Abs. 1 einleiten, das auf den Erlass einer Abstellungsverfügung gerichtet ist. Wie sich aus § 32b Abs. 1 S. 2 ergibt, schließt die Bezugnahme auf ein Verwaltungsverfahren nach § 32 auch das auf Erlass einer einstweiligen Anordnung gerichtete **Verfahren nach § 32a** mit ein.[20] Der Erlass einer Zusagenverfügung bereits im Vorermittlungsverfahren ist dagegen nicht möglich. Dies ist dadurch gerechtfertigt, dass der Informationsstand der Behörde in diesem Verfahrensstadium regelmäßig noch nicht für eine vorläufige Beurteilung des Falles ausreicht. Vielmehr muss die Behörde, wie in jedem anderen Ermittlungsverfahren auch, erst einen konkreten Sachverhalt ermitteln, diesen so weit wie möglich aufklären und dann einer rechtlichen Prüfung unterziehen. Unklar ist dagegen, ob die Kartellbehörde auch in einem **Verfahren nach § 32d** von den Betroffenen angebotene Verpflichtungszusagen für verbindlich erklären und daraufhin vom beabsichtigten Entzug des Rechtsvorteils einer Gruppenfreistellungsverordnung Abstand nehmen kann. Zwar spricht § 32b von Verpflichtungszusagen im Rahmen eines Verfahrens nach § 32. Die Regelung ist jedoch auf Entzugsverfahren nach § 32d zumindest analog anwendbar. Hierfür spricht, dass eine Entzugsentscheidung die Feststellung eines Verstoßes gegen Art. 101 Abs. 1 AEUV bzw. § 1 voraussetzt[21] und die Entzugsentscheidung typischerweise mit einer Abstellungsverfügung nach § 32 verbunden wird. Die betroffenen Unternehmen können daher **schon im Entzugsverfahren Verpflichtungszusagen abgeben**. Führen diese Zusagen dazu, dass die Voraussetzungen nach Art. 101 Abs. 3 AEUV bzw. § 2 nunmehr auch in Bezug auf die konkrete Vereinbarung vorliegen, trifft die Behörde eine Entscheidung nach § 32b und beendet damit zugleich das Entzugsverfahren. Eine Entscheidung über den Entzug des Rechtsvorteils der Gruppenfreistellung ist in diesem Fall nicht mehr erforderlich. Die

---

[16] Ähnlich Klees § 6 Rn. 110; Spiecker in MüKoWettbR Rn. 3.
[17] Geiger EuZW 2000, 165 (168); Mestmäcker EuZW 1999, 523 (527).
[18] Mestmäcker EuZW 1999, 523 (527).
[19] Begr. 2004, S. 34.
[20] Bornkamm FS Bechtold, (2006), 45 (48); Otto in LMRKML Rn. 4.
[21] → § 32d Rn. 8.

verschiedentlich angeregte Verbindung einer förmlichen Entzugsentscheidung mit Verpflichtungszusagen nach § 32b[22] führt zu einer unnötigen Beeinträchtigung der Interessen der beteiligten Unternehmen. Die Freistellungswirkungen würden erga omnes entfallen, während über die Verpflichtungszusagen nur erreicht werden könnte, dass die Kartellbehörde von ihren Befugnissen nach §§ 32, 32a keinen Gebrauch machen wird.

Nach der Gesetzesbegründung soll sich eine Zusagenverfügung **nicht für Fälle eignen,** 9 in denen die Kartellbehörde eine **Geldbuße aufzuerlegen beabsichtigt.**[23] Eine wortgleiche Feststellung findet sich in Erwägungsgrund Nr. 13 VO 1/2003 für Zusagenentscheidungen nach Art. 9 VO 1/2003. Danach scheidet eine Entscheidung nach § 32b jedenfalls aus, so lange die Kartellbehörde aufgrund des zugrundeliegenden Sachverhalts ein Bußgeldverfahren gegen das betroffene Unternehmen führt. Abgesehen hiervon bleibt der Wille des Gesetzgebers in diesem Punkt jedoch unklar. Sollte auch gemeint sein, dass eine Zusagenverfügung in allen Fällen ausscheidet, in denen die Verhängung eines Bußgeldes in Betracht kommt, würde der Anwendungsbereich des § 32b weitgehend ausgehöhlt, da die meisten Zuwiderhandlungen gegen Vorschriften des GWB bußgeldbewehrte Ordnungswidrigkeiten darstellen. Problematisch ist auch die Bezugnahme auf das subjektive Element der Absicht zur Bußgeldverhängung. Das Bußgeldverfahren unterliegt dem Opportunitätsprinzip. Die Kartellbehörde verfügt bei der Entscheidung über die Verhängung eines Bußgeldes über einen weiten Ermessensspielraum. Selbst wenn sie zunächst die Verhängung eines Bußgeldes beabsichtigt, kann sie diese Absicht jederzeit wieder ändern, um hierdurch die Voraussetzungen für den Erlass einer Zusagenverfügung herzustellen. Falls sie bereits ein Bußgeldverfahren eingeleitet hat, müsste sie dieses vor Erlass der Verpflichtungszusagenentscheidung einstellen. Rechtspolitisch ließe sich ein grundsätzlicher Ausschluss der Verfahrenserledigung durch Zusagen zudem überhaupt nur in Fällen rechtfertigen, in denen die **Zuwiderhandlung im Wesentlichen in der Vergangenheit liegt** und auf Grund ihrer Schwere eine Ahndung aus präventiven Gründen erfordert. Dies dürfte jedoch nur bei Hardcore-Kartellen der Fall sein. Richtigerweise ist der gesetzgeberische Hinweis daher so zu verstehen, dass die Kartellbehörde die Annahme von Verpflichtungszusagen ermessensfehlerfrei mit dem Argument ablehnen kann, sie beabsichtige neben oder anstelle der Abstellungsverfügung eine Geldbuße gegen das betroffene Unternehmen zu verhängen.

## II. Mitteilung der Bedenken nach vorläufiger Beurteilung

Nach § 32b Abs. 1 S. 1 setzt der Erlass einer Zusagenverfügung voraus, dass die Kartell- 10 behörde dem betroffenen Unternehmen ihre Bedenken mitgeteilt hat. Es ist nicht erforderlich, dass die Mitteilung in Form einer **förmlichen Abmahnung** erfolgt.[24] Während die Abmahnung der Gewährung rechtlichen Gehörs vor Erlass einer Abstellungsverfügung und damit der Umsetzung rechtsstaatlich vorgegebener Verfahrensgarantien dient, soll mit der Mitteilung der Bedenken eine konsensuale Lösung in Bezug auf ein von der Behörde als wettbewerblich problematisch angesehenes Verhalten vorbereitet werden. Hinzu kommt, dass eine Abmahnung regelmäßig erst als letzter Verfahrensschritt vor der Abstellungsverfügung erfolgt, während der Zweck der Verpflichtungszusage gerade in einer ressourcenschonenden Erledigung des Falles zu einem früheren Zeitpunkt besteht. Für Zusagenentscheidungen im Rahmen des Art. 9 VO 1/2003 wird dagegen zT die Auffassung vertreten, es bedürfe stets einer förmlichen Mitteilung der Beschwerdepunkte gem. Art. 27 Abs. 1 VO 1/2003.[25] Da eine förmliche Abmahnung gegenüber einer Mitteilung der Bedenken ein qualitatives „mehr" darstellt, erfüllt sie auch die Voraussetzungen, die eine Mitteilung nach § 32b Abs. 1 S. 1 erfüllen muss. Bieten Unternehmen daher erst nach einer Abmahnung Verpflichtungszusagen an, so bedarf es keiner weiteren Mitteilung von Seiten

---

[22] Klees § 3 Rn. 41.
[23] Begr. 2004, S. 34; Otto in LMRKML Rn. 4; Spiecker in MüKoWettbR Rn. 8.
[24] Begr. 2004, S. 34; Bornkamm/Tolkmitt in Bunte KartellR Rn. 6; Bechtold/Bosch Rn. 4.
[25] Temple Lang ECLR 2003, 347 (349); vgl. auch Schwarze/Weitbrecht § 6 Rn. 72.

der Behörde. Die Mitteilung wird nicht dadurch entbehrlich, dass das Unternehmen vorauseilend Zusagen angeboten hat, weil ihm die Bedenken der Behörde möglicherweise schon bekannt waren.[26]

11    Grundlage der Mitteilung der Bedenken ist eine **„vorläufige Beurteilung" des Falles** durch die Kartellbehörde. Die Beschränkung auf eine vorläufige Beurteilung entbindet die Kartellbehörde nach der Rspr. des BGH von der Verpflichtung, den relevanten Sachverhalt mit den ihr zur Verfügung stehenden Ermittlungsbefugnissen (§§ 57–59b) so weit wie möglich aufzuklären.[27] Die Intensität der Prüfung muss aber der Tatsache Rechnung tragen, dass es sich auch bei einer Zusagenverfügung um eine den Adressaten belastende staatliche Maßnahme handelt, so dass die Behörde bei ihrer – wenn auch summarischen rechtlichen Prüfung – von einem **zutreffenden und vollständigen Sachverhalt** ausgehen muss. Darüber hinaus ist die Sachverhaltsaufklärung auch erforderlich, um die bei Einhaltung der Zusagen zu erwartenden wettbewerblichen Wirkungen sicher beurteilen zu können.[28] Im Ergebnis bedeutet der Begriff der „Vorläufigkeit" der Beurteilung nur, dass sich die Behörde bei der rechtlichen Bewertung des von ihr ermittelten Sachverhalts noch kein abschließendes Urteil gebildet haben muss.

12    Inhaltlich muss die Mitteilung die wettbewerblichen Bedenken der Kartellbehörde so präzise darlegen, dass die Betroffenen erkennen können, welches Verhalten unter welchen rechtlichen Gesichtspunkten beanstandet wird. Da der Erlass einer Zusagenverfügung nicht voraussetzt, dass die Behörde den Fall vollständig durchgeprüft und eine alle Aspekte in Betracht ziehende Abwägung vorgenommen hat,[29] genügt insofern eine **abgekürzte und summarische rechtliche Würdigung.** Diese muss so konkret sein, dass die Unternehmen hierdurch in die Lage versetzt werden, geeignete Verpflichtungszusagen zu formulieren und anzubieten, die die geäußerten Bedenken tatsächlich ausräumen können. Im Gegensatz zu Art. 9 Abs. 1 S. 1 VO 1/2003 verlangt § 32b nicht ausdrücklich, dass die Behörde auf Grund ihrer vorläufigen Beurteilung „beabsichtigt" eine Entscheidung zur Abstellung einer Zuwiderhandlung zu erlassen. Allerdings erfordert das von § 32b vorausgesetzte Verfahren nach § 32, dass aus Sicht der Behörde und nach ihrem Kenntnisstand **prima facie der Verdacht einer Zuwiderhandlung** gegen die §§ 1, 19–21 oder Art. 101, 102 AEUV besteht. Bloße Vermutungen reichen insoweit nicht aus.

### III. Angebot von Verpflichtungszusagen

13    Die Zusagenverfügung setzt als mitwirkungsbedürftiger Verwaltungsakt notwendigerweise ein Angebot von Verpflichtungszusagen durch das betroffene Unternehmen voraus. Auch wenn die Kartellbehörde zunächst einmal ihre vorläufigen Bedenken formulieren muss, **liegt rechtlich die Initiative allein bei dem Unternehmen.** Es besteht keine Verpflichtung, auf die mitgeteilten Bedenken hin Zusagen zu erarbeiten und anzubieten. Sind die Unternehmen von der Rechtmäßigkeit ihres Verhaltens überzeugt, so steht es ihnen frei, es auf eine Abstellungsverfügung ankommen zu lassen und diese mit der Beschwerde anzufechten. Angesichts der erheblich weitergehenden Bindungswirkung einer Abstellungsverfügung (vgl. § 33b) im Vergleich zu einer Zusagenverfügung und der Möglichkeit einer flexiblen Verhandlungslösung im Rahmen des § 32b bedarf die Entscheidung über das Angebot von Zusagen stets einer sorgfältigen Risikoabwägung auf Seiten des betroffenen Unternehmens.

14    Eine **Ausschlussfrist** für das Angebot von Verpflichtungszusagen besteht nicht. Diese können vielmehr in jedem Verfahrensstadium bis zum Erlass der Abstellungsverfügung angeboten und abgegeben werden. Der Wortlaut des § 32b scheint ein Zusagenangebot

---

[26] Temple Lang ECLR 2003, 347 (349); Klees § 6 Rn. 118.
[27] BGH 12.6.2018 – KVR 38/17 NZKart 2018, 368 Rn. 37; Jaeger in FK-KartellR Rn. 10; aA Bechtold/Bosch Rn. 3.
[28] BGH 12.6.2018 – KVR 38/17 NZKart 2018, 368 Rn. 42.
[29] K. Schmidt BB 2003, 1237 (1242); Bechtold/Bosch Rn. 3.

allerdings erst dann zuzulassen, wenn die Kartellbehörde das fragliche Verhalten vorläufig beurteilt und ihre sich daraus ergebenden Bedenken dem Unternehmen mitgeteilt hat. Im Ergebnis ist jedoch kein Grund ersichtlich, warum es dem betroffenen Unternehmen verwehrt sein soll, schon zu einem früheren Zeitpunkt vorbeugend eine Zusage abzugeben.[30]

In inhaltlicher Hinsicht müssen die angebotenen Zusagen geeignet sein, die nach vor- **15** läufiger oder endgültiger Beurteilung mitgeteilten wettbewerblichen Bedenken der Kartellbehörde voll auszuräumen. Insoweit kommt es nicht auf eine objektive Einschätzung der Rechtslage, als vielmehr auf die **Beurteilung durch die Kartellbehörde** an.[31] Diese muss davon überzeugt sein, dass bei Befolgung der Zusagen die vermutete Zuwiderhandlung beendet ist. Hiervon abweichend lässt das Bundeskartellamt zT aber auch schon Zusagen genügen, die die eigenen Bedenken nur „weitgehend" ausräumen.[32] Es genügt dagegen nicht, dass die Kartellbehörde aufgrund der angebotenen Zusagen der Weiterverfolgung des Falles keine Priorität mehr einräumt und das Verfahren unter Anwendung ihres Entschließungsermessens beenden will.[33] Die Behörde trägt die Beweislast für die fehlende Eignung der angebotenen Zusagen. Der Sache nach handelt es sich um ein Verfahren nach § 32, das eine Zuwiderhandlung gegen die § 1, 19–21 bzw. Art. 101, 102 AEUV zum Gegenstand hat, für welche die Kartellbehörde beweispflichtig ist. Erlässt die Kartellbehörde eine Abstellungsverfügung nach § 32, obwohl die Betroffenen im Verfahren Verpflichtungszusagen angeboten hatten, so muss sie darlegen, warum diese zur Beseitigung der Bedenken ungeeignet waren.[34]

Die Zusagen können über das hinausgehen, was die Kartellbehörde selbst zur Abstellung **16** des Verstoßes als erforderlich ansieht. Der auch im Rahmen des § 32b zu beachtende Grundsatz der Erforderlichkeit und Verhältnismäßigkeit steht dem nicht entgegen. Er verpflichtet die Behörde nicht zu einer Prüfung, ob sie die angebotenen Maßnahmen auch über § 32 erzwingen könnte. Die Kartellbehörde muss die Eignung weniger belastender Maßnahmen vielmehr nur prüfen, wenn ihr diese Maßnahmen ebenfalls angeboten wurden.[35] Sie muss nicht von sich aus nach weniger belastenden Maßnahmen suchen.[36] Offen bleibt, ob die Behörde ihr bekannte oder gar offensichtliche Alternativen prüfen muss. Im Rahmen dieser Verhältnismäßigkeitsprüfung muss die Kartellbehörde auch die **Interessen Dritter** berücksichtigen.[37] Derartige Interessen können beispielsweise aus Vertragsbeziehungen resultieren, die durch die angebotenen Zusagen beeinträchtigt werden.

Der Art nach kommen als Zusagen alle Verpflichtungen in Betracht, die den Unterneh- **17** men auch mittels einer Abstellungsverfügung nach § 32 aufgegeben werden könnten.[38] Hierzu gehören insbesondere alle Verpflichtungen, die eine **Änderung des Verhaltens des Unternehmens** zum Gegenstand haben und in einem Tun oder Unterlassen bestehen können (verhaltensbedingte Zusagen), zB die Wiederaufnahme der Belieferung eines Abnehmers, das Unterlassen des Abschlusses von Ausschließlichkeitsverträgen, die Änderung bzw. Neugestaltung von Vertriebsverträgen oder die Vergabe von Lizenzen zu einem angemessenen Preis. Da die Unternehmen selbst über den Inhalt ihrer Zusagen entscheiden, können die angebotenen Verpflichtungen grundsätzlich auch **struktureller Art**

---

[30] Busse/Leopold WuW 2005, 146 (147); Sura in Bunte KartellR VO 1/2003 Art. 9 Rn. 6; aA Temple Lang ECLR 2003, 347 (349).
[31] Bornkamm FS Bechtold, 2006, 45 (50).
[32] BKartA 29.10.2007 – BeckRS 2007, 32443, WuW/E DE-V 1623 (1631 f.) – MBS (Kooperationsvertrag).
[33] Otto in LMRKML Rn. 6; Temple Lang ECLR 2003, 347 (348).
[34] Vgl. etwa BKartA 9.3.2006 – BeckRS 2008, 02886, WuW/E DE-V 1147 (1158) – E.ON Ruhrgas.
[35] So für Verpflichtungszusagen nach Art. 9 VO 1/2003 EuGH 29.6.2010 – C-441/07, Slg. 2010, I-5949 Rn. 41 – Alrosa; hierzu ausführlich Frenz/Ehlenz EWS 2010, 305 ff.
[36] Kellerbauer EuZW 2010, 652 (657) unter Verweis auf EuGH 29.6.2010 – C-441/07 Slg. 2010, I-5949 Rn. 41; aA noch die Vorinstanz, EuG 11.7.2007 – T-170/06 Slg. 2007 II-02601 Rn. 125 ff, BeckRS 2007, 70805.
[37] EuGH 29.6.2010 – C-441/07, Slg. 2010, I-5949 Rn. 41 – Alrosa.
[38] Bechtold/Bosch Rn. 5; Spiecker in MüKoWettbR Rn. 15.

sein.[39] Insoweit sind etwa Entflechtungs- und Veräußerungsmaßnahmen denkbar, um bei einem Vorwurf des Missbrauchs einer marktbeherrschenden Stellung die Marktbeherrschung zu beseitigen. Seit der 8. GWB-Novelle 2013 erwähnt § 32 nun ausdrücklich, dass auch Maßnahmen struktureller Art Gegenstand einer Abstellungsverfügung sein können.[40] Nach § 32 Abs. 2 S. 2 können Abhilfemaßnahmen struktureller Art aber nach wie vor[41] nur in Ermangelung einer verhaltensorientierten Abhilfemaßnahme von gleicher Wirksamkeit festgelegt werden, oder wenn letztere im Vergleich zu Abhilfemaßnahmen struktureller Art mit einer größeren Belastung für die beteiligten Unternehmen verbunden wäre.[42] Diese aus dem Verhältnismäßigkeitsgrundsatz folgenden Einschränkungen muss die Kartellbehörde auch bei der Annahme und Verbindlichkeitserklärung von Verpflichtungszusagen nach § 32b beachten. Bietet daher ein Unternehmen alternativ sowohl verhaltensbezogene als auch strukturelle Maßnahmen an, so ist die Kartellbehörde verpflichtet, zunächst die verhaltensbezogene, als die in der Regel weniger belastende Zusage, auf ihre Eignung zur Beseitigung der wettbewerblichen Bedenken hin zu überprüfen. Erst wenn diese Eignung fehlt, kann sie die strukturelle Zusage – deren Eignung vorausgesetzt – für verbindlich erklären.[43] Auch hier gilt jedoch, dass der Verhältnismäßigkeitsgrundsatz nicht tangiert ist, wenn das betroffene Unternehmen von vornherein nur strukturelle Zusagen anbietet und die Behörde diese daraufhin akzeptiert, selbst wenn sie weniger einschneidende verhaltensbezogene Verpflichtungen für ausreichend hält.[44]

18      Ungeeignet sind Zusagen, deren Erfüllung nicht von den betroffenen Unternehmen gewährleistet werden kann, etwa weil sie von der Kooperation Dritter oder von unsicheren zukünftigen Entwicklungen abhängen.

19      Um es der Kartellbehörde zu ermöglichen, die Umsetzung und Befolgung der Verpflichtungszusagen durch die Betroffenen zu kontrollieren, wird es häufig erforderlich sein, zusätzlich zu den Hauptzusagen noch Nebenzusagen betreffend Berichts- und Dokumentationspflichten in die für verbindlich zu erklärenden Zusagen aufzunehmen.

## C. Die Zusagenverfügung

### I. Inhalt

20      Die Zusagenverfügung hat zwei inhaltliche Elemente. Gemäß § 32b Abs. 1 S. 2 muss die Kartellbehörde in der Verfügung feststellen, dass sie **von ihren Befugnissen nach den §§ 32, 32a keinen Gebrauch machen wird.** Die Behörde äußert sich dagegen nicht zu der Frage, ob das ursprünglich beanstandete Verhalten einen Kartellverstoß darstellt. Genauso wenig wird eine Aussage darüber getroffen, ob die Verpflichtungszusage in Zukunft einen Verstoß ausschließt.[45] Hierdurch soll die Bereitschaft der Unternehmen zum Angebot von Zusagen erhöht werden, da Dritte andernfalls die Zusagenverfügung in einer möglichen zivilrechtlichen „Follow on"-Klage als Beweis für das Vorliegen einer Zuwiderhandlung verwenden könnten. Darüber hinaus erklärt die Verfügung **die Verpflichtungszusagen für bindend.** Die für verbindlich erklärten Zusagen müssen inhaltlich mit den Zusagen, die das Unternehmen angeboten hat, identisch sein. Die Behörde darf von sich aus keine über die angebotenen Zusagen hinausgehenden Verpflichtungen für verbindlich erklären. Sie ist jedoch nicht daran gehindert, von mehreren kumulativ angebotenen Verpflichtungen nur einen Teil für verbindlich zu erklären oder zwischen alternativ angebote-

---

[39] Otto in LMRKML Rn. 7; Busse/Leopold WuW 2005, 146 (148).
[40] BegrRegE, BT-Drs. 17/9852, 26.
[41] Begr. 2004, S. 51.
[42] BGH 4.3.2008 – KVZ 57/08, WuW/E DE-R 2361 Rn. 18 – Nord-KS/Xella.
[43] Klees § 6 Rn. 124; Schwarze/Weitbrecht § 6 Rn. 74.
[44] → Rn. 16; Fuchs ZWeR 2009, 176 (204).
[45] Begr. 2004, S. 34; Bornkamm/Tolkmitt in Bunte KartellR Rn. 14.

nen Zusagen eine auszuwählen, sofern gewährleistet ist, dass ihre Bedenken ausgeräumt werden.

In der Entscheidung müssen die von den Unternehmen übernommenen Verpflichtungen **21** daher notwendigerweise aufgeführt werden. Diese Angaben müssen so präzise sein, dass sich in einem späteren Wiederaufnahme- bzw. Bußgeldverfahren eindeutig bestimmen lässt, ob das Unternehmen die übernommenen Zusagen eingehalten hat oder nicht. Zudem muss die Behörde den Sachverhalt, welcher der Verfügung zugrunde liegt, konkretisieren und diejenigen Umstände anführen, aus denen sich bei vorläufiger Beurteilung das Vorliegen einer Zuwiderhandlung ergibt. Neben der Begründung muss die Zusagenverfügung eine Rechtsmittelbelehrung enthalten und den Beteiligten nach den Vorschriften des VwZG zugestellt werden (§ 61 Abs. 1 S. 1). Gemäß § 61 Abs. 3 S. 1 ist die Verfügung zudem im Bundesanzeiger bekannt zu machen.

## II. Ermessen

Nach § 32b Abs. 1 S. 1 „kann" die Kartellbehörde die Verpflichtungszusage für bindend **22** erklären. Die Behörde verfügt daher über Ermessen sowohl hinsichtlich der Frage, ob sie sich mit einer informellen Zusage zufrieden gibt oder diese für verbindlich erklären will, als auch hinsichtlich der Wahl zwischen Zusagenverfügung und Abstellungsverfügung.[46] Die Unternehmen haben auch bei Vorlage objektiv geeigneter und ausreichender Zusagen – anders als im Bereich der Fusionskontrolle – keinen Anspruch auf Erlass einer Verfügung nach § 32b. Das dem Kartellverwaltungsrecht zugrunde liegende Opportunitätsprinzip und das daraus folgende **weite Entschließungsermessen der Kartellbehörde** setzt sich im Verfahren auf Verbindlicherklärung von Zusagen zwangsläufig fort. Auch wenn die Behörde kein Bußgeld zu verhängen gedenkt, so kann es im Einzelfall aus wettbewerbspolitischen Gründen durchaus sinnvoll sein, eine endgültige Klärung der durch das Verfahren aufgeworfenen Rechtsfragen durch eine Verfügung nach § 32 herbeizuführen. Daher darf die Kartellbehörde sachlich geeignete Verpflichtungszusagen zurückweisen, wenn das Verfahren der Klärung rechtsgrundsätzlicher Fragen dient.[47] Das Entschließungsermessen der Behörde wird auch nicht durch den Verhältnismäßigkeitsgrundsatz eingeschränkt. Denn eine Zusagenverfügung stellt kein gegenüber einer Abstellungsverfügung milderes Mittel dar. Aufgrund der unterschiedlichen Rechtswirkungen und des Initiativrechts der Betroffenen handelt es sich hierbei vielmehr um ein anderes Instrument.[48] Demnach kann die Behörde selbst nach Aufnahme von „Verhandlungen" über den Inhalt der Zusagen den eingeschlagenen Konsensweg wieder verlassen und das Verfahren nach § 32 mit dem Ziel einer Abstellungsverfügung fortsetzen. Einer förmlichen Entscheidung, mit der die angebotenen Verpflichtungszusagen zurückgewiesen werden, bedarf es nicht. Dem Erlass eines Bußgeldbescheides dürfte in diesem Fall allerdings der Gesichtspunkt des Vertrauensschutzes entgegenstehen, da die Behörde mit ihrem Verhalten zum Ausdruck gebracht hat, dass sie eine Geldbuße gerade nicht in Betracht zieht.

## III. Befristung und Kündigung

§ 32b Abs. 1 S. 3 ermöglicht der Behörde die Zusagenverfügung **zeitlich zu befristen**. **23** Zwar liegt die Entscheidung über das Ob der Befristung und deren Dauer nach dem Wortlaut des Gesetzes im Ermessen der Behörde. Aus Gründen der Verhältnismäßigkeit sind diesem Ermessen jedoch enge Grenzen gesetzt. Dies gilt nicht nur für Fälle, in denen bereits bei Erlass der Verfügung absehbar ist, dass sich die Umstände, die Anlass für die Bedenken der Behörde waren, in Zukunft ändern werden. Es widerspricht der allgemeinen

---

[46] Bornkamm/Tolkmitt in Bunte KartellR Rn. 18; Otto in LMRKML Rn. 8; Spiecker in MüKoWettbR Rn. 21; Anweiler in LMRKML VO 1/2003 Art. 9 Rn. 14.
[47] OLG Düsseldorf 9.1.2015 – VI-Kart 1/14 (V) Rn. 140, NZKart 2015, 148.
[48] Klees § 6 Rn. 120; aA Otto in LMRKML Rn. 8.

Lebenserfahrung, dass sich die tatsächlichen Verhältnisse, die zum Erlass einer Zusagenverfügung geführt haben, ad infinitum nicht mehr ändern werden. Es ist daher mit rechtsstaatlichen Grundsätzen schwer vereinbar, die Unternehmen von vornherein auf unbestimmte Dauer an ihren Zusagen festzuhalten. Der Umstand, dass die Behörde bei geänderten Umständen die Zusagenverfügung wieder aufheben kann (§ 32b Abs. 2 Nr. 1) ändert hieran nichts, da auch diese Entscheidung zunächst im Ermessen der Behörde steht. Die Verhältnismäßigkeit einer Zusagenverfügung ist daher in der Regel nur dann gewährleistet, wenn diese befristet wird.[49] Die Befugnisse der Kartellbehörde werden hiermit nicht wesentlich beeinträchtigt. Denn nach Ablauf der Frist steht es der Kartellbehörde frei das Verfahren wieder aufzunehmen und sich neue Zusagen geben zu lassen, sofern ihre ursprünglichen Bedenken noch fortbestehen. In jedem Fall haben die Unternehmen die Möglichkeit von Anfang an **nur zeitlich begrenzte Verpflichtungen anzubieten.** Die Behörde kann in diesem Fall nur eine zeitlich befristete Zusagenverfügung erlassen oder stattdessen das Verfahren nach § 32 fortsetzen. Aus Gründen der Rechtssicherheit muss sich aber eine Befristung der Zusagenentscheidung eindeutig und unmissverständlich entnehmen lassen.[50] Dies erfordert grundsätzlich eine ausdrückliche Befristungserklärung.[51] Eine weitere Möglichkeit zur Vermeidung einer unverhältnismäßigen, für unbestimmte Zeit geltenden Bindung an Verpflichtungszusagen besteht in der Aufnahme eines **ausdrücklichen Kündigungsrechts.**[52] Das Gesetz sieht eine Kündigungsmöglichkeit zwar nicht vor, schließt eine solche aber auch nicht aus.

## D. Rechtliche Wirkungen der Zusagenverfügung

### I. Bindungswirkung

24   Mit der Zusagenverfügung wird allein das davon unmittelbar betroffene Unternehmen gebunden, dem die Einhaltung seiner Zusagen verbindlich auferlegt wird. Als Folge der Bindungswirkung kann die Nichtbefolgung der Zusagen unmittelbar mit einem Bußgeld sanktioniert (§ 81 Abs. 2 Nr. 2 lit. a) und mit den Mitteln des VwVG erzwungen werden. Die Bindungswirkung endet automatisch durch Zeitablauf, wenn die Zusagenverfügung befristet wurde, bzw. mit Ausübung eines vereinbarten Kündigungsrechts. Die Wiederaufnahme des Verfahrens nach § 32b Abs. 2 lässt die Bindungswirkung dagegen bis zum Erlass einer Verfügung nach § 32 bzw. der endgültigen Einstellung des Verfahrens unberührt.[53] Fraglich ist, ob das betroffene Unternehmen die Möglichkeit hat, von sich aus die Bindungswirkung der Zusagenverfügung zu beenden, insbesondere wenn diese weder befristet ist noch ein ausdrückliches Kündigungsrecht enthält. Teilweise wird die Möglichkeit einer nicht in der Zusage geregelten Kündigung aus wichtigem Grund ausgeschlossen.[54] Nach anderer Auffassung soll die Regelung in § 60 VwVfG über die Anpassung und Kündigung öffentlich-rechtlicher Verträge entsprechende Anwendung finden.[55] Berücksichtigt man, dass die Behörde jederzeit die Möglichkeit hat, das Verfahren bei schwerwiegenden Veränderungen der tatsächlichen Verhältnisse wieder aufzunehmen, so sollte in derartigen Situationen auch dem betroffenen Unternehmen nach dem Prinzip der Waffengleichheit ein **außerordentliches Kündigungsrecht** zustehen.[56]

---

[49] AA Otto in LMRKML Rn. 14; Bartosch EuZW 2001, 101 (102).

[50] BGH 12.6.2018 – KVR 38/17, NZKart 2018, 368 Rn. 18.

[51] BGH 12.6.2018 – KVR 38/17 Rn. 18, NZKart 2018, 368 Rn. 18; Bornkamm/Tolkmitt in Bunte KartellR Rn. 17; Becker NZKart 2016, 508 (511 ff.).

[52] Klees § 6 Rn. 129; ablehnend Otto in LMRKML Rn. 14.

[53] Klees § 6 Rn. 130.

[54] → VO 1/2003 Art. 9 Rn. 32; Otto in LMRKML Rn. 14.

[55] Spiecker in MüKoWettbR GWB § 32b Rn. 36.

[56] Vgl. Bauer in MüKoWettbR Bd. 1 VO 1/2003 Art. 9 Rn. 50; K. Schmidt BB 2003, 1237 (1242); unentschieden Klees § 6 Rn. 137.

Eine Anfechtung der Verpflichtungszusage wegen Irrtums nach § 119 BGB analog durch 25
das Unternehmen kommt – wie bei öffentlich-rechtlichen Verträgen über den Verweis des
§ 62 S. 2 VwVfG[57] – grundsätzlich in Betracht.[58] Sie scheidet jedoch aus faktischen
Gründen regelmäßig aus. Das liegt daran, dass der für eine Anfechtung erforderliche Irrtum
in der Praxis regelmäßig nicht vorliegt.[59]

Die Kartellbehörde dagegen ist insoweit gebunden, als sie das Verfahren nur dann wieder 26
aufnehmen kann, wenn einer der in § 32b Abs. 2 enumerativ aufgezählten Wiederaufnahmegründe gegeben ist. Da die Behörde mit der Zusagenverfügung keine rechtsverbindliche
Sachentscheidung trifft, sondern nur erklärt, dass sie keinen Grund zum Tätigwerden sieht,
entfaltet die Verfügung keinerlei Bindungswirkungen für Behörden und Gerichte.[60] Die
Tatbestandswirkung des § 33b gilt nicht für Zusagenverfügungen. Im Zivilprozess bleibt es
bei der üblichen Beweislastverteilung. Weder kann das Angebot von Verpflichtungszusagen
als **Eingeständnis eines Kartellverstoßes** gedeutet werden, noch sprechen auf Grund der
(vorläufigen) wettbewerblichen Bedenken der Kartellbehörde **überwiegende Anhaltspunkte** für die Kartellrechtswidrigkeit des früheren Verhaltens.[61] Dies entspricht auch der
ständigen Rechtsprechung des EuGH.[62] Da die Behörde jedoch nur dann Zusagen für
verbindlich erklären kann, wenn ihre Bedenken hierdurch ausgeräumt werden, kommt der
Zusagenverfügung insoweit eine gewisse indizielle Wirkung zu, als das infolge der Zusage
geänderte Verhalten jedenfalls nicht frei von kartellrechtlichen Bedenken war.[63]

Bedenklich ist die Auffassung des BGH, einem Beschluss nach § 32b sei das Indiz eines 26a
Kartellverstoßes zu entnehmen.[64] Diese indizielle Wirkung soll dann Anhaltspunkte für
einen Kartellverstoß im Rahmen von § 33g begründen. Die Begründung des BGH stützt
sich zu Unrecht auf die Rechtsprechung des EuGH. Der Unionsgerichtshof hatte in dem
vom BGH angeführten Fall entschieden, ein nationales Gericht müsse eine Entscheidung
nach Art. 9 VO 1/2003 berücksichtigen, wenn es das entsprechende Verhalten selbst als
Verstoß würdigen wolle und dies aus den Spezifika des Unionsrechts (Pflicht zur loyalen
Zusammenarbeit nach Art. 4 Abs. 3 EUV und Einheitlichkeit der Anwendung des Wettbewerbsrechts) abgeleitet.[65] Damit wurde entgegen der Interpretation durch den BGH
gerade nicht entschieden, dass die vorläufige Beurteilung als Indiz der Wettbewerbswidrig-
keit zu würdigen sei. Der EuGH hat sich in einer späteren Entscheidung nochmals ausdrücklich gegen eine Indizwirkung ausgesprochen. Dabei hat er darauf abgestellt, dass die
Kommission nach Art. 9 VO 1/2003 gerade von der Verpflichtung freigestellt ist, eine
Zuwiderhandlung zu benennen und festzustellen. Überdies wäre sie nach Art. 9 VO 1/
2003 überhaupt nicht in der Lage, eine Prüfung nach Art. 101 Abs. 3 AEUV durchzuführen.[66] Die Annahme indizieller Wirkungen von Entscheidungen nach § 32b läuft
Gefahr, dieses Instrument auszuhöhlen, indem Unternehmen die Anreize für eine Zusage
zur raschen Lösung des Falls genommen werden.

Auch eine Bindung der Kommission an die Zusagenverfügung scheidet aus. Die Vor- 27
schrift des Art. 16 Abs. 2 VO 1/2003 betrifft – wenn überhaupt – nur die Wirkungen von
Zusagenentscheidungen der Kommission gegenüber nationalen Gerichten und Wettbewerbsbehörden.[67] Das Evokationsrecht der Kommission nach Art. 11 Abs. 6 VO 1/2003
wird durch den Erlass einer Zusagenverfügung ebenfalls nicht berührt.

---

[57] Tegethoff in Kopp/Ramsauer § 62 Rn. 13.

[58] Wolter RdE 2009, 247 ff.; wohl auch Bornkamm/Tolkmitt in Bunte KartellR Rn. 11.

[59] Zutreffend Bornkamm/Tolkmitt in Bunte KartellR Rn. 11 f.

[60] Ausführlich hierzu Bornkamm/Tolkmitt in Bunte KartellR Rn. 23 ff.

[61] Spiecker in MüKoWettbR Rn. 23; Temple Lang ECLR 2003, 347 (350); Bauer in MüKoWettbR Bd. 1
VO 1/2003 Art. 9 Rn. 55.

[62] EuGH NZKart 2021, 36 Rn. 57 ff. – Canal+ II, zu Art. 9 KartellverfahrensVO.

[63] Bornkamm/Tolkmitt in Bunte KartellR Rn. 25.

[64] BGH 4.4.2023 – KZR 20/21 NZKart 2023, 362, Rn. 73 – Vertriebskooperation im SPNV.

[65] EuGH 23.11.2017 – C–547/16 EU:C:2017:891 NZKart 2018, 41, Rn. 29 – Gasorba.

[66] EuGH 9.12.2020 – C–132/19 EU:C:2020:1007 NZKart 2021, 36 Rn. 59 – Canal + II.

[67] Vgl. hierzu eingehend Wiedemann FS Doepner, 2008, 89 ff.

## II. Drittwirkungen

28    In der Begründung zu Art. 9 des Verordnungsvorschlages, der der VO 1/2003 vorausging, war ursprünglich ausdrücklich vorgesehen, dass sich Dritte vor nationalen Gerichten auf für verbindlich erklärte Zusagen berufen und diese mit zivilrechtlichen Mitteln durchsetzen könnten.[68] Der Gemeinschaftsgesetzgeber hat diesen Erwägungsgrund jedoch in der endgültigen Fassung der VO 1/2003 wieder gestrichen. Gleichwohl geht die Kommission nach wie vor davon aus, dass Verpflichtungszusagen nach Art. 9 VO 1/2003 dazu geeignet seien, Wettbewerbern und anderen Marktteilnehmern durchsetzbare Rechtspositionen zu verschaffen.[69] Eine solche Drittwirkung würde voraussetzen, dass Zusagenentscheidungen der Kommission eine **unmittelbare Wirkung** zukommt, wie dies unter bestimmten Voraussetzungen bei Richtlinien der Fall ist. Dies erscheint jedoch aus mehreren Gründen zweifelhaft.[70] Im deutschen Recht ließe sich ein zivilrechtlicher Anspruch Dritter auf Einhaltung einer für verbindlich erklärten Verpflichtungszusage allenfalls nach § 33 Abs. 1 S. 1 begründen.[71] Danach ist der **Verstoß gegen eine von der Kartellbehörde erlassene Verfügung** dem Verstoß gegen ein kartellrechtliches Verbot gleichgesetzt. Insoweit ist jedoch zu berücksichtigen, dass es sich bei der Zusagenverfügung nicht um eine typische kartellbehördliche Verfügung handelt, die ein gesetzliches Verbot des GWB konkretisiert. Die Zusagenverfügung trifft nämlich gerade keine Aussage darüber, ob das von der Kartellbehörde beanstandete Verhalten einen Kartellverstoß darstellt und dieser durch die Zusagen beseitigt wird.[72] Sinn und Zweck der Zusagenverfügung bestehen darin, der Behörde nach einer vorläufigen Prüfung eine effiziente und ressourcenschonende Erledigung von Fällen im Konsensweg mit dem Betroffenen zu ermöglichen. Da die Zusagenverfügung somit **weder deklaratorische noch konstitutive Wirkungen** hat, sind Wettbewerber, Abnehmer und andere Marktbeteiligte durch einen Verstoß hiergegen nicht „betroffen" iSd § 33 Abs. 1 S. 1. Das ist keine Frage der Bindungswirkung, sondern von Sinn und Zweck einer Zusagenentscheidung.[73] Dritte können daher aus der Nichteinhaltung von Verpflichtungszusagen keine Unterlassungs- oder Schadensersatzansprüche herleiten.

## III. Sanktionen

29    Halten sich die betroffenen Unternehmen nicht an ihre zugesagten und für verbindlich erklärten Verpflichtungen, so kann die Kartellbehörde neben der Wiederaufnahme des Verfahrens (§ 32b Abs. 2) ein Bußgeld verhängen. Nach § 81 Abs. 2 Nr. 2 lit. a stellt die (schuldhafte) Zuwiderhandlung gegen eine Verfügung nach § 32b eine **Ordnungswidrigkeit** dar, die mit einer Geldbuße nach § 81 Abs. 4 S. 2 geahndet werden kann. Der Bußgeldrahmen entspricht also demjenigen für eine nachgewiesene Zuwiderhandlung gegen materielles Kartellrecht. Dies erscheint problematisch, weil die Kartellbehörde lediglich einen Verstoß gegen die in der Verfügung für verbindlich erklärten Zusagen nachweisen muss, nicht jedoch, dass auch das ursprüngliche Verhalten des Unternehmens gegen die §§ 1, 19–21 bzw. Art. 101, 102 AEUV verstößt. Gegenstand der Sanktion ist somit nicht ein Kartellrechtsverstoß, sondern die **Zuwiderhandlung gegen das eigene Versprechen.** Hinzu kommt, dass das Instrument der Verpflichtungszusage gerade in solchen Fällen eingesetzt werden soll, in denen die Behörde (anfangs) gerade keine Geldbuße verhängen wollte.[74] Diesen Besonderheiten muss die Kartellbehörde bei der Bemessung der

---

[68] Erwägungsgrund Nr. 12 des Verordnungsentwurfs vom 27.9.2000 – KOM(2000) 582 (ABl. 2000 C365E, 284).

[69] Vgl. Gauer/Dahlheimer/Kjolbye/De Smijter Competition Policy Newsletter Nr. 1 2003, 3 (5); → VO 1/2003 Art. 9 Rn. 26.

[70] Eingehend hierzu Hahn in Festbeigabe Säcker, 2006, 77 f.

[71] So Bornkamm FS Bechtold, (2006), 45 (56); Bornkamm/Tolkmitt in Bunte KartellR Rn. 19.

[72] Begr. 2004, S. 52.

[73] AA Bornkamm/Tolkmitt in Bunte KartellR Rn. 19.

[74] Klees § 6 Rn. 134.

Geldbuße Rechnung tragen. Die Bußgeldleitlinien des Bundeskartellamtes können insoweit nicht zur Bußgeldbemessung herangezogen werden, da sie erkennbar auf Fälle wettbewerbswidrigen Verhaltens ausgerichtet sind.[75] Neben Bußgeldern kann die Behörde die Einhaltung der Verpflichtungszusagen mit **Zwangsgeldern** (§ 11 Abs. 1, 2 VwVfG) durchsetzen.

## E. Wiederaufnahme des Verfahrens

Die Kartellbehörde kann die Zusagenverfügung aufheben und das beendete Untersagungsverfahren wieder aufnehmen, wenn einer der in § 32b Abs. 2 Nr. 1–3 aufgeführten Wiederaufnahmegründe gegeben ist. Der Katalog der Wiederaufnahmegründe ist **abschließend** und geht als spezielle Regelung den allgemeinen Vorschriften über die Aufhebung von Verwaltungsakten nach den §§ 48 ff. VwVfG vor.[76] Das Unternehmen, das sich an seine Verpflichtungszusagen hält soll die Sicherheit haben, dass die Kartellbehörde das Verfahren nicht jederzeit ohne Angaben von Gründen wieder aufnehmen kann. Sein Vertrauen auf den Fortbestand der Verpflichtungszusagenentscheidung ist typischerweise schutzwürdig.[77] Dabei ist zu berücksichtigen, dass das verpflichtete Unternehmen Verpflichtungen eingegangen ist, deren Übernahmen kartellrechtlich nicht zwingend geboten sein musste und insoweit „nachgegeben" hat.[78] Es ist daher unzulässig,[79] wenn das Bundeskartellamt in seinen Entscheidungen nach § 32b zT einen Widerrufsvorbehalt aufnimmt, um eine Möglichkeit der Aufhebung in Fällen zu eröffnen, die durch § 32b Abs. 2 nicht abgedeckt sind.[80] Der „Verzicht" auf Wiederaufnahmegründe außerhalb des § 32b Abs. 2 ist der Kartellbehörde ohne Weiteres zumutbar. So stehen auch der Kommission nach Art. 9 Abs. 2 VO 1/2003 nur die in § 32b genannten Wiederaufnahmegründe zur Verfügung. Außerhalb des numerus clausus des § 32b Abs. 2 ist eine Wiederaufnahme des Verfahrens **zu Gunsten** des beteiligten Unternehmens mit dem Ziel der Aufhebung der Verfügung immer zulässig.

## I. Änderung der tatsächlichen Verhältnisse

Nach Abs. 2 Nr. 1 kann die Kartellbehörde das Verfahren wieder aufnehmen, wenn sich die tatsächlichen Verhältnisse in einem für die Verfügung wesentlichen Punkt nachträglich geändert haben. Erforderlich ist eine **objektive Veränderung** solcher Verhältnisse tatsächlicher Art, die Anlass für die Bedenken der Kartellbehörde und damit für den Erlass der Verfügung waren bzw. die letztlich zur Annahme der Zusagen geführt haben.[81] Veränderungen im Bagatellbereich sowie subjektive Fehlvorstellungen der Behörde genügen dagegen nicht. Dagegen sollen die tatsächlichen Verhältnisse nach der Rspr. des BGH das Fehlen solcher Umstände beinhalten, mit denen die Kartellbehörde nicht rechnen konnte und die deshalb von ihren subjektiven Erkenntnismöglichkeiten nicht umfasst waren.[82] Eine Änderung der tatsächlichen Verhältnisse liegt daher nicht schon dann vor, wenn sich die Zusage **als ungeeignet oder als nicht ausreichend erweisen,** um die wettbewerblichen Bedenken der Behörde auszuräumen.[83] Etwas anderes gilt jedoch, wenn die Zusagen

---

[75] Vgl. Leitlinien für die Bußgeldzumessung in Kartellordnungswidrigkeitenverfahren vom 25.6.2013.
[76] Begr. 2004, S. 52; Bechtold/Bosch GWB § 32b Rn. 10.
[77] BGH 12.6.2018 – KVR 38/17 NZKart 2018, 368 Rn. 49.
[78] BGH 12.6.2018 – KVR 38/17 NZKart 2018, 368 Rn. 49.
[79] Offen gelassen in BGH 12.6.2018 – KVR 38/17 NZKart 2018, 368 Rn. 43.
[80] Vgl. zB BKartA 18.10.2011 – B 10 – 6/11 Rn. 27 BeckRS 2013, 14900 – Große Kreisstadt Dinkelsbühl; BKartA 26.9.2011 – B 10 – 31/10 Rn. 27 BeckRS 2011, 141098– Städtische Werke; offen gelassen von OLG Frankfurt a. M. 14.3.2013 – 11 W 33/12 Rn. 29 BeckRS 2013, 8343.
[81] Vgl. OLG Düsseldorf 15.3.2017 – VI-Kart 10/15 (V), NZKart 2017, 247 – Rundholzvermarktung Rn. 63.
[82] BGH 12.6.2018 – KVR 38/17 NZKart 2018, 368 Rn. 45.
[83] Bechtold/Bosch Rn. 11.

auf Grund einer Veränderung der Markt- und Wettbewerbsbedingungen (zB Marktmacht-
zuwachs des betroffenen Unternehmens) nicht mehr ausreichen. Nach Ansicht des OLG
Düsseldorf soll eine relevante Änderung der Sachlage auch dann vorliegen, wenn die
Kartellbehörde erst nachträglich von solchen Tatsachen Kenntnis erlangt, die zum Zeitpunkt des Erlasses bereits vorgelegen haben.[84] Der BGH ist dem zu Recht entgegen
getreten. Die Voraussetzungen von Abs. 2 Nr. 1 sind nicht schon dann erfüllt, wenn die
Kartellbehörde durch neue, weitergehende Ermittlungen wesentliche neue Erkenntnisse
gewinnt.[85] Mit einer Änderung der tatsächlichen Verhältnisse sind grundsätzlich objektive
Veränderungen gemeint.[86] Eine **Änderung der Rechtsprechung** und eine damit verbundene rechtliche Neubewertung des Verhaltens, das Anlass für die Verpflichtungszusage
war, rechtfertigt jedenfalls keine Wiederaufnahme zu Lasten des betroffenen Unternehmens.[87]

## II. Nichteinhaltung der Verpflichtung

32      Eine Wiederaufnahme des Verfahrens kommt darüber hinaus auch dann in Betracht,
wenn das betroffene Unternehmen sich nicht an die für bindend erklärten Zusagen hält
(Abs. 2 Nr. 2). In diesem Fall kann die Behörde das Verfahren mit dem ursprünglichen
Ziel weiter betreiben, eine Abstellungsverfügung zu erlassen. Die Behörde ist zwar nicht
verpflichtet, die Parteien zunächst durch die Androhung bzw. Festsetzung von Zwangsgeldern zur Einhaltung der Verpflichtungen anzuhalten. Allerdings muss sie die Nichtbefolgung der Zusage **abmahnen,** bevor sie das Verfahren wieder aufnimmt.[88] Aus
Gründen der Verhältnismäßigkeit wird man zudem verlangen müssen, dass es sich nicht
bloß um einen einmaligen bzw. geringfügigen Verstoß handelt.

## III. Unvollständige, unrichtige oder irreführende Angaben der Parteien

33      Eine Wiederaufnahme ist schließlich dann statthaft, wenn die Verfügung auf unvollständigen, unrichtigen oder irreführenden Angaben der Parteien beruht. Die Wiederauf-
nahmeberechtigung nach Abs. 2 Nr. 3 ist dabei auf den Fall beschränkt, dass durch unvollständige, unrichtige oder irreführende Angaben eine Fehlvorstellung der Behörde erzeugt
wurde, auf der die Verfügung beruht.[89] Auf ein Verschulden des verpflichteten Unternehmens kommt es insoweit nicht an. An der Schutzwürdigkeit des Vertrauens des
Betroffenen fehlt es schon dann, wenn **die Angaben objektiv unzutreffend sind.**
Insoweit muss das Unternehmen alle der Behörde von sich aus oder im Rahmen eines
Auskunftsverlangens (→ § 59) übermittelten Tatsachen vor Erlass der Zusagenverfügung auf
ihre Richtigkeit und Vollständigkeit hin überprüfen. Geht die Kartellbehörde dagegen im
Rahmen ihrer vorläufigen Beurteilung von unzutreffenden Tatsachen aus, so trifft das
Unternehmen keine Verpflichtung zur Berichtigung.[90] Es ist grundsätzlich die Aufgabe der
Behörde sicherzustellen, dass die von ihr ermittelten und der Entscheidung zu Grunde
gelegten Tatsachen richtig sind. Die Zusagenverfügung und die damit verbundene Einstellung des Verfahrens muss zudem **kausal** durch die unrichtigen Angaben der Parteien
bewirkt worden sein. Wurden die unrichtigen Angaben in Beantwortung eines Auskunftsverlangens nach § 59 gemacht, kommt über die Wiederaufnahme hinaus auch die Verhängung einer Geldbuße in Betracht (§ 81 Abs. 2 Nr. 6).

---

[84] OLG Düsseldorf 15.3.2017 – VI Kart 10/15 (V) NZKart 2017, 247 – Rundholzvermarktung Rn. 58.
[85] BGH 12.6.2018 – KVR 38/17 NZKart 2018, 368 Rn. 23.
[86] BGH 12.6.2018 – KVR 38/17 NZKart 2018, 368 Rn. 23.
[87] Schwarze/Weitbrecht § 6 Rn. 83; Sura in Bunte KartellR VO 1/2003 Art. 9 Rn. 17.
[88] Bechtold/Bosch Rn. 12.
[89] BGH 12.6.2018 – KVR 38/17 NZKart 2018, 368 Rn. 26.
[90] Klees § 6 Rn. 142.

## IV. Verfahren

Die Aufhebung der Zusagenverfügung und die Wiederaufnahme des Verfahrens erfolgt 34 von Amts wegen wiederum durch eine Verfügung der Kartellbehörde. Die Entscheidung darüber liegt im **pflichtgemäßen Ermessen** der Behörde. Obwohl § 32 Abs. 2 im Gegensatz zu Art. 9 Abs. 2 VO 1/2003 eine Wiederaufnahme auf Antrag nicht vorsieht, steht Dritten, die von den Zusagen bzw. deren Nichteinhaltung betroffen sind, ein **Antragsrecht** zu. Diesen kommt insbesondere im Hinblick auf die Einhaltung der Verpflichtungszusage eine wichtige Kontrollfunktion zu. Allerdings folgt hieraus lediglich ein Anspruch auf eine ermessensfehlerfreie Entscheidung der Kartellbehörde darüber, ob sie das Verfahren wieder aufnimmt oder nicht. Ob auch den Adressaten der Zusagenverfügung ein Antragsrecht zusteht ist dagegen ohne praktische Bedeutung, da kaum anzunehmen ist, dass diese einen Antrag auf Wiederaufnahme des Verfahrens stellen werden, welches auf den Erlass einer gegen sie gerichteten Abstellungsverfügung gerichtet ist.[91] Die betroffenen Unternehmen haben jedoch **analog § 51 VwVfG** einen Anspruch gegen die Behörde auf **Entscheidung über die Aufhebung oder Änderung der Zusagenverfügung,** wenn sich die der Verfügung zugrunde liegende Sach- oder Rechtslage nachträglich zu ihren Gunsten geändert hat.[92] Ein solcher Antrag kommt insbesondere bei einer nachhaltigen Veränderung der Markt- und Wettbewerbsverhältnisse in Betracht, etwa wenn durch den Verlust von Marktanteilen oder den Eintritt neuer Wettbewerber die Voraussetzungen einer marktbeherrschenden Stellung entfallen sind. Der Antrag auf Wiederaufgreifen muss innerhalb von drei Monaten gestellt werden, nachdem der Betroffene von dem Grund für das Wiederaufgreifen Kenntnis erlangt hat (§ 51 Abs. 3 VwVfG).

Gegen eine Verfügung nach § 32b Abs. 2 steht dem Betroffenen die **Beschwerde** (§ 73) 35 zu, die jedoch keine aufschiebende Wirkung hat (vgl. § 66 Abs. 1). Die Kartellbehörde kann daher sofort das Verfahren nach § 32 wieder aufnehmen und dieses entweder mit einer Abstellungsverfügung nach § 32 abschließen oder auch mit einer erneuten Zusagenverfügung beenden. Gegen eine ablehnende Entscheidung der Behörde über einen Antrag auf Wiederaufnahme nach § 51 Abs. 1 VwVfG können die Betroffenen unmittelbar **Verpflichtungsbeschwerde auf Aufhebung der Zusagenverfügung** erheben. Liegen die Voraussetzungen des § 51 Abs. 1 VwVfG vor, so steht der Kartellbehörde kein Ermessen zu.[93] Die Verpflichtungsbeschwerde kann daher unmittelbar auf eine Entscheidung in der Sache gerichtet werden.[94]

## F. Rechtsschutz gegen Zusagenverfügungen

Die Zusagenverfügung stellt zwar auf Grund ihrer Bindungswirkung einen den Betroffe- 36 nen **belastenden Verwaltungsakt** dar. Allerdings ist fraglich, ob dieser die Verfügung mit der Beschwerde anfechten kann. Ein entsprechendes Rechtsschutzbedürfnis ist jedenfalls dann gegeben, wenn der Adressat geltend macht, er habe die für verbindlich erklärte Verpflichtungszusage gar nicht oder nicht in der Form angeboten oder sei durch Nötigung oder Täuschung der Kartellbehörde zur Abgabe der Zusage veranlasst worden.[95] Zweifelhaft erscheint dagegen, ob sich das Unternehmen auch darauf berufen kann, dass ursprünglich überhaupt kein Wettbewerbsverstoß vorgelegen habe oder die Verpflichtungen zumindest über das für eine Abstellung des Verstoßes erforderliche Maß hinausgingen. Im Bereich der Fusionskontrolle ist anerkannt, dass die Zusammenschlussbeteiligten eine mit einer

---

[91] Für ein Antragsrecht etwa Otto in LMRKML Rn. 24.
[92] Vgl. hierzu eingehend Spiecker in MüKoWettbR Rn. 32 ff.
[93] Vgl. Ramsauer in Kopp/Ramsauer § 51 Rn. 16a; Peuker in Knack/Henneke § 51 Rn. 12.
[94] Spiecker in MüKoWettbR Rn. 45.
[95] Schwarze/Weitbrecht § 6 Rn. 84; Bornkamm FS Bechtold, 2006, 45 (57); Busse/Leopold WuW 2005, 146 (153 f.).

Auflage versehene Freigabeentscheidung mit dem Ziel einer unbedingten Freigabe anfechten können, sofern sie der Auflage nur unter Vorbehalt zugestimmt haben.[96] Der entscheidende Unterschied zum Kartellverwaltungsverfahren besteht jedoch darin, dass die Unternehmen im Zusammenschlussverfahren unter einem sehr viel höheren Druck stehen und sich auf Grund der zumeist wirtschaftlichen Aussichtslosigkeit des Rechtsweges gegen eine Untersagung letztlich zur Abgabe von Zusagen gezwungen sehen. Hat das betroffene Unternehmen im Verfahren nach § 32 Zweifel an der Rechtsauffassung der Kartellbehörde, so kann es ohne weiteres eine Abstellungsverfügung gegen sich ergehen lassen und diese dann gerichtlich überprüfen lassen. Darüber hinaus ist zu berücksichtigen, dass die Behörde nur eine vorläufige Beurteilung vorgenommen hat und keine Entscheidung über das Vorliegen eines Wettbewerbsverstoßes trifft. Schon deshalb kann sich der Betroffene nicht mit Erfolg darauf berufen, der Rechtsstandpunkt der Behörde sei unrichtig und er hätte die Zusagen nicht abgeben müssen.[97] In diesen Fällen fehlt vielmehr das Rechtsschutzbedürfnis.

37     **Dritte** mögen zwar interessiert sein, eine Zusagenverfügung anzufechten, etwa wenn sie der Ansicht sind, die Verpflichtungszusagen gingen nicht weit genug oder seien nicht geeignet, den von der Behörde befürchteten Wettbewerbsverstoß zu beseitigen. Grundsätzlich haben Dritte aber **keinen Rechtsanspruch auf ein Einschreiten der Kartellbehörde.**[98] Diese verfügt auf Grund des Opportunitätsprinzips vielmehr über einen weiten Ermessenspielraum, ob sie ein Verfahren einleitet und wenn ja, ob sie dieses durch eine Verfügung nach § 32 oder § 32b abschließt oder ggf. einstellt. Auch vor dem Hintergrund der Tatbestandwirkung des § 33 Abs. 4 kann es nicht als ermessensfehlerhaft angesehen werden, wenn die Behörde den Dritten zur Durchsetzung seiner Ansprüche auf den Zivilrechtsweg verweist und sich anstelle einer Abstellungsverfügung für eine Zusagenverfügung entscheidet.[99]

38     Eine Anfechtung durch Dritte kommt dagegen grundsätzlich in Betracht, wenn diese durch die Entscheidung nach § 32b **tatsächlich oder rechtlich erheblich betroffen** sind.[100] In einem solchen Fall kann der Dritte, wenn er zum Verfahren beigeladen oder sein entsprechender Antrag aus verfahrensökonomischen Gründen abgelehnt wurde, die Verpflichtungszusagenentscheidung mit der Begründung anfechten, das vorgeworfene Verhalten verstoße schon nicht gegen Kartellrecht.[101]

## § 32c Kein Anlass zum Tätigwerden

(1) [1]**Sind die Voraussetzungen für ein Verbot nach den §§ 1, 19 bis 21 und 29, nach Artikel 101 Absatz 1 oder Artikel 102 des Vertrages über die Arbeitsweise der Europäischen Union nach den der Kartellbehörde vorliegenden Erkenntnissen nicht gegeben, so kann sie entscheiden, dass für sie kein Anlass besteht, tätig zu werden.** [2]**Die Entscheidung hat zum Inhalt, dass die Kartellbehörde vorbehaltlich neuer Erkenntnisse von ihren Befugnissen nach den §§ 32 und 32a keinen Gebrauch machen wird.** [3]**Sie hat keine Freistellung von einem Verbot im Sinne des Satzes 1 zum Inhalt.**

(2) **Unabhängig von den Voraussetzungen nach Absatz 1 kann die Kartellbehörde auch mitteilen, dass sie im Rahmen ihres Aufgreifermessens von der Einleitung eines Verfahrens absieht.**

(3) **Das Bundeskartellamt kann allgemeine Verwaltungsgrundsätze über die Ausübung seines nach Absatz 1 und 2 bestehenden Ermessens festlegen.**

---

[96] BGH 7.2.2006 – KVR 5/05, WuW/E DE-R 1681 (1684) – DB Regio/üstra.
[97] Bornkamm FS Bechtold, 2006, 45 (56 f.); Sura in Bunte KartellR VO 1/2003 Art. 9 Rn. 21; aA Otto in LMRKML Rn. 20 f. (Anfechtbarkeit auch bei unhaltbaren Bedenken der Kartellbehörde).
[98] OLG Düsseldorf 22.4.2009 – VI-2 Kart 3/08 (V), BeckRS 2012, 19328.
[99] Vgl. BGH 6.3.2001 – KVZ 20/00, BeckRS 2001, 3311= ZIP 2001, 807 – Fachklinik für Herzchirurgie sowie Bornkamm/Tolkmitt in Bunte KartellR Rn. 40.
[100] Vgl. zu einer solchen Konstellation EuGH 29.6.2010 – C-441/07, Slg. 2010, I-5949 Rn. 41 – Alrosa.
[101] Bornkamm/Tolkmitt in Bunte KartellR Rn. 41 f.

(4) ¹Unternehmen oder Unternehmensvereinigungen haben auf Antrag gegenüber dem Bundeskartellamt einen Anspruch auf eine Entscheidung nach Absatz 1, wenn im Hinblick auf eine Zusammenarbeit mit Wettbewerbern ein erhebliches rechtliches und wirtschaftliches Interesse an einer solchen Entscheidung besteht. ²Das Bundeskartellamt soll innerhalb von sechs Monaten über einen Antrag nach Satz 1 entscheiden.

**Schrifttum:** Bornkamm/Becker, Die privatrechtliche Durchsetzung des Kartellverbots nach der Modernisierung des EG-Kartellrechts – Einflussmöglichkeiten der Kommission, ZWeR 2005, 213; De Bronett, Kommentar zum europäischen Kartellverfahrensrecht, 2. Aufl. 2012; Haus/Schmidt, Pressekooperationen nach der 9. GWB-Novelle, ZWeR 2017, 240; Karl/Reichelt, Die Änderungen des Gesetzes gegen Wettbewerbsbeschränkungen durch die 7. GWB-Novelle, DB 2005, 1436; Klumpp, Presse & Kartellrecht nach der 9. GWB-Novelle, NZKart 2017, 300, 305; Klumpp/Seitz, Vorsitzendenschreiben und Anspruch auf Negativattest, in Bien/Käseberg/Klumpe/Körber/Ost Die 10. GWB-Novelle 2021, 171; Knack/Henneke, Verwaltungsverfahrensgesetz, 10. Aufl. 2014; Kopp/Ramsauer, Verwaltungsverfahrensgesetz, 18. Aufl. 2017; Mohr, Privatrechtliche Nichtigkeit von Kartellen und öffentlich-rechtlicher Vertrauensschutz, ZWeR 2011, 383; Röhling, Die Zukunft des Kartellverbots in Deutschland nach Inkrafttreten der neuen EV–Verfahrensrechtsordnung, GRUR 2003, 1019; K. Schmidt, Umdenken im Kartellverfahrensrecht! Gedanken zur Europäischen VO Nr. 1/2003, BB 2003, 1237; Scholl/Weck, Die Neuregelung der kartellrechtlichen Ausnahmebereiche, WuW 2017, 261; Schwarze/Weitbrecht, Grundzüge des europäischen Kartellverfahrensrechts. Die Verordnung (EG) Nr. 1/2003, 2004; Stelkens/Bonk/Sachs, Verwaltungsverfahrensgesetz, 9. Aufl. 2018; Wiedemann, Auf der Suche nach der verlorenen Rechtssicherheit. Eine Zwischenbilanz zwei Jahre nach Inkrafttreten der EG-Kartellverfahrens-Verordnung Nr. 1/2003, in: FS Bechtold, S. 627.

### Übersicht

## A. Normzweck und Bedeutung

1    In § 32c fasst das Gesetz seit der 10. GWB-Novelle zwei Instrumente zusammen, die den Kartellbehörden im System der Legalausnahme zur Verfügung stehen, um **Rechtsunsicherheiten, vor allem in Bezug auf die Kooperation von Wettbewerbern, zu reduzieren.** In Abs. 2 wurde ausdrücklich auf die gesetzlich bislang nicht erwähnten Möglichkeiten des informellen Verwaltungshandelns zum Abbau von Unsicherheiten Bezug genommen. Die Gesetzesfassung bringt damit das Anliegen des Gesetzgebers noch deutlicher zum Ausdruck, dass die Kartellbehörden im Rahmen ihres Aufgreifermessens erwägen sollen, ob sie zur Reduzierung kartellrechtlicher Umsetzungshindernisse den Weg einer formellen Verfügung nach Abs. 1 oder ein informelles Vorgehen nach Abs. 2 wählen.

2    Die Attraktivität eines Abbaus kartellrechtlicher Umsetzungshindernisse für horizontale Kooperationen durch Entscheidungen nach Ab. 1 wird dadurch erhöht, dass Unternehmen im Falle eines erheblichen rechtlichen und wirtschaftlichen Interesses ein Anspruch auf eine solche Entscheidung eingeräumt wird. Schließlich wird das Bundeskartellamt eingeladen, die Transparenz seines Vorgehens durch die Veröffentlichung von Verwaltungsgrundsätzen zu erhöhen.

3    § 32c Abs. 1 ermöglicht der Kartellbehörde durch förmliche Verfügung festzustellen, dass auf Grund eines bestimmten Sachverhalts für sie kein Anlass besteht, tätig zu werden, weil kein Verstoß gegen §§ 1, 19–21 oder Art. 101 und 102 AEUV vorliegt. Die Vorschrift nutzt den Spielraum, den Art. 5 Abs. 3 VO 1/2003 den nationalen Kartellbehörden bei der Anwendung von Art. 101 und 102 AEUV lässt. Nach dieser Regelung können die Wettbewerbsbehörden der Mitgliedstaaten, sofern die Voraussetzungen für ein Verbot nach den ihnen vorliegenden Informationen nicht gegeben sind, auch entscheiden, dass für sie kein Grund besteht, tätig zu werden. Weder Art. 5 Abs. 3 VO 1/2003 noch § 32c ermächtigen zu einer Freistellung, für die im System der Legalausnahme kein Raum mehr ist. § 32c Abs. 1 S. 3 stellt ausdrücklich klar, dass eine Entscheidung, nicht tätig zu werden, **keine Freistellung** von einem der genannten Verbote beinhaltet.

4    Mit § 32c reagiert der Gesetzgeber auf die mit dem System der Legalausnahme und der geforderten Selbstveranlagung verbundene Rechtsunsicherheit. Im Interesse der betroffenen Unternehmen begründet Abs. 1 die Möglichkeit, die **Rechtsunsicherheit** zumindest im Verhältnis zur Kartellbehörde **deutlich zu reduzieren.** Mit einer Entscheidung nach § 32c Abs. 1 legt sich die Kartellbehörde im Einzelfall dahingehend fest, dass eine bestimmte Verhaltensweise nicht den Verboten der §§ 1, 19–21, Art. 101, 102 AEUV unterfällt. Sanktionen dieser Behörde gegen das im Einzelfall beurteilte Verhalten scheiden aus, solange die Entscheidung Bestand hat.

5    Entscheidungen nach Abs. 1 ermöglichen der Kartellbehörde, ihre Beurteilung bestimmter Verhaltensweisen, insbesondere auch im Hinblick auf die Freistellungsvoraussetzungen nach § 2 bzw. Art. 101 Abs. 3 AEUV und die fehlende Missbräuchlichkeit bestimmter Verhaltensweisen deutlich zu machen. Daraus kann sich eine **Orientierungsfunktion für ähnlich gelagerte Sachverhalte** ergeben. Insoweit ähnelt die Funktion von § 32c partiell den Möglichkeiten der Kommission nach Art. 10 VO 1/2003, wenngleich die dort vorgesehenen Entscheidungen nur im öffentlichen Interesse der Gemeinschaft und zur ausdrücklichen Klärung der Rechtslage ergehen. Dagegen dient die Ermächtigung nach § 32c Abs. 1 gleichrangig dem Interesse der Betroffenen an partiell erhöhter Rechtssicherheit und dem öffentlichen Interesse, durch Orientierung an bestimmten „Leitentscheidungen" die mit dem System der Legalausnahme verbundene Unsicherheit partiell zu reduzieren. Der Orientierungsfunktion des § 32c Abs. 1 wird die zurückhaltende Anwendungspraxis des Bundeskartellamt nur bedingt gerecht. Entscheidungen nach Abs. 1 blieben die seltene Ausnahme. Die Änderungen der Norm im Rahmen der 10. GWB-Novelle zielen auf eine Reduktion der kartellrechtlichen Unsicherheiten im Interesse der Unternehmen und sollen zu einer erhöhten Nutzung der Entscheidung nach Abs. 1 führen.

Mit der Neufassung im Rahmen der 10. GWB-Novelle wurde die neben der Befugnis **6**
zur förmlichen Entscheidung nach Abs. 1 bestehende **Möglichkeit, informell Auskünfte
und Mitteilungen vorzunehmen, hervorgehoben.** Der Gesetzgeber geht davon aus,
dass derartige informelle Maßnahmen eine wichtige Rolle spielen. Das in der Praxis des
Bundeskartellamts entwickelte sog. Vorsitzendenschreiben ist mit Abs. 2 gesetzlich verankert worden. [1]

Die Entscheidung nach § 32c Abs. 1 betrifft ausdrücklich nur das Verhältnis zwischen **7**
Kartellbehörde und denjenigen Unternehmen, deren Verhalten Gegenstand der Entscheidung ist. Im Gegensatz zu Entscheidungen der Kommission nach Art. 10 VO 1/2003, die
über Art. 16 VO 1/2003 nationale Gerichte und Wettbewerbsbehörden binden,[2] entfalten
Entscheidungen nach § 32c Abs. 1 **keine Bindungswirkung für Gerichte** oder Dritte.[3]

## B. Voraussetzungen und Inhalt der Entscheidung nach Abs. 1

### I. Verfahren, Anwendungsbereich

Die Entscheidung nach Abs. 1 ergeht im förmlichen Verwaltungsverfahren. Die Mög- **8**
lichkeit einer solchen Entscheidung besteht im gesamten Bereich der Verbote nach den
§§ 1, 19–21 sowie Art. 101 und 102 AEUV.[4] Die Entscheidung kann im Rahmen eines
Verfahrens nach § 32 getroffen werden. Dies setzt voraus, dass die Behörde im Verlauf des
Verfahrens zu der Auffassung gelangt, die Voraussetzungen für ein Verbot lägen nicht vor.
Die Einleitung eines Verfahrens nach § 32 ist aber nicht Voraussetzung für die Entscheidung nach § 32c Abs. 1.[5] Vielmehr wird, der typischen Interessenlage folgend, ein Verfahren nach Abs. 1 im **Regelfall durch einen Antrag** derjenigen Unternehmen eingeleitet, die an einer Entscheidung interessiert sind. Von diesem Regelfall geht auch Abs. 4
aus. Der Antrag ist aber keine zwingende Voraussetzung einer Entscheidung nach § 32c
Abs. 1.[6] Anders als die Zusicherung nach § 38 Abs. 1 S. 1 Alt. 2 VwVfG[7] kann die
Entscheidung nach Abs. 1 auch von Amts wegen getroffen werden.[8] Dies trägt dem öffentlichen Interesse an der Orientierungsfunktion einer Entscheidung nach Abs. 1 für ähnlich
gelagerte Sachverhalte Rechnung. In der Praxis wird freilich kaum eine Entscheidung ohne
zumindest konkludenten Antrag[9] getroffen werden.

Abs. 1 ist Teil spezifischer Regelungen des Kartellverfahrensrechts. Aufgrund abschlie- **9**
ßender fachgesetzlicher Regelungen kommt **§ 38 VwVfG nicht zur Anwendung.** Anders als nach § 38 Abs. 1 S. 1 VwVfG ist die Zuständigkeit der handelnden Kartellbehörde
auch nicht Wirksamkeitsvoraussetzung,[10] sondern Teil der allgemeinen Voraussetzungen
für die Rechtmäßigkeit der kartellbehördlichen Verfügung. Eine von der unzuständigen
Kartellbehörde getroffene Entscheidung nach § 32c Abs. 1 ist danach wirksam, kann
allerdings aufgehoben werden. Im Übrigen gelten für Abs. 1 die allgemeinen Bestimmungen für das förmliche Kartellverwaltungsverfahren, etwa über die Beteiligung nach § 54
Abs. 2 GWB. Auch im isolierten Verfahrens nach § 32c Abs. 1 verfügt die Kartellbehörde
über die Ermittlungsbefugnisse nach §§ 57 ff.

---

[1] BT-Drs. 19/23492 S. 87.

[2] Bechtold/Bosch Rn. 1; de Bronett Art. 10 Rn. 1; Bornkamm/Tolkmitt in Bunte KartellR § 32c Rn. 4;
Klees § 6 Rn. 162; Röhling GRUR 2003, 1019 (1023); Bornkamm/Becker ZWeR 2005, 213 (221 f.).

[3] Dazu → Rn. 23.

[4] Otto in LMRKML Rn. 2; Spiecker in MüKoWettbR § 32b Rn. 2.

[5] Bornkamm/Tolkmitt in Bunte KartellR Rn. 5; Otto in LMRKML § 32c Rn. 6.

[6] Bornkamm/Tolkmitt in Bunte KartellR Rn. 7; Spiecker in MüKoWettbR § 32b Rn. 7.

[7] Zum Antragserfordernis nach § 38 VwVfG U. Stelkens in Stelkens/Bonk/Sachs § 38 Rn. 114; aA
Ramsauer in Kopp/Ramsauer § 38 Rn. 24.

[8] Otto in LMRKML Rn. 6.

[9] Dies würde auch nach allgemeinem Verwaltungsverfahrensrecht ausreichen, vgl. U. Stelkens in Stelkens/
Bonk/Sachs § 38 Rn. 114; Schmitz in Stelkens/Bonk/Sachs § 22 Rn. 30.

[10] U. Stelkens in Stelkens/Bonk/Sachs § 38 Rn. 62.

## II. Voraussetzungen für Verbot nicht gegeben

**10**    Eine Entscheidung nach Abs. 1 kann nur ergehen, wenn nach den der Kartellbehörde vorliegenden Erkenntnissen die Voraussetzungen für ein Verbot nicht gegeben sind.[11] Abs. 1 spricht von Verboten nach den §§ 1 und 19–21 sowie nach Art. 101 Abs. 1 oder Art. 102 AEUV. Nach dem Wortlaut wird also nur auf die Voraussetzungen der Verbotsnormen (§ 1, Art. 101 Abs. 1 AEUV), nicht auf die Freistellungsnormen (§§ 2, 3 und Art. 101 Abs. 3 AEUV) abgestellt. Dem kann aber nicht entnommen werden, dass eine Entscheidung nach Abs. 1 nur dann in Betracht kommt, wenn schon die **Tatbestandsvoraussetzungen** des Verbots nicht erfüllt sind. Vielmehr bilden im System der Legalausnahme Art. 101 Abs. 1 und 3 AEUV und ihnen folgend §§ 1 und 2 eine Einheit. Gemäß Art. 1 Abs. 1 VO 1/2003 sind nur Vereinbarungen, Beschlüsse und auf einander abgestimmte Verhaltensweisen im Sinne von Art. 101 Abs. 1 AEUV verboten, die nicht die Voraussetzungen des Art. 101 Abs. 3 AEUV erfüllen.[12] Dasselbe gilt auch ohne ausdrückliche gesetzliche Regelung für das Verhältnis von §§ 1 und 2. Konsequent spricht daher Art. 5 VO 1/2003, die unionsrechtliche Grundlage für § 32c Abs. 1 im Bereich der Anwendung von Art. 101, 102 AEUV, generell von den **Voraussetzungen für ein Verbot,** ohne dabei spezifische Verbotstatbestände aufzuführen. Auch der Gesetzgeber ging ausdrücklich davon aus, dass eine Entscheidung nach § 32c Abs. 1 ergehen kann, wenn eine nach § 1 oder Art. 101 Abs. 1 AEUV verbotene Vereinbarung oder Verhaltensweise gemäß § 2 oder Art. 101 Abs. 3 AEUV freigestellt ist.[13] Dieses Verständnis fand auch seinen Niederschlag in § 30 Abs. 2b. Danach besteht im Anwendungsbereich der pressespezifischen Legalausnahme ein Anspruch auf eine Entscheidung nach § 32c.

## III. Umfang der Aufklärungspflicht

**11**    Abs. 1 stellt ausdrücklich auf die der Kartellbehörde vorliegenden Erkenntnisse ab. Der Wortlaut legt zunächst nahe, in diesem Merkmal eine besondere Betonung des Umstands zu sehen, dass die Kartellbehörde ihre Zusage, nicht tätig zu werden, nur auf der Grundlage der zum Zeitpunkt der Entscheidung bestehenden Umstände trifft. Insoweit unterscheidet sich aber die Verfügung nach § 32c Abs. 1 nicht von anderen Verfügungen, etwa nach § 32. Auch bei diesen ist bezogen auf den Zeitpunkt des Erlasses der Verfügung zu prüfen, inwieweit die Eingriffsvoraussetzungen vorliegen.[14] Zukünftige Änderungen müssen gegebenenfalls im Rahmen einer geänderten Verfügung oder über eine Aufhebung der Abstellungsverfügung berücksichtigt werden. Dies gilt entsprechend bei § 32c Abs. 1. Das gesonderte Merkmal der der Kartellbehörde vorliegenden Erkenntnisse signalisiert vielmehr eine **eingeschränkte Sachaufklärungspflicht** der Kartellbehörde.[15] Zwar gilt auch im Rahmen von § 32c der Untersuchungsgrundsatz.[16] Die Reichweite der Sachaufklärungspflicht divergiert jedoch abhängig von der Erforderlichkeit im Rahmen der anzuwendenden materiell rechtlichen Norm.[17] Insbesondere wird der Umfang der Sachaufklärungspflicht durch Mitwirkungsobliegenheiten der Beteiligten eingeschränkt.[18] Zwar besteht nach hier vertretener Auffassung keine formale Mitwirkungspflicht der von der Verfügung begünstigten Unternehmen, da die Entscheidung nach Abs. 1 nicht nur auf Antrag, sondern auch von Amts wegen ergehen kann.[19] Die Entscheidung nach § 32c erfolgt aber regelmäßig zumindest auch im Interesse derjenigen Unternehmen, deren Verhalten Gegen-

[11] Spiecker in MüKoWettbR § 32b Rn. 9.
[12] → VO 1/2003 Art. 1 Rn. 29.
[13] Begr. 2004, S. 52.
[14] → § 32 Rn. 19.
[15] Spiecker in MüKoWettbR § 32b Rn. 8.
[16] Dazu → § 57 Rn. 1.
[17] → § 57 Rn. 5.
[18] → § 57 Rn. 9.
[19] Vgl. → Rn. 8; Spiecker in MüKoWettbR § 32b Rn. 7.

stand der Verfügung ist. Sie erhalten eine gegenüber dem Grundsatz der Selbstveranlagung deutlich gesteigerte Rechtssicherheit, da sich die Behörde verpflichtet, von ihren Befugnissen nach §§ 32, 32a keinen Gebrauch zu machen. Dies spricht generell für eine Mitwirkungsobliegenheit der interessierten Unternehmen. Sie gilt erst recht im Anwendungsbereich von Abs. 4.

Das Gesetz mutet den beteiligten Unternehmen ohnehin zu, im Rahmen der **Selbstver-** **12** **anlagung** nach §§ 1, 2 bzw. Art. 101 AEUV zunächst eigenständig zu prüfen, ob das jeweilige Verbot eingreift. Die Kartellbehörde kann daher von Unternehmen, die eine Entscheidung nach § 32c Abs. 1 anstreben oder beantragen, erwarten, dass ihr sowohl die tatsächlichen Grundlagen als auch die **Ergebnisse dieser eigenen Prüfung** vorgetragen werden.[20] Führen diese Angaben zu Anhaltspunkten für einen Verstoß, wird die Behörde keine Entscheidung nach Abs. 1 erlassen. Sie ist in diesem Fall auch nicht verpflichtet, durch eigene Ermittlungen das Bestehen eines Verstoßes auszuschließen. Umgekehrt kann die Behörde eine Entscheidung nach Abs. 1 schon dann treffen, wenn sich nach dem von den Unternehmen vorgetragenen Sachverhalt und ihren sonstigen Erkenntnissen keine Anhaltspunkte für einen Verstoß ergeben. Die Behörde ist in diesem Fall **nicht verpflichtet, umfangreiche Ermittlungen zu führen,** um einen Verstoß definitiv ausschließen zu können. Dies ist auch deshalb gerechtfertigt, weil durch die Entscheidung nach § 32c Abs. 1 nicht in Rechtspositionen Dritter eingegriffen werden kann und auch keine Bindung der Zivilgerichte erfolgt.[21]

Die eingeschränkte Sachaufklärungspflicht im Rahmen von Abs. 1 führt nicht dazu, dass **13** auch in rechtlicher Hinsicht nur eine verkürzte oder summarische Prüfung erforderlich ist. Die Kartellbehörde muss den ihr bekannten Sachverhalt vielmehr einer **vollständigen rechtlichen Prüfung** unterwerfen.[22] Dies gilt vor allem dann, wenn § 32c für mögliche „Leitentscheidungen" eingesetzt werden soll.[23] Bei der Entscheidung nach Abs. 1 handelt es sich nicht um vorläufige Maßnahmen, die Entscheidung begründet vielmehr dauerhaft den Anspruch der Adressaten auf die Unterlassung von Verfügungen nach §§ 32, 32a. In rechtlicher Hinsicht setzt die Entscheidung daher eine den Verfahren nach § 32 entsprechende Prüfung voraus.

## IV. Ermessen

Der Erlass einer Entscheidung nach Abs. 1 steht grundsätzlich im Ermessen der Kartell- **14** behörde. Allerdings besteht unter den Voraussetzungen von Abs. 4 ein Anspruch der Antragsteller auf eine solche Entscheidung. Ein ähnlicher Anspruch besteht im Rahmen der Sonderregelung zur Pressekooperation nach § 30 Abs. 2b S. 3. Danach haben Unternehmen, die eine verlagswirtschaftliche Kooperation beabsichtigen und die damit verbundenen kartellrechtlichen Risiken reduzieren wollen, Anspruch auf eine Entscheidung nach § 32c Abs. 1. In beiden Fällen bestehen besondere Anforderungen an die betroffenen Interessen.

In den übrigen Fällen entscheidet die Kartellbehörde nach pflichtgemäßem Ermessen, ob **15** sie im Einzelfall eine Entscheidung nach § 32c Abs. 1 erlässt.[24] Die Ausübung des Ermessens hat sich an der Funktion der Vorschrift zu orientieren. Die Kartellbehörde hat danach

---

[20] Spiecker in MüKoWettbR § 32b Rn. 8; Bornkamm/Tolkmitt in Bunte KartellR Rn. 8.

[21] Dazu → Rn. 23.

[22] Jaeger in FK-KartellR Rn. 9 f.; zustimmend jetzt auch Otto in LMRKML Rn. 4, für eine auch rechtlich nur summarische Prüfung noch Rehbinder in Loewenheim et al., 3. Aufl. Rn. 4; Bechtold/Bosch Rn. 4.

[23] So die von Karl/Reichelt DB 2005, 1436 (1439) zitierte Aussage des damaligen Leiters der Grundsatzabteilung des Bundeskartellamts in der Sachverständigenanhörung des Ausschusses für Wirtschaft und Arbeit vom 20.9.2004, Protokoll 15/67 S. 1104.

[24] Begr. 2004, S. 34; BKartA 9.2.2006 – B1-248/04, WuW/E DE-V 1135 (1141) – Hintermauerziegelkartell; Bornkamm/Tolkmitt in Bunte KartellR Rn. 9; Spiecker in MüKoWettbR § 32b Rn. 10; Bechtold/Bosch Rn. 3; Otto in LMRKML Rn. 5; Wiedemann FS Bechtold, 627, 640.

ua zu prüfen, inwieweit sich der Fall eignet, um die mit § 32c verbundene **Orientierungs-funktion** für ähnlich gelagerte Sachverhalte zu erfüllen.[25] Daneben ist aber auch zu berück-sichtigen, welches Interesse die beteiligten Unternehmen auf Grund der konkreten Um-stände des Falles an der durch die Verfügung bewirkten erhöhten Rechtssicherheit haben. Das Bedürfnis nach **Rechtssicherheit** und nach Reduzierung kartellrechtlicher Risiken bei der Zusammenarbeit von Unternehmen ist in der Begründung des Regierungsentwurfs zur 10. GWB-Novelle erneut hervorgehoben worden.[26] Im Rahmen der Ermessensent-scheidung ist aber auch zu berücksichtigen, mit welchem Aufwand die Kartellbehörde in der Lage ist, sich vom Nichtvorliegen der Verbotsvoraussetzungen zu überzeugen.

**16**  Außerhalb der ausdrücklich geregelten Fälle nach Abs. 4 und § 30 Abs. 2b haben die betroffenen Unternehmen grundsätzlich keinen Anspruch auf Erlass einer Entscheidung nach § 32c Abs. 1. Ein derartiger Anspruch könnte sich nur bei einer **Ermessensreduzie-rung** auf Null ergeben. Deren Voraussetzungen werden nur in extremen Ausnahmefällen gegeben sein. Ähnlich wie im Falle der Zusicherung nach § 38 VwVfG reicht für eine Ermessensreduzierung auf Null nicht schon das berechtigte Interesse eines Antragstellers am Erlass der Entscheidung.[27]

**17**  Im Rahmen ihres Aufgreifermessens hat die Kartellbehörde auch zu entscheiden, ob eine formelle Verfügung nach Abs. 1 getroffen oder eine **informelle Mitteilung,** insbesondere nach Abs. 2 erteilt werden soll.[28] Liegen die Voraussetzungen einer Entscheidung nach Abs. 1 vor und wird diese von den interessierten Unternehmen angestrebt, ist eine infor-melle Mitteilung nur selten sachgerecht. Für derartige Mitteilungen fehlt es an der gesetz-lich geregelten Bindung der Behörde, auch wenn sie über den allgemeinen Grundsatz des Vertrauensschutzes[29] gewisse Bindungswirkungen entfalten.[30]

## V. Inhalt der Entscheidung

**18**  Die Entscheidung nach § 32c Abs. 1 trifft keine Feststellung, dass die Verbotsvoraus-setzungen nicht vorliegen.[31] Sie ist erst recht **keine Freistellungsentscheidung** (§ 32c S. 3). Die Kartellbehörde entscheidet vielmehr, dass für sie kein Anlass besteht, tätig zu werden.[32] Die Verpflichtung der Behörde, „vorbehaltlich neuer Erkenntnisse" von ihren Befugnissen nach §§ 32 und 32a keinen Gebrauch zu machen, ist gesetzliche Rechtsfolge der Entscheidung, nicht tätig zu werden. Die Entscheidung stellt also eine spezifisch fachgesetzliche Ausgestaltung einer **Zusicherung dar, bestimmte Verwaltungsakte nicht zu erlassen** (§ 38 Abs. 1 S. 1 VwVfG). Die Entscheidung hat dasjenige Verhalten zu bezeichnen, das die Kartellbehörde geprüft hat und für das die Voraussetzungen eines Verbotes nicht gegeben sind. Dabei kann der **Tenor** der Entscheidung eine Kurzbezeich-nung wählen, sofern sich zumindest aus den Entscheidungsgründen mit hinreichender Deutlichkeit ergibt, welches Verhalten Gegenstand der Entscheidung ist. Die Behörde ist im Hinblick auf die Bedeutung der Tatsachengrundlagen für eine spätere Änderung oder Aufhebung der Verfügung darüber hinaus gehalten, in der **Begründung** der Verfügung diejenigen tatsächlichen Umstände darzustellen, die für ihre Beurteilung wesentlich wa-ren.[33] Dabei kann durchaus auf die hervorgehobene Bedeutung bestimmter Umstände verwiesen werden, die gewissermaßen die Geschäftsgrundlage der Entscheidung bilden.

---

[25] Spiecker in MüKoWettbR § 32b Rn. 10; Bornkamm/Tolkmitt in Bunte KartellR Rn. 9; Wiedemann FS Bechtold, 627, 640.
[26] BT-Drs. 19/23492 S. 87.; ähnlich Begr. 2004, S. 34.
[27] U. Stelkens in Stelkens/Bonk/Sachs § 38 Rn. 111; Henneke in Knack/Henneke § 38 Rn. 41; aA wohl Ramsauer in Kopp/Ramsauer § 38 Rn. 24.
[28] Begr. 2004, S. 34; Wiedemann FS Bechtold, 627, 640.
[29] → Vor § 54 Rn. 10.
[30] Bechtold/Bosch Rn. 3.
[31] Otto in LMRKML Rn. 5.
[32] BKartA 9.2.2006 – B1-248/04, WuW/E DE-V 1142 – Hintermauerziegelkartell; Bechtold/Bosch Rn. 4.
[33] Karl/Reichelt DB 2005, 1436 (1440), sprechen sogar von einem Zwang zur umfassenden Darstellung.

Für eine **Befristung** der Entscheidung besteht keine Grundlage und bei zutreffendem 19
Normverständnis auch kein Bedarf. Die Entscheidung nach § 32c Abs. 1 ist keine vorläufige Maßnahme. Sie soll auch keinen Anspruch auf Erlass eines bestimmten Verwaltungsaktes in der Zukunft begründen, was im Rahmen der Zusicherung nach § 38 Abs. 1
VwVfG[34] eine Befristung nahe liegend erscheinen lässt. Die Beurteilung eines bestimmten
Verhaltens durch die Kartellbehörde als nicht vom Verbot umfasst ist ihrem Wesen nach
auch nicht auf einen bestimmten Zeitraum bezogen. Möglichen tatsächlichen und rechtlichen Änderungen ist gegebenenfalls durch eine Aufhebung der Entscheidung[35] zu begegnen.

Entscheidungen nach Abs. 1 sind Verfügungen[36] und nach § 61 Abs. 1 zuzustellen. Zu 20
einer **Bekanntmachung der Entscheidung** im Bundesanzeiger ist die Behörde allerdings
nicht verpflichtet. § 61 Abs. 3 räumt ihr insoweit Ermessen ein. Dies wird als „wenig
zielführend" kritisiert,[37] erlaubt der Behörde aber sachgerechte Differenzierungen im Hinblick auf die jeweils verfolgten Zwecke. Steht der Gedanke einer Orientierung bei neuartigen oder besondere Unsicherheiten aufwerfenden Sachverhalten im Vordergrund, wäre
ein Verzicht auf die Veröffentlichung kontraproduktiv. Stehen umgekehrt rechtliche oder
wirtschaftliche Interessen der beteiligten Unternehmen im Vordergrund, spricht für eine
Veröffentlichung allenfalls die generelle Transparenz kartellbehördlicher Tätigkeit. In bestimmten Fällen, etwa bei Entscheidungen nach Abs. 1 in Bezug auf ein Mittelstandskartell,
mag die Veröffentlichung gänzlich entbehrlich sein.

## C. Rechtsfolgen der Entscheidung nach Abs. 1

### I. Bindung der Kartellbehörde

Die Entscheidung nach Abs. 1 ist keine Freistellung (Abs. 1 S. 3). Zu ihr ist die Kartell- 21
behörde im System der Legalausnahmen nicht berechtigt.[38] Die Entscheidung verpflichtet
die Behörde für die Dauer ihres Bestandes,[39] von ihren Befugnissen nach den §§ 32 und
32a keinen Gebrauch zu machen. Es handelt sich um die spezifisch kartellverwaltungsrechtliche Ausgestaltung der Zusicherung gemäß § 38 Abs. 1 S. 1 VwVfG, einen bestimmten
Verwaltungsakt zu unterlassen.[40]

Nach der gesetzlichen Regelung in § 32c Abs. 1 S. 2 ist die Kartellbehörde infolge der 22
Entscheidung verpflichtet, von ihren Befugnissen nach § 32 und 32a keinen Gebrauch zu
machen. Mit dieser Verpflichtung korrespondiert ein **Anspruch** des Adressaten **auf Unterlassung** entsprechender Maßnahmen. Fraglich ist, ob eine Entscheidung nach Abs. 1
schon der Einleitung eines Verfahrens nach § 32[41] oder erst einer Abstellungsverfügung
bzw. einstweiligen Maßnahmen entgegensteht. Die Einleitung eines Verwaltungsverfahrens
setzt voraus, dass die Behörde eine nach außen wirkende Tätigkeit entfaltet, die auf die
Prüfung der Voraussetzungen, die Vorbereitung oder den Erlass eines Verwaltungsaktes,
hier einer Verfügung nach §§ 32, 32a, gerichtet ist.[42] Die Außenwirkung signalisiert den
beginnenden Konflikt mit der bestehenden Entscheidung nach § 32c Abs. 1. Außenwirkungen liegen spätestens dann vor, wenn die Kartellbehörde Ermittlungen aufnimmt. Die
Kartellbehörde kann daher ein Verfahren nach §§ 32, 32a nur einleiten, wenn sie zugleich
den Adressaten der Entscheidung nach § 32c Abs. 1 mitteilt, sie erwäge eine Aufhebung

---

[34] U. Stelkens in Stelkens/Bonk/Sachs § 38 Rn. 26.
[35] Vgl. → Rn. 25 ff.
[36] Spiecker in MüKoWettbR § 32b Rn. 11.
[37] Spiecker in MüKoWettbR § 32b Rn. 11.
[38] Vgl. → § 1 Rn. 7 ff.
[39] Vgl. zur Dauer ihres Bestandes → Rn. 25 ff.
[40] Vgl. Begr. 2004, S. 52; Bechtold/Bosch Rn. 5.
[41] Bechtold/Bosch Rn. 6.
[42] Vgl. § 9 VwVfG.

dieser Entscheidung und dazu rechtliches Gehör ermöglicht. Für dieses Ergebnis spricht, dass die Kartellbehörde auch im Rahmen von § 32c berechtigt bleibt, jederzeit zu prüfen, inwieweit die Voraussetzungen einer Aufhebung gegeben sind. **Abs. 1 will förmliche Verfügungen, nicht aber Ermittlungen verhindern,** ob die Voraussetzungen für eine Abstellungsverfügung vorliegen. Da das Ermittlungsergebnis nicht vorher feststeht, liegt es durchaus auch im Interesse des betroffenen Unternehmens, dass nicht schon vor Beginn der Ermittlungen die Entscheidung nach Abs. 1 aufgehoben sein muss. Die **parallele Einleitung eines Verfahrens nach §§ 32, 32a und die Gewährung rechtlichen Gehörs** zu einer möglichen Aufhebung der Entscheidung ist daher möglich. Allerdings hat die Behörde bei der Aufnahme von Ermittlungen stets zu prüfen, ob hinreichende Anhaltspunkte dafür vorliegen, dass die Voraussetzungen für eine Aufhebung der Entscheidung nach Abs. 1 gegeben sein könnten.

## II. Keine Bindung der Zivilgerichte oder Dritter

23      Die Entscheidung nach § 32c Abs. 1 bindet weder Dritte noch die Zivilgerichte.[43] Dritten steht es daher frei, gegen das Verhalten, auf das sich die Entscheidung bezieht, gerichtlich vorzugehen oder die Unwirksamkeit von vertraglichen Vereinbarungen geltend zu machen, die nach ihrer Auffassung gegen das jeweilige Verbot verstoßen. Selbstverständlich können die Gerichte Verfügungen nach Abs. 1 bei der wettbewerbsrechtlichen Beurteilung des Falls **berücksichtigen.**[44] Inwieweit es sich dabei um eine „persuasive authority"[45] handelt, wird entscheidend davon abhängen, in welchem Umfang die Kartellbehörde den Sachverhalt ermittelt und in ihrer Entscheidung dargestellt hat. In jedem Fall ist das Gericht gehalten, in seiner Entscheidung darzustellen, weshalb entgegen der Entscheidung der Kartellbehörde ein Verstoß gegen das jeweilige Verbot vorliegt.

## III. Keine Bindung anderer Kartellbehörden

24      Die Entscheidung nach § 32c Abs. 1 bindet weder die Kommission noch andere Kartellbehörden. Schon der Wortlaut der gesetzlichen Regelung macht deutlich, dass nur für die jeweils entscheidende Behörde kein Anlass besteht, tätig zu werden. Die **Kommission** bleibt grundsätzlich berechtigt, wegen eines Verstoßes gegen Art. 101 oder 102 AEUV ein Verfahren einzuleiten.[46] Dies hat allerdings auf die Wirksamkeit der Entscheidung nach Abs. 1 keine Auswirkung. Art. 11 Abs. 6 VO 1/2003 findet keine Anwendung, da das Verfahren der deutschen Kartellbehörde mit der Entscheidung nach Abs. 1 abgeschlossen ist.[47] Kommt die Kommission zu einer Abstellungsverfügung, ist die Entscheidung nach § 32c Abs. 1 aufzuheben, um die einheitliche Anwendung des Wettbewerbsrechts der Union sicherzustellen (Art. 16 VO 1/2003). **Kartellbehörden anderer Mitgliedstaaten** sind an die Entscheidung nach § 32c Abs. 1 ebenfalls nicht gebunden. Die Entscheidung stellt jedoch eine „Befassung" der deutschen Kartellbehörde im Sinne von Art. 13 VO 1/2003 dar, so dass die ausländische Kartellbehörde möglicherweise berechtigt ist, eine Beschwerde abzuweisen.

---

[43] Begr. 2004, S. 52; Bornkamm/Tolkmitt in Lange/Bunte Rn. 16; Otto in LMRKML Rn. 9; Spiecker in MüKoWettbR § 32b Rn. 16; Bechtold/Bosch Rn. 2; Schwarze/Weitbrecht § 8 Rn. 15 f.; K. Schmidt BB 2003, 1237 (1242).
[44] Begr. 2004, S. 52; Bechtold/Bosch Rn. 2; Otto in LMRKML Rn. 9.
[45] Bornkamm/Tolkmitt in Lange/Bunte Rn. 16.
[46] Otto in LMRKML Rn. 9; Bornkamm/Tolkmitt in Bunte KartellR Rn. 15; Wiedemann FS Bechtold, 627, 639.
[47] Jaeger in FK-KartellR Rn. 24; aA Otto in LMRKML Rn. 9.

## D. Aufhebung der Entscheidung

### I. Bedeutung des Merkmals „neue Erkenntnisse"

§ 32c enthält anders als § 32b keine ausdrückliche Regelung über die Aufhebung der 25 Entscheidung nach Abs. 1. Die in Abs. 1 Satz 2 gesetzlich angeordnete Verpflichtung, von den Befugnissen nach den §§ 32 und 32a keinen Gebrauch zu machen, ist allerdings mit dem Vorbehalt „neuer Erkenntnisse" versehen. Die Formulierung ist ungewöhnlich und findet weder im Kartellverfahrensrecht noch im allgemeinen Verwaltungsverfahrensrecht eine Entsprechung. Der Vorbehalt ist in Art. 5 Abs. 3 VO 1/2003 nicht angelegt. Nach der Begründung zum Regierungsentwurf der 7. GWB-Novelle enthält die Entscheidung nach § 32c Abs. 1 eine Zusicherung, nicht mehr gegen die betreffende Vereinbarung oder Verhaltensweise vorzugehen, sofern nicht eine Veränderung der zugrundeliegenden Sach- und Rechtslage eintritt.[48] Mit dem gewählten Wortlaut ist dies nur schwer in Verbindung zu bringen. Eine geänderte Rechtslage ist keine „Erkenntnis" der Kartellbehörde.

Teilweise wird vertreten, eine **Änderung der Sach- oder Rechtslage** führe von 26 Gesetzes wegen zum Wegfall der Bindungswirkung.[49] Zur Begründung wird auf die Regelung in § 38 Abs. 3 VwVfG verwiesen. Nach dieser Vorschrift soll die Bindung an die Zusicherung kraft Gesetzes wegfallen, wenn sich nach Abgabe der Zusicherung die Sach- oder Rechtslage derart ändert, dass die Behörde bei Kenntnis der nachträglich eingetretenen Änderung die Zusicherung nicht gegeben hätte oder aus rechtlichen Gründen nicht hätte geben dürfen. Für eine Anwendbarkeit dieser **Regelung des allgemeinen Verwaltungsverfahrensrechts** auf Entscheidungen nach § 32c Abs. 1 findet sich im Gesetz und in der Begründung zum Regierungsentwurf der 7. GWB-Novelle kein Anhaltspunkt. Die Begründung zum Regierungsentwurf formulierte zur Wirkung der Entscheidung nach Abs. 1, diese Norm stimme weitgehend mit der Regelung des § 38 Abs. 1 S. 1 Alt. 2 VwVfG überein.[50] Auf § 38 Abs. 3 VwVfG wird nicht eingegangen. Nach anderer Auffassung enthält § 32c Abs. 1 eine eigenständige und dem allgemeinen Verwaltungsverfahrensrecht vorgehende Regelung, wonach sowohl bei neuen Erkenntnissen im Sinne von der Kartellbehörde in der Vergangenheit nicht vorliegenden Umständen als auch bei Änderungen der Rechtslage und einer Änderung der rechtlichen Beurteilung durch die Kartellbehörde ein **Wiederaufgreifen des Verfahrens** möglich sei, das allerdings im Ermessen der Behörde liege.[51]

Die **zutreffende Bedeutung des Vorbehalts neuer Erkenntnisse in Abs. 1** er- 27 schließt sich nur aus dem systematischen Zusammenhang der Norm. Der Gesetzgeber hat für § 32b die abschließende verfahrensrechtliche Regelung des Gemeinschaftsrechts über die Wiederaufnahme des Verfahrens im Falle von Verpflichtungszusagen nach Art. 9 Abs. 2 VO 1/2003 annähernd wörtlich übernommen. Nach § 32b Abs. 2 können die Entscheidungen, auf Grund von Verpflichtungszusagen von den Befugnissen nach §§ 32, 32a keinen Gebrauch zu machen, nur unter den dort genannten Voraussetzungen aufgehoben werden.[52] Die Regelungen des allgemeinen Verwaltungsverfahrensrechts finden insoweit keine Anwendung.[53] Im Falle von § 32b geht die Behörde nach vorläufiger Beurteilung von einem Verstoß gegen Kartellrecht aus, während bei § 32c die Behörde gerade umgekehrt zu der Erkenntnis gelangt ist, ein Verstoß gegen die Verbote nach §§ 1 und 19–21, Art. 101 Abs. 1 oder Art. 102 AEUV liege nicht vor. In den Verstoß-Fällen des § 32b führen erst die Zusagen der Unternehmen dazu, dass kein Anlass zum Tätigwerden mehr

---

[48] Begr. 2004, S. 34.
[49] Spiecker in MüKoWettbR Rn. 21.
[50] Begr. 2004, S. 52.
[51] Otto in LMRKML Rn. 10 ff.
[52] § 32b Rn. 30.
[53] § 32b Rn. 30; Bechtold/Bosch § 32b Rn. 7.

besteht. Mit den Wertungen des GWB wäre es nicht zu vereinbaren, die Fälle einer prima facie vorliegenden Zuwiderhandlung nach § 32b hinsichtlich der Voraussetzungen einer Aufhebung der Entscheidung gegenüber den Fällen des § 32c zu privilegieren, bei denen ein Verstoß gerade nicht vorliegt. Die Adressaten einer Verfügung nach § 32c Abs. 1 dürfen daher im Hinblick auf die Aufhebung nicht schlechter gestellt werden als diejenigen, die Verpflichtungszusagen nach § 32b abgegeben haben. Umgekehrt können aber auch die Adressaten einer Verfügung nach Abs. 1 legitimer Weise nicht erwarten, dass die Kartellbehörden Zusicherungen aufrecht erhalten, wenn die Entscheidung auf unvollständigen, unrichtigen oder irreführenden Angaben der Parteien beruht (Fallgruppe nach § 32b Abs. 2 Nr. 3) oder wenn sich die tatsächlichen Verhältnisse in einem für die Verfügung wesentlichen Punkt geändert haben (Fallgruppe nach § 32b Abs. 2 Nr. 1).

28      Die spezifischen, in Übereinstimmung mit dem gemeinschaftsrechtlichen Verfahrensrecht bestehenden **Aufhebungsgründe nach § 32b Abs. 2 Nr. 1 und 3** sind daher aus systematischen Gründen auch im Rahmen von § 32c Abs. 1 anzuwenden. Das Merkmal „vorbehaltlich neuer Erkenntnisse" ist als **verkürzter Verweis auf diese spezifischen Aufhebungsgründe** zu verstehen. In § 32b nicht geregelt ist die Änderung der Rechtslage. Für eine Regelung bestand ebenso wie im Rahmen der VO 1/2003 kein Anlass, da beachtliche Änderungen allenfalls hätten dazu führen können, dass statt eines Verstoßes nunmehr keine Zuwiderhandlung mehr anzunehmen ist. Für diesen Fall bedarf die Behörde aber keiner Ermächtigung zum Nachteil der Adressaten, sie kann vielmehr im Interesse der Begünstigten die Entscheidung aufheben und die Verpflichtung beenden. Für § 32c hat die **Änderung der Rechtslage** dagegen Bedeutung. Anders als zum Zeitpunkt der Entscheidung kann nun, auf Grund geänderter Rechtslage, ein Verstoß vorliegen. Auch in diesem Fall kann die Kartellbehörde die Verfügung entsprechend dem Vorgehen in den Fällen des § 32b Abs. 2 Nr. 1 und 3 aufheben. Voraussetzung ist allerdings, dass die Behörde die Entscheidung nach § 32c Abs. 1 nicht hätte treffen dürfen, wenn die geänderte Rechtslage schon zum Zeitpunkt der Entscheidung bestanden hätte. Dabei gelten die üblichen Einschränkungen für den Widerruf eines rechtmäßigen begünstigenden Verwaltungsaktes nach § 49 Abs. 2 Nr. 4 VwVfG. In Übereinstimmung mit dem allgemeinen Verwaltungsverfahrensrecht **setzt** eine Änderung der Rechtslage allerdings **eine geänderte Rechtsnorm voraus.** Änderungen der Rechtsprechung oder gar Änderungen in der Rechtsauffassung der Behörde reichen nicht aus.[54]

29      Im Ergebnis kommt eine **Aufhebung der Entscheidung** nach § 32c Abs. 1 daher für folgende **drei Fallgruppen** in Betracht: a) die Entscheidung beruht auf unvollständigen, unrichtigen oder irreführenden **Angaben der Adressaten** oder Antragsteller; b) die **tatsächlichen Verhältnisse** in einem für die Verfügung wesentlichen Punkt haben sich nachträglich geändert und c) auf Grund einer nach dem Zeitpunkt der Entscheidung **geänderten Rechtsvorschrift** wäre die Kartellbehörde nicht berechtigt gewesen, die Entscheidung zu erlassen. Die Aufhebung erfolgt in den Fällen b) und c) in der Form des Widerrufs, in den Fällen nach a) in der Form der Rücknahme.

## II. Ermessensentscheidung

30      Die Aufhebungsentscheidung steht im Ermessen der Kartellbehörde. Sie verlangt eine Abwägung im Einzelfall. Entsprechend der Rechtsprechung des BGH zum **Gebot des Vertrauensschutzes** im Kartellverwaltungsverfahren sind dabei einerseits das Interesse der Allgemeinheit an der Durchsetzung der kartellrechtlichen Verbote, andererseits die Interessen der Betroffenen zu würdigen, soweit sie sich auf den zukünftigen Bestand der Regelung

---

[54] Vgl. im Einzelnen Sachs in Stelkens/Bonk/Sachs § 51 Rn. 96, 105; Ramsauer in Kopp/Ramsauer § 51 Rn. 30; Spiecker in MüKoWettbR § 32b Rn. 19; Otto in LMRKML Rn. 11; aA Bechtold/Bosch Rn. 7; Mohr ZWeR 2011, 383 (400); differenzierend zwischen Änderungen der Rechtsprechung und Änderungen in der Rechtsauffassung der Behörde: Jaeger in FK-KartellR Rn. 26.

eingerichtet und demgemäß ihr Vertrauen betätigt haben.[55] Unter Berücksichtigung des Vertrauensschutzes kommen gegebenenfalls auch **Übergangsregelungen** in Betracht.[56] Dies gilt insbesondere dann, wenn die Betroffenen auf Grund der Entscheidung nach § 32c Abs. 1 weitreichende Dispositionen getroffen haben.

Die Aufhebung der Entscheidung nach Abs. 1 ist ihrerseits eine Entscheidung, die nach **31** § 63 Abs. 1 mit der Beschwerde angefochten werden kann.

## E. Formloses Absehen von der Verfahrenseinleitung („Vorsitzendenschreiben")

### I. Mitteilung nach Abs. 2 als typisierte Form informellen Verwaltungshandelns

Schon immer verfügten die Kartellbehörden über die Befugnis, im informellen Verfahren **32** Auskünfte und Mitteilungen vorzunehmen. Mit Abs. 2 wird nun eine Kategorie dieses informellen Verwaltungshandelns im GWB ausdrücklich erwähnt. Schon bei Einführung des § 32c hatte der Gesetzgeber der Kartellbehörde aufgegeben, im Rahmen ihres Aufgreifermessens zu erwägen, ob sie im Einzelfall den Weg einer förmlichen Verfügung (jetzt Abs. 1) oder den einer **informellen Mitteilung** (jetzt Abs. 2) beschreitet.[57] Für diese informelle Mitteilung hatte sich in der Praxis des Bundeskartellamts der Begriff des Vorsitzendenschreibens eingebürgert, den die Gesetzesbegründung aufnimmt.[58] Die gesetzliche Regelung schafft aber nicht die angebliche „klare Grundlage",[59] sondern setzt diese in Gestalt des nicht förmlichen Verwaltungshandelns voraus. Abs. 2 beschreibt typische Elemente einer informellen Mitteilung, die im Interesse von Unternehmen die Position der Behörde zu einem bestimmten Sachverhalt zum Ausdruck bringt. Kennzeichnend ist eine – gewollt unklare – Mischung aus Aufgreifermessen und vorläufiger rechtlicher Einschätzung.

Der Begriff der Mitteilung dient der eindeutigen Abgrenzung vom förmlichen Ver- **33** waltungshandeln, insbesondere in Gestalt von Entscheidungen nach Abs. 1. Im Absehen von der Einleitung eines (förmlichen) Verfahrens liegt die aus Sicht der Unternehmen entscheidende Aussage, derzeit sei aus Sicht der Kartellbehörde in Bezug auf einen bestimmten Sachverhalt nicht die Schwelle erreicht, ein auf eine Entscheidung gerichtetes Verfahren einzuleiten. Die Betonung des **Aufgreifermessens** wiederum enthält die aus Sicht der Behörde wesentliche Abgrenzung, letztlich doch keine inhaltliche Beurteilung des konkreten Sachverhalts vorgenommen, sondern nur einen Fall nicht aufgegriffen zu haben.

Das Unbehagen des Bundeskartellamts an der gesetzlichen Regelung[60] ist nachvollzieh- **34** bar, aber unbegründet. Die ausdrückliche Aufnahme einer von der Behörde entwickelten Modalität des informellen Veraltungshandelns im GWB erhöht die Rechtssicherheit gerade für die Behörde. Inhaltliche Restriktionen sind damit nicht verbunden, insbesondere werden andere Arten informellen Verwaltungshandelns damit keinesfalls ausgeschlossen. Darüber hinaus überlässt es Abs. 3 vollständig dem Bundeskartellamt, ob es zur Ausübung seines Ermessens nach Abs. 2 überhaupt allgemeine Verwaltungsgrundsätze formulieren will und damit möglicherweise eine gewisse Einengung seines künftigen Verhaltensspielraums herbeiführt.

---

[55] BGH 12.3.1991 – KVR 1/90, WuW/E BGH 2697 (2705) – Golden Toast; BGH 24.6.1980 – KVR 6/79, WuW/E BGH 1717 (1721) – Haus- und Hofkanalguss.
[56] Otto in LMRKML Rn. 12; Spiecker in MüKoWettbR § 32b Rn. 21.
[57] Begr. 2004, S. 34.
[58] BT-Drs. 19/23492 S. 87. S. 87.
[59] So aber die Begründung des RegE BT-Drs. 19/23492 S. 87.
[60] Stellungnahme des Bundeskartellamtes zum Regierungsentwurf zur 10. GWB-Novelle vom 23.11.2020.

**II. Einzelfragen der Mitteilung nach Abs. 2**

35   **1. Informelle Einschätzung.** Die Mitteilung nach Abs. 2 ist keine abstrakte Rechts-
auskunft. Sie beinhaltet vielmehr eine informelle[61] vorläufige und unvollständige Einschätzung eines konkreten Sachverhalts. Dabei entscheidet die Behörde sowohl über den Umfang der informellen Ermittlung als auch über Umfang und Tiefe der Prüfung. Ausgangspunkt der Prüfung ist der von interessierten Unternehmen unterbreitete Sachverhalt. Es ist
Sache der Behörde zu prüfen, ob sie sich auf dieser Basis zu einer **vorläufigen Einschätzung** in der Lage sieht. Sie kann den Unternehmen jederzeit nahelegen, zusätzliche
Informationen vorzulegen. Eine Pflicht zur Anforderung solcher Informationen besteht
nicht. Auch in rechtlicher Hinsicht ist es Sache der Behörde festzulegen, ab wann sie sich in
der Beurteilung des konkreten Falles hinreichend sicher für die Ausübung ihres Aufgreifermessens ist. Kann sie dieses Maß an Sicherheit nicht ohne die Befugnisse eines förmlichen
Verfahrens herbeiführen, wird sie eine Mitteilung nach Abs. 2 unterlassen.

36   **2. Kein Anspruch auf Mitteilung nach Abs. 2.** Abs. 2 beschreibt Elemente eines
informellen Verwaltungshandelns und bestätigt damit die Berechtigung der Behörde, in
dieser Weise zu handeln. Die Regelung begründet aber keinen Anspruch von Unternehmen, eine entsprechende Mitteilung der Kartellbehörde zu erhalten. Dies gilt auch im
Zusammenhang mit den in der Gesetzesbegründung hervorgehobenen Kooperationsvorhaben.[62] Vielmehr liegt es im Ermessen der Kartellbehörde, ob sie eine Mitteilung nach
Abs. 2 vornimmt. Dieses Ermessen ist pflichtgemäß auszuüben.[63] Dabei hat das Bundeskartellamt die Erwartung des Gesetzgebers zu berücksichtigen, dass es diese Art der
informellen Beratung fortsetzt.[64] Auch bei der **Ermessensausübung** im Rahmen von
Abs. 2 ist zu berücksichtigen, in wieweit erhebliche rechtliche und wirtschaftliche Interessen der um die Einschätzung nachsuchenden Unternehmen bestehen, die in Abs. 4 als
Kriterium ausdrücklich benannt werden. Das Ermessen ist **gleichförmig** auszuüben. Ohne
triftigen Grund kann die Kartellbehörde Bitten auf informelle Beratung in vergleichbaren
Sachverhalten nicht grundsätzlich unterschiedlich behandeln. Das bedeutet freilich nicht,
dass sich aus Unterschieden in Art und Umfang der Sachverhaltsaufbearbeitung durch die
Unternehmen oder im Ergebnis der rechtlichen Würdigung durch die Behörde nicht auch
Unterschiede bei der Anwendung der Mitteilung nach Abs. 2 ergeben können.

37   **3. Mitteilung.** Eine Mitteilung im Rahmen informellen Verwaltungshandelns ist an
**keine Form** gebunden.[65] Umgekehrt gibt es für die Behörde regelmäßig keinen Grund,
sich dem Wunsch der Unternehmen nach einer schriftlichen Mitteilung, zumindest in
Form einer E-Mail, zu versagen. Im Zweifel liegt es im Interesse der Behörde selbst,
eindeutig festzuhalten, in welchem Umfang sie sich geäußert hat. Ungeachtet vom Begriff
des Vorsitzendenschreibens kommen auch Mitteilungen des Berichterstatters beim Bundeskartellamt oder Mittelungen von Mitarbeitern der Landeskartellbehörde in Betracht.

38   **4. Formeller Inhalt.** Es bleibt grundsätzlich der Kartellbehörde überlassen, in welchem
Umfang sie sich in ihrer Mitteilung zum Sachverhalt und zu möglichen rechtlichen
Erwägungen äußern möchte. Wählt sie die Form nach Abs. 2, so muss lediglich zum
Ausdruck kommen, in Bezug auf **welchen Sachverhalt** die Behörde von der Einleitung
eines Verfahrens absieht. Äußerungen zum Rechtscharakter ihrer Mitteilung sind nicht
erforderlich und unterbleiben tunlichst. Die Mitteilung enthält keinen förmlichen Ausspruch oder gar als verbindlich dargestellte Aufforderungen an die Unternehmen. Da keine
förmliche Entscheidung vorliegt, unterbleibt auch eine Rechtsbehelfsbelehrung.

---

[61] BT-Drs. 19/23492 S. 87.
[62] BT-Drs. 19/23492 S. 87.
[63] Klumpp/Seitz in BKKKO Rn. 202.
[64] BT-Drs. 19/23492 S. 87.
[65] Klumpp/Seitz in BKKKO Rn. 210.

**5. Rechtliche Wirkungen.** Die gesetzliche Regelung verhält sich nicht zu den recht- **39** lichen Wirkungen des Vorsitzendenschreibens. Handelt es sich um die bloße Mitteilung, dass die Behörde im Rahmen ihres Aufgreifermessens von der Einleitung eines Verfahrens absieht, so fehlt jeglicher Regelungswille. Die Mitteilung ist deshalb als bloße Wissenserklärung über eine tatsächliche und rechtliche Einschätzung der Kartellbehörde einzuordnen.[66] Rechtliche Wirkungen entfaltet die Mitteilung nur unter dem Aspekt des **Vertrauensschutzes.**[67] Wie weit eine mögliche Bindung der Kartellbehörde nach Maßgabe des Vertrauensschutzes bei informellem Verwaltungshandeln reicht, war schon bislang umstritten. Abs. 2 hat daran nichts geändert. In welchem Umfang das konkrete Handeln der Kartellbehörde Vertrauen geschaffen hat und inwieweit dieses Vertrauen schutzwürdig ist, kann nur aufgrund der konkreten Umstände des Einzelfalls im Rahmen einer Abwägung entschieden werden.[68] Dabei ist für den Umfang des gerechtfertigten Vertrauens von Bedeutung, in welchem Detaillierungsgrad und wie vollständig der Sachverhalt der Behörde unterbreitet wurde sowie in welchem Umfang und mit welchen Vorbehalten sich die Behörde zu ihrer Beurteilung des Sachverhalts gegenüber den Unternehmen geäußert hat. Auf der Seite der Unternehmen ist gerade bei Kooperationsvorhaben zu würdigen, in wie weit sie im Vertrauen auf die Analyse der Kartellbehörde in die Zukunft wirkende Maßnahmen getroffen haben.

Mit aller Vorsicht wird einem Vorsitzendenschreiben daher im Regelfall eine Wissens- **40** erklärung dahingehend zu entnehmen sein, dass der Unterzeichner in dem ihm unterbreiteten Sachverhalt **keinen offenkundigen Kartellverstoß** sieht und dass dieser Sachverhalt zum Zeitpunkt der Mitteilung nach seiner Beurteilung nicht die Einleitung eines Bußgeldverfahrens rechtfertigen würde. Umgekehrt kann für diese Beurteilung nicht ohne weiteres das Bundeskartellamt oder die Landeskartellbehörde in Anspruch genommen werden. Im Ergebnis besteht damit zumindest ein erhöhter Begründungszwang, wenn die Behörde nach einer solchen Mitteilung bei unveränderter Sach- und Rechtslage dennoch ein Verfahren nach § 32 oder gar ein Bußgeldverfahren einleiten will. Im Falle schutzwürdigen Vertrauens wird dabei regelmäßig nur eine Abstellungsverfügung mit angemessener Umstellungsfrist in Betracht kommen, im Ordnungswidrigkeitsverfahren wird vorsätzliches Handeln auszuschließen sein.

**6. Stellung Dritter.** Die Beteiligung Dritter ist im informellen Verwaltungsverfahren **41** nicht geregelt, aber deshalb nicht ausgeschlossen. Eine Beiladung ist mangels förmlichem Verwaltungsverfahren nicht möglich → § 54 Rn. 15. Die Kartellbehörde ist gehalten, die faktischen Auswirkungen einer Mitteilung nach Abs. 2 in die Ausübung ihres Ermessens über die Durchführung eines informellen Verwaltungsverfahrens einzubeziehen. Dazu gehört auch die Prüfung, ob eine **informelle Anhörung** potentiell betroffener Dritter zweckmäßig oder gar geboten ist. Gerade bei der Beurteilung von Kooperationen unter Einbeziehung marktstarker Unternehmen liegen bei einer die Kooperation begünstigenden Mitteilung nach Abs. 2 Auswirkungen auf die Wettbewerbsstellung Dritter besonders nahe. Die Behörde hat dann zu prüfen, ob sie eine Prüfung sachgerecht nur im förmlichen Verfahren vornehmen kann und deshalb den Weg nach Abs. 1 beschreitet.[69]

**7. Keine Rechtsschutzmöglichkeiten.** Zum Wesen informellen Verwaltungshandelns **42** gehören weitgehend fehlende Rechtsschutzmöglichkeiten. Lehnt die Kartellbehörde eine Mitteilung nach Abs. 2 ab, besteht **mangels Anspruch** auf eine solche Mitteilung keine Rechtsschutzmöglichkeit der interessierten Unternehmen. Auch gegen einen Wechsel ins förmliche Verfahren nach Abs. 1 besteht keine Rechtsschutzmöglichkeit. Da das Verfahren nach Abs. 1 keinen Antrag voraussetzt, können die an der Mitteilung interessierten Unter-

---

[66] Spiecker in MüKoWettbR § 32b Rn. 24.
[67] Klumpp/Seitz in BKKKO Rn. 207; KK-KartR/Podszun Rn. 51.
[68] BGH NJW 1991, 3152, 3155 – Golden Toast; KK-KartR/Podszun Rn. 51; Bornkamm/Tolkmit in Bunte Rn. 21.
[69] Bornkamm/Tolkmit in Bunte Rn. 22.

nehmen nur durch Beendigung ihres Vorhabens eine Entscheidung verhindern. Erst recht steht Dritten kein Rechtsschutz gegen eine Mitteilung nach Abs. 2 zur Verfügung. In Betracht kommen möglicherweise zivilrechtliche Unterlassungsansprüche nach → § 33 gegen das informell geprüfte Verhalten.

## F. Allgemeine Verwaltungsgrundsätze (Abs. 3)

43  Abs. 3 betont die schon bisher nach § 53 Abs. 1 S. 3 bestehende Möglichkeit des Bundeskartellamts, allgemeine Verwaltungsgrundsätze festzulegen. Diese sollen sich auf die Ausübung seines Ermessens nach Abs. 1 und 2 beziehen. Die Begründung des Regierungsentwurfs konstatiert ein Informationsdefizit und Unsicherheit über die Ermessensausübung sowohl im Hinblick auf das Instrument der Entscheidung nach Abs. 1 als auch in Bezug auf die Möglichkeiten, eine informelle behördliche Einschätzung zu erlangen.[70] In der ausdrücklichen Hervorhebung allgemeiner Verwaltungsgrundsätze für § 32c liegt ein deutlicher **Appell an das Bundeskartellamt,** mittels solcher Grundsätze kartellrechtliche Hindernisse für „innovative Kooperationen" zu beseitigen.[71]

44  Das Bundeskartellamt ist gut beraten, seine bisherige Zurückhaltung in Bezug auf den Erlass solcher Grundsätze aufzugeben. Verwaltungsgrundsätze nach Abs. 3 könnten in Abgrenzung der Handlungsalternativen nach Abs. 1 und 2 deutlich machen, wann das Amt den Weg des förmlichen Verfahrens für angebracht hält. Zudem könnten die Informationen umrissen werden, die das Bundeskartellamt regelmäßig für eine Mitteilung nach Abs. 2 oder die Entscheidung nach Abs. 1 erwartet. Besonders hilfreich für die beteiligten Unternehmen und ihre Berater wären **Anhaltspunkt für die Ermessensausübung** bei der Auswahl derjenigen Fälle, in denen die Behörde bereit ist, eine der beiden Maßnahmen nach § 32c zu ergreifen. Dies könnte auch zur Entlastung des Bundeskartellamts beitragen, ohne generell die Möglichkeiten informellen Verwaltungshandelns einzuschränken.

45  Die mit veröffentlichten Verwaltungsgrundsätze einhergehende **Selbstbindung der Verwaltung**[72] erlaubt eine gewisse Vereinheitlichung der Praxis der einzelnen Beschlussabteilungen, die in unterschiedlichem Umfang Gebrauch von Vorsitzendenschreiben gemacht haben.

## G. Anspruch auf Entscheidung (Abs. 4)

### I. Zielsetzung

46  Mit dem ausdrücklichen Ziel, Kooperationshindernisse zu beseitigen, hat die 10. GWB-Novelle einen Anspruch auf eine Entscheidung nach Abs. 1 auch in bestimmten Fällen der Zusammenarbeit von Wettbewerbern begründet. Zuvor war das Ermessen der Kartellbehörde für das Ob solcher Entscheidungen mit → § 30 Abs. 2b Satz 3 nur für den eng begrenzten Bereich der verlagswirtschaftlichen Kooperation durchbrochen worden. Nun besteht der **Anspruch ohne sektorielle Einschränkung** im Fall horizontaler Kooperationen, bei denen ein erhebliches rechtliches und wirtschaftliches Interesse an einer solchen Entscheidung besteht.

47  Die Normierung eines Anspruchs auf Entscheidung ist keine Reaktion auf Missstände. Die Begründung des Regierungsentwurfs konstatierte im Gegenteil einen zurückhaltenden Gebrauch der Unternehmen trotz erklärter Bereitschaft des Bundeskartellamts, Entscheidung nach Abs. 1 zu treffen[73] Letztlich soll durch die Regelung in Abs. 4 der Einwand zurückgewiesen werden, bedeutende oder gar „innovative" Kooperationen unterblieben

---

[70] BT-Drs. 19/23492 S. 87.
[71] BT-Drs. 19/23492 S. 87; Klumpp/Seitz in BKKKO Rn. 240.
[72] Spiecker in MüKoWettbR § 32b Rn. 25.
[73] BT-Drs. 19/23492 S. 87.

aufgrund kartellrechtlicher Umsetzungshindernisse. Die Zusammenarbeit mit Wettbewerbern begründet stets Risiken im Bereich des Kartellverbots. Diese Risiken haben die beteiligten Unternehmen nach dem Wechsel zum System der Legalausnahme grundsätzlich selbst zu tragen. Abs. 4 eröffnet für **gewichtige Kooperationsvorhaben** einen gesicherten Weg, diese Risiken durch Befassung des Bundeskartellamts mit dem konkreten Vorhaben und dem Erlass einer ausdrücklichen Entscheidung deutlich zu reduzieren.

Zugleich wird allerdings deutlich, dass mit dem Prinzip der Legalausnahme nur ein **48** begrenzter Anspruch auf eine behördliche Prüfung potentiell wettbewerbsbeschränkender Vorhaben vereinbar ist. Die **Begrenzung des Anspruchs** auf gewichtige horizontale Kooperationen verdankt sich daher nicht nur dem Schutz der begrenzten Ressourcen des Bundeskartellamts.[74] Sie soll auch den unionsrechtlichen Vorgaben im System der Legalausnahme Rechnung tragen. Darauf hat die Beschlussempfehlung des Wirtschaftsausschusses vorsichtig hingewiesen.[75]

## II. Voraussetzungen und Inhalt des Anspruchs

Der Anspruch steht nach Abs. 4 den Antragstellern (Unternehmen oder Unternehmens- **49** vereinigung) zu, wenn ein **erhebliches rechtliches und wirtschaftliches Interesse** an einer Entscheidung nach Abs. 1 besteht.

**1. Antrag.** Gefordert ist ein ausdrücklicher Antrag auf Erlass einer Entscheidung nach **50** Abs. 1. Der Antrag muss erkennen lassen, in wessen Namen er gestellt wird und auf welche Kooperation er sich bezieht. Als taugliche Antragsteller werden Unternehmen und Unternehmensvereinigungen genannt. Bei der Antragstellung für ein Unternehmen muss erkennbar sein, für welchen **Rechtsträger** gehandelt wird und ob das Unternehmen im kartellrechtlichen Sinn über diesen Rechtsträger hinaus reicht. Der Antrag muss **Angaben** dazu enthalten, woraus sich ein erhebliches rechtliches und wirtschaftliches Interesse an einer Entscheidung ergibt. Fehlen diese, so wird kein Anspruch begründet. Der Antrag bleibt eine Anregung zur Einleitung eines förmlichen Verwaltungsverfahrens nach Abs. 1, über die das Bundeskartellamt nach eigenem Ermessen entscheidet.

**2. Erhebliches Interesse.** Voraussetzung des Anspruchs ist das Vorliegen erheblichen **51** rechtlichen und wirtschaftlichen Interesses. Nach der Begründung des Regierungsentwurfs soll ein besonderes rechtliches und wirtschaftliches Interesse an einer Entscheidung insbesondere bei komplexen **neuen Rechtsfragen** und außergewöhnlich **hohem Investitionsvolumen** und -aufwand anzunehmen sein.[76] Maßgeblich ist das Bestehen eines erheblichen Interesses an der Entscheidung. Für dieses Interesse sind wirtschaftliche und rechtliche Aspekte zu prüfen. Die Erheblichkeit ergibt sich aus einer **Gesamtschau,** wie die Gesetzesbegründung nahelegt, und nicht aus der Prüfung zweier getrennter Kriterien. Keinesfalls müssen stets komplexe oder gar neue Rechtsfragen zu bewältigen sein. Eine gewisse wirtschaftliche Mindestbedeutung ist aber auch bei Kooperationsvorhaben erforderlich, die solche Rechtsfragen aufwerfen. Bei einem Vorhaben mit hohen künftigen Investitionen besteht erhebliches wirtschaftliches Interesse, das im Regelfall aufgrund der kartellrechtlichen Unsicherheiten auch ein erhebliches rechtliches und wirtschaftliches Interesse begründet.

**3. Anspruchsinhalt.** Der Anspruch ist nach dem Wortlaut von Abs. 4 an den Antrag **52** gebunden. Er steht daher nur dem oder den Antragstellern zu. Der Anspruch lautet „auf eine Entscheidung nach Abs. 1". Eine Entscheidung, wonach kein Anlass besteht, tätig zu werden, setzt aber selbstverständlich voraus, dass nach den dem Bundeskartellamt vorliegenden Erkenntnissen die Voraussetzungen für keines der genannten Verbote vorliegen.

---

[74] So die Begründung des Regierungsentwurfs, BT-Drs. 19/23492 S. 87.
[75] BT-Drs. 19/25868, S. 9; Klumpp/Seitz in BKKKO Rn. 228.
[76] BT-Drs. 19/23492 S. 87.

Inhalt des Anspruchs ist danach die **Einleitung eines förmlichen Verwaltungsverfahrens** zur Prüfung des Nichtvorliegens der Verbotsvoraussetzungen in Bezug auf die Kooperation und, bejahendenfalls, der Abschluss dieses Verfahrens mit einer förmlichen Entscheidung nach Abs. 1.

53    Mit dem Anspruch nach Abs. 4 ist daher vor allem ausgeschlossen, dass das Bundeskartellamt die Prüfung nicht zu Ende führt oder die Unternehmen auf eine Lösung im nicht-förmlichen Verfahren verweist. Der Anspruch ändert aber nichts an der Obliegenheit der kooperationswilligen Unternehmen, neben dem erheblichen Interesse auch die Umstände vorzutragen, aus denen sich das Nichtvorliegen der Verbotsvoraussetzungen ergibt.

### III. Entscheidungsfrist

54    In den Fällen des Anspruchs nach Abs. 4 Satz 1 soll das Bundeskartellamt in einer Frist von 6 Monaten entscheiden. Diese Entscheidungsfrist soll zum einen Unternehmen ermuntern, das förmliche Verfahren nach Abs. 1 mit seinem im Vergleich zu informellen Verfahren höheren Maß an rechtlicher Sicherheit zu wählen. Zum anderen werden die Verfahren nach Abs. 4 im Verhältnis zu weiteren Aufgaben des Bundeskartellamts **aufgewertet.** Als nicht fristgebundene Verfahren hatten Verfahren nach Abs. 1 regelmäßig hinter den fristgebundenen Fusionskontrollverfahren zurückzustehen. Zur Einhaltung der Sollfrist sind künftig auch für die Kooperationsfälle nach Abs. 4 Satz 1 Bearbeitungskapazitäten einzuplanen.

55    An den Ablauf der Frist sind keine Rechtswirkungen geknüpft. Sie erfüllt daher in erster Linie eine **Appellfunktion.**[77] Zwar ergibt sich aus der Sollfrist eine Indikation der angemessenen Bearbeitungsfrist nach § 73 Abs. 3 Satz 2. Ein gerichtliches Beschwerdeverfahren wird aber regelmäßig zu deutlich größeren zeitlichen Verzögerungen führen als eine gewisse Überschreitung der sechsmonatigen Sollfrist. Den Unternehmen fehlt danach eine praktisch wirksame Handhabe, eine fristgerechte Entscheidung des Bundeskartellamts zu erreichen.[78]

### IV. Durchsetzung des Anspruchs

56    Unterlässt das Bundeskartellamt die beantragte Entscheidung nach Abs. 1 oder lehnt es diese ausdrücklich ab, so steht dem Antragsteller die **Beschwerde** nach → § 73 Abs. 3 zu. Eine Unterlassung liegt auch in der Nichtbescheidung innerhalb angemessener Frist ohne zureichenden Grund. Für die Frage der angemessenen Bearbeitungsfrist kann auf die Sollfrist nach Abs. 4 Satz 2 abgestellt werden. Aufgrund der zu erwartenden Verfahrensdauer wird die Durchführung des Beschwerdeverfahrens nur selten im Interesse der Antragsteller liegen.

### V. Verhältnis zum Unionsrecht

57    Die mit der 10. GWB-Novelle eingefügten Regelungen in Abs. 2 bis 4 zielen auf eine Beseitigung von Kooperationshindernissen in Gestalt kartellrechtlicher Risiken. Die Entscheidung, dass kein Anlass besteht, tätig zu werden, ist keine Freistellung → Rn 21, sondern richtet sich auf den **Nichtgebrauch von Interventionsbefugnissen.** Art. 5 Abs. 2 VO 1/2003 sieht vor, dass Kartellbehörden der Mitgliedstaaten solche Entscheidungen treffen können. Mit Unionsrecht nicht vereinbar wäre nach der Tele2 Polska-Rechtsprechung des EuGH aber die Anwendung einer nationalen Rechtsvorschrift, die dazu verpflichten würde, ein Verfahren wegen Verstoßes gegen Art. 101, 102 AEUV durch eine Entscheidung zu beenden, mit der ein Verstoß gegen diese Vorschriften verneint wird.[79]

---

[77] Klumpp/Seitz in BKKKO Rn. 231.
[78] Klumpp/Seitz in BKKKO Rn. 231.
[79] EuGH Urt. v. 3.5.2011 – C-375/09, BeckRS 2011, 80453, ECLI:EU:C:2011:270, Tele2 Polska, Rn. 35.

Aus Abs. 4 ergibt sich allenfalls eine Verpflichtung des Bundeskartellamts, eine Ent- **58** scheidung zu treffen, dass kein Anlass besteht, tätig zu werden. Für eine Entscheidung, dass **kein Verstoß vorliegt,** lässt § 32c keinen Raum. Die Vorgaben des Tele2 Polska-Urteils werden also eingehalten. Der Regelung in Art. 5 Abs. 2 VO 1/2003, wonach die nationalen Kartellbehörden Entscheidungen treffen können, dass kein Anlass besteht, tätig zu werden, ist nicht zu entnehmen, dass diesen Behörden in jedem Einzelfall das Ermessen zustehen muss, über das Ob einer solchen Entscheidung zu befinden. Art. 5 Abs. 2 VO 1/2003 will verhindern, dass über den fehlenden Anlass zum Tätigwerden hinaus durch nationale Behörden Aussagen zur Nichtanwendbarkeit der Wettbewerbsregeln getroffen werden. Ob und unter welchen Voraussetzungen nationale Wettbewerbsbehörden Entscheidungen im Sinne von Art. 5 Abs. 2 VO 1/2003 zu treffen befugt sind, ist Sache des für diese Behörde maßgeblichen nationalen Rechts. Das GWB kann daher regeln, in welchen Fällen eine Pflicht zur Entscheidung „kein Anlass zur Tätigkeit" begründet wird.

Ein Anspruch auf Entscheidungen nach Abs. 1 für bestimmte Kooperationsvorhaben von **59** erheblichem Interesse ist auch keine Durchbrechung des **Systems der Legalausnahme.** Dieses System bedeutet nicht, dass Kartellbehörden nicht berechtigt wären, Unsicherheiten im Hinblick auf die kartellrechtliche Beurteilung bestimmter Kooperationsformen zu verringern, indem sie sich mit bestimmten konkreten Vorhaben befassen. Der Gesetzgeber der 10. GWB-Novelle hat bewusst davon abgesehen, den Anspruch nach Abs. 4 etwa auf Kooperationen insgesamt oder gar den Vertikalbereich auszudehnen. Die Frage einer generellen Abkehr vom Prinzip der Selbstveranlagung stellt sich daher nicht.

Zwar eröffnet Art. 5 Abs. 2 VO 1/2003 den Kartellbehörden der Mitgliedstaaten aus- **60** drücklich die Möglichkeit, mit der Entscheidung „kein Anlass zur Tätigkeit" zum Abbau kartellrechtlich begründeter Unsicherheiten beizutragen. Nach dem Urteil des EuGH in der Rechtssache Schenker[80] bleibt aber unklar, welchen **Nutzen derartige Entscheidungen** in Bezug auf Verstöße gegen die Wettbewerbsregeln des Unionsrechts letztlich aufweisen. Nimmt man den EuGH wörtlich, so könnten Unternehmen grundsätzlich kein berechtigtes Vertrauen in die Richtigkeit einer rechtlichen Einschätzung nationaler Kartellbehörden zum EU-Kartellrecht begründen. Dagegen ist vielfach berechtige Kritik unter dem Aspekt des Schutzes von Grundrechten, des Schuldprinzips und der Vertrauensschutzes vorgebracht worden.[81] Das Schenker-Urteil wird aber auch der Realität dezentraler Kartellrechtsanwendung im Netz europäischer Kartellbehörden nicht gerecht. Die EU-Kommission wäre nicht ansatzweise in der Lage, die geforderte Orientierung und Beratung vorzunehmen, die das GWB dem Bundeskartellamt im Interesse der Unternehmen und der „richtigen" Kartellrechtsanwendung aufgibt. Die Unternehmen wenden sich zu Recht in solchen Fällen an das Bundeskartellamt, in denen am ehesten mit Maßnahmen dieser Behörde zur Durchsetzung des Kartellrechts zu rechnen wäre. Jedenfalls das Bundeskartellamt hat aus Gründen des nationalen Verfassungsrechts und des Rechtsstaatsprinzips auch bei möglichen künftigen Maßnahmen zur Durchsetzung des Europäischen Kartellrechts die selbst begründeten **Vertrauenstatbestände** und die Bindung nach Abs. 1 Satz 2 zu beachten.

## § 32d Entzug der Freistellung

**Haben Vereinbarungen, Beschlüsse von Unternehmensvereinigungen oder aufeinander abgestimmte Verhaltensweisen, die unter eine Gruppenfreistellungsverordnung fallen, in einem Einzelfall Wirkungen, die mit § 2 Absatz 1 oder mit Artikel 101 Absatz 3 des Vertrages über die Arbeitsweise der Europäischen Union unvereinbar sind und auf einem Gebiet im Inland auftreten, das alle Merkmale eines gesonderten**

---

[80] ECLI:EU:C:2013:404 = EuGH vom 18.6.2013 – Rs. C-681/11 – Schenker & Co., Rn. 42.
[81] Brettel/Thomas ZWeR 2013, 272 ff; Dreher EWiR 2013, 469 f.

räumlichen Marktes aufweist, so kann die Kartellbehörde den Rechtsvorteil der Gruppenfreistellung in diesem Gebiet entziehen.

**Schrifttum:** Baron, Die Rechtsnatur der Gruppenfreistellungsverordnungen im System der Legalausnahme – ein Scheinproblem, WuW 2006, 358 ff.; Bartosch, Von der Freistellung zur Legalausnahme – Was geschieht mit der Rechtssicherheit?, WuW 2000, 462 ff.; Bauer/De Bronett, Die EU-Gruppenfreistellungsverordnung für vertikale Wettbewerbsbeschränkungen, 2001; Bechtold, EG-Gruppenfreistellungsverordnungen – eine Zwischenbilanz, EWS 2001, 49 ff.; Bien, Systemwechsel im europäischen Kartellrecht – zum Entwurf der EU-Kommission für eine Verordnung zur Durchführung der Art. 81 und 82 EG-Vertrag, DB 2000, 2309 ff.; Bornkamm, Richterliche Kontrolle von Entscheidungen im deutschen und europäischen Kartellverwaltungsverfahren, ZWeR 2010, 34 ff.; Bornkamm/Becker, Die privatrechtliche Durchsetzung des Kartellverbots nach der Modernisierung des EG-Kartellrechts, in Kartellverfahrensrecht VO 1/2003, 2. Aufl. 2012; Eilmansberger, Zum Vorschlag der Kommission für eine Reform des Kartellvollzugs, JZ 2001, 365 ff.; Fuchs, Die Gruppenfreistellungsverordnung als Instrument der europäischen Wettbewerbspolitik im System der Legalausnahme, ZWeR 2005, 1 ff.; Hirsch, Anwendung der Kartellverfahrensordnung (EG) Nr. 1/2003 durch nationale Gerichte, ZWeR 2003, 233 ff.; K. Schmidt, Umdenken im Kartellverfahrensrecht! Gedanken zur europäischen VO Nr. 1/2003, BB 2003, 1237 ff.; ders. Kartellverfahrensrecht – Kartellverwaltungsrecht – Bürgerliches Recht, 1977; Schütz, Recht und Wettbewerb, Festschrift für Rainer Bechtold, 2006, 455 ff.; Schwarze, Instrumente zur Durchsetzung des europäischen Wettbewerbsrechts, 2002; Wagner, Der Systemwechsel im EG-Kartellrecht – Gruppenfreistellung und Übergangsproblematik, WRP 2003, 1369 ff.

**Übersicht**

## A. Normzweck und Bedeutung

1    Nach § 32d sind die Kartellbehörden ermächtigt, im Einzelfall den Rechtsvorteil der Gruppenfreistellung, allerdings beschränkt auf räumliche Märkte im Inland, mit Wirkung für die Zukunft zu entziehen. Eigenständige Bedeutung hat die Norm nur, soweit nach § 2 Abs. 2 Gruppenfreistellungsverordnungen für Sachverhalte entsprechend gelten, bei denen keine Eignung zur Beeinträchtigung des zwischenstaatlichen Handels besteht.[1] Die **Ermächtigung der deutschen Kartellbehörden,** den Rechtsvorteil von Gruppenfreistellungsverordnungen der Kommission für räumliche Märkte im Inland zu entziehen, ergibt sich **unmittelbar aus Art. 29 Abs. 2 VO 1/2003.** § 32d sollte diese Befugnis nach Auffassung des Gesetzgebers klarstellen,[2] hat also insoweit nur deklaratorischen Charakter.[3]

---

[1] Begr. 2004, S. 34, 52.

[2] Begr. 2004, S. 34, 52.

[3] Spiecker in MüKoWettbR Rn. 8; Bornkamm/Tolkmitt in Bunte KartellR Rn. 3; Otto in Loewenheim et al. Rn. 2; Klees § 3 Rn. 48.

Die Befugnis zum Entzug des Rechtsvorteils der Gruppenfreistellung im Einzelfall ist 2
schon in den Verordnungen angelegt, die die Kommission zum Erlass von Gruppenfreistellungsverordnungen ermächtigen.[4] Entsprechend enthielten auch die einzelnen Gruppenfreistellungsverordnungen Ermächtigungen, den Rechtsvorteil im Einzelfall zu entziehen. Die Befugnis war aber jeweils nur der Kommission eingeräumt. Eine Ausnahme galt
für die Verordnungen 2790/1999 und 772/2004, die Art. 29 Abs. 2 VO 1/2003 entsprechende Ermächtigungen der nationalen Kartellbehörden vorsahen und insoweit als
Novum im Recht der Gruppenfreistellungsverordnungen anzusehen waren. Die Möglichkeit zum Entzug der Freistellung im Einzelfall ist **notwendiges Korrelat zu den abstrakt-generellen Regelungen der Gruppenfreistellungsverordnung.** Bei der notwendigerweise typisierenden Betrachtung einzelner Verhaltensweisen in diesen Verordnungen
kann nicht ausgeschlossen werden, dass Vereinbarungen, Beschlüsse von Unternehmensvereinigungen oder aufeinander abgestimmte Verhaltensweisen im Einzelfall Wirkungen
entfalten, die mit Art. 101 Abs. 3 AEUV bzw. § 2 Abs. 1 unvereinbar sind. Art. 29 VO 1/
2003 und § 32d eröffnen den Kartellbehörden die Möglichkeit der Korrektur im Einzelfall
und mit Wirkung für die Zukunft.[5] Diese Korrekturmöglichkeit wahrt also den mit den
Gruppenfreistellungsverordnungen auch im System der Legalausnahme verbundenen **Vorteil der erhöhten Rechtssicherheit** („safe harbor") bis zum Zeitpunkt der Entscheidung
durch die jeweilige Kartellbehörde.

Die Möglichkeit zum Entzug der Freistellung nach Art. 29 VO 1/2003 erschließt zu- 3
gleich das der VO 1/2003 zugrundeliegende **Verständnis von Gruppenfreistellungsverordnungen im System der Legalausnahme.** Art. 29 VO 1/2003 geht erkennbar
davon aus, dass Gruppenfreistellungsverordnungen auch weiterhin eigene Rechtswirkungen
zeitigen. Sonst könnte kein „Rechtsvorteil der Gruppenfreistellung" bestehen, der im Wege
einer Entscheidung entzogen wird.[6] Der Rechtsvorteil der Gruppenfreistellung beschränkt
sich dabei nicht auf eine unwiderlegbare Vermutung für die Voraussetzung des Art. 101
Abs. 3 AEUV.[7] Noch viel weniger beschränken sich die Rechtswirkungen der Gruppenfreistellung im System der Legalausnahme auf eine bloß deklaratorische Funktion.[8] Gruppenfreistellungsverordnungen bleiben Rechtsnormen des sekundären Gemeinschaftsrechts,
die unmittelbar in jedem Mitgliedstaat gelten und für jedermann verbindliche Regelungen
enthalten. Sie regeln abstrakt und generell, dass und unter welchen Voraussetzungen die
jeweils beschriebenen Verhaltensweisen zumindest die Tatbestandsvoraussetzungen des
Art. 101 Abs. 3 AEUV erfüllen. Die Bestimmungen der **Gruppenfreistellungsverordnungen konkretisieren** damit **rechtsverbindlich** – auch für die Gerichte und Behörden
der Mitgliedstaaten – **die Tatbestandsvoraussetzungen von Art. 101 Abs. 3 AEUV.**[9]

Die eigenständige Freistellungswirkung von Gruppenfreistellungsverordnungen im Sys- 4
tem der Legalausnahme wird auch von Art. 3 Abs. 2 S. 1 VO 1/2003 bestätigt.[10] Dort
werden die Gruppenfreistellungsverordnungen ausdrücklich als „Verordnung zur Anwendung von Art. 81 Abs. 3" charakterisiert. Sie haben Teil an der Vorrangwirkung gegenüber
einzelstaatlichem Wettbewerbsrecht. Diese Regelung wäre unverständlich, wenn Gruppenfreistellungsverordnungen nur deklaratorisch oder im Sinne einer Vermutung nachvoll-

---

[4] Vgl. VO 1/2003 Art. 29 Abs. 2; Art. 7 VO 19/65, Art. 7 VO 2821/71; Art. 7 VO 1534/91.

[5] Otto in Loewenheim et al. Rn. 1.

[6] Eilmansberger JZ 2001, 365 (374); Wagner WRP 2003, 1369 (1375).

[7] So aber Bechtold in Schwarze, Instrumente zur Durchsetzung des europäischen Wettbewerbsrechts, 2002,
25 (28); Bechtold EWS 2001, 49 (54 f.); Schütz in GK VO 1/2003 Art. 29 Rn. 6 ff.; Schütz in FS Schwarze,
Instrumente zur Durchsetzung des europäischen Wettbewerbsrechts Schwarze, Instrumente zur Durchsetzung
des europäischen Wettbewerbsrechts Schwarze, Instrumente zur Durchsetzung des europäischen Wettbewerbsrechts Schwarze, Instrumente zur Durchsetzung des europäischen Wettbewerbsrechts Bechtold, 2002,
455 (457 f.); Bechtold et al. VO 1/2003 Art. 29 Rn. 2.

[8] So aber Schwarze/Weitbrecht § 2 Rn. 25; Bartosch WuW 2000, 462 (466); Hirsch ZWeR 2003, 233
(246).

[9] Fuchs ZWeR 2005, 1 (11); ähnlich Baron WuW 2006, 358 (365); Ost in Loewenheim et al. VerfVO
Art. 29 Rn. 3.

[10] Fuchs ZWeR 2005, 1 (11).

ziehen könnten, was nach Art. 101 Abs. 3 AEUV ohnehin schon gilt.[11] Gruppenfreistellungsverordnungen haben eine **eigenständig normkonkretisierende Funktion.** Sie schaffen auch nach dem Willen der Kommission Rechtssicherheit in Form eines definierten „safe harbor" für bestimmte Verhaltensweisen.[12] Auch **dogmatische Bedenken** gegen die eigenständig normkonkretisierende Funktion von Gruppenfreistellungsverordnungen im System der Legalausnahmen **bestehen nicht.**[13] Vielmehr hat Karsten Schmidt überzeugend begründet, dass mit der Rechtsfigur der **„Doppelwirkungen im Recht"** auch dogmatisch erklärt werden kann, weshalb in einem System der Legalausnahme die Gruppenfreistellungsverordnungen eigenständige, konstitutive Wirkungen entfalten.[14] Dabei wird zugleich auf die mit diesem Verständnis verbundene Rechtssicherheit für die betroffenen Unternehmen verwiesen.[15] Aufgrund der eigenständigen normkonkretisierenden Funktion von Gruppenfreistellungsverordnungen können sich Unternehmen auch dann auf die Freistellungswirkung berufen, wenn ihr Verhalten im Einzelfall Wirkungen haben sollte, die mit Art. 101 Abs. 3 AEUV bzw. § 2 Abs. 1 nicht vereinbar sein sollten.[16] Nach der Rechtsprechung des EuG hängt eine Gruppenfreistellung schon begrifflich nicht davon ab, ob die Voraussetzungen nach Art. 101 Abs. 3 AEUV in jedem einzelnen Fall tatsächlich erfüllt sind.[17] Bis zu einem Entzug der Freistellung bindet die Gruppenfreistellungsverordnung **nationale Behörden und Gerichte.** Die Feststellung eines Verstoßes gegen Art. 101 Abs. 1 AEUV bzw. § 1 scheidet ebenso aus wie eine separate Prüfung, ob trotz Gruppenfreistellung die Voraussetzungen nach Art. 101 Abs. 3 AEUV bzw. § 2 Abs. 1 fehlen.

5     Das Bundeskartellamt hat von der Befugnis des § 32d bisher keinen Gebrauch gemacht. Dies hat sich ungeachtet zahlreicher Sektoruntersuchungen nach § 32e nicht geändert. Ursprünglich war erwartet worden, dass die in diesen Untersuchungen vom Bundeskartellamt gewonnenen marktspezifischen Erkenntnisse dazu führen, dass die Behörde in einzelnen Branchen von der typisierenden Betrachtung der Gruppenfreistellungsverordnungen abweicht und in bestimmten Konstellationen deren generelle Freistellung nicht mehr von den Voraussetzungen des Art. 101 Abs. 3 AEUV bzw. § 2 Abs. 2 gedeckt ansieht.[18]

## B. Voraussetzungen

### I. Anwendbarkeit einer GVO

6     Ein Entzug der Freistellung nach § 32d kommt nur in Betracht, wenn die im Einzelfall zu betrachtenden Vereinbarungen, Beschlüsse von Unternehmensvereinigungen oder aufeinander abgestimmte Verhaltensweisen in den Anwendungsbereich einer Gruppenfreistellungsverordnung der Kommission fallen oder diese Gruppenfreistellungsverordnung nach § 2 Abs. 2 auf sie entsprechend anwendbar ist. Die **Beschränkung auf Gruppenfreistellungsverordnungen der Kommission** ergibt sich unmittelbar aus Art. 29 Abs. 2

---

[11] Fuchs ZWeR 2005, 1 (11).
[12] Fuchs ZWeR 2005, 1 (13); Kommission, Vorschlag für eine Verordnung des Rates zur Durchführung der in den Art. 81 und 82 EG-Vertrag niedergelegten Wettbewerbsregeln vom 27.9.2000 (KOM 2000) 582 endg. S. 9; Wagner WRP 2003, 1369 (1375).
[13] So aber Bechtold/Bosch § 2 Rn. 28; Bechtold et al. VO 1/2003 Art. 29 Rn. 2, wonach man zu befriedigenden Ergebnissen nur gelange, wenn Gruppenfreistellungsverordnungen eine unwiderlegbare Vermutung über die Voraussetzung von Art. 101 Abs. 3 AEUV begründen; im Sinne einer dogmatischen Ungereimtheit auch Bornkamm/Becker ZWeR 2005, 213 (223).
[14] K. Schmidt BB 2003, 1237 (1241) unter Verweis auf K. Schmidt, Kartellverfahrensrecht – Kartellverwaltungsrecht – Bürgerliches Recht, 1977, 209 ff.; ihm folgend: Wagner WRP 2003, 1369 (1377); Fuchs ZWeR 2005, 1 (13).
[15] K. Schmidt BB 2003, 1237 (1241); Spiecker in MüKoWettbR Rn. 5.
[16] Baron WuW 2006, 358 (365).
[17] EuG 8.6.1995 – T-7/93, Slg. 1995, II-1539 Rn. 174 – Langnese-Iglo/Kommission; EuG 10.7.1990 – T-51/89 Slg. 1990, II-309 – Tetra Pack/Kommission.
[18] Monopolkommission, 18. Hauptgutachten 2008/2009, Rn. 369.

VO 1/2003. Nach dieser Bestimmung besteht die Befugnis der nationalen Wettbewerbsbehörde nur für Verordnungen der Kommission im Sinne von Art. 29 Abs. 1 VO 1/2003. Die Aufzählung in Art. 29 Abs. 1 VO 1/2003 hat nur beispielhaften Charakter. Ein Entzug der Freistellung durch nationale Kartellbehörden kommt nicht in Betracht, soweit sich die Freistellungswirkung aus Verordnungen des Rates ergibt, was insbesondere im Verkehrsbereich[19] von Bedeutung sein kann.

Die Gruppenfreistellungsverordnungen bestimmen ihren Anwendungsbereich jeweils **7** eigenständig. Dabei ist die Eignung zur Beeinträchtigung des zwischenstaatlichen Handels typischerweise keine gesonderte Anwendungsvoraussetzung. Die **„entsprechende Anwendung"** nach § 2 Abs. 2 wird daher nur insoweit benötigt, als die Gruppenfreistellungsverordnungen ausdrücklich nur vom Verbot nach Art. 101 Abs. 1 AEUV, nicht aber von demjenigen nach § 1 freistellen.

## II. Verstoß gegen Art. 101 Abs. 1 AEUV bzw. § 1

Ein Entzug der Freistellung kommt nur in Betracht, wenn die im Einzelfall zu prüfenden **8** Verhaltensweisen den Tatbestand der Verbotsnorm nach Art. 101 Abs. 1 AEUV bzw. § 1 erfüllen. Nur in diesen Fällen tritt tatsächlich eine **Freistellungswirkung** ein, deren Rechtsvorteil entzogen werden kann. Das Vorliegen der Tatbestandsvoraussetzungen einer Gruppenfreistellungsverordnung enthält keine Aussage darüber, ob ein Verstoß gegen die genannten Verbote vorliegt. Die Gruppenfreistellungsverordnungen definieren regelmäßig nicht, wann ein Verstoß gegen Art. 101 Abs. 1 AEUV vorliegt und enthalten auch keine Vermutung dahingehend, dass Vereinbarungen, die ihre Anwendungsvoraussetzungen nicht erfüllen, gegen Art. 101 Abs. 1 AEUV verstoßen.[20]

Auch ein Bedarf für den Entzug der Freistellung nach § 32d besteht nur, sofern die **9** Kartellbehörde vom Vorliegen eines Verstoßes gegen Art. 101 Abs. 1 AEUV bzw. § 1 überzeugt ist. Dann eröffnet der Entzug der Freistellung den Weg zu Abstellungsverfügungen nach § 32 oder zivilrechtlichen Ansprüchen nach § 33. Die **Feststellung des Verstoßes ist notwendiger Bestandteil** der Begründung einer Entscheidung nach § 32d. Die Kommission hat eine entsprechende Feststellung ausdrücklich in den Tenor ihrer Entscheidung aufgenommen.[21] Dies dient der Klarheit, ist jedoch nach § 32d nicht erforderlich.[22]

## III. Gesonderter räumlicher Markt im Inland

Der Entzug der Freistellung setzt voraus, dass sich die im Einzelfall zu beurteilenden **10** Verhaltensweisen auf räumliche Märkte beziehen, die entweder das Gebiet der Bundesrepublik Deutschland oder einen Teil dieses Gebietes umfassen. Eine Entscheidung nach § 32d erfordert daher zwingend die Abgrenzung des räumlich relevanten Marktes. Mit der Formulierung „Gebiet …, das alle Merkmale eines gesonderten räumlichen Marktes aufweist" nehmen Art. 29 Abs. 2 VO 1/2003 und ihm folgend § 32d erkennbar Bezug auf die Regelung der Verweisungsvoraussetzungen in Art. 9 Abs. 2 FKVO. Die Formulierung „alle Merkmale eines gesonderten Marktes" verweist dort auf die **Definition des räumlichen Referenzmarktes in Art. 9 Abs. 7 FKVO,** die generell für die räumliche Marktabgrenzung im Rahmen der Fusionskontrolle herangezogen wird.[23]

---

[19] Vgl. die Nachweise bei Klees § 3 Rn. 31.

[20] Vgl. Kommission, Leitlinien für die Anwendung von Art. 81 (3), Fn. 46; Kommission, Leitlinien für vertikale Beschränkungen, Rn. 62.

[21] Entscheidung 93/406/EWG/Langnese-Iglo GmbH, Sache IV/34072, ABl. 1993 L 183, S. 19; vgl. EuG 8.6.1995 – T-7/93, Slg. 1995, II-1533 Rn. 5 – Langnese-Iglo/Kommission.

[22] AA Wagner WRP 2003, 1369 (1380) unter Verweis auf die Entscheidung der Kommission 93/406/ EWG/Langnese-Iglo GmbH, Sache IV/34072, ABl. 1993 L 183, S. 19.

[23] So auch Körber in Immenga/Mestmäcker Wettbewerbsrecht FKVO Art. 2 Rn. 130.

11    Ein gesonderter räumlicher Markt besteht danach aus einem Gebiet, „in dem die Wettbewerbsbedingungen hinreichend homogen sind und das sich von den benachbarten
Gebieten unterscheidet; dies trifft insbesondere dann zu, wenn die in ihm herrschenden
Wettbewerbsbedingungen sich von denen in den letztgenannten Gebieten deutlich unterscheiden. Bei dieser Beurteilung ist insbesondere auf die Art und die Eigenschaften der
betreffenden Waren oder Dienstleistungen abzustellen, ferner auf das Vorhandensein von
Zutrittsschranken, auf Verbrauchergewohnheiten sowie auf das Bestehen erheblicher Unterschiede bei den Marktanteilen der Unternehmen oder auf nennenswerte Preisunterschiede zwischen den betreffenden Gebieten und den benachbarten Gebieten."[24]

12    Diese Definition des räumlichen Referenzmarktes wird in der **Bekanntmachung** der
Kommission über die **Definition des relevanten Marktes** im Sinne des Wettbewerbsrechts der Gemeinschaft[25] zugrunde gelegt und näher erläutert. Auf diese Bekanntmachung
kann daher auch im Rahmen von § 32d zurückgegriffen werden.[26] Ergänzend sei auf die
Erläuterung zum räumlich relevanten Markt bei → § 18 Rn. 58 verwiesen.

13    Umfasst der nach diesen Kriterien ermittelte räumliche Markt auch **Gebiete außerhalb
des Inlands,** kommt ein Entzug der Freistellung nach § 32d nicht in Betracht. Zuständig ist
vielmehr ausschließlich die Kommission, die gegebenenfalls nach Art. 29 Abs. 1 VO 1/2003
vorgehen kann.[27] Beschränkt sich der räumlich relevante Markt auf das Inland, so bleibt die
Kommission nach Art. 29 Abs. 1 VO 1/2003 für einen Entzug der Freistellung neben der
deutschen Kartellbehörde zuständig.

## IV. Unvereinbarkeit mit Art. 101 Abs. 3 AEUV

14    Voraussetzung für den Entzug sind Wirkungen, die mit Art. 101 Abs. 3 AEUV oder mit
§ 2 Abs. 1 unvereinbar sind. Unvereinbarkeit liegt vor, wenn mindestens **eine der vier
Voraussetzungen nicht erfüllt** ist, die in **Art. 101 Abs. 3 AEUV** und wörtlich identisch
in § 2 Abs. 1 aufgeführt sind. Freistellungsvoraussetzungen nach Art. 101 Abs. 3 AEUV
sind die Erzielung von Effizienzvorteilen, die angemessene Beteiligung der Verbraucher,
die Unerlässlichkeit der Wettbewerbsbeschränkungen zur Erreichung der Effizienzgewinne
sowie das Fehlen einer Möglichkeit, den Wettbewerb auszuschalten. Gruppenfreistellungsverordnungen liegt die Annahme zugrunde, dass die von ihnen erfassten Vereinbarungen
typischerweise, dh bei abstrakt genereller Betrachtung, alle vier Voraussetzungen von
Art. 101 Abs. 3 AEUV erfüllen.[28] Im Einzelfall kann sich diese Annahme als unzutreffend
erweisen. Die Beurteilung der einzelnen Vereinbarungen hat nach der Rechtsprechung des
EuGH den **wirtschaftlichen und rechtlichen Gesamtzusammenhang** zu berücksichtigen, in dem die jeweilige Vereinbarung steht.[29] Zu diesem wirtschaftlichen und rechtlichen Gesamtzusammenhang gehören auch Auswirkungen, die sich aus dem Zusammenwirken mit anderen wettbewerbsbeschränkenden Vereinbarungen (kumulative Wirkungen)
ergeben können. Der wirtschaftliche und rechtliche Gesamtzusammenhang einer Vereinbarung kann dazu führen, dass die wettbewerbsbeschränkenden Wirkungen deutlich über
dasjenige Maß hinausgehen, das der typisierenden Betrachtung der Gruppenfreistellungsverordnung zugrunde lag. Dies kann dazu führen, dass die **bestehenden Effizienzvorteile
nicht mehr ausreichen,** um diese Nachteile zu kompensieren. Auch können nationale
Besonderheiten oder die Bedingungen regionaler Märkte dazu beitragen, dass die bei
typisierender Betrachtung angenommenen **Effizienzvorteile im Einzelfall nicht eintreten.** Soweit die Gruppenfreistellungsverordnung nicht ohnehin Marktanteilsschwellen vorsieht, kann auch die **Marktstellung** der beteiligten Unternehmen dazu beitragen, dass

---

[24] Art. 9 Abs. 7 FKVO; ähnlich Otto in LMRKML Rn. 6.
[25] ABl. 1997 C 372, S. 5.
[26] Spiecker in MüKoWettbR Rn. 13; Klees § 3 Rn. 50; Ost in Loewenheim et al. Art. 29 Rn. 7.
[27] Spiecker in MüKoWettbR Rn. 13; Klees § 3 Rn. 50; Wagner WRP 2003, 1369 (1380).
[28] Leitlinien zur Anwendung von Art. 81 Abs. 3 ABl. 2004 C 101/97, Rn. 35; Bechtold/Bosch Rn. 2.
[29] EuGH 28.2.1991 – C-234/89, Slg. 1991, I-935 (985) – Delimitis/Henninger; EuGH 12.12.1967 – 23/
67, Slg. 1967, I-543 (555) – Brasserie de Haecht.

entgegen der zugrunde liegenden Annahmen die Möglichkeit besteht, für einen wesentlichen Teil der betreffenden Waren den Wettbewerb auszuschalten.

Die **Beweislast** dafür, dass im Einzelfall Wirkungen vorliegen, die mit Art. 101 Abs. 3  **15** AEUV nicht vereinbar sind, **trägt die Kartellbehörde.**[30] Dies entspricht der ganz einhelligen Auffassung zur Beweislast der Kommission für die Voraussetzungen einer Entzugsentscheidung nach Art. 29 Abs. 1 VO 1/2003.[31] Die Kommission hat diesen Standpunkt in ihren Leitlinien zur Anwendung von Art. 101 Abs. 3 AEUV ausdrücklich formuliert.[32] Die Beweislastregelung in Art. 2 S. 2 VO 1/2003 für die Voraussetzungen der Legalausnahme, die im Wesentlichen auch für § 2 gelten, findet keine Anwendung. Im Rahmen von § 32d hat nicht das Unternehmen darzutun, dass die Voraussetzungen der Freistellung vorliegen, sondern die Behörde muss nachweisen, dass eine durch Verordnung freigestellte Vereinbarung ausnahmsweise im Einzelfall Wirkungen zeitigt, die mit Art. 101 Abs. 3 AEUV nicht vereinbar sind.

# C. Verfahren

## I. Koordination mit der Kommission

Soweit die Kartellbehörde auf der Grundlage von Art. 29 Abs. 2 VO 1/2003 tätig  **16** wird, bleibt die Kommission konkurrierend zuständig.[33] Überdies sind Gruppenfreistellungsverordnungen in erheblichem Umfang Instrumente gestaltender Wettbewerbspolitik der Kommission. Die Zusammenarbeit mit der Kommission hat deshalb im Verfahren nach § 32d besondere Bedeutung. Sie kann sich nicht in der Verpflichtung nach Art. 11 Abs. 4 VO 1/2003 erschöpfen, die Kommission rechtzeitig vor einer Entzugsentscheidung zu unterrichten. Die in jedem Fall territorial begrenzte Entscheidung der Kartellbehörde muss sich in die Beurteilung derjenigen Wirkungen einfügen, die nach **Auffassung der Kommission** für den gemeinsamen Markt zutrifft. Die Kartellbehörde ist daher gehalten, schon bei Einleitung eines Verfahrens nach § 32d sicherzustellen, dass die Kommission die fragliche Vereinbarung nicht umgekehrt als durch die Freistellungsverordnung gedeckt ansieht. Auch **Beurteilungskonflikte mit anderen Kartellbehörden** sollten so weit als möglich vermieden werden. Sobald erkennbar wird, dass eine Vereinbarung in mehreren Mitgliedstaaten Anwendung findet, hat sich die Kartellbehörde um Abstimmung innerhalb des ECN zu bemühen. Leitet die Kommission ein Verfahren nach Art. 29 Abs. 1 VO 1/2003 ein, entfällt die Zuständigkeit der deutschen Kartellbehörden nach Art. 11 Abs. 6 VO 1/2003.

## II. Deutsches Kartellverfahrensrecht

Auch soweit die Kartellbehörde auf der Grundlage der Ermächtigung nach Art. 29 Abs. 2  **17** VO 1/2003 tätig wird, gilt nationales Verfahrensrecht, also das Kartellverfahrensrecht des GWB, allerdings unter Beachtung der gemeinschaftsrechtlichen Vorgaben.[34] Für das Entzugsverfahren gelten die allgemeinen Zuständigkeitsregeln nach §§ 48 ff. Dies wird **regelmäßig zur Zuständigkeit des Bundeskartellamts** führen,[35] soweit nicht ausnahmsweise sowohl der räumlich relevante Markt als auch die Wirkungen der betreffenden Vereinbarung auf das Gebiet eines Bundeslandes beschränkt bleiben. Das Verfahren nach § 32d ist

---

[30] Bechtold/Bosch Rn. 2; Klees § 3 Rn. 36.
[31] Klees § 3 Rn. 36; Bechtold et al. VO 1/2003 Art. 29 Rn. 8; Sura in Bunte VO 1/2003 Art. 29 Rn. 8.
[32] → Rn. 36; ähnlich die Vertikal-Leitlinien Rn. 77 und die Leitlinien zur Anwendung von Art. 101 AEUV auf Technologietransfer-Vereinbarungen, Rn. 146.
[33] → VO 1/2003 Art. 29 Rn. 3; Klees § 3 Rn. 50; Sura in Bunte VO 1/2003 Rn. 12.
[34] Klees § 3 Rn. 51.
[35] Bechtold/Bosch Rn. 4.

Amtsverfahren. Selbstverständlich kann die Behörde dabei auch „Beschwerden" anderer Marktteilnehmer nachgehen.

## III. Ermessen

18　Die Entscheidung nach § 32d steht im Ermessen der Kartellbehörde.[36] Der Kartellbehörde steht zum einen **Aufgreifermessen** zu, sie ist also auch bei „Beschwerden" Dritter keinesfalls verpflichtet, ein Verfahren einzuleiten.[37] Auch die **Entzugsentscheidung selbst steht im Ermessen** der Behörde. Der Wechsel zum System der Legalausnahme führt nicht dazu, dass die Behörde verpflichtet wäre, den Entzug der Freistellung auszusprechen.[38] Selbst wenn man Gruppenfreistellungsverordnungen nur deklaratorische Wirkung beimessen wollte,[39] führten Erwägungen der Rechtssicherheit nicht zu einer Verpflichtung der Behörde, den Entzug bei Vorliegen der Voraussetzungen nach § 32d auszusprechen.

## IV. Verbindung mit Verfahren nach § 32

19　Die Entzugsentscheidung setzt voraus, dass die im Einzelfall zu beurteilende Vereinbarung gegen Art. 101 Abs. 1 AEUV bzw. § 1 verstößt.[40] Der Entzug der Freistellung führt also dazu, dass eine bislang freigestellte Vereinbarung nunmehr verboten ist. In Fällen, in denen die Behörde von ihrem Ermessen nach § 32d Gebrauch macht, wird sie regelmäßig bestrebt sein, die **mit dem Entzug der Freistellung eintretende Zuwiderhandlung abzustellen,** also eine Abstellungsverfügung nach § 32 zu erlassen. Die Verfügung, mit der ein Verfahren nach § 32d abgeschlossen wird, ist daher typischerweise eine Kombination aus der Entscheidung nach § 32d und einer Abstellungsverfügung. Auch die Kommission hat in den Fällen Langnese/Iglo[41] und Schöller[42] neben dem Entzug der Freistellung den Abschluss bestimmter Ausschließlichkeitsvereinbarungen ausdrücklich untersagt. Die Verbindung mit einer Abstellungsverfügung ist allerdings nicht zwingend.[43] Im Einzelfall kann das sich durch die Entzugsentscheidung ergebende gesetzliche Verbot, verbunden mit der zivilrechtlichen Unwirksamkeit und möglichen Ansprüchen nach §§ 33, 33a ausreichen.

## V. Mögliche Zusagen

20　Die betroffenen Unternehmen werden bestrebt sein, Entzugsentscheidungen nach § 32d zu vermeiden. Fraglich ist, ob sie im Rahmen eines Entzugsverfahrens Verpflichtungszusagen nach § 32b abgeben können, um damit den Entzug der Freistellung zu vermeiden. Zwar spricht § 32b von Verpflichtungszusagen im Rahmen eines Verfahrens nach § 32. Die Regelung ist jedoch auf Entzugsverfahren nach § 32d zumindest analog anwendbar. Hierfür spricht, dass eine Entzugsentscheidung die Feststellung eines Verstoßes gegen Art. 101 Abs. 1 AEUV bzw. § 1 voraussetzt[44] und die Entzugsentscheidung typischerweise mit einer Abstellungsverfügung nach § 32 verbunden wird. Die betroffenen Unternehmen können daher **schon im Entzugsverfahren Verpflichtungszusagen abgeben.**[45] Führen diese Zusagen dazu, dass die Voraussetzungen nach Art. 101 Abs. 3 AEUV bzw. § 2 Abs. 1 nunmehr auch in Bezug auf die konkrete Vereinbarung vorliegen, trifft die Behörde eine Entscheidung nach § 32b und beendet damit zugleich das Entzugsverfahren. Eine Ent-

---

[36] Bechtold/Bosch Rn. 4; Spiecker in MüKoWettbR Rn. 15; Klees § 3 Rn. 37 f.
[37] Bechtold/Bosch Rn. 4; Spiecker in MüKoWettbR Rn. 15.
[38] So aber Schütz in GK VO 1/2003 Art. 29 Rn. 25.
[39] Dazu → Rn. 3 f.
[40] Vgl. → Rn. 14.
[41] Entscheidung 93/406/EWG der Kommission vom 23.12.1992, ABl. 1993 L 183, S. 19.
[42] Entscheidung der Kommission vom 23.12.1992, ABl. 1993 L 183, S. 1.
[43] AA Klees § 3 Rn. 41; Spiecker in MüKoWettbR Rn. 16.
[44] Vgl. → Rn. 8.
[45] Klees § 3 Rn. 41; Fuchs ZWeR 2005, 1 (27 f.).

scheidung über den Entzug des Rechtsvorteils der Gruppenfreistellung ist in diesem Fall nicht mehr erforderlich. Die verschiedentlich angeregte Verbindung einer förmlichen Entzugsentscheidung mit Verpflichtungszusagen nach § 32b[46] führt zu einer unnötigen Beeinträchtigung der Interessen der beteiligten Unternehmen. Die Freistellungswirkungen würden erga omnes entfallen, während über die Verpflichtungszusagen nur erreicht werden könnte, dass die Kartellbehörde von ihren Befugnissen nach §§ 32, 32a keinen Gebrauch machen wird.

## VI. Entzugsentscheidung

Die Entzugsentscheidung ist **Verfügung** im Sinne von § 61. Sie bedarf daher der **21** Begründung und ist zuzustellen. Die Entzugsentscheidung muss genau bezeichnen, **welchen Vereinbarungen,** Beschlüssen von Unternehmensvereinigungen oder aufeinander abgestimmten Verhaltensweisen der Rechtsvorteil der Gruppenfreistellung entzogen wird.[47] Darüber hinaus ist dasjenige Gebiet zu bezeichnen, in dem der Vorteil entzogen wird. In die Entscheidung kann die Feststellung aufgenommen werden, dass die entsprechende Vereinbarung gegen Art. 101 Abs. 1 AEUV bzw. § 1 verstößt. Unterbleibt eine entsprechende Tenorierung, ist die **Feststellung des Verstoßes** zwingender Bestandteil der Begründung. Die Entzugsentscheidung kann mit einer Abstellungsverfügung nach § 32 verbunden werden.

## D. Rechtsfolgen

## I. Entfall der Freistellungswirkung

Mit Zustellung der Entzugsentscheidung entfällt die Freistellungswirkung für die in der **22** Verfügung bezeichneten Vereinbarungen in dem bezeichneten Gebiet. Der Entzug wirkt nur für die Zukunft.[48] Für den Zeitraum bis zur Zustellung der Entzugsentscheidung bleibt es beim Rechtsvorteil der Freistellung. Die Entzugsentscheidung hat **rechtsgestaltende Wirkung**[49] und wirkt erga omnes. Die Gestaltungswirkung ist allerdings insoweit **territorial begrenzt,** als der Wegfall der Freistellungswirkung für die Vereinbarung nur gilt, soweit das in der Verfügung bezeichnete Gebiet betroffen ist. Insoweit ist die Gestaltungswirkung auch von der Kommission und anderen nationalen Kartellbehörden zu beachten. Dagegen ändert die Entzugsentscheidung nichts am Rechtsvorteil der Freistellung außerhalb des in der Verfügung bezeichneten Gebiets, insbesondere in anderen Mitgliedstaaten der Gemeinschaft.

## II. Bindung der Zivilgerichte

Die Entscheidung zum Entzug des Rechtsvorteils der Freistellung bindet auch die **23** Zivilgerichte. Dies ist Ausdruck der Gestaltungswirkung der Entscheidung. Die nationalen **Gerichte sind nicht berechtigt, selbst den Rechtsvorteil der Freistellung zu entziehen.**[50] Solange weder die Kommission noch die nationale Kartellbehörde eine Entzugsentscheidung getroffen hat, bleiben die Gerichte an die durch die Gruppenfreistellungsverordnung angeordnete Freistellungswirkung gebunden, auch wenn sie zu der Auffassung gelangen sollten, die ihnen vorliegende Vereinbarung entfalte Wirkungen, die mit Art. 101

---

[46] Klees § 3 Rn. 41; Spiecker in MüKoWettbR Rn. 16.
[47] Klees § 3 Rn. 39; Wagner WRP 2003, 1369 (1380); de Bronett in Bauer/de Bronett, Die EU-Gruppenfreistellungsverordnung für vertikale Wettbewerbsbeschränkungen, Rn. 221; de Bronett in Kommentar zum europäischen Kartellverfahrensrecht Art. 29 Rn. 4.
[48] → VO 1/2003 Art. 29 Rn. 1; Klees § 3 Rn. 43.
[49] Spiecker in MüKoWettbR Rn. 18; Klees § 3 Rn. 43; Bien DB 2000, 2309 (2310).
[50] Leitlinien zur Anwendung von Art. 81 Abs. 3 ABl. 2004 C 101/97, Rn. 37; Bornkamm ZWeR 2010, 34 (48); Sura in Bunte VO 1/2003 Art. 29 Rn. 15.

Abs. 3 AEUV nicht vereinbar sind. Dies folgt aus dem Charakter der Gruppenfreistellungsverordnungen als Rechtsnormen des sekundären Gemeinschaftsrechts, die unmittelbar in
jedem Mitgliedstaat gelten und für jedermann verbindliche Regelungen enthalten. Die
Anwendbarkeit der Gruppenfreistellungsverordnung ist der Dispositionsbefugnis nationaler
Gerichte entzogen. Nationale Gerichte können daher auch nicht zu der Auffassung gelangen, eine auf Grund ihrer Regelungen anwendbare Gruppenfreistellungsverordnung sei
im Einzelfall nicht oder nicht mehr anwendbar.[51]

**24**  Im Hinblick auf **anhängige Entzugsverfahren** ist zu differenzieren. Betreibt die
Kommission ein Verfahren nach Art. 29 Abs. 1 VO 1/2003, so müssen die nationalen
Gerichte nach Art. 16 Abs. 1 S. 2 VO 1/2003 vermeiden, Entscheidungen zu erlassen, die
der möglichen Entzugsentscheidung zuwider laufen. Im Zweifel ist das nationale Gericht
zu einer Aussetzung des Verfahrens verpflichtet, da anders eine kollidierende Entscheidung
nicht sicher verhindert werden kann.

**25**  Ist ein **Entzugsverfahren einer nationalen Kartellbehörde** anhängig, besteht dagegen
keine Verpflichtung zur Aussetzung. In vielen Fällen wird aber eine Aussetzung nach § 148
ZPO in Betracht kommen, da die Gestaltungswirkung einer Entzugsentscheidung für alle
in die Zukunft gerichteten Ansprüche vorgreiflich ist.[52]

## III. Rechtsmittel

**26**  Die Entzugsentscheidung kann als kartellbehördliche Verfügung mit der **Beschwerde**
angefochten werden. Die Beschwerde hat keine aufschiebende Wirkung, da die Entscheidung nach § 32d im abschließenden Katalog von Anfechtungsbeschwerden mit aufschiebender Wirkung in § 66 Abs. 1 nicht aufgeführt ist.[53]

## § 32e Untersuchungen einzelner Wirtschaftszweige und einzelner Arten von Vereinbarungen

(1) Lassen Umstände vermuten, dass der Wettbewerb im Inland möglicherweise
eingeschränkt oder verfälscht ist, können das Bundeskartellamt und die obersten
Landesbehörden die Untersuchung eines bestimmten Wirtschaftszweiges oder – Sektor
übergreifend – einer bestimmten Art von Vereinbarungen oder Verhaltensweisen
durchführen (Sektoruntersuchung).

(2) [1]Im Rahmen der Sektoruntersuchung können das Bundeskartellamt und die
obersten Landesbehörden die zur Anwendung der Vorschriften dieses Teils oder des
Artikels 101 oder 102 des Vertrages über die Arbeitsweise der Europäischen Union
erforderlichen Ermittlungen durchführen. [2]Sie können dabei von den betreffenden
Unternehmen und Vereinigungen Auskünfte verlangen, insbesondere die Unterrichtung über sämtliche Vereinbarungen, Beschlüsse und aufeinander abgestimmte Verhaltensweisen.

(3) Das Bundeskartellamt soll die Sektoruntersuchung innerhalb von 18 Monaten
nach der Einleitung abschließen.

(4) [1]Das Bundeskartellamt veröffentlicht einen Bericht über die Ergebnisse der Sektoruntersuchung, die obersten Landesbehörden können einen solchen Bericht veröffentlichen. [2]Das Bundeskartellamt und die obersten Landesbehörden können Dritte
um Stellungnahme bitten. [3]Das Bundeskartellamt kann in dem Bericht nach Satz 1
wettbewerbspolitische Empfehlungen aussprechen; es leitet in diesem Fall den Bericht
der Bundesregierung zu.

(5) § 49 Absatz 1 sowie die §§ 57 bis 59b und 61 gelten entsprechend.

---

[51] So aber Schütz in GK VO 1/2003 Art. 29 Rn. 27.
[52] Wie hier: → VO 1/2003 Art. 29 Rn. 4; zweifelnd Sura in Bunte VO 1/2003 Art. 29 Rn. 15.
[53] Bechtold/Bosch Rn. 4.

(6) [1]Die Absätze 1 bis 4 Satz 1 und 2 und Absatz 5 gelten entsprechend bei begründetem Verdacht des Bundeskartellamts auf erhebliche, dauerhafte oder wiederholte Verstöße gegen verbraucherrechtliche Vorschriften, die nach ihrer Art oder ihrem Umfang die Interessen einer Vielzahl von Verbraucherinnen und Verbrauchern beeinträchtigen. [2]Dies gilt nicht, wenn die Durchsetzung der Vorschriften nach Satz 1 in die Zuständigkeit anderer Bundesbehörden fällt. [3]Absatz 5 gilt mit der Maßgabe, dass die Regelungen zur Beschlagnahme nach § 58, zum Betreten von Räumlichkeiten der Betroffenen zum Zweck der Einsichtnahme und Prüfung von Unterlagen gemäß § 59a sowie die Regelungen zu Durchsuchungen nach § 59b keine Anwendung finden.

(7) Der Anspruch auf Ersatz der Aufwendungen einer Abmahnung nach § 13 Absatz 3 des Gesetzes gegen den unlauteren Wettbewerb ist ab der Veröffentlichung eines Abschlussberichts über eine Sektoruntersuchung nach Absatz 6 für vier Monate ausgeschlossen.

**Schrifttum:** Alexander, Neue Aufgaben des Bundeskartellamts bei Verstößen gegen Verbraucherschutzbestimmungen, NZKart 2017, 391 ff.; Becker, Befugnisse und Praxis des Bundeskartellamts im Verbraucherschutz nach der 9. GWB-Novelle, ZWeR 2017, 317 ff.; Brinker, Verbraucherschutz im GWB, NZKart 4/2017, 141 ff.; Brindöpke, Die Sektoruntersuchung der Europäischen Kommission im Pharmasektor – ihre praktische Bedeutung, PharmR 2008, 268; de Bronett, Europäisches Kartellverfahrensrecht, Kommentar zur VO 1/2003, 2012; ders., Sektoruntersuchungen, WuW 2010, 258 ff.; Fuchs, Die 7. GWB-Novelle – Grundkonzeption und praktische Konsequenzen, WRP 2005, 1384 ff.; Gildhoff, Sektoruntersuchungen: Zulässigkeitsvoraussetzungen und Rechtsschutz, WuW 2013, 716 ff.; Grave/Trafkowski, Sektoruntersuchungen durch die Kartellbehörden – Rechtsgrundlagen, Ermittlungsbefugnisse und Konsequenzen, RdE 2005, 209 ff.; Kahlenberg/Haellmigk, Referentenentwurf der 7. GWB-Novelle: Tiefgreifende Änderungen des deutschen Kartellrechts, BB 2004, 389 ff.; Kerse, EC Antitrust Procedure, 3. Aufl. 1994; Klees, Europäisches Kartellverfahrensrecht 2005; Kling/Thomas, Kartellrecht, 2 Auflage, 2016; Lampert/Niejahr/Kübler/Weidenbach EG-Kartellverordnung, Praxiskommentar 2004; Linsmeier, Sektoruntersuchungen im europäischen Strom- und Gasmarkt, ET 2005, 712 ff.; Meyer, Ernüchternde Zwischenergebnisse der Sektoruntersuchung Energie – Das sogenannte „Issue Paper" der Kommission, N&R 2006, 14 ff.; Kersting/Podszun, Die 9. GWB-Novelle, 2017, S. 85 ff.; Seeliger/Vasbender, Die Sektoruntersuchung der Europäischen Kommission im Retail-Bankgeschäft und bei Unternehmensversicherungen – ihre praktische Bedeutung, WM 2006, 311 ff.; Schulte/Just, Kartellrecht, 2016; Tamm, Verbraucherrecht, 2. Auflage 2016.

# A. Normzweck und Bedeutung

## I. Zweck

**1**     Durch die 11. GWB-Novelle hat sich die **Funktion** der Norm grundlegend **geändert**. Im Vordergrund steht nicht länger die Möglichkeit der Kartellbehörden, die Wettbewerbsverhältnisse in bestimmten Sektoren zu untersuchen, um Wettbewerbsregeln und die Normen der Fusionskontrolle auf einer besser informierten Grundlage anwenden zu können. Die Sektoruntersuchung wird künftig vorrangig zur „**Phase I**" in der Wahrnehmung der umfassenden Kompetenzen nach § 32f zur „Verbesserung des Wettbewerbs". Die Maßnahmen nach § 32f knüpfen sämtlich an eine vorausgehende Sektoruntersuchung an, wenngleich das Gesetz außer dieser zeitlichen Abfolge zum Verhältnis dieser Maßnahmen zu den Erkenntnissen einer Sektoruntersuchung schweigt. Trotz geringer Änderungen im Wortlaut der Norm verschiebt sich der Zweck der wettbewerbsbezogenen Sektoruntersuchungen erheblich. Die Sektoruntersuchungen haben die umfassenden tatsächlichen Ermittlungen zum Gegenstand, die das Bundeskartellamt in die Lage versetzen sollen, eine erhebliche und fortwährende **Störung des Wettbewerbs** festzustellen.

**2**     Die außergewöhnlich weitreichenden Befugnisse des Bundeskartellamts nach § 32f verändern die Wahrnehmung künftiger Sektoruntersuchungen. Alle Akteure eines Wirtschaftszweigs müssen damit rechnen, dass das Bundeskartellamt nicht bei einem besseren Verständnis des Sektors stehen bleibt, sondern nach dem Abschlussbericht Maßnahmen nach § 32f zumindest in Erwägung zieht. Entsprechend aufmerksam werden Entscheidungen über die Einleitung, aber auch alle Ermittlungsmaßnahmen im Rahmen einer Sektoruntersuchung analysiert werden.

**3**     Deutlich in den Hintergrund tritt damit das ursprüngliche Bestreben des Gesetzgebers, den deutschen Kartellbehörden bei der Anwendung von Art. 101, 102 AEUV und den Parallelvorschriften des GWB weitgehend **dieselben verfahrensrechtlichen Instrumente** zur Verfügung zu stellen, über die die **EU Kommission** nach der VO 1/2003 verfügt. Vor der 11. GWB-Novelle dienten Sektoruntersuchungen vorrangig der Durchsetzung der Wettbewerbsregeln, also des Kartellverbots und der spezifischen Missbrauchsverbote. Diese klare Ausrichtung war durch die Möglichkeit verbraucherrechtlicher Sektoruntersuchungen als Einstieg in verbraucherrechtliche Kompetenzen des Bundeskartellamts aufgeweicht worden. Dagegen beruhte die an eine Sektoruntersuchung anknüpfende Aufforderungsverfügung nach § 39a aF (jetzt → § 32f Abs. 2) auf der anerkannten Möglichkeit, die Erkenntnisse aus Sektoruntersuchungen auch im Rahmen der Fusionskontrolle zu nutzen.

Neben Sektoruntersuchungen als Grundlage von Maßnahmen nach § 32f bleiben die **4**
herkömmlichen Sektoruntersuchungen mit dem Ziel eines besseren Verständnisses des
betroffenen Sektors für die Anwendung der Wettbewerbsregeln und der Normen der
Fusionskontrolle selbstverständlich weiter möglich. Unberührt von den Änderungen der
11. GWB-Novelle bleibt das Regime verbraucherrechtlicher Sektoruntersuchungen mit
seiner eigenen verbraucherschützenden Zielsetzung.

Fraglich ist, ob Sektoruntersuchungen künftig auch mit dem Ziel eingeleitet werden **5**
können, eine hinreichende Basis für **wettbewerbspolitische Empfehlungen** des BKartA
zu schaffen. Die 11. GWB-Novelle hat in Abs. 4 Satz 3 ausdrücklich die Möglichkeit
geschaffen, „in dem Bericht" wettbewerbspolitische Empfehlungen auszusprechen. Die
Regelung knüpft erkennbar an die Sector Inquiery im Vereinigten Königreich an, wo die
Möglichkeit politischer Empfehlungen im Abschlussbericht der jeweiligen Commissions
ebenfalls ausdrücklich geregelt ist. In der Vorauflage war zum alten Recht die Auffassung
vertreten worden, angesichts der weitreichenden Ermittlungsbefugnisse im Rahmen einer
Sektoruntersuchung sei deren Einsatz für wettbewerbspolitische Zwecke unverhältnismäßig.[1] Diese Befugnisse sind nun durch die Möglichkeit der Beschlagnahme sogar noch
erweitert worden. Dennoch ist anzuerkennen, dass der Gesetzgeber als eines der möglichen
Ergebnisse einer Sektoruntersuchung neben den Maßnahmen nach § 32f ausdrücklich auch
die Erteilung wettbewerbspolitischer Empfehlungen vorsieht. Damit muss auch die Möglichkeit bestehen, Sektoruntersuchungen einzuleiten, als deren **wahrscheinliches Ergebnis** wettbewerbspolitische Empfehlungen erscheinen. Ob damit eine generelle Erweiterung
der Aufgabenstellung des Bundeskartellamts im Sinne einer **wettbewerbspolitischen
Beratungsinstanz** verbunden ist, kann dahinstehen.

## II. Bedeutung

**1. Herkömmliche kartellrechtliche Sektoruntersuchungen.** Nach anfänglicher Zu- **6**
rückhaltung hat das Bundeskartellamt vom Instrument der Sektoruntersuchung regen
Gebrauch gemacht. Es veröffentlicht auf seiner Homepage eine Liste der seit 2005 abgeschlossenen Sektoruntersuchungen[2] sowie eine weitere Liste der verbraucherrechtlichen
Sektoruntersuchungen.[3] Grundsätzlich sind auch **außerhalb von § 32e breiter angelegte
Untersuchungen** möglich. Diese setzen jedoch gegenüber jedem einzelnen Unternehmen
voraus, dass die gegenüber § 32e engeren Voraussetzungen nach § 59 GWB vorliegen. Ein
allgemeines „Enquête-Recht" außerhalb von § 32e steht der Kartellbehörde nicht zu.[4]
Dafür gibt es angesichts der niedrigen Schwellen für die Einleitung von Sektoruntersuchungen auch keinen relevanten Bedarf.

Die Untersuchung eines Sektors verleitet zu breit angelegten Auskunftsersuchen, die **7**
ihrerseits zu umfangreichen Datenbeständen führen. Deren Auswertung hat in der Vergangenheit in Verbindung mit eingeschränkten personellen Ressourcen zu erheblichen
Verzögerungen geführt. Durch die neue Sollvorschrift zum Abschluss der Untersuchung
innerhalb von 18 Monaten stellt sich das Thema eines angemessenen Auskunftskonzepts in
aller Schärfe. Die zeitliche Beschränkung bei eingeschränkten personellen Ressourcen hat
Rückwirkungen auf die **Verhältnismäßigkeit von Auskunftsverlangen** der Behörde im
Rahmen von Verfahren nach § 32e. Die Behörde bindet in Sektoruntersuchungen in
erheblichem Umfang Ressourcen der betroffenen Unternehmen. Dies ist nur verhältnismäßig, sofern die Kartellbehörde davon ausgehen kann, die erhobenen Daten zeitnah
auswerten und innerhalb der Regeldauer bewerten zu können.

[1] Bach in Immenga/Mestmäcker, 6. Aufl. 2019, Rn. 3.
[2] www.bundeskartellamt.de/DE/Wirtschaftsbereiche/Sektoruntersuchungen/sektoruntersuchungen_no-
de.html.
[3] www.bundeskartellamt.de/DE/Verbraucherschutz/verbraucherschutz_node.html#doc9624656body.
[4] KG 4.2.1981 – Kart 5/81, WuW/E OLG 2433 (2436) – Metro-Kaufhof.

**8**    Die Zuständigkeit von Landeskartellbehörden begegnet vor diesem Hintergrund erheblichen Bedenken. Die Landeskartellbehörden sind personell kaum für Sektoruntersuchungen ausgerüstet. Der Regierungsentwurf zur 7. GWB-Novelle hatte nur ein Enquête-Recht des Bundeskartellamts vorgesehen. Die Möglichkeit, dass auch oberste Landesbehörden Untersuchungen nach § 32e durchführen können, ist ohne nähere Begründung erst durch den Vermittlungsausschuss in das Gesetz aufgenommen worden.[5] Sie entspricht weniger einem tatsächlichen Bedarf, als vielmehr politischen Erwägungen im Verhältnis zu den Ländern. Vereinzelt wurden aber auf § 32e gestützte Untersuchungen der Landeskartellbehörden durchgeführt.[6]

**9**    Nach der Begründung zum Regierungsentwurf der 7. GWB-Novelle sollte § 32e auch dazu beitragen, eine Lücke zu schließen, die sich in der bisherigen Praxis ergeben haben soll, wenn sich Unternehmen aus Furcht vor Repressalien geweigert haben, bei Beschwerden ihren Namen zu offenbaren.[7] Abhilfe für diese sog. **„Ross- und Reiter-Problematik"** kann § 32e nur insoweit bieten, als die Kartellbehörde im Rahmen von Sektoruntersuchungen selbst Anhaltspunkte für die entsprechenden Verstöße gewinnt. Bereits die Durchführung von Sektoruntersuchungen kann dazu führen, dass die Unternehmen des betroffenen Sektors Verhaltensweisen modifizieren, die Anlass für die Untersuchung gegeben haben. Insoweit trägt die Norm möglicherweise zur generell verbesserten Durchsetzung des Kartellrechts bei. Die Ross- und Reiter-Problematik ergibt sich aber typischerweise nicht bei branchenweiten Missständen, sondern bei Beschwerden gegen einzelne Unternehmen, die über Repressionsmöglichkeiten verfügen. Die Durchführung von Sektoruntersuchungen zum Schutz von Beschwerdeführern im Verhältnis zu einzelnen Unternehmen ist ein fragwürdiger Einsatz der Ressourcen von Kartellbehörden und wirft zusätzliche Probleme der Verhältnismäßigkeit auf.

**10**    **2. Sektoruntersuchungen im Vorfeld von Maßnahmen nach § 32f.** Es ist zu erwarten, dass kartellrechtliche Sektoruntersuchungen künftig in erster Linie als **„Phase I"** von Maßnahmen nach § 32f eingeleitet werden. Damit verändert sich deren Bedeutung erheblich. Sie werden nicht länger dem mehr oder weniger neutralen Anliegen dienen, die Kenntnisse der Kartellbehörde zu den wettbewerblichen Verhältnissen eines bestimmten Sektors zu verbessern, um dort effizienter die Wettbewerbsregeln durchzusetzen oder Fusionskontrollverfahren durchführen zu können. Statt dessen wird ihnen die Aufgabe zukommen, die Faktenbasis dafür zu schaffen, dass über die Einleitung von Verfahren nach § 32f entschieden werden kann, die dann die **„Phase II"** eines Vorgehens gegen mutmaßliche Störungen des Wettbewerbs darstellen.

**11**    Diese geänderte Funktion hat erhebliche Bedeutung für die Ausgestaltung der Sektoruntersuchung. Insbesondere ergeben sich erhöhte Anforderungen an die **Transparenz des Verfahrens.** Die fehlende Konturierung der Anwendungsvoraussetzungen von § 32f Abs. 3 und 4 fordert mindestens eine erhöhte „Legitimation durch Verfahren". Schon bei der Einleitung einer Sektoruntersuchung muss erkennbar werden, ob Maßnahmen nach § 32f in Frage stehen, weil nach Einschätzung des Bundeskartellamtes Anzeichen für Störungen des Wettbewerbs bestehen oder weil, etwa von politischen Akteuren, im Vorfeld Maßnahmen nach § 32f gefordert werden. Zeigen sich mögliche Störungen des Wettbewerbs erst im Verlauf einer Untersuchung, muss dies erneut transparent gemacht werden. Zur Legitimation durch Verfahren gehört auch, dass das Bundeskartellamt schon während der Untersuchung selbst interessierten Kreisen **Gelegenheit zur Stellungnahme** gewährt. Die vom Bundeskartellamt schon für herkömmliche Sektoruntersuchungen entwickelte Praxis von (veröffentlichten) **Zwischenberichten** ist für Sektoruntersuchungen im Vorfeld

---

[5] BT-Drs. 15/2735, 3; Fuchs WRP 2005, 1384 (1390) mwN.
[6] Verfahren der Baden-Württembergischen Landeskartellbehörde zur Gaspreisgestaltung im Tarifkundenmarkt, Jahreswirtschaftsbericht 2005/2006 des Wirtschaftsministeriums Baden-Württemberg S. 191; BKartA TB 2005/2006, BT-Drs. 16/5710, 233.
[7] Begr. 2004, 34 f.; Kling/Thomas KartellR § 23 Rn. 30; skeptisch Fuchs WRP 2005, 1384 (1390).

von Maßnahmen nach § 32f Teil eines ordnungsgemäßen Verfahrens. Ohne diese Transparenz und ohne Beteiligungsrechte kann die Sektorenuntersuchung ihre Funktion im Vorfeld von § 32f nicht erfüllen.

## B. Voraussetzungen für Untersuchungen

### I. Mögliche Beschränkung des Wettbewerbs

Voraussetzung für die Einleitung der Untersuchungen nach § 32e Abs. 1 ist, dass be-   **12** stimmte Umstände vermuten lassen, der Wettbewerb im Inland sei möglicherweise eingeschränkt oder verfälscht. Der Gesetzgeber der 11. GWB-Novelle hat nur das Fallbeispiel der „starren Preise" gestrichen, den Wortlaut sonst aber nicht verändert. Damit orientieren sich die Voraussetzungen für die Einleitung der Sektoruntersuchung weiterhin am Merkmal der Wettbewerbsbeschränkung und der parallelen unionsrechtlichen Regelung. Die aus Art. 17 Abs. 1 VO 1/2003 übernommene Kombination aus „vermuten lassen" und „möglicherweise" suggeriert eine denkbar **niedrige Eingriffsschwelle.** Der Begriff der „Vermutung" ist ebenso wie in Art. 17 VO 1/2003 im Sinne von „Hinweis auf" zu verstehen, wie insbesondere die englischsprachige Fassung („suggest that") belegt. § 32e fordert also **konkrete Umstände,** aus denen sich **Hinweise auf mögliche Wettbewerbsbeschränkungen** ergeben. Dies entspricht, trotz sprachlicher Modifikation, inhaltlich den Anforderungen nach Art. 12 VO 17/62. Eine Absenkung der Eingriffsvoraussetzungen ist mit der in § 32e übernommenen Formulierung nach Art. 17 VO 1/2003 nicht verbunden.[8]

Hinweise auf eine Beschränkung des Wettbewerbs müssen sich aus konkreten Umständen   **13** ergeben. Es müssen Tatsachen vorliegen, die den Schluss auf das Bestehen von Wettbewerbsbeschränkungen zulassen oder jedenfalls nahe legen.[9] Dabei reicht es aus, dass objektive Umstände vorliegen, für die das Bestehen von Wettbewerbsbeschränkungen eine nahe liegende Erklärungsmöglichkeit ist, die aber noch keinen Verdacht gegen ein bestimmtes Unternehmen begründen. Als objektive Umstände stützte sich das Bundeskartellamt auch auf eine hochkonzentrierte oder zunehmend konzentrierte Marktstruktur[10], lange Vertragslaufzeiten[11], Exklusivverträge, Koppelungsverträge[12], Alleinbelieferungsverpflichtungen, eine hohe Markttransparenz[13] und gesellschaftsrechtliche Verflechtungen unter Wettbewerbern.[14] Die Begründung des Regierungsentwurfs zur 11. GWB-Novelle verweist im Zusammenhang mit der Streichung des Merkmals der „starren Preise" auf mögliche parallele Preiserhöhungen in oligopolistischen Märkten.[15]

Gemessen an dem für Ermittlungsmaßnahmen nach § 59 erforderlichen „Anfangsver-   **14** dacht" sind die Voraussetzungen nach § 32e bezogen auf das mögliche Vorliegen von Wettbewerbsbeschränkungen insbesondere insoweit geringer, als sich die Verdachtsmomente **nicht auf alle Merkmale** der in Betracht kommenden Wettbewerbsregeln beziehen und sich auch nicht spezifisch gegen diejenigen Unternehmen richten müssen,

---

[8] → VO 1/2003 Art. 17 Rn. 10 ff.; Bechtold/Bosch Rn. 5; Klees § 9 Rn. 12; Barthelmeß/Rudolph in LMRKM VO 1/2003 Art. 17 Rn. 6; Kahlenberg/Haellmigk BB 2004, 389 (394); Fuchs WRP 2005, 1384 (1390); Bechtold et al. Art. 17 Rn. 5; aA Sura in Bunte VO 1/2003 Art. 17 Rn. 3; Bischke/Neideck in MüKoWettbR VO 1/2003 Art. 17 Rn. 3; Schwarze/Weitbrecht § 4 Rn. 5, Hossenfelder/Lutz WuW 2003, 118 (126).
[9] OLG Düsseldorf 8.5.2007 – Kart 5/07 BeckRS 2007, 9074, WuW/E DE-R 1993 (1996 f.); Bechtold/Bosch Rn. 5; Jungermann in FK-KartellR Rn. 8; Spiecker in MüKoWettbR Rn. 6.
[10] OLG Düsseldorf 4.8.2010 – VI 2 Kart 8/09 (V) Rn. 31 BeckRS 2011, 4070; Abschlussbericht Sektoruntersuchung Lebensmitteleinzelhandel, S. 9 ff.
[11] OLG Düsseldorf 8.5.2007 – Kart 5/07 BeckRS 2007, 9074, WuW/E DE-R 1993 (1997) – Außenwerbeflächen; BKartA, Eckpunktepapier Außenwerbung, S. 1; BKartA Abschlussbericht Gasfernleitungen, S. 5.
[12] BKartA, Eckpunktepapier Außenwerbung, S. 1.
[13] BKartA, Abschlussbericht Milch, S. 10.
[14] BKartA, Abschlussbericht Walzasphalt, S. 3.
[15] Begr. RegE, BT-Drs. 20/6824, 25.

die Adressaten von Ermittlungsmaßnahmen sind.[16] Indizieren die objektiven Umstände bereits eine Wettbewerbsbeschränkung oder –verfälschung, sind geringere Anforderungen an zusätzliche Verdachtsmomente zu stellen.[17]

15     Liegen Hinweise auf mögliche Beschränkungen des Wettbewerbs vor, sind die Ermittlungsbefugnisse der Kartellbehörde nicht auf die Aufdeckung dieser konkreten Wettbewerbsbeschränkungen begrenzt. § 32e Abs. 2 ermächtigt darüber hinaus, die Ermittlungen auf solche Aspekte auszuweiten, deren Aufklärung zur Anwendung „der Vorschriften dieses Teils", also der §§ 1–47, erforderlich sind.[18] Die wegen vermuteter Wettbewerbsbeschränkungen eingeleitete Sektoruntersuchungen dürfen daher auch zur Klärung solcher Umstände genutzt werden, die für mögliche Verfahren der Zusammenschlusskontrolle erforderlich sind.[19] Zu weit geht allerdings die Auffassung, Sektoruntersuchungen könnten ohne Hinweise auf Beschränkungen oder Störungen des Wettbewerbs allein zu dem Zweck durchgeführt werden, der Kartellbehörde bessere Marktkenntnisse für die Beurteilung künftiger Zusammenschlussvorhaben zu verschaffen.[20]

## II. Erweiterung auf Störungen des Wettbewerbs

16     Der Gesetzgeber der 11. GWB-Novelle hat sich nicht um eine Verzahnung der §§ 32e und 32f bemüht. Der unveränderte Wortlaut in Abs. 1 legt eigentlich nahe, dass Sektoruntersuchungen auch künftig Hinweise auf **Wettbewerbsbeschränkungen** voraussetzen, also Umstände vorliegen müssen, die auf Verhaltensweisen beruhen, die nach den Wettbewerbsregeln verboten sind. Die Maßnahmen nach § 32f Abs. 3 und 4 dagegen setzen zwar eine Sektoruntersuchung voraus, lösen sich aber ausdrücklich vom Erfordernis eines möglichen Wettbewerbsverstoßes und lassen eine Störung des Wettbewerbs genügen, die auch an bloßen Marktergebnissen festgemacht werden kann. Es erscheint widersinnig, für die bloße Untersuchung nach § 32e an Hinweisen auf Wettbewerbsbeschränkungen festzuhalten und damit höhere Anforderungen zu stellen als für die einschneidenden Maßnahmen nach § 32 f.

17     Im Zusammenhang mit der Streichung des Merkmals starrer Preise verwendet die Regierungsbegründung zur 11. GWB-Novelle den Begriff der „Wettbewerbsprobleme" zur Beschreibung der Eingriffsschwelle des § 32e.[21] Dies lässt den Wunsch erkennen, auch für die Einleitung der Sektoruntersuchung den diffuseren Befund von **Wettbewerbsproblemen ausreichen** zu lassen und die Ausrichtung an Wettbewerbsbeschränkungen zu überwinden. Auch ohne ausdrückliche gesetzliche Regelung muss die Erweiterung der Eingriffsmöglichkeiten nach § 32f bei der Auslegung von § 32e berücksichtigt werden. Dafür spricht nicht nur der systematische Zusammenhang beider Normen, sondern auch die Regelung in Abs. 2. Danach kann das Bundeskartellamt im Rahmen der Sektoruntersuchung die „zur Anwendung der Vorschriften dieses Teils" erforderlichen Ermittlungen durchführen. Zu den Vorschriften des mit „Wettbewerbsbeschränkungen" überschriebenen ersten Teils des GWB gehört auch § 32 f. Schließlich wäre eine restriktive, auf die Durchsetzung der Wettbewerbsregeln begrenzte Auslegung der Eingriffsschwelle auch mit den Zielen des Gesetzes in der Fassung der 11. GWB-Novelle nicht vereinbar. Der Gesetzgeber wollte die weitreichenden und unkonturierten Befugnisse nach § 32f gerade nur in Verbindung mit einer vorausgegangenen Untersuchung des betreffenden Wirtschaftszweiges und der damit verbundenen breiteren Tatsachenbasis einräumen.[22] Dann muss aber auch

---

[16] Zu den Voraussetzungen von § 59 vgl. dort → § 59 Rn. 15 ff.; KG 12.6.1981 – Kart 18/81, WuW/E OLG 2517 (2518) – Metro.
[17] OLG Düsseldorf 4.8.2010 – VI 2 Kart 8/09 (V) Rn. 31 BeckRS 2011, 4070.
[18] OLG Düsseldorf 8.5.2007 – Kart 5/07 Rn. 22 BeckRS 2007, 9074 – Außenwerbeflächen.
[19] OLG Düsseldorf 8.5.2007 – Kart 5/07 Rn. 22 BeckRS 2007, 9074 – Außenwerbeflächen.
[20] So aber wohl Gildhoff WuW 2013, 716 (718).
[21] Begr. RegE, BT-Drs. 20/6824, 25.
[22] Begr. RegE, BT-Drs. 20/6824, 27.

sichergestellt werden, dass bei vermuteten Störungen des Wettbewerbs eine Sektoruntersuchung durchgeführt werden kann.

Im Ergebnis folgt aus der 11. GWB-Novelle damit auch eine Erweiterung des Einsatz- **18** bereichs von Sektoruntersuchungen. Sie sind **nicht länger auf die Durchsetzung der Wettbewerbsregeln beschränkt.** Ihre Einleitung kommt auch dann in Betracht, wenn Umstände vorliegen, die wahrscheinlich nicht auf einen Verstoß gegen die Wettbewerbsregeln zurück zu führen sind, aber eine **mögliche Störung des Wettbewerbs erkennen lassen.**

## III. Untersuchungsgegenstand

Die Untersuchung nach § 32e Abs. 1 kann sich zum einen auf bestimmte Wirtschafts- **19** zweige oder Sektoren beziehen. Zum anderen kann eine bestimmte Art von Vereinbarungen oder Verhaltensweisen sektorübergreifend untersucht werden.

**1. Sektoren.** Die Untersuchung kann sich nach der ersten Alternative von § 32e Abs. 1 **20** auf einen bestimmten Wirtschaftszweig oder Sektor beziehen. Die Begriffe „Wirtschaftszweig" und „Sektor" sind grundsätzlich weiter als derjenige des Marktes im kartellrechtlichen Sinne.[23] § 32e bezieht sich nicht auf anderweitig vordefinierte Wirtschaftszweige oder Sektoren. Es ist daher zumindest missverständlich, wenn die Begründung des Regierungsentwurfs zum DigitalisierungsG ausführt, das Bundeskartellamt könne zur Bestimmung eines Wirtschaftszweigs auf die Gliederung der **Klassifikation der Wirtschaftszweige** des Statistischen Bundesamtes (WZ 2008) zurückgreifen.[24] Diese Klassifikation dient allein statistischen Zwecken. Zu Recht spielten die dort aufgeführten 615 Klassen und 839 Unterklassen in der Praxis der Kartellbehörden bislang keine Rolle. Es ist noch nicht einmal klar, welche Ebene der Klassifikation Orientierung bieten sollte. Wirtschaftszweige werden zunächst **horizontal** durch Kategorien von Produkten oder Dienstleistungen bestimmt und können dann **vertikal** durch Funktionen wie Anbieter/Nachfrager oder Hersteller, Händler und Endabnehmer konkretisiert werden. Dem Begriff des Wirtschaftszweiges inhärent ist eine Begrenzung auf bestimmte **Teilbereiche wirtschaftlicher Aktivität.** Ebenso kennzeichnend sind abstrakt generelle Kriterien für die Bestimmung eines Wirtschaftszweiges. Der Wirtschaftszweig oder Sektor kann daher im Einzelfall unterschiedlich weit oder eng definiert sein.[25] Die Definition durch Produkte bzw. Dienstleistungen oder Funktionen schließt zugleich aus, dass sich die Untersuchung von vorneherein ausschließlich gegen ein einzelnes Unternehmen richtet.

Da der Wirtschaftszweig letztlich erst durch die Entscheidung der Kartellbehörde be- **21** stimmt wird, kann sich ein weiterer oder engerer Untersuchungsgegenstand ergeben. Die Behörde hat sich bei der Abgrenzung des Wirtschaftszweigs von den Wettbewerbsbeschränkungen oder Wettbewerbsstörungen leiten zu lassen, für die sie konkrete Hinweise besitzt. Dabei sind der Verhältnismäßigkeitsgrundsatz und das Willkürverbot zu beachten. Bezieht sich der Verdacht auf mögliche Wettbewerbsbeschränkungen ausschließlich auf bestimmte abgegrenzte Sachverhalte, so ist dem bei der Kennzeichnung des Wirtschaftszweigs Rechnung zu tragen. Im Zweifel hat die Behörde allerdings denjenigen Zuschnitt zu wählen, der am ehesten die verlässliche Feststellung erlaubt, ob Wettbewerbsbeschränkungen oder eine Wettbewerbsstörung gegeben sind oder nicht. Dies spricht für eine Einbeziehung von Randbereichen, in denen unsichere Anhaltspunkte bestehen.

Fraglich ist, inwieweit sich aus der **räumlichen Ausdehnung** derjenigen Märkte, die **22** den gewählten Sektor bilden, Einschränkungen für die Untersuchung nach § 32e ergeben. Abs. 1 spricht ausdrücklich von einer Einschränkung des Wettbewerbs im Inland. Daraus ergibt sich zunächst nur das Erfordernis, dass die **Beschränkung oder Störung des**

---

[23] → VO 1/2003 Art. 17 Rn. 14; Bechtold/Bosch Rn. 3.
[24] Begr RegE DigitalisierungsG, BT-Drs. 19/23492, 95.
[25] Jungermann in FK-KartellR Rn. 9; → VO 1/2003 Art. 17 Rn. 19; Bechtold et al. Art. 17 Rn. 3.

**Wettbewerbs im Inland** eintritt. Für die Beschränkung oder Störung des Wettbewerbs können dagegen durchaus Akteure verantwortlich erscheinen, die ihren Sitz außerhalb Deutschlands haben. Einschränkungen ergeben sich aus dem Verhältnismäßigkeitsgrundsatz. Verhältnismäßig sind nur geeignete Sektoruntersuchungen. Soweit in maßgeblichem Umfang das Verhalten von Akteuren außerhalb Deutschlands zu untersuchen ist oder es für die Untersuchung auf Auskünfte oder Daten dieser Unternehmen voraussichtlich maßgeblich ankommen wird, muss das Bundeskartellamt aufzeigen, dass es über geeignete Ermittlungsmöglichkeiten verfügt. Zwar hat das Bundeskartellamt nach § 50 Abs. 2 die Möglichkeit, andere Wettbewerbsbehörden im ECN um Ermittlungsmaßnahmen zu ersuchen. Dies gilt jedoch nur, soweit es sich um Verfahren zur Durchsetzung von Art. 101 oder 102 AEUV handelt. Dies bedarf für Sektoruntersuchungen eingehender Prüfung und ist keinesfalls der Regelfall. Soweit nur eine Störung des Wettbewerbs Anlass für die Sektoruntersuchung ist, fehlt diese Voraussetzung und das Bundeskartellamt bleibt auf seine eigenen Ermittlungsmöglichkeiten angewiesen. Untersuchungen des Bundeskartellamts sind regelmäßig nicht geeignet, verlässliche Informationen über Wettbewerbsverhältnisse außerhalb Deutschlands zutage zu fördern. Umfasst der zu untersuchende Sektor daher räumliche Märkte, die erheblich weiter als das Inland sind, erscheint eine Untersuchung durch das Bundeskartellamt von vorneherein nicht geeignet, die Wettbewerbsverhältnisse vollständig abzubilden. Die Beurteilung wettbewerbsbeschränkender Verhaltensweisen sowie von möglichen Störungen des Wettbewerbs setzt aber eine Würdigung des wirtschaftlichen und rechtlichen Gesamtzusammenhangs voraus, den zu erfassen die Untersuchung regelmäßig nicht in der Lage sein wird. In derartigen Fällen stellt eine Sektoruntersuchung durch das Bundeskartellamt also keine geeignete Maßnahme dar und wäre unverhältnismäßig.

23    Ähnliches gilt für Sektoruntersuchungen durch eine **Landeskartellbehörde.** Deren Untersuchungsmöglichkeiten beschränken sich auf das **jeweilige Bundesland.** Soweit die von dem jeweiligen Sektor erfassten Märkte erkennbar über dieses Gebiet hinausreichen, wäre eine Untersuchung der obersten Landesbehörde daher ungeeignet.[26]

24    **2. Arten von Vereinbarungen und Verhaltensweisen.** Neben der Untersuchung von Wirtschaftszweigen ermöglicht § 32e auch Untersuchungen über bestimmte Arten von Vereinbarungen und Verhaltensweisen. Diese Untersuchungen sind sektorübergreifend möglich. § 32e übernimmt insoweit zunächst die Regelungen in Art. 17 Abs. 1 VO 1/2003. Die Möglichkeit zur Untersuchung bestimmter Arten von Vereinbarungen wurde dort neu geschaffen. Sie stand im Zusammenhang mit dem **befürchteten Transparenzverlust durch den Wegfall der Freistellungsanträge.** Erfahrungen aus diesen Anträgen waren in der Vergangenheit ua Grundlage für den Erlass von Gruppenfreistellungsverordnungen. Mit der Erweiterung der Untersuchungsbefugnisse nach Art. 17 VO 1/2003 erhielt die Kommission die Möglichkeit, die Wirkung bestimmter Arten von Vereinbarungen umfassend zu untersuchen.

25    Vor der 10. GWB-Novelle waren „Verhaltensweisen" noch nicht ausdrücklich von Abs. 1 erfasst, der Begriff der „Vereinbarung" war jedoch nach hM[27] **weit zu verstehen** und umfasste über den Wortlaut hinaus **auch Beschlüsse von Unternehmensvereinigungen** oder **abgestimmte Verhaltensweisen.**[28] Die Ergänzung hatte insoweit klarstellenden Charakter und entspricht so Art. 17 Abs. 1 UAbs. 2 VO 1/2003.

26    Die zu untersuchenden Vereinbarungen und Verhaltensweisen müssen jedenfalls hinsichtlich wesentlicher Teile geeignet sein, gegen Art. 101, 102 AEUV bzw. die entsprechenden Parallelvorschriften des GWB zu verstoßen[29] oder in engem Zusammenhang mit

---

[26] Bechtold/Bosch Rn. 3.

[27] Dazu Bach in Immenga/Mestmäcker, 6. Aufl. 2019, Rn. 20.

[28] → VO 1/2003 Art. 17 Rn. 18; Bechtold/Bosch § 32 Rn. 4.

[29] → VO 1/2003 Art. 17 Rn. 18; Bischke/Neideck in VO 1/2003 MüKoWettbR Art. 17 Rn. 5; Schütz in GK Art. 17 Rn. 10.

vermuteten Störungen des Wettbewerbs stehen. Die Arten von Vereinbarungen und Verhaltensweisen müssten daher zumindest auch durch ein Merkmal definiert sein, das einen **spezifischen Bezug** zum Funktionieren des Wettbewerbs aufweist.[30]

Eigenständige Bedeutung hat die Untersuchung bestimmter Arten von Vereinbarungen **27** und Verhaltensweisen nur dort, wo sie **sektorenübergreifend** geführt wird.[31] Sollen nur bestimmte Vereinbarungen innerhalb eines Wirtschaftsbereichs, etwa nur Bierlieferverträge,[32] berücksichtigt werden, so handelt es sich um eine entsprechend eingegrenzte Untersuchung eines bestimmten Wirtschaftszweigs. Dagegen hätte beispielsweise die Untersuchung von Wettbewerbsverboten in Unternehmenskaufverträgen sektorenübergreifende Bedeutung. Soll Gegenstand einer Untersuchung eine bestimmte Art von Vereinbarungen und Verhaltensweisen sein, beschränkt sie sich aber in Wirklichkeit auf einen bestimmten Wirtschaftszweig, so ist dies für die Wirksamkeit der Verfahrenseinleitung unschädlich.

Bei Untersuchungen des Bundeskartellamts ist zu fordern, dass die jeweiligen Vereinbarungen **28** barungen und Verhaltensweisen auch auf **inländischen Märkten** von Bedeutung sind. Untersuchungen bestimmter Arten von Vereinbarungen durch Landeskartellbehörden würden voraussetzen, dass die Vereinbarungen und Verhaltensweisen typischerweise auf Märkten auftreten, die auf das Gebiet des jeweiligen Bundeslandes beschränkt sind.[33] Dies erscheint kaum praktisch.

## C. Verfahrenseinleitung

### I. Zuständigkeit

Abweichend vom üblichen Sprachgebrauch des GWB ermächtigt § 32e nicht „die **29** Kartellbehörde", sondern ausdrücklich sowohl das **Bundeskartellamt** als auch die obersten Landesbehörden **(Landeskartellbehörden),** nicht aber das Bundesministerium für Wirtschaft und Klimaschutz. Die Abgrenzung der Zuständigkeit zwischen Landeskartellbehörden und Bundeskartellamt folgt nicht § 48 Abs. 2.[34] Vielmehr kann ausnahmsweise eine konkurrierende Zuständigkeit gegeben sein. Dies ist im Ausgangspunkt sachgerecht. Zum einen ist das Kriterium nach § 48 Abs. 2 zumindest nicht unmittelbar anwendbar, da die Untersuchung nach § 32e nicht an ein bestimmtes wettbewerbsbeschränkendes oder diskriminierendes Verhalten anknüpft. Zum anderen wäre eine Zuständigkeit der Landeskartellbehörde für Untersuchungen einzelner Wirtschaftszweige oder bestimmter Arten von Vereinbarungen auf der Basis von § 48 Abs. 2 nach der Rechtsprechung des BGH praktisch ausgeschlossen, führt doch selbst eine noch so geringe Auswirkung über das Gebiet eines Bundeslandes hinaus dazu, dass das Bundeskartellamt zuständig wird.[35] Beim bestehenden Ausmaß der wirtschaftlichen Integration der einzelnen Bundesländer ist ausgeschlossen, dass Wirtschaftszweige oder Arten von Vereinbarungen untersucht werden könnten, die keine, auch noch so geringe Auswirkungen außerhalb eines Bundeslandes haben. Umgekehrt liefe eine de-facto-Beschränkung der Landeskartellbehörden auf abgegebene Verfahren nach § 49 Abs. 2[36] dem Willen des Gesetzgebers zuwider, die Landeskartellbehörden mit eigener Zuständigkeit auszustatten.

Einschränkungen für die Zuständigkeit der Landeskartellbehörden ergeben sich aber, wie **30** oben dargestellt, unter dem Gesichtspunkt der Geeignetheit im Rahmen des Verhältnismäßigkeitsprinzips. Eigene Untersuchungen der Landeskartellbehörden setzen voraus, dass die von dem Sektor erfassten Märkte nicht über das jeweilige Bundesland hinaus reichen

---

[30] → VO 1/2003 Art. 17 Rn. 18 ff.
[31] Klees § 9 Rn. 8; Meyer N&R 2006, 14 (15).
[32] Beispiel bei Bechtold/Bosch Rn. 4 unter Bezug auf eine entsprechende Untersuchung der Kommission.
[33] Bechtold Rn. 4; Staeke in Schulte/Just Rn. 7.
[34] Begr. 2013, S. 27; Bechtold/Bosch Rn. 6.
[35] → § 48 Rn. 17.
[36] So Jungermann in FK-KartellR Rn. 7.

bzw. die zu untersuchenden Vereinbarungen typischerweise auf Märkten auftreten, die auf dieses Gebiet beschränkt sind. Eine theoretisch denkbare zweite Untersuchung durch die jeweils andere Kartellbehörde wäre bei übereinstimmendem Untersuchungsgegenstand unverhältnismäßig.[37] Dem Verweis auf § 49 Abs. 1 in Abs. 5 ist der Wille des Gesetzgebers zu entnehmen, einer solchen „Doppeluntersuchung" durch Abstimmung der Zuständigkeit unter den Kartellbehörden vorzubeugen.[38]

## II. Ermessen

31  Es steht im Ermessen der Kartellbehörde, inwieweit sie eine Untersuchung nach § 32e einleiten will. Das Ermessen wird durch den Verhältnismäßigkeitsgrundsatz eingeschränkt. Die Behörde hat zu berücksichtigen, dass sie durch entsprechende Auskunftsersuchen unter Umständen erheblich in die betrieblichen Abläufe der betroffenen Unternehmen eingreift, ohne dass der Verdacht bestünde, dass gerade diese Unternehmen gegen die Wettbewerbsregeln verstoßen.[39] Die Auffassung, Sektoruntersuchungen stellten gegenüber individuellen Verwaltungs- und Bußgeldverfahren das mildere Mittel zur Abstellung von Wettbewerbsverstößen dar,[40] begegnet daher erheblichen Bedenken. Besondere Anforderungen ergeben sich unter dem Gesichtspunkt der **Geeignetheit** und **Erforderlichkeit.** Insbesondere die im Rahmen von Auskunftsersuchen angeforderten Informationen müssen sich auf dasjenige beschränken, was auf Grund des spezifischen Zwecks der Untersuchung geeignet und erforderlich ist.[41] So hat die Kartellbehörde beispielsweise zu prüfen, ob sie von den befragten Unternehmen tatsächlich „sämtliche" Verträge mit bestimmten Abnehmern anfordert, wenn das Unternehmen Musterverträge einsetzt.[42] Umfang und Gegenstand, insbesondere aber die zur Beantwortung vorgegebene Zeitdauer, haben den wirtschaftlichen und personellen Möglichkeiten der betroffenen Unternehmen Rechnung zu tragen. Unternehmen, welche zB wegen ihres Marktanteils die Marktverhältnisse prägen, werden eher eine erhebliche Belastung hinzunehmen haben. Ihre Auskünfte sind für einen vollständigen Marktüberblick von besonderer Bedeutung.[43] Rechnet die Behörde selbst mit einer langwierigen Auswertung, sind kurze Fristen für die betroffenen Unternehmen unverhältnismäßig. Generell gilt, dass durch die Anforderungen im Rahmen der Untersuchung keine Belastungen begründet werden dürfen, die zu den Erfordernissen der Untersuchung außer Verhältnis stehen.[44]

## III. Förmliche Einleitungsverfügung

32  Die Einleitung einer Sektoruntersuchung durch das Bundeskartellamt ist auf dessen Internetseite zu veröffentlichen.[45] Nach der Begründung des Regierungsentwurfs zielt die Veröffentlichung auf die Erhöhung der Transparenz über das Verfahren.[46] Die zu veröffentlichende Einleitung setzt eine zuvor getroffene Entscheidung voraus. Sie ist Verfügung iSd § 61.[47] Dies wird in der Begründung des RegE bestätigt. Dort wird lediglich betont, die Verfahrenseröffnung stelle keine anfechtbare Verfügung dar.[48] Damit ist für das Bundeskartellamt[49] der Streit um das Erfordernis einer Einleitungsverfügung geklärt. Abweichend

[37] OLG Düsseldorf 4.8.2010 – VI 2 Kart 8/09 Rn. 37 BeckRS 2011, 4070.
[38] Bechtold/Bosch Rn. 6.
[39] Skeptisch daher Schwarze/Weitbrecht § 4 Rn. 5.
[40] So Gildhoff WuW 2013, 716 f.
[41] Spiecker in MüKoWettbR Rn. 9.
[42] → VO 1/2003 Art. 17 Rn. 27; Linsmeier ET 2005, 712 (715).
[43] OLG Düsseldorf 8.5.2007 – Kart 5/07 Rn. 35 BeckRS 2007, 9074 – Außenwerbeflächen.
[44] Jungermann in FK-KartellR Rn. 16; ähnlich Spiecker in MüKoWettbR Rn. 7.
[45] Begr. RegE, BT-Drs. 20/6824, 25.
[46] Begr. RegE, BT-Drs. 20/6824, 25.
[47] Bornkamm/Tolkmitt in Bunte Rn. 7.
[48] Begr. RegE, BT-Drs. 20/6824, 25.
[49] Begr. RegE, BT-Drs. 20/6824, 25.

von der Kommissionspraxis hatte sich das Bundeskartellamt bislang auf den Standpunkt gestellt, eine Entscheidung zur Einleitung sei entbehrlich. Das OLG Düsseldorf hatte dies im Rahmen einer vorläufigen rechtlichen Prüfung entgegen der überwiegenden Literaturauffassung gebilligt und sich dabei im Wesentlichen auf den Wortlaut der Norm gestützt, die, angelehnt an Art. 17 VO 1/2003, nicht ausdrücklich eine Einleitungsentscheidung forderte.

Die Einleitungsverfügung erfüllt eine wichtige Funktion. Sie legt **Gegenstand und** 33 **Zweck der Untersuchung** fest. Erst damit wird eine sachgerechte Entscheidung über die „erforderlichen Ermittlungen" möglich, zu denen → Abs. 5 iVm §§ 57–59b ermächtigt. Die Einleitungsverfügung hat daher zum einen die **Art der Untersuchung** zu bezeichnen. Ihr muss zu entnehmen sein, ob es sich um eine Untersuchung zur Durchsetzung der Wettbewerbsregeln oder um eine Untersuchung handelt, die möglichen Störungen des Wettbewerbs gilt. Eine Kombination beider Zwecke ist möglich. Dies liegt insbesondere in Fällen nahe, in denen zwar Umstände vorliegen, die eine Wettbewerbsbeschränkung nahelegen würden, in jedem Fall aber Strukturen oder Marktergebnisse vorliegen, die eine Störung des Wettbewerbs vermuten lassen. Der zu untersuchende Wirtschaftszweig bzw. die Art der Vereinbarungen oder Verhaltensweisen müssen **klar bezeichnet** werden.

Eine **nachträgliche Modifikation der Einleitungsverfügung** ist möglich. Sie liegt 34 insbesondere dann nahe, wenn sich im Laufe der Ermittlungen ergibt, dass für eine sachgerechte Beurteilung benachbarte Aktivitäten ebenfalls mit einzubeziehen wären. Aber auch Einschränkungen sind möglich. Sie liegen aus Verhältnismäßigkeitsgründen vor allem dann nahe, wenn sich der ursprüngliche Gegenstand als nicht hinreichend fokussiert erweist. Der modifizierte Einleitungsbeschluss ist dann erneut zu veröffentlichen. Da die laufende Sektoruntersuchung nur modifiziert wird, läuft die Regelfrist von 18 Monaten grundsätzlich weiter.

Die **Einleitungsverfügung ist zu begründen.** Dies ergibt sich aus § 61, auf den Abs. 5 35 ausdrücklich verweist. Aus der Begründung haben sich die „Umstände" zu ergeben, die eine Wettbewerbsbeschränkung oder eine mögliche Störung des Wettbewerbs vermuten lassen. Gerade die Begründung hat dabei einen wichtigen Beitrag zu der vom Gesetzgeber angestrebten Transparenz zu leisten. Sie soll alle interessierten Kreise in die Lage versetzen, ihren Standpunkt zum Gegenstand der Untersuchung und zu möglichen Ursachen von beobachteten Umständen zu Gehör zu bringen. Die angestrebte Transparenz ist Teil der Legitimation durch Verfahren, die im Vorfeld von Maßnahmen nach § 32f zu gewährleisten ist. Eine unzureichende Begründung kann durch eine später ergänzte Begründung geheilt werden. Dies ist von erheblicher Bedeutung für die Maßstabsfunktion der Einleitungsverfügung für die konkreten Ermittlungsmaßnahmen nach §§ 57 bis 59b. Inwieweit diese tatsächlich erforderlich sind und einem stimmigen Ermittlungskonzept folgen, wird sich regelmäßig nur unter Heranziehung der Begründung der Einleitungsverfügung beurteilen lassen.

Abweichend von § 61 ist die Einleitungsverfügung **nur in Ausnahmefällen zuzustel-** 36 **len.** Die Zustellung wird in den meisten Fällen daran scheitern, dass es „die Beteiligten" zumindest zum Zeitpunkt der Einleitungsverfügung nicht gibt.[50] Für Sektoruntersuchungen im Vorfeld von Maßnahmen nach § 32f kann dies anders sein. Zum Zeitpunkt der Einleitung identifizierte potenzielle Störungen können so eindeutig mit dem Verhalten oder der Marktposition eines Unternehmens verbunden sein, dass dieses schon in der Einleitungsverfügung als beteiligtes Unternehmen zu behandeln ist. In diesen Fällen ist das beteiligte Unternehmen auch unmittelbar betroffen. Fraglich ist, welche Konsequenzen dies für die **Anfechtbarkeit** einer solchen Einleitungsverfügung und damit auch für eine **Rechtsmittelbelehrung** hat. Bislang bestand Einigkeit, dass der Einleitungsbeschluss mangels einer unmittelbaren Betroffenheit des einzelnen Unternehmens nicht anfechtbar sei,

---

[50] Bechtold/Bosch Rn. 7; Seeliger/Vasbender WM 2006, 311 (313); Klees § 9 Rn. 11; Meyer N&R 2006, 14 (15); Grave/Trafkowski RdE 2005, 209 (211).

seine Rechtmäßigkeit aber im Rechtsmittelverfahren gegen die nachfolgende Ermittlungs-anordnung der Kartellbehörde inzident zu prüfen sei.[51] Die Begründung zum Regierungs-entwurf geht davon aus, dass der Einleitungsbeschluss weiterhin keine anfechtbare Ent-scheidung darstelle.[52] Dies trifft für die Sektoruntersuchungen zu, die auf die Vermutung einer Wettbewerbsbeschränkung gestützt werden und gilt auch für den Regelfall einer auf die vermutete Störung des Wettbewerbs gestützten Untersuchung. Nur im Ausnahmefall unmittelbar betroffener Unternehmen liegt eine grundsätzlich anfechtbare Verfügung vor, die deshalb auch mit einer Rechtsmittelbelehrung zu versehen ist.

## IV. Rechtsschutz

37    Hinsichtlich der Rechtsschutzmöglichkeiten ist zu unterscheiden. Im Regelfall ist die Verfügung, mit der die Kartellbehörde die Untersuchung einleitet, nicht anfechtbar.[53] Dies gilt für alle Einleitungsverfügungen, die auf die Vermutung einer Wettbewerbsbeschrän-kung gestützt werden und gilt auch für den Regelfall einer auf die vermutete Störung des Wettbewerbs gestützten Untersuchung. In beiden Konstellationen fehlt es an Verfahrens-beteiligten nach § 54 Abs. 2.

38    Bei Sektoruntersuchungen im Vorfeld von Maßnahmen nach § 32f kann dies ausnahms-weise anders sein. Zum Zeitpunkt der Einleitung identifizierte potenzielle Störungen des Wettbewerbs können so eindeutig mit dem Verhalten oder der Marktposition eines Unter-nehmens verbunden sein, dass dieses ausnahmsweise schon in der Einleitungsverfügung als beteiligtes Unternehmen zu behandeln ist. In diesen Fällen ist das beteiligte Unternehmen auch unmittelbar betroffen und beschwert.

39    Die Rechtmäßigkeit der Einleitungsverfügung ist inzident im Rahmen von Beschwerden gegen einzelne Ermittlungsmaßnahmen zu prüfen.[54] Die Beschwerde hat gemäß § 64 keine aufschiebende Wirkung. Ein Antrag auf Anordnung der aufschiebenden Bedingung gemäß § 65 Abs. 3 S. 3 iVm S. 1 Nr. 2 dürfte angesichts des weiten Beurteilungsspielraums der Kartellbehörden und der geringen Anforderungen an den Anfangsverdacht kaum Erfolg haben. Insbesondere große Marktteilnehmer, auf deren Angaben die Kartellbehörde für einen vollständigen Überblick über den betroffenen Wirtschaftssektor angewiesen ist, werden sich auch nicht mit Erfolg auf eine unbillige Härte im Sinne von § 67 Abs. 3 S. 1 Nr. 3 berufen können.

40    Fraglich ist, unter welchen Voraussetzungen Feststellungen in Zwischen- und Abschluss-berichten einer Sektoruntersuchung anfechtbar sein können. Bei Zwischenberichten wird dies schon an der Vorläufigkeit möglicher Feststellungen scheitern. **Zwischenberichte** dienen gerade dazu, durch Stellungnahmen interessierter Kreise die ermittelten tatsäch-lichen Umstände und die vorläufigen Bewertungen einer Überprüfung zuzuführen. Die Begründung des RegE geht im Hinblick auf **Abschlussberichte** zu Recht davon aus, dass deren allgemeine Ausführungen zur Beschreibung der Wettbewerbsbedingungen und etwa-iger wettbewerblicher Probleme **im Regelfall keine individuelle Beschwer** begrün-den.[55] Werden dagegen potenzielle Störungen des Wettbewerbs untersucht und im Ab-schlussbericht bewertet, die eindeutig mit dem Verhalten oder der Marktposition eines Unternehmens verbunden sind, ist dieses Unternehmen ausnahmsweise auch individuell beschwert. Diese Beschwer entfällt entgegen der Begründung des RegE[56] auch nicht dadurch, dass zu seinen Lasten eine Verfügung nach → § 32 f Abs. 3 ergehen kann.

---

[51] OLG Düsseldorf 8.5.2007 VI-Kart 5/07 (V) – Aussenwerbeflächen, Rn 5 bei juris.
[52] Begr. RegE, BT-Drs. 20/6824, 25.
[53] Bornkamm/Tolkmitt in Bunte Rn. 8; Bechtold/Bosch Rn. 7; Jungermann in FK-KartellR Rn. 20.
[54] Bornkamm/Tolkmitt in Bunte Rn. 8.
[55] Begr. RegE, BT-Drs. 20/6824, 26.
[56] Begr. RegE, BT-Drs. 20/6824, 26.

## D. Ermittlungsbefugnisse

### I. Erforderliche Ermittlungen

Nach Abs. 2 ist die Kartellbehörde generell ermächtigt, die „erforderlichen Ermittlun- **41** gen" durchzuführen. Es muss sich um Ermittlungen im Rahmen des Untersuchungsgegen- standes handeln, die zur Durchsetzung der Wettbewerbsregeln oder zur Klärung einer möglichen Störung des Wettbewerbs dienen. Abs. 2 hebt die besondere Bedeutung der **Auskunftsbefugnisse** der Kartellbehörden gegenüber Unternehmen und Unternehmens- vereinigungen hervor und ermächtigt ausdrücklich dazu, die Unterrichtung über sämtliche Vereinbarungen, Beschlüsse und aufeinander abgestimmte Verhaltensweisen zu erlangen.

Neben dieser generellen Ermächtigung sieht Abs. 5 die entsprechende Geltung der §§ 57 **42** bis 59b und 61 vor. Im Rahmen der für den Untersuchungsauftrag erforderlichen Ermitt- lungen kann die Behörde danach insbesondere die Erteilung von Auskünften sowie die Herausgabe von Unterlagen nach § 59 verlangen, Durchsuchungen nach § 59b durch- führen, Gegenstände beschlagnahmen (§ 58) sowie Beweis durch **Augenschein, Zeugen und Sachverständige** erheben (§ 57 Abs. 2). Die entsprechende Anwendung von §§ 57 bis 59b bedeutet zunächst nur, dass der für diese Befugnisse ansonsten erforderliche kon- krete Anfangsverdacht durch die Erforderlichkeit im Rahmen des Untersuchungsgegen- standes ersetzt wird. Die übrigen Voraussetzungen dieser Ermittlungsbefugnisse gelten auch im Rahmen von § 32e.

Die bei Sektoruntersuchungen regelmäßig zu erwartende Materialfülle mag die Einset- **43** zung von **Sachverständigen** nahe legen. Zu beachten ist allerdings, dass Sachverständigen- gutachten nur dann erforderlich sind, wenn aus feststehenden Tatsachen kraft besonderer Fachkunde Schlussfolgerungen gezogen werden müssen, der Sachverständige also Fachwis- sen vermitteln soll, über das die Behörde nicht verfügt.[57] Eine besondere Problematik ergibt sich daraus, dass mögliche Sachverständige im Rahmen der Erstellung von Gutachten zu Sektoruntersuchungen besondere Kenntnisse über Unternehmensinterna erlangen. Dabei ist sicherzustellen, dass beauftragte Gutachter denselben Geheimhaltungsanforderungen unterliegen wie die Kartellbehörde.[58]

Gegebenenfalls ist über eine besondere Verpflichtung des Gutachters sicherzustellen, dass **44** dieser Informationen aus seiner Tätigkeit im Rahmen der Sektoruntersuchung nicht außer- halb dieses Auftrags verwertet.[59] Der strafrechtliche Schutz im Falle eines Geheimnisverrats nach § 203 Abs. 2 Nr. 5 StGB reicht nicht aus, da er sich auf öffentlich bestellte und verpflichtete Sachverständige beschränkt. Bei Verletzungen der **Geheimhaltungsver- pflichtungen** durch den Gutachter oder die Kartellbehörde bei dessen Beauftragung und Überwachung bestehen gegebenenfalls Amtshaftungsansprüche.[60]

Die praktisch größte Bedeutung kommt den **Auskunftsverlangen nach § 59** zu.[61] **45** Schon aus Abs. 2 ergibt sich, dass die Kartellbehörde von den betreffenden Unternehmen und Unternehmensvereinigungen Auskünfte verlangen kann. Diese Auskünfte können sich auf sämtliche Handlungsformen der Unternehmen beziehen, schließen insbesondere abge- stimmte Verhaltensweisen mit ein. Auf der Grundlage des entsprechend anwendbaren § 59 kann die Kartellbehörde von Unternehmen und Unternehmensvereinigungen Auskunft über ihre wirtschaftlichen Verhältnisse sowie ganz generell die Herausgabe von Unterlagen verlangen. Aufgrund der Regelung in § 59 Abs. 1 S. 4 gehören zu denjenigen Unterlagen, deren Herausgabe die Kartellbehörde fordern kann, auch allgemeine Marktstudien, die der

---

[57] → § 57; vgl. Zimmermann in MüKoZPO § 402 Rn. 2.
[58] → VO 1/2003 Art. 17 Rn. 38.
[59] → VO 1/2003 Art. 17 Rn. 38.
[60] → VO 1/2003 Art. 17 Rn. 38.
[61] Vgl. BKartA, Abschlussbericht Milch, S. 16; Abschlussbericht Kraftstoffe, S. 12; Abschlussbericht Gas- fernleitungsnetze, S. 7; Abschlussbericht Duale Systeme, S. 10 f.

Einschätzung oder Analyse der Wettbewerbsbedingungen oder der Marktlage dienen, sofern sie sich im Besitz des betreffenden Unternehmens oder der Unternehmensvereinigung befinden. Im Hinblick auf die **Herausgabe von Marktstudien** betont die Begründung zum Regierungsentwurf das Verhältnismäßigkeitsprinzip. Die Herausgabe solcher Studien werde nur auferlegt, wenn die Kartellbehörde hierauf für ihre Angaben angewiesen sei.[62] Insoweit unterscheidet sich aber die Sektoruntersuchung von fristgebundenen Ermittlungen im Rahmen von Fusionskontrollverfahren. In Sektoruntersuchungen soll sich die Kartellbehörde gerade selbst ein Bild von den betroffenen Märkten verschaffen. Studien Dritter sind dafür **regelmäßig nicht erforderlich.**

46    Von besonderer Bedeutung im Rahmen von Sektoruntersuchungen ist die Möglichkeit, Auskünfte und Unterlagen auch im Hinblick auf **verbundene Unternehmen** zu verlangen. Die Kartellbehörde wird zur Vereinfachung ihres eigenen Informationsaufwands dazu neigen, ähnlich wie die Kommission bei ihren Sektoruntersuchungen die Verhältnisse verbundener Unternehmen einzubeziehen. Die ausdrückliche Normierung des Auskunftsverlangens an verbundene Unternehmen gem. § 59 Abs. 1 Nr. 2 aF ist infolge der 10. GWB-Novelle entfallen. Die Befugnis ergibt sich nunmehr direkt aus § 59 Abs. 1 S. 1, unter Zugrundelegung des Unternehmensbegriffs der wirtschaftlichen Einheit (→ § 59 Rn. 17).[63] Infolgedessen gelten für Auskunftsverlangen gegenüber verbundenen Unternehmen dieselben Voraussetzungen (→ Rn. 35). Insbesondere ist infolge der Neuregelung ohne Relevanz, ob das befragte Unternehmen rechtlich befugt ist, die betreffenden Informationen herauszugeben.[64] Jedoch fordert der Verhältnismäßigkeitsgrundsatz, insoweit auf die spezifischen Verhältnisse Rücksicht zu nehmen. Insbesondere ist die im Rahmen von Auskunftsersuchen **gesetzte Frist** dem Umstand **anzupassen,** dass Informationen möglicherweise erst bei verbundenen Unternehmen beschafft und Antworten an die Kartellbehörde mit diesen koordiniert werden müssen. Die in der Praxis gesetzten Fristen von 6 bis 8 Wochen sind unangemessen kurz und stehen in keinem Verhältnis zu dem für die Auswertung von den Kartellbehörden selbst beanspruchten Zeitraum.

47    Da §§ 59 bis 59b insgesamt für entsprechend anwendbar erklärt werden, kommen im Rahmen von Sektoruntersuchungen auch **Nachprüfungen** bei Unternehmen und Unternehmensvereinigungen (§ 59a) und **Durchsuchungen** (§ 59b) in Betracht. Auch hier ergeben sich Einschränkungen durch den Verhältnismäßigkeitsgrundsatz. Bislang haben die deutschen Kartellbehörden von der Möglichkeit einer auf § 32e gestützten Nachprüfung keinen Gebrauch gemacht.[65] Die **Beschlagnahme** beweisgeeigneter Gegenstände nach § 58 ist seit der 11. GWB-Novelle auch im Rahmen von Sektoruntersuchungen **zulässig.** Dies hat auch Rückwirkungen auf die Geeignetheit von Durchsuchungen nach § 59b. Nach bisheriger Rechtslage erschienen Durchsuchungen wegen der fehlenden Beschlagnahmemöglichkeit regelmäßig nicht als geeignete Maßnahmen.[66]

48    Zur Auskunft verpflichtete natürliche Personen haben ein Recht zur **Auskunftsverweigerung** nach → § 59 Abs. 4 S. 2, soweit die Auskunft die Gefahr strafgerichtlicher Verfolgung oder eines Verfahrens nach dem OWiG begründet. Das Recht zur Auskunftsverweigerung soll nach einer problematischen Einschränkung in § 59 Abs. 4 S. 2 eingeschränkt sein, soweit lediglich eine Verfolgung im kartellrechtliche Bußgeldverfahren droht und die Kartellbehörde der betreffenden Person eine **Nichtverfolgungszusage** erteilt hat.

49    Auskunftsverlangen bedürfen nach § 59 Abs. 5 einer ausdrücklichen Verfügung, in der Rechtsgrundlage, Gegenstand und Zweck der Maßnahme anzugeben sind. Im Rahmen von Untersuchungen nach § 32e ist den Unternehmen dabei auch der Inhalt des Einleitungsbeschlusses mitzuteilen. Durchsuchungen bedürfen nach § 59b Abs. 2 richterlicher

---

[62] Begr. 2004, 63.
[63] BRegEntw 2021, BT-Drs. 19/23492, 113 f.; vgl. Art. 8 S. 3 ECN+-RL.
[64] BRegEntw 2021, BT-Drs. 19/23492, 113.
[65] Anders die Kommission: vgl. Abschlussbericht Pharmazeutischer Wirtschaftszweig, S. 7.
[66] Dazu Bach in Immenga/Mestmäcker, 6. Aufl. 2019, Rn. 37.

Anordnung. Gefahr im Verzug wird sich im Rahmen von Sektoruntersuchungen nur schwer begründen lassen.

## II. Bedeutung des Verhältnismäßigkeitsgrundsatzes

Die Kartellbehörde hat bei den einzelnen Untersuchungsmaßnahmen den Verhältnis- **50** mäßigkeitsgrundsatz zu beachten. Dies gilt zum einen für die **Auswahl** zwischen verschiedenen Ermittlungsmaßnahmen. Im Rahmen der verdachtsunabhängigen Untersuchungen ist das Auskunftsverlangen nach § 59 Abs. 1 S. 1 die am wenigsten einschneidende und regelmäßig auch ausreichende Maßnahme. Durchsuchungen kommen nur in Ausnahmefällen in Betracht. Eine Sektoruntersuchung mit einer unangekündigten Nachprüfung zu beginnen,[67] wäre in jedem Fall unverhältnismäßig.[68] Auch bei der **Durchführung** der einzelnen Ermittlungsmaßnahmen ist der Verhältnismäßigkeitsgrundsatz zu beachten. Dies gilt besonders für Art und Umfang der vorzulegenden Unterlagen sowie die Einbeziehung von verbundenen Unternehmen und die für die Auskunft **gesetzte Frist.** Das Verlangen der Vorlage „sämtlicher" Verträge etc führt regelmäßig zu einer erheblichen Beeinträchtigung der betrieblichen Abläufe,[69] da nicht nur vorhandene Verträge vorzulegen sind, sondern auch ermittelt werden muss, inwieweit es sich dabei um sämtliche Verträge handelt. Die Behörde hat zu prüfen, ob im Einzelfall nicht die Vorlage von Musterverträgen, von Verträgen für bestimmte Arten von Kunden oder für zufällig ausgewählte Vertragspartner ausreicht. Für die Beantwortung umfangreicher Fragebögen muss den Unternehmen eine ausreichende Frist gewährt werden. Es besteht regelmäßig kein Anlass, eine Dauer von zwei Monaten zu unterschreiten. Sollen konzerneinheitliche Antworten erteilt werden, muss die Dauer entsprechend verlängert werden.

## III. Behandlung vertraulicher Informationen

Bei den von der Kartellbehörde angeforderten Informationen wird es sich häufig um **51** Betriebs- und Geschäftsgeheimnisse der betroffenen Unternehmen handeln.[70] Die beteiligten Unternehmen haben nach der auch hier anwendbaren Generalklausel des § 30 VwVfG[71] Anspruch darauf, dass ihre Betriebs- und Geschäftsgeheimnisse von der Kartellbehörde nicht unbefugt offenbart werden. Die Behörde hat schon bei der Durchführung ihrer Untersuchung entsprechende Vorkehrungen zu treffen. Entsprechend der verbreiteten Praxis des Bundeskartellamts und der Kommission sollten die Unternehmen schon in den Auskunftsersuchen aufgefordert werden, Betriebs- und Geschäftsgeheimnisse in vorzulegenden Unterlagen, Antworten oder Stellungnahmen als solche kenntlich zu machen und zugleich eine Version einzureichen, die um Betriebs- oder Geschäftsgeheimnisse bereinigt ist.[72] Diese Praxis ist mit der 10. GWB-Novelle in → § 56 Abs. 6 ausdrücklich geregelt worden. Allerdings genießen Betriebs- und Geschäftsgeheimnisse im Kartellverfahren keinen absoluten Schutz.[73] § 56 enthält Abwägungshilfen für den **Schutz von Betriebs- und Geschäftsgeheimnissen** und anderen Interessen im Rahmen des Verwaltungsverfahrens. Anders als bei Verfahren auf Grund konkreter Verstöße gegen die Wettbewerbsregeln wird sich bei Untersuchungen nach § 32e nur ausnahmsweise ein Bedarf ergeben, Geschäftsgeheimnisse offen zu legen. Dies gilt insbesondere bei der Abfassung von Ergebnis- bzw. Abschlussberichten.[74]

---

[67] So das Vorgehen der Kommission bei der Sektoruntersuchung im pharmazeutischen Wirtschaftszweig, S. 7.
[68] Brindöpke PharmR 2008, 268 (271).
[69] Spiecker in MüKoWettbR Rn. 9.
[70] → VO 1/2003 Art. 17 Rn. 30; Seeliger/Vasbender WM 2006, 311 (315).
[71] Dazu → § 56 Rn. 12.
[72] → VO 1/2003 Art. 17 Rn. 31; Seeliger/Vasbender WM 2006, 311 (315).
[73] Dazu → § 56 Rn. 12.
[74] Vgl. BKartA, Abschlussbericht Walzasphalt, S. 11.

# E. Berichte, Stellungnahmen

## I. Sektoruntersuchungen des Bundeskartellamts

**52**    Für Sektoruntersuchungen des Bundeskartellamts ist ein Abschlussbericht in Abs. 4 ausdrücklich vorgeschrieben. Dies gilt unabhängig davon, ob sich die bei Einleitung der Untersuchung bestehenden „Vermutungen" bestätigt haben oder nicht. Der Regierungsentwurf zur 11. GWB Novelle verweist zur Begründung auf die häufig weitreichende Bedeutung der Sektoruntersuchungen.[75] Dies trifft insbesondere für die Sektoruntersuchungen im Vorfeld von Maßnahmen nach § 32f zu.

**53**    Die Begründung des RegE geht dennoch von der Möglichkeit einer Einstellung der Untersuchung ohne Abschlussbericht aus und bezeichnet die gesetzliche Anordnung als „Regelfall".[76] Eine berichtslose Einstellung kommt in Betracht, wenn sich schon in der Frühphase der Untersuchung zeigt, dass für die vermutete Beschränkung oder Störung des Wettbewerbs keine ausreichenden Anhaltspunkte bestehen und weitere Ermittlungen daher unverhältnismäßig wären. Dagegen besteht nach Durchführung umfangreicher Ermittlungen regelmäßig das in der Begründung des RegE hervorgehobene große Interesse seitens der Öffentlichkeit. Dieses erstreckt sich auch auf eine Bewertung, nach detaillierter Untersuchung bestünden die vermuteten Wettbewerbsprobleme tatsächlich nicht. Der Abschlussbericht alleine ist aber für die angestrebte Legitimation durch Verfahren nicht ausreichend. Dies gilt auch in Kombination mit der schon vor der 11. Novelle bestehenden Möglichkeit, Dritte um Stellungnahme zum Abschlussbericht zu bitten. Diese nachträglichen Stellungnahmen ändern nichts am Ergebnis der Sektoruntersuchung und es bleibt völlig offen, bei welchen künftigen Maßnahmen das Bundeskartellamt diese Stellungnahmen in Betracht zieht. Wesentlich wichtiger für die Legitimation späterer Maßnahmen des Bundeskartellamts sind die im Gesetz nicht ausdrücklich geregelten **Zwischenberichte** von Sektoruntersuchungen. In seiner jüngeren Praxis hat das Bundeskartellamt von Zwischenberichten regelmäßig Gebrauch gemacht. Sie sind notwendig, um der geänderten Funktion von Sektoruntersuchungen im Vorfeld von Maßnahmen nach § 32f Rechnung zu tragen. Zwischenberichte ermöglichen es allen interessierten Kreisen, zum Konzept der Untersuchung, zu den diskutierten Schadenstheorien und zu den vorläufigen Ergebnissen Stellung zu nehmen. Diese Stellungnahmen können dann für den (für § 32f maßgeblichen) Abschlussbericht ausgewertet und berücksichtigt werden. **Zwischenberichte sind daher erforderlich,** wenn Sektoruntersuchungen schon mit Blick auf mögliche **Störungen des Wettbewerbs** nach § 32f eingeleitet wurden oder wenn sich im Verlauf der Untersuchung ergibt, dass solche Störungen mit hoher Wahrscheinlichkeit vorliegen und daher Maßnahmen nach § 32f in Betracht kommen. In diesen Fällen wäre der Verzicht auf einen Zwischenbericht ermessensfehlerhaft, weil bewusst Erkenntnisquellen für die Tatsachengrundlage von Maßnahmen nach § 32f ungenutzt blieben. Diese Tatsachengrundlagen sollen aber nach dem Konzept des § 32f gerade mit dem Abschlussbericht der Sektoruntersuchung vorliegen und nicht erst im Zusammenhang mit einzelnen Maßnahmen ermittelt werden.

**54**    Abschlussberichte und Zwischenberichte sind **zu veröffentlichen.** Dies ergibt sich für den Abschlussbericht unmittelbar aus Abs. 4. Zwischenberichte können ihre Funktion nur erfüllen, wenn sie veröffentlicht werden. Über die Art der Veröffentlichung enthält § 32e selbst keine Vorgaben. Die Verweisung auf § 61 in Abs. 5 erfasst eigentlich auch § 61 Abs. 3 und damit die Veröffentlichung im Bundesanzeiger. Die Begründung des Regierungsentwurfs der 11. GWB-Novelle geht von einer Fortsetzung der bisherigen Praxis des Bundeskartellamts und damit von einer Veröffentlichung auf dessen **Internetseite** aus.[77]

---

[75] Begr. RegE, BT-Drs. 20/6824, 26.
[76] Begr. RegE, BT-Drs. 20/6824, 26.
[77] Begr. RegE, BT-Drs. 20/6824, 26.

Der bisher typische Umfang von Abschluss- und Zwischenberichten spricht eher für diese Praxis. Allerdings bezog sich diese Praxis auf Sektorberichte, an die keine weiteren Rechtsfolgen geknüpft wurden. Für Entscheidungen mit potenziellen Wirkungen für Dritte, für wichtige Anträge oder Weisungen verfolgt das GWB ein Veröffentlichungskonzept, das auf die mit dem Bundesanzeiger verbundene Kombination aus gesicherter Verbreitung und dauerhafter Dokumentation setzt. Gerade für solche Abschlussberichte, die nach ihrem Inhalt als Grundlage für Maßnahmen nach § 32f in Betracht kommen, wäre diese Form der dokumentierten Verbreitung angemessen. Andererseits differenziert die Verweisung in Abs. 5 auf § 61 nicht zwischen verschiedenen Sektoruntersuchungen. Der Gesetzgeber wollte für die Sektoruntersuchungen herkömmlicher Art ersichtlich keine Änderung der Veröffentlichungspraxis und hat von einer ausdrücklichen Regelung abgesehen. Auch die Funktion des Abschlussberichts für Maßnahmen nach § 32f erzwingt daher keine Veröffentlichung im Bundesanzeiger.

Teilweise nutzt das Bundeskartellamt den Abschlussbericht, um die Marktteilnehmer zur **55** Beendigung eines von ihm als kartellrechtswidrig eingestuften Verhaltens aufzufordern. Im Abschlussbericht Walzasphalt hat das Bundeskartellamt die Marktteilnehmer zur Selbstveranlassung auf der Grundlage der vom Bundeskartellamt gebildeten Fallgruppen zulässiger und kartellrechtswidriger Gemeinschaftsunternehmen aufgefordert.[78] Das Bundeskartellamt hat zudem einen konkreten Zeitplan für die Entflechtung der von ihm als kartellrechtswidrig eingestuften Gemeinschaftsunternehmen im Abschlussbericht vorgegeben.[79] Für den Fall des nutzlosen Verstreichens der gesetzten Fristen kündigte das Bundeskartellamt die Eröffnung von Verwaltungsverfahren gegen die an kartellrechtswidrigen Gemeinschaftsunternehmen beteiligten Unternehmen an.[80]

## II. Sektoruntersuchungen von Landeskartellbehörden

Ungeachtet zweifelhafter personeller Ressourcen der Landeskartellbehörden hält der **56** Gesetzgeber an der Möglichkeit fest, dass auch Landeskartellbehörden Sektoruntersuchungen durchführen. Der Gesetzgeber will den Landeskartellbehörden im Hinblick auf „schlanke Verwaltungsprozesse" weiterhin Ermessen einräumen, ob sie Ergebnisse einer Sektoruntersuchung veröffentlichen oder nicht.[81] Dies unterstreicht die Bedenken gegen Sektoruntersuchungen der Landeskartellbehörden. Erkenntnisse über mögliche Wettbewerbsbeschränkungen in regionalen Wirtschaftsbereichen soll die Behörde nicht für sich behalten, sondern in Form eines Ergebnisberichts veröffentlichen, mit interessierten Dritten in einen Dialog treten und die sich daraus ergebenden Erkenntnisse dann in Form eines Abschlussberichts verwerten. Ohne die Erörterung der Ergebnisse mit den Interessierten und die Veröffentlichung eines Abschlussberichts verzichtet die Behörde auf eine gesicherte Grundlage für Maßnahmen im betroffenen Sektor. Dies wäre nicht „schlankes", sondern ineffizientes Verwaltungshandeln. Erkennt die Landeskartellbehörde dagegen, dass ihr zum erfolgreichen Abschluss einer Sektoruntersuchung die entsprechenden Ressourcen fehlen, besteht die Möglichkeit einer Einstellung der Untersuchung. Diese ist zumindest in der Form bekannt zu machen wie die ursprüngliche Einleitung.

## F. Sonstige Verwertung der Erkenntnisse

## I. Einleitung von Verfahren nach § 32f

Es ist zu erwarten, dass Sektoruntersuchungen künftig in erster Linie die rechtlich selb- **57** ständige **„Phase I" von Maßnahmen zur Verbesserung des Wettbewerbs** nach § 32f

---

[78] BKartA, Abschlussbericht Walzasphalt, Rn. 246.
[79] BKartA, Abschlussbericht Walzasphalt, Rn. 248 ff.
[80] BKartA, Abschlussbericht Walzasphalt, Rn. 251.
[81] Begr. RegE, BT-Drs. 20/6824, 26.

bilden. Alle in § 32f vorgesehenen Maßnahmen setzen die Veröffentlichung eines Berichts des Bundeskartellamts nach § 32e Abs. 4 voraus. In gesonderten Verfahren nach § 32f Abs. 2 bis 4 ist zu prüfen, inwieweit die Voraussetzungen einer Aufforderungsverfügung (Abs. 2), von Abhilfemaßnahmen nach Abs. 3 oder von Entflechtungsmaßnahmen nach Abs. 4 vorliegen. Dabei stützt sich das Bundeskartellamt jeweils auf die tatsächlichen Erkenntnisse der vorangegangenen Sektoruntersuchung, wie sie im Abschlussbericht dokumentiert wurden. Allerdings ist im Rahmen eigenständiger Verfügungen festzustellen, ob eine erhebliche und fortwährende Störung des Wettbewerbs (→ § 32f Abs. 3) oder die Voraussetzungen einer Aufforderungsverfügung nach → § 32f Abs. 2 vorliegen.

**58**     § 32f Abs. 3 erfordert nicht, dass der Abschlussbericht der Sektoruntersuchung asudrücklich eine erhebliche Störung des Wettbewerbs feststellt. Ein solcher Bericht muss nach § 32f Abs. 1 nur zuvor veröffentlicht worden sein. Die Feststellung einer erheblichen und fortwährenden Störung als Tatbestandsvoraussetzung für Maßnahmen nach § 32f Abs. 3 und 4 muss dagegen in dem Verfahren nach § 32f selbst erfolgen.

## II. Einleitung einzelner Verwaltungsverfahren zur Durchsetzung der Wettbewerbsregeln

**59**     Sektoruntersuchungen können auch weiterhin zur Durchsetzung der Wettbewerbsregeln erfolgen. Ergeben sich aus der Untersuchung Erkenntnisse für Wettbewerbsverstöße, so darf die Kartellbehörde diese Erkenntnisse nutzen, um Verwaltungsverfahren gegen einzelne Unternehmen mit dem Ziel der Abstellungsverfügung nach § 32 einzuleiten.[82] Dies ergibt sich unmittelbar aus dem Zweck der gesetzlichen Regelung und ist im Ausgangspunkt unstreitig.[83]

**60**     Wie im Anwendungsbereich von Art. 17 VO 1/2003 ist aber auch für das deutsche Recht bislang noch nicht geklärt, ob die Erkenntnisse aus der Sektoruntersuchung unmittelbar als **Beweismittel** in einem gegen einzelne Unternehmen gerichteten Verwaltungsverfahren oder nur zur Begründung eines Anfangsverdachts für weitere Ermittlungen verwertet werden können.[84] Teilweise wird aus der Zweckgebundenheit der Ermittlungsergebnisse abgeleitet, dass die Erkenntnisse aus einer Sektoruntersuchung nicht unmittelbar in Verwaltungsverfahren gegen einzelne Unternehmen verwertbar sind.[85] Diese Informationen sollen vielmehr nur dazu dienen können, den konkreten Verdacht eines Kartellrechtsverstoßes zu begründen. Nach anderer Auffassung soll ein uneingeschränktes Verwertungsrecht bestehen.[86]

**61**     Maßgeblich ist der Zweck der Sektoruntersuchung zur Durchsetzung der Wettbewerbsregeln. Ihr Ausgangspunkt sind Umstände, denen Hinweise auf das Bestehen von Wettbewerbsbeschränkungen zu entnehmen sind. Bestätigen sich die zugrundeliegenden Vermutungen im Rahmen der Untersuchung, so müssen die entsprechenden Erkenntnisse als Beweismittel im Rahmen von Verwaltungsverfahren gegen einzelne Unternehmen **uneingeschränkt verwertet** werden können.[87] Werden im Rahmen der Sektoruntersuchung

---

[82] Bornkamm/Tolkmitt in Bunte Rn. 14; vgl. auch BKartA, Abschlussbericht Kraftstoffe, S. 158; Abschlussbericht Walzasphalt, S. 107 f.

[83] Bechtold/Bosch Rn. 11; zu Art. 17 VO 1/2003: → VO 1/2003 Art. 17 Rn. 46; Klees § 9 Rn. 15; Sura in Bunte VO 1/2003 Art. 17 Rn. 7; Bischke/Neideck in MüKoWettbR VO 1/2003 Art. 17 Rn. 8; Lampert/Niejahr/Kübler/Weidenbach, EG-KartellVO, Praxiskommentar, 2004, VO 1/2003 Art. 17 Rn. 360; vgl. auch Pressemitteilung der Kommission zur Durchführung einer Sektoruntersuchung im Energiebereich vom 13.6.2005, IP/05/716, in dem sie sogleich weitere Maßnahmen für den Fall ankündigt, dass in der Sektoruntersuchung Wettbewerbsverzerrungen offen gelegt werden.

[84] Zu Art. 17 VO 1/2003 → VO 1/2003 Art. 17 Rn. 39.

[85] Jungermann in FK-KartellR Rn. 22; aA de Bronett Art. 17 Rn. 25; zu Art. 17 VO 1/2003 Klees § 9 Rn. 15; offen: Bornkamm/Tolkmitt in Bunte Rn. 14; Bischke/Neideck in MüKoWettbR VO 1/2003 Art. 17 Rn. 7; Lampert/Niejahr/Kübler/Weidenbach, EG-KartellVO, Praxiskommentar, 2004, VO 1/2003 Art. 17 Rn. 360.

[86] de Bronett VO 1/2003 Art. 17 Rn. 2.

[87] Ebenso zu → VO 1/2003 Art. 17 Rn. 41.

dagegen Beweise gesichert, die keinen Bezug zur anfänglichen Vermutung einer Wettbewerbsbeschränkung aufweisen, so entspricht deren Verwendung nicht mehr dem Zweck der Sektoruntersuchung. Die entsprechenden Beweismittel können daher nur zur Begründung eines Anfangsverdachts für weitere Ermittlungshandlungen herangezogen werden.[88]

## III. Wettbewerbspolitische Empfehlungen des Bundeskartellamts

Nach Abs. 4 S. 3 kann das Bundeskartellamt in einem Abschlussbericht auch wett- **62** bewerbspolitische Empfehlungen aussprechen. In diesem Fall soll der Abschlussbericht der Bundesregierung zugeleitet werden. Die Regelung verdankt sich einer eher unreflektierten Übernahme des „britischen Modells". Ähnlich wie die britische Competition & Markets Authority (CMA) soll auch das Bundeskartellamt Empfehlungen an den Gesetzgeber aussprechen können. Die Regelung in Abs. 4 lässt außer Acht, dass die Sector Inquiry nach britischem Recht von einer Kommission aus unabhängigen Experten durchgeführt wird. Zu deren Tätigkeit „passt" das Instrument der wettbewerbspolitischen Empfehlung. Eine vergleichbare Position der unabhängigen Politikberatung wurde im System des GWB der Monopolkommission zugewiesen. Die (unpassende) Annäherung an die Funktion der Monopolkommission zeigt sich in der Wortwahl des Gesetzgebers. Abs. 4 S. 3 übernimmt wörtlich die Formulierung von § 44 Abs. 3, wonach die Monopolkommission ihre Gutachten der Bundesregierung zuleitet. Anders als bei einer unabhängigen Kommission stellen wettbewerbspolitische Empfehlungen einer – prinzipiell weisungsunterworfenen – Bundesoberbehörde an die Bundesregierung einen Fremdkörper dar. Dies gilt trotz der faktisch weitgehenden Unabhängigkeit des Bundeskartellamts.

Unter Beachtung der Funktion des Bundeskartellamts als Bundesoberbehörde wird man **63** die Regelung in Abs. 4 S. 3 am ehesten so verstehen können, dass das Bundeskartellamt berechtigt ist, auf regulatorischen Anpassungsbedarf hinzuweisen, der im Rahmen von Sektoruntersuchungen zutage tritt. So kann eine Sektoruntersuchung ergeben, dass „Wettbewerbsprobleme" nicht in erster Linie auf unternehmerischen Entscheidungen und dem daraus folgenden Wettbewerbsverhalten, sondern auf regulatorischen Vorgaben beruhen. Dabei kann das Bundeskartellamt auf die wettbewerblichen Auswirkungen dieser Vorgaben hinweisen und zum Ausdruck bringen, dass eine Beseitigung der „Wettbewerbsprobleme" am ehesten über regulatorische Maßnahmen zu erreichen ist. Im Hinblick auf die geeigneten regulatorischen Maßnahmen sollte sich das Bundeskartellamt im eigenen Interesse eine gewisse Zurückhaltung auferlegen. Die regulatorischen Maßnahmen betreffen nicht den Bereich des Kartell- und Wettbewerbsrechts, sondern sind Ausdruck der gesetzgeberischen Kompetenzen in anderen Bereichen. Der dabei herzustellende Ausgleich von Interessen und Politikzielen außerhalb des Wettbewerbs ist Aufgabe des demokratisch legitimierten Gesetzgebers und nicht einer Wettbewerbsbehörde.

## IV. Einleitung von Bußgeldverfahren

Sektoruntersuchungen nach § 32e sind Verwaltungsverfahren und keine Bußgeldverfah- **64** ren. Der Einleitungsverfügung liegt die Erkenntnis zugrunde, dass zum Zeitpunkt ihres Erlasses kein Anfangsverdacht gegen einzelne Unternehmen besteht, gegen bußgeldbewehrte Normen des Kartellrechts verstoßen zu haben. Soweit die Kartellbehörde nach Abs. 2 und 6 Ermittlungsmaßnahmen durchführt, macht sie bewusst von Befugnissen Gebrauch, die ihr **im Verwaltungsverfahren** zustehen. Sektoruntersuchungen können nicht dazu benutzt werden, im Rahmen eines „Fischzugs" die Anforderungen für die Einleitung von Verfahren nach dem Ordnungswidrigkeitengesetz zu umgehen. Soweit sich im Rahmen der Sektoruntersuchung Erkenntnisse ergeben, die den Anfangsverdacht einer Ordnungswidrigkeit begründen, kann die Kartellbehörde ein Bußgeldverfahren einleiten. Im Rahmen des Bußgeldverfahrens kann die Kartellbehörde aber keine Informationen

---

[88] → VO 1/2003 Art. 17 Rn. 41.

verwerten, die ihr das betroffene Unternehmen im Rahmen von Ermittlungen der Sektoruntersuchung zur Verfügung gestellt hat.[89] Auch Informationen Dritter, die als mögliche Teilnehmer der Ordnungswidrigkeit in Betracht kommen, dürfen nicht verwertet werden. Dagegen ist die Kartellbehörde nicht gehindert, die sich aus der Sektoruntersuchung ergebenden allgemeinen Erkenntnisse zur Marktstruktur etc zu verwerten.

## V. Verwertung für privatrechtliche Ansprüche

65    Fraglich ist, inwieweit sich Sektoruntersuchungen nutzen lassen, um privatrechtliche Ansprüche, etwa Ansprüche auf Schadensersatz, durchzusetzen. Hier hat sich der Gesetzgeber der 10. GWB Novelle zu einer radikalen Lösung entschlossen. Danach kann im Zusammenhang mit der Erhebung von Schadensersatzansprüchen keine Einsicht in Akten eines Verfahrens nach § 32e gewährt werden. Mit Einführung der Regelungen nach § 56 Abs. 3–5 als vorrangige spezialgesetzliche Regelung ist auch der Weg eines Zugangs zu Akten eines Verfahrens nach § 32e über das IFG gesperrt.[90]

## G. Verbraucherrechtliche Sektoruntersuchungen (Abs. 6)

### I. Behördlicher Verbraucherschutz

66    Mit Abs. 6 erfolgen zwei durchaus grundsätzliche Weichenstellungen. Die Regelung bejaht den Weg einer – zusätzlichen – behördlichen Durchsetzung verbraucherrechtlicher Vorschriften. Dies ist zumindest insoweit erstaunlich, als eine Diskussion über mögliche Defizite des überwiegend zivilrechtlichen Durchsetzungssystems kaum geführt wurde. Die Norm enthält zugleich eine Entscheidung zugunsten des Bundeskartellamts als einer nicht sektorspezifisch tätigen Behörde und bereitet damit die Basis für eine weitere Kompetenzausweitung des Bundeskartellamts. Dabei mögen durchaus auch Überlegungen eine Rolle spielen, zur Kompetenzfülle anderer Wettbewerbsbehörden „aufzusteigen“.

67    Der Gesetzgeber ist in Abs. 6 bewusst den Weg einer vorsichtigen Kompetenzausweitung gegangen. Das Bundeskartellamt soll seine „scharfen Schwerter“[91] nicht zur Sanktion oder zur Durchsetzung mittels Abstellungsverfügung nutzen können. Der Gesetzgeber setzt vielmehr auf Sachverhaltsermittlung und Transparenz.[92] Beides kann die Sektoruntersuchung leisten. Die Möglichkeiten des Bundeskartellamts zur Sachverhaltsermittlung gehen deutlich über diejenigen von Wettbewerbern oder Verbänden hinaus. Mit der Erstellung und Veröffentlichung von Abschlussberichten gem. Abs. 6 S. 1 i. V. m. Abs. 4 S. 1 wird zudem der Zugang einer breiteren Öffentlichkeit zum ermittelten Sachverhalt eröffnet. Dies hat sich bei den bisherigen verbraucherrechtlichen Sektoruntersuchungen gezeigt. Der Gesetzgeber geht erkennbar davon aus, dass die Erkenntnisse aus Sektoruntersuchungen auch Eingang in das etablierte System der privatrechtlichen Durchsetzung von Vorschriften des Verbraucherrechts finden. Den sich daraus ergebenden Spannungen[93] trägt er in Abs. 7 zumindest teilweise Rechnung.

### II. Verbraucherrechtliche Vorschriften

68    Die Möglichkeit der Sektoruntersuchung wird nur im Zusammenhang mit dem Verdacht eines qualifizierten Verstoßes gegen verbraucherrechtliche Vorschriften eröffnet. Verbraucherrechtliche Vorschriften sind nach den Vorstellungen des Gesetzgebers solche Rechtsnormen, „die auch dem individuellen oder kollektiven Schutz der Verbrauche-

---

[89] Jungermann in FK-KartellR Rn. 22; aA de Bronett VO 1/2003 Art. 17 Rn. 25.
[90] → § 56 Rn. 16; Engelsing in MüKoWettbR § 56 Rn. 19.
[91] Brinker NZKart 2017, 141.
[92] Becker ZWeR 2017, 317 (322).
[93] Podszun/Kreifels/Schmieder WuW 2017, 114 (118) sprechen anschaulich von „Durchsetzungsbalance“.

rinnen und Verbraucher dienen."[94] Bei diesen Normen solle es sich vor allem um das UWG sowie um Verbrauchschutzgesetze iSv § 2 Abs. 2 UKlaG handeln. Im Bereich des UWG kommen insbesondere die im Anhang zu § 3 Abs. 3 UWG aufgelisteten Verbote in Betracht, die ausdrücklich als gegenüber Verbrauchern stets unzulässige geschäftliche Handlungen eingeordnet werden. Daneben nennt der Gesetzgeber das Recht der Allgemeinen Geschäftsbedingungen.[95] Damit wird deutlich, dass es keinen abschließenden Katalog verbraucherrechtlicher Vorschriften gibt, sondern auch außerhalb von UWG und § 2 Abs. 2 UKlaG Normen aufgrund ihres verbraucherorientierten Schutzzwecks als „verbraucherrechtliche Vorschriften" eingeordnet werden können.

## III. Verdacht eines qualifizierten Verstoßes

**1. Erheblichkeitsschwelle.** Der Gesetzgeber hat die Möglichkeit der verbraucherrecht-  69
lichen Sektoruntersuchung nur beim Verdacht auf erhebliche Verstoßfälle eröffnet. Diese Erheblichkeit muss sich entweder aus der Schwere, der Dauerhaftigkeit oder dem Wiederholungsgrad der Verstöße ergeben. In jedem Fall ist gefordert, dass darüber hinaus eine Vielzahl von Verbrauchern beeinträchtigt wäre. Erst die Kombination von Erheblichkeit und Breitenwirkung[96] begründet das für die Sektoruntersuchung erforderliche öffentliche Interesse.[97]

**2. Begründeter Verdacht.** Mit der Forderung nach einem begründeten Verdacht wird  70
die Anforderung an den Verstoß abweichend von Abs. 1 normiert. Der Gesetzgeber war der Auffassung, dass damit ebenso wie bei der kartellrechtlichen Sektoruntersuchung vorausgesetzt werde, dass Beschwerden, Hinweise oder andere Verdachtsmomente vorliegen.[98] Beschwerden und Hinweise bezeichnen aber allenfalls Quellen und sind ohne Aussagegehalt über das Verdachtsniveau hinsichtlich des Verstoßes. Ein begründeter Verdacht erfordert mehr als die nach Abs. 1 ausreichende „Vermutung".[99] Gefordert ist ein aus konkreten, belegbaren Tatsachen ableitbarer Verdacht.[100] Dabei ist zu berücksichtigen, dass das Bundeskartellamt im Bereich des Verbraucherrechts nicht wie im Kartellrecht auf seine bisherige Erfahrung für den Zusammenhang zwischen Tatsachen und Verstößen zurückgreifen kann. Insoweit ist also ein zurückhaltender Maßstab angebracht.

## IV. Beschränkung der Befugnisse

Unternehmen sollten durch verbraucherrechtliche Sektoruntersuchungen möglichst we-  71
nig belastet werden, weshalb Nachprüfungen vor Ort nicht möglich sein sollen. Von den Ermittlungsbefugnissen ausdrücklich ausgenommen werden die Befugnisse zur Beschlagnahme und zur Durchsuchung. Damit bleibt als wesentliches Ermittlungswerkzeug das Auskunftsverlangen (§ 59 Abs. 1 S. 1), gegebenenfalls ergänzt um den Einsatz von Zeugen und Sachverständigen nach § 57. Dies ist angesichts der Möglichkeiten zur Durchsetzung von Auskunftsverlangen auch sachgerecht. Im Übrigen sind die Befugnisse der KartB auch bei der verbraucherschutzrechtlichen Sektoruntersuchung nur durch das Ermittlungsziel und durch die Erforderlichkeit der verlangten Auskünfte beschränkt, wobei ein großzügiger Maßstab anzulegen ist.[101]

---

[94] BT-Drs. 18/11446, 26.
[95] BT-Drs. 18/11446, 26.
[96] Alexander NZKart 2017, 391 (393).
[97] Becker ZWeR 2017, 317 (325).
[98] BT-Drs. 18/11446, 26.
[99] AA Becker ZWeR 2017, 317 (325), wonach derselbe niedrige Maßstab wie nach Abs. 1 gelten soll.
[100] Ähnlich Kersting/Podszun 9. GWB-Novelle Kap. 6 Rn. 48.
[101] OLG Düsseldorf, Beschl. v. 18.3.2020 – VI-Kart 7/19 (V), NZKart 2020, 263 (264).

## V. Beurteilungskompetenz des Bundeskartellamts

72 Der Gesetzgeber setzt als selbstverständlich voraus, dass dem Bundeskartellamt eine Art amtliche Beurteilungskompetenz im Bereich des Verbraucherschutzes zusteht. Das ergibt sich nicht zuletzt daraus, dass er die verbraucherrechtliche Sektoruntersuchung in Abs. 6 S. 2 als Maßnahme zur Durchsetzung verbraucherrechtlicher Vorschriften einordnet. Dabei ist zunächst in Erinnerung zu rufen, dass Sektoruntersuchungen auch im Bereich des Kartellrechts kein Instrument zur verbindlichen rechtlichen Bewertung eines Sachverhalts darstellen. Diese kann nur im förmlichen Verwaltungsverfahren erfolgen. Auch im Bereich des Verbraucherschutzes kann es daher nur um eine Darstellung und Systematisierung des Sachverhalts und eine allenfalls vorläufige rechtliche Würdigung durch das Bundeskartellamt gehen. Dagegen nimmt das Bundeskartellamt für sich in Anspruch, Verstöße gegen das Lauterkeitsrecht explizit zu benennen und insoweit eine eigene rechtliche Bewertung vornehmen zu können.

## VI. Subsidiaritätsklausel

73 Die verbraucherrechtlichen Kompetenzen des Bundeskartellamtes sind strikt subsidiär ausgestaltet. Nach Abs. 6 Satz 2 kann das Bundeskartellamt keine Sektoruntersuchung in Bereichen durchführen, in denen die Durchsetzung verbraucherrechtlicher Vorschriften in die Zuständigkeit anderer Bundesbehörden fällt. Dabei haben schon die Gesetzesberatungen im Bundestag deutlich gemacht, dass es eine Vielzahl solcher Behördenzuständigkeiten gibt. Vor der Begründung echter Verbraucherschutzkompetenzen des Bundeskartellamts wären daher umfangreiche Regelungen über die Kompetenzabgrenzung und die Behördenzusammenarbeit zu treffen. Das Bundeskartellamt hat daher vor der Einleitung einer verbraucherrechtlichen Sektoruntersuchung sorgfältig zu prüfen, inwieweit Gegenstand der Untersuchung auch Sachverhalte sind, die in anderweitige Zuständigkeitsbereiche fallen.

## VII. Sonderregelung zu Abmahnkosten

74 Abs. 7 enthält nach seinem Wortlaut einen sehr weitreichenden Ausschluss des Aufwendungsersatzes für Abmahnungen während einer Karenzzeit von vier Monaten nach Veröffentlichung eines Abschlussberichts über eine verbraucherrechtliche Sektoruntersuchung. Der Gesetzgeber wollte eine Regelung treffen, nach der von der Sektuntersuchung betroffene Unternehmen während der Untersuchung davor geschützt sind, wegen eines möglichen Verstoßes, der Gegenstand der Untersuchung ist, kostenpflichtig abgemahnt zu werden. Dies sollte überdies nur in Fällen gelten, in denen es dem Abmahnenden allein darauf ankommt, Aufwendungsersatz für die Abmahnung verlangen zu können.[102]

75 Zweck der Vorschrift ist die Aufrechterhaltung der Durchsetzungsbalance zwischen privatrechtlicher und ergänzender kartellbehördlicher Durchsetzung des Verbraucherschutzes. Die verbraucherrechtliche Sektoruntersuchung wird im Regelfall Informationen zu Tage fördern, die Wettbewerbern oder Verbänden ohne die Ermittlungsbefugnisse des Bundeskartellamts nicht zugänglich wären. Diese Informationen sollen zumindest dann nicht zur Generierung von Abmahnkosten genutzt werden können, wenn sie im Abschlussbericht einer verbraucherrechtlichen Sektoruntersuchung enthalten sind. Dabei geht es nicht nur um die mögliche „Feststellung" von Verstößen, für die das Bundeskartellamt ohnehin nicht zuständig wäre. Vielmehr geht es um die Nutzung der vom Bundeskartellamt im Abschlussbericht veröffentlichten Tatsachen in wettbewerbsrechtlichen Auseinandersetzungen. Nur mit einem möglichen Abschlussbericht greift das Bundeskartellamt in das Informationsgleichgewicht ein. Die bloße Durchführung der Sektoruntersuchung dagegen hat noch keinen ausreichenden Einfluss auf dieses Gleichgewicht und kann daher,

---

[102] BT-Drs. 18/11446, 26; diese Überlegungen haben im Wortlaut nur höchst unzureichenden Niederschlag gefunden.

entgegen der Absichten des Gesetzgebers, nicht zur Einschränkung von Aufwandserstattungsansprüchen führen. Die Sperrwirkung[103] nach Abs. 7 besteht daher ausschließlich während der gesetzlich geregelten Karenzzeit.

Fraglich ist, ob der Ausschluss des Erstattungsanspruchs generell oder nur für solche Fälle **76** gelten soll, in denen es dem Abmahnenden allein darauf ankommt, Aufwendungsersatz für die Abmahnung verlangen zu können. Nach der hier vertretenen Auffassung geht es um eine Begrenzung der Eingriffe in die bestehende Durchsetzungsbalance. Diese Balance wird nicht nur in Fällen beeinträchtigt, in denen die vorwerfbare Absicht besteht, Einnahmen zu generieren. Sie wird vielmehr schon durch die Veröffentlichung solcher Informationen beeinträchtigt, die ausschließlich auf den besonderen Ermittlungsbefugnissen des Bundeskartellamts beruhen. Für eine restriktive Auslegung mit dem zusätzlichen Absichtserfordernis besteht daher kein Anlass.

Zu Recht wird gefordert, neben dem Aufwendungsersatzanspruch nach § 13 Abs. 2 **77** UWG auch parallel in Betracht kommende Erstattungsansprüche, etwa nach §§ 683, 670 BGB oder § 9 S. 1 UWG, auszuschließen.[104]

Nach dem insoweit eindeutigen Wortlaut wird ausschließlich der Aufwendungsersatz- **78** anspruch ausgeschlossen. Darüber hinaus erfolgt keine Einschränkung bei der Nutzung der vom Bundeskartellamt veröffentlichten Informationen und Bewertungen. Insbesondere ändert der Ausschluss des Aufwendungsersatzanspruchs nichts am Erfordernis der Abmahnung nach § 13 Abs. 3 UWG.[105]

## § 32f Maßnahmen nach einer Sektoruntersuchung

(1) [1]Nach der Veröffentlichung eines Berichts nach § 32e Absatz 4 zu einer Sektoruntersuchung nach § 32e Absatz 1 hat das Bundeskartellamt unbeschadet seiner sonstigen Befugnisse die weiteren Befugnisse gemäß den Absätzen 2 bis 4. [2]Dies gilt nicht in Fällen des § 32e Absatz 6.

(2) [1]Wenn objektiv nachvollziehbare Anhaltspunkte dafür bestehen, dass durch künftige Zusammenschlüsse der wirksame Wettbewerb im Inland in einem oder mehreren der in dem Bericht nach § 32e Absatz 4 untersuchten Wirtschaftszweige im Sinne von § 36 Absatz 1 erheblich behindert werden könnte, kann das Bundeskartellamt Unternehmen durch Verfügung verpflichten, innerhalb eines Zeitraums von drei Jahren ab Zustellung der Verfügung jeden Zusammenschluss im Sinne von § 37 in einem oder mehreren dieser Wirtschaftszweige nach § 39 anzumelden. [2]Die Anmeldepflicht nach Satz 1 gilt nur für Zusammenschlüsse, bei denen der Erwerber im letzten Geschäftsjahr Umsatzerlöse im Inland von mehr als 50 Millionen Euro und das zu erwerbende Unternehmen im letzten Geschäftsjahr Umsatzerlöse im Inland von mehr als 1 Million Euro erzielt hat. [3]§ 36 Absatz 1 Satz 2 Nummer 2 ist auf von dem Unternehmen in den untersuchten Wirtschaftszweigen angemeldete Zusammenschlüsse nicht anzuwenden. [4]Im Übrigen gelten die auf Zusammenschlüsse im Sinne des Kapitels 7 anwendbaren Vorschriften dieses Gesetzes. [5]Sofern die Voraussetzungen nach Satz 1 nach Ablauf des Zeitraums von drei Jahren fortbestehen, kann das Bundeskartellamt die Anmeldeverpflichtung um drei Jahre verlängern; wiederholte Verlängerungen um jeweils drei Jahre sind bis zu dreimal zulässig.

(3) [1]Das Bundeskartellamt kann durch Verfügung feststellen, dass eine erhebliche und fortwährende Störung des Wettbewerbs auf mindestens einem mindestens bundesweiten Markt, mehreren einzelnen Märkten oder marktübergreifend vorliegt, soweit die Anwendung der Befugnisse nach Teil 1 nach den im Zeitpunkt der Entscheidung beim Bundeskartellamt vorliegenden Erkenntnissen voraussichtlich nicht ausreichend erscheint, um die Störung des Wettbewerbs wirksam und dauerhaft zu beseitigen. [2]Die

---

[103] Podszun/Schmieder 9. GWB-Novelle Kap. 6 Rn. 59 f.
[104] Bornkamm/Tolkmit in Bunte Rn. 36; Alexander NZKart 2017, 391 (395).
[105] Bornkamm/Tolkmit in Bunte Rn. 36.

Verfügung nach Satz 1 ergeht gegenüber einem oder mehreren Unternehmen, die als Adressaten von Maßnahmen nach Satz 6 oder Absatz 4 in Betracht kommen. [3] Adressaten von Maßnahmen können Unternehmen sein, die durch ihr Verhalten und ihre Bedeutung für die Marktstruktur zur Störung des Wettbewerbs wesentlich beitragen. [4] Bei der Auswahl der Adressaten und der Abhilfemaßnahmen ist insbesondere auch die Marktstellung des Unternehmens zu berücksichtigen. [5] Das Bundeskartellamt kann die Verfügung nach Satz 1 durch Beschluss zu einem späteren Zeitpunkt auf weitere Unternehmen im Sinne der Sätze 2 und 3 ausdehnen. [6] Das Bundeskartellamt kann im Falle einer Feststellung nach Satz 1 den betroffenen Unternehmen alle Abhilfemaßnahmen verhaltensorientierter oder struktureller Art vorschreiben, die zur Beseitigung oder Verringerung der Störung des Wettbewerbs erforderlich sind. [7] Die Abhilfemaßnahmen können insbesondere Folgendes zum Gegenstand haben:

1. die Gewährung des Zugangs zu Daten, Schnittstellen, Netzen oder sonstigen Einrichtungen,
2. Vorgaben zu den Geschäftsbeziehungen zwischen Unternehmen auf den untersuchten Märkten und auf verschiedenen Marktstufen,
3. Verpflichtung zur Etablierung transparenter, diskriminierungsfreier und offener Normen und Standards durch Unternehmen,
4. Vorgaben zu bestimmten Vertragsformen oder Vertragsgestaltungen einschließlich vertraglicher Regelungen zur Informationsoffenlegung,
5. das Verbot der einseitigen Offenlegung von Informationen, die ein Parallelverhalten von Unternehmen begünstigen,
6. die buchhalterische oder organisatorische Trennung von Unternehmens- oder Geschäftsbereichen.

[8] § 32 Absatz 2 gilt entsprechend.

(4) [1] Das Bundeskartellamt kann unter den Voraussetzungen des Absatzes 3 marktbeherrschende Unternehmen sowie Unternehmen mit einer überragenden marktübergreifenden Bedeutung für den Wettbewerb nach § 19a Absatz 1 durch Verfügung dazu verpflichten, Unternehmensanteile oder Vermögen zu veräußern, wenn zu erwarten ist, dass durch diese Maßnahme die erhebliche und fortwährende Störung des Wettbewerbs beseitigt oder erheblich verringert wird. [2] Abhilfemaßnahmen nach Satz 1 dürfen nur angeordnet werden, wenn Abhilfemaßnahmen nach Absatz 3 Satz 6 nicht möglich sind, nicht von gleicher Wirksamkeit oder im Vergleich zu Abhilfemaßnahmen nach Satz 1 mit einer größeren Belastung für das Unternehmen verbunden wären. [3] Vor Erlass der Verfügung ist der Monopolkommission und den nach § 48 Absatz 1 zuständigen obersten Landesbehörden, in deren Gebiet das Unternehmen seinen Sitz hat, Gelegenheit zur Stellungnahme zu geben. [4] Die Verfügung nach Satz 1 ist im Bundesanzeiger bekannt zu machen. [5] § 43 Absatz 3 ist entsprechend anzuwenden mit der Maßgabe, dass nur die Angaben nach § 39 Absatz 3 Satz 2 Nummer 1 und 2 bekannt zu machen sind. [6] Die Verfügung kann mit Nebenbestimmungen verbunden werden. [7] § 41 Absatz 3 Satz 2 und Absatz 4 gelten entsprechend. [8] Der Vermögensteil muss nur veräußert werden, wenn der Erlös mindestens 50 Prozent desjenigen Wertes beträgt, den ein vom Bundeskartellamt beauftragter Wirtschaftsprüfer für den Zeitpunkt des der Entflechtungsanordnung nach Satz 1 vorangegangenen Jahresabschlusses festgestellt hat. [9] Soweit der tatsächliche Verkaufserlös den vom beauftragten Wirtschaftsprüfer festgestellten Wert unterschreitet, erhält das veräußernde Unternehmen eine zusätzliche Zahlung in Höhe der Hälfte der Differenz zwischen dem festgestellten Wert und dem tatsächlichen Verkaufserlös. [10] Erstreckt sich die Verfügung auf Vermögensteile, die vor der Einleitung eines Verfahrens nach diesem Absatz Gegenstand einer bestandskräftigen Freigabe eines Zusammenschlusses durch das Bundeskartellamt oder die Europäische Kommission waren oder nach der Erteilung einer bestandskräftigen Ministererlaubnis erworben wurden, so ist die Verfügung nur zulässig, wenn der Zeitraum zwischen ihrer Zustellung und der Zustellung der fusionskontrollrechtlichen Verfügung größer als zehn Jahre ist. [11] Ist kein Hauptprüfverfahren eingeleitet worden, so tritt an die Stelle der Zustellung der Verfügung der Ablauf der Frist nach

§ 40 Absatz 1 Satz 1. [12] Teile des Vermögens, die ein Unternehmen aufgrund einer Verpflichtung nach diesem Absatz oder aufgrund einer Verpflichtungszusage nach Absatz 6 veräußert hat, darf das Unternehmen innerhalb von fünf Jahren nach der Veräußerung nicht zurückerwerben, es sei denn, es weist nach, dass sich die Marktverhältnisse so weit geändert haben, dass eine erhebliche und fortwährende Störung des Wettbewerbs nicht mehr vorliegt.

(5) [1] Eine Störung des Wettbewerbs kann insbesondere in folgenden Fällen vorliegen:

1. unilaterale Angebots- oder Nachfragemacht,
2. Beschränkungen des Marktzutritts, des Marktaustritts oder der Kapazitäten von Unternehmen oder des Wechsels zu einem anderen Anbieter oder Nachfrager,
3. gleichförmiges oder koordiniertes Verhalten, oder
4. Abschottung von Einsatzfaktoren oder Kunden durch vertikale Beziehungen.

[2] Bei der Prüfung, ob eine Störung des Wettbewerbs vorliegt, soll insbesondere Folgendes berücksichtigt werden:

1. Anzahl, Größe, Finanzkraft und Umsätze der auf den betroffenen Märkten oder marktübergreifend tätigen Unternehmen, die Marktanteilsverhältnisse sowie der Grad der Unternehmenskonzentration,
2. Verflechtungen der Unternehmen auf den betroffenen, den vor- und nachgelagerten oder in sonstiger Weise miteinander verbundenen Märkten,
3. Preise, Mengen, Auswahl und Qualität der angebotenen Produkte oder Dienstleistungen auf den betroffenen Märkten,
4. Transparenz und Homogenität der Güter auf den betroffenen Märkten,
5. Verträge und Vereinbarungen zwischen Unternehmen auf den betroffenen Märkten,
6. Grad der Dynamik auf den betroffenen Märkten sowie
7. dargelegte Effizienzvorteile, insbesondere Kosteneinsparungen oder Innovationen, bei angemessener Beteiligung der Verbraucher.

[3] Eine Störung des Wettbewerbs ist fortwährend, wenn diese über einen Zeitraum von drei Jahren dauerhaft vorgelegen hat oder wiederholt aufgetreten ist und zum Zeitpunkt der Verfügung nach Absatz 3 keine Anhaltspunkte bestehen, dass die Störung innerhalb von zwei Jahren mit überwiegender Wahrscheinlichkeit entfallen wird.

(6) § 32b gilt für Verfahren nach den Absätzen 3 und 4 entsprechend.

(7) Verfügungen nach den Absätzen 2 bis 4 sollen innerhalb von 18 Monaten nach der Veröffentlichung des Abschlussberichts nach § 32e Absatz 4 ergehen.

(8) [1] Auf Märkten in den von der Bundesnetzagentur regulierten Sektoren Eisenbahn, Post und Telekommunikation, für die sektorspezifisches Wettbewerbsrecht gilt, sowie den regulierten Elektrizitäts- und Gasversorgungsnetzen gemäß Energiewirtschaftsgesetz, bedarf das Bundeskartellamt zur Ergreifung von Abhilfemaßnahmen nach den Absätzen 3 und 4 des Einvernehmens der Bundesnetzagentur; die Bundesnetzagentur veröffentlicht hierzu jeweils eine Stellungnahme. [2] Mögliche Abhilfemaßnahmen nach den Absätzen 3 und 4 sind bei der Prüfung im Rahmen der Marktanalyse nach § 11 Absatz 2 Nummer 3 des Telekommunikationsgesetzes nicht zu berücksichtigen.

(9) Das Bundesministerium für Wirtschaft und Klimaschutz berichtet den gesetzgebenden Körperschaften nach Ablauf von zehn Jahren nach Inkrafttreten der Regelungen in den Absätzen 1 bis 8 über die Erfahrungen mit der Vorschrift.

**Schrifttum:** Ackermann, Rechtsfragen einer wettbewerblichen Generalklausel – Zur geplanten Einführung von § 32f GWB-E, ZWeR 2023, 1; Bartsch/Käseberg/Weber, Der Regierungsentwurf zur 11. GWB-Novelle, WuW 2023, 245; Bechtold/Bosch/Brinker, EU-Kartellrecht, 4. Aufl. 2023; Bien/Käseberg/Klumpe/Körber/Ost (Hrsg.), Die 10. GWB-Novelle, 2021; Brenner, Rettungsschüsse im Sonderpolizeirecht – Die 11. GWB-Novelle und das Verfassungsrecht, WuW 2023, 74; Britz/Hellermann/Hermes (Hrsg.), Energiewirtschaftsgesetz, 3. Aufl. 2015; Bunte (Hrsg.), Kartellrecht, Bd. 1, 14. Aufl. 2022; Calliess/Ruffert (Hrsg.), EUV/AEUV, 6. Aufl. 2022; Grabitz/Hilf/Nettesheim, Das Recht der Europäischen Union, Bd. I, 77. Erg.-Lfg. 9/2022; Grzeszick, Missbrauchsunabhängige Entflechtung nur gegen Entschädigung!, NZKart 2023, 55; Immenga/Mestmäcker, Wettbewerbsrecht, Bd. 1/3, 6. Aufl. 2019/2020; Inderst/Thomas, § 32f

RefE-GWB: Ein Wirtschaftsgesetz ohne hinreichende ökonomische Grundlage, NZKart 2022, 657; Jaeger/Kokott/Pohlmann/Schroeder/Seeliger (Hrsg.), Frankfurter Kommentar zum Kartellrecht, Bd. V, 105. Erg.-Lfg. 4/2023; Käseberg, Der Regierungsentwurf zur 11. GWB-Novelle, NZKart 2023, 245; ders., Der Referentenentwurf zur 11. GWB-Novelle, NZKart 2022, 539; Körber, Das GWB auf dem Weg zum „more administrative approach"?, NZKart 2023, 193; ders., Die 11. GWB-Novelle zwischen freiem und verwaltetem Wettbewerb, ZRP 2023, 5; Kruse/Maturana, Unionsrechtliche Grenzen einer missbrauchsunabhängigen Entflechtung, EuZW 2022, 798; Kühling/Engelbracht/Welsch, Verstoßunabhängige Maßnahmen zur Verbesserung des Wettbewerbs nach einer Sektoruntersuchung – der geplante § 32f GWB als Störung des Wettbewerbsrechts?, WuW 2023, 250; Monopolkommission, Hauptgutachten XXIV, Wettbewerb 2022, 2022; dies., Sondergutachten 58, Gestaltungsoptionen und Leistungsgrenzen einer kartellrechtlichen Unternehmensentflechtung, 2010; Mundt, Paradigmenwechsel in der 11. GWB. Novelle? – Die Sicht der Praxis, NZKart 2023, 1; Nettesheim/Thomas, Entflechtung im deutschen Kartellrecht, 2011; Paal/Kieß, Ausweitung von Sektoruntersuchungen durch § 32f GWB-E: Gebotene Komplettierung oder Paradigmenwechsel?, NZKart 2022, 678 Roth, Entflechtung marktbeherrschender Unternehmen und Schranken des Unionsrechts – Eine Skizze, in: FS Möschel, 2011, S. 503; Streinz (Hrsg.), EUV/AEUV, 3. Aufl. 2018; Suchsland/Schröder, 11. GWB-Novelle: Rechtskonform und verfassungsgerecht?, NZKart 2023, 300; Thomas, Rechtliche und wettbewerbspolitische Bewertung des § 32f RefE, ZWeR 2022, 333; Voges, Die Entflechtungsregelung der 11. GWB-Novelle – Qualität braucht Zeit, in: Kirk/Offergeld/Rohner (Hrsg.), Kartellrecht in der Zeitenwende, 2023, S. 59; von Schreitter/Sura, Der RegE zur 11. GWB-Novelle – die größte Reform des Wettbewerbsrechts seit Ludwig Erhard?, DB 2023, 1268; dies., Der RefE zur 11. GWB-Novelle – „Kartellrecht mit Klauen und Zähnen"?, DB 2022, 2715; Wagner-von Papp, Habemus Regierungsentwurf 11. GWB-Novelle, WuW 2023, 301; ders. Sektoruntersuchung und Störung des Wettbewerbs – „Paradigmenwechsel" zum „Marktdesign", in: Kirk/Offergeld/Rohner (Hrsg.), aaO, S. 33; ders., Die 11. GWB-Novelle: Geht es Oligopolen an den Kragen?, NZKart 2022, 605; ders., § 32f GWB-RefE: Lehren aus dem UK, WuW 2022, 642; Weche/Weck, Neue Möglichkeiten impliziter Kollusion und die Grenzen des Kartellrechts, EuZW 2020, 923; Zimmer, Missbrauchsunabhängige Entflechtung in der Wettbewerbspolitischen Agenda des BMWK, in: Kirk/Offergeld/Rohner (Hrsg.), aaO, S. 287.

## Übersicht

## A. Überblick und Hintergrund

§ 32f hat im Zuge der 11. GWB-Novelle Eingang in das Gesetz gefunden. Es handelt **1** sich um die zentrale Vorschrift der Gesetzesreform.[1] Die Regelung ermöglicht es dem Bundeskartellamt, im Nachgang zu einer Sektoruntersuchung gemäß § 32e Abs. 1 verschiedene **Abhilfemaßnahmen zur Verbesserung des Wettbewerbs** auf einem Markt oder marktübergreifend zu verhängen. Auch in der Vergangenheit haben die Wettbewerbsbehörden auf Grundlage der Erkenntnisse, die sie während einer Sektoruntersuchung über die Wettbewerbsverhältnisse in einem Wirtschaftszweig erlangt haben, wiederholt wettbewerbsrechtliche Verfahren eingeleitet. Die Besonderheit des § 32f besteht allerdings darin, dass die dort vorgesehenen Maßnahmen **verstoßunabhängig** ergehen. Damit ist das Bundeskartellamt nunmehr zu Markteingriffen in der Lage, ohne zuvor eine Zuwiderhandlung gegen eine kartellrechtliche Verbotsnorm festgestellt zu haben. Dahinter steht die Erkenntnis, dass das deutsche Kartellrecht insofern lückenhaft sein soll, als Wettbewerbsstörungen nicht auf nachweislich kartellrechtswidriges Verhalten zurückzuführen sind, sondern marktstrukturelle Ursachen haben und/oder auf erlaubten Verhaltensweisen beruhen.[2] Als strukturorientiertes Instrument existiert im deutschen wie auch im EU-Wettbewerbsrecht bislang lediglich die ausschließlich präventiv wirkende Fusionskontrolle. Der Gesetzgeber des § 32f hat sich insbesondere an den Marktuntersuchungen *(market investigations)* der *Competition and Markets Authority* (CMA) im Vereinigten Königreich sowie den – letztlich verworfenen – Überlegungen der Europäischen Kommission für ein *New Competition Tool* (NCT), einschließlich der Vorarbeiten hierzu, orientiert.[3]

---

[1] Käseberg NZKart 2022, 539; ders. NZKart 2023, 245: „politische[s] Kernstück"; von Schreitter/Sura DB 2022, 2715, 2721; Wagner von Papp NZKart 2022, 605; ders. WuW 2022, 642.: jeweils „Herzstück".
[2] RegE 11. GWB-Novelle, BT-Drs. 20/6824, S. 14 ff.
[3] RegE 11. GWB-Novelle, BT-Drs. 20/6824, S. 15, 17 f., 31. Ausführlich zum Instrument der *market investigations* Wagner-von Papp WuW 2022, 642, 643 ff. Kritisch ggü der (vermeintlichen) Vorbildfunktion der in anderen Jurisdiktionen existierenden bzw. geplanten Regelungen Ackermann ZWeR 2023, 1, 7 f., 23; Körber ZRP 2023, 5, 7 f.; Thomas ZWeR 2022, 333, 337 f.; dagegen Kühling/Engelbracht/Welsch WuW 2023, 250, 254. Zu dem das Kartellrecht und die Regulierung ergänzenden Einsatz eines Instruments wie das der *market investigations* vgl. Franck, Competition enforcement versus regulation as market-opening tools: an application to banking and payment systems, Journal of Antitrust Enforcement, 2023, 1, 34 ff., https://doi.org/10.1093/jaenfo/jnad010.

**2**    Inwiefern kartellrechtliche Schutzlücken bestanden, die nunmehr durch die Möglichkeit, verstoßunabhängige Abhilfemaßnahmen zu erlassen, geschlossen worden sind, ist umstritten. Sofern der Gesetzentwurf stillschweigende Kollusion beispielhaft als möglichen Anwendungsfall des § 32f nennt,[4] können gesetzliche Defizite tatsächlich nicht ausgeschlossen werden.[5] Von Bedeutung sind hier insbesondere Verhaltensweisen, die eine **stillschweigende Kollusion** im engen Oligopol erleichtern, indem sie etwa die Markttransparenz erhöhen (sog. *facilitating practices*), aber auch die „bloße" Ausnutzung einer transparenten, oligopolistischen Marktstruktur.[6] Zutreffend ist zwar, dass die Tatbestandsalternative der abgestimmten Verhaltensweise im Sinne des Kartellverbots aus Art. 101 Abs. 1 AEUV / § 1 grundsätzlich weit ausgelegt wird mit der Folge, dass einzelne Formen der Koordinierung theoretisch als kartellrechtswidrig gelten können. In der Anwendungspraxis sind die Dinge jedoch (noch) weniger klar. Dies wird anhand des Falls *Container Shipping* deutlich, der sog. *price signalling* zum Gegenstand hatte und im Zusammenhang mit einem kartellbehördlichen Vorgehen gegen abgestimmte Verhaltensweisen mitunter als Erfolg dargestellt wird.[7] Trotz einer vergleichsweise intensiven Kommunikation der beteiligten Unternehmen zu ihrer individuellen Preissetzung konnte die Europäische Kommission das Verfahren letztlich jedoch nur mit Verpflichtungszusagen, dh ohne Feststellung einer Zuwiderhandlung gegen Art. 101 AEUV, abschließen.[8] Der EuGH neigt dazu, öffentliche oder an Abnehmer gerichtete Preisankündigungen für sich genommen noch nicht als Abstimmung zwischen Anbietern anzusehen.[9]

**3**    Hinzu kommen in Form von algorithmischer Kollusion und **common ownership** sowie **cross ownership** neuere Entwicklungen bzw. Schadenstheorien, welche die Anwendung des Kartellrechts vor zusätzliche Herausforderungen stellen könnten.[10] Dabei ist jedenfalls mit Blick auf *common ownership* zu beachten, dass etwaige Anteilserwerbe von institutionellen Investoren häufig selbst nicht dem – im Vergleich zum Unionsrecht – in formeller Hinsicht deutlich strengeren deutschen Fusionskontrollrecht unterliegen.[11] Die in der Regel geringen Beteiligungshöhen und das Fehlen sog. Plus-Faktoren haben zur Folge, dass kein Zusammenschlusstatbestand verwirklicht ist, wenn nicht mal (unter Umständen gemeinsamer) wettbewerblich erheblicher Einfluss im Sinne des § 37 Abs. 1 Nr. 4 erworben wird. Dann kann das Bestehen von *common ownership* in einem Sektor nur im Rahmen einer fusionskontrollrechtlichen Prüfung berücksichtigt werden, soweit dies für die wettbewerbliche Beurteilung eines tatsächlich anmeldepflichtigen Zusammenschlussvorhabens von Bedeutung ist.[12]

**4**    Differenziert zu betrachten ist der Versuch, mit Hilfe von verstoßunabhängigen Maßnahmen **etwaige Schutzlücken in der Missbrauchsaufsicht** schließen zu wollen. Der Gesetzentwurf weist zwar im Ausgangspunkt zurecht darauf hin, dass die Ursache einer

---

[4] RegE 11. GWB-Novelle, BT-Drs. 20/6824, S. 15.

[5] AA Thomas ZWeR 2022, 333, 339 ff.

[6] Ausführlich Wagner von Papp in: Kirk/Offergeld/Rohner, S. 33, 42 ff.; ders. NZKart 2022, 605, 605 f.; ders. WuW 2022, 642, 648 f.

[7] Thomas ZWeR 2022, 333, 341.

[8] Kommission 7.7.2016 – AT.39850 – *Container Shipping*. Vgl. Wagner-von Papp in Kirk/Offergeld/Rohner, S. 33, 45 f.; ders. NZKart 2022, 605, 606; WuW 2022, 642, 648.

[9] EuGH 31.3.1993 – C-89/85 – *Ahlström Osakeyhtiö u.a.*, Rn. 59 ff., insb. 64. Vgl. dagegen zwar EuGH 14.7.1972 – C-48/69 – *ICI*, Rn. 83/87 ff.; dort scheint das Gericht die Preisankündigungen allerdings eher als Symptom einer vorherigen Absprache zu verstehen (aaO, Rn. 104/109). Die Praxis der Preiserhöhungsrundschreiben in der Zementindustrie hat das Bundeskartellamt kritisch beurteilt; vgl. Sektoruntersuchung Zement und Transportbeton, Abschlussbericht gemäß § 32e GWB, Juli 2017, Rn. 621 ff., insb. 634, https://www.bundeskartellamt.de/SharedDocs/Publikation/DE/Sektoruntersuchungen/Sektoruntersuchung%20Zement%20und%20Transportbeton.html?nn=3591074.

[10] Vgl. RegE 11. GWB-Novelle, BT-Drs. 20/6824, 15, 34. Vgl. auch Weche/Weck EuZW 2020, 923. Kritisch ggü der Einführung des § 32f in Bezug auf neue Schadenstheorien „ohne bereits gefestigtes ökonomisches Wissen" Inderst/Thomas NZKart 2022, 657, 658 f.

[11] Weche/Weck EuZW 2020, 923, 925 f.; aA Thomas ZWeR 2022, 333, 343 f.

[12] Vgl. Kommission 21.3.2018 – M.8084 – *Bayer/Monsanto*, Rn. 208 ff.; 27.3.2017 – M.7932 – *Dow/DuPont*, Rn. 2337 ff.

Unternehmenskonzentration für die Wirksamkeit des Wettbewerbs und die Funktionsfähigkeit von Märkten grundsätzlich unerheblich ist. Auch starkes internes Wachstum,
Marktaustritte oder fusionskontrollfreie Erwerbe können zu wettbewerblich unerwünschten Marktstrukturen führen.[13] Die Monopolkommission hat zuletzt einen deutlichen An-
stieg der Unternehmenskonzentration in einzelnen ohnehin schon stark konzentrierten
Sektoren festgestellt, auch wenn der gesamtwirtschaftliche Trend der Konzentration flach
bleibt.[14] Sofern § 32f künftig dazu dienen soll, das bloße Bestehen von marktmächtigen
Positionen – ohne deren missbräuchliche Ausnutzung – zu adressieren, besteht aber die
Gefahr, dass als Vorfeldwirkung Investitions- und Innovationsanreize gemindert werden.[15]
Insoweit ist bei der Anwendung der Vorschrift darauf zu achten, nicht gegen Unternehmen
vorzugehen, die sich vor allem dank herausragender Produkte oder Dienstleistungen im
Wettbewerb haben durchsetzen können. Vielmehr sollten sich die Abhilfemaßnahmen
darauf konzentrieren, **schwerwiegende strukturelle Wettbewerbsprobleme** aufzubrechen oder solche zu verhindern, um die Bestreitbarkeit von Märkten sicherzustellen.[16]
Offene Märkte dürften wiederum eine höhere Investitions- und Innovationsbereitschaft
von (potenziellen) Wettbewerbern zur Folge haben.[17]

Dennoch bewegt sich § 32f durchaus – wenn auch eher untechnisch betrachtet[18] – „auf **5**
der Grenze zwischen Kartellrecht und Regulierung".[19] Mit Blick auf die Adressierung
**einseitiger Verhaltensweisen marktmächtiger Unternehmen** dürfte im deutschen
Kartellrecht kaum mehr eine Lücke bestehen: Das GWB schützt den Wettbewerb nicht nur
vor schädlichen Verhaltensweisen von marktbeherrschenden Unternehmen (§ 19), sondern
auch von solchen mit einer überragenden marktübergreifenden Bedeutung (§ 19a) und mit
einer relativen oder überlegenen Marktmacht (§ 20). Letztlich könnte § 32f mit Blick auf
etwaige Marktmachtprobleme deshalb auch in solchen Fällen zur Anwendung gelangen, in
denen der Nachweis einer relevanten Normadressatenstellung oder eines missbräuchlichen
Verhaltens im Sinne der §§ 19 ff. nicht gelingt.[20] Insoweit käme § 32f allerdings die Funktion einer „wettbewerblichen Generalklausel" zu.[21]

Gegen die Möglichkeit, verstoßunabhängige Abhilfemaßnahmen zu erlassen, wurden **6**
während des Gesetzgebungsverfahrens vielfältige **verfassungs- und unionsrechtliche
Bedenken** vorgebracht.[22] Auf ausgewählte Aspekte wird in dem hier leistbaren Umfang
noch bei den jeweiligen (Teil-)Regelungen des § 32f eingegangen. An dieser Stelle soll
dagegen lediglich festgehalten werden, dass das offensichtliche Unbehagen, das der mit
§ 32f angeblich verbundene „Paradigmenwechsel"[23] vielfach auslöst, im Ausgangspunkt

---

[13] RegE 11. GWB-Novelle, BT-Drs. 20/6824, S. 1, 15, 26.

[14] Monopolkommission, Hauptgutachten XXIV, Rn. 82 ff.

[15] Körber ZRP 2023, 5, 8; Paal/Kieß NZKart 2022, 678, 680; Wagner-von Papp in: Kirk/Offergeld/
Rohner, S. 33, 48 f.; ders. NZKart 2022, 605, 606.

[16] Vgl. – zur verstoßunabhängigen Entflechtung – Monopolkommission, Hauptgutachten XXIV, Rn. 376;
Sondergutachten 58, Rn. 135.

[17] Bartsch/Käseberg/Weber WuW 2023, 245, 246; Kühling/Engelbracht/Welsch WuW 2023, 250, 251;
Paal/Kieß NZKart 2022, 678, 680; ausführlich Monopolkommission, Sondergutachten 58, Rn. 46 ff.

[18] Dazu noch Rn. 11.

[19] Wagner von Papp WuW 2022, 642, 650; vgl. auch Ackermann ZWeR 2023, 1, 2, 10.

[20] Vgl. Wagner von Papp in: Kirk/Offergeld/Rohner, S. 33, 49 f.; ders. NZKart 2022, 605, 606 f.; Weche/
Weck EuZW 2020, 923, 928 (zum NCT).

[21] Vgl. Ackermann ZWeR 2023, 1, passim; Brenner WuW 2023, 74, passim; Rohner, Kartellrecht mit
Klauen, Verfassungsblog, 4.10.2022, https://verfassungsblog.de/kartellrecht-mit-klauen/. Kritisch ggü der
Einführung einer „Generalermächtigung des Bundeskartellamtes" und stattdessen für eine Reform der Miss-
brauchsaufsicht Schweitzer, Stellungnahme zum Gesetzesentwurf der Bundesregierung für eine 11. GWB-
Novelle, BT-Drs. 20/6824, A-Drs. 20(9)264, 12.6.2023, S. 4, 5 ff., https://www.bundestag.de/dokumente/
textarchiv/2023/kw24-pa-wirtschaft-11-gwb-novelle-951258.

[22] Vgl. die Nachweise bei Kühling/Engelbracht/Welsch WuW 2023, 250 f.

[23] So zB Körber ZRP 2023, 5, 6 f.; Rohner, Kartellrecht mit Klauen, Verfassungsblog, 4.10.2022, https://
verfassungsblog.de/kartellrecht-mit-klauen/; Suchsland/Schröder NZKart 2023, 300; Thomas ZWeR 2022,
333, 334, 336; von Schreitter/Sura DB 2022, 2715, 2721; dagegen Bartsch/Käseberg/Weber WuW 2023,
245, 246; Künstner, Schriftliche Stellungnahme zum Gesetzentwurf der Bundesregierung zur Änderung des
Gesetzes gegen Wettbewerbsbeschränkungen und anderer Gesetze (11. GWB-Novelle), A-Drs. 20(9)265,

durchaus nachvollziehbar ist. Das Bundeskartellamt verfügt – trotz zahlreicher und wiederholter Anpassungen im Gesetzgebungsverfahren gegenüber dem ursprünglichen Referentenentwurf von September 2022 – immer noch über einen großen Handlungsspielraum zur wettbewerblichen Gestaltung von Märkten. Die Möglichkeit, Abhilfemaßnahmen zu erlassen, ohne dass den Unternehmen im Einzelfall der Vorwurf eines Wettbewerbsverstoßes gemacht werden kann, war bislang nicht nur im deutschen, sondern ist auch im Unionsrecht ohne Entsprechung. Insbesondere die eigentumsrechtliche Entflechtung von Unternehmen stellt zudem einen schwerwiegenden Eingriff in individuelle Rechtspositionen dar (Art. 12 und 14 GG). Das schließt aber nicht aus, dass sie in Ausnahmefällen ein **verhältnismäßiges Instrument** etwa zur Behebung verfestigter marktstruktureller Wettbewerbsprobleme sein kann. In einer Stellungnahme zu früheren ministeriellen Überlegungen für eine missbrauchsunabhängige Entflechtung hat die Monopolkommission sich aus wettbewerbspolitischen Gründen für die Einführung des Instruments ausgesprochen und dabei auch seine grundsätzliche Vereinbarkeit mit höherrangigem Recht aufgezeigt.[24]

## B. Erlass von verstoßunabhängigen Abhilfemaßnahmen im Nachgang zu einer Sektoruntersuchung (Abs. 1)

### I. Zusammenhang zwischen Sektoruntersuchung und Abhilfemaßnahme

7    § 32f Abs. 1 S. 1 verknüpft eine nach § 32e Abs. 1 durchgeführte Sektoruntersuchung mit den in § 32f Abs. 2–4 vorgesehenen verstoßunabhängigen Abhilfemaßnahmen. Ein inhaltlicher – und nicht bloß zeitlicher – Zusammenhang zwischen der Sektoruntersuchung und der Abhilfemaßnahme dergestalt, dass **der Eingriff gerade der Behebung der im Rahmen der Sektoruntersuchung festgestellten Wettbewerbsdefizite dient,** ist ausdrücklich zwar nur dem Wortlaut des § 32f Abs. 2 zu entnehmen. Dort wird insbesondere in S. 1 auf die „untersuchten Wirtschaftszweige" Bezug genommen. Nach Sinn und Zweck ist die Regelung des § 32f aber insgesamt so auszulegen, dass ein entsprechender Zusammenhang bei sämtlichen der in Abs. 2–4 vorgesehenen Abhilfemaßnahmen bestehen muss.[25] § 32f Abs. 1 S. 1 stellt selbst keine Ermächtigungsgrundlage für Abhilfemaßnahmen dar, sondern verweist auf die Eingriffsbefugnisse in den Abs. 2–4. Dort wird zwischen drei Arten von Abhilfemaßnahmen unterschieden: die Verpflichtung zur ergänzenden Anmeldung von Zusammenschlussvorhaben (Abs. 2 S. 1), verhaltensorientierte und (sonstige) strukturelle Maßnahmen (Abs. 3 S. 6) sowie die eigentumsrechtliche Entflechtung von Unternehmen (Abs. 4 S. 1).

### II. Ausschließliche Zuständigkeit des Bundeskartellamtes

8    Die verstoßunabhängigen Abhilfemaßnahmen aus § 32f Abs. 2–4 stehen ausschließlich dem Bundeskartellamt, nicht aber den Landeskartellbehörden zu. Es handelt sich um **eine** *lex specialis* **zu der allgemeinen kartellbehördlichen Zuständigkeitsverteilung** gemäß § 48 Abs. 2, wonach das Bundeskartellamt grundsätzlich nur dann zuständig ist, wenn die wettbewerblichen Wirkungen im Einzelfall über das Gebiet eines Bundeslandes hinausreichen. Eine Begründung für die ausschließliche Zuständigkeit des Bundeskartellamtes

---

12.6.2023, Rn. 5, https://www.bundestag.de/dokumente/textarchiv/2023/kw24-pa-wirtschaft-11-gwb-novelle-951258; Mundt NZKart 2023, 1, 2, 3; Wagner-von Papp in: Kirk/Offergeld/Rohner, S. 33, insb. 35 ff, 56.

[24] Monopolkommission, Sondergutachten 58, insb. Rn. 92 ff. Vgl. auch Engel, Die verfassungsrechtliche Zulässigkeit eines Entflechtungstatbestandes im Gesetz gegen Wettbewerbsbeschränkungen, Dezember 2007, https://www.econstor.eu/handle/10419/26936; Kühling, Missbrauchsunabhängige Entflechtung – verfassungswidriger Kartellrechtspopulismus oder sinnvolle Ultima Ratio?, Verfassungsblog, 24.6.2022, https://verfassungsblog.de/missbrauchsunabhangige-entflechtung/; Monopolkommission, Hauptgutachten XXIV, Rn. 375 ff.

[25] Im Ergebnis auch Ackermann ZWeR 2023, 1, 19 f.

enthält der Gesetzentwurf nicht. Entscheidend dürfte aber gewesen sein, dass das Bundeskartellamt über deutlich mehr Ressourcen als die Landeskartellbehörden verfügt. In der deutschen Fusionskontrolle, die durch die Regelung in § 32f Abs. 2 auch mit Blick auf kleinere regionale Märkte gestärkt werden soll,[26] ist das Bundeskartellamt ohnehin bereits zuvor ausschließlich zuständig gewesen. Zudem darf bezweifelt werden, ob es – insbesondere angesichts der Vorgaben in § 32f Abs. 3 S. 1 zu den räumlichen Auswirkungen der Wettbewerbsstörung (mindestens ein mindestens bundesweiter Markt, mehrere einzelne Märkte oder marktübergreifend)[27] – überhaupt Anwendungsfälle geben wird, die gemäß § 48 Abs. 2 in die originäre Zuständigkeit der Landeskartellbehörden fallen würden.

Da § 32f Abs. 1 S. 1 pauschal auf die Veröffentlichung eines Abschlussberichts nach **9** § 32e Abs. 4 zu einer Sektoruntersuchung verweist, dort aber neben der Pflicht des Bundeskartellamtes zur Veröffentlichung eines solchen Berichts auch eine entsprechende Befugnis der Landeskartellbehörden vorgesehen ist, ist zunächst unklar, ob auch die Sektoruntersuchung einer Landeskartellbehörde die Grundlage für Abhilfemaßnahmen des Bundeskartellamtes nach § 32f Abs. 2–4 bilden kann. Dagegen spricht die vom Gesetzgeber beabsichtigte **engere Verzahnung von Sektoruntersuchung und Abhilfemaßnahmen.**[28] Hiermit wäre es nur schwer zu vereinbaren, wenn das Bundeskartellamt bei dem Erlass von verstoßunabhängigen Abhilfemaßnahmen nicht auf die eigenen Erkenntnisse zurückgreifen würde, die es selbst im Rahmen einer Sektoruntersuchungen gewonnen hätte. Verbraucherrechtliche Sektoruntersuchungen im Sinne des § 32e Abs. 6 können gemäß § 32f Abs. 1 S. 2 keine Grundlage für Eingriffe nach § 32f Abs. 2–4 bilden. Bei Verstößen gegen das Verbraucherrecht verfügt das Bundeskartellamt ohnehin über keine Eingriffsbefugnisse. Hier ergeben sich durch die 11. GWB-Novelle also keine Änderungen.[29]

## III. Verhältnis zum sonstigen Kartellrecht und dem Unionsrecht

**1. Verstoßabhängige Eingriffsbefugnisse.** § 32f Abs. 1 S. 1 stellt klar, dass die sons- **10** tigen – verstoßabhängigen – Eingriffsbefugnisse des Bundeskartellamtes unberührt bleiben. § 32f Abs. 2–4 bildet folglich nur eine Rechtsgrundlage für den Erlass verstoßunabhängiger Abhilfemaßnahmen. Bei einem Verstoß gegen das Kartellverbot oder die Missbrauchsregeln richtet sich dessen Abstellung allein nach § 32 Abs. 1 und 2. Damit entsteht im Hinblick auf Verhaltensweisen, die nicht den Tatbestand einer kartellrechtlichen Verbotsnorm verwirklichen, aber dennoch nach § 32f Abs. 3 und 4 adressiert werden können, zwangsläufig **Rechtsunsicherheit.**[30] Zu berücksichtigen ist jedoch zum einen, dass das Bundeskartellamt „nur" mit Wirkung für die Zukunft eingreifen, nicht aber etwa vergangenes (kartellrechtskonformes) Verhalten sanktionieren kann.[31] Die Eingriffe nach § 32f Abs. 3 und 4 können auch nicht voraussetzungslos, sondern – im Anschluss an die zunächst durchzuführende Sektoruntersuchung – lediglich zur Beseitigung oder (erheblichen) Verringerung einer erheblichen und fortwährenden Störung des Wettbewerbs erfolgen. Dabei sind die enstprechenden Anforderungen im Laufe des Gesetzgebungsverfahrens sukzessive erhöht worden. Das Bundeskartellamt muss ua gemäß § 32f Abs. 3 S. 1 im Rahmen einer Prognoseentscheidung auf Basis der vorliegenden Erkenntnisse darlegen, dass das herkömmliche Kartellrechtsinstrumentarium voraussichtlich nicht ausreichend erscheint, um

---

[26] Dazu noch Rn. 17.
[27] Dazu noch Rn. 33 f.
[28] Vgl. RegE 11. GWB-Novelle, BT-Drs. 20/6824, S. 16 f.
[29] RegE 11. GWB-Novelle, BT-Drs. 20/6824, S. 14.
[30] Ackermann ZWeR 2023, 1, 20; Brenner WuW 2023, 74, 79. Bei § 32f Abs. 2 stellt sich das Problem nicht in demselben Maße, da gemäß dieser Vorschrift die fusionskontrollrechtlichen Anmeldepflichten erweitert werden. Die Fusionskontrolle knüpft aber generell nicht an einen Verstoß gegen eine Verbotsnorm an.
[31] Bartsch/Käseberg/Weber WuW 2023, 245, 246; Wagner-von Papp WuW 2022, 642, 646.

die Wettbewerbsstörung wirksam und dauerhaft zu beseitigen.[32] Zum anderen gilt in Fällen mit **Zwischenstaatsbezug,** dass mehrseitige Maßnahmen im Sinne des Kartellverbots aus Art. 101 Abs. 1 AEUV (Vereinbarungen und abgestimmte Verhaltensweisen zwischen Unternehmen bzw. Beschlüsse von Unternehmensvereinigungen), die keine Wettbewerbsbeschränkung bezwecken oder bewirken oder nach Art. 101 Abs. 3 AEUV freigestellt sind, nicht auf der Grundlage des § 32f Abs. 3 und 4 untersagt werden dürfen. Im Bereich mehrseitiger Verhaltensweisen entfaltet Art. 101 AEUV gemäß Art. 3 Abs. 2 S. 1 VO Nr. 1/2003 eine Sperrwirkung gegenüber der Anwendung strengerer nationaler Wettbewerbsvorschriften.[33]

11      **2. EU-Wettbewerbsrecht.** Bei der Frage, inwiefern der Anwendungsbereich einer verstoßunabhängigen Regelung wie der des § 32f Abs. 3 und 4 in grenzüberschreitenden Fällen darüber hinaus durch das Unionsrecht eingeschränkt wird, ist zu differenzieren. Ausgangspunkt der Überlegungen ist, dass der Union gemäß Art. 3 Abs. 1 lit. b AEUV die **ausschließliche Kompetenz zur Festlegung der für das Funktionieren des Binnenmarkts erforderlichen Wettbewerbsregeln** zukommt. Da mit § 32f Abs. 3 und 4 im Einzelfall festgestellte wettbewerbliche Defizite aufgrund einer behördlichen Ermessensentscheidung adressiert werden sollen, spricht viel dafür, dass es sich bei der Vorschrift um Wettbewerbsrecht im Sinne des Art. 3 Abs. 1 lit. b AEUV – und nicht um sonstige Regulierung – handelt.[34] Fällt ein Sachbereich in die alleinige Kompetenz der Union, können die Mitgliedstaaten dort ohne Ermächtigung nicht gesetzgeberisch tätig werden, Art. 2 Abs. 1 Hs 2 AEUV. Die Reichweite des Art. 3 Abs. 1 lit. b AEUV ist allerdings unklar und umstritten. Eine Ansicht beschränkt die ausschließliche Zuständigkeit der Union auf die Rechtsetzungskompetenzen aus (ua) Art. 103 AEUV.[35] Nach der Gegenauffassung erstreckt sich die ausschließliche Kompetenz der Union auch auf das materielle Wettbewerbsrecht.[36] Es gibt zwar Aussagen in der Rechtsprechung der Unionsgerichte, die darauf hindeuten, dass Art. 3 Abs. 1 lit. b AEUV das materielle Wettbewerbsrecht umfasst;[37] eine Klärung der Reichweite der unionalen Gesetzgebungskompetenz durch den EuGH wäre gleichwohl wünschenswert[38]. Wenn man der letztgenannten Auffassung folgt, bedarf es gemäß Art. 2 Abs. 1 AEUV einer Ermächtigung für den nationalen Gesetzgeber, um im Anwendungsbereich der Art. 101 und 102 AEUV Wettbewerbsregeln mit Binnenmarktbezug zu treffen.

12      Eine solche Ermächtigung könnte vorliegend aus Art. 3 Abs. 2 S. 2 VO Nr. 1/2003 folgen. Demnach können nationale Wettbewerbsvorschriften parallel zum Verbot des Missbrauchs einer marktbeherrschenden Stellung aus Art. 102 AEUV angewendet werden, auch

---

[32] Dazu noch Rn. 35 ff.

[33] Wagner-von Papp WuW 2022, 642, 646.

[34] Im Ergebnis auch Ackermann ZWeR 2023, 1, 10 f. Vgl. dagegen Brenner WuW 2023, 74, 79; Franck, Stellungnahme für den Wirtschaftsausschuss des Deutschen Bundestages zum Gesetzentwurf der Bundesregierung, A-Drs. 20(9)262, 12.6.2023, S. 14, https://www.bundestag.de/dokumente/textarchiv/2023/kw24-pa-wirtschaft-11-gwb-novelle-951258; Paal/Kieß NZKart 2022, 678, 680, die hinsichtlich der Gesetzgebungskompetenz dennoch auf Art. 3 Abs. 1 lit. b AEUV abstellen (aaO, 682 f.).

[35] Calliess in: Calliess/Ruffert, Art. 3 AEUV Rn. 8 f.; Mögele in: Streinz, Art. 3 Rn. 6.

[36] Ackermann ZWeR 2023, 1, 10; Kruse/Maturana EuZW 2022, 798, 800; Nettesheim in: Grabitz/Hilf/Nettesheim, Art. 3 AEUV Rn. 14; Nettesheim/Thomas, Entflechtung, S. 151 ff.; Thomas ZWeR 2022, 333, 351 f. mit Fn. 88.

[37] EuGH 12.5.2022 – C-377/20 – *Servizio Elettrico Nazionale u.a.*, Rn. 42: „Art. 102 AEUV ist ein Ausfluss des allgemeinen, der Tätigkeit der Union in Art. 3 Abs. 1 Buchst. b AEUV gesetzten Ziels, die für das Funktionieren des Binnenmarkts erforderlichen Wettbewerbsregeln festzulegen [...]." EuGH 17.2.2011 – C-52/09 – *TeliaSonera Sverige*, Rn. 21: „Art. 102 AEUV gehört zu den Wettbewerbsregeln im Sinne von Art. 3 Abs. 1 Buchst. b AEUV, die für das Funktionieren des Binnenmarktes erforderlich sind." Vgl. auch (unter Einbeziehung der VO Nr. 139/2004) EuG 28.5.2020 – T-399/16 – *CK Telecoms*, Rn. 93. Für die erstgenannte Auffassung wird dagegen auf die noch deutlich interpretationsbedürftigeren Ausführungen des EuGH in der älteren Rechtssache *Walt Wilhelm* (13.2.1969 – C-14/68, Rn. 2 ff.) zur parallelen Anwendbarkeit des europäischen und des nationalen Rechts hingewiesen; vgl. nur Calliess in: Calliess/Ruffert, Art. 3 AEUV Rn. 8.

[38] So auch Paal/Kieß NZKart 2022, 678, 683.

wenn jene strenger sind. Die **Fälle der stillschweigenden Kollusion** lassen sich unter diese Regelung subsumieren. Zwar gestattet Art. 3 Abs. 2 S. 1 VO Nr. 1/2003 keine gegenüber Art. 101 AEUV strengeren nationalen Wettbewerbsvorschriften. Tatsächlich stellen aus Sicht des Unionsrechts kollusive Praktiken, die nicht zumindest die Schwelle einer abgestimmten Verhaltensweise im Sinne des Art. 101 Abs. 1 AEUV überschreiten, einseitige Verhaltensweisen dar.[39] Dann gilt für die Fälle der stillschweigenden Kollusion nicht etwa die Vorrangregel des Art. 3 Abs. 2 S. 1 VO Nr. 1/2003, sondern der großzügigere S. 2.[40] Hinsichtlich solcher Abhilfemaßnahmen, die nicht an ein bestimmtes Verhalten, sondern – wie theoretisch etwa die verstoßunabhängige Entflechtung – ausschließlich an eine bestimmte Marktstruktur anknüpfen, werden mit Blick auf § 32f aber ebenfalls unionsrechtliche Bedenken erhoben: Art. 3 Abs. 2 S. 2 VO Nr. 1/2003 erlaube **nur strengeres nationales Recht zur Regelung einseitiger *Handlungen,*** den Bestand der marktbeherrschenden Stellung dürfe es angesichts der Wertentscheidung des Art. 102 AEUV, der nur die Ausnutzung einer solchen Marktposition verbiete, indes nicht adressieren.[41] Dagegen lässt sich zwar einwenden, dass das EU-Wettbewerbsrecht selbst missbräuchliches Verhalten unterhalb der Marktbeherrschungsschwelle nicht kennt. Aus Sicht des Unionsgesetzgebers handelt es sich deshalb bei einseitigen Verhaltensweisen von bloß marktstarken (oder ähnlichen) Unternehmen, die aus Sicht des nationalen Rechts bereits als missbräuchlich gelten, um erlaubtes internes Wachstum. Dann erscheint es schwer verständlich, weshalb es den Mitgliedstaaten gestattet ist, insoweit gegenüber Art. 102 AEUV strengere Regeln zu erlassen, während die Beseitigung einer wettbewerblich unerwünschten marktbeherrschenden Stellung gesperrt sein soll. Wegen des eindeutigen Wortlauts des Art. 3 Abs. 2 S. 2 VO Nr. 1/2003, der allein Regelungen zur Unterbindung oder Ahndung einseitiger *Handlungen* privilegiert, könnte es jedoch genau auf dieses Ergebnis hinauslaufen. Auch bei Art. 3 Abs. 3 VO Nr. 1/2003 handelt es sich nicht um eine taugliche Ermächtigungsgrundlage. Denn die Vorschrift gestattet es den Mitgliedstaaten lediglich, weitergehendes nationales Recht zu erlassen, um ein von den Art. 101 und 102 AEUV abweichendes Ziel zu verfolgen. § 32f bezweckt aber – wie Art. 101 und 102 AEUV – ausschließlich den Schutz des Wettbewerbs.[42]

Fraglich ist indes, welche praktische Bedeutung solchen Fällen voraussichtlich zukommen **13** wird, denen ausschließlich strukturelle Wettbewerbsprobleme zugrunde liegen könnten. Denn der Gesetzgeber scheint davon auszugehen, dass eine behördliche Intervention auf Grundlage des § 32f Abs. 3 und 4 **stets an ein wettbewerbsschädliches unternehmerisches *Verhalten* anknüpft.** Dies kommt nicht nur in der Gesetzesbegründung zum Aus-

---

[39] Vgl. auch Podszun/Rohner, Neue Befugnisse für das Bundeskartellamt – Die 11. GWB-Novelle, Stellungnahme für den Wirtschaftsausschuss des Deutschen Bundestags, A-Drs. 20(9)268, 12.6.2023, S. 13, https://www.bundestag.de/dokumente/textarchiv/2023/kw24-pa-wirtschaft-11-gwb-novelle-951258; Rehbinder in: Immenga/Mestmäcker, Art. 3 VO 1/2003 Rn. 24; Schweitzer, Stellungnahme zum Gesetzesentwurf der Bundesregierung für eine 11. GWB-Novelle, BT-Drs. 20/6824, A-Drs. 20(9)264, 12.6.2023, S. 12, https://www.bundestag.de/dokumente/textarchiv/2023/kw24-pa-wirtschaft-11-gwb-novelle-951258; Wagner-von Papp NZKart 2022, 605, 607; ders. WuW 2022, 642, 647 (mit dem zusätzlichen Hinweis darauf, dass einzelne nationale Vorschriften, die bestimmte einseitige Verhaltensweisen verbieten, insbesondere die entsprechende Anwendung der *market investigations* im Recht des Vereinigten Königreichs, von der Europäischen Kommission in der Vergangenheit nicht beanstandet worden sind); aA Bechtold/Bosch/Brinker, Art. 3 VO Nr. 1/2003 Rn. 19; Thomas ZWeR 2022, 333, 351.
[40] Insoweit weist die Gesetzesbegründung zum § 32f zurecht darauf hin, dass die Vorschrift keine mehrseitigen Verhaltensweisen im Sinne des Kartellverbots betrifft; vgl. RegE 11. GWB-Novelle, BT-Drs. 20/6824, S. 26. Vgl. auch zu wettbewerbsbeschränkenden Absprachen, die Ausdruck der (einseitigen) Ausübung von Marktmacht sind, Franck, Stellungnahme für den Wirtschaftsausschuss des Deutschen Bundestages zum Gesetzentwurf der Bundesregierung, A-Drs. 20(9)262, 12.6.2023, S. 15 f., https://www.bundestag.de/dokumente/textarchiv/2023/kw24-pa-wirtschaft-11-gwb-novelle-951258.
[41] Ackermann ZWeR 2023, 1, 11 f.; Kruse/Maturana EuZW 2022, 798, 800; Thomas ZWeR 2022, 333, 351. Vgl. auch Nettesheim/Thomas, Entflechtung, S. 156; Paal/Kieß NZKart 2022, 678, 682; Roth in: FS-Möschel, S. 503, 510 ff.
[42] Ackermann ZWeR 2023, 1, 12; Wagner-von Papp WuW 2022, 642, 646; vgl. auch Roth in: FS-Möschel, S. 503, 511.

druck, die im Zusammenhang mit den Schadenstheorien darauf verweist, dass strukturelle Defizite ein wettbewerbsschädliches Verhalten häufig (lediglich) erleichtern oder ermöglichen dürften.[43] Vielmehr können Abhilfemaßnahmen gemäß § 32f Abs. 3 S. 3 nur gegenüber solchen Unternehmen ergehen, die – neben ihrer Bedeutung für die Marktstruktur – auch durch ihr Verhalten wesentlich zur Störung des Wettbewerbs beitragen.[44] Diese Vorschrift war erstmals im Regierungsentwurf enthalten. Zwar mag der Verursachungsbeitrag gegenüber den strukturellen Wettbewerbsproblemen im Einzelfall von untergeordneter Bedeutung sein. Zudem bleibt das in Rede stehende Verhalten selbst grundsätzlich zulässig. Dennoch scheint eine nationale Regelung wie die des § 32f Abs. 3 und 4, soweit sie einen Verursachungsbeitrag voraussetzt, mit dem an eine unternehmerische Handlung anknüpfenden Wortlaut des Art. 3 Abs. 2 S. 2 VO Nr. 1/2003 vereinbar.

**14**  Nach alledem ist Folgendes festzuhalten. Folgt man der Auffassung, welche die ausschließliche Zuständigkeit der Union aus Art. 3 Abs. 1 lit. b AEUV auf die Rechtsetzungskompetenzen beschränkt, würde das EU-Wettbewerbsrecht einer Anwendung des § 32f Abs. 3 und 4 **auch in Fällen mit Binnenmarktbezug nicht entgegenstehen.** Bei Zugrundelegung eines weiten Verständnisses von Art. 3 Abs. 1 lit. b AEUV, das sich auf das materielle Wettbewerbsrecht erstreckt, bedürfte es dagegen einer Ermächtigung der Union für den nationalen Gesetzgeber. In Gestalt des Art. 3 Abs. 2 S. 2 VO Nr. 1/2003 würde eine solche Ermächtigung zum Erlass von verstoßunabhängigen Abhilfemaßnahmen bei einseitigen Handlungen, etwa in Fällen der stillschweigenden Kollusion, existieren. Soweit § 32f Abs. 3 und 4 eine Grundlage für Abhilfemaßnahmen bei rein strukturellen Wettbewerbsproblemen bilden könnte, würde dagegen eine Ermächtigung fehlen und **das EU-Wettbewerbsrecht eine Sperrwirkung entfalten.** Da die Zwischenstaatlichkeitsklausel bei Art. 101 und 102 AEUV grundsätzlich weit ausgelegt wird,[45] wäre der Anwendungsbereich des § 32f Abs. 3 und 4 dann im Wesentlichen auf lokale oder regionale Sachverhalte beschränkt. Dagegen scheint der Gesetzgeber auch Fälle größeren Umfangs adressieren zu wollen. So verlangt § 32f Abs. 3 S. 1 – seit dem Regierungsentwurf –, dass die Wettbewerbsstörung, soweit lediglich ein Markt betroffen ist, auf einem mindestens bundesweiten Markt vorliegt.[46] Letztlich wird das Problem jedoch dadurch entschärft, dass die Anwendung des § 32f Abs. 3 und 4 einen Verursachungsbeitrag voraussetzt und insofern mit Art. 3 Abs. 2 S. 2 VO Nr. 1/2003 eine unionale Ermächtigung vorhanden sein dürfte.

**15**  **3. Gesetz über digitale Märkte (VO Nr. 2022/1925).** Gegenüber **Torwächter-Unternehmen** im Sinne des Art. 3 VO Nr. 2022/1925 („Gesetz über digitale Märkte") ist zusätzlich Art. 1 Abs. 5 und 6 zu beachten. Demnach können solchen Unternehmen durch nationale Wettbewerbsvorschriften zwar gemäß Art. 1 Abs. 6 lit. b VO Nr. 2022/1925 im Bereich einseitiger *Verhaltensweisen* Verpflichtungen auferlegt werden, die über die VO Nr. 2022/1925 hinausgehen. Allerdings dürfte die Privilegierung des Art. 1 Abs. 6 VO Nr. 2022/1925 für das nationale Wettbewerbsrecht ebenfalls insofern nicht gelten und Art. 1 Abs. 5 VO Nr. 2022/1925 eine Sperrwirkung gegenüber § 32f Abs. 3 und 4 entfalten, als Abhilfemaßnahmen nach dieser Vorschrift *verhaltensunabhängig* auf eine Verbesserung der Marktstruktur im Sinne bestreitbarer und fairer Märkte zielen und dabei auch an die Torwächter-Stellung der entsprechenden Unternehmen anknüpfen.[47]

**16**  Angesichts insbesondere der Vorgabe aus § 32f Abs. 3 S. 3, dass Abhilfemaßnahmen nur gegenüber solchen Unternehmen ergehen können, die durch ihr Verhalten wesentlich zur

---

[43] RegE 11. GWB-Novelle, BT-Drs. 20/6824, S. 33.
[44] Dazu noch Rn. 41.
[45] Vgl. nur Zimmer in: Immenga/Mestmäcker, Art. 101 Abs. 1 AEUV Rn. 171 ff. bzw. Fuchs in: Immenga/Mestmäcker, Art. 102 AEUV Rn. 22 ff.
[46] Dazu noch Rn. 34.
[47] Kruse/Maturana EuZW 2022, 798, 801; Paal/Kieß NZKart 2022, 678, 683. Laut Ackermann ZWeR 2023, 1, 12, lässt der DMA „[e]ine neuartige, von Verhaltensverstößen und Unternehmenszusammenschlüssen unabhängige Kontrolle" sogar in Gänze nicht zu.

Störung des Wettbewerbs beigetragen haben, ist freilich auch mit Blick auf die VO Nr. 2022/1925 zweifelhaft, ob es insoweit zu Konflikten kommen kann. Darüber hinaus scheint eine Anwendung des neuen Instrumentariums **gegenüber den (künftigen) Adressaten der VO Nr. 2022/1925 aber nicht ausgeschlossen.** Zwar hat es seitens des Gesetzgebers bislang kaum Informationen zu möglichen Sektoren gegeben, die Gegenstand eines Vorgehens nach § 32f Abs. 3 und 4 sein könnten. Zudem ist es naheliegend, dass die Wettbewerbsdefizite in der Digitalökonomie jedenfalls nicht im unmittelbaren Fokus des § 32f Abs. 3 und 4 stehen. So hat der EU-Gesetzgeber mit der VO Nr. 2022/1925 für die wenigen Torwächter-Unternehmen erst kürzlich neue Verhaltensvorgaben und – wohl für einen noch engeren Adressatenkreis – der nationale Gesetzgeber mit § 19a neue Möglichkeiten zur Untersagung bestimmter Verhaltensweisen im Einzelfall geschaffen. Zu berücksichtigen ist jedoch, dass der subjektive Anwendungsbereich der eigentumsrechtlichen Entflechtung gemäß § 32f Abs. 4 S. 1 seit dem Regierungsentwurf neben marktbeherrschenden Unternehmen auf Unternehmen mit überragender marktübergreifender Bedeutung für den Wettbewerb im Sinne des § 19a Abs. 1 beschränkt ist.[48] Außerdem nennt die Gesetzesbegründung im Zusammenhang mit der Schadenstheorie der unilateralen Marktmacht beispielhaft „(stark spezialisierte) digitale Vermittlungsplattformen, die von den Nachfragern der Vermittlungsleistung sehr hohe Provisionen fordern."[49]

## C. Verpflichtung zur ergänzenden Anmeldung von Zusammenschlussvorhaben (Abs. 2)

### I. Zweck und Struktur der Vorschrift

Nach § 32f Abs. 2 S. 1 kann das Bundeskartellamt Unternehmen im Anschluss an eine **17** Sektoruntersuchung zu einer ergänzenden Anmeldung von Zusammenschlussvorhaben auch unterhalb der fusionskontrollrechtlichen Anmeldeschwellen des § 35 verpflichten. Eine solche Regelung existierte – seit der 10. und bis zur 11. GWB-Novelle – bereits in § 39a aF. Mit dieser Vorschrift sollten systematische Aufkäufe zahlreicher kleiner Unternehmen durch ein großes Unternehmen erfasst werden können.[50] Die gesamtwirtschaftliche Bedeutung solcher Transaktionen sollte dabei aus ihrer kumulativen Wirkung folgen. Das Bundeskartellamt hat zwar eine (ergänzende) Sektoruntersuchung zum Entsorgungsbereich speziell für die Zwecke des § 39a aF eingeleitet,[51] das Instrument der Anmeldeverfügung selbst jedoch nie genutzt. Die Regelung aus § 39a aF ist mit verschiedenen Anpassungen, aber im Kern unverändert in § 32f Abs. 2 überführt und § 39a aF zugleich gestrichen worden. § 32f Abs. 2 soll **vor allem drohende Konzentrationstendenzen auf kleineren regionalen Märkten besser adressieren.**[52] Die fehlende gesamtwirtschaftliche Bedeutung des Zusammenschlusses steht dem Erlass einer Anmeldeverfügung nicht mehr entgegen.

Im Gegensatz zu Art. 14 VO Nr. 2022/1925, der unmittelbar eine bloße Anzeigepflicht **18** für Torwächter-Unternehmen vorsieht, enthält § 32f Abs. 2 eine **„echte" Pflicht zur**

---

[48] Dazu noch Rn. 51 f.

[49] RegE 11. GWB-Novelle, BT-Drs. 20/6824, S. 31. Kritisch zum (derzeitigen) Bedarf des Instruments einer missbrauchsunabhängigen Entflechtung auf digitalen Märkten Monopolkommission, Hauptgutachten XXIV, Rn. 380.

[50] Die Monopolkommission hat bereits im Zuge der 10. GWB-Novelle eine alternative Regelung zu § 39a aF vorgeschlagen. Eine gezieltere Stärkung der Kontrolle regionaler Zusammenschlüsse ließe sich aus ihrer Sicht dadurch erreichen, dass die zu prüfenden Umsätze bei Zusammenschlüssen mit regionalem Schwerpunkt rechnerisch verdoppelt werden; vgl. Monopolkommission, Policy Brief Nr. 4, S. 6 ff., https://www.monopolkommission.de/de/policy-brief.html.

[51] BKartA 19.1.2022, Rethmann-Gruppe/Remondis: Bundeskartellamt prüft Voraussetzungen für erweiterte Anmeldepflicht für künftige Übernahmen (§ 39a GWB), https://www.bundeskartellamt.de/SharedDocs/Meldung/DE/Pressemitteilungen/2022/19_01_2022_Remondis_39a.html?nn=3591568.

[52] RegE 11. GWB-Novelle, BT-Drs. 20/6824, S. 16, 27.

**Anmeldung künftiger Zusammenschlüsse.** Zu unterscheiden ist indes zwischen den Voraussetzungen für die Verpflichtung des Bundeskartellamtes zur Anmeldung künftiger Zusammenschlüsse nach § 32f Abs. 2 S. 1 einerseits und der Pflicht der Unternehmen zur tatsächlichen Anmeldung eines konkreten Zusammenschlussvorhabens nach § 32f Abs. 2 S. 2 andererseits: Selbst wenn ein Unternehmen grundsätzlich zur Anmeldung von künftigen Zusammenschlüssen verpflichtet worden ist, steht die Anmeldepflicht eines konkreten Zusammenschlussvorhabens unter der Voraussetzung, dass im Einzelfall die Aufgreifschwellen des § 32f Abs. 2 S. 2 erfüllt sind.[53]

## II. Objektiv nachvollziehbare Anhaltspunkte für eine Wettbewerbsbehinderung

19      Anders als die Abhilfemaßnahmen gemäß § 32f Abs. 3 S. 6 und Abs. 4 S. 1 setzt die Verpflichtung zur Anmeldung nach Abs. 2 S. 1 keine erhebliche und fortwährende Störung des Wettbewerbs voraus. Stattdessen müssen „objektiv nachvollziehbare Anhaltspunkte dafür bestehen, dass durch künftige Zusammenschlüsse der wirksame Wettbewerb im Inland in einem oder mehreren der in dem Bericht nach § 32e Absatz 4 untersuchten Wirtschaftszweige im Sinne von § 36 Absatz 1 erheblich behindert werden könnte". Der **Zusammenhang zwischen der Sektoruntersuchung und der Anmeldeverfügung** ist in § 32f Abs. 2 wohl noch etwas stärker als in § 39a aF. Laut der Gesetzesbegründung der 10. GWB-Novelle sollten sich objektiv nachvollziehbare Anhaltspunkte für eine künftige Wettbewerbsbehinderung zwar insbesondere aus einer Sektoruntersuchung ergeben, deren vorherige Durchführung bereits damals Voraussetzung für den Erlass einer Anmeldeverfügung war, § 39a Abs. 3 aF. Berücksichtigungsfähig sollten daneben aber auch die schrittweise Übernahme kleinerer Wettbewerber sowie potenziell gefährlicher Newcomer und Beschwerden von Wettbewerbern sowie Kunden oder Verbrauchern sein.[54] In § 39a aF war die vorherige Durchführung einer Sektoruntersuchung deshalb nur eine formale Anforderung; ein bestimmtes Ergebnis wurde nicht vorausgesetzt.[55] Nunmehr handelt es sich bei der Anmeldeverfügung um eine Abhilfemaßnahme zur Behebung von Wettbewerbsproblemen im Nachgang zu einer Sektoruntersuchung. Daher kommt ein Eingreifen auf Grundlage des § 32f Abs. 2 ohne die Feststellung in einer Sektoruntersuchung, dass ein oder mehrere Wirtschaftszweige entsprechende Defizite aufweisen, nicht in Betracht. Hinsichtlich der **Eingriffsschwelle** bleibt es dagegen – wie in § 39a aF – bei der Voraussetzung, dass „objektiv nachvollziehbare Anhaltspunkte" für eine Wettbewerbsbehinderung vorliegen müssen. Der Maßstab ist weitgehend unklar, aber jedenfalls niedriger als die erst im Rahmen einer tatsächlichen Prüfung des Zusammenschlussvorhabens anzustellende Prognose über eine erhebliche Behinderung wirksamen Wettbewerbs gemäß § 36 Abs. 1 S. 1.[56]

## III. Erlass der Anmeldeverfügung und Anmeldepflicht im Einzelfall

20      Bestehen objektiv nachvollziehbare Anhaltspunkte für eine künftige Wettbewerbsbehinderung, „kann das Bundeskartellamt Unternehmen durch Verfügung verpflichten, jeden Zusammenschluss im Sinne von § 37 in einem oder mehreren dieser Wirtschaftszweige innerhalb eines Zeitraums von drei Jahren ab Zustellung der Verfügung anmelden", § 32f Abs. 2 S. 1. Das Bundeskartellamt verfügt zunächst über einen **Ermessensspielraum,** ob es eine Anmeldeverfügung erlässt und – gegebenenfalls – an welche Unternehmen es sie richtet. Dies können ein oder mehrere Unternehmen sein.[57] Eine Konkretisierung des Kreises möglicher Adressaten hat es bei § 32f Abs. 2 S. 1 – im Gegensatz zu § 32f Abs. 3

---

[53] Von Schreitter/Sura, DB 2022, 2715, 2718.
[54] RegE 10. GWB-Novelle, BT-Drs. 19/23492, S. 95.
[55] Kallfaß in: Bunte, § 39a Rn. 7.
[56] Vgl. – zu § 39a aF – Becker in: Bien ua, Kap. 5 Rn. 42; Kallfaß in: Bunte, § 39a Rn. 4.
[57] RegE 11. GWB-Novelle, BT-Drs. 20/6824, S. 16.

und 4[58] – auch im Zuge des Regierungsentwurfs nicht gegeben. Die Anmeldeverfügung betrifft das Unternehmen im Sinne der wirtschaftlichen Einheit.[59] Somit müssen etwa auch die Tochterunternehmen einer an die Muttergesellschaft gerichteten Verfügung künftige Zusammenschlüsse anmelden, sofern im Einzelfall die Aufgreifschwellen des § 32f Abs. 2 S. 2 erfüllt sind (dazu sogleich). Innerhalb eines oder mehrerer Wirtschaftszweige, in denen im Rahmen der Sektoruntersuchung unerwünschte Wettbewerbsbedingungen – insbesondere eine hohe Unternehmenskonzentration – festgestellt wurden, kann das Bundeskartellamt die **Anmeldepflicht in räumlicher und sachlicher Hinsicht einschränken.**[60] In zeitlicher Hinsicht kann eine Anmeldepflicht zunächst für einen Zeitraum von höchstens drei Jahren ab Zustellung der Verfügung festgestellt werden, § 32f Abs. 2 S. 1. § 32f Abs. 2 S. 5 stellt aber klar, dass eine Verlängerung der Anmeldepflicht auf der Grundlage der durchgeführten Sektoruntersuchung um jeweils drei Jahre bis zu dreimal zulässig ist; eine entsprechende Regelung fehlte in § 39a aF.

Die Pflicht zur ergänzenden Anmeldung eines konkreten Zusammenschlusses setzt im **21** Einzelfall – neben der Verfügung nach § 32f Abs. 2 S. 1 – das Erreichen der **Aufgreif-schwellen** des S. 2 voraus. Die Aufgreifschwellen sind im Vergleich zu der Regelung in § 39a aF deutlich gesenkt worden. Demnach besteht eine Anmeldepflicht, wenn der Erwerber im Vorjahr einen Inlandsumsatz von 50 Millionen Euro (§ 39a aF: 500 Millionen Euro weltweit) und das zu erwerbende Unternehmen einen Inlandsumsatz von einer Million Euro (§ 39a aF: zwei Millionen Euro weltweit, davon mehr als zwei Drittel im Inland) erzielte. Im Referenten- und im Regierungsentwurf war für das Zielunternehmen noch eine Umsatzschwelle in Höhe von 500.000 Euro vorgesehen, deren Anhebung auf eine Million Euro im Rahmen der Beratungen im Wirtschaftsausschuss empfohlen wurde, „um die Balance zwischen dem Schutz des Wettbewerbs und dem bei den betroffenen Unternehmen sowie dem Bundeskartellamt entstehenden Aufwand zu wahren."[61] Auf den Wirtschaftsausschuss geht zudem die Klarstellung im Wortlaut des Gesetzes zurück, dass auch die Schwelle für das Zielunternehmen allein inländische Umsätze betrifft.[62] Im Vergleich zu § 39a aF entfällt indes die Anforderung, dass das erwerbende Unternehmen einen Anteil von mindestens 15 % an dem Angebot oder der Nachfrage in dem Wirtschaftszweig in Deutschland haben muss. Zudem findet die **Bagatellmarktklausel** aus § 36 Abs. 1 S. 2 Nr. 2 Rahmen des § 32f Abs. 2 **keine Anwendung,** § 32f Abs. 2 S. 3. Dadurch wird auch die materielle Fusionskontrolle verschärft: Abweichend von den allgemeinen Vorschriften kann ein Zusammenschlussvorhaben bei einer Anmeldung nach § 32f Abs. 2 auch insofern untersagt werden, als ein Markt betroffen ist, auf dem im Inland insgesamt weniger als 20 Millionen Euro umgesetzt wurden. Der Gesetzentwurf begründet die vorgenannten Anpassungen mit der Möglichkeit, drohende Konzentrationstendenzen auf kleineren regionalen Märkten besser adressieren zu können, und nennt beispielhaft regionale Gesundheitsmärkte.[63]

§ 32f Abs. 2 S. 4 bestimmt, dass im Übrigen die Vorschriften des GWB über die **22** Zusammenschlusskontrolle Anwendung finden. Damit ist für die Anmeldepflicht eines Zusammenschlussvorhabens – neben dem Erreichen der vorgenannten Aufgreifschwellen – das Vorliegen eines Zusammenschlusstatbestands im Sinne des § 37 Abs. 1 erforderlich. Dies hat zur Folge, dass die Fälle des *common ownership* auch nach § 32f Abs. 2 häufig nicht der Fusionskontrollpflicht unterliegen dürften.[64] Der Umfang der Anmeldepflicht richtet

---

[58] Dazu noch Rn. 40 ff. bzw. 51 f.

[59] Vgl. auch die – im Regierungsentwurf allerdings nicht mehr enthaltene – Begründung des RefE 11. GWB-Novelle, Bearbeitungsstand: 15.9.2022 12:58, S. 27, https://www.bmwk.de/Redaktion/DE/Meldung/2022/20220920-bmwk-legt-entwurf-zur-verscharfung-des-wettbewerbsrechts-vor.html; Kallfaß in: Bunte, § 39a Rn. 10.

[60] RegE 11. GWB-Novelle, BT-Drs. 20/6824, S. 16.

[61] BT-WiA 11. GWB-Novelle, BT-Drs. 20/7625, S. 30.

[62] Vgl. zuvor aber bereits RegE 11. GWB-Novelle, BT-Drs. 20/6824, S. 27.

[63] RegE 11. GWB-Novelle, BT-Drs. 20/6824, S. 27. Dazu bereits Rn. 17.

[64] Dazu bereits Rn. 3.

sich, wie § 32f Abs. 2 S. 1 klarstellt, nach § 39. Zudem gilt das **Verbot des vorzeitigen Vollzugs** eines Zusammenschlusses aus § 40 Abs. 1 S. 1.[65] Bei der materiellen Beurteilung eines nach § 32f Abs. 2 angemeldeten Zusammenschlussvorhabens bestehen – bis auf die Nichtanwendung der Bagatellmarktklausel – grundsätzlich keine Abweichungen von den allgemeinen Fusionskontrollvorschriften. Wegen des Wortlautes sowie des Zwecks des § 32f Abs. 2[66] spricht jedoch viel dafür, die Prüfung dergestalt zu beschränken, dass der Zusammenschluss nur untersagt werden kann, soweit er zu einer erheblichen Behinderung wirksamen Wettbewerbs in einem untersuchten Wirtschaftszweig führen würde.[67]

## D. Feststellung einer erheblichen und fortwährenden Störung des Wettbewerbs (Abs. 3 S. 1–5, Abs. 5)

### I. Überblick und Systematik

23    Das Verfahren, das auf den Erlass von verstoßunabhängigen Abhilfemaßnahmen nach § 32f Abs. 3 S. 6 und Abs. 4 S. 1 gerichtet ist, ist **zweistufig ausgestaltet.** Zunächst stellt das Bundeskartellamt gemäß § 32f Abs. 3 Satz 1 fest, dass eine erhebliche und fortwährende Störung des Wettbewerbs auf mindestens einem mindestens bundesweiten Markt, mehreren einzelnen Märkten oder marktübergreifend vorliegt, und erlässt erst im Anschluss eine Abhilfemaßnahme nach § 32f Abs. 3 S. 6 oder Abs. 4 S. 1. Die Feststellung der Wettbewerbsstörung in einer eigenen Verfügung war erstmals im Regierungsentwurf vorgesehen. Die Anpassung dient vor allem der Verbesserung des Rechtsschutzes.[68] Eine Regelung entsprechend des § 19a Abs. 2 S. 4, wonach die Feststellung der Adressatenstellung im Sinne des § 19a Abs. 1 mit der Untersagung einer Verhaltensweise im Sinne des § 19a Abs. 2 S. 1 verbunden werden kann, gibt es bei § 32f nicht. Hier ergehen die beiden – formal ohnehin getrennten – Verfügungen deshalb nacheinander und in zwei separaten Entscheidungen. Einen zeitlichen Mindestabstand zwischen ihnen sieht das Gesetz indes nicht vor; es gibt in § 32f Abs. 7 lediglich eine 18-monatige Höchstfrist.[69] Zwar erscheint es naheliegend, dass das Bundeskartellamt die Abhilfemaßnahmen bereits ein Stück weit parallel zu der Feststellungsverfügung vorbereiten wird. Dennoch spricht die Entscheidung des Gesetzgebers zugunsten von zwei getrennten Verfügungen dafür, dass diese in einem gewissen zeitlichen Abstand zueinander erlassen werden. In jedem Fall müssten die Verfahrensrechte der Beteiligten, insbesondere deren rechtliches Gehör, gewahrt werden.[70]

24    Zu beachten ist, dass die Regelungen in § 32f Abs. 3 S. 1–5, Abs. 5 **„vor die Klammer gezogen"** sind. Sie enthalten überwiegend Vorgaben für die Feststellung einer erheblichen und fortwährenden Störung des Wettbewerbs als Voraussetzung für den Erlass von Abhilfemaßnahmen nach § 32f Abs. 3 S. 6 und Abs. 4 S. 1, aber zum Teil auch Vorgaben für die Abhilfemaßnahmen selbst. Insbesondere durch die Präzisierungen zu dem Begriff der (erheblichen und fortwährenden) Störung des Wettbewerbs,[71] dem Verhältnis des neuen Instruments zu den verstoßabhängigen Eingriffsbefugnissen[72] und dem Kreis der möglichen

---

[65] So auch von Schreitter/Sura DB 2022, 2715, 2717; zweifelnd Thomas ZWeR 2022, 333, 350 mit Fn. 76.

[66] Dazu bereits Rn. 17, 19.

[67] Vgl. – zu § 39a aF – Becker in: Bien ua, Kap. 5 Rn. 70 ff., insb. 74; aA Kallfaß in: Bunte, § 39a Rn. 11.

[68] Dazu noch Rn. 76 f. Kritisch Künstner, Schriftliche Stellungnahme zum Gesetzentwurf der Bundesregierung zur Änderung des Gesetzes gegen Wettbewerbsbeschränkungen und anderer Gesetze (11. GWB-Novelle), A-Drs. 20(9)265, 12.6.2023, Rn. 46 ff., insb. 47:"künstliche Beschwer", https://www.bundestag.de/dokumente/textarchiv/2023/kw24-pa-wirtschaft-11-gwb-novelle-951258.

[69] Dazu noch Rn. 71 ff.

[70] Dazu noch Rn. 64 ff.

[71] Dazu noch Rn. 25 ff.

[72] Dazu noch Rn. 35 ff.

Adressaten[73] ist es – im Vergleich zu den Vorschlägen aus dem Referentenentwurf – besser gelungen, den behördlichen Handlungsspielraum bei einem Vorgehen nach § 32f Abs. 3 und 4 zu umgrenzen.[74]

## II. Störung des Wettbewerbs

Die Feststellungsverfügung gemäß § 32f Abs. 3 S. 1 setzt zunächst eine Störung des **25** Wettbewerbs voraus. Was unter einer Störung des Wettbewerbs zu verstehen ist, ergibt sich wiederum aus § 32f Abs. 5 S. 1 und 2. Der Begriff der Störung des Wettbewerbs wird im GWB erstmals verwendet; er ist in Abgrenzung zum fusionskontrollrechtlichen SIEC-Kriterium aus § 36 Abs. 1 gewählt worden.[75] Auch § 32f Abs. 5 ist im Laufe des Gesetzgebungsverfahrens angepasst worden. Während die Vorschrift im Referentenentwurf noch recht unstrukturiert erschien, da sie Schadenstheorien und Kriterien für die Störung des Wettbewerbs vermengte, finden sich die beiden Kategorien dort nun in jeweils einem eigenen Satz. So enthält § 32f Abs. 5 S. 1 zunächst **Regelbeispiele für eine Störung des Wettbewerbs.** Die Liste orientiert sich an den klassischen kartellrechtlichen Schadenstheorien,[76] die auch in den Leitlinien der Wettbewerbsbehörde des Vereinigten Königreich zu den dortigen *market investigations* genannt werden.[77] Dabei geht es – wie im übrigen Kartellrecht – in erster Linie um den Schutz des Wettbewerbsprozesses und weniger um die Kontrolle des Marktergebnisses.[78] Eine Wettbewerbsstörung kann gemäß § 32f Abs. 5 S. 1 insbesondere vorliegen bei unilateraler Angebots- und Nachfragemacht (Nr. 1), Beschränkungen des Marktzutritts und -austritts, der Kapazitäten von Unternehmen oder des Wechsels zu einem anderen Anbieter oder Nachfrager (Nr. 2), gleichförmigem oder koordiniertem Verhalten (Nr. 3) oder der Abschottung von Einsatzfaktoren oder Kunden durch vertikale Beziehungen (Nr. 4). Sofern demnach bereits geringfügige Abweichungen vom Ideal des vollständigen Wettbewerbs eine tatbestandsmäßige Störung desselben zu bedeuten

---

[73] Dazu noch Rn. 40 ff.

[74] Grundsätzlich kritisch gegenüber dem Handlungsspielraum des Bundeskartellamtes – obgleich überwiegend noch vor der Veröffentlichung des Regierungsentwurfs und unter im Einzelnen unterschiedlichen Gesichtspunkten – Ackermann ZWeR 2023, 1, 16 ff.; Boettcher, Stellungnahme zum Regierungsentwurf des „Wettbewerbsdurchsetzungsgesetzes" (11. GWB-Novelle), A-Drs. 20(9)267, 12.6.2023, S. 3 f., 5, https://www.bundestag.de/dokumente/textarchiv/2023/kw24-pa-wirtschaft-11-gwb-novelle-951258; Brenner WuW 2023, 74, 76 ff.; Körber NZKart 2023, 193 f.; ders. ZRP 2023, 5, 6 f.; Paal/Kieß NZKart 2022, 678, 681 f.; Suchsland/Schröder NZKart 2023, 300; Thomas ZWeR 2022, 333, 348 f.; von Schreitter/Sura DB 2022, 2715, 2721 f. (vgl. aber zum Regierungsentwurf dies. DB 2023, 1268, 1273 f.); Wagner-von Papp WuW 2022, 642, 646, 649 (vgl. aber zum Regierungsentwurf ders. WuW 2023, 301 f.). Dagegen Franck, Stellungnahme für den Wirtschaftsausschuss des Deutschen Bundestages zum Gesetzentwurf der Bundesregierung, A-Drs. 20(9)262, 12.6.2023, S. 11 f., https://www.bundestag.de/dokumente/textarchiv/2023/kw24-pa-wirtschaft-11-gwb-novelle-951258; Kühling/Engelbracht/Welsch WuW 2023, 250, 252 f.; Mundt NZKart 2023, 1, 2; Podszun/Rohner, Neue Befugnisse für das Bundeskartellamt – Die 11. GWB-Novelle, Stellungnahme für den Wirtschaftsausschuss des Deutschen Bundestags, A-Drs. 20(9)268, 12.6.2023, S. 12 f., 14, https://www.bundestag.de/dokumente/textarchiv/2023/kw24-pa-wirtschaft-11-gwb-novelle-951258.

[75] RegE 11. GWB-Novelle, BT-Drs. 20/6824, S. 26.

[76] RegE 11. GWB-Novelle, BT-Drs. 20/6824, S. 17, 31; Bartsch/Käseberg/Weber WuW 2023, 245, 247; Käseberg NZKart 2023, 245; von Schreitter/Sura DB 2023, 1268, 1269.

[77] Competition Commission, Guidelines for market investigations: Their role, procedures, assessment and remedies, April 2013, Rn. 170, https://assets.publishing.service.gov.uk/government/uploads/system/uploads/attachment_data/file/284390/cc3_revised.pdf. Die Leitlinien wurden von der CMA im Wesentlichen übernommen; vgl. CMA, Market Studies and Market Investigations: Supplemental guidance on the CMA's approach, Januar 2014 (überarbeitet Juli 2017), Anhänge A und B, https://assets.publishing.service.gov.uk/government/uploads/system/uploads/attachment_data/file/624706/cma3-markets-supplemental-guidance-updated-june-2017.pdf.

[78] Vgl. RegE 11. GWB-Novelle, BT-Drs. 20/6824, S. 15; Podszun/Rohner, Neue Befugnisse für das Bundeskartellamt – Die 11. GWB-Novelle, Stellungnahme für den Wirtschaftsausschuss des Deutschen Bundestags, A-Drs. 20(9)268, 12.6.2023, S. 17, https://www.bundestag.de/dokumente/textarchiv/2023/kw24-pa-wirtschaft-11-gwb-novelle-951258. Kritisch Schweitzer, Stellungnahme zum Gesetzesentwurf der Bundesregierung für eine 11. GWB-Novelle, BT-Drs. 20/6824, A-Drs. 20(9)264, 12.6.2023, S. 6 f., https://www.bundestag.de/dokumente/textarchiv/2023/kw24-pa-wirtschaft-11-gwb-novelle-951258.

scheinen, ist indes zu beachten, dass ein behördliches Eingreifen nach § 32f Abs. 3 S. 1 zusätzlich ihre Erheblichkeit und ihr Fortwähren voraussetzt.[79]

**26** Das **Bestehen unilateraler Angebots- oder Nachfragemacht (Nr. 1)** umschreibt die Gesetzesbegründung zunächst mit wettbewerblich nicht hinreichend begrenzten unternehmerischen Verhaltensspielräumen.[80] Hierbei handelt es sich zwar um eine gängige Definition (nur) für das Bestehen von Marktbeherrschung. Es wird allerdings klargestellt, dass auch Machtpositionen unterhalb der Marktbeherrschungsschwelle erfasst sind.[81] Zu beachten ist zudem, dass auf oligopolistisch geprägten Märkten mehrere Unternehmen jeweils über Marktmacht verfügen können, diese insoweit jedoch nicht auf (expliziter oder impliziter) Koordination beruht und mithin „unilateral" ist.[82] Der Fallgruppe des **Bestehens von Marktzutrittsschranken (Nr. 2)** misst die Gesetzesbegründung eine praktisch große Bedeutung bei und benennt eine Reihe technischer, regulatorischer bzw. administrativer, vertraglicher und sonstiger Marktzutrittsschranken.[83] Im Zusammenhang mit Beschränkungen des Wechsels von Marktteilnehmern zu einem anderen Anbieter oder Nachfrager (ebenfalls Nr. 2) wird beispielhaft auf mangelnde Interoperabilität sowie auf Lock-in-Effekte verwiesen.[84] Bei **gleichförmigem oder koordiniertem Verhalten (Nr. 3)** geht es der Gesetzesbegründung zufolge insbesondere um stillschweigende Kollusion auf oligopolistisch geprägten Märkten, die mit dem herkömmlichen Kartellrecht nur unzureichend adressiert werden kann, aber ein Marktergebnis erzielt, welches demjenigen entspricht, das aus gemäß Art. 101 AEUV bzw. § 1 unzulässigen Verhaltensweisen folgt.[85] Die **Abschottung von Einsatzfaktoren oder Kunden durch vertikale Beziehungen (Nr. 4)** betrifft nachteilige Wirkungen infolge von etwaigen unerwünschten vertikalen Unternehmensverflechtungen oder entsprechenden langfristigen Verträgen.[86] Die Gesetzesbegründung weist darauf hin, dass neben der vollumfänglichen Abschottung von Einsatzfaktoren oder Kunden auch ein Verhalten gemeint ist, das darauf abzielt, die Kosten für Wettbewerber zu erhöhen, um einen Wettbewerbsvorsprung zu erhalten.[87]

**27** In § 32f Abs. 5 S. 2 findet sich ein – ebenfalls nicht abschließender – Katalog mit Kriterien, die bei der Prüfung des Vorliegens einer Störung des Wettbewerbs im Sinne des § 32f Abs. 3, 5 S. 1 berücksichtigt werden sollen. Die Kriterien müssen zwar nicht kumulativ vorliegen, es soll aber auch nicht in jedem Fall eine hohe Relevanz einzelner Kriterien für die Annahme einer hinreichenden Wettbewerbsstörung genügen.[88] Da die Prüfkriterien – isoliert betrachtet – durchaus ambivalent erscheinen, können etwaige wettbewerbliche Defizite letztlich (nur) im Rahmen einer **Gesamtwürdigung aller Umstände des Einzelfalls** festgestellt werden.[89] Der Kriterienkatalog des § 32f Abs. 5 S. 2 ähnelt seit dem Regierungsentwurf nur noch in Teilen jenem zur Bewertung der Marktstellung eines Unternehmens gemäß § 18 Abs. 3. Hier wie dort werden zwar etwa der Marktanteil bzw. die Unternehmenskonzentration, die Finanzkraft sowie das Bestehen von Unternehmensverflechtungen genannt. Andere Aspekte wie Beschränkungen des Marktzutritts oder der Wechselmöglichkeiten finden sich nun aber in § 32f Abs. 5 S. 1 (dort Nr. 2). Erwähnenswert ist zudem, dass der Kriterienkatalog mit dem Regierungsentwurf ua um eine Form der Effizienzeinrede ergänzt wurde, § 32f Abs. 5 S. 2 Nr. 7. Berücksichtigungsfähig sind demnach Effizienzvorteile, insbesondere Kosteneinsparungen und Innovationen, die von den

---

[79] Dazu noch Rn. 29 ff. Vgl. auch Bartsch/Käseberg/Weber WuW 2023, 245, 247; von Schreitter/Sura DB 2023, 1268, 1269.
[80] RegE 11. GWB-Novelle, BT-Drs. 20/6824, S. 31.
[81] RegE 11. GWB-Novelle, BT-Drs. 20/6824, S. 31.
[82] RegE 11. GWB-Novelle, BT-Drs. 20/6824, S. 31.
[83] RegE 11. GWB-Novelle, BT-Drs. 20/6824, S. 31 f.
[84] RegE 11. GWB-Novelle, BT-Drs. 20/6824, S. 32.
[85] RegE 11. GWB-Novelle, BT-Drs. 20/6824, S. 32.
[86] RegE 11. GWB-Novelle, BT-Drs. 20/6824, S. 33.
[87] RegE 11. GWB-Novelle, BT-Drs. 20/6824, S. 33.
[88] RegE 11. GWB-Novelle, BT-Drs. 20/6824, S. 33.
[89] Mundt NZKart 2023, 1, 2; vgl. auch – aber kritischer – Ackermann ZWeR 2023, 1, 21.

Unternehmen dargelegt wurden und die Verbraucher angemessen beteiligen. Dies dürfte dazu beitragen, dass die Anwendung der Vorschrift Investitions- und Innovationsanreize erhält.[90] Im Übrigen soll hier keine vollständige Besprechung der in § 32f Abs. 5 S. 2 genannten Kriterien erfolgen. Stattdessen wird auf ihre ausführliche Darstellung in der Gesetzesbegründung verwiesen.[91]

§ 32f Abs. 5 S. 2 unterscheidet sich von vergleichbaren Kriterienkatalogen im GWB **28** dadurch, dass das Bundeskartellamt die dortigen **Kriterien nur berücksichtigen** *soll,* während entsprechende Kriterien bei der Anwendung anderer Vorschriften zu berücksichtigen *sind* (§§ 18 Abs. 3-3b, 19a Abs. 1 S. 2).[92] Damit kann es ausnahmsweise Konstellationen geben, in denen auf gänzlich andere als die in § 32f Abs. 5 S. 2 genannten Kriterien abgestellt werden kann und muss. Die Gesetzesbegründung verweist insoweit auf die „unterschiedlichen Marktstrukturen und Rahmenbedingungen für den Wettbewerb", die es erforderten, „die Auswahl der Kriterien stets an den Einzelfall anzupassen".[93] Wenn aber ohnehin nur einige wenige Kriterien beispielhaft und nicht abschließend in der Vorschrift genannt sind, die zudem auch noch einer großen Einzelfallabhängigkeit unterliegen, lässt sich freilich hinterfragen, inwiefern die Kriterien für die praktische Anwendung der Vorschrift überhaupt hilfreich sind. Dennoch ist das Bemühen des Gesetzgebers um eine Konturierung des neuen Begriffs der Störung des Wettbewerbs anzuerkennen.

## III. Erheblichkeit und Fortwähren der Wettbewerbsstörung

Während § 32f Abs. 3 RefE noch eine „erhebliche[,] andauernde oder wiederholte **29** Störung des Wettbewerbs" zur Voraussetzung für den Erlass von Abhilfemaßnahmen machte, ist – seit dem Regierungsentwurf – nunmehr eine „erhebliche und fortwährende Störung des Wettbewerbs" erforderlich, § 32 Abs. 3 S. 1. Zwar war die vorgenannte Formulierung des Referentenentwurfs trotz des überflüssigen Kommas so zu lesen, dass die andauernde oder wiederholte Störung in jedem Fall auch erheblich sein musste.[94] Dennoch erschienen die Anforderungen an den Erlass von verstoßunabhängigen Abhilfemaßnahmen im Referentenentwurf angesichts der **weitreichenden Eingriffsbefugnisse,** über die das Bundeskartellamt nunmehr verfügen sollte, eher niedrig. Sofern die Wettbewerbsstörung nach der Gesetzesbegründung zum Zeitpunkt der behördlichen Entscheidung noch fortbestehen musste,[95] war einzuwenden, dass eine Abhilfemaßnahme ohnehin kein bloßes in der Vergangenheit liegendes, sondern ein aktuell bestehendes Wettbewerbsproblem adressieren und dieses mit Wirkung für die Zukunft beheben sollte. Bei wiederkehrenden Störungen erschien insofern Zurückhaltung angebracht, als die zwischenzeitliche Behebung eines erneut auftretenden Wettbewerbsproblems auch ein Anzeichen für funktionierende Selbstheilungskräfte des Marktes sein kann. Näher hat demgegenüber eine Eingriffsschwelle gelegen, die stärker auf dauerhafte Wettbewerbsprobleme in einem Markt oder marktübergreifend hindeutet. So machten ein Referentenentwurf aus dem Jahr 2010 (§ 41a Abs. 1 S. 1 RefE 2010) und ein erster Arbeitsentwurf aus dem Bundeswirtschaftsministerium für die 11. GWB-Novelle zur Voraussetzung für eine verstoßunabhängige Unternehmensentflechtung, dass die Marktbeherrschung bzw. Einschränkung oder Verfälschung des Wettbewerbs auf absehbare Zeit fortbestehen muss.[96] Aus Sicht der Monopolkommission sollte

---

[90] Dazu bereits Rn. 4.
[91] Vgl. RegE 11. GWB-Novelle, BT-Drs. 20/6824, S. 33 ff.
[92] Kritisch wegen der zusätzlichen Erweiterung des Spielraums für das Bundeskartellamt Körber ZRP 2023, 5, 7.
[93] RegE 11. GWB-Novelle, BT-Drs. 20/6824, S. 33.
[94] RefE 11. GWB-Novelle, Bearbeitungsstand: 15.9.2022 12:58, S. 27, https://www.bmwk.de/Redaktion/DE/Meldung/2022/20220920-bmwk-legt-entwurf-zur-verscharfung-des-wettbewerbsrechts-vor.html; zweifelnd von Schreitter/Sura DB 2023, 1268, 1269.
[95] RefE 11. GWB-Novelle, Bearbeitungsstand: 15.9.2022 12:58, S. 15, 27, https://www.bmwk.de/Redaktion/DE/Meldung/2022/20220920-bmwk-legt-entwurf-zur-verscharfung-des-wettbewerbsrechts-vor.html.
[96] Kühling/Engelbracht/Welsch WuW 2023, 250, 253.

jedenfalls eine Entflechtung von Unternehmen nur auf Märkten mit schwerwiegenden strukturellen Wettbewerbsproblemen bzw. mit einer verfestigten Marktstellung in Betracht kommen.[97] Durch den Regierungsentwurf haben sich insoweit **deutliche Verbesserungen** ergeben, und zwar vor allem infolge der Präzisierung des Merkmals „fortwährend" in § 32f Abs. 5 S. 3.

**30**     **1. Erhebliche Wettbewerbsstörung.** Das Merkmal der Erheblichkeit wird nicht im Gesetz selbst definiert, sondern nur in der Gesetzesbegründung umschrieben. Demnach ist eine Störung des Wettbewerbs erheblich, „sofern diese mehr als nur geringfügig negative Effekte auf den Wettbewerb auf mindestens einem mindestens bundesweiten Markt, mehreren einzelnen Märkten oder marktübergreifend hat."[98] Diese Aussage legt nahe, dass die vorgenannten Voraussetzungen an die betroffenen Märkte auch Ausdruck einer „erheblichen" Wettbewerbsstörung sein sollen.[99] Da diese Anforderungen im Gesetz jedoch noch separat abgebildet werden,[100] ist für die Auslegung des Merkmals der Erheblichkeit insbesondere von Bedeutung, dass dadurch nur geringfügig negative Effekte ausgeschlossen werden sollen. Im Vergleich mit dem Merkmal „fortwährend", das die zeitliche Dimension der Wettbewerbsstörung betrifft,[101] dürfte es bei der Erheblichkeit eher um die **Intensität der Wettbewerbsstörung** gehen. Der Ausschluss nur geringfügig negativer Effekte lässt die Erheblichkeitsschwelle zunächst sehr niedrig erscheinen.[102] Die Anforderungen etwa an eine erhebliche Behinderung wirksamen Wettbewerbs jenseits der Entstehung oder Verstärkung einer marktbeherrschenden Stellung sind dagegen in der Fusionskontrolle (Art. 2 Abs. 3 VO Nr. 139/2004 bzw. § 36 Abs. 1 S. 1) zuletzt eher streng ausgelegt worden.[103] Zu berücksichtigen ist indes, dass ein Zusammenschluss zu untersagen ist, soweit eine erhebliche Behinderung wirksamen Wettbewerbs zu erwarten ist, während die Schwere der Abhilfemaßnahmen nach § 32f Abs. 3 S. 6 und Abs. 4 S. 1 an die Intensität der Wettbewerbsstörung angepasst werden kann (und muss). Zudem gibt es bei § 32f – auch insoweit im Unterschied zu der Fusionskontrolle – mit dem Merkmal „fortwährend" ein weiteres Korrektiv, um eine behördliche Intervention bei eher bagatellartigen Störungen zu verhindern.

**31**     **2. Fortwährende Wettbewerbsstörung.** Ausgehend von der Definition in § 32f Abs. 5 S. 3 betrifft das Merkmal „fortwährend" die **zeitliche Dimension der Wettbewerbsstörung.** Ein Fortwähren ist sowohl bei dauerhaft vorliegenden als auch bei wiederholt auftretenden Wettbewerbsstörungen möglich. Entscheidend ist, dass die Annahme einer hinreichenden Wettbewerbsstörung Gegenstand sowohl einer (dreijährigen) Rück- als auch einer (zweijährigen) Vorschau ist. Die starren zeitlichen (Mindest-) Grenzen des § 32f Abs. 5 S. 3 dürften zwar den Nachweis einer fortwährenden Wettbewerbsstörung erschweren. Sie tragen jedoch zu größerer Rechtssicherheit bei sowie dazu, dass ausschließlich dann eine Abhilfemaßnahme erlassen werden kann, wenn die Wettbewerbsstörung von einer gewissen Dauer ist.[104] Außerdem ist der Prognosezeitraum für den Fortbestand der Wettbewerbsstörung mit zwei Jahren kürzer als jener der Fusionskontrolle (üblicherweise

---

[97] Monopolkommission, Hauptgutachten XXIV, Rn. 376 f. Sondergutachten 58, Rn. 27, 135.

[98] RegE 11. GWB-Novelle, BT-Drs. 20/6824, S. 27.

[99] Kühling/Engelbracht/Welsch WuW 2023, 250, 253.

[100] Dazu noch Rn. 33 ff.

[101] Dazu noch Rn. 31.

[102] Wagner-von Papp, The 11th Amendment to the ARC and Germany's New Competition Tool, D'Kart Blog, 3.5.2023, https://www.d-kart.de/en/blog/2023/05/03/the-11th-amendment-to-the-arc-and-germanys-new-competition-tool/.

[103] EuG 28.5.2020 – T-399/16 – *CK Telecoms* (aber aufgehoben durch EuGH 13.7.2023 – C-376/20 P); OLG Düsseldorf 9.3.2022 – VI-Kart 2/21 (V) (nicht rechtskräftig).

[104] Vgl. dagegen noch die Begründung des Referentenentwurfs Rn. 29. Kritisch Künstner, Schriftliche Stellungnahme zum Gesetzentwurf der Bundesregierung zur Änderung des Gesetzes gegen Wettbewerbsbeschränkungen und anderer Gesetze (11. GWB-Novelle), A-Drs. 20(9)265, 12.6.2023, Rn. 56 ff., https://www.bundestag.de/dokumente/textarchiv/2023/kw24-pa-wirtschaft-11-gwb-novelle-951258.

drei bis fünf Jahre) und das Beweismaß (überwiegende Wahrscheinlichkeit) nicht besonders hoch.[105]

Wie sich der Gesetzesbegründung entnehmen lässt, dürfen im Übrigen bei der Prog- **32** noseentscheidung durchaus Anhaltspunkte dafür bestehen, dass die Wettbewerbsstörung innerhalb von zwei Jahren entfallen wird; diese dürfen die gegensätzlichen Anhaltspunkte lediglich nicht überwiegen.[106] Der Wortlaut des § 32f Abs. 5 S. 3 („keine Anhaltspunkte") kann insoweit auf den ersten Blick missverständlich erscheinen. Die Gesetzesbegründung weist außerdem darauf hin, dass Start-ups nicht im Fokus der Abhilfemaßnahmen nach § 32f Abs. 3 S. 6 und Abs. 4 S. 1 stehen, da ein geringerer Wettbewerbsdruck infolge von Innovationsleistungen und First-Mover-Vorteile lediglich kurzfristig bestehen und mithin nicht „fortwährend" sind.[107] Zeitlicher Anknüpfungspunkt für die Berechnung der relevanten Zeiträume ist zunächst der Zeitpunkt der Verfügung nach § 32f Abs. 3 S. 1, mittels der eine relevante Störung des Wettbewerbs festgestellt wird. Die Prognose zum künftigen Bestehen der Wettbewerbsstörung muss aber auch **noch im Zeitpunkt der Entscheidung über den Erlass einer Abhilfemaßnahme positiv ausfallen.** Hierfür spricht nicht nur der weite Wortlaut des § 32f Abs. 5 S. 3, der auf die „Verfügung nach Absatz 3" abstellt; die eigentumsrechtliche Entflechtung gemäß § 32f Abs. 4 S. 1 kann wiederum nur unter den „Voraussetzungen des Absatzes 3" ergehen. Es erschiene insbesondere auch aus rechtsstaatlicher Sicht bedenklich, wenn sich die Prognose über das Fortwähren der Wettbewerbsstörung in der Zwischenzeit als unzutreffend erwiesen hätte, aber dennoch eine Abhilfemaßnahme erlassen werden könnte. Denn die Verfügungen nach § 32f Abs. 3 S. 1 einerseits und nach § 32f Abs. 3 S. 6 bzw. Abs. 4 S. 1 andererseits ergehen angesichts der 18-monatigen (Soll-) Frist des § 32f Abs. 7 unter Umständen in großem zeitlichen Abstand zueinander. Schließlich deutet auch die Gesetzesbegründung darauf hin, dass die Wettbewerbsstörung noch im Zeitpunkt des Erlasses der Abhilfemaßnahme „fortwährend" im Sinne des § 32f Abs. 5 S. 3 sein muss.[108]

## IV. Räumliche Auswirkungen der Wettbewerbsstörung

Die Störung des Wettbewerbs muss gemäß § 32f Abs. 3 S. 1 auf mindestens einem **33** mindestens bundesweiten Markt, mehreren einzelnen Märkten oder marktübergreifend vorliegen. Die Beschränkung auf mindestens einen mindestens bundesweiten Markt sowie mehrere einzelne Märkte fand sich erstmals im Regierungsentwurf. Eine Begründung für die Anpassung fehlt indes. Naheliegend ist, dass ein verstoßunabhängiges Eingreifen des Bundeskartellamtes auf Grundlage des § 32f Abs. 3 und 4 auf **Wettbewerbsprobleme mit gesamtwirtschaftlicher Relevanz** beschränkt sein soll.[109] Hierauf deuten entsprechende Aussagen an unterschiedlichen Stellen in der Gesetzesbegründung hin.[110] Auch der Referentenentwurf für eine missbrauchsunabhängige Entflechtung aus dem Jahr 2010 machte

---

[105] Zu demselben Beweismaß bei einstweiligen Maßnahmen gemäß § 32a Abs. 1 S. 1: „Danach kann die Kartellbehörde ihrer Beurteilung zugrunde legen, ob es zum Erlasszeitpunkt der einstweiligen Maßnahme nach vorläufiger Prüfung wahrscheinlicher erscheint, dass ein Verstoß auch im Hauptverfahren festgestellt werden wird, als dass dies nicht der Fall sein wird („more likely than not")." Vgl. RegE 10. GWB-Novelle, BT-Drs. 19/23492, S. 86.

[106] RegE 11. GWB-Novelle, BT-Drs. 20/6824, S. 35.

[107] RegE 11. GWB-Novelle, BT-Drs. 20/6824, S. 35

[108] RegE 11. GWB-Novelle, BT-Drs. 20/6824, S. 35: „Da Abhilfemaßnahmen nach den Absätzen 3 und 4 das Fortwähren einer Störung des Wettbewerbs erfordern [...]."

[109] Kritisch Franck, Stellungnahme für den Wirtschaftsausschuss des Deutschen Bundestages zum Gesetzentwurf der Bundesregierung, A-Drs. 20(9)262, 12.6.2023, S. 16, https://www.bundestag.de/dokumente/textarchiv/2023/kw24-pa-wirtschaft-11-gwb-novelle-951258.

[110] RegE 11. GWB-Novelle, BT-Drs. 20/6824, S. 26, 32. Bei der Verpflichtung zur ergänzenden Anmeldung von Zusammenschlussvorhaben gemäß § 32f Abs. 2 sind die Anforderungen an eine behördliche Verfügung im Vergleich zu § 39a aF dagegen abgesenkt worden, um auch Wettbewerbsprobleme kleineren Umfangs zu adressieren; dazu bereits Rn. 17.

einen entsprechenden Eingriff davon abhängig, dass ein „Markt mit gesamtwirtschaftlicher Bedeutung" betroffen ist (§ 41a Abs. 1 S. 1 RefE 2010).

**34** Sofern ein **mindestens bundesweiter Markt** betroffen ist, ist es ausreichend, dass die Wettbewerbsstörung auf einem Markt vorliegt. Dasselbe gilt für größere als bundesweite Märkte, zB unions- oder weltweite Märkte. Die Gesetzesbegründung stellt klar, dass der räumlich relevante Markt über das Bundesgebiet hinausreichen kann (vgl. auch § 18 Abs. 2).[111] Sind kleinere als bundesweite Märkte, zB lokale oder regionale, betroffen, muss der Wettbewerb auf mindestens zwei Märkten gestört sein. Unklar ist, ob sich die Tatbestandsalternative **„mehrere einzelne Märkte"** in dieser Aussage erschöpft oder zwar eine bestimmte Art von Wettbewerbsproblemen meint, die jedoch – im Gegensatz zu der Tatbestandsalternative „marktübergreifend" (dazu sogleich) – auf einzelnen Märkten in unterschiedlichen Sektoren auftritt.[112] Die Tatbestandsalternative **„marktübergreifend"** könnte dann ein Wettbewerbsproblem betreffen, das sich auf separaten, aber zusammenhängenden Märkten (benachbart, vor- bzw. nachgelagert), also etwa in einem ganzen Sektor, auswirkt. Dagegen spricht zwar die Umschreibung des Merkmals „marktübergreifend" in der Begründung des Referentenentwurfs („in einem ganzen Wirtschaftszweig *oder in verschiedenen Branchen*" [Hervorhebung durch Verf.]).[113] Allerdings sind die Voraussetzungen an die räumlichen Auswirkungen der Wettbewerbsstörung, wie eingangs erwähnt, mit dem Regierungsentwurf angepasst worden, und die vorstehend wiedergegebene Aussage findet sich in der Begründung des Regierungsentwurfs nicht mehr. Im Übrigen dürfte der Vorteil bei dem Merkmal „marktübergreifend" aber vor allem darin bestehen, dass das Bundeskartellamt jedenfalls hinsichtlich des Umfangs der Wettbewerbsstörung – wie bei der überragenden marktübergreifenden Bedeutung für den Wettbewerb im Sinne des § 19a GWB – weitgehend auf die genaue Abgrenzung eines konkreten Marktes verzichten kann.[114]

### V. Subsidiarität gegenüber dem verstoßabhängigen Kartellrecht

**35** Das im Referentenentwurf zunächst nicht geregelte Verhältnis zwischen dem herkömmlichen Kartellrecht und den neuen verstoßunabhängigen Maßnahmen war während des Gesetzgebungsverfahrens Gegenstand vereinzelter Kritik.[115] Darüber, dass § 32f gegenüber den verstoßabhängigen Maßnahmen grundsätzlich nur nachrangig zur Anwendung gelangen sollte, dürfte zwar weitgehend Einigkeit bestanden haben.[116] Fraglich war aber insbesondere, inwiefern das Bundeskartellamt vorrangig **einen etwaigen Kartellrechtsverstoß nachweisen und mit den insoweit vorhandenen Instrumenten adressieren** muss. Angesichts des Fehlens einer Subsidiaritätsklausel im Referentenentwurf hätte es nahegelegen, dass das Bundeskartellamt jedenfalls im Rahmen der Verhältnismäßigkeits-

[111] RegE 11. GWB-Novelle, BT-Drs. 20/6824, S. 27.

[112] Vgl. auch die Definition der Sektoruntersuchung in § 32e Abs. 1: „Lassen Umstände vermuten, dass der Wettbewerb im Inland möglicherweise eingeschränkt oder verfälscht ist, können das Bundeskartellamt und die obersten Landesbehörden die Untersuchung eines bestimmten Wirtschaftszweiges oder – Sektor übergreifend – einer bestimmten Art von Vereinbarungen oder Verhaltensweisen durchführen (Sektoruntersuchung)."

[113] RefE 11. GWB-Novelle, Bearbeitungsstand: 15.9.2022 12:58, S. 13, https://www.bmwk.de/Redaktion/DE/Meldung/2022/20220920-bmwk-legt-entwurf-zur-verscharfung-des-wettbewerbsrechts-vor.html.

[114] Vgl. auch insoweit die – im Regierungsentwurf allerdings nicht mehr enthaltene – Begründung des Referentenentwurfs: „Störungen des Wettbewerbs können sich entweder auf einem konkreten Markt oder marktübergreifend [...] auswirken [...]." RefE 11. GWB-Novelle, Bearbeitungsstand: 15.9.2022 12:58, S. 13, https://www.bmwk.de/Redaktion/DE/Meldung/2022/20220920-bmwk-legt-entwurf-zur-verscharfung-des-wettbewerbsrechts-vor.html.

[115] Wagner-von Papp WuW 2022, 642, 646; vgl. auch – zum Verhältnis zu Verfahren und Entscheidungen der Europäischen Kommission nach der VO Nr. 1/2003 – Ackermann ZWeR 2023, 1, 15. Zum Verhältnis des § 32f zum EU-Wettbewerbsrecht sowie der VO Nr. 2022/1925 bereits → Rn. 11 ff. bzw. → Rn. 15 f. und zur VO Nr. 139/2004 noch → Rn. 57, 59.

[116] Vgl. nur – zur missbrauchsunabhängigen Entflechtung – Monopolkommission, XXIV. Hauptgutachten, Rn. 376.

prüfung erläutert, warum die herkömmlichen Eingriffsbefugnisse nicht greifen und daher nicht aktiviert wurden.[117]

Mit dem Regierungsentwurf ist § 32f Abs. 3 S. 1 um eine **„einfache" Subsidiaritäts-** **36** **klausel**[118] ergänzt worden, die infolge der Beratungen im Wirtschaftsausschuss nochmals Änderungen erfahren hat. Demnach kann das Bundeskartellamt eine Störung des Wettbewerbs nur feststellen – und in einem zweiten Schritt Abhilfemaßnahmen erlassen –, „soweit die Anwendung der sonstigen Befugnisse nach Teil 1 dieses Gesetzes nach den im Zeitpunkt der Entscheidung beim Bundeskartellamt vorliegenden Erkenntnissen voraussichtlich nicht ausreichend erscheint, um die Störung des Wettbewerbs wirksam und dauerhaft zu beseitigen." Entscheidend ist, dass das Bundeskartellamt seiner Prognose insoweit lediglich eine kursorische Prüfung zugrunde legen und keine neuen Ermittlungen anstellen muss.[119] Mit diesem Ansatz ist ein **grundsätzlich überzeugender Mittelweg** gefunden worden: Einerseits dürfte eine etwaige Umgehung der verstoßabhängigen Eingriffsbefugnisse weitgehend verhindert werden; andererseits erscheinen die Anforderungen an den Nachweis der Subsidiarität nicht derart hoch, dass die Anwendung des § 32f ins Leere liefe.[120]

Die „Anwendung der sonstigen Befugnisse nach Teil 1" meint ua die **kartellbehördli-** **37** **chen Befugnisse gemäß den §§ 32-32b** bei Verstößen gegen das Kartellverbot und das Missbrauchsrecht. So ist das Bundeskartellamt insbesondere befugt, ein entsprechendes Verhalten abzustellen und hierzu nach Maßgabe des § 32 Abs. 2 alle verhaltensorientierten und strukturellen Abhilfemaßnahmen vorzuschreiben. Auch die Fusionskontrolle ist in Teil 1 des GWB geregelt (§§ 35 ff.) und grundsätzlich zu berücksichtigen; ihr Eingreifen hängt freilich von der Pflicht zur Anmeldung eines Zusammenschlusses ab. Die Geltendmachung zivilrechtlicher Ansprüche (§§ 33 ff.) dürfte § 32f dagegen nicht vorgehen, da das Bundeskartellamt insoweit über keine eigenen Befugnisse verfügt. Hier kann die behördliche Feststellung eines Verstoßes – lediglich, aber immerhin – die Durchsetzung eines Schadensersatzanspruchs erleichtern (§ 33b). Die Möglichkeit, kartellrechtswidriges Verhalten mittels Geldbußen zu sanktionieren (§§ 81 ff.), ist unbeachtlich, da sich die einschlägigen Vorschriften in Teil 3 des GWB befinden.

Nach der Fassung des Regierungsentwurfs hätte das Bundeskartellamt im Rahmen des **38** § 32f Abs. 3 S. 1 noch prüfen müssen, ob die sonstigen Befugnisse „voraussichtlich nicht ausreichen, um der festgestellten Störung des Wettbewerbs angemessen entgegenzuwirken." Die Formulierung „angemessen entgegenwirken" entstammte offenbar dem Drei-Kriterien-Test aus § 11 Abs. 2 TKG bzw. der unionsrechtlichen Vorgabe aus Art. 67 EKEK. Die sektorspezifische Regulierungsbedürftigkeit eines Telekommunikationsmarktes setzt ua voraus, dass „die Anwendung des allgemeinen Wettbewerbsrechts allein nicht ausreicht, um dem festgestellten Marktversagen angemessen entgegenzuwirken" (§ 11 Abs. 2 Nr. 3).[121] Dabei reichen wettbewerbsrechtliche Eingriffe wahrscheinlich nicht aus, wenn zur Behe-

---

[117] Kühling/Engelbracht/Welsch WuW 2023, 250, 253.
[118] Wagner von Papp WuW 2023, 301: „schwache Subsidiarität".
[119] RegE 11. GWB-Novelle, BT-Drs. 20/6824, S. 28.
[120] Kühling/Engelbracht/Welsch WuW 2023, 250, 253 f.; vgl. auch Franck, Stellungnahme für den Wirtschaftsausschuss des Deutschen Bundestages zum Gesetzentwurf der Bundesregierung, A-Drs. 20(9)262, 12.6.2023, S. 16 f., https://www.bundestag.de/dokumente/textarchiv/2023/kw24-pa-wirtschaft-11-gwb-novelle-951258. Kritisch dagegen BKartA, Stellungnahme des Bundeskartellamts zum Regierungsentwurf zur 11. GWB-Novelle, A-Drs. 20(9)261, S. 5 f., https://www.bundestag.de/dokumente/textarchiv/2023/kw24-pa-wirtschaft-11-gwb-novelle-951258; Boettcher, Stellungnahme zum Regierungsentwurf des „Wettbewerbsdurchsetzungsgesetzes" (11. GWB-Novelle), A-Drs. 20(9)267, 12.6.2023, S. 6, https://www.bundestag.de/dokumente/textarchiv/2023/kw24-pa-wirtschaft-11-gwb-novelle-951258; Podszun/Rohner, Neue Befugnisse für das Bundeskartellamt – Die 11. GWB-Novelle, Stellungnahme für den Wirtschaftsausschuss des Deutschen Bundestags, A-Drs. 20(9)268, 12.6.2023, S. 17 f., https://www.bundestag.de/dokumente/textarchiv/2023/kw24-pa-wirtschaft-11-gwb-novelle-951258; Schweitzer, Stellungnahme zum Gesetzentwurf der Bundesregierung für eine 11. GWB-Novelle, BT-Drs. 20/6824, A-Drs. 20(9)264, 12.6.2023, S. 14, https://www.bundestag.de/dokumente/textarchiv/2023/kw24-pa-wirtschaft-11-gwb-novelle-951258.
[121] Dazu noch Rn. 68.

bung eines anhaltenden Marktversagens häufig und/oder schnell eingegriffen werden muss.[122] Fraglich war, ob und inwiefern diese Grundsätze auf die Subsidiaritätsklausel in § 32f Abs. 3 S. 1 zu übertragen waren. Die Begründung des Gesetzentwurfs beschränkte sich im Wesentlichen auf den Hinweis, dass bei der behördlichen Beurteilung hinsichtlich der (Un-) Wirksamkeit ihrer Befugnisse deren Anwendung in „punktuellen Einzelverfahren" maßgeblich sein sollte.[123] Demgegenüber ist der **schließlich gewählte Prüfungsmaßstab** hinsichtlich des Zielzustands, der mit der Anwendung der sonstigen Befugnisse erreicht werden muss, **präziser sowie niedriger.**[124] So sind diese Befugnisse nur vorrangig, wenn sie die (erhebliche und fortwährende) Störung des Wettbewerbs wirksam und dauerhaft beseitigen können. Für den Erlass einer Abhilfemaßnahme nach § 32f Abs. 3 S. 6 und Abs. 4 S. 1 ist es dagegen bereits ausreichend, dass die Wettbewerbsstörung dadurch verringert bzw. erheblich verringert wird.[125] Im Übrigen erscheint eine Anwendung des § 32f denkbar, sofern im Einzelfall Schwierigkeiten bei dem Nachweis einer Zuwiderhandlung im Rahmen des herkömmlichen Kartellrechtsinstrumentariums bestehen. Insoweit sollte angesichts der grundsätzlichen Subsidiarität des verstoßunabhängigen Vorgehens jedoch ein eher strenger Maßstab gelten mit der Folge, dass ein Rückgriff auf § 32f Abs. 3 S. 6 oder Abs. 4 S. 1 ausschließlich dann erfolgen kann, wenn für die Anwendung der sonstigen Befugnisse nach Teil 1 des GWB weit überdurchschnittliche Hürden überwunden werden müssen.

39    Wie bereits erwähnt erfolgt die vorstehend beschriebene Beurteilung aufgrund einer Prognoseentscheidung („voraussichtlich"), anlässlich derer das Bundeskartellamt **keine neuen Ermittlungen** anstellen muss, sondern auf die „vorliegenden Erkenntnisse" zurückgreifen kann. Die Erkenntnisse dürften dabei vor allem aus der vorangegangenen Sektoruntersuchung stammen. Die entsprechenden Akten können im § 32f-Verfahren beigezogen werden.[126] Maßgeblicher „Zeitpunkt der Entscheidung" ist zunächst der Erlass der Verfügung zur Feststellung der Störung des Wettbewerbs nach § 32f Abs. 3 S. 1, könnte aber auch den Erlass einer Abhilfemaßnahme nach § 32f Abs. 3 S. 6 bzw. Abs. 4 S. 1 meinen. Während die Gesetzesbegründung für ein Abstellen lediglich auf den Zeitpunkt der Feststellungsentscheidung spricht,[127] sind der Wortlaut von sowie die Verweise in § 32f Abs. 3 S. 6 und Abs. 4 S. 1 hinreichend offen.[128] Auch ihr Sinn und Zweck legen es nahe, dass das Bundeskartellamt die Möglichkeit eines Vorgehens nach § 32f **nicht ausschließlich punktuell in einem vergleichsweise frühen Verfahrensstadium** überprüft;[129] zumal eine kursorische Prüfung insoweit ausreichend ist. Denkbar ist beispielsweise, dass der Behörde zunächst nur Erkenntnisse über eine stillschweigende Kollusion vorgelegen haben, sich im weiteren Verlauf des § 32f-Verfahrens aber – und zwar ohne ergänzende Ermittlungen – herausstellt, dass es tatsächlich eine Absprache im Sinne des Kartellverbots gegeben hat. Je weiter fortgeschritten das § 32f-Verfahren im Einzelfall ist, desto eher könnten aber immerhin auch Gesichtspunkte der (prozeduralen) Effizienz und Effektivität dafürsprechen, eine verstoßunabhängige Abhilfemaßnahme auf Grundlage von § 32f Abs. 3 S. 6 bzw. Abs. 4 S. 1 zu erlassen. Bei schwerwiegenden Zuwiderhandlungen gegen eine kartellrechtliche Verbotsnorm würde das Bundeskartellamt dagegen unter Umständen ohnehin ein Bußgeld verhängen wollen.

---

[122] Erwägungsgrund 17 der Empfehlung (EU) 2020/2245 der Kommission vom 18. Dezember 2020 über relevante Produkt- und Dienstmärkte des elektronischen Kommunikationssektors, die gemäß der Richtlinie (EU) 2018/1972 des Europäischen Parlaments und des Rates über den europäischen Kodex für die elektronische Kommunikation für eine Vorabregulierung in Betracht kommen, ABl. EU L 439/23 v. 29.12.2020.
[123] RegE 11. GWB-Novelle, BT-Drs. 20/6824, S. 28.
[124] Vgl. BT-WiA 11. GWB-Novelle, BT-Drs. 20/7625, S. 30.
[125] Dazu noch Rn. 47.
[126] RegE 11. GWB-Novelle, BT-Drs. 20/6824, S. 16, 26.
[127] RegE 11. GWB-Novelle, BT-Drs. 20/6824, S. 16, 28.
[128] Vgl. bereits – zum Merkmal des Fortwährens der Wettbewerbsstörung – Rn. 32.
[129] AA Schreitter/Sura DB 2023, 1298, 1270.

## VI. Adressatenkreis

Die im Referentenentwurf noch fehlende Konkretisierung hinsichtlich der Adressaten, **40** gegenüber denen eine Abhilfemaßnahme ergehen kann, war ebenfalls Gegenstand von Kritik.[130] Auch insoweit hat es **in dem Regierungsentwurf sowie auch noch in der Beschlussempfehlung des Wirtschaftsausschusses umfassende Überarbeitungen** gegeben. Der Erlass einer Abhilfemaßnahme setzt nunmehr voraus, dass das adressierte Unternehmen durch sein Verhalten und seine Bedeutung für die Marktstruktur einen wesentlichen Beitrag zu der Störung des Wettbewerbs geleistet hat. Das Erfordernis eines Verursachungsbeitrags relativiert ua die unionsrechtlichen Bedenken hinsichtlich des Erlasses von Abhilfemaßnahmen bei ausschließlich strukturellen Wettbewerbsproblemen mit Zwischenstaatsbezug.[131] Zudem ist nunmehr die Markstellung der Unternehmen bei der Auswahl der Adressaten und der Abhilfemaßnahmen zu berücksichtigen.

**1. Verursachungsbeitrag und Bedeutung für die Marktstruktur.** Die Verfügung **41** zur Feststellung einer Wettbewerbsstörung gemäß § 32f Abs. 3 S. 1 ergeht gegenüber einem oder mehreren Unternehmen, die als Adressaten einer Abhilfemaßnahme gemäß § 32f Abs. 3 S. 6 und Abs. 4 S. 1 in Betracht kommen (§ 32f Abs. 3 S 2). Adressaten einer Abhilfemaßnahme können dabei gemäß § 32f Abs. 3 S. 3 nur solche Unternehmen sein, die durch ihr Verhalten und – kumulativ – ihre Bedeutung für die Marktstruktur zur Störung des Wettbewerbs jeweils wesentlich beitragen. Obgleich also ein kartellbehördliches Eingreifen auf Grundlage des § 32f keinen Rechtsverstoß voraussetzt, bedarf es dennoch einer individuellen Verantwortlichkeit des jeweiligen Unternehmens für die Wettbewerbsstörung. Dabei genügt für die Annahme eines hinreichenden Verursachungsbeitrag bereits **jedes am Markt spürbare Verhalten.**[132] Es sollen lediglich solche Unternehmen nicht zu dem Kreis der möglichen Adressaten zählen, die offensichtlich keinen oder nur einen ganz entfernten oder geringfügigen Beitrag zu der Wettbewerbsstörung geleistet haben.[133] Zu beachten ist insoweit ohnehin, dass auf Grundlage des § 32f auch und insbesondere Wettbewerbsprobleme adressiert werden sollen, die im Wesentlichen auf einer defizitären Marktstruktur beruhen. Vor diesem Hintergrund ist das zusätzliche Erfordernis, dass das Unternehmen auch durch seine Bedeutung für die Marktstruktur wesentlich zu der Wettbewerbsstörung beigetragen haben muss, im Grundsatz durchaus konsequent. Diese Voraussetzung hat erst durch die Beschlussempfehlung des Wirtschaftsausschusses Eingang in § 32f Abs. 3 S. 3 gefunden und soll „vor allem den Mittelstand vor Maßnahmen des Kartellamtes schütz[en]."[134] Allerdings sind die Kriterien, anhand derer die Bedeutung eines Unternehmens für die Marktstruktur festgestellt werden soll, weitgehend unklar. Der von der Regelung in § 32f Abs. 3 S. 4 (dazu sogleich) abweichende Wortlaut legt nahe, dass es

---

[130] Brenner WuW 2023, 74, 79; Körber NZKart 2023, 193; ders. ZRP 2023, 5, 6; Paal/Kieß NZKart 2022, 678, 681.

[131] Dazu bereits Rn. 11 ff.

[132] RegE 11. GWB-Novelle, BT-Drs. 20/6824, S. 28.

[133] RegE 11. GWB-Novelle, BT-Drs. 20/6824, S. 28. Kritisch BKartA, Stellungnahme des Bundeskartellamts zum Regierungsentwurf zur 11. GWB-Novelle, A-Drs. 20(9)261, S. 6, https://www.bundestag.de/dokumente/textarchiv/2023/kw24-pa-wirtschaft-11-gwb-novelle-951258; Boettcher, Stellungnahme zum Regierungsentwurf des „Wettbewerbsdurchsetzungsgesetzes" (11. GWB-Novelle), A-Drs. 20(9)267, 12.6.2023, S. 5, https://www.bundestag.de/dokumente/textarchiv/2023/kw24-pa-wirtschaft-11-gwb-novelle-951258; Franck, Stellungnahme für den Wirtschaftsausschuss des Deutschen Bundestages zum Gesetzentwurf der Bundesregierung, A-Drs. 20(9)262, 12.6.2023, S. 17, https://www.bundestag.de/dokumente/textarchiv/2023/kw24-pa-wirtschaft-11-gwb-novelle-951258; Künstner, Schriftliche Stellungnahme zum Gesetzentwurf der Bundesregierung zur Änderung des Gesetzes gegen Wettbewerbsbeschränkungen und anderer Gesetze (11. GWB-Novelle), A-Drs. 20(9)265, 12.6.2023, Rn. 52 ff., https://www.bundestag.de/dokumente/textarchiv/2023/kw24-pa-wirtschaft-11-gwb-novelle-951258; Schweitzer, Stellungnahme zum Gesetzesentwurf der Bundesregierung für eine 11. GWB-Novelle, BT-Drs. 20/6824, A-Drs. 20(9)264, 12.6.2023, S. 13 f., https://www.bundestag.de/dokumente/textarchiv/2023/kw24-pa-wirtschaft-11-gwb-novelle-951258.

[134] BT Plenarprotokoll 20/115, S. 14187; vgl. auch BT-WiA 11. GWB-Novelle, BT-Drs. 20/7625, S. 25.

bei § 32f Abs. 3 S. 3 nicht um die Marktstellung des potenziellen Adressaten geht. Eine tatbestandliche Beschränkung auf – wie auch immer geartete – „Großunternehmen" liefe jedenfalls Gefahr, den Anwendungsbereich der Abhilfemaßnahmen § 32f Abs. 3 S. 6 und Abs. 4 S. 1 unnötig einzuschränken. Versteht man das Merkmal der Wesentlichkeit bei der Bedeutung des Unternehmens für die Markstruktur ähnlich wie bei dem Verursachungsbeitrag (dazu zuvor), würde es sich aber auch dort lediglich um eine Bagatellschwelle handeln. Im Übrigen wird regelmäßig nur im Einzelfall und unter Berücksichtigung der einschlägigen Schadenstheorie(n) – vgl. insbesondere die Regelbeispiele aus § 32f Abs. 5 S. 1 – bestimmbar sein, ob das Verhalten eines Unternehmens und seine Bedeutung für die Marktstruktur einen wesentlichen Beitrag zu der Wettbewerbsstörung leisten.[135]

**42**    **2. Berücksichtigung der Marktstellung.** Liegen ein Verursachungsbeitrag und die Bedeutung für die Marktstruktur im Sinne des § 32f Abs. 3 S. 3 vor, stellt sich die Frage, welche Kriterien bei der Auswahl der Adressaten und der Abhilfemaßnahmen von Bedeutung sind. § 32f Abs. 3 S. 4 beantwortet diese Frage dahingehend, dass **insbesondere auch die Marktstellung der betreffenden Unternehmen zu berücksichtigen** ist. Während es sich bei dem Verursachungsbeitrag und der Bedeutung für die Marktstruktur um Tatbestandsmerkmale handelt, betrifft die Auswahl der Adressaten und der Abhilfemaßnahmen die Rechtsfolgenseite. Die Marktstellung muss deshalb seitens des Bundeskartellamtes (erst) bei seiner diesbezüglichen Ermessensausübung berücksichtigt werden.[136] Die Frage der richtigen Adressatenwahl ist relevant für die Entscheidung, ob gegen ein bestimmtes Unternehmen überhaupt der Erlass einer Abhilfemaßnahme in Betracht kommt. Insoweit hat die Vorgabe aus § 32f Abs. 3 S. 4 gemäß § 32f Abs. 3 S 2 bereits Bedeutung für die Verfügung zur Feststellung einer Störung des Wettbewerbs nach § 32f Abs. 3 S. 1. Bei der Auswahl der Abhilfemaßnahmen geht es um die Art des Eingriffs und (folglich) auch um dessen Intensität.[137] Laut der Gesetzesbegründung gilt, dass, je stärker die Stellung des adressierten Unternehmens auf dem betroffenen Markt ist, **desto eingriffsintensivere Abhilfemaßnahmen kann das Bundeskartellamt anordnen.**[138] Bei der Bewertung der Marktstellung eines Unternehmens könnte sich die Behörde insbesondere an den Kriterien zur Feststellung einer marktbeherrschenden Stellung aus § 18 Abs. 3–3b orientieren. Es dürften indes keine hohen Anforderungen an den Detailgrad der Prüfung zu stellen sein, zumal die Störung des Wettbewerbs auch marktübergreifend vorliegen kann, was einer marktbezogenen Betrachtung tendenziell zuwiderläuft.[139]

**43**    Die Vorgabe zur Berücksichtigung der Marktstellung macht die Anwendung des § 32f Abs. 3 und 4 für den potenziellen Adressatenkreis zwar besser vorhersehbar. Die in § 32f Abs. 5 S. 1 beispielhaft genannten Schadenstheorien gehen auch von einer gewissen Marktmacht der Unternehmen aus.[140] Theoretisch könnte es allerdings Fallkonstellationen geben, in denen die Marktstellung eines Unternehmens keine besondere Verantwortung für die Störung des Wettbewerbs begründet. Deshalb kommt der **Marktstellung im Rahmen der Ermessensausübung** gemäß § 32f Abs. 3 S. 4 zwar eine **hervorgehobene Bedeutung** zu, sie muss aber nicht stets allein maßgeblich sein („insbesondere auch"). Es ist insofern denkbar, dass das Bundeskartellamt etwa auch darauf abstellt, im welchem Ausmaß ein Unternehmen mit seinem Verhalten zu der Störung des Wettbewerbs beigetragen hat;

---

[135] Vgl. auch RegE 11. GWB-Novelle, BT-Drs. 20/6824, S. 28: „Als Adressaten einer Abhilfemaßnahme nach Absatz 3 oder Absatz 4 kommen gemäß Satz 3 Unternehmen in Betracht, die durch ihr Verhalten *zur Störung des Wettbewerbs in ihrer konkreten Ausprägung* wesentlich beitragen." [Hervorhebung durch Verf.]

[136] Vgl. RegE 11. GWB-Novelle, BT-Drs. 20/6824, S. 28.

[137] RegE 11. GWB-Novelle, BT-Drs. 20/6824, S. 28.

[138] RegE 11. GWB-Novelle, BT-Drs. 20/6824, S. 28. Die in der Regel besonders eingriffsintensive eigentumsrechtliche Entflechtung kann gemäß § 32f Abs. 4 S. 1 ausschließlich gegenüber marktbeherrschenden Unternehmen und solchen mit einer überragenden marktübergreifenden Bedeutung für den Wettbewerb im Sinne des § 19a Abs. 1 angeordnet werden; dazu noch Rn. 51 f.

[139] Vgl. – zu § 19a Abs. 1 S. 2 Nr. 1 – Nothdurft in: Bunte, § 19a Rn. 41. Dazu bereits Rn. 34.

[140] Dazu bereits Rn. 26.

vorausgesetzt freilich, es liegt überhaupt ein wesentlicher Beitrag im Sinne des § 32f Abs. 3 S. 3 vor.

**3. Ausdehnungsbeschluss.** Der Kreis möglicher Adressaten einer Abhilfemaßnahme **44** kann gemäß § 32f Abs. 3 S. 5 zu einem späteren Zeitpunkt durch Beschluss auf weitere Unternehmen ausgedehnt werden. Sollte das Bundeskartellamt also, nachdem bereits eine Verfügung zur Feststellung einer Störung des Wettbewerbs ergangen ist, **weitere Unternehmen identifizieren,** die nach Maßgabe des § 32f Abs. 3 S. 3 durch ihr Verhalten und ihre Bedeutung für die Marktstrukturen wesentlich zu der Wettbewerbsstörung beitragen, ist es der Behörde letztlich nicht verwehrt, auch gegenüber diesen Unternehmen in einem zweistufigen Verfahren Abhilfemaßnahmen zu erlassen.[141] Auf die Beschlussempfehlung des Wirtschaftsausschusses geht die Klarstellung im Wortlaut der Vorschrift zurück, dass das Erfordernis eines wesentlichen Beitrags zu der Wettbewerbsstörung im Sinne des § 32f Abs. 3 S. 2 und 3 auch hinsichtlich der Unternehmen gilt, auf welche die Verfügung des S. 1 im Nachhinein gemäß S. 5 ausgedehnt wird.

## E. Verhaltensorientierte oder (sonstige) strukturelle Abhilfemaßnahmen (Abs. 3 S. 6)

Bei einer erheblichen und fortwährenden Störung des Wettbewerbs kann das Bundes- **45** kartellamt den Unternehmen gemäß § 32f Abs. 3 S. 6 **alle Abhilfemaßnahmen verhaltensorientierter oder (sonstiger) struktureller Art** vorschreiben, die zur Beseitigung oder Verringerung der Wettbewerbsstörung erforderlich sind. Lediglich die eigentumsrechtliche Entflechtung von Unternehmen erfolgt ausschließlich nach Maßgabe von § 32f Abs. 4. Das Bundeskartellamt hat zunächst sowohl ein – nach allgemeinen Grundsätzen gerichtlich überprüfbares – Entschließungsermessen als auch ein Ermessen hinsichtlich der Auswahl der Adressaten sowie der Abhilfemaßnahmen. Seit dem Regierungsentwurf ist gemäß § 32f Abs. 3 S. 4 bei der Auswahl der Adressaten und der Abhilfemaßnahmen zudem insbesondere auch die Marktstellung des Unternehmens zu berücksichtigen, wenn es aufgrund seines Verhaltens (vgl. § 32f Abs. 3 S. 3) überhaupt als Adressat einer Abhilfemaßnahme in Betracht kommt. Insoweit und auch im Übrigen kann weitgehend auf die vor die Klammer gezogenen Ausführungen zu § 32f Abs. 3 S. 1–5 verwiesen werden.[142]

§ 32f Abs. 3 S. 7 enthält einen **Katalog mit Beispielen für Abhilfemaßnahmen** nach **46** S. 6. Demnach kann das Bundeskartellamt etwa einen Datenzugang anordnen (Nr. 1), Vorgaben zu Geschäftsbeziehungen zwischen Unternehmen machen (Nr. 2), die Offenlegung von Informationen, die ein Parallelverhalten begünstigen,[143] verbieten (Nr. 5) sowie Unternehmens- oder Geschäftsbereiche buchhalterisch oder organisatorisch trennen (Nr. 6). Bereits hieraus, jedenfalls aber aus dem Verweis in § 32f Abs. 3 S. 8 auf § 32 Abs. 2, ergibt sich, dass das Bundeskartellamt – wie auch seit (spätestens) der 8. GWB-Novelle in Kartell- und Missbrauchsverfahren – positiv tenorieren kann. Die Unternehmen können damit nicht nur dazu verpflichtet werden, ein Verhalten (negativ) abzustellen, sondern ihnen können auch (positiv) bestimmte Handlungspflichten aufgegeben werden.

Eine verhaltensorientierte oder (sonstige) strukturelle Abhilfemaßnahme im Sinne des **47** § 32f Abs. 3 S. 6 muss die Störung des Wettbewerbs verringern oder beseitigen. „Beseitigung" dürfte die vollständige Auflösung der Störung meinen und „Verringerung" jede Intervention, welche die Störung zumindest reduziert, aber nicht beseitigt. Weitere, etwa zeitliche Anforderungen an die Verringerung oder Beseitigung der Wettbewerbsstörung sieht das Gesetz nicht ausdrücklich vor. Auch ein Vergleich mit der Subsidiaritätsklausel aus

---

[141] Von Schreitter/Sura DB 2023, 1298, 1270 gehen vor diesem Hintergrund davon aus, dass eine Feststellungsverfügung gemäß § 32f Abs. 3 S. 1 zunächst nur gegenüber einem eher kleinen Kreis von Unternehmen ergeht.

[142] Vgl. Rn. 23 ff.

[143] Zu *facilitating practices* bereits Rn. 2.

§ 32f Abs. 3 S. 1 zeigt, dass die Wettbewerbsstörung – anders als bei der Anwendung der herkömmlichen Eingriffsbefugnisse – insbesondere nicht zwingend dauerhaft beseitigt werden muss. Zu beachten ist allerdings, dass der Erlass einer Abhilfemaßnahme eine fortwährende Störung des Wettbewerbs voraussetzt, die gemäß § 32f Abs. 5 S. 3 voraussichtlich nicht innerhalb von zwei Jahren entfallen wird. Dann liegt es nahe, dass die Maßnahme darauf abzielen muss, der Wettbewerbsstörung jedenfalls für diesen Zeitraum abzuhelfen. Ohnehin ist ein Vorgehen nach § 32f insgesamt nicht auf kurzfristige Eingriffe, sondern auf die Behebung grundlegender Wettbewerbsdefizite und die Belebung des Wettbewerbsprozesses angelegt. Die Grenzen des behördlichen Handelns ergeben sich im Übrigen aus dem Grundsatz der Verhältnismäßigkeit. Demnach muss die Abhilfemaßnahme, wie § 32f Abs. 3 S. 8 iVm § 32 Abs. 2 S. 1 klarstellt, zur Beseitigung oder Verringerung der erheblichen und fortwährenden Störung des Wettbewerbs erforderlich und auch im Übrigen verhältnismäßig sein. Insoweit gilt gerade mit Blick auf die **Alternative der (bloßen) Verringerung der Wettbewerbsstörung,** dass je weniger die Abhilfemaßnahme geeignet ist, einen entsprechenden Beitrag zu leisten, desto geringer muss auch die Belastung für den Adressaten der Verfügung sein. Dabei geht die Gesetzesbegründung davon aus, dass solche Abhilfemaßnahmen nach § 32f Abs. 3 S. 6, die nur über eine geringe Eingriffsintensität verfügen, bereits ergehen können, wenn sie die festgestellte Wettbewerbsstörung in einem entsprechend begrenzten Umfang verringern.[144]

**48**    Fraglich ist, ob im Rahmen des § 32f Abs. 3 S. 6 ein grundsätzlicher Vorrang von verhaltensorientierten gegenüber strukturellen Abhilfemaßnahmen besteht. Bei Abhilfemaßnahmen im Anschluss an einen festgestellten Verstoß gegen das Kartellverbot oder die Missbrauchsregeln kann die Kartellbehörde gemäß § 32 Abs. 2 S. 2 strukturelle Maßnahmen nur erlassen, wenn eine verhaltensorientierte Abhilfemaßnahme nicht mindestens ebenso wirksam oder für den Adressaten der Verfügung belastender wäre. Für einen solchen Vorrang auch bei verstoßunabhängigen Abhilfemaßnahmen spricht, dass § 32f Abs. 3 S. 8 die Regelung des § 32 Abs. 2 – einschließlich dessen S. 2 – für entsprechend anwendbar erklärt. Zu berücksichtigen ist allerdings, dass die Abhilfemaßnahmen des § 32 Abs. 2 ausschließlich Verhaltensweisen adressieren, während auf Grundlage des § 32f Abs. 3 S. 6 neben verhaltensbedingten Störungen auch wettbewerblich unerwünschte Marktstrukturen korrigiert werden sollen (vorausgesetzt, es liegt ein Verursachungsbeitrag im Sinne des § 32f Abs. 3 S. 3 vor). Deshalb erscheint eine **grundsätzliche Gleichrangigkeit von verhaltensorientierten und strukturellen Maßnahmen,** soweit zwischen ihnen überhaupt trennscharf unterschieden werden kann, im Rahmen des § 32f Abs. 3 S. 6 überzeugender.[145] Lediglich der eigentumsrechtlichen Entflechtung von Unternehmen kommt nach Maßgabe des § 32f Abs. 4 S. 2 eine Subsidiarität gegenüber den verhaltensorientierten und (sonstigen) strukturellen Abhilfemaßnahmen aus § 32f Abs. 3 S. 6 zu.[146] Anders als in der Fusionskontrolle gibt es bei § 32f Abs. 3 schließlich kein Verbot von solchen Maßnahmen, die eine laufende Verhaltenskontrolle der Adressaten zur Folge haben (dort § 40 Abs. 3 S. 2).

## F. Eigentumsrechtliche Entflechtung (Abs. 4)

### I. Abgrenzung und Zweck der eigentumsrechtlichen Entflechtung

**49**    Die verstoßunabhängige eigentumsrechtliche Entflechtung von Unternehmen ist speziell in § 32f Abs. 4 normiert. Dies ergibt sich auch aus einem Umkehrschluss zu der in § 32f

---

[144] RegE 11. GWB-Novelle, BT-Drs. 20/6824, S. 29.

[145] Vgl. auch Podszun/Rohner, Neue Befugnisse für das Bundeskartellamt – Die 11. GWB-Novelle, Stellungnahme für den Wirtschaftsausschuss des Deutschen Bundestags, A-Drs. 20(9)268, 12.6.2023, S. 19 f., https://www.bundestag.de/dokumente/textarchiv/2023/kw24-pa-wirtschaft-11-gwb-novelle-951258; Voges in: Kirk/Offergeld/Rohner, S. 59, 72 f.

[146] Dazu noch Rn. 53.

Abs. 3 S. 2 Nr. 7 beispielhaft genannten Abhilfemaßnahme einer (ausschließlich) buchhalterischen oder organisatorischen Trennung von Unternehmens- oder Geschäftsbereichen. Nach § 32f Abs. 4 S. 1 kann das Bundeskartellamt marktbeherrschende Unternehmen oder solche mit überragender marktübergreifender Bedeutung für den Wettbewerb im Sinne des § 19a Abs. 1 verpflichten, Unternehmensanteile oder Vermögen zu veräußern, um eine erhebliche und fortwährende Störung des Wettbewerbs zu beseitigen oder erheblich zu verringern. Grundsätzlich ergeht die eigentumsrechtliche Entflechtung gemäß § 32f Abs. 4 S. 1 „unter den Voraussetzungen des Absatzes 3". Allerdings sind, wie im Folgenden noch zu zeigen sein wird, sowohl die materiell- als auch die verfahrensrechtlichen **Anforderungen an den Erlass einer Entflechtungsanordnung entsprechend der Schwere des Eingriffs höher** als bei den verhaltensorientierten oder (sonstigen) strukturellen Abhilfemaßnahmen nach § 32f Abs. 3 S. 6.[147]

Wie eingangs erwähnt, handelt es sich bei der verstoßunabhängigen Entflechtung gemäß **50** § 32f Abs. 4 um die wohl meist kritisierte Regelung einer insgesamt ohnehin stark umstrittenen Vorschrift. Bereits im Koalitionsvertrag 2021–2025 sowie der wettbewerbspolitischen Agenda des Bundeswirtschaftsministeriums war ein Entflechtungsinstrument vorgesehen, das allerdings auf europäischer Ebene implementiert werden sollte.[148] Die Verankerung einer verstoßunabhängigen Entflechtung im EU-Wettbewerbsrecht hätte freilich den Vorteil, dass eine unionsweit einheitliche Regelung zur Verfügung stünde. Der Einsatz deutschen Rechts in grenzüberschreitenden Fällen wirft dagegen **Bedenken mit Blick auf eine Fragmentierung des Binnenmarktes** auf. Dennoch können mit § 32f Abs. 4 praktische Erfahrungen für ein mögliches zukünftiges Entflechtungsinstrument auf Unionsebene gesammelt werden.[149]

## II. Adressaten: marktbeherrschende Unternehmen und solche im Sinne des § 19a Abs. 1

In Ergänzung bzw. Konkretisierung der Vorgaben aus § 32f Abs. 3 S. 2–4 kann sich eine **51** Entflechtungsanordnung gemäß § 32f Abs. 4 S. 1 nur an marktbeherrschende Unternehmen und solche mit einer überragenden marktübergreifenden Bedeutung für den Wettbewerb im Sinne des § 19a Abs. 1 richten. Die **Beschränkung des Adressatenkreises** war im Referentenentwurf des § 32f noch nicht enthalten. Allerdings sah bereits der Referentenentwurf für eine missbrauchsunabhängige Entflechtung aus dem Jahr 2010 vor, dass nur marktbeherrschende Unternehmen entflochten werden können (§ 41a Abs. 1 S. 1 RefE 2010). Ob der beschränkte Adressatenkreises des § 32f Abs. 4 S. 1 den Anwendungsbereich der Vorschrift in der Praxis (zu) stark einschränkt, wird sich noch zeigen. Zwar wird eine Entflechtung vor allem bei Marktmachtproblemen sinnvoll sein. Dass sie aber auch in anderen Fällen in Betracht kommen kann, zeigt das Vorgehen des Bundeskartellamtes im Nachgang zu den Sektoruntersuchungen „Walzasphalt" sowie „Zement und Transportbeton".[150] In die Systematik des § 32f passt die Beschränkung auf besonders marktmächtige Unternehmen jedenfalls insofern, als die Marktstellung der Unternehmen

---

[147] Mit Bedenken gegenüber der Praktikabilität des Entflechtungsinstruments – insbesondere nach den Anpassungen im Regierungsentwurf – von Schreitter/Sura DB 2023, 1268, 1271, 1274.

[148] Koalitionsvertrag 2021–2025 zwischen SPD, BÜNDNIS 90/DIE GRÜNEN und FDP, S. 31, https://www.bundesregierung.de/breg-de/service/gesetzesvorhaben/koalitionsvertrag-2021–1990800; Wettbewerbspolitische Agenda des BMWK bis 2025, S. 5, https://www.bmwi.de/Redaktion/DE/Downloads/0–9/10-punkte-papier-wettbewerbsrecht.pdf.

[149] Vgl. auch Kühling, Missbrauchsunabhängige Entflechtung – verfassungswidriger Kartellrechtspopulismus oder sinnvolle Ultima Ratio?, Verfassungsblog, 24.6.2022, https://verfassungsblog.de/missbrauchsunabhangige-entflechtung/; Kühling/Engelbracht/Welsch WuW 2023, 250, 256; Voges in: Kirk/Offergeld/Rohner, S. 59, 65.

[150] BKartA, Entflechtungen von Gemeinschaftsunternehmen im Bereich Transportbeton, Fallbericht vom 20. Juli 2020, B1-216/17, https://www.bundeskartellamt.de/SharedDocs/Entscheidung/DE/Fallberichte/Fusionskontrolle/2020/B1-216-17.html?nn=3591568; Entflechtung von Gemeinschaftsunternehmen im Bereich Walzasphalt: Bericht zu den Verfahren B1-100/12 nach der Sektoruntersuchung Walzasphalt, Juli 2015,

bei der Intensität der Abhilfemaßnahmen gemäß § 32f Abs. 3 S. 4 berücksichtigt werden muss und die Entflechtung in der Regel vergleichsweise eingriffsintensiv ist.[151] Im Unterschied zu § 32f Abs. 3 S. 4, der für die Ermessensausübung des Bundeskartellamtes auf Rechtsfolgenseite gilt, betrifft § 32f Abs. 4 S. 1 bereits die **Tatbestandsseite.** Ohnehin bedarf es auch bei der eigentumsrechtlichen Entflechtung zudem eines wesentlichen Verursachungsbeitrags des betreffenden Unternehmens im Sinne des § 32f Abs. 3 S. 3.

52    **Art und Feststellung der marktbeherrschenden Stellung** richten sich nach den allgemeinen Regeln aus § 18. Insbesondere gehören demnach neben einzel- auch kollektivmarktbeherrschende Unternehmen zu den möglichen Adressaten einer Verfügung aus § 32f Abs. 4 S. 1. Nicht bereits aus dem Wortlaut dieser Vorschrift, aber aus ihrem Sinn und Zweck ist zu folgern, dass das betreffende Unternehmen auf jedem Markt, auf dem der Störung des Wettbewerbs mittels einer Entflechtung abgeholfen werden soll, beherrschend sein muss. Anderenfalls würde der Zusammenhang zwischen der besonderen Marktstellung des Unternehmens einerseits und der Wettbewerbsstörung bzw. der Schwere der Abhilfemaßnahme andererseits fehlen. Bei **Unternehmen mit einer überragenden marktübergreifenden Bedeutung für den Wettbewerb** im Sinne des § 19a Abs. 1 muss die Entflechtung deshalb auch gerade der Beseitigung oder erheblichen Verringerung einer marktübergreifenden Störung des Wettbewerbs im Bereich digitaler Ökosysteme dienen. Bei Unternehmen mit einer überragenden marktübergreifenden Bedeutung für den Wettbewerb muss die Feststellungsverfügung des § 19a Abs. 1 S. 1 zudem vor der Entflechtungsanordnung ergangen, aber weiterhin im Sinne des § 19a Abs. 1 S. 3 gültig sein.[152] Denn die eine solche Eigenschaft feststellende Entscheidung ist insoweit konstitutiv. Aus Gründen der Rechtssicherheit wird man zudem verlangen müssen, dass die Verfügung des § 19a Abs. 1 S. 1 bereits bestandskräftig ist.

### III. Mindestens erhebliche Verringerung der Wettbewerbsstörung und Subsidiarität

53    Im Gegensatz zu den verhaltensorientierten und (sonstigen) strukturellen Abhilfemaßnahmen nach § 32f Abs. 3 S. 6 muss die eigentumsrechtliche Entflechtung die Wettbewerbsstörung gemäß § 32f Abs. 4 S. 1 **mindestens** *erheblich* **verringern** (oder beseitigen). Anders als jene darf diese nicht bereits dann ergehen, wenn sie die Wettbewerbsstörung nur in begrenztem Umfang verringert.[153] Dadurch soll dem Grundsatz der Verhältnismäßigkeit Rechnung getragen werden: Der mit der eigentumsrechtlichen Entflechtung bezweckte Erfolg hat der Schwere des Eingriffs zu entsprechen.[154] Den grundsätzlichen Vorrang von Maßnahmen gemäß § 32f Abs. 3 S. 6 bekräftigt § 32f Abs. 4 S. 2. Demnach kann eine eigentumsrechtliche Entflechtung nur dann angeordnet werden, wenn **keine mindestens ebenso wirksame verhaltensorientierte oder (sonstige) strukturelle Maßnahme** zur Verfügung steht oder wenn eine solche Maßnahme für die Verfügungsadressaten eine größere Belastung darstellen würde. Der Gesetzgeber geht selbst davon, dass die Anordnung der eigentumsrechtlichen Entflechtung lediglich als *ultima ratio* in Betracht kommt.[155] Auch vor diesem Hintergrund sind Bedenken, die verstoßunabhängige Entflechtung von Unternehmen sei ein unverhältnismäßiger Eingriff in individuelle Rechtspositionen (Art. 12 und 14 GG) und deshalb verfassungsrechtlich unzulässig, nicht – jedenfalls nicht in dieser Absolutheit – durchgreifend.

---

https://www.bundeskartellamt.de/SharedDocs/Publikation/DE/Sektoruntersuchungen/Sektoruntersuchung_Walzasphalt_Bericht_Entflechtungen.html?nn=3591568.
[151] Vgl. RegE 11. GWB-Novelle, BT-Drs. 20/6824, S. 32; Kühling/Engelbracht/Welsch WuW 2023, 250, 254.
[152] Von Schreitter/Sura DB 2023, 1298, 1271.
[153] RegE 11. GWB-Novelle, BT-Drs. 20/6824, S. 29.
[154] RegE 11. GWB-Novelle, BT-Drs. 20/6824, S. 17, 27 f.
[155] RegE 11. GWB-Novelle, BT-Drs. 20/6824, S. 17, 29.

## IV. Gegenstand, Durchsetzung und Bekanntmachung der Entflechtungsanordnung

Gegenstand der eigentumsrechtlichen Entflechtung nach § 32f Abs. 4 S. 1 können Un- **54** ternehmensanteile und sonstige Vermögensgegenstände sein, die im Eigentum des Verfügungsadressaten stehen. Die Gesetzesbegründung weist darauf hin, dass im Hinblick auf den Umfang des zu veräußernden Unternehmensteils keine Mindestvorgaben bestehen.[156] Bei der Entflechtung kann es deshalb und wird es voraussichtlich ohnehin eher um die Pflicht zur Veräußerung einzelner kleiner Einheiten oder Produktionsanlagen gehen als um die großflächige Aufspaltung ganzer Unternehmensgruppen.[157] Die Durchsetzung einer Entflechtungsanordnung, die sich auf Vermögen bezieht, das im Ausland belegen ist, kann sich im Einzelfall praktisch schwieriger gestalten. Es erscheint indes übertrieben, aus diesem Aspekt zu folgern, die Vorschrift benachteilige Unternehmen mit Sitz in Deutschland.[158] Das Problem ist dem (deutschen) Kartellrecht auch nicht grundsätzlich fremd. Denn verstoßabhängige Entflechtungen von Unternehmen sind, unter dem Vorbehalt ihrer Verhältnismäßigkeit im Einzelfall, bereits seit Längerem zulässig.[159] Das Bundeskartellamt hat zudem **umfangreiche Erfahrungen mit der Durchsetzung von Veräußerungspflichten,** die – mitunter auch gegenüber ausländischen Unternehmen – als Nebenbestimmungen (Auflagen und Bedingungen) zu fusionskontrollrechtlichen Freigabeentscheidungen ergehen.[160] Dagegen könnte allenfalls eingewandt werden, dass das Verfahren in der Fusionskontrolle insofern stärker konsensual ausgestaltet ist, als die Zusagen zur Sicherstellung einer Freigabe des Zusammenschlusses dort seitens der beteiligten Unternehmen angeboten bzw. gemeinsam mit diesen erarbeitet werden.

Auch die Verfügung für eine verstoßunabhängige Entflechtung kann gemäß § 32f Abs. 6 **55** S. 5 mit **Nebenbestimmungen,** also insbesondere Auflagen und Bedingungen, verbunden werden. Denkbar ist etwa die Entflechtungsanordnung mit einer auflösenden Bedingung zu versehen, die berücksichtigt, dass der betreffende Vermögensteil nur veräußert werden muss, wenn der Erlös mindestens die Hälfte des tatsächlichen Vermögenswertes beträgt (vgl. § 32f Abs. 4 S. 8).[161] Gemäß § 32f Abs. 4 S. 7 gelten zudem die Vorschriften der Fusionskontrolle zur **Durchsetzung der Auflösung** eines rechtswidrigen Zusammenschlusses entsprechend. Demnach ordnet das Bundeskartellamt die zur Auflösung des Zusammenschlusses erforderlichen Maßnahmen an (§ 41 Abs. 3 S. 2), wobei es insbesondere die Ausübung von Stimmrechten aus Unternehmensbeteiligungen untersagen oder einschränken und einen Treuhänder zur Überwachung der Auflösung des Zusammenschlusses bestellen kann (§ 41 Abs. 4 Nr. 2 und 3).[162]

Die Entflechtungsanordnung ist nach § 32f Abs. 4 S. 4 **im Bundesanzeiger bekannt 56 zu machen mit den Mindestangaben** gemäß § 32f Abs. 4 S. 5. Damit ist die Regelung des § 43 Abs. 3, die eine höhere Transparenz von Fusionskontroll- und Ministererlaubnissachen bezweckt,[163] entsprechend anzuwenden mit der Maßgabe, dass nur die Angaben

---

[156] RegE 11. GWB-Novelle, BT-Drs. 20/6824, S. 29.

[157] Vgl. auch Podszun/Rohner, Neue Befugnisse für das Bundeskartellamt – Die 11. GWB-Novelle, Stellungnahme für den Wirtschaftsausschuss des Deutschen Bundestags, A-Drs. 20(9)268, 12.6.2023, S. 20, https://www.bundestag.de/dokumente/textarchiv/2023/kw24-pa-wirtschaft-11-gwb-novelle-951258.

[158] So aber Thomas ZWeR 2022, 333, 347 f.

[159] Vgl. BGH 4.3.2008 – KVZ 55/07 – *Nord-KS/Xella,* Rn. 18.

[160] Vgl. auch Monopolkommission, Sondergutachten 58, Rn. 42.

[161] Die Gesetzesbegründung zu § 32f Abs. 4 S. 4 verweist lediglich auf die Möglichkeit nach § 32f Abs. 6, Verpflichtungszusagenentscheidungen entsprechend § 32b zu erlassen; vgl. RegE 11. GWB-Novelle, BT-Drs. 20/6824, S. 29.

[162] Die Begründung des Referentenentwurfs wies noch darauf hin, dass die Unternehmen bei einer Entflechtung regelmäßig verpflichtet werden sollen, die Veräußerungsfähigkeit des Vermögens herbeizuführen, um zu gewährleisten, dass etwa veräußerte Geschäftseinheiten überlebensfähig bleiben; vgl. RefE 11. GWB-Novelle, Bearbeitungsstand: 15.9.2022 12:58, S. 15, https://www.bmwk.de/Redaktion/DE/Meldung/2022/20220920-bmwk-legt-entwurf-zur-verscharfung-des-wettbewerbsrechts-vor.html.

[163] Thomas in: Immenga/Mestmäcker, § 43 Rn. 1.

aus § 39 Abs. 3 S. 2 Nr. 1 und 2 zu veröffentlichen sind. Begründet wird die Pflicht zur Bekanntmachung der Entflechtungsanordnung damit, dass diese in ihrer Tragweite und mit Blick auf das öffentliche Interesse mit den in § 43 Abs. 2 genannten Entscheidungen vergleichbar ist.[164] Bei einer Verfügung nach § 32f Abs. 4 S. 1 umfassen die Mindestangaben gemäß § 32f Abs. 4 S. 5 die Firma und den Sitz (§ 39 Abs. 3 S. 2 Nr. 1) sowie die Art des Geschäftsbetriebes (§ 39 Abs. 3 S. 2 Nr. 2) des entflochtenen Unternehmens, nicht dagegen – mangels Einschlägigkeit – die Form des Zusammenschlusses (§ 39 Abs. 3 S. 1). Im Übrigen ist nur der wesentliche Inhalt der Entflechtungsanordnung bekannt zu machen.[165] Das Bundeskartellamt kann aber – unter Wahrung der Betriebs- und Geschäftsgeheimnisse des betroffenen Unternehmens sowie Dritter – weitergehende Informationen veröffentlichen (vgl. § 53 Abs. 4). Da § 32f Abs. 4 S. 4 und 5 nicht auf § 43 Abs. 1 verweist, muss die Bekanntgabe der Entflechtungsanordnung – anders als jene der Einleitung des fusionskontrollrechtlichen Hauptprüfverfahrens sowie des Antrags auf Erteilung einer Ministererlaubnis – **nicht unverzüglich** erfolgen. Eine solche Zeitnähe ist bei der Entflechtungsanordnung – wie bei den Entscheidungen nach § 43 Abs. 2 – insbesondere für die Wahrnehmung von Rechten Dritter nicht erforderlich.[166]

## V. Vertrauensschutz nach fusionskontrollrechtlicher Freigabe und Rückerwerbsverbot nach Entflechtung

57     Eine Entflechtungsverfügung im Hinblick auf Vermögenteile, die Gegenstand einer (bestandskräftigen) fusionskontrollrechtlichen Freigabe des Bundeskartellamtes, der Europäischen Kommission oder einer Ministererlaubnis waren, ist nach § 32f Abs. 4 S. 10 nur zulässig, wenn seit der Freigabe bzw. Ministererlaubnis mehr als zehn Jahre vergangen sind. § 32f Abs. 4 S. 11 stellt klar, dass einer fusionskontrollrechtlichen Freigabe im Hauptprüfverfahren der Fristablauf im Vorprüfverfahren (§ 40 Abs. 1 S. 1), das nicht mit einer förmlichen Entscheidung endet, gleichsteht. Während der zehnjährigen Sperrfrist, die länger als der übliche fusionskontrollrechtliche Prognosezeitraum (drei bis fünf Jahre) ist,[167] genießen die Unternehmen **Vertrauensschutz,** eine fusionskontrollrechtliche Freigabe darf also nicht zu ihren Lasten kurzfristig über eine Abhilfemaßnahme korrigiert werden.[168] Im Referentenentwurf war nur eine fünfjährige Sperrfrist vorgesehen, sodass der Vertrauensschutz schließlich weiter erhöht worden ist. Dennoch scheint eine Entflechtung in dem Fall, dass ihr eine Freigabeentscheidung der Europäischen Kommission vorausgegangen ist, auch nach Ablauf der zehnjährigen Sperrfrist nicht ohne Weiteres zulässig. So dürfen die Mitgliedstaaten ihr nationales Wettbewerbsrecht gemäß Art. 21 Abs. 3 UA 1 VO Nr. 139/2004 nicht auf Zusammenschlüsse von gemeinschaftsweiter Bedeutung im Sinne des Art. 1 und 3 VO Nr. 139/2004 anwenden. Für deren Prüfung ist die Europäische Kommission gemäß Art. 21 Abs. 2 VO Nr. 139/2004 ausschließlich zuständig. Die Ausnahmeregelung des Art. 21 Abs. 4 UA 1 VO Nr. 139/2004 greift nicht, da sie lediglich für die Verfolgung nichtwettbewerblicher Ziele gilt.[169] Die Festlegung eines Übergangszeitraums, während dessen eine Entflechtung nicht möglich ist, adressiert den Konflikt zwar, kann ihn aber nicht vollständig auflösen; denn die **Freigabe der Europäischen Kommission ist zeitlich nicht begrenzt.**[170] Näher hätte es deshalb gelegen, eine Entflechtung im

---

[164] RegE 11. GWB-Novelle, BT-Drs. 20/6824, S. 35.

[165] Vgl. Thomas in: Immenga/Mestmäcker, § 43 Rn. 4.

[166] Vgl. Kallfaß in: Bunte, § 43 Rn. 3.

[167] Von Schreitter/Sura DB 2023, 1298, 1271.

[168] RegE 11. GWB-Novelle, BT-Drs. 20/6824, S. 30; vgl. auch von Schreitter/Sura DB 2022, 2715, 2717.

[169] Kruse/Maturana EuZW 2022, 798, 799; vgl. auch Roth in: FS-Möschel, S. 503, 505.

[170] Ackermann ZWeR 2023, 1, 13; Kruse/Maturana EuZW 2022, 798, 799; Paal/Kieß NZKart 2022, 678, 683; Thomas ZWeR 2022, 333, 352. AA Podszun/Rohner, Neue Befugnisse für das Bundeskartellamt – Die 11. GWB-Novelle, Stellungnahme für den Wirtschaftsausschuss des Deutschen Bundestags, A-Drs. 20(9)268, 12.6.2023, S. 14, https://www.bundestag.de/dokumente/textarchiv/2023/kw24-pa-wirtschaft-11-gwb-no-velle-951258.

Anschluss an eine fusionskontrollrechtliche Freigabe zusätzlich davon abhängig zu machen, dass sich der Wettbewerb auf dem betroffenen Markt zwischenzeitlich – möglicherweise auch aufgrund des freigegebenen Zusammenschlusses – derart negativ entwickelt hat, dass der Zusammenschluss nunmehr untersagungsfähig wäre.[171] Einstweilen kann und muss § 32f Abs. 4 S. 10 dahingehend unionsrechtskonform ausgelegt werden.

Spiegelbildlich zu der vorgenannten Sperrfrist für eine Entflechtung nach einer fusions- **58** kontrollrechtlichen Freigabe statuiert § 32f Abs. 4 S. 12 ein vorübergehendes Rückerwerbs- verbot für Vermögensteile, die Gegenstand einer Entflechtungsverfügung gemäß § 32f Abs. 4 S. 1 oder einer entsprechenden Verpflichtungszusagenentscheidung (iVm § 32b) waren. Ein Rückerwerb vor Ablauf von fünf Jahren ist möglich, wenn das Unternehmen nachweist, dass sich die Marktverhältnisse soweit geändert haben, dass eine erhebliche und fortwährende Störung des Wettbewerbs nicht mehr vorliegt. Bedenklich erscheint eine solche **Beweislastumkehr** insofern, als die Marktverhältnisse häufig außerhalb der Unter- nehmenssphäre liegen dürften und die Unternehmen nicht – wie das Bundeskartellamt im Rahmen einer Sektoruntersuchung – über Ermittlungsbefugnisse verfügen. Deshalb kann im Falle des *non liquet* die Unsicherheit über eine Verbesserung der Marktverhältnisse zwar zu Lasten des entflochtenen Unternehmens gehen (materielle Beweislast), das Unternehmen eine gesteigerte Darlegungs- und Nachweispflicht aber nur hinsichtlich solcher Umstände treffen, die es mit zumutbarem Aufwand selbst aufzuklären in der Lage ist (formelle Beweis- last). Darüber hinaus bleibt das Bundeskartellamt nach dem Amtsermittlungsgrundsatz ver- pflichtet, den Sachverhalt so weit wie möglich selbst aufzuklären.[172]

Auch zwischen § 32f Abs. 4 S. 12 und Art. 21 Abs. 2 und 3 VO Nr. 139/2004 kann es **59** zu Konflikten kommen, falls ein zwischenzeitlicher Rückerwerb der EU-Fusionskontrolle unterliegt. Denn der Europäischen Kommission **kann durch das vorübergehende Rückerwerbsverbot nicht die Kompetenz entzogen werden,** ein in ihre alleinige Zuständigkeit fallendes Zusammenschlussvorhaben innerhalb der Sperrfrist zu prüfen und unter Umständen freizugeben.[173] Zwar dürfte eine fusionskontrollrechtliche Freigabe der Europäischen Kommission in der Praxis ohnehin häufig ein starkes Argument für eine Verbesserung der Marktverhältnisse sein mit der Folge, dass eine Ausnahme von dem vorübergehenden Rückerwerbsverbot nach § 32f Abs. 4 S. 12 in Betracht kommt. Vor- zugswürdig wäre jedoch eine gesetzliche Klarstellung dahingehend, dass die Vorschrift keine Anwendung findet, sofern der Rückerwerb einen Zusammenschluss darstellt, welcher der EU-Fusionskontrolle unterliegt.[174] Im Übrigen kann – umgekehrt – ein fusionskon- trollpflichtiger Rückerwerb trotz einer Verbesserung der Marktverhältnisse untersagt wer- den, wenn durch den Zusammenschluss wirksamer Wettbewerb erheblich behindert würde. Allerdings dürfte sich der Wegfall der Wettbewerbsstörung regelmäßig auch positiv auf die Freigabefähigkeit des Zusammenschlussvorhabens auswirken.[175]

---

[171] Vgl. auch Kruse/Maturana EuZW 2022, 798, 799; Monopolkommission, Sondergutachten 58, Rn. 119; Roth in: FS-Möschel, S. 503, 506 f. Auch insoweit kritisch allerdings Ackermann ZWeR 2023, 1, 13. AA Bartsch/Käseberg/Weber WuW 2023, 245, 248, mit dem Hinweis darauf, dass sich die Markt- bedingungen innerhalb eines Zeitraums von zehn Jahren in der Mehrzahl der Fälle wesentlich verändert haben; so wohl auch von Schreitter/Sura DB 2023, 1298, 1271.

[172] Vgl. auch Baron in: FK-Kartellrecht, § 29 Rn. 111 (zur ähnlich formulierten Beweislastumkehr in § 29 Abs. 1 Nr. 1); BT-WiA 10. GWB-Novelle, BT-Drs. 19/25868, S. 114 (zur Beweislastumkehr in § 19a Abs. 2 S. 3).

[173] Ackermann ZWeR 2023, 1, 13; Kruse/Maturana, EuZW 2022, 798, 799 f.; Paal/Kieß NZKart 2022, 678, 683; Roth in: FS-Möschel, S. 503, 507 f.; Voges in: Kirk/Offergeld/Rohner, S. 59, 75. Vgl. dagegen Monopolkommission, Sondergutachten 58, Rn. 118, welche die Freigabe eines Zusammenschlussvorhabens unverzüglich nach einer Entflechtung unter dem damaligen Regelungsvorschlag als eher theoretisch erachte- te.

[174] Podszun/Rohner, Neue Befugnisse für das Bundeskartellamt – Die 11. GWB-Novelle, Stellungnahme für den Wirtschaftsausschuss des Deutschen Bundestags, A-Drs. 20(9)268, 12.6.2023, S. 14, https:// www.bundestag.de/dokumente/textarchiv/2023/kw24-pa-wirtschaft-11-gwb-novelle-951258; Roth in: FS- Möschel, S. 503, 508; Voges in: Kirk/Offergeld/Rohner, S. 59, 75.

[175] Von Schreitter/Sura DB 2022, 2715, 2717.

## VI. Gelegenheit zur Stellungnahme für die Monopolkommission und die Landeskartellbehörden

**60** In verfahrensrechtlicher Hinsicht ist in § 32f Abs. 4 S. 3 vorgesehen, dass der Monopolkommission sowie den gemäß § 48 Abs. 1 zuständigen Landeskartellbehörden, in deren Gebiet das betroffene Unternehmen seinen Sitz hat, vor Erlass der Entflechtungsverfügung **Gelegenheit zur Stellungnahme** gegeben wird.[176] Die Stellungnahmen sind für das Bundeskartellamt nicht bindend. Vergleichbare Regelungen enthält das Gesetz bereits in der Zusammenschlusskontrolle: Demnach sind eine Stellungnahme der betroffenen Landeskartellbehörden und der Monopolkommission vor der Entscheidung über die Untersagung eines Zusammenschlusses (§ 40 Abs. 4 S. 1) bzw. im Ministererlaubnisverfahren (§ 42 Abs. 5 S. 1) vorgesehen. Anders als der Bundeswirtschaftsminister im Ministererlaubnisverfahren gemäß § 42 Abs. 1 S. 4 muss das Bundeskartellamt die Entscheidung nach § 32f Abs. 4 S. 1 nicht besonders begründen, soweit sie von der Stellungnahme der Monopolkommission abweicht. Allerdings ist die Stellungnahme der Monopolkommission im Ministererlaubnisverfahren obligatorisch, während die Monopolkommission bei Maßnahmen nach § 32f lediglich Gelegenheit zur Stellungnahme erhält. Ohnehin ist davon auszugehen, dass sich das Bundeskartellamt in der Entflechtungsverfügung auch ohne ausdrückliche Regelung zu einer Stellungnahme der Monopolkommission bzw. der Landeskartellbehörde (n) verhält.

## VII. Ausnahme von der Pflicht zur Veräußerung eines Vermögensteils

**61** In § 32f Abs. 4 S. 8 ist eine Ausnahme von der Pflicht zur Veräußerung eines Vermögensteils vorgesehen. Demnach muss der Vermögensteil nur veräußert werden, wenn der Erlös mindestens 50 Prozent desjenigen Wertes beträgt, den ein vom Bundeskartellamt zu beauftragender Wirtschaftsprüfer festgestellt hat. Eine Vorgabe für einen Mindesterlös fand sich bereits in dem Referentenentwurf für eine missbrauchsunabhängige Entflechtung aus dem Jahr 2010 (§ 41a Abs. 5 RefE 2010), war aber im Referentenentwurf des § 32f noch nicht vorgesehen. Aus der dortigen Regelung ergibt sich ausdrücklich, dass das Nichterreichen der 50-Prozent-Schwelle der Durchsetzung der Entflechtungsanordnung entgegensteht. Das dürfte bei § 32f Abs. 4 im Ergebnis aber nicht anders sein, dh zunächst ergeht – ohne Rücksicht auf die Höhe des künftigen Verkaufserlöses – eine Entflechtungsanordnung, deren **Durchsetzung ausscheidet, falls und solange die Mindesterlösschwelle nicht erreicht wird**. In diesem Zusammenhang beauftragt das Bundeskartellamt zunächst einen Wirtschaftsprüfer, um den Wert des Vermögensteils, der Gegenstand der Entflechtungsanordnung ist, feststellen zu lassen. Findet sich sodann für diesen Vermögensteil kein Erwerber, der mindestens 50 Prozent des festgestellten Wertes zu zahlen bereit ist, kann die Entflechtungsanordnung nicht durchgesetzt werden. Hier kann sich eine auflösende Bedingung anbieten.[177] Zu beachten ist, dass die mit einer Entflechtungsanordnung verbundene zeitliche Drucksituation für einen Verkaufserlös unter Marktwert sorgen kann.[178]

## VIII. Zahlung einer ergänzenden staatlichen Kompensation

**62** Zu den im Gesetzgebungsverfahren wohl am stärksten umstrittenen Punkten des § 32f zählte, ob und inwiefern der Vermögensverlust infolge einer Entflechtungsanordnung durch staatliche Mittel zu kompensieren ist, falls der Erlös für den veräußerten Vermögensteil unterhalb seines tatsächlichen Wertes liegt. Der Referentenentwurf enthielt hierzu noch

---

[176] Zu den weiteren verfahrensrechtlichen Besonderheiten aus § 32f Abs. 8 und § 56 Abs. 7 noch Rn. 64 ff.

[177] Dazu bereits → Rn. 55.

[178] Grzeszick NZKart 2023, 55, 59; Monopolkommission, Sondergutachten 58, Rn. 64.

keine Regelung. Teile der Literatur sprachen sich deshalb für die Einführung einer (vollständigen) Kompensation aus.[179] Nach § 32f Abs. 4 S. 9 erhält das veräußernde Unternehmen eine ergänzende Kompensation **in Höhe der Hälfte der Differenz** zwischen dem festgestellten Wert des Vermögensteils und dem tatsächlichen (niedrigeren) Verkaufserlös. Wie die Gesetzesbegründung betont, erhält das Unternehmen unter Berücksichtigung der Regelung zu dem Mindesterlös in § 32f Abs. 4 S. 8 somit in jedem Fall mindestens 75 Prozent des festgestellten Vermögenswertes.[180] § 32f Abs. 4 S. 9 geht maßgeblich zurück auf eine Empfehlung der Monopolkommission zu dem Referentenentwurf aus dem Jahr 2010, wo eine entsprechende Vorschrift (ebenfalls) fehlte.[181] Der damalige Vorschlag der Monopolkommission beruhte in erster Linie auf ökonomischen Erwägungen: Die ergänzende Kompensation sollte dazu beitragen, die negativen Vorfeldwirkungen einer Entflechtung – wie den Verlust von Investitions- und Innovationsanreizen – zu mindern.[182] Den Verzicht auf eine vollständige Kompensation in § 32f Abs. 4 S. 9 begründet der Gesetzgeber nun wiederum vor allem mit wirtschaftspolitischen Erwägungen.[183]

Ob eine Kompensation für die Entflechtung verfassungsrechtlich geboten ist, hängt nicht **63** nur, aber vor allem davon ab, ob es sich bei der Entflechtung um eine Inhalts- und Schrankenbestimmung des Eigentums im Sinne des Art. 14 Abs. 1 GG oder um eine Enteignung im Sinne des Art. 14 Abs. 3 S. 1 GG handelt. Wäre die Entflechtung als Enteignung einzuordnen, wäre eine Regelung zu Art und Ausmaß der Entschädigung gemäß Art. 14 Abs. 3 S. 2 GG in jedem Fall zwingend. Die Monopolkommission wertete die Entflechtung in ihrer Stellungnahme zu dem Referentenentwurf aus dem Jahr 2010 indes nicht als Enteignung, sondern als **Inhalts- und Schrankenbestimmung.**[184] Dies gilt auch für die jetzige Regelung des § 32f Abs. 4.[185] Denn die Entflechtung dient – anders als dies bei der Enteignung der Fall wäre – nicht der Beschaffung hoheitlicher Güter zur Erfüllung einer öffentlichen Aufgabe.[186] Vielmehr wird der Zweck der Entflechtung – die Verbesserung des Wettbewerbs – bereits durch die Veräußerung des Vermögensteils selbst erreicht. Im Einzelfall kann zwar nach Abwägung der widerstreitenden öffentlichen und privaten Interessen eine Pflicht zur Kompensation auch bei einer Inhalts- und Schrankenbestimmung bestehen.[187] Eine Entschädigung muss indes nicht für Gewinnchancen gezahlt werden, die lediglich auf der Marktmacht des entflochtenen Unternehmens beruhen, die wiederum Anlass für die Störung des Wettbewerbs war.[188] Denn Gewinnchancen sind kein Bestandteil des durch Art. 14 GG geschützten Eigentums.[189] Insofern **ist mit § 32f Abs. 4 S. 9 ein überzeugender Mittelweg gefunden worden.** Einerseits mindert die Regelung negative Vorfeldwirkungen und entschädigt teilweise das betroffene Unternehmen, sofern

---

[179] Ackermann ZWeR 2023, 1, 18, 25; Grzeszick NZKart 2023, 55, passim; Körber, ZRP 2023, 5, 8.

[180] RegE 11. GWB-Novelle, BT-Drs. 20/6824, S. 30.

[181] Monopolkommission, Sondergutachten 58, Rn. 61 ff., 135.

[182] Monopolkommission, Sondergutachten 58, Rn. 61 ff., 135; vgl. auch – hinsichtlich der Entflechtungsregelung in § 32f Abs. 4 – Körber ZRP 2023, 5, 8.

[183] RegE 11. GWB-Novelle, BT-Drs. 20/6824, S. 30.

[184] Monopolkommission, Sondergutachten 58, Rn. 97.

[185] Ackermann ZWeR 2023, 1, 18; Grzeszick NZKart 2023, 55, 56; zweifelnd dagegen Nettesheim/ Thomas, Entflechtung, S. 105 ff., insb. 110; Thomas ZWeR 2022, 333, 352 f.

[186] Kühling/Engelbracht/Welsch WuW 2023, 250, 255; Monopolkommission, Sondergutachten 58, Rn. 97.

[187] Monopolkommission, Sondergutachten 58, Rn. 100; vgl. ausführlich Engel, Die verfassungsrechtliche Zulässigkeit eines Entflechtungstatbestandes im Gesetz gegen Wettbewerbsbeschränkungen, Dezember 2007, S. 55 ff., https://www.econstor.eu/handle/10419/26936.

[188] Vgl. Engel, Die verfassungsrechtliche Zulässigkeit eines Entflechtungstatbestandes im Gesetz gegen Wettbewerbsbeschränkungen, Dezember 2007, S. 59 f., https://www.econstor.eu/handle/10419/26936; Kühling, Missbrauchsunabhängige Entflechtung – verfassungswidriger Kartellrechtspopulismus oder sinnvolle Ultima Ratio?, Verfassungsblog, 24.6.2022, https://verfassungsblog.de/missbrauchsunabhangige-entflechtung/; Monopolkommission, Sondergutachten 58, Rn. 64 f.; RegE 11. GWB-Novelle, BT-Drs. 20/6824, S. 30; Zimmer in: Kirk/Offergeld/Rohner, S. 287, 291 f. AA Grzeszick NZKart 2023, 55, 57, 59.

[189] Insbesondere – zu öffentlich-rechtlichen Rechtsstellungen – BVerfG 13.6.2002 – 1 BvR 482/02 – *TÜV Monopol*, Rn. 6 f. (Juris), mwN.

es den Vermögensteil unterhalb seines Wertes veräußern muss. Andererseits wird bei dem Umfang der Kompensation berücksichtigt, dass durch die Entflechtung eine Wettbewerbsstörung beseitigt (bzw. erheblich verringert) wird, zu der das betreffende Unternehmen zumindest beigetragen hat, und dass dies aus Gründen des Gemeinwohls geschieht. Eine vollständige Kompensation ist auch nach der Rechtsprechung des Bundesverfassungsgerichts in einem solchen Fall jedenfalls nicht geboten.[190]

## G. Verfahrensrechtliche Besonderheiten (Abs. 8 und § 56 Abs. 7)

### I. Öffentliche mündliche Verhandlung und Gelegenheit zur Stellungnahme

**64**    Der Umfang der Verfahrensrechte der Beteiligten richtet sich bei Anwendung des § 32f Abs. 3 und 4 grundsätzlich nach den allgemeinen Vorschriften. Damit erhalten die Unternehmen, gegen die sich das Verfahren richtet, u. a. rechtliches Gehör sowie Akteneinsicht (vgl. § 56 Abs. 1 bzw. 3). Zudem hat das Bundeskartellamt gemäß § 56 Abs. 7 S. 3 „[i]n den Fällen des § 32f Absatz 3 Satz 6 und § 32 Absatz 4 [...] nach der Einleitung des Verfahrens eine **öffentliche mündliche Verhandlung** durchzuführen." Der Vorschlag für eine solche Regelung war im Referentenentwurf noch nicht enthalten. Als spezielle Ausprägung des Grundsatzes der Gewährung rechtlichen Gehörs soll die öffentliche mündliche Verhandlung insbesondere der Transparenz dienen und zudem dazu beitragen, geeignete Abhilfemaßnahmen zu identifizieren.[191] Vor der 11. GWB-Novelle war eine öffentliche mündliche Verhandlung nur im Ministererlaubnisverfahren nach § 42 als Regelfall vorgesehen (§ 56 Abs. 7 S. 3 aF).

**65**    Die Verhandlung soll bei § 32f Abs. 3 und 4 in einem **frühen Verfahrensstadium** stattfinden,[192] wobei sowohl der Wortlaut des § 56 Abs. 7 S. 3 als auch der vorgenannte Sinn und Zweck dafür sprechen, dass damit die zweite Verfahrensphase gemeint ist, dh nachdem eine Störung des Wettbewerbs festgestellt worden ist. Mit Einverständnis der Beteiligten kann gemäß § 56 Abs. 7 S. 5 auch ohne mündliche Verhandlung entschieden werden. Zudem dürften die in § 56 Abs. 7 S. 2 genannten Gründe für einen (teilweisen) Ausschluss der Öffentlichkeit von einer tatsächlich stattfindenden mündlichen Verhandlung – Gefährdung der öffentlichen Ordnung insbesondere des Wohls des Bundes oder eines Landes oder die Gefährdung eines wichtigen Betriebs- oder Geschäftsgeheimnisses – auch für die Fälle des § 32f Abs. 3 S. 6 und Abs. 4 S. 1 gelten.

**66**    In der Verhandlung hat die Monopolkommission das Recht, gehört zu werden, § 56 Abs. 7 S. 6 Hs 1. Im Übrigen beschränkt sich die Berechtigung zur Teilnahme an der Verhandlung auf die an dem Verfahren vor dem Bundeskartellamt Beteiligten im Sinne des § 54 Abs. 2. In der Gesetzesbegründung wird zudem auf die Möglichkeit hingewiesen, gemäß § 56 Abs. 2 Vertretern der von dem Verfahren berührten Wirtschaftskreise, aber auch sonstigen Dritten wie Behörden und wissenschaftlichen Instituten **Gelegenheit zur Stellungnahme** zu geben. Hiervon soll im Rahmen des § 32f bei „Maßnahmen mit besonders breiter Marktwirkung" Gebrauch gemacht werden.[193]

### II. Einvernehmen mit der Bundesnetzagentur

**67**    Beabsichtigt das Bundeskartellamt, Abhilfemaßnahmen gemäß § 32f Abs. 3 S. 6 und Abs. 4 S. 1 in den **spezifisch regulierten Sektoren Eisenbahn, Energie (Elektrizitäts- und Gasversorgungsnetze), Post und Telekommunikation** zu erlassen, muss es ein

---

[190] Insbesondere BVerfG 23.2.2010 – 1 BvR 2736/08 – *Flughafen Berlin-Schönefeld*, Rn 43 ff. (Juris); vgl. auch – mwN – Kühling/Engelbracht/Welsch WuW 2023, 250, 255 f. AA Ackermann ZWeR 2023, 1, 18; Grzeszick NZKart 2023, 55, 57, 59.

[191] RegE 11. GWB-Novelle, BT-Drs. 20/6824, S. 42.

[192] RegE 11. GWB-Novelle, BT-Drs. 20/6824, S. 49.

[193] RegE 11. GWB-Novelle, BT-Drs. 20/6824, S. 27.

Einvernehmen mit der Bundesnetzagentur herstellen, § 32f Abs. 8 S. 1 Hs 1. Hintergrund für diese Regelung, die im Referentenentwurf noch nicht enthalten war, ist der Umstand, dass die vier Bereiche grundsätzlich sowohl dem sektorspezifischen als auch dem allgemeinen Wettbewerbsrecht unterliegen.[194] Die Beschränkung bei der Energiewirtschaft auf die regulierten Elektrizitäts- und Gasversorgungsnetze dürfte damit zu erklären sein, dass dort lediglich die Ebene des Netzbetriebs (nicht aber die Erzeugung, der Großhandel und der Vertrieb) der sektorspezifischen Regulierung nach dem EnWG unterliegt.[195] „Einvernehmen" verlangt – im Gegensatz etwa zu der Beteiligungsform des Benehmens – nicht nur eine Beteiligung der Bundesnetzagentur im Verfahren, sondern das Einverständnis der Regulierungsbehörde. Versagt die Bundesnetzagentur ihr Einvernehmen, kann das Bundeskartellamt die beabsichtigte Abhilfemaßnahme nicht erlassen.[196] § 32f Abs. 8 S. 1 Hs 2 sieht vor, dass die Bundesnetzagentur zu ihrer Entscheidung über die Erteilung bzw. Versagung des Einvernehmens eine Stellungnahme veröffentlicht. Aus der **Stellungnahme der Bundesnetzagentur** sollen insbesondere die Gründe für ihre Entscheidung hervorgehen. Dies dient dazu, das Verfahren möglichst transparent zu gestalten.[197]

Die Möglichkeit für das Bundeskartellamt, gemäß § 32f Abs. 3 S. 6 und Abs. 4 S. 1 **68** verstoßunabhängige Abhilfemaßnahmen zu erlassen, soll im Übrigen aber nichts an den Maßstäben für die Frage der Regulierungsbedürftigkeit von Telekommunikationsmärkten ändern. Insofern stellt § 32f Abs. 8 S. 2 klar, dass mögliche Abhilfemaßnahmen nach Abs. 3 und 4 bei der Marktanalyse nach § 11 Abs. 2 Nr. 3 TKG nicht zu berücksichtigen sind. Somit kann die Bundesnetzagentur im Rahmen der Prüfung des **Drei-Kriterien-Tests** des § 11 Abs. 2 TKG nicht etwa zu dem Ergebnis gelangen, dass das allgemeine Wettbewerbsrecht infolge der Einführung des § 32f nunmehr ausreichend sei, um einem Marktversagen angemessen entgegen zu wirken.

## H. Verpflichtungszusagen im Zusammenhang mit Abhilfemaßnahmen (Abs. 6)

§ 32f Abs. 6 erklärt § 32b in Verfahren nach § 32f Abs. 3 und 4 für entsprechend **69** anwendbar. Damit kann das Bundeskartellamt Verpflichtungszusagen, die von den Unternehmen abgegeben werden, um die seitens der Behörde mitgeteilten wettbewerblichen Bedenken auszuräumen, für bindend erklären. Auf die Verpflichtung zur ergänzenden Anmeldung von Zusammenschlussvorhaben gemäß § 32f Abs. 2 ist § 32f Abs. 6 iVm § 32b dagegen nicht anwendbar. **Sinn und Zweck von § 32f Abs. 6 und § 32b unterscheiden sich dabei nicht.** Die Unternehmen sollen in der Lage sein, genauso geeignete und weniger einschneidende Maßnahmen vorzuschlagen, da sie hinsichtlich ihres eigenen Unternehmens über besondere Kenntnis verfügen.[198] Zudem wird auf die Möglichkeit hingewiesen, prozedurale Effizienzgewinne zu erzielen.[199] In der Kartell- sowie der Missbrauchsaufsicht verzichtet die Wettbewerbsbehörde bei Entscheidungen nach § 32b auf die Feststellung einer Zuwiderhandlung und damit auch auf deren Abstellung sowie auf möglicherweise weitergehende Abhilfemaßnahmen. Der Erlass von Abhilfemaßnahmen gemäß § 32f Abs. 3 S. 6 und Abs. 4 S. 1 erfolgt dagegen ohnehin verstoßunabhängig; Voraussetzung ist lediglich die Feststellung einer Störung des Wettbewerbs im Sinne des § 32f Abs. 3 S. 1. Eine entsprechende Geltung des § 32b dürfte deshalb im Rahmen des

---

[194] Mit sekundärrechtlichen Bedenken ggü der Zuständigkeit des Bundeskartellamtes für Maßnahmen gemäß § 32f Abs. 3 S. 6 und Abs. 4 S. 1 in den regulierten Sektoren Ackermann ZWeR 2023, 1, 15 f.

[195] Vgl. Hermes in: Britz/Hellermann/Hermes, § 58 Rn. 1.

[196] Vgl. – zu der Einvernehmensregelung des § 47a Abs. 2 – Knauff in: Immenga/Mestmäcker, § 47a Rn. 12.

[197] RegE 11. GWB-Novelle, BT-Drs. 20/6824, S. 36.

[198] RegE 11. GWB-Novelle, BT-Drs. 20/6824, S. 17.

[199] RegE 11. GWB-Novelle, BT-Drs. 20/6824, S. 17. Kritisch zur Freiwilligkeit der Zusagen von Unternehmen Körber ZRP 2023, 5, 7.

§ 32f bedeuten, dass die Unternehmen mit ihren Verpflichtungszusagen bereits die Bedenken des Bundeskartellamtes hinsichtlich des Vorliegens solcher Wettbewerbsdefizite ausräumen können. Hierfür spricht der weitgefasste Verweis in § 32b Abs. 6 („Verfahren nach den Absätzen 3 und 4"). In der Regel dürfte eine Einigung zwischen den Unternehmen und dem Bundeskartellamt aber **erst in einem fortgeschrittenen Verfahrensstadium** zustande kommen, dh nachdem eine Störung des Wettbewerbs festgestellt worden ist. Davon scheint auch die Gesetzesbegründung auszugehen.[200] Die Zusagen werden dann von denjenigen Unternehmen abgegeben, gegenüber denen eine Verfügung gemäß § 32f Abs. 3 S. 1 ergangen ist, um mögliche weitergehende Abhilfemaßnahmen nach § 32f Abs. 3 S. 6 und Abs. 4 S. 1 zu vermeiden.

70      In beiden Fällen hat die Verpflichtungszusagenentscheidung nach § 32b Abs. 1 S. 2 zum Gegenstand, dass das Bundeskartellamt von seinen Befugnissen nach § 32f Abs. 3 S. 1, S. 6 bzw. Abs. 4 S. 1 keinen Gebrauch machen wird. Dies setzt voraus, dass das Bundeskartellamt den Unternehmen seine vorläufigen wettbewerblichen Bedenken mitgeteilt hat (§ 32b Abs. 1 S. 1). Die für die Abhilfemaßnahmen nach § 32f Abs. 3 S. 6 und Abs. 4 S. 1 vorgesehenen **besonderen prozeduralen Schritte** – Durchführung einer öffentlichen mündlichen Anhörung (§ 56 Abs. 7 S. 1; sofern sie nicht ohnehin bereits, wie vorgesehen, zu Beginn des Verfahrens stattgefunden hat) sowie Gewährung der Gelegenheit zur Stellungnahme für die Monopolkommission und die Landeskartellbehörde(n) (§ 32f Abs. 4 S. 3; insoweit nur bei der eigentumsrechtlichen Entflechtung) – müssten bei einer Verpflichtungszusagenentscheidung allerdings nicht zwingend gewahrt werden, da sie **keine Voraussetzungen des § 32b** sind. Das ist aus rechtsstaatlicher Sicht jedenfalls insofern vertretbar, als die Beteiligten auch bei einer Entscheidung nach § 32b über einen grundsätzlich ausreichenden Verfahrensschutz verfügen. Der Einholung des Einvernehmens der Bundesnetzagentur für Maßnahmen in den spezifisch regulierten Sektoren Eisenbahn, Energie, Post und Telekommunikation bedarf es vor Erlass einer Verpflichtungszusagenentscheidung ebenfalls nicht, da § 32f Abs. 8 S. 1 nur auf den Erlass von Abhilfemaßnahmen nach den Abs. 3 und 4, nicht aber auf Abs. 6 (iVm § 32b) verweist.

## I. Frist für den Erlass von Abhilfemaßnahmen (Abs. 7 und § 187 Abs. 11)

71      Die Verfügungen des § 32f Abs. 2–4 sollen gemäß § 32f Abs. 7 innerhalb einer **(Soll-) Frist von 18 Monaten** nach Veröffentlichung des Abschlussberichts der Sektoruntersuchung nach § 32e Abs. 4 ergehen. Die Frist gilt aufgrund des weiten Wortlauts des § 32f Abs. 7 („Verfügungen nach den Absätzen 2 bis 4") sowohl für den Erlass der Abhilfemaßnahmen gemäß § 32f Abs. 2 S. 1, Abs. 3 S. 6 und Abs. 4 S. 1 als auch für die Feststellung der Störung des Wettbewerbs gemäß § 32f Abs. 3 S. 1 sowie den Ausdehnungsbeschluss gemäß § 32f Abs. 3 S. 5. Allerdings folgen die Abhilfemaßnahmen der Feststellung der Wettbewerbsstörung bzw. dem Ausdehnungsbeschluss ohnehin stets nach. Die Durchsetzung der Entflechtungsanordnung nach § 32f Abs. 4 S. 8 und 9 muss nach dem Sinn und Zweck der Fristenregelung indes nicht innerhalb der 18-monatigen Frist erfolgen. Denn § 32f Abs. 7 dient der Verfahrensbeschleunigung und soll sicherstellen, dass die im Rahmen der Sektoruntersuchung gewonnenen **Erkenntnisse hinreichend aktuell** sind.[201] Die Gesetzesbegründung spricht deshalb im Zusammenhang mit der Fristenregelung an einer Stelle auch nur von der „Abstellungsverfügung nach § 32f Absatz 2 bis 4".[202]

72      Der Fristlauf beginnt mit der Veröffentlichung des Abschlussberichts durch das Bundeskartellamt. § 32f Abs. 7 verweist zwar pauschal auf die „Veröffentlichung des Abschlussberichts nach § 32e Absatz 4"; gemeint sein kann aber nur ein Abschlussbericht des

---

[200] RegE 11. GWB-Novelle, BT-Drs. 20/6824, S. 17: „um identifizierte Störungen des Wettbewerbs zu beseitigen".
[201] RegE 11. GWB-Novelle, BT-Drs. 20/6824, S. 17, 35.
[202] RegE 11. GWB-Novelle, BT-Drs. 20/6824, S. 17.

Bundeskartellamtes, nicht jedoch der dort ebenfalls genannten Landeskartellbehörden.[203] Bei der Fristdauer hat sich der Gesetzgeber an den Regeln zu den *market investigations* der CMA im Vereinigten Königreich orientiert.[204] Mit einer Dauer von höchstens 18 Monaten entspricht die Soll-Frist für den Erlass der Abhilfemaßnahmen nach § 32f Abs. 7 zudem derjenigen für die Durchführung der Sektoruntersuchung aus § 32e Abs. 3. Da es sich um eine Soll-Frist handelt, ist der Zeitraum von 18 Monaten seitens des Bundeskartellamtes im Regelfall einzuhalten und **kann in Ausnahmefällen überschritten werden**.[205] Allerdings löst eine Überschreitung der Frist auch bei dem Fehlen außergewöhnlicher Umstände keine unmittelbaren Rechtsfolgen aus.[206] Auf eine Regelung zur Fristhemmung oder -verlängerung ist – im Gegensatz etwa zur Fusionskontrolle mit ihren „harten" Fristen sowie Freigabefiktionen – letztlich zurecht verzichtet worden.[207]

Im Zusammenhang mit der Frist für die Verfügungen ist die neue **Übergangsregelung 73** in § 187 Abs. 11 zu beachten. Die Vorschrift bestimmt, dass Abhilfemaßnahmen nach § 32f Abs. 2 auch im Nachgang zu einer Sektoruntersuchung erlassen werden können, die zum Zeitpunkt des Inkrafttretens des § 32f Abs. 2 bereits abgeschlossen war. Zweck des § 187 Abs. 11 ist, dass Sektoruntersuchungen, die im Hinblick auf eine Verfügung nach § 39a eingeleitet wurden, nach Überführung der ergänzenden Anmeldepflicht in § 32f Abs. 2 weiterhin als Grundlage für eine Abhilfemaßnahme nach dieser Norm genutzt werden können.[208] Dies gilt aber nur für solche Sektoruntersuchungen, deren Abschluss weniger als ein Jahr vor Inkrafttreten des § 32f Abs. 2 zurückliegt, § 187 Abs. 11 S. 1 aE. Auch hier soll die zeitliche Beschränkung sicherstellen, dass Abhilfemaßnahmen nach § 32f Abs. 2 S. 1 stets auf einer hinreichend aktuellen Datenbasis ergehen.[209] Zeitlicher Anknüpfungspunkt für den Abschluss der Sektoruntersuchung ist die Veröffentlichung eines Abschlussberichts nach § 32e Abs. 4. Die Veröffentlichung eines Abschlussberichts ist für das Bundeskartellamt zwar selbst erst seit der 11. GWB-Novelle obligatorisch, war aber bereits zuvor gängige Praxis der Behörde. Zu berücksichtigen ist gemäß § 187 Abs. 11 S. 2 außerdem, dass die 18-monatige Frist § 32f Abs. 7 erst mit dem Zeitpunkt des Inkrafttretens des § 32f Abs. 2 zu laufen beginnt, auch wenn die Sektoruntersuchung bereits zuvor abgeschlossen war. Demnach können Abhilfemaßnahmen nach § 32f Abs. 2 **theoretisch noch bis zu zweieinhalb Jahre nach Abschluss einer (Alt-) Sektoruntersuchung** ergehen. Auf die Abhilfemaßnahmen nach § 32f Abs. 3 S. 6 und Abs. 4 S. 1 ist die Übergangsregelung des § 187 Abs. 11 dagegen nicht anwendbar. Für diese Abhilfemaßnahmen dürfte deshalb gelten, dass sie – lediglich, aber immerhin auch – auf solche Sektoruntersuchungen gestützt werden können, die zwar vor Inkrafttreten der 11. GWB-Novelle eingeleitet worden sind, aber erst nach ihrem Inkrafttreten abgeschlossen werden.[210]

---

[203] Dazu bereits Rn. 9.

[204] RegE 11. GWB-Novelle, BT-Drs. 20/6824, S. 35.

[205] Vgl. Mundt NZKart 2023, 1, 3 unter Verweis auf eine „Hinhaltetaktik" einzelner Unternehmen.

[206] RegE 11. GWB-Novelle, BT-Drs. 20/6824, S. 35.

[207] Kühling/Engelbracht/Welsch WuW 2023, 250, 252. AA BKartA, Stellungnahme des Bundeskartellamts zum Regierungsentwurf zur 11. GWB-Novelle, A-Drs. 20(9)261, S. 9 f., https://www.bundestag.de/dokumente/textarchiv/2023/kw24-pa-wirtschaft-11-gwb-novelle-951258.

[208] RegE 11. GWB-Novelle, BT-Drs. 20/6824, S. 44 f.

[209] RegE 11. GWB-Novelle, BT-Drs. 20/6824, S. 45.

[210] Vgl. die – im Regierungsentwurf allerdings nicht mehr enthaltene – Begründung des RefE 11. GWB-Novelle, Bearbeitungsstand: 15.9.2022 12:58, S. 26, https://www.bmwk.de/Redaktion/DE/Meldung/2022/20220920-bmwk-legt-entwurf-zur-verscharfung-des-wettbewerbsrechts-vor.html. Vgl. auch – zu § 39a aF – Becker in: Bien ua, Kap. 5 Rn. 60 f.; Kallfaß in: Bunte, § 39a Rn. 8. AA Schreitter/Sura DB 2022, 2715, 2721: „Mit Ausnahme der Anmeldeverfügung betrifft [die Neuregelung der Sektoruntersuchung] zwar nur solche Untersuchungen, die *nach* Inkrafttreten der Novelle eingeleitet werden."

## J. Evaluierung (§ 32f Abs. 9)

**74**    § 32f Abs. 9 verpflichtet das Bundesministerium für Wirtschaft und Klimaschutz dazu, den gesetzgebenden Körperschaften, dh Bundestag und Bundesrat, über die Erfahrungen mit den Regelungen in den Abs. 1 bis 8 nach zehn Jahren nach ihrem Inkrafttreten zu berichten. Die Regelung fand erst infolge der Beratungen im Wirtschaftsausschuss Eingang in das Gesetz. Die **Notwendigkeit der Evaluierung** wurde im Laufe des Gesetzgebungsverfahrens wiederholt von der Monopolkommission betont.[211] Der zeitliche Horizont für die Berichterstattung über die Anwendungspraxis ist bei § 32f mit zehn Jahren vergleichsweise lang (dagegen etwa §§ 18 Abs. 8, 43a: drei Jahre; § 19a Abs. 4: vier Jahre). Dies lässt sich indes damit erklären, dass die Verfahren nach § 32f Abs. 2–4 – jedenfalls unter Berücksichtigung der vorherigen Durchführung einer Sektoruntersuchung – zeitintensiv und voraussichtlich nicht sehr zahlreich sein werden.

## K. Geldbußen bei Verstößen gegen Abhilfemaßnahmen (§ 81 Abs. 2)

**75**    Schuldhafte Verstöße gegen Abhilfemaßnahmen, die das Bundeskartellamt auf Grundlage des § 32f erlassen hat, sind bußgeldbewehrt. Gemäß § 81 Abs. 2 Nr. 2 lit. a handelt ordnungswidrig, wer vorsätzlich oder fahrlässig einer vollziehbaren Anordnung nach § 32f Abs. 3 S. 6 oder Abs. 4 S. 1 zuwiderhandelt. Der **Katalog der Bußgeldtatbestände des § 81** ist im Zuge der 11. GWB-Novelle entsprechend ergänzt worden. Mit Blick auf eine Zuwiderhandlung gegen eine Verpflichtungszusagenentscheidung (§ 32b) auf Basis des § 32f Abs. 6 war eine Ergänzung des Gesetzes dagegen entbehrlich, da § 32b bereits vor der Novelle in § 81 Abs. 2 Nr. 2 genannt war. Geldbußen können zudem bei Verstößen gegen die Pflicht zur ergänzenden Anmeldung von Zusammenschlüssen nach § 32f Abs. 2 verhängt werden. Auch insoweit konnte auf eine Ergänzung der Bußgeldtatbestände des § 81 verzichtet werden. Denn § 32f Abs. 2 erweitert lediglich die fusionskontrollrechtlichen Gebote und Verbote.[212] Verstöße etwa gegen das Vollzugsverbot aus § 41 Abs. 1 oder die Anmeldepflicht aus § 39 Abs. 1 waren bereits bußgeldbewehrt, § 81 Abs. 2 Nr. 1 bzw. Nr. 3. Hinsichtlich der Höhe der Geldbußen gibt es bei Zuwiderhandlungen gegen die Abhilfemaßnahmen des § 32f keine Unterschiede zu den schweren Verstößen gegen das Kartellrecht: Bei natürlichen Personen kann die Geldbuße bis zu einer Million Euro und bei Unternehmen oder Unternehmensvereinigungen bis zu zehn Prozent des im vorangegangenen Geschäftsjahr erzielten Gesamtumsatzes betragen, § 81c Abs. 1 S. 1 bzw. Abs. 2.

## L. Rechtsschutz gegen Abhilfemaßnahmen (§ 66 Abs. 1)

**76**    Den Adressaten einer Verfügung des Bundeskartellamtes nach § 32f Abs. 2–4 sowie den sonstigen Beteiligten (§ 54 Abs. 2 Nr. 1, 3 und 4) steht nach Maßgabe des § 73 Abs. 1 und 2 das Rechtsmittel der Beschwerde zu. Dabei hat eine **Beschwerde gegen die Abhilfemaßnahmen aus § 32f Abs. 3 S. 6 sowie Abs. 4 S. 1 aufschiebende Wirkung,** § 66 Abs. 1 Nr. 1. Während der Referentenentwurf noch für keine der Abhilfemaßnahmen des § 32f Abs. 2–4 eine solche aufschiebende Wirkung des Rechtsbehelfs vorsah, sollte nach dem Regierungsentwurf (lediglich) für die eigentumsrechtliche Entflechtung eine Ausnahme gelten. Begründet wurde dies mit dem „besonderen Charakter

---

[211] Vgl. auch – jeweils unter Verweis auf die Erfahrungen mit den *market investigations* im Vereinigten Königreich – Kühling, Entflechtung – ein sinnvolles Instrument für das Kartellamt, FAZ, 27.6.2023, S. 17; Kühling/Engelbracht/Welsch WuW 2023, 250, 254.

[212] Dazu bereits Rn. 22.

der Entflechtung";²¹³ gemeint sind wohl ihre regelmäßig hohe Eingriffsintensität und Irreversibilität. Grundlage für die Ausweitung der aufschiebenden Wirkung der Beschwerde auch auf die verhaltensorientierten und (sonstigen) strukturellen Abhilfemaßnahmen aus § 32f Abs. 3 S. 6 war erst eine entsprechende Empfehlung des Wirtschaftsausschusses. Diese verweist darauf, dass jene Maßnahmen in Einzelfällen ebenfalls einen irreversiblen Eingriff in das Geschäftsmodell der Adressaten zur Folge haben können.²¹⁴ Zudem ist vorgesehen, dass die Feststellung einer Störung des Wettbewerbs mittels einer eigenen Verfügung gegenüber bestimmten Unternehmen erfolgt.²¹⁵ Diese ist dann von den betroffenen Unternehmen sowie den sonstigen Beteiligten, obgleich diese in der Gesetzesbegründung nicht genannt sind, auch gerichtlich überprüfbar. Ein entsprechender Rechtsbehelf hat allerdings keine aufschiebende Wirkung (Umkehrschluss aus § 66 Abs. 1).²¹⁶ Anderenfalls dürfte das Verfahren erheblich verzögert und kaum mehr innerhalb der Frist des § 32f Abs. 7 abgeschlossen werden können.²¹⁷

Die Anpassungen folgten auf die in Teilen der Literatur erhobene **Kritik an dem** 77 **ursprünglich vorgesehenen Rechtsschutz** bei § 32f.²¹⁸ Sie stärken diesen auch erheblich. Mit Blick auf die ergänzte aufschiebende Wirkung der Beschwerde gegen die Abhilfemaßnahmen aus sowohl § 32f Abs. 3 S. 6 als auch Abs. 4 S. 1 war aber bereits zuvor zu berücksichtigen, dass das Bundeskartellamt und – auf Antrag – das OLG Düsseldorf ausnahmsweise die Aussetzung der Vollziehung der Verfügung nach § 67 Abs. 3 S. 2 bzw. S. 3 hätten anordnen können. Ein solches Vorgehen wäre jedenfalls in solchen Fällen in Betracht gekommen, in denen die Abhilfemaßnahme besonders schwerwiegend und nicht reparabel wäre.²¹⁹ Wegen der Regelung in § 66 Abs. 1 ist der gesetzliche Regelfall nun die aufschiebende Wirkung der Beschwerde. Das Bundeskartellamt kann wiederum die sofortige Vollziehung seiner Verfügung anordnen, muss dann aber gemäß § 67 Abs. 1 darlegen, dass dies – ausnahmsweise – im öffentlichen Interesse oder im überwiegenden Interesse eines Beteiligten geboten ist.

## § 32g Untersuchung von möglichen Verstößen gegen die Verordnung (EU) Nr. 2022/1925 (Digital Markets Act)

(1) **Das Bundeskartellamt kann eine Untersuchung bei einer möglichen Nichteinhaltung der Artikel 5, 6 oder 7 der Verordnung (EU) Nr. 2022/1925 des Europäischen Parlaments und des Rates vom 14. September 2022 über bestreitbare und faire Märkte im digitalen Sektor und zur Änderung der Richtlinien (EU) 2019/1937 und (EU) 2020/1828 (Gesetz über digitale Märkte) (ABl. L 265 vom 12.10.2022, S. 1) durch ein nach Artikel 3 der Verordnung benanntes Unternehmen durchführen.**

(2) ¹**Das Bundeskartellamt kann alle für die Untersuchung nach Absatz 1 erforderlichen Ermittlungen durchführen.** ²**Die §§ 57 bis 59b und 61 gelten entsprechend.** ³**Sofern die Ermittlungen einen möglichen Verstoß gegen Artikel 7 der Verordnung (EU) Nr. 2022/1925 zum Gegenstand haben, gibt das Bundeskartellamt der Bundesnetzagentur die Möglichkeit zur Stellungnahme.**

(3) ¹**Das Bundeskartellamt erstattet der Europäischen Kommission Bericht über die Ergebnisse der Untersuchung nach Absatz 1.** ²**Es kann einen Bericht über die Ergebnisse der Untersuchung veröffentlichen.**

---

²¹³ RegE 11. GWB-Novelle, BT-Drs. 20/6824, S. 44.
²¹⁴ BT-WiA 11. GWB-Novelle, BT-Drs. 20/7625, S. 28.
²¹⁵ Dazu bereits Rn. 23.
²¹⁶ Vgl. auch RegE 11. GWB-Novelle, BT-Drs. 20/6824, S. 29.
²¹⁷ Vgl. auch Bartsch/Käseberg/Weber WuW 2023, 245, 247.
²¹⁸ Vgl. Ackermann ZWeR 2023, 1, 26 f.; Körber NZKart 2023, 193, 194; Paal/Kieß NZKart 2022, 678, 682.
²¹⁹ Vgl. BVerfG 27.10.2009 – 1 BvR 1876/09 – *Substitutionstherapie,* Rn. 11 (Juris).

**Schriftum:** Schreiter von/Sura, Der RefE zur 11. GWB-Novelle – „Kartellrecht mit Klauen und Zähnen"? DB 2022, 2716; Podszun/Bongartz/Kirk, Digital Markets Act – Neue Regeln für Fairness in der Plattformökonomie, NJW 2022, 3249.

## A. Einführung

**1**  Mit dem Digital Markets Act („DMA")[1] wurde auf Unionsebene ein Regelwerk geschaffen, um bestreitbare und faire Märkte auch in Gegenwart von „Gatekeepern" und innerhalb sog. „digitaler Ökosysteme" zu gewährleisten (→ § 19a Rn. 15). Zur Erreichung dieses Ziels adressiert der DMA bestimmte Geschäftspraktiken (Art. 5 bis 7 DMA) von Anbietern digitaler Plattformen (sog. Torwächter, Art. 3 DMA) gegenüber ihren Nutzern, die erhebliche Auswirkungen auf den Binnenmarkt haben. Es besteht die Vermutung, dass in den Verhältnissen von Plattformanbietern und Endnutzern häufig ein Marktungleichgewicht herrscht und sie daher anfällig für eine ungerechte Ausgestaltung sind.[2] Die Regelungen des DMA gelten für die benannten Torwächter unmittelbar und sind direkt anwendbar.[3] Nichtsdestotrotz muss ihre Einhaltung durch die Plattformanbieter kartellbehördlich überwacht werden. Nach den Erwägungsgründen ist die Kommission grundsätzlich die „alleinige Durchsetzungsbehörde".[4] Zur Gewährleistung einer effektiven Durchsetzung des DMA sieht Art. 38 Abs. 7 DMA allerdings vor, dass die nationalen Wettbewerbsbehörden die Kommission bei dieser Rolle in einem begrenzten Umfang unterstützen können.[5]

**2**  Der durch die 11. GWB-Novelle neu eingefügte § 32g schafft die Rechtsgrundlage dafür, dass das Bundeskartellamt den DMA flankierend durchsetzen kann. Konkret räumt die Vorschrift dem Bundeskartellamt die Möglichkeit ein, eigenständig bei Verstößen gegen Art. 5 bis 7 des DMA zu ermitteln. Nach der Durchführung von entsprechenden Untersuchungen ist das Bundeskartellamt verpflichtet, die Kommission über die Ergebnisse zu unterrichten, wobei die Berichte auch veröffentlicht werden können. § 32g Abs. 1 gibt den in Art. 38 Abs. 7 DMA festgelegten Ermittlungszweck wieder und orientiert sich nahe an dem Wortlaut der Vorschrift.[6] Durch den Verweis in Abs. 1 auf Art. 3 DMA soll zudem klargestellt werden, dass sich die Ermittlungsbefugnisse des Bundeskartellamtes lediglich auf mögliche Verstöße der bereits benannten Torwächter beziehen. Nach dem ausdrücklichen Wortlaut („kann") liegt es im Ermessen des Bundeskartellamts, ob es entsprechende Ermittlungen aufnimmt. Untersuchungen gemäß § 32g können parallel zu einem Verwaltungsverfahren nach § 19a GWB durchgeführt werden, der ebenfalls das Marktverhalten von Torwächtern adressiert.[7]

## B. Ermittlungsbefugnisse des Bundeskartellamtes bei möglichen Verstößen gegen den DMA

**3**  § 32g Abs. 2 enthält einen Verweis auf die Vorschriften der §§ 57 bis 59b, 61. Demnach stehen dem Bundeskartellamt auch zur Feststellung eines möglichen Verstoßes gegen Art. 5 bis 7 des DMA alle regulären Befugnisse zur Verfügung. Konkret bedeutet dies zunächst, dass die Behörde im Rahmen von Untersuchungen nach § 32g Abs. 1 alle erforderlichen Beweise erheben darf (vgl. → § 57 Rn. 3 ff.). § 58 ermöglicht es dem Bundeskartellamt

---

[1] Verordnung (EU) 2022/1925 des Europäischen Parlaments und des Rates vom 14. September 2022 über bestreitbare und faire Märkte im digitalen Sektor und zur Änderung der Richtlinien (EU) 2019/1937 und (EU) 2020/1828 (Gesetz über digitale Märkte).

[2] Erwägungsgrund 22, Verordnung (EU) 2022/1925; vgl. dazu auch Podszun/Bongartz/Kirk NJW 2022, 3249.

[3] Regierungsentwurf S. 19.

[4] Erwägungsgrund 91, Verordnung (EU) 2022/1925.

[5] Vgl. dazu Gappa/Käseberg in Podszun, DMA Art. 38 Rn. 25 f.

[6] Regierungsentwurf S. 37.

[7] Schreiter von/Sura DB 2022, 2715 (2717).

zudem, eine Beschlagnahme zur Sicherung von Beweismaterialien vorzunehmen (vgl.
→ § 58). § 59 ermächtigt das Amt dazu, Auskünfte zu verlangen (→ § 59 Rn. 27 ff.), Vertreter der zur Auskunft Verpflichteten zu einer Befragung einzubestellen (→ § 59 Rn. 55)
und Unterlagen herauszuverlangen (→ § 59 Rn. 57 f.). Nach § 59a kann das Bundeskartellamt bei den Torwächtern innerhalb der üblichen Geschäftszeiten die geschäftlichen Unterlagen einsehen und diese prüfen (→ § 59a). Schließlich kann das Bundeskartellamt Geschäftsräume, Wohnungen, Grundstücke und Sachen der in Art. 3 DMA genannten Unternehmen durchsuchen, wenn zu vermuten ist, dass sich dort Unterlagen befinden, die sie
nach den §§ 59 und 59a einsehen, prüfen bzw. herausverlangen darf (→ § 59b). Diese
Ermittlungsbefugnisse sind gemäß § 185 Abs. 2 auf Sachverhalte beschränkt, in denen sich
etwaige Verstöße im Bundesgebiet auswirken (vgl. → § 185 Rn. 107).[8]

## C. Beteiligung der Bundesnetzagentur bei Verletzungen von Interoperabilitätsverpflichtungen

Das Bundeskartellamt muss der Bundesnetzagentur gemäß § 32g Abs. 2 S. 3 die Mög-   **4**
lichkeit zur Stellungnahme geben, sofern die Ermittlungen einen möglichen Verstoß gegen
Art. 7 DMA zum Gegenstand haben. Dabei adressiert Art. 7 DMA sog. Interoperabilitäts-
pflichten. Diese verfolgen den Zweck, der Marktkonzentration insbesondere im Messengerbereich und hiermit verbundenem potentiellem Missbrauch entgegenzuwirken. Eine
Verbraucherbefragung der Bundesnetzagentur aus dem Jahr 2019 ergab, dass insbesondere
in Deutschland eine hohe Marktkonzentration in diesem Bereich herrscht. Demnach
nutzten 93 % der Befragten WhatsApp, 39 % den Facebook Messenger und jeder vierte
Befragte den Instagram Direct Messenger, wobei alle drei Dienste zum Meta-Konzern
gehören. Daneben sind konkurrierende Dienste wie beispielsweise Skype (20 %) Zoom
(18 %) oder Signal (13 %) deutlich weniger populär. Der Grund für die Konzentrationstendenzen im Messengerbereich sind Netzwerkeffekte. Da typischerweise nur die Nutzer
innerhalb eines bestimmten Messengerdienstes miteinander kommunizieren können, profitieren diese von einer hohen Anzahl der Nutzer desselben Dienstes. Eine *„any-to-any"*
Erreichbarkeit – wie sie beim klassischen Telefonnetz – existiert im Messengerbereich
nicht.[9] Bereits mit der Regelung in § 21 Abs. 2 TKG hat der Gesetzgeber der Bundesnetzagentur das Recht eingeräumt, Anbieter von Messengerdiensten zu interoperablen Diensten zu verpflichten. Durch § 32g Abs. 3 S. 2 wird sichergestellt, dass die Bundesnetzagentur
aufgrund ihrer Expertise in diesem Bereich der Telekommunikation eingebunden wird.

## D. Verpflichtung zur Berichterstattung gegenüber der Kommission

Gemäß § 32g Abs. 3 S. 1 ist das Bundeskartellamt dazu verpflichtet, der Kommission   **5**
einen Bericht über die Ergebnisse seiner Ermittlungen zu erstatten. Eine solche Verpflichtung ergibt sich bereits unmittelbar aus Art. 38 Abs. 7 DMA. Demnach hat die Regelung
in diesem Zusammenhang lediglich eine klarstellende Funktion und erlangt erst im Zusammenhang mit Satz 2 eigenständige Bedeutung.
§ 32g Abs. 3 S. 2 stellt die Veröffentlichung der Ermittlungsergebnisse in das Ermessen   **6**
des Bundeskartellamts. Die ausdrückliche Normierung der Vorschrift war erforderlich, weil
mit der Veröffentlichung regelmäßig in das Recht auf informationelle Selbstbestimmung
(Art. 2 Abs. 1 GG iVm Art. 1 Abs. 1 GG) eingegriffen wird und nach dem Grundsatz vom
Vorbehalt des Gesetzes hierfür eine einfachgesetzliche Ermächtigungsgrundlage erforderlich ist. Entschließt sich das Bundeskartellamt zur Veröffentlichung, hat es betroffenen
Unternehmen uU rechtliches Gehör zu gewähren.

---

[8] Regierungsentwurf S. 37.
[9] Vgl. zum Ganzen Bundesnetzagentur, Interoperabilität zwischen Messengerdiensten, S. 4 ff.

## E. Bewertung der Rolle des Bundeskartellamts
### bei der Durchsetzung des DMA

**7**    Gegen die in § 32g GWB angelegte Kompetenzverteilung zwischen nationalen Kartellbehörden und Kommission wurde bereits im Vorfeld angeführt, dass sämtliche Torwächter
im gesamten Binnenmarkt tätig seien und daher zur Vermeidung von divergierenden
Ermittlungsentscheidungen eine zentrale Durchsetzung angezeigt sei. Nationale Kartellbehörden könnten ihre Entscheidung stets nur mit nationaler Reichweite treffen.[10] Gegen
diese Sichtweise spricht der Umstand, dass nationale Wettbewerbsbehörden in der Vergangenheit bereits einzigartige Erfahrungen im Rahmen von Verfahren unter der Beteiligung von Torwächtern gesammelt haben und ihr Wissen zur Unterstützung der Kommission in kommenden Verfahren einbringen können. Mit einem zentralistischen Ansatz geht
zudem das Risiko einher, dass Verfahren aufgrund von knappen Ressourcen bei der
Kommission verzögert bzw. erst gar nicht geführt werden.[11] Ein dezentraler Ansatz ermöglicht es, zusätzliche Ressourcen neben denen der Kommission einzusetzen, um Synergien
zu generieren. Divergierende oder doppelte Ermittlungen können vermieden werden,
wenn sich das Bundeskartellamt nach dem Vorbild des European Competition Network
(„ECN") mit anderen nationalen Behörden im Hinblick auf wettbewerbsbeschränkende
Verhaltensweisen von Torwächtern eng abstimmt.[12]

## Vorbemerkung zu §§ 33–34a[1]

**Schrifttum (nur selbständige Veröffentlichungen: Monografien, Sammelbände, Handbücher)**
Alexander, Schadensersatz und Abschöpfung im Lauterkeits- und Kartellrecht, 2010; Ashurst-Studie, Waelbroeck/Slater/Even-Shosham, Study on the conditions of claims for damages in case of infringement of EC
competition rules, Comparative Report, 2004; Bauermeister, Gesamtschuld und Regress in der wettbewerbsrechtlichen Schadensersatzrichtlinie, 2021; Becker, Kartellschadensersatz trotz Zusagenentscheidung?, 2018;
Behrens/Hartmann-Rüppel/Herrlinger, Schadensersatzklagen gegen Kartellmitglieder, 2010; Beu, Private
Enforcement, 2007; Bien (Hrsg.), Das deutsche Kartellrecht nach der 8. GWB-Novelle, 2013; Bulst,
Schadensersatzansprüche der Marktgegenseite – Zur Schadensabwälzung nach deutschem, europäischem und
US-amerikanischem Recht, 2006; Coppik/Heimeshoff, Praxis der Kartellschadensermittlung, 2021; Dawirs,
Der vorprozessuale und innerprozessuale Zugriff auf Kronzeugenerklärungen im Private Enforcement unter
der Kartellschadensersatzrichtlinie 2014/104/EU, 2017; Dreier, Kompensation und Prävention, 2003; Franck,
Marktordnung durch Haftung, 2016; Franck/Peitz, Toward a Coherent Policy on Cartel Damages, Discussion Paper Series – CRC TR 224, 2018; Fuchs, Kartellvertrag und Bereicherung, 1990; Fuchs/Weitbrecht, Handbuch Private Kartellrechtsdurchsetzung, 2019; Görner, Die Anspruchsberechtigung der Marktbeteiligten nach § 33 GWB, 2008; Heinze, Schadensersatz im Unionsprivatrecht, 2017; Hempel, Privater
Rechtsschutz im Kartellrecht, 2002; Hofmann, Der Unterlassungsanspruch als Rechtsbehelf, 2017; Hofmann/Kurz (Hrsg.), Law of Remedies, 2019; Hösch, Der schadensrechtliche Innenausgleich zwischen
Kartellrechtsverletzern, 2015; Hüschelrath/Leheyda/Müller/Veith (Hrsg.), Schadensermittlung und Schadensersatz bei Hardcore-Kartellen, 2012; Inderst/Thomas, Schadensersatz bei Kartellverstößen, 2. Aufl. 2018;
Isikay, Schadensschätzung bei Kartellverstößen – Was kann das Kartellrecht vom Zivilrecht lernen?, 2020;
Jones, Private Enforcement of Antitrust Law in the EU, UK and USA, 1999; Kahle, Die Leistungskondiktion
als Alternative zum Kartellschadensersatzanspruch, 2013; Kamann/Ohlhoff/Völcker, Kartellverfahren und
Kartellprozess, 2017; Katt, Die gesamtschuldnerische Haftung des Kronzeugen, 2019; Kaufmann, Rechtsschutz im deutschen und europäischen Kartellrecht, 2007; J. Keßler, Schadensersatz und Verbandsklagerechte
im Deutschen und Europäischen Kartellrecht, 2009; Kersting/Preuß, Umsetzung der Kartellschadensersatzrichtlinie (2014/104/EU), 2015; Klotz, Wirtschaftliche Einheit und Konzernhaftung im Kartellzivilrecht,

---

[10] Monti, The Digital Markets Act, 22.2.2021, S. 6, 17; vgl. BKartA, Digital Markets Act, Perspektiven des
(inter)nationalen Wettbewerbsrechts, Hintergrundpapier Tagung des Arbeitskreises Kartellrecht vom 7. Oktober 2021, S. 37 ff.

[11] Haus/Weusthof WuW 2021, 318 (323).

[12] Siehe zum Ganzen BKartA, Digital Markets Act, Perspektiven des (inter)nationalen Wettbewerbsrechts,
Hintergrundpapier Tagung des Arbeitskreises Kartellrecht vom 7. Oktober 2021, S. 37 ff.

[1] Für wertvolle Hilfe bei der Recherche zur Neuauflage dieser Kommentierung danke ich meinen Mitarbeiterinnen und Mitarbeitern an der Universität Mannheim. Besonders gilt dieser Dank Franziska Hahn,
Louis Hapke, Lucca Kaiserauer, Till Seyer, Nils Stock, Julia Willer und Simon Wizemann.

2016; Komninos, EC Private Antitrust, 2008; Krüger, Kartellregress, 2010; Logemann, Der kartellrechtliche Schadensersatz, 2009; Meessen, Der Anspruch auf Schadensersatz bei Verstößen gegen EU-Kartellrecht, 2009; Monti, Procedures and Institutions in the DMA, 2022; Möschel/Bien (Hrsg.), Kartellrechtsdurchsetzung durch private Schadensersatzklagen?, 2010; P. Müller, Punitive Damages und deutsches Schadensersatzrecht, 2000; Müller-Laube, Der private Rechtsschutz gegen unzulässige Beschränkungen des Wettbewerbs und mißbräuchliche Ausübung von Marktmacht im deutschen Kartellrecht, 1980; Papadelli, Beweislastverteilung bei privater Durchsetzung des Kartellrechts, 2010; Paul, Gesetzesverstoß und Vertrag im Wettbewerbs- und Regulierungsrecht, 2009; Rodger/Sousa Ferro/Marcos (Hrsg.), The EU Antitrust Damages Directive, 2018; K. Schmidt, Kartellverfahrensrecht, Kartellverwaltungsrecht, Bürgerliches Recht, 1977; Schürmann, Die Weitergabe des Kartellschadens, 2011; Wollenschläger/Wurmnest/Möllers (Hrsg), Private Enforcement of European Competition and State Aid Law: Current Challenges and the Way Forward, 2020.

**Gesetzgebungsmaterialien, Rechtsakte und sonstige Veröffentlichungen der Europäischen Union** Arbeitspapier Grünbuch: Commission Staff Working Paper, Annex to the Green Paper Damages actions for breach of the EC antitrust rules, SEC (2005) 1732 v. 19.12.2005; Arbeitspapier Weißbuch: Commission Staff Working Paper: Accompanying the White Paper on Damages actions for breach of the EC antitrust rules, SEC (2008) 404 v. 2.4.2008; Empfehlung Kollektiver Rechtsschutz: Empfehlung der Kommission vom 11.6.2013, Gemeinsame Grundsätze für kollektive Unterlassungs- und Schadensersatzverfahren in den Mitgliedstaaten bei Verletzung von durch Unionsrecht garantierten Rechten (2013/396/EU), ABl. L 201/60 v. 26.7.2013; Grünbuch Schadensersatzklagen: Europäische Kommission, Grünbuch Schadensersatzklagen wegen Verletzung des EG-Wettbewerbsrechts, KOM (2005) 672 endg. v. 19.12.2005; Kartellschadensersatz-Richtlinie (KartSERL): Richtlinie 2014/104/EU des Europäischen Parlaments und des Rates vom 26. November 2014 über bestimmte Vorschriften für Schadensersatzklagen nach nationalem Recht wegen Zuwiderhandlungen gegen wettbewerbsrechtliche Bestimmungen der Mitgliedstaaten und der Europäischen Union, ABl. v. 5.12.2014, L 349/1; Praktischer Leitfaden Schadensermittlung: Arbeitsunterlage der Kommissionsdienststellen, Praktischer Leitfaden zur Ermittlung des Schadensumfangs bei Schadensersatzklagen im Zusammenhang mit Zuwiderhandlungen gegen Artikel 101 oder 102 des Vertrags über die Arbeitsweise der Europäischen Union, 2013; Mitteilung zur Schadensermittlung: Mitteilung der Kommission zur Ermittlung des Schadensumfangs bei Schadensersatzklagen wegen Zuwiderhandlungen gegen Artikel 101 oder 102 des Vertrags über die Arbeitsweise der Europäischen Union, ABl. C 167/19 v. 13.6.2013; Passing-on Leitlinien: Mitteilung der Kommission, Leitlinien für die nationalen Gerichte zur Schätzung des Teils des auf den mittelbaren Abnehmer abgewälzten Preisaufschlags, ABl. C 267/7 v. 9.8.2019; Vorschlag Kartellschadensersatz-Richtlinie: Europäische Kommission, Vorschlag für eine Richtlinie des Europäischen Parlaments und des Rates über bestimmte Vorschriften für Schadensersatzklagen nach einzelstaatlichem Recht wegen Zuwiderhandlungen gegen wettbewerbsrechtliche Bestimmungen der Mitgliedstaaten und der Europäischen Union, COM (2013) 404 final v. 11.6.2013; Vorschlag Kartellschadensersatz-Richtlinie, Impact Assessment Report: European Commission, Commission Staff Working Document, Impact Assessment Report, Damages actions for breach of the EU antitrust rules, Accompanying the proposal for a Directive of the European Parliament and of the Council on certain rules governing actions for damages under national law for infringements of the competition law provisions of the Member States and of the European Union, SWD (2013) 203 final v. 11.6.2013; Weißbuch Schadensersatzklagen: Europäische Kommission, Weißbuch Schadensersatzklagen wegen Verletzung des EG-Wettbewerbsrechts, KOM (2008) 165 endg. v. 2.4.2008.

**Gesetzgebungsmaterialien zum GWB** Regierungsbegründung zum GWB-Entwurf: Begründung zu dem Entwurf eines Gesetzes gegen Wettbewerbsbeschränkungen, BT-Drs. 2/1158 v. 22.1.1955; Regierungsbegründung zur Vierten GWB-Novelle: Gesetzentwurf der Bundesregierung, Entwurf eines Vierten Gesetzes zur Änderung des Gesetzes gegen Wettbewerbsbeschränkungen, BT-Drs. 8/2136 v. 27.9.1978; Regierungsbegründung zur Sechsten GWB-Nvoelle: Gesetzentwurf der Bundesregierung, Entwurf eines Sechsten Gesetzes zur Änderung des Gesetzes gegen Wettbewerbsbeschränkungen, BT-Drs. 13/9720 v. 29.1.1998; Regierungsbegründung zur Siebten GWB-Novelle: Gesetzentwurf der Bundesregierung, Entwurf eines Siebten Gesetzes zur Änderung des Gesetzes gegen Wettbewerbsbeschränkungen, BT-Drs. 15/3640 v. 12.8.2004; Begründung Beschlussempfehlung Siebte GWB-Novelle: Beschlussempfehlung und Bericht des Ausschusses für Wirtschaft und Arbeit (9. Ausschuss), Entwurf eines Siebten Gesetzes zur Änderung des Gesetzes gegen Wettbewerbsbeschränkungen, BT-Drs. 15/5049 v. 9.3.2005; Beschlussempfehlung des Vermittlungsausschusses zu dem Siebten Gesetz zur Änderung des Gesetzesgegen Wettbewerbsbeschränkungen, BT-Drs. 15/5735 v. 15.6.2005; Regierungsbegründung zur Achten GWB-Novelle: Gesetzentwurf der Bundesregierung, Entwurf eines Achten Gesetzes zur Änderung des Gesetzes gegen Wettbewerbsbeschränkungen (8. GWB-ÄndG), BT-Drs. 17/9852 v. 31.5.2012; Referentenentwurf zur Neunten GWB-Novelle: Referentenentwurf des Bundesministeriums für Wirtschaft und Energie, Entwurf eines Neunten Gesetzes zur Änderung des Gesetzes gegen Wettbewerbsbeschränkungen (9. GWB-ÄndG), Bearbeitungsstand: 1. Juli 2016, verfügbar unter https://www.bmwi.de/Redaktion/DE/Downloads/M-O/neunte-gwb-novelle.html (zuletzt abgerufen 1.7.2022); Regierungsbegründung zur Neunten GWB-Novelle: Gesetzentwurf der Bundesregierung, Entwurf eines Neunten Gesetzes zur Änderung des Gesetzes gegen Wettbewerbsbeschränkungen, BT- Drs. 18/10207 v. 7.11.2016; Begründung Beschlussempfehlung Neunte GWB-Novelle: Beschlussempfehlung und Bericht des Ausschusses für Wirtschaft und Energie (9. Ausschuss), Entwurf eines Neunten Gesetzes zur Änderung des Gesetzes gegen Wettbewerbsbeschränkungen, BT-Drs. 18/11446 v. 8.3.2017;

Bundesrat, Gesetzesbeschluss des Deutschen Bundestages, Neuntes Gesetz zur Änderung des Gesetzes gegen Wettbewerbsbeschränkungen, BR-Drs. 207/17 v. 10.3.2018; Referentenentwurf zur Zehnten GWB Novelle: Referentenentwurf des Bundesministeriums für Wirtschaft und Energie, Entwurf eines Zehnten Gesetzes zur Änderung des Gesetzes gegen Wettbewerbsbeschränkungen für ein fokussiertes, proaktives und digitales Wettbewerbsrecht 4.0 (GWB-Digitalisierungsgesetz), Bearbeitungsstand: 24. Januar 2020, verfügbar unter https://www.bmwi.de/Redaktion/DE/Downloads/G/gwb-digitalisierungsgesetz-referentenentwurf.html (zuletzt abgerufen 22.8.2021); Regierungsbegründung zur Zehnten GWB-Novelle: Gesetzentwurf der Bundesregierung, Entwurf eines Gesetzes zur Änderung des Gesetzes gegen Wettbewerbsbeschränkungen für ein fokussiertes, proaktives und digitales Wettbewerbsrecht 4.0 und anderer wettbewerbsrechtlicher Bestimmungen (GWB-Digitalisierungsgesetz), BT-Drs. 19/23492 v. 19.10.2020; Regierungsbegründung zur 11. GWB-Novelle: Gesetzentwurf der Bundesregierung: Entwurf eines Gesetzes zur Änderung des Gesetzes gegen Wettbewerbsbeschränkungen und anderer Gesetze (Wettbewerbsdurchsetzungsgesetz), BT-Drs. 20/6824 v. 16.5.2023.

## Übersicht

## A. Überblick

1    Die §§ 33–34a regeln **privatrechtliche Ansprüche,** die aus einem (ggf. drohenden) Verstoß gegen Vorschriften des ersten Teils des GWB (§§ 1–47l), gegen Art. 101 f. AEUV oder gegen eine Verfügung einer Kartellbehörde resultieren. Es handelt sich um einen sonderdeliktischen Schutz gegen Kartellrechtsverletzungen. Dieser tritt als eigenständige Sanktion neben die Aufsicht durch die Kartellbehörden im Wege eines Verwaltungs- oder Bußgeldverfahrens.

2    Nach § 33 können (ggf. potentiell) Betroffene **Beseitigung** und **Unterlassung** verlangen. § 33a sieht einen Anspruch auf **Schadensersatz** vor, für den in § 33b die **Bindungswirkung** wettbewerbsbehördlicher Entscheidungen angeordnet wird. Nachfolgend regelt § 33c die **Schadensabwälzung** und § 33d die **gesamtschuldnerische Haftung** auf Schadensersatz. Kronzeugen sowie kleine und mittlere Unternehmen (KMU) werden bei der Gesamtschuld nach § 33d Abs. 3–5 bzw. § 33e privilegiert. Die Wirkungen eines **Vergleichs** auf die Gesamtschuld bestimmt § 33f. Nach § 33g können (potentielle)

Schadensersatzkläger sowohl von (potentiellen) Anspruchsgegnern als auch von Dritten verlangen, dass ihnen **Beweismittel** herausgegeben und **Auskünfte** erteilt werden. Flankiert wird dieses Informationsregime von Vorschriften zum Verfahren in § 89b und § 89d sowie zur Offenlegung von Informationen aus der Behördenakte nach § 89c. § 33h enthält Regeln zur **Verjährung**. Bestimmungen zur **Vorteilsabschöpfung** durch die Kartellbehörde und durch Verbände gemäß § 34 bzw. § 34a runden den Abschnitt ab. Weitere Regeln zivilprozessualer Natur und solche zur **Gerichtsorganisation** enthalten die §§ 87–89b sowie §§ 90–91 und §§ 93–95. Bestimmungen zum **zeitlichen Anwendungsbereich** finden sich in § 187 Abs. 3 und 4.

# B. Geschichtliche Entwicklung

Vor dem Erlass eigenständiger kartellrechtlicher Regelungen hätte die Chance bestanden, **3** auf Grundlage des **allgemeinen Deliktsrechts** Verbote wettbewerbsbeschränkender Verhaltensweisen zu entwickeln. Das Reichsgericht sah indes in Kartellabreden nicht nur keine Einschränkung der Gewerbefreiheit, die eine Nichtigkeit solcher Vereinbarungen hätte begründen können,[2] sondern legte sich auch darin fest, dass die **individuelle Gewerbefreiheit** – in Abgrenzung zum Recht am eingerichteten und ausgeübten Gewerbebetrieb – **nicht** als „**sonstiges Recht**" im Sinne von **§ 823 Abs. 1 BGB** deliktsrechtlich zu schützen sei.[3] Einer Haftung nach **§ 826 BGB** sollte allein, aber immerhin, die Funktion zukommen, Auswüchse zu unterbinden, die aus der Marktmacht der Kartelle gegenüber anderen Marktteilnehmern resultieren konnten.[4]

Die **Kartellverordnung 1923** als erster Ansatz zur aufsichtsrechtlichen Kontrolle von **4** Kartellen regelte keine privatrechtlichen Ansprüche. Diese konnten sich aber aus § 823 Abs. 2 BGB ergeben.[5] Gleiches galt sodann für das **Dekartellierungsrecht** der Alliierten.[6] Mit seiner Einführung im Jahre 1958 enthielt das **GWB** zunächst in § 35 und sodann nach der Sechsten Novelle 1999 in § 33 einen **Schadensersatzanspruch,** der § 823 Abs. 2 BGB nachgebildet war. Diese Haftungsgrundlage galt allerdings nicht für einen Verstoß gegen die EU-Wettbewerbsregeln; insoweit bildete § 823 Abs. 2 BGB die Anspruchsgrundlage. Die Verknüpfung der Haftung mit dem Erfordernis einer Schutznormverletzung führte zu einer anhaltenden Diskussion über deren Reichweite. Die Regierungsbegründung zum GWB 1958 hatte erkennen lassen, dass die Schadenshaftung als gleichrangiger Durchsetzungsmechanismus neben den behördlichen Sanktionen konzipiert war.[7] Dem Gesetzgeber stand insoweit ein weitreichender deliktsrechtlicher Kartellrechtsschutz vor Augen.[8] Ein Verstoß gegen das Verbot wettbewerbswidriger Absprachen musste danach eine Schadensersatzhaftung zugunsten der auf der Marktgegenseite Betroffenen auslösen können.[9] Indes setzte sich in den Folgejahren eine restriktive Rechtsprechungslinie durch, nach der nur solche Kartellrechtsbrüche, die sich gegen individualisierte Unternehmen richteten, eine Haftung auslösen konnten. Als Schutznormen sahen die Gerichte etwa Boykott-[10] oder Diskriminierungsverbote[11] an. Aus einer Verletzung des Kartellverbots nach § 1 oder nach

---

[2] RG 4.2.1897 – VI 307/96, RGZ 38, 155 (156–159) – Sächsisches Holzstoffkartell.
[3] RG 14.12.1902 – VI 167/03, RGZ 56, 271 (275 f.) – Börsenverein der Deutschen Buchhändler II.
[4] RG 14.12.1902 – VI 167/03, RGZ 56, 271 (275 f.) – Börsenverein der Deutschen Buchhändler II.
[5] RG 27.6.1929 – VI 679/28, RGZ 125, 166 (170) – Verein der rein natürlichen Heilquellen eV (zu Art. 9 Abs. 1 Kartellverordnung 1923).
[6] BGH 21.11.1953 – VI ZR 91/52, NJW 1954, 147 f. – Innungsboykott und OLG Düsseldorf 9.2.1954 – 4 U 349/52, WuW/E OLG 71 (72) – Arztrechnungen (jew. zur brit. VO Nr. 78 v. 12.2.1947). Zur privaten Rechtsdurchsetzung unter der Kartellverordnung 2023 und dem Dekartellierungsrecht der Alliierten siehe Legner Zeitschrift für Neuere Rechtsgeschichte 2018, 27–58.
[7] Regierungsbegründung zum GWB-Entwurf BT-Drs. 2/1158, 25.
[8] Regierungsbegründung zum GWB-Entwurf BT-Drs. 2/1158, 44.
[9] W.-H. Roth in FK-KartellR § 33 Rn. 20.
[10] BGH 2.7.1996 – KZR 20/91, WuW/E BGH 3067 (3072 f.) – Fremdleasingboykott II.
[11] BGH 2.7.1996 – KZR 31/95, WuW/E BGH 3074 – Kraft-Wärme-Kopplung.

Art. 85 EWG-Vertrag und nachfolgend Art. 81 EGV (jetzt Art. 101 AEUV) sollten nur dann Haftungsansprüche resultieren, wenn sich die wettbewerbsbeschränkende Koordinierung gezielt gegen bestimmte Abnehmer oder Lieferanten richtete,[12] etwa bei Absprachen zwischen Nachfragern, um von einzelnen Anbietern bessere Konditionen zu erzwingen,[13] oder bei abgestimmten Lieferstopps.[14] Dieses restriktive Verständnis war geprägt von der Vorstellung, dass kartellbedingte Schädigungen, die über eine Marktstörung – wie etwa überhöhte Preise – vermittelt wurden, nur zu einer reflexhaften Betroffenheit dieser Marktteilnehmer führten, die keine Schadenshaftung auslösen können sollte.

5      Erst mit der **Sechsten GWB-Novelle (1999)** ergänzte der Gesetzgeber den Anspruch auf Schadensersatz um einen **Unterlassungsanspruch.** Dieser war zuvor auf § 1004 BGB analog gestützt worden. Der ebenfalls bereits durch die Rechtsprechung anerkannte Beseitigungsanspruch blieb einstweilen noch unerwähnt.

6      Im Zuge der **Siebten GWB-Novelle (2005)** schuf der Gesetzgeber in § 33 eine einheitliche Grundlage für Ansprüche auf Beseitigung und Unterlassung (Abs. 1) sowie Schadensersatz (Abs. 3), die sowohl für Verstöße gegen deutsches Kartellrecht als auch für solche gegen Art. 101 f. AEUV galt. Unter dem Eindruck des EuGH-Urteils in „Courage/Crehan"[15] wurde das **Schutznormerfordernis gestrichen.**[16] In der Folge gab die Rechtsprechung auch für Altfälle die restriktive Anwendung des Individualschutz-Kriteriums auf.[17] Diese rückwirkende Korrektur der Auslegung des Schutznormerfordernisses muss gleichermaßen für Ansprüche aus § 823 Abs. 2 BGB iVm Art. 85 EWG-Vertrag und nachfolgend Art. 81 EGV und für Ansprüche aus § 35 GWB 1958 und § 33 GWB 1999 gelten. Nichts spricht dafür, dass der Gesetzgeber das Schutznormerfordernis unterschiedlich hätte ausgelegt wissen wollen und so die Opfer von Verletzungen des GWB ungünstiger gestellt hätte, wenn er sich der Anforderungen des Europäischen Wettbewerbsrechts bewusst gewesen wäre. Der Gesetzgeber fügte zudem mit der Siebten GWB-Novelle einen neuen Satz 2 in § 33 Abs. 3 GWB 2005 ein, um klarzustellen, dass bereits mit dem Erwerb eines kartellbedingt überteuerten Produktes ein Schaden entstanden ist und eine Weiterwälzung nach den Regeln des Vorteilsausgleichs zu bewerten sei.[18] Die Bindungswirkung kartellbehördlicher Entscheidungen zugunsten sog. follow on-Klagen wurde in § 33 Abs. 4 GWB 2005 festgeschrieben. Ein zunächst erwogenes Klagerecht für Verbraucherverbände wurde im Vermittlungsausschuss gestrichen.[19]

7      Mit der **Achten GWB-Novelle (2013)** erweiterte der Gesetzgeber in § 33 Abs. 2 GWB 2013 die Klagerechte. Eingeführt wurde die **Aktivlegitimation** von **Verbraucherverbänden.** Zudem stellte der Gesetzgeber klar, dass Verbände von Unternehmen der Marktgegenseite (vor- oder nachgelagerte Stufe) klageberechtigt sind.

8      Die **Umsetzung** der **Kartellschadensersatz-Richtlinie**[20] bildete das Motiv der Reform des Kartellzivilrechts durch die **Neunte GWB-Novelle (2017).** Niedergeschlagen hat sich dies in einer Auffächerung der zuvor bei § 33 konzentrierten Regelungen auf nunmehr neun Vorschriften (§§ 33–33h). Neu eingeführt wurden insbesondere die Schadensvermutung bei Kartellen (§ 33a Abs. 2), die Regelung der Schadensabwälzung (§ 33c), die Anordnung gesamtschuldnerischer Haftung bei Klagen auf Schadensersatz nebst Modi-

---

[12] BGH 4.4.1975 – KZR 6/74, BGHZ 64, 232 (237) – Krankenhaus-Zusatzversicherung; BGH 25.1.1983 – KZR 22/85, BGHZ 96, 337 (351) – Abwehrblitz II.
[13] OLG Koblenz 5.11.1998 – U 596/98 – Kart, WuW/E Verg 184 f. – Feuerlöschgeräte.
[14] OLG Düsseldorf 14.3.1989 – U (Kart) 1/86, WuW/E OLG 4481 (4483) – Schmiedeeisenwaren.
[15] Dazu sogleich → Rn. 11.
[16] Regierungsbegründung zur Siebten GWB-Novelle BT-Drs. 15/3640, 35 und Begründung Beschlussempfehlung Siebten GWB-Novelle BT-Drs. 15/5049, 49.
[17] BGH 28.6.2011 – KZR 75/10, BGHZ 190, 145 Rn. 13 – ORWI; KG 1.10.2009 – 2 U 10/03 Kart, Ls. 2, juris Rn. 20 = WuW/E DE-R 2773 (2775 f.) – Berliner Transportbeton; siehe Franck Marktordnung S. 324–326.
[18] Begründung Beschlussempfehlung Siebten GWB-Novelle BT-Drs. 15/5049, 49.
[19] Beschlussempfehlung Vermittlungsausschuss BT-Drs. 15/5735, 3.
[20] Zur Richtlinie → Rn. 25 ff.

fikationen für Kronzeugen und KMU (§§ 33d und 33e), die Regeln zur vergleichsweisen Streitbeilegung (§ 33f), die beweisrechtlichen Sonderregeln für das Kartellschadensersatzrecht in § 33g und §§ 89b–89e sowie die Verjährungsregelung in § 33h.

Anlässlich der **Zehnten GWB-Novelle ("GWB-Digitalisierungsgesetz") (2021)** hat **8a** der Gesetzgeber auf die gerichtliche Praxis reagiert und das Kartellschadensersatzrecht verschiedentlich justiert. Widerlegliche Vermutungen in § 33a Abs. 2 S. 4 und § 33c Abs. 3 S. 2 sollen den Nachweis erleichtern, dass bestimmte Transaktionen zu kartellbedingt verzerrten Konditionen abgeschlossen worden sind. Die Regeln zur intertemporalen Anwendung (§ 187) wurden insbesondere mit Blick auf die Offenlegungsvorschriften (§§ 33g, 89b ff.) präzisiert. Letztere sollten zudem durch Ergänzungen mit Blick auf den Geheimnisschutz wirksamer ausgestaltet werden (§ 89b Abs. 7 S. 2). Für potentielle Kartellschadensersatzkläger ist von Belang, dass in § 56 die Rechte Beteiligter und Dritter auf Einsicht in die Akten eines beim Bundeskartellamt geführten Verwaltungsverfahrens geregelt wurden. Im Nachgang zur Zehnten GWB-Novelle hat der Gesetzgeber verschiedene kleinere Änderungen vorgenommen und damit redaktionelle Fehler, die u. a. auch § 33c Abs. 1 S. 2 betrafen,[21] korrigiert.

Die **11. GWB-Novelle ("Wettbewerbsdurchsetzungsgesetz") (2023)** hat die aus **8b** dem **Digital Markets Act (DMA)**[22] resultierenden **privatrechtlichen Ansprüche**[23] geregelt, indem Verstöße gegen die DMA-Verpflichtungen in das System der privaten Kartellrechtsdurchsetzung nach §§ 33 ff. integriert worden sind. Damit soll die private Rechtsdurchsetzung des DMA von den etablierten Mechanismen des privatrechtlichen Kartellrechtsschutzes profitieren. Der Abschnitt der §§ 33–34a wird allerdings nicht im Ganzen für anwendbar geklärt. Stattdessen gelten einzelne Vorschriften unmittelbar oder mittelbar durch Bezugnahme auf DMA-Verstöße. Dies betrifft die Postulierung von Beseitigungs- und Unterlassungsansprüchen in § 33, von Schadensersatzansprüchen in § 33a, die Bindungswirkung nach § 33b, die Schadensabwälzung nach § 33c und die Verjährung gemäß § 33h. Zudem gelten auch für (mögliche) DMA-Verletzungen die Rechte auf Herausgabe, Auskunft und Offenlegung gemäß §§ 33g, 89b und 89c und eine dem Kartellprivatrecht entsprechende Zuständigkeitskonzentration unter den Gerichten (§§ 87 und 89). Schließlich kann sich das Bundeskartellamt gemäß § 90 auch an DMA-Privatrechtsstreitigkeiten als *amicus curiae* beteiligen; es wird in § 90a ferner die Scharnierfunktion des Bundeskartellamts für den Informationsfluss zwischen nationalen Gerichten und Europäischer Kommission auf Streitigkeiten wegen DMA-Verletzungen erstreckt. Zugleich zielte die 11. GWB-Novelle auch darauf, die **kartellbehördliche Vorteilsabschöpfung** nach § **34 wirksamer** auszugestalten, indem Nachweisanforderungen an den erlangten Vorteil abgesenkt wurden.[24]

Mit dem **Verbandsklagenrichtlinienumsetzungsgesetz** (VRUG)[25] wurde § **33 8c Abs. 4 Nr. 2** an die Änderungen in § 3 Abs. 1 S. 1 Nr. 1 UKlaG und damit an die Vorgaben der Verbandsklagen-Richtlinie[26] angepasst.[27] Diese gilt zwar nicht für den Pri-

---

[21] → § 33c Rn. 2b.

[22] Verordnung (EU) 2022/1925 des Europäischen Parlaments und des Rates vom 14. September 2022 über bestreitbare und faire Märkte im digitalen Sektor und zur Änderung der Richtlinien (EU) 2019/1937 und (EU) 2020/1828 (Gesetz über digitale Märkte), ABl. L 265 vom 12.10.2022, S. 1–66.

[23] → Rn. 33–53.

[24] Regierungsbegründung 11. GWB-Novelle BT-Drs. 20/6824, 2, 19, 38–42.

[25] Gesetz zur Umsetzung der Richtlinie (EU) 2020/1828 über Verbandsklagen zum Schutz der Kollektivinteressen der Verbraucher und zur Aufhebung der Richtlinie 2009/22/EG sowie zur Änderung des Kapitalanleger-Musterverfahrensgesetzes (Verbandsklagenrichtlinienumsetzungsgesetz – VRUG) vom 8.10.2023, BGBl. 2023 I, Nr. 272.

[26] Richtlinie (EU) 2020/1828 des Europäischen Parlaments und des Rates vom 25. November 2020 über Verbandsklagen zum Schutz der Kollektivinteressen der Verbraucher und zur Aufhebung der Richtlinie 2009/22/EG, ABl. L 409 vom 4.12.2020, S. 1.

[27] Siehe Entwurf eines Gesetzes zur Umsetzung der Richtlinie (EU) 2020/1828 über Verbandsklagen zum Schutz der Kollektivinteressen der Verbraucher und zur Aufhebung der Richtlinie 2009/22/EG (Verbandsklagenrichtlinienumsetzungsgesetz – VRUG), BT-Drs. 20/6520 v. 24.4.2023, S. 128.

vatrechtsschutz bei Kartellrechtsverletzungen, war aber insbesondere deshalb im GWB umzusetzen, um **Art. 42 DMA** zu genügen. Zudem musste der Verweis in § 33h Abs. 6 an eine mit dem VRUG bewirkte Änderung in § 204 Abs. 2 BGB angepasst werden.[28]

## C. Unionsrechtlicher Rahmen des Kartellprivatrechts

### I. Primärrecht

9    Dem EU-Primärrecht lassen sich aus verschiedenen Quellen Vorgaben für das Kartellprivatrecht entnehmen: Erstens durch Auslegung von **Art. 101 f. AEUV,** insbesondere im Sinne des **effet utile,** zweitens aus Art. 101 f. AEUV iVm den Anforderungen des **Effektivitäts- und Äquivalenzgrundsatzes,** der in Art. 4 Abs. 3 EUV fußt, und drittens den Grundsätzen **effektiven gerichtlichen Rechtsschutzes,** wie sie aus Art. 19 Abs. 1 UAbs. 2 EUV, Art. 47 GR-Charta und Art. 6 und 13 EMRK folgen.

10    Über mehr als vier Jahrzehnte seit seinem Inkrafttreten enthielt das Gemeinschafts- bzw. Unionsrecht keine ausdrücklichen Vorgaben zu den aus einer Verletzung der Wettbewerbsregeln folgenden zivilrechtlichen Ansprüchen. Der EuGH beschränkte sich darauf festzustellen, die (jetzigen) **Art. 101 f. AEUV** erzeugen „in den Beziehungen **zwischen Einzelnen unmittelbare Wirkungen**" und lassen „**in deren Person Rechte** entstehen [...] die die Gerichte der Mitgliedstaaten zu wahren haben [...]."[29]

11    **1. Das Urteil „Courage/Crehan" (2001).** Im Urteil „Courage/Crehan" aus dem Jahre 2001 postulierte der Gerichtshof schließlich im Lichte des Effektivitätsgebots („praktische Wirksamkeit", effet utile), mit dem Kartellverbot des Art. 101 AEUV gehe ein (implizites) **Recht** der von einem Kartellrechtsverstoß Betroffenen („jedermann") einher, **Schadensersatz** verlangen zu können.[30] Nachfolgend hat der EuGH in diese „Courage"-Formel den Hinweis auf die „praktische Wirksamkeit" des mit Art. 102 AEUV ausgesprochenen Verbots integriert.[31] Das Effektivitätsgebot fungiert insoweit als Auslegungsmaxime der Art. 101 f. AEUV. Die (positive) Aussage, „jedermann" könne von einem Kartellrechtsverletzer Schadensersatz fordern, hat damit **Primärrechtsrang.**[32] Der Gerichtshof bedient sich des Grundsatzes des effet utile, um eine Auslegung bzw. Rechtsfortbildung zu begründen, die den Vertragszielen gerecht wird und die Funktionsfähigkeit der Union gewährleistet. In diesem Sinne knüpft „Courage/Crehan" an eine bis zu „Van Gend en Loos"[33] zurückreichende Traditionslinie an. Der Gerichtshof entnimmt den in den Verträgen zulasten der Mitgliedstaaten und der Organe der Union, aber auch – wie im Falle von Art. 101 f. AEUV – zulasten Einzelner geregelten Verpflichtungen (implizite) individuelle Rechte, um damit die Anwendung des Unionsrechts zu kontrollieren und dessen Durchsetzung zu fördern.[34]

12    Mit seinen Aussagen in **„Courage/Crehan"** hat der EuGH **keine unionsrechtliche Anspruchsgrundlage auf Schadensersatz** etabliert.[35] Der Gerichtshof folgte nicht den

---

[28] Siehe Beschlussempfehlung und Bericht des Rechtsausschusses (6. Ausschuss) zu dem Gesetzentwurf der Bundesregierung – Drucksachen 20/6520, 20/6878 – Entwurf eines Gesetzes zur Umsetzung der Richtlinie (EU) 2020/1828 über Verbandsklagen zum Schutz der Kollektivinteressen der Verbraucher und zur Aufhebung der Richtlinie 2009/22/EG (Verbandsklagenrichtlinienumsetzungsgesetz – VRUG), BT-Drs. 20/7631 v. 5.7.2023, S. 114.

[29] EuGH 30.1.1974 – BRT I, C-127/73, EU:C:1974:6 Rn. 15/17; EuGH 18.3.1997 – C-282/95 P, EU:C:1997:159 Rn. 39 – Guérin automobiles/Kommission.

[30] EuGH 20.9.2001 – C-453/99, EU:C:2001:465 Rn. 26 – Courage/Crehan.

[31] EuGH 12.1.2023 – C-57/21, EU:C:2023:6 Rn. 48 – RegioJet.

[32] Franck ELRev 43 (2018), 837 (840).

[33] EuGH 5.2.1963 – C-26/62, EU:C:1963:1 S. 25 – Van Gend en Loos.

[34] Treffend hat dies Wagner AcP 206 (2006), 352 (446), als „funktionale Subjektivierung des EG-Rechts zum Zwecke seiner dezentralen Durchsetzung" beschrieben.

[35] Bulst Schadensersatzansprüche S. 199–214; Logemann Schadensersatz S. 123–130; Franck Marktordnung S. 197 f.; Franck ELRev 43 (2018), 837 (840); Kersting WuW 2019, 290 (293); W.-H. Roth CMLRev 59 SI (2022), 61, 65; aA Komninos CMLRev 39 (2002), 447 (449 ff.); Mäsch EuR 2003, 825 (841 f.).

verschiedentlich geäußerten Vorschlägen,[36] die rechtsfortbildend entwickelte Haftung der Mitgliedstaaten für ihr unionsrechtswidriges Verhalten[37] auf Kartellrechtsverletzungen auszudehnen bzw. zu übertragen. Für diese Lesart spricht, dass der Gerichtshof in seiner Begründung des Urteils in „Courage/Crehan" trotz der offensichtlichen Parallelen im Argumentationsgang darauf verzichtete, seine Rechtsprechung zum unionsrechtlichen Staatshaftungsanspruch in Bezug zu nehmen. Gestützt wird dies durch das Urteil in „Kone", in dem der EuGH – anders als von GA Kokott vorgeschlagen[38] – darauf verzichtete, Fragen des „Bestehens" bzw. des „Ob" einer Schadensersatzhaftung im Wege der Rechtsfortbildung anknüpfend an Art. 101 AEUV zu beantworten.[39] Der Sache nach spricht für diese Zurückhaltung des EuGH und die Differenzierung zwischen Haftung Privater und der Mitgliedstaaten, dass beim Rechtsschutz gegen Private weniger als bei Klagen gegen einen Mitgliedstaat zu befürchten ist, dass die mitgliedstaatlichen Gerichte unionsrechtliche Vorgaben – etwa aus falsch verstandener Loyalität – unterlaufen könnten. Hinzu kommt, dass dem Unionsgesetzgeber nach Art. 103 Abs. 1 AEUV die Kompetenz zusteht, die Schadenshaftung bei Verletzung von Art. 101 f. AEUV auszugestalten.[40] Anspruchsgrundlage und -voraussetzungen rechtsfortbildend unmittelbar aus Art. 101 f. AEUV zu entwickeln, birgt die Gefahr, diese Kompetenz unangemessen einzuschränken und damit den Grundsatz des institutionellen Gleichgewichts in der Union zu verletzen.[41]

**2. Unionsrechtliche Vorgaben auf Grundlage von Art. 101 f. AEUV iVm Art. 4 Abs. 3 EUV (Effektivitäts- und Äquivalenzgrundsatz).** Dass Anspruchsgrundlagen und -voraussetzungen der Kartellschadenshaftung nicht unmittelbar rechtsfortbildend aus Art. 101 AEUV abgeleitet werden, bedeutet allerdings nicht, dass der EuGH darauf verzichtete oder darauf verzichten müsste, Vorgaben für die zivilrechtlichen Folgen eines Verstoßes gegen Art. 101 f. AEUV zu postulieren. Der Gerichtshof rekurriert hierfür auf das **Gebot loyaler Zusammenarbeit** zwischen der Union und den Mitgliedstaaten, wie es aus **Art. 4 Abs. 3 EUV** folgt. In diesem Sinne formulierte er in „Courage/Crehan": „Mangels einer einschlägigen Gemeinschaftsregelung ist es […] Sache […] der […] Mitgliedstaaten, die zuständigen Gerichte zu bestimmen und die Verfahrensmodalitäten für Klagen zu regeln […], sofern diese Modalitäten nicht weniger günstig ausgestaltet sind als die entsprechender innerstaatlicher Klagen (Äquivalenzgrundsatz) und die Ausübung der durch die Gemeinschaftsrechtsordnung verliehenen Rechte nicht praktisch unmöglich machen oder übermäßig erschweren (Effektivitätsgrundsatz) […]."[42] Insbesondere dürfen die Modalitäten „nicht die wirksame Anwendung der Art. 101 und 102 AEUV beeinträchtigen und müssen den Besonderheiten von wettbewerbsrechtlichen Rechtssachen angepasst sein; diese erfordern grundsätzlich eine komplexe Analyse der zugrunde liegenden Tatsachen und wirtschaftlichen Zusammenhänge."[43]

Da die Vorschriften der nationalen Kartellprivatrechte – wie etwa auch die §§ 33–34a GWB – regelmäßig in gleicher Weise für Verletzungen des europäischen wie des jeweiligen nationalen Kartellrechts gelten, kam dem **Äquivalenzgrundsatz** bislang nur eine unterge-

---

[36] Siehe etwa GA van Gerven 27.10.1993 – C-128/92, EU:C:1993:860 Rn. 36–45 – Banks.

[37] Grundlegend EuGH 19.11.1991 – C-6/90 und C-9/90, EU:C:1991:428 – Francovich; EuGH 5.3.1996 – C-46/93 und C-48/93, EU:C:1996:79 – Brasserie du Pêcheur.

[38] GA Kokott 30.1.2014 – C-557/12, EU:C:2014:45 Rn. 21–30, insbes. Rn. 23 – Kone; hieran festhaltend GA Kokott 29.7.2019 – C-435/18, EU:C:2019:651 Rn. 44 – Otis.

[39] EuGH 5.6.2014 – C-557/12, EU:C:2014:1317 Rn. 32–34 – Kone. In der nachfolgenden Entscheidung „Otis" deutet sich an, dass der EuGH Vorgaben zu Kausalität und Zurechnung nicht unter Berufung auf das Effektivitätsprinzip nach „Rewe" und „San Giorgio", sondern – wie die Postulation der Haftung an sich in „Courage" (→ Rn. 11) – einer effet utile-Auslegung des Art. 101 AEUV entnimmt → Rn. 14 mit Fn. 47. Der Sache nach ändert dies aber nichts daran, dass der EuGH sich darauf beschränkt, mitgliedstaatlichen Restriktionen Grenzen zu setzen.

[40] Franck Marktordnung S. 185 f.; aA Jung in Calliess/Ruffert Art. 103 Rn. 23.

[41] Franck ECJ 11 (2015), 135 (157); Franck Marktordnung S. 620–622.

[42] EuGH 20.9.2001 – C-453/99, EU:C:2001:465 Rn. 27 – Courage/Crehan.

[43] EuGH 20.4.2023 – C-25/21, EU:C:2023:298 Rn. 60 – Repsol Comercial de Productos Petrolíferos.

ordnete praktische Bedeutung zu.[44] Anders verhält es sich mit dem **Effektivitätsgrundsatz**.[45] Der insoweit vom Gerichtshof formulierte Maßstab für die geforderte Effektivität geht zurück auf die Urteile „**Rewe**"[46] und „**San Giorgio**"[47]. Hiervon ausgehend formulierte der Gerichtshof wesentliche Aussagen zum Recht auf Schadensersatz bei Verletzung von Art. 101 f. AEUV. So urteilte er in „**Courage/Crehan**", einem Anspruchsteller dürfe ein Schadensersatzanspruch nicht allein deshalb verwehrt sein, weil er Partei des Vertrags ist, der den Wettbewerb entgegen Art. 101 AEUV beschränkt (sog. unclean hands-Einwand).[48] Das schließe aber nicht aus, Schadensersatz zu verwehren, wenn die Partei erhebliche Verantwortung für die Verletzung der Wettbewerbsregeln trägt.[49] In „**Manfredi**" entschied der Gerichtshof, aus dem Effektivitätsgrundsatz folge, dass ein durch die Verletzung der Wettbewerbsregeln Geschädigter nicht nur Ausgleich der Minderung des bestehenden Vermögens (damnum emergens), sondern auch des **entgangenen Gewinns** (lucrum cessans) sowie die Zahlung von **Zinsen** verlangen können muss.[50] **Überkompensatorischen Schadensersatz** – etwa als „exemplarischer" Schadensersatz oder Strafschadensersatz – müsse nach innerstaatlichem Recht nur nach dem Äquivalenzgrundsatz gewährt werden, dh wenn er im Rahmen vergleichbarer Klagen zugesprochen werden kann.[51] **Objektive Verjährungsregelungen,** die mit Verwirklichung der Rechtsverletzung anlaufen und also insbesondere nicht die Beendigung des Kartellverstoßes voraussetzen, können gegen das Effektivitätsprinzip verstoßen; dies liegt insbesondere nahe, wenn die ausgelöste Verjährungsfrist „kurz"[52] ist und „nicht unterbrochen werden kann."[53]

14a    Begehrt ein potentieller Kläger Zugang zu Dokumenten eines **Kronzeugenprogramms**, so der EuGH in „**Pfleiderer**", dann bedürfe eine Entscheidung hierüber einer Abwägung zwischen den Interessen, die es rechtfertigten, die Information zu übermitteln und den Interessen am Schutz der vom Kronzeugen freiwillig vorgelegten Informationen. Diese Abwägung müsse von den nationalen Gerichten „im Einzelfall und unter Berücksichtigung aller maßgeblichen Gesichtspunkte" erfolgen.[54] Deshalb sah der EuGH nachfolgend in „**Donau Chemie**" das Effektivitätsgebot durch eine österreichische Regelung verletzt, nach der potentielle Schadensersatzkläger generell und damit ohne eine Möglichkeit der Interessenabwägung nur dann Zugang zu Kronzeugenunterlagen erhalten sollten, wenn alle Parteien dieses Verfahrens zustimmen.[55]

14b    In „**Kone**" entschied der EuGH, nationales Recht dürfe den Ersatz von Kartellschäden nicht kategorisch und ausnahmslos vom Vorliegen eines unmittelbaren Kausalzusammen-

---

[44] Siehe aber etwa EFTA-Gerichtshof 17.9.2018 – E-10/17 Rn. 75–84, NZKart 2018, 495 (495 f.) – Kystlink (zur Anwendung einer klägerfreundlichen Verjährungsregelung für den Fall einer rechtskräftigen strafrechtlichen Verurteilung: es obliegt dem nationalen Gericht, darüber zu befinden, ob eine Bußgeldentscheidung der EFTA-Überwachungsbehörde nach Zweck, Rechtsgrundlage und wesentlichen Charakteristika mit Blick auf das einschlägige norwegische Recht eher einer strafrechtlichen Sanktion im engeren Sinne oder einer Verwaltungssanktion entspricht).

[45] Neben den im Folgenden erwähnten Entscheidungen siehe auch das anhängige Vorabentscheidungsersuchen des Tribunal de commerce de Paris (Frankreich) vom 2.6.2021 – C-344/21 – Groupe AA u. a. (letzte Vorlagefrage zu Schadensansprüchen wegen Verstoß gegen die FKVO und deren Verjährung) und des Městský soud v Praze (Tschechische Republik) vom 30.9.2021 – C-605/21 – Heureka Group (Comparateurs de prix en ligne) (zur Verjährung).

[46] EuGH 16.12.1976 – C-33/76, EU:C:1976:188 Rn. 5 – Rewe.

[47] EuGH 9.11.1983 – C-199/82, EU:C:1983:318 Rn. 14 – San Giorgio.

[48] EuGH 20.9.2001 – C-453/99, EU:C:2001:465 Rn. 28 – Courage/Crehan.

[49] EuGH 20.9.2001 – C-453/99, EU:C:2001:465 Rn. 31–33 – Courage/Crehan.

[50] EuGH 23.7.2006 – C-295/04 bis C-298/04, EU:C:2006:461 Rn. 95 und 100 – Manfredi.

[51] EuGH 23.7.2006 – C-295/04 bis C-298/04, EU:C:2006:461 Rn. 93 und 99 – Manfredi.

[52] Hierzu → § 33h Rn. 28.

[53] EuGH 23.7.2006 – C-295/04 bis C-298/04, EU:C:2006:461 Rn. 78 – Manfredi. Knüpft der Verjährungsbeginn allerdings an ein subjektives Erfordernis in der Person des Geschädigten an, lässt das Effektivitätsgebot zu, dass die Verjährung bereits mit Eintritt der ersten Schadensfolgen läuft, auch wenn der Verstoß noch nicht beendet war und weitere Schadensfolgen absehbar waren, EuGH 24.3.2009 – C-445/06, EU:C:2009:178, Rn. 49–52 – Danske Slagterier (zum Staatshaftungsrecht).

[54] EuGH 14.6.2011 – C-360/09, EU:C:2011:389 Rn. 29–31 – Pfleiderer.

[55] EuGH 6.6.2013 – C-536/11, EU:C:2013:366 Rn. 29–49 – Donau Chemie.

hangs abhängen lassen. **Preisschirmschäden** sollten deshalb jedenfalls dann ersatzfähig sein, wenn die Kartellbeteiligten hätten erkennen müssen, dass ihr Kartell Preisschirmeffekte zur Folge haben konnte.[56] Weitergehend stellt der EuGH sodann in „Otis" fest, dass nicht nur Personen, die als Anbieter oder Nachfrager auf einem vom Kartell betroffenen Markt tätig sind, verlangen können, dass ihnen ein Schaden ersetzt wird, der im ursächlichen Zusammenhang mit einem Verstoß gegen Art. 101 AEUV steht. Die Haftung dürfe nach nationalem Recht **nicht** voraussetzen, dass der erlittene Schaden einen spezifischen Zusammenhang mit dem von Art. 101 AEUV verfolgten „**Schutzzweck**" aufweist. Deshalb müsse grundsätzlich auch ein Subventionsgeber, der aufgrund der Rechtsverletzung überhöhte Fördergelder ausgezahlt hat, seinen Schaden ersetzt bekommen können.[57]

Eine dreijährige **Verjährungsfrist,** die beginnt, wenn der Geschädigte Kenntnis von **14c** seinem Anspruch auf Schadensersatz hat, verletzt nach „**Cogeco**" das Effektivitätsprinzip, wenn die Frist auch dann anläuft, wenn dem Geschädigten die für den Verstoß verantwortliche Person nicht bekannt ist und wenn der Lauf der Frist durch ein kartellbehördliches Verfahren nicht gehemmt oder unterbrochen werden kann.[58] Zum **Beginn** nationaler **Verjährungsfristen** urteilte der EuGH in „**Volvo und DAF Trucks**", diese dürften erst dann laufen, wenn die Zuwiderhandlung beendet wurde und Geschädigte über die Informationen verfügen, die unerlässlich sind, um Schadensersatzklage erheben zu können oder wenn die Kenntnis hiervor zumindest vernünftigerweise erwartet werden kann.[59] Unerlässlich seien das Wissen um das Vorliegen einer Zuwiderhandlung, eines Schadens und eines ursächlichen Zusammenhangs hierzwischen sowie um die Identität des Rechtsverletzers.[60] Diese Kriterien entsprechen denen des Art. 10 Abs. 2 KartSERL. Der Gerichtshof erkennt in dieser Vorschrift eine zutreffende Kristallisierung des Effektivitätsgebots für den Verjährungsbeginn bei Kartellrechtsverletzungen. Das Urteil erging mit Blick auf eine kurze kenntnisabhängige Verjährungsfrist des spanischen Rechts. Unsicher ist, ob und ggf. welche Schlussfolgerungen hieraus für kenntnisunabhängige Verjährungsfristen zu ziehen sind.[61]

In „**Tráficos Manuel Ferrer**" entschied der EuGH, es **widerspreche nicht** dem **Effek- 14d tivitätsprinzip,** wenn nach nationalem Recht dem Kläger bei nur **teilweisem Obsiegen** auferlegt werden könne, seine **eigenen Kosten** und die **Hälfte der gemeinsamen Kosten** zu tragen.[62] Der Gerichtshof hatte die Anwendung der gleichen spanischen Regelung im Zusammenhang mit der Klauselrichtlinie 93/13/EWG gegenteilig beurteilt,[63] erkannte sodann aber einen wesentlichen Unterschied darin, dass in jenem Kontext der Verbraucher als dem Unternehmer gegenüber strukturell unterlegene Partei anzusehen sei, wohingegen die

---

[56] EuGH 5.6.2014 – C-557/12, EU:C:2014:1317 Rn. 33 f. – Kone.
[57] EuGH 12.12.2019 – C-435/18, EU:C:2019:1069 Rn. 31 f. – Otis. In dieser Entscheidung hat der EuGH auf den zuvor etwa in „Kone" (EuGH 5.6.2014 – C-557/12, EU:C:2014:1317 Rn. 24 f.) formulierten Hinweis verzichtet, dass es mangels unionsrechtlicher Vorgaben Sache des mitgliedstaatlichen Rechts sei, die Modalitäten der Ausübung des Schadensersatzrechts einschließlich des Begriffs des „ursächlichen Zusammenhangs" zu bestimmen. Zudem fehlen ein (ausdrücklicher) Hinweis auf die Grundsätze der Äquivalenz und Effektivität und deren Definition. Stattdessen formulierte der Gerichtshof, eine zu restriktive Handhabung des Kausalitätserfordernisses beeinträchtigte die „volle Wirkung und praktische Wirksamkeit von Art. 101 AEUV", EuGH 12.12.2019 – C-435/18, EU:C:2019:1069 Rn. 25–27 – Otis. Dies deutet daraufhin, dass der EuGH in „Otis" – anders als zuvor in „Kone" – die Schranken für das nationale Haftungsrecht unmittelbar einer effet utile-Auslegung des Art. 101 AEUV entnommen hat, nicht aber dem Effektivitätsgrundsatz nach „Rewe" und „San Giorgio", Wurmnest FS Säcker, 2021, S. 353 (363). Nicht zu erkennen ist, dass sich hierdurch etwa die Prüfungsdichte veränderte. Ohnehin kann man den Verweis auf „Kone" in den zitierten Passagen von „Otis" auch als implizite Bezugnahme auf den Äquivalenz- und Effektivitätsgrundsatz lesen.
[58] EuGH 28.3.2019 – C-637/17, EU:C:2019:263 Rn. 53 – Cogeco Communications. Nach den Urteilserwägungen (Rn. 48–53) können beide Aspekte je für sich einen Verstoß gegen das Effektivitätsprinzip begründen. Zur Kompatibilität einer dreijährigen Verjährungsfrist mit dem Effektivitätsprinzip siehe auch EFTA-Gerichtshof 17.9.2018 – E-10/17 Rn. 110–122, NZKart 2018, 495 (496–498) – Kystlink.
[59] EuGH 12.7.2022 – C-267/20, EU:C:2022:494 Rn. 56 f. – Volvo und DAF Trucks.
[60] EuGH 12.7.2022 – C-267/20, EU:C:2022:494 Rn. 58–60 – Volvo und DAF Trucks.
[61] → § 33h Rn. 28.
[62] EuGH 16.2.2023 – C-312/21, EU:C:2023:99 Rn. 39–48 – Tráficos Manuel Ferrer.
[63] EuGH 16.7.2020 – C-224/19, EU:C:2020:578 Rn. 93–99 – Caixabank.

bei Kartellschadensersatz-Prozessen vorhandenen (Informations-)Ungleichgewichte durch die Instrumente der Richtlinie (insbesondere nach Art. 5 KartSERL) ausgeglichen werden könnten.[64] Damit ist also womöglich noch nicht entschieden, ob diese Kostenverteilung auch dann hinzunehmen ist, wenn auf Klägerseite trotz Ausschöpfung der nach der Richtlinie vorgesehenen Rechte erhebliche Unsicherheiten bei der Bezifferung des geltend gemachten Schadens verbleiben. Es ließe sich argumentieren, dass es in diesem Fall an der Zurechenbarkeit[65] der durch überzogene Forderungen entstandenen Prozesskosten fehlt.[66]

**14e** In „Repsol" leitete der EuGH aus dem Effektivitätsgrundsatz Vorgaben für die **beweisrechtliche Relevanz bestandskräftiger Entscheidungen nationaler Wettbewerbsbehörden,** in denen eine Zuwiderhandlung gegen Art. 101 oder Art. 102 AEUV festgestellt wird, ab. Würde diesen „keinerlei Wirkung zuerkannt", läge eine übermäßige Erschwerung insbesondere von Schadensersatzklagen vor.[67] Entspreche die behauptete Zuwiderhandlung nach ihrer „Art sowie ihre[r] sachliche[n], persönliche[n], zeitliche[n] und räumliche[n] Dimension Art und Dimension der in der Entscheidung festgestellten Zuwiderhandlung", müsse das **Vorliegen der Zuwiderhandlung „bis zum Beweis des Gegenteils als vom Kläger nachgewiesen"** gelten.[68] Dies gelte insbesondere bei Klagen vor den Gerichten des Mitgliedstaats, dessen Wettbewerbsbehörde die Zuwiderhandlung festgestellt hat. Dies entsprach der Konstellation im Verfahren. Der EuGH äußerte sich nicht zu möglichen Besonderheiten in grenzüberschreitenden Szenarien. Liege die behauptete Zuwiderhandlung nur teilweise im Gegenstandsbereich der Entscheidung, soll diese ein „Indiz für die Existenz der Tatsachen" darstellen, auf die sich die in der Entscheidung enthaltenen Feststellungen beziehen.[69]

**14f** Nicht in die Reihe der Entscheidungen zum **Effektivitätsgrundsatz** gehört das Urteil „Skanska", in dem der Gerichtshof klargestellt hat, dass das Konzept des Unternehmens als wirtschaftliche Einheit auch für die Passivlegitimation bei der Schadensersatzhaftung wegen Verletzung der EU-Wettbewerbsregeln gilt.[70] Dieses Ergebnis hat der EuGH – wie auch die Postulierung des Rechts auf Schadensersatz an sich[71] – **unmittelbar Art. 101 AEUV** entnommen: Die Anspruchsberechtigung zugunsten „jedermann", der einen Kartellschaden erlitten hat, korrespondiert mit der haftungsrechtlichen Verpflichtung des Unternehmens als Rechtsverletzer und Adressat des Art. 101 AEUV. Im Ergebnis ergibt sich hieraus freilich kein Unterschied, weil die Aussagen jeweils Primärrechtscharakter haben, gleich ob sie sich auf eine effet utile-Auslegung von Art. 101 f. AEUV oder den Effektivitätsgrundsatz aus Art. 4 Abs. 3 EUV iVm Art. 101 f. AEUV stützen.[72]

**14g** Anknüpfend an das „Skanska"-Urteil hat der EuGH sodann in „Sumal" die Konsequenzen des Konzepts des Unternehmens als wirtschaftliche Einheit für die Passivlegitimation in Konzernkonstellationen erläutert: Mehrere rechtlich selbständige Einheiten (Gesellschaften) können aufgrund zwischen ihnen bestehender wirtschaftlicher, organisatorischer und rechtlicher Beziehungen als eine wirtschaftliche Einheit und damit ein Unternehmen im Sinne von Art. 101 AEUV angesehen werden. Verwirklicht eine der rechtlich unabhängigen Einheiten durch ihr Verhalten den Tatbestand des Art. 101 AEUV, ist die wirtschaftliche Einheit im Ganzen Rechtsverletzer. **Haftbar** können dann **alle Gesellschaften** sein, **aus denen das Unternehmen** (dh die wirtschaftliche Einheit, die als Rechtsverletzer für den Verstoß verantwortlich ist) **besteht.**[73] Mit Blick auf die zu ent-

---

[64] EuGH 16.2.2023 – C-312/21, EU:C:2023:99 Rn. 45 – Tráficos Manuel Ferrer.
[65] EuGH 16.2.2023 – C-312/21, EU:C:2023:99 Rn. 47 a. E. – Tráficos Manuel Ferrer.
[66] Vgl. GA Kokott 22.9.2022 – C-312/21, ECLI:EU:C:2022:712 Rn. 68–71 – Tráficos Manuel Ferrer.
[67] EuGH 20.4.2023 – C-25/21, EU:C:2023:298 Rn. 61 – Repsol Comercial de Productos Petrolíferos.
[68] EuGH 20.4.2023 – C-25/21, EU:C:2023:298 Rn. 62 f. – Repsol Comercial de Productos Petrolíferos.
[69] EuGH 20.4.2023 – C-25/21, EU:C:2023:298 Rn. 64 – Repsol Comercial de Productos Petrolíferos.
[70] EuGH 14.3.2019 – C-724/17, EU:C:2019:204 Rn. 28–32 – Skanska Industrial Solutions. Hierzu → § 33a Rn. 27 ff.
[71] → Rn. 11.
[72] Dazu sogleich → Rn. 16.
[73] EuGH 6.10.2021 – C-882/19, EU:C:2021:800, Rn. 38–44 – Sumal.

scheidende Frage, ob eine Tochtergesellschaft auch für einen Verstoß in Anspruch genommen werden kann, der der Muttergesellschaft zuzurechnen ist, begründete der EuGH eine Restriktion: Eine **wirtschaftliche Einheit** bestehe zwischen den beiden Gesellschaften nur insoweit, als zwischen der **wirtschaftlichen Tätigkeit** der Muttergesellschaft, welche **Gegenstand des Verstoßes** war, und der **wirtschaftlichen Tätigkeit** der Tochtergesellschaft ein **konkreter Zusammenhang** bestand.[74] In concreto bejahte der EuGH dies, weil die verklagte Tochtergesellschaft die Produkte vermarktete, die Gegenstand der Kartellvereinbarung waren, wegen derer die Muttergesellschaft bebußt worden war.[75]

Ebenfalls nicht über das Effektivitätsprinzip, sondern direkt aus **Art. 101 AEUV** leitet **14h** der EuGH die **gesamtschuldnerische Haftung** mehrerer an einer rechtswidrigen Koordinierung Beteiligter ab. Folglich kann im Grundsatz jeder Geschädigte jeden beteiligten Rechtsverletzer auf Schadensersatz verklagen.[76]

Der Gerichtshof hat sowohl hinsichtlich von Normen des materiellen Haftungsrechts als **15** auch des Prozessrechts eine Prüfung am Effektivitäts- und Äquivalenzgrundsatz für notwendig erachtet: Zugang zu Beweismitteln, Verjährungsfristen, Schadenszurechnung, Schadensbemessung usw. Deutlich wird hieran, dass der etwa im „Courage"-Urteil verwendete Begriff der **„Verfahrensmodalitäten"**[77] – für die die Grundsätze der Effektivität und Äquivalenz gelten sollen – weit zu verstehen ist. Er erfasst alle Rechtsnormen, die **Verfahren und materielle Rechte** ausgestalten, die an eine Verletzung der Wettbewerbsregeln anknüpfen.[78] Der Prüfungsmaßstab des Effektivitäts- und Äquivalenzgrundsatzes gilt deshalb für alle Normen dieses Abschnitts (§§ 33 bis 34a).

Insoweit Klagen und Ansprüche wegen Kartellrechtsverstößen an eine **Verletzung der 15a unionsrechtlichen Wettbewerbsregeln** anknüpfen, sind sowohl die unmittelbar aus Art. 101 f. AEUV resultierenden („Skanska", „Sumal") als auch die aus dem Effektivitäts- und Äquivalenzgrundsatz zu entnehmenden Vorgaben zu beachten. Die **Gerichte** haben diesen Vorgaben durch eine **unionsrechtskonforme Auslegung oder Rechtsfortbildung** nicht nur der §§ 33 bis 34a, sondern aller nationalen Vorschriften bis zur Grenze des Judizierens contra legem Wirksamkeit zu verschaffen.[79]

**3. Verhältnis zum Sekundärrecht.** Die vom EuGH in „Courage/Crehan" und nach- **16** folgenden Urteilen auf **Art. 101 f. AEUV** iVm dem **Effektivitätsgebot** à la „Rewe" und „San Giorgio" gestützten Aussagen haben **Primärrechtsrang**. Sie binden deshalb – soweit der Gerichtshof das Gebot des institutionellen Gleichgewichts achtet[80] – auch den Sekundärrecht setzenden Unionsgesetzgeber.[81] Dies folgt aus dem Primärrechtsrang der zu schützenden Rechtsposition.[82] Anderenfalls bestünde die Gefahr, dass der Unionsgesetzgeber deren normenhierarchisch herausgehobene Position unterlaufen könnte. Wenn aus dem Primärrechtsrang der Wettbewerbsregeln folgt, dass der Unionsgesetzgeber weder diese

---

[74] EuGH 6.10.2021 – C-882/19, EU:C:2021:800, Rn. 45–51 – Sumal.

[75] EuGH 6.10.2021 – C-882/19, EU:C:2021:800, Rn. 52 – Sumal.

[76] EuGH 29.7.2019 – C-451/18, EU:C:2022:712 Rn. 36 – Tibor-Trans; EuGH 16.2.2023 – C-312/21, EU:C:2023:99 Rn. 60 – Tráficos Manuel Ferrer → § 33d Rn. 2.

[77] Siehe oben → Rn. 13.

[78] Franck ELRev 43 (2018), 837 (841). Siehe nunmehr EuGH 14.3.2019 – C-724/17, EU:C:2019:204 Rn. 27 – Skanska Industrial Solutions ua, und EuGH 28.3.2019 – C-637/17, EU:C:2019:263 Rn. 42 – Cogeco Communications, wo der Gerichtshof den Begriff der „Verfahrensmodalitäten" vermeidet und formuliert, in Ermangelung einer einschlägigen Unionsregelung komme es den mitgliedstaatlichen Rechtsordnungen zu, die „Modalitäten für die Ausübung des Rechts [auf Schadensersatz]" zu regeln.

[79] EuGH 12.7.2022 – C-267/20, EU:C:2022:494 Rn. 52 – Volvo und DAF Trucks.

[80] Sogleich → Rn. 17.

[81] Franck ELRev 43 (2018), 837 (842 f. und 849–851); aA W.-H. Roth ZHR 179 (2015), 668 (682) („Gesetzes vertretendes Sekundärrecht"). Dies unterstellt auch der BGH (→ § 33c Rn. 14c), wenn er erwägt, im Sinne des primärrechtlich verankerten Effektivitätsgrundsatzes die passing-on defence entgegen Art. 13 S. 1 KartSERL zu versagen, wenn die mittelbaren Abnehmer den ihnen entstandenen Schaden voraussichtlich nicht geltend machen werden. BGH 23.9.2020 – KZR 4/19, NZKart 44 (49) = juris Rn. 53 – Schienenkartell V.

[82] In diesem Sinne auch Wurmnest/Heinze in Schulze, Compensation of Private Losses, 2011, S. 39, 45.

Normen des materiellen Kartellrechts noch das aus deren effet utile-Auslegung gewonnene Recht auf Schadensersatz an sich infrage stellen darf, dann muss er auch an die (Mindest-) Standards gebunden sein, die der Gerichtshof für erforderlich hält, damit die „Ausübung" des Schadensersatzrechts nicht „praktisch unmöglich" gemacht oder „übermäßig erschwert" wird. Dem steht nicht entgegen, dass der Gerichtshof seine auf den Grundsatz der Effektivität gestützten Aussagen regelmäßig als Maßstab für die Kontrolle mitgliedstaatlichen Rechts formuliert, das „[m]angels einer einschlägigen Gemeinschaftsregelung" gilt.[83] Dies hat seinen Grund darin, dass jeweils (nur) die Unionsrechtskonformität nationalen Rechts in Rede stand. Die Formulierung schließt es nicht aus, den gleichen Maßstab auch für eine ggf. einschlägige Regelung des Sekundärrechts anzuwenden. Für die Charakterisierung als Primärrecht spricht schließlich auch, dass der Gerichtshof etwa in „Kone" rhetorisch nicht strikt trennt, ob Aussagen auf einer effet utile-Auslegung von Art. 101 AEUV oder dem Effektivitätsgebot nach Art. 101 AEUV iVm Art. 4 Abs. 3 EUV („Rewe"- und „San Giorgio"-Effektivität) beruhen. Das deutet darauf hin, dass normenhierarchisch für den Gerichtshof kein Unterschied darin liegt, auf welchen Begründungsstrang sich eine Aussage stützt. Da durch Auslegung von Art. 101 AEUV gewonnene Aussagen aber ohne weiteres als solche mit Primärrechtsrang zu verstehen sind, muss man annehmen, gleiches gelte aus Sicht des Gerichtshofs auch für die aus dem Effektivitätsgebot gewonnenen Mindeststandards.

17     Nach dem **Grundsatz des institutionellen Gleichgewichts** haben die Organe der Europäischen Union bei der Wahrnehmung ihrer Aufgaben und Befugnisse Rücksicht auf die Kompetenzen der anderen Organe zu nehmen. Der EuGH wacht einerseits darüber, dass dieses Gebot befolgt wird.[84] Er ist andererseits aber auch an diesen Grundsatz gebunden. Deshalb hat er die dem Unionsgesetzgeber zugewiesenen Rechtsetzungskompetenzen zu respektieren. Das Gebot des institutionellen Gleichgewichts beschränkt die Freiheit des Gerichtshofs, aufbauend auf allgemeine Grundsätze des Unionsrechts zu einzelnen Sachfragen Rechtssätze zu formulieren, die über dem Sekundärrecht stehen. Das hat der Gerichtshof in „Audiolux" für den allgemeinen Gleichbehandlungsgrundsatz anerkannt[85] und das gilt in gleicher Weise auch für die Anwendung des Effektivitätsgrundsatzes, der – jedenfalls im Kontext von Art. 101 f. AEUV – Aussagen mit Primärrechtsrang generiert.[86]

18     Der EuGH hat dem **Unionsgesetzgeber** einen **weiten Beurteilungsspielraum** zu lassen, um die ihm gemäß Art. 103 AEUV zustehende Kompetenz auszuüben, die an einen Verstoß gegen die Art. 101 f. AEUV anknüpfenden zivilrechtlichen Ansprüche auszugestalten.[87] Zu schützen ist insbesondere auch die Freiheit des Unionsgesetzgebers, bestimmte Aspekte bewusst dezentraler Regulierung durch die Mitgliedstaaten zu überlassen.[88] Rhetorisch berücksichtigt der Gerichtshof dies durch die Verwendung der hergebrachten Formel à la „Rewe" und „San Giorgio" („nicht praktisch unmöglich machen oder übermäßig erschweren"), die eine **eingeschränkte Prüfungsdichte** nahelegt. Die Entscheidungspraxis trägt dem indes nicht hinreichend Rechnung. Ob das Recht auf Kartellschadensersatz „übermäßig erschwert" wird, muss vor allem anhand der Ziele beurteilt werden, die mit diesem Recht verknüpft sind.[89] Bedenkt man etwa, dass der Ersatz von Preisschirmschäden sowohl mit Blick auf wirksame Prävention als auch gerechten Schadensausgleich ambivalent erscheint, kann es nicht überzeugen, dass es den Effektivitätsgrundsatz verletzen soll, wenn Preisschirmschäden nicht ersatzfähig sind.[90]

---

[83] EuGH 20.9.2001 – C-453/99, EU:C:2001:465 Rn. 27 – Courage/Crehan.
[84] Siehe etwa EuGH 17.12.1970 – C-25/70, EU:C:1970:115 Rn. 8–10 – Einfuhr- und Vorratsstelle für Getreide und Futtermittel/Köster.
[85] EuGH 15.10.2009 – C-101/08, EU:C:2009:626 Rn. 63 – Audiolux; deutlicher noch zuvor GA Trstenjak 30.6.2009 – C-101/08, EU:C:2009:410 Rn. 103–108 – Audiolux; hierzu Schön FS Hopt, 1343, 1354.
[86] Franck ELRev 43 (2018), 837 (846–849).
[87] Franck ELRev 43 (2018), 837 (851–853); W.-H. Roth CMLRev 59 SI (2022), 61 (68).
[88] Siehe etwa Begründungserwägung (37) S. 3 KartSERL zum Innenregress.
[89] Zu den Funktionen der Kartellschadensersatzhaftung → § 33a Rn. 3 ff.
[90] Franck Marktordnung S. 625–627.

Geht eine auf Art. 101 f. AEUV iVm dem Effektivitätsgrundsatz gestützte Aussage des **19** EuGH wie etwa jene zur Ersatzfähigkeit von Preisschirmschäden über das hinaus, was erforderlich ist, um eine „übermäßige" Erschwerung der Geltendmachung der aus einem Kartellrechtsverstoß folgenden Rechte zu verhindern, dann **verletzt** dies das **Gebot des institutionellen Gleichgewichts**. Der **Unionsgesetzgeber** ist an diese Vorgaben **nicht gebunden.** Mit Blick auf die Kartellschadensersatz-Richtlinie hat dies vor allem für den Ausschluss von Kronzeugenunterlagen vom Aktenzugang und von einer Verwertung im Haftungsprozess Bedeutung.[91] Diese Regelung konfligiert[92] mit der vom EuGH in „Pfleiderer" als zwingend postulierten Vorgabe, wonach der Zugang zu Kronzeugenunterlagen nur nach einer Abwägung aller maßgeblichen Gesichtspunkte im Einzelfall versagt werden dürfe.[93] Es wird deshalb Sache der nationalen Gerichte sein, im Wege eines Vorabentscheidungsverfahrens nach Art. 267 AEUV die Primärrechtskonformität der Richtlinienregelung klären zu lassen. Denn da allein dem EuGH die Kompetenz zukommt, Sekundärrecht wegen Verletzung des Primärrechts zu verwerfen[94] und zudem die Frist für die Einreichung einer Nichtigkeitsklage gemäß Art. 263 Abs. 6 AEUV abgelaufen ist, bleiben die Mitgliedstaaten einstweilen auch an (möglicherweise) primärrechtswidrige Regelungen der Kartellschadensersatz-Richtlinie gebunden.

Der EuGH wird bei einer etwaigen Neujustierung seiner Rechtsprechung zu beachten **20** haben, dem Sekundärrechtsgeber im Sinne des **Grundsatzes des institutionellen Gleichgewichts** einen hinreichenden Gestaltungsspielraum zu lassen. Die Vorgaben nach „Pfleiderer" genügen dem nicht.[95] Denn eine richterliche Einzelfallabwägung kann den Konflikt zwischen dem Interesse an einem attraktiven Kronzeugenprogramm im Sinne wirksamen behördlichen Vollzugs und dem Recht Betroffener auf Ausgleich kartellbedingter Nachteile nicht angemessen adressieren.[96] Dies bedarf einer abstrakt-generell geltenden Regelung. Die **„Pfleiderer"**-Vorgabe **bindet** den **Unionsgesetzgeber** deshalb **nicht.** Die restriktive Regelung der Richtlinie liegt deshalb jedenfalls dann im gesetzgeberischen Beurteilungsspielraum, wenn der Befund richtig ist, dass der Zugang zu den ausgeschlossenen Dokumenten tatsächlich nur in wenigen Fällen zwingend erforderlich ist, um einen Schadensersatzanspruch darzulegen und zu beweisen.[97] Gefährdet der Ausschluss des Zugangs zu diesen Dokumenten allerdings tatsächlich die Funktion der Haftung als Instrument des private enforcement und als Mechanismus gerechten Schadensausgleichs, muss der EU-Gesetzgeber Tatbestände und Verfahren definieren, die jedenfalls im Ausnahmefall und nach einer Einzelfallabwägung den Zugang zu Kronzeugenerklärungen und Vergleichsausführungen ermöglichen.[98]

Neben das Effektivitätsgebot à la „Rewe" und „San Giorgio" tritt eine zweite, ebenfalls **21** aus dem Loyalitätsgebot des Art. 4 Abs. 3 EUV abgeleitete Rechtsprechungslinie des EuGH, die Vorgaben für die **Sanktionen** definiert, die die Mitgliedstaaten bei Verstößen gegen Sekundärrecht vorzusehen haben. Seit der Leitentscheidung „Kommission/Griechenland" verlangt der Gerichtshof, die Mitgliedstaaten müssten Verletzungen des Unionsrechts **„wirksam, verhältnismäßig und abschreckend"** sanktionieren.[99] Dieser attributive Dreiklang wurde alsdann zur stehenden Wendung für die vom EuGH formulierten

---

[91] Art. 6 Abs. 6 und Art. 7 Abs. 1 KartSERL.

[92] Deshalb wird die Regel teils für primärrechtswidrig erachtet, siehe etwa Kersting WuW 2014, 564 (566 f.); Schweitzer NZKart 2014, 335 (342 f.); Mestmäcker/Schweitzer § 23 Rn. 59k S. 610; Kainer in Weller/Althammer, Mindeststandards im europäischen Zivilprozessrecht, 2015, S. 173, 190 f.; Dawirs Zugriff auf Kronzeugenerklärungen S. 297 f., der zugleich auch einen Verstoß gegen Art. 47 GR-Charta konstatiert (S. 338 f.); dazu auch Bach → § 33g Rn. 121; aA W.-H. Roth CMLRev 59 SI (2022), 61 (71 f.).

[93] → Rn. 14a.

[94] EuGH 22.10.1987 – C-314/85, EU:C:1987:452 Rn. 15–20 – Foto-Frost/Hauptzollamt Lübeck-Ost.

[95] Franck ELRev 43 (2018), 837 (855).

[96] Inderst/Thomas Schadensersatz S. 481.

[97] In diesem Sinne etwa Wils World Competition 40 (2017), 3 (34).

[98] Franck ELRev 43 (2018), 837 (856).

[99] EuGH 21.9.1989 – C-68/88, EU:C:1989:339 Rn. 24 – Kommission/Griechenland („Griechischer Mais"). Siehe zu dieser Rechtsprechungslinie etwa Heinze, Schadensersatz im Unionsprivatrecht, S. 38–44.

Sanktionsanforderungen.[100] Eine Sanktion muss danach – einerseits – dazu geeignet sein, Marktteilnehmer davon abzuhalten, Unionsrecht zu verletzen. Ob eine Sanktion hinreichend abschreckt, hängt danach erstens von den Vorteilen ab, die sich ein Normadressat von einer Rechtsverletzung versprechen kann,[101] sowie zweitens von der „Art und Höhe der Sanktion", die ihm droht, und der „Wahrscheinlichkeit, mit der sie verhängt werden wird."[102] Die Vorgabe der „Verhältnismäßigkeit" weist – andererseits – darauf hin, dass die „Härte" einer Sanktion nicht das angesichts der „Schwere" des zu ahndenden Verstoßes erforderliche Maß überschreiten darf.[103] Sie darf – in den Worten des EuG – „nicht die Grenzen dessen überschreiten, was zur Erreichung des angestrebten Ziels – Wiederherstellung der Legalität im Hinblick auf die verletzten Vorschriften – angemessen und erforderlich ist."[104] Für das Kartellschadensersatzrecht sind diese Kriterien vor allem in zweierlei Hinsicht relevant: Zum ersten definieren sie, wie die Mitgliedstaaten die in der Kartellschadensersatz-Richtlinie enthaltenen Pflichten zu sanktionieren haben. In diesem Sinne hat der Unionsgesetzgeber diese Rechtsprechungslinie in Art. 8 Abs. 2 KartSERL in Bezug genommen. Zum zweiten sind diese Anforderungen – insbesondere angesichts der gemeinsamen Wurzel im Loyalitätsgebot des Art. 4 Abs. 3 EUV – geeignet, zu konkretisieren, wie die Haftung auf Schadensersatz auszugestalten ist, damit sie der ihr vom EuGH seit „Courage/Crehan" zugewiesenen Funktion zur Durchsetzung der EU-Wettbewerbsregeln gerecht werden kann.[105]

**22**     **4. Grundsatz effektiven gerichtlichen Rechtsschutzes.** Die mitgliedstaatlichen Regeln zur Durchsetzung der an einen Verstoß gegen Art. 101 f. AEUV anknüpfenden zivilrechtlichen Rechtsfolgen haben neben dem Effektivitätsgebot à la „Rewe" und „San Giorgio" auch die **Grundsätze effektiven gerichtlichen Rechtsschutzes** zu achten. Deren Einhaltung wird primärrechtlich zum einen in Art. 19 Abs. 1 UAbs. 2 EUV von den Mitgliedstaaten eingefordert. Zum anderen sind sie auch in Art. 47 GR-Charta und in Art. 6 und 13 EMRK verankert. Sie binden damit auch den Unionsgesetzgeber.[106] Die Grundsätze effektiven gerichtlichen Rechtsschutzes enthalten Vorgaben für Verfahrensmodalitäten, verstanden in einem engeren Sinne als in „Courage/Crehan"[107] und damit etwa insbesondere **nicht** für die Ausgestaltung des **materiellen Haftungsrechts.** Nur mit Blick auf die verfahrensrechtliche Ausgestaltung unionsrechtlicher Rechtspositionen – wie etwa bei der Frage nach der gebotenen Reichweite von Prozesskostenhilfe[108] – überschneiden sich die Anforderungen nach einem effektiven gerichtlichen Rechtsschutz mit jenen aus dem Effektivitätsgebot à la „Rewe" und „San Giorgio". Angesichts ihres grundrechtlichen Charakters besteht hinsichtlich der Grundsätze effektiven gerichtlichen Rechtsschutzes eine **höhere Prüfungsdichte** und sind die hieraus abgeleiteten Vorgaben typischerweise strenger.[109] Der Gerichtshof hat etwa im Urteil „Donau Chemie" bestätigt, dass es bei diesen sich teils überschneidenden primärrechtlichen Prüfungsmaßstäben mit unterschiedlicher Prüfungsintensität bleibt. Er griff nicht den von GA Jääskinen vorgebrachten Vorschlag auf, das Gebot effektiven gerichtlichen Rechtsschutzes lediglich als Facette des

---

[100] Siehe etwa EuGH 10.7.1990 – C-326/88, EU:C:1990:291 Rn. 17 – Hansen; EuGH 8.7.1999 – C-186/98, EU:C:1999:376 Rn. 14 – Nunes; EuGH 7.12.2000 – C-213/99, EU:C:2000:678 Rn. 19 – de Andrade; EuGH 16.10.2003 – C-91/02, EU:C:2003:556 Rn. 17, 22 – Hannl + Hofstetter.
[101] EuGH 23.12.2009 – C-45/08, EU:C:2009:806 Rn. 73 – Spector Photo Group.
[102] GA Kokott 14.10.2004 – C-387/02, C-391/02 und C-403/02, EU:C:2004:624 Rn. 89 – Berlusconi.
[103] EuGH 25.4.2013 – C-81/12, EU:C:2013:275 Rn. 63 – Accept; EuGH 27.3.2014 – C-565/12, EU:C:2014:190 Rn. 45 – LCL Le Crédit Lyonnais.
[104] EuG 17.9.2007 – T-201/04, EU:T:2007:289 Rn. 1276 – Microsoft/Kommission.
[105] Hierzu → § 33a Rn. 4.
[106] Art. 6 EUV; Art. 51 GR-Charta. Siehe auch Begründungserwägung (4) KartSERL.
[107] → Rn. 15.
[108] Siehe etwa EuGH 20.10.2010 – C-279/09, EU:C:2010:811 Rn. 28 f. bzw. 30–62 – DEB.
[109] Zum Verhältnis beider Rechtsinstitute Prechal/Widdershoven Review of European Administrative Law 4 (2011), 31 (insbes. 38–49).

allgemeinen Effektivitätsgrundsatzes (à la „Rewe" und „San Giorgio") zu begreifen und dafür den Maßstab für letzteren strenger auszugestalten.[110]

In der EuGH-Rechtsprechung zum Kartellschadensersatzrecht stand die Anwendung **23** von **Art. 47 GR-Charta** etwa im „**Otis**"-Urteil im Mittelpunkt. Dort hatte der Gerichtshof darüber zu befinden, ob bzw. wie der Grundsatz eines fairen Verfahrens zu gewährleisten ist, wenn die Europäische Kommission auf Grundlage einer von ihr erlassenen Bußgeldentscheidung vor einem mitgliedstaatlichen Zivilgericht Schadensersatz wegen kartellbedingt überhöhter Preise einklagt. Der EuGH stellte hierzu zum einen klar, dass die Bindungswirkung einer Kommissionsentscheidung nach Art. 16 Abs. 1 VO 1/2003 einem fairen Verfahren im nachfolgend von der Kommission angestrengten Zivilprozess nicht entgegenstehe, weil die von der Entscheidung Betroffenen deren Rechtmäßigkeit zugleich nach Art. 263 AEUV von den Unionsgerichten überprüfen lassen können.[111] Zum andern sei auch der aus dem fair trial-Prinzip folgende Grundsatz der Waffengleichheit nicht aufgrund der besonderen Ermittlungsbefugnisse der Kommission verletzt, wenn die Kommission keinen gegenüber anderen (potentiellen) Klägern privilegierten Zugang zu Informationen hat und sich bei ihrer Schadensersatzklage insbesondere nur auf Informationen stützt, die in der nichtvertraulichen Fassung ihrer Bußgeldentscheidung zu finden sind.[112] In „**Sumal**" hat der EuGH unterstellt, dass es nicht die in Art. 47 GR-Charta verankerten Verteidigungsrechte einer (Tochter-)Gesellschaft verletzt, dass sie in einem follow on-Verfahren gemäß Art. 16 Abs. 1 VO 1/2003 an die Feststellung einer Zuwiderhandlung in einem an die Muttergesellschaft (mit der sie eine wirtschaftliche Einheit bildet) gerichteten Bußgeldbescheid gebunden ist, auch wenn die (Tochter-)Gesellschaft nicht am Verfahren beteiligt war und der Bescheid auch nicht an sie adressiert war (→ § 33b Rn. 20a).

Demgegenüber hat der EuGH in seinen Urteilen „**Pfleiderer**" und „**Donau Chemie**" **23a** zur Frage des Zugangs potentieller Schadensersatzkläger zu Kronzeugenunterlagen nicht auf die Grundsätze effektiven gerichtlichen Rechtsschutzes nach Art. 47 GR-Charta und Art. 19 Abs. 1 UAbs. 2 EUV rekurriert, obwohl sich die Generalanwälte in beiden Verfahren hierauf gestützt hatten.[113] In „**Tráficos Manuel Ferrer**" hat der EuGH eine nationale Regelung zur Kostenverteilung bei (nur) teilweisem Obsiegen der Klägerin allein am Effektivitätsprinzip[114] und der Kartellschadensersatz-Richtlinie[115] geprüft, nicht aber anhand von Art. 101 AEUV iVm. Art. 47 GR-Charta, obwohl das vorlegende Gericht auch hierauf verwiesen hatte.[116] Dies verdeutlicht, dass es kaum vorhersehbar ist, welchen Maßstab der EuGH im Überschneidungsbereich zwischen dem Grundsatz wirksamen gerichtlichen Rechtsschutzes und dem Effektivitätsgebot à la „Rewe" und „San Giorgio" heranzieht.[117]

## II. Sekundärrecht

Nach **Art. 6 VO 1/2003** sind die mitgliedstaatlichen **Gerichte** berufen, Art. 101 f. **24** AEUV anzuwenden und die in den EU-Wettbewerbsregeln enthaltenen subjektiven Rechte – damit insbesondere auch das Recht auf Schadensersatz – zu schützen. Dem Unionsgesetzgeber kam es im Zuge der Dezentralisierung der behördlichen Durchsetzung bei gleichzeitiger Einführung des Legalausnahmesystems darauf an, einerseits die zentrale Rolle der Europäischen Kommission und den Vorrang des public enforcement zu betonen, andererseits aber ergänzend und absichernd das private enforcement über die einzelstaatli-

---

[110] GA Jääskinen 7.2.2013 – C-536/11, EU:C:2013:67 Rn. 47 – Donau Chemie. Der Gerichtshof hielt ohne Erläuterung an der hergebrachten Formel („keine praktische Unmöglichkeit oder übermäßige Erschwerung") fest, EuGH 6.6.2013 – C-536/11, EU:C:2013:366 Rn. 27 – Donau Chemie.
[111] EuGH 6.11.2012 – C-199/11, EU:C:2012:684 Rn. 38–67 – Otis.
[112] EuGH 6.11.2012 – C-199/11, EU:C:2012:684 Rn. 68–73 – Otis.
[113] GA Mazák 16.12.2010 – C-360/09, EU:C:2010:782 Rn. 3, 37 und 48 – Pfleiderer; GA Jääskinen 7.2.2013 – C-536/11, EU:C:2013:67 Rn. 5 f., 52–56 und 65 – Donau Chemie.
[114] → Rn. 14d.
[115] → Rn. 28c.
[116] EuGH 16.2.2023 – C-312/21, EU:C:2023:99 Rn. 29 – Tráficos Manuel Ferrer.
[117] Prechal/Widdershoven Review of European Administrative Law 4 (2011), 31 (39).

chen Gerichte einzubinden.[118] Ausdruck dieser Ambivalenz sind verschiedene Bestimmungen zum Zusammenspiel von behördlicher und zivilgerichtlicher Anwendung des Wettbewerbsrechts. **Art. 16 Abs. 1 VO 1/2003** ordnet eine **Bindungswirkung** erlassener und beabsichtigter Entscheidungen der Kommission an und kodifiziert damit die „Masterfoods"-Rechtsprechung des EuGH.[119] Das zielt auf eine einheitliche Anwendung der Art. 101 f. AEUV,[120] entlastet Kläger aber zugleich von der Bürde, einen Kartellrechtsverstoß darzulegen und zu beweisen, den die Kommission bereits festgestellt hat. Eingeschränkt wird damit die auch für das Zivilverfahren geltende Grundregel zur Beweislastverteilung gemäß Art. 2 VO 1/2003, wonach der Kläger eine Zuwiderhandlung gegen Art. 101 Abs. 1 AEUV und Art. 102 AEUV zu beweisen hat. Nach **Art. 15 Abs. 1 VO 1/2003** können die mitgliedstaatlichen Gerichte die Kommission bitten, in ihrem Besitz befindliche Informationen zu übermitteln oder Stellungnahmen zur Anwendung der Wettbewerbsregeln abzugeben.[121] **Art. 15 Abs. 3 VO 1/2003** ermöglicht der Kommission und den mitgliedstaatlichen Kartellbehörden als **amicus curiae** bei den Gerichten schriftlich oder (mit Erlaubnis des Gerichts) mündlich Stellung zu nehmen.

25    Wesentliche Teile des Kartellschadensersatz-Rechts harmonisierte der EU-Gesetzgeber mit der **Kartellschadensersatz-Richtlinie 2014/104/EU.** Die Richtlinie resultiert aus einem wechselhaften Gesetzgebungsprozess. Nach Vorarbeiten durch die im Jahre **2004** veröffentlichte **Ashurst-Studie**[122] lancierte die Europäische Kommission im Jahre **2005** zunächst ein **Grünbuch,**[123] auf das ein **Weißbuch**[124] folgte, beide jeweils begleitet von ausführlichen Arbeitspapieren.[125] Im Frühjahr **2009** lag der Kommission sodann intern ein **Entwurf** für eine **Richtlinie** zu kartellrechtlichen Schadensersatzklagen vor, der seinen Weg zu interessierten Kreisen und in die Medien fand. Dieser ambitionierte Entwurf unter der Ägide der Wettbewerbskommissarin Neelie Kroes stellte den Grundsatz vollständiger Kompensation voran und kodifizierte das Effektivitäts- und Äquivalenzprinzip. Er enthielt ua Regeln zu Gruppen- und Verbandsklagen (mit Opt-out-Mechanismus), zur Vorlage von Beweismitteln, zur Schadensabwälzung und zum Verschulden als Haftungsvoraussetzung.[126] Die Europäische Kommission nahm den Entwurf im Oktober 2009 von den Tagesordnungen ihrer Sitzungen. Politischer Widerstand gegen den Entwurf hatte sich vor allem in Deutschland und Frankreich formiert.[127] Vorausgegangen war eine massive Lobbyarbeit der Industrie, die sich vor allem gegen die vorgesehenen Gruppenklagen auf Grundlage eines Opt-out-Modells gerichtet hatte. Die Kommission entschloss sich daraufhin, kollektive Rechtsschutzmechanismen auszuklammern. Im Juni **2013** legte sie einen entsprechenden **Vorschlag** für eine Richtlinie für Schadensersatzklagen wegen Kartellrechtsverstößen vor,[128] der im November 2014 verabschiedet wurde. Die Mitgliedstaaten hatten

---

[118] Begründungserwägung (7) VO 1/2003. Einen Zusammenhang zwischen der Abschaffung des „Systems der Administrativfreistellung" und der Notwendigkeit verstärkter „zivilrechtlicher Sanktionen" als „Ausgleich" stellte auch der deutsche Gesetzgeber im Zuge der Siebten GWB-Novelle her, siehe Regierungsbegründung zur Siebten GWB-Novelle BT-Drs. 15/3640, 35.

[119] EuGH 14.12.2000 – C-344/98, EU:C:2000:689 Rn. 51 f. – Masterfoods.

[120] Begründungserwägung (22) VO 1/2003.

[121] Die Regelung geht zurück auf EuGH 6.12.1990 – C-2/88, EU:C:1990:440 – Zwartveld.

[122] Waelbroeck/Slater/Even-Shosham Study on the conditions of claims for damages in case of infringement of EC competition rules, Comparative Report (2004).

[123] Europäische Kommission, Grünbuch Schadensersatzklagen wegen Verletzung des EG-Wettbewerbsrechts, KOM(2005) 672 endg. v. 19.12.2005.

[124] Europäische Kommission, Weißbuch Schadensersatzklagen wegen Verletzung des EG-Wettbewerbsrechts, KOM(2008) 165 endg. v. 2.4.2008.

[125] Commission Staff Working Paper, Annex to the Green Paper Damages actions for breach of the EC antitrust rules, SEC (2005) 1732 v. 19.12.2005; Commission Staff Working Document: Accompanying document to the White Paper on Damages actions for breach of the EC antitrust rules, SEC (2008) 404 v. 2.4.2008.

[126] Wagner-von Papp EWS 2009, 445 (446–448).

[127] Wagner-von Papp EWS 2009, 445 (446).

[128] Europäische Kommission, Vorschlag für eine Richtlinie des Europäischen Parlaments und des Rates über bestimmte Vorschriften für Schadensersatzklagen nach einzelstaatlichem Recht wegen Zuwiderhand-

ihn bis zum **27.12.2016** umzusetzen.[129] Es gilt die allgemeine Pflicht, nationales Recht in Übereinstimmung mit den Vorgaben der Richtlinie auszulegen und – bis zur Grenze eines Judizierens contra legem – fortzubilden.[130]

Die Richtlinie betrifft sowohl Schadensersatzklagen wegen **Verletzung** von **Art. 101 f.**  26 **AEUV** als auch wegen Verletzung **nationalen Wettbewerbsrechts.** Aus diesem Grund stützt sie sich auf Art. 103 Abs. 1 AEUV und Art. 114 AEUV.[131]

**Wesentliche Aspekte des Rechts auf Kartellschadensersatz** werden geregelt: ein  27 Verbot überkompensatorischer Formen von Schadensersatz (Art. 3), die Offenlegung von Beweismitteln und Akteneinsicht (Art. 5–8), die Bindungswirkung nationaler Entscheidungen von Behörden und Gerichten (Art. 9), Fragen der Verjährung (Art. 10) und der gesamtschuldnerischen Haftung (Art. 11), passing-on defense und Anspruchsberechtigung mittelbarer Abnehmer (Art. 12–15) nebst einigen Vorgaben zur Schadensbemessung (Art. 17) sowie zur Wirkung außergerichtlicher Streitbeilegung (Art. 18 und 19). Die Details dieser Regelungen werden im Folgenden im Kontext der jeweils zur Umsetzung berufenen Normen des GWB erörtert.

Die Richtlinie zielt grundsätzlich auf eine **vollständige Harmonisierung** der geregel-  28 ten Sachfragen. Das folgt zum einen aus dem gesetzgeberischen und kompetenzbegründenden Ziel, durch Rechtsangleichung das reibungslose Funktionieren des Binnenmarktes zu fördern,[132] wird zum anderen aber auch anhand der **vereinzelt** und **explizit** nur auf einem **Mindestniveau harmonisierten** Themen deutlich. So gilt etwa für die Verjährung, dass die Frist zur Erhebung von Schadensersatzklagen „mindestens" fünf Jahre betragen muss.[133]

Während die EuGH-Judikatur zur Auslegung der Richtlinie in den ersten Jahren über-  28a schaubar blieb, ist nunmehr eine Zunahme der Vorabentscheidungsersuchen zu bemerken.[134] Im Urteil **„Cogeco"** stellte der Gerichtshof zur **intertemporalen Geltung verfahrensrechtlicher Vorschriften** (etwa der Regeln zur Offenlegung von Beweismitteln in Umsetzung von Art. 5 und 6 KartSERL → Rn. 28b) gemäß Art. 22 Abs. 2 KartSERL fest, dass die **nationalen Gesetzgeber** über ein **Ermessen** verfügten: Die Regelungen dürfen (frühestens) für Klagen gelten, die nach dem 26.12.2014 erhoben wurden (wenn auch vor Umsetzung der Richtlinie), müssen aber (spätestens) für Klagen gelten, die nach Ablauf der Umsetzungsfrist am 27.12.2016 (Art. 21 Abs. 2 KarteSERL) erhoben wurden.[135] In **„Volvo und DAF Trucks"**[136] hat der Gerichtshof die Regeln zur intertemporalen Geltung (Art. 22 KartSERL) mit Blick auf die **Verjährungsvorschriften** (Art. 10 KartSERL) ausgelegt[137] sowie – mittelbar über die Auslegung des Effektivitätsprinzips – auch die Vorgaben zum Verjährungsbeginn nach Art. 10 Abs. 2 KartSERL spezifiziert.[138]

---

lungen gegen wettbewerbsrechtliche Bestimmungen der Mitgliedstaaten und der Europäischen Union, COM (2013) 404 final v. 11.6.2013.

[129] Art. 20 Abs. 1 KartSERL.

[130] EuGH 12.7.2022 – C-267/20, EU:C:2022:494 Rn. 77 – Volvo und DAF Trucks.

[131] Begründungserwägung (8) KartSERL.

[132] Begründungserwägungen (7) bis (9) KartSERL.

[133] Art. 10 Abs. 3 KartSERL. Siehe auch Art. 10 Abs. 4 S. 2 KartSERL: Wird der Lauf einer Verjährungsfrist wegen einer Untersuchung oder eines Verfahrens einer Wettbewerbsbehörde gehemmt, darf die Hemmung „frühestens" ein Jahr nach Beendigung des Verfahrens enden.

[134] Neben den im Folgenden aufgeführten Urteilen sind derzeit drei anhängige Verfahren zu bemerken: Vorabentscheidungsersuchen des Tribunal de commerce de Paris (Frankreich) vom 2.6.2021 – C-344/21 – Groupe AA u. a. (u. a. zu Art. 3 und 10 KartSERL), des Městský soud v Praze (Tschechische Republik), vom 30.9.2021 – C-605/21 – Heureka Group (Comparateurs de prix en ligne) (u. a. zu Art. 21 Abs. 1 und 10 KartSERL) und des LG Dortmund vom 13.3.2023 – C-253/23 – ASG 2 (u. a. zu Art. 3 KartSERL).

[135] EuGH 28.3.2019 – C-637/17, EU:C:2019:263 Rn. 28 – Cogeco Communications; bestätigt in EuGH 12.1.2023 – C-57/21, EU:C:2023:6 Rn. 45 – RegioJet. Letztere Option hat der deutsche Gesetzgeber in § 187 Abs. 4 GWB umgesetzt.

[136] EuGH 12.7.2022 – C-267/20, EU:C:2022:494 – Volvo und DAF Trucks.

[137] → § 33h Rn. 5 bis 5b.

[138] → § 33h Rn. 17a.

**28b**    In „PACCAR u.a." hat der EuGH klargestellt, dass es sich bei den Vorgaben zur **Offenlegung von Beweismitteln** nach Art. 5 Abs. 1 UAbs. 1 KartSERL nicht um eine materiell-rechtliche, sondern um eine verfahrensrechtliche Vorschrift handelt, für deren intertemporale Anwendung deshalb Art. 22 Abs. 2 KartSERL gilt.[139] Zudem hat der Gerichtshof begründet, dass der Begriff der „**relevanten Beweismittel**" in der „**Verfügungsgewalt**" Beklagter oder Dritter gemäß Art. 5 Abs. 1 UAbs. 1 iVm Art. 2 Nr. 13 KartSERL **weit auszulegen** ist und **auch** solche umfasst, die der Antragsgegner erst anlässlich des Antrags auf Grundlage von Informationen, Kenntnissen oder Daten, über die er verfügt, **neu erstellen** muss.[140] Der EuGH begründete dies damit, dass es „**Hauptziel**" der Richtlinie sei, die **private Durchsetzung** der **EU-Wettbewerbsvorschriften** zu **erleichtern**.[141] Dieser Aussage könnte über das Urteil hinausweisende Bedeutung zukommen. Offenbar stellt sich der EuGH damit gegen eine Lesart[142] der Richtlinie, wonach diese – in teilweiser Abkehr von der auf das Effektivitätsprinzip gegründeten Rechtsprechung des Gerichtshofs – die Schadenshaftung nicht als eigenständiges Durchsetzungsinstrument begreift.

**28c**    Ebenfalls zur **Offenlegung von Beweismitteln** nach Art. 5 und 6 KartSERL urteilte der EuGH im Fall „**RegioJet**". Die Vorlagefragen gründeten teils auf Besonderheiten der Verfahrenskonstellation: Wegen der gleichen (möglichen) Zuwiderhandlung, nämlich eines Missbrauchs einer marktbeherrschenden Stellung durch Kampfpreisunterbietung, hatte zunächst die tschechische Wettbewerbsbehörde ein Kartellverfahren gegen das nationale Eisenbahnunternehmen eröffnet und sodann ein Wettbewerber Schadensersatzklage eingereicht. Nachdem sodann die Europäische Kommission ebenfalls ein Verfahren eingeleitet hatte, setzten die tschechische Wettbewerbsbehörde und das nationale Gericht ihre jeweiligen Verfahren aus.[143] Das Gericht hatte gleichwohl die Beklagte verpflichtet, verschiedene Dokumente offenzulegen. Die hiergegen angerufene Rechtsmittelinstanz legte dem EuGH mehrere Vorlagefragen vor. Einleitend weist der EuGH daraufhin, dass die **Anwendung der Art. 5 und 6 KartSERL** in **stand alone-(Schadensersatz-)Klagen nicht** dazu führen dürfe, dass die in **Art. 2 KartVO 1/2003** niedergelegten Grundsätze der Beweislastverteilung **umgangen** werden.[144] Der Gerichtshof betont insoweit, dass den Art. 5 bis 8 KartSERL eine Abwägung zwischen Maßnahmen des public enforcement und „der Wirksamkeit von Schadensersatzklagen von Personen, die sich durch wettbewerbswidrige Praktiken für geschädigt halten" zugrunde liege und der Zugang zu Beweismitteln deshalb „eng begrenzt" sei.[145] Der Gerichtshof schließt dabei nicht aus, dass die durch Offenlegung von Beweismitteln nach Art. 5 und 6 KartSERL gewonnenen Informationen dem Nachweis der Zuwiderhandlung dienen.[146] Weiter wird festgestellt, dass im Rückschluss aus Art. 6 Abs. 9 und Art. 6 Abs. 5 KartSERL erkennbar werde, dass nach der Richtlinie ein **nationales Gericht nicht notwendigerweise** verpflichtet sei, ein anhängiges **Verfahren** wegen Klage auf Schadensersatz **auszusetzen**, wenn die **Kommission** in Bezug auf dieselbe behauptete Zuwiderhandlung ein **Verfahren** einleitet.[147] Ein kohärentes Zusammenwirken von private enforcement und public enforcement sei aber durch Auslegung und Anwendung der Richtlinie zu gewährleisten.[148] **Setze das Gericht das Verfahren** in dieser Konstellation **aus,** dann **schließe** dies **nicht** die **Anordnung** der **Offenlegung** von

---

[139] EuGH 10.11.2022 – C-163/21, EU:C:2022:863 Rn. 30–35 – PACCAR u.a.; betätigt in EuGH 12.1.2023 – C-57/21, EU:C:2023:6 Rn. 39–44 – RegioJet.
[140] EuGH 10.11.2022 – C-163/21, EU:C:2022:863 Rn. 37–69 – PACCAR u. a.
[141] EuGH 10.11.2022 – C-163/21, EU:C:2022:863 Rn. 62 und 55 f. – PACCAR u. a.
[142] Siehe etwa W.-H. Roth CMLRev 59 SI (2022), 61 (71).
[143] EuGH 12.1.2023 – C-57/21, EU:C:2023:6 Rn. 123 – RegioJet.
[144] EuGH 12.1.2023 – C-57/21, EU:C:2023:6 Rn. 51 – RegioJet.
[145] EuGH 12.1.2023 – C-57/21, EU:C:2023:6 Rn. 52–54 – RegioJet.
[146] Vgl. den Hinweis zur Verhältnismäßigkeitsprüfung in EuGH 12.1.2023 – C-57/21, EU:C:2023:6 Rn. 72 – RegioJet (Prüfung „in Bezug auf … den Zusammenhang zwischen diesen Beweismitteln und dem gestellten Schadensersatzantrag").
[147] EuGH 12.1.2023 – C-57/21, EU:C:2023:6 Rn. 67 – RegioJet. Vgl. auch Art. 16 Abs. 1 KartVO 1/2003.
[148] EuGH 12.1.2023 – C-57/21, EU:C:2023:6 Rn. 66 und 62 – RegioJet.

**Beweismitteln aus.** Das Gericht habe dabei aber eine **strikte Verhältnismäßigkeits-prüfung** vorzunehmen, bei der auch berücksichtigt werden müsse, dass das Verfahren ausgesetzt wurde. Zwar falle die Anordnung der Offenlegung von Beweismitteln nicht unter Art. 16 Abs. 1 KartVO, das Gericht sei aber nach dem Grundsatz loyaler Zusammen-arbeit (Art. 4 Abs. 3 EUV) verpflichtet, sich zu vergewissern, ob die Offenlegung „für die Zwecke der Weiterbetreibung dieser Klage erforderlich und verhältnismäßig ist".[149] Der Gerichtshof begründet, dass die **Aussetzung** eines **wettbewerbsbehördlichen Verfahrens** wegen Einleitung eines Kommissionsverfahrens **keine Beendigung** des Verfahrens im Sinne des **Art. 6 Abs. 5 KartSERL** darstelle und deshalb nicht den (vorübergehenden) Ausschluss zu den dort erfassten Beweismitteln tangiere.[150] Klargestellt wird zudem, dass es **richtlinienwidrig**[151] sei, wenn nationales Recht über **Art. 6 Abs. 5 lit. a KartSERL** hinaus vor Beendigung des kartellbehördlichen Verfahrens nicht nur „eigens" für dieses Verfahren erstelle Informationen (vorübergehend) von der Offenlegung ausschließt, son-dern alle auf Ersuchen der Behörde oder aus eigenem Antrieb vorgelegten Informatio-nen.[152] Schließlich hält es der EuGH unter Hinweis auf die Gewährleistung des private enforcement für **richtlinienkonform,** wenn das nationale Recht ein in **Art. 6 Abs. 5 KartSERL** – im Gegensatz zu Art. 6 Abs. 6 iVm Abs. 7 KartSERL – nicht vorgesehenes **in-camera-Prüfverfahren** einführt.[153] In diesem Fall muss das nationale Gericht sicher-stellen, dass weder Antragsteller noch sonstige Verfahrensbeteiligte vor Abschluss dieser Prüfung (und ggf. auch nicht vor Beendigung des wettbewerbsbehördlichen Verfahrens gemäß Art. 6 Abs. 5 KartSERL) Zugang zu diesen Beweismitteln haben.[154]

In „**Tráficos Manuel Ferrer**" urteilte der EuGH, dem **Recht** auf **vollständigen** **28d** **Schadensersatz,** wie es in Art. 3 Abs. 1 und 2 KartSERL notiert sei und aus Art. 101 AEUV folge, seien **keine Vorgaben** für die im nationalen Recht geregelte **Kostenvertei-lung bei Kartellschadensprozessen** zu entnehmen.[155] Dies folge im Gegenschluss aus den ausdrücklich benannten ersatzfähigen Schadensposten[156] und aus Art. 8 Abs. 2 Kart-SERL.[157] Deshalb stehe die Richtlinie einer Regelung nationalen Rechts nicht entgegen, wonach Kläger bei nur teilweisem Obsiegen ihre Kosten und die Hälfte der gemeinsamen Kosten zu tragen haben. Etwas anderes folge auch nicht aus dem Effektivitätsprinzip.[158] In Fortführung seiner Aussagen in „**PACCAR u.a.**"[159] betonte der EuGH, dass mit der Richt-linie die private Kartellrechtsdurchsetzung in notwendiger Ergänzung zur behördlichen Durchsetzung gefördert werden solle.[160] Insbesondere die Pflicht zur Offenlegung von Beweismitteln nach Art. 5 KartSERL, aber auch die Möglichkeit der Schadensschätzung nach Art. 17 Abs. 1 KartSERL seien als Instrumente in diesem Sinne auszulegen und anzuwenden.[161] Der Gerichtshof urteilte zur Möglichkeit der **Schadensschätzung** im Sinne des **Art. 17 Abs. 1 S. 2 KartSERL,** diese **hänge nicht davon ab,** dass im kon-kreten Fall eine **Informationsasymmetrie** zulasten der Kartellschadensersatz einklagen-den Partei bestünde. Denn Art. 17 Abs. 1 S. 2 a. E. KartSERL setze zwar voraus, dass „praktisch unmöglich oder übermäßig schwierig ist, die Höhe des erlittenen Schadens aufgrund der vorhandenen Beweismittel genau zu beziffern." Dies könne indes auch dann der Fall sein, wenn sich die Parteien hinsichtlich der verfügbaren Informationen auf

---

[149] EuGH 12.1.2023 – C-57/21, EU:C:2023:6 Rn. 69–77 – RegioJet.
[150] EuGH 12.1.2023 – C-57/21, EU:C:2023:6 Rn. 79–91 – RegioJet.
[151] Verstoß gegen Art. 5 Abs. 8, Art. 6 Abs. 5 lit. a und Art. 6 Abs. 9 KartSERL.
[152] EuGH 12.1.2023 – C-57/21, EU:C:2023:6 Rn. 99–109 – RegioJet.
[153] EuGH 12.1.2023 – C-57/21, EU:C:2023:6 Rn. 115–124 – RegioJet.
[154] EuGH 12.1.2023 – C-57/21, EU:C:2023:6 Rn. 129–132 – RegioJet.
[155] EuGH 16.2.2023 – C-312/21, EU:C:2023:99 Rn. 34–38 – Tráficos Manuel Ferrer.
[156] EuGH 16.2.2023 – C-312/21, EU:C:2023:99 Rn. 34 – Tráficos Manuel Ferrer.
[157] EuGH 16.2.2023 – C-312/21, EU:C:2023:99 Rn. 38 – Tráficos Manuel Ferrer.
[158] → Rn. 14d.
[159] → Rn. 28b.
[160] EuGH 16.2.2023 – C-312/21, EU:C:2023:99 Rn. 41 f. – Tráficos Manuel Ferrer.
[161] EuGH 16.2.2023 – C-312/21, EU:C:2023:99 Rn. 44 – Tráficos Manuel Ferrer.

demselben Niveau befinden.[162] Es könne deshalb an der unionsrechtlich vorgegebenen Schätzungsmöglichkeit nichts ändern, dass der Beklagte die Daten, die seinem Gutachten zugrunde liegen, dem Kläger verfügbar gemacht habe. Obgleich Art. 17 Abs. 1 S. 2 a. E. KartSERL auf „vorhandene" Beweismittel rekurriert, unterstellte der EuGH allerdings, dass sich ein nationales Gericht, **bevor** es eine **Schätzung des Schadens** prüfe, zu vergewissern habe, ob der Kläger von den nach Art. 5 KartSERL zur Verfügung stehenden **Rechten auf Offenlegung von Beweismitteln Gebrauch gemacht** habe.[163] Auch dies hindere die Schadensschätzung allerdings nicht für den Fall, dass der Kläger lediglich einen von mehreren gesamtschuldnerisch haftenden Rechtsverletzern verklagt habe. Denn in dieser Konstellation könne der beklagte Rechtsverletzer beim Gericht gegenüber weiteren Rechtsverletzern die Offenlegung relevanter Beweismittel beantragen.[164]

**28e**   Zur zeitlichen Geltung der **Bindungswirkung** gemäß **Art. 9 KartSERL** hat der EuGH in „**Repsol**" geurteilt, es handele sich hierbei um eine „**materiell-rechtliche**" **Vorschrift** im Sinne von **Art. 22 Abs. 1 KartSERL**.[165] Sie darf daher nicht (rückwirkend) auf Sachverhalte Anwendung finden, die vor Inkrafttreten der nationalen Umsetzungsregel oder – wenn verspätet umgesetzt wurde – vor Ablauf der Umsetzungsfrist am 27.12.2016 abgeschlossen waren. **Maßgeblicher Umstand** sei hierbei die **Bestandskraft der Entscheidung**, die nach Art. 9 KartSERL Bindung entfalten kann.[166] Art. 9 KartSERL findet deshalb nur für Entscheidungen Anwendung, die nach Ablauf der Umsetzungsfrist (oder einer bereits zuvor erfolgten Umsetzung im nationalen Recht) bestandskräftig geworden sind. Angesichts teils langwieriger Rechtsmittelverfahren gilt die Bindungswirkung damit unter Umständen auch für kartellbehördliche Entscheidungen, die lange vor Inkrafttreten der Richtlinie erlassen worden sind.

**29**   Eine Reihe **essentieller Fragen** des Kartellschadensersatz-Rechts hat der Unionsgesetzgeber **nicht geregelt**. Das betrifft neben der Verfügbarkeit kollektiver Rechtsschutzmechanismen[167] insbesondere die Frage, ob die Haftung schuldhaftes Handeln voraussetzt oder voraussetzen darf und welche Grenzen für die Zurechnung bei mittelbar verursachten Schäden gelten.[168] Der Regelungsgehalt der Richtlinie und damit die Reichweite der Rechtsangleichung ist durch Auslegung der entsprechenden Richtlinienvorschriften zu bestimmen.

**30**   Soweit ein Aspekt **nicht** von der Richtlinie **geregelt** wird, liegt die **Regelungskompetenz** bei den **Mitgliedstaaten**. Diese sind an die (Mindest-)Vorgaben für eine wirksame Kartellschadensersatzhaftung gebunden, die der EuGH seit „Courage/Crehan" den EU-Wettbewerbsregeln iVm den Grundsätzen der **Äquivalenz** und **Effektivität** (Art. 4 Abs. 3 EUV) entnimmt. Das bestätigt Art. 4 KartSERL in deklaratorischer Manier. Darüber hinaus beinhaltet das in Art. 4 S. 1 KartSERL kodifizierte Effektivitätsgebot eine Vorgabe für die Auslegung des mitgliedstaatlichen Transformationsrechts. Denn wenn der Richtliniengeber die Mindeststandards zu wahren hat, die der EuGH der Auslegung des EU-Wettbewerbsrechts iVm Art. 4 Abs. 3 EUV entnimmt, dann sind die Richtlinienvorgaben in diesem Sinne auszulegen und muss sich dies letztlich im nationalen Umsetzungsrecht widerspiegeln.

**31**   Die Richtlinie wird durch **soft law-Instrumente** flankiert. Nachdem eine Regelung kollektiven Rechtsschutzes im Gesetzgebungsverfahren gescheitert war, wurde die Frage Gegenstand einer eigenständigen Initiative der Generaldirektion Wettbewerb zusammen mit den für Justiz und Verbraucherschutz zuständigen Generaldirektionen. Deren Konsultationen mündeten in eine Empfehlung an die Mitgliedstaaten, **Gruppenklagen mit**

---

[162] EuGH 16.2.2023 – C-312/21, EU:C:2023:99 Rn. 54 – Tráficos Manuel Ferrer.
[163] EuGH 16.2.2023 – C-312/21, EU:C:2023:99 Rn. 57 – Tráficos Manuel Ferrer.
[164] EuGH 16.2.2023 – C-312/21, EU:C:2023:99 Rn. 53 – Tráficos Manuel Ferrer (unter Hinweis auf Art. 5 Abs. 1 UAbs. 1 letzter Satz KartSERL).
[165] EuGH 20.4.2023 – C-25/21, EU:C:2023:298 Rn. 36–40 – Repsol Comercial de Productos Petrolíferos.
[166] EuGH 20.4.2023 – C-25/21, EU:C:2023:298 Rn. 36–44 – Repsol Comercial de Productos Petrolíferos.
[167] Begründungserwägung (13) S. 2 KartSERL.
[168] Begründungserwägung (11) KartSERL.

**Opt-in-Mechanismus** einzuführen.[169] Zugleich mit dieser Empfehlung veröffentlichte die Kommission in einer Mitteilung Hinweise für die **Ermittlung des Schadensumfangs** bei Schadensersatzklagen wegen Verletzung von Art. 101 f. AEUV[170] einschließlich einer Begleitunterlage mit einem **praktischen Leitfaden.**[171] Ergänzt werden diese Hinweise um die **Passing-On Leitlinien,** die den nationalen Gerichten praktische Orientierung für die Schätzung der Abwälzung von kartellbedingten Preisaufschlägen geben sollen.[172]

Das **Sekundärrecht** beinhaltet **keine Regeln** für die an Kartellrechtsverstöße anknüp-  32 fenden Ansprüche auf **Unterlassung** und **Beseitigung.**[173] Diese Zurückhaltung des Unionsgesetzgebers lässt eine gewisse Pfadabhängigkeit erkennen. Im Zuge der durch „Courage/Crehan" begonnenen Rechtsprechungslinie und den hierdurch ausgelösten Reformen in den Mitgliedstaaten stand stets die Schadensersatzhaftung, hierbei insbesondere die follow on-Schadensersatzklagen, im rechtspolitischen Fokus.

## D. Privatrechtlicher Rechtsschutz bei DMA-Verstößen

Mit dem **Digital Markets Act** (DMA) werden großen digitalen Plattformen Pflichten  33 auferlegt, um die Bestreitbarkeit und Fairness auf digitalen Märkten zu unterstützen.[174] Zugleich dient die Vereinheitlichung und abschließende Definition[175] eines Pflichtenkanons der Integration des EU-Binnenmarktes. Hierfür kann die Europäische Kommission gemäß Art. 3 DMA Betreiber digitaler Plattformen als Torwächter *(gatekeeper)* benennen, weil sie den Zugang zu einzelnen digitalen Märkten kontrollieren und damit die Wettbewerbskonditionen auf diesen Märkten bestimmen können. Im Benennungsbeschluss wird definiert, in welchen vom jeweiligen Torwächter betriebenen zentralen Plattformdiensten sich diese Position manifestiert.[176] Die Verhaltenspflichten des DMA gemäß Art. 5, 6 und 7 sowie die Umgehungsverbote gemäß Art. 13 Abs. 4 bis 6 DMA gelten gegenüber den Torwächtern (nur) in Bezug auf diese benannten Plattformdienste.

Mit dem Ziel der **„Bestreitbarkeit"** ist gemeint, dass es aktuellen oder potentiellen  34 Wettbewerbern erleichtert wird, „Hindernisse für einen Markteintritt oder eine Expansion wirksam zu überwinden und den Torwächter aufgrund der Vorzüge ihrer Produkte und Dienstleistungen herauszufordern."[177] Der DMA ist deshalb als wettbewerbsfördernde (exante-)Regulierung zu verstehen. Insoweit überlagern und ergänzen sich DMA und Kartellrecht, indem sie das gleiche Ziel der Offenhaltung von Märkten mittels unterschiedlicher Regelungsansätze und Regelsetzungstechniken verfolgen. Das Ziel der **„Fairness"** knüpft an den Befund eines „Ungleichgewichts" hinsichtlich der Rechte und Pflichten im Verhältnis zwischen den Torwächtern und ihren gewerblichen Nutzern an. Das regulierende Eingreifen durch den DMA soll es Letzteren ermöglichen, „die aus ihren innovativen oder

---

[169] Empfehlung der Kommission vom 11.6.2013, Gemeinsame Grundsätze für kollektive Unterlassungs- und Schadensersatzverfahren in den Mitgliedstaaten bei Verletzung von durch Unionsrecht garantierten Rechten (2013/396/EU), ABl. 2013 L 201, S. 60. Zu ihrer Umsetzung siehe etwa Stadler ZfPW 2015, 61.

[170] Mitteilung der Kommission zur Ermittlung des Schadensumfangs bei Schadensersatzklagen wegen Zuwiderhandlungen gegen Artikel 101 oder 102 des Vertrags über die Arbeitsweise der Europäischen Union, ABl. 2013 C 167, S. 19.

[171] Verfügbar auf der Homepage der Kommission unter http://ec.europa.eu/competition/antitrust/actionsdamages/quantification_guide_de.pdf.

[172] Mitteilung der Kommission, Leitlinien für die nationalen Gerichte zur Schätzung des Teils des auf den mittelbaren Abnehmer abgewälzten Preisaufschlags, ABl. 2019 C 267, S. 7.

[173] Krit. Grünberger in Möschel/Bien Kartellrechtsdurchsetzung S. 135, 159; Wils World Competition 40 (2017), 3 (24); Wilman CMLR 53 (2016), 887 (911 f.).

[174] Siehe Begründungserwägung (7) DMA.

[175] Der vollharmonisierende Charakter gilt jedenfalls im Anwendungsbereich des DMA und hinsichtlich der Regeln, die das gleiche Ziel verfolgen und die im Wege einer ex-ante-Regulierung (im Unterschied etwa zum Kartellrecht) gesetzt werden. Siehe Art. 1 Abs. 5 und 6 DMA sowie Begründungserwägungen (9) bis (12) DMA.

[176] Art. 3 Abs. 9 DMA.

[177] Begründungserwägung (32) S. 1 DMA.

sonstigen Bemühungen entstehenden Erträge angemessen abzuschöpfen."[178] Es geht dem Gesetzgeber also um eine Umverteilung ökonomischer Renten zulasten der Torwächter und zugunsten ihrer gewerblichen Nutzer. Die Ziele der „Bestreitbarkeit" und „Fairness" sind miteinander verknüpft, weil die mangelnde Bestreitbarkeit erst „unfaire" Praktiken ermöglicht und bestimmte Praktiken deshalb als „unfair" im Sinne des DMA zu charakterisieren sind, weil sie es erschweren, Torwächter wettbewerblich herauszufordern.[179] Von in diesem Sinne gesetzten Regeln profitieren die Endnutzer teils auch unmittelbar, wie etwa von den Vorgaben zur Nutzung von personenbezogenen Daten, die im Grunde (auch) als Verbraucher-Datenschutzrecht konzipiert sind.[180] **Nutznießer** einer wirksamen Durchsetzung des DMA (und damit zugleich auch potentiell durch einen Verstoß **Benachteiligte**) sind demnach die **gewerblichen Nutzer** der benannten Plattformdienste, die mit den benannten Plattformdiensten **konkurrierenden Anbieter** und die **Endnutzer** der Plattformdienste, die vom intensivierten (aktuellen oder potentiellen) Wettbewerb unter den Anbietern von Plattformdiensten begünstigt werden, teils aber auch direkt von einzelnen Pflichten profitieren können.

35    Der DMA regelt zwar nicht ausdrücklich, dass eine Verletzung des Pflichtenkatalogs der Art. 5 bis 7 DMA und der Umgehungsverbote nach Art. 13 Abs. 4 bis 6 DMA privatrechtliche Ansprüche bzw. Klagerechte der von einem Verstoß Betroffenen auslösen muss. Der **DMA kreiert** indes **(implizit) individuelle Rechte,** zu deren Gewährleistung die Mitgliedstaaten privatrechtlichen Rechtsschutz vorhalten müssen → Rn. 36–39. Dies setzt eine **unmittelbare Wirksamkeit** *(direct effect)* der jeweiligen Verpflichtung voraus, die ebenfalls an allgemein geltenden unionsrechtlichen Vorgaben zu messen ist. Die im Katalog der **Art. 5 bis 7 DMA** enthaltenen Pflichten einschließlich der Umgehungsverbote nach **Art. 13 Abs. 4 bis 6 DMA** erfüllen diese Voraussetzungen → Rn. 43 bis 47.

## I. Mitgliedstaaten müssen privaten Rechtsschutz gegen DMA-Verstöße vorhalten

36    Anders als etwa in der Datenschutz-Grundverordnung (DSGVO)[181] hat der EU-Gesetzgeber darauf verzichtet, im DMA den privaten Rechtsschutz ausdrücklich zu regeln. Allerdings vermitteln die in **Art. 5, 6 und 7 DMA** niedergelegten Pflichten einschließlich des in **Art. 13 Abs. 4 bis 6 DMA** verankerten Umgehungsverbots – insoweit hierdurch unmittelbare Wirkungen erzeugt werden[182] (→ Rn. 41 ff.) – den durch einen **Verstoß Betroffenen (implizit) individuelle Rechte.** Den Mitgliedstaaten obliegt es gemäß dem Loyalitätsgebot nach Art. 4 Abs. 3 EUV, diese individuellen Rechte zu gewährleisten und nach nationalem Recht die hierfür notwendigen materiellen Ansprüche und zivilprozessualen Durchsetzungsmechanismen vorzuhalten.

37    Für diese Auslegung spricht **erstens** die Regelung zur Zusammenarbeit der Kommission mit den nationalen Gerichten gemäß **Art. 39 DMA,** die voraussetzt, dass (mögliche) DMA-Verstöße Gegenstand von Verfahren vor den nationalen Gerichten sein können. Da eine direkte Durchsetzung des DMA durch mitgliedstaatliche Behörden nicht vorgesehen ist, unterstellt Art. 39 DMA offensichtlich die Möglichkeit privatrechtlichen Rechtsschutzes.[183] Zudem zeigt auch das Umgehungsverbot nach **Art. 13 Abs. 6 DMA,** dass der Gesetzgeber davon ausging, die Verpflichtungen nach Art. 5, 6 und 7 DMA vermittelten den **gewerblichen Nutzern** und **Endnutzern Rechte.**

38    **Zweitens** zeigt die EuGH-Rechtsprechung eine Tendenz – ohne dass dies notwendig vorausgesetzt wird oder zwingend als Begrenzung der Schadenszurechnung zu verstehen

---

[178] Begründungserwägung (33) S. 2 DMA.
[179] Begründungserwägung (34) S. 2 DMA.
[180] Art. 5 Abs. 2 DMA; Begründungserwägungen (36) bis (38) DMA.
[181] Siehe insbesondere Art. 79 und Art. 82 DSGVO.
[182] Zu Art. 101 AEUV: EuGH 20.9.2001 – C-453/99, EU:C:2001:465 Rn. 23 – Courage/Crehan.
[183] Regierungsbegründung 11. GWB-Novelle BT-Drs. 20/6824, 20.

wäre –, implizite individuelle Rechte dann anzunehmen, wenn die jeweiligen Verpflichtungen erkennbar dem **Schutz** einer **abgrenzbaren Gruppe von Marktteilnehmern** dienen.[184] Die einschlägigen DMA-Verpflichtungen dienen den Nutzern der Plattformdienste (nämlich sowohl den gewerblichen Nutzern als auch den Endnutzern) sowie konkurrierenden Anbietern von Plattformdiensten. Der DMA zielt erkennbar auf den Schutz dieses Kreises von Akteuren auf digitalen Märkten (→ Rn. 34 a.E.).

**Drittens** schließlich entspricht es gefestigter Praxis des EuGH, implizite individuelle **39** Rechte anzuerkennen, um die **Durchsetzung unionsrechtlicher Pflichten** zu unterstützen.[185] Vergleichsweise Vorteile privater Rechtsdurchsetzung,[186] die für ihre jedenfalls ergänzende Verfügbarkeit neben dem behördlichen Vollzug sprechen, lassen sich auch mit Blick auf den DMA anführen: Ermöglicht wird die unmittelbare **Fruchtbarmachung privater Informationen über Rechtsverstöße;**[187] dies insbesondere auch im Wege einstweiligen Rechtsschutzes und damit angesichts der verminderten Prüfungsdichte und verringerten Beweisanforderungen prompter als es Behörden typischerweise vermögen. Letzteres hat sich in Deutschland mit Blick auf (mögliche) Rechtsverletzungen großer digitaler Plattformen schon bewährt, nämlich in Verfahren, in denen gewerbliche Nutzer sich gegen die Deaktivierung ihrer Konten auf Amazon Marketplace zur Wehr setzten[188] oder auch im Verfahren „netdoctor/Google", in dem ein Betreiber eines Gesundheitsportals eine einstweilige Verfügung gegen Google wegen einer Vorzugsbehandlung eines Gesundheitsportals des Bundesgesundheitsministeriums erwirkte.[189] Zudem kann die Aussicht auf Geltendmachung von Schadensersatz im Wege einer *follow on*-Klage die durch einen Verstoß Betroffenen motivieren, ihre Informationen den Behörden zur Verfügung zu stellen und sodann von deren Ermittlungsergebnissen und (bindenden) Entscheidungen gegen Rechtsverletzer profitieren zu können. Die von der Erwartung eigener Vorteile geprägte **Motivation** einer Rechtsdurchsetzung durch **betroffene Marktteilnehmer,** der Einsatz **privater Ressourcen** und der **individuelle Erfindungsreichtum** können die behördliche Durchsetzung sinnvoll ergänzen und deren Defizite ausgleichen. Schließlich dient es der **Fortentwicklung des Rechts** und der **Rechtssicherheit,** wenn die Gerichte aufgrund höherer Fallzahlen durch private Klagen öfter und wiederholt Gelegenheit erhalten, Auslegung und Anwendung der Marktregeln mit Blick auf unterschiedliche Sachverhalte zu klären.[190] Nicht zu verkennen ist zwar andererseits, dass der **individuellen privatrechtlichen Durchsetzung** von Rechten gegen die großen digitalen Torwächter einige Erschwernisse im Wege stehen. Der EU-Gesetzgeber hat diese in anderem Zusammenhang, nämlich in Begründungserwägung (44) der Plattform-to-Business-Verordnung, benannt: „**fehlende finanzielle Mittel, Angst vor Vergeltung** und **Exklusivbestimmungen** für die **Wahl** des **geltenden Rechts** und des **Gerichtsstands** in den allgemeinen Geschäftsbedingungen". Indes zeigt die vorgenannte Analyse verschiedener Entscheidungen in Verfahren des

---

[184] Siehe etwa EuGH 25.10.2005 – C-350/03, EU:C:2005:637, Rn. 101 – Schulte; EuGH 25.10.2005 – C-229/04 – Crailsheimer Volksbank. Siehe Franck EBLR 2023, 525 (558).
[185] Grundlegend EuGH 5.2.1963 – C-26/62, EU:C:1963:1, 25 f. – Van Gend en Loos (,,Die Wachsamkeit der an der Wahrung ihrer Rechte interessierten Einzelnen stellt eine wirksame Kontrolle dar, welche die durch die Kommission und die Mitgliedstaaten … ausgeübte Kontrolle ergänzt"). Zu Art. 101 AEUV: EuGH 20.9.2001 – C-453/99, EU:C:2001:465 Rn. 27 – Courage/Crehan.
[186] Franck Marktordnung S. 44–51 mwN. Siehe auch Franck in Hofmann/Kurz Law of Remedies 107, 121–128.
[187] Hieraus ausdrücklich rekurrierend, um die Notwendigkeit privater Rechtsdurchsetzung zu begründen EuGH 17.9.2002 – C-253/00, EU:C:2002:497 Rn. 30 – Muñoz.
[188] Siehe die Analyse von fünf Verfahren, in denen die Antragsteller sich insbesondere auf Verletzungen der Platform-to-Business-Verordnung stützten, bei Franck EBLR 2023, 525 (529–539): OLG Brandenburg 16.7.2020, 6 W 66/20; LG Stuttgart 22.4.2021, 11 O 10/21; LG München I 12.5.2021, 37 O 32/21; LG Hannover 22.7.2021, 25 O 221/21; LG München I 30.9.2021, 37 O 32/21; alle verfügbar auf juris. Siehe auch Podszun JECLAP 2022, 254 (257 f.).
[189] LG München 10.2.2021, 37 O 15721/20, Juris = NZKart 202, 193. Hierzu Persch JECLAP 12 (2021) 694–697; Podszun JECLAP 2022, 254 (255–257).
[190] Franck Marktordnung S. 48.

einstweiligen Rechtsschutzes gegen Amazon Marketplace tatsächliche und rechtliche Faktoren, aufgrund derer sich diese Schwächen nicht oder jedenfalls nicht notwendigerweise realisieren.[191] Individuelle private Klagerechte könnten deshalb zwar auch im DMA-Kontext allein kein angemessenes Durchsetzungsniveau gewährleisten. Ihre möglichen Schwächen bedeuten jedoch nicht, dass sie – neben den Durchsetzungsbefugnissen der Kommission – keinen bedeutsamen Beitrag für die wirksame Durchsetzung der DMA-Verpflichtungen leisten können.

## II. Unmittelbare Wirksamkeit *(direct effect)* der DMA-Verpflichtungen im Einzelnen

40    Die sich aus den Katalogen der **Art. 5, 6 und 7 DMA** ergebenden **Pflichten,** einschließlich der **Umgehungsverbote** nach **Art. 13 Abs. 4 bis 6 DMA,** erfüllen die Voraussetzungen **unmittelbarer Wirksamkeit** *(direct effect),* so dass ihnen durchweg im Lichte der vorgenannten Auslegung des DMA (→ Rn. 36 bis 39) individuelle Rechte der durch einen Verstoß Betroffenen zu entnehmen sind.

41    **1. Maßstab für die unmittelbare Wirksamkeit nach der EuGH-Rechtsprechung.** Die **unmittelbare** und **allgemeine Geltung** der im DMA verankerten Pflichten folgt aus der Rechtsnatur einer Verordnung gemäß Art. 288 Abs. 2 AEUV. Hieran anknüpfend hat der EuGH wiederholt darauf hingewiesen, dass eine Verordnung „[s]chon nach ihrer Rechtsnatur und ihrer Funktion im Rechtsquellensystem des Gemeinschaftsrechts … **unmittelbare Wirkungen** [erzeugt] und … als solche geeignet [ist], **für die einzelnen Rechte zu begründen,** zu deren Schutz die nationalen Gerichte verpflichtet sind."[192] Ob indes unionsrechtliche Pflichten im Einzelfall tatsächlich unmittelbare Wirkungen entfalten (und damit implizite Rechte generieren), hängt bei Verordnungen (wie dem DMA) – wie auch bei Vorschriften, die in den Europäischen Verträgen verankert sind oder in Richtlinien, auf die sich Einzelne jedenfalls gegenüber Mitgliedstaaten unmittelbar berufen können, wenn die Richtlinie nicht fristgerecht oder unzulänglich umgesetzt wurde[193] – davon ab, dass die jeweiligen Vorschriften „**hinreichend klar, präzise und unbedingt** [sind] und damit als **justiziabel** gelten können"[194]. Diese Voraussetzung geht zurück auf das Präzedenzurteil des EuGH zur unmittelbaren Wirkung primärrechtlicher Verpflichtungen in „Van Gend en Loos"[195] und wurde nachfolgend spezifiziert. Daraus erhellt, dass der EuGH die **Schwelle für** die **unmittelbare Wirkung niedrig** anlegt.

42    So hat der EuGH beispielsweise in „Defrenne II" die unmittelbare Wirkung von (jetzt) Art. 157 AEUV weder an mangelnder **Präzision** noch an einer Notwendigkeit mitgliedstaatlicher Implementierung scheitern lassen, obgleich dort lediglich allgemein formuliert ist, die Mitgliedstaaten hätten „die Anwendung des Grundsatzes des gleichen Entgelts für Männer und Frauen bei gleicher oder gleichwertiger Arbeit" zu gewährleisten.[196] Bemerkenswert ist auch, dass der EuGH in „BRT II" Art. 101 Abs. 1[197] und Art. 102 AEUV ohne weitere Problematisierung der Klarheit und Präzision der hieraus resultierenden

---

[191] Franck EBLR 2023, 525 (552–556).

[192] EuGH 14.12.1971 – C-43/71, EU:C:1971:122 Rn. 9 – Politi / Ministero delle finanze; bestätigend nachfolgend EuGH 17.9.2002 – C-253/00, EU:C:2002:497 Rn. 27 – Muñoz; EuGH 13.10.2005 – C-379/04, EU:C:2005:609 Rn. 13 – Richard Dahms.

[193] Siehe etwa EuGH 17.7.2008 – C-226/07, EU:C:2008:429 Rn. 23 und 28 („so hinreichend genau und … unbedingt").

[194] So als Quintessenz aus der Analyse der EuGH-Rechtsprechung zu verschiedenen Rechtsquellen formuliert von Craig/de Búrca EU Law (7. Aufl. 2020) S. 217.

[195] EuGH 5.2.1963 – C-26/62, EU:C:1963:1, 25–27 – Van Gend en Loos („eindeutige Verpflichtungen"; „klares und uneingeschränktes Verbot"; „durch keinen Vorbehalt der Staaten eingeschränkt"; „Vollzug … bedarf keines Eingriffs der staatlichen Gesetzgeber").

[196] EuGH 8.4.1976, C-43/75, EU:C:1976:56 Rn. 4/6 bis 40 – Defrenne / SABENA.

[197] Die maßgebliche Rechtsprechung erging noch unter Geltung der Verordnung Nr. 17, so dass eine unmittelbare Wirksamkeit von (jetzt) Art. 101 Abs. 3 AEUV nicht in Betracht kam. Siehe nunmehr Art. 6 VO 1/2003.

Pflichten für geeignet ansah, „in den Beziehungen zwischen einzelnen unmittelbare Wirkungen zu erzeugen",[198] obgleich die Anwendung dieser Vorschriften den Gerichten im Einzelfall komplexe Auswirkungsanalysen und Abwägungen abverlangt. **Ausreichend** ist hiernach offenbar, dass sich aus den **unionsrechtlichen Pflichten,** mögen sie auch **unbestimmt formuliert** sein wie etwa das Merkmal der „missbräuchlichen Ausnutzung" in Art. 102 AEUV, im jeweiligen rechtlichen Zusammenhang **hinreichend sichere Grundwertungen** erkennen lassen, die den **Gerichten** eine – aus dem Blickwinkel des Unionsrechts – wertungsrichtige Rechtsfindung im Einzelfall ermöglichen. Dieses großzügige Verständnis einer unmittelbaren Wirksamkeit bestätigt sich auch bei einem Blick auf die Urteile, in denen diese vom EuGH verneint wurde. Hierunter fallen etwa Konstellationen, in denen den Mitgliedstaaten ausdrücklich aufgegeben wurde, einen für die Anwendung der Vorschrift maßgeblichen Begriff zu definieren, der Mitgliedstaat dies aber unterlassen hatte („Monte Arcosu");[199] in denen den Mitgliedstaaten eine Überprüfungspflicht eines Preisstopps für Arzneimittel vorgegeben wurde, ohne inhaltliche Kriterien oder Verfahrensmodalitäten hierfür festzulegen („AGIM");[200] oder in denen sich klar erkennen ließ, dass mit einer Vorschrift ein „rein programmatischer Ansatz" verfolgt werde, der den Mitgliedstaaten einen „weiten Handlungsspielraum" beließ („Stichting Natuur en Milieu").[201]

**2. Unmittelbare Wirksamkeit der Verpflichtungen nach Art. 5, 6 und 7 DMA.**  **43**
Die den Torwächtern hinsichtlich ihrer zentralen Plattformdienste gemäß **Art. 5, 6 und 7 DMA** auferlegten Pflichten gelten, eine Benennung vorausgesetzt, **unbedingt** und sind **hinreichend klar und präzise** im Sinne der vorgenannten EuGH-Rechtsprechung. Sie erzeugen **unmittelbare Wirkung** und **begründen (implizite) Rechte** der durch einen Verstoß nachteilig Betroffenen, die von den Mitgliedstaaten zu schützen sind.[202] Art. 8 Abs. 2 UAbs. 2 DMA befugt zwar die Kommission, Maßnahmen festzulegen, „die der betreffende Torwächter zu ergreifen hat, um den Verpflichtungen aus Artikel 6 und 7 [DMA] wirksam nachzukommen." Anders als etwa in „Monte Arcosu" (im Verhältnis zu den Mitgliedstaaten) formuliert der EU-Gesetzgeber gerade **keine Pflicht** der **Kommission,** über **Durchführungsmaßnahmen** eine Vorschrift erst praktisch anwendbar und damit wirksam zu machen. Dies bestätigt ein Blick in Art. 8 Abs. 4 DMA, der klarstellt, dass die Konkretisierungsmöglichkeit einer unmittelbaren Sanktionierung des Verhaltens nicht im Wege steht.[203] Erkennbar geht es also nicht darum, der Kommission einen politischen Spielraum zu geben, um die unionsrechtlichen Pflichten auszugestalten. Vielmehr soll die Kommission die – ohnehin unmittelbar wirksamen – Pflichten mit Blick auf die betreffenden Torwächter spezifizieren, um damit die wirksame Umsetzung zu fördern. Deshalb darf insbesondere auch daraus, dass für die Verpflichtungen aus Art. 5 DMA keine Durchführungsmaßnahmen vorgesehen sind, nicht gefolgert werden, nur diese Verpflichtungen seien als unmittelbar wirksame konzipiert. Richtig ist zwar, dass der Gesetzgeber – seiner Grundidee nach – diese Verpflichtungen als präziser konzipiert ansieht als die Verpflichtungen aus Art. 6 oder Art. 7 DMA und deshalb eine Spezifizierung mittels Durchführungsmaßnahmen für verzichtbar hielt. Allerdings zeigt sich mit Blick auf die Kataloge, dass die inhaltliche Präzision jeweils variiert und etwa auch Art. 5 DMA Pflichten enthält, die einer Wirkungsanalyse zugänglich sind. So verbietet Art. 5 Abs. 3 DMA seinem inhalt-

---

[198] EuGH 30.1.1974, C-127/73, EU:C:1974:6 Rn. 15/17 – BRT / SABAM. Siehe auch EuGH 16.3.2023, C-449/21, EU:C:2023:207 Rn. 51.
[199] EuGH 11.1.2002, C-403/98, EU:C:2001:6 Rn. 25–29 – Monte Arcosu.
[200] EuGH 14.1.2010, C-471/07, EU:C:2010:9 Rn. 26–29 – AGIM u. a.
[201] EuGH 26.5.2011, C-165/09, EU:C:2011:348 Rn. 75 – Stichting Natuur en Milieu u. a.
[202] So im Ergebnis auch Monti S. 23; Lahme/Ruster in Podszun Art. 39 DMA Rn. 49; Becker, ZEuP 2023, 403 (419 f.); Podszun/Bongartz/Kirk NJW 2022, 3249 (3253); Schweitzer ZEuP 2021, 503 (541); zweifelnd hinsichtlich Art. 6 DMA Podszun JECLAP 13 (2022) 254 (264 f.); gegen unmittelbare Wirksamkeit im Horizontalverhältnis Körber NZKart 2021, 436 (442); Andriychuk Journal of Antitrust Enforcement 11 (2023) 123–132.
[203] Vgl. auch Becker ZEuP 2023, 403 (420).

lichen Kern nach Paritätsabreden, formuliert aber letztlich offener, der Torwächter dürfe seine gewerblichen Nutzer nicht daran „hindern", seine Produkte über andere Kanäle zu günstigeren Konditionen anzubieten, womit auch nicht näher inhaltlich bestimmte einseitige Praktiken verboten werden.[204] Da die regulatorischen Ziele und Wertungen des DMA klar formuliert[205] und durch die Begründungserwägungen zu den einzelnen Verpflichtungen weiter spezifiziert wurden, sind die Verpflichtungen aus den Art. 5, 6 und 7 DMA ohne weiteres als justiziabel anzusehen.

**44**    **3. Unmittelbare Wirksamkeit der Umgehungsverbote nach Art. 13 Abs. 4 bis 6 DMA. Art. 13 DMA** enthält **drei Regeln,** die den Torwächtern Verhaltensweisen verbieten, die als **Umgehung** der in **Artikel 5, 6 und 7 DMA** verankerten Verpflichtungen gewertet werden. **Erstens** formuliert **Art. 13 Abs. 4 DMA** ein **allgemeines Umgehungsverbot,** wonach ein „Torwächter ... kein Verhalten an den Tag legen [darf], das die wirksame Einhaltung der Verpflichtungen aus den Artikeln 5, 6 und 7 untergräbt, unabhängig davon, ob das Verhalten vertraglicher, kommerzieller, technischer oder sonstiger Art ist oder in der Verwendung von Verhaltenslenkungsmethoden oder Schnittstellengestaltung besteht." Die Ratio der Regelung wird in Begründungserwägung (70) zum DMA näher erläutert, wo es heißt „die in Rede stehenden Vorschriften [sollten] auf alle Praktiken eines Torwächters angewendet werden, ungeachtet der Form dieser Praktiken ... **solange die Praktik dem Praktiktypus entspricht,** der von einer der in dieser Verordnung festgelegten Verpflichtungen erfasst ist." **Zweitens spezifiziert Art. 13 Abs. 6 DMA** das allgemeine Umgehungsverbot zum **Schutz** der in den **Art. 5, 6 und 7 DMA (implizit)** verankerten **Rechte** und **Wahlmöglichkeiten,** indem er formuliert, ein Torwächter dürfe, wenn gewerbliche Nutzer oder Endnutzer hiervon Gebrauch machten „weder die Bedingungen oder die Qualität der zentralen Plattformdienste ... verschlechtern noch die Ausübung ... übermäßig erschweren, auch nicht dadurch, dass er dem Endnutzer Wahlmöglichkeiten in einer nicht neutralen Weise anbietet oder die Autonomie, Entscheidungsfreiheit oder freie Auswahl von Endnutzern oder gewerblichen Nutzern durch die Struktur, Gestaltung, Funktion oder Art der Bedienung einer Benutzerschnittstelle oder eines Teils davon untergräbt." **Drittens** schließlich regelt **Art. 13 Abs. 5 DMA,** wie ein Torwächter den in Art. 5, 6 und 7 DMA enthaltenen Verpflichtungen nachkommen kann, seinen gewerblichen Nutzern zu ermöglichen, bestimmte **Daten zu erheben, zu verarbeiten und zu verwerten.**[206] Insoweit der gewerbliche Nutzer hierfür der Einwilligung der betroffenen Personen bedarf, muss der Plattformbetreiber es entweder arrangieren, dass der gewerbliche Nutzer die Einwilligung unmittelbar einholen kann oder er muss auf andere Weise eine datenschutzrechtskonforme Ausübung dieses Rechts gewährleisten, etwa indem die Daten in ordnungsgemäß anonymisierter Weise zur Verfügung gestellt werden. Die Vorschrift betrifft streng genommen also kein Umgehungsverhalten.

**45**    Die Ermächtigung der Kommission, gemäß **Art. 13 Abs. 7** iVm. Art. 8 Abs. 2 DMA **Durchführungsakte** zu erlassen, um im Falle von Umgehungen die vom Torwächter zu ergreifenden Maßnahmen festzulegen, spricht **nicht gegen** die **unmittelbare Wirksamkeit** der Umgehungsverbote der Art. 13 Abs. 4 bis 6 DMA. Wie bereits zu Art. 5, 6 und 7 DMA bemerkt (→ Rn. 43), ist dies ausdrücklich nicht als (notwendige) Implementierungsmaßnahme konzipiert und soll der Kommission nicht etwa einen politischen Spielraum zur inhaltlichen Ausgestaltung gewährleisten, sondern als Option dienen, um die Verhaltenspflichten des DMA für bestimmte Konstellationen zu spezifizieren und damit ihre wirksame Durchsetzung zu fördern.

**46**    Das **spezielle Umgehungsverbot** des **Art. 13 Abs. 5 DMA** legt präzise fest, dass dem gewerblichen Nutzer eine datenschutzrechtskonforme Ausübung seiner aus Art. 5, 6 und 7 DMA resultierenden Datennutzungsrechte gewährleistet sein muss. Dieses Recht gilt

---

[204] Siehe Begründungserwägung (39) DMA.
[205] → Rn. 34.
[206] Siehe zB Art. 6 Abs. 10 DMA.

auch unbedingt: Zwar stehen dem Plattformbetreiber verschiedene Alternativen frei, wie er seine Verpflichtung erfüllt. Das ändert aber nichts daran, dass er unmittelbar aus Art. 13 Abs. 5 DMA verpflichtet ist, dem gewerblichen Nutzer einen datenschutzrechtskonformen Weg zur Datensammlung, -verarbeitung und -nutzung zu ermöglichen. Verletzt er diese Pflicht, muss dem betroffenen **gewerblichen Nutzer** nach mitgliedstaatlichem Recht **privatrechtlicher Rechtsschutz** zustehen, wobei die in Art. 13 Abs. 5 DMA angelegte Wahlmöglichkeit zugunsten des Plattformbetreibers erhalten bleiben muss.[207]

Daneben **erzeugen** aber auch die, für alle in Art. 5, 6 und 7 DMA notierten Ver-  **47** pflichtungen geltenden, Umgehungsverbote nach **Art. 13 Abs. 4 und 6 DMA unmittelbare Wirkungen** und **begründen Rechte** der durch einen Verstoß Betroffenen. Diese Umgehungsverbote gelten unbedingt und hängen in ihrer Wirkung insbesondere nicht vom Implementierungsmaßnahmen der Kommission ab. Maßgeblich für das allgemeine Umgehungsverbot nach Art. 13 Abs. 4 DMA ist die Feststellung, dass eine Praktik eines Torwächters einer in Art. 5, 6 oder 7 DMA verbotenen oder sonst regulierten Praktik „entspricht",[208] also **in ihren Wirkungen mit dieser wertungsmäßig gleichzusetzen** ist. Die hierfür – erstens – maßgeblichen materiellen **Wertungen** sind vom Gesetzgeber mit den übergeordneten regulatorischen Zielen des DMA im Ganzen („Bestreitbarkeit" und „Fairness") formuliert[209] und durch die Begründungserwägungen zu den einzelnen Verpflichtungen weiter spezifiziert. Die – zweitens – notwendigen **Wirkungsanalysen** hinsichtlich der (möglichen) Umgehungspraktiken gehen vor diesem Hintergrund hinsichtlich ihrer Komplexität gewiss nicht über das hinaus, was etwa die – ganz selbstverständlich anerkannte – unmittelbare Wirksamkeit der Art. 101 f. AEUV den Gerichten abverlangt.[210] Zu bemerken ist, dass etwa Art. 157 Abs. 1 AEUV, dessen unmittelbare Wirkung der EuGH in „Defrenne II" anerkannt hat,[211] den Gerichten hinsichtlich der Frage, wann eine Arbeit „gleichwertig" ist, in vergleichbarer Weise Äquivalenzüberlegungen abverlangt. Ist daher **Art. 13 Abs. 4 DMA** als **justiziabel** anzusehen, gilt dies **erst recht** für **Art. 13 Abs. 6 DMA,**[212] der zudem durch verschiedene Regelbeispiele noch weiter spezifiziert ist.

**4. Aussetzung (Art. 9 DMA) und Befreiung (Art. 10 DMA) von DMA-Ver-**  **48** **pflichtungen.** Die Kommission kann auf Antrag des Torwächters aufgrund **außergewöhnlicher Umstände** nach **Art. 9 DMA** eine bestimmte Verpflichtung ganz oder teilweise **aussetzen** oder den Torwächter hiervon aus Gründen der **öffentlichen Gesundheit** und der **öffentlichen Sicherheit** nach **Art. 10 DMA befreien.** Hierfür bedarf es jeweils eines Durchführungsrechtsakts. Die Möglichkeit einer solchen Aussetzung oder Befreiung durch die Kommission hindert nicht die unmittelbare Wirksamkeit der Verpflichtungen nach Art. 5, 6 und 7 DMA; Art. 101 Abs. 1 AEUV wurde vom EuGH auch als unmittelbar wirksam angesehen, obgleich die Kommission vor Geltung der VO 1/2003 die Möglichkeit hatte, eine Maßnahme nach (jetzt) Art. 101 Abs. 3 AEUV freizustellen.[213] Trifft die Kommission indes eine **Entscheidung nach Art. 9 DMA** oder **Art. 10 DMA,** so bindet dies die nationalen Gerichte.[214]

Das Loyalitätsgebot nach **Art. 4 Abs. 3 EUV** verpflichtet die nationalen Gerichte auch  **49** dazu, Entscheidungen zu **vermeiden,** die einer noch nicht getroffenen aber (möglicherweise) **bevorstehenden Entscheidung** der **Kommission zuwiderlaufen.** Ausdruck dessen ist Art. 39 Abs. 5 S. 2 DMA, welcher der Regelung in Art. 16 Abs. 1 S. 2 VO 1/ 2003 nachgebildet ist, die wiederum auf die EuGH-Urteile in „Delemitis"[215] und „Master-

---

[207] Vgl. Seeliger in Podszun Art. 13 DMA Rn. 24.
[208] Begründungserwägung (70) DMA.
[209] → Rn. 34.
[210] → Rn. 42.
[211] → Rn. 42.
[212] So iErg auch Seeliger in Podszun Art. 13 DMA Rn. 27.
[213] → Rn. 42.
[214] Art. 39 Abs. 5 DMA.
[215] EuGH 28.2.1991, C-234/89, EU:C:1991:91 Rn. 47 – Delimitis /Henninger Bräu.

foods"[216] zurückgeht. Ist danach bei der Kommission ein Verfahren anhängig, das zu einer Entscheidung nach Art. 9 DMA oder Art. 10 DMA führen kann, muss das Gericht in Betracht ziehen, das **anhängige Verfahren auszusetzen,** bis die Kommission entschieden hat.[217] Dem Gericht wird hier eine **Abwägung** abverlangt: Dem unionsrechtlichen Interesse an einer **Vermeidung von Inkonsistenzen mit zukünftigen Kommissionsentscheidungen** steht das unionsrechtliche Interesse an **wirksamem Rechtsschutz zugunsten** der **von einem Verstoß Betroffenen** gegenüber:[218] Ein Torwächter soll nicht gleichsam standardmäßig über einen Antrag nach Art. 9 oder 10 DMA den privatrechtlichen Rechtsschutz verzögern dürfen.[219] Das mitgliedstaatliche Gericht, das insoweit als „'ordentliches Unionsgericht'"[220] handelt, wird für seine Entscheidung über eine Aussetzung zum einen zu berücksichtigen haben, wie wahrscheinlich eine Aussetzungs- oder Befreiungsentscheidung der Kommission ist und innerhalb welchen Zeitrahmens mit einer Entscheidung der Kommission zu rechnen ist.[221] Hierzu kann es bei der Kommission um Auskunft bitten.[222] Zum anderen sind – gemessen an den Zielen des DMA – die zwischenzeitlichen, möglicherweise irreversiblen Folgen zu bewerten und abzuwägen für den Fall, dass das Verfahren ausgesetzt wird, es jedoch dann nicht zu einer Entscheidung nach Art. 9 oder 10 DMA kommt, mit den Folgen in dem Fall, dass ein Verfahren nicht ausgesetzt wird, die Kommission nachfolgend aber den Torwächter von der maßgeblichen Pflicht dispensiert.

### III. Umsetzung des unionsrechtlich gebotenen privaten Rechtsschutzes über §§ 33 ff.

50 **Art. 5, 6 und 7 DMA,** einschließlich der Umgehungsverbote nach **Art. 13 Abs. 4 bis 6 DMA,** erzeugen unmittelbare Wirkungen und begründen für die von einem Verstoß Betroffenen **individuelle Rechte,** zu deren **Schutz** die **nationalen Gerichte** verpflichtet sind. Mangels einschlägiger unionsrechtlicher Regelungen obliegt es den Mitgliedstaaten, die für den privatrechtlichen Rechtsschutz notwendigen Anspruchsgrundlagen und Klagerechte vorzusehen und die Anspruchsvoraussetzungen und prozessrechtlichen Modalitäten zu regeln. Zu beachten haben sie dabei die aus Art. 4 Abs. 3 EUV abzuleitenden Grundsätze der Äquivalenz und Effektivität.[223]

51 Diesen unionsrechtlichen Verpflichtungen Rechnung tragend hat der deutsche Gesetzgeber mit der **11. GWB-Novelle (2023)** das System des **privatrechtlichen Kartellrechtsschutzes nach §§ 33–33h** teilweise bei **DMA-Verletzungen** für **anwendbar** erklärt (→ Rn. 8b). Ausweislich der Regierungsbegründung soll hiermit die „private Rechtsdurchsetzung der Verpflichtungen aus der Verordnung [scil. dem DMA] gestärkt werden"[224] bzw. die „praktische Wirksamkeit [des DMA] im Sinne des europäischen Effektivitätsgrundsatzes".[225] Das lag aufgrund der **inhaltlichen Verbundenheit** nahe: DMA und Kartellrecht verfolgen sich überlappende regulatorische Ziele, wenn auch mit unterschiedlichen Regelungsansätzen und Regelsetzungstechniken (→ Rn. 34).[226]

52 **§ 33 Abs. 1** und (mittelbar) **§ 33a Abs. 1** nehmen Verstöße gegen die Verpflichtungen aus **Art. 5, 6 und 7 DMA** in Bezug, **nicht** aber gegen **Art. 13 Abs. 4 bis 6 DMA.**

---

[216] EuGH 14.12.2000, C-344/98, EU:C:2000:689 Rn. 51 f. – Masterfoods und HB.
[217] Art. 39 Abs. 5 S. 3 DMA.
[218] Art. 47 GR-Charta.
[219] Lahme/Ruster in Podszun Art. 39 DMA Rn. 51.
[220] EuGH 8.3.2011, Avis 1/09, EU:C:2011:123 Rn. 80.
[221] Vgl. dazu Art. 9 Abs. 1 S. 5, Art. 10 Abs. 1 UAbs. 2 DMA.
[222] Siehe Art. 39 Abs. 1 DMA; zur Anwendung von EU-Wettbewerbsrecht: EuGH 28.2.1991, C-234/89, EU:C:1991:91 Rn. 53 – Delimitis /Henninger Bräu.
[223] → Rn. 13.
[224] Regierungsbegründung 11. GWB-Novelle BT-Drs. 20/6824, 17.
[225] Regierungsbegründung 11. GWB-Novelle BT-Drs. 20/6824, 44.
[226] Siehe Regierungsbegründung 11. GWB-Novelle BT-Drs. 20/6824, 44 („Ein Gleichlauf mit den kartellrechtlichen Zuständigkeiten bietet sich … an, um Expertise in diesem komplexen und technischen Bereich zu konzentrieren, der in seinen Grundüberlegungen dem Kartellrecht zumindest stark ähnelt").

Tatsächlich werden die Umgehungsverbote an keiner Stelle der Regierungsbegründung zur 11. GWB-Novelle erwähnt. Dass diese Umgehungsverbote unmittelbar wirksam sind und aus ihnen individuelle Rechte folgen, deren Schutz durch die nationalen Gerichte zu gewährleisten ist, gibt das Unionsrecht vor und steht nicht zur Disposition des deutschen Gesetzgebers. Es gibt indes ohnehin keinen Hinweis darauf, dass der deutsche Gesetzgeber sich bewusst gegen die parallele (partielle) Einbeziehung der Art. 13 Abs. 4 bis 6 DMA in die §§ 33 ff. entscheiden wollte. Eine **Aufspaltung des privatrechtlichen Rechtsschutzes ergäbe** denn auch **keinen guten Sinn;** dies etwa deshalb, weil der DMA zwar eine Grenzlinie zwischen der Reichweite der originären Verbote oder Gebote nach Art. 5, 6 und 7 DMA und dem Umgehungsschutz nach Art. 13 Abs. 4 bis 6 DMA voraussetzt. Eine Grenzziehung kann aber insbesondere bei Tatbeständen wie etwa Art. 5 Abs. 3 DMA, die einer Auswirkungsanalyse zugänglich sind (→ Rn. 43), mit erheblichen Unschärfen belastet sein. Dies spricht dafür, **§ 33 Abs. 1** und die **Regierungsbegründung zur 11. GWB-Novelle so zu lesen,** dass die **einschlägigen Umgehungstatbestände nach Art. 13 Abs. 4 bis 6 DMA** als Erweiterungen der Verpflichtungen nach Art. 5, 6 und 7 DMA verstanden und daher als Verstöße gegen diese Verpflichtungen und also von § 33 Abs. 1 **miterfasst** werden.[227]

Der in §§ 33 ff. geregelte **Privatrechtsschutz für DMA-Verstöße** bildet ein **Sonder-** 53 **deliktsrecht,** das nicht durch eine punktuell weitergehende Haftung nach **allgemeinem Deliktsrecht** gemäß **§ 823 Abs. 2 (iVm § 1004 BGB analog)** überspielt und deshalb insoweit als abschließend angesehen werden sollte. Die **§§ 33 ff.** regeln privatrechtliche Ansprüche für Kartellrechtsverletzungen auch **gegenüber dem Lauterkeitsrecht abschließend.**[228] Der BGH hat dies in der Hauptsache damit begründet, dass der Gesetzgeber mit dem im Zuge der Siebten GWB-Novelle (2005) reformierten kartellrechtlichen Privatrechtsschutz in §§ 33 ff. bewusst vom lauterkeitsrechtlichen Modell abgewichen habe.[229] Zudem gebe es kartellrechtliche Verbote wie etwa § 30 Abs. 3, die nicht (kartell-)zivilrechtlich durchgesetzt werden könnten. Es konterkarierte diese Entscheidung, wenn über das Lauterkeitsrecht Privatrechtsschutz gewährt werden würde.[230] Der Gesetzgeber hat sich zwar im Zuge der 11. GWB-Novelle (2023) nicht ausdrücklich dazu positioniert, ob diese **Exklusivität auch für** die Ansprüche aus §§ 33 f. wegen **DMA-Verletzungen** gelten soll. Hierfür spricht aber die (bewusst) differenzierte Integration des DMA-Privatrechtsschutzes in die §§ 33 ff., zumal auch nicht erkennbar ist, dass etwaige punktuelle Erweiterungen durch eine Haftung nach §§ 3, 3a iVm §§ 8 Abs. 1, 9 Abs. 1 UWG[231] – etwa die Aktivlegitimation von Industrie- und Handelskammer, Handwerkskammern und Gewerkschaften (§ 8 Abs. 3 Nr. 4 UWG) – wesentliche Verbesserungen im Sinne eines effektiven Privatrechtsschutz mit sich brächten.[232]

## Abschnitt 2. Schadensersatz und Vorteilsabschöpfung

## § 33 Beseitigungs- und Unterlassungsanspruch

(1) **Wer gegen eine Vorschrift dieses Teils oder gegen Artikel 101 oder 102 des Vertrages über die Arbeitsweise der Europäischen Union oder gegen die Artikel 5, 6 oder 7 der Verordnung (EU) Nr. 2022/1925 verstößt (Rechtsverletzer) oder wer gegen eine**

---

[227] Folgt man dieser Lesart nicht, müssen die für DMA-Verstöße in Bezug genommenen Vorschriften der § 33 ff. jedenfalls analog für Art. 13 Abs. 4 bis 6 DMA gelten. Siehe Becker ZEuP 2023, 403 (425).

[228] Grundlegend BGH 7.2.2006, KZR 33/04, juris, Rn. 13–17 – Probeabonnement; siehe auch BGH 3.7.2008, I ZR 145/05, BGHZ 177, 150, Rn. 11 – Kommunalversicherer; OLG Frankfurt 23.2.2017, 6 U 37/16, Juris, Rn. 28 – Schnittstelle zum Ersatzteildatenaustausch.

[229] BGH 7.2.2006, KZR 33/04, juris, Rn. 14 – Probeabonnement.

[230] BGH 7.2.2006, KZR 33/04, juris, Rn. 15 f. – Probeabonnement.

[231] Weitere Unterschiede betreffen etwa die Verantwortlichkeit für Hilfspersonen (§ 8 Abs. 2 UWG) und die Verjährung (§ 11 UWG).

[232] Vgl. mit Blick auf das Verhältnis des lauterkeitsrechtlichen zum kartellrechtlichem Privatrechtsschutz Köhler in Köhler/Bornkamm/Feddersen, § 3a UWG Rn. 1.37.

Verfügung der Kartellbehörde verstößt, ist gegenüber dem Betroffenen zur Beseitigung der Beeinträchtigung und bei Wiederholungsgefahr zur Unterlassung verpflichtet.

(2) Der Unterlassungsanspruch besteht bereits dann, wenn eine Zuwiderhandlung droht.

(3) Betroffen ist, wer als Mitbewerber oder sonstiger Marktbeteiligter durch den Verstoß beeinträchtigt ist.

(4) Die Ansprüche aus Absatz 1 können auch geltend gemacht werden von

1. rechtsfähigen Verbänden zur Förderung gewerblicher oder selbstständiger beruflicher Interessen, wenn
    a) ihnen eine erhebliche Anzahl betroffener Unternehmen im Sinne des Absatzes 3 angehört und
    b) sie insbesondere nach ihrer personellen, sachlichen und finanziellen Ausstattung imstande sind, ihre satzungsmäßigen Aufgaben der Verfolgung gewerblicher oder selbstständiger beruflicher Interessen tatsächlich wahrzunehmen;
2. qualifizierten Verbraucherverbänden, die in der Liste nach § 4 des Unterlassungsklagegesetzes eingetragen sind, und qualifizierten Einrichtungen aus anderen Mitgliedstaaten der Europäischen Union, die in dem Verzeichnis der Europäischen Kommission nach Artikel 5 Absatz 1 Satz 4 der Richtlinie (EU) 2020/1828 des Europäischen Parlaments und des Rates vom 25. November 2020 über Verbandsklagen zum Schutz der Kollektivinteressen der Verbraucher und zur Aufhebung der Richtlinie 2009/22/EG (ABl. L 409 vom 4.12.2020, S. 1) eingetragen sind.

## A. Überblick

**1**   Verstöße gegen Kartellrecht und kartellbehördliche Verfügungen oder gegen Verpflichtungen aus dem Digital Markets Act (DMA) bilden die Grundlage für den in **§ 33** normierten **Beseitigungs- und Unterlassungsanspruch.** Der Abwehranspruch bei Kartellrechtsverstößen wurde mit der Neunten GWB-Novelle (2017) neu gegliedert, blieb inhaltlich aber nahezu unverändert.[1] Die Abtrennung des Schadensersatzanspruchs, der seitdem in § 33a eigenständig geregelt ist, erscheint sinnvoll, weil die Schadenshaftung durch die Kartellschadensersatz-Richtlinie überlagert wird und damit einer deutlich intensiveren unionsrechtlichen Beeinflussung ausgesetzt ist, und weil die Eigenarten beider Mechanismen zivilrechtlichen Rechtsschutzes teils eine differenzierte Auslegung erfordern

---

[1] Siehe überblicksweise zur Geschichte des Abwehranspruchs im GWB W.-H. Roth in FK-KartellR § 33 Rn. 3 f.

können. Die separierte Normierung vermeidet insoweit eine gespaltene Auslegung. Die Einbeziehung von DMA-Verstößen erfolgte im Zuge der 11. GWB-Novelle (2023).[2]

Für Verletzungen des EU-Wettbewerbsrechts folgt **unmittelbar aus Art. 101 f. AEUV**, **2** dass die **Mitgliedstaaten** zugunsten Betroffener einen **Anspruch auf Unterlassung und Beseitigung** vorsehen müssen.[3] Dies hat der EuGH bislang zwar – anders als für die Schadenshaftung in „Courage/Crehan"[4] – nicht ausdrücklich festgestellt. Allerdings muss ein Anspruch, der darauf gerichtet ist, die schädlichen Folgen eines Verstoßes gegen Art. 101 f. AEUV zu verhindern bzw. zu beseitigen in (mindestens) gleichem Maße wie die Schadens-haftung als geeignet und erforderlich angesehen werden, um die praktische Wirksamkeit der Wettbewerbsregeln zu gewährleisten. Zudem lässt das Urteil des EuGH in „Muñoz"[5] den Schluss zu, dass ein Verstoß gegen unmittelbar geltende Marktregeln des Unionsrechts umfassenden zivilrechtlichen Rechtsschutz Betroffener auslösen muss.[6] Das mitgliedstaatliche Recht hat in diesem Sinne die Möglichkeit einzuräumen, Rechtsverletzer gleichermaßen auf Unterlassung, Beseitigung oder Schadensersatz in Anspruch nehmen zu können.[7] Zwar stand in „Muñoz" der Rechtsschutz bei Verletzung einer Verordnung über die Etikettierung von Tafeltrauben in Rede. Doch zeigt die Urteilsbegründung eine Tendenz, den unmittelbar anwendbaren Marktregeln des Unionsrechts – einschließlich der Wettbewerbsregeln nach Art. 101 f. AEUV – einheitlich und im Sinne ihrer wirksamen Durchsetzung private Klage-möglichkeiten zugunsten der von einem Verstoß Betroffenen zu entnehmen.

Die Regeln zur „Zusammenarbeit" mit der Europäischen Kommission nach **Art. 15** **3** **VO 1/2003** und zur Bindungswirkung von Entscheidungen der Kommission nach **Art. 16 Abs. 1 VO 1/2003**[8] gelten für alle Verfahren vor den mitgliedstaatlichen (Zivil-)Gerichten und damit auch für Klagen auf Beseitigung und Unterlassung. Insoweit ein Beseitigungs-und Unterlassungsanspruch auf einem Verstoß gegen Art. 101 f. AEUV gründet, haben die ausgestaltenden Normen im deutschen (Kartell-)Zivil- bzw. Zivilprozessrecht die Grund-sätze der **Äquivalenz** und **Effektivität**[9] zu beachten. Der Beseitigungs- und Unterlas-sungsanspruch fällt **nicht** unter die **Kartellschadensersatz-Richtlinie**.[10] Hat der deutsche Gesetzgeber allerdings Schadensersatz- und Abwehranspruch einheitlich geregelt – wie etwa bei der Verjährung gemäß § 33h –, so ist grundsätzlich von einer freiwilligen Rechts-anpassung auszugehen und die jeweilige Regelung im Zweifel auch hinsichtlich eines Abwehranspruchs ihrem richtlinienkonformen Verständnis gemäß anzuwenden.

Der **DMA** kreiert (implizit) **individuelle Rechte,** die durch die **Mitgliedstaaten** **3a** mittels **privatrechtlichen Rechtsschutzes** zu gewährleisten sind. Dies ist vom EU-Gesetzgeber in der Verordnung angelegt worden[11] und folgt im Einzelnen daraus, dass die Verpflichtungen – einschließlich der Umgehungsverbote – durchweg unmittelbar wirksam sind.[12] § 33 (und auch § 33a) setzen diese unionsrechtliche Vorgabe um. Die Anspruchs-voraussetzungen nach § 33 unterliegen deshalb den Schranken des unionsrechtlichen **Äquivalenz- und Effektivitätsgebots.**[13] Für die **Zusammenarbeit** zwischen Kommis-sion und nationalen Gerichten gilt **Art. 39 Abs. 1–4 DMA.** Eine Art. 16 Abs. 1 VO 1/2003 entsprechende **Bindungswirkung** getroffener und beabsichtigter Kommissionsent-scheidungen sieht **Art. 39 Abs. 5 DMA** vor.

---

[2] → Vor §§ 33–34a Rn. 8b.

[3] So für den Anspruch auf Beseitigung GA Jacobs 22.5.2003 – C-264/01, C-306/01, C-354/01 und C-355/01, EU:C:2003:304 Rn. 104 – AOK-Bundesverband. Siehe auch Görner Anspruchsberechtigung S. 75; W.-H. Roth FS Gerhardt, 2004, 815 (829).

[4] → Vor §§ 33–34a Rn. 11.

[5] EuGH 17.9.2002 – C-253/00, EU:C:2002:497 Rn. 27–32 – Muñoz.

[6] Franck Marktordnung S. 200–206.

[7] Franck Marktordnung S. 205 f.

[8] → Vor §§ 33–34a Rn. 24.

[9] → Vor §§ 33–34a Rn. 13 ff.

[10] → Vor §§ 33–34a Rn. 32.

[11] → Vor §§ 33–34a Rn. 35–39.

[12] → Vor §§ 33–34a Rn. 40–47.

[13] → Vor §§ 33–34a Rn. 13 ff.

**3b**   Mit dem **Verbandsklagenrichtlinienumsetzungsgesetz** (VRUG)[14] wurde **§ 33 Abs. 4 Nr. 2** an die Änderungen in § 3 Abs. 1 S. 1 Nr. 1 UKlaG und damit an die Vorgaben der Verbandsklagen-Richtlinie[15] angepasst.[16] Diese gilt zwar nicht für den Privatrechtsschutz bei Kartellrechtsverletzungen, war aber insbesondere deshalb auch über § 33 GWB umzusetzen, um **Art. 42 DMA** zu genügen.

## B. Verstoß gegen Kartellrecht oder kartellbehördliche Verfügungen oder DMA-Verpflichtungen

**4**   Der Beseitigungs- und Unterlassungsanspruch bedingt einen Verstoß gegen Art. 101 oder Art. 102 AEUV, einer Vorschrift des ersten Teils des GWB (§§ 1–47l), gegen eine Verfügung einer Kartellbehörde oder gegen eine DMA-Verpflichtung. § 33 Abs. 1 verweist nicht auf die **FKVO 139/2004.** Das unionsrechtliche Äquivalenzprinzip erfordert aber, dass soweit Verstöße gegen das deutsche Fusionskontrollrecht Abwehransprüche auslösen können,[17] dies auch für Verletzungen der entsprechenden Regeln des EU-Fusionskontrollrechts gelten muss.[18] § 33 Abs. 1 ist insoweit analog anzuwenden.

**5**   § 33 Abs. 1 schließt es seit der Neunten GWB-Novelle (2017)[19] von Vornherein aus, dass Verstöße gegen die im zweiten oder dritten Teil des GWB geregelten Verfahrens- oder Bußgeldvorschriften oder gegen das im vierten bis sechsten Teil geregelte Vergaberecht einen Abwehranspruch auslösen können. Nur **materiell-rechtliche Verbotsregelungen,**[20] **nicht** aber Verstöße gegen Verfahrensvorschriften oder Vorschriften, die lediglich die **Verbietbarkeit** durch eine Kartellbehörde anordnen, sind in Bezug genommen.[21] Für die Fusionskontrolle folgt hieraus, dass etwa § 36, der die Voraussetzungen für die Untersagung eines Zusammenschlusses formuliert, nicht von § 33 Abs. 1 in Bezug genommen wird, wohl aber das Vollzugsverbot nach § 41 Abs. 1, das (auch) eine materiell-rechtliche Verbotsregelung trifft.[22]

**6**   Neben Verstößen gegen Gesetzesrecht können gemäß § 33 Abs. 1 auch solche gegen **kartellbehördliche Verfügungen** einen Abwehranspruch auslösen. Der Begriff der „Verfügung" ist wie in §§ 61 Abs. 1, 63 Abs. 1 S. 1 zu verstehen und deckt sich auch mit der „Anordnung" im Sinne von § 81 Abs. 2 Nr. 2. Erfasst werden Verwaltungsakte, nämlich hoheitliche Maßnahmen zur Regelung eines Einzelfalls mit Außenwirkung.[23] § 33 Abs. 1 bildet damit auch eine taugliche Basis für die zivilrechtliche Durchsetzung von Verpflichtungszusagen.[24] Im Übrigen gilt § 33 Abs. 1 nicht nur für Verfügungen, die für

---

[14] Gesetz zur Umsetzung der Richtlinie (EU) 2020/1828 über Verbandsklagen zum Schutz der Kollektivinteressen der Verbraucher und zur Aufhebung der Richtlinie 2009/22/EG sowie zur Änderung des Kapitalanleger-Musterverfahrensgesetzes (Verbandsklagenrichtlinienumsetzungsgesetz – VRUG) vom 8.10.2023, BGBl. 2023 I, Nr. 272.

[15] Richtlinie (EU) 2020/1828 des Europäischen Parlaments und des Rates vom 25. November 2020 über Verbandsklagen zum Schutz der Kollektivinteressen der Verbraucher und zur Aufhebung der Richtlinie 2009/22/EG, ABl. L 409 vom 4.12.2020, S. 1.

[16] Siehe Entwurf eines Gesetzes zur Umsetzung der Richtlinie (EU) 2020/1828 über Verbandsklagen zum Schutz der Kollektivinteressen der Verbraucher und zur Aufhebung der Richtlinie 2009/22/EG (Verbandsklagenrichtlinienumsetzungsgesetz – VRUG), BT-Drs. 20/6520 v. 24.4.2023, S. 128.

[17] Dazu sogleich → Rn. 5.

[18] W.-H. Roth in FK-KartellR § 33 Rn. 10 und 86; aA Mäsch in Berg/Mäsch § 33 Rn. 4; Görner Anspruchsberechtigung S. 115 ff., der argumentiert, die FKVO 139/2004 enthalte ein abschließendes Rechtsfolgenregime; Bechtold/Bosch § 33 Rn. 5, die allerdings in „besonderen Fällen" § 823 Abs. 2 (iVm § 1004) BGB für anwendbar halten.

[19] Vgl. § 33 Abs. 1 S. 1 aF („gegen eine Vorschrift dieses Gesetzes").

[20] Siehe Regierungsbegründung zur Neunten GWB-Novelle BT-Drs. 18/10207, 55 („materiell-rechtliche Verbote").

[21] BGH 7.2.2006 – KZR 33/04, BGHZ 166, 154 = NJW 2006, 2627 (2629) = juris Rn. 15 (betrifft § 30 Abs. 3).

[22] W.-H. Roth in FK-KartellR § 33 Rn. 85.

[23] Vgl. § 35 S. 1 VwVfG; Bach → § 61 Rn. 2; Dannecker § 81 Rn. 175.

[24] Bornkamm/Tolkmitt in Bunte § 32b Rn. 21; aA Bach in Immenga/Mestmäcker GWB § 32b Rn. 28.

die Rechtswidrigkeit eines Verhaltens **konstitutiv** sind,[25] sondern auch für Gebots- oder Verbotsverfügungen, die hinsichtlich einer Kartellrechtsverletzung von (bloß) **deklaratorischer** Natur sind.[26] Letzteres hilft Betroffenen, weil sie im Zivilprozess von Beweiserleichterungen profitieren können.

Verfügungen sind taugliche Grundlage für einen Abwehranspruch, wenn sie ihren **7** Adressaten binden. Denn die Vollziehbarkeit einer Verfügung genügt ebenfalls, um bei Verletzungen ein Bußgeld verhängen zu können. Da Beschwerden gegen **Verfügungen** im Regelfall keine aufschiebende Wirkung haben, sind sie **mit Erlass vollziehbar.** Es steht damit im Wertungseinklang, dass sie zugleich über § 33 GWB **privatrechtlich durchsetzbar** sind, ohne dass es auf ihre Bestandskraft ankäme. Hat ein Rechtsmittel aufschiebende Wirkung,[27] kann die Verfügung nicht Grundlage eines Anspruchs sein. War eine Verfügung zunächst verbindlich, wurde sie sodann aber im Rechtszug wieder aufgehoben, erledigt sich ein geltend gemachter Beseitigungs- und Unterlassungsanspruch.[28]

§ 33 Abs. 1 erfasst Verfügungen von „Kartellbehörden" und also seinem Wortlaut nach **8** nicht Entscheidungen der Europäischen Kommission. Das ergibt sich auch im Rückschluss aus § 33b S. 1, in dem neben den „Kartellbehörden" die Europäische Kommission gesondert in Bezug genommen wird. Allerdings gebietet das unionsrechtliche Äquivalenzgebot eine **analoge Anwendung,** um zu gewährleisten, dass die Wirksamkeit der zivilrechtlichen Durchsetzung von **Verfügungen der Europäischen Kommission** nicht hinter jener der deutschen Kartellbehörden zurückbleibt.[29]

Es obliegt grundsätzlich[30] den Anspruchstellern, eine Kartellrechtsverletzung oder einen **9** Verstoß gegen eine kartellbehördliche Verfügung darzulegen und zu beweisen. Gemäß **Art. 16 Abs. 1 VO 1/2003** sind die Gerichte an die Feststellung eines Verstoßes gegen Art. 101 oder 102 AEUV gebunden.[31] Demgegenüber **gilt § 33b nicht** für einen auf § 33 Abs. 1 gestützten Beseitigungs- oder Unterlassungsanspruch.[32] Aus der behördlichen Feststellung eines Kartellrechtsverstoßes können jedoch Beweiserleichterungen geringerer Qualität resultieren.[33] Eine Zuwiderhandlung gegen Art. 101 oder 102 AEUV, die durch das Bundeskartellamt bestandskräftig festgestellt wurde, muss bis zum Beweis des Gegenteils als vom Kläger nachgewiesen gelten.[34]

Der Beseitigungs- und Unterlassungsanspruch setzt einen rechtswidrigen Verstoß gegen **10** Kartellrecht oder eine kartellbehördliche Verfügung voraus. Als **Rechtfertigungsgründe** kommen Einwilligung des Verletzten, Notwehr (§ 227 BGB) und Notstand (§ 228 BGB, § 16 OWiG) in Betracht.[35] Praktisch hat das bei § 33 kaum Bedeutung; dies nicht zuletzt deshalb, weil die materielle Kartellrechtsprüfung oftmals eine Interessenabwägung voraussetzt, in deren Zusammenhang die legitimen Interessen des (potentiellen) Rechtsverletzers bereits umfassend gewürdigt werden.

§ 33 gilt für Verstöße gegen **Art. 5, 6 und 7 DMA.** Eine Entscheidung der Kommission **10a** für eine Aussetzung (Art. 9 DMA) oder Befreiung (Art. 10 DMA) bindet die nationalen Gerichte.[36] Durch nationales Recht zu schützende individuelle Rechte entstehen auch bei

---

[25] Siehe etwa §§ 30 Abs. 3, 31b Abs. 3, 32d und 36.

[26] Siehe etwa §§ 32 und 32a.

[27] Siehe die ausnahmsweise aufschiebende Wirkung gemäß § 64 Abs. 1, die jedoch durch Anordnung der sofortigen Vollziehung gemäß § 65 aufgehoben werden kann.

[28] Bechtold/Bosch § 33 Rn. 9; W.-H. Roth in FK-KartellR § 33 Rn. 17.

[29] Alexander Schadensersatz S. 346 f.; W.-H. Roth FS Huber, 2006, 1133 (1139 f.); Mäsch in Berg/Mäsch § 33 Rn. 7.

[30] Steht ein Verstoß gegen Art. 101 Abs. 1 AEUV fest, trägt der Anspruchsgegner die Beweislast für eine Freistellung nach Art. 101 Abs. 3 AEUV.

[31] → § 33b Rn. 25.

[32] → § 33b Rn. 25.

[33] Vgl. zu Beweiserleichterungen jenseits der formalen Bindungswirkung → § 33a Rn. 15 und § 33b Rn. 3.

[34] EuGH 20.4.2023 – C-25/21, EU:C:2023:298 Rn. 62 f. – Repsol Comercial de Productos Petrolíferos → Vorb §§ 33–34a Rn. 14e.

[35] Siehe für einen detaillierteren Überblick W.-H. Roth in FK-KartellR § 33 Rn. 23–27.

[36] → Vor § 33–34a Rn. 48 f.

Verstößen gegen die **Umgehungsverbote** nach **Art. 13 Abs. 4 bis 6 DMA**.[37] § 33 Abs. 1 ist deshalb so zu verstehen, dass eine nach Art. 13 Abs. 4 bis 6 DMA verbotene Umgehung einer aus Art. 5, 6 oder 7 DMA folgenden Verpflichtung als Verstoß gegen ebendiese Verpflichtung gewertet und deshalb von § 33 Abs. 1 erfasst wird.[38]

**10b**   Der **Anspruchsteller** hat den Verstoß gegen Art. 5, 6 oder 7 DMA (ggf. iVm. Art. 13 Abs. 4 bis 6 DMA) **darzulegen und zu beweisen.** Ihm kommt die Bindungswirkung nach Art. 39 Abs. 5 DMA zugute. § 33b gilt nicht für Unterlassungs- und Beseitigungsansprüche nach § 33 Abs. 1. Aus ihrer systematischen Einbindung in die Regelungen zur Durchsetzung durch die Kommission folgt, dass die Nachweisobliegenheiten nach **Art. 8 Abs. 1 DMA,** die ohnehin nicht als Umkehr der materiellen Beweislast zu verstehen sind, jedenfalls **nicht für den Zivilprozess** gelten. Im Lichte des Effektivitätsgebots müssen die Gerichte aber hinsichtlich eines Verstoßes **Beweiserleichterungen,** insbesondere **sekundäre Darlegungslasten,** zulasten beklagter Torwächter erwägen.[39] Inwieweit diese anzunehmen sind (und die originäre Substantiierungslast der Kläger abzusenken ist), hängt von der Natur der behaupteten Rechtsverletzung ab: Soweit Verpflichtungen nach Art. 5, 6 und 7 DMA Vorgänge betreffen, die in der Sphäre der Torwächter liegen, darf die Anwendung der Darlegungs- und Beweislastregeln nicht dazu führen, dass die Geltendmachung privatrechtlichen Rechtsschutzes praktisch unmöglich gemacht oder übermäßig erschwert wird. Dies ist aber mit Blick auf die DMA-Verpflichtungen nicht notwendigerweise der Fall; tatsächlich erscheint einem Kläger hinsichtlich der Mehrzahl der Tatbestände eine substantiierte Darlegung eines Verstoßes zumutbar.[40]

## C. Wiederholungsgefahr beim Unterlassungsanspruch

**11**   Ziel des Unterlassungsanspruchs ist es, neue gleichartige Rechtsverletzungen zu verhindern. Der Anspruch setzt deshalb gemäß **§ 33 Abs. 1** – als sog. „Verletzungsunterlassungsanspruch" – neben einem rechtswidrigen Verstoß gegen das Kartellrecht[41] oder eine kartellbehördliche Verfügung **Wiederholungsgefahr** voraus. Es liegt hierin eine **materielle Anspruchsvoraussetzung;** fehlt sie, ist eine Klage als unbegründet abzuweisen. Zu zeigen ist die **ernsthafte Besorgnis** eines zukünftigen Verstoßes durch den Rechtsverletzer.[42] Liegt dem begangenen Verstoß ein ausweislich der äußeren Umstände einmaliger Vorgang zugrunde, scheidet ein Unterlassungsanspruch mangels Wiederholungsgefahr aus.

**12**   Angesichts der gezeigten Rechtsverletzung wird die **Wiederholungsgefahr vermutet.** Um die Vermutung auszuräumen, hat der Beklagte regelmäßig eine **strafbewehrte** Unterlassungs- oder **Unterwerfungserklärung**[43] abzugeben. Räumt der Beklagte die eigene Rechtsverletzung nicht ein, dann schließt es die Wiederholungsgefahr nicht aus, wenn er erklärt, das Verhalten fortan zu unterlassen.

**13**   Die potentiell von einer Rechtsverletzung Betroffenen sollen nicht sehenden Auges für zivilrechtlichen Rechtsschutz einen Verstoß abwarten müssen. Deshalb erweitert **§ 33 Abs. 2** den Anwendungsbereich des Unterlassungsanspruchs auf Fälle, in denen ein **erstmaliger Verstoß droht** (vorbeugender Unterlassungsanspruch). Die ernsthafte Gefahr

---

[37] → Vor § 33–34a Rn. 36–39 und Rn. 44–47.

[38] Alternativ müsste § 33 Abs. 1 in unionsrechtskonformer Auslegung analog auf Verstöße gegen Art. 13 Abs. 4 bis 6 DMA angewendet werden → Vor §§ 33–34a Rn. 52.

[39] Lahme/Ruster in Podszun Art. 39 DMA Rn. 31.

[40] Siehe etwa Art. 5 Abs. 3 bis 10 DMA.

[41] Da der Unterlassungsanspruch in die Zukunft gerichtet ist, muss das fragliche Verhalten auch nach dem zur Zeit der Entscheidung geltenden Recht verboten sein, BGH 6.10.2015 – KZR 87/13, WRP 2016, 229 (233) = juris Rn. 49 – Porsche-Tuning.

[42] Vgl. BGH 25.2.1992 – X ZR 41/90, BGHZ 117, 264 (271) = NJW 1992, 2292 (2294) = juris Rn. 36 – Nicola (zum Unterlassungsanspruch nach § 37 Abs. 1 S. 1 SortSchG).

[43] Vgl. § 12 Abs. 1 S. 1 UWG. Um die nachteilige Kostenfolge des § 93 ZPO im Falle eines sofortigen Anerkenntnisses zu vermeiden, können Betroffene den Rechtsverletzer vor der gerichtlichen Geltendmachung abmahnen.

eines Erstverstoßes lässt sich insbesondere im Falle von **Ankündigungen**[44] rechtswidrigen Verhaltens oder von **Vorbereitungshandlungen** zeigen, etwa wenn ein Konkurrent versucht, mit einem gemeinsamen Lieferanten eine kartellrechtswidrige Alleinbelieferungsverpflichtung zu vereinbaren.

## D. Anspruchsberechtigung

Der Beseitigungs- und Unterlassungsanspruch kann gemäß § 33 Abs. 1 von dem durch **14** die Rechtsverletzung „**Betroffenen**" geltend gemacht werden. Das Merkmal trat mit der Siebten GWB-Novelle (2005) an die Stelle des Schutznormerfordernisses. Betroffen von einer Rechtsverletzung sind gemäß § 33 Abs. 3 diejenigen, die hierdurch „als Mitbewerber oder sonstige Marktbeteiligte […] beeinträchtigt" sind oder – im Falle des § 33 Abs. 2 – denen eine Beeinträchtigung droht.

§ 33 Abs. 3 erfordert eine **Beeinträchtigung** in **wirtschaftlichen Interessen.** Hierfür **15** genügt es, wenn ein Marktteilnehmer durch die Rechtsverletzung in seiner Wettbewerbsposition benachteiligt wird und sich damit seine Aussichten, am Markt Erträge zu erzielen, verschlechtert haben. Eine Beeinträchtigung liegt deshalb vor, wenn aufgrund des kartellrechtswidrigen Verhaltens ein Schaden entstanden ist oder wenn der Eintritt eines Schadens zumindest „vorstellbar" ist.[45]

Angesichts dieses Bezugs zu einer eingetretenen oder drohenden Schädigung liegt es **16** nahe, einen **Gleichlauf der Anspruchsberechtigung** bei § 33 Abs. 1 und § 33a Abs. 1 zu postulieren.[46] Maßgeblich für den Zurechnungszusammenhang zwischen Rechtsverletzung und Beeinträchtigung wären dann (allein[47]) die Regeln zur Schadenszurechnung bei § 33a Abs. 1.[48] Einen solchen Gleichlauf schreibt das Gesetz indes nicht vor: Weder wird in § 33a der Begriff des „Betroffenen" verwendet oder hierauf verwiesen, um die Anspruchsberechtigung zu kennzeichnen,[49] noch wird in § 33 Abs. 3 die Schadensersatzhaftung nach § 33a Abs. 1 in Bezug genommen. Der Gesetzgeber hat den Gerichten einen **Freiraum** gelassen, um – soweit erforderlich und angemessen – **differenzierte Zurechnungsregeln** zu entwickeln. Diese können auch eine restriktivere Anspruchsberechtigung bei § 33 im Vergleich zu § 33a Abs. 1 zur Folge haben.[50]

Eine solche Ausdifferenzierung des Zurechnungszusammenhangs zwischen Kartellrechts- **17** verletzung und Beeinträchtigung (§ 33) bzw. Schaden (§ 33a) kann aufgrund der **unterschiedlichen Wirkmechanismen der jeweiligen Ansprüche** angezeigt sein.[51] Zwar sind beide Ansprüche grundsätzlich den gleichen Zielen verpflichtet, nämlich Kartellrechtsverletzungen zu verhindern und ein aus solchen Rechtsverletzungen erwachsenes Unrecht wiedergutzumachen.[52] Zu bedenken ist aber etwa, dass die Präventionswirkung einer Schadenshaftung einerseits stärker ausgeprägt sein kann als diejenige eines Unterlassungsanspruchs, weil ein potentieller Rechtsverletzer einen Vermögensabfluss als Sanktion zu erwarten hat. Ein Unterlassungsanspruch wirkt insoweit schwächer, als der Rechtsverletzer (nur) damit rechnen muss, ein rechtswidriges Verhalten einstellen zu müssen. Das mag zwar Investitionen in eine bestimmte Aktivität entwerten. Es drohen aber grundsätzlich keine

---

[44] W.-H. Roth in FK-KartellR § 33 Rn. 31.

[45] OLG Düsseldorf 26.2.2014 – VI-U (Kart) 7/12, NZKart 2014, 154 = juris Rn. 22 – Presse-Grosso; OLG Frankfurt a. M. 26.1.2010 – 11 U 12/07 (Kart), WuW/E DE-R 2860 (2861) = juris Rn. 23 – Entega; LG München 2.6.2016 – 1 HKO 8126/16, juris Rn. 5 – FIBA.

[46] So etwa Bornkamm/Tolkmitt in Bunte § 33 Rn. 21; Logemann Schadensersatz S. 222 f.

[47] Mit der Modifizierung, dass auch eine mögliche Schädigung hinreichen kann, hierzu sogleich → Rn. 18.

[48] → § 33a Rn. 60 ff.

[49] → § 33a Rn. 20.

[50] W.-H. Roth in FK-KartellR § 33 Rn. 55.

[51] Deshalb verlangt auch das unionsrechtliche Effektivitätsgebot keinen Gleichlauf der Anspruchsberechtigung für den Abwehranspruch und die Schadenshaftung, siehe W.-H. Roth FS Schroeder, 2018, 709 (717).

[52] Zu Prävention und ausgleichender Gerechtigkeit als Zielen der Schadensersatzhaftung → § 33a Rn. 3 ff.

Zahlungspflichten,[53] die von der Rechtsverletzung abschrecken könnten. Die großzügigen Zurechnungsregeln, wie sie für § 33a Abs. 1 etabliert sind, werden deshalb teils bei § 33 für erst recht hinnehmbar angesehen, weil hier keine Überabschreckung durch Anspruchskumulation droht.[54] Andererseits kann ein Unterlassungsanspruch aber auch stärker präventiv wirken und intensiver in die Handlungsfreiheit des Anspruchsgegners eingreifen, weil dem Betroffenen das Recht zusteht, bestimmte Verhaltensweisen zu verhindern; dies insbesondere nicht nur bei aktuellen, sondern auch bei (nur) drohenden Zuwiderhandlungen. Demgegenüber lässt die Schadenshaftung für sich besehen dem Adressaten praktisch regelmäßig die Freiheit, das verbotene Verhalten fortzusetzen, wenn auch unter Inkaufnahme des Preises, hieraus resultierende Schäden ersetzen zu müssen.

18    Eine **eigenständige Wertung** hinsichtlich der **Anspruchsberechtigung** ist bei § 33 ohnehin insoweit angelegt, als es für den **Unterlassungsanspruch** genügen soll, dass es – nach der in der Rechtsprechung geläufigen Formel – „vorstellbar"[55] ist, dass ein mit der Rechtsverletzung zurechenbar verknüpfter Schaden eintreten könnte. Sähe man deshalb jeden Marktteilnehmer als anspruchsberechtigt, bei dem der Eintritt eines nach § 33a ersatzfähigen Schadens bei abstrakter Betrachtung seiner Marktposition – dh losgelöst von den tatsächlichen Markt- und Wettbewerbsverhältnissen – denkbar erscheint, dann entgrenzte dies die Betroffenheit. Denn fast alle Kartellrechtsverletzungen können in Preiserhöhungen für ein Produkt resultieren und im Grunde ist es für jede Preiserhöhung – gleich auf welcher Stufe der Wertschöpfungskette sie sich niederschlägt – zumindest vorstellbar, dass sie auf die Endverbraucherpreise durchschlägt. Wären aber Endverbraucher mit Blick auf fast alle Kartellrechtsverletzungen anspruchsberechtigt, dann liefe § 33 darauf hinaus, die Möglichkeit einer Popularklage zu begründen.[56] Eine Auslegung, die dem Merkmal der Betroffenheit praktisch jede anspruchsbegrenzende Funktion nähme, widerspräche indes dem Gesetzgeberwillen. Deshalb nun aber alle (potentiell) nur mittelbar Geschädigten von der Anspruchsberechtigung auszuschließen,[57] schösse über das Ziel hinaus. Denn ein guter Grund für die Aktivlegitimation auch (nur) mittelbar Geschädigter liegt in der Gefahr, dass die direkten Abnehmer oder Lieferanten der Rechtsverletzer ihre Geschäftsbeziehung nicht durch die Geltendmachung von Ansprüchen belasten wollen oder dass die Rechtsverletzer sich mit ihnen sogar auf Kosten Dritter und der Allgemeinheit arrangieren, indem sie stillschweigend einen Teil der Gewinne aus der Rechtsverletzung weiterreichen.[58] Die vorzugswürdige Stellschraube, um eine faktische Popularklagebefugnis zu verhindern, liegt deshalb im Darlegungs- und Beweismaß für die Möglichkeit einer Schädigung. Hierfür dürfen die Gerichte es nicht genügen lassen, dass ein Anspruchsteller sich in einer Position befindet, bei der abstrakt der Eintritt eines nach § 33a ersatzfähigen Schadens nur denkbar ist. Zu verlangen ist ein Vortrag zu den Markt- und Wettbewerbsverhältnissen in der Wertschöpfungskette, der bei (potentiell) mittelbar Geschädigten eine **reale Gefahr** einer **mehr als nur marginalen Schädigung** erkennen lässt.

19    **Unterlassungs- und Beseitigungsansprüche mittelbar Betroffener** können sich im Übrigen aber dann als problematisch erweisen, wenn sie **in das Rechtsverhältnis zwi-**

[53] Im Falle eines Anspruchs auf Beseitigung negativer fortdauernder Störungen drohen immerhin Vermögensabflüsse, aber typischerweise in geringerem Ausmaß als bei der Schadenshaftung. So können etwa entgangener Gewinn oder sonstige Folgeschäden nur als Schadensersatz verlangt werden und gilt auch der Zinsanspruch ab Schadenseintritt gemäß § 33a Abs. 4 nur im Rahmen der Schadensersatzpflicht. Siehe Bien in Bien 8. GWB-Novelle S. 329, 339 f.; W.-H. Roth in FK-KartellR § 33 Rn. 40.

[54] In diesem Sinne etwa Lübbing in MüKo § 33 Rn. 11 („Fragen nach überhöhten Kompensationszahlungen [...] die weit über den kartellierten Verletzergewinn reichen [...] stellen sich hier nicht"); Lahme in Kamann/Ohlhoff/Völcker § 27 Rn. 13 („[Es] droht keine Mehrfachkompensation mehrerer (vermeintlich) Geschädigter").

[55] → Rn. 15.

[56] Ein Überabschreckungsrisiko ist damit bei einem Unterlassungsanspruch allerdings nicht notwendigerweise verbunden, weil das materielle Kartellrecht die normative Grenze zwischen sozial erwünschtem und unerwünschtem Verhalten zieht, vgl. Franck Marktordnung S. 127 f.

[57] W.-H. Roth FS Schroeder, 2018, 709 (719).

[58] Siehe Schinkel/Tuinstra/Rüggeberg 39 RAND J. Econ. 683 (2008).

schen dem **Rechtsverletzer und** dem **unmittelbar Betroffenen eingreifen** würden, nämlich etwa bei Belieferungsansprüchen oder Ansprüchen auf Anpassung von Vertragskonditionen. Auch dies gibt aber keinen zureichenden Grund, (potentiell) mittelbar Betroffene generell von der Anspruchsberechtigung bei § 33 auszuschließen.[59] Denn zum einen stellt die Aktivlegitimation gerade auch mittelbarer Abnehmer und Lieferanten die Gewährleistung privater Rechtsdurchsetzung sicher.[60] Zum anderen kann dem berechtigten Anliegen, die Interessen Dritter (Nicht-Rechtsverletzer) vor Interventionen in ihre Vertragsverhältnisse zu schützen, durch Einschränkungen beim verfügbaren Inhalt der Abwehransprüche – etwa durch Versagen von Ansprüchen auf Belieferung oder Vertragsanpassung – Rechnung getragen werden. Dieser Weg **einer punktuellen Korrektur des verfügbaren Anspruchsinhalts** erscheint auch deshalb vorzugswürdig, weil sich ein entsprechendes Problem beim Anspruch auf Naturalrestitution unter § 33a Abs. 1 stellt und dort angesichts klarer entgegenstehender gesetzgeberischer Vorgaben nicht durch ein generelles Abschneiden der Anspruchsberechtigung mittelbarer Abnehmer und Lieferanten aufgelöst werden kann.

**Anspruchsberechtigt** als Betroffener iSd § 33 Abs. 3 ist nur, wer in seiner Rolle „**als**" **20 Marktbeteiligter,** insbesondere als Mitbewerber, beeinträchtigt wird. Die Beeinträchtigung muss in marktvermittelter Weise eintreten.[61] Das setzt voraus, dass sich ein verursachter oder drohender **wirtschaftlicher Nachteil** als **Folge einer Transaktion zu kartellbedingt verzerrten Markt- und Wettbewerbsbedingungen** – wenn auch auf vor- oder nachgelagerten Märkten – darstellt. Ausgenommen sind damit abgeleitete wirtschaftliche Nachteile, etwa solche, die Anteilseigner eines Unternehmens erleiden, das durch eine Kartellrechtsverletzung benachteiligt wird.[62] Vermindern sich die Ertragsaussichten eines Unternehmens durch eine Kartellrechtsverletzung und sinkt deshalb der Wert einer Unternehmensbeteiligung, dann liegt hierin kein Nachteil der Anteilseigner, der über die kartellbedingt verzerrten Marktparameter vermittelt worden wäre. Der Schaden des Unternehmens und der Vermögensnachteil bei seinen Anteilseignern sind zwei Seiten einer Medaille. Das heißt nicht, dass etwa Anteilseigner einer kapitalmarktoffenen Gesellschaft in keinem Fall anspruchsberechtigt sein könnten. Richtet sich nämlich die Kartellrechtsverletzung auf den Kapitalmarkt und verzerrt die dortigen Markt- und Wettbewerbsbedingungen, dann können auch Investoren markttransaktionsvermittelt geschädigt und damit „betroffen" sein im Sinne von § 33 Abs. 3.

## E. Anspruchsgegner

**Anspruchsgegner** ist gemäß § 33 Abs. 1 derjenige, der gegen die in Bezug genommenen **21** kartellrechtlichen Vorschriften oder eine kartellbehördliche Verfügung verstößt. Entsprechend dem in Art. 2 Nr. 2 KartSERL angelegten Konzept bezeichnet § 33 Abs. 1 diejenigen, die gegen die Verbotsnormen des Kartellrechts verstoßen, als „**Rechtsverletzer**".[63] Damit bildet die materiell-rechtliche Adressatenstellung, die durch den Begriff des „**Unternehmens**" gekennzeichnet wird, den Ausgangspunkt, um zu definieren, wer Anspruchs-

---

[59] So aber W.-H. Roth FS Schroeder, 2018, 709 (719 f.), hinsichtlich mittelbarer Abnehmer oder Lieferanten; im Wesentlichen wie hier Bornkamm/Tolkmitt in Bunte § 33 Rn. 21.

[60] → Rn. 18.

[61] W.-H. Roth FS Schroeder, 2018, 709 (718).

[62] Vgl. zur Anspruchsberechtigung bei der Schadensersatzhaftung OLG Düsseldorf 2.7.2014 – VI U (Kart) 22/13, juris Rn. 52.

[63] Der Begriff des „Rechtsverletzers" wird nachfolgend mehrfach im Gesetzestext verwendet, siehe etwa §§ 33a Abs. 3 S. 2, 33c Abs. 2 und 4, 33d Abs. 3–5, 33e Abs. 2, 6, 8. Es scheint nicht sicher, ob der Gesetzgeber tatsächlich Ansprüche aus § 33 Abs. 1 oder aus § 33a Abs. 1, die sich auf Verletzungen einer kartellbehördlichen Verfügung stützen, in jedem Fall vom Anwendungsbereich der jeweiligen Norm ausschließen wollte. Deshalb können eine erweiterte Auslegung oder eine analoge Anwendung erwogen werden. Vgl. W.-H. Roth in FK-KartellR § 33 Rn. 6.

gegner ist. Abwehransprüche können sich deshalb gegen die **Rechtssubjekte** – natürliche oder juristische Personen – richten, **die das Unternehmen tragen.**

### I. Das Unternehmen als wirtschaftliche Einheit

**22**    Obgleich der Beseitigungs- und Unterlassungsanspruch nicht von der Kartellschadens-ersatz-Richtlinie erfasst wird, ist die Definition der **Anspruchsgegner** durch den Bezug zum Konzept des **Unternehmens als wirtschaftliche Einheit** weithin **unionsrechtlich determiniert.** Dies folgt zum einen daraus, dass das Erfordernis eines Abwehranspruchs für eine (drohende) Verletzung von Art. 101 f. AEUV unmittelbar diesen Normen zu entnehmen ist.[64] Zum anderen nimmt § 33a Abs. 1 den Begriff des Rechtsverletzers iSd § 33 Abs. 1 in Bezug und ist der Begriff somit entsprechend den Vorgaben des Art. 2 Nr. 2 KartSERL auszulegen.[65] Diese Definition bildet ein Bindeglied zum materiell-rechtlichen Unternehmensbegriff, weil hiernach „das Unternehmen oder die Unternehmensvereini-gung" als Rechtsverletzer bezeichnet wird, „das bzw. die die Zuwiderhandlung gegen das Wettbewerbsrecht begangen hat." Da unterstellt werden darf, dass der deutsche Gesetzgeber eine einheitliche Auslegung des Begriffs des „Rechtsverletzers" intendiert hat, gilt dieser Bezug zum „Unternehmen" als wirtschaftliche Einheit auch für den Beseitigungs- und Unterlassungsanspruch wegen Verletzung der Verbotsnormen des ersten Teils des GWB.[66]

**23**    Das **Unternehmen ist** für das Verhalten seiner **Mitarbeiter verantwortlich,** wenn und soweit diese als **Teil der wirtschaftlichen Einheit** agieren.[67] Dies folgt aus dem unions-rechtlich vorgegebenen Unternehmenskonzept, das – wie vorstehend ausgeführt – auch bei § 33 Abs. 1 gilt.[68] Einer Umsetzung über die **Zurechnungsregeln des Deliktsrechts** (Organ- und Repräsentantenhaftung nach § 31 BGB, ggf. analog oder – bei Organisations-mangel – auch fiktiv[69]) oder eine **Haftung wegen Verletzung der Organisations- oder Aufsichtspflichten** durch die Organe (§ 31 BGB) oder auch nach § 831 BGB[70] bedarf es an sich nicht. Soweit die Praxis dennoch hierauf abstellt, ist das rechtlich nicht zu beanstan-den, wenn die unionsrechtlich vorgegebene Zurechnung hierdurch nicht verkürzt wird. Die Umsetzung über anerkannte Zurechnungsregeln des Bürgerlichen Rechts kann einer-seits die Akzeptanz der Zurechnung erhöhen. Nicht zu verkennen ist aber andererseits die Gefahr, dass die unionsrechtliche Determiniertheit der Zurechnung hierdurch außer Blick gerät.

**24**    Verantwortlich für einen Kartellrechtsverstoß ist das „Unternehmen". Da die wirtschaft-liche Einheit im kartellrechtlichen Sinne allerdings kein Träger zivilrechtlicher Rechte und Pflichten ist und Entscheidungen gegen sie nicht vollstreckt werden könnten, sind **An-sprüche** gegen die jeweilige(n) **unternehmenstragende(n) Person(en)** – typischerweise eine juristische Person oder eine Personengesellschaft, möglicherweise aber auch natürliche Personen – zu richten.

---

[64] → Rn. 2.

[65] Wobei zu beachten bleibt, dass die Richtlinienvorgaben nicht alle Verbotsnormen des ersten Teils des GWB betreffen, sondern nur jene, bei denen eine überwiegende Zielübereinstimmung mit Art. 101 f. AEUV festgestellt werden kann, Art. 2 Nr. 1 und 3 KartSERL.

[66] Kersting in Kersting/Podszun Kap. 7 Rn. 8 S. 117 und in LMRKM § 33 Rn. 14; W.-H. Roth in FK-KartellR § 33 Rn. 7 (den eigenständigen Gehalt des Begriffs „Rechtsverletzer" für die Verstöße betonend, die nicht unter Art. 2 Nr. 1 und 3 KartSERL fallen, wie insbesondere Verletzungen von §§ 20 Abs. 5 und 21).

[67] EuGH 21.7.2016 – C-542/14, EU:C:2016:578 Rn. 23 f. – Remonts; gleichsinnig zuvor bereits EuGH 7.6.1983 – C-100/80 bis 103/80, EU:C:1983:158 Rn. 97 f. – Musique Diffusion; EuGH 7.2.2013 – C-68/12, EU:C:2013:71 Rn. 28 – Slovenská sporitelna; → § 33a Rn. 34.

[68] W.-H. Roth in FK-KartellR § 33 Rn. 94 (mit der Modifizierung, dass die Einschränkung des Handelns im Zuständigkeitsbereich bei § 33 nicht gilt und damit die Zurechnung weiter reicht als im Bußgeldrecht oder bei § 33a).

[69] → § 33a Rn. 34.

[70] Siehe etwa Mäsch in Berg/Mäsch § 33 Rn. 36 ff.

Kontrovers beurteilt wird, ob Abwehransprüche nur gegen diejenigen gerichtet werden    25
können, die in eigener Person (bzw. durch ihre Mitarbeiter) den Kartellrechtsverstoß
begangen haben, oder ob beispielsweise in **Konzernstrukturen** auch **Muttergesellschaften passivlegitimiert** sind, die einen bestimmenden Einfluss ausüben.[71] Nach der Rechtsprechung des EuGH bilden etwa Mutter- und Tochtergesellschaft eine wirtschaftliche
Einheit, wenn letztere ihr Marktverhalten nicht autonom bestimmt, sondern im Wesentlichen Weisungen der Muttergesellschaft befolgt.[72] Hält eine Muttergesellschaft Anteile von
(nahezu) 100 % an der Tochtergesellschaft, wird widerleglich vermutet, dass die Muttergesellschaft tatsächlich einen bestimmenden Einfluss ausübt.[73] Hiervon ausgehend ist es vom
EuGH anerkannte Praxis der Europäischen Kommission, dass eine bestimmende Muttergesellschaft gemeinsam mit ihrer Tochtergesellschaft für ein Bußgeld einzustehen hat, mit dem
ein Kartellrechtsverstoß sanktioniert wird, an dem die Muttergesellschaft nicht beteiligt
war.[74] Entsprechendes gilt für die Schadensersatzhaftung nach § 33a[75] und den Beseitigungs-
und Unterlassungsanspruch. Hierin liegt eine schlüssige Konsequenz aus dem Konstrukt der
wirtschaftlichen Einheit. Deutlich wird dies etwa beim Blick auf die – vom EuGH grundsätzlich gebilligte – Anwendungspraxis der Europäischen Kommission. In den einschlägigen
Entscheidungen erläutert die Kommission die Verantwortlichkeit innerhalb von Konzernstrukturen im Rahmen ihrer Ausführungen zur Adressatenstellung bei Art. 101 Abs. 1
AEUV, leitet aus der Rechtsfigur der wirtschaftlichen Einheit die Verantwortlichkeit der
bestimmenden Muttergesellschaften für Kartellrechtsverstöße ihrer Tochtergesellschaften ab
und stellt wörtlich fest, auch die Muttergesellschaft habe gegen Art. 101 AEUV verstoßen.[76]
Hieran anknüpfend adressiert die **Kommission** an alle Rechtssubjekte, die das Unternehmen tragen, eine **Abstellungsverfügung,** und zwar unabhängig davon, ob sie in eigener
Person am Kartellverstoß beteiligt waren oder (nur) **bestimmende Muttergesellschaft**
einer kartellbeteiligten Person sind.[77] Das erscheint folgerichtig, weil das Verhalten der
Tochtergesellschaft der Muttergesellschaft aufgrund ihres bestimmenden Einflusses zugerechnet wird[78] und deshalb auch rechtlich unterstellt werden darf, dass die Muttergesellschaft in einer Position ist, zu gewährleisten, dass von der wirtschaftlichen Einheit, die aus
Mutter- und Tochtergesellschaft gebildet wird, kein Kartellrechtsverstoß ausgeht. Dementsprechend muss ein Beseitigungs- und Unterlassungsanspruch auch gegen bestimmende
Muttergesellschaften gerichtet werden können. Dass dies letztlich von der Muttergesellschaft
verlangt, ihren bestimmenden Einfluss auf die Tochtergesellschaft geltend zu machen,
hindert nicht, sie zugleich mit der Tochtergesellschaft auf Unterlassen einer Störung oder
Beseitigung von Störungsfolgen in Anspruch nehmen zu können.[79] Der kartellrechtlich
induzierten Zurechnung innerhalb der wirtschaftlichen Einheit kommt damit – wie etwa
auch bei der Zurechnung des Mitarbeiterverhaltens[80] – die gleiche rechtliche Qualität zu
wie einer Zurechnung etwa nach § 31 BGB.

---

[71] Offen gelassen in OLG Frankfurt a. M. 19.2.2008 – 11 U 13/07 (Kart), juris Rn. 36; W.-H. Roth in
FK-KartellR § 33 Rn. 99; ablehnend W.-H. Roth in FK-KartellR § 33 Rn. 99; zust. etwa Kersting in
Kersting/Podszun Kap. 7 Rn. 11 S. 119 und in LMRKM § 33 Rn. 17; Mäsch in Berg/Mäsch § 33 Rn. 39.

[72] StRspr, grundlegend EuGH 14.7.1972 – C–48/69, EU:C:1972:70 Rn. 136/141 – ICI; EuGH
14.12.2006 – C–217/05, EU:C:2006:784 Rn. 40 – Confederación Española de Empresarios de Estaciones de
Servicio.

[73] EuGH 10.9.2009 – C–97/08 P, EU:C:2009:536 Rn. 60 –Akzo Nobel.

[74] StRspr, etwa EuGH 10.9.2009 – C–97/08 P, EU:C:2009:536 Rn. 59 – Akzo Nobel.

[75] → § 33a Rn. 29 ff.

[76] Siehe beispielsweise KOMM. 24.1.2007 – Comp/F/38.899 Rn. 333 ff. und Entscheidungstenor Art. 1
„Gasisolierte Schaltanlagen".

[77] KOMM. 24.1.2007 – Comp/F/38.899 Entscheidungstenor Art. 3 („Die in Artikel 1 genannten Unternehmen […] haben die […] Zuwiderhandlung unverzüglich abzustellen").

[78] Siehe EuGH 14.7.1972 – C–48/69, EU:C:1972:70 Rn. 132/135 – ICI („Wegen der Einheit des
Konzerns kann das Vorgehen der Tochtergesellschaft […] der Muttergesellschaft zugerechnet werden", Hervorhebung hinzugefügt).

[79] AA W.-H. Roth in FK-KartellR § 33 Rn. 99.

[80] → Rn. 23.

## II. Die handelnden (natürlichen) Personen

26    Adressat kartellrechtlicher Verbotsnormen ist das Unternehmen als wirtschaftliche Einheit. Als „Rechtsverletzer" iSd § 33 Abs. 1 hat das Unternehmen den Kartellrechtsverstoß zu verantworten, der den Abwehranspruch auslöst. Dieser kann gegen die Rechtssubjekte gerichtet werden, die das Unternehmen tragen. Dieses Konzept sieht **keine Haftung** der **natürlichen Personen** vor, deren Verhalten – als Organe oder Mitarbeiter und damit als Teil der wirtschaftlichen Einheit – den Kartellrechtsverstoß des Unternehmens begründen. Die für ein Unternehmen **handelnden natürlichen Personen** können **nicht deliktsrechtliche Täter** sein.[81]

27    Das schließt es nicht aus, zulasten der handelnden Personen, die nicht „Unternehmen" sind, die **deliktischen Teilnahmeregeln,** namentlich § 830 Abs. 2 BGB, heranzuziehen.[82] Deren strafrechtsakzessorische Auslegung erlaubt über § 28 StGB zu begründen, dass auch Nicht-Unternehmen haftende Teilnehmer einer Kartellrechtsverletzung sein können.[83] Jedoch trägt die Haftung etwa von handelnden Organen oder Gesellschaftern einer Personengesellschaft für Teilnahmehandlungen – etwa bei Anweisung oder Unterstützung kartellrechtswidrigen Verhaltens durch Mitarbeiter – den Keim eines schweren **Wertungswiderspruchs** in sich: Sie hafteten dann zwar als Anstifter oder Gehilfen, nicht aber, wenn sie selbst in eigener Person den Tatbestand eines Kartellrechtsverstoßes erfüllten. Dieser Wertungswiderspruch löst sich nicht dadurch auf, dass man für das quasi-täterschaftliche Handeln auf eine Haftung nach § 823 Abs. 1 BGB wegen Eingriffs in das Recht am eingerichteten und ausgeübten Gewerbebetrieb oder nach § 826 BGB verweist,[84] und er darf nicht ausgeräumt werden, indem man diese Handlungen als von § 830 Abs. 2 BGB erfasst ansieht.[85] Es bleibt die Möglichkeit, § 9 OWiG analog heranzuziehen, um eine zivilrechtliche Haftung der (quasi-)täterschaftlich handelnden Unternehmensleiter zu begründen.[86] Ob die Gerichte sich zu einer solch weitgehenden Rechtsfortbildung befugt ansehen dürfen, erscheint zweifelhaft. Verneint man dies, muss die Anwendung des § 830 Abs. 2 BGB gänzlich abgelehnt werden.[87] Als Haftungsgrundlage gegen unmittelbar handelnde natürliche Personen verbleibt **§ 826 BGB,**[88] dem auch ein Abwehranspruch zu entnehmen ist.[89]

## F. Anspruchsinhalt

28    Der Abwehranspruch gemäß § 33 Abs. 1 kann auf **Unterlassung** und auf **Beseitigung** gerichtet sein. Zu unterscheiden sind diese getrennt verfügbaren Ansprüche nach dem damit verfolgbaren Ziel. Betroffene können einerseits verlangen, dass die aus einem (vollendeten) Kartellrechtsverstoß resultierenden **gegenwärtigen und fortdauernden Beeinträchtigungen** beseitigt[90] werden, und andererseits, dass **zukünftig Kartellrechts-**

---

[81] W.-H. Roth in FK-KartellR § 33 Rn. 100; aA Bornkamm/Tolkmit in Bunte § 33 Rn. 88; Mäsch in Berg/Mäsch § 33 Rn. 40.

[82] So BGH 24.6.2003 – KZR 32/02, BGHZ 155, 189 (194 f.) = NJW 2003, 2525 (2526) = juris Rn. 20 f. – Buchpreisbindung; für die Schadensersatzhaftung OLG Düsseldorf 13.11.2013 – VI-U (Kart) 11/13, WuW/E DE-R 4117 (4127 f.) = juris Rn. 115–117 – Badarmaturen (die hiergegen erhobene Nichtzulassungsbeschwerde wurde zurückgewiesen, BGH 23.9.2014 – KZR 88/13, nicht veröffentlicht).

[83] W.-H. Roth in FK-KartellR § 33 Rn. 100.

[84] → § 33a Rn. 37.

[85] → § 33a Rn. 38.

[86] Hierfür Emmerich in Immenga/Mestmäcker, 5. Aufl., § 33 Rn. 31; W.-H. Roth in FK-KartellR § 33 Rn. 63.

[87] Inderst/Thomas Schadensersatz S. 61–63.

[88] → § 33a Rn. 41 ff.

[89] Wagner in MüKoBGB, 8. Aufl. 2020, § 826 Rn. 63.

[90] Grundlegend BGH 25.2.1959 – KZR 2/58, BGHZ 29, 344 (351 f.) = NJW 1959, 880 (882) = juris Rn. 19 – Sanifa.

der Mitglieder des vermittelnden Verbands[135] vorlegen, die iSd § 33 Abs. 3 „betroffen" sind. Das ist vom Zweck der Verbandsklagebefugnis her besehen problematisch, weil diese gerade den Betroffenen, die wegen ihrer wirtschaftlichen Abhängigkeit eine offene Konfrontation mit dem Rechtsverletzer scheuen, ein Instrument für die Rechtsdurchsetzung an die Hand geben will.[136] Es muss deshalb jedenfalls genügen, gerade so viele Namen offenzulegen, wie erforderlich sind, um die Schwelle der „Erheblichkeit" zu überschreiten.

Der Verband muss – **drittens** – nach seiner personellen, sachlichen und finanziellen **39** **Ausstattung** imstande sein, seine satzungsmäßigen Aufgaben wahrzunehmen, § 33 Abs. 4 Nr. 1 lit. b. Ein Klagerecht soll damit denjenigen Verbänden vorenthalten werden, die lediglich „auf dem Papier" kollektive Interessen verfolgen und deren Handeln nur darauf ausgerichtet ist, für die Anwälte, die ihre Geschäfte erledigen, als „Gebührenbeschaffer" zu fungieren. Ein Verband muss daher **personell** so ausgestattet sein, dass er mit eigenen Kräften, insbesondere also ohne anwaltlichen Rat, in der Lage ist, das Markt- und Wettbewerbsgeschehen zu beobachten, zu bewerten und typische, rechtlich einfach gelagerte Verstöße zu erkennen und hierauf zu reagieren. **Sachlich** darf man in der Regel eigene Büroräume einschließlich der für eine planmäßige Marktbeobachtungs- und Rechtsverfolgungstätigkeit notwendigen Ausstattung mit Büromaschinen und Kommunikationsmitteln verlangen.[137]

## III. Verbraucherverbände

Klagebefugt sind gemäß § 33 Abs. 4 Nr. 2 Verbraucherverbände, die in der **Liste nach** **40** **§ 4 UKlaG** eingetragen sind. Die Voraussetzungen für eine Eintragung bestimmt § 4 Abs. 2 S. 1 UKlaG. Für Verbraucherzentralen und andere mit öffentlichen Mitteln geförderte Verbraucherverbände wird gemäß § 4 Abs. 2 S. 2 UKlaG unwiderleglich vermutet, dass sie diese Voraussetzungen erfüllen. Über die Eintragung hinaus bedingt die Klagebefugnis eines Verbraucherverbandes auch, dass die Prozessführung im jeweiligen Einzelfall vom Satzungszweck umfasst ist.[138]

Ebenfalls klagebefugt sind gemäß § 33 Abs. 4 Nr. 2 Verbraucherverbände, die in das von **41** der Europäischen Kommission geführte **Verzeichnis nach Art. 5 Abs. 1 S. 4 der Verbandsklagen-Richtlinie**[139] aufgenommen sind. Regelungsanliegen ist es, ausländischen Verbraucherverbänden die grenzüberschreitende Rechtsverfolgung zu ermöglichen.

## § 33a Schadensersatzpflicht

(1) **Wer einen Verstoß nach § 33 Absatz 1 vorsätzlich oder fahrlässig begeht, ist zum Ersatz des daraus entstehenden Schadens verpflichtet.**

(2) **[1]Es wird widerleglich vermutet, dass ein Kartell einen Schaden verursacht. [2]Ein Kartell im Sinne dieses Abschnitts ist eine Absprache oder abgestimmte Verhaltensweise zwischen zwei oder mehr Wettbewerbern zwecks Abstimmung ihres Wettbewerbsverhaltens auf dem Markt oder Beeinflussung der relevanten Wettbewerbsparameter. [3]Zu solchen Absprachen oder Verhaltensweisen gehören unter anderem**

1. **die Festsetzung oder Koordinierung der An- oder Verkaufspreise oder sonstiger Geschäftsbedingungen,**

---

[135] BGH 11.11.2004 – I ZR 72/02, GRUR 2005, 522 (523) = juris Rn. 12 – Sammelmitgliedschaft II (zum UWG).
[136] Bien in Bien 8. GWB-Novelle S. 329, 333 f. mwN.
[137] OLG Düsseldorf 24.4.2013 – VI-U (Kart) 4/12, juris Rn. 62 – Konzessionsverträge.
[138] BGH 22.9.2011 – I ZR 229/10, NJW 2012, 1812 (1813) = juris Rn. 11–14 – Überregionale Klagebefugnis.
[139] Richtlinie (EU) 2020/1828 des Europäischen Parlaments und des Rates vom 25. November 2020 über Verbandsklagen zum Schutz der Kollektivinteressen der Verbraucher und zur Aufhebung der Richtlinie 2009/22/EG, ABl. L 409 vom 4.12.2020, S. 1.

2. die Aufteilung von Produktions- oder Absatzquoten,

3. die Aufteilung von Märkten und Kunden einschließlich Angebotsabsprachen, Einfuhr- und Ausfuhrbeschränkungen oder

4. gegen andere Wettbewerber gerichtete wettbewerbsschädigende Maßnahmen.

[4] Es wird widerleglich vermutet, dass Rechtsgeschäfte über Waren oder Dienstleistungen mit kartellbeteiligten Unternehmen, die sachlich, zeitlich und räumlich in den Bereich eines Kartells fallen, von diesem Kartell erfasst waren.

(3) [1] Für die Bemessung des Schadens gilt § 287 der Zivilprozessordnung. [2] Dabei kann insbesondere der anteilige Gewinn, den der Rechtsverletzer durch den Verstoß gegen Absatz 1 erlangt hat, berücksichtigt werden.

(4) [1] Geldschulden nach Absatz 1 hat der Schuldner ab Eintritt des Schadens zu verzinsen. [2] Die §§ 288 und 289 Satz 1 des Bürgerlichen Gesetzbuchs finden entsprechende Anwendung.

## Übersicht

# A. Überblick

§ 33a Abs. 1 bildet die **Grundlage** für den **Anspruch auf Schadensersatz** wegen **1**
einer schuldhaften Verletzung deutschen oder europäischen **Kartellrechts** und wegen
**Verstößen gegen DMA-Verpflichtungen.** Regeln zur Schadensbemessung und zur
Verzinsung finden sich in § 33a Abs. 3 bzw. Abs. 4. Bereits § 33 Abs. 3 aF enthielt entsprechende Vorgaben für den Kartellschadensersatz. Diese wurden im Zuge der Neunten
GWB-Novelle (2017) lediglich redaktionell angepasst und übersichtlicher angeordnet.[1]
Neu eingeführt hat der Gesetzgeber die Schadensvermutung gemäß § 33a Abs. 2 und damit
Art. 17 Abs. 2 KartSERL ins deutsche Recht transformiert. Die Eingliederung der Schadenshaftung wegen Verletzung von DMA-Verpflichtungen erfolgte im Zuge der 11.
GWB-Novelle (2023).[2]
§ 33a gilt für Schadensersatzansprüche wegen Kartellrechtsverletzungen, die **nach** dem **2**
**26.12.2016 entstanden** sind.[3]

# B. Funktionen der Haftung

## I. Prävention von Kartellrechtsverletzungen

In „**Courage/Crehan**" formulierte der EuGH, die „praktische Wirksamkeit" des **3**
Kartellverbots wäre beeinträchtigt, „wenn nicht jedermann Ersatz des Schadens verlangen
könnte"[4], der ihm durch eine Kartellrechtsverletzung entsteht. Hieran anknüpfend stellte
der Gerichtshof klar, dass er mit „praktischer Wirksamkeit" **in erster Linie** die **Prävention
von Kartellrechtsverletzungen** im Auge hatte: „Ein solcher Schadensersatzanspruch
erhöht nämlich die Durchsetzungskraft der gemeinschaftsrechtlichen Wettbewerbsregeln
und ist geeignet, von – oft verschleierten – Vereinbarungen und Verhaltensweisen abzuhalten, die den Wettbewerb beschränken oder verfälschen können."[5] Ein Primat der Durch-

---

[1] Vgl. Regierungsbegründung zur Neunten GWB-Novelle BT-Drs. 18/10207, 55 (zu § 33).
[2] → Vor §§ 33–34a Rn. 8b.
[3] § 187 Abs. 3 S. 1. Zur Anspruchsentstehung → § 33h Rn. 6.
[4] EuGH 20.9.2001 – C-453/99, EU:C:2001:465 Rn. 26 – Courage/Crehan.
[5] EuGH 20.9.2001 – C-453/99, EU:C:2001:465 Rn. 27 – Courage/Crehan.

setzungsfunktion[6] hat der Gerichtshof auch in „**Skanska**" angedeutet, ohne sich indes ausdrücklich festzulegen, indem er zunächst die vorgenannten Formulierungen wiederholte[7] und sodann unter Bezug auf die Schlussanträge des Generalanwalts[8] hinzufügte, „Schadensersatzklagen wegen Verstoßes gegen die Wettbewerbsregeln der Union [bilden] einen integralen Bestandteil des Systems zur Durchsetzung dieser Vorschriften, das darauf abzielt, wettbewerbswidriges Verhalten der Unternehmen zu ahnden und diese von der Beteiligung an solchem Verhalten abzuhalten."[9] Die Bedeutung der Schadenshaftung als Beitrag zum „**Abschreckungsziel**" hat der EuGH sodann in „**Sumal**" bekräftigt.[10] Die Aussicht, auf Schadensersatz zu haften, soll Kartellrechtsverletzungen verhindern. Ausdruck dessen ist es, dass der EuGH in „**Manfredi**" unterstellte, dass die mitgliedstaatlichen Rechtsordnungen bei Kartellrechtsverletzungen überkompensatorischen Schadensersatz vorsehen dürfen und hierzu entsprechend des Äquivalenzprinzips sogar verpflichtet sein können.[11] Als der **Bundesgesetzgeber** infolge des „Courage"-Urteils im Zuge der **Siebten GWB-Novelle (2005)** das Schutznormerfordernis bei § 33 aF strich und dieser spezialgesetzlichen Haftung auch Verstöße gegen das Unionskartellrecht unterstellte, begründete er dies folgerichtig auch damit, dass der „Schadensersatzanspruch [...] gegenüber dem geltenden Recht aufgewertet [werde], um [...] den **abschreckenden Effekt** zu verstärken."[12] Rückte der Gesetzgeber damit die Funktion der Haftung als Mechanismus zur Rechtsdurchsetzung ausdrücklich mit in den Mittelpunkt des Normzwecks, lag hierin doch keine ganz neue Entwicklung, sondern eine Rückbesinnung darauf, dass der Gesetzgeber die Schadenshaftung schon bei Einführung des GWB als gleichrangigen Durchsetzungsmechanismus neben der Verhängung von Geldbußen angesehen hatte[13] und dass ihm in diesem Sinne ein weitreichender deliktsrechtlicher Kartellrechtsschutz vor Augen gestanden hatte.[14]

**4**    Die primärrechtlich vorgegebene **Präventionsfunktion** der Haftung muss **Auslegung und Anwendung** sowohl der Kartellschadensersatz-Richtlinie[15] als auch der §§ 33a ff. **mitbestimmen.**[16] In diesem Sinne hat der **EuGH** in „PACCAR u.a." die **Erleichterung** der **privaten Durchsetzung** der EU-Wettbewerbsvorschriften als „**Hauptziel**" der Kar-

---

[6] Allgemein zur Verteidigung der Möglichkeit präventiver Verhaltenssteuerung als einziges oder vorrangiges Leittelos der Schadenshaftung siehe Franck Marktordnung S. 86–94.

[7] EuGH 14.3.2019 – C-724/17, EU:C:2019:204 Rn. 43 f. – Skanska Industrial Solutions.

[8] GA Wahl 6.2.2019 – C-724/17, EU:C:2019:100 Rn. 80 – Skanska Industrial Solutions; dezidiert auch ebd. Rn. 50: „Im Ergebnis ist die Wiedergutmachungsfunktion einer wettbewerbsrechtlichen Schadensersatzklage also nach meiner Ansicht verglichen mit seiner Abschreckungsfunktion zweitrangig."

[9] EuGH 14.3.2019 – C-724/17, EU:C:2019:204 Rn. 45 – Skanska Industrial Solutions; rezipiert etwa in BGH 23.9.2020 – KZR 4/19, NZKart 2021, 44 (48 f.) = juris Rn. 52 – Schienenkartell V. Deutlich in diesem Sinne auch EFTA-Gerichtshof 30.5.2018 – E-6/17 Rn. 30, NZKart 2018, 325 (326) – Fjarskipti: „The existence of a right to claim damages strengthens, in particular, the working of the EEA competition rules and discourages agreements or practices that are liable to restrict or distort competition. [...] The Court has therefore held that private enforcement of Articles 53 and 54 EEA [entsprechen Art. 101 f. AEUV] ought to be encouraged. While pursuing a private interest, a plaintiff in such proceedings contributes at the same time to the protection of the public interest, thereby benefitting consumers" (Nachw. ausgespart).

[10] EuGH 6.10.2021 – C-882/19, EU:C:2021:800 Rn. 35–37 – Sumal.

[11] EuGH 23.7.2013 – C-295/04 bis 298/04, EU:C:2006:461 Rn. 92 f. und 99 – Manfredi. Aufgenommen in BGH 23.9.2020 – KZR 4/19, NZKart 2021, 44 (48 f.) = juris Rn. 52 – Schienenkartell V.

[12] Regierungsbegründung zur Siebten GWB-Novelle BT-Drs. 15/3640, 35; deutlich auch ebd.: „[Es] soll ein effektives zivilrechtliches Sanktionssystem geschaffen werden, von dem eine zusätzliche spürbare Abschreckungswirkung ausgeht." Aufgenommen in BGH 10.2.2021 – KZR 63/18, BGHZ 229, 1 = NZKart 2021, 350 (353) = juris Rn. 36 – Schienenkartell VI.

[13] Siehe Regierungsbegründung zum GWB-Entwurf BT-Drs. 2/1158, 25.

[14] Regierungsbegründung zum GWB-Entwurf BT-Drs. 2/1158, 44.

[15] Siehe Begründungserwägung (6) KartSERL.

[16] Siehe etwa BGH 6.11.2013 – KZR 58/11, WuW/E DE-R 4037 (4047) = juris Rn. 72 – VBL-Gegenwert I: „§ 33 Abs. 3 S. 5 GWB [2005] ist eine Rechtsfolgenverweisung, Zinsen sind [...] bereits ab Schadenseintritt zu zahlen. Ein Verzug des Schuldners ist nicht erforderlich. Damit wird die mit der Neufassung des § 33 GWB durch die 7. GWB-Novelle bezweckte zusätzliche Abschreckungswirkung [...] auch durch die Verzinsung der Schadensersatzforderung [...] erreicht" (Hervorhebung hinzugefügt; Nachw. ausgespart).

tellschadensersatz-Richtlinie bezeichnet[17] und hierauf eine weite Auslegung des Rechts auf Offenlegung von Beweismitteln gemäß Art. 5 Abs. 1 Unterabs. 1 KartSERL gestützt.[18] In „RegioJet" hat der Gerichtshof unter Hinweis auf die der Richtlinie „zugrunde liegende Notwendigkeit", die „Wirksamkeit der privaten Durchsetzung des Wettbewerbsrechts zur gewährleisten", zugelassen, dass nationales Recht ein – für (möglicherweise) unter Art. 6 Abs. 5 KartSERL fallende Beweismittel[19] – an sich nicht vorgesehenes in-camera-Prüf-verfahren vorsieht, weil damit eine „übermäßige Inanspruchnahme" eines Ausschlusses von Beweismitteln von der Offenlegung nach Art. 6 Abs. 5 KarteSERL verhindert werden könne.[20]

Welche kartellbedingten individuellen Nachteile als **ersatzfähige Schäden** im Sinne **4a** von Art. 3 Abs. 1 KartSERL und § 33a Abs. 1 zu qualifizieren sind, ist eine **Rechtsfrage,** die ihre Antwort in einer Reihe normativ geprägter haftungsrechtlicher Kategorien wie **Schadenszurechnung** oder **Vorteilsausgleichung** findet. Bei der Auslegung und An-wendung dieser Konzepte wie etwa auch bei der Ausfüllung des Maßstabs des **Verschul-dens** im Sinne von § 33a Abs. 1 und bei der Definition des **Beweismaßes** für den Nach-weis der **Schadensentstehung** und **Schadenshöhe** muss die Präventionsfunktion zum Tragen kommen. Hierauf hat der **BGH** rekurriert, als er in „Schienenkartell V" für die Rechtslage vor der Neunten GWB-Novelle (2017) die ausnahmsweise **Nichtanwendbar-keit der passing-on defence** begründete, wenn die Kartellanten nicht mit einer In-anspruchnahme durch Folgeabnehmer zu rechnen hätten, und für die lex lata eine ent-sprechende Rechtsfortbildung in Aussicht stellte.[21] Die im Allgemeinwohlinteresse wirken-de Präventionswirkung des Kartellschadensersatzes war für den BGH auch wertungsleitend für die Klauselkontrolle von Pauschalierungsabreden anhand von § 307 Abs. 1 BGB.[22]

Im Lichte der **Präventionsfunktion** sind die aus dem **Effektivitätsprinzip**[23] abzulei- **4b** tenden **Vorgaben des EU-Primärrechts** an das sekundärrechtliche und mitgliedstaatliche Kartellschadensersatzrecht zu konkretisieren. Um die hieraus folgenden Anforderungen an die Schadenshaftung zu definieren, bietet sich ein Blick auf die – wie der Effektivitäts-grundsatz auf Art. 4 Abs. 3 EUV beruhende – EuGH-Rechtsprechung zur Sanktion bei Verletzungen des Sekundärrechts an.[24] Hieraus folgt, dass die Haftung **„wirksam, verhält-nismäßig und abschreckend"** auszugestalten ist. Ihre Präventionswirkung muss also – einerseits – hinreichend stark sein, um Marktteilnehmer von der Verletzung des Kartell-rechts abzuhalten. Sie darf – andererseits – aber nicht über das erforderliche Maß hinaus-gehen und Marktteilnehmer von legalem Verhalten abhalten. Ein solches Risiko der Über-abschreckung[25] kann praktisch zum einen deshalb bestehen, weil Unternehmen die Grenze zwischen kartellrechtlich erlaubtem und nicht erlaubtem Verhalten nicht eindeutig antizi-pieren können. Zu starker Sanktionsdruck kann dann dazu verleiten, auf an sich legales Verhalten zu verzichten, um ein Haftungsrisiko zu vermeiden. Zum anderen ist zu beden-ken, dass in einem Unternehmen als Adressat der Haftung die Unternehmensleiter damit rechnen müssen, dass etwa Angestellte im mittleren Management, Vertriebsmitarbeiter oder Geschäftsleiter von Tochtergesellschaften Kartellrechtsverstöße initiieren. Eine übermäßige Haftungsdrohung kann daher das Topmanagement zu – aus sozialer Sicht – übermäßigen Investitionen in Compliance verleiten, dies bis hin zum Ausstieg aus kartellgeneigten Branchen. Deshalb ist es geboten, die Haftung auf ein optimales Niveau hin auszurichten, das auch die Gefahr einer Überabschreckung berücksichtigt.

---

[17] EuGH 10.11.2022 – C-163/21, EU:C:2022:863, Rn. 62 und 55 f. – PACCAR u. a.
[18] → Vor §§ 33–34a Rn. 28a.
[19] Im Gegensatz zu Art. 6 Abs. 6 iVm Abs. 7 KartSERL.
[20] EuGH 12.1.2023 – C-57/21, EU:C:2023:6 Rn. 123 – RegioJet.
[21] → § 33c Rn. 14b und 14c.
[22] → Rn. 119.
[23] Hierzu → Vor §§ 33–34a Rn. 13 ff.
[24] → Vor §§ 33–34a Rn. 21.
[25] Franck ECJ 11 (2015), 135 (144–146); Franck/Peitz Toward a Coherent Policy on Cartel Damages S. 16 f. mwN.

5     Um diese Vorgaben für eine effektive Sanktion, die hinreichend, aber nicht übermäßig abschreckend wirkt, umzusetzen, muss man deren verhaltenssteuernde Wirkung einschätzen können. Hierfür eignet sich das ökonomische **Standardmodell optimaler Prävention,** wie es Gary Becker[26] mit Blick auf die Sanktionswirkung des Strafrechts formuliert hat und das sodann zunächst von Posner und Easterbrook[27] sowie Landes[28] für die Schadensersatzhaftung als Mechanismus zur Durchsetzung des Kartellrechts adaptiert wurde. Eine optimale Sanktion sollte Akteure dazu zwingen, die sozialen Kosten ihres Verhaltens zu internalisieren. Hieraus folgt insbesondere, dass der Erwartungswert der drohenden Schadensersatzhaftung idealerweise der Summe aus dem kartellbedingten sozialen Schaden (deadweight loss)[29] und dem Anteil der Transaktionsrente, die sich die Kartellrechtsverletzer auf Kosten der Konsumenten sichern (cartel overcharge), entsprechen sollte.[30] Vor diesem Hintergrund lassen sich beispielsweise Aussagen dazu treffen, ob der Ersatz bestimmter (mittelbarer) Schadensposten – wie etwa Preisschirmschäden – im Sinne optimaler Prävention geboten ist oder ob sie besser wegen eines Risikos übermäßiger Abschreckung nicht ersatzfähig gestellt werden sollten.[31]

6     Am Standardmodell optimaler Prävention ausgerichtete Analysen fokussieren die Höhe der Einbußen, vor allem Geldabflüsse, die Marktteilnehmer für den Fall erwarten müssen, dass ihr Rechtsverstoß entdeckt wird. Unter Berücksichtigung insbesondere der Entdeckungswahrscheinlichkeit[32] sollte dieser Erwartungswert gerade so hoch sein, dass sich eine Rechtsverletzung nicht mehr lohnt bzw. dass ein Unternehmen einen angemessenen Aufwand betreibt, um Rechtsverletzungen zu verhindern. Mit Blick auf die Kartellbildung wird diese Analyse dadurch verkompliziert, dass es sich nicht um die Entscheidung eines Unternehmens handelt, sondern ein **koordiniertes Gruppenverhalten erforderlich** ist. Einer Kartellbildung kann deshalb bereits dann wirksam vorgebeugt werden, wenn potentielle Kartellanten untereinander befürchten müssen, von ihren Mit-Kartellanten hintergangen zu werden und deshalb nur eine geringe Aussicht auf eine dauerhaft stabile Verhaltenskoordinierung besteht.[33] Dies erklärt den Erfolg von **Kronzeugenprogrammen** (leniency programs) und von Programmen zur Belohnung von Hinweisgebern (whistleblower rewards programs). Die Frage nach der optimalen Haftungsdrohung erscheint vor diesem Hintergrund in einem anderen Licht: Wenn Kronzeugen zwar keine oder nur geringere Bußgelder zahlen müssen, jedoch eine Kartellschadenshaftung zu erwarten haben, kann sich dies im Ganzen negativ auf die Abschreckungswirkung durch Bußgelder und Schadensersatz auswirken. Es liegt hier der Grund für die anhaltende Diskussion um eine angemesse-

---

[26] Becker Journal of Political Economy 76 (1968), 169.

[27] Posner/Easterbrook Antitrust Cases, Economic Notes and other Materials, 2. Aufl. 1981, S. 549–553.

[28] Landes U. Chi. L. Rev. 50 (1983), 652.

[29] Siehe GA Wahl 6.2.2019 – C-724/17, EU:C:2019:100 Rn. 50 – Skanska Industrial Solutiona, der darauf hinweist, dass der ersatzfähige individuell zuordenbar Schaden betragsmäßig den eigentlichen sozialen Schaden, der jedenfalls praktisch aufgrund von Zuordnungs- und Messprobleme regelmäßig nicht individuell geltend gemacht wird oder gemacht werden kann – hierzu im Einzelnen Franck Marktordnung S. 131–139 – mit abdecken muss: „Aber der eigentliche fundamentale Schaden, der durch illegale Wettbewerbsbeschränkungen entsteht, ist der durch sie hervorgerufene Wohlfahrtsverlust, d. h. ein Verlust an wirtschaftlicher Effizienz, der durch das jeweilige wettbewerbswidrige Verhalten verursacht wird. Das bedeutet, dass der Schaden, der durch die wettbewerbsrechtlichen Schadensersatzklagen aufgezeigt wird, in Wirklichkeit stellvertretend für die wirtschaftlichen Defizite steht, die durch einen Verstoß gegen das Wettbewerbsrecht verursacht werden, und durch den damit einhergehenden Verlust für die Gesellschaft als Ganzes, nämlich die Schwächung von Verbraucherinteressen.“

[30] Zu Grundlagen und Herleitung Franck Marktordnung S. 114–129; Franck/Peitz Toward a Coherent Policy on Cartel Damages S. 17 f., jew. mwN.

[31] Zu Preisschirmschäden Franck Marktordnung S. 617–619 mwN.

[32] Aussagen hierüber sind naturgemäß spekulativ. Für Spanien wurde die Entdeckungswahrscheinlichkeit bei Kartellen auf 11,5 Prozent geschätzt. García-Verdugo/Merino Toncoso/Martin JECLAP 11 (2020), 188. Für die Vereinigten Staaten wird der Wert im Bereich von 10 bis 25 Prozent gesehen. Siehe Connor/Lande Cardozo Law Review 34 (2012), 427 (486–490) und Tabelle 3. Siehe auch Ormosi Journal of Applied Econometrics 29 (2013), 549 (weniger als 20 Prozent aller Kartelle werden aufgedeckt).

[33] Siehe etwa Bigoni/Fridolfsson/Le Coq/Spagnolo Journal of Law, Economics, and Organization 31 (2015), 663 (663–666).

ne Privilegierung von Kronzeugen bei der Schadensersatzhaftung und den Zugang potentieller Kläger zu Kronzeugenerklärungen.[34]

Schadensersatzansprüche generieren für (potentiell) Kartellgeschädigte **Anreize, Informationen** über Kartellrechtsbrüche **zur Verfügung zu stellen,** nämlich entweder, indem sie unmittelbar die Kartellanten auf Schadensersatz in Anspruch nehmen (sog. standalone-Klagen) oder indem sie ihre Informationen den Kartellbehörden überlassen, um sodann auf Grundlage der Ermittlungsergebnisse oder einer (bestandskräftigen) Behördenentscheidung Schadensersatz zu fordern (sog. follow on-Klagen). Vor allem dieser Aspekt der Informationshebung[35] ist deshalb neben der Höhe der Haftungsdrohung ein wichtiger Faktor für die Präventionswirkung der Haftung, weil damit die Entdeckungs- und Durchsetzungswahrscheinlichkeit steigt. Er spricht – mit Blick auf mittelbar kartellbedingte Nachteile – dafür, vor allem Nachteile solcher Marktteilnehmer ersatzfähig zu stellen, von denen erwartet werden kann, dass sie über Informationen verfügen, um Kartellrechtsverstöße aufzudecken und sodann auch Schadensersatzansprüche substantiieren zu können.[36] Der **BGH** hat etwa in „**Schienenkartell V**" betont, dass es in diesem letzten Sinne problematisch sei, die Klageanreize der unmittelbaren Abnehmer durch die Zulassung der passing-on defence zu schwächen.[37] Zu bedenken ist zudem, dass Unternehmen, die in einer langfristigen Geschäftsbeziehung zu den Rechtsverletzern stehen – also vor allem die direkten **Abnehmer und Lieferanten** – zögerlich sein können, Kartellrechtsverstöße offenzulegen. Einerseits müssen sie **Vergeltung fürchten,** andererseits dürfen sie hoffen, am **Kartellgewinn** zu **partizipieren.**[38] Dies spricht dafür, den Kreis der potentiell Anspruchsberechtigten nicht zu eng zu ziehen und etwa kartellbedingte Nachteile indirekter Abnehmer oder Lieferanten zuzurechnen.

## II. Gerechter Schadensausgleich

Der EuGH fasste im Urteil „Donau Chemie" seine Auffassung zu den Zielen der **8** Schadenshaftung für Kartellrechtsverletzungen zusammen, indem er zunächst unter Bezug auf „Courage/Crehan" deren Präventionsfunktion betonte, sodann aber hinzufügte: „Zum anderen bietet dieses Recht einen wirksamen **Schutz gegen** die **nachteiligen Folgen,** die ein Verstoß gegen Art. 101 Abs. 1 AEUV für den Einzelnen haben kann, da es den Personen, denen aufgrund dieses Verstoßes ein Schaden entstanden ist, ermöglicht, dessen **vollständigen Ersatz** zu verlangen [...]."[39] Die Schadenshaftung soll also nicht nur über die Abschreckung von Kartellrechtsverletzungen vor deren nachteiligen Folgen schützen, sondern auch durch deren Ausgleich. In diesem Sinne hatte auch der Bundesgesetzgeber im Zuge der Siebten GWB-Novelle festgehalten, dass die Stärkung der Schadensersatzhaftung dazu beitragen solle, „einen wirksamen Ausgleich für den Geschädigten sicherzustellen."[40]

Die Feststellung, Haftung solle Schäden ausgleichen, paraphrasiert als solche nur den **9** Wirkungsmechanismus der Schadensersatzhaftung. **Schadensausgleich** kann aber für sich besehen **nicht sinnvoll** zur Funktion der Haftung – verstanden als ein **haftungsleitendes**

---

[34] Siehe hierzu Buccirossi/Marvão/Spagnolo, Leniency and Damages, 2015; Franck in Wollenschläger/Wurmnest/Möllers Private Enforcement 77 (86 f.).

[35] Franck Marktordnung S. 45 mwN. Siehe auch GA Wahl 6.2.2019 – C-724/17, EU:C:2019:100 Rn. 48 – Skanska Industrial Solutions: „Wenn Einzelnen (oft mit Kenntnis von Kartellen oder eines anderen wettbewerbswidrigen Verhaltens aus erster Hand) effektive zivilrechtliche Rechtsbehelfe zur Verfügung stehen, steigt zum einen die Wahrscheinlichkeit, dass eine größere Zahl von illegalen Wettbewerbsbeschränkungen erfasst wird und dass die Rechtsverletzer zur Verantwortung gezogen werden. Mit anderen Worten, das Risiko, entdeckt zu werden, steigt erheblich."

[36] Franck/Peitz World Competition 43 (2020) 209 (236 f.).

[37] BGH 23.9.2020 – KZR 4/19, NZKart 2021, 44 (49 f.) = juris Rn. 58 – Schienenkartell V („Dies wiegt besonders schwer, weil der Primärgeschädigte – wie hier – am ehesten über die Informationen verfügt, die für die Durchsetzung des Schadensersatzanspruchs erforderlich sind [...]").

[38] Zum letzten Aspekt etwa Schinkel/Tuinstra/Rüggeberg RAND Journal of Economics 39 (2008), 683.

[39] EuGH 6.6.2013 – C-536/11, EU:C:2013:366 Rn. 23 f. – Donau Chemie.

[40] Regierungsbegründung zur Siebten GWB-Novelle BT-Drs. 15/3640, 35.

**Prinzip** – erhoben werden. Aus einem solchen müssten sich nämlich auch Aussagen dazu ableiten lassen, welche Nachteile, die sich auf eine Kartellrechtsverletzung zurückführen lassen, nicht auszugleichen sein sollen.[41] Denn die normativ geprägten Elemente der Schadenshaftung wie Verschulden, Kausalität und Zurechnung, Vorteilsausgleichung usw setzen gerade voraus, dass – anders als etwa bei einer „mechanischen" Umsetzung der Differenzhypothese – nicht alle noch so entfernten kartellbedingten Nachteile ersatzfähig sind und dass nicht alle kartellbedingten Vorteile den Schädiger entlasten sollen. Deshalb ist es wohlfeil, zu konstatieren, es stehe im Einklang mit Vorstellungen ausgleichender Gerechtigkeit, wenn diejenigen, die für Kartellrechtsverletzungen verantwortlich sind, alle hierdurch verursachten Schäden ersetzen müssen. Dies genügt aber nicht, die letztlich für die Rechtsanwendung entscheidende Frage zu adressieren, wie weit die ausgleichende Gerechtigkeit Nachteilsausgleich gebietet.

10    Es bedarf hierfür greifbarer **materieller Kriterien,** die es erlauben, zu entscheiden oder zumindest tendenzielle Aussagen darüber zu treffen, welche – kartellinduzierten – Nachteile im Sinne eines **gerechten Schadensausgleichs**[42] ersetzt werden müssen und welche nicht. Überzeugende und zugleich implementierbare Kriterien wird man insoweit von einem Rückgriff auf allgemeine Gerechtigkeitstheorien kaum erwarten dürfen. Auch aus dem **materiellen Kartellrecht** lassen sich allenfalls ansatzweise Wertungen ableiten, die tauglich wären, haftungsrechtliche Kategorien wie Verschulden, Schadenszurechnung, Vorteilsausgleich usw für den Einzelfall auszufüllen. Immerhin kann man dem Kartellverbot nach Art. 101 AEUV entnehmen, dass die Norm der Verbraucherwohlfahrt besonders verpflichtet ist. Denn Art. 101 Abs. 3 AEUV erlaubt effizienzfördernde Koordinierungen nur dann ausnahmsweise, wenn die Verbraucher hieran angemessen beteiligt werden. Das legt etwa eine Tendenz nahe, dass es im Sinne ausgleichender Gerechtigkeit eher geboten ist, Verbrauchern ihren Schaden auszugleichen als Lieferanten.[43]

11    Für die Suche nach den Grenzen des im Sinne ausgleichender Gerechtigkeit gebotenen Schadensersatzes richtet sich deshalb der Blick regelmäßig auf die für das **Haftungsrecht im Allgemeinen** entwickelten **Grenzen der Schadenshaftung.** In diesem Sinne empfahl etwa GA Kokott dem EuGH, sich im „Kone"-Fall für die Frage der Zurechnung mittelbarer Schäden am Kriterium des „hinreichend unmittelbaren Kausalzusammenhangs" zu orientieren, wie es der Gerichtshof zur außervertraglichen Haftung der Unionsorgane gemäß Art. 340 Abs. 2 AEUV entwickelt hat.[44] Im Bürgerlichen Recht bietet etwa die Rechtsprechung des BGH in den sog. „Grünstreifen"-Fällen einen Maßstab, um zu beurteilen, ob durch Verhalten Dritter vermittelte Schäden – zB im Falle kartellbedingter Preisschirmeffekte wie in „Kone" – zugerechnet werden sollen oder nicht. Orientiert man sich hieran, spricht beispielsweise viel dafür, dass Kartellanten für Preisschirmschäden haften müssen.[45] Dieserart Konkretisierung der Idee vom gerechten Schadensausgleich gewährleistet Konsistenz richterrechtlicher Grundsätze. Das ist allerdings ohnehin vom Gleichheitsgebots gefordert. Von einer haftungsleitenden Funktion im Sinne eines Leittelos müsste man sich darüber hinaus einen Maßstab erwarten, der es den Gerichten erlaubt, sich hieran bei ihrer Rechtsfindung zu orientieren, und den Beobachtern Kriterien an die Hand gibt, die Entscheidungen der Gerichte – über das Einfordern von Widerspruchsfreiheit und Wertungseinklang hinaus – kritisch überprüfen zu können. Es zeigen sich hierin grundsätzliche Schwierigkeiten, (Kartell-)Schadensersatzrecht an einem Ideal gerechten Schadensausgleichs auszurichten.

---

[41] Franck Marktordnung S. 80 f. mwN; zum allgemeinen Deliktsrecht insbes. Wagner in MüKoBGB, 8. Aufl. 2020, Vor § 823 Rn. 43 mwN.

[42] Vgl. Jansen, Die Struktur des Haftungsrechts, 2003, S. 37. Zum Kartellschadensersatz siehe auch Bacharis JECLAP 13 (2022) 217 (229–231).

[43] Zu dieser Erwägung im Einzelnen Franck/Peitz Toward a Coherent Policy on Cartel Damages S. 40–42.

[44] GA Kokott 30.1.2014 – C-557/12, EU:C:2014:45 Rn. 34–40 – Kone.

[45] Franck Marktordnung S. 632–634.

## C. Verstoß gegen Kartellrecht oder kartellbehördliche Verfügungen oder DMA-Verpflichtungen

Die Haftung nach § 33a greift erstens bei jenen **Kartellrechtsverstößen,** die auch in **12** § 33 Abs. 1 in Bezug genommen werden, nämlich solchen gegen den **ersten Teil des GWB**, dh §§ 1–47l, und gegen Art. 101 f. AEUV. Das schließt von Vornherein aus,[46] die bußgeldrechtlichen Vorschriften nach §§ 81 ff. als Verweisungsnormen zu verstehen.[47] Marktteilnehmer können nur gegen solche Vorschriften „verstoßen"[48] bzw. ihnen „zuwiderhandeln"[49], die ihnen unmittelbar Pflichten auferlegen (Gebote und Verbote). Hierunter fallen etwa nicht die Bestimmungen über Wettbewerbsregeln gemäß §§ 24–27. Im Übrigen gilt das in → § 33 Rn. 4 f. Ausgeführte.

Zweitens greift § 33a auch bei den von § 33 Abs. 1 erfassten Verstößen gegen **Ver- 13 fügungen der Kartellbehörden.** Hierzu kann auf → § 33 Rn. 6–8 verwiesen werden. Im Besonderen gilt, dass im Falle einer Verfügung, die zunächst vollziehbar erlassen, sodann aber aufgehoben wurde, ein Verstoß gegen die Verfügung weiterhin eine taugliche Grundlage für einen Schadensersatzanspruch bilden kann, wenn die Aufhebung nicht die der Verfügung zugrundeliegende Rechtsverletzung infragestellt, sondern etwa nur auf einer nachträglichen Änderung des Sachverhalts beruht.[50]

Dem Kläger obliegt es, einen Kartellrechtsverstoß darzulegen und zu beweisen. Dabei **14** kommt ihm die **Bindungswirkung** kartellbehördlicher Entscheidungen gemäß Art. 16 VO 1/2003 und § 33b zugute. Auch jenseits ihrer formalen Bindungswirkungen können behördliche Feststellungen und Einlassungen der Beklagten vor den Kartellbehörden Beweiskraft entfalten (→ § 33b Rn. 3). Eine Zuwiderhandlung gegen Art. 101 oder 102 AEUV, die durch das Bundeskartellamt bestandskräftig festgestellt wurde, muss bis zum Beweis des Gegenteils als vom Kläger nachgewiesen gelten.[51] Wird vorgetragen, der Beklagte habe vor den Kartellbehörden einen Kartellrechtsverstoß gestanden, genügt für ein Bestreiten nicht, das Bußgeldverfahren allein aus wirtschaftlichen Gründen einvernehmlich beendet zu haben.[52]

Die Gerichte haben verschiedentliche **Beweiserleichterungen** anerkannt. Ein **An- 15 scheinsbeweis** für eine Kartellbeteiligung soll etwa anzunehmen sein, wenn das BKartA feststellt, dass ein Kartell „nahezu alle Unternehmen", die in einer Region in einer bestimmten Branche tätig sind, umfasste, wobei die Muttergesellschaft der Beklagten „an vorderster Stelle" an der Kartellabsprache beteiligt war.[53]

Der BGH geht davon aus, dass eine **tatsächliche Vermutung** dafür streitet, dass sich **16** Beteiligte einer kartellrechtswidrigen Abrede, die weiterhin auf dem Markt tätig sind, fortdauernd „bei ihrem weiteren Marktverhalten so verhalten, wie sie es untereinander abgestimmt haben". Diese **„Vermutung einer andauernden Zuwiderhandlung"** gelte jedenfalls, „solange die für die Abstimmung wesentlichen ökonomischen und rechtlichen Rahmenbedingungen fortdauern und kein Beteiligter erkennbar [aus der Verhaltenskoordinierung] ausbricht."[54] Die Zustellung einer bußgeldbewehrten, sofort vollziehbaren Ab-

---

[46] Anders noch § 33 Abs. 1 S. 1 aF („gegen eine Vorschrift dieses Gesetzes").

[47] Unter §§ 33 Abs. 1 S. 1, Abs. 3 aF wurde etwa auf die Bußgeldverantwortlichkeit natürlicher Personen gemäß § 81 iVm dem weiten Täterbegriff nach § 9 OWiG als Argument für deren Haftungsverantwortlichkeit verwiesen, so etwa W.-H. Roth in FK-KartellR, 2001, § 33 Rn. 138.

[48] § 33a.

[49] Art. 3 Abs. 1, Art. 2 Abs. 1 KartSERL.

[50] Bechtold/Bosch § 33 Rn. 9.

[51] EuGH 20.4.2023 – C-25/21, EU:C:2023:298 Rn. 62 f. – Repsol Comercial de Productos Petrolíferos → Vorb §§ 33–34a Rn. 14e.

[52] LG Berlin 16.12.2014 – 16 O 384/13 Kart, WuW/E DE-R 4917 (4921) = juris Rn. 48 – Schienenkartell. Das KG 28.6.2018 – 2 U 13/14 Kart, NZKart 2018, 376 (376 f.) = juris Rn. 48 – Schienenkartell, ließ dies dahinstehen und stellte stattdessen auf die Bindungswirkung des Bußgeldbescheids ab.

[53] KG 1.10.2009 – 2 U 10/03 Kart, WuW 2010, 189 (191) = juris Rn. 23 – Transportbeton.

[54] BGH 12.7.2016 – KZR 25/14, WuW 2016, 2188 = juris Rn. 23 f. – Lottoblock II unter Hinweis auf EuGH 4.6.2009 – C-8/08, EU:C:2009:343 Rn. 58 – T-Mobile Netherlands BV, und EuGH 21.1.2016 – C-

stellungsverfügung soll diese Vermutung nicht widerlegen können. Erforderlich sei, dass sich ein Kartellant „offen und eindeutig von der Abstimmung distanziert, so dass den anderen Teilnehmern bewusst wird, dass [er] sich nicht mehr daran hält [...]."[55]

**17** Einer **Zusagenentscheidung** nach **Art. 9 VO 1/2003** ist keine Feststellung eines Kartellrechtsverstoßes zu entnehmen und ihr kommt deshalb keine Bindungswirkung zu. Der EuGH hat indes aus dem Loyalitätsgebot nach Art. 4 Abs. 3 EUV eine Pflicht der nationalen Gerichte abgeleitet, die zugrundeliegende vorläufige Beurteilung der Kommission zu berücksichtigen und „als **Indiz** oder als **Anfangsbeweis**" für einen Verstoß gegen Art. 101 Abs. 1 AEUV anzusehen.[56] Welche Erleichterungen hieraus im Einzelnen für Kläger mit Blick auf die Darlegungs- und Beweislast oder die rechtliche Beurteilung folgen müssen, ist einstweilen offen.[57]

**17a** Der **DMA** kreiert (implizit) **individuelle Rechte,** die durch die **Mitgliedstaaten** mittels **privatrechtlichen Rechtsschutzes einschließlich eines Rechts auf Schadensersatz** zu gewährleisten sind. Dies ist vom EU-Gesetzgeber in der Verordnung angelegt worden[58] und folgt im Einzelnen daraus, dass die Verpflichtungen – einschließlich der Umgehungsverbote – durchweg unmittelbar wirksam sind.[59] § 33a (und auch § 33) setzen diese unionsrechtliche Vorgabe um. Die Anspruchsvoraussetzungen nach § 33a unterliegen deshalb den Schranken des unionsrechtlichen **Äquivalenz- und Effektivitätsgebots.**[60]

**17b** Über die Referenz auf § 33 Abs. 1 gelten die Regeln zur Schadenshaftung nach **§ 33a Abs. 1, 3 und 4** für **Verstöße gegen Art. 5, 6 und 7 DMA,** einschließlich von Verstößen gegen das **Umgehungsverbot** nach **Art. 13 Abs. 4 bis 6 DMA.**[61]

**17c** Der **Anspruchsteller** hat den Verstoß gegen Art. 5, 6 oder 7 DMA (ggf. iVm. Art. 13 Abs. 4 bis 6 DMA) **darzulegen und zu beweisen.** Ihm kommt die Bindungswirkung nach Art. 39 Abs. 5 DMA und nach § 33b zugute. Aus ihrer systematischen Einbindung in die Regelungen zur Durchsetzung durch die Kommission folgt, dass die Nachweisobliegenheiten nach **Art. 8 Abs. 1 DMA,** die ohnehin nicht als Umkehr der materiellen Beweislast zu verstehen sind, jedenfalls **nicht für den Zivilprozess** gelten. Im Lichte des Effektivitätsgebots müssen die Gerichte aber hinsichtlich eines Verstoßes **Beweiserleichterungen,** insbesondere **sekundäre Darlegungslasten,** zulasten beklagter Gatekeeper erwägen.[62] Inwieweit diese anzunehmen sind (und die originäre Substantiierungslast der Kläger abzusenken ist), hängt von der Natur der behaupteten Rechtsverletzung ab: Soweit Verpflichtungen nach Art. 5, 6 und 7 DMA Vorgänge betreffen, die in der Sphäre der Gatekeeper liegen, darf die Anwendung der Darlegungs- und Beweislastregeln nicht dazu führen, dass die Geltendmachung privatrechtlichen Rechtsschutzes praktisch unmöglich gemacht wird. Dies ist aber mit Blick auf die DMA-Verpflichtungen nicht notwendigerweise der Fall; tatsächlich erscheint einem Kläger hinsichtlich der Mehrzahl der Tatbestände eine substantiierte Darlegung eines Verstoßes zumutbar.[63]

---

74/14, EU:C:2016:42 Rn. 33 – Eturas. Aus diesen vom BGH in Bezug genommenen Urteilen folgt indes nur, dass eine Abstimmung zwischen Unternehmen eine Vermutung nach sich zieht, dass ihr Marktverhalten sich (auch) hieran ausrichtete und damit ein Verstoß gegen Art. 101 Abs. 1 AEUV vorlag. Siehe zur Fortdauervermutung auch OLG Düsseldorf 26.9.2018 – VI-U (Kart) 24/17, NZKart 2019, 331, Ls. 3, Rn. 60–63 (gekürzt) = juris Rn. 64–71 – Verkürzter Versorgungsweg.

[55] BGH 12.7.2016 – KZR 25/14, WuW 2016, 488 (490 f.) = juris Rn. 30 – Lottoblock II unter Hinweis auf EuGH 7.1.2004 – C-204/00 P, EU:C:2004:6 Rn. 81–84 – Aalborg Portland, und EuG 15.7.2015 – T-393/10, EU:T:2015:51 Rn. 194 – Westfälische Drahtindustrie.

[56] EuGH 23.11.2017 – C-547/16, EU:C:2017:891 Rn. 29 – Gasorba ua.

[57] Siehe hierzu Becker Zusagenentscheidung S. 205–262; Thomas ZWeR 2018, 141.

[58] → Vor §§ 33–34a Rn. 35–39.

[59] → Vor §§ 33–34a Rn. 40–47.

[60] → Vor §§ 33–34a Rn. 13 ff.

[61] → § 33 Rn. 10a.

[62] Lahme/Ruster in Podszun Art. 39 DMA Rn. 31.

[63] Siehe etwa Art. 5 Abs. 3 bis 10 DMA.

## D. Anspruchsberechtigung

### I. Ansprüche aus eigenem Recht

§ 33a Abs. 1 formuliert die Pflicht, Schäden zu ersetzen, die aus Verstößen gegen das **18** Kartellrecht entstehen. Der Kreis möglicher Anspruchsinhaber wird nicht einschränkend definiert. **Anspruchsinhaber** ist daher **jeder,** der einen dem **Kartellrechtsverstoß zu-** **zurechnenden**[64] **Schaden** erlitten hat. Das steht im Einklang mit Art. 3 Abs. 1 Kart-SERL, wonach „jede [...] Person" anspruchsberechtigt ist, „die einen durch eine Zuwider-handlung gegen das Wettbewerbsrecht verursachten Schaden erlitten hat". Dies geht zurück auf die Vorgabe des EuGH in „Courage/Crehan", „jedermann" solle „Ersatz des Schadens verlangen [können], der ihm durch einen Vertrag, der den Wettbewerb beschränken oder verfälschen kann, oder durch ein entsprechendes Verhalten entstanden ist."[65]

Die **„jedermann"-Formel** des EuGH richtete sich gegen kategorische Beschränkungen **19** der Anspruchsberechtigung entlang herkömmlicher – im Lichte des Effektivitätsprinzips als zu eng erkennbarer – Haftungsgrenzen des nationalen Rechts, wie etwa in „Courage/Crehan" mit dem Einwand der unclean hands nach englischem Recht[66] oder wie die in der älteren deutschen Rechtsprechung geübte restriktive Lesart des Schutznormerfordernisses, die nur solchen Marktteilnehmern Haftungsansprüche zuwies, die Opfer einer gezielt gegen sie gerichteten Kartellrechtsverletzung waren, nicht aber etwa jenen, die schlicht ein Produkt kartellbedingt zu teuer erworben hatten.[67] Sowohl dem „Courage"-Zitat, als auch Art. 3 Abs. 1 KartSERL und § 33a Abs. 1 ist das **Erfordernis** eines **ursächlichen Zu-sammenhangs** zwischen Kartellrechtsverletzung und Schaden zu entnehmen. Mag die Anspruchsberechtigung auch nicht explizit beschränkt sein, so liegt ihr doch ein normativ geprägtes Kausalitätserfordernis zugrunde, das es jedenfalls nicht a priori ausschließt, be-stimmte Nachteile einer Kartellrechtverletzung **aus Rechtsgründen nicht zuzurechnen,** selbst wenn diese für jene eine conditio sine qua non bildete. Ist das vom EuGH angestoße-ne weite Recht auf Schadensersatz Ausdruck einer funktionalen Subjektivierung des Kar-tellrechts, dann müssen für die Schadenszurechnung die mit der Haftung verknüpften Zwecke maßgeblich sein.

Praktisch gibt das Unionsrecht eine **weite Schadenszurechnung** vor,[68] die insbesonde- **19a** re auch einen Ersatz von Schäden vorsieht, die durch rechtmäßiges Verhalten Dritter vermittelt worden sind wie etwa bei **Preisschirmschäden**[69] oder bei einer **Schadens-weiterwälzung** durch die unmittelbaren Abnehmer.[70] Damit im Einklang steht es, auch

---

[64] Zur Schadenszurechnung → Rn. 60 ff.

[65] EuGH 20.9.2001 – C-453/99, EU:C:2001:465 Rn. 26 – Courage/Crehan.

[66] Danach darf sich eine Partei nicht auf eigenes rechtswidriges Verhalten – im Fall: Abschluss eines kartellrechtswidrigen Vertriebsvertrages – stützen, um einen Anspruch auf Schadensersatz zu begründen. Zudem unterstellte der Court of Appeals, dass Art. 101 AEUV Dritte, Wettbewerber oder Verbraucher, nicht aber die Parteien einer (kartell-)rechtswidrigen Vereinbarung schützen solle, vgl. EuGH 20.9.2001 – C-453/99, EU:C:2001:465 Rn. 11 f. – Courage/Crehan.

[67] BGH 4.4.1975 – KZR 6/74, BGHZ 64, 232 (237 f.) – Krankenhaus-Zusatzversicherung; BGH 25.1.1983 – KZR 22/85, BGHZ 96, 337 (351) – Abwehrblatt; zuletzt vor der Siebten GWB-Novelle, mit der das Schutznormerfordernis gestrichen wurde, etwa noch LG Mainz 15.1.2004 – 12 HKO 56/02 Kart, WuW/E DE-R 1349 (1351) = NJW-RR 2004, 478 (480 f.) – Vitaminpreise; LG Mannheim 11.7.2003 – 7 O 326/02, GRUR 2004, 182 sub II.1.a) – Vitaminkartell. Infolge des „Courage"-Urteils des EuGH hat der BGH auch für Altfälle die enge Auslegung des Schutznormerfordernisses aufgegeben, BGH 28.6.2011 – KZR 75/10, BGHZ 190, 145 Rn. 13–17. Diese korrigierte Auslegung des Schutznormerfordernisses für den Anspruch aus § 823 Abs. 2 BGB iVm Art. 85 EWG-Vertrag oder Art. 81 EGV muss gleichermaßen auch für Ansprüche aus § 35 GWB 1958 und § 33 GWB 1999 gelten. Nichts spricht dafür, dass der Gesetzgeber das Schutznormerfordernis dort enger ausgelegt wissen wollte und so die Opfer von Verletzungen des GWB ungünstiger gestellt hätte, wenn er sich der Anforderungen des Europäischen Wettbewerbsrechts bewusst gewesen wäre.

[68] Bacharis JECLAP 13 (2022) 217 (224–226 und 228 f.).

[69] EuGH 5.6.2014 – C-557/12, EU:C:2014:1317 Rn. 33 f. – Kone.

[70] Art. 12 Abs. 1 und Art. 14 KartSERL, → § 33c Rn. 21.

Anbietern von Komplementärgütern und **Lieferanten** bei Kartellierung ihrer Abnehmer auf nachgelagerten Märkten einen Ersatzanspruch zuzuweisen.[71] Mit dem **„Otis"**-Urteil hat der EuGH im Übrigen geklärt, dass auch ein Subventionsgeber, der kartellbedingt überhöhte Fördergelder an Kartellgeschädigte ausgehändigt hat, von den Kartellanten Ersatz verlangen können muss.[72] Der EuGH verlangt damit grundsätzlich auch eine Schadenszurechnung und damit eine Aktivlegitimation, wenn ein Nachteil zwar ursächlich auf eine Kartellrechtsverletzung zurückgeht, aber – anders als in den vorgenannten Konstellationen – nicht (allein) durch kartellbedingt verzerrte Marktparameter vermittelt wurde.[73]

**20**     In der Rechtsprechung des EuGH zeigt sich die **funktionale Subjektivierung** des Unionsrechts darin, dass der Gerichtshof denjenigen, die von einer Rechtsverletzung **„betroffen"** sind, denen also hieraus Nachteile entstanden sind oder drohen, subjektive Rechte zuweist.[74] Das trifft sich mit der „jedermann"-Formel im „Courage"-Urteil.[75] Wenngleich der EuGH dort nicht den Begriff des „Betroffenen" verwendete, um die Anspruchsberechtigung zu beschreiben, wäre es deshalb der Sache nach durchaus naheliegend gewesen, wenn sich der Unionsgesetzgeber in Art. 3 Abs. 1 KartSERL dieser Terminologie bedient hätte. Da aber letztlich weder der EuGH in „Courage" noch der Unionsgesetzgeber in der Kartellschadensersatz-Richtlinie die Anspruchsberechtigung auf „Betroffene" begrenzten, ist es folgerichtig, dass auch der **deutsche Gesetzgeber** in § 33a auf die Verwendung der Kategorie der **„Betroffenen" verzichtete**[76] und damit insbesondere Freiraum für eine unionsrechtskonforme Anwendung des § 33a und differenzierte Zurechnungsregeln bei § 33 Abs. 1 und Abs. 3 im Verhältnis zu § 33a Abs. 1 gelassen hat.[77] **Anders als bei § 33** sind damit insbesondere Personen, deren **kartellbedingter Nachteil nicht in marktvermittelter Weise eingetreten** ist, sich also nicht als unmittelbare Folge einer kartellbedingten Verzerrung der Markt- und Wettbewerbsbedingungen zeigt, **nicht von der Aktivlegitimation ausgeschlossen.**

**20a**    Die offene Konzeption des **§ 33a** schließt nicht aus, dass die Gerichte es **wie unter § 33 Abs. 3 GWB 2005** (→ Rn. 20d) als Frage der Anspruchsbegründung behandeln, ob die Markttransaktion, durch die der behauptete Kartellschaden vermittelt worden sein soll, Gegenstand der kartellrechtswidrigen Vereinbarung war. Ein Verzicht auf das Merkmal einer individuellen **Betroffenheit** in diesem Sinne wird weder durch das unionsrechtliche Effektivitätsgebot noch durch zivilprozessrechtliche Prinzipien[78] erzwungen. Die Betroffenheit bildet gleichsam einen „Vorfilter" zum Zurechnungszusammenhang und zur Schadensentstehung. Ob dies als Element der Haftungsbegründung oder Haftungsausfüllung verstanden wird, ist etwa bei § 304 ZPO für die Abgrenzung von Grund- und Betragsverfahren von Bedeutung, daneben aber vor allem für das Beweismaß. Die Anwendung des § 286 ZPO für die Frage nach einer individuellen Betroffenheit des Anspruchstellers, so sie denn mit angemessenen Beweiserleichterungen zugunsten der Kläger einhergeht,[79] kann in unionsrechtskonformer Weise erfolgen.[80] Tatsächlich enthalten die zur **Schadensentstehung** führenden Kausalitätsketten regelmäßig **Elemente**, für die das **Beweismaß des § 286 ZPO grundsätzlich sachgerecht** erscheint.[81] Das gilt etwa für die Frage, ob der Anspruchsteller vom Rechtverletzer Produkte bezogen hat und um welche Mengen es sich

---

[71] → Rn. 63.

[72] EuGH 12.12.2019 – C-435/18, EU:C:2019:1069 Rn. 31 f. – Otis.

[73] → Rn. 64 ff.

[74] Siehe etwa EuGH 25.7.2008 – C-237/07, EU:C:2008:447 Rn. 39 – Janecek/Freistaat Bayern; EuGH 5.10.2006 – C-368/04, EU:C:2006:644 Rn. 46 – Transalpine Ölleitung; hierzu Franck Marktordnung S. 195–197 und S. 216.

[75] Franck Marktordnung S. 199.

[76] Siehe – der Sache nach letztlich wie hier – Kersting in Kersting/Podszun Kap. 7 Rn. 21 S. 122 f. (Verweis auf § 33 Abs. 1, nicht aber auf die Definition in § 33 Abs. 3) und in LMRKM § 33a Rn. 14.

[77] → § 33 Rn. 16.

[78] Siehe aber Pohlmann WRP 2020, 1242 (1245 f.).

[79] → Rn. 70–72 (zu § 33 Abs. 3 GWB 2005).

[80] Franck WRP 2020, 536 (537–538, Rn. 7 f.).

[81] Bornmann/Tolkmitt in Bunte § 33a Rn. 13.

handelte. In der „Otis"-Konstellation (→ Rn. 19a) gilt das auch für die Behauptung, die öffentliche Hand berechne die Fördergelder in Abhängigkeit von der Höhe des Preises, den der Subventionierte tatsächlich gezahlt hat. Gleiches gilt für den Zeitpunkt von Erwerbsvorgängen: liegt dieser vor der behaupteten bzw. (bindend) festgestellten Zuwiderhandlung, kann insoweit eine Kausalität bereits auf Ebene der Betroffenheit verneint werden.[82]

**Vorzugswürdig** erscheint es jedoch, wenn die Gerichte den durch die Neunte GWB- **20b** Novelle geschaffenen Freiraum dazu nutzten, **unter § 33a** auf das **Merkmal der Betroffenheit** als Voraussetzung der Anspruchsbegründung im Sinne eines „Vorfilters" **zu verzichten oder es zu marginalisieren,** indem Betroffenheit jedem Kläger attestiert wird, der einen Schadensposten geltend macht, der als prinzipiell zurechenbar[83] gilt.[84] Es würde damit eine – aus europäischer Perspektive besehen – Eigentümlichkeit des deutschen Kartellschadensersatzrechts[85] aufgehoben, deren unionsrechtskonforme Ausgestaltung dauernden Zweifeln unterliegen könnte und deren Handhabung unter § 33 Abs. 3 GWB 2005 auch nach dem „Schienenkartell II"-Urteil des BGH mit Unsicherheiten behaftet bleibt (→ Rn. 20d). Für die Standardkonstellation einer follow on-Kartellschadensersatzklage bestünde die Konsequenz einer solchen Neujustierung unter § 33a im Wesentlichen (nur) darin, dass der Kläger die Tatsache, dass von ihm Produkte erworben wurden, auf die sich eine Kartellabsprache bezog („Kartellgegenständlichkeit"), nicht zur Haftungsbegründung vorbringen müsste, sondern für die Haftungsausfüllung, um dort die – nunmehr in § 33a Abs. 2 S. 4 ausdrücklich[86] geregelte – Vermutung der Kartellbefangenheit der konkreten Transaktion[87] auszulösen.

Die Einführung der Vermutungsregelung für eine Kartellbefangenheit der konkreten **20c** Transaktion nach **§ 33a Abs. 2 S. 4** mit der Zehnten GWB-Novelle und die hierfür gegebene **Begründung des Gesetzgebers** dürfen **nicht** als implizite **Billigung** einer **Fortschreibung** der **Rechtsprechung zur Betroffenheit bei § 33 Abs. 3 GWB 2005** verstanden werden.[88] Anlass für ein solches Missverständnis bietet die Formulierung in der Regierungsbegründung zur Zehnten GWB-Novelle, in der es heißt mit der Norm werde eine widerlegliche Vermutung für die „Betroffenheit der unmittelbaren Lieferanten oder Abnehmer eines Kartells bei Rechtsgeschäften mit kartellbeteiligten Unternehmen"[89] eingeführt. Allerdings geht die dort verwendete Terminologie noch auf die Begründung zum Referentenentwurf zur Zehnten GWB-Novelle zurück (Stand: 24.1.2020), in der diese Vermutungsregelung (dort noch als § 33a Abs. 5) als Reaktion auf das erste „Schienenkartell"-Urteil des BGH konzipiert war.[90] In diesem Urteil hatte der BGH allerdings die Frage der Kartellbefangenheit tatsächlich noch im Zusammenhang mit der Voraussetzung der Betroffenheit bei Ansprüchen aus § 33 Abs. 3 GWB 2005 thematisiert.[91] Indem der BGH hiernach allerdings mit Urteil vom 28.1.2020 in „Schienenkartell II" klargestellt hatte, dass die Kartellbefangenheit der konkreten Transaktion keine Frage der (haftungsbegründenden) Betroffenheit, sondern der Haftungsausfüllung sei (→ Rn. 20d), musste dies zur Folge haben, dass die – im Wortlaut unverändert gebliebene – **Vermutungsregelung** für eine **Kartellbefangenheit** sich ebenfalls **nicht** mehr auf die **Betroffenheit** beziehen konnte. In der endgültigen Regierungsbegründung wurde sodann zwar auf das „Schienenkar-

---

[82] BGH 28.6.2022 – KZR 46/20, NZKart 2022, 641 (643) = juris Rn. 33 f. – Stahl-Strahlmittel.

[83] → Rn. 64 ff.

[84] So bereits ähnlich mit im Einzelnen unterschiedlichen Akzentuierungen und Begründungen Franck WRP 2020, 536 (538, Rn. 10); Thiede/Klumpe in Bien u. a., 10. GWB-Novelle Kap. 4 Rn. 43; Otto ZWeR 2019, 354 (374–376); Pohlmann WRP 2020, 1242 (1243–1247); W.-H. Roth in FK-KartellR § 33 Rn. 59 und § 33a Rn. 34; tendenziell auch Wurmnest FS Säcker, 2021, S. 353 (361).

[85] Regierungsbegründung Zehnte GWB-Novelle BT-Drs. 19/23492 S. 88 („eine besondere Regelung des deutschen Rechts").

[86] Die Vermutung gilt ohnehin schon gemäß § 33a Abs. 2 S. 1 → Rn. 81c.

[87] → Rn. 74a und 81a–81d.

[88] In diesem Sinne auch Lahme/Ruster in Bien u. a., 10. GWB-Novelle Kap. 4 Rn. 235–237.

[89] Regierungsbegründung zur Zehnten GWB-Novelle BT-Drs. 19/23492 S. 88.

[90] Referentenentwurf zur Zehnten GWB-Novelle S. 11 und 92 f.

[91] BGH 11.12.2018 – KZR 26/17, WuW 2019, 91 (94) = juris Rn. 59 – Schienenkartell I.

tell II"-Urteil rekurriert und festgestellt, die Regelung sei weiterhin erforderlich, weil der BGH bestätigt habe, dass für die Kartellbefangenheit kein Anscheinsbeweis gelte.[92] Bei der redaktionellen Überarbeitung der Begründung wurde aber offenbar nicht berücksichtigt, dass aus Sicht des BGH nunmehr die **Kartellbefangenheit (nur) noch** auf der Ebene der **Haftungsausfüllung** für die **Schadensentstehung relevant** war. Da dies im Text der Regierungsbegründung nicht hinreichenden Niederschlag gefunden hat, kommt der vorgenannten Formulierung der Regierungsbegründung keine Aussagekraft für die Frage zu, ob Betroffenheit bei § 33a überhaupt noch Relevanz als eigenständige Voraussetzung für die Haftungsbegründung hat. Im Übrigen spricht die **Einführung des § 33a Abs. 2 S. 4** tatsächlich **gegen** die Beibehaltung der **Betroffenheit** als **eigenständige Voraussetzung der Haftungsbegründung unter § 33a:** Wenn im Falle eines Kartells gemäß § 33a Abs. 2 S. 4 das gleiche tatsächliche Vorbringen, nämlich die „Kartellgegenständlichkeit" der erworbenen Produkte, das seit der BGH-Rechtsprechung in „Schienenkartell II" unter § 33 Abs. 3 GWB 2005 genügen soll, um die Betroffenheit zu substantiieren (→ Rn. 20d), vom Gesetzgeber aufgegriffen wurde, um eine (widerlegliche) Vermutung für die Schadensentstehung zu begründen, ist erst recht zweifelhaft, welcher Sinn dann einem „Vorfilter" der Kartellbetroffenheit nach dem gesetzgeberischen Konzept des § 33a noch zukommen soll.

**20d**  Für auf **§ 33 GWB 1999/2005** gestützte Ansprüche hat der BGH in **„Schienenkartell II"** und nachfolgenden Urteilen daran festgehalten, dass der **Betroffenheit eigenständige Bedeutung** auf der Ebene der **Haftungsbegründung** zukommt, nämlich „für die Frage […] ob dem Anspruchsgegner ein wettbewerbsbeschränkendes **Verhalten** anzulasten ist, das – vermittelt durch den Abschluss von Umsatzgeschäften oder in anderer Weise – **geeignet** ist, einen **Schaden** des Anspruchstellers mittelbar oder unmittelbar **zu begründen.**"[93] Diese Voraussetzung ist ohne Weiteres als erfüllt anzusehen, wenn Waren von am Kartell beteiligten Unternehmen erworben wurden, die Gegenstand der Kartellabsprache waren.[94] Um Letzteres zu definieren und auch darüber hinaus Aussagen darüber zu treffen, ob eine Kartellrechtsverletzung geeignet war, den geltend gemachten Schaden zu begründen, sind im Falle von follow on-Klagen die Feststellungen des zugrundeliegenden Bußgeldbescheids heranzuziehen.[95] Für die Betroffenheit muss **nicht** gezeigt werden, dass die Waren **„kartellbefangen"** oder **„kartellbetroffen"** in dem Sinne waren, dass die Koordinierung tatsächlich die Parameter der maßgeblichen Transaktion beeinflusst hat.[96]

---

[92] Regierungsbegründung zur Zehnten GWB-Novelle BT-Drs. 19/23492 S. 88.

[93] BGH 28.1.2020 – KZR 24/17, BGHZ 224, 281 = NZKart 2020, 136 (137) = juris Rn. 25 – Schienenkartell II; BGH 19.5.2020 – KZR 70/17, NZKart 2020, 535 (537) = juris Rn. 24 – Schienenkartell III; BGH 23.9.2020 – KZR 4/19, juris Rn. 16 – Schienenkartell V; BGH 23.9.2020 – KZR 35/19, BGHZ 227, 84 = NZKart 2021, 117 (118) = juris Rn. 31 – LKW-Kartell I; BGH 10.2.2021 – KZR 63/18, BGHZ 229, 1 = juris Rn. 15 – Schienenkartell VI; BGH 13.4.2021 – KZR 19/20, juris Rn. 21 – LKW-Kartell II; BGH 29.11.2022 – KZR 42/20, juris Rn. 29 – Schlecker.

[94] BGH 28.1.2020 – KZR 24/17, BGHZ 224, 281 = NZKart 2020, 136 (137) = juris Rn. 25 – Schienenkartell II; BGH 23.9.2020 – KZR 4/19, juris Rn. 18 – Schienenkartell V; BGH 13.4.2021 – KZR 19/20, juris Rn. 22 f. – LKW-Kartell II (Kartellgegenständlichkeit der Grundmodelle [„Ecktypen"] ist hinreichend). Das Kriterium, wonach ein Produkt „Gegenstand des Verstoßes" gewesen sein muss, findet sich auch in § 33c Abs. 2 als Voraussetzung für die Vermutung der Schadensentstehung beim mittelbaren Abnehmer. Dies deutet darauf hin, dass die Betroffenheit im gesetzgeberischen Konzept der §§ 33a und 33c nicht (mehr) als Anspruchsvoraussetzung angelegt ist → § 33c Rn. 24a.

[95] Siehe etwa BGH 23.9.2020 – KZR 4/19, juris Rn. 22 (zur Lieferung von Zubehör und Ersatzteilen) – Schienenkartell V; BGH 23.9.2020 – KZR 35/19, BGHZ 227, 84 = NZKart 2021, 117 (119) = juris Rn. 34 f. – LKW-Kartell I (zur Erfassung von „Sonderfahrzeugen" mit Betonmischerfahrgestell, Kipperfahrgestell und Pritschenfahrgestell).

[96] BGH 28.1.2020 – KZR 24/17, BGHZ 223, 281 = NZKart 2020, 136 (137 f.) = juris Rn. 26 – Schienenkartell II; BGH 19.5.2020 – KZR 70/17, NZKart 2020, 535 (537) = juris Rn. 24 – Schienenkartell III; BGH 23.9.2020 – KZR 4/19, juris Rn. 17 – Schienenkartell V; BGH 23.9.2020 – KZR 35/19, BGHZ 227, 84 = NZKart 2021, 117 (118) = juris Rn. 31 – LKW-Kartell I; BGH 10.2.2021 – KZR 63/18, BGHZ 229, 1 = juris Rn. 15 – Schienenkartell VI; BGH 13.4.2021 – KZR 19/20, juris Rn. 21 – LKW-Kartell II; BGH 28.6.2022 – KZR 46/20, NZKart 2022, 641 (642) = juris Rn. 24 – Stahl-Strahlmittel; BGH 29.11.2022 – KZR 42/20, juris Rn. 29 – Schlecker.

Für die Betroffenheit soll es also maßgeblich sein, ob der Anspruchsteller auf einen Markt aktiv war oder – etwa bei Konstellationen des Behinderungsmissbrauchs – agieren wollte, auf den die anspruchsbegründende wettbewerbswidrige Handlung ausgerichtet war.[97] Die Betroffenheit ist deshalb auch in gleicher Weise zu bejahen, wenn ein Kläger Waren, die dem gleichen Markt wie die kartellgegenständlichen zuzuordnen sind, von einem Kartellaußenseiter erworben hat. Denn **Preisschirmeffekte** zählen ohne weiteres zu den möglichen Auswirkungen eines Kartells.[98] Im Falle **mittelbaren Erwerbs**[99] oder bei Schäden, die nicht durch Marktverhalten vermittelt worden sind (wie etwa bei Subventionsgebern),[100] muss es entsprechend für die Betroffenheit genügen, dass die jeweils unmittelbaren Abnehmer bzw. Geschädigten ein kartellgegenständliches Produkt erworben haben.[101] Angesichts möglicher **Nachwirkungen** von Kartellen[102] kann die **Betroffenheit in zeitlicher Hinsicht** nicht allein deshalb verneint werden, weil ein – sachlich kartellgegenständliches – Produkt nach dem Ende der behaupteten oder festgestellten Kartellabsprache bezogen worden ist.[103]

Das Konzept des **Unternehmens** als wirtschaftliche Einheit führt **nicht** zu einer **21** **Erweiterung der Anspruchsberechtigung.**[104] Geprägt wurde es von den Unionsorganen für die Konkretisierung der Adressatenstellung bei Art. 101 f. AEUV und für die Frage, gegen welche Personen verwaltungsrechtliche Abhilfemaßnahmen oder Sanktionen (Bußgeld und Schadensersatzhaftung) zu richten sind; im letzteren Fall, um ein Unterlaufen von Sanktionen in Konzernsachverhalten und durch Umstrukturierungen zu verhindern.[105] Weder im Text der Art. 101 f. AEUV noch in der Rechtsprechung des EuGH gibt es einen Hinweis darauf, dass das Konzept auch für die Kennzeichnung des von einer Rechtsverletzung Betroffenen und damit etwa auch für die Anspruchsberechtigung maßgeblich sein sollte. Genauso wenig fordert das Effektivitätsgebot eine Übertragung auf die Anspruchsberechtigung. Zwar könnte hierdurch die Geltendmachung von Ansprüchen erleichtert werden, weil es bei Schädigung mehrerer Konzerngesellschaften, die eine wirtschaftliche Einheit bilden, die Zuordnung zu einzelnen Rechtsträgern entbehrlich machte und insbesondere auch dem Einwand, der Schaden sei auf einen anderen Rechtsträger der wirtschaftlichen Einheit abgewälzt worden, den Boden entzöge.[106] Jedoch ist nicht ersichtlich, dass diese Erleichterungen zwingend wären, weil anderenfalls die Durchsetzung des Rechts auf Schadensersatz „praktisch unmöglich" oder „übermäßig erschwert" wäre.[107] Insbesondere kann der passing on–Einwand ausgeschlossen werden, indem konzernintern Ansprüche an die Konzerngesellschaft, die Geschäftspartner eines Kartellanten ist, abge-

---

[97] Zu Beweisfragen → Rn. 67 ff.

[98] BGH 19.5.2020 – KZR 8/18, juris Rn. 25 – Schienenkartell IV; BGH 23.9.2020 – KZR 4/19, juris Rn. 23 – Schienenkartell V; BGH 28.6.2022 – KZR 46/20, NZKart 2022, 641 (642 f.) = juris Rn. 30 und 35 – Stahl-Strahlmittel.

[99] → § 33c Rn. 24b.

[100] → Rn. 27 ff.

[101] Siehe etwa BGH 13.4.2021 – KZR 19/20, juris Rn. 3 und 22 – LKW-Kartell II (von selbständigen Vertragshändlern der Hersteller-Kartellanten erworbene LKW) und BGH 28.6.2022 – KZR 46/20, NZKart 2022, 641 (642) = juris Rn. 27–29 – Stahl-Strahlmittel (von der Tochtergesellschaft der Hersteller-Kartellantin erworbenes Produkt).

[102] → Rn. 91 f.

[103] BGH 28.6.2022 – KZR 46/20, NZKart 2022, 641 (643) = juris Rn. 36 – Stahl-Strahlmittel.

[104] So im Grundsatz auch LG Dortmund 9.9.2020 – 8 O 42/18, NZKart 2020, 553 (554) = juris Rn. 15 – Gerichtsstand Lkw-Kartell. Das Gericht hält unter Verweis auf Kersting WuW 2019, 290 (297 f.) eine Ausdehnung der Aktivlegitimation für denkbar, wenn – etwa in Fällen des Behinderungsmissbrauchs – das „Gesamtunternehmen" als unmittelbar geschädigt angesehen werden kann.

[105] → Rn. 27 ff.

[106] Kersting WuW 2019, 290 (298).

[107] Zu diesem Maßstab → Vor §§ 33–34a Rn. 13. Siehe LG Dortmund 9.9.2020 – 8 O 42/18, NZKart 2020, 553 (554) = juris Rn. 15 – Gerichtsstand Lkw-Kartell („Doch ist nicht zu verkennen, dass in Fällen wie dem vorliegenden eine konkrete, rechtlich selbständige Unternehmensgesellschaft identifiziert werden kann"). Dass es Einzelfälle gibt, in denen letztlich die Anspruchsdurchsetzung tatsächlich an der Zuordnung von Schadensposten zu einzelnen Rechtsträgern scheitert oder zu scheitern droht, gebietet für sich noch nicht eine Korrektur der Gesetzeslage auf Grundlage des Effektivitätsprinzips. AA Kreße GPR 2019, 240 (243).

treten werden.[108] Schließlich darf man auch nicht annehmen, der deutsche Gesetzgeber habe mit der Bezeichnung der Opfer kartellrechtswidriger Missbräuche als „Unternehmen" – die sich seit der 4. GWB-Novelle 1980 in den Regelbeispielen des seinerzeitigen § 22 Abs. 4 S. 2 fand, nunmehr in §§ 19 Abs. 2 Nr. 1, 4, 5 und §§ 20, 21 – das Konzept der wirtschaftlichen Einheit importieren wollen, um damit einer Erweiterung der Anspruchsberechtigung gerade nur für diese Rechtsverletzungen (und nicht für Verstöße gegen § 1 und Art. 101 f. AEUV) den Boden zu bereiten.[109] So lässt sich zeigen, dass der Gesetzgeber etwa mit der Bezeichnung des Verrufenen in § 26 Abs. 1 GWB 1980 (jetzt § 21 Abs. 1) als „Unternehmen" und nicht (wie zuvor) als „Wettbewerber" den Tatbestand auf Konstellationen erweitern wollte, in denen kein Wettbewerbsverhältnis zwischen Verrufer und dem zu sperrenden Unternehmen besteht, um Umgehungen des Boykottverbots zu verhindern.[110]

## II. Ansprüche aus abgetretenem Recht

**22**    **1. Hintergrund.** Verkauf und Abtretung eines Anspruchs aus § 33a bieten sich zum einen an, wenn kartellgeschädigte Abnehmer oder Lieferanten eine für sie wichtige Geschäftsverbindung nicht mit einer gerichtlichen Konfrontation belasten wollen. In der ganz überwiegenden Zahl der Fälle ist die Abtretung vom Ziel der Forderungsbündelung im Sinne einer „unechten Sammelklage" motiviert. **Ansprüche** zu **bündeln** kann **Vorteile** für deren **wirksame Geltendmachung** mit sich bringen.[111] Die Kosten der Prozessführung einschließlich der Einholung von ökonomischen Gutachten und der Prozessfinanzierung können durch Skalenerträge und Risikodiversifizierung gesenkt werden:[112] Es wird Know-how bei der Beratung potentiell Geschädigter, der Vorbereitung von Klagen und der Führung von Prozessen aufgebaut. Marktdaten verschiedener Kläger können zusammengeführt und damit die Qualität des Datenmaterials für die Beweisführung über Schadenshöhen etc. verbessert werden. Größere Summen potentieller Ansprüche erlauben es, um Investoren zu werben, und eröffnen den Zugang zu etablierten Prozessfinanzierern. Mit höheren Streitwerten kann stärkerer Verhandlungsdruck aufgebaut werden; Kläger profitieren von Gebührendegression und -deckelung. Zugleich wird einem Rechtsverletzer eine vergleichsweise Einigung mit einer größeren Anzahl von Geschädigten lohnenswerter erscheinen, weil sie ihm schneller dem Ziel näherbringt, die Bücher über einen Kartellrechtsverstoß schließen zu können. Relativ gesehen profitieren hiervon diejenigen am stärksten, die lediglich geringe Schadenssummen geltend machen. Im Falle von Streuschäden auf Ebene der Endverbraucher ist die kollektive Geltendmachung des Rechts auf Schadensersatz unumgänglich, um eine rationale Apathie Geschädigter zu überwinden.

**23**    Das **deutsche Zivilprozessrecht** stellt Klägern **kein** Instrument im Sinne einer **Gruppenklage** oder **Sammelklage** (class action) bereit, das es ihnen erlaubte, Ansprüche prozessual zu bündeln.[113] Die Musterfeststellungsklage nach §§ 606 ff. ZPO durch qualifizierte Einrichtungen, die nur Verbrauchern als möglicherweise Geschädigten offen steht, bildet kein brauchbares Instrument, um die Durchsetzungsschwächen mangels wirksamen kollektiven Rechtsschutzes im Kartellschadensersatzrecht zu beheben.[114] Verbreitet ist deshalb die **materiell-rechtliche Bündelung von Ansprüchen** im Wege der Abtretung.[115]

---

[108] → § 33c Rn. 14a.

[109] Vgl. aber Kersting WuW 2019, 290 (298).

[110] Regierungsbegründung zur Vierten GWB-Novelle BT-Drs. 8/2136, 23 f.

[111] BGH 13.7.2021 – II ZR 84/20, NZKart 2021, 515 (521) = juris Rn. 55 – AirDeal.

[112] Fest ZfPW 2016, 173 (177); Stadler WuW 2018, 189 (190).

[113] Die unionsrechtlichen Vorgaben hierzu beschränken sich – neben dem Effektivitätsgrundsatz – auf eine Empfehlung → Vor §§ 33–34a Rn. 31.

[114] Siehe etwa Basedow EuZW 2018, 609 (610 f.).

[115] Das Modell einer Einzugsermächtigung mit gewillkürter Prozessstandschaft wird praktisch wohl vor allem wegen rechtlicher Unklarheiten hinsichtlich der Berechtigung gemieden, Stadler WuW 2018, 189 (192); zur Abgrenzung von der Inkassozession siehe OLG Düsseldorf 14.5.2008 – U (Kart) 14/07, WuW/E DE-R 2311 (2315 f.) = juris Rn. 54–64.

In der Praxis haben sich vor allem Modelle etabliert, in denen Kapitalgesellschaften, die eigens zur Rechtsverfolgung gegründet werden, Ansprüche aufkaufen und sich abtreten lassen. Regelmäßig wird hierbei – jedenfalls bei Ansprüchen auf Kartellschadensersatz[116] – kein „echter" Forderungskauf vorliegen. Das Risiko des Forderungsausfalls verbleibt im Wesentlichen beim Verkäufer, weil der Käufer regelmäßig nur dann zur Zahlung eines Kaufpreises verpflichtet wird, wenn die Gesellschaft die Forderung jedenfalls anteilig einbringen konnte.[117] Auszukehren ist dann der Einziehungserlös abzüglich einer Provision, die marktüblich offenbar in einem Bereich zwischen 20 und 50 Prozent liegt.[118] Wenngleich deshalb die Rechtsverfolgungsgesellschaft wirtschaftlich betrachtet nicht Inhaber der Forderung wird,[119] erwirbt sie mit der Inkassozession Anspruchsberechtigung und Aktivlegitimation. Sie kann die Forderung damit einklagen, ohne ein besonderes eigenes rechtliches Interesse an ihrer Geltendmachung darlegen zu müssen.[120]

**2. Wirksamkeitshindernisse. Rechtsverfolgungsgesellschaften,** die durch Inkasso- **24** zession erworbene Forderungen im eigenen Namen durchsetzen, bieten eine Rechtsdienstleistung iSd § 2 Abs. 2 S. 1 RDG als eigenes Geschäft[121] an und unterliegen damit der **Erlaubnispflicht** nach § 3 RDG.[122] Eine Abtretung, die im Zusammenhang mit einer nicht erlaubten Rechtsdienstleistung erfolgt, **kann** deshalb gemäß **§ 134 BGB nichtig** sein.[123] Einer Eintragung in das Rechtsdienstleistungsregister gemäß §§ 10 ff. RDG stehen jedoch regelmäßig keine Hindernisse entgegen, die eine Zweckgesellschaft nicht überwinden könnte. Zudem hat der II. Zivilsenat des BGH in der „AirDeal"-Entscheidung festgestellt, dass es sich beim „Sammelklage-Inkasso" um eine dem registrierten Inkassodienstleister **erlaubte Dienstleistung** handelt und dies nicht deshalb infrage zu stellen ist, weil das Geschäftsmodell ausschließlich oder vorrangig auf eine klageweise Durchsetzung von Forderungen gerichtet ist.[124] Dem hat sich der VIa. Zivilsenat des BGH in „financialright" in einem den sog. Dieselskandal betreffenden Sachverhalt angeschlossen und festgestellt, dies gelte auch für die „massenhafte Bündelung" von Ansprüchen und unabhängig davon, dass dies (auch) zum Zwecke der Einnahmenerzielung geschehe.[125] Zudem gelte die Inkassodienstleistungsbefugnis nach § 10 Abs. 1 S. 1 Nr. 1 RDG ohne zusätzliche Registrierung gemäß § 10 Abs. 1 S. 1 Nr. 3 RDG auch für die Geltendmachung treuhänderisch erworbener Forderungen, die ausländischem (im Fall: Schweizer)

---

[116] Anders etwa bei Geschäftsmodellen zur Geltendmachung von Flugverspätungsentschädigungen, vgl. Hartung BB 2017, 2825 (2826).
[117] Angesichts der großen Unsicherheit der Einbringlichkeit der Forderungen auf Kartellschadensersatz – bei hohen Kosten der Durchsetzung – könnte ein echtes Factoring dem Geschädigten nur einen (sehr) geringen Anteil der behaupteten Forderung als Verkaufserlös einbringen. Siehe Petrasincu/Unseld NZKart 2023, 9 (13) (kaum mehr als 10 bis 20 Prozent der Forderung).
[118] Fest ZfPW 2016, 173 (178).
[119] Vgl. BGH 11.12.2013 – IV ZR 136/13, NJOZ 2015, 406 (407) = juris Rn. 17.
[120] OLG Düsseldorf 14.5.2008 – U (Kart) 14/07, WuW/E DE-R 2311 (2316 f.) = juris Rn. 67 f. (Beschwerde gegen die Nichtzulassung der Revision wurde zurückgewiesen, BGH 7.4.2009 – KZR 42/08, GRUR-RR 2009, 319 = juris); BGH 20.12.1979 – VII ZR 306/78, NJW 1980, 991, sub I.2.
[121] BGH 30.10.2012 – XI ZR 324/11, NJW 2013, 59 (60) = juris Rn. 21 („Forderungseinziehung innerhalb einer ständigen haupt- oder nebenberuflichen Inkassotätigkeit oder außerhalb einer solchen nicht lediglich als Nebenleistung im Zusammenhang mit einer anderen beruflichen Tätigkeit").
[122] Vgl. OLG Düsseldorf 18.2.2015 – VI-U (Kart) 3/14, BeckRS 2015, 5317 Rn. 52 = juris Rn. 50 – Zementkartell-Sammelklage (CDC).
[123] BGH 27.11.2019 – VIII ZR 285/18, BGHZ 224, 89 = NJW 2020, 208 (218) = juris, Rn. 91 f. – Mietpreisrechner („Mietright") (Nichtigkeit nur bei „eindeutige[r], nicht nur geringfügige[r] Überschreitung der Inkassodienstleistungsbefugnis); BGH 5.3.2013 – VI ZR 245/11, NJW 2013, 1870 Rn. 11.
[124] BGH 13.7.2021 – II ZR 84/20, NZKart 2021, 515 (516–520) = juris Rn. 13–44 – AirDeal; aA zuvor etwa LG München 7.2.2020 – 37 O 18934/17, NZKart 2020, 145 (146–148) (gekürzt), juris Rn. 141–172 – LKW-Kartell; LG Hannover 4.5.2020 – 18 O 50/16, NZKart 2020, 398 (398–400) (gekürzt), juris Rn. 88–193 – Zuckerkartell.
[125] BGH 13.6.2022 – VIa ZR 418/21, BGHZ 234, 125 = NZKart 2022, 524 (524 f.) = juris Rn. 11–18 – financialright.

Sachrecht unterfielen.[126] Aus den **Aussagen und Wertungen** dieser Urteile folgt, dass das Modell des **Sammelklage-Inkassos für** die Geltendmachung von **Kartellschadens-ersatz-Ansprüchen nutzbar** ist. Dass dies etwa aufgrund eines typischerweise besonders großen Umfangs und einer besonderen Komplexität von Klagen auf Kartellschadensersatz, die deshalb besonderer Sachkunde bedürften, anders sein soll,[127] geht fehl: Dieser Argumentationslinie, die für § 10 Abs. 1 S. 1 RDG auf eine im Einzelfall notwendige (besondere) rechtliche Expertise abstellt, hat der BGH in „financialright" den Boden entzogen.[128] Das überzeugt, weil die legitime und vom RDG-Reformgesetzgeber auch positiv konnotierte Wirkung des Sammelklage-Inkassos gerade darin besteht, durch Anspruchsbündelung den Zugang zu hochspezialisierter Rechtsberatung und anderen für die Klagedurchsetzung notwendigen Dienstleistungen wie etwa ökonometrischen Gutachten zu erleichtern (→ Rn. 22).[129] Damit trifft sich, dass es auch die Systematik des Gesetzes ausschließt, die Inkassoerlaubnis des § 10 Abs. 1 Nr. 1 RDG durch Rückgriff auf die in § 11 Abs. 1 RDG erfassten, besondere Sachkunde erfordernden Bereiche, zu beschränken.[130]

24a   **§ 4 S. 1 RDG** postuliert, dass Rechtsdienstleistungen nicht erbracht werden dürfen, wenn sie mit einer anderen Leistungspflicht unvereinbar sind. Damit sollen Interessenkollisionen ausgeschlossen werden, weshalb beim Vorliegen von Interessenkonflikten, die von der Vorschrift nicht erfasst werden, auch eine entsprechende Anwendung in Erwägung zu ziehen ist. In „AirDeal" hat der II. Zivilsenat des **BGH** das „Sammelklage-Inkasso" auf verschiedene denkbare Interessenkonflikte hin untersucht und konstatiert, dass sich **keine strukturellen Interessenkonflikte** erkennen ließen, die ein Verbot in direkter oder entsprechender Anwendung von § 4 RDG rechtfertigen könnten.[131] Dies liegt auf der Linie des Gesetzgebers, der sich im Zuge der Reform des RDG dagegen entschied, die Regelung in einem gegen die Zulässigkeit der unechten Sammelklagen gerichteten Sinne zu verschärfen.[132] In diesem Sinne hat nachfolgend auch der **VIa. Zivilsenat** des **BGH** in „financialright" für die geschäftsmäßige gebündelte Geltendmachung von abgetretenen Schadensersatzforderungen keinen Verstoß gegen § 4 S. 1 RDG ausmachen können. Der Senat sah weder in der Einschaltung eines Prozessfinanzierers, noch in der Geltendmachung (angeblich) heterogener Ansprüche oder in der AGB-mäßigen Berechtigung zum Vergleichsschluss einen Interessenkonflikt im Sinne von § 4 RDG.[133] Es sind keine durchschlagenden Erwägungen dafür erkennbar, dass für die Geltendmachung kartellrechtlicher Ansprüche etwas anderes gelten sollte.[134]

---

[126] BGH 13.6.2022 – VIa ZR 418/21, BGHZ 234, 125 = NZKart 2022, 524 (526) = juris Rn. 19–47 – financialright.

[127] So etwa LG Mainz 7.10.2022 – 9 O 125/20, NZKart 2023, 45 (45 f.) – Rundholzkartell; LG Stuttgart 20.1.2022 – 30 O 176/19, juris, Rn. 88–102 – Rundholzvermarktung.

[128] BGH 13.6.2022 – VIa ZR 418/21, BGHZ 234, 125 = NZKart 2022, 524 (526) = juris Rn. 28 f. – financialright.

[129] Zu Vorgaben des Unionrechts, nämlich des Effektivitätsprinzips und aus Art. 3 Abs. 1 KartSERL, für die Zulässigkeit des Sammelklage-Inkassos, insbesondere auch bei standalone-Klagen, siehe den Vorlagebeschluss des LG Dortmund 13.3.2023 – 8 O 7/20 (Kart), NZKart 2023, 229 = juris – Rundholzkartell NRW (anhängig beim EuGH, C-253/23).

[130] Heinze NZKart 2022, 193 (195 f.).

[131] BGH 13.7.2021 – II ZR 84/20, NZKart 2021, 515 (520–522) = juris Rn. 45–64 – AirDeal; aA zuvor etwa LG München 7.2.2020 – 37 O 18934/17, NZKart 2020, 145 (148–149) (gekürzt), juris Rn. 173–190 – LKW-Kartell.

[132] Siehe Gesetzentwurf der Bundesregierung, Entwurf eines Gesetzes zur Förderung verbrauchergerechter Angebote im Rechtsdienstleistungsmarkt, BT-Drs. 19/27673 v. 17.3.2021, S. 62 f. („Sinn und Zweck [des § 4 RDG] ist es hingegen nicht, dass der einzelne Rechtsuchende mit seinen individuellen Erfolgsaussichten im Mittelpunkt der Tätigkeit von Inkassodienstleistern steht, wie dies im Antrag des Bundesrates gefordert wird. Soweit in bestimmten Fällen Forderungen mehrerer Rechtsuchender gebündelt und damit in gewisser Weise pauschaliert, gegebenenfalls unter Einbeziehung eines Prozessfinanziers, geltend gemacht werden, kann dies im Interesse einer kostengünstigen und effektiven Durchsetzung der Forderung sinnvoll sein").

[133] BGH 13.6.2022 – VIa ZR 418/21, BGHZ 234, 125 = NZKart 2022, 524 (526 f.) = juris Rn. 49–60 – financialright.

[134] AA LG Mainz 7.10.2022 – 9 O 125/20, NZKart 2023, 45 (46 f.) – Rundholzkartell (Interessenkonflikt, weil Vergütungsmodell Anreize zu kostenintensiver Prozessführung kreiere).

Offen ließ der II. Zivilsenat des BGH in „AirDeal", ob § 4 RDG als Verbotsgesetz im **24b** Sinne von § 134 BGB anzusehen ist.[135] Mit Blick auf den Schutzzweck des § 4 S. 1 RDG wird man davon ausgehen müssen, dass selbst wenn in einer bestimmten Konstellation einzelne Regelungen des Inkassodienstleistungsvertrages mit § 4 S. 1 RDG konfligierten, dies **im Regelfall weder** zur **(Gesamt-)Nichtigkeit** dieses Vertrages **noch** der **Abtretung** führen darf.[136]

**Anwaltliche Erfolgshonorare** sind gemäß § 49b Abs. 2 S. 1 BRAO, § 4a Abs. 1 S. 1 **25** RVG nur ausnahmsweise zulässig, nämlich bei Geldforderungen bis 2.000 Euro, bei außergerichtlichen Inkassodienstleistungen und im Mahn- und Zwangsvollstreckungsverfahren sowie wenn der Auftraggeber anderenfalls bei verständiger Betrachtung von der Rechtsverfolgung abgehalten würde.[137] Zudem verbietet § 49b Abs. 2 S. 2 BRAO Rechtsanwälten (fast) jede Prozesskostenfinanzierung. Hierbei handelt es sich um Verbote, welche die Unabhängigkeit des Rechtsanwalts wahren und die Rechtspflege schützen sollen. Die Erfolgsbeteiligung einer Rechtsverfolgungsgesellschaft ist davon an sich nicht betroffen. Allerdings dürfen die prozessführenden Anwälte nicht an der Gesellschaft beteiligt sein. Anderenfalls liegt eine Umgehung des Verbots von Erfolgshonoraren bzw. der Prozessfinanzierung vor, die zur Unwirksamkeit des Prozessfinanzierungsvertrags und einer hierauf basierenden Abtretung nach § 134 BGB führt.[138]

**Ermächtigungen** im Rahmen einer gewillkürten Prozessstandschaft oder Inkassozessio- **26** nen sind nach § 138 Abs. 1 BGB nichtig, wenn hierdurch nicht vermögende Personen vorgeschoben werden, um damit **Prozesskostenrisiken auf Beklagte** zu **übertragen.**[139] Vor diesem Hintergrund hat das OLG Düsseldorf im „CDC"-Urteil die Abtretung von Ansprüchen auf Kartellschadensersatz für sittenwidrig gehalten, weil die Zessionarin zum Zeitpunkt der Abtretungsverträge – anders als die Zedenten – nicht in der finanziellen Position war, um die im Falle ihres rechtskräftigen Unterliegens entstehenden Prozesskostenerstattungsansprüche zu erfüllen.[140] Hierbei unterstellte das OLG Düsseldorf, dass es „der maßgebliche Zweck" der Abtretung war, Prozesskostenrisiken zulasten der Beklagten zu verlagern.[141] Bei seiner Interessenabwägung hat das Gericht die **legitimen Motive der Beteiligten** und vor allem auch die kartellrechtlich als **günstig zu beurteilenden Wirkungen des Abtretungsmodells** und die aus der Entscheidung resultierenden Nachteile durch dessen Verteuerung **zu gering gewichtet** und damit die Schwelle zur Sittenwidrigkeit zu niedrig angesetzt.[142] Vor allem hätte das Gericht in der vorliegenden Konstellation bei seinem berechtigten Anliegen, missbräuchlichen Inkassozessionen vorzubeugen, die unangemessenen Härten vermeiden müssen, die das – im Rahmen von § 138 Abs. 1 BGB gebotene und schlüssige – starre Abstellen auf den Zeitpunkt der Abtretung mit sich

---

[135] BGH 13.7.2021 – II ZR 84/20, NZKart 2021, 515 (520) = juris Rn. 45 – AirDeal.
[136] Vgl. LG Dortmund 8.6.2022 – 8 O 7/20 (Kart), NZKart 2022, 460 (462) = juris Rn. 28 – Rundholzkartell NRW („Unwirksamkeit … erscheint zweifelhaft"). Siehe auch Engler AnwBl Online 2021, 253 (256 f.); Makatsch/Kacholdt NZKart 2021, 486 (489 f. mwN).
[137] Letzteres beruht auf BVerfG 12.12.2006 – 1 BvR 2576/04, NJW 2007, 979.
[138] OLG München 10.5.2012 – 23 U 4635/11, NJW 2012, 2207 (stille Gesellschaft zwischen prozessfinanzierender GmbH und mandatierten Rechtsanwälten); KG 5.11.2002 – 13 U 31/02, MDR 2003, 599 f. = juris Rn. 65–67.
[139] Zur gewillkürten Prozessstandschaft: BGH 24.10.1985 – ZR 337/84, BGHZ 96, 151 (153 f.) = juris Rn. 9; BGH 2.10.1987 – V ZR 182/86, NJW-RR 1988, 126 (127) = juris Rn. 19; zur Inkassozession: RG 7.1.1913 – III 236/12, RGZ 81, 175 (176); BGH 18.9.1959 – VI ZR 180/58, MDR 1959, 999; BGH 20.12.1979 – VII ZR 306/78, NJW 1980, 991, sub I.4.
[140] OLG Düsseldorf 18.2.2015 – VI-U (Kart) 3/14, WuW/E DE-R 4601 (4612–4616) = juris Rn. 61–118 – Zementkartell-Sammelklage (CDC).
[141] OLG Düsseldorf 18.2.2015 – VI-U (Kart) 3/14, WuW/E DE-R 4601 (4614–4616) = juris Rn. 87–103 – Zementkartell-Sammelklage (CDC).
[142] Ablehnend auch LG Dortmund 8.6.2022 – 8 O 7/20 (Kart), NZKart 2022, 460 (461) = juris Rn. 26 – Rundholzkartell NRW (hinreichend ist finanzielle Ausstattung, um Kosten für eine Instanz abzudecken). Krit. in diesem Sinne etwa auch Fest WM 2015, 705 (711); Stadler WuW 2018, 189 (192 f.); Thole ZWeR 2015, 93 (106 und 116).

bringt.[143] Nimmt man das **OLG Düsseldorf** beim Wort, muss zum Zeitpunkt einer **Inkassozession**[144] gewährleistet sein, dass eine Rechtsverfolgungsgesellschaft als Zessionarin die **Prozesskosten** tragen kann, die über **drei Instanzen** entstehen können.[145] Alternativ könnte im Innenverhältnis eine entsprechende Nachschusspflicht zulasten der Zedenten vereinbart werden,[146] wodurch das Abtretungsmodell für die Geschädigten indes erheblich an Attraktivität verlöre. Letztlich können Rechtsverfolgungsgesellschaften auch versuchen,[147] diesen Vorgaben durch Klage bei ausländischen Gerichten auszuweichen.[148]

## E. Anspruchsgegner

### I. Das Unternehmen als wirtschaftliche Einheit

27   Nach **Art. 1 Abs. 1 S. 1 KartSERL** sollen Anspruchsberechtigte Schadensersatz von dem „**Unternehmen**" verlangen können, durch dessen Zuwiderhandlung[149] sie einen Nachteil erlitten haben. Der Unionsgesetzgeber verweist damit für die Frage der Anspruchsgegnerschaft auf das materielle Kartellrecht und mithin auch auf den vom EuGH entwickelten Begriff des „Unternehmens". Dieser umfasst „jede eine wirtschaftliche Tätigkeit ausübende Einrichtung unabhängig von ihrer Rechtsform und Finanzierung".[150] Eine wirtschaftliche Einheit in diesem Sinne kann aus mehreren Rechtsträgern – natürlichen oder juristischen Personen – gebildet werden, die dann als ein „Unternehmen" im kartellrechtlichen Sinne gelten. Insbesondere bilden nach der Rechtsprechung des EuGH **Mutter- und Tochtergesellschaft** eine **wirtschaftliche Einheit,** wenn letztere ihr Marktverhalten nicht autonom bestimmt, sondern im Wesentlichen Weisungen der Muttergesellschaft befolgt.[151] Hält eine Muttergesellschaft Anteile von (nahezu) 100 % an der Tochtergesellschaft, wird widerleglich vermutet, dass die Muttergesellschaft tatsächlich einen bestimmenden Einfluss ausübt.[152]

28   Nach der Rechtsprechung des EuGH zur **Bußgeldverantwortlichkeit** hat „nach dem Grundsatz der persönlichen Verantwortung" die **wirtschaftliche Einheit** für einen Kartellrechtsverstoß einzustehen.[153] Für die Verhängung der Geldbußen ist der Kartellrechtsverstoß der wirtschaftlichen Einheit sodann einzelnen (regelmäßig[154]: juristischen) Personen zuzuordnen. Besteht das Unternehmen als wirtschaftliche Einheit aus mehreren Rechtsträgern – etwa einer **Mutter- und einer Tochtergesellschaft** – dann kann die Geldbuße an alle Rechtsträger gerichtet werden, ohne dass nachgewiesen sein muss, dass diese sich jeweils persönlich an der Kartellrechtsverletzung beteiligt hätten.[155] Die Bußgeldverant-

---

[143] Thole ZWeR 2015, 93 (109 f.) sieht einen geeigneten Ansatzpunkt im Rechtsschutzbedürfnis, das verneint werden könne, wenn eine Klage durch einen vorgeschobenen und mittellosen Zessionar erhoben wird. Stadler JZ 2014, 613 (621), plädiert für eine ausnahmsweise Durchgriffshaftung auf den Zedenten, die sie mit einer teleologischen Reduktion der Nichtigkeitsfolge des § 138 Abs. 1 BGB begründet.

[144] Zu den damit einhergehenden Schwierigkeiten Thole ZWeR 2015, 93 (113 f.).

[145] Vgl. OLG Düsseldorf 18.2.2015 – VI-U (Kart) 3/14, WuW/E DE-R 4601 (4613) = juris Rn. 67.

[146] Stadler WuW 2018, 189 (193).

[147] Zum großzügigen Spielraum für ein forum shopping, insbesondere durch die Regelung zur Streitgenossenschaft gemäß Art. 8 Nr. 1 Brüssel Ia-VO, siehe etwa Wurmnest NZKart 2017, 2 (3–8).

[148] Als unproblematisch wurden entsprechende Zessionen etwa in den Niederlanden angesehen, Stadler WuW 2018, 189 (190) unter Hinweis auf Rechtbank Amsterdam 2.8.2017, NL:RBAMS:2017:5512 und 13.9.2017, NL:RBAMS:2017:6607, sub 4.23–4.24 und 4.25–4.27.

[149] Definiert in Art. 2 Nr. 1 KartSERL.

[150] StRspr, etwa EuGH 11.7.2006 – C-205/03 P, EU:C:2006:453 Rn. 25 – FENIN.

[151] StRspr, grundlegend EuGH 14.7.1972 – C-48/69, EU:C:1972:70 Rn. 136/141 – ICI; EuGH 14.12.2006 – C-217/05, EU:C:2006:784 Rn. 40 – Confederación Española de Empresarios de Estaciones de Servicio.

[152] EuGH 10.9.2009 – C-97/08 P, EU:C:2009:536 Rn. 60 – Akzo Nobel.

[153] StRspr, etwa EuGH 10.9.2009 – C-97/08 P, EU:C:2009:536 Rn. 56 – Akzo Nobel.

[154] Im Einzelfall können auch natürliche Personen (Freiberufler, Einzelkaufleute etc) Unternehmensträger sein.

[155] StRspr, etwa EuGH 10.9.2009 – C-97/08 P, EU:C:2009:536 Rn. 59 – Akzo Nobel.

wortlichkeit anknüpfend an das Unternehmen als wirtschaftliche Einheit führt auch dazu, dass eine Person, die infolge rechtlicher oder organisatorische Umstrukturierungen **(neuer)** **Rechtsträger** der identischen wirtschaftlichen Einheit wird, auch für frühere Kartellrechtsverstöße haftbar gemacht werden kann, wenn der zunächst verantwortliche Rechtsträger rechtlich oder wirtschaftlich aufhört zu existieren. Diese Möglichkeit der Haftung von Rechtsnachfolgern bei **wirtschaftlicher und funktionaler Kontinuität** verhindert, dass sich Unternehmen der Bußgeldverantwortlichkeit durch Veränderungen der Rechtsträgerschaft oder der Rechtsform entziehen können.[156]

Dass dieses Konzept entsprechend für die Schadensersatzhaftung gilt, kann man auf **29** **sekundärrechtlicher** Ebene **Art. 1 Abs. 1 S. 1 und Art. 2 Nr. 2 KartSERL** entnehmen.[157] Hat sich der Unionsgesetzgeber in Kenntnis der einschlägigen EuGH-Rechtsprechung zum „Unternehmen"[158] dieses Begriffes für die Bezeichnung der Anspruchsgegnerschaft bedient und setzt er ihn ausdrücklich mit der Adressatenstellung in Art. 101 f. AEUV in Verbindung, wird deutlich, dass hier ein Gleichlauf unterstellt wurde. Hinzu kommt, dass der EuGH die Bußgeldverantwortlichkeit juristischer Personen in der wirtschaftlichen Einheit – ggf. auch, ohne dass ihnen persönlich ein Verstoß anzulasten wäre – unmittelbar anknüpfend an **Art. 101 f. AEUV** und damit auf **Ebene des Primärrechts** begründet hat und nicht etwa als Auslegung des Art. 23 VO 1/2003. Es handelt sich um eine durch den EuGH – für Verstöße gegen Art. 101 f. AEUV – auf Primärrechtsebene getroffene Abwägungsentscheidung: Das Prinzip strikter Differenzierung personaler Verantwortlichkeit wird im Interesse **sanktionenrechtlicher Effektivität** durchbrochen, um damit rigoros etwa die Vermeidung von Bußgeldzahlungen – und entsprechend auch von Schadensersatzhaftung – durch die Einsetzung unterkapitalisierter Tochtergesellschaften oder durch Umstrukturierungen auszuschließen. Aus Sicht des EuGH gilt das Konzept des Unternehmens als „wirtschaftliche Einheit" nicht nur für das materielle Kartellrecht, sondern auch für hieran anknüpfende Sanktionen und weitere Rechtsfolgen, also insbesondere Bußgelder, Abstellungsverfügungen und zivilrechtliche Ansprüche einschließlich solcher auf Schadensersatz. Dies hat der Gerichtshof in **„Skanska"** und **„Sumal"** ausdrücklich bestätigt.[159] Ganz in diesem Sinne einer Zurechnungsfrage diskutiert die Europäische Kommission seit jeher in ihren Bußgeldentscheidungen die Verantwortlichkeit innerhalb von Konzernstrukturen im Rahmen der Ausführungen zur Adressatenstellung bei Art. 101 Abs. 1 AEUV, leitet aus der Rechtsfigur der wirtschaftlichen Einheit unmittelbar die Verantwortlichkeit von Muttergesellschaften für Kartellrechtsverstöße der von ihnen kontrollierten Tochtergesellschaften ab und stellt letztlich in ihrer Entscheidung wörtlich fest, auch die Muttergesellschaft habe gegen Art. 101 AEUV verstoßen.[160] Aus der Perspektive des Unionsgesetzgebers und insbesondere der Europäischen Kommission als Initiatorin der Richtlinie musste es damit zwingend erscheinen, dieses Konzept des Unternehmens als wirtschaftliche Einheit auch für die Schadensersatzhaftung zu übernehmen. Das erklärt, warum der Unionsgesetzgeber sich nicht veranlasst sah, hierzu im Gesetzgebungsverfahren ausdrücklich Position zu beziehen, sondern es dabei bewenden ließ, den Begriff des Unternehmens als Haftungsadressat in Art. 1 Abs. 1 S. 1 KartSERL zu verankern.[161]

Es ist damit unionsrechtlich vorgegeben, dass das **„Unternehmen"** – verstanden als **30** wirtschaftliche Einheit im Sinne einer „einheitlichen Organisation persönlicher, materieller und immaterieller Mittel, die dauerhaft einen bestimmten wirtschaftlichen Zweck ver-

---

[156] StRspr, etwa EuGH 11.12.2007 – C-280/06, EU:C:2007:775 Rn. 41–43 – ETI.

[157] EuGH 6.10.2021 – C-882/19, EU:C:2021:800 Rn. 40 – Sumal.

[158] Vgl. Art. 11 Abs. 1 KartSERL und Begründungserwägung (31) S. 3 KartSERL.

[159] EuGH 14.3.2019 – C-724/17, EU:C:2019:204 Rn. 28–32 – Skanska Industrial Solutions und EuGH 6.10.2021 – C-882/19, EU:C:2021:800 Rn. 38 – Sumal. Siehe zuvor bereits EuGH 5.6.2014 – C-557/12, EU:C:2014:1317 Rn. 37 – Kone.

[160] Siehe beispielsweise KOMM. 24.1.2007 – Comp/F/38.899 Rn. 333 ff. und Entscheidungstenor Art. 1 „Gasisolierte Schaltanlagen".

[161] Übereinstimmend Kersting in Kersting/Podszun, Die 9. GWB-Novelle, Kap. 7 Rn. 25–28 mwN und in LMRKM § 33a Rn. 22–24; aA etwa Thomas/Legner NZKart 2016, 155 (156 ff.) mwN.

folgt"[162] – nicht nur Adressat der Art. 101 f. AEUV und bußgeldverantwortlich ist, sondern auch in der **schadenshaftungsrechtlichen Verantwortung** steht, wenn eine ihr zugehörige (rechtliche selbständige) (Teil-)Einheit durch ihr Verhalten einen Verstoß bewirkt. Entsprechend der zum Bußgeldrecht etablierten Rechtsprechung sind passivlegitimiert **alle (rechtlich selbständigen) (Teil-)Einheiten, die** zum Zeitpunkt des Verstoßes **die wirtschaftliche Einheit bilden.**[163] Deshalb können nicht nur Muttergesellschaften für Kartellrechtsverstöße der von ihnen kontrollierten Tochtergesellschaften haften, sondern auch **Tochtergesellschaften für Verstöße der Muttergesellschaft** und **Schwestergesellschaften** untereinander.[164] Der diese Konstruktion tragende dogmatische (Zurechnungs-) Grund kann – ausgehend vom Regelungsziel und -gehalt des Kartellrechts – im **sich ergänzenden** und in diesem Sinne **einheitlichen Marktverhalten** der das Unternehmen (in Bezug auf die maßgebliche Zuwiderhandlung → Rn. 30a) tragenden (Teil-)Einheiten gesehen werden.[165] Für die Durchsetzung von Schadensersatzansprüchen erscheint dies als günstig, weil Versuchen vorgebeugt wird, Sanktionen durch Vermögensverschiebungen im Konzern zu unterlaufen. Zudem eröffnet sich Betroffenen hierdurch ein Gerichtsstand in jedem Mitgliedstaat, in dem eine Tochtergesellschaft aktiv ist, die als Teil der wirtschaftlichen Einheit anzusehen ist, der die Rechtsverletzung zuzurechnen ist.[166] Diese Erleichterungen bei der Geltendmachung und Durchsetzung von Haftungsansprüchen sind freilich im Sinne sanktionenrechtlicher Effektivität deutlich weniger gefordert als etwa die Haftung von Muttergesellschaften „für" Tochtergesellschaften.[167]

30a    Dies führt **nicht** dazu, dass **stets ohne weiteres alle Konzerngesellschaften** für Verstöße einer konzernzugehörigen Gesellschaft **haften** würden. Zum einen müssen entsprechend der etablierten Rechtsprechung[168] bestimmte wirtschaftliche, organisatorische und rechtliche Beziehungen zwischen den rechtlich selbständigen (Teil-)Einheiten (Gesellschaften) bestehen, damit diese als eine wirtschaftliche Einheit anzusehen sind.[169] Zum anderen hat der EuGH in **„Sumal"** hinsichtlich der **Inanspruchnahme** einer **Tochtergesellschaft** für eine von der **Muttergesellschaft ausgehende Zuwiderhandlung** darauf hingewiesen, dass das Konzept der wirtschaftlichen Einheit als ein relatives zu verstehen sei, indem es auch vom Gegenstand der haftungsauslösenden Rechtsverletzung abhängt: Eine wirtschaftliche Einheit besteht danach hinsichtlich eines bestimmten Verstoßes nur insoweit, als **zwischen** der **wirtschaftlichen Tätigkeit einer Einheit** (hier der Muttergesellschaft), welche Gegenstand des Verstoßes war, **und** der **wirtschaftlichen Tätigkeit** der **in Anspruch genommenen** (rechtlich selbständigen) **Einheit** (hier der Tochtergesellschaft), ein **„konkreter Zusammenhang"** bestand.[170] Letzteres ist etwa dann gegeben, wenn eine Tochtergesellschaft dieselben Produkte vermarktet hat, wie jene, die Gegenstand der Rechtsverletzung der Muttergesellschaft waren.[171] Das Erfordernis des „konkreten Zusam-

---

[162] EuGH 6.10.2021 – C-882/19, EU:C:2021:800 Rn. 41 mwN – Sumal.

[163] EuGH 6.10.2021 – C-882/19, EU:C:2021:800 Rn. 44 – Sumal.

[164] → Rn. 30b. Vor der „Sumal"-Entscheidung des EuGH vgl. insbes. EuGH 2.10.2003 – C-196/99 P, EU:C:2003:529 Rn. 97–100 – Aristrain. Siehe Colombani/Kloub/Sakkers in Faull/Nikpay, EU Law of Competition, 3. Aufl. 2014, Rn. 8.538. Gegen eine Zurechnung von Kartellrechtsverstößen unter Schwestergesellschaften LG Mannheim 24.4.2019 – 14 O 117/18 Kart, NZKart 2019, 389 Rn. 22 = juris Rn. 31 – LKW-Kartell; befürwortend Kersting ZHR 182 (2018), 8; Kersting WuW 2019, 290 (294), jew. mwN., und Kersting/Otto FS Wiedemann, 2020, 235 (243) (vorausgesetzt, beide Schwestergesellschaften agieren auf demselben Markt).

[165] Fischer/Zickgraf ZHR 186 (2022), 125, 138, 157 und öfter.

[166] Art. 4 Abs. 1 Brüssel Ia-Verordnung. Siehe Thiede NZG 2021, 1517 (1518).

[167] → Rn. 29, wobei sich die Grundsätze der Haftung der wirtschaftlichen Einheit nicht auf das (sanktionenrechliche) Effektivitätsgebot stützen, sondern unmittelbar aus dem materiell-rechtlichen Unternehmensbegriff bei Art. 101 AEUV entwickelt worden sind. Siehe nur Fischer/Zickgraf ZHR 186 (2022), 125 (151 mwN).

[168] → Rn. 27.

[169] EuGH 6.10.2021 – C-882/19, EU:C:2021:800 Rn. 43 mwN – Sumal.

[170] EuGH 6.10.2021 – C-882/19, EU:C:2021:800 Rn. 51 – Sumal.

[171] EuGH 6.10.2021 – C-882/19, EU:C:2021:800 Rn. 52 – Sumal. Für die Anwendung eines Erfahrungssatzes zur Schadensentstehung auf nachgelagerten Marktstufen (→ Rn. 87b) übernommen in BGH 28.6.2022 – KZR 46/20, NZKart 2022, 641 (644) = juris Rn. 51 – Stahl-Strahlmittel.

menhangs" gewährleistet, dass eine Tochtergesellschaft nicht für Zuwiderhandlungen anderer Konzerngesellschaften haftbar gemacht werden kann, „die in keinem Zusammenhang mit ihrer eigenen Tätigkeit stehen und an denen sie in keiner Weise, auch nicht mittelbar, beteiligt war."[172]

Das Kriterium des **„konkreten Zusammenhangs"** als Voraussetzung für die Annahme **30b** einer wirtschaftlichen Einheit und einer damit einhergehenden Erweiterung der Passivlegitimation hat der EuGH in „Sumal" für die dort zu entscheidende Konstellation der Inanspruchnahme einer Tochtergesellschaft im Falle einer festgestellten Zuwiderhandlung der Muttergesellschaft formuliert.[173] Es ist **nicht** davon auszugehen, dass das Kriterium auch für den **umgekehrten Fall** der Bestimmung einer wirtschaftlichen Einheit hinsichtlich einer **Haftung der Muttergesellschaft für** eine der **Tochtergesellschaft** zuzurechnende Zuwiderhandlung gelten soll. Nimmt eine Muttergesellschaft Einfluss auf das Marktverhalten der Tochtergesellschaft, begründet allein dies bereits ein einheitliches Marktverhalten im vorgenannten Sinne (→ Rn. 30) und ist deshalb eine Zuwiderhandlung der Tochtergesellschaft der Muttergesellschaft zuzurechnen. Dies könnte anderenfalls die sanktionenrechtliche Effektivität und damit eine Ratio des weiten Unternehmensbegriffs erheblich mindern. Für eine Haftung unter **Schwestergesellschaften** (bei denen nicht eine Gesellschaft aufgrund rechtlicher, wirtschaftlicher oder organisatorischer Verbundenheit ohnehin das Marktverhalten der anderen beeinflusst) müssen indes die in „Sumal" entwickelten Kriterien entsprechend gelten: Die Zurechnung hängt davon ab, dass beide Gesellschaften in ihrem (Markt-)Verhalten von einer Muttergesellschaft beeinflusst werden und sich die Zuwiderhandlung der einen Schwestergesellschaft erst durch das Verhalten der anderen Schwestergesellschaft (etwa durch deren Belieferung mit Waren oder Dienstleistungen, Unterstützung bei der Finanzierung oder durch deren Vertriebstätigkeit) auf einem Markt auswirken kann.[174]

Der Wortlaut des **§ 33a Abs. 1** benennt als Anspruchsgegner denjenigen, der „einen **31** Verstoß" gegen Art. 101 f. AEUV oder das deutsche Kartellrecht „begeht", verweist damit wie auch Art. 1 Abs. 1 S. 1 KartSERL implizit auf den im materiellen Kartellrecht geltenden Begriff des „Unternehmens" und kann mithin ohne weiteres im Sinne des unionsrechtlichen Begriffs des **Unternehmens als wirtschaftliche Einheit** ausgelegt werden.[175] Da diese Auslegung nach Lesart des EuGH unmittelbar aus Art. 101 f. AEUV folgt, gilt sie auch für das Haftungsrecht vor Umsetzung der Kartellschadensersatz-Richtlinie auf Grundlage von § 33 Abs. 3 1999 bzw. § 823 Abs. 2 BGB iVm Art. 101 f. AEUV. Dies hatte zunächst in der Rechtsprechung der Instanzgerichte vor dem „Skanska"-Urteil des EuGH

---

[172] EuGH 6.10.2021 – C-882/19, EU:C:2021:800 Rn. 47 – Sumal. Aus diesem Grund hatte sich Generalanwalt Pitruzzella dafür ausgesprochen, dass eine Tochtergesellschaft nur dann wegen einer Kartellrechtsverletzung der Muttergesellschaft, für die (nur) diese bebußt wurde, haften solle, wenn sie durch ihr Verhalten wesentlich zur Erreichung des Ziels und der Auswirkungen des Verstoßes der Muttergesellschaft beigetragen habe. GA Pitruzzella 15.4.2021 – C-882/19, EU:C:2021:293, Rn. 78 – Sumal.

[173] EuGH 6.10.2021 – C-882/19, EU:C:2021:800 Rn. 46 und 51 f. – Sumal.

[174] Fischer/Zickgraf ZHR 186 (2022), 125 (150 f.).

[175] In den Gesetzgebungsmaterialien zur Neunten GWB-Novelle finden sich keine Aussagen zur Definition des Kreises möglicher Anspruchsgegner bei § 33a, vgl. etwa Regierungsbegründung zur Neunten GWB-Novelle BT-Drs. 18/10207, 55 f. Im Lichte der während des Gesetzgebungsverfahrens in Wissenschaft und Praxis kontrovers ausgetragenen Diskussion hat der deutsche Gesetzgeber damit erkennbar auf eine eigenständige Ausgestaltung verzichtet und Raum für ein unionsrechtskonformes Verständnis eröffnet. Es verbietet sich ein Gegenschluss zur Anordnung der Durchgriffshaftung für Konzernsachverhalte auf lenkende Muttergesellschaften, die im Zuge der Neunten GWB-Novelle in § 81 Abs. 3a GWB iVm § 30 Abs. 1 OWiG verankert wurde. Dass der deutsche Gesetzgeber dies für die Bußgeldhaftung ausdrücklich und detailliert – dh nicht allein durch einen pauschalen Hinweis auf die unionsrechtliche Rechtsfigur der wirtschaftlichen Einheit – umgesetzt hat, erklärt sich damit, dass er in diesem Zusammenhang von strengeren verfassungsrechtlichen Anforderungen ausgehen musste. In diesem Sinne wird in den Gesetzgebungsmaterialien betont, dass die von den Unionsgerichten für die Bußgeldverfahren auf Unionsebene anerkannte widerlegbare Vermutung für einen bestimmenden Einfluss einer Muttergesellschaft im deutschen Ordnungswidrigkeitenverfahren nicht gelte, Regierungsbegründung zur Neunten GWB-Novelle BT-Drs. 18/10207, 90.

keine Anerkennung gefunden,[176] wird hiernach aber von den Gerichten vorausgesetzt[177] oder zumindest nicht mehr im Grundsatz angezweifelt.[178] Im Lichte des „Sumal"-Urteils des EuGH (→ Rn. 30 f.) müssen die Gerichte allerdings ihre Rechtsprechung zur Frage, wann eine wirtschaftliche Einheit vorliegt und welche Gesellschaften folglich haften, anpassen: Die Instanzgerichte verfolgten hier teils eine zu enge Linie, nach der etwa eine Haftung einer Tochtergesellschaft für Verstöße der Muttergesellschaft kategorisch ausgeschlossen sein sollte.[179] Andererseits wurde teils anerkannt, dass die Zugehörigkeit zur wirtschaftlichen Einheit als solche bereits genüge, um auch Tochtergesellschaften in Anspruch nehmen zu können.[180] Dies ist freilich insoweit einzuschränken, dass eine wirtschaftliche Einheit mit Blick auf einen bestimmten Kartellrechtsverstoß auch einen **konkreten Zusammenhang** zwischen den wirtschaftlichen Tätigkeiten der jeweiligen Gesellschaften voraussetzt.

**32**   Da sich die Maßgeblichkeit des unionsrechtlich geprägten Unternehmensbegriffs für die Definition möglicher Anspruchsgegner durch eine entsprechende Auslegung des § 33a Abs. 1 umsetzen lässt, **bedarf** es hierfür **nicht des Rückgriffs** auf eine bestimmte **gesellschaftsrechtliche Konstruktion** des nationalen Rechts. Steht eine solche zur Verfügung, mag dies hilfreich sein, um die Akzeptanz der wirtschaftlichen Einheit als Grundlage der Passivlegitimation zu verbessern. Diesen Zweck erfüllt sie allerdings nur, wenn es sich um eine anerkannte Konstruktion handelt und wenn hierdurch nicht die unionsrechtliche Determiniertheit des Konzepts verdeckt wird. Das vorgeschlagene Verständnis der Rechtsträgerschaft der **wirtschaftlichen Einheit als Außen-GbR**[181] erfüllt diese Kriterien nicht, weil es nur für das Kartellrecht Geltung beanspruchen könnte[182] und insoweit dieser Qualifikation nach nationalem Recht ein argumentativer Eigenwert zugeschrieben wird.[183]

**33**   Mit Blick auf die **Bindungswirkung** kartellbehördlicher Entscheidungen folgt aus dem einheitlichen Verständnis des „Unternehmens" als wirtschaftliche Einheit ein Gleichlauf zwischen den von den Kartellbehörden in ihren Bußgeldentscheidungen persönlich adressierten Unternehmensträgern und der für die Schadensersatzhaftung geltenden Passivlegitimation. Es läge indes ein Missverständnis darin, anzunehmen, die gemäß Art. 16 VO 1/2003 oder § 33b geltende Bindungswirkung könnte bestimmen, wer tauglicher Anspruchsgegner einer Schadensersatzhaftung sein kann.[184] Die Bindungswirkung entfaltet sich vielmehr nur insoweit, als die Passivlegitimation reicht.[185]

**34**   Die Anwendbarkeit des unionsrechtlich determinierten Unternehmensbegriffs für die Schadensersatzhaftung[186] hat nicht nur Konsequenzen dafür, welche Rechtssubjekte in

---

[176] LG Berlin 6.8.2013 – 16 O 193/11, WuW/E DE-R 4456 (4466 f.) = juris Rn. 80–82 – Fahrtreppen (rkr.); LG Düsseldorf 8.9.2016 – 37 O 27/11 (Kart), NZKart 2016, 490 (491 f.) = juris Rn. 187 – Aufzugskartell (rkr.).

[177] LG Mannheim 24.4.2019 – 14 O 117/18 Kart, NZKart 2019, 389 (389 f.) = juris Rn. 29 – Lkw-Kartell; LG Dortmund 8.7.2020 – 8 O 75/19 (Kart), NZKart 2020, 450 (450) = juris Rn. 43 – Sanitärgroßhändler.

[178] LG Stuttgart 28.11.2019 – 30 O 269/17, juris Rn. 37 = BeckRS 2019, 32749 Rn. 33 – Lkw-Kartell; LG München I 7.6.2019 – 37 O 6039/18, NZKart 2019, 392 (392) = juris Rn. 29 – Löschfahrzeug-Kartell.

[179] LG Stuttgart 28.11.2019 – 30 O 269/17, juris Rn. 37 = BeckRS 2019, 32749 Rn. 33 – Lkw-Kartell; LG München I 7.6.2019 – 37 O 6039/18, NZKart 2019, 392 (392) = juris Rn. 29 – Löschfahrzeug-Kartell.

[180] LG Dortmund 8.7.2020 – 8 O 75/19 (Kart), NZKart 2020, 450 (450) = juris Rn. 43 – Sanitärgroßhändler.

[181] Grundlegend Kersting Der Konzern 2011, 445 (449 ff.).

[182] Vgl. Kersting WuW 2019, 290 (295).

[183] Vgl. Kersting WuW 2019, 290 (296), der aus der Erfassung der wirtschaftlichen Einheit als Außen-GbR etwa über die gesellschaftsrechtliche Treuepflicht Informationspflichten zwischen den einzelnen Rechtsträgern begründet.

[184] Vgl. aber Emmerich in Immenga/Mestmäcker, 5. Aufl., § 33 Rn. 32.

[185] → § 33b Rn. 21.

[186] Dezidiert EuGH 14.3.2019 – C-724/17, EU:C:2019:204 Rn. 47 – Skanska Industrial Solutions („der Begriff ‚Unternehmen' im Sinne des Art. 101 AEUV […] [kann] im Zusammenhang mit der Verhängung von Geldbußen durch die Kommission […] keine andere Bedeutung als bei Schadensersatzansprüchen wegen Verstoßes gegen die Wettbewerbsregeln der Union haben").

Anspruch genommen werden können, sondern auch für die **Zurechnung** des Verhaltens der unmittelbar handelnden natürlichen Personen. Denn nach etablierter EuGH-Rechtsprechung ist einem Unternehmen ein kartellrechtswidriges Verhalten seiner Mitarbeiter zuzurechnen, ohne dass es hierfür einer besonderen Zurechnungsnorm bedürfte. Denn die **Mitarbeiter** sind „als **Teil der wirtschaftlichen Einheit**" anzusehen, die „dieses Unternehmen bilden". Dies gilt jedenfalls dann, wenn ein Mitarbeiter „Aufgaben zugunsten und unter der Leitung des Unternehmens, für das er arbeitet", erfüllt.[187] Diese Grundsätze gelten für alle in § 33a Abs. 1 in Bezug genommenen Kartellrechtsverstöße.[188] Sie sind aus dem Konzept des Unternehmens als wirtschaftliche Einheit als Anspruchsgegner bei § 33a abzuleiten. Unionsrechtlich folgt dies für die Haftung wegen Verletzung von EU-Wettbewerbsrecht unmittelbar aus Art. 101 f. AEUV,[189] für Schadensersatzansprüche wegen Verletzung nationalen Wettbewerbsrechts aus Art. 1 Abs. 1 S. 1 KartSERL. Wenn in der Praxis der Gerichte[190] die unionsrechtlichen Vorgaben unter Rückgriff auf die etablierten deliktsrechtlichen Zurechnungsregeln – § 31 BGB für „verfassungsmäßig berufene Vertreter" und sog. Repräsentanten[191] sowie in analoger Anwendung als „Fiktionshaftung" für mangelhafte Organisation[192] – oder eine Haftung der Organe wegen einer schuldhaften Verletzung der Organisations- oder Aufsichtspflichten erreicht werden, ist dies grundsätzlich nicht von Schaden. Aus unionsrechtlicher Sicht mag dies im Sinne der Akzeptanz einer weit reichenden Zurechnung sogar zuträglich sein. Es liegt hierin aber die Gefahr, dass verkannt wird, dass die Zurechnung unionsrechtlich determiniert ist und deshalb in unionsrechtswidriger Weise auf nationalrechtliche Grenzen der Zurechnung rekurriert wird.

## II. Die handelnden (natürlichen) Personen

Adressat der kartellrechtlichen Verbotsnormen ist das Unternehmen als wirtschaftliche **35** Einheit. Das Unternehmen trifft die Verantwortung für einen – gemäß § 33a Abs. 1 iVm § 33 Abs. 1 – haftungsauslösenden Verstoß. Die hieraus entstehenden Ansprüche sind gegen den oder die Unternehmensträger zu richten. Dieses in Art. 1 Abs. 1 S. 1 KartSERL und § 33a vorausgesetzte Konzept sieht **keine Haftung** der **natürlichen Personen** vor, deren Verhalten – als Teil der wirtschaftlichen Einheit – den Kartellrechtsverstoß des Unternehmens und dessen Haftung begründet hat. Zu bemerken ist aber, dass der EuGH anerkennt, dass professionelle Kartellunterstützer zugleich mit den Kartellanten den Tatbestand des Art. 101 AEUV erfüllen und entsprechend sanktioniert werden können, ohne selbst auf dem kartellierten Markt tätig zu sein.[193] Der Sache nach erfasst der EuGH damit Teilnahmehandlungen als (quasi-)täterschaftliches Handeln, um eine unionsrechtliche Grundlage für eine Sanktion kreieren zu können. Im Übrigen bleiben die mitgliedstaatlichen Rechtsordnungen frei, neben der Haftung der Unternehmen bzw. ihrer Rechtsträger eine Außenhaftung zulasten der handelnden natürlichen Personen vorzusehen.

Das OLG Düsseldorf ging im „Badarmaturen"-Fall davon aus, dass ein für den Vertrieb **36** zuständiger **Geschäftsführer** einer Komplementär-GmbH, der seine Mitarbeiter dazu veranlasste, kartellrechtswidrige Vereinbarungen zu schließen und diese auch im Übrigen

[187] EuGH 21.7.2016 – C-542/14, EU:C:2016:578 Rn. 23 f. – Remonts; gleichsinnig zuvor EuGH 7.6.1983 – C-100/80 bis 103/80, EU:C:1983:158 Rn. 97 f. – Musique Diffusion; EuGH 7.2.2013 – C-68/12, EU:C:2013:71 Rn. 28 – Slovenská sporitelna.

[188] W.-H. Roth in FK-KartellR § 33a Rn. 40.

[189] Bornkamm/Tolkmitt in Bunte § 33a Rn. 18 aE.

[190] Siehe etwa OLG Stuttgart 4.4.2019 – 2 U 101/18, WuW 2019, 334 (334) = juris Rn. 129 – Lkw-Kartell (zum Verschulden).

[191] Erweiterte Anwendung des § 31 BGB für Personen, denen aufgrund „allgemeiner Betriebsregelung und Handhabung bedeutsame, wesensmäßige Funktionen der juristischen Person zur selbständigen eigenverantwortlichen Erfüllung zugewiesen" sind, siehe etwa BGH 30.10.1967 – VII ZR 82/65, BGHZ 49, 19 (21).

[192] Tätigkeiten, die ein substantielles Risiko einer schädigenden Rechtsverletzung mit sich bringen, müssen Personen übertragen werden, die unter § 31 BGB fallen. Anderenfalls wird fingiert, dass der Handelnde Organstellung iSd § 31 BGB hatte, siehe etwa BGH 8.7.1980 – VI ZR 158/78, NJW 1980, 2810 (2811).

[193] EuGH 22.10.2015 – C-194/14 P, EU:C:2015:717 Rn. 26–46 – AC Treuhand.

persönlich befürwortete, **neben** dem **Unternehmensträger** als **Teilnehmer** gemäß § 33 Abs. 3 GWB 2005 iVm **§§ 830, 840 BGB** auf Schadensersatz haften müsse.[194] Die Möglichkeit einer solchen Außenhaftung der unmittelbar für das Unternehmen handelnden natürlichen Personen folgt aus der strafrechtsakzessorischen Anwendung von § 830 Abs. 2 BGB[195] und der hieraus resultierenden Wertung des § 28 StGB.[196]

37     Hafteten deshalb etwa Unternehmensleiter gemäß § 33a über § 830 Abs. 2 BGB für anstiftendes Verhalten oder Beihilfehandlungen, nicht aber für quasi-täterschaftliches Verhalten, läge hierin allerdings ein nicht hinnehmbarer **Wertungswiderspruch.** Dieser löste sich nicht dadurch auf, dass im Einzelfall der unmittelbar täterschaftlich Handelnde letztlich doch auf Schadensersatz haftet, nämlich etwa gemäß § 823 Abs. 1 BGB wegen Eingriffs in das Recht am eingerichteten und ausgeübten Gewerbebetrieb[197] oder gemäß § 826 BGB (→ Rn. 41–43).[198] Denn im Allgemeinen bliebe es dabei, dass die Haftung für Täterschaft und damit die intensivere Beteiligungsform dann schwächer ausgeprägt wäre als die für bloße Teilnahme, weil sie von – im Vergleich mit § 33a – strengeren Voraussetzungen abhinge.

38     Auflösen könnte man diesen Widerspruch, wenn man auch diejenigen, die **in ihrer Person die Tatbestandsmerkmale eines Kartellrechtsverstoßes verwirklichen,** ohne Unternehmen zu sein, über **§ 830 Abs. 2 BGB** haften ließe – nämlich als Gehilfen des die Zuwiderhandlung zu verantwortenden Unternehmens.[199] Unabhängig von konstruktiven Bedenken dagegen, das gleiche Verhalten rechtlich zweifach zu verwerten, nämlich sowohl als „Haupttat" als auch als „Teilnahmehandlung",[200] spricht hiergegen, dass § 830 Abs. 2 BGB keine hinreichende Rechtsgrundlage für eine solche weite Haftungsausdehnung bildet. Denn auf dieser Grundlage wären nicht nur Unternehmensleiter potentielle Haftungsadressaten, sondern alle Mitarbeiter, deren Verhalten innerhalb der wirtschaftlichen Einheit einen Kartellrechtsverstoß des Unternehmens begründet.[201] Eine so weitreichende zivilrechtliche Verantwortung wird zwar nicht durch die Grenzen des in Art. 101 f. AEUV und §§ 1 ff. angelegten Konzepts der Verantwortlichkeit von Unternehmen bzw. Unternehmensträgern ausgeschlossen. Eine solche Ausdehnung allein auf § 830 Abs. 2 BGB zu stützen, überspannte indes den Regelungsanspruch dieser Norm.

39     Die **Bußgeldverantwortlichkeit** der handelnden (natürlichen) Personen gemäß § 81 iVm § 9 OWiG oder auch § 130 OWiG bildet keine geeignete Brücke, um eine Außenhaftung der Unternehmensleiter zu begründen. Denn zum einen sind die Bußgeldtatbestände nicht als Verweisungsnormen in § 33a Abs. 1 iVm § 33 Abs. 1 erfasst.[202] Zum anderen verdrängt § 33a als abschließende Spezialregelung für eine an die Zuwiderhandlung gegen Kartellrecht anknüpfende Haftung die allgemeine Schutzgesetzhaftung nach § 823 Abs. 2 BGB.[203] Letztere bleibt im Einzelfall neben § 33a nur dann anwendbar, wenn zugleich mit dem Kartellrechtsverstoß auch andere Schutzgesetze verletzt worden sind wie

---

[194] OLG Düsseldorf 13.11.2013 – VI-U (Kart) 11/13, WuW/E DE-R 4117 (4127 f.) = juris Rn. 115–117 – Badarmaturen (die hiergegen erhobene Nichtzulassungsbeschwerde wurde zurückgewiesen, BGH 23.9.2014 – KZR 88/13, nicht veröffentlicht).
[195] BGH 29.11.2022 – KZR 42/20, NZKart 2023, 24 (28) = juris Rn. 90 – Schlecker.
[196] Bornkamm/Tolkmitt in Bunte § 33a Rn. 24; W.-H. Roth in FK-KartellR § 33a Rn. 63.
[197] Gegen die Anwendbarkeit der Haftung aus § 823 Abs. 1 BGB aus dem Gesichtspunkt des Eingriffs in ein Recht am eingerichteten und ausgeübten Gewerbebetrieb neben §§ 33 f. spricht, dass sie als Auffangtatbestand entwickelt wurde, um Lücken im deliktischen Haftungssystem zu schließen, BGH 22.12.1961 – I ZR 152/59, BGHZ 36, 252 (256 f.) = juris Rn. 11; siehe auch BGH 7.2.2006 – KZR 33/04, WuW/E DE-R 1779 = juris Rn. 13 – Probeabonnement (§§ 33 f. als „abschließende Regelung der zivilrechtlichen Ansprüche, die Mitbewerber […] im Fall von Verstößen gegen kartellrechtliche Verbote geltend machen können").
[198] AA Eden WuW 2014, 792 (800 f.).
[199] Ausdrücklich offen gelassen in OLG Düsseldorf 13.11.2013 – VI-U (Kart) 11/13, WuW/E DE-R 4117 (4127) = juris Rn. 114 – Badarmaturen.
[200] Eden WuW 2014, 792 (798 f.); Paul in Fuchs/Weitbrecht § 5 Rn. 46.
[201] → Rn. 34.
[202] → Rn. 12.
[203] Logemann Schadensersatz S. 43 f. mwN.

etwa beim (Submissions-)Betrug gemäß § 263 StGB oder im Fall von wettbewerbsbeschränkenden Absprachen bei Ausschreibungen gemäß § 298 StGB.

Wenn die Rechtsprechung vor diesem Hintergrund den im „Badarmaturen"-Urteil des **40**
OLG Düsseldorf eingeschlagenen Weg der Teilnehmerhaftung der Unternehmensleiter
gemäß § 830 Abs. 2 BGB iVm § 28 StGB fortführen will, wäre eine denkbare Option, den
drohenden Wertungswiderspruch mittels einer **analogen Anwendung des § 9 OWiG** zu
überwinden.[204] Ob man die Gerichte zu einer solch weitgehenden Rechtsfortbildung für
befugt halten darf, erscheint indes zweifelhaft. Zum einen ist beachtlich, dass § 9 OWiG in
seinem originären Anwendungsbereich die Funktion zukommt, überhaupt erst die Bußgeldverantwortlichkeit des Unternehmens bzw. Unternehmensträgers nach § 30 OWiG
begründen zu können. Die Rolle, die der Norm bei einer analogen Anwendung für die
Schadenshaftung zukäme, unterschiede sich damit konstruktiv erheblich von ihrer Bedeutung im Kontext der Bußgeldverantwortlichkeit.[205] Zum anderen besteht wertungsmäßig
ein erheblicher Unterschied zwischen der Möglichkeit, die unmittelbar handelnden natürlichen Personen einen hierauf – insbesondere mit Blick auf die Höhe (§ 81c Abs. 1 GWB)
– zugeschnittenen Bußgeldtatbestand unterstellen zu können und der Begründung einer
umfassenden individuellen Außenhaftung. Lehnt man die Möglichkeit einer Analogie deshalb ab, muss man eine Haftung über § 830 BGB gänzlich ausschließen.[206] Als Grundlage
für eine Haftung der handelnden natürlichen Personen verbleibt dann nurmehr § 826 BGB.

Die Haftung nach **§ 826 BGB** steht in Anspruchskonkurrenz zu § 33a[207] und ist damit  **41**
grundsätzlich verfügbar, um die handelnden natürlichen Personen auf Schadensersatz in
Anspruch zu nehmen. Sie greift indes nur, wenn Schäden „vorsätzlich" und „in einer gegen
die guten Sitten verstoßenden Weise" zugefügt worden sind.

Die Regeln des Kartellrechts sind Ausdruck der **Grundentscheidung für eine Markt-**  **42**
**und Wettbewerbsordnung,** einer übergeordneten und insbesondere auch im EU-Primärrecht[208] verankerten Wertung, die deshalb geeignet ist, die Formel von den „guten
Sitten" normativ auszufüllen.[209] Nicht jedes Verhalten, das – nach Zurechnung zu einem
Unternehmen – eine Kartellrechtsverletzung begründet, darf deshalb aber ohne Weiteres als
sittenwidrig gewertet werden. Damit das Erfordernis eines Verhaltens wider die guten
Sitten die ihm zugedachte haftungsbeschränkende Funktion[210] erfüllt, muss zudem verlangt
werden, dass das Verhalten geeignet war, die **Funktionsfähigkeit des betroffenen Mark-**
**tes mehr als unerheblich zu beeinträchtigen** und einen **sozialen Schaden von**
**gewisser Erheblichkeit** zu verursachen.[211] Dies ist grundsätzlich einzelfallbezogen zu
beurteilen, wird aber insbesondere mit Blick auf Handlungen, die Hardcore-Kartelle oder
sonstige bezweckte Wettbewerbsbeschränkungen im Sinne von Art. 101 AEUV und § 1
GWB herbeiführen oder unterstützen, regelmäßig zu bejahen sein. Hinzu kommen **sub-**
**jektive Anforderungen** an das Verdikt der Sittenwidrigkeit, die jedoch in der Gesamt-

---

[204] Hierfür etwa Emmerich in Immenga/Mestmäcker, 5. Aufl., § 33 Rn. 31; W.-H. Roth in FK-KartellR
§ 33 Rn. 63.

[205] Ohlhoff in Kamann/Ohlhoff/Völcker § 26 Rn. 45.

[206] So im Ergebnis Inderst/Thomas Schadensersatz S. 61–63; aA etwa Ohlhoff in Kamann/Ohlhoff/Völ-
cker § 26 Rn. 50 (Wertungswiderspruch ist bedauerlich, aber hinzunehmen).

[207] Logemann Schadensersatz S. 44. mwN.

[208] Neben der primärrechtlichen Verankerung der Wettbewerbsregeln siehe insbesondere Art. 119 AEUV
und Protokoll (Nr. 27) „Über den Binnenmarkt und den Wettbewerb", wonach „der Binnenmarkt, wie er in
Artikel 3 des Vertrags über die Europäische Union beschrieben wird, ein System umfasst, das den Wettbewerb
vor Verfälschungen schützt". Zum (verfassungs-)rechtlichen Stellenwert des Schutzes des Wettbewerbs BGH
10.2.2011 – I ZR 136/09, BGHZ 188, 326 Rn. 33 – Flughafen Frankfurt-Hahn.

[209] Dies scheint bei historischer Betrachtung vor allem deshalb konsequent, weil § 826 BGB vor Erlass des
GWB und der Rechtsprechung – wenn auch ausgehend von einem anderen Verständnis von den Funktions-
voraussetzungen von Markt und Wettbewerb – angewandt wurde, um den Wettbewerb zu schützen und
Missbrauch von Marktmacht entgegenzuwirken, siehe etwa RG 18.12.1931 – II 514/30, RGZ 134, 342 (347
–356) – Benrather Tankstellenfall; RG 15.12.1933 – VII 292/33, RGZ 143, 24 (28–33).

[210] Franck Marktordnung S. 328 f. und S. 335 f.

[211] Franck Marktordnung S. 333–342.

abwägung aufgehen können. Paradigmatisch formuliert der BGH etwa bei der Haftung wegen fehlerhafter Ad-hoc-Publizität, dass sich die „besondere Verwerflichkeit des Verhaltens aus dem verfolgten Ziel, den eingesetzten Mitteln, der zutage tretenden Gesinnung oder den eingetretenen Folgen" ergebe, um sodann zu ergänzen, „die direkt vorsätzliche unlautere Beeinflussung des Sekundärmarktpublikums durch eine grob unrichtige Ad-hoc-Mitteilung" indiziere die Verwerflichkeit.[212] Entsprechend muss eine direkt vorsätzliche Beteiligung an einem gravierenden Kartellrechtsverstoß – insbesondere an der Verabredung von Hardcore-Kartellen – die besondere Verwerflichkeit des Verhaltens indizieren. Ein Anspruch nach § 826 BGB setzt aber nicht voraus, dass der Handelnde sich der Sittenwidrigkeit seines Verhaltens bewusst ist. Kennen muss er lediglich die Tatsachen, die das Verdikt der Sittenwidrigkeit begründen.[213]

43    Das Erfordernis **vorsätzlicher** Schadenszufügung wird von der **Rechtsprechung** bei § 826 BGB tendenziell **großzügig** ausgelegt. Mit Blick auf marktschädliche Desinformationen durch Auskunftspersonen, Sachverständige, Gutachter usw erlaubt der BGH einen Schluss von der bewussten Leichtfertigkeit bei der Informationsgewinnung bzw. -darstellung auf die Einsicht des Handelnden in die Möglichkeit, dass einem dritten Marktteilnehmern hieraus ein Schaden entstehen kann, und begründet so, dass eine Schadenszufügung (bedingt) vorsätzlich erfolgte.[214] Hieraus folgt insbesondere, dass der Schädigungsvorsatz nicht voraussetzt, dass dem Handelnden bewusst war, welche Marktteilnehmer im Einzelnen durch einen Kartellrechtsverstoß geschädigt werden könnten. Hinreichend ist, dass ihm bewusst war, dass ein bestimmtes (objektiv kartellrechtswidriges) Verhalten beispielsweise zu einer Preiserhöhung zulasten anderer Marktteilnehmer oder zu deren Marktaustritt führen könnte und dass er damit deren Schädigung in Kauf genommen hat. Das schädigende Verhalten muss nicht notwendig aus eigennützigen Motiven erfolgen.[215]

## F. Verschulden

44    Gemäß § 33a Abs. 1 begründen nur vorsätzliche oder fahrlässige Kartellrechtsverstöße einen Anspruch auf Schadensersatz. Das **Verschuldenserfordernis** ist Ausfluss der (sonder-)deliktsrechtlichen Natur dieser Haftung.

45    Die **Kartellschadensersatz-Richtlinie** setzt für die Haftung kein Verschulden voraus,[216] stellt es den **Mitgliedstaaten** aber **frei,** die Haftung auf schuldhaftes Verhalten zu beschränken.[217] Die Kommission hatte im Lichte von Art. 5 Abs. 4 EUV bewusst darauf verzichtet, Vorgaben für ein Verschuldenserfordernis in ihren Richtlinienvorschlag aufzunehmen.[218]

46    Die Mitgliedstaaten haben allerdings die primärrechtlichen Vorgaben und insbesondere das **Effektivitätsprinzip** zu beachten.[219] Das Verschuldensprinzip steht damit grundsätzlich im Einklang, weil das Unionsrecht nicht maximale Abschreckung verlangt, sondern „wirksame, verhältnismäßige und abschreckende" Durchsetzungsmechanismen einfordert.[220] Das zweite Gebot dieser attributiven Trias weist darauf hin, dass es auch eines Steuerungselements bedarf, um der Haftungsdrohung angemessene Obergrenzen zu setzen. Die Gerichte können sich des Verschuldenserfordernisses in diesem Sinne bedienen.[221]

---

[212] BGH 19.7.2004 – II ZR 218/03, BGHZ 160, 149 (157) – Infomatec II.
[213] StRspr seit RG 29.9.1909 – I 310/08, RGZ 72, 4 (7).
[214] Siehe etwa BGH 26.11.1986 – IVa ZR 86/85, NJW 1987, 1758 f.; BGH 24.9.1991 – VI ZR 293/90, NJW 1991, 3282; siehe hierzu Franck Marktordnung S. 448–452.
[215] Franck Marktordnung S. 452 mwN.
[216] Siehe insbes. Art. 3 KartSERL.
[217] Begründungserwägung (11) S. 5 KartSERL.
[218] Vorschlag Kartellschadensersatz-Richtlinie, COM(2013) 404 final, Begründung S. 14.
[219] → Vor §§ 33–34a Rn. 9 ff.
[220] → Vor §§ 33–34a Rn. 21. Zur grundsätzlichen Konformität mit dem Effektivitätsgrundsatz siehe auch Heinze Schadensersatz S. 196–198.
[221] Franck Marktordnung S. 435.

Die Passivlegitimation des **Unternehmens als wirtschaftliche Einheit** ergibt sich  **47**
unmittelbar aus Art. 101 f. AEUV.[222] Insoweit hieraus eine Haftung von Rechtsträgern
folgt, die nicht an der haftungsauslösenden Kartellrechtsverletzung beteiligt waren (bestimmende Muttergesellschaften; Rechtsnachfolger bei wirtschaftlicher Kontinuität), darf
dies nicht dadurch unterlaufen werden, dass die Haftung vom individuellen Verschulden
eines jeden Rechtsträgers abhängig gemacht wird. Aus dem Konzept der wirtschaftlichen
Einheit folgt, dass ihnen die Verantwortlichkeit für eine Zuwiderhandlung etwa von
Tochtergesellschaften oder vorherigen, nicht mehr bestehenden Rechtsträgern zugerechnet wird.[223]

Entsprechend den auf Unionsrechtsebene etablierten Regeln sind einem Unternehmen  **48**
alle Handlungen seiner **Mitarbeiter** zuzurechnen, soweit diese **im Rahmen ihrer Zuständigkeit handeln.** Denn insoweit sind sie Teil der wirtschaftlichen Einheit und bilden
das „Unternehmen".[224] Angesichts des einheitlich bei § 33a Abs. 1 geltenden Konzepts des
Unternehmens als wirtschaftliche Einheit gilt dies für alle dort in Bezug genommenen
Kartellrechtsverstöße. Eines **Rückgriffs auf die allgemeinen deliktsrechtlichen Zurechnungsregeln** (§ 31 BGB, ggf. analog oder fiktiv bei Organisationsmangel[225]) oder auf
die Haftung wegen **Verletzung der Organisations- oder Aufsichtspflicht** der Organe
**bedarf es** deshalb **nicht.**[226] Soweit in der Praxis dennoch hierauf abgestellt wird, ist dies
rechtlich nicht zu beanstanden, wenn die unionsrechtlich vorgegebene Weite der Zurechnung nicht unterlaufen wird. Es liegt hierin aber die Gefahr, dass die unionsrechtlichen
Vorgaben außer Blick geraten.

**Vorsatz** setzt bei § 33a wie allgemein im Zivilrecht auch das **Bewusstsein** voraus,  **49**
**rechtswidrig** zu handeln.[227] Ein Irrtum darüber, wie ein Marktteilnehmer sich kartellrechtskonform hätte verhalten müssen, wirkt damit unabhängig von der Vermeidbarkeit
vorsatzausschließend.[228] Praktisch wirkt sich dies freilich nicht aus, weil Fälle vermeidbaren
Verbotsirrtums jedenfalls eine Haftung wegen fahrlässiger Kartellrechtsverletzung begründen.

Wer – wie in § 33a vorausgesetzt – kartellrechtswidrig handelt, verletzt zugleich die  **50**
„äußeren" Sorgfaltsanforderungen mit Blick auf den über § 33a verfolgten Schutz der
Funktionsfähigkeit von Markt und Wettbewerb. Für das **Fahrlässigkeitserfordernis** verbleiben damit Aspekte der **„inneren Sorgfalt"**[229]: War es für den Anspruchsgegner
erkennbar, dass sein Verhalten als kartellrechtswidrig zu qualifizieren sein würde? Es kommt
**nicht** darauf an, ob **Eintritt** und **Umfang** eines **Schadens vorhersehbar** waren.[230]

Am Verschulden kann es zum einen mangeln, wenn der Anspruchsgegner zwar die  **51**
Anforderungen der Rechtsordnung grundsätzlich richtig erfasst, aber trotz Einhaltung der
gebotenen Sorgfalt einer **Fehlvorstellung im Tatsächlichen** unterliegt. In diesem Sinne
urteilte der BGH etwa in einem lauterkeitsrechtlichen Kontext, ein Unternehmen habe bei
Beachtung angemessener Sorgfaltsanstrengungen nicht erkennen können, dass eine Werbe-

---

[222] → Rn. 29.
[223] EuGH 14.3.2019 – C-724/17, EU:C:2019:204 Rn. 40 – Skanska Industrial Solutions; Kersting WuW
2019, 290 (294).
[224] → Rn. 34.
[225] → Rn. 34.
[226] W.-H. Roth in FK-KartellR § 33a Rn. 10.
[227] Siehe Caspers in Staudinger, BGB, 2019, § 276 Rn. 25 mwN.
[228] Das gilt nach der Rechtsprechung des BGH zum allgemeinen Zivilrecht jedenfalls insoweit, als ein
Rechtsverletzer nicht „elementare, allgemein bestehende und bekannte Pflichten" verletzt, die „schlechthin
verbindlich sind", BGH 18.2.1970 – IV ZR 1005/68, NJW 1970, 1082.
[229] Der BGH bedient sich dieser Differenzierung zwischen „äußerer" und „innerer" Sorgfalt und sieht eine
Verletzung der inneren Sorgfalt regelmäßig durch die Verletzung der äußeren Sorgfalt indiziert, BGH
11.3.1986 – VI ZR 22/85, NJW 1986, 2757 (2758).
[230] Das gilt bei § 33a wie im allgemeinen Deliktsrecht, siehe etwa für die Haftung aus § 823 Abs. 1 BGB
wegen Eingriffs in das Recht am eingerichteten und ausgeübten Gewerbebetrieb BGH 30.5.1972 – VI ZR
6/71, BGHZ 59, 30 (39) = juris Rn. 28 – Demonstrationsschaden; Wagner in MüKoBGB, 8. Aufl. 2020,
§ 823 Rn. 51.

maßnahme die Adressaten irreführen würde. Deshalb habe das Unternehmen zwar unlauter, jedoch nicht schuldhaft gehandelt und unterliege damit nicht der Schadensersatzhaftung nach § 9 UWG.[231] In Kartellrechtskontexten erscheint es etwa denkbar, dass ein Unternehmen – trotz Einhaltung angemessener Sorgfaltsanstrengungen – das Absatzvolumen bzw. die Umsatzerlöse seiner Mitbewerber verkennt, deshalb seinen Marktanteil zu gering einschätzt und deshalb irrig darauf vertraut, in den Anwendungsbereich einer Gruppenfreistellungsverordnung zu fallen.

52    Zum anderen kann ein Unternehmen trotz sorgfaltsgerechten Aufwands die **Rechtslage fehlerhaft beurteilen** und deshalb einem unvermeidbaren und also entschuldigenden Rechtsirrtum unterliegen. Hierfür soll es nicht genügen, dass der fehlerhafte Rechtsstandpunkt „ernsthaft vertreten werden kann". Nach einer stehenden Formel der Rechtsprechung, die auch vom Gesetzgeber bestätigend aufgegriffen wurde,[232] sei ein Irrender nur dann entschuldigt, wenn er „bei Anwendung der im Verkehr erforderlichen Sorgfalt mit einer anderen Beurteilung durch die Gerichte nicht zu rechnen brauchte."[233]

53    Sorgfältig in diesem Sinne handelt nur, wer sich selbst Kenntnis von der einschlägigen Rechtslage verschafft, erforderlichenfalls **Rechtsberater** hinzuzieht, und zwar in Zweifelsfällen solche mit ausgewiesener **kartellrechtlicher Expertise**.[234] Der Ratsuchende trägt die Verantwortung dafür, die für die rechtliche Beurteilung erforderlichen Tatsachen zu ermitteln und einen beratenden Anwalt hierüber zu informieren.[235]

54    Im Gegenschluss gilt allerdings nicht, dass kartellrechtswidriges Handeln stets dann entschuldigt wäre, wenn es sich im Rahmen dessen bewegt, was ein im Kartellrecht ausgewiesenen Rechtsberater für erlaubt hält. Ein **Unternehmen** darf sich nicht blind auf eine **anwaltliche Auskunft** verlassen, sondern muss diese auf **Plausibilität prüfen** und hierfür **eigene Expertise** bereithalten.[236] In diesem Sinne ist auch das – zum Bußgeldrecht ergangene – **EuGH**-Urteil in „**Schenker**" zu verstehen: Sprechen konkurrierende Spediteure Preise ab und liegt damit – erstens – ein Hardcore-Kartell vor, das – zweitens – das gesamte Gebiet eines Mitgliedstaates erfasst und das zudem angesichts der betroffenen Branche seinem Wesen nach und also unabhängig von der Marktstellung der Beteiligten geeignet erscheint, unmittelbar den zwischenstaatlichen Handel zu beeinträchtigen, dann liegt ein so offensichtlicher Verstoß gegen Art. 101 AEUV vor, dass kein anderslautender anwaltlicher Rat die individuelle Vorwerfbarkeit des Kartellrechtsverstoßes beseitigen kann.[237]

55    Einen verschuldeten Kartellrechtsverstoß begeht nicht, wer sich auf dem Boden der **höchstrichterlichen Rechtsprechung** befindet, mag diese auch umstritten gewesen

---

[231] BGH 17.11.1960 – I ZR 78/59, GRUR 1961, 189 (191) – Rippenstreckmetall I; hierzu Franck Marktordnung S. 423 f.

[232] Regierungsbegründung zur Siebten GWB-Novelle BT-Drs. 15/3640, 53.

[233] BGH 16.12.1986 – KZR 36/85, WuW/E BGH 2341 (2345) = juris Rn. 19 – Taxizentrale Essen mwN; BGH 10.10.1989 – KZR 22/88, WuW/E BGH 2603 (2607 f.) = juris Rn. 23 – Neugeborenentransporte; BGH 24.1.2017 – KZR 47/14, WRP 2017, 563 (566) = juris Rn. 37 – VBL-Gegenwert II (zur Unternehmenseigenschaft einer Versorgungsanstalt des Bundes und der Länder); OLG Düsseldorf 29.1.2014 – VI-U (Kart) 7/13, WuW/E DE-R 4477 (4479) = juris Rn. 58 – Intertemporales Verjährungsrecht.

[234] BGH 11.10.2001 – I ZR 172/99, GRUR 2002, 269 (270) = juris Rn. 19 – Sportwetten-Genehmigung („Von einem Gewerbetreibenden ist allerdings zu verlangen, dass er sich Kenntnis von den für seinen Tätigkeitsbereich einschlägigen gesetzlichen Bestimmungen verschafft [...] und in Zweifelsfällen mit zumutbaren Anstrengungen besonders sachkundigen Rechtsrat einholt").

[235] KG 16.3.1984 – Kart.a 10/83, WuW/E OLG 3169 (3171) – Nordmende.

[236] Vgl. in einem das Kartell-Bußgeldrecht betreffenden Fall etwa BGH 27.1.1966 – KRB 2/65, WuW/E BGH 726 (734) = juris Rn. 48–56 – Klinker: Ein Unternehmer, der wisse, dass die Kartellbehörde davon ausgeht, sich für ihn ungünstige Rechtsansicht auf eine höchstrichterliche Rechtsprechung stützen zu können, dürfe sich nicht mit der bloßen Auskunft seines Anwalts zufriedengeben, sein Verhalten sei nicht kartellrechtswidrig. Er müsse vielmehr seinen Rechtsberater zu einer genauen Auskunft dazu veranlassen, wie dieser entgegen dem Vorbringen der Kartellbehörde zu diesem Schluss gelangt sei.

[237] EuGH 18.6.2013 – C-681/11, EU:C:2013:404 Rn. 38 f. – Schenker und Co. AG ua. Zudem wies der Gerichtshof darauf hin, dass anwaltlicher Rechtsrat keinen Vertrauenstatbestand begründen könne, aufgrund dessen trotz schuldhaften Verhaltens auf eine Bußgeldverhängung verzichtet werden könnte (Rn. 40 f.).

sein.[238] Anders gewendet: Mit einer Änderung der höchstrichterlichen Rechtsprechung muss der Einzelne nicht rechnen. Indes kann es sein, dass sich auch im Lichte des kundigsten anwaltlichen Rates der höchstrichterlichen Rechtsprechung nicht entnehmen lassen, wie die Gerichte einen Sachverhalt ex post kartellrechtlich bewerten werden. Es bleibt die Frage, wem in diesem Fall das Risiko der Verkennung der Rechtslage aufzubürden sein soll: dem Adressaten des Kartellrechts oder dem durch das kartellrechtliche Verhalten Geschädigten. Im allgemeinen Deliktsrecht finden sich Judikate, die den Handelnden bei (noch) nicht höchstrichterlich geklärter Rechtslage vom Vorwurf des Verschuldens entlasten.[239] Demgegenüber weist die Rechtsprechung in Urteilen, die unlauteres[240] oder kartellrechtswidriges[241] Verhalten betreffen, das Fahrlässigkeitsrisiko im nicht durch höchstrichterliche Urteile abgesicherten Terrain dem handelnden Marktteilnehmer zu. Insbesondere hat es der Kartellsenat beim BGH abgelehnt, die zur Amtshaftung entwickelte Rechtsprechung zu übertragen, wonach einen Beamten kein Schuldvorwurf treffe, wenn sein Verhalten von einem Kollegialgericht als rechtmäßig beurteilt wurde.[242]

Diese strenge Rechtsprechungslinie verteuert einerseits Marktaktivitäten im nicht durch **56** höchstrichterliche Rechtsprechung „abgesicherten" Bereich und birgt damit das **Risiko, das Marktteilnehmer** deshalb angesichts des Haftungsrisikos **vor an sich legalem Verhalten zurückschrecken.** Andererseits liefe ein großzügigerer Verschuldensmaßstab, wonach Unternehmen bei zweifelhafter Rechtslage von der Verantwortlichkeit für ihr kartellrechtswidriges Verhalten freigesprochen werden, darauf hinaus, sehenden Auges ein gewisses Maß an rechtswidriger Aktivität hinzunehmen. Zu bedenken ist vor allem die Kehrseite eines Schutzes des „rechtsirrig" (eigentlich: „rechtsunsicher") handelnden Unternehmens: Die Kosten dieser Kartellrechtsverletzungen haben die potentiell Anspruchsberechtigten zu tragen. Die Aussicht, dass ein Gericht ein angegriffenes Verhalten im Erfolgsfall zwar für die Zukunft verbieten wird, mangels Verschuldens aber keinen Schadensersatz zusprechen kann, würde **Anreize schwächen, gegen (vermeintlich) kartellrechtswidriges Verhalten vorzugehen** und ggf. auch gegen eine etablierte Rechtsprechung der Instanzgerichte ein höchstrichterliches Urteil zu erstreiten. Die strenge Beurteilung des Handelns bei nicht höchstrichterlich geklärter Rechtslage erscheint damit gut begründbar, soweit jedenfalls nicht erkennbar ist, dass die Haftungsdrohung dazu führt, dass sich die Unternehmen durchweg und längerfristig vorsichtshalber an die strengste plausibel begründbare Gesetzes-

---

[238] BGH 7.10.1960 – I ZR 17/59, GRUR 1961, 97 (99 f.) = juris Rn. 26 – Sportheim: Das gilt insbesondere auch dann, wenn der Marktteilnehmer die Rechtslage nicht sorgfältig geprüft hat. Denn insoweit könne diese Nachlässigkeit nicht als ursächlich für das rechtswidrige Verhalten angesehen werden. Siehe auch BGH 16.12.1986 – KZR 36/85, WuW/E BGH 2341 (2345) = juris Rn. 19 – Taxizentrale Essen.

[239] Siehe etwa BGH 23.10.1984 – VI ZR 85/83, NJW 1985, 620 (621) = juris Rn. 23 f.: Verkehrssicherungspflichten für Schleppliftunternehmen (Abpolsterung scharfkantiger und damit besonders unfallträchtiger Liftstützen) sei für diese im Jahre 1981 nicht erkennbar gewesen und lag insbesondere auch nicht in der Tendenz früherer einschlägiger Urteile. Letzterer Hinweis deutet freilich an, dass man das Judikat auch als (verschärfende) Änderung einer bestehenden höchstrichterlichen Rechtsprechungslinie verstehen kann. Vgl. auch BGH 20.9.2011 – II ZR 234/09, NZG 2011, 1271 = juris Rn. 16–18 – ISION (zur Haftung von Geschäftsleitern).

[240] BGH 4.2.1999 – I ZR 71/97, GRUR 1999, 1011 (1044) = juris Rn. 44 – Werbebeilage („Fahrlässig handelt bereits, wer sich erkennbar in einem Grenzbereich des rechtlich Zulässigen bewegt, in dem er eine von der eigenen Einschätzung abweichende Beurteilung der rechtlichen Zulässigkeit des fraglichen Verhaltens in Betracht ziehen muß"); BGH 6.5.1999 – I ZR 199/96, GRUR 1999, 923 (928) = juris Rn. 59 – Tele-Info-CD; anders noch BGH 22.4.1958 – I ZR 67/57, BGHZ 27, 264 (273) = juris Rn. 20 – Programmhefte zu Berufsboxkämpfen.

[241] BGH 16.12.1986 – KZR 36/85, WuW/E BGH 2341 (2345) = juris Rn. 19 – Taxizentrale Essen („Durch strenge Anforderungen an [die] Sorgfalt muß indessen verhindert werden, daß [ein rechtsirrig Handelnder] das Risiko der zweifelhaften Rechtslage dem anderen Teil zuschiebt"); BGH 10.10.1989 – KZR 22/88, GRUR 1990, 474 (476) = juris Rn. 23 – Neugeborenentransporte; OLG Düsseldorf 29.1.2014 – VI-U (Kart) 7/13, WuW/E DE-R 4477 (4479) = juris Rn. 58 – Intertemporales Verjährungsrecht; OLG Düsseldorf 26.9.2018 – VI-U (Kart) 24/17, juris Rn. 106 – Verkürzter Versorgungsweg.

[242] BGH 16.12.1986 – KZR 36/85, WuW/E BGH 2341 (2345) = juris Rn. 23 – Taxizentrale Essen.

auslegung und Einzelfallbeurteilung halten und damit der Raum rechtmäßigen Marktverhaltens dauerhaft nicht vollständig erschlossen wird.[243]

## G. Ersatzfähige Schäden

### I. Recht auf vollständigen Schadensersatz

57    Gemäß Art. 3 Abs. 1 KartSERL müssen die durch eine Kartellrechtsverletzung geschädigten Personen „den **vollständigen Ersatz dieses Schadens**" verlangen können. Hierfür sind sie in die Lage zu versetzen, in der sie sich befunden hätten, wenn die Zuwiderhandlung gegen das Wettbewerbsrecht[244] nicht begangen worden wäre.[245] Wie der EuGH bereits in „Manfredi" auf Grundlage des Effektivitätsgrundsatzes urteilte,[246] erfordert dies nicht nur, Einbußen am bestehenden Vermögen zu ersetzen (damnum emergens), sondern auch entgangenen Gewinn auszugleichen (lucrum cessans) und Ansprüche auf Zinszahlungen vorzusehen.[247]

58    Für den Inhalt der in § 33a Abs. 1 angeordneten Pflicht zum Schadensersatz gelten die allgemeinen Regeln gemäß **§§ 249 ff. BGB.** Da der hiernach vorzunehmenden Schadensbemessung im Anschluss an Mommsens Definition des „Interesses"[248] eine – Art. 3 Abs. 2 S. 1 KartSERL entsprechende – **Differenzhypothese** zugrunde liegt,[249] kann den unionsrechtlichen Vorgaben ohne Weiteres Rechnung getragen werden. Für den Ersatz **entgangenen Gewinns** gilt § 252 BGB. Die **Verzinsungspflicht** regelt § 33a Abs. 4.[250]

59    Der Ersatz von **Nichtvermögensschäden** steht mit Blick auf Endverbraucher infrage, die angesichts eines kartellverletzungsbedingt überhöhten Preises auf ein Produkt verzichten oder dieses durch ein weniger präferiertes ersetzen. Der Ausgleich dieser Nachteile über einen Belieferungsanspruch als Naturalrestitution dürfte eine nur theoretische Möglichkeit bilden.[251] Ein **Nutzungsausfallersatz,** wie ihn die Monopolkommission angedacht hat,[252] kommt nach der Rechtsprechung des BGH nur mit Blick auf Gegenstände oder Dienstleistungen wie etwa Autos, die Wohnung oder den Internetzugang in Betracht, „deren ständige Verfügbarkeit für die eigenwirtschaftliche Lebensführung typischerweise von zentraler Bedeutung ist."[253] Das werden Endverbraucher, die wegen einer kartellbedingten Preisüberhöhung auf ein Produkt verzichtet haben, praktisch aber kaum zeigen können.[254] Hinzu kommt, dass der ausnahmsweise Ersatz der reinen entgangenen Nutzungsmöglichkeit nur für Produkte anerkannt ist, deren Nutzungsmöglichkeit dem Anspruchsteller durch die Rechtsordnung zugewiesen ist (insbesondere als Eigentümer oder vertraglich Berechtigter). Hieran fehlt es mit Blick auf einen nur hypothetischen Erwerb.[255] Da sich auch im Nichtvermögensschaden des Endverbrauchers ein kartellbedingter sozialer Schaden (deadweight loss) manifestiert, ist dessen rechtlich nahezu, faktisch durchweg ausgeschlossener Ersatz vom Ziel wirksamer Durchsetzung des Kartellrechts her besehen[256] grundsätzlich problematisch. Allerdings darf nicht übersehen werden, dass die „verlorene" individuelle Wertschätzung kaum messbar ist und es sich zudem um Streuschäden handelt, deren

---

[243] Franck Marktordnung S. 430–432.

[244] Art. 2 Nr. 1 KartSERL.

[245] Art. 3 Abs. 2 S. 1 KartSERL.

[246] EuGH 23.7.2006 – C-295/04 bis C-298/04, EU:C:2006:461 Rn. 95 und 99 – Manfredi. → Vor §§ 33–34a Rn. 14.

[247] Art. 3 Abs. 2 S. 2 KartSERL.

[248] Mommsen, Beiträge zum Obligationenrecht, 2. Abt.: Zur Lehre von dem Interesse, 1855, S. 3.

[249] StRspr, etwa BGH 29.4.1958 – VI ZR 82/57, BGHZ 27, 181 (183); BGH 30.11.1979 – V ZR 214/77, BGHZ 75, 366 (371); BGH 10.12.1986 – VIII ZR 349/85, BGHZ 99, 182 (196).

[250] Hierzu → Rn. 135 ff.

[251] Franck Marktordnung S. 646.

[252] Monopolkommission, Sondergutachten 41, 2004, Rn. 65.

[253] BGH 24.1.2013 – III ZR 98/12, NJW 2013, 1072 Rn. 9.

[254] Meeßen Schadensersatz S. 403 f.; Inderst/Thomas Schadensersatz S. 72 f.

[255] W.-H. Roth in FK-KartellR § 33a Rn. 77.

[256] → Rn. 5. Franck Marktordnung S. 144.

Liquidierung praktisch ohnehin kaum den Aufwand lohnen würde.[257] Ein Verstoß gegen das Effektivitätsprinzip liegt deshalb nicht vor.[258]

## II. Schadenszurechnung

§ 33a Abs. 1 setzt im Einklang mit Art. 3 Abs. 1 KartSERL und der „Courage"-Recht- **60** sprechung des EuGH[259] voraus, dass der geltend gemachte Schaden **aus dem Kartellrechtsverstoß entstanden** ist. Dieses Erfordernis eines Zurechnungszusammenhangs unterstellt die Möglichkeit, bestimmte Schäden aus Rechtsgründen nicht zuzurechnen, obgleich die Kartellrechtsverletzung für diese eine conditio sine qua non bildete. In diesem Sinne bestimmt Begründungserwägung (11) S. 5 KartSERL, dass die Mitgliedstaaten Erfordernisse der „Zurechenbarkeit" und „Adäquanz" vorsehen können, soweit diese im Einklang mit dem Effektivitäts- und Äquivalenzgrundsatz stehen. Damit besteht **im Grundsatz Raum,** um etwa die **Ersatzfähigkeit** bestimmter **mittelbarer,** nämlich erst **durch Verhalten Dritter vermittelter Schäden, auszuschließen.** Das ist grundsätzlich auch im Lichte der vom EuGH dem Kartellschadensersatz zugewiesenen Funktionen schlüssig, weil weder das Ziel, Kartellrecht wirksam und effizient durchzusetzen, noch der Anspruch, ausgleichende Gerechtigkeit zu erlangen,[260] einen Ausgleich ausnahmslos aller mit einem Kartellrechtverstoß ursächlich im Sinne des Äquivalenzerfordernisses verknüpfter Nachteile verlangt. **Praktisch** ist indes durch die Rechtsprechung des EuGH zum Effektivitätsgrundsatz („Kone", „Otis") und durch grundlegende Entscheidungen in der Kartellschadensersatz-Richtlinie ein **Konzept weitgehender Zurechnung** auch **mittelbarer Schäden** vorgezeichnet (dazu sogleich → Rn. 61–65). In der Rechtsanwendungspraxis werden daher die Grenzen der Ersatzfähigkeit entfernter Schäden weniger durch materiell-rechtliche Zurechnungskriterien, als durch die Nachweisschwierigkeiten der nur mittelbar Geschädigten bestimmt.

Erhöhen Kartellaußenseiter infolge einer Kartellierung ihre Preise, dann müssen die **61** hieraus ihren Kunden entstehenden Kostenschäden grundsätzlich dem Kartell zugerechnet werden. Der EuGH urteilte in „Kone", es widerspreche dem Effektivitätsgebot, wenn ein Mitgliedstaat den Ersatz von **Preisschirmschäden**[261] „kategorisch und unabhängig von den speziellen Umständen des konkreten Falles" ausschließe.[262] Kartellanten sollen im Einzelfall nicht haften müssen, wenn aus ihrer Perspektive die Möglichkeit von Preisschirmeffekten nicht vorhersehbar war.[263] Vor allem aufgrund des mit dem Ersatz von Preisschirmschäden einhergehenden latenten Risikos einer Überabschreckung kann es nicht überzeugen, dass der Gerichtshof ihre zwingende Ersatzfähigkeit (mit praktisch wohl kaum relevanten Ausnahmen) aus dem Effektivitätsprinzip abgeleitet hat.[264] Der Unionsgesetzgeber hat dies in der Kartellschadensersatz-Richtlinie auf sich beruhen lassen.[265] Zudem liegt die Zurechnung von Preisschirmschäden in der Tendenz der im allgemeinen Delikts- und Schadensrecht etablierten Kriterien für die Beurteilung von durch Drittverhalten vermittelten Schäden.[266] Folgerichtig unterstellt auch der BGH seit dem Urteil in „Grauzementkartell II" die Ersatzfähigkeit[267] von Preisschirmschäden.[268]

---

[257] Franck Marktordnung S. 135 f.
[258] Heinze Schadensersatz S. 227 f. (der aber grundsätzlich den Ersatz von immateriellen Schäden im Kartellschadensersatzrecht für unionsrechtlich geboten hält).
[259] Bereits → Rn. 18 f.
[260] Zu den Funktionen des Kartellschadensersatzes → Rn. 3 ff.
[261] Zum Phänomen Franck Marktordnung S. 610 f.
[262] EuGH 5.6.2014 – C-557/12, EU:C:2014:1317 Rn. 33 – Kone.
[263] EuGH 5.6.2014 – C-557/12, EU:C:2014:1317 Rn. 34 – Kone.
[264] Franck Marktordnung S. 617–619.
[265] Lediglich im Zusammenhang mit der Privilegierung von Kronzeugen gemäß Art. 11 Abs. 4 KartSERL werden Preisschirmschäden implizit in Bezug genommen → § 33e Rn. 3.
[266] Franck Marktordnung S. 632–634.
[267] Zur Reichweite der Schadensvermutung → Rn. 80 und zu Beweisanforderungen → Rn. 90.
[268] BGH 12.6.2018 – KZR 56/16, NZKart 2018, 315 (317 f.) = juris Rn. 39 – Grauzementkartell II; bestätigt in BGH 19.5.2020 – KZR 8/18, NZKart 2020, 539 (541) = juris Rn. 38 – Schienenkartell IV.

**61a**    Der BGH hat sich auch für die **Zurechnung** von Verhaltensweisen **unter Kartellanten** an den vom EuGH in „Kone" etablierten Vorgaben zur Zurechnung von Preisschirmschäden orientiert.[269] Wertungsmäßig erscheint dies schlüssig: In beiden Konstellationen stellt sich jeweils die Frage, ob bzw. unter welchen Voraussetzungen ein Verhalten einer – im Verhältnis zu dem Kartellanten, der in Anspruch genommen wird, und dem Geschädigten – dritten Partei den Zurechnungszusammenhang unterbricht. Da es regelmäßig jedem einzelnen Kartellanten im Sinne des „Kartellerfolgs" darauf ankommt, dass die Mitkartellanten eine Kartell(grund)absprache disziplinieren und wirksam umsetzen und damit den Preissetzungsspielraum des Kartells erweitern, dürfen die Zurechnungsvoraussetzungen jedenfalls nicht strenger sein als mit Blick auf Kartellaußenseiter. Der Verweis auf das „Kone"-Urteil[270] deutet an, dass der BGH – aus gutem Grund – davon ausging, dass dies unionsrechtlich über den Effektivitätsgrundsatz vorgegeben ist. Folgerichtig hat der BGH festgestellt, dass im Falle einer **Grundabsprache** zwischen Kartellanten, etwa in Gestalt eines Quoten- und Kundenschutzkartells, jedem der hieran beteiligten Unternehmen Schäden durch allgemein höhere Preise der an der Grundabsprache beteiligten Unternehmen oder nachfolgende Einzelabsprachen (an denen sie nicht beteiligt waren) zuzurechnen sind, solange es sich dabei um eine **„zumindest vorhersehbare, typischerweise auch beabsichtigte Folge"** der Grundabsprache handelt.[271] Umgesetzt wird dies über die gesamtschuldnerische Haftung der an der Grundabsprache beteiligten Unternehmen gemäß §§ 830, 840 BGB[272] unter Rekurs auf die Rechtsfigur der bußgeldrechtlichen Bewertungseinheit.[273] Nach § 830 BGB haftet der an der Grundabsprache Beteiligte für alle aus dem Kartellverstoß resultierenden Folgen. Für eine Teilnahmehaftung ist es deshalb unerheblich, ob ein Kartellant den geltend gemachten Schaden „eigenhändig (mit-)verursacht und wieviel er selbst zu ihm beigetragen hat."[274]

**62**    Gemäß Art. 12 Abs. 1 und Art. 14 KartSERL, umgesetzt in § 33c Abs. 2 und 3, hat der Unionsgesetzgeber festgelegt, dass die durch „Weitergabe" kartellbedingter Kostenschäden den **indirekten Abnehmern** entstehenden Nachteile den Kartellanten zuzurechnen sind.[275] Entsprechendes gilt gemäß Art. 12 Abs. 4 KartSERL bzw. § 33c Abs. 4 auch zugunsten **indirekter Lieferanten,** dh solcher auf vorgelagerten Marktstufen, im Falle von kartellrechtswidrigen Nachfragekoordinierungen.[276]

**63**    **Lieferanten,** deren Abnehmer die Konditionen auf dem nachgelagerten Markt kartellieren, werden durch den damit einhergehenden Mengenrückgang geschädigt. Regelmäßig werden sie hierauf durch Preissenkungen reagieren, sodass sich ein kartellbedingter Nachteil bei ihnen nicht nur in entgangenem Gewinn durch die geringere Absatzmenge manifestiert, sondern auch durch eine geringere Marge je verkauftem Stück. In entsprechender Weise schädigen Kartelle auch die **Produzenten von Komplementärgütern,** die diese direkt an die Kunden der Kartellanten verkaufen. Für die Ersatzfähigkeit dieser Nachteile spricht, dass mit Blick auf die schädlichen Kartellwirkungen kein Unterschied darin liegt, ob ein Abnehmer ein kartelliertes Komplementärgut erwirbt und weiterverarbeitet oder ob ein Lieferant das Kartell oder Abnehmer des Kartells mit einem Komplementärgut beliefert. Die Schäden von Lieferanten und unabhängigen Produzenten von Komplementärgütern nicht zuzurechnen, liefe auf ein Risiko systematischer Unterabschreckung hinaus. Aus funktionaler Sicht ist auch zu bedenken, dass gerade die Komplementärgutanbieter, die

[269] Siehe etwa BGH 19.5.2020 – KZR 70/17, NZKart 2020, 535 (538) = juris Rn. 38 – Schienenkartell III („Ebenso stellen sich etwaige auf die Koordinierung zurückzuführende Auswirkungen auf die Angebotspreise von Kartellaußenseitern regelmäßig als vorhersehbare Folge solcher Absprachen dar").
[270] BGH 19.5.2020 – KZR 70/17, NZKart 2020, 535 (538) = juris Rn. 36 – Schienenkartell III.
[271] BGH 19.5.2020 – KZR 70/17, NZKart 2020, 535 (538) = juris Rn. 38 – Schienenkartell III.
[272] → § 33d Rn. 2c.
[273] BGH 19.5.2020 – KZR 70/17, NZKart 2020, 535 (538) = juris Rn. 34 f. – Schienenkartell III. Krit. etwa Petzold NZKart 2020, 592 (593).
[274] BGH 19.5.2020 – KZR 70/17, NZKart 2020, 535 (537 f.) = juris Rn. 33 – Schienenkartell III.
[275] → § 33c Rn. 21–24.
[276] → § 33c Rn. 51 f.

nicht unmittelbar mit dem Kartell geschäftlich verbunden sind, eher bereit sein werden, Informationen über Kartellrechtsverletzungen zu verwerten und den Behörden zur Verfügung zu stellen. Schutzwürdig erscheinen die Lieferanten von Komplementärgütern vor allem auch deshalb, weil kartellbedingte Preisreduzierungen ihrerseits den Abnehmern des Kartells und letztlich also den Konsumenten zugutekommen.[277] Die **Kartellschadensersatz-Richtlinie lässt die Zurechnung** kartellbedingter Schäden von Lieferanten und unabhängigen Produzenten von Komplementärgütern **offen.** In Begründungserwägung (43) KartSERL wird ausdrücklich nur die Konstellation des Einkaufskartells zulasten von Lieferanten, nicht aber deren Schädigung durch Kartellierung des nachgelagerten Marktes erwähnt. Im Rahmen des Effektivitätsgrundsatzes können danach die mitgliedstaatlichen Rechtsordnungen über die Zurechenbarkeit entscheiden. Allerdings gibt ihnen die „Kone"-Entscheidung des EuGH und vor allem die Richtlinie einen Regelungsrahmen vor, der darauf ausgerichtet ist, kartellbedingte Nachteile einzelner Marktteilnehmer auf unterschiedlichen Marktstufen und ggf. auch in parallelen Absatzketten, im Detail zu identifizieren und ersatzfähig zu stellen. In dessen Logik liegt es, auch den Lieferanten des Kartells und unabhängigen Komplementärgutanbietern ihren Schaden zu ersetzen.[278] Neben den benannten funktionalen Argumenten spricht das entscheidend für eine entsprechende Auslegung von § 33a Abs. 1.[279]

Noch nicht abschließend geklärt sind etwaige **Grenzen der Schadenszurechnung** bei **64** (sog.) **nicht marktvermittelten Beeinträchtigungen.** Gezählt werden hierunter vor allem durch einen Kartellrechtsverstoß verursachte Nachteile bei den **Anteilseignern** und den **Arbeitnehmern** eines **kartellgeschädigten Unternehmens.** Die Beispiele zeigen, dass die Rede von der „nicht marktvermittelten Beeinträchtigung" begrifflich verkürzt ist, weil die Nachteile in diesen Konstellationen tatsächlich über den Arbeits- oder Kapitalmarkt vermittelt werden, wenn etwa eine durch einen Kartellrechtsverstoß benachteiligte kapitalmarktoffene Gesellschaft am Markt geringer bewertet wird oder ein Unternehmen wegen einer kartellbedingten Schädigung seinen Arbeitnehmern geringere Löhne zahlt oder gar Arbeitsverhältnisse kündigen muss. Maßgeblich ist aber, dass sich in diesen Fällen – anders als etwa bei Preisschirmschäden – der kausal mit dem Kartellrechtsverstoß verbundene **Nachteil nicht** als unmittelbare **Folge einer Transaktion zu kartellbedingt verzerrten Marktparametern** darstellt.

Eine Ersatzfähigkeit auch nicht marktvermittelter Schäden hat der EuGH auf Vorlage des **64a** österreichischen OGH[280] im Fall **„Otis"** bejaht.[281] Die Kläger hatten einem vom Aufzugskartell betroffenen Unternehmen Darlehen zu marktunüblich günstigen Konditionen überlassen. Die Höhe dieser Förderkredite hatte sich nach der Höhe der Kosten der geförderten Projekte gerichtet. Die Kläger argumentierten, die Förderkredite seien kartellbedingt überhöht gewesen, und forderten als Schaden die Differenz zum Ertrag, den sie bei einer gewinnbringenden Anlage des überhöht ausgekehrten Anteils am Darlehensbetrag hätten erwirtschaften können.[282] Der EuGH leitete aus dem Effektivitätsprinzip ab, dass nicht nur Personen, die als Anbieter oder Nachfrager auf einem vom Kartell betroffenen Markt tätig sind, verlangen können, dass ihnen ein Schaden ersetzt wird, der im ursächlichen Zusam-

---

[277] Siehe hierzu Franck/Peitz World Competition 43 (2020), 209 (216–231) und (234–238).

[278] Franck/Peitz World Competition 43 (2020), 209 (231–234). Siehe auch Europäische Kommission, Passing-on Leitlinie Rn. 14 mit Fn. 14.

[279] So iErg auch Kling/Thomas § 23 Rn. 58; Bornkamm/Tolkmitt in Bunte § 33a Rn. 11. Soweit ersichtlich, finden sich hierzu bislang keine Aussagen in der Rechtsprechung. Zwar hat der Bundesgesetzgeber in der Begründung zur Siebten GWB-Novelle die Abschaffung des Erfordernisses einer Schutzgesetzverletzung allgemein damit begründet, gewisse Beschränkungen bei der Anspruchsberechtigung von Abnehmern und Lieferanten beseitigen zu wollen (Regierungsbegründung zur Siebten GWB-Novelle BT-Drs. 15/3640, 53). Im Blick hatte er dabei aber wohl allein die Nachfragekoordinierung zulasten von Lieferanten.

[280] OGH 17.5.2018 – 9 Ob 44/17 m.

[281] EuGH 12.12.2019 – C-435/18, EU:C:2019:1069 – Otis.

[282] Zuwendungen der öffentlichen Hand (hier: Differenz zu marktüblichen Finanzierungskosten) muss sich der unmittelbar durch die kartellbedingte Kostenüberhöhung Geschädigte (Subventionsempfänger) dann ggf. im Wege der Vorteilsausgleichung anrechnen lassen → Rn. 112a.

menhang mit einem Verstoß gegen Art. 101 AEUV steht. Die Haftung dürfe nach nationalem Recht **nicht** voraussetzen, dass der erlittene Schaden einen spezifischen Zusammenhang mit dem von Art. 101 AEUV verfolgten „**Schutzzweck**" aufweist. Auch der klagende Subventionsgeber müsse deshalb seinen Schaden ersetzt verlangen dürfen.[283]

65      Die Anspruchsberechtigung ist bei § 33a nicht a priori auf Betroffene im Sinne von § 33 Abs. 3 beschränkt und damit im Ausgangspunkt offen für einen Ersatz auch von (sog.) nicht marktvermittelten Nachteilen, die sich auf einen Kartellrechtsverstoß zurückführen lassen.[284] Teils wurde von Instanzgerichten und im Schrifttum die Schadenszurechnung für diese Fälle indes mit **Schutzzweckerwägungen** abgelehnt:[285] Da das Kartellrecht darauf ausgerichtet sei, die Kompetitivität der Märkte zu gewährleisten, sollten nur denjenigen Marktteilnehmern kartellbedingte Schäden ersetzt werden, die als Anbieter oder Nachfrager auf Märkten aktiv sind, deren Parameter durch den haftungsauslösenden Kartellrechtsverstoß verzerrt wurden. Diesem restriktiven Verständnis steht nunmehr allerdings die Rechtsprechung des EuGH entgegen. Ein genereller Ausschluss der Zurechnung nicht marktvermittelter Schäden scheidet somit nach „Otis" aus.[286] Deshalb hat der BGH in „Schienenkartell II" klargestellt, dass zum Kreis der Anspruchsberechtigten neben Marktteilnehmern auch „sonstige Dritte" gehören, „auf deren Vermögensposition sich die Kartellabsprache wirtschaftlich nachteilig in Form eines verursachten Schadens ausgewirkt hat."[287]

66      Der **unionsrechtliche Effektivitätsgrundsatz**[288] lässt zwar grundsätzlich Raum, um Schutzzweckerwägungen, die man als Ausprägung eines mit der Schadenshaftung verbundenen Anspruchs auf ausgleichende Gerechtigkeit lesen kann, als wertende Überlegungen für die Reichweite der Schadenszurechnung zu berücksichtigen.[289] Doch hat es der EuGH in „Otis" explizit abgelehnt, sich des Schutznormerfordernisses zu bedienen, um die Schadensersatzhaftung zu begrenzen. Nicht erwogen hat der Gerichtshof eine Operationalisierung der Rechtsdurchsetzungsfunktion: Können Grenzen der Schadenszurechnung bei nicht marktvermittelten Nachteilen vor dem Effektivitätsgrundsatz zu rechtfertigen sein, wenn die Haftung nicht im Sinne der Präventionsfunktion erforderlich ist oder sogar kontraproduktiv erscheint? Hierfür ist beachtlich, dass sich in den fraglichen Schadensposten im Wesentlichen (lediglich) die vom Unternehmen zu realisierenden kartellbedingten Kosten- und Mengenschäden spiegeln.[290] Ihre Ersatzfähigkeit ist insoweit nicht generell erforderlich und birgt zumindest ein **Risiko systematischer Überabschreckung**.[291] Dieses mag man für hinnehmbar halten, wenn man die reale Abschreckungswirkung der bestehenden Sanktionsmechanismen vor allem gegen Kartelle im Ganzen ohnehin als zu gering bewertet. Zudem könnte man etwa mit Blick auf die Konstellation in „**Otis**" argumentieren, dass es im Sinne der Abschreckungsfunktion günstig sei, mit der öffentlichen Hand als Subventionsgeberin eine potente Schadensersatzklägerin zu kreieren, die möglicherweise hierbei sogar von Skalenerträgen profitiert und – wie wohl häufig im Falle von Nicht-Marktteilnehmern als Kläger – auch kaum Vergeltung durch einen Kartellanten

---

[283] EuGH 12.12.2019 – C-435/18, EU:C:2019:1069 Rn. 31 f. – Otis.

[284] Bereits → Rn. 20.

[285] OLG Düsseldorf 2.7.2014 – VI-U (Kart) 22/13, juris Rn. 39 ff. (noch zu § 823 Abs. 2 BGB und § 33 Abs. 3 GWB 2005); Heinze Schadensersatz S. 191 f.; Logemann Schadensersatz S. 244.

[286] Wurmnest FS Säcker, 2021, S. 353 (359).

[287] BGH 28.1.2020 – KZR 24/17, BGHZ 224, 281 = NZKart 2020, 136 (137) = juris Rn. 24 – Schienenkartell II.

[288] → Vor §§ 33–34a Rn. 13.

[289] → Rn. 8–11.

[290] Vermindern sich etwa die Ertragsaussichten einer Gesellschaft, die durch eine Kartellrechtsverletzung benachteiligt wird, und sinkt deshalb deren Bewertung am Kapitalmarkt, dann sind letztlich cum grano salis der kartellbedingte Unternehmensschaden und der Schaden der Anteilseigner zwei Seiten einer Medaille. Nichts anderes gilt auch für einen sog. Verwässerungsschaden, der Aktionären dadurch entstehen mag, dass sich eine durch einen Kartellrechtsverstoß geschwächte AG zu einer Kapitalerhöhung entschließt. Vgl. aber Zetzsche WuW 2016, 65 (66 f.).

[291] → Rn. 4 f.

betonte etwa das OLG Karlsruhe, dass es für den Anschein der Kartellbefangenheit nicht darauf ankäme, dass für jede Ausschreibung ein bestimmtes Angebotsverhalten abgesprochen wurde. Denn wenn ein Kartellant darauf vertrauen könne, dass ihm seine Mitbewerber einen bestimmten Marktanteil überlassen bzw. ggf. sogar Ausgleichzahlungen gewähren, habe er von Vornherein keinen Anreiz, einzelne Kunden bzw. Aufträge durch Ausnutzung seines Preissetzungsspielraums zu gewinnen.[312]

Der **BGH** sprach sich allerdings sodann im **ersten „Schienenkartell"-Urteil** aufgrund **71** mangelnder Typizität der Geschehensabläufe **gegen** einen **Anscheinsbeweis** für die Kartellbefangenheit der einzelnen Transaktion aus – die der BGH freilich in diesem Urteil rhetorisch (noch) mit der Betroffenheit gleichsetzte.[313] Der BGH argumentierte, die Umsetzung einer Kartellabsprache könne auf praktische Schwierigkeiten stoßen, so dass es an der für einen Anscheinsbeweis erforderlichen „sehr großen Wahrscheinlichkeit" fehle, dass sich eine Absprache tatsächlich auf alle Aufträge auswirke, die von ihr erfasst sein sollten.[314] Der BGH bezog dies im Leitsatz des „Schienenkartell"-Urteils ausdrücklich (nur) auf „Quoten- und Kundenschutzabsprachen".[315] Der allgemeine Hinweis auf die praktischen Schwierigkeiten bei der Umsetzung der Kartellabsprachen deutet einerseits darauf hin, dass die Ablehnung eines Anscheinsbeweises für alle Arten von Kartellabsprachen gelten solle. Andererseits scheint der BGH einen Anscheinsbeweis bei kundenbezogenen Marktaufteilungen nicht von Vornherein ausschließen zu wollen, wenn auch die Zuordnung von „Neukunden" abgesprochen wurde. Letztlich schloss der BGH aber für Absprachen, die sich über einen „längeren Zeitraum" erstrecken und ein „großes Gebiet" abdecken sollen, die Annahme eines Anscheinsbeweises generell aus.[316] Der BGH erkennt jedoch an, dass eine **tatsächliche Vermutung** dafür spreche, dass „Aufträge, die **sachlich, zeitlich** und **räumlich in den Bereich der Absprachen** fallen", **kartellbefangen** waren und die jeweiligen Vertragspartner also individuell betroffen seien.[317] Die Gerichte hätten hierfür allerdings umfassend alle Umstände zu würdigen, aus denen sich im Einzelfall Schwierigkeiten bei der Umsetzung der Absprachen oder ein absichtliches Abweichen von der Kartelldisziplin ergeben könnten.[318] Der BGH äußerte sich nicht dazu, welcher Partei es zukommen soll, Umstände darzulegen und nachzuweisen, aus denen sich Aussagen über die Disziplin bei der Umsetzung einer Kartellvereinbarung treffen lassen. Richtigerweise muss dies dem beklagten Kartellanten obliegen, weil die hierfür relevanten Informationen typischerweise in seiner Sphäre liegen.[319]

In **„Schienenkartell II"** stellte der BGH klar, dass es für die Betroffenheit im Sinne von **72** § 33 Abs. 3 iVm Abs. 1 S. 1 GWB 2005 nicht auf die Kartellbefangenheit der haftungsbegründenden Transaktion ankommt, sondern lediglich darauf, ob das **wettbewerbsbeschränkende Verhalten** für eine **Schadensbegründung beim Anspruchsteller** geeignet erscheint. Hiervon sei „ohne Weiteres" auszugehen, wenn die vom Anspruchsteller erworbenen Waren Gegenstand der Kartellabsprache waren.[320] Dies knüpft der Sache nach an Aussagen im ersten „Schienenkartell"-Urteil[321] an, doch formuliert der BGH dies als

---

[312] OLG Karlsruhe 9.11.2016 – 6 U 204/15 Kart (2), WuW 2017, 43 (45) = juris Rn. 64 – Grauzementkartell.
[313] BGH 11.12.2018 – KZR 26/17, WuW 2019, 91 (93 f.) = juris Rn. 60–64 – Schienenkartell I; krit. und dem BGH ausdrücklich nicht folgend OLG Düsseldorf 23.1.2019 – VI-U (Kart) 18/17, WuW 2019, 158, Leitsatz 1 und S. 163 f. – Schienenkartell II; demgegenüber die BGH-Rechtsprechung ohne Weiteres zugrunde legend OLG Stuttgart 4.4.2019 – 2 U 101/18, WuW 2019, 334 = juris Rn. 132 – Lkw-Kartell; OLG Karlsruhe 10.4.2019 – 6 U 126/17, NZKart 2019, 325 (327) – Maschinenpulver.
[314] BGH 11.12.2018 – KZR 26/17, WuW 2019, 91 (93 f.) = juris Rn. 62 – Schienenkartell I.
[315] BGH 11.12.2018 – KZR 26/17, WuW 2019, 91 = juris – Schienenkartell I.
[316] BGH 11.12.2018 – KZR 26/17, WuW 2019, 91 (93 f.) = juris Rn. 62–64 – Schienenkartell I.
[317] BGH 11.12.2018 – KZR 26/17, WuW 2019, 91 (93 f.) = juris Rn. 61 – Schienenkartell I.
[318] BGH 11.12.2018 – KZR 26/17, WuW 2019, 91 (93 f.) = juris Rn. 63–65 – Schienenkartell I.
[319] Wagner JZ 2019, 470 (471).
[320] BGH 28.1.2020 – KZR 24/17, BGHZ 224, 281 = NZKart 2020, 136 (137) = juris Rn. 25 – Schienenkartell II.
[321] → Rn. 71.

Erfahrungssatz. Offen bleibt hiernach, wie die Betroffenheit von anderen potentiell Geschädigten eines Kartells als den unmittelbaren oder mittelbaren Abnehmern (oder Lieferanten bei Nachfragekoordinierungen), einschließlich von (vermeintlich) Preisschirmgeschädigten,[322] substantiiert werden soll[323] oder auch im Falle anderer Wettbewerbsverstöße als Kartellabsprachen.[324] Das Effektivitätsgebot zwingt jedenfalls dazu, die vom BGH gefundene Formel von der Geeignetheit des wettbewerbsbeschränkenden Verhaltens, unmittelbar oder mittelbar beim Anspruchsteller einen Schaden zu begründen, so auszulegen und anzuwenden, dass die Anspruchsbegründung nur in solchen Konstellationen an der Betroffenheit scheitert, in denen es als in hohem Maße unwahrscheinlich angesehen werden kann, dass sich die Kartellrechtsverletzung für den Anspruchsteller nachteilig auf Transaktionsparameter (insbesondere den Preis) ausgewirkt hat und diesem also ein Schaden entstanden ist.[325]

## III. Schadensvermutung bei Kartellen, insbesondere Kartellbefangenheit (§ 33a Abs. 2)

73      Nach § 33a Abs. 2 S. 1 wird widerleglich **vermutet,** dass **Kartelle** einen **Schaden verursachen.** Umgesetzt wird damit Art. 17 Abs. 2 KartSERL. Die Schadensvermutung soll dazu beitragen, „die wirksame Geltendmachung von Schadensersatzansprüchen zu gewährleisten."[326] Sie ist nicht (primärrechtlich) zwingend, um dem Effektivitätsgebot[327] zu genügen.[328] Die Regelung betrifft nicht die Schadenshöhe.[329] Mindestens unscharf erscheint deshalb die Einlassung des Unionsgesetzgebers, die Regelung erfolge, um „einige der mit der Quantifizierung des Schadens […] verbundenen Schwierigkeiten zu beheben".[330] Sinn ergibt dies nur, wenn man hinzudenkt, dass die Gerichte die Schadenshöhe schätzen können, soweit die Entstehung an sich feststeht.[331] In „Volvo und DAF Trucks" hat der EuGH betont, die Vorschrift hänge „eng mit dem Entstehen, der Zurechnung und dem Umfang der außervertraglichen Haftung"[332] zusammen und hinsichtlich der Wirkung des Art. 17 Abs. 2 KartSERL formuliert, sie befreie einen Kartellgeschädigten davon, „das Vorliegen eines aus einer […] Zuwiderhandlung resultierenden Schadens und/oder einen ursächlichen Zusammenhang zwischen Schaden und dem Kartell nachzuweisen.[333]

74      Die Schadensvermutung gemäß § 33a Abs. 2 S. 1 bis 3 soll nach dem Willen des deutschen Gesetzgebers für **Ansprüche** gelten, die **nach** dem **26.12.2016 entstanden** sind.[334] Für Altfälle gelten dann (lediglich) die von der Rechtsprechung entwickelten Beweiserleichterungen.[335] Der EuGH hat in „Volvo und DAF Trucks" die hierbei unterstellte **materiell-rechtliche Natur** (Art. 22 Abs. 1 KartSERL) der Vermutungsregelung bestätigt.[336] Für den dort vorgelegten Sachverhalt lehnte der EuGH eine Anwendung der

---

[322] → Rn. 20d.

[323] Für mittelbare Abnehmer → § 33c Rn. 24d.

[324] Franck WRP 2020, 536 (539) Rn. 12.

[325] Ähnlich Petzold/Steinle NZKart 2020, 176 (177) („Ein … Anspruch kann … auch nach Schienenkartell II an der Betroffenheit scheitern, wenn ein Kausalzusammenhang allein auf der festgestellten Tatsachengrundlage vernünftigerweise nicht vorstellbar ist" [Hervorhebung im Original]).

[326] Begründungserwägung (47) S. 1 KartSERL.

[327] → Vor §§ 33–34a Rn. 13.

[328] BGH 29.11.2022 – KZR 42/20, NZKart 2023, 24 (27) = juris Rn. 59 – Schlecker.

[329] Begründungserwägung (47) S. 3 KartSERL („Diese Vermutung sollte nicht die konkrete Höhe des Schadens erfassen").

[330] Begründungserwägung (47) S. 1 KartSERL; siehe auch Vorschlag Kartellschadensersatz-Richtlinie, COM(2013) 404 final, Begründung S. 21.

[331] Art. 17 Abs. 1 S. 1 KartSERL und § 33a Abs. 3.

[332] EuGH 12.7.2022 – C-267/20, EU:C:2022:494 Rn. 96 – Volvo und DAF Trucks.

[333] EuGH 12.7.2022 – C-267/20, EU:C:2022:494 Rn. 94 – Volvo und DAF Trucks.

[334] § 186 Abs. 3 S. 1. Zur Anspruchsentstehung → § 33h Rn. 6.

[335] → Rn. 83 ff.

[336] EuGH 12.7.2022 – C-267/20, EU:C:2022:494 Rn. 90–98 – Volvo und DAF Trucks.

Schadensvermutung als (unerlaubt) rückwirkend ab, weil das Kartell bereits vor dem Ablauf der Umsetzungsfrist der Richtlinie beendet worden war.[337]

Mit der Zehnten GWB-Novelle (2021) wurde in **§ 33a Abs. 2 S. 4** klargestellt, dass **74a** eine **Kartellbefangenheit** von Transaktionen vermutet wird, die Produkte betreffen, die Gegenstand des Kartells waren. Der Gesetzgeber hat diese Regelung als solche mit „materiell-rechtlichem Gehalt" qualifiziert, so dass sie für Ansprüche gelten soll, die **nach** Inkrafttreten der Zehnten GWB-Novelle am **19.1.2021** entstanden sind.[338] Da diese Vermutung indes bereits § 33a Abs. 2 S. 1 zu entnehmen ist,[339] gilt sie **praktisch für Ansprüche, die nach dem 26.12.2016 entstanden** sind.[340]

**1. „Kartell" als Voraussetzung der Schadensvermutung nach § 33a Abs. 2.** Die **75** Schadensvermutung gilt für **Kartelle** iSd § 33a Abs. 2 S. 2 und 3. Die Definition setzt Art. 2 Nr. 14 KartSERL um und erfasst **kartellrechtswidrige Koordinierungen zwischen Wettbewerbern.** Die Verwendung des Begriffes „Absprache" anstelle des in Art. 101 Abs. 1 AEUV und § 1 verwendeten Begriffs der „Vereinbarung" darf man nicht als inhaltliche Abweichung von diesem materiell-rechtlich vorgegebenen Konzept verstehen. So heißt es etwa in der englischen Fassung sowohl des Art. 2 Nr. 14 KartSERL als auch des Art. 101 Abs. 1 AEUV gleichlautend „agreement". Der deutsche Gesetzgeber hat darauf verzichtet, den in Art. 2 Nr. 14 KartSERL enthaltenen Hinweis auf die Geltung im Zusammenhang mit Rechten des geistigen Eigentums zu übernehmen. Damit ist keine inhaltliche Abweichung intendiert,[341] zumal der Hinweis auch in der Richtlinie nur von klarstellender Natur ist.

Die Definition **begrenzt** die Schadensvermutung **nicht** auf **Hardcore-Kartelle**[342] oder **76** auf Koordinierungen, die eine **Wettbewerbsbeschränkung „bezwecken"** im Sinne von Art. 101 Abs. 1 AEUV bzw. § 1 GWB.[343] Zwar wird in Erwägung (47) zur Kartellschadensersatz-Richtlinie die Beschränkung der Schadensvermutung auf „Kartelle" mit deren „geheimen Charakter" begründet. Doch zum einen hat der Unionsgesetzgeber bei Art. 2 Nr. 14 KartSERL – wie insbesondere im Gegenschluss zu Art. 2 Nr. 15 KartSERL („geheime[s] Kartell") deutlich wird – darauf verzichtet, das „Geheime" als Element in die Kartell-Definition aufzunehmen. Zum anderen erschließt sich auch nicht, warum gerade aus dem arkanen Charakter des Kartellrechtsverstoßes – der ja überwunden sein muss, damit die Frage der Schadensentstehung überhaupt relevant wird – eine Beweiserleichterung beim Nachweis des Schadens folgen soll. Ganz in diesem Sinne weist die Kommission in den Gesetzgebungsmaterialen darauf hin, dass für andere Kartellrechtsverletzungen als Hardcore-Kartelle zwar einerseits die Aufdeckungswahrscheinlichkeit wesentlich höher liegt, andererseits aber die Quote erfolgreicher Haftungsklagen gering ist, weil es den Klägern schwer fällt, einen kartellrechtsverletzungsbedingten Schaden nachzuweisen.[344] Dies spricht dagegen, dass die Kommission mit der Schadensvermutung im Besonderen auf

---

[337] EuGH 12.7.2022 – C-267/20, EU:C:2022:494 Rn. 102–104 – Volvo und DAF Trucks (für den Fall fristgerechter Umsetzung ins spanische Recht wäre dieser Zeitpunkt maßgeblich gewesen).
[338] Regierungsbegründung zur Zehnten GWB-Novelle BT-Drs. 19/23492, 89. Zur Anspruchsentstehung → § 33h Rn. 6.
[339] → Rn. 81c.
[340] Lahme/Ruster in Bien u. a., 10. GWB-Novelle Kap. 4 Rn. 240.
[341] Regierungsbegründung zur Neunten GWB-Novelle BT-Drs. 18/10207, 55 („Der Begriff des Kartells entspricht dem des Artikels 2 Nummer 14 der Richtlinie").
[342] Unter diesem Begriff werden üblicherweise kartellrechtswidrige Koordinierungen unter Wettbewerbern zusammengefasst, die unmittelbar Preise und Mengen betreffen oder Marktaufteilungen nach Gebieten oder Kunden (einschließlich von Submissionsabsprachen).
[343] AA etwa Brömmelmeyer NZKart 2016, 2 (3); Fritzsche NZKart 2017, 581 (581 f.). Offen gelassen in BGH 29.11.2022 – KZR 42/20, NZKart 2023, 24 (27) = juris Rn. 58 – Schlecker.
[344] Impact Assessment Paper der Kommission zur Kartellschadensersatzrichtlinie, SWD (2013) 203 final, Rn. 66: „For hardcore cartels, the detection rate is generally assumed to be somewhere between 10 % and 20 %. For other infringements, the detection rate is higher, but the 'conviction' rate (i. e. the rate of successful damages actions) is likely to be much lower, since claimants often find it very difficult to produce proof that the contested conduct produced actual anti-competitive effects."

Nachweisprobleme (nur) bei Hardcore-Kartellen reagieren wollte. Auch die **positiven Definitionsmerkmale** im Text **sprechen gegen** eine **Einengung auf Hardcore-Kartelle oder bezweckte Wettbewerbsbeschränkungen.** Zum ersten erfasst ein „Kartell" neben Absprachen ebenso abgestimmte Verhaltensweisen und damit etwa auch Informationsaustausche zwischen Wettbewerbern, für die – anders als bei Kartellverabredungen im engeren Sinne – ein Treffen „im Geheimen" nicht typisch ist. Zum zweiten umfasst die beispielhafte Aufzählung in § 33a Abs. 2 S. 3 Nr. 1 auch Koordinierungen der „Ankaufspreise" und „sonstiger Geschäftsbedingungen", und damit Verhaltensweisen, die nicht notwendigerweise als „bezweckte Wettbewerbsbeschränkungen" zu bewerten sind[345] und für die sogar eine Freistellung gemäß Art. 101 Abs. 3 AEUV in Betracht kommt.[346] Zwar erscheinen Koordinierungen, die wegen ihrer wettbewerbsgefährdenden Natur als „bezweckte" Wettbewerbsbeschränkung qualifiziert werden, bei abstrakter Betrachtung schadensgeneigter als jene, die allenfalls die Alternative „bewirkte Wettbewerbsbeschränkung" erfüllen können. Doch bedingt bei diesen Koordinierungen die Erfüllung des Tatbestands des Art. 101 Abs. 1 AEUV bzw. § 1 GWB – die ja bei § 33a Abs. 2 S. 1 vorausgesetzt ist –, dass festgestellt wurde oder wird, dass vor dem Hintergrund der konkreten Markt- und Wettbewerbsverhältnisse schädliche Auswirkungen auf den Wettbewerb zu befürchten sind. Insofern darf der abstrakt weniger zu Schädigung neigende Charakter dieser Koordinierungen nicht mehr ausschlaggebend sein. Letztlich ist auch zu bedenken, dass eine Einengung der Schadensvermutung auf „bezweckte" Wettbewerbsbeschränkungen das Potential in sich birgt, die Bindungswirkung nach § 33b zu entwerten. Denn zwar haben die Wettbewerbsbehörden einen Anreiz, sich auf ein Bezwecken festzulegen, um so eine Auswirkungsprüfung zu vermeiden. Allerdings können sie es dabei bewenden lassen, festzustellen, dass eine Wettbewerbsbeschränkung jedenfalls bewirkt ist. Im Übrigen wird in der Praxis[347] nicht immer zwischen „Bezwecken" und „Bewirken" unterschieden.[348]

77  **2. Reichweite der Schadensvermutung (§ 33a Abs. 2 S. 1 bis 3).** Die Schadensvermutung gemäß § 33a Abs. 2 S. 1 und Art. 17 Abs. 2 KartSERL gilt bei kartellrechtswidrigen Nachfragekoordinierungen zugunsten von **Lieferanten.**[349] Denn die Kartelldefinition in § 33a Abs. 2 S. 2 und Art. 2 Nr. 14 KartSERL schließt auch die Koordinierung von Ankaufspreisen ein. Zudem liegt es in der Tendenz der Richtlinie, Lieferanten als Geschädigte bei Rechtsverletzungen durch ihre Abnehmer eine Rechtsposition zu verschaffen, die der von Abnehmern im Falle von Angebotskartellen entspricht.[350]

78  § 33a Abs. 2 und Art. 17 Abs. 2 KartSERL begründen **keine Vermutung** für ein höheres Preisniveau zulasten **mittelbarer Abnehmer.**[351] Art. 14 Abs. 1 KartSERL legt ausdrücklich deren Darlegungs- und Beweispflichtigkeit hinsichtlich des Vorliegens und des Umfangs einer Schadensabwälzung fest.[352]

79  Da § 33a Abs. 2 sich nicht auf die Weitergabe kartellbedingter Preiserhöhungen und damit einhergehenden Mengenreduzierungen auf nachgelagerten Märkten bezieht, **eignet sich** die Norm auch **nicht** als Bindeglied, um zugunsten eines Kartellabnehmers eine **Vermutung** für einen **entgangenen Gewinn** infolge einer **Mengenreduzierung** zu begründen.[353]

---

[345] Mitteilung der Kommission, Leitlinien zur Anwendbarkeit von Art. 101 AEUV über horizontale Zusammenarbeit, 2011/C 11/01, Rn. 206 und Rn. 275 f.

[346] Mitteilung der Kommission, Leitlinien zur Anwendbarkeit von Art. 101 AEUV über horizontale Zusammenarbeit, 2011/C 11/01, Rn. 217–221 sowie Rn. 312–314, 320, 322 f.

[347] Siehe etwa KOMM. 12.1.1990 – Comp/IV/32.006 Rn. 14 („Folgende Bestimmungen der Vereinbarung bezwecken und/oder bewirken eine Einschränkung des Wettbewerbs").

[348] Hengst in Bunte Art. 101 Rn. 240 aE.

[349] Kersting in Kersting/Podszun, Die 9. GWB-Novelle, Kap. 7 Rn. 42 und in LMRKM § 33a Rn. 71.

[350] Siehe insbes. Art. 12 Abs. 4 KartSERL (umgesetzt in § 33a Abs. 4).

[351] Galle NZKart 2016, 214 (219).

[352] → § 33c Rn. 25 (dort auch zu Beweiserleichterungen in der Rechtsprechung).

[353] AA Kersting in Kersting/Podszun, Die 9. GWB-Novelle, Kap. 7 Rn. 43 und in LMRKM § 33a Rn. 72.

§ 33a Abs. 2 und Art. 17 Abs. 2 KartSERL begründen **keine Vermutung** für einen **80**
**Preisschirmeffekt.** Der Richtliniengeber war sich zwar des „Kone"-Urteils und der
Möglichkeit von Preisschirmschäden bewusst. Trotzdem hat er ihre Ersatzfähigkeit nicht
geregelt, sondern als Zurechnungsfrage grundsätzlich den Mitgliedstaaten überlassen –
wohlwissend, dass der EuGH den Mitgliedstaaten vorgegeben hat, dass jedenfalls der
generelle Ausschluss ihrer Zurechenbarkeit dem Effektivitätsgrundsatz widerspricht.[354] Vor
diesem Hintergrund muss die Tatsache, dass Art. 17 Abs. 2 KartSERL insoweit offen
formuliert ist, so verstanden werden, dass der Unionsgesetzgeber auch die Frage einer
Beweiserleichterung für die Existenz von Preisschirmeffekten offen gelassen[355] bzw. den
Mitgliedstaaten und dem Effektivitätsgrundsatz in der Lesart des EuGH zur Beantwortung
anheimgegeben hat.

Der **EuGH** hat in „**Kone**" zwar angedeutet, dass für die Annahme eines Preisschirm- **81**
effekts ein eingeschränktes Beweismaß hinreichend sein kann, indem er formulierte, „erwiesen" müsse sein, dass ein „Kartell nach den Umständen des konkreten Falles und
insbesondere den Besonderheiten des betreffenden Marktes ein‚umbrella pricing' durch
eigenständig handelnde Dritte zur Folge haben könnte".[356] Allerdings hatte der EuGH eine
Vorlagefrage zu beantworten, die sich (nur) auf den materiell-rechtlichen Aspekt der
Zurechenbarkeit von Preisschirmschäden im Hinblick auf Adäquanz und Rechtswidrig-
keitszusammenhang richtete. Hinsichtlich der Notwendigkeit von Beweiserleichterungen
wird man dieser Aussage deshalb allenfalls geringes Gewicht zuweisen dürfen.

**3. Insbesondere: Vermutung der Kartellbefangenheit der individuellen Trans-** **81a**
**aktion (§ 33a Abs. 2 S. 4).** Nach Art. 17 Abs. 2 KartSERL müssen die Mitgliedstaaten
eine **widerlegliche Vermutung** dafür vorsehen, „dass Zuwiderhandlungen in Form von
**Kartellen** einen **Schaden verursachen**", indem sie sich, wie in Begründungserwägung
(47) S. 1 aE KarteSERL ergänzt wird, „insbesondere […] auf die Preise" auswirken. Damit
die Vermutungsregelung die ihr zugedachte Funktion erfüllt, die „wirksame Geltendmachung von Schadensersatzansprüchen zu gewährleisten",[357] darf dies nicht nur als Hinweis
auf die allgemeine (Markt-)Preisentwicklung verstanden werden. Die Vermutung würde
dann den Anspruchsteller nicht dabei unterstützen, die dann entscheidende Hürde zu
nehmen, nämlich nachzuweisen, dass seine Transaktion zum kartellbedingt überhöhten
Marktpreis oder sonst zu kartellbedingt verzerrten Parametern zustande gekommen ist. Im
Lichte des Effektivitätsgebots, dem Art. 17 Abs. 2 KartSERL verpflichtet ist, muss der
Regelung deshalb auch entnommen werden, dass eine **Vermutung** dafür gilt, dass die
**Parameter individueller Transaktionen durch ein Kartell** zum Nachteil der An-
spruchsteller **verzerrt** worden sind. Der Anwendungsbereich dieser – für die effektive
Geltendmachung von Kartellschadensersatzansprüchen notwendigen – Regelung wird von
der Richtlinie nicht näher definiert. Es liegt nahe, diese Vermutung – wie schließlich
ausdrücklich auch in § 33a Abs. 2 S. 4 umgesetzt – allen jenen Abnehmern oder Lieferanten des Kartells zukommen zu lassen, die mit einem Kartellanten eine Transaktion über ein
Produkt vorgenommen haben, dass Gegenstand der anspruchsbegründenden Kartellvereinbarung war.

Indem **§ 33a Abs. 2 S. 1** allgemein formuliert, „[e]s wird […] vermutet, dass ein Kartell **81b**
einen Schaden verursacht", kann die Regelung ohne weiteres im unionsrechtlich geboten-
nen Sinne verstanden werden, nämlich als **Vermutung** auch dafür, dass die **Parameter**
**individueller Transaktionen mit den Kartellanten tatsächlich kartellbedingt ver-**
**zerrt** waren, wenn Produkte in Rede stehen, auf die das Kartell ausgerichtet war. Dem

---

[354] → Rn. 61.
[355] AA Kersting in Kersting/Podszun, Die 9. GWB-Novelle, Kap. 7 Rn. 41 und in LMRKM § 33a
Rn. 70.
[356] EuGH 5.6.2014 – C-557/12, EU:C:2014:1317 Rn. 34 – Kone (Hervorhebung hinzugefügt). Siehe
Bornkamm/Tolkmitt in Bunte § 33a Rn. 36.
[357] Begründungserwägung (47) S. 1 KartSERL.

steht nicht die Einlassung in der Regierungsbegründung zur Neunten GWB-Novelle (2017) entgegen, wo es heißt: „Von der Vermutung unberührt bleibt die Tatsache, dass der Schadensersatz Beanspruchende von dem Kartell betroffen ist. Der Anspruchsteller trägt auch weiterhin die Darlegungs- und Beweislast dafür, dass er Waren oder Dienstleistungen abgenommen oder geliefert hat, auf die [...] sich der Verstoß bezogen hat."[358] Mit der letztgenannten Formulierung hat der Gesetzgeber gerade nicht unterstellt, der Anspruchsteller müsse darlegen und ggf. beweisen, die Preise oder sonstigen Parameter der anspruchsbegründenden Transaktion seien tatsächlich kartellbedingt verzerrt gewesen. Vielmehr solle der Anspruchsteller allein zu zeigen haben, dass die Kartellabrede auf Produkte ausgerichtet war, die der Anspruchsteller einem Kartellanten abgenommen oder geliefert hat.[359] Missverständlich ist schließlich auch die auf § 33a Abs. 2 S. 4 bezogene Aussage in der Regierungsbegründung zur Zehnten GWB-Novelle (2021), wonach der Gesetzgeber der Neunten GWB-Novelle „[v]on einer solchen Regelung [...] noch bewusst Abstand genommen habe."[360] Die Betonung liegt hier darauf, dass mit der Neunten GWB-Novelle – wie das vorstehende Zitat eingangs erkennen lässt – keine Vermutung für die zur Haftungsbegründung zählende Betroffenheit eines Anspruchstellers eingefügt werden sollte. Zumal auch der schließlich mit der Zehnten GWB-Novelle eingeführte § 33a Abs. 2 S. 4 nicht die Betroffenheit, sondern die Schadensentstehung als Frage der Haftungsausfüllung betrifft,[361] kommt dem genannten Hinweis keine Aussagekraft für die Reichweite der auf Ebene der Haftungsausfüllung relevanten Vermutung der Schadensentstehung nach § 33a Abs. 2 S. 1 zu.

**81c** § 33a Abs. 2 S. 4 ist vor diesem Hintergrund als **bloße** (begrüßenswerte) **Klarstellung** der **ohnehin nach § 33a Abs. 2 S. 1 geltenden Rechtslage** anzusehen.[362] Offenbar befürchtete der Gesetzgeber im Lichte der wechselhaften Rechtsprechung zu den Beweisanforderungen für die Geltendmachung eines kartellbedingten Schadens unter § 33 Abs. 3 GWB 2005, dass die Gerichte die Reichweite der Vermutungsregelung verkennen würden.[363]

**81d** Die Vermutung setzt voraus, dass der Anspruchsteller zeigen kann, dass er eine Ware oder Dienstleistung im **räumlichen** und **sachlichen Markt,** auf den sich die Kartellabsprache richtete, **vom Kartell** erworben oder **an das Kartell** geliefert hat. § 33a Abs. 2 S. 4 begründet damit keine Vermutung für Preisschirmschäden[364] und betrifft auch nicht mittelbare Abnehmer oder Lieferanten.[365] Vorausgesetzt ist zudem, dass die Konditionen der Transaktion während des Zeitraums vereinbart worden sind, für den die Koordinierung nachgewiesen wurde. Die praktische Wirksamkeit der Vermutungsregelung hängt damit im Regelfall davon ab, dass die Kartellbehörden, auf deren Entscheidungen die Geltendmachung von Ansprüchen aus § 33a aufbauen, möglichst präzise Angaben hierzu enthalten, an die die Gerichte sodann gemäß § 33b gebunden sind.

**82** **4. Widerlegung der Schadensvermutung.** Gilt die Schadensvermutung nach § 33a Abs. 2, so hat – in den Worten des Art. 17 Abs. 2 S. 2 KartSERL – „der Rechtsverletzer [...] das Recht, diese Vermutung zu widerlegen." Die Anforderungen an eine Widerlegung sind unionsrechtlich einheitlich zu bestimmen; in letzter Instanz durch den EuGH. Versteht man die Vermutung als Kristallisation von Erfahrungssätzen, dann darf für eine **Widerlegung** vom beklagten Kartellanten **nicht** verlangt werden, den **Vollbeweis** dafür zu erbringen,[366] dass das Kartell keine Marktparameter im Sinne der Vermutung verzerrt hat,

---

[358] Regierungsbegründung zur Neunten GWB-Novelle BT-Drs. 18/10207, 56 (Hervorhebung hinzugefügt).
[359] Kersting in LMRKM § 33a Rn. 65.
[360] Regierungsbegründung zur Zehnten GWB-Novelle BT-Drs. 19/23492, 88 f.
[361] Zu terminologischen Inkonsistenzen in der Regierungsbegründung zu § 33a Abs. 2 S. 4 → Rn. 20c.
[362] Lahme/Ruster in Bien u. a., 10. GWB-Novelle Kap. 4 Rn. 238.
[363] Siehe Regierungsbegründung zur Zehnten GWB-Novelle BT-Drs. 19/23492, 88 f.
[364] Regierungsbegründung zur Zehnten GWB-Novelle BT-Drs. 19/23492, 89.
[365] Siehe aber § 33c Abs. 3 S. 2.
[366] Vgl. § 292 S. 1 ZPO.

es also nicht zu einer Marktpreiserhöhung kam oder sich diese jedenfalls nicht auf die Transaktion mit dem Anspruchsteller ausgewirkt hat. Vielmehr ist die Schadensvermutung bereits als widerlegt anzusehen, wenn der Beklagte im Wege eines **Gegenbeweises** Indiztatsachen vorbringt, aufgrund derer dem Richter die Behauptung eines entstandenen Schadens zweifelhaft bleibt. Es obliegt den Gerichten auch unter § 33a Abs. 2, die für und gegen eine Schadensentstehung sprechenden Indizien umfassend zur Kenntnis zu nehmen und zu würdigen. Praktische Relevanz kommt der Vermutung damit nur im Falle eines non liquet zu.[367]

### IV. Beweiserleichterungen für die Schadensentstehung nach der Rechtslage vor der Neunten GWB-Novelle

Die **Schadensvermutung** nach § 33a Abs. 2 „ersetzt"[368] **Beweiserleichterungen** 83 **geringerer Qualität,** die im Lichte des Effektivitätsgebots gefordert sind, in diesem Sinne von der Rechtsprechung entwickelt wurden und für Altfälle, d. h. bei Haftung auf Grundlage von § 33 Abs. 3 GWB 2005 oder früheren Anspruchsgrundlagen, gelten. Genügt allerdings für die Widerlegung der Schadensvermutung nach § 33a Abs. 2 der Gegenbeweis (→ Rn. 82), dann bleiben diese aufbauend auf Erfahrungssätzen geformten differenzierten Beweisregeln nach wie vor von Belang.[369]

**1. Entwicklung der Rechtsprechung: Begründung einer „tatsächlichen Ver-** 84 **mutung" für eine Schadensentstehung.** Der BGH hatte zur seinerzeit im **Bußgeldrecht** noch maßgeblichen Frage, ob die Kartellanten einen wirtschaftlichen Vorteil erlangt haben, den Erfahrungssatz formuliert, es spreche „eine hohe Wahrscheinlichkeit dafür, daß das Kartell gebildet und erhalten wird, weil es höhere als am Markt sonst erzielbare Preise erbringt."[370] Das KG griff dies für den Haftungsprozess auf und postulierte einen Erfahrungssatz, wonach sich ein Quotenkartell preissteigernd auswirke.[371] **Dieser Beweis des ersten Anscheins** dafür, dass **Kartelle** sich allgemein preissteigernd auswirkten, wurde nachfolgend von einer Reihe von Obergerichten übernommen.[372]

Ausgehend von einem generell für **Feststellungsklagen** abgesenkten Beweismaß für die 85 Schadensentstehung[373] griff der BGH in seinem Urteil **„Grauzementkartell II"** seine zum Bußgeldrecht ergangene Rechtsprechung auf und formulierte, es entspreche „einem **wirtschaftlichen Erfahrungssatz,** dass die Gründung eines **Kartells** grundsätzlich der Steigerung des Gewinns der am Kartell beteiligten Unternehmen" diene. Deshalb spreche „eine **hohe Wahrscheinlichkeit** dafür, dass das Kartell gebildet und erhalten wird, weil es **höhere als am Markt erzielbare Preise erbringt".**[374] Ob ein Beweis ersten Anscheins für eine preissteigernde Wirkung eines Kartells spricht, konnte der BGH damit jedenfalls für Feststellungsklagen offenlassen.

Im Urteil **„Schienenkartell I"** widersprach der **BGH** sodann allerdings der oberge- 86 richtlichen Rechtsprechung und **lehnte den Anscheinsbeweis ab.** Dieser bedinge einen Geschehensablauf, bei dem mit „sehr großer" Wahrscheinlichkeit davon auszugehen sei,

---

[367] Meier-Beck FS Wiedmann, 2020, 617, 623 f.; Bornkamm/Tolkmitt in Bunte § 33a Rn. 39.
[368] Regierungsbegründung zur Neunten GWB-Novelle BT-Drs. 18/10207, 55.
[369] Meier-Beck FS Wiedmann, 2020, 617, 623 f.
[370] BGH 28.6.2005 – KRB 2/05, WuW/E DE-R 1567 (1569) = juris Rn. 20 – Berliner Transportbeton I.
[371] KG 1.10.2009 – 2 U 10/03 Kart, WuW/E DE-R 2773 (2777) = juris Rn. 39–41 – Berliner Transportbeton.
[372] OLG Karlsruhe 31.7.2013 – 6 U 51/12 (Kart), NZKart 2014, 366 (367) = juris Rn. 54 f. – Feuerwehrfahrzeuge; OLG Frankfurt a. M. 17.11.2015 – 11 U 73/11 (Kart), WuW 2016, 312 (312 f.) = juris Rn. 50 – Grauzementkartell; OLG Karlsruhe 9.11.2016 – 6 U 204/15 Kart (2), WuW 2017, 43 (44 f.) = juris Rn. 63 – Grauzementkartell; OLG Jena 22.2.2017 – 2 U 583/15 Kart, WuW 2017, 203 (205 f.) = juris Rn. 63 f. – Schienenkartell; siehe auch LG Düsseldorf 19.11.2015 – 14d O 4/14, BeckRS 2016, 1136 Rn. 77–81 = juris Rn. 193–197 – Autoglas.
[373] BGH 12.6.2018 – KZR 56/16, WuW 2018, 405 (407) = juris Rn. 34 – Grauzementkartell II.
[374] BGH 12.6.2018 – KZR 56/16, WuW 2018, 405 (407) = juris Rn. 35 – Grauzementkartell II.

dass eine feststehende Tatsache – hier: Kartellierung – die zu beweisende Tatsache – hier: preiserhöhende Wirkung – zur Folge habe.[375] Eine Typizität dieser Qualität lasse sich aber hinsichtlich der Wirkungen von Kartellen nicht feststellen. Denn deren Preiseffekt sei von einer Vielzahl von Faktoren abhängig (Anzahl der Marktteilnehmer, Zahl der Kartellanten, Marktabdeckung des Kartells, Grad der Kartelldisziplin, Reaktionsmöglichkeiten der Marktgegenseite), deren Einfluss erheblichen Veränderungen unterliegen könne. Insbesondere sei zu berücksichtigen, dass die individuell gewinnmaximierende Strategie eines Kartellanten gerade im verdeckten Abweichen von der Kartelldisziplin bestehen könne.[376] Während der BGH im **Leitsatz** des Urteils die Versagung des Anscheinsbeweises auf den Fall des **„Quoten- und Kundenschutzkartells"** beschränkt hat, sprechen die Urteilsgründe dafür, dass dies **für alle Arten der Kartellierung** gelten soll.[377] Zum einen stellt der BGH dort sprachlich allgemein auf die Wirkungen „von Kartellen" ab.[378] Zum anderen darf man bei den dem Urteil zugrunde liegenden Quoten- und Kundenschutzabsprachen – die dadurch charakterisiert waren, dass jedem Kartellanten bestimmte „Stammkunden" zugewiesen waren, so dass bei jeder Ausschreibung ohne weiteres klar war, welcher Kartellant diesen Auftrag erhalten sollte[379] – von einer vergleichsweise hohen Kartelldisziplin ausgehen, da jedes Abweichen schnell entdeckt werden konnte. Wenn aus Sicht des BGH schon in dieser Konstellation gerade das Risiko mangelnder Kartelldisziplin einen Anscheinsbeweis ausschließen soll, dann wird man dies erst recht für andere Arten von Kartellen, insbesondere für **preisbezogene Koordinierungen,** annehmen müssen. Entsprechend entschied der **BGH** im **„LKW-Kartell I"**-Urteil[380] und im **„Schlecker"**-Urteil,[381] dass **kein Anscheinsbeweis** für die Schadensentstehung streite.

87     Der zuvor hinsichtlich der Schadensentstehung im Kontext des Bußgeldrechts[382] und der Feststellungsklagen[383] hervorgehobenen Einsicht, dass die „wirtschaftliche Erfahrung" lehre, dass Unternehmen sich an Kartellen beteiligten, um den Preiswettbewerb außer Kraft zu setzen und hierdurch Mehrerlöse zu erwirtschaften, wies der BGH im **„Schienenkartell I"**-Urteil die Bedeutung einer **tatsächlichen Vermutung** dafür zu, dass aus einer **Kartellierung eine Preisüberhöhung** resultierte. Das Gewicht dieses Erfahrungssatzes steigt, je länger und nachhaltiger das Kartell praktiziert wurde.[384] Um den Anforderungen des unionsrechtlichen Effektivitätsgrundsatzes[385] gerecht zu werden, betonte der BGH, dass dieser tatsächlichen Vermutung regelmäßig eine **„starke indizielle Bedeutung"** zukomme.[386] Allerdings darf ein „starkes" Gewicht der tatsächlichen Vermutung nicht abstrakt

---

[375] BGH 11.12.2018 – KZR 26/17, WuW 2019, 91 (92 f.) = juris Rn. 50 – Schienenkartell I mwN; bestätigt hiernach etwa in BGH 28.1.2020 – KZR 24/17, BGHZ 224, 281 = NZKart 2020, 136 (138) = juris Rn. 31 – Schienenkartell II; BGH 19.5.2020 – KZR 70/17, NZKart 2020, 535 (537) = juris, Rn. 25 f. – Schienenkartell III; BGH 19.5.2020 – KZR 8/18, NZKart 2020, 539 (540) = juris, Rn. 27 f. – Schienenkartell IV; krit. zum Kriterium einer „sehr großen" Wahrscheinlichkeit als Voraussetzung für einen Anscheinsbeweis OLG Düsseldorf 23.1.2019 – VI-U (Kart) 18/17, WuW 2019, 158 (162) – Schienenkartell II.

[376] BGH 11.12.2018 – KZR 26/17, WuW 2019, 91 (93 f.) = juris Rn. 57 – Schienenkartell I.

[377] Weitbrecht NZKart 2019, 70 (76) (Übertragung auf Preiskartelle).

[378] BGH 11.12.2018 – KZR 26/17, WuW 2019, 91 (93 f.) = juris Rn. 57 – Schienenkartell I; siehe auch BGH 28.1.2020 – KZR 24/17, BGHZ 224, 281 = NZKart 2020, 136 (138) = juris Rn. 28 – Schienenkartell II.

[379] BGH 11.12.2018 – KZR 26/17, WuW 2019, 91 (92) = juris Rn. 46 – Schienenkartell I.

[380] BGH 23.9.2020 – KZR 35/19, BGHZ 227, 84 = NZKart 2021, 117 (119) = juris Rn. 38 – LKW-Kartell I.

[381] BGH 29.11.2022 – KZR 42/20, NZKart 2023, 24 (27) = juris Rn. 58 – Schlecker.

[382] → Rn. 78.

[383] → Rn. 79.

[384] BGH 11.12.2018 – KZR 26/17, WuW 2019, 91 (93) = juris Rn. 55 – Schienenkartell I; BGH 23.9.2020 – KZR 4/19, NZKart 2021, 44 (45) = juris Rn. 26 – Schienenkartell V; BGH 23.9.2020 – KZR 35/19, BGHZ 227, 84 = NZKart 2021, 117 (120) = juris Rn. 57 – LKW-Kartell I; BGH 28.6.2022 – KZR 46/20, NZKart 2022, 641 (643) = juris Rn. 42 f. – Stahl-Strahlmittel; BGH 29.11.2022 – KZR 42/20, juris Rn. 62 – Schlecker.

[385] → Vor §§ 33–34a Rn. 13 ff.

[386] BGH 11.12.2018 – KZR 26/17, WuW 2019, 91 (93) = juris Rn. 56 – Schienenkartell I; BGH 28.1.2020 – KZR 24/17, BGHZ 224, 281 = NZKart 2020, 136 (140 f.) = juris Rn. 42–45 – Schienenkartell II; siehe auch OLG Karlsruhe 10.4.2019 – 6 U 126/17, NZKart 2019, 325 (327) – Maschinenpulver.

und unabhängig von den einschlägigen Umständen angenommen werden; im Einzelfall können auch schwache gegenläufige Tatsachen ein Gericht daran hindern, die Schadensentstehung auf einen Erfahrungssatz zu stützen.[387]

Das **OLG Düsseldorf** hat es **abgelehnt,** sich der vom **BGH im „Schienenkartell I"-　87a Urteil** dargelegten und hiernach fortgeführten Rechtsansicht anzuschließen und will offenbar am Anscheinsbeweis für eine allgemein preissteigernde Wirkung von Kartellen festhalten.[388] Dem BGH wirft das Oberlandesgericht vor, sowohl hinsichtlich des Maßstabs für die Anerkennung eines Anscheinsbeweises als auch bei der Beurteilung der typischen Folgen einer Kartellierung ohne sachlichen Grund von seiner etablierten Rechtsprechung abgewichen zu sein und die hinter der – vorliegend (noch) nicht anwendbaren – Schadensvermutung nach § 33a Abs. 2 S. 1 stehenden und auch auf die lex lata bezogenen gesetzgeberischen Wertungen verkannt zu haben.[389] Das Oberlandesgericht hielt dies aber letztlich nicht für streitentscheidend und unterstellte einen hinreichenden Nachweis für eine Schadensentstehung auch im Lichte der vom BGH geforderten Gesamtwürdigung aller maßgeblichen Umstände.[390] Letzteres deutet bereits an, dass es im Ergebnis für die forensische Praxis womöglich keinen erheblichen Unterschied bedeuten wird, ob die Gerichte von einem Anscheinsbeweis oder lediglich einer tatsächlichen Vermutung mit starker indizieller Bedeutung dafür ausgehen, dass Kartelle preissteigernd wirken.

**2. Reichweite der tatsächlichen Vermutung für die Schadensentstehung.** Im　87b „LKW-Kartell I"-Urteil bestätigte der BGH, dass die tatsächliche Vermutung für die Entstehung eines Schadens nicht lediglich bei Absprachen über **Preise, Quoten** oder **Kundenzuweisungen** gilt, sondern auch bei einer **Abstimmung des Preissetzungsverhaltens,** und zwar insbesondere auch dann, wenn diese nur **Listenpreise** betreffe. Der BGH unterstellte, dass diese Absprachen mit hoher Wahrscheinlichkeit auch die Transaktionspreise nachteilig beeinflusst hätten.[391]

Ein kartellrechtswidriger (reiner) **Austausch preissetzungsrelevanter Informationen,**　87c **ohne** dass sich eine **Abstimmung zukünftigen Marktverhaltens** zeigen lässt, begründet nach dem „Schlecker"-Urteil des BGH ebenfalls eine tatsächliche Vermutung für einen Preiseffekt zulasten der Abnehmer.[392] **Anders als** im Falle von Absprachen über Preise, Festlegungen von Quoten oder Zuweisungen bestimmter Kunden an einzelne Kartellanten[393] (wie auch sonstigen sog. „Hardcore"-Kartellen) kann sich die Rechtsprechung für diesen Erfahrungssatz **nicht** auf **aussagekräftige, verallgemeinerbare empirischen Erkenntnisse** berufen (und tut dies auch nicht).[394] Sie stützt sich aber auf „ökonomisches Erfahrungswissen", wonach Unternehmen die über Informationsaustausche gewonnenen Erkenntnisse, insbesondere über von Konkurrenten erwogenes zukünftiges Marktverhalten, in die Bestimmung ihres eigenen Marktverhaltens einfließen lassen.[395] Dies trifft sich mit Wertungen des materiellen Kartellrechts: Der Nachweis eines bloßen Informationsaustauschs (etwa über

---

[387] BGH 23.9.2020 – KZR 35/19, BGHZ 227, 84 = NZKart 2021, 117 (121) = juris Rn. 66 f. – LKW-Kartell I.

[388] OLG Düsseldorf 23.1.2019 – VI-U (Kart) 18/17, WuW 2019, 158 (161) – Schienenkartell II.

[389] OLG Düsseldorf 23.1.2019 – VI-U (Kart) 18/17, WuW 2019, 158 (160–162) – Schienenkartell II; siehe auch Wagner JZ 2019, 471 (472).

[390] OLG Düsseldorf 23.1.2019 – VI-U (Kart) 18/17, WuW 2019, 158 (160) – Schienenkartell II.

[391] BGH 23.9.2020 – KZR 35/19, BGHZ 227, 84 = NZKart 2021, 117 (119 f.) = juris Rn. 43 und 45–54 – LKW-Kartell I; BGH 13.4.2021 – KZR 19/20, NZKart 2021, 566 (567) = juris Rn. 36 – LKW-Kartell II.

[392] BGH 29.11.2022 – KZR 42/20, NZKart 2023, 24 (26 f.) = juris Rn. 43–55 – Schlecker. Noch offen gelassen in BGH 23.9.2020 – KZR 35/19, BGHZ 227, 84 = NZKart 2021, 117 (119) = juris Rn. 44 – LKW-Kartell I (im vorinstanzlichen Urteil war dies offenbar bereits bejaht worden: OLG Stuttgart 4.4.2019 – 2 U 101/18, WuW 2019, 334 (335) = juris Rn. 153–157 – LKW-Kartell; vgl. BGH 23.9.2020 – KZR 35/19, BGHZ 227, 84 = NZKart 2021, 117 (121) = juris Rn. 68 – LKW-Kartell I).

[393] BGH 11.12.2018 – KZR 26/17, WuW 2019, 91 (93) = juris Rn. 55 f. – Schienenkartell I; BGH 29.11.2022 – KZR 42/20, NZKart 2023, 24 (26) = juris Rn. 45 – Schlecker.

[394] Vgl. BGH 23.9.2020 – KZR 35/19, BGHZ 227, 84 = NZKart 2021, 117 (120) = juris Rn. 53 – LKW-Kartell I.

[395] BGH 29.11.2022 – KZR 42/20, NZKart 2023, 24 (26) = juris Rn. 47 – Schlecker.

aktuelles oder geplantes Preissetzungsverhalten) kann genügen, um das Merkmal einer „abgestimmten Verhaltensweise" und damit einen Verstoß gegen Art. 101 AEUV und § 1 GWB zu begründen, weil der Informationsaustausch als Abstimmung im Sinne einer „Fühlungnahme" zwischen Wettbewerbern gewertet werden kann, die wiederum eine widerlegliche Vermutung für ein kausal damit zusammenhängendes tatsächliches Marktverhalten in Umsetzung der Abstimmung auslöst.[396] Diese Vermutung ist integraler Bestandteil des materiellen Unionsrechts und bindet als solches die nationalen Gerichte.[397] Konsequenterweise geht der BGH für das Kartellzivilrecht ohne weiteres davon aus, dass eine Abstimmung durch Informationsaustausch eine tatsächliche Vermutung für eine Beeinflussung des Marktverhaltens begründet.[398] Zwar besteht keine Zwangsläufigkeit, dass der Informationsaustausch die Konditionen zulasten der Abnehmer beeinflusst und also etwas preiserhöhend wirkt.[399] Dem wird indes hinreichend dadurch Rechnung getragen, dass in der BGH-Rechtsprechung ein Anscheinsbeweis abgelehnt wird.[400] Ausgehend von den Anreizen der Beteiligten und der durch den Austausch von geheimen Informationen über die individuelle gegenwärtige oder zukünftige Preissetzung möglichen Abschätzbarkeit der Reaktionen auf eigene Preiserhöhungen ist es richtig, einen einfachen **Erfahrungssatz** dafür sprechen zu lassen, dass sich der **Informationsaustausch preiserhöhend** auswirkt[401] und diesem Erfahrungssatz eine **starke Indizwirkung** zuzuweisen.[402] Mag es insoweit auch keinen aussagekräftigen, verallgemeinerbaren empirischen Befund geben, so wird dem dadurch genügt, dass der Rechtsverletzer die tatsächliche Vermutung entkräften kann, indem er gegenläufige Indizien vorbringt und ggf. die zugrunde liegenden (Hilfs-)Tatsachen beweist (→ Rn. 91). Letztlich steht der Erfahrungssatz auch im Einklang mit rechtlichen Wertungen: Eine – ggf. nur auf den Nachweis eines Austauschs preissetzungsrelevanter Informationen gestützte – abgestimmte Verhaltensweise kommt bei Art. 101 AEUV und § 1 GWB einer Vereinbarung über Preise insoweit gleich, als diese auch als bezweckte Wettbewerbsbeschränkung gewertet werden kann[403] und insoweit unterstellt wird, dass sie eine spürbare Wettbewerbsbeschränkung zur Folge hat.[404] Nach Art. 2 Nr. 14 KartSERL und § 33a Abs. 2 S. 2 ist eine abgestimmte Verhaltensweise, auch wenn sie lediglich auf dem Befund eines Informationsaustauschs beruhen mag, als „Kartell" anzusehen und löst damit (gleich einer Preisabrede) die Schadensvermutung nach Art. 17 Abs. 2 KartSERL und § 33a Abs. 2 S. 1 aus[405] (→ Rn. 76).

**87d**  Der Erfahrungssatz für eine preissteigernde Wirkung bei Preis-, Quoten- oder Kundenschutzabsprachen gilt nach dem **„Stahl-Strahlmittel"**-Urteil des BGH für die **Preisbildung auf nachgelagerten Marktstufen** „wenn **keine klare Trennung der verschiedenen Marktstufen** vorliegt."[406] Dies gelte „erst recht" beim Erwerb durch eine **Tochtergesellschaft,** die hinsichtlich der haftungsauslösenden Zuwiderhandlung zur selben **wirtschaftlichen Einheit** gehört wie die am Kartell beteiligte Muttergesellschaft. Denn es sei „völlig unplausibel", zu unterstellen, die Muttergesellschaft würde „den kartellbedingt

---

[396] EuGH 8.7.1999 C-199/92 P, EU:C:1999:358 Rn. 162, 167 – Hüls/Kommission.

[397] EuGH 21.1.2016 C-74/14, EU:C:2016:42 Rn. 33 – Eturas.

[398] BGH 12.7.2016 – KZR 25/14, BGHZ 211, 146 = juris Rn. 23 f. – Lottoblock II; BGH 13.7.2020 – KRB 99/19, BGHSt 65, 75 = NZKart 2020, 602 (605) = juris Rn. 40–42 – Bierkartell; BGH 23.9.2020 – KZR 35/19, BGHZ 227, 84 = NZKart 2021, 117 (119) = juris Rn. 44 – LKW-Kartell I.

[399] BGH 29.11.2022 – KZR 42/20, NZKart 2023, 24 (26) = juris Rn. 50 – Schlecker.

[400] → Rn. 86.

[401] Siehe BGH 29.11.2022 – KZR 42/20, NZKart 2023, 24 (27) = juris Rn. 51 f. – Schlecker.

[402] BGH 29.11.2022 – KZR 42/20, NZKart 2023, 24 (27 f.) = juris Rn. 56 und 60 – Schlecker.

[403] EuGH 19.3.2015 – C-286/13 P, EU:C:2015:184, Rn. 122 – Food and Dole Fresh Fruit Europe („Insbesondere ist davon auszugehen, dass ein Informationsaustausch, der geeignet ist, die Unsicherheiten unter den Beteiligten hinsichtlich des Zeitpunkts, des Ausmaßes und der Modalitäten der von dem betreffenden Unternehmen vorzunehmenden Anpassung auszuräumen, einen wettbewerbswidrigen Zweck verfolgt"). Siehe Wagner-von Papp in MüKoWettbR Art. 101 AEUV Rn. 337 f.

[404] EuGH 13.12.2012 – C-226/11, EU:C:2012:795 Rn. 35–37 – Expedia.

[405] Letzteres offen lassend BGH 29.11.2022 – KZR 42/20, NZKart 2023, 24 (27) = juris Rn. 58 – Schlecker.

[406] BGH 28.6.2022 – KZR 46/20, NZKart 2022, 641 (644) = juris Rn. 44 – Stahl-Strahlmittel.

überhöhten Gewinn dadurch wieder zunichtemach[en], dass die Preiserhöhung vollständig bei ihrer Tochtergesellschaft ‚hängenbleibt'".[407]

In Ergänzung des – nunmehr vom BGH verworfenen[408] – Anscheinsbeweises für eine **88** allgemein preissteigernde Wirkung von Kartellen[409] hatten Obergerichte verschiedentlich unterstellt, es spreche ein **Erfahrungssatz für das Vorliegen eines Preisschirm-effekts.**[410] In „Grauzementkartell II" stellte der BGH knapp fest, dass jedenfalls in einem Fall, in dem das Kartell 71,3 Prozent des Marktes abdeckte und die Preissetzung der Kartellanten für die Kartellaußenseiter transparent war, angenommen werden dürfe, das Kartell habe die Preissetzung der Kartellaußenseiter und auch die konkrete Transaktion des Anspruchstellers beeinflusst.[411] Der BGH argumentierte hierbei ausgehend vom allgemein bei Feststellungsklagen abgesenkten Beweismaß für die Schadensentstehung. Eine **Beweis-erleichterung** im Wege eines **Anscheinsbeweises** hat der BGH schließlich in „Schienen-kartell IV" angesichts der Komplexität der maßgeblichen ökonomischen Wirkungszusam-menhänge abgelehnt.[412] Mit Blick auf den konkreten Fall hielt es der BGH – den Nachweis einer Preiserhöhung durch die Kartellanten unterstellt – für hinreichend, dass das Tatgericht eine zunehmende Anpassung des Kartellaußenseiters an die Preissetzung durch die Kartel-lanten sowie Marktpreistransparenz, nicht unerhebliche Marktabdeckung durch das Kartell und hinreichende Homogenität der angebotenen Güter festgestellt hat.[413]

§ 33a Abs. 2 und Art. 17 Abs. 2 KartSERL lässt sich **nicht** entnehmen, dass die **Ver-** **89** **mutung** für eine **Marktpreiswirkung** auch **zeitlich über den Kartellrechtsverstoß hinaus** gelten soll. Kartelle wirken sich zwar nicht selten über ihr Ende hinaus weiter auf die Marktparameter aus, etwa aufgrund des Fortbestands von Altverträgen oder schlicht der Fortführung alter Preislisten, daneben aber auch aufgrund erfolgreicher Marktabschottungs-strategien oder weil die Kartellierung Fokalpunkte generiert hat, die eine stillschweigende Kollusion unter den früheren Kartellanten vereinfacht. Letztlich mag es sogar zu strategi-schen Nachwirkungen kommen, weil die Kartellanten die Schadensberechnung in ihrem Sinne beeinflussen wollen.[414] Wie stark diese Faktoren ausgeprägt sind, hängt indes von den Umständen des Einzelfalls, vor allem von Merkmalen des betroffenen Marktes ab. Eine starre Vermutungsregelung erschiene nicht sachgerecht, zumal sie dem einzelnen Betroffe-nen nur dann von Nutzen sein könnte, wenn ein Zeitrahmen festgelegt wäre. Allerdings lässt sich § 33a Abs. 2 und Art. 17 Abs. 2 KartSERL kein Hinweis entnehmen, wie lange eine Fortdauer der Verzerrung von Marktparametern vermutet werden sollte. Das spricht dafür, mit dem festgestellten Ende des Kartellrechtsverstoßes auch die Schadensvermutung enden zu lassen.

Die Gerichte bleiben darüber hinaus frei, für bestimmte Konstellationen Beweiserleichte- **89a** rungen für eine **(begrenzte) Nachwirkung** einer Kartellierung zu postulieren. Während etwa das OLG Frankfurt im „Grauzement"-Fall keinen Erfahrungssatz für eine Nach-

---

[407] BGH 28.6.2022 – KZR 46/20, NZKart 2022, 641 (644) = juris Rn. 46–51 – Stahl-Strahlmittel.
[408] → Rn. 80.
[409] → Rn. 78.
[410] OLG Karlsruhe 31.7.2013 – 6 U 51/12 (Kart), NZKart 2014, 366 (367) = juris Rn. 57 – Feuerwehr-fahrzeuge; OLG Karlsruhe 9.11.2016 – 6 U 204/15 Kart (2), WuW 2017, 43 (45 f.) = juris Rn. 67 – Grauzementkartell; OLG Jena 22.2.2017 – 2 U 583/15 Kart, WuW 2017, 203 (206) = juris Rn. 65 – Schienenkartell.
[411] BGH 12.6.2018 – KZR 56/16, WuW 2018, 405 (407 f.) = juris Rn. 38–40 – Grauzementkartell II. Der zweite Aspekt ist eine Frage der individuellen Betroffenheit des Anspruchstellers, → Rn. 70 ff.
[412] BGH 19.5.2020 – KZR 8/18, NZKart 2020, 539 (541) = juris Rn. 39 – Schienenkartell IV. Der BGH benennt an dieser Stelle die Marktabdeckung des Kartells und die Dauer des Kartellverstoßes als Faktoren, die die Wahrscheinlichkeit eines Preisschirmeffekts bestimmen. Als weitere Faktoren, die dessen Umfang bestim-men, verweist der BGH auf die Angebotselastizität der Kartellaußenseiter, die Markttransparenz, den Grad der Austauschbarkeit der auf dem jeweiligen Markt angebotenen Güter und die Wettbewerbsintensität zwischen Kartellaußenseitern und den Wettbewerbsdruck durch die Nachfrageseite. Gleichsinnig zuvor bereits OLG Düsseldorf 8.5.2019 – VI-U (Kart) 11/18, NZKart 2019, 354 (Leitsatz 2 und 355) – Schienenkartell III.
[413] BGH 19.5.2020 – KZR 8/18, NZKart 2020, 539 (542) = juris Rn. 42 – Schienenkartell IV.
[414] Zu diesen Faktoren Inderst/Thomas Schadensersatz S. 459–466.

wirkung beendeter Kartelle erkennen konnte,[415] unterstellte das OLG Karlsruhe, in der Regel könne davon ausgegangen werden, ein Kartell habe „erst nach einem Jahr keine Nachwirkungen mehr."[416] Einem solchen generalisierenden Erfahrungssatz fehlt die theoretische und empirische Grundlage. Das Gericht sah sich allerdings im Fall durch einen Sachverständigen bestätigt, der attestierte, es habe erst im Zeitraum von etwa acht bis 14 Monaten nach Ende des Kartells eine „Preisanpassungsphase" gegeben.[417] Der **BGH** ließ es nachfolgend **dahinstehen,** ob ein **erster Anschein** für **einjährige Nachwirkungen** spreche. Für die Wahrscheinlichkeit einer Nachwirkung genüge es, dass das OLG Düsseldorf im Bußgeldverfahren festgestellt hatte, die Preise wären erst nach über einem Jahr nach dem Ende des Kartells auf Marktpreise zurückgegangen.[418]

90      **3. Widerlegung der tatsächlichen Vermutung für die Schadensentstehung.** Die Anwendung des Erfahrungssatzes für die Entstehung eines kartellbedingten Schadens schließt es (in den Worten des BGH) „nicht zwingend" aus, dass der Tatrichter zur Überzeugung gelangt, ein Schaden sei ausgeschlossen.[419] Löst Kartellierung (lediglich) eine tatsächliche Vermutung aus, die nicht die Qualität eines Anscheinsbeweises erreicht (und erst recht nicht zur Umkehr der Beweislast führt), dann haben die Gerichte sich nicht nur mit Argumenten der beklagten Parteien auseinanderzusetzen, die geeignet sein können, den Beweis eines ersten Anscheins zu erschüttern, indem die ernsthafte Möglichkeit eines atypischen Geschehensablaufs nachgewiesen wird. Sie haben vielmehr **umfassend und fallbezogen alle Umstände („Indiztatsachen") zu würdigen,** die für die Frage der **Preiswirkungen** eines Kartells relevant sein können.[420] Das betrifft im Allgemeinen etwa Fragen der Kartelldisziplin oder auch nach der Entwicklung der Marktanteile;[421] im „Schienenkartell"-Urteil daneben etwa auch den Einwand, die Absprachen hätten nicht zu einer Preiserhöhung geführt, sondern lediglich zu einer besseren Auslastung der Produktionskapazitäten.[422] Tatsächlich ist es denkbar, dass Absprachen über die „Zuteilung" von Aufträgen wie im Schienenkartell (nur) zu einer effizienteren Nutzung von Kapazitäten führten. Doch setzt dies die – im Allgemeinen nicht plausible – Annahme voraus, dass nicht zugleich auch Preise koordiniert worden sind. Den Gerichten obliegt hiernach, das Gewicht dieses und anderer Indiztatsachen unter Berücksichtigung der Umstände des Einzelfalls zu würdigen und sich – anhand des Maßstabs des § 287 ZPO – ein Urteil über die preissteigernde Wirkung eines Kartells zu bilden. Verbleiben nach Würdigung der Indiztatsachen, die eine Schadensentstehung stützen, und der vom Anspruchsgegner vorgebrachten gegenläufigen Indiztatsachen Zweifel daran, dass ein Schaden mit der nach § 287 ZPO geforderten Wahrscheinlichkeit vorliegt, ist der Indizienbeweis misslungen.[423]

---

[415] OLG Frankfurt a. M. 17.11.2015 – 11 U 73/11 (Kart), NJOZ 2017, 319 Rn. 15 = juris Rn. 43 – Grauzementkartell.
[416] OLG Karlsruhe 9.11.2016 – 6 U 204/15 Kart (2), WuW 2017, 43 (45 f.) = juris Rn. 67 – Grauzementkartell unter Hinweis auf BGH 28.6.2011 – KZR 75/10, BGHZ 190, 45 = juris Rn. 84 – ORWI, wo der BGH in einem Beispiel zur Illustration einer vereinfachten Regel zur Berechnung von Nachwirkungen ohne weitere Erklärung von einer Nachwirkungsdauer von einem Jahr ausging. Dem kann nicht entnommen werden, der BGH würde es im Zweifel für angemessen halten, eine Nachwirkungsperiode von einem Jahr zu unterstellen. Siehe hierzu Bornkamm/Tolkmitt in Bunte § 33a Rn. 27.
[417] OLG Karlsruhe 9.11.2016 – 6 U 204/15 Kart (2), WuW 2017, 43 (45 f.) = juris Rn. 67 – Grauzementkartell.
[418] BGH 12.6.2018 – KZR 56/16, NZKart 2018, 315 (317) = juris Rn. 36 – Grauzementkartell II.
[419] BGH 28.6.2022 – KZR 46/20, NZKart 2022, 641 (644) = juris Rn. 53 – Stahl-Strahlmittel.
[420] Siehe etwa BGH 23.9.2020 – KZR 35/19, BGHZ 227, 84 = NZKart 2021, 117 (123) = juris Rn. 88–92 – LKW-Kartell I; BGH 13.4.2021 – KZR 19/20, NZKart 2021, 566 (569) = juris Rn. 64 a. E. – LKW-Kartell II; BGH 28.6.2022 – KZR 46/20, NZKart 2022, 641 (644) = juris Rn. 53 – Stahl-Strahlmittel.
[421] Ausf. zu den Faktoren, die die Wirksamkeit von Kartellen bestimmen, Coppik/Heimeshoff Kartellschadensermittlung Kap. V, inbes. S. 78–96 zu Ursachen und Konstellationen praktisch nicht wirksamer Kartelle.
[422] BGH 11.12.2018 – KZR 26/17, WuW 2019, 91 (94) = juris Rn. 58 – Schienenkartell I.
[423] BGH 23.9.2020 – KZR 4/19, NZKart 2021, 44 (45) = juris Rn. 27 – Schienenkartell V; BGH 23.9.2020 – KZR 35/19, BGHZ 227, 84 = NZKart 2021, 117 (121) = juris Rn. 58 – LKW-Kartell I.

Im Urteil „**Schlecker**" begründete der BGH, dass ein vergleichsweise **kurzer Zeit-** 90a
**raum** einer kartellrechtswidrigen **Koordinierung** (hier: eines Informationsaustauschs),
**kein Indiz** bildet, das geeignet sei, die tatsächliche Vermutung für eine Preiswirkung zu
entkräften. Mit Blick auf für das Preissetzungsverhalten hochsensible, individualisierte
Informationen unterstellte das Gericht entsprechend den Feststellungen des Bundeskartellamts, dass bereits eine einmalige Teilnahme an einem Informationsaustausch genügen
könne, um eine Preiswirkung herbeizuführen.[424] Ein **relevantes (Gegen-)Indiz** kann
darin liegen, dass es einem Abnehmer gelingt, während des Zeitraums der Kartellverletzung
günstigere Konditionen auszuhandeln[425] oder wenn es an Kartelldisziplin fehlte. Letzteres
darf aber nicht allein wegen des Umstands unterstellt werden, dass es an einer Grundabsprache und damit an Überwachungs- und Sanktionsmechanismen fehlte.[426]

**4. Beweismittel, insbesondere Sachverständigengutachten.** Unter § 287 ZPO hat 91
das Gericht **alle** festgestellten oder mit Beweisangebot vorgebrachten **Umstände** zu würdigen, die **indiziell für oder gegen** die **Preiswirkung** eines Kartellverstoßes sprechen
können. Dem Tatrichter kommt allerdings für die Behandlung von Anträgen zum Beweis
von Indizien ein im Vergleich zu sonstigen Beweisanträgen größerer Freiraum zu. Er muss
deshalb **vor** einer **Beweiserhebung** über diese **Hilfstatsachen prüfen,** „ob die vorgetragenen Indizien – ihre Richtigkeit unterstellt – ihn von der Wahrheit der Haupttatsache
überzeugten."[427]

Ein lege artis erstelltes **ökonometrisches Gutachten** (Regressionsanalyse) kann, soweit 91a
es auf Basis einer hinreichend verlässlichen Datengrundlage zu einem signifikanten Ergebnis
führt, ein relevantes Indiz für eine Schadensentstehung bilden.[428] Allerdings hat der BGH
den Freiraum der Tatrichter betont, im Rahmen der Beweiswürdigung nach § 287 ZPO
auch **ohne** Einholung eines **gerichtlichen Sachverständigengutachtens** aufgrund einer
Gesamtschau von Indizien die **Schadensentstehung** zu **bejahen.** Dies gelte auch, wenn
die Beklagten ein anderslautendes Gutachten vorlegen.[429] Denn auch gutachterliche Aussagen zum hypothetischen Marktpreis bewerten letztlich nur die „gegebenen Anknüpfungstatsachen"[430] und ziehen daraus Schlüsse über Wahrscheinlichkeit und Höhe eines kartellbedingten Schadens.[431] Dieser weite Ermessensspielraum des Tatrichters bei der Einholung
von ökonomischen Sachverständigengutachten ist sachgerecht. Deren Erstellung bringt
regelmäßig hohe Kosten und erheblichen Zeitverlust mit sich, ohne dass eine Ausräumung
der relevanten Unsicherheiten in einem Maße erwartet werden kann, wie sie sich ein
Gericht in anderen Fällen, etwa durch naturwissenschaftliche Gutachten, erhoffen darf.[432]
Der Tatrichter muss sich allerdings mit einem vorgelegten Privatgutachten auseinandersetzen und sich ein begründetes Urteil über dessen Aussagekraft bilden.[433] Entsprechendes
gilt auch für die Bestimmung des hypothetischen Marktpreises im Zuge der Berechnung
der Schadenshöhe → Rn. 105.

---

[424] BGH 29.11.2022 – KZR 42/20, juris Rn. 61–64 – Schlecker.
[425] BGH 29.11.2022 – KZR 42/20, juris Rn. 70 – Schlecker (im Fall aber keine hinreichenden Feststellungen).
[426] BGH 29.11.2022 – KZR 42/20, juris Rn. 81 – Schlecker.
[427] BGH 28.1.2020 – KZR 24/17, BGHZ 224, 281 = NZKart 2020, 136 (139) = juris Rn. 38 –
Schienenkartell II; BGH 29.11.2022 – KZR 42/20, NZKart 2023, 24 (25) = juris Rn. 41 – Schlecker.
[428] BGH 29.11.2022 – KZR 42/20, juris Rn. 106 – Schlecker.
[429] BGH 28.1.2020 – KZR 24/17, BGHZ 224, 281 = NZKart 2020, 136 (140) = juris Rn. 48 a. E. –
Schienenkartell II.
[430] BGH 28.1.2020 – KZR 24/17, BGHZ 224, 281 = NZKart 2020, 136 (139) = juris Rn. 37 –
Schienenkartell II.
[431] BGH 28.1.2020 – KZR 24/17, BGHZ 224, 281 = NZKart 2020, 136 (140) = juris Rn. 47 –
Schienenkartell II.
[432] Schweitzer/Woeste ZWeR 2022, 46, 75.
[433] BGH 28.1.2020 – KZR 24/17, BGHZ 224, 281 = NZKart 2020, 136 (140 f.) = juris Rn. 49 –
Schienenkartell II; BGH 13.4.2021 –KZR 19/20, NZKart 2021, 566 (570 und 571 f.) = juris Rn. 71 und 87
– LKW-Kartell II.

**92**   Auf dieser Grundlage hat das LG Dortmund in einem das **LKW-Kartell** betreffenden Verfahren das **Vorliegen** eines **Schadens** „in irgendeiner Höhe" **bejaht**, obgleich die Beklagtenseite ein **Regressionsgutachten** vorgelegt hatte, wonach der Klägerin kein kartellbedingter Schaden entstanden sei (**„Nullschaden")**.[434] Das Gericht sah hierin keinen hinreichend substantiierten Parteivortrag, mit dem die auf eine Schadensentstehung hindeutenden Indizien aufgewogen werden könnte: Wenn wesentliche **Feststellungen** zum **Kartell** und zu **Strukturmerkmalen** des relevanten **Marktes** (Lebensdauer, Marktabdeckung und Organisationsgrad des Kartells, Kartelldisziplin, Substituierbarkeit aus Sicht der Marktgegenseite, Marktzutrittshürden usw.)[435] ein **gewichtiges Indizienbündel** für eine **hohe Wirksamkeit des Kartells** bilden, dann könne ein **„Nullschaden"-Regressionsgutachten** für sich besehen, selbst wenn man unterstellt, dass es in sich schlüssig und auf Grundlage brauchbarer Rohdaten erstellt wurde, eine **tatsächliche Vermutung** für eine **Schadensentstehung nicht verhindern.** Hierfür bräuchte es vielmehr eine plausible Erklärung dafür, dass die Unternehmen mit hohem Aufwand und unter erheblichem Sanktionsdruck eine – bei Würdigung der objektiv erkennbaren Faktoren zur Kartellaktivität und Marktstruktur als wirksam einschätzbare – Kartellierung vorgenommen haben, ohne hierbei jedoch einen Ertrag durch Preisüberhöhungen zulasten der Marktgegenseite erlangt zu haben. Ohne eine **qualitative Begründung der „Nullschaden"-Behauptung** bestünden erhebliche Zweifel an der Stichhaltigkeit des Ergebnisses der Regressionsanalyse.[436]

**92a**   In einer die Kartellierung von **HDF-Platten** betreffenden Konstellation hat das OLG Düsseldorf unter Berufung auf **§ 138 ZPO** einer Regressionsanalyse, mit der belegt werden sollte, dass sich keine kartellbedingten Preiswirkungen nachweisen ließen, eine Indizwirkung abgesprochen. Das Gericht unterstellte, dass sich aus den festgestellten Tatsachen zum Kartellverstoß und der Kartellorganisation und -durchführung in prozessual zulässiger Weise die Behauptung überhöhter Preise während des Kartellzeitraums ableiten lasse.[437] Mit der Vorlage des ökonomischen Gutachtens allein genüge die Beklagte nicht ihrer Obliegenheit gemäß **§ 138 Abs. 1 und 2 ZPO, vollständig** und **wahrheitsgemäß** zu den **Marktwirkungen** des **Kartells vorzutragen.** Die Schadensbehauptung der Klägerin müsse deshalb als zugestanden gelten (§ 138 Abs. 3 ZPO).[438] Im Übrigen hielt das Gericht das Privatgutachten auch nicht für geeignet, die auf Erfahrungssätze gründende starke Indizwirkung des Preiskartells für einen Schaden zu entkräften.[439]

## I. Schadenshöhe

**93**   Anspruchsinhaber haben ein Recht auf vollständigen Schadensersatz.[440] Die Schadenshöhe bemisst sich ausgehend von der **Differenzhypothese:**[441] Geschädigte sind so zu stellen, als ob der haftungsauslösende Kartellrechtsverstoß nicht stattgefunden hätte.

**94**   Die **Darlegungs- und Beweislast** liegt grundsätzlich **beim Kläger.** Die Vermutungsregelung nach Art. 17 Abs. 2 KartSERL und § 33a Abs. 2 S. 1 erfasst nicht den Schadensumfang.[442] Sowohl im Gesetzgebungsverfahren zur Richtlinie als auch zur Neunten GWB-

---

[434] LG Dortmund 27.9.2021 – 8 O 4/18, juris Rn. 11. Anders in einem offenbar im Wesentlichen gleichgelagerten Fall OLG Stuttgart 9.12.2021 – 2 U 389/19, NZKart 2022, 28 (31) = juris, Rn. 63–65 – LKW-Kartell.

[435] LG Dortmund 27.9.2021 – 8 O 4/18, juris Rn. 4.

[436] LG Dortmund 27.9.2021 – 8 O 4/18, juris Rn. 12–24. In diesem Sinne auch Schweitzer/Woeste ZWeR 2022, 46, 70 und 74.

[437] OLG Düsseldorf 10.2.2021 – VI-U (Kart) 8/19, juris Rn. 64 f. – HDF-Platten.

[438] OLG Düsseldorf 10.2.2021 – VI-U (Kart) 8/19, juris Rn. 66–70 – HDF-Platten.

[439] OLG Düsseldorf 10.2.2021 – VI-U (Kart) 8/19, juris Rn. 71–127 – HDF-Platten.

[440] Art. 3 Abs. 1 KartSERL.

[441] Art. 3 Abs. 2 KartSERL.

[442] Begründungserwägung (47) S. 3 KartSERL („Diese Vermutung sollte nicht die konkrete Höhe des Schadens erfassen").

Novelle wurden Modelle einzelner Mitgliedstaaten und hiervon inspirierte Ansätze diskutiert, wonach eine **Vermutung**[443] bzw. eine Leitlinie für die Schadensschätzung[444] gelten sollte, dass aus einem **Kartell** eine **Preisüberhöhung in bestimmter Höhe** (beispielsweise zehn Prozent) resultiert. Der **Unionsgesetzgeber** hat das Für und Wider einer Vermutungsregelung abgewogen, hierbei auch das Interesse an einer wirksamen Prävention von Kartellrechtsverletzungen bedacht, sich letztlich aber **dagegen entschieden.**[445]

Die Kartellanten haben mit ihrem haftungsbegründenden Verhalten den marktlichen **94a** Preisbildungsmechanismus gestört. Die besonderen Unsicherheiten einer Schadensberechnung anhand von Annahmen kontrafaktischer Preisbildung sind ihnen zuzurechnen. Zudem verfügen die Kartellanten „naturgemäß" eher als die Kartellgeschädigten über Informationen über die Preiswirksamkeit einer Kartellabsprache. Der BGH hat hierin wesentliche Wertungen für die AGB-Kontrolle von Kartellschadenspauschalen gesehen.[446] Das **systematische Informationsungleichgewicht** und die **Verantwortlichkeit** für die **kartellspezifischen Schwierigkeiten** der **Schadensberechnung** können darüber hinaus aber im Grundsätzlichen dafürsprechen, die im Beweisrecht angelegten Wertungsspielräume zu nutzen, um Kartellgeschädigten Beweiserleichterung zu verschaffen.[447]

Die Regeln zur **Beweislast** und dem **Beweismaß** für die Feststellung der Schadenshöhe **95** müssen dem allgemeinen **Effektivitätsprinzip** genügen.[448] Insbesondere müssen die Gerichte das Recht haben, die Schadenshöhe zu schätzen, „wenn es praktisch unmöglich oder übermäßig schwierig ist, die Höhe des erlittenen Schadens aufgrund der vorhandenen Beweismittel genau zu beziffern."[449] Der deutsche Gesetzgeber hat dies in § 33a Abs. 3 umgesetzt (dazu sogleich). Obgleich in **Art. 17 Abs. 1 S. 2 KartSERL** auf die „vorhandenen" Beweismittel rekurriert wird, soll das nationale Gericht nach der Entscheidung des EuGH in „Tráficos Manuel Ferrer" die in der Richtlinie vorgeschriebene Schätzung nur dann vornehmen, nachdem es sich vergewissert hat, dass der Kläger die ihm nach Art. 5 KartSERL zur Verfügung stehenden Rechte auf Offenlegung von Beweismitteln genutzt habe.[450] **Art. 17 Abs. 3 KartSERL,** umgesetzt in § 90 Abs. 5, sieht – beidseitig fakultativ – vor, dass die nationalen Wettbewerbsbehörden den Gerichten helfen können, die Schadenshöhe festzulegen.

Die Europäische Kommission hat einen **praktischen Leitfaden zur Ermittlung des 96 Schadensumfangs** veröffentlicht.[451] Dieser soll als „allgemeine Orientierungshilfe" dienen, um „Kohärenz und Berechenbarkeit" zu gewährleisten[452] und beinhaltet in diesem

---

[443] Nach ungarischem Recht besteht eine widerlegliche Vermutung dafür, dass horizontale Hardcore-Kartelle zu einer zehnprozentigen Preisüberhöhung führen, Nagy WuW 2010, 902. Vgl. auch LG Dortmund 3.2.2021 – 8 O 116/14 (Kart), juris Rn. 109 mit Hinweis auf diese ungarische Regelung, eine entsprechende Regelung im lettischen Recht und eine widerlegliche Vermutung für einen Aufschlag von 20 Prozent nach rumänischem Kartellrecht.

[444] Kersting/Preuß S. 21 und S. 58–61, hatten „im Interesse an einer effizienten Kartellrechtsdurchsetzung" vorgeschlagen, der deutsche Gesetzgeber solle anordnen, dass die Gerichte im Falle von Kartellen bei einer nach § 287 ZPO vorzunehmenden Schätzung in der Regel „von einem Schaden in Höhe von mindestens 10 % des Wertes der Gegenleistung des Geschädigten" ausgehen sollten.

[445] Impact Assessment Paper der Kommission zur Kartellschadensersatzrichtlinie, SWD (2013) 203 final, Rn. 89 (hervorgehoben wird das Risiko, die Schadensvermutung könne Kartellopfern Anreize nehmen, ihren vollen Schaden nachzuweisen und damit eine strukturelle Unterkompensation befördern).

[446] BGH 10.2.2021 – KZR 63/18, BGHZ 229, 1 = NZKart 2021, 350 (354) = juris Rn. 41 – Schienenkartell VI.

[447] Siehe Meier-Beck FS Wiedemann, 2020, S. 617, 624; Isikay Schadensschätzung bei Kartellverstößen S. 180 f.; Bornkamm/Tolkmitt in Bunte § 33a Rn. 63 aE; Schweitzer/Woeste ZWeR 2022, 46, 57 f.

[448] Art. 17 Abs. 1 S. 1 KartSERL.

[449] Art. 17 Abs. 1 S. 2 KartSERL.

[450] EuGH 16.2.2023 – C-312/21, EU:C:2023:99 Rn. 57 – Tráficos Manuel Ferrer → Vor §§ 33–34a Rn. 28c.

[451] Arbeitsunterlage der Kommissionsdienststellen, Praktischer Leitfaden zur Ermittlung des Schadensumfangs bei Schadensersatzklagen im Zusammenhang mit Zuwiderhandlungen gegen Artikel 101 oder 102 des Vertrags über die Arbeitsweise der Europäischen Union, 2013 (im Folgenden: Praktischer Leitfaden Schadensermittlung).

[452] Begründungserwägung (46) aE KartSERL.

Sinne insbesondere einen Überblick über anerkannte Methoden und Techniken der Bemessung von Kartellschäden. In ihrer parallel zum Leitfaden veröffentlichten Mitteilung[453] betont die Kommission, dass der Leitfaden rein informativ sei und die Gerichte nicht binde.[454] Er dürfe insbesondere nicht so verstanden werden, „als dass er das Beweismaß oder den Detaillierungsgrad des von den Parteien verlangten Tatsachenvortrags in den Rechtsordnungen der Mitgliedstaaten erhöht oder mindert."[455]

## I. Schadensschätzung und Mindestschaden

97      Für die Bemessung der Schadenshöhe kommt Klägern das **abgesenkte Beweismaß** nach § 287 ZPO zugute.[456] Das entbindet den Kläger zwar davon, einen Betrag in bestimmter Höhe als Schadensersatz zu fordern, in der Regel aber nicht davon, einen Schaden jedenfalls in ungefährer Höhe zu behaupten und einen Mindestbetrag zu beziffern.[457] Zudem muss er Tatsachen darlegen und beweisen, die dem Gericht eine Grundlage für eine Schätzung der Schadenshöhe bieten (sog. Anknüpfungstatsachen).[458] Vor dem Hintergrund des Effektivitätsgebots dürfen die Gerichte hierbei freilich keine strengen Anforderungen stellen. Sie müssen im Zweifel zumindest denjenigen Betrag als Schaden feststellen, der unter Ausschöpfung des in § 287 ZPO vorgesehenen richterlichen Spielraums mit hinreichender Sicherheit als jedenfalls entstanden anzusehen ist (sog. **Mindestschaden**).[459] Allerdings kann ein Gericht, selbst wenn es die Entstehung eines Schadens als erwiesen ansieht, eine Schätzung ablehnen, weil es an einer hinreichenden Grundlage hierfür fehlt, und nach Beweislastgrundsätzen zu Lasten des Klägers entscheidet.[460] Denn auch ein geschätzter (Mindest-)Schaden darf nicht „mangels greifbarer Anhaltspunkte völlig in der Luft hängen"[461] bzw. auf einer nur „völlig abstrakten Berechnung" beruhen.[462] Für eine in diesem Sinne **freie (Mindest-)Schadensschätzung lässt § 287 ZPO keinen Raum.**[463] Das trifft sich mit den Wertungen der Kartellschadensersatz-Richtlinie, die – selbst für Kartelle – keine Vermutung für einen Mindestschaden vorsieht[464] und im Übrigen eine Überkompensation des individuell Geschädigten vermeiden will,[465] dies insbesondere auch über entsprechende Verfahrensvorschriften.[466] Damit ist aber nicht ausgeschlossen, dass aus einer **Kombination** von **Erfahrungswissen** über Kartellwirkungen mit den

---

[453] Mitteilung der Kommission zur Ermittlung des Schadensumfangs bei Schadensersatzklagen wegen Zuwiderhandlungen gegen Artikel 101 oder 102 des Vertrags über die Arbeitsweise der Europäischen Union, ABl. 2013 C 167, S. 19 (im Folgenden: Mitteilung zur Schadensermittlung).

[454] Mitteilung zur Schadensermittlung Rn. 12.

[455] Mitteilung zur Schadensermittlung Rn. 13.

[456] § 33a Abs. 3 S. 1.

[457] BGH 7.4.2009 – KZR 42/08, WRP 2009, 745 = juris: „[I]n Fällen, in denen die Schadenshöhe von einer richterlichen Schätzung nach § 287 ZPO abhängt, [kann] ein unbeziffter Zahlungsantrag nach § 253 Abs. 2 Nr. 2 ZPO zulässig sein"; ausführlicher zuvor OLG Düsseldorf 14.5.2008 – VI-U (Kart) 14/07, juris Rn. 42–45.

[458] KG 1.10.2009 – 2 U 10/03 Kart, WuW/E DE-R 2773 (2780) = juris Rn. 72 – Berliner Transportbeton (Klägerin trägt „im Rahmen der Schadensschätzung die Darlegungslast für Tatsachen [...], die aussagekräftig genug sind, dass von ihr angestrebte Schätzungsergebnis zu rechtfertigen").

[459] KG 1.10.2009 – 2 U 10/03 Kart, WuW/E DE-R 2773 (2777) = juris Rn. 37 – Berliner Transportbeton; siehe auch den Hinweis in BGH 12.7.2016 – KZR 25/14, BGHZ 211, 146 = juris Rn. 66 – Lottoblock II (bei Beweisnot des Klägers hat Berufungsgericht „die Schätzung eines Mindestschadens in Betracht zu ziehen").

[460] AA Kersting in Kersting/Podszun, Die 9. GWB-Novelle, Kap. 7 Rn. 60 und in LMRKM § 33a Rn. 79 f.

[461] BGH 16.12.1963 – III ZR 47/63, NJW 1964, 589.

[462] BGH 8.5.2012 – VI ZR 37/11, NJW 2012, 2267 Rn. 9.

[463] Ausf. und krit. zur sog. freien Schadensschätzung Thole NZKart 2021, 5; aus ökonomischer Sicht krit. Coppik/Heimeshoff Kartellschadensermittlung S. 97–106.

[464] → Rn. 94.

[465] Art. 3 Abs. 3 KartSERL.

[466] Im Kontext der Schadensabwälzung und der Anspruchsberechtigung indirekter Abnehmer: Art. 12 Abs. 2 KartSERL.

jeweiligen **Eckdaten** und **Charakteristika** der haftungsauslösenden **Kartellierung** und mit den **Strukturmerkmalen** des betroffenen **Marktes** im Einzelfall **belastbare Anhaltspunkte** gewonnen werden können, die, ggf. unter Berücksichtigung weiterer Anknüpfungstatsachen, eine Schadensschätzung erlauben.[467]

## II. Preishöhenschäden

Führt ein **Kartell** zu einem erhöhten Marktpreis,[468] dann entsteht den Abnehmern mit **98** Erwerb[469] jeder Einheit eines kartellbefangenen Produkts[470] ein sog. **Preishöhenschaden** in Höhe der Differenz zwischen dem tatsächlich gezahlten Preis („Kartellpreis") und dem Preis, den der Betroffene ohne die haftungsauslösende Kartellrechtsverletzung gezahlt hätte („hypothetischer Marktpreis" bzw. „Wettbewerbspreis"). Da sich der Vermögensnachteil bei den Abnehmern in Form erhöhter Kosten manifestiert, ist für diesen Posten auch die Bezeichnung „Kostenschaden" üblich. Insoweit die durch den Kartellrechtsverstoß bedingte Preiserhöhung an die nachfolgenden Abnehmer weitergewälzt wurde, ist dies im Wege eines Vorteilsausgleichs abzuziehen (§ 33c Abs. 1 S. 2).

Im Falle von **Ausbeutungsmissbräuchen** gemäß Art. 102 Abs. 1, Abs. 2 lit. a AEUV **99** bzw. § 19 Abs. 1 Abs. 2 Nr. 2 erleiden die Abnehmer des missbräuchlich handelnden Marktbeherrschers ebenfalls einen Preishöhenschaden. Der hypothetische Marktpreis bildet hier einen – bereits auf Tatbestandebene erforderlichen – Referenzwert, um eine missbräuchliche Preisüberhöhung festzustellen.[471] Für die Schadensberechnung ist zu beachten, dass nur der erheblich über dem wettbewerbsanalogen Preis liegende Preis eines Marktbeherrschers als missbräuchlich zu werten ist. Entsprechend liegt der Preishöhenschaden (nur) in der Differenz zwischen dem gezahlten (missbräuchlich überhöhten) Preis und dem wettbewerbsanalogen Preis zuzüglich eines Erheblichkeitszuschlags.[472]

Schwächen **Behinderungsmissbräuche** oder kartellrechtswidrige **vertikale Koor-** **100** **dinierungen** aufgrund ihrer marktabschottenden oder verdrängenden Wirkung die Wettbewerbsintensität auf einem Markt, kann dies bei den Abnehmern zu Kostenschäden in Höhe der Differenz zwischen tatsächlich gezahltem Preis und einem (hypothetischen) Marktpreis, der sich ohne den Kartellrechtsverstoß eingestellt hätte, führen. Anders liegen die Dinge, wenn Abnehmer oder Lieferanten Schadensersatz wegen einer kartellrechtswidrigen Abnahme- oder Lieferverpflichtung der jeweils anderen Seite fordern. Der Schaden liegt hier regelmäßig in der Differenz zwischen dem tatsächlich gezahlten Preis und dem Preis, der ohne die entsprechende Bindung zu zahlen bzw. erzielbar gewesen wäre. Zur Schadensberechnung können hier reale Marktpreise herangezogen werden.

**1. Kartellpreis bzw. missbräuchlich überhöhter Preis.** Maßgeblich ist der vom **101** Abnehmer **tatsächlich gezahlte Preis,** dh insbesondere unter Abzug von Rabatten und Skonti. Sind im Preis **Nebenleistungen** wie etwa Transport inbegriffen, deren Kartell-

---

[467] So etwa OLG Celle 12.8.2021 – 13 U 120/16 (Kart), Rn. 97–224 – Spanplattenkartell. Weitergehend allein auf einzelne Kartell- und Marktstrukturmerkmale abstellend LG Dortmund 30.9.2021 – 8 O 115/14 (Kart), NZKart 2020, 612 (613–616) = juris Rn. 96–127 – Schienenkartell und LG Dortmund 3.2.2021 – 8 O 116/14 (Kart), juris Rn. 84–109. Eingehend zum Potential erfahrungssatzbasierter Schadensschätzung mit eigenem Ansatz sog. „Schätzfensters" Schweizer/Woeste ZWeR 2022, 60–72; krit. hierzu Thole ZWeR 2022, 355–376.

[468] Zu Schadensentstehung und Nachweis einer allgemein preissteigernden Wirkung → Rn. 68 ff.

[469] § 33c Abs. 1 S. 1.

[470] Zum Nachweis → Rn. 70 ff.

[471] Siehe Fuchs → § 19 Rn. 216.

[472] Siehe etwa OLG Frankfurt a. M. 21.12.2010 – 11 U 37/09 (Kart), WuW/E DE-R 3163 (3169) = juris Rn. 37 f. (20 Prozent Erheblichkeitszuschlag auf den wettbewerbsanalogen Preis, der seinerseits bereits durch eine zehnprozentige – als nicht missbräuchlich anzusehende – Erhöhung des Preises festgelegt wurde, den der Beklagte im vorausgehenden Jahr verlangt hatte und der den Ausgangspunkt für eine zeitliche Vergleichsmarktbetrachtung bildete).

befangenheit nicht nachgewiesen ist, müssen diese ebenfalls – ggf. im Wege der Schätzung auf Grundlage von § 287 ZPO – ausgeklammert werden.[473]

**102**  **2. Hypothetischer Marktpreis.** Zu ermitteln ist der Preis, den ein Geschädigter ohne die haftungsauslösende Kartellrechtsverletzung gezahlt hätte. Maßgeblich für dieses kontrafaktische Szenario ist die **Wettbewerbssituation** einschließlich von **Marktstörungen,** die **nicht** dem **Rechtsverletzer zuzurechnen** sind.[474] Regelmäßig handelt es sich deshalb auch beim hypothetischen Marktpreis um einen suprakompetitiven Preis, weil die Anspruchsgegner auch ohne die Rechtsverletzung Preise über dem Niveau vollständigen Wettbewerbs hätten durchsetzen können.[475] Denn Anbieter haben aus ganz verschiedenen Gründen einen Spielraum, kartellrechtskonform Preise über den Grenzkosten fordern zu können, ohne vom Markt verdrängt zu werden: Marktzutrittsschranken, Produktdifferenzierung, insbesondere über Marketing, und Informationsdefizite der Marktgegenseite hinsichtlich Preis oder Qualität des Produkts. Darüber hinaus können sich Anbieter vor allem auf oligopolistischen Märkten mit Konditionentransparenz, relativ hoher Produkthomogenität und Marktzutrittshürden auch stillschweigend (kartellrechtskonform) auf suprakompetitive Preise „verständigen".[476] Ein tatsächlich erfolgter Kartellrechtsverstoß weist allerdings darauf hin, dass eine legale Koordinierung nicht gleichwirksam möglich gewesen wäre.[477]

**103**  Abzusehen ist von Vorschlägen, aus rechtlichen Gründen, nämlich um die Schadensberechnung zu erleichtern und damit dem Präventionsanspruch der Haftung Genüge zu tun, für die Ermittlung des Preishöhenschadens ein kontrafaktisches Szenario **vollständigen Wettbewerbs** zugrunde zu legen um den wettbewerbsanalogen Preis als Summe aus Herstellungskosten und wettbewerbsanaloger Marge zu berechnen.[478] Die Annahme vollständiger Konkurrenz führte systematisch zu einer Überkompensation der geschädigten Kartellabnehmer, die nachweisen können, dass bei ihnen ein Schaden entstanden ist oder denen die Schadensvermutung nach § 33a Abs. 2 S. 1 zugutekommt. Dies widerspräche zum einen dem Konzept der Richtlinie, individuelle Überkompensation zu ver-

---

[473] Instruktiv OLG Frankfurt a. M. 17.11.2015 – 11 U 73/11 (Kart), WuW 2016, 312 (314) = juris Rn. 85, 98, 103–106 – Grauzementkartell.

[474] BGH 23.3.1982 – KZR 28/80, WuW/E BGH 1911 (1914) = juris Rn. 36 – Meierei-Zentrale; BGH 28.6.2011 – KZR 75/10, BGHZ 190, 45 = juris Rn. 46 f. – ORWI: Ob indirekten Abnehmern ein Kartellschaden entstanden ist, sei „anhand des Preisniveaus zu ermitteln, das sich [auf nachfolgenden Marktstufen] ohne die kartellbedingte Überteuerung eingestellt hätte." Für die Ermittlung dieses hypothetischen Preises sei auf die reale Wettbewerbssituation auf dem Anschlussmarkt abzustellen. Zuvor OLG Karlsruhe 11.6.2010 – 6 U 118/05 (Kart), unveröffentlicht, sub. II.6., S. 18 – ORWI: Für die Schadensbemessung sei auf die „kartellbedingte Entgeltüberhöhung" abzustellen. Siehe auch KG 1.10.2009 – 2 U 10/03 Kart, WuW/E DE-R 2772 (2776 f.) und juris – Berliner Transportbeton: Das Gericht schreibt zwar zunächst unspezifisch davon, zu ermitteln sei ein „wettbewerbsgemäße[r] Preis" (juris Rn. 35) bzw. der Preis, den der Kläger „bei funktionierendem Wettbewerb" hätte zahlen müssen (juris Rn. 31), doch verdeutlicht die letztlich angewandte zeitliche Vergleichsmarktbetrachtung (juris, Ls. 5 f. S. 1), dass das Gericht sich mit dieser Formulierung auf einen kartellrechtsverletzungsfreien Preis unter den gegebenen Marktstrukturmerkmalen bezog.

[475] Entsprechend ist bei der Schadensberechnung im Falle eines Ausbeutungsmissbrauchs bei der Festlegung des hypothetischen (kartellrechtsverletzungsfreien) Marktpreises zum ermittelten wettbewerbsanalogen Preis ein Erheblichkeitszuschlag zu addieren → Rn. 99.

[476] Ist eine stillschweigende Koordinierung allerdings durch einen vorgängigen Kartellrechtsverstoß begünstigt worden, ist die hierdurch verursachte Marktpreisüberhöhung den Rechtsverletzern zuzurechnen, → Rn. 90.

[477] Siehe Inderst/Schwalbe WuW 2012, 122 (129 f.), die deshalb argumentieren, dass je höher der Organisationsaufwand für ein Kartell gewesen sei, desto größer auch der Preishöhenschaden anzusetzen sei.

[478] Siehe etwa Wagner in Eger/Schäfer, Ökonomische Analyse der europäischen Zivilrechtsentwicklung, 2007, S. 605, 626 (zur Rechtslage vor der Kartellschadensersatz-Richtlinie). Zu bemerken ist, dass der BGH in anderen Kontexten, etwa bei der Haftung wegen Informationspflichtverletzungen, anerkennt, dass bei der Anwendung der Differenzhypothese der Zustand ohne Rechtsverletzung im Sinne des Schutzzwecks der Pflicht, deren Verletzung die Haftung ausgelöst hat, normativ überlagert sein kann. Siehe etwa BGH 13.2.2003 – IX ZR 62/02, NJW-RR 2003, 1035 (1036) (dort freilich haftungsbegrenzend); hierzu Franck Marktordnung S. 541 f.

meiden.[479] Zum anderen läge hierin das Potential zu einer systematischen Überabschreckung, weil Kartellrechtsverletzer damit zu rechnen hätten, Schadensersatz in einer Höhe leisten zu müssen, die über kartellbedingte Zuflüsse bei ihnen hinausginge. Aufgewogen wird dies nicht durch die erhofften Erleichterungen bei der Ermittlung des hypothetischen Marktpreises mittels kostenbasierter Methoden (*cost plus margin*-Ansatz[480]). Ausgehend von buchhalterischen Daten lassen sich keine Aussagen über Grenzkosten und damit den Preis bei vollständigem Wettbewerb treffen. Die aus dem betrieblichen Rechnungswesen gewinnbaren Daten bilden keine Kosten im ökonomischen Sinne ab. Vor allem aber lassen sich ihnen nicht die – in den Grenzkosten enthaltenen – Eigenkapitalkosten entnehmen. Da also in jedem Fall eine angemessene Eigenkapitalrendite bzw. Gewinnmarge geschätzt werden müsste, ist nicht klar, dass sich die Erkenntnisprobleme gerade durch die Annahme vollständigen Wettbewerbs entscheidend verringerten; für die Schätzung der Gewinnmarge könnte man genauso gut die realen Marktverhältnisse zugrunde legen.[481]

Die Ermittlung eines hypothetischen Marktpreises kann mittels verschiedener Methoden **104** erfolgen. Grundlage bilden regelmäßig Daten über Preise und andere Parameter, die aus dem gleichen Markt, aber aus Zeiträumen vor und nach dem Kartellrechtsverstoß stammen (zeitlicher Vergleich) oder Daten aus strukturell vergleichbaren Märkten in anderen Regionen oder Märkten für ähnliche Produkte, die nicht vom Kartellrechtsverstoß betroffen waren (räumlicher bzw. sachlicher Vergleich). Auf Basis dieser Daten lassen sich mittels „**Vergleichs(markt)methoden**"[482] Preise für ein zuwiderhandlungsfreies Szenario schätzen.[483] Dies kann durch einfache Durchschnittsvergleiche erfolgen, die ggf. durch Anpassungen kalibriert werden können. Statistische Techniken erlauben Aussagen darüber, wie belastbar die durch einen Vergleich ermittelten Werte und damit Differenzen zum kartellierten Marktpreis sind („Signifikanz"), und lassen Ausschläge erkennen, die auf Faktoren hindeuten, deren Einfluss idealerweise isoliert und aus dem Vergleich ausgeschlossen werden sollte. Dies kann, eine hinreichende Datengrundlage vorausgesetzt, detailliert mittels Regressionsanalysen erfolgen.[484] Idealerweise sind zudem die ermittelten Werte mittels Interpolationen an zeitliche Trends bei der Preisentwicklung anzupassen, die nicht mit dem Kartellrechtsverstoß zusammenhängen. Neben den sog. Vergleichs(markt)methoden lassen sich Aussagen zum hypothetischen Wettbewerbspreis mittels weiterer Methoden treffen: Bei **kostenbasierten Ansätzen** werden die tatsächlichen Produktionskosten ermittelt und zu diesen ein angemessener Gewinnaufschlag addiert (cost plus margin-Methode).[485] Mittels **Profitabilitätsanalysen** kann der durch den Kartellverstoß erzielte Gewinnzuschlag pro Einheit geschätzt und hieraus der hypothetische Wettbewerbspreis abgeleitet werden.[486] Denkbar ist auch ein Rückgriff auf **Simulationsmethoden,** wobei mithilfe industrieökonomischer Modelle ausgehend von den Charakteristika des betroffe-

---

[479] Siehe Art. 3 Abs. 3, Art. 12 Abs. 2, Art. 15 Abs. 1 KartSERL.

[480] Hierzu etwa Hüschelrath et al. in Hüschelrath et al. Schadensermittlung S. 98–101.

[481] Franck Marktordnung S. 535–538.

[482] Der Begriff ist geläufig, wird aber nicht einheitlich verwendet und ist jedenfalls insoweit unpräzise, als auch andere Methoden zur Ermittlung eines hypothetischen Wettbewerbspreises auf Daten aus Vergleichsmärkten zurückgreifen, siehe Inderst/Thomas Schadensersatz S. 161 f.

[483] Ausf. Europäische Kommission, Praktischer Leitfaden Schadensermittlung S. 22 ff.; Inderst/Thomas Schadensersatz S. 163 ff.; Hüschelrath et al. in Hüschelrath et al. Schadensermittlung S. 79 ff. Siehe aus der Rechtsprechung insbesondere KG 1.10.2009 – 2 U 10/03 Kart, WuW 2010, 190 (196) – WuW/E DE-R 2780 = juris Rn. 62 ff. – Berliner Transportbeton. Hierzu etwa Schweitzer in Hüschelrath et al. Schadensermittlung S. 39, 58–62. Siehe für eine Schadensschätzung mittels zeitlicher Vergleichsmarktbetrachtung OLG Celle 12.8.2021 – 13 U 120/16 (Kart), WuW 2021, 591 (594–596) = juris Rn. 155–179 – Spanplattenkartell.

[484] Hierzu Coppik/Heimeshoff Kartellschadensermittlung S. 28–31.

[485] Europäische Kommission, Praktischer Leitfaden Schadensermittlung S. 47 f.; Inderst/Thomas Schadensersatz S. 190 ff.; Hüschelrath et al. in Hüschelrath et al. Schadensermittlung S. 98 ff.

[486] Europäische Kommission, Praktischer Leitfaden Schadensermittlung S. 48 f.; Inderst/Thomas Schadensersatz S. 194 ff.; Hüschelrath et al. in Hüschelrath et al. Schadensermittlung S. 101 ff.

nen Marktes Aussagen über wahrscheinliche Marktergebnisse, insbesondere Preise, getroffen werden können.[487]

**105**      Der hypothetische Marktpreis ist mittels einer Methode zu ermitteln bzw. zu schätzen, die „wirtschaftlich vernünftig[e] und möglich[e]" Ergebnisse verspricht.[488] Dem **Gericht** kommt **„erheblicher methodischer Spielraum"** zu.[489] Für die Wahl der angemessenen Methode bildet die im Einzelfall verfügbare Datenbasis einen wichtigen Faktor. Das Gericht muss sich ein Urteil darüber bilden, welcher ökonometrische Aufwand notwendig erscheint, um am Maßstab des § 287 ZPO gemessen hinreichend valide Aussagen treffen zu können. Regelmäßig wird die Einholung **gerichtlicher Sachverständigengutachten** in Betracht zu ziehen sein,[490] dies nicht zuletzt bereits dann, wenn die eigene Sachkunde des Gerichts nicht genügt, um zu beurteilen, welche Methode bzw. Schätztechnik angesichts der Qualität der verfügbaren Daten geeignet und erforderlich für die Schadensermittlung ist.[491] Dabei darf ein Gericht aber nicht vorschnell die Möglichkeit ausschließen, mittels einfacher Vergleichsmarktanalysen selbst einen Mindestschaden festzustellen, der dem Beweismaß des § 287 ZPO genügt.[492] Gerade bei relativ geringen Streitwerten könnte anderenfalls das Kostenrisiko eine Klage unattraktiv erscheinen lassen und damit die Effektivität des Schadensersatzanspruchs gefährden.[493] Bringen die Parteien – sich typischerweise widersprechende – Sachverständigengutachten zur Schadenshöhe vor,[494] darf das Gericht aus eigener Sachkunde dem einen Privatgutachten zulasten des anderen den Vorzug geben. Es muss dies aber stimmig und nachvollziehbar begründen.[495] Wesentliche Indikatoren für die Zuverlässigkeit einer Schadensschätzung sind die Plausibilisierung der Schadenstheorie, eine transparente Datengrundlage, die vollständige Ergebnisdarstellung und eine ausführliche Ergebnisinterpretation.[496] Werden mit einem Privatgutachten nicht die zugrunde gelegten Annahmen und Methoden sowie die verwendeten Daten offengelegt, können die Ergebnisse nicht nachvollzogen werden und es kann ihnen keine Indizwirkung zukommen.[497] Fehlt dem Gericht für die Bewertung eines Gutachtens die notwendige Sachkunde, hat es sich von einem gerichtlichen Sachverständigen beraten zu lassen.[498] Ein im Rahmen eines Kartellordnungswidrig-

---

[487] Europäische Kommission, Praktischer Leitfaden Schadensermittlung S. 43 ff.; Inderst/Thomas Schadensersatz S. 228 ff.

[488] BGH 19.6.2007 – KRB 12/07, WuW/E DE-R 2225 = juris Rn. 12 – Papiergroßhandel (anders als im dort behandelten bußgeldrechtlichen Kontext muss eine Schadensschätzung für einen Anspruch aus § 33a freilich nicht dem Zweifelssatz genügen).

[489] BGH 13.4.2021 – KZR 19/20, juris Rn. 88 – LKW-Kartell II. Siehe auch BGH 19.6.2007 – KRB 12/07, WuW/E DE-R 2225 Rn. 12 = juris Rn. 12 – Papiergroßhandel; OLG Frankfurt a. M. 17.11.2015 – 11 U 73/11 (Kart), WuW 2016, 312 (313) = juris Rn. 69 – Grauzementkartell.

[490] § 144 Abs. 1 S. 1, 402 ff. ZPO.

[491] Vgl. OLG Frankfurt a. M. 17.11.2015 – 11 U 73/11 (Kart), WuW 2016, 312 (313) = juris Rn. 69 – Grauzementkartell.

[492] BGH 13.4.2021 – KZR 19/20, juris Rn. 88 – LKW-Kartell II. Siehe auch KG 1.10.2009 – 2 U 10/03 Kart, WuW 2010, 190 (197), WuW/E DE-R 2781= juris Rn. 72 f. – Berliner Transportbeton (keine Notwendigkeit eines räumlichen Vergleichsmarktgutachten durch einen Sachverständigen u. a. auch deshalb, weil das Gericht davon ausging, ohnedies hinreichende Anhaltspunkte für die Schätzung eines Mindestschadens zu haben).

[493] Siehe die in BGH 13.4.2021 – KZR 19/20, juris Rn. 88 – LKW-Kartell II formulierte Zielsetzung „mit einem der Sache angemessenen Aufwand der Wirklichkeit durch Wahrscheinlichkeitsüberlegungen möglichst nahezukommen". Siehe auch Schweitzer in Hüschelrath et al. Schadensermittlung S. 39, 64 f.

[494] Es handelt sich dann um qualifizierten substantiierten Parteivortrag, siehe BGH 11.5.1993 – VI ZR 243/92, NJW 1993, 2382 = juris Rn. 17 (Beweiswürdigung bei widersprüchlichen medizinischen Sachverständigengutachten).

[495] Zum Erfordernis, vorgelegte ökonomische Gutachten zu würdigen, BGH 13.4.2021 – KZR 19/20, juris Rn. 60–71 und 87 – LKW-Kartell II (dort zur Frage des „Ob" eines Schadens).

[496] Ausf. Coppik/Heimeshoff Schadensermittlung S. 34–38.

[497] OLG Stuttgart 9.12.2021 – 2 U 101/18, NZKart 2022, 24 (27) = juris Rn. 205–213 – LKW-Kartell.

[498] OLG Stuttgart 9.12.2021 – 2 U 101/18, NZKart 2022, 24 (Leitsatz 2 und 27) = juris Rn. 231 – LKW-Kartell; BGH 11.5.1993 – VI ZR 243/92, NJW 1993, 2382 (2382 f.) = juris Rn. 11, 15–19 (Beweiswürdigung bei widersprüchlichen medizinischen Sachverständigengutachten). Siehe auch Schweitzer in Hüschelrath et al. Schadensermittlung S. 39, 65.

keitenverfahrens eingeholtes Gutachten kann gemäß § 411a ZPO verwertet werden und damit eine eigenständige sachverständige Begutachtung ersetzen.[499]

**3. Berücksichtigung des „anteiligen Gewinns" des Rechtsverletzers.** Gemäß **106** § 33a Abs. 3 S. 2 kann bei der Schadensschätzung der „anteilige Gewinn, den der Rechtsverletzer[500] durch den Verstoß" erlangt hat, berücksichtigt werden. Dem Gesetzgeber kam es darauf an, mit dieser Regelung die „Anspruchsdurchsetzung in den Fällen zu erleichtern, in denen die Ermittlung eines hypothetischen Marktpreises als Grundlage der Schadensberechnung […] mit großen Schwierigkeiten verbunden ist."[501] Deshalb ist unter **„anteilige[m] Gewinn"** nicht der durch den Kartellrechtsverstoß erlangte Mehrgewinn zu verstehen, sondern der mit dem kartellbefangenen Produkt erwirtschaftete Anteil am Gesamtgewinn. Nach der Gesetzesbegründung soll dieser Gewinn aus den „Umsatzerlösen abzüglich der Herstellungskosten der erbrachten Leistungen sowie abzüglich angefallener Betriebskosten" errechnet werden. Ein Gemeinkostenanteil ist nicht abzuziehen.[502] Die für eine Schätzung auf Grundlage des „anteiligen Gewinn" notwendigen Daten kann der Anspruchsteller vom Rechtsverletzer über §§ 33g Abs. 1, 10 oder im Wege eines auf § 242 BGB beruhenden, zu § 33a akzessorischen Auskunftsanspruchs[503] herausverlangen.

Aus der Ratio der Norm erschließt sich, dass diese **kein Recht** des Anspruchstellers auf **107** Schadensersatz in Form der **Gewinnherausgabe** begründet.[504] Legt der Kläger den anteiligen Gewinn als Anknüpfungstatsache für eine Schadensschätzung dar, steht es dem Beklagten frei, Daten für eine Berechnung des hypothetischen Marktpreises beizubringen, so dass das Gericht eine Grundlage hat, den Schaden zu berechnen bzw. jedenfalls präziser zu schätzen. Die – aus Klägersicht – relativ großzügige Bemessung des „anteiligen Gewinns" zielt nicht auf eine überkompensatorische Haftung ab, sondern soll einen Anreiz für den Beklagten setzen, Informationen für eine möglichst exakte Berechnung eines hypothetischen Marktpreises offenzulegen.

Die Definition des Rechtsverletzers gemäß § 33 Abs. 1 umfasst nicht diejenigen, die **108** **gegen** eine **Verfügung der Kartellbehörde verstoßen** und sich deshalb schadensersatzpflichtig machen. Da sich weder den Gesetzgebungsmaterialien ein Grund hierfür entnehmen lässt, noch erkennbar ist, warum insoweit für die Schadensberechnung andere Regeln gelten sollten, liegt es nahe, von einem redaktionellen Versehen auszugehen und § 33a Abs. 3 S. 2 auch in dieser Konstellation auf Ansprüche aus § 33 Abs. 1 anwenden.[505]

**4. Umkehr der Beweislast bei kartellbedingter (Teil-)Nichtigkeit, Anfechtung 109 und cic-Haftung.** Der BGH geht in ständiger Rechtsprechung davon aus, dass Verträge von Kartellrechtsverletzern mit Dritten, die nicht am Kartellrechtsverstoß beteiligt sind (sog. **Folgeverträge**), **nicht** deshalb **unwirksam** sind, weil die Konditionen – insbesondere ein vereinbarter Preis – infolge des Verstoßes zum Nachteil des Dritten verzerrt sind. Dem Interesse an Rechtssicherheit und Stabilität der Vertragsbeziehungen soll Vorrang zukommen.[506] Damit konnten sich die teils in der Rechtspre-

---

[499] OLG Frankfurt a. M. 17.11.2015 – 11 U 73/11 (Kart), WuW 2016, 312 (313) = juris Rn. 58 f. – Grauzementkartell.

[500] Zum Begriff sogleich → Rn. 108.

[501] Regierungsbegründung zur Siebten GWB-Novelle BT-Drs. 15/3640, 35 und 54.

[502] Regierungsbegründung zur Siebten GWB-Novelle BT-Drs. 15/3640, 54.

[503] Bornkamm/Tolkmitt in Bunte § 33a Rn. 57.

[504] Franck Marktordnung S. 165 mwN. Hierin liegt ein entscheidender Unterschied etwa zur Gewinnherausgabe als Variante der Schadensberechnung bei Verletzung von Immaterialgüterrechen, siehe etwa § 139 Abs. 2 S. 2 PatG oder § 97 Abs. 2 S. 2 UrhG.

[505] Vgl. W.-H. Roth in FK-KartellR § 33 Rn. 6.

[506] Grundlegend BGH 4.5.1956 – I ZR 194/54, NJW 1956, 1201 (zum Dekartellierungsrecht der Alliierten). Auch bei Verletzung von Art. 101 AEUV bestimmt sich die Wirksamkeit von Folgeverträgen nach mitgliedstaatlichem Recht, EuGH 14.12.1983 – C-319/82, EU:C:1983:374 Rn. 12 – Société de vente de ciments/Kerpen & Kerpen; bestätigt in EuGH 18.12.1986 – C-10/86, EU:C:1986:502 Rn. 15 – VAG France/Magne; EuGH 30.4.1998 – C-230/96, EU:C:1997:611 Rn. 51 – Caour und Nord Distribution Automobile/Arnor – SOCO.

chung[507] und im Schrifttum[508] vertretenen Ansätze nicht durchsetzen, kartellinduzierte Konditionen in Folgeverträgen als nichtig anzusehen und im Wege ergänzender Vertragsauslegung durch angemessene Konditionen zu ersetzen. Einzig für Konstellationen des **Submissionsbetruges** findet sich eine obergerichtliche Rechtsprechung, wonach von einer Nichtigkeit der vom Kartellrechtsverstoß betroffenen Preisabreden gemäß § 134 BGB iVm § 263 StGB auszugehen sei und der Bieter deshalb lediglich den hypothetischen Wettbewerbspreis verlangen können soll.[509]

**110**      Zieht ein Kartellrechtsverstoß[510] eine Verletzung vorvertraglicher Informationspflichten nach sich, kann dies zugunsten der Partner der Kartellfolgeverträge ein Anfechtungsrecht (§§ 142 Abs. 1, 123 Abs. 1 BGB) oder einen Schadensersatzanspruch wegen cic (§§ 311 Abs. 2, 241 Abs. 2, 280 Abs. 1 BGB) begründen. Die hieran ggf. anknüpfende **bereicherungs- oder schadensrechtliche Rückabwicklung** begünstigt den Betroffenen gegenüber § 33a, weil es dann faktisch dem Rechtsverletzer obliegt, den hypothetischen Wettbewerbspreis darzulegen und zu beweisen, wenn er nach Anfechtung Wertersatz für erbrachte Leistungen fordert (§§ 812, 818 Abs. 2 BGB) oder bei schadensrechtlicher Rückabwicklung nach §§ 249 ff. BGB vom Vertragspartner verbleibende Vorteile herausfordert.[511] Allerdings sollten Kartellabnehmer auch bei bereicherungs- oder schadensrechtlicher Rückabwicklung dem Einwand ausgesetzt werden können, kartellbedingt überhöhte Preise weitergewälzt zu haben.[512]

**111**      Verträge, die infolge einer Kartellrechtsverletzung abgeschlossen werden, sind unter den allgemeinen Voraussetzungen wegen **arglistiger Täuschung** (§§ 142 Abs. 1, 123 BGB) **anfechtbar**[513] oder **schadensrechtlich aufhebbar** (§§ 311 Abs. 2, 241 Abs. 2, 280 Abs. 1 iVm § 249 Abs. 1 BGB). Ein Kartellant verletzt die ihm obliegende Wahrheitspflicht, wenn er gegenüber potentiellen Vertragspartnern spontan oder auf Nachfrage einen Kartellrechtsverstoß verneint.[514] Eine **konkludente Leugnung** liegt nur dann vor, wenn die Gegenseite zuvor signalisiert hat, dass sie einen Vertrag nur mit Marktakteuren eingehen will, die sich – generell oder auf eine avisierte Transaktion bezogen – nicht an Kartellrechtsverstößen beteiligen. Das kann etwa den einschlägigen Ausschreibebedingungen entnommen werden. Hiervon ist insbesondere bei Auftragsvergaben auszugehen, die dem Vergaberecht unterliegen und bei denen es den Auftraggebern gesetzlich vorgeschrieben ist, Anbieter, die sich in Bezug auf die Ausschreibung an kartellrechtswidrigen Absprachen beteiligen, auszuschließen.[515] Darüber hinaus besteht **keine allgemeine Pflicht,** prospektive Vertragspartner **über Kartellrechtsverletzungen aufzuklären,** auch wenn diese die Konditionen des Vertrages beeinflusst haben sollten.[516] Vertragsparteien schulden grundsätzlich einander

---

[507] BGH 23.9.1955 – 5 StR 110/55, BGHSt 8, 221 (225 f.) = juris Rn. 14–20 – Zement.

[508] Säcker ZWeR 2008, 348 (353–355); Paul Kap. III, insbes. S. 121–181.

[509] OLG München 19.2.2002 – 9 U 3318/01, NJW-RR 2002, 886 (887–889) (offenlassend, ob die Anspruchsgrundlage im Bereicherungsrecht oder im Anspruch auf übliche Vergütung nach §§ 683 S. 1, 670 BGB liegt); OLG Frankfurt a. M. 7.11.2006 – 11 U 53/03 (Kart.), WuW/E DE-R 2015 (2017 f.) = juris Rn. 36–41 – Bieterhaftung; OLG Düsseldorf 20.2.2009 – 22 U 135/08, BeckRS 2010, 05731 = juris Rn. 42. Nicht problematisiert wird in diesen Urteilen, ob nicht im Falle eines Betrugs (§ 263 StGB) das Anfechtungsrecht wegen arglistiger Täuschung (§ 123 BGB) der Nichtigkeit nach § 134 BGB vorgeht, weil ansonsten dem betrogenen Vertragspartner die Option genommen wird, das Geschäft gelten zu lassen, dafür etwa Armbrüster in MüKoBGB, 9. Aufl. 2021, § 134 Rn. 70.

[510] Für eine analoge Anwendung der Bindungswirkung gemäß § 33b Woeste ZWeR 2018, 392, 398 f.

[511] Zusf. Franck AcP 213 (2013), 223 (226–229) mwN. Siehe hierzu im Kontext von Verstößen gegen das Missbrauchsverbot und zu prozessualen Folgefragen Schmidt NZKart 2022, 113 (115–118).

[512] Für eine analoge Anwendung des § 33c Abs. 1 S. 2 Woeste ZWeR 2018, 392, 400–407.

[513] BGH 28.1.2010 – VII ZR 50/09, BauR 2010, 817 (818) = juris Rn. 11; siehe auch OLG Celle 15.2.1963 – 8 U 177/60, NJW 1963, 2126 (2127) = WuW/E OLG 559 (561) – Brückenbauwerk; OLG München 19.2.2002 – 9 U 3318/01, NJW-RR 2002, 886 (887).

[514] OLG Frankfurt a. M. 7.11.2006 – 11 U 53/03 (Kart), WuW/E DE-R 2015 (2016) = juris Rn. 28–30 – Bieterhaftung; Franck AcP 213 (2013), 223 (229–233).

[515] Franck AcP 213 (2013), 223 (233–235).

[516] Ausf. Franck AcP 213 (2013), 223 (235–258); aA Bornkamm/Tolkmitt in Bunte § 33a Rn. 42 (verschwiegenes Kartell könne ohne weiteres Anfechtungsgrund darstellen); vgl. auch OLG München 19.2.2002

keine Aufklärung über Markt- und Wettbewerbsverhältnisse. Kartellrechtswidriges Handeln begründet keine Ausnahme hiervon, weil es nicht Zweck des Kartellrechts ist, Marktpreis und -konditionen als marktliche Informationsmedien zu schützen: Kartelle sind nicht deshalb verboten, weil ein kartellbedingt erhöhter Marktpreis die Marktteilnehmer nicht mehr über den „Wettbewerbspreis" informiert. Es mangelt an einem Pflichtwidrigkeits- zusammenhang, um eine vorvertragliche Aufklärungspflicht über Kartellrechtsverstöße auf Ingerenz zu stützen. Zudem erweitert Kartelltransparenz die Handlungsoptionen der Marktgegenseite für sich besehen allenfalls ansatzweise. Auch als gesetzliche Vorgabe war Kartelltransparenz nie mit dem Ziel verknüpft, die Entscheidungsfreiheit der Marktgegen- seite zu schützen. Schließlich liegt es auch jenseits des Schutzzwecks der vorvertraglichen Aufklärungspflichten, die Durchsetzung des Kartellrechts zu fördern.

**5. Vorteilsausgleichung.** Resultieren zugunsten eines Geschädigten aus einer Kartell- **112** rechtsverletzung Vorteile, sind diese nicht ohne Weiteres als Posten in die Schadensberech- nung nach der Differenzhypothese einzustellen. Auf den Schaden ist ein Vorteil nur dann mindernd anzurechnen, wenn dieser adäquat-kausal auf dem haftungsauslösenden Ereignis beruht und eine Anrechnung nicht dem Zweck der Ersatzpflicht zuwiderläuft.[517] Die **rechtliche Zäsur zwischen Schadensentstehung und Vorteilsausgleichung** beein- flusst die Darlegungs- und Beweislast; abweichend vom Grundsatz obliegt sie dem Ersatz- verpflichteten.[518] In diesem Sinne ist die Abwälzung kartellbedingter Kostenschäden auf nachfolgende Marktstufen (sog. **passing-on defence**) seit der Neunten GWB-Novelle als Anwendungsfall der Vorteilsausgleichung gesondert in § 33c Abs. 1 S. 2 geregelt.[519]

**Zuwendungen der öffentlichen Hand** an den Geschädigten können nach den **112a** Grundsätzen der Vorteilsausgleichung schadensmindernd anzurechnen sein. Dies kann nicht pauschal – etwa unter Hinweis auf den Rechtsgedanken des § 843 Abs. 4 BGB – mit der Begründung abgelehnt werden, dass Subventionen etwa in Infrastruktureinrichtungen der Allgemeinheit zugutekommen, nicht aber Kartellrechtsverletzer entlasten sollen.[520] Das trifft sich wertungsmäßig mit der Vorgabe, dass Subventionsgeber anspruchsberechtigt sind und damit einen eigenen Schaden vom Kartell einklagen können.[521] Im Einzelfall liegt der notwendige ursächliche Zusammenhang zwischen Zuwendung und haftungsauslösendem Kartellverstoß dann nahe, wenn die Zuwendung (insbesondere auch der Höhe nach) abhängig von einzelnen Beschaffungsvorgängen des kartellgeschädigten Zuwendungsemp- fängers und zweckgebunden gewährt wurde.[522] Mit Blick auf Zuwendungen öffentlich- rechtlicher Natur kann Kläger ausnahmsweise[523] eine sekundäre Darlegungslast treffen, weil sie diesbezüglich grundsätzlich kein legitimes Interesse an einer Geheimhaltung

---

– 9 U 3318/01, NJW-RR 2002, 886 (887) (Submissionsabsprache täusche Auftraggeber, weil dieser glaube ihm seien „unverfälschte Wettbewerbspreise angeboten worden" und berechtige diesen „zweifelsohne zur Anfechtung wegen arglistiger Täuschung nach § 123 BGB") und OLG Düsseldorf 29.10.2010 – I-22 U 135/ 08, BeckRS 2010, 29967 Rn. 77 = juris Rn. 73 („auch wenn grundsätzlich der Vertragspartner über die Teilnahme an einem Kartell aufzuklären ist"). Der BGH hat bislang offengelassen, unter welchen Voraus- setzungen eine Kartellrechtsverletzung durch eine Vertragspartei eine Aufklärungspflicht begründet, siehe BGH 28.1.2010 – VII ZR 50/09, BauR 2010, 817 (818) = juris Rn. 11.

[517] Zum Kartellschadensersatzrecht BGH 19.5.2020 – KZR 8/18, NZKart 2020, 539 (542) = juris Rn. 45 – Schienenkartell IV; im Übrigen stRspr, siehe etwa BGH 16.5.1980 – V ZR 91/79, BGHZ 77, 151 (153); BGH 17.5.1984 – VII ZR 169/82, BGHZ 91, 206 (210).

[518] Zum Kartellschadensersatzrecht BGH 19.5.2020 – KZR 8/18, NZKart 2020, 539 (543) = juris Rn. 50 – Schienenkartell IV; im Übrigen stRspr, siehe BGH 24.4.1985 – VIII ZR 95/84, BGHZ 94, 195 (217); BGH 31.1.1991 – IX ZR 124/90, NJW-RR 1991, 794, jew. mwN.

[519] → § 33c Rn. 9 ff.

[520] BGH 19.5.2020 – KZR 8/18, NZKart 2020, 539 (542 f.) = juris Rn. 47 – Schienenkartell IV; BGH 23.9.2020 – KZR 4/19, NZKart 2021, 44 (50) = juris Rn. 60 – Schienenkartell V; anders zuvor OLG München 8.3.2018 – U 3497/16 Kart, juris Rn. 83 – Kartell der Schienenfreunde; OLG Düsseldorf 22.8.2018 – U (Kart) 1/17, juris Rn. 160; OLG Düsseldorf 22.8.2018 – U (Kart) 2/17, juris Rn. 175.

[521] → Rn. 64 ff.

[522] BGH 19.5.2020 – KZR 8/18, NZKart 2020, 539 (542 f.) = juris Rn. 47 – Schienenkartell IV.

[523] Zu den Grundsätzen siehe im Kontext des Einwands der Schadensweiterwälzung → § 33c Rn. 17.

haben.[524] Kläger können dem Anrechnungseinwand durch die **„Abtretungslösung"** den Boden entziehen, dh indem der Subventionsgeber seine Ansprüche als mittelbar Geschädigter dem unmittelbar Geschädigten abtritt, dies gemäß § 409 BGB gegenüber dem beklagten Kartellanten anzeigt und der Kläger darauf verzichtet, dass beide Ansprüche (die getrennte Streitgegenstände bilden) eigenständig ausgeurteilt werden.[525]

### III. Entgangener Gewinn

**113**    Entgehen einem Marktteilnehmer aufgrund eines Kartellrechtsverstoßes Geschäfte, bildet die damit einhergehende **Gewinneinbuße** einen ersatzfähigen Schadensposten. Zu unterscheiden sind grundsätzlich zwei Konstellationen. Erleidet ein Abnehmer durch eine vorgelagerte Kartellrechtsverletzung einen Preishöhenschaden[526] und wälzt er diesen ganz oder teilweise auf seine Abnehmer ab, wird aus dieser Preiserhöhung auf dem nachgelagerten Markt in aller Regel ein Nachfragerückgang resultieren. Dieser Mengeneffekt schlägt sich in entgangenen Gewinn nieder, der gemäß § 33c Abs. 1 S. 3 neben dem Preishöhenschaden ersatzfähig ist.[527] Daneben können Behinderungsmissbräuche, vertikale Koordinierungen oder gegen Außenseiter gerichtete Kartelle und koordinierte Boykotte die Geschäftstätigkeit vor allem von Mitbewerbern oder Lieferanten einschränken und sogar Marktaustritte erzwingen oder Marktzutritte verhindern. Es gilt für die Schadensberechnung die Schätzbefugnis gemäß § 287 ZPO, die von § 252 S. 2 BGB konkretisiert wird.[528] Danach müssen die vom Kläger vorgebrachten Anknüpfungstatsachen das Gericht davon überzeugen, dass ein Gewinn in bestimmter Höhe „mit Wahrscheinlichkeit" entweder „nach dem gewöhnlichen Lauf der Dinge", dh in der gegebenen Konstellation üblicherweise, oder aber aufgrund der konkret vom Kläger vorgebrachten Umstände[529] erwartet werden konnte. Möglich ist auch eine Schadenberechnung auf Grundlage des Wertverlustes eines behinderten Unternehmens oder frustrierter Aufwendungen für den Marktzutritt.[530]

**114**    Um den durch die Weiterwälzung eines Preisaufschlags entgangenen Gewinn zu berechnen, muss neben dem Preis (und damit der Gewinnmarge) im kartellverletzungsfreien Szenario auch der **Mengeneffekt** bestimmt werden. Letzterer kann ebenfalls mittels ökonometrischer Methoden geschätzt werden.[531] Für die forensische Praxis hat dies allerdings bislang offenbar nur geringe Bedeutung erlangt.[532]

**115**    Richtet sich ein Kartellrechtsverstoß gezielt gegen ein Unternehmen, kann eine Schadensschätzung auf Grundlage eines **Vergleichs** der **Umsätze** oder **Gewinne** vor und nach der kartellrechtswidrigen Behinderung, Diskriminierung oder Boykottierung erfolgen.[533] Die Schätzwerte können mittels einfacher Anpassungen oder statistischer Methoden präzisiert werden, um Einflüsse auszuschließen, die nicht auf den Kartellrechtsverstoß zurückgehen.

---

[524] BGH 19.5.2020 – KZR 8/18, NZKart 2020, 539 (544) = juris Rn. 54 aE – Schienenkartell IV.

[525] → § 33c Rn. 14a.

[526] → Rn. 98–100.

[527] Der Preishöhenschaden manifestiert sich natürlich auch unabhängig von einer Schadensweiterwälzung in einer Gewinneinbuße bei denjenigen Marktteilnehmern, die ein Produkt kartellbedingt zu teuer erwerben. Doch liegt hierin gemäß § 33c Abs. 1 S. 1 ein gesonderter Schadensposten, der damit bereits „abgegolten" ist, Schweitzer in Hüschelrath et al. Schadensermittlung S. 39, 66.

[528] BGH 12.7.2016 – KZR 25/14, BGHZ 211, 146 = juris Rn. 46 – Lottoblock II; OLG Düsseldorf 26.9.2018 – VI-U (Kart) 24/17, NZKart 2019, 331, Ls. 3, Rn. 118–124 (gekürzt) = juris Rn. 121–129 – Verkürzter Versorgungsweg.

[529] Instruktiv BGH 12.7.2016 – KZR 25/14, BGHZ 211, 146 = juris Rn. 51–62 – Lottoblock II.

[530] Logemann Schadensersatz S. 438–440 mwN.

[531] Hierzu Europäische Kommission, Passing-on Leitlinien Rn. 134–152; Inderst/Thomas Schadensersatz S. 448–450; Hüschelrath et al. in Hüschelrath et al. Schadensermittlung S. 110–112.

[532] In Europäische Kommission, Passing-on Leitlinien Rn. 138 wird auf ein Urteil des dänischen See- und Handelsgerichts verwiesen, das auf Grundlage der Schätzung eines Sachverständigen zum Schluss kam, der durch den Mengeneffekt verursachte Schaden entspreche 20 Prozent des Preisaufschlags.

[533] BGH 23.3.1982 – KZR 28/80, BGHZ 83, 238 = juris Rn. 36 – Meierei-Zentrale. Allgemein zur Vergleichsmarktanalyse mit Blick auf entgangenen Gewinn Logemann Schadensersatz S. 432–435.

## J. Vertragliche Schadenspauschalierung

Um den Schwierigkeiten beim Nachweis der **Schadensentstehung**[534] und der **Bemes-** 116
sung von Kartellschäden zu entgehen, können Marktteilnehmer mit ihren Lieferanten oder
Abnehmern die Zahlung **pauschalierten Schadensersatzes**[535] vereinbaren. Erfolgt dies
im Wege Allgemeiner Geschäftsbedingungen im Sinne von § 305 Abs. 1 BGB, unterliegen
die Pauschalierungen der Inhaltskontrolle gemäß § 307 BGB. Der Gegenpartei darf nicht
der **Nachweis** eines **wesentlich geringeren Schadens** abgeschnitten werden.[536] Mit
seiner **Leitentscheidung „Schienenkartell VI"** hat der **BGH** zumindest im Kontext
von Vergabeverfahren (→ Rn. 117 a.E.) nicht nur die vorliegende (undifferenzierte) Pauschale in Höhe von fünf Prozent der Auftragssumme **gebilligt,** sondern obiter auch gleichartige Pauschalen **bis zur Höhe von 15 Prozent der Auftragssumme.**[537]

## I. Auslegung typischer Schadenspauschalierungen

Wenngleich die bislang gerichtsnotorisch gewordenen Klauseln regelmäßig ausweislich 117
ihres Wortlauts[538] **„aus Anlass der Vergabe"** getroffene Vereinbarungen erfassten, muss
dies ausgehend vom objektiv erkennbaren Interesse typischer Vertragsparteien so verstanden
werden, dass sie nicht nur für Ad-hoc-Abreden gelten, die erst in Reaktion auf oder im
Hinblick auf eine vorausgesehene Ausschreibung getroffen worden sind, sondern **auch** für
**umfassendere** und **weiter reichende Koordinierungen,** die in Erwartung zukünftiger
Auftragsvergaben getroffen worden sind und die sich als geeignet darstellen, die Parameter
der Transaktion zu verzerren, in deren Kontext die Schadenspauschalierung vereinbart
wurde.[539] Mit Blick auf die Art der erfassten Kartellrechtsverstöße hat der BGH sich in
„Schienenkartell VI" für eine einschränkende **Auslegung des Wortlauts** ausgesprochen:
Die Formulierung **„unzulässige Wettbewerbsbeschränkung"** müsse mit Blick auf das
erkennbare Parteiinteresse so verstanden werden, dass damit **„nur Submissionsabspra-**
**chen"** und in ihrer Wirkung auf den Preisbildungsmechanismus **vergleichbare Wett-**

---

[534] BGH 10.2.2021 – KZR 63/18, BGHZ 229, 1 = NZKart 2021, 350 (356) = juris Rn. 55 f. mwN –
Schienenkartell VI.
[535] Zur Abgrenzung von Garantieversprechen und Vereinbarungen über Vertragsstrafen siehe Franck
ZHR 181 (2017), 955 (959–962) mwN.
[536] Vgl. § 309 Nr. 5 lit. b BGB, der – trotz § 310 Abs. 1 S. 1 BGB – wertungsmäßig auch bei § 307 BGB
durchschlägt.
[537] BGH 10.2.2021 – KZR 63/18, BGHZ 229, 1 = NZKart 2021, 350 (355) = juris Rn. 45 –
Schienenkartell VI. Zuvor hatte der BGH bereits eine undifferenzierte Pauschalierung iHv drei Prozent der
Auftragssumme unbeanstandet gelassen. Siehe BGH 21.12.1995 – VII ZR 286/94, BGHZ 131, 356 (359 f.)
= juris Rn. 16–19 – Lüftungs- und Klimaanlage. In der Instanzrechtsprechung wurden diese AGB-mäßigen
Pauschalierungen zuvor ebenfalls überwiegend gebilligt, siehe etwa KG 28.6.2018 – 2 U 13/14 Kart, juris
Rn. 90 – Schienenkartell; OLG Celle 6.10.2011 – 6 U 61/11, juris Rn. 17 – Druckleitung und Pumpstation;
OLG Karlsruhe 31.7.2013 – 6 U 51/12 Kart, juris Rn. 77–82 – Feuerwehrfahrzeuge; OLG Jena 22.2.2017 –
2 U538/15 Kart, juris Rn. 82–85 – Schienenkartell; LG Dortmund 21.12.2016 – 8 O 90/14 (Kart), juris
Rn. 146 (vgl. aber auch Rn. 148) – Schienenkartell; anders aber LG Potsdam 22.10.2014 – 2 O 29/14, juris
Rn. 15–17 – Feuerwehrzeug; LG Dortmund 13.4.2016 – 2 O 23/15, juris Rn. 21–31 – Schienenkartell.
[538] Die gerichtsnotorischen Pauschalierungsabreden lauteten im Wesentlichen übereinstimmend: „Wenn
der Auftragnehmer aus Anlass der Vergabe nachweislich eine Abrede getroffen hat, die eine unzulässige
Wettbewerbsbeschränkung [...] darstellt, hat er 5 [alternativ: 15] v. H. der Abrechnungssumme als pauschalierten Schadensersatz an den Auftraggeber zu zahlen, es sei denn, dass ein Schaden in anderer Höhe nachgewiesen wird." Siehe etwa BGH 10.2.2021 – KZR 63/18, BGHZ 229, 1 = juris Rn. 15 – Schienenkartell
VI. In einigen Fällen wurde dies um eine beispielhafte Aufzählung unzulässiger Arten von Wettbewerbsbeschränkungen ergänzt. Siehe etwa OLG Karlsruhe 31.7.2013 – 6 U 51/12 Kart, juris Rn. 8–18 –
Feuerwehrfahrzeuge.
[539] BGH 10.2.2021 – KZR 63/18, BGHZ 229, 1 = NZKart 2021, 350 (351 f.) = juris Rn. 23 und 28 –
Schienenkartell VI; so zuvor bereits OLG Karlsruhe 31.7.2013 – 6 U 51/12 Kart, juris Rn. 75 – Feuerwehrfahrzeuge; KG 28.6.2018 – 2 U 13/14 Kart, juris Rn. 9 – Schienenkartell; LG Dortmund 21.12.2016 – 8 O
90/14 (Kart), juris Rn. 140 – Schienenkartell; Franck ZHR 181 (2017), 955 (963 f.).

bewerbsverstöße" gemeint seien[540], nämlich „ähnliche (horizontale) wettbewerbsbeschränkende Absprachen wie Preis-, Quoten-, Kundenschutz- oder Gebietsabsprachen, die darauf gerichtet sind, den im Rahmen der wettbewerblichen Auftragsvergabe vorausgesetzten Preisbildungsmechanismus zu stören."[541] Diese – in casu verwenderfreundliche (→ Rn. 120) – restriktive Auslegung erfolgte im Kontext eines Vergabeverfahrens und ist deshalb nicht ohne weiteres auf andere Konstellationen von Beschaffungsgeschäften übertragbar. Eine **geltungserhaltende Auslegung** verbietet sich.[542]

**118**     Nach dem BGH-Urteil „Schienenkartell VI" soll ein „pauschalierter Schadensersatz" (nur) den **kartellbedingten Preishöhenschaden** des Verwenders pauschalieren, **ohne** dabei aber den möglichen **Einwand einer Schadensweiterwälzung** zu berühren. Verständige und redliche Vertragsparteien hätten nichts anderes im Sinn, weil der Einwand eines Vorteilsausgleichs nur dann in Betracht komme, wenn der Schädiger sich darauf berufe und „nicht regelhaft" berücksichtigt werde.[543] Zu gering gewichtet wird hierbei, dass eine Pauschalierung von Kartellschäden gerade deshalb im Interesse beider Vertragsparteien liegt, weil sie die Folgen einer Haftung kalkulierbarer macht, Abwicklungskosten senkt und Streit zu vermeiden hilft. Im Lichte dessen sollten solche Klauseln – so dieser Aspekt jedenfalls nicht ausdrücklich geregelt wurde – so verstanden werden, dass sie den kartellbedingt geschuldeten Schadensersatz zwischen den Parteien vollständig regeln. Pauschaliert wird damit der **Saldo** aus **Kostenschaden** (Preisüberhöhungsschaden), **pass on-Effekt** und **Mengenschaden**.[544]

**118a**    Knüpft die klauselmäßige Pauschalierung an die Höhe der **„Abrechnungssumme"** an, ist dies regelmäßig als Verweis auf den **Nettorechnungsbetrag** (ohne Umsatzsteuer) und **vor Skontoabzug** zu verstehen.[545]

## II. Maßstab und Anwendung der Inhaltskontrolle

**119**     **1. Nach dem gewöhnlichen Lauf der Dinge erwartbarer Schaden.** Der Verwender AGB-förmiger Schadenspauschalen muss auch im unternehmerischen Rechtsverkehr zeigen können, dass die Pauschale nicht den nach dem **gewöhnlichen Lauf der Dinge erwartbaren Schaden** übersteigt (vgl. § 309 Nr. 5 lit. a BGB). Das gilt im Ausgangspunkt ebenso für die Pauschalierung des Kartellschadensersatzes.[546] Denn zum einen ist § 307 BGB in seiner marktordnenden Funktion darauf ausgerichtet, einen fairen Interessenausgleich zwischen den Vertragsparteien zu gewährleisten. Ob daneben das Gemeininteresse an einer wirksamen Abschreckung von Kartellrechtsverletzungen den Maßstab bei § 307 BGB zugunsten des Verwenders beeinflussen darf, wie der BGH meint,[547] erscheint zweifelhaft.[548] Zum anderen ist das Interesse der Verwender daran, ihre Vertragspartner von Kartellrechtsverletzungen abzuhalten und die Darlegungs- und Beweislast hinsichtlich des Entstehens und der Höhe eines Kartellschadens auf Kartelltäter abzuwälzen, zwar prinzipiell legitim. Das rechtfertigt aber nicht, Vertragspartnern über eine Pauschale systematisch überkompensatorische Haftung anzudrohen. Denn das Kartellschadensersatzrecht ist darauf

---

[540] BGH 10.2.2021 – KZR 63/18, BGHZ 229, 1 = NZKart 2021, 350 (355) = juris Rn. 46 – Schienenkartell VI.
[541] BGH 10.2.2021 – KZR 63/18, BGHZ 229, 1 = NZKart 2021, 350 (351) = juris Rn. 23 – Schienenkartell VI. Krit. Hauser/Kramer WuW 2021, 361.
[542] Franck ZHR 181 (2017), 955 (1002) mwN.
[543] BGH 10.2.2021 – KZR 63/18, BGHZ 229, 1 = NZKart 2021, 350 (351) = juris Rn. 23 – Schienenkartell VI.
[544] Franck ZHR 181 (2017), 955 (965 f.); Hauser/Kramer WuW 2021, 361.
[545] BGH 10.2.2021 – KZR 63/18, BGHZ 229, 1 = NZKart 2021, 350 (356) = juris Rn. 52 f. – Schienenkartell VI.
[546] BGH 10.2.2021 – KZR 63/18, BGHZ 229, 1 = NZKart 2021, 350 (352) = juris Rn. 32 – Schienenkartell VI.
[547] BGH 10.2.2021 – KZR 63/18, BGHZ 229, 1 = NZKart 2021, 350 (353) = juris Rn. 36 – Schienenkartell VI.
[548] Franck ZHR 181 (2017), 955 (980).

ausgerichtet, individuelle Überkompensation zu vermeiden.[549] Dies lässt sich mit Hinweis auf die Möglichkeit, einen geringeren Schaden nachzuweisen,[550] nur teilweise relativieren. Denn nach den Wertungen des Kartellschadensersatzrechts, das den Zugang zu internen Daten der Kartelltäter ausdrücklich regelt, setzt dies eine einzelfallbezogene Interessenabwägung voraus.[551] Schließlich lässt sich auch kein Handelsbrauch belegen, der ohne weiteres eine Verwendung AGB-förmiger Pauschalen für Kartellschäden in einer bestimmten Höhe (etwa 15 Prozent) rechtfertigen könnte.[552]

**Verwender,** die sich ex ante ein Urteil über einen erwartbaren Schaden zu bilden haben, **120** stehen vor erheblichen **Informationsproblemen.** Es mangelt an Daten über branchentypische[553] Kartellpreisüberhöhungen.[554] Die Einholung von Gutachten ist ihnen nicht zuzumuten. Pass on-Rate und Mengenschaden lassen sich nicht sinnvoll abschätzen. Dieses Informationsdefizit rechtfertigt aber nicht, einem Klauselverwender, der Ersatz für deliktisches, letztlich gegen ihn gerichtetes Handeln seines Vertragspartners erstrebt, die Möglichkeit klauselförmiger Pauschalierungen zu verwehren.[555] Allerdings zwingt die AGB-Inhaltskontrolle die Gerichte dazu, AGB-förmigen Pauschalen eine rechtliche Grenze zu setzen.[556] Folgerichtig hat der BGH postuliert, es stehe mit den Anforderungen des § 307 Abs. 1 S. 1 BGB in Einklang, „wenn die **pauschalierte Schadenshöhe** nach den bei Vertragsschluss zur Verfügung stehenden Erkenntnissen **gleichermaßen** mit der **Gefahr einer Über- wie einer Unterkompensation** des Schadens verbunden ist", soweit beiden Vertragspartnern der Nachweis eines für sie günstigeren hypothetischen Marktpreises offen bleibt.[557] Deshalb ist es für Verwender legitim, die Höhe der Pauschalierungsklausel an den **allgemeinen empirischen Einsichten** zu **kartellbedingten Preisüberhöhungen** auszurichten.[558] Metastudien gelangen im Mittelwert zu Preisaufschlägen zwischen 20 und 40 Prozent sowie im Median zwischen 16 und 20 Prozent des Kartellpreises.[559] Die große Spannbreite des möglichen Ausmaßes an Preisüberhöhungen mit weiten Ausschlägen nach oben spricht dafür, den Maßstab nicht am Durchschnitt, sondern am Median auszurichten.[560] Die Zahlen sind angesichts der Datengrundlage restriktiv zu interpretieren, weil in den zugrundeliegenden Studien nur Hardcore-Kartelle analysiert worden sind und weil offenbar Kartelle mit relativ großer Preiswirkung überrepräsentiert sind.[561] Pauschalen dürfen danach grundsätzlich[562]

---

[549] Art. 3 Abs. 3 KartSERL.

[550] BGH 10.2.2021 – KZR 63/18, BGHZ 229, 1 = NZKart 2021, 350 (354) = juris Rn. 39 – Schienenkartell VI.

[551] Franck ZHR 181 (2017), 955 (980–986).

[552] Franck ZHR 181 (2017), 955 (986–988).

[553] Das Kriterium des „branchentypischen Durchschnittsschadens" wurde vom BGH etabliert, siehe etwa BGH 16.1.1984 – II ZR 100/83, NJW 1984, 2093 (2094).

[554] BGH 10.2.2021 – KZR 63/18, BGHZ 229, 1 = NZKart 2021, 350 (353) = juris Rn. 35 – Schienenkartell VI.

[555] BGH 10.2.2021 – KZR 63/18, BGHZ 229, 1 = NZKart 2021, 350 (363) = juris Rn. 35 a.E., 37 und 41 – Schienenkartell VI.

[556] BGH 10.2.2021 – KZR 63/18, BGHZ 229, 1 = NZKart 2021, 350 (354) = juris Rn. 37 – Schienenkartell VI. Vgl. aber OLG Jena 22.2.2017 – 2 U538/15 Kart, juris Rn. 84 – Schienenkartell (da es an einem tauglichen Vergleichsmaßstab fehle, könne die Klausel nicht gemäß § 307 BGB unwirksam sein).

[557] BGH 10.2.2021 – KZR 63/18, BGHZ 229, 1 = NZKart 2021, 350 (354) = juris Rn. 40 – Schienenkartell VI.

[558] BGH 10.2.2021 – KZR 63/18, BGHZ 229, 1 = NZKart 2021, 350 (353 f.) = juris Rn. 38 – Schienenkartell VI; Franck ZHR 181 (2017), 955 (997 f.); differenzierend Coppik/Heimeshoff Schadensermittlung S. 107 f.

[559] Überblick bei Inderst/Thomas Schadensersatz S. 89; ausf. Coppik/Heimeshoff Schadensermittlung S. 41 ff.

[560] Vgl. LG Dortmund 21.12.2016 – 8 O 90/14 (Kart), juris Rn. 146 – Schienenkartell (Verweis auf 18 Prozent Preisaufschlag im Median entsprechend der Oxera-Studie).

[561] Franck ZHR 181 (2017), 955 (998 f.) mwN; ausf. zur Aussagekraft von Meta-Studien aus ökonomischer Sicht Coppik/Heimeshoff Schadensermittlung S. 56 ff.

[562] Einem Verwender, der darüber hinausgehen will, obliegt es, mit Blick insbesondere auf die Strukturmerkmale des betroffenen Produktmarktes oder marktspezifischen Kartellerfahrungen zu zeigen, dass die gewählte Pauschalierungshöhe sich im Rahmen des gewöhnlich erwartbaren Schadens hält.

den höheren Wert der Bandbreite ermittelter Mediane (20 Prozent des Kartellpreises) nicht übersteigen. Soweit sie zehn Prozent übersteigen, dürfen sie grundsätzlich nur für Hardcore-Kartelle gelten, dh für horizontale Absprachen von Preisen und Mengen sowie Marktaufteilungen einschließlich von Submissionsabsprachen. Undifferenzierte Klauseln wird man bis zu einer Höhe von drei Prozent des Auftragswertes als angemessen ansehen können.[563] Der **BGH** hat in „**Schienenkartell VI**" in grundsätzlicher Übereinstimmung mit diesen Überlegungen Pauschalen mit **maximal 15 Prozent** der Auftragssumme für vertretbar und angemessen gehalten.[564] Zur Erforderlichkeit einer Differenzierung hat sich der BGH mit Verweis auf die Vielfalt denkbarer Wettbewerbsbeschränkungen und den sehr beschränkten Erkenntnissen über erwartbare Schäden zurückhaltend positioniert: Klauselverwendern müsse es frei stehen, eine „gewisse Bandbreite von **im Kern gleichgerichteten Verstößen** zum Gegenstand der Pauschalierung zu machen."[565] Im Fall sah der BGH dies als unproblematisch an, weil – nach seiner Auslegung (→ Rn. 117) – die Klausel nur Submissionsabsprachen und in ihrer Preiswirkung vergleichbare Horizontalabreden erfasste. Die **gesamte Abrechnungssumme** soll im Übrigen auch dann eine **zulässige Bezugsgröße** für die Schadenspauschalierung sein, wenn nur **ein Teil** der gelieferten Produkte oder erbrachten Dienstleistungen **Gegenstand der Kartellabsprache** waren.[566]

**121** **2. Nachweis tatsächlich wesentlich geringeren Schadens.** Eine AGB-förmige Schadenspauschalierung muss den Nachweis erlauben, ein **Schaden** sei überhaupt **nicht entstanden** oder **wesentlich niedriger** als die Pauschale. Im unternehmerischen Verkehr wird – anders als bei § 309 Nr. 5 lit. b BGB – nicht vorausgesetzt, dass diese Gegenbeweismöglichkeit ausdrücklich gestattet wird.[567] Für den Kartellanten gelten die gleichen Darlegungs- und Beweisanforderungen, die für den Geschädigten gälten, wenn keine Schadenspauschalierung vereinbart wäre oder der Geschädigte einen die Pauschale überschreitenden Schaden behauptete.[568] Nach der Rechtsprechung zur Rechtslage vor der Neunten GWB-Novelle[569] kann sich der Klauselverwender also insbesondere auf eine tatsächliche Vermutung für eine Schadensentstehung stützen,[570] wobei der Tatrichter allerdings eine Gesamtwürdigung sämtlicher relevanter Indizien am Maßstab des § 287 ZPO vorzunehmen hat. Verbleiben hiernach Zweifel daran, dass kein oder ein wesentlich geringerer Schaden vorliegt, ist der Gegenbeweis misslungen und der Geschädigte muss sich an der Pauschale festhalten lassen.

### III. Prozessuales

**122** Steht es dem Geschädigten nach der Pauschalierungsabrede frei, einen höheren als den pauschalierten Schaden geltend zu machen, kann der Geschädigte einen **Zahlungsantrag**

---

[563] Franck ZHR 181 (2017), 955 (999–1001) mwN. Siehe auch LG Potsdam 22.10.2014 – 2 O 29/14, juris Rn. 17 – Feuerwehrfahrzeug; LG Potsdam 13.4.2016 – 2 O 23/15, juris Rn. 26 – Schienenkartell; Müller-Graff/Kainer WM 2013, 2149 (2151 f.); Wilde/Anders WuW 2015, 246 (249 f.); aA KG 28.6.2018 – 2 U 13/14 Kart, juris Rn. 90 – Schienenkartell; OLG Jena 22.2.2017 – 2 U538/15 Kart, juris Rn. 84 – Schienenkartell; Thomas/Bleier KSzW 2015, 261 (264 f.).

[564] BGH 10.2.2021 – KZR 63/18, BGHZ 229, 1 = NZKart 2021, 350 (354 f.) = juris Rn. 42–45 – Schienenkartell VI. Der BGH rekurriert hierfür vor allem auf die Metastudie von Boyer/Kotchoni, Review of Industrial Organization 47 (2015), 119. Vgl. zu dieser Studie erläuternd Coppik/Heimeshoff Schadensermittlung S. 52 ff.

[565] BGH 10.2.2021 – KZR 63/18, BGHZ 229, 1 = NZKart 2021, 350 (355) = juris Rn. 46 – Schienenkartell VI.

[566] BGH 10.2.2021 – KZR 63/18, BGHZ 229, 1 = NZKart 2021, 350 (355) = juris Rn. 47 – Schienenkartell VI.

[567] BGH 21.12.1995 – VII ZR 286/94, BGHZ 131, 356 (360 f.); BGH 10.2.2021 – KZR 63/18, BGHZ 229, 1 = NZKart 2021, 350 (352) = juris Rn. 33 – Schienenkartell VI; Franck ZHR 181 (2017), 955 (968) mwN.

[568] BGH 10.2.2021 – KZR 63/18, BGHZ 229, 1 = NZKart 2021, 350 (357) = juris Rn. 61 – Schienenkartell VI.

[569] Hiernach gilt zugunsten des Geschädigten ohnehin § 33a Abs. 2 → Rn. 73 ff.

[570] → Rn. 87 ff.

in Höhe des in der Pauschalierungsklausel bezifferten Betrags **mit** einem **Antrag** auf **Feststellung** der Verpflichtung zum Ersatz weitergehender Schäden **kombinieren.**[571] Das Gericht darf dann im Wege eines Grundurteils nach § 304 Abs. 1 ZPO über den bezifferten Klageantrag entscheiden und durch Teil-Endurteil über den Feststellungsantrag.[572]

Ein Gericht kann über einen Zahlungsanspruch gemäß § 304 Abs. 1 ZPO im Wege eines **123** Zwischenurteils entscheiden, wenn es die Haftung dem Grunde nach für gegeben hält und wenn es davon ausgeht, dass es zumindest wahrscheinlich ist, dass der geltend gemachte Anspruch in irgendeiner Höhe besteht.[573] Ein **Grundurteil** kann deshalb erlassen werden, **ohne** dass das **Gericht** über die **Wirksamkeit einer Pauschalierungsklausel entscheidet.**[574]

## K. Naturalherstellung

In den §§ 249 ff. BGB ist ein Vorrang der Naturalherstellung angelegt. Zumeist ist **124** Kartellgeschädigten indes mit einem Ausgleich ihrer Vermögensnachteile in Geld (§ 251 BGB) hinreichend gedient. Praktische Relevanz hat **Naturalherstellung** im Wege der **Belieferung** bei einfach nachvollziehbaren Schädigungsmechanismen erlangt. Für die Geschädigten kann hierin eine dem Vermögensausgleich in Geld überlegene Kompensationsleistung bestehen, weil der Nachweis eines durch kartellrechtswidrige Nichtbelieferung entgangenen Gewinns unsicher ist. Problematisch ist dies vor allem bei Geltendmachung von Erstbelieferungen.[575]

Ein auf § 249 Abs. 1 BGB gestützter **Belieferungsanspruch** ist vom BGH bei Ver- **125** letzungen des **Behinderungs- und Diskriminierungsverbots** nach § 19 Abs. 2 Nr. 1 und § 20 Abs. 1 anerkannt.[576] Soweit es um Belieferung in der Zukunft geht, tritt dieser Anspruch neben den (verschuldensunabhängigen) aus § 33 Abs. 1 auf Beseitigung der Folgen rechtswidriger Nichtbelieferung bzw. Unterlassung zukünftiger Nichtbelieferung.[577] Demgegenüber lehnt der BGH einen Lieferanspruch für den Fall ab, dass sich in der Nichtbelieferung eine diskriminierende Anwendung der Kriterien für die **Aufnahme in ein selektives Vertriebssystem** zeigt, so dass eine Ausnahme vom Kartellverbot nach den „Metro I"-Kriterien[578] ausscheidet und damit eine Verletzung von Art. 101 AEUV bzw. § 1 GWB vorliegt. Soweit sich der BGH hierfür auf den Schutzzeck des Kartellverbots beruft und argumentiert, die Vorgaben für eine Konformität eines selektiven Vertriebssystems mit Art. 101 Abs. 1 AEUV bzw. § 1 GWB bedeuteten nur einen mittelbaren Zwang zur Gleichbehandlung und schränkten nicht die Freiheit ein, den Vertragspartner frei wählen zu dürfen,[579] vermag dies nicht vollumfänglich zu überzeugen. Denn zwar ist ein Anbieter für die Zukunft frei darin, den selektiven Vertrieb aufzugeben und den Außenseiter (kartellrechtskonform) nicht zu beliefern. Mit Blick auf die Nichtbelieferung in der Vergangenheit ändert das aber nichts daran, dass die diskriminierende Nichtbelieferung zu einem Kartellrechtsverstoß mit behindernder Wirkung zulasten des Nichtbelieferten führte. Spricht man diesem deshalb Schadensersatz zu, dann kann man eine Verengung auf Geldersatz weder mit dem Schutzzweck des Art. 101 AEUV begründen noch unter

---

[571] BGH 11.12.2018 – KZR 26/17, WuW 2019, 91 (92) = juris Rn. 23 f. – Schienenkartell I.
[572] BGH 11.12.2018 – KZR 26/17, WuW 2019, 91 (92) = juris Rn. 43 – Schienenkartell I.
[573] BGH 16.1.1991 – VIII ZR 14/90, NJW-RR 1991, 599 (600) = juris Rn. 18; BGH 10.2.2021 – KZR 63/18, BGHZ 229, 1 = NZKart 2021, 350 (356) = juris Rn. 57 – Schienenkartell VI.
[574] BGH 11.12.2018 – KZR 26/17, WuW 2019, 91 (92) = juris Rn. 39–42 – Schienenkartell I.
[575] Franck Marktordnung S. 646.
[576] StRspr, BGH 26.10.1961 – KZR 1/61, BGHZ 36, 91 (100) = juris Rn. 18 – Gummistrümpfe; BGH 12.5.1998 – 25/96, WuW/E DE-R 206 (209) = juris Rn. 25 mwN – Depotkosmetik.
[577] OLG Stuttgart 9.12.2013 – 2 U 148/12, juris Rn. 61 – Porsche-Tuning, insoweit nicht beanstandet in BGH 6.10.2015 – KZR 87/13, NZKart 2015, 535. Vgl. auch BGH 10.11.1987 – KZR 15/86, WuW/E BGH 2451 (2457) = juris Rn. 35 – Cartier-Uhren.
[578] EuGH 25.10.1977 – C-26/76, EU:C:1977:167 Rn. 20 – Metro/Kommission.
[579] BGH 12.5.1998 – KZR 23/96, WuW/E DE-R 206 (208) = juris Rn. 20 – Depotkosmetik I.

Hinweis auf die Möglichkeit kartellrechtskonformer Nichtbelieferung für die Zukunft.[580] Dem Unternehmen, das gemäß § 249 Abs. 1 BGB zur nachholenden Lieferung verpflichtet ist, bleibt der Einwand des § 251 Abs. 2 S. 1 BGB.

## L. Mitverschulden

**126**  Hat ein Anspruchsberechtigter an der haftungsbegründenden Kartellrechtsverletzung mitgewirkt oder eine Obliegenheit zur Minderung der hieraus resultierenden Schäden verletzt, kann dies zu einer **Minderung des Ersatzanspruchs nach § 254 BGB** führen. Es gelten die allgemeinen zivilrechtlichen Grundsätze.

**127**  Unionsrechtlich sind dabei die Vorgaben der **Äquivalenz** und **Effektivität** zu beachten.[581] Hieraus hat der EuGH in „Courage/Crehan" abgeleitet, dass ein Anspruchsausschluss nicht ohne Weiteres auf den Einwand rechtsmissbräuchlichen Verhaltens gestützt werden kann, wenn Geschädigte Partei eines kartellrechtswidrigen Liefervertrages sind. Abzustellen sei vielmehr auf die **Umstände des Einzelfalls** und die **relative Verantwortlichkeit** der am Vertrag Beteiligten. Das schließe es allerdings nicht aus, einen Beteiligten bei erheblicher Verantwortung gänzlich von der Anspruchsberechtigung auszuschließen. Denn der Einzelne soll nicht aus seinem rechtswidrigen Verhalten Nutzen ziehen dürfen.[582] Andererseits sei insbesondere bei vertikalen Koordinierungen die jeweilige **Verhandlungsposition der Beteiligten** zu berücksichtigen. An der Mitverantwortlichkeit einer Vertragspartei kann es deshalb fehlen, wenn diese „der anderen Partei eindeutig unterlegen war, so dass ihre Freiheit, die Vertragsbedingungen auszuhandeln, und ihre Fähigkeit, insbesondere durch den rechtzeitigen Einsatz aller ihr zur Verfügung stehenden Rechtsschutzmöglichkeiten den Schadenseintritt zu verhindern oder den Schadensumfang zu begrenzen, ernsthaft beschränkt oder nicht vorhanden gewesen waren."[583]

**128**  Für Schadensansprüche gegen ein Kartell hat der BGH festgestellt, dass ein lediglich **fahrlässiges Verhalten** eines **Geschädigten** – sei es, dass er durch die Art und Weise der Auftragsvergabe eine Absprache erleichtert hat, oder sei es, dass seine Organisations- und Überwachungspflichten gegenüber seinen Mitarbeitern verletzt hat – **hinter** ein **vorsätzliches Verhalten** des Rechtsverletzers **zurückzutritt** und damit **,nicht anspruchsmindernd** in Anschlag zu bringen ist.[584] Im Übrigen könne eine Verletzung der Organisations- und Überwachungspflichten nicht allein daraus abgeleitet werden bzw. sei ein Kartellant nach Treu und Glauben daran gehindert, sich darauf zu berufen, dass ein Mitarbeiter Kenntnis von der kartellrechtswidrigen Absprache hatte oder sogar pflichtwidrig daran beteiligt war[585] und muss der Rechtsverletzer **Kausalität** zwischen einer Pflichtverletzung auf Seiten des Geschädigten und dem erlittenen Schaden zeigen können.[586]

**129**  Anspruchsmindernd kann berücksichtigt werden, wenn der **Anspruchsinhaber** von einer **Kartellabsprache** und deren **Umsetzung weiß** und damit sehenden Auges seine Schädigung hinnimmt. Dies setzt voraus, dass dem Geschädigten die Kenntnis eines organschaftlichen Vertreters oder Repräsentanten (§ 31 BGB) oder eines Wissensvertreters (§ 166 Abs. 1 BGB) zuzurechnen ist, wobei sich ein Rechtsverletzer auf Kenntnis eines Wissensvertreters nicht im Falle kollusiven Zusammenwirkens oder eines Missbrauchs der

---

[580] Franck Marktordnung S. 646 f.; Meeßen S. 410–412; weitergehend für einen Belieferungsanspruch auch für die Zukunft bis zu dem Zeitpunkt, in dem der Hersteller sein Vertriebssystem tatsächlich umstellt, Mäsch ZIP 1999, 1507 (1513 f.). Überblick zum Meinungsstand bei Emde NZKart 2013, 355 (358–360).
[581] → Vor §§ 33–34a Rn. 9 ff.
[582] EuGH 20.9.2001 – C-453/99, EU:C:2001:465 Rn. 31 – Courage/Crehan.
[583] EuGH 20.9.2001 – C-453/99, EU:C:2001:465 Rn. 33 – Courage/Crehan.
[584] BGH 11.12.2018 – KZR 26/17, WuW 2019, 91 (95 f.) = juris Rn. 78 und 84 – Schienenkartell I.
[585] BGH 11.12.2018 – KZR 26/17, WuW 2019, 91 (96) = juris Rn. 84 – Schienenkartell I; BGH 19.5.2020 – KZR 70/17, NZKart 2020, 535 (539) = juris Rn. 41 f. – Schienenkartell III.
[586] BGH 11.12.2018 – KZR 26/17, WuW 2019, 91 (96) = juris Rn. 80 – Schienenkartell I (hinsichtlich unterlassener Ausschreibung).

Vertretungsmacht (§ 242 BGB) berufen kann.[587] Die Urteilsgründe legen hier eine Differenzierung nahe, wonach die letztgenannte Einschränkung nicht für die organschaftlichen Vertreter oder Repräsentanten gelten soll.[588]

Wer ein Produkt kartellbedingt zu teuer bezieht, erleidet einen Schaden.[589] § 254 Abs. 2 **130** S. 1 BGB begründet **keine Obliegenheit** für einen Abnehmer, diesen Schaden (teilweise) auszugleichen, indem er seine **Preise auf dem nachgelagerten Markt erhöht.** Denn in Summe werden der kartellbedingte Schaden und insbesondere auch die Wohlfahrtsverluste hierdurch nicht vermindert, sondern nur verlagert und in nicht wenigen Fällen sogar vermehrt.[590] Für die Frage nach einem Vorteilsausgleich bei Schadensabwälzung bietet diese Grenze der Schadensminderungspflicht allenfalls eine grobe Orientierung: eine Anrechnung ist damit zwar einerseits nicht zwingend, andererseits aber auch nicht ausgeschlossen.[591]

Nach § 254 BGB obliegt es Marktteilnehmern, die kartellrechtswidrig vom Bezug eines **131** Produkts ausgeschlossen wurden, sich um eine **Belieferung aus anderen Quellen** zu bemühen. Lassen sie zumutbare Alternativen außer Betracht, sind Ersatzansprüche auszuschließen oder zu mindern.[592] Entsprechendes gilt für Unternehmen, denen kartellrechtswidrig der Zutritt zu bestimmten Märkten oder Marktsegmenten versperrt oder deren Marktaustritt erzwungen wird. Schließlich kann ein Mitverschulden auch darin liegen, dass ein Betroffener nicht rechtzeitig sämtliche **Rechtsschutzmöglichkeiten** ausschöpft, insbesondere etwaige Ansprüche auf Unterlassung oder Beseitigung, gegebenenfalls auch im Wege einstweiligen Rechtsschutzes, geltend macht. Der unterbliebene Versuch, Primärrechtsschutz zu erlangen, darf insbesondere im Sinne des unionsrechtlichen Effektivitätsgrundsatzes[593] aber nicht schadensmindernd wirken, wenn dies zu übermäßigen Schwierigkeiten geführt hätte oder dem Geschädigten nicht zumutbar war.[594]

## M. Prozessuales

Ein **unbezifferter Zahlungsantrag** kann zulässig sein, wenn die Schadenshöhe von **132** einer richterlichen Schätzung abhängt.[595] Dem Erfordernis eines bestimmten Antrags, § 253 Abs. 2 Nr. 2 ZPO, ist genügt, wenn der Kläger zwar die Höhe des geforderten Schadensersatzes in das Ermessen des Gerichtes stellt, dabei jedoch einen vorgestellten Mindestbetrag benennt und Anknüpfungstatsachen für eine Schätzung (§ 287 ZPO) benennt.[596]

Eine positive Feststellungsklage ist grundsätzlich nicht zulässig, wenn das Klageziel mittels **133** Leistungsklage erreichbar ist. Ein **Feststellungsinteresse** besteht allerdings, wenn die **Schadensentwicklung noch nicht abgeschlossen** ist und ein Schaden deshalb noch nicht endgültig beziffert werden kann.[597] Demgegenüber begründet die Notwendigkeit, für die Schadensbezifferung ein zeit- und kostenaufwändiges ökonomisches Gutachten einzuholen, für sich besehen in der Regel kein Feststellungsinteresse, weil dem Kläger die Bezifferung letztlich nicht erspart bleibt. Ein anderes gilt jedoch dann, wenn der Schadensersatzanspruch gegen **drohende Verjährung** zu sichern ist; dies insbesondere, wenn die

---

[587] BGH 11.12.2018 – KZR 26/17, WuW 2019, 91 (96) = juris Rn. 85–91 – Schienenkartell I.
[588] Krit. hierzu Wagner JZ 2019, 470.
[589] § 33c Abs. 1 S. 1. Hierzu → § 33c Rn. 8.
[590] → § 33c Rn. 3; siehe auch W.-H. Roth in FK-KartellR § 33c Rn. 3; Heinze Schadensersatz S. 232 mwN.
[591] Franck Marktordnung S. 561 mwN.
[592] BGH 24.6.1965 – KZR 7/64, BGHZ 44, 279 (284 f.) = juris Rn. 19 – Brotkrieg.
[593] Siehe etwa EuGH 24.3.2009 – C-445/06, EU:C:2009:178 Rn. 62 – Danske Slagterier (zum Staatshaftungsrecht, § 839 Abs. 3 BGB); EuGH 8.3.2001 – C-397/98, EU:C:2001:134 Rn. 106 – Metallgesellschaft ua (zum Steuerrecht).
[594] Siehe Lettl ZHR 167 (2003), 473 (490); Heinze Schadensersatz S. 232.
[595] BGH 7.4.2009 – KZR 42/08, juris.
[596] OLG Düsseldorf 14.5.2008 – VI-U (Kart) 14/07, juris Rn. 42–45.
[597] BGH 12.6.2018 – KZR 56/16, NZKart 2018, 315 (315) = juris Rn. 16 – Grauzementkartell II.

Rechtslage hinsichtlich einer möglichen Verjährung mangels höchstrichterlicher Klärung aus der Sicht eines Klägers nicht zuverlässig eingeschätzt werden kann.[598] Eine insoweit zulässig erhobene Feststellungsklage bleibt auch nach höchstrichterlicher Klärung zulässig. Kläger müssen nicht auf eine Leistungsklage übergehen.[599] Gegenstand der Feststellungsklage kann dann auch die – unter den Parteien streitige – Pflicht zur Verzinsung der Forderung sein.[600]

**134**  Hinsichtlich der Schadensentstehung gilt für die **Begründetheit** einer **Feststellungsklage** ein abgesenktes Beweismaß. Der Kläger muss lediglich nachweisen, dass „eine gewisse Wahrscheinlichkeit" für den Eintritt eines Schadens besteht. Es soll insoweit die **„nicht entfernte Möglichkeit eines Schadens"** genügen.[601]

**134a**  Steht fest, dass die anspruchsbegründenden Voraussetzungen gegeben sind und dass ein Schaden mit hoher Wahrscheinlichkeit (§ 287 ZPO) in irgendeiner Höhe entstanden ist,[602] können die Gerichte grundsätzlich über den Grund des Anspruchs im Wege eines Zwischenurteils nach § 304 ZPO entscheiden. Der BGH hat betont, dass der Erlass eines solchen **Grundurteils** und das **Abspalten** des **Betragsverfahrens (§ 304 ZPO)** nicht zulässig seien, wenn für Grund und Höhe eines Schadens „annähernd dieselben" Tatsachen maßgeblich sind oder diese in einem so engen Zusammenhang stehen, dass eine bloße Grundentscheidung „unzweckmäßig und verwirrend" wäre. Der Grundsatz der Prozessökonomie gebiete dann, einheitlich über Grund und Höhe des geltend gemachten Anspruchs zu entscheiden.[603] Der Einwand eines **Mitverschuldens** darf deshalb für ein Zwischenurteil nach § 304 ZPO nur dann dem Betragsverfahren vorbehalten werden, wenn eine summarische Prüfung ergibt, dass es jedenfalls die Forderung nicht vollständig aufzehren wird und wenn sich der Einwand vom Haftungsgrund trennen lässt. Letzteres scheidet aus, wenn sich beides aus einem „einheitlich zu würdigenden Schadensereignis" ableitet.[604] Die Schadensentstehung darf für ein Grundurteil nicht unter Hinweis auf eine (klauselförmige) Schadenspauschalierung offengelassen werden, weil diese nur dann wirksam ist, wenn sie der Gegenpartei den Nachweis offenlässt, dass kein Schaden entstanden ist.[605]

## N. Verzinsung

### I. Überblick

**135**  § 33a Abs. 4 bestimmt eine **Verzinsungspflicht** ab Schadenseintritt und verweist hinsichtlich der Zinshöhe auf §§ 288, 289 S. 1 BGB. Die Regelung wurde als § 33 Abs. 3 S. 4 und 5 GWB 2005 im Zuge der Siebten GWB-Novelle mit Wirkung zum

---

[598] BGH 12.6.2018 – KZR 56/16, NZKart 2018, 315 (316) = juris Rn. 18 – Grauzementkartell II; BGH 11.12.2018 – KZR 26/17, NZKart 2019, 101 (101 f.) = juris Rn. 27–32 – Schienenkartell I; BGH 28.6.2022 – KZR 46/20, NZKart 2022, 641 = juris Rn. 15 – Stahl-Strahlmittel; OLG Frankfurt 5.8.2021 – 11 U 67/18 (Kart), juris Rn. 38–41 – LKW-Kartell (ursprünglich zulässige Feststellungsklage bleibt zulässig, auch wenn Verjährungsfrage zwischenzeitlich höchstrichterlich geklärt wurde und Kläger auf Leistungsklage verwiesen werden könnte).

[599] BGH 28.6.2022 – KZR 46/20, NZKart 2022, 641 = juris Rn. 16 – Stahl-Strahlmittel.

[600] BGH 11.12.2018 – KZR 26/17, NZKart 2019, 101 (102) = juris Rn. 33 – Schienenkartell I.

[601] BGH 12.6.2018 – KZR 56/16, NZKart 2019, 101 (102) = juris Rn. 34 – Grauzementkartell II; BGH 28.6.2022 – KZR 46/20, NZKart 2022, 641 = juris Rn. 17 – Stahl-Strahlmittel („Möglichkeit […], dass ein Schaden eingetreten ist").

[602] St. Rspr., siehe etwa BGH 9.6.1994 – IX ZR 125/93, BGHZ 126, 217, 219 = juris Rn. 32.

[603] BGH 28.1.2020 – KZR 24/17, BGHZ 224, 281 = NZKart 2020, 136, (141) = juris Rn. 54 – Schienenkartell II; siehe auch BGH 19.5.2020 – KZR 8/18, NZKart 2020, 539 (nur bis Rn. 64 abgedruckt) = juris Rn. 66 – Schienenkartell IV; BGH 13.4.2021 –KZR 19/20, NZKart 2021, 566 (572) = juris Rn. 88 – LKW-Kartell II (Berufungsgericht kann im Sinne der Prozessökonomie am Landgericht anhängiges Betragsverfahren an sich ziehen).

[604] BGH 19.5.2020 – KZR 70/17, NZKart 2020, 535 (539) = juris Rn. 40 – Schienenkartell III.

[605] BGH 10.2.2021 – KZR 63/18, BGHZ 229, 1 = NZKart 2021, 350 (349) = juris Rn. 57 – Schienenkartell VI.

1.7.2005[606] eingeführt. Sie gilt nicht für Schadensersatzansprüche, die zuvor entstanden sind („Altfälle").[607] Die Verzinsung dieser Ansprüche bestimmt sich auch für die Zeit ab Juli 2005 nach der Rechtslage, wie sie vor der Siebten GWB-Novelle galt.[608]

## II. Unionsrechtliche Vorgaben

Der **EuGH** hat im „**Manfredi**"-Urteil klargestellt, dass aus dem **Effektivitätsgrund-** 136 **satz** ein Zinsanspruch Kartellgeschädigter folgt.[609] Dabei hat er auf seine Entscheidung in der Rechtssache „Marshall" in Bezug genommen, wo es ua heißt, „daß für die völlige Wiedergutmachung des [...] entstandenen Schadens nicht von Umständen abgesehen werden kann, die, wie der Zeitablauf, den tatsächlichen Wert der Wiedergutmachung verringern können. Die Zuerkennung von Zinsen nach den anwendbaren nationalen Rechtsvorschriften ist daher als unerläßlicher Bestandteil einer Entschädigung anzusehen [...]."[610] In „Marshall" stand die Frage nach einem Zinsanspruch für den Zeitraum zwischen einer diskriminierenden Entlassung eines Arbeitnehmers, die einen Entschädigungsanspruch auslöste, und der tatsächlichen Zahlung in Rede. Entsprechend muss auch für die Verletzung der EU-Wettbewerbsregeln gelten, dass hieraus resultierende Ersatzansprüche im Lichte des Effektivitätsgrundsatzes ab Entstehung zu verzinsen sind.[611] Das entspricht der Ansicht des Unionsgesetzgebers, der es im verfügenden Teil der **Kartell-schadensersatz-Richtlinie** dabei beließ, das Recht auf Zinszahlung zu erwähnen,[612] in den Begründungserwägungen aber unter impliziten Bezug auf die erwähnte EuGH-Rechtsprechung von den Mitgliedstaaten einen Zinsanspruch ab Schadensentstehung einfordert.[613]

## III. Beginn der Verzinsungspflicht

Eine Schadensersatzforderung in Geld ist gemäß § 33a Abs. 4 S. 1 **mit Entstehung zu** 137 **verzinsen.** Verzugseintritt ist nicht erforderlich. § 33a Abs. 4 S. 2 bildet eine Rechtsfolgenverweisung.[614] Der deutsche Gesetzgeber hat die Regelung ohne ausdrücklichen Hinweis auf eine entsprechende unionsrechtliche Pflicht eingeführt, der Sache nach aber mit Effektivitätsargumenten begründet. Insbesondere soll die Abschreckungswirkung der Schadensersatzansprüche verstärkt werden, indem Kartelltäter nicht damit rechnen dürfen, zwischenzeitliche Zinsgewinne behalten zu können. Dies sei vor allem deshalb geboten, weil Geschädigte auf eine regelmäßig langwierige Aufklärung von Kartellrechtsverstößen durch die Behörden angewiesen seien und durch den Zeitablauf ihre Ersatzansprüche erheblich entwertet würden.[615]

Für **Altfälle**, dh für Schadensersatzansprüche, die vor dem 1.7.2005 entstanden sind, 138 kann der Zinsanspruch ab dem Zeitpunkt der Schadensentstehung für Preishöhenschäden auf eine jedenfalls analoge Anwendung des **§ 849 BGB** gestützt und damit dem unionsrechtlichen Effektivitätsgrundsatz genügt werden.[616]

---

[606] BGH 12.6.2018 – KZR 56/16, NZKart 2018, 315 (320) = juris Rn. 76 – Grauzementkartell II. Siehe zum Inkrafttreten der Siebten GWB-Novelle → § 33b Rn. 23.
[607] BGH 12.6.2018 – KZR 56/16, NZKart 2018, 315 (318) = juris Rn. 49 – Grauzementkartell II.
[608] Hierzu sogleich → Rn. 138 und 140.
[609] EuGH 23.7.2006 – C-295/04 bis C-298/04, EU:C:2006:461 Rn. 95 und 97 – Manfredi.
[610] EuGH 2.8.1993 – C-271/91, EU:C:1993:335 Rn. 31 – Marshall/Southampton and South West Hampshire Area Health Authority.
[611] Siehe Arbeitspapier Weißbuch, SEC (2008) 404 v. 2.4.2008, Rn. 187; Logemann Schadensersatz S. 115; Heinze Schadensersatz S. 247 f.
[612] Art. 3 Abs. 2 KartSERL.
[613] Begründungserwägung (12) S. 3 KartSERL.
[614] BGH 6.11.1013 – KZR 58/11, WuW/E DE-R 4037 (4047) = juris Rn. 72 – VBL-Gegenwert I.
[615] Regierungsbegründung zur Siebten GWB-Novelle BT-Drs. 15/3640, 54.
[616] BGH 12.6.2018 – KZR 56/16, juris Rn. 44–46 – Grauzementkartell II; OLG Karlsruhe 27.8.2014 – 6 U 115/11 (Kart), WuW/E DE-R 4357 (4377) – VBL-modifiziertes Erstattungsmodell; grundlegend zuvor Bueren WuW 2012, 1056 (1059–1061).

**IV. Höhe der Verzinsungspflicht**

**139**    Entsprechend **§ 288 Abs. 1 S. 2** sind Ansprüche aus § 33a in Höhe von fünf Prozentpunkten über dem Basiszinssatz des § 247 BGB zu verzinsen. Der BGH wendet darüber hinaus den erhöhten Zinssatz von neun Prozentpunkten über dem Basiszinssatz entsprechend **§ 288 Abs. 2 BGB** auf Ersatzansprüche an, die aus einem Missbrauch einer marktbeherrschenden oder marktstarken Stellung resultieren, der sich auf eine Entgeltforderung eines unternehmerischen Missbrauchsopfers bezieht.[617] Hiervon ausgehend erschiene es folgerichtig, dass etwa auch Unternehmen, deren Entgelte durch eine kartellrechtswidrige Nachfragekoordinierung verkürzt sind, vom erhöhten Zinssatz entsprechend § 288 Abs. 2 BGB profitieren können. **Ausgeschlossen** hat der BGH eine Anwendung von **§ 288 Abs. 2 BGB** auf Ersatzansprüche der (unternehmerischen) Abnehmer wegen **Ausbeutungs- bzw. Konditionenmissbrauch**.[618] **Gleiches** muss aus diesem Blickwinkel auch für die Ersatzansprüche wegen **kartellbedingter Schäden von Abnehmern** gelten.[619] Hieraus folgt allerdings eine willkürliche, insbesondere nicht mit den Funktionen des Kartellschadensersatzes begründbare Differenzierung. § 288 Abs. 2 BGB sollte deshalb besser generell unangewendet bleiben. Auch der pauschale Verweis in § 33a Abs. 4 S. 2 auf § 288 BGB ändert nichts daran, dass es sich bei den Ansprüchen aus § 33a um (sonder-)deliktische und nicht um solche aus Rechtsgeschäft handelt.[620] Ein Schadensersatzgläubiger kann entsprechend **§ 288 Abs. 3 BGB** aus einem anderen Rechtsgrund – insbesondere aufgrund vertraglicher Abrede – höhere Zinsen verlangen. Weist der Gläubiger individuell höhere Schäden nach, die ihm die Vorenthaltung des Schadensersatzes im jeweiligen Zeitraum verursachte (etwa wegen der Notwendigkeit, ein Darlehen aufzunehmen), kann er dies entsprechend **§ 288 Abs. 4 BGB** geltend machen. Entsprechend § 289 S. 1 BGB gilt ein **Zinseszinsverbot.**

**140**    Die Höhe der kartellrechtlich geschuldeten Zinsen bemisst sich nach der Rechtslage, die zum Zeitpunkt der Schadensentstehung, also insbesondere zum Zeitpunkt zuwiderhandlungsbedingt überhöhter Zahlungen, galt.[621] In **Altfällen** sind demnach Schäden gemäß **§ 246 BGB** in Höhe von 4 Prozent zu verzinsen.[622]

**V. Verjährung**

**141**    Die Verzinsung ist eine vom Hauptanspruch auf Kartellschadensersatz abhängige Nebenleistung. Gemäß § 217 BGB verjähren die Zinsen mit dem Hauptanspruch.[623] Anspruchsteller können nach Verjährung des Hauptanspruchs auch hinsichtlich der Zinsen[624] einen Restschadensanspruch gemäß § 852 S. 1 BGB geltend machen.[625]

---

[617] BGH 6.11.1013 – KZR 58/11, WuW/E DE-R 4037 (4047) = juris Rn. 69–71 – VBL-Gegenwert I; BGH 12.6.2018 – KZR 56/16, NZKart 2018, 315 (318) = juris Rn. 51 – Grauzementkartell II.
[618] BGH 6.11.1013 – KZR 58/11, WuW/E DE-R 4037 (4047) = juris Rn. 71 – VBL-Gegenwert I.
[619] BGH 11.12.2018 – KZR 26/17, WuW 2019, 91 (95) = juris Rn. 73 – Schienenkartell I (Quoten- und Kundenschutzkartell); Inderst/Thomas Schadensersatz S. 75; aA Bornkamm/Tolkmitt in Bunte § 33a Rn. 67 aE.
[620] Bechtold/Bosch § 33 Rn. 39.
[621] BGH 8.8.2022 – KZR 111/18, juris Rn. 112 – VBL-Gegenwert III.
[622] BGH 12.6.2018 – KZR 56/16, NZKart 2018, 315 (318) = juris Rn. 47–52 – Grauzementkartell II; BGH 11.12.2018 – KZR 26/17, WuW 2019, 91 (95) = juris Rn. 70 – Schienenkartell I; BGH 8.8.2022 – KZR 111/18, juris Rn. 112 – VBL-Gegenwert III.
[623] BGH 8.8.2022 – KZR 111/18, juris Rn. 136 – VBL-Gegenwert III.
[624] → § 33h Rn. 46 f.
[625] BGH 8.8.2022 – KZR 111/18, juris Rn. 137–139 – VBL-Gegenwert III.

## § 33b Bindungswirkung von Entscheidungen einer Wettbewerbsbehörde

[1] **Wird wegen eines Verstoßes gegen eine Vorschrift dieses Teils oder gegen Artikel 101 oder 102 des Vertrages über die Arbeitsweise der Europäischen Union oder wegen eines Verstoßes gegen Artikel 5, 6 oder 7 der Verordnung (EU) Nr. 2022/1925 Schadensersatz gefordert, so ist das Gericht an den bestandskräftigen Benennungsbeschluss der Europäischen Kommission nach Artikel 3 der Verordnung (EU) Nr. 2022/1925 und an die Feststellung des Verstoßes gebunden, wie sie in einer bestandskräftigen Entscheidung der Kartellbehörde, der Europäischen Kommission oder der Wettbewerbsbehörde oder des als solche handelnden Gerichts in einem anderen Mitgliedstaat der Europäischen Union getroffen wurde. [2] Das Gleiche gilt für entsprechende Feststellungen in rechtskräftigen Gerichtsentscheidungen, die infolge der Anfechtung von Entscheidungen nach Satz 1 ergangen sind. [3] Diese Verpflichtung gilt unbeschadet der Rechte und Pflichten nach Artikel 267 des Vertrages über die Arbeitsweise der Europäischen Union.**

## A. Überblick

Nach § 33b binden Entscheidungen der Europäischen Kommission, der deutschen und **1** EU-ausländischen Wettbewerbsbehörden die Gerichte, soweit es um die **Feststellung eines Kartellrechtsverstoßes** geht. Hat ein Gericht die kartellbehördliche Entscheidung überprüft, dann kommt dessen Feststellungen Bindungswirkung zu. Dies soll eine **gleichförmige Auslegung** des Kartellrechts fördern, die **Rechtssicherheit** erhöhen, **follow on-Klagen** auf Schadensersatz erleichtern[1] und über den wirksameren Ausgleich von

---

[1] Begründungserwägung (34) S. 4 KartSERL. Siehe zuvor bereits Regierungsbegründung zur Siebten GWB-Novelle BT-Drs. 15/3640, S. 35: „Die Geltendmachung von Schadensersatzansprüchen wird durch eine Tatbestandswirkung kartellbehördlicher Entscheidungen […] erleichtert."

Kartellschäden eine präventive Wirkung auf potentielle Kartelltäter entfalten.[2] Von der Bindungswirkung unbeeinträchtigt bleibt es einem Gericht möglich, dem EuGH gemäß Art. 267 AEUV eine Auslegungsfrage vorzulegen und auf Grundlage dieses Urteils einen Sachverhalt abweichend von der vorgängigen kartellbehördlichen Entscheidung zu bewerten.[3]

2    **Die Förderung zivilrechtlicher follow on-Klagen hat ein Vorbild im US-amerikanischen Bundesrecht.** Stellt ein Gericht in einem durch die Kartellbehörde angestrengten Prozess einen Kartellrechtsverstoß fest, dann kann dies Klägern in einem anschließenden Verfahren als *prima facie*-Beweis dienen.[4]

3    Nach deutschem Kartellrecht hatten bestandskräftige Unterlassungs- und Bußgeldverfügungen ursprünglich keine Bindungswirkung für Zivilverfahren.[5] Relevanz für die **Beweisführung** kann **behördlichen Feststellungen** indes auch **ohne förmliche Bindungswirkung** zukommen.[6] Kläger können sich für einen substantiierten Sachvortrag auf die kartellbehördlichen Feststellungen stützen;[7] teils wurde ein Anscheinsbeweis angenommen.[8] Erst mit der Siebten GWB-Novelle sah der seinerzeitige § 33 Abs. 4 mit Wirkung vom 1.7.2005[9] eine Bindungswirkung vor. Seit dem Inkrafttreten der Neunten GWB-Novelle am 9.6.2017 wird dies von § 33b geregelt.[10] Die Bindungswirkung ist **umfassend unionsrechtlich überlagert bzw. vorgeprägt,** nämlich durch Art. 16 VO 1/2003 für Entscheidungen der Kommission, durch Art. 9 KartSERL für Entscheidungen mitgliedstaatlicher Wettbewerbsbehörden und darüber hinaus, insoweit sie eine Zuwiderhandlung gegen Art. 101 oder 102 AEUV feststellen, durch den unionsrechtlichen Effektivitätsgrundsatz.[11] Letzteres ist praktisch in allen Kartellzivilprozessen jenseits von Schadensersatzklagen relevant (→ Rn. 25), daneben aber auch, wenn sich Kläger auf Entscheidungen stützen, die vor dem Inkrafttreten von § 33 Abs. 4 GWB 2005 bestandskräftig geworden sind (→ Rn. 23).

3a    Mit der **11. GWB-Novelle (2023)** wurde die Bindungswirkung auf **Benennungsbeschlüsse** nach **Art. 3 DMA** und auf die Feststellung von **Verstößen** gegen **DMA-Verpflichtungen** erstreckt. Damit sollen – wie im Kartellrecht – eine gleichförmige Auslegung sichergestellt, die Rechtssicherheit erhöht und Klagen auf Schadensersatz erleichtert werden.[12] Unionsrechtlich überlagert wird § 33b von der Bindungswirkung nach **Art. 39 Abs. 5 DMA.** Soweit im Folgenden zur Geltung des § 33b zur Bindung an DMA-Beschlüsse keine besonderen Hinweise erfolgen, gelten die Ausführungen zur Bindungswirkung von Entscheidungen über Kartellrechtsverstöße entsprechend.

---

[2] BGH 12.6.2018 – KZR 56/16, NJW 2018, 2479 (2481) = juris Rn. 32 – Grauzementkartell II.

[3] Hierzu → Rn. 31 ff.

[4] Section 5(a) Clayton Act, 15 U.S.C. § 16(a). Siehe Hempel WuW 2005, 137 (138 f.); Grünberger in Möschel/Bien Kartellrechtsdurchsetzung S. 135, 209 f.

[5] BGH 24.6.1965 – KZR 7/64, NJW 1965, 2249 (2250) – Brotkrieg II.

[6] Wird ein Bußgeldbescheid zum Gegenstand der Klage gemacht, gehört der Inhalt zum Prozessstoff, der vom Gericht auch im Prozessrechtsverhältnis gegenüber Nichtadressaten zu berücksichtigen ist, sofern die Richtigkeit vom beklagten Nichtadressaten nicht substantiiert bestritten wurde. BGH 29.11.2022 – KZR 42/20, juris Rn. 100 – Schlecker. Zum ersten Kronzeugen → Rn. 20. Siehe Weitbrecht in Fuchs/Weitbrecht § 15 Rn. 25 f. und 52–57. Zur zivilprozessualen Relevanz von Entscheidungen, die nicht unter § 33b fallen, siehe etwa Scheffler NZKart 2015, 223 (225 f.); Weitbrecht in Fuchs/Weitbrecht § 15 Rn. 77–85.

[7] Vgl. für Feststellungen im Bußgeldbescheid, die nicht unter § 33b fallen, BGH 29.11.2022 – KZR 42/20, juris Rn. 70 – Schlecker (negative Preiseffekte durch Informationsaustausch und Ausnutzung eines hierauf beruhenden Wissensvorsprungs).

[8] Siehe etwa KG 1.10.2009 – 2 U 10/03 Kart, WuW/E DE-R 2773 (2775) = juris Rn. 22 f. – Berliner Transportbeton; Böge/Ost ECLR 2006, 197 (199); Meyer GRUR 2006, 27 (28); Bien/Harke ZWeR 2013, 312 (330).

[9] Zur zeitlichen (Rück-)Wirkung → Rn. 23.

[10] Siehe die Übergangsregelung des § 187 Abs. 3 S. 1 GWB, die allerdings wegen der Kontinuität der materiellen Rechtslage im Hinblick auf § 33b keine praktische Bedeutung hat.

[11] → Rn. 8.

[12] Regierungsbegründung 11. GWB-Novelle BT-Drs. 20/6824, 38 (bei dem Hinweis auf Unterlassungsklagen handelt es sich offenbar um ein Redaktionsversehen).

## B. Unionsrechtliche Vorgaben

## I. Bindungswirkung von Entscheidungen der Kommission

Haben mitgliedstaatliche Gerichte einen Sachverhalt gemäß Art. 101 oder 102 AEUV zu **4** beurteilen, dann dürfen ihre Entscheidungen gemäß **Art. 16 Abs. 1 S. 1 VO 1/2003** einer in gleicher Sache ergangenen Entscheidung der Kommission nicht zuwiderlaufen. Die Regelung geht zurück auf Aussagen des EuGH in „**Delimitis**"[13] und „**Master-foods**"[14], die auf dem Loyalitätsgebot nach Art. 4 Abs. 3 EUV fußen. Da Verordnungen gemäß Art. 288 Abs. 2 AEUV integraler Bestandteil der mitgliedstaatlichen Rechtsordnungen sind, erübrigt sich eine Übernahme durch einen nationalen Rechtsakt. Den Mitgliedstaaten steht es im Übrigen frei, Kommissionsentscheidungen eine über Art. 16 Abs. 1 S. 1 VO 1/2003 hinausgehende Bindungswirkung zuzuweisen. Soweit Art. 16 Abs. 1 S. 1 VO 1/2003 reicht,[15] bildet § 33b GWB (wie auch zuvor § 33 Abs. 4 GWB 2005) eine **deklaratorische Wiedergabe** ohnehin unmittelbar geltenden Unionsrechts.[16] Das ist nicht per se verboten, steht aber in einem Spannungsverhältnis zu Art. 288 Abs. 2 AEUV. Denn eine deklaratorische Übernahme ins nationale Recht birgt die Gefahr, dass dem Rechtsanwender der unionsrechtliche Charakter einer Norm verschleiert bleibt.[17]

Nach dem **EU-Austritt** des **Vereinigten Königreichs** am 31.1.2020 und dem Ende **5** der Übergangsfrist mit dem Ablauf des 31.12.2020[18] gilt Art. 16 Abs. 1 S. 1 VO 1/2003 nicht mehr für die Gerichte des Vereinigten Königreichs. Section 47A und 58A des Competition Act wurden mit Wirkung zum Ablauf der Übergangsfrist geändert, so dass hiernach erlassenen Entscheidungen der Europäischen Kommission keine Bindungswirkung zukommt, wohingegen zuvor erlassene Entscheidungen bindend bleiben.[19] Im Austrittsabkommen ist weitergehend vereinbart, dass **Entscheidungen der Kommission** auch **bindend** bleiben, wenn das zugrunde liegende **Verfahren vor dem Ende der Übergangsphase eingeleitet** wurde.[20] Diese fortdauernde Kompetenz der EU bei laufenden Verwaltungsverfahren und die hieraus folgende Bindungswirkung auch von Entscheidungen, die nach dem Ablauf der Übergangsfrist ergehen, wurde im Vereinigten Königreich durch die Competition (Amendment etc.) (EU Exit) Regulations 2020 umgesetzt.[21]

---

[13] EuGH 28.2.1991 – C-234/89, EU:C:1991:91 Rn. 43–55 – Delimitis.

[14] EuGH 14.12.2000 – C-344/98, EU:C:2000:689 Rn. 45–60 – Masterfoods.

[15] Streitig ist insbesondere, ob die Norm für follow on-Klagen eine Feststellungswirkung anordnet, sogleich → Rn. 13.

[16] Regierungsbegründung zur Siebten GWB-Novelle BT-Drs. 15/3640, 54 (zu § 33 Abs. 4 GWB 2005); LG Hannover 19.10.2020 – 13 O 24/19, juris Rn. 20 – Spezialfahrzeuge.

[17] Vgl. EuGH 10.10.1973 – C-34/73, EU:C:1973:101 Rn. 9–11 – Variola; EuGH 31.1.1978 – C-94/77, EU:C:1978:17 Rn. 22/27 – Zerbone.

[18] Section 39(1) European Union (Withdrawal Agreement) Act 2020 („IP completion day").

[19] Siehe Whish/Bailey Competition Law, 10. Aufl. 2021, S. 328. Um die Attraktivität der britischen Gerichte als Forum für follow on-Klagen nicht zu gefährden, hatte die Brexit Competition Law Working Group angeregt, die Bindungswirkung von Entscheidungen der Kommission für die Zeit nach einem Austritt beizubehalten und dies explizit auch für Entscheidungen vorgeschlagen, die erst nach dem Austritt ergehen würden. Brexit Competition Law Working Group, Conclusions and Recommendations, July 2017, Rn. 2.18–2.24.

[20] Art. 95 Abs. 1 iVm Art. 92 Abs. 1, Abs. 3 lit. b Abkommen über den Austritt des Vereinigten Königreichs Großbritannien und Nordirland aus der Europäischen Union und der Europäischen Atomgemeinschaft, ABl. L 29/7 v. 31.1.2020.

[21] Siehe Explanatory Memorandum to the Competition (Amendment etc.) (EU Exit) Regulations 2020, SI 2020/1343, Abschnitt 2.15: „Claimants seeking damages for breaches of competition law on a follow-on basis will be able to rely upon European Commission decisions adopted before the end of the Transition Period, and after that in relation to continued competence cases, as binding evidence of a breach of competition law under the CA98."

## II. Bindungswirkung von Entscheidungen nationaler Wettbewerbsbehörden

**6**   Von Art. 16 VO 1/2003 inspiriert,[22] hat der Unionsgesetzgeber in **Art. 9 Abs. 1 Kart-SERL** festgelegt, dass bestandskräftige Entscheidungen **nationaler Wettbewerbsbehörden** ein Gericht binden, das über eine follow on-Schadensersatzklage zu befinden hat. Im Gesetzgebungsverfahren war kontrovers diskutiert worden, ob diese Bindungswirkung – dem Vorbild des § 33 Abs. 4 GWB 2005 entsprechend – auch zugunsten kartellbehördlicher Entscheidungen der jeweils anderen Mitgliedstaaten gelten sollte. Art. 9 des Vorschlags der Kommission sah eine entsprechende Regelung vor.[23] Allerdings wollte die Kommission es den Mitgliedstaaten in Anlehnung an Art. 34 Nr. 1 Brüssel I-VO erlauben, die Bindung an Entscheidungen EU-ausländischer Wettbewerbsbehörden von der Prüfung abhängen zu lassen, ob die Grundsätze effektiven Rechtsschutzes gewahrt worden sind.[24] Die darin offenbar gewordene Skepsis darüber, ob die Durchsetzung der Rechte aus Art. 47 GR-Charta und Art. 6 Abs. 1 EMRK flächendeckend in der EU in so hinreichendem Maße gewährleistet ist, um eine vorbehaltlose Bindungswirkung legitimieren zu können, führte letztlich zu deren Beschränkung in **Art. 9 Abs. 2 KartSERL.** Feststellungen **EU-ausländischer Behörden** muss nur der Wert eines **Anscheinsbeweises** zugewiesen werden. Den Mitgliedstaaten bleibt aber freigestellt („zumindest"), weitergehend eine Bindungswirkung vorzusehen. Hiervon hat der deutsche Gesetzgeber in § 33b Gebrauch gemacht.

**7**   Die in Art. 9 KartSERL angeordnete Bindungswirkung erfasst sowohl die Feststellung von **Verstößen** gegen **Art. 101 f. AEUV,** als auch von solchen gegen **nationales Wettbewerbsrecht** im Sinne von Art. 2 Abs. 3 KartSERL. Allerdings sieht § 33b hinsichtlich EU-ausländischer Wettbewerbsbehörden vor, dass deren Feststellungen lediglich hinsichtlich einer Verletzung von Art. 101 f. AEUV Bindungswirkung entfalten. Eine Umsetzung der Richtlinienbestimmung, wonach deren Feststellungen einer Verletzung nationalen Wettbewerbsrechts zumindest als Anscheinsbeweis anzusehen sind, hielt der deutsche Gesetzgeber nicht für erforderlich.[25] Obgleich hinreichend Spielraum für eine richtlinienkonforme Anwendung des deutschen Zivilprozessrechts besteht,[26] genügt er damit nicht der aus Art. 288 Abs. 3 AEUV folgenden Pflicht, die Rechtslage so „hinreichend bestimmt und klar" auszugestalten, dass „die Begünstigten in die Lage versetzt werden, von all ihren Rechten Kenntnis zu erlangen".[27]

**8**   In der Rechtssache „Cogeco"[28] hatte ein portugiesisches Gericht an den EuGH die Frage herangetragen, inwieweit das unionsrechtliche **Effektivitätsgebot**[29] eine Bindungswirkung bestandskräftiger Entscheidungen einer nationalen Wettbewerbsbehörde erfordert. **Generalanwältin Kokott** argumentierte, angesichts der „besonderen Komplexität" typischer Kartellverstöße und der „praktischen Schwierigkeiten" Geschädigter, diese nachzuweisen, gebiete der Effektivitätsgrundsatz, dass der Feststellung einer Zuwiderhandlung durch eine nationale Wettbewerbsbehörde **zumindest Indizwirkung** für den Schadensersatzprozess zukommen müsse.[30] In diesem Sinne hatte zuvor bereits der EFTA-Gerichtshof in „Fjarskipti" geurteilt, das Effektivitätsgebot sei verletzt, wenn die Gerichte einer bestandskräftigen Entscheidung einer nationalen Wettbewerbsbehörde keinerlei Aussagekraft hinsichtlich der Verletzung der Wettbewerbsregeln zukommen ließen.[31] Andererseits gingen sowohl die Generalanwältin in „Cogeco" als auch zuvor der EFTA-Gerichtshof

---

[22] Vorschlag Kartellschadensersatz-Richtlinie, COM(2013) 404 final v. 11.6.2013, S. 18.
[23] Vorschlag Kartellschadensersatz-Richtlinie, COM(2013) 404 final v. 11.6.2013, S. 36.
[24] Arbeitspapier Weißbuch, SEC (2008) 404 v. 2.4.2008, Rn. 162.
[25] Regierungsbegründung zur Neunten GWB-Novelle BT-Drs. 18/10207, 56, zu § 32b aE.
[26] Bach/Wolf NZKart 2017, 285 (294).
[27] EuGH 10.5.2001 – C-144/99, EU:C:2001:257 Rn. 17 – Kommission/Niederlande.
[28] EuGH 28.3.2019 – C-637/17, EU:C:2019:263 – Cogeco Communications. Hierzu Strand CMLRev 57 (2020), 569.
[29] → Vor §§ 33–34a Rn. 9 ff.
[30] GA Kokott 17.1.2019 – C-637/17, EU:C:2019:32 Rn. 93 – Cogeco Communications.
[31] EFTA-Gerichtshof 30.5.2018 – E-6/17 Rn. 47, NZKart 2018, 325 (327 f.) – Fjarskipti.

Beschluss nach Art. 18 Abs. 1 DMA also hinsichtlich relevanter Verstöße nicht über diese hinausgehen müssen.

Beschließt die Kommission gemäß **Art. 29 Abs. 7 DMA keinen Nichteinhaltungs-** **12c** **beschluss** zu erlassen, dann kann dies allenfalls unter § 33b fallen, sollte die Kommission einen **zwischenzeitlich abgestellten Verstoß** feststellen. Der Beschluss fällt aber **nicht** unter § 33b, soweit die Entscheidung tatsächliche oder rechtliche Feststellungen enthält, die das **Nichtvorliegen** eines **DMA-Verstoßes** begründen. Diese binden allerdings die nationalen Gerichte gemäß **Art. 39 Abs. 5 DMA** in allen nachfolgenden Privatrechtsstreitigkeiten.[68]

Der DMA sieht – anders als nach Art. 9 VO 1/2003 im Kartellverfahren – **Verpflich-** **12d** **tungszusagen** nicht als allgemeines Instrument zur Verfahrensbeendigung vor, sondern nach Art. 25 DMA lediglich im Zusammenhang von Verfahren (Marktuntersuchungen) wegen **systematischer Nichteinhaltung** gemäß **Art. 18 DMA.** Entsprechend den Entscheidungen zur Verbindlicherklärung von Zusagen gemäß Art. 9 VO 1/2003 oder § 32b Abs. 1[69] binden Beschlüsse gemäß Art. 25 DMA die Parteien lediglich hinsichtlich ihrer Zusagen. Ob ein Verstoß vorliegt, bleibt offen.

## D. Bindungswirkung als Feststellungswirkung

Art. 16 Abs. 1 S. 1 VO 1/2003 verbietet den nationalen Gerichten, Entscheidungen zu **13** erlassen, die bekanntgegebenen Entscheidungen der Kommission zuwiderlaufen. Untersagt sind damit gerichtliche Entscheidungen, die ein Verhalten fordern, das die Kommission untersagt hat und umgekehrt genauso. Darüber hinaus **bindet** Art. 16 Abs. 1 S. 1 VO 1/ 2003 die nationalen Gerichte aber auch an die **Feststellungen,** die von der Kommission **in tatsächlicher und rechtlicher Hinsicht** im verfügenden Teil einer Entscheidung und den tragenden Begründungserwägungen getroffen worden sind.[70] Die Bindungswirkung zielt nicht lediglich darauf ab, einen wirksamen Vollzug der Kommissionsentscheidungen zu gewährleisten, sondern auf eine „einheitliche Anwendung der Wettbewerbsregeln"[71] und damit auf eine Kohärenz im höheren Sinne.[72] Vermieden werden sollen abweichende tatsächliche Feststellungen und rechtliche Bewertungen, auch wenn hierdurch im Einzelfall der Geltungsanspruch einer Kommissionsentscheidung nicht tangiert wird. Die nationalen Gerichte können die Feststellungen der Kommission im verfügenden Teil und den für dessen Verständnis erforderlichen Begründungserwägungen[73] kritisch hinterfragen, von diesen aber – im Sinne der Rechtssicherheit und einer einheitlichen Anwendung – nur im Zusammenspiel mit dem EuGH gemäß Art. 267 AEUV abweichen.[74] Praktisch kann das relevant sein, weil § 33b (zumindest seinem Wortlaut nach → Rn. 11) auch für Kommissionsentscheidungen Bestandskraft voraussetzt und damit nicht alle Konstellationen erfasst, für die Art. 16 Abs. 1 S. 1 VO 1/2003 Bindungswirkung vorsieht. Zudem geht Art. 16 Abs. 1 S. 1 VO 1/2003 über den Anwendungsbereich des § 33b hinaus, indem er auch eine Bindung an Entscheidungen anordnet, in denen ein Verstoß abgelehnt wird (→ Rn. 10) und zudem seine Wirkung nicht auf Schadensersatzklagen begrenzt ist.[75]

---

[68] Vergleichbar mit der Bindung nationaler Gerichte nach Art. 16 Abs. 1 VO 1/2003 an Beschlüsse gemäß Art. 10 VO 1/2003 → Rn. 10.

[69] → Rn. 10. Vgl. EuGH 23.11.2017 – C-547/16, EU:C:2017:891 Rn. 29 – Gasorba ua.: Indizwirkung für einen Verstoß gegen die Wettbewerbsregeln.

[70] Siehe Sura in Bunte VO 1/2003 Art. 16 Rn. 9; Grünberger in Möschel/Bien Kartellrechtsdurchsetzung S. 135, 177; Weitbrecht in Fuchs/Weitbrecht § 15 Rn. 111–115; aA Bornkamm/Becker ZWeR 2005, 213 (220); W.-H. Roth FS Huber, 2006, 1133 (1153) Fn. 100.

[71] Begründungserwägung (22) S. 1 VO 1/2003.

[72] Logemann Schadensersatz S. 157 f.

[73] → Rn. 13a.

[74] → Rn. 31 ff.

[75] Bornkamm/Tokmitt in Bunte § 33b Rn. 9.

13a      Die VO 1/2003 zielt unter dem Eindruck der „Courage"-Rechtsprechung darauf ab, die zivilrechtliche Durchsetzung der Wettbewerbsregeln zu stärken.[76] Hierfür ist die Feststellungswirkung in tatsächlicher und rechtlicher Hinsicht essentiell. Während sich der Leitentscheidung in „Masterfoods", die keine Folgeklage zum Gegenstand hatte, sondern eine Klage auf Erfüllung einer behördlicherseits für kartellrechtswidrig gehaltenen Vereinbarung, hierfür keine Aussagen entnehmen lassen, ging GA Cosmas in „Masterfoods" davon aus, dass die Bindungswirkung nicht nur die verfügenden Teile der Kommissionentscheidung, sondern auch die Gründe betrifft.[77] In „Otis" unterstellte der EuGH, dass die **Bindungswirkung** nach Art. 16 VO 1/2003 für **follow on-Schadensersatzklagen** gilt.[78] Der EuGH bezog dies auf die Kernaussage aus „Masterfoods", wonach Gerichte keine Entscheidungen erlassen dürften, die der Entscheidung der Kommission zuwiderlaufen würden.[79] Im Kontext einer follow on-Schadensersatzklage ergibt das nur dann einen guten Sinn, wenn die Zivilgerichte umfassend an die tatsächlichen und rechtlichen Feststellungen, mit denen die Kommission einen Verstoß gegen Art. 101 oder 102 AEUV begründet oder verneint hat, gebunden sind, so dass potentielle Kläger sich etwa auch auf die Feststellungen dazu berufen können, welche Produkte Gegenstand einer Zuwiderhandlung waren, wie eine Kartellabrede oder missbräuchliche Strategie umgesetzt wurde und auf welchen Märkten sich diese sodann in welchen Zeiträumen ausgewirkt hat, Aussagen dazu finden sich regelmäßig bereits im **verfügenden Teil,** der **vorrangig zu konsultieren** ist.[80] Das EuG hält es deshalb für erforderlich, den verfügenden Teil so zu gestalten, dass die nationalen Gerichte hieraus den Umfang der Zuwiderhandlung(en) und die (jeweils) verantwortlichen Personen identifizieren können, um hieraus die notwendigen Schlussfolgerungen in *follow on*-Schadensersatzklagen ziehen zu können.[81] Aus dieser Vorgabe an die Kommission darf aber keine Beschränkung der Bindungswirkung auf den operativen Teil abgeleitet werden:[82] Das EuG betont zugleich, dass für das **Verständnis der Aussagen im verfügenden Teil** auf die **begründenden Erwägungen** abgestellt werden kann.[83] Der Rechtsschutz der Adressaten wird durch diese Bindungswirkung nicht unangemessen verkürzt, weil die Unionsgerichte eine Entscheidung der Kommission daraufhin überprüfen können, ob die Aussagen des verfügenden Teils sich folgerichtig und widerspruchsfrei aus den Begründungserwägungen ergeben.[84] Verletzt die Kommission diese Vorgabe, können die Unionsgerichte die Entscheidung aufheben.[85]

---

[76] Begründungserwägung (7) VO 1/2003.

[77] GA Cosmas 16.5.2000 – C-344/98, EU:C:2000:249 Rn. 16 – Masterfoods; siehe Grünberger in Möschel/Bien Kartellrechtsdurchsetzung S. 135, 177.

[78] EuGH 6.11.2012 – C-199/11, EU:C:2012:684 Rn. 51 – Otis; siehe auch EuG 16.12.2015 – T-67/11, EU:T:2015:984 Rn. 33 und 37 f. – Martinair Holland / Kommission; EuG 16.12.2015 – T-48/11, EU:T:2015:988 Rn. 38 und 42 f. – British Airways / Kommission; EuG 16.12.2015 – T-9/11, EU:T:2015:994 Rn. 37 und 41 f. – Air Canada / Kommission. Siehe auch Bornkamm/Tolkmitt in Bunte § 33b Rn. 7.

[79] EuGH 6.11.2012 – C-199/11, EU:C:2012:684 Rn. 51 – Otis.

[80] EuG 16.12.2015 – T-67/11, EU:T:2015:984 Rn. 32 – Martinair Holland / Kommission („Gerade soweit es um Umfang und Art der geahndeten Zuwiderhandlungen geht, kommt es grundsätzlich auf den verfügenden Teil und nicht auf die Gründe an"); EuG 16.12.2015 – T-48/11, EU:T:2015:988 Rn. 37 – British Airways/ Kommission; EuG 16.12.2015 – T-9/11, EU:T:2015:994 Rn. 36 – Air Canada / Kommission.

[81] EuG 16.12.2015 – T-67/11, EU:T:2015:984 Rn. 37 – Martinair Holland / Kommission; EuG 16.12.2015 – T-48/11, EU:T:2015:988 Rn. 42 – British Airways/Kommission; EuG 16.12.2015 – T-9/11, EU:T:2015:994 Rn. 41 – Air Canada / Kommission.

[82] Rother/Rieger NZKart 2016, 116 (120).

[83] EuG 16.12.2015 – T-67/11, EU:T:2015:984 Rn. 32 – Martinair Holland / Kommission („wenn der verfügende Teil nicht eindeutig formuliert ist, ist er unter Heranziehung der Gründe der Entscheidung auszulegen"); EuG 16.12.2015 – T-48/11, EU:T:2015:988 Rn. 37 – British Airways/Kommission; EuG 16.12.2015 – T-9/11, EU:T:2015:994 Rn. 36 – Air Canada / Kommission.

[84] EuG 16.12.2015 – T-67/11, EU:T:2015:984 Rn. 28 und 40 – Martinair Holland / Kommission; EuG 16.12.2015 – T-48/11, EU:T:2015:988 Rn. 33 und 45 – British Airways/Kommission; EuG 16.12.2015 – T-9/11, EU:T:2015:994 Rn. 32 und 44 – Air Canada / Kommission.

[85] Siehe im Einzelnen EuG 16.12.2015 – T-67/11, EU:T:2015:984 Rn. 72–74 – Martinair Holland / Kommission; EuG 16.12.2015 – T-48/11, EU:T:2015:988 Rn. 75–77 – British Airways/Kommission; EuG 16.12.2015 – T-9/11, EU:T:2015:994 Rn. 74–76 – Air Canada / Kommission.

Nach **Art. 9 Abs. 1 KartSERL** haben die Mitgliedstaaten zu gewährleisten, dass eine **14** durch die nationalen Wettbewerbsbehörden „festgestellte Zuwiderhandlung [...] für die Zwecke eines Verfahrens über eine Klage auf Schadensersatz [...] als unwiderleglich festgestellt gilt." Schon der Wortlaut legt nahe, dass hiermit eine **Feststellungswirkung in tatsächlicher und rechtlicher Hinsicht** begründet wird. Bestätigt wird dies durch die Erwägung des Richtliniengebers, mit der Bindungswirkung solle die „Wirksamkeit und verfahrensrechtliche Effizienz von Schadensersatzklagen" erhöht werden.[86] Zudem lassen die Vorarbeiten zur Richtlinie erkennen, dass die Kommission sich bei der Konzeption der Bindungswirkung an Art. 16 VO 1/2003 orientierte und hierbei davon ausging, dass diese Regelung eine entsprechende Feststellungswirkung zugunsten von Kommissionsentscheidungen anordnet.[87]

Bereits für **§ 33 Abs. 4 GWB 2005** bestand im Grunde Einigkeit, dass die Bindungs- **15** wirkung als Feststellungswirkung[88] zu verstehen ist und sich als solche nicht nur auf den Tenor einer Entscheidung bezieht, sondern auf alle zur Begründung eines Kartellrechtsverstoßes getroffenen Feststellungen in tatsächlicher und rechtlicher Hinsicht.[89] Das hat auch der **BGH** in „**Lottoblock II**" so gesehen: „Maßgeblich ist [...] in welchem Umfang eine Zuwiderhandlung gegen Kartellrecht im Tenor oder in den tragenden Gründen der abschließenden Entscheidung [...] festgestellt worden ist."[90] Gleiches muss jetzt für § 33b gelten, zumal die Feststellungswirkung nun durch Art. 9 Abs. 1 KartSERL auch unionsrechtlich vorgegeben ist.

Die Feststellungswirkung ist zweispurig prozessual umzusetzen. Soweit sie **Tatsachen** **16** betrifft, bildet sie eine Beweisregel im Sinne von **§ 286 Abs. 2 ZPO**. Die von der Bindungswirkung erfassten Tatsachen sind nicht mehr beweisbedürftig. Soweit sie **rechtliche Feststellungen** betrifft, wird dem Gericht die Befugnis entzogen, seiner Entscheidung eine abweichende Rechtsauffassung zugrunde zu legen.[91]

Hat ein **Gericht** die wettbewerbsbehördliche Entscheidung geprüft und einen **Kartell-** **17** **rechtsverstoß bejaht,** dann binden dessen Feststellungen in gleicher Weise das Gericht, das über eine nachfolgende Schadensersatzklage zu befinden hat. Zu erklären ist diese Bindungswirkung nicht mit der materiellen Rechtskraft, sondern als **prozessuale Feststellungswirkung.**[92]

**Welche** tatsächlichen und rechtlichen **Feststellungen von** der **Bindungswirkung** **18** **erfasst** werden, wird im Falle der Anfechtung durch die **abschließend** getroffene **gerichtliche Entscheidung bestimmt:** Begründet etwa die Kartellbehörde ihre Entscheidung mit einer Verletzung sowohl von § 1 und Art. 101 AEUV als auch von § 19, stützt sodann aber das Oberlandesgericht die **Zurückweisung der Beschwerde** nur auf den Verstoß gegen § 1 GWB, ohne den Verstoß gegen § 19 zu erörtern,[93] dann gilt die Bindungs-

---

[86] Begründungserwägung (34) S. 4 KartSERL.

[87] Arbeitspapier Weißbuch, SEC (2008) 404 v. 2.4.2008, Rn. 135 und 140; Vorschlag Kartellschadensersatz-Richtlinie, COM (2013) 404 final v. 11.6.2013, S. 18.

[88] Für einige Irritationen hatte die Formulierung in der Gesetzesbegründung Anlass gegeben, wonach mit § 33 Abs. 4 GWB 2005 eine „Tatbestandswirkung" eingeführt werde, Regierungsbegründung zur Siebten GWB-Novelle BT-Drs. 15/3640, 54. Diese − angesichts der im Übrigen aus der Gesetzesbegründung erkennbar intendierten Feststellungswirkung offensichtlich verfehlte − Terminologie beruhte offenbar darauf, dass in einem früheren Referentenentwurf eine abweichende Konzeption vorgesehen war, W.-H. Roth FS Huber, 2006, 1133 (1154), Fn. 108. Siehe zu den konzeptionellen Unterschieden zwischen Tatbestands- und Feststellungwirkung Grünberger in Möschel/Bien Kartellrechtsdurchsetzung S. 135, 172–174; Inderst/Thomas Schadensersatz S. 103 f.; Weitbrecht in Fuchs/Weitbrecht § 15 Rn. 21–24.

[89] Grünberger in Möschel/Bien Kartellrechtsdurchsetzung S. 135, 174 mwN; Inderst/Thomas Schadensersatz S. 104 f.

[90] BGH 12.7.2016 − KZR 25/14, BGHZ 211, 146 = juris Rn. 19 − Lottoblock II; siehe auch BGH 23.9.2020 − KZR 35/19, BGHZ 227, 84 = NZKart 2021, 117 (117 f.) = juris Rn. 24 − LKW-Kartell I; BGH 13.4.2021 − KZR 19/20, juris Rn. 18 − LKW-Kartell II.

[91] Grünberger in Möschel/Bien Kartellrechtsdurchsetzung S. 135, 174.

[92] Grünberger in Möschel/Bien Kartellrechtsdurchsetzung S. 135, 178 f.

[93] Siehe beispielsweise OLG Düsseldorf 30.1.2019 − VI-Kart 7/16 (V), juris Rn. 97 − Zahlungsauslösedienst.

wirkung nur für die Feststellungen, die die Verletzung von § 1 und Art. 101 AEUV begründen.[94] Dies folgt aus dem zugunsten des (nachfolgend beklagten) Kartellrechtsverletzers geltenden Justizgewährungsanspruch aus Art. 19 Abs. 4 GG. Hierdurch entsteht ein Spannungsverhältnis zur mit der Bindungswirkung intendierten Förderung von follow on-Klagen, weil im Einzelfall die Position der Opfer einer Kartellrechtsverletzung geschwächt werden kann, wenn die rechtlichen, vor allem aber die tatsächlichen Feststellungen der Wettbewerbsbehörde für einen zweiten Begründungsstrang von der Bindungswirkung ausgenommen werden. Zu bedenken ist auch, dass für Adressaten einer wettbewerbsbehördlichen Entscheidung hierdurch ein Anreiz besteht, die Entscheidung ohne wirkliche Aussicht auf Erfolg nur deshalb gerichtlich anzufechten, um hierdurch die Reichweite der Bindungswirkung zu reduzieren. Die Beschwerdegerichte sollten vor diesem Hintergrund zumindest im Einzelfall erwägen, auch einen zweiten Begründungsstrang der behördlichen Entscheidung zu überprüfen, auch wenn dessen Bestätigung nicht notwendig ist, um eine Beschwerde zurückzuweisen.

**19**     Eine entsprechende Begrenzung der Feststellungswirkung gilt auch im Falle einer die wettbewerbsbehördliche Entscheidung bestätigenden **Entscheidung** des **BGH** im **Rechtsbeschwerdeverfahren.** Der BGH trifft keine eigenen tatsächlichen Feststellungen (§ 76 Abs. 4). Die Bindungswirkung gilt nur für diejenigen tatsächlichen Feststellungen des Beschwerdegerichts, die **aus Sicht des BGH** die Zurückweisung der Beschwerde tragen.[95]

## E. Voraussetzungen und Umfang der Feststellungswirkung

### I. Sachliche und persönliche Reichweite

**20**     Die Bindungswirkung erfasst die tatsächlichen Feststellungen hinsichtlich des Lebenssachverhalts, aus dem sich der festgestellte Kartellrechtsverstoß ergibt.[96] Im Folgeverfahren ist das Gericht also insoweit gebunden, als der vorangegangenen Entscheidung und der Klage **derselbe Lebenssachverhalt** zugrunde liegt und die Person des (behaupteten) **Rechtsverletzers identisch** ist.[97] Darüber hinaus gilt die Bindungswirkung grundsätzlich nur zulasten des **Adressaten** der Entscheidung, nicht aber zulasten anderer, nicht am Verfahren beteiligter Personen, selbst wenn sich deren Kartellrechtsverstoß aus den Entscheidungsgründen ergibt.[98] Das gebieten rechtsstaatliche Grundsätze, namentlich das Gebot rechtlichen Gehörs[99] bzw. – in den Worten des EuGH – „das Recht auf einen wirksamen

---

[94] OLG Düsseldorf 26.9.2018 – VI-U (Kart) 24/17, NZKart 2019, 331 Rn. 41 = juris Rn. 45 – Verkürzter Versorgungsweg.

[95] BGH 12.7.2016 – KZR 25/14, BGHZ 211, 146 = juris Rn. 15 – Lottoblock II; Bornkamm/Tolkmitt in Bunte § 33b Rn. 18.

[96] BGH 29.11.2022 – KZR 42/20, NZKart 2023, 24 (24 und 28) = juris Rn. 25 und 92 – Schlecker.

[97] Begründungserwägung (34) S. 6 KartSERL.

[98] BGH 29.11.2022 – KZR 42/20, NZKart 2023, 24 (24) = juris Rn. 26 – Schlecker. Zulasten eines ersten Kronzeugen, der gänzlich vom Bußgeld befreit wird, besteht damit keine Bindungswirkung, wenn eine Kartellbehörde – wie üblicherweise das Bundeskartellamt – weder einen auf null gesetzten Bußgeldbescheid (so die Praxis der Europäischen Kommission) noch eine Abstellungsverfügung erlässt, sondern das Verfahren einstellt. Das verwehrt es Klägern allerdings nicht, Bußgeldbescheide, aus denen sich die Beteiligung des Kronzeugen oder anderer Unternehmen, an die der Bescheid nicht adressiert war, ergibt, als Beweismittel in den Prozess einzuführen und damit substantiiert einen Kartellrechtsverstoß darzulegen, siehe etwa KG 1.10.2009 – 2 U 10/03 Kart, WuW/E DE-R 2773 (2775) = juris Rn. 22 f. – Berliner Transportbeton. Im Fall war der Bescheid des BKartA lediglich an den Geschäftsführer der Beklagten adressiert, nicht aber an die ebenfalls beklagte Tochtergesellschaft, KG aaO Rn. 3). Siehe Weitbrecht in Fuchs/Weitbrecht § 15 Rn. 53 f. Im Lichte der prozessualen Wahrheitspflicht (§ 138 ZPO) werden Beklagte, deren Kartellbeteiligung in einem (nicht an sie adressierten) Bußgeldbescheid festgestellt wird, diese regelmäßig ohnehin nicht in Abrede stellen. Die Gerichte können den Verstoß dann als unstreitig ansehen (§ 138 Abs. 3 iVm § 288 Abs. 1 ZPO), siehe etwa LG Frankfurt a. M. 30.3.2016 – 2-06 O 358/14, juris Rn. 45 – Schienenkartell (hinsichtlich der Beklagten zu 4, die als Kronzeugin nicht Adressatin des Bußgeldbescheids war, LG Frankfurt aaO Rn. 3).

[99] Art. 6 Abs. 1 EMRK, Art. 46 Abs. 2 lit. a und Art. 47 Abs. 2 GR-Charta, Art. 103 Abs. 1 GG. Siehe BGH 23.9.2020 – KZR 35/19, BGHZ 227, 84 = NZKart 2021, 117 (118) = juris Rn. 27 – LKW-Kartell I

Rechtsbehelf und auf Zugang zu einem unparteiischen Gericht."[100] Art. 16 Abs. 1 VO 1/ 2003, Art. 9 KartSERL und § 33b sind in Übereinstimmung mit diesen Grundsätzen und den hieraus folgenden Verteidigungsrechten der beklagten Partei auszulegen und anzuwenden. Nur für die Adressaten einer Entscheidung darf unterstellt werden, dass es ihnen als Verfahrensbeteiligte möglich war, sich gegen den Vorwurf eines Kartellrechtsverstoßes zu verteidigen, und dass sie von der Begründung der Entscheidung Kenntnis nehmen konnten und berechtigt waren, gegen die Entscheidung Rechtsmittel einzulegen.[101] Das schließt es allerdings nicht aus, dass eine Entscheidung darüber hinaus auch Personen bindet, weil sie **Rechtsnachfolger** eines Adressaten sind.[102]

Die persönliche Reichweite der Bindungswirkung nach **Art. 16 Abs. 1 VO 1/2003** hat **20a** der EuGH in „**Sumal**" für den Fall spezifiziert, dass eine **Tochtergesellschaft** für eine **Zuwiderhandlung** in Anspruch genommen wird, die von **der Muttergesellschaft** ausging und die in einer (nur) gegen die Muttergesellschaft gerichteten Entscheidung der Kommission festgestellt wurde. Eine Passivlegitimation der Tochtergesellschaft kommt in Betracht, wenn – erstens – beide Gesellschaften so wirtschaftlich, organisatorisch und rechtlich verbunden sind, dass sie als wirtschaftliche Einheit angesehen werden können, und – zweitens – zwischen der wirtschaftlichen Tätigkeit der Muttergesellschaft, welche Gegenstand des Verstoßes war, und der wirtschaftlichen Tätigkeit der Tochtergesellschaft ein „konkreter Zusammenhang" bestand.[103] Ist die **Tochtergesellschaft nicht Adressat der Entscheidung,** mit der die Zuwiderhandlung festgestellt wurde, dann muss sie zur Gewährleistung ihrer Verteidigungsrechte gemäß Art. 47 GR-Charta grundsätzlich im Haftungsprozess jeden Einwand vorbringen können, den sie im Verfahren vor der Kommission hätte geltend machen können.[104] Dieser Grundsatz wird jedoch durch Art. 16 Abs. 1 VO 1/2003 eingeschränkt: Die **festgestellte Zuwiderhandlung kann** vor dem mitgliedstaatlichen Zivilgericht **nicht bestritten werden.**[105] Nach dem Grundsatz der persönlichen Haftung muss diese Feststellung einheitlich zulasten der wirtschaftlichen Einheit und damit aller rechtlich selbständigen Einheiten (Gesellschaften), die zum Zeitpunkt des Verstoßes die wirtschaftliche Einheit bilden, gelten.[106] Bestreiten kann die Tochtergesellschaft allerdings, dass eine hinreichende Verbundenheit zur Muttergesellschaft und ein „konkreter Zusammenhang" der wirtschaftlichen Tätigkeiten vorliegen. Kommt das Gericht aber zum Schluss, dass diese zwei Voraussetzungen vorliegen und nimmt es folglich eine wirtschaftliche Einheit beider Gesellschaften mit Blick auf die die Zuwiderhandlung begründenden Tätigkeiten an, dann gilt die Zuwiderhandlung auch zulasten der Tochtergesellschaft als festgestellt. Sollte sich die Muttergesellschaft im Kommissionsverfahren oder im anschließenden gerichtlichen Verfahren nicht bestmöglich gegen den Vorwurf der Zuwiderhandlung verteidigt haben, geht dies damit auch zulasten der Tochtergesellschaft, mit der sie im Hinblick auf diese Zuwiderhandlung eine wirtschaftliche Einheit gebildet hat.

Die vorgenannten Grundsätze zur **Bindungswirkung zulasten von Tochtergesell-  20b schaften** gemäß Art. 16 Abs. 1 VO 1/2003 hat der EuGH in „Sumal" aus dem Konzept des Unternehmens als wirtschaftliche Einheit bei Art. 101 und 102 AEUV entwickelt.

---

(Gewährung rechtlichen Gehörs und faires Verfahren sind bei im Vergleichswege getroffenen Entscheidungen gewährleistet).

[100] EuGH 6.10.2021 – C-882/19, EU:C:2021:800 Rn. 53 – Sumal.

[101] Grünberger in Möschel/Bien Kartellrechtsdurchsetzung S. 135, 166–168; Bornkamm/Tolkmit in Bunte § 33b Rn. 20. Vgl. auch Arbeitspapier Weißbuch, SEC (2008) 404 v. 2.4.2008, Rn. 154, wo die Anforderungen rechtlichen Gehörs hervorgehoben werden, letztlich aber die Bindungswirkung nicht explizit auf Adressaten beschränkt wird.

[102] LG Berlin 6.8.2013 – 16 O 193/11 Kart, WuW/E DE-R 4456 (4457 f.) = juris Rn. 45 – Fahrtreppen; Grünberger in Möschel/Bien Kartellrechtsdurchsetzung S. 135, 168.

[103] Zur Passivlegitimation der Tochtergesellschaft in dieser Konstellation → § 33a Rn. 30–30b.

[104] EuGH 6.10.2021 – C-882/19, EU:C:2021:800 Rn. 54 – Sumal.

[105] EuGH 6.10.2021 – C-882/19, EU:C:2021:800 Rn. 55 – Sumal.

[106] EuGH 6.10.2021 – C-882/19, EU:C:2021:800 Rn. 58 f. – Sumal unter Hinweis auf EuGH 5.3.2015 – C-93/13 P und C-123/13 P, EU:C:2015:150, Rn. 91 – Kommission u. a./Versalis u. a.

Artikel 9 KartSEL knüpft an eine „festgestellte Zuwiderhandlung gegen das Wettbewerbsrecht" an und baut damit – wie auch der diese Regelung umsetzende § 33b – auf diesem
Konzept auf. Die Aussagen des EuGH **gelten** deshalb **einheitlich auch bei § 33b.**

21    Die (potentielle) persönliche Reichweite der Bindungswirkung präjudiziert nicht die
**Passivlegitimation.** Wer Adressat einer Bußgeld- oder Abstellungsentscheidung ist, muss
deshalb nicht notwendigerweise auch tauglicher Gegner eines Anspruchs auf Schadensersatz
sein. Ob etwa eine Muttergesellschaft, die entsprechend der Praxis der Unionsorgane zu
Art. 101 Abs. 1 AEUV und Art. 23 Abs. 2 lit. a VO 1/2003 oder gemäß § 81 Abs. 3a
GWB für eine Zuwiderhandlung einer von ihr kontrollierten Tochtergesellschaft bebußt
wird, wegen des Verstoßes auch auf Schadensersatz in Anspruch genommen werden kann,
richtet sich nach den Regeln zur Anspruchsgegnerschaft bei § 33a.[107] Da allerdings der
EuGH die zum materiellen Kartellrecht der Art. 101 f. AEUV entwickelten Grundsätze des
Unternehmens als wirtschaftliche Einheit zugleich unmittelbar auf die hieran anknüpfenden
Sanktionsregeln anwendet und dementsprechend der Unionsgesetzgeber dieses Konzept –
wie insbesondere aus Art. 1 Abs. 1 S. 1 KartSERL erkennbar – auch für die Schadenshaftung übernommen hat, so dass auch § 33a in diesem Sinne auszulegen ist,[108] liegt
insoweit letztlich **praktisch** doch ein **Gleichlauf** von **Passivlegitimation** und **persönlicher Reichweite** der **Bindungswirkung** vor.

## II. Räumliche Reichweite

22    Während Entscheidungen der Europäischen Kommission für das Gebiet der gesamten
EU Bindungswirkung entfalten, hängt die Bindungswirkung von Entscheidungen nationa-
ler Wettbewerbsbehörden davon ab, dass der Sachverhalt Auswirkungen auf den Markt des
Mitgliedstaates hat, für den sie zuständig sind.[109] Darüber hinaus kommt es für die
Bindungswirkung nicht darauf an, dass die geltend gemachten Schäden im Kompetenz-
bereich der Behörde eingetreten sind. Die **Feststellung eines Verstoßes** gegen Art. 101 f.
AEUV durch eine **EU-ausländische Wettbewerbsbehörde** gilt damit auch für die
Geltendmachung **in Deutschland entstandener Schäden,** wenn diese auf einem Verstoß
beruhen, der jedenfalls auch Auswirkungen im Zuständigkeitsbereich dieser Behörde hatte.
Für ein engeres Verständnis, wonach die Bindungswirkung auf die Geltendmachung von
Schäden zu begrenzen ist, die im Mitgliedstaat entstanden sind, für den die Kartellbehörde
zuständig ist,[110] kann nicht auf die Regierungsbegründung zur Siebten GWB-Novelle
rekurriert werden. Zwar heißt es dort, Entscheidungen ausländischer Kartellbehörden
hätten „keine Bindungswirkung hinsichtlich des in Deutschland entstandenen Schadens."[111]
Doch erklärt sich diese Formulierung im Zusammenhang mit der unmittelbar vorher-
gehenden Aussage, wonach „sich die Bindungswirkung auf die Feststellung eines Wettbewerbsverstoßes" beschränke. Gemeint ist also nur, dass die Bindungswirkung nicht
Aussagen dazu erfasst, ob und in welcher Höhe ein Schaden entstanden ist.[112] Nicht
beizupflichten ist andererseits der Ansicht, die Bindungswirkung gelte auch für Feststellungen nationaler Wettbewerbsbehörden, die sich nur auf Auswirkungen jenseits des

---

[107] Das muss auch mit Blick auf Entscheidungen der Kommission gelten, obgleich diese etwa im Kontext
einer Konzernhaftung letztlich im Art. 1 ihrer Entscheidungen regelmäßig feststellt, die Muttergesellschaft
habe gegen Art. 101 AEUV verstoßen. Allerdings wird aus den Gründen deutlich, dass dem eine Zurechnung
der Zuwiderhandlung der Tochtergesellschaft – die selbst Unternehmen im Sinne von Art. 101 AEUV bzw.
Art. 7 Abs. 1 und Art. 23 Abs. 2 lit. a VO 1/2003 ist – zur Muttergesellschaft zugrunde liegt, paradigmatisch
etwa KOMM. 24.1.2007 – COMP/F/38.899 Rn. 333 ff. – Gasisolierte Schaltanlagen. Vgl. aber Kersting in
Kersting/Podszun, Die 9. GWB-Novelle, Kap. 7 Rn. 72, und in LMRKM § 33b Rn. 14 sowie Wachs
WuW 2017, 2 (6, 8).
[108] → § 33a Rn. 27 ff.
[109] Vgl. § 185 Abs. 2 GWB.
[110] So Grünberger in Möschel/Bien Kartellrechtsdurchsetzung S. 135, 170.
[111] Regierungsbegründung zur Siebten GWB-Novelle BT-Drs. 15/3640, 54.
[112] Meessen Schadensersatz S. 134 f.

eigenen Mitgliedstaats gründen.[113] Hiergegen hat sich der deutsche Gesetzgeber klar positioniert[114] und konnte darüber auch autonom befinden, weil Art. 9 KartSERL keine Bindungswirkung von Entscheidungen EU-ausländischer Wettbewerbsbehörden vorschreibt.

## III. Zeitliche Reichweite

Die Bindungswirkung von Kommissionsentscheidungen, soweit sie aus dem unionsrecht- **23** lichen Loyalitätsgebot an die Mitgliedstaaten folgt und in der „Masterfoods"-Rechtsprechung und Art. 16 VO 1/2003 (nur) ausformuliert ist, gilt seit Inkrafttreten der EU-Wettbewerbsregeln. Die in **§ 33 Abs. 4 GWB 2005** angeordnete Bindungswirkung gilt nur für Entscheidungen der Behörden und Gerichte, die **nach Inkrafttreten** der Bestimmung am 1.7.2005[115] **bestands- oder rechtskräftig** geworden sind, kann aber insoweit wegen ihres prozessualen Charakters auch Sachverhalte aus früheren Zeiträumen erfassen.[116] § 33 Abs. 4 GWB 2005 und (jetzt) § 33b sind spätestens[117] nach Ablauf der Umsetzungsfrist am 27.12.2016[118] so auszulegen und anzuwenden, dass sie den Vorgaben nach Art. 9 KartSERL entsprechen.

## IV. Adressaten der Bindungswirkung

Die Bindungswirkung adressiert gemäß Art. 16 Abs. 1 VO 1/2003 die „Gerichte der **24** Mitgliedstaaten" bzw. nach Art. 9 KartSERL die **„nationalen Gerichte"**, nämlich die mitgliedstaatlichen Gerichte im Sinne von Art. 267 AEUV.[119] Dieser Gleichlauf mit der Vorlagemöglichkeit ist schlüssig, weil letztere ein Korrelat zur Bindungswirkung bildet und damit zu deren Legitimation beiträgt.[120] Was ein „Gericht" im Sinne von § 33b S. 1 ist, bestimmt sich damit nach dem unionsrechtlichen Gerichtsbegriff.[121] Deshalb sind Schiedsgerichte, deren Zuständigkeit auf privater Vereinbarung beruht,[122] nicht an Entscheidungen

---

[113] Kersting in LMRKM § 33b Rn. 15.

[114] Regierungsbegründung zur Siebten GWB-Novelle BT-Drs. 15/3640, 54: „Die Bindungswirkung erfasst jeweils nur Wettbewerbsbeschränkungen, die Auswirkungen im Gebiet der Wettbewerbsbehörden haben."

[115] Die Siebte GWB-Novelle, mit der § 33 Abs. 4 GWB 2005 eingeführt wurde, wurde am 12.7.2005 im Bundesgesetzblatt verkündet, hat aber ihre rückwirkende Geltung zum 1.7.2005 bestimmt. Das gilt auch für die Bindungswirkung, weil die insoweit angeordnete unechte Rückwirkung verfassungsrechtlich unbedenklich ist und deshalb – anders als insbesondere das rückwirkende In-Kraft-Setzen eines Bußgeldtatbestandes, siehe BGH 26.2.2013 – KRB 20/12, BGHSt 58, 158 Rn. 46–49 – Grauzementkartell – keine verfassungskonforme Auslegung erfordert; wie hier BGH 12.6.2018 – KZR 56/16, WuW 2018, 405 (409) = juris Rn. 76 – Grauzementkartell II; OLG Düsseldorf 3.5.2006 – VI-W (Kart) 6/06, WuW/E DE-R 1755 (1756f.) = juris Rn. 14 – Zementkartell; OLG Düsseldorf 30.9.2009 – VI-U (Kart) 17/08, WuW/E DE-R 2763 (2765) = juris Rn. 33 – Post-Konsolidierer; aA, nämlich von einem In-Kraft-Treten am 13.7.2005 ausgehend, OLG Karlsruhe 31.7.2013 – 6 U 51/12 (Kart), NZKart 2014, 366 (367) = juris Rn. 47 – Feuerwehrfahrzeuge; OLG Karlsruhe 9.11.2016 – 6 U 204/15 Kart (2), WuW 2017, 43 (44) = juris Rn. 61 – Grauzementkartell.

[116] BGH 12.6.2018 – KZR 56/16, WuW 2018, 405 (407) = juris Rn. 30–32 – Grauzementkartell II; OLG Düsseldorf 30.9.2009 – VI-U (Kart) 17/08, WuW/E DE-R 2763 (2765f.) = juris Rn. 33–36 – Post-Konsolidierer; OLG Karlsruhe 31.7.2013 – 6 U 51/12 (Kart), NZKart 2014, 366 (367) = juris Rn. 47 – Feuerwehrfahrzeuge; OLG Karlsruhe 9.11.2016 – 6 U 204/15 Kart (2), WuW 2017, 43 (44) = juris Rn. 61 – Grauzementkartell (wobei das Gericht offenließ, ob die Bindungswirkung auch gilt, wenn die Anwendbarkeit des § 33 Abs. 4 GWB 2005 allein darauf beruht, dass das Verfahren in rechtsstaatswidriger Weise verzögert wurde); OLG München 8.3.2018 – U 3497/16 Kart, NZKart 2018, 230 (231) = juris Rn. 45 – Schienenkartell; KG 28.6.2018 – 2 U 13/14 Kart, NZKart 2018, 376 (376f. = juris Rn. 48 – Schienenkartell; OLG Stuttgart 4.4.2019 – 2 U 101/18, WuW 2019, 334 = juris Rn. 123 – LKW-Kartell.

[117] Art. 22 Abs. 2 KartSERL erlaubt die Anwendung der Umsetzungsnormen, die nicht materiell-rechtlicher Natur sind, für Schadensersatzklagen, die nach dem 26.12.2014 erhoben wurden.

[118] Art. 21 Abs. 1 KartSERL.

[119] Art. 2 Nr. 9 KartSERL.

[120] → Rn. 35.

[121] Hierzu etwa Pechstein, EU-Prozessrecht, 4. Aufl. 2011, Rn. 796–815.

[122] EuGH 23.3.1982 – C-102/81, EU:C:1982:107 Rn. 10 – Nordsee/Reederei Mond.

der Kommission oder nationaler Wettbewerbsbehörden gebunden. Überprüfen allerdings mitgliedstaatliche Gerichte einen Schiedsspruch, dann gilt für diese die Bindungswirkung.[123]

## V. Erfasste Klagen

25    **Art. 16 Abs. 1 VO 1/2003** bindet die mitgliedstaatlichen Gerichte hinsichtlich **aller Kartellzivilprozesse,** gleich ob das Gericht über Ansprüche auf Schadensersatz, Unterlassung, Beseitigung oder Bereicherung zu befinden hat oder ob eine Verletzung der Art. 101 f. AEUV als Einwendung oder Einrede – wie in der „Masterfoods"-Konstellation – eingeführt wird.[124] Demgegenüber sieht **Art. 9 KartSERL lediglich** für Klagen auf **Schadensersatz** eine Bindungswirkung vor.[125] Die mitgliedstaatlichen Gesetzgeber sind frei darin, eine weitergehende Bindungswirkung anzuordnen. Text und Gesetzgebungsmaterialien[126] zeigen allerdings, dass der deutsche Gesetzgeber § 33 Abs. 4 GWB 2005 und § 33b auf die Geltendmachung von **Schadensersatz** beschränkt wissen wollte.[127] Das wird dadurch gestützt, dass der Gesetzgeber die Verjährung ausdrücklich einheitlich für Ansprüche aus § 33 Abs. 1 wie aus § 33a Abs. 1 geregelt hat und in § 34a Abs. 5 S. 2 eine entsprechende Geltung des § 33b für Klagen auf Vorteilsabschöpfung durch Verbände ausdrücklich anordnet. Für andere Klagen als solche auf Schadensersatz haben die Gerichte die aus dem Effektivitätsgrundsatz folgenden Vorgaben für den Beweiswert bestandskräftiger Entscheidungen mitgliedstaatlicher Kartellbehörden, die einen Verstoß gegen Art. 101 oder 102 AEUV feststellen, zu beachten. Danach muss insbesondere eine Zuwiderhandlung gegen Art. 101 oder 102 AEUV, die durch das Bundeskartellamt bestandskräftig festgestellt wurde, bis zum Beweis des Gegenteils als vom Kläger nachgewiesen gelten.[128]

## VI. Erfasste Anspruchsvoraussetzungen

26    Die Bindungswirkung erstreckt sich auf alle **Feststellungen tatsächlicher und rechtlicher Natur,** mit denen die Wettbewerbsbehörde einen **Verstoß gegen** das (materielle) **Wettbewerbsrecht** begründet.[129] Nicht erfasst werden beiläufige Erwägungen.[130] Mit der Entscheidung steht damit ein „Verstoß nach § 33 Absatz 1" (§ 33a Abs. 1) fest. Die Feststellungswirkung erfasst „die Art der Zuwiderhandlung sowie ihre **sachliche, persönliche, zeitliche und räumliche Dimension".**[131] Die Zivilgerichte sind deshalb auch – etwa für die Frage nach der Kartellbetroffenheit bei § 33 GWB 1999/2005[132] – an Feststellungen zur räumlichen und sachlichen Marktabgrenzung gebunden.[133] Für Art. 16 Abs. 1 VO 1/2003

---

[123] Grünberger in Möschel/Bien Kartellrechtsdurchsetzung S. 135, 158.

[124] Grünberger in Möschel/Bien Kartellrechtsdurchsetzung S. 135, 159.

[125] EuGH 20.4.2023 – C-25/21, EU:C:2023:298 Rn. 30–32 – Repsol Comercial de Productos Petrolíferos; → Vor §§ 33–34a Rn. 32.

[126] Regierungsbegründung zur Siebten GWB-Novelle BT-Drs. 15/3640, 54.

[127] Bechtold/Bosch § 33 Rn. 44; Grünberger in Möschel/Bien Kartellrechtsdurchsetzung S. 135, 158 f.; Bornkamm/Tolkmit in Bunte § 33b Rn. 4 und 13; aA Emmerich in Immenga/Mestmäcker, 5. Aufl. 2014, § 33 Rn. 93 (entsprechende Anwendung auf Unterlassungs- und Beseitigungsklagen); Kersting in LMRKM § 33b Rn. 4 (Bindungswirkung auch für Beseitigungsklagen); Kling/Thomas § 23 Rn. 77 (Feststellungswirkung gilt für Unterlassungsklagen, wenn Voraussetzungen eines Schadensersatzanspruchs vorliegen); tendenziell auch Weitbrecht in Fuchs/Weitbrecht § 15 Rn. 32.

[128] EuGH 20.4.2023 – C-25/21, EU:C:2023:298 Rn. 62 f. – Repsol Comercial de Productos Petrolíferos → Vorb §§ 33–34a Rn. 14e.

[129] Siehe § 33b S. 1 und Art. 9 Abs. 1 iVm Art. 2 Nr. 1 KartSERL.

[130] BGH 12.7.2016 – KZR 25/14, BGHZ 211, 146 = juris Rn. 19 – Lottoblock II; BGH 23.9.2020 – KZR 35/19, BGHZ 227, 84 = NZKart 2021, 117 (117 f.) = juris Rn. 24 – LKW-Kartell I; BGH 13.4.2021 –KZR 19/20, juris Rn. 18 – LKW-Kartell II; BGH 29.11.2022 – KZR 42/20, NZKart 2023, 24 (24) = juris Rn. 25 – Schlecker; Alexander S. 427.

[131] Begründungserwägung (34) S. 6 KartSERL.

[132] → § 33a Rn. 20d und Rn. 68, 70–72.

[133] Regierungsbegründung zur Neunten GWB-Novelle BT-Drs. 18/10207, 56; Inderst/Thomas Schadensersatz S. 105–108; anders OLG München 21.2.2013 – U 5006/11 Kart, NZKart 2013, 162 (163) = juris Rn. 101 – Fernsehvermarktung.

hat das EuG die Bindung insbesondere auch hinsichtlich Feststellungen zum „zeitlichen oder räumlichen Umfang der untersuchten Verhaltensweisen" in seinen Urteilen zum Luftfrachtkartell klargestellt und damit eine entsprechende Begründungspflicht der Kommission verknüpft.[134] Bindende **negative Aussagen** hinsichtlich Umfang und Wirkung einer Kartellabsprache sind denkbar. Da aber grundsätzlich nicht erkennbar ist, warum sich die Kommission oder eine nationale Wettbewerbsbehörde im verfügenden Teil oder in der Begründung darauf festlegen sollten, dass etwa zu einem bestimmten Zeitpunkt noch keine oder keine Kartellierung mehr bestanden habe oder bestimmte Produkte nicht Gegenstand einer Kartellierung gewesen seien oder sie sich auf diese nicht ausgewirkt habe, sind Aussagen zum Umfang eines Verhaltens und seiner Wirkung regelmäßig **keine impliziten negativen Feststellungen** zu entnehmen.[135]

Die weiteren Anspruchsvoraussetzungen – insbesondere **Verschulden, Betroffenheit,** **27** **Schadenseintritt, -kausalität** und **-bezifferung** – unterliegen hinsichtlich notwendiger Tatsachenfeststellungen der freien Beweiswürdigung und bedürfen einer eigenständigen rechtlichen Würdigung durch das Gericht,[136] wobei dieses nicht den Erwägungen widersprechen darf, welche die Feststellung des Kartellrechtsverstoßes tragen.[137] Das gilt insbesondere auch für die **Passivlegitimation.** Da sowohl Bußgeldverantwortlichkeit als auch Schadensersatzpflicht an das (materiellrechtliche) Konzept des Unternehmens als wirtschaftliche Einheit anknüpfen, liegt insoweit ein Gleichlauf vor.[138] Die auf einen Informationsaustausch unter Wettbewerbern gestützte Annahme einer **abgestimmten Verhaltensweise** gemäß Art. 101 AEUV oder § 1 GWB setzt nicht notwendig die Feststellung eines bei den Abnehmern verursachten Nachteils voraus. Das nachfolgende Gericht ist deshalb für die Schadensfeststellung nicht gebunden, von einer solchen nachteiligen Wirkung auszugehen.[139] Aus dem festgestellten Informationsaustausch kann aber ein Erfahrungssatz überhöhter Preise folgen.[140]

Anders als die Bindungswirkung nach § 33b S. 1[141] ist das Kohärenzgebot nach **Art. 16** **28** **Abs. 1 VO 1/2003** nicht a priori auf die Feststellung eines Verstoßes gegen das (materielle) Wettbewerbsrecht beschränkt. Da die Kommission allerdings naturgemäß keine Aussagen dazu trifft, ob die weiteren vorgenannten Voraussetzungen eines Schadensersatzanspruchs vorliegen, können die **rechtlichen Feststellungen** grundsätzlich **keine über** **§ 33b hinausgehende Bindungswirkung** für eine follow on-Klage entfalten. Deshalb geht auch der EuGH davon aus, dass es trotz einer Feststellung der „genauen Auswirkungen der Zuwiderhandlung" durch die Kommission Sache des nationalen Richters bleibt, das Vorliegen eines kausal auf die festgestellte Rechtsverletzung beruhenden Schadens zu beurteilen.[142] Da die etablierten Regeln zur Bußgeldverantwortlichkeit in Konzernstrukturen oder bei Unternehmensnachfolge in gleicher Weise für die Haftung auf Schadensersatz gelten,[143] darf ein Zivilgericht in Anwendung dieser Rechtsinstitute nicht von den insoweit

---

[134] EuG 16.12.2015 – T-67/11, EU:T:2015:984 Rn. 34–37 – Martinair Holland / Kommission; EuG 16.12.2015 – T-48/11, EU:T:2015:988 Rn. 39–42 – British Airways / Kommission; EuG 16.12.2015 – T-9/11, EU:T:2015:994 Rn. 38–41 – Air Canada / Kommission.

[135] AA Klöppner/Preuße NZKart 2021, 269 (272 f.).

[136] Regierungsbegründung zur Siebten GWB-Novelle BT-Drs. 15/3640, 54; BGH 23.9.2020 – KZR 35/19, BGHZ 227, 84 = NZKart 2021, 117 (117 f.) = juris Rn. 24 – LKW-Kartell I; BGH 29.11.2022 – KZR 42/20, NZKart 2023, 24 (25) = juris Rn. 32 – Schlecker; OLG München 21.2.2013 – U 5006/11 Kart, WuW/E DE-R 3913 (3915 f.) = juris Rn. 90 – Fernsehvermarktung. Anders hinsichtlich des Verschuldens OLG Karlsruhe 31.7.2013 – 6 U 51/12 (Kart), BeckRS 2014, 03524 = juris Rn. 46 – Feuerwehrfahrzeuge; siehe auch Weitbrecht WuW 2017, 244 (246); wie hier etwa Inderst/Thomas Schadensersatz S. 111.

[137] OLG Düsseldorf 9.4.2014 – VI-U (Kart) 10/12, WuW/E DE-R 4394 (4405) = juris Rn. 96 – Lottogesellschaft; OLG Stuttgart 4.4.2019 – 2 U 101/18, WuW 2019, 334 (336) = juris Rn. 169 – Lkw-Kartell.

[138] Bereits → Rn. 21.

[139] BGH 29.11.2022 – KZR 42/20, NZKart 2023, 24 (25) = juris Rn. 33 f. – Schlecker.

[140] → § 33a Rn. 87c.

[141] Siehe auch Art. 9 Abs. 1 iVm Art. 2 Nr. 1 KartSERL.

[142] EuGH 6.11.2012 – C-199/11, EU:C:2012:684 Rn. 65 f. – Otis.

[143] → § 33a Rn. 27 ff.

getroffenen Feststellungen der Kommission im Bußgeldverfahren abweichen. Im Übrigen darf sich ein nationales Zivilgericht nicht in Widerspruch zu den **tatsächlichen Feststellungen** der Kommission setzen, und zwar auch nicht zu solchen, die **über den Verstoß hinaus** die Entscheidung begründet haben. Die Feststellungen des Zivilgerichts für die Beurteilung eines Verschuldens im Sinne von § 33a dürfen deshalb nicht den tatsächlichen Feststellungen widersprechen, mit denen die Kommission ein vorsätzliches oder fahrlässiges Verhalten im Sinne von Art. 23 Abs. 2 VO 1/2003 substantiiert hat.[144]

## VII. Auslegung bindender Entscheidungen

28a     Die für die Feststellungswirkung **maßgeblichen Aussagen** der bindenden Entscheidung einer Wettbewerbsbehörde (oder auch eines Gerichts) sind durch **Auslegung** zu ermitteln. Maßgeblich hierfür ist ein **objektives Verständnis** der (bindenden) Feststellungen im verfügenden Teil bzw. im Tenor und den die Entscheidung tragenden Gründen. Bei Kommissionsentscheidungen können nationale Gerichte den EuGH um Auslegung ersuchen und sind sodann an seine Entscheidung gebunden.[145] Mit Blick auf die Frage nach den von einem festgestellten Kartellverstoß betroffenen Produkte betonte der **EuGH** in **„Daimler"**, diese Feststellungen seien das Ergebnis der Ermittlungen zu Kartellvereinbarungen und -aktivitäten. Für deren Auslegung sei deshalb vorrangig auf den verfügenden Teil und die Begründung der Entscheidung abzustellen, nicht aber auf das Verständnis bestimmter Begriffe („Lastkraftwagen" etc.) in anderen Unionsrechtsakten.[146] Eine Wettbewerbsbehörde ist nicht autoritativer Interpret ihrer Entscheidungen; nachträgliche Äußerungen dazu, wie maßgebliche Feststellungen zu verstehen sein sollten – etwa im Rahmen einer Stellungnahme nach Art. 15 Abs. 1 VO 1/2003 –, können deshalb ein Zivilgericht nicht binden.[147] Während des Verfahrens gemachten Äußerungen kann allenfalls Indizwirkung zukommen.[148] Der Kommission (oder einer anderen Wettbewerbsbehörde) kommt es ohnehin auch im Rahmen einer Vergleichsverfahrens nicht zu, über den Umfang des wettbewerbswidrigen Verhaltens zu verhandeln.[149] Einem Auskunftsverlangen kommt kein Aussagewert dahingehend zu, welche Produkte von einem (später) festgestellten wettbewerbswidrigen Verhalten betroffen sind.[150] Zu unterstellen ist im Übrigen, dass sich Wettbewerbsbehörden der Relevanz ihrer Feststellungen für mögliche follow on-Schadensersatzklagen bewusst sind und sie deshalb auch mit Blick hierauf sorgfältig wägen, wie sie festgestellte Tatsachen formulieren. Obgleich bei der Auslegung der Kontext nicht außer Acht bleiben darf, können **Feststellungen** deshalb grundsätzlich **beim Wort genommen werden** und sind vom Zivilgericht nicht daraufhin zu hinterfragen, ob die Wettbewerbsbehörde etwa angesichts der in der Entscheidung vorgenommenen Beweiswürdigung eine

---

[144] Weitergehend LG Düsseldorf 8.9.2016, 37 O 27/11 (Kart), juris, Rn. 176 – Aufzugskartell („Von der Bindungswirkung erfasst werden auch die in Bußgeldentscheidungen getroffenen Feststellungen zum Verschulden"); LG Köln 17.1.2013, 88 O 5/11, Rn. 152; Emmerich in Immenga/Mestmäcker, 5. Aufl. 2014, § 33 Rn. 96 (Bindung an die Feststellung, „dass der Verantwortliche […] vorsätzlich oder fahrlässig gehandelt" haben; siehe auch Grünberger in Möschel/Bien Kartellrechtsdurchsetzung S. 135, 162.

[145] → Rn. 31.

[146] EuGH 1.8.2022 – C-588/20, EU:C:2022:607 Rn. 38 f. – Daimler (Ententes – Camions à ordures ménagères).

[147] Siehe LG Hannover 19.10.2020 – 13 O 24/19, NZKart 2020, 690 (692) = juris Rn. 40 – Spezialfahrzeuge. Zur Möglichkeit einer Vorlage nach Art. 267 AEUV → Rn. 36a.

[148] Siehe BGH 23.9.2020 – KZR 35/19, BGHZ 227, 84 = NZKart 2021, 117 (119) = juris Rn. 35 aE – LKW-Kartell I (Formulierungen in von der Kommission verwendeten Fragebögen für sich unergiebig, um eine einschränkende Auslegung eines späteren Bußgeldbeschlusses zu begründen); dezidiert auch die Vorinstanz OLG Stuttgart 4.4.2019 – 2 U 101/18, juris Rn. 141 – LKW-Kartell.

[149] EuGH 1.8.2022 – C-588/20, EU:C:2022:607 Rn. 53 – Daimler (Ententes – Camions à ordures ménagères).

[150] EuGH 1.8.2022 – C-588/20, EU:C:2022:607 Rn. 54–56 – Daimler (Ententes – Camions à ordures ménagères). Vgl. LG Hannover 19.10.2020 – 13 O 24/19, NZKart 2020, 690 (691) = juris Rn. 30–33 – Spezialfahrzeuge (Berücksichtigung des Auskunftsersuchens als für die Auslegung relevantes Element der Entstehungsgeschichte des Beschlusses).

solche Feststellung tatsächlich vornehmen wollte oder gar hätte vornehmen dürfen.[151] Für die Auslegung von in der Entscheidung verwendeten **Begrifflichkeiten** kann auf deren in der **Entscheidungspraxis** der jeweiligen Behörde und der Gerichte anerkannte Bedeutung abgestellt werden. Insoweit kommt auch **Mitteilungen und Bekanntmachungen** der jeweiligen Wettbewerbsbehörden maßgebliche Bedeutung zu. Trifft etwa die Kommission in einer Entscheidung Aussagen darüber, auf welches räumliche Gebiet eine Kartellabrede ausgerichtet war und soll daraus abgeleitet werden, welche Transaktionen hiernach als kartellgegenständlich anzusehen sind,[152] dann können diese Feststellungen der Kommission im Lichte der einschlägigen Regeln des EU-Wettbewerbsrechts und der im Zusammenhang stehenden allgemeinen Aussagen der Kommission verstanden werden.[153]

Die **Grenzen der Feststellungswirkung** nach § 33b hindern einen Tatrichter nicht **28b** daran, nach den Regeln **freier Beweiswürdigung** aus den bindenden Feststellungen **weitergehende,** dh von der Bindungswirkung nicht erfasste, **Schlussfolgerungen** zu ziehen.[154] Der BGH hielt es deshalb in „LKW-Kartell" für unbedenklich, aus der (bindenden) Feststellung eines langjährigen und intensiven Austauschs über Preisentwicklungen den Schluss zu ziehen, dass dieses Verhalten geeignet war, das Preisniveau zugunsten der Kartellanten zu beeinflussen.[155]

## F. Prozessuales

### I. Bindungswirkung hindert nicht Hauptsacheerledigung

Fällt die beschwerende Regelung einer Verfügung der Kartellbehörde weg, erledigt sich **29** das Beschwerdeverfahren. Dies kann auch der Fall sein, ohne dass die Verfügung unwirksam wird, etwa wenn der Beschwerdeführer während des Anfechtungsbeschwerdeverfahrens das untersagte Verhalten ernsthaft und endgültig aufgibt.[156] In diesem Fall entfällt die materielle Beschwer und eine Anfechtungsbeschwerde wird unzulässig, obgleich die Bindungswirkung der Verfügung fortbesteht. Will der Beschwerdeführer diese beseitigen, kann er dies im Wege einer **Fortsetzungsfeststellungsbeschwerde** nach § 71 Abs. 2 S. 2 GWB erreichen, weil die Bindungswirkung nach § 33b das notwendige Feststellungsinteresse begründet.[157]

### II. Aussetzung bei Parallelverfahren

Aus § 33b folgt **keine Priorität der behördlichen Durchsetzung** in dem Sinne, dass **30** ein Zivilgericht generell angehalten wäre, das Klageverfahren bis zum rechtskräftigen Abschluss des behördlichen Verfahrens auszusetzen. Ob eine **Aussetzung** möglich oder erforderlich ist, richtet sich nach **§§ 148 und 149 ZPO.**[158] Das Interesse eines von einer

---

[151] In diesem Sinne etwa BGH 23.9.2020 – KZR 35/19, BGHZ 227, 84 = NZKart 2021, 117 (119) = juris Rn. 34 – LKW-Kartell I: Erwerbe von „Sonderfahrzeugen" wie zB Betonmischerfahrgestell oder Kipperfahrgestell können als kartellgegenständlich angesehen werden, wenn diese unter die erfassten Kategorien „mittelschwerer LKW" oder „schwerer LKW" fallen und keiner der ausdrücklich ausgenommenen Kategorien wie etwa „gebrauchte LKW" oder „LKW für den militärischen Bereich" zuzuordnen sind.

[152] Die „Kartellgegenständlichkeit" ist etwa relevant, um Kartellbetroffenheit unter § 33 GWB 1999/2005 zu begründen → § 33a Rn. 20d.

[153] Siehe zur räumlichen Zuordnung von Umsätzen durch Warenverkäufe zur „Gemeinschaft" und zu einzelnen Mitgliedstaaten etwa Art. 5 Abs. 1 UAbs. 2 FKVO und Konsolidierte Mitteilung der Kommission zur Zuständigkeitsfragen gemäß Verordnung (EG) Nr. 139/2004 des Rates über die Kontrolle von Unternehmenszusammenschlüssen, ABl. 2009 C 43/11, Tz. 196 f.

[154] Bornkamm/Tolkmitt in Bunte § 33b Rn. 21.

[155] BGH 23.9.2020 – KZR 35/19, BGHZ 227, 84 = juris Rn. 61 – LKW-Kartell I.

[156] BGH 14.8.2008 – KVR 54/07, WuW/E DE-R 2408 (2414) = juris Rn. 32 – Lottoblock.

[157] OLG Düsseldorf 30.1.2019 – VI-Kart 7/16 (V), juris, Rn. 79–81 = NZKart 2019, 164 (167) (auszugsweise) – Zahlungsauslösedienst.

[158] OLG Düsseldorf 3.5.2006 – VI-W (Kart) 6/06, WuW/E DE-R 1755 (1757) = juris Rn. 14 – Zementkartell.

Kartellrechtsverletzung Betroffenen an einem alsbaldigen Schadensausgleich kann im Einzelfall entscheidend gegen eine Aussetzung sprechen.[159] Divergierende Entscheidungen bleiben deshalb grundsätzlich denkbar. Nach dem EuGH-Urteil in „**Masterfoods**" „sollte" allerdings ein nationales Gericht sein Verfahren bis zu einer endgültigen Klärung durch die Unionsgerichte aussetzen, wenn seine Entscheidung von der „Gültigkeit" einer Entscheidung der Kommission abhängt und gegen diese Entscheidung Nichtigkeitsklage nach Art. 263 AEUV erhoben wurde.[160] Im Lichte des Loyalitätsgebots (Art. 4 Abs. 3 EUV) hat man dies so zu verstehen, dass das mitgliedstaatliche Gericht sein Verfahren aussetzen muss, wenn es über den gleichen Lebenssachverhalt befindet, um ein der endgültigen Entscheidung der Unionsgerichte zuwiderlaufendes Urteil zu vermeiden. Das kann Art. 16 Abs. 1 S. 3 VO 1/2003 entnommen oder über eine unionsrechtskonforme Anwendung des § 148 ZPO umgesetzt werden.[161] Eine parallele Vorlage an den Gerichtshof bleibt zulässig.[162]

### III. Vorlage an den EuGH nach Art. 267 AEUV

**31**     **1. Inzidente Überprüfung bindender Entscheidungen.** Nach § 33b S. 3 gilt die Bindungswirkung „unbeschadet der Rechte und Pflichten" nach **Art. 267 AEUV.** Dieser klarstellende Hinweis findet sich ebenfalls in Art. 16 S. 4 VO 1/2003 und Art. 9 Abs. 3 KartSERL. Er geht auf das Urteil in „Delimitis" zurück, in dem der EuGH betont hat, das nationale Gericht könne „in jedem Fall das Verfahren aussetzen und den Gerichtshof [um] Vorabentscheidung ersuchen."[163] Das ermöglicht einem nationalen Gericht einerseits, den EuGH anzurufen, damit dieser gemäß Art. 267 Abs. 1 lit. b Alt. 2 AEUV über die Auslegung einer (bindenden) Entscheidung der Kommission und damit die Reichweite der Bindungswirkung urteile. Die Frage nach einer Präklusion gemäß den sog. „Deggendorf"-Grundsätzen stellt sich für ein solches Auslegungsersuchen von Vornherein nicht.[164] Andererseits kann ein Gericht über eine Vorlage gemäß Art. 267 Abs. 1 lit. b Alt. 1 AEUV aber auch die richtige Anwendung des EU-Wettbewerbsrechts und damit die Gültigkeit einer Kommissionsentscheidung infrage stellen und damit deren Bindungswirkung aushebeln.

**32**     Die Relevanz der Vorlagemöglichkeit wäre erheblich reduziert, wenn eine Vorlage nach **Ablauf** der **Klagefrist** gemäß **Art. 263 Abs. 6 AEUV** nicht mehr zulässig wäre, weil eine durch die Bindungswirkung belastete Partei es unterlassen hat, gegen die Entscheidung Nichtigkeitsklage zu erheben. Tatsächlich hat der EuGH geurteilt, dass diejenigen, die „ohne jeden Zweifel" befugt gewesen wären, gegen einen Unionsrechtsakt gemäß Art. 263 AEUV Klage zu erheben, präkludiert sind, über den Rechtsschutz vor nationalen Gerichten – etwa gegen Durchführungsmaßnahmen der nationalen Behörden – und eine Vorlage gemäß Art. 267 AEUV die Bestandskraft dieses Unionsrechtsakts zu unterlaufen (sog. **„Deggendorf"-Grundsätze**).[165] Da die Bindungswirkung gemäß Art. 16 VO 1/2003 oder gemäß § 33b zulasten der Adressaten einer Entscheidung gilt und diese gemäß Art. 263 Abs. 4 AEUV klagebefugt sind, wird teils eine Vorlage nach diesen Grundsätzen generell für unzulässig gehalten, wenn die bindende Entscheidung der Kommission gegenüber den hierdurch belasteten Adressaten bestandskräftig geworden ist.[166]

---

[159] Vgl. aber § 33a Abs. 4 und § 33h Abs. 6.

[160] EuGH 14.12.2000 – C-344/98, EU:C:2000:689 Rn. 57 – Masterfoods, siehe auch Rn. 55 („so muss das nationale Gericht prüfen, ob es das Verfahren aussetzen soll").

[161] Grünberger in Möschel/Bien Kartellrechtsdurchsetzung S. 135, 180; vgl. Weitbrecht in Fuchs/Weitbrecht § 15 Rn. 103 f. („Weiterführung des Verfahrens [liegt] im Ermessen des Zivilrichters").

[162] EuGH 14.12.2000 – C-344/98, EU:C:2000:689 Rn. 57 –Masterfoods.

[163] EuGH 28.2.1991 – C-234/89, EU:C:1991:91 Rn. 54 – Delimitis; siehe auch EuGH 14.12.2000 – C-344/98, EU:C:2000:689 Rn. 57 – Masterfoods.

[164] EuGH 1.8.2022 – C-588/20, EU:C:2022:607 Rn. 27 f. – Daimler (Ententes – Camions à ordures ménagères).

[165] EuGH 9.3.1994 – C-188/92, EU:C:1994:90 Rn. 16 – TWD Textilwerke Deggendorf.

[166] Berrisch/Burianski WuW 2005, 878 (882); Emmerich in Immenga/Mestmäcker, 5. Aufl. 2014, § 33 Rn. 100; Kersting in LMRKM § 33b Rn. 17.

Betroffenen bliebe dann lediglich die Möglichkeit, die **Europäische Kommission** um  33
eine **Aufhebung** der **Entscheidung** zu ersuchen, etwa unter Hinweis darauf, dass die
Unionsgerichte eine Parallelentscheidung für unwirksam gehalten haben oder dass sich
aufgrund nachfolgender Rechtsprechung der Unionsgerichte gezeigt hat, dass die Rechtsauffassung der Kommission mit jener der Unionsgerichte unvereinbar ist. Die Kommission
kann eine rechtswidrige Entscheidung trotz formeller Bestandskraft aufheben.[167] Sie hat
hierfür das öffentliche Interesse an der Gesetzmäßigkeit der Verwaltung einerseits und an
der Rechtssicherheit andererseits abzuwägen, wobei auch dem Vertrauensschutz Begünstigter Rechnung zu tragen ist.[168] Entsprechend hat das EuG geurteilt, die Kommission sei
nach Maßgabe von (nunmehr) **Art. 266 AEUV** gehalten, eine Entscheidung auch auf
Antrag eines Adressaten hin zu überprüfen, wenn dieser sich nicht an einer erfolgreichen
Nichtigkeitsklage gegen diese Entscheidung beteiligt hatte. Sei durch ein gerichtliches
Urteil die Feststellung einer Zuwiderhandlung gegen die EU-Wettbewerbsregeln hinfällig,
verpflichte der **Grundsatz der Gesetzmäßigkeit der Verwaltung** die Kommission, ihre
ursprüngliche Entscheidung auch zugunsten Dritter, die die Entscheidung nicht angefochten haben, auf Rechtmäßigkeit zu überprüfen.[169]

Nach der EuGH-Rechtsprechung sollen nach den „Deggendorf"-Grundsätzen allerdings  34
nur die Betroffenen einer Entscheidung präkludiert sein, deren Überprüfung mittels Vorlage an den EuGH anzuregen oder zu beantragen. Demgegenüber sollen die **nationalen
Gerichte frei** darin bleiben, **„von sich aus"** eine **Vorlagefrage** nach der Unionsrechtskonformität einer Entscheidung zu stellen.[170] Diese kaum stringent implementierbare
Differenzierung[171] führt damit schon im Rahmen der „Deggendorf"-Grundsätze dazu, dass
die nationalen Gerichte praktisch einen weiten Spielraum haben, die Wirksamkeit auch
bestandskräftiger Entscheidungen vom EuGH überprüfen zu lassen.

Darüber hinaus ist zu bedenken, dass sich die Konstellation einer follow on-Schadens-  35
ersatzklage erheblich von Sachverhalten, wie sie dem EuGH etwa im „Deggendorf"-Urteil
vor Augen standen, unterscheidet. Dort ging es dem Gerichtshof um den Schutz der
materiellen Bestandskraft bzw. um die Tatbestandswirkung der Entscheidung. Deren Aushebelung droht indes nicht durch eine Folgeklage auf Schadensersatz.[172] Denn der Regelungsgehalt und der Vollzug insbesondere einer Bußgeldentscheidung würden nicht infrage
gestellt, sollte der EuGH etwa anlässlich einer Vorabentscheidung innerhalb eines follow
on-Schadensersatzprozesses eine von der Kommission abweichende Rechtsauffassung formulieren. Hinzu kommt, dass die – bei der Anordnung der Bindungswirkung jeweils
gesondert betonte[173] – Vorlagemöglichkeit nach Art. 267 AEUV ein wesentliches Element
ist, um die Bindungswirkung zu legitimieren. Diese Funktion liefe weithin leer, würde
man den Anwendungsbereich des Art. 267 AEUV entsprechend der Gegenauffassung
reduzieren.[174] Deshalb müssen richtigerweise **ungeachtet der „Deggendorf"-Grund-
sätze** die Feststellungen auch einer bestandskräftigen Kommissionentscheidung in einem

---

[167] Schwarze, Europäisches Verwaltungsrecht, 2. Aufl. 2005, S. 1004.
[168] Siehe von Danwitz, Europäisches Verwaltungsrecht, 2008, S. 401, der zudem konstatiert, bei belastenden Entscheidungen sei eine Aufhebung regelmäßig geboten (S. 406).
[169] EuG 10.7.1997 – T-227/95, EU:T:1997:108 Rn. 72 – AssiDomän Kraft Products u. a. / Kommission,
insoweit nicht berührt durch das aufhebende Urteil EuGH 14.9.1999 – C-310/97 P, EU:C:1999:407 –
Kommission / AssiDomän Kraft Products u. a.
[170] EuGH 10.1.2006 – C-222/04, EU:C:2006:8 Rn. 72–74 – Cassa di Risparmio di Firenze.
[171] Pechstein/Görlitz in Frankfurter Kommentar zu EUV, GRC und AEUV, AEUV Art. 267 Rn. 33
Fn. 95.
[172] Grünberger in Möschel/Bien Kartellrechtsdurchsetzung S. 135, 182 f. Anders lagen die Dinge in
„Masterfoods", weil die von HB erwirkte Verfügung des High Court, über deren Rechtmäßigkeit der
vorlegende Supreme Court zu befinden hatte, dem Tenor der zwischenzeitlich erlassenen Entscheidung der
Kommission diametral entgegenstand. Das rechtfertigte es, die Zulässigkeit einer Vorlage nach Art. 267
AEUV von der fristmäßigen Erhebung einer Nichtigkeitsklage abhängen zu lassen, siehe EuGH 14.12.2000 –
C-344/98, EU:C:2000:689 Rn. 55 – Masterfoods; Kjølbye CMLR 39 (2002), 175 (183).
[173] Art. 16 Abs. 1 S. 4 VO 1/2003, Art. 9 Abs. 3 KartSERL, § 33b S. 3.
[174] Grünberger in Möschel/Bien Kartellrechtsdurchsetzung S. 135, 183.

follow on-Schadensersatzprozess über **Art. 267 AEUV** dem EuGH zur Überprüfung vorgelegt werden können.[175]

36    Entsprechendes gilt erst recht für bindende Entscheidungen der **nationalen Wettbewerbsbehörden.** Es besteht hier von Vornherein kein unionsrechtlich induziertes Spannungsverhältnis zur Bestandskraft. Feststellungen können durch die Gerichte über **Art. 267 AEUV** einer Überprüfung durch den EuGH zugeführt werden, auch wenn die Adressaten keine nach nationalem Recht zulässigen Rechtsbehelfe eingelegt haben.[176]

36a    **2. Auslegung bindender Feststellungen der Europäischen Kommission.** Die nach Art. 16 Abs. 1 S. 1 VO 1/2003 und § 33b bindenden **Beschlüsse der Kommission** sind **zulässiger Gegenstand** eines **Auslegungsersuchens** nach Art. 267 Abs. 1 lit. b AEUV. Das Vorlageverfahren ermöglicht (Art. 267 Abs. 2 AEUV) und verpflichtet (Art. 267 Abs. 3 AEUV) den nationalen Richter, in Zusammenarbeit mit dem EuGH eine unionsweit einheitliche Auslegung und Anwendung der Rechtsakte der Unionsorgane zu gewährleisten. Hierfür besteht auch mit Blick auf follow on-Schadensersatzklagen ein unionales Interesse. Die vollständige Wirksamkeit des EU-Wettbewerbsrechts setzt voraus, dass durch Zuwiderhandlungen Benachteiligte ihren Schaden vor den nationalen Zivilgerichten ersetzt verlangen können. Es liegt deshalb im Interesse des Unionsrechts, auch durch verfahrensrechtliche Mechanismen zu verhindern, dass der Aussagegehalt bindender Feststellungen der Kommission verkannt wird und deshalb die Schadenshaftung möglicherweise zu kurz greift oder überschießend wirkt.

36b    Im Rahmen eines Auslegungsersuchens hat der EuGH dem **Grundsatz des institutionellen Gleichgewichts** entsprechend die Kompetenzen der Europäischen Kommission für einzelfallbezogene Beschlüsse zur Anwendung und Durchsetzung der EU-Wettbewerbsregeln zu achten. Er darf deshalb vor allem nicht sein Urteil über die richtigerweise festzustellenden Tatsachen an die Stelle der Kommission setzen. Von einer Vorlage an den EuGH[177] darf sich ein nationales Gericht deshalb zunächst **methodische Vorgaben** für die angemessene Interpretation von Feststellungen der Kommission erhoffen, einschließlich von Hinweisen dafür, wie mit möglicherweise verbleibenden Ambivalenzen und Unsicherheiten umgegangen werden soll.[178] Hierauf aufbauend kann der EuGH mit Blick auf die Vorlagefrage **Aussagen** dazu treffen, **wie einzelne Feststellungen der Kommission** – etwa hinsichtlich der Kartellgegenständlichkeit bestimmter Kategorien von Erwerbsgeschäften – **verstanden werden müssen oder dürfen.** Letztlich steht es zwar dem vorlegenden Gericht zu, zu beurteilen, welche Relevanz diese Aussagen für den ihm vorliegenden Rechtsstreit haben. Doch steht es dem EuGH frei, entweder durch auf den vorliegenden Sachverhalt und die Vorlagefrage zugeschnittene Antworten das Ergebnis für das Ausgangsverfahren praktisch zu determinieren oder aber dem Tatrichter wesentliche Bewertungen zu überlassen.

## G. Zugang zu Bußgeldentscheidungen

37    Die **Europäische Kommission** muss nach **Art. 30 VO 1/2003** Bußgeldentscheidungen wie auch sonstige Entscheidungen, in denen ein Kartellrechtsverstoß festgestellt wird, unter Angabe der Beteiligten wie auch des wesentlichen Inhalts der Entscheidung ein-

---

[175] Siehe Arbeitspapier Weißbuch, SEC (2008) 404 v. 2.4.2008, Rn. 141 („If the national court has serious doubts on the legality of the Commission's decision, it can refer a question to the Court of Justice for a preliminary ruling (Article 234 EC)").

[176] Grünberger in Möschel/Bien Kartellrechtsdurchsetzung S. 135, 183 f.; insoweit übereinstimmend Emmerich in Immenga/Mestmäcker, 5. Aufl. 2014, § 33 Rn. 100; Meessen Schadensersatz S. 140.

[177] Soweit ersichtlich, fehlt es bislang hierzu an einem Präzedenzurteil zur Auslegung von Kommissionentscheidungen. Als Rs. C-588/20 ist eine einschlägige Vorlage des LG Hannover beim EuGH anhängig, die die Auslegung des Bußgeldbeschlusses der Kommission im LKW-Kartell betrifft. Siehe LG Hannover 19.10.2020 – 13 O 24/19, NZKart 2020, 690 (in Auszügen) = juris – Spezialfahrzeuge.

[178] Zur Auslegung bindender Feststellungen → Rn. 28a.

schließlich der verhängten Sanktionen, veröffentlichen. Die Kommission gibt kurzfristig eine Zusammenfassung der Entscheidungen im Amtsblatt bekannt. Eine nicht-vertrauliche Fassung der vollständigen Entscheidung wird sodann auf der Website der Kommission veröffentlicht. Dies kann sich durch Rechtsstreite[179] mit den beteiligten Unternehmen über die zum Schutze von Geschäftsgeheimnissen erforderlichen Einschränkungen[180] indes erheblich verzögern.

Das **Bundeskartellamt** sieht sich durch § 353d Abs. 3 StGB an einer Veröffentlichung **38** seiner Bußgeldentscheidungen gehindert. Nach **§ 53 Abs. 5 GWB** hat das Bundeskartellamt allerdings nach Abschluss eines Bußgeldverfahrens zumindest verschiedene Eckpunkte der Entscheidung zu veröffentlichen, aus denen sich auch ergibt, welche Unternehmen am Kartellrechtsverstoß beteiligt und welche Produkte hiervon betroffen waren. Diese Informationen sollten hinreichen, damit potentiell Geschädigte jedenfalls die Möglichkeit erkennen, Schadensersatz geltend zu machen und sich hierfür auch auf die Bindungswirkung berufen zu können.[181] **Geschädigte** können sodann gemäß **§ 406e StPO** iVm § 46 OWiG vom **Bundeskartellamt** Einsicht in eine nicht-vertrauliche Fassung des Bußgeldbescheids verlangen. § 89c Abs. 5 S. 2 GWB stellt klar, dass dieses Recht neben § 89c Abs. 1 GWB besteht.[182]

Zur **Vorbereitung von Schadensersatzklagen** können **Geschädigte** sich auf **§ 33g** **39** **GWB** stützen, um von den **Adressaten,** dh den potentiellen Prozessgegnern, die Herausgabe von (bindenden) Entscheidungen der Europäischen Kommission oder einer nationalen Wettbewerbsbehörde zu verlangen. Der Anspruch kann gemäß § 89b Abs. 5 GWB im Wege einer einstweiligen Verfügung durchgesetzt werden.[183]

**Nach Klageerhebung** kann der Kläger gemäß **§ 89c Abs. 1 GWB** beantragen, dass das **40** **Gericht** bei der Wettbewerbsbehörde (§ 89e Abs. 1) um Herausgabe des Bußgeldbescheids ersucht.

## § 33c Schadensabwälzung

(1) [1]**Wird eine Ware oder Dienstleistung zu einem überteuerten Preis bezogen (Preisaufschlag), so ist der Schaden nicht deshalb ausgeschlossen, weil die Ware oder Dienstleistung weiterveräußert wurde.** [2]**Der Schaden des Abnehmers ist ausgeglichen, soweit der Abnehmer einen Preisaufschlag, der durch einen Verstoß nach § 33 Absatz 1 verursacht worden ist, an seine Abnehmer (mittelbare Abnehmer) weitergegeben hat (Schadensabwälzung).** [3]**Davon unberührt bleibt der Anspruch des Geschädigten auf Ersatz seines entgangenen Gewinns nach § 252 des Bürgerlichen Gesetzbuchs, soweit der entgangene Gewinn durch die Weitergabe des Preisaufschlags verursacht worden ist.**

(2) **Dem Grunde nach wird zugunsten eines mittelbaren Abnehmers vermutet, dass der Preisaufschlag auf ihn abgewälzt wurde, wenn**

1. **der Rechtsverletzer einen Verstoß gegen § 1 oder 19 oder Artikel 101 oder 102 des Vertrages über die Arbeitsweise der Europäischen Union begangen hat,**

---

[179] Siehe etwa EuGH 14.3.2017 – C-162/15 P, EU:C:2017:205 – Evonik Degussa/Kommission.

[180] Siehe Art. 30 Abs. 2 S. 2 VO 1/2003.

[181] Siehe § 53 Abs. 5 S. 2 Nr. 5 und 6 GWB.

[182] Ein Akteneinsichtsrecht gemäß § 1 Abs. 1 IFG tritt hinter § 406e StPO zurück, § 1 Abs. 3 IFG. Für das Kartellverwaltungsverfahren bestimmt seit der 10. GWB-Novelle (2021) § 56 Abs. 5, dass die Kartellbehörde Dritten, dh nicht am Verfahren Beteiligten, die Schadensersatzansprüche erheben wollen, Einsicht in kartellbehördliche Entscheidungen zu gewähren hat. Im Kartellverwaltungsverfahren gilt der Ausschlusswirkung des § 1 Abs. 3 IFG gegenüber § 56 Abs. 5, nicht aber im Verhältnis zu §§ 33g, 89c GWB. VG Köln 9.7.2020 – 12 K 10050/17, NZKart 2020, 555–558 – girocard-Kartell. Hierzu Irmscher/Kranz NZKart 2020, 525; Becker WRP 2021, 16. Bestätigt durch OVG NRW 16.4.2021 – 15 B 1285/20, NZKart 2021, 311 (312 f.) = juris Rn. 34–58 – girocard Kartell.

[183] OLG Düsseldorf 3.4.2018 – VI-W (Kart) 2/18, NZKart 2018, 228 – Herausgabe von Beweismitteln.

2. der Verstoß einen Preisaufschlag für den unmittelbaren Abnehmer des Rechtsverletzers zur Folge hatte und

3. der mittelbare Abnehmer Waren oder Dienstleistungen erworben hat, die
   a) Gegenstand des Verstoßes waren,
   b) aus Waren oder Dienstleistungen hervorgegangen sind, die Gegenstand des Verstoßes waren, oder
   c) Waren oder Dienstleistungen enthalten haben, die Gegenstand des Verstoßes waren.

(3) [1]Die Vermutung einer Schadensabwälzung nach Absatz 2 findet keine Anwendung, wenn glaubhaft gemacht wird, dass der Preisaufschlag nicht oder nicht vollständig an den mittelbaren Abnehmer weitergegeben wurde. [2]Für mittelbare Abnehmer gilt § 33a Absatz 2 Satz 4 in Bezug auf Waren oder Dienstleistungen nach Absatz 2 Satz 1 Nummer 3 entsprechend.

(4) Die Absätze 1 bis 3 finden entsprechende Anwendung für den Fall, dass der Verstoß gegen § 1 oder 19 oder Artikel 101 oder 102 des Vertrages über die Arbeitsweise der Europäischen Union die Belieferung des Rechtsverletzers betrifft.

(5) Bei der Entscheidung über den Umfang der Schadensabwälzung findet § 287 der Zivilprozessordnung entsprechende Anwendung.

## Übersicht

## A. Überblick

1    § 33c stellt klar, dass ein Schaden bereits dann entsteht, wenn ein Abnehmer kartellrechtsverletzungsbedingt zu teuer bezieht, ermöglicht dem Rechtsverletzer aber den **Einwand der Schadensweitergabe** durch den Abnehmer (sog. passing-on defence), wobei ein damit verbundener Gewinnrückgang zu ersetzen ist.[1] Zugleich wird die **Aktivlegitimation mittelbarer Abnehmer**[2] bestätigt und zu ihren Gunsten eine Vermutung der

---

[1] § 33c Abs. 1.

[2] Definiert in Art. 2 Nr. 24 KartSERL als „natürliche oder juristische Person, die Waren oder Dienstleistungen nicht unmittelbar von einem Rechtsverletzer, sondern von einem unmittelbaren Abnehmer oder einem nachfolgenden Abnehmer erworben hat, wobei die Waren oder Dienstleistungen entweder Gegenstand einer Zuwiderhandlung gegen das Wettbewerbsrecht waren, oder diese Waren oder Dienstleistungen enthalten oder aus diesen hervorgegangen sind."

Schadensabwälzung angeordnet.[3] Entsprechendes gilt, wenn die Rechtsverletzung Lieferanten betrifft.[4] Für die Feststellung des Umfangs der Schadensabwälzung ist § 287 ZPO anzuwenden.[5]

Die durch die Neunte GWB-Novelle (2017) eingeführte Regelung setzt die in **Kapitel** **2** **IV der Kartellschadensersatz-Richtlinie** vorgesehenen Regeln zur „Abwälzung des Preisaufschlags" um, wobei in der Gesetzesbegründung ausdrücklich nur auf eine Umsetzung von Art. 12 Abs. 1, 4 und 5, Art. 13 und Art. 14 Abs. 2 KartSERL verwiesen wird.[6] Der deutsche Gesetzgeber hat darauf verzichtet, gesonderte Regeln zu erlassen, um die in der Richtlinie angeführten Risiken über- oder untermäßiger Haftung auf einzelnen Vertriebsstufen zu adressieren.[7] Die Zulässigkeit der passing-on defence und die Aktivlegitimation mittelbarer Abnehmer standen im Grundsätzlichen zwar bereits mit dem „ORWI"-Urteil des BGH aus dem Jahre 2011 fest.[8] Allerdings erleichtert das in der Richtlinie verankerte und in § 33c umgesetzte Konzept die Geltendmachung einer Schadensabwälzung sowohl für Rechtsverletzer („pass-on as a shield"), vor allem aber für mittelbare Abnehmer („pass-on as a sword").

Der BGH hat in **„Schienenkartell V"** zur Rechtslage vor der Neunten GWB-Novelle **2a** entschieden, dass nach den Regeln der **Vorteilsausgleichung** eine Versagung der **passing-on defense erwogen werden müsse,** wenn die mittelbaren Abnehmer ihre Schäden nur schwer erfassen können und voraussichtlich von den Kartellanten nicht ersetzt verlangen werden[9] (→ Rn. 14b). Darüber hinaus zieht der BGH in diesem Sinne auch eine **primärrechtskonforme Auslegung** der Art. 3, 12 ff. KartSERL und des § 33c in Betracht[10] (→ Rn. 14c).

Mit der **Zehnten GWB-Novelle** (2021) wurde in § 33c Abs. 3 S. 2 die entsprechende **2b** Geltung des zugleich eingeführten § 33a Abs. 2 S. 4 angeordnet (→ Rn. 43a). Der in § 33c Abs. 1 S. 2 GWB 2017 enthaltene Verweis auf § 33a Abs. 1 bildete einen redaktionellen Fehler[11] und wurde mit Wirkung vom 15. Juli 2021 durch einen **Verweis auf § 33 Abs. 1** ersetzt.[12]

Im Zuge der 11. GWB-Novelle (2023) wurden **Verstöße gegen** die **DMA-Verpflich-** **2c** **tungen** in das System der privaten Kartellrechtsdurchsetzung nach §§ 33 ff. integriert.[13] Sie können deshalb eine Schadenshaftung gemäß §§ 33a Abs. 1 iVm § 33 Abs. 1 auslösen. Da § **33c Abs. 1** alle von § 33 Abs. 1 erfassten Verstöße in Bezug nimmt, **gilt** diese Vorschrift **wie auch die Schätzungsbefugnis nach § 33c Abs. 5** für die Schadenshaftung wegen Verstoßes gegen **Art. 5, 6 oder 7 DMA** einschließlich des Umgehungsverbots nach **Art. 13 Abs. 4 bis 6 DMA,** auch wenn die Regierungsbegründung zur 11. GWB-Novelle dies nicht ausdrücklich erwähnt. Die unionsrechtlichen Vorgaben hierfür erschöpfen sich im Äquivalenz- und Effektivitätsgebot;[14] die Kartellschadensersatz-Richtlinie gilt nicht, doch ist im Grundsatz zu unterstellen, dass der deutsche Gesetzgeber eine gleichförmige (richtlinienkonforme) Anwendung auch für Konstellationen anstrebte, die nicht in den Anwendungsbereich der Richtlinie fallen. Allerdings erlaubt dies den Gerichten, die Auslegung und Anwendung von § 33c Abs. 1 und 5 auch gegen die Richtlinie am

---

[3] § 33c Abs. 2 und 3.
[4] § 33c Abs. 4.
[5] § 33c Abs. 5.
[6] Regierungsbegründung zur Neunten GWB-Novelle BT-Drs. 18/10207, 56 f.
[7] Siehe Art. 12 Abs. 3 und Art. 15 KartSERL.
[8] BGH 28.6.2011 – KZR 75/10, BGHZ 190, 45 = juris Rn. 23–77 – ORWI.
[9] BGH 23.9.2020 – KZR 4/19, NZKart 2021, 44 (48 f.) = juris Rn. 49–52 – Schienenkartell V.
[10] BGH 23.9.2020 – KZR 4/19, NZKart 2021, 44 (49) = juris Rn. 53 – Schienenkartell V.
[11] Beschlussempfehlung und Bericht des Ausschusses für Wirtschaft und Energie (9. Ausschuss) vom 9.6.2021, BT-Drs. 19/30474, S. 15 (Zu Ziffer 2 Artikel 4 [neu]).
[12] Art. 4 Nr. 3 Gesetz zur Errichtung und Führung eines Registers über Unternehmensbasisdaten und zur Einführung einer bundeseinheitlichen Wirtschaftsnummer für Unternehmen und zur Änderung weiterer Gesetze vom 9. Juli 2021, BGBl. I S. 2506.
[13] → Vor §§ 33–34a Rn. 8b.
[14] → Vor §§ 33–34a Rn. 50.

Effektivitätsgrundsatz auszurichten, ohne dass es darauf ankäme, eine primärrechtskonforme Auslegung der Richtlinie zu begründen. Praktisch relevant ist das für die in „Schienenkartell V" vom BGH postulierte Versagung der passing-on defence bei Streuschäden.[15]

## B. Relevanz ökonomischer Einsichten

3    Die ökonomische Theorie liefert Einsichten dazu, welche Faktoren bestimmen, ob und in welchem Maße eine kartellbedingte Kostenerhöhung sich in einer Preissteigerung auf dem nachgelagerten Markt niederschlägt.[16] Für den einzelnen Fall können Ökonomen die pass on-Rate mittels quantitativer Methoden schätzen.[17] Dabei darf indes nicht übersehen werden, dass **„Schadensweitergabe"** – gleich ob als Angriffs- oder Verteidigungsinstrument gebraucht – ein **rechtliches Konstrukt** bildet. Ausgehend von den hinter dem Anspruch auf Kartellschadensersatz stehenden Zielen und den Wertungen, von denen sich der Gesetzgeber bei seiner Entscheidung für die grundsätzliche Beachtlichkeit einer „Schadensweitergabe" gemäß Art. 12 Abs. 1 und Art. 13 KartSERL hat leiten lassen, **entscheiden rechtliche Argumente** über die Zurechnung von Preiserhöhungen auf dem nachgelagerten Markt und damit darüber, **welche Preiserhöhungen** als **kartellbedingt** zu werten sind.[18] Über die Beachtlichkeit der theoretischen und empirischen ökonomischen Argumente für die forensische Praxis bestimmen beweisrechtliche Regeln, etwa die Verteilung der Darlegungs- und Beweislast (Voraussetzungen eines Anscheinsbeweises, sekundäre Darlegungslasten etc) und die Vorgaben und Grenzen für eine Schätzung des pass on-Effekts.[19] Zu vermeiden sind freilich rechtliche Festlegungen, die auf intuitiv naheliegenden, jedoch aus ökonomischer Sicht unschlüssigen Annahmen beruhen. Hervorzuheben ist, dass das Bild von der „Weitergabe" des (Kosten-)Schadens die (fehlerhafte) Vorstellung evozieren könnte, dieser werde unter den nachfolgenden Absatzstufen lediglich „verteilt", so dass die Summe der kartellbedingten Schäden der indirekten Abnehmer nicht den Kostenschaden des Erstabnehmers übersteigen kann.[20] Tatsächlich hängen die kartellbedingten Schäden auf jeder Marktstufe von den jeweiligen Markt- und Wettbewerbsverhältnissen ab. Die Schäden auf nachgelagerten Marktstufen können jeweils den Schaden auf der ersten Marktstufe ohne weiteres übersteigen, weil jedem indirekten Abnehmer mit der „Schadensweitergabe" auch ein Mengenschaden entsteht. Zudem ist sogar eine „Weitergabe" zu mehr als 100 Prozent denkbar, so dass im Einzelfall allein der Kostenschaden auf einer nachgeordneten Marktstufe jenen des Erstabnehmers übersteigen kann.[21] Wichtig ist diese Einsicht insbesondere, um nicht vorschnell anzunehmen, es bestünde die Gefahr einer gemäß Art. 3 Abs. 3 und Art. 12 Abs. 2 KartSERL zu vermeidenden Überkompensation oder „Mehrfachinanspruchnahme".

4    Empirische Untersuchungen zur Abwälzung von Steuererhöhungen, Wechselkursänderungen und ähnlichen beobachtbaren Kostenerhöhungen zeigen sehr heterogene **pass on-Raten** mit teils erheblichen Ausschlägen einschließlich von Werten über 100 Prozent.[22]

---

[15] → Rn. 2a.

[16] Dazu sogleich → Rn. 5.

[17] Siehe etwa Dijk/Verboven in Collins et al. (Hrsg.), Issues in Competition Law and Policy, Vol. III, 2008, S. 2331 (2340–2344); Inderst/Thomas Schadensersatz S. 315–320.

[18] → Rn. 13.

[19] Siehe § 33c Abs. 5 iVm § 287 ZPO.

[20] Zumindest unscharf formuliert ist in dieser Hinsicht Art. 15 Abs. 1 KartSERL, wonach verhindert werden soll, dass Klagen auf verschiedenen Vertriebsstufen zu einer „mehrfachen Haftung" von Rechtsverletzern führen. Indes muss grundsätzlich eine – vollständige oder teilweise – Schadensweitergabe durch Erstabnehmer nichts daran ändern, dass sowohl auf Ebene der Erst- als auch auf Ebene der Zweitabnehmer kartellbedingte Schäden entstehen und verbleiben. Es kann allerdings durch eine unterschiedliche Beurteilung der pass on-Rate in den jeweiligen Haftungsprozessen dazu kommen, dass der Rechtsverletzer – jedenfalls auf einer Marktstufe – überkompensatorisch Schadensersatz leistet, → Rn. 46.

[21] Siehe etwa Franck WRP 2011, 843 (845) und Thomas ZHR 180 (2016), 45 (40), jew. mwN.

[22] Überblick bei Inderst/Thomas Schadensersatz S. 296–298 mwN.

Die Europäische Kommission betont deshalb, dass sich der Grad der Schadensabwälzung nicht typisieren lasse; erforderlich sei eine „sorgfältige Prüfung aller Merkmale des in Rede stehenden Marktes".[23]

Ein wesentlicher **Einflussfaktor** für das Ausmaß des pass on-Effekts[24] ist zunächst der **5 Grad der Marktabdeckung.** Je mehr (konkurrierende) Abnehmer zugleich von der kartellbedingten Kostenerhöhung betroffen sind (maßgeblich sind auch Preisschirmeffekte), desto größer sind die sich eröffnenden Preiserhöhungsspielräume auf dem nachgelagerten Markt.[25] Maßgeblich ist zudem die **Wettbewerbsintensität** zwischen den Abnehmern des Kartells. Grundsätzlich gilt, dass ein pass on umso wahrscheinlicher ist, je kompetitiver der Markt ist. Im Modellfall vollständiger Konkurrenz entspricht der Preis den Grenzkosten. Jede Kostenerhöhung schlägt vollständig auf den Preis durch. Für einen Monopolisten gilt, dass zwar ein vorgelagertes Kartell nicht seinen Preissetzungsspielraum auf dem nachgelagerten Markt erhöht. Doch wird auch ein gewinnmaximierend operierender Monopolist – abhängig von der Preiselastizität der Nachfrage – regelmäßig jedenfalls einen Teil kartellbedingter Kostenschäden auf seine Nachfrager überwälzen.[26] Dabei dürfen **Interdependenzen** zwischen Wettbewerbsintensität und dem Grad der Marktabdeckung nicht vernachlässigt werden: Ist letzterer relativ hoch, steigt die pass on-Rate mit zunehmender Wettbewerbsintensität. Deckt das Kartell den Markt indes nur relativ gering ab und lassen sich auch keine erheblichen Preisschirmeffekte feststellen, entstehen Substitutionsmöglichkeiten für die Abnehmer auf dem nachgelagerten Markt, so dass die pass on-Rate mit steigender Wettbewerbsintensität sinkt.[27] Umgekehrt wird regelmäßig mit der **Dauer einer Kartellrechtsverletzung**[28] auch ein Anstieg der pass on-Rate zu erwarten sein, weil sich dann die Implementierungskosten für eine Preiserhöhung (Anpassung der Preisauszeichnung, Information von Vertriebsmitarbeiter etc) eher lohnen und etwa auch längerfristige Vertriebsverträge[29] angepasst werden können. Zudem wird die pass on-Rate zumindest auf relativ kurze Sicht tendenziell höher sein, wenn **variable** und **nicht fixe Kosten** betroffen sind, wobei sich gerade bei Mehrproduktunternehmen das Problem stellt, die Verteilung eines kartellbedingten Preisanstiegs bei Fixkosten nachzuvollziehen.[30] Die Wahrscheinlichkeit eines pass on steigt zudem, je geringer die **Preiselastizität der Nachfrage** auf dem nachgelagerten Markt ist (die wiederum etwa mit steigender Produktheterogenität zunimmt).[31] Schließlich kann auch die **Nachfragemacht** der Abnehmer auf dem nachgelagerten Markt eine Schadensabwälzung erschweren.

---

[23] Europäische Kommission, Praktischer Leitfaden Schadensermittlung Rn. 168.

[24] Zum Ganzen Europäische Kommission, Passing-on Leitlinien Rn. 46–59; Inderst/Thomas Schadensersatz S. 298–315 und 326–330.

[25] KG 1.10.2009 – 2 U 10/03 Kart, WuW 2010, 189 (203) = juris Rn. 134 – Berliner Transportbeton.

[26] Vgl. aber (zumindest missverständlich) LG Düsseldorf 19.11.2015 – 14d O 4/14, WuW 2016, 29 Rn. 231 = juris Rn. 220 – Autoglas („Nach der Lebenserfahrung wird der Monopolist aber seine Preise zur Gewinnmaximierung oft nicht in Höhe der Grenzkosten und damit in erster Linie kostenbasiert festsetzen"). Man kann freilich über die Frage des Vorliegens einer kartellbedingten Kostenerhöhung auf dem Anschlussmarkt hinaus infrage stellen, ob eine Schadensweiterwälzung durch einen Monopolisten, insoweit sie innerhalb dessen ohnehin bestehenden Preissetzungsspielraums erfolgt, den Kartellanten rechtlich entlasten soll, hierzu → Rn. 10 und 13.

[27] Inderst/Thomas Schadensersatz S. 329.

[28] KG 1.10.2009 – 2 U 10/03 Kart, WuW 2010, 189 (203) = juris Rn. 134 – Berliner Transportbeton.

[29] Vgl. LG Berlin 6.8.2013 – 16 O 193/11 Kart, NZKart 2014, 37 (38) = juris Rn. 60 – Fahrtreppen („Darüber hinaus pflegen derartige Pachtverträge über eine längere Zeit, in der Regel über mehrere Jahre abgeschlossen zu werden […]").

[30] OLG München 8.3.2018 – U 3497/16 Kart, NZKart 2018, 230 (233) = juris Rn. 88 – Schienenkartell („Die Kosten für Investitionen in Gleisoberbaumaterialien finden damit lediglich Eingang in eine Mischkalkulation, werden aber nicht eins zu eins an die Fahrgäste weitergegeben"); siehe auch LG Berlin 6.8.2013 – 16 O 193/11 Kart, NZKart 2014, 37 (38) = juris Rn. 60 – Fahrtreppen.

[31] BGH 28.6.2011 – KZR 75/10, BGHZ 190, 45 = juris Rn. 69 – ORWI.

## C. Anwendungsbereich

6    Der Einwand der Schadensabwälzung gilt gemäß § 33c Abs. 1 S. 2 für alle „durch einen Verstoß nach § 33 Absatz 1" verursachten Schäden. Damit gilt die Vorschrift bei Verstößen gegen den **ersten Teil des GWB** (§§ 1–47l) und **Art. 101 und Art. 102 AEUV.** Demgegenüber sollen nach dem Wortlaut von § 33c Abs. 2 Nr. 1 und Abs. 4 GWB die Vermutung der Schadensabwälzung zugunsten mittelbarer Abnehmer und die entsprechende Anwendung des § 33c Abs. 1–3 bei Rechtsverletzungen, die die Belieferung betreffen, nur für Verstöße gegen **§§ 1 und 19 GWB** und **Art. 101 f. AEUV** gelten. Man kann mutmaßen, dass der deutsche Gesetzgeber – wie etwa auch bei der Privilegierung von KMU gemäß § 33d Abs. 3 S. 1 – den Anwendungsbereich dieser Regelungen, da er sie für rechtspolitisch nicht überzeugend hielt, auf das unionsrechtlich zwingende Maß beschränken wollte.[32] Allerdings gelten Art. 12 Abs. 4 und Art. 14 Abs. 2 KartSERL für alle **„Zuwiderhandlungen gegen das Wettbewerbsrecht"** im Sinne von Art. 2 Nr. 1 KartSERL und damit für Verstöße gegen Art. 101 f. AEUV sowie nationale Bestimmungen, „mit denen überwiegend das gleiche Ziel verfolgt wird".[33] Hierunter fallen neben §§ 1 und 19 jedenfalls auch **§ 20 Abs. 1–3** und **§ 29.**[34] Der deutsche Gesetzgeber hat dies klarzustellen, um seiner Umsetzungspflicht[35] zu genügen. Für Schadensersatzansprüche, die sich auf eine Verletzung dieser letztgenannten Regelungen stützen, sind § 33c Abs. 2–4 einstweilen analog anzuwenden, um Richtlinienkonformität zu erzielen.[36]

7    § 33c gilt für **Schadensersatzansprüche,** die **nach** dem **26.12.2016 entstanden** sind.[37] Ausgenommen hiervon ist § 33c Abs. 5, der wegen seiner prozessualen Natur gemäß § 187 Abs. 4 für alle Rechtsstreitigkeiten anzuwenden ist, in denen nach dem 26.12.2016 Klage erhoben wurde.

## D. Schadensentstehung und Schadensweitergabe als Einwand (passing-on defence)

### I. Schadensentstehung

8    Mit dem Erwerb eines Produktes zu einem Preis, der aufgrund einer Verletzung des Kartellrechts[38] überhöht ist, entsteht dem Betroffenen ein ersatzfähiger Schaden (sog. Kostenschaden oder Preishöhenschaden). Dies gilt gemäß **§ 33c Abs. 1 S. 1** – wie zuvor bereits explizit in § 33 Abs. 3 S. 2 GWB 2005 festgelegt – unabhängig davon, ob der Betroffene das Produkt weiterverkauft oder verarbeitet und die gestiegenen Eingangskosten über den Preis auf dem nachgelagerten Markt auf die nächste Absatzstufe weitergibt. Eine

---

[32] Bornkamm/Tolkmitt in Bunte § 33c Rn. 85.

[33] Art. 2 Nr. 3 KartSERL. Siehe auch Art. 3 Abs. 3 mit Begründungserwägung (9) S. 1 VO 1/2003.

[34] So mit Blick auf die entsprechende Problematik bei § 33d Abs. 3 in der Tendenz auch Kersting/Preuß WuW 2016, L1 (L7) (online) und Mackenrodt in Kersting/Podszun Kap. 8 Rn. 89, S. 198 f. und in LMRKM § 33d Rn. 33.

[35] Art. 288 AEUV; Art. 4 Abs. 3 EUV.

[36] W.-H. Roth in FK-KartellR § 33c Rn. 20 (hinsichtlich § 20 Abs. 1). Dem steht nicht entgegen, dass auch nach den Gesetzgebungsmaterialien nur Verstöße „gegen § 1 oder 19 bzw. Art. 101 oder 102" erfasst sein sollen, Regierungsbegründung zur Neunten GWB-Novelle BT-Drs. 18/10207, 57. Es fehlen hierzu eine gesonderte Begründung und ein Hinweis darauf, dass der deutsche Gesetzgeber sich an dieser Stelle bewusst gegen die unionsrechtliche Vorgabe wenden wollte. Da der Gesetzgeber mit der Neunten GWB-Novelle eine richtlinienkonforme Umsetzung anstrebte, besteht damit Raum für eine richtlinienkonforme Rechtsfortbildung, stRspr, grundlegend BGH 26.11.2008 – VIII ZR 200/05, BGHZ 179, 27 Rn. 25 – Quelle; siehe auch BGH 21.12.2011 – VIII ZR 70/08, BGHZ 192, 148 Rn. 33; BGH 7.5.2014 – IV ZR 76/11, NJW 2014, 2646 Rn. 23.

[37] § 187 Abs. 3 S. 1; OLG Düsseldorf 8.5.2019 – VI-U (Kart) 11/18, NZKart 2019, 354 (356). Zur Anspruchsentstehung → § 33h Rn. 6.

[38] → § 33a Rn. 98–100.

**Schadensabwälzung** ist deshalb **nicht** als **ersatzmindernder Zufluss** in die Schadensberechnung nach der Differenzhypothese einzustellen. Ein Abnehmer, der einen Schaden
behauptet, muss damit nicht darlegen und beweisen, dass er den Schaden nicht auf die
folgende Marktstufe abgewälzt hat. Diese **Beweisverteilung** folgt aus dem unionsrechtlichen Effektivitätsgebot[39] und liegt **Art. 13 KartSERL** zugrunde.

## II. Passing-on defence als Anwendungsfall der Vorteilsausgleichung

Ein Rechtsverletzer, der auf Schadenshaftung in Anspruch genommen wird, kann hier- **9**
gegen gemäß § 33c Abs. 1 S. 2 den **Einwand der Schadensweitergabe** erheben. Mit
dieser ausdrücklichen gesetzlichen Verankerung der sog. passing-on defence wird Art. 13
S. 1 KartSERL umgesetzt. Die Regel entzieht einer generellen Versagung dieses Einwands
aus rechtlichen Erwägungen („unbillige Entlastung des Schädigers") den Boden.[40] Das
entspricht im Kern der **Rechtslage vor der Neunten GWB-Novelle** (dh für Ansprüche
aus §§ 33 GWB 2005/1999) in der Lesart des **BGH**, der im „**ORWI**"-Urteil feststellte,
dass die Schadensabwälzung auf mittelbare Abnehmer unter dem Aspekt des aus § 242
BGB abzuleitenden Einwands der Vorteilsausgleichung zu berücksichtigen sei.[41] Hierbei
postulierte der BGH indes wesentliche **Restriktionen**, deren Fortgeltung unter § 33c, aber
auch für Altfälle, zweifelhaft ist (→ Rn. 10–13). Der Einwand der Schadensweitergabe
entlang der Wertschöpfungskette kann im Übrigen ausgeschlossen sein, wenn es an einem
Anschlussmarkt fehlt (→ Rn. 14), wenn in der Wertschöpfungskette nachfolgende Marktteilnehmer, die als mittelbare Abnehmer möglicherweise anspruchsberechtigt sind, ihre
Ansprüche an den Kläger abgetreten haben (→ Rn. 14a) oder wenn abzusehen ist, dass
mittelbare Abnehmer ihre – bei unterstellter Schadensweitergabe – bestehenden Ansprüche
nicht geltend machen werden (→ Rn. 14b f.).

Erstens griff der BGH eine Differenzierung entsprechend der **Herkunft** der für eine **10**
Schadensabwälzung genutzten **Preissetzungsspielräume** auf, die im Schrifttum[42] entlang
der allgemeinen in den Grundsätzen der Vorteilsausgleichung kristallisierten Wertungen
entwickelt worden war. Eine Vorteilsausgleichung soll in Betracht kommen, „wenn der
Abnehmer seinen Kartellschaden schon allein aufgrund eines kartellbedingt gestiegenen
Preisniveaus auf dem Anschlussmarkt auf seine Kunden abwälzen kann", nicht dagegen „in
Fällen, in denen die Abwälzung des Kartellpreises nur aufgrund besonderer kaufmännischer
Leistungen und Anstrengungen möglich war oder sonst auf einem unabhängig vom Kartell
erlangten Preissetzungsspielraum des Abnehmers beruht."[43] Da es „dem gewöhnlichen Lauf
der Dinge" entspreche, dass ein Kaufmann „seine Ware zum Marktpreis absetzen kann […],
so beruht die Abwälzung des Preisaufschlags […] nicht auf einer besonderen Leistung des
Abnehmers [wenn sich auf der nachfolgenden Marktstufe das Kartellpreisniveau durchgesetzt hat]."[44] Ein Vorteilsausgleich sei dem Kartellanten dann nicht zu versagen.

Zweitens sollte nach dem „ORWI"-Urteil der Einwand der Schadensabwälzung davon **11**
abhängen, dass ein Rechtsverletzer darlegt und ggf. beweist, „dass der Weiterwälzung keine
Nachteile des Abnehmers gegenüberstehen, insbesondere **kein Nachfragerückgang**,
durch den die Preiserhöhung (ganz oder teilweise) kompensiert worden ist."[45] Da die
Weiterwälzung kartellrechtsverletzungsbedingter Kostenschäden – außer in den praktisch
seltenen Fällen komplett inelastischer Nachfrage – regelmäßig mit einem Nachfragerückgang erkauft wird, lief diese Voraussetzung darauf hinaus, dass Rechtsverletzer den Einwand

---

[39] Heinze Schadensersatz S. 217.
[40] W.-H. Roth in FK-KartellR § 33c Rn. 27.
[41] BGH 28.6.2011 – KZR 75/10, BGHZ 190, 45 = juris Rn. 57–77 – ORWI; BGH 19.5.2020 – KZR
8/18, NZKart 2020, 539 (542) = juris Rn. 46 – Schienenkartell IV.
[42] Siehe Franck WRP 2011, 843 (845–849); Schürmann Die Weitergabe des Kartellschadens S. 256–274;
hierzu auch Franck Marktordnung S. 556 f. und 561–567.
[43] BGH 28.6.2011 – KZR 75/10, BGHZ 190, 45 = juris Rn. 60 – ORWI.
[44] BGH 28.6.2011 – KZR 75/10, BGHZ 190, 45 = juris Rn. 65 – ORWI.
[45] BGH 28.6.2011 – KZR 75/10, BGHZ 190, 45 = juris Rn. 69 – ORWI.

der Schadensabwälzung nur geltend machen könnten, wenn sie zugleich den **Mengenschaden** ihres Abnehmers **beziffern,** um damit nachzuweisen, inwieweit die Reduzierung des Kostenschadens mittels pass on aufgrund Gewinnrückgangs wegen sinkenden Absatzes aufgezehrt wurde. Zumal in Verbindung mit der strengen Handhabung der Darlegungslast für Rechtsverletzer[46] drohte dies den Einwand der Schadensabwälzung praktisch gänzlich leerlaufen zu lassen.[47] Beide Restriktionen sind im Lichte von Art. 13 KartSERL und § 33c (erneut) zu hinterfragen.

12    Die mit der zuletzt genannten Restriktion vom BGH in „ORWI" postulierte **„Rechnungseinheit" von Kostenschaden, pass on-Effekt und Mengenschaden widerspricht** der in **§ 33c Abs. 1 S. 1** und **Art. 13 S. 1 KartSERL** (wie bereits auch zuvor in **§ 33 Abs. 3 S. 2 GWB 2005**) angelegten schadensrechtlichen Zäsur. Diese schließt es aus, den durch die Transaktion zu einem kartellbedingt überhöhten Preis erlittenen Schaden als Gesamt-Gewinnentgang, dh als Saldo der drei genannten Posten, zu ermitteln.[48] Damit konfligiert es, den pass on-Effekt nur insoweit auf den Kostenschaden anzurechnen, als dieser Vorteil den Mengenschaden übersteigt.[49] Diese schadensrechtliche Trennung zwischen Kostenschaden und dem hiergegen zu erhebenden Einwand der Schadensabwälzung einerseits und dem Gewinnausfall durch Mengenreduzierung andererseits wird durch § 33c Abs. 1 S. 3 bestätigt. Die Regelung stellt klar, dass es sich insoweit um einen gesonderten Schadensposten handelt: Unabhängig von einer Klage auf Kostenschaden und einer hiergegen erhobenen passing-on defence steht es dem Abnehmer frei, darzulegen und zu beweisen, dass die Schadensabwälzung seinen Gewinn reduziert hat.[50] Der BGH hat seine im „ORWI"-Urteil gefundene Rechtsprechungslinie insoweit zu korrigieren.[51] In neueren Urteilen zur passing on-defence unter § 33 GWB 1999/2005 hat der BGH diese Restriktion nicht mehr aufgegriffen[52] und formuliert, der **Ersatz** von **„aufgrund von Mengeneffekten" entgangener Gewinne** könne **„neben** einem etwaigen **Preishöhenschaden"** geltend gemacht werden.[53] Das spricht dafür, dass der BGH stillschweigend „ORWI" an diesem Punkt revidiert und anerkannt hat,[54] dass auch für Altfälle Kostenschaden (Preishöhenschaden), pass on-Effekt und Mengenschaden schadensrechtlich zu trennende Rechnungseinheiten bilden und deshalb der Einwand der Schadensweitergabe nicht verlangt, etwaige Mengenschäden zu beziffern.

13    Die **„Weitergabe" eines Preisaufschlags** im Sinne von Art. 13 S. 1 KartSERL und § 33c Abs. 1 S. 2 erfasst nicht schematisch jede Preiserhöhung auf dem nachgelagerten Markt, für die eine vorgelagerte Kartellrechtsverletzung eine conditio sine qua non bildet. Begründungserwägung (11) S. 5 KartSERL gewährt den mitgliedstaatlichen Rechten Freiraum, um Adäquanz- und Zurechnungserwägungen auszugestalten. Dies gilt für die gesetzliche Ausformung der Vorteilsausgleichung in § 33c Abs. 1 S. 2 genauso wie für die Schadensentstehung gemäß § 33a Abs. 1.[55] Maßgeblich muss deshalb auch bei der passing-on defence eine **wertende Betrachtung** im Sinne der Ratio ihrer Anerkennung sein. Ein mit einem Kostenschaden Belasteter soll diesen insoweit nicht liquidieren dürfen, als sich seine Vermögenseinbuße effektiv reduziert hat bzw. insoweit, als kein Schaden verbleibt,

---

[46] Hierzu sogleich → Rn. 17.

[47] Ackermann/Franck GRUR 2012, 298 (299 f.) („probatio diabolica"); hiergegen Kirchhoff WuW 2012, 927 (930).

[48] Schweitzer in Hüschelrath et al. S. 39, 52 (zu § 33 Abs. 3 S. 2 GWB 2005).

[49] Franck Marktordnung S. 571 f.

[50] Begründungserwägung (40) KartSERL.

[51] Franck Marktordnung S. 575; Schweitzer NZKart 2014, 335 (338); Heinze Schadensersatz S. 237; Thomas ZHR 180 (2016), 45 (68 f.); Kersting in Kersting/Podszun Kap. 7 Rn. 79 S. 150 f. mwN und in LMRKM § 33c Rn. 2–4; W.-H. Roth in FK-KartellR § 33c Rn. 40; aA Seegers WuW 2017, 236 (239); Lettl WM 2016, 1961 (1962); Petrasincu WuW 2016, 330 (331).

[52] BGH 23.9.2020 – KZR 4/19, NZKart 2021, 44 (46 f.) = juris, Rn. 38 – Schienenkartell V.

[53] BGH 23.9.2020 – KZR 4/19, NZKart 2021, 44 (48) = juris, Rn. 51 aE – Schienenkartell V.

[54] So etwa auch Weitbrecht WuW 2021, 86, 88.

[55] W.-H. Roth in FK-KartellR § 33c Rn. 38.

„für den die Partei, die ihn abgewälzt hat, Ersatz erhalten muss."[56] Ein Abnehmer hat deshalb seinen (Kosten-)Schaden nur dann „weitergegeben" im Sinne von Art. 13 S. 1 KartSERL und § 33c Abs. 1 S. 2, wenn er sich eines erst durch die vorgelagerte Kartellrechtsverletzung entstandenen Preissetzungsspielraums bedient, um auf dem nachgelagerten Markt höhere Preise durchzusetzen, dh – in den Worten des BGH – „wenn der Abnehmer seinen Kartellschaden schon allein aufgrund eines kartellbedingt gestiegenen Preisniveaus auf dem Anschlussmarkt auf seine Kunden abwälzen kann."[57] Ein vorgelagertes Kartell verschiebt den Preissetzungsspielraum der Abnehmer, die auf dem nachgelagerten Markt miteinander im Wettbewerb stehen, „nach oben", insoweit insbesondere alle vom kartellbedingten Kostenanstieg betroffen sind. Nutzen die Abnehmer zur Schadensweitergabe einen Preissetzungsspielraum, über den sie ohnehin verfügten oder den sie durch eigene, besondere Anstrengung generiert haben, dann beruht der auf dem nachgelagerten Markt erzielte höhere Preis wertungsmäßig auf „eigenem Verdienst" bzw. „eigenem Risiko" des Abnehmers. Solche nicht kartellbedingten Preissetzungsspielräume bestehen auch auf kompetitiven Märkten etwa angesichts der Heterogenität der angebotenen Produkte durch Qualitätsunterschiede und Marketingmaßnahmen. Nimmt ein Unternehmen eine kartellbedingte Kostenerhöhung zum Anlass, den **Preis auf dem nachgelagerten Markt** innerhalb eines solchen **kartellunabhängigen Preissetzungsspielraums** zu **erhöhen,** dann geht diese Preiserhöhung zwar ursächlich auf die vorgelagerte Kartellrechtsverletzung zurück. Sie ist dieser jedoch aus rechtlichen Gründen **nicht zuzurechnen.** Diese vom BGH in „ORWI" anerkannte Differenzierung hat auch unter § 33c Abs. 1 S. 2 und im Lichte von Art. 13 S. 1 KartSERL Bestand.[58]

Eine **Schadensabwälzung auf nachfolgende Stufen in der Wertschöpfungskette** 14 (nicht aber eine schadensmindernde Anrechnung von Zuwendungen der öffentlichen Hand[59]) **scheidet** von vornherein **aus,** wenn **kein Anschlussmarkt** vorliegt. Ist ein geschädigter Abnehmer Endverbraucher oder Unternehmen, das die betroffenen Waren oder Dienstleistungen oder die mit ihrer Hilfe generierten Produkte nicht seinerseits marktförmig anbietet, dann fehlt es an „mittelbaren Abnehmern" (§ 33c Abs. 1 S. 2) und kann damit ein kartellverletzungsbedingter Kostenschaden nicht an diese „weitergegeben" werden.[60] In der instanzgerichtlichen Rechtsprechung wurde deshalb auch für gebührenfinanzierte Dienstleistungen der Kommunen wie etwa Müllentsorgung[61] eine passing-on defence ausgeschlossen. Ein Anschlussmarkt bedingt aber keinen „durch Konkurrenz […] geprägten Wirtschaftsraum";[62] eine Schadensweiterwälzung iSd § 33c Abs. 1 S. 2 ist nicht deshalb ausgeschlossen, weil der geschädigte Erstabnehmer Monopolist auf dem nachgelagerten Markt ist.[63] Ein marktförmiges Anbieten im oben genannten Sinne ist zu bejahen, wenn sich ein Marktteilnehmer identifizieren lässt, der als „mittelbarer Abnehmer" charakterisiert werden kann. Das ist nicht schon deshalb ausgeschlossen, weil die Preissetzung auf dem nachgelagerten Markt – etwa durch die öffentlichen Verkehrsbetriebe – auch von sozialen Aspekten bestimmt wird. Die passing-on defence scheidet deshalb beim Betrieb von U-Bahn- und Straßenbahnlinien (jedenfalls) nicht mangels feststellbaren Anschlussmarkts aus.[64]

---

[56] Begründungserwägung (39) S. 2 KartSERL.
[57] BGH 28.6.2011 – KZR 75/10, BGHZ 190, 45 = juris Rn. 60 – ORWI.
[58] Franck Marktordnung S. 575 f.; Heinze Schadensersatz S. 236; W.-H. Roth FK § 33c Rn. 38.
[59] Zum Vorteilsausgleich in diesen Konstellationen → § 33a Rn. 112a; zur Anspruchsberechtigung von Subventionsgebern → § 33a Rn. 19a und 64a.
[60] W.-H. Roth in FK-KartellR § 33c Rn. 30.
[61] LG Hannover 18.12.2017 – 18 O 8/17, WuW 2018, 101 (107) = juris Rn. 99–102 – LKW-Kartell Göttingen.
[62] So allerdings LG Hannover 18.12.2017 – 18 O 8/17, WuW 2018, 101 (107) = juris Rn. 99 f. – LKW-Kartell Göttingen; LG Dortmund 26.6.2017 – 8 O 25/16 (Kart), juris Rn. 96 – Schienenkartell.
[63] → Rn. 5.
[64] BGH 19.5.2020 – KZR 8/18, NZKart 2020, 539 (544) = juris Rn. 58 – Schienenkartell IV; anders zuvor etwa LG Dortmund 28.6.2017 – 8 O 25/16 (Kart), juris Rn. 96 – Schienenkartell.

**14a**    Der Einwand der **Schadensabwälzung** ist nach dem „**Schienenkartell IV**"-Urteil des BGH **ausgeschlossen,** wenn etwaige **Ansprüche von Folgeabnehmern an den Kläger abgetreten** worden sind, die Folgeabnehmer die Abtretung im Sinne des § 409 BGB angezeigt haben und eine Weiterwälzung auf nachgelagerte Märkte nicht in Betracht kommt.[65] Bündelt der Kläger auf diese Weise alle Ansprüche einer „Schadenskette", kann eine Mehrfachinanspruchnahme des beklagten Kartellanten ausgeschlossen werden.[66] Dieses Konstrukt setzt voraus, das Klagebegehren so auszulegen, dass es dem Kläger nur darauf ankommt, den eingeklagten Preishöhenschaden betragsmäßig ersetzt zu bekommen und deshalb die weitere „Allokation von Schadensteilen innerhalb der Schadenskette" vom Gericht nicht ermittelt und festgestellt werden muss. Das Gericht darf unterstellen, dass diese Verteilung einer Regelung im Innenverhältnis zwischen Zedenten und (klagendem) Zessionar überlassen werden soll.[67]

**14b**    Für Ansprüche aus § 33 GWB 1999/2005 hat der BGH in „Schienenkartell V" postuliert, ein **Versagen** der **passing-on defence** sei **zu erwägen,** wenn „die **mittelbaren Abnehmer** [...] den ihnen heraus entstehenden **Schaden nur schwer erfassen können** und **voraussichtlich nicht geltend machen**" werden. Dies soll insbesondere bei Streuschäden in Betracht kommen (bei denen die „Abtretungslösung"[68] nicht greifen kann), müsse aber jeweils im Einzelfall unter Berücksichtigung aller Umstände erwogen werden.[69] Der BGH stützt sich hierfür auf das normative Element der Vorteilsausgleichung: für das Für und Wider einer Anrechnung sind die Zwecke des Schadensrechts zu berücksichtigen; die Anrechnung muss für den Geschädigten zumutbar sein und dürfe den Schädiger nicht unbillig entlasten.[70] Könnten Rechtsverletzer damit rechnen, der Haftung aufgrund einer passing-on defence teils oder gar insgesamt zu entgehen, würde die Kartellprävention und damit ein wesentliches Ziel der Kartellschadensersatzhaftung verfehlt.[71] Wie der EuGH in „Manfredi" klargestellt hat, steht das EU-Primärrecht mitgliedstaatlichen Regelungen zum Kartellschadensersatz, die zu individueller Überkompensation führen können – wie etwa auch das Rechtsinstitut des Vorteilsausgleichs, das als Ausnahme von einer Schadensbemessung nach der Differenzhypothese eine Anrechnung von Zuflüssen unter bestimmten Voraussetzungen ausschließt – nicht entgegen, sondern kann diese sogar im Sinne des Äquivalenzgrundsatzes fordern.[72] Mit Blick auf die Konstellation in „**Schienenkartell V**"

---

[65] Dem Vernehmen nach wurde diese „Abtretungslösung" in Klagen gegen am Luftfrachtkartell beteiligte Airlines umgesetzt, indem Ansprüche unmittelbar geschädigter Spediteure und Ansprüche der – vermittelt durch eine Kostenweiterwälzung der Spediteure – mittelbar geschädigten Verlader auf ein Klagevehikel abgetreten worden sind und somit vertikal geltend gemacht werden können. Weitbrecht WuW 2021, 86 (90). Siehe hierzu etwa die Pressemitteilung der Deutschen Bahn vom 2.12.2020 „Luftfrachtkartell: DB und British Airways erzielen außergerichtliche Einigung", abrufbar unter <https://www.deutsche-bahn.com/de/presse/pressestart_zentrales_uebersicht/Luftfrachtkartell-DB-und-British-Airways-erzielen-aussergerichtliche-Einigung—5753208>, wo es heißt „Die [DB-Tochtergesellschaft] DB Barnsdale AG macht nicht nur die Schadensersatzansprüche von DB Schenker geltend, sondern auch von anderen Spediteuren und Verladern, die ihre Ansprüche an sie abgetreten haben").

[66] BGH 19.5.2020 – KZR 8/18, NZKart 2020, 539 (543) = juris Rn. 48 – Schienenkartell IV. Siehe hierzu Petzold NZKart 2020, 592, 595 (Konstruktion scheidet aus, wenn Ansprüche, die unterschiedliche Streitgegenstände bilden, rechtlich abweichend zu behandeln sind, wie etwa im Falle der Verjährung der Ansprüche von Folgeabnehmern).

[67] BGH 19.5.2020 – KZR 8/18, NZKart 2020, 539 (543) = juris Rn. 49 – Schienenkartell IV.

[68] → Rn. 14a.

[69] BGH 23.9.2020 – KZR 4/19, NZKart 2021, 44 (48) = juris Rn. 51 – Schienenkartell V. Zuvor in diese Richtung bereits BGH 19.5.2020 – KZR 8/18, NZKart 2020, 539 (544) = juris Rn. 58 – Schienenkartell IV.

[70] BGH 23.9.2020 – KZR 4/19, NZKart 2021, 44 (48) = juris Rn. 49 – Schienenkartell V; siehe auch BGH 23.9.2020 – KZR 35/19, BGHZ 227, 84 = NZKart 2021, 117 (123 f.) = juris Rn. 96 – LKW-Kartell I.

[71] BGH 23.9.2020 – KZR 4/19, NZKart 2021, 44 (48) = juris Rn. 50 – Schienenkartell V; BGH 13.4.2021 – KZR 19/20, NZKart 2021, 566 (572) = juris Rn. 94 – LKW-Kartell II.

[72] → Vor §§ 33–34a Rn. 13 f.; siehe auch BGH 23.9.2020 – KZR 4/19, NZKart 2021, 44 (48 f.) = juris Rn. 52 – Schienenkartell V.

hat der **BGH** eine **Vorteilsausgleichung versagt:** Zum einen sei der Preisbildungsmechanismus im öffentlichen Personennahverkehr „hochkomplex" und kaum nachzuvollziehen. Den Kunden entstünden allenfalls kaum messbare Streuschäden. Es bestünde nur
eine äußerst geringe Wahrscheinlichkeit dafür, dass diese liquidiert würden. Zum anderen
drohte bei Anerkennung eines Vorteilsausgleichs eine Entkräftung der Kartellrechtsdurchsetzung, weil Klageanreize für die unmittelbar Geschädigten geschwächt werden würden.
Diese seien aber informierte und zugleich auch die faktisch einzig aktivierbaren Kläger.[73] In
**„LKW-Kartell II"** hat der **BGH** diese Rechtsprechungslinie bestätigt,[74] zugleich aber
betont, dass die Vorteilsausgleichung nicht vorschnell versagt werden dürfe und dies insbesondere eine detaillierte Untersuchung der relevanten Absatzmärkte voraussetzt, die
fundierte Rückschlüsse auf Wahrscheinlichkeit und Umfang einer Schadensabwälzung
sowie die Zahl potentiell Geschädigter und potentielle Schadenshöhen zulässt und damit
auch auf die Wahrscheinlichkeit der Inanspruchnahme der Kartellanten durch eine nachfolgende Marktstufe.[75]

Obgleich Art. 13 S. 1 KartSERL und § 33c Abs. 1 S. 2 GWB den Einwand der Scha-  **14c**
densabwälzung explizit zulassen, zieht der BGH in Betracht, die passing-on defence unter
vorgenannten Voraussetzungen auch unter der **Rechtslage nach der Neunten GWB-
Novelle** zu versagen.[76] Raum für eine solche richterliche Rechtsfortbildung kann aufgrund
zweier ineinandergreifender Argumentationslinien bestehen: (1) Nach dem **primärrechtlichen Effektivitätsgebot** dürfen die Haftungsregeln nicht so ausgestaltet sein, dass sie die
Geltendmachung von Schadensersatzansprüchen übermäßig erschweren.[77] Dies beurteilt
sich im Lichte der Ziele der Kartellschadenshaftung und damit insbesondere auch im Lichte
der Durchsetzungsfunktion, der gemäß der EuGH-Rechtsprechung ein (erhebliches) eigenständiges Gewicht zukommt.[78] Führt die Anwendung der passing-on defence dazu, dass
Rechtsverletzer in bestimmten Konstellationen damit rechnen dürfen, von ihnen verursachte Schäden nicht oder allenfalls teilweise ersetzen zu müssen, würde das Durchsetzungsziel
verfehlt und damit auch das primärrechtliche Effektivitätsgebot verletzt. Beachtlich ist
insoweit, dass der Unionsgesetzgeber ausweislich Begründungserwägung (12) S. 1 KartSEL
den „gemeinschaftlichen Besitzstand" in Bezug auf das Kartellschadensersatzrecht mit der
Richtlinie bestätigen und seiner Weiterentwicklung durch den Gerichtshof nicht vorgreifen
wollte. Der hier pauschal geäußerte Wille, auf dem Effektivitätsgebot fußende Vorgaben
durch die Richtlinie nicht verkürzen zu wollen, eröffnet Wertungsspielraum, für bestimmte
Konstellationen Richtlinienregelungen im Lichte des Effektivitätsprinzips (teleologisch) zu
reduzieren. (2) Der Unionsgesetzgeber hat sich in den Art. 12 bis 15 KartSERL auf ein
Konzept festgelegt, dass darauf ausgerichtet ist, kartellbedingte Nachteile auf allen Stufen
der Wertschöpfungskette präzise zuzuordnen.[79] Folgerichtig wird die passing-on defence
zugelassen. Der Unionsgesetzgeber nimmt für sich in Anspruch, damit ein Haftungssystem
vorzugeben, das sowohl eine Überkompensation individuell Geschädigter, aber auch ein
Leerlaufen der Haftung zugunsten der Rechtsverletzer vermeidet und damit den primärrechtlichen Vorgaben gerecht wird bzw. in ihrem Sinne ausgelegt und angewendet werden
kann.[80] Das in der Richtlinie vorgezeichnete Konzept setzt mit Blick auf die primärrechtlich vorgegebenen Ziele des Kartellschadensersatzes allerdings voraus, dass die mit der
Anerkennung der Schadensweiterwälzung einhergehenden Mess-, Zuordnungs- und Apa-

---

[73] BGH 23.9.2020 – KZR 4/19, NZKart 2021, 44 (48 f.) = juris Rn. 50–54 – Schienenkartell V.
[74] BGH 13.4.2021 – KZR 19/20, NZKart 2021, 566 (573) = juris Rn. 99–101 – LKW-Kartell II.
[75] BGH 13.4.2021 – KZR 19/20, NZKart 2021, 566 (573 f.) = juris Rn. 102 f. – LKW-Kartell II.
[76] BGH 23.9.2020 – KZR 4/19, NZKart 2021, 44 (49) = juris Rn. 53 – Schienenkartell V.
[77] → Vor §§ 33–34a Rn. 13 f.
[78] → § 33a Rn. 3–7.
[79] → Rn. 44.
[80] BGH 23.9.2020 – KZR 4/19, NZKart 2021, 44 (49) = juris Rn. 53 – Schienenkartell V unter Hinweis
auf – einerseits – Begründungserwägungen (1), (3) und (4) KartellSERL und – andererseits – Begründungserwägung (12) KartSERL.

thieprobleme für Klagen mittelbarer Abnehmer angemessen adressiert werden.[81] Mangels harter unionsrechtlicher Vorgaben liegt dies in der Verantwortlichkeit mitgliedstaatlichen Rechts. Hält das mitgliedstaatliche Recht aber insoweit keine wirksamen Instrumente bereit oder stoßen diese an ihre Grenzen, bleiben die mitgliedstaatlichen Gerichte frei, Primärrechtskonformität durch einzelfallbezogene Einschränkungen des Einwands der Schadensweiterwälzung herzustellen. Letztlich wird es Sache des **EuGH** sein, im Wege eines **Vorabentscheidungsverfahrens** zu klären, ob und in welchen Konstellationen das **Primärrecht** tatsächlich solche **Einschränkungen** der **passing-on defence** verlangt.

### III. Beweisfragen

15    Aus der in § 33c Abs. 1 S. 1 und 2 angelegten Zäsur zwischen Schadensentstehung und Schadensabwälzung – die für Altfälle in gleicher Weise aus der Anwendung der Grundsätze der Vorteilsausgleichung resultiert[82] – folgt, dass der **Rechtsverletzer** die **Darlegungs- und Beweislast** für die Schadensabwälzung trägt.[83] Das sieht ausdrücklich Art. 13 S. 2 Hs. 1 KartSERL vor,[84] allerdings ergänzt um den Hinweis, dass der Beklagte „in angemessener Weise Offenlegung von dem Kläger oder von Dritten verlangen kann." Dem hat der deutsche Gesetzgeber in § 33g Abs. 2 und Abs. 10 durch entsprechende Ansprüche auf Herausgabe von Beweismitteln und die Erteilung von Auskünften Rechnung getragen. Im Übrigen gilt nach allgemeinen Grundsätzen für Feststellungen dazu, ob und inwieweit ein Kartellschaden abgewälzt wurde, der Maßstab des **§ 287 ZPO**, der eine **Wahrscheinlichkeitsbetrachtung** genügen lässt.[85]

16    Der beklagte Kartellant kann sich für die Schadensweitergabe nicht auf einen **Anscheinsbeweis** berufen. Das KG hielt eine solche Beweiserleichterung in seiner Entscheidung „Berliner Transportbeton" für „denkbar" im Falle eines Kartells mit vollständiger Marktabdeckung, das zudem so lange Bestand hatte, dass letztlich alle konkurrierenden Unternehmen auf dem nachgelagerten Markt zum Kartellpreis beziehen mussten.[86] Demgegenüber hat sich der **BGH** im „**ORWI**"-Urteil **zurückhaltend** positioniert. Der Gerichtshof formulierte, ein beklagter Kartellant müsse „zunächst anhand der allgemeinen Marktverhältnisse auf dem relevanten Absatzmarkt, insbesondere der Nachfrageelastizität, der Preisentwicklung und der Produkteigenschaften, plausibel dazu vortragen, dass eine Weiterwälzung der kartellbedingten Preiserhöhung zumindest ernsthaft in Betracht kommt."[87] Diese Aussage ergänzte der BGH in „**Schienenkartell V**" um den Hinweis, der Kartellant müsse mithin „greifbare Anhaltspunkte" für eine Schadensweitergabe vorbringen, „wobei der erforderliche Detaillierungsgrad des Vorbringens den Umständen des Einzelfalls, insbesondere der Komplexität der ökonomischen Zusammenhänge, Rechnung zu tragen" habe.[88] Dies deutet an, ein Kartellant könne zumindest in bestimmten Konstellationen unter einzelfallbezogener Darlegung von Markt- und Wettbewerbsparametern,

---

[81] Das wird bereits aus den Vorarbeiten zur Richtlinie deutlich. Siehe etwa Arbeitspapier Weißbuch SEC (2008) 404 v. 2.4.2008, Rn. 212. Hierzu bereits Franck in Wollenschläger/Wurmnest/Möllers Private Enforcement 77 (98 f.).

[82] → § 33a Rn. 112.

[83] Zu § 33 GWB 2005/1999 siehe BGH 19.5.2020 – KZR 8/18, NZKart 2020, 539 (543) = juris Rn. 50 – Schienenkartell IV.

[84] Siehe auch Begründungserwägung (39) S. 4 KartSERL.

[85] BGH 23.9.2020 – KZR 4/19, NZKart 2021, 44 (47) = juris Rn. 39 – Schienenkartell V.

[86] KG 1.10.2009 – 2 U 10/03 Kart, WuW 2010, 189 (203) = juris Rn. 134 – Berliner Transportbeton.

[87] BGH 28.6.2011 – KZR 75/10, BGHZ 190, 45 = juris Rn. 69 – ORWI; BGH 19.5.2020 – KZR 8/18, NZKart 2020, 539 (543) = juris Rn. 51 – Schienenkartell IV.

[88] BGH 23.9.2020 – KZR 4/19, NZKart 2021, 44 (46 f.) = juris Rn. 38 – Schienenkartell V (in concreto sah der BGH diese Darlegungsanforderungen als erfüllt an, ebd. Rn. 40–47). Bestätigt in BGH 23.9.2020 – KZR 35/19, BGHZ 227, 84 = NZKart 2021, 117 (124) = juris Rn. 97 – LKW-Kartell I, ergänzt um den Hinweis, dass, wenn eine Kostenüberwälzung auf unterschiedliche Absatzmärkte in Betracht kommt (Bauleistungen; gebrauchte LKW), der Kartellant für jeden Absatzmarkt gesondert darzulegen habe, „dass und in welcher Weise sich eine kartellbedingte Preiserhöhung auf diesem Markt ausgewirkt habe"; bestätigt in BGH 13.4.2021 – KZR 19/20, NZKart 2021, 566 (573) = juris Rn. 97 – LKW-Kartell II.

die typischerweise die pass on-Rate beeinflussen, einen Erfahrungssatz für eine Schadensweitergabe begründen.[89] Allerdings betonte der BGH in „ORWI" auch, ein Kartellant müsse darlegen, „wie sich [...] eigene Wertschöpfungsanteile des [...] Abnehmers [...] auf den Vorteilsausgleich auswirken."[90] Verallgemeinert man diese Aussage, müsste ein Kartellant auch Tatsachen vortragen, die es plausibel erscheinen lassen, dass eine vom vorgelagerten Kartell angestoßene Preiserhöhung auf dem nachgelagerten Markt nicht auf eigenen Anstrengungen des Abnehmers beruht, was die Zurechnung des Vorteils ausschließen würde.[91] Die Darlegungshürde läge damit hoch, weil ein Kartellant regelmäßig auf Tatsachen zurückgreifen müsste, die in der Sphäre seiner Abnehmer liegen. Soweit man von der Darlegung bestimmter Markt- und Wettbewerbsparameter auf einen kartellbedingt gestiegenen Preissetzungsspielraum auf dem nachgelagerten Markt und somit auf ein pass on schließen wollte, würde es einen solchen Erfahrungssatz erschüttern (nicht aber den Einwand der Schadensabwälzung von vornherein ausschließen[92]), wenn ein Abnehmer darlegt, seine **Preise nicht gewinnmaximierend, sondern** auch **anhand sozialer Faktoren** festzulegen.[93]

Eine **sekundäre Darlegungslast,** wonach ein Abnehmer die Behauptung eines pass on **17** nur qualifiziert bestreiten kann – etwa unter Offenlegung von Abgabepreisen und Kostendaten –, hält der BGH nur unter einer Abwägung im Einzelfall für erforderlich und zumutbar.[94] Allgemein gilt, dass je größer die Wahrscheinlichkeit der adäquat-kausalen Weiterwälzung des Schadens und je größer die Beweisnot des Kartellanten sei, desto eher kann dem Geschädigten eine „gewisse Mitwirkung" an der Aufklärung der für eine Schadensweitergabe maßgeblichen Umstände zugemutet werden.[95] An der **Erforderlichkeit** könne es mangeln, weil ein indirekter Abnehmer, der Schadensersatz einfordert, letztlich die maßgeblichen Tatsachen für ein pass on vorbringen müsse,[96] jedenfalls könne sich ein Kartellant regelmäßig, dh wenn der Kreis potentiell Anspruchsberechtigter überschaubar ist und diese im Einzelnen identifizierbar sind, im Wege der Streitverkündung (§ 72 Abs. 1 ZPO) vor einer überkompensatorischen Mehrfachinanspruchnahme schützen.[97] Zudem verbiete sich im Lichte des Effektivitätsgrundsatzes[98] die Annahme einer sekundären Darlegungslast, wenn das Risiko einer Inanspruchnahme eines Kartellrechtsverletzers durch indirekte Abnehmer – etwa im Falle von Streuschäden oder bei Verarbeitung des kartellbefangenen Gutes – gering sei.[99] An der **Zumutbarkeit** sekundärer Darlegungslast soll es insbesondere dann mangeln, wenn Abnehmer ein legitimes Interesse daran haben, ihre Gewinnspannen auf dem nachgelagerten Markt gegenüber Lieferanten geheim zu halten.[100] Je sensibler die Daten sind, deren Offenlegung (mittelbar) erzwungen

---

[89] Siehe Thomas ZHR 180 (2016), 45 (69 f.).

[90] BGH 28.6.2011 – KZR 75/10, BGHZ 190, 45 = juris Rn. 69 – ORWI. Dieser Hinweis wurde in BGH 23.9.2020 – KZR 4/19, NZKart 2021, 44 (46 f.) = juris Rn. 38 – Schienenkartell V nicht aufgegriffen.

[91] → Rn. 10 und 13.

[92] BGH 23.9.2020 – KZR 4/19, NZKart 2021, 44 (47) = juris Rn. 44 – Schienenkartell V.

[93] Siehe etwa BGH 19.5.2020 – KZR 8/18, NZKart 2020, 539 (544) = juris Rn. 60 – Schienenkartell IV; vorgehend OLG München 8.3.2018 – U 3497/16 Kart, NZKart 2018, 230 (233) = juris Rn. 88 – Schienenkartell. Siehe auch LG Berlin 6.8.2013 – 16 O 193/11 Kart, NZKart 2014, 37 (38 f.) = juris Rn. 60 – Fahrtreppen; W.-H. Roth in FK-KartellR § 33c Rn. 39.

[94] BGH 19.5.2020 – KZR 8/18, NZKart 2020, 539 (543 f.) = juris Rn. 53 – Schienenkartell IV.

[95] BGH 28.6.2011 – KZR 75/10, BGHZ 190, 45 = juris Rn. 76 – ORWI; BGH 19.5.2020 – KZR 8/18, NZKart 2020, 539 (543 f.) = juris Rn. 53 – Schienenkartell IV.

[96] BGH 28.6.2011 – KZR 75/10, BGHZ 190, 45 = juris Rn. 72 – ORWI.

[97] BGH 28.6.2011 – KZR 75/10, BGHZ 190, 45 = juris Rn. 73 f. – ORWI; siehe auch BGH 19.5.2020 – KZR 8/18, NZKart 2020, 539 (543 f.) = juris Rn. 53 – Schienenkartell IV.

[98] Hierzu → Vor §§ 33–34a Rn. 13 ff.

[99] BGH 28.6.2011 – KZR 75/10, BGHZ 190, 45 = juris Rn. 74 f. – ORWI; BGH 19.5.2020 – KZR 8/18, NZKart 2020, 539 (544 f.) = juris Rn. 61 f. – Schienenkartell IV; OLG Stuttgart 4.4.2019 – 2 U 101/18, WuW 2019, 334 (337) = juris Rn. 189–194 – Lkw-Kartell I.

[100] Demgegenüber bestehe bei Zuwendungen öffentlich-rechtlicher Natur, die ggf. auch über einen Vorteilsausgleich anzurechnen sind (→ § 33a Rn. 112a), im Grundsatz kein legitimes Geheimhaltungsinteresse. Siehe BGH 19.5.2020 – KZR 8/18, NZKart 2020, 539 (544) = juris Rn. 54 aE – Schienenkartell IV.

werden soll, desto dringlicher muss deren Offenlegung erscheinen, um einen (erheblichen) ausgleichspflichtigen Vorteil aufzudecken.[101] Obgleich die Anforderungen damit hoch sind, haben Instanzgerichte in Einzelfällen etwa eine sekundäre Darlegungslast der Kläger bejaht, etwa um beurteilen zu können, inwieweit Waren an Endverbraucher oder konzernintern an Tochtergesellschaften weiterveräußert worden sind.[102]

18     Die vom BGH postulierte Vorgabe einer Einzelfallabwägung und die hierfür maßgeblichen Parameter stehen grundsätzlich im Einklang mit den Anforderungen der **Kartellschadensersatzrichtlinie**.[103] Mit Blick auf die Erforderlichkeit hat die Richtlinie allerdings Einfluss auf das Gewicht einzelner Parameter: Einerseits steigt angesichts der in § 33c Abs. 2 verankerten Vermutungsregelung die Wahrscheinlichkeit einer Inanspruchnahme eines Kartellanten durch indirekte Abnehmer. Andererseits stehen den Kartellanten nunmehr gemäß §§ 33g, 89b Ansprüche auf Herausgabe von Beweismitteln und Auskunft zu, um eine passing-on defence zu substantiieren.

19     Die Gerichte können den **Umfang der Schadensweitergabe** gemäß § 33c Abs. 5 iVm § 287 ZPO **schätzen**.[104]

## IV. Prozessuales

20     Der **Einwand der Schadensweitergabe** soll dem Erlass eines **Grundurteils** allenfalls dann entgegenstehen, wenn ohne weiteres festzustellen ist, dass der durch die Kartellrechtsverletzung beim Kläger verursachte Schaden **vollständig weitergegeben** wurde und deshalb nicht mit hinreichender Wahrscheinlichkeit davon ausgegangen werden darf, dass beim Kläger ein ersatzfähiger Nachteil in irgendeiner Höhe verblieb.[105]

## E. Schadenszurechnung und Vermutung der Schadensweitergabe zugunsten mittelbarer Abnehmer

## I. Zurechnung kartellbedingter Nachteile mittelbarer Abnehmer

21     Art. 12 Abs. 1 und Art. 14 KartSERL sowie § 33c Abs. 2 und 3 unterstellen, dass auch **mittelbare Abnehmer** einen kartellbedingten Schaden erleiden können und damit nach § 33a Abs. 1 **anspruchsberechtigt** sind. Obgleich die Frage bislang vom EuGH nicht explizit adressiert wurde, kann nach dem „Otis"-Urteil und der Anerkennung einer Schadenszurechnung bei mittelbar Geschädigten, deren Schäden aber nicht marktlich vermittelt worden sind,[106] kein Zweifel mehr daran bestehen, dass eine Anspruchsberechtigung mittelbarer Abnehmer aus Art. 101 AEUV iVm dem Effektivitätsgrundsatz (Art. 4 Abs. 3 EUV) folgt und dass deshalb auch die Modalitäten und Verfahrensregelungen für die Geltendmachung dieser Ansprüche dem Effektivitätsgrundsatz genügen müssen.[107]

---

[101] BGH 28.6.2011 – KZR 75/10, BGHZ 190, 45 = juris Rn. 76 – ORWI; siehe auch BGH 19.5.2020 – KZR 8/18, NZKart 2020, 539 (543 f.) = juris Rn. 53 – Schienenkartell IV.

[102] Siehe etwa LG Frankfurt 10.8.2018 – 2–03 O 239/16, NZKart 2018, 480 (481) = juris Rn. 66 – Drogerieartikel; LG Stuttgart 14.12.2018 – 30 O 26/17, juris Rn. 58–72 – Drogerieartikel.

[103] W.-H. Roth in FK-KartellR § 33c Rn. 35.

[104] Siehe Art. 12 Abs. 5 und Art. 16 KartSERL. Siehe Europäische Kommission, Passing-on Leitlinien Rn. 84–133.

[105] OLG Düsseldorf 22.8.2018 – VI-U (Kart) 1/17, NZKart 2018, 477 (481) = juris Rn. 138 – Schienenkartell; OLG Karlsruhe 9.11.2016 – 6 U 204/15 Kart (2), WuW 2017, 43 (46) = juris Rn. 69 – Grauzementkartell; OLG Frankfurt a. M. 24.11.2017 – 11 U 56/16 (Kart), juris Rn. 90 („grundsätzlich erst im Betragsverfahren zu prüfen"); siehe auch BGH 19.2.2015 – III ZR 90/14, NJW-RR 2015, 1180 (1182) = juris Rn. 17 (betrifft Anrechnung von Steuervorteilen im Wege der Vorteilsausgleichung bei Haftung wegen fehlerhafter Kapitalanlageberatung).

[106] → § 33a Rn. 19a und 64a.

[107] Hierfür bereits Komninos EC Private Antitrust S. 193, 203; Bulst ZEuP 2008, 178 (187–189); Parlak World Competition 33 (2010), 31 f.; Heinze Schadensersatz S. 179–183; anders W.-H. Roth FS Huber, 2006, 1133 (1149); Logemann Schadensersatz S. 109 f. Unentschieden BGH 28.6.2011 – KZR 75/10, BGHZ 190, 45 = juris Rn. 24 – ORWI.

Mittelbare Abnehmer müssen zeigen können, dass ihr Bezugspreis bedingt durch eine **22** vorgelagerte Kartellrechtsverletzung überhöht war.[108] Ein solcher Kostenschaden soll nach der Leitentscheidung des **BGH** in „ORWI" aber **nur** dann **zurechenbar** sein und als „kartellbedingt" gelten, wenn sich der Erstabnehmer zur Weitergabe eines **Preissetzungsspielraums** bedient hat, der sich ihm erst **aufgrund** der **vorgelagerten Kartellrechtsverletzung** auftat.[109] Demgegenüber soll es an der „erforderlichen adäquaten Kausalität des Kartells für die Preiserhöhung auf dem Folgemarkt" fehlen, wenn sich der weiterliefernde Erstabnehmer für die Schadensweitergabe eines nicht kartellbedingten Preissetzungsspielraums bediente, dh eines solchen, den er sich „durch besondere kaufmännische Leistungen und Anstrengungen erworben" hat.[110] Ausschlaggebendes Motiv für diese Einschränkung der Schadenszurechnung bildete ein angestrebter Gleichlauf mit der Anwendung der Grundsätze des Vorteilsausgleichs auf die passing-on defence, um so eine kumulative Belastung des Kartelltäters mit Kostenschäden von Teilnehmern verschiedener Marktstufen bereits im Ansatz ausschließen zu können.[111]

An der Begründung im „ORWI"-Urteil irritiert zunächst der Hinweis auf **fehlende** **23** **Adäquanz** des Kausalzusammenhangs. Nach gängigem Verständnis fehlt es an Adäquanz, wenn ein Dritter „in völlig ungewöhnlicher und unsachgemäßer Weise in den schadensträchtigen Geschehensablauf eingreift und eine weitere Ursache setzt, die den Schaden erst endgültig herbeiführt [...]."[112] Man wird es indes kaum als ungewöhnlich ansehen können, dass ein Unternehmen seine Preispolitik auch an der Höhe seiner Kosten ausrichtet. Es ist auch nicht einzusehen, warum bei einem Erstabnehmer, der sich zum Monopolisten auf einem Anschlussmarkt emporgearbeitet hat und sodann aufgrund eines kartellbedingt gestiegenen Einstandspreises seinen Weiterverkaufspreis erhöht, adäquate Kausalität daran scheitern soll, dass hier – anders als bei einem im Wettbewerb mit anderen Kartellopfern stehenden Weiterverkäufer – der Preissetzungsspielraum nicht erst durch die Kartellabrede geschaffen wurde. Maßgeblich ist die hier wie dort gegebene Ursächlichkeit der Kartellabrede für die Preiserhöhung.[113] Die Urteilsrhetorik verdeckt, dass es dem BGH mit dem postulierten Gleichlauf von passing-on defence und Schadenszurechnung bei Nachteilen mittelbarer Abnehmer um eine **Wertung** geht, die als Zurechnungsfrage **jenseits** jener nach einem **adäquaten Ursachenzusammenhang** zu diskutieren ist. Letztlich **überzeugen die vom BGH vorgebrachten Erwägungen nicht:** Richtig ist zwar, dass die mit einer Kartellrechtsverletzung verknüpfte Erhöhung des Weiterverkaufspreises des Erstabnehmers und der Kostenschaden des Zweitabnehmers kongruent sind. Doch gleichen sich nicht die Wertungskriterien, die maßgeblich sind für die Gebotenheit einer Vorteilsanrechnung einerseits und für die Zurechnung mittelbarer Schäden andererseits.[114] Besieht man die Konstellation vor dem Hintergrund etablierter Fallgruppen mangelnder Zurechnung wegen dazwischentretenden Drittverhaltens, ist auch nicht ersichtlich, warum ein geschädigter Erstabnehmer sich nicht dazu „herausgefordert" fühlen dürfte, auch einen

---

[108] BGH 28.6.2011 – KZR 75/10, BGHZ 190, 45 = juris Rn. 44 – ORWI.

[109] BGH 28.6.2011 – KZR 75/10, BGHZ 190, 45 = juris Rn. 48 – ORWI: „Sind nach diesen Maßstäben [gemeint ist, dass der für das pass on genutzte Preissetzungsspielraum kartellbedingt ist und nicht durch „besondere kaufmännische Leistungen und Anstrengungen" erworben wurde, BGH, a. a. O., Rn. 47] auf dem Anschlussmarkt Verhältnisse gegeben, die eine Überwälzung des Kartellpreisniveaus auf die nachfolgende Marktstufe erlauben, kann der Kausalzusammenhang zwischen Kartell und Schaden der Folgeabnehmer nicht mit der Erwägung verneint werden, die Preispolitik des Direktabnehmers beruhe auf dessen autonomer Entscheidung" (Nachw. ausgespart).

[110] BGH 28.6.2011 – KZR 75/10, BGHZ 190, 45 = juris Rn. 48 – ORWI.

[111] BGH 28.6.2011 – KZR 75/10, BGHZ 190, 45 = juris Rn. 48 – ORWI: „Dieser Gleichklang der Kausalitätsprüfungen trägt dem Umstand Rechnung, dass der Schaden, soweit er in der Differenz aus dem Kartellpreis und dem (hypothetischen) Wettbewerbspreis besteht, bei wirtschaftlicher Betrachtung nur einmal eingetreten sein kann und den verschiedenen Marktstufen daher nur alternativ oder jeweils zum Teil, aber nicht kumulativ zugeordnet werden kann."

[112] Vgl. etwa BGH 9.10.1997 – III ZR 4/97, BGHZ 137, 11 (19) mwN.

[113] Ackermann/Franck GRUR 2012, 298 (299).

[114] Franck Marktordnung S. 601 f.

originären Preissetzungsspielraum zur Schadensweitergabe zu nutzen. Denn – anders als etwa die Beschädigung von Anliegergrundstücken in den sog. „Grünstreifen"-Fällen[115] – missbilligt die Rechtsordnung dieses Verhalten als solches nicht.[116] Es verbietet sich auch, die Schadensweitergabe im originären Preissetzungsspielraum als allgemeines Marktrisiko zu werten. Denn hierin realisiert sich ein Risiko, das Kartellrecht verhindern will.[117] Die Zurechnungsbeschränkung des BGH in „ORWI" beruht letztlich auf der Wertung, die Möglichkeit vollständiger Schadenskompensation mittelbarer Abnehmer zurückzustellen hinter den Schutz der Kartellanten vor einer kumulativen Geldendmachung von Kostenschäden auf verschiedenen Markstufen, aufgrund derer eine übermäßige Abschreckungswirkung jedenfalls denkbar erscheint. Wenn es allerdings einerseits gute Gründe dafür gibt, den Erstabnehmern in bestimmten Fällen den aus der Schadensweitergabe resultierenden Vorteil behalten zu lassen, und andererseits keinen guten Grund, den Zweitabnehmer den auf Grund der Schadensweitergabe erlittenen Verlust tragen zu lassen, sprechen die besseren Argumente dafür, denjenigen damit zu belasten, der als Kartellrechtsverletzer kartellrechtswidrig und adäquat kausal hierfür eine Ursache gesetzt hat.[118]

24      Art. 12 Abs. 1 und Art. 14 KartSERL sehen keine dem „ORWI"-Urteil entsprechende Differenzierung bei der Zurechnung kartellbedingter Schäden mittelbarer Abnehmer vor, sondern gehen – wie auch Art. 1 Abs. 1 S. 1 und Art. 3 Abs. 1 KartSERL – vom Grundsatz vollständiger Kompensation aus. Das spricht für die hier vertretene vollständige Zurechnung weitergewälzter Kostenschäden. Da Fragen der **Adäquanz** und **Schadenszurechnung** grundsätzlich (in den Grenzen des Effektivitätsprinzips) dem **mitgliedstaatlichen Recht** überlassen bleiben,[119] steht die Richtlinie der Lösung des BGH allerdings – über die hier vorgebrachten Erwägungen hinaus – nicht entgegen. Absehbar ist ohnehin, dass die materiell-rechtlichen Fragen der Schadenszurechnung praktisch überlagert und dominiert werden von Beweisfragen, namentlich jener nach der Reichweite der von der Richtlinie in Art. 14 Abs. 2 angeordneten Vermutung für eine Schadensweitergabe zugunsten mittelbarer Abnehmer.

## II. Kartellbetroffenheit

24a     Wie zu § 33a erörtert (→ § 33a Rn. 20b f.), sollte auf die Betroffenheit als eigenständige Voraussetzung der Haftungsbegründung verzichtet werden oder sollte diese jedem Anspruchsteller zugestanden werden, der den Ersatz eines Schadenspostens begehrt, der grundsätzlich zurechenbar ist. Das gilt auch, wenn Anspruchsteller gelten machen, als mittelbare Abnehmer geschädigt worden zu sein. Damit trifft es sich, dass § 33c Abs. 2 die Vermutung für eine Schadensabwälzung daran anknüpft, dass der mittelbare Abnehmer ein Produkt erworben hat, das entweder selbst Gegenstand des Kartells war oder auf der Verarbeitung eines solchen Produktes beruht oder ein solches Produkt enthält. Denn setzt der Gesetzgeber den tatsächlichen Aspekt, den der BGH für den Nachweis der Betroffenheit einfordert (→ § 33a Rn. 20d) für die Vermutung der Schadensabwälzung und damit Schadensentstehung beim mittelbaren Abnehmer ein, erscheint zweifelhaft, welche Bedeutung der Betroffenheit als „Vorfilter" zur Schadensentstehung noch zukommen kann. Hierin zeigt sich, dass die Betroffenheit im gesetzgeberischen Konzept der Haftung nach § 33a iVm § 33c nicht (mehr) angelegt ist.

24b     Zu **§ 33 GWB 1999/2005** hielt der BGH in „Schienenkartell II" an der **Betroffenheit** als **eigenständiger Voraussetzung** der **Haftungsbegründung** – ausdrücklich auch für

---

[115] BGH 16.2.1972 – VI ZR 128/70, BGHZ 58, 162 (167). Das Kriterium der Herausforderung hatte der BGH zuvor bereits für die sog. „Verfolgerfälle" entwickelt, siehe etwa 13.7.1971 – III ZR 157/56, BGHZ 57, 25 (28), und sodann auch auf andere Fälle von Drittschädigungen übertragen, siehe etwa BGH 30.6.1987 – II ZB 49/87, BGHZ 101, 215 (221 f.).

[116] *Franck* Marktordnung S. 602–604.

[117] *Franck* Marktordnung S. 604 f.

[118] *Ackermann/Franck* GRUR 2012, 298 (299).

[119] Siehe Begründungserwägung (11) S. 3 und 5 KartSERL.

die Geltendmachung **mittelbarer Kartellschäden** – fest und verlangt hierfür, dass der Kartellrechtsverstoß, auf den sich der Anspruchsteller stützte, „**geeignet** ist, einen **Schaden** des Anspruchstellers **mittelbar** oder unmittelbar **zu begründen**".[120] Hierfür wiederum soll es jedenfalls genügen, zu zeigen, dass eine Ware erworben wurde, die „Gegenstand der Kartellabsprache" war.[121] In „**LKW-Kartell II**" stellte der BGH fest, für die Darlegung der Kartellbetroffenheit und Anspruchsberechtigung genüge es ohne weiteres, wenn die streitgegenständlichen LKW „**unmittelbar oder mittelbar**" von am Kartell beteiligten Unternehmen erworben worden sind. Der mittelbare Erwerb betraf Konstellationen, in denen die LKW von unabhängigen Händlern der am Kartell beteiligten Hersteller erworben worden waren.[122] Es muss danach also hinreichen, wenn ein Anspruchsteller ein **Produkt (mittelbar) erworben** hat, das **Gegenstand des Kartells** war oder das aus der **Verarbeitung eines solchen Produkts** hervorging oder das **ein solches Produkt enthalten** hat.[123] Dies erscheint angemessen, weil es nur für wenige und atypische Fälle denkbar ist, dass die Markt- und Wettbewerbsverhältnisse auf einer nachfolgenden Vertriebs- bzw. Verarbeitungsstufe es als in hohem Maße unwahrscheinlich erscheinen lassen, dass auch nur ein Teil eines kartellbedingten Preisaufschlags auf mittelbar Abnehmer weitergewälzt wurde.[124] Zudem ist eine solche Beweiserleichterung auch durch das unionsrechtliche Effektivitätsgebot induziert. Denn es belastete einen mittelbaren Abnehmer in besonderem Maße, bei einem Gegenstand, der nachweislich auf der ersten Marktstufe als kartellbetroffen anzusehen ist und den er über mehrere Zwischenerwerbe oder Verarbeitungsstufen erworben hat, die Markt- und Wettbewerbsverhältnisse auf jeder Marktstufe darlegen und ggf. beweisen zu müssen, um hierdurch eine Betroffenheit im Sinne einer „Geeignetheit" zur Schädigung anhand des Beweismaßes des § 286 ZPO zu zeigen.

## III. Beweisfragen zur Schadensentstehung

Die Schadensvermutung des § 33a Abs. 2 S. 1 begünstigt nur unmittelbare Abnehmer. **25** Wie ausdrücklich in Art. 14 Abs. 1 KartSERL angeordnet und im Gegenschluss zu § 33c Abs. 2 erkennbar, tragen **mittelbare Abnehmer** grundsätzlich die **Darlegungs- und Beweislast** dafür, dass ein beim Erstabnehmer entstandener (bzw. vermuteter) Schaden auf sie übergewälzt wurde, wobei sie – so Art. 14 Abs. 1 KartSERL – „in angemessener Weise Offenlegung von dem Beklagten oder von Dritten" verlangen können. Es gelten insoweit §§ 33g, 89b ff.

**1. Beweiserleichterungen für die Schadensentstehung nach der Rechtslage vor 26 der Neunten GWB-Novelle.** Der BGH hat in „ORWI" eine **Vermutung für** die **Kausalität** der Kartellabsprache für eine im zeitlichen Zusammenhang erfolgende **Preiserhöhung** auf einem Anschlussmarkt **abgelehnt** und betont, es bedürfe der Feststellung, dass die Preiserhöhung „gerade auf das Kartellgeschehen und nicht auf andere preisbildende Faktoren zurückgehe."[125] Ganz ähnlich wie mit Blick auf die passing-on defence[126] hat sich der BGH der Sache nach auch zurückhaltend zur Möglichkeit eines **Anscheinsbeweises** positioniert, indem er zwar darauf hinwies, dass beim Vorliegen bestimmter Markt- und Wettbewerbsfaktoren „eine Kostenwälzung [...] als kartellbedingt

---

[120] BGH 28.1.2020 – KZR 24/17, BGHZ 224, 281 = NZKart 2020, 136 (137) = juris Rn. 25 – Schienenkartell II.

[121] BGH 28.1.2020 – KZR 24/17, BGHZ 224, 281 = NZKart 2020, 136 (137) = juris Rn. 25 – Schienenkartell II.

[122] BGH 13.4.2021 – KZR 19/20, juris Rn. 3 und 22 – LKW-Kartell II.

[123] Vgl. § 33c Abs. 2.

[124] Zu den maßgeblichen Faktoren → Rn. 5.

[125] BGH 28.6.2011 – KZR 75/10, BGHZ 190, 45 = juris Rn. 45 f. – ORWI; siehe auch OLG Düsseldorf 6.3.2019 – VI-U (Kart) 15/18, NZKart 2019, 286 (287) = juris Rn. 74 – LKW-Kartell I (kein Anscheinsbeweis für kartellbedingte Betroffenheit, wenn nicht vom Kartellanten, sondern vom selbständigen Zwischenhändler bezogen); OLG Düsseldorf 8.5.2019 – VI-U (Kart) 11/18, NZKart 2019, 354 (356).

[126] → Rn. 16.

angesehen werden [kann]", aber zugleich betonte, dass ausgeschlossen werden müsse, dass die Kostenweitergabe im Rahmen eines „durch besondere kaufmännische Leistungen und Anstrengungen erworben[en Preissetzungsspielraums]" erfolgte.[127] In „**Grauzementkartell II**" hielt der BGH die generell zu konstatierende „nicht entfernt liegende Möglichkeit, dass kartellbedingt überhöhte Preise der [Zwischenhändler] zu einem Schaden bei einem Abnehmer zweiter Stufe führten"[128] für hinreichend, um dem für Feststellungsklagen abgesenkten Beweismaß zu genügen.[129]

26a     In „**LKW-Kartell II**" hat der BGH die Grundaussagen aus „ORWI" bestätigt,[130] hiervon aber Konstellationen unterschieden, in denen keine „durchgängig" zwischen Hersteller und Endnutzer „geschaltete" Marktstufe festzustellen ist, etwa weil der Vertrieb teils über unselbständige und teils über selbständige Händler erfolgt.[131] Im konkreten Fall bejahte der BGH, dass eine Schädigung der Endnutzer durch **Weitergabe erhöhter Einstandskosten durch unselbständige Händler** als „**hochwahrscheinlich**"[132] angesehen werden konnte: Zwar mag es im Einzelfalls sinnvoll erscheinen, dass selbständige Händler kartellbedingte Erhöhungen der Einstandskosten zulasten ihrer Marge nicht weitergeben.[133] Angesichts der äußerst hohen Marktabdeckung des Kartells, aufgrund derer die Händler nahezu ausnahmslos kartellbefangene Produkte veräußerten und die Marktgegenseite also praktisch keine Ausweichmöglichkeiten hatte, wäre es indes „völlig unplausibel", anzunehmen, dass kartellbedingte Preisüberhöhungen „regelhaft und vollständig auf der Ebene der (selbständigen) Händler ‚hängenblieben'".[134]

26b     Im nachfolgenden Urteil „**Stahl-Strahlmittel**" hat der BGH formuliert, der Erfahrungssatz für die preissteigernde Wirkung bei Preis-, Quoten- oder Kundenschutzabsprachen gelte für die Preisbildung auf nachgelagerten Marktstufen „wenn **keine klare Trennung der verschiedenen Marktstufen** vorliegt."[135] Dies sei „erst recht" anzunehmen, wenn der Ersterwerb durch eine **Tochtergesellschaft** erfolge, die hinsichtlich der haftungsauslösenden Zuwiderhandlung zur selben **wirtschaftlichen Einheit** wie die am Kartell beteiligte Muttergesellschaft gehört. Denn es sei „völlig unplausibel", zu unterstellen, die Muttergesellschaft würde „den kartellbedingt überhöhten Gewinn dadurch wieder zunichtemach[en]", dass die Preiserhöhung vollständig bei ihrer Tochtergesellschaft ‚hängenbleibt'".[136]

27     **2. Widerlegliche Vermutung für eine Schadensweitergabe (§ 33c Abs. 2 und 3).** § 33c Abs. 2 sieht zugunsten mittelbarer Abnehmer eine **(widerlegliche) Vermutung für die Schadensweitergabe** vor. Umgesetzt wird damit Art. 14 Abs. 2 und 3 KartSERL. Der Terminologie in der Richtlinie mangelt es an Klarheit und Konsistenz. Während in Art. 14 Abs. 2 KartSERL eingangs formuliert wird, dass unter gewissen Voraussetzungen „davon ausgegangen [wird], dass der mittelbare Abnehmer den Beweis dafür, dass eine Abwälzung auf den mittelbaren Abnehmer stattgefunden hat, erbracht hat", stellt Art. 14 Abs. 2 S. 2 KartSERL klar, dass der Beklagte dies widerlegen könne. Der Richtliniengeber bezeichnet die Regelung teils als „Anscheinsbeweis",[137] teils als „widerlegbare Vermutung".[138] Diese Unschärfen dürfen nicht davon ablenken, dass es sich um ein genuin unionsrechtlich begründetes Konzept einer Beweiserleichterung handelt, das die Auslegung und Anwendung von § 33c Abs. 2 und 3 beherrscht.

---

[127] BGH 28.6.2011 – KZR 75/10, BGHZ 190, 45 = juris Rn. 47 – ORWI.
[128] BGH 12.6.2018 – KZR 56/16, NZKart 2018, 315 (317) = juris Rn. 37 – Grauzement II.
[129] BGH 12.6.2018 – KZR 56/16, NZKart 2018, 315 (317) = juris Rn. 34 – Grauzement II.
[130] BGH 13.4.2021 – KZR 19/20, NZKart 2021, 566 (568 f.) = juris Rn. 49 – LKW-Kartell II.
[131] BGH 13.4.2021 – KZR 19/20, NZKart 2021, 566 (568 f.) = juris Rn. 49 – LKW-Kartell II.
[132] BGH 13.4.2021 – KZR 19/20, NZKart 2021, 566 (568) = juris Rn. 48 – LKW-Kartell II.
[133] BGH 13.4.2021 – KZR 19/20, NZKart 2021, 566 (568) = juris Rn. 48 – LKW-Kartell II.
[134] BGH 13.4.2021 – KZR 19/20, NZKart 2021, 566 (569) = juris Rn. 51 – LKW-Kartell II.
[135] BGH 28.6.2022 – KZR 46/20, NZKart 2022, 641 (644) = juris Rn. 44 – Stahl-Strahlmittel.
[136] BGH 28.6.2022 – KZR 46/20, NZKart 2022, 641 (644) = juris Rn. 46–51 – Stahl-Strahlmittel.
[137] Begründungserwägung (41) S. 4 und S. 6 KartSERL.
[138] Begründungserwägung (41) S. 5 KartSERL.

Die Vermutung für eine Schadensweitergabe setzt – erstens – einen **Verstoß gegen § 1** 28
oder **§ 19** oder **Art. 101 f. AEUV** voraus (§ 33c Abs. 2 Nr. 1).[139] Für Verstöße gegen
sonstige Vorschriften die „überwiegend das gleiche Ziel [wie Art. 101 f. AEUV] verfolgen",[140] insbesondere also **§ 20 Abs. 1–3** und **§ 29**, gilt die Regelung **analog.**[141]

Zweitens muss die Rechtsverletzung beim **unmittelbaren Abnehmer**[142] zu einem 29
**„Preisaufschlag"** geführt haben (§ 33c Abs. 2 Nr. 2), womit gemäß der Legaldefinition
in § 33c Abs. 1 S. 1 ein Kostenschaden gemeint ist. Dem mittelbaren Abnehmer kommt
hierbei die Schadensvermutung des § 33a Abs. 2 zugute.

Drittens muss der mittelbare Abnehmer ein **Gut** erworben haben (§ 33c Abs. 2 Nr. 3), 30
das entweder selbst Gegenstand der Rechtsverletzung war (lit. a), das einen solchen enthält
(lit. c) oder aus einem solchen hervorgegangen ist (lit. b).

Mit der Schadensabwälzung wird zugleich die **Schadensentstehung beim Anspruch-** 30a
**steller** vermutet. Das entspricht der Wirkung der Schadensvermutung nach § 33a Abs. 2,
die ebenfalls auch die kartellbedingte Verzerrung der Parameter der individuellen Transaktion betrifft (→ § 33a Rn. 81b). Anders als dort wird bei § 33c Abs. 2 freilich schon
durch den Wortlaut („wird zugunsten eines mittelbaren Abnehmers vermutet, dass der
Preisaufschlag auf ihn abgewälzt wurde") deutlich, dass es nicht (nur) allgemein um eine
Schadensweiterwälzung auf nachgeordnete Marktstufen geht, sondern eine Vermutung
dafür begründet wird, dass das vorgelagerte Kartell die Parameter und insbesondere den
Preis jeder einzelnen Transaktion verzerrt hat, bei der die Voraussetzungen des § 33c
Abs. 2 erfüllt sind.

Die Vermutung des § 33c Abs. 2 gilt für mittelbare Abnehmer **über alle Marktstufen** 31
hinweg.[143]

§ 33c Abs. 2 erfasst nach Wortlaut und Systematik nicht die mittelbaren Abnehmer von 32
Kartellaußenseitern im Fall von Preisschirmeffekten.[144] Das erklärt sich mit Blick auf
Art. 14 KartSERL damit, dass die Richtlinie die Ersatzfähigkeit von **Preisschirmschäden**
grundsätzlich nicht regelt,[145] sondern nur punktuell und implizit[146] voraussetzt.

Die Vermutung der Schadensweitergabe gilt gemäß § 33c Abs. 2 (nur) „[d]em Grunde 33
nach". Es wird insbesondere **nicht vermutet,** dass der dem unmittelbaren Abnehmer
entstandene **Kostenschaden zur Gänze** auf die nachfolgenden Marktstufen **abgewälzt**
wurde. Den Beweisschwierigkeiten mittelbarer Abnehmer hinsichtlich des Ausmaßes der
Schadensweitergabe wird durch die Möglichkeit der **Schadensschätzung** gemäß § 33c
Abs. 5 iVm § 287 ZPO Rechnung getragen.[147]

Dies steht **im Einklang mit Art. 14 Abs. 2 KartSERL.** Dort heißt es zunächst in 34
**Art. 14 Abs. 2 S. 1 KartSERL,** unter den sodann im Einzelnen aufgeführten Voraussetzungen sei zu vermuten, dass „eine Abwälzung auf den mittelbaren Abnehmer stattgefunden hat".[148] Kontrastiert man dies mit dem Vorabsatz, in dem der Richtliniengeber
dem mittelbaren Abnehmer die Darlegungs- und Beweislast – sprachlich differenziert – „für
das Vorliegen und den Umfang einer solchen Schadensabwälzung" auferlegt,[149] spricht dies

---

[139] Offen ist, ob die Verwendung des Begriffs „Rechtsverletzer", der sich in § 33 Abs. 1 legaldefiniert
findet, es ausschließt, § 33c Abs. 2 auch anzuwenden, wenn der Anspruch aus § 33a Abs. 1 auf eine Verfügung gestützt wird, aus der sich eine Kartellrechtsverletzung ergibt, vgl. W.-H. Roth in FK-KartellR § 33
Rn. 6.

[140] Art. 2 Nr. 3 KartSERL.

[141] → Rn. 6.

[142] Siehe Art. 2 Nr. 23 KartSERL.

[143] Bornkamm/Tolkmitt in Bunte § 33c Rn. 82; Mäsch in Berg/Mäsch § 33c Rn. 10; W.-H. Roth in
FK-KartellR § 33c Rn. 43.

[144] W.-H. Roth in FK-KartellR § 33c Rn. 45; vgl. Thomas ZHR 180 (2016), 45 (60 f.).

[145] Siehe Begründungserwägung (11) S. 3–5 KartSERL.

[146] Siehe Art. 11 Abs. 4 KartSERL.

[147] Regierungsbegründung zur Neunten GWB-Novelle BT-Drs. 18/10207, 57. Siehe Art. 12 Abs. 5 und
Art. 16 KartSERL und Europäische Kommission, Passing-on Leitlinien Rn. 84–133.

[148] Art. 14 Abs. 2 S. 1 KartSERL (Hervorhebung hinzugefügt).

[149] Art. 14 Abs. 1 KartSERL (Hervorhebung hinzugefügt).

dafür, dass die Vermutung nur das Vorliegen der Schadensweitergabe, nicht aber deren Ausmaß betrifft.[150]

**35**   Nicht vereinbar scheint diese Lesart indes mit **Art. 14 Abs. 2 S. 2 KartSERL,** wonach der Beklagte die Vermutung nach Art. 14 Abs. 1 S. 1 KartSERL entkräften könne, indem er glaubhaft macht, „dass der Preisaufschlag nicht oder nicht vollständig an den mittelbaren Abnehmer weitergegeben wurde." Das legt einen **Rückschluss** nahe, wonach die Vermutungsregelung auch das **Ausmaß der Schadensweitergabe** betrifft.[151] Ein Blick auf die Entstehung von Art. 14 Abs. 2 KartSERL offenbart jedoch, dass es sich bei der Alternative der „nicht vollständigen" Weitergabe um ein redaktionelles Versehen handelt und deshalb **diese Verständnismöglichkeit nicht beabsichtigt** war.

**36**   Der Kommissionvorschlag enthielt zunächst in Art. 13 Abs. 2 eine im Wesentlichen wortgleiche Regelung zu Art. 14 Abs. 2 S. 1 KartSERL, worauf der Satz folgte: „Die Mitgliedstaaten gewährleisten, dass das Gericht befugt ist zu schätzen, welcher Teil des Preisaufschlags weitergegeben wurde." In dieser Fassung sprach die Systematik der Regelung deutlich dafür, dass den Beweisschwierigkeiten mittelbarer Abnehmer mit Blick auf das „Ob" der Schadensabwälzung durch die Vermutungsregelung, mit Blick auf das Ausmaß der Schadensabwälzung aber (nur) durch die Möglichkeit der Schadensschätzung Rechnung getragen werden sollte. Hieran anschließend formulierte Art. 13 Abs. 2 S. 3 des Vorschlags, „[d]ieser Absatz berührt nicht das Recht des Rechtsverletzers, den Nachweis zu erbringen, dass der Preisaufschlag nicht oder nicht vollständig an den mittelbaren Abnehmer weitergegeben wurde." Anders als letztlich in Art. 14 Abs. 2 S. 2 KartSERL sollte hiernach dem beklagten Rechtsverletzer die Möglichkeit eines widerlegenden Vollbeweises gegen die Schätzung des Anteils des weitergegebenen Schadens eingeräumt werden. Vor diesem Hintergrund hatte es einen nachvollziehbaren Sinn, dass die Regelung nicht nur einen Gegenbeweis zur Schadensweiterwälzung an sich, sondern auch den Nachweis der „nicht vollständig[en]" Schadensabwälzung erwähnte. Damit wäre klargestellt worden: Würde ein Kläger hinreichende Anhaltspunkte vortragen, die zur Schätzung führen konnten, dass der Schaden vollständig weitergewälzt wurde, hätte der Beklagte dem mit dem Nachweis nur teilweiser Schadensabwälzung entgegentreten können. Nachdem sodann im Laufe des Gesetzgebungsverfahrens die Möglichkeit, das Ausmaß der Weiterwälzung zu schätzen, aus der Regelung herausgenommen und in den (jetzigen) Art. 12 Abs. 5 KartSERL eingefügt wurde,[152] **verlor** die **Formulierung „oder nicht vollständig"** ihre **Bedeutung. Sie hätte** folgerichtig aus der Gegenbeweisregelung **gestrichen werden müssen.** Dass dies nicht geschah, wird man als **redaktionelles Versehen** zu verstehen haben. Nichts deutet darauf hin, dass dies bewusst nicht geschah, um damit eine (Neu-)Interpretation des – im Wortlaut insoweit unverändert gebliebenen – (jetzigen) Art. 14 Abs. 2 S. 1 KartSERL in einem Sinne zu erzwingen, wonach die Vermutung auch das Ausmaß der Schadensweitergabe erfassen solle.

**37**   Zudem ist zu bedenken, dass einer über alle Marktstufen hinweg geltenden Vermutung dafür, dass mittelbaren Abnehmern ein Schaden in Höhe des Kostenschadens des unmittelbaren Abnehmers entstanden ist, nicht unerhebliches Potential für eine überschießende Präventionswirkung innewohnt. Ob sich dieses Risiko praktisch verwirklichen würde, hängt wesentlich von der Handhabung der Beweisregeln ab.[153] Dem über das **Effektivi-**

---

[150] AA hinsichtlich des Wortlauts W.-H. Roth in FK-KartellR § 33c Rn. 49.

[151] Schweitzer NZKart 2014, 335 (338), Fn. 33; W.-H. Roth in FK-KartellR § 33c Rn. 49. In diese Richtung deutet auch Begründungserwägung (41) S. 4 KartSERL: „Es ist daher angebracht vorzusehen, dass, wenn das Bestehen eines Schadensersatzanspruchs oder die Höhe des zuzuerkennenden Schadensersatzes davon abhängt, ob oder inwieweit ein Preisaufschlag von einem unmittelbaren Abnehmer des Rechtsverletzers an einen mittelbaren Abnehmer weitergegeben wurde, davon ausgegangen wird, dass der mittelbare Abnehmer den Beweis dafür, dass der Preisaufschlag von dem unmittelbaren Abnehmer an seine Ebene weitergegeben wurde, erbracht hat, wenn er den Anscheinsbeweis dafür erbringt, dass eine solche Schadensabwälzung stattgefunden hat."

[152] Durch diese Verschiebung wurde klargestellt, dass die Möglichkeit der Schätzung des Umfangs der Schadensweitergabe sowohl dem Rechtsverletzer als auch den indirekten Abnehmern zugutekommen muss.

[153] → Rn. 50.

**tätsprinzip** geltenden Ziel einer **angemessenen Präventionswirkung** und der Vermeidung von Risiken systematischer Überabschreckung wird jedoch durch eine enge Auslegung von Art. 14 Abs. 2 KartSERL besser Rechnung getragen. Es sprechen deshalb überzeugende Argumente dafür, Art. 14 Abs. 2 KartSERL so zu lesen, dass die Vermutungsregelung nur das „Ob", nicht aber das Ausmaß der Schadensweitergabe erfasst.[154]

Sollte der EuGH indes – entgegen der hier vorgebrachten Erwägungen – mit Blick auf **38** Art. 14 Abs. 2 S. 2 KartSERL und Begründungserwägung (41) S. 4 KartSERL annehmen, nach Art. 14 Abs. 2 S. 1 KartSERL sei eine Weitergabe des gesamten auf der Stufe der Erstabnehmer entstandenen Kostenschadens zu vermuten, müsste der Wortlaut des § 33c Abs. 2 entsprechend angepasst werden. Da der deutsche Gesetzgeber erkennbar eine richtlinienkonforme Umsetzung anstrebte,[155] bestünde sodann einstweilen auch Raum für eine **richtlinienkonforme Rechtsfortbildung**.[156]

Die **Vermutung** für eine Schadensweitergabe kann gemäß § 33c Abs. 3 **entkräftet 39** werden, indem der Beklagte „glaubhaft" macht, „dass der Preisaufschlag nicht oder nicht vollständig an den mittelbaren Abnehmer weitergegeben wurde." Die Regelung setzt Art. 14 Abs. 2 S. 2 KartSERL um. Nimmt man dies wörtlich, führte bereits ein Glaubhaftmachen der nur teilweisen Nichtweitergabe des Preisaufschlags dazu, dass die Vermutung insgesamt unanwendbar wird.[157] Allerdings offenbaren die Veränderungen des Normtexts im Laufe des Gesetzgebungsverfahrens, dass die Alternative der „nicht vollständig[en]" Schadensweitergabe ohnehin nur versehentlich nicht gestrichen wurde.[158] Der deutsche Gesetzgeber hat sie aus Art. 14 Abs. 2 S. 2 KartSERL übernommen; dies wohl um sich gegen den Vorwurf abzusichern, seine Umsetzungspflichten nach Art. 288 Abs. 3 AEUV, Art. 4 Abs. 3 EUV verletzt zu haben.[159] Da auf Unionsebene insoweit offenbar ein Redaktionsversehen vorliegt, muss die Alternative der „nicht vollständigen" Weitergabe bei § 33c Abs. 3 unangewendet bleiben.

Die Voraussetzung des **Glaubhaftmachens** im Sinne von § 33c Abs. 3 ist aus Art. 14 **40** Abs. 2 S. 2 KartSERL übernommen. Wie im Gegenschluss zu Art. 13 Abs. 2 S. 3 des Vorschlags der Kommission[160] oder etwa auch zu Art. 5 Abs. 3 Verbrauchsgüterkaufrichtlinie 1999/44/EG[161] deutlich wird, kennzeichnet der Begriff ein **abgesenktes Beweismaß**: Um die Vermutung der Schadensweitergabe zu widerlegen, bedarf es nicht der vollen richterlichen Überzeugung gemäß § 286 ZPO. Glaubhaftmachen ist als unionsrecht-

---

[154] So iErg etwa auch Strand ECJ 10 (2014), 351 (376); Calisti/Haasbeck/Kubik NZKart 2014, 466 (468); Thomas ZHR 180 (2016), 45 (61 f.); aA Kersting/Preuß Rn. 46; Kersting in Kersting/Podszun Kap. 7 Rn. 110 S. 161 f. und in LMRKM § 33c Rn. 46; W.-H. Roth in FK-KartellR § 33c Rn. 49 f.; unentschieden Schweitzer NZKart 2014, 335 (338).

[155] Siehe zu den Grenzen richtlinienkonformer Rechtsfortbildung grundlegend BGH 26.11.2008 – VIII ZR 200/05, BGHZ 179, 27 Rn. 25 – Quelle; siehe auch BGH 21.12.2011 – VIII ZR 70/08, BGHZ 192, 148 Rn. 33; BGH 7.5.2014 – IV ZR 76/11, NJW 2014, 2646 Rn. 23.

[156] W.-H. Roth in FK-KartellR § 33c Rn. 50; aA Kersting in Kersting/Podszun Kap. 7 Rn. 110 aE S. 162 (keine richtlinienkonforme Auslegung „[a]ngesichts des eindeutigen Wortlauts des § 33c Abs. 2"), siehe auch ders. in LMRKM § 33c Rn. 47.

[157] Für eine einschränkend-korrigierende Auslegung deshalb Kersting in Kersting/Podszun Kap. 7 Rn. 110 S. 161 f. und in LMRKM § 33c Rn. 46; W.-H. Roth in FK-KartellR § 33c Rn. 50.

[158] → Rn. 36.

[159] Vgl. Regierungsbegründung zur Neunten GWB-Novelle BT-Drs. 18/10207, 57, wo es an einer gesonderten Begründung hierzu mangelt.

[160] Art. 13 Abs. 2 S. 3 Vorschlag Kartellschadensersatz-Richtlinie lautete: „Dieser Absatz berührt nicht das Recht des Rechtsverletzers, den Nachweis zu erbringen, dass der Preisaufschlag nicht oder nicht vollständig an den mittelbaren Abnehmer weitergegeben wurde."

[161] Richtlinie 1999/44/EG des Europäischen Parlaments und des Rates vom 25.5.1999 zu bestimmten Aspekten des Verbrauchsgüterkaufs und der Garantien für Verbrauchsgüter, ABl. 1999 L 171, S. 12. Art. 5 Abs. 3 der Richtlinie lautet: „Bis zum Beweis des Gegenteils wird vermutet, daß Vertragswidrigkeiten, die binnen sechs Monaten nach der Lieferung des Gutes offenbar werden, bereits zum Zeitpunkt der Lieferung bestanden, es sei denn, diese Vermutung ist mit der Art des Gutes oder der Art der Vertragswidrigkeit unvereinbar." Die Widerlegung der Vermutung der Mängelhaftigkeit verlangt dem Verkäufer den vollen Gegenbeweis ab, siehe EuGH 4.6.2015 – C-497/13, EU:C:2015:357 Rn. 73 – Faber, bzw. zu § 476 BGB BGH 12.10.2016 – VIII ZR 103/15, NJW 2017, 1093 Rn. 55–63.

liches Konzept zu verstehen und darf nicht mit hergebrachten nationalen Instituten gleichgesetzt werden. Insbesondere betrifft das Konzept – anders als § 294 ZPO – nicht die zulässigen Beweismittel.

**41**   Der Begriff des „Glaubhaftmachens" als Kennzeichen eines abgesenkten Beweismaßes hat auf unionsrechtlicher Ebene seine **Ursprünge im Antidiskriminierungsrecht.** Der Unionsgesetzgeber hat dieses Erfordernis aus der Rechtsprechung des EuGH[162] aufgenommen und zuerst in Art. 4 der (inzwischen aufgehobenen) Beweislastrichtlinie 97/80/EG[163] verankert. Eine Umkehr der Beweislast für den Fall, dass ein Kläger Tatsachen glaubhaft macht, die das Vorliegen einer Diskriminierung vermuten lassen, findet sich etwa in Art. 10 Abs. 1 der Rahmenrichtlinie 2000/78/EG für die Gleichbehandlung in Beschäftigung und Beruf[164] oder in Art. 9 Abs. 1 der Richtlinie 2004/113/EG zur Gleichbehandlung von Männern und Frauen.[165] Allerdings zielen diese Regelungen nur auf ein eingeschränktes Maß an unionsrechtlicher Harmonisierung. Denn zum einen erlauben die Richtlinien den Mitgliedstaaten eine zugunsten der Kläger großzügigere Beweislastregelung.[166] Und zum anderen verweisen die Antidiskriminierungsrichtlinien (zumindest teils) zur Ausfüllung des Konzepts auf die nach dem mitgliedstaatlichen Recht üblichen Regeln.[167] Im Lichte dessen hat der EuGH etwa in „Meister" darauf verzichtet, die Beweisanforderungen für ein Glaubhaftmachen zu spezifizieren.[168]

**42**   Anders liegen die Dinge indes bei Art. 14 Abs. 2 S. 2 KartSERL. Die Kartellschadensersatz-Richtlinie zielt auf eine vollständige Harmonisierung der erfassten Materie[169] und verweist zur Ausfüllung des Konzepts des Glaubhaftmachens nicht auf mitgliedstaatliche Rechtsvorschriften und Gepflogenheiten. Das ist vor allem deshalb folgerichtig, weil die Richtlinie auch auf Art. 114 AEUV gestützt und ausdrücklich darauf ausgerichtet ist, Wettbewerbsverzerrungen durch eine „uneinheitliche Durchsetzung" der Schadenshaftung in den Mitgliedstaaten zu vermeiden.[170] In diesem Sinne greift die Richtlinie in das Verfahrensrecht der Mitgliedstaaten ein und ordnet insbesondere auch in Art. 14 Abs. 1 – zugunsten mittelbarer Abnehmer – „Offenlegung" an. Den Begriff des **Glaubhaftmachens** auszufüllen liegt deshalb **nicht** im Rahmen der sog. **Verfahrensautonomie der Mitgliedstaaten** (mit den Grenzen des Effektivitäts- und Äquivalenzprinzips), sondern muss **autonom unionsrechtlich** erfolgen – in letzter Instanz durch den EuGH nach Vorlage gemäß Art. 267 AEUV.

**43**   Für die Gerichte liegt es nahe, sich einstweilen an der **Rechtsprechung zu § 22 AGG** zu orientieren. Zwar hat der deutsche Gesetzgeber dort nicht den Begriff des Glaubhaftmachens verwendet, sondern – um fehlerhafte Assoziationen zu § 294 ZPO zu vermeiden[171] – formuliert, die klagende Partei müsse „Indizien beweisen", die eine Diskriminierung „ver-

---

[162] EuGH 17.10.1989 – C-109/88, EU:C:1989:383 Rn. 10–16 – Danfoss; EuGH 31.5.1995 – C-400/93, EU:C:1995:155 Rn. 24–27 – Royal Copenhagen.

[163] Richtlinie 97/80/EG des Rates vom 15.12.1997 über die Beweislast bei Diskriminierung aufgrund des Geschlechts, ABl. 1998 L 14, S. 6.

[164] Richtlinie 2000/78/EG des Rates vom 27.11.2000 zur Festlegung eines allgemeinen Rahmens für die Verwirklichung der Gleichbehandlung in Beschäftigung und Beruf, ABl. 2000 L 303, S. 16.

[165] Richtlinie 2004/113/EG des Rates vom 13.12.2004 zur Verwirklichung des Grundsatzes der Gleichbehandlung von Männern und Frauen beim Zugang zu und bei der Versorgung mit Gütern und Dienstleistungen, ABl. 2004 L 373, S. 37.

[166] Siehe Art. 9 Abs. 2 Richtlinie 2004/113/EG und Art. 10 Abs. 2 Richtlinie 2000/78/EG.

[167] Siehe Begründungserwägung (15) Richtlinie 2000/78/EG: „Die Beurteilung von Tatbeständen, die auf eine [...] Diskriminierung schließen lassen, obliegt den einzelstaatlichen gerichtlichen Instanzen oder anderen zuständigen Stellen nach den einzelstaatlichen Rechtsvorschriften oder Gepflogenheiten [...]."

[168] EuGH 19.4.2012 – C-415/10, EU:C:2012:217 Rn. 37 – Meister. Anders GA Mengozzi 12.1.2012 – C-415/10, EU:C:2012:8 Rn. 34 – Meister, der dafür plädiert hatte, „weniger hohe Anforderungen [zu] stellen, als es z. B. für die Feststellung einer überwiegenden Wahrscheinlichkeit erforderlich wäre [...]."

[169] → Vor §§ 33–34a Rn. 28.

[170] Siehe Begründungserwägung (8) S. 2 KartSERL.

[171] Beschlussempfehlung und Bericht des Rechtsausschusses (6. Ausschuss), Entwurf eines Gesetzes zur Umsetzung europäischer Richtlinien zur Verwirklichung des Grundsatzes der Gleichbehandlung BT-Drs. 16/2022, 13.

muten lassen".[172] Doch liegt dem ein im Kern gleichsinnig auf eine Absenkung des Beweismaßes gerichtetes unionsrechtliches Konzept zugrunde. Für ein Glaubhaftmachen bei § 33c Abs. 3 wird man es deshalb genügen lassen müssen, wenn es nach dem Vortrag des Rechtsverletzers entsprechend allgemeiner Einsichten in die Markt- und Wettbewerbsprozesse nach überwiegender Wahrscheinlichkeit[173] nicht zu einer Schadensweitergabe zu Lasten des klagenden mittelbaren Abnehmers gekommen ist.

In § 33c Abs. 3 S. 2 wird die **entsprechende Anwendung** des (ebenfalls) mit der **43a** Zehnten GWB-Novelle eingeführten § 33a Abs. 2 S. 4 für die Produkte angeordnet, deren Erwerb nach § 33c Abs. 2 Nr. 3 die Vermutung für die Schadensabwälzung auslösen. § 33a Abs. 2 S. 4 stellt (im originären Anwendungsbereich) klar, dass § 33a Abs. 2 S. 1 nicht nur eine Vermutung dafür auslöst, dass ein Kartell das Marktpreisniveau auf dem nachgelagerten Markt angehoben hat, sondern zugleich eine Vermutung für die Kartellbefangenheit jeder einzelnen Transaktion unmittelbarer Abnehmer begründet, soweit Produkte betroffen sind, die Gegenstand der Kartellabsprache waren.[174] Überträgt man diese Regelungsintention auf § 33c Abs. 2, dann stellt § 33c Abs. 3 S. 2 klar, dass **§ 33c Abs. 2** nicht nur eine **Vermutung** dafür begründet, dass das (allgemeine) Preisniveau auf nachfolgenden Vertriebs- bzw. Verarbeitungsstufen durch eine vorgelagerte Kartellrechtsverletzung tangiert wird, sondern dafür, dass ein **Schaden durch jede einzelne Transaktion** auf nachgelagerten Märkten **entsteht,** wenn sie ein **Produkt nach § 33c Abs. 2 Nr. 3** betrifft. Diese Auslegung lässt sich allerdings bereits dem Wortlaut des § 33c Abs. 2 entnehmen (→ Rn. 30a).

## F. Schadensersatzklagen von Abnehmern verschiedener Vertriebsstufen

Der BGH hatte im „ORWI"-Urteil einen Kurs vorgegeben, der zwar darauf ausgerich- **44** tet war, dass die Schadensweitergabe sowohl als Angriffs- als auch als Verteidigungsinstrument verfügbar sein sollte. Indes tendierte er angesichts verschiedener Restriktionen[175] **faktisch** zu einer **Anspruchskonzentration** auf Ebene der **Erstabnehmer.**[176] Demgegenüber entwarf der Unionsgesetzgeber mit den **Art. 12–15 KartSERL** ein Konzept, das in seinen materiell-rechtlichen wie in seinen prozessrechtlichen Vorgaben darauf ausgerichtet ist, **kartellbedingte Nachteile auf allen Vertriebsstufen präzise zuzuordnen,** ersatzfähig zu stellen und die jeweils Geschädigten zu ertüchtigen, die ihnen zugewiesenen Ansprüche gerichtlich durchsetzen zu können. Dieses ambitionierte Konzept geht mit einer Reihe von Herausforderungen einher, die teils miteinander verknüpft sind, denen aber mit Blick auf die übergeordneten Regelungsziele des Kartellschadensersatzrechts – angemessene Präventionswirkung und ausgleichende Gerechtigkeit – unterschiedliches Gewicht zukommt.

Eine Schwachstelle des Richtlinien-Konzepts liegt zunächst darin, dass es in letzter **45** Konsequenz voraussetzt, dass **Streuschäden,** zumal solche unter privaten Endabnehmern, eingeklagt werden. Schadensstreuung birgt allerdings neben Mess- und Zuordnungsproblemen das Risiko, dass individuelle Nachteile – wenn sie denn gemessen und zugeordnet werden können – aufgrund eines Kosten-Nutzen-Kalküls der Betroffenen nicht geltend gemacht werden. Um dem entgegenzuwirken, bedarf es wirksamer **kollektiver Rechtsdurchsetzungsmechanismen.** Da hierüber auf Unionsebene keine Einigung erzielt werden konnte,[177] muss das durch die Richtlinie vorgegebene Grundgerüst durch entsprechende Regelungen der Mitgliedstaaten stabilisiert werden. Der deutsche Gesetzgeber

---

[172] Diese Formulierung setzt die Richtlinienvorgaben nicht präzise um, weil hiernach auch die maßgeblichen Tatsachen (nur) glaubhaft zu machen sind, Thüsing in MüKoBGB, 9. Aufl. 2021, AGG § 22 Rn. 2.
[173] Siehe zu § 22 AGG etwa BAG 17.12.2009 – 8 AZR 670/08, NZA 2010, 383 (385).
[174] → Rn. 81c.
[175] → Rn. 10 f., 16 f. und 22 f.
[176] Schweitzer NZKart 2014, 335 (337).
[177] → Vor §§ 33–34a Rn. 25 und 29.

hat dem bislang nicht Rechnung getragen. Der BGH hat angedeutet, dies im Wege einer primärrechtskonformen Fortbildung ausgleichen zu wollen, indem er auch unter Geltung der Art. 12 bis 15 KartSERL die passing-on defence versagt, wenn der Rechtsverletzer nicht damit zu rechnen braucht, von mittelbar Geschädigten in Anspruch genommen zu werden.[178]

**46**  Eine weitere Herausforderung liegt darin, dass der durch die Art. 12–15 KartSERL vorgezeichnete Entwurf erhebliche **Risiken widersprüchlicher Entscheidungen** durch die Gerichte mit sich bringt, die vor allem über die auf verschiedenen Vertriebsstufen erlittenen kartellbedingten Kostenschäden und – in diesem Zusammenhang – über das Ausmaß einer Schadensabwälzung zu befinden haben. Während etwa ein Zweitabnehmer seinen Haftungsprozess gegen einen Kartellanten verlieren mag, weil es ihm nicht gelingt, hinreichende Anhaltspunkte für eine Schätzung der Schadenshöhe zu liefern, mag der Erstabnehmer mit seiner Klage scheitern, weil der Kartellant das Gericht von einer vollständigen Weitergabe der erlittenen Kostenschäden überzeugt. Andersherum mag ein Kartellant in einem vom Erstabnehmer angestrengten Haftungsprozess nicht mit dem Einwand der Schadensabwälzung durchdringen, um sodann auch einen vom Zweitabnehmer angestrengten Prozess zu verlieren, weil das Gericht jedenfalls von einer teilweisen Schadensweitergabe und damit einem Kostenschaden des Zweitabnehmers ausging. Diese Konstellation wird in Art. 15 Abs. 1 KartSER unscharf als „mehrfache Haftung" umschrieben.[179] Solche divergierenden Tatsachenbeurteilungen – hier: Umfang der Schadensweitergabe und damit des Kostenschadens auf Ebene der Zweitabnehmer – können ihren Grund zum einen darin haben, dass die Gerichte insbesondere angesichts des Beibringungsgrundsatzes ggf. identische Beweisfragen ausgehend von unterschiedlichen Informationsgrundlagen beantworten müssen. Zum anderen mag es sein, dass Gerichte die gleiche Beweisfrage selbst bei Vorliegen identischer Informationen unterschiedlich beantworten, weil sie Beweismittel unterschiedlich bewerten und insbesondere bei der Schätzung einer Schadensweitergabe (§ 287 ZPO) zu unterschiedlichen Ergebnissen gelangen.

**47**  Der Unionsgesetzgeber hat diese Risiken widersprüchlicher Beurteilungen des Ausmaßes der Schadensweitergabe und damit der Höhe der Kostenschäden auf den verschiedenen Vertriebsstufen gesehen und die Mitgliedstaaten in **Art. 12 Abs. 2 KartSERL** (unspezifisch) aufgefordert, dem durch **Verfahrensvorschriften** Rechnung zu tragen. Im Sinne einer **konsistenten Informationsgrundlage** und zur Vermeidung widersprüchlicher Entscheidungen müssen die Mitgliedstaaten zudem gemäß **Art. 15 KartSERL** dafür sorgen, dass die Gerichte, die über die Schadensweitergabe als Einwendung oder anspruchsbegründende Tatsache zu entscheiden haben, (a) Schadensersatzklagen, die von Klägern auf anderen Vertriebsstufen erhoben wurden, (b) insoweit ergangene Urteile und (c) öffentlich zugängliche Informationen aus der kartellbehördlichen Rechtsdurchsetzung „gebührend berücksichtigen können".

**48**  Der deutsche Gesetzgeber hat davon abgesehen, besondere verfahrensrechtliche Mechanismen einzuführen, um die Wahrscheinlichkeit inkonsistenter gerichtlicher Bewertungen zu verringern.[180] Diesem Ziel dient die Möglichkeit der **Streitverkündung**, worauf insbesondere der BGH im „ORWI"-Urteil hingewiesen hat.[181] Obgleich das insoweit nur begrenzte Potential der „Streitverkündungslösung" im Schrifttum herausgearbeitet wur-

---

[178] → Rn. 14c.

[179] Grundsätzlich können sowohl Erst- als auch Zweitabnehmer einen kartellbedingten Kostenschaden erleiden und insoweit zu Recht Ansprüche gegen den Kartellanten geltend machen; dessen „mehrfache Haftung" in diesem Sinne bildet deshalb für sich besehen noch kein Anzeichen dafür, dass die Gerichte die Schäden inkonsistent bewertet hätten, vgl. → Rn. 3. Eine in der Summe überkompensatorische Inanspruchnahme des Rechtsverletzers auf mindestens einer Vertriebsstufe liegt nur insoweit vor, als die Gerichte bei der Bezifferung der Schäden bzw. des Vorteilsausgleichs ihrer Beurteilung eine unterschiedliche pass on-Rate mit Blick auf die Schadensweitergabe von der ersten und auf die zweite Vertriebsstufe unterstellen.

[180] Für dahingehende Vorschläge siehe etwa Kersting/Preuß Rn. 261 ff.

[181] BGH 28.6.2011 – KZR 75/10, BGHZ 190, 45 = juris Rn. 73 f. – ORWI.

de,[182] hielt der deutsche Gesetzgeber die im deutschen Recht verfügbaren verfahrensrechtlichen Optionen für hinreichend.

Es liegt hierin **keine Verletzung** der Vorgaben nach Art. 12 Abs. 2, Art. 15 KartSERL **49** und des **Effektivitätsgrundsatzes**.[183] Wer auf private Haftungsklagen setzt, um die Kartellrechtsdurchsetzung zu effektuieren und einen gerechten Schadensausgleich herbeizuführen, der bedient sich eines dezentralen Mechanismus, dem das Risiko jedenfalls eines gewissen Maßes an inkonsistenten Beurteilungen durch die Gerichte inhärent ist. Das zeigt sich zugespitzt anhand des Phänomens der „Schadensweitergabe". Nicht zu übersehen ist, dass verfahrensrechtliche Mechanismen solche Inkonsistenzen immer nur graduell vermeiden können, dafür aber mit anderen Komplikationen, insbesondere auch höherem Zeitaufwand und Kosten „erkauft" sind. Vor diesem Hintergrund kommt den **mitgliedstaatlichen Gesetzgebern** ein **weiter Beurteilungsspielraum** zu. Das signalisiert auch der Richtliniengeber, indem er in Art. 12 Abs. 2 KartSERL nur unspezifisch verfahrensrechtliche Mechanismen durch die Mitgliedstaaten einfordert und in Art. 15 KartSERL eine „weiche" Formulierung verwendete, die insbesondere dem Grundsatz richterlicher Unabhängigkeit Rechnung trägt.

Die **Grenze** einer dem **Effektivitätsgrundsatz angemessenen Haftung** wäre aber **50** überschritten, wenn das in den Art. 12–15 KartSERL angeordnete und in § 33c umgesetzte Haftungsregime im Zusammenspiel mit dem nationalen Verfahrensrecht systematisch zu einer – am Maßstab effizienter und wirksamer Prävention gemessen[184] – überschießenden Haftungsdrohung führen würde. Die Möglichkeit an sich, dass die Gerichte in einzelnen Fällen die pass on-Raten zum Nachteil der Rechtsverletzer unterschiedlich beurteilen, kann dafür allerdings nicht genügen. Maßgeblich sind vielmehr vor allem der beweisrechtliche Regelungsrahmen im Detail und empirische Einsichten, wie er von den Gerichten gehandhabt wird und wie dies auf das Verhalten der Rechtsverletzer und Betroffenen zurückwirkt. Man darf insoweit vor allem der über alle Marktstufen hinweg geltenden Schadensvermutung gemäß § 33c Abs. 2 bzw. Art. 14 Abs. 2 KartSERL ein Potential zu systematisch überkompensatorischen Zahlungen nicht absprechen. Um tatsächlich ein hieraus folgendes Risiko systematischer Überabschreckung zu belegen, käme es allerdings darauf an, zu analysieren, wie mehr oder weniger großzügig die Gerichte die Möglichkeit der Schätzung von Schäden und der Schadensweitergabe zugunsten mittelbarer Abnehmer anwenden und wie streng sie die Möglichkeit des Rechtsverletzers handhaben, die Schadensvermutung zu widerlegen. Zudem müssten mildernde Aspekte in Betracht gezogen werden, namentlich die ohnehin relativ geringe Aufdeckungswahrscheinlichkeit, praktische Probleme der Geltendmachung von Haftungsansprüchen (insbesondere bei Streuschäden) und die realen Schwierigkeiten Betroffener, neben ihren Kostenschäden vor allem im Falle einer nachgewiesenen Schadensweitergabe auch Output-Schäden beziffern zu können.

## G. Ansprüche der Lieferanten

Betrifft der Kartellrechtsverstoß[185] die **Belieferung des Rechtsverletzers**, gelten gemäß **51** § 33c Abs. 4 (der insoweit Art. 12 Abs. 4 KartSERL umsetzt), die § 33c Abs. 1–3 entsprechend. Hierunter fallen insbesondere kartellrechtswidrige Nachfragekoordinierungen oder unmittelbar gegen Lieferanten gerichtete Missbräuche marktbeherrschender Unternehmen. Nicht erfasst sind Nachteile, die Lieferanten durch kartellrechtswidriges Verhalten ihrer Abnehmer auf dem nachgelagerten Markt erleiden.

---

[182] Siehe etwa Bornkamm/Tolkmitt in Bunte § 33c Rn. 106–112; Thole ZWeR 2017, 339 (340–350 f.); Thomas ZHR 180 (2016), 45 (75–79); Kersting/Preuß Rn. 268–276; siehe auch Weitbrecht WuW 2021, 86 (96).

[183] → Vor §§ 33–34a Rn. 13 ff. und Art. 4 KartSERL.

[184] → § 33a Rn. 3–7.

[185] Über den Wortlaut hinaus müssen auch Verstöße gegen § 20 Abs. 1–3 und § 29 erfasst sein, siehe W.-H. Roth in FK-KartellR § 33c Rn. 21 (hinsichtlich § 20 Abs. 1). Vgl. → Rn. 6.

52    Koordinieren etwa verschiedene Abnehmer kartellrechtswidrig ihre Nachfrage, entsteht einem **Lieferanten** entsprechend § 33c Abs. 1 S. 1 ein **Schaden,** indem er seine Produkte zu einem kartellbedingt verringerten Preis veräußert. Insoweit der Lieferant diesen Preisabschlag an die vorgelagerte Vertriebsstufe „weitergeben" kann, muss er sich dies entsprechend § 33c Abs. 1 S. 2 im Wege des Vorteilsausgleichs anrechnen lassen. Entsprechend § 33c Abs. 2 sind vorgelagerte Lieferanten anspruchsberechtigt und gilt zu ihren Gunsten eine Vermutung der Schadensabwälzung durch den unmittelbaren Lieferanten des Kartellrechtsverletzers.

## § 33d Gesamtschuldnerische Haftung

(1) [1]Begehen mehrere gemeinschaftlich einen Verstoß im Sinne des § 33a Absatz 1, sind sie als Gesamtschuldner zum Ersatz des daraus entstehenden Schadens verpflichtet. [2]Im Übrigen finden die §§ 830 und 840 Absatz 1 des Bürgerlichen Gesetzbuchs Anwendung.

(2) [1]Das Verhältnis, in dem die Gesamtschuldner untereinander für die Verpflichtung zum Ersatz und den Umfang des zu leistenden Ersatzes haften, hängt von den Umständen ab, insbesondere davon, in welchem Maß sie den Schaden verursacht haben. [2]Im Übrigen finden die §§ 421 bis 425 sowie 426 Absatz 1 Satz 2 und Absatz 2 des Bürgerlichen Gesetzbuchs Anwendung.

(3) [1]Verstoßen mehrere Unternehmen gegen § 1 oder 19 oder gegen Artikel 101 oder 102 des Vertrages über die Arbeitsweise der Europäischen Union, so ist die Verpflichtung eines kleinen oder mittleren Unternehmens im Sinne der Empfehlung 2003/361/ EG der Kommission vom 6. Mai 2003 betreffend die Definition der Kleinstunternehmen sowie der kleinen und mittleren Unternehmen (ABl. L 124 vom 20.5.2003, S. 36) zum Schadensersatz nach § 33a Absatz 1 auf den Ersatz des Schadens beschränkt, der seinen unmittelbaren und mittelbaren Abnehmern oder Lieferanten aus dem Verstoß entsteht, wenn

1. sein Anteil an dem relevanten Markt während des Zeitraums, in dem der Verstoß begangen wurde, stets weniger als 5 Prozent betrug und
2. die regelmäßige Ersatzpflicht nach Absatz 1 seine wirtschaftliche Lebensfähigkeit unwiederbringlich gefährden und seine Aktiva jeden Werts berauben würde.

[2]Anderen Geschädigten ist das kleine oder mittlere Unternehmen nur zum Ersatz des aus dem Verstoß gemäß § 33a Absatz 1 entstehenden Schadens verpflichtet, wenn sie von den übrigen Rechtsverletzern mit Ausnahme des Kronzeugen keinen vollständigen Ersatz erlangen konnten. [3]§ 33e Absatz 2 findet entsprechende Anwendung.

(4) [1]Die übrigen Rechtsverletzer können von dem kleinen oder mittleren Unternehmen im Sinne von Absatz 3 Satz 1 Ausgleichung nach Absatz 2 nur bis zur Höhe des Schadens verlangen, den dieses seinen unmittelbaren und mittelbaren Abnehmern oder Lieferanten verursacht hat. [2]Satz 1 gilt nicht für die Ausgleichung von Schäden, die anderen als den unmittelbaren oder mittelbaren Abnehmern oder Lieferanten der beteiligten Rechtsverletzer aus dem Verstoß entstehen.

(5) Die Beschränkung der Haftung nach den Absätzen 3 und 4 ist ausgeschlossen, wenn

1. das kleine oder mittlere Unternehmen den Verstoß organisiert oder
2. das kleine oder mittlere Unternehmen die anderen Rechtsverletzer zur Teilnahme an dem Verstoß gezwungen hat oder
3. in der Vergangenheit bereits die Beteiligung des kleinen oder mittleren Unternehmens an einem sonstigen Verstoß gegen § 1 oder 19 oder Artikel 101 oder 102 des Vertrages über die Arbeitsweise der Europäischen Union oder gegen Wettbewerbsrecht im Sinne des § 89e Absatz 2 behördlich oder gerichtlich festgestellt worden ist.

# C. Ausgleichsansprüche im Innenverhältnis

## I. Unionsrechtliche Vorgaben

Art. 11 Abs. 5 S. 1 KartSERL schreibt einen **Innenregress** vor. Die Mitgliedstaaten **5** haben zu gewährleisten, „dass ein Rechtsverletzer von anderen Rechtsverletzern einen Ausgleichsbetrag verlangen kann, dessen Höhe anhand ihrer relativen Verantwortung für den durch die Zuwiderhandlung gegen das Wettbewerbsrecht verursachten Schaden bestimmt wird." Begründungserwägung (37) S. 3 KartSERL nennt zwar Kriterien, um die relative Verantwortung zu ermitteln („Umsatz, Marktanteil oder Rolle in dem Kartell"), betont allerdings, die „Bestimmung dieses Anteils anhand der relativen Verantwortung" sei Sache mitgliedstaatlichen Rechts, das die Grundsätze der Effektivität und Äquivalenz zu beachten habe. Der Unionsgesetzgeber weist damit grundsätzlich den Mitgliedstaaten die Kompetenz zu, das Konzept der relativen Verantwortung auszugestalten. Der EuGH hat sich darauf zu beschränken, die Einhaltung der Grundsätze der **Effektivität** und **Äquivalenz** zu überwachen.[26]

Im Schrifttum wurde angemerkt, **zu komplexe** und **ausdifferenzierte Kriterien** zur **5a** Bestimmung der Haftungsanteile seien zu **vermeiden.** Denn die damit einhergehende Rechtsunsicherheit könne mit Blick auf Art. 19 Abs. 1 und 2 KartSERL bzw. § 33f Abs. 1 und Abs. 2 die Vergleichsgeneigtheit der Kartellanten verringern und das Prozessrisiko sich vergleichender Geschädigter in Folgeprozessen erhöhen[27] und somit die praktische Durchsetzung der Haftung behindern.[28] Zudem wird vorgebracht, eine wirksame Durchsetzung von Regressansprüchen sei für eine „effektive Abschreckung" geboten.[29] Deshalb wird etwa argumentiert, der **Effektivitätsgrundsatz** fordere, die relative Verantwortlichkeit primär anhand des Umsatzes zu bestimmen und andere Kriterien nur „in Ausnahmefällen" zu berücksichtigen.[30] Das trifft sich mit Vorschlägen, wonach eine Vermutung dafür gelten solle, dass die Verantwortlichkeit den Liefer- und Bezugsanteilen[31] oder den Marktanteilen[32] der Kartellanten entspricht. Eine (widerlegliche) Vermutung dafür, dass die relative Verantwortlichkeit sich nach den durchschnittlichen Marktanteilen in den von der Zuwiderhandlung betroffenen Märkten bestimmt, sieht etwa das portugiesische Recht vor.[33] Anzuerkennen ist zwar, dass sich solche Regeln mit Blick auf Vergleichsverhandlungen als günstig für die praktische Durchsetzung des Rechts auf Kartellschadensersatz erweisen können. **Nicht zu erkennen** ist freilich, dass eine übermäßige Erschwerung dieses Rechts und damit eine **Verletzung** des **Effektivitätsgebots** drohte, sollten sich die nationalen Gesetzgeber oder Gerichte **nicht** zu einer regelbasierten Erleichterung der Abschätzbarkeit der Haftungsanteile etwa im Wege einer **Vermutungsregel** entschließen können. Der

---

[26] Hierzu → Vor §§ 33–34a Rn. 13–20, insbes. Rn. 20.

[27] Die sich vergleichenden Geschädigten tragen das Risiko, in Folgeprozessen gegen die sich nicht vergleichenden Rechtsverletzer deren verbleibende Haftung falsch zu bewerten → § 33f Rn. 8.

[28] Siehe etwa Kersting/Preuß Rn. 116; Mackenrodt in Kersting/Podszun Kap. 8 Rn. 20–23 S. 179 f. und in LMRKM § 33d Rn. 21.

[29] Bauermeister Gesamtschuld und Regress S. 120 f. Der Zusammenhang zwischen Ausgleichsansprüchen und Präventionswirkung scheint freilich von komplexerer Natur. Im Übrigen deutet der Hinweis des Unionsgesetzgebers in Begründungserwägung (37) S. 3 KartSERL auf den Effektivitätsgrundsatz zwar darauf hin, dass dieser die Verfügbarkeit wirksamer Regressansprüche für wesentlich im Sinne der Ziele der Kartellschadensersatzhaftung hielt. Dabei könnte indes der Aspekt des gerechten Schadensausgleichs im Vordergrund gestanden haben: Die Haftung soll letztlich die Rechtsverletzer angemessen an deren relative Verantwortlichkeit für das haftungsauslösende Unrecht treffen.

[30] Bauermeister Gesamtschuld und Regress S. 121.

[31] Rust NZKart 2015, 502 (509) und Kersting/Preuß Rn. 115. Vgl. auch Makatsch/Bäuerle in MüKo-WettbR § 33d Rn. 24 („schwerpunktmäßiges" Abstellen auf den „tatbezogenen Umsatz bzw. die Liefer- oder Bezugsanteile").

[32] Schwenke NZKart 2015, 383 (386 f.; 390).

[33] Sousa Ferro in Rodger/Sousa Ferro/Marcos, EU Antitrust Damages Directive, S. 304 (319) und Rodger/Sousa Ferro/Marcos in dies, S. 440 (445).

Aspekt einer möglichst klar abschätzbaren Haftungsverteilung kann deshalb zwar – insbesondere mit Blick auf eine mögliche Erleichterung von Vergleichsverhandlungen und Folgeprozessen gegen die sich nicht vergleichenden Rechtsverletzer – von den nationalen Gesetzgebern und Gerichten bei der Konkretisierung der Vorgaben zur Bemessung relativer Verantwortlichkeit berücksichtigt werden. Welches normative Gewicht ihm zukommen soll, liegt allerdings im Beurteilungsspielraum nationaler Regelsetzung.

## II. Überblick

6    § 33d Abs. 2 setzt Art. 11 Abs. 5 S. 1 KartSERL um, bestimmt den Maßstab für die **Haftungsquoten** und bildet die **Anspruchsgrundlage** für den Innenregress. Der Anspruch entsteht zugleich mit der Gesamtschuld und zwar zunächst als Freistellungs- und Mitwirkungsanspruch, nach Befriedigung der Geschädigten als Zahlungsanspruch.[34] § 33d Abs. 2 S. 2 verweist im Übrigen auf §§ 421–425 sowie § 426 Abs. 1 S. 2 und Abs. 2 BGB. Neben § 33d Abs. 2 tritt damit ein Rückgriffsanspruch gemäß § 426 Abs. 2 BGB iVm § 33a Abs. 1. Der **Innenregress** wird von der Rechtsprechung als **Teilschuld** verstanden.[35] Ein Gesamtschuldner kann seine Mitschuldner nur jeweils in Höhe ihrer jeweiligen Haftungsanteile in Regress nehmen. Wird einer unter mehreren Gesamtschuldnern im Außenverhältnis allein für den gesamten Schaden in Anspruch genommen, muss er deshalb unter Umständen mehrere Regressprozesse führen. Fällt ein Schädiger mit seinem Regressanspruch gegen einen Mitschädiger – etwa wegen dessen Zahlungsunfähigkeit – aus, so wächst dessen Schadensanteil den übrigen Mitschädigern gemäß § 426 Abs. 1 S. 2 BGB zu. Die Anwachsung erfolgt gemäß den relativen Haftungsanteilen im Sinne von § 33d Abs. 2 S. 1. Dies gilt insbesondere auch beim Eingreifen der Privilegierung für Kronzeugen gemäß § 33e Abs. 3 S. 1.[36] Ein sich vergleichender Schädiger ist gemäß § 33f Abs. 2 von dieser Ausfallhaftung ausgenommen.[37]

## III. Haftungsverteilung: Maßstab und Kriterien

7    Anknüpfungspunkt für die Haftungsverteilung ist der dem jeweiligen Anspruchsteller erwachsene Schaden, nicht der aus dem Kartell im Ganzen entstandene Schaden. Die Haftungsverteilung ist für jedes Ausgleichsverhältnis gesondert zu bestimmen.[38] Um einen **Ausgleichsmaßstab** zu gewinnen, soll nach dem Willen des Gesetzgebers auf den Rechtsgedanken des § 254 Abs. 1 S. 1 BGB rekurriert werden.[39] Das entspricht etablierter BGH-Rechtsprechung, insbesondere jener zum Innenregress bei gegen mehrere Konzerngesellschaften verhängten Kartellgeldbußen. Zu prüfen ist danach, „inwieweit die einzelnen Gesamtschuldner zur Verursachung der für die Haftung maßgeblichen Umstände beigetragen haben und in welchem Maße sie ein Verschulden trifft [...]."[40] Bei § 33d Abs. 2 soll es in erster Linie auf den **Verursachungsbeitrag,** in zweiter Linie auf den **Grad des Ver-**

---

[34] Regierungsbegründung zur Neunten GWB-Novelle BT-Drs. 18/10207, 67. Nicht geklärt ist, ob sich auch Art. 11 Abs. 5 S. 1 KartSERL eine vergleichbare Freistellungs- und Mitwirkungsobligation mit Entstehung der Gesamtschuld entnehmen lässt oder ob der Regressanspruch erst nach Befriedigung des Gläubigers (als Zahlungsanspruch) entsteht. Für letzteres Bauermeister Gesamtschuld und Regress S. 85 f. (unter Hinweis auf den Wortlaut der Norm, Begründungserwägung (37) S. 3 und rechtsvergleichende Erwägungen). Hält man dies für richtig, steht die Norm der deutschen Umsetzung aber jedenfalls nicht entgegen, weil dieser Aspekt dann als nicht harmonisiert angesehen werden müsste, zutr. Bauermeister Gesamtschuld und Regress S. 86 f.

[35] BGH 22.2.1971 – VII ZR 110/69, NJW 1971, 888 (889); BGH 24.4.1952 – III ZR 78/51, BGHZ 6, 3 (25); zust. etwa Looschelders in Staudinger § 426 Rn. 38; krit. Bydlinski in MüKoBGB, 7. Aufl. 2016, § 426 Rn. 30 f.

[36] → § 33e Rn. 12.

[37] → § 33f Rn. 18.

[38] Bechtold/Bosch § 33d Rn. 4; Katt Haftung des Kronzeugen S. 66 f.

[39] Regierungsbegründung zur Neunten GWB-Novelle BT-Drs. 18/10207, 58.

[40] Siehe BGH 18.11.2014 – KZR 15/12, BGHZ 203, 193 = juris Rn. 41 – Calciumcarbid-Kartell II mwN.

**schuldens** ankommen.[41] Faktoren, die nicht hierunter fallen – wie etwa die wirtschaftliche Leistungsfähigkeit – sind nicht zu berücksichtigen.[42]

Für den **Verursachungsbeitrag** soll maßgeblich sein, „mit welchem Grad von Wahr- **8** scheinlichkeit" die Verhaltensweise eines Beteiligten geeignet war, den Schaden herbeizuführen.[43] Hierfür sind verschiedene Faktoren in den Blick zu nehmen. Abzustellen ist – erstens – auf den tatbezogenen[44] **Umsatz** mit dem kartellbefangenen Produkt[45] und den kartellbedingten **Mehrerlös,** weil sich im Vorteil eines Kartellanten der Schaden seiner Abnehmer oder Lieferanten spiegelt.[46] Wesentlich ist bei horizontalen Koordinierungen – zweitens – der **Marktanteil.** Denn hierin liegt ein greifbarer Proxy für den relativen Beitrag eines Kartellanten zum kartellbedingten Preissetzungsspielraum der Rechtsverletzer.[47] Drittens muss die **Rolle beim Kartellrechtsverstoß** gewürdigt werden:[48] War ein Beteiligter Initiator oder Mitläufer, Anführer oder Bremser? Hat er aktiv zur Vergrößerung, Stabilisierung oder Verschleierung eines Kartells beigetragen? Wie diszipliniert hat er Kartellvorgaben umgesetzt?[49]

Für den auf einer zweiten Ebene einzubeziehenden **Grad des Verschuldens** kommt es **9** auf die individuelle Vorwerfbarkeit des kartellrechtswidrigen Verhaltens an. Erschwerend ins Gewicht fällt etwa eine Wiederholungstäterschaft. Ein relativ geringes Maß an Verschulden trifft demgegenüber jene, die sich nur aufgrund von Drohungen oder wirtschaftlichem Druck in eine Koordinierung gefügt haben.[50] Vor allem bei vertikalen Koordinierungen ist die Stärke der Verhandlungspositionen zu berücksichtigen und zu prüfen, ob eine Partei der anderen so „eindeutig unterlegen" war, dass sie praktisch keine oder nur „ernsthaft beschränkte" Möglichkeiten hatte, „den Schadenseintritt zu verhindern oder den Schadensumfang zu begrenzen".[51]

Die Festlegung der individuellen Verursachungs- und Verschuldensbeiträge muss regel- **10** mäßig auf einer nicht vollumfänglich durch die Gerichte aufklärbaren Tatsachenbasis erfolgen. § 287 ZPO erlaubt hier, lediglich wahrscheinliche Feststellungen zugrunde zu legen, soweit diese hinreichend durch Anknüpfungstatsachen und Erfahrungswerte fundiert sind.[52] Um auszuschließen, dass Gerichte in unterschiedlichen Prozessen zu divergierenden Haftungsquoten gelangen, müssen alle Gesamtschuldner an einem Regressprozess beteiligt werden, etwa indem der Kläger die übrigen Gesamtschuldner gemeinschaftlich verklagt[53] oder durch Streitverkündung.[54]

Haftet eine **bestimmende Muttergesellschaft** gesamtschuldnerisch für ein ihr zu- **11** rechenbares Verhalten einer **Tochtergesellschaft,** weil beide zusammen eine wirtschaftliche Einheit bilden, sind die Gesellschaften gegenüber den anderen kartellbeteiligten Unternehmen als **Haftungseinheit** zu betrachten. Für diese Haftungseinheit ist ein Haftungs-

---

[41] Regierungsbegründung zur Neunten GWB-Novelle BT-Drs. 18/10207, 58.

[42] Krüger WuW 2017, 229 (230).

[43] Regierungsbegründung zur Neunten GWB-Novelle BT-Drs. 18/10207, 58. Ausf. zu möglichen Faktoren Katt Haftung des Kronzeugen S. 81–97.

[44] Makatsch/Bäuerle in MüKoWettbR § 33d Rn. 21.

[45] Dreher FS Möschel, 2011, 149 (158); Gänswein NZKart 2016, 50 (52).

[46] Inderst/Thomas Schadensersatz S. 535.

[47] Mackenrodt in Kersting/Podszun Kap. 8 Rn. 17 S. 178 und in LMRKM § 33d Rn. 23.

[48] Gänswein NZKart 2016, 50 (52).

[49] Hösch Innenausgleich S. 280–284; Krüger Kartellregress S. 80–89; Legner WRP 2014, 1163 (1164 f.).

[50] Krüger Kartellregress S. 100.

[51] EuGH 20.9.2001 – C-453/99, EU:C:2001:465 Rn. 32 f. – Courage/Crehan.

[52] Bornkamm/Tolkmitt in Bunte § 33b Rn. 20; W.-H. Roth in FK-KartellR § 33d Rn. 22.

[53] Die Möglichkeit, Mitkartellanten gemeinsam auf Regress zu verklagen, ergibt sich mit Blick auf die örtliche Zuständigkeit etwa daraus, dass der Forderungsübergang gemäß § 426 Abs. 2 BGB iVm § 33a Abs. 1 dem Regressgläubiger wahlweise (§ 35 ZPO) den deliktischen Gerichtsstand eröffnet (§ 32 ZPO). Sachlich sind die Landgerichte zuständig, §§ 87, 89. Sind Regressschuldner in verschiedenen Mitgliedstaaten ansässig, kann eine einheitliche internationale Zuständigkeit der Gerichte eines Mitgliedstaats aus Art. 8 Nr. 1 EuGVVO hergeleitet werden, siehe OLG Hamm 1.12.2016 – 32 SA 43/16, NZKart 2017, 79 (79–81) = juris Rn. 44–67 – Gesamtschuldnerausgleich. Zum Ganzen Krüger in Fuchs/Weitbrecht § 8 Rn. 77–79 mwN.

[54] Bornkamm/Tolkmitt in Bunte § 33d Rn. 25.

anteil iSd § 33d Abs. 2 S. 1 zu bestimmen, für den beide Gesellschaften gesamtschuldnerisch haften,[55] wenn sie auf Regress in Anspruch genommen werden.[56]

12    **Nach Beendigung** des Wettbewerbsverstoßes[57] können sich die Gesamtschuldner auf von § 33d Abs. 2 abweichende Haftungsquoten einigen. Da eine solche **Ausgleichsvereinbarung** regelmäßig einer effizienten Abwicklung zugunsten der Geschädigten zugutekommt, darf es nicht als negative Aussage verstanden werden, dass § 33d Abs. 2 hierzu – anders als der verdrängte § 426 Abs. 1 S. 1 BGB – schweigt.[58]

## IV. Verjährung

13    Der Anspruch aus § 33d Abs. 2 S. 1 unterliegt der **dreijährigen Regelverjährung** gemäß § 195 BGB. Die Verjährung beginnt gemäß § 33h Abs. 7 GWB, wenn der Anspruch des Gläubigers gemäß § 33a Abs. 1 befriedigt wird.[59]

# D. Privilegierung von KMU

## I. Entstehungsgeschichte

14    Die Privilegierung von KMU fand sich noch **nicht** im **Richtlinien-Vorschlag der Kommission,**[60] sondern ging aufgrund einer Initiative aus dem **Europäischen Parlament** in die Richtlinie ein. Im Zuge der ersten Lesung billigte das Europäische Parlament[61] einen Änderungsvorschlag,[62] der inhaltlich der letztlich verabschiedeten Fassung des Art. 11 Abs. 2 und Abs. 3 KartSERL entsprach.[63] Der **Rat** billigte dies, wobei sich die polnische, slowenische und deutsche Delegation der Stimme enthielten und dies damit begründeten, dass die Ausnahme der KMU von den allgemeinen Regeln gesamtschuldnerischer Haftung die Möglichkeit Geschädigter reduziere, vollständigen Ausgleich ihrer Schäden zu erlangen und zudem angesichts unklarer Kriterien für die Definition von KMU zu Rechtsunsicherheit und uneinheitlicher Anwendung in den Mitgliedstaaten führen werde.[64]

---

[55] Zum Innenausgleich W.-H. Roth in FK-KartellR § 33d Rn. 25–28.

[56] Klotz Wirtschaftliche Einheit S. 254 ff.; Roth in FK-KartellR § 33d Rn. 24.

[57] Eine zuvor getroffene Vereinbarung ist aufgrund ihrer kartellstabilisierenden Wirkung nichtig, Krüger Kartellregress S. 156–158; Dreher FS Möschel, 2011, 149 (155 f.). Für die Wirksamkeit von Vereinbarungen, die vor Beendigung des Kartells, aber mit Blick auf ein angestrebtes Ende der Kartellierung und eine erleichterte Auseinandersetzung getroffen werden, Inderst/Thomas S. 529; Katt Haftung des Kronzeugen S. 101.

[58] Krüger WuW 2017, 229 (232); Roth in FK-KartellR § 33d Rn. 24a.

[59] → § 33h Rn. 41.

[60] Siehe Art. 11 Vorschlag Kartellschadensersatz-Richtlinie, COM(2013) 404 final v. 11.6.2013, S. 37.

[61] Siehe Protokoll der Sitzung vom 17.4.2014, ABl. 2015 C 132, Anlage I, Nr. 7, S. 646.

[62] Abänderungen des Europäischen Parlaments zum Vorschlag der Kommission, Richtlinie des Europäischen Parlaments und des Rates über bestimmte Vorschriften für Schadensersatzklagen nach einzelstaatlichem Recht wegen Zuwiderhandlungen gegen wettbewerbsrechtliche Bestimmungen der Mitgliedstaaten und der Europäischen Union, Änderungsantrag 2, Sharon Bowles im Namen des Ausschusses für Wirtschaft und Währung, 9.4.2014, A7–0089/2, S. 52.

[63] Im Raume hatte auch eine noch weitergehende Privilegierung von KMU gestanden, wonach diese bereits dann nur ihren direkten oder indirekten Abnehmern haften sollten, wenn sie nicht als Kartellanführer agierten und für weniger als fünf Prozent des verursachten Schadens verantwortlich waren, siehe Amendments by the European Parliament to the Commission proposal, Directive of the European Parliament and of the Council on certain rules governing for damages under national law for infringement of the competition law provisions of the Member States and of the European Union, Amendment 001–001, by the Committee on Economic and Monetary Affairs, 8.4.2014, A7–0089/001–001, S. 20 f. In diesem Sinne bereits, wenn auch sprachlich offenbar verunglückt, Bericht über den Vorschlag für eine Richtlinie des Europäischen Parlaments und des Rates über bestimmte Vorschriften für Schadensersatzklagen nach einzelstaatlichem Recht wegen Zuwiderhandlungen gegen wettbewerbsrechtliche Bestimmungen der Mitgliedstaaten und der Europäischen Union, 4.2.2014, A7–0089/2014, S. 29 f.

[64] Council of the European Union, Statement by the Polish, Slovenian and German delegations, 14680/14 ADD 1 (3.11.2014), 2013/0185 (COD).

Weder die zugänglichen Gesetzgebungsmaterialien des Europäischen Parlaments, von **15** dem die Einführung der KMU-Privilegierung initiiert wurde, noch jene des Rates, der sie akzeptierte, enthalten erklärende Ausführungen hierzu. Parlament und Rat haben darauf verzichtet, die Begründungserwägungen im Text der Richtlinie um einen Abschnitt zur Privilegierung der KMU zu ergänzen. Das erschwert es, die gesetzgeberische Regelungsabsicht zu rekonstruieren. Die Begründungspflicht gemäß **Art. 296 Abs. 2 AEUV** ist hierdurch aber **nicht verletzt**.[65] Denn aus der Begründung zur Richtlinie sind die wesentlichen hinter der Richtlinie stehenden Erwägungen und die damit verfolgten Zwecke erkennbar. Der Unionsgesetzgeber ist nicht verpflichtet, jede einzelne Entscheidung innerhalb eines Legislativakts gesondert zu begründen.[66]

Der **deutsche Gesetzgeber** hat die KMU-Privilegierung nach Art. 11 Abs. 2 und **16** Abs. 3 KartSERL in § 33d Abs. 3 und Abs. 4 umgesetzt, dabei in ihrer **Wirkung modifiziert**. Einerseits hat der Gesetzgeber die Privilegierung zugunsten von KMU über den Wortlaut des Art. 11 Abs. 2 KartSERL hinaus erweitert, nämlich indem er die Privilegierung im Außenverhältnis durch eine entsprechende für die Innenhaftung unter den Rechtsverletzern abgesichert hat (§ 33d Abs. 4). Andererseits wurde die Wirkung der KMU-Privilegierung aber auch eingeschränkt; dies teils unbewusst, nämlich indem vorgesehen ist, dass privilegierte KMU im Außenverhältnis (auch) ihren unmittelbaren und mittelbaren Lieferanten haften (§ 33d Abs. 3 S. 1); teils aber auch bewusst, nämlich indem eine Ausfallhaftung eingeführt wurde (§ 33d Abs. 3 S. 2). Diese Einschränkungen der Reichweite der KMU-Privilegierung sind nicht richtlinienkonform. Da es sich jeweils um unbewusste Verletzungen der Umsetzungspflicht handelt, können die Regelungen insoweit im Wege teleologischer Reduktion unangewendet bleiben.[67]

## II. Normzweck

Mangels erklärender Hinweise durch den Richtliniengeber ist die Ratio der KMU- **17** Privilegierung dem Normtext und dem objektiv nachvollziehbaren Wirkungsmechanismus zu entnehmen. Mit der Anknüpfung an eine „unwiderrufliche" Gefährdung der „wirtschaftlichen Lebensfähigkeit" hat der Unionsgesetzgeber sich an die aus dem Bußgeldrecht bekannte **„inability to pay"-Doktrin** angelehnt. Hiernach ist ein Bußgeld zu kürzen, wenn es anderenfalls den Marktaustritt des Unternehmens erzwingen würde.[68] Der Privilegierung liegt damit die Vorstellung zugrunde, dass die wirksame Durchsetzung des Kartellrechts und der Anspruch auf einen gerechten Schadensausgleich unter bestimmten Voraussetzungen hinter das Ziel zurückzutreten haben, eine (potentiell) kompetitive Marktstruktur zu erhalten.[69] KMU werden in diesem Sinne vor allem im Zusammenspiel der Bußgeldimmunität von Kronzeugen und ihrer Privilegierung bei der Schadenshaftung als tendenziell stärker gefährdet angesehen als Großunternehmen.[70] Parlament und Rat leitete wohl der Gedanke an Konstellationen wie etwa jene eines Kartells aus einem Großunter-

---

[65] Vgl. Wils World Competition 40 (2017), 1 (28), Fn. 108.

[66] Siehe EuGH 22.1.1986 – C-250/84, EU:C:1986:22 Rn. 38 – Eridania/Cassa conguaglio zucchero; EuGH 9.9.2004 – C-304/01, EU:C:2004:495 Rn. 51 – Spanien/Kommission.

[67] Hierzu im Einzelnen → Rn. 29 und 32.

[68] Leitlinien für das Verfahren zur Festsetzung von Geldbußen gemäß Artikel 23 Absatz 2 Buchstabe a der Verordnung (EG) Nr. 1/2003, ABl. 2006 C 210, S. 2 Rn. 35: „Unter außergewöhnlichen Umständen kann die Kommission auf Antrag die Leistungsfähigkeit eines Unternehmens in einem gegebenen sozialen und ökonomischen Umfeld berücksichtigen. Die Kommission wird jedoch keine Ermäßigung wegen der bloßen Tatsache einer nachteiligen oder defizitären Finanzlage gewähren. Eine Ermäßigung ist nur möglich, wenn eindeutig nachgewiesen wird, dass die Verhängung einer Geldbuße gemäß diesen Leitlinien *die wirtschaftliche Überlebensfähigkeit des Unternehmens unwiderruflich gefährden und ihre Aktiva jeglichen Wertes berauben würde*" (Hervorhebung hinzugefügt). Siehe auch Bekanntmachung der Kommission über bewährte Vorgehensweisen in Verfahren nach Artikel 101 und 102 des AEUV, ABl. 2011 C 308, S. 6 Rn. 88.

[69] Vgl. Bauermeister Gesamtschuld und Regress S. 245 f. („Schutz des sozialen und ökonomischen Umfeldes eines KMU sowie des zukünftigen Wettbewerbs").

[70] Wils World Competition 40 (2017), 3 (28 f.).

nehmen mit mehreren KMU. Sichert sich nun das Großunternehmen Bußgeldimmunität und profitiert zudem von einer Privilegierung bei der Schadenshaftung, könnten hohe Geldbußen und Schadensersatzzahlungen die kleineren Mitkartellanten aus dem Markt drängen, so dass die Sanktionen letztlich zu einem Monopol führen.[71] Unabhängig davon, ob man diese Erwägungen für rechtspolitisch überzeugend hält,[72] verleihen sie der Regelung doch eine jedenfalls nachvollziehbare positive Konzeption und sind für die Auslegung und Anwendung heranzuziehen.

18      Die Hürden für ein Eingreifen der KMU-Privilegierung liegen so hoch, dass sie nur selten erfüllt sein werden. Mit Blick auf ihre **praktische Relevanz**[73] darf man aber nicht übersehen, dass allein die Möglichkeit, dass ein KMU sich erfolgreich auf das Privileg berufen könnte, **in Grenzfällen** den Ausschlag dafür geben mag, ein KMU unter mehreren potentiellen Schuldnern nicht zu verklagen.

### III. Anwendungsbereich

19      **1. Zuwiderhandlungen gegen das Wettbewerbsrecht.** Nach Art. 11 Abs. 2 KartSERL gilt die Privilegierung von KMU für alle „Zuwiderhandlungen gegen das Wettbewerbsrecht" im Sinne von Art. 2 Nr. 1 KartSERL und damit für **Verstöße gegen Art. 101 f. AEUV** und nationale Bestimmungen, „mit denen überwiegend das gleiche Ziel verfolgt wird".[74] Hierunter fallen neben den in § 33d Abs. 3 erwähnten **§§ 1 und 19** jedenfalls auch **§ 20 Abs. 1–3** und **§ 29**.[75] Der deutsche Gesetzgeber hat dies klarzustellen, um seiner Umsetzungspflicht[76] zu genügen. Für Schadensersatzansprüche, die sich auf eine Verletzung dieser letztgenannten Regelungen stützen, muss die KMU-Privilegierung einstweilen analog angewendet werden, um Richtlinienkonformität zu erzielen.[77] Da die Norm bezweckt, kompetitive Marktstrukturen zu gewährleisten, liegt der **maßgebliche Zeitpunkt** für die Beurteilung, ob ein Unternehmen unter die Privilegierung fällt, in der **letzten mündliche Verhandlung** der Tatsacheninstanz.[78]

20      **2. KMU als Normadressat.** § 33d Abs. 3 S. 1 verweist wie auch Art. 11 Abs. 2 KartSERL für die **Definition** eines **KMU** auf die entsprechende **Empfehlung 2003/ 361/EG** der Kommission. Erfasst sind danach Unternehmen, die weniger als 250 Mit-

---

[71] So etwa im Bußgeldkontext – eine Erwägung der Kommission aufgreifend – GA Geelhoed 19.1.2006 – C-289/04 P, EU:C:2006:52 Rn. 61 und Fn. 16 – Showa Denko/Kommission.

[72] Krit. etwa Schweizer NZKart 2014, 335 (344) („grundlegend verfehlt"); Kersting/Preuß WuW 2016, L1 (L7) (online) („schlichtweg absurde Norm"); Thomas FS Schroeder, 2018, S. 855 (866) („rechtspolitisch verfehlt"); W.-H. Roth in FK-KartellR § 33 Rn. 6; zust. demgegenüber Wils World Competition 40 (2017), 3 (28 f.); Bauermeister Gesamtschuld und Regress S. 292 f.

[73] Vgl. etwa Monopolkommission, Hauptgutachten XXI, 2016, Kap. I, Rn. 110 („Die Privilegierung der KMU ist rechtspolitisch problematisch und dürfte in der Praxis kaum Bedeutung erlangen").

[74] Art. 2 Nr. 3 KartSERL. Siehe auch Art. 3 Abs. 3 mit Begründungserwägung (9) S. 1 VO 1/2003.

[75] So in der Tendenz auch Kersting/Preuß WuW 2016, L1 (L7) (online) („,[Verkürzung] scheint […] nicht im Einklang mit der Richtlinie zu stehen"); Mackenrodt in Kersting/Podszun Kap. 8 Rn. 89 S. 198 f. und § 33d Rn. 33 („Schadensersatzklagen mit Bezug etwa auf Verstöße gegen die §§ 20 ff. GWB könnten also nach der unionsrechtlichen Vorgabe in den Genuss der Privilegierung kommen").

[76] Art. 288 Abs. 3 AEUV; Art. 4 Abs. 3 EUV.

[77] W.-H. Roth in FK-KartellR § 33d Rn. 31 („zumindest" hinsichtlich § 20 Abs. 1); aA Makatsch/ Bäuerle in MüKoWettbR § 33d Rn. 34. Dem steht nicht entgegen, dass auch nach den Gesetzgebungsmaterialien nur Verstöße „gegen § 1 oder 19 bzw. Art. 101 oder 102" privilegiert sein sollen, Regierungsbegründung zur Neunten GWB-Novelle BT-Drs. 18/10207, 58. Es fehlt hierzu eine gesonderte Begründung und damit ein Hinweis darauf, dass der deutsche Gesetzgeber sich an dieser Stelle bewusst gegen die unionsrechtliche Vorgabe wenden wollte. Da der Gesetzgeber mit der Neunten GWB-Novelle eine richtlinienkonforme Umsetzung anstrebte, besteht damit Raum für eine richtlinienkonforme Rechtsfortbildung, stRspr, grundlegend BGH 26.11.2008 – VIII ZR 200/05, BGHZ 179, 27 Rn. 25 – Quelle; siehe auch BGH 21.12.2011 – VIII ZR 70/08, BGHZ 192, 148 Rn. 33; BGH 7.5.2014 – IV ZR 76/11, NJW 2014, 2646 Rn. 23.

[78] Gleichsinnig im Ergebnis Bauermeister Gesamtschuld und Regress S. 256–259 („bei Anspruchsdurchsetzung").

arbeiter beschäftigen und entweder einen Jahresumsatz von höchstens 50 Mio. EUR erzielen oder eine Jahresbilanzsumme von höchstens 43 Mio. EUR aufweisen.[79]

**3. Privilegierungsvoraussetzungen.** Der **Marktanteil** des KMU muss gemäß § 33d **21** Abs. 3 S. 1 Nr. 1 und Art. 11 Abs. 2 lit. a KartSERL während des Zeitraumes des Wettbewerbsverstoßes **unter 5 Prozent** gelegen haben.

Die mit der Kartellschadenshaftung verfolgten Zwecke sollen hinter den übergeordneten **22** Zweck des Kartellrechts, kompetitive Marktstrukturen zu gewährleisten, zurücktreten, wenn ein Unternehmen durch die Haftung aus dem Markt gedrängt werden würde.[80] In diesem Sinne hängt eine Privilegierung gemäß § 33d Abs. 3 S. 1 Nr. 2 und Art. 11 Abs. 2 lit. b KartSERL davon ab, dass die Schadensersatzpflicht die „**wirtschaftliche Lebensfähigkeit**" des Unternehmens „**unwiederbringlich gefährden**" und „**seine Aktiva jeden Werts berauben würde.**" Der Unionsgesetzgeber hat diese Kriterien der aus dem Bußgeldrecht bekannten „inability to pay"-Doktrin entlehnt.[81] Zu ihrer Ausfüllung kann deshalb auf die hierzu ergangene Rechtsprechung der Unionsgerichte zurückgegriffen werden.[82] Danach darf es für die Privilegierung nicht genügen, dass die Haftung zur Insolvenz des Unternehmens führen würde. Denn ein Unternehmen, verstanden als wirtschaftliche Einheit, kann als Marktakteur auch dann fortbestehen, wenn es im Zuge eines Insolvenzverfahrens zu einer Rekapitalisierung kommt oder indem die Vermögenswerte durch eine andere Einheit übernommen werden.[83] Im Lichte dessen hat das EuG – implizit – klargestellt, dass das ursprünglich von der Kommission in den Bußgeldleitlinien etablierte Kriterium, wonach zu erwarten sein muss, dass die Aktiva jeglichen Wert verlieren,[84] nicht wörtlich genommen werden darf und von der Ratio der Norm her gedacht verfehlt ist.[85] Maßgeblich soll sein, dass es bei einer Prognose zumindest **unwahrscheinlich** erscheint, dass es zu einer Übertragung der Vermögenswerte eines insolventen Unternehmens kommt („asset deal"), mit der die **wirtschaftliche Einheit marktfunktional fortbestehen** würde.[86] Der Voraussetzung des Wertverlusts der Aktiva bleibt damit letztlich keine eigenständige Bedeutung neben dem Kriterium des Verlusts der wirtschaftlichen Lebensfähigkeit. Diese vom EuG im bußgeldrechtlichen Kontext vorgenommene teleologische Restriktion gilt auch für Art. 11 Abs. 2 lit. b KartSERL[87] und somit ebenfalls für § 33d Abs. 3 S. 1 Nr. 2.[88]

Während für die vorgenannten Voraussetzungen gemäß § 33d Abs. 3 S. 1 die **Darle- 23 gungs- und Beweislast** bei einem Unternehmen liegt, das sich auf die Privilegierung beruft, postuliert § 33d Abs. 5 **drei Ausschlussgründe,** mit denen Art. 11 Abs. 3 lit. a und lit. b KartSERL umgesetzt werden und für deren Vorliegen der Gläubiger darlegungs- und beweisbelastet ist.[89]

---

[79] Art. 2 Abs. 1 der Empfehlung 2003/361/EG.

[80] → Rn. 17.

[81] → Rn. 17 mit Fn. 68.

[82] Regierungsbegründung zur Neunten GWB-Novelle BT-Drs. 18/10207, 59.

[83] EuG 14.5.2014 – T-406/09, EU:T:2014:254 Rn. 288 – Donau Chemie/Kommission.

[84] Siehe oben Fn. 68.

[85] Das Kriterium muss als verfehlt gelten, weil eine noch so hohe Überschuldung aufgrund von Bußgeld- oder Schadensersatzverbindlichkeiten nicht zu einer vollständigen Entwertung der Vermögensgegenstände führen kann, Inderst/Thomas Schadensersatz S. 542 f.

[86] EuG 14.5.2014 – T-406/09, EU:T:2014:254 Rn. 289 – Donau Chemie/Kommission.

[87] Angesichts der offensichtlich kurzfristigen Einfügung der KMU-Privilegierung im Zuge der ersten Lesung des Parlaments (→ Rn. 14) darf es als ausgeschlossen gelten, dass der wortgetreuen Beibehaltung des von der Kommission geprägten Kriteriums eine bewusste Absage an dessen restriktiver Auslegung durch das EuG zugrunde lag. Vgl. aber Kersting/Preuß Rn. 122, die es für „denkbar" halten, das Kriterium wörtlich zu nehmen und damit Art. 11 Abs. 2 KartSERL so auszulegen, dass der KMU-Privilegierung kein Anwendungsbereich verbleibt und damit deshalb nicht umzusetzen ist.

[88] Davon ging offensichtlich auch der deutsche Gesetzgeber aus, Regierungsbegründung zur Neunten GWB-Novelle BT-Drs. 18/10207, 59.

[89] Bornkamm/Tolkmitt in Bunte § 33d Rn. 26. Das folgt aus den allgemeinen Regeln zur Beweislastverteilung. Ob die Richtlinie, in der die einschlägigen Ausschlussgründe ebenfalls negativ und damit als

**24**    **4. Ausschlussgründe.** Auf eine Privilegierung kann sich ein KMU – erstens – nicht berufen, wenn es **„den Verstoß organisiert"** hat.[90] Im Gegensatz zu den nachfolgenden Ausschlussgründen der Zwangsausübung und der Wiederholungstäterschaft ist dieses Kriterium nicht unmittelbar den Regeln zur Bußgeldbemessung entlehnt. Es findet allerdings eine (restriktivere) Entsprechung darin, dass nach den Bußgeldleitlinien eine Rolle als „Anführer oder Anstifter des Verstoßes" als erschwerender Umstand gilt.[91] Um als Anführer zu gelten, muss ein Unternehmen eine „wichtige Antriebskraft für das Kartell gewesen sein".[92] „Anführer oder Anstifter" ist nur, wer eine Führungsrolle übernommen oder die Initiative zum Kartellrechtsverstoß ergriffen hat. Hiermit verglichen deutet die in der Richtlinie gewählte Formulierung („organisiert hat") darauf hin, dass hierfür bereits unterstützende Maßnahmen genügen, die **unter der Schwelle** einer **Rädelsführerschaft** liegen.[93] Hierzu könnten etwa die Organisation von Kartelltreffen zählen oder Maßnahmen, um die Kartelldisziplin zu kontrollieren. Zu verlangen sind Verhaltensweisen, die in ihrer Qualität **erheblich über** eine **bloße Beteiligung hinausgegangen sind** und damit **in herausgehobener Weise zum Kartellerfolg beigetragen** haben. Anderenfalls drohte eine übermäßige Einschränkung der KMU-Privilegierung.

**25**    Die Privilegierung entfällt – zweitens – auch dann, wenn ein KMU ein anderes Unternehmen **zur Beteiligung am Kartell gezwungen** hat.[94] Ein gleichlautendes Kriterium schließt nach dem Kronzeugenprogramm der Kommission eine Befreiung vom Bußgeld aus[95] und bildet einen erschwerenden Umstand nach den Bußgeldleitlinien.[96] Die Zwangsausübung ist in besonderem Maße verpönt, weil sie „eine unmittelbare Vergrößerung des durch das Kartell entstandenen Schadens" bewirkt.[97] Sie setzt ein Verhalten voraus – wie etwa die Androhung von Vergeltungsmaßnahmen –, mit dem die freie Willensbildung eines anderen Unternehmens so eingeschränkt wird, dass hierdurch das Kartell ausgeweitet oder jedenfalls stabilisiert werden kann.[98]

**26**    Drittens schließt auch **Wiederholungstäterschaft** eine KMU-Privilegierung aus.[99] Hierin liegt ein erschwerender Umstand, weil ein wiederholter Kartellrechtsverstoß („Rückfall") zeigt, dass sich der Täter von einer vorangegangenen Sanktion nicht hat beeindrucken lassen.[100] Die Ausnahmeregelung greift deshalb nur ein, wenn das KMU „bereits früher festgestelltermaßen"[101] Art. 101 oder 102 AEUV, deutsches[102] oder EU-ausländisches[103] Kartellrecht verletzt hat. Im Licht der vorgezeichneten Ratio setzt das voraus, dass der frühere Verstoß vor der die Haftung auslösenden Verletzung begonnen hat und noch während dieser Verletzung rechtskräftig durch eine Behörde bzw. ein Gericht festgestellt

---

Rückausnahme formuliert sind, dem deutschen Gesetzgeber offengelassen hätte, hierfür den Schuldner beweispflichtig zu stellen, weil Beweislastfragen an anderer Stelle wie etwa in Art. 13 S. 2 KartSERL ausdrücklich geregelt worden sind – so Kersting/Preuß Rn. 119 –, kann deshalb offenbleiben.

[90] § 33d Abs. 5 Nr. 1 und Art. 11 Abs. 3 lit. a Alt. 1 KartSERL.

[91] Leitlinien für das Verfahren zur Festsetzung von Geldbußen gemäß Artikel 23 Absatz 2 Buchstabe a der Verordnung (EG) Nr. 1/2003, ABl. 2006 C 210, S. 2 Rn. 28 Sps. 3.

[92] EuG 18.6.2008 – T-410/03, EU:T:2008:211 Rn. 423 – Hoechst/Kommission.

[93] AA Bauermeister Gesamtschuld und Regress S. 260–262 („absolute Zentralgestalt").

[94] § 33d Abs. 5 Nr. 2 und Art. 11 Abs. 3 lit. a Alt. 2 KartSERL.

[95] Mitteilung der Kommission über den Erlass und die Ermäßigung von Geldbußen in Kartellsachen, ABl. 2006 C 298, S. 17, Rn. 13 S. 1 und Rn. 22 S. 3.

[96] Leitlinien für das Verfahren zur Festsetzung von Geldbußen gemäß Artikel 23 Absatz 2 Buchstabe a der Verordnung (EG) Nr. 1/2003, ABl. 2006 C 210, S. 2 Rn. 28 Sps. 3.

[97] EuG 25.10.2005 – T-38/02, EU:T:2005:367 Rn. 281 – Groupe Danone/Kommission.

[98] Vgl. EuG 25.10.2005 – T-38/02, EU:T:2005:367 Rn. 283 – Groupe Danone/Kommission.

[99] § 33d Abs. 5 Nr. 3 und Art. 11 Abs. 3 lit. b KartSERL.

[100] So für das Bußgeldrecht EuG 30.9.2003 – T-203/01, EU:T:2003:250 Rn. 293 – Michelin/Kommission.

[101] So der Wortlaut in Art. 11 Abs. 3 lit. b KartSERL.

[102] Über den Wortlaut des § 33d Abs. 5 Nr. 3 hinaus gilt dies jedenfalls auch für festgestellte Verstöße gegen § 20 Abs. 1–3 und § 29, → Rn. 19.

[103] Siehe den Verweis auf § 89e Abs. 2.

deren Geschädigten ist der Kronzeuge nur zum Ersatz des aus dem Verstoß gemäß § 33a Absatz 1 entstehenden Schadens verpflichtet, wenn sie von den übrigen Rechtsverletzern keinen vollständigen Ersatz erlangen konnten.

(2) In Fällen nach Absatz 1 Satz 2 ist der Kronzeuge nicht zum Ersatz des Schadens verpflichtet, soweit die Schadensersatzansprüche gegen die übrigen Rechtsverletzer bereits verjährt sind.

(3) ¹Die übrigen Rechtsverletzer können von dem Kronzeugen Ausgleichung nach § 33d Absatz 2 nur bis zur Höhe des Schadens verlangen, den dieser seinen unmittelbaren und mittelbaren Abnehmern oder Lieferanten verursacht hat. ²Diese Beschränkung gilt nicht für die Ausgleichung von Schäden, die anderen als den unmittelbaren oder mittelbaren Abnehmern oder Lieferanten der an dem Kartell beteiligten Unternehmen aus dem Verstoß entstehen.

## A. Überblick

Kronzeugen leisten einen essentiellen Beitrag zur Aufdeckung und Sanktion von Kartell- **1** rechtsverstößen. Sie ermöglichen es, weitere Schäden zu verhindern und entstandene Schäden auszugleichen.[1] Deshalb sollen Kronzeugen vor „übermäßigen Schadensersatzansprüchen" geschützt werden. Insbesondere sollen sie nicht bevorzugtes Ziel von follow-on-Klagen werden, wenn Entscheidungen gegen sie als erstes ergehen oder jedenfalls bestandskräftig werden, weil sie diese (regelmäßig) nicht anfechten.[2] Hierfür **haften Kronzeugen** gemäß § 33e Abs. 1 und 2 im Außenverhältnis **eingeschränkt,** nämlich grundsätzlich nur gegenüber ihren Abnehmern und Lieferanten. § 33e Abs. 3 regelt die damit korrespondierende Innenhaftung. Mit dieser im Zuge der Neunten GWB-Novelle (2017) eingeführten Privilegierung werden die entsprechenden Vorgaben aus Art. 11 KartSERL umgesetzt.

## B. Anwendungsbereich

Privilegiert sind nur die jeweils **ersten Unternehmen,** die hinreichende Beweismittel **2** vorlegen, um ein Kartell aufzudecken, und deren deshalb im Rahmen eines Kronzeugenprogramms[3] das **Bußgeld vollständig erlassen** wurde.[4] Der Kronzeugenstatus muss dem Unternehmen für das Gebiet eingeräumt worden sein, in dem der geltend gemachte Schaden entstanden ist.[5] Art. 11 Abs. 4 KartSERL und § 33e sind so zu verstehen, dass die Zivilgerichte an die Zuerkennung des Kronzeugenstatus durch eine Wettbewerbsbehörde gebunden sind.[6]

---

[1] Begründungserwägung (38) S. 1 KartSERL.

[2] Begründungserwägung (38) S. 2 KartSERL. Dem beugt das Bundeskartellamt allerdings regelmäßig bereits dadurch vor, dass es das Verfahren gegen den Kronzeugen einstellt.

[3] Zum Kronzeugenprogramm der Kommission siehe Art. 4a der Verordnung (EG) Nr. 773/2004 der Kommission vom 7.4.2004 über die Durchführung von Verfahren auf der Grundlage der Artikel 81 und 82 EG-Vertrag durch die Kommission, ABl. 2004 L 123, S. 18, geändert durch die Verordnung (EU) 2015/1348 der Kommission vom 3.8.2015, ABl. 2015 L 208, S. 3, und Mitteilung der Kommission über den Erlass und die Ermäßigung von Geldbußen in Kartellsachen, ABl. 2006 C 298, S. 17, geändert durch Mitteilung der Kommission, ABl. 2015 C 256, S. 1 Rn. 35a. Zum Kronzeugenprogramm des Bundeskartellamts siehe Bekanntmachung Nr. 9/2006 über den Erlass und die Reduktion von Geldbußen in Kartellsachen – Bonusregelung – vom 7.3.2006 und nunmehr §§ 81h–81n GWB sowie Bekanntmachung Nr. 14./2021 über allgemeine Verwaltungsgrundsätze über die Ausübung des Ermessens bei der Gestaltung des Verfahrens und der Anwendung des kartellrechtlichen Kronzeugenprogramms nach §§ 81h–81n GWB („Leitlinien zum Kronzeugenprogramm") vom 23.8.2021.

[4] Siehe Art. 2 Nr. 19 iVm Nr. 15 und Begründungserwägung (38) S. 2 KartSERL („Unternehmen, denen [...] die Geldbuße erlassen wurde"); siehe auch Regierungsbegründung zur Neunten GWB-Novelle BT-Drs. 18/10207, 59.

[5] Katt Haftung des Kronzeugen S. 119 f.; Thomas FS Schroeder, 2018, S. 855 (857).

[6] Bornkamm/Tolkmitt in Bunte § 33e Rn. 4; W.-H. Roth in FK-KartellR § 33e Rn. 8; aA Weitbrecht WuW 2017, 244 (246) (Kronzeugenstatus kann „in einem Zivilverfahren aufgerollt werden").

# C. Außenhaftung

## I. Haftung gegenüber eigenen Abnehmern und Lieferanten

**3**    Kronzeugen sind grundsätzlich von der gesamtschuldnerischen Haftung für den gesamten Schaden ausgenommen und haften erstrangig nur ihren **unmittelbaren** und **mittelbaren Abnehmern** und **Lieferanten**.[7] Sie haften damit nicht den Abnehmern oder Lieferanten ihrer Mitkartellanten und auch nicht Preisschirmgeschädigten oder sonstigen Geschädigten, die nicht Teil der Absatz- oder Lieferkette der Kartellanten sind.

**3a**    Dem Wortlaut von § 33e Abs. 1 und Art. 11 Abs. 4 KartSERL sowie ihrer Funktion im System der (gesamtschuldnerischen) Haftung für Wettbewerbsverstöße ist eine **differenzierte Darlegungs- und Beweislastverteilung** zu entnehmen. Es handelt sich um eine privilegierende Sonderregelung zugunsten von Kronzeugen. In Anspruch genommenen **Rechtsverletzern** obliegt es deshalb, sich auf ihren **Status** als **Kronzeugen** zu berufen und zu zeigen, dass damit der Anwendungsbereich der Privilegierung eröffnet ist. Sodann trifft einen **Anspruchsteller** die Last, darzutun und ggf. zu beweisen, dass er **unmittelbarer** oder **mittelbarer Abnehmer** oder **Lieferant des Kronzeugen** ist.[8] Der Nachweis, hinsichtlich bestimmter Produkte mittelbarer Abnehmer des Kronzeugen zu sein, kann praktisch erheblich erschwert oder sogar unmöglich sein, wenn ein Erstabnehmer als Händler oder Verarbeiter kartellgegenständliche Produkte gleicher Art sowohl vom Kronzeugen als auch von anderen Kartellanten oder nicht kartellbeteiligten Lieferanten (bei Preisschirmeffekten) bezogen und diese sodann vermischt oder verarbeitet hat (besonders augenfällig etwa auf Strom- oder Gasmärkten). Um zu verhindern, dass in diesen Konstellationen die zugunsten mittelbarer Abnehmer der Kronzeugen konzipierte Ausnahme praktisch leerläuft, bietet sich als pragmatische und interessengerechte Lösung an, eine **quotale Berufung** auf § 33e Abs. 1 S. 1 zuzulassen.[9]

**4**    Ihren Abnehmern und Lieferanten haften Kronzeugen auf den „gesamten durch den Verstoß verursachten Schaden."[10] Kronzeugen haften damit **nicht nur** auf den Teil, der in ihre **relative Verantwortlichkeit** im Sinne von § 33d Abs. 2 S. 1 fällt. Dies wird bei Art. 11 KartSERL[11] als auch bei § 33e durch die jeweils unterschiedliche Wortwahl für die Haftung des Kronzeugen im Außen- und Innenverhältnis deutlich. Mit der in Art. 11 Abs. 5 S. 2 KartSERL und in § 33e Abs. 3 S. 1 gewählten Formulierung soll – im Gegensatz zur Außenhaftung – die Innenhaftung auf den Teil des Schadens der Abnehmer und Lieferanten begrenzt werden, der in die relative Verantwortung der Kronzeugen fällt.[12]

**5**    Sowohl in Art. 11 Abs. 4 S. 1 lit. a KartSERL als auch in § 33e Abs. 1 S. 1 wird der **Status** als **Abnehmer** oder **Lieferant personenbezogen beschrieben**. Dem Wortlaut

---

[7] Siehe Art. 11 Abs. 4 lit. a und Begründungserwägung (38) S. 3 KartSER; zur Legaldefinition der Begriffe „unmittelbare" und „mittelbare Abnehmer" siehe Art. 2 Nr. 23 und Nr. 24 KartSERL.

[8] Im Weißbuch Schadensersatzklagen Ziff. 2.9 war noch vorgesehen, dem Kronzeugen pauschal die Pflicht aufzuerlegen, nachzuweisen „in welchem Umfang seine zivilrechtliche Haftung einzuschränken ist." Dies wurde aber nicht in Art. 11 Abs. 11 KartSERL umgesetzt, Thomas FS Schroeder, 2018, 855 (857 f.); aA Makatsch/Bäuerle in MüKoWettbR § 33e Rn. 3.

[9] Thomas FS Schroeder, 2018, S. 855 (859) (Folgeabnehmer sollten zu dem Anteil – gemessen an der Gesamtmenge der bezogenen kartellgegenständlichen Produkte gleicher Art – als mittelbare Abnehmer des Kronzeugen gelten, zu dem der direkte Abnehmer während des relevanten Zeitraums kartellgegenständliche Waren vom Kronzeugen erworben hat); noch großzügiger zugunsten der mittelbaren Abnehmer Katt Haftung des Kronzeugen S. 135 (hinreichend sei der Nachweis, dass der Erstabnehmer kartellgegenständliche Produkte auch vom Kronzeugen bezogen hat).

[10] Regierungsbegründung zur Neunten GWB-Novelle BT-Drs. 18/10207, 60.

[11] Siehe Art. 11 Abs. 4 S. 1 lit. a KartSERL („[E]in Kronzeuge [ist] gesamtschuldnerisch haftbar [...] gegenüber seinen unmittelbaren oder mittelbaren Abnehmern oder Lieferanten") und Art. 11 Abs. 5 S. 2 KartSERL („Der Ausgleichsbetrag eines [Kronzeugen] darf nicht höher sein als der Schaden, den er seinen eigenen unmittelbaren oder mittelbaren Abnehmern oder Lieferanten verursacht hat").

[12] Mackenrodt in Kersting/Podszun Kap. 8 Rn. 33 S. 184 und in LMRKM § 33e Rn. 14; W.-H. Roth in FK-KartellR § 33e Rn. 9.

nach haften Kronzeugen ihren Abnehmern und Lieferanten damit auch für solche Schäden, die durch Transaktionen mit anderen Kartellanten oder Kartellaußenseitern entstanden sind.[13] Mit Blick auf die intendierte Privilegierung wurde demgegenüber zu bedenken gegeben, dass diese wirkungsvoller wäre, wenn der Kronzeuge (jedenfalls im ersten Zugriff) seinen Abnehmern und Lieferanten nur für Schäden haftete, die auf Transaktionen mit ihm zurückgehen (**„vertragsbezogene Auslegung"**).[14] Das ist nicht nur deshalb plausibel, weil damit die Summe der ersatzfähigen Schäden im Ganzen geringer ist, sondern auch, weil damit Schadensposten ausgeschlossen wären, gegen die sich ein Kronzeuge nur vergleichsweise schwer verteidigen kann, weil sie durch Transaktionen entstanden sind, an denen er nicht beteiligt war. Hinzu kommt, dass ein weites Verständnis der Haftung es einem Kronzeugen erschwert, deren voraussichtliches Ausmaß im Außenverhältnis[15] abzuschätzen.[16] Allerdings kann das Argument der Belastung des Kronzeugen für sich besehen nicht ausschlaggebend sein, weil sich die Reichweite der Privilegierung, wie sie in § 33e Abs. 1 angelegt ist, erst aus einer Abwägung der Interessen des Kronzeugen (und des damit zusammenhängenden öffentlichen Interesses an attraktiven Kronzeugenprogrammen) einerseits und der Geschädigten andererseits erkennen lässt. Für letztere wäre es allerdings weit weniger attraktiv, gegen Kronzeugen vorzugehen, wenn sie von diesen letztlich nur einen Teil ihres kartellbedingten Schadens verlangen könnten. Da auch nicht die Rede davon sein kann, dass die intendierte Privilegierung bei einem weiten Verständnis der Ausnahme für Abnehmer und Lieferanten typischerweise[17] leerliefe, muss maßgeblich sein, welchen (guten) Sinn es hat, dass der Richtliniengeber und entsprechend der deutsche Gesetzgeber die Trennlinie beim „Ersatz des Schadens, der seinen [...] unmittelbaren und mittelbaren Abnehmern oder Lieferanten" entstanden ist, gezogen haben. Geschützt wird damit trotz Kronzeugenprivilegierung die Erwartung eines Marktteilnehmers, dass er sich bei jedem seiner Geschäftspartner[18] für den gesamten durch diesen verursachten Nachteil schadlos halten kann, wenn dieser ihn per Delikt geschädigt hat. Das spricht **entscheidend dafür**, dass **Abnehmer und Lieferanten** vom Kronzeugen auch jene **kartellbedingten Schäden** ersetzt verlangen können, die **durch Transaktionen mit Mitkartellanten oder Kartellaußenseitern** entstanden sind.[19] Von einer solchen **„personenbezogenen Auslegung"** ging offenbar auch der deutsche Gesetzgeber aus, wenn es in der Gesetzesbegründung heißt, dass der Kronzeuge den Abnehmern und Lieferanten für den gesamten „durch den Verstoß" verursachten Schaden hafte und unter die „anderen Geschädigten" im Sinne

---

[13] Kersting/Preuß WuW 2016, L1 (L8) (Online).

[14] Krüger NZKart 2013, 483 (484 f.); Bornkamm/Tolkmitt in Bunte § 33e Rn. 7 (iErg aber wie hier, insbes. unter Hinweis auf die in Art. 11 Abs. 4 KartSERL begründete gesamtschuldnerische Haftung).

[15] Für die Innenhaftung kommt gemäß § 33e Abs. 3 S. 2 als schwer abzuschätzende Größe noch die relative Verantwortung für Schäden außerhalb der von den Kartellanten ausgehenden Abnehmer- und Lieferketten hinzu, also insbesondere für Preisschirmschäden.

[16] Vgl. Krüger NZKart 2013, 483 (485) („Rechts- und Planungssicherheit bezüglich der zivilrechtlichen Konsequenzen").

[17] Die hier vertretene Auffassung führt tendenziell in den Konstellationen zu einer Schwächung der Privilegierung, in denen ein Kronzeuge einen nur relativ geringen Marktanteil hat, dabei aber mit einer Mehrzahl von Akteuren der Marktgegenseite in vertraglicher Beziehung steht. Praktisch kommt diese Schwächung vor allem dann zum Tragen, wenn der Kronzeuge (etwa wegen einer frühen Bestandskraft einer gegen ihn ergangenen Entscheidung) bevorzugt in Anspruch genommen wird.

[18] Dem Argument kommt das größte Gewicht in Konstellationen zu, in denen der Kartellgeschädigte allein mit dem Kronzeugen und Kartellaußenseitern in Geschäftsbeziehung stand und deshalb nach der Gegenauffassung gezwungen wäre, seinen Schaden (jedenfalls teilweise) gegenüber den Mitkartellanten geltend zu machen, mit denen er in keiner Geschäftsbeziehung steht.

[19] So iErg auch Bornkamm/Tolkmitt in Bunte § 33e Rn. 7; Makatsch/Beuerle in MüKoWettbR § 33e Rn. 14; Kersting/Preuß WuW 2016, L1 (L8) (Online); Krüger WuW 2017, 229 (231); Katt Haftung des Kronzeugen S. 132 f.; aA Bechtold/Bosch GWB § 33e Rn. 4; W.-H. Roth in FK-KartellR § 33e Rn. 10; Thomas FS Schroeder, 2018, S. 855 (860 f.); Bauermeister Gesamtschuld und Regress (zu Art. 11 Abs. 4 lit. a KartSERL); unentschieden Mackenrodt in Kersting/Podszun Kap. 8 Rn. 37–40 S. 185 f. und in LMRKM § 33e Rn. 17–20.

von § 33e Abs. 1 S. 2 nur jene fasst, die „*keine* unmittelbare oder mittelbare *Austauschbezie-hung* zu den Kronzeugen unterhalten [...]."[20]

## II. Ausfallhaftung gegenüber anderen Geschädigten

6    Nachrangig haftet ein Kronzeuge den von seiner Privilegierung betroffenen Geschädig-ten, wenn diese „von den übrigen Rechtsverletzern keinen vollständigen Ersatz erlangen konnten."[21] Diese **Ausfallhaftung** soll gewährleisten, dass die Privilegierung des Kronzeu-gen nicht einen gerechten Schadensausgleich verhindert. Der Kronzeuge trägt das Risiko, dass die Geschädigten mit ihren Forderungen gegen die Mitkartellanten ausfallen. Weder den Begründungserwägungen noch den Materialien zum Richtlinienvorschlag lassen sich neben dem Hinweis auf die zu gewährleistende „praktische Wirksamkeit" der Ausfall-haftung[22] detaillierte Aussagen dazu entnehmen, an welche Voraussetzungen diese im Einzelfall geknüpft werden darf. Nach dem Willen des deutschen Umsetzungsgesetzgebers greift sie dann ein, wenn der Geschädigte erfolglos versucht hat, einen gegen die nicht oder nur nachrangig[23] privilegierten Gesamtschuldner erstrittenen Titel im Wege der Zwangs-vollstreckung durchzusetzen, oder wenn dies offensichtlich aussichtslos erscheint wie ins-besondere im Falle der Insolvenz eines Schuldners.[24] Die Darlegungs- und Beweislast hierfür liegt – den allgemeinen Regeln gemäß – beim Geschädigten.[25]

7    Da sowohl nach Art. 11 Abs. 4 S. 1 lit. b KartSERL als auch nach § 33e Abs. 1 S. 2 die Ausfallhaftung eingreift, „wenn" (nicht: „soweit") die Geschädigten von den übrigen Mit-kartellanten keinen vollständigen Ersatz erlangen können, lässt der Wortlaut ein Verständnis zu, wonach ein **Kronzeuge** bereits dann **voll in Anspruch** genommen werden kann, wenn klar ist, dass ein Geschädigter von den **übrigen Kartellanten nur teilweisen Ersatz** erlangen könnte. Für diese Lesart spricht, dass ein Geschädigter damit von der Bürde entlastet wird, zunächst ein Verfahren einschließlich Zwangsvollstreckung zu betreiben, wohlwissend, hiernach für den verbleibenden Teilbetrag gegen den Kronzeugen vorgehen zu müssen. Es überzeugt, insoweit dem Ziel, Geschädigten auf effiziente Weise vollständige Kompensation zu ermöglichen, Vorrang vor der Privilegierung von Kronzeugen und dem damit intendierten Schutz der Attraktivität von Kronzeugenprogrammen einzuräumen.[26]

---

[20] Regierungsbegründung zur Neunten GWB-Novelle BT-Drs. 18/10207, 60 (Hervorhebung hinzuge-fügt).

[21] § 33e Abs. 1 S. 2; siehe auch Art. 11 Abs. 4 S. 1 lit. b KartSERL.

[22] Vorschlag Kartellschadensersatz-Richtlinie, COM(2013) 404 final v. 11.6.2013, S. 19 („Um die prakti-sche Wirksamkeit dieser Ausnahmeregelung zu gewährleisten, müssen die Mitgliedstaaten sicherstellen, dass die Geschädigten weiterhin von dem Kronzeugen Schadensersatz verlangen können, wenn sie Kenntnis davon erlangt haben, dass sie von den anderen Kartellbeteiligten keinen vollständigen Schadensersatz erhalten können").

[23] KMU gemäß § 33d Abs. 3 S. 2.

[24] Regierungsbegründung zur Neunten GWB-Novelle BT-Drs. 18/10207, 60 (Geschädigter muss bei allen „nicht zahlungsunfähigen" Schädigern zumindest einmal eine Zwangsvollstreckung versucht haben). Der einschränkende nichtspezifizierte Hinweis auf „nicht zahlungsunfähige Schädiger" trägt den allgemeinen Gedanken, dass einem Gläubiger offensichtlich aussichtslose Versuche der Zwangsvollstreckung erspart bleiben sollen. Siehe Bornkamm/Tolkmitt in Bunte § 33e Rn. 8; Makatsch/Bäuerle in MüKoWettbR § 33e Rn. 18.

[25] Es kann deshalb offenbleiben, ob man im Gegenschluss aus Art. 13, 14 Abs. 1 KartSERL (so Kersting/Preuß Rn. 127) oder daraus, dass im Richtlinienvorschlag noch ausdrücklich die Beweislast des Geschädigten angeordnet war (siehe Art. 11 Abs. 2 Vorschlag Kartellschadensersatz-Richtlinie, COM[2013] 404 final v. 11.6.2013, S. 44) auf einen Umsetzungsspielraum der Mitgliedstaaten hinsichtlich der Darlegungs- und Beweislast schließen kann.

[26] AA W.-H. Roth in FK-KartellR § 33e Rn. 11; Mackenrodt in LMRKM § 33e Rn. 23 aE. Wie hier iErg Kersting/Preuß Rn. 129 und Kersting/Preuß WuW 2016, L1 (L8) (Online), die darauf verweisen, dass die Privilegierung der Kronzeugen ohnehin rechtspolitisch verfehlt sei. Dies darf freilich nicht ausschlag-gebend sein, weil sich auch die Gegenposition, wonach der Kronzeuge beim teilweisen Ausfall der Mit-kartellanten nur für den verbleibenden Teilbetrag haftet, noch im Rahmen des Effektivitätsprinzips hält. Unentschieden Makatsch/Bäuerle in MüKoWettbR § 33e Rn. 19.

Soweit die Mitkartellanten die Forderung eines Geschädigten tatsächlich (teilweise) erfüllen, erlischt diese auch gegenüber dem Kronzeugen.[27]

Gemäß § 33e Abs. 2 greift die **Ausfallhaftung** nach § 33e Abs. 1 S. 2 **nicht** ein, soweit **8** die **Ansprüche gegen** die **Mitkartellanten** des Kronzeugen **verjährt** sind. Die Norm verhindert, dass andere Geschädigte im Sinne von § 33e Abs. 1 S. 2 die zu ihren Lasten geltende Privilegierung des Kronzeugen unterlaufen können, indem sie ihre Ansprüche gegen die Mitkartellanten verjähren lassen, um so die Voraussetzungen für eine Ausfallhaftung zu schaffen.[28] Dementsprechend ist die Ausfallhaftung trotz des insoweit missverständlichen Wortlauts bereits dann ausgeschlossen, wenn ein Geschädigter seine Forderung nur gegen einen Mitkartellanten unter mehreren hat verjähren lassen und die Forderungen gegen die übrigen Rechtsverletzer aus anderen Gründen uneinbringlich sind.[29] Denn allein hierdurch würde die in § 33e Abs. 1 S. 2 aufgestellte Anforderung unterlaufen, wonach ein Geschädigter zunächst erfolglos versucht haben muss, von den Mitkartellanten Ersatz zu erlangen. Konsequenterweise steht die Verjährung einer Ausfallhaftung dann nicht entgegen, wenn der Geschädigte zeigen kann, dass ein Versuch, die noch nicht verjährte Forderung einzubringen, offensichtlich aussichtslos gewesen wäre.[30]

§ 33h Abs. 8 S. 1 Nr. 1 stellt klar, dass die **Verjährungsfrist** für den Anspruch aus § 33a **9** im Falle einer **Ausfallhaftung** im Sinne von § 33e Abs. 1 S. 2 erst mit Ablauf des Jahres beginnt, in dem ein Geschädigter von den nicht oder nachrangig privilegierten Mitkartellanten keinen vollständigen Ersatz erlangen konnte.[31] Für Ausgleichsansprüche des Kronzeugen, der einen Anspruch aus §§ 33a, 33e Abs. 1 S. 2 befriedigt, gilt § 33h Abs. 7.[32]

# D. Innenhaftung

Damit die Privilegierung der Kronzeugen nicht durch Regressansprüche gemäß § 33d **10** Abs. 2 unterlaufen wird, überträgt sie § 33e Abs. 3 S. 1 auf die Innenhaftung und setzt damit Art. 11 Abs. 5 S. 2 KartSERL um. Danach haften Kronzeugen ihren Mitkartellanten **unbeschränkt** nur hinsichtlich der **Schäden,** die sie entlang der **eigenen Abnehmer- oder Lieferkette „verursacht"** haben.[33] Das verweist zum einen auf den Anteil am Schaden, der in die relative Verantwortung des Kronzeugen gemäß § 33d Abs. 2 S. 1 fällt. Zum anderen wird mit der im Vergleich zu § 33e Abs. 1 S. 1[34] engeren, nämlich nicht allgemein personenbezogenen Formulierung klargestellt, dass die Kronzeugen im Innenverhältnis nicht für Schäden haften, die ihren Abnehmern oder Lieferanten durch Transaktionen mit den Mitkartellanten entstanden sind.

Im Umkehrschluss aus § 33e Abs. 3 S. 1 (und S. 2) folgt, dass Kronzeugen im Innen- **11** verhältnis **nicht** für Schäden **haften,** die unmittelbaren oder mittelbaren **Abnehmern oder Lieferanten** des Kartells durch **Transaktionen der Mitkartellanten** des Kronzeugen entstanden sind oder vermittelt worden sind.[35] Hierin liegt im Kern die Privilegierung der Kronzeugen bei der Innenhaftung.

---

[27] § 33d Abs. 2 S. 2 iVm § 422 Abs. 1 BGB.

[28] Kersting/Preuß WuW 2016, L1 (L9) (Online).

[29] Kersting/Preuß WuW 2016, L1 (L9) (Online); aA Krüger WuW 2017, 229 (231).

[30] Kersting/Preuß WuW 2016, L1 (L9) (Online); aA Bornkamm/Tolkmit in Bunte § 33e Rn. 10 aE (im Sinne der Rechtsklarheit sollten Reserveursachen nicht berücksichtigt werden).

[31] Vgl. Art. 11 Abs. 4 S. 2 KartSERL.

[32] Regierungsbegründung zur Neunten GWB-Novelle BT-Drs. 18/10207, 67.

[33] So auch der Wortlaut in Art. 11 Abs. 5 S. 2 KartSERL.

[34] Siehe entsprechend Art. 11 Abs. 4 S. 1 lit. a KartSERL.

[35] Regierungsbegründung zur Neunten GWB-Novelle BT-Drs. 18/10207, 60: „Darüber hinaus haftet der Kronzeuge gegenüber den übrigen Gesamtschuldnern nicht für solche Schäden, die anderen Abnehmern oder Lieferanten der Schädiger entstanden sind." Siehe W.-H. Roth in FK-KartellR § 33e Rn. 17 mwN. AA Thomas FS Schroeder, 2018, S. 855 (865–868) (fraglich sei, ob die – hier vertretene – weite Auslegung der Privilegierung im Innenverhältnis von der Richtlinie gewollt sei, jedenfalls sei sie der Sache nach „kaum gerechtfertigt"; § 33e Abs. 3 S. 1 sei als Innenhaftungshöchstgrenze zu verstehen); siehe auch Inderst/Thomas

**12**    Soweit den **Mitkartellanten** ein Regress gegenüber dem Kronzeugen aufgrund seiner Privilegierung abgeschnitten ist, **modifiziert** dies die **Innenhaftung** unter ihnen. Der Betrag, den der Kronzeuge tragen müsste, wenn man die Privilegierung hinwegdenkt, muss ihnen anteilig zuwachsen.[36] Den Maßstab hierfür bildet ihre relative Verantwortlichkeit iSd § 33d Abs. 2 S. 1.[37] Trifft bei drei Kartellanten etwa den Kronzeugen eine relative Verantwortlichkeit zu einem Drittel und seine zwei Mitkartellanten zu einem Sechstel bzw. zu einer Hälfte, so haben letztere im Innenverhältnis den Anteil des Kronzeugen im Verhältnis eins zu drei, dh zu einem Viertel und zu drei Vierteln, zu übernehmen.[38]

**13**    § 33e Abs. 3 S. 2 regelt schließlich, dass Kronzeugen im Innenverhältnis **nicht privilegiert** sind hinsichtlich von **Schäden, die außerhalb der an das Kartell anknüpfenden Abnehmer- und Lieferkette** entstanden sind.[39] Für diese Schäden muss der Kronzeuge im Innenverhältnis seiner relativen Verantwortung iSd § 33d Abs. 2 S. 1 entsprechend einstehen, obwohl er den Betroffenen im Außenverhältnis nicht oder allenfalls nachrangig haftet.[40] Das betrifft etwa Preisschirmgeschädigte[41] oder auch Lieferanten, die Abnehmern des Kartells Komplementärgüter liefern.[42]

**14**    Begleicht der **Kronzeuge** im Außenverhältnis einen Schaden, den er im Innenverhältnis nicht zu tragen hat, steht ihm ein **Ausgleichsanspruch** nach § 33d Abs. 2 S. 1 zu. Das betrifft zum einen die Haftung entlang der vom Kronzeugen ausgehenden Abnehmer- und Lieferkette: Soweit einem Abnehmer oder Lieferanten ein Schaden mittelbar oder unmittelbar durch eine Transaktion mit dem Kronzeugen entsteht und dieser den Schaden im Außenverhältnis begleicht, kann er von den Mitkartellanten in Höhe ihrer jeweiligen relativen Verantwortlichkeit Regress nehmen. Insoweit ein Kronzeuge seinen Abnehmern oder Lieferanten einen Schaden begleicht, der diesen durch Transaktionen mit seinen Mitkartellanten entstanden ist,[43] steht ihm vollständiger Regress zu. Zum anderen betrifft dies auch das Eingreifen einer Ausfallhaftung nach § 33e Abs. 1 S. 2,[44] woraus regelmäßig aber kein Regressanspruch mit wirtschaftlichem Wert resultieren wird.

**15**    § 33e Abs. 3 sieht für die **Innenhaftung keine** dem § 33e Abs. 1 S. 2 entsprechende (allgemeine) **Ausfallhaftung** des Kronzeugen vor.[45] Die in § 33e Abs. 3 S. 1 angeordnete Beschränkung darf deshalb nicht gemäß § 33d Abs. 2 S. 2 iVm § 426 Abs. 1 S. 2 BGB unterlaufen werden, indem der Ausfall eines Gesamtschuldners die Innenhaftungsquote des Kronzeugen erhöht.[46] Das betrifft **erstens die Schadensposten,** für die der **Kronzeuge im Innenverhältnis nicht haftet,** also die Schäden der unmittelbaren oder mittelbaren Abnehmer und Lieferanten, die durch Transaktionen der Mitkartellanten des Kronzeugen verursacht worden sind. Fällt hier der Regressanspruch gegen einen Mitkartellanten aus, so wächst dessen Anteil den anderen Mitkartellanten (nicht aber dem Kronzeugen) entsprechend ihrer relativen Verantwortung im Sinne von § 33d Abs. 2 S. 1 zu.[47] **Zweitens** gilt die Begrenzung der Innenhaftung aber auch für den Regress mit Blick auf die Schäden, die

Schadensersatz S. 549–551; gleichsinnig zu Art. 11 Abs. 5 S. 2 KartSERL Bauermeister Gesamtschuld und Regress S. 186–218 (Regress auch für alle Kartellschaden, jedoch nur bis zur Höhe des durch Kronzeugentransaktionen entstandenen Schadens).

[36] Regierungsbegründung zur Neunten GWB-Novelle BT-Drs. 18/10207, 60.
[37] Mackenrodt in Kersting/Podszun Kap. 8 Rn. 68 S. 193 und in LMRKM § 33e Rn. 52.
[38] Gleichsinnig das Rechenbeispiel bei Mackenrodt in Kersting/Podszun Kap. 8 Rn. 71 S. 193 f. und in LMRKM § 33e Rn. 54.
[39] Siehe auch Art. 11 Abs. 6 KartSERL.
[40] → Rn. 3.
[41] Regierungsbegründung zur Neunten GWB-Novelle BT-Drs. 18/10207, 60.
[42] Zu deren Anspruchsberechtigung → § 33a Rn. 63.
[43] Zur Haftung im Außenverhältnis in dieser Konstellation → Rn. 5.
[44] Regierungsbegründung zur Neunten GWB-Novelle BT-Drs. 18/10207, 60.
[45] Gleiches gilt für Art. 11 Abs. 5 S. 2, Abs. 6 KartSERL.
[46] Regierungsbegründung zur Neunten GWB-Novelle BT-Drs. 18/10207, 60 („Die haftungsbeschränkende Regelung des Satzes 1 [des § 33e Abs. 3] entlastet den Kronzeugen im Innenverhältnis somit zunächst auch von dem Risiko eines Zahlungsausfalls einzelner Gesamtschuldner").
[47] Mackenrodt in Kersting/Podszun Kap. 8 Rn. 81 S. 196 und in LMRKM Rn. 56 f.

der **Kronzeuge** seinen unmittelbaren oder mittelbaren **Abnehmern oder Lieferanten** verursacht hat und für die er deshalb im **Innenverhältnis nur anteilig haftet.** Der Wortlaut des § 33e Abs. 3 S. 1 ist hier eindeutig: Der seiner relativen Verantwortung entsprechende Anteil des Kronzeugen bildet auch hier die Obergrenze eines Regressanspruchs nach § 33d Abs. 2. Eine solche strikte Anwendung des § 33d Abs. 3 S. 1 erhöht für einen Kronzeugen spürbar die Abschätzbarkeit der Schadenshaftung. Das schließt es aus, den Regressanspruch gegen den Kronzeugen gemäß § 33d Abs. 2 S. 2 iVm § 426 Abs. 1 S. 2 BGB zu erhöhen, falls der Regressanspruch gegen einen der anderen Mitkartellanten ausfällt.[48] Eine **Ausfallhaftung im Innenverhältnis** gemäß § 33d Abs. 2 S. 2 iVm § 426 Abs. 1 S. 2 BGB greift deshalb **zulasten eines Kronzeugen nur hinsichtlich von Schäden im Sinne von § 33e Abs. 3 S. 2.** Hat einer der Mitkartellanten des Kronzeugen etwa einen Preisschirmschaden ausgeglichen und fällt er hiernach mit seinem Regressanspruch gegen einen der anderen Kartellanten aus, wächst dessen Haftungsquote den übrigen Kartellanten einschließlich des Kronzeugen entsprechend ihrer relativen Verantwortung gemäß § 33d Abs. 2 S. 1 zu.

## § 33f Wirkungen des Vergleichs

(1) [1]Wenn nicht anders vereinbart, wird im Falle einer durch einvernehmliche Streitbeilegung erzielten Einigung (Vergleich) über einen Schadensersatzanspruch nach § 33a Absatz 1 der sich vergleichende Gesamtschuldner in Höhe seines Anteils an dem Schaden von seiner Haftung gegenüber dem sich vergleichenden Geschädigten befreit. [2]Die übrigen Gesamtschuldner sind nur zum Ersatz des Schadens verpflichtet, der nach Abzug des Anteils des sich vergleichenden Gesamtschuldners verbleibt. [3]Den Ersatz des verbliebenen Schadens kann der sich vergleichende Geschädigte von dem sich vergleichenden Gesamtschuldner nur verlangen, wenn der sich vergleichende Geschädigte von den übrigen Gesamtschuldnern insoweit keinen vollständigen Ersatz erlangen konnte. [4]Satz 3 findet keine Anwendung, wenn die Vergleichsparteien dies in dem Vergleich ausgeschlossen haben.

(2) Gesamtschuldner, die nicht an dem Vergleich nach Absatz 1 beteiligt sind, können von dem sich vergleichenden Gesamtschuldner keine Ausgleichung nach § 33d Absatz 2 für den Ersatz des Schadens des sich vergleichenden Geschädigten verlangen, der nach Abzug des Anteils des sich vergleichenden Gesamtschuldners verblieben ist.

## A. Überblick

Der mit der Neunten GWB-Novelle (2017) eingeführte § 33f regelt Folgen einer einvernehmlichen Streitbeilegung für die gesamtschuldnerische Haftung. Damit sollen vergleichsweise Einigungen gefördert werden,[1] um den Geschädigten einen möglichst **kostengünstigen Schadensausgleich** zu ermöglichen und **Justizressourcen** zu **schonen.**[2]  **1**

§ 33f setzt Art. 19 Abs. 1–3 KartSERL[3] um. Das damit verankerte **Modell** beinhaltet **drei Elemente:** (1) Der sich vergleichende Gesamtschuldner wird von seiner Verbindlichkeit gegenüber dem Vergleichsgegner befreit, bleibt allerdings einer (dispositiven) Ausfallhaftung für die Schadensanteile ausgesetzt, die in die relative Verantwortung der Mitschädiger fallen (§ 33f Abs. 1 S. 1, 3 und 4). (2) Ein Vergleich entfaltet eine (beschränkte) Gesamtwirkung zugunsten der sich nicht vergleichenden Rechtsverletzer (§ 33f Abs. 1  **2**

---

[48] Katt Haftung des Kronzeugen S. 187; aA Mackenrodt in Kersting/Podszun Kap. 8 Rn. 80 S. 195.

[1] Begründungserwägung (51) S. 1 KartSERL.

[2] Vorschlag Kartellschadensersatz-Richtlinie, Impact Assessment Report, SWD (2013) 203 final v. 11.6.2013, S. 27.

[3] Eine Umsetzung von Art. 19 Abs. 4 KartSERL hielt der deutsche Gesetzgeber für entbehrlich, Regierungsbegründung zur Neunten GWB-Novelle BT-Drs. 18/10207, 61. Dazu → Rn. 20.

S. 2). (3) In Höhe des Schadensanteils, der in seine relative Verantwortung fällt, wird ein sich vergleichender Gesamtschuldner von einer Innenhaftung befreit und gegen Regressansprüche der Mitschädiger abgeschirmt (§ 33f Abs. 2).

3    Die Regelung ist insoweit für die Vertragsparteien **zwingend,** als ein Vergleich im Rahmen seines – von den Parteien zu definierenden – Anwendungsbereichs **zumindest beschränkte Gesamtwirkung** in Höhe des Schadensanteils entfalten muss, der in die relative Verantwortlichkeit im Sinne von § 33d Abs. 2 S. 1 des sich vergleichenden Schädigers fällt. Diese zwingende Einschränkung der Außenhaftung nach § 33f Abs. 1 S. 2 wird komplettiert durch eine insoweit ebenfalls zwingende Einschränkung der Innenhaftung nach § 33f Abs. 2. Im Übrigen sind die **Vorgaben dispositiv.**[4]

4    Neben den Auswirkungen auf die Gesamtschuld hat der Unionsgesetzgeber in Art. 18 KartSERL drei Maßnahmen angeordnet, mit denen die von Art. 19 KartSERL intendierte **Förderung** einer **einvernehmlichen Streitbeilegung** zu flankieren ist. Erstens ist auszuschließen, dass Vergleichsverhandlungen vor einem gerichtlichen Verfahren daran scheitern, dass der Geschädigte sich wegen des drohenden Ablaufs einer Verjährungsfrist gezwungen sieht, Klage zu erheben.[5] Deshalb müssen Verhandlungen über eine einvernehmliche Streitbeilegung die **Verjährung hemmen.**[6] Zweitens muss ein Gericht die Möglichkeit haben, einen **Rechtsstreit** über einen Schadensersatzanspruch **bis zu zwei Jahre auszusetzen,** um den Parteien eine einvernehmliche Streitbeilegung zu ermöglichen.[7] Drittens schließlich muss eine Wettbewerbsbehörde eine infolge eines Vergleichs geleistete **Schadensersatzzahlung** bei der späteren Verhängung einer **Geldbuße** als **mildernden** Umstand berücksichtigen.[8] Damit soll ein Anreiz für Rechtsverletzer geschaffen werden, sich möglichst schnell einvernehmlich mit Geschädigten zu einigen.

5    Während die Tatbestände der **§§ 203, 204 Abs. 1 Nr. 4 BGB** die geforderte Verjährungshemmung gewährleisten und **§ 89b Abs. 4** den Gerichten ermöglicht, das Verfahren für Vergleichsverhandlungen auszusetzen, hat der deutsche Gesetzgeber davon abgesehen, die Möglichkeit einer Bußgeldminderung zu regeln. Zwar haben die Kartellbehörden nach § 81 Abs. 4 iVm **§ 17 Abs. 3 OWiG** die Höhe des Bußgelds am „Vorwurf, der den Täter trifft", auszurichten. Hierbei ist **„positives Nachtatverhalten"**[9] – wie etwa Schadenswiedergutmachung – zu berücksichtigen. Das genügt aber nicht der aus Art. 288 Abs. 3 AEUV resultierenden Vorgabe, Rechtspositionen so klar und bestimmt[10] zu verankern, dass sie vom Begünstigten ohne weiteres zu erkennen sind.[11]

## B. Anwendungsbereich

6    § 33f gilt nicht nur für **außergerichtliche Einigungen,** sondern auch für solche, die im Rahmen eines **gerichtlichen Verfahrens** geschlossen werden.[12] Ob hierin eine (nur) überschießende Umsetzung des Art. 19 KartSERL liegt,[13] erscheint zumindest zweifelhaftet. Denn zwar betrifft Art. 19 KartSERL „Vergleiche", dh nach der Definition des Art. 2 Nr. 22 KartSERL „durch einvernehmliche Streitbeilegung erzielte Einigungen",

---

[4] Hierzu im Einzelnen → Rn. 12 ff.

[5] Begründungserwägung (49) KartSERL.

[6] Art. 18 Abs. 1 KartSERL.

[7] Art. 18 Abs. 2 KartSERL und Begründungserwägung (50) KartSERL.

[8] Art. 18 Abs. 3 KartSERL. In diesem Sinne hat auch die Kommission geleisteten Schadensersatz bußgeldmindernd berücksichtigt, siehe etwa KOMM. 21.10.1998 – Comp/IV/35.691/E-4, ABl. 1999 L 24, S. 1, Ziff. 172 – Fernwärmetechnik-Kartell und wurde hierin vom EuG bestätigt, 30.4.2009 – T-13/03, EU:T:2009:131 Rn. 74 – Nintendo/Kommission.

[9] Bundeskartellamt, Leitlinien für die Bußgeldzumessung in Kartellordnungswidrigkeitenverfahren v. 25.6.2013, Ziff. (18) S. 1.

[10] EuGH 10.5.2001 – C-144/99, EU:C:2001:257 Rn. 17 – Kommission/Niederlande.

[11] Kersting/Preuß WuW 2016, L1 (L11) (Online).

[12] Regierungsbegründung zur Neunten GWB-Novelle BT-Drs. 18/10207, 61.

[13] Siehe etwa Mäsch in Berg/Mäsch § 33f Rn. 2.

und definiert Art. 2 Nr. 21 KartSERL „einvernehmliche Streitbeilegung" als einen „Mechanismus, der es den Parteien ermöglicht, den Streit über einen Schadensersatzanspruch außergerichtlich beizulegen". Allerdings werden etwa in Begründungserwägung (48) S. 2 KartSERL ausdrücklich unter den Begriff der „außergerichtlichen Vergleiche" auch solche subsumiert, „in denen ein Richter einen Vergleich als rechtsverbindlich erklären kann".[14] Bedenkt man, dass die Regelung auf eine möglichst kostengünstige Beilegung von Rechtsstreiten und auf die Schonung von Justizressourcen abzielt, scheint zwar die rein außergerichtliche Einigung ein Idealfall. Letztlich dient diesen Zielen aber jede Einigung, die eine streitige gerichtliche Verhandlung abkürzt und eine streitige Entscheidung vermeidet. In diesem Sinne sprechen gute Argumente dafür, bereits auf Richtlinienebene bei Art. 19 KartSERL von einem weiten Verständnis des Vergleichs auszugehen, das auch Einigungen umfasst, die im Rahmen des gerichtlichen Verfahrens erzielt worden sind.[15]

Nach § 187 Abs. 3 S. 1 gilt die Vorschrift nur für Vergleiche über Ansprüche, die **nach**   7 **dem 26.12.2016 entstanden**[16] sind.[17]

## C. Außenhaftung

### I. Regelungsmodell nach § 33f Abs. 1

Indem sich ein Rechtsverletzer mit einem Geschädigten vergleicht, wird er diesem   8 gegenüber – unabhängig von der Höhe der vereinbarten Vergleichssumme[18] – von seiner Haftungspflicht befreit. Dies gilt nach **§ 33f Abs. 1 S. 1 endgültig** allerdings nur für den **Schadensanteil,** der **in seine relative Verantwortung** im Sinne von § 33d Abs. 2 S. 1[19] fällt. Zugleich verringert sich gemäß § 33f Abs. 1 S. 2 die Außenhaftung der übrigen Schädiger gegenüber dem sich vergleichenden Geschädigten um diesen Betrag. Aufgrund dieser unter Verweis auf die Regeln zum Innenregress **beschränkten Gesamtwirkung** des Vergleichs trägt der Geschädigte in nachfolgenden Auseinandersetzungen mit den übrigen Schädigern das Risiko, deren relative Verantwortung für den Gesamtschaden falsch zu bewerten und also entweder von ihnen zu wenig zu fordern (weil die Haftungsquote des Vergleichspartners überschätzt und zugleich infolge des Vergleichs ein Betrag gezahlt wurde, der unter dem nach § 33d Abs. 2 S. 1 bemessenen Schadensanteil lag) oder teilweise mit einer Klage abgewiesen zu werden (weil die Haftungsquote des Vergleichspartners unterschätzt wurde).[20]

§ 33f Abs. 1 modifiziert lediglich einzelne Aspekte der Gesamtschuld. Die Auswirkungen   9 der **Erfüllung** gemäß **§ 33d Abs. 2 S. 2 iVm § 422 Abs. 1 BGB** bleiben für den Fall **unberührt,** dass ein Rechtsverletzer infolge eines Vergleichs einen **Betrag** zahlt, der seinen nach § 33d Abs. 2 S. 1 bemessenen **Schadensanteil übersteigt.**[21] Es tritt dann auch insoweit im Außenverhältnis zugunsten der anderen Rechtsverletzer Erfüllung ein.[22] Diese haben folglich den gemäß § 33f Abs. 1 S. 2 geminderten Anspruch nicht mehr

---

[14] Kersting WuW 2014, 564 (571); W.-H. Roth in FK-KartellR § 33f Rn. 4.
[15] IErg ebenso Bauermeister Gesamtschuld und Regress S. 315–318.
[16] Zur Anspruchsentstehung → § 33h Rn. 6.
[17] Krit. Petrasincu/Schaper WuW 2017, 306 (310).
[18] Begründungserwägung (51) S. 4 KartSERL.
[19] Begründungserwägung (51) S. 5 KartSERL.
[20] Krit. deshalb etwa Krüger WuW 2017, 229 (232).
[21] Diese Auslegung widerspricht nicht Begründungserwägung (51) S. 4 KartSERL. Die einleitende Formulierung „[a]ls Folge dessen […]" verdeutlicht, dass es dem Gesetzgeber nur darum ging, zugunsten des sich vergleichenden Rechtsverletzers die Vergleichswirkungen insbesondere im Verhältnis zu den sich nicht vergleichenden Rechtsverletzern klarzustellen (siehe Begründungserwägung (51) S. 1 bis 3 KartSERL). Dass die Vereinbarung einer Vergleichssumme, die über das gemäß der relativen Verantwortung Geschuldete hinausgeht, endgültig dem sich vergleichenden Geschädigten zugutekommen müsse, lässt sich der Aussage nicht entnehmen.
[22] W.-H. Roth in FK-KartellR § 33f Rn. 9; aA Paul in Fuchs/Weitbrecht § 18 Rn. 15 Fn. 27 (Zahlung des Überschussbetrags hat keine Tilgungswirkung, weil sie allein auf den Vergleich erfolgt).

vollständig zu erfüllen. Damit wird der in Art. 3 Abs. 3 KartSERL verankerten Vorgabe genügt, Überkompensation zu vermeiden.[23] Gestärkt werden damit zugleich die Vergleichsanreize auf Seiten der Rechtsverletzer. Der sich vergleichende Rechtsverletzer kann gegenüber den anderen Rechtsverletzern gemäß § 33d Abs. 2 S. 1 Regress nehmen.[24]

10    Den sich vergleichenden Rechtsverletzer trifft nach **§ 33f Abs. 1 S. 3** eine **Ausfallhaftung** für den „verbliebenen Schaden", dh für die gemäß § 33f Abs. 1 S. 2 um seinen Haftungsanteil gekürzte Außenhaftung der Mitschädiger. Diese Ausfallhaftung setzt voraus, dass die Forderung des Geschädigten gegenüber den übrigen Mitschädigern uneinbringlich ist. Es gilt hierfür der gleiche Maßstab wie für ein Eingreifen der Ausfallhaftung des Kronzeugen gemäß § 33e Abs. 1 S. 2.[25] Hinreichend ist ein erfolgloser Versuch der Zwangsvollstreckung, der aber bei offensichtlicher Aussichtslosigkeit − etwa bei Eröffnung des Insolvenzverfahrens − unterbleiben kann. Da in § 33f Abs. 1 S. 3 in Parallele zu § 33e Abs. 1 S. 2 formuliert ist, die Ausfallhaftung greife ein, „wenn" (nicht: „soweit") der Geschädigte von den übrigen Rechtsverletzern keinen vollständigen Ersatz für die verbleibenden Schadensanteile verlangen kann,[26] darf ein Geschädigter den sich vergleichenden Rechtsverletzer schon dann voll in Anspruch nehmen, wenn klar ist, dass er von den übrigen Schädigern keinen vollständigen Ersatz erlangen können wird.[27] Das trägt dem Interesse des Geschädigten Rechnung, nicht zunächst gegen die übrigen Schädiger vorgehen zu müssen, wohlwissend, hiernach jedenfalls einen Teil des Schadens noch im Wege der Ausfallhaftung eintreiben zu müssen.

11    Die **Ausfallhaftung** erhöht zwar einerseits die Chance eines Geschädigten auf vollständigen Schadensausgleich, sie **vermindert** andererseits aber die **Attraktivität einer einvernehmlichen Streitbeilegung** aus Sicht eines Schädigers, der trotz Vergleichs einem − sowohl hinsichtlich Höhe als auch Eintrittswahrscheinlichkeit − schwer kalkulierbaren Haftungsrisiko ausgesetzt bleibt. Aus diesem Grunde hatte im Gesetzgebungsverfahren der Ausschuss für Wirtschaft und Währung angeregt, die Ausfallhaftung zu streichen.[28] Durchgesetzt hat sich schließlich ein Kompromissvorschlag des Rechtsausschusses des Parlaments.[29] Die von der Kommission vorgeschlagene[30] **Ausfallhaftung** wurde um einen Satz ergänzt, wonach es den Parteien freistehen soll, die Haftung im Vergleich **ausdrücklich auszuschließen.**[31] Umgesetzt wurde dies in **§ 33f Abs. 1 S. 4**, der allerdings seinem Wortlaut nach auch einen konkludenten Ausschluss der Haftung ermöglicht und insoweit richtlinienkonform zu reduzieren ist.[32]

---

[23] Vgl. Bauermeister Gesamtschuld und Regress S. 336 f., die argumentiert, der Vermeidung von Überkompensation komme insoweit kein normatives Gewicht zu, weil diese auf dem „Verhandlungsgeschick" des Geschädigten beruhe. Dies kann aber nur begründen, dass die hier vertretene Ansicht nicht zwingend aus Art. 3 Abs. 3 KartSERL folgt, schließt aber nicht aus, im Lichte des Art. 3 Abs. 3 KartSERL einer Interpretation der gesetzlichen Regel den Vorzug zu geben, die tendenziell Überkompensation vermeidet, zumal dieser Aspekt − auch nach hier vertretener Ansicht − zur Disposition der Parteien steht → Rn. 13 f.

[24] → Rn. 19.

[25] → § 33e Rn. 6.

[26] Das widerspricht nicht dem Wortlaut des Art. 19 Abs. 3 UAbs. 1 KartSERL, der diese Formulierung allerdings − anders als im Falle der Ausfallhaftung des Kronzeugen gemäß Art. 11 Abs. 4 S. 1 lit. b KartSERL − auch nicht vorgibt.

[27] → § 33e Rn. 7. AA W.-H. Roth in FK-KartellR § 33f Rn. 8.

[28] Europäisches Parlament, Entwurf eines Berichts über den Vorschlag für eine Richtlinie des Europäischen Parlaments und des Rates über bestimmte Vorschriften für Schadensersatzklagen nach einzelstaatlichem Recht wegen Zuwiderhandlungen gegen wettbewerbsrechtliche Bestimmunen der Mitgliedstaaten und der Europäischen Union v. 3.10.2013, 2013/0185(COD), S. 47 f.

[29] European Parliament, Opinion of the Committee on Legal Affairs on the proposal for a directive of the European Parliament and of the Council on certain rules governing actions for damages under national law for infringements of the competition law provisions of the Member States and of the European Union, 27.1.2014, 2013/0185(COD), S. 24.

[30] Art. 18 Abs. 1 S. 3 Vorschlag Kartellschadensersatz-Richtlinie, COM(2013) 404 final v. 11.6.2013, S. 47.

[31] Art. 19 Abs. 3 UAbs. 2 KartSERL.

[32] Den Gesetzesmaterialien (siehe Regierungsbegründung zur Neunten GWB-Novelle BT-Drs. 18/10207, 61) lässt sich nicht entnehmen, ob es dem Gesetzgeber darauf ankam, einen konkludenten Haftungs-

## II. Parteidispositivität des gesetzlichen Regelungsmodells

Aus dem die Kartellschadensersatz-Richtlinie prägenden **Grundsatz der Vollharmoni-** 12
**sierung**[33] folgt nicht nur, dass die mitgliedstaatlichen Gesetzgeber – vorbehaltlich von
Ausnahmen im Einzelfall – vom unionsrechtlichen Regelungsstandard nicht abweichen
dürfen, sondern auch, dass es grundsätzlich auf Ebene des **Unionsrechts abschließend**
und für die Mitgliedstaaten verbindlich entschieden wird, ob eine Richtlinienvorgabe –
und sodann auch die zur Umsetzung berufene Regelung im nationalen Recht – zur
Disposition der sich vergleichenden Parteien stehen darf.[34]

Parteiautonomie bildet die Grundlage allen Vertragsrechts. Das gilt auch für Vergleiche 13
im Kontext des Kartellschadensersatzrechts. Gestaltungsfreiheit für die Parteien bietet im
Grundsatz den besten Rahmen für eine auf Interessenausgleich basierende einvernehmliche
Streitbeilegung. Gegen die hieraus folgende Annahme, die Regeln des Art. 19 KartSERL
seien grundsätzlich als dispositiv zu verstehen, kann **nicht** etwa ein **Gegenschluss aus** der
ausdrücklich angeordneten Abdingbarkeit der Ausfallhaftung nach **Art. 19 Abs. 3
UAbs. 2 KartSERL** ins Feld geführt werden.[35] Denn zum einen erklärt sich die ausdrückliche Anordnung der Abdingbarkeit an dieser Stelle damit, dass sie gleichsam das erkennbare
Symbol für einen Kompromiss im Streit um die Ausfallhaftung[36] bilden soll. Zudem ergänzt
die Ausfallhaftung die Anordnung der beschränkten Gesamtwirkung, die – wie sogleich
darzulegen ist – vom Gesetzgeber als Mindestvorgabe zwingend angeordnet ist, so dass es
insoweit erforderlich war, die Dispositivität explizit einzuführen.

**Ausnahmen vom Grundsatz der Dispositivität** vertragsrechtlicher Vorgaben sind im 14
Wege der Auslegung im Lichte des Regelungszwecks zu ermitteln. Dem Unionsgesetz-
geber kam es bei Art. 19 KartSERL darauf an, den Parteien ein Instrumentarium zur
Verfügung zu stellen, das dem Interesse der Vergleichsparteien an einer rechtssicheren
Implementierung ihrer Einigung Rechnung trägt, aber auch das Interesse der übrigen
Schädiger und der Allgemeinheit an einer möglichst ressourcenschonenden Abwicklung[37]
berücksichtigt. Dies spricht entscheidend dafür, dass die aus Art. 19 Abs. 1 und 2 Kart-
SERL folgende **(zumindest) beschränkte Gesamtwirkung** eines Vergleichs und der
damit einhergehende **Ausschluss eines Innenregresses** zulasten des sich vergleichenden
Schädigers vom Richtliniengeber **zwingend angeordnet** wurden.[38] Dieser harte Trans-
aktionsrahmen vermindert nicht nur Auslegungsunsicherheiten in Bezug auf die Vergleichsvereinbarung (Einzelwirkung vs. [beschränkte] Gesamtwirkung) und schafft Rechtssicherheit für den sich vergleichenden Schädiger, der nicht befürchten muss, aufgrund eines
– gemessen an seiner relativen Verantwortung im Sinne von § 33d Abs. 2 S. 1 – zu
geringen Vergleichsbetrags einem Regress der Mitschädiger ausgesetzt zu sein. Vereinfacht
wird damit auch die Abwicklung. Ausgeschlossen wird, dass die Vereinbarung eines Ver-

---

ausschluss zuzulassen. Jedenfalls setzt sich der offenkundige Wille nach richtlinienkonformer Umsetzung
durch (siehe § 33d Fn. 77 mN zur Rspr.); wie hier W.-H. Roth in FK-KartellR § 33f Rn. 8 mit Fn. 7;
Kersting VersR 2017, 581 (593); anders noch Kersting/Preuß Rn. 154, wonach es genügen soll, „dass sich
ein Parteiwille mit hinreichender Deutlichkeit aus der Vergleichsvereinbarung entnehmen lässt."

[33] → Vorb. §§ 33–34a Rn. 28.

[34] Vgl. aber Kersting/Preuß Rn. 151 und Kersting/Preuß WuW 2016, L1 (L11) (Online) sowie Mackenrodt in Kersting/Podszun Kap. 9 Rn. 95 S. 235 und in LMRKM § 33f Rn. 39, die davon ausgehen, dass
etwa die Anordnung der beschränkten Gesamtwirkung nach Art. 19 Abs. 1, Abs. 2 KartSERL vom Richtliniengeber als nicht abdingbar konzipiert wurde, sodann aber unterstellen, der deutsche Gesetzgeber sei
hieran nicht gebunden. Tendenziell wie hier (aber ohnehin unterstellend, dass die beschränkte Gesamtwirkung nur dispositiv angeordnet ist) Bauermeister Gesamtschuld und Regress S. 342.

[35] AA Kersting VersR 2017, 581 (593).

[36] → Rn. 11.

[37] → Rn. 1.

[38] Siehe Begründungserwägung (51) S. 1–4 KartSERL. AA Katt Haftung des Kronzeugen S. 203 f. (insbes.
unter Hinweis auf den Wortlaut in Begründungserwägung (51) [„sollen"]); W.-H. Roth in FK-KartellR § 33f
Rn. 3 (den Parteien steht es auch frei, Vergleiche mit Einzelwirkung abzuschließen); Bauermeister Gesamtschuld und Regress S. 337–340 (zu Art. 19 KartSERL).

gleichs mit Einzelwirkung einen Regresskreisel auslöst, an dessen Ende der sich vergleichende Schädiger von seinem Vergleichspartner einen Ausgleich für eine Innenregresszahlung einfordern müsste, um schließlich ein – regelmäßig sachgerechtes – Ergebnis zu erzielen, das einfacher durch die (zwingende) Anordnung (beschränkter) Gesamtwirkung erreicht wird. Das spiegelt sich in **Wortlaut und Systematik** von § 33f Abs. 1 wider, wonach in Satz 1 ausdrücklich nur die unmittelbar die Parteien betreffenden Vergleichswirkungen sowie in Satz 4 die Ausfallhaftung als abdingbar bezeichnet werden, nicht aber die Anordnung der (beschränkten) Gesamtwirkung in Satz 2.[39]

**15**    Nach Art. 19 Abs. 1 und Abs. 2 KartSERL ist damit im Sinne der Rechtssicherheit und Transaktionsvereinfachung zwingend vorgegeben (und insoweit auch richtig in § 33f Abs. 1 umgesetzt), dass ein Vergleich (zumindest) beschränkte Gesamtwirkung entfaltet. Im Übrigen begrenzen Art. 19 KartSERL und § 33f Abs. 1 nicht die Freiheit der Vergleichsparteien, sich einvernehmlich auf die Konditionen einer Streitbeilegung zu einigen. Möglich ist insbesondere ein **Vergleich mit gesamtbefreiender Wirkung**.[40] Hierbei wird sich ein vergleichender Schädiger regelmäßig zu einem Vergleichsbetrag verpflichten, der über seinen Schadensanteil hinausgeht. Damit gewinnt er das Recht, seine Mitschädiger in Regress zu nehmen[41] und nimmt zugleich dem Geschädigten das Risiko ab, mit seinen Forderungen gegen die Mitschädiger auszufallen.

**16**    Den Vergleichsparteien steht es frei, sich auf eine **Streitbeilegung** hinsichtlich eines **Teils der Gesamtschäden** zu einigen. Sie können etwa vereinbaren, dass die Vergleichssumme lediglich den Anteil des sich vergleichenden Rechtsverletzers an den Schäden abdeckt, die in einem bestimmten Zeitraum oder auf sachlich oder geographisch abgrenzbaren Teilmärkten entstanden sind.[42] Eine solche Beschränkung der Vergleichswirkungen gemäß § 33f Abs. 1 S. 1 zieht einen entsprechend eingeschränkten Anwendungsbereich der gemäß § 33f Abs. 1 S. 2 vorgeschriebenen beschränkten Gesamtwirkung nach sich. Die Haftung der übrigen Mitschädiger gegenüber dem Geschädigten, der sich vergleicht, wird (nur) betreffs der Schäden, die in den Anwendungsbereich des Vergleichs fallen, um den Haftungsanteil des sich vergleichenden Schädigers gekürzt. Einer solchen parteiautonomen Begrenzung im Anwendungsbereich steht weder der Wortlaut von Art. 19 Abs. 1 und 2 KartSERL oder § 33f Abs. 1 S. 1 und 2 entgegen, noch der zwingende Charakter einer zumindest beschränkten Gesamtwirkung. Denn hätte ein auf bestimmte Schadensfolgen begrenzter Vergleich zwingend die Konsequenz, dass die Mitschädiger gemäß § 33f Abs. 1 S. 2 in Höhe des Schadensanteils des sich vergleichenden Schädigers am Gesamtschaden befreit würden, schlösse dies praktisch Vergleiche aus, die im Anwendungsbereich auf einen Teil der Schadensfolgen begrenzt sind. Dies liefe der Ratio des Art. 19 KartSERL diametral entgegen und ist auch nicht im Sinne von Rechtssicherheit und einer ressourcenschonenden Abwicklung erforderlich, jenen Erwägungen, aus denen die Unabdingbarkeit einer zumindest beschränkten Gesamtwirkung folgt.

## D. Innenhaftung

**17**    **§ 33f Abs. 2 schließt aus,** dass die nicht am Vergleich beteiligten Schädiger für den Ersatz des verbliebenen Schadens **Regress** beim sich vergleichenden Schädiger nehmen können. Die Vorschrift setzt Art. 19 Abs. 2 S. 2 KartSERL um. Angesichts der in § 33f

---

[39] AA Mackenrodt in Kersting/Podszun Kap. 9 Rn. 88–92 S. 234 f. und in LMRKM § 33f Rn. 38, 40–43; Makatsch/Bäuerle in MüKoWettbR § 33f Rn. 21. Wie hier iErg Kersting VersR 2017, 581 (593), der freilich – im Umkehrschluss aus Art. 19 Abs. 3 UAbs. 2 KartSERL – die Vorgaben des Art. 19 KartSERL für generell zwingend hält, dem deutschen Gesetzgeber insoweit aber eine Abweichung erlauben will, hiergegen → Rn. 13.

[40] So ausdr. auch Regierungsbegründung zur Neunten GWB-Novelle BT-Drs. 18/10207, 61. Siehe auch Bornkamm/Tolkmitt in Bunte § 33f Rn. 5.

[41] → Rn. 19.

[42] Vgl. Mackenrodt in Kersting/Podszun Kap. 9 Rn. 91 S. 234 und in LMRKM § 33f Rn. 42.

Abs. 1 S. 2 angeordneten beschränkten Gesamtwirkung – mit der nach dem Willen des Richtliniengebers ein Regress gegen den sich vergleichenden Gesamtschuldner verhindert werden soll[43] – liegt hierin im Grunde nur eine Selbstverständlichkeit. Denn die nicht am Vergleich beteiligten Schädiger haften infolge des Vergleichs ohnehin nur noch für die Schadensanteile, die in ihre relative Verantwortung im Sinne von § 33d Abs. 2 S. 1 fallen.

Eine hierüber hinausgehende Bedeutung erlangt die Regelung jedoch in Konstellatio-  **18** nen, in denen die nicht am Vergleich beteiligten Schädiger untereinander mit Regressansprüchen ausfallen. Da gemäß § 33f Abs. 2 jegliche Ausgleichsansprüche nach § 33d Abs. 2 ausgeschlossen sind, **entfällt** auch die **Ausfallhaftung** gemäß § 33d Abs. 2 S. 2 iVm **§ 426 Abs. 1 S. 2 BGB**.[44] Aufgrund dieser Privilegierung des sich vergleichenden Gesamtschuldners wächst der Haftungsanteil eines zahlungsunfähigen oder aus sonstigen Gründen ausfallenden Gesamtschuldners (nur) den übrigen nicht am Vergleich beteiligten Gesamtschuldnern zu.

Insoweit der sich **vergleichende Gesamtschuldner** dem Geschädigten einen Betrag  **19** zahlt, der seinen Haftungsanteil im Sinne von § 33d Abs. 2 S. 1 übersteigt, kann er von den anderen Rechtsverletzern **Regress** fordern.[45] Denn zwar verringert sich gemäß § 33f Abs. 1 S. 2 durch den Vergleich an sich deren Außenhaftung zunächst nur in Höhe des Haftungsanteils des sich vergleichenden Rechtsverletzers. Doch bewirkt die darüber hinausgehende Zahlung eine entsprechende Erfüllungswirkung gemäß § 33d Abs. 2 S. 2 iVm § 422 Abs. 1 BGB und verringert insoweit die – bereits gemäß § 33f Abs. 1 S. 2 verminderte – Außenhaftung der übrigen Schädiger.[46] Ein – freilich regelmäßig wertloser[47] – Regressanspruch entsteht auch, wenn der sich vergleichende Rechtsverletzer im Wege der Ausfallhaftung nach § 33f Abs. 1 S. 3 für die Haftungsanteile der nicht am Vergleich beteiligten Rechtsverletzer einstehen musste.[48]

Aus einer gemeinschaftlichen Kartellrechtsverletzung mit mehreren Geschädigten resul-  **20** tiert eine **Mehrzahl paralleler Gesamtschuld- und Ausgleichsverhältnisse**. Diese sind grundsätzlich gemäß den in §§ 33d–33f geltenden Regeln getrennt zu behandeln und aufzulösen. Allerdings ordnet **Art. 19 Abs. 4 KartSERL punktuell** eine **gesamtschuldübergreifende Betrachtung** an: Nimmt ein Rechtsverletzer einen anderen Rechtsverletzer in Regress,[49] dann soll das Gericht bei der Festlegung des Ausgleichsbetrags gebührend berücksichtigen, dass der in Anspruch genommene Rechtsverletzer[50] aufgrund „früherer Vergleiche" – gemeint sind einvernehmliche Streitbeilegungen mit anderen (durch die gleiche Rechtsverletzung[51]) Geschädigten als jenen, deren Befriedigung den geltend gemachten Ausgleichsanspruch ausgelöst hat – Entschädigungszahlungen geleistet hat.[52] Der Richtliniengeber wollte damit offenbar klarstellen, dass ein sich vergleichender Rechtsverletzer bei gesamtschuldübergreifender Betrachtung keinen Anteil am Gesamtschaden tragen soll, der seine relative Verantwortlichkeit im Sinne von Art. 11 Abs. 5 S. 1 Kart-

---

[43] Begründungserwägung (51) S. 3 f. KartSERL.

[44] Mackenrodt in Kersting/Podszun Kap. 9 Rn. 114 S. 239 und in LMRKM § 33f Rn. 54–56; aA Bauermeister Gesamtschuld und Regress S. 347–356 (Auflösung zulasten der übrigen Schädiger scheide als „Vertrag zulasten Dritter" zwangsläufig aus; Ausfall müsse zulasten der Geschädigten gehen). Zur Ausfallhaftung → § 33d Rn. 6 aE.

[45] Krüger WuW 2017, 229 (232).

[46] → Rn. 9.

[47] Werthaltig kann der Anspruch in Konstellationen sein, in denen die Ausfallhaftung eingreift, weil von den übrigen Rechtsverletzern zumindest kein vollständiger Ersatz hätte erlangt werden können → Rn. 10.

[48] W.-H. Roth in FK-KartellR § 33f Rn. 11.

[49] Art. 11 Abs. 5 S. 1 KartSERL und § 33d Abs. 2 S. 1.

[50] Der Ausdruck „der betreffende Rechtsverletzer" in Art. 19 Abs. 4 KartSERL nimmt den davor notierten „Rechtsverletzer" in Bezug, also den auf Regress in Anspruch genommenen Rechtsverletzer („von einem anderen Rechtsverletzer"), nicht aber denjenigen Rechtsverletzer, der den Ausgleichsanspruch geltend macht, vgl. aber Kersting/Preuß Rn. 155, die die Formulierung insoweit für unklar halten.

[51] Kersting/Preuß Rn. 156; Bauermeister Gesamtschuld und Regress S. 361.

[52] Siehe auch Begründungserwägung (52) KartSERL.

SERL und § 33d Abs. 2 S. 1 übersteigt. Allerdings gewährleisten dies im Grunde bereits die Regeln zum Innenregress für jedes einzelne durch eine Rechtsverletzung entstandene Gesamtschuldverhältnis; dies vor allem deshalb, weil ein sich vergleichender Rechtsverletzer, der einem Geschädigten Schadensausgleich in einer Höhe leistet, die über seine relative Verantwortlichkeit hinausgeht, die anderen Rechtsverletzer insoweit in Regress nehmen kann.[53] Dies hat den deutschen Gesetzgeber bewogen, die Regelung nicht ins deutsche Recht zu übernehmen.[54]

## § 33g Anspruch auf Herausgabe von Beweismitteln und Erteilung von Auskünften

(1) Wer im Besitz von Beweismitteln ist, die für die Erhebung eines auf Schadensersatz gerichteten Anspruchs nach § 33a Absatz 1 erforderlich sind, ist verpflichtet, sie demjenigen herauszugeben, der glaubhaft macht, einen solchen Schadensersatzanspruch zu haben, wenn dieser die Beweismittel so genau bezeichnet, wie dies auf Grundlage der mit zumutbarem Aufwand zugänglichen Tatsachen möglich ist.

(2) ¹Wer im Besitz von Beweismitteln ist, die für die Verteidigung gegen einen auf Schadensersatz gerichteten Anspruch nach § 33a Absatz 1 erforderlich sind, ist verpflichtet, sie demjenigen herauszugeben, gegen den ein Rechtsstreit über den Anspruch nach Absatz 1 oder den Anspruch auf Schadensersatz nach § 33a Absatz 1 rechtshängig ist, wenn dieser die Beweismittel so genau bezeichnet, wie dies auf Grundlage der mit zumutbarem Aufwand zugänglichen Tatsachen möglich ist. ²Der Anspruch nach Satz 1 besteht auch, wenn jemand Klage auf Feststellung erhoben hat, dass ein anderer keinen Anspruch nach § 33a Absatz 1 gegen ihn hat, und er den der Klage zugrunde liegenden Verstoß im Sinne des § 33a Absatz 1 nicht bestreitet.

(3) ¹Die Herausgabe von Beweismitteln nach den Absätzen 1 und 2 ist ausgeschlossen, soweit sie unter Berücksichtigung der berechtigten Interessen der Beteiligten unverhältnismäßig ist. ²Bei der Abwägung sind insbesondere zu berücksichtigen:
1. in welchem Umfang der Antrag auf zugängliche Informationen und Beweismittel gestützt wird,
2. der Umfang der Beweismittel und die Kosten der Herausgabe, insbesondere, wenn die Beweismittel von einem Dritten verlangt werden,
3. der Ausschluss der Ausforschung von Tatsachen, die für den Anspruch nach § 33a Absatz 1 oder für die Verteidigung gegen diesen Anspruch nicht erheblich sind,
4. die Bindungswirkung von Entscheidungen nach § 33b,
5. die Wirksamkeit der öffentlichen Durchsetzung des Kartellrechts und
6. der Schutz von Betriebs- und Geschäftsgeheimnissen und sonstiger vertraulicher Informationen und welche Vorkehrungen zu deren Schutz bestehen.
³Das Interesse desjenigen, gegen den der Anspruch nach § 33a Absatz 1 geltend gemacht wird, die Durchsetzung des Anspruchs zu vermeiden, ist nicht zu berücksichtigen.

(4) ¹Ausgeschlossen ist die Herausgabe eines Dokuments oder einer Aufzeichnung, auch über den Inhalt einer Vernehmung im wettbewerbsbehördlichen Verfahren, wenn und soweit darin eine freiwillige Erklärung seitens oder im Namen eines Unternehmens oder einer natürlichen Person gegenüber einer Wettbewerbsbehörde enthalten ist,
1. in der das Unternehmen oder die natürliche Person die Kenntnis von einem Kartell und seine beziehungsweise ihre Beteiligung daran darlegt und die eigens zu dem Zweck formuliert wurde, im Rahmen eines Kronzeugenprogramms bei der Wett-

---

[53] → Rn. 19.
[54] Regierungsbegründung zur Neunten GWB-Novelle BT-Drs. 18/10207, 61 f.

1576                              Frank/Bach

bewerbsbehörde den Erlass oder die Ermäßigung der Geldbuße zu erwirken (Kronzeugenerklärung) oder

2. die ein Anerkenntnis oder den Verzicht auf das Bestreiten seiner Beteiligung an einer Zuwiderhandlung gegen das Kartellrecht und seiner Verantwortung für diese Zuwiderhandlung enthält und die eigens für den Zweck formuliert wurde, der Wettbewerbsbehörde die Anwendung eines vereinfachten oder beschleunigten Verfahrens zu ermöglichen (Vergleichsausführungen).

²Nicht von der Kronzeugenerklärung umfasst sind Beweismittel, die unabhängig von einem wettbewerbsbehördlichen Verfahren vorliegen, unabhängig davon, ob diese Informationen in den Akten einer Wettbewerbsbehörde enthalten sind oder nicht. ³Behauptet ein Verpflichteter, ein Beweismittel oder Teile davon seien nach Satz 1 von der Herausgabe ausgeschlossen, kann der Anspruchsteller insoweit die Herausgabe an das zuständige Gericht nach § 89b Absatz 8 allein zum Zweck der Prüfung verlangen.

(5) Bis zum vollständigen Abschluss des wettbewerbsbehördlichen Verfahrens oder des Verfahrens zur Durchsetzung der Verordnung (EU) Nr. 2022/1925 gegen alle Beteiligten ist die Herausgabe von Beweismitteln ausgeschlossen, soweit sie Folgendes enthalten:

1. Informationen, die von einer natürlichen oder juristischen Person oder Personenvereinigung eigens für das wettbewerbsbehördliche Verfahren erstellt wurden,

2. Mitteilungen der Wettbewerbsbehörde an die Beteiligten in dem Verfahren oder

3. Vergleichsausführungen, die zurückgezogen wurden.

(6) ¹Die Herausgabe von Beweismitteln nach den Absätzen 1 und 2 kann verweigert werden, soweit der Besitzer in einem Rechtsstreit über einen Anspruch nach § 33a Absatz 1 dieses Gesetzes gemäß § 383 Absatz 1 Nummer 4 bis 6 oder gemäß § 384 Nummer 3 der Zivilprozessordnung zur Zeugnisverweigerung berechtigt wäre. ²In diesem Fall kann der Anspruchsteller die Herausgabe der Beweismittel an das zuständige Gericht zur Entscheidung nach § 89b Absatz 6 verlangen. ³Satz 2 ist nicht anzuwenden auf

1. Personen im Sinne des § 383 Absatz 1 Nummer 4 und 5 der Zivilprozessordnung, soweit sie nach dieser Vorschrift zur Zeugnisverweigerung berechtigt wären, und

2. Personen im Sinne des § 203 Absatz 1 Nummer 1 bis 5, Absatz 2 und 3 des Strafgesetzbuchs, soweit sie nach § 383 Absatz 1 Nummer 6 der Zivilprozessordnung zur Zeugnisverweigerung berechtigt wären.

⁴Geistlichen stehen ihre berufsmäßig tätigen Gehilfen und die Personen gleich, die bei ihnen zur Vorbereitung auf den Beruf tätig sind.

(7) Macht der nach Absatz 1 oder Absatz 2 Verpflichtete zu der Herausgabe der Beweismittel Aufwendungen, die er den Umständen nach für erforderlich halten darf, kann er von dem anderen Teil den Ersatz dieser Aufwendungen verlangen.

(8) Erteilt der Verpflichtete nach Absatz 1 oder 2 die Auskunft vorsätzlich oder grob fahrlässig falsch, unvollständig oder gar nicht oder gibt er Beweismittel vorsätzlich oder grob fahrlässig fehlerhaft, unvollständig oder gar nicht heraus, ist er dem Anspruchsteller zum Ersatz des daraus entstehenden Schadens verpflichtet.

(9) ¹Die von dem Verpflichteten nach den Absätzen 1 und 2 erteilten Auskünfte oder herausgegebenen Beweismittel dürfen in einem Strafverfahren oder in einem Verfahren nach dem Gesetz über Ordnungswidrigkeiten wegen einer vor der Erteilung der Auskunft oder der Herausgabe eines Beweismittels begangenen Tat gegen den Verpflichteten oder gegen einen in § 52 Absatz 1 der Strafprozessordnung bezeichneten Angehörigen nur mit Zustimmung des Verpflichteten verwertet werden. ²Dies gilt auch, wenn die Auskunft im Rahmen einer Zeugen- oder Parteivernehmung erteilt oder wiederholt wird. ³Die Sätze 1 und 2 finden keine Anwendung in Verfahren gegen Unternehmen.

(10) Die Absätze 1 bis 9 sowie die §§ 89b bis 89d über die Herausgabe von Beweismitteln gelten für die Erteilung von Auskünften entsprechend.

**Schrifttum:** Aufdermauer, Zeitliche Anwendbarkeit der neuen Offenlegungsregeln des GWB WuW 2017, 482–486; Bach/Wolf, Neue Instrumente im Kartellschadensersatzrecht – Zu den Regeln über Offenlegung, Verjährung und Bindungswirkung, NZKart 2017, 285–294; Brand, Grenzen zivilprozessualer Wahrheit und Gerechtigkeit NJW 2017, 3558–3563; Dose, Die 9. GWB-Novelle und der Verbraucherschutz VuR 2017, 297–302; Fiedler/Huttenlauch, Der Schutz von Kronzeugen- und Settlementerklärungen vor der Einsichtnahme durch Dritte nach dem Richtlinien-Vorschlag der Kommission NZKart 2013, 350–355; Fiedler/Niermann, Neue Regeln zur Offenlegung von Beweismitteln: Wer zahlt die Zeche für die Kosten der Disclosure? NZKart 2017, 497–502; Fritzsche, Schadensabwälzung – Auslegungsfragen zum Kartellzivilrecht nach der 9. GWB-Novelle NZKart 2017, 630–636; Hellmann/Steinbrück, Discovery Light – Informations- und Beweismittelbeschaffung im Rahmen von Kartellschadensersatzklagen NZKart 2017, 164–175; Kersting, Die neue Richtlinie zur privaten Rechtsdurchsetzung im Kartellrecht WuW 2014, 564–574; Klumpe/Thiede, Regierungsentwurf zur 9. GWB-Novelle: Änderungsbedarf aus Sicht der Praxis BB 2016, 3011–3018; dies., Keeping the Floodgates Shut – Kartellschadensersatz nach der 9. GWB-Novelle NZKart 2017, 332–339; Kreße, Der Zugang Kartellgeschädigter zu Verfahrensdokumenten der Europäischen Kommission als Wettbewerbsbehörde WRP 2016, 567–574; Lübbig/Mallmann Offenlegung von Beweismitteln gemäß dem GWB-Änderungsgesetz für das 9. GWB-Änderungsgesetz NZKart 2016, 518–522; Makatsch/Mir, Die neue EU-Richtlinie zu Kartellschadensersatzklagen – Angst vor der eigenen „Courage"? EuZW 2015, 7–13; Patzer/Kruse, Zeitliche Anwendbarkeit des GWB reloaded: Das OLG Düsseldorf verneint die Anwendbarkeit von § 33g GWB auf Altansprüche, NZKart 2018, 291–296; Petrasincu, Kartellschadensersatz nach dem Referentenentwurf der 9. GWB-Novelle WuW 2016, 330–336; Petrasincu/von Steuben, Wie Phoenix aus der Asche – Zeitliche Anwendbarkeit der Offenlegungsregeln des § 33g GWB im Lichte jüngster Rechtsprechung, NZKart 2018, 286–291; Podszun/Kreifels, Kommt der Ausforschungsanspruch? – Anmerkungen zum geplanten § 33g GWB GWR 2017, 67–72; Rosenfeld/Brand, Die neuen Offenlegungsregeln für Kartellschadensersatzansprüche nach der 9. GWB-Novelle WuW 2017, 247–252; Schweitzer, Die neue Richtlinie für wettbewerbsrechtliche Schadensersatzklagen NZKart 2014, 335–345; Weitbrecht, Eine neue Ära im Kartellschadensersatzrecht – Die 9. GWB-Novelle NJW 2017, 1574–1578; ders., Kartellschadensersatz 2018 NZKart 2019, 70–76.

## Übersicht

## A. Normzweck

Die Norm ist ein Kernstück der mit der 9. GWB-Novelle angestrebten effektiveren **1** Durchsetzung von Kartellschadensersatzansprüchen. Sie soll den Weg zu der in Art. 5 KSERL vorgegebenen Offenlegung von Beweismitteln bereiten. Außerhalb des Regelungsbereichs der KSERL hat der Gesetzgeber der 11. GWB-Novelle den Anwendungsbereich von § 33g auf Verstöße gegen Art. 5, 6 und 7 DMA erweitert. Die sich daraus ergebenden Konsequenzen wurden im Einzelnen nicht erörtert. Nach dem klaren Willen des Gesetzgebers sollen Ansprüche wegen dieser DMA-Verstöße aber für die Anwendung des GWB als Kartellschadensersatzansprüche behandelt werden. § 33g ist kaum anzusehen, dass mit ihr ein **Paradigmenwechsel**[1] herbeigeführt werden soll. Statt der Möglichkeit zur Informationsbeschaffung in Behördenakten sollen Informationen von den am Verstoß Beteiligten und Dritten offengelegt werden. Mit dem Offenlegungsanspruch wird der den deutschen Zivilprozess prägende Beibringungsgrundsatz nun auch im Bereich des Kartellschadensersatzes durchbrochen.[2] Stattdessen soll eine Offenlegung von Beweismitteln durch Private unter richterlicher Kontrolle erfolgen.

2    Das Verständnis der Norm erschließt sich nur über die Anerkennung ihres **dualen Charakters.** § 33g soll einerseits Art. 5 KSERL umsetzen und damit die Grundlage für die Offenlegung von Beweismitteln im Schadensersatzprozess schaffen. Sie enthält andererseits einen bewusst über den Rechtssetzungsauftrag der Richtlinie hinausgehenden **materiellen Offenlegungsanspruch,** der ausschließlich im deutschen Recht verankert ist.[3] Die Formulierung als materieller Anspruch („ist verpflichtet, sie herauszugeben") ändert nichts daran, dass in der Norm zugleich die Voraussetzungen für die in Art. 5 Abs. 1 KSERL geforderte **prozessuale richterliche Offenlegungsanordnung**[4] geschaffen werden. Die zusammenfassende Normierung der Voraussetzungen beider Instrumente in § 33g hat zur Folge, dass alle Tatbestandelemente, die auch die prozessuale Offenlegung und nicht ausschließlich den materiellen Herausgabeanspruch betreffen, richtlinienkonform, also entsprechend dem Rechtssetzungsauftrag der Schadensersatzrichtline, auszulegen sind. Hinsichtlich der prozessualen Offenlegung teilt die Norm auch die Einordnung als Verfahrensvorschrift iSv Art. 22 Abs. 2 KSERL.[5] Die richtlinienkonforme Auslegung bleibt auch maßgeblich, soweit Ansprüche wegen Verstößen gegen Art. 5, 6 und 7 DMA betroffen sind. Der Gesetzgeber der 11. GWB-Novelle hat sich entschlossen, die vorgefundenen Regelungen für Kartellschadensersatzansprüche auch auf Ansprüche wegen dieser DMA-Verstöße anzuwenden.

3    Die Durchsetzung von Kartellschadensersatzansprüchen ist von **Informationsasymmetrien** geprägt.[6] Kartelle sind typischerweise Geheimdelikte. Nur die an Absprachen und abgestimmten Verhaltensweisen Beteiligten verfügen über die vollständigen Informationen über Einzelheiten der Zuwiderhandlung und deren Auswirkungen. Ein Teil dieser Informationen wird im Rahmen kartellbehördlicher Verfahren aufgedeckt. Entsprechend war die Einsicht in Behördenakten durch potenziell Geschädigte eine der Möglichkeiten, die Informationsasymmetrie zu reduzieren. Die Kommission hat sich derartigen Einsichtsanträgen stets widersetzt. Auch die Praxis des BKartA wurde zusehends restriktiver. Insbesondere vor dem Hintergrund der wachsenden Bedeutung von Kronzeugenanträgen für die Kartellverfolgung durch Behörden wurde die Akteneinsicht als Gefahr wahrgenommen. Hinzu kam der als unerwünscht angesehene behördliche Aufwand für die Akteneinsicht. Art. 5–7 KSERL spiegeln die Interessenlage der EU Kommission an einem praktisch vollständigen Ausschluss des Zugangs zu Kronzeugenunterlagen und einer weitreichenden Einschränkung des Zugangs zu anderen Behördenunterlagen wider. Dabei steht die rudimentäre Regelung der Offenlegungsvoraussetzungen in Art. 5 KSERL in merklichem Kontrast zur detaillierten Regelung der Ausschluss- und Einschränkungstatbestände für Bestandteile von Behördenakten in Art. 6 und 7 KSERL.

---

[1] Bornkamm/Tolkmitt in Bunte Rn. 1.
[2] Bornkamm/Tolkmitt in Bunte Rn. 1.
[3] Zum verfahrensrechtlichen Charakter der Norm EuGH 10.11.2022 – C-163/21, EU:C:2022:863 Rn. 35 – PACCAR.
[4] BGH 4.4.2023 – KZR 20/21, NZKart 2023, 362, Rn. 53 – Vertriebskooperation im SPNV.
[5] Preuß in Kersting/Podszun 9. GWB-Novelle Kap. 10 Rn. 23 unter Verweis auf BegrRegE S. 107.
[6] EuGH 10.11.2022 – C-163/21, EU:C:2022:863, Rn. 32f – PACCAR; BGH 4.4.2023 – KZR 20/21, NZKart 2023, 362 Rn. 19 – Vertriebskooperation im SPNV.

Ungeachtet dieser Motivationslage ist die Möglichkeit der Offenlegung der von der **4** Richtlinie vorgegebene Weg zum Ausgleich der Informationsasymmetrie.[7] Die Kartellgeschädigten sollen auf diesem Weg das Recht erhalten, Zugang zu den für ihren Anspruch relevanten Beweismitteln zu erhalten. Die Regelung über den Zugang zu Beweismitteln gilt auch im Falle von Verstößen gegen Art. 5, 6 und 7 DMA. Angesichts der eindeutigen gesetzlichen Regelung ist unerheblich, inwieweit dabei Informationsasymmetrien bestehen, die denjenigen im Falle von Kartellen entsprechen.

In deutlich eingeschränkterem Umfang bestehen Asymmetrien im Hinblick auf die **5** Umstände der Weiterwälzung eines Schadens auf die nachgelagerte Ebene der Absatzkette. Unter dem missverständlichen Verweis auf eine **Waffengleichheit** soll auch dem Beklagten in Schadensersatzverfahren die Möglichkeit zur Verfügung stehen, die Offenlegung von Beweismitteln zu erreichen.

Die Richtlinie fordert die Gewährleistung der richterlichen Offenlegung als zentralem **6** Mechanismus des Zugangs zu relevanten Beweismitteln. An dieser Vorgabe hat sich die Auslegung von § 33g zu orientieren. Gefordert ist ein funktionierendes System der Offenlegung. Dies führt im Anwendungsbereich der Norm zu einer deutlichen Einschränkung ansonsten geltender zivilprozessualer Grundsätze. Sind die Tatbestandsvoraussetzungen der Offenlegung erfüllt, so lässt sich weder der richterlichen Anordnung noch dem materiellen Anspruch entgegenhalten, die Offenlegung widerspreche dem **Beibringungsgrundsatz.**[8] Die Gerichte sind aufgefordert, auch im tatsächlichen Umgang mit der Offenlegung Wege zu ihrer effektiven Ausgestaltung zu finden. Aufgrund der weitgehenden Zurückhaltung des deutschen und des europäischen Gesetzgebers ist es Aufgabe der Gerichte, ihre neue Rolle als Leiter der Offenlegung unter den Parteien anzunehmen und den eingeräumten Ermessensspielraum zu nutzen, um praktikable Wege zu entwickeln.[9]

Auch der Umfang der **Substantiierungslast** bei Klagerhebung gehört zu den Grund- **7** sätzen, die durch die neuen Offenlegungsregeln eingeschränkt wird.[10] Das von der Richtlinie vorgegebene Modell ist dasjenige der **Offenlegung im Prozess.** Damit wird an Leitbilder der disclosure[11] vor den englischen Gerichten angeknüpft. Aber auch in anderen, kontinental geprägten Prozessordnungen muss es nach der KSERL möglich sein, zunächst eine Klage auf Basis des – ohne Offenlegung notwendigerweise eingeschränkten – vorläufigen Kenntnisstands einzureichen und anschließend Offenlegung zu begehren. Die Frage der fehlenden Substantiierung des Schadensersatzanspruchs ist erst dann zu beantworten, nachdem über die begehrte Offenlegung entschieden und zeitlich die Möglichkeit zur Umsetzung des Offenlegungsergebnisses bestanden hat. Dem steht nicht entgegen, dass nach der Ausgestaltung durch § 33g auch die Möglichkeit besteht, den Offenlegungsanspruch zunächst in einem separaten Prozess geltend zu machen.

Auch wenn für die prozessuale Umsetzung in § 89b teilweise auf § 142 ZPO verwiesen **8** wird, ist diese Vorschrift gerade kein Leitbild für den Inhalt des in § 33g geregelten Offenlegungsanspruchs. § 142 ZPO ermächtigt das Gericht, nach seinem Ermessen die Vorlage von Unterlagen anzuordnen. Dem liegt keine Mitwirkungspflicht des Gegners oder des Dritten, sondern eine gestärkte richterliche Aufklärungsmacht im Rahmen der materiellen Prozessleitung zugrunde. Dagegen gewährt § 33g einen materiellen Offenlegungsanspruch unter richterlicher Kontrolle. Hier zeigt sich der über die Richtlinie hinausgehende Charakter von § 33g besonders deutlich. Art. 5 KSERL hätte durchaus mit einer Regelung umgesetzt werden können, die die Offenlegung vollständig im richterlichen Ermessen beließe. Dagegen verfügt das Gericht im Rahmen von § 33g über kein Ermessen

---

[7] EuGH 10.11.2022 – C-163/21, EU:C:2022:863, Rn. 32f – PACCAR; BGH 4.4.2023 – KZR 20/21, NZKart 2023, 362 Rn. 19 – Vertriebskooperation im SPNV.
[8] Ausdrücklich ablehnend EuGH 10.11.2022 – C-163/21, EU:C:2022:863, Rn. 44 – PACCAR.
[9] Skeptisch zur bisherigen Praxis Weitbrecht NZKart 2019, 70 (74).
[10] Ausdrücklich ablehnend EuGH 10.11.2022 – C-163/21, EU:C:2022:863, Rn. 44 – PACCAR.
[11] Bornkamm/Tolkmitt in Bunte Rn. 1; Weitbrecht NJW 2017, 1574 (1576); zu weitgehend Hellmann/Steinbrück NZKart 2017, 164 (165): eine Art pretrial discovery.

zum „Ob" einer Offenlegung. Es entscheidet vielmehr, ob die Voraussetzungen des Offenlegungsanspruchs bestehen und ob die Offenlegung im konkreten Fall unverhältnismäßig wäre. Der Offenlegungsanspruch besteht aber auch außergerichtlich. Die Ausübung richterlichen Ermessens ist also nicht konstitutiv für Inhalt und Reichweite des Anspruchs. Das Gericht entscheidet vielmehr über die Zuerkennung eines bereits bestehenden Anspruchs.

9    § 33g integriert die unionsrechtlich geforderte Beschränkung der Offenlegung in Bezug auf generell oder temporär geschützte Bestandteile der Behördenakten. Damit wird sichergestellt, dass die nach Art. 6 Abs. 1 KSERL geforderte Berücksichtigung des Schutzes dieser Unterlagen bei der Offenlegung tatsächlich im Rahmen einer einheitlichen Prüfung erfolgt. Im Grundsatz wird dabei das in der Richtlinie definierte Gleichgewicht zwischen Informationsinteresse einerseits und Wirksamkeit der **öffentlichen Kartellrechtsdurchsetzung** andererseits in einer Norm zum Ausdruck gebracht. Dabei ist die Grundsatzentscheidung der Schadensersatzrichtlinie zu beachten, dass die Offenlegung selbst, sofern sie nicht die generell oder temporär geschützten Kronzeugenerklärungen, Vergleichsausführungen oder Verfahrensunterlagen nach Abs. 5 betrifft, die Wirksamkeit der öffentlichen Durchsetzung des Kartellrechts gerade nicht beeinträchtigt.

## B. Offenlegungsanspruch des Schadensersatzgläubigers

10    Der deutsche Gesetzgeber hat sich entschlossen, die unionsrechtliche Vorgabe einer prozessualen Offenlegung nicht eigenständig auszugestalten, sondern in eine weiter reichende Regelung über einen materiellen Herausgabeanspruch zu integrieren.[12] Ergänzend wurde ein nach der Vorstellung des Gesetzgebers milderer **Auskunftsanspruch** (Abs. 10) aufgenommen. Die Voraussetzungen des Herausgabeanspruchs sind in Übernahme des Normsetzungsprogramms in Art. 5 KSERL geregelt und daher richtlinienkonform auszulegen, soweit sie nicht ausschließlich den materiellen Herausgabeanspruch betreffen. Als Ausdruck dieser unionsrechtlichen Vorprägung werden hier bewusst die Begriffe „Offenlegung" und „Offenlegungsanspruch" verwendet. Soweit erforderlich wird auf die Besonderheiten der Herausgabe und der Auskunft gesondert eingegangen.

11    Der Offenlegungsanspruch steht nach Abs. 1 zunächst demjenigen zu, der glaubhaft macht, einen Schadensersatzanspruch nach § 33a Abs. 1 zu haben. Aus Gründen der Waffengleichheit soll nach § 33g Abs. 2 ein Offenlegungsanspruch auch demjenigen zustehen, gegen den ein solcher Schadensersatzanspruch gerichtlich geltend gemacht wird. Systematisch steht der Anspruch nach Abs. 1 im Vordergrund. Die Besonderheiten der Offenlegung im Interesse des Schadensersatzschuldners werden unter C. → Rn. 67 ff. erläutert.

## I. Anspruchsinhaber

12    Nach dem Wortlaut von Abs. 1 soll der Anspruch auf Offenlegung (sowie derjenige auf Herausgabe oder Auskunft) demjenigen zustehen, der „glaubhaft" macht, einen Schadensersatzanspruch nach § 33a Abs. 1 zu haben. Dies ist zunächst der durch die Zuwiderhandlung im Sinne von § 33 Abs. 1 **Geschädigte.** In vielen Fällen wird es sich um direkte oder indirekte Abnehmer von Kartellanten handeln, doch reicht der Kreis dieser Zuwiderhandlungen weit über Kartellabsprachen oder Verstöße gegen Art. 101 AEUV, § 1 GBW hinaus. Der Anspruch steht aber auch demjenigen zu, der, etwa durch Abtretung[13] oder Legalzession, Rechtsnachfolger des Geschädigten geworden ist.[14]

---

[12] BRegE S. 62; Preuß in LMRKM Rn. 41.
[13] So im Ergebnis auch Bornkamm/Tolkmitt in Bunte Rn. 6.
[14] Makatsch/Kachold in MüKoWettbR Rn. 17.

## II. Plausibilität eines Schadensersatzanspruchs

Voraussetzung des Anspruchs ist, dass der Petent einen ihm zustehenden Schadensersatz- **13** anspruch iS § 33a plausibel macht.

**1. Schadensersatzanspruch iS § 33a.** Die Regelung erfasst **alle Schadenersatz-** **14** **ansprüche** nach § 33a Abs. 1. Aufgrund der dort vorgenommenen Verweisung auf § 33 Abs. 1 sind nicht nur Schadenersatzansprüche wegen Zuwiderhandlungen gegen Art. 101, 102 AEUV gemeint, auch Schadenersatzansprüche wegen Verstößen gegen Vorschriften des mit „Wettbewerbsbeschränkungen" überschriebenen 1. Teil des GWB und wegen Verstößen gegen Verfügungen einer Kartellbehörde sind eingeschlossen. Es geht also keinesfalls nur um Kartellschadensersatzansprüche,[15] sondern in gleicher Weise um Ansprüche wegen Verstößen gegen das Missbrauchsverbot oder das Boykottverbot. Seit der 11. GWB-Novelle sind darüber hinaus auch Ansprüche wegen Verstößen gegen die Art. 5, 6 und 7 DMA Schadensersatzansprüche nach § 33a Abs. 1.

Der Begriff der Schadensersatzansprüche geht hinsichtlich der Ansprüche wegen Ver- **15** letzung deutschen Wettbewerbsrechts und wegen Verletzung der Verpflichtungen nach Art. 5, 6 und 7 DMA **über die Vorgaben der KSERL hinaus.** Die prozessuale Offenlegung nach Art. 5 Abs. 1 KSERL ist nur auf Ansprüche wegen Zuwiderhandlungen gegen solche Bestimmungen des nationalen Rechts bezogen, die parallel zu den Wettbewerbsregeln der Union angewandt werden. Dies ergibt sich aus dem Zusammenspiel der Legaldefinitionen in Art. 2 Nr. 5, Nr. 1 und Nr. 3 KSERL.

**2. Plausibilität.** Die prozessuale Offenlegung setzt nach den Vorgaben in Art. 5 Abs. 1 **16** KSERL voraus, dass der Schadensersatzkläger die **Plausibilität** seines Anspruchs hinreichend darlegt.[16] Dabei wird, der prozessualen Situation entsprechend, die Plausibilität des Anspruchs an der vorgebrachten Begründung und daran gemessen, ob die mit zumutbarem Aufwand zugänglichen Tatsachen und Beweismittel genutzt wurden.

Ein Schadensersatzanspruch ist nur plausibel, wenn er **schlüssig** vorgetragen wird. **17** Daraus ergeben sich freilich keine großen Einschränkungen. Schlüssiger Vortrag ist in Übereinstimmung mit der stRspr des BGH[17] schon dann gegeben, wenn der Kläger Tatsachen vorträgt, die in Verbindung mit einem Rechtssatz geeignet und erforderlich sind, die geltend gemachten Rechte als in der Person des Klägers entstanden erscheinen zu lassen.[18] Dies erfordert die Darlegung des Schadensersatzklägers, weshalb durch einen spezifischen Wettbewerbsverstoß ein Schaden entstanden und der Schadensersatzanspruch gerade ihm zustehen soll. Fraglich ist, wie weit die Anforderungen im Hinblick auf die **Schadenshöhe** reichen sollen. Teilweise wird vertreten, es müssten „jenseits der Vermutungstatbestände des § 33a Abs. 2 auch Tatsachen dargelegt und glaubhaft gemacht werden, die mit überwiegender Wahrscheinlichkeit auf das Vorliegen eines Schadens" hindeuteten.[19]

Dies wird dem flexiblen Maßstab der KSERL nicht gerecht. Dort wird vom Kläger zwar **18** verlangt, die mit zumutbarem Aufwand zugänglichen Tatsachen und Beweismittel zu nutzen. Es wird aber durchaus häufiger der Fall sein, dass sich der Kläger aufgrund der mit diesem Aufwand zugänglichen Mittel nicht in der Lage sieht, das Vorliegen eines bei ihm eingetretenen Schadens mit überwiegender Wahrscheinlichkeit darzulegen. Gerade in diesen Situationen soll ihm der Offenlegungsanspruch zugutekommen. So können sich bei Gegnern oder Dritten Beweismittel befinden, aufgrund derer zu belegen ist, dass Beschaffungen des Klägers von der Zuwiderhandlung betroffen waren oder in welchem Umfang Preise nach oben „gepflegt" wurden. Es darf nicht übersehen werden, dass dem Offenle-

---

[15] Lübbig/Mallmann NZKart 2016, 518.
[16] BGH 4.4.2023 – KZR 20/21, NZKart 2023, 362 Rn. 50 – Vertriebskooperation im SPNV.
[17] BGH 18.9.2014 – I ZR 138/13, GRUR 2015, 258; BGH 9.2.2009 – II ZR 77/08, NJW 2009, 2137 mwN.
[18] Bornkamm/Tolkmitt in Bunte Rn. 11.
[19] Bornkamm/Tolkmitt in Bunte Rn. 11.

gungsanspruch der Richtlinie das Leitbild einer Prozessordnung zugrunde liegt, die deutlich geringere **Substantiierungsanforderungen** an eine Klage erhebt als das deutsche Zivilprozessrecht und bei der es gerade die Offenlegung in Form der disclosure erlaubt, einen Schadenersatzanspruch zu belegen.

19    Offenlegungs- und Herausgabeanspruch stellen einheitlich auf die Plausibilität des individuellen Schadensersatzanspruchs des Petenten ab. Der Begriff der „Glaubhaftmachung" ist **nur im Sinne dieser Plausibilität** zu verstehen.[20] Eine Auslegung anhand von § 294 ZPO wäre nicht sachgerecht und würde weder den Anforderungen der KSERL noch denen eines materiellen Herausgabeanspruchs gerecht.[21] Dem Offenlegungsgläubiger soll nicht eine besondere Form der Beweisführung[22] für seinen Schadensersatz- oder Offenlegungsanspruch eröffnet werden. Deshalb erfordert Plausibilität auch keine „überwiegende Wahrscheinlichkeit".[23] Dem Offenlegungsgläubiger wird vielmehr abverlangt, dass er die ihm mit zumutbaren Aufwand verfügbaren Tatsachen und Beweismittel ausschöpft, um den ihm zustehenden Anspruch plausibel darzulegen. Dabei ist ihm nur zumutbarer Aufwand abzuverlangen.[24]

20    Bei den Anforderungen an die Plausibilität ist zu berücksichtigen, dass der Offenlegungspetent gerade die Offenlegung nutzen können soll, um die Voraussetzungen für die erfolgreiche Durchsetzung seiner Ansprüche zu schaffen.

21    Fraglich ist, ob die Plausibilität des Anspruchs mit den Begriffen der erheblichen oder hinreichenden **Wahrscheinlichkeit** des Anspruchs gleichgesetzt werden kann.[25] Jedenfalls kann dabei über die Wahrscheinlichkeit nicht abstrakt entschieden werden. Erneut ist der flexible Maßstab in Art. 5 Abs. 1 KSERL zu berücksichtigen, der sich daran ausrichtet, welches Niveau an Darlegung und Belegen dem Petenten in der konkreten Situation zumutbar abverlangt werden kann. In dieser Situation muss aufgund konkreter Anhaltspunkte eine gewisse Wahrscheinlichkeit für das Bestehen eines Anspruchs sprechen.[26] Besteht diese Wahrscheinlichkeit, so ist auch keine Beweisaufnahme ihrer Tatsachen angebracht, über die durch die Offenlegung erst Klarheit geschaffen werden soll. Dies wäre mit Sinn und Zweck des Offenlegungsanspruchs unvereinbar.[27]

### III. Beweismittel

22    **1. Erfasste Beweismittel.** Gegenstand der Offenlegung nach Abs. 1und 2 sind „Beweismittel". Dabei handelt es sich um einen unionsrechtlich vorgeprägten Begriff. Art. 2 Nr. 13 der Richtlinie definiert Beweismittel als alle vor dem befassten nationalen Gericht zulässigen Arten von Beweismitteln, insbesondere Urkunden und alle sonstigen Gegenstände, die Informationen enthalten, unabhängig von dem Medium, auf dem die Informationen gespeichert sind. Der Beweismittelbegriff ist erkennbar weit.[28] Zusammenfassend lässt sich von **„Urkunden und sonstigen Informationsträgern"** sprechen. Entsprechend dem prozessualen Verständnis der Offenlegung in der Richtlinie wird die Offenlegung dort auf solche Beweismittel begrenzt, die vor dem befassten nationalen Gericht zulässig sind. Im deutschen Zivilprozess birgt dies keine Schwierigkeiten.[29] Die Offenlegung richtet sich danach unproblematisch auf **Urkunden** im zivilprozessualen Sinn, also

---

[20] BGH 4.4.2023 – KZR 20/21, NZKart 2023, 362 Rn. 50, 52 – Vertriebskooperation im SPNV; Preuß in LMRKM Rn. 48; ähnlich Ruster in Stancke/Weidenbach/Lahme, Kartellrechtl. Schadensersatzklagen Kap. G Rn. 61.
[21] AA Makatsch/Kacholdt in MüKoWettbR Rn. 19.
[22] Prütting in MüKoZPO § 294 Rn. 1.
[23] AA Makatsch/Kacholdt in MüKoWettbR Rn. 19.
[24] BGH 4.4.2023 – KZR 20/21, NZKart 2023, 362 Rn. 57 – Vertriebskooperation im SPNV.
[25] So Bornkamm/Tolkmitt Rn. 9 unter Verweis auf die immaterialgüterrechtlichen Besichtigungsansprüche.
[26] BGH 4.4.2023 – KZR 20/21, NZKart 2023, 362 Rn. 46, 50 – Vertriebskooperation im SPNV.
[27] BGH 4.4.2023 – KZR 20/21, NZKart 2023, 362 Rn. 96 – Vertriebskooperation im SPNV.
[28] So ausdrücklich EuGH 10.11.2022 – C-163/21 EU:C:2022:863, Rn. 41 – PACCAR.
[29] Rosenfeld/Brand WuW 2017, 247 (248).

auf die Verkörperung von Gedankenerklärungen durch Schriftzeichen.[30] Alle sonst in Frage kommenden Informationsträger sind vor den deutschen Zivilgerichten Beweismittel als Gegenstand des **Augenscheins.** Darunter fallen neben Kopien von Urkunden insbesondere die praktisch wichtigen elektronischen Dokumente auf allen Formen von Datenträgern.[31] Die Streitfragen bei der Abgrenzung zwischen Urkunden und Gegenständen des Augenscheins sind angesichts des unionsrechtlich vorgegebenen **weiten Beweismittelbegriffs** unerheblich.[32]

**2. Bezeichnung der Beweismittel.** Die offenzulegenden Beweismittel sind so genau **23** wie möglich zu bezeichnen. Das Gesetz verwendet hierfür einen **objektivierten Zumutbarkeitsmaßstab.** Die Beweismittel müssen so genau bezeichnet werden, wie dies auf Grundlage der mit zumutbarem Aufwand zugänglichen Tatsachen möglich ist. Abzustellen ist dabei auf den Zeitpunkt des Offenlegungsbegehrens und den für Personen in der Lage des Offenlegungsgläubigers mit zumutbarem Aufwand herzustellenden Kenntnisstand. Danach sind die öffentlich zugänglichen Quellen zu dem die Schadensersatzpflicht auslösenden Verstoß ebenso auszuwerten wie diejenigen Quellen, zu denen gerade der Offenlegungsgläubiger Zugang hat.

Im Ausgangspunkt bedeutet dies, dass der Offenlegungsanspruch umso weiter reicht, je **24** geringer der zumutbar zu erlangende Kenntnisstand des Offenlegungsgläubigers ist. Allerdings ist das Zusammenspiel mit der Verhältnismäßigkeitsprüfung nach Abs. 3 zu beachten. Bei der dort vorzunehmenden Abwägung ist ausdrücklich zu berücksichtigen, in welchem Umfang der Antrag auf zugängliche Informationen und Beweismittel gestützt ist. Eine Einschränkung der anzuordnenden Offenlegung kann sich also auch daraus ergeben, dass dem Antragsteller bei seinem Kenntnisstand nur eine verhältnismäßig grobe Bezeichnung möglich ist. Die Anforderungen an die **Bestimmtheit** sind darüber hinaus auch von der Art der betroffenen Beweismittel abhängig. Benötigt der potenziell geschädigte indirekte Abnehmer die Rechnungen eines Kartellanten an seinen Lieferanten, so kann schlechterdings nicht gefordert werden, dass diese Urkunden jeweils nach Rechnungsdatum identifiziert werden. Ausreichend ist vielmehr die Eingrenzung nach Zeitraum und Produkt.[33]

Abweichend von § 142 ZPO[34] oder bei beantragter Urkundenvorlage nach § 424 ZPO **25** hängt der Anspruch nicht davon ab, dass der Offenlegungsgläubiger in der Lage ist, jede in Frage kommende Urkunde so genau zu bezeichnen, dass beim Schuldner kein Zweifel darüber bestehen kann, welche Urkunde gemeint ist.

Der Offenlegungsanspruch richtet sich nicht nur auf individuelle Beweismittel, wie dies **26** der Wortlaut von Abs. 1 und der Verweis auf § 142 ZPO in § 89b Abs. 1 nahelegen könnte. Vielmehr kann auch die Offenlegung bestimmter **Kategorien von Beweismitteln** verlangt werden.[35] Dies ergibt sich eindeutig aus Art. 5 Abs. 2 KSERL und dem Gebot der richtlinienkonformen Auslegung. Der Anspruch richtet sich dabei auch auf solche Beweismittel, die der Offenlegungsschuldner **neu erstellen** muss, indem er Informationen, Kenntnisse oder Daten, die sich in seiner Verfügungsgewalt befinden, zusammenstellt oder klassifiziert. Dabei gilt die strikte richterliche Verhältnismäßigkeitskontrolle.[36] Umgekehrt kann die Übermittlung einer großen Zahl ungeordneter und nicht bearbeiteter Dokumente dem Ziel der Norm und Art. 5 KSERL widersprechen.[37]

---

[30] Huber in Musielak/Voit ZPO, 18. Aufl. 2021, ZPO § 415 Rn. 4; Schreiber in MüKoZPO § 415 Rn. 5.

[31] Huber in Musielak/Voit ZPO, 18. Aufl. 2021, ZPO § 415 Rn. 5.

[32] Bach/Wolf NZKart 2017, 285 (286).

[33] Weitere Beispiele bei Bach/Wolf NZKart 2017, 285 (289).

[34] Gefordert wird, dass für die besitzende Partei unschwer eine Identifizierung der vorzulegenden Unterlagen möglich sein müsse, eine Bezeichnung nach bloßen Kategorien genügt dort nicht, vgl. Stadler in Musielak/Voit ZPO, 18. Aufl. 2021, ZPO § 142 Rn. 4a.

[35] Vgl. auch Podszun/Kreifels GWR 2017, 67 (68); Kreße WRP 2016, 567 (573); Klumpe/Thiede NZKart 2017, 332 (337).

[36] EuGH 10.11.2022 – C-163/21 EU:C:2022:863 Rn. 69.

[37] EuGH 10.11.2022 – C-163/21 EU:C:2022:863 Rn. 61.

27    Nach Art. 5 Abs. 2 KSERL haben die Mitgliedstaaten zu gewährleiten, dass nicht nur die Offenlegung bestimmter einzelner Beweismittel, sondern auch relevanter Kategorien von Beweismitteln angeordnet werden kann.[38] Dies ist geradezu der Kern des mit § 33g eingeleiteten Paradigmenwechsels. Wie die Praxis in Rechtsordnungen mit bestehender Disclosure-Kultur zeigt, richten sich Offenlegungsbegehren typischerweise auf eine **Mischung aus individualisierten und nur nach Kategorien bezeichneter Beweismittel.** Zulässig ist danach die Bezeichnung folgender Kategorien von Beweismitteln:[39]

- „aller schon vor Beginn der Ermittlungen erstellten Unterlagen, die dem Kronzeugenantrag vom [Datum] beigefügt waren oder später auf die Frage der Kommission vorgelegt wurden",[40]
- „aller internen E-Mails, die sich auf Kontakte mit den Unternehmen x, y oder z beziehen" oder
- (zur Darlegung einer Schädigung bei indirekter Beschaffung von Kartellanten) „alle Rechnungen über Lieferungen des Produktes x im Zeitraum y an das Unternehmen z".[41]

28    Zusätzlich schuldet der Offenlegungsschuldner die **Bestätigung,** dass tatsächlich alle Unterlagen der relevanten Kategorie von der Offenlegung umfasst sind. Diese Pflicht ist entweder als „Minus" in der Herausgabepflicht in § 33g Abs. 1 GWB enthalten oder jedenfalls als Auskunft nach § 33g Abs. 10 GWB geschuldet.

## IV. Erforderlichkeit offenzulegender Beweismittel

29    Das Bestehen eines Offenlegungsanspruchs wird sowohl in Abs. 1 als auch in Abs. 2 davon abhängig gemacht, dass die betreffenden Beweismittel „erforderlich sind", und zwar entweder für die Erhebung eines Schadensersatzanspruches oder für die Verteidigung gegen einen solchen Anspruch. Nur im Falle der Unverhältnismäßigkeit soll ein – im Ausgangspunkt bestehender – Offenlegungsanspruch ausgeschlossen sein. Diese Normstruktur legt nahe, dass Ob und Umfang des Offenlegungsanspruchs ganz wesentlich von der Erforderlichkeit der Beweismittel abhängig sein soll.[42]

30    **1. Anlehnung an Beweismittelzugang im Recht des geistigen Eigentums.** Das Tatbestandsmerkmal der Erforderlichkeit steht in engem Zusammenhang mit der Ausgestaltung des Zugangs zu Beweismitteln als materiellem Offenlegungsanspruch. Diese Lösung ist eng an die Vorschriften zur Vorlage von Beweismitteln bei der Durchsetzung von Rechten des geistigen Eigentums angelehnt. Bei der Umsetzung der sog. **Enforcement-Richtlinie**[43] hatte sich der deutsche Gesetzgeber für die Schaffung eines materiell-rechtlichen Anspruchs auf Informations- und Beweismittelbeschaffung und gegen die Ausweitung prozessrechtlicher Regelungen ausgesprochen.[44] In den Einzelnormen zur Vorlage von Beweismitteln und zum Zugang zu Informationen, die mit dem Gesetz zur Verbesserung der Durchsetzung von Rechten des geistigen Eigentums eingeführt wurden, ist durchweg vorgesehen, dass der Zugang zum jeweiligen Beweismittel zur Begründung eines Anspruchs gegen den Verletzer „erforderlich" sein muss.

31    Durch das Merkmal der Erforderlichkeit sollte im Bereich des geistigen Eigentums gewährleistet werden, dass der Zugang zu Beweismitteln nicht zur „allgemeinen Ausfor-

---

[38] Ausdrücklich gefordert in 15. Begründungserwägung der RL: zu gewährleisten, dass die Kläger das Recht erhalten, die Offenlegung der für ihren Anspruch relevanten Beweismittel zu erwirken, ohne konkrete einzelne Beweismittel benennen zu müssen.

[39] Bach/Wolf NZKart 2017, 285 (289).

[40] Vgl. Hellmann/Steinbrück NZKart 2017, 164 (170); Petrasincu WuW 2016, 330 (333).

[41] Ebenso Mitteilung der Kommission über den Schutz vertraulicher Informationen im Rahmen der privaten Durchsetzung des EU-Wettbewerbsrechts durch nationale Gerichte, Rn. 17.

[42] Zum Begriff der Erforderlichkeit offenzulegender Beweismittel Bach in FS Schroeder (2018), 47 (48 ff).

[43] Richtlinie 2004/48/EG des Europäischen Parlaments und des Rates vom 29.4.2004 zur Durchsetzung der Rechte des geistigen Eigentums, ABl. 2004 L 195, 16.

[44] Begründung zum Regierungsentwurf eines Gesetzes zur Verbesserung der Durchsetzung von Rechten des geistigen Eigentums, BT-Drs. 16/5048, 27.

schung der Gegenseite missbraucht werden kann".[45] Nach der Gesetzesbegründung soll dort Erforderlichkeit nur vorliegen, wenn der Verletzte die durch die Beweismittel gewonnene Kenntnis zur Durchsetzung seiner Ansprüche benötigt.[46] Dies wiederum soll vor allem dann der Fall sein, wenn es darum geht, eine bestrittene anspruchsbegründende Tatsache nachzuweisen oder überhaupt erst Kenntnis von dieser Tatsache zu erlangen.[47]

Das Tatbestandsmerkmal der Erforderlichkeit in den Vorschriften zur Durchsetzung der **32** Rechte des geistigen Eigentums verdankt sich also der ausgeprägten Furcht des deutschen Gesetzgebers vor einem **Ausforschungsbeweis.** Ihm war zwar bewusst, dass die unionsrechtlich geforderte Anordnung zur Vorlage von Beweismitteln durch den Prozessgegner den im deutschen Zivilprozess geltenden Beibringungsgrundsatz durchbrechen musste. Der Gesetzgeber nahm dabei in Kauf, dass zur Verhinderung eines Ausforschungsbeweises die Bestimmungen der Enforcement-Richtlinie zur Vorlage von Beweisen nur eingeschränkt umgesetzt wurden. Artikel 6 dieser Richtlinie sah als Voraussetzungen des Zugangs zu Beweismitteln nur vor, dass der mutmaßlich Verletzte selbst alle vernünftigerweise verfügbaren Beweismittel zur hinreichenden Begründung seiner Ansprüche vorgelegt und die in der Verfügungsgewalt der gegnerischen Partei befindlichen Beweismittel zur Begründung seiner Ansprüche bezeichnet hat. Zusätzlich ist der Schutz vertraulicher Informationen zu gewährleisten. Die Erforderlichkeit dieser Beweismittel wird nicht verlangt. Vielmehr genügt, dass die offenzulegenden Beweismittel zur Begründung des Anspruchs dienen. Dies bedeutet nicht mehr als ihre **Eignung zur Begründung der Ansprüche** des mutmaßlich Verletzten.[48]

Die Kommentarliteratur im Recht des geistigen Eigentums sieht das Merkmal der **33** Erforderlichkeit vorrangig im Zusammenhang mit der Eignung der Beweismittel und der Verfügbarkeit „milderer" Mittel für den Offenlegungsgläubiger. So fehlt die Erforderlichkeit nach Th. Kühnen, wenn dem Anspruchsteller zur selben Zeit andere einfachere Möglichkeiten zur Sachaufklärung zur Verfügung stehen, die objektiv gleichermaßen geeignet (dh aussagekräftig und verlässlich) sind und dem Offenlegungsgläubiger nach seinen persönlichen Verhältnissen zugemutet werden können.[49] Thiering zufolge fehlt es an der Erforderlichkeit, wenn die begehrte Vorlage zur Beseitigung der noch bestehenden Ungewissheit nichts beitragen kann oder wenn der Anspruchsteller über andere zumutbare Möglichkeiten verfügt, sich die erforderlichen Informationen zu beschaffen.[50]

Der Gesetzgeber der 9. GWB-Novelle sah sich ähnlichen Schwierigkeiten ausgesetzt wie **34** bei der Umsetzung der Enforcement-Richtlinie. Erneut ging es um Vorgaben einer Richtlinie, die einen Zugang zu Beweismitteln bei Gegnern und Dritten vorsieht, der den Beibringungsgrundsatz des deutschen Zivilprozesses durchbricht. Bei der der Umsetzung der KSERL entschied sich der Gesetzgeber, dem Vorbild der Gesetzgebung zur Umsetzung der Enforcement-Richtlinie zu folgen.[51] Erneut wurde ein materiell-rechtliche Anspruch gewählt. Dessen Ausgestaltung orientiert sich an den Bestimmungen zur Durchsetzung von Rechten des geistigen Eigentums.

**2. Abweichende Vorgaben der Schadensersatzrichtlinie für die Offenlegung von 35 Beweismitteln.** Die Anlehnung der Offenlegungsregeln in § 33g an die Bestimmungen zur Durchsetzung von Rechten des geistigen Eigentums ist angesichts der Akzeptanz, die diese Bestimmungen gefunden haben, naheliegend. Die Auslegung der Offenlegungsregeln

---

[45] Begründung zum Regierungsentwurf eines Gesetzes zur Verbesserung der Durchsetzung von Rechten des geistigen Eigentums, BT-Drs. 16/5048, 40.

[46] Begründung zum Regierungsentwurf eines Gesetzes zur Verbesserung der Durchsetzung von Rechten des geistigen Eigentums, BT-Drs. 16/5048, 40.

[47] Begründung zum Regierungsentwurf eines Gesetzes zur Verbesserung der Durchsetzung von Rechten des geistigen Eigentums, BT-Drs. 16/5048, 40.

[48] BGH 4.4.2023 – KZR 20/21, NZKart 2023, 362 Rn. 111 – Vertriebskooperation im SPNV.

[49] Thomas in Kühnen Patentverletzung-HdB B Rn. 38 ff.

[50] Thiering in Ströbele/Hacker/Thiering, 12. Aufl. 2018, MarkenG § 19a Rn. 21.

[51] Bornkamm/Tolkmitt in Bunte Rn. 4; Preuß in Kersting/Podszun 9. GWB-Novelle Kap. 10 Rn. 28.

des GWB hat sich jedoch vorrangig an den Vorgaben der KSERL auszurichten. In Art. 5 KSERL ist ein **dreistufiger Prüfungsaufbau** angelegt. Die Offenlegung setzt erstens einen Antrag mit substantiierter Begründung voraus. Diese Begründung muss die mit zumutbarem Aufwand zugänglichen Tatsachen und Beweismittel enthalten. Die Offenlegung richtet sich zweitens ausschließlich auf relevante Beweismittel. Drittens muss die Offenlegung verhältnismäßig sein.

36    Die Schadensersatzrichtlinie geht von einer **Offenlegung im Prozess** aus. Dabei orientiert sie sich an einer prozessualen Situation, der erkennbar nicht das deutsche Zivilprozessrecht zugrunde liegt. Ein Kläger hat einen Schadensersatzanspruch gerichtlich geltend gemacht und dabei diejenigen Tatsachen und Beweismittel vorgetragen, die ihm mit zumutbarem Aufwand zugänglich waren. Für die weiteren Tatsachen und Beweismittel, die er zur vollständigen Begründung seines eingeklagten Schadensersatzanspruchs braucht, verlässt er sich auf die Verpflichtung zur wechselseitigen Offenlegung unter den Prozessparteien. Dies erinnert deutlich an die Situation im Zivilprozess vor dem High Court in London vor der Disclosure.[52] In dieser Situation geht es um die Relevanz der offenzulegenden Beweismittel sowie, mit Einschränkungen, um die Verhältnismäßigkeit der beantragten Offenlegung. Entsprechend formuliert Art. 5 KSERL in der englischsprachigen Fassung, nationale Gerichte müssten in der Lage sein „to order the defendant or a third party to disclose relevant evidence which lies in their control". Der europäische Gesetzgeber war sich darüber im Klaren, dass sich diese prozessuale Situation von derjenigen in den meisten kontinentaleuropäischen Zivilprozessordnungen unterscheidet.[53] Er hat dennoch allen Mitgliedstaaten aufgegeben, in Verfahren über Kartellschadensersatzklagen die Offenlegung **relevanter Beweismittel** zu gewährleisten.[54]

37    Die Forderung nach der Relevanz des Beweismittels findet sich einheitlich in den verschiedenen Sprachfassungen der Schadensersatzrichtlinie. Sie bezieht sich auf die **Eignung des Beweismittels** für **den Rechtstreit.** Für den Antrag des Klägers bedeutet dies die Eignung, den geltend gemachten Schadensersatzanspruch zu unterstützen. Dies gilt für die materielle Begründung des Anspruchs und die Schadenshöhe, aber auch für die Abwehr von Einwendungen des Prozessgegners. Mehr als diese Eignung wird nicht gefordert. Erst in einem gesonderten Schritt soll geprüft werden, ob die begehrte Offenlegung, auch gerade gegenüber diesem Prozessgegner oder Dritten, verhältnismäßig ist. Das Merkmal der Relevanz bietet auch keine Basis für die Aufnahme zusätzlicher Anforderungen wie etwa dem Ausschluss eines **Ausforschungsbeweises.**

38    Die Eingrenzung auf das Merkmal der Relevanz des Beweismittels prädeterminiert die Auslegung der deutschen Offenlegungsregeln. § 33g ist eine Vorschrift des deutschen Rechts, die ausdrücklich zur Umsetzung von Art. 5 KSERL erlassen wurde.[55] Daher gilt das Gebot der richtlinienkonformen Interpretation als besondere Ausprägung des Gebots einer unionsrechtskonformen Auslegung des nationalen Rechts. Dies bedeutet nach stRspr des EuGH seit Colson und Kamann,[56] dass das innerstaatliche Recht so weit als möglich **anhand des Wortlauts und des Zwecks der Richtlinie ausgelegt** wird, um das in ihr festgelegte Ergebnis zu erreichen und so Art. 288 Abs. 3 AEUV nachzukommen.

39    Der **Wortlaut** der umzusetzenden Richtlinienbestimmung ist eindeutig. Relevanz unterscheidet sich schon begrifflich von Erforderlichkeit. Relevant ist ein Beweismittel bereits

---

[52] Vgl. Part 31 Civil Procedure Rules, abrufbar unter https://www.justice.gov.uk/courts/procedure-rules/civil/rules/part31, zuletzt abgerufen am 12.7.2023; ähnlich Bornkamm/Tolkmitt in Bunte Rn. 1.

[53] Vgl. den Abschnitt II. A „Offenlegung und Vorlage von Beweismitteln" (Rn. 54 ff.) des Arbeitspapiers der Kommissionsdienststellen vom 10.2.2006 Schadensersatzklagen wegen Verletzung des EU-Wettbewerbsrechts, https://competition-policy.ec.europa.eu/document/download/8699ed8a-7a3c-4a57-85d3-01fca4cb423c_eu?filename=damages_actions_quantification_practical-guide.zip, zuletzt abgerufen am 12.7.2023.

[54] EuGH 10.11.2022 – C-163/21, EU:C:2022:863 Rn. 69 – PACCAR; Schweitzer NZKart 2014, 335 (341).

[55] BRegE S. 62.

[56] ECLI:EU:C:1984:153; zur Entwicklung der Rechtsprechung Suhr, Richtlinienkonforme Auslegung im Privatrecht und nationale Auslegungsmethodik, S. 48 ff.

dann, wenn es geeignet ist, die Position des Beweisführenden im Hinblick auf die Durchsetzung oder Abwehr des Schadensersatzanspruchs zu verbessern. Dagegen sind im Begriff der Erforderlichkeit neben dieser Eignung zusätzlich die Merkmale des Interventionsminimums und der Angemessenheit angelegt.

Der **Zweck der Offenlegungsregelung** in Art. 5 KSERL erschließt sich aus den **40** Begründungserwägungen 15 und 16 KSERL. Dort wird zunächst die große Bedeutung von Beweismitteln für Schadensersatzklagen hervorgehoben. Zweck der Offenlegung ist die Überwindung der Informationsasymmetrie im Hinblick auf die außerhalb der eigenen Sphäre befindlichen Beweismittel. Dieser Zweck spricht zunächst für ein **weites Verständnis der Relevanz** von Beweismitteln. So hebt die Begründungserwägung 15 ausdrücklich hervor, dass für die Offenlegung zur Überwindung des Informationsungleichgewichts nicht verlangt werden kann, dass der Kläger konkrete einzelne Beweismittel benennt.

Aus Erwägungsgrund 16 ergibt sich keine Einschränkung. Dort wird die richterliche **41** Kontrolle der Offenlegung betont. Diese soll „insbesondere hinsichtlich der Erforderlichkeit und Verhältnismäßigkeit der Maßnahmen" der Offenlegung ausgeübt werden. Aus dem Erfordernis der Verhältnismäßigkeit folgende Anforderungen werden benannt, insbesondere die vorherige Darlegung der Plausibilität des vom Beklagten verursachten Schadens. Dagegen findet sich keine Erläuterung der Funktion von Erforderlichkeit. Vielmehr wird im Hinblick auf einzelne Beweismittel erneut nur das Merkmal der Relevanz betont. „Erforderlichkeit und Verhältnismäßigkeit" beschreiben das Gesamtprogramm der in Art. 5 KSERL angelegten richterlichen Prüfung und nicht über die **Relevanz** hinausgehende Anforderungen an das einzelne Beweismittel. Mit den **unionsrechtlichen Vorgaben nicht mehr vereinbar** ist ein restriktives Verständnis der Erforderlichkeit dahingehend, dass ein Beweismittel geeignet ist und der Anspruchssteller den Beweis nicht auf andere Weise führen kann.[57]

Art. 5 KSERL hat diese Zwecksetzung durch eine dreistufige Prüfung umgesetzt. Dort **42** sind Plausibilität des Anspruchs, Relevanz und Verhältnismäßigkeit jeweils gesonderte Merkmale. Angesichts der in Art. 5 Abs. 3 KSERL gesondert angeordneten Verhältnismäßigkeitsprüfung besteht von Sinn und Zweck der Richtlinie her kein Anlass, das Merkmal der Relevanz mit Aspekten der Erforderlichkeit aufzuladen. Vielmehr ist der systematischen Trennung beider Prüfungsschritte Rechnung zu tragen.

**3. Einheitliches Verständnis der Erforderlichkeit.** § 33g geht insoweit über den **43** Auftrag der Richtlinie hinaus, als er die Offenlegung auch außerhalb des Schadensersatzprozesses gewährt und diesen als materiellen Anspruch ausgestaltet. Hinsichtlich dieses **unionsrechtlich „überschießenden" Teils** findet das Erfordernis der richtlinienkonformen Auslegung keine Anwendung. Damit wäre in diesem Bereich eine andere Auslegung des Kriteriums der Erforderlichkeit möglich.

Tatsächlich unterscheidet sich die Situation mit und ohne anhängigen Schadensersatz- **44** prozess aus der Sicht des zur Entscheidung berufenen Richters. Die Frage der **Relevanz des Beweismittels** lässt sich im Rahmen des Schadensersatzprozesses anhand des geltend gemachten Schadensersatzanspruchs bzw. eines vom Anspruchsgegner erhobenen Einwands eindeutiger beantworten als im Falle einer zunächst auf Offenlegung begrenzten Klage. Im isolierten Offenlegungsprozess mag eher die Gefahr eines „uferlosen" Offenlegungsantrags bestehen als im Rahmen des schon anhängigen Schadensersatzprozesses. Der Gesetzgeber weist das Problem einer möglichen Fishing Expedition in Abs. 3 Nr. 3 aber eindeutig der Ebene der Verhältnismäßigkeit zu. Auch außerhalb des anhängigen Schadensersatzprozesses besteht daher **kein Anlass für ein restriktiveres Verständnis** des Merkmals „Erforder-

---

[57] So aber LG Hannover 18.12.2017 – 18 O 8/17, BeckRS 2017, 140329 Rn. 81 und LG Stuttgart Urt. v. 25.7.2019 – 30 O 44/17, BeckRS 2019, 16037 Rn. 174, jeweils unter Berufung auf Preuß in Kersting/Podszun-Preuß 9. GWB-Novelle Kap. 10 Rn. 41; Rosenfeld/Brand, WuW 2017, 247 (248).

lichkeit". Es ist vielmehr **einheitlich im Sinne einer Eignung des Beweismittels** zu verstehen.[58]

**45**    Gerade im Hinblick auf die in Abs. 3 ausdrücklich aufgeführten Merkmale einer Verhältnismäßigkeitsprüfung besteht kein Anlass, diese teilweise als „negative Tatbestandsmerkmale" der Ebene der Erforderlichkeit zuzuweisen, wie dies Bornkamm/Tolkmitt[59] vorschlagen.[60] Dieser Ansatz führt zu einer bedenklichen Vermischung der drei unionsrechtlich vorgegebenen Prüfungsschritte für die Offenlegung. Dies ist nicht nur eine Frage der dogmatisch richtigen Verortung, sondern auch von erheblicher praktischer Relevanz. Die Verhältnismäßigkeitsprüfung fordert eine umfassende Interessenabwägung, bei der die in Abs. 3 genannten Kriterien nur „zu berücksichtigen" sind. Keines der dort genannten Kriterien führt isoliert zum Ausschluss des Anspruchs. Dies wäre bei einer Einschränkung der Erforderlichkeit durch eines dieser Kriterien durchaus anders.

**46**    Unionsrechtlich gefordert ist eine **weite Auslegung** des Merkmals der **Erforderlichkeit.** Gerade aufgrund der durch die Schadensersatzrichtlinie erstrebten Erleichterung der privaten Rechtsdurchsetzung soll die geforderte Eignung im Zweifelsfall eher angenommen als verneint werden.[61] Erforderliche Korrekturen können auf Ebene der Verhältnismäßigkeitsprüfung erfolgen. Erforderlichkeit bedeutet die Eignung, den geltend gemachten Schadensersatzanspruch (bzw. im Falle des Abs. 2 die geltend gemachte Einwendung) zu unterstützen. Für die Begründetheit des Offenlegungsanspruchs reicht es danach aus, dass der Offenlegungsgläubiger eine Information, die er dem herauszugebenden Dokument entnehmen kann, **für den schlüssigen Sachvortrag im Schadensersatzprozess benötigt.**[62]

**47**    **4. Zeitpunkt der Erforderlichkeitsprüfung.** Das Verständnis von Erforderlichkeit im Sinne von Relevanz erleichtert auch die zeitliche Einordnung der Erforderlichkeitsprüfung. Die Frage der Relevanz des Beweismittels kann zum **Zeitpunkt** der **beantragten Offenlegung** beurteilt werden. Ein engeres Verständnis von Erforderlichkeit, gar im Sinne einer Erforderlichkeit für die Entscheidung des anhängigen Rechtsstreits, würde Sinn und Zweck der Norm konterkarieren. So würde einem Verständnis Vorschub geleistet, eine Offenlegung von Beweismitteln weitgehend zu vermeiden und zunächst zu versuchen, den Rechtsstreit mit anderen Mitteln entscheidungsreif zu machen. So wurde etwa im Bereich des Markenrechts die Auffassung vertreten, es könne an der Erforderlichkeit des Beweismittels fehlen, wenn der Anspruch wegen der Rechtsverletzung verwirkt sei.[63] In ähnlicher Weise ließe sich eine Verwirkung oder Verjährung des Kartellschadensersatzanspruchs gegen die Erforderlichkeit anführen.

**48**    Die Frage der Offenlegung würde durch dieses Fehlverständnis der Erforderlichkeit mit einer Fülle von Rechtsfragen aus dem Prozess belastet. Offenlegung würde so weitgehend verhindert oder auf einen späten Zeitpunkt im Prozess verlagert. Dagegen strebte der deutsche Gesetzgeber mit der Stärkung zum materiellen Offenlegungsanspruch gerade im Gegenteil einen **frühzeitigen Zugang** zu den relevanten Beweismitteln an, auch wenn diese sich in der Hand des Prozessgegners oder Dritter befinden. Dem muss sich schrittweise auch die Prozesswirklichkeit in Deutschland anpassen.

## V. Offenlegungsschuldner

**49**    Offenlegungsschuldner nach Abs. 1 und 2 kann **jeder** sein, mit Ausnahme der Wettbewerbsbehörde.[64] Für die Offenlegung aus den Akten der Wettbewerbsbehörden sieht

---

[58] BGH 4.4.2023 – KZR 20/21, NZKart 2023, 362 Rn. 111 – Vertriebskooperation im SPNV.
[59] Bornkamm/Tolkmitt in Bunte Rn. 31.
[60] Ebenfalls ablehnend Mäsch in Berg/Mäsch Rn. 10.
[61] Ähnlich Bornkamm/Tolkmitt in Bunte Rn. 22.
[62] Preuß in LMRKM Rn. 59.
[63] Thiering in Ströbele/Hacker/Thiering, 12. Aufl. 2018, MarkenG § 19a Rn. 21.
[64] Bechtold/Bosch Rn. 5.

§ 89c eine restriktive Spezialregelung vor. Nach der Regelung in § 89e gelten als Wettbewerbsbehörden bei der Anwendung des DMA neben der Europäischen Kommission auch diejenigen Behörden, die die in Art. 1 Abs. 6 DMA genannten Vorschriften anwenden. Demgegenüber geht die Richtlinie in Art. 6 Abs. 1 KSERL davon aus, dass auch in Bezug auf Wettbewerbsbehörden grundsätzlich die Offenlegungsregeln gelten, allerdings unter Erweiterung der Verhältnismäßigkeitsprüfung nach den Regelungen in Art. 6 KSERL. Nachdem § 89c ohnehin nur die prozessuale Offenlegung regelt, stellt sich hier die Frage der richtlinienkonformen Auslegung in Bezug auf die überschießenden Restriktionen in aller Schärfe.

Voraussetzung für die **Passivlegitimation** ist der Besitz des Beweismittels. Wie bei **50** § 142 ZPO genügen mittelbarer Besitz und Mitbesitz.[65] Ausreichend ist, dass der Adressat nach Ansicht des Gerichts als Besitzer zur Herausgabe imstande ist.[66] Die Anknüpfung an die tatsächliche Verfügungsgewalt macht deutlich, dass es weder auf das Eigentum noch auf sonstige Ansprüche weiterer Personen an dem Beweismittel ankommt. Soweit die übrigen Voraussetzungen nach § 33g vorliegen, rechtfertigt die Verbesserung der Beweisposition des Offenlegungsgläubigers mögliche Eingriffe in diese Rechtspositionen.[67]

Ist das gleiche Beweismittel auch im Besitz anderer Personen, so lässt sich unter Verhält- **51** nismäßigkeitsaspekten ein Vorrang der Offenlegung durch den unmittelbaren **Verfahrensgegner** (oder Verhandlungspartner im Falle außergerichtlicher Geltendmachung) vor unbeteiligten Dritten postulieren. Dies lässt sich mit der größeren Sachnähe und der wirksameren Sanktion für den Fall der Nichterfüllung begründen. Sind die Besitzer gleichermaßen Verfahrensgegner, ergibt sich nur ausnahmsweise ein **Rangverhältnis.** Im Kern ist der Offenlegungsgläubiger daher berechtigt, das gleiche Beweismittel parallel von mehreren Verfahrensgegnern heraus zu verlangen.

Für den Schuldner des **Auskunftsanspruchs** nach Abs. 10 iVm Abs. 1 und 2 kann **52** allenfalls teilweise an den Besitz von Beweismitteln angeknüpft werden. Auskünfte, die die Auswertung von Beweismitteln voraussetzen, kann nur derjenige erteilen, der Zugang zu und damit im Zweifel auch Besitz an den Beweismitteln hat. Grundsätzlich kann aber von jedem verlangt werden, dass er sich über sein Wissen zum Auskunftsthema erklärt.

## VI. Herausgabe und Offenlegung

**1. Herausgabe.** Der materielle Offenlegungsanspruch nach Abs. 1 und 2 ist auf Heraus- **53** gabe des Beweismittels gerichtet. „Herausgabe" bedeutet Verschaffung des unmittelbaren Besitzes an einer Sache.[68] Dem Herausgabeschuldner wird danach grundsätzlich zugemutet, den unmittelbaren Besitz an der **Originalurkunde** zu verlieren. Damit wäre der Offenlegungsgläubiger in der Lage, in einem nachfolgenden Rechtsstreit auch den Urkundenbeweis im förmlichen Sinne, dh nach § 420 ZPO durch Vorlage der Originalurkunde zu führen.

Der Begründung des Regierungsentwurfs ist ein eingeschränkteres Verständnis von **54** Herausgabe zu entnehmen.[69] Danach soll „in der Regel die Übergabe von **Abschriften** oder elektronischen Kopien" ausreichen.[70] Wenn im Prozess die Vorlage von Originalurkunden erforderlich werden sollte, gebe das Zivilprozessrecht den Gerichten hinreichende Möglichkeiten, deren Vorlage anzuordnen.[71]

---

[65] Bornkamm/Tolkmitt in Bunte Rn. 17; Greger in Zöller ZPO § 142 Rn. 9; Smid in Wieczorek/Schütze, 4. Aufl. 2015, ZPO § 142 Rn. 16.
[66] Greger in Zöller ZPO § 142 Rn. 9.
[67] Zweifelnd Bornkamm/Tolkmitt in Bunte Rn. 17.
[68] Vgl. zB BGH 5.7.2001 – IX ZR 327/99 Rn. 11 NJW 2001, 2966; Klumpe/Thiede NZKart 2016, 471 (472).
[69] Generell im Sinne einer teleologischen Reduktion Klumpe/Thiede NZKart 2017, 332 (336).
[70] BegrRegE S. 62.
[71] BegrRegE S. 62.

**55**     Der Begriff der Herausgabe von Beweismitteln ist stark an der Idee schriftlicher Unterlagen, also an Urkunden in den Kategorien der ZPO, orientiert. Die weitaus meisten der in Betracht kommenden Beweismittel dürften dagegen in Form von **elektronischen Dokumenten** vorliegen. Sie eignen sich ohnehin nicht für eine Herausgabe im Sinne der Besitzverschaffung. In den Kategorien der ZPO handelt es sich Augenscheinsobjekte. Hier geht es vielmehr um die Zurverfügungstellung lesbarer Daten auf einem (nutzbaren) Datenträger. Dabei handelt es sich denknotwendig um Kopien der Daten, die beim Offenlegungsschuldner vorhanden sind. „Herausgegeben" im eigentlichen Sinne wird also eine (weitere) Kopie.

**56**     Der Offenlegungsgläubiger ist in der Regel gut beraten, Streit um die Berechtigung der Herausgabe von Originalurkunden zu vermeiden und, zumindest im ersten Schritt, die **Vorlage von Kopien** mit einer Versicherung der Übereinstimmung mit dem Original zu fordern. Er läuft sonst Gefahr, dass der Schuldner mit Erfolg einwendet, die Herausgabe des Originals sei unverhältnismäßig, etwa weil er ein berechtigtes Interesse daran habe, die Urkunden nicht längerfristig aus der Hand geben zu müssen.[72]

**57**     Der ausdrückliche Anspruch auf die Einräumung des unmittelbaren Besitzes an der Originalurkunde macht jedoch deutlich, dass dem Offenlegungsgläubiger kein Streit um die „Echtheit" oder Vollständigkeit einer Kopie zugemutet werden soll. Der **Beweiswert** der Urkunde soll ihm **in vollem Umfang zur Verfügung** stehen. Dies erfordert auch bei der Herausgabe von Kopien die Versicherung des Offenlegungsschuldners, dass die zur Verfügung gestellten Kopien den bei ihm vorliegenden Urkunden oder gespeicherten Daten vollständig entsprechen.

**58**     **2. Offenlegung.** Die unionsrechtlich geforderte – und unmittelbar anwendbare – prozessuale Offenlegung von Beweismitteln bedarf nicht der Herausgabe von Originalurkunden an den potentiellen Schadensersatzgläubiger. Prozessuale Offenlegung von Beweismitteln bedeutet, sie nach gerichtlicher Vorgabe denjenigen Personen zugänglich zu machen, die im Rahmen der gerichtlichen Durchsetzung des Schadensersatzanspruchs **Zugang** zu diesen Informationen benötigen. Das sind typischerweise Anwälte, Ökonomen, Sachverständige und möglicherweise weitere Personen, die zur Einordnung der Dokumente benötigt werden. Dies bedeutet weder zwangsläufig, dass die Informationen verfahrensöffentlich werden, also allen Prozessbeteiligten zugänglich sind, noch gar, im Rahmen einer mündlichen Verhandlung, öffentlich. Vielmehr sind die Gerichte gehalten, im Rahmen ihrer Anordnung die Vorkehrungen zu treffen, die auch für einen Ausgleich möglicher **Geheimhaltungsinteressen** im Sinne von Abs. 3 Nr. 6 (→ Rn. 101) Sorge tragen. **Zugänglich** sind Informationen nur, wenn sie in geeigneter Form übergeben werden, also e-mails in elektronischer Form, Dokumente in Form von Kopien oder pdf, Daten aus Buchhaltungs- oder Finanzsystemen in gängigen Dateiformaten.

## VII. Auskunft (Abs. 10)

**59**     Abs. 10 sieht einen Anspruch auf Auskunft vor, für den die entsprechende Anwendung der Vorschriften über die Herausgabe von Beweismitteln angeordnet wird. In der separaten Regelung sah der Gesetzgeber in erster Linie eine Maßnahme zur Erhöhung von Lesbarkeit und Verständlichkeit der Norm.[73] Danach soll der Auskunftsanspruch also denselben Voraussetzungen unterliegen wie der Herausgabeanspruch.

**60**     Der Gesetzgeber versucht, das dem deutschen Recht unbekannte Konzept der Offenlegung im Sinne einer „disclosure" durch die Kombination von Herausgabe und Auskunft als etablierter Instrumente des deutschen Rechts umzusetzen. Die Skepsis gegenüber der unbekannten Offenlegung spiegelt sich darin, dass der Auskunftsanspruch als in vielen

---

[72] So zum Einwand bei patentrechtlichen Vorlageansprüchen Grabinski/Zülch in Benkard PatG § 140c Rn. 17.
[73] BegrRegE S. 65.

Fällen angemessene, weil weniger invasive Befriedigung des Informationsbedürfnisses eingeordnet wird.[74] Werden nur allgemeine und grundlegende Informationen beansprucht, soll dem eher durch die Erteilung von Auskünften als durch „umfassende Herausgabe" genügt werden können. Dem lag die Idee einer **Zweiteilung** zugrunde. Nach dem ursprünglichen Konzept des Regierungsentwurfs hätte eine solche Auskunft im Sinne „allgemeiner und grundlegender Informationen" im Wege der einstweiligen Verfügung durchgesetzt werden können. Diese Informationen hätten dann die Erstellung einer Klage erleichtert. Dieses Konzept – Erlangung allgemeiner und grundlegender Informationen im Wege des Verfügungsverfahrens mit anschließender Schadensersatzklage – ist freilich durch die weitgehende Entwertung des Verfügungsverfahrens nach § 89b Abs. 5 durch die Änderungen im Wirtschaftsausschuss überholt.

Der Auskunftsanspruch ist inhaltlich nicht auf bestimmte Kategorien, wie etwa die **61** erwähnten allgemeinen und grundlegenden Informationen, begrenzt.[75] In Abgrenzung zu individuellen Beweismitteln können darunter zum Beispiel **Zusammenstellungen von Informationen** fallen, bei denen es nicht auf die eigentlichen Dokumente ankommt. Das gilt zum Beispiel für größere Datenmengen, die aus IT-Systemen generiert werden (zB zu Preisentwicklungen). Der Auskunftsanspruch kann aber auch weitere Beweismittel erschließen. So kommen als Gegenstand der Auskunft zum Beispiel der Name und die ladungsfähige Anschrift einer Person in Betracht, die als Zeuge benannt werden soll.[76]

Der Auskunftsanspruch tritt neben den Herausgabeanspruch nach Abs. 1 und 2 sowie **62** neben den sich aus der KSERL unmittelbar ergebenden prozessualen Offenlegungsanspruch. Im Prozess besteht **kein Vorrang der Auskunft** vor der Offenlegung. Ein solches Verständnis wäre nicht mehr richtlinienkonform. Auch außerhalb des Schadensersatzprozesses ist der Herausgabeanspruch nicht subsidiär zum Auskunftsanspruch. Dies widerspräche dem Wortlaut von Abs. 10. Die Ausführungen in der Regierungsbegründung zur besseren Eignung und zum weniger invasiven Charakter der Auskunft[77] können am ehesten als Hinweis verstanden werden, im Rahmen des Ausschlusses wegen Unverhältnismäßigkeit auch die Alternative einer Auskunft in Erwägung zu ziehen. In diesem Zusammenhang wird die Auskunft als möglicherweise **milderes Mittel** diskutiert.[78]

Im Grundsatz ist es die Entscheidung des Offenlegungspetenten, ob er im Wege der **63** Auskunft oder der Herausgabe vorgehen will. Dabei spielt die **Eignung im Schadensersatzprozess** eine erhebliche Rolle. Die Auskunft eignet sich am ehesten im Verhältnis zum individuellen Schädiger (oder Geschädigten). Auch dem auskunftpflichtigen Schädiger ist es aber noch nicht einmal verwehrt, die Richtigkeit der von ihm erteilten Auskunft zu bestreiten, auch wenn dies zu nachteiligen Beweiswürdigungen und zu Schadensersatzansprüchen nach Abs. 8 führen kann.[79] Auskünfte Dritter können dagegen sogar mit Nichtwissen bestritten werden. Dann muss ohnehin auf die der Auskunft zugrundeliegenden Beweismittel oder den Zeugenbeweis dessen zurückgegriffen werden, der die Auskunft erteilt hat.[80]

Aufgrund dieses unterschiedlichen Gewichts von Auskunft als Wissenserklärung und **64** dem unmittelbaren Beweismittel kann der Offenlegungspetent auch im Verhältnis zu Dritten nicht ohne weiteres auf die Auskunft als das „mildere" Mittel verwiesen werden. Zu den eindeutigen Nachteilen der Auskunft zählen, neben der eingeschränkten prozessualen Verwertbarkeit, der Verzicht auf Authentizität der Information und die fehlende Möglichkeit der eigenständigen Auswertung durch den Offenlegungsgläubiger. Demgegenüber behalten Urkunden oder elektronische Dokumente ihren eigenen Beweiswert. Be-

---

[74] BegrRegE S. 62.
[75] Bach/Wolf NZKart 2017, 285 (286); Bornkamm/Tolkmitt in Bunte Rn. 26.
[76] Bach/Wolf NZKart 2017, 285 (286).
[77] BegrRegE S. 62.
[78] Mäsch in Berg/Mäsch Rn. 14.
[79] Bornkamm/Tolkmitt in Bunte Rn. 29.
[80] Bornkamm/Tolkmitt in Bunte Rn. 29.

rechtigten **Geheimhaltungsinteressen** sollte daher durch geeignete prozessuale Maßnahmen und nicht durch einen Wechsel zur Auskunft Rechnung getragen werden.

65   Die Auskunft ist eine **Wissenserklärung.** Der Anspruch richtet sich im Fall des § 33g regelmäßig gegen Unternehmen, da nur diese Verstöße iSd § 33 Abs. 1 begehen können. Der Auskunftsschuldner ist verpflichtet, über alle vom Umfang des Auskunftsbegehrens erfassten und ihm bekannten Tatsachen Auskunft zu geben. Die Organe des Unternehmens haben daher dafür zu sorgen, dass die im Unternehmen **vorhandene Kenntnis tatsächlich erschlossen** wird und die dafür vorhandenen Informationen ausgeschöpft werden.[81] Dazu gehören einerseits die Erschließung des bei Organen und Mitarbeitern vorhandenen Wissens und andererseits die Auswertung von IT-Systemen, von Kommunikationsmitteln und sonstigen Geschäftsunterlagen. Der Auskunftsanspruch unterliegt keinem eigenständigen Zumutbarkeitseinwand. Vielmehr sind Umstände, die die Zumutbarkeit aus Sicht des Auskunftsschuldners einschränken oder ausschließen im Rahmen des Ausschlusses unverhältnismäßiger Offenlegung nach Abs. 3 vorzubringen und zu prüfen. Dies entspricht trotz teilweise anderslautenden Formulierungen[82] auch der Systematik im Bereich der Auskunftsansprüche nach der Enforcement-Richtlinie.

66   **Erfüllt** ist der Auskunftsanspruch erst, wenn die Auskunft **vollständig und zutreffend** erteilt wurde. Eine zum Zweck der Auskunft gegebene Erklärung genügt zur Erfüllung des Auskunftsanspruchs nicht, wenn sie nicht ernst gemeint, unvollständig oder von vornherein unglaubhaft ist.[83] Die Auskunft ist schriftlich zu erteilen. Der Auskunftsanspruch ist von keinen zusätzlichen zeitlichen Voraussetzungen abhängig und daher **unverzüglich** zu erfüllen. Wie bei jedem Auskunftsanspruch gilt auch hier, dass der Auskunftsberechtigte auch eine eidesstattliche Versicherung der Richtigkeit und Vollständigkeit der erteilten Auskunft verlangen kann.[84]

## C. Besonderheiten des Anspruchs nach Abs. 2

67   „Aus Gründen der Waffengleichheit"[85] gewährt Abs. 2 auch dem verklagten Schädiger einen Offenlegungsanspruch. Trotz der starken sprachlichen Anlehnung an Abs. 1 weist dieser eine Reihe von Besonderheiten auf.

### I. Prozessualer Anspruch

68   Zwar ist auch der Anspruch nach Abs. 2 als materieller Herausgabeanspruch (bzw. in Verbindung mit Abs. 10 als materieller Auskunftsanspruch) formuliert. Er gilt aber **nur im Prozess** und entsteht erst mit Rechtshängigkeit einer gegen den Schädiger gerichteten Schadensersatzklage (oder der gerichtlichen Geltendmachung eines Offenlegungsanspruchs).[86] Er kann daher, anders als der Offenlegungsanspruch des Geschädigten nach Abs. 1, vorprozessual nicht geltend gemacht werden[87] und besteht auch nach der Rechtshängigkeit nur im Prozess mit dem klagenden Geschädigten.[88] Die Begründung des Regierungsentwurfs erkennt zwar an, dass der Schädiger die in den Beweismitteln enthaltenen Informationen möglicherweise bereits benötige, sobald die Geltendmachung eines Schadensersatzanspruchs gegen ihn hinreichend absehbar sei.[89] Sie stellt aber unmissver-

---

[81] Makatsch/Kachold in MüKoWettbR Rn. 178; Bornkamm/Tolkmitt in Bunte Rn. 27.
[82] Bornkamm/Tolkmitt in Bunte Rn. 27 unter Verweis auf BGH 23.1.2003 – I ZR 18/01, GRUR 2003, 433 (434) = NJW-RR 2003, 910 – Cartier-Ring.
[83] BGH 17.5.2001 – I ZR 291/98, GRUR 2001, 841 (844) – Entfernung der Herstellungsnummer II; BGHZ 125, 322 (326) = GRUR 1994, 630 = – Cartier-Armreif; Bornkamm/Tolkmitt in Bunte Rn. 28.
[84] Preuß in LMRKM Rn. 35.
[85] BegrErw 15 KSERL; BegrRegE S. 62.
[86] BegrRegE S. 62.
[87] Bornkamm/Tolkmitt in Bunte Rn. 15.
[88] Bach/Wolf NZKart 2017, 285 (288).
[89] BegrRegE S. 62.

ständlich klar, dass ein Anspruch erst mit Rechtshängigkeit einer Klage gegen den Schädiger entsteht.[90] Dies fand auch im Wortlaut der Norm eindeutigen Niederschlag, weshalb für eine analoge Annäherung an Abs. 1 kein Raum besteht. Bornkamm/Tolkmitt sprechen von einem akzessorischen Anspruch für die Zwecke der Rechtsverteidigung.[91] Letztlich orientiert sich die prozessrechtlich orientierte Ausgestaltung[92] wesentlich stärker als bei Abs. 1 an den Vorstellungen einer prozessualen Offenlegung nach der Schadensersatzrichtlinie.

## II. Erforderlichkeit zur Verteidigung gegen einen Schadensersatzanspruch

Das Merkmal der Erforderlichkeit ist im Rahmen des § 33g einheitlich auszulegen. Im **69** Ausgangspunkt gelten daher die oben (→ Rn. 29 ff.) entwickelten Grundsätze. Entscheidend ist daher die **Relevanz** des Beweismittels für die Verteidigung gegen den geltend gemachten Schadensersatzanspruch. Auch hier ist die Frage des Interventionsminimums nicht Gegenstand der Erforderlichkeitsprüfung. Vielmehr ist diese im Rahmen des Ausschlusses wegen Unverhältnismäßigkeit nach Abs. 3 zu prüfen.

Die offenzulegenden Beweismittel müssen gerade für die Verteidigung gegen den Kar- **70** tellschadensersatzanspruch relevant sein. Mit Hilfe der Beweismittel muss es daher aus ex ante Sicht möglich sein, die richterliche Überzeugung vom Bestehen eines Schadensersatzanspruches dem Grunde oder der Höhe nach zu erschüttern. Nach dem eindeutigen Wortlaut von Abs. 2 geht es um die Erforderlichkeit für die Verteidigung gegen den **Kartellschadensersatzanspruch** und nicht um die Erforderlichkeit für die Verteidigung gegen die Klage.[93] Abs. 2 begründet also keine Offenlegungsansprüche im Hinblick auf die Zulässigkeitsvoraussetzungen der Klage oder eine mögliche Kenntnis von der Entstehung des Anspruchs.

Hauptanwendungsfall des Anspruchs nach Abs. 2 werden Informationen sein, die für **71** eine **Abwälzung** des dem Kläger entstandenen Schadens auf nachgelagerte Marktstufen iSd § 33c sprechen.[94] Dazu gehören insbesondere Informationen über die Preisbildung beim geschädigten direkten Abnehmer des Kartellanten.[95] Auch hier gilt der Maßstab der Verhältnismäßigkeit, weshalb zB eine Auskunft zu Auswirkungen des LKW-Preises auf Feuerwehrgebühren abgelehnt wurde.[96] Entgegen OLG Stuttgart[97] hängt der Anspruch nach Abs. 2 aber nicht vom Umfang einer sekundären Darlegungslast des Schadensersatzgläubigers ab.

## III. Sonderfall negative Feststellungsklage

Eine Offenlegung soll auch dann möglich sein, wenn der Schädiger sich formal nicht in **72** der Stellung des Beklagten befindet, sondern im Wege der negativen Feststellungsklage versucht hat, einer Schadensersatzklage zuvor zu kommen. Der Offenlegungsanspruch nach Abs. 2 steht ihm in dieser Konstellation aber nur zu, wenn er den dem Schadensersatzanspruch zugrundeliegenden Verstoß[98] iS § 33a nicht bestreitet. Wählt der Schädiger diese Form der aktiven Verteidigung soll ihm ein Offenlegungsanspruch nur hinsichtlich des **Umfangs der Haftung** zur Verfügung stehen, nicht aber, wenn er sich gegen den Haftungsgrund verteidigen will.[99] Der Gesetzgeber begründet dies damit, dass von der Offenlegung im Falle der negativen Feststellungsklage nach Abs. 2 S. 2 „nicht uferlos

---

[90] BegrRegE S. 62; kritisch dazu Hellmann/Steinbrück NZKart 2017, 164 (170).
[91] Bornkamm/Tolkmitt in Bunte Rn. 15.
[92] Preuß in Kersting/Podszun 9. GWB-Novelle Kap. 10 Rn. 42.
[93] So aber Mäsch in Berg/Mäsch Rn. 18.
[94] Bornkamm/Tolkmitt in Bunte Rn. 14.
[95] Bach/Wolf NZKart 2017, 285 (287); vgl. auch Fritzsche NZKart 2017, 630 (634).
[96] OLG Stuttgart 24.2.2022 – 2 U 64/20 BeckRS 2022, 12598 Rn. 197.
[97] OLG Stuttgart 24.2.2022 – 2 U 64/20 BeckRS 2022, 12598 Rn. 197.
[98] BegrRegE S. 62.
[99] Preuß in Kersting/Podszun 9. GWB-Novelle Kap. 10 Rn. 42; Bornkamm/Tolkmitt in Bunte Rn. 16.

Gebrauch gemacht werden" können soll. Zu Recht sollte ausgeschlossen werden, dass über die Kombination von negativer Feststellungsklage und weitreichenden Offenlegungsansprüchen des Schädigers zum Anspruchsgrund die Durchsetzung von Schadensersatzansprüchen erheblich erschwert, zumindest aber deutlich verzögert wird.[100]

## D. Ausschluss bei Unverhältnismäßigkeit (Abs. 3)

73      Nach Art. 5 Abs. 3 KSERL haben die Mitgliedstaaten sicherzustellen, dass die von nationalen Gerichten angeordnete Offenlegung verhältnismäßig ist. Das GWB wählt dafür den Ausschlusstatbestand der Unverhältnismäßigkeit. Er begrenzt gleichzeitig den materiellen Anspruch wie die richterliche Offenlegungsanordnung im Prozess. Die Frage der Verhältnismäßigkeit stellt sich sowohl hinsichtlich des Ob der Offenlegung als auch hinsichtlich ihres Umfangs.[101]

### I. Interessenabwägung

74      Die Unverhältnismäßigkeit kann nur im Rahmen einer umfassenden, einzelfallbezogenen Interessenabwägung festgestellt werden.[102] Für diese macht Abs. 3 explizite Vorgaben. Hinzu kommen implizite Vorgaben aus der Zielsetzung der gesetzlichen Regelung.

75      **1. Beteiligte.** In die Interessenabwägung sind zunächst die **Interessen der Beteiligten** einzustellen. Beteiligte sind in jedem Fall Offenlegungsgläubiger und Offenlegungsschuldner. Bei der im Schadensersatzprozess beantragten Offenlegung kommen in Übereinstimmung mit Art. 5 KSERL die Parteien des Rechtsstreits hinzu. Nicht „Beteiligter" im Sinne des Abs. 3 ist, ungeachtet der Möglichkeiten nach §§ 90, 89b, die Wettbewerbsbehörde.

76      **2. Berechtigte Interessen.** In die Interessenabwägung sind nur die berechtigten Interessen der Beteiligten einzustellen. Nicht abwägungsfähig sind demnach Interessen, die auf einen gesetzwidrigen Zweck gerichtet sind oder gegen rechtliche Wertungen der EU-Wettbewerbsregeln, des GWB, des DMA oder anderer Rechtsvorschriften verstoßen. Ein nicht berechtigtes Interesse ist nach der ausdrücklichen gesetzlichen Regelung in Abs. 3 Satz 3 das Interesse des möglichen Kartellschadensersatzschuldners, die **Durchsetzung des Anspruchs zu vermeiden.**[103] Die Abwehr möglicher Schadensersatzansprüche bleibt zwar das legitime Ziel des möglichen Schadensersatzschuldners. Dieses Ziel rechtfertigt auch den Einsatz der prozessualen Möglichkeiten des Beklagten, einschließlich solcher Maßnahmen zur möglichen Einschränkung der Offenlegung von Beweismitteln. Gerade deshalb ist gegenüber dem Vorbringen zur angeblichen Unverhältnismäßigkeit einer Offenlegung stets zu prüfen, ob hinter diesem Vorbringen legitime, vom Interesse an der Abwehr des Schadensersatzanspruchs zu sondernde, Interessen stehen, die bei der Abwägung zu berücksichtigen sind.

77      Über die Interessen der Beteiligten hinaus sind auch weitere schutzfähige Interessen einschließlich sonstiger gesetzlicher Wertungen und Regelungen einzubeziehen. Der Kreis der potentiell berücksichtigungsfähigen Umstände kann **nicht abschließend** bestimmt werden. Dem trägt die gesetzliche Regelung Rechnung, indem zum einen die Interessen der Beteiligten nur „zu berücksichtigen" und zum anderen auch die weiteren nach Abs. 3 Satz 2 abwägungsrelevanten Umstände nur „insbesondere" zu berücksichtigen sind.

78      **3. Leitlinie der Interessenabwägung.** Leitlinie der Interessenabwägung ist das gesetzliche Ziel der **Überwindung von Informationsasymmetrien,** soweit diese einer effektiven Durchsetzung von Kartellschadensersatzansprüchen bzw. einer effektiven Verteidigung

---

[100] Bornkamm/Tolkmitt in Bunte Rn. 16; Klumpe/Thiede NZKart 2016, 518 (519).
[101] Begr. RegE S. 62; Makatsch/Kachold in MüKoWettbR Rn. 74.
[102] EuGH 10.11.2022 – C-163/21 EU:C:2022:863 Rn. 64 – PACCAR.
[103] LG Hannover 17.12.2020 – 13 O 265/20, BeckRS 2020, 39826 Rn. 24.

gegen diese entgegenstehen. Dies schließt zugleich aus, über die Interessenabwägung das tradierte Bild des vom Beibringungsgrundsatz geprägten Zivilprozesses durchzusetzen. Offenlegung durch den Prozessgegner ist grundsätzlich gewollt und deshalb nicht unverhältnismäßig.

Die nach Abs. 3 geforderte Interessenabwägung ist nach der gesetzlichen Konzeption **79** **kein Instrument richterlichen Ermessens.** Die Offenlegung kann nicht etwa angeordnet werden, wenn dies zweckmäßig wäre. Sie ist vielmehr anzuordnen, soweit sie nicht unverhältnismäßig wäre oder andere Offenlegungsbeschränkungen, etwa nach Abs. 4 oder 5, eingreifen. Die Interessenabwägung sorgt für das eine, im konkreten Einzelfall „richtige" Ergebnis und bleibt daher **gebundene Rechtsanwendung.**

**4. Im Zweifel Offenlegung.** Die Offenlegung erfolgt, soweit sie nicht unverhältnis- **80** mäßig ist oder andere Offenlegungsbeschränkungen eingreifen. Die gesetzliche Formulierung „ausgeschlossen, soweit … unverhältnismäßig" bringt die grundsätzliche Wertung zu Gunsten der Offenlegung klar zum Ausdruck. Im Zweifel ist daher offenzulegen. Diese Wertung zugunsten der Offenlegung sollte jedoch nicht als Regelung von Beweis- und Darlegungslast missverstanden werden.[104] Soweit es um berücksichtigungsfähige Interessen der Beteiligten geht, obliegt diesen eine **Darlegungslast.** Das Gericht ist nicht verpflichtet, deren Interessen von Amts wegen zu ermitteln. Andere abwägungsrelevante Umstände, insbesondere öffentliche Interessen, entziehen sich einer eindeutigen Zuordnung von Darlegungslasten und werden daher auch von Amts wegen zu ermitteln sein.

## II. Abwägungsrelevante Umstände

Nach dem Vorbild von Art. 5 Abs. 3 KSERL enthält Abs. 3 einen Katalog von Umstän- **81** den, die, als typischerweise abwägungsrelevant, „insbesondere" zu berücksichtigen sind. Die Formulierung macht deutlich, dass, dem Wesen der **umfassenden und einzelfallbezogenen Interessenabwägung** entsprechend, der Kreis der potentiell berücksichtigungsfähigen Umstände nicht abschließend bestimmt werden kann.[105] Abs. 3 hat die in Art. 5 Abs. 3 KSERL vorgegebenen Umstände teilweise mit leichten sprachlichen Modifikationen übernommen, in den Nr. 4 und 5 aber dort nicht aufgeführte Umstände zusätzlich aufgenommen.

**1. Relevanz der begehrten Offenlegung (Nr. 1).** Für die Interessenabwägung soll **82** relevant sein, in welchem Umfang der Antrag auf zugängliche Informationen und Beweismittel gestützt wird. Damit übernimmt Abs. 3 Nr. 1 zwar mit geringen sprachlichen Modifikationen den ersten Teil der nach Art. 5 Abs. 3a) KSERL bei der Verhältnismäßigkeitsprüfung zu berücksichtigenden Gesichtspunkte. Allerdings fehlt der entscheidende Zusammenhang. Nach der KSERL geht es um die Frage, inwieweit der Offenlegungspetent solche Umstände aufgrund zugänglicher Informationen und Beweismittel vorgebracht hat, die die Offenlegung rechtfertigen. Diesen Aspekt hat der deutsche Gesetzgeber in die Erforderlichkeitsprüfung nach Abs. 1 ausgelagert. Allerdings wurde dort die Nutzung der zugänglichen Informationen und Beweismittel ohne Bezug zur Richtlinie auf die Frage der hinreichend genauen Bezeichnung der offenzulegenden Beweismittel reduziert. Damit ist fraglich, ob die in Abs. 3 Nr. 1 genannten Umstände noch eine eigenständige Rolle im Rahmen des Ausschlusses bei Unverhältnismäßigkeit spielen.

Nach der Gesetzesbegründung soll es bei Abs. 3 Nr. 1 um die **Begrenzung des Auf-** **83** **wands** des Offenlegungsschuldners in Abhängigkeit vom Vortrag des Offenlegungsgläubigers gehen.[106] Wenn die Rechtsverletzung bereits feststehe oder sehr wahrscheinlich sei, könne der zumutbare Aufwand höher liegen.[107] Als Idealfall wird die Kombination aus

---

[104] So aber Mäsch in Berg/Mäsch Rn. 10.
[105] Bornkamm/Tolkmitt in Bunte Rn. 32.
[106] BegrRegE S. 63.
[107] BegrRegE S. 63.

bindend festgestelltem Verstoß und hinreichender Darlegung der eigenen Betroffenheit angesehen. In diesem Fall sollen Detailgrad und Umfang der Offenlegung größer sein.[108] Umgekehrt soll derjenige, der einen Schadensersatzanspruch nach § 33a „nur in groben Zügen glaubhaft machen kann" sogar auf eine „Grundauskunft" beschränkt werden können.[109] Zur Begründung will sich der Regierungsentwurf auf das Urteil „GEMA Vermutung I" des BGH stützen. Dort findet sich zwar der Begriff der „Grundauskunft", doch ist der Maßstab des BGH für den gewohnheitsrechtlich anerkannten Auskunftsanspruch nach § 242 BGB ein gänzlich anderer.[110] Danach soll sich nämlich der Umfang des für die Auskunftserteilung zumutbaren Aufwandes in erster Linie nach dem Ausmaß der Rechtsverletzung richten, die festgestellt oder mit sehr großer Wahrscheinlichkeit zu vermuten ist.[111] Das Ausmaß der Rechtsverletzung findet sich allerdings weder in der Begründung des Regierungsentwurfs noch im Gesetz oder in der KSERL als ein Kriterium, das den Umfang der Offenlegung bestimmen würde.

84   Die in der Gesetzesbegründung vorgenommene Interpretation findet **in der KSERL keine Stütze** und widerspricht deren eindeutiger Zielsetzung, die Informationsasymmetrie zu überwinden und die Durchsetzung von Kartellschadensersatzansprüchen zu erleichtern.[112] Sinn der Offenlegungsregeln ist es nicht, diejenigen Anspruchsteller zu benachteiligen, die am ehesten auf zusätzliche Informationen angewiesen sind und Beweismittel vor allem dort offenzulegen, wo ohnehin schon weitreichende Informationen zugänglich sind.

85   Bornkamm/Tolkmitt[113] wollen Abs. 3 Nr. 1 als Hinweis auf eine Differenzierung nach dem Gegenstand der begehrten Auskunft verstanden wissen. Dabei soll nach Beweismitteln in Bezug auf den **Anspruchsgrund** und solchen in Bezug auf die **Anspruchshöhe** differenziert werden. Bei einem nur verhältnismäßig schwach, aber hinreichend glaubhaft gemachten Anspruchsgrund soll sich die Offenlegungspflicht in erster Linie auf die weiteren, dem Geschädigten nicht vorliegenden anspruchsbegründenden Umstände beziehen. Informationen über Umstände, die sich nur auf die Anspruchshöhe auswirkten, bräuchten nur in reduziertem Umfang erteilt zu werden. Bei typischen follow-on Klagen dagegen, bei denen der Anspruchsgrund nahezu feststehe, werde die Offenlegung von Beweismitteln zur Schadenshöhe umso eher in Betracht kommen.

86   Für ein nach dem Gegenstand gestuftes System der Offenlegung gibt weder der Wortlaut des Gesetzes noch der Wortlaut der KSERL etwas her. Ebenso fehlen Anhaltspunkte dafür, dass bei der Offenlegung grundsätzlich in Stufen, getrennt nach Anspruchsgrund und Anspruchshöhe, vorzugehen wäre. Zwar ist eine gewisse Tendenz der Landgerichte erkennbar, bei Kartellschadensersatzfällen zunächst Grundurteile zu erlassen. Der zivilprozessuale Normalfall ist jedoch die Entscheidung über den geltend gemachten Schadensersatzanspruch, für den es sowohl auf der Ebene des Schadensgrundes, als auch auf der Ebene der konkreten Schadenshöhe relevante Beweismittel geben wird.

87   Abs. 3 Nr. 1 ist daher am ehesten als eine **Betonung des Relevanzerfordernisses** auszulegen. Eine Offenlegung kommt umso eher in Betracht kommt, je klarer belegt wurde, dass es für die Geltendmachung (oder Abwehr) des Schadensersatzanspruchs gerade auf diejenigen Beweismittel ankommen kann, deren Offenlegung begehrt wird.

88   **2. Aufwand des Offenlegungsschuldners (Nr. 2).** Der Gesetzgeber hat die nach Art. 5 Abs. 3b) der KSERL bei der Interessenabwägung relevanten Umstände auf die Nr. 2 und 3 von Abs. 3 aufgeteilt. Nach Nr. 2 sind der Umfang der Beweismittel und die Kosten der Herausgabe abwägungsrelevant.

---

[108] BegrRegE S. 63.
[109] BegrRegE S. 63.
[110] Bornkamm/Tolkmitt in Bunte Rn. 38.
[111] BGH 5.6.1985 – I ZR 53/83, BGHZ 95, 274 (284) Rn. 40 = GRUR 1986, 62 (64) – GEMA Vermutung I.
[112] Ebenso Bornkamm/Tolkmitt in Bunte Rn. 40.
[113] Bornkamm/Tolkmitt in Bunte Rn. 40.

**a) Aufwand als maßgebliches Kriterium.** Maßgebliches Kriterium ist der Aufwand **89** des mit der Offenlegung Belasteten. Der bloße Umfang der Beweismittel wird nur ausnahmsweise eigenständige Bedeutung erlangen. Äußerst umfangreiche Datenbestände sind möglicherweise auf Knopfdruck verfügbar, der relevante Aufwand beschränkt sich dann auf die entsprechende Datenbankabfrage und die Speicherung des Ergebnisses der Abfrage. Umgekehrt kann auch die Suche nach einzelnen Dokumenten beim Offenlegungsschuldner einen hohen Aufwand verursachen. Nach der Begründung des Regierungsentwurfs soll der **zeitliche, personelle und finanzielle Aufwand** des Verpflichteten zu berücksichtigen sein.[114] Nach der Rspr. des EuGH setzt Art. 5 Abs. 3 KSERL „impliziert, aber notwendigerweise voraus", dass die Kosten der Offenlegung erheblich bisher sein können als die Kosten einer bloßen Übermittlung von Urkunden.[115] Insbesondere kann die Zusammenstellung der Klassifizierung geboten sein.[116]

**b) Zumutbarkeit des Offenlegungsaufwands.** Für das Gewicht des Offenlegungs- **90** aufwands bei der Interessenabwägung ist ausschlaggebend, in wieweit dieser Aufwand dem Offenlegungsschuldner zumutbar ist. Dabei ist den am Rechtsverstoß Beteiligten grundsätzlich zuzumuten, die im Zusammenhang mit dem **Delikt verursachte Informationsasymmetrie auch wieder zu beseitigen.**

Der Aufwand des Offenlegungsschuldners gewinnt besondere Bedeutung, wenn es sich **91** um einen **Dritten** handelt. Für den in der Richtlinie angelegten prozessualen Offenlegungsanspruch ist der Dritte relativ einfach als derjenige zu identifizieren, der nicht als Kläger oder Beklagter am Rechtsstreit beteiligt ist. Für Kläger und Beklagten ergibt sich eine besondere Zumutbarkeit des Offenlegungsaufwands aus dem Prozessverhältnis. Dort haben nach den – vom Grundmodell des deutschen Zivilprozesses abweichenden – Vorstellungen der KSERL Kläger und Beklagte eine zusätzliche Verantwortung dafür, dass der Rechtsstreit in Kenntnis der relevanten Beweismittel entscheiden wird. Dabei soll letztlich nicht relevant sein, bei wem sich diese Beweismittel befinden.

Von besonderer praktischer Relevanz ist der einem Vorlieferanten in Bezug auf Kartell- **92** schadensersatzansprüche eines möglicherweise **indirekt Geschädigten** zumutbare Aufwand. Für die mögliche Weiterwälzung eines Kartellschadens trifft den Vorlieferanten keine Verantwortung. Er ist im Ausgangspunkt reiner Dritter, der mit der Auseinandersetzung zwischen Kartellant und indirektem Abnehmer nichts zu tun hat. § 33g nimmt ihn gleichwohl im öffentlichen Interesse an einer effektiven Durchsetzung von Kartellschadensersatzansprüchen in die Pflicht. Zumutbar ist dies nur bei einer **gesicherten Relevanz** der begehrten Beweismittel und unter dem Vorbehalt, dass das Beweismittel nicht auch bei den Deliktschuldnern erlangt werden kann.

Unproblematisch zumutbar ist die Offenlegung solcher Dritten, die die betreffenden **93** Informationen als Anbieter von **Branchendiensten** oder Marktinformationen sammeln und verwerten. Hier ist das Sammeln und die „Herausgabe" von Informationen Teil eines Geschäftsmodells.

**c) Verhältnis zum Aufwendungsersatzanspruch nach Abs. 7.** Das Gewicht des **94** Aufwands für den Offenlegungsschuldner im Rahmen der Interessenabwägung steht in einem Wechselverhältnis zu dem in Abs. 7 geregelten Aufwendungsersatzanspruch.[117] Die Begründung zum Regierungsentwurf betont, der zeitliche, personelle und finanzielle Aufwand des Verpflichteten sei zu berücksichtigen, auch wenn ihm ein Erstattungsanspruch nach Abs. 7 zustehe.[118] Das mit dem Offenlegungsanspruch befasste Gericht kann diesen Aspekt unproblematisch in seine Abwägung einbeziehen. Je eher es geneigt ist, dem

---

[114] Begr. RegE S. 63.
[115] EuGH 10.11.2022, C-163/21 EU:C:2022:863 Rn. 53.
[116] EuGH 10.11.2022, C-163/21 EU:C:2022:863 Rn. 69.
[117] Anders Inderst/Thomas S. 501: perplexe Regelungen.
[118] Begr. RegE S. 63.

Offenlegungsschuldner Ersatzansprüche zuzuerkennen, desto weniger spricht sein Aufwand im Rahmen der Interessenabwägung gegen die Offenlegung.

**95**   **3. Keine Ausforschung (Nr. 3).** Nach den Vorgaben in Art. 5 Abs. 3b) KSERL sollte bei der Interessenabwägung insbesondere auch darauf geachtet werden, dass eine nicht gezielte Suche nach Informationen verhindert wird, die für die Beteiligten wahrscheinlich nicht relevant sind. Der deutsche Gesetzgeber hat daraus ein deklaratorisches Bekenntnis „keine Ausforschung" gemacht.[119] Es zeugt eher vom generellen Unbehagen gegenüber dem bislang fremden Konzept der Offenlegung, als dass es handhabbare Kriterien einer Interessenabwägung enthielte. Dies gilt umso mehr, als nach Abs. 1 die „Erforderlichkeit" des Beweismittels ohnehin Voraussetzung für die Offenlegung sein soll.[120] Gerade wenn, wie hier → Rn. 38 ff., Erforderlichkeit nach den Vorgaben der Richtlinie als Relevanz oder Erheblichkeit verstanden wird, ist schwer vorstellbar, wie Beweismittel zwar die Voraussetzung der Erheblichkeit erfüllen, dann aber unter dem Aspekt der Ausforschung nicht erheblicher Tatsachen als unverhältnismäßig ausgesondert werden sollen.[121] Der Wortlaut der Richtlinie deutet mit dem Aspekt der **„gezielten Suche"** an, um was es im Rahmen der Interessenabwägung sinnvollerweise geht. Der Tatbestand einer gezielten Suche nach wahrscheinlich nicht relevanten Informationen stellt die Frage nach dem hinter dem Offenlegungsbegehren stehenden Konzept und nach den richtigen Filtern. Ähnlich wie der Kartellbehörde bei Auskunftsersuchen ein „schlüssiges Verfolgungskonzept" abverlangt wird, ist auch vom Offenlegungsgläubiger zu fordern, dass seine Anträge Teil eines **schlüssigen Nachweiskonzepts** sind. So wird der Offenlegungsgläubiger erläutern müssen, in welchem Konzept er die begehrten Daten zu Margen oder Preisen nutzen will oder weshalb er meint, mit der Offenlegung eine Kartellbetroffenheit eher nachweisen zu können. Darüber hinaus geht es bei der Offenlegung von Dokumentenkategorien um den Einsatz **geeigneter Filter,** die insbesondere verhindern, dass systematisch wahrscheinlich nicht relevante Informationen eingeschlossen werden.

**96**   Fraglich ist, ob in Nr. 3 im Wege richtlinienkonformer Interpretation auch ein Maßstab für die Unerheblichkeit von begehrten Beweismitteln oder Informationen hineingelesen werden muss. Nach Art. 5 Abs. 3b) KSERL soll die gezielte Suche nach wahrscheinlich nicht relevanten Informationen abwägungsrelevant sein. Bornkamm/Tolkmitt wollen dem entnehmen, dass im Rahmen der Abwägung bereits Berücksichtigung finden muss, wenn die begehrten Informationen auch nur „wahrscheinlich irrelevant" sind.[122] Dies wird der systematischen Stellung dieses Kriteriums in Art. 5 Abs. 3b) KSERL nicht gerecht, weil es den Bezug zur „nicht gezielten Suche" aufgibt. Im Rahmen der Erforderlichkeitsprüfung nach Abs. 1 ist auf die Erheblichkeit im Sinne einer (positiven) Relevanz des Beweismittels abzustellen.

**97**   **4. Bindungswirkung der Entscheidungen von Wettbewerbsbehörden (Nr. 4).** Die Berücksichtigung der Bindungswirkung nach § 33b gehört zu den vom deutschen Gesetzgeber ohne Bezug zur KSERL eigefügten abwägungsrelevanten Umständen. Die Bindungswirkung besteht seit der 11. GWB-Novelle auch in Bezug auf Entscheidungen wegen eines Verstoßes gegen Art. 5, 6 und 7 DMA. Nach der Begründung des Regierungsentwurfs sollen durch die Bindungswirkung Beweismittel zum Nachweis des Verstoßes in der Regel nicht mehr erforderlich sein.[123] Mit diesem Verständnis adressiert Nr. 4 ein **Scheinproblem.** Unstreitig in Bindungswirkung erwachsene Umstände wird kaum ein potentiell Geschädigter zum Gegenstand von Offenlegungsansprüchen machen. Die relevanten Fragen resultieren aus den regelmäßig abweichenden Anforderungen an die Feststellung eines Kartellverstoßes im kartellbehördlichen Verfahren einerseits und an den

---

[119] Ähnlich („paradigmatische Klarstellung") Bornkamm/Tolkmitt in Bunte Rn. 34.
[120] Inderst/Thomas S. 502.
[121] Mäsch in Berg/Mäsch Rn. 29; Bechtold/Bosch Rn. 14.
[122] Bornkamm/Tolkmitt in Bunte Rn. 34; zustimmend Makatsch/Kacholdt in MüKoWettbR Rn. 84.
[123] Begr. RegE S. 63.

Nachweis der (nachteiligen) Betroffenheit von einem Kartell andererseits. Wenn die Wettbewerbsbehörde etwa eine bezweckte Wettbewerbsbeschränkung feststellt, hat sie im Allgemeinen wenig Anlass, sich mit den genauen Modalitäten der Zuwiderhandlung oder gar mit ihren möglichen Auswirkungen auf einzelne Abnehmer zu befassen. Zudem wird der Detaillierungsgrad von möglicherweise bestandskräftigen Entscheidungen wesentlich von der Verfahrensart geprägt. So sind bei **Settlement-Entscheidungen** häufig knappe Ausführungen gerade zu den Umständen des Verstoßes üblich. In diesen Fällen wird häufig eingewandt, der festgestellte Verstoß habe sich nicht, oder jedenfalls nicht so wie vom Geschädigten behauptet, ausgewirkt. In diesen Fällen wird der potentielle Schadensersatzgläubiger im Gegenteil regelmäßig auf Informationen und Beweismittel angewiesen sein, die ihm jedenfalls die substantiierte Begründung seines Anspruchs erleichtern. Der mögliche Geschädigte kann dabei auch nicht auf Beweiserleichterungen verwiesen werden, zumal deren Voraussetzungen und Reichweite im Einzelfall durchaus streitig sind.[124] Der Offenlegungsanspruch besteht im Übrigen zeitlich auch schon **vor Eintritt einer möglichen Bindungswirkung.** Der potentielle Schadensersatzgläubiger braucht weder mit der Schadensersatzklage noch mit einer Klage auf Offenlegung abzuwarten, bis Entscheidungen der Wettbewerbsbehörde Bestandskraft erlangt haben. Auch ist der Offenlegungsanspruch dann nicht durch Aspekte der Bindungswirkung eingeschränkt, wenn diese nur gegenüber einem Teil der Anspruchsgegner eingetreten ist, wie etwa bei hybriden Settlements.

**5. Wirksamkeit öffentlicher Kartellrechtsdurchsetzung (Nr. 5).** Nach der Regelung in Abs. 3 Nr. 5 soll auch das Interesse an der Wirksamkeit öffentlicher Kartellrechtsdurchsetzung zur Unverhältnismäßigkeit und damit zum Ausschluss der Offenlegung führen können. Dieses Interesse bleibt ohne Bedeutung, soweit es um Ansprüche wegen eines Verstoßes gegen Art. 5, 6 und 7 DMA geht, weil diese die Kartellrechtsdurchsetzung im Sinne der Nr. 5 nicht berühren. Bei Nr. 5 handelt es sich um einen weiteren abwägungsrelevanten Aspekt, den der deutsche Gesetzgeber ohne Bezug zum Rechtsetzungsprogramm in Art. 5 Abs. 3 der KSERL aufgenommen hat. Die Begründung zum Regierungsentwurf rechtfertigt dies nicht, sondern hebt lediglich die Situation bei Beweismitteln hervor, die auch in der Akte der Kartellbehörde enthalten sind.[125] Die Regelung verkennt, dass die KSERL insgesamt mit einem stark ausdifferenzierten Rechtsetzungsprogramm einen Ausgleich zwischen der effektiven Durchsetzung von Kartellschadensersatzansprüchen einerseits und dem Interesse an einer wirksamen öffentlichen Kartellrechtsdurchsetzung andererseits vornimmt.[126] Dies zeigt sich am Zusammenspiel der Art. 5–7 KSERL. Die Offenlegung mit den Einschränkungen nach Art. 6 und 7 KSERL ist Teil dieses Ausgleichs und kann daher schlecht ihrerseits durch die Wirksamkeit öffentlicher Kartellrechtsdurchsetzung eingeschränkt werden. **Aktenbestandteile der Wettbewerbsbehörden,** die nicht über die Abs. 4 und 5 von der Offenlegung ausgenommen sind, **bleiben zulässiger Gegenstand** der Offenlegung. Eine weitere Einschränkung im (vermeintlichen) Interesse wirksamer öffentlicher Kartellrechtsdurchsetzung stünde im **Widerspruch zu den Zielen der Richtlinie.** In Erwägungsgrund 26 der Richtlinie wird ausdrücklich festgestellt, dass der Ausschluss der Offenlegung auf Kronzeugenerklärungen und Vergleichsausführungen beschränkt sein muss, um die Rechte der Geschädigten auf Schadensersatz nicht übermäßig zu beeinträchtigen. Für eine weitere Einschränkung nach Nr. 5 bliebe daher unionsrechtlich nur Raum, soweit sie ausschließlich den materiellen Beweisherausgabe- und Auskunftsanspruch beträfen. Eine derartige gespaltene Auslegung ist erkennbar nicht gewollt und unzweckmäßig. Der Einschränkung nach Nr. 5 wird daher **kaum Bedeutung** zukommen.[127]

**98**

---

[124] Vgl. zu den von den Instanzgerichten angenommenen Anscheinsbeweisen BGH 11.12.2018 – KZR 26/17, Rn. 47 ff. = NZKart 2019, 101 (103).
[125] Begr. RegE S. 63.
[126] Bach/Wolf NZKart 2017, 285 (287).
[127] So auch Podszun/Kreifels GWR 2017, 67 (71).

**99**    **6. Schutz vertraulicher Informationen.** In Übereinstimmung mit Art. 5 Abs. 3c) KSERL nennt Nr. 6 den Schutz vertraulicher Informationen und der zu deren Schutz bestehenden Vorkehrungen als relevanten Abwägungstopos. Der deutsche Gesetzgeber hat allerdings die Kategorie der **Betriebs- und Geschäftsgeheimnisse** als besonders wichtige Teilmenge der vertraulichen Informationen angesehen und will daneben nur noch „sonstige vertrauliche Informationen" berücksichtigt wissen.

**100**    Zwar mag der Schutz von Betriebs- und Geschäftsgeheimnissen ein besonders naheliegender Abwägungsgesichtspunkt sein. Bei der Auslegung von Nr. 6 ist jedoch erneut den unionsrechtlichen Vorgaben zu folgen, die einen vom Begriff des Betriebs- und Geschäftsgeheimnisses losgelösten Schutz fordern. Dies hat insoweit erhebliche praktische Bedeutung, als der Begriff der Betriebs- und Geschäftsgeheimnisse im Bereich zivilrechtlicher Offenlegung seit dem 9.6.2018 im Einklang mit der **Geschäftsgeheimnis-Richtlinie**[128] auszulegen ist.[129] Nach dem zur Umsetzung dieser Richtlinie ergangenen GeschGehG ist der Begriff des Geschäftsgeheimnisses in dessen § 2 legaldefiniert. Daher kann nicht ohne weiteres an die bisherige Rechtsprechung zum Inhalt dieses Begriffs angeknüpft werden. Entscheidend aber ist, dass nach den unionsrechtlichen Vorgaben nicht etwa die Offenlegung ausgeschlossen wäre, soweit fremde Betriebs- und Geschäftsgeheimnisse betroffen sind. Vielmehr sind von den Gerichten **geeignete Maßnahmen anzuordnen,** die den **Schutz vertraulicher Informationen sicherstellen.**[130] In diesem Sinne ist auch der Nachsatz „und welche Vorkehrungen zu deren Schutz bestehen" in Nr. 6 zu verstehen. Soweit Gegenstand der geltend gemachten Offenlegung also erkennbar vertrauliche Informationen sind oder von den potentiellen Offenlegungsschuldnern die Vertraulichkeit hinreichend dargetan wird, hat das Gericht geeignete Vorkehrungen zu treffen, dass die Vertraulichkeit dieser Informationen im Rahmen der Offenlegung geschützt bleibt. Dies entspricht den Vorgaben nach in Geschäftsgeheimnisstreitsachen.

**101**    Auch hier wird sich die Geschäftsgeheimnis-Richtlinie auswirken. Art. 9 dieser Richtlinie sieht im Kern die Errichtung eines **Confidentiality Ring** als Mindeststandard vor. Die dort und in §§ 16 ff. GeschGehG[131]) vorgesehenen Maßnahmen sind **auch im Rahmen der Offenlegung nach § 33g zu nutzen.** Sie konkretisieren die in der KSERL geforderten „geeigneten Maßnahmen" der nationalen Gerichte. Hinweise zur Umsetzung von Confidentiality Rings (dort als „Vertraulichkeitskreise" bezeichnet) ergeben sich aus der Mitteilung der Kommission über den Schutz vertraulicher Informationen im Rahmen der privaten Durchsetzung des EU-Wettbewerbsrechts durch nationale Gerichte.[132] Danach sind die Kategorien der einzubeziehenden Beweismittel zu bezeichnen[133], die Zusammensetzung des Kreises[134] und deren Zugangsrechte[135] zu regeln und gegebenenfalls schriftliche Verpflichtungserklärungen[136] einzuholen. An diesen Vorgaben orientiert sich auch die

---

[128] Richtlinie 2016/943/EU v. 8.6.2016 des Europäischen Parlamentes und des Rates über den Schutz vertraulichen Know-hows und vertraulicher Geschäftsinformationen (Geschäftsgeheimnisse) vor rechtswidrigem Erwerb sowie rechtswidriger Nutzung und Offenlegung, ABl. 2016 L 157, 1 ff.

[129] Ebenso Mitteilung der Kommission über den Schutz vertraulicher Informationen im Rahmen der privaten Durchsetzung des EU-Wettbewerbsrechts durch nationale Gerichte, Rn. 22.

[130] Begründungserwägung 18 KSERL; Bornkamm/Tolkmitt in Bunte Rn. 22; ebenso Mitteilung der Kommission über den Schutz vertraulicher Informationen im Rahmen der privaten Durchsetzung des EU-Wettbewerbsrechts durch nationale Gerichte, Rn. 20; vgl. LG München 1.4.2021 – 37 O 19200/17 NZKart 2021, 419, 421.

[131] Gesetz zur Umsetzung der Richtlinie EU 2016/943 zum Schutz von Geschäftsgeheimnissen vor rechtswidrigem Erwerb sowie rechtswidriger Nutzung und Offenlegung vom 18.4.2019, BGBl. I, 466.

[132] Ausführlich hierzu bereits Harte-Bavendamm/Henning-Bodewig, 4. Aufl. 2016.

[133] Mitteilung über den Schutz vertraulicher Informationen im Rahmen der privaten Durchsetzung des EU-Wettbewerbsrechts durch nationale Gerichte, Rn. 44 ff.

[134] Mitteilung über den Schutz vertraulicher Informationen im Rahmen der privaten Durchsetzung des EU-Wettbewerbsrechts durch nationale Gerichte, Rn. 47 ff.

[135] Mitteilung über den Schutz vertraulicher Informationen im Rahmen der privaten Durchsetzung des EU-Wettbewerbsrechts durch nationale Gerichte, Rn. 59 ff.

[136] Mitteilung über den Schutz vertraulicher Informationen im Rahmen der privaten Durchsetzung des EU-Wettbewerbsrechts durch nationale Gerichte, Rn. 63 ff.

Praxis des LG München I.[137] Es betont allerdings zu Recht das Erfordernis einer **Vertraulichkeitsvereinbarung** neben den gerichtlichen Schutzanordnungen. Über eine solche Vereinbarung kann eine Verletzung der Vertraulichkeit mit Sanktionen belegt werden.[138] Neben der Beschränkung des Kreises der Empfänger kommen auch Maßnahmen zur Anonymisierung oder besser Pseudonymisierung bestimmter Daten in Betracht. Dabei wird das Gericht sinnvollerweise festlegen, wer diese Maßnahmen durchzuführen hat und wie diese zu dokumentieren sind. Nach der Kommissionsmitteilung über den Schutz vertraulicher Daten[139] soll auch die Unkenntlichmachung vertraulicher Informationen nach Vorgaben des Gerichts und unter seiner Überwachung in Betracht kommen.

Erst wenn auch bei Nutzung „geeigneter Maßnahmen" der Schutz vertraulicher Informationen nicht zu gewährleisten ist, muss im Wege der **Interessenabwägung** geklärt werden, inwieweit bei Berücksichtigung aller Umstände die Offenlegung dieser Informationen unverhältnismäßig wäre und daher zu unterbleiben hat. Eine Entscheidung, wonach entweder volle Parteiöffentlichkeit gegeben sein muss oder die Offenlegung zu versagen ist, wäre mit der Richtlinie nicht zu vereinbaren.[140] **102**

Bei dieser Abwägung spielen die **Bedeutung** der offenzulegenden Informationen und die Gründe für deren Vertraulichkeit eine erhebliche Rolle. Die Begründung zum Regierungsentwurf hebt den Schutz vertraulicher Informationen Dritter und dort insbesondere die zur Berufsverschwiegenheit verpflichteten Dritten besonders hervor. Auch Banken, Sparkassen und Journalisten werden erwähnt. In Bezug auf Rechtsanwälte versucht die Begründung eine Ausweitung des Schutzes für die **Kommunikation zwischen Anwalt und Mandant.** Schon die Kommunikation mit Rechtsanwälten zur Vorbereitung eines behördlichen oder gerichtlichen Verfahrens verdiene besonderen Schutz. Dies ist bemerkenswert, weil bislang in dieser Vorbereitungsphase vor Begründung eines Verteidigungsverhältnisses Schutz anwaltlicher Kommunikation vor Beschlagnahme regelmäßig verweigert wird. Weshalb gegenüber der Offenlegung im zivilrechtlichen Verfahren ein höherer Schutzstandard gelten soll, erläutert die Begründung des Regierungsentwurfs nicht. Dennoch bleibt diese Ausweitung aus allgemeinen rechtspolitischen Gründen zum Schutz des Vertrauensverhältnisses zwischen Anwalt und Mandant richtig. Zutreffend ist auch der Hinweis, dass der Vertraulichkeitsschutz gegenüber den zur Berufsverschwiegenheit besonders Verpflichteten auch schon im Vorfeld möglicher Ausschlusstatbestände nach Abs. 6 zu berücksichtigen ist. **103**

## E. Einschränkungen bei Kronzeugenerklärungen (Abs. 4)

Abs. 4 setzt Art. 6 Abs. 6, 8 KSERL um:[141] Die Vorschrift sieht eine absolute Herausgabebeschränkung für Kronzeugenerklärungen und Vergleichsausführungen vor. Diese sollen dem Auskunfts- und Herausgabeanspruch generell entzogen sein. **104**

Die absolute Herausgabebeschränkung nach Abs. 4 soll die Attraktivität von Kronzeugenprogrammen und Vergleichsverfahren als wichtige Instrumente für die öffentliche Durchsetzung des Kartellrechts schützen. Sie soll gewährleisten, dass Unternehmen dauerhaft bereit sind, freiwillig Kronzeugenerklärungen oder Vergleichsausführungen bei Wettbewerbsbehörden vorzulegen.[142] **105**

Sie ist damit Teil des in der KSERL selbst etablierten Ausgleichs zwischen den Erfordernissen einer wirksamen öffentlichen Durchsetzung des Kartellrechts und der effektiven Durchsetzung von Kartellschadensersatzansprüchen. **106**

---

[137] LG München I 1.4.2021 – 37 O 19200/17, BeckRS 2021, 12925 Rn. 9 = NZKart 2021, 419, 421.

[138] LG München I 1.4.2021 – 37 O 19200/17, BeckRS 2021, 12925 Rn. 13.

[139] Mitteilung über den Schutz vertraulicher Informationen im Rahmen der privaten Durchsetzung des EU-Wettbewerbsrechts durch nationale Gerichte, Rn. 45 ff.

[140] LG München I 1.4.2021 – 37 O 19200/17, BeckRS 2021, 12925 Rn. 19.

[141] BegrRegE S. 63.

[142] Erwgr. 26 KSERL.

## I. Anwendungsbereich

**107**    Die Vorschrift erfasst Dokumente und Aufzeichnungen, auch über den Inhalt einer Vernehmung im wettbewerbsbehördlichen Verfahren, die Kronzeugenerklärungen oder Vergleichsausführungen enthalten. Was Kronzeugenerklärungen und Vergleichsausführungen sind, wird **in Abs. 4 legaldefiniert.** Dabei übernimmt Abs. 4 zwar nicht wortgleich, aber jedenfalls inhaltsgleich die Legaldefinitionen aus Art. 2 Nr. 16 KSERL (Kronzeugenerklärung) und Art. 2 Nr. 18 KSERL (Vergleichsausführungen).[143] Der Begriff der Kronzeugenerklärung ist dabei weiter als der des mit der 10. GWB-Novelle eingeführten Antrags auf Kronzeugenbehandlung nach § 81i. Anträge nach § 81i sind stets Kronzeugenerklärungen nach Abs. 4.

**108**    **Kronzeugenerklärungen** sind demnach freiwillige Erklärungen seitens oder im Namen eines Unternehmens oder einer natürlichen Person gegenüber einer Wettbewerbshörde, in denen das Unternehmen oder die natürliche Person die Kenntnis von einem Kartell und seine beziehungsweise ihre Beteiligung daran darlegt und die eigens zu dem Zweck formuliert wurden, im Rahmen eines Kronzeugenprogramms bei der Wettbewerbsbehörde den Erlass oder die Ermäßigung der Geldbuße zu erwirken. Ob der Erlass oder die Ermäßigung der Geldbuße durch die Erklärung tatsächlich erreicht wird, ist nach dem Wortlaut der Legaldefinition unerheblich.

**109**    **Vergleichsausführungen** sind freiwillige Erklärungen seitens oder im Namen eines Unternehmens oder einer natürlichen Person gegenüber einer Wettbewerbshörde, die ein Anerkenntnis oder den Verzicht auf das Bestreiten seiner Beteiligung an einer Zuwiderhandlung gegen das Kartellrecht und seiner Verantwortung für diese Zuwiderhandlung enthalten und die eigens für den Zweck formuliert wurde, der Wettbewerbsbehörde die Anwendung eines vereinfachten oder beschleunigten Verfahrens zu ermöglichen. Ob die Wettbewerbsbehörde das Bußgeldverfahren tatsächlich im Wege eines vereinfachten oder beschleunigten Verfahrens beendet, ist nach dem Wortlaut der Legaldefinition ohne Bedeutung. Es kommt daher für den Schutz nach Abs. 4 nicht darauf an, ob das Verfahren durch ein rechtskräftiges Settlement abgeschlossen wird. Voraussetzung für die absolute Herausgabebeschränkung ist jedoch, dass die Vergleichsausführungen **nicht zurückgezogen** wurden. Dies ergibt sich aus einem Umkehrschluss aus Abs. 5 Nr. 3, wonach die Herausgabe von Vergleichsausführungen, die zurückgezogen wurden, nur bis zum vollständigen Abschluss des wettbewerbsbehördlichen Verfahrens ausgeschlossen ist (→ Rn. 130).

**110**    Keine Rolle spielt es, ob die Kronzeugenerklärungen bzw. Vergleichsausführungen als **Dokument oder Aufzeichnung** vorliegen. Vor Herausgabe geschützt werden damit im Ergebnis sämtliche Erscheinungsformen, in denen die entsprechenden Erklärungen bzw. Ausführungen festgehalten wurden. Unter den Begriff des Dokuments fallen zB auch elektronische Dokumente. Mit dem Begriff der Aufzeichnung werden ua Tonaufzeichnungen und schriftliche Aufzeichnungen mündlicher Erklärungen erfasst. Vor Herausgabe geschützt sind nicht nur die **originär geschützten** Dokumente oder Aufzeichnungen, die die gegenüber der Wettbewerbsbehörde abgegebenen Kronzeugenerklärungen bzw. Vergleichsausführungen wiedergeben. Der Schutz erstreckt sich vielmehr auch auf **wörtliche Zitate** aus Kronzeugenerklärungen oder Vergleichsausführungen, die in anderen Dokumenten oder Aufzeichnungen enthalten sind.[144] In diesen Fällen kann man von **abgeleitetem Schutz** vor Herausgabe sprechen.

**111**    Die Legaldefinitionen für Kronzeugenerklärungen und für Vergleichsausführungen setzen jeweils voraus, dass es sich um eine **Erklärung gegenüber einer Wettbewerbsbehörde** handelt. Dies erfordert, dass die Erklärung bei einer Wettbewerbsbehörde **eingereicht** wurde. Kommt es dazu nicht, genießt die Erklärung keinen Schutz nach Abs. 4.

---

[143] Mäsch in Berg/Mäsch Rn. 23.
[144] Erwgr. 26 KSERL.

Wettbewerbsbehörden sind nach Art. 2 Nr. 7, Nr. 8 KSERL nur die Kommission und die Behörden, die von den Mitgliedstaaten nach Art. 35 VO Nr. 1/2003 als für die Anwendung der Art. 101, 102 AEUV zuständige Behörde bestimmt wurden. Erklärungen gegenüber anderen Kartellbehörden (zB in den USA) unterfallen daher nicht der Herausgabebeschränkung nach Abs. 4 und sind somit nicht originär geschützt. Sie genießen jedoch abgeleiteten Schutz vor Herausgabe, soweit sie wörtliche Zitate aus Erklärungen enthalten, die ihrerseits unter die Legaldefinition der Kronzeugenerklärung oder Vergleichsausführungen gem. Abs. 4 fallen (vgl. → Rn. 108 f.).

Eine weitere gemeinsame Voraussetzung von Kronzeugenerklärungen und Vergleichs- **112** ausführungen ist die **freiwillige Abgabe** der Erklärung. Bei den Angaben im Zusammenhang mit dem erstmaligen Antrag auf Erlass oder Ermäßigung der Geldbuße wird dieses Kriterium regelmäßig erfüllt sein, da das Unternehmen bzw. die natürliche Person keine irgendwie geartete Verpflichtung trifft, einen solchen Antrag zu stellen. Fraglich ist jedoch, ob die Freiwilligkeit auch noch bei Erklärungen gegeben ist, die nach dem erstmaligen Antrag auf Erlass oder Ermäßigung der Geldbuße **im Rahmen der Kooperation** mit der Wettbewerbsbehörde abgegeben werden. Für die Abgabe solcher Erklärungen kann zumindest ein faktischer Zwang bestehen. Dieser resultiert aus dem Risiko, den rangweise gesicherten Kooperationsbonus zu verlieren, weil nicht alle zugänglichen Informationen und Beweismittel an die Wettbewerbsbehörde übermittelt wurden.[145] In besonderem Maße besteht dieses Risiko bei expliziten Fragen der Wettbewerbsbehörde (zB durch Fragebogen bzw. sog. „Request for Information"), denen das Unternehmen oder die natürliche Person im Rahmen der durch den erstmaligen Antrag auf Erlass oder Ermäßigung der Geldbuße ausgelösten Kooperation ausgesetzt sein kann. Im Ergebnis ist jedoch auch in solchen Situationen von einer freiwilligen Erklärung auszugehen. Es gibt keine rechtliche Verpflichtung zur Fortsetzung einer einmal begonnenen Kooperation und damit auch keine Verpflichtung zur Abgabe weiterer Erklärungen bzw. zur Beantwortung von Nachfragen. Das Unternehmen bzw. die natürliche Person hätte jederzeit die Möglichkeit, von solche Erklärungen abzusehen, ohne dass die Wettbewerbsbehörde diese durch Androhung von Zwangsmitteln einfordern könnten. Hinzukommt, dass es häufig von bloßen Zufällen (zB dem Stand der internen Aufarbeitung einzelner Sachverhaltskomplexe) abhängt, ob eine bestimmte Information schon im Zusammenhang mit dem ersten Antrag auf Erlass oder Ermäßigung der Geldbuße oder erst im Rahmen nachfolgender – mit einem faktischen Kooperationsdruck einhergehender – Kooperationsbeiträge an die Wettbewerbsbehörde übermittelt wird. Es ist kein Grund ersichtlich, warum es von diesen Zufällen abhängen soll, ob eine bestimmte Erklärung als freiwillig einzustufen ist.

## II. Vernehmungsprotokolle

Abs. 4 stellt klar, dass von dem Begriff der Aufzeichnungen auch **Aufzeichnungen über** **113** **den Inhalt einer Vernehmung** im wettbewerbsbehördlichen Verfahren erfasst sind.[146] Dies wird zum Teil so verstanden, dass Vernehmungsprotokolle als dritte und eigenständige Kategorie neben Kronzeugenerklärungen und Vergleichsausführungen unter die absolute Herausgabebeschränkung nach Abs. 4 fallen.[147] Dem kann nicht gefolgt werden. Nach dem insoweit klaren Wortlaut des Abs. 4 sollen Aufzeichnungen über den Inhalt einer

---

[145] Vgl. Bekanntmachung Nr. 9/2006 des Bundeskartellamtes über den Erlass und die Reduktion von Geldbußen in Kartellsachen – Bonusregelung vom 7.3.2006, Rn. 6 ff. iVm Rn. 16; Mitteilung der Kommission über den Erlass und die Ermäßigung von Geldbußen in Kartellsachen, ABl. 2006 C 298, 17 ff. Rn. 12 iVm Rn. 24.

[146] Es entspricht der Praxis des BKartA, Mitarbeiter eines Kronzeugen-Unternehmens zu vernehmen. Das BKartA versucht so, die Position der Staatsanwaltschaft in einem sich möglicherweise anschließenden gerichtlichen Verfahren über einen Einspruch zu verbessern. Dies setzt die Erstellung eines Protokolls über die Vernehmung voraus, um die getätigten Aussagen im gerichtlichen ggf. vorhalten zu können.

[147] So zB Petrasincu WuW 2016, 330 (333); Gussone WuW 2016, 393; Klumpe/Thiede BB 2016, 3011 (3015); Klumpe/Thiede NZKart 2017, 332 (337); Rosenfeld/Brand WuW 2017, 247 (249).

Vernehmung eine Untergruppe der Kategorie „Aufzeichnungen" darstellen. Aufzeichnungen als solche sind aber nicht per se von der Herausgabe ausgeschlossen, sondern nur, wenn sie die **weiteren Voraussetzungen des Abs. 4 erfüllen.** Es muss sich also um eine Aufzeichnung einer Kronzeugenerklärung oder von Vergleichsausführungen iSd Legaldefinitionen gem. Abs. 4 handeln. Für Vernehmungsprotokolle als bloße Unterform von „Aufzeichnungen" kann nichts anderes gelten. Auch sie müssen die an Kronzeugenerklärungen oder Vergleichsausführungen gestellten Anforderungen erfüllen, um nach Abs. 4 **originär** vor Herausgabe geschützt zu sein. Neben dem Wortlaut spricht hierfür auch die Gesetzesbegründung. Danach dient Abs. 4 S. 1 in erster Linie der Klarstellung im Hinblick auf den Zeitpunkt der Erstellung der Kronzeugenerklärung. Die Regelung beabsichtigt eine ausdrückliche Klarstellung, dass die Kronzeugenerklärung auch Beweismittel umfasst, die erst im wettbewerbsbehördlichen Verfahren erstellt werden. Unter diese Beweismittel fallen nach Auffassung des Gesetzgebers daher insbesondere Protokolle über die behördliche Vernehmung von Mitarbeitern des Unternehmens, das den Kronzeugenantrag gestellt hat, als Zeugen oder Betroffene.[148] Der Gesetzgeber wollte also klarstellen, dass Aufzeichnungen von Vernehmungen, die erst im wettbewerbsbehördlichen Verfahren erstellt werden, nicht schon deshalb dem besonderen Schutz entzogen sind. Ein genereller Ausschluss der Offenlegung von Vernehmungsprotokollen folgt daraus nicht.

**114**      Dieses Ergebnis folgt im Übrigen auch aus einer **richtlinienkonformen Auslegung** von Abs. 4. Nach Art. 6 Abs. 6 KSERL gilt die absolute Herausgabebeschränkung nur für Kronzeugenerklärungen und Vergleichsausführungen, die in der KSERL abschließend legaldefiniert werden. Vernehmungsprotokolle werden hier nicht explizit erwähnt. Der deutschen Gesetzgeber ist daher gehindert, den Anwendungsbereich der in Art. 6 Abs. 6 KSERL vorgegebenen Herausgabebeschränkung auszudehnen, indem er ihn auf Vernehmungsprotokolle erstreckt, die nicht zugleich die Voraussetzungen für Kronzeugenerklärungen oder Vergleichsausführungen iSd Art. 6 Abs. 6 KSERL erfüllen. Dies ergibt sich auch im Wege des Umkehrschlusses aus Art. 5 Abs. 8 KSERL. Danach können die Mitgliedstaaten zwar umfassendere Offenlegungsregeln anordnen. Sie können aber keine über die in der KSERL hinausgehenden Restriktionen der Offenlegungsregelungen beibehalten oder einführen.[149] Ein Normverständnis, wonach Abs. 4 die Herausgabe von Vernehmungsprotokollen – anders als in der KSERL vorgesehen – per se ausschließt, wäre daher unionsrechtswidrig.[150]

**115**      Damit stellt sich die Frage, in welchen Konstellationen Vernehmungsprotokolle überhaupt unter Abs. 4 fallen können. Problematisch ist insoweit das Kriterium der „Freiwilligkeit". Für die **Vernehmung von Zeugen** durch das BKartA als Verwaltungsbehörde gelten die §§ 161a, 48 Abs. 1 StPO, iVm § 46 Abs. 1 OWiG. Danach ist der Zeuge zum Erscheinen vor der Kartellbehörde und zur Aussage in der Sache verpflichtet. Die Aussage als Zeuge ist danach im Grundsatz keine „freiwillige Erklärung" iSd Abs. 4 bzw. keine „freiwillige mündlichen Darlegung" iSd Art. 2 Nr. 16 KSERL.[151] Anders stellt sich dies bei Aussagen des Zeugen zu Themen dar, für die ihm ein Zeugnis- oder Auskunftsverweigerungsrecht nach §§ 52 ff. StPO zustehen. Macht der Zeuge trotz eines solchen Verweigerungsrechts Angaben, sind diese freiwillig. Davon zu unterscheiden ist die Situation bei der **Vernehmung von Beschuldigten** durch das BKartA. Hier gilt § 163a StPO iVm § 46 Abs. 1 OWiG. Danach ist der Beschuldigte zwar zum Erscheinen vor der Kartellbehörde verpflichtet. Er muss in der Vernehmung allerdings keine Aussagen zur Sache machen. Ihm steht – anders als dem Zeugen – ein umfassendes Aussageverweigerungsrecht zu.[152] Äußert sich der Beschuldigte gleichwohl, sind seine Aussagen freiwillig. Soweit in Bezug auf freiwillige Aussagen von Zeugen oder Beschuldigten auch die weiteren Voraussetzungen

---

[148] BT-Drs. 18/10207, 64.
[149] Bach/Wolf NZKart 2017, 285 (287).
[150] So im Ergebnis auch Petrasincu WuW 2016, 330 (333); Gussone WuW 2016, 393.
[151] Petrasincu WuW 2016, 330 (333).
[152] Schmitt in Meyer-Goßner/Schmitt, 61. Aufl. 2018, StPO § 136 Rn. 7 mwN.

nach Abs. 4 vorliegen, dh insbesondere die für Kronzeugenerklärungen oder Vergleichs-ausführungen jeweils erforderliche Zweckbestimmung, sind Aufzeichnungen dieser Aus-sagen von der absoluten Herausgabebeschränkung originär geschützt.

Soweit die protokollierte Aussage **nicht freiwillig** iSd Abs. 4 erfolgt, besteht **kein** **116** **originärer Schutz des Vernehmungsprotokolls.**[153] In diesen Konstellationen ist frag-lich, ob das Vernehmungsprotokoll einen abgeleiteten Schutz vor Herausgabe genießt, soweit sich in einer zuvor oder danach abgegebenen, originär geschützten Kronzeugen-erklärung gleichlautende Aussagen finden. Dies ist im Ergebnis jedenfalls für Aufzeichnun-gen von Zeugenvernehmungen abzulehnen. Zwar sind wörtliche Zitate aus Kronzeugen-erklärungen in anderweitigen Dokumenten und Aufzeichnungen vom Schutz des Abs. 4 erfasst (→ Rn. 110). Bei **Zeugenaussagen** im Rahmen von Vernehmungen handelt es sich jedoch selbst bei identischem Inhalt nicht um eine gleichbedeutende Widergabe von Angaben im Kronzeugenantrag. Die Zeugenaussage hat auch bei identischem Inhalt eine **andere rechtliche Qualität** als die Angaben in einer Kronzeugenerklärung. Der Zeuge ist nicht nur zur Aussage, sondern unter Androhung strafrechtlicher Sanktionen auch zur wahrheitsgemäßen Aussage verpflichtet. Demgegenüber erfolgt die Darstellung im Kron-zeugenantrag eines Unternehmens im Unternehmensinteresse. Die Sanktion einer von der Behörde aufgedeckten fehlerhaften Darstellung in der Kronzeugenerklärung liegt maximal im Verlust des Status als Bonusantragsteller und dies auch nur dann, wenn darin zugleich ein Verstoß gegen die Kooperationspflichten liegt.[154] Den einzelnen Mitarbeiter eines kooperierenden Unternehmens trifft selbst keine Sanktion im Falle der nicht wahrheits-gemäßen Darstellung im Rahmen der Kronzeugenerklärung und weiterer Kooperations-beiträge. Wenn die Wettbewerbsbehörde zusätzlich zum Inhalt eines Kronzeugenantrags dessen Inhalt in Teilen zum Gegenstand einer Zeugenvernehmung macht, erfolgt dies gerade aufgrund der anderen Qualität der Zeugenaussage. Für inhaltlich redundante Dar-stellungen in den Behördenakten bestünde ansonsten kein Bedarf. Trotz teilweiser inhalt-licher Identität zwischen Kronzeugenantrag und Zeugenaussage verbleiben also grund-legende Unterschiede, die auch nicht im Hinblick auf den Schutz der Kronzeugenanträge selbst überspielt werden dürfen.[155]

Will die Wettbewerbsbehörde aus eigenem Interesse die Offenlegung von Kronzeugen- **117** erklärungen ausgeschlossen wissen, muss sie auf die **Duplizierung in Form von Zeu-** **genvernehmungen verzichten.** Dazu wird sie von denjenigen Unternehmen gedrängt werden, die Informationen aus ihren Kronzeugenerklärungen nicht deshalb künftigen Offenlegungsansprüchen von Schadensersatzgläubigern unterwerfen wollen, weil die Wettbewerbsbehörde die Beweissituation in einem Einspruchsverfahren durch die Auf-zeichnung von Zeugenvernehmungen geringfügig verbessern möchte. In Wirklichkeit ist die Staatsanwaltschaft durch nichts gehindert, Mitarbeiter des Kronzeugen in einer späte-ren Hauptverhandlung gegen nicht kooperierende Betroffene und Nebenbetroffenen als Zeugen zu vernehmen. Es entfällt allenfalls die Möglichkeit des Vorhalts einer früheren Aussage als Zeuge vor der Wettbewerbsbehörde.

## III. Abgrenzung zu sonstigen Dokumenten und Aufzeichnungen; Prüfverfahren

Die absolute Herausgabebeschränkung nach Abs. 4 greift nur, **wenn und soweit** Doku- **118** mente und Aufzeichnungen **Kronzeugenerklärungen oder Vergleichsausführungen** **enthalten.** Der Ausschluss der Herausgabe wird damit strikt auf den eigentlichen Schutz-bereich der Vorschrift begrenzt. Dies dient der Umsetzung von Art. 6 Abs. 8 KSERL. Enthält ein Dokument oder eine Aufzeichnung neben einer Kronzeugenerklärung oder

---

[153] Preuß in LMRKM Rn. 101.
[154] Bekanntmachung Nr. 9/2006 des Bundeskartellamtes über den Erlass und die Reduktion von Geldbu-ßen in Kartellsachen – Bonusregelung vom 7.3.2006, Rn. 16.
[155] AA Makatsch/Kacholdt in MüKoWettbR Rn. 107.

neben Vergleichsausführungen noch anderweitige Beweismittel, unterliegen diese nicht der Herausgabebeschränkung. Besteht mit Blick auf die im Dokument bzw. in der Aufzeichnung enthaltenen anderweitigen Beweismittel ein Offenlegungsanspruch nach Abs. 1 bzw. Abs. 2, ist das Dokument bzw. die Aufzeichnung herauszugeben, sofern die darin enthaltenen Kronzeugenerklärungen oder Vergleichsausführungen (zB durch Schwärzungen) unkenntlich gemacht werden können. Kann der Schutz der Kronzeugenerklärungen bzw. Vergleichsausführungen auf diese Weise nicht gewährleistet werden, müssen die anderweitigen Beweismittel dem Anspruchsinhaber in sonstiger geeigneter Form zugänglich gemacht werden.

119    Schwierig kann sich die Einordnung von **vorbereitenden Dokumenten** und Aufzeichnungen gestalten. Darunter fallen beispielsweise **Entwürfe** zu Kronzeugenerklärungen bzw. Vergleichsausführungen und sonstige in Vorbereitung auf (mögliche) Kronzeugenerklärungen bzw. Vergleichsausführungen erstellte Dokumente und Aufzeichnungen wie zB **Interviewprotokolle** zu den zum Zwecke der Sachverhaltsaufklärung typischerweise durchgeführten Mitarbeiterbefragungen. Solche vorbereitenden Dokumente und Aufzeichnungen fallen für sich genommen regelmäßig nicht unter die Definition von Kronzeugenerklärungen oder Vergleichsausführungen, da sie in dieser Form nicht gegenüber einer Wettbewerbsbehörde abgegeben wurden. Sie genießen daher keinen originären Schutz nach Abs. 4. Soweit die spätere Kronzeugenerklärung oder späteren Vergleichsausführungen einzelne Passagen aus den vorbereitenden Dokumenten und Aufzeichnungen wörtlich wiedergeben, erstreckt sich der für die Kronzeugenerklärung bzw. Vergleichsausführungen geltende originäre Schutz jedoch auch auf diese Passagen. Sie genießen insoweit abgeleiteten Herausgabeschutz (→ Rn. 110).

120    Die Herausgabebeschränkung gilt nach **Abs. 4 S. 2** ferner nicht für Beweismittel, soweit diese zwar eigentlich unter die Definition der Kronzeugenerklärung fallen würden, aber Informationen enthalten, die unabhängig vom wettbewerbsbehördlichen Verfahren vorliegen. Dabei ist unerheblich, ob diese Informationen Eingang in die wettbewerbsbehördliche Akte gefunden haben. Damit übernimmt Abs. 4 S. 2 die Definition von „bereits vorhandenen Informationen" in Art. 2 Nr. 17 KSERL, die nach Art. 2 Nr. 16 KSERL vom Begriff der Kronzeugenerklärung ausgenommen sind. Gemeint sind damit sog. **preexisting documents.** Diese werden einem Kronzeugenantrag häufig als Belege für die im Kronzeugenantrag geschilderten Kartellverstöße beigefügt, um den Verpflichtungen aus dem Kronzeugenprogramm nachzukommen.[156] Die Abgrenzung zwischen Erklärungsinhalten, die vom absoluten Herausgabeschutz nach Abs. 4 erfasst sind und sonstigen Inhalten wird in der Praxis vielfach mit Schwierigkeiten verbunden sein. Insbesondere ist abzusehen, dass die Auffassungen über diese Abgrenzung zwischen Anspruchsteller und dem (potentiell) Herausgabeverpflichteten immer wieder auseinandergehen werden. Die **Darlegungs- und Beweislast** dafür, dass eine Erklärung unter die absolute Herausgabebeschränkung fällt, trägt derjenige, der sich auf diesen **Ausnahmetatbestand beruft.**[157] Ist die Einordnung von Erklärungsinhalten streitig, verweist Abs. 4 S. 3 den Anspruchsteller auf das zivilprozessuale **in-camera-Prüfverfahren** gem. § 89b Abs. 8 (zu Einzelheiten des Verfahrens siehe Kommentierung dort). Um das Gericht in die Lage zu versetzen, dieses Prüfverfahren durchzuführen, sieht Abs. 4 S. 3 einen eingeschränkten Herausgabeanspruch vor.[158] Er besteht nur an das zuständige Gericht und nur zum Zweck der gerichtlichen Prüfung. Das Prüfverfahren setzt nach § 89b Abs. 8 GWB einen Rechtsstreit über den Anspruch nach § 33a Abs. 1, § 33g Abs. 1 oder § 33g Abs. 2 voraus. Wird der Offenlegungsanspruch außerhalb eines solchen Rechtsstreits geltend gemacht, kann keine richterliche Prüfung verlangt werden.[159]

---

[156] Bechtold/Bosch Rn. 16; BegrRegE S. 64; Hellmann/Steinbrück NZKart 2017, 164 (170).
[157] Bornkamm/Tolkmitt in Bunte Rn. 53.
[158] Kersting/Podszun 9. GWB-Novelle Kap. 10 Rn. 46.
[159] Mäsch in Berg/Mäsch Rn. 26; Kersting/Podszun 9. GWB-Novelle Kap. 10 Rn. 46.

## IV. Vereinbarkeit mit europäischem Primärrecht

Abs. 4 misst dem Interesse am Schutz von Kronzeugenerklärungen und Vergleichsver- **121** einbarungen stets Vorrang gegenüber dem Interesse des von Kartellverstößen Geschädigten am Zugang zu diesen Informationen zu. Eine Abwägung der Interessen im Einzelfall findet nicht statt. Es erscheint höchst zweifelhaft, ob diese Entscheidung des Richtliniengesetzgebers, an die der deutsche Gesetzgeber bei der Umsetzung gebunden war,[160] mit europäischem Primärrecht vereinbar ist.[161] Nach der Rechtsprechung des EuGH muss über Anträge auf Zugang zu Dokumenten eines Kronzeugenprogramms zwischen den Interessen, die die Übermittlung der Informationen rechtfertigen, und dem Schutz der vom Kronzeugen freiwillig vorgelegten Informationen abgewogen werden. Diese Abwägung muss – so der EuGH ausdrücklich – im Einzelfall und unter Berücksichtigung aller maßgeblichen Gesichtspunkte der Rechtssache vorgenommen werden.[162] Die Notwendigkeit dieser Einzelfallabwägung ergibt sich nach Auffassung des EuGH daraus, dass insbesondere im Wettbewerbsrecht jede starre Regel – sei es im Sinne einer völligen Verweigerung eines Zugangs zu den betreffenden Dokumenten oder im Sinne eines allgemein gewährten Zugangs zu diesen – die wirksame Anwendung insbesondere des Art. 101 AEUV und der Rechte, die diese Bestimmung den Einzelnen verleiht, beeinträchtigen kann.[163] Von diesem grundsätzlichen **Erfordernis einer Einzelfallabwägung** ist der EuGH auch in seiner EnBW-Entscheidung[164] nicht abgerückt. Hier akzeptierte der EuGH zwar eine Vermutung, wonach die Offenlegung von Kommissionsunterlagen gegenüber Geschädigten des Kartells das öffentlich Interesse an der Ermittlungstätigkeit der Kommission und die privaten geschäftlichen Interessen der am behördlichen Verfahren beteiligten Unternehmen beeinträchtigen. In diesem Zusammenhang stellt der EuGH aber ausdrücklich klar, dass eine Widerlegung der Vermutung und eine Interessenabwägung im konkreten Einzelfall möglich sein müssen.[165] Da Art. 6 Abs. 6 KSERL die Möglichkeit einer Einzelfallabwägung vollständig ausschließt, wird die Norm den vom EuGH festgelegten und aus europäischem Primärrecht abgeleiteten Anforderungen nicht gerecht. Über der Vorschrift schwebt deshalb das „Damoklesschwert der Nichtigkeitsklage nach Art. 263 AEUV".[166]

## F. Einschränkungen zum Schutz des behördlichen Verfahrens (Abs. 5)

## I. Regelungszweck

Abs. 5 beinhaltet eine **temporäre Einschränkung** der Offenlegung zum Schutz eines **122** laufenden behördlichen Verfahrens. Die Regelung dient der Umsetzung von Art. 6 Abs. 5 KSERL. Sie wurde mit der 11. GWB-Novelle auf den Schutz von laufenden Verfahren zur Durchsetzung des DMA erweitert. Von der Einschränkung erfasst sind bestimmte Dokumente, die es in dieser Form nur aufgrund des behördlichen Verfahrens gibt, weil sie entweder von der Wettbewerbsbehörde oder von Beteiligten des behördlichen Verfahrens **spezifisch für dieses Verfahren erstellt** worden sind. Der Schutz bezieht sich auf

---

[160] Bornkamm/Tolkmitt in Bunte Rn. 54; Dose VuR 2017, 297 (299).
[161] Ebenso Schweitzer NZKart 2014, 335 (342 f.); Kersting WuW 2014, 564 (566 f.); Makatsch/Mir EuZW 2015, 7 (9); Kreße WRP 2016, 567 (573); Klumpe/Thiede BB 2016, 3011 (3015); Petrasincu WuW 2016, 330 (333); Bornkamm/Tolkmitt in Langen/Bunte, 13. Aufl. 2018, Rn. 54; Indert/Thomas S. 504; aA Palzer NZKart 2013, 324 (326); Fiedler/Huttenlauch NZKart 2013, 350 (354); wohl auch Vollrath NZKart 2013, 434 (446).
[162] EuGH 14.6.2011 – C-360/09, EU:C:2011:389 Rn. 30 f. – Pfleiderer; 6.6.2013 – C-536/11, EU:C:2013:366 Rn. 34 – Donau Chemie ua.
[163] EuGH 6.6.2013 – C-536/11, EU:C:2013:366 Rn. 31 – Donau Chemie ua.
[164] EuGH 27.2.2014 – EnBW, C-365/12 P, EU:C:2014:112.
[165] EuGH 27.2.2014 – EnBW, C-365/12 P, EU:C:2014:112 Rn. 100 ff.
[166] Klumpe/Thiede BB 2016, 3011 (3015).

bestimmte Kategorien von Dokumenten und nicht auf bestimmte Inhalte. Finden sich Inhalte auch in Beweismitteln außerhalb dieser Dokumente, ist die Offenlegung dieser Beweismittel nicht nach Abs. 5 ausgeschlossen.[167]

## II. Vollständiger Abschluss des wettbewerbsbehördlichen Verfahrens

**123**    Der temporäre Ausschluss der Offenlegung **dauert nur bis zum vollständigen Abschluss** des wettbewerbsbehördlichen Verfahrens gegen alle Beteiligten. Wer Beteiligter des Verfahrens ist, bestimmt die Wettbewerbsbehörde durch ihre Verfahrensführung. Kennzeichen eines Verfahrens ist ein einheitliches Aktenzeichen. Wettbewerbsbehördliche Verfahren sind nach den insoweit eindeutigen Vorgaben der Schadensersatzrichtlinie nicht nur Kartellbußgeldverfahren, sondern alle Verfahren einer Kartellbehörde zur Durchsetzung des Wettbewerbsrechts der Union oder nationalen Wettbewerbsrechts.[168] Erfasst sind danach insbesondere auch Kartellverwaltungsverfahren nach §§ 32 ff. Wettbewerbsbehördliche Verfahren sind darüber hinaus Verfahren zur Durchsetzung des DMA.

**124**    Für den vollständigen Abschluss ist allein auf das Verfahren der Wettbewerbsbehörde und nicht auf mögliche anschließende **Gerichtsverfahren** abzustellen.[169] Dies ergibt sich zum einen aus dem nach der Schadensersatzrichtlinie klar vorgegebenen Schutzzweck. Danach dient die temporäre Einschränkung der Offenlegung dem Schutz einer laufenden Untersuchung durch eine Wettbewerbsbehörde vor übermäßiger Beeinträchtigung. Die Untersuchung durch eine Wettbewerbsbehörde ist spätestens dann abgeschlossen, wenn ihr Verfahren abgeschlossen ist. Ein sich anschließendes gerichtliches Beschwerdeverfahren oder Verfahren über den Einspruch nach § 67 OWiG ist nicht mehr Teil der Untersuchung der Wettbewerbsbehörde. Im Beschwerdeverfahren wird vielmehr die behördliche Entscheidung selbst gerichtlich auf ihre Rechtmäßigkeit untersucht. Im Ordnungswidrigkeitsverfahren führt der zulässige Einspruch zur eigenen Sachverhaltserforschung durch das Gericht gem. § 77 OWiG. Untersuchungen der Wettbewerbsbehörde finden in den gerichtlichen Ordnngswidrigkeitenverfahren also nicht mehr statt. Dagegen ist unerheblich, ob eine gerichtliche Überprüfung als „Teil des Verwaltungs- oder Bußgeldverfahrens"[170] angesehen werden kann. Geschützt ist nicht ein „Verwaltungs- oder Bußgeldverfahren", sondern die laufende Untersuchung der Wettbewerbsbehörde. Im Übrigen ist im Bußgeldverfahren auch die These des einheitlichen Verfahrens abzulehnen. Hier bringt der Einspruch als „Rechtsbehelf eigener Art" die Sache aus dem behördlichen in ein gerichtliches Verfahren, der Bußgeldbescheid behält nur noch den Charakter einer Beschuldigung.[171]

**125**    Zum anderen geht die Schadensersatzrichtlinie in der Begründungserwägung 25 erkennbar davon aus, dass die Beendigung des Verfahrens von Wettbewerbsbehörden der Mitgliedstaaten schon **mit Erlass eines Beschlusses** gemäß Art. 5 VO 1/2003 erfolgt. Darunter fallen alle verfahrensbeendenden Entscheidungen der nationalen Wettbewerbsbehörden wie Abstellungsverfügungen und Bußgeldentscheidungen. Ein davon abweichendes Auslegungsergebnis wäre mit den Vorgaben der Richtlinie nicht vereinbar.[172]

**126**    Auch die Begründung des Regierungsentwurfs stellt eindeutig auf den Abschluss des behördlichen Verfahrens ab. Im Falle eines Bußgeldverfahrens liegt dieser danach in dem Zeitpunkt vor, in dem **gegen sämtliche Betroffene und Nebenbetroffene** eines Bußgeldverfahrens das Verfahren eingestellt worden bzw. ein Bußgeldbescheid oder eine sonstige abschließende Entscheidung ergangen ist.[173] Die Annahme einer Sperrwirkung bis zum

---

[167] BegrRegE S. 64.
[168] Erwgr. 25 KSERL.
[169] Makatsch/Kacholdt in MüKoWettbR Rn. 125; aA Bornkamm/Tolkmitt in Bunte Rn. 56; Inderst/Thomas S. 505.
[170] So Bornkamm/Tolkmitt in Bunte Rn. 56.
[171] Dazu Göhler/Seitz OWiG Vor § 67 Rn. 1; Wiedemann KartellR-HdB § 58 Rn. 2.
[172] Makatsch/Kacholdt in MüKoWettbR Rn. 125.
[173] BegrRegE S. 64.

Abschluss des Rechtsmittelverfahrens irgendeines Beteiligten ist mit den gesetzgeberischen Zielen nicht vereinbar.[174]

## III. Kategorien geschützter Dokumente

Der temporäre Schutz nach Abs. 5 knüpft an den formalen Charakter des Beweismittels **127** an. Dabei ist der Anspruchsteller nur mit Offenlegungsbegehren ausgeschlossen, die sich gezielt auf die in Nr. 1–3 abschließend aufgelisteten, besonders geschützten Beweismittel beziehen.[175]

**1. Eigens für das wettbewerbsbehördliche Verfahren erstellt.** Das Merkmal „eigens **128** für das wettbewerbsbehördliche Verfahren erstellt" erfordert ein Dokument mit einem ausdrücklichen **Verfahrensbezug.** Daran fehlt es generell bei einer Erstellung vor Verfahrenseinleitung durch die Behörde. Für die Verfahrenseinleitung bedarf es keiner förmlichen Maßnahme, sie muss aber nach außen erkennbar sein (→ § 54 Rn. 6).[176] Das Dokument muss von **Verfahrensbeteiligten** bei der Wettbewerbsbehörde eingereicht worden sein. Andernfalls könnte seine Vorlage nicht eine laufende Untersuchung der Behörde beeinträchtigen. Ein besonderer Zweck muss bei Erstellung des Dokuments nicht verfolgt worden sein. Es genügt die Beantwortung von Fragen oder Auskunftsersuchen der Behörde ebenso wie die Einreichung einer Stellungnahme ohne besonderes Verteidigungsvorbringen. Werden einer Stellungnahme Unterlagen, etwa als Anlagen, beigefügt, so werden diese damit nicht automatisch ihrerseits „für das wettbewerbliche Verfahren erstellt". Dokumente aus der Zeit der Zuwiderhandlung („preexisting documents" → Rn. 114) werden daher regelmäßig nicht unter Nr. 1 fallen, auch wenn sie zur Unterstützung eines Verteidigungsvorbringens vorgelegt werden.

**2. Mitteilungen der Wettbewerbsbehörden an Verfahrensbeteiligte.** Hierunter **129** fallen grundsätzlich alle Mitteilungen, die die Wettbewerbsbehörde während des laufenden Verfahrens an einen oder mehrere Verfahrensbeteiligte richtet. Von besonderer praktischer Bedeutung sind Mitteilungen der Beschwerdepunkte bzw. im Rahmen der Gewährung rechtlichen Gehörs übersandte **Entscheidungsentwürfe** oder sonstige vorläufige Darstellungen von tatsächlichen oder rechtlichen Erwägungen der Behörde. Nicht zu den Beteiligten des wettbewerbsbehördlichen Verfahrens zählen Akteneinsicht begehrende Dritte. Entscheidungen über die Gewährung oder Versagung von Akteneinsicht fallen daher nicht unter Nr. 2. Keine Mitteilungen an Verfahrensbeteiligte sind Vernehmungsprotokolle oder Dokumente, in denen die Behörde Ermittlungsergebnisse festhält. Dessen ungeachtet gelten mögliche Einschränkungen nach § 89c.

**3. Zurückgezogene Vergleichsausführungen.** Für Vergleichsausführungen gilt die **130** Legaldefinition in Abs. 4 Nr. 2. → Rn. 109. Zurückgezogen sind die entsprechenden Erklärungen, wenn der Beteiligte, der die Erklärung eingereicht hat, gegenüber der Behörde unmissverständlich erklärt hat, dass er an deren Inhalt nicht länger gebunden sein will.

## G. Verweigerungsrechte nach Abs. 6

## I. Zweck und Struktur

Abs. 6 versucht einen Ausgleich zwischen den weitreichenden Offenlegungs- und Aus- **131** kunftsansprüchen und dem Schutz bestimmter **Zeugnisverweigerungsrechte** nach der ZPO. Die Regelung geht über die Vorgaben der Schadensersatzrichtlinie deutlich hinaus.

---

[174] Makatsch/Kacholdt in MüKoWettbR Rn. 126; Ruster in Stancke/Weidenbach/Lahme Kartellrechtl. Schadensersatzklagen Kap. G Rn. 81.
[175] Preuß in Kersting/Podszun 9. GWB-Novelle Kap. 10 Rn. 53.
[176] Makatsch/Kacholdt in MüKoWettbR Rn. 129.

Nach Art. 5 Abs. 6 KSERL war nur zu gewährleisten, dass die spezifisch **anwaltlichen „Privilegien"**, also die nach Unionsrecht oder nationalem Recht bestehenden Vorschriften zum Schutz von Anwaltsgeheimnis und der Anwalts-Mandantenbeziehung, bei der Offenlegung gewährleistet bleiben.[177]

132    Abs. 6 knüpft nicht an anwaltsspezifische Regelungen, sondern an zivilprozessuale Zeugnisverweigerungsrechte an, die entweder zum Schutz bestimmter Personen (§ 383 Abs. 1 Nr. 4–6 ZPO) oder zum Schutz von „Kunst- oder Gewerbegeheimnissen" (§ 384 Nr. 3 ZPO) begründet wurden. Dabei wird ein unterschiedliches Schutzniveau realisiert. Ein annähernd absoluter Schutz soll dem Zeugnisverweigerungsrecht der Geistlichen, der Rundfunk- und Pressemitarbeiter und der zur Geheimhaltung Verpflichteten (mit geringfügigen Einschränkungen) zukommen. Diese Personen können sich nicht nur gegenüber dem Auskunftsanspruch, sondern auch hinsichtlich der Herausgabe- und Offenlegungsansprüche auf ihr Zeugnisverweigerungsrecht berufen. Im Hinblick auf die betroffenen Dokumente soll dem Offenlegungsgläubiger insoweit auch nicht die Möglichkeit zur Verfügung stehen, im in-camera-Prüfverfahren nach § 86b durch Vorlage an das Gericht nach besonderer Interessenabwägung doch noch die Offenlegung zu erreichen. Dies folgt aus Abs. 6 Satz 3. Dagegen besteht im Hinblick auf das sachliche Zeugnisverweigerungsrecht nach § 384 Nr. 3 ZPO ein eingeschränkter Schutz. Gegen den Einwand, der Offenlegungsschuldner würde durch die Offenlegung ein eigenes „Gewerbegeheimnis" offenbaren, kann der Offenlegungsgläubiger mit dem Antrag auf Vorlage an das Gericht nach § 89b auf eine Offenlegung durch das Gericht drängen. Dies ergibt sich aus der fehlenden Einbeziehung von § 384 Nr. 3 in den Ausnahmetatbestand von Abs. 6 Satz 3.

## II. Verweigerungsrechte für bestimmte Berufsgruppen

133    Für die Praxis weitgehend unerheblich dürfte die Einschränkung der Offenlegung durch die Zeugnisverweigerungsrechte von Geistlichen (§ 383 Abs. 1 Nr. 4 ZPO) und von Mitarbeiter von Rundfunk und Presse (§ 383 Abs. 1 Nr. 5 ZPO) sein. Zur Reichweite dieser Zeugnisverweigerungsrechte kann daher auf die zivilprozessuale Kommentarliteratur verwiesen werden.

134    Problematischer ist dagegen die Einbeziehung aller Personen, denen nach § 383 Abs. 1 Nr. 6 ZPO geheimhaltungsbedürftige Tatsachen anvertraut wurden. Danach besteht für jeden, der nach „Amt, Stand oder Gewerbe" zur Verschwiegenheit verpflichtet ist, ein Zeugnisverweigerungsrecht im Hinblick auf diejenigen Tatsachen, auf die sich die **Verschwiegenheitsverpflichtung** bezieht.[178] § 383 Abs. 1 Nr. 6 ZPO gewährt selbst dort ein Zeugnisverweigerungsrecht, wo es eine – insbesondere nach § 203 StGB – mit Strafe bewehrte Verschwiegenheitspflicht nicht gibt, sondern sich diese nur aus der Natur der Sache ergeben soll. Die Weite dieses Zeugnisverweigerungsrechts begegnet im Hinblick auf die mit ihr verbundene deutliche Einschränkung der Beweismöglichkeiten schon allgemein durchaus berechtigten Bedenken.[179] Auch die Pflicht zur Herausgabe von Dokumenten in diesem weitreichenden Umfang einzuschränken, ist schon deshalb problematisch, weil die nach § 383 Abs. 1 Nr. 6 ZPO angenommene Pflichtenkollision, die Vertraulichkeit der Zeugnispflicht opfern zu müssen,[180] in Bezug auf Dokumente keinesfalls generell dieselbe Intensität aufweist wie im Fall der Aussage vor Gericht.

135    § 383 Abs. 1 Nr. 6 ZPO führt iVm § 203 Abs. 1 Nr. 3 StGB zum zivilprozessualen Schutz des **Anwaltsprivilegs** und entspricht damit dem durch die Kartellschadensersatzrichtlinie vorgegebenen Schutzbereich, dem bei der Offenlegung „uneingeschränkt Wirkung" zu verleihen ist (Art. 5 Abs. 6 KSERL). Auch die Einbeziehung der weiteren in § 203 Abs. 1 Nr. 3 StGB genannten Berufsgruppen (Wirtschaftsprüfer, Steuerberater) kann

---

[177] Ruster in Stancke/Weidenbach/Lahme Kartellrechtl. Schadensersatzklagen Kap. G Rn. 423.
[178] Damrau in MüKoZPO § 383 Rn. 31.
[179] Damrau in MüKoZPO § 383 Rn. 31.
[180] Damrau in MüKoZPO § 383 Rn. 2; Berger in Stein/Jonas ZPO § 383 Rn. 1.

mit einer ähnlichen Begründung des Geheimnisschutzes und Überlappungen zwischen den Tätigkeiten gerechtfertigt werden. Mit der Ausweitung auf alle der Schweigepflicht nach § 203 Abs. 1 StGB unterliegenden Berufsgruppen infolge des generellen Verweises auf § 383 Nr. 6 ZPO ist der deutsche Gesetzgeber deutlich über die richtlinienrechtlich vorgegebene Einschränkung der Offenlegung hinausgeschossen. Abs. 6 S. 3 verdeutlicht, dass die Ausdehnung gerade in diesem weiten Umfang gewollt war. Dies begegnet auch deshalb Bedenken, weil hier nach der Systematik der personenbezogenen Zeugnisverweigerungsrechte zivilprozessual umfassende, vom konkreten Beweisthema losgelöste Verweigerungsrechte bestehen.

Soweit nach S. 3 Nr. 2 die Möglichkeit der ausnahmsweisen richterlichen Offenlegung **136** nach § 89b Abs. 6 für andere als die Berufsgruppen nach § 203 Abs. 1 Nr. 3 StGB ausgeschlossen wird, liegt eine über die KSERL hinausgehende Einschränkung der Offenlegung vor. Im Wege der richtlinienkonformen Auslegung ist Abs. 6 S. 3 insoweit nicht anzuwenden.

## III. Verweigerungsrecht bei „Gewerbegeheimnissen"

Das Zeugnisverweigerungsrecht nach § 384 Nr. 3 ZPO ist insoweit eingeschränkt, als es **137** den Zeugen nicht generell zur Verweigerung des Zeugnisses berechtigt, sondern nur in dem Umfang, in dem die Beantwortung einer bestimmten Beweisfrage zur Offenbarung eines Geheimnisses führen würde. § 384 Nr. 3 ZPO schützt nach überwiegender Auffassung[181] nur solche Geheimnisse, an denen objektiv ein Geheimhaltungsinteresse besteht. Dennoch soll auch schon die Auskunft über „jede auch nur kartellähnliche Absprache" in den Schutzbereich fallen.[182] Überdies sollen nicht nur eigene Geheimnisse des Zeugen, sondern auch Kunst- und Gewerbegeheimnisse Dritter geschützt sein, wie etwa Geheimnisse des Arbeitgebers oder der juristischen Person, deren Organ der Zeuge war.[183] Der wesentliche Unterschied zum Zeugnisverweigerungsrecht nach § 383 Abs. 1 Nr. 6 ZPO liegt darin, dass der Schutz nicht auf der Zugehörigkeit zu einer Berufsgruppe mit einer beruflich begründeten Vertrauensstellung, sondern auf der **Geheimhaltungsbedürftigkeit der Antworten** zu einer bestimmten Beweisfrage beruht. Die Einbeziehung in die Verweigerungstatbestände nach Abs. 6 kann also hier gerade nicht mit einer Analogie zum Schutz des Anwaltsgeheimnisses begründet werden. Das Zeugnisverweigerungsrecht nach § 384 Nr. 3 ZPO liegt also noch weiter außerhalb des von der KSERL gezogenen Rahmens für die Einschränkung der Offenlegung. Entsprechend ist erhebliche Zurückhaltung geboten, wenn gestützt auf Abs. 6 iVm § 384 Nr. 3 ZPO die Herausgabe oder Offenlegung eingeschränkt werden soll. Immerhin steht in diesem Fall auch nach der Lösung des deutschen Gesetzgebers das gerichtliche Kontrollverfahren des § 89b zur Verfügung. In jedem Fall ist kritisch zu prüfen, ob gerade in Bezug auf offenzulegende Beweismittel für den Kartellschadensersatzanspruch oder den Anspruch nach Abs. 2 tatsächlich ein anerkennenswertes Geheimhaltungsinteresse besteht.

## IV. Besitz des Beweismittels

Das Verweigerungsrecht nach Abs. 6 knüpft nach dem Wortlaut an den Besitz des **138** herauszugebenden oder offenzulegenden Beweismittels an. Dies wird der richtlinienrechtlich vorgegebenen uneingeschränkten Wirkung des Anwaltsprivilegs nicht gerecht. **Der Schutz des Anwaltsgeheimnisses** erfordert, dass aus der Kommunikation zwischen Anwalt und Mandant hervorgegangene Dokumente unabhängig davon geschützt werden, ob sie sich beim Anwalt oder beim Mandaten befinden.[184] Nach Abs. 6 darf der Offenle-

---

[181] Ahrens in Wieczorek/Schütze, 4. Aufl. 2015, ZPO § 384 Rn. 59.
[182] Baumbach/Lauterbach/Albers/Hartmann ZPO § 384 Rn. 10.
[183] Ahrens in Wieczorek/Schütze, 4. Aufl. 2015, ZPO § 384 Rn. 62.
[184] Bach/Wolf NZKart 2017, 285 (290).

gungsschuldner daher die Herausgabe der gesamten bei ihm befindliche Anwaltskorrespondenz verweigern. Dies gilt aufgrund der Vorgaben der KSERL generell und nicht nur im Bereich bestehender konkreter Verteidigungsverhältnisse.[185]

## H. Aufwendungsersatzanspruch (Abs. 7)

### I. Regelungszweck und Verhältnis zur Richtlinie

**139**      Abs. 7 enthält einen eigenen materiellen Aufwendungsersatzanspruch des Offenlegungsschuldners. Er soll vor Allem dem Schutz der in Anspruch genommenen Dritten dienen.[186] Die Schadensersatzrichtlinie enthält keine Regelungen über einen Ersatz von Aufwendungen. Nach Auffassung des Gesetzgebers besteht insoweit eine Lücke, die durch nationales Recht geschlossen werden könne.[187] Die Regelung zum Aufwendungsersatz lehnt sich an Bestimmungen an, die mit dem Gesetz zur Verbesserung der Durchsetzung von Rechten des **geistigen Eigentums** ins deutsche Recht eingeführt wurden. Auch dort wurde eine Lücke in den Vorgaben der Enforcement Directive konstatiert, die durch Bestimmungen des deutschen Rechts gefüllt werden sollte.[188] Allerdings hat der Gesetzgeber der 9. GWB-Novelle die ausdifferenzierte **dreistufige Regelung** in Bezug auf Auskünfte und Vorlage- und Besichtigungsansprüche **nicht übernommen.** Bei Auskünften zur Durchsetzung von Rechten des geistigen Eigentums besteht ein Aufwendungsersatzanspruch nur im Bereich sog. **Drittauskünfte.** Der nicht selbst störende Dritte soll die Auskunft nicht auf eigene Kosten erteilen müssen, der Verletzer hingegen schon. Nur bei den Vorlage- und Besichtigungsansprüchen werden die Kosten durch den ausdrücklichen Verweis auf § 811 BGB dem Rechtsinhaber auferlegt. Damit kontrastiert der einheitliche Anspruch nach Abs. 7, der nicht nach der Stellung des Offenlegungsschuldners und nicht nach dem Gegenstand der Offenlegung differenziert.

**140**      Es bestehen **erhebliche Zweifel,** ob die undifferenzierte Anordnung von Auslagenersatz im **Einklang mit der Schadensersatzrichtlinie** steht. Die Richtlinie enthält keine Regelung über die Tragung der mit der Offenlegung verbundenen Kosten. Dies ist vom Ausgangspunkt einer prozessual konzipierten Offenlegung durchaus konsequent. Bei einer vom Richter des Schadensersatzprozesses angeordneten Offenlegung folgen die damit verbundenen Kosten den jeweiligen nationalen Regeln über die Kosten des Rechtsstreits. Nach Art. 5 Abs. 3 der Richtlinie spielen die Kosten der Offenlegung nur insoweit eine Rolle, als im Rahmen der Verhältnismäßigkeitsprüfung die Kosten der Offenlegung, „insbesondere für betroffene Dritte", berücksichtigt werden müssen. Kosten Dritter für die Offenlegung fallen aber nur dann abwägungsrelevant ins Gewicht, wenn der Dritte diese Kosten auch ganz oder überwiegend selbst zu tragen hat. Danach geht die Richtlinie davon aus, dass dem Dritten in der Regel kein Anspruch auf die Erstattung seiner Aufwendungen zustehen wird.

**141**      Mit Sinn und Zweck der von der Richtlinie vorgegebenen Offenlegung wäre nicht vereinbar, dass der Kartellgeschädigte als Offenlegungsgläubiger generell und dauerhaft die den Kartellanten und Dritten entstehenden Kosten der Offenlegung zu tragen hat. Dies würde die Durchsetzung von Kartellschadensersatzansprüchen mit erheblichen zusätzlichen Kostenrisiken belasten und das für die Beseitigung der Informationsasymmetrie zentrale Instrument der Offenlegung stark entwerten. Die Tatsache, dass potentiell offen zu legende Beweismittel in erster Linie bei Kartellteilnehmern zu finden sind, ist Ausdruck des Charakters von Kartellabsprachen als Geheimdelikten. Jedenfalls soweit ihm Schadensersatzansprüche gegen die Kartellteilnehmer zustehen, kann der Kartellgeschädigte im Verhältnis

---

[185] Bach/Wolf NZKart 2017, 285 (290 f.).
[186] Begr. RegE S. 65.
[187] Begr. RegE S. 65.
[188] BT-Drs. 16/5048, 39.

zu diesen nicht dauerhaft mit den Kosten für die von diesen geschuldete Offenlegung belastet werden. Dies ist gegebenenfalls im Wege der richtlinienkonformen Auslegung nationalen Rechts sicher zu stellen.

## II. Aufwendungen

Der Wortlaut von Abs. 7 ist bewusst eng an § 670 BGB angelehnt. Es liegt daher nahe, **142** auch für den Inhalt des gesetzlich nicht definierten Begriffs der Aufwendungen an die Auslegung von § 670 BGB anzuknüpfen.[189] Im Kern geht es also um Opfer aus dem Vermögen des Offenlegungsschuldners, die dieser zum Zweck der Erfüllung der Offenlegungspflicht auf sich nimmt.[190] Ein **Vermögensopfer** liegt vor, wenn sich anlässlich der Offenlegung das Vermögen des Schuldners vermindert.[191] Diese Vermögensminderung muss notwendig mit der Erfüllung der Auskunft verbunden und nachweisbar für den konkreten Einzelfall entstanden sein.[192] Zu den Aufwendungen zählt daher die Vergütung eines externen EDV-Dienstleisters, der archivierten Daten so aufbereitet, dass sie für die Suche genutzt werden können.

Aufwendungen sind dabei von Kosten zu sondern. Die allgemeinen **Geschäftsunkosten 143** des Beauftragten stellen gerade keine relevanten Vermögensopfer dar.[193] Vielmehr liegen **keine Aufwendungen** vor, soweit der Beauftragte **ohnehin vorhandene Betriebsmittel** oder die Arbeitskraft seiner Mitarbeiter einsetzt.[194] Nach der Systematik des Auftragsrechts sind diese Kosten keine Aufwendungen, sondern dem Bereich des Entgelts zuzurechnen und daher bei entgeltlicher Geschäftsbesorgung mit der Vergütung abgegolten.[195] Eigener Aufwand des Offenbarungsschuldners, also die Arbeitszeit seiner Mitarbeiter, oder der Einsatz seiner DV-Systeme, wären danach vom Aufwendungsersatz ausgeschlossen. Fraglich ist, ob diese Wertung auch für Abs. 7 Anwendung finden soll. So wird für den patentrechtlichen Aufwendungsersatzanspruch des Dritten nach § 140b Abs. 2 S. 3 PatG vertreten, auch Kosten, die im Unternehmen des Schuldners durch Einsatz eigener Mitarbeiter bei der Zusammenstellung der Auskunft angefallen seien, stellten erstattungsfähigen Aufwand dar.[196] Ein solches Ergebnis läge hinsichtlich der Aufwendungen des Dritten auch im Rahmen von Abs. 7 nahe, zumal der Gesetzgeber gerade den Dritten besonders zu schützen bestrebt war. Der Schutz des Dritten ist aber keine geeignete Basis für die Ausdehnung des Aufwendungsbegriffs im Verhältnis zum Schadensersatzschuldner, zumal dem Verletzer selbst im Bereich des geistigen Eigentums ein Ersatzanspruch nur bei der Vorlage und Besichtigung, nicht aber bei der Auskunft zusteht. Letztlich hat sich der Gesetzgeber der 9. Novelle für einen **einheitlichen Aufwendungsersatzanspruch** entschieden, der auf Differenzierungen verzichtet. Die Bedeutung des Aufwendungsbegriffs kann daher innerhalb derselben Vorschrift auch nicht zwischen Drittem und Partei abweichend ausfallen. Es gilt daher einheitlich der zu § 670 BGB entwickelte Aufwendungsbegriff, der allgemeine Geschäftsunkosten nicht umfasst.

---

[189] So Bechtold/Bosch Rn. 22, Mäsch in Berg/Mäsch Rn. 37; Rosenfeld/Brand WuW 2017, 247 (248); Makatsch/Kacholdt in MüKoWettbR Rn. 150; Ruster in Stancke/Weidenbach/Lahme Kartellrechtl. Schadensersatzklagen Kap. G Rn. 89.

[190] BGH 19.5.2016 – III ZR 399/14, NJW-RR 2016, 1385.

[191] Schäfer in MüKoBGB, 7. Aufl. 2017, BGB § 670 Rn. 8.

[192] Sprau in Palandt, 80. Aufl. 2021, BGB § 670 Rn. 3.

[193] BGH 19.5.2016 – III ZR 399/14 Rn. 19, NJW-RR 2016, 1385; Schäfer in MüKoBGB, 8. Aufl. 2020, BGB § 670 Rn. 9; Detlev Fischer in BeckOK BGB BGB § 670 Rn. 8; Erman/Berger Rn. 9; Beuthien in Soergel BGB § 670 Rn. 2; Schwab in NK-BGB § 670 Rn. 5; aA Seiler in MüKoBGB, 6. Aufl. 2012, BGB § 670 Rn. 8.

[194] Sprau in Palandt, 80. Aufl. 2021, BGB § 670 Rn. 3.

[195] Schäfer in MüKoBGB, 8. Aufl. 2020, BGB § 670 Rn. 10.

[196] Voß in Schulte, PatG 10. Aufl. 2017, PatG § 140b Rn. 48.

### III. Erforderlichkeit

144    Erstattungsfähig sind Aufwendungen, die der Offenlegungsschuldner nach den Umständen für erforderlich halten durfte. Maßgeblich ist wie bei § 670 BGB ein **objektiver Maßstab mit gewissem subjektivem Einschlag.** Erforderlich sind danach nur Aufwendungen, die nach dem verständigen Ermessen des Verpflichteten zur Verfolgung des Offenlegungszwecks geeignet sind, notwendig erscheinen und in einem angemessenen Verhältnis zur Bedeutung der Offenlegung für den Gläubiger des Anspruchs stehen.[197] Bei objektiv fehlender Notwendigkeit der Aufwendungen ist eine andere Beurteilung des Beauftragten nur dann iSd § 670 BGB gerechtfertigt, wenn er sie nach sorgfältiger, den Umständen des Falls nach gebotener Prüfung trifft.[198]

145    Im Rahmen der Erforderlichkeitsprüfung ist zu berücksichtigen, dass es sich bei zahlreichen Urkunden und Dokumenten um Unterlagen handeln wird, die der Kaufmann nach §§ 257 ff. HGB ohnehin „geordnet aufzubewahren" und gegebenenfalls im Rechtsstreit vorzulegen hat. Wenn, wie regelmäßig, die Offenlegung im Rahmen eines Rechtsstreits angeordnet wird, sind die Kosten für die Tätigkeit der **Anwälte** des am Prozess beteiligten Offenlegungsschuldners, etwa bei einer Bewertung des Umfangs der Offenlegungsverpflichtung oder einzelner Unterlagen, nicht gesondert erstattungsfähig.

### IV. Nachrangigkeit des Aufwendungsersatzanspruchs

146    Der Aufwendungsersatzanspruch dient insbesondere dem Schutz Dritter. Er sichert insoweit in besonders starkem Umfang die Verhältnismäßigkeit der Offenlegung. Er soll aber die Offenlegung weder verhindern noch blockieren. Der Gesetzgeber bringt dies mit der Formulierung zum Ausdruck, der Ersatzanspruch bestehe nicht vor der Erfüllung der Verpflichtung zur Auskunft oder Herausgabe von Beweismitteln.[199] **Zuerst soll also die Offenlegung erfolgen,** erst danach die Reichweite eines Aufwendungsersatzanspruchs geklärt werden.

147    **1. Keine analoge Anwendung von § 811 BGB.** Mit diesem Verständnis der Nachrangigkeit des Aufwendungsersatzanspruchs ist die teilweise erwogene[200] analoge Anwendung von § 811 Abs. 2 BGB nicht vereinbar.[201] Der Gesetzgeber hat sich eindeutig gegen eine Anwendung dieser Bestimmung entschieden. In Kenntnis des oben (→ Rn. 139) dargestellten dreistufigen Regelungsmodells beim Schutz geistigen Eigentums hat er anders als in den jeweiligen Abs. 4 von § 140c PatG, § 19a MarkenG, § 101a UrhG, § 24c GebrMG gerade keine entsprechende Anwendung von § 811 BGB angeordnet. Es handelt sich also keinesfalls um eine planwidrige Regelungslücke,[202] sondern um die Entscheidung für ein anderes Regelungsmodell. Der Offenlegungsschuldner hat daher **keinen Anspruch auf einen Vorschuss** auf die Kosten der Offenlegung. Dies gilt sowohl bei der Offenlegung innerhalb als auch außerhalb des Schadensersatzprozesses.

148    **2. Kein Zurückbehaltungsrecht.** Dieselben Erwägungen sprechen auch gegen ein Zurückbehaltungsrecht des Offenlegungsschuldners.[203] Der Gesetzgeber geht gerade nicht von einer Gleichzeitigkeit von Offenlegungsanspruch und Aufwendungsersatzanspruch

---

[197] Zu § 670 BGB BGH 8.5.2012 – XI ZR 61/11, NJW 2012, 2337 (2338) Rn. 20; Martinek in Staudinger BGB § 670 Rn. 7, 13; Schäfer in MüKoBGB § 670 Rn. 23; Sprau in Palandt, 80. Aufl. 2021, BGB § 670 Rn. 3 f.

[198] BGHZ 95, 375 [388] = NJW 1986, 310.

[199] Begr. RegE S. 65.

[200] Fiedler/Niermann NZKart 2017, 497 (498).

[201] Im Ergebnis ebenso Mäsch in Berg/Mäsch Rn. 37; Makatsch/Kacholdt in MüKoWettbR Rn. 152.

[202] So aber Fiedler/Niermann NZKart 2017, 497 (498).

[203] Ebenso Bechtold/Bosch Rn. 21; Bach/Wolf NZKart 2017, 285 (291): Ruster in Stancke/Weidenbach/Lahme Kartellrechtl. Schadensersatzklagen Kap. G Rn. 90.

aus.[204] Nach seinem Willen besteht der Aufwendungsersatzanspruch „nicht vor der Erfüllung der Verpflichtung zur Auskunft".[205] Dies würde zwar nicht zwingend gegen ein Zurückbehaltungsrecht nach § 273 BGB sprechen, da dort ausreicht, dass der Gegenanspruch mit der Leistung entsteht und sofort fällig wird.[206] Ein **Zurückbehaltungsrecht** ist jedoch aufgrund der Natur des unionsrechtlich vorgegebenen Offenlegungsanspruchs **ausgeschlossen.** Dies entspricht auch den Wertungen des allgemeinen Zivilrechts, wonach das Zurückbehaltungsrecht gemäß § 273 BGB bei Ansprüchen auf Auskunft oder Rechenschaftslegung in der Regel nicht anwendbar ist.[207] Die dafür tragende Begründung, die Auskunftsansprüche seien nur Hilfsansprüche zur Vorbereitung späterer materieller Ansprüche und der Auskunftsgläubiger sei deshalb auf den Auskunftsschuldner angewiesen,[208] gilt für den Bereich des kartellrechtlichen Offenlegungsanspruchs in besonderer Weise. Dies kann nicht mit Spekulationen über die eventuell fehlende Solvenz des Kartellgeschädigten überspielt werden.[209] § 110 ZPO mit dem weitgehenden Ausschluss der Prozesskostensicherheit zeigt gerade umgekehrt, dass es zum allgemeinen Lebensrisiko zählt, von einem Kläger verklagt zu werden, der gerade noch die Gerichtskosten aufbringen kann, bei dem aber keine Kostenerstattung durchgesetzt werden kann.

## V. Verhältnis zur prozessualen Kostenerstattung

Ungeachtet der Ausgestaltung als materieller Anspruch werden Offenlegungen meist auf **149** richterliche Anordnung erfolgen. Damit stellt sich die Frage nach dem Verhältnis des Aufwendungsersatzanspruchs zu den prozessualen Regeln der Kostenerstattung. § 89b Abs. 1 ordnet für die Erteilung von Auskünften die entsprechende Geltung von § 142 ZPO an. Für die Anordnung der Urkundenvorlage nach § 142 ZPO gilt aber, dass alle aufgrund einer Anordnung entstehenden Kosten **Teil der Prozesskosten** werden.[210] Maßstab für ihre Erstattungsfähigkeit sind danach die §§ 91 ff. ZPO. Entscheidend ist daher die Notwendigkeit zur Rechtsverfolgung oder Rechtsverteidigung. Die mit der Offenlegung durch Prozessparteien verbundenen Kosten können daher ungeachtet der Gewährung eines materiellen Aufwandserstattungsanspruchs in Abs. 7 im Kostenfestsetzungsverfahren geltend gemacht werden. Dies entspricht der Rechtsprechung zum Aufwandserstattungsanspruch in den durch das Gesetz zur Verbesserung der Durchsetzung von Rechten des geistigen Eigentums eingefügten Regelungen.[211] Der Maßstab der Notwendigkeit ist nur scheinbar restriktiver als derjenige nach Abs. 7. Nach der Rechtsprechung des BGH sind notwendig alle und nur diejenigen Kosten, die man in der konkreten Lage vernünftigerweise als voraussichtlich sachdienlich ansehen darf und muss.[212] Auch für die **Kosten des zur Vorlegung verpflichteten Dritten** bestünde auf der Grundlage von § 23 Abs. 2 JVEG eine ausdrückliche **kostenrechtliche Lösung.** Danach werden Dritte, die aufgrund einer Anordnung nach § 142 ZPO Urkunden oder sonstige Unterlagen vorlegen, wie Zeugen entschädigt. Dazu gehört nach § 19 Abs. 1 JVEG auch die Entschädigung für Aufwand und sonstige Aufwendungen. Die JVEG-Regelungen sind ausgesprochen restriktiv. So wird nach § 7 Abs. 3 JVEG für die Überlassung von elektronisch gespeicherten Dateien 1,50 EUR je Datei ersetzt. Kosten für den Ausdruck von Daten, die der Dritte elektronisch gespeichert hat, sollen nicht erstattet werden, soweit der Dritte sie nach § 261

---

[204] So aber anscheinend Fiedler/Niermann NZKart 2017, 497 (499).
[205] Begr. RegE S. 65.
[206] BGHZ 73, 317 (319); BGHZ 111, 154; BGHZ 116, 244 (248); Krüger in MüKoBGB, 8. Aufl. 2019, BGB § 273 Rn. 30.
[207] Krüger in MüKoBGB, 8. Aufl. 2019, BGB § 273 Rn. 50; Bach/Wolf NZKart 2017, 285 (291).
[208] Krüger in MüKoBGB, 8. Aufl. 2019, BGB § 273 Rn. 50; Bittner in Staudinger BGB 2014 § 273 Rn. 83.
[209] So aber Fiedler/Niermann NZKart 2017, 497 (499).
[210] Baumbach/Lauterbach/Albers/Hartmann ZPO § 142 Rn. 26.
[211] BGH 15.5.2014 – I ZB 71/13, NJW 2015, 70 (71) – Deus ex.
[212] BGH 23.5.2019 – V ZB 196/17 NJW 2019, 2698 Rn. 6; Baumbach/Lauterbach/Albers/Hartmann ZPO § 91 Rn. 45.

HGB bereithalten muss.[213] Insbesondere aber gilt für den personellen Aufwand des Herangezogenen (bzw. seiner Organe oder Mitarbeiter) der Höchststundensatz von 25 EUR nach § 22 JVEG. Diese Konsequenzen einer generellen Verweisung auf § 142 ZPO für die gerichtlich angeordnete Offenlegung waren dem Gesetzgeber offensichtlich nicht bewusst. Ausweislich der Gesetzesbegründung wollte er gerade den offenlegungsverpflichteten Dritten besonders schützen. Dieser kann daher nicht abschließend auf die unrealistischen **Entschädigungsregeln des JVEG** verwiesen werden. Ungeachtet der richterlich angeordneten Offenlegung steht ihm der materielle Auslagenerstattungsanspruch gegen den Offenlegungsgläubiger zu. Dieser Anspruch muss gegebenenfalls gesondert eingeklagt werden.

## VI. Materieller Kostenerstattungsanspruch des Schadensersatzgläubigers

150      Für ein richtlinienkonformes Verständnis des Aufwendungserstattungsanspruchs entscheidend ist sein Verhältnis zum materiellen Schadensersatzanspruch des Kartellgeschädigten. Der Schadensersatzanspruch nach § 33a erfasst wie andere deliktische Ansprüche auch die **Kosten der Rechtsverfolgung.** Offenlegungsansprüche nach § 33g bestehen nur in dem Umfang, wie sie für die Erhebung eines Schadensersatzanspruchs erforderlich im Sinne von Abs. 1 sind. Daher sind die mit der Offenlegung verbundenen Kosten des Kartellgeschädigten regelmäßig solche, die dieser aufwenden musste, um seinen Anspruch gegenüber dem Schädiger zu verwirklichen. Dies gilt sowohl für Kosten aus Aufwendungsersatz für offenlegungsverpflichtete Schädiger als auch für solche aus Aufwendungsersatz für Dritte. In Bezug auf die Kosten für die Offenlegung durch Dritte ist dies im Geltungsbereich der Parallelvorschriften zum Schutz des geistigen Eigentums ausdrücklich anerkannt.[214] Dies beruht auf dem klaren Hinweis in der Regierungsbegründung zum Gesetz zur Verbesserung der Durchsetzung von Rechten des geistigen Eigentums, wonach der Rechtsinhaber diese Kosten vom Verletzer als Schadensersatz verlangen könne, wenn dieser schuldhaft gehandelt hat.[215] Damit wird anerkannt, dass die Kosten der Offenlegung letztlich nicht vom Antrag auf Offenlegung,[216] sondern durch die Rechtsverletzung verursacht sind. Letztlich entspricht die **Tragung durch den deliktischen Schädiger** also dem **Verursacherprinzip** und ist daher sachgerecht. Dem im Kartellschadensersatzprozess obsiegenden Offenlegungsgläubiger steht daher ein materieller Kostenerstattungsanspruch zu.[217]

151      Dagegen widerspräche ein Verständnis, wonach § 33g Abs. 7 auch im Verhältnis zum Kartellanten eine dauerhafte Kostentragung durch den Offenlegungsgläubiger vorsehen wollte,[218] den Vorgaben der Schadensersatzrichtlinie.

## I. Sanktionen (Abs. 8)

152      Abs. 8 enthält eine eigenständige Sanktionsbestimmung.[219] Sie ist inhaltlich an die mit dem DurchsetzungsG für den Schutz des geistigen Eigentums eingeführten Bestimmungen angelehnt.

## I. Unzureichende Umsetzung und weiterreichende Sanktionen

153      Die Schadensersatzregelung soll nach den Vorstellungen des Gesetzgebers gewährleisten, dass der Verpflichtete eine richtige und vollständige Auskunft erteilt bzw. Beweismittel

[213] Binz in Binz/Dörndorfer/Petzold/Zimmermann JVEG § 23 Rn. 5.
[214] Thiering in Ströbele/Hacker/Thiering, 12. Aufl. 2018, MarkenG § 19 Rn. 33; Voß in Schulte PatG, 10. Aufl. 2017, PatG § 140b Rn. 51.
[215] BT-Drs. 16/5048, 39.
[216] So zu Unrecht Fiedler/Niermann NZKart 2017, 497 (500).
[217] Preuß in LMRKM Rn. 128.
[218] So aber Fiedler/Niermann NZKart 2017, 497 (500).
[219] Kritisch Inderst/Thomas, 2. Aufl. 2018, S. 507.

vollständig und richtig, das heißt ohne inhaltliche Verfälschungen, herausgibt.[220] Die **Wirksamkeit** der Schadensersatzsanktion ist **zweifelhaft.**[221] Die Parallelvorschriften im Bereich des geistigen Eigentums blieben weitgehend ohne Anwendung.[222]

Die Regelung bleibt deutlich hinter den Vorgaben der Richtlinie zurück, die in Art. 8 **154** Abs. 2 **wirksame und abschreckende Sanktionen** fordert.[223] Insbesondere fehlt eine ausdrückliche Regelung zu den dort geforderten prozessualen Konsequenzen, die nicht nur die Fälle der fehlerhaften unvollständigen oder unterbliebenen Auskunft, sondern auch die **Vernichtung von Beweismitteln** erfassen. Auch hier zeigt sich die Unzulänglichkeit der pauschalen Verweisung auf § 142 ZPO zur prozessualen Umsetzung der Offenlegung. Die Anordnung der Vorlage nach dieser Bestimmung ist nicht vollstreckbar. Immerhin kann die Nichtbefolgung im Rahmen der Beweiswürdigung als **Beweisvereitelung** nach § 286 ZPO frei gewürdigt werden.[224]

Die Regelungen in Art. 8 Abs. 2 KSERL sind hinreichend bestimmt, um im Einzelfall **155** anwendbar zu sein.[225] Soweit sie vom deutschen Gesetzgeber nicht umgesetzt wurden, ist das Gericht unmittelbar gestützt auf diese Bestimmung, zumindest aber in richtlinienkonformer Interpretation der §§ 142, 91 ff. ZPO berechtigt, für die zur Offenlegung verpflichtete Partei insoweit **nachteilige Schlussfolgerungen** zu ziehen, dass der mit der Offenlegung zu führende **Beweis als erbracht** oder das Vorbringen des Offenlegungsschuldner als prozessual unerheblich angesehen wird oder der zur Offenlegung verpflichteten Partei die Kosten des Verfahrens auferlegt werden. Preuß will möglicherweise die Grundsätze der Beweisvereitelung anwenden.[226] In jedem Fall muss das nach diesen Grundsätzen dem Richter eingeräumte Ermessen[227] nach den Vorgaben der KSERL restriktiv im Sinne wirksamer Sanktionen ausgeübt werden.

## II. Verpflichtung zum Schadensersatz

Voraussetzung des eigenständigen materiellen Schadensersatzanspruchs nach Abs. 8 ist **156** die **grob schuldhafte fehlerhafte Umsetzung** des Offenlegungsanspruchs. Fehlerhaft ist die Umsetzung bei der Nichtfüllung, aber auch bei der unvollständigen und irreführenden Offenlegung. Dazu zählt auch die Auskunft, die wesentliche Umstände verschweigt.[228] Zu berücksichtigen sind die **Nachforschungspflichten,** die den Offenlegungsschuldner sowohl bei der Auskunft als auch bei der Vorlage von nach bestimmten Merkmalen bezeichneten Unterlagen treffen. Die Auskunftspflicht beschränkt sich nicht auf das präsente Wissen des Verpflichteten. Vielmehr ist dieser gehalten, seine Geschäftsunterlagen durchzusehen und alle ihm zugänglichen Informationen aus seinem Unternehmensbereich zur Erteilung einer vollständigen Auskunft heranzuziehen.[229] Dies kann im Einzelfall auch eine Pflicht begründen, verbleibende Zweifel durch Nachfrage bei in Betracht kommenden Dritten aufzuklären.[230] Dagegen ist eine allgemeine Nachforschungspflicht, nicht zuletzt wegen des auch gegenüber Dritten eingeräumten Offenlegungsanspruchs, abzulehnen.

Zum Umfang des Schadensersatzanspruchs gelten die allgemeinen Regelungen der **157** §§ 249 ff. BGB. Ersatzfähig ist demnach jeder Schaden, der adäquat kausal auf der fehler-

---

[220] BegrRegE S. 65.
[221] Klumpe/Thiede NZKart 2017, 332 (337); Bechtold/Bosch Rn. 23.
[222] Bornkamm/Tolkmitt in Bunte Rn. 62.
[223] Zweifelnd auch Denzel/Holm-Hadulla in Kamann/Ohlhoff/Völcker Kartellverfahren-HdB § 29 Rn. 31.
[224] Stadler in Musielak/Voit, 18. Aufl. 2021, ZPO § 142 Rn. 7.
[225] Zu den Voraussetzungen der Anwendung nicht umgesetzter Richtlinienvorschriften Dauses/Ludwigs EU-WirtschaftsR-HdB A. IV. Unionsrecht und nationales Recht Rn. 16.
[226] Preuß in Kersting/9. GWB-Novelle Podszun Kap. 10 Rn. 72; ihm folgend Mäsch in Berg/Mäsch Rn. 38.
[227] Prütting in MüKoZPO § 286 Rn. 95.
[228] Thiering in Ströbele/Hacker/Thiering, 12. Aufl. 2018, MarkenG § 19 Rn. 95.
[229] BGH 23.1.2003 – I ZR 18/01, GRUR 2003, 433 (434) – Cartier-Ring; Fezer MarkenR § 19 Rn. 64.
[230] BGH 23.1.2003 – I ZR 18/01, GRUR 2003, 433 (434) – Cartier-Ring.

haften Offenlegung beruht. In Betracht kommen insbesondere Kosten oder sonstige Nachteile eines **verlorenen Prozesses,** auch Kosten anderweitiger eigener Nachforschungen.[231] Ebenso entgangene Ersatzansprüche, weil diese etwa wegen Verjährung oder in sonstiger Weise durch Verzögerung uneinbringlich geworden sind.[232] Praktisch wird dies in vielen Fällen einen Inzidentprozess nach sich ziehen, was den Schadensersatzanspruch vor hohe Hürden stellt.[233]

**158**     Die Regelung ist nicht abschließend. So bestehen nach § 280 BGB Schadensersatzansprüche auch bei einfach fahrlässig fehlerhafter Offenlegung. Der gesetzliche Offenlegungsanspruch nach Abs. 1 und 2 ist Schuldverhältnis iSv § 280 BGB.[234]

## J. Beweisverwertungsverbote (Abs. 9)

### I. Regelungszweck

**159**     Die Regelung soll den **Konflikt der natürlichen Person** zwischen Verpflichtung zur Offenlegung und wahrheitsgemäßen Auskunft einerseits und dem Verbot der Selbstbelastung andererseits lösen.[235] Der natürlichen Person, die Beweismittel offenzulegen hat, wird zugemutet, dass sie sich (oder Angehörige) der Gefahr straf- oder ordnungswidrigkeitsrechtlicher Verfolgung aussetzt. Sie kann sich daher auch nicht auf das zivilprozessuale Zeugnisverweigerungsrecht nach § 384 Nr. 2 ZPO berufen. Die dort genannte Gefahr straf- oder ordnungswidrigkeitsrechtlicher Verfolgung begründet kein Verweigerungsrecht nach Abs. 6, da dort nur das sachliche Zeugnisverweigerungsrecht nach § 384 Nr. 3 ZPO erwähnt wird. → Rn. 132, 137. Dies ist konsequent,[236] da insbesondere wegen der Nähe von Kartellverstößen zu Betrugs- und Korruptionsdelikten das Risiko strafrechtlicher Verfolgung selbst bei abgeschlossenen Kartellbußgeldverfahren gegen Unternehmen nicht von der Hand zu weisen ist. Im Gegenzug soll nach Abs. 9 zugunsten natürlicher Personen als Offenlegungsschuldner ein Beweisverwertungsverbot in gegen sie gerichteten nachfolgenden Straf- oder Ordnungswidrigkeitsverfahren gelten.

### II. Beweisverwertungsverbot

**160**     Nach Abs. 1 oder Abs. 2 von einer natürlichen Person offengelegte Beweismittel dürfen in Bußgeld- oder Strafverfahren gegen diese Person (oder deren Angehörige iS § 52 Abs. 1 StPO) nur mit deren Zustimmung verwertet werden. Dieses Verwertungsverbots gilt nur, wenn Gegenstand des Bußgeld- oder Strafverfahrens eine Tat ist, die vor Offenlegung begangen wurde. Nur dann konnte der Offenlegungsschuldner sich gerade mit der Offenlegung in relevanter Weise selbst belasten.

**161**     Dagegen wird ein solches Beweisverwertungsverbot in nachfolgenden Verfahren **gegen Unternehmen ausgeschlossen** (Abs. 9 S. 3). Praktisch wird dies mangels einer Strafbarkeit von Unternehmen nur im Ordnungswidrigkeitsverfahren werden. Hier können Erkenntnisse aus der Offenlegung durch natürliche Personen also verwendet werden, auch wenn es sich bei diesen Personen um Mitarbeiter oder Organe des Unternehmens handeln sollte. Den Ausschluss des Beweisverwertungsverbotes in Verfahren gegen Unternehmen begründet der Gesetzgeber mit einer geringeren Schutzbedürftigkeit im Vergleich zu Personen, denen die Unternehmenseigenschaft fehlt.[237]

---

[231] Vgl. Voß in Schulte PatG, 10. Aufl. 2017, PatG § 140b Rn. 54.

[232] Grabinski/Zülch in Benkard PatG § 140b Rn. 23.

[233] Klumpe/Thiede NZKart 2017, 332 (337), die auf Parallelen zum Anwaltsregress verweisen.

[234] BGH 25.10.2012 – I ZR 162/11, GRUR 2013, 717 Rn. 52 – Covermount; Thiering in Ströbele/Hacker/Thiering MarkenG § 19 Rn. 96.

[235] Ähnlich Inderst/Thomas S. 507.

[236] Preuß in Kersting/Podszun 9. GWB-Novelle Kap. 10 Rn. 74.

[237] BegrRegE S. 64.

## III. Erweiterung auf Zeugenaussagen

Das Beweisverwertungsverbot zugunsten natürlicher Personen soll unabhängig davon **162** gelten, ob eine Auskunft (als Form der Offenlegung) in der Form einer Zeugenaussage oder einer Parteivernehmung erteilt oder wiederholt wurde. Die Konfliktsituation der natürlichen Person unterscheidet sich nicht danach, ob neben die Offenlegungspflicht nach Abs. 1 oder 2 noch die Pflicht zur wahrheitsgemäßen Aussage als Zeuge oder als vernommene Partei tritt. Die Aussage bleibt (auch) Offenlegung iSv Abs. 1 oder 2. Im Falle der Wiederholung einer Auskunft in Form der Zeugen- oder Parteivernehmung ist deren Zeitpunkt maßgeblich für die Frage, ob die Tat des Verpflichteten zuvor begangen wurde.[238]

# K. Zeitlicher Anwendungsbereich

## I. Problemstellung

Die Frage nach der zeitlichen Anwendbarkeit von § 33g vermischt verschiedene The- **163** men, die sorgfältig gesondert werden müssen. Für diese Vermischung ist zunächst der duale Charakter der Norm → Rn. 2 verantwortlich.[239] § 33g soll einerseits Art. 5 der Richtlinie umsetzen, begründet andererseits einen über den dort geforderten Offenlegungsanspruch im Prozess hinausgehenden materiellen Anspruch. Nach § 186 Abs. 4 stellt sich zusätzlich die Frage nach der zeitlichen Anwendbarkeit in Prozessen. Hinzu kommen intertemporale Fragestellungen bei den in Abs. 1 in Bezug genommenen Schadensersatzansprüchen nach § 33a.

Zu klären sind danach folgende Themen: der zeitliche Anwendungsbereich des durch **164** den deutschen Gesetzgeber geschaffenen **materiellen** Beweismittelvorlage- und Auskunftsanspruchs; der zeitliche Anwendungsbereich eines **Offenlegungsanspruchs im Prozess** und die Frage, wann **Schadensersatzansprüche entstanden** sein müssen, auf die sich der materielle Urkundenvorlage- und Auskunftsanspruchs bezieht.

## II. Anwendungsbereich des materiellrechtlichen Anspruchs

Nach dem Gesetzeswortlaut gehört § 33g zu denjenigen Bestimmungen der 9. Novelle, **165** die am Tag nach der Verkündung (also am 9.6.2017) in Kraft traten (Art. 8 des Änderungsgesetzes). In der – knappen – Begründung im Bericht des Wirtschaftsausschusses wird dazu ausgeführt, § 33g schaffe einen materiellen Anspruch, der erst nach Verkündung des Gesetzes entstehen soll.[240] Die Schaffung eines materiellen Anspruchs auf Offenlegung ist aber nur ein Teil des Regelungsprogramms von § 33g. Sie ist der den Rechtsetzungsauftrag der Richtlinie überschießende Teil. Daneben soll § 33g ausdrücklich auch Art. 5 der Richtlinie umsetzen.[241] Für die dort geforderte Möglichkeit der Offenlegung gilt die Umsetzungsfrist nach Art. 21 Abs. 1 der Richtlinie, die am 27.12.2016 ablief. Aufgrund dieser Umsetzungsfrist sah sich der Gesetzgeber zu einem rückwirkenden Inkraftsetzen der §§ 33a–f und § 33h veranlasst.[242] Die Frage nach einer rechtzeitigen Umsetzung von Art. 5 wurde zunächst übersehen.

Der materielle Anspruch auf Beweismittelherausgabe und Auskunft gilt danach erst ab **166** 9.6.2017. Über die Möglichkeiten der Offenlegung im anhängigen Schadensersatzprozess ist damit freilich noch nichts gesagt.

---

[238] Bornkamm/Tolkmitt in Bunte Rn. 63.
[239] Patzer/Kruse NZKart 2018, 291 (292).
[240] BT-Drs. 18/11446, 32.
[241] Begr. RegE S. 62.
[242] Begr. RegE S. 62.

### III. Anwendungsbereich der Offenlegung im Prozess

**167**     § 33g soll ausdrücklich auch Art. 5 der Richtlinie umsetzen. Danach ist nach Ablauf der Umsetzungsfrist zu gewährleisten, dass in Verfahren über Schadensersatzklagen die Gerichte unter den dort geregelten weiteren Voraussetzungen die Offenlegung von relevanten Beweismitteln anordnen können. Gefordert sind verfahrensrechtliche Vorschriften, die den zuständigen Gerichten die entsprechenden Offenlegungsmöglichkeiten verschaffen. Diese verfahrensrechtlichen Vorschriften hat der deutsche Gesetzgeber in §§ 33g und 89b geschaffen. Für den zeitlichen Anwendungsbereich dieser Regelungen über die Offenlegung im anhängigen Schadensersatzprozess verfügte der deutsche Gesetzgeber über keinerlei Spielraum. Es galt die Umsetzungsfrist nach Art. 21 Abs. 1 der Richtlinie, die am 27.12.2016 ablief. Entsprechend seinem sonstigen Verständnis der Umsetzungsfrist hätte der deutsche Gesetzgeber also auch für die in §§ 33g, 89b enthaltene verfahrensrechtliche Offenlegung ein **rückwirkendes Inkrafttreten** anordnen müssen. Dies unterblieb zunächst, wurde aber mit der 10. GWB-Novelle in § 186 Abs. 4 klarstellend geregelt.

**168**     Im Wege der richtlinienkonformen Auslegung von Art. 8 des Änderungsgesetzes sind danach die Regelungen über die richterliche Anordnung der **Offenlegung in anhängigen Verfahren** über Kartellschadensersatzklagen nach §§ 33g, 89b, soweit sie dem Regelungsprogramm der Richtlinie entsprechen, seit 27.12.2016 anwendbar. Die Regelung in § 186 Abs. 4 ordnet in Übereinstimmung mit Art. 21 Abs. 2 der Richtlinie eine Geltung in denjenigen Prozessen an, in denen nach dem 26.12.2016 Klage erhoben wurde.

**169**     Eine Schadensersatzklage im Sinne der Richtlinie liegt unabhängig davon vor, auf welche **Fassung der Schadensersatznormen** des GWB (und des BGB) sich der Anspruch stützt. In jedem dieser Fälle geht es um einen Anspruch auf Ersatz des durch eine Zuwiderhandlung gegen das Wettbewerbsrecht verursachten Schadens im Sinne von Art. 1 Nr. 5 der Richtlinie.[243] Für die Anwendung der prozessualen Offenlegungsvorschriften ist schon deshalb unerheblich, ob es sich bei dem Schadensersatzanspruch um einen Anspruch nach § 33a GWB 2017 oder, falls sich dies überhaupt unterscheidet, um einen Anspruch nach § 33 Abs. 3 GWB 2005 handelt. Die Reichweite der unionsrechtlich vorgegebenen Offenlegung im Prozess kann nicht davon abhängen, ob der deutsche Gesetzgeber den in § 33g Abs. 1 vorgenommenen Bezug auf Ansprüche nach § 33a als Beschränkung auf Ansprüche verstanden haben will, die erst nach Inkrafttreten der 9. GWB-Novelle entstanden sind. Ein solches Normverständnis stand jedenfalls im Bereich des Normsetzungsprogramms von Art. 5 der Richtlinie im Widerspruch zu dieser. Der Gesetzgeber der 10. GWB Novelle hat dieses Verständnis in § 186 Abs. 4 verankert und den Streit damit gegenstandslos gemacht.

### IV. Materiellrechtlicher Anspruch auch für „alte" Schadensersatzansprüche

**170**     Das OLG Düsseldorf hatte die Frage aufgeworfen, ob mit der Formulierung der Erforderlichkeit für die Erhebung eines Anspruchs nach § 33a eine zeitliche Einschränkung des Anwendungsbereichs von § 33g verbunden ist. Das OLG Düsseldorf meinte, Ansprüche nach § 33a seien nur solche, die nach dem 26.12.2016 entstanden sind und beruft sich auf den Wortlaut[244] und die ausdrückliche Übergangsvorschrift in § 186 Abs. 3 S. 1.[245] In Wirklichkeit besteht aber keinerlei Unterschied zwischen Ansprüchen nach § 33a und Ansprüchen nach der Vorgängernorm in § 33 Abs. 3 GWB 2005. Beide ordnen gleichlautend an, wer einen Verstoß nach § 33 Abs. 1 vorsätzlich oder fahrlässig begehe, sei zum

---

[243] BGH 4.4.2023 – KZR 20/21 NZKart 2023, 362 Rn. 43.

[244] Insoweit auch in Widerspruch zu seiner eigenen Rechtsprechung zu § 33 Abs. 5, OLG Düsseldorf 18.2.2015 – VI U (Kart) 3/14 Rn. 123 ff., NZKart 2015, 201; dazu Petrasincu/von Steuben NZKart 2018, 286 (288).

[245] OLG Düsseldorf 3.4.2018 – VI-W (Kart) 2/18 Rn. 22, NZKart 2018, 228 (229).

Ersatz des daraus entstehenden Schadens verpflichtet. Beide beziehen sich einheitlich auf den insoweit durch die 9. GWB-Novelle unveränderten § 33 Abs. 1. Schon deshalb lag ferne, dass der Gesetzgeber den materiellen Anspruch nach Abs. 1 für lange Zeit ohne praktische Bedeutung lassen wollte, indem er ihn auf die Durchsetzung solcher Schadensersatzansprüche beschränkte, die erst seit dem 26.12.2016 entstanden sind. Der Gesetzgeber hat dies in § 186 Abs. 4 ausdrücklich klargestellt. Danach gilt § 33g unabhängig vom Zeitpunkt der Entstehung der Schadensersatzansprüche.

## § 33h Verjährung

(1) Ansprüche aus § 33 Absatz 1 und § 33a Absatz 1 verjähren in fünf Jahren.

(2) Die Verjährungsfrist beginnt mit dem Schluss des Jahres, in dem

1. der Anspruch entstanden ist,
2. der Anspruchsberechtigte Kenntnis erlangt hat oder ohne grobe Fahrlässigkeit hätte erlangen müssen
   a) von den Umständen, die den Anspruch begründen, und davon, dass sich daraus ein Verstoß nach § 33 Absatz 1 ergibt, sowie
   b) von der Identität des Rechtsverletzers und
3. der den Anspruch begründende Verstoß nach § 33 Absatz 1 beendet worden ist.

(3) Ansprüche aus § 33 Absatz 1 und § 33a Absatz 1 verjähren ohne Rücksicht auf die Kenntnis oder grob fahrlässige Unkenntnis von den Umständen nach Absatz 2 Nummer 2 in zehn Jahren von dem Zeitpunkt an, in dem

1. der Anspruch entstanden ist und
2. der Verstoß nach § 33 Absatz 1 beendet wurde.

(4) Im Übrigen verjähren die Ansprüche in 30 Jahren nach dem Verstoß nach § 33 Absatz 1, der den Schaden ausgelöst hat.

(5) Verjährung tritt ein, wenn eine der Fristen nach den Absätzen 1, 3 oder 4 abgelaufen ist.

(6) [1]Die Verjährung eines Anspruchs nach § 33 Absatz 1 oder nach § 33a Absatz 1 wird gehemmt, wenn

1. eine Kartellbehörde Maßnahmen im Hinblick auf eine Untersuchung oder auf ihr Verfahren wegen eines Verstoßes im Sinne des § 33 Absatz 1 trifft;
2. die Europäische Kommission oder eine Wettbewerbsbehörde eines anderen Mitgliedstaates der Europäischen Union oder das als solche handelnde Gericht Maßnahmen im Hinblick auf eine Untersuchung oder auf ihr Verfahren wegen eines Verstoßes gegen Artikel 101 oder 102 des Vertrages über die Arbeitsweise der Europäischen Union oder gegen eine Bestimmung des nationalen Wettbewerbsrechts eines anderen Mitgliedstaates der Europäischen Union im Sinne des § 89e Absatz 2 trifft;
3. die Europäische Kommission oder eine Behörde, die die in Artikel 1 Absatz 6 der Verordnung (EU) Nr. 2022/1925 genannten Vorschriften anwendet, Maßnahmen im Hinblick auf eine Untersuchung oder auf ihr Verfahren wegen eines Verstoßes gegen Artikel 5, 6 oder 7 der Verordnung (EU) Nr. 2022/1925 trifft, oder
4. der Anspruchsberechtigte gegen den Rechtsverletzer Klage auf Auskunft oder Herausgabe von Beweismitteln nach § 33g erhoben hat.

[2]Die Hemmung endet ein Jahr nach der bestands- und rechtskräftigen Entscheidung oder der anderweitigen Erledigung des Verfahrens. [3]§ 204 Absatz 2 Satz 2 und 3 des Bürgerlichen Gesetzbuchs findet entsprechende Anwendung.

(7) Die Verjährungsfrist eines Anspruchs auf Ausgleichung nach § 33d Absatz 2 wegen der Befriedigung eines Schadensersatzanspruchs nach § 33a Absatz 1 beginnt mit der Befriedigung dieses Schadensersatzanspruchs.

(8) [1]Abweichend von Absatz 2 beginnt die Verjährungsfrist des Schadensersatzanspruchs nach § 33a Absatz 1 von Geschädigten,

1. die nicht unmittelbare oder mittelbare Abnehmer oder Lieferanten des Kronzeugen sind, gegen den Kronzeugen mit dem Schluss des Jahres, in dem der Geschädigte von den übrigen Rechtsverletzern keinen vollständigen Ersatz seines aus dem Verstoß entstehenden Schadens erlangen konnte;

2. die nicht unmittelbare oder mittelbare Abnehmer oder Lieferanten eines kleinen oder mittleren Unternehmens nach § 33d Absatz 3 Satz 1 sind, gegen dieses Unternehmen mit dem Schluss des Jahres, in dem der Geschädigte nach § 33d Absatz 3 Satz 2 von den übrigen Rechtsverletzern mit Ausnahme des Kronzeugen keinen vollständigen Ersatz seines aus dem Verstoß entstehenden Schadens erlangen konnte.

[2]Absatz 3 findet keine Anwendung auf Schadensersatzansprüche, deren Verjährungsfrist nach Maßgabe dieses Absatzes beginnt.

## Übersicht

## A. Überblick

1    Die Verjährungsregeln haben die **Interessen** der **Gläubiger** mit denen der **Schuldner** auszutarieren[1] und hierbei auch **Gemeinwohlbelangen** Rechnung zu tragen. Gläubigern muss eine gerechte Chance eingeräumt werden, Ansprüche geltend zu machen. Vor allem mit Blick auf die Schadenshaftung wegen geheimer Kartellverstöße besteht ein berechtigtes Interesse daran, Ansprüche auch noch lange Zeit nach ihrem Entstehen einklagen zu können. Demgegenüber haben Rechtsverletzer ein berechtigtes Interesse daran, nach Ablauf bestimmter Fristen Haftungsrisiken rechtssicher ausschließen zu können. Nicht zuletzt wird es mit Zeitablauf unsicherer, aufwändiger und teurer, sich gegen Ansprüche zu verteidigen. Anders als der Gläubiger, der davon ausgeht oder es jedenfalls für möglich hält, einen Anspruch gegen den Schuldner zu haben, kann sich der Schuldner vor diesen Beweisnöten nicht durch Geltendmachung des Anspruchs schützen. Die Verjährung gleicht insoweit eine Asymmetrie im Kräfteverhältnis aus.[2] Zugleich berührt die Verjährung auch **Allgemeininteressen.** Kurze Verjährungsregelungen werden tendenziell den Präventions-

---

[1] EuGH 12.7.2022 – C-267/20, EU:C:2022:494 Rn. 45 – Volvo und DAF Trucks (zu Art. 10 Abs. 3 KartSERL).

[2] Grothe in MüKoBGB, 9. Aufl. 2021, Vor § 194 Rn. 6.

**setzungsregelung** oder im Falle **verspäteter Umsetzung** der Zeitpunkt des **Ablaufs** der **Umsetzungsfrist** am **27.12.2016** (nicht: Zeitpunkt der verspäteten Umsetzung).[20] Das Art. 10 KartSERL umsetzende nationale Recht darf nicht für Sachverhalte gelten, die vor diesem Zeitpunkt bereits abgeschlossen waren.[21] Entscheidend hierfür ist, ob zu diesem Zeitpunkt die geltend gemachten Ansprüche nach herkömmlichen nationalen Recht (unter Beachtung der Vorgaben des unionsrechtlichen Effektivitätsprinzips) bereits verjährt waren.[22] Ist dies nicht der Fall, entfaltet der maßgebliche Sachverhalt weiterhin Wirkung und liegt also keine rückwirkende Geltung im Sinne von Art. 22 Abs. 1 KartSERL vor, wenn hierauf die nationalen Regelungen angewendet werden, die Art. 10 KartSERL umsetzen.

In **§ 187 Abs. 3 S. 2 und 3** hat der deutsche Gesetzgeber die **zeitliche Geltung** der –  **5b** Art. 10 KartSERL umsetzenden – Vorschrift des **§ 33h** geregelt. Danach gilt § 33h zum einen für Ansprüche, die nach dem 26.12.2016 entstanden sind, und zum anderen für Ansprüche, die vor dem 27.12.2016 entstanden sind, falls diese am Tag des Inkrafttretens der Neunten GWB-Novelle am 9.6.2017 noch nicht verjährt waren, wobei bis zu diesem Zeitpunkt hinsichtlich des Beginns, der Hemmung, der Ablaufhemmung und des Neubeginns der Verjährungsfrist die Altregelungen[23] gelten.[24] Indem der Gesetzgeber sich auf den 9.6.2017 als Stichtag festgelegt hat, wollte er ausschließen, dass Altansprüche, die zwischen dem 27.12.2016 und dem 9.6.2017 nach der Rechtslage vor der Neunten GWB-Novelle verjährt sind, rückwirkend, insbesondere durch die Verlängerung der kenntnisabhängigen Verjährungsfrist, von der Verjährungseinrede befreit werden konnten. Dabei verkannte der deutsche Gesetzgeber die unionsrechtlich in Art. 22 Abs. 1 KartSERL vorgegebene Reichweite der Grundsätze der Rechtssicherheit und des Vertrauensschutzes. Wie der EuGH in „**Volvo und DAF Trucks**" klarstellte, ist im Falle **verspäteter Umsetzung** der Richtlinie – wie im Falle Deutschlands – auf den **Ablauf** der **Umsetzungsfrist** am **27.12.2016** abzustellen (→ Rn. 5a). Spätestens nach diesem Zeitpunkt können und müssen die in Umsetzung des Art. 10 KartSERL ergangenen Regelungen – nach deutschem Recht also § 33h – anwendbar sein und dies bei verspäteter Umsetzung auch im Wege einer rückwirkenden gesetzlichen Anordnung. Da die zeitliche Geltung des § 33h in § 187 Abs. 3 S. 2 und 3 damit unbewusst richtlinienwidrig geregelt wurde, ist dies im Wege **richtlinienkonformer Rechtsfortbildung** zu korrigieren.[25] Im Einzelfall mag es hierauf letztlich nicht ankommen, weil der EuGH in „Volvo und DAF Trucks" zugleich vorgeschrieben hat, dass im Lichte des **Effektivitätsprinzips** (und damit unabhängig von der Umsetzung des Art. 10 Abs. 2 KartSERL) die Verjährungsfrist ohnehin erst laufen darf, wenn die Zuwiderhandlung beendet wurde und Geschädigte über die Informationen ver-

---

[20] EuGH 12.7.2022 – C-267/20, EU:C:2022:494 Rn. 49 und 74 (der Hinweis auf den Zeitpunkt der verspäteten Umsetzung ist dort erkennbar nur von ergänzender Natur) sowie 79 – Volvo und DAF Trucks.

[21] EuGH 12.7.2022 – C-267/20, EU:C:2022:494 Rn. 48 – Volvo und DAF Trucks.

[22] EuGH 12.7.2022 – C-267/20, EU:C:2022:494 Rn. 49 – Volvo und DAF Trucks.

[23] Siehe Emmerich in Immenga/Mestmäcker, 5. Aufl. 2014, § 33 Rn. 77–81; Rinne/Kolb NZKart 2017, 217–223; Bornkamm/Tolkmitt in Bunte § 33h Rn. 28–36; Weitbrecht NJW 2018, 2450–2452. Zwischenzeitlich hat der BGH geklärt, dass die Hemmung der Verjährung gemäß § 33 Abs. 5 GWB 2005 iVm § 204 Abs. 2 BGB auch dann gilt, wenn ein Anspruch vor Inkrafttreten der Siebten GWB-Novelle am 1.7.2005 entstanden ist, zu diesem Zeitpunkt aber noch nicht verjährt war. BGH 12.6.2018 – KZR 56/16, WuW 2018, 405 (408) = juris Rn. 61–73 – Grauzementkartell II; BGH 11.12.2018 – KZR 26/17, WuW 2019, 91 (97) = juris Rn. 99 – Schienenkartell I. Zudem hat der BGH zu § 33 Abs. 5 2005 bestätigt, dass auch bei Tätigwerden der Kommission eine Verfahrenseinleitung in jeder Ermittlungshandlung gegen ein Unternehmen gesehen werden kann und keine förmliche Einleitung eines Verfahrens voraussetzt. BGH 23.9.2020 – KZR 35/19, BGHZ 227, 84 = NZKart 2021, 117 (122) = juris Rn. 79–84 – LKW-Kartell I (→ Rn. 33). Wird ein Bußgeldbeschluss der Kommission mit der Nichtigkeitsklage nach Art. 263 Abs. 4 AEUV angegriffen, endet der Zeitraum der Hemmung gemäß § 33 Abs. 5 GWB 2005 iVm § 204 Abs. 2 BGB sechs Monate nach der rechtskräftigen Entscheidung im gerichtlichen Verfahren oder dessen anderweitiger Beendigung. Wird keine Nichtigkeitsklage erhoben, beginnt die Sechsmonatsfrist des § 204 Abs. 2 BGB mit dem Ablauf der Frist für die Erhebung der Nichtigkeitsklage nach Art. 263 Abs. 4 AEUV. Siehe BGH 13.4.2021 – KZR 19/20, NZKart 2021, 566 (571) = juris Rn. 78–83 – LKW-Kartell II (→ Rn. 36).

[24] Siehe hierzu Stockmann → § 187 Rn. 4 f.

[25] Siehe EuGH 12.7.2022 – C-267/20, EU:C:2022:494 Rn. 77 – Volvo und DAF Trucks.

fügen, die unerlässlich sind, um Schadensersatzklage erheben zu können oder wenn die Kenntnis hiervor zumindest vernünftigerweise erwartet werden kann.[26] Für unerlässlich in diesem Sinne hält der EuGH das Wissen um das Vorliegen einer Zuwiderhandlung, eines Schadens und eines ursächlichen Zusammenhangs hierzwischen sowie um die Identität des Rechtsverletzers.[27] Maßgeblich sind diese Vorgaben aus dem „Volvo und DAF Trucks"-Urteil jedenfalls für das Anlaufen der vor Geltung des § 33h maßgeblichen **kenntnisabhängigen dreijährigen Regelverjährung** gemäß **§§ 195, 199 Abs. 1 BGB.** Im Lichte des Effektivitätsprinzips darf diese nicht laufen, bevor der Verstoß beendet wurde. Ob bereits aus den das Urteil tragenden Gründen folgt, dass das Effektivitätsprinzip eine gleichsinnige Einschränkung für das Anlaufen der nach „altem" Kartellschadensrecht maßgeblichen zehnjährigen kenntnisunabhängigen Verjährung gemäß § 199 Abs. 3 Nr. 1 BGB verlangt (und damit gleichsam rückwirkend eine Angleichung an die neue Rechtslage gemäß § 33h Abs. 3 Nr. 2 bewirkt), ist unsicher. Denn die Ausführungen des EuGH bezogen sich auf die nach spanischem Recht (vor Umsetzung der Richtlinie) geltende kenntnisabhängige einjährige Verjährungsfrist.[28] Wenngleich der Sache nach im Lichte des **Effektivitätsgrundsatzes** eine entsprechende **fortbildende Ergänzung** des **§ 199 Abs. 3 Nr. 1 BGB** um eine „Beendigungsschranke" für **Altfälle** schlüssig erscheint, kann nicht als gesichert gelten, dass der EuGH sich mit seinen Aussagen in „Volvo und DAF Trucks" hierauf festgelegt hat.[29]

## C. Kenntnisabhängige Verjährung

### I. Fristauslösende Voraussetzungen

6    **1. Anspruchsentstehung.** Die Fristauslösung setzt – erstens – gemäß § 33h Abs. 2 Nr. 1 voraus, dass ein „Anspruch entstanden ist".[30] Hierfür müssen die **Voraussetzungen** nach **§ 33 Abs. 1** bzw. **§ 33a Abs. 1** vorliegen. Die Entstehung eines Schadensersatzanspruchs setzt neben dem schuldhaften Kartellrechtsverstoß auch den **Eintritt eines Schadens** voraus.[31] Im Falle eines Kartells entsteht ein Schaden mit Abschluss eines Vertrags zu kartellbedingt verzerrten Konditionen.[32] Der Ersatzanspruch entsteht einheitlich auch für erst zukünftig fällig werdende Positionen, dh wenn ein erster (endgültiger) Teilschaden entstanden ist und mit einer Leistungsklage geltend gemacht werden kann und bei verständiger Würdigung mit der nicht fernliegenden Möglichkeit weiterer Vermögensnachteile zu rechnen ist.[33] Dies gilt für Fälle einer Weiterentwicklung bereits eingetretener Schadensfolgen, **nicht** aber für die Konstellation **wiederholter gleichartiger Transaktionen,** etwa von Beschaffungsvorgängen innerhalb einer stehenden Geschäftsbeziehung, auch wenn deren Konditionen jeweils durch die gleiche Kartellrechtsverletzung verzerrt sind. Eine neue Schädigung und damit ein neuer **Schadensersatzanspruch** entstehen hier **mit jedem neu geschlossenen Vertrag.**[34] Die Anspruchsentstehung wird damit nicht hinausgescho-

---

[26] EuGH 12.7.2022 – C-267/20, EU:C:2022:494 Rn. 56 f. – Volvo und DAF Trucks.

[27] EuGH 12.7.2022 – C-267/20, EU:C:2022:494 Rn. 58–60 – Volvo und DAF Trucks.

[28] EuGH 12.7.2022 – C-267/20, EU:C:2022:494 Rn. 51 – Volvo und DAF Trucks.

[29] AA Richter/Zorn NZKart 2022, 513, 515 („ohne Zweifel"). Zur Relevanz des EuGH-Urteils „Volvo und DAF Trucks" für objektive Verjährungsfristen → Rn. 28.

[30] Vgl. § 199 Abs. 1 Nr. 1 BGB.

[31] Diese Voraussetzung lässt sich auch Art. 10 Abs. 2 lit. b KartSERL entnehmen.

[32] OLG München 8.3.2018 – U 3497/16 Kart, WuW 2018, 486 Rn. 91. Für die Haftung wegen Verletzung von Aufklärungspflichten ist in der Rechtsprechung anerkannt, dass ein Vermögensschaden bereits mit Abschluss eines wirtschaftlich nachteiligen Vertrages entsteht, BGH 8.4.2014 – XI ZR 341/12, NJW 2014, 2348 Rn. 25 mwN.

[33] Sog. Grundsatz der Schadenseinheit, siehe BGH 14.3.1968 – VII ZR 77/65, BGHZ 50, 21 (24) = juris Rn. 39; BGH 2.7.1992 – IX ZR 268/91, BGHZ 119, 69 (71) = juris Rn. 21; BGH 7.11.2014 – V ZR 309/12, NJW 2015, 1007 Rn. 12.

[34] BGH 23.9.2020 – KZR 35/19, BGHZ 227, 84 = NZKart 2021, 117 (121) = juris Rn. 73 – LKW-Kartell I; OLG Düsseldorf 29.1.2014 – VI-U (Kart) 7/13, WuW/E DE-R 4477 (4482 f.) = juris Rn. 112 – Intertemporales Verjährungsrecht (Konstellation von infolge missbräuchlicher Kosten-Preis-Schere entgange-

ben auf den Zeitpunkt des letzten von mehreren Beschaffungsvorgängen, deren Konditionen jeweils durch eine Kartellrechtsverletzung beeinflusst werden. Für ein solches Verständnis der Anspruchsentstehung – etwa indem die Kartellrechtsverletzung einschließlich aller hiervon beeinflussten Vertragsschlüsse als Dauerhandlung oder als fortgesetzte Handlung im Sinne der vormals im Strafrecht vertretenen Rechtsfigur konzeptualisiert wird[35] – besteht auch im Lichte des Effektivitätsgrundsatzes kein Raum, weil den Interessen der Geschädigten durch die weitere **Voraussetzung** der **Beendigung des Verstoßes** gemäß § 33h Abs. 2 Nr. 3 und Abs. 3 Nr. 2 und für Ansprüche, die den vor Geltung des § 33h anzuwenden Verjährungsregeln unterliegen, durch eine entsprechende effektivitätskonforme Fortbildung des § 199 Abs. 1 BGB Rechnung getragen wird.[36]

**2. Subjektive Voraussetzungen.** Die Frist wird – **zweitens** – gemäß § 33h Abs. 2 **7** Nr. 2 erst ausgelöst, wenn der Anspruchsberechtigte **Kenntnis** hat von den Umständen, die den Anspruch begründen und davon, dass sich hieraus ein Verstoß ergibt (lit. a). Zudem muss die Identität des Rechtsverletzers bekannt sein (lit. b). Der Anspruchsberechtigte muss sich die Kenntnis seiner **organschaftlichen Vertreter** und **Repräsentanten** (§ 31 BGB) sowie seiner sog. **Wissensvertreter** (analog § 166 Abs. 1 BGB) zurechnen lassen. In die letzte Gruppe fallen Personen, die der Anspruchsberechtigte damit betraut, in eigener Verantwortung infrage stehende Ansprüche zu betreuen und zu verfolgen.[37] Hinsichtlich dieses Personenkreises kommt auch eine Wissenszusammenrechnung in Betracht.[38] Kenntnis anderer im Unternehmen tätiger Personen ist dem Unternehmensträger nicht zuzurechnen[39] und es besteht auch keine Obliegenheit, diese Kenntnis – etwa von Indizien, die auf eine Kartellierung deuten könnten – systematisch zusammenzuführen.[40] Handelt der Wissensvertreter kollusiv mit dem Rechtsverletzer, ist dieser nicht schutzwürdig und kann sich nicht auf die Kenntnis des Wissensvertreters berufen.[41]

**a) Maßstab für Kenntnis und grob fahrlässige Unkenntnis.** Für den Fristanlauf **8** genügt neben der Kenntnis auch grob fahrlässige Unkenntnis des Anspruchstellers. Die Frist läuft dann ab dem Zeitpunkt, zu dem dieser bei Anwendung der im eigenen Interesse erwartbaren Sorgfalt die maßgebliche Kenntnis erlangt hätte.[42] Der deutsche Gesetzgeber hat damit den in § 199 Abs. 2 Nr. 2 BGB verankerten Maßstab übernommen. Für die Auslegung und Anwendung bleibt aber zu bedenken, dass § 33h unionsrechtlich überlagert ist und das Unionsrecht einen Mindeststandard vorgibt.[43]

Hängt der Anlauf einer Verjährungsfrist von der **Kenntnis** bestimmter **Tatsachen** ab, **9** dann müssen die dem Geschädigten vorliegenden Informationen von solcher Qualität sein, dass er eine **Schadensersatzklage** – mindestens in der Form einer Feststellungsklage – **erfolgversprechend, wenn auch nicht risikolos** begründen kann.[44] Am Vorliegen eines

---

ner Anschlussentgelte: bei branchenüblicher monatlicher Abrechnung entsteht ein Anspruch in Höhe der jeweils mit einer Abrechnung entgangenen Einnahmen).

[35] Gegen deren Übertragung ins Bürgerliche Recht bereits BGH 14.2.1978 – X ZR 19/76, BGHZ 71, 86 (94) = juris Rn. 49 – Fahrradgepäckträger II.

[36] → Rn. 5b.

[37] BGH 11.12.2018 – KZR 26/17, WuW 2019, 91 (96) = juris Rn. 94–96 – Schienenkartell I; LG Frankfurt 3.8.2022 – 2–06 O 649/12, NZKart 2022, 595 (596) – Schienenkartell (Leiterin Rechtsabteilung).

[38] Schubert in MüKoBGB, 9. Aufl. 2021, § 166 Rn. 83.

[39] BGH 17.4.2012 – VI ZR 108/11, BGHZ 193, 67 = juris Rn. 12 f. (zu § 199 Abs. 1 Nr. 2 BGB).

[40] BGH 19.5.2020 – KZR 70/17, NZKart 2020, 535, 539 = juris Rn. 42 aE – Schienenkartell III (Unterlassen geeigneter Maßnahmen zur Weiterleitung einschlägiger Informationen). Siehe auch Bach NZKart 2022, 578 (579).

[41] BGH 11.12.2018 – KZR 26/17, WuW 2019, 91 (96 f.) = juris Rn. 97 – Schienenkartell I; BGH 19.5.2020 – KZR 70/17, NZKart 2020, 535 (539) = juris Rn. 42.

[42] BGH 23.9.2008 – XI ZR 395/07, NJW 2009, 587 Rn. 15.

[43] Dazu sogleich → Rn. 11 ff.

[44] StRspr, BGH 24.6.1999 – IX ZR 363/97, NJW 1999, 2734 (2735); BGH 23.9.2004 – IX ZR 421/00, NJW-RR 2005, 69 (70); BGH 7.11.2014 – V ZR 309/12, NJW 2015, 1007 Rn. 14 mwN (Klage muss „bei verständiger Würdigung so viel Erfolgsaussicht [haben], dass sie [dem Gläubiger] zumutbar ist").

zurechenbaren Schadens und der Person des Ersatzpflichtigen dürfen keine begründeten Zweifel mehr bestehen.[45] Ob anhand dieses Maßstabs eine hinreichende Grundlage für eine Rechtsverfolgung gegen den Schädiger besteht, hängt von den Umständen des Einzelfalls ab.

10    Einem Gläubiger ist **grob fahrlässige Unkenntnis** vorzuwerfen, wenn ihm die Informationen, die seine Kenntnis von den maßgeblichen Umständen begründet hätten, nur deshalb verborgen geblieben sind, weil er die im Verkehr erforderliche Sorgfalt in ungewöhnlich großem Maße verletzt und auch ganz nahe liegende Überlegungen nicht angestellt hat bzw. das nicht beachtet hat, was im gegebenen Fall jedem ohne Weiteres hätte einleuchten müssen. Den Gläubiger treffen danach **Organisations-, Informations- und Nachforschungsobliegenheiten,** wobei tendenziell nur ein – vor allem mit Blick auf die Kosten – relativ geringer Aufwand erwartet werden darf. Ein Gläubiger darf Indizien, aufgrund derer sich aufdrängt, dass ihm ein Anspruch zustehen könnte, nicht schlichtweg ignorieren. Notwendig ist ein „Verschulden gegen sich selbst": es muss geradezu unverständlich erscheinen, dass ein verständiger, auf seine Interessen bedachter Gläubiger keine weiteren Nachforschungen betrieben hat.[46]

11    **Art. 10 Abs. 2 KartSERL** bezieht sich für das subjektive Element des Verjährungsbeginns auf die Kenntnis des **„Klägers".** Indem § 33h Abs. 2 Nr. 2 demgegenüber auf den **„Anspruchsberechtigten"** rekurriert, wird der Anspruchsbezogenheit des deutschen Verjährungsrechts[47] Rechnung getragen. Zudem wird klargestellt, dass bei einer Abtretung darauf abgestellt werden kann, ob die subjektiven Voraussetzungen in der Person des Zedenten vorlagen.[48] Dem steht die Richtlinie nicht entgegen, weil nicht davon ausgegangen werden darf, dass der Unionsgesetzgeber, indem er auf den „Kläger" abstellt, die Möglichkeit eröffnen wollte, Verjährungsregelungen durch Abtretung zu umgehen. Die Konstellation wurde vom Richtliniengeber nicht geregelt. Sie fällt gemäß Art. 10 Abs. 1 KartSERL – in den Grenzen des Effektivitätsprinzips – in die Regelungskompetenz der Mitgliedstaaten.

12    Der Kenntnis des Klägers von dem Verhalten, das die Zuwiderhandlung begründet, von dessen kartellrechtlicher Bewertung, vom hieraus entstandenen Schaden und von der Identität des Rechtsverletzers steht es nach Art. 10 Abs. 2 KartSERL gleich, wenn „diese **Kenntnis vernünftigerweise erwartet werden kann".** Anders gewendet, treffen einen Geschädigten **„vernünftigerweise"** erwartbare Informations- und Nachforschungsobliegenheiten. Es wäre vorschnell, hiermit ohne weiteres Fahrlässigkeit im Sinne auch (nur) leichter Sorgfaltspflichtverletzung (gegen sich selbst) zu assoziieren, und damit einen – zulasten der Gläubiger – strengeren Maßstab als jenen der „groben Fahrlässigkeit", wie er gemäß § 199 Abs. 1 Nr. 2 BGB gilt.[49] Zwar wurde der Begriff der „vernünftigerweise erwartbaren Kenntnis" etwa im **Entwurf eines Gemeinsamen Referenzrahmens** (Draft Common Frame of Reference – DCFR) im Sinne einer Sorgfaltspflichtverletzung, die auch leichte Fahrlässigkeit umfasst, verwendet.[50] Allerdings ist der Begriff und seine Deutung im dort einschlägigen Kontext des gutgläubigen Erwerbs beweglicher Sachen nicht aus dem acquis communautaire, dem geltenden Unionsrecht, gewonnen,[51] sondern beruht

---

[45] BGH 23.9.2004 – IX ZR 421/00, NJW-RR 2005, 69 (70).

[46] Siehe nur BGH 15.3.2016 – XI ZR 122/14, NJW-RR 2016, 1187 Rn. 34; BGH 10.11.2009 – VI ZR 247/08, NJW-RR 2010, 681 Rn. 13–16; jew. mwN.

[47] Siehe § 194 Abs. 1 BGB.

[48] Kersting/Preuß Rn. 82.

[49] Vgl. für ein Verständnis des Art. 10 Abs. 2 KartSERL, wonach auch (leicht) fahrlässige Unkenntnis auf Seiten eines Klägers erfasst werden kann Pohlmann WRP 2015, 546 Rn. 30; Bornkamm/Tolkmitt in Bunte § 33h Rn. 9; Kersting/Preuß WuW 2016, L1 (L11) (online); Soyez WuW 2017, 240 (241).

[50] Siehe VIII. – 3.101(1)(d) DCFR und von Bar/Clive (eds.), Principles, Definitions and Model Rules of European Private Law, Draft Common Frame of Reference (DCFR), Vol. 5, 2009, S. 4831 („even slight negligence should exclude good faith"); vgl. Hoffmann/Schneider WuW 2016, 102 (106), die auf die entsprechende Formulierung in VIII. – 3.101(2) DCFR verweisen.

[51] Siehe von Bar/Clive (eds.), Principles, Definitions and Model Rules of European Private Law, Draft Common Frame of Reference (DCFR), Vol. 5, 2009, S. 4826.

auf rechtsvergleichender Analyse der europäischen Rechtsordnungen.[52] Insoweit kann sich der Hinweis auf den DCFR zwar eignen, um im Sinne einer wertend-rechtsvergleichenden Betrachtung Lücken im Unionsrecht zu schließen[53] oder Begriffe des Unionsrechts auszulegen.[54] Allerdings hat der EuGH sich bislang noch nicht in diesem Sinne des DCFR bedient. Ohnehin wird man dem aus dem Unionsrecht gewonnenen Argument für die Auslegung des Unionsrechts regelmäßig mehr Gewicht zuweisen können als einem aus wertender Rechtsvergleichung entwickelten Verständnis. Zu beachten ist deshalb, dass nach **Art. 2 Abs. 3 der (vormaligen) Verbrauchsgüterkauf-Richtlinie**[55] ein Gut dann nicht als vertragswidrig anzusehen ist, „wenn der Verbraucher [...] Kenntnis von der Vertragswidrigkeit hatte oder vernünftigerweise nicht in Unkenntnis darüber sein konnte".[56] Der EuGH hatte keine Gelegenheit, sich zum Maßstab der „vernünftigerweise nicht erwartbaren Unkenntnis" zu positionieren. Im Schrifttum wird das Konzept oft mit grober Fahrlässigkeit aufseiten des Käufers gleichgesetzt,[57] teils – einerseits – aber auch als Vorgabe von geringeren Sorgfaltsanforderungen als bei grober Fahrlässigkeit verstanden,[58] andererseits aber auch als Vorgabe höherer Sorgfaltsanforderungen bis hin zur leichten Fahrlässigkeit.[59] Diese Unsicherheit in der Auslegung unterstreicht, dass es kaum hilfreich ist, im nationalen Recht etablierte Konzepte von unterschiedlichen Graden an Fahrlässigkeit heranzuziehen, um einen unionsrechtlichen Begriff wie jenen der **„vernünftigerweise erwartbaren Kenntnis"** auszufüllen. Geboten ist eine **autonom-unionsrechtliche Ausformung,** die rechtssicher nur durch den EuGH erfolgen kann. Diese Konkretisierung muss auf einer **Abwägung der maßgeblichen Interessen**[60] beruhen[61] und dabei auch die

---

[52] von Bar/Clive (eds.), Principles, Definitions and Model Rules of European Private Law, Draft Common Frame of Reference (DCFR), Vol. 5, 2009, S. 4848–4855.

[53] Siehe etwa GA Kokott 30.1.2014 – C-557/12, EU:C:2014:45 Rn. 35 – Kone.

[54] Siehe etwa GA Trstenjak 11.9.2008 – C-180/06, EU:C:2008:483 Rn. 49 – Ilsinger; GA Kokott 24.10.2013 – C-396/12, EU:C:2013:698 Rn. 77 mit Fn. 39 – van der Ham und van der Ham-Reijersen van Buuren; GA Trstenjak 6.7.2010 – C-137/08, EU:C:2010:401 Rn. 96 mit Fn. 54 – VB Pénzügyi Lízing.

[55] Richtlinie 1999/44/EG des Europäischen Parlaments und des Rates vom 25.5.1999 zu bestimmten Aspekten des Verbrauchsgüterkaufs und der Garantien für Verbrauchsgüter, ABl. 1999 L 171/12. Die Richtlinie wurde ab dem 1.1.2022 aufgehoben, siehe Art. 23 der Richtlinie (EU) 2019/771 des Europäischen Parlaments und des Rates vom 20.5.2019 über bestimmte vertragsrechtliche Aspekte des Warenkaufs, zur Änderung der Verordnung (EU) 2017/2394 und der Richtlinie 2009/22/EG sowie zur Aufhebung der Richtlinie 1999/44/EG, ABl. 2019 L 136/28 (Warenkauf-Richtlinie). Nach Art. 7 Abs. 5 dieser Richtlinie, der Art. 2 Abs. 3 der Verbrauchsgüterkauf-Richtlinie entspricht, wird die Vertragswidrigkeit nunmehr nur dann ausgeschlossen, wenn der Verbraucher vom Verkäufer „eigens" über die Abweichungen von der Vertragsmäßigkeit „in Kenntnis gesetzt wurde".

[56] Hervorhebung hinzugefügt.

[57] Grundmann in Grundmann/Bianca (Hrsg.), EU-Kaufrechts-Richtlinie, Art. 2 Rn. 52; Heiderhoff, Europäisches Privatrecht, 4. Aufl. 2016, Rn. 483–485 („[...] der groben Fahrlässigkeit zumindest sehr nahe"); Leible in Gebauer/Wiedmann (Hrsg.), Zivilrecht unter europäischem Einfluss, 2. Aufl. 2010, Kap. 10 Rn. 75; Westermann in MüKoBGB, 8. Aufl. 2019, § 442 Rn. 8.

[58] Pfeiffer in NK-BGB, Schuldrecht II/2, 2. Aufl. 2012, Kauf-RL Art. 2 Rn. 24; Magnus in Grabitz/Hilf/Nettesheim (Hrsg.), Das Recht der EU, 40. Aufl. 2009, VerbGKRL Art. 2 Rn. 71 („besonders grobes Verschulden").

[59] Ehmann/Rust JZ 1999, 853 (857).

[60] → Rn. 1.

[61] In diesem Sinne heißt es etwa in Begründungserwägung (24) zur Warenkauf-Richtlinie 2019/771: „Im Interesse eines ausgewogenen Gleichgewichts zwischen dem Erfordernis der Rechtssicherheit und einer angemessenen Flexibilität der Rechtsvorschriften sollte der Verweis in dieser Richtlinie darauf, was [...] von einer Person erwartet werden kann, als Verweis darauf verstanden werden, was „vernünftigerweise" erwartet werden darf. Der Standard für „Vernünftigkeit" [...] sollte objektiv unter Berücksichtigung der Art und des Zwecks des Vertrags, der Umstände des Einzelfalls und der Gebräuche und Gepflogenheiten der Vertragsparteien bestimmt werden." Deutlich wird hieran, dass der Maßstab der „Vernünftigkeit" eine umfassende Interessenabwägung ermöglichen soll, wobei hier – im Gegensatz zum Kontext des Art. 10 Abs. 2 KartSERL – im Einzelnen besonders auf vertragsbezogene Kriterien Bezug genommen wird. Die Warenkauf-Richtlinie rekurriert verschiedentlich explizit auf das „vernünftigerweise" Erwartbare, um einen rechtlich vorgeprägten (objektiven) Standard zu beschreiben. Siehe etwa Staudenmayer ZEuP 2019, 663, 680–682. Auf „vernünftigerweise" erwartbare (Un-)Kenntnis auf Seiten des Verkäufers stellt Art. 7 Abs. 2 lit. a der Richtlinie ab, um zu begründen, dass dieser (nicht) an öffentliche Erklärungen Dritter gebunden ist.

primärrechtlichen Vorgaben aus Art. 101 f. AEUV und das Effektivitätsgebot berücksichtigen.[62] Mit Blick auf die Auslegung und Anwendung des Konzepts in anderen Rechtsakten der EU ist zu beachten, dass sich für das Sekundärrecht zwar ein rechtsaktsübergreifender Systemanspruch konstatieren lässt. Indes haben solche systematischen Argumente weniger Gewicht als in einem auf Vollständigkeit angelegten nationalen Zivilrechtssystem wie dem des Bürgerlichen Rechts, wo etwa davon ausgegangen werden kann, dass ein Konzept wie „grobe Fahrlässigkeit" im Grundsatz einheitlich beurteilt wird.[63]

**13**    Da Art. 10 Abs. 2 KartSERL ausweislich seines Wortlauts („Die Verjährungsfrist beginnt nicht, bevor [...]") den **Mitgliedstaaten Freiraum** lässt, die Verjährung später als nach der Richtlinie gefordert anlaufen zu lassen, müssen der deutsche Gesetzgeber und die deutschen Gerichte nicht exakt den unionsrechtlich vorgesehenen Maßstab treffen, sondern können einen für die Anspruchsinhaber günstigere Regelung vorsehen. Eine Orientierung an der strengen Rechtsprechungspraxis zu § 199 Abs. 1 Nr. 2 BGB sollte deshalb – bei aller Unsicherheit über das Verständnis von Art. 10 Abs. 2 KartSERL – die Unionsrechtskonformität des subjektiven Maßstabs gewährleisten können.[64]

**14**    **b) Bezugspunkte im Einzelnen.** Nach § 33h Abs. 2 Nr. 2 bezieht sich die subjektive Voraussetzung des Fristanlaufs auf die „Umstände, die den Anspruch begründen" (lit. a) sowie die Einsicht, dass hieraus ein Verstoß folgt, und die „Identität des Rechtsverletzers" (lit. b), dh die Tatsachen, aus denen sich ein Kartellrechtsverstoß und die Identität des Rechtsverletzers begründen lassen (§ 33 Abs. 1) bzw. zudem, dass der Verstoß schuldhaft erfolgte und beim Anspruchsteller einen Schaden verursacht hat[65] (§ 33a Abs. 1).

**15**    Die **Information über Ermittlungshandlungen der Wettbewerbsbehörden,** etwa durch Pressemitteilungen über Nachprüfungen in den Räumlichkeiten eines Lieferanten wegen des Verdachts der Kartellierung, können für sich den Fristanlauf nicht wegen grob fahrlässiger Unkenntnis von einer Kartellrechtsverletzung auslösen.[66] Zum einen würde es aufgrund der damit verbundenen Kosten die Obliegenheiten an Geschädigte überspannen, einen offenbar vorliegenden Anfangsverdacht der Behörde zum Anlass zu nehmen, eigene Nachforschungen anzustellen und etwa zu versuchen, auf Grundlage von § 33g Auskünfte und Beweismittel zu erlangen. Zum anderen bliebe es typischerweise selbst beim Einsatz aller verfügbarer Mittel durch einen mutmaßlichen Geschädigten höchst unsicher, ob oder wann er durch eigene Nachforschungen mit hinreichender Gewissheit Kenntnis von einem Kartellrechtsverstoß etwa eines Lieferanten erlangen könnte.[67] Nicht zuletzt die in § 33b vorgesehene Bindungswirkung weist darauf hin, dass Geschädigte die Freiheit haben sollen, abzuwarten, ob die Wettbewerbsbehörde einen Kartellrechtsverstoß belegen kann und eine entsprechende Entscheidung gegen den oder die Rechtsverletzer erlässt.

**16**    Hinreichende **Kenntnis** von einer **Kartellrechtsverletzung** und der eigenen **Betroffenheit** liegt jedenfalls dann vor, wenn sie aus einem **Bußgeldbescheid** oder einer sonstigen Entscheidung der Kartellbehörde folgt, die der Betroffene eingesehen hat oder die er mit zumutbarem Aufwand hätte erlangen und einsehen können.[68] Zusätzlich kann dem mutmaßlich Betroffenen eine **angemessene Prüffrist** eingeräumt werden.[69] Allerdings

---

[62] Siehe GA Rantos 28.10.2021 – C-267/20, EU:C:2021:884, Rn. 120 – Volvo und DAF Trucks.
[63] Vgl. Grothe in MüKoBGB, 9. Aufl. 2021, § 199 Rn. 31.
[64] Bornkamm/Tolkmitt in Bunte § 33h Rn. 9 aE.
[65] Ausdr. Art. 10 Abs. 2 lit. b KartSERL.
[66] LG Berlin 6.8.2013 – 16 O 193/11, WuW/E DE-R 4456 (4463) = juris Rn. 62 – Fahrtreppen; LG Hannover 31.5.2016 – 18 O 259/14, BeckRS 2016, 16771 = juris Rn. 54 – Schienenkartell.
[67] In diesem Sinne auch Bach NZKart 2022, 578 (580 f.).
[68] OLG Karlsruhe 9.11.2016 – 6 U 204/15 Kart (2), WuW 2017, 43 (46) = juris Rn. 79 – Grauzementkartell. Zu den verschiedenen Wegen, auf denen mutmaßlich Betroffene Kenntnis von einem Bußgeldbescheid erlangen können → § 33b Rn. 37 ff.
[69] BGH 12.6.2018 – KZR 56/16, WuW 2018, 405 (408) = juris Rn. 60 – Grauzementkartell II („unabhängig davon, welche Prüffrist der Klägerin nach erlangter Akteneinsicht zuzubilligen gewesen wäre"). BGH 11.12.2018 – KZR 26/17, WuW 2019, 91 (96) = juris Rn. 93 – Schienenkartell I, spricht nicht gegen eine Prüffrist, weil der BGH lediglich annimmt, dass grundsätzlich vor Erlass des Bußgeldbescheids keine

können zwischen dem Erlass eines Bußgeldbescheids und dessen Verfügbarkeit in einer nicht-vertraulichen Fassung erhebliche Zeitspannen liegen.

Das OLG Düsseldorf ging im „CDC"-Urteil davon aus, dass – erstens – unterstellt **17** werden könne, dass Geschäftsleiter von einer **intensiven Presseberichterstattung über eine Bußgeldverhängung** Kenntnis erlangen,[70] und dass – zweitens – eine solche Presseberichterstattung (soweit sie denn Informationen über den Verstoß, die Betroffenheit und die Identität der Rechtsverletzer in hinreichender Detailgenauigkeit enthält[71]) auch geeignet sei, den Schadensersatzgläubigern hinreichend sichere Kenntnis von den anspruchsbegründenden Tatsachen und der Identität eines Rechtsverletzers zu verschaffen. Damit könnte ein Anlaufen der Verjährungsfrist zu einem Zeitpunkt bewirkt werden, zu dem die Geschädigten den Bußgeldbescheid weder in Augenschein genommen haben noch diesen hätten in Augenschein nehmen können.[72]

Im Urteil **„DAF und Volvo Trucks"** spezifizierte der EuGH, welche Anforderungen **17a** das unionsrechtliche Effektivitätsgebot an den Beginn der Verjährungsfrist stellt. Da der EuGH hierfür im Ansatz als maßgeblich ansah, dass der Geschädigte die Zuwiderhandlung, den Schaden, den ursächlichen Zusammenhang zwischen Zuwiderhandlung und Schaden sowie die Identität des Rechtsverletzers kennt oder diese Kenntnis zumindest vernünftigerweise erwartet werden kann,[73] können die weiter hierzu im Urteil gemachten Ausführungen auch für die Auslegung von Art. 10 Abs. 2 KartSERL und § 33h Abs. 2 Nr. 2 herangezogen werden. Der EuGH legte sich darauf fest, dass im Fall des **LKW-Kartells** diese Voraussetzungen **nicht** bereits **erfüllt** waren, als die Kommission eine **Pressemitteilung über ihren Beschluss** veröffentlicht hat.[74] Die hierfür vom Gerichtshof herangezogenen Kriterien lassen erkennen, dass Pressemitteilungen regelmäßig nicht genügen, um einem Geschädigten die Kenntnis der für eine Klageerhebung unerlässlichen Angaben unterstellen zu können: Die Informationen über den Sachverhalt und die maßgeblichen rechtlichen Erwägungen sind typischerweise nicht präzise genug, um die Identität des Rechtsverletzers, Art und Dauer der Zuwiderhandlung sowie möglicherweise hieraus Geschädigte hinreichend genau erkennen zu können. Pressemitteilungen richteten sich an die Medien und seien nicht dazu bestimmt, Rechtswirkungen gegenüber Dritten zu entfalten. Kartellgeschädigte trifft keine Sorgfaltspflicht, derartige Pressemitteilungen zu verfolgen.[75]

Der EuGH hielt im Falle des LKW-Kartells die im Amtsblatt in allen Amtssprachen der **17b** Union veröffentlichte **Zusammenfassung des Kommissionsbeschlusses**[76] für hinreichend, um Geschädigten die für eine Klageerhebung unerlässlichen Informationen zu vermitteln.[77] Das mag im Einzelfall nachvollziehbar sein, doch darf der Maßstab bei Art. 10 Abs. 2 KartSERL und § 33h Abs. 2 Nr. 2 nicht zu streng zu Lasten der Geschädigten

---

Kenntnis besteht. Eine zehnmonatige Prüffrist – so OLG Karlsruhe 9.11.2016 – 6 U 204/15 Kart (2), WuW 2017, 43 (46) = juris Rn. 80 – Grauzementkartell – scheint freilich überzogen.

[70] Vgl. aber KG 1.10.2009 – 2 U 10/03 Kart, WuW/E DE-R 2773 = NJOZ 2010, 536 (538) = juris Rn. 25–27 – Berliner Transportbeton („[E]s gibt keinen Erfahrungssatz, dass der Inhalt von Pressemitteilungen stets zeitnah von den Betroffenen zur Kenntnis genommen wird; das gilt auch für Kaufleute bzw. organschaftliche Vertreter von Handelsgesellschaften in Bezug auf unternehmensbezogene Nachrichten der Wirtschaftspresseberichterstattung. […] niemand wird von Rechts wegen gehalten, die Presse zu verfolgen. Das gilt auch für Kaufleute und organschaftliche Vertreter von Handelsgesellschaften in Bezug auf unternehmensbezogene Nachrichten des Wirtschaftsteils.").

[71] In concreto verneinend OLG Karlsruhe 9.11.2016 – 6 U 204/15 Kart (2), WuW 2017, 43 (46) = juris Rn. 76 – Grauzementkartell; LG Nürnberg-Fürth 28.1.2015 – 3 O 10183/13, Umdruck S. 15 – Kaffeekartell.

[72] OLG Düsseldorf 18.2.2015 – VI-U (Kart) 3/14, WuW/E DE-R 4601 (4606) = juris Rn. 29 f. – Zementkartell-Sammelklage (CDC). Zustimmend für Fälle ausführlicher Berichterstattung Bornkamm/Tolkmitt in Bunte § 33h Rn. 10.

[73] EuGH 12.7.2022 – C-267/20, EU:C:2022:494 Rn. 77 – Volvo und DAF Trucks.

[74] EuGH 12.7.2022 – C-267/20, EU:C:2022:494 Rn. 71 – Volvo und DAF Trucks.

[75] EuGH 12.7.2022 – C-267/20, EU:C:2022:494 Rn. 67 f. – Volvo und DAF Trucks.

[76] Zusammenfassung des Beschlusses der Kommission vom 19.7.2016, Sache AT-39824 – Lkw, bekanntgegeben unter Az. C(2016) 4673, ABl. C 108/6 v. 6.4.2017.

[77] EuGH 12.7.2022 – C-267/20, EU:C:2022:494 Rn. 71 – Volvo und DAF Trucks.

gewählt werden. Grundsätzlich sollte diesen nicht abverlangt werden, bereits zu einem Zeitpunkt (zumindest) Feststellungs- oder Stufenklage zu erheben, zu dem sie deren Erfolgsaussichten (noch) nicht gut beurteilen können. Das kann etwa der Fall sein, wenn Geschädigte die (vollständige) behördliche Entscheidung (noch) nicht einsehen konnten, weil Rechtsverletzer und Wettbewerbsbehörde noch über die öffentliche Fassung eines Bußgeldbescheids streiten.[78] Lässt man in diesen Konstellationen die Verjährung stets mit der Veröffentlichung des verkürzten Bußgeldbeschlusses beginnen, riskierte man im Einzelfall auch ein Unterlaufen der Ratio der Hemmung der Verjährung bei laufenden behördlichen oder gerichtlichen Verfahren. Diese endet gemäß Art. 10 Abs. 4 S. 2 KartSERL und § 33h Abs. 6 S. 2 (frühestens) ein Jahr, nachdem das Verfahren beendet wurde. Als Grund hierfür gab der deutsche Gesetzgeber an, dass Geschädigte nach Abschluss des Verfahrens genug Zeit haben sollten, „um sich die erforderlichen Informationen für die Geltendmachung von Schadensersatz zu verschaffen, für die häufig Kenntnis der gerichtlichen oder behördlichen Entscheidung der Ausgangspunkt sein wird."[79] Hiermit stünde es im Wertungseinklang, dem (mutmaßlich) Geschädigten die volle Verjährungsfrist nach der möglichen Einsicht in den bestandskräftigen Bescheid der Wettbewerbsbehörde zu gewährleisten.[80]

**18**    Die subjektive Seite der Fristauslösung verlangt gemäß § 33h Abs. 2 Nr. 2 lit. a nicht nur Kenntnis der Tatsachen, aus denen die Anspruchsberechtigung folgt, sondern auch, dass der **Anspruchsteller erkannt** hat oder jedenfalls **bei Vermeidung grober Fahrlässigkeit hätte erkennen müssen,** dass ein **Verstoß** gegen das Kartellrecht vorliegt. Die Regelung setzt Art. 10 Abs. 2 lit. a KartSERL um.[81] Sie bildet ein Novum für das deutsche Verjährungsrecht. Ob der Gläubiger die verjährungsfristauslösenden Umstände in ihrer rechtlichen Relevanz zutreffend würdigt, ist nämlich bei § 199 Abs. 1 Nr. 2 BGB – aus Gründen der Rechtssicherheit – grundsätzlich unerheblich.[82]

**19**    Ausnahmen sind aber unter § 199 Abs. 1 Nr. 2 BGB für Fälle anerkannt, in denen die Rechtslage so unsicher ist, dass sie selbst ein rechtskundiger Dritter nicht zuverlässig einzuschätzen vermag. Eine Klageerhebung gilt dann als unzumutbar. Dies gilt erst recht, wenn einem Anspruch eine höchstrichterliche Rechtsprechung entgegensteht. Sind diese Voraussetzungen für eine **Unzumutbarkeit der Klageerhebung** gegeben, liegt auch keine grob fahrlässige Verkennung einer Kartellrechtsverletzung gemäß § 33h Abs. 2 Nr. 2 lit. a vor. Anders als bei der ausnahmsweisen Unzumutbarkeit unter § 199 Abs. 1 Nr. 2 BGB liegt die **Darlegungslast** hier allerdings beim Rechtsverletzer, der sich auf den Eintritt der Verjährung beruft.[83]

**20**    Art. 10 Abs. 2 lit. a KartSERL und § 33h Abs. 2 Nr. 2 lit. a entlasten den Gläubiger allerdings noch weitergehend als die bislang im deutschen Recht etablierte Kategorie der

---

[78] So iErg etwa auch Seifert WuW 2017, 474 (475 f.).

[79] Regierungsbegründung zur Neunten GWB-Novelle BT-Drs. 18/10207, 66.

[80] § 33h Abs. 6 S. 2 ist nicht zu entnehmen, dass diese gesetzgeberische Absicht allein über den Hemmungstatbestand gewährleistet werden sollte und nicht zudem auch über die Definition des Verjährungsbeginn. Einschränkend Bornkamm/Tolkmitt in Bunte § 33h Rn. 12 aE.

[81] Im Text der Richtlinie heißt es, die Kartellrechtswidrigkeit eines Verhaltens bilde eine „Tatsache". Dies ist sprachlich missglückt; es geht um die (rechtliche) Bewertung des Verhaltens. Die Verwendung des Begriffs „Tatsache" veranlasst keine weiteren interpretatorischen Schlüsse für den subjektiven Maßstab, so zutreffend Hoffmann/Schneider WuW 2016, 102 (106); aA Kersting/Preuß WuW 2016, L1 (L12) (online) („Tatsache" spricht dafür, Kenntnis von der Rechtslage nur „sehr zurückhaltend anzunehmen"). Die Formulierung fand sich noch nicht im Richtlinienvorschlag, wo in Art. 10 Abs. 2ii) auf die „Einstufung" des Verhaltens als Zuwiderhandlung abgestellt wurde. Die endgültige Fassung des Art. 10 Abs. 2 lit. a KartSERL beruht auf der Annahme eines Änderungsantrags des Ausschusses für Wirtschaft und Währung durch das Europäische Parlament, für den allerdings keine Begründung vorliegt, siehe Abänderungen des Europäischen Parlaments zum Vorschlag der Kommission, Richtlinie des Europäischen Parlaments und des Rates über bestimmte Vorschriften für Schadensersatzklagen nach einzelstaatlichem Recht wegen Zuwiderhandlungen gegen wettbewerbsrechtliche Bestimmungen der Mitgliedstaaten und der Europäischen Union, Änderungsantrag 2, Sharon Bowles im Namen des Ausschusses für Wirtschaft und Währung, 9.4.2014, A7-0089/2, S. 53.

[82] Allg. Ans., siehe nur Grothe in MüKoBGB, 9. Aufl. 2021, § 199 Rn. 29 mwN.

[83] Pohlmann WRP 2015, 546 Rn. 29; Makatsch/Mir in MüKoWettbR § 33h Rn. 50.

Unzumutbarkeit der Klageerhebung.[84] Bei § 199 Abs. 1 Nr. 2 BGB wird die Rechts-
kundigkeit des Gläubigers ohne weiteres unterstellt und auch in der Fallgruppe ausnahms-
weiser Unzumutbarkeit einer Klageerhebung bemisst sich die erforderliche Unsicherheit
der Rechtslage am Maßstab eines rechtskundigen Dritten. Dies gilt aber nicht für den
Anlauf der Verjährungsfrist der Ansprüche aus §§ 33, 33a. Hier kommt es darauf an, ob der
Gläubiger zur **Klärung der Rechtslage** zumindest so viel investiert hat, wie „**vernünftigerweise**" von ihm erwartet werden kann[85] bzw. wie notwendig ist, um ihn vom Vorwurf
„**grober Fahrlässigkeit**" zu entlasten,[86] also vom Vorwurf, in geradezu unverständlich
geringem Maße auf eine Klärung der Rechtslage gedrungen zu haben. Die Regelung öffnet
damit Argumentationsraum, die Verjährungsfrist auch dann nicht anlaufen zu lassen, wenn
zwar die Rechtslage unter Hinzuziehung etwa eines auf Kartellrecht spezialisierten Rechtsanwalts hätte geklärt werden können, in denen aber für einen rechtsunkundigen Geschädigten entweder bereits die Möglichkeit einer Kartellrechtsverletzung nicht zu erkennen
war oder hierauf zwar Indizien hindeuteten, eine Klärung der Rechtslage aber vernünftigerweise unterblieb, weil die Kosten den erwartbaren Nutzen (nämlich in Höhe der mit
einer gewissen Wahrscheinlichkeit zu erzielenden Schadensersatzzahlung) überstiegen.[87]

**21** „**Rechtsverletzer**" im Sinne von Art. 10 Abs. 2 lit. c KartSERL und § 33h Abs. 2 Nr. 2
lit. b meint „das Unternehmen oder die Unternehmensvereinigung, das bzw. die die Zuwiderhandlung gegen das Wettbewerbsrecht begangen hat".[88] Dies steht im Einklang mit
dem (jedenfalls aus Sicht des EuGH) bereits primärrechtlich vorgegebenen und auch vom
Unionsgesetzgeber in Art. 1 Abs. 1 KartSERL angelegten Konzept, wonach die haftungsrechtliche Verantwortlichkeit sich aus der materiell-rechtlichen Adressatenstellung des Unternehmens ableitet und somit das Unternehmen als wirtschaftliche Einheit trifft.[89] Wenn der
Anlauf der Verjährungsfrist voraussetzt, dass ein Geschädigter die **Identität** des Rechtsverletzers kennt oder grob fahrlässig verkennt, dann muss er wissen oder grob fahrlässig übersehen, welche natürliche oder juristische Person ihm Schadensersatz schuldet. Da der Verjährung gemäß § 425 BGB **Einzelwirkung** zukommt,[90] kann § 33h Abs. 2 Nr. 2 lit. b dazu
führen, dass die Frist gegenüber mehreren gesamtschuldnerisch haftenden Kartellanten nicht
im Gleichschritt anläuft oder auch dazu, dass sie gegenüber einer unmittelbar am Verstoß
beteiligten Gesellschaft eher anläuft als gegenüber der sie kontrollierenden Muttergesellschaft,
die gesamtschuldnerisch mithaftet[91] und von deren Identität der Geschädigte erst zu einem
späteren Zeitpunkt Kenntnis erhält oder bei gebotener Sorgfalt hätte erhalten müssen.[92]

**22** **3. Beendigung des Kartellrechtsverstoßes.** Die Verjährungsfrist läuft schließlich –
drittens – erst an, nachdem der **Kartellrechtsverstoß von allen Beteiligten „beendet
wurde**."[93] Der Unionsgesetzgeber verweist mit dieser Formulierung auf die im EU-Buß-
geldrecht etablierte Rechtsfigur der „**dauernden und fortgesetzten**" Handlung, bei
deren Vorliegen die Verfolgungsverjährung gemäß Art. 25 Abs. 2 VO 1/2003 nicht bereits

---

[84] AA Pohlmann WRP 2015, 546 Rn. 29.
[85] Art. 10 Abs. 2 KartSERL.
[86] § 33h Abs. 2 Nr. 2.
[87] Vgl. Bornkamm/Tolkmitt in Bunte § 33h Rn. 13 (grundsätzlich keine Obliegenheit, Rechtsrat einzuholen) und Rn. 14 aE.
[88] Art. 2 Nr. 2 KartSERL.
[89] → § 33a Rn. 27 ff.
[90] Der Wortlaut des Art. 10 Abs. 2 lit. c KartSERL deutet angesichts der Verwendung des Singulars („des
Rechtsverletzers") darauf hin, dass dies durch die Richtlinie vorgegeben ist, Hoffmann/Schneider WuW
2016, 102 (105). Zumindest lässt sich der Richtlinie nichts Gegenteiliges entnehmen, so dass die Anordnung
der Einzelwirkung der Verjährung dem deutschen Gesetzgeber jedenfalls freistand, Art. 10 Abs. 1 KartRL.
[91] In der stehenden Rhetorik der Europäischen Kommission hat auch die kontrollierende Muttergesellschaft, die nicht unmittelbar durch ihr Verhalten den Kartellrechtsverstoß begangen hat, gegen das Kartellrecht verstoßen, → § 33a Rn. 29, und ist deshalb „Rechtsverletzer" im Sinne von Art. 10 Abs. 2 lit. c
KartSERL und § 33h Abs. 2 Nr. b.
[92] Anders Kersting/Preuß WuW 2016, L1 (L12) (online) („Man wird davon ausgehen müssen, dass dem
Geschädigten auch die Konzernverhältnisse zumindest grob bekannt sein müssen").
[93] Art. 10 Abs. 2 KartSERL und § 33h Abs. 2 Nr. 3.

mit der Begehung der Zuwiderhandlung, also der Tatbestandsverwirklichung, beginne, sondern erst dann, wenn die Zuwiderhandlung „beendet ist." Danach werden mehrere, an sich selbständige Tatbestandsverwirklichungen rechtlich verklammert, wenn und weil sie durch ein gemeinsames subjektives Element („Gesamtvorsatz") verbunden sind und sich so in einen tatsächlichen oder rekonstruierbaren Gesamtplan einfügen. Maßgebliche Aspekte für diese Verklammerung sind insbesondere der Inhalt und die Zielsetzung des wettbewerbsfeindlichen Verhaltens, die (teilweise) Identität der Beteiligten und der Durchführungsmodalitäten bzw. Funktionsweisen. Die Unionsorgane bedienen sich dieser Rechtsfigur in teils großzügiger (und vielfach kritisierter) Weise und fassen etwa wettbewerbsbeschränkende Koordinierungen trotz zeitlicher Zäsuren zusammen oder obgleich sie auf sachlich oder geographisch verschiedene Märkte ausgerichtet waren.[94] Der Beginn der Verjährungsfristen kann sich hierdurch zulasten der Rechtsverletzer über die Tatbestandsverwirklichung hinaus teils erheblich verzögern.

23    Das Hinausschieben des Verjährungsbeginns auf die Beendigung der Zuwiderhandlung unter Übernahme der Rechtsfigur der „dauernden und fortgesetzten" Handlung wird im Wesentlichen von zwei Überlegungen gestützt. Zum einen **löst** dies etwaige **Abgrenzungsschwierigkeiten** hinsichtlich der Begehung einzelner Kartellrechtsverletzungen und hieraus resultierender Schäden bei dauernden und fortgesetzten Zuwiderhandlungen konsequent **zugunsten des Geschädigten**.[95] Zum anderen bewirkt dies einen **Gleichlauf mit dem Bußgeldrecht** und gewährleistet damit, dass Geschädigte möglichst umfänglich von der **Bindungswirkung** von Bußgeldentscheidungen der Europäischen Kommission gemäß Art. 16 VO 1/2003 und § 33b profitieren können. Der Vorschlag der Europäischen Kommission für eine Kartellschadensersatz-Richtlinie enthielt in diesem Sinne und in Parallele zu Art. 25 Abs. 2 S. 2 VO 1/2003 noch einen ausdrücklichen Rekurs darauf, dass die Verjährungsfrist „nicht vor dem Tag beginnt, an dem eine dauernde oder fortgesetzte Zuwiderhandlung beendet ist."[96] Die Änderung des Wortlauts im Laufe des Gesetzgebungsverfahrens erlaubt nicht den Rückschluss, der Gesetzgeber habe sich hiervon distanzieren wollen.[97] Den Gesetzgebungsmaterialien lässt sich keine Begründung für die Änderung am Text des Art. 10 der Richtlinie entnehmen.[98] Vor allem zeigt die – in dieser Form im Vorschlag nicht enthaltene – Formulierung in Begründungserwägung (36) S. 4 KartSERL („die Verjährungsfrist sollte nicht beginnen, bevor die Zuwiderhandlung eingestellt wurde"), dass der Unionsgesetzgeber trotz der Änderungen am Wortlaut nicht vom Konzept des Vorschlags abweichen wollte.

---

[94] Siehe zur Tateinheit und zum Verjährungsbeginn bei einheitlichen, komplexen und fortgesetzten Handlungen Biermann in Immenga/Mestmäcker VO 1/2003 Art. 23 Rn. 79–86 und Art. 25 Rn. 8–14, jew. m. umfangr. Nachw. zur Rechtsprechung.
[95] Europäische Kommission, Weißbuch Schadensersatzklagen, KOM(2008) 165 endg. v. 2.4.2008, S. 10: „So ist es für die Geschädigten im Falle dauernder oder fortgesetzter Zuwiderhandlungen [...] oft sehr schwer, den Beginn der Verjährungsfrist zu ermitteln. Dieses Problem besteht gerade bei besonders gravierenden und schwerwiegenden Wettbewerbsverstößen wie beispielsweise Kartellen, die häufig sowohl während ihres Bestehens als auch danach geheim bleiben."
[96] Art. 10 Abs. 3 Vorschlag Kartellschadensersatz-Richtlinie, COM(2013) 404 final v. 11.6.2013, S. 43.
[97] Bürger/Aran NZKart 2014, 423 (427); Pohlmann WRP 2015, 546 Rn. 18.
[98] Die Formulierung des Art. 10 Abs. 2 KartSERL (und die Streichung des Art. 10 Abs. 3 in der Fassung des Vorschlags) beruht auf der Annahme eines Änderungsantrags des Ausschusses für Wirtschaft und Währung durch das Europäische Parlament, siehe Abänderungen des Europäischen Parlaments zum Vorschlag der Kommission, Richtlinie des Europäischen Parlaments und des Rates über bestimmte Vorschriften für Schadensersatzklagen nach einzelstaatlichem Recht wegen Zuwiderhandlungen gegen wettbewerbsrechtliche Bestimmungen der Mitgliedstaaten und der Europäischen Union, Änderungsantrag 2, Sharon Bowles im Namen des Ausschusses für Wirtschaft und Währung, 9.4.2014, A7–0089/2, S. 53. Der Änderungsantrag geht in seiner Formulierung des Art. 10 Abs. 2 KartSERL wiederum auf den Rechtsausschuss zurück, der sie in seiner Rolle als beratender Ausschuss empfahl. Eine Streichung des Art. 10 Abs. 3 des Vorschlags wurde indes nicht empfohlen, Stellungnahme des Rechtsausschusses für den Ausschuss für Wirtschaft und Währung vom 27.1.2014, siehe Europäisches Parlament, 4.2.2014, A7–0089/2014, Bericht über den Vorschlag für eine Richtlinie des Europäischen Parlaments und des Rates über bestimmte Vorschriften für Schadensersatzklagen nach einzelstaatlichem Recht wegen Zuwiderhandlungen gegen wettbewerbsrechtliche Bestimmungen der Mitgliedstaaten und der Europäischen Union, S. 36, 57. Für keine dieser Empfehlungen und Änderungsanträge liegt eine Begründung vor.

Der **deutsche Gesetzgeber** hat in § 33h Abs. 2 Nr. 3 nicht nur den **Wortlaut** des   24
Art. 10 Abs. 2 KartSERL übernommen, sondern sich in der **Gesetzesbegründung** auch
ausdrücklich die Position zu eigen gemacht, dass damit die Rechtsfigur der „dauernden
oder fortgesetzten Zuwiderhandlung" iSd Art. 25 Abs. 2 S. 2 VO 1/2003 in das Kartellschadensersatzrecht importiert werde.[99]

## II. Fristbeginn

Die Verjährungsfrist ist gemäß § 33h Abs. 2 als **Ultimo-Frist** konzipiert und beginnt   25
„mit dem Schluss des Jahres", in dem die fristauslösenden Voraussetzungen (kumulativ)
vorliegen. Damit soll ausweislich der Gesetzesbegründung den Schwierigkeiten bei der
„zeitlich exakten Feststellung des Zeitpunkts" des Vorliegens der Voraussetzungen für den
Verjährungsbeginn Rechnung getragen werden.[100] Der deutsche Gesetzgeber nutzt damit
den von Art. 10 Abs. 3 KartSERL gelassenen Regelungsspielraum („Die Mitgliedstaaten
gewährleisten, dass die Verjährungsfristen für die Erhebung von Schadensersatzklagen
mindestens fünf Jahre betragen") für eine im Sinne der Geschädigten und einer erleichterten Rechtsanwendung durch die Gerichte großzügigere Regelung.

## D. Kenntnisunabhängige Verjährung

Gemäß **§ 33h Abs. 3 und Abs. 4 verjähren** Ansprüche aus § 33 Abs. 1 und § 33a   26
Abs. 1 **kenntnisunabhängig** nach Ablauf von zehn bzw. dreißig Jahren. Die Kartell-
schadensersatz-Richtlinie sieht demgegenüber keine Verjährungsfristen ohne subjektive
Anknüpfung vor. Sie erlaubt allerdings den Mitgliedstaaten deren Einführung in den
Grenzen des Effektivitäts- und Äquivalenzgebots.[101] Beide Fristen sind im Unterschied zu
§ 33h Abs. 2 nicht als Ultimo-Fristen ausgestaltet und deshalb **taggenau zu berechnen**.

Verjährung tritt gemäß **§ 33h Abs. 3** mit Ablauf von **zehn Jahren** ein, nachdem der   27
Anspruch entstanden ist und der Kartellrechtsverstoß beendet wurde. **Anspruchsentstehung** und **Beendigung** des Kartellrechtsverstoßes sind wie unter § 33h Abs. 2 Nr. 1
bzw. Nr. 3 auszulegen.

Weil die Zehn-Jahres-Frist die Durchsetzung von Ansprüchen auch jener Geschädigter,   28
die erst nach ihrem Ablauf vom Verstoß erfahren, praktisch unmöglich mache, wird
angezweifelt, dass sie mit dem **Effektivitätsgrundsatz** kompatibel sei.[102] Der EuGH hat
sich zunächst im **„Manfredi"-Urteil** zur Verjährung von Kartellschadensersatzansprüchen
positioniert: Eine nationale Regelung, nach der die Verjährungsfrist für eine Schadensersatzklage mit dem Kartellrechtsverstoß beginne, könne „insbesondere wenn diese innerstaatliche Vorschrift [...] eine kurze Verjährungsfrist vorsieht, die nicht unterbrochen
werden kann" gegen den Effektivitätsgrundsatz verstoßen. Denn dann sei „bei fortgesetzten
oder wiederholten Zuwiderhandlungen nicht ausgeschlossen, dass die Verjährungsfrist sogar
vor Beendigung der Zuwiderhandlung abgelaufen ist [...]."[103] § 33h Abs. 3 ist allerdings in
mehrfacher Hinsicht deutlich gläubigerfreundlicher ausgestaltet als die Art von Verjährungsfrist, die der EuGH in „Manfredi" als problematisch skizziert hat. Erstens setzt ein
Anlaufen der Frist über den Kartellrechtsverstoß hinaus einen hierdurch verursachten

---

[99] Regierungsbegründung zur Neunten GWB-Novelle BT-Drs. 18/10207, 66: „Zudem kann die Verjährung nicht vor Beendigung des Verstoßes beginnen. Dies gilt insbesondere in Fällen, in denen es sich um
eine dauernde oder fortgesetzte Zuwiderhandlung im Sinne des Artikels 25 Absatz 2 Satz 2 der Verordnung
(EG) Nr. 1/2003 [...] handelt."
[100] Regierungsbegründung zur Neunten GWB-Novelle BT-Drs. 18/10207, 66.
[101] Begründungserwägung (36) S. 5 und Art. 4 KartSERL.
[102] Remien Concurrences Review 2017, N 3, Art. N 84668, S. 52, Rn. 28: „Where the victim learns of
the infringement only after more than ten years, one might wonder whether the complete cut-off by § 33h III
is really compatible with Recital 36 and the ruling in Manfredi. If these latter are taken literally, probably not
[...]."
[103] EuGH 23.7.2006 – C-295/04 bis C-298/04, EU:C:2006:461 Rn. 78 f. – Manfredi.

Schaden voraus. Zweitens darf man eine Frist von zehn Jahren nicht als „kurz" ansehen. In **„Cogeco"** charakterisierte der EuGH – ohne dies weiter zu begründen – eine dreijährige Verjährungsfrist als „kurz".[104] In einer zwei Jahre vor dem „Manfredi"-Urteil veröffentlichten rechtsvergleichenden Studie wurde festgestellt, dass die in den Mitgliedstaaten geltenden Verjährungsfristen für Ansprüche auf Kartellschadensersatz erheblich divergierten. Sie lagen zwischen einem Jahr und dreißig Jahren bzw. – wenn man lediglich die objektiven Fristen in Betracht zog – zwischen fünf Jahren und dreißig Jahren.[105] Vor diesem Hintergrund ist eine zehnjährige Frist nicht als „kurz", sondern jedenfalls als „mittellang" anzusehen. Drittens wird das vom EuGH als besonders problematisch angesehene Szenario einer Verjährung bei andauerndem (geheimen) Kartellrechtsverstoß ausgeschlossen, weil die Verjährungsfrist erst nach Beendigung des Verstoßes anläuft. Ausgehend vom Präventionsanspruch der Haftungsdrohung sollte zudem bedacht werden, dass es nicht nur darum gehen muss, Unternehmen von Vornherein von einem Kartellverstoß abzuhalten. Eine die Beendigung des Kartellverstoßes voraussetzende kenntnisunabhängige Verjährungsfrist kann es fördern, dass sich Kartellanten – gerade angesichts der drohenden kumulativen Sanktion aus Bußgeld und Schadenshaftung – dazu entschließen, stillschweigend einen Kartellverstoß zu beenden. Ob in diesem Sinne eine durch Verjährung erzielte Rechtssicherheit für die Kartellanten im Lichte des auch verfolgten Ziels eines gerechten Schadensausgleichs als akzeptabel angesehen werden kann, sollte von der vorgesehenen Dauer der Verjährungsfrist abhängig gemacht werden, nicht aber von der objektiven Anknüpfung an sich. Da der EuGH im Übrigen kenntnisunabhängige Verjährungsfristen nicht per se als Verletzung des Effektivitätsgebots ansieht[106] und sich auch seiner Rechtsprechung in anderen Kontexten keine Aussagen entnehmen lässt, die § 33h Abs. 3 als problematisch erscheinen ließe,[107] kann die Regelung als **mit dem Effektivitätsgebot kompatible Abwägung** der maßgeblichen Interessen[108] angesehen werden. Gegenteiliges lässt sich nicht den Aussagen im EuGH-Urteil in **„Volvo und DAF Trucks"** entnehmen, wonach die Geltendmachung von Schadensersatzansprüchen „praktisch unmöglich gemacht oder übermäßig erschwert" würde, wenn die Verjährungsfristen nicht erst nach Beendigung der Zuwiderhandlung und nach Kenntnis oder vernünftigerweise erwartbarer Kenntnisnahme des Geschädigten von den für Klageerhebung unerlässlichen Informationen (Schadensentstehung; Person des Rechtsverletzers) begännen.[109] Verstünde man diese Aussage wörtlich und als im Allgemeinen auf die Verjährung von Kartellschadensersatzansprüchen bezogen, schlösse das Effektivitätsprinzip in der Lesart des Gerichtshofs objektiv angeknüpfte Verjährungsfristen generell aus. Das widerspräche dem Verständnis des Unionsgesetzgebers, der erkennbar davon ausging, dass das Effektivitätsprinzip Raum für „absolute Verjährungsfristen"[110] lässt, der aber an eine EuGH-Feststellung von Primärrechtsrang gebunden wäre. Allerdings hat der EuGH die vorgenannten Aussagen getroffen, als er – inzident zur Prüfung der intertemporalen Geltung von Art. 10 KartSERL – eine effektivitätskonforme Auslegung der vor Umsetzung der Richtlinie geltenden kenntnisabhängigen einjährigen Verjährungsfrist nach spanischem Recht diskutierte.[111] Es darf deshalb **nicht** unterstellt werden, der EuGH habe gleichsam im Vorbeigehen für die Haftung wegen Verstößen gegen Art. 101 f.

[104] EuGH 29.3.2019 – C-637/17, EU:C:2019:263 Rn. 49, 51 und 53 – Cogeco Communications.
[105] Ashurst-Studie S. 88.
[106] Siehe etwa EuGH 15.4.2010 – C-542/08, EU:C:2010:193 Rn. 28 f. – Barth (aus Rn. 6 wird deutlich, dass eine kenntnisunabhängige Verjährungsrist in Rede stand).
[107] Vgl. die Analyse bei Pohlmann WRP 2015, 546 Rn. 34–36 und Rn. 44, die zum Ergebnis kommt, dass eine kenntnisunabhängige Verjährungsfrist jedenfalls dann nicht dem Effektivitätsgebot widerspricht, wenn sie die Beendigung der Kartellrechtsverletzung voraussetzt. Siehe auch Heinze Schadensersatz S. 243–245, der konstatiert, dass sich der EuGH-Judikatur zwar keine klare Aussage entnehmen lasse, indes eine Frist von 10 Jahren aber wohl als effektivitätskonform anzusehen sei.
[108] → Rn. 1.
[109] EuGH 12.7.2022 – C-267/20, EU:C:2022:494 Rn. 56 f. und 61 – Volvo und DAF Trucks.
[110] Begründungserwägung (36) S. 5 KartSERL.
[111] EuGH 12.7.2022 – C-267/20, EU:C:2022:494 Rn. 51 – Volvo und DAF Trucks.

AEUV[112] die **Unionsrechtswidrigkeit jeder objektiv angeknüpften Verjährungsfrist** postulieren wollen.[113] Vor dem Hintergrund der zu beantwortenden Vorlagefrage und im Kontext der Argumentation im Urteil muss man vielmehr davon ausgehen, dass sich der EuGH lediglich auf effektivitätsbezogene **Vorgaben für kurze kenntnisabhängige Verjährungsfristen** festlegen wollte.[114] Diese Lesart ist angemessen, auch wenn der Gerichtshof die Reichweite der getroffenen Aussagen nicht ausdrücklich beschränkt hat. Es ist für im Zuge von Vorabentscheidungsverfahren getroffene Feststellungen nicht untypisch, dass der EuGH diese als implizit auf die vorgelegte Sachverhaltskonstellation oder den jeweiligen mitgliedstaatlichen Rechtsrahmen beschränkt verstanden wissen will.[115]

Ins Gespräch gebracht wurde auch eine Verletzung des **Äquivalenzgrundsatzes,** weil **29** nach den allgemeinen Verjährungsregeln die Frist der kenntnisunabhängigen Verjährung in Relation zur kenntnisabhängigen Verjährung günstiger ausgestaltet sei:[116] Während die zehnjährige Verjährung gemäß § 199 Abs. 3 Nr. 1 BGB die kenntnisabhängige Regelverjährung nach § 199 Abs. 1 BGB um sieben Jahre übersteigt, beträgt bei § 33h Abs. 2 und Abs. 3 BGB die Differenz zwischen kenntnisabhängiger und kenntnisunabhängiger Verjährung lediglich fünf Jahre. Unabhängig davon, ob man § 199 BGB überhaupt für einen geeigneten Maßstab für eine Prüfung des § 33h Abs. 3 anhand des Äquivalenzgrundsatzes halten darf – schließlich gilt § 33h gleichermaßen für die Verletzung von Art. 101 f. AEUV wie für jene nationalen Kartellrechts[117] –, lässt diese Erwägung außer Acht, dass § 33h Abs. 3 die Beendigung der haftungsbegründenden Rechtsverletzung voraussetzt und damit für Kartellrechtsverletzungen oftmals unabhängig von der reinen Laufzeit der Verjährungsfrist deutlich günstiger ausfällt als § 199 Abs. 3 Nr. 1 BGB. Zudem leuchtet es auch nicht ein, dass es für den Günstigkeitsvergleich nicht auf die absolute Fristlänge, sondern auf die relative Besserstellung zur kenntnisabhängigen Verjährung ankommen soll. Betrachtet man die insoweit maßgeblichen Interessen der Anspruchsinhaber, dann erscheint neben dem Zeitpunkt des Fristbeginns allein die Fristlänge maßgeblich, und hier gilt: Zehn Jahre sind zehn Jahre.

Zur Wahrung des Rechtsfriedens[118] verjähren Ansprüche mit Ablauf von **dreißig Jahren 30 nach dem Kartellrechtsverstoß** im Sinne von § 33 Abs. 1. Der Lauf der dreißigjährigen Verjährungsfrist hängt weder von Anspruchsentstehung – und also nicht von der Entstehung eines Schadens –, noch von der Beendigung der Kartellrechtsverletzung ab. Vor allem bei geheimen, fortdauernden und wiederholten Kartellrechtsverletzungen kann dies dazu führen, dass die dreißigjährige Verjährungsfrist vor der kenntnisabhängigen Verjährungsfrist nach § 33h Abs. 1 und 2 und vor der zehnjährigen Frist gemäß § 33h Abs. 3 abläuft.

---

[112] Vgl. insoweit die irritierende Diskrepanz in EuGH 12.7.2022 – C-267/20, EU:C:2022:494 Rn. 50 sowie Rn. 56 und 61 – Volvo und DAF Trucks. Während die allgemeinen Aussagen zum Effektivitätsprinzip auf Verstöße gegen Art. 101 f. AEUV bezogen sind, bezieht der EuGH in die verjährungsbezogenen Aussagen Zuwiderhandlungen gegen nationales Kartellrecht mit ein.

[113] AA Wagner NZKart 2022, 628 (629 f.); hinsichtlich § 33h Abs. 3 tendenziell auch Hoch/Lesinska-Adamson, NZKart 2022, 574 (577) („vermehrt Zweifel").

[114] Einschlägig sind diese Vorgaben des EuGH in „Volvo und DAF Trucks" deshalb jedenfalls für die vor Geltung des § 33h anzuwendende dreijährige kenntnisabhängige Verjährung gemäß §§ 195, 199 Abs. 1 BGB → Rn. 5b.

[115] Prominent etwa EuGH 6.12.2017 – C-230/16, EU:C:2017:941, Rn. 52 – Coty Germany: Die zuvor in „Pierre Fabre" (13.10.2011 – C-439/09, EU:C:2011:113, Rn. 46) allgemein formulierte Aussage, „[d]as Ziel, den Prestigecharakter zu schützen, kann kein legitimes Ziel zur Beschränkung des Wettbewerbs sein und kann es daher nicht rechtfertigen, dass eine Vertragsklausel ... nicht unter Art. 101 Abs. 1 AEUV fällt" soll nur gelten, wenn dem Händler – wie in „Pierre Fabre" – pauschal verboten wird, Vertragswaren über das Internet zu verkaufen.

[116] Kersting in Rodger/Sousa Ferro/Marcos, The EU Antitrust Damages Directive: Transposition in the Member States, Germany, 2018, S. 124 (147).

[117] Siehe Art. 4 S. 2 KartSERL: „Im Einklang mit dem Äquivalenzgrundsatz dürfen nationale Vorschriften und Verfahren für Klagen auf Ersatz des Schadens, der aus Zuwiderhandlungen gegen Artikel 101 oder 102 AEUV entsteht, für mutmaßlich Geschädigte nicht weniger günstig sein als die Vorschriften und Verfahren für ähnliche Klagen auf Ersatz des Schadens, der aus Zuwiderhandlungen gegen nationales Recht entsteht" (Hervorhebung hinzugefügt).

[118] Regierungsbegründung zur Neunten GWB-Novelle BT-Drs. 18/10207, 66.

Trotzdem darf hierin **keine Verletzung des Effektivitätsprinzips** gesehen werden. Die Regelung trägt den berechtigten Interessen der Schuldner und der Allgemeinheit Rechnung,[119] auch wenn sie im Einzelfall als Härte für den Gläubiger erscheinen mag. Hierfür spricht der rechtsvergleichende Befund im Entwurf eines Gemeinsamen Referenzrahmens (Draft Common Frame of Reference – DCFR), wonach die längsten objektiv anknüpfenden Verjährungsfristen dreißig Jahre laufen.[120] Die Autoren des DCFR führte der wertende Vergleich von Stand und Entwicklung der europäischen Rechtsordnungen sogar zum Schluss, dass bei Schadensersatzansprüchen für (reine) Vermögensschäden eine zehnjährige Verjährungsfrist beginnend mit dem anspruchsauslösendem Verhalten angemessen sei.[121] Zu bedenken sind wertungsmäßige Besonderheiten hinsichtlich der Verjährung der Schadenshaftung wegen Kartellrechtsverletzungen[122] und damit insbesondere, dass im Fall von Kartellen die anspruchsauslösenden Tatsachen typischerweise gezielt im Geheimen stattfinden. Doch ist es bei Lichte besehen nicht ungewöhnlich, dass Rechtsverletzer versuchen, Delikte vor den Geschädigten und der Öffentlichkeit zu verbergen und wird dem jedenfalls mit der dreißigjährigen Frist hinreichend Rechnung getragen. Daneben wird dem Effektivitätsprinzip dadurch entsprochen, dass die Verjährungseinrede nach den allgemeinen Regeln **im Einzelfall** als **unzulässige Rechtsausübung** angesehen werden kann, wenn der Schuldner den Gläubiger bewusst von der rechtzeitigen Rechtsverfolgung abgehalten hat.[123]

## E. Hemmung der Verjährung

**31**    **§ 33h Abs. 6** sieht verschiedene Hemmungstatbestände vor, die für Ansprüche aus § 33 Abs. 1 und aus § 33a Abs. 1 gelten. Die Regelung dient damit auch der Umsetzung von **Art. 10 Abs. 4 KartSERL.** Danach müssen die Mitgliedstaaten gewährleisten, dass Maßnahmen oder Verfahren durch Behörden oder Gerichte wegen einer Kartellrechtsverletzung die Verjährung hierauf gründender Schadensersatzansprüche – wahlweise – hemmen oder unterbrechen. Damit soll vor allem sichergestellt werden, dass Geschädigten die Feststellungswirkung gemäß Art. 9 KartSERL, umgesetzt in § 33b, vollumfänglich zugutekommen kann.[124]

**32**    Nach **§ 33h Abs. 6 S. 1 Nr. 1 und 2** wird eine Hemmung bewirkt durch im einzelnen bestimmte Handlungen der **Kartellbehörden.** Das betrifft das Bundeskartellamt und die Landeskartellbehörden,[125] wenn sie wegen eines Verstoßes gegen Art. 101 f. AEUV oder §§ 1–471 ermitteln, und die Europäische Kommission und die Wettbewerbsbehörden eines EU-Mitgliedstaats und die als solche handelnden Gerichte,[126] wenn sie wegen eines vermuteten Verstoßes gegen Art. 101 oder 102 AEUV oder gegen das Wettbewerbsrecht eines EU-ausländischen Mitgliedstaats[127] Maßnahmen ergreifen.

**33**    Die hemmungsauslösenden Handlungen werden in § 33h Abs. 6 S. 1 Nr. 1 und 2 beschrieben als „**Maßnahmen im Hinblick auf eine Untersuchung** oder auf ein von [der Wettbewerbsbehörde] betriebenes **Verfahren**". Anders als noch im Regierungsent-

---

[119] → Rn. 1.

[120] Von Bar/Clive (eds.), Principles, Definitions and Model Rules of European Private Law, Draft Common Frame of Reference (DCFR), Vol. 2, 2009, S. 1189 f.

[121] Siehe III. – 7.307 iVm III. – 7:203 DCFR. Aufgrund der abweichenden Regelungstechnik ist die Frist nicht als eigenständige (objektive) Verjährungsfrist ausgestaltet, sondern als Obergrenze im Falle der Hemmung des Verjährungslaufs.

[122] EuGH 12.7.2022 – C-267/20, EU:C:2022:494 Rn. 53 – Volvo und DAF Trucks.

[123] Siehe Grothe in MüKoBGB, 9. Aufl. 2021, Vor § 194 Rn. 19 mwN. Vgl. von Bar/Clive (eds.), Principles, Definitions and Model Rules of European Private Law, Draft Common Frame of Reference (DCFR), Vol. 2, 2009, S. 1188 f. und 1191.

[124] Begründungserwägung (36) S. 2 und 3 KartSERL.

[125] Siehe § 48 Abs. 1.

[126] → § 33b Rn. 9.

[127] Siehe § 89e Abs. 2. Zur möglichen praktischen Relevanz Kersting/Preuß WuW 2016, L1 (L12) (online).

wurf zur Neunten GWB-Novelle vorgesehen,[128] gleicht der Text des § 33h insoweit Art. 10 Abs. 4 S. 1 KartSERL. Mit dieser Angleichung des Wortlauts sollte klargestellt werden, „dass die Hemmung der Verjährung insbesondere auch dann eintritt, wenn die Wettbewerbsbehörde [...] bereits **Ermittlungsmaßnahmen** getroffen hat, jedoch formell noch kein Verfahren wegen eines Verstoßes eingeleitet wurde. Damit trägt die Änderung den unterschiedlichen Verfahrensordnungen und Verfahrensabläufen in den einzelnen Rechtsordnungen in der Europäischen Union Rechnung."[129] Auch **ohne formelle Einleitung** eines **Verfahrens** löst es deshalb eine Hemmung aus, wenn eine Wettbewerbsbehörde von ihren Ermittlungsbefugnissen Gebrauch macht und etwa Auskünfte einfordert oder Nachprüfungen vornimmt.[130] Von Bedeutung ist diese Klarstellung insbesondere im Hinblick auf die Verfahrensabläufe bei der **Europäischen Kommission,** die im Zuge ihrer Ermittlungen zwar regelmäßig zu einem bestimmten Zeitpunkt förmlich beschließt, ein Verfahren einzuleiten.[131] Dies erfolgt oft erst mit erheblichem zeitlichen Abstand zu den ersten Ermittlungshandlungen.[132]

Die **hemmende Wirkung** gemäß § 33h Abs. 6 S. 1 Nr. 1 und 2 gilt einheitlich für **34** Ansprüche gegen **alle Rechtsverletzer,** die an einem Kartellrechtsverstoß **beteiligt** waren, und zwar auch dann, wenn sich eine Ermittlungshandlung nur gegen einige Beteiligte richtete, weil der Wettbewerbsbehörde die übrigen Beteiligten zu diesem Zeitpunkt noch nicht bekannt waren. Dies mag bei isolierter Betrachtung des Wortlauts von Art. 10 Abs. 4 KartSERL „nicht eindeutig" erkennbar sein,[133] erschließt sich indes im systematischen Zusammenhang. Denn während in Art. 10 Abs. 4 KartSERL lediglich auf die Untersuchung oder das Verfahren „wegen einer Zuwiderhandlung" abgestellt wird – nicht aber auf die Identität des Rechtsverletzers –, stellt der Richtliniengeber bei den Voraussetzungen für das Anlaufen der kenntnisabhängigen Verjährung in Art. 10 Abs. 2 KartSERL gesondert sowohl auf die Kenntnis von der Zuwiderhandlung (lit. a) und als auch von der Identität des Rechtsverletzers (lit. c) ab. Dies spricht dafür, dass es sich bei der Nichterwähnung des Rechtsverletzers in Art. 10 Abs. 4 KartSERL um ein beredtes Schweigen handelt. Es kommt hinzu, dass der Unionsgesetzgeber für die parallele Problematik bei der Bußgeldverjährung in Art. 25 Abs. 4 VO 1/2003 angeordnet hat, dass deren Unterbrechung durch Ermittlungshandlungen „gegenüber allen an der Zuwiderhandlung beteiligten Unternehmen" gilt. Dies ist Ausdruck des Gedankens, dass ein mit Zeitablauf schützenswertes Vertrauen eines Rechtsverletzers darauf, nicht mehr für einen Kartellrechtsverstoß zur Verantwortung gezogen werden zu können, bereits dann nicht mehr entstehen können soll, wenn gegen andere Beteiligte des gleichen Kartellrechtsverstoßes ermittelt wird. Vor allem im Lichte der Ratio des Art. 10 Abs. 4 KartSERL, wonach Geschädigte umfänglich von den behördlichen Ermittlungen und Entscheidungen und der hieran anknüpfenden Feststellungswirkung profitieren sollen,[134] muss dieser Gedanke gleichermaßen auch für die Verjährung von Ansprüchen auf Kartellschadensersatz gelten. Hiermit wird auch verhindert, dass die Europäische Kommission zwar ein Bußgeld gegen einen Rechtsverletzer

---

[128] Siehe Regierungsbegründung zur Neunten GWB-Novelle BT-Drs. 18/10207, 21, wo begrifflich noch – wie bereits in § 33 Abs. 5 GWB 2005 und § 33 Abs. 5 GWB 2013 – darauf abgestellt wird, dass „ein Verfahren eingeleitet" wird.

[129] Begründung Beschlussempfehlung Neunte GWB-Novelle BT-Drs. 18/11446, 27.

[130] In diesem Sinne auch zu § 33 Abs. 5 GWB 2005 BGH 23.9.2020 – KZR 35/19, BGHZ 227, 84 = NJW 2021, 848 (851) = juris Rn. 38 – LKW-Kartell I („Durchführung von behördlichen Maßnahmen gegen ein Unternehmen [...], die erkennbar darauf abzielen, gegen dieses Unternehmen wegen einer Beschränkung des Wettbewerbs zu ermitteln").

[131] Siehe Art. 2 Abs. 1 und 2 VO 773/2004; vgl. auch Art. 11 Abs. 6 und 16 Abs. 1 S. 2 VO 1/2003, wo auf die förmliche Verfahrenseinleitung rekurriert wird, um die Zuständigkeiten der Europäischen Kommission von der der nationalen Wettbewerbsbehörden und Gerichte abzugrenzen.

[132] Siehe Art. 2 Abs. 3 VO 773/2004; vgl. etwa Seifert WuW 2017, 474 (479) mit Fn. 50: Zeitspanne von dreieinhalb Jahren zwischen ersten Ermittlungsmaßnahmen und formellem Eröffnungsbeschluss beim Lkw-Kartell.

[133] So Hoffmann/Schneider WuW 2016, 102 (107).

[134] Begründungserwägung (36) S. 2 und 3 KartSERL.

verhängt, dieser aber wegen Ablaufs der Verjährungsfristen nach § 33h Abs. 3 und Abs. 4 nicht mehr auf Schadensersatz in Anspruch genommen werden kann, so dass Geschädigte insoweit nicht mehr von der Bindungswirkung nach § 33b profitieren können.[135]

**34a**     Die Verjährung von Ansprüchen nach §§ 33, 33a wegen DMA-Verletzungen wird nach **§ 33h Abs. 6 S. 1 Nr. 3** gehemmt, wenn die **Europäische Kommission** oder eine nationale **Behörde** im Sinne von Art. 38 Abs. 7 DMA „Maßnahmen im Hinblick auf eine Untersuchung oder auf ihr Verfahren" wegen eines Verstoßes gegen Artikel 5, 6 oder 7 DMA (einschließlich des Umgehungsverbots nach Art. 13 Abs. 4 bis 6 DMA[136]) trifft. Die Regelung knüpft damit an die Begrifflichkeit von § 33h Abs. 6 S. 1 Nr. 1 und 2 an. Hemmend wirken deshalb jegliche Ermittlungsmaßnahmen, ohne dass es auf eine formelle Verfahrenseinleitung ankäme. Die einschlägigen Untersuchungs-, Durchsetzungs- und Überwachungsbefugnisse der **Europäischen Kommission** sind in **Art. 20 ff. DMA** normiert. **§ 32g** befugt das **Bundeskartellamt** in Übereinstimmung mit Art. 38 Abs. 7 DMA, mögliche Verstöße gegen den DMA zu untersuchen und sich hierfür der Ermittlungsbefugnisse nach **§§ 57 bis 59b** zu bedienen.

**35**     Erhebt ein Anspruchsberechtigter auf Grundlage von § 33g isoliert **Klage auf Auskunft oder Herausgabe von Beweismitteln,** hemmt dies gemäß **§ 33h Abs. 6 S. 1 Nr. 4** den Lauf einer Verjährungsfrist. Dies wird nicht durch Art. 10 Abs. 4 KartSERL vorgegeben, liegt aber im mitgliedstaatlichen Gestaltungsspielraum gemäß Art. 10 Abs. 1 KartSERL. Ein mutmaßlich Geschädigter, der den Verjährungseintritt verhindern muss, ist damit nicht gezwungen, hierfür einen Anspruch etwa im Wege einer Stufen- oder Feststellungsklage geltend zu machen, obgleich er noch nicht über die ihm nach § 33g zustehenden Informationen verfügt, die ihm ermöglichen sollen, die Erfolgsaussichten einer Klage besser beurteilen zu können.[137] Dies nimmt zugleich Rechtsverletzern Anreize, die Herausgabe von Beweismitteln oder die Erteilung von Auskünften zu verzögern, um damit (mutmaßlich) Geschädigte zu zwingen, ohne Ausschöpfung des ihnen vom Gesetzgeber an sich eingeräumten Informationspotentials entscheiden zu müssen, ob sie Klage erheben oder nicht.[138]

**36**     Der Lauf der Verjährung wird gemäß § 33h Abs. 6 S. 2 **bis zum Ablauf eines Jahres gehemmt, nachdem** die Behörde oder das Gericht **rechts- und bestandskräftig entschieden** hat oder nachdem sich das Verfahren anderweitig erledigt hat, dies etwa, indem eine Behörde das Verfahren einstellt oder indem eine Klage zurückgenommen wird oder die Parteien den Rechtsstreit für erledigt erklären. Die Jahresfrist entspricht der Vorgabe des Art. 10 Abs. 4 S. 2 KartSERL.[139] Sie soll mutmaßlich Geschädigten hinreichend Zeit geben, um auf Grundlage der gerichtlichen oder behördlichen Entscheidung die Erfolgsaussichten einer Klage abwägen zu können.[140] Hierfür sieht Art. 10 Abs. 4 S. 2 KartSERL ausdrücklich vor, dass die Jahresfrist erst mit einer bestandskräftigen „Zuwiderhandlungsentscheidung" anläuft. Das Konzept der **Bestandskraft** ist damit – wie auch bei Art. 9

---

[135] Diese Konstellation wird praktisch selten sein, wäre aber bei einer anderen Auslegung von Art. 10 Abs. 4 KartSERL und § 33h Abs. 6 S. 1 Nr. 1 und 2 immerhin denkbar, nämlich wenn die Europäische Kommission durch Ermittlungshandlungen gegen einzelne Kartellanten die Verfolgungsverjährung gemäß Art. 25 Abs. 3 und 4 VO 1/2003 (mit Wirkung zulasten aller Beteiligter) unterbricht, nachfolgend aber die Verjährungsfristen nach § 33h Abs. 3 oder Abs. 4 ablaufen, bevor die Behörde Maßnahmen ergreift, die sich gegen die zunächst noch unbekannten Beteiligten richten. Dies ist mit Blick auf § 33h Abs. 3 eine eher unwahrscheinliche Konstellation, weil die Verjährungsfrist, die nach Beendigung einer dauernden und fortgesetzten Handlung anläuft, gemäß Art. 25 Abs. 1 lit. b VO 1/2003 nur fünf Jahre beträgt, während die Verjährungsfrist nach § 33h Abs. 3 zehn Jahre läuft. Es müssten für diesen Fall also mindestens fünf Jahre zwischen den ersten Ermittlungen gegen einzelne Kartellanten und späteren Ermittlungen gegen die zunächst noch unbekannten Beteiligten liegen.

[136] → Vor §§ 33–34a Rn. 36–40, 44–47 und Rn. 52.

[137] Vgl. Kersting/Preuß WuW 2016, L1 (L13) (online).

[138] Regierungsbegründung zur Neunten GWB-Novelle BT-Drs. 18/10207, 66.

[139] Vgl. die vor der Neunten GWB-Novelle auch für Kartellschadensersatzansprüche geltende allgemeine Regelung nach § 204 Abs. 2 Nr. 1 BGB, die lediglich eine sechsmonatige Verzögerung des Ablaufs der Hemmung vorsieht.

[140] Regierungsbegründung zur Neunten GWB-Novelle BT-Drs. 18/10207, 66.

Abs. 1 KartSERL – im Ausgangspunkt unionsweit einheitlich auszulegen. Es setzt voraus, dass alle denkbaren Rechtsbehelfe ausgeschöpft worden sind oder die hierfür geltenden Fristen abgelaufen sind.[141] Denn erst dann haben mutmaßlich Geschädigte die Gewissheit, die (bindenden) Feststellungen der Behörde oder des Gerichts einer Klage zugrunde legen und hiervon ausgehend abwägen zu können, ob es sich „lohnt", in eine Schadensersatzklage zu „investieren". Deshalb beginnt die Jahresfrist gemäß Art. 10 Abs. 4 S. 2 KartSERL und § 33h Abs. 6 S. 2 GWB im Falle eines **Beschlusses der Europäischen Kommission** nicht bereits mit dessen Bekanntgabe, sondern mit dem Ablauf der Frist zur Erhebung einer Nichtigkeitsklage nach **Art. 263 Abs. 4 und 6 AEUV**.[142] Daran ändert es nichts, dass der Nichtigkeitsklage gemäß Art. 278 Abs. 1 AEUV grundsätzlich kein Suspensiveffekt zukommt und dass Beschlüsse der Kommission die nationalen Gerichte nach der „Masterfoods"-Rechtsprechung[143] und gemäß Art. 16 Abs. 1 S. 1 VO 1/2003 generell bereits mit Erlass binden. Entscheidend ist im Sinne der vorgenannten Ratio, dass während der Frist des Art. 263 Abs. 6 AEUV noch ein Rechtsbehelf anhängig gemacht werden kann, der zur Aufhebung des Beschlusses führen könnte.[144]

§ 33h Abs. 6 S. 3 ordnet die **entsprechende Anwendung** von **§ 204 Abs. 2 S. 2** **37** **und 3 BGB** an. Danach endet die Hemmung ein Jahr nach der letzten Verfahrenshandlung „der Parteien, des Gerichts oder sonst mit dem Verfahren befassten Stelle"[145], nämlich bei entsprechender Geltung im Rahmen des § 33h der Wettbewerbsbehörde, wenn das gerichtliche oder behördliche Verfahren dadurch in Stillstand gerät, dass es die Parteien oder die Wettbewerbsbehörde nicht betreiben. Es muss hierfür ein **tatsächlicher Stillstand des Verfahrens** vorliegen, weil die Parteien oder die Wettbewerbsbehörde ohne triftigen Grund nicht die Handlungen vornehmen, die erforderlich wären, um das Verfahren voranzubringen. Die Regelung soll verhindern, dass der Verjährungseintritt ohne absehbares Ende hinausgeschoben wird und damit die Ziele der Verjährung[146] unterlaufen werden. Die Hemmung greift sodann erneut, wenn eine der Parteien bzw. die Wettbewerbsbehörde das Verfahren wieder betreiben.

Art. 10 Abs. 4 KartSERL sieht keine Beendigung der Hemmung wegen eines Ver- **38** fahrensstillstands vor. Da somit die entsprechende Anwendung von § 204 Abs. 2 S. 2 und 3 BGB ein früheres Ende der Hemmung herbeiführt, als sie in Art. 10 Abs. 4 S. 2 KartSERL vorgesehen ist, kann sich der **deutsche Gesetzgeber** hierfür **nicht** auf einen **eigenen** – nur vom Effektivitäts- und Äquivalenzprinzip begrenzten – **Gestaltungsspielraum** berufen. Allerdings gefährdet ein unabsehbares Hinausschieben der Verjährung auch bei Art. 10 KartSERL die durch die Verjährung geschützten Interessen, nämlich das Interesse der Rechtsverletzer, nach Ablauf einer bestimmten Zeitspanne rechtssicher davon ausgehen zu dürfen, nicht mehr in Anspruch genommen zu werden,[147] und das Allgemeininteresse am Rechtsfrieden. Deshalb ist für die Konstellation eines Verfahrensstillstands mit unabsehbarem Ende von einer **(verdeckten) Regelungslücke** auszugehen. Es besteht damit Raum für eine **Rechtsfortbildung.** Diese ist auf **Ebene des Unionsrechts** vorzunehmen. § 204 Abs. 2 S. 2 und 3 BGB bildet mithin lediglich ein Provisorium für die Vervollkommnung des Art. 10 Abs. 4 KartSERL. Zu berücksichtigen ist, dass Art. 10 Abs. 4 S. 2 KartSERL dem (mutmaßlich) Geschädigten einen zeitlichen Freiraum von mindestens einem Jahr verschaffen will, nachdem er – angesichts einer behördlichen oder gerichtlichen Entscheidung oder der Beendigung des Verfahrens auf andere Weise – sicher wissen kann,

---

[141] → § 33b Rn. 11.
[142] Diese Frage stellt sich bei Art. 9 Abs. 1 KartSERL nicht, weil die dort geregelte Bindungswirkung nur Entscheidungen nationaler Wettbewerbsbehörden oder Gerichte betrifft, nicht aber Beschlüsse der Europäischen Kommission.
[143] EuGH 14.12.2000 – C-344/98, EU:C:2000:689 Rn. 50–52 – Masterfoods.
[144] BGH 13.4.2021 – KZR 19/20, NZKart 2021, 566 (571) = juris Rn. 82 f. – LKW-Kartell II (zu § 33 Abs. 5 GWB 2005 iVm § 204 Abs. 2 BGB).
[145] § 204 Abs. 2 S. 2 BGB.
[146] → Rn. 1.
[147] GA Rantos 28.10.2014 – C-267/20, EU:C:2021:884, Rn. 66 – Volvo und DAF Trucks.

dass ihm nur begrenzte Zeit bleibt, um sich ein Urteil darüber zu bilden, ob er Klage erheben will oder nicht. § 204 Abs. 2 S. 2 BGB sichert diese einjährige Nachfrist nicht vollständig. Denn erstens kann ein (mutmaßlich) Geschädigter bei entsprechender Anwendung des § 204 Abs. 2 S. 2 BGB (anders als eine Partei in einem Zivilrechtsstreit) typischerweise nicht selbst durch ein Betreiben des Verfahrens dafür sorgen, dass die Hemmung fortbesteht. Zweitens kann der Geschädigte uU erst im weiteren Zeitablauf nach einer – erst im Nachhinein als „letzte" identifizierbaren – Verfahrenshandlung der Behörde klar erkennen kann, dass ein Verfahrensstillstand vorliegt, der ein Ende der Hemmung bewirkt. Der deutsche Gesetzgeber hat diese Verkürzung der sechsmonatigen Nachfrist im originären Anwendungsbereich des § 204 BGB hingenommen, wohl um des Vorteils willen, dass „die letzte Verfahrenshandlung" ein gut nachvollziehbares Ereignis für den Beginn der Jahresfrist bildet und weil die Parteien es selbst in der Hand haben, das Verfahren weiter zu betreiben und damit sicherzustellen, dass die Verjährung weiter gehemmt wird. Da bei der entsprechenden Anwendung von § 204 Abs. 2 S. 2 BGB allerdings der Wertung des Art. 10 Abs. 4 S. 2 KartSERL nicht vollständig Rechnung getragen wird, bleibt zweifelhaft, ob diese Lösung vor dem EuGH, dem insoweit das letzte Wort zukommt, Bestand haben wird. Tragbar erscheint die entsprechende Anwendung von § 204 Abs. 2 S. 2 BGB in Fällen, in denen die Behörde ausdrücklich bekanntgibt, dass sie ein von Amts wegen geführtes Verwaltungs- oder Bußgeldverfahren oder ein von ihr als Partei betriebenes Gerichtsverfahren einstweilen ruhen lässt bzw. nicht weiter betreibt.[148]

**39** Für die **Wirkung der Hemmung** gilt § 209 BGB, wonach „[d]er Zeitraum, während dessen die Verjährung gehemmt ist, in die Verjährungsfrist nicht eingerechnet [wird]."

**40** Neben **§ 33h Abs. 6** sind **§§ 203 ff. BGB** anzuwenden. Dies ist unionsrechtskonform, weil Art. 10 Abs. 4 KartSERL die Hemmung nur für die Konstellation laufender behördlicher bzw. gerichtlicher Verfahren regelt und es den Mitgliedstaaten gemäß Art. 10 Abs. 1 KartSERL freigestellt bleibt, weitere Hemmungstatbestände vorzusehen. Von praktischer Bedeutung sind insoweit etwa die Hemmung bei **Verhandlungen** gemäß § 203 BGB oder bei einem **außergerichtlichen Verfahren** zur **einvernehmlichen Streitbeilegung** gemäß § 204 Abs. 1 Nr. 4 BGB.[149] Die verjährungshemmende Wirkung eines Güteantrags setzt voraus, dass für den Schuldner erkennbar ist, „welcher Anspruch gegen ihn geltend gemacht werden soll, damit er prüfen kann, ob eine Verteidigung erfolgversprechend ist und ob er in das Güteverfahren eintreten möchte."[150] Die **Anrufung** der **Gütestelle** ist **rechtsmissbräuchlich,** wenn der Antragsgegner bereits deutlich gemacht hat, an einem Güteverfahren nicht mitzuwirken und sich nicht auf eine außergerichtliche Einigung einlassen zu wollen.[151]

## F. Ausgleichsansprüche unter Gesamtschuldnern

**41** Der Ausgleichsanspruch eines leistenden Gesamtschuldners gemäß § 33d Abs. 2 S. 1 unterliegt der dreijährigen Regelverjährung nach § 195 BGB, nicht aber § 33h Abs. 1–6. Um die wirksame Geltendmachung des Ausgleichsanspruchs zu gewährleisten, beginnt die Verjährungsfrist gemäß **§ 33h Abs. 7** jedoch erst ab dem **Zeitpunkt,** zu dem ein Rechtsverletzer einen **Anspruch aus § 33a befriedigt** hat und sich damit der Ausgleichsanspruch von einem Freistellungs- in einen Zahlungsanspruch umwandelt. Diese Sonderregelung hielt der Gesetzgeber für geboten, weil bei Anwendung des § 199 Abs. 1 BGB die Verjährungsfrist für den Ausgleichsanspruch – für den unabhängig von seiner Ausprägung als

---

[148] Vgl. Makatsch/Mir in MüKoWettbR § 33h Rn. 90.
[149] Die Regelungen dienen der Umsetzung von Art. 18 Abs. 1 iVm Art. 2 Nr. 11 KartSERL, → § 33f Rn. 5.
[150] BGH 1.10.2020 – III ZR 60/19, NJW 2021, 153 (154 f.) = juris Rn. 18 (Schadensersatz wegen fehlerhafter Anlageberatung).
[151] BGH 28.10.2015 – IV ZR 526/14, NJW 2016, 233 (235) = juris, Rn. 33 f. (Schadensersatz wegen fehlerhafter Aufklärung beim Abschluss von Lebensversicherungen).

werden, dass infolge der Schuldrechtsmodernisierung die Anwendung des § 852 BGB für sonderdeliktische Ansprüche – und damit auch für § 33a – generell eine ausdrückliche gesetzliche Anordnung voraussetzte.[168] Eine gesetzgeberische Klarstellung lag für das Immaterialgüterrecht nahe, um Anwendungsunsicherheiten zu vermeiden, die daraus entstehen konnten, weil mit der Schuldrechtsmodernisierung zugleich das allgemeine Verjährungsrecht und das Verjährungsrecht der zivilrechtlichen Ansprüche bei Immaterialgüterrechtsverletzungen reformiert und § 852 BGB neugefasst wurde. Zudem bot sich eine Klarstellung auch an, weil der (sonder-)deliktische Charakter einer Haftung – anders als bei § 33a – nicht immer außer Frage stand. So wurde etwa in den Gesetzgebungsmaterialien (nur) von „deliktsähnlichen Verletzungen"[169] im Immaterialgüterrecht geschrieben. **§ 852 S. 1 BGB** gilt im Lichte dessen für das **Kartelldeliktsrecht,** ohne dass es hierfür eines besonderen Plazets des Gesetzgebers bedürfte. Für die Anwendbarkeit von § 852 S. 1 BGB ist es damit auch nicht von Belang, dass sich der deutsche Gesetzgeber hierzu im Zuge der Neunten GWB-Novelle nicht positionierte. Man mag die vom Gesetzgeber der Schuldrechtsmodernisierung angeführten Gründe für die Beibehaltung des § 852 BGB nicht gutheißen[170] und es ist tatsächlich nicht von der Hand zu weisen, dass ein Kartellgeschädigter, zu dessen Gunsten § 33b und § 33h Abs. 6 gelten, sich nicht den gleichen Unsicherheiten ausgesetzt sieht, die der Gesetzgeber mit Blick auf Patentrechtsinhaber[171] hervorgehoben hat.[172] Indes liegt es in der Natur jeder Regelung wie § 852 BGB, die bestimmte Interessen schützen will – wie hier jene der durch unerlaubte Handlungen Geschädigten–, dass der Schutz und der hierfür eingesetzte Mechanismus in manchen der erfassten Konstellationen drängender erscheint als in anderen. Diese Erwägungen können aber nicht in Zweifel ziehen, dass der Gesetzgeber sich im Zuge der Schuldrechtsmodernisierung auch unter geänderten Rahmenbedingungen dafür entschieden hat, § 852 BGB für unerlaubte Handlungen beizubehalten, und zwar unabhängig davon, ob diese im Bürgerlichen Recht oder im Sonderprivatrecht geregelt sind.

## II. Voraussetzungen und Rechtsfolgen

§ 852 S. 1 BGB verlangt, dass „der Ersatzpflichtige **durch eine unerlaubte Handlung   48 auf Kosten des Verletzten** etwas **erlangt**" hat. Die Regelung greift damit ohne Weiteres im Falle einer (verjährten) Haftung für Kartellrechtsverstöße, bei denen der durch die Kartellrechtsverletzung verursachte Vermögensverlust des Geschädigten unmittelbar dem Rechtsverletzer zugutekam, dh etwa bei kartellbedingten Preisüberhöhungen oder bei Ausbeutungsmissbräuchen. Indes ist die Anwendung nicht auf diese Konstellationen direkter Vermögensverschiebungen vom Geschädigten zum Rechtsverletzer beschränkt.[173] Die Formulierung „auf Kosten des Verletzten […] erlangt" bei § 852 S. 1 BGB ist nicht als Verweis auf die Anspruchsvoraussetzungen des § 812 Abs. 1 BGB zu lesen. Mit dem Verweis auf das Bereicherungsrecht wird lediglich klargestellt, dass die unter den Voraussetzungen des verjährten Schadensersatzanspruchs entstandene Haftung gemäß § 852 S. 1 BGB in ihrem **Umfang** auf die **Bereicherung gemäß §§ 818 ff. BGB beschränkt** sein soll.[174] Selbst wenn man dies anders sähe: Das Tatbestandsmerkmal „auf Kosten" ist auch in Fällen der Eingriffskondiktion nach § 812 Abs. 1 S. 1 BGB nicht in einem solchen, auf unmittelbare Vermögensverschiebungen begrenzten Sinne zu verstehen, sondern setzt voraus, dass der Bereicherungsschuldner etwas durch Ausnutzung einer nicht ihm, sondern dem Bereicherungsgläubiger zustehenden Rechtsposition erlangt hat.[175] Kartellrechtsver-

---

[168] AA Petzold NZKart 2018, 113 (114 f.).
[169] Siehe → Fn. 163.
[170] Siehe etwa Ebert NJW 2003, 3055 (3056).
[171] Siehe oben bei Fn. 164.
[172] Vgl. Petzold NZKart 2018, 113 (114 f.).
[173] Schwab in MüKoBGB, 8. Aufl. 2020, § 812 Rn. 280.
[174] BGH 14.2.1978 – X ZR 19/76, NJW 1978, 1377 (1379 f.) – Fahrradgepäckträger II.
[175] Schwab in MüKoBGB, 8. Aufl. 2020, § 812 Rn. 50.

letzer haften deshalb aus § 852 S. 1 BGB den Geschädigten auch auf entgangenen Gewinn, etwa im Falle von Behinderungsmissbräuchen oder auch bei kartellbedingten Mengenschäden. Der Anspruch ist in seiner Höhe aber auf die Bereicherung beschränkt, die der Anspruchsgegner aus dem Kartellrechtsverstoß erlangt hat. Bleibt die Bereicherung hinter dem Schaden zurück, verringert sich der Anspruch des Geschädigten entsprechend.[176]

## III. Verjährung

49   Der **Restschadensersatzanspruch verjährt** gemäß § 852 S. 2 BGB „in zehn Jahren von seiner Entstehung an, ohne Rücksicht auf die Entstehung in 30 Jahren von der Begehung der Verletzungshandlung oder dem sonstigen, den Schaden auslösenden Ereignis an." Beide Fristen sind taggenau zu berechnen. Fristauslösend für die kürzer laufende Frist ist die Entstehung des (verjährten) Schadensersatzanspruchs aus unerlaubter Handlung.[177] Im Falle einer (verjährten) Haftung aus § 33a läuft die Verjährung des Anspruchs aus § 852 S. 1 BGB mithin ab der Anspruchsentstehung im Sinne von § 33h Abs. 2 Nr. 1.[178] Da § 852 BGB für den Gläubiger nicht günstiger als die objektiven Verjährungsregelungen in § 33h Abs. 3 und Abs. 4 ausgestaltet ist, lässt sich die **praktische Bedeutung der Restschadensersatzhaftung** ermessen, wenn man § 852 BGB der **kenntnisabhängigen Verjährung** nach § 33h Abs. 2 gegenüberstellt: Erfüllen Geschädigte die subjektiven Voraussetzungen nach § 33h Abs. 2 Nr. 2 und wurde die haftungsauslösende Kartellrechtsverletzung gemäß § 33h Abs. 2 Nr. 3 beendet, können die Geschädigten nach § 852 BGB über die fünfjährige (Ultimo-)Frist des § 33h Abs. 1 hinaus noch bis zum Ablauf von zehn Jahren nach Anspruchsentstehung abwägen, ob sich eine Klageerhebung lohnt oder nicht. Je eher die Gläubiger also von der Anspruchsentstehung erfahren und je schneller der Kartellrechtsverstoß nach der Anspruchsentstehung beendet wurde, desto größer ist die Besserstellung der Gläubiger durch die Haftung aus § 852 BGB gegenüber der Haftung aus §§ 33a Abs. 1, 33h Abs. 1 und Abs. 2. Während sich damit in manchen Fällen die Rechtsposition Geschädigter durch § 852 BGB nicht verbessert, sichert die Norm ihnen in anderen Fällen eine um bis zu fünf Jahre gegenüber § 33a Abs. 1 und Abs. 2 verlängerte Frist, um einen Anspruch einzuklagen.

## § 34 Vorteilsabschöpfung durch die Kartellbehörde

(1) **Hat ein Unternehmen vorsätzlich oder fahrlässig gegen eine Vorschrift dieses Teils, gegen Artikel 101 oder 102 des Vertrages über die Arbeitsweise der Europäischen Union oder eine Verfügung der Kartellbehörde verstoßen und dadurch einen wirtschaftlichen Vorteil erlangt, kann die Kartellbehörde die Abschöpfung des wirtschaftlichen Vorteils anordnen und dem Unternehmen die Zahlung eines entsprechenden Geldbetrags auferlegen.**

(2) [1]**Absatz 1 gilt nicht, soweit der wirtschaftliche Vorteil abgeschöpft ist durch**

**1. Schadensersatzleistungen,**

**2. Festsetzung der Geldbuße,**

**3. Anordnung der Einziehung von Taterträgen oder**

**4. Rückerstattung.**

[2]**Soweit das Unternehmen Leistungen nach Satz 1 erst nach der Vorteilsabschöpfung erbringt, ist der abgeführte Geldbetrag in Höhe der nachgewiesenen Zahlungen an das Unternehmen zurückzuerstatten.**

---

[176] Wagner in MüKoBGB, 8. Aufl. 2020, § 852 Rn. 6.

[177] Entwurf eines Gesetzes zur Modernisierung des Schuldrechts vom 14.5.2001, BT-Drs. 14/6040, 270; Vieweg in Staudinger, BGB, 2015, § 852 Rn. 11 f.; aA Seifert WuW 2017, 474 (481 f.): Der Anspruch aus § 852 S. 1 BGB entsteht mit Verjährung des Schadensersatzanspruchs aus unerlaubter Handlung; in diesem Sinne bereits Strohal JherJb 34 (1895), 325 (363 f.).

[178] → § 33h Rn. 6.

(3) [1] Wäre die Durchführung der Vorteilsabschöpfung eine unbillige Härte, soll die Anordnung auf einen angemessenen Geldbetrag beschränkt werden oder ganz unterbleiben. [2] Sie soll auch unterbleiben, wenn der wirtschaftliche Vorteil gering ist.

(4) [1] Es wird vermutet, dass ein Verstoß gegen Vorschriften der Kapitel 1, 2 oder 5 dieses Teils, gegen Art. 101 und 102 des Vertrages über die Arbeitsweise der Europäischen Union oder gegen eine Verfügung der Kartellbehörde nach § 19a oder nach Kapitel 6 dieses Teils einen wirtschaftlichen Vorteil verursacht hat. [2] Die Höhe des wirtschaftlichen Vorteils kann geschätzt werden. [3] Für die Schätzung der Vorteilshöhe gilt § 287 der Zivilprozessordnung entsprechend mit der Maßgabe, dass eine überwiegende Wahrscheinlichkeit genügt. [4] Es wird vermutet, dass der wirtschaftliche Vorteil nach Satz 1 mindestens 1 Prozent der Umsätze beträgt, die im Inland mit den Produkten oder Dienstleistungen, die mit der Zuwiderhandlung in Zusammenhang stehen, erzielt wurden. [5] Der Vermutung nach Satz 4 ist der Abschöpfungszeitraum nach Absatz 5 Satz 1 zugrunde zu legen. [6] Gegen die Vermutung nach Satz 1 in Verbindung mit Satz 4 kann nicht vorgebracht werden, dass kein wirtschaftlicher Vorteil oder ein Vorteil in nur geringer Höhe angefallen ist. [7] Sie kann nur widerlegt werden, soweit das Unternehmen nachweist, dass weder die am Verstoß unmittelbar beteiligte juristische Person oder Personenvereinigung noch das Unternehmen im Abschöpfungszeitraum einen Gewinn in entsprechender Höhe erzielt hat. [8] Bei der Ermittlung des Gewinns des Unternehmens nach Satz 7 ist der weltweite Gewinn aller natürlichen und juristischen Personen sowie Personenvereinigungen zugrunde zu legen, die als wirtschaftliche Einheit operieren. [9] Die Vermutung nach Satz 1 in Verbindung mit Satz 4 gilt nicht, wenn die Erlangung eines Vorteils aufgrund der besonderen Natur des Verstoßes ausgeschlossen ist. [10] Der abzuführende Geldbetrag ist zahlenmäßig zu bestimmen und darf 10 Prozent des Gesamtumsatzes des Unternehmens oder der Unternehmensvereinigung, der in dem der Behördenentscheidung vorausgegangenen Geschäftsjahr erzielt worden ist, nicht übersteigen.

(5) [1] Die Vorteilsabschöpfung kann nur innerhalb einer Frist von bis zu sieben Jahren seit Beendigung der Zuwiderhandlung und längstens für einen Zeitraum von fünf Jahren (Abschöpfungszeitraum) angeordnet werden. [2] § 33h Absatz 6 gilt entsprechend. [3] Im Falle einer bestandskräftigen Entscheidung im Sinne des § 33b Satz 1 oder einer rechtskräftigen Gerichtsentscheidung im Sinne des § 33b Satz 2 beginnt die Frist nach Satz 1 erneut.

**Schrifttum:** Alexander, Schadensersatz und Abschöpfung im Lauterkeits- und Kartellrecht, 2010; ders., Nutzen und Zukunft der Gewinnabschöpfung in der Diskussion, WRP 2012, 1190; Barth/Bongard, Gesamtwirtschaftliche Analyse, WuW 2009, 30; Bongard, Mehrerlös, WuW 2010, 762; Ellger, Kartellschaden und Verletzergewinn, in: FS Möschel, 2011, S. 191; Franck, Marktordnung durch Haftung, 2016; Emmerich, Überlegungen zur Gewinnabschöpfung, in: FS Fezer, 2016, S. 1027; Fezer, Unrechtsabschöpfung, in: FS Bornkamm, 2014, S. 335; Gsell/Rübbeck, Beseitigung als Folgenbeseitigung?, ZfPW 2018, 409; Janssen, Präventive Gewinnabschöpfung, 2017; Kersting, Abschöpfung von Gewinn nach dem Referentenentwurf der 11. GWB-Novelle, NZKart 2022, 659 = in: Kirk et al., Kartellrecht in der Zeitenwende, 2023, 79; Lerche, Verfassungsfragen einer Neuordnung der Mißbrauchsaufsicht, 1979; v. Oertzen, Methodenprobleme bei der Bestimmung des Mehrerlöses aufgrund einer Ordnungswidrigkeit nach § 38 Abs. 4 GWB, Diss. Bonn 1974; Pinski, Abschöpfungsregelungen im Wettbewerbsrecht, 2004; Raum, Gewinnabschöpfung als Präventionsinstrument im Lauterkeitsrecht, 2012; R. Raum, Vorteilsabschöpfung im Kartellrecht, in: FS G. Hirsch, 2008, S. 301; Rohner, Effiziente Vorteilsabschöpfung, in: Kirk et al., Kartellrecht in der Zeitenwende, 2023, 97; K. Schmidt, Aufgaben und Leistungsgrenzen der Gesetzgebung im Kartelldeliktsrecht, 1978; St. Sieme, Der Gewinnabschöpfungsanspruch nach § 10 UWG und die Vorteilsabschöpfung gemäß §§ 34, 34a GWB, 2009; Volhard, Schadensersatz bei Preisabsprachen, in: FS Gaedertz, 1992, S. 599.

## Übersicht

# A. Überblick, Geschichte[1]

**1**   § 34 regelt die sogenannte verwaltungsrechtliche Vorteilsabschöpfung. Die Kartellbehörde (§ 48 Abs. 1) kann danach, wenn ein Unternehmen einen Kartellrechtsverstoß begangen und dadurch einen wirtschaftlichen Vorteil erlangt hat, dessen Abschöpfung anordnen und dem Unternehmen die Zahlung eines entsprechenden Geldbetrages auferlegen (§ 34 Abs. 1). Die Vorteilsabschöpfung entfällt indessen, wenn der Vorteil bereits durch Schadensersatzleistungen, durch die Festsetzung einer Geldbuße, durch die Anordnung der Einziehung von Taterträgen oder durch Rückerstattung abgeschöpft ist (§ 34 Abs. 2 S. 1 Nr. 1–4 in Verbindung mit § 32 Abs. 2a, § 33a und § 81 Abs. 5 GWB sowie § 29a OWiG und §§ 73 Abs. 3, 73a StGB).

**2**   Die Anordnung der Vorteilsabschöpfung steht im **Ermessen der Kartellbehörde** (§ 34 Abs. 1 S. 1: „… kann …"). Unter den Voraussetzungen des § 34 Abs. 3 S. 1 (unbillige Härte) soll die Vorteilsabschöpfung beschränkt werden oder ganz unterbleiben. Wenn der wirtschaftliche Vorteil gering ist, soll ebenfalls auf die Vorteilsabschöpfung verzichtet werden (§ 34 Abs. 3 S. 2). Wegen der großen Schwierigkeiten bei der Berechnung des abzuschöpfenden wirtschaftlichen Vorteils wird seit der 11. Novelle von 2023 vermutet, dass ein Verstoß gegen die Vorschriften des GWB und gegen die Wettbewerbsregeln des AEUV einen wirtschaftlichen Vorteil verursacht hat, der mindestens 1 % der Umsätze beträgt, die im Inland mit den Produkten oder Dienstleistungen erzielt wurden, die mit der Zuwiderhandlung im Zusammenhang stehen (§ 34 Abs. 4 S. 1 und 4 nF). Die **Verjährungsfrist** beträgt grundsätzlich sieben Jahre, beginnend mit der Beendigung der Zuwiderhandlung (§ 34 Abs. 5 S. 1), wobei für die Hemmung der Verjährung § 33h Abs. 6 entsprechend gilt (§ 34 Abs. 5 S. 2). Jedoch beginnt die Frist im Falle einer bestandskräftigen Entscheidung iSd § 33b S. 1 oder einer rechtskräftigen Gerichtsentscheidung iSd § 33b S. 2 erneut zu laufen (§ 34 Abs. 5 S. 3). Der Abschöpfungszeitraum beträgt maximal fünf Jahre (§ 34 Abs. 4 S. 5 und Abs. 5 S. 1 GWB).

**3**   **Vorläufer** des § 34 war der durch die 4. Novelle von 1980 eingeführte § 37b gewesen, mit dem bezweckt worden war, (zusammen mit § 35 Abs. 2 von 1957) die sog. **Sanktionslücke** bei Missbrauchsverfügungen auf Grund der (früheren) §§ 22 Abs. 5 und 103 Abs. 6 von 1957 zu schließen, indem den Kartellbehörden erstmals die Möglichkeit zur so genannten **Mehrerlösabschöpfung** eröffnet wurde.[2] Die Erfahrungen mit § 37b von 1980 waren freilich desillusionierend, da die Kartellbehörden in den achtzehn Jahren bis zum Inkrafttreten der sechsten Novelle von 1998 nicht ein einziges Mal von der Möglichkeit der Mehrerlösabschöpfung nach § 37b von 1980 Gebrauch gemacht hatten. Trotzdem wurde § 37b von 1980 als neuer § 34 in das GWB von 1998 übernommen. § 34 bestimmte seitdem, dass die Kartellbehörde eine Mehrerlösabschöpfung anordnen konnte, wenn ein

---

[1] S. zum folgenden ausführlich Alexander Schadensersatz S. 444, 460 ff.; Franck, Marktordnung durch Haftung; Janssen, Präventive Gewinnabschöpfung; Kühnen WuW 2011, 16; van Raay Gewinnabschöpfung als Präventionsinstrument.
[2] Begr. v. 1978, 14 f.; Bericht von 1980, 28.

Unternehmen schuldhaft durch ein Verhalten, das die Kartellbehörde mit einer bestandskräftigen Verfügung nach § 32 untersagt hatte, nach Zustellung der Verfügung einen Mehrerlös erlangt hatte.

Der neue § 34 von 1998 teilte das Schicksal seines Vorgängers, des § 37b von 1980 **4** (→ Rn. 3). Die Vorschrift ist nach 1998 ebenfalls **nicht in einem einzigen Fall** angewandt worden. Trotz dieser negativen Erfahrungen ließ sich der Gesetzgeber nicht entmutigen und weitete sogar mit der **7. Novelle von 2005** den Anwendungsbereich des § 34 durch Übergang zur **Vorteilsabschöpfung** (anstelle der bisherigen Mehrerlösabschöpfung) im Interesse der Verstärkung der Sanktionen für Kartellrechtsverstöße nach Übergang zu dem System der Legalausnahme nochmals erheblich aus.[3] Die Gesetzesverfasser hatten dazu bemerkt, durch § 34 nF solle verhindert werden, dass den an einem Kartellrechtsverstoß beteiligten Unternehmen die „Rendite" aus dem Wettbewerbsverstoß verbleibt. Deshalb werde fortan jeder durch einen Kartellrechtsverstoß erlangte Vorteil erfasst.[4] Es handele sich dabei um ein verwaltungsrechtliches, nicht um ein straf- oder bußgeldrechtliches Instrument, bei dessen Anwendung jedoch auf die zu § 17 Abs. 4 OWiG entwickelten Rechtsgrundsätze zurückgegriffen werden könne.[5] Die **praktische Bedeutung** des § 34 nF blieb gleichwohl gering.

Durch die 8. Novelle von 2013 wurde in § 34 Abs. 2 Nr. 4 die Subsidiarität der jetzt so **5** genannten Vorteilsabschöpfung auf die Rückerstattung aufgrund des neuen § 32 Abs. 2a ausgeweitet (dazu → § 32 Rn. 25 f.) und zugleich die Regelung über die Frist für die Vorteilsabschöpfung durch die Verweisung auf § 33h Abs. 6 in § 34 Abs. 5 S. 2 geändert (dazu → § 33 Rn. 76 ff.). Während der Gesetzesberatungen hatte der Bundesrat außerdem angeregt, auf das Verschuldenserfordernis in § 34 Abs. 1 S. 1 zu verzichten, war damit indessen auf den Widerstand der Bundesregierung gestoßen, so dass es bis heute bei dem (praktisch weitgehend bedeutungslosen) Verschuldenserfordernis blieb (→ Rn. 12).

Erneute weitreichende Änderungen des § 34 brachte sodann die 11. Novelle von 2023.[6] **5a** Damit wird bezweckt zu verhindern, dass wirtschaftliche **Vorteile,** die durch Verstöße gegen das Kartellrecht erlangt wurden, bei den Tätern verbleiben. Deshalb wurden, um die Anwendung der Vorschrift zu vereinfachen, zwei **neue Vermutungen,** eine Vermutung hinsichtlich der Entstehung eines wirtschaftlichen Vorteils sowie die Vermutung einer pauschalen Mindesthöhe des Vorteils eingeführt (§ 34 S. 1 und S. 4 nF).

Von der in § 34 geregelten verwaltungsrechtlichen Vorteilsabschöpfung muss die vor- **6** rangige (s. § 34 Abs. 2 S. 1 Nr. 2) **bußgeldrechtliche Mehrerlös–** oder (so heute) **Vorteilsabschöpfung** unterschieden werden. Sie hatte ihre Regelung ursprünglich in § 38 Abs. 4 von 1957 sowie sodann in § 81 Abs. 2 aF gefunden, nach dem es zulässig gewesen war, bei Ordnungswidrigkeiten nach dem GWB in der Mehzahl der Fälle die Geldbuße bis zur dreifachen Höhe des „durch die Zuwiderhandlung erlangten Mehrerlöses" über die Grenze von 500.000 EUR hinaus zu erhöhen. Daneben fand nach überwiegender Meinung auch § 17 Abs. 4 OWiG Anwendung, der bestimmt, dass bei Ordnungswidrigkeiten die Geldbuße den „wirtschaftlichen Vorteil" übersteigen soll, den der Täter aus der Ordnungswidrigkeit gezogen hat.

Durch die **7. Novelle** von 2005 war die Mehrerlösabschöpfung in § 81 gestrichen und **6a** durch einen **fakultativen Verweis auf § 17 Abs. 4 OWiG** in § 81 Abs. 5 ersetzt worden.[7] Im Zuge der 10. Novelle von 2021 war schließlich an die Stelle des bisherigen § 81 Abs. 5 der neue § 81d Abs. 3 S. 1 getreten, nach dem weiterhin § 17 Abs. 4 OWiG mit der Maßgabe Anwendung findet, dass der wirtschaftliche Vorteil, der aus der Ordnungswidrigkeit gezogen wurde, durch die Geldbuße nach § 81c abgeschöpft werden kann. S. 2 der Vorschrift fügt hinzu, dass, wenn die Geldbuße allein der Ahndung dient, dies bei der

---

[3] S. die Begr. v. 2004, 36 (li. Sp.), 55.
[4] Begr. v. 2004, 36 (li. Sp.), 55 (li. Sp. 3. Abs.).
[5] Begr. v. 2004, 55 (li. Sp. 3. und 4. Abs.).
[6] S. dazu Begr. v. 2023, 18, 37 ff.
[7] Verfassungsrechtliche Bedenken dagegen bei Meessen WuW 2004, 733 (739 ff.).

Zumessung entsprechend zu berücksichtigen ist. Eine inhaltliche Änderung ist mit der Umstellung der Vorschrift nicht bezweckt.[8] § 81c, auf den § 81d Abs. 3 S. 1 Bezug nimmt, regelt die Höhe der Geldbuße. Nach wie vor ist mithin auch eine **bußgeldrechtliche Vorteilsabschöpfung** nach § 81c GWB iVm § 17 Abs. 4 OWiG möglich (s. § 34 Abs. 2 S. 1 Nr. 2).

7    Die **praktische Bedeutung** der Vorteilsabschöpfung aufgrund des § 34 war bisher gering. Wie die Bundesregierung festgestellt hat, hatten die Kartellbehörden von der Möglichkeit der Vorteilsabschöpfung bis 2017 nicht ein einziges Mal Gebrauch gemacht.[9] Erst aus dem Jahr 2020 wird erstmals von einem Anwendungsfall der Vorschrift berichtet.[10] Der Fall betraf das Wasserversorgungsunternehmen der Stadt Gießen, dessen Preise von der Landeskartellbehörde aufgrund eines Vergleichs mit den Preisen vergleichbarer anderer Versorgungsunternehmen als missbräuchlich eingestuft worden waren (§ 19 Abs. 2 Nr. 2). Die Landeskartellbehörde hatte deshalb dem Wasserversorgungsunternehmen aufgegeben, einen Betrag von rund 18 Millionen € herauszugeben. Die Verfügung der Landeskartellbehörde wurde 2022 vom OLG Frankfurt im wesentlichen bestätigt, vom BGH 2023 jedoch in einzelnen Punkten beanstandet.

7a   Ebenso wie die Vorteilsabschöpfung nach § 34 fristet bisher die bußgeldrechtliche Vorteilsabschöpfung aufgrund des § 17 Abs. 4 OWiG ein Schattendasein, da die Bundesregierung lediglich drei Fälle ermitteln konnte, in denen bis 2017 der § 17 Abs. 4 OWiG in Verbindung mit § 81 Abs. 5 aF (= § 81d Abs 3 S 1 von 2021) von den Kartellbehörden angewandt wurde. Die Bundesregierung befürchtet obendrein für die Zukunft mit Rücksicht auf die Intensivierung der Verfolgung von Schadensersatzansprüchen Privater auf der Grundlage der §§ 33 ff. einen weiteren Bedeutungsverlust des § 34. In dieselbe Richtung wirken in den Augen der Bundesregierung obendrein die erheblichen Schwierigkeiten bei der Ermittlung des wirtschaftlichen Vorteils eines Kartellverstoßes wegen der damit verbundenen Notwendigkeit der Feststellung eines „hypothetischen Alternativszenarios" mittels zum Teil hochkomplexer ökonometrischer Analysetechniken.[11] Das (ernüchternde) Bild wäre unvollständig ohne Hinweis darauf, dass die praktische Bedeutung der Gewinnabschöpfung nach § 10 UWG ebenso wie die der Vorteilsabschöpfung aufgrund des § 34 ganz gering ist, so gering, dass die Kritik an der offenbar nicht praktikablen gesetzlichen Regelung heute allgemein ist.[12] Die wenigen Fällen, in denen bisher zB § 10 UWG mit Erfolg angewandt wurde, lassen sich in der Tat gleichfalls an den fünf Fingern einer Hand abzählen.

## B. Anwendungsbereich

8    Der Anwendungsbereich des § 34 umfaßt nach § 34 Abs. 1 jeden Verstoß eines Unternehmens gegen eine Vorschrift des **1. Teils des GWB**, wobei insbesondere an die §§ 1, 19, 20, 21 und 29 zu denken zu dürfte, außerdem Verstöße gegen die Wettbewerbsregeln des **AEUV** (Art. 101 und 102) sowie noch Verstöße gegen Verfügungen der (deutschen) Kartellbehörden (s. § 32). Soweit es um Verstöße gegen das GWB oder gegen die Wettbewerbsregeln des AEUV geht, setzt die Gewinnabschöpfung nicht etwa eine vorgängige Abstellungsverfügung einer deutschen Kartellbehörde, insbesondere also des Bundeskartellamts nach § 32, oder der Kommission nach Art. 7 der Verordnung Nr. 1/2003 voraus.[13] Nicht erfasst sind jedoch Verstöße gegen die Fusionskontrollverordnung oder gegen die

---

[8] Begr. von 2020, 127 (3. Absatz) = NZKart 2021 Beil. 1, 102 (r. Sp. u.).

[9] Begr. 2016, S. 67 ff. = NZKart 2017 Beilage 1, S. 58 ff.

[10] BGH 14.2.2023 – KVZ 28/20 – Wasserpreise Gießen, NZKart 2023, 369; vorgängig OLG Frankfurt a. M. 17.3.2020 – 11 W 51/16 (Kart), WuW 2022, 512.

[11] S. die Begr. v. 2023, 38 f.

[12] → § 34a Rn. 5 sowie zB Alexander WRP 2012, 1190; Emmerich FS Fezer, 2016, 1027; Fezer FS Bornkamm, 2014, 335.

[13] Roth in FK-KartellR Rn. 8.

Verordnung Nr. 1/2003.[14] Umstritten ist die Rechtslage hinsichtlich solcher Vorschriften des GWB, die wie zB § 39 ausschließlich Pflichten gegenüber den Kartellbehörden begründen. Die Anwendbarkeit des § 34 auf derartige Vorschriften ist in der Tat fraglich, weil nur schwer vorstellbar ist, wie ihre schuldhafte Verletzung einen abschöpfbaren Gewinn bei den verpflichteten Unternehmen nach sich ziehen soll.[15]

Bei den **Verfügungen der Kartellbehörden** ist in erster Linie an solche nach den §§ 32, 32a und 32b zu denken.[16] Voraussetzung ist, obwohl das Gesetz dies nicht ausdrücklich sagt, die **Bestandskraft** der Verfügung oder die Rechtskraft einer gerichtlichen Entscheidung nach § 76 Abs. 3.[17] Eine Gewinnabschöpfung scheidet in derartigen Fällen aus, solange über eine Beschwerde gegen die Verfügung noch nicht rechtskräftig entschieden ist und die Beschwerde aufschiebende Wirkung hat; anders verhält es sich lediglich bei Anordnung der sofortigen Vollziehung.[18] Außerdem ist davon auszugehen, dass die Gewinnabschöpfung in diesen Fällen grundsätzlich nur von der Behörde angeordnet werden kann, von der auch die betreffende Verfügung stammt.[19] **9**

Mit Verfügungen der „**Kartellbehörde**" meint § 34 Abs. 1 allein solche deutscher Kartellbehörden iSd § 48, allen voran also des Bundeskartellamtes, nicht dagegen Beschlüsse (oder Entscheidungen) der **Europäischen Kommission.** Daraus darf jedoch nicht auf die generelle Unanwendbarkeit des § 34 auf Beschlüsse der Kommission geschlossen werden, wie es verbreitet geschieht. Denn zu beachten bleibt, dass die Anwendung des § 34 auf Verstöße gegen die Wettbewerbsregeln des Vertrags (Art. 101 und Art. 102 AEUV) ohnehin keinen vorgängigen Beschluss der Kommission voraussetzt, so dass die deutschen Kartellbehörden bei Verstößen gegen die Art. 101 und Art. 102 AEUV ohne Rücksicht auf eine vorgängige Entscheidung (bzw. Beschluss) der Kommission § 34 anwenden können.[20] **10**

## C. Voraussetzungen

### I. Schuldhafter Kartellrechtsverstoß

Erste Voraussetzung einer Vorteilsabschöpfung ist nach § 34 Abs. 1, dass gerade ein Unternehmen vorsätzlich oder fahrlässig, d. h. schuldhaft (Rn. 12), einen Kartellrechtsverstoß (→ Rn. 8 f.) begangen hat. Der **Unternehmensbegriff** ist hier derselbe wie sonst im GWB und im AEUV.[21] Probleme ergeben sich daraus lediglich, wenn etwa iSd Art. 101 AEUV oder des § 1 GWB **Mutter- und Tochtergesellschaft** als wirtschaftliche Einheit behandelt werden, weil sich dann die Frage stellt, ob zB bei einem Kartellrechtsverstoß einer Tochtergesellschaft eine Vorteilsabschöpfung auch gegen die Muttergesellschaft (die mit ihrer Tochtergesellschaft eine wirtschaftliche Einheit bildet und deshalb als ein Unternehmen behandelt wird) angeordnet werden kann.[22] Klar ist die Rechtslage lediglich dann, wenn die Muttergesellschaft neben der Tochtergesellschaft an dem Verstoß beteiligt ist; in diesem Fall haften beide nebeneinander für die Vorteilsabschöpfung, und zwar wohl analog § 830 BGB und § 33d GWB als Gesamtschuldner. Ob aber dasselbe im Falle der alleinigen Beteiligung der Tochtergesellschaft an dem Verstoß angenommen werden kann, ist ange- **11**

---

[14] Roth in FK-KartellR Rn. 7.

[15] Ebenso Bornkamm/Tolkmitt in Bunte Rn. 6; anders aber Alexander Schadensersatz S. 585; Roth in FK-KartellR Rn. 6; Sieme Gewinnabschöpfung S. 306.

[16] Roth in FK-KartellR Rn. 10.

[17] Alexander Schadensersatz S. 586; Bornkamm/Tolkmitt in Bunte Rn. 7; Krohs in Kölner Komm KartellR § 34 Rn. 8 f.; Rehbinder in KMRKM Rn. 2; Roth in FK-KartellR Rn. 11.

[18] Krohs in Kölner Komm KartellR Rn. 9.

[19] Bechtold/Bosch Rn. 3.

[20] Bechtold/Bosch Rn. 3; dagegen Alexander Schadensersatz S. 585.

[21] Wegen der Einzelheiten s. die Erläuterungen zu Art. 101 und § 1.

[22] Dafür Roth in FK-KartellR Rn. 14; dagegen Bürger WuW 2011, 130 (136 ff.); Scheidtmann WRP 2010, 499 (502 ff.).

sichts des Trennungsprinzips in der Tat zweifelhaft, nach dem in einem Konzern jedes Konzernunternehmen grundsätzlich nur für seine eigenen Verbindlichkeiten haftet, sofern nicht der Gesetzgeber ausdrücklich das Gegenteil angeordnet hat.

**12**     Für das Verschulden des an dem Kartellrechtsverstoß beteiligten Unternehmens genügt nach § 34 Abs. 1 **Fahrlässigkeit.** Eine solche kann allenfalls zu verneinen sein, wenn sich der Vertreter eines Unternehmens in einem **entschuldbaren Rechtsirrtum** hinsichtlich der Zulässigkeit seines Verhaltens befindet (§ 276 Abs. 2 BGB). Angesichts der hohen Anforderungen der Rechtsprechung an die Entschuldbarkeit eines Rechtsirrtums kommt im Ergebnis tatsächlich dem Verschuldenserfordernis im vorliegenden Zusammenhang nahezu keine praktische Bedeutung zu.[23] Insofern entbehrte die noch im Referentenentwurf der 11. Novelle vorgesehene Streichung das Verschuldenserfordernisses in § 34 Abs. 1 nicht einer gewissen Logik.

## II. Wirtschaftlicher Vorteil

**13**     **1. Überblick.** Zweite Voraussetzung der Anordnung einer Vorteilsabschöpfung durch die Kartellbehörde ist, dass das betreffende Unternehmen (→ Rn. 11) gerade durch den Verstoß gegen die in § 34 Abs. 1 genannten kartellrechtlichen Vorschriften (→ Rn. 8 f.) einen **wirtschaftlichen Vorteil** erlangt hat, der mit hinreichender Sicherheit beziffert werden kann, so dass es den Kartellbehörden möglich ist, den abzuführenden Geldbetrag zahlenmäßig, dh genau zu bestimmen (§ 34 Abs. 1 und Abs. 4 S. 10). Wegen der großen Schwierigkeiten, die erfahrungsgemäß mit der Ermittlung der aus einem Kartellverstoß herrührenden wirtschaftlichen Vorteile verbunden sind, enthält das Gesetz seit der 11. Novelle von 2023 zwei **Vermutungen** für das Vorliegen eines wirtschaftlichen Vorteils, zunächst die Vermutung, dass der Verstoß überhaupt einen wirtschaftlichen Vorteil verursacht hat, dh eine Vermutung der **Kausalität** zwischen Verstoß und wirtschaftlichem Vorteil (§ 34 Abs. 4 S. 1), und sodann die weitere Vermutung, dass der auf dem Verstoß beruhende Vorteil **mindestens 1 % der Umsätze** beträgt, die im Inland mit den Produkten oder Dienstleistungen erzielt wurden, die mit dem Verstoß in Zusammenhang stehen (§ 34 Abs. 4 S. 4 → Rn. 22 ff.). Die Höhe des wirtschaftlichen Vorteils kann geschätzt werden, wofür § 287 ZPO entsprechend gilt (§ 34 Abs. 4 S. 2 und S. 3; → Rn 23a).

**14**     Durch § 34 soll verhindert werden, dass den an einem Kartellverstoß beteiligten Unternehmen die „Rendite" aus dem Kartellverstoß verbleibt.[24] Die Verfasser der 7. Novelle von 2005 verstanden darunter nach dem Vorbild des § 17 Abs. 4 OWiG (der ebenfalls auf den „wirtschaftlichen Vorteil" des Täters aufgrund einer Ordnungswidrigkeit abstellt) „jeden durch den Kartellrechtsverstoß erlangten Vorteil".[25] In den Vorläufern des § 34, dem § 37b von 1980 und dem § 34 von 1998 war stattdessen noch von dem „Mehrerlös" die Rede gewesen, den Unternehmen durch bestimmte Kartellrechtsverstöße erlangt haben.[26] Ob sich die Begriffe des Mehrerlöses und des wirtschaftlichen Vorteils in jeder Hinsicht decken oder ob Unterschiede insbesondere hinsichtlich der Berücksichtigung der Kosten bestehen, ist offen.

**15**     Auszugehen ist davon, dass die Gesetzesverfasser offenbar mit dem Begriff des wirtschaftlichen Vorteils (§ 34) in Anlehnung an die übliche Auslegung des § 17 Abs. 4 OWiG **jeden in Geld kalkulierbaren Vorteil** des Verstoßes gegen die Kartellgesetze erfassen wollten, und zwar einschließlich mittelbarer Vorteile wie zB einer Steigerung des Unternehmenswertes, indessen gekürzt um die auf den Vorteil bezüglichen Aufwendungen, nicht dagegen um die anteiligen Gemeinkosten (str.).[27] Dieser Betrag ist gleichbedeutend mit der

---

[23] Ebenso schon zu § 34 aF Veltins/Veltins WRP 1981, 619 (622 f.).
[24] → Rn. 4 sowie die Begr. v. 2004, 36, 55; Begr. v. 2023, 18, 37 ff.
[25] Begr. v. 2004, 33.
[26] S. dazu 2. Aufl. 1992, → § 37b Rn. 18 ff. und 3. Aufl. 2001, → Rn. 10 ff.
[27] Ausschussbericht v. 2005, BT-Drs. 15/5049, 50 (re. Sp.); Begr. v. 2004, 55 (li. Sp. 4. Abs.); Begr. v. 2023, 38 f.

Differenz zwischen der gesamten Vermögenssituation des betreffenden Unternehmens aufgrund des Verstoßes und der hypothetischen Situation ohne den Verstoß.[28] Man spricht insoweit auch von dem **Nettoprinzip** oder dem **Saldierungsgrundsatz** (→ Rn. 22). Kern des Begriffes ist aber unverändert der Gewinn aufgrund des Kartellverstoßes iSd zusätzlichen Umsatzerlöse. Zur Präzisierung des Begriffs kann daher unbedenklich auch die frühere Rechtsprechung zu der Mehrerlösabschöpfung herangezogen werden (→ Rn. 16 ff.).[29] Dasselbe gilt für die (ebenfalls ganz schmale) Praxis zu § 81 Abs. 5 iVm § 17 Abs. 4 OWiG (→ Rn 21), – womit nicht ausgeschlossen werden soll, dass der Begriff des wirtschaftlichen Vorteils in einzelnen Beziehungen über den des Mehrerlöses hinausgehen kann.

**2. Rückblick auf die Mehrerlösabschöpfung.** Paradigmata des wirtschaftlichen Vor- **16** teils iSd § 34 sind die durch die offenbar verbreitete Praktizierung verbotener Kartelle erzielten **zusätzlichen Gewinne** der Kartellanten, die sich – ohne Berücksichtigung von Mengeneffekten – daraus ergeben, dass die Kartellpreise nach den bisherigen Erfahrungen üblicherweise um 20 bis 30 % über den hypothetischen Wettbewerbspreisen liegen. Wichtigste Voraussetzung für die Ermittlung des Mehrerlöses im Sinne der Vorläufer des heutigen § 34 war folglich die möglichst genaue Fixierung des **hypothetischen Wettbewerbspreises,** dh des Marktpreises, der sich ohne die fraglichen Kartellrechtsverstöße vermutlich gebildet hätte.[30]

Die Ermittlung des hypothetischen Wettbewerbspreises ist bekanntlich mit ungewöhnli- **17** chen Schwierigkeiten verbunden, weil die vermutlichen Verhältnisse bei Wettbewerb prinzipiell unbekannt sind. Auch die **Verfasser der 9. Novelle** von 2017 hatten deshalb auf die Schwierigkeiten der Kartellbehörden bei der Ermittlung „hypothetischer Alternativszenarios (Preise, Mengen, Gewinn usw. ohne Verstoß)" hingewiesen und zugleich als **Methoden** zur Ermittlung den „Einsatz zum Teil sehr komplexer ökonometrischer Analysetechniken (unter anderem Regressionsmethode, Marktsimulationsmethode usw.)" genannt.[31] Dazu genügt der Hinweis, dass **Simulationsmodelle,** wenn überhaupt, so nur unter der Voraussetzung funktionieren, dass die zur Verfügung stehenden Daten eine reale Abbildung eines Marktes sowie der dort tätigen Unternehmen ermöglichen, – woran es indessen durchgängig fehlt, so dass diese Modelle tatsächlich in der Praxis nichts taugen. Oder genauer: Die Aussagen, zu denen sie hinsichtlich der Marktergebnisse gelangen, sind unter den gegebenen Umständen viel zu unsicher, als dass sie als Grundlage für behördliche Maßnahmen nach § 34 dienen könnten. Für die Regressionsmethode gilt im Ergebnis dasselbe.

In Literatur und Rechtsprechung zur Mehrerlösabschöpfung waren deshalb verschiedene **18** **Hilfsverfahren** entwickelt worden, die zumindest eine Annäherung an den hypothetischen Wettbewerbspreis erlauben sollten. Hervorzuheben sind – neben dem verfehlten Kostenplus-Ansatz – die verschiedenen **Vergleichsmarktkonzepte,** die in einer zeitlichen, räumlichen und sachlichen Variante vertreten werden, ergänzt gegebenenfalls durch die Herausrechnung anderer Ursachen für die Preisbildung im Wege der Regressionsmethode.[32] In einem auf § 81 Abs. 5 aF (= § 81d Abs. 3 nF) i V m § 17 Abs. 4 OWiG gestützten Verfahren betonte der BGH in diesem Sinne ausdrücklich die **Verwendbarkeit unter-**

---

[28] OLG Frankfurt a. M. 17.3.2020 – 11 W 51/16 (Kart), WuW 2022, 512 (514); ebenso die überwiegende Meinung, zB Alexander Schadensersatz S. 594 ff.; Bechtold/Bosch Rn. 4; Bornkamm/Tolkmitt in Bunte Rn. 12 f.; Bechtold/Bosch/Buntscheck NJW 2005, 2966 (2969); Hartog/Noack WRP 2006, 1396 (1405 f.); Lübbig in MüKoWettbR Rn. 16 ff.; Raum FS Hirsch, 2008 301 (303 ff.); Rehbinder in LMRKM Rn. 3; Roth in FK-KartellR Rn. 19, 21 f., 27.
[29] S. Ellger FS Möschel, 2011, 191 (194, 198 ff.); Kühnen WuW 2010, 16 (18); Raum FS Hirsch, 2008 301 (303).
[30] S. zB Begr. v. 2016, 69 (3. Abs.); Krohs in Kölner Komm KartellR Rn. 13; Roth in FK-KartellR Rn. 23.
[31] Begr. v. 2016, 69 = NZKart 2017, Beil. 1, 60; ebenso Begr. v. 2023, 37 f.
[32] S. im einzelnen Kommission, Praktischer Leitfaden zur Ermittlung der kartellbedingten Schadenshöhe, 2013; Bernhard NZKart 2013, 488; Ellger FS Möschel, 2011, 191 (202 ff.).

**schiedlicher Schätzmethoden** zur Ermittlung des hypothetischen Wettbewerbspreises, wobei keiner der anerkannten Methoden der **Vorrang** vor den anderen zukomme. Als derartige anerkannte Methoden hob der BGH insbesondere den Vergleich mit den Preisen auf einem zeitlich, räumlich oder sachlich vergleichbaren kartellfreien Markt sowie kostenbasierte Ansätze hervor, während er deutliche Vorbehalte gegen marktinterne Vergleichsmethoden erkennen ließ, die auf einem Vergleich mit den Preisen von Kartellaußenseitern beruhen, dies deshalb, weil sich niemals ein Einfluss des Kartellpreises auf die Preise der Außenseiter (sogenannte Preisschirmeffekte) ausschließen ließen. Obwohl somit keine Schätzmethode einen Vorrang beanspruchen kann, griff die Rechtsprechung, doch wo immer möglich, auf das **zeitliche Vergleichsmarktkonzept** zurück. Sein Kern ist der Vergleich des Kartellpreises mit dem Preis, der sich auf dem Markt vor der Kartellierung oder nach der Beendigung des Kartells herausgebildet hatte. Die Differenz beider Preise bildete dann, gegebenenfalls korrigiert um Mengeneffekte und weitere Größen, multipliziert mit den während der Dauer des Kartellverstoßes tatsächlich abgesetzten Mengen, den Mehrerlös der Kartellanten.[33]

19 Die **Kosten** blieben außer Betracht. Umstritten war vor allem die Berücksichtigung der mit überhöhten Kartellpreisen verbundenen **Mengeneffekte,** dh des vermutlichen Absatzrückgangs infolge der Erhöhung des Kartellpreises über das hypothetische Marktpreisniveau. Gegen deren Berücksichtigung sprach vor allem, dass die Quantifizierung von Mengeneffekten notwendigerweise spekulativen Charakter trägt und daher die Berechnung des Mehrerlöses mit zusätzlichen, nur schwer lösbaren Problemen belastete.[34]

20 Neben dem **zeitlichen Vergleichsmarktkonzept** fanden gelegentlich noch das **räumliche und** das **sachliche Vergleichsmarktkonzept** Anwendung, die auf die Preisentwicklung auf „vergleichbaren" Märkten im In- oder Ausland oder bei „vergleichbaren" Produkten abstellen.[35] Der **BGH** hat wiederholt die Vorzugwürdigkeit des **Vergleichsmarktkonzepts** gegenüber anderen Methoden zur Ermittlung des Wettbewerbspreises als Maßstab für die Berechnung des Mehrerlöses betont, wobei konjunkturelle Einflüsse durch Zu- und Abschläge auf der Basis der Entwicklungen auf vergleichbaren Märkten berücksichtigt werden sollten.[36]

21 In dieselbe Richtung weist die Praxis zu § 17 Abs. 4 OWiG (iVm § 81 Abs. 5 GWB aF): Da der **wirtschaftliche Vorteil** gemäß § 17 Abs. 4 OWiG (in Verbindung mit § 81 Abs. 5 GWB) die Grundlage der Berechnung der Geldbuße darstellte (und bis heute darrstellt), muss er so konkret und genau wie möglich berechnet werden. Wegen der damit verbundenen Schwierigkeiten wird allgemein eine **Schätzung** zugelassen.[37] Voraussetzung einer Schätzung ist aber, dass feststeht, dass das betroffene Unternehmen tatsächlich einen Vorteil erlangt hat, wofür freilich die Lebenserfahrung spricht, weil nach aller Erfahrung insbesondere die Bildung eines Kartells und seine Durchführung die **Entstehung eines Mehrerlöses indizieren,** da wirtschaftlich rational handelnde Unternehmen andernfalls von der Vereinbarung eines Kartells absähen (ebenso § 33a Abs. 2).

---

[33] BGH 19.6.2007 – KRB 12/07, BGHSt 52, 1 Rn. 10 ff. = NJW 2007, 3792 – Papiergroßhandel; BGH 28.6.2005 – KRB 2/05, NJW 2006, 163 (165 f.) = WuW/E DER 1567 (1571) – Transportbeton; OLG Frankfurt a. M. 21.12.2010 – 11 U 37/09, WuW/E DER 3163 (3167) – Arzneimittelpreise; BKartA TB 1985/86, 28 (83 f.); anders bei Submissionskartelle KG 7.11.1980 – Kart 6/79, WuW/E OLG 2369 (2375) – Programmzeitschriften; 21.6.1990 – Kart 12/89 WuW/E OLG 4572; s. dazu Ellger FS Möschel, 2011, 191 (210 ff.); Gutzler FS Günther, 1976 169 (178 ff.).

[34] Bongard WuW 2010, 762; dafür aber OLG Düsseldorf 26.6.2009 – VI – 2a Kart 2–6/08 OWi, nv – Zementkartell; Raum FS Hirsch, 2008, 301.

[35] S. Barth/Bongard WuW 2009, 30; Kühnen WuW 2010, 16 (18 ff.).

[36] BGH 19.6.2007 – KRB 12/07, BGHSt 52, 1 Rn. 13 ff. = NJW 2007, 3792 – Papiergroßhandel; ganz ausf. 9.10.2018 – KRB 51/16 Rn. 66 f., NZKart 2018, 146 = WuW 2019, 146 (mit Kritik an einer marktinternen Vergleichsanalyse, Rn. 70 ff.) – Flüssiggas I; ebenso schon BGH 28.6.2005 – KRB 2/05, NJW 2006, 163 = WuW/E DER 1567 (1571) – Transportbeton; OLG Frankfurt a. M. 21.12.2010 – 11 U 37/09, WuW/E DER 3163 (3167) – Arzneimittelpreise.

[37] BGH 28.6.2005 – KRB 2/05, NJW 2006, 163, 165 f. = WuW/E DER 1567 – Transportbeton.

**3. Folgerungen für § 34 Abs. 1.** Unter dem wirtschaftlichen Vorteil wird heute in    **22**
§ 34 Abs. 1 ebenso wie in § 17 Abs. 4 OWiG (iVm § 81 Abs. 5 GWB aF) durchweg die
Summe sämtlicher durch den Kartellrechtsverstoß erlangten geldwerten Vorteile der beteiligten Unternehmen verstanden, indessen gekürzt um die auf die Vorteile bezüglichen
Aufwendungen, nicht dagegen um die anteiligen Gemeinkosten (so genanntes **Nettoprinzip** oder Saldierungsgrundsatz). Kern des Begriffs ist der **Mehrerlös** im herkömmlichen
Sinne (→ Rn. 14, 16 ff.), erweitert um die **mittelbaren Vorteile,** die das Unternehmen
mit den unrechtmäßig erlangten Gewinnen, zB infolge deren Investition in sein Unternehmen erlangt hat, – sofern ausnahmsweise mit hinreichender Sicherheit quantifizier-
bar.[38]

Die Gesetzesverfasser waren sich der **Schwierigkeiten** bei der Ermittlung und Quanti-    **23**
fizierung der wirtschaftlichen Vorteile von Kartellrechtsverstößen durchaus bewusst.[39] Das
Gesetz enthält deshalb in § 34 Abs. 4 verschiedene Regelungen, die die Ermittlung und
Quantifizierung des wirtschaftlichen Vorteils erleichtern sollen. Bereits in seiner früheren
Fassung bestimmte § 34 Abs. 4 S. 1 (= § 34 Abs. 4 S. 2 und S. 3 nF), dass (nur) die Höhe
des wirtschaftlichen Vorteils geschätzt werden kann, wobei das Gesetz seit der 11. Novelle
hinzufügt, dass für die **Schätzung** § 287 ZPO entsprechend mit der Maßgabe gilt, dass
eine überwiegende Wahrscheinlichkeit ausreicht (→ Rn. 23a). Außerdem enthält das
Gesetz in § 34 Abs. 4 **zwei Vermutungen** für die Entstehung (S. 1 des § 34 Abs. 4)
sowie für die Höhe des wirtschaftlichen Vorteils (S. 4 und S. 5 des § 34 Abs. 4). Eine
Widerlegung der Vermutung der Höhe des wirtschaftlichen Vorteils ist nur unter den
Voraussetzungen des § 34 Abs. 4 S. 7 möglich. Außerdem besteht eine Obergrenze für
den abzuschöpfenden wirtschaftlichen Vorteil i. H. v. 10 % des im letzten Geschäftsjahr
vor der Entscheidung erzielten Gesamtumsatzes (§ 34 Abs. 4 S. 10). Für die beiden
Vermutungen des § 34 Abs. 4 S. 1 und S. 4 ist schließlich generell kein Raum, sofern die
Erlangung eines wirtschaftlichen Vorteils aufgrund der besonderen Natur des Kartellverstoßes (ausnahmsweise) ausgeschlossen ist (S. 9 des § 34 Abs. 4 aufgrund der 11. Novelle;
s. Rn. 23e).

Ebenso wie bereits nach der früheren Fassung des § 34 Abs. 4 S. 1 kann die Höhe des    **23a**
wirtschaftlichen Vorteils geschätzt werden, wofür § 287 ZPO mit der Maßgabe entsprechend gilt, dass eine überwiegende Wahrscheinlichkeit des Vorteils für die **Schätzung**
ausreicht (§ 34 Abs. 4 S. 2 und S. 3, → Rn. 23b). Hintergrund dieser Regelung ist, dass die
Zulässigkeit der Schätzung des wirtschaftlichen Vorteils grundsätzlich voraussetzt, dass von
der Kartellbehörde mit hinreichender Sicherheit festgestellt wurde, dass von dem betreffenden Unternehmen überhaupt ein wirtschaftlicher **Vorteil** bestimmter Art **erzielt** wurde.[40]
Steht dies aber fest, wobei sich die Kartellbehörden auf die Vermutung des § 34 Abs. 4 S. 1
sowie unter Umständen auf die Lebenserfahrung stützen können (s. § 33a Abs. 2;
→ Rn. 21), so kann sich die **Schätzung auf sämtliche Elemente** beziehen, die in die
Saldierung der Vor- und Nachteile einzubeziehen sind, sofern nur für diese verwertbare
und überprüfbare, dh realistische Anhaltspunkte vorhanden sind.[41] Eine Schätzung „ins
Blaue hinein" kommt nicht in Betracht. Die Schätzung muss vielmehr plausibel und
schlüssig sein; ihre Ergebnisse müssen darüber hinaus wirtschaftlich vernünftig und möglich,
dh vertretbar sein.[42] Es genügt aber, dass das Vorliegen eines wirtschaftlichen Vorteils
**überwiegend wahrscheinlich** ist (so jetzt § 34 Abs. 4 S. 3), d. h. dass das Vorliegen eines
wirtschaftlichen Vorteils wahrscheinlicher ist als das Gegenteil. Dadurch sollte klargestellt
werden, dass der wahrscheinlichste Wert zu ermitteln ist, sodass die unvermeidliche Schät-
zungsunsicherheit nicht die Kartellbehörden, sondern die Unternehmen trifft, die für den

---

[38] Alexander Schadensersatz S. 597.
[39] → Rn. 17; Begr. v. 2023, 37 f.; Begr. v. 2016, 69 (besonders 3. Abs.) = NZKart 2017, Beil. 1, 60.
[40] Schon → Rn. 21; BGH 19.6.2007 – KRB 12/07, BGHSt 52, 1 Rn. 11 = NJW 2007, 3792 – Papiergroßhandel; Raum FS Hirsch, 2008, 301 (309).
[41] Bechtold/Bosch Rn. 5.
[42] So BGH 19.6.2007 – KRB 12/07, BGHSt 52, 1 Rn. 12 = NJW 2007, 3792 – Papiergroßhandel.

Kartellverstoß verantwortlich sind und naturgemäß eher über die für die Schätzung erforderlichen Informationen verfügen als die Kartellbehörden.[43]

**23b**  Um die Ermittlung und Quantifizierung eines wirtschaftlichen Vorteils zu erleichtern, enthält das Gesetz seit der 11. Novelle von 2023 zwei **Vermutungen:** Nach § 34 Abs. 4 S. 1 wird zunächst vermutet, dass ein Kartellverstoß tatsächlich einen **wirtschaftlichen Vorteil verursacht** hat, der nach § 34 Abs. 1 abgeschöpft werden kann. Dadurch sollen den Kartellbehörden die bisher teilweise zur Ermittlung wirtschaftlicher Vorteile aus Kartellverstößen für erforderlich gehaltenen komplizierten ökonometrischen Analysetechniken mit ihrem großen Datenaufwand erspart werden. Insbesondere soweit es um Verstöße gegen das Kartellverbot (§ 1; Art. 101 AEUV) geht, deckt sich diese Vermutung mit der allgemeinen Lebenserfahrung (ebenso § 33a Abs. 2 und dazu → § 33a Rn. 73, 84 ff.). Gegenstand der Vermutung ist die Verursachung irgendeines wirtschaftlichen Vorteils durch einen Kartellverstoß als Voraussetzung für die Schätzung der Höhe des wirtschaftlichen Vorteils (→ Rn. 23a). Hinsichtlich der **Höhe** des vermuteten wirtschaftlichen Vorteils greift ergänzend die zweite Vermutung des § 34 Abs. 4 S. 4 und S. 5 ein (→ Rn. 23c f.).

**23c**  Das Gesetz enthält nicht nur eine Vermutung für die Verursachung eines wirtschaftlichen Vorteils gerade durch den Verstoß gegen das Kartellrecht (§ 34 Abs. 4 S. 1 und dazu → Rn. 23b), sondern auch für die **Höhe des** (vermuteten) **Vorteils** in § 34 Abs. 4 S. 4 bis S. 10.[44] Vermutet wird danach, dass der wirtschaftliche Vorteil mindestens ein Prozent **(1 %) der Umsätze** beträgt, die im Inland mit den Produkten oder Dienstleistungen erzielt wurden, die mit der Zuwiderhandlung im Zusammenhang stehen, also vor allem mit den Produkten, auf die sich ein Kartell bezieht oder hinsichtlich derer einem marktbeherrschenden Unternehmen ein missbräuchliches Verhalten vorgeworfen wird. Bei mehrseitigen Märkten sollen die auf allen Märkten erzielten Umsätze in die Berechnung einbezogen werden. Dabei ist der sogenannte **Abschöpfungszeitraum** zugrundezulegen, der nach § 34 Abs. 5 S. 1 max. 5 Jahre beträgt und hinsichtlich dessen zeitlicher Fixierung die Kartellbehörden über einen Ermessensspielraum verfügen (Rn. 38). Die Gesetzesverfasser hatten bei der Einführung dieser „pauschalierten Mindesthöhe" eines wirtschaftlichen Vorteils vor allem bestimmte Formen von Ausbeutungs- und Behinderungsmissbrauch im Auge, von denen zwar feststeht, dass sie wirtschaftliche Vorteile für die beteiligten Unternehmen nach sich ziehen, deren Bezifferung indessen ausgesprochen schwerfällt.[45] Auf die Schadensermittlung im Rahmen des § 33c dürfen die Vermutungen jedoch nicht übertragen werden.[46]

**23d**  Gegen die Vermutung eines pauschalen Mindestvorteils in Höhe von 1% der inländischen konzernweiten Umsätze kann **nicht eingewandt** werden, dass überhaupt keine Vorteile oder lediglich ein Vorteil in geringer Höhe angefallen sei (§ 34 Abs. 4 S. 6). Auch die Vermutung nach § 34 Abs. 4 S. 1, dass überhaupt durch den Kartellverstoß ein wirtschaftlicher Vorteil verursacht wurde, kann durch diesen Einwand nicht entkräftet werden.[47] Eine **Widerlegung** der Vermutung soll vielmehr nur nach Maßgabe des § 34 Abs. 4 S. 6 durch den Nachweis möglich sein, dass die eine wirtschaftliche Einheit bildenden Unternehmen **keine Gewinne** in entsprechender Höhe erzielt haben (§ 34 Abs. 4 S. 7, Rn. 23f). Die Widerlegung der Vermutung wird, anders gewendet, von der Ebene des wirtschaftlichen Vorteils auf die Gewinnebene verlagert, auch weil dadurch die Praktikabilität der Regelung erhöht wird, zumal der Begriff des wirtschaftlichen Vorteils auch mittelbare Vorteile umfasst.

**23e**  Die Vermutung nach § 34 Abs. 4 S. 1 und S. 4 findet jedoch **keine Anwendung,** wenn die Erlangung eines wirtschaftlichen Vorteils ausnahmsweise „aufgrund der besonderen

---

[43] Begr. v. 2023, 38 f. unter Hinweis auf BGH 10.2.2021 – KZR 63/18, BGHZ 229, 1 = NZ Kart 2021, 350 = WuW 2021, 356 – Schienenkartell VI; Schweitzer/Wöste ZWeR 2022, 46 (56 ff.).
[44] S. dazu ausführlich in die Begr. v. 2023, 38 f.
[45] Begr. v. 2023, 38 f.; zustimmend Kersting NZKart 2022, 659, 663.
[46] Begr. v. 2023, 38 f.
[47] Begr. v. 2023, 40.

Natur des Verstoßes" ausgeschlossen ist (so § 34 Abs. 4 S. 9). Die Gesetzesverfasser haben hier an Fälle gedacht, die dadurch charakterisiert sind, dass der Gesetzesverstoß beendet wird, bevor er sich negativ auf die Position anderer Unternehmen, der Verbraucher oder den Markt auswirken konnte oder in denen der Gesetzesverstoß von vornherein ohne Folgen für Dritte war, weil es sich um einen „untauglichen Versuch" des Kartellverstoßes handelte.[48] Beispiele sind die Beendigung gegen die §§ 19 oder 20 verstoßender Verfahren für die Vergabe von Wegerechten oder Konzessionen, bevor es aufgrund des rechtswidrigen Verfahrens überhaupt zu einer Veränderung der Marktverhältnisse gekommen ist, sowie noch erfolglose Submissionskartelle oder Boykottaufrufe, durchweg eigenartige Fälle, in denen ohnehin kaum jemand auf die Idee kommen dürfte, dass bei den Unternehmen, die an dem erfolglosen Kartellrechtsverstoß beteiligt sind, irgendwelche wirtschaftlichen Vorteile angefallen sind, die sich abzuschöpfen lohnte.

Eine **Widerlegung** der Vermutung ist nur unter den engen Voraussetzungen des § 34 **23f** Abs. 4 S. 7 und S. 8 möglich. Die Widerlegung setzt danach den Nachweis voraus, dass weder die am Verstoß unmittelbar beteiligte juristische Person noch das Unternehmen (im Sinne einer wirtschaftlichen Einheit) insgesamt in dem relevanten Zeitraum einen **Gewinn** in der vermuteten Höhe (1 % der Inlandsumsätze) erzielt hat (§ 34 Abs. 4 S. 7). Dabei ist von dem weltweiten Gewinn aller natürlichen und juristischen Personen sowie Personenvereinigungen auszugehen, die als **wirtschaftliche Einheit** operieren (§ 34 Abs. 4 S. 8), womit wohl gemeint ist, dass auf einen Konzern iSd § 18 AktG abzustellen ist (Stichwort: konzerndimensionale Gewinnermittlung). Im Schrifttum wird demgegenüber der Begriff des Unternehmens oder der wirtschaftlichen Einheit in § 34 Abs. 4 S. 7 und S. 8 deutlich enger, nämlich „marktbezogen" definiert, wohl um eine Verrechnung der wirtschaftlichen Vorteile mit Verlusten beliebiger weit entfernter Tochtergesellschaften zu verhindern.[49] Durch eine derartige eigenständige Begriffsbildung des Kartellrechts im Abweichung vom Konzernrecht würde indessen die Rechtsanwendung gewiss nicht vereinfacht, sondern nur erneut erheblich erschwert.

Die Vermutung eines wirtschaftlichen Vorteils (→ Rn. 23b f) oder auch deren Widerle- **24** gung (Rn. 23f) schließen es nicht aus, dass die Kartellbehörde **im Einzelfall nachweist,** dass das Unternehmen tatsächlich doch aufgrund der besonderen Umstände des Falls einen gegebenenfalls sogar noch höheren wirtschaftlichen **Vorteil** durch den Verstoß erzielt hat als für den Regelfall nach § 34 vermutet, zumal bei Berücksichtigung der generellen Schätzungsbefugnis der Kartellbehörden (§ 34 Abs. 4 S. 2 und S. 3 iVm § 287 ZPO, → Rn. 23a). Zu denken ist hier wohl in erster Linie an Fälle des **Preismissbrauchs,** in denen der Kartellbehörde auf der Basis eines der verschiedenen Vergleichsmarktkonzepte der Nachweis der missbräuchlichen Überhöhung eines Preises gelingt, insbesondere wenn eine auf § 19 Abs. 2 Nr. 2 gestützte Abstellungsverfügung der Kartellbehörde vorausgegangen ist. Wird zB einem marktbeherrschenden Unternehmen eine missbräuchliche Preisüberhöhung nach § 19 Abs. 2 Nr. 2 untersagt, so ergibt sich bereits aus der Verfügung der Kartellbehörde, von welcher Grenze ab die Behörde einen Preis als missbräuchlich ansieht (→ § 32 Rn. 40). Unter Vernachlässigung aller anderen Faktoren kann man in diesem Fall den Mehrerlös des Unternehmens (als Kern des wirtschaftlichen Vorteils) infolge des missbräuchlichen Verhaltens in Höhe der Differenz zwischen dem höchsten zulässigen Wettbewerbspreis und dem tatsächlich geforderten Preis schätzen, multipliziert mit den abgesetzten Mengen während des sogenannten Abschöpfungszeitraums des § 34 Abs. 5 S. 1.[50] Lehnt man dagegen diese Annahme als unrealistisch ab, so kommt es selbst hier auf die umstrittene Berücksichtigung von Mengeneffekten an.

Zusätzliche Fragen stellen sich zB in Fällen einer **Kampfpreisunterbietung** (§ 19 **25** Abs. 2 Nr. 1), da hier, macht man mit dem Konzept des wirtschaftlichen Vorteils in § 34

---

[48] Begr. v. 2023, 40.
[49] Kersting NZKart 2022, 659, 663; Kersting/Otto FS Wiedemann, 2020, 235.
[50] So in der Tat für den Fall eines missbräuchlich überhöhten Wasserpreises OLG Frankfurt a. M. 17.3.2020
– 11 W 5/16 (Kart), WuW 2022, 512; Stahl WuW 1980, 451 (454); Veltins/Veltins WRP 1981, 619 (622).

Abs. 1 Ernst (→ Rn. 22 f.), an sich die von dem marktbeherrschenden Unternehmen bewusst in Kauf genommenen Verluste mit den erhofften Gewinnen aus der Verdrängung bestimmter Konkurrenten saldiert werden müssen, wie es die Gesetzesverfasser tatsächlich verlangt haben.[51] Indessen dürften dafür idR alle Maßstäbe fehlen.[52] Es sind vor allem diese Fallgruppen, in denen die einzelnen Vermutungen des § 34 Abs. 4 S. 1 und S. 4 einen Ausweg aus dem Dilemma weisen können, in das bis zur 11. Novelle der Versuch einer Vorteilsabschöpfung häufig geführt hat. Stattdessen wird sich freilich in Zukunft die andere Frage stellen, wieweit von dem Täter bewusst in Kauf genommenen **Verluste** (als Teil seiner gesetzwidrigen Kampfpreisstrategie) überhaupt im Rahmen des § 34 Abs. 4 S. 7 zur Widerlegung der Vermutungen herangezogen werden können. Überwiegende Gründe sprechen wohl für die Verneinung dieser Frage (§ 19 Abs. 1), womit indessen nicht verkannt werden soll, dass die Kartellbehörden hier vermutlich wieder vor nahezu unlösbaren Abgrenzungsproblemen stehen dürften.

## D. Entscheidung der Kartellbehörde

### I. Ermessen

26    Sind die Voraussetzungen des § 34 Abs. 1 erfüllt, so kann die Kartellbehörde die Abschöpfung des wirtschaftlichen Vorteils anordnen und dem Unternehmen die Zahlung eines entsprechenden Geldbetrags auferlegen (§ 34 Abs. 1 Hs. 2). Der abzuführende Geldbetrag ist zu diesem Zweck zahlenmäßig zu bestimmen und darf die Obergrenze des § 34 Abs. 4 S. 10 nicht übersteigen (→ Rn 27). Die Abschöpfung ist jedoch subsidiär gegenüber (tatsächlichen) Schadensersatzleistungen, Geldbußen, der Anordnung der Einziehung von Taterträgen sowie gegenüber der Rückerstattung (s. § 34 Abs. 2 und dazu → Rn. 39 ff.). In Ausnahmefällen kann die Anordnung ferner auf einen Teil des wirtschaftlichen Vorteils beschränkt werden oder ganz unterbleiben (§ 34 Abs. 3; dazu → Rn. 30 f.). Die Verjährungsfrist beträgt sieben Jahre (§ 34 Abs. 5; → Rn. 35 ff.).

27    Da der abzuschöpfende Betrag, wenn die Kartellbehörde von der Vermutung des § 34 Abs. 4 S. 4 und S. 5 im Rahmen ihrer Schätzungsbefugnis in vollem Umfang Gebrauch macht, jedenfalls bei großen Unternehmen möglicherweise einen sehr hohen Betrag erreichen kann, bestimmt das Gesetz in § 34 Abs. 4 S. 10 ergänzend noch eine **Obergrenze**.[53] Diese beträgt 10 % des Gesamtumsatzes des Unternehmens oder der Unternehmensvereinigung., der in dem der Entscheidung vorausgegangenen Geschäftsjahr erzielt worden ist. Vorbild dieser Regelung ist die Vorschrift des § 81c Abs. 2 S. 2. Durch diese „Deckelung" der Vorteilsabschöpfung sollen die Unternehmen vor einer nach den Umständen unverhältnismäßig hohen Belastung infolge der Regelung über die Schätzung und die Vermutung eines wirtschaftlichen Vorteils (§ 34 Abs. 4) bewahrt werden, insbesondere in Fällen, in denen die tatbezogenen Inlandsumsätze einen wesentlichen Teil des gesamten Konzernumsatzes ausmachen.[54]

28    Die Anordnung der Vorteilsabschöpfung steht grds. im **Ermessen** der Kartellbehörde (§ 34 Abs. 1).[55] Die Folge war gewesen, dass die Kartellbehörden von der Möglichkeit der Vorteilsabschöpfung bis 2020 nahezu keinen Gebrauch gemacht hatten (→ Rn. 7). Die **Bundesregierung** hatte diese „Zurückhaltung" insbesondere des Bundeskartellamts bei der Anwendung des § 34 Abs. 1 auch früher, etwa im Zuge der Beratungen der 9. Novelle ausdrücklich gebilligt (schon → Rn. 7), jedoch hinzugefügt, daraus dürfe nicht etwa auf

---

[51] Begr. v. 2004, 55 (li. Sp. 4. Abs.).
[52] Vgl. BKartA 17.12.2003, WuW/E DEV 911 (916 f.) – Fotoarbeitstasche.
[53] S. Begr. v. 2023, S. 40 f.
[54] So die Begr. von 2023, 40 f.
[55] BGH 14.2.2023 – KVZ 38/20 Rn. 36 ff., NZKart 2023, 369; Krohs in Kölner Komm. § 34 Rn. 19 f.; Roth in FK-KartellR § 34 Rn. 44; Veltins/Veltins WRP 1981, 619 (623).

einen gänzlichen Verzicht auf die Anwendung der Vorschrift geschlossen wird.[56] Erst mit der 11. Novelle von 2023 hat die Bundesregierung ihre Haltung geändert. Zweck der Änderung des § 34 ist es gerade betont, den Kartellbehörden die Anwendung der Vorschrift in mehrerlei Hinsicht zu erleichtern, weil „Unrecht sich nicht lohnen dürfe".[57]

Im selben Sinne hatte insbesondere auch der BGH bereits 2007 zu der durchaus ver- **29** gleichbaren Regelung des § 81 Abs. 5 S. 1 (iVm § 17 Abs. 4 OWiG) betont, dass der Mehrerlös (so früher) oder (so heute) der wirtschaftliche Vorteil „grundsätzlich tatsächlich abzuschöpfen ist"; eine Ausnahme könne „allenfalls gelten, wenn eine Abschöpfung durch den Geschädigten schon erfolgt oder unmittelbar eingeleitet ist."[58] Nichts anderes gilt für § 34. Verzichten die Geschädigten auf die Durchsetzung von Schadensersatzansprüchen aufgrund des § 33a und macht auch die Kartellbehörde von der Möglichkeit des § 81d Abs. 3 keinen Gebrauch, so wird sie grundsätzlich zumindest nach § 34 zu der Vorteilsabschöpfung schreiten müssen, wenn nicht (ausnahmsweise) überwiegende Erwägungen nach § 34 Abs. 3 entgegenstehen (→ Rn. 30 f.).[59]

## II. Verhältnismäßigkeitsgrundsatz

Nach § 34 Abs. 3 S. 1 ist die Vorteilsabschöpfung auf einen angemessenen Geldbetrag zu **30** beschränken oder ganz zu unterlassen, wenn die Durchführung der Vorteilsabschöpfung eine **unbillige Härte** für das betroffene Unternehmen darstellte. Diese Regelung soll es den Kartellbehörden – als Ausdruck des Verhältnismäßigkeitsgrundsatzes – ermöglichen, in Einzelfällen unbillige Ergebnisse zu vermeiden.[60] Als Beispiel wurde in den Beratungen der 11. Novelle im Jahre 2022 der Fall genannt, dass aufgrund der besonderen Umstände des Einzelfalls, zB wegen einer für Handelsunternehmen ungewöhnlich niedrigen Wertschöpfung, für die Vermutung des § 34 Abs. 4 S. 4 kein Raum ist.[61]

An eine Anwendung der Härtefallregelung des § 34 Abs. 3 ist ferner in Fällen einer **31** (noch) **unklaren Rechtslage** zu denken. Hat ein Unternehmen infolge eines leichtfahrlässigen Rechtsirrtums sein Verhalten für erlaubt angesehen, so kann in der Tat ausnahmsweise die Vorteilsabschöpfung eine unbillige Härte darstellen, so dass sie gegebenenfalls auf einen angemessenen Geldbetrag zu beschränken ist.[62] Verbreitet wird schließlich eine unbillige Härte der Vorteilsabschöpfung ausgenommen, wenn durch sie die **Existenz** des betroffenen Unternehmens **gefährdet** würde.[63] Das ist indessen keinesfalls zwingend, zumal bei Berücksichtigung der Deckelung des abzuführenden Geldbetrages durch die Vorschrift des § 34 Abs. 4 S. 10 auf 10 % des Gesamtumsatzes des Unternehmens oder der Unternehmensvereinigung in dem letzten der Entscheidung vorausgegangenen Geschäftsjahr (→ Rn. 26). Die Vorteilsabschöpfung hat schließlich ganz zu unterbleiben, wenn der wirtschaftliche **Vorteil gering** ist (§ 34 Abs. 3 S. 2), vor allem unter dem Gesichtspunkt, dass sich in derartigen Fällen der große Aufwand zur Ermittlung des wirtschaftlichen Vorteils nicht lohnt, insbesondere wenn der abzuschöpfende wirtschaftliche Vorteil den Aufwand nicht oder nur geringfügig übersteigt **(Bagatellklausel)**.[64]

Im Schrifttum wird diskutiert, ob im Rahmen des § 34 Raum für die entsprechende **32** **Anwendung des § 33b** ist, der für Rechtsstreitigkeiten über Schadenersatzforderungen eine Bindung der Gerichte an Entscheidungen der Kommission, der Gerichte und der

---

[56] Begr. v. 2016, S. 67 f. = NZKart 2017, Beilage 1, S. 58 f.
[57] So die Begr. v. 2023, S. 18, 37 ff.
[58] BGH 19.6.2007 – KRB 12/07, BGHSt 52, 1 Rn. 25 = NJW 2007, 3792 – Papiergroßhandel; Raum FS Hirsch, 2008, 301 (307 f.).
[59] Zutreffend Lübbig in MüKoGWB § 34 Rn. 19.
[60] Begr. v. 2004, S. 55 (re. Sp. 1. Abs.); Rehbinder in Loewenheim et al. § 34 Rn. 6.
[61] So die Begr zu dem Referentenentwurf von 2022, S. 34.
[62] Krohs in Kölner Komm. § 34 Rn. 22; Roth in FK-KartellR § 34 Rn. 39.
[63] So Bechtold/Bosch § 34 Rn. 7 (unter Hinweis auf die Kappungsgrenze des § 81 Abs. 4 S. 2); Bornkamm/Tolkmitt in Bunte § 34 Rn. 22; Krohs in Kölner Komm. § 34 Rn. 22; Lübbig in MüKoGWB § 24 Rn. 24; Rehbinder in Loewenheim et al. § 34 Rn. 6; Roth in FK-KartellR § 34 Rn. 45.
[64] Begr. v. 2023, S. 40.

Kartellbehörden regelt. Für solche Bindung spricht in der Tat die Vorschrift des § 34 Abs. 5 S. 3, die ausdrücklich auf § 33b S. 1 und S. 2 Bezug nimmt (vgl. auch § 34a Abs. 5 S. 2). Die praktische Bedeutung der Frage ist freilich gering, weil ohnehin grundsätzlich dieselbe Behörde, die die Abstellungsverfügung erlassen hat, auch für die Anordnung der Vorteilsabschöpfung zuständig ist (→ Rn. 9).[65] Entscheidungen der Kartellbehörden der übrigen Mitgliedstaaten der Europäischen Union stehen mangels einer gesetzlichen Anordnung der Feststellungswirkung nicht gleich. Bei Entscheidungen der Kommission ist zudem Art. 16 der VO Nr. 1/2003 zu beachten.

### III. Anordnung der Abschöpfung

33   Bei der Anordnung der Abschöpfung des wirtschaftlichen Vorteils durch eine Kartellbehörde aufgrund des § 34 Abs. 1 handelt es sich um eine **Verfügung,** dh um einen Verwaltungsakt, für den insbesondere der Verhältnismäßigkeitsgrundsatz (→ Rn. 30) und der Bestimmtheitsgrundsatz gelten (→ Rn. 34). Die Verfügung ergeht im allgemeinen Verwaltungsverfahren des § 54, nicht im Bußgeldverfahren. Die Verfügung kann folglich mit der **Beschwerde** des § 63 angefochten werden. Die Beschwerde hat nach § 64 Abs. 1 Nr. 2 aufschiebende Wirkung.

34   In der Anordnung ist der abzuführende Geldbetrag mit Rücksicht auf den Bestimmtheitsgrundsatz zahlenmäßig zu bestimmen (§ 34 Abs. 1 Hs. 2 und Abs. 4 S. 10 Hs. 1). **Adressat** der Verfügung, durch die die Abführung des wirtschaftlichen Vorteils angeordnet wird, ist das Unternehmen, das durch einen Kartellrechtsverstoß iSd § 34 Abs. 1 einen wirtschaftlichen Vorteil erlangt hat (→ Rn. 11). Der Vorteil muss in der Verfügung so konkret wie möglich **berechnet** werden. In der **Begründung** der Verfügung (§ 61 Abs. 1) muß die Kartellbehörde deshalb im einzelnen die Grundlagen der von ihr vorgenommenen Schätzung der Höhe des Vorteils darlegen, um den Gerichten eine Überprüfung zu ermöglichen.

### IV. Verjährung

35   Nach § 34 Abs. 5 S. 1 idF von 2017 kann die Vorteilsabschöpfung nur innerhalb einer Frist von sieben Jahren seit Beendigung der Zuwiderhandlung und längstens für einen Zeitraum von fünf Jahren angeordnet werden. Gemäß § 34 Abs. 5 S. 2 findet außerdem § 33h Abs. 6 entsprechende Anwendung, nach dem die Verjährungsfrist von sieben Jahren in bestimmten Fällen gehemmt ist, insbesondere bei Einleitung eines Verfahrens durch eine Kartellbehörde. Die Hemmung endet in diesen Fällen ein Jahr nach der Entscheidung oder der anderweitigen Erledigung des Verfahrens (§ 33h Abs. 6 S. 2 iVm § 34 Abs. 5 S. 2), wobei § 204 Abs. 2 S. 2 und S. 3 BGB entsprechende Anwendung findet (§ 33h Abs. 6 S. 3). Schließlich fügt noch § 34 Abs. 5 S. 3 hinzu, dass im Falle einer bestandskräftigen Entscheidung iSd § 33b S. 1 oder einer rechtskräftigen Gerichtsentscheidung iSd § 33b S. 2 die Verjährungsfrist von sieben Jahren erneut beginnt.

36   Die gegenwärtige Fassung des § 34 Abs. 5 beruht auf der **9. Novelle** von 2017, durch die die Verjährungsfrist für die Vorteilsabschöpfung um zwei Jahre von fünf auf sieben Jahre verlängert wurde. Zur **Begründung** der Änderung hatten die Gesetzesverfasser bemerkt, die Verlängerung der Verjährungsfrist für die Vorteilsabschöpfung auf 7 Jahre passe die Verjährungsfrist der gleichfalls um zwei Jahre verlängerten Verjährungsfrist für Schadensersatzansprüche nach § 33h Abs. 5 S. 1 an, weil in der Regel eine Vorteilsabschöpfung erst in Betracht komme, wenn feststehe, dass keine Schadensersatzansprüche von den Geschädigten verfolgt werden. S. 3 des § 34 Abs. 5 sehe in den Fällen des § 33b einen Neubeginn der Verjährung vor.[66] Im Zuge der 11. Novelle von 2023 ist die Regelung – entgegen der ursprünglichen Absicht der Gesetzesverfasser – nicht erneut verschärft worden.

---

[65] S. Roth in FK-KartellR § 34 Rn. 39.
[66] Begr. v. 2016, S. 63 (1. Abs.) = NZKart 2017, Beilage 1, S. 58.

Bei der Anwendung der Vorschrift des § 34 Abs. 5 muss vor allem beachtet werden, dass **37** das Gesetz in § 34 Abs. 5 S. 1 **zwei Fristen** kombiniert, eine siebenjährige Verjährungsfrist und eine fünfjährige Frist für die Berechnung der abzuschöpfenden Vorteile.[67] Zunächst gilt eine **Verjährungsfrist** von sieben Jahren für die Einleitung eines Verfahrens aufgrund des § 34 durch die Kartellbehörde. Diese Frist beginnt mit Beendigung der Zuwiderhandlung und läuft dann sieben Jahre (§ 34 Abs. 5 S. 1 Fall 1). Die Folge ist zB, dass, wenn ein Kartell länger als sieben Jahre nach seiner Beendigung unentdeckt bleibt, den Kartellmitgliedern keine Vorteilsabschöpfung mehr droht. Auch Schadensersatzansprüche nach § 33a Abs. 1 dürften dann meistens schon verjährt sein (s. § 33h Abs. 1). Für § 81 und insbesondere für § 17 Abs. 4 OWiG (in Verbindung mit § 81d Abs. 3) gilt im Ergebnis nichts anderes (§ 81g Abs. S. 2 = § 81 Abs. 8 aF).

Von der Verjährungsfrist von 7 Jahren des § 34 Abs. 5 S. 1 Fall 1 (dazu → Rn. 37) muss **38** der **Abschöpfungszeitraum** des § 34 Abs. 5 S. 1 Fall 2 unterschieden werden. Eine **Vorteilsabschöpfung kann danach höchstens für** einen Zeitraum von **fünf Jahren** angeordnet werden. Die Berechnung dieser zusätzlichen Frist war umstritten. Wie der BGH[68] mittlerweile in dem Fall „Wasserpreise Gießen" entschieden hat, ist die Festlegung des Abschöpfungszeitraums von fünf Jahren Sache der Kartellbehörden, die dabei nach pflichtgemäßem Ermessen vorzugehen haben. Das Gesetz enthält insoweit keine Vorgaben; die Kartellbehörden haben vielmehr – im Rahmen des § 34 – nach pflichtgemäßem Ermessen darüber zu entscheiden, welchen zusammenhängenden Zeitraum von maximal 5 Jahren sie der Berechnung der abzuschöpfenden Vorteile zugrunde legen wollen.[69]

## V. Subsidiarität

Nach § 34 Abs. 2 S. 1 idF der 8. Novelle von 2013 ist kein Raum für die Anordnung **39** der Vorteilsabschöpfung, sofern der wirtschaftliche Vorteil durch Schadensersatzleistungen (§ 34 Abs. 2 S. 1 Nr. 1), durch die Festsetzung der Geldbuße (§ 34 Abs. 2 S. 1 Nr. 2), durch Anordnung der Einziehung der Taterträge (§ 34 Abs. 2 S. 1 Nr. 3 oder durch Rückerstattung nach § 32 Abs. 2a (§ 34 Abs. 2 S. 1 Nr. 4) abgeschöpft ist. Satz 2 des § 34 Abs. 2 fügt hinzu, dass, soweit das Unternehmen (vorrangige) Leistungen nach § 34 Abs. 2 S. 1 erst nach der (an sich subsidiären) Vorteilsabschöpfung erbringt, der abgeführte Geldbetrag dem betroffenen Unternehmen in Höhe der nachgewiesenen Zahlungen aus der Staatskasse, insbesondere also aus dem Bundeshaushalt zurückzuerstatten ist (→ Rn. 42). Dadurch soll erreicht werden, dass insbesondere Schadensersatzleistungen ebenso wie Geldbußen (bei Anwendung des § 81d Abs. 3 GWB iVm § 17 Abs. 4 OWiG) auf die Vorteilsabschöpfung angerechnet werden. Dasselbe soll ferner im Falle der Anordnung der Einziehung von Taterträgen nach § 29a OWiG oder nach § 73 Abs. 3 und § 73a StGB sowie im Falle der Rückerstattung aufgrund des § 32 Abs. 2a (→ § 32 Rn. 38 f.) gelten.[70] Gegenüber der Vorteilsabschöpfung durch die Kartellbehörde ist ihrerseits subsidiär die Vorteilsabschöpfung durch Verbände nach **§ 34a** (s. § 34a Abs. 1 Hs. 2 und dazu → § 34a Rn. 19 ff.).

Den **Vorrang** haben mithin stets etwaige **Schadensersatzleistungen** an Geschädigte **40** aufgrund des § 33a ebenso wie aufgrund sonstiger deliktsrechtlicher Vorschriften, wobei insbesondere an § 826 BGB zu denken sein dürfte.[71] Die Regelung ist nicht unproblematisch, wenn man bedenkt, dass der abzuschöpfende wirtschaftliche Vorteil iSd § 34 Abs. 1 GWB sowie des § 17 Abs. 4 OWiG keineswegs identisch mit dem Schaden ist, den der Kartellrechtsverstoß bei Dritten möglicherweise verursacht und für den die betroffen

---

[67] S. dazu inbesondere Bechtold/Bosch § 34 Rn. 8 f.; Bornkamm/Tokmitt in Langen/Bunte § 34 Rn. 24 f.; Roth in FK-KartellR § 34 Rn. 42 f.

[68] BGH 14.2.2023 KVZ 38/20 Rn. 47 f., NZKart 2023, 369, 372; Vorinstanz: OLG Frankfurt 17.3.2020 – 11 W 5/16, WuW 2022, 512.

[69] BGH 14.2.2023 – KVZ 38/20 Rn. 49 ff., NZKart 2023, 369, 372.

[70] Begr. v. 2004, 36 (li. Sp. 4. Abs.), 55 (li. Sp. letzter Abs. „Zu Abs. 2").

[71] Bechtold/Bosch Rn. 6; Bornkamm/Tokmitt in Bunte Rn. 15.

Dritten Schadensersatz verlangen können, der wirtschaftliche Vorteil vielmehr (trotz des § 33a Abs. 3 S. 2) auch wesentlich höher als die zu ersetzenden Schäden sein kann.[72] In diesem Fall dürfte § 34 Abs. 2 S. 1 dahin zu verstehen sein („... soweit."), dass hinsichtlich des **überschießenden Betrages** immer noch eine Vorteilsabschöpfung aufgrund des § 34 möglich bleibt.[73] § 34 Abs. 2 S. 1 soll nur verhindern, dass die an dem Kartellrechtsverstoß Beteiligten im Ergebnis finanziell doppelt getroffen werden, einmal durch Schadensersatzleistungen an Dritte, zum anderen durch die Abführung des wirtschaftlichen Vorteils an die Staatskasse. Dagegen soll die Vorschrift nicht zu einer Begünstigung der für den Kartellrechtsverstoß verantwortlichen Unternehmen ausgerechnet dann führen, wenn diese zugleich Schadensersatzleistungen an Dritte erbringen müssen. Aus denselben Erwägungen heraus sollten auch auf Kartellrechtsverstöße gestützte **Bereicherungsansprüche,** zB nach Anfechtung eines Vertrages gemäß § 123 BGB, den Vorrang vor der Vorteilsabschöpfung haben (§ 812 Abs. 1 S. 1 Fall 1).[74]

41      Eine Vorteilsabschöpfung aufgrund des § 34 Abs. 1 scheidet ferner aus, sofern und soweit der wirtschaftliche Vorteil der für den Kartellrechtsverstoß verantwortlichen Unternehmen bereits durch die **Festsetzung der Geldbuße** aufgrund des § 81 Abs. 5 in Verbindung mit § 17 Abs. 4 OWiG, durch die Anordnung der **Einziehung** der Taterträge (nach § 29a OWiG oder nach § 73 StGB) oder durch **Rückerstattung** nach § 32 Abs. 2a abgeschöpft ist. Praktische Bedeutung hat lediglich der **Vorrang des § 81d Abs. 3.** Die Geldbuße hat nur dann Vorrang, wenn die Geldbuße tatsächlich einen in den Gründen des Beschlusses ausgewiesenen **Abschöpfungsteil** enthält, nicht dagegen, wenn die Geldbuße ausschließlich Ahndungscharakter trägt.[75] Daher dürften auch von der **Europäischen Kommission** verhängte Geldbußen – trotz ihrer oft erstaunlichen Höhe – keinen Vorrang vor der Vorteilsabschöpfung seitens einer deutschen Kartellbehörde haben, weil die Bußgeldbeschlüsse der Kommission ausschließlich Ahndungscharakter aufweisen.[76]

42      Haben die betroffenen Unternehmen bereits auf Grund einer Anordnung nach § 34 Abs. 1 eine Geldsumme als wirtschaftlichen Vorteil an die Staatskasse abgeführt, so ist ihnen dieser **Betrag** nach § 34 Abs. 2 S. 2 wieder zu **erstatten, wenn** sie **nachträglich Schadensersatzleistungen** auf Grund des § 33a erbringen müssen, wenn gegen sie eine Geldbuße unter Einbeziehung des wirtschaftlichen Vorteils festgesetzt wird (§ 81 Abs. 5 GWB iVm § 17 Abs. 4 OWiG), wenn Rückerstattung nach § 32 Abs. 2a oder wenn (ausnahmsweise) die Einziehung von Taterträgen angeordnet wird. Die Erstattung ist auf den Betrag beschränkt, der aus den genannten anderen Gründen tatsächlich nochmals gezahlt werden musste. Die Regelung dürfte entsprechend anwendbar sein, wenn der Geschädigte zwar einen Titel auf Schadensersatz erlangt hat, diesen aber nicht mehr durchsetzen kann, weil das beklagte Unternehmen mittlerweile insolvent ist. Hatte die Kartellbehörde zuvor schon eine Vorteilsabschöpfung angeordnet und durchgesetzt, so muss sie jetzt wohl analog § 34 Abs. 2 S. 2 den Betrag an den (vorrangigen) Geschädigten auskehren.[77]

## § 34a Vorteilsabschöpfung durch Verbände

(1) **Wer einen Verstoß im Sinne des § 34 Absatz 1 vorsätzlich begeht und hierdurch zu Lasten einer Vielzahl von Abnehmern oder Anbietern einen wirtschaftlichen Vorteil erlangt, kann von den gemäß § 33 Absatz 4 zur Geltendmachung eines Unterlassungsanspruchs Berechtigten auf Herausgabe dieses wirtschaftlichen Vorteils an den Bundeshaushalt in Anspruch genommen werden, soweit nicht die Kartellbehörde die**

---

[72] Raum FS Hirsch, 2008 301 (304 ff.).
[73] Ebenso Roth in FK-KartellR Rn. 31 f.
[74] Krohs in Kölner Komm KartellR Rn. 26; Roth in FK-KartellR Rn. 33.
[75] Bechtold/Bosch Rn. 6.
[76] Ebenso Roth in FK-KartellR Rn. 36; anders Krohs in Kölner Komm KartellR Rn. 33 ff.
[77] So Roth in FK-KartellR Rn. 32.

**Abschöpfung des wirtschaftlichen Vorteils durch Verhängung einer Geldbuße, durch Einziehung von Taterträgen, durch Rückerstattung oder nach § 34 Absatz 1 anordnet.**

(2) ¹Auf den Anspruch sind Leistungen anzurechnen, die das Unternehmen auf Grund des Verstoßes erbracht hat. ²§ 34 Absatz 2 Satz 2 gilt entsprechend.

(3) Beanspruchen mehrere Gläubiger die Vorteilsabschöpfung, gelten die §§ 428 bis 430 des Bürgerlichen Gesetzbuchs entsprechend.

(4) ¹Die Gläubiger haben dem Bundeskartellamt über die Geltendmachung von Ansprüchen nach Absatz 1 Auskunft zu erteilen. ²Sie können vom Bundeskartellamt Erstattung der für die Geltendmachung des Anspruchs erforderlichen Aufwendungen verlangen, soweit sie vom Schuldner keinen Ausgleich erlangen können. ³Der Erstattungsanspruch ist auf die Höhe des an den Bundeshaushalt abgeführten wirtschaftlichen Vorteils beschränkt.

(5) ¹Ansprüche nach Absatz 1 verjähren in fünf Jahren. ²Die §§ 33b und 33h Absatz 6 gelten entsprechend.

**Schrifttum:** S o. bei § 34 sowie Chr. Alexander, Schadensersatz und Abschöpfung im Lauterkeits- und Kartellrecht, 2010; Emmerich, Überlegungen zur Gewinnabschöpfung, in: FS Fezer, 2016, S 1027; Fezer, Unrechtsabschöpfung, in: FS Bornkamm, 2014, S 335; Köhler, Hoheitliche und private Rechtsdurchsetzung am Beispiel der Vorteilsabschöpfung im Kartellrecht, in: FS R. Schmidt, 2006, S 509; M. Leicht, Gewinnabschöpfung bei Verstößen gegen lauterkeitsrechtliche Generalklauseln, 2009; Mönch, Der Gewinnabschöpfungsanspruch nach § 10 UWG, ZIP 2004, 2032; Raible, in: Kamann/Ohlhoff/Völcker, Handbuch Kartellverfahren und Kartellprozess, 2017, § 28 (S 1035 ff.); Sack, Der Gewinnabschöpfungsanspruch von Verbänden, WRP 2003, 549; St. Sieme, Der Gewinnabschöpfungsanspruch nach § 10 UWG und die Vorteilsabschöpfung gemäß §§ 34, 34a GWB, 2009; ders, Die Auslegung des Begriffs „zu Lasten" in § 10 UWG und § 34a GWB, WRP 2009, 914; Stadler, Der Gewinnabschöpfungsanspruch: Eine Variante des private enforcement?, in: Augenhofer, Europäisierung des Kartell- und Lauterkeitsrechts, 2009, S 117; Stadler/Micklitz, Verbandsklage auf Gewinnabschöpfung, WRP 2003, 559; Wimmer-Leonhardt, UWG-Reform und Gewinnabschöpfungsanspruch, GRUR 2004, 12.

## A. Überblick

§ 34a Abs. 1 von 2005 begründet (in Ergänzung zu § 34) unter engen Voraussetzungen **1** einen (subsidiären) Anspruch der in § 33 Abs. 4 Nr. 1 und Nr. 2 genannten Wirtschafts- und Verbraucherverbände auf Herausgabe des wirtschaftlichen Vorteils, freilich nicht an den Verband selbst, sondern an den Bundeshaushalt, vertreten durch das BKartA (s. § 34a Abs. 4). Voraussetzungen des Anspruchs sind ein vorsätzlicher Kartellrechtsverstoß iSd § 34 Abs. 1 sowie die Erlangung eines wirtschaftlichen Vorteils durch den Verstoß gerade zu Lasten einer Vielzahl von Abnehmern oder Anbietern (→ Rn. 8 ff.). Vorrang haben aber nach § 34a Abs. 1 Hs. 2 die verwaltungsrechtliche und die bußgeldrechtliche Vorteilsabschöpfung nach § 34 Abs. 1 und § 81d Abs. 3 GWB iVm § 17 Abs. 4 OWiG, die gegebenenfalls an ihre Stelle tretende strafrechtliche Anordnung der Einziehung von Taterträgen auf Grund des § 29a OWiG und der §§ 73 und 73a StGB sowie die Rückerstattung nach § 32 Abs. 2a (→ Rn. 20 ff.). Auf den wirtschaftlichen Vorteil anzurechnen sind außerdem sonstige Leistungen, die das betroffene Unternehmen auf Grund des vorsätzlichen Kartellrechtsverstoßes an Dritte erbracht hat, wobei in erster Linie, aber nicht ausschließlich an Schadensersatzleistungen nach § 33a zu denken ist (§ 34a Abs. 2 S. 1).

**2**      Konkurrieren die Herausgabeansprüche mehrerer Verbände des § 33 Abs. 4, so gelten die §§ 428–430 BGB entsprechend (§ 34a Abs. 3; → Rn. 26 ff.). Der jeweils klagende Verband muss jedoch alle mit der Klage und der etwaigen Vollstreckung des Urteils verbundenen Kostenrisiken selbst tragen. Ersatz seiner Aufwendungen oder Kosten erhält er nur von dem betroffenen Unternehmen (§§ 91, 788 ZPO) und hilfsweise vom BKartA, jedoch nur bis zur Höhe der tatsächlich an den Bund abgeführten Vorteile (§ 34a Abs. 4, → Rn. 31 f.). Die Verjährungsfrist für die Ansprüche der Verbände auf Vorteilsabschöpfung beträgt seit der 9. Novelle von 2017 fünf Jahren (§ 34 Abs. 5 S. 1 nF). Ergänzend gelten nach § 34a Abs. 5 S. 2 nF die Vorschriften des § 33b über die Feststellungswirkung kartellbehördlicher oder -gerichtlicher Entscheidungen (→ Rn. 34) sowie des § 33h Abs. 6 über die Hemmung der Verjährung des Anspruchs auf Herausgabe des wirtschaftlichen Vorteils durch Einleitung von Verfahren wegen des fraglichen Kartellrechtsverstoßes durch die Europäische Kommission oder durch eine deutsche oder ausländische Kartellbehörde (→ Rn. 30 ff.).

**3**      Die Vorschrift des § 34a ist erst durch die 7. Novelle von 2005 nach dem Vorbild des § 10 UWG in das Gesetz eingefügt worden.[1] Die Vorschrift ist seitdem 2013 und 2017 nur geringfügig geändert worden. Durch die 8. Novelle von 2013 war lediglich die Subsidiaritätsklausel des § 34a Abs. 1 Hs. 2 an § 32 Abs. 2a angepasst worden. Weitergehende Änderungswünsche des Bundesrats blieben seinerzeit ohne Erfolg.[2] Auch die 9. Novelle von 2017 beschränkte sich auf eine Verlängerung der Verjährungsfrist für die Ansprüche der Verbände auf Vorteilsabschöpfung aus § 34a Abs. 1 auf fünf Jahre (§ 34a Abs. 5 S. 1); außerdem wurde die in dem früheren § 34a Abs. 5 enthaltene Verweisung auf § 33 Abs. 4 und Abs. 5 aF durch die Verweisung auf die sachlich übereinstimmenden neuen §§ 33b und 33h Abs. 6 ersetzt.[3] Die 2017 übersehene Anpassung der Verweisung auf § 33 Abs. 2 in § 34a Abs 1 an die Änderung des § 33 durch die 9. Novelle ist durch die 10. Novelle von 2021 nachgeholt worden

**4**      Mit der Regelung des § 34a wird in erster Linie, aber nicht ausschließlich die **Abschöpfung** wirtschaftlicher Vorteile bei **Massen-** und **Streuschäden** bezweckt, worunter die Verfasser der 7. Novelle von 2005 Fallkonstellationen verstanden, in denen durch kartellrechtswidriges Verhalten eines oder mehrerer Unternehmen eine Vielzahl von Marktteilnehmern geschädigt wird, die Schadenshöhe im Einzelnen jedoch durchweg so gering ist, dass die Betroffenen vernünftigerweise kein Interesse an der Verfolgung ihrer Schadensersatzansprüche haben werden (Stichwort: rationale Apathie).[4] Obwohl in solchen Fällen auch die Kartellbehörden nach § 34 eine Vorteilsabschöpfung anordnen können, befürchteten die Gesetzesverfasser doch eine **Sanktionslücke,** wenn die Kartellbehörden im Rahmen ihres Ermessens nicht einschreiten (→ § 34 Rn. 27). In diesen Fällen soll die neue „subsidiär geltende zivilrechtliche Sanktionsmöglichkeit" des § 34a nach dem Vorbild des § 10 UWG (→ Rn. 5) helfen, eine drohende Rechtsdurchsetzungslücke zu schließen.[5] Die elfte Novelle hat § 34a – im Gegensatz zu § 34 – unberührt gelassen.

---

[1] Zur Entstehungsgeschichte der Vorschrift s. ausführlich Alexander Schadensersatz S. 578 ff.; Raible in Kamann/Ohlhoff/Völcker Kartellverfahren-HdB § 28 Rn. 3 ff.; Lübbig in MüKoWettbR Rn. 4–6; Roth in FK-KartellR Rn. 5.

[2] S. Stellungnahme, BT-Drs. 17/9852, 44 f., 52.

[3] Begr. v. 2016, 70; Ausschußbericht von 2017, S. 29.

[4] S. die Begr. v. 2004, 36 (li. Sp. 1. Abs.); zur Kritik s. Alexander Schadensersatz S. 483, 578 ff.; Stadler in Augenhofer Europäisierung S. 117 ff.

[5] Begr. v. 2004, 36 (re. Sp. 2. Abs.).

Die Regelung des § 34a ist insgesamt so **mangelhaft** ausgefallen, dass das Ziel, die **4a** angenommene Rechtsdurchsetzungslücke zu schließen, wohl kaum erreicht werden kann. Tatsächlich ist auch § 34a bisher, soweit ersichtlich, nicht in einem einzigen Fall angewandt worden.[6] Und es ist nicht zu erwarten, dass sich daran auf absehbare Zeit etwas ändern wird, Der Grund ist einfach der, dass bisher noch alle Versuche gescheitert sind, das Interesse der Verbraucherverbände an Klagen aufgrund des GWB zu erhöhen, zB durch ihre Beteiligung an den abzuführenden wirtschaftlichen Vorteilen oder doch durch die Errichtung eines zweckgebundenen Fonds zur Finanzierung solcher Klagen, wie verschiedentlich vorgeschlagen.[7] Der naheliegende Ausweg einer Einschaltung gewerblicher Prozessfinanzierer, die als Gegenleistung für ihren Einsatz einen Teil der von dem klagenden Verband oder für diesen von dem Prozessfinanzierer erstrittenen Beträge erhalten sollen, ist am Widerstand des BGH gescheitert, der diese Vorgehensweise für einen Missbrauch der gesetzlichen Regelung hält (§ 242 BGB). Zu diesem (erstaunlichen) Ergebnis ist der BGH gelangt, indem er der gesetzlichen Regelung des § 10 Abs. 4 UWG, des Vorbilds des § 34a, den Zwecke entnimmt, die Verfolgung gewerblicher Interessen bei der Durchsetzung der Ansprüche auf Vorteilsabschöpfung auch durch gewerbliche Verbände auszuschließen.[8] Folgt man dem wie naheliegend auch für § 34a GWB, so führt wohl endgültig kein Weg an der Erkenntnis vorbei, dass wegen der ungenügenden Regelung nicht zuletzt der Kostenfrage in § 34a Abs. 4 S. 2 und S. 3 „sichergestellt" sein dürfte, dass Klagen der Verbände aufgrund des § 34a auch in Zukunft nicht zu erwarten sind (→ Rn. 31 f.).

Vorbild des § 34a GWB war **§ 10 UWG von 2004.** Nach dieser Vorschrift können die **5** in § 8 Abs. 3 Nr. 2–4 UWG genannten Klageberechtigten, zu denen außer den Wirtschaftsverbänden und den Verbraucherverbänden auch die Industrie- und Handelskammern zählen, bei vorsätzlichen Verstößen gegen § 3 UWG Herausgabe der zu Lasten einer Vielzahl von Abnehmern erzielten Gewinne verlangen. Anders als § 34a GWB hat § 10 UWG bereits eine gewisse, wenn auch ausgesprochen begrenzte praktische Bedeutung erlangt.[9] Im Schrifttum ist die Kritik an § 10 UWG deshalb nahezu allgemein.[10] Die wichtigsten **Kritikpunkte** sind der strafähnliche Charakter der ganzen Regelung, ihre mangelnde Praktikabilität, die in der Tat offenkundig ist, sowie der Umstand, dass nicht erkennbar ist, was irgendeinen Verband veranlassen sollte, das große Risiko eines Prozesses auf Gewinnherausgabe nach § 10 UWG auf sich zu nehmen, wenn das äußerste, was er dadurch erreichen kann, Ersatz seiner Kosten oder Aufwendungen ist (s. § 10 Abs. 4 S. 2 UWG), während im Falle des Misserfolgs der Verband das gesamte Kostenrisiko tragen muss

## B. Anspruchsberechtigte Verbände

Der Anspruch auf Vorteilsabschöpfung kann nur von den in § 33 Abs. 4 Nr. 1 und Nr. 2 **6** genannten Wirtschafts- und Verbaucherverbänden geltend gemacht werden (§ 34a Abs. 1). Im Schrifttum wird daraus vielfach (kritisch) der Schluss gezogen, dass nur solche Wirtschaftsverbände klageberechtigt seien, denen (ausgerechnet) eine Vielzahl von Mitbewer-

---

[6] S. Alexander Schadensersatz S. 581; Fezer FS Bornkamm, 2014 355; Raible in Kamann/Ohlhoff/Völcker Kartellverfahren-HdB § 28 Rn. 25 ff.; Roth in FK-KartellR Rn. 5; Sieme WRP 2009, 914; Stadler in Augenhofer Europäisierung S. 117, 129.

[7] Fezer FS Bornkamm, 2014, 355.

[8] BGH 13.9.2018 – I ZR 26/17 Rn. 33, 42 ff., NJW 2018, 2581 = GRUR 2018, 1166; 9.5.2019 – I ZR 205/17 Rn. 25 ff., NJW 2019, 2691 = GRUR 2019, 850 = WM 2019, 1309; kritisch zB Wolf/Flegler NJW 2018, 3586.

[9] Zahlen bei Sieme WRP 2009, 914 mN.

[10] S. zB Engels/Salomon WRP 2004, 32 (42 f.); Emmerich FS Fezer, 2016 1027; Fezer FS Bornkamm, 2014 355, Köhler GRUR 2003, 265 f.; Leistner/Pothmann WRP 2003, 815 (829 f.); Mönch ZIP 2004, 2032 ff.; Sack WRP 2003, 549; Sack. BB 2003, 1073 (1080 f.); Sosnitza GRUR 2003, 739 (745 f.); Stadler in Augenhofer Europäisierung S. 117 ff.; Stadler/Micklitz WRP 2003, 559; Wimmer-Leonhardt GRUR 2004, 12.

bern des auf Vorteilsabschöpfung in Anspruch genommenen Unternehmens angehören, während es tatsächlich bei § 34a allein um den Schutz der anderen Marktseite gehe. Zwingend ist dieses Gesetzesverständnis indessen nicht, weil es nach den genannten Vorschriften ausreicht, wenn dem Verband eine Vielzahl „sonstiger Marktbeteiligter" angehört, worunter zwanglos auch Verbände der Lieferanten und Abnehmer verstanden werden können. Wegen der Einzelheiten ist im Übrigen auf die Erläuterungen zu § 33 Abs. 4 zu verweisen. Sind die Voraussetzungen des Klagerechts aufgrund der §§ 34a und 33 Abs. 4 erfüllt, so steht dem betreffenden Verband ein **eigener zivilrechtlicher Anspruch** auf Vorteilsabschöpfung zu, mit dessen Verfolgung er, letztlich im öffentlichen Interesse, einen Beitrag zur Durchsetzung des Kartellrechts leistet.[11] Der Anspruch setzt deshalb auch nicht voraus, dass die Mitglieder des Verbandes selbst von dem fraglichen Kartellrechtsverstoß betroffen sind, wohl aber, dass in dem konkreten Fall die Klageerhebung von dem satzungsmäßigen Zweck des Verbandes gedeckt ist.[12]

7   Die Verbände können, da sie hier letztlich im öffentlichen Interesse für den Bund tätig werden, nicht frei über den Anspruch verfügen;[13] insbesondere eine **Abtretung** des Anspruchs an Dritte wie insbesondere Prozessfinanzier (→ Rn 4a) ist ausgeschlossen (§ 399 BGB). Auch ein **Erlass** (§ 367 BGB) hat keine Wirkung gegenüber anderen anspruchsberechtigten Verbänden. Ebenso wenig kann das in Anspruch genommene Unternehmen gegenüber dem Anspruch des Verbandes auf Vorteilsabschöpfung mit Forderungen gegen den Verband **aufrechnen,** da die Leistung nicht dem Verband, sondern dem Bund zusteht und der Anspruch nur durch Zahlung an den Bund erfüllt werden kann (§ 362; → Rn. 29).

## C. Voraussetzungen

### I. Vorsätzlicher Kartellrechtsverstoß

8   § 34a baut unmittelbar auf § 34 auf, so dass wegen der Einzelheiten weitgehend auf die Ausführungen zu § 34 verwiesen werden kann. Das gilt insbesondere für die Begriffe des Kartellrechtsverstoßes und des wirtschaftlichen Vorteils (→ Rn. 9, 12 f.). Hinzukommen muss im Falle des § 34a Abs. 1 lediglich noch, dass der Täter geradezu vorsätzlich gehandelt hat (→ Rn. 10 f.) und dass der wirtschaftliche Vorteil überdies zu Lasten einer Vielzahl von Abnehmern oder Anbietern erlangt wurde (→ Rn. 14 f.).

9   Für den Begriff des Kartellrechtsverstoßes verweist § 34a Abs. 1 Hs. 1 auf § 34 Abs. 1 (deshalb → § 34 Rn. 8 ff.). Erfasst werden maW alle (vorsätzlichen) Verstöße gegen Vorschriften des 1. Teils des GWB, gegen die Wettbewerbsregeln des AEUV (Art. 101 und 102) sowie gegen (bestandskräftige) Verfügungen der deutschen Kartellbehörden (→ § 34 Rn. 9). Von § 34a Abs. 1 erfasst werden in dem zuletzt genannten Fall sämtliche Vorteile oder Gewinne ab Zustellung der Verfügung.[14] Umstritten ist, ob Entscheidungen oder Beschlüsse der **Europäischen Kommission** gleichstehen. Nach ihrem Wortlaut haben die §§ 34a Abs. 1 und 34 Abs. 1 zwar allein Verfügungen deutscher Kartellbehörden, in erster Linie also des Bundeskartellamtes im Auge (§ 48).[15] Schutzlücken ergeben sich daraus gleichwohl nicht, weil für die Anwendung des § 34a Abs. 1 bereits ein Verstoß gegen die Wettbewerbsregeln des Vertrages allein genügt, ohne dass es einer vorgängigen Entscheidung oder eines Beschlusses der Kommission bedürfte (→ § 34 Rn. 10). Liegt eine bestandskräftige Entscheidung der Kommission oder ein entsprechender Beschluss vor, so ist freilich außerdem Raum für die Anwendung der Vorschriften des § 34 Abs. 5 S. 2 und des

---

[11] Alexander Schadensersatz S. 474 ff.
[12] BGH 13.9.2018 – I ZR 26/17 Rn. 12, NJW 2018, 2581 = GRUR 2018, 1166; 9.5.2019 – I ZR 205/17 Rn. 10, NJW 2019, 2691 = GRUR 2019, 850 = WM 2019, 1309 – Prozessfinanzierer I und II.
[13] S. im einzelnen Alexander Schadensersatz S. 489 ff.
[14] Roth in FK-KartellR Rn. 13.
[15] → § 34 Rn. 10; Roth in FK-KartellR Rn. 14; anders Alexander Schadensersatz S. 585 f.

§ 33b sowie des Art. 16 der Verordnung Nr. 1/2003, so dass das Gericht an die Entscheidung der Kommission gebunden ist.

§ 34a Abs. 1 setzt (im Anschluss an § 10 Abs. 1 UWG) weiter voraus, dass der Kartell- **10** rechtsverstoß (→ Rn. 9) **vorsätzlich** begangen wurde. Grobe Fahrlässigkeit steht nicht gleich. Zu beachten ist, dass nach der im Zivilrecht maßgeblichen Vorsatztheorie der Vorsatz des Täters nicht nur durch einen Tatsachenirrtum, sondern auch durch einen **Rechtsirrtum** ausgeschlossen wird, selbst wenn der Irrtum auf Fahrlässigkeit beruht.[16] Im Schrifttum wird diese Regelung, durch die der Anwendungsbereich der Vorteilsabschöpfung durch Verbände auf wirklich gravierende Fälle mit Breitenwirkung beschränkt werden sollte, vielfach als weitere unnötige Beschränkung des Tatbestandes **kritisiert.**[17] Probleme können sich daraus indessen wohl nur in den Grenzbereichen der §§ 19 Abs. 2 und 20 Abs. 1 ergeben, während in den eigentlich relevanten Fällen, den so genannten „hardcore" -Kartellen stets Vorsatz vorliegen dürfte. Außerdem erstreckt sich die Feststellungs– oder Bindungswirkung bestandskräftiger Entscheidungen der Kartellbehörden einschließlich der Kommission nach § 33b und Art. 16 der Verordnung Nr. 1/2003 auch auf die etwaige Feststellung des Vorsatzes der in Anspruch genommenen Unternehmen in der fraglichen bestandskräftigen Entscheidung (§ 34a Abs 5 S. 2).[18]

Der Vorsatz eines Unternehmens braucht sich nur auf den eigentlichen Kartellrechts- **11** verstoß zu erstrecken, nicht dagegen auf die weiteren Tatbestandsmerkmale des § 34a Abs. 1, insbesondere also nicht auf die Erlangung eines wirtschaftlichen Vorteils gerade zum Nachteil einer Vielzahl von Abnehmern oder Anbietern.[19] Handelt es sich bei dem in Anspruch genommenen Unternehmen um eine Handelsgesellschaft oder um eine juristische Person, so kommt es für die Frage der Vorsätzlichkeit des Kartellrechtsverstoßes auf die Person des Geschäftsführers, des Vorstandes oder der sonstigen satzungsmäßigen Vertreter der Gesellschaft an (§§ 30 und 31 BGB).

## II. Wirtschaftlicher Vorteil

Der Anspruch eines Verbandes auf Vorteilsabschöpfung nach § 34a Abs. 1 setzt weiter **12** voraus, dass das von dem Verband in Anspruch genommene Unternehmen gerade durch den vorsätzlichen Kartellrechtsverstoß (→ Rn. 10 f.) einen wirtschaftlichen Vorteil zu Lasten einer Vielzahl von Abnehmern oder Anbietern (→ Rn. 14 f.) erlangt hat. Der Begriff des wirtschaftlichen Vorteils ist hier derselbe wie in § 34 Abs. 1 GWB und in § 17 Abs. 4 OWiG (deshalb → § 34 Rn. 14 ff.),[20] so dass er, jedenfalls nach den Vorstellungen der Gesetzesverfasser, außer dem **Gewinn** (so § 10 UWG) noch **jeden sonstigen** wirtschaftlichen **Vorteil** infolge des Kartellrechtsverstoßes umfaßt.[21] Indessen bleibt zu beachten, dass der Vorteil bei § 34a Abs. 1 gerade zu Lasten einer Vielzahl von Abnehmern oder Lieferanten erzielt worden sein muss, so dass sich tatsächlich der wirtschaftliche Vorteil im vorliegenden Zusammenhang, in dem es ohnehin im wesentlichen um den Ersatz von Massen- und Streuschäden geht, im Kern mit den **Gewinnen** decken wird, die das betreffende Unternehmen durch den Kartellrechtsverstoß zu Lasten einer Vielzahl von Abnehmern und Anbietern (→ Rn. 14 f.) erlangt hat. Die **Vermutungen** des § 34 Abs. 4 S. 1 und S. 6 idF von 2023 finden – mangels einer Bezugnahme auf § 34 Abs. 4 in § 34a – keine Anwendung (zu einer möglichen Alternativen → Rn. 13; zur Möglichkeit der Schätzung des wirtschaftlichen Vorteils → Rn. 14).

---

[16] Alexander Schadensersatz S. 620 ff.; Lübbig in MüKoWettbR Rn. 10.
[17] Stadler in Augenhofer Europäisierung S. 133.
[18] Bornamm/Tolkmitt in Bunte Rn. 12; Raible in Kamann/Ohlhoff/Völcker Kartellverfahren-HdB § 28 Rn. 12.
[19] Roth in FK-KartellR Rn. 17.
[20] Begr. v. 2004, 56 (li. Sp. 4. Abs.).
[21] Begr. v. 2004, 55 (li. Sp. 4. Abs.); Alexander Schadensersatz S. 592 ff.; Raible in Kamann/Ohlhoff/ Völcker Kartellverfahren-HdB § 28 Rn. 15 ff.; Roth in FK-KartellR Rn. 20 ff.

**13**     Trotz der Gleichsetzung des wirtschaftlichen Vorteils (§ 34a Abs. 1) mit den Gewinnen eines Unternehmens (→ Rn. 12) dürfte ein Verband, der sich ausnahmsweise entschließt, nach § 34a Abs. 1 gegen ein Unternehmen wegen eines Kartellrechtsverstoßes vorzugehen, bei der ihm obliegenden Bezifferung und dem **Beweis** des von dem Unternehmen erlangten wirtschaftlichen **Vorteils** auf erhebliche Schwierigkeiten stoßen, die hier eher noch größer als bereits im Anwendungsbereich des § 34 sein werden, weil (natürlich) ein privater Verband (§ 33 Abs. 4) niemals über dieselben Möglichkeiten zur Aufklärung des Sachverhaltes wie eine Kartellbehörde verfügt (→ § 34 Rn. 13, 16, 25 ff.). Hier ist daran zu erinnern, dass die Anwendung des § 10 UWG gleichfalls in aller Regel bereits an der mangelnden Fähigkeit der klagenden Verbände scheitert, gerade den durch einen Wettbewerbsverstoß (§ 3 UWG) erlangten Gewinn des beklagten Unternehmens zu beziffern und gegebenenfalls zu beweisen. Zu § 10 UWG wird deshalb als Ausweg erwogen, unter dem „Gewinn" einfach die **Umsatzerlöse** aus der Zeit nach dem Wettbewerbsverstoß **abzüglich** der **Kosten** zu verstehen, einmal, weil allein dann eine (geringe) Chance auf Effektivierung der Vorschrift bestehe, zum anderen, weil es sich auch nur dann um eine echte Sanktion für einen ja vorsätzlichen Gesetzesverstoß handele.[22] Für § 34a empfiehlt sich – aus vergleichbaren Erwägungen heraus – dasselbe Gesetzesverständnis. Mit dem Wortlaut des Gesetzes ist solche Auslegung der Vorschrift ohne weiteres vereinbar, ja sogar naheliegend, da sich der Anwendungsbereich des § 34a, wie zu wenig beachtet wird, im Gegensatz zu dem des § 34 auf die gerade zulasten der Marktgegenseite erlangten wirtschaftlichen Vorteile beschränkt. Und dies sind zunächst einmal die Umsatzerlöse abzüglich der Kosten (→ Rn. 14 ff.).

### III. Zu Lasten einer Vielzahl von Abnehmern oder Anbietern

**14**     § 34a unterscheidet sich von § 34 außer durch das Vorsatzerfordernis (→ Rn. 10) vor allem dadurch, dass der wirtschaftliche Vorteil, dh im Wesentlichen der „Gewinn" auf Grund des Kartellrechtsverstoßes (→ Rn. 12 f.), gerade zu Lasten einer Vielzahl von Abnehmern oder Anbietern erlangt worden ist. Eine vergleichbare Regelung findet sich in § 10 Abs. 1 UWG. Die Auslegung dieses Tatbestandsmerkmals ist bei § 10 Abs. 1 UWG ebenso umstritten wie bei § 34a Abs. 1.[23] Bei § 34a Abs. 1 wird überwiegend im Anschluss an Bemerkungen der Gesetzesverfasser zu § 34a GWB[24] und zu § 10 UWG[25] angenommen, durch das fragliche Tatbestandsmerkmal solle der Anwendungsbereich des § 34a Abs. 1 auf wirtschaftliche Vorteile beschränkt werden, die im **Vertikalverhältnis** erzielt wurden, im Gegensatz zu Vorteilen aufgrund von Maßnahmen im Horizontalverhältnis gegenüber Mitbewerbern. Ausgeklammert werden außerdem wirtschaftliche Vorteile aufgrund von Maßnahmen gegenüber einzelnen individualisierten Angehörigen der Marktgegenseite wie insbesondere Bezugs- oder Liefersperren sowie Boykottmaßnahmen, so dass sich der Anwendungsbereich des § 34a Abs. 1 – bei diesem Gesetzesverständnis – im Wesentlichen auf Kartellrechtsverstöße beschränkt, die sich nicht gezielt gegen einzelne Abnehmer oder Anbieter, dh Lieferanten richten, sondern diese nur mehr oder weniger zufällig gleichsam als Repräsentanten der anderen Marktstufe treffen, wie es etwa in der Regel bei Preis-, Gebiets- oder Mengenkartellen anzunehmen sein wird. Die Angaben dazu, wann konkret eine Vielzahl von Abnehmern oder Lieferanten anzunehmen sein soll, schwanken (ebenso wie bei § 10 UWG) zwischen 2 bis 3 und 20 bis 30.[26] Den Gesetzes-

---

[22] S. Emmerich FS Fezer, 2016, 1027 (1028 ff.).

[23] Überblick bei Alexander Schadensersatz S. 587 ff.; Emmerich FS Fezer, 2016 1027 (1028 ff.); Sieme WRP 2009, 914 (915 ff.).

[24] Begr. v. 2004, 55 f.

[25] S. die Begr. RegE des UWG, BT-Drs. 15(2003)/1487, 24; den Ausschussbericht zum UWG, BT-Drs. 15(2004)/2795, 21 (re. Sp.).

[26] S. insbesondere Alexander Schadensersatz S. 587 ff.; Bechtold/Bosch Rn. 4; Bornkamm/Tolkmitt in Bunte Rn. 13 f.; Raible in Kamann/Ohlhoff/Völcker Kartellverfahren-HdB § 28 Rn. 13 ff.; Lübbig in MüKoWettbR Rn. 15 f.; Rehbinder in LMRKM Rn. 2; Roth in FK-KartellR Rn. 25 ff.

verfassern ging es hier in erster Linie um (selbstverständlich vorsätzliche) **hardcore-Fälle** durch Preis-, Gebiets- oder Mengenkartelle mit Breitenwirkung insbesondere in Gestalt von **Massen- und Streuschäden,** dh eben mit Nachteilen für viele Abnehmer,[27] wobei nicht zwischen unmittelbaren und mittelbaren Abnehmern einschließlich der **Endabnehmer** unterschieden wurde.[28]

Noch nicht geklärt ist damit, wann der wirtschaftliche Vorteil, dh im wesentlichen der **15** Gewinn des in Anspruch genommenen Unternehmens, tatsächlich gerade **zu Lasten** mehrerer Abnehmer oder Anbieter erlangt wurde. Nach den Vorstellungen der Gesetzesverfasser sollte bei § 10 UWG durch dieses zusätzliche Tatbestandsmerkmal klargestellt werden, dass es für die Anwendung der Vorschrift ausreicht, wenn bei einer Vielzahl von Abnehmern „eine **wirtschaftliche Schlechterstellung**" eingetreten ist, während der Nachweis von Nachteilen im Einzelfall entbehrlich sein sollte.[29] Im **Schrifttum** reicht das Meinungsspektrum von der Notwendigkeit des Nachweises einer Schädigung der Abnehmer oder Lieferanten bis zu der Auffassung, es genüge die bloße Beeinträchtigung der Entscheidungsfreiheit der Abnehmer oder Lieferanten.[30]

Bei diesem, von der überwiegenden Meinung offenbar favorisierten Gesetzesverständnis **16** (→ Rn. 14 f.) kann man die Vorschrift des § 34a ebenso wie bereits den § 10 UWG, zumal bei Berücksichtigung der für die klagenden Verbände überaus nachteiligen Regelung der Kostenfrage in § 34a Abs. 4 S. 2 und S. 3 (→ Rn. 31 ff.), getrost „vergessen". Eine Anwendung der Vorschrift ist dann praktisch nicht mehr möglich. Denn es gibt für einen klagenden Verband (§ 33 Abs. 4) in aller Regel keine Möglichkeit, mit zumutbarem Aufwand nachzuweisen, dass ein Unternehmen seine Gewinnsituation gegenüber der ja prinzipiell unbekannten hypothetischen Situation bei Wettbewerb durch einen Kartellverstoß gerade auf Kosten mehrerer Vertreter der Marktgegenseite um einen bestimmten angebbaren Betrag (§ 253 ZPO) verbessert habe, wenn man sich nicht auf das Gebiet der Spekulation (einschließlich der Anwendung hochkomplexer Simulationsmodelle) begeben will. Dies wird durch den Umstand eindrucksvoll bestätigt, dass es bisher keinen einzigen Anwendungsfall der Vorschrift gibt.

Lediglich im Einzelfall mag es einmal möglich sein, mit der **Lebenserfahrung** zu **17** operieren, dass Kartelle in aller Regel zu einer Preiserhöhung von 20% bis 30% führen, schon, weil anzunehmen ist, dass rational handelnde Unternehmen andernfalls nicht das erhebliche Risiko eines „strafbaren" Kartellrechtsverstoßes eingegangen wären (s. § 33a Abs. 2). In derartigen Fällen wird es sich dann auch gewiss vertreten lassen, den beklagten Unternehmen die Beweislast aufzuerlegen, wenn sie sich darauf berufen, dass ihre Gewinnsituation oder die Schlechterstellung der Abnehmer oder Anbieter eine andere Ursache als gerade ihr Kartell habe und etwa auf einer günstigen Konjunktur beruhe.[31] Aber das sind und bleiben Einzelfälle; deshalb darf man hierbei nicht stehen bleiben. In der Masse der Fälle wird vielmehr – entsprechend dem Gesagten – ebenso wie bei § 10 UWG nur eine grundsätzliche **Umkehr** helfen, wenn man nicht die Vorschrift des § 34a endgültig zur Bedeutungslosigkeit verurteilen will. Dies bedeutete, in sämtlichen Fällen und nicht nur in den bereits erwähnten Ausnahmefällen, in denen bereits die Lebenserfahrung weiterhilft, die nach dem Verstoß erwirtschafteten **Umsatzerlöse** der Unternehmen im Vertikalverhältnis (abzüglich ihrer Kosten), grundsätzlich als durch den Verstoß verursacht anzusehen und den in Anspruch genommenen Unternehmen, die ja vorsätzlich gehandelt haben, die **Beweislast** für das Gegenteil aufzuerlegen.[32]

---

[27] So die Begr. v. 2004, 55 (re. Sp. o.).

[28] Begr. v. 2004, 56 (li. Sp. o.).

[29] S. den Ausschußbericht zum UWG, BT-Drs. 15/2795, 21 (re. Sp. „Zu § 10 Abs. 1"); Alexander WRP 2004, 407 (417 f.); Mönch ZIP 2004, 2032 (2033 f.).

[30] S. Alexander Schadensersatz S. 590 ff.; Sieme WRP 2009, 914 (915, 918 ff., 921); Stadler in Augenhofer Europäisierung S. 134.

[31] S. Alexander Schadensersatz S. 596 f.; Mönch ZIP 2004, 2032 f.

[32] Vgl. auch schon für § 10 UWG Emmerich FS Fezer, 2016, 1027 (1030 ff.).

**18**   Die hier vorgeschlagene Verteilung der Beweislast (→ Rn. 17) entspricht nicht der überwiegenden Meinung im **Schrifttum,** nach der vielmehr die Beweislast für die Voraussetzungen des Anspruchs auf Herausgabe des wirtschaftlichen Vorteils auf Grund des § 34a der klagende Verband trägt.[33] Die Folge wäre, dass der Kläger vortragen und gegebenenfalls beweisen muss, dass das beklagte Unternehmen sich eines vorsätzlichen Kartellrechtsverstoßes schuldig gemacht hat (→ Rn. 8 f.), durch den es einen bestimmten, bezifferbaren, wirtschaftlichen Vorteil zu Lasten einer Vielzahl von Abnehmern oder Anbietern erzielt hat (→ Rn. 11 ff.). Die Darlegungs- und Beweislast wird dem klagenden Verband jedoch zumindest hinsichtlich des Kartellrechtsverstoßes erleichtert, wenn und soweit die Bindungs- oder **Feststellungswirkung** kartellbehördlicher und -gerichtlicher Entscheidungen einschließlich derjenigen der Europäischen Kommission und der europäischen Gerichte eingreift (§ 34a Abs. 5 iVm § 33b und Art. 16 der Verordnung Nr. 1/2003). Deshalb sind auf Abs.chöpfung wirtschaftlicher Vorteile gerichtete Klagen von Verbänden noch am wahrscheinlichsten im Anschluss an kartellbehördliche Verfahren aufgrund der §§ 32 und 81 als so genannte Followon-Klagen, soweit nicht die Kartellbehörden selbst nach § 34 vorgehen (§ 34a Abs. 1 Hs. 2, → Rn. 19 ff.). In den restlichen Fällen, dh ohne vorgängige kartellbehördliche Entscheidung dürften dagegen die meisten privatrechtlichen Verbände iSd § 33 Abs. 4 Nr. 1 und Nr. 2, die (natürlich) nicht über die Ermittlungsbefugnisse einer Kartellbehörde verfügen, mit dem Vortrag und dem Beweis der Voraussetzungen des § 34a Abs. 1 vielfach überfordert sein, sofern man nicht bereit ist, ihnen bei der Darlegungs- und Beweislast, wie hier vorgeschlagen (→ Rn. 17), (weit) entgegenzukommen.[34]

**19**   Dieselbe Problematik besteht (natürlich) bei **§ 10 UWG,** dessen praktische Bedeutung bisher gleichfalls ganz gering geblieben ist. Die Problematik ist dort freilich – anders als bei § 34a GWB – bereits im Gesetzgebungsverfahren, insbesondere vom Bundesrat, thematisiert worden.[35] Die Gesetzesverfasser haben demgegenüber – vor allem – als Auswege auf die Möglichkeit einer **Schätzung** der wirtschaftlichen Vorteile sowie auf den Bestand von Auskunftsansprüchen der Verbände verwiesen.[36] Obwohl in § 34a eine Bezugnahme auf § 34 Abs. 4 fehlt (nach dem die Höhe der wirtschaftlichen Vorteile geschätzt werden kann), ist seitdem im wesentlichen unstreitig, dass, gegebenenfalls analog § 287 ZPO, im Rahmen des § 34a die Höhe der wirtschaftlichen **Vorteile** gleichfalls **geschätzt** werden kann.[37] Die Zubilligung eines umfassenden **Auskunftsanspruchs** an die Verbände aufgrund des § 242 BGB im Rahmen des § 34a hat im Schrifttum gleichfalls allgemeine Zustimmung gefunden, meistens mit der Begründung, dass ohne solchen Auskunftsanspruch die gesetzliche Regelung nicht praktikabel sei.[38]

## D. Subsidiarität

### I. § 34a Abs. 1

**20**   Nach § 34a Abs. 1 Hs. 2 ist die Vorteilsabschöpfung durch Verbände auf Grund des § 34a subsidiär gegenüber der verwaltungs- und der bußgeldrechtlichen Vorteilsabschöp-

---

[33] Raible in Kamann/Ohlhoff/Völcker Kartellverfahren-HdB § 28 Rn. 21; Roth in FK-KartellR Rn. 20 ff.

[34] Ebenso zB Raible in Kamann/Ohlhoff/Völcker Kartellverfahren-HdB § 28 Rn. 25 ff.

[35] S. die Stellungnahme des BRats, BT-Drs. 15(2003)/1487, 34; ebenso zB Engels/Salomon WRP 2004, 32 (43); Köhler GRUR 2003, 265 (266); Leistner/Pothmann WRP 2003, 815 (830); Sack WRP 2003, 549 (553 f.); Sack BB 2003, 1073 (1080); Sosnitza GRUR 2003, 739 (746); Stadler/Micklitz WRP 2003, 559 (561 f.).

[36] Begr. von 2004, 56 (5. Abs.); Begr. z. UWG, BT-Drs. 15/1487, 43 (re. Sp. 1. Abs.).

[37] Bornkamm/Tolkmitt in Bunte Rn. 19; – enger Lübbig in MüKoWettbR Rn. 4; Roth in FK-KartellR Rn. 22 ff.

[38] Bornkamm/Tolkmitt in Bunte Rn. 17; Roth in FK-KartellR Rn. 22; Mönch ZIP 2004, 2032 (2036); Rehbinder in LMRKM Rn. 10.

fung seitens der Kartellbehörden auf Grund des § 34 oder des § 81d Abs 3 (= § 81 Abs. 5 GWB aF) iVm § 17 Abs. 4 OWiG, ferner gegenüber der Rückerstattung nach § 32 Abs. 2a GWB sowie schließlich gegenüber der in Ausnahmefällen in Betracht kommenden Einziehung der Taterträge auf Grund des § 29a OWiG oder der §§ 73 und 73a StGB. Abs. 2 S. 1 des § 34a fügt hinzu, dass auf den Anspruch des Verbandes auf Vorteilsabschöpfung auch Leistungen anzurechnen sind, die das fragliche Unternehmen aufgrund des Kartellrechtsverstoßes erbracht hat, wobei gemäß S. 2 dieser Vorschrift der § 34 Abs. 2 S. 2 entsprechend gilt (→ Rn. 23 ff.). Mir der komplizierten gesetzlichen Regelung wird der **Zweck** verfolgt, eine Doppelbelastung der betroffenen Unternehmen nach Möglichkeit zu vermeiden, zugleich aber wirksam für die Schließung der Sanktionslücke zu sorgen, die bei der Vorteilsabschöpfung nach § 34 und nach § 81d Abs. 53droht, weil die Vorteilsabschöpfung nach dieser Vorschrift im Ermessen der Kartellbehörden steht, so dass die Kartellbehörden auf sie im Einzelfall auch verzichten können, – wie es eigentlich durchgängig geschieht.[39]

Verfahren nach § 34 und nach § 34a stehen an sich selbstständig nebeneinander und **21** können unabhängig voneinander betrieben werden. Indessen entfällt oder besser: erlischt nach Hs. 2 des § 34a Abs. 1 Hs. 2 der Anspruch des Verbandes auf Vorteilsabschöpfung, wenn und soweit die Kartellbehörde die Abschöpfung des wirtschaftlichen Vorteils durch Verhängung einer Geldbuße, durch Einziehung der Taterträge, durch Rückerstattung oder nach § 34 Abs. 1 anordnet. Mit der **Anordnung** der Vorteilsabschöpfung durch die Kartellbehörde ist die Bekanntgabe der entsprechenden Verfügung oder des betreffenden Bußgeldbescheides gemeint.[40] Folge der Anordnung ist somit, kurz gesagt, das **Erlöschen** des zivilrechtlichen Anspruchs des Verbandes auf Vorteilsabschöpfung. Die Gesetzesverfasser haben mit Rücksicht darauf den Verbänden, die nach § 34a vorzugehen beabsichtigen, empfohlen, sich zuvor bei der zuständigen Kartellbehörde zu erkundigen, ob diese ein eigenes Verfahren zur Vorteilsabschöpfung bereits eingeleitet hat oder doch einzuleiten beabsichtigt.[41] Der Anspruch der Verbände auf Vorteilsabschöpfung erlischt freilich nur, soweit die Kartellbehörde tatsächlich ihrerseits eine Vorteilsabschöpfung anordnet. Erfasst die Verfügung der Kartellbehörde nicht den gesamten wirtschaftlichen Vorteil des oder der betroffenen Unternehmen, so kann ein Verband wegen des Restes immer noch nach § 34a vorgehen,[42] – ein freilich wohl eher theoretischer Fall.

Wird die Vorteilsabschöpfung von der Kartellbehörde erst **nach Klageerhebung** eines **22** Verbandes auf Grund des § 34a angeordnet, so kann der Verband die Klage zurücknehmen, bleibt dann aber mit den Kosten belastet (§ 269 ZPO). Der Verband wird deshalb in der Regel versuchen, den Rechtsstreit stattdessen für erledigt zu erklären (§ 91a ZPO).[43] Die bloße Einleitung eines Verfahrens durch die Kartellbehörde während des von dem Verband anhängig gemachten Rechtsstreites ändert dagegen nichts an der Befugnis des Verbandes, das von ihm anhängig gemachte Verfahren weiter zu betreiben (→ Rn. 21). [44] **Nach erfolgreichem Abschluss** des gerichtlichen Verfahrens, das ein Verband aufgrund des § 34a eingeleitet hatte, dürfte für eine Vorteilsabschöpfung durch die Kartellbehörden nur noch Raum sein, soweit die Kartellbehörde zusätzliche Beträge aufgrund des § 34 abzuschöpfen beabsichtigt.[45] An ein Urteil, durch das die Klage eines Verbandes aufgrund des § 34a abgewiesen wurde, ist die Kartellbehörde dagegen ebenso wenig wie ein anderer Verband gebunden.

---

[39] S. die Begr. v. 2004, 36 (re. Sp. 2. Abs.); ganz ausf. Roth in FK-KartellR Rn. 34–41.

[40] So die Begr. v. 2004, 55 (re. Sp. 3. Abs.); Alexander Schadensersatz S. 582 f.; Lübbig in MüKoWettbR Rn. 28; Roth in FK-KartellR Rn. 36.

[41] Begr. v. 2004, 55 (re. Sp. 3. Abs.); Lübbig in MüKoWettbR Rn. 28.

[42] Bechtold/Bosch Rn. 6; Roth in FK-KartellR Rn. 36.

[43] Alexander Schadensersatz S. 583; Roth in FK-KartellR Rn. 35.

[44] Anders Bechtold/Bosch Rn. 6: Aussetzung des von dem Verband eingeleiteten Verfahrens.

[45] Roth in FK-KartellR Rn. 35; anders Bechtold/Bosch Rn. 6.

**II. § 34a Abs. 2**

23    § 34a Abs. 2 S. 1 bestimmt ergänzend, dass auf den Anspruch des Verbandes auf Abführ-
rung des wirtschaftlichen Vorteils an den Bundeshaushalt auf Grund des § 34a Abs. 1
**Leistungen anzurechnen** sind, die das Unternehmen auf Grund des Verstoßes bereits
tatsächlich **an Dritte** erbracht hat. S. 2 des § 34a Abs. 2 verweist zusätzlich auf § 34 Abs. 2
S. 2, so dass dem Unternehmen Zahlungen aufgrund einer Vorteilsabschöpfung aus der
Staatskasse zu erstatten sind, wenn das Unternehmen Schadensersatzleistungen oder eine
Geldbuße (einschließlich des Abschöpfungsanteils) erst nach der Vorteilsabschöpfung durch
den Verband erbringt.

24    Durch diese eigenartige Regelung soll vor allem der **Vorrang individueller Ersatzansprüche** sichergestellt werden.[46] Zu denken ist hier natürlich in erster Linie, aber nicht
allein an **Schadensersatzleistungen** des beklagten Unternehmens an Dritte auf Grund des
§ 33a wegen des fraglichen Kartellrechtsverstoßes. Gleich stehen (Stichwort: Vorsatzdelikt)
Schadensersatzleistungen auf Grund der §§ 823 Abs. 2 und 826 BGB oder des § 9 UWG,
vertragliche Schadensersatzansprüche der Abnehmer, Ansprüche auf Vertragsstrafe sowie
Bereicherungsansprüche. Noch nicht endgültig geklärt ist, ob sich der Anwendungsbereich
der Anrechnungsvorschrift des § 34a Abs. 2 S. 1 auf private Ersatzleistungen beschränkt
oder auch die Zahlung von **Geldstrafen,** zB im Falle eines Submissionskartells (§ 298
StGB), oder von **Geldbußen** umfasst. Der Wortlaut des Gesetzes ist nicht eindeutig. Jedoch
ist zu berücksichtigen, dass mit der Regelung der §§ 34 und 34a (unter anderem) bezweckt
wird, eine Doppelbelastung der betroffenen Unternehmen nach Möglichkeit zu vermeiden,
so dass die Anrechnungsvorschrift des § 34a Abs. 2 S. 1 auf Geldstrafen und Geldbußen
zumindest analog anwendbar sein dürfte.[47] Die Frage hat freilich keine praktische Bedeutung, weil wegen des Vorrangs der behördlichen Verfahren der privatrechtliche Anspruch
des Verbandes aus § 34a ohnehin erloschen war, so dass gleichwohl erbrachte Leistungen
des Unternehmens auf den Anspruch des Verbandes auf jeden Fall als grundlos kondiziert
werden können (§ 812 Abs. 1 S. 2 Fall 1 BGB).[48] Dagegen wird der Anspruch des Verbandes auf Abführung des wirtschaftlichen Vorteils an den Bundeshaushalt **nicht** durch
**Kosten** gemindert, die das beklagte Unternehmen für auf Grund des Kartellrechtsverstoßes
geführte Rechtsstreitigkeiten aufgewendet hat. Dadurch soll jeder Anreiz zur Führung
derartiger kostenträchtiger Prozesse vermieden werden.[49]

25    Erbringt der Beklagte **während des Rechtsstreits** nach Klageerhebung seitens eines
Verbandes **Leistungen an Dritte,** die nach § 34a Abs. 2 S. 1 anzurechnen sind, so erweist
sich die Klage nachträglich in Höhe dieser Leistungen als unbegründet. Der Verband kann
die Klage in diesem Fall teilweise zurücknehmen (§ 269 ZPO) oder für erledigt erklären
(§ 91a ZPO). Kommt es erst **nach Rechtskraft** des von dem Verband erstrittenen Urteils
auf Abführung des wirtschaftlichen Vorteils an den Bundeshaushalt zu Ersatzleistungen des
beklagten Unternehmens an Dritte, so bleibt dem Beklagten nichts anderes übrig, als gegen
den Verband Vollstreckungsabwehrklage nach **§ 767 ZPO** zu erheben.[50] Falls das Unternehmen schließlich **Leistungen** als Schadensersatz oder als Vorteilsabschöpfung aufgrund
der §§ 33a, 34 und 81d Abs. 3 erst **nach** der **Vorteilsabschöpfung durch einen Verband** zu Gunsten des Bundeshaushalts erbringt, sind ihm die schon an den Bundeshaushalt
abgeführten Beträge jedenfalls in Höhe der nachgewiesenen Zahlungen an Dritte zu
erstatten (S. 2 des § 34a Abs. 2 in Verbindung mit § 34 Abs. 2 S. 2).[51]

---

[46] So die Begr. v. 2004, 56 (li. Sp. „Zu Abs. 2").
[47] Ebenso Alexander Schadensersatz S. 598 f.; Bechtold/Bosch Rn. 10; Rehbinder in LMRKM Rn. 5;
anders Lübbig in MüKoWettbR Rn. 29; Roth in FK-KartellR Rn. 38.
[48] So Roth in FK-KartellR Rn. 38.
[49] So die Begr. v. 2004, 56 (li. Sp. „Zu Abs. 2").
[50] Ebenso die Begr. v. 2004, 56 (re. Sp. o.); Rehbinder in LMRKM Rn. 6.
[51] Bechtold/Bosch Rn. 10; Lübbig in MüKoWettbR Rn. 31.

## III. Mehrheit von Gläubigern

Jeder der Verbände des § 33 Abs. 4 Nr. 1 und Nr. 2 hat einen eigenen Anspruch auf **26** Vorteilsabschöpfung unter den Voraussetzungen des § 34a Abs. 1. Die Folge ist, dass jeder Verband seinen Anspruch unabhängig von den anderen Verbänden durch Klage verfolgen kann, so dass es (theoretisch) im Einzelfall auch zu **parallelen Klagen** mehrerer Verbände kommen kann. Dies ändert indessen nichts daran, dass das beklagte Unternehmen nur einmal an den Bundeshaushalt zu zahlen braucht, womit die Ansprüche aller anderen Verbände, selbst wenn sie möglicherweise bereits erhebliche Aufwendungen zur Vorbereitung einer Klage gemacht hatten, erlöschen (§ 362 BGB).[52] Als Ausweg verbleibt den anderen Verbänden dann nur noch eine Erledigungserklärung (§ 91a ZPO) oder eine Klagerücknahme (§ 269 ZPO).

Wenn mehrere Verbände Vorteilsabschöpfung beanspruchen, sind ergänzend die Vor- **27** schriften über die **Gesamtgläubigerschaft** (§§ 428–430 BGB) anzuwenden (§ 34a Abs. 3). Tatsächlich passen indessen die genannten Vorschriften auf den vorliegenden Fall nicht, da bei der Verweisung auf die §§ 428–430 BGB übersehen wurde, dass die angeblichen Gesamtgläubiger alle nur dieselbe Leistung, nämlich einmal Zahlung an den Bundeshaushalt verlangen können (§ 34a Abs. 1), so dass insbesondere für ein Wahlrecht der betroffenen Unternehmen nach § 428 BGB ebenso wenig Raum ist wie für eine Ausgleichspflicht unter den verschiedenen Verbänden entsprechend § 430 BGB. Dasselbe gilt im Wesentlichen für § 429 BGB.[53]

## IV. Auskunftspflicht

Nach § 34a Abs. 4 S. 1 haben die Verbände, die einen Anspruch auf Vorteilsabschöpfung **28** erheben, dem Bundeskartellamt über die Geltendmachung solcher Ansprüche Auskunft zu erteilen. Damit wird **bezweckt,** den Vorrang der Kartellbehörden bei der Vorteilsabschöpfung sicherzustellen (§ 34a Abs. 1 Hs. 2; → Rn. 20 ff.); außerdem soll das Bundeskartellamt dadurch in die Lage versetzt werden, auf Anfrage interessierte Verbände über die Geltendmachung von Ansprüchen nach § 34a Abs. 1 durch andere Verbände zu informieren. Daraus ist der Schluss zu ziehen, dass die Auskunftspflicht der Verbände nicht erst durch ein Auskunftsverlangen des BKartA begründet wird (so genannter verhaltener Anspruch), sondern von vornherein unabhängig von einem Auskunftsverlangen des BKartA besteht und von dem Verband von sich aus zu erfüllen ist, sobald er die ersten Maßnahmen zur „Geltendmachung des Anspruchs" ergreift.[54]

## E. Erfüllung, Verjährung

Die Besonderheit der in § 34a im Anschluss an § 10 UWG gewählten Lösung für den **29** subsidiären Anspruch der Verbände auf Vorteilsabschöpfung besteht darin, dass die abgeschöpften Beträge nicht etwa dem klagenden Verband oder einem zweckgebundenen Fonds (wie vom Bundesrat vorgeschlagen[55]) zufließen, sondern dem Bund, für den hier (anders als bei § 10 UWG, s. § 10 Abs. 5 UWG) offenbar nicht das Bundesamt für Justiz, sondern, wie aus § 34a Abs. 4 zu folgern ist, das **Bundeskartellamt** tätig wird, und zwar (weil es um Bundesrecht geht) auch, wenn an sich nach § 48 die Landeskartellbehörden zuständig sind oder wenn der Vorteilsabschöpfung der Verstoß gegen eine Verfügung einer

---

[52] Bechtold/Bosch Rn. 7; Roth in FK-KartellR Rn. 33.
[53] Alexander Schadensersatz S. 567 ff.; Bechtold/Bosch Rn. 7 f.; Roth in FK-KartellR Rn. 33.
[54] Alexander Schadensersatz S. 573; Bechtold/Bosch Rn. 12; Raible in Kamann/Ohlhoff/Völcker Kartellverfahren-HdB § 28 Rn. 23; anders Roth in FK-KartellR Rn. 45.
[55] S. Stellungnahme, BT-Drs. 17/9852, 44 f.

Landeskartellbehörde zugrundeliegt.[56] Damit ist zugleich gesagt, dass **Erfüllung** nur durch Zahlung auf das vom BKartA benannte Konto des Bundes möglich ist, nicht dagegen durch Leistung an ein Land, einen Verband, durch Aufrechnung mit Forderungen gegen einen Verband oder durch Leistungen an Erfüllungs Statt.[57] Bereits der **Klageantrag** muss deshalb auf Leistung an den Bundeshaushalt lauten (§ 34a Abs. 1). Ausschließlich zuständig sind die Landgerichte (§ 87 GWB). Die örtliche Zuständigkeit dürfte sich nach dem entsprechend anwendbaren § 32 ZPO richten.[58]

30     Die **Verjährungsfrist** für Ansprüche der Verbände aus § 34a Abs. 1 beträgt heute aufgrund des § 34a Abs. 5 S. 1 von 2017 fünf Jahre. Bezweckt war damit eine Anpassung der Verjährungsfrist für die genannten Ansprüche an die ebenfalls auf fünf Jahre verlängerte Verjährungsfrist für Unterlassungs-, Beseitigung- und Schadensersatzansprüche aufgrund des § 33h Abs. 1.[59] Ergänzend gilt gemäß § 34a Abs. 5 S. 2 die Vorschrift des § 33h Abs. 6 über die **Hemmung** der Verjährung durch Einleitung eines Verfahrens wegen eines Kartellrechtsverstoßes seitens einer deutschen oder ausländischen Kartellbehörde oder seitens der Europäischen Kommission.

## F. Aufwendungsersatz

31     Der Verband, der den Anspruch erfolgreich durchgesetzt hat, erwirbt (zum Ausgleich) lediglich einen Anspruch auf Kostenerstattung gegen das in dem Rechtsstreit unterlegene Unternehmen aufgrund des § 91 ZPO. Hilfsweise kann der obsiegende Verband vom Bundeskartellamt Erstattung der „erforderlichen Aufwendungen" verlangen, soweit er von dem beklagten Unternehmen nach den §§ 91 und 788 ZPO keinen Ausgleich zu erlangen vermag (§ 34a Abs. 4 S. 2; ebenso § 10 Abs. 4 S. 2 UWG). Dies ist bereits anzunehmen, wenn das im Rechtsstreit unterlegene Unternehmen auf die Aufforderung des Verbandes hin nicht fristgerecht zahlt. Der Verband muss nicht etwa auch noch einen Vollstreckungsversuch unternehmen, wodurch nur zusätzliche Kosten entständen (§ 788 ZPO).[60]

32     Die **Obergrenze** des Aufwendungsersatzes (→ Rn. 31) bildet der an den Bundeshaushalt tatsächlich abgeführte Betrag, um jede Belastung des Bundeshaushaltes zu vermeiden (§ 34a Abs. 4 S. 3).[61] Erstattungsfähig sind zudem nur die „für die Geltendmachung des Anspruchs erforderlichen Aufwendungen", dh nur die objektiv vertretbaren und angemessenen Aufwendungen. Darunter fallen nicht nur die nach Prozessrecht (§§ 91 und 788 ZPO) erstattungsfähigen Kosten einschließlich insbesondere der Anwaltskosten, sondern auch sonstige, vom Verband aufgewandte Kosten, die zur Vorbereitung des Rechtsstreits erforderlich waren wie etwa die Kosten von Sachverständigengutachten. Denn nur bei dieser weiten Auslegung hat die Durchsetzung der Vorteilsabschöpfung durch Verbände überhaupt noch eine (geringe) Realisierungschance.[62] Haben **mehrere Verbände** bei der Rechtsverfolgung zusammengewirkt und reicht der abgeschöpfte Betrag nicht aus, um die Aufwendungen aller Verbände zu decken, so kommt hier (ausnahmsweise) eine entsprechende Anwendung des § 430 BGB in Betracht.[63]

33     Der **Aufwendungsersatzanspruch** des erfolgreichen Verbandes **entfällt,** wenn die Geltendmachung des Anspruchs auf Vorteilsabschöpfung erfolglos war, etwa, weil die Zwangsvollstreckung gegen das beklagte Unternehmen ins Leere ging (§ 34a Abs. 4 S. 3) oder wenn der Bund den schon abgeschöpften wirtschaftlichen Vorteil wieder nach § 34a

---

[56] Bechtold/Bosch Rn. 11.
[57] Alexander Schadensersatz S. 496, 570 ff.
[58] Raible in Kamann/Ohlhoff/Völcker Kartellverfahren-HdB § 28 Rn. 21; Roth in FK-KartellR Rn. 47 f.
[59] Ausschußbericht von 2017, S. 29 („Zu Buchstabe d").
[60] Roth in FK-KartellR Rn. 42; str.
[61] So die Begr. v. 2004, 56 (2. Abs. „Zu Abs. 4"); Alexander Schadensersatz S. 574.
[62] Alexander Schadensersatz S. 574 f.; Bechtold/Bosch Rn. 13; Roth in FK-KartellR Rn. 44.
[63] Bechtold/Bosch Rn. 14; Roth in FK-KartellR Rn. 42.

Abs. 2 S. 2 zurückzahlen muss (→ Rn. 25).[64] Der Sache nach bedeutet dies, dass der klagende Verband das **volle Prozess- und Vollstreckungskostenrisiko** tragen muss, da er leer ausgeht, wenn ihm nicht der Nachweis der Voraussetzungen des § 34a Abs. 1 gelingt oder wenn sein Vollstreckungsversuch – trotz des Erfolgs seiner Klage – erfolglos bleibt. Unter diesen Umständen stellt sich ernsthaft die Frage, welcher Verband und insbesondere welcher Verbraucherverband es wohl wagen wird, sich auf eine derart riskante Rechtsverfolgung einzulassen.[65]

## G. Feststellungswirkung

Nach § 34a Abs. 5 S. 2 findet, wenn ein Verband iSd § 33 Abs. 4 den Anspruch auf **34** Vorteilsabschöpfung auf Grund des § 34a Abs. 1 verfolgt, § 33b entsprechende Anwendung. § 33b regelt die Bindungs- oder Feststellungswirkung bestandskräftiger Entscheidungen der deutschen Kartellbehörden, der Europäischen Kommission oder der Wettbewerbsbehörde eines anderen Mitgliedstaats der Europäischen Union. Ergänzend zu beachten ist Art. 16 Abs. 1 der VO Nr. 1/2003, aus dem sich dieselbe Feststellungswirkung mit Bezug auf Entscheidungen oder (so jetzt) Beschlüsse der Europäischen Kommission ergibt. In **Folgeprozessen** eines Verbandes auf Vorteilsabschöpfung gegen ein Unternehmen auf Grund des § 34a Abs. 1 sind daher bestandkräftige Entscheidungen einer der genannten deutschen oder ausländischen Stellen, soweit in ihnen ein (vorsätzlicher) Kartellrechtsverstoß des Beklagten festgestellt ist, der Entscheidung zugrunde zu legen, während das Gericht des Folgeprozesses in der Entscheidung über die übrigen Voraussetzungen der Vorteilsabschöpfung nach § 34a Abs. 1 frei ist und bleibt.

## Kapitel 7. Fusionskontrolle

## §§ 35–43a GWB (Fusionskontrolle)

## wird in Band 3 (Fusionskontrolle) kommentiert.

## Kapitel 8. Monopolkommission

## § 44 Aufgaben

(1) [1]**Die Monopolkommission erstellt alle zwei Jahre ein Gutachten, in dem sie den Stand und die absehbare Entwicklung der Unternehmenskonzentration in der Bundesrepublik Deutschland beurteilt, die Anwendung der wettbewerbsrechtlichen Vorschriften anhand abgeschlossener Verfahren würdigt, sowie zu sonstigen aktuellen wettbewerbspolitischen Fragen Stellung nimmt.** [2]**Das Gutachten soll bis zum 30. Juni des Jahres abgeschlossen sein, in dem das Gutachten zu erstellen ist.** [3]**Die Bundesregierung kann die Monopolkommission mit der Erstattung zusätzlicher Gutachten beauftragen.** [4]**Darüber hinaus kann die Monopolkommission nach ihrem Ermessen**

---

[64] Ebenso der Ausschussbericht zu § 10 UWG, BT-Drs. 15(2004)/2795, 22 (li. Sp. o.); Alexander Schadensersatz S. 575 ff.; Mönch ZIP 2004, 2032 (2036) (li. Sp.).

[65] Sehr skeptisch auch Alexander Schadensersatz S. 570 ff.; Alexander WRP 2004, 407 (419); Raible in Kamann/Ohlhoff/Völcker Kartellverfahren-HdB § 28 Rn. 25 ff.; Mönch ZIP 2004, 2032 (2037); Rehbinder in LMRKM Rn. 7; Stadler in Augenhofer Europäisierung S. 132 ff.; Stadler/Micklitz WRP 2003, 559 (562); Wimmer-Leonhardt GRUR 2004, 12 (16).

Gutachten oder andere Stellungnahmen erstellen. [5]Die Möglichkeit zur Stellungnahme nach § 75 Absatz 5 bleibt unberührt.

(2) [1]Die Monopolkommission ist nur an den durch dieses Gesetz begründeten Auftrag gebunden und in ihrer Tätigkeit unabhängig. [2]Vertritt eine Minderheit bei der Abfassung der Gutachten eine abweichende Auffassung, so kann sie diese in dem Gutachten zum Ausdruck bringen.

(3) [1]Die Monopolkommission leitet ihre Gutachten der Bundesregierung zu. [2]Die Bundesregierung legt Gutachten nach Absatz 1 den gesetzgebenden Körperschaften unverzüglich vor. [3]Die Bundesregierung nimmt zu den Gutachten nach Absatz 1 Satz 1 in angemessener Frist Stellung, zu sonstigen Gutachten nach Absatz 1 kann sie Stellung nehmen, wenn und soweit sie dies für angezeigt hält. [4]Die jeweiligen fachlich zuständigen Bundesministerien und die Monopolkommission tauschen sich auf Verlangen zu den Inhalten der Gutachten aus. [5]Die Gutachten werden von der Monopolkommission veröffentlicht. [6]Bei Gutachten nach Absatz 1 Satz 1 erfolgt dies zu dem Zeitpunkt, zu dem sie von der Bundesregierung der gesetzgebenden Körperschaft vorgelegt werden.

(4) [1]In ihren Gutachten kann die Monopolkommission Empfehlungen für die Durchführung von Sektoruntersuchungen nach § 32e Absatz 1 aussprechen. [2]Soweit das Bundeskartellamt der Empfehlung für eine Sektoruntersuchung nach § 32e Absatz 1 innerhalb von zwölf Monaten nach der Veröffentlichung des Gutachtens nicht gefolgt ist, nimmt es Stellung zu der Empfehlung.

## A. Allgemeines und Entstehungsgeschichte

1    Die Monopolkommission ist ein Fachgremium, das zu aktuellen wettbewerbspolitischen Fragen (§ 44 Abs. 1) einschließlich der regulierten Industrien die Bundesregierung berät und die Fachöffentlichkeit informiert. Sie ist eine wichtige „Beratungs- und Kontrollinstanz".[1] Ihre Funktion erfüllt sie insbesondere durch Haupt- und Sondergutachten sowie Stellungnahmen, namentlich in Ministererlaubnisverfahren.[2]

2    Die Errichtung einer unabhängigen Monopolkommission wurde in der Regierungserklärung vom 28.10.1969 als Element des Systems einer vorbeugenden Fusionskontrolle angekündigt.[3] Zunächst orientierte man sich an der Rolle der früheren britischen Monopolies and Mergers Commission.[4] So sollte der Monopolkommission nach dem RefE vom 20.3.1970 die Aufgabe zukommen, den Bundeswirtschaftsminister bei der Entscheidung über Zusammenschlüsse durch Stellungnahmen zu unterstützen,[5] der nach dem RefE noch für die Fusionskontrolle zuständig sein sollte.[6] Der Vorbildcharakter der britischen Monopolies and Mergers Commission erschien jedoch fragwürdig, weil diese ein wirtschaftspolitisches Nützlichkeitsurteil fällte, die Fusionskontrolle nach dem GWB aber allein der Wettbewerbsfreiheit als Ordnungsprinzip dienen sollte.[7] Vor diesem Hintergrund sah dann der überarbeitete Referentenentwurf vom 28.10.1970 die bis heute geltende Trennung zwischen bundeskartellamtlicher Wettbewerbskontrolle einerseits und ministerieller Sondererlaubnis andererseits vor,[8] wobei die Grenzen durch die Einführung des SIEC-Tests in § 36 zu verschwimmen drohen.[9]

---

[1] BT-Drs. 6/2520, 25; Mestmäcker in (FIW Hrsg.) Schwerpunkte des Kartellrechts 1974/1975, 43 (45).
[2] Die Monopolkommission veröffentlicht ihre (neuen) Haupt- und Sondergutachten sowie weitere Informationen zu kartellrechtlichen Themen auf ihrer Homepage unter der Adresse www.monopolkommission.de.
[3] BT-Drs. 6/2520, 14.
[4] Dazu Immenga DB 1984, 31; Scholl in MüKoWettbR Vor § 44 Rn. 3.
[5] § 24b Abs. 1, 4 des RefE v. 20.3.1970.
[6] §§ 24 Abs. 1, 24a Abs. 2 des RefE v. 20.3.1970.
[7] Immenga DB 1984, 31.
[8] § 24 Abs. 2, 3 des RefE v. 28.10.1970.
[9] Dazu → § 42 Rn. 2, 6, 54.

Mit § 24b in der Fassung der 2. GWB-Novelle wurde die Monopolkommission geschaf- **3**
fen. Durch die 4. GWB-Novelle wurde die Einholung eines Gutachtens bei Anträgen auf
eine Ministererlaubnis vorgeschrieben (§ 24b Abs. 5 S. 7).[10] Die 6. GWB-Novelle hat die
Vorschriften über die Monopolkommission in den §§ 44 ff. in einem eigenen Abschnitt
zusammengefasst, wodurch die Bedeutung des Gremiums zum Ausdruck gebracht wurde.[11]
Durch die 7. GWB-Novelle wurde mit der Regelung des Akteneinsichtsrechts in § 46
Abs. 2a die bisherige Rechtspraxis normiert.[12] Die 10. Novelle hat geringfügige Änderungen gebracht, insbesondere um die bestehende Praxis besser abzubilden.[13]

## B. Aufgaben

Eine wichtige Funktion liegt in der **Erstellung der Hauptgutachten** nach § 44 Abs. 1, **4**
die nach Abs. 3 der Bundesregierung zuzuleiten sind. Gleichzeitig mit dieser Vorlage
veröffentlicht die Monopolkommission ihr Gutachten (verfügbar auf ihrer Homepage:
http://www.monopolkommission.de/haupt.html). Der notwendige Inhalt ist in § 44
Abs. 1 genannt. Darüber hinaus kann die Monopolkommission die Änderung wettbewerbsrechtlicher Vorschriften anregen.[14] In § 24b Abs. 3 S. 2 1990 war dies noch
ausdrücklich vorgesehen. Die Streichung durch die 6. GWB-Novelle sollte ihr jedoch nicht
diese Befugnis entziehen, sondern man hielt dies für selbstverständlich und daher nicht
regelungsbedürftig.[15] Wie die 10. GWB-Novelle klargestellt hat, kann sich die Monopolkommission zu allen kartellrechtlichen Regelungsbereichen äußern, nicht nur zur Fusionskontrolle.[16] Durch die Hauptgutachten setzt die Monopolkommission wichtige Impulse für
die wettbewerbsrechtliche, wettbewerbsökonomische und wettbewerbspolitische Diskussion in Wissenschaft und Praxis.[17]

Das Gesetz besagt seit der 10. GWB-Novelle, dass sich die Monopolkommission nur zu **5**
„abgeschlossenen" Verfahren äußert, was die Regierungsbegründung mit der „Wahrung
der Unabhängigkeit der Kartellbehörden" begründet.[18] Die Möglichkeit zur Würdigung
aktueller wettbewerbspolitischer Fragen soll davon aber unberührt bleiben, wenngleich die
Regierungsbegründung auch insoweit „äußerste Zurückhaltung" hinsichtlich aktueller
Fälle anmahnt.[19] Die Regelung ist problematisch. Es ist nicht klar, weshalb die Unabhängigkeit der Kartellbehörde durch fachliche Äußerungen eines nicht politisch besetzten
Expertengremiums ohne Exekutivbefugnisse beeinträchtigt werden kann. Ferner kann es
im Einzelfall schwierig sein, konkrete Fälle von aktuellen Entwicklungen abzugrenzen,
insbesondere wenn die Kartellbehörden aktuelle Entwicklungen durch „Pilotverfahren"
anstoßen. Es ist ebenso unklar, welche Rechtsfolgen eingreifen, wenn sich die Monopolkommission nicht an die Vorschrift hält bzw. wer für deren Überwachung zuständig sein
soll. Im Ergebnis handelt es sich wohl um eine lex imperfecta, deren Übertretung folgenlos
bleiben dürfte. In der Literatur heißt es, die Neuregelung betone „Selbstverständlich-
keiten", weil die Monopolkommission die „Würdigung einzelfallbezogener Sachverhalte"
auch bisher „stets auf abgeschlossene Verfahren begrenzt hatte."[20] Indes hat sich die Monopolkommission bislang nicht die Freiheit nehmen lassen, sich zu laufenden Verfahren zu
äußern, wie sich im HG XXII (2018) zeigt. Dort hat sie sich umfassend zum damals

---

[10] Vgl. Bericht des Wirtschaftsausschusses BT-Drs. 8/3690, 28.
[11] BT-Drs. 13/9720, 44.
[12] BT-Drs. 15/3640, 60.
[13] BegrRegE 10. GWB-Novelle BT-Drs. 19/23492, S. 98 ff.
[14] Weck in FK-KartellR Lfg. 101 März 2022 Rn. 10.
[15] BT-Drs. 13/9720, 61.
[16] BegrRegE 10. GWB-Novelle BT-Drs. 19/23492, S. 98.
[17] Vgl. Wiedemann in Wiedemann KartellR-HdB § 1 Rn. 48.
[18] BegrRegE 10. GWB-Novelle BT-Drs. 19/23492, S. 98.
[19] BegrRegE 10. GWB-Novelle BT-Drs. 19/23492, S. 98.
[20] Holthoff-Frank in Bien/Käseberg/Klumpe/Körber/Ost, Die 10. GWB-Novelle, 2021, Kap. 2 A
Rn. 119.

laufenden Verfahren des Amtes gegen Facebook geäußert, verschiedene Schadenstheorien in Bezug auf das Verfahren kritisch gewürdigt und auch Ausführungen zu möglichen Kompetenzüberschreitungen des Amtes im Bereich des Datenschutzes gemacht.[21] Es ist nicht ersichtlich, dass diese Äußerungen die Unabhängigkeit des Amtes gefährdet hätten.

6    Neben dem Hauptgutachten verfasst die Monopolkommission **Sondergutachten.** Dies geschieht entweder auf Verlangen der Bundesregierung (sog. Auftragsgutachten)[22] oder nach eigenem Ermessen (sog. Ermessensgutachten). Beispiel für ein Ermessensgutachten ist das Sondergutachten 58, „Gestaltungsoptionen und Leistungsgrenzen einer kartellrechtlichen Unternehmensentflechtung", in dem die Monopolkommission einen Entwurf des Bundeswirtschaftsministeriums vom Januar 2010 bewertete. Darin befürwortete die Monopolkommission die Implementierung einer sog. objektiven Entflechtungsbefugnis für das BKartA.[23], [24] Der Vorschlag und das Sondergutachten riefen indes Widerspruch in Wissenschaft und Praxis[25] sowie in der Monopolkommission selbst[26] hervor, woraufhin das Gesetzesvorhaben aufgegeben wurde. Mit der 10. GWB-Novelle wurde ferner in § 44 Abs. 1 S. 4 eingefügt, dass die Monopolkommission auch bloße „Stellungnahmen" abgeben kann, wodurch das Gesetz „der Lebenswirklichkeit der digitalen Informationsgesellschaft angepasst" werden sollte.[27] Dazu gehören insbesondere die sog. Policy-Briefe der Monopolkommission zu aktuellen Fragen, die seit 2018 veröffentlicht werden. Außerdem wurde nun in Abs. 3 S. 2 geregelt, dass alle Gutachten den gesetzgebenden Körperschaften zuzuleiten sind, nicht nur die Hauptgutachten, wie dies früher der Fall war.[28] Darüber hinaus wurde die Formulierung gestrichen, dass sich die Hauptgutachten auf die letzten beiden abgeschlossenen Kalenderjahre beziehen, um dem Anliegen Rechnung zu tragen, dass sich die Monopolkommission auch in Hauptgutachten, die bis zum 30. Juni des betreffenden Jahres abzuschließen sind, zu aktuellen Fragen in noch nicht abgeschlossenen Jahren äußert. Die Bundesregierung hat zu den Hauptgutachten in angemessener Frist Stellung zu nehmen, zu den anderen Gutachten der Monopolkommission kann sie sich äußern. Nach der Neuregelung in § 44 Abs. 3 S. 4 GWB tauschen sich die fachlich zuständigen Bundesministerien und die Monopolkommission „auf Verlangen" zu den Inhalten der Gutachten aus. Das schließt einen Austausch der Monopolkommission mit anderen öffentlichen und privaten Stellen nicht aus.

7    Bedeutsam ist ferner die Abgabe der **Stellungnahme im Ministererlaubnisverfahren,** zu deren Einholung der Minister nach § 42 Abs. 5 S. 1 verpflichtet ist. Insoweit wurde die Rolle der Monopolkommission durch die 9. GWB-Novelle gestärkt. § 42 Abs. 1 S. 4 sieht nunmehr vor, dass der Minister eine Abweichung vom Votum der Monopolkommission gesondert begründen muss. Hierdurch sollte den Erfahrungen aus dem Ministererlaubnisverfahren „EDEKA/Tengelmann" Rechnung getragen werden. Dort hatte die Erteilung

---

[21] MK HG Tz. 585, 654 ff.

[22] Auftragsgutachten wurden bislang zweimal erstattet: Monopolkommission, Anwendung und Möglichkeiten der Missbrauchsaufsicht über marktbeherrschende Unternehmen seit Inkrafttreten der Kartellgesetznovelle, Sondergutachten 1, 1975; Monopolkommission, Missbräuche der Nachfragemacht und Möglichkeiten zu ihrer Kontrolle im Rahmen des Gesetzes gegen Wettbewerbsbeschränkungen, Sondergutachten 7, 1977; vgl. Haucap in Loewenheim/Meessen/Riesenkampff/Kersting/Meyer-Lindemann §§ 44–47 Rn. 24; Scholl in MüKoWettbR Rn. 20.

[23] Also Möglichkeit der Entflechtung ohne vorherige Kartellrechtsverletzung durch das zu entflechtende Unternehmen.

[24] Monopolkommission, Sondergutachten 58, Gestaltungsoptionen und Leistungsgrenzen einer kartellrechtlichen Unternehmensentflechtung, S. 5, 31 ff.

[25] Monographisch Nettesheim/Thomas, Entflechtung im deutschen Kartellrecht, 2011, S. 1 ff.; Klees/Hauser Entflechtung von Unternehmen als Instrument des allgemeinen Wettbewerbsrechts? RATUBS Nr. 4/2010; kritisch ferner Möschel, Entflechtung kaum bedeutet, Wirtschaftsdienst 2010, 72; Bechtold BB 2010, 451; Satzky WuW 2010, 614; Fuchs WuW 2010, 479; Kersting DB 2010, 1 (Editorial); Kerber, Mehr Wettbewerb durch Entflechtung? Wirtschaftsdienst 2008, 12.

[26] S. das Sondervotum des damaligen Mitglieds der Monopolkommission Preusker.

[27] BegrRegE 10. GWB-Novelle BT-Drs. 19/23492, S. 99.

[28] BegrRegE 10. GWB-Novelle BT-Drs. 19/23492, S. 99.

der Erlaubnis entgegen dem Votum der Monopolkommission zum Rücktritt des damaligen Vorsitzenden, Daniel Zimmer, geführt.

Mit der 10. GWB-Novelle wurde dem BGH in § 75 Abs. 5 die Möglichkeit eingeräumt, **8** als Beschwerdegericht des ersten Rechtszuges iSv § 73 Abs. 5 in **Verfahren betreffend den neu geschaffenen § 19a GWB** eine Stellungnahme der Monopolkommission einzuholen.[29] In der Ausschussdrucksache heißt es hierzu, die Stellungnahme solle den BGH bei der „Analyse ökonomischer Fragestellungen" unterstützen, doch ist eine Beschränkung auf ökonomische Fragen im Gesetzeswortlaut nicht niedergelegt. Der BGH kann eine solche Stellungnahme auch im Verfahren des vorläufigen Rechtsschutzes einholen.[30] Die Modalitäten einer Veröffentlichung der Stellungnahme lässt das Gesetz offen.[31] Die Möglichkeit der Einholung einer Stellungnahme der Monopolkommission lässt die Möglichkeit gerichtlich bestellter Sachverständiger als Beweismittel ebenso unberührt wie die Würdigung von Parteigutachten. Der BGH ist weder in Rechts- noch in Tatsachenfragen an die Stellungnahme der Monopolkommission gebunden. Die Stellungnahme genießt auch keinen höheren Stellenwert sub specie des Erkenntnisgewinns als andere fachlich fundierte Äußerungen.[32] Es wäre auch unklar, in welcher Weise ein „Bedeutungsvorrang" der Stellungnahme der Monopolkommission gegenüber anderen Erkenntnisquellen in der richterlichen Überzeugungsbildung umzusetzen wäre. Vielmehr obliegt dem Gericht die Würdigung des Falls ausschließlich, was die Befugnis einschließt, einer Stellungnahme der Monopolkommission nicht zu folgen.

Die 11. GWB-Novelle hat § 32f eingeführt, der dem BKartA unabhängig von einem **8a** Kartellrechtsverstoß verhaltensbezogene und strukturelle Eingriffsbefugnisse bis hin zur Entflechtung gibt. Diese bestehen nach vorheriger Durchführung einer Sektoruntersuchung. Im Zusammenhang damit ist der Monopolkommission zum einen die Möglichkeit gegeben, Sektoruntersuchungen anzuregen (§ 44 Abs. 4 S. 1). Zum anderen hat die Monopolkommission vor entsprechenden entflechtenden Eingriffen Gelegenheit zur Stellungnahme (§ 32f Abs. 4) bzw. das Recht, bei einer öffentlichen mündlichen Verhandlung im Sinne des § 56 Abs. 7 GWB in den Fällen des § 32f Abs. 3 S. 6 und Abs. 4 gehört zu werden.

Der Monopolkommission werden Gutachtenzuständigkeiten auch durch Vorschriften **9** außerhalb des GWB zugewiesen. So sind im Bereich der regulierten Industrien Gutachten nach § 195 Abs. 2 TKG für den Telekommunikationssektor und nach § 62 Abs. 1 EnWG für den leitungsgebundenen Strom- und Gassektor zu erstellen. Im Energiebereich hat die Monopolkommission beispielsweise wichtige Liberalisierungsimpulse gegeben. Beispielhaft für die Tätigkeit außerhalb des Anwendungsbereichs des GWB können die Sektorgutachten nach § 62 EnWG angeführt werden. So sprach sie sich bereits zu Beginn der 1990er Jahre für eine Liberalisierung der damaligen Versorgungssysteme und Umstellung auf marktwirtschaftliche Kriterien aus.[33] Das Sektorgutachten 59 (Energie 2011) befasste sich dann mit Fragen der Ökonomisierung der Energiewende, was insbesondere die Einbeziehung der erneuerbaren Energien betraf.[34]

---

[29] Dazu BT-Ausschuss für Wirtschaft und Energie, Ausschussdrucksache 19(9)926(neu) v. 12.1.2021, Zu Buchstabe b (§ 75 Absatz 5), verfügbar unter https://www.politico.eu/wp-content/uploads/2021/01/13/German-Competition-Law-Reform-Compromise-Draft.pdf.

[30] Holthoff-Frank in Bien/Käseberg/Klumpe/Körber/Ost, Die 10. GWB-Novelle, 2021, Kap. 2 A Rn. 128.

[31] Überlegungen dazu bei Holthoff-Frank in Bien/Käseberg/Klumpe/Körber/Ost, Die 10. GWB-Novelle, 2021, Kap. 2 A Rn. 128.

[32] Anders offenbar Holthoff-Frank in Bien/Käseberg/Klumpe/Körber/Ost, Die 10. GWB-Novelle, 2021, Kap. 2 A Rn. 130.

[33] BT-Drs. 12/8323, 357.

[34] Monopolkommission, Sektorgutachten 59, Energie 2011: Wettbewerbsentwicklung mit Licht und Schatten, S. 20 ff., 223 ff.

## C. Rechtsstellung

**10**   Die Monopolkommission ist keine Behörde gem. § 1 Abs. 4 VwVfG, denn ihr sind keine Exekutivbefugnisse zugewiesen,[35] und sie ist folglich auch keine Kartellbehörde iSv § 48 Abs. 1. Sie vollzieht keine Gesetze, sondern berät die Politik und informiert diese sowie die Fachöffentlichkeit[36], und sie bringt ihre Ansichten nach den §§ 75 Abs. 5; 73 Abs. 5 in Verfahren vor dem BGH betreffend § 19a ein. Insoweit ist ihre Rechtsstellung dem Sachverständigenrat iSd Sachverständigenratsgesetzes vom 14.8.1963 nachgebildet (mit Ausnahme der Rolle vor dem BGH).[37] Die Monopolkommission hat keine Eingriffsbefugnisse gegenüber Privaten, auch nicht in Gestalt von Auskunfts- oder Einsichtsrechten.[38] Sie kann aber Private um freiwillige Auskünfte ersuchen.[39] In der Regel wirken die angesprochenen Verkehrskreise freiwillig bei den Erhebungen mit.[40] Sie haben regelmäßig ein Interesse daran, dass die Informationsgrundlage für die veröffentlichten Gutachten zutreffend und vollständig ist. § 47 verpflichtet das Statistische Bundesamt, der Monopolkommission wichtige unternehmensbezogene Einzelangaben zu übermitteln.[41] Unter den Voraussetzungen des § 46 Abs. 2a hat die Monopolkommission ferner ein Einsichtsrecht in kartellbehördliche Akten.

**11**   Die in § 44 Abs. 2 S. 1 normierte institutionelle Unabhängigkeit der Monopolkommission ist zur Sicherstellung ihres Beratungsauftrags von besonderer Bedeutung. Daneben tritt die personelle Unabhängigkeit, die in § 45 Abs. 3 verankert ist.[42] Sie spiegelt sich zudem in der Freiheit der Kommissionsmitglieder wider, ihre eigene Ansicht in Sondervoten zum Ausdruck zu bringen.[43] Das geschah etwa im Sondergutachten 18 (Zusammenschlussvorhaben „Daimler/MBB") durch das Kommissionsmitglied Ulrich Immenga[44] oder im Sondergutachten 58 (kartellrechtliche Unternehmensentflechtung) durch das Kommissionsmitglied Peter-Michael Preusker.[45] Die Unabhängigkeit des Gremiums zeigt sich auch in der Geschäftsordnungsbefugnis nach § 46 Abs. 2. In sachlich-personeller Hinsicht verfügt die Monopolkommission über einen eigenen Unterbau. Sie wird durch eine Geschäftsstelle mit Sitz in Bonn unterstützt (Einzelheiten bei § 46).

**12**   Die Monopolkommission steht auf dem Standpunkt, dass sie in Ermangelung von zwangsweise durchsetzbaren Ermittlungsbefugnissen auf Informationsquellen angewiesen ist, denen sie Vertraulichkeit zusichert.[46] Diese Vertraulichkeit gilt nach Ansicht der Monopolkommission in Ministererlaubnisverfahren dann auch gegenüber den Antragstellern, die insoweit keinen Anspruch auf Offenlegung dieser Quellen haben sollen.[47] Das Problem hat

---

[35] Greiffenberg in Loewenheim/Meessen/Riesenkampff, 2. Aufl. 2014, § 47 Rn. 5.

[36] Haucap in Loewenheim/Meessen/Riesenkampff/Kersting/Meyer-Lindemann § 47 Rn. 1; Weck in FK-KartellR Lfg. 101 März 2022 Rn. 32.

[37] BT-Drs. 6/2520, 25; Mestmäcker in (FIW Hrsg.) Schwerpunkte des Kartellrechts 1974/1975, 43 (45); Haucap in Loewenheim/Meessen/Riesenkampff/Kersting/Meyer-Lindemann § 47 Rn. 4.

[38] Kallfaß in Bunte § 46 Rn. 1; Bechtold/Bosch § 47 Rn. 1; Haucap in Loewenheim/Meessen/Riesenkampff/Kersting/Meyer-Lindemann §§ 44–47 Rn. 37; Eckstein JA 1977, 345 (352).

[39] Bechtold/Bosch § 47 Rn. 1; Eckstein JA 1977, 345 (353).

[40] Haucap in Loewenheim/Meessen/Riesenkampff/Kersting/Meyer-Lindemann § 47 Rn. 37; Probleme gab es in der Vergangenheit aber bei der Mitwirkung der Kreditwirtschaft, Eckstein JA 1977, 345 (353).

[41] Eingeführt durch die 5. GWB-Novelle als § 24c aF.

[42] Dazu → § 45 Rn. 3 f.

[43] Weck in FK-KartellR Lfg. 101 März 2022 Rn. 18.

[44] Monopolkommission, Sondergutachten 18, „Zusammenschlußvorhaben der Daimler-Benz AG mit der Messerschmitt-Bölkow-Blohm GmbH", Rn. 246 ff.

[45] Monopolkommission, Sondergutachten 58, „Gestaltungsoptionen und Leistungsgrenzen einer kartellrechtlichen Unternehmensentflechtung", Minderheitsvotum auf S. 45, abrufbar unter http://www.monopolkommission.de/images/PDF/SG/s58_volltext.pdf.

[46] Monopolkommission HG XVI Rn. 1 ff., BT-Drs. 16/2460, 57 ff.

[47] Teils heißt es, eine Offenlegungspflicht könne auf die Vorschriften über Sachverständige aus § 57 Abs. 2 S. 1 GWB iVm §§ 402 ff. ZPO gestützt werden, Kuhn in FK-KartellR Lfg. 81, September 2014, § 42 Rn. 103.

eine Rolle gespielt in den Verfahren „Holtzbrinck/Berliner Verlag"[48] und „Rhön-Klinikum AG/Landkreis Rhön-Grabfeld".[49] Diese Haltung der Monopolkommission ist kritisiert worden, weil mitunter Fehlinformationen ohne Richtigstellung in das Votum der
Kommission einfließen könnten.[50] Die Monopolkommission hält dagegen, dass die Antragsteller Unrichtigkeiten in den Annahmen der Monopolkommission gegenüber dem Minister rügen könnten.[51] Außerdem habe die Einschätzung der Monopolkommission keine
Bindungswirkung.[52]

## D. Rechtsschutz gegen Akte der Monopolkommission

Da die Monopolkommission keine Verwaltungsakte gegenüber Privaten erlässt, kann sich  **13**
ihr Handeln nur in tatsächlicher Hinsicht zu Lasten von Unternehmen auswirken. Die
Frage nach Rechtsschutz kann sich daher insbesondere stellen, wenn Marktteilnehmer
gegen unzutreffende Darstellungen vorgehen wollen.[53] Da die Monopolkommission keine
Kartellbehörde iSv § 48 Abs. 1 ist,[54] sollen hierfür nach teilweise vertretener Ansicht die
allgemeinen verwaltungsrechtlichen Grundsätze gelten.[55] Es wäre also der allgemeine
öffentlich-rechtliche Unterlassungsanspruch vor den Verwaltungsgerichten geltend zu machen. Die Anforderungen sind nach der Rechtsprechung des BVerfG aber hoch.[56]

## E. EU-Recht

Auf EU-Ebene gibt es keine mit der Monopolkommission vergleichbare Institution.  **14**
Allerdings gab es bereits in den 1990er Jahren Vorschläge dazu.[57] Erneuert wurde die Idee
einer europäischen Monopolkommission im Jahr 2010 durch den seinerzeitigen Vorsitzenden der Monopolkommission Justus Haucap sowie den späteren Vorsitzenden Jürgen
Kühling.[58] Ausgangspunkt der Überlegungen war eine als problematisch diagnostizierte
Konzentration von Legislativ- und Exekutivbefugnissen bei der EU-Kommission insbesondere im Bereich des Wettbewerbsrechts.[59] Sofern die Schaffung eines unabhängigen EU-
Kartellamtes nach Vorbild des BKartA[60] wegen der besonderen institutionellen Bedingungen der EU ausscheide, sei daher jedenfalls die Schaffung einer kontrollierenden Instanz
nach dem Vorbild der deutschen Monopolkommission zu befürworten.[61] Dieser Vorschlag
konnte sich jedoch nicht durchsetzen. Fraglich wäre zum einen der praktische Nutzen einer
EU-Monopolkommission, da die FKVO kein Verfahren der Ministererlaubnis kennt. Zum
anderen könnten möglicherweise starke politische Konflikte auftreten, wenn eine solche

---

[48] Monopolkommission, Sondergutachten 38, Zusammenschlussvorhaben der Georg von Holtzbrinck
GmbH & Co. KG mit der Berliner Verlag GmbH & Co. KG, Baden-Baden 2003, Rn. 8 ff.
[49] Monopolkommission, Sondergutachten 45, Zusammenschlussvorhaben Rhön-Klinikum AG mit dem
Landkreis Rhön-Grabfeld, Baden-Baden 2006, Rn. 142, Fn. 30a.
[50] Vgl. die Darstellung der Kritik in Monopolkommission HG XVI Rn. 1 f., BT-Drs. 16/2460, 57.
[51] Monopolkommission HG XVI Rn. 2, 5, BT-Drs. 16/2460, 57 ff.
[52] Monopolkommission HG XVI Rn. 5, BT-Drs. 16/2460, 58.
[53] Thoma in Berg/Mäsch Rn. 8.
[54] Womit auch nicht der spezielle kartellverwaltungsrechtliche Rechtsschutz nach den §§ 63 ff. eingreift,
vgl. Bechtold/Bosch § 63 Rn. 2 sowie zum Begriff der Kartellbehörde Bechtold/Bosch § 48 Rn. 2.
[55] Thoma in Berg/Mäsch Rn. 8.
[56] BVerfG 26.6.2002 – 1 BvR 558/91, BVerfGE 105, 252 Leitsatz 1 – Glykolwein.
[57] Ehlermann EuZW 1994, 647 (653).
[58] Haucap/Kühling, FAZ vom 13.8.2010, S. 12 („Europa braucht eine Monopolkommission").
[59] Haucap/Kühling, FAZ vom 13.8.2010, S. 12.
[60] Für ein solches Postulat eines unabhängigen europäischen Kartellamtes gab es sogar politischen Rückhalt
im Koalitionsvertrag zwischen CDU, CSU und FDP für die 17. Legislaturperiode, S. 18.
[61] Haucap/Kühling FAZ vom 13.8.2010, 12.

EU-Monopolkommission allgemeine Aussagen zu wirtschaftspolitischen Fragen träfe, die sich auf die Volkswirtschaften einzelner Mitgliedstaaten bezögen, ohne dass diese Mitgliedstaaten sich in diesem Gremium angemessen repräsentiert fühlten.

## § 45 Mitglieder

(1) [1]Die Monopolkommission besteht aus fünf Mitgliedern, die über besondere volkswirtschaftliche, betriebswirtschaftliche, sozialpolitische, technologische oder wirtschaftsrechtliche Kenntnisse und Erfahrungen verfügen müssen. [2]Die Monopolkommission wählt aus ihrer Mitte einen Vorsitzenden.

(2) [1]Die Mitglieder der Monopolkommission werden auf Vorschlag der Bundesregierung durch den Bundespräsidenten für die Dauer von vier Jahren berufen. [2]Wiederberufungen sind zulässig. [3]Die Bundesregierung hört die Mitglieder der Kommission an, bevor sie neue Mitglieder vorschlägt. [4]Die Mitglieder sind berechtigt, ihr Amt durch Erklärung gegenüber dem Bundespräsidenten niederzulegen. [5]Scheidet ein Mitglied vorzeitig aus, so wird ein neues Mitglied für die Dauer der Amtszeit des ausgeschiedenen Mitglieds berufen.

(3) [1]Die Mitglieder der Monopolkommission dürfen weder der Regierung oder einer gesetzgebenden Körperschaft des Bundes oder eines Landes noch dem öffentlichen Dienst des Bundes, eines Landes oder einer sonstigen juristischen Person des öffentlichen Rechts, es sei denn als Hochschullehrer oder als Mitarbeiter eines wissenschaftlichen Instituts, angehören. [2]Ferner dürfen sie weder einen Wirtschaftsverband noch eine Arbeitgeber- oder Arbeitnehmerorganisation repräsentieren oder zu diesen in einem ständigen Dienst- oder Geschäftsbesorgungsverhältnis stehen. [3]Sie dürfen auch nicht während des letzten Jahres vor der Berufung zum Mitglied der Monopolkommission eine derartige Stellung innegehabt haben.

## A. Stellung der Mitglieder

1    Nach § 45 Abs. 1 S. 1 hat die Monopolkommission fünf Mitglieder. Das Verfahren ihrer Ernennung und die persönlichen Anforderungen sowie der Status als Mitglied werden in § 45 geregelt. Wiederberufungen sind nach § 45 Abs. 2 S. 2 möglich, was die Unabhängigkeit der Mitglieder nach bisheriger Praxiserfahrung nicht beeinträchtigt hat.[1] Im Falle des vorzeitigen Ausscheidens wird nach § 45 Abs. 2 S. 5 ein neues Mitglied für die Dauer der Amtszeit des ausgeschiedenen Mitglieds berufen.

2    Nach § 45 Abs. 1 S. 1 müssen die Mitglieder der Monopolkommission über besondere volkswirtschaftliche, betriebswirtschaftliche, sozialpolitische, technologische oder wirtschaftsrechtliche Kenntnisse und Erfahrungen verfügen. Es besteht die Tradition, dass neben Führungspersönlichkeiten aus der Wirtschaft ein rechts- und ein wirtschaftswissenschaftlicher Hochschullehrer der Monopolkommission angehören,[2] auch wenn diese Zusammensetzung nicht gesetzlich vorgeschrieben ist.[3] Soweit der Kommission Wissenschaftler angehören, sind mit dem Begriff „Erfahrungen" keine praktischen aus Exekutiv-, Unternehmens- oder Beratungstätigkeit gemeint, sondern es genügen solche aus wissenschaftlicher Tätigkeit.

3    Wie aus § 44 Abs. 2 S. 1 folgt, sind die Monopolkommission selbst und ihre Mitglieder unabhängig. Die Unabhängigkeit der Mitglieder wird durch § 45 Abs. 3 institutionell durch die dort angeordneten Unvereinbarkeitstatbestände abgesichert, wodurch Interessenkonflikten auf abstrakt-generelle Weise entgegengewirkt werden soll.[4] Die dort vorgesehe-

---

[1] Kallfaß in Bunte Rn. 2.
[2] Kallfaß in Bunte Rn. 1; Scholl in MüKoWettbR Rn. 1.
[3] Scholl in MüKoWettbR Rn. 1.
[4] Haucap in Loewenheim/Meessen/Riesenkampff/Kersting/Meyer-Lindemann § 47 Rn. 33; Just in Schulte/Just Rn. 2.

ne Ausnahme für Hochschullehrer oder Mitarbeiter von wissenschaftlichen Instituten rechtfertigt sich dadurch, dass diese Personen aufgrund der Wissenschaftsfreiheit des Art. 5 Abs. 3 GG die nötige Staatsferne gewährleisten.[5] Ein Repräsentieren iSv § 45 Abs. 3 S. 2 bedeutet die Stellung als Spitzenfunktionär der genannten Institutionen.[6]

## B. Interessenkonflikte

Auch wenn § 45 Abs. 3 somit abstrakten Interessenkonflikten vorbeugt, ist es denkbar, **4** dass gleichwohl ein konkreter Interessenkonflikt entsteht. Denkbar ist, dass der Betrieb eines unternehmerischen Kommissionsmitglieds von einer Frage betroffen ist oder dass ein Hochschulmitglied an der Klärung einer Frage bereits als Gutachter, etwa in einem Gerichtsverfahren, beteiligt war. Insoweit enthält § 45 keine speziellen Regelungen. Die allgemeinen Vorschriften der §§ 20, 21 VwVfG gelten nur für Verwaltungsverfahren iSd § 9 VwVfG, wozu die Gutachtentätigkeit der Monopolkommission aber nicht gehört, da sie sich weder auf den Erlass eines Verwaltungsakts noch auf den Abschluss eines öffentlich-rechtlichen Vertrags richtet. Allerdings können die genannten Vorschriften analog herangezogen werden, wobei die Besonderheiten der Tätigkeit der Monopolkommission zu beachten sind. In ihren Hauptgutachten arbeitet sie idR auf einem hohen Abstraktionsniveau, und auch bei Stellungnahmen im Ministererlaubnisverfahren hat ihr Handeln keinerlei Bindungswirkung. Eine analoge Anwendung der §§ 20 Abs. 1, 21 Abs. 1 VwVfG sollte daher nur in Betracht gezogen werden, wenn sich ein Interessenkonflikt in besonderer Weise aufdrängt und hierdurch die Objektivität der Handlung der Monopolkommission als ganzer in Frage stünde. Das könnte etwa der Fall sein, wenn ein Mitglied der Monopolkommission zu einem Ministererlaubnisverfahren bereits als Gutachter im Parteiauftrag Stellung genommen hat (vgl. § 20 Abs. 1 S. 1 Nr. 6 VwVfG) und nun über dieses Vorhaben als Mitglied der Kommission befinden soll. Liegt ein Ausschlussgrund gem. § 20 Abs. 1 VwVfG oder § 21 Abs. 1 VwVfG (analog) vor, sollte für das Ausschlussverfahren § 20 Abs. 4 VwVfG analog herangezogen werden.

## C. Niederlegung des Amtes

Nach § 45 Abs. 2 S. 4 können die Mitglieder ihr Amt durch Erklärung gegenüber dem **5** Bundespräsidenten niederlegen. Dies hat im Jahr 1989 der Vorsitzende der Monopolkommission, Ulrich Immenga getan.[7] Hintergrund war der Zusammenschluss Daimler/MBB, der von der Bundesregierung initiiert worden war,[8] woraufhin der damalige CSU-Staatssekretär im Wirtschaftsministerium Erich Riedl eine Ministererlaubnis für den Fall der bundeskartellamtlichen Untersagung öffentlich zugesichert hatte.[9] Das Amt untersagte die Fusion.[10] Während die Mehrheit der Mitglieder der Monopolkommission sodann eine Ministererlaubnis unter Nebenbestimmungen befürwortete, sprach sich Immenga in einem Sondervotum dagegen aus[11] und legte sein Amt nieder. Im Jahr 2018 legte der damalige Vorsitzende Daniel Zimmer ebenfalls aus Protest sein Amt nieder, nachdem der Minister entgegen dem ablehnenden Votum der Monopolkommission die Erlaubnis zum Zusam-

---

[5] Scholl in MüKoWettbR Rn. 7; Just in Schulte/Just Rn. 2.

[6] Scholl in MüKoWettbR Rn. 8.

[7] Dazu auch Kallfaß in Bunte Rn. 2.

[8] Immenga in Monopolkommission, Sondergutachten 18, Zusammenschlußvorhaben der Daimler-Benz AG mit der Messerschmitt-Bölkow-Blohm GmbH S. 134 Rn. 249; Büschemann in Die Zeit, Nr. 12, 17.3.1989, 41, abrufbar unter http://www.zeit.de/1989/12/mit-macht-zum-ziel.

[9] Büschemann in Die Zeit, Nr. 12, 17.3.1989, S. 41, abrufbar unter http://www.zeit.de/1989/12/mit-macht-zum-ziel.

[10] BKartA 17.4.1989 – B7–350000–U–137/88, WuW/E BKartA 2335 (2335 ff.) – Daimler/MBB.

[11] Immenga in Monopolkommission, Sondergutachten 18, Zusammenschlußvorhaben der Daimler-Benz AG mit der Messerschmitt-Bölkow-Blohm GmbH, 133 ff., Rn. 246 ff.

menschluss „EDEKA/Tengelmann" erteilt hatte.[12] Der Gesetzgeber hat die Stellung der Monopolkommission im Zuge der 9. Novelle daraufhin dadurch zu stärken versucht, dass der Minister nunmehr nach § 42 Abs. 1 S. 4 bei einer Abweichung von dem Votum der Monopolkommission zu einer entsprechenden Begründung verpflichtet wird. Für die Rechtmäßigkeit der Ministererlaubnis kann es jedoch nicht auf die Angabe solcher Gründe ankommen, sondern nur darauf, ob die Voraussetzungen einer Ministererlaubnis gegeben sind oder nicht,[13] so dass § 42 Abs. 1 S. 4 eine lex imperfecta ist. Außer solchen Amtsniederlegungen aus Protest kann eine vorzeitige Beendigung der Tätigkeit auch aus privaten Gründen erfolgen, wie in der Praxis vereinzelt vorgekommen.[14]

## § 46 Beschlüsse, Organisation, Rechte und Pflichten der Mitglieder

(1) **Die Beschlüsse der Monopolkommission bedürfen der Zustimmung von mindestens drei Mitgliedern.**

(2) [1]**Die Monopolkommission hat eine Geschäftsordnung und verfügt über eine Geschäftsstelle.** [2]**Diese hat die Aufgabe, die Monopolkommission wissenschaftlich, administrativ und technisch zu unterstützen.**

(2a) [1]**Die Monopolkommission kann Einsicht in die von der Kartellbehörde geführten Akten einschließlich Betriebs- und Geschäftsgeheimnisse und personenbezogener Daten nehmen, soweit dies zur ordnungsgemäßen Erfüllung ihrer Aufgaben erforderlich ist.** [2]**Dies gilt auch für die Erstellung der Gutachten nach § 78 des Eisenbahnregulierungsgesetzes, § 62 des Energiewirtschaftsgesetzes, § 44 des Postgesetzes sowie nach § 195 Absatz 2 des Telekommunikationsgesetzes.**

(2b) [1]**Im Rahmen der Akteneinsicht kann die Monopolkommission bei der Kartellbehörde in elektronischer Form vorliegende Daten, einschließlich Betriebs- und Geschäftsgeheimnissen und personenbezogener Daten, selbstständig auswerten, soweit dies zur ordnungsgemäßen Erfüllung ihrer Aufgaben erforderlich ist.** [2]**Dies gilt auch für die Erstellung der Gutachten nach § 78 des Eisenbahnregulierungsgesetzes, § 62 des Energiewirtschaftsgesetzes, § 44 des Postgesetzes sowie nach § 195 Absatz 2 des Telekommunikationsgesetzes.**

(3) [1]**Die Mitglieder der Monopolkommission und die Angehörigen der Geschäftsstelle sind zur Verschwiegenheit über die Beratungen und die von der Monopolkommission als vertraulich bezeichneten Beratungsunterlagen verpflichtet.** [2]**Die Pflicht zur Verschwiegenheit bezieht sich auch auf Informationen und Daten, die der Monopolkommission gegeben und als vertraulich bezeichnet werden oder die gemäß Absatz 2a oder 2b erlangt worden sind.**

(4) [1]**Die Mitglieder der Monopolkommission erhalten eine pauschale Entschädigung sowie Ersatz ihrer Reisekosten.** [2]**Diese werden vom Bundesministerium für Wirtschaft und Energie festgesetzt.** [3]**Die Kosten der Monopolkommission trägt der Bund.**

**1**     § 46 wurde durch die 6. GWB-Novelle 1998 eingefügt: Er ersetzt mit einigen Straffungen die Vorgängerregelungen des § 24b Abs. 7, 8, 9, 10 aF.[1] Die Monopolkommission wird wissenschaftlich, administrativ und technisch gem. § 46 Abs. 2 durch eine Geschäftsstelle unterstützt, die etwas über zehn Personen beschäftigt.[2] Die Beschäftigten der Geschäftsstelle sind, anders als die Mitglieder der Monopolkommission, hauptamtlich tätig.[3] Die Geschäftsstelle ist organisatorisch dem BKartA angegliedert. Die gem. § 46 Abs. 4 S. 3 vom Bund zu tragenden Kosten der Monopolkommission und ihrer Geschäftsstelle werden

---

[12] Dazu Monopolkommission HG XXI Rn. 17.
[13] Dazu auch → § 42 Rn. 56 ff.
[14] Vgl. Scholl in MüKoWettbR Rn. 5.
[1] BegrRegE 6. GWB-Novelle, BT-Drs. 13/9720, 62; Bechtold/Bosch Rn. 1.
[2] Ausführlich Scholl in MüKoWettbR Rn. 3.
[3] Bechtold/Bosch Rn. 1.

seit dem Jahr 2000 haushälterisch beim BMWi (Einzelplan 09) und beim BKartA (Kapitel 0917 Titelgruppe 01) erfasst.[4] Die Mitgliedschaft in der Monopolkommission ist Ehrenamt,[5] wofür nach § 46 Abs. 4 S. 1 nur eine pauschale Entschädigung und eine Reisekostenerstattung gewährt wird. Mitglieder müssen anderweitige Tätigkeiten weder der Monopolkommission noch dem BMWi anzeigen.[6] Bei möglichen Interessenkonflikten gilt das zu § 45 Gesagte.[7]

§ 46 Abs. 3 regelt die Verschwiegenheitspflicht der Mitglieder der Monopolkommission **2** und der Angehörigen der Geschäftsstelle. Zusätzlich ist § 203 StGB zu beachten. Die Vertraulichkeit iSv § 46 Abs. 3 erstreckt sich auf Angaben, die gegenüber der Monopolkommission unter der Auflage der Vertraulichkeit gemacht werden oder die durch Einsicht in die von den Kartellbehörden geführten Akten erlangt wurden. Dies führt zu der Streitfrage, inwieweit die Monopolkommission sich gegenüber den Fusionsbeteiligten oder Beigeladenen im Ministererlaubnisverfahren darauf berufen kann, dass sie bestimmten Informationsgebern Vertraulichkeit zugesichert hat. Darauf wird bei § 44 eingegangen.[8]

Das in § 46 Abs. 2a geregelte Einsichtsrecht in die von der Kartellbehörde geführten **3** Akten wurde durch die 7. GWB-Novelle eingeführt. Die Norm sollte den bis dahin bestehenden Rechtszustand lediglich klarstellen.[9] Nach der Regierungsbegründung ergibt sich die Notwendigkeit einer Akteneinsicht in nationalen Fusionskontrollverfahren „insbesondere aus dem Umstand, dass die Verfahren der ersten Phase i. d. R. nicht mit einer öffentlich zugänglichen Entscheidung abgeschlossen werden" und die „veröffentlichten Fassungen von Entscheidungen des Hauptprüfverfahrens […] wegen der Geheimhaltungspflicht des Bundeskartellamts häufig um Daten bereinigt [sind], die für eine fundierte Auseinandersetzung mit der jeweiligen Entscheidung benötigt werden".[10] Das Recht besteht aber nur im Rahmen der Erforderlichkeit. Es dürfte grds. nicht erforderlich sein, der Monopolkommission bereits in einem laufenden Bundeskartellamtsverfahren Akteneinsicht zu gewähren.[11] § 46 Abs. 2a begründet lediglich ein Akteneinsichtsrecht. Es besteht nach dieser Vorschrift weder gegenüber den Kartellbehörden noch gegenüber anderen Stellen oder gegenüber Unternehmen ein Auskunftsrecht.[12]

Das Amt und die Monopolkommission haben sich im August 2016 auf ein Verfahren zur **4** Umsetzung der Akteneinsicht nach § 46 Abs. 2a „im Fall von elektronisch vorliegenden Daten und zu in diesem Rahmen vorgenommenen Datenanalysen" verständigt, die im Einzelnen im Tätigkeitsbericht 2015/2016 ausgeführt sind.[13] Hierdurch soll der Schutz von Betriebs- und Geschäftsgeheimnissen und personenbezogenen Daten sichergestellt werden. Zuvor war die Einsicht in elektronisch vorliegende Daten zwischen Amt und Monopolkommission unterschiedlich beurteilt worden.[14]

Unter den Begriff „Kartellbehörde" iSd § 46 Abs. 2a fallen nach § 48 Abs. 1 neben dem **5** BKartA noch die Landeskartellbehörden und das BMWi. Die BNetzA ist keine Kartellbehörde. In der Vergangenheit hat dies zu Problemen bei der Akteneinsicht geführt, weil

---

[4] Durch die 10. GWB-Novelle ist die Regelung in Abs. 4 S. 2 entfallen, wonach Entschädigung und Reisekostenerstattung „im Einvernehmen mit dem Bundesministerium des Innern, für Bau und Heimat" festgesetzt werden, weil sie gegenstandslos war, siehe BegrRegE 10. GWB-Novelle BT-Drs. 19/23492, S. 100.

[5] Ausführlich zur Begründung der Ehrenamtlichkeit Scholl in MüKoWettbR Rn. 17.

[6] Genehmigungs- und Anzeigepflichten können im hauptberuflichen Verhältnis außerhalb der Monopolkommission im Verhältnis zum dortigen Arbeitgeber bzw. Dienstherrn bestehen, was aber die Tätigkeit in der Monopolkommission nicht berührt.

[7] → § 45 Rn. 4.

[8] → § 44 Rn. 10.

[9] BegrRegE 7. GWB-Novelle, BT-Drs. 15/3640, 60; Scholl in MüKoWettbR Rn. 5; Bechtold/Bosch Rn. 1.

[10] BegrRegE 7. GWB-Novelle, BT-Drs. 15/3640, 60.

[11] Das Amt spricht sich gegen eine Einsicht in Akten in laufenden Verfahren aus, wohingegen die Monopolkommission es anders sieht. Dazu Monopolkommission HG XIX Rn. 160 ff.

[12] Weck in FK-KartellR, Lfg. 101 März 2022 Rn. 5.

[13] BKartA TB 2015/2016, BT-Drs. 18/12760, 24.

[14] BKartA TB 2014/2014, BT-Drs. 18/5210, 38.

die BNetzA die Herausgabe vertraulicher Informationen mitunter verweigerte.[15] Es bestehen aber außerhalb des GWB spezialgesetzliche Einsichtsrechte, vgl. § 195 Abs. 3 S. 2 TKG und § 62 Abs. 1 S. 3 EnWG.[16] Ergänzend wurde durch die 10. GWB-Novelle nunmehr geregelt, dass das Einsichtsrecht bei der Kartellbehörde auch für die Erstellung der Gutachten nach § 78 des Eisenbahnregulierungsgesetzes (EReG), § 62 des EnWG, § 44 PostG sowie nach § 195 Abs. 2 TKG gilt.[17] Hierdurch wird Rechtssicherheit geschaffen, weil die Einsichtsrechte nach TKG und EnWG nur die Einsicht bei der BNetzA regeln, nicht aber die Einsicht zum Zwecke der nicht im GWB geregelten sektorspezifischen Gutachten bei der Kartellbehörde.

6    Das Einsichtsrecht der Monopolkommission erstreckt sich auf die gesamte Verfahrensakte.[18] Daher können auch **Kronzeugenanträge** erfasst sein, soweit eine Einsichtnahme erforderlich ist. Die Abwägungsgrundsätze der „Pfleiderer"-Rechtsprechung[19] dürften nicht greifen, da die Interessenlage eine andere ist. Von der Monopolkommission drohen keine privaten Schadensersatzansprüche, und sie ist zur Verschwiegenheit verpflichtet.

7    Die 10. GWB-Novelle hat Abs. 2b eingefügt.[20] Hierdurch wird es der Monopolkommission ermöglicht, die bei den Kartellbehörden vorliegenden Informationen und Daten selbständig auszuwerten. Es wird hierdurch dem Umstand Rechnung getragen, dass das Amt im Rahmen quantitativer Analysen auch über selbst erhobene Datenbestände verfügt, die für die Monopolkommission von Bedeutung sein können.

## § 47 Übermittlung statistischer Daten

(1) [1]**Für die Begutachtung der Entwicklung der Unternehmenskonzentration werden der Monopolkommission vom Statistischen Bundesamt aus Wirtschaftsstatistiken (Statistik im produzierenden Gewerbe, Handwerksstatistik, Außenhandelsstatistik, Steuerstatistik, Verkehrsstatistik, Statistik im Handel und Gastgewerbe, Dienstleistungsstatistik) und dem Statistikregister zusammengefasste Einzelangaben über die Vomhundertanteile der größten Unternehmen, Betriebe oder fachlichen Teile von Unternehmen des jeweiligen Wirtschaftsbereichs**

**a) am Wert der zum Absatz bestimmten Güterproduktion,**

**b) am Umsatz,**

**c) an der Zahl der tätigen Personen,**

**d) an den Lohn- und Gehaltssummen,**

**e) an den Investitionen,**

**f) am Wert der gemieteten und gepachteten Sachanlagen,**

**g) an der Wertschöpfung oder dem Rohertrag,**

**h) an der Zahl der jeweiligen Einheiten**

**übermittelt. [2]Satz 1 gilt entsprechend für die Übermittlung von Angaben über die Vomhundertanteile der größten Unternehmensgruppen. [3]Für die Zuordnung der Angaben zu Unternehmensgruppen übermittelt die Monopolkommission dem Statistischen Bundesamt Namen und Anschriften der Unternehmen, deren Zugehörigkeit zu einer Unternehmensgruppe sowie Kennzeichen zur Identifikation. [4]Die zusammengefassten Einzelangaben dürfen nicht weniger als drei Unternehmensgruppen, Unternehmen, Betriebe oder fachliche Teile von Unternehmen betreffen. [5]Durch Kombination oder zeitliche Nähe mit anderen übermittelten oder allgemein zugänglichen Angaben darf kein Rückschluss auf zusammengefasste Angaben von weniger als drei Unternehmensgruppen, Unternehmen, Betrieben oder fachlichen Teile von Un-**

---

[15] Monopolkommission HG XIX Rn. 156.
[16] Monopolkommission HG XIX Rn. 157.
[17] BegrRegE 10. GWB-Novelle BT-Drs. 19/23492, S. 99.
[18] Just in Schulte/Just GWB § 46 Rn. 4.
[19] EuGH 14.6.2011 – C-360/09, Slg. 2011, I-5161 – Pfleiderer.
[20] BegrRegE 10. GWB-Novelle BT-Drs. 19/23492, S. 99.

ternehmen möglich sein. [6]Für die Berechnung von summarischen Konzentrationsmaßen, insbesondere Herfindahl-Indizes und Gini-Koeffizienten, gilt dies entsprechend. [7]Die statistischen Ämter der Länder stellen die hierfür erforderlichen Einzelangaben dem Statistischen Bundesamt zur Verfügung.

(2) [1]Personen, die zusammengefasste Einzelangaben nach Absatz 1 erhalten sollen,
sind vor der Übermittlung zur Geheimhaltung besonders zu verpflichten, soweit sie
nicht Amtsträger oder für den öffentlichen Dienst besonders Verpflichtete sind. [2]§ 1
Absatz 2, 3 und 4 Nummer 2 des Verpflichtungsgesetzes gilt entsprechend. [3]Personen,
die nach Satz 1 besonders verpflichtet worden sind, stehen für die Anwendung der
Vorschriften des Strafgesetzbuches über die Verletzung von Privatgeheimnissen (§ 203
Absatz 2, 5 und 6; §§ 204, 205) und des Dienstgeheimnisses (§ 353b Absatz 1) den für
den öffentlichen Dienst besonders Verpflichteten gleich.

(3) [1]Die zusammengefassten Einzelangaben dürfen nur für die Zwecke verwendet
werden, für die sie übermittelt wurden. [2]Sie sind zu löschen, sobald der in Absatz 1
genannte Zweck erfüllt ist.

(4) Bei der Monopolkommission muss durch organisatorische und technische Maßnahmen sichergestellt sein, dass nur Amtsträger, für den öffentlichen Dienst besonders
Verpflichtete oder Verpflichtete nach Absatz 2 Satz 1 Empfänger von zusammengefassten Einzelangaben sind.

(5) [1]Die Übermittlungen sind nach Maßgabe des § 16 Absatz 9 des Bundesstatistikgesetzes aufzuzeichnen. [2]Die Aufzeichnungen sind mindestens fünf Jahre aufzubewahren.

(6) Bei der Durchführung der Wirtschaftsstatistiken nach Absatz 1 sind die befragten
Unternehmen schriftlich oder elektronisch zu unterrichten, dass die zusammengefassten Einzelangaben nach Absatz 1 der Monopolkommission übermittelt werden dürfen.

§ 47 regelt die Übermittlung von Daten seitens des Statistischen Bundesamtes an die **1**
Monopolkommission. Die Regelung schafft eine Ausnahme von der Geheimhaltungspflicht nach § 16 Abs. 1 Bundesstatistikgesetz (BStatG). Ursprünglich verhielt sich das
Statistische Bundesamt gegenüber der Monopolkommission hinsichtlich der Übermittlung
von Daten äußerst restriktiv.[1] Daher wurde mit der 5. GWB-Novelle § 24c aF eingeführt,
wonach der Monopolkommission durch das Statistische Bundesamt und die Statistischen
Ämter der Länder zusammengefasste Einzelangaben über die Vomhundertanteile der drei,
sechs und zehn größten Unternehmen oder Betriebe aus den von diesen geführten Wirtschaftsstatistiken übermittelt werden durften.[2] Die 6. GWB-Novelle hat die früheren
Regelungen des § 24c Abs. 2–6 aF sodann in § 47 überführt. Die Norm ist danach wiederholt geändert und ergänzt worden.

Obgleich das Statistische Bundesamt nach § 47 Abs. 1 S. 1 **die Befugnis** zur Weiterlei- **2**
tung von Daten an die Monopolkommission hat,[3] fragt es sich, ob der Monopolkommission
auch ein entsprechender **Anspruch** zusteht. Gegen einen Anspruch[4] kann ein Wortlautvergleich mit § 46 Abs. 2a angeführt werden. Dort ist die Einsichtnahme aktivisch formuliert („Die Monopolkommission kann Einsicht […] nehmen"), während sie in § 47 Abs. 1
S. 1 passiv gefasst ist („[…] werden der Monopolkommission […] Einzelangaben […]
übermittelt"). Teleologisch sprechen mit Blick auf das Ziel einer Stärkung der Datenbasis
der Monopolkommission aber die besseren Gründe für einen Anspruch der Monopolkommission bzw. eine Pflicht der Statistischen Bundesamtes.[5] Für eine Verbindlichkeit lässt sich
zudem anführen, dass seit der Neufassung durch das Gesetz zur Einführung einer Dienstleistungsstatistik und zur Änderung statistischer Rechtsvorschriften vom 19.12.2001[6] von

---

[1] Dazu Monopolkommission HG VII Rn. 28; Weck in FK-KartellR Lfg. 101 März 2022 Rn. 1.
[2] Dazu mit Kritik an der Unzulänglichkeit der Norm Monopolkommission HG VIII Rn. 47 ff.
[3] Weck in FK-KartellR Lfg. 101 März 2022 Rn. 7.
[4] Vgl. Paschke in FK-KartellR Lfg. 69, August 2009, Rn. 7.
[5] Vgl. Scholl in MüKoWettbR, 3. Aufl. 2020, Rn. 6.
[6] BGBl. 2000 I 1765 ff.

einer gebundenen Entscheidung die Rede ist („werden … übermittelt"), während in § 47 Abs. 1 zuvor ein Ermessen statuiert war („dürfen … übermittelt werden").[7] Die Bundesregierung hatte im Gesetzentwurf noch die Ermessens-Formulierung vorgesehen,[8] wohingegen der Finanzausschuss dann den nunmehr gültigen Wortlaut vorgeschlagen hatte.[9] Die Streitfrage nach der Anspruchsqualität stellt sich aber ohnehin nicht, wenn das für die Fachaufsicht zuständige Bundesministerium des Innern das Statistische Bundesamt zur Datenübermittlung anweist.

3  Es war zwischen der Monopolkommission und dem Statistischen Bundesamt früher umstritten, ob die Monopolkommission neben § 47 Abs. 1 auch über § 16 Abs. 6 BStatG[10] Zugang zu Daten erhalten kann.[11] Auch wenn sich aus § 16 Abs. 6 BStatG kein Anspruch ergibt, sondern nur eine Befugnis des Statistischen Bundesamtes zu Datenübermittlung, so lägen darin praktische Erleichterungen im Vergleich zu den Anforderungen des § 47 Abs. 1.[12] Nach einer ursprünglich ablehnenden Haltung hat sich das Statistische Bundesamt der Auffassung der Monopolkommission[13] angeschlossen, dass § 16 Abs. 6 BStatG ergänzend einschlägig ist.[14]

## Kapitel 9. Markttransparenzstellen für den Großhandel mit Strom und Gas und für Kraftstoffe

**Schrifttum:** Lange, Entstehung und Zweck der Markttransparenzstelle für den Großhandel mit Strom und Gas aus kartellrechtlicher Sicht, EnWZ 2013, 104; V. Lüdemann/J. Lüdemann, Transparenz und Wettbewerb: Was kann die neue Markttransparenzstelle für den Großhandel mit Strom und Gas leisten?, WuW 2012, 917; Nothhelfer, Einrichtung von Markttransparenzstellen für den Großhandel mit Strom und Gas sowie für Kraftstoffe, in: Bien (Hrsg.), Das deutsche Kartellrecht nach der 8. GWB-Novelle, 2013, S. 283; Pustlauk, REMIT und das Markttransparenzstellengesetz – tatsächlich eine Effektivierung der Missbrauchsaufsicht im Energiehandel?, EWeRK 2012, 157.

## A. Vorbemerkung

## I. Allgemeines

1  Das neunte Kapitel, bestehend aus §§ 47–47l, wurde mit Wirkung zum 12.12.2012 durch Art. 1 des Gesetzes zur Einrichtung einer Markttransparenzstelle für den Großhandel

---

[7] Vgl. Kallfaß in Bunte Rn. 1.

[8] BegrRegE Gesetz zur Einführung einer Dienstleistungsstatistik und zur Änderung statistischer Rechtsvorschriften, BT-Drs. 14/4049, 8 f.

[9] Beschlussempfehlung und Bericht des Finanzausschusses (7. Ausschuss) zu dem Gesetzentwurf der Bundesregierung – Drucksache 14/4049 – Entwurf eines Gesetzes zur Einführung einer Dienstleistungsstatistik und zur Änderung statistischer Rechtsvorschriften, BT-Drs. 14/4459, 4.

[10] „(6) Für die Durchführung wissenschaftlicher Vorhaben dürfen das Statistische Bundesamt und die statistischen Ämter der Länder Hochschulen oder sonstigen Einrichtungen mit der Aufgabe unabhängiger wissenschaftlicher Forschung.
1. Einzelangaben übermitteln, wenn die Einzelangaben nur mit einem unverhältnismäßig großen Aufwand an Zeit, Kosten und Arbeitskraft zugeordnet werden können (faktisch anonymisierte Einzelangaben),
2. innerhalb speziell abgesicherter Bereiche des Statistischen Bundesamtes und der statistischen Ämter der Länder Zugang zu formal anonymisierten Einzelangaben gewähren, wenn wirksame Vorkehrungen zur Wahrung der Geheimhaltung getroffen werden.
Berechtigte können nur Amtsträger oder Amtsträgerinnen, für den öffentlichen Dienst besonders Verpflichtete oder Verpflichtete nach Absatz 7 sein."

[11] Monopolkommission, HG XVIII, BT-Drs. 17/2600, Rn. 21, 78.

[12] Dazu Monopolkommission, HG XVIII, BT-Drs. 17/2600, Rn. 76, 83.

[13] Monopolkommission, HG XVIII, BT-Drs. 17/2600, Rn. 78.

[14] Zu diesem Ergebnis kam die Unterarbeitsgruppe Recht der statistischen Ämter des Bundes und der Länder, dazu Monopolkommission, HG XVIII, BT-Drs. 17/2600, Rn. 23.

mit Strom und Gas (Markttransparenzstellengesetz)[1] in das GWB[2] eingefügt. Parallel erfolgten punktuelle Änderungen des EnWG. Es handelt sich um in der deutschen Rechtsordnung vorbildlose Vorschriften, die auf eine **Gewinnung wettbewerbsrelevanter Informationen** im Energiegroßhandel sowie im Kraftstoffhandel abzielen. Als politisches Ziel wurde die Schaffung einer Markttransparenzstelle in Anknüpfung an eine Empfehlung der Monopolkommission[3] bereits in der Koalitionsvereinbarung von CDU, CSU und FDP im Jahr 2009 vorgesehen.[4] Durch ein in § 47l enthaltenes Evaluierungsgebot wird eine künftige Überprüfung der Vorschriften im Hinblick auf ihre Effektivität sichergestellt.

Nach der Gesetzesbegründung reicht „[d]ie bestehende **Aufsicht über die Preisbil-** **2** **dung auf den Großhandelsmärkten für Elektrizität und Gas** ... nicht aus, um eine unzulässige Einflussnahme auf den Preis wirkungsvoll und schnell aufdecken und sanktionieren zu können. Aufgrund von Transparenzdefiziten bei den Behörden fehlt ein Gesamtüberblick über das Marktgeschehen, der mögliche Manipulationen aufdeckt. Manipulationsmöglichkeiten ergeben sich aus den komplexen Preisbildungsmechanismen im Energiegroßhandel, dessen Waren- und Derivatemärkte sich gegenseitig beeinflussen. Insbesondere können die Großhandelspreise für Strom und Gas durch die Kapazitätsverhältnisse auf den Erzeugungs- und Importmärkten, bei Speichern und Übertragungsnetzen insbesondere in Deutschland maßgeblich beeinflusst werden. Deshalb ist die Schaffung von mehr Transparenz auf nationaler Ebene von großer Bedeutung. ... Ziel des Gesetzes ist zum einen die Sicherstellung einer transparenten und wettbewerbskonformen Preisbildung bei der Vermarktung und beim Handel mit Elektrizität und Gas auf der Großhandelsstufe. Eine zentrale, behördliche und kontinuierliche Marktbeobachtung soll bestehende Informationsdefizite beseitigen und das Vertrauen in die Integrität der Märkte sowie den Wettbewerb auf den Großhandelsmärkten zum Wohle der Verbraucher stärken. Zum anderen sollen die Durchführungspflichten der Mitgliedstaaten nach der REMIT-Verordnung [(EU) Nr. 1227/2011 des Europäischen Parlaments und des Rates vom 25. Oktober 2011 über die Integrität und Transparenz des Energiegroßhandelsmarkts[5]] erfüllt werden."[6]

Auch im Bereich des **Kraftstoffhandels** bestand nach Auffassung des Gesetzgebers **3** legislativer Handlungsbedarf, obwohl das BKartA den beteiligten Unternehmen bislang keine Kartellrechtsverstöße nachweisen konnte: „In seiner Sektoruntersuchung im Bereich Kraftstoffe hat das Bundeskartellamt die Marktstrukturen im Kraftstoffbereich eingehend analysiert und Wettbewerbsdefizite insbesondere aufgrund der hohen Marktkonzentration festgestellt. Wegen dieser unverändert fortbestehenden oligopolistischen Marktstruktur sowie der Homogenität von Kraftstoffen und der hohen Transparenz der Preise für Wettbewerber ist es gerechtfertigt, dass eine Behörde die Preisveränderungen im Tankstellensektor eingehender betrachtet. Ziel des Gesetzes ist es daher auch, die Preisbildung bei Kraftstoffen im Hinblick auf ihre Wettbewerbskonformität zu beobachten. Eine zentrale behördliche und laufende Marktbeobachtung soll die Aufdeckung und Sanktionierung von Kartellrechtsverstößen erleichtern."[7] Ob diese Ziele durch die Neuregelung erreicht werden können, bleibt abzuwarten.[8]

---

[1] BGBl. 2012 I S. 2403.

[2] Zur Frage der Verortung Knauff NJW 2012, 2408 (2413).

[3] Sondergutachten der Monopolkommission gemäß § 62 Abs. 1 des Energiewirtschaftsgesetzes. Strom und Gas 2007: Wettbewerbsdefizite und zögerliche Regulierung, BT-Drs. 16/7087, 66.

[4] Wachstum. Bildung. Zusammenhalt. Der Koalitionsvertrag zwischen CDU, CSU und FDP. 17. Legislaturperiode, S. 30; zur Genese der §§ 47a ff. im Überblick V. Lüdemann/J. Lüdemann WuW 2012, 917 (918 f.); Nothhelfer in Bien, Das deutsche Kartellrecht nach der 8. GWB-Novelle, S. 283, 284 f.; ausführlich Schwensfeier in FK-KartellR Vorb. §§ 47a–l Rn. 44 ff.

[5] ABl. 2011 L 326, 1; siehe dazu Funke WM 2012, 202 (203 ff.); Funke/Neubauer CCZ 2012, 6 (7 ff.); V. Lüdemann/Kröger HFR 2013, 49 (50 ff.).

[6] BT-Drs. 17/10060, 1; grundsätzlich zustimmend V. Lüdemann/J. Lüdemann WuW 2012, 917 (924).

[7] BT-Drs. 17/10060, 1 f.

[8] Zweifelnd V. Lüdemann/J. Lüdemann WuW 2012, 917 (924); Nothhelfer in Bien, Das deutsche Kartellrecht nach der 8. GWB-Novelle, S. 283, 296 ff.

**3a**    Eine erste Änderung erfuhren die Bestimmungen des Neunten Abschnitts durch Art. 5 des Gesetzes zur grundlegenden Reform des Erneuerbare-Energien-Gesetzes und zur Änderung weiterer Bestimmungen des Energiewirtschaftsrechts[9]. Die seither erfolgten **Änderungen** beschränkten sich zunächst auf terminologische Anpassungen durch Art. 258 der Zehnten Zuständigkeitsanpassungsverordnung[10] sowie die Aktualisierung von Verweisungen auf das AWG durch Art. 2 des Gesetzes zur Modernisierung des Außenwirtschaftsrechts[11], auf das EEG durch Art. 5 des Gesetzes zur Einführung von Ausschreibungen für Strom aus erneuerbaren Energien und zu weiteren Änderungen des Rechts der erneuerbaren Energien[12] sowie innerhalb des GWB und einige marginale Anpassungen durch das Neunte Gesetz zur Änderung des Gesetzes gegen Wettbewerbsbeschränkungen[13]. Mit dem Gesetz zur Teilumsetzung der Energieeffizienzrichtlinie und zur Verschiebung des Außerkrafttretens des § 47g Absatz 2 des Gesetzes gegen Wettbewerbsbeschränkungen wurde § 47g Abs. 2 mit Wirkung vom 1. Januar 2021 aufgehoben.[14] Im Rahmen der zehnten GWB-Novelle wurden Folgeanpassungen in § 47d Abs. 1 und § 47k Abs. 7 erforderlich; zudem wurden § 47k Abs. 4 S. 2 und 3 neu gefasst,[15] letztes insbesondere mit dem Ziel einer „Anpassung an die Bedürfnisse der Praxis"[16]. Eine redaktionelle Änderung des § 47c Abs. 3 erfolgte schließlich durch das Gesetz zur Umsetzung der Verordnung des Europäischen Parlaments und des Rates über europäische Unternehmensstatistiken zur Aufhebung von zehn Rechtsakten im Bereich Unternehmensstatistiken und zur Änderung anderer Statistikgesetze[17]. Mit dem Gesetz zur Änderung des Energiewirtschaftsrechts im Zusammenhang mit dem Klimaschutz-Sofortprogramm und zu Anpassungen im Recht der Endkundenbelieferung[18] erfolgte eine weitere Überarbeitung des § 47k, die neben redaktionellen Änderungen eine Erweiterung des Beobachtungsauftrags der Marktransparenzstelle vornahm. Diese Modifikation sah der Gesetzgeber als geboten an, da „[v]or dem Hintergrund der aktuellen geopolitischen Lage im Zusammenhang mit dem Ukrainekonflikt … in jüngster Zeit flächendeckend schockartige Kraftstoffpreissteigerungen zu beobachten [waren]. Gleichzeitig war wie auch bereits bei stärkeren Rohölpreisschwankungen in der Vergangenheit eine gewisse zeitliche Entkopplung der Entwicklung des Rohölpreises und der Tankstellenpreise festzustellen."[19] Darüber hinaus wurde mit § 186 eine spezifisch auf § 47k bezogene Anwendungsbestimmung geschaffen.

## II. Ausgestaltung

### 1. Energiegroßhandel

**4**    Die auf den Energiegroßhandel bezogenen Vorschriften der §§ 47a–47j sowie die durch Art. 2 des Markttransparenzstellengesetzes neu eingefügten und geänderten Normen des EnWG bilden den **Schwerpunkt** des Markttransparenzstellengesetzes. Die Bestimmungen weisen eine hohe Detailgenauigkeit auf. Zudem stehen sie in einem engen Zusammenhang mit der REMIT-Verordnung, die ausweislich ihres zweiten Erwägungsgrundes darauf abzielt, „einen offenen und fairen Wettbewerb auf den Energiegroßhandelsmärkten zum Nutzen der Endverbraucher von Energie zu fördern." Die Einrichtung einer Markttransparenzstelle für den Großhandel mit Strom und Gas wird jedoch durch diese nicht

---

[9] BGBl. 2014 I 1066.
[10] BGBl. 2015 I 1474.
[11] BGBl. 2013 I 1482.
[12] BGBl. 2016 I 2258.
[13] BGBl. 2017 I 1416.
[14] BGBl. 2015 I 578.
[15] BGBl. 2021 I 2.
[16] BT-Drs. 19/23492, 101.
[17] BGBl. 2021 I 266.
[18] BGBl. 2022 I 1214.
[19] BT-Drs. 20/1599, 64.

gefordert. Sie wird allein in Art. 7 Abs. 2 UAbs. 2 REMIT-Verordnung als optionale „Marktüberwachungsstelle" angesprochen. Insoweit handelt es sich mithin um eine autonome Entscheidung des deutschen Gesetzgebers.[20] Die für die Arbeitsaufnahme der Markttransparenzstelle notwendigen ergänzenden Rechtsverordnungen sind bislang nicht erlassen worden.

Die Gesetzesbegründung legt die **Motivation des Gesetzgebers** umfassend dar: „Ziel **5** des Gesetzes ist es zum einen, durch die Einrichtung einer Markttransparenzstelle für den Großhandel mit Strom und Gas beim Bundeskartellamt das Vertrauen der Unternehmen, Bürger und nationalen Behörden in die Integrität der Energiegroßhandelsmärkte zu stärken und wettbewerbskonforme Großhandelspreise sicherzustellen. Dies ist letztlich auch im Interesse der Endverbraucher. Um das ordnungsgemäße Funktionieren der Energiegroßhandelsmärkte zu gewährleisten, muss die effektive Durchsetzung der für sie geltenden Gebote und Verbote sichergestellt sein. Hierfür sollen zum einen notwendige Informationsverpflichtungen gegenüber einer zentralen, unabhängigen Stelle verankert werden. Zum anderen soll diese Stelle die erforderlichen Befugnisse erhalten, um laufend, zentral und systematisch das gesamte Marktgeschehen analysieren zu können. Damit sollen die bestehenden Defizite beseitigt werden. Die bisherige Überwachung der Großhandelsmärkte für Strom und Gas ist auf mehrere Aufsichtsbehörden aufgespalten, die das Marktgeschehen unter unterschiedlichen Aspekten beobachten. In ihren jeweiligen Teilzuständigkeitsbereichen können die Aufsichtsbehörden zwar durchaus erfolgreich operieren, so dass etwa nach allgemeiner Einschätzung von einer grundsätzlich funktionsfähigen Organisation des Strom- und Gashandels an der Börse in Deutschland ausgegangen werden kann. Eine wirksame Marktüberwachung, die den komplexen Preisbildungsmechanismen auf den Energiegroßhandelsmärkten gerecht wird, erfordert aber eine umfassende und insbesondere regelmäßige Beobachtung des gesamten Marktgeschehens, die alle relevanten Transaktionen abdeckt, einschließlich der Tätigkeiten auf den Erzeugungsmärkten und entsprechenden Meldepflichten. Denn die Energiegroßhandelsmärkte umfassen sowohl Warenmärkte als auch Derivatemärkte und es gibt bei der Preisbildung Querverbindungen zwischen beiden Sektoren. Die Großhandelspreise bilden sich auf den geregelten Märkten (Börsen) in multilateralen Handelssystemen und werden in außerbörslichen Transaktionen (Geschäften over the counter – OTC-Geschäfte) sowie in bilateralen Verträgen vereinbart, die direkt oder über Broker abgewickelt werden. Wegen des unterschiedlichen Informationszugangs der Behörden und bisher fehlender Meldepflichten, zB zur Übermittlung von Informationen für den Erzeugungsbereich auf kontinuierlicher Basis sowie zum außerbörslichen Handelsgeschehen, bestehen Transparenzdefizite bei den zuständigen Behörden. Sie beeinträchtigen eine wirkungsvolle und schnelle Aufdeckung gesetzeswidrigen Verhaltens, wie zB missbräuchlicher Kapazitätszurückhaltungen. Mit der Errichtung der Markttransparenzstelle wird eine sinnvolle Koordinierung zwischen den zuständigen Behörden ermöglicht.

Die Einrichtung einer kontinuierlichen Marktüberwachung in Ergänzung allgemeiner Instrumentarien, etwa der kartellrechtlichen Missbrauchsverfahren und Sektoruntersuchungen, soll für den Großhandel mit Elektrizität und Gas die mit nachträglich durchzuführenden Verfahren verbundenen Schwierigkeiten und bestehenden Nachweisprobleme ausräumen. Bei ex post durchgeführten Untersuchungen hat sich gezeigt, dass die notwendigen Daten oft nicht mehr oder nicht in der erforderlichen Detaillierung vorlagen und auch nicht mehr rekonstruiert werden konnten. Eine Echtzeitkontrolle durch eine Markttransparenzstelle, die zudem von vornherein schon den Anreiz zB für eine unzulässige Kapazitätszurückhaltung nimmt, soll es ermöglichen, Gesetzes- und Wettbewerbsverstößen zeitnah nachzugehen und nachteilige Preisauswirkungen schneller zu korrigieren."[21]

---

[20] Negativ lässt sich auch von einem „deutschen Sonderweg" sprechen, so Lamprecht et 9/2012, 29.
[21] BT-Drs. 17/10060, 20 f.

**6** Zentraler **Gegenstand** des Markttransparenzstellengesetzes, soweit dieses auf den Energiegroßhandel bezogen ist, ist die Schaffung einer Marktransparenzstelle für den Großhandel mit Strom und Gas. Diese bei der BNetzA angesiedelte Institution soll einen wesentlichen Beitrag zur Marktaufsicht leisten, indem sie in erheblichem Umfang zur Informationserhebung und -auswertung ermächtigt wird.[22] Zugleich soll sie als Bindeglied zu den Wettbewerbsbehörden dienen und durch die Mitteilung von Verdachtsfällen und die Weiterleitung von relevanten Informationen deren Aufgabenerfüllung erleichtern. Schließlich kommen ihr Aufgaben im Zusammenhang mit dem Vollzug der REMIT-Verordnung zu.

## 2. Kraftstoffhandel

**7** Die Einrichtung einer weiteren Markttransparenzstelle für Kraftstoffe hat sich im Markttransparenzstellengesetz nur in einer einzigen Vorschrift niedergeschlagen, die keinen sachlichen Bezug zu den übrigen Regelungen jenseits des institutionellen Arrangements aufweist. Im Gesetzgebungsverfahren handelte es sich gleichwohl um den **umstrittensten Teil des Markttransparenzstellengesetzes,** da der Bundesrat eine weitaus eingriffsintensivere Ausgestaltung präferierte, ohne sich jedoch damit durchsetzen zu können. Der einschlägige § 47k wird durch die Verordnung zur Markttransparenzstelle für Kraftstoffe (MTS-Kraftstoff-Verordnung – MTSKraftV)[23] vom 22.3.2013 ergänzt, wodurch die Arbeitsfähigkeit der Markttransparenzstelle hergestellt wird.

**8** Die zentralen **Vorstellungen des Gesetzgebers** werden in einer knappen Passage der Gesetzesbegründung wie folgt dargelegt: „Ziel der ergänzenden Regelung für den Kraftstoffbereich ist es, die Datengrundlage im Kraftstoffbereich deutlich zu verbreitern, um die vorhandenen Eingriffsmöglichkeiten der Kartellbehörden besser nutzen zu können. Dies kann etwa für unzulässige Verdrängungsstrategien (z. B. Preis-Kosten-Schere) gelten. Die Datenerhebung soll ... jede Änderung der Endverbraucherpreise an den öffentlichen Tankstellen ... umfassen. Sollten sich Ansatzpunkte für kartellrechtswidriges Verhalten ergeben, kann die zuständige Kartellbehörde den Fall aufgreifen. Die Datenbasis soll überdies für statistische Zwecke des Bundes, insbesondere zur Erfüllung internationaler Meldeverpflichtungen an die Europäische Union und die Internationale Energieagentur, genutzt werden."[24]

**9** **Gegenstand** des § 47k ist analog zur Regelung für den Energiegroßhandel die Einrichtung einer Markttransparenzstelle, der die Aufgabe der Marktbeobachtung zukommt. Neben der Weiterleitung von Verdachtsfällen an die Wettbewerbsbehörden und die Weitergabe bestimmter Informationen zur Erleichterung ihrer Aufgaben wird die Markttransparenzstelle zudem ermächtigt, Daten an Anbieter von Verbraucher-Informationsdiensten weiterzugeben, um die Preisentwicklung auf dem Kraftstoffmarkt auch für die Öffentlichkeit transparent zu machen.

**10** Die 2022 erfolgte **Erweiterung des Beobachtungsauftrags** der Markttransparenzstelle knüpft daran an, dass „[d]er Beobachtungsauftrag der MTS-K [...] bisher auf den Handel mit Kraftstoffen beschränkt [war] und umfasst derzeit daher insbesondere nicht den für die Preisbildung wichtigen Bereich der Herstellung von Kraftstoffen in Raffinerien. Die Markt- und Preisentwicklungen in diesem Bereich haben aber einen starken Einfluss auf die Entwicklung der Tankstellenpreise. Etwaige Wettbewerbsprobleme und denkbare Verstöße gegen nationales und europäisches Wettbewerbsrecht in diesem Bereich können sich daher auch negativ auf die Entwicklung der Tankstellenpreise auswirken. Die vorgesehene Regelung erweitert den Beobachtungsauftrag der MTS-K auf weitere Stufen der Wert-

---

[22] Positiv hinsichtlich der Verbesserung der Datengrundlagen Nothhelfer in Bien, Das deutsche Kartellrecht nach der 8. GWB-Novelle, S. 283, 290. Zweifelnd bezüglich der Verifizierbarkeit der Daten Pustlauk EWeRK 2012, 157 (159).
[23] BGBl. I 595.
[24] BT-Drs. 17/10060, 21.

schöpfungskette, wie etwa die besonders bedeutsame Stufe der Herstellung von Kraftstoffen. Die jüngsten Marktentwicklungen verdeutlichen gerade, dass eine effektive Beobachtung der Märkte im Bereich der Kraftstoffe nicht auf die Endkundenstufe beschränkt sein sollte, sondern auch vorgelagerte Wertschöpfungsstufen miteinzubeziehen sind. Zudem erhält die MTS-K keine Daten über die an der Tankstelle an die Endkunden abgegebenen Mengen. Mit einer gesetzlichen Verpflichtung der Marktteilnehmer, auch solche Mengendaten an die Markttransparenzstelle zu liefern, soll die Aussagekraft der erhobenen Daten verbessert werden."[25]

## Abschnitt 1. Markttransparenzstelle für den Großhandel im Bereich Strom und Gas

## § 47a Einrichtung, Zuständigkeit, Organisation

(1) ¹Zur Sicherstellung einer wettbewerbskonformen Bildung der Großhandelspreise von Elektrizität und Gas wird eine Markttransparenzstelle bei der Bundesnetzagentur für Elektrizität, Gas, Telekommunikation, Post und Eisenbahnen (Bundesnetzagentur) eingerichtet. ²Sie beobachtet laufend die Vermarktung und den Handel mit Elektrizität und Erdgas auf der Großhandelsstufe.

(2) Die Aufgaben der Markttransparenzstelle nehmen die Bundesnetzagentur und das Bundeskartellamt einvernehmlich wahr.

(3) ¹Die Einzelheiten der einvernehmlichen Zusammenarbeit werden in einer vom Bundesministerium für Wirtschaft und Energie zu genehmigenden Kooperationsvereinbarung zwischen dem Bundeskartellamt und der Bundesnetzagentur näher geregelt. ²In der Vereinbarung ist insbesondere Folgendes zu regeln:
1. die Besetzung und Geschäftsverteilung sowie
2. eine Koordinierung der Datenerhebung und des Daten- und Informationsaustausches.

(4) Das Bundesministerium für Wirtschaft und Energie wird ermächtigt, durch Rechtsverordnung Vorgaben zur Ausgestaltung der Kooperationsvereinbarung zu erlassen.

(5) ¹Entscheidungen der Markttransparenzstelle trifft die Person, die sie leitet. ²§ 51 Absatz 5 gilt für alle Mitarbeiterinnen und Mitarbeiter der Markttransparenzstelle entsprechend.

### Übersicht

## A. Allgemeines

§ 47a regelt die Einrichtung der Markttransparenzstelle für den Großhandel im Bereich **1** Strom und Gas sowie einige grundlegende Aspekte ihrer Funktionsweise, die in den

---

[25] BT-Drs. 20/1599, 64.

§§ 47b–47j näher ausgestaltet werden. Einen eigenständigen Regelungsschwerpunkt weist § 47a im Hinblick auf die Abstimmung von BNetzA und BKartA auf.

## B. Einrichtung der Markttransparenzstelle (Abs. 1)

2    § 47a Abs. 1 legt die Einrichtung einer Markttransparenzstelle für den Großhandel im Bereich Strom und Gas bei der BNetzA und ihre zentrale Aufgabe der fortlaufenden Marktbeobachtung verbindlich fest. Die Norm verfügt somit über sowohl **institutionelle als auch tätigkeitsbezogene Bedeutung.** Überdies bringt sie explizit den vom Gesetzgeber verfolgten Zweck zum Ausdruck.

3    Zur **Notwendigkeit** der Einrichtung einer Markttransparenzstelle führt die Gesetzesbegründung aus: Um das Überwachungsziel „effektiv zu erreichen, ist die Einrichtung einer eigenen unabhängigen Verwaltungsstelle im Bundesbereich mit den entsprechenden sachlichen und personellen Ressourcen erforderlich. Es geht vornehmlich um die Beseitigung eines Transparenzdefizits auf Seiten der bundesbehördlichen Aufsicht, das eine effektive Verfolgung von Verstößen gegen dieses Gesetz, den Vertrag über die Arbeitsweise der Europäischen Union (AEUV), das Börsen- und Wertpapierhandelsgesetz sowie die Verordnung (EU) Nr. 1227/2011 beeinträchtigt. Für die Aufgabenerfüllung der zuständigen Behörden ist Transparenz der für das wettbewerbliche Geschehen relevanten Erzeugungs- und Handelsdaten nötig. Bei diesen wettbewerblich relevanten Daten handelt es sich vielfach um Geschäftsgeheimnisse, die aus Gründen des EU-kartellrechtlich (Artikel 101 AEUV) gewährleisteten Schutzes des Geheimwettbewerbs und zur Verhinderung kollusiven Verhaltens grundsätzlich nicht gegenüber den Marktakteuren offengelegt werden können. Die Markttransparenzstelle ist insoweit die geeignete Stelle, um diese Daten vertraulich zu erheben und zu analysieren und den zuständigen Behörden zur Verfügung zu stellen."[1]

## I. Organisation

4    Die organisatorische Verankerung der Markttransparenzstelle für den Großhandel mit Strom und Gas bei der **BNetzA** (und somit abweichend von der Zuständigkeit des BKartA[2] für die Marktüberwachung im Hinblick auf Kraftstoffe nach § 47k) durch § 47a Abs. 1 S. 1 korrespondiert mit den Tätigkeitszuweisungen an die BNetzA im Bereich der leitungsgebundenen Versorgung mit Elektrizität und Gas durch § 2 Abs. 1 Nr. 1 BEGTPG sowie durch zahlreiche Vorschriften des EnWG. Letztlich war die fachliche Nähe[3] als maßgebliches Kriterium für die verwaltungsorganisatorische Zuordnung entscheidend.[4] Ungeachtet dessen handelt es sich um eine grundsätzlich selbstständig agierende Verwaltungseinheit, die jedoch nicht über juristische Eigenständigkeit verfügt.[5]

5    Die Einrichtung der Markttransparenzstelle für den Großhandel mit Strom und Gas erfolgt nicht unmittelbar durch § 47a Abs. 1 S. 1. Es bedarf vielmehr eines spezifischen **Organisationsakts,** der seine Grundlage in der bislang nicht erlassenen Rechtsverordnung des BMWi auf Grundlage von § 47a Abs. 4 sowie der gemäß § 47a Abs. 3 abgeschlossenen Kooperationsvereinbarung zwischen BNetzA und BKartA finden.

---

[1] BT-Drs. 17/10060, 24.

[2] Im Gesetzentwurf der Bundesregierung, BT-Drs. 17/10060, 9, 24, war dessen Zuständigkeit zunächst ohne weitere Begründung vorgesehen; ebenso zuvor das Sondergutachten der Monopolkommission, Strom und Gas 2009 – Energiemärkte im Spannungsfeld von Politik und Wettbewerb, BT-Drs. 16/14060, 56.

[3] Zum Erfordernis technischer Fachkompetenz Pustlauk EWeRK 2012, 157 (159).

[4] BT-Drs. 17/11386, 19; vgl. auch Lange EnZW 2013, 104 (106); Nothhelfer in Bien, Das deutsche Kartellrecht nach der 8. GWB-Novelle, S. 283, 292 f.; zustimmend Lüdemann/Lüdemann in L/M/R Rn. 3; Zimmer BB 50/2012, I; zur Europarechtskonformität dieser Konstruktion vgl. → § 47b Rn. 7.

[5] Gegen eine Qualifikation als eigenständige Behörde Just/Künstner in Schulte/Just GWB § 47a Rn. 2.

## II. Zwecke und Tätigkeiten

Die Markttransparenzstelle für den Großhandel mit Strom und Gas dient ausweislich **6** § 47a Abs. 1 S. 1 als **Instrument der Sicherstellung einer wettbewerbskonformen Bildung der Großhandelspreise** von Elektrizität und Gas. Ihre Existenz ist insoweit zugleich Ausdruck der Zweifel des Gesetzgebers[6] an der Funktionsfähigkeit der betreffenden Märkte[7] und seiner Überzeugung von der Effektivität der Überwachung durch eine Fachbehörde.

Gegenstand der Überwachung ist nicht der gesamte Energiehandel, sondern allein der **7** **Großhandel mit Strom und Gas im Hinblick auf die Preisbildung.** Der Begriff des Großhandels wird im GWB nicht konkretisiert. Art. 2 Nr. 6 REMIT-Verordnung legaldefiniert jedoch den Begriff „Energiegroßhandelsmarkt". Ein solcher ist danach „jeder Markt in der Union, auf dem Energiegroßhandelsprodukte gehandelt werden". Energiegroßhandelsprodukte werden wiederum in Art. 2 Nr. 4 REMIT-Verordnung definiert als „die folgenden Verträge und Derivate unabhängig davon, wo und wie sie gehandelt werden:

a) Verträge für die Versorgung mit Strom oder Erdgas, deren Lieferung in der Union erfolgt;

b) Derivate, die Strom oder Erdgas betreffen, das/der in der Union erzeugt, gehandelt oder geliefert wurde;

c) Verträge, die den Transport von Strom oder Erdgas in der Union betreffen;

d) Derivate, die den Transport von Strom oder Erdgas in der Union betreffen.

Verträge über die Lieferung und die Verteilung von Strom oder Erdgas zur Nutzung durch Endverbraucher sind keine Energiegroßhandelsprodukte. Verträge über die Lieferung und die Verteilung von Strom oder Erdgas an Endverbraucher mit einer höheren Verbrauchskapazität als dem in Nummer 5 Absatz 2 aufgeführten Schwellenwert [von 600 GWh pro Jahr] gelten jedoch als Energiegroßhandelsprodukte".

Diese Begrifflichkeit liegt in Anbetracht des Umstands, dass die §§ 47a ff. maßgeblich dazu dienen, die Durchsetzung der REMIT-Verordnung in Deutschland sicherzustellen, grundsätzlich auch § 47a Abs. 1 S. 1 zugrunde. Die abweichende Legaldefinition der Großhändler in § 3 Nr. 21 EnWG[8] ist demgegenüber im vorliegenden Kontext nicht aussagekräftig. Auch die weitere Definition des Begriffs „Gas" in § 3 Nr. 19a EnWG ist in Anbetracht der expliziten Bezugnahme auf Erdgas in § 47a Abs. 1 S. 2 ohne Belang.[9] Die Tätigkeit der Markttransparenzstelle für den Großhandel mit Strom und Gas bezieht sich somit auf alle Handelsvorgänge, deren Gegenstand elektrischer Strom oder Erdgas sind, sofern sie nicht die Abgabe von Energie an Letztverbraucher zum Gegenstand haben, deren Verbrauchskapazität 600 GWh pro Jahr nicht übersteigt.

Der so definierte Großhandel ist nach § 47a Abs. 1 S. 2 Gegenstand der **Beobachtung 8** durch die Markttransparenzstelle für den Großhandel mit Strom und Gas. Konkretisierend nimmt die Norm Bezug auf Vermarktung und Handel. Nach Sinn und Zweck fallen darunter grundsätzlich alle Unternehmensaktivitäten, die für die Preisbildung im Großhandel mit Strom und Erdgas relevant sein können. Der Markttransparenzstelle kommt mittels ihrer in §§ 47b und 47d konkretisierten Aufgaben und Befugnisse vornehmlich eine passive, nicht aber eine aktiv-marktgestalterische Funktion zu. Stellt sich heraus, dass ein Eingreifen notwendig ist, um das in § 47a Abs. 1 S. 1 normierte Ziel einer wettbewerbskonformen Bildung der Großhandelspreise von Elektrizität und Gas zu realisieren, obliegt

---

[6] Diese sind ua in den einschlägigen Sondergutachten der Monopolkommission aus den Jahren 2007 und 2009, BT-Drs. 16/7087 und 16/14060, begründet.

[7] Kritisch aber im Hinblick auf die Zusammenhänge mit dem Stromendpreis Lamprecht et 9/2012, 29.

[8] „[N]atürliche oder juristische Personen mit Ausnahme von Betreibern von Übertragungs-, Fernleitungs-, Wasserstoff- sowie Elektrizitäts- und Gasverteilernetzen, die Energie zum Zwecke des Weiterverkaufs innerhalb oder außerhalb des Netzes, in dem sie ansässig sind, kaufen".

[9] Siehe auch Bechtold/Bosch Vor § 47a Rn. 1.

dies nicht der Markttransparenzstelle.[10] Die Beobachtung als solche stellt die betroffenen Unternehmen zwar in der öffentlichen Wahrnehmung unter „Generalverdacht"; es handelt sich gleichwohl um einen Eingriff von geringer Intensität.

9　　Aus dem Umstand, dass eine laufende Beobachtung vorgesehen ist, ergibt sich, dass punktuelle oder anlassbezogene Kontrollen nicht genügen. Geboten ist vielmehr eine **kontinuierliche Marktüberwachung.** Diese wird durch zahlreiche Mitteilungspflichten der betroffenen Unternehmen nach § 47e erleichtert.

## C. Aufgabenwahrnehmung (Abs. 2–4)

10　　Ungeachtet der verwaltungsorganisatorischen Zuordnung der Markttransparenzstelle für den Großhandel mit Strom und Gas zur BNetzA weist die Aufgabenwahrnehmung durch diese Besonderheiten auf, die in § 47a Abs. 2–4 teils vorgegeben, teils zur näheren Ausgestaltung aufgegeben werden. Zentral ist dabei die Vorgabe der einvernehmlichen Wahrnehmung der Aufgaben der Markttransparenzstelle durch BNetzA und BKartA, die allerdings einen nicht unerheblichen **Koordinierungsbedarf** hervorruft.[11]

### I. Einvernehmliche Wahrnehmung

11　　§ 47a Abs. 2 legt fest, dass BNetzA und BKartA die Aufgaben der Markttransparenzstelle für den Großhandel mit Strom und Gas einvernehmlich wahrnehmen. Diese Regelung weicht von der im Gesetzentwurf der Bundesregierung zunächst vorgesehenen **Ausgestaltung** ab, welche eine grundsätzliche Zuständigkeit des BKartA und eine bloße Mitwirkung der BNetzA vorsah.[12] Die Verantwortlichkeit für die Aufgabenwahrnehmung sollte mithin beim BKartA angesiedelt werden. Grund hierfür war deren Wettbewerbsbezug und die Inanspruchnahme der diesbezüglichen Kompetenzen des BKartA. Dieser Bezug sollte jedoch auch bei der Transformation der Aufgabenwahrnehmung auf die BNetzA im Zuge des Gesetzgebungsverfahrens gewahrt bleiben.[13] Nur vor diesem Hintergrund erklärt sich das Einvernehmenserfordernis, welches die Aufgabenwahrnehmung in der Praxis erheblich zu verkomplizieren geeignet sein kann, dem BKartA jedoch einen maßgeblichen Einfluss auf die Tätigkeit der Markttransparenzstelle für den Großhandel mit Strom und Gas sichert.

12　　Der Begriff des Einvernehmens ist im Sinne seines herkömmlichen verwaltungsrechtlichen Verständnisses zu interpretieren. Es handelt sich dabei um eine sehr intensive Form der Einbeziehung einer Behörde in die Entscheidungsfindung durch eine andere Behörde. Ein **Einvernehmen** in diesem Sinne erfordert die inhaltliche Übereinstimmung der beteiligten Behörden.[14] Es muss mithin ein Einverständnis vorliegen. Im Falle von Differenzen kann die Entscheidung nicht getroffen werden. Ein (rechtmäßig) verweigertes Einvernehmen kann nicht überwunden werden.

13　　Im Kontext des § 47a Abs. 2 bezieht sich das Einvernehmen auf die Aufgabenwahrnehmung der Markttransparenzstelle für den Großhandel mit Strom und Gas insgesamt. Es muss daher eine Übereinstimmung von BNetzA und BKartA im Hinblick auf die **generellen Modalitäten** ihres Tätigwerdens zwischen beiden Behörden bestehen. Im Hinblick auf Einzelmaßnahmen und -entscheidungen bedarf es des Einvernehmens jedoch richtigerweise hinausgehend über die interne Abstimmung unter den nach der Vorstellung des Gesetzgebers[15] teils der BNetzA, teils dem BKartA zugehörigen Mitarbeitern der Markttrans-

---

[10] Vgl. auch Lange EnZW 2013, 104 (106).

[11] Lange EnZW 2013, 104 (108), spricht von einer „Premiere, die besondere Anforderungen an die Beteiligten stellt".

[12] Vgl. BT-Drs. 17/10060, 9, 25.

[13] Von einer Klarstellung spricht daher die Beschlussempfehlung des Ausschusses für Wirtschaft und Technologie, BT-Drs. 17/11386, 19.

[14] BVerwGE 22, 342 (345).

[15] BT-Drs. 17/10060, 25.

parenzstelle (vgl. auch § 47a Abs. 3 S. 2 Nr. 1) nicht.[16] Nur auf Grundlage dieses Verständnisses können die Arbeitsfähigkeit der Markttransparenzstelle für den Großhandel mit Strom und Gas gewährleistet und eine faktische Doppelwahrnehmung der Aufgabe verhindert[17] werden; vor allem lassen die §§ 47b ff. ungeachtet ihrer hohen Detailgenauigkeit ein derartiges Erfordernis nicht erkennen. Vielmehr legen sie durch die einzelnen Bezugnahmen auf das BKartA und deren normative Ausgestaltung nahe, dass dessen Einbeziehung nicht in jedem Einzelfall erfolgt.

## II. Kooperationsvereinbarung

Das zentrale Instrument der **Herstellung des Einvernehmens** über die Aufgabenwahr- **14** nehmung durch die Markttransparenzstelle für den Großhandel mit Strom und Gas durch BNetzA und BKartA und zugleich Grundlage für ihre dauerhafte Zusammenarbeit gemäß den gesetzlichen Anforderungen ist die von beiden Behörden nach § 47a Abs. 3 abzuschließende Kooperationsvereinbarung. Dabei handelt es sich um einen öffentlich-rechtlichen Vertrag iSv § 54 S. 1 VwVfG, zu dessen Abschluss BNetzA und BKartA verpflichtet sind.[18] Diesem Auftrag sind die Behörden im Februar 2015 nachgekommen.[19]

§ 47a Abs. 3 S. 2 gibt einige **Inhalte** der Kooperationsvereinbarung verpflichtend vor. **15** Diese Aufzählung ist nicht abschließend, so dass auch sämtliche andere Aspekte, die für die einvernehmliche Zusammenarbeit von BNetzA und BKartA eine Rolle spielen können, einer Regelung zugänglich sind.

Nach § 47a Abs. 3 S. 2 Nr. 1 Alt. 1 ist die **Besetzung** zu regeln. Dabei handelt es sich **16** um die Verteilung der zur Verfügung stehenden Stellen[20] im Wesentlichen auf Mitarbeiter der BNetzA und des BKartA. Seitens des BKartA erfolgt hierzu eine Abordnung von Mitarbeitern, so dass im Ergebnis ungeachtet ihrer verwaltungsorganisatorischen Zuordnung zur BNetzA „[d]ie Markttransparenzstelle … von Mitarbeitern des Bundeskartellamts und der Bundesnetzagentur gemeinsam betrieben [wird]".[21] Nr. 1.2 der Kooperationsvereinbarung sieht diesbezüglich vor, dass „[z]ur Wahrnehmung von Aufgaben in der MTS … den Beamtinnen und Beamten des BKartA vorübergehend ihrem Amt entsprechende Aufgaben bei der BNetzA unter Beibehaltung der Zugehörigkeit zu ihrer bisherigen Dienststelle übertragen" werden. Eine strikt hälftige Aufteilung der Stellen zwischen BNetzA und BKartA ist nicht erforderlich. Zu berücksichtigen ist jedoch, dass das gesetzgeberische Ziel, in der Markttransparenzstelle die ua durch Art. 16 Abs. 1 UAbs. 4 REMIT-Verordnung gebotene Kooperation von Regulierungs- und Kartellbehörde zu realisieren,[22] nur erreicht werden kann, wenn in dieser auch Mitarbeiter des BKartA nicht nur in zu vernachlässigendem Umfang vorhanden sind. Schließlich ist die Einbeziehung von Personen denkbar, die zuvor weder der BNetzA noch dem BKartA angehörten, aber über besondere Kenntnisse verfügen.[23] Die Kooperationsvereinbarung enthält hierzu keine spezifischen Vorgaben. Regelungen über die Leitungsstruktur der Markttransparenzstelle enthält die Kooperationsvereinbarung nur insoweit, als nach Nr. 1.4 „[d]ie BNetzA nach Anhörung des BKartA die Person [bestimmt], welche die MTS leitet." Einzelne Beamte sind grundsätzlich nicht Gegenstand der Kooperationsvereinbarung. Im Hinblick auf die konkrete Personalauswahl ist gleichwohl unabhängig von dieser das Einvernehmen herzustellen, vgl. auch Nr. 1.3. der Kooperationsvereinbarung, um ein reibungsloses Funktionie-

---

[16] Ebenso Lüdemann/Lüdemann in L/M/R Rn. 5; Schäfers in Berg/Mäsch Rn. 2.
[17] Vgl. auch BT-Drs. 17/10060, 25.
[18] Explizit so auch BT-Drs. 17/10060, 30.
[19] Die Kooperationsvereinbarung ist abrufbar unter https://www.markttransparenzstelle.de/SharedDocs_MTS/Downloads/DE/MTS/Kooperationsvereinbarung.pdf?__blob=publicationFile&v=2.
[20] Die Gesetzesbegründung veranschlagt für die Markttransparenzstelle 37,5 Stellen, BT-Drs. 17/10060, 5.
[21] Vgl. BT-Drs. 17/10060, 25.
[22] BT-Drs. 17/10060, 25.
[23] BT-Drs. 17/10060, 25.

ren der Markttransparenzstelle zu gewährleisten. Letztlich soll eine „flexible, den Aufgaben-schwerpunkten entsprechende Lösung"[24] gefunden werden.

17   Gegenstand der Kooperationsvereinbarung ist des Weiteren nach § 47a Abs. 3 S. 2 Nr. 1 Alt. 2 notwendig die **Geschäftsverteilung** innerhalb der Markttransparenzstelle für den Großhandel mit Strom und Gas. Dies betrifft sowohl die Begründung von internen Zu-ständigkeiten als auch deren Wahrnehmung. Insbesondere ist dem Kooperationsgedanken dadurch Rechnung zu tragen, dass BNetzA und BKartA jeweils durch „ihre" Mitarbeiter umfassend an der Aufgabenwahrnehmung durch die Markttransparenzstelle teilnehmen. Die Entstehung von „Ausschließlichkeitszuständigkeiten" der Mitarbeiter einer Behörde ist grundsätzlich zu vermeiden. Im Rahmen dessen sind die Voraussetzungen für eine fachlich bestmögliche Aufgabenerfüllung zu schaffen. Unter Nr. 2 enthält die Kooperationsver-einbarung die notwendigen Konkretisierungen.

18   § 47a Abs. 3 S. 2 Nr. 2 verpflichtet BNetzA und BKartA zur Aufstellung von Regelun-gen über die **Koordinierung der Datenerhebung und des Daten- und Informations-austausches** in der Kooperationsvereinbarung. Damit sind Kernbereiche der Marktbeob-achtungstätigkeit der Markttransparenzstelle für den Großhandel mit Strom und Gas an-gesprochen. Ziel ist es, die in den §§ 47b ff. enthaltenen Vorgaben zugleich operabel und effizient zu gestalten: „Dadurch wird Mehraufwand bei Behörden und Unternehmen vermieden. Damit sollen möglichst große Synergien, eine effektive Marktbeobachtung unter Vermeidung von Doppelbelastungen der Mitteilungspflichtigen erreicht werden."[25] Nr. 4 der Kooperationsvereinbarung gestaltet dies näher aus.

19   Die Kooperationsvereinbarung bedarf nach § 47a Abs. 3 S. 1 der **Genehmigung** durch das BMWi. Diese ist Voraussetzung für die Wirksamkeit der Kooperationsvereinbarung.[26] Das BMWi kann die Entscheidung über die Genehmigung auch nach Zweckmäßigkeits-gesichtspunkten treffen. Als rechtlicher Maßstab für die Genehmigungserteilung soll im Übrigen die Rechtsverordnung dienen, die vom BMWi auf Grundlage von § 47a Abs. 4 erlassen werden kann.

### III. Verordnungsermächtigung

20   § 47a Abs. 4 enthält eine Ermächtigung des BMWi zum Erlass einer Rechtsverordnung mit Vorgaben für die Ausgestaltung der zwischen BNetzA und BKartA gemäß § 47a Abs. 3 abzuschließenden Kooperationsvereinbarung. Von dieser hat das BMWi **keinen Gebrauch gemacht.** Es bedarf ihrer für den Abschluss und die Wirksamkeit der Kooperationsver-einbarung nicht.

### D. Entscheidungsbefugnis und Vermeidung von Interessenkollisionen (Abs. 5)

21   Nach § 47a Abs. 5 S. 1 werden die Entscheidungen der Markttransparenzstelle für den Großhandel mit Strom und Gas durch ihren **Leiter** getroffen. Dabei handelt es sich zum einen um eine formale Zuordnung im Hinblick auf das Handeln gegenüber Dritten. Zum anderen folgt daraus, dass anders als bei der BNetzA keine Beschlusskammern eingerichtet werden.[27]

22   § 47a Abs. 5 S. 2 ordnet die entsprechende Anwendung von § 51 Abs. 5, wonach „Mit-glieder des Bundeskartellamts … weder ein Unternehmen innehaben oder leiten noch … Mitglied des Vorstandes oder des Aufsichtsrates eines Unternehmens, eines Kartells oder einer Wirtschafts- oder Berufsvereinigung sein" dürfen, für alle Mitarbeiterinnen und Mit-

---

[24] BT-Drs. 17/11386, 19.
[25] BT-Drs. 17/10060, 25.
[26] Vgl. Bonk/Neumann/Siegel in Stelkens/Bonk/Sachs, 9. Aufl. 2018, VwVfG § 58 Rn. 25.
[27] Bechtold/Bosch Rn. 1.

arbeiter der Markttransparenzstelle für den Großhandel mit Strom und Gas an. Dies „trägt
dem Umstand Rechnung, dass für alle Mitarbeiter in der Markttransparenzstelle, auch wenn
sie nicht dem Bundeskartellamt sondern eventuell anderen Behörden oder Einrichtungen
angehören sollten, Interessenkollisionen ausgeschlossen sein müssen".[28]

## § 47b Aufgaben

(1) [1] Die Markttransparenzstelle beobachtet laufend den gesamten Großhandel mit
Elektrizität und Erdgas, unabhängig davon, ob er auf physikalische oder finanzielle
Erfüllung gerichtet ist, um Auffälligkeiten bei der Preisbildung aufzudecken, die auf
Missbrauch von Marktbeherrschung, Insiderinformationen oder auf Marktmanipulation beruhen können. [2] Die Markttransparenzstelle beobachtet zu diesem Zweck auch
die Erzeugung, den Kraftwerkseinsatz und die Vermarktung von Elektrizität und
Erdgas durch die Erzeugungsunternehmen sowie die Vermarktung von Elektrizität
und Erdgas als Regelenergie. [3] Die Markttransparenzstelle kann Wechselwirkungen
zwischen den Großhandelsmärkten für Elektrizität und Erdgas und dem Emissionshandelssystem berücksichtigen.

(2) [1] Die Markttransparenzstelle überwacht als nationale Marktüberwachungsstelle
gemäß Artikel 7 Absatz 2 Unterabsatz 2 der Verordnung (EU) Nr. 1227/2011 des Europäischen Parlaments und des Rates vom 25. Oktober 2011 über die Integrität und
Transparenz des Energiegroßhandelsmarkts (ABl. L 326 vom 8.12.2011, S. 1) zusammen mit der Bundesnetzagentur den Großhandel mit Elektrizität und Erdgas. [2] Sie
arbeitet dabei mit der Agentur für die Zusammenarbeit der Energieregulierungsbehörden nach Artikel 7 Absatz 2 und Artikel 10 der Verordnung (EU) Nr. 1227/2011 zusammen.

(3) [1] Die Markttransparenzstelle erhebt und sammelt die Daten und Informationen,
die sie zur Erfüllung ihrer Aufgaben benötigt. [2] Dabei berücksichtigt sie Meldepflichten
der Mitteilungsverpflichteten gegenüber den in § 47i genannten Behörden oder Aufsichtsstellen sowie Meldepflichten, die von der Europäischen Kommission nach Artikel 8
Absatz 2 und 6 der Verordnung (EU) Nr. 1227/2011 festzulegen sind. [3] Für die Datenerfassung sind nach Möglichkeit bestehende Quellen und Meldesysteme zu nutzen.

(4) Die Bundesnetzagentur kann die Markttransparenzstelle mit der Erhebung und
Auswertung von Daten beauftragen, soweit dies zur Erfüllung ihrer Aufgaben nach der
Verordnung (EU) Nr. 1227/2011 erforderlich ist.

(5) [1] Die Markttransparenzstelle gibt vor Erlass von Festlegungen nach § 47g in Verbindung mit der nach § 47f zu erlassenden Rechtsverordnung betroffenen Behörden,
Interessenvertretern und Marktteilnehmern vorab Gelegenheit zur Stellungnahme innerhalb einer festgesetzten Frist. [2] Zur Vorbereitung dieser Konsultationen erstellt und
ergänzt die Markttransparenzstelle bei Bedarf eine detaillierte Liste aller Daten und
Kategorien von Daten, die ihr die in § 47e Absatz 1 genannten Mitteilungspflichtigen
auf Grund der §§ 47e und 47g und der nach § 47f zu erlassenden Rechtsverordnung
laufend mitzuteilen haben, einschließlich des Zeitpunkts, an dem die Daten zu übermitteln sind, des Datenformats und der einzuhaltenden Übertragungswege sowie
möglicher alternativer Meldekanäle. [3] Die Markttransparenzstelle ist nicht an die Stellungnahmen gebunden.

(6) Die Markttransparenzstelle wertet die erhaltenen Daten und Informationen kontinuierlich aus, um insbesondere festzustellen, ob Anhaltspunkte für einen Verstoß
gegen die §§ 1, 19, 20 oder 29 dieses Gesetzes, die Artikel 101 oder 102 des Vertrages
über die Arbeitsweise der Europäischen Union, das Wertpapierhandelsgesetz, das
Börsengesetz oder die Verbote nach den Artikeln 3 und 5 der Verordnung (EU)
Nr. 1227/2011 vorliegen.

---

[28] BT-Drs. 17/10060, 25.

(7) ¹Gibt es Anhaltspunkte dafür, dass eine natürliche oder juristische Person gegen die in Absatz 6 genannten gesetzlichen Bestimmungen verstößt, muss die Markttransparenzstelle umgehend die zuständigen Behörden informieren und den Vorgang an sie abgeben. ²Bei Verdacht eines Verstoßes gegen die §§ 1, 19, 20 und 29 dieses Gesetzes oder gegen die Artikel 101 und 102 des Vertrages über die Arbeitsweise der Europäischen Union informiert die Markttransparenzstelle die zuständige Beschlussabteilung im Bundeskartellamt. ³Kommt die Prüfzuständigkeit mehrerer Behörden in Betracht, so informiert die Markttransparenzstelle jede dieser Behörden über den Verdachtsfall und über die Benachrichtigung der anderen Behörden. ⁴Die Markttransparenzstelle leitet alle von den Behörden benötigten oder angeforderten Informationen und Daten unverzüglich an diese gemäß § 47i weiter.

(8) Die Absätze 1 bis 3 können auch Anwendung finden auf die Erzeugung und Vermarktung im Ausland und auf Handelsgeschäfte, die im Ausland stattfinden, sofern sie sich auf die Preisbildung von Elektrizität und Erdgas im Geltungsbereich dieses Gesetzes auswirken.

## Übersicht

## A. Allgemeines

1    § 47b legt die Aufgaben der Markttransparenzstelle für den Großhandel mit Strom und Gas fest und konkretisiert dabei den aus § 47a Abs. 1 S. 2 folgenden Beobachtungsauftrag.[1] Hierzu normiert die Vorschrift einzelne Gegenstände der Beobachtung sowie die Modalitäten der Gewinnung von und des Umgangs mit Daten. Hinsichtlich der Datenverwendung wird § 47b durch §§ 47c und 47j ergänzt. Die Operabilität der Aufgabenwahrnehmung wird durch die Verleihung der Befugnisse des § 47d sichergestellt.

## B. Gegenstände und Ziele der Beobachtung (Abs. 1)

2    § 47b Abs. 1 S. 1 wiederholt den Auftrag der Markttransparenzstelle für den Großhandel mit Strom und Gas zur laufenden Marktbeobachtung und hebt dessen Zwecke in Anknüpfung an § 47a Abs. 1 S. 1 nochmals hervor. Zudem nimmt die Vorschrift in beiderlei Hinsicht **Klarstellungen** vor. Ergänzend führt § 47b Abs. 1 S. 2 und 3 Gegenstände der Beobachtung auf.

3    Bezüglich des Gegenstands des zu beobachtenden Großhandels erklärt § 47b Abs. 1 S. 1 die Erfüllungsmodalitäten für unbeachtlich. Es kommt nicht darauf an, ob Geschäfte im Großhandel mit Strom und Erdgas „auf physikalische oder finanzielle Erfüllung gerichtet" sind, ob also tatsächliche Energielieferungen an den Käufer erfolgen sollen oder ob allein die Weitervermarktung in Frage steht. Ziel ist es, **alle Vorgänge auf der Großhandelsstufe** zu erfassen und einem Ausschluss der Beobachtung für bestimmte Geschäfte und

---

[1] Die Bedeutung der Vorschrift hervorhebend Pustlauk EWeRK 2012, 157 (158).

sonstige bedeutsame Vorgänge entgegenzuwirken, „damit sämtliche Verbindungen und Wechselwirkungen erfasst und auf Auffälligkeiten geprüft werden können, die für die Preisbildung auf den Großhandelsmärkten von Bedeutung sind".[2] Dem entspricht es, dass § 47b Abs. 1 S. 2 den Beobachtungsauftrag explizit auf „die Erzeugung, den Kraftwerkseinsatz und die Vermarktung von Elektrizität und Erdgas durch die Erzeugungsunternehmen sowie die Vermarktung von Elektrizität und Erdgas als Regelenergie" erstreckt.

Nicht zwingender, wohl aber nach § 47b Abs. 1 S. 3 möglicher Gegenstand der Be-   **4** obachtung sind auch die „**Wechselwirkungen** zwischen den Großhandelsmärkten für Elektrizität und Erdgas und dem Emissionshandelssystem" nach dem TEHG. Nach der Gesetzesbegründung soll die Markttransparenzstelle „[i]m Hinblick auf die Mitteilung der Europäischen Kommission vom 21. Dezember 2010 zur verstärkten Marktaufsicht für das Emissionshandelssystem der Europäischen Union[3] ... auch die Möglichkeit haben, Mängel in Bezug auf die Transparenz, Integrität und Aufsicht des $CO_2$-Marktes zu beobachten". Vor allem aber besteht zwischen den genannten Märkten insbesondere im Hinblick auf die Erzeugung konventionellen Stroms eine enge sachliche Verbindung. Ereignisse im Emissionshandelssystem können auf die Preisbildung im Großhandel mit Strom und Erdgas erheblichen Einfluss nehmen, so dass ihre wertende Beobachtung im Hinblick auf die Aufgabenerfüllung durch die Markttransparenzstelle sinnvoll ist. Dass der Gesetzgeber gleichwohl auf eine zwingende Ausgestaltung verzichtet hat, ist Ausdruck seines in § 47a Abs. 1 zum Ausdruck kommenden sektoralen, spezifisch auf den Großhandel mit Strom und Erdgas bezogenen Regelungsansatzes. Allerdings ist nicht auszuschließen, dass sich das der Markttransparenzstelle eingeräumte Entschließungsermessen auf Null verdichten kann, sofern gewichtige Anhaltspunkte dafür bestehen, dass die Großhandelspreise für Strom und Gas maßgeblich durch eine preissensible Nutzung des Emissionshandels beeinflusst werden.

Anknüpfend an den in § 47a Abs. 1 S. 1 genannten Zweck der Tätigkeit der Markttrans-   **5** parenzstelle, die „Sicherstellung einer wettbewerbskonformen Bildung der Großhandelspreise", führt § 47b Abs. 1 S. 1 aus, dass die Beobachtung das Ziel verfolgt, „Auffälligkeiten bei der Preisbildung aufzudecken, die auf Missbrauch von Marktbeherrschung, Insiderinformationen oder auf Marktmanipulation beruhen können", die mithin darauf schließen lassen, dass die Preisbildung gerade nicht in einer wettbewerbskonformen Art und Weise,[4] sondern unter Verstoß gegen § 19 oder Art. 4, 5 REMIT-Verordnung[5] erfolgt. Die **Identifikation von möglichen preisrelevanten Wettbewerbsverstößen** ist mithin das zentrale Beobachtungsziel. Deren Verifizierung und Sanktionierung gehört jedoch nicht zu den Aufgaben der Markttransparenzstelle. Diese obliegt vielmehr den zuständigen Fachbehörden, wie § 47b Abs. 7 verdeutlicht.

## C. Funktion der nationalen Marktüberwachungsstelle (Abs. 2)

§ 47b Abs. 2 weist der Markttransparenzstelle für den Großhandel mit Strom und Gas   **6** gemeinsam mit der BNetzA die Funktion der nationalen Marktüberwachungsstelle im Sinne der REMIT-Verordnung zu und ordnet korrespondierend damit ihre Zusammenarbeit mit der Agentur für die Zusammenarbeit der Energieregulierungsbehörden (ACER) an. Ihr kommen infolge dessen alle damit verbundenen Rechte und Pflichten zu.[6] Insbesondere hat sie „Zugang zu einschlägigen Informationen und Daten, die ACER zur Feststellung und Vermeidung von Insiderhandel und Marktmanipulationen erhoben hat".[7]

---

[2] BT-Drs. 17/10060, 26; siehe auch zu den Marktsegmenten MüKoEuWettbR/Wende Rn. 4 ff.
[3] KOM(2010) 796 endg.
[4] Zur insoweit wenig gelungenen Abstimmung von Aufgabenbestimmung und Datenerhebung und -auswertung in Bezug auf Art. 101 AEUV, § 1 GWB Schäfers in Berg/Mäsch § 47b Rn. 6, der von der Regelung einer zusätzlichen Beobachtungsaufgabe unter Verstoß gegen den Bestimmtheitsgrundsatz ausgeht.
[5] Dazu V. Lüdemann/Kröger HFR 2013, 49 (53 f.).
[6] Lüdemann/Lüdemann in L/M/R Rn. 3.
[7] BT-Drs. 17/10060, 26.

Überdies sind damit weitere Mitteilungspflichten der Marktteilnehmer verbunden, da nach Art. 7 Abs. 2 UAbs. 2 S. 2 REMIT-Verordnung die nationale Marktüberwachungsstelle über dieselben Rechte wie die Regulierungsbehörde nach Art. 8 Abs. 5 S. 1 REMIT-Verordnung verfügt. Nach dieser Vorschrift übermitteln „[d]ie Marktteilnehmer … den nationalen Regulierungsbehörden Informationen über die Kapazität und Nutzung von Anlagen zur Erzeugung und Speicherung, zum Verbrauch oder zur Übertragung/Fernleitung von Strom oder Erdgas oder über die Kapazität und Nutzung von Flüssiggasanlagen, einschließlich der geplanten oder ungeplanten Nichtverfügbarkeit dieser Anlagen, zum Zweck der Überwachung der Energiegroßhandelsmärkte". § 47b Abs. 2 hat somit wesentlich eine **Erleichterung der Informationsgewinnung** und damit der Ausführung des Beobachtungsauftrags zur Folge. Verstärkt wird dies durch die Befugnisse nach § 47d Abs. 2. Aus der Zusammenarbeit mit der ACER folgen darüber hinaus auch Pflichten zum aktiven Informationsaustausch. Diese ergeben sich im Wesentlichen aus Art. 16 REMIT-Verordnung, der zwar zunächst die BNetzA als nationale Regulierungsbehörde verpflichtet, über Art. 7 Abs. 2 UAbs. 2 S. 2 REMIT-Verordnung aber wiederum auch die Markttransparenzstelle betrifft. Die Markttransparenzstelle ist nach Art. 16 Abs. 2 REMIT-Verordnung verpflichtet, die ACER unverzüglich zu benachrichtigen, wenn sich der Verdacht eines Verstoßes gegen die REMIT-Verordnung ergibt. Hat die ACER selbst den Verdacht, dass ein Verstoß gegen die Verordnung vorliegt, kann die Markttransparenzstelle durch die Agentur gemäß Art. 16 Abs. 4 REMIT-Verordnung zur umfassenden Auskunft über den entsprechenden Fall, zur weiteren Untersuchung des mutmaßlichen Verstoßes und zur Mitwirkung in einer Untersuchungsgruppe aus Vertretern der betreffenden nationalen Regulierungsbehörden (bzw. Marktüberwachungsstellen) verpflichtet werden.

7     Vor dem Hintergrund des Art. 7 Abs. 2 UAbs. 2 S. 1 REMIT-Verordnung, wonach „[d]ie Mitgliedstaaten … für ihre nationale Wettbewerbsbehörde oder eine in dieser Behörde angesiedelte Marktüberwachungsstelle vorsehen [können], dass sie zusammen mit der nationalen Regulierungsbehörde den Markt überwacht", sind jedoch Zweifel an der **Europarechtskonformität** des § 47b Abs. 2 geäußert worden, da in § 50 Abs. 1 nur das BKartA und die Landeskartellämter als Wettbewerbsbehörden iSd Art. 35 Abs. 1 Kartellverfahrensverordnung qualifiziert werden.[8] Zwar ist dem insoweit zuzustimmen, als nicht ersichtlich ist, dass der REMIT-Verordnung eine gegenüber der Kartellverfahrensverordnung abweichende Terminologie zugrunde liegt. Auch lassen die Gesetzgebungsmaterialien nicht erkennen, dass der Gesetzgeber die Problematik bei der Verlagerung der Zuordnung der Markttransparenzstelle vom BKartA zur BNetzA gesehen hat.[9] In Anbetracht des Umstandes, dass die Verankerung der Markttransparenzstelle bei der BNetzA vornehmlich formal erfolgt und deren Aufgaben nach § 47a Abs. 2 von BNetzA und BKartA einvernehmlich und nicht zuletzt auch unter Beteiligung von Mitarbeitern des BKartA wahrgenommen werden, ist ein hinreichender Konnex zum BKartA zu bejahen, so dass sich die Markttransparenzstelle für den Großhandel mit Strom und Gas bei entsprechend weiter Auslegung als nationale Wettbewerbsbehörde iSv Art. 7 Abs. 2 UAbs. 2 S. 1 REMIT-Verordnung ansehen lässt, zumal das Europarecht den Mitgliedstaaten bei der Bestimmung der Behörden keine Vorgaben macht. Eine gesetzliche Klarstellung wäre gleichwohl zu begrüßen.

## D. Datenerhebung (Abs. 3 und 4)

8     Die Erfüllung des Beobachtungsauftrags gemäß § 47a Abs. 1, § 47b Abs. 1 setzt voraus, dass die Markttransparenzstelle für den Großhandel mit Strom und Gas über eine Vielzahl von Informationen verfügt. Die Informationserhebung wird maßgeblich durch § 47b

---

[8] Bechtold/Bosch Rn. 3.
[9] Für die Hintergründe der Zuordnung der Markttransparenzstelle zur BNetzA statt zum BKartA vgl. → § 47a Rn. 4, 11.

Abs. 3 und 4 ausgestaltet. Sie erfolgt zum einen durch die Markttransparenzstelle für eigene Zwecke. Zum anderen kann eine Datenerhebung aber auch im Auftrag der BNetzA erfolgen, um diese als nach der REMIT-Verordnung ebenfalls zur Marktüberwachung verpflichtete Regulierungsbehörde zu unterstützen und Doppelerhebungen zu vermeiden.

## I. Eigenständige Datenerhebung und -sammlung

§ 47b Abs. 3 S. 1 ermächtigt die Markttransparenzstelle zur Erhebung und Sammlung **9** der „Daten und Informationen, die sie zur Erfüllung ihrer Aufgaben benötigt". Gegenstand dieser **generalklauselartigen Ermächtigung** sind alle Umstände, deren Kenntnis der Markttransparenzstelle bei der Erfüllung der ihr gesetzlich zugewiesenen Beobachtungsaufgabe von Nutzen sein kann. Diese Informationen können von der Markttransparenzstelle gewonnen und gespeichert werden. Die Begriffe „Daten" und „Informationen" verfügen nicht über klar voneinander unterscheidbare Inhalte, zumal es an einer Legaldefinition fehlt.[10] Es handelt sich jedenfalls um Erkenntnisse über Vorgänge. Die Verwendung beider Begriffe nebeneinander bringt vor allem die Unbeschränktheit des Erhebungsgegenstands zum Ausdruck. Dies gilt umso mehr, als auch aus den Erhebungszwecken nur in sehr geringem Umfang Einschränkungen folgen. Die Bezugnahme auf die Aufgabenerfüllung schließt es allein aus, dass die Markttransparenzstelle Daten und Informationen erhebt und sammelt, die keinerlei Bezug zu ihrer Aufgabe der Beobachtung der Großhandelsmärkte für Strom und Erdgas zum Zwecke der Sicherstellung einer wettbewerbskonformen Preisbildung aufweisen.[11] Sobald jedoch ein derartiger Bezug auch nur mittelbar erkennbar ist, greift § 47b Abs. 3 S. 1 als Ermächtigungsnorm ein, da andernfalls die Aufgabenerfüllung nicht uneingeschränkt sichergestellt werden könnte. Dieser Regelungsansatz unterscheidet sich grundlegend von demjenigen des Datenschutzrechts, das jedoch spezifisch auf den Schutz personenbezogener Daten iSv Art. 4 Nr. 1 DS-GVO („alle Informationen, die sich auf eine identifizierte oder identifizierbare natürliche Person [im Folgenden ,betroffene Person'] beziehen; als identifizierbar wird eine natürliche Person angesehen, die direkt oder indirekt, insbesondere mittels Zuordnung zu einer Kennung wie einem Namen, zu einer Kennnummer, zu Standortdaten, zu einer Online-Kennung oder zu einem oder mehreren besonderen Merkmalen, die Ausdruck der physischen, physiologischen, genetischen, psychischen, wirtschaftlichen, kulturellen oder sozialen Identität dieser natürlichen Person sind, identifiziert werden kann") abzielt und der insoweit auch verfassungsrechtlich geboten ist. Allerdings handelt es sich bei den von der Markttransparenzstelle zu erhebenden Daten und Informationen gerade nicht um solche. Vielmehr stehen lediglich auf die Funktion eines Marktes bezogene Erkenntnisse in Frage, denen der nach herkömmlicher Dogmatik allein grundrechtlich schutzbedürftige und -fähige „persönliche Einschlag" fehlt. Auch die Grenze des rechtsstaatlichen Bestimmtheitsgebots überschreitet § 47b Abs. 3 S. 1 aufgrund der Zweckbindung der Datenerhebung nicht.

Um die betroffenen Unternehmen nicht übermäßig zu belasten,[12] verweist § 47b Abs. 3 **10** S. 2 und 3 auf bereits bestehende Meldepflichten und ordnet eine **vorrangige Nutzung bestehender Quellen und Meldesysteme** an. Konkretisierend führt die Gesetzesbegründung hierzu aus: „Zu den Meldepflichten gehören die gesetzlichen Veröffentlichungspflichten der Übertragungsnetzbetreiber. Sie basieren auf den Transparenzverpflichtungen nach den Verordnungen (EG) Nr. 714/2009 und (EG) Nr. 715/2009 sowie der Verordnung (EU) Nr. 994/2010, für deren Einhaltung die Bundesnetzagentur zuständig ist. Sie umfassen z B die installierte Erzeugungskapazität, geplante und ungeplante Nichtbeanspruchbarkeiten von Erzeugungseinheiten mit mehr als 100 Megawatt, geplante und tatsächliche Produktion von Erzeugungseinheiten mit mehr als 100 Megawatt, erwartete

---

[10] Die Ausführungen zum Begriff der „Information" in Art. 2 Nr. 1 REMIT-Verordnung führen diesbezüglich nicht weiter, da sie spezifisch der Bestimmung der „Insider-Information" dienen.
[11] Vgl. auch MüKoEuWettbR/Wende GWB Rn. 17.
[12] BT-Drs. 17/10060, 26.

und tatsächliche Produktion von Wind- und Solarstrom, geplante und ungeplante Nichtbeanspruchbarkeiten von Verbrauchsanlagen. Auf der Grundlage einer freiwilligen Selbstverpflichtung der Unternehmen werden darüber hinaus Daten erhoben zur tatsächlichen
Produktion inklusive Erzeugungseinheiten mit weniger als 100 Megawatt, tägliche Infor-
mation über verfügbare Kapazität inklusive Erzeugungseinheiten mit weniger als 100
Megawatt. Zu bestehenden Meldepflichten zählen z B auch Datenerhebungen der Bundes-
netzagentur im Rahmen ihres Monitoring nach § 35 Nummer 4 oder § 35 Nummer 12
EnWG zwecks Veröffentlichung angemessener Informationen über Verbindungsleitungen,
Netznutzung und Kapazitätszuweisung für interessierte Parteien durch die Betreiber von
Übertragungs-, Fernleitungs- und Verteilernetzen; über den Bestand und die geplanten
Stilllegungen von Erzeugungskapazitäten, die Investitionen in die Erzeugungskapazitäten
mit Blick auf die Versorgungssicherheit sowie den Bestand, die bereitgestellte Leistung, die
gelieferte Strommenge sowie den voraussichtlichen Zeitpunkt der Außerbetriebnahme von
Speichern mit einer Nennleistung von mehr als 10 Megawatt. Für die Risikoanalyse des
Gasmarktes nach § 54a EnWG hat die Bundesnetzagentur eine umfassende Sammlung und
Auswertung von Daten vorzunehmen. Meldepflichten bestehen auch für das Monitoring
zur Versorgungssicherheit durch das Bundesministerium für Wirtschaft und Technologie
nach § 51 Absatz 1 und 2 EnWG zum Verhältnis zwischen Angebot und Nachfrage auf
dem heimischen Markt, zur erwarteten Nachfrageentwicklung und zu dem verfügbaren
Angebot, zur Planung und zu im Bau befindlichen zusätzlichen Kapazitäten sowie im
Erdgasbereich zum verfügbaren Angebot unter Berücksichtigung der Bevorratungskapazität
und des Anteils von Einfuhrverträgen mit einer Lieferfrist von mehr als zehn Jahren sowie
deren Restlaufzeit. Darüber hinaus wird die Europäische Kommission auf Basis der RE-
MIT-Verordnung festlegen, welche Handels- und welche Fundamentaldaten wann und in
welcher Form von den Marktteilnehmern an ACER zu liefern sind."[13] Zwischenzeitlich
sind Meldepflichten aufgrund § 12 Abs. 4 EnWG sowie der Verordnung über das zentrale
elektronische Verzeichnis energiewirtschaftlicher Daten (Marktstammdatenregisterverord-
nung) hinzugetreten.[14] Sind die derart gewonnenen Daten jedoch im Hinblick auf die
Aufgabenerfüllung der Markttransparenzstelle unzureichend, kann und muss sie sich die
Daten auf andere Weise beschaffen.[15] Dies gilt insbesondere auch im Hinblick auf die aus
§ 47j Abs. 2 S. 2 folgenden Beschränkungen. Eine Sperrwirkung entfaltet § 47b Abs. 3
S. 2 mithin nicht.

## II. Datenerhebung im Auftrag der BNetzA

11    § 47b Abs. 4 enthält eine **Ermächtigung** der BNetzA, die Markttransparenzstelle mit
der Erhebung und Auswertung von Daten zu beauftragen, die im Hinblick auf die
Erfüllung ihrer Aufgaben als nationale Regulierungsbehörde[16] auf Grundlage der REMIT-
Verordnung erforderlich ist. Dies ist zumindest der Fall im Hinblick auf das in Art. 9 Abs. 2
REMIT-Verordnung nach Maßgabe von Durchführungsrechtsakten der Kommission geforderte jeweils aktuelle Verzeichnis der Marktteilnehmer. Eine Verpflichtung der Einbeziehung der Markttransparenzstelle durch die BNetzA korrespondiert damit nicht.
Grundsätzlich ist auch eine Beschränkung des Auftrags entweder auf die Erhebung der
betreffenden Daten oder deren Auswertung möglich.

---

[13] BT-Drs. 17/10060, 26.
[14] Näher und zu europarechtlichen Entwicklungen Schwensfeier in FK-KartellR Vorb. §§ 47a–l Rn. 30.
[15] BT-Drs. 17/10060, 27.
[16] BT-Drs. 17/10060, 27.

handelspreise hinaus" zu schaffen und **Synergieeffekte** bei der Erfüllung gesetzlich vorgesehener Aufgaben der in § 47c genannten Stellen zu schaffen.[1] Insbesondere sollen Doppelerhebungen vermieden werden. Eine Erweiterung der Befugnisse der Markttransparenzstelle folgt aus § 47c jedoch nicht, da die Norm nicht die Erhebung von Daten, sondern allein den Umgang mit bei der Markttransparenzstelle bereits vorhandenen Daten betrifft,[2] wie auch der Verweis auf § 47b Abs. 3 verdeutlicht. Überdies liegt der Norm ein behörden- und aufgabenspezifischer Regelungsansatz zugrunde, so dass eine Weitergabe der Daten an andere Stellen sowie zu anderen als den explizit genannten Zwecken nicht zulässig ist.[3] Im Rahmen ihres Anwendungsbereichs enthält § 47c jedoch zugleich die Verpflichtung zur Datenweitergabe. Diese besteht uneingeschränkt und unterliegt insbesondere keiner „Vorauswahl" durch die Markttransparenzstelle, sofern die Datenanforderung nicht im Einzelfall beschränkt ist. Mit Ausnahme von § 47c Abs. 1 Nr. 3 und Abs. 4 handelt es sich um regelmäßig wiederkehrende Vorgänge. Insoweit kommt auch der Abschluss von Vereinbarungen über die Modalitäten der Weitergabe der Daten (insbesondere Zeitpunkt, Format) zwischen den Empfängern und der Markttransparenzstelle in Betracht.

## B. Fachbehörden (Abs. 1 und 2)

§ 47c Abs. 1 und 2 normiert die verpflichtende Weitergabe von Daten insbesondere im **3** Hinblick auf die **Transparenz der Märkte,** welche der Beobachtung durch die Markttransparenzstelle sowie der in der Norm genannten Stellen unterliegen. Im Detail bestehen jedoch erhebliche Unterschiede in Bezug auf die Zwecksetzung.

### I. BKartA

Nach § 47c Abs. 1 Nr. 1 stellt die Markttransparenzstelle dem BKartA die ihr vorliegen- **4** den Daten zur Verfügung, welche das BKartA für die Durchführung des **Monitorings nach § 48 Abs. 3** benötigt. Dieses zielt nach § 48 Abs. 3 S. 1 darauf ab, den „Grad der Transparenz, auch der Großhandelspreise, sowie den Grad und die Wirksamkeit der Marktöffnung und den Umfang des Wettbewerbs auf Großhandels- und Endkundenebene auf den Strom- und Gasmärkten sowie an Elektrizitäts- und Gasbörsen" zu ermitteln.

§ 47c Abs. 1 Nr. 3 Alt. 1 sieht darüber hinaus eine Datenweitergabe seitens der Markt- **5** transparenzstelle an die zuständige Beschlussabteilung im BKartA für **Fusionskontrollverfahren** nach den §§ 35–41 vor. Dies erfolgt notwendig jeweils einzelfallspezifisch und auf Anforderung seitens des BKartA,[4] welches auch den Umfang der zu übermittelnden Daten (abstrakt) definieren muss.

Das BKartA ist des Weiteren Adressat von Datenübermittlungen nach § 47c Abs. 1 Nr. 3 **6** Alt. 2 im Hinblick auf **Sektoruntersuchungen** nach § 32e. Voraussetzung ist, dass sich diese auf Märkte beziehen, für welche die der Markttransparenzstelle vorliegenden Daten von Bedeutung sind. Dies können neben den Großhandelsmärkten für Strom und Erdgas auch benachbarte Märkte sein.

### II. BNetzA

Ungeachtet des Umstandes, dass die BNetzA die Ergebnisse des vom BKartA durch- **7** geführten Monitorings auf Grundlage von § 48 Abs. 3 S. 2 erhält, verpflichtet § 35 Abs. 1 EnWG die BNetzA „zur Wahrnehmung ihrer Aufgaben …, insbesondere zur Herstellung

---

[1] BT-Drs. 17/10060, 27.
[2] Just/Künstner in Schulte/Just Rn. 3.
[3] Scholz/Sieberg in KK Rn. 2.
[4] Bechtold/Bosch Rn. 2.

von Markttransparenz …, ein [umfassendes] **Monitoring** durch[zuführen]".[5] Im Hinblick
darauf normiert § 47c Abs. 1 Nr. 2 eine Pflicht der Markttransparenzstelle, dieser die ihr
vorliegenden Daten zur Verfügung zu stellen. Dabei können grundsätzlich alle ihr vorliegenden Informationen für die BNetzA von Bedeutung sein.

8     Weitere Übermittlungspflichten an die BNetzA statuiert § 47c Abs. 1 Nr. 4 generell im
Hinblick auf die **Erfüllung der Aufgaben der BNetzA nach dem EnWG.** Der Bezugnahme auf die Überwachung von Transparenzverpflichtungen nach den Anhängen zu den
Verordnungen (EG) Nr. 714/2009[6], 715/2009[7] und 994/2010[8], erstere zwischenzeitlich
ersetzt durch die Verordnung (EU) 2019/943 des Europäischen Parlaments und des Rates
vom 5.6.2019 über den Elektrizitätsbinnenmarkt[9], letztere durch die Verordnung (EU)
2017/1938 des Europäischen Parlaments und des Rates vom 25.10.2017 über Maßnahmen
zur Gewährleistung der sicheren Gasversorgung und zur Aufhebung der Verordnung (EU)
Nr. 994/2010[10], kommt allein klarstellende Bedeutung zu. Letztlich folgt daraus, dass der
BNetzA alle der Markttransparenzstelle vorliegenden Informationen zu übermitteln sind.

---

[5] Im Einzelnen betrifft dieses nach § 35 Abs. 1 EnWG:
„1. die Regeln für das Management und die Zuweisung von Verbindungskapazitäten ….
 2. die Mechanismen zur Behebung von Kapazitätsengpässen im nationalen Elektrizitäts- und Gasversorgungsnetz und bei den Verbindungsleitungen;
 3. die Zeit, die von Betreibern von Übertragungs-, Fernleitungs- und Verteilernetzen für die Herstellung
 von Anschlüssen und Reparaturen benötigt wird;
 4. die Veröffentlichung angemessener Informationen über Verbindungsleitungen, Netznutzung und Kapazitätszuweisung für interessierte Parteien durch die Betreiber von Übertragungs-, Fernleitungs- und Verteilernetzen unter Berücksichtigung der Notwendigkeit, nicht statistisch aufbereitete Einzeldaten als
 Geschäftsgeheimnisse zu behandeln;
 5. die technische Zusammenarbeit zwischen Betreibern von Übertragungsnetzen innerhalb und außerhalb
 der Europäischen Gemeinschaft;
 6. die Bedingungen und Tarife für den Anschluss neuer Elektrizitätserzeuger unter besonderer Berücksichtigung der Kosten und der Vorteile der verschiedenen Technologien zur Elektrizitätserzeugung aus
 erneuerbaren Energien, der dezentralen Erzeugung und der Kraft-Wärme-Kopplung;
 7. die Bedingungen für den Zugang zu Gasspeicheranlagen nach den §§ 26 und 28 und insbesondere über
 Veränderungen der Situation auf dem Speichermarkt, mit dem Ziel, dem Bundesministerium für Wirtschaft und Energie eine Überprüfung der Regelungen im Hinblick auf den Zugang zu Gasspeicheranlagen zu ermöglichen, sowie die Netzzugangsbedingungen für Anlagen zur Erzeugung von Biogas und
 die Zahl der Biogas in das Erdgasnetz einspeisenden Anlagen, die eingespeiste Biogasmenge in Kilowatt-
 stunden und die nach § 20b der Gasnetzentgeltverordnung bundesweit umgelegten Kosten;
 8. den Umfang, in dem die Betreiber von Übertragungs-, Fernleitungs- und Verteilernetzen ihren Aufgaben
 nach den §§ 11 bis 16a nachkommen;
 9. die Erfüllung der Verpflichtungen nach § 42;
10. Preise für Haushaltskunden, einschließlich von Vorauszahlungssystemen, Marktangebot von und Preis-
 volatilität bei Verträgen mit dynamischen Stromtarifen, Lieferanten- und Produktwechsel, Unterbrechung
 der Versorgung gemäß § 19 der Stromgrundversorgungsverordnung oder der Gasgrundversorgungsver-
 ordnung, Beschwerden von Haushaltskunden, die Wirksamkeit und die Durchsetzung von Maßnahmen
 zum Verbraucherschutz im Bereich Elektrizität oder Gas, Wartungsdienste am Hausanschluss oder an
 Messeinrichtungen sowie die Dienstleistungsqualität der Netze;
11. den Bestand und die geplanten Stilllegungen von Erzeugungskapazitäten, die Möglichkeit und die vorhandenen Kapazitäten für einen Brennstoffwechsel zur Absicherung der Leistung der Erzeugungskapazitäten, die Investitionen in die Erzeugungskapazitäten mit Blick auf die Versorgungssicherheit sowie den
 Bestand, die bereitgestellte Leistung, die gelieferte Strommenge sowie den voraussichtlichen Zeitpunkt
 der Außerbetriebnahme von Speichern mit einer Nennleistung von mehr als 10 Megawatt;
12. den Grad der Transparenz, auch der Großhandelspreise, sowie den Grad und die Wirksamkeit der
 Marktöffnung und den Umfang des Wettbewerbs auf Großhandels- und Endkundenebene sowie an
 Elektrizitäts- und Erdgasbörsen, soweit diese Aufgabe nicht durch Gesetz einer anderen Stelle übertragen
 wurde,
13. die Entwicklung der Ausschreibungen abschaltbarer Lasten durch die Betreiber von Übertragungsnetzen
 nach § 13 Absatz 6 Satz 1, insbesondere soweit die Bundesregierung mit Zustimmung des Bundestages
 eine entsprechende Rechtsverordnung nach § 13i Absatz 1 und 2 erlassen hat."
[6] ABl. 2009 L 211, 15.
[7] ABl. 2009 L 211, 36, zuletzt geändert durch Verordnung (EU) 2018/1999, ABl. 2018 L 328, 1.
[8] ABl. 2010 L 295, 1.
[9] ABl. 2019 L 158, 54.
[10] ABl. 2017 L 280, 1.

Schließlich sind der BNetzA seitens der Markttransparenzstelle nach § 47c Abs. 2 alle **9**
Daten zur Verfügung zu stellen, die sie für die Erfüllung ihrer **Aufgaben nach § 54a
EnWG**[11] im Hinblick auf die Verordnung (EU) 2017/1938 benötigt. In Anbetracht der
allgemeinen Bezugnahme auf die Aufgaben der BNetzA in § 47c Abs. 1 Nr. 4 sowie auf
die betreffende Verordnung in lit. c handelt es sich um eine unnötige Doppelung, der kein
normativer Mehrwert, sondern allenfalls klarstellender Charakter zukommt.

## III. BMWi

Im Hinblick auf die Erfüllung der **Aufgaben nach § 54a EnWG** normiert § 47c Abs. 2 **10**
Übermittlungspflichten in Richtung des BMWi. Insoweit kommt der Norm anders als für
die BNetzA zugleich eine konstitutive Bedeutung zu. Dem BMWi obliegen auf Grundlage
von § 54a Abs. 1 S. 1 EnWG alle Maßnahmen zur Durchführung der Verordnung (EU)
2017/1938. Deren teilweise Übertragung auf die BNetzA schließt, wie § 54a Abs. 2 S. 3
EnWG klarstellt, das BMWi von der Aufgabenwahrnehmung nicht vollständig aus. Im
Einzelnen obliegen dem BMWi auf Grundlage von § 54a EnWG iVm der Verordnung
(EU) 2017/1938 im Hinblick auf die Erdgasversorgung die Aufstellung eines Präventions-
und eines Notfallplans, die Gewährleistung von Infrastruktur- und Versorgungsstandards
und eine Risikobewertung.

## C. Statistisches Bundesamt und Monopolkommission (Abs. 3)

Zur Vereinfachung ihrer Aufgaben normiert § 47c Abs. 3 eine (bloße) Möglichkeit der **11**
Datenübermittlung seitens der Markttransparenzstelle an das Statistische Bundesamt und die
Monopolkommission. Anders als bei Datenübermittlungen auf Grundlage von § 47c Abs. 1
und 2 kommt der Markttransparenzstelle diesbezüglich ein **Ermessen** zu. Zugleich sind die
Datenübermittlungen allein im Hinblick auf die in der Norm genannten konkreten norma-
tiven Aufgaben der Empfänger zulässig.

Eine Datenübermittlung an das **Statistische Bundesamt** kann in Bezug auf dessen **12**
Aufgaben nach dem Energiestatistikgesetz (EnStatG) erfolgen. Dieses sieht eine Vielzahl
von Erhebungen vor. In Bezug auf § 47c Abs. 3 sind insbesondere die Erhebungen in der
Elektrizitäts- und der Gaswirtschaft nach §§ 3 f. EnStatG von Bedeutung. Die Datenübermittlungen durch die Markttransparenzstelle bilden diesbezüglich eine weitere Informationsquelle neben den Angaben der nach § 10 EnStatG zur Auskunft verpflichteten Unternehmen. Durch die zusätzliche Bezugnahme auf § 2 des Gesetzes über die Preisstatistik
„wird festgelegt, dass die Markttransparenzstelle über die Großhandelspreise für Strom und
Gas dem Statistischen Bundesamt auch Daten für die Erstellung des Erzeugerpreisindex
übermitteln kann. Die Verwendung von tagesaktuellen Daten der Markttransparenzstelle
über die Großhandelspreise für Strom und Gas ermöglicht im Erzeugerpreisindex gewerblicher Produkte sowie im Einfuhr- und Ausfuhrpreisindex die Berechnung echter Monats-
durchschnitte für Strom und Gas. Dadurch werden die auskunftspflichtigen Energieversorgungsunternehmen entlastet und gleichzeitig die Qualität der Indizes erheblich verbessert."[12]

---

[11] Diese sind in § 54a Abs. 2 S. 1 EnWG normiert: „Folgende in der Verordnung (EU) 2017/1938
bestimmte Aufgaben werden auf die Bundesnetzagentur übertragen:
„1. die Durchführung der Risikobewertung gemäß Artikel 7,
2. folgende Aufgaben betreffend den Ausbau bidirektionaler Lastflüsse: die Aufgaben im Rahmen des
Verfahrens gemäß Anhang III, die Überwachung der Erfüllung der Verpflichtung nach Artikel 5 Absatz 4, Aufgaben gemäß Artikel 5 Absatz 8 sowie
3. die in Artikel 5 Absatz 1 und 8 Unterabsatz 1 genannten Aufgaben."
Eine Übertragung weiterer Aufgaben zum Zwecke der Durchführung der Verordnung (EU) 2017/1938 an
die BNetzA kann das BMWi auf Grundlage von § 54a Abs. 4 Nr. 1 EnWG durch Rechtsverordnung
vornehmen. Dies ist bislang nicht geschehen.
[12] BT-Drs. 19/24840, 26.

**13**　Der **Monopolkommission** kommt nach § 44 Abs. 1 S. 1 die Aufgabe zu, „alle zwei Jahre ein Gutachten [zu erstellen], in dem sie den Stand und die absehbare Entwicklung der Unternehmenskonzentration in der Bundesrepublik Deutschland beurteilt, die Anwendung der wettbewerbsrechtlichen Vorschriften anhand abgeschlossener Verfahren würdigt, sowie zu sonstigen aktuellen wettbewerbspolitischen Fragen Stellung nimmt." Die Erstellung weiterer wettbewerbsbezogener Gutachten steht nach § 44 Abs. 1 S. 4 in ihrem Ermessen. Spezifisch für den Energiemarkt enthält § 62 Abs. 1 S. 1 EnWG eine Parallelregelung. Danach „erstellt [die Monopolkommission] alle zwei Jahre ein Gutachten, in dem sie den Stand und die absehbare Entwicklung des Wettbewerbs und die Frage beurteilt, ob funktionsfähiger Wettbewerb auf den Märkten der leitungsgebundenen Versorgung mit Elektrizität und Gas in der Bundesrepublik Deutschland besteht, die Anwendung der Vorschriften dieses Gesetzes über die Regulierung und Wettbewerbsaufsicht würdigt und zu sonstigen aktuellen wettbewerbspolitischen Fragen der leitungsgebundenen Versorgung mit Elektrizität und Gas Stellung nimmt." Zur Erleichterung dieser Aufgaben ermächtigt § 47c Abs. 3 die Markttransparenzstelle, der Monopolkommission die ihr vorliegenden Daten zur Verfügung zu stellen.

## D. Daten für wissenschaftliche Studien (Abs. 4)

**14**　§ 47c Abs. 4 gestattet schließlich die Verwendung der Daten, welche der Markttransparenzstelle vorliegen, für wissenschaftliche Zwecke, stellt diesbezüglich aber enge Voraussetzungen auf. Die Vorschrift zielt in besonderem Maße auf ein **hohes Datenschutzniveau** ab.

**15**　So kommen nach § 47c Abs. 4 S. 1 allein **Bundesministerien als Empfänger** in Betracht. Auch die Forschungszwecke sind insoweit begrenzt, als es sich um von diesen oder in ihrem Auftrag von Dritten durchzuführende Studien handelt. Dies schließt es insbesondere aus, dass die Daten Forschern oder Forschungseinrichtungen zur Verfügung gestellt werden, die unabhängige und nicht von einem Bundesministerium initiierte Studien durchführen wollen. Diese können allein spezifische Informationsansprüche nach dem IFG geltend machen. Die weitere Voraussetzung, dass die Daten zur Erreichung der Zwecke der Studien erforderlich sein müssen, verfügt jedoch allenfalls über eine geringe Differenzierungskraft, da sich die Erforderlichkeit der Kenntnis bestimmter Daten für eine wissenschaftliche Studie regelmäßig nicht durch die Markttransparenzstelle feststellen lässt. Ungeachtet ihrer Beschränktheit zielt die Regelung darauf ab, den Bundesministerien „unter Vermeidung eigener Erhebungen Kosten sparend, auf aktuelle, umfassende und vollständige Informationen zurückzugreifen. Diese Daten sind zur Erzielung sachgerechter Ergebnisse erforderlich. Sie sind derzeit oft nicht oder nicht in zufriedenstellender Güte vorhanden. Die in der Markttransparenzstelle vorhandenen Daten sollten daher aus Kostengründen und auf Grund der besonderen Qualität der von Bundesministerien durchgeführten oder in Auftrag gegebenen wissenschaftlichen Untersuchungen prinzipiell zur Verfügung stehen."[13]

**16**　Für wissenschaftliche Zwecke von der Markttransparenzstelle zu übermittelnde Daten setzen jedoch deren vorherige **Anonymisierung** voraus.[14] § 47c Abs. 4 S. 1 fordert dies ohne Ausnahme. § 47c Abs. 4 S. 2 verstärkt die damit beabsichtigte fehlende Zuordenbarkeit der Daten zu einem Unternehmen noch dadurch, dass Daten, die als Betriebs- oder Geschäftsgeheimnisse zu qualifizieren sind, nur dann weitergegeben werden dürfen, „wenn ein Bezug zu einem Unternehmen nicht mehr hergestellt werden kann." Betriebs- oder Geschäftsgeheimnis ist „jede im Zusammenhang mit einem Betrieb stehende Tatsache, die nicht offenkundig, sondern nur einem eng begrenzten Personenkreis bekannt ist und nach dem bekundeten Willen des Betriebsinhabers, der auf einem ausreichenden wirtschaftlichen

---

[13] BT-Drs. 17/10060, 27 f.
[14] Kritisch zur Erreichbarkeit der damit verfolgten Ziele Lüdemann/Lüdemann in L/M/R Rn. 3.

Interesse beruht, geheim gehalten werden soll."[15] Dabei beziehen sich Betriebsgeheimnisse auf technische, Geschäftsgeheimnisse auf kaufmännische Aspekte des Unternehmens und seiner Tätigkeit.[16] Grundsätzlich damit übereinstimmend ist die in § 2 Nr. 1 des Gesetzes zum Schutz von Geschäftsgeheimnissen (GeschGehG) eingefügte, jedoch unmittelbar nur für dieses Gesetz geltende Legaldefinition, wonach Geschäftsgeheimnis jede „Information [ist], a) die weder insgesamt noch in der genauen Anordnung und Zusammensetzung ihrer Bestandteile den Personen in den Kreisen, die üblicherweise mit dieser Art von Informationen umgehen, allgemein bekannt oder ohne Weiteres zugänglich ist und daher von wirtschaftlichem Wert ist und b) die Gegenstand von den Umständen nach angemessenen Geheimhaltungsmaßnahmen durch ihren rechtmäßigen Inhaber ist und c) bei der ein berechtigtes Interesse an der Geheimhaltung besteht". Im Hinblick auf die Wahrung der Vertraulichkeit kommt daher „nur eine Herausgabe solcher Daten in Betracht, wenn ein Personenbezug durch Anonymisierung ausgeschlossen wird und Betriebs- und Geschäftsgeheimnisse durch Typisierung und Anonymisierung gewahrt bleiben. ... Dieser gegenüber Datenschutzgesetzen erweiterte Schutz ist im Energiebereich erforderlich, da insbesondere bei den Kostenangaben jedem Fachmann auch bei einer Anonymisierung die Zuordnung zu einem bestimmten Kraftwerksblock/Betreiber ohne weiteres möglich sein wird."[17]

Eine **Weitergabe** der von der Markttransparenzstelle erlangten Daten **an Dritte** ist den 17 Bundesministerien nach § 47c Abs. 4 S. 3 ebenfalls nur in einem engen Rahmen gestattet. Insbesondere darf die nach § 47c Abs. 4 S. 1 vorgesehene Zweckbindung nicht umgangen werden; auch insoweit kommt nur eine Herausgabe der Daten zur Durchführung wissenschaftlicher Studien in Betracht. Dabei muss es sich allerdings nicht notwendig um Studien handeln, die vom jeweiligen Bundesministerium in Auftrag gegeben wurden. Vielmehr können bei den Bundesministerien vorhandene Datensätze, welche ursprünglich deren eigenen oder von ihnen beauftragten Forschungen dienten, auf Grundlage von § 47c Abs. 4 S. 3 auch für unabhängige Studien von Dritten genutzt werden; zu diesem Zweck kommt eine Anforderung bei der Markttransparenzstelle nach § 47c Abs. 4 S. 1 jedoch nicht in Betracht. Zwingend erforderlich ist des Weiteren, dass die Empfänger vor Erhalt der Daten ihre Fachkunde nachweisen. Dies kann insbesondere durch einschlägige frühere Forschungsarbeiten geschehen. Schließlich muss die vertrauliche Behandlung der Daten gegenüber dem jeweiligen Bundesministerium zugesichert werden. Dies muss explizit nach Maßgabe von § 47j Abs. 3 erfolgen und kann mit einer Vertragsstrafe für den Fall des Zuwiderhandelns bewehrt werden[18]. Intern hat der Dritte die Voraussetzungen dafür zu schaffen, dass seine Mitarbeiter, welche Kenntnis von den Daten erhalten, diese nicht zweckentfremden.

## § 47d Befugnisse

(1) [1]**Zur Erfüllung ihrer Aufgaben hat die Markttransparenzstelle die Befugnisse nach §§ 59, 59a und 59b gegenüber natürlichen und juristischen Personen.** [2]**Sie kann nach Maßgabe des § 47f Festlegungen gegenüber einzelnen, einer Gruppe oder allen der in § 47e Absatz 1 genannten Personen und Unternehmen in den in § 47g genannten Festlegungsbereichen treffen zur Datenkategorie, zum Zeitpunkt und zur Form der Übermittlung.** [3]**Die Markttransparenzstelle ist nach Maßgabe des § 47f befugt, die Festlegung bei Bedarf zu ändern, soweit dies zur Erfüllung ihrer Aufgaben erforderlich ist.** [4]**Sie kann insbesondere vorgeben, dass eine Internetplattform zur Eingabe der angeforderten Auskünfte sowie der Mitteilungen verwendet werden muss.** [5]**Die Markttransparenzstelle kann nach Maßgabe des § 47f darüber hinaus vorgeben, dass Auskünfte und Daten an einen zur Datenerfassung beauftragten Dritten geliefert werden; Auswertung und Nutzung findet allein bei der Markttransparenzstelle statt.** [6]**Die §§ 48**

---

[15] BGH Urt. v. 15.3.1955 – I ZR 111/53, GRUR 1955, 424 (425).
[16] Ohly in Ohly/Sosnitza, 7. Aufl. 2016, UWG § 17 Rn. 5.
[17] BT-Drs. 17/10060, 28.
[18] BT-Drs. 17/10060, 28.

und 49 des Verwaltungsverfahrensgesetzes bleiben unberührt. [7]Die §§ 50f, 54, 56 bis 58, 61 Absatz 1 und 2, die §§ 63, 64, 66, 67, 70, 73 bis 80, 82a, 83, 85, 91 und 92 gelten entsprechend. [8]Für Entscheidungen, die die Markttransparenzstelle durch Festlegungen trifft, kann die Zustellung nach § 61 durch eine öffentliche Bekanntgabe im Bundesanzeiger ersetzt werden. [9]Für Auskunftspflichten nach Satz 1 und Mitteilungspflichten nach § 47e gilt § 55 der Strafprozessordnung entsprechend.

(2) [1]Die Markttransparenzstelle hat als nationale Marktüberwachungsstelle im Sinne des Artikels 7 Absatz 2 Unterabsatz 2 der Verordnung (EU) Nr. 1227/2011 zudem die Rechte gemäß Artikel 7 Absatz 2 Unterabsatz 1, Absatz 3 Unterabsatz 2 Satz 2, Artikel 4 Absatz 2 Satz 2, Artikel 8 Absatz 5 Satz 1 und Artikel 16 der Verordnung (EU) Nr. 1227/2011. [2]Absatz 1 gilt entsprechend.

(3) Die Markttransparenzstelle kann bei der Behörde, an die sie einen Verdachtsfall nach § 47b Absatz 7 Satz 1 abgegeben hat, eine Mitteilung über den Abschluss der Untersuchung anfordern.

## A. Allgemeines

1    § 47d regelt die **operativen Befugnisse** der Markttransparenzstelle für Strom und Gas. Deren Nutzung schafft die wesentlichen Voraussetzungen für die Möglichkeit der Erfüllung ihrer Aufgaben nach § 47a Abs. 1 S. 2 und § 47b Abs. 1 S. 1. Die Norm differenziert dabei zwischen Befugnissen gegenüber einzelnen Akteuren und im Hinblick auf die Aufgaben der Markttransparenzstelle.

## B. Auskunftsverlangen gegenüber Unternehmen (Abs. 1)

2    § 47d Abs. 1 ist die **zentrale Vorschrift** im Hinblick auf die Schaffung der Voraussetzungen für die effektive Erfüllung ihrer Aufgaben durch die Markttransparenzstelle. Die Norm regelt die Modalitäten der Informationsbeschaffung und steht in einem engen Zusammenhang mit der gesetzlichen Regelung über Mitteilungspflichten nach § 47e und den konkretisierenden Vorgaben für Festlegungen gemäß § 47f und § 47g.

3    § 47d Abs. 1 S. 1 verweist hinsichtlich der Befugnisse der Markttransparenzstelle auf §§ 59–59b. Damit geht eine **Gleichstellung mit den Kartellbehörden** hinsichtlich der Durchführung und Durchsetzung von Aufsichtsverlangen einher,[1] wenngleich deren praktische Bedeutung als eher gering zu veranschlagen ist.[2] Im Hinblick auf die mögliche strafrechtliche Relevanz von Auskünften verweist § 47d Abs. 1 S. 9 ebenso wie § 59 Abs. 4 S. 2 explizit auf das Auskunftsverweigerungsrecht des § 55 StPO. Dies ist aus verfassungsrechtlicher Perspektive zwingend, da die betroffenen Personen andernfalls zu Selbstbelastungen entgegen dem nemo tenetur-Prinzip gezwungen wären, welches auf Grundlage von Art. 2 Abs. 1 iVm Art. 1 Abs. 1 GG jedenfalls für natürliche Personen,[3] auf Grundlage von Art. 6 Abs. 1 EMRK auch für juristische Personen[4] sowie in seiner Geltung auch außerhalb des Strafrechts im engeren Sinne (näher → § 59 Rn. 40 ff.) anerkannt ist.[5]

---

[1] Siehe dazu ausführlich die Kommentierungen von §§ 59–59b.

[2] V. Lüdemann/J. Lüdemann WuW 2012, 917 (921).

[3] Für eine derartige Beschränkung BVerfGE 95, 220 (241 f.); kritisch Hassemer/Dallmeyer, Gesetzliche Orientierung im deutschen Recht der Kartellgeldbußen und das Grundgesetz, 2010, S. 59 ff.; Szesny BB 2010, 1995 (1999); Weiß JZ 1998, 289 (294 ff.); parallel bezogen auf das Europarecht Schwarze EuR 2009, 171 (197 f.).

[4] Meyer-Ladewig/Harrendorf/König in Meyer-Ladewig/Nettesheim/v. Raumer EMRK Art. 6 Rn. 4; Valerius in Graf (Hrsg.), BeckOK StPO, Stand 4/2022, EMRK Art. 6 Rn. 3; Queck, Die Geltung des nemo-tenetur-Grundsatzes zugunsten von Unternehmen, 2005, S. 107 f.; Weiß NJW 1999, 2236 (2237).

[5] Grundlegend BVerfGE 38, 105 (114 f.); im Überblick zur grundrechtlichen Herleitung Kölbel, Selbstbelastungsfreiheiten. Der nemo-tenetur-Satz im materiellen Strafrecht, 2006, S. 262 ff.; Mäder, Betriebliche Offenbarungspflichten und Schutz vor Selbstbelastung, 1997, S. 65 ff.

Die Befugnis zu **Festlegungen** seitens der Markttransparenzstelle folgt aus § 47d Abs. 1  **4**
S. 2. Derartige Festlegungen bestimmen und strukturieren die von den Unternehmen
beizubringenden Informationen in Inhalt und Beibringungsmodalitäten. Diese Möglichkeit
ist jedoch insoweit beschränkt, als sie nur nach Maßgabe der aufgrund von § 47f zu
erlassenden Rechtsverordnung gegeben ist. Unter der Voraussetzung ihres Erlasses und
unter Beachtung der darin enthaltenen Vorgaben kann die Markttransparenzstelle gegenüber dem in § 47e Abs. 1 und 5 benannten Kreis der Mitteilungsverpflichteten in den in
§ 47g genannten Festlegungsbereichen Festlegungen zur Datenkategorie, zum Zeitpunkt
und zur Form der Übermittlung treffen und damit „konkret[e] Offenlegungs-, Trans-
parenz- und Dokumentationspflichten der in den Energiemärkten tätigen Unternehmen"
anordnen.[6] Diese Festlegungen können nach § 47d Abs. 1 S. 3 wiederum nach Maßgabe
der auf § 47f zu stützenden Rechtsverordnung nachträglich von der Markttransparenzstelle
geändert werden. „So kann gewährleistet werden, dass die Markttransparenzstelle zeitnah
auf Erfahrungen und neuere Entwicklungen des Marktes reagieren und ihre Aufgaben
dauerhaft effektiv erfüllen kann."[7]

Die **Art und Weise der Datenerfassung** wird partiell normativ weiter konkretisiert,  **5**
ohne dass dies die Notwendigkeit einer Rechtsverordnung nach § 47f als Handlungsvoraus-
setzung für die Markttransparenzstelle in Frage stellte. Die Vorschrift steht überdies in
engem Zusammenhang mit § 47e Abs. 3. Nach § 47d Abs. 1 S. 4 kann die Markttransparenzstelle insbesondere festlegen, dass eine Internetplattform von den auskunftsverpflich-
teten Unternehmen zu verwenden ist. Wenngleich die Norm diesbezüglich ein Ermessen
der Markttransparenzstelle vorsieht, geht die Gesetzesbegründung zu Recht von der zwingenden Notwendigkeit der Nutzung einer solchen Internetplattform aus: „Die Markttransparenzstelle kann ihre Aufgabe der kontinuierlichen Beobachtung einer sehr großen Menge
an Daten nicht ohne diese Art der Eingabe effektiv erfüllen. Sie ist schon angesichts des
erheblichen Umfangs der zu erhebenden und auszuwertenden Daten erforderlich. Auch für
die Mitteilungsverpflichteten ist damit eine Reduzierung des Aufwands verbunden. Die
Möglichkeit, Angaben automatisiert über eine elektronische Internetplattform zu machen,
bedeutet eine Zeitersparnis. Durch im System hinterlegte Plausibilitätsprüfungen kann die
Fehlerquote gesenkt und so der Aufwand für eine Nachbereitung verringert werden. Bei
der Beantwortung über Onlineplattformen sind zwar nur bestimmte Formate oder Angaben
innerhalb bestimmter Vorgaben möglich, ohne dass unmittelbar die Möglichkeit einer
näheren Erläuterung der Angaben durch die Unternehmen besteht. Die Position der
Unternehmen wird im Vergleich zu einer Beantwortung (mit der Möglichkeit der Kommentierung oder Klarstellung) aber nicht unangemessen verschlechtert."[8] Überdies gestattet
§ 47d Abs. 1 S. 5 unter der Voraussetzung einer entsprechenden Ausgestaltung in einer auf
§ 47f gestützten Rechtsverordnung die Beauftragung Dritter seitens der Markttransparenzstelle mit der Datenaufnahme. Die Auskunftspflichtigen können in diesem Falle durch
Festlegung verpflichtet werden, ihre Mitteilungen an den Dritten und somit nicht unmittelbar an die Markttransparenzstelle zu richten. Die Vorschrift gestattet zur „Vermeidung von
Mehrfachmeldungen und zur Auswahl effektiver Meldekanäle die Einschaltung beauftragter
Dritter, zu deren Belieferung die Mitteilungspflichtigen verpflichtet werden können. Das
eröffnet die Möglichkeit, bereits etablierte Datenmeldesysteme zu nutzen und so die Kosten
für die Unternehmen, die mit der Implementierung neuer Systeme verbunden wären,
erheblich zu reduzieren. Die beauftragten Dritten dürfen die Daten nur nach Vorgabe der
Markttransparenzstelle auf der Basis der Verordnung nach § 47f Nummer 2 erfassen und
IT-technisch bearbeitet an die Markttransparenzstelle weitergeben. Die Auswertung und
weitere Nutzung findet nur bei der Markttransparenzstelle statt. Die Verschwiegenheits-
vorschriften und Datenschutzbestimmungen des § 47j gelten für die beauftragten Dritten."[9]

---

[6] BT-Drs. 17/10060, 28.
[7] BT-Drs. 17/10060, 28.
[8] BT-Drs. 17/10060, 28.
[9] BT-Drs. 17/10060, 28.

Mit der Übermittlung an den Dritten gilt die Mitteilungspflicht nach § 47e Abs. 4 Nr. 3 als erfüllt. Eine Kombination der durch § 47d Abs. 1 S. 4 und 5 eröffneten Möglichkeiten ist unter Beachtung des Auswertungs- und Nutzungsverbots seitens des Dritten zulässig, so dass dieser als Betreiber einer von den Auskunftspflichtigen zu nutzenden Internetplattform in Betracht kommt.

6 Nach § 47d Abs. 1 S. 6 bleiben die Vorschriften über die Aufhebung von Verwaltungsakten, §§ 48 f. VwVfG, unberührt. Dem kommt allein klarstellende Bedeutung zu. Mangels spezieller Regelungen richtet sich die **Aufhebung von Festlegungen,** die als Verwaltungsakte iSv § 35 S. 1 VwVfG zu qualifizieren sind, nach den allgemeinen verwaltungsrechtlichen Vorgaben, so dass diese unter den in §§ 48 f. VwVfG genannten Voraussetzungen der Markttransparenzstelle möglich ist.

7 § 47d Abs. 1 S. 7 ordnet die entsprechende Geltung der in der Vorschrift genannten Bestimmungen an. Dadurch erfolgt eine **weitgehende Parallelisierung mit dem allgemeinen Kartellrecht** im Hinblick auf die behördliche Zusammenarbeit, das Verfahren einschließlich der darin bestehenden behördlichen Befugnisse und den Rechtsschutz gegen Entscheidungen. Im Hinblick auf Letzteres liegt „[a]uf Grund der großen Sachnähe zum Wettbewerbs- und Energiewirtschaftsrecht … entsprechend den §§ 91, 92 in Verbindung mit § 2 der Verordnung über die Bildung gemeinsamer Kartellgerichte des Landes Nordrhein-Westfalen eine Zuweisung der Rechtssachen der Markttransparenzstelle an das Oberlandesgericht Düsseldorf" nahe.[10]

8 § 47d Abs. 1 S. 8 „trägt dem Umstand Rechnung, dass es einer Spezialregelung für die Zustellung von Festlegungsentscheidungen bedarf, da der Kreis der befragten und zu konsultierenden Unternehmen sehr groß sein kann."[11] Die Norm legt vor diesem Hintergrund fest, dass die nach § 47d Abs. 1 S. 7 iVm § 61 gebotene individuelle Zustellung von Entscheidungen über Festlegungen an die Adressaten nach dem VwZG durch eine **öffentliche Bekanntgabe im Bundesanzeiger** ersetzt werden kann. Mangels einschränkender Vorgaben kommt ein solches Vorgehen nicht nur unter den restriktiven Vorgaben für eine öffentliche Zustellung gemäß § 10 VwZG in Betracht, sondern immer dann, wenn die Markttransparenzstelle dies ermessensfehlerfrei für sinnvoll hält. Im Hinblick auf ausländische Mitteilungsverpflichtete nach § 47e Abs. 5 kommt ein derartiges Vorgehen jedoch grundsätzlich nicht in Betracht (→ § 47e Rn. 10).

## C. Befugnisse als nationale Marktüberwachungsbehörde (Abs. 2)

9 Anknüpfend an die Qualifikation der Markttransparenzstelle für Strom und Gas als nationale Marktüberwachungsbehörde iSd REMIT-Verordnung durch § 47b Abs. 2 weist § 47d Abs. 2 S. 1 ihr die im Normtext abschließend[12] aufgeführten **Rechte nach der REMIT-Verordnung** zu. In Anbetracht der unmittelbaren Anwendbarkeit der REMIT-Verordnung sowie der Bezugnahme auf die auch in § 47d Abs. 2 genannten Bestimmungen in Art. 7 Abs. 2 UAbs. 2 S. 1 REMIT-Verordnung im Hinblick auf nationale Marktüberwachungsbehörden kommt der Vorschrift allein deklaratorische Bedeutung zu.

10 Der durch § 47d Abs. 2 in Bezug genommene Art. 7 Abs. 2 UAbs. 1 REMIT-Verordnung legt zunächst eine Zusammenarbeit bei der Überwachung der Energiegroßhandelsmärkte auf regionaler Ebene und mit der Agentur für die Zusammenarbeit der Energieregulierungsbehörden (ACER) fest, welche auch die Markttransparenzstelle als nationale Marktüberwachungsstelle einbezieht. Von Bedeutung ist jedoch vor allem, dass Art. 7 Abs. 2 UAbs. 1 S. 2 REMIT-Verordnung den **Zugang zu den der ACER vorliegenden Informationen** öffnet. Die aus Art. 7 Abs. 2 UAbs. 1 S. 3 REMIT-Verordnung folgende

---

[10] BT-Drs. 17/10060, 28.
[11] BT-Drs. 17/10060, 28.
[12] Lüdemann/Lüdemann in L/M/R Rn. 8; MüKoEuWettbR/Wende GWB Rn. 12.

Ermächtigung zur Überwachung des Handels mit Energiegroßhandelsprodukten auf nationaler Ebene ist dagegen im vorliegenden Kontext ohne spezifische Relevanz.

Aus Art. 7 Abs. 3 UAbs. 2 S. 2 REMIT-Verordnung folgt das Recht der Markttrans- **11** parenzstelle zur Abgabe von Stellungnahmen im Rahmen von Konsultationen, welche die **ACER** durchführen muss, bevor sie ihrerseits **Empfehlungen zu den Aufzeichnungen von Transaktionen** abgibt, welche ihrer Ansicht nach für eine wirksame und effiziente Überwachung der Energiegroßhandelsmärkte notwendig sind. Dies gibt der Markttransparenzstelle in gleicher Weise wie der in derartigen Fällen ebenfalls zu konsultierenden BNetzA die Möglichkeit, auf Grundlage der ihr über den betreffenden Markt bereits vorliegenden Erkenntnisse in gewissem, wenn auch mangels Bindung der ACER beschränktem Maße auf die Steigerung der Transparenz des Marktes Einfluss zu nehmen.

Des Weiteren erfolgt eine **Einbeziehung der Markttransparenzstelle in spezifische** **12** **Informationsflüsse,** welche für die Wahrnehmung ihrer Aufgaben dienlich sind. Art. 4 Abs. 2 S. 2 REMIT-Verordnung bezieht sich auf Insider-Informationen.[13] Dabei handelt es sich gemäß der Legaldefinition in Art. 2 Nr. 1 UAbs. 1 REMIT-Verordnung um „eine nicht öffentlich bekannte präzise Information, die direkt oder indirekt ein oder mehrere Energiegroßhandelsprodukte betrifft und die, wenn sie öffentlich bekannt würde, die Preise dieser Energiegroßhandelsprodukte wahrscheinlich erheblich beeinflussen würde." Derartige Informationen sind nach Art. 4 Abs. 1 REMIT-Verordnung grundsätzlich „effektiv und rechtzeitig" bekannt zu geben. In dem Falle, dass die Bekanntgabe derartiger Insider-Informationen aber gemäß Art. 4 Abs. 2 S. 1 REMIT-Verordnung „seinen berechtigten Interessen schaden könnte", darf ein Marktteilnehmer diese „auf eigene Verantwortung ausnahmsweise aufschieben, … sofern diese Unterlassung nicht geeignet ist, die Öffentlichkeit irrezuführen, und der Marktteilnehmer in der Lage ist, die Vertraulichkeit der Information zu gewährleisten und er auf der Grundlage dieser Informationen keine den Handel mit Energiegroßhandelsprodukten betreffenden Entscheidungen trifft." Geschieht dies, muss er jedoch „diese Information zusammen mit einer Begründung für den Aufschub der Bekanntgabe unverzüglich" an die ACER und die BNetzA übermitteln. Als weiterer Mitteilungsadressat tritt auf Grundlage von Art. 7 Abs. 2 UAbs. 2 S. 2 REMIT-Verordnung und § 47d Abs. 2 die Markttransparenzstelle hinzu. In gleicher Weise wird die Markttransparenzstelle zum Adressaten der nach Art. 8 Abs. 5 S. 1 REMIT-Verordnung von den Marktteilnehmern an die ACER und die BNetzA zu übermittelnden „Informationen über die Kapazität und Nutzung von Anlagen zur Erzeugung und Speicherung, zum Verbrauch oder zur Übertragung/Fernleitung von Strom oder Erdgas oder über die Kapazität und Nutzung von Flüssiggasanlagen, einschließlich der geplanten oder ungeplanten Nichtverfügbarkeit dieser Anlagen, zum Zweck der Überwachung der Energiegroßhandelsmärkte." § 47d Abs. 2 S. 2 berechtigt die Markttransparenzstelle im Hinblick auf diese Informationspflichten, konkretisierende **Festlegungen** gemäß den Voraussetzungen des § 47d Abs. 1 zu treffen.

Art. 16 REMIT-Verordnung regelt schließlich die **Zusammenarbeit der Regulie- 13 rungsbehörden** auf Unionsebene und auf nationaler Ebene und bezieht die Markttransparenzstelle in diese ein. Dies ist die notwendige Konsequenz ihrer Einbeziehung in die Aufgabe der Marktüberwachung auf Grundlage von Art. 7 Abs. 2 UAbs. 2 S. 1 REMIT-Verordnung.

---

[13] Dazu Höpping/Stuhlmacher RdE 2012, 416 (418 ff.); zum Insiderhandelsverbot nach der REMIT-Verordnung und den damit in Zusammenhang stehenden Transparenzpflichten V. Lüdemann/Kröger HFR 2013, 49 (51 ff.).

## D. Auskünfte über den Abschluss von Untersuchungen durch Fachbehörden (Abs. 3)

**14**    § 47d Abs. 3 berechtigt die Markttransparenzstelle zur Einholung von Auskünften bei der Fachbehörde, an die sie einen Verdachtsfall nach § 47b Abs. 7 abgegeben hat, über den **Ausgang des Verfahrens.** Dies dient nicht zuletzt der Überprüfung der Richtigkeit ihrer rechtlichen Einschätzung der Situation; darüber hinaus können derartige Entscheidungen eine erhebliche Marktrelevanz aufweisen, so dass deren Kenntnis[14] für die Markttransparenzstelle im Hinblick auf die weitere Erfüllung ihrer Aufgaben von Bedeutung ist.[15] Überdies geht damit auch ein gewisser Druck auf die jeweilige Fachbehörde einher, den von der Markttransparenzstelle mitgeteilten Verdachtsfällen nachzugehen.[16]

**15**    Nach der Formulierung der Vorschrift ist ein Ermessen der Markttransparenzstelle hinsichtlich der Informationseinholung im jeweiligen Einzelfall vorgesehen, nicht aber eine automatische Information seitens der Fachbehörde nach Abschluss des Verfahrens. Dies trägt dem Umstand, dass die Markttransparenzstelle keinen Einblick in den fachbehördlichen Verfahrensgang hat, nur unzureichend Rechnung. Die Vorschrift schließt es aber nicht aus, aus Praktikabilitätsgründen eine anderweitige **Ausgestaltung** zu wählen. So kann entweder das Informationsverlangen bereits mit der Abgabe eines Vorgangs nach Art. 47b Abs. 7 verbunden werden oder können einzelfallübergreifende Vereinbarungen mit den betroffenen Fachbehörden über die Informationserteilung nach Verfahrensabschluss getroffen werden.

## § 47e Mitteilungspflichten

(1) **Folgende Personen und Unternehmen unterliegen neben den in § 47g genannten Mitteilungspflichtigen der Mitteilungspflicht nach den Absätzen 2 bis 5:**

1. **Großhändler im Sinne des § 3 Nummer 21 des Energiewirtschaftsgesetzes,**
2. **Energieversorgungsunternehmen im Sinne des § 3 Nummer 18 des Energiewirtschaftsgesetzes,**
3. **Betreiber von Energieanlagen im Sinne des § 3 Nummer 15 des Energiewirtschaftsgesetzes, ausgenommen Betreiber von Verteileranlagen der Letztverbraucher oder bei der Gasversorgung Betreiber der letzten Absperrvorrichtungen von Verbrauchsanlagen,**
4. **Kunden im Sinne des § 3 Nummer 24 des Energiewirtschaftsgesetzes, ausgenommen Haushaltskunden im Sinne des § 3 Nummer 22 des Energiewirtschaftsgesetzes und**
5. **Handelsplattformen.**

(2) [1] **Die Mitteilungspflichtigen haben der Markttransparenzstelle die nach Maßgabe des § 47f in Verbindung mit § 47g konkretisierten Handels-, Transport-, Kapazitäts-, Erzeugungs- und Verbrauchsdaten aus den Märkten zu übermitteln, auf denen sie tätig sind.** [2] **Dazu gehören Angaben**

1. **zu den Transaktionen an den Großhandelsmärkten, an denen mit Elektrizität und Erdgas gehandelt wird, einschließlich der Handelsaufträge, mit genauen Angaben über die erworbenen und veräußerten Energiegroßhandelsprodukte, die vereinbarten Preise und Mengen, die Tage und Uhrzeiten der Ausführung, die Parteien und Begünstigten der Transaktionen,**
2. **zur Kapazität und Auslastung von Anlagen zur Erzeugung und Speicherung, zum Verbrauch oder zur Übertragung oder Fernleitung von Strom oder Erdgas oder**

---

[14] Für eine inhaltsreiche Ausgestaltung Just/Künstner in Schulte/Just Rn. 13 f.; Häfele in Bunte Rn. 5.
[15] Vgl. auch BT-Drs. 17/10060, 29.
[16] Bechtold/Bosch Rn. 4.

über die Kapazität und Auslastung von Anlagen für verflüssigtes Erdgas (LNG-Anlagen), einschließlich der geplanten oder ungeplanten Nichtverfügbarkeit dieser Anlagen oder eines Minderverbrauchs,

3. im Bereich der Elektrizitätserzeugung, die eine Identifikation einzelner Erzeugungseinheiten ermöglichen,

4. zu Kosten, die im Zusammenhang mit dem Betrieb der meldepflichtigen Erzeugungseinheiten entstehen, insbesondere zu Grenzkosten, Brennstoffkosten, $CO_2$-Kosten, Opportunitätskosten und Anfahrkosten,

5. zu technischen Informationen, die für den Betrieb der meldepflichtigen Erzeugungsanlagen relevant sind, insbesondere zu Mindeststillstandszeiten, Mindestlaufzeiten und zur Mindestproduktion,

6. zu geplanten Stilllegungen oder Kaltreserven,

7. zu Bezugsrechtsverträgen,

8. zu Investitionsvorhaben sowie

9. zu Importverträgen und zur Regelenergie im Bereich Erdgashandel.

(3) [1] Die Daten sind der Markttransparenzstelle nach Maßgabe der §§ 47f und 47g im Wege der Datenfernübertragung und, soweit angefordert, laufend zu übermitteln. [2] Stellt die Markttransparenzstelle Formularvorlagen bereit, sind die Daten in dieser Form elektronisch zu übermitteln.

(4) Die jeweilige Mitteilungspflicht gilt als erfüllt, wenn

1. Meldepflichtige nach Absatz 1 die zu meldenden oder angeforderten Informationen entsprechend Artikel 8 der Verordnung (EU) Nr. 1227/2011 gemeldet haben und ein zeitnaher Datenzugriff durch die Markttransparenzstelle gesichert ist oder

2. Dritte die zu meldenden oder angeforderten Informationen im Namen eines Meldepflichtigen nach Absatz 1 auch in Verbindung mit § 47f Nummer 3 und 4 übermittelt haben und dies der Markttransparenzstelle mitgeteilt wird oder

3. Meldepflichtige nach Absatz 1 auch in Verbindung mit § 47f Nummer 3 und 4 die zu meldenden oder angeforderten Informationen an einen nach § 47d Absatz 1 Satz 5 in Verbindung mit § 47f Nummer 2 beauftragten Dritten übermittelt haben oder

4. Meldepflichtige nach Absatz 1 Nummer 3 in Verbindung mit § 47g Absatz 6 die zu meldenden oder angeforderten Informationen entsprechend den Anforderungen des Erneuerbare-Energien-Gesetzes oder einer auf dieses Gesetz gestützten Rechtsverordnung an den Netzbetreiber gemeldet haben, dies der Markttransparenzstelle mitgeteilt wird und ein zeitnaher Datenzugriff durch die Markttransparenzstelle gesichert ist.

(5) [1] Die Verpflichtungen nach den Absätzen 1 bis 4 gelten für Unternehmen, wenn sie an einer inländischen Börse zur Teilnahme am Handel zugelassen sind oder wenn sich ihre Tätigkeiten im Geltungsbereich dieses Gesetzes auswirken. [2] Übermittelt ein Unternehmen mit Sitz außerhalb des Geltungsbereichs dieses Gesetzes die verlangten Informationen nicht, so kann die Markttransparenzstelle zudem die zuständige Behörde des Sitzstaates ersuchen, geeignete Maßnahmen zur Verbesserung des Zugangs zu diesen Informationen zu treffen.

## Übersicht

## A. Allgemeines

**1**    § 47e enthält die zentralen Vorgaben über Mitteilungspflichten und betrifft somit die **Informationsgrundlagen der Markttransparenzstelle.** Die Vorschrift benennt den Kreis der Mitteilungspflichtigen sowie Gegenstand und Form der Mitteilungen. Dabei besteht ein enger Zusammenhang mit der auf § 47f zu stützenden Rechtsverordnung sowie den Festlegungen auf Grundlage von § 47g. Im Hinblick auf die gesetzliche Grundentscheidung in § 47b Abs. 3 S. 3, dass die Markttransparenzstelle vorrangig vorhandene Informationsquellen zu nutzen hat, legt § 47e Abs. 4 auch einige Fälle fest, in denen Mitteilungspflichten als auf andere Weise erfüllt gelten.

## B. Mitteilungspflichtige

**2**    § 47e statuiert umfassende Mitteilungspflichten für die im Großhandel mit Strom und Erdgas beteiligten Akteure. Neben inländischen Marktteilnehmern werden auch bestimmte ausländische Akteure erfasst. Für alle Mitteilungspflichtigen gilt jedoch § 47d Abs. 1 S. 9, wonach das Auskunftsverweigerungsrecht des § 55 StPO entsprechend gilt (→ § 47d Rn. 3).

### I. Mitteilungspflichtauslösende Betätigungen (Abs. 1)

**3**    § 47e Abs. 1 definiert die gegenüber der Markttransparenzstelle Mitteilungspflichtigen ergänzend zu § 47g. Dies geschieht weitgehend unter Bezugnahme auf die Begrifflichkeit des EnWG. Auf die Rechtsform kommt es nicht an. Die unspezifische Bezugnahme auf „Personen und Unternehmen" stellt klar, dass es nicht auf die Organisationsform der Verpflichteten, sondern allein auf ihren Tätigkeitsbereich und die daraus folgende **Qualifikation gemäß Nr. 1–5** ankommt. Die Vorschrift zielt darauf ab, „[a]lle potenziellen Teilnehmer am Großhandel mit Elektrizität und Gas sowie die … Betreiber von Anlagen zur Erzeugung, Speicherung, Fortleitung oder Abgabe von Elektrizität und Gas im Rahmen der leitungsgebundenen Energieversorgung … zu Adressaten der Mitteilungspflichten" zu erklären.[1]

**4**    § 47e Abs. 1 Nr. 1 erklärt **Großhändler** iSv § 3 Nr. 21 EnWG für mitteilungspflichtig. Nach der in Bezug genommenen Legaldefinition handelt es sich dabei um „natürliche oder juristische Personen mit Ausnahme von Betreibern von Übertragungs-, Fernleitungs-, Wasserstoff- sowie Elektrizitäts- und Gasverteilernetzen, die Energie zum Zwecke des Weiterverkaufs innerhalb oder außerhalb des Netzes, in dem sie ansässig sind, kaufen".

**5**    Mitteilungspflichten unterfallen des Weiteren nach § 47e Abs. 1 Nr. 2 **Energieversorgungsunternehmen** iSv § 3 Nr. 18 EnWG. Dies sind „natürliche oder juristische Personen, die Energie an andere liefern, ein Energieversorgungsnetz betreiben oder an einem Energieversorgungsnetz als Eigentümer Verfügungsbefugnis besitzen; der Betrieb einer Kundenanlage oder einer Kundenanlage zur betrieblichen Eigenversorgung macht den Betreiber nicht zum Energieversorgungsunternehmen".

**6**    Erfasst werden darüber hinaus gemäß § 47e Abs. 1 Nr. 3 **Betreiber von Energieanlagen** iSv § 3 Nr. 15 EnWG. Energieanlagen werden danach definiert, als „Anlagen zur Erzeugung, Speicherung, Fortleitung oder Abgabe von Energie, soweit sie nicht lediglich der Übertragung von Signalen dienen, dies schließt die Verteileranlagen der Letztverbraucher sowie bei der Gasversorgung auch die letzte Absperreinrichtung vor der Verbrauchsanlage ein". Der letzte Bestandteil dieser Legaldefinition spielt jedoch im vorliegenden Kontext keine Rolle, da § 47e Abs. 1 Nr. 3 explizit „Betreiber von Verteileranlagen der Letztverbraucher oder bei der Gasversorgung Betreiber der letzten Absperrvorrichtungen

---

[1] BT-Drs. 17/10060, 29.

**keine unmittelbaren Informationspflichten.** Es bedarf vielmehr zwingend der Konkretisierung. Die Gesetzesbegründung verweist insoweit zutreffend darauf, dass § 47e Abs. 2 allein „den potenziellen Gegenstand der Mitteilungen" umschreibe und damit den „Bereich" abstecke, „in dem konkrete Informationsanforderungen durch die Markttransparenzstelle erfolgen können."[12]

Die Mitteilungspflichten sind normativ **umfassend** angelegt und betreffen Aspekte der   **13** Vor- wie auch der Nachhandelstransparenz[13]. § 47e Abs. 2 S. 1 nimmt auf die Handels-, Transport-, Kapazitäts-, Erzeugungs- und Verbrauchsdaten in den jeweiligen Märkten Bezug. § 47e Abs. 2 S. 2 konkretisiert dies in vielfacher Hinsicht, ohne jedoch einen abschließenden Charakter aufzuweisen.[14] Nach der Gesetzesbegründung ist dieser „weite Rahmen … dadurch gerechtfertigt, dass es für die Überprüfung der ordnungsgemäßen Preisbildung einer umfassenden und regelmäßigen Überwachung des gesamten Marktgeschehens auf den Großhandelsmärkten bedarf, die alle relevanten Transaktionen abdeckt. Eine wirksame und funktionierende Marktüberwachung erfordert den Zugang zu vollständigen und überprüften Transaktionsdatensätzen und entsprechende Meldepflichten. Erforderlich ist die Transparenz der Handelsdaten. Diese so genannte Nachhandelstransparenz erlaubt Zugang zu Informationen über getätigte Großhandelsaktivitäten und schließt Informationen über Preis und Menge des Handels ebenso ein wie Bieterkurven. Gleichfalls erforderlich ist die auch als Vorhandelstransparenz bezeichnete Transparenz der Fundamentaldaten. Durch sie werden Informationen über physische Daten offengelegt, wie Netze, Erzeugung, Speicherung und Verbrauch, die Marktteilnehmer haben sollten, bevor sie mit dem Handel beginnen. Fundamentaldatentransparenz erlaubt zB die Aufdeckung von Informationen über alle Umstände, die zu einer vorhersehbaren Veränderung der verfügbaren Kapazität führen, etwa durch geplante Stilllegungen, Restriktionen, Aus- oder Rückbau der Kapazität. Sie sind Voraussetzungen für eine effiziente Handelsentscheidung."[15] Der ungeachtet weitgehender Transparenzpflichten gebotene Schutz der Unternehmen wird durch das Gebot der vertraulichen Behandlung der Daten gemäß § 47j sowie den Beschränkungen der Datenverwendung nach § 47c sichergestellt.

Mitteilungspflichtig können nach Maßgabe der weiteren Konkretisierung auf Grundlage   **14** von § 47f und § 47g nach § 47e Abs. 2 S. 2 Nr. 1 detaillierte Angaben zu einzelnen **Handelsvorgängen** auf den Großhandelsmärkten für Strom und Gas sein. Dabei sind alle für das Geschäft prägenden Aspekte offenzulegen. Die Vorschrift benennt explizit die „genauen Angaben über die erworbenen und veräußerten Energiegroßhandelsprodukte, die vereinbarten Preise und Mengen, die Tage und Uhrzeiten der Ausführung, die Parteien und Begünstigten der Transaktionen". Unternehmerische Informationsreservate sieht das Gesetz in Bezug auf derartige Geschäfte nicht vor.

Ebenfalls im Detail können nach § 47e Abs. 2 S. 2 Nr. 2 Informationen „zur **Kapazität**   **15** **und Auslastung von Anlagen** zur Erzeugung und Speicherung, zum Verbrauch oder zur Übertragung oder Fernleitung von Strom oder Erdgas oder über die Kapazität und Auslastung von Anlagen für verflüssigtes Erdgas (LNG-Anlagen), einschließlich der geplanten oder ungeplanten Nichtverfügbarkeit dieser Anlagen oder eines Minderverbrauchs" der Markttransparenzstelle zu übermitteln sein. Diese „Pflicht zur Mitteilung von Kapazitätsverhältnissen" ist dadurch begründet, dass kartellrechtliche Untersuchungen der letzten Jahre auf nationaler und europäischer Ebene ein Risiko offenbart haben, dass marktbeherrschende Erzeugungs- und Versorgungsunternehmen ihre überragende Marktstellung missbräuchlich ausnutzen können, um Erzeugungskapazität missbräuchlich zurückzuhalten. Das Bundeskartellamt hat in seiner Sektoruntersuchung Stromerzeugung und -großhandel festgestellt, dass für die großen Betreiber von Kraftwerksparks erhebliche Anreize zur Preismanipulation durch Zurückhaltung von Erzeugungskapazitäten bestehen und wie

---

[12] BT-Drs. 17/10060, 29.
[13] Just/Künstner in Schulte/Just Rn. 14.
[14] Ebenso MüKoEuWettbR/Wende GWB Rn. 11.
[15] BT-Drs. 17/10060, 29.

solche preiswirksamen Kapazitätszurückhaltungen technisch möglich sind."[16] Die entsprechenden Informationen sollen die Markttransparenzstelle mithin in die Lage versetzen, zu erkennen, ob die von ihr zu beobachtenden Märkte ordnungsgemäß funktionieren oder die Anbieter gleichsam „mit angezogener Handbremse fahren", um durch eine künstliche Angebotsverknappung höhere Preise durchzusetzen. Die kapazitätsbezogenen Informationen sind insoweit zwingend erforderlich, damit die Markttransparenzstelle Verdachtsfälle iSv § 47b Abs. 6 überhaupt erkennen kann.

**16**  Ebenfalls einen Kapazitätsbezug weisen die nach § 47e Abs. 2 S. 2 Nr. 3 zu übermittelnden „Angaben … im Bereich der Elektrizitätserzeugung, die eine **Identifikation einzelner Erzeugungseinheiten** ermöglichen", auf. Derartige Angaben gestatten Rückschlüsse auf die Herkunft des in das Netz eingespeisten elektrischen Stroms und ermöglichen dadurch der Markttransparenzstelle im Stromsektor eine Zuordnung der Erzeugerbeiträge und damit auch eine Verifikation der auf Grundlage von § 47e Abs. 2 S. 2 Nr. 2 übermittelten Daten.

**17**  Wegen ihrer Auswirkungen auf die Preise sind auch die den mitteilungspflichtigen Unternehmen bei ihrer Tätigkeit entstehenden **Betriebskosten** nach § 47e Abs. 2 S. 2 Nr. 4 Gegenstand der gemäß der untergesetzlichen Konkretisierung der Markttransparenzstelle zu übermittelnden Informationen. Exemplarisch benennt die Norm Grenzkosten, Brennstoffkosten, $CO_2$-Kosten, Opportunitätskosten und Anfahrkosten. Etwaige weitere relevante Kosten, etwa für Personal oder Investitionen, kann die Markttransparenzstelle ebenfalls anfordern.

**18**  Nach § 47e Abs. 2 S. 2 Nr. 5 sind des Weiteren **technische Informationen** zu übermitteln, „die für den Betrieb der meldepflichtigen Erzeugungsanlagen relevant sind, insbesondere zu Mindeststillstandszeiten, Mindestlaufzeiten und zur Mindestproduktion". Diese Daten gestatten Rückschlüsse auf die im Markt vorhandenen Kapazitäten und deren Nutzung.

**19**  Entsprechendes gilt für die nach § 47e Abs. 2 S. 2 Nr. 6 zu übermittelnden Informationen zu geplanten **Stilllegungen** von Anlagen sowie zu **Kaltreserven,** also zur Vorhaltung funktionsfähiger Anlagen, die jedoch längerfristig nicht genutzt werden.[17]

**20**  Die gemäß § 47e Abs. 2 S. 2 Nr. 7 zu übermittelnden Angaben zu **Bezugsrechtsverträgen** weisen zum einen eine Mengen-, zum anderen eine unmittelbare Preisrelevanz auf. Derartige Verträge betreffen die Frage, ob und zu welchen Konditionen mitteilungspflichtige Unternehmen die Möglichkeit haben, auf Strom oder Gas zurückzugreifen, welches von Dritten bereitgestellt wird. Sie sind gegenüber der Markttransparenzstelle in gleicher Weise offen zu legen wie einzelne Transaktionen auf Grundlage von § 47e Abs. 2 S. 2 Nr. 1, um Umgehungen einerseits und eine defizitäre Informationslage andererseits zu vermeiden.

**21**  Angaben zu **Investitionsvorhaben,** welche der Markttransparenzstelle nach § 47e Abs. 2 S. 2 Nr. 8 zu übermitteln sind, sind sowohl für die Bestimmung der (künftig) im Markt vorhandenen Kapazitäten als auch für die Bestimmung der Höhe der Kosten der Unternehmen auch jenseits der von § 47e Abs. 2 S. 2 Nr. 4 erfassten Betriebskosten von Bedeutung. Derartige Vorhaben müssen jedoch hinreichend konkretisiert sein. Dies setzt einen (vorläufigen) Abschluss des unternehmensinternen Entscheidungsprozesses voraus, mag dieser auch reversibel sein. Die Mitteilungspflicht erstreckt sich nach ihrem Sinn und Zweck dagegen nicht auf bloße Überlegungen im Hinblick auf künftige Investitionen.

**22**  § 47e Abs. 2 S. 2 Nr. 9 betrifft schließlich Angaben zu **Importverträgen** und zur **Regelenergie** im Bereich Erdgashandel. Durch Importverträge wird die Menge der im deutschen Markt verfügbaren Energie unmittelbar beeinflusst. Regelenergie definiert § 2 Nr. 12 GasNZV für den Gassektor als „die Gasmengen, die vom Netzbetreiber zur

---

[16] BT-Drs. 17/10060, 29.
[17] Vgl. § 13b Abs. 1 EnWG (Stilllegungen); zum Begriff der Kaltreserve BNetzA: Bericht zu den „Auswirkungen des Kernkraftwerk-Moratoriums auf die Übertragungsnetze und die Versorgungssicherheit" vom 11.4.2011, S. VI (Abs. 10).

Gewährleistung der Netzstabilität eingesetzt werden". In beiden Fällen bedarf es ungeachtet des unspezifischen Wortlauts detailgenauer Angaben.

## D. Mitteilungszeit und -form (Abs. 3)

Für die Abgabe der Mitteilungen schreibt § 47e Abs. 3 S. 1 eine Datenfernübermittlung **23** nach Maßgabe der auf § 47f gestützten Rechtsverordnung sowie den Anforderungen des § 47g vor. Damit geht eine Verpflichtung der nach § 47e Abs. 1 und 5 erfassten Unternehmen einher, zu den vorgesehenen **Zeitpunkten** die festgelegten Informationen zu übermitteln. Nur wenn die Markttransparenzstelle dies individuell bestimmt hat, ist eine laufende Übermittlung gemäß den jeweiligen Festlegungen geboten.

Die Übermittlung der Daten hat nach der Gesetzesbegründung stets auf elektronischem **24** Wege zu erfolgen.[18] Dies widerspricht jedoch § 47d Abs. 1 S. 2 und 4, wonach die Festlegung der Form der Datenübermittlung der Markttransparenzstelle obliegt und die Nutzung einer Internetplattform eine bloße Option darstellt. Mag die **elektronische Übermittlung** auch allein praxisgerecht erscheinen, so lässt sich ihre Gebotenheit nicht nur aus § 47e Abs. 3 S. 1 ableiten. Sofern die Markttransparenzstelle auf ihrer Homepage oder derjenigen des nach § 47d Abs. 1 S. 5 mit der Datenerhebung beauftragten Dritten Formulare bereitstellt, sind diese gemäß § 47e Abs. 3 S. 2 von den Mitteilungspflichtigen zu nutzen. In diesem Falle kann die Informationspflicht nicht auf anderem Wege erfüllt werden. Insoweit kommt in Anbetracht des eindeutigen Wortlauts auch eine Übermittlung in anderer als elektronischer Form nicht in Betracht.

## E. Erfüllung der Mitteilungspflicht auf andere Weise (Abs. 4)

Für einige, **abschließend** benannte Fälle sieht § 47e Abs. 4 vor, dass die Mitteilungspflicht **25** auch auf andere Weise als durch eine spezifische Mitteilung des Unternehmens an die Markttransparenzstelle gemäß den Anforderungen der auf § 47f gestützten Rechtsverordnung und den Festlegungen gemäß § 47g erfüllt werden kann. Die betroffenen Konstellationen zeichnen sich dadurch aus, dass das mitteilungspflichtige Unternehmen seiner Informationspflicht bereits im Hinblick auf einen anderen Empfänger tatsächlich nachgekommen ist, so dass die Information allein die Markttransparenzstelle noch erreichen muss.

Eine gesonderte Mitteilung gegenüber der Markttransparenzstelle ist nach § 47e Abs. 4 **26** Nr. 1 dann nicht erforderlich (und die Forderung danach europarechtswidrig[19]), wenn Daten auf Grundlage von Art. 8 REMIT-Verordnung und darauf gestützten Durchführungsrechtsakten, konkret der Durchführungsverordnung (EU) Nr. 1348/2014 der Kommission vom 17.12.2014 über die Datenmeldung gemäß Artikel 8 Absätze 2 und 6 der Verordnung (EU) Nr. 1227/2011 des Europäischen Parlaments und des Rates über die Integrität und Transparenz des Energiegroßhandelsmarkts[20] (REMIT-DVO), der **ACER** übermittelt wurden. Betroffen sind nach Art. 8 Abs. 1 S. 1 und 2 REMIT-Verordnung „Aufzeichnungen der Transaktionen am Energiegroßhandelsmarkt einschließlich der Handelsaufträge. Die gemeldeten Informationen umfassen genaue Angaben über die erworbenen und veräußerten Energiegroßhandelsprodukte, die vereinbarten Preise und Mengen, die Tage und Uhrzeiten der Ausführung, die Parteien und Begünstigten der Transaktionen und sonstige einschlägige Informationen." Konkretisierend tritt Art. 3 ff. REMIT-DVO hinzu. Es besteht mithin eine gegenständliche Überschneidung mit § 47e Abs. 2 S. 2 Nr. 1. Des Weiteren erfordert Art. 8 Abs. 5 S. 1 und 2 REMIT-Verordnung, konkretisiert durch Art. 8 ff. REMIT-DVO, „Informationen über die Kapazität und Nutzung von

---

[18] BT-Drs. 17/10060, 29.
[19] Bachert RdE 2014, 361 (365).
[20] ABl. 2014 L 363, 121.

Anlagen zur Erzeugung und Speicherung, zum Verbrauch oder zur Übertragung/Fernleitung von Strom oder Erdgas oder über die Kapazität und Nutzung von Flüssiggasanlagen, einschließlich der geplanten oder ungeplanten Nichtverfügbarkeit dieser Anlagen, zum Zweck der Überwachung der Energiegroßhandelsmärkte." Diesbezüglich besteht eine Überschneidung insbesondere mit § 47e Abs. 2 S. 2 Nr. 2. Als zusätzliches Erfordernis sieht § 47e Abs. 4 Nr. 1 allerdings in allen Fällen vor, dass „ein zeitnaher Datenzugriff durch die Markttransparenzstelle gesichert ist". Dies ist auf Grundlage von Art. 10 RE-MIT-Verordnung unter den darin genannten Voraussetzungen für den Informationsaustausch der Fall. Die insoweit erforderliche vertrauliche Behandlung der Daten seitens der Markttransparenzstelle als Empfänger ist gesetzlich infolge von § 47j vorgegeben; gleichwohl bedarf es der Einrichtung geeigneter Systeme. Ein zeitnaher Zugriff der Markttransparenzstelle auf die ACER vorliegenden Informationen ist erst ab diesem Zeitpunkt zu bejahen. Von der Markttransparenzstelle ist dieser bekannt zu machen, da die mitteilungspflichtigen Unternehmen keine Kenntnis hiervon haben können.

27    § 47e Abs. 4 Nr. 2 betrifft den Einsatz von Dritten durch ein mitteilungspflichtiges Unternehmen zwecks Erfüllung seiner Mitteilungspflichten. Dabei kann es sich insbesondere um spezialisierte **Dienstleister** handeln, welche die erforderlichen Daten im Auftrag des mitteilungspflichtigen Unternehmens aufbereiten. Ein solches Vorgehen ist zulässig; es bedarf jedoch nach § 47e Abs. 4 Nr. 2 einer entsprechenden Information der Markttransparenzstelle. An der Verantwortlichkeit des mitteilungspflichtigen Unternehmens für die Richtigkeit und Vollständigkeit der zu übermittelnden Daten sowie an der Rechtzeitigkeit ihrer Übermittlung ändert dies nichts. Das mitteilungspflichtige Unternehmen hat sich ein Verschulden des Dritten wie eigenes Verschulden zurechnen zu lassen.

28    Die Mitteilungspflicht gilt nach § 47e Abs. 4 Nr. 3 auch dann als erfüllt, wenn die Daten dem nach § 47d Abs. 1 S. 5 **von der Markttransparenzstelle zur Datensammlung beauftragten Dritten** mitgeteilt wurden. Die Vorschrift ist zwingende Folge der Delegationsmöglichkeit durch die Markttransparenzstelle.

29    Betreiber von Energieanlagen als Meldepflichtige nach § 47e Abs. 1 Nr. 3, die **Strom aus erneuerbaren Energien** gewinnen, sind nach Maßgabe der Festlegungen nach § 47g Abs. 6 gemäß § 47e Abs. 4 Nr. 4 von der Mitteilungspflicht gegenüber der Markttransparenzstelle insoweit befreit, als sie ihren Mitteilungspflichten nach §§ 70 ff. EEG oder einer Rechtsverordnung auf Grundlage des EEG gegenüber dem Netzbetreiber nachgekommen sind. Voraussetzungen hierfür sind, dass dies der Markttransparenzstelle mitgeteilt wurde und diese zeitnah auf die Daten zugreifen kann. Letzteres ist infolge der eigenen Mitteilungspflichten der Netzbetreiber gemäß § 47e Abs. 1 Nr. 2 und 3 grundsätzlich der Fall.

## § 47f Verordnungsermächtigung

**Das Bundesministerium für Wirtschaft und Energie wird ermächtigt, im Wege der Rechtsverordnung, die nicht der Zustimmung des Bundesrates bedarf, im Einvernehmen mit dem Bundesministerium der Finanzen unter Berücksichtigung der Anforderungen von Durchführungsrechtsakten nach Artikel 8 Absatz 2 oder Absatz 6 der Verordnung (EU) Nr. 1227/2011**

**1. nähere Bestimmungen zu Art, Inhalt und Umfang derjenigen Daten und Informationen, die die Markttransparenzstelle nach § 47d Absatz 1 Satz 2 durch Festlegungen von den zur Mitteilung Verpflichteten anfordern kann, zu erlassen sowie zum Zeitpunkt und zur Form der Übermittlung dieser Daten,**

**2. nähere Bestimmungen zu Art, Inhalt und Umfang derjenigen Daten und Informationen, die nach § 47d Absatz 1 Satz 5 an beauftragte Dritte geliefert werden sollen, zu erlassen sowie zum Zeitpunkt und zur Form der Übermittlung und zu den Adressaten dieser Daten,**

3. vorzusehen, dass folgende Stellen der Markttransparenzstelle laufend Aufzeichnungen der Energiegroßhandelstransaktionen übermitteln:
   a) organisierte Märkte,
   b) Systeme zur Zusammenführung von Kauf- und Verkaufsaufträgen oder Meldesysteme,
   c) Handelsüberwachungsstellen an Börsen, an denen mit Strom und Gas gehandelt wird, sowie
   d) die in § 47i genannten Behörden,
4. vorzusehen, dass eine Börse oder ein geeigneter Dritter die Angaben nach § 47e Absatz 2 in Verbindung mit § 47g auf Kosten der Mitteilungsverpflichteten übermitteln darf oder zu übermitteln hat, und die Einzelheiten hierzu festzulegen oder die Markttransparenzstelle zu entsprechenden Festlegungen zu ermächtigen,
5. angemessene Bagatellgrenzen für die Meldung von Transaktionen und Daten festzulegen und Übergangsfristen für den Beginn der Mitteilungspflichten vorzusehen sowie
6. eine Registrierungspflicht für die Meldepflichtigen vorzusehen und die Markttransparenzstelle zu ermächtigen, den Meldepflichtigen hierfür ein zu nutzendes Registrierungsportal vorzugeben und die inhaltlichen und technischen Details der Registrierung festzulegen.

## A. Allgemeines

§ 47f enthält eine Verordnungsermächtigung zugunsten des BMWi. Wenngleich der- **1** artige Ermächtigungen grundsätzlich keine Pflicht der ermächtigten Stelle zur Nutzung der Kompetenz begründen können, so bedarf es einer Verordnungsgebung auf Grundlage von § 47f zwingend zur Herstellung der uneingeschränkten Arbeitsfähigkeit der Markttransparenzstelle für Strom und Gas. Die §§ 47a ff. verweisen vielfach auf die auf § 47f zu stützende Rechtsverordnung, so dass dieser eine **zentrale Bedeutung** für die Realisierung des gesetzgeberischen Willens zukommt und sie als notwendiges Bindeglied zwischen den formellgesetzlichen Vorgaben und den Einzelmaßnahmen der Markttransparenzstelle dient.

## B. Verfahrensanforderungen

Die Verordnungsermächtigung richtet sich an das **BMWi.** Dieses ist gleichwohl nicht **2** allein zur Entscheidung berufen. Zwingend erforderlich ist in jedem Falle die **Zustimmung des Bundesministeriums der Finanzen.** Eine Zustimmung des Bundesrates ist dagegen nicht vorgesehen.

Das vormals vorgesehene **Einvernehmen mit dem Bundesministerium für Umwelt,** **3** **Naturschutz und Reaktorsicherheit,** wenn und soweit durch die Rechtsverordnung Anlagen zur Erzeugung von Strom aus erneuerbaren Energien iSd EEG betroffen sind, ist entfallen.

## C. Gegenstände der Verordnungsermächtigung

Die Ermächtigung des § 47f Nr. 1 betrifft eine **Konkretisierung der von der Markt-** **4** **transparenzstelle zu erhebenden Daten,** bezüglich derer diese Festlegungen nach § 47d Abs. 1 S. 2 iVm § 47g treffen kann. Im Einzelnen handelt es sich nach dem klaren Wortlaut um „nähere Bestimmungen zu Art, Inhalt und Umfang derjenigen Daten und Informationen, … sowie zum Zeitpunkt und zur Form der Übermittlung dieser Daten". Insbesondere können auf dieser Grundlage Vorschriften im Hinblick auf die Nutzung technischer Mittel für die Mitteilungen erlassen werden. Zentral ist dabei die Vorgabe der Verwendung im

Internet bereitgestellter Formulare. In zeitlicher Hinsicht legt der Vergleich der Formulierung mit § 47f Nr. 3 nahe, dass eine Verpflichtung zur laufenden Datenübermittlung nicht in einer Rechtsverordnung auf Grundlage von § 47f Nr. 1 erlassen werden kann.

5    Im Hinblick auf die Eröffnung der Möglichkeit der **Beauftragung Dritter mit der Datenerhebung** nach § 47d Abs. 1 S. 5 seitens der Markttransparenzstelle enthält § 47f Nr. 2 eine zu § 47f Nr. 1 parallele, jedoch auf die spezifische Situation bezogene Ermächtigung. Deren Bedeutung liegt aber auch gerade darin, dass sie wegen des Verweises in § 47d Abs. 1 S. 5 auf § 47f die Beauftragung des Dritten überhaupt gestattet.

6    Gegenstand der Ermächtigung des § 47f Nr. 3 ist die Verpflichtung der abschließend unter lit. a–d genannten Stellen zur laufenden Übermittlung von Aufzeichnungen über Energiegroßhandelstransaktionen an die Markttransparenzstelle, mithin zur **Datenlieferung**.[1] Der Begriff der Energiegroßhandelstransaktionen bestimmt sich aus den Aufgaben der Markttransparenzstelle nach § 47b Abs. 1 und der parallelen Begrifflichkeit der RE-MIT-Verordnung. Eine laufende Übermittlung setzt keine Lieferung in Echtzeit voraus, wohl aber eine solche, die regelmäßig innerhalb kürzerer Zeitabschnitte erfolgt, mithin stündlich, täglich, mehrtäglich oder auch wöchentlich.[2] Als Minus zur laufenden Übermittlung ermächtigt § 47f Nr. 3 aber auch zur Festlegung von Datenlieferungsverpflichtungen zu bestimmten Zeitpunkten. Mögliche Adressaten der durch Rechtsverordnung zur Datenübermittlung zu verpflichtenden Stellen sind nach lit. a organisierte Märkte. Dabei handelt es sich nach § 2 Abs. 11 WpHG um „im Inland, in einem anderen Mitgliedstaat der Europäischen Union oder einem anderen Vertragsstaat des Abkommens über den Europäischen Wirtschaftsraum betriebenes oder verwaltetes, durch staatliche Stellen genehmigtes, geregeltes und überwachtes multilaterales System, das die Interessen einer Vielzahl von Personen am Kauf und Verkauf von dort zum Handel zugelassenen Finanzinstrumenten innerhalb des Systems und nach nichtdiskretionären Bestimmungen in einer Weise zusammenbringt oder das Zusammenbringen fördert, die zu einem Vertrag über den Kauf dieser Finanzinstrumente führt."[3] Des Weiteren können nach lit. b Systeme zur Zusammenführung von Kauf- und Verkaufsaufträgen oder Meldesysteme erfasst werden. Es handelt sich dabei stets um elektronische Systeme.[4] Informationsverpflichtungen können darüber hinaus nach lit. c für Handelsüberwachungsstellen iSv § 7 BörsG an Börsen, an denen mit Strom und Gas gehandelt wird, bestehen. Nach lit. d können schließlich auch die in § 47i genannten deutschen Behörden, also die Bundesanstalt für Finanzdienstleistungsaufsicht und die Börsenaufsichtsbehörden, zur laufenden Datenübermittlung verpflichtet werden. Die in der Norm ebenfalls aufgeführten Handelsüberwachungsstellen derjenigen Börsen, an denen Elektrizität und Gas sowie Energiederivate iSd § 3 Nr. 15a EnWG gehandelt werden, werden bereits von lit. c erfasst. Für die in § 47i darüber hinaus genannte ACER sowie die Regulierungsbehörden anderer Mitgliedstaaten kann eine Rechtsverordnung auf Grundlage von § 47f dagegen mangels Verbindlichkeit für diese Behörden keine Verpflichtungen aufstellen.

7    § 47f Nr. 4 eröffnet im Hinblick auf die nach § 47e Abs. 2 iVm den Festlegungen nach § 47g zu übermittelnden Angaben über Handels-, Transport-, Kapazitäts-, Erzeugungs- und Verbrauchsdaten die Möglichkeit der Zulassung „**andere[r] Meldekanäle**" als die Direktübermittlung an die Markttransparenzstelle für die Mitteilungsverpflichteten"[5]. Bei den in der Norm genannten Börsen und anderen geeigneten Dritten handelt es sich um Stellen, die sowohl von der Markttransparenzstelle als auch den Mitteilungspflichtigen unabhängig sind, die jedoch aufgrund ihrer Tätigkeit über die erforderlichen Informationen verfügen. Sofern durch Rechtsverordnung gestattet oder vorgesehen wird, dass diese an-

---

[1] BT-Drs. 17/10060, 29.

[2] Zu den damit verbundenen Herausforderungen einer laufenden Überwachung Pustlauk EWeRK 2012, 157 (160).

[3] Näher Kumpan in Schwark/Zimmer WpHG § 2 Rn. 186 ff.

[4] Vgl. Pfüller in Hoeren/Sieber/Holznagel MultimedialR-HdB, Stand 1/2018, Teil 13.7 Rn. 114 ff.

[5] BT-Drs. 17/10060, 29.

1. die erzeugten Mengen nach Anlagentyp und

2. die Wahl der Veräußerungsform im Sinne des § 21b Absatz 1 des Erneuerbare-Energien-Gesetzes und die auf die jeweilige Veräußerungsform entfallenden Mengen.

(7) Die Markttransparenzstelle kann festlegen, dass Handelsplattformen für den Handel mit Strom und Erdgas Angaben zu den folgenden Daten und Kategorien von Daten übermitteln:

1. die Angebote, die auf den Plattformen getätigt wurden,

2. die Handelsergebnisse und

3. die außerbörslichen, nicht standardisierten Handelsgeschäfte, bei denen die Vertragspartner individuell bilaterale Geschäfte aushandeln (OTC-Geschäfte), deren geld- und warenmäßige Besicherung (Clearing) über die Handelsplattform erfolgt.

(8) [1] Die Markttransparenzstelle kann festlegen, dass Großhändler im Sinne des § 3 Nummer 21 des Energiewirtschaftsgesetzes, die mit Strom handeln, Angaben zu den in § 47e Absatz 2 Nummer 1 genannten Transaktionen übermitteln, soweit diese Transaktionen nicht von Absatz 7 erfasst sind. [2] Beim Handel mit Strom aus erneuerbaren Energien kann die Markttransparenzstelle auch festlegen, dass Großhändler nach Satz 1 Angaben zur Form der Direktvermarktung im Sinne des § 3 Nummer 16 des Erneuerbare-Energien-Gesetzes sowie zu den danach gehandelten Strommengen übermitteln.

(9) Die Markttransparenzstelle kann festlegen, dass Großhändler im Sinne des § 3 Nummer 21 des Energiewirtschaftsgesetzes, die mit Erdgas handeln, Angaben zu den folgenden Daten und Kategorien von Daten übermitteln:

1. die Grenzübergangsmengen und -preise und einen Abgleich von Import- und Exportmengen,

2. die im Inland geförderten Gasmengen und ihre Erstabsatzpreise,

3. die Importverträge (Grenzübergangsverträge),

4. die Liefermengen getrennt nach Distributionsstufe im Bereich der Verteilung,

5. die getätigten Transaktionen mit Großhandelskunden und Fernleitungsnetzbetreibern sowie mit Betreibern von Speicheranlagen und Anlagen für verflüssigtes Erdgas (LNG-Anlagen) im Rahmen von Gasversorgungsverträgen und Energiederivate nach § 3 Nummer 15a des Energiewirtschaftsgesetzes, die auf Gas bezogen sind, einschließlich Laufzeit, Menge, Datum und Uhrzeit der Ausführung, Laufzeit-, Liefer- und Abrechnungsbestimmungen und Transaktionspreisen,

6. die Angebote und Ergebnisse eigener Erdgasauktionen,

7. die bestehenden Gasbezugs- und Gaslieferverträge und

8. die sonstigen Gashandelsaktivitäten, die als OTC-Geschäfte durchgeführt werden.

(10) Die Markttransparenzstelle kann festlegen, dass Betreiber von Fernleitungsnetzen im Sinne des § 3 Nummer 5 des Energiewirtschaftsgesetzes Angaben zu folgenden Daten und Kategorien von Daten übermitteln:

1. die bestehenden Kapazitätsverträge,

2. die vertraglichen Vereinbarungen mit Dritten über Lastflusszusagen und

3. die Angebote und Ergebnisse von Ausschreibungen über Lastflusszusagen.

(11) Die Markttransparenzstelle kann festlegen, dass Marktgebietsverantwortliche im Sinne des § 2 Nummer 11 der Gasnetzzugangsverordnung Angaben zu folgenden Daten und Kategorien von Daten übermitteln:

1. die bestehenden Regelenergieverträge,

2. die Angebote und Ergebnisse von Regelenergieauktionen und -ausschreibungen,

3. die getätigten Transaktionen an Handelsplattformen und

4. die sonstigen Gashandelsaktivitäten, die als OTC-Geschäfte durchgeführt werden.

(12) Die Markttransparenzstelle kann festlegen, dass im Bereich der Regelenergie und von Biogas Angaben über die Beschaffung externer Regelenergie, über Ausschreibungsergebnisse sowie über die Einspeisung und Vermarktung von Biogas übermittelt werden.

## Übersicht

## A. Allgemeines

**1**　§ 47g legt diejenigen Bereiche fest, hinsichtlich derer die Markttransparenzstelle durch Festlegungen Marktakteure zur Übermittlung bestimmter Daten verpflichten kann. Gegenstand der Norm ist mithin die **Beschaffung konkreter Informationen** von Unternehmen. Die Vorschrift weist einen engen Zusammenhang mit der gesetzlichen Begründung von Mitteilungspflichten nach § 47e auf. Auch verweisen die Vorgaben über die Befugnisse der Markttransparenzstelle nach § 47d vielfach auf § 47g. Die Bestimmung dient damit zugleich der Konkretisierung dieser Pflichten und Befugnisse. Wie insbesondere § 47d Abs. 1 S. 2 verdeutlicht, fehlt es § 47g jedoch an einer unmittelbaren Anwendbarkeit. Vielmehr bedarf es zwingend als weiterer normativer Basis für Festlegungen der Markttransparenzstelle des Erlasses einer Rechtsverordnung auf Grundlage von § 47 f.[1] In verfahrensrechtlicher Hinsicht ist zudem die aus § 47b Abs. 5 S. 1 folgende Pflicht der Markttransparenzstelle von Bedeutung, wonach diese betroffenen Behörden, Interessenvertretern und Marktteilnehmern vorab Gelegenheit zur Stellungnahme einzuräumen hat.

## B. Festlegungen der Markttransparenzstelle (Abs. 1)

**2**　§ 47g Abs. 1 ermächtigt die Markttransparenzstelle, im Hinblick auf die in den nachfolgenden Absätzen benannten Bereiche in Ausübung ihrer Befugnisse nach § 47d Abs. 1 und nach Maßgabe der auf § 47f zu stützenden Rechtsverordnung Festlegungen betreffend die Übermittlung von Daten und Datenkategorien zu treffen. Eine korrespondierende **Verpflichtung** ungeachtet des darauf deutenden Wortlauts besteht **nicht**. Dies zeigt ein Vergleich mit den jeweils als Ermessensnormen formulierten Folgeabsätzen und § 47d Abs. 1 S. 2.

**3**　Derartige Festlegungen sind als **Verwaltungsakte** iSv § 35 VwVfG zu qualifizieren, welche regelmäßig den Charakter einer Allgemeinverfügung annehmen, da sie an eine Vielzahl nach allgemeinen Merkmalen bestimmbaren Unternehmen als Adressaten gerichtet sind.[2] Einige Besonderheiten im Hinblick auf Inhalte, Verfahren und Bekanntmachungen folgen aus § 47b Abs. 5 und § 47d Abs. 1. Obwohl die Markttransparenzstelle nicht Kartellbehörde iSv § 48 Abs. 1 ist, richtet sich der Rechtsschutz gegen Festlegungen wegen § 47d Abs. 1 S. 7 nach den §§ 63 ff.

---

[1] Lüdemann/Lüdemann in L/M/R Rn. 1.
[2] Bechtold/Bosch Rn. 2.

Gegenstand der Festlegungen können nur von den Adressaten **zu übermittelnde** 4 **Informationen** sein. Die Bezugnahme auf „Daten" und „Kategorien von Daten" trägt dem Umstand Rechnung, dass die Markttransparenzstelle umfassende Informationen erlangen können soll. Während der Begriff der Daten auf Einzelangaben verweist, erfassen Datenkategorien eine Mehrzahl sachlich zusammengehöriger Angaben (vgl. Art. 4 Nr. 1, Art. 9 DS-GVO, § 22 BDSG).[3] Auf derartige Datenkategorien bezogene Festlegungen haben eine rationalisierende Funktion; geringere Anforderungen an deren Bestimmtheit folgen daraus jedoch nicht. Die Adressaten der Festlegungen müssen in jedem Falle eindeutig erkennen können, im Hinblick auf welche Informationen sie konkreten Mitteilungspflichten unterliegen.

Hinsichtlich der **Modalitäten der Informationsübermittlung** vermittelt § 47g Abs. 1 5 ebenfalls eine Festlegungsbefugnis, indem auch das „wie" der Übermittlung in die Festlegungen einbezogen wird. In diesem Zusammenhang ist insbesondere die Ausgestaltung der Befugnisse der Markttransparenzstelle durch § 47d Abs. 1 zu beachten.

## C. Adressaten und Gegenstände der Festlegungen

§ 47g Abs. 3–12 normiert **abschließend**[4] mögliche Adressaten und Gegenstände der 6 Festlegungen der Markttransparenzstelle nach § 47g Abs. 1. Im Einzelnen handelt es sich nach der Gesetzesbegründung um Informationen, die „voraussichtlich von der Markttransparenzstelle benötigt [werden], um ihre Aufgabe zu erfüllen, um effektiv alle Wechselwirkungen zu erfassen, die von den verschiedenen Handelsteilnehmern, Handelsplätzen, Handelsprodukten im Energiegroßhandel sowie der Interdependenz der Handelsmärkte zu den Erzeugungsmärkten ausgehen. [Allerdings] handelt es sich bei den meisten der genannten Informationen um bereits bestehende Offenlegungspflichten. Die Erwähnung von neuen Mitteilungspflichten schließt Überwachungslücken oder soll helfen, die Verbindungen zwischen verschiedenen Bereichen aufzudecken."[5]

Das dem Wortlaut des § 47g Abs. 3–12 nach bestehende **Entschließungs- und Aus-** 7 **gestaltungsermessen** der Markttransparenzstelle kann auf Grundlage einer auf § 47f zu stützenden Rechtsverordnung reduziert werden. Soweit die genannten Festlegungsbereiche sich mit anderweitigen Offenlegungspflichten überschneiden, ist der aus § 47b Abs. 3 S. 3 folgende grundsätzliche Vorrang der Nutzung vorhandener Informationsquellen zu beachten.

## I. Betreiber von Erzeugungseinheiten mit einer Kapazität von mehr als 1–10 MW (Abs. 3)

§ 47g Abs. 3 ermächtigt die Markttransparenzstelle zu Festlegungen, die sich an Betreiber 8 von Stromerzeugungseinheiten[6] mit einer Kapazität von mehr als 1–10 MW je Einheit richten. Die **Adressaten** dieser Festlegungen unterscheiden sich von den Betreibern von Energieerzeugungseinrichtungen, welche von § 47g Abs. 2 erfasst werden, nur durch ihre geringeren Kapazitäten. Für Betreiber von Erzeugungseinheiten mit einer Kapazität von bis zu 1 MW sowie für Betreiber von Anlagen zur Speicherung von Strom mit einer Kapazität von bis zu 10 MW gilt § 47g Abs. 3 nicht. Diesbezüglich fehlt es nach Auffassung des Gesetzgebers offenkundig am Großhandelsbezug und somit am Bezug zu den Aufgaben der Markttransparenzstelle nach § 47a Abs. 1 S. 2 und § 47b Abs. 1.

---

[3] Petri in Simitis, 7. Aufl. 2011, BDSG § 4e Rn. 3, bezeichnet als Datenkategorie „eine Beschreibung des Umfangs der im Verfahren verwendeten personenbezogenen Daten". Datenkategorien werden auch als Arten von Daten im Sinne einer Eingruppierung verstanden, vgl. Frenzel in Paal/Pauly DS-GVO Art. 9 Rn. 1.

[4] Lüdemann/Lüdemann in L/M/R GWB § 47g Rn. 2.

[5] BT-Drs. 17/10060, 29 f.

[6] Lüdemann/Lüdemann in L/M/R Rn. 4.

9    Der **Gegenstand** möglicher Festlegungen ist deutlich enger gefasst als in § 47g Abs. 2. Gefordert werden darf allein die jährliche Angabe der Gesamtsumme der installierten Erzeugungskapazität aller Erzeugungseinheiten des mitteilungspflichtigen Betreibers in der jeweiligen Regelzone, also nach § 3 Nr. 30 EnWG dem „Netzgebiet, für dessen Primärregelung, Sekundärregelung und Minutenreserve ein Betreiber von Übertragungsnetzen im Rahmen der Union für die Koordinierung des Transports elektrischer Energie (UCTE) verantwortlich ist". Dessen Bestimmung ist gemäß § 29 Abs. 1 EnWG durch die BNetzA erfolgt;[7] die Schaffung einer einheitlichen Regelzone wird durch § 27 Abs. 1 Nr. 3a StromNZV ermöglicht.[8] Dabei kann die Markttransparenzstelle vorgeben, dass die Mitteilungen nach Erzeugungsart (vgl. § 42 EnWG, §§ 78 f. EEG) zu differenzieren sind.

## II. Betreiber von Verbrauchseinheiten von Elektrizität (Abs. 4)

10    § 47g Abs. 4 bezieht sich auf **Großverbraucher** von Elektrizität. Die Norm ermächtigt die Markttransparenzstelle, durch Festlegungen alle Betreiber von Verbrauchseinheiten mit einer maximalen Verbrauchskapazität von mehr als 25 MW zu verpflichten, einen geplanten oder ungeplanten Minderverbrauch sowie die Vorhaltung und Einspeisung von Regelenergie mitzuteilen. Bei letzterer handelt es sich nach § 2 Nr. 9 StromNZV um „diejenige Energie, die zum Ausgleich von Leistungsungleichgewichten in der jeweiligen Regelzone eingesetzt wird".

## III. Betreiber von Übertragungsnetzen (Abs. 5)

11    § 47g Abs. 5 enthält eine Ermächtigung der Markttransparenzstelle zu Festlegungen, welche sich an die Betreiber von Übertragungsnetzen richten. Dabei handelt es sich nach § 3 Nr. 10 EnWG um „natürliche oder juristische Personen oder rechtlich unselbständige Organisationseinheiten eines Energieversorgungsunternehmens, die die Aufgabe der Übertragung von Elektrizität wahrnehmen und die verantwortlich sind für den Betrieb, die Wartung sowie erforderlichenfalls den Ausbau des Übertragungsnetzes in einem bestimmten Gebiet und gegebenenfalls der Verbindungsleitungen zu anderen Netzen". Ergänzend definiert § 3 Nr. 32 EnWG den Begriff der Übertragung als „Transport von Elektrizität über ein Höchstspannungs- und Hochspannungsverbundnetz einschließlich grenzüberschreitender Verbindungsleitungen zum Zwecke der Belieferung von Letztverbrauchern oder Verteilern, jedoch nicht die Belieferung der Kunden selbst". Infolge dessen handelt es sich bei den § 47g Abs. 5 unterfallenden **Adressaten** um Transportnetzbetreiber iSv § 3 Nr. 31e EnWG („jeder Betreiber eines Übertragungs[...]netzes") sowie um Verteilernetzbetreiber, sofern die Verteilung, die in § 3 Nr. 37 EnWG als „Transport von Elektrizität mit hoher, mittlerer oder niederer Spannung über Elektrizitätsverteilernetze ..., um die Versorgung von Kunden zu ermöglichen, jedoch nicht die Belieferung der Kunden selbst; ..." definiert wird, mit hoher Spannung erfolgt und das Hochspannungsnetz Transportaufgaben wahrnimmt, was allerdings nur sehr selten gegeben ist[9].

12    Die **Gegenstände** der möglichen Mitteilungspflichten werden in § 47g Abs. 5 Nr. 1–5 detailliert bestimmt. Es handelt sich um wirtschaftliche und technische Informationen, die Aufschluss über die Marktentwicklung gegeben. In zeitlicher Hinsicht ist die Möglichkeit der Verpflichtung von stündlichen Mitteilungen in § 47g Abs. 5 Nr. 1–4 hervorzuheben, welche der Markttransparenzstelle nahezu in Echtzeit die gewünschten Informationen zur Verfügung stellt. Im Hinblick auf die von § 47g Abs. 5 Nr. 5 erfassten Angebote und Ergebnisse der Regelenergieauktionen auf Grundlage von § 22 Abs. 2 EnWG iVm § 6 StromNZV[10] fehlt

---

[7] BNetzA 16.3.2010 – BK6–08–111.
[8] Vgl. BR-Drs. 86/12, 16.
[9] Boesche in BerlKommEnergieR, 4. Aufl. 2018, EnWG § 3 Rn. 201.
[10] Dazu Mielke in NK-EnWG § 22 Rn. 23.

es an einer zeitlichen Vorgabe; ungeachtet dessen kann die Markttransparenzstelle eine zeitnahe Mitteilung vorsehen und näher ausgestalten.

## IV. Betreiber von Anlagen zur Erzeugung von Strom aus erneuerbaren Energien (Abs. 6)

Für Betreiber von Anlagen zur Erzeugung von Strom aus erneuerbaren Energien iSv § 3  **13** Nr. 21 EEG[11] mit mehr als 10 MW installierter Erzeugungskapazität ermächtigt § 47g Abs. 6 die Markttransparenzstelle zu Festlegungen über Mitteilungspflichten, welche sich auf die erzeugten Strommengen nach Anlagentyp und die Vermarktungsform einschließlich der jeweiligen Mengen beziehen. Ziel ist es, die **Einflüsse ökologisch erzeugten Stroms auf das Marktgeschehen** zu erfassen.

## V. Handelsplattformen (Abs. 7)

§ 47g Abs. 7 ermächtigt die Markttransparenzstelle zu detailgenauen Festlegungen ge-  **14** genüber Handelsplattformen (→ § 47e Rn. 8). Diese verfügen über vielfältige Informationen über Marktgeschehnisse und sind daher als **Adressaten** von Mitteilungspflichten unentbehrlich.

Die **Gegenstände** der aufgrund § 47g Abs. 7 festzulegenden Mitteilungspflichten be-  **15** treffen sämtliche Marktvorgänge, die den mitteilungspflichtigen Handelsplattformen bei ihrer Tätigkeit zur Kenntnis gelangen. Die Erfassung nicht nur von abgeschlossenen Transaktionen, sondern auch von Angeboten ermöglicht der Markttransparenzstelle Einblicke in die Preisbildung.

## VI. Großhändler im Bereich Strom (Abs. 8)

§ 47g Abs. 8 ergänzt für den Strombereich § 47g Abs. 7. Um alle relevanten Handels-  **16** vorgänge zu erfassen, kann die Markttransparenzstelle auf Grundlage von § 47g Abs. 8 S. 1 Großhändler iSv § 3 Nr. 21 EnWG verpflichten, Angaben „zu den **Transaktionen** an den Großhandelsmärkten, an denen mit Elektrizität und Erdgas gehandelt wird, einschließlich der Handelsaufträge, mit genauen Angaben über die erworbenen und veräußerten Energiegroßhandelsprodukte, die vereinbarten Preise und Mengen, die Tage und Uhrzeiten der Ausführung, die Parteien und Begünstigten der Transaktionen" (§ 47e Abs. 2 Nr. 1) zu übermitteln. Dies gilt jedoch nur, soweit entsprechende Informationen nicht bereits von einer Handelsplattform zu übermitteln sind. Zusätzliche Mitteilungspflichten können nach § 47g Abs. 8 S. 2 im Hinblick auf den Handel mit Strom aus erneuerbaren Energien insoweit begründet werden, als auch die Form der Direktvermarktung dieses Stroms (vgl. § 21b Abs. 1 S. 1 EEG) zum Zweck der Inanspruchnahme der Marktprämie (§ 20 EEG), der Einspeisevergütung (§ 21 Abs. 1 und 2 EEG), dem Mieterstromzuschlag (§ 21 Abs. 3 EEG) oder als sonstige Direktvermarktung (§ 21a EEG) sowie die jeweils betroffenen Strommengen anzugeben sind.

## VII. Großhändler im Bereich Erdgas (Abs. 9)

Parallel zu den nach § 47g Abs. 8 möglichen Festlegungen über Mitteilungspflichten für  **17** Großhändler iSv § 3 Nr. 21 EnWG, die mit Strom handeln, ermächtigt § 47g Abs. 9 die Markttransparenzstelle zu Festlegungen gegenüber Großhändlern, die mit Erdgas[12] handeln. Neben dem abweichenden **Adressatenkreis** verweist die Norm anders als der funktional

---

[11] Ausführlich dazu Greb in Greb/Boewe (Hrsg.), BeckOK EEG, Stand 11/2020, EEG 2017 § 3 Nr. 21 Rn. 1 ff.

[12] Dieses ist von Gas iSv § 3 Nr. 19a EnWG zu unterscheiden, das neben Erdgas auch „Biogas, Flüssiggas im Rahmen der §§ 4 und 49 [EnWG] sowie, wenn sie in ein Gasversorgungsnetz eingespeist werden, Wasserstoff, der durch Wasserelektrolyse erzeugt worden ist, und synthetisch erzeugtes Methan, das durch wasserelektrolytisch erzeugten Wasserstoff und anschließende Methanisierung hergestellt worden ist", erfasst.

vergleichbare § 47g Abs. 8 auch nicht auf den Vorrang der Informationsbeschaffung auf Grundlage von § 47g Abs. 7; soweit Handelsplattformen jedoch über die entsprechenden Informationen verfügen und meldepflichtig sind, gilt vor dem Hintergrund von § 47b Abs. 3 S. 3 letztlich nichts anderes.

18    Die **Gegenstände** der möglichen Festlegungen sind detailliert in § 47g Abs. 9 Nr. 1–8 normiert. Es handelt sich um wirtschaftliche Informationen, welche Einblicke in das Funktionieren der Erdgas-Großhandelsmärkte ermöglichen.

## VIII. Betreiber von Fernleitungsnetzen (Abs. 10)

19    § 47g Abs. 10 ermächtigt die Markttransparenzstelle zu Festlegungen gegenüber den Betreibern von Fernleitungsnetzen iSv § 3 Nr. 5 EnWG, mithin „Betreiber[n] von Netzen, die Grenz- oder Marktgebietsübergangspunkte aufweisen, die insbesondere die Einbindung großer europäischer Importleitungen in das deutsche Fernleitungsnetz gewährleisten, oder natürliche oder juristische Personen oder rechtlich unselbstständige Organisationseinheiten eines Energieversorgungsunternehmens, die die Aufgabe der Fernleitung von Erdgas wahrnehmen und verantwortlich sind für den Betrieb, die Wartung sowie erforderlichenfalls den Ausbau eines Netzes, a) das der Anbindung der inländischen Produktion oder von LNG-Anlagen an das deutsche Fernleitungsnetz dient, sofern es sich hierbei nicht um ein vorgelagertes Rohrleitungsnetz im Sinne von Nummer 39 handelt, oder b) das an Grenz- oder Marktgebietsübergangspunkten Buchungspunkte oder -zonen aufweist, für die Transportkunden Kapazitäten buchen können". Als Fernleitung gilt nach § 3 Nr. 19 EnWG „der Transport von Erdgas durch ein Hochdruckfernleitungsnetz, mit Ausnahme von vorgelagerten Rohrleitungsnetzen, um die Versorgung von Kunden zu ermöglichen, jedoch nicht die Versorgung der Kunden selbst".[13] **Adressaten** der Festlegungen auf Grundlage von § 47g Abs. 10 sind mithin diejenigen Gasnetzbetreiber, die als Transportnetzbetreiber iSv § 3 Nr. 31e EnWG nicht nur kleinräumig mit dem Ziel der Letztverbraucherversorgung tätig werden.

20    Die **Gegenstände** der möglichen Festlegungen normiert § 47g Abs. 10 Nr. 1–3. Es handelt sich um Informationen über bestehende Kapazitätsverträge, deren Gegenstand nach § 3 GasNZV die Ein- und Ausspeiseleistungen sind, sowie um solche im Zusammenhang mit Lastflusszusagen, die in § 9 Abs. 3 S. 2 Nr. 1 GasNZV als „vertragliche Vereinbarungen mit Dritten, die bestimmte Lastflüsse zusichern sowie geeignet und erforderlich sind, die Ausweisbarkeit frei zuordenbarer Ein- und Ausspeisekapazitäten zu erhöhen", definiert werden.

## IX. Marktgebietsverantwortliche (Abs. 11)

21    Marktgebietsverantwortliche, die in § 2 Nr. 11 GasNZV als „von den Fernleitungsnetzbetreibern bestimmte natürliche oder juristische Person, die in einem Marktgebiet Leistungen erbringt, die zur Verwirklichung einer effizienten Abwicklung des Gasnetzzugangs in einem Marktgebiet durch eine Person zu erbringen sind", definiert werden, nehmen im **Erdgassektor** nach der GasNZV eine zentrale Rolle wahr. Hieran anknüpfend ermächtigt § 47g Abs. 11 die Markttransparenzstelle, ihnen gegenüber Festlegungen im Hinblick auf Mitteilungspflichten über die in Nr. 1–4 aufgelisteten wirtschaftlichen Aspekte zu treffen.

## X. Beschaffung von Regelenergie und Vermarktung von Biogas (Abs. 12)

22    § 47g Abs. 12 ermächtigt die Markttransparenzstelle zu Festlegungen in den Bereichen Regelenergie und Biogas. Die **Adressaten** dieser Mitteilungspflichten werden jedoch in der Norm nicht benannt. Sie sind daher aufgabenspezifisch zu bestimmen. Aus Biogas gewonnener Strom unterfällt dagegen den Festlegungen auf Grundlage von § 47g Abs. 6.

---

[13] Näher Theobald in Theobald/Kühling, Stand 1/2021, EnWG § 3 Rn. 27 ff., 161 ff.

Die Beschaffung externer **Regelenergie** iSv § 2 Nr. 9 StromNZV obliegt im Stromsek- **23** tor nach §§ 13, 22 EnWG den Betreibern von Übertragungsnetzen iSv § 3 Nr. 10 EnWG. Sie hat nach § 6 StomNZV durch diese Betreiber gemeinsam zu erfolgen,[14] so dass diese auch gemeinsam auf Grundlage von § 47g Abs. 12 iVm den darauf gestützten Festlegungen mitteilungspflichtig sind. Entsprechendes gilt für die diesbezüglichen Ausschreibungsergebnisse. Ähnliches gilt für den Bereich der Gasversorgung. Der Marktgebietsverantwortliche nach § 20 GasNZV beschafft nach § 28 GasNZV die externe Regelenergie iSv § 2 Nr. 12 GasNZV, die nach § 22 EnWG vom Betreiber des Energieversorgungsnetzes iSv § 3 Nr. 4 EnWG, worunter auch Betreiber von Gasversorgungsnetzen iSv § 3 Nr. 6 EnWG fallen, zur Deckung von Verlusten und für den Ausgleich von Differenzen zwischen Ein- und Ausspeiseleistung benötigt wird. Er ist auf Grundlage von § 47g Abs. 12 iVm den darauf gestützten Festlegungen mitteilungspflichtig.

**Biogas** wird in § 3 Nr. 10f EnWG legaldefiniert als „Biomethan, Gas aus Biomasse, **24** Deponiegas, Klärgas und Grubengas sowie Wasserstoff, der durch Wasserelektrolyse erzeugt worden ist, und synthetisch erzeugtes Methan, wenn der zur Elektrolyse eingesetzte Strom und das zur Methanisierung eingesetzte Kohlendioxid oder Kohlenmonoxid jeweils nachweislich weit überwiegend aus erneuerbaren Energiequellen im Sinne der Richtlinie 2009/28/EG (ABl. L 140 vom 5.6.2009, S. 16) stammen." Für Biogas sieht § 34 GasNZV einen vorrangigen Netzzugang für Transportkunden vor. Diese Norm erlegt zudem den Netzbetreibern spezifische Mitteilungspflichten auf, so dass diese auch als richtige Adressaten der Festlegungen auf Grundlage von § 47g Abs. 12 anzusehen sind.

## § 47h Berichtspflichten, Veröffentlichungen

(1) **Die Markttransparenzstelle unterrichtet das Bundesministerium für Wirtschaft und Energie über die Übermittlung von Informationen nach § 47b Absatz 7 Satz 1.**

(2) **¹Die Markttransparenzstelle erstellt alle zwei Jahre einen Bericht über ihre Tätigkeit. ²Soweit der Großhandel mit Elektrizität und Erdgas betroffen ist, erstellt sie ihn im Einvernehmen mit dem Bundeskartellamt. ³Geschäftsgeheimnisse, von denen die Markttransparenzstelle bei der Durchführung ihrer Aufgaben Kenntnis erhalten hat, werden aus dem Bericht entfernt. ⁴Der Bericht wird auf der Internetseite der Markttransparenzstelle veröffentlicht. ⁵Der Bericht kann zeitgleich mit dem Bericht des Bundeskartellamts nach § 53 Absatz 3 erfolgen und mit diesem verbunden werden.**

(3) **Die Markttransparenzstelle veröffentlicht die nach § 47b Absatz 5 erstellten Listen und deren Entwürfe auf ihrer Internetseite.**

(4) **¹Die Markttransparenzstelle kann im Einvernehmen mit dem Bundeskartellamt zur Verbesserung der Transparenz im Großhandel diejenigen Erzeugungs- und Verbrauchsdaten veröffentlichen, die bisher auf der Transparenzplattform der European Energy Exchange AG und der Übertragungsnetzbetreiber veröffentlicht werden, sobald diese Veröffentlichung eingestellt wird. ²Die nach dem Energiewirtschaftsgesetz und darauf basierenden Rechtsverordnungen sowie die nach europäischem Recht bestehenden Veröffentlichungspflichten der Marktteilnehmer zur Verbesserung der Transparenz auf den Strom- und Gasmärkten bleiben unberührt.**

## A. Allgemeines

§ 47h regelt verschiedene Aspekte der **Publizität des Handelns der Markttrans- 1 parenzstelle.** Die Vorschrift steht in einem engen Zusammenhang mit § 47c und § 47i sowie mit den Vorschriften der REMIT-Verordnung über den Informationsaustausch mit der ACER.

---

[14] Siehe dazu Lüdtke-Handjery in Theobald/Kühling, Stand 1/2021, StromNZV § 6 Rn. 1 ff.

## B. Bericht über Verdachtsfälle (Abs. 1)

2    Informiert die Markttransparenzstelle nach § 47b Abs. 7 S. 1 die zuständigen Fachbehörden über einen Verdacht des Vorliegens eines Verstoßes gegen §§ 1, 19, 20 oder 29, Art. 101 f. AEUV, das Wertpapierhandelsgesetz, das Börsengesetz oder die Verbote nach den Art. 3 und 5 REMIT-Verordnung, ist sie nach § 47h Abs. 1 zugleich zur Unterrichtung des BMWi verpflichtet. Dies „dient der **aktuellen Information** des Bundesministeriums für Wirtschaft und Technologie und erlaubt Anpassungen gegebenenfalls im Wege der Rechtsverordnung nach § 47 f."[1]

## C. Tätigkeitsbericht (Abs. 2)

3    § 47h Abs. 2 S. 1 verpflichtet die Markttransparenzstelle in zweijährigem Turnus zur Erstellung eines eigenen Tätigkeitsberichts. Dies hat nach § 47h Abs. 2 S. 2 einvernehmlich mit dem BKartA zu geschehen, soweit er sich auf den Großhandel mit Elektrizität und Erdgas bezieht. Dies korrespondiert mit dem aus § 47a Abs. 2 folgenden Gebot der einvernehmlichen Wahrnehmung der Aufgaben der Markttransparenzstelle durch BKartA und BNetzA und der Verankerung der Markttransparenzstelle bei letzterer.[2] Zweck des Tätigkeitsberichts ist die Evaluation der Effektivität der Markttransparenzstelle und der Transparenz ihrer Arbeit.[3]

4    Der **Inhalt** des Berichts bezieht sich auf das gesamte Tätigwerden der Markttransparenzstelle einschließlich der ergriffenen Maßnahmen im Berichtszeitraum. Diese sind umfassend darzustellen. Adressat der Darstellung ist die Allgemeinheit. Infolgedessen sieht § 47h Abs. 2 S. 3 vor, dass Geschäftsgeheimnisse von Unternehmen, von welchen die Markttransparenzstelle bei ihrer Tätigkeit Kenntnis erlangt, nicht in den Bericht aufzunehmen sind. Das Vertraulichkeitsgebot des § 47j Abs. 1 findet insoweit ausdrückliche Bestätigung.

5    Die **Publikation** des Tätigkeitsberichts erfolgt nach § 47h Abs. 2 S. 4 elektronisch auf der Homepage der Markttransparenzstelle. Die in § 47h Abs. 2 S. 5 ermöglichte Verbindung und zeitgleiche Veröffentlichung mit dem Monitoringbericht des BKartA nach § 53 Abs. 3 über den Grad der Transparenz, auch der Großhandelspreise, sowie den Grad und die Wirksamkeit der Marktöffnung und den Umfang des Wettbewerbs auf Großhandels- und Endkundenebene auf den Strom- und Gasmärkten sowie an Elektrizitäts- und Gasbörsen, wird durch das aus § 53 Abs. 3 folgende Einvernehmenserfordernis zwischen BKartA und BNetzA sowie die gebotene Weiterleitung des Monitoringberichts des BKartA an die BNetzA erleichtert.

## D. Bekanntmachungen im Rahmen von Konsultationen (Abs. 3)

6    § 47h Abs. 3 ergänzt § 47b Abs. 5. Die Vorschrift verpflichtet die Markttransparenzstelle, im Rahmen der vor dem Erlass von Festlegungen durchzuführenden Konsultationen die erstellten **Listen aller ihr zu übermittelnden Daten und Datenkategorien und deren Entwürfe** auf ihrer Internetseite zu veröffentlichen. „Diese Veröffentlichungen schaffen Transparenz für die Marktteilnehmer über die Anforderungen, die die Markttransparenzstelle an die Mitteilungspflichten stellt oder zu stellen beabsichtigt. Sie schaffen zudem die Basis für Konsultationsgespräche."[4] Ungeachtet des insoweit nicht differenzierenden Wort-

---

[1] BT-Drs. 17/10060, 30.
[2] Vgl. BT-Drs. 18/10207, 81.
[3] BT-Drs. 17/10060, 30.
[4] BT-Drs. 17/10060, 30.

lauts ist nach Sinn und Zweck der Norm eine Veröffentlichung von Entwürfen nach Abschluss der Konsultationen jedoch nicht mehr geboten. Gleiches gilt für überholte Listen.

## E. Erzeugungs- und Verbrauchsdaten (Abs. 4)

§ 47h Abs. 4 S. 1 enthält eine bedingte Ermächtigung der Markttransparenzstelle zur **7** Veröffentlichung von Erzeugungs- und Verbrauchsdaten. Diese werden bislang auf der **Transparenzplattform** der European Energy Exchange AG und der Übertragungsnetz-betreiber[5] veröffentlicht. Solange diese Veröffentlichung erfolgt, besteht nach Auffassung des Gesetzgebers kein Anlass für eine zusätzliche Publikation durch die Markttransparenz-stelle.[6] Allerdings folgt aus § 47h Abs. 4 S. 1 die Verpflichtung der Markttransparenzstelle zur Beobachtung der Veröffentlichungstätigkeiten auf der Transparenzplattform. Hinsicht-lich der Veröffentlichung dieser Daten fügt sie über ein Ermessen; zudem ist das Einver-nehmen des BKartA erforderlich. § 47h Abs. 4 S. 2 stellt klar, dass sonstige normative Transparenzpflichten unberührt bleiben.

## § 47i Zusammenarbeit mit anderen Behörden und Aufsichtsstellen

(1) [1]**Das Bundeskartellamt und die Bundesnetzagentur arbeiten bei der Wahrneh-mung der Aufgaben der Markttransparenzstelle nach § 47b mit folgenden Stellen zusammen:**
1. **der Bundesanstalt für Finanzdienstleistungsaufsicht,**
2. **den Börsenaufsichtsbehörden sowie Handelsüberwachungsstellen derjenigen Bör-sen, an denen Elektrizität und Gas sowie Energiederivate im Sinne des § 3 Num-mer 15a des Energiewirtschaftsgesetzes gehandelt werden,**
3. **der Agentur für die Zusammenarbeit der Energieregulierungsbehörden und der Europäischen Kommission, soweit diese Aufgaben nach der Verordnung (EU) Nr. 1227/2011 wahrnehmen, und**
4. **den Regulierungsbehörden anderer Mitgliedstaaten.**
[2]**Diese Stellen können unabhängig von der jeweils gewählten Verfahrensart unter-einander Informationen einschließlich personenbezogener Daten und Betriebs- und Geschäftsgeheimnisse austauschen, soweit dies zur Erfüllung ihrer jeweiligen Aufgaben erforderlich ist.** [3] **Sie können diese Informationen in ihren Verfahren verwerten.** [4]**Be-weisverwertungsverbote bleiben unberührt.** [5]**Die Regelungen über die Rechtshilfe in Strafsachen sowie Amts- und Rechtshilfeabkommen bleiben unberührt.**

(2) **Die Markttransparenzstelle kann mit Zustimmung des Bundesministeriums für Wirtschaft und Energie Kooperationsvereinbarungen mit der Bundesanstalt für Fi-nanzdienstleistungsaufsicht, den Börsenaufsichtsbehörden sowie Handelsüber-wachungsstellen derjenigen Börsen, an denen Elektrizität und Gas sowie Energiederi-vate im Sinne des § 3 Nummer 15a des Energiewirtschaftsgesetzes gehandelt werden, und der Agentur für die Zusammenarbeit der Energieregulierungsbehörden schließen.**

## A. Allgemeines

§ 47i regelt die Zusammenarbeit der Markttransparenzstelle für Strom und Gas mit **1** anderen Behörden und Aufsichtsstellen im Hinblick auf die Wahrnehmung ihrer Aufgaben. Vorbild für die Vorschrift ist § 50c; jedoch war die Einfügung einer bereichsspezifischen **Sondervorschrift für Kooperationen der Markttransparenzstelle** nicht zuletzt im

---

[5] https://www.eex-transparency.com/de/power/.
[6] Vgl. auch BT-Drs. 17/10060, 30.

Hinblick auf die Wahrnehmung von Aufgaben nach der REMIT-Verordnung geboten.[1] Parallelregelungen enthält zudem § 57 EnWG. Zweck der Regelung ist es, einen interbehördlichen Informationsaustausch zu ermöglichen. Dies dient zum einen der besseren Aufgabenerfüllung, zum anderen können dadurch Doppelinanspruchnahmen von Unternehmen vermieden werden.

## B. Kooperationspartner und -formen (Abs. 1)

2    § 47i Abs. 1 S. 1 sieht eine **verpflichtende Zusammenarbeit** der Markttransparenzstelle mit den in Nr. 1–4 genannten Stellen vor. Die Bindungskraft der Vorschrift differiert jedoch in Abhängigkeit von den in Bezug genommenen Adressaten. Während die in § 47i Abs. 1 S. 1 Nr. 1 und 2 genannten Stellen (Bundesanstalt für Finanzdienstleistungsaufsicht nach § 1 Abs. 1 FinDAG, Börsenaufsichtsbehörden iSv § 3 BörsG und Handelsüberwachungsstellen als Börsenorgan gemäß § 7 BörsG derjenigen Börsen, an denen Elektrizität und Gas sowie Energiederivate iSv § 3 Nr. 15a EnWG gehandelt werden) als innerstaatliche Normadressaten ebenso wie die Markttransparenzstelle zur Kooperation verpflichtet werden, gilt dies für die in § 47i Abs. 1 S. 1 Nr. 3 genannte ACER und die EU-Kommission sowie die in Nr. 4 in Bezug genommenen Regulierungsbehörden anderer EU-Mitgliedstaaten nicht. Insoweit lässt sich der Norm nicht mehr entnehmen, als dass an die Markttransparenzstelle gerichtete Gebot zur Kooperation mit diesen Stellen im Rahmen des europarechtlich sowie nach dem Recht der anderen Mitgliedstaaten Möglichen. Zentrale Bedeutung kommt dabei Art. 10 REMIT-Verordnung zu.

3    Als **Kooperationsform** sieht § 47i Abs. 1 S. 2 den Austausch von Informationen aller Art vor, die für die Erfüllung ihrer jeweils normativ zugewiesenen Aufgaben erforderlich sind. Bei deren Bestimmung verfügen die beteiligten Stellen über ein Ermessen. Nach dem eindeutigen Wortlaut werden auch personenbezogene Daten und Geschäftsgeheimnisse erfasst, so dass § 47i Abs. 1 S. 2 das Vertraulichkeitsgebot des § 47j insoweit einschränkt.[2] Die Verwertung der Informationen dieser Stellen in ihren Verfahren gestattet § 47i Abs. 1 S. 3 explizit; allgemeine Beweisverwertungsverbote bleiben hiervon ebenso wie Regelungen über die Rechtshilfe in Strafsachen sowie Amts- und Rechtshilfeabkommen nach § 47i Abs. 1 S. 4 und 5 unberührt. Grundsätzlich gilt im Hinblick auf die Ausgestaltung der Zusammenarbeit nichts anderes als auf Grundlage von § 50c Abs. 1, so dass auf die dortige Kommentierung verwiesen werden kann (→ § 50c Rn. 3 ff.).

## C. Kooperationsvereinbarungen (Abs. 2)

4    § 47i Abs. 2 ermächtigt die Markttransparenzstelle zum Abschluss von Kooperationsvereinbarungen mit den in **§ 47i Abs. 1 S. 1 Nr. 1–3 genannten Stellen** mit Ausnahme der EU-Kommission, „um die Zusammenarbeit mit diesen Stellen bei der Marktbeobachtung zu verstärken. Dies entspricht auch der Vorstellung in Artikel 16 Absatz 1 Unterabsatz 3 der REMIT-Verordnung."[3] Eine entsprechende Verpflichtung besteht jedoch anders als für die zwischen der Markttransparenzstelle und der BNetzA nach § 47a Abs. 3 abzuschließende Kooperationsvereinbarung nicht.[4] Die Markttransparenzstelle verfügt daher ebenso wie die in Bezug genommenen Behörden über ein **Ermessen.** Gerade im Hinblick auf den regelmäßigen Informationsaustausch erscheint der Abschluss von Vereinbarungen auf Grundlage von § 47i Abs. 2 jedoch sinnvoll.

---

[1] BT-Drs. 17/10060, 30.
[2] Vgl. auch MüKoEuWettbR/Wende GWB Rn. 8 f.
[3] BT-Drs. 17/10060, 30.
[4] Bechtold/Bosch Rn. 1.

Keine Erwähnung finden in § 47i Abs. 2 die **Regulierungsbehörden anderer EU-** 5
**Mitgliedstaaten,** obwohl diese als Kooperationspartner in § 47i Abs. 1 S. 1 Nr. 4 ebenfalls
genannt sind. § 57 Abs. 3 EnWG ermächtigt jedoch die BNetzA zum Abschluss von
Kooperationsvereinbarungen mit diesen.[5] In Anbetracht der Verankerung der Markttransparenzstelle für Strom und Gas bei der BNetzA auf Grundlage von § 47a Abs. 1 S. 1 ist
davon auszugehen, dass auch Kooperationsabkommen zwischen der Markttransparenzstelle
und den Regulierungsbehörden anderer EU-Mitgliedstaaten auf Grundlage von § 57
Abs. 3 EnWG abgeschlossen werden können.

In **verfahrensrechtlicher Hinsicht** ist zu beachten, dass auf § 47i Abs. 2 gestützte 6
allgemeine Kooperationsabkommen, die als öffentlich-rechtliche Verträge iSv § 54 S. 1
VwVfG zu qualifizieren sind, anders als einzelne Kooperationsmaßnahmen auf Grundlage
von § 47i Abs. 1 der Zustimmung des BMWi bedürfen. Es handelt sich dabei um eine
Wirksamkeitsvoraussetzung.[6]

## § 47j Vertrauliche Informationen, operationelle Zuverlässigkeit, Datenschutz

(1) [1]**Informationen, die die Markttransparenzstelle bei ihrer Aufgabenerfüllung im
gewöhnlichen Geschäftsverkehr erlangt oder erstellt hat, unterliegen der Vertraulichkeit.** [2]**Die Beschäftigten bei der Markttransparenzstelle sind zur Verschwiegenheit
über die vertraulichen Informationen im Sinne des Satzes 1 verpflichtet.** [3]**Andere
Personen, die vertrauliche Informationen erhalten sollen, sind vor der Übermittlung
besonders zur Geheimhaltung zu verpflichten, soweit sie nicht Amtsträger oder für
den öffentlichen Dienst besonders Verpflichtete sind.** [4]**§ 1 Absatz 2, 3 und 4 Nummer 2 des Verpflichtungsgesetzes gilt entsprechend.**

(2) [1]**Die Markttransparenzstelle stellt zusammen mit der Bundesnetzagentur die
operationelle Zuverlässigkeit der Datenbeobachtung sicher und gewährleistet Vertraulichkeit, Integrität und Schutz der eingehenden Informationen.** [2]**Die Markttransparenzstelle ist dabei an dasselbe Maß an Vertraulichkeit gebunden wie die übermittelnde Stelle oder die Stelle, welche die Informationen erhoben hat.** [3]**Die Markttransparenzstelle ergreift alle erforderlichen Maßnahmen, um den Missbrauch der in ihren
Systemen verwalteten Informationen und den nicht autorisierten Zugang zu ihnen zu
verhindern.** [4]**Die Markttransparenzstelle ermittelt Quellen betriebstechnischer Risiken
und minimiert diese Risiken durch die Entwicklung geeigneter Systeme, Kontrollen
und Verfahren.**

(3) **Für Personen, die Daten nach § 47d Absatz 1 Satz 5 erhalten sollen oder die nach
§ 47c Absatz 4 Daten erhalten, gilt Absatz 1 entsprechend.**

(4) **Die Markttransparenzstelle darf personenbezogene Daten, die ihr zur Erfüllung
ihrer Aufgaben nach § 47b mitgeteilt werden, nur speichern, verändern und nutzen,
soweit dies zur Erfüllung der in ihrer Zuständigkeit liegenden Aufgaben und für die
Zwecke der Zusammenarbeit nach Artikel 7 Absatz 2 und Artikel 16 der Verordnung
(EU) Nr. 1227/2011 erforderlich ist.**

(5) **Die Akteneinsicht der von den Entscheidungen der Markttransparenzstelle nach
§ 47b Absatz 5 und 7, § 47d Absatz 1 und 2, den §§ 47e und 47g sowie nach § 81
Absatz 2 Nummer 2 Buchstabe c und d, Nummer 5a und 6 in eigenen Rechten
Betroffenen ist beschränkt auf die Unterlagen, die allein dem Rechtsverhältnis zwischen dem Betroffenen und der Markttransparenzstelle zuzuordnen sind.**

---

[5] Näher Görisch in NK-EnWG § 57 Rn. 3.
[6] Vgl. Bonk/Neumann/Siegel in Stelkens/Bonk/Sachs VwVfG § 58 Rn. 25.

# A. Allgemeines

1    Als finale Bestimmung in den Vorschriften des GWB über die Markttransparenzstelle für den Großhandel im Bereich Strom und Gas enthält § 47j die maßgeblichen Vorgaben über den **Umgang mit Informationen,** welche der Markttransparenzstelle vorliegen. Es handelt sich um eine datenschutzrechtliche Regelung, die im Verhältnis zum allgemeinen Datenschutzrecht nach DS-GVO und BDSG insoweit nach dem lex specialis-Grundsatz Vorrang beansprucht, als sie insbesondere in § 47j Abs. 4 besondere Vorgaben über den Umgang mit personenbezogenen Daten enthält. Ihre Reichweite ist jedoch insoweit von vornherein eingeschränkt, als sie die Vorgaben über die zulässige und gebotene Datenverwendung insbesondere nach § 47c unberührt lässt. Jenseits dieser speziellen Vorgaben findet das allgemeine Datenschutzrecht auf die Markttransparenzstelle Anwendung.

# B. Vertraulichkeit

2    Zentraler Gegenstand des § 47j ist das in Abs. 1–3 näher ausgestaltete Vertraulichkeitsgebot.[1] Dieses enthält ein grundsätzliches **Verbot einer Kenntnisgabe von Daten** durch die Markttransparenzstelle und die für sie Tätigen an Dritte, soweit dies nicht gesetzlich, insbesondere in § 47c, vorgesehen ist. Dieses Verbot ist sowohl durch die Grundrechte der Mitteilungspflichtigen und die Wettbewerbsneutralität des Handelns der Markttransparenzstelle geboten als auch, „um das Vertrauen der zur Datenlieferung verpflichteten Unternehmen in die Geheimhaltung der von ihnen überlassenen Daten zu sichern". Es ist „daher von essentieller Bedeutung für die Arbeit der Markttransparenzstelle."[2]

## I. Umgang mit vertraulichen Informationen (Abs. 1 und 3)

3    Nach § 47j Abs. 1 S. 1 unterliegen Informationen, welche die Markttransparenzstelle bei ihrer Aufgabenerfüllung im gewöhnlichen Geschäftsverkehr erlangt oder erstellt hat, der Vertraulichkeit. Erfasst werden alle Daten, von denen die Markttransparenzstelle in Ausübung ihres Marktbeobachtungsauftrags nach § 47a Abs. 1 S. 2 und § 47b im Rahmen ihrer Befugnisse nach § 47d sowie den Mitteilungspflichten nach § 47e und den jeweiligen Konkretisierungen auf Grundlage von §§ 47f und 47g Kenntnis erlangt. Die Formulierung des § 47j Abs. 1 S. 1 stellt klar, dass nicht nur die mitgeteilten oder aus anderen Quellen stammenden Daten, auf welche die Markttransparenzstelle zugreifen darf, erfasst werden, sondern auch solche Informationen, welche die Markttransparenzstelle auf deren Grundlage erarbeitet hat. Diese Informationen werden in § 47j Abs. 1 S. 2 ohne weitere Unterscheidung als **„vertrauliche Informationen"** bezeichnet.

4    Diese weite Fassung des § 47j Abs. 1 S. 1 erfasst auch **Informationen,** von denen der Markttransparenzstelle **aus allgemein zugänglichen Quellen** Kenntnis nimmt.[3] Diesbezüglich besteht keine Schutzbedürftigkeit des Betroffenen. Die normative Anordnung der vertraulichen Behandlung auch dieser Informationen ist gleichwohl gegeben und auch nicht gemessen am Maßstab höherrangigen Rechts zu beanstanden. Allerdings fehlt es in diesen Fällen an einer Sanktionierung von Verstößen, da kein strafrechtlich relevanter Geheimnisverrat vorliegt. In der Literatur wird diesbezüglich eine teleologische Reduktion für geboten erachtet.[4]

5    Nicht erfasst sind nach dem Wortlaut des § 47j Abs. 1 S. 1 allerdings **Informationen,** welche der Markttransparenzstelle **außerhalb ihres „gewöhnlichen Geschäftsverkehrs"**

---

[1] Bechtold/Bosch Rn. 1.
[2] BT-Drs. 17/10060, 30.
[3] AA Lüdemann/Lüdemann in L/M/R Rn. 3.
[4] Schäfers in Berg/Mäsch Rn. 1.

zur Kenntnis gelangen. Dabei kann es sich um zufällige Kenntnisnahmen von relevanten Umständen durch einzelne Mitarbeiter der Markttransparenzstelle außerhalb ihrer Tätigkeit für diese handeln. Werden diese an die Markttransparenzstelle weitergeleitet, sind sie jedoch in gleicher Weise schutzbedürftig wie auf den normativ vorgesehenen Wegen dieser zur Kenntnis gelangte Informationen. Infolge dessen erscheint die Beschränkung des § 47j Abs. 1 S. 1 auf die „im gewöhnlichen Geschäftsverkehr" erlangten Informationen als sachlich unangemessen, da sie an der Zufälligkeit der Art und Weise der Kenntnisnahme anknüpft.[5] Dies kann weder vor dem Hintergrund des Rechtsstaatsprinzips noch im Hinblick auf den Sinn und Zweck der Norm überzeugen. § 47j Abs. 1 S. 1 ist daher dahingehend auszulegen, dass sich das Gebot der vertraulichen Behandlung auch auf solche Informationen erstreckt, von welchen die Markttransparenzstelle auf andere Weise Kenntnis erlangt. Die normative Bezugnahme auf die „Aufgabenerfüllung im gewöhnlichen Geschäftsverkehr" wird gleichwohl nicht überflüssig, sondern verfolgt auf Grundlage dieser Interpretation den Zweck, Informationen vom Vertraulichkeitsgebot auszunehmen, welche keinen Zusammenhang mit der Aufgabe der Markttransparenzstelle aufweisen.

Die in § 47j Abs. 1 S. 1 geforderte **Vertraulichkeit** wird durch § 47j Abs. 1 S. 2 und 3 **6** dahingehend konkretisiert, dass diese durch eine Pflicht zur Verschwiegenheit der Mitarbeiter der Markttransparenzstelle gewährleistet wird; Dritte sind zur Geheimhaltung besonders zu verpflichten. Das Gebot der Vertraulichkeit beinhaltet mithin ein Verbot jeglicher Informationsweitergabe, soweit diese nicht gesetzlich gestattet oder gefordert ist. Unzulässig sind somit Weiterleitung und Zugangsgewährung an Dritte und eine Einsichtnahme durch diese.[6] Letztlich dürfen die der Markttransparenzstelle vorliegenden Informationen keinen anderen Personen zur Kenntnis gelangen, als den an der Erfüllung des gesetzlichen Auftrags der Markttransparenzstelle Beteiligten. Dies schließt auch das Gebot der Ergreifung geeigneter – insbesondere technischer – Maßnahmen gegen einen von der Markttransparenzstelle unbeabsichtigten Informationszugriff seitens Dritter ein, wie dies in § 47j Abs. 2 S. 3 und 4 explizit gefordert wird.

**Adressaten** der Geheimhaltungspflicht sind alle diejenigen, welche für die Markttrans- **7** parenzstelle Kenntnis von vertraulichen Informationen erhalten. § 47j Abs. 1 S. 2 benennt die Beschäftigten bei der Markttransparenzstelle und S. 3 erwähnt „andere Personen", wobei juristisch weiter zwischen diesen differenziert wird; zwingend ist jedoch stets, dass eine Geheimhaltungsverpflichtung vor der erstmaligen Kenntnisnahme von vertraulichen Informationen durch diese Personen begründet wird. Dies ist bei Amtsträgern und für den öffentlichen Dienst besonders Verpflichteten aufgrund ihrer Stellung und den darauf bezogenen gesetzlichen Vorgaben stets der Fall. Im Hinblick auf die Verstoßfolgen ist zur Bestimmung dieser Personengruppen an die strafrechtliche Terminologie anzuknüpfen. Amtsträger ist nach § 11 Abs. 1 Nr. 2 StGB, „wer nach deutschem Recht a) Beamter oder Richter ist, b) in einem sonstigen öffentlich-rechtlichen Amtsverhältnis steht oder c) sonst dazu bestellt ist, bei einer Behörde oder bei einer sonstigen Stelle oder in deren Auftrag Aufgaben der öffentlichen Verwaltung unbeschadet der zur Aufgabenerfüllung gewählten Organisationsform wahrzunehmen". Für den öffentlichen Dienst besonders Verpflichteter ist gemäß § 11 Abs. 1 Nr. 4 „wer, ohne Amtsträger zu sein, a) bei einer Behörde oder bei einer sonstigen Stelle, die Aufgaben der öffentlichen Verwaltung wahrnimmt, oder b) bei einem Verband oder sonstigen Zusammenschluß, Betrieb oder Unternehmen, die für eine Behörde oder für eine sonstige Stelle Aufgaben der öffentlichen Verwaltung ausführen, beschäftigt oder für sie tätig und auf die gewissenhafte Erfüllung seiner Obliegenheiten auf Grund eines Gesetzes förmlich verpflichtet ist". Hiervon nicht erfasste Personen, die vertrauliche Informationen erhalten sollen, sind zuvor zwingend auf die gewissenhafte Erfüllung ihrer Obliegenheiten (vgl. § 1 Abs. 1 Verpflichtungsgesetz) zu verpflichten, wofür

---

[5] Anders wohl die Gesetzesbegründung, die auf die „an die Markttransparenzstelle gelieferten Daten" abstellt, BT-Drs. 17/10060, 30.
[6] BT-Drs. 17/10060, 30.

§ 47j Abs. 1 S. 4 die entsprechende Geltung des § 1 Abs. 2, 3 und 4 Nr. 2 des Verpflichtungsgesetzes anordnet. In Anbetracht der expliziten Regelung für bestimmte Dritte in § 47j Abs. 3 ist der Kreis der zur Vertraulichkeit verpflichteten (sonstigen) „anderen Personen" marginal. Es handelt sich etwa um punktuell für die Markttransparenzstelle tätig werdendes Hilfspersonal. Nicht erfasst sind allerdings für Meldepflichtige nach § 47e Abs. 4 Nr. 2 tätig werdende Dritte, da diese nicht der Verantwortungssphäre der Markttransparenzstelle für die Realisierung des Vertraulichkeitsgebots gemäß § 47j Abs. 1 S. 1 unterfallen. Von der Markttransparenzstelle nach § 47d Abs. 1 S. 5 zur Datenerfassung beauftragte Dritte unterliegen ebenfalls dem Vertraulichkeitsgebot nach § 47j Abs. 3. Gleiches gilt für Dritte, die wissenschaftliche Studien durchführen und zu diesem Zweck von der Markttransparenzstelle Daten erhalten. Diese sind bereits nach § 47c Abs. 4 S. 3 zu deren vertraulicher Behandlung verpflichtet. Die in § 47c Abs. 4 S. 3 geforderte Zusicherung muss daher ebenso wie bei den zur Datenerhebung Beauftragten in der Form einer Verpflichtung erfolgen, sofern es sich nicht im Einzelfall um Amtsträger oder für den öffentlichen Dienst besonders Verpflichtete handelt.

8    Eine Absicherung erfährt das Vertraulichkeitsgebot durch das Strafrecht. Die §§ 203 f., 353b StGB sehen eine **Sanktionierung** der Verletzung und Verwertung von Privat- und Dienstgeheimnissen durch den verpflichteten Personenkreis vor.

## II. Operationelle Zuverlässigkeit (Abs. 2)

9    § 47j Abs. 2 zielt auf die Zuverlässigkeit des Systems einschließlich der Operationalisierung des Vertraulichkeitsgebots ab. Dies bezweckt neben dem **Schutz der Unternehmen** auch die Erfüllung der Anforderungen der Art. 10 und 12 REMIT-Verordnung als **Voraussetzung für die Teilnahme am EU-weiten Informationsaustausch** unter Einbeziehung der ACER.[7]

10    § 47j Abs. 2 S. 1 verpflichtet die Markttransparenzstelle zur Sicherstellung der operationellen Zuverlässigkeit der Datenbeobachtung und zur Gewährleistung von Vertraulichkeit, Integrität und Schutz der eingehenden Informationen. Diese Differenzierung ist ohne eigenständige Bedeutung; sie bringt allein die **Notwendigkeit eines ganzheitlichen Datenschutzes** im Hinblick auf die „vielfach wirtschaftlich sehr sensiblen unternehmerischen Daten und Informationen"[8] zum Ausdruck.

11    Zugleich verpflichtet die Norm die Markttransparenzstelle zu einer diesbezüglichen **Zusammenarbeit mit der BNetzA.** In Anbetracht der organisatorischen Zuordnung der Markttransparenzstelle für den Großhandel mit Strom und Gas bei der BNetzA durch § 47a Abs. 1 S. 1 hätte es dieser Anordnung nicht zwingend bedurft. Es handelt sich dabei um ein Relikt der im Entwurf des Markttransparenzstellengesetzes ursprünglich vorgesehenen Verankerung der Markttransparenzstelle beim BKartA, die in erheblichem Umfang eine behördenübergreifende Datennutzung und -verantwortung begründet hätte, die nunmehr innerhalb eines organisatorischen Zusammenhangs wahrgenommen wird, so dass eine Kooperation zwischen der Markttransparenzstelle und der „eigentlichen" BNetzA im Hinblick auf die Wahrung der Vertraulichkeit ohnehin unumgänglich ist.

12    Bezogen auf das Maß der Vertraulichkeit stellt § 47j Abs. 2 S. 2 klar, dass die Markttransparenzstelle „an dasselbe Maß an Vertraulichkeit gebunden [ist] wie die übermittelnde Stelle oder die Stelle, welche die Informationen erhoben hat." Die Norm betrifft die **Situation der Übernahme von Daten aus vorhandenen Quellen,** die nach § 47b Abs. 3 S. 3 grundsätzlich geboten ist. Allein durch die Weitergabe von Daten an die Markttransparenzstelle ändert sich weder deren Schutzbedürftigkeit noch werden die Erhebungszwecke überwunden. Es ist vor diesem Hintergrund nicht ausgeschlossen, dass eine Eigenerhebung von Daten für die Markttransparenzstelle sinnvoll sein kann, auch wenn diese bereits anderweitig vorliegen.

---

[7] BT-Drs. 17/10060, 31.
[8] BT-Drs. 17/10060, 31.

§ 47j Abs. 2 S. 3 und 4 verpflichtet die Markttransparenzstelle, die tatsächlichen Voraus- **13** setzungen für den Umgang mit Daten gemäß dem Vertraulichkeitsgebot zu schaffen. Geboten sind technische und organisatorische Maßnahmen zur Herstellung von **Datensicherheit**[9].

## C. Umgang mit personenbezogenen Daten (Abs. 4)

§ 47j Abs. 4 regelt die Speicherung, Veränderung und Nutzung personenbezogener **14** Daten, welche die Markttransparenzstelle bei ihrer Aufgabenerfüllung rechtmäßig auf Grundlage von § 47b erlangt hat. **Personenbezogene Daten** sind nach Art. 4 Nr. 1 DS-GVO „alle Informationen, die sich auf eine identifizierte oder identifizierbare natürliche Person (im Folgenden ‚betroffene Person‘) beziehen; als identifizierbar wird eine natürliche Person angesehen, die direkt oder indirekt, insbesondere mittels Zuordnung zu einer Kennung wie einem Namen, zu einer Kennnummer, zu Standortdaten, zu einer Online-Kennung oder zu einem oder mehreren besonderen Merkmalen, die Ausdruck der physischen, physiologischen, genetischen, psychischen, wirtschaftlichen, kulturellen oder sozialen Identität dieser natürlichen Person sind, identifiziert werden kann".[10] Hinsichtlich der damit vorzunehmenden Maßnahmen ist ebenfalls auf die datenschutzrechtliche Begrifflichkeit zurückzugreifen.[11] Es handelt sich insoweit um spezifische Ausprägungen der Verarbeitung von Daten, die in Art. 4 Nr. 2 DS-GVO legaldefiniert wird als „jeden mit oder ohne Hilfe automatisierter Verfahren ausgeführten Vorgang oder jede solche Vorgangsreihe im Zusammenhang mit personenbezogenen Daten wie das Erheben, das Erfassen, die Organisation, das Ordnen, die Speicherung, die Anpassung oder Veränderung, das Auslesen, das Abfragen, die Verwendung, die Offenlegung durch Übermittlung, Verbreitung oder eine andere Form der Bereitstellung, den Abgleich oder die Verknüpfung, die Einschränkung, das Löschen oder die Vernichtung". Eine Befugnis zur Datenübermittlung vermittelt § 47j Abs. 4 nicht.[12]

Sind derartige Daten „zur Erfüllung der Aufgabe [der Markttransparenzstelle] nicht mehr **15** erforderlich, dürfen sie nicht mehr gespeichert werden und sind somit zu löschen."[13] Diese Wertung des § 47j Abs. 4 entspricht derjenigen des allgemeinen Datenschutzrechts, dessen Begrifflichkeit auch in der Norm Verwendung findet. Hinsichtlich der für das weitere Speichern personenbezogener Daten durch die Markttransparenzstelle als Voraussetzung für deren Bearbeitung und Nutzung notwendigen **Erforderlichkeit** verfügt diese über einen Beurteilungsspielraum, bei dessen Ausfüllung jedoch eine strikte Aufgabenbindung besteht.

## D. Akteneinsicht (Abs. 5)

Die Vielzahl der vertraulichen Informationen, welche der Markttransparenzstelle vor- **16** liegen, macht deren Schutz auch im Rahmen der Akteneinsicht seitens von Entscheidungen der Markttransparenzstelle Betroffenen notwendig. § 47j Abs. 5 konkretisiert diesbezüglich § 29 VwVfG sowie § 147 StPO in sehr restriktiver Weise für das Verwaltungs- wie auch das Bußgeldverfahren.[14] Eine Akteneinsicht ist im Zusammenhang mit Entscheidungen der Markttransparenzstelle nach den im Normtext genannten Bestimmungen nur insoweit möglich, „als dies zur Wahrung des rechtlichen Gehörs der von eigenen Entscheidungen der Markttransparenzstelle unmittelbar in eigenen Rechten Betroffenen zwin-

---

[9] Siehe dazu etwa Schmidt/Pruß in Auer-Reinsdorff/Conrad IT- und DatenschutzR-HdB § 2 Rn. 245 ff.
[10] Näher Schild in BeckOK DatenschutzR, Stand 5/2021, DS-GVO Art. 4 Rn. 3 ff.
[11] Just/Künstner in Schulte/Just Rn. 5.
[12] Schäfers in Berg/Mäsch Rn. 4.
[13] BT-Drs. 17/10060, 31.
[14] Bechtold/Bosch Rn. 2.

gend erforderlich ist."[15] Eine Nutzung der Daten der Markttransparenzstelle durch Unternehmen zu anderen Zwecken als der **Wahrnehmung und Verteidigung eigener Rechte** im Wege der Akteneinsicht wird dadurch ausgeschlossen. Informationsverlangen auf Grundlage des Informationsfreiheitsgesetzes scheitern an § 3 Nr. 4 IFG.[16]

17    § 47j Abs. 5 gilt nur für die Akteneinsicht bei der Markttransparenzstelle für den Großhandel mit Strom und Gas. Gibt diese Informationen an **andere Behörden** weiter, ist die Norm tatbestandlich nicht einschlägig. In diesem Falle „gelten in deren Verfahren die für diese relevanten Akteneinsichtsregelungen. Auch deren Anwendung hat jedoch den Besonderheiten des Betriebs der Markttransparenzstelle Rechnung zu tragen."[17] Die letztgenannte Aussage der Gesetzesbegründung legt zwar eine Auslegung der für diese Behörden maßgeblichen Akteneinsichtsregeln im Lichte des § 47j Abs. 5 nahe. Dies ist sachlich angemessen; jedoch fehlt es an einer dahingehenden normativen Aussage, so dass das in der Gesetzesbegründung angesprochene Ziel allein im Rahmen der Ausfüllung von etwaigen Beurteilungs- und Ermessensspielräumen erreicht werden kann.

### Abschnitt 2. Markttransparenzstelle für Kraftstoffe

### § 47k Marktbeobachtung im Bereich Kraftstoffe

(1) [1]Beim Bundeskartellamt wird eine Markttransparenzstelle für Kraftstoffe eingerichtet. [2]Sie beobachtet die Wertschöpfungsstufen der Herstellung und des Handels mit Kraftstoffen, um den Kartellbehörden die Aufdeckung und Sanktionierung von Verstößen gegen die §§ 1, 19 und 20 dieses Gesetzes und die Artikel 101 und 102 des Vertrages über die Arbeitsweise der Europäischen Union zu erleichtern. [3]Sie nimmt ihre Aufgaben nach Maßgabe der Absätze 2 bis 9 wahr.

(2) [1]Betreiber von öffentlichen Tankstellen, die Letztverbrauchern Kraftstoffe zu selbst festgesetzten Preisen anbieten, sind verpflichtet, nach Maßgabe der Rechtsverordnung nach Absatz 8

1. bei jeder Änderung ihrer Kraftstoffpreise diese in Echtzeit und unterschieden nach der jeweiligen Kraftstoffsorte sowie
2. die im Laufe eines bestimmten Zeitraums abgegebenen Kraftstoffmengen unterschieden nach der jeweiligen Kraftstoffsorte

an die Markttransparenzstelle für Kraftstoffe zu übermitteln. [2]Werden dem Betreiber die Verkaufspreise von einem anderen Unternehmen vorgegeben, so ist das Unternehmen, das über die Preissetzungshoheit verfügt, zur Übermittlung verpflichtet.

(3) [1]Kraftstoffe im Sinne dieser Vorschrift sind Ottokraftstoffe und Dieselkraftstoffe. [2]Öffentliche Tankstellen sind Tankstellen, die sich an öffentlich zugänglichen Orten befinden und die ohne Beschränkung des Personenkreises aufgesucht werden können.

(4) [1]Bestehen Anhaltspunkte dafür, dass ein Unternehmen gegen die in Absatz 1 genannten gesetzlichen Bestimmungen verstößt, muss die Markttransparenzstelle für Kraftstoffe umgehend die zuständige Kartellbehörde informieren und den Vorgang an sie abgeben. [2]Hierzu oder auf Anfrage einer Kartellbehörde leitet sie alle von dieser für deren Aufgaben nach diesem Gesetz benötigten oder angeforderten Informationen und Daten unverzüglich an diese weiter. [3]Die Markttransparenzstelle für Kraftstoffe stellt die von ihr nach Absatz 2 erhobenen Daten ferner den folgenden Behörden und Stellen zur Verfügung:

1. dem Bundesministerium für Wirtschaft und Energie für statistische Zwecke und zu Evaluierungszwecken sowie
2. der Monopolkommission für deren Aufgaben nach diesem Gesetz.

---

[15] BT-Drs. 17/10060, 31.
[16] MüKoEuWettbR/Wende GWB Rn. 7; zur Funktionsweise der Norm siehe BVerwG 24.5.2011 – 7 C 6/10, NVwZ 2011, 1012 (1013 f.); BVerwG 29.6.2017 – 7 C 22/15, NVwZ 2018, 179.
[17] BT-Drs. 17/10060, 31.

⁴Standortinformationen, aggregierte oder ältere Daten kann die Markttransparenzstelle für Kraftstoffe auch an weitere Behörden und Stellen der unmittelbaren Bundes- und Landesverwaltung für deren gesetzliche Aufgaben weitergeben, Mengendaten jedoch nur derart aggregiert, dass die Betriebs- und Geschäftsgeheimnisse der einzelnen Betreiber gewahrt bleiben.

(5) ¹Die Markttransparenzstelle für Kraftstoffe wird nach Maßgabe der Rechtsverordnung nach Absatz 8 ermächtigt, die nach Absatz 2 erhobenen Preisdaten elektronisch an Anbieter von Verbraucher-Informationsdiensten zum Zweck der Verbraucherinformation weiterzugeben. ²Bei der Veröffentlichung oder Weitergabe dieser Preisdaten an Verbraucherinnen und Verbraucher müssen die Anbieter von Verbraucher-Informationsdiensten die in der Rechtsverordnung nach Absatz 8 Nummer 5 näher geregelten Vorgaben einhalten. ³Die Markttransparenzstelle für Kraftstoffe ist befugt, bei Nichteinhaltung dieser Vorgaben von einer Weitergabe der Daten abzusehen.

(6) Die Markttransparenzstelle für Kraftstoffe stellt die operationelle Zuverlässigkeit der Datenbeobachtung sicher und gewährleistet Vertraulichkeit, Integrität und Schutz der eingehenden Informationen.

(7) Zur Erfüllung ihrer Aufgaben hat die Markttransparenzstelle für Kraftstoffe die Befugnisse nach §§ 59, 59a und 59b.

(8) ¹Das Bundesministerium für Wirtschaft und Energie wird ermächtigt, im Wege der Rechtsverordnung, die nicht der Zustimmung des Bundesrates bedarf, Vorgaben zu den Meldepflichten nach Absatz 2 und zur Weitergabe der Preisdaten nach Absatz 5 zu erlassen, insbesondere

1. nähere Bestimmungen zum genauen Zeitpunkt oder Zeitraum sowie zur Art und Form der Übermittlung der Daten nach Absatz 2 zu erlassen,
2. angemessene Bagatellgrenzen für die Meldepflicht nach Absatz 2 vorzusehen und unterhalb dieser Schwelle für den Fall einer freiwilligen Unterwerfung unter die Meldepflichten nach Absatz 2 nähere Bestimmungen zu erlassen,
3. nähere Bestimmungen zu den Anforderungen an die Anbieter von Verbraucher-Informationsdiensten nach Absatz 5 zu erlassen,
4. nähere Bestimmungen zu Inhalt, Art, Form und Umfang der Weitergabe der Preisdaten durch die Markttransparenzstelle für Kraftstoffe an die Anbieter nach Absatz 5 zu erlassen sowie
5. nähere Bestimmungen zu Inhalt, Art, Form und Umfang der Veröffentlichung oder Weitergabe der Preisdaten an Verbraucherinnen und Verbraucher durch die Anbieter von Verbraucher-Informationsdiensten nach Absatz 5 zu erlassen.

²Die Rechtsverordnung ist dem Bundestag vom Bundesministerium für Wirtschaft und Energie zuzuleiten. ³Sie kann durch Beschluss des Bundestages geändert oder abgelehnt werden. ⁴Änderungen oder die Ablehnung sind dem Bundesministerium für Wirtschaft und Energie vom Bundestag zuzuleiten. ⁵Hat sich der Bundestag nach Ablauf von drei Sitzungswochen nach Eingang der Rechtsverordnung nicht mit ihr befasst, gilt die Zustimmung des Bundestages als erteilt.

(9) ¹Entscheidungen der Markttransparenzstelle für Kraftstoffe trifft die Person, die sie leitet. ²§ 51 Absatz 5 gilt für alle Mitarbeiterinnen und Mitarbeiter der Markttransparenzstelle für Kraftstoffe entsprechend.

## Übersicht

## A. Allgemeines

**1**    § 47k regelt die **Marktransparenzstelle für Kraftstoffe und ihre Aufgaben.** Anders als bei den Vorschriften über die Markttransparenzstelle für den Großhandel mit Strom und Gas, §§ 47a–47j, fehlt es an europarechtlichen Implikationen.[1] § 47k kann den Regelungsbedarf allein nicht erfüllen und wird daher auf Grundlage der in § 47k Abs. 8 enthaltenen Ermächtigung durch die im Anhang zur nachstehenden Kommentierung abgedruckte Verordnung zur Markttransparenzstelle für Kraftstoffe (MTS-Kraftstoff-Verordnung – MTSKraftV)[2] vom 22.3.2013 ergänzt und konkretisiert.

**2**    Im Verlauf des Gesetzgebungsverfahrens zum Markttransparenzstellengesetz bildete § 47k die am heftigsten umstrittene Vorschrift. Zwar bestand weitgehende Übereinstimmung der politischen Akteure ungeachtet einiger kritischer Stimmen in der Sachverständigenanhörung[3] über die Schaffung einer Markttransparenzstelle zur Überwachung der Preisentwicklung auf den Kraftstoffmärkten. Für deren Ausgestaltung standen jedoch zwei **Modelle** zur Auswahl. Während die Bundesregierung in ihrem Entwurf ungeachtet der vielfach im Detail erfolgten Änderungen das nunmehr in § 47k normierte Modell einer bloßen Marktbeobachtung präferierte,[4] sprach sich der Bundesrat mehrfach für die Schaffung deutlich stärker das Verhalten der kraftstoffanbietenden Unternehmen lenkender Vorschriften aus. In der „Entschließung [...] für faire und transparente Preise bei Kraftstoffen" vom 30.3.2012[5] forderte er die Bundesregierung unter anderem auf, die Einführung einer „Preiserhöhungsbremse nach österreichischem Vorbild[6] [...] zu prüfen", die sich durch das

---

[1] Zur europarechtlichen Unbedenklichkeit Knauff NJW 2012, 2408 (2410).
[2] BGBl. I 595.
[3] Vgl. BT-Drs. 17/11386, 12 ff.
[4] Siehe BT-Drs. 17/10060, 15, 31 f.
[5] BR-Drs. 870/11 (B).
[6] Art. II § 1a Preistransparenzgesetz (BGBl. Nr. 761/1992 zuletzt geändert durch BGBl. 2011 I Nr. 107): „(1) Der Bundesminister für Wirtschaft, Familie und Jugend kann Betreiber von Tankstellen, die auch Verbrauchern (§ 1 KSchG) Treibstoffe gewerbsmäßig anbieten, durch Verordnung verpflichten, die an ihrem Tankstellenareal ausgezeichneten Treibstoffpreise in die Preistransparenzdatenbank der E-Control in elektronischer Form einzumelden. In dieser Verordnung können insbesondere Regelungen über die Voraussetzungen für die Meldepflicht im Zusammenhang mit den technischen Ausstattungen und der Betriebsgröße der Tankstellenbetreiber, die Art der erfassten Produkte nach Häufigkeit der Verwendung, Inhalt und Umfang der Meldepflicht sowie der dabei einzuhaltenden Fristen und über Inhalt und Form der Veröffentlichung erfolgen. Die Ausgestaltung der Meldepflicht hat sowohl für die Tankstellenbetreiber als auch für den Betrieb der Datenbank einfach und kostensparend zu sein. Ziel dieser Datenbank ist es, dem Verbraucher zu ermöglichen, die jeweils günstigsten aktuellen Treibstoffpreise in seinem Umkreis feststellen zu können. Schadenersatzansprüche, die nicht auf einer grob fahrlässigen oder vorsätzlichen Falscheintragung durch den Meldepflichtigen beruhen, können nicht geltend gemacht werden." Ergänzend tritt die Verordnung des Bundesministers für Wirtschaft, Familie und Jugend betreffend Standesregeln für Tankstellenbetreiber über den Zeitpunkt der Preisauszeichnung für Treibstoffe bei Tankstellen (BGBl. 2010 II Nr. 484, zuletzt geändert durch BGBl. 2012 II Nr. 412) hinzu. Deren § 1 Abs. 1 lautet: „Betreiber von Tankstellen haben Preise für Treibstoffe gemäß §§ 5 und 6 der Verordnung betreffend Preisauszeichnung für bestimmte Leistungen und für Treibstoffe, BGBl. Nr. 813/1992 in der jeweils geltenden Fassung, auszuzeichnen. Eine Preiserhöhung ist an jedem Tag nur um 12.00 Uhr zulässig. Diese Preisauszeichnung ist nach Maßgabe der verfügbaren technischen Einrichtungen für die Preisumstellung unverzüglich vorzunehmen. Preissenkungen und damit verbundene Preisauszeichnungen dürfen jederzeit vorgenommen werden." In West-Australien bestehen auf Grundlage des Petroleum Products Pricing Act 1983 (konsolidierte Fassung abrufbar unter https://www.legislation. wa. gov.au/legislation/statutes.nsf/law_a598.html) teils noch eingriffsintensivere Vorgaben.

Verbot auszeichnet, Preise öfter als einmal täglich zu erhöhen. In seiner Stellungnahme zum Gesetzentwurf der Bundesregierung hat der Bundesrat am 15.6.2012 diese Position nochmals bekräftigt,[7] ohne damit jedoch durchzudringen.[8] Auch nach Inkrafttreten des § 47k und der MTSKraftV ist die politische Diskussion noch nicht abgeschlossen; im Herbst 2013 berieten die Verkehrsminister des Bundes und der Länder erneut über die Einführung einer „Benzinpreisbremse",[9] ohne jedoch einen Beschluss hierzu zu fassen.[10] Im Zuge der 10. GWB-Novelle hat § 47k anknüpfend an die Evaluation der Vorschrift (→ § 47l Rn. 4f.) punktuelle Änderungen erfahren. Die Vorschläge der Bundesregierung[11] wurden gleichwohl nur teilweise vom Gesetzgeber übernommen. Insbesondere fand die vorgeschlagene Ergänzung um eine wöchentliche Meldepflicht mit viertelstündlichen Mengenangaben keine Mehrheit.[12] Mit dem Gesetz zur Änderung des Energiewirtschaftsrechts im Zusammenhang mit dem Klimaschutz-Sofortprogramm und zu Anpassungen im Recht der Endkundenbelieferung[13] erfolgte eine weitere Überarbeitung des § 47k. Hierdurch wurden die Wertschöpfungsstufen der Herstellung von Kraftstoffen in den Beobachtungsauftrag der Markttransparenzstelle einbezogen und einige weitere Detailänderungen vorgenommen. Zudem wurde mit § 186 eine spezifisch auf § 47k bezogene Anwendungsbestimmung geschaffen.

## B. Einrichtung der Markttransparenzstelle (Abs. 1)

§ 47k Abs. 1 S. 1 normiert die Einrichtung einer Markttransparenzstelle für Kraftstoffe **3** beim BKartA. Es handelt sich dabei nicht um eine eigenständige Behörde, sondern um eine gesetzlich vorgesehene **Abteilung des BKartA,** der spezifische Aufgaben und Befugnisse zukommen.[14]

Den zentralen Gegenstand ihrer Tätigkeit bildet seit ihrer Einrichtung gemäß § 47k **4** Abs. 1 S. 2 die **Beobachtung des Handels mit Kraftstoffen.** Wenngleich es diesbezüglich an einer expliziten Einschränkung auf bestimmte Handelsstufen fehlt, wird aus § 47k Abs. 2 deutlich, dass Gegenstand der unmittelbaren Beobachtung die Entwicklung der Letztverbraucherpreise ist; diese ermöglicht jedoch in gewissem Umfang Rückschlüsse auf das Geschehen auf vorgelagerten Handelsstufen, die daher mittelbar ebenfalls Gegenstand der Beobachtung sind. Im Einzelnen richtet sich die Tätigkeit der Markttransparenzstelle nach § 47k Abs. 2–9, wie der überflüssige Verweis in § 47k Abs. 1 S. 3 verdeutlicht, sowie nach der MTSKraftV.

Nach Auffassung des Gesetzgebers weisen jedoch „[i]nsbesondere die oberen **Wert-** **4a** **schöpfungsstufen** ... Strukturfaktoren auf, mit denen eine erhöhte Gefahr wettbewerbsbeschränkenden Verhaltens einhergeht. So machen insbesondere transparente oligopolistische Märkte mit regelmäßig wiederkehrenden Interaktionen wettbewerbsbeschränkende Vereinbarungen bzw. Parallelverhalten leichter. Hinzu kommen starke Verflechtungen der Unternehmen auf verschiedenen Ebenen (Raffinerien, Transport etc.) sowie auch vertikale Integration bis hinunter zur Ebene der Tankstellen."[15] Vor diesem Hintergrund erfolgte 2022 eine Erweiterung des Beobachtungsauftrags der Markttransparenzstelle auf die Wert-

---

[7] BR-Drs. 253/12 (B).

[8] Siehe auch die Gegenäußerung der Bundesregierung, BT-Drs. 17/10253, 1 f.; plastisch zum Ergebnis V. Lüdemann/J. Lüdemann WuW 2012, 917 (923): „Die Markttransparenzstelle ist keine Benzinpolizei".

[9] Vgl. Tagesordnung der Verkehrsministerkonferenz der Länder am 6./7.11.2013 in Suhl, TOP 4.7 (abrufbar unter https://www.verkehrsministerkonferenz.de/VMK/DE/termine/sitzungen/13-11-06-07-vmk/13-11-06-07-to.pdf?__blob=publicationFile&v=1).

[10] Kritisch bezüglich deren Sinnhaftigkeit Nothhelfer in Bien Dt. KartellR S. 283, 299 f.; ablehnend auch Zimmer BB 50/2012, I.

[11] Vgl. BT-Drs. 19/23492, 16, 100.

[12] Siehe BT-Drs. 19/25868, 119; Bayer in Bien u.a., Die 10. GWB-Novelle, Kap. 2 Rn. 112 ff.

[13] BGBl. 2022 I 1214.

[14] Bechtold/Bosch Rn. 1.

[15] BT-Drs. 20/1599, 64.

schöpfungsstufen der Herstellung von Kraftstoffen, Womit „die MTS-K in die Lage versetzt [wird], die gesamte für die Versorgung von Endkunden mit Kraftstoffen maßgebliche Wertschöpfungskette von der Beschaffung von Rohöl über die Verarbeitung des Rohöls zu den verschiedenen Kraftstoffsorten bis hin zum Groß- und Einzelhandel dieser Kraftstoffe zu beobachten und zu analysieren. Somit können nun auch für die Marktverhältnisse wichtige Aspekte wie Herstellung, Transport und Lagerung betrachtet werden."[16]

5      Primäres **Ziel** der Marktbeobachtung ist es, wie § 47k Abs. 1 S. 2 klarstellt, Kartellrechtsverstöße der Kraftstoffanbieter besser zu erkennen und deren Ahndung durch die Kartellbehörden zu ermöglichen.[17] Diese Zielsetzung ist dadurch begründet, dass es dem BKartA auf Grundlage der überkommenen Rechtslage nicht gelungen ist, den Unternehmen der Mineralölbranche wettbewerbsrechtlich unzulässige Preisabsprachen nachzuweisen,[18] obwohl das Preisverhalten von Tankstellen innerhalb einer Region[19] häufig eine bemerkenswerte Parallelität aufweist und ein Bezug zu den Preisen für Rohöl als notwendigem Grundstoff nur in geringem Maße feststellbar ist. Darüber hinaus dient die Tätigkeit der Markttransparenzstelle aber auch, wie § 47k Abs. 5 zu entnehmen ist, der Information der Verbraucher über die Preisentwicklung auf dem Kraftstoffmarkt.[20]

## C. Mitteilungspflicht (Abs. 2)

6      § 47k Abs. 2 bestimmt iVm §§ 2–4 MTSKraftV die mitteilungspflichtigen Unternehmen und den Gegenstand der Mitteilung. Entscheidender Anknüpfungspunkt für die Pflichtigkeit ist die **Preissetzungshoheit** im Hinblick auf die Letztverbraucherpreise. Handelt es sich dabei um die Betreiber von öffentlichen Tankstellen, die die Preise selbst festsetzen, sind diese nach § 47k Abs. 2 S. 1,[21] andernfalls das über die Preissetzungshoheit verfügende Unternehmen nach § 47k Abs. 2 S. 2 mitteilungspflichtig. § 2 Abs. 1 Nr. 2 MTSKraftV konkretisiert diese Vorgabe dahingehend, dass Preise auch dann vom Tankstellenbetreiber selbst festgesetzt sind, „wenn dem Betreiber die Verkaufspreise unverbindlich vorgegeben werden", da der Betreiber in diesem Falle über einen Preisgestaltungsspielraum verfügt.[22] Keiner Mitteilungspflicht unterfallen somit „reine Pächter [von Tankstellen, die] (insbesondere durch Markenpartnerverträge) an die großen Mineralölgesellschaften (Farbengesellschaften) gebunden [sind], die automatisch Änderungen der Tankstellenpreise vornehmen."[23] In ihrer Gesamtheit hat die Norm eine lückenlose Information der Markttransparenzstelle über die Preisbildung an öffentlichen Tankstellen durch diejenigen Unternehmen, die im Besitz der relevanten Preisinformationen und ihrer Grundlagen sind, zur Folge.[24] Die Heranziehung eines Dritten zur Realisierung oder Übermittlung von Preisänderungen einschließlich eines Preismelders nach § 4 Abs. 3 MTSKraftV lässt, wie § 2 Abs. 2 MTSKraftV klarstellt, die Mitteilungspflichtigkeit nicht entfallen; eine „autonome Befreiung" ist somit ausgeschlossen.[25] Die Meldepflichtigen sind zudem nach § 2

---

[16] BT-Drs. 20/1599, 64.

[17] MüKoEuWettbR/Wende GWB Rn. 3; siehe auch BT-Drs. 17/10060, 31.

[18] Siehe den Abschlussbericht der Sektoruntersuchung im Bereich Kraftstoffe vom Mai 2011 (abrufbar unter https://www.bundeskartellamt.de/SharedDocs/Publikation/DE/Sektoruntersuchungen/Sektoruntersuchung%20Kraftstoffe%20-%20Abschlussbericht.html).

[19] Das BKartA 9.8.2000 – B 8–50500-VH-77/00, NJWE-WettbR 2000, 304 (305 f.), geht von regionalen Märkten für den Verkauf von Kraftstoffen an Endverbraucher aus.

[20] Bemerkenswert ist, dass das Gesamtkonzept des Aufbaustabes Transparenzstelle Kraftstoffe beim BKartA für Aufbau und Betrieb der Markttransparenzstelle für Kraftstoffe (Entwurf vom 15.3.2013, abrufbar unter https://www.bundeskartellamt.de/DE/Wirtschaftsbereiche/Mineralöl/MTS-Kraftstoffe/Hintergrunddokumente/hintergrunddokumente_node.html) allein hierauf abstellt.

[21] Nach BT-Drs. 20/1599, 40, wurden im April 2022 Meldungen von ca. 15.000 Tankstellen erfasst.

[22] BT-Drs. 17/12390, 18.

[23] BT-Drs. 17/10060, 31.

[24] Einen (nicht näher konkretisierten) ungerechtfertigten Grundrechtseingriff sieht darin Heyers AfP 2017, 118 (126).

[25] Vgl. auch BT-Drs. 17/12390, 18.

Abs. 3 MTSKraftV verpflichtet, der Markttransparenzstelle die zu ihrer Identifikation notwendigen Angaben in jeweils aktueller Fassung zu übermitteln und den Status als meldepflichtiges Unternehmen glaubhaft zu machen.

Von der Mitteilungspflicht sieht § 3 MTSKraftV auf Grundlage von § 47k Abs. 8 S. 1  **7** Nr. 2 für wirtschaftlich unbedeutende Marktteilnehmer sowie bei Härtefällen **Ausnahmen** vor. Der Bagatellgrenze unterfallen nach § 3 Abs. 1 Nr. 1 MTSKraftV Tankstellen, deren Gesamtdurchsatz von Otto- und Dieselkraftstoffen im vorangegangenen Kalenderjahr nicht mehr als 750 m$^3$ betrug.[26] Das Vorliegen eines Härtefalls wird normativ nicht konkretisiert; vorgesehen ist jedoch eine Glaubhaftmachung des Vorliegens einer unzumutbaren Härte durch die Erfüllung der Mitteilungspflicht. Es müssen mithin Tatsachen vorgetragen werden, die eine unverhältnismäßige Belastung des Unternehmens nahe legen. Eine solche unzumutbare Härte ist auch in Anbetracht der Bagatellgrenze und der mit der Erfüllung der Meldepflicht einhergehenden beschränkten Belastungen der Unternehmen[27] kaum anzunehmen.[28] Die Begründung zur MTSKraftV führt insoweit allein den Fall einer Tankstelle an, die in absehbarer Zeit aus dem Markt ausscheiden wird.[29] In jedem Fall bedarf es zur Inanspruchnahme einer Ausnahme eines darauf gerichteten Antrags, auf dessen Stattgabe bei Vorliegen der tatbestandlichen Voraussetzungen jedoch ein Anspruch besteht. Wird der Antrag nicht gestellt, bleibt die Meldepflicht nach § 47k Abs. 2 bestehen.[30] Steigt nach einer Befreiung der jährliche Gesamtdurchsatz über die Bagatellgrenze an oder entfällt die unzumutbare Härte nachträglich, hat die Markttransparenzstelle gemäß § 3 Abs. 2 S. 1 MTSKraftV die Befreiung aufzuheben. Die maßgeblichen Tatsachen sind ihr von dem befreiten Unternehmen nach § 3 Abs. 2 S. 2 MTSKraftV unverzüglich iSv § 121 Abs. 1 S. 1 BGB mitzuteilen.

Die Mitteilungspflicht nach § 47k Abs. 2 S. 1 Nr. 1 bezieht sich nach ihrem **Gegenstand**  **8** auf die Übermittlung jeder Änderung der Kraftstoffpreise in Echtzeit und differenziert nach der jeweiligen Sorte. Die Gesetzesfassung weicht in verschiedener Hinsicht vom Regierungsentwurf ab. In zeitlicher Hinsicht sah dieser eine wöchentliche Übermittlung vor.[31] Deren Ersetzung durch eine Übermittlung in Echtzeit, also gemäß § 4 Abs. 2 S. 2 und 3 MTSKraftV innerhalb von fünf Minuten nach dem Wirksamwerden der Preisänderung an der Zapfsäule, „ist bedingt durch die vorgesehene Veröffentlichung der aktuellen Preisdaten zugunsten der Verbraucherinnen und Verbraucher. Hierfür ist es erforderlich, die Preisdaten von den Tankstellenbetreibern in Echtzeit zu erheben."[32] Die Differenzierung nach den Kraftstoffsorten Super E5, Super E10 und Diesel gemäß § 4 Abs. 2 S. 1 MTSKraftV ist notwendig, da es sich um unterschiedliche Marktsegmente handelt. Keine Meldepflicht besteht für sonstige Kraftstoffsorten, etwa für Premiumbenzin[33], da die MTSKraftV auf Grundlage von § 47k Abs. 8 S. 1 Nr. 4 auf deren Einbeziehung verzichtet.[34] Entfallen ist schließlich im Laufe des Gesetzgebungsverfahrens trotz der damit einhergehenden Informationsverluste in Bezug auf die Bedeutung möglicher Kartellrechtsverstöße[35] das Erfordernis der zusätzlichen Angabe in Bezug auf die jeweils zu einem bestimmten Preis abgegebenen Sortenabgabemengen wegen des damit verbundenen bürokratischen Aufwands. Diesbezüglicher Angaben bedarf es mithin ebenfalls nicht. Sie können jedoch bei Bedarf auf Grundlage von § 59 von den Kartellbehörden angefordert werden.[36]

---

[26] BT-Drs. 20/1599, 40, beziffert deren Zahl mit ca. 500.
[27] Ausführlich dazu BT-Drs. 17/12390, 10 ff.
[28] Ebenso Schwensfeier in FK-KartellR Rn. 32. In der Praxis spielen Befreiungen laut BT-Drs. 20/1599, 40, gleichwohl eine gewisse Rolle.
[29] BT-Drs. 17/12390, 19.
[30] BT-Drs. 17/12390, 18.
[31] § 47k Abs. 4 S. 1 GWB-E, BT-Drs. 17/10060, 15, 31.
[32] BT-Drs. 17/11386, 20.
[33] Explizit aufgeführt noch in BT-Drs. 17/10060, 32.
[34] Kritisch zur Übereinstimmung mit der Ermächtigungsgrundlage insoweit Lüdemann/Lüdemann in L/M/R Rn. 16.
[35] Vgl. BT-Drs. 17/10060, 32.
[36] BT-Drs. 17/11386, 20.

8a     Der im Jahr 2022 eingeführte und der Ausgestaltung durch die MTSKraftV noch harrende § 47k Abs. 2 S. 1 Nr. 2 begründet – zeitlich in seiner Anwendung an die Bekanntmachung nach § 186 Abs. 2 anknüpfend – eine zusätzliche Verpflichtung zur im Laufe eines bestimmten Zeitraums abgegebenen **Kraftstoffmengen,** wiederum unterschieden nach der jeweiligen Kraftstoffsorte. Die Gesetzesbegründung führt diesbezüglich aus: „Mengendaten ermöglichen eine bessere Analyse, ob der Kraftstoffmarkt auf Ebene der Tankstellen durch wirksamen Wettbewerb oder tendenziell durch ein wettbewerbsarmes ‚Parallelverhalten' der Anbieter gekennzeichnet ist. Eine sachlich fundierte Kenntnis des Marktgeschehens ist für alle kartellrechtlichen Verfahrensarten essentiell. Somit wird die MTS-K mit Hilfe der Mengendaten die Arbeit des Bundeskartellamtes insgesamt effektiver als bisher unterstützen können. [...] Mengendaten erlauben genauere Erkenntnisse über das Wettbewerbsgeschehen im Kraftstoffmarkt insgesamt und insbesondere auch über die tendenziell wettbewerbsfördernde Rolle der mittelständischen Tankstellenbetreiber. Erst durch die gemeinsame Analyse von Preis- und Mengendaten wird erkennbar, ob und in welchem Ausmaß Endkunden auf Preiserhöhungen oder -senkungen tatsächlich mit entsprechenden Wechselbewegungen zu anderen (nahegelegenen) Tankstellen reagieren. Diese Wechselbewegungen sind wesentlich für die Bestimmung der Wettbewerbsintensität im Kraftstoffmarkt. Ein genaues Verständnis des Wechselverhaltens der Kunden und der wettbewerblichen Reaktion der Tankstellenbetreiber hierauf ist maßgeblich für die Aufdeckung einer missbräuchlichen Ausnutzung von Marktmacht in Abgrenzung zu legitimem Wettbewerbsverhalten. Mengendaten ermöglichen erst eine Abbildung und Analyse der tatsächlichen Wechselbewegungen von Kunden zwischen Tankstellen und sind damit entscheidend für eine Erfassung der tatsächlichen, zwischen den Tankstellen objektiv wirksamen Wettbewerbskräfte. Diese Wettbewerbskräfte bilden nicht zuletzt die Grundlage für die kartellrechtliche Marktabgrenzung im Endkundengeschäft des Kraftstoffsektors. In sachlicher Hinsicht betrifft diese u.a. die Frage, ob Tankstellen an Bundesautobahnen, Autohöfen und Straßentankstellen einem einheitlichen sachlichen Markt zuzurechnen sind oder ggf. getrennt zu betrachtende Märkte bilden. In räumlicher Hinsicht könnte damit die bisher anhand von vergleichsweise pauschal bestimmten Radien (‚Erreichbarkeitsmodell') vorgenommene Marktabgrenzung insbesondere in potentiell kritischen Fusionskontrollfällen weiter verfeinert werden. Auch in dieser Hinsicht würden Mengendaten die effektive Kartellrechtsanwendung im Kraftstoffsektor durch das Bundeskartellamt unterstützen. Mit Mengendaten können ferner bessere Aussagen über mögliche Änderungen des Tankverhaltens der Kunden im Zeitablauf getroffen werden (z. B. systematische Verschiebung des Tankzeitpunkts auf Tageszeiten mit tendenziell niedrigeren Kraftstoffpreisen). Sie könnten daher auch die Bewertung der konkreten Auswirkungen der durch die MTS-K bewirkten erhöhten Preistransparenz beim Endkunden verbessern. Zusätzlich können auch bei einer erneuten Evaluierung in Ergänzung des gemäß § 47l erstellten Berichtes des Bundesministeriums für Wirtschaft und Energie über die Tätigkeit der MTS-K (BT-Drucksache 19/3693) deutlich belastbarere, konkretere Aussagen zur Wirksamkeit der Markttransparenzstelle für Kraftstoffe getroffen werden. Auch die von der MTS-K mit Daten versorgten anderen Behörden werden von der verbesserten Datenlage deutlich profitieren. Insbesondere können diesen Behörden aggregierte mengengewichtete Preisdaten zur Verfügung gestellt werden. ... Eine Erhebung der Mengendaten in Echtzeit erscheint nicht erforderlich, da sie anders als die Erhebung der Preisdaten nicht unmittelbar der Verbraucherinformation dient. ... Hinsichtlich des maßgeblichen Zeitraums wird sicherzustellen sein, dass die erhobenen Daten dem Zweck der Regelung entsprechend zeitnah an die MTS-K übermittelt werden, die Unternehmen jedoch Flexibilität bzgl. des Übermittlungszeitpunks bzw. des Übermittlungsintervalls erhalten."[37]

---

[37] BT-Drs. 20/1599, 65 f.

## D. Definitionen (Abs. 3)

§ 47k Abs. 3 definiert die Termini „Kraftstoffe" und „öffentliche Tankstelle". Die Norm **9** bestimmt damit maßgeblich die **Reichweite und den Gegenstand der Meldepflicht** nach § 47k Abs. 2.

§ 47k Abs. 3 S. 1 legaldefiniert **Kraftstoffe** als Otto- und Dieselkraftstoffe und verweist **10** damit implizit auf deren Konkretisierung in Art. 2 RL 98/70/EG[38]. Ottokraftstoff ist danach „jedes flüchtige Mineralöl, das zum Betrieb von Fahrzeugverbrennungsmotoren mit Fremdzündung bestimmt ist und unter die KN-Codes 2710 11 41, 2710 11 45, 2710 11 49, 2710 11 51 und 2710 11 59 fällt." Dieselkraftstoffe sind „Gasöle, die unter den KN-Code 2710 19 41 fallen und zum Antrieb von Fahrzeugen im Sinne der Richtlinien 70/220/EWG und 88/77/EWG verwendet werden." Andere Kraftstoffe im technischen Sinne (zB Erdgas, Wasserstoff, Autostrom) unterfallen mangels Erfassung durch diese Begrifflichkeit der Meldepflicht nach § 47k Abs. 2 nicht. Diese Beschränkung folgt aus ihrer geringeren Wettbewerbsrelevanz sowie dem Umstand, dass diese nur in geringem Umfang Gegenstand von Beschwerden beim BKartA waren.[39]

**Öffentliche Tankstellen** werden in § 47k Abs. 3 S. 2 in Übereinstimmung mit dem **11** allgemeinen Begriffsverständnis legaldefiniert. Sie „müssen sich an öffentlich zugänglichen Orten befinden und ohne Beschränkung des Personenkreises aufgesucht werden können. Hierzu zählen sowohl Tankstellen an öffentlichen Straßen (einschließlich Autobahntankstellen als Nebenbetriebe nach § 15 Abs. 1 FStrG und Autohöfen) als auch Supermarkttankstellen. Nicht relevant sind hingegen Tankstellen, die sich an nicht öffentlich zugänglichen Orten befinden (zB Betriebstankstellen von Speditionen) oder die nur einem beschränkten Personenkreis zugänglich sind (zB Tankautomaten, die nur mit einer Zugangsberechtigung bedient werden können). Diese werden nicht von der Meldeverpflichtung gegenüber der Markttransparenzstelle erfasst."[40]

## E. Informationsverwendung (Abs. 4)

§ 47k Abs. 4 normiert **zwei voneinander zu unterscheidende Regelungskomplexe,** **12** deren Zusammenhang sich aus ihrem Gegenstand, den der Markttransparenzstelle vorliegenden Informationen, ergibt. Es handelt sich zum einen um das Vorgehen bei Verdachtsfällen, zum anderen um die allgemeine Behördenkooperation. Funktional wie auch inhaltlich korrespondiert die Vorschrift mit § 47b und § 47c.

Ergibt sich aufgrund der – ungeachtet einer fehlenden gesetzlichen Klarstellung notwen- **13** dig kontinuierlichen – Auswertung[41] der auf Grundlage von § 47k Abs. 2 iVm der MTSKraftV mitgeteilten Daten ein Verdacht, dass ein meldepflichtiges Unternehmen gegen die in § 47k Abs. 1 S. 2 genannten kartellrechtlichen Verbote verstößt, hat die Markttransparenzstelle nach § 47k Abs. 4 S. 1 umgehend, also alsbald nach Durchführung einer eigenen vorläufigen Prüfung mit entsprechendem Ergebnis, die nach § 48 Abs. 2 zuständige Kartellbehörde zu informieren und den Vorgang an sie abzugeben. Dies setzt zugleich zwingend die in § 47k Abs. 4 S. 2 explizit angeordnete Weiterleitung der zur Beurteilung maßgeblichen Informationen und Daten voraus. In derartigen **Verdachtsfällen** entscheidet die Markttransparenzstelle mithin nicht selbst, sondern dient gemäß § 47k Abs. 1 S. 2 allein dazu, diese zu identifizieren und eine weitere Bearbeitung durch

---

[38] ABl. 1998 L 350, 58, zuletzt geändert durch VO (EU) 2018/1999, ABl. 2018 L 328, 1.
[39] BT-Drs. 17/10060, 31.
[40] BT-Drs. 17/10060, 31.
[41] Schäfers in Berg/Mäsch Rn. 13, sieht in der fehlenden Erwähnung eine durch analoge Anwendung von § 47b Abs. 6 zu schließende Regelungslücke.

die Kartellbehörden zu veranlassen, deren Befugnisse durch § 47k nicht beschränkt werden und die auch über ein Aufgreifen autonom entscheidet.[42]

**13a** Unabhängig von einem Verdachtsfall sind den **Kartellbehörden** zudem auf Anfrage die **für deren Aufgaben nach dem GWB** benötigten oder angeforderten Informationen und Daten nach § 47k Abs. 4 S. 2 unverzüglich zur Verfügung zu stellen. Über ein Ermessen verfügt die Marktransparenzstelle insoweit nicht. Auch bestehen hinsichtlich der Verwendungszwecke jenseits der Bezugnahme auf den gesetzlichen Aufgabenbereich der Kartellbehörden keine Einschränkungen.[43]

**14** Darüber hinaus verpflichtet § 47k Abs. 4 S. 3 die Markttransparenzstelle zur **Informationsweitergabe** in den unter Nr. 1 und 2 genannten Fällen ebenfalls **unabhängig vom Vorliegen eines Verdachts** auf das Vorliegen von Wettbewerbsverstößen. Ziel ist es, den genannten Behörden die Wahrnehmung ihrer Aufgaben zu erleichtern.[44] Die bis zur 10. GWB-Novelle enthaltenen Bezugnahmen auf Fusionskontrollverfahren durch das BKartA und Sektoruntersuchungen der Kartellbehörden sind entfallen, ohne dass damit Änderungen in der Sache einer gingen, da diesbezügliche Informationsverlangen von § 47k Abs. 4 S. 2 erfasst werden (→ Rn. 13a).[45] Hinsichtlich Nr. 2 (Aufgabenerfüllung der Monopolkommission) bedarf es hierzu einer konkreten Anforderung im Einzelfall unter Bezeichnung der benötigten Informationen,[46] welcher die Markttransparenzstelle uneingeschränkt zu entsprechen hat. Im Hinblick auf die Datenübermittlung zum Zwecke der Erfüllung der dem BMWi obliegenden statistischen Pflichten und zu Evaluierungszwecken nach Nr. 1 kommt alternativ auch der Abschluss einer generellen Vereinbarung über die Datenübermittlung in Betracht. Für die Übermittlung von Daten an sonstige Behörden oder die genannten Behörden zu anderen Zwecken gelten die allgemeinen Regelungen über die Amtshilfe und das Datenschutzrecht, soweit nicht § 47k Abs. 4 S. 4 eingreift.

**14a** Mit der 10. GWB-Novelle wurde § 47k Abs. 4 um S. 4 ergänzt. Nach dem ersten, **Preis- und Mengendaten** betreffenden Halbsatz „soll die Markttransparenzstelle für Kraftstoffe – auch über etwaige Möglichkeiten im Rahmen der Amtshilfe hinaus – regelmäßig **nicht unmittelbar wettbewerblich sensible Daten** (wie die ihr vorliegenden Standortinformationen, aggregierte oder ältere Daten) an weitere Behörden und Stellen der unmittelbaren Bundes- und Landesverwaltung für deren gesetzliche Aufgaben weitergeben können. Möglich ist damit insbesondere etwa eine laufende Übermittlung aggregierter Daten in Form von Durchschnittspreisen für die Verbraucherpreisstatistik nach dem Gesetz über die Preisstatistik oder auch die Übermittlung von Standortinformationen (wie Name, Anschrift bzw. Geokoordinaten und Öffnungszeiten einer Tankstelle) an die gemäß der delegierten Verordnung (EU) 2017/1926 der Kommission vom 31. Mai 2017 zur Ergänzung der Richtlinie 2010/40/EU des Europäischen Parlaments und des Rates hinsichtlich der Bereitstellung EU-weiter multimodaler Reiseinformationsdienste (ABl. EU L 272/1 vom 21. Oktober 2017) eingesetzte Nationale Stelle (Bundesanstalt für Straßenwesen, BASt) bzw. den Betreiber des Nationalen Zugangspunkts (Mobilitäts Daten Marktplatz, MDM) für deren gesetzliche Aufgabe. Soweit es die Ressourcen zulassen, wäre eine solche Weitergabe auch über diese beiden besonders naheliegenden Fälle, zu denen die Markttransparenzstelle angefragt wurde, hinaus möglich."[47] Darüber hinaus hält der Gesetzgeber „durch die zusätzliche Ermächtigung zur Erhebung von Mengendaten und zu deren Weitergabe insbesondere etwa eine laufende Übermittlung aggregierter Daten in Form von mengengewichteten Durchschnittspreisen für die Verbraucherpreisstatistik nach dem Gesetz über die Preisstatistik [für möglich]. Dies eröffnet die Möglichkeit, die Belastung der Endkunden, insbesondere der Verbraucherinnen und Verbraucher durch gestiegene Kraft-

---

[42] Vgl. BT-Drs. 17/10060, 31.
[43] Bayer in Bien u.a., Die 10. GWB-Novelle, Kap. 2 Rn. 104 f.
[44] Insoweit von einer zusätzlichen Aufgabenzuweisung sprechen Just/Künstner in Schulte/Just Rn. 6.
[45] Bayer in Bien u.a., Die 10. GWB-Novelle, Kap. 2 Rn. 104.
[46] V. Lüdemann/J. Lüdemann WuW 2012, 917 (925).
[47] BT-Drs. 19/23492, 101.

stoffpreise besser einzuschätzen."[48] Bei der Weitergabe von Daten auf Grundlage von § 47k Abs. 4 S. 4 verfügt die Markttransparenzstelle über ein Ermessen. Dessen rechtmäßige Ausübung setzt voraus, dass die beabsichtigte Datenverwendung von der gesetzlichen Ermächtigung gedeckt ist. Die hierfür erforderliche Prüfung ist der Markttransparenzstelle dadurch zu ermöglichen, dass in der erforderlichen Anforderung der weiterzugebenden Daten durch andere Behörden deren beabsichtigte Verwendung im Hinblick auf den jeweiligen Aufgabenbereich der Behörde darzustellen ist.

Ausschließlich in Bezug auf **Mengendaten** enthält der zweite Halbsatz des § 47k Abs. 4    **14b** S. 4 die Einschränkung, dass diese nur derart aggregiert weitergegeben dürfen, dass die Betriebs- und Geschäftsgeheimnisse der einzelnen Betreiber gewahrt bleiben. Dabei gilt generell, „dass die Daten nicht detaillierter sein sollten, als für die Erfüllung der gesetzlichen Aufgaben der jeweils anfragenden Behörde nötig. Ausgeschlossen werden soll damit vor allem jede Weitergabe von Rohdaten, auch wenn diese schon älter sind."[49] Die Begrifflichkeit in Bezug auf die zu schützenden Betriebs- und Geschäftsgeheimnisse entspricht der üblichen Verwendung im GWB (→ § 33g Rn. 99 ff.).

## F. Verbraucherinformation (Abs. 5)

§ 47k Abs. 5 ist Ausdruck der zweiten mit der Marktbeobachtung durch die Markttrans-    **15** parenzstelle neben der Aufdeckung von Kartellrechtsverstößen durch Unternehmen der Mineralölbranche verbundenen Zielsetzung. Die Vorschrift regelt mit der Weitergabe der von der Markttransparenzstelle auf Grundlage von § 47k Abs. 2 erhobenen Daten an Verbraucher-Informationsdienste zum Zwecke der Publikation die Voraussetzungen für eine **Information der Öffentlichkeit über die Preisentwicklung von Otto- und Dieselkraftstoffen** in Echtzeit: „Durch die Veröffentlichung der Kraftstoffverkaufspreise kann die derzeit zu Lasten der Nachfrager bestehende Informationsasymmetrie abgebaut werden. Die verbesserte Datengrundlage ermöglicht den Autofahrern damit eine bessere Auswahlentscheidung. Ziel ist es, hierdurch den Wettbewerb zu stärken."[50] Letztlich zielt die Vorschrift auf einen Ausgleich von bislang zu Lasten der Verbraucher i. S. v. § 2 Abs. 1[51] bestehenden Informationsasymmetrien ab.[52] Der Betrieb einer entsprechenden Datenbank durch die Markttransparenzstelle selbst ist jedoch nicht vorgesehen. Wie bereits der Wortlaut des § 47k Abs. 5 S. 1 zu erkennen gibt, steht die Vorschrift in engem Zusammenhang mit der MTSKraftV, deren §§ 5–7 die gesetzlich notwendigen normativen Ergänzungen enthalten.

**Nicht** vorgesehen ist die Mitteilung der **Mengendaten**.[53] Diese sind für Verbraucher    **15a** nicht von Interesse.

§ 47k Abs. 5 S. 1 enthält eine Verpflichtung der Markttransparenzstelle zur elektro-    **16** nischen Weitergabe der Daten über die Kraftstoffpreise an die **Anbieter von Verbraucher-Informationsdiensten** zum Zwecke der Verbraucherinformation. Auf Grundlage von § 47k Abs. 8 S. 1 Nr. 3 normiert § 5 Abs. 1 MTSKraftV zum einen ein Zulassungserfordernis für diejenigen Anbieter von Verbraucher-Informationsdiensten, an welche ihre Daten weitergegeben werden. Die Zulassungsvoraussetzungen sind in § 6 MTSKraftV geregelt und sind teils formaler Natur, teils stellen sie tätigkeitsbezogene Anforderungen auf, die insbesondere eine zweckentsprechende Datenverwendung sicherstellen sollen. Die Zulassung ist als Verwaltungsakt iSv § 35 S. 1 VwVfG zu qualifizieren,[54] der zugleich einen Informationsanspruch gemäß der normativen Ausgestaltung vermittelt. Zum anderen kon-

[48] BT-Drs. 20/1599, 66.
[49] BT-Drs. 20/1599, 66.
[50] BT-Drs. 17/11386, 20.
[51] Schwensfeier in FK-KartellR Rn. 59.
[52] Zimmer BB 50/2012, I.
[53] BT-Drs. 20/1599, 40, 64.
[54] So auch Schwensfeier in FK-KartellR Rn. 52.

kretisiert § 5 Abs. 1 MTSKraftV die Vorgabe des § 47k Abs. 5 S. 1 dahingehend, dass die Markttransparenzstelle den zugelassenen Anbietern von Verbraucher-Informationsdiensten sowohl die Grunddaten der Tankstellen iSv § 4 Abs. 1 MTSKraftV als auch die Preisdaten iSv § 4 Abs. 2 MTSKraftV zur Verfügung zu stellen hat. In technischer Hinsicht konkretisiert § 5 Abs. 2 MTSKraftV die Pflicht der Markttransparenzstelle zur elektronischen Übermittlung der Daten dahingehend, dass diese mindestens minütlich aktualisiert elektronisch abrufbar sein müssen. Nur auf dieser Grundlage ist es den Anbietern von Verbraucher-Informationsdiensten möglich, die ihnen zugewiesene Aufgabe zu erfüllen.

**17**    Die **Information der Verbraucher** erfolgt durch die zugelassenen Anbieter von Verbraucher-Informationsdiensten gemäß § 47k Abs. 5 S. 2 iVm § 7 Abs. 1 MTSKraftV. Die Veröffentlichung muss danach insbesondere bundesweit, neutral, vollständig und aktuell erfolgen. Eine Ergänzung durch weitere Informationen ist zulässig aber kennzeichnungspflichtig.

**18**    Für den Fall einer **fehlerhaften Verwendung der erhaltenen Daten** durch einen zugelassenen Anbieter von Verbraucher-Informationsdiensten sieht § 47k Abs. 5 S. 3 iVm § 5 Abs. 3 MTSKraftV die Möglichkeit vor, dass diesem keine Daten mehr zur Verfügung gestellt werden. Es handelt sich nach dem Wortlaut um eine Ermessensentscheidung, die die Zulassung unberührt lässt und in der Form eines eigenständigen Verwaltungsakts ergeht. Zumindest dann, wenn die Markttransparenzstelle wegen wiederholter oder schwerer Verstöße eine endgültige Entfernung eines Anbieters von Verbraucher-Informationsdiensten aus dem Informationsfluss beabsichtigt, verengt sich ihr Ermessen dahingehend, dass sie auch dessen Zulassung im Wege der Aufhebung beseitigen muss, da andernfalls der Informationsanspruch dauerhaft Bestand hätte, ohne realisiert werden zu können.[55] Der Erkenntnis sanktionsfähiger Verstöße – auch der meldepflichtigen Unternehmen[56] – dient insbesondere die nach § 7 Abs. 2 MTSKraftV von den Anbietern von Verbraucher-Informationsdiensten einzurichtende Beschwerdestelle.

## G. Operationelle Zuverlässigkeit und Vertraulichkeit (Abs. 6)

**19**    § 47k Abs. 6 normiert mit der Vorgabe der operationellen Zuverlässigkeit der Datenbeobachtung als Aufgabe der Markttransparenzstelle zunächst eine zwingende Notwendigkeit für die Funktionsfähigkeit des Systems. Insbesondere die **technischen Voraussetzungen** müssen so geschaffen sein, dass die gesetzliche Konzeption realisiert werden kann. Konkretisiert wird dieses Erfordernis durch § 8 MTSKraftV.[57]

**20**    Obwohl es sich bei den nach § 47k Abs. 2 mitteilungspflichtigen Informationen schon wegen § 8 Abs. 1 Preisangabenverordnung nicht um Betriebs- oder Geschäftsgeheimnisse handelt,[58] die eines Schutzes bedürfen, weist § 47k Abs. 6 der Markttransparenzstelle des Weiteren die Aufgabe zu, **Vertraulichkeit, Integrität und Schutz der eingehenden Informationen** zu gewährleisten.[59] Diese ist verpflichtet, „sicher[zu]stellen, dass diese Daten nicht unmittelbar verfügbar sind, und sie daher vor unbefugtem Zugriff [zu] schützen."[60] Diesem Erfordernis tragen nicht zuletzt die Anforderungen an die Zulassung von Anbietern von Verbraucher-Informationsdiensten nach § 6 MTSKraftV Rechnung

---

[55] Ebenso Häfele in Bunte Rn. 15.

[56] BT-Drs. 17/12390, 21.

[57] Ergänzend hat die Markttransparenzstelle am 29.7.2013 eine Allgemeinverfügung zur technischen Ausgestaltung der Übermittlung der Grund- und Preisdaten durch die registrierten Meldepflichtigen auf Grundlage von § 47k GWB iVm § 8 KTS-Kraftstoff-Verordnung (AZ: MTS-K – PHI – AV), sowie am 2.10.2013 unter gleichem Aktenzeichen eine Ergänzungsverfügung erlassen.

[58] BT-Drs. 17/11386, 20. Anderes kann für Angaben zur Glaubhaftmachung in der Registrierung gelten, Schwensfeier in FK-KartellR Rn. 14.

[59] Von einer unklaren Funktion der Vorschrift spricht daher MüKoEuWettbR/Krauser, 3. Aufl. 2020, § 47k Rn. 4.

[60] BT-Drs. 17/11386, 20.

(→ Rn. 16). § 47k Abs. 6 zielt insoweit letztlich auf die Verhinderung von Datenmissbrauch ab.

Die **Löschung von Daten** ist weder in § 47k noch in der MTSKraftV vorgesehen. Da **21** die Grunddaten iSv § 4 Abs. 1 S. 1 MTSKraftV dauerhaft benötigt werden, können diese bei im Betrieb befindlichen Tankstellen keiner Pflicht zur Löschung unterliegen. Gleiches gilt für Preisdaten iSv § 4 Abs. 2 S. 1 MTSKraftV, welche im Hinblick auf die Aufgabenerfüllung der Markttransparenzstelle nach § 47k Abs. 1 S. 2 noch benötigt werden. Da es sich bei den meldepflichtigen Informationen nicht um personenbezogene Daten iSv Art. 4 Nr. 1 DS-GVO handelt, greift auch bei nicht mehr benötigten Daten der Löschungsanspruch nach Art. 17 DS-GVO nicht ein, so dass diese von der Markttransparenzstelle dauerhaft gespeichert werden können. Einer darauf gerichteten Pflicht unterliegt sie jedoch nicht.

## H. Befugnisse (Abs. 7)

§ 47k Abs. 7 verweist hinsichtlich der Befugnisse der Markttransparenzstelle auf §§ 59– **22** 59b. Die normative Bezugnahme auf die Aufgaben der Markttransparenzstelle ist dahingehend auszulegen, dass die in § 47k Abs. 1 S. 2 verankerte Beobachtungsaufgabe gemeint ist, die nach aktueller Gesetzesfassung neben dem Kraftstoffhandel auch die vorgelagerten Wertschöpfungsstufen einschließt[61]. Rechtstechnisch handelt es sich um einen Rechtsgrundverweis.[62] Die Markttransparenzstelle ist mithin unter den in §§ 59–59b genannten Voraussetzungen und unter Beachtung des Verhältnismäßigkeitsprinzips zu **Auskunftsverlangen, Einsichtnahmen, Betretungen und Durchsuchungen** gegenüber nach § 47k Abs. 2 mitteilungspflichtigen Unternehmen befugt, sofern dies zur Gewinnung zutreffender Informationen notwendig ist.[63]

Zur Herstellung der Verfassungskonformität des § 47k in seiner Gesamtheit[64] ist der **23** Verweis auf §§ 59–59b dahingehend zu verstehen, dass ungeachtet der ausschließlichen Inbezugnahme der Befugnisse insbesondere auch deren in § 59 Abs. 4 S. 2 normierte Grenze der Anordnung einer entsprechenden Geltung des in § 55 StPO verankerten **Aussageverweigerungsrechts** erfasst wird. Nur auf diesem Wege kann der verfassungsrechtlich garantierten, ua in Art. 2 Abs. 1 iVm Art. 1 Abs. 1 GG verankerten Selbstbelastungsfreiheit[65] Rechnung getragen werden, die sich nicht nur auf den (vorgeblichen) Rechtsverstoß, sondern auch auf sämtliche Informationen bezieht, die zu dessen Nachweis beitragen können.[66] Zwar verneint das BVerfG deren Anwendbarkeit auf juristischen Personen unter Verweis auf den Menschenwürdebezug.[67] Dies überzeugt jedoch nicht,[68] da der nemo-tenetur-Grundsatz auch als rechtsstaatliche Gewährleistung zu qualifizieren ist[69] und aufgrund von Art. 6 Abs. 1 EMRK für juristische Personen gilt.[70]

---

[61] BT-Drs. 20/1599, 65.

[62] Lüdemann/Lüdemann in L/M/R Rn. 27.

[63] Siehe dazu auch Bayer in Bien u.a., Die 10. GWB-Novelle, Kap. 2 Rn. 109 ff.

[64] Näher Knauff NJW 2012, 2408 (2410 ff.).

[65] Grundlegend BVerfGE 38, 105 (114 f.); im Überblick zur grundrechtlichen Herleitung Kölbel, Selbstbelastungsfreiheiten. Der nemo-tenetur-Satz im materiellen Strafrecht, 2006, S. 262 ff.; Mäder, Betriebliche Offenbarungspflichten und Schutz vor Selbstbelastung, 1997, S. 65 ff.

[66] Vgl. Di Fabio in Maunz/Dürig (Begr.), Grundgesetz-Kommentar, Stand 1/2021, Art. 2 Rn. 187.

[67] BVerfG 26.2.1997 – 1 BvR 2172/96, BVerfGE 95, 220 (241 f.).

[68] Siehe auch Hassemer/Dallmeyer, Gesetzliche Orientierung im deutschen Recht der Kartellgeldbußen und das Grundgesetz, 2010, S. 59 ff.; Szesny BB 2010, 1995 (1999); Weiß JZ 1998, 289 (294 ff.); parallel bezogen auf das Europarecht Schwarze EuR 2009, 171 (197 f.).

[69] Dahingehend auch BVerfG 8.10.1974 – 2 BvR 747/73 u.a., BVerfGE 38, 105 (113).

[70] Meyer-Ladewig/Harrendorf/König in Meyer-Ladewig/Nettesheim/v. Raumer, 4. Aufl. 2017, EMRK Art. 6 Rn. 4; Valerius in BeckOK StPO, Stand 7/2021, EMRK Art. 6 Rn. 3; Queck, Die Geltung des nemo-tenetur-Grundsatzes zugunsten von Unternehmen, 2005, S. 107 f.; Weiß NJW 1999, 2236 (2237).

## I. Verordnungsermächtigung (Abs. 8)

24   § 47k Abs. 8 ermächtigt das BMWi unter Beteiligung des Bundestages zum Erlass einer die Vorgaben in § 47k Abs. 2 und 5 konkretisierenden Rechtsverordnung.[71] Mit der im Anhang zur Kommentierung abgedruckten **MTSKraftV** ist von dieser Ermächtigung umfassend Gebrauch gemacht worden. Deren Weiterentwicklung im Hinblick auf den erweiterten Beobachtungsauftrag der Markttransparenzstelle sowie die Einbeziehung von Mengenangaben in die Mitteilungspflicht steht bevor.[72]

## J. Entscheidungen und Inkompatibilitäten (Abs. 9)

25   § 47k Abs. 9 S. 1 weist die Verantwortung für Entscheidungen der Markttransparenzstelle deren Leiter zu. Damit wird klargestellt, dass die Markttransparenzstelle befugt ist, **Entscheidungen in eigener Zuständigkeit und Verantwortung** zu treffen, obwohl sie keine Beschlussabteilung ist.[73]

26   § 47k Abs. 9 S. 2 erklärt für alle Mitarbeiterinnen und Mitarbeiter der Markttransparenzstelle für Kraftstoffe die **Inkompatibilitätsregel** des § 51 Abs. 5 für entsprechend anwendbar. Dies ist überflüssig, da die Norm unmittelbar für alle Mitarbeiter des BKartA und damit auch für diejenigen der Markttransparenzstelle gilt.[74] Jedenfalls dürfen diese zur Vermeidung von Interessenkonflikten „weder ein Unternehmen innehaben oder leiten noch dürfen sie Mitglied des Vorstandes oder des Aufsichtsrates eines Unternehmens, eines Kartells oder einer Wirtschafts- oder Berufsvereinigung sein."

## K. Anhang: Verordnung zur Markttransparenzstelle für Kraftstoffe (MTS-Kraftstoff-Verordnung – MTSKraftV)

27   Auf Grund des § 47k Abs. 8 des Gesetzes gegen Wettbewerbsbeschränkungen, der durch Artikel 1 Nummer 2 des Gesetzes zur Einrichtung einer Markttransparenzstelle für den Großhandel mit Strom und Gas vom 5.12.2012 (BGBl. I S. 2403) eingefügt worden ist, verordnet das Bundesministerium für Wirtschaft und Technologie unter Wahrung der Rechte des Bundestages:

### § 1 Gegenstand der Rechtsverordnung

Diese Rechtsverordnung bestimmt

1. die Vorgaben zur Meldepflicht von Kraftstoffpreisen der Betreiber von öffentlichen Tankstellen und Unternehmen, die ihnen die Verkaufspreise vorgeben, insbesondere nähere Vorgaben zum genauen Zeitpunkt sowie zur Art und Form der Übermittlung der Preisdaten nach § 47k Absatz 2 des Gesetzes gegen Wettbewerbsbeschränkungen,
2. angemessene Bagatellgrenzen für die Meldepflicht nach § 47k Absatz 2 des Gesetzes gegen Wettbewerbsbeschränkungen und nähere Vorgaben für den Fall einer freiwilligen Unterwerfung unter die Meldepflichten unterhalb dieser Schwelle,
3. Anforderungen an die Anbieter von Verbraucher-Informationsdiensten nach § 47k Absatz 5 des Gesetzes gegen Wettbewerbsbeschränkungen,
4. Inhalt, Art, Form und Umfang der Weitergabe der Preisdaten durch die Markttransparenzstelle für Kraftstoffe (Markttransparenzstelle) an die Anbieter von Verbraucher-Informationsdiensten nach § 47k Absatz 5 des Gesetzes gegen Wettbewerbsbeschränkungen und

[71] Zur Zulässigkeit der Vorgabe einer elektronischen Übermittlung VG Köln 11.12.2013 – 1 L 1167/13, BeckRS 2014, 45528.
[72] Vgl. BT-Drs. 20/1599, 40, 66.
[73] Vgl. parallel BT-Drs. 17/10060, 25.
[74] Bechtold/Bosch Rn. 1; aA Schwensfeier in FK-KartellR Rn. 11.

5. Inhalt, Art, Form und Umfang der Veröffentlichung oder Weitergabe der Preisdaten an Verbraucherinnen und Verbraucher von Kraftstoffen durch die Anbieter von Verbraucher-Informationsdiensten nach § 47k Absatz 5 des Gesetzes gegen Wettbewerbsbeschränkungen.

### § 2 Meldepflichtige

(1) Meldepflichtig nach § 47k Absatz 2 des Gesetzes gegen Wettbewerbsbeschränkungen sind

1. Unternehmen, die Betreibern von öffentlichen Tankstellen die Verkaufspreise vorgeben und damit über die Preissetzungshoheit verfügen, und
2. Betreiber von öffentlichen Tankstellen, die Letztverbrauchern Kraftstoffe zu selbst festgesetzten Preisen anbieten; um selbst festgesetzte Preise handelt es sich auch dann, wenn dem Betreiber die Verkaufspreise unverbindlich vorgegeben werden.

(2) Die Meldepflicht erlischt nicht dadurch, dass sich ein Meldepflichtiger

1. einer anderen Person bedient, um eine Preisänderung an der Tankstelle einzupflegen, oder
2. eines Preismelders nach § 4 Absatz 3 bedient, um eine Preisänderung an die Markttransparenzstelle nach § 47k Absatz 1 des Gesetzes gegen Wettbewerbsbeschränkungen zu übermitteln.

(3) Jeder Meldepflichtige hat bei der Markttransparenzstelle Folgendes anzugeben:

1. seinen Namen, eine zustellungsfähige Anschrift im Inland, eine Kontaktperson, Telefonnummer,
2. und falls vorhanden, seine Firma, den Namen einer vertretungsberechtigten Person, Telefaxnummer und EMail-Adresse.

Außerdem hat der Meldepflichtige glaubhaft zu machen, dass es sich bei ihm um einen Meldepflichtigen nach Absatz 1 handelt. Änderungen der Daten nach Satz 1 sind der Markttransparenzstelle unverzüglich zu übermitteln.

### § 3 Befreiung von der Meldepflicht

(1) Die Markttransparenzstelle stellt einen Meldepflichtigen auf Antrag von den Pflichten zur Übermittlung der Angaben nach § 4 Absatz 1 und 2 frei, wenn

1. die betreffende Tankstelle in dem der Antragstellung vorangegangenen Kalenderjahr einen Gesamtdurchsatz von Otto- und Dieselkraftstoffen von 750 Kubikmetern oder weniger hatte oder
2. für ihn die Einhaltung dieser Pflichten eine unzumutbare Härte bedeuten würde; das Vorliegen einer unzumutbaren Härte ist der Markttransparenzstelle gegenüber glaubhaft zu machen.

(2) Die Markttransparenzstelle hebt die Befreiung auf, wenn der Gesamtdurchsatz von Otto- und Dieselkraftstoffen in einem der Folgejahre mehr als 750 Kubikmeter beträgt oder keine unzumutbare Härte mehr vorliegt. Alle hierfür relevanten Tatsachen sind der Markttransparenzstelle unverzüglich zu übermitteln.

### § 4 Übermittlung der Grund- und Preisdaten

(1) Der Meldepflichtige hat der Markttransparenzstelle folgende Daten (Grunddaten) zu den Tankstellen, bei denen er über die Preissetzungshoheit verfügt, zu übermitteln:

1. Name,
2. Standort anhand der Geodaten in Form der Koordinaten und, falls vorhanden, der Adresse,
3. Öffnungszeiten,
4. und falls vorhanden, Unternehmenskennzeichen der Tankstelle im Sinne von § 5 Absatz 2 Satz 1 des Markengesetzes.

Änderungen der Grunddaten sind der Markttransparenzstelle in der Woche vor ihrer Geltung zu übermitteln.

(2) Der Meldepflichtige hat der Markttransparenzstelle für jede der Tankstellen, bei denen er über die Preissetzungshoheit verfügt, bei jeder Änderung eines der Kraftstoffpreise für die Kraftstoffsorten Super E5, Super E10 und Diesel den jeweils neuen Verkaufspreis der betreffenden Kraftstoffsorte zu übermitteln (Preisdaten). Die Preisänderungen sind der Markttransparenzstelle unter Angabe ihres Änderungszeitpunktes innerhalb von fünf Minuten nach der Änderung zu über-

mitteln. Der Änderungszeitpunkt ist der Zeitpunkt, zu dem die Änderung an der Zapfsäule wirksam wird.

(3) Die Verpflichtungen nach den Absätzen 1 und 2 können durch einen Erfüllungsgehilfen des Meldepflichtigen (Preismelder) erfüllt werden, wenn der Meldepflichtige

1. der Markttransparenzstelle Name und Anschrift des Preismelders übermittelt sowie eine Kontaktperson unter Angabe von deren Telefonnummer und, falls vorhanden, Telefaxnummer und E-Mail-Adresse benennt,

2. alle Angaben nach den Absätzen 1 und 2 ausschließlich über den Preismelder an die Markttransparenzstelle übermittelt und

3. den Preismelder ermächtigt hat, alle Rückmeldungen der Markttransparenzstelle zu Übermittlungen nach den Absätzen 1 und 2 entgegenzunehmen.

Änderungen der Angaben nach Satz 1 Nummer 1 sind der Markttransparenzstelle unverzüglich zu übermitteln.

(4) Die Daten nach den Absätzen 1 und 2 sind elektronisch über die Standardschnittstelle der Markttransparenzstelle nach § 8 Absatz 2 zu übermitteln. Änderungsmeldungen nach den Absätzen 1 und 2 sind auf die jeweils geänderten Daten zu beschränken. Die Markttransparenzstelle stellt umgehend eine elektronische Rückmeldung zu den eingegangenen Daten zur Verfügung.

### § 5 Datenweitergabe an Anbieter von Verbraucher-Informationsdiensten

(1) Die Markttransparenzstelle stellt den nach § 6 Satz 1 zugelassenen Anbietern von Verbraucher-Informationsdiensten die jeweils aktuellen Grunddaten der Tankstellen sowie die Preisdaten zu dem in § 7 näher bestimmten Zweck zur Verfügung.

(2) Die Markttransparenzstelle stellt den zugelassenen Anbietern von Verbraucher-Informationsdiensten die Daten in regelmäßigen Intervallen von höchstens einer Minute über eine Standardschnittstelle nach § 8 Absatz 2 zum elektronischen Abruf zur Verfügung.

(3) Sofern ein zugelassener Anbieter von Verbraucher-Informationsdiensten gegen die Vorgaben in § 6 Satz 1 Nummer 1 und 2 oder in § 7 Absatz 1 Nummer 1 bis 6 oder in § 7 Absatz 2 verstößt, kann die Markttransparenzstelle von einer Weitergabe der Daten nach Absatz 1 absehen.

### § 6 Zulassung von Anbietern von Verbraucher-Informationsdiensten

Die Markttransparenzstelle erteilt auf Antrag die Zulassung eines Anbieters von Verbraucher-Informationsdiensten, wenn der Antragsteller glaubhaft macht, dass

1. die nach § 5 Absatz 1 von der Markttransparenzstelle zur Verfügung gestellten Daten verwendet werden, um die Verbraucherinnen und Verbraucher von Kraftstoffen über die bundesweit aktuellen Kraftstoffpreise zu informieren, und

2. die Verbraucherinformation über die bundesweit aktuellen Kraftstoffpreise
   a) auf Dauer angelegt ist,
   b) mittels eines bundesweit verfügbaren Informationsdienstes veröffentlicht wird und
   c) nicht auf einen bestimmten Nutzerkreis beschränkt ist.

Der Antrag hat zudem folgende Angaben zu enthalten:

1. den Namen und die Anschrift des Antragstellers, falls vorhanden, dessen Telefaxnummer und E-Mail-Adresse,

2. die Bezeichnung des Verbraucher-Informationsdienstes,

3. den Namen einer Kontaktperson unter Angabe von deren Telefonnummer,

4. und falls vorhanden, den Namen des gesetzlichen Vertreters oder des Verantwortlichen nach § 5 des Telemediengesetzes oder des § 55 Absatz 2 des Rundfunkstaatsvertrags sowie dessen Adresse und Telefonnummer sowie, falls vorhanden, dessen Telefaxnummer und E-Mail-Adresse.

Änderungen der Angaben nach den Sätzen 1 und 2 sind der Markttransparenzstelle unverzüglich zu übermitteln.

**§ 7 Information der Verbraucherinnen und Verbraucher von Kraftstoffen**

(1) Die zugelassenen Anbieter von Verbraucher-Informationsdiensten veröffentlichen die nach § 5 Absatz 1 von der Markttransparenzstelle zur Verfügung gestellten Grunddaten und Preisdaten mittels eines bundesweit verfügbaren Informationsdienstes nach folgenden Maßgaben:

1. die Voraussetzungen des § 6 Satz 1 Nummer 1 und 2 sind zu erfüllen;
2. die Preisdaten sind unter Zuordnung zur jeweiligen Tankstelle, verbunden mit den zur Tankstelle gehörenden Grunddaten, zu veröffentlichen;
3. die Daten sind unverändert zu veröffentlichen; insbesondere dürfen die Daten einzelner Tankstellen oder Mineralölunternehmen nicht geändert, nicht gelöscht oder in sonstiger Weise manipuliert werden;
4. sofern sie die Daten um zusätzliche Informationen ergänzen, sind die Daten, die von der Markttransparenzstelle zur Verfügung gestellt wurden, durch eindeutige Quellenangaben kenntlich zu machen;
5. die Veröffentlichung ist stets aktuell zu halten und
6. die Verbraucherinformation, insbesondere die Darstellung, darf nicht irreführend und dadurch geeignet sein, die Entscheidungsfreiheit der Verbraucherinnen und Verbraucher von Kraftstoffen zu beeinträchtigen.

(2) Jeder zugelassene Anbieter von Verbraucher-Informationsdiensten hat eine Beschwerdestelle einzurichten, bei der die Nutzer des Verbraucher-Informationsdienstes unzutreffende Informationen hinsichtlich der von der Markttransparenzstelle nach § 5 Absatz 1 zur Verfügung gestellten Daten melden können. Deren Kontaktdaten, wie Kontaktperson, Anschrift, Telefonnummer und E-Mail-Adresse, sind den Verbraucherinnen und Verbrauchern von Kraftstoffen im Zusammenhang mit der Veröffentlichung nach Absatz 1 mitzuteilen. Die Nutzermeldungen nach Satz 1 sind wöchentlich an die Markttransparenzstelle zu übermitteln. Für die Übermittlung der Nutzermeldungen über unzutreffende Informationen gilt § 4 Absatz 4 Satz 1 und 3 entsprechend.

**§ 8 Vorgaben zur technischen Ausgestaltung**

(1) Die Markttransparenzstelle kann die technische Ausgestaltung der elektronischen Datenübermittlung nach § 4 Absatz 4 Satz 1 und des elektronischen Datenabrufs nach § 5 Absatz 2 näher bestimmen. Sie kann insbesondere die elektronischen Meldekanäle sowie die elektronischen Abrufkanäle beschränken, Lösungen zur Lastbegrenzung vorsehen und bestimmte Datenformate vorgeben. Die näheren Bestimmungen nach den Sätzen 1 und 2 gibt sie auf einer zu diesem Zweck von ihr einzurichtenden Internetseite bekannt.

(2) Für die elektronische Übermittlung sowie den elektronischen Abruf der Daten stellt die Markttransparenzstelle jeweils eine von ihr definierte Standardschnittstelle zur Verfügung, die im Fall der Datenübermittlung eine automatisierte Verarbeitung der eingegangenen Daten ermöglicht.

**§ 9 Inkrafttreten**

(1) § 4 Absatz 2 tritt zwei Wochen nach dem Tag in Kraft, an dem die Grunddaten von mindestens 13000 Tankstellen auf der Grundlage von § 4 Absatz 1 Satz 1 bei der Markttransparenzstelle erfasst und mindestens drei Anbieter von Verbraucher-Informationsdiensten nach § 6 Satz 1 für die Datenweitergabe zugelassen sind. Das Bundesministerium für Wirtschaft und Technologie gibt den Tag des Inkrafttretens im Bundesgesetzblatt bekannt.

(2) Die §§ 5 und 7 treten drei Monate nach dem Tag in Kraft, an dem § 4 Absatz 2 gemäß Absatz 1 Satz 1 in Kraft getreten ist. Das Bundesministerium für Wirtschaft und Technologie gibt den Tag des Inkrafttretens im Bundesgesetzblatt bekannt.

(3) Im Übrigen tritt diese Verordnung am Tag nach der Verkündung in Kraft.

## Abschnitt 3. Evaluierung

## § 47l Evaluierung der Markttransparenzstellen

[1] Das Bundesministerium für Wirtschaft und Energie berichtet den gesetzgebenden Körperschaften über die Ergebnisse der Arbeit der Markttransparenzstellen und die hieraus gewonnenen Erfahrungen. [2] Die Berichterstattung für den Großhandel mit Strom und Gas erfolgt fünf Jahre nach Beginn der Mitteilungspflichten nach § 47e Absatz 2 bis 5 in Verbindung mit der Rechtsverordnung nach § 47f. [3] Die Berichterstattung für den Kraftstoffbereich erfolgt drei Jahre nach Beginn der Meldepflicht nach § 47k Absatz 2 in Verbindung mit der Rechtsverordnung nach § 47k Absatz 8 und soll insbesondere auf die Preisentwicklung und die Situation der mittelständischen Mineralölwirtschaft eingehen.

## A. Berichtspflichten

1    § 47l normiert **Berichtspflichten** des BMWi gegenüber dem Bundestag und dem Bundesrat[1] über die Tätigkeit der Markttransparenzstellen für den Großhandel mit Strom und Gas sowie für Kraftstoffe und strukturiert diese teilweise in inhaltlicher Hinsicht. Ziel der erst zu einem späten Zeitpunkt des Gesetzgebungsverfahrens[2] aufgenommenen Vorschrift ist es, eine einmalige[3] Evaluation der Funktionsweise der neuartigen Behörden und ihrer Rechtsgrundlagen[4] zu ermöglichen. Sie steht einer wiederholten Berichterstattung freilich nicht entgegen.

## B. Bericht über die Markttransparenzstelle
## für den Großhandel mit Strom und Gas

2    Für den Bericht hinsichtlich der Tätigkeit der Markttransparenzstelle für den Großhandel mit Strom und Gas legt § 47l S. 2 fest, dass dieser **fünf Jahre nach Beginn der Mitteilungspflichten** gemäß § 47e Abs. 2–5 auf Grundlage der auf § 47f zu stützenden Rechtsverordnung vorzulegen ist. Diese Frist beginnt mithin mit dem Inkrafttreten dieser Verordnung zuzüglich einer etwaigen darin vorgesehenen Frist für die erstmalige Abgabe von Mitteilungen seitens der pflichtigen Unternehmen. Spezifische inhaltliche Vorgaben für die Ausgestaltung des Berichts bestehen nicht.[5]

## C. Bericht über die Markttransparenzstelle für Kraftstoffe

3    Die Berichtspflicht des BMWi über die Tätigkeit der Markttransparenzstelle für Kraftstoffe ist inhaltlich umfassend ausgestaltet; spezifisch gefordert ist jedoch eine Darstellung der Preisentwicklung und der Situation der mittelständischen Mineralölwirtschaft. Diese Angaben sind für die Evaluation in Anbetracht der Zielsetzung des § 47k unentbehrlich.

4    Der Bericht wurde am 3.8.2018 vorgelegt. Zusammenfassend hat das BMWi folgende **Ergebnisse** formuliert:

• „Die Markttransparenzstelle für Kraftstoffe hat die Transparenz für die Verbraucher erheblich erhöht. Die Verbraucher können sich umfassend und in Echtzeit über viele

---

[1] Lüdemann/Lüdemann in L/M/R Rn. 1; Schwensfeier in FK-KartellR Rn. 6.
[2] Vgl. Beschlussempfehlung und Bericht des Ausschusses für Wirtschaft und Technologie, BT-Drs. 17/11386, 21.
[3] Lüdemann/Lüdemann in L/M/R Rn. 1; MüKoEuWettbR/Wende GWB Rn. 1; aA wohl Notthelfer in Bien Dt. KartellR S. 283, 288, 295.
[4] Bechtold/Bosch Rn. 1.
[5] Siehe aber näher Schwensfeier in FK-KartellR Rn. 12 f.

unterschiedliche Verbraucher-Informationsdienste über die Kraftstoffpreise an den Tankstellen informieren. Die Angebote der Verbraucher-Informationsdienste werden von den Verbrauchern gut genutzt.

• Neben diesen Angeboten wird auch in der Presse regelmäßig über die Kraftstoffpreise an den Tankstellen informiert. Ferner hat das Bundeskartellamt bereits vier Jahresberichte zur Tätigkeit der Markttransparenzstelle für Kraftstoffe veröffentlicht. Auch sind inzwischen einige wissenschaftliche Studien erschienen. Dadurch erhalten die Verbraucher weitere hilfreiche Informationen.

• Es ist davon auszugehen, dass die für Verbraucher verfügbaren Informationen auch von der Mineralölwirtschaft genutzt werden. Dies gilt jedoch nicht nur für große sondern auch für mittelständische und kleine Mineralölunternehmen bis hin zu einzelnen Tankstellen. Manche Unternehmen geben dies ausdrücklich an und Dienstleister werben mit Informationsangeboten.

• Hinsichtlich der Auswirkungen der Tätigkeit der Markttransparenzstelle für Kraftstoffe auf den Wettbewerb gibt es verschiedene Hinweise darauf, dass sie diesen fördert. Was speziell die Kraftstoffpreise und die kleineren und mittleren Unternehmen anbetrifft, lässt sich festhalten:

  – Die Entwicklung der Kraftstoffpreise scheint soweit betrachtet grundsätzlich im Wesentlichen der Entwicklung des Rohölpreises zu folgen, und wesentliche Anhebungen der Preisniveaus zu Ferienzeiten sind nicht mehr zu beobachten. Zugleich gibt es immer stärker ausgeprägte, sich täglich wiederholende Preiszyklen, deren Tiefpreisphasen von den Verbrauchern soweit beobachtet auch schon vermehrt genutzt wurden. Es erfordert von den Verbrauchern erhöhte Aufmerksamkeit, das Einsparpotential aktiv zu nutzen.

  – Hinsichtlich der kleineren und mittleren Mineralölunternehmen sind jedenfalls keine konkreten Anzeichen dafür erkennbar, dass sich die erhöhte Transparenz gerade zu ihren Lasten auswirken würde. Es gibt bislang eher gewisse Anzeichen dafür, dass sich für diese durch die Tätigkeit der Markttransparenzstelle neue Chancen ergeben haben, die sie auch nutzen, sowie dass Kunden zu diesen Tankstellen wechseln.
  Die Hinweise auf eine Förderung des Wettbewerbs ergeben sich sowohl aus den zum Zweck der Evaluierung durchgeführten Erhebungen in Verbindung mit Erkenntnissen aus der Beobachtung des Handels mit Kraftstoffen durch die Markttransparenzstelle und Informationen aus der Fachpresse als auch aus wissenschaftlichen Studien.

• Insgesamt ist es zu früh, um abschließende Aussagen zu den wettbewerblichen Auswirkungen treffen zu können. Neben dem noch verhältnismäßig kurzen Betrieb ist dabei zu berücksichtigen, dass die Kraftstoffpreise in den vergangenen Jahren vergleichsweise niedrig waren. Für eine Analyse der komplexen Wirkungsmechanismen stehen ferner derzeit nicht genügend Mengendaten zur Verfügung, da eine spezielle gesetzliche Ermächtigung zur kontinuierlichen Erhebung solcher Daten durch die Markttransparenzstelle nicht besteht.

• Die Tätigkeit der Markttransparenzstelle erleichtert die Arbeit des Bundeskartellamts. In Fusionskontrollverfahren können die Marktsituationen jetzt mit wesentlich geringerem Aufwand ermittelt werden. Außerdem können mögliche Wettbewerbsverstöße leichter identifiziert werden, für deren Nachweis allerdings weitere Ermittlungen und Feststellungen, z B zu den Großhandelspreisen, erforderlich sind.

• Der Aufwand für die Wirtschaft und die Verwaltung bewegt sich in einem überschaubaren Rahmen. Die erforderlichen Abläufe haben sich etabliert und das technische System funktioniert hochautomatisiert. Für Dienstleistungen zur möglichst wenig aufwendigen Übermittlung der Kraftstoffpreisinformationen an die Markttransparenzstelle hat sich ein Markt mit verschiedenen Angeboten herausgebildet."[6]

---

[6] BT-Drs. 19/3693, 1 f.

**5**    In Anbetracht dieser positiven Ergebnisse[7] formulierte das BMWi folgende **Empfehlungen:**

- „Die Arbeit der Markttransparenzstelle für Kraftstoffe sollte in der bislang stattfindenden Form fortgesetzt werden.
- Das Bundeskartellamt sollte weiterhin Erkenntnisse ihrer Tätigkeit und ausgewählte Analysen der ihr vorliegenden Daten veröffentlichen.
- Die Arbeit der Markttransparenzstelle für Kraftstoffe sollte nach weiteren fünf Jahren erneut vom Bundesministerium für Wirtschaft und Energie evaluiert werden.
- Diskutiert werden sollte eine Ermächtigung zur regelmäßigen Erhebung von Mengendaten und Raffinerie- bzw. Großhandelspreisen. Dabei sind bürokratische Mehrbelastungen und Nutzen einer solchen Erhebung auch mit Blick auf eine weitere Evaluierung gegeneinander abzuwägen. Ein Bedarf für andere Änderungen an den Regelungen zur Arbeit der Markttransparenzstelle für Kraftstoffe ist derzeit nicht ersichtlich.
- Aus wettbewerbs- und verbraucherpolitischer Sicht sind gesetzliche Regelungen zur Preisbildung wie in anderen Staaten weiterhin nicht angezeigt."[8]

**6**    Als **Konsequenz** der Evaluation wurde § 47k im Rahmen der 10. GWB-Novelle (nur) punktuell geändert (→ § 47k Rn. 2). Zudem wurden die Ergebnisse der Evaluation bei den Änderungen der Vorschrift durch das Gesetz zur Änderung des Energiewirtschaftsrechts im Zusammenhang mit dem Klimaschutz-Sofortprogramm und zu Anpassungen im Recht der Endkundenbelieferung[9] berücksichtigt.[10]

---

[7] Rechtspolitisch kritisch dagegen Lüdemann/Lüdemann in L/M/R Vor §§ 47a–47l Rn. 7.
[8] BT-Drs. 19/3693, 2.
[9] BGBl. 2022 I 1214.
[10] BT-Drs. 20/1599, 64.

# Teil 2. Kartellbehörden

## Kapitel 1. Allgemeine Vorschriften

### § 48 Zuständigkeit

(1) Kartellbehörden sind das Bundeskartellamt, das Bundesministerium für Wirtschaft und Energie und die nach Landesrecht zuständigen obersten Landesbehörden.

(2) [1] Weist eine Vorschrift dieses Gesetzes eine Zuständigkeit nicht einer bestimmten Kartellbehörde zu, so nimmt das Bundeskartellamt die in diesem Gesetz der Kartellbehörde übertragenen Aufgaben und Befugnisse wahr, wenn die Wirkung des wettbewerbsbeschränkenden oder diskriminierenden Verhaltens oder einer Wettbewerbsregel über das Gebiet eines Landes hinausreicht. [2] In allen übrigen Fällen nimmt diese Aufgaben und Befugnisse die nach Landesrecht zuständige oberste Landesbehörde wahr.

(3) [1] Das Bundeskartellamt führt ein Monitoring durch über den Grad der Transparenz, auch der Großhandelspreise, sowie den Grad und die Wirksamkeit der Marktöffnung und den Umfang des Wettbewerbs auf Großhandels- und Endkundenebene auf den Strom- und Gasmärkten sowie an Elektrizitäts- und Gasbörsen. [2] Das Bundeskartellamt wird die beim Monitoring gewonnenen Daten der Bundesnetzagentur unverzüglich zur Verfügung stellen.

**Schrifttum:** Dalibor, Monitoring ohne Ermächtigungsgrundlage – zur Rechtslage nach der Novellierung von § 35 EnWG und § 48 III GWB, RdE 2013, 207; Geberth, Das Spannungsfeld zwischen Wirtschaftsministerium und Kartellamt, AG 1991, 295; Hitzler, Die Abgrenzung der Zuständigkeitsbereiche des Bundeskartellamtes und der Landeskartellbehörden nach § 44 Abs. 1 Nr. 1d GWB, WuW 1979, 733; Ludwigs, Unionalisierung der Unabhängigkeit nationaler Kartellbehörden – Der Regierungsentwurf zur 10. GWB-Novelle als Vorbote defizitärer Richtlinienumsetzung, NZKart 2020, 576; Möschel, Neue Rechtsfragen bei der Ministererlaubnis in der Fusionskontrolle, BB 2002, 2077; Ost, Das Bundeskartellamt als neuer Akteur der Verbraucherrechtsdurchsetzung, VuR 2018, 121; Schoening, ZNER 2002, 47 ff., Anm. zu OLG Stuttgart v. 20.6.2002. ZNER 2002, 45 f.; 6; Stockmann, Die Integration des Vergaberechts in das Wettbewerbsrecht, in: Schwarze, Europäisches Wettbewerbsrecht im Wandel, 2001, 55.

## Übersicht

## A. Entstehungsgeschichte und Normzweck

1     Hauptzweck des aus § 44 GWB in seiner ursprünglichen und bis zum Inkrafttreten der 6. GWB-Novelle geltenden Fassung hervorgegangenen § 48 ist die Regelung der **Zuständigkeitsverteilung** zwischen den **deutschen Kartellbehörden.** Nicht hier geregelt sind Fragen der Zuständigkeitsverteilung zwischen (i) deutschen Kartellbehörden und europäischen bzw. ausländischen Kartellbehörden oder (ii) deutschen Kartellbehörden und anderen (deutschen, EU- oder ausländischen) Behörden.

2     Eine sachliche Änderung ergab sich aus dem Übergang der enumerativen Regelung des § 44 aF zur geltenden Fassung und der klarstellenden, abstrakten Zuständigkeitsregelung in § 48 Abs. 2 S. 1 nicht.[1] Dasselbe gilt für die Umstellung der Zuständigkeit kraft Auswirkung von der Anknüpfung an die Marktbeeinflussung auf die Wirkung des wettbewerbsbeschränkenden Verhaltens oder einer Wettbewerbsregel durch die 7. GWB-Novelle.[2] Zu einer sachlichen Änderung führte erst die Einführung des § 48 Abs. 3 durch das Gesetz zur Neuregelung energiewirtschaftlicher Vorschriften vom 26.7.2011.[3]

3     Nach wie vor folgt das geltende Recht in seiner Zuständigkeitsabgrenzung zwischen den Kartellbehörden also den bereits den Vorläufervorschriften seit dem Inkrafttreten des GWB zugrundeliegenden Kriterien der **Zuweisung** und der **Auswirkung.** Mit ihrer Hilfe will es, nach seinem Sinn und Zweck, Klarheit über die **Zuständigkeitsverteilung** zwischen den Kartellbehörden schaffen und **konkurrierende Zuständigkeiten vermeiden.** Bei der Zuständigkeit aufgrund **Zuweisung** haben sich seit dem Inkrafttreten des GWB bis heute zahlreiche Änderungen ergeben. Zu den wichtigsten gehört die heutige Zuständigkeit des Bundeskartellamts (BKartA) für die Zusammenschlusskontrolle, für die Vergabenachprüfung bei dem Bund zuzurechnenden Vergaben sowie für den Verbraucherschutz im von der 9. GWB-Novelle vorgesehenen Umfang (Sektoruntersuchungen nach § 32e Abs. 5 und 6; Amicus curiae-Regelung in § 90 Abs. 6[4]). Entfallen sind auf der anderen Seite Zuständigkeiten des BKartA für eine Reihe inzwischen aufgehobener Ausnahmen vom Kartellverbot, insbesondere für Strukturkrisenkartelle (§ 4 aF), Export- und Importkartelle (§§ 6 und 7 aF), sowie für die Missbrauchsaufsicht über Preisbindungsverträge und unverbindliche Preisempfehlungen. Entfallen sind auch Zuständigkeiten des Bundesministeriums für Wirtschaft und Energie (BMWi), so insbesondere die Befugnis zur Erlaubnis sogenannter Ministerkartelle und die Missbrauchsaufsicht über „reine" Exportkartelle.

## B. Kartellbehörden

4     Das **Bundeskartellamt** ist die für die Durchsetzung des Kartellrechts in Deutschland rechtlich und praktisch wichtigste Behörde. Das **Bundesministerium für Wirtschaft und Energie** ist nach § 51 Abs. 1 S. 2 für das Bundeskartellamt und eine Reihe spezifischer kartellrechtlicher Aufgaben zuständig. Bei den nach Landesrecht zuständigen obersten Landesbehörden, die wegen der Schwerfälligkeit dieses Begriffs üblicherweise als

---

[1] Unstr., Bechtold/Bosch Rn. 1.
[2] Begr. 2004, BT-Drs. 15/3640, 60.
[3] BGBl. I 1593.
[4] S. für eine detaillierte Übersicht über die verbraucherrechtlichen Befugnisse des BKartA Podszun/Schmieder in Kersting/Podszun 9. GWB-Novelle Kap. 6 Rn. 1 ff.

**Landeskartellbehörden** (LKartB) bezeichnet werden, handelt es sich regelmäßig um die Landeswirtschaftsministerien bzw. die für Wirtschaft zuständigen Senatoren der Stadtstaaten.[5] BKartA und LKartB stehen im föderalistischen System Deutschlands grundsätzlich selbständig nebeneinander und nicht in einem Verhältnis von Über- und Unterordnung. Ein Weisungsrecht gegenüber den LKartB steht dem BKartA deshalb nicht zu. Das Gleiche gilt für das Verhältnis BMWi und LKartB.[6] Hinsichtlich des sehr viel komplexeren Verhältnisses des BKartA zum BMWi vgl. die Erläuterungen zu den §§ 51 und 52. Im Gegensatz zum BKartA, das seine Entscheidungen grundsätzlich durch weitgehend unabhängige Beschlussabteilungen trifft (vgl. hierzu im Einzelnen → § 51 Rn. 14 f.), sind die LKartB in die weisungsgebundenen Entscheidungsstrukturen ihrer Ministerien eingegliedert.

## C. Zuständigkeit

### I. Allgemein

Für eine Reihe von Funktionen **weist** das Gesetz einer der Kartellbehörden die Zu-   5
ständigkeit für **Verwaltungsverfahren** ausdrücklich **zu.** Dadurch wird die betreffende Kartellbehörde ausschließlich zuständig. **Konkurrierende Zuständigkeiten** der Kartellbehörden vermeidet das Gesetz grundsätzlich. Eine Ausnahme gilt lediglich für die Sektoruntersuchung nach § 32e, für die sowohl das BKartA als auch die LKartB nebeneinander zuständig sind.[7] Die wichtigsten, eine ausschließliche Zuständigkeit begründenden Zuweisungen beziehen sich auf das BKartA. Fehlt es an der Zuweisung an eine bestimmte Kartellbehörde, so ist das BKartA nach dem **Auswirkungsprinzip,** das somit auch eine Auffangfunktion versieht, gem. § 48 Abs. 2 S. 1 zuständig, wenn die „Wirkung des wettbewerbsbeschränkenden oder diskriminierenden Verhaltens oder einer Wettbewerbsregel" – der Gesetzgeber sei zur Entschlackung dieses umständlichen Wortlauts aufgerufen – über das Gebiet eines Landes hinausreicht. Diese Regelung grenzt nicht nur die Zuständigkeiten des BKartA und der LKartB voneinander ab, sondern schließt auch eine konkurrierende Zuständigkeit mehrerer LKartB in derselben Sache aus (vgl. zum Begriff der Auswirkung → Rn. 17 ff.).

Nach § 82 Abs. 1 Nr. 3, vor der 10. GWB-Novelle § 81 Abs. 10 Nr. 3, gilt im **Ord-**   6
**nungswidrigkeitenverfahren** grundsätzlich die in den §§ 48–50 geregelte Zuständigkeitsverteilung (vgl. → § 82 Rn. 13 ff.). Nach dieser Bestimmung sind das BKartA und die nach Landesrecht zuständigen obersten Landesbehörden jeweils die für ihren Geschäftsbereich zuständige Verwaltungsbehörde iSv § 36 Abs. 1 Nr. 1 OWiG. Der Wegfall des ausdrücklichen Verweises in § 81 Abs. 10 aF auf die §§ 48–50 durch die 8. GWB-Novelle änderte nichts an der Rechtslage, so dass diese Bestimmungen weiter maßgeblich sind.[8] Besondere Regelungen finden sich nur für die Zuständigkeiten der Markttransparenzstellen in § 82 Abs. 1 Nr. 1 und 2 (vgl. → § 82 Rn. 14 f.). Nach § 82 Abs. 1 Nr. 1 ist die Bundesnetzagentur als Markttransparenzstelle für Strom und Gas für ordnungswidrige Verstöße gegen Auskunftspflichten ihr gegenüber nach § 81 Abs. 2 Nr. 2c, 2d, 5a, und 6 iVm § 47d Abs. 1 S. 1 iVm § 59 Abs. 2 oder 4 sowie nach § 81 Abs. 2 Nr. 8 iVm § 47d Abs. 1 S. 1 iVm § 59a Abs. 2 zuständig. Nach § 82 Abs. 1 Nr. 2 ist das BKartA als Markttransparenzstelle für Kraftstoffe für ordnungswidrige Verstöße gegen Auskunftspflichten nach § 81 Abs. 2 Nr. 5b und 6 iVm § 47k Abs. 7 iVm § 59 Abs. 2 oder 4 sowie nach § 81 Abs. 2 Nr. 8 iVm § 47k Abs. 7 iVm § 59a Abs. 2 zuständig.

---

[5] Die aktuellen Bezeichnungen und Anschriften der LKartB finden sich auf der Internetseite des BKartA.

[6] Vgl. Schneider in Bunte Rn. 3.

[7] Vgl. → § 32e Rn. 24 mwN; Quellmalz in LMR Rn. 3; Bechtold/Bosch GWB § 32e Rn. 6. Zur Rolle von § 32e GWB als Sondervorschrift zu § 48 Abs. 2 auch OLG Düsseldorf 4.8.2010 – 2 Kart 8/09, BeckRS 2011, 4070.

[8] Vgl. → § 82 Rn. 14; Bechtold/Bosch § 81 Rn. 66.

## II. Zuständigkeiten des Bundeskartellamtes

**7**   **1. Zuständigkeit aufgrund Zuweisung.** Für die Anwendung einer Reihe von Vorschriften ist das BKartA aufgrund Zuweisung durch das GWB ausschließlich zuständig. Diese Ausschließlichkeit gilt, wie angemerkt, nur im Verhältnis zu anderen Kartellbehörden iS dieser Bestimmung, nicht für Abgrenzungsfragen hinsichtlich der Zuständigkeit anderer Behörden, insbesondere der Bundesnetzagentur.

**8**   Eine solche, die ausschließliche Zuständigkeit des BKartA begründende Zuweisung enthält bereits § 48 selbst im das **Monitoring** betreffenden Abs. 3. Indes ist diese kartellbehördliche Aufgabenwahrnehmung keine isolierte, sondern eng verknüpft mit den regulierungsbehördlichen Aufgaben und Funktionen der Markttransparenzstelle für Strom und Gas, die gem. §§ 47a–47j bei der Bundesnetzagentur eingerichtet worden ist (vgl. zum Monitoring → Rn. 36 f. und → § 47a Rn. 1, 10 ff.).

**9**   Ausdrücklich zugewiesen ist dem BKartA in § 30 Abs. 3 S. 1 und 2 die Missbrauchsaufsicht über **preisbindende Abreden** in den Bereichen **Pressevertrieb** (§ 30 Abs. 2a) und verlagswirtschaftliche Zusammenarbeit zwischen Zeitungs- und **Zeitschriftenverlagen zur Stärkung der intermedialen Wettbewerbsfähigkeit** (§ 30 Abs. 2b). Bei Ordnungswidrigkeitenverfahren ist zu unterscheiden, ob sich diese auf einen nach § 81 Abs. 2 Nr. 2 Buchst. a mit Geldbuße bedrohten Verstoß gegen eine wegen des Missbrauchs einer Preisbindung für Zeitungen oder Zeitschriften oder für den Pressevertrieb erlassene Verfügung des BKartA bezieht, oder ob ein Verstoß nach § 81 Abs. 2 Nr. 1 in der Praktizierung einer nicht nach § 30 freigestellten Preisbindung oder Branchenvereinbarung liegen soll. Im zweiten Fall entscheidet sich die Zuständigkeit nach § 48 Abs. 2 S. 1. Richtet sich der sanktionierte Verstoß, im ersten Fall, gegen eine Verfügung des BKartA, dann ist dieses ebenso wie für die Verfügung selbst auch für die Sanktionierung des Verstoßes ausschließlich zuständig, unabhängig von einer die Landesgrenze überschreitenden Wirkung.[9]

**10**   Von praktisch weit größerer Bedeutung ist die umfassende ausschließliche Zuständigkeit des BKartA für die **Zusammenschlusskontrolle** nach §§ 35 ff., also insbesondere die Untersagung von Zusammenschlüssen nach § 36 Abs. 1, die Befreiung vom Vollzugsverbot nach § 41 Abs. 2 und die Entflechtung nach § 41 Abs. 3. Ausgenommen von dieser umfassenden Zuständigkeit des BKartA ist nur die Zuständigkeit des **BMWi für die Ministererlaubnis** nach § 42 und die damit zusammenhängenden Entscheidungen. Ausschließlich zuständig ist das BKartA auch bei der freiwilligen Vereinigung von Krankenkassen nach § 158 Abs. 1 SGB V und bei Ordnungswidrigkeitenverfahren wegen Verstößen gegen Verfügungen des BKartA und der Verletzung spezieller fusionsrechtlicher Verbote.[10] Sind in Fusionsfällen neben den für Zusammenschlüsse geltenden Vorschriften auch **andere Bestimmungen des Kartellrechts** anwendbar, wie etwa beim Gemeinschaftsunternehmen § 1, so bestimmt sich die Zuständigkeit für diese insoweit nach **§ 48 Abs. 2**.[11] Bedeutung für die Aufgabenverteilung in der Zusammenschlusskontrolle hat auch der mit der 10. GWB-Novelle neu geschaffene § 186 Abs. 9, weil die dort vorgesehene **Zusammenschlusskontrollfreistellung für gewisse Krankenhausfusionen** von einer wettbewerbsrechtlichen Unbedenklichkeitsbescheinigung des jeweiligen Bundeslands (§ 186 Abs. 9 S. 1 Nr. 2) und von der Bewilligung einer Förderung durch den Krankenhausstrukturfonds seitens des Bundesamtes für Soziale Sicherung (§ 186 Abs. 9 S. 1 Nr. 3) abhängt (näher → § 186 Rn. 10 ff.). Diese Zuständigkeiten anderer Behörden verdrängen aber diejenige des BKartA nicht vollständig, etwa im Hinblick auf vorsorgliche Anmeldungen eines Zusammenschlussvorhabens (→ § 186 Rn. 19 f.).

---

[9] Bechtold/Bosch Rn. 4.
[10] Bechtold/Bosch Rn. 5.
[11] BGH 22.6.1981 – KVR 7/80, BeckRS 1981, 527 Rn. 28 – Transportbeton Sauerland; Quellmalz in LMR Rn. 3.

Zuständig ist das BKartA ferner für die Aufgaben der bei ihm eingerichteten **Markt-** **11** **transparenzstelle für Kraftstoffe,** § 47k (zu den Einzelheiten vgl. → § 47k Rn. 1 ff.). Die Aufgaben der bei der Bundesnetzagentur eingerichteten **Markttransparenzstelle für den Großhandel im Bereich Strom und Gas** nehmen die **Bundesnetzagentur** und das BKartA einvernehmlich wahr, § 47a Abs. 1 S. 1, Abs. 2 (zu den Einzelheiten vgl. → § 47a Rn. 11 ff.).

Eine weitere ausschließliche Zuständigkeit aufgrund Zuweisung ergab sich aus der **12** Integration des Vergabekartellrechts in das GWB. Nach §§ 156 Abs. 1 (vgl. → § 156 Rn. 6 ff.), 159 Abs. 1 (vgl. → § 159 Rn. 5 ff.) sind die beim BKartA eingerichteten Vergabekammern des Bundes ausschließlich zuständig für die **Vergabenachprüfung** von dem Bund zuzurechnenden Vergaben. Zuständigkeitsfragen ergeben sich dabei im Verhältnis nicht zu anderen Kartellbehörden, sondern zu anderen Nachprüfungsinstanzen (vgl. → § 159 Rn. 19 f.).

Mit der 9. GWB-Novelle ist dem BKartA auf dem Gebiet des **Verbraucherschutzes** in **13** § 32e Abs. 5 S. 1 bei begründetem Verdacht auf erhebliche, dauerhafte oder wiederholte Verstöße gegen verbraucherrechtliche Vorschriften, die Interessen einer Vielzahl von Verbrauchern beeinträchtigen, eine Zuständigkeit für die erforderlichen Ermittlungen zugewiesen worden. Sie kommt allerdings dann nicht zum Tragen, „wenn die Durchsetzung der Vorschriften nach Satz 1 in die Zuständigkeit anderer Bundesbehörden fällt" (§ 32e Abs. 5 S. 2), wie dies etwa für das Vorgehen gegen unzulässige Telefonwerbung durch die Bundesnetzagentur der Fall ist.[12] Zur Wahrnehmung der neuen Funktionen hat das BKartA eine Beschlussabteilung „Verbraucherschutz" eingerichtet.[13]

Das Gesetz zur Einführung eines **Wettbewerbsregisters** (WRegG) weist gem. § 1 **14** Abs. 1 WRegG dessen Führung dem BKartA zu.[14] Aufgrund dieses Gesetzes sind Vergabestellen verpflichtet, vor der Vergabe von Aufträgen beim BKartA anzufragen, ob ein Unternehmen wegen begangener Wirtschaftsdelikte von einem Vergabeverfahren auszuschließen ist. Das Wettbewerbsregister löst die teilweise bestehenden Register auf Landesebene ab und Abfragepflichten bei ihm ersetzen bisher bestehende Abfragepflichten, zum Beispiel nach dem Schwarzarbeitsbekämpfungsgesetz.

Neben diesen Schwerpunktaufgaben des BKartA weist das GWB dem Amt eine Reihe **15** weiterer Befugnisse und Rechte zu. So ist das BKartA nach **§ 54 Abs. 3** bei Verwaltungsverfahren der LKartB (vgl. hierzu → § 54 Rn. 29) und im Beschwerdeverfahren gegen deren Verfügungen (vgl. hierzu → § 63 Rn. 6) nach **§ 63 Abs. 2** beteiligt. Gerade diese beiden Zuständigkeiten sind vom Streben nach einer bundesweit kohärenten Kartellrechtsdurchsetzung getragen.

Nach **§ 90 Abs. 1 S. 1** haben die deutschen Gerichte das BKartA über alle Rechts- **16** streitigkeiten zu unterrichten, deren Entscheidung ganz oder teilweise von der Anwendung der Vorschriften des GWB, von einer Entscheidung, die nach diesen Vorschriften zu treffen ist (mit Ausnahme Ministererlaubnis, § 90 Abs. 1 S. 3), oder von der Anwendung von Art. 101 oder 102 AEUV oder von Art. 53 oder 54 des Abkommens über den europäischen Wirtschaftsraum abhängt (vgl. hierzu und zum Folgenden → § 90 Rn. 2 ff.). Nach **Abs. 1 S. 4** hat das Gericht dem BKartA auf Verlangen Abschriften von allen Schriftsätzen, Protokollen, Verfügungen und Entscheidungen zu übersenden. Nach **Abs. 2** die Möglichkeit zur Verfahrensbeteiligung. Nach **Abs. 4** gilt Entsprechendes für Rechtsstreitigkeiten, die die Durchsetzung eines nach § 30 gebundenen Preises zum Gegenstand haben. Nach **Abs. 5 S. 1** kann das BKartA auf Antrag eines Gerichts, das über einen Schadensersatzanspruch nach § 33a Abs. 1 S. 1 zu entscheiden hat, eine Stellungnahme zur Höhe des Schadens abgeben, der durch den Verstoß entstanden ist. Nach **Abs. 6** gelten Abs. 1 S. 4 und Abs. 2 für Streitigkeiten vor Gericht, die erhebliche, dauerhafte oder wiederholte

---

[12] Speicher in MüKoWettbR § 32e Rn. 27.
[13] Vgl. auch BKartA TB 2015/2016, 12 f.
[14] Gesetz zur Einführung eines Wettbewerbsregisters und zur Änderung des Gesetzes gegen Wettbewerbsbeschränkungen v. 18.7.2017, BGBl. I 2, 2739; vgl. auch BKartA TB 2015/2016, XIV f., 16.

Verstöße gegen verbraucherrechtliche Vorschriften zum Gegenstand haben, die nach ihrer Art oder ihrem Umfang die Interessen einer Vielzahl von Verbraucherinnen und Verbrauchern beeinträchtigen, sofern nicht die Durchsetzung der Vorschriften nach S. 1 in die Zuständigkeit anderer Bundesbehörden fällt. **§ 90 Abs. 3** bestimmt für den Fall, dass die Bedeutung des Rechtsstreits nicht über das Gebiet eines Landes hinausreicht, im Rahmen des Abs. 1 S. 4 und des Abs. 2 die LKartB an die Stelle des BKartA tritt.

**17**    **2. Zuständigkeit aufgrund Auswirkung.** Das BKartA ist in allen Fällen zuständig, die nicht Gegenstand einer Aufgabenzuweisung sind und wettbewerbsrelevante Wirkungen über das **Gebiet eines Bundeslandes** hinaus entfalten. Nach diesem **zuständigkeitsbezogenen Auswirkungsprinzip** (zur Ermittlung der territorialen Anwendbarkeit des GWB nach dem Auswirkungsprinzip s. → § 185 Rn. 107 ff.) ist folglich zu entscheiden, ob das BKartA oder eine LKartB zuständig ist. Von der **sachlichen Zuständigkeit** trennbare Fragen der **örtlichen Zuständigkeit** können sich nach dem Gesetz nicht ergeben. Im Verhältnis zwischen BKartA und LKartB folgt die örtliche aus der sachlichen Zuständigkeit. Dasselbe gilt im Verhältnis mehrerer LKartB zueinander, da eine LKartB sachlich nur zuständig ist, wenn sich die Marktbeeinflussung ausschließlich auf dem Gebiet ihres Landes auswirkt.[15] Der mit dem Auswirkungsprinzip erreichte Ausschluss konkurrierender Zuständigkeiten entspricht dem gesetzgeberischen Ziel, in Zuständigkeitsfragen klare Verhältnisse zu schaffen.[16]

**18**    **Wirkungen** über die Landesgrenzen hinaus müssen **unmittelbar**[17] und **tatsächlich**[18] sein. Im Übrigen sind an Wirkungen iSv Abs. 2 S. 1 nur **geringe** Anforderungen zu stellen.[19] Unmittelbar müssen nur die Wirkungen sein, nicht das wettbewerbsbeschränkende oder diskriminierende Verhalten: auch mittelbare diskriminierende oder ungleiche Behandlungen iSv § 19 Abs. 2 Nr. 1 begründen, wenn sie grenzüberschreitend sind, die Zuständigkeit des BKartA. Das Erfordernis der Tatsächlichkeit grenzüberschreitender Wirkungen bedeutet, dass die bloße Eignung, solche Wirkungen zu entfalten, nicht genügt.[20] Sind landesübergreifende Auswirkungen jedoch verbindlich vereinbart, so ist das BKartA zuständig, auch bevor diese Auswirkungen tatsächlich eintreten.[21] Im Ermittlungsstadium und auch im Verfahren der einstweiligen Anordnung genügt zunächst der **Verdacht** einer landesübergreifenden Wirkung.[22] Erweist sich der Verdacht als unbegründet, so hat das BKartA die Sache an die zuständige LKartB abzugeben, § 49 Abs. 2 S. 2.[23]

**19**    Entscheidend ist nach § 48 Abs. 2 der **Ort,** an dem die **Wirkung** eintritt,[24] **nicht** dagegen der Ort des **Verhaltens** oder der **Sitz** der handelnden oder der betroffenen Unternehmen. So ist das BKartA auch zuständig, wenn alle handelnden Unternehmen ihren Sitz in einem Bundesland haben, die Wirkungen aber über dieses hinausreichen.[25] Wenn früher das KG auf den Sitz der von der Wettbewerbsbeschränkung betroffenen

---

[15] Ähnlich Schneider in Bunte Rn. 13; Quellmalz in LMR Rn. 8; Stempel in BeckOK KartellR Rn. 7.

[16] KG 13.11.1981 – Kart 36/81, WuW/E OLG 2607 (2609) – Raffinerie-Abnahmepreise.

[17] KG 6.5.1980 – Kart 1/80, WuW/E OLG 2284 – Stadtwerke Frankfurt; KG 11.3.1983 – Kart 15/82, WuW/E OLG 3044; Begr. 2004, BT-Drs.15/3640; Bracher in FK-KartellR Rn. 18.

[18] OLG Düsseldorf 11.6.2003 – Kart 7/03, NJOZ 2004, 1324 (1326) – Stromcontracting; Begr. 2004, BT-Drs.15/3640; Fülling in MüKoWettbR Rn. 16.

[19] BGH 1.6.1977 – KRB 3/76, NJW 1977, 1784 (1785) – Brotindustrie; KG 6.5.1980 – Kart 1/80, WuW/E OLG 2284 – Stadtwerke Frankfurt; 13.11.1981 – Kart 36/81, WuW/E OLG 2607 (2609) – Raffinerie-Abnahmepreise; OLG Düsseldorf 11.6.2003 – Kart 7/03, NJOZ 2004, 1324 (1326) – Stromcontracting; Bechtold/Bosch Rn. 6; Quellmalz in LMR Rn. 4; Fülling in MüKoWettbR Rn. 19.

[20] BGH 1.6.1977 – KRB 3/76, NJW 1977, 1784 – Brotindustrie; Quellmalz in LMR Rn. 4.

[21] OLG Düsseldorf 26.7.2003 – Kart 37/01 (V), BeckRS 2002, 17391 Rn. 4 – Transportbeton Sachsen; Quellmalz in LMR Rn. 4.

[22] KG 10.12.1990 – Kart 19/90, GRUR 1991, 704 (705) – Hamburger Benzinpreise; Schneider in Bunte Rn. 13; zweifelnd Bechtold/Bosch Rn. 6.

[23] Quellmalz in LMR Rn. 4; Bracher in FK-KartellR Rn. 24.

[24] BGH 15.11.1994 – KVR 29/93, NJW 1995, 2718 (2719) – Gasdurchleitung; Quellmalz in LMR Rn. 5; Bechtold/Bosch Rn. 6; Junge in GK-KartellR § 44 Rn. 11.

[25] OLG München 5.4.1979 – Kart 2/79, WuW/E OLG 2156.

Unternehmen abstellte,[26] so deckt sich das im Ergebnis vielfach mit dem heute anerkannten Ansatz, der auf den Ort der Wirkung abstellt. Da sich das wettbewerbsbeschränkende oder diskriminierende Verhalten auf einen Teil des räumlich relevanten Marktes beschränken kann, muss der Ort, an dem die Wirkung eintritt, nicht mit diesem Markt identisch, sondern kann auch kleiner sein.[27]

Nach zutreffender hM genügen Wirkungen, die lediglich in einem Bundesland und im **20** Ausland eintreten, jedenfalls dann, um die Zuständigkeit von der LKartB des jeweiligen Bundeslandes zum BKartA zu verschieben, wenn der **Auslandsbezug** darin liegt, dass (i) ein unternehmerisches Verhalten vom Ausland her auf den Inlandsmarkt einwirkt oder (ii) ein Unternehmen sich weigert, Auslandshandlungen vorzunehmen, die für die GWB-Konformität seines Gesamtverhaltens erforderlich sind.[28] Denn gerade Fälle mit Auslandsbezug können eine Bewertung erfordern, bei der es auch um die territoriale Anwendbarkeit des GWB, um die Interaktion mit ausländischen Kartellbehörden und -rechtsordnungen sowie um die Berechenbarkeit deutscher Kartellrechtsanwendung für Auslandsunternehmen geht. Diese Gesichtspunkte erfordern in besonderem Maße einschlägige Praxiserfahrung und eine bundesweit kohärente Handhabung.

Wirken sich wettbewerbsrelevante **horizontale** Vereinbarungen oder Abstimmungen **21** über das Gebiet eines Landes hinaus aus, so ist eine Zuständigkeit des BKartA nicht nur dem Kartell gegenüber gegeben, sondern auch gegenüber dessen Mitgliedern, selbst wenn diese in nur einem Bundesland in Ausführung des Kartells tätig werden.[29] Bei **vertikalen** Wettbewerbsvereinbarungen hängt, entsprechend der allgemeinen Regel, die Zuständigkeit vom Wettbewerbswirkungen generierenden Tätigkeitsgebiet der gebundenen Vertragsparteien ab, nicht von ihrem Sitz.[30]

In **Missbrauchsfällen** ist nicht auf das Gesamttätigkeitsgebiet des Normadressaten oder **22** auf die räumliche Ausdehnung seiner marktbeherrschenden oder marktstarken Stellung abzustellen, sondern auf die konkrete Missbrauchswirkung.[31] Wirkt sich der Missbrauch eines marktbeherrschenden **Anbieters** auf Unternehmen in mehreren Bundesländern aus, so ist das BKartA auch dann zuständig, wenn die betroffenen Unternehmen jeweils nicht über Bundeslandgrenzen hinweg tätig sind. Leitet sich die BKartA-Zuständigkeit aus einer länderübergreifenden Missbrauchsstrategie ab, muss diese tatsächlich in mehr als einem Land konkrete Wirkungen entfaltet haben.[32] Bundesweite Vertriebssysteme können sich länderübergreifend auswirken, auch wenn sie konkret gegenüber einzelnen Abnehmern durchgesetzt werden, die nur in einem Bundesland tätig sind.[33] Überprüft ein in mehreren Bundesländern tätiges Fernwärmeunternehmen seine für alle Abnehmer einheitlichen Lieferbedingungen, so ist das BKartA zuständig; überprüft es nur einen bestimmten Preis gegenüber einem Abnehmer in einem Bundesland, so ist grundsätzlich die LKartB zuständig.[34]

Bei marktbeherrschenden **Nachfragern** kommt es ebenfalls auf ein tatsächlich die **23** Grenzen eines Landes übergreifendes Verhalten an.[35] Dieses, und nicht die grenzüber-

---

[26] KG 6.5.1980 – Kart 1/80, WuW/E OLG 2284 – Stadtwerke Frankfurt; Bechtold/Bosch Rn. 8.

[27] Bechtold/Bosch Rn. 8; aA Klaue in Immenga/Mestmäcker, 5. Aufl. 2014, Rn. 7.

[28] BGH 15.11.1994 – KVR 29/93, NJW 1995, 2718 (2719) – Gasdurchleitung; Quellmalz in LMR Rn. 6; Fülling in MüKoWettbR Rn. 21; Stempel in BeckOK KartellR Rn. 8; Schneider in Bunte Rn. 16. Anders noch Stockmann in Immenga/Mestmäcker, 6. Auflage 2019, Rn. 16.

[29] OLG Frankfurt a. M. 9.5.1995 – 11 VA (Kart) 1/94, WuW/E OLG 5416 (5424) – Konzessionsvertrag Niedernhausen.

[30] Schneider in Bunte Rn. 17; Quellmalz in LMR Rn. 5.

[31] BGH 15.11.1994 – KVR 29/93, NJW 1995, 2718 (2719) – Gasdurchleitung; OLG Düsseldorf 11.6.2003 – Kart 7/03, NJOW 2004, 1324 (1326) – Stromcontracting.

[32] BGH 15.11.1994 – KVR 29/93, NJW 1995, 2718 (2719) – Gasdurchleitung.

[33] OLG Frankfurt a. M. 9.5.1995 – 11 VA (Kart) 1/94, WuW/E OLG 5416 (5424) – Konzessionsvertrag Niedernhausen; Klaue in Immenga/Mestmäcker WettbR, 5. Aufl. 2014, Rn. 14; vgl. a. Schneider in Bunte Rn. 20.

[34] Klaue in Immenga/Mestmäcker, 5. Aufl. 2014, Rn. 14.

[35] OLG München 5.4.1979 – Kart 2/79, WuW/E OLG 2156 (2157).

schreitende Marktaktivität des Nachfragers als solche, entscheidet über die Zuständigkeit. Allerdings sind Missbrauchswirkungen nicht zwangsläufig auf den Ort der nachgefragten Leistungserbringung beschränkt, sondern können in weitere Gebiete des relevanten Marktes ausstrahlen, etwa wenn die Leistungserbringer außerhalb des Ortes der Leistungserbringung ansässig sind.[36]

24    Allgemeine **Zweckmäßigkeitserwägungen** außerhalb der in § 48 Abs. 2 normierten Kriterien können die Zuständigkeit einer Kartellbehörde nicht begründen.[37] Vor der 7. GWB-Novelle konnten Zuständigkeiten auch nicht durch **Absprachen zwischen Kartellbehörden** geändert werden. Nach der mit dieser Novelle eingeführten Regelung in § 49 Abs. 3 und Abs. 4 sind solche durch wechselseitige Abgabemöglichkeiten zwischen dem BKartA einerseits und den LKartB andererseits indes unter bestimmten Voraussetzungen möglich (vgl. → § 49 Rn. 14 ff.). Da die Zuständigkeiten vor und nach einer Abgabe gemäß dieser Bestimmungen eindeutig sind, widerspricht die Flexibilisierung der Zuständigkeiten nicht dem auf Transparenz und Zuständigkeitsklarheit gerichteten Zweck von § 48. Allerdings werden gegen die Geltung von § 49 Abs. 3 und 4 im Ordnungswidrigkeitenverfahren Bedenken mit Blick auf die grundgesetzliche Garantie des gesetzlichen Richters nach Art. 101 Abs. 1 S. 2 GG geltend gemacht (näher → § 49 Rn. 19 und → § 82 Rn. 25).

25    **3. Zuständigkeit EU-Kartellrechtsvollzug.** Die **Zuständigkeitsverteilung** zwischen der Europäischen **Kommission** und den **deutschen** Kartellbehörden ist nicht Gegenstand des § 48. Sie richtet sich vielmehr nach europäischem Recht. Die Binnenverteilung der Zuständigkeit deutscher Kartellbehörden für die Anwendung des europäischen Kartellrechts regelt § 50, auf dessen Kommentierung daher insoweit verwiesen wird (→ § 50 Rn. 1 ff.).

26    **4. Internationale Zuständigkeit.** Ebenso wenig adressiert § 48 die **Zuständigkeitsverteilung** zwischen deutschen und **ausländischen** Kartellbehörden. Sie richtet sich in erster Linie nach den Grundsätzen des **Auswirkungsprinzips** (effects doctrine) und der **Schutzzwecktheorie,** wie sie auch der Regelung in § 185 Abs. 2 zugrunde liegen (→ § 185 Rn. 134 ff.). Eine Zuständigkeit der deutschen Kartellbehörden ist mithin dann gegeben, wenn eine wettbewerbsrelevante Inlandsauswirkung von solcher Art besteht, dass sie den Schutzbereich einer GWB-Sachnorm berührt und damit die Anwendbarkeit des GWB auslöst.[38] Entfaltet(e) der betreffende Sachverhalt wettbewerbsrelevante Wirkungen sowohl im Ausland als auch im Inland und löst dadurch die Anwendbarkeit des GWB aus, sollte hinsichtlich der Binnenkompetenzverteilung die Zuständigkeit auch dann beim BKartA liegen, wenn sich die Inlandsauswirkung auf ein Bundesland beschränkt.[39] Denn die 10. GWB-Novelle hat den bis zur 7. GWB-Novelle geltenden Rechtsstand wiederhergestellt und dem BKartA in § 50 die alleinige Kompetenz zur Anwendung des EU-Kartellrechts übertragen. Hieraus folgt dessen Zuständigkeit auch für Sachverhalte, die EU-Ausland – sowie ggf. zusätzlich Nicht-EU-Ausland – und ein Bundesland betreffen (näher → § 50 Rn. 2). Dann liegt es schon aus Stimmigkeitsgründen näher, alle Fälle mit Auslandsbezug beim BKartA zu konzentrieren. Ohnehin sprechen hierfür Gründe der Ressourcenverfügbarkeit und der Kohärenz in der Interaktion mit ausländischen Kartellrechtsordnungen.[40]

---

[36] BGH 18.1.2000 – KVR 23/98, WM 2000, 842 (844) – Tariftreueerklärung II; Quellmalz in LMR Rn. 5.

[37] BGH 22.6.1981 – KVR 7/80, BeckRS 1981, 527 Rn. 25 – Transportbeton Sauerland; KG 6.5.1980 – Kart 1/80, WuW/E OLG 2284 – Stadtwerke Frankfurt; Quellmalz in LMR Rn. 7; Bechtold/Bosch Rn. 7.

[38] Vgl. Stockmann in LMR § 185 Abs. 2 Rn. 20 ff.

[39] AA noch Stockmann in Immenga/Mestmäcker, 6. Auflage 2020, Rn. 24, allerdings auf Basis des bis zur 10. GWB-Novelle geltenden Rechts, das sehr viel stärker als das heutige für eine Kompetenz der jeweiligen LKartB in derartigen Konstellationen sprach; ebenso Bechtold/Bosch Rn. 6; Bracher in FK-KartellR Rn. 22.

[40] Ebenso – bereits vor der 10. GWB-Novelle – Fülling in MüKoWettbR Rn. 21; Quellmalz in LMR Rn. 6. Hintergrund des Meinungsstreits der Zuständigkeit bei Auslandsbezug, vgl. dazu etwa Ochs WRP

## III. Bundesministerium für Wirtschaft und Energie

Das BMWi ist nach geltendem Recht in **Verwaltungsverfahren** nur noch gemäß § 42 **27** für die **Ministererlaubnis** eines vom BKartA aus wettbewerblichen Gründen untersagten Zusammenschlusses zuständig.[41] Hierzu gehört nicht nur das Verfahren über die Erteilung oder Versagung der Erlaubnis selbst, sondern auch daran anknüpfende Entscheidungen über den Widerruf oder die Änderung einer Erlaubnis nach § 42 Abs. 2 S. 2 iVm § 40 Abs. 3a. Ebenso entscheidet das BMWi gemäß § 40 Abs. 3 über einen nachträglichen Widerruf oder die Einschränkung einer Erlaubnis nach § 42. Werden zwischen Anmeldung und Vollzug erstmals die Aufgreifschwellen der FKVO erfüllt, ist – nach hier vertretener Meinung – fortan die EU-Kommission für die Zusammenschlusskontrolle zuständig.[42] Im Rahmen seiner Zuständigkeit in Verwaltungsverfahren ist das BMWi auch für Ordnungswidrigkeitenverfahren zuständig, in denen Verstöße gegen seine Entscheidungen nach § 81 Abs. 2 Nr. 2a) oder Nr. 5 sanktioniert werden sollen.[43]

## IV. Landeskartellbehörden

Die Zuständigkeit der LKartB ist immer gegeben, wenn die im konkreten Fall wett- **28** bewerbsrelevante Wirkung nicht über das Gebiet eines Landes hinausreicht und nicht das BKartA oder das BMWi kraft anderweitiger Zuweisung zuständig ist. Zuständigkeiten der LKartB aufgrund ausdrücklicher Zuweisung nach diesem Gesetz enthält das GWB, nur in dem Sonderfall der Sektorenuntersuchung nach § 32e Abs. 1, wobei diese Norm keine Exklusivzuständigkeit der LKartB begründet.[44] Allenfalls ließe sich noch auf die Amicus Curiae-Rolle von LKartB gem. § 90 Abs. 3 verweisen. Auch wenn man berücksichtigt, dass die Aufgaben der LKartB nach dem Gesetz eher begrenzt sind, fehlt es vielfach an einer diesen Aufgaben entsprechenden, personell und sachlich zureichenden Ausstattung. Die seit der 7. GWB-Novelle nach § 49 Abs. 3 u. 4 grundsätzlich zulässige Vereinbarung über die Zuständigkeit zwischen BKartA und den LKartB soll in Anbetracht der begrenzten personellen Ressourcen vieler LKartB ua auch sicherstellen, dass in Fällen von besonderer Bedeutung das BKartA ein Verfahren durchführen kann, das ansonsten nicht betrieben werden würde (vgl. → § 49 Rn. 14).

---

2010, 1241, dürften die in der Regierungsbegründung der 7. GWB-Novelle getroffenen Aussagen sein, die einerseits die Zuständigkeit des BKartA bei „einem ins Gewicht fallenden Auslandsbezug" bejahten, andererseits aber die Zuständigkeit der LKartB für Fälle vorsahen, „in denen [...] wettbewerbsbeschränkende Vereinbarungen [...] den zwischenstaatlichen Handel [...] beeinträchtigen, ohne aber gleichzeitig länderübergreifende Wirkung im Sinne von § 48 Abs. 2 zu entfalten", BT-Drs. 15/3640, S. 39; so auch Thomas in Kling/Thomas KartellR § 24 Rn. 11 Fn. 12; Klose in Wiedemann KartellR-HdB § 53 Rn. 24; zur Änderung durch die 10. GWB-Novelle bzgl. der Zuständigkeit des Europäischen Kartellrechts vgl. auch Sabir in Bien/Käseberg/Klumpe/Körber/Ost 10. GWB-Novelle Kap. 2 Rn. 24.

[41] Die dem Minister früher eingeräumte Befugnis zur Erlaubnis sogenannter „Ministerkartelle" nach § 8 aF sowie die Missbrauchsaufsicht über „Reine" Exportkartelle haben sich durch die Aufhebung dieser Ausnahmeregelungen ersatzlos erledigt. Erlaubnisse nach § 8 sind insgesamt nur viermal erteilt worden und die Bestimmung ist durch die 7. GWB-Novelle auch aus europarechtlichen Gründen gestrichen worden. Vgl. Fülling in MüKoWettbR Rn. 4.

[42] Zum Meinungsstreit siehe Fülling in MüKoWettbR Rn. 5; zur hier vertretenen Meinung Picht in BeckOK KartellR § 35 Rn. 122; Bremer/Scheffczyk in MüKoWettbR § 42 Rn. 118; wohl auch OLG Düsseldorf 11.7.2002 – Kart 25/02 (V), BeckRS 2002, 163007 Rn. 7 – E.ON/Ruhrgas; aA BMWi Beschl. v. 18.9.2002 – I B1–220840/129 Rn. 44 ff. – E.ON/Ruhrgas; → § 35 Rn. 54; Bechtold/Buntscheck NJW 2003, 2866 (2871).

[43] Vgl. → § 82 Rn. 17; ebenso Bechtold/Bosch Rn. 10; aA Achenbach in FK-KartellR 91. EL § 81 Rn. 638; Raum in Bunte § 82 Rn. 5.

[44] → § 32e Rn. 24 mwN; ebenso Bechtold/Bosch § 32e Rn. 6; Quellmalz in LMR Rn. 3.

## V. Kompetenzkonflikte

**29**  Ungeachtet der Zuständigkeitsregelungen in § 48 ist ein Konflikt zwischen Kartellbehörden möglich, die sich jeweils für zuständig (**positiver** Kompetenzkonflikt) oder unzuständig (**negativer** Kompetenzkonflikt) halten.[45] Da das GWB solche Konflikte nicht regelt, gelten insoweit die einschlägigen allgemeinen Regelungen des Verwaltungsrechts.

**30**  Kommt es in einem **Verwaltungsverfahren** zu einem **positiven** Kompetenzkonflikt zwischen **BKartA und LKartB,** so sind die Behörden in erster Linie gehalten, diesen kooperativ über §§ 49, 54 Abs. 3 und 55 auf der Grundlage der jeweiligen Benachrichtigungspflichten und der Beteiligungsrechte des BKartA zu lösen. Gelingt dies nicht, muss die Rechtsmittelinstanz entscheiden. Bejaht die LKartB ihre Zuständigkeit einseitig im Wege der Vorabentscheidung, so kann das BKartA bei anderer Sichtweise die Frage durch Beschwerde einer Klärung zuführen.[46] Halten sich **mehrere LKartB** für zuständig, so kann das BKartA als Verfahrensbeteiligter auf eine Entscheidung der Zuständigkeitsfrage zwischen diesen hinwirken. Seine in § 54 Abs. 3 zur Vermeidung uneinheitlicher Rechtsentwicklungen eingeführte Verfahrensbeteiligung erlaubt es ihm aber nicht, den Zuständigkeitsstreit mehrerer LKartB verbindlich zu entscheiden.

**31**  Hat eine Kartellbehörde ein **Ordnungswidrigkeitenverfahren** eingeleitet, so verhindert der Grundsatz ne bis in idem die Einleitung eines weiteren Verfahrens in derselben Sache durch eine andere Behörde und schließt damit einen **positiven** Kompetenzkonflikt **aus.** Im Übrigen ist bei der Bestimmung des Vorrangs der Zuständigkeit § 39 OWiG anwendbar.[47]

**32**  Im **Verwaltungsverfahren** kann ein Antragsteller im **Antragsverfahren** bei einer nach seiner Auffassung nicht gerechtfertigten Verweisung bei der Kartellbehörde, an die verwiesen worden ist, eine Vorabentscheidung nach § 55 begehren und jedenfalls bei einem **negativen Kompetenzkonflikt,** in dem sich beide Behörden für unzuständig halten, Untätigkeitsbeschwerde erheben.[48] Handelt es sich um ein **Amtsverfahren,** so könnte Betroffenen mangels Antragsrecht keine regulären Möglichkeiten der Abhilfe zustehen. Es erscheint aber zumindest de lege ferenda geboten, einen Rechtsbehelf gerichtet auf Vorabentscheidung durch die Behörde zu gewähren.[49] Ein **negativer Kompetenzkonflikt** im **Ordnungswidrigkeitenverfahren** kann dazu führen, dass kein Verfahren stattfindet, weil Verweisungsbeschlüsse nach § 49 keine Bindungswirkung entfalten.

## D. Zuständigkeitsfehler

### I. Zuständigkeitsfehler im Verwaltungsverfahren

**33**  Nach den allgemeinen Regeln des Verwaltungsverfahrensrechts hat der Erlass eines Verwaltungsakts durch eine sachlich unzuständige Behörde grundsätzlich dessen Rechtswidrigkeit zur Folge, berührt aber nicht seine Wirksamkeit. Zur Nichtigkeit der Entscheidung führen nach den allgemeinen Regeln nur besonders schwerwiegende, ins Auge fallende Fehler, die bei verständiger Würdigung aller in Betracht kommenden Umstände offensichtlich sind, § 44 Abs. 1 VwVfG. Jedenfalls bei einer – äußerst unwahrscheinlichen – Fusionskontrollentscheidung durch eine LKartB läge ein solcher Fall vor.[50]

**34**  Nach **§ 55 Abs. 2** kann die mangelnde Zuständigkeit nicht mehr im Beschwerdeverfahren geltend gemacht werden, wenn sie nicht schon vorher im Verfahren vor der Kartell-

---

[45] Fülling in MüKoWettbR Rn. 22.
[46] Fülling in MüKoWettbR Rn. 23; Bracher in FK-KartellR Rn. 25; Schneider in Bunte Rn. 23.
[47] Vgl. → § 82 Rn. 21 ff.; ebenso Achenbach in FK-KartellR 91. EL § 81 Rn. 645; Vollmer in MüKoWettbR § 82 Rn. 8; aA Raum in Bunte § 82 Rn. 6.
[48] Vgl. Krauser in MüKoWettbR Rn. 25.
[49] AA Fülling in Lange/Bunte Rn. 8.
[50] Schneider in Bunte Rn. 25; Quellmalz in LMR Rn. 10.

behörde gerügt worden ist.[51] Das gilt allerdings nur für solche Fälle, in denen die Betroffenen Gelegenheit hatten, zur Frage der Zuständigkeit Stellung zu nehmen. Wird ein zwingend Beteiligter vor Erlass einer Verfügung nicht von dem Verfahren in Kenntnis gesetzt, so ist die Rüge mangelnder Zuständigkeit nicht verwirkt und die Unzuständigkeit kann auch noch in der Beschwerdeinstanz geltend gemacht werden.[52]

## II. Zuständigkeitsfehler im Ordnungswidrigkeitenverfahren

Wie im Verwaltungsverfahren ist im Ordnungswidrigkeitenverfahren ein unter Verletzung **35** von Zuständigkeitsvorschriften ergangener Bußgeldbescheid nicht ohne weiteres, sondern nur bei offensichtlicher Fehlerhaftigkeit nichtig.[53] Ein solcher Fall wäre jedenfalls anzunehmen, wenn eine LKartB wegen der unrichtigen oder unvollständigen Anmeldung eines Zusammenschlusses nach § 81 Abs. 2 Nr. 3 eine Geldbuße verhängen würde, was allerdings in der Praxis nicht vorkommen dürfte. Allermeist fehlt es an einer solchen Offensichtlichkeit[54] und es käme eine Zuständigkeitsrüge wegen der nach § 62 Abs. 1 S. 2 OWiG geltenden Einschränkung der Zulässigkeit von Rechtsmitteln und Rechtsbehelfen meist erst mit dem Einspruch gegen eine Bußgeldverfügung oder der Anfechtung der auf den Einspruch ergehenden gerichtlichen Entscheidung in Betracht (→ § 82 Rn. 31). Eine solche Rüge wäre im gerichtlichen Verfahren zudem nur selten beachtlich (→ Vor § 81 Rn. 306 ff.). § 68 Abs. 1 OWiG regelt den Gerichtsstand abschließend und diese Vorschrift ist mit dem Grundgesetz vereinbar.[55] Der in Art. 101 Abs. 1 S. 2 GG garantierte Anspruch des Betroffenen auf eine Entscheidung durch den gesetzlichen Richter wird nicht verletzt.[56]

## E. Monitoring

Mit dem Gesetz zur Neuregelung energiewirtschaftlicher Vorschriften vom 26.7.2011 **36** wurden sowohl § 35 Abs. 1 Nr. 13 EnWG aF, nunmehr § 35 Abs. 1 Nr. 12 EnWG, als auch § 48 Abs. 3 mit nahezu gleichem Wortlaut eingeführt.[57] Bei den in der Vorschrift genannten Monitoring-Aufgaben handelt es sich um solche der Wettbewerbsaufsicht, die entsprechend dem Vorbehalt in § 35 Abs. 1 Nr. 12 EnWG sachgerecht in **§ 48 Abs. 3 S. 1** dem BKartA zugeschrieben wurden. Nach **§ 48 Abs. 3 S. 2** stellt das BKartA die beim Monitoring gewonnenen Daten der Bundesnetzagentur unverzüglich zur Verfügung. Umgekehrt erhält das BKartA von der Markttransparenzstelle der Bundesnetzagentur nach § 47c Abs. 1 lit. a laufend relevante Daten und Informationen. Die Bundesnetzagentur hat nach **§ 63 Abs. 3 S. 1 EnWG** jährlich einen Bericht (heute: „Monitoringbericht Elektrizitäts- und Gasmarkt", § 63 Abs. 3 S. 2 EnWG) über ihre Monitoring-Tätigkeit zu veröffentlichen und der Europäischen Kommission und der Europäischen Agentur für die Zusammenarbeit der Energieregulierungsbehörden entsprechend zu berichten. Soweit es dabei um wettbewerbliche Aspekte geht, ist der Bericht der Bundesnetzagentur nach dieser Bestimmung im Einvernehmen mit dem BKartA zu erstellen. Außerdem ist in diesem

---

[51] Vgl. hierzu KG 30.5.1979 – Kart 16/79, NJW 1980, 1110 – Sonntag Aktuell I; s. auch KG 4.7.1974 – Kart 27/74, WuW/E OLG 1500 – AGiP II.

[52] Vgl. → § 55 Rn. 6, ebenso Bracher in FK-KartellR § 55 Rn. 16. S. auch OLG München 5.4.1979 – Kart 2/79, WuW/E OLG 2156.

[53] BGH 1.6.1977 – KRB 3/76, NJW 1977, 1784 (1785) – Brotindustrie; KG 16.6.1976 – Kart 5/76, WuW/E OLG 1733 Rn. 18 ff.; OLG Düsseldorf 29.10.2003 – VI Kart 9–11/03, BeckRS 2003, 17922 Rn. 35 ff. – Transportbeton Deggendorf; Fülling in MüKoWettbR Rn. 27; vgl. hierzu und zum Folgenden → § 82 Rn. 26 ff.

[54] Vgl. hierzu und zum Folgenden Quellmalz in LMR Rn. 12.

[55] BVerfG 16.7.1969 – 2 BvL 2/69, BVerfGE 27, 18, BeckRS 9998, 160445.

[56] BGH 1.6.1977 – KRB 3/76, NJW 1977, 1784 (1785) – Brotindustrie. Bechtold/Bosch Rn. 3 hält diese Ansicht zumindest für den Fall, dass das Einspruchsgericht ein anderes als das ist, das bei einem Bußgeldbescheid der zuständigen Behörde zuständig wäre, mit Blick auf die Garantie des gesetzlichen Richters für bedenklich.

[57] BGBl. I 1554 (1581, 1593).

Bericht nach § 63 Abs. 3 S. 2 EnWG der vom Bundeskartellamt nach § 53 Abs. 3 S. 1, soweit Aspekte der Regulierung der Leitungsnetze betroffen sind, im Einvernehmen mit der Bundesnetzagentur erstellte und zugeleitete Bericht aufzunehmen. Die sich aus alledem ergebende „enge Verzahnung"[58] der Aufgabenbereiche beider Behörden bedingt eine fortlaufende, enge Zusammenarbeit. Dies erfordert eine ständige Beobachtung der relevanten Märkte, wobei auch Informationen über personenbezogene Daten sowie Betriebs- und Geschäftsgeheimnisse über § 58 Abs. 4 EnWG zwischen Bundesnetzagentur und BKartA in beide Richtungen ausgetauscht werden können. In der Praxis werden sogar gemeinsame Fragebögen konzipiert, um die Belastung der Unternehmen so gering wie möglich zu halten.[59] Die Intensität des Monitoring im Bereich der elektrischen Energie hat sich durch das Strommarktgesetz vom 26.7.2016 noch insofern erhöht, als § 53 Abs. 3 durch zwei weitere Sätze ergänzt wurde.[60] Nach § 53 Abs. 3 S. 2 hat das BKartA als Teil seines Monitorings nach § 48 Abs. 3 S. 1 mindestens alle zwei Jahre einen Bericht über seine Monitoringergebnisse zu den Wettbewerbsverhältnissen im Bereich der Erzeugung elektrischer Energie zu erstellen. Nach § 53 Abs. 3 S. 3 kann es den Bericht unabhängig von dem Monitoringbericht nach Satz 1 veröffentlichen.

37    Da es sich beim Monitoring um eine dem BKartA vom Gesetz übertragene Aufgabe handelt, stehen ihm nach § 59 die in dieser Vorschrift vorgesehenen Ermittlungs- und Auskunftsbefugnisse zu.[61] Das Fehlen eines ausdrücklichen Verweises, wie er sich in § 32e Abs. 4 findet, steht der Anwendbarkeit dieser Bestimmung nach ihrem Wortlaut und dem Sinn und Zweck des Monitoring nicht entgegen.[62] Neben den Befugnissen nach § 59 stehen dem BKartA auch die Ermittlungsbefugnisse der §§ 57–58 zur Verfügung, und Gleiches gilt – sofern nach kritischer Prüfung tatsächlich Erforderlichkeit besteht – für §§ 59a, 59b.[63]

## F. Weitere Behörden und Bereiche der Wettbewerbskontrolle

### I. Bundesnetzagentur

38    Der heutige Rechtsstand enthält neben den, grundsätzlich für alle Bereiche der Wirtschaft geltenden, Regelungen des GWB Sonderregeln für bestimmte Wirtschaftsbereiche. Neuen Behörden wurden Aufsichts- und Entscheidungsrechte übertragen, die die von den Kartellbehörden zuvor wahrgenommenen Befugnisse einschränkten oder sich mit diesen überschnitten. Von besonderer Bedeutung ist in diesem Zusammenhang die Bundesnetzagentur für Elektrizität, Gas, Telekommunikation, Post und Eisenbahnen (Bundesnetzagentur) in Bonn, der wesentliche Befugnisse einer speziellen Missbrauchsaufsicht über Marktmacht in den im Namen der Behörde genannten Bereichen übertragen wurden. Diese Befugnisse der Bundesnetzagentur führen auch zu, noch nicht in jeder Hinsicht abschließend geklärten, Einschränkungen der kartellbehördlichen Missbrauchsaufsicht über marktbeherrschende Unternehmen in diesen Wirtschaftszweigen.

39    1. Energiewirtschaftsgesetz (EnWG). Nach § 130 Abs. 3[64], nunmehr unverändert in § 185 Abs. 3 übernommen, stehen die Regelungen des Energiewirtschaftsgesetzes der

---

[58] Bechtold/Bosch Rn. 9.

[59] Quellmalz in LMR Rn. 14.

[60] Art. 2 Nr. 2 des Gesetzes zur Weiterentwicklung des Strommarktes (Strommarktgesetz) v. 26.7.2016, BGBl. I 1786 (1811); vgl. hierzu → § 53 Rn. 2, 10.

[61] Bechtold/Bosch Rn. 9; Schneider in Bunte Rn. 31, sieht die Ermächtigungsgrundlage in § 48 Abs. 3.

[62] AA Klaue in Immenga/Mestmäcker, 5. Aufl. 2014, Rn. 31; Dalibor RdE 2013, 207 ff.

[63] AA Bechtold/Bosch Rn. 9 mit dem Argument, der Anwendbarkeit dieser Bestimmungen stünde bei den Monitoringaufgaben des BKartA der Grundsatz der Verhältnismäßigkeit entgegen; Quellmalz in LMR Rn. 13 hält dem zu Recht entgegen, dass dieser Grundsatz hier kaum generell und normbezogen, sondern nur im Einzelfall anwendbar sein könnte.

[64] In der Fassung des Zweiten Gesetzes zur Neuregelung des Energiewirtschaftsrechts v. 7.7.2005, BGBl. I 1970, ergänzt durch die 7. GWB-Novelle mit dem zusätzlichen Hinweis auf den neuen § 29.

Anwendung der §§ 19, 20 und 29 in den Bereichen **Elektrizität** und **Gas** durch die **Kartellbehörden** nicht entgegen, soweit in § 111 EnWG keine andere Regelung getroffen ist (zu den Einzelheiten vgl. → § 185 Abs. 3 Rn. 408 ff.). Für zivilrechtliche Streitigkeiten gilt § 111 Abs. 3 EnWG nicht (→ § 185 Abs. 3 Rn. 419). Unberührt von § 111 EnWG bleiben auch die Zuständigkeiten der Europäischen Kommission und der europäischen Gerichte zur Anwendung von Art. 102 AEUV.

**2. Telekommunikationsgesetz (TKG).** Nach § 2 Abs. 4 S. 1 TKG[65] sind die Vor-  40 schriften des GWB anwendbar, soweit nicht das TKG ausdrücklich abschließende Regelungen trifft. Da solche abschließenden Regelungen indes nicht existieren, bleibt es bei einer Zuständigkeit der Kartellbehörden. Die auf eine widerspruchsfreie Rechtsanwendung durch die Bundesnetzagentur und die Kartellbehörden zielenden Benehmens- und Einvernehmensvorschriften in § 123 Abs. 1 TKG bestätigen diese Interpretation.[66] Dass eine Einschränkung der kartellbehördlichen Befugnisse vom Gesetzgeber nicht beabsichtigt war, zeigt auch ein Blick auf die zivilrechtlichen Sanktionen der GWB-Vorschriften.[67]

**3. Postgesetz (PostG).** Nach § 32 PostG[68] gilt für Anbieter von **Postdienstleistungen**  41 eine besondere Missbrauchsaufsicht der Bundesnetzagentur, doch schränken deren Befugnisse gemäß **§ 2 Abs. 3 PostG** die Befugnisse der Kartellbehörden nach dem GWB nicht ein. Insoweit sind §§ 19 und 20 parallel zur postrechtlichen Missbrauchsaufsicht uneingeschränkt anwendbar.[69]

**4. Bundeseisenbahnverkehrsverwaltungsgesetz (BEVVG).** Von den der Bundes-  42 netzagentur für diesen Bereich der Wirtschaft übertragenen Aufsichtsaufgaben bleiben nach § 9 Abs. 3 BEVVG (früher § 14b Abs. 2 **AEG**)[70] die Aufgaben und Zuständigkeiten der Kartellbehörden unberührt. Auch diese Vorschrift steuert das Kollaborationsverhältnis der Behörden durch Informations- und Stellungnahmevorgaben aus. Sonstige Regelungen, die die kartellbehördlichen Befugnisse in diesem Wirtschaftsbereich einschränken würden, gibt es nicht.[71] Insoweit sind §§ 19 und 20 auch hier uneingeschränkt anwendbar (→ § 19 Rn. 366).

## II. Kommission zur Ermittlung der Konzentration im privaten Fernsehen (KEK)

Keine Einschränkung der Befugnisse zur wettbewerblichen Zusammenschlusskontrolle  43 durch das BKartA ergibt sich aus der im **Medienstaatsvertrag (MStV)**[72], vormals Rundfunkstaatsvertrag (RStV), von den Ländern eingeführten **medienspezifischen Konzentrationskontrolle** für private Fernsehanstalten mit bundesweiten Voll- und Informationsprogrammen. Nach § 6 Abs. 1 MStV darf ein Unternehmen in Deutschland selbst oder durch ihm zurechenbare Unternehmen bundesweit im Fernsehen eine unbegrenzte Anzahl von Programmen veranstalten, es sei denn, es erlangt dadurch „vorherrschende Meinungs-

---

[65] Telekommunikationsgesetz v. 22.6.2004, BGBl. I 1190, zuletzt geändert durch Art. 6 Abs. 2 des Gesetzes v. 5.7.2021 (BGBl. I 2274).

[66] OLG Frankfurt a.M. 1.4.2008 – 11 U 14/07 (Kart), MMR 2008, 679; BKartA TB 2001/2002, 34; Topel ZWeR 2006, 27 (46 f.); vgl. Markert in Immenga/Mestmäcker, 5. Aufl. 2014, § 19 Rn. 244; Bechtold/Bosch Vor § 28 Rn. 28; aA Ricke in Spindler/Schuster TKG § 2 Rn. 36.

[67] Vgl. im Einzelnen Topel ZWeR 2006, 27 (46 f.); ebenso Nothdurft in Bunte § 19 Rn. 577, zustimmend → § 19 Rn. 367; Bechtold/Bosch Vor § 28 Rn. 29.

[68] Postgesetz 22.12.1997, BGBl. I 3294, zuletzt geändert durch Art. 1 des Gesetzes v. 9.3.2021, BGBl. I 324.

[69] OLG Düsseldorf 13.4.2005 – VI-Kart 3/05, BeckRS 2005, 4326 – Konsolidierer; Markert in Immenga/Mestmäcker, 5. Aufl. 2014, § 19 Rn. 244; Lagemann ZWeR 2006, 196 (213 ff.); Bechtold/Bosch Vor § 28 Rn. 30.

[70] Bundeseisenbahnverkehrsverwaltungsgesetz vom 27.12.1993, BGBl. I 2378 (2394), zuletzt geändert durch Art. 22 des Gesetzes vom 9.6.2021, BGBl. I 1614; siehe dazu Ludwigs NVwZ 2016, 1665.

[71] Staebe WuW 2006, 493; Bremer/Höppner WuW 2009, 1271; Bechtold/Bosch Vor § 28 Rn. 16.

[72] Medienstaatsvertrag (MStV) v. 14./28.4.2020, veröffentlicht zB in GVBl. S. 450, BayRS 02–33-S.

macht" nach Maßgabe der nachfolgenden Bestimmungen des MStV. Diese von den Ländern eingerichtete Kontrolle überträgt der Vertrag auf die von den Ländern eingerichtete (§ 105 Abs. 3 MStV) **KEK**. Anders als die kartellrechtliche Zusammenschlusskontrolle setzt die rundfunkrechtliche Konzentrationskontrolle nicht erst beim Erreichen bestimmter Schwellenwerte ein, sondern begleitet die Rundfunkunternehmen bei Neuzulassungen sowie Erweiterungen und Verlängerungen der Zulassung. Erfasst wird also nicht nur, wie bei der kartellrechtlichen Zusammenschlusskontrolle, ein externes Wachstum durch Zusammenschluss, sondern auch das innere Wachstum der privaten Fernsehveranstalter. Die medienspezifische Konzentrationskontrolle dient dem Schutz der nach Art. 5 GG gewährleisteten Informations- und Meinungsfreiheit, nicht dem Schutz des Wettbewerbs im kartellrechtlichen Sinne. Beide Arten der Konzentrationskontrolle sind damit ganz unterschiedlichen materiellen Kriterien verpflichtet und ohne weiteres nebeneinander anwendbar. Gleichwohl sehen das GWB[73] und der MStV sinnvollerweise eine Zusammenarbeit beider Behörden vor.[74]

### III. Monopolkommission

**44**    Die Monopolkommission hat eine wichtige Rolle als bewertende Begleiterin der kartellbehördlichen Rechtsdurchsetzung,[75] wie sie sich insbesondere in den Begutachtungskompetenzen der §§ 44, 47, § 78 ERegG, § 62 EnWG niederschlägt. Hieraus erwächst aber keine konkurrierende Befugnis zu ebensolcher Rechtsdurchsetzung.

### § 49 Bundeskartellamt und oberste Landesbehörde

(1) ¹**Leitet das Bundeskartellamt ein Verfahren ein oder führt es Ermittlungen durch, so benachrichtigt es gleichzeitig die oberste Landesbehörde, in deren Gebiet die betroffenen Unternehmen ihren Sitz haben. ²Leitet eine oberste Landesbehörde ein Verfahren ein oder führt sie Ermittlungen durch, so benachrichtigt sie gleichzeitig das Bundeskartellamt.**

(2) ¹**Die oberste Landesbehörde hat eine Sache an das Bundeskartellamt abzugeben, wenn nach § 48 Absatz 2 Satz 1 oder nach § 50 Absatz 1 die Zuständigkeit des Bundeskartellamts begründet ist. ²Das Bundeskartellamt hat eine Sache an die oberste Landesbehörde abzugeben, wenn nach § 48 Absatz 2 Satz 2 die Zuständigkeit der obersten Landesbehörde begründet ist.**

(3) ¹**Auf Antrag des Bundeskartellamts kann die oberste Landesbehörde eine Sache, für die nach § 48 Absatz 2 Satz 2 ihre Zuständigkeit begründet ist, an das Bundeskartellamt abgeben, wenn dies aufgrund der Umstände der Sache angezeigt ist. ²Mit der Abgabe wird das Bundeskartellamt zuständige Kartellbehörde.**

(4) ¹**Auf Antrag der obersten Landesbehörde kann das Bundeskartellamt eine Sache, für die nach § 48 Absatz 2 Satz 1 seine Zuständigkeit begründet ist, an die oberste Landesbehörde abgeben, wenn dies aufgrund der Umstände der Sache angezeigt ist. ²Mit der Abgabe wird die oberste Landesbehörde zuständige Kartellbehörde. ³Vor der Abgabe benachrichtigt das Bundeskartellamt die übrigen betroffenen obersten Landesbehörden. ⁴Die Abgabe erfolgt nicht, sofern ihr eine betroffene oberste Landesbehörde innerhalb einer vom Bundeskartellamt zu setzenden Frist widerspricht.**

---

[73] Vgl. § 50f Abs. 2.

[74] Vgl. § 50f Abs. 2 S. 1; nach § 111 Abs. 1 S. 1 MStV arbeiten die Landesmedienanstalten im Rahmen der Erfüllung ihrer Aufgaben mit der Regulierungsbehörde für Telekommunikation und mit dem Bundeskartellamt zusammen. Nach § 111 Abs. 1 S. 2 MStV haben die Landesmedienanstalten auf Anfrage von der Regulierungsbehörde für Telekommunikation oder des BKartA Erkenntnisse zu übermitteln, die für die Erfüllung von deren Aufgaben erforderlich sind. Nach § 111 Abs. 2 MStV gilt Abs. 1 für LKartB entsprechend.

[75] → § 44 Rn. 1 ff.; Picht in BeckOK KartellR § 44 Rn. 2 f.

## Übersicht

## A. Entstehungsgeschichte und Normzweck

**Sinn und Zweck** der Bestimmung ist es, zwischen den Kartellbehörden Transparenz **1** über ihr jeweiliges Tätigwerden sowie gegenüber Beteiligten und Betroffenen solchen Tätigwerdens Klarheit über die Zuständigkeiten zu schaffen. Dies soll zugleich eine möglichst einheitliche Rechtsanwendung sichern und unnötige Doppelverfahren verhindern.[1] Allerdings werden positive Kompetenzkonflikte durch wechselseitige Benachrichtigung nicht ausgeschlossen.[2] Neben zügiger, allseitiger Klarheit über die Zuständigkeit für einen konkreten Fall ermöglicht § 49, namentlich dessen Abs. 3 und 4, aber auch eine Flexibilisierung der Zuständigkeitsordnung durch die Abgabe von Verfahren an eine andere Behörde.[3] Die Bestimmungen gelten nicht nur für Verwaltungs-, sondern – wie sich ua aus dem ausdrücklichen Verweis in § 81 Abs. 10 auf die §§ 48 ff. ergibt – grundsätzlich auch für Ordnungswidrigkeitenverfahren (vgl. hierzu → Rn. 19). Soweit es um die Benachrichtigung des BKartA geht, sichert dessen Unterrichtung auch sein Recht zur Beteiligung an den Verfahren der LKartB nach § 54 Abs. 3, einschließlich der Möglichkeit, durch Vorabentscheidungsersuchen (§ 55 Abs. 1) oder Zuständigkeitsrüge mit nachfolgender Beschwerde gegen die Sachentscheidung vorzugehen, sofern eine LKartB aus Sicht des BKartA zu Unrecht ihre Zuständigkeit bejaht und ein Verfahren einleitet.[4] Die Vorschrift begründet ausdrücklich nur gegenseitige Pflichten des BKartA und der LKartB. Mit Blick auf den Gesetzeszweck, im Interesse einer möglichst umfassenden Transparenz und der Kohärenz der Rechtsanwendung, ungeachtet der voraussichtlich sehr geringen praktischen Bedeutung solcher Fälle, sollte die Vorschrift über ihren Wortlaut hinaus grundsätzlich auch Verweisungen des BKartA und der LKartB an das BMWi ermöglichen.[5] Dasselbe gilt aus denselben Gründen auch für Abgaben des BMWi an das BKartA und die LKartB und der LKartB untereinander.

Die mit der 7. Kartellgesetznovelle eingeführten Abs. 3 und 4, die sowohl für Ver- **2** waltungs- wie für Ordnungswidrigkeitenverfahren (vgl. hierzu → Rn. 8, 13, 19) gelten, erlauben es den LKartB, Fälle an das BKartA und, umgekehrt, dem BKartA, Fälle an die LKartB abzugeben. Sinn und Zweck ist es, die Zuständigkeit zwischen den Behörden nach den Umständen des Einzelfalls unbeschadet der Transparenz- und Kohärenzfunktionen der

---

[1] Vgl. Schneider in Bunte Rn. 1, 4; Quellmalz in LMR Rn. 1.
[2] Fülling in MüKoWettbR Rn. 8.
[3] BGH 25.9.2008 – KVZ 32/08, BeckRS 2009, 4360 Rn. 6.
[4] Fülling in MüKoWettbR Rn. 8.
[5] AA Klaue in Immenga/Mestmäcker, 5. Aufl. 2014, Rn. 1; Fülling in MüKoWettbR Rn. 1.

Zuständigkeitsregelung einvernehmlich **flexibler** gestalten zu können.[6] Auch diese Ausnahmen bleiben den § 48 Abs. 2 zugrundeliegenden Zielen verpflichtet, Transparenz zu schaffen und eine schnelle und zuverlässige Klärung der Zuständigkeiten für alle Beteiligten zu gewährleisten. Zum Ausdruck kommt dies in Abs. 4 S. 4, wonach das BKartA bei der Abgabe einer Sache an eine LKartB den anderen betroffenen LKartB im Interesse einer zügigen Klärung der Zuständigkeitsfrage eine Frist für einen eventuellen Widerspruch setzt.

## B. Benachrichtigungspflichten

### I. Benachrichtigungspflicht des BKartA

3    Die Pflicht zur Benachrichtigung entsteht nach dem Wortlaut der Bestimmung dann, wenn das BKartA ein **Verfahren einleitet** oder **Ermittlungen** führt. Die Durchführung von Ermittlungen stellt wegen ihrer Außenwirkung in jedem Fall auch eine Verfahrenseinleitung dar,[7] nicht dagegen der Beginn von Vorermittlungen. Die Grenzen zwischen dem Beginn von Vorermittlungen und der Durchführung von Ermittlungen sind fließend. Im Übrigen kann ein Verfahren auf Antrag oder von Amts wegen auch ohne förmliche Einleitungsverfügung und schon vor nach außen gerichteten Ermittlungshandlungen eröffnet werden.[8] Den Transparenz- und Kohärenzfunktionen der Vorschrift entspricht es, die gebotene Benachrichtigung möglichst frühzeitig vorzunehmen. Form[9] und Umfang der Unterrichtung hängt von den Umständen des Einzelfalles ab. Sie sollte jedenfalls so detailliert sein, dass sie es den LKartB und damit den Landesregierungen erlaubt, aufgrund der ihnen übermittelten Informationen über kartellrechtlich relevante Vorgänge in ihrem Bereich die ihnen erforderlich erscheinenden Maßnahmen zu treffen.

4    Die Pflicht zur Benachrichtigung gilt mit Blick auf ihren Zweck, die Verteilung der Zuständigkeit unter den Kartellbehörden insgesamt im Interesse einer optimalen Fallbehandlung zu flexibilisieren, für **alle Arten von Verwaltungs- und Ordnungswidrigkeitenverfahren.**[10] Das bedeutet ua auch, dass das BKartA die LKartB über alle Zusammenschlussverfahren, einschließlich der Verfahren über die freiwillige Vereinigung von Krankenkassen nach § 158 Abs. 1 SGB V,[11] zu unterrichten hat, obwohl hier die Gefahr von Doppelverfahren oder eine Gefährdung der einheitlichen Rechtsanwendung kaum bestehen. Die Pflicht des BKartA nach § 40 Abs. 4 S. 1, vor einer Untersagung den obersten Landesbehörden Gelegenheit zur Stellungnahme zu geben, bleibt von der Pflicht zur Benachrichtigung nach § 49 Abs. 1 S. 1 unberührt.

5    **Adressatin** der Benachrichtigung durch das BKartA nach § 49 Abs. 1 S. 1 ist jede **LKartB,** in deren Gebiet ein von dem jeweiligen Verfahren betroffenes Unternehmen oder ein betroffener sonstiger Rechtsträger seinen Sitz hat.[12] Unabhängig davon steht es dem Amt frei, weitere LKartB zu unterrichten, die ein Interesse an den betreffenden Verfahren oder Ermittlungen haben könnten.[13] Das wird vor allem bei solchen LKartB der Fall sein, in deren Bereich sich die in Frage stehenden Wettbewerbsbeschränkungen auswirken oder auswirken könnten.[14]

6    Der Gesetzgeber hat an die **Unterlassung** einer nach § 49 Abs. 1 S. 1 vorgesehenen Benachrichtigung durch das BKartA keine Rechtsfolgen geknüpft. Als verwaltungsinterner

---

[6] Vgl. Begr. 2004, BT-Drs. 15/3640, 39 (60); BGH 25.9.2008 – KVZ 32/08, BeckRS 2009, 4360 Rn. 6; Schneider in Bunte Rn. 4; Quellmalz in LMR Rn. 1.

[7] Vgl. → § 54 Rn. 6; Fülling in MüKoWettbR Rn. 6.

[8] Vgl. → § 54 Rn. 6; Schneider in Bunte Rn. 3; Quellmalz in LMR § 54 Rn. 5.

[9] Ausführlich hierzu Schneider in Bunte Rn. 2.

[10] Die sich hinsichtlich der Abgabepflichten und Abgabemöglichkeiten im Ordnungswidrigkeitenverfahren ergebenden Bedenken, ergeben sich bei den Benachrichtigungspflichten nicht, vgl. hierzu → Rn. 8, 19.

[11] Vgl. Bechtold/Bosch Rn. 1; Bechtold/Bosch § 35 Rn. 28.

[12] Fülling in MüKoWettbR Rn. 5.

[13] Schneider in Bunte Rn. 1.

[14] Vgl. a. Bracher in FK-KartellR Rn. 6.

## E. Benachrichtigungen und Abgaben zwischen dem BMWi und der LKartB untereinander

Die Normzwecke des § 49 drängen zu seiner Anwendung auch auf Benachrichtigungen **21** und Abgaben des BKartA und der LKartB an das BMWi und auf Abgaben des BMWi an das BKartA und die LKartB sowie der LKartB untereinander.[41] Die ebenfalls einschlägigen, vielseitigen Informations- und Kooperationspflichten der §§ 50 ff. haben hierzu eine wichtige Ergänzungsfunktion, würden allein aber eine vergleichbar schnelle und umfassende Klärung der Zuständigkeiten nicht gewährleisten.

## F. Benachrichtigungen und Abgaben im Verhältnis zum Ausland

Hingegen trägt der Normzweck, schnell, flexibel und doch verlässlich die Zuständigkeit **22** deutscher Kartellbehörden zu klären, keine Benachrichtigungen und Abgaben im Verhältnis zu ausländischen Kartellbehörden inner- oder außerhalb der EU. Diese richten sich nach **§§ 50 ff. sowie ggf. Regelungen außerhalb des GWB, etwa Art. 9, 22 FKVO.**

## § 50 Vollzug des europäischen Rechts

(1) **Abweichend von § 48 Absatz 2 ist das Bundeskartellamt für die Anwendung der Artikel 101 und 102 des Vertrages über die Arbeitsweise der Europäischen Union zuständige Wettbewerbsbehörde im Sinne des Artikels 35 Absatz 1 der Verordnung (EG) Nr. 1/2003.**

(2) **[1] Zuständige Wettbewerbsbehörde für die Mitwirkung an Verfahren der Europäischen Kommission oder der Wettbewerbsbehörden der anderen Mitgliedstaaten der Europäischen Union zur Anwendung der Artikel 101 und 102 des Vertrages über die Arbeitsweise der Europäischen Union sowie für die Mitwirkung bei der Anwendung der Verordnung (EU) 2022/1925 durch die Europäische Kommission ist das Bundeskartellamt. [2] Es gelten die bei der Anwendung dieses Gesetzes maßgeblichen Verfahrensvorschriften.**

(3) **Die Bediensteten der Wettbewerbsbehörde eines Mitgliedstaates der Europäischen Union und andere von dieser Wettbewerbsbehörde ermächtigte oder benannte Begleitpersonen sind befugt, an Durchsuchungen und Vernehmungen mitzuwirken, die das Bundeskartellamt im Namen und für Rechnung dieser Wettbewerbsbehörde nach Artikel 22 Absatz 1 der Verordnung (EG) Nr. 1/2003 durchführt.**

(4) **[1] In anderen als in den Absätzen 1 bis 3 bezeichneten Fällen nimmt das Bundeskartellamt die Aufgaben wahr, die den Behörden der Mitgliedstaaten der Europäischen Union in den Artikeln 104 und 105 des Vertrages über die Arbeitsweise der Europäischen Union sowie in Verordnungen nach Artikel 103 des Vertrages über die Arbeitsweise der Europäischen Union, auch in Verbindung mit Artikel 43 Absatz 2, Artikel 100 Absatz 2, Artikel 105 Absatz 3 und Artikel 352 Absatz 1 des Vertrages über die Arbeitsweise der Europäischen Union, übertragen sind. [2] Im Beratenden Ausschuss für die Kontrolle von Unternehmenszusammenschlüssen nach Artikel 19 der Verordnung (EG) Nr. 139/2004 wird die Bundesrepublik Deutschland durch das Bundesministerium für Wirtschaft und Energie oder das Bundeskartellamt vertreten. [3] Absatz 2 Satz 2 gilt entsprechend.**

---

[41] AA Klaue in Immenga/Mestmäcker, 5. Aufl. 2014, Rn. 1; Fülling in MüKoWettbR Rn. 1.

## A. Allgemeines

1    § 50 operationalisiert den Grundsatz der dezentralen Rechtsanwendung im Netz der europäischen Wettbewerbsbehörden nach der Verordnung 1/2003, ebenso wie die hieraus resultierende Verpflichtung deutscher Kartellbehörden zur parallelen Anwendung einschlägigen EU-Kartellrechts neben nationalem Recht (Art. 3 VO 1/2003, § 22), indem er vor allem die **Kompetenz zur Anwendung von Art. 101, 102 AEUV zuweist.** Bis zur 7. GWB-Novelle von 2005 lag diese allein beim Bundeskartellamt, danach – in weitgehender Parallelität zur Binnenzuständigkeitsverteilung nach §§ 48, 49 – teils bei diesem, teils bei den LKartB.[1] Die **10. GWB-Novelle hat wieder eine ausschließliche Zuständigkeit des BKartA** geschaffen.[2] Zwei **Erwägungen** veranlassten den Gesetzgeber, neuen Rahmenbedingungen durch (weitgehende) Rückkehr zum alten Recht vor 2005 Rechnung zu tragen: Die ECN+-Richtlinie[3] macht anspruchsvolle institutionelle Vorgaben für nationale Kartellbehörden, die EU-Recht vollziehen dürfen.[4] Hervorgehoben seien die Verpflichtung zur Weisungsfreiheit (Art. 4 Abs. 2 lit. b ECN+-RL),[5] zur Unabhängigkeit in der Verwendung von Haushaltsmitteln für die Durchsetzung von EU-Recht (Art. 5 Abs. 3 ECN+-RL) sowie zur Durchführung der Amtshilfe (Art. 24 ff. ECN+-RL). Zugleich hielten sich Häufigkeit und Intensität der Anwendung europäischen Kartellrechts durch die LKartB seit 2005 – jedenfalls nach der Perzeption des Gesetzgebers – in sehr engen Grenzen.[6] Aufwand und Ertrag einer ECN+-konformen Umstrukturierung der LKartB hätten also in einem Missverhältnis gestanden, das die Streichung der LKartB-Zuständigkeit für das EU-Kartellrecht nahelegte.[7] Neben diesen Erwägungen spricht auch die homogene, berechenbare und zügige Rechtsanwendung gerade in Fällen mit transnationaler Dimension, einschließlich der Kooperation mit ausländischen Behörden, für eine EU-Rechtsbezogene Zuständigkeitskonzentration beim Bundeskartellamt (→ § 48 Rn. 26). Die mit der **11. GWB-Novelle** neu eingefügte **DMA-Kompetenz** in Abs. 2 S. 1 erhöht die Überzeugungskraft der jetzigen Gestaltung weiter.

2    Zwei Effekte **verstärken** tendenziell die durch § 50 Abs. 1 in seiner jetzigen Fassung bewirkte **Verengung der LKartB-Zuständigkeit:** Zum einen bejaht die EU-Rechtsprechung eine für die Anwendbarkeit des EU-Kartellrechts genügende **Binnenmarktrelevanz** uU auch bei Verhaltensweisen, die nur auf **bestimmte Regionen eines Mitgliedstaates** direkt einwirken.[8] Die durch eine solche Anwendbarkeit ausgelöste Alleinzuständigkeit des BKartA entzieht der LKartB des jeweiligen Bundeslandes ihre Handlungskompetenz also möglicherweise selbst in Konstellationen, die nur recht geringfügige Wirkungen über die Grenzen des Bundeslandes hinaus entfalten. Zum anderen spricht die Zuständigkeit des BKartA selbst für Verhaltensweisen, die sich nebst dem EU-Ausland nur auf ein einziges deutsches Bundesland auswirken, noch deutlicher als früher dafür, eine Alleinzuständigkeit des Amtes auch dann anzunehmen, wenn die **Wirkungen nur ein einziges Bundesland und das Nicht-EU-Ausland erfassen** (→ § 48 Rn. 26).

---

[1] Zur Rechtsentwicklung und bisherigen Rechtslage Rehbinder in Immenga/Mestmäcker, 6. Aufl. 2020, GWB § 50 Rn. 1 ff.; Sabir in Bien/Käseberg/Klumpe/Körber/Ost 10. GWB-Novelle Kap. 2 Rn. 21 ff.

[2] Zu intertemporalen Überlegungen Sabir in Bien/Käseberg/Klumpe/Körber/Ost 10. GWB-Novelle Kap. 2 Rn. 26, die für eine Abgabe allenfalls bei den LKartB hängigen Verfahren an das BKartA plädiert.

[3] Richtlinie (EU) 2019/1 des Europäischen Parlaments und des Rates vom 11. Dezember 2018 zur Stärkung der Wettbewerbsbehörden der Mitgliedstaaten im Hinblick auf eine wirksamere Durchsetzung der Wettbewerbsvorschriften und zur Gewährleistung des reibungslosen Funktionierens des Binnenmarkts (ABl. 2019 L 11/3).

[4] BT-Drs. 19/23492, 102.

[5] Sabir in Bien/Käseberg/Klumpe/Körber/Ost 10. GWB-Novelle Kap. 2 Rn. 24.

[6] Statistik sowie Diskussion der einschlägigen Kritik des Bundesrates bei Sabir in Bien/Käseberg/Klumpe/Körber/Ost 10. GWB-Novelle Kap. 2 Rn. 24, 27 ff.

[7] BT-Drs. 19/23492, 102.

[8] Lübbig in Wiedemann KartellR-HdB § 8 Rn. 35 mwN.

§ 50 beschränkt sich indes nicht auf die materiell- und verfahrensrechtliche Kompetenz **3** zur Anwendung der Art. 101, 102 AEUV in (auch) inländischen Kartellsachen. Vielmehr erklärt **§ 50 Abs. 2** das Amt zuständig für die Mitwirkung an Verfahren der Europäischen Kommission oder der Wettbewerbsbehörden der anderen Mitgliedstaaten der Europäischen Union zur Anwendung von Art. 101, 102 AEUV (→ Rn. 10 ff.). Mit der **11. GWB-Novelle** gilt dies auch für die Mitwirkung beim **Vollzug des DMA. § 50 Abs. 3** sieht die Mitwirkung anderer EU-Wettbewerbsbehörden an Ermittlungsmaßnahmen des BKartA vor, die das Amt für diese durchführt (→ Rn. 13 ff.). **§ 50 Abs. 4** erstreckt die Zuständigkeitszuweisung an das BKartA einerseits auf Mitwirkungsakte der nationalen Wettbewerbsbehörden gem. der Art. 103–105 AEUV sowie der auf Basis von Art. 103 erlassenen Rechtsakte, andererseits – gemeinsam mit dem BMWi – auf die Einsitznahme in den Beratenden Ausschuss für die Kontrolle von Unternehmenszusammenschlüssen (→ Rn. 16 f.). Ergänzt wird § 50 durch die Regelungen in **§§ 50a–50e** zur Kooperation des BKartA mit anderen Wettbewerbsbehörden, insbesondere im Netzwerk der europäischen Wettbewerbsbehörden gemäß der VO 1/2003.

## B. Zuständigkeiten nach § 50 Abs. 1

§ 50 Abs. 1 enthält eine Aufgaben- und Zuständigkeitsnorm. Sie macht das Bundes- **4** kartellamt zugleich zur zuständigen Behörde iSv Art. 35 VO 1/2003. § 50 Abs. 1 setzt voraus, dass **EU-Kartellrecht materiellrechtlich anwendbar** ist oder dessen Anwendbarkeit geprüft werden soll. Maßgeblich hierfür sind die Rechtsanwendungsnormen des Art. 3 VO 1/2003 bzw. des § 22. Die Zuständigkeit des Amtes entfällt, wenn die Kommission einen Fall nach Art. 11 Abs. 6 VO 1/2003 an sich zieht. Verfahren, für die sich die Zuständigkeit des BKartA aus § 50 Abs. 1 ableitet, dürfen **nicht gem. § 49 Abs. 4 an LKartB abgegeben werden,** wie sich aus den europarechtlichen Zuständigkeitsvorgaben der ECN+-RL sowie dem nur auf Zuständigkeiten nach § 48 Abs. 2 S. 1 abstellenden Wortlaut des § 49 Abs. 4 S. 1 ergibt (→ § 49 Rn. 17).[9]

Die Anwendung des EU-Kartellrechts, zu der § 50 Abs. 1 ermächtigt, umfasst sowohl **5** die **Durchführung von Verfahren,** insbesondere von Untersagungs- und Bußgeldverfahren und der zugehörigen Ermittlungen, als auch **Entscheidungen** in Anwendung der Art. 101, 102 AEUV. Dabei hat das BKartA grundsätzlich alle materiellen und Verfahrensvorschriften der VO 1/2003 anzuwenden.[10] Dies gilt neben den materiellrechtlichen Regelungen der Verordnung nach Art. 1–3, Art. 29 Abs. 2 auch für die Verfahrensregelungen nach Art. 13 (Aussetzung und Einstellung des Verfahrens) und Art. 16 Abs. 2 (Bindung an Kommissionsentscheidungen). Die Befugnisse der Behörden im Einzelnen ergeben sich aus den **Ermächtigungen** der §§ 32 ff., 60, 81 ff. sowie der §§ 57–59b und des § 46 OWiG iVm den §§ 94 ff., 102 ff. StPO. Diese Ermächtigungen beziehen sich nunmehr ausdrücklich oder doch sinngemäß auch auf die **Anwendung der Art. 101, 102 AEUV.** Erfasst ist auch das Bußgeldverfahren insgesamt. Die Kartellbehörde ist ferner zu Entscheidungen über die Nichtanwendbarkeit oder Anwendbarkeit einer Freistellung nach Art. 101 Abs. 3 AEUV (§§ 32, 32c) und in begrenztem Umfang für den Entzug von Freistellungen nach einer Gruppenfreistellungsverordnung (Art. 29 Abs. 2 VO 1/2003, § 32d) ermächtigt.

Die Anwendung der Art. 101 und 102 AEUV iSd § 50 Abs. 1 umfasst neben der **6** Rechtsanwendung im eigentlichen Sinne, dh der Bearbeitung von Fällen und Entscheidungen auf Grund dieser Vorschriften, auch den **Geschäftsverkehr** mit der Kommission und den Wettbewerbsbehörden der anderen EU-Mitgliedstaaten. Hierzu gehören etwa die Informations- und Konsultationsmaßnahmen nach Art. 11, 12 VO 1/2003.[11] Entfallen konnte mit der 10. GWB-Novelle und der Wiedereinführung einer ausschließlichen Zu-

---

[9] Sabir in Bien/Käseberg/Klumpe/Körber/Ost 10. GWB-Novelle Kap. 2 Rn. 25.
[10] Fülling in MüKoWettbR GWB § 50 Rn. 3.
[11] Stempel in BeckOK Kartellrecht GWB § 50 Rn. 3.

ständigkeit des BKartA § 50 Abs. 2 aF, der für den Geschäftsverkehr eine separate, diesen beim BKartA konzentrierende Regelung traf.[12] Keine ausdrückliche Regelung gibt es mehr für die Einsitznahme in den **Beratenden Ausschuss für Kartell- und Monopolfragen** nach Art. 14 Abs. 2 und 7 VO 1/2003. § 50 Abs. 2 S. 3 aF wies diese dem BKartA zu[13] und hierbei muss es nach Wertung und Systematik von § 50 Abs. 1 und 2 bleiben, ebenso wie bei der Möglichkeit, einen „weiteren Vertreter" iSd Art. 14 Abs. 2 S. 2 VO 1/2003 aus den Reihen des BMWi zu benennen.[14]

7　　Die Tätigkeit der Kartellbehörden nach § 50 steht, wie sich aus den oben genannten Regelungen ergibt, im **pflichtgemäßen Ermessen** (Opportunitätsprinzip). Die Pflicht zur Anwendung der Art. 101, 102 AEUV besteht nur, wenn die Kartellbehörde überhaupt tätig wird. Ein einklagbares Recht Dritter auf Einschreiten besteht grundsätzlich nicht.[15]

8　　§ 50 Abs. 1 trifft keine Regelung über die **Zuständigkeit der Gerichte** bei der Überprüfung kartellbehördlicher Entscheidungen im Verwaltungs- und Ordnungswidrigkeitenverfahren. Im Gegensatz zu den Gerichten, die über Zivilsachen entscheiden, handeln die Gerichte hierbei als Wettbewerbsbehörden iSv Art. 5 und 35 VO 1/2003.[16] Ihre Zuständigkeit ergibt sich aus den §§ 73 und 83, ihre Verpflichtung zur Anwendung des EU-Wettbewerbsrechts und zur Kooperation mit der Kommission aus Art. 3, 15 VO 1/2003 sowie den §§ 22, 90a.

9　　Weder § 50 noch die §§ 48, 49 regeln die **internationale Zuständigkeit** der Kartellbehörden in grenzüberschreitenden Fällen. Die internationale Zuständigkeit für die Anwendung des EU-Kartellrechts bestimmt sich im Verhältnis zu den anderen EU-Mitgliedstaaten in Parallele zu § 185 Abs. 2 grds. nach dem **Auswirkungsprinzip**, ist also gegeben, wenn Anlass zur Prüfung besteht, ob sich die Wettbewerbsbeschränkung im Inland auswirkt.[17] Die Kommission geht allerdings davon aus, dass die Kartellbehörden eines Mitgliedstaates auch tätig werden sollten, soweit sich eine Wettbewerbsbeschränkung zugleich in einem anderen EU-Mitgliedstaat auswirkt, aber im betreffenden Mitgliedstaat veranlasst worden ist und hier wirksam geahndet werden kann.[18] Eine solche Annexkompetenz lässt sich als **unionspezifische Fortentwicklung** des Auswirkungsprinzips, das ja im Gesetz nur für die Anwendung des GWB und in diesem Rahmen nur als materiellrechtlicher Grundsatz ausgesprochen ist, begründen. Zwar entsteht die Pflicht zur parallelen Anwendung des EU-Kartellrechts nach Art. 3 Abs. 1 VO 1/2003, § 22 Abs. 1 nur, wenn die Wettbewerbsbehörde eines Mitgliedstaates das nationale Recht anwendet, was nach § 185 Abs. 2 eine Inlandsauswirkung der Wettbewerbsbeschränkung voraussetzt.[19] Eine bloße Annexzuständigkeit zur Mitbehandlung der Auswirkungen in einem anderen Mitgliedstaat ohne Verpflichtung hierzu ist damit jedoch vereinbar.

---

[12] Zu dieser bisherigen Regelung und ihren Gründen Krauser in MüKoWettbR, 3. Aufl. 2020, GWB § 50 Rn. 6 ff.

[13] Zu dieser Regelung Krauser in MüKoWettbR, 3. Aufl. 2020, GWB § 50 Rn. 12.

[14] Fülling in MüKoWettbR GWB § 50 Rn. 1.

[15] OLG Düsseldorf 28.6.2000 – Kart 6/00 (V), BeckRS 2000, 16693 Rn. 44 – Herzklinik, Nichtzulassungsbeschwerde zurückgewiesen: BGH 6.3.2001 – KVZ 20/00, BeckRS 2001, 3311; Quellmalz in LMR GWB § 50 Rn. 7.

[16] EuGH 27.3.1974 – 127/73, ECLI:EU:C:1974:25 = GRUR Int 1974, 342 Rn. 18/23 – SABAM II.

[17] BGH 7.10.1997 – KVR 14/96, BeckRS 1997, 30001366 – Selektive Exklusivität; vgl. BGH 3.3.2009 – KZR 82/07, BeckRS 2009, 24108 – Reisestellenkonten; KOMM., Bekanntmachung über die Zusammenarbeit innerhalb des Netzes der Wettbewerbsbehörden, ABl. 2004 C 101, S. 43 Rn. 8 ff.; Zimmer/Rudo IPRax 1999, 89; Stadler in Bunte GWB § 185 Rn. 123; kritisch Zwiener, Die Auswirkungen der Verordnung Nr. 1/2003 auf das europäische und deutsche Kartellverfahren, 2004, S. 210 ff.

[18] KOMM., Bekanntmachung über die Zusammenarbeit innerhalb des Netzes der Wettbewerbsbehörden, ABl. 2004 C 101, S. 43 Rn. 11.

[19] So das Argument von Schwarze/Weitbrecht VO (EG) Nr. 1/2003 § 9 Rn. 32.

## C. Mitwirkung an Verfahren der Kommission
## und der nationalen Wettbewerbsbehörden, § 50 Abs. 2

§ 50 Abs. 2 regelt die Zuständigkeit und das Verfahren bei der **Mitwirkung an Ver-** 10
**fahren** der **Kommission** und der **Wettbewerbsbehörden** der anderen EU-Mitgliedstaaten im Rahmen des europäischen Netzwerks. Das Bundeskartellamt ist auch hier
weiterhin[20] ausschließlich zuständig. Weisungsrechte der Landesbehörden bestehen nicht,
da ihre Zuständigkeiten nicht betroffen sind.

§ 50 Abs. 2 ist in Bezug auf **Verfahren der Kommission** weit auszulegen[21] und erfasst 11
insbesondere die Mitwirkung an Ermittlungen nach Art. 20, 21, 22 Abs. 2 VO 1/2003, dh
Nachprüfungen und Ermittlungen für die Kommission, ferner die Korrespondenz mit der
Kommission bei der Vorbereitung einer Entscheidung (Art. 11 Abs. 2 VO 1/2003).[22]
Neben Kommissionsverfahren gilt die Vorschrift auch für die **Amtshilfe** für die Wett-
bewerbsbehörden der **anderen EU-Mitgliedstaaten** nach Art. 22 Abs. 1 VO 1/2003.[23]
Die Einzelheiten sind geregelt in der Bekanntmachung der Kommission über die Zusam-
menarbeit innerhalb des Netzes der europäischen Wettbewerbsbehörden sowie der ECN
+-RL, insbesondere deren Vorschriften über die Amtshilfe im ECN (Art. 24–28).

Mit der **11. GWB-Novelle** tritt für das Bundeskartellamt als Aufgabe „die Mitwirkung 11a
bei der Anwendung der Verordnung (EU) Nr. 2022/1925 durch die Europäische Kommis-
sion" hinzu, also der **gemeinsame Vollzug des DMA,** basierend insbesondere auf dessen
Art. 38. Beispielsweise kann die Mitwirkung Durchsuchungen oder Vernehmungen
(Art. 22 Abs. 2 DMA) betreffen, oder auch Marktuntersuchungen (Art. 38 Abs. 6 DMA).
Die Einfügung des DMA in **§ 50f Abs. 2 S. 3 Nr. 2** (s. näher dort) hebt hervor, dass
Mitwirkung auch im **Informationsaustausch** (s. etwa Art. 38 Abs. 1 DMA) liegen kann.

Für das **Verfahren** gilt, entsprechend der Vorgabe in Art. 22 Abs. 1 S. 1 VO 1/2003, 12
nach § 50 Abs. 2 S. 2 das GWB. Diese Regelung hat allerdings nur Bedeutung, soweit es
sich um Verfahrenshandlungen mit **Wirkung gegenüber den Adressaten** des Gesetzes
handelt. So hat die Kartellbehörde bei Ermittlungen für die Kommission oder die Kartellbehörden der anderen EU-Mitgliedstaaten nach §§ 57 ff. bzw. § 46 OWiG iVm §§ 94 ff.,
102 ff. StPO vorzugehen. Die üblichen Standards des Ordnungswidrigkeitenverfahrens und
die Unschuldsvermutung sind zu beachten (s. aber auch Art. 2 S. 2 VO 1/2003; vgl. dazu
→ § 22 Rn. 9).

## D. Mitwirkung ersuchender Wettbewerbsbehörden, § 50 Abs. 3

Gemäß **Art. 22 Abs. 1 S. 1 VO 1/2003** darf eine EU-mitgliedstaatliche Wettbewerbs- 13
behörde „nach Maßgabe des innerstaatlichen Rechts im Namen und für Rechnung der
Wettbewerbsbehörde eines anderen Mitgliedstaats alle Nachprüfungen und sonstigen Maßnahmen zur Sachverhaltsaufklärung durchführen, um festzustellen, ob eine Zuwiderhandlung gegen [Art. 101 oder Art. 102 AEUV] vorliegt". **§ 50 Abs. 3** sieht die **Mitwirkung**
von Vertretern derjenigen, **ersuchenden Wettbewerbsbehörde** vor, in deren Namen
eine solche Sachverhaltsaufklärung durch das BKartA erfolgt. Während bis zur 10. GWB-
Novelle § 50 Abs. 4 aF eine solche Mitwirkungsmöglichkeit in das Ermessen des BKartA
stellte,[24] **muss das Amt sie nach jetzigem Rechtsstand gestatten** („sind befugt").[25]

---

[20] Zu den Gründen der Exklusivzuständigkeit des Amtes bis zur 10. GWB-Novelle Krauser in MüKo-
WettbR, 3. Aufl. 2020, GWB § 50 Rn. 14.
[21] Begr. 2004, BT-Drs. 15/3540, 61.
[22] Begr. 2004, BT-Drs. 15/3540, 61; Fülling in MüKoWettbR GWB § 50 Rn. 7.
[23] Fülling in MüKoWettbR GWB § 50 Rn. 8.
[24] Rehbinder in Immenga/Mestmäcker, 6. Aufl. 2020, GWB § 50 Rn. 12.
[25] Bechtold/Bosch GWB § 50 Rn. 6.

Damit wird die entsprechende Vorgabe aus **Art. 24 Abs. 1 ECN+-RL** umgesetzt; auch das Territorialitätsprinzip macht eine Kompetenzregelung erforderlich.[26] Die betroffenen Unternehmen sind zur Duldung der Mitwirkung verpflichtet.[27] Sinn der Regelung ist einerseits die Gewährleistung von Effizienz bei der Sachverhaltsaufklärung, andererseits der Schutz gegen unnötige Ausweitung der Durchsuchung und Vernehmungen.

14   Aus diesem Grund sowie im Hinblick auf die Formulierungen in Art. 22 Abs. 2 UAbs. 2 VO 1/2003 („Unterstützung") und Art. 24 Abs. 1 ECN+-RL („aktiv bei der Nachprüfung oder Befragung unterstützen") ist der Begriff der **Mitwirkung weit** auszulegen. Auch ein **unmittelbares Tätigwerden** ist zu gestatten, wobei Art. 24 Abs. 1 ECN+-RL klarstellt, dass dieses nur **„unter der Aufsicht"** von BKartA-Bediensteten stattfindet. Unzulässig ist, auch angesichts dieser Formulierung, eine umfassende **Delegation**.[28] Gegenstand der Mitwirkung sind „Durchsuchungen und Vernehmungen" bzw. gem. Art. 24 Abs. 1 ECN+-RL die Ausübung der Befugnisse nach Art. 6, 7 und 9 ECN+-RL, die nationalrechtliche Basis – nationales deutsches Recht ist insoweit anwendbar[29] – für sie liegt in § 59b (Durchsuchungen im Verwaltungsverfahren), § 82b iVm § 59b und §§ 46 Absatz 2 OWiG, 102 StPO (Durchsuchungen im Bußgeldverfahren), § 57 GWB und § 46 Abs. 2 OWiG, §§ 48 ff., 133 ff. StPO (Vernehmung von Zeugen und Betroffenen).[30] Die aktive Mitwirkung kann etwa liegen in einer Unterstützung bei der Auffindung und Sichtung von Beweismaterial[31] oder der Befragung von Zeugen, wobei gerade für die letztgenannte Aktivität eine aktive Kontrolle der Einhaltung nationalrechtlicher Verfahrensstandards durch die inländischen Behördenvertreter geboten ist.[32]

15   Auch personell fasst § 50 Abs. 3 den **Kreis der Mitwirkungsbefugten** weit, indem er – Art. 24 Abs. 1 ECN+-RL umsetzend – neben den Bediensteten der ersuchenden Wettbewerbsbehörde „andere von dieser Wettbewerbsbehörde ermächtigte oder benannte Begleitpersonen" einbezieht. Nicht im GWB geregelt ist das **Mitwirkungsrecht von Angehörigen der Kommission** bei der Amtshilfe durch die deutschen Kartellbehörden. Es ergibt sich indes aus Art. 22 Abs. 2 UAbs. 2 VO 1/2003.[33]

## E. Rechtsvollzug und Mitwirkung auf anderer Basis als der VO 1/2003, § 50 Abs. 4

16   § 50 Abs. 4 S. 1 überträgt dem Bundeskartellamt die Erfüllung von Verwaltungsaufgaben bei der Anwendung des EU-Kartellrechts, die den Wettbewerbsbehörden der EU-Mitgliedstaaten (nicht etwa den Mitgliedstaaten selbst) nach **Art. 104–105 AEUV** sowie insbesondere nach Verordnungen auf Grund **Art. 103 AEUV** übertragen, aber **nicht von der VO (EG) Nr. 1/2003 erfasst** sind. Dies gilt auch für Verwaltungsaufgaben, die in anderen Mitgliedstaaten den Gerichten übertragen wurden.[34] Die Vorschrift trifft eine dynamische Verweisung auf das jeweils geltende EU-Recht.[35] Im Vordergrund steht die

---

[26] Begr. 2020, BT-Drs. 19/23492, 102; Schuster in Bien/Käseberg/Klumpe/Körber/Ost 10. GWB-Novelle Kap. 2 Rn. 8, 81 f.

[27] Schneider in Bunte GWB § 50 Rn. 13; de Bronett Art. 22 Rn. 5; Bracher in FK-KartellR § 50 Rn. 23.

[28] S. schon zum Rechtsstand vor der 10. GWB-Novelle Begr. 2012, BT-Drs. 17/9852, 32; Bracher in FK-KartellR § 50 Rn. 21; Scholz in KölnKomm KartellR § 50 Rn. 1; Zweifel hinsichtlich der unmittelbaren Mitwirkung ausländischer Behörden bei Bechtold/Bosch, 9. Auf. 2018, GWB § 50 Rn. 10.

[29] Schuster in Bien/Käseberg/Klumpe/Körber/Ost 10. GWB-Novelle Kap. 2 Rn. 85.

[30] Begr. 2020, BT-Drs. 19/23492, 102.

[31] Begr. 2012, BT-Drs. 17/9852, 31 f.; Schneider in Bunte GWB § 50 Rn. 13; Bracher in FK-KartellR § 50 Rn. 21.

[32] Näher Schuster in Bien/Käseberg/Klumpe/Körber/Ost 10. GWB-Novelle Kap. 2 Rn. 92.

[33] Fülling in MüKoWettbR GWB § 50 Rn. 10.

[34] EuGH 30.1.1974 – 127/73, ECLI:EU:C:1974:6 Rn. 12/14 ff. = BeckRS 2004, 71457 – SABAM II; Bracher in FK-KartellR GWB § 50 Rn. 24.

[35] Quellmalz in LMR GWB § 50 Rn. 6.

**Fusionskontrollverordnung** (VO (EG) Nr. 139/2004).[36] In Betracht kommen insbesondere Unterrichtungen im Zusammenhang mit Verweisungen nach Art. 9 und 22 FKVO sowie Unterrichtungen über Auskunftsverlangen und Nachprüfungen seitens der Kommission, Auskünfte an diese und Amtshilfe bei Nachprüfungen der Kommission.[37] Die speziellen Verfahrensvorschriften der früheren Sonderregelungen über den **Verkehrssektor** (→ Verkehrswettbewerbsrecht Rn. 23 ff.) sind durch Art. 36–39 VO (EG) Nr. 1/2003 aufgehoben worden, so dass insoweit das Verfahrensrecht der VO (EG) Nr. 1/2003 gilt. Die Anwendung der Gruppenfreistellungsverordnungen unterliegt ebenfalls in wesentlichen Teilen der VO (EG) Nr. 1/2003 (Art. 3 Abs. 2, 29 Abs. 2), so dass hier § 50 Abs. 4 S. 1 nur eine begrenzte Rolle spielt.[38] Auch für ein Tätigwerden des BKartA nach § 50 Abs. 4 S. 1 gelten die **Verfahrensvorschriften des GWB** (§ 50 Abs. 4 S. 3 iVm Abs. 2 S. 2).

§ 50 Abs. 4 S. 2 **legt fest, dass die Einsitznahme in den Beratenden** Ausschuss für **17** die Kontrolle von Unternehmenszusammenschlüssen (Art. 19 FKVO) dem BMWi oder dem BKartA obliegt. Diese Klarstellung einer bisher im GWB nicht geregelten Zuständigkeit erachtete der Gesetzgeber im Zuge der 10. GWB-Novelle für angebracht, wobei er davon ausgeht, dass wie bisher in der Regel das Amt einen Vertreter in den Ausschuss entsendet.[39]

# Kapitel 2. Behördenzusammenarbeit

## § 50a Ermittlungen im Netzwerk der europäischen Wettbewerbsbehörden

(1) [1]**Das Bundeskartellamt darf im Namen und für Rechnung der Wettbewerbsbehörde eines anderen Mitgliedstaates der Europäischen Union und nach Maßgabe des innerstaatlichen Rechts Durchsuchungen und sonstige Maßnahmen zur Sachverhaltsaufklärung durchführen, um festzustellen, ob Unternehmen oder Unternehmensvereinigungen im Rahmen von Verfahren zur Durchsetzung von Artikel 101 oder 102 des Vertrages über die Arbeitsweise der Europäischen Union die ihnen bei Ermittlungsmaßnahmen obliegenden Pflichten verletzt oder Entscheidungen der ersuchenden Behörde nicht befolgt haben.** [2]**Das Bundeskartellamt kann von der ersuchenden Behörde die Erstattung aller im Zusammenhang mit diesen Ermittlungsmaßnahmen entstandenen vertretbaren Kosten, einschließlich Übersetzungs-, Personal- und Verwaltungskosten, verlangen, sofern nicht im Rahmen der Gegenseitigkeit auf eine Erstattung verzichtet wurde.**

(2) [1]**Das Bundeskartellamt kann die Wettbewerbsbehörde eines anderen Mitgliedstaates der Europäischen Union ersuchen, Ermittlungsmaßnahmen nach Absatz 1 durchzuführen.** [2]**Alle im Zusammenhang mit diesen Ermittlungsmaßnahmen entstandenen vertretbaren zusätzlichen Kosten, einschließlich Übersetzungs-, Personal- und Verwaltungskosten, werden auf Antrag der ersuchten Behörde vom Bundeskartellamt erstattet, sofern nicht im Rahmen der Gegenseitigkeit auf eine Erstattung verzichtet wurde.**

(3) **Die erhobenen Informationen werden in entsprechender Anwendung des § 50d ausgetauscht und verwendet.**

---

[36] Quellmalz in LMR Rn. 6; zu Bedenken hinsichtlich einer genügenden europarechtlichen Rechtsgrundlage für die Aufgabenwahrnehmung iRd Zusammenschlusskontrolle Stempel in BeckOK Kartellrecht Rn. 8 mwN.

[37] Dazu eingehend Bracher in FK-KartellR Rn. 28 ff.

[38] Quellmalz in LMR Rn. 6; zu pauschal für Anwendbarkeit des § 50 Abs. 4 Schneider in Bunte Rn. 15.

[39] Begr. 2020, BT-Drs. 19/23492, 103.

## A. Allgemeines

1    Mit der 10. GWB-Novelle hat der Gesetzgeber die Beteiligung der deutschen Behörden an der **Zusammenarbeit im Netz der Europäischen Wettbewerbsbehörden (ECN)** durch die **§§ 50a–50d neu geregelt** und für sie ein Kapitel „Behördenzusammenarbeit" geschaffen. Dies soll die Bedeutung der ECN-Kooperation besonders hervorheben.[1] Die Vorschriften dienen zugleich der Umsetzung der **ECN+-RL,** welche die ECN-Kooperation erheblich ausbaut.[2] Es entsteht, wie beispielsweise von der Monopolkommission schon lange gefordert,[3] ein vollwertiges Regelungssystem für wichtige Formen der gegenseitigen NWB-Amtshilfe.[4] In Übereinstimmung mit der **ausschließlichen Zuständigkeit des BKartA** für die Anwendung des EU-Kartellrechts nach § 50, richten sich auch die §§ 50a ff. an das Amt und nicht die LKartB, allerdings kommt eine unterstützende Amtshilfe durch die LKartB in Betracht, auch mit Blick auf den Rechtsgedanken des § 50 f.

2    § 50a bildet in seiner jetzigen Fassung die Grundlage für **Ermittlungsmaßnahmen** (einschließlich Datenaustauschs) des BKartA als ersuchte Behörde einer anderen EU-mitgliedstaatlichen Wettbewerbsbehörde (NWB) sowie für Ersuchen des Amtes um derartige Maßnahmen durch eine solche Behörde. Der Regelungsgehalt des **§ 50a aF** wurde, mit Änderungen, in § 50d verschoben (→ § 50d Rn. 1 ff.).

## B. Ermittlungen des BKartA als ersuchte Behörde, § 50a Abs. 1

3    § 50a Abs. 1 **setzt Art. 24 Abs. 2 S. 1 ECN+-RL um,** der seinerseits Art. 22 Abs. 1 VO 1/2003 ergänzt.[5] Art. 22 VO 1/2003 sieht nämlich eine Ermittlungszusammenarbeit durch ersuchtes Tätigwerden von NWB vor, um Verstöße gegen Art. 101, 102 AEUV festzustellen. Art. 24 Abs. 2 S. 1 ECN+-RL verleiht die Befugnisse aus Art. 6–9 ECN +-RL − verknappt gesprochen Hausdurchsuchungen, Personenbefragungen und (sonstige) Auskunftsverlangen[6] − auch für **Ermittlungen einer ersuchten NWB dazu, ob Unternehmen(-svereinigungen) vorangegangene Ermittlungsmaßnahmen oder Entscheidungen der ersuchenden NWB nicht befolgt haben.** Es kann also beispielsweise um die Nichteinhaltung einer Verpflichtungszusage (vgl. Art. 12 ECN+-RL), die unterbliebene Abstellung einer Zuwiderhandlung (vgl. Art. 10 ECN+-RL) oder die ungenügende Erfüllung eines Auskunftsverlangens (vgl. Art. 8 ECN+-RL) gehen. Durch ihre Ermittlungstätigkeit schafft die ersuchte Behörde auch, sofern sich ein Verstoß verifizieren lässt, die Grundlage für finanzielle Sanktionen der ersuchenden Behörde nach Art. 13 ff. ECN+-RL, bei deren Vollstreckung wiederum Amtshilfe nach § 50c in Betracht kommt.[7]

4    Indem § 50a Abs. 1 das Amt zu Ermittlungsmaßnahmen befugt, setzt er auch eine **Ausnahme zu § 185 Abs. 2,** weil die Sachverhalte, welche den Anlass für das Ersuchen einer anderen NWB geben, eine genügende Inlandsauswirkung für die Anwendbarkeit des GWB nach allgemeinen Regeln weder zwangsläufig entfalten noch entfalten müssen.[8] Zu den weiteren **Voraussetzungen** einer Amtshilfegewährung siehe → Rn. 8 ff.

---

[1] Begr. 2020, BT-Drs. 19/23492, 103.

[2] Sabir in Bien/Käseberg/Klumpe/Körber/Ost 10. GWB-Novelle Kap. 2 Rn. 30.

[3] Monopolkommission, Sondergutachten Nr. 32, 2001, Rn. 54; Sondergutachten Nr. 41, 2004, Rn. 30 ff.

[4] Hierzu auch Sabir in Bien/Käseberg/Klumpe/Körber/Ost 10. GWB-Novelle Kap. 2 Rn. 32 f.

[5] Begr. 2020, BT-Drs. 19/23492, 103.

[6] S. im Einzelnen zu diesen Ermittlungsbefugnissen und ihrer Umsetzung ins deutsche Recht die Kommentierungen zu → § 59 Rn. 1 ff., → § 59a Rn. 1 ff., → § 59b Rn. 1 ff.

[7] Sabir in Bien/Käseberg/Klumpe/Körber/Ost 10. GWB-Novelle Kap. 2 Rn. 38, 40.

[8] Sabir in Bien/Käseberg/Klumpe/Körber/Ost 10. GWB-Novelle Kap. 2 Rn. 33; dazu, dass Inlandsauswirkung eines Verletzungsverhaltens, wie es ihrer für die Anwendung heimischen Kartellrechts sonst bedarf, keine Amtshilfevoraussetzung bildet, auch OGH 15.7.2009 – 16 Ok 7/09, BeckRS 2009, 71415 Rn. 5.3.

§ 50a Abs. 1 S. 2 trifft, in Umsetzung von Art. 27 Abs. 7 ECN+-RL,[9] eine **Kosten-** **5** **tragungsregel,** wonach das BKartA entweder „vertretbare" Ermittlungskosten von der ersuchenden Behörde ersetzt verlangen oder auf eine Erstattung verzichten kann. Letztere Option besteht indes nur „im Rahmen der Gegenseitigkeit", also wenn auch die ersuchende Behörde keine Kostenerstattung verlangt, sollte sie ihrerseits vom BKartA um Ermittlungsmaßnahmen ersucht werden. Eine solche Gegenseitigkeitsregel ist zum Gegenstand einer einzelfallübergreifenden Vorabvereinbarung bzw. ECN-Absprache zu machen.[10]

## C. Ersuchen des BKartA um Ermittlungen, § 50a Abs. 2

Evidentermaßen, wenn auch nicht nach explizitem Normwortlaut, beinhaltet die Zu- **6** weisung der Aufgabe ersuchter Ermittlungen in Art. 22 VO 1/2003, Art. 24 ECN+-RL zugleich die Einräumung einer Kompetenz für NWB, um solche Ermittlungen zu ersuchen. Daher **setzt auch § 50a Abs. 2 den Art. 24 Abs. 2 S. 1 ECN+-RL um**[11] und enthält eine Spezialregel zu § 8a Abs. 2 VwVfG.[12]

Schon weil Art. 24 Abs. 2 S. 1 ECN+-RL ein Amtshilfeersuchen nicht zwingend vor- **7** schreibt, steht dieses für den jeweiligen Einzelfall im **pflichtgemäßen Ermessen** des BKartA (vgl. auch § 8a Abs. 2 VwVfG)[13]. Für den **Umfang der Ermittlungsmaßnahmen,** um die das Amt nach § 50a Abs. 2 S. 1 ersuchen darf, sowie für die **Kostentragungsregel** kann auf die Erläuterungen zu § 50a Abs. 1 verwiesen werden. Bei der **Durchführung** ihrer Ermittlungen richtet sich die ersuchte NWB nach ihrem **nationalen** – allerdings insbesondere durch die ECN+-RL vereinheitlichten – **Recht.**[14]

## D. Voraussetzungen einer Amtshilfegewährung im konkreten Fall

Die Voraussetzungen für die Gewährung von Amtshilfe nach Art. 24 Abs. 2 S. 1 ECN **8** +-RL **entsprechen im Grundsatz denjenigen iRv Art. 22 VO 1/2003,** da sich beide Vorschriften zu einem einheitlichen Regelungskomplex zusammenfügen, gerichtet auf die dezentrale Durchsetzung des EU-Kartellrechts. Allerdings gilt dieser Grundsatz nur **mutatis mutandis,** bei dem Erfordernis der Glaubhaftmachung eines Anfangsverdachts[15] etwa muss es sich um den Anfangsverdacht hinsichtlich eines Ermittlungsgegenstands iSd Art. 24 Abs. 2 S. 1 ECN+-RL handeln. Bedarf es hier also keiner Wiederholung der Kommentierung zu Art. 22 VO 1/2003 (s. hierzu → VO 1/2003 Art. 22 Rn. 9 ff.), seien im Folgenden doch einige Gesichtspunkte besonders hervorgehoben.

**Formale Voraussetzungen** für ein Ersuchen iSd Vorschrift regelt § 50a nicht. Zwar **9** kann auf die Praxis zu Art. 22 VO 1/2003 zurückgegriffen werden. Angesichts der schwerwiegenden Belastungen, die Ermittlungsmaßnahmen für die betroffenen Unternehmen mit sich bringen können, gibt das Fehlen einer näheren Regelung, deren Einhaltung einer

---

[9] Begr. 2020, BT-Drs. 19/23492, 103, allerdings anscheinend nur bezogen auf Abs. 2; die Richtlinienbestimmung liefert jedoch die Basis und Vorgabe auch für § 50a Abs. 1 S. 2.

[10] Begr. 2020, BT-Drs. 19/23492, 103.

[11] Begr. 2020, BT-Drs. 19/23492, 103.

[12] AA Sabir in Bien/Käseberg/Klumpe/Körber/Ost 10. GWB-Novelle Kap. 2 Rn. 35, wonach § 8a Abs. 2 VwVfG eine Rechtsgrundlage für Ersuchen gegenüber ausländischen Behörden verlange, die § 50a Abs. 2 S. 1 liefere. Indes würde es für § 8a Abs. 2 VwVfG schon genügen, wenn ein Ersuchen „nach Maßgabe von Rechtsakten der Europäischen Gemeinschaft zugelassen" wird. Dies ist hier kraft Art. 24 Abs. 2 S. 1 ECN+-RL der Fall, so dass Abs. 2 S. 1 nicht zwingend notwendig wäre.

[13] Allgemein zu der dort vorgegebenen Abgrenzung zwischen zwingenden und ermessensabhängigen Ersuchen Riedel in BeckOK VwVfG § 8a Rn. 30 f.

[14] Sabir in Bien/Käseberg/Klumpe/Körber/Ost 10. GWB-Novelle Kap. 2 Rn. 36, unter Verweis auf die EU-Netzwerkbekanntmachung und auch zur Bedeutung der Vereinheitlichung von Ermittlungsbefugnissen durch die ECN+-RL.

[15] Sabir in Bien/Käseberg/Klumpe/Körber/Ost 10. GWB-Novelle Kap. 2 Rn. 41, die allerdings nur Darlegung eines Anfangsverdachts fordert; das kann nicht genügen.

Überprüfung im Rechtsweg offensteht, aber Anlass zu Kritik. Nicht öffentliche Detail-absprachen der NWB im ECN[16] lassen sich als zentrales Instrument der Ausgestaltung von Amtshilfeersuchen mit rechtsstaatlichen Erfordernissen nur schwer in Einklang bringen.

10 Hinsichtlich der Frage, ob und **nach welchem Recht die materiellrechtlichen Voraussetzungen** für eine konkrete Ermittlungsmaßnahme im Wege der Amtshilfe gege-ben sein müssen, gilt es zu unterscheiden: Die **ersuchende Behörde** muss zu der be-gehrten Ermittlungsmaßnahme nach ihrem Recht in ihrem Territorium befugt sein, sofern man jedenfalls die Belegenheit der maßgeblichen Sachverhaltselemente (etwa: Sitz des Maßnahmeadressaten) in diesem Territorium unterstellt.[17] Ebenso müssen für die **ersuchte Behörde** nach deren Recht die Voraussetzungen für die begehrte Maßnahme in ihrem Territorium vorliegen, jedenfalls sofern man die – aus Sicht der ersuchten Behörde – maßgeblichen Auslandssachverhaltselemente hypothetisch im Inland lokalisiert (sonst könn-te die Amtshilfe zB an der Inlandsauswirkung scheitern).[18] Zu Recht ist durch einen Mitautor des vorliegenden Werkes als Prinzip formuliert worden (→ VO 1/2003 Art. 22 Rn. 15), dass durch ein Zusammenwirken zweier NWB deren jeweilige nationale Rechts-vorgaben für ein Tätigwerden nicht umgangen werden dürfen. Ohnehin muss die **Durch-führung der Maßnahme als solche** die Vorgaben des nationalen Rechts der durch-führenden, ersuchten Behörde einhalten.[19] Schließlich verlangt schon die Bindung jedes hoheitlichen Handelns an den Verhältnismäßigkeitsgrundsatz,[20] dass die Durchführung der Maßnahme **gerade im Wege der Amtshilfe erforderlich** ist, sie also von der ersuchen-den Behörde nicht gleich wirksam selbst durchgeführt werden kann.[21]

11 Ersichtlich aus dem Wortlaut von Art. 24 Abs. 2 S. 2 ECN+-RL („können") und § 50a Abs. 1 S. 1 („darf") liegt die Gewährung von Amtshilfe im **pflichtgemäßen Ermessen** des BKartA.[22] Unter den hierbei ermessensleitenden Belangen wiegt der europarechtliche **Effektivitätsgrundsatz** schwer[23] und verlangt, dass das Amt eine effektive und effiziente Durchsetzung des EU-Kartellrechts im dezentralen Mechanismus der NWB-Amtshilfe nicht durch die grundlose, oder gar systematische, Ablehnung von Ersuchen unterläuft. Jedoch führt auch dieser Belang nicht zu einer Ermessensreduktion auf Null (→ VO 1/2003 Art. 22 Rn. 17 f. mwN, auch zu abw. Ans.). Das BKartA muss und darf keine Amtshilfe gewähren, wenn ein Ersuchen die vorbeschriebenen **materiellrechtlichen An-forderungen** (→ Rn. 10) nicht erfüllt.[24] Bestehen diesbezüglich **Beurteilungsunsicher-heiten,** wirken sie sich je nachdem unterschiedlich aus, welche Anforderungskomponente betroffen ist. Hinsichtlich der Einzelvoraussetzungen nach dem **nationalen Recht der ersuchenden Behörde** wird man dem BKartA nur eine Evidenzkontrolle abverlangen

---

[16] Hierzu Sabir in Bien/Käseberg/Klumpe/Körber/Ost 10. GWB-Novelle Kap. 2 Rn. 41.

[17] OGH 15.7.2009 – 16Ok7/09, BeckRS 2009, 71415 Rn. 5.4; → VO 1/2003 Art. 22 Rn. 10; Bar-thelmeß/Rudolf in LMR VO 1/2003 Art. 22 Rn. 7.

[18] → VO 1/2003 Art. 22 Rn. 10, 16 mwN; aA Jaeger in FK-KartellR VO 1/2003 Art. 22 Rn. 9. Dazu, dass Inlandsauswirkung eines Verletzungsverhaltens, wie es ihrer für die Anwendung heimischen Kartellrechts sonst bedarf, keine Amtshilfevoraussetzung bildet, vgl. auch OGH 15.7.2009 – 16Ok7/09, BeckRS 2009, 71415 Rn. 5.3.

[19] OGH 15.7.2009 – 16Ok7/09, BeckRS 2009, 71415 Rn. 4.1; → VO 1/2003 Art. 22 Rn. 16, 26 mit umfangreichen wN; Bischke/Schirra in MüKoWettbR VO 1/2003 Art. 22 Rn. 4; Bechtold/Bosch/Brinker VO 1/2003 Art. 22 Rn. 2.

[20] Vgl. zum deutschen Recht, auch zur Rechtsprechung des BVerfG, Grzeszick in Maunz/Dürig GG Art. 20 Rn. 107 ff.; Huster/Rux in BeckOK GG Art. 20 Rn. 189 ff.; der Grundsatz der Verhältnismäßigkeit findet nach Art. 5 EUV und Art. 49 Abs. 3 GRCh auch in der EU Anwendung, s. hierzu Calliess in Calliess/Ruffert EUV Art. 5 Rn. 43 ff.; Jarass GRCh Art. 49 Rn. 7 ff.

[21] → VO 1/2003 Art. 22 Rn. 22. Jaeger in FK-KartellR VO 1/2003 Art. 22 Rn. 7 Fn. 5.

[22] OGH 15.7.2009 – 16Ok7/09, BeckRS 2009, 71415 Rn. 4.4; → VO 1/2003 Art. 22 Rn. 17 ff.; Jaeger in FK-KartellR VO 1/2009 Art. 22 Rn. 7; Bischke/Schirra in MüKoWettbR VO 1/2003 Art. 22 Rn. 5; Sabir in Bien/Käseberg/Klumpe/Körber/Ost 10. GWB-Novelle Kap. 2 Rn. 41.

[23] Vgl. auch → VO 1/2003 Art. 22 Rn. 20; Bischke/Schirra in MüKoWettbR VO 1/2003 Art. 22 Rn. 5.

[24] Vgl. zur Verletzung eigenen nationalen Rechts der ersuchten Behörde als Weigerungsgrund auch → VO 1/2003 Art. 22 Rn. 21, 23 mwN; aA insoweit wohl OGH 15.7.2009 – 16 Ok 7/09, BeckRS 2009, 71415 Rn. 4.2, der allerdings zugleich die unionsrechtlichen Voraussetzungen recht eingehend prüft.

können, hingegen eine vollumfängliche, Unsicherheiten möglichst ausräumende Analyse hinsichtlich der Voraussetzungen des Ob und Wie der Maßnahme nach **deutschem nationalem Recht.** Zweifelt das Amt etwa an einem Anfangsverdacht, wie ihn das deutsche nationale Recht für die ersuchte Maßnahme fordert, muss es von der ersuchenden Behörde dessen Nachweis fordern.[25] Hinsichtlich der **Erforderlichkeit einer Maßnahmendurchführung** gerade im Wege der Amtshilfe sollte die Einschätzung der ersuchenden Behörde Vorrang genießen,[26] schon weil das Amt die Sachgerechtigkeit einer Durchführung seitens der ersuchenden Behörde selbst vielfach schlechter als diese wird beurteilen können. Besteht aber klarer und schwerwiegender Anlass zu Zweifeln an der Amtshilfe-Erforderlichkeit, darf und muss das Amt von der ersuchenden Behörde verlangen, diese auszuräumen.

## E. Informationsaustausch, § 50a Abs. 3

Durch Verweis auf § 50d (auf dessen Kommentierung für Einzelheiten verwiesen wird)  **12** schafft § 50a Abs. 3 die **Rechtsgrundlage** dafür, dass die ersuchte Behörde **Informationen** über ihre Ermittlungsergebnisse an die ersuchende Behörde weitergeben darf.

## § 50b Zustellung im Netzwerk der europäischen Wettbewerbsbehörden

(1) **Auf Ersuchen der Wettbewerbsbehörde eines anderen Mitgliedstaates der Europäischen Union stellt das Bundeskartellamt in deren Namen einem Unternehmen, einer Unternehmensvereinigung oder einer natürlichen Person im Inland folgende Unterlagen zu:**

1. **jede Art vorläufiger Beschwerdepunkte zu mutmaßlichen Verstößen gegen Artikel 101 oder 102 des Vertrages über die Arbeitsweise der Europäischen Union;**
2. **Entscheidungen, die Artikel 101 oder 102 des Vertrages über die Arbeitsweise der Europäischen Union zur Anwendung bringen;**
3. **sonstige Verfahrensakte, die in Verfahren zur Durchsetzung der Artikel 101 oder 102 des Vertrages über die Arbeitsweise der Europäischen Union erlassen wurden und nach den Vorschriften des nationalen Rechts zuzustellen sind sowie**
4. **sonstige Unterlagen, die mit der Anwendung der Artikel 101 oder 102 des Vertrages über die Arbeitsweise der Europäischen Union, einschließlich der Vollstreckung von verhängten Geldbußen oder Zwangsgeldern, in Zusammenhang stehen.**

(2) **¹Das Ersuchen um Zustellung von Unterlagen nach Absatz 1 an einen Empfänger, der im Anwendungsbereich dieses Gesetzes ansässig ist, erfolgt durch Übermittlung eines einheitlichen Titels in deutscher Sprache, dem die zuzustellende Unterlage beizufügen ist. ²Der einheitliche Titel enthält:**

1. **den Namen und die Anschrift sowie gegebenenfalls weitere Informationen, durch die der Empfänger identifiziert werden kann,**
2. **eine Zusammenfassung der relevanten Fakten und Umstände,**
3. **eine Zusammenfassung des Inhalts der zuzustellenden Unterlage,**
4. **Name, Anschrift und sonstige Kontaktinformationen der ersuchten Behörde und**
5. **die Zeitspanne, innerhalb derer die Zustellung erfolgen sollte, beispielsweise gesetzliche Fristen oder Verjährungsfristen.**

(3) **¹Das Bundeskartellamt kann die Zustellung verweigern, wenn das Ersuchen den Anforderungen nach Absatz 2 nicht entspricht oder die Durchführung der Zustellung der öffentlichen Ordnung offensichtlich widersprechen würde. ²Will das Bundeskar-**

---

[25] OGH 15.7.2009 – 16Ok7/09, BeckRS 2009, 71415 Rn. 5.4; → VO 1/2003 Art. 22 Rn. 16; van der Hout/Wiemer in Berg/Mäsch VO 1/2003 Art. 22 Rn. 8; Jaeger in FK-KartellR VO 1/2003 Art. 22 Rn. 4; Sabir in Bien/Käseberg/Klumpe/Körber/Ost 10. GWB-Novelle Kap. 2 Rn. 41 mwN.

[26] Ähnlich Bischke/Schirra in MüKoWettbR VO 1/2003 Art. 22 Rn. 5.

tellamt die Zustellung verweigern oder werden weitere Informationen benötigt, informiert es die ersuchende Behörde hierüber. [3]Anderenfalls stellt es die entsprechenden Unterlagen unverzüglich zu.

(4) [1]Die Zustellung richtet sich nach den Vorschriften des Verwaltungszustellungsgesetzes. [2]§ 5 Absatz 4 des Verwaltungszustellungsgesetzes sowie § 178 Absatz 1 Nummer 2 der Zivilprozessordnung sind auf die Zustellung an Unternehmen und Vereinigungen von Unternehmen entsprechend anzuwenden.

(5) [1]Das Bundeskartellamt ist befugt, die Zustellung seiner Entscheidungen und sonstiger Unterlagen im Sinne des Absatzes 1 durch die Wettbewerbsbehörde eines anderen Mitgliedstaates in seinem Namen zu bewirken. [2]Das Ersuchen um Zustellung ist in Form eines einheitlichen Titels entsprechend Absatz 2 nebst einer Übersetzung dieses einheitlichen Titels in die Amtssprache oder eine der Amtssprachen des ersuchten Mitgliedstaates unter Beifügung der zuzustellenden Unterlage an die dort zuständige Wettbewerbsbehörde zu richten. [3]Eine Übersetzung der zuzustellenden Unterlage in die Amtssprache oder in eine der Amtssprachen des Mitgliedstaates der ersuchten Behörde ist nur dann erforderlich, wenn das nationale Recht des ersuchten Mitgliedstaates dies vorschreibt. [4]Zum Nachweis der Zustellung genügt das Zeugnis der ersuchten Behörde.

(6) [1]Auf Verlangen der ersuchten Behörde erstattet das Bundeskartellamt die der ersuchten Behörde infolge der Zustellung entstandenen Kosten, insbesondere für benötigte Übersetzungen oder Personal- und Verwaltungsaufwand, soweit diese Kosten vertretbar sind. [2]Das Bundeskartellamt kann ein entsprechendes Verlangen an eine ersuchende Behörde stellen, wenn dem Bundeskartellamt bei der Zustellung für die ersuchende Behörde solche Kosten entstanden sind.

(7) [1]Über Streitigkeiten in Bezug auf die Rechtmäßigkeit einer durch das Bundeskartellamt erstellten und im Hoheitsgebiet einer anderen Wettbewerbsbehörde zuzustellenden Unterlage sowie über Streitigkeiten in Bezug auf die Wirksamkeit einer Zustellung, die das Bundeskartellamt im Namen der Wettbewerbsbehörde eines anderen Mitgliedstaates übernimmt, entscheidet das nach diesem Gesetz zuständige Gericht. [2]Es gilt deutsches Recht.

**Übersicht**

## A. Allgemeines

1    Auch § 50b gehört zu den Vorschriften, die – in **Umsetzung der ECN+-RL,** hier konkret **Art. 25, 27, 28** der Richtlinie[1] – die **Zusammenarbeit der NWB** im Netz der Europäischen Wettbewerbsbehörden regeln (näher → § 50a Rn. 1). Er **verpflichtet**[2] das BKartA zur **Zustellung** einer breiten Palette von Dokumententypen (Abs. 1 Nr. 1–4) anderer NWB auf ordnungsgemäßes Gesuch (Abs. 2, 3) hin, wobei die Zustellung nach

---

[1] Begr. 2020, BT-Drs. 19/23492, 104.
[2] Sabir in Bien/Käseberg/Klumpe/Körber/Ost 10. GWB-Novelle Kap. 2 Rn. 50.

deutschem nationalem Recht erfolgt (Abs. 4). Umgekehrt wird auch das BKartA ermächtigt, eine Zustellung durch andere NWB zu bewirken (Abs. 5). Ferner enthält die Norm Regelungen zur Kostentragung und zum Rechtsweg bei Zustellungsersuchen in diese beiden Richtungen (Abs. 6, 7).

§ 50b ermöglicht es damit, dass sich die **Wirkungen einer Zustellung** (Eintritt durchsetzbarer Rechtswirkungen, Anlauf von Rechtsmittel- und anderen Fristen etc.) im **grenzüberschreitenden Rechtsverkehr** entfalten können.[3] Dies bildet einen wichtigen Baustein für die dezentrale, aber doch effektive Durchsetzung der Unionskartellrechts, gerade weil es an einem das Kartellverfahren abdeckenden Übereinkommen oder sonstigen Rechtsakt (auch die VO 1/2003 lässt hier eine Lücke) für den Rechtsraum der Europäischen Union bisher fehlt.[4] Hingegen kann § 50b nicht für die Zustellung von Dokumenten nutzbar gemacht werden, die sich allein auf die Verletzung **mitgliedstaatlich-nationalen Kartellrechts** beziehen, wie aus der Listung zustellungsfähiger Dokumente in § 50b Abs. 1 Nr. 1–4 deutlich wird. Im Rahmen der Binnenzuständigkeitsordnung nach deutschem Recht bildet § 50b eine spezifische Ausprägung der Bundeskartellamtszuständigkeit nach **§ 50 Abs. 2.**[5]

Die Vorschrift eröffnet aber **nicht den einzigen Weg,** auf dem deutsche Behörden 3 Kartellverfahrensdokumente an Adressaten im Hoheitsgebiet anderer Staaten zustellen (lassen) können. Ergänzt[6] wird sie insbesondere[7] durch **§ 61 Abs. 1** (iVm dem VwZG)[8] **sowie durch § 9 VwZG,** die (anders als § 50b) beide auch LKartB nutzen können. § 61 Abs. 1 S. 3 sieht die Zustellung an einen inländischen Zustellungsbevollmächtigten vor und § 61 Abs. 1 S. 4 die Zustellung durch Bekanntmachung im Bundesanzeiger, letzteres allerdings nur subsidiär[9] zu einer Zustellung nach § 61 Abs. 1 S. 3 oder nach § 50b. § 9 Abs. 1 VwZG ermöglicht neben der Übermittlung auf elektronischem bzw. Postweg direkt durch die zustellende Behörde (§ 9 Abs. 1 Nr. 1, 4 VwZG) oder der Einschaltung im Ausland tätiger deutscher Behörden (§ 9 Abs. 1 Nr. 2 Alt. 2, Nr. 3) auch das Ersuchen um internationale Amtshilfe[10] durch ausländische Behörden (§ 9 Abs. 1 Nr. 2 Alt. 1). Gemäß § 9 Abs. 3 VwZG kann die Zustellung durch ausländische oder im Ausland agierende deutsche Behörden mit der Verpflichtung zur Benennung eines Zustellungsbevollmächtigten verknüpft werden, wobei die Nichterfüllung dieser Verpflichtung – mit gewissen Einschränkungen – eine Zustellung durch bloße Aufgabe zur Post ermöglicht.

## B. Zustellung durch das BKartA

## I. Zustellungsgegenstand

§ 50b Abs. 1 Nr. 1–4 spannt einen weiten Bereich von Dokumententypen auf, für die 4 Zustellung per Amtshilfe in Betracht kommt, von Beschwerdepunkten und Verfahrensakten über Entscheidungen und „sonstige Unterlagen", einschließlich solcher im Zusammenhang mit der Vollstreckung. Hieraus ersichtlich, soll der sachliche Anwendungsbereich insofern weit verstanden werden und **alle zustellungsbedürftigen Dokumente** im Zusammenhang mit der Durchsetzung von Art. 101, 102 AEUV erfassen können.[11]

---

[3] S. auch Sabir in Bien/Käseberg/Klumpe/Körber/Ost 10. GWB-Novelle Kap. 2 Rn. 43.

[4] Sabir in Bien/Käseberg/Klumpe/Körber/Ost 10. GWB-Novelle Kap. 2 Rn. 44.

[5] Begr. 2020, BT-Drs. 19/23492, 104.

[6] Sabir in Bien/Käseberg/Klumpe/Körber/Ost 10. GWB-Novelle Kap. 2 Rn. 46.

[7] S. beispielsweise zu ebenfalls einschlägigem Landesrecht Schlatmann in Engelhardt/App/Schlatmann VwZG § 9 Rn. 27.

[8] Klose in Wiedemann KartellR-HdB § 53 Rn. 132.

[9] Näher Sabir in Bien/Käseberg/Klumpe/Körber/Ost 10. GWB-Novelle Kap. 2 Rn. 46; Ost in MüKo WettbR § 61 Rn. 18.

[10] Schlatmann in Engelhardt/App/Schlatmann VwZG § 9 Rn. 17.

[11] Sabir in Bien/Käseberg/Klumpe/Körber/Ost 10. GWB-Novelle Kap. 2 Rn. 51.

5    Gerade aus der expliziten Bezugnahme auf diese beiden Normen in allen Ziffern des
§ 50b Abs. 1 rührt denn auch die eigentliche Grenzziehung für den sachlichen Anwen-
dungsbereich her: Wo ein Kartellverfahren nicht **zumindest auch der Anwendung von
Art. 101, 102 AEUV dient,** bietet § 50b keine Rechtsgrundlage für eine zustellende
Amtshilfe, so etwa in Beihilfe-, Zusammenschlusskontroll- oder rein nationalrechtlichen
Kartellverfahren.

6    Ob, nach der Kategorisierung des deutschen Rechts, das zuzustellende Dokument iRd
**Kartellverwaltungs- oder des Kartellbußgeldverfahrens** erstellt wird, spielt für die
Anwendbarkeit von § 50b keine Rolle, da weder die Norm noch die ECN+-RL hiernach
differenzieren.[12]

## II. Zustellungsadressat

7    Nach ausdrücklichem Wortlaut von § 50b Abs. 1 ermöglicht die Norm Zustellungen
nicht nur an **Unternehmen**(-svereinigungen), sondern auch an **natürliche Personen.**

## III. Zustellungsersuchen

8    Zustellende Amtshilfe leistet das BKartA nur auf Ersuchen gem. § 50b Abs. 2 hin. Das
Ersuchen kleidet sich in die Form eines **„einheitlichen Titels",** wobei Art. 27 ECN
+-RL diesen, auch in anderen EU-Rechtsakten verwendeten,[13] Terminus vorgibt, ohne
ihn besonders detailreich auszugestalten.[14] Der deutsche Gesetzgeber versteht den einheitlichen Titel als „Mindestbestand von Informationen"[15], und in der Tat **konstituieren im
Wesentlichen die in § 50b Abs. 2 S. 2 Nr. 1–5 verlangten Angaben,** was einen
einheitlichen Titel ausmacht.[16] Die formale Ausgestaltung kann sich anlehnen an das Form-
blatt für Zustellungsersuchen gemäß der EU-Beitreibungsrichtlinie, niedergelegt im Anhang I zur entsprechenden Durchführungsverordnung.[17] Hinzu kommt § 50b Abs. 1 S. 1
mit der Vorgabe, dass der einheitliche Titel für Zustellungen in Deutschland – grundsätzlich (→ Rn. 12) hingegen nicht die beigefügte zuzustellende Unterlage[18] – in **deutscher Sprache** gehalten sein muss, wie dies auch von § 8b Abs. 2 VwVfG verlangt wird.[19]

9    Das **Gesuch um Amtshilfe durch Zustellung als solches** gibt § 50b Abs. 2 nicht
explizit als Inhalt des einheitlichen Titels vor, was als Selbstverständlichkeit auch entbehrlich
erscheint. Zur **Identifikation des Zustellungsadressaten** (Nr. 1) sind „weitere Informationen", über Name und Anschrift hinaus, nur dann zwingend, wenn es ihrer voraussichtlich für eine erfolgreiche Zustellung bedarf. Erweist sich dies erst beim Versuch der
Zustellung, kann man (wie für die übrigen Angaben nach § 50b Abs. 2) § 50b Abs. 3 S. 2,
der Ratio von § 50b sowie dem europarechtlichen Effektivitätsgrundsatz entnehmen, dass
das Amt weitere Informationen von der ersuchenden Behörde erbitten darf und muss, ohne
dass schon deswegen ein Ersuchensmangel vorliegt, der die Amtshilfepflicht beseitigt.

10   § 50b Abs. 2 S. 2 Nr. 4 verlangt nicht die Angabe jeder erdenklichen **Kontaktinforma-
tion** der ersuchenden Behörde, sondern zielt auf eine zügige und effektive Kommunikati-
onsmöglichkeit, wozu heute auch Kanäle des digitalen Austauschs (insbesondere E-Mail)
gehören.

---

[12] Sabir in Bien/Käseberg/Klumpe/Körber/Ost 10. GWB-Novelle Kap. 2 Rn. 45.
[13] Sabir in Bien/Käseberg/Klumpe/Körber/Ost 10. GWB-Novelle Kap. 2 Rn. 54, unter Verweis auf
insbesondere die Beitreibungsrichtlinie.
[14] Sabir in Bien/Käseberg/Klumpe/Körber/Ost 10. GWB-Novelle Kap. 2 Rn. 54.
[15] Begr. 2020, BT-Drs. 19/23492, 104.
[16] Sabir in Bien/Käseberg/Klumpe/Körber/Ost 10. GWB-Novelle Kap. 2 Rn. 54.
[17] VO (EU) Nr. 1189/2011 vom 18.11.2011 zur Festlegung der Durchführungsbestimmungen zu bestimmten Artikeln der Richtlinie 2010/24/EU des Rates über die Amtshilfe bei der Beitreibung von
Forderungen in Bezug auf Steuern, Abgaben und sonstige Maßnahmen, ABl. 2011 L 302/16.
[18] Näher Begr. 2020, BT-Drs. 19/23492, 104; Sabir in Bien/Käseberg/Klumpe/Körber/Ost 10. GWB-
Novelle Kap. 2 Rn. 58.
[19] Begr. 2020, BT-Drs. 19/23492, 104.

Mit Blick auf den **Zeitrahmen für die Zustellung** formuliert § 50b Abs. 2 S. 2 Nr. 5    **11**
zu Recht vorsichtig („sollte"), weil ausländische Behörden dem BKartA nicht vorschreiben
können, wie dieses seine Amtshandlungen zeitlich ausgestaltet. Allerdings verlangt § 50b
Abs. 3 S. 3 eine unverzügliche Zustellung und auch der Effektivitätsgrundsatz gebietet eine
Förderung der dezentralen EU-Kartellrechtsdurchsetzung mittels fristwahrender Zustellung. Das Amt ist also gehalten, soweit irgend möglich fristwahrend zuzustellen, und § 50b
Abs. 2 S. 2 Nr. 5 verlangt demgemäß, sinnvollerweise die Angabe relevanter Fristen.

§ 50b Abs. 2 S. 2 Nr. 3 fordert eine **Inhaltszusammenfassung des zuzustellenden**    **12**
**Dokuments** und Nr. 2 fügt die relevanten Aspekte des **zugrundeliegenden Sachver-**
**halts** hinzu. Gem. § 50b Abs. 3 S. 1, 2 muss das BKartA auch in dieser Hinsicht beurteilen,
ob die inhaltlichen Anforderungen an einen einheitlichen Titel gewahrt sind, und es muss
gegebenenfalls Informationen (beispielsweise eine Übersetzung der zuzustellenden Unterlage bei Zweifeln über deren Inhalt) nachfordern oder sein Ermessen hinsichtlich einer
Verweigerung der Zustellung ordnungsgemäß ausüben. Auch wenn das BKartA kein Recht
zur Nachprüfung der ausländischen Behördenentscheidung in der Sache hat, resultiert aus
alldem doch faktisch eine begrenzte Überprüfung dahingehend, ob sich Sachverhalt, Ur-
kundeninhalt und Zustellungsbegehren gemäß Ausführungen der ersuchenden Behörde
schlüssig zusammenfügen.

Dem Ersuchen muss die **„zuzustellende Unterlage"** beigefügt werden (§ 50b Abs. 2    **13**
S. 1). Art. 27 Abs. 2 S. 1 ECN+-RL lässt zwar eine (schlichte) Kopie dieser Urkunde
genügen, vorzugswürdig erscheint aber – trotz gewisser Bedenken hinsichtlich der Europarechtskonformität – eine Interpretation der deutschen Umsetzungsnorm dahingehend, dass
eine Ausfertigung, zumindest aber eine beglaubigte Kopie der Unterlage zu übermitteln ist,
hierdurch wird das Zustellungsersuchen auch nicht übermäßig erschwert.[20] Eine übersetzte
Fassung muss der Unterlage an sich nicht beigegeben werden,[21] außer schwerwiegende
Zweifel an der Erfüllung von § 50b Abs. 2 S. 2 Nr. 3 machen dies ganz ausnahmsweise
erforderlich (siehe auch soeben).

## IV. Amtshilfehindernisse

§ 50b Abs. 3 S. 1 Alt. 1 stellt klar, dass ein Amtshilfehindernis besteht (zu den Kon-    **14**
sequenzen → Rn. 16 ff.), wenn das Zustellungsersuchen die **Voraussetzungen des § 50b**
**Abs. 2 nicht erfüllt.** Die Vorschrift greift hiermit aber weil **auch die Nichterfüllung**
**weiterer Voraussetzungen aus § 50b zu einem Amtshilfehindernis** führt, etwa wenn
das Gesuch nicht von einer EU-NWB stammt, die zuzustellende Unterlage keinen Bezug
zu Art. 101, 102 AEUV aufweist, oder grds. auch, wenn eine Kostentragung durch die
ersuchende Behörde weder für den konkreten Fall noch iRe Gegenseitigkeitsarrangements
für allfällige Ersuchen des BKartA gewährleistet erscheint. Dass diese erweiternde Interpretation richtig ist, erweist sich auch an Art. 27 Abs. 6 S. 1 lit. a ECN+-RL, welcher
sämtliche „Anforderungen dieses Artikels" einbezieht.

§ 50b Abs. 3 S. 1 Alt. 2 kodifiziert, in Umsetzung von Art. 27 Abs. 6 S. 1 lit. b ECN    **15**
+-RL, einen **ordre public-Vorbehalt.** Mit ihm einher gehen Recht und Pflicht des
Amtes, Zustellungsersuchen, zuzustellende Unterlage und zugrundeliegenden Sachverhalt
daraufhin zu **beurteilen,** ob eine Zustellung Fundamentalprinzipien der deutschen Rechtsordnung widerspräche. Das Wortlautmerkmal **„offensichtlich"** erhöht indes die Hürde
für ein ordre public-Amtshilfehindernis dadurch, dass der Verstoß ohne eingehende Prüfung ersichtlich sein muss, was namentlich mit seiner besonderen Schwere korrespondieren

---

[20] Sabir in Bien/Käseberg/Klumpe/Körber/Ost 10. GWB-Novelle Kap. 2 Rn. 57, die wohl grundsätzlich
eine schlichte Kopie ausreichen lassen möchte. Dass Art. 27 ECN+-RL nur „grundsätzlich" eine Kopie
genügen lasse, findet sich im Wortlaut der Bestimmung allerdings nicht wieder. S. auch Sabir in Bien/
Käseberg/Klumpe/Körber/Ost 10. GWB-Novelle Kap. 2 Rn. 72, wonach jedenfalls für Ersuchen durch das
BKartA eine schlichte Kopie nicht genügt.
[21] Sabir in Bien/Käseberg/Klumpe/Körber/Ost 10. GWB-Novelle Kap. 2 Rn. 58; Bechtold/Bosch
Rn. 3.

kann. Wie auch in anderen Kontexten, kommt es bei der hiesigen ordre public-Kontrolle nicht auf eine abstrakte Betrachtung ausländischer Rechtsnormen an, sondern auf das hypothetische **Ergebnis der Rechtsanwendung** im konkreten Einzelfall.[22] Der Rechtsbestand zu **anderen verfahrensrechtlichen ordre public-Vorbehalten,** insbesondere im Bereich der grenzüberschreitenden Zustellung,[23] kann herangezogen werden, ohne dass § 50b Abs. 3 S. 1 Alt. 2 angesichts seines spezifisch kartellrechtlichen Gehalts hierauf beschränkt bleiben muss. Insbesondere Verstöße gegen (Verfahrens–)Grundrechte können ein ordre public-Amtshilfehindernis begründen.[24] Ungenügend setzt die GWB-Regelung Art. 27 Abs. 6 S. 1 lit. b ECN+-RL insofern um, als dieser eine **schlüssige Darlegung** des ordre public-Verstoßes durch die ersuchte Behörde fordert. In europarechtskonformer Auslegung ist diese Anforderung als Bestandteil des § 50b Abs. 3 S. 2 zu integrieren, die dort vorgesehene Information der ersuchenden Behörde muss also gegebenenfalls auch eine schlüssige Darlegung des § 50b Abs. 3 S. 1 Alt. 2 umfassen.

## V. Entscheidung und Information über die Zustellung

16    **Fehlt es an Amtshilfehindernissen,** so besteht kein Ermessensspielraum, sondern eine **Verpflichtung** des BKartA, die Zustellung auch vorzunehmen.[25]

17    Umgekehrt verpflichten Amtshilfehindernisse das Amt **nicht generell, eine Zustellung zu verweigern,** wie aus den Wortlauten von § 50b Abs. 3 S. 1 („kann"), S. 2 („will") und Art. 27 Abs. 6 S. 1 („nicht verpflichtet") hervorgeht. Vielmehr bedarf es dann einer ordnungsgemäßen **Ermessensentscheidung** (s. wiederum § 50b Abs. 3 S. 1: „kann"),[26] zu deren entscheidungsrelevanten Belangen die Schwere des Amtshilfehindernisses, seine Behebbarkeit, die Bedeutung der ersuchten Zustellung sowie der EU-rechtliche Effektivitätsgrundsatz gehören. In **prozeduraler Hinsicht** ist § 50b Abs. 3 S. 2 dahin zu verstehen, dass das BKartA der ersuchenden NWB die aus seiner Sicht (potentiell) bestehenden Amtshilfehindernisse vorab nennen und, wo Raum hierfür besteht, Gelegenheit zu deren Beseitigung bzw. zur Beibringung weiterer Informationen für die Beurteilung geben muss.[27] Für ordre public-Hindernisse besteht sogar das Erfordernis einer schlüssigen Darlegung (→ Rn. 15). Die deutsche Fassung von Art. 27 Abs. 6 S. 2 ECN+-RL bringt diesen kooperativen Ansatz besser zum Ausdruck, wenn sie verlangt, bei im Raum stehender Ablehnung müsse sich die ersuchte an die ersuchende Behörde „wenden". Zudem ergibt er sich aus dem Grundsatz der engen Zusammenhang im ECN, der beispielsweise in ErwGr (2) der ECN+-RL zum Ausdruck kommt,[28] und letztlich eine spezifische Ausprägung des EU-rechtlichen Effektivitätsgrundsatzes und Gebots der loyalen Zusammenarbeit (Art. 4 Abs. 3 EUV) darstellt.[29] Kann die ersuchende Behörde indes ein **schwerwiegendes Amtshilfehindernis,** etwa den fehlenden Bezug zu Art. 101, 102 AEUV oder einen offensichtlichen ordre public-Verstoß, nicht ausräumen, wird die Ermessensausübung zum Ergebnis führen müssen, die **Zustellung zu verweigern.**[30]

---

[22] Picht in Rauscher EuZPR/EuIPR Rom-II-VO Art. 26 Rn. 15; Leible in Rauscher EuZPR/EuIPR Brüssel-Ia-VO Art. 45 Rn. 9.

[23] S. etwa Art. 13 Abs. 1 HZÜ, Art. 14 Nr. 1 lit. b Europäisches Übereinkommen über die Zustellung von Schriftstücken in Verwaltungssachen im Ausland. Hingegen enthält die EuZVO keinen ordre public-Vorbehalt, Rauscher in MüKoZPO EG-ZustellVO Art. 6 Rn. 10.

[24] Sabir in Bien/Käseberg/Klumpe/Körber/Ost 10. GWB-Novelle Kap. 2 Rn. 61.

[25] Begr. 2020, BT-Drs. 19/23492, 104; Sabir in Bien/Käseberg/Klumpe/Körber/Ost 10. GWB-Novelle Kap. 2 Rn. 50.

[26] Sabir in Bien/Käseberg/Klumpe/Körber/Ost 10. GWB-Novelle Kap. 2 Rn. 50.

[27] Sabir in Bien/Käseberg/Klumpe/Körber/Ost 10. GWB-Novelle Kap. 2 Rn. 64.

[28] Sabir in Bien/Käseberg/Klumpe/Körber/Ost 10. GWB-Novelle Kap. 2 Rn. 62.

[29] Bardong/Stempel in MüKoWettbR VO 1/2003 Art. 11 Rn. 10.

[30] Zu zustellungsfreundlich Sabir in Bien/Käseberg/Klumpe/Körber/Ost 10. GWB-Novelle Kap. 2 Rn. 62, die eine Ablehnung nur „regelmäßig" und nur dann fordert, wenn ein ordre public-Verstoß vorliegt und „der Grundsatz bzw. die Grundsätze, mit denen die Vollstreckung in Widerspruch steht, gerade dem Schutz des von der Vollstreckung Betroffenen dient bzw. dienen".

Angesichts des Effektivitätsgrundsatzes und der Unverzüglichkeitsvorgabe in § 50b **18**
Abs. 3 S. 3 muss das BKartA seine Entscheidung über eine Zustellung **ohne Verzögerung**
nach Eingang des Gesuchs treffen.

## VI. Zustellungsdurchführung und -kostentragung

Gelangt das BKartA zur Entscheidung, die Zustellung in Amtshilfe durchzuführen, muss **19**
dies gem. § 50b Abs. 3 S. 3 **unverzüglich** geschehen. Hierin dürfte eine – europarechtskonform – **verschärfende Umsetzung von Art. 27 Abs. 2 S. 1 ECN+-RL** liegen,[31]
der nur eine Zustellung „ohne ungebührliche Verzögerung" fordert. Zudem verpflichten
schon der EU-rechtliche Effektivitätsgrundsatz sowie Art. 27 Abs. 4 S. 3 letzter Hs. ECN
+-RL das Amt zu deren **wirkungsvoller** Durchführung. Besondere Bedeutung hat dies
bei der Wahl der Zustellungsart (s. sogleich). Die ersuchende Behörde hat aber nicht die
Kompetenz, dem BKartA bestimmte Modalitäten der Zustellung vorzuschreiben.[32]

Im Einzelnen richtet sich die **Zustellung nach dem VwZG** (§ 50b Abs. 4 S. 1), dies **20**
entspricht der Anwendbarkeit des nationalen Rechts der ersuchten Behörde auf den Zu-
stellungsvorgang gem. Art. 27 Abs. 1 ECN+-RL. Der explizite Verweis auf **§ 178 Abs. 1
Nr. 2 ZPO** erlaubt die Zustellung in Geschäftsräumen und an Beschäftigte eines Adressa-
ten-Unternehmens (bzw. Unternehmensvereinigung). An natürliche Personen als Adressaten schließt dies eine Zustellung nach § 178 Abs. 1 Nr. 1, 3 ZPO nicht aus. **§ 50b Abs. 4
S. 2 iVm § 5 Abs. 4 VwZG** ermöglicht die, praktisch besonders wichtige, elektronische
Zustellung gegen Empfangsbekenntnis auch an Unternehmen(–svereinigungen).[33] Auch
die Heilungsvorschrift des § 8 VwZG für fehlerhafte Zustellungen kommt zur Anwendung,
kann allerdings Fehler in Urschrift oder Ausfertigungsvermerk nicht remedieren.[34] Mit
seinen beiden Verweisen überträgt § 50b Abs. 4 S. 2 den § 61 Abs. 1 S. 2 in das ECN-
Amtshilfezustellungsverfahren.[35] Das **Wahlrecht** zwischen mehreren infrage kommenden
**Zustellungsarten** (§ 2 Abs. 3 S. 1 VwZG)[36] muss das BKartA im Lichte seiner Verpflichtung zu einer effektiven Zustellung ausüben. Bei der Zustellung handelt das BKartA
**„im Namen"** der ersuchenden NWB, wird also nicht selbst zur zustellenden Behörde
nach deutschem Recht.

Das Fehlen eingehender Aussagen (s. immerhin § 50b Abs. 5 S. 4) über die Erstellung **21**
und Übermittlung des **Zustellungsnachweises** bildet eine Schwäche der gesetzlichen
Regelung. Wo die Zustellung ein **Empfangsbekenntnis** generiert, bildet dieses den
Nachweis,[37] sofern für die ersuchende Behörde ausreichend. Soweit genügend, sollte das
BKartA allerdings an diese nur eine weitere Ausfertigung oder beglaubigte Kopie übermit-
teln,[38] da das Original von Bedeutung für Rechtsmittel in Deutschland sein kann. In
sonstigen Fällen überzeugt der Vorschlag,[39] als Nachweis ein **Zustellungszeugnis** der
Behörde zu erstellen, wie es etwa auch Art. 8 (samt zugehörigem Muster) des Europäischen
Übereinkommens über die Zustellung von Schriftstücken in Verwaltungssachen im Ausland vorsieht. Bedarf die ersuchende Behörde nach ihrem Recht stets eines Zustellungs-

[31] AA mglw. der Gesetzgeber, vgl. Begr. 2020, BT-Drs. 19/23492, 104, wonach die Bestimmung der
Richtlinienvorgabe lediglich „Rechnung trägt".

[32] AA Sabir in Bien/Käseberg/Klumpe/Körber/Ost 10. GWB-Novelle Kap. 2 Rn. 65 bzgl. der Zustellungsart.

[33] Sabir in Bien/Käseberg/Klumpe/Körber/Ost 10. GWB-Novelle Kap. 2 Rn. 50 mwN; Bechtold/Bosch
GWB § 50b Rn. 5.

[34] Vgl., iRv § 61, BGH 19.6.2007 – KVR 17/06, NVwZ-RR 2008, 315 Rn. 34 – Auskunftsverlangen;
BGH 24.3.1987 – KVR 10/85, BeckRS 1987, 971 Rn. 13 ff. – Coop Schleswig-Holstein/Deutscher
Supermarkt; Ost in MüKoWettbR § 61 Rn. 23 mwN.

[35] Begr. 2020, BT-Drs. 19/23492, 104.

[36] Sabir in Bien/Käseberg/Klumpe/Körber/Ost 10. GWB-Novelle Kap. 2 Rn. 65.

[37] Sabir in Bien/Käseberg/Klumpe/Körber/Ost 10. GWB-Novelle Kap. 2 Rn. 66.

[38] AA Sabir in Bien/Käseberg/Klumpe/Körber/Ost 10. GWB-Novelle Kap. 2 Rn. 66: Übermittlung des
Originals.

[39] Sabir in Bien/Käseberg/Klumpe/Körber/Ost 10. GWB-Novelle Kap. 2 Rn. 66.

zeugnisses oder einer Kombination aus Empfangsbekenntnis (soweit vorhanden) und Zustellungszeugnis, ist auch dem nachzukommen (s. auch § 50b Abs. 5 S. 4).

**22**    § 50b Abs. 6 sieht eine **Kostentragungsregel** vor, die nach richtiger Lesart § 50a Abs. 1 S. 2, Abs. 2 S. 2 korrespondiert (s. näher → § 50a Rn. 5). Einem Kostenerstattungsverlangen muss die ersuchende Behörde nur insoweit nachkommen, als sich dieses auf kausal durch die Zustellung entstandene Kosten bezieht und diese vertretbar sind. Soweit Maßnahmekosten von dem Veranlasser oder Verfügungsadressaten (einschließlich ihrer Subsidiärschuldner) als Gebühren eingefordert werden können (§ 62 Abs. 1 S. 2 Nr. 2, Abs. 6), bedarf es keiner Kostenerstattung durch die ersuchende Behörde. Mit Blick auf die Transaktionskosteneffizienz vorzugswürdig gegenüber Erstattungsverlangen im jeweiligen Einzelfall wäre eine **Gegenseitigkeitsvereinbarung,** wonach jede Seite die ihr als ersuchter Behörde entstehenden Kosten selbst trägt. Während § 50a eine solche Option ausdrücklich vorsieht, hat der Gesetzgeber sie in § 50b Abs. 6 zu Unrecht verschwiegen, der Sache nach sollte sie aber auch hier offenstehen, zumal das BKartA über einen Ermessensspielraum hinsichtlich eines Erstattungsverlangens („kann") verfügt.[40] Auch Art. 27 Abs. 7, 8 ECN +-RL stehen einer solchen Handhabung nicht entgegen.

## C. Zustellungsersuchen durch das BKartA

**23**    § 50b Abs. 5 macht explizit, was sich ansonsten auch aus den übrigen Bestandteilen des § 50b iVm Art. 25, 27 ECN+-RL ableiten ließe, nämlich dass das **BKartA** nicht nur als ersuchte Behörde fungiert, sondern auch **seinerseits die Befugnis hat,** andere NWB um Amtshilfe durch Zustellung zu ersuchen. Der Vollzug der Zustellung richtet sich dann nach dem **Verfahrensrecht der ersuchten NWB** (Art. 27 Abs. 1 ECN+-RL).[41]

**24**    Für sein Ersuchen erstellt das BKartA einen **einheitlichen Titel,** und zwar auf Deutsch sowie (bei Ersuchen nach Österreich entbehrlich) in der Amtssprache der ersuchten Behörde (§ 50b Abs. 5 S. 2), so dass die entsprechende Vorgabe in § 8b Abs. 1 S. 1 VwVfG gewahrt ist.[42] Während deutsches Recht eine Übersetzung der **zuzustellenden Unterlage** grundsätzlich nicht verlangt (→ Rn. 8), kommt das Amt einer solchen Anforderung im Recht der ersuchten Behörde nach (§ 50b Abs. 5 S. 3). Das Erfordernis **weiterer Akte oder Dokumente** nach dem Recht der ersuchten NWB lässt Art. 27 Abs. 4 S. 2 ECN+-RL nicht zu.

**25**    Als **Zustellungsnachweis** genügt dem deutschen Recht stets das Zustellungszeugnis der ersuchten Behörde (§ 50b Abs. 5 S. 4, § 9 Abs. 1 Nr. 2 VwZG),[43] Empfangsbekenntnisse oder vergleichbare Schriftstücke muss das BKartA also nicht einfordern.

## D. Rechtsmittel

**26**    § 50b Abs. 7 dient der Umsetzung von Art. 28 ECN+-RL.[44] Dieser verfolgt den Grundsatz, dass für **Rechtsmittel gegen den Zustellungsgegenstand** (also etwa die zuzustellende Entscheidung nach Art. 101, 102 AEUV) die Gerichte und das Recht des Staates der ersuchenden Behörde zuständig sind. Sofern es hingegen um die **Vornahme und Durchführung einer Zustellung** als solche geht, kommen Gerichte und Recht des Staates der ersuchten Behörde zum Zug.

**27**    Demgemäß erklärt die Vorschrift den **deutschen Rechtsweg für eröffnet und deutsches Recht** für anwendbar bezüglich der **Rechtmäßigkeit von Unterlagen,** um deren

---

[40] Ebenso Sabir in Bien/Käseberg/Klumpe/Körber/Ost 10. GWB-Novelle Kap. 2 Rn. 73.
[41] Sabir in Bien/Käseberg/Klumpe/Körber/Ost 10. GWB-Novelle Kap. 2 Rn. 72.
[42] Begr. 2020, BT-Drs. 19/23492, 105; hierzu auch Sabir in Bien/Käseberg/Klumpe/Körber/Ost 10. GWB-Novelle Kap. 2 Rn. 72.
[43] Begr. 2020, BT-Drs. 19/23492, 105.
[44] Begr. 2020, BT-Drs. 19/23492, 105.

Zustellung das BKartA nach § 50b Abs. 5 ersucht. Gleiches gilt für „Streitigkeiten in Bezug auf die Wirksamkeit einer Zustellung, die das Bundeskartellamt im Namen der Wettbewerbsbehörde eines anderen Mitgliedstaates übernimmt". Hierzu gehören nicht nur **Verfahren über die korrekte Durchführung der Zustellung** gem. § 50b Abs. 4 iVm dem VwZG, sondern auch Rechtsmittel gegen die **Entscheidung des BKartA über die (Nicht-)Vornahme einer Zustellung** nach § 50b Abs. 3, einschließlich der Beurteilung, ob ein Amtshilfehindernis vorliegt. Für all diese Gegenstände liegt die Beschwerdezuständigkeit gem. § 73 Abs. 4 beim OLG Düsseldorf.

## § 50c Vollstreckung im Netzwerk der europäischen Wettbewerbsbehörden

(1) **Auf Ersuchen der Wettbewerbsbehörde eines anderen Mitgliedstaates der Europäischen Union vollstreckt das Bundeskartellamt Entscheidungen, durch die in Verfahren zur Anwendung von Artikel 101 oder 102 des Vertrages über die Arbeitsweise der Europäischen Union Geldbußen oder Zwangsgelder festgesetzt werden, sofern die zu vollstreckende Entscheidung bestandskräftig ist und die ersuchende Behörde aufgrund hinreichender Bemühungen, die Entscheidung in ihrem Hoheitsgebiet zu vollstrecken, mit Sicherheit feststellen konnte, dass das Unternehmen oder die Unternehmensvereinigung dort über keine zur Einziehung der Geldbuße bzw. des Zwangsgeldes ausreichenden Vermögenswerte verfügt.**

(2) ¹**Auf Ersuchen der Wettbewerbsbehörde eines anderen Mitgliedstaates der Europäischen Union kann das Bundeskartellamt auch in anderen, von Absatz 1 nicht erfassten Fällen bestandskräftige Entscheidungen, durch die in Verfahren zur Anwendung von Artikel 101 oder 102 des Vertrages über die Arbeitsweise der Europäischen Union Geldbußen oder Zwangsgelder festgesetzt werden, vollstrecken. ²Dies gilt insbesondere, wenn das Unternehmen oder die Vereinigung von Unternehmen, gegen die die Entscheidung vollstreckbar ist, über keine Niederlassung im Mitgliedstaat der ersuchenden Wettbewerbsbehörde verfügt.**

(3) ¹**Für das Ersuchen nach Absatz 1 oder Absatz 2 gilt § 50b Absatz 2 mit der Maßgabe, dass die Unterlage, aus der die Vollstreckung begehrt wird, an die Stelle der zuzustellenden Unterlage tritt. ²Der einheitliche Titel umfasst neben den in § 50b Absatz 2 Satz 2 genannten Inhalten:**

1. **Informationen über die Entscheidung, die die Vollstreckung im Mitgliedstaat der ersuchenden Behörde erlaubt, sofern diese nicht bereits im Rahmen des § 50b Absatz 2 Nummer 3 vorgelegt wurden,**
2. **den Zeitpunkt, zu dem die Entscheidung bestandskräftig wurde,**
3. **die Höhe der Geldbuße oder des Zwangsgeldes, sowie**
4. **im Fall des Absatzes 1 Nachweise, dass die ersuchende Behörde ausreichende Anstrengungen unternommen hat, die Forderung in ihrem Hoheitsgebiet zu vollstrecken.**

³**Die Vollstreckung erfolgt auf Grundlage des einheitlichen Titels, der zur Vollstreckung im ersuchten Mitgliedstaat ermächtigt, ohne dass es eines Anerkennungsaktes bedarf.**

(4) ¹**Das Bundeskartellamt kann die Vollstreckung im Fall des Absatzes 1 nur verweigern, wenn das Ersuchen den Anforderungen nach Absatz 3 nicht entspricht oder die Durchführung der Vollstreckung der öffentlichen Ordnung offensichtlich widersprechen würde. ²Will das Bundeskartellamt die Vollstreckung verweigern oder benötigt es weitere Informationen, informiert es die ersuchende Behörde hierüber. ³Anderenfalls leitet es unverzüglich die Vollstreckung ein.**

(5) ¹**Soweit dieses Gesetz keine abweichenden Regelungen trifft, richtet sich die Vollstreckung von Bußgeldern nach §§ 89 ff. des Gesetzes über Ordnungswidrigkeiten und die Vollstreckung von Zwangsgeldern nach den Vorschriften des Verwaltungsvollstreckungsgesetzes. ²Geldbußen oder Zwangsgelder, die in einer anderen Währung**

verhängt wurden, werden vom Bundeskartellamt nach dem im Zeitpunkt der ausländischen Entscheidung maßgeblichen Kurswert in Euro umgerechnet. [3] Der Erlös aus der Vollstreckung fließt der Bundeskasse zu.

(6) [1] Das Bundeskartellamt macht die im Zusammenhang mit der Vollstreckung nach dieser Vorschrift entstandenen Kosten gemeinsam mit dem Buß- oder Zwangsgeld bei dem Unternehmen beziehungsweise der Unternehmensvereinigung geltend, gegen das oder gegen die die Entscheidung vollstreckbar ist. [2] Reicht der Vollstreckungserlös nicht aus, um die im Zusammenhang mit der Vollstreckung entstandenen Kosten zu decken, so kann das Bundeskartellamt von der ersuchenden Behörde verlangen, die nach Abzug des Vollstreckungserlöses verbleibenden Kosten zu tragen.

(7) [1] Das Bundeskartellamt ist befugt, die Wettbewerbsbehörde eines anderen Mitgliedstaates der Europäischen Union um die Vollstreckung von Entscheidungen, durch die in Verfahren zur Anwendung von Artikel 101 oder 102 des Vertrages über die Arbeitsweise der Europäischen Union Geldbußen oder Zwangsgelder festgesetzt werden, zu ersuchen. [2] § 50b Absatz 5 Satz 2 und 3 gilt entsprechend. [3] Für den Inhalt des einheitlichen Titels gilt darüber hinaus Absatz 3 Satz 2. [4] Gelingt es der ersuchten Behörde nicht, die ihr im Zusammenhang mit der Vollstreckung entstandenen Kosten, einschließlich Übersetzungs-, Personal- und Verwaltungskosten, aus den beigetriebenen Buß- oder Zwangsgeldern zu decken, so werden diese Kosten auf Antrag der ersuchten Behörde vom Bundeskartellamt erstattet.

(8) [1] Über Streitigkeiten in Bezug auf die Rechtmäßigkeit einer durch das Bundeskartellamt erlassenen und im Hoheitsgebiet einer anderen Wettbewerbsbehörde zu vollstreckenden Entscheidung sowie über die Rechtmäßigkeit des einheitlichen Titels, der zur Vollstreckung einer Entscheidung in einem anderen Mitgliedstaat berechtigt, entscheidet das nach diesem Gesetz zuständige Gericht. [2] Es gilt deutsches Recht. [3] Gleiches gilt für Streitigkeiten in Bezug auf die Durchführung einer Vollstreckung, die das Bundeskartellamt für die Wettbewerbsbehörde eines anderen Mitgliedstaates vornimmt.

## Übersicht

## A. Allgemeines

1     Im Verbund der Vorschriften zur Umsetzung der ECN+-RL (§§ 50a–50f) ist § 50c für die **Vollstreckungskooperation** zuständig und setzt damit insbesondere Art. 26 ECN+-RL um. § 50c einen **engen Zusammenhang mit § 50b** auf, namentlich weil die Voraussetzungen für das ordnungsgemäße Ersuchen um und Gewähren von Amtshilfe für beide Normen zu erheblichen Teilen auf Art. 27 ECN+-RL basieren und daher gleich ausfallen, ebenso die auf Art. 28 ECN+-RL basierende Rechtsmittelstruktur.[1] Die nachfolgende Kommentierung erörtert daher nur Besonderheiten der Vollstreckungs-Amtshilfe und verweist im Übrigen auf die Erläuterungen zu § 50b.

---

[1] Sabir in Bien/Käseberg/Klumpe/Körber/Ost 10. GWB-Novelle Kap. 2 Rn. 42.

sung dahingehend modifiziert, dass maßgebliche „**Unterlage**" nicht eine zuzustellende Urkunde, sondern der jeweilige **Vollstreckungstitel** ist.

Andererseits geben § 50c Abs. 3 S. 2 Nr. 1–4 zusätzliche Inhalte für den einheitlichen, **9** um eine Vollstreckung ersuchenden Titel vor. Schon wegen des systematischen Zusammenhangs zu § 50b Abs. 2 müssen auch diese in **deutscher Sprache** gehalten sein. **§ 50c Abs. 3 S. 2 Nr. 1** verdeutlicht mit der Verweisung auf § 50b Abs. 2 S. 2 zugleich sein Regelungsanliegen, nämlich die Kenntnis des BKartA von den wesentlichen Inhalten der als Vollstreckungsbasis dienenden Entscheidung auch dann sicherzustellen, wenn Kenntnisnahme nicht bereits iRe vorangegangenen („wurden") Gesuchs zum Zustellungsamtshilfe erfolgte. Die Regelung lässt sich aber nur schwer sinnvoll handhaben. Da nämlich Vollstreckungsgesuche zugleich § 50c Abs. 3 S. 1 iVm § 50b Abs. 2 S. 2 Nr. 2 und 3 wahren müssen, erhält das BKartA ohnehin eine Zusammenfassung der Entscheidung sowie des zugrundeliegenden Sachverhalts. Soll § 50c Abs. 3 S. 2 Nr. 1 daneben ein Anwendungsbereich verbleiben, muss er auf andere, zusätzliche „**Informationen**" **über die jeweilige Entscheidung** zielen, gibt aber keine Anhaltspunkte zur Natur solcher Informationen. Der Gesetzgeber hat das Problem anscheinend sogar gesehen,[8] aber nicht in stringenter Form reagiert.

Eine irgendwie geartete Substantiierung des gem. **§ 50c Abs. 3 S. 2 Nr. 2 zu nennen-** **10** **den Zeitpunkts** der Bestandskraft sieht das Gesetz nicht vor, so dass die Angabe dem BKartA nur eine **Formalkontrolle** ermöglicht, ob die Amtshilfevoraussetzung der Bestandskraft (§ 50c Abs. 1, Abs. 2 S. 1) gewahrt ist.[9] Die Bezifferung der **zu vollstrecken-** **den Geldbuße bzw. des Zwangsgeldes (§ 50c Abs. 3 S. 2 Nr. 3)** sichert das vollstreckungsrechtliche Bestimmtheitserfordernis[10] und enthebt das Amt der Aufgabe, selbst aus den übrigen Informationen im Gesuch den Vollstreckungsbetrag zu ermitteln. Sofern nur um eine **Teilvollstreckung** ersucht wird (siehe auch → Rn. 5), erscheint die Angabe des insgesamt geschuldeten sowie des konkret zu vollstreckenden Betrages geboten, erforderlichenfalls kann das BKartA diese Aufschlüsselung nachfragen.

Will sich die ersuchende Behörde auf **§ 50c Abs. 1 stützen und also eine Verpflich-** **11** **tung des BKartA** zur Amtshilfe begründen, so muss sie gem. **§ 50c Abs. 3 S. 2 Nr. 4** **nachweisen, dass sie „ausreichende Anstrengungen"** zur heimischen Vollstreckung unternommen hat. Dieser Wortlaut ist als verknappte Verweisung auf die vierte Voraussetzung in § 50c Abs. 1 zu verstehen; die ersuchende Behörde muss also alle dort genannten Anforderungen (→ Rn. 5) nicht nur darlegen oder glaubhaft machen, sondern vollumfänglich, zur Überzeugung des Amtes (und gerichtlich überprüfbar) nachweisen. Damit setzt § 50c Abs. 3 S. 2 Nr. 4 die hohen Anforderungen an eine Vollstreckungsamtshilfepflicht in den einheitlichen Titel hinein fort.

Genügt der einheitliche Titel den §§ 50b Abs. 2, § 50c Abs. 3 S. 1, 2, so bildet er selbst, **12** ohne weiteren Anerkennungs- oder sonstigen Rechtsakt, den **Titel für eine Vollstre-** **ckung in der Bundesrepublik.**[11] Es existieren dann also gleichsam zwei Vollstreckungstitel, derjenige aus dem Staat der ersuchenden Behörde und der einheitliche Titel. Eine Amtshilfevollstreckung darf das BKartA nur durchführen, sofern und solange keiner der beiden Titel durch Rechtsmittel seiner Wirksamkeit beraubt wurde.[12] Die Gesetzesbegründung stellt ferner klar, dass der einheitliche Titel durch das, oder zumindest in Verantwortung des, BKartA als ersuchende Behörde erstellt wird.[13] Dies gilt also auch dann, wenn das Amt nicht selbst die zu vollstreckende Entscheidung erließ.

---

[8] Begr. 2020, BT-Drs. 19/23492, 106.
[9] Vgl. Sabir in Bien/Käseberg/Klumpe/Körber/Ost 10. GWB-Novelle Kap. 2 Rn. 52.
[10] Wolfsteiner in MüKoZPO § 724 Rn. 24.
[11] Sabir in Bien/Käseberg/Klumpe/Körber/Ost 10. GWB-Novelle Kap. 2 Rn. 70; Bechtold/Bosch Rn. 4.
[12] Vgl., im Kontext des allgemeinen Beitreibungsrechts, den Rechtsgedanken des § 13 Abs. 1, 2 EuBeitrG, ferner Schlatmann in Engelhardt/App/Schlatmann EuBeitrG § 9 Rn. 2.
[13] Begr. 2020, BT-Drs. 19/23492, 106, unter Verweis auf die Durchführungsverordnung zur Beitreibungsrichtlinie.

## IV. Amtshilfehindernisse

13    Weitgehend gilt für § 50c Abs. 4 das **zu § 50b Abs. 3 Gesagte** (s. dort → Rn. 14 f.). Allerdings können sich aus den zusätzlichen Anforderungen an ein Vollstreckungsersuchen sowie den sonstigen **zusätzlichen Voraussetzungen des § 50c** auch zusätzliche Amtshilfehindernisse ergeben. Obgleich § 50c Abs. 4 S. 1 nur auf § 50c Abs. 1, nicht aber auf Abs. 2 der Vorschrift verweist, können Amtshilfehindernisse natürlich auch zur **Zurückweisung eines Amtshilfeersuchens nach § 50c Abs. 2** führen. Als Hintergrund seiner begrenzten Verweisung geht der Gesetzgeber wohl davon aus, dass solche Hindernisse als zentrale Belange bereits in die ordnungsgemäße Ermessensausübung nach § 50c Abs. 2 einfließen, also nicht zum Gegenstand der gesonderten Ausübung eines „Zurückweisungsermessens" gemacht werden müssen. In der Sache überzeugt dies, der Gesetzeswortlaut hätte die Zusammenhänge aber klarer stellen können. Der vollstreckungsrechtliche ordre public hat für § 50c Abs. 4 S. 1 besondere Bedeutung und ein Verstoß liegt vor, wenn der Vollstreckungstitel in einem nicht hinnehmbaren Gegensatz zu grundlegenden Prinzipien der deutschen Rechtsordnung steht, so dass das Anwendungsergebnis ausländischen Rechts nach deutschen Gerechtigkeitsvorstellungen nicht tragbar erscheint.[14]

## V. Entscheidung und Information über die Vollstreckung

14    Bestehen keine Amtshilfehindernisse, ist das BKartA in Fällen des **§ 50c Abs. 1 zur Vollstreckungshilfe verpflichtet.** In Fällen des **§ 50c Abs. 2** hängt deren Gewährung (dennoch) von einer **ordnungsgemäßen Ermessensausübung** ab,[15] die auch ohne Amtshilfehindernisse zu einer Zurückweisung des Ersuchens führen kann.

15    Bestehende **Hindernisse resultieren nicht in einer Amtshilfeverweigerungspflicht,** sondern ebenfalls in einer ordnungsgemäßen Ermessensentscheidung, die allerdings bei **ordre public-Verstößen**[16] **oder sonstigen schwerwiegenden Hindernissen** in aller Regel auf die Amtshilfeverweigerung hinauslaufen muss, sofern die ersuchende Behörde das Hindernis nicht behebt. Tendenziell wirkt sich der **gravierendere Eingriff in die Rechts- und Vermögenssphäre** des Adressaten bei der Ermessensentscheidung über eine Vollstreckungshilfe trotz bestehender Hindernisse stärker zugunsten einer Verweigerung aus als bei der Entscheidung über eine Amtshilfe durch Zustellung. Für weitere Gesichtspunkte, auch zum **Dialog mit der ersuchenden Behörde und dem Entscheidungszeitpunkt,** kann auf die Kommentierung zu § 50b verwiesen werden (dort → § 50b Rn. 17 f.).

## VI. Vollstreckungsdurchführung, Erlös und Kosten

16    Korrespondierend zu § 50b richtet sich auch die Durchführung der Vollstreckungsamtshilfe nach dem **Recht der ersuchten Behörde.** Dementsprechend bringt § 50c Abs. 5 S. 1 das **OWiG** für Bußgeldvollstreckungen und das **VwVG** für Zwangsgeldvollstreckungen zur Anwendung.[17] Das OWiG verweist in § 90 Abs. 1 seinerseits auf das VwVG und bewirkt dadurch eine Angleichung des Vollstreckungsablaufs.[18] § 50c Abs. 5 S. 2 trifft ergänzend eine **Euro-Umrechnungsregel,** wobei sich der Umrechnungskurs weder nach dem Zeitpunkt der Vollstreckung noch der Bestandskraft der zu vollstreckenden Entscheidung richtet, sondern nach dem Zeitpunkt, in dem diese erlassen wurde.

17    Zwar **leitet das BKartA die Vollstreckung ein und trägt für ihre ordnungsgemäße Durchführung die Hauptverantwortung,** mit den eigentlichen Vollstre-

---

[14] BVerfG 23.5.2019 – 1 BvR 1724/18, BeckRS 2019, 10045 Rn. 28; Schlatmann in Engelhardt/App/ Schlatmann EuBeitrG § 13 Rn. 5 mwN.
[15] Begr. 2020, BT-Drs. 19/23492, 106.
[16] Bechtold/Bosch Rn. 5.
[17] Begr. 2020, BT-Drs. 19/23492, 106.
[18] Sabir in Bien/Käseberg/Klumpe/Körber/Ost 10. GWB-Novelle Kap. 2 Rn. 69.

ckungsmaßnahmen kann es aber die Bundesfinanzverwaltung, konkret vor allem die **Hauptzollämter** beauftragen (§ 4 lit. b VwVG, für Bußgeldverfahren iVm §§ 90 Abs. 1, 92 OWiG).[19]

Dass der **Vollstreckungserlös** gem. § 50c Abs. 5 S. 3 in die Bundeskasse fließt,[20] mag **18** für ersuchende Behörden bzw. Staaten vor allem dann misslich sein, wenn gegenläufige Ersuchen des BKartA nur in viel geringerem Umfang stattfinden. Da die ECN+-RL indes hierzu keine Vorgaben macht und Art. 13 EU-Rahmenbeschluss über die gegenseitige Anerkennung von Geldstrafen und -bußen sogar eine gleichartige Regelung trifft, kann man den Mechanismus als europarechtskonform ansehen.[21] Der Gesetzgeber sieht ihn ausdrücklich als sachgerecht an,[22] wobei man hinterfragen kann, ob die von ihm gezogene Parallele zur Verteilung von Vollstreckungserlösen in Binnensachverhalten wirklich auf grenzüberschreitende Konstellationen passt, in denen zwischen den Staaten der ersuchenden und der ersuchten Behörde keine gleichartige ökonomische Interdependenz besteht. Er mag sogar einen begrüßenswerten Anreiz zur heimischen Vollstreckung durch die ersuchende Behörde schaffen. Nichtsdestotrotz hätte § 50c Abs. 5 S. 3 besser, wie Art. 13 EU-Rahmenbeschluss über die gegenseitige Anerkennung von Geldstrafen und -bußen, Raum für eine abweichende Einzelfallvereinbarung zwischen den Mitgliedstaaten gelassen.

Der **Kostentragungsmechanismus** für ersuchte Vollstreckungsmaßnahmen des **19** BKartA (§ 50c Abs. 6) und Vollstreckungen, um die das Amt ersucht (§ 50c Abs. 7 S. 4), weist **zwei wichtige Besonderheiten gegenüber der Regelung in § 50b** (s. i. Ü. dort → § 50b Rn. 22) auf. Zum einen werden die Kosten der Vollstreckung **vorrangig vom Vollstreckungsschuldner** eingetrieben,[23] eine Erstattung durch die ersuchende Behörde steht daher von vornherein nur in Frage, soweit der Vollstreckungserlös diese Kosten nicht zu decken vermag. Zum anderen enthält § 50c **keine Einschränkung auf die „vertretbaren" Kosten,** eine bedauerliche, wenn auch dem Wortlaut von Art. 27 Abs. 8 ECN+-RL nicht direkt widersprechende Schwäche des Gesetzestextes. Das Verhältnismäßigkeitsprinzip wirft schon die Frage auf, inwiefern unvertretbare Kosten staatlichen Handelns dem Vollstreckungsschuldner auferlegt werden dürfen.[24] Jedenfalls aber entspricht es nicht den Grundwertungen des ECN, anderen NWB unvertretbare Kosten eigenen Verwaltungshandelns aufzubrummen. Sofern das BKartA als ersuchte Behörde agiert, macht es der Ermessensspielraum bei der Einforderung einer Kostenübernahme durch die ersuchende Behörde („kann", § 50c Abs. 6 S. 2) möglich und erforderlich, die Vertretbarkeit der Kosten als einen ausschlaggebenden Belang in die Ausübung dieses Ermessens einzustellen. Bei der Kostenübernahme durch das BKartA als ersuchende Behörde auf Verlangen einer anderen NWB sieht § 50c Abs. 7 S. 4 aber kein Ermessen voraus. Das Amt muss also darauf bauen, dass die ersuchte NWB ein ihr zustehendes Ermessen (Art. 27) ebenfalls dahingehend ausübt, keine Erstattung unvertretbarer Kosten zu fordern, oder dass sich im Dialog der Behörden eine Lösung finden lässt.

## C. Vollstreckungsersuchen durch das BKartA

§ 50c Abs. 7 **ermächtigt das BKartA, seinerseits** um Vollstreckungshilfe nachzusu- **20** chen. Mutatis mutandis kann hierfür auf die Erläuterungen zu **§ 50b Abs. 5** verwiesen werden, insbesondere erstellt das Amt den **einheitlichen Titel** in Deutsch sowie ggf. einer

---

[19] Näher Sabir in Bien/Käseberg/Klumpe/Körber/Ost 10. GWB-Novelle Kap. 2 Rn. 67 f. mwN, auch zu terminologischen Unterschieden im Verwaltungs- und OWi-Verfahren.

[20] Bechtold/Bosch Rn. 6.

[21] Sabir in Bien/Käseberg/Klumpe/Körber/Ost 10. GWB-Novelle Kap. 2 Rn. 71.

[22] Begr. 2020, BT-Drs. 19/23492, 106.

[23] Begr. 2020, BT-Drs. 19/23492, 107, auch zur Rechtsgrundlage in § 5 VwVG iVm § 254 Abs. 2 AO.

[24] Vgl. hierzu in der zivilrechtlichen Vollstreckung § 788 Abs. 1 ZPO, der die Notwendigkeit der Kosten fordert, s. Preuß in BeckOK ZPO § 788 Rn. 25 ff.

abweichenden Amtssprache der ersuchten Behörde und übermittelt den **zu vollstreckenden Titel in vollstreckbarer Ausfertigung**.[25]

21    In § 50c Abs. 7 S. 1 finden sich nur zwei der vier Amtshilfevoraussetzungen des § 50c
Abs. 1 wieder, Rechtskraft- und Subsidiaritätserfordernis fehlen. Die letztgenannte Aus-
lassung ergibt Sinn, weil das BKartA, spiegelbildlich zu § 50c Abs. 1, 2 und in Umsetzung
von Art. 26 Abs. 1, 2 ECN+-RL, **auch dann um Amtshilfe ersuchen** können soll,
wenn es noch **nicht durch eigene Vollstreckungsbemühungen das Fehlen inländischer Vollstreckungsmasse erwiesen** hat (zu Grundsatzbedenken → Rn. 5 f.). Auch
wenn es der Wortlaut zuließe, darf man § 50c Abs. 7 S. 1 hingegen, schon mit Blick auf
eine korrekte Umsetzung von Art. 26 Abs. 3 ECN+-RL, **nicht eine Befugnis** des
BKartA entnehmen, **schon vor der Rechtskraft** von Entscheidungen um deren Vollstreckung in Amtshilfe zu ersuchen.

## D. Rechtsmittel

22    Die Rechtsmittelvorschrift des § 50c Abs. 8[26] **setzt, wie § 50b Abs. 7, Art. 28 ECN
+-RL** ins deutsche Recht um und unterscheidet sich von jener Vorschrift
(→ § 50b Rn. 26 f.) im Wesentlichen dadurch, dass die zu **vollstreckende Entscheidung**
an die Stelle der zuzustellenden Unterlage tritt und die **Durchführung** der **Vollstreckung**
an diejenige der Zustellungsvornahme.

### § 50d Informationsaustausch im Netzwerk der europäischen
### Wettbewerbsbehörden

(1) **Das Bundeskartellamt ist nach Artikel 12 Absatz 1 der Verordnung (EG) Nr. 1/
2003 befugt, der Europäischen Kommission und den Wettbewerbsbehörden der anderen Mitgliedstaaten der Europäischen Union zum Zweck der Anwendung der Artikel 101 und 102 des Vertrages über die Arbeitsweise der Europäischen Union und
vorbehaltlich Absatz 2**
1. **tatsächliche und rechtliche Umstände, einschließlich vertraulicher Angaben, insbesondere Betriebs- und Geschäftsgeheimnisse, mitzuteilen und entsprechende Dokumente und Daten zu übermitteln sowie**
2. **diese Wettbewerbsbehörden um die Übermittlung von Informationen nach Nummer 1 zu ersuchen, diese zu empfangen und als Beweismittel zu verwenden.**

(2) **Kronzeugenerklärungen dürfen der Wettbewerbsbehörde eines anderen Mitgliedstaates der Europäischen Union nur übermittelt werden, wenn**
1. **der Steller eines Antrags auf Kronzeugenbehandlung der Übermittlung seiner Kronzeugenerklärung an die andere Wettbewerbsbehörde zustimmt oder**
2. **bei der anderen Wettbewerbsbehörde von demselben Antragsteller ein Antrag auf
Kronzeugenbehandlung eingegangen ist und dieser sich auf ein und dieselbe Zuwiderhandlung bezieht, sofern es dem Antragsteller zu dem Zeitpunkt, zu dem die
Kronzeugenerklärung weitergeleitet wird, nicht freisteht, die der anderen Wettbewerbsbehörde vorgelegten Informationen zurückzuziehen.**

(3) ¹**Das Bundeskartellamt darf die empfangenen Informationen nur zum Zweck der
Anwendung von Artikel 101 oder 102 des Vertrages über die Arbeitsweise der Europäischen Union sowie in Bezug auf den Untersuchungsgegenstand als Beweismittel verwenden, für den sie von der übermittelnden Behörde erhoben wurden.** ²**Werden Vorschriften dieses Gesetzes jedoch nach Maßgabe des Artikels 12 Absatz 2 Satz 2 der**

---

[25] Sabir in Bien/Käseberg/Klumpe/Körber/Ost 10. GWB-Novelle Kap. 2 Rn. 72.
[26] S. beschreibend zu ihr auch Begr. 2020, BT-Drs. 19/23492, 108.

Verordnung (EG) Nr. 1/2003 angewandt, so können nach Absatz 1 ausgetauschte Informationen auch für die Anwendung dieses Gesetzes verwendet werden.

(4) [1]Informationen, die das Bundeskartellamt nach Absatz 1 erhalten hat, können zum Zweck der Verhängung von Sanktionen gegen natürliche Personen nur als Beweismittel verwendet werden, wenn das Recht der übermittelnden Behörde ähnlich geartete Sanktionen in Bezug auf Verstöße gegen Artikel 101 oder 102 des Vertrages über die Arbeitsweise der Europäischen Union vorsieht. [2]Falls die Voraussetzungen des Satzes 1 nicht erfüllt sind, ist eine Verwendung als Beweismittel auch dann möglich, wenn die Informationen in einer Weise erhoben worden sind, die hinsichtlich der Wahrung der Verteidigungsrechte natürlicher Personen das gleiche Schutzniveau wie nach dem für das Bundeskartellamt geltenden Recht gewährleistet. [3]Das Beweisverwertungsverbot nach Satz 1 steht einer Verwendung der Beweise gegen juristische Personen oder Personenvereinigungen nicht entgegen. [4]Die Beachtung verfassungsrechtlich begründeter Verwertungsverbote bleibt unberührt.

**Schrifttum:** Dalheimer/Feddersen/Miersch, EU-Kartellverfahrensverordnung – Kommentar zur VO 1/2003, 2005; de Bronett, Kommentar zum europäischen Kartellverfahrensrecht, 2. Aufl. 2012; Gussone/Michalczyk, Der Austausch von Informationen im ECN – Wer bekommt was wann zu sehen?, EuZW 2011, 130; Henn, Strafrechtliche Verfahrensgarantien im europäischen Kartellrecht, 2018; Klees, Europäisches Kartellverfahren mit Fusionskontrollverfahrensrecht, 2005; Kloepfer, Informationsrecht, 2002; Pfromm/Hentschel, Zum Umfang des Legal Privilege im Kartellrechtsverfahren: Das gemeinschaftsrechtliche Gebot umfassender Vertraulichkeit der Anwaltskorrepondenzen, EWS 2005, 350; Schwarze/Weitbrecht, Grundzüge des europäischen Kartellverfahrensrechts, 2004.

## Übersicht

## A. Allgemeines

§ 50a aF über den Informationsaustausch im ECN wurde durch die 7. Novelle in das **1** GWB eingefügt, durch die 8. Novelle an den Lissabon-Vertrag angepasst und durch die 10. GWB-Novelle in § 50d verschoben sowie um die Regelung zu Kronzeugenerklärungen in § 50d Abs. 2 ergänzt. Die Vorschrift regelt und legalisiert den **Austausch von Informationen** bei der Anwendung der Art. 101, 102 AEUV zwischen dem Bundeskartellamt und der Kommission bzw. den NWB im ECN (zur allgemeinen Bedeutung der dezentralen EU-Kartellrechtsanwendung im ECN → § 50a Rn. 1, → VO 1/2003 Art. 3 Rn. 1 ff.), ferner die **Verwertung** dieser Informationen zu **Beweiszwecken**. § 50d dient der **Konkretisierung des Art. 12 VO (EG) Nr. 1/2003** (dazu im Einzelnen → VO 1/2003 Art. 12 Rn. 1 ff.). Er enthält als eigenständige Regelung Vorschriften über die **Zuständigkeit** des **Bundeskartellamts** und den **Geschäftsverkehr** zwischen den Behörden. Im Übrigen handelt es sich im Wesentlichen um eine **Klarstellung** (mit gewissen redaktionellen Abweichungen zu Art. 12 VO (EG) Nr. 1/2003) zur Erleichterung der nationalen Rechtsanwendung.[1]

---

[1] Vgl. Begr. 2004, BT-Drs. 15/3640, 40.

2      § 50d wird ergänzt durch die Bekanntmachung der Kommission über die Zusammenarbeit innerhalb des Netzes der europäischen Wettbewerbsbehörden (**ECN-Bekanntmachung**).[2] Diese Bekanntmachung ist zwar für die EU-Mitgliedstaaten nicht rechtlich verbindlich; sie bestimmt jedoch das Handeln in der Praxis und besitzt daher eine faktische Verbindlichkeit.[3] Das Bundeskartellamt hat durch ausdrückliche Erklärung anerkannt, nach der Bekanntmachung zu verfahren.[4] Die **ECN+-RL** enthält nur wenig zum Informationsaustausch zwischen den NWB, immerhin sieht ihn Art. 24 Abs. 2 S. 2 ECN+-RL aber in den Grenzen des Art. 12 VO 1/2003 vor, der deutsche Gesetzgeber hat dies durch Verweis auf § 50d in § 50a Abs. 3 umgesetzt. Für den in **Art. 11 VO (EG) Nr. 1/2003** vorgesehenen Informationsaustausch bei der Entscheidungsfindung muss im Wesentlichen direkt auf die Verordnung zurückgegriffen werden.

## B. Informationsaustausch

### I. Grundzüge der gesetzlichen Regelung

3      § 50d ist eine Befugnisnorm, die den Informationsaustausch im Netzwerk der europäischen Wettbewerbsbehörden regelt. Zum einen regelt die Vorschrift die **Übermittlung von Informationen** durch das Bundeskartellamt an die Kommission und die Kartellbehörden der anderen EU-Mitgliedstaaten. Zum anderen gilt die Vorschrift für **Informationsersuchen** des Bundeskartellamts gegenüber der Kommission und den Kartellbehörden der anderen EU-Mitgliedstaaten, deren **Empfang** und deren **Verwertung** als Beweismittel. Der Informationsaustausch dient in erster Linie der Anwendung der Art. 101, 102 AEUV, daneben aber, wie sich aus der Verweisung des § 50d Abs. 3 S. 2 auf Art. 12 Abs. 2 VO 1/2003 ergibt, auch der **parallelen Anwendung des GWB,** sofern dieses nicht zu anderen Ergebnissen kommt als das im selben Fall ebenfalls angewandte EU-Kartellrecht.[5] Relevantes „Ergebnis" ist hierbei allerdings nur die Feststellung des Rechtsverstoßes in seinen wesentlichen Elementen,[6] nicht beispielsweise auch eine identische Sanktionsfolge. Auf die Verfahrensart kommt es nicht an. Es werden Verwaltungs- und Ordnungswidrigkeitenverfahren erfasst.[7] Eine entsprechende Regelung für Informationsersuchen hinsichtlich der **parallelen Anwendung des nationalen Rechts durch Kartellbehörden der anderen EU-Mitgliedstaaten** fehlt zwar im Gesetz, da die Verwertung der empfangenen Informationen vom jeweiligen nationalen Recht zu bestimmen ist. Im Hinblick auf die unmittelbar anwendbare Regelung in Art. 12 Abs. 2 S. 2 VO 1/2003 erfasst die Befugnis zur Informationsübermittlung durch das Bundeskartellamt jedoch auch diesen Fall.

4      Die Regelung gilt dagegen nicht für die Anwendung der **FKVO** sowie die **isolierte Anwendung des deutschen Kartellrechts** sowie auf zwischenstaatlich nicht relevante Sachverhalte.[8] Hier kann das Bundeskartellamt die Informationen nur zum **Anlass eigener Ermittlungen** nehmen.[9] Im Übrigen steht ihm § 50e zu Gebote.

5      **Zuständig** für den Informationsaustausch ist nur das Bundeskartellamt, was seiner Alleinzuständigkeit für die Anwendung des EU-Kartellrechts in der Bundesrepublik gem. § 50 Abs. 1, 2 korrespondiert.

---

[2] ABl. 2004 C 101, 43 Ziff. 26 ff., 34 ff.
[3] BKartA TB 2003/04, 48; Schneider in Bunte Rn. 4; Scholz in KölnKomm KartellR § 50a Rn. 2.
[4] ABl. 2004 C 101, 43, Anl.
[5] Näher zur Entwicklung der EU-rechtlichen Grundlage hierfür Bechtold/Bosch Rn. 3.
[6] Sabir in MüKoWettbR § 50d Rn. 26.
[7] Sabir in MüKoWettbR § 50d Rn. 5/25.
[8] → VO 1/2003 Art. 12 Rn. 1, 12; Schneider in Bunte Rn. 30.
[9] Vgl. Bechtold/Bosch Rn. 3; zum abweichenden bisherigen Recht EuGH 16.7.1992 – C-251/89, Slg. 1992, I-4785 Rn. 33–42 – Spanische Banken.

Verfahren gegen deren Organpersonen als Beweismittel verwertbar, soweit dem nicht das Verwertungsverbot nach § 50d Abs. 4 S. 1 entgegensteht. Dies lässt sich damit begründen, dass die juristische Person nur durch ihre Organe handeln kann und damit deren Handeln rein tatsächlich notwendigerweise Untersuchungsgegenstand sein muss.

Ein nicht gesetzlich geregeltes Verwertungsverbot ergibt sich aus dem allgemeinen **20** Grundsatz, dass **rechtswidrig erlangte Informationen** nicht verwertet werden dürfen.[36] Für die Frage, ob Rechtmäßigkeit oder Rechtswidrigkeit vorliegt, ist zunächst auf das Recht des Ortes abzustellen, an dem die **Ermittlungen vorgenommen** worden sind (Recht der ersuchten Behörde). Fraglich ist freilich, ob eine **Doppelkontrolle** auch nach dem Recht des empfangenden Staates stattfinden muss, so dass nach diesem Recht unzulässige Beweismittel nicht verwertbar wären. Dies wird überwiegend mit dem Argument abgelehnt, dass Art. 12 VO 1/2003 die Unterschiede zwischen den Rechtsordnungen und deren Rechtmäßigkeitsvoraussetzungen respektiere und daher auch nach der Lex fori an sich unzulässige Beweismittel verwertet werden dürften.[37] Dem ist nicht zuzustimmen.[38] Informationsersuchen an andere NWB dürfen nicht dafür genutzt werden, heimische Verfahrensstandards zu umgehen. Dem Gesetzeswortlaut lässt sich eine Art verfahrensrechtliches Ursprungslandprinzip nicht entnehmen. Zumindest für das Anwalts- und Verteidigerprivileg in § 97 StPO, § 46 OWiG, das eine besonders wichtige Ausprägung des Anspruchs auf ein faires Verfahren darstellt,[39] ist eine Doppelkontrolle durchzuführen.[40]

Selbst wenn man, entgegen der hier vertretenen Ansicht, keine Doppelkontrolle der **21** Informationsverwertbarkeit auch durch die empfangende Behörde fordert, muss diese – es besteht keine Verwertungspflicht – durch **ordnungsgemäße Ermessensausübung** über die Verwertung befinden und dabei die eigenen **Beweisverwertbarkeitsregeln** in die Abwägung einstellen.[41] Das BKartA kann allerdings auch rechtswidrig erhobene oder nicht verwertbare Informationen zum Anlass für **eigene Ermittlungen** nehmen.[42]

### III. Verwertungsbeschränkungen zum Schutz von Verteidigungsrechten

§ 50d Abs. 4 enthält weitergehende Verwertungsbeschränkungen zum Schutz von Ver- **22** teidigungsrechten bei der **Verhängung von Sanktionen gegen natürliche Personen.**[43] Die Vorschrift reagiert damit auf den Befund des ErwG. 16 der VO (EG) Nr. 1/2003, dass der Rechtsschutz natürlicher Personen in den Mitgliedstaaten erheblich divergiert. An sich würde der Gesetzeswortlaut (§ 50d Abs. 4 S. 1 und 3) diese Beschränkungen auch auf **natürliche Personen als Unternehmensträger** erstrecken. Jedoch steht diese Auslegung im Widerspruch zu Art. 12 Abs. 3 VO 1/2003. Das Unionsrecht, einschließlich seiner Sanktionsvorschriften, richtet sich an Unternehmen, gleich ob der Unternehmensträger eine juristische oder natürliche Person ist. Ein Verwertungsprivileg für natürliche Personen als Unternehmensträger würde zu einer sachlich nicht gerechtfertigten Ungleichbehandlung von Unternehmen führen. Soweit Art. 12 Abs. 3 VO 1/2003 von natürlichen Per-

---

[36] ECN-Bekanntmachung, ABl. 2004 C 101, 43 Rn. 36; → VO 1/2003 Art. 12 Rn. 9; Schneider in Bunte Rn. 36 f.; Sabir in MüKoWettbR § 50d Rn. 34 f.; Bergmann in FK-KartellR 82. EL § 50a Rn. 42; Kopp/Ramsauer VwVfG § 26 Rn. 11 ff.

[37] → VO 1/2003 Art. 12 Rn. 9; Schneider in Bunte Rn. 36; wohl auch Bechtold/Bosch Rn. 5; de Bronett VO 1/2003 Art. 12 Rn. 7; Gussone/Michalczyk EuZW 2011, 130 (132); aM Bergmann in FK-KartellR 82. EL § 50a Rn. 23; vgl. Pfromm/Hentschel EWS 2005, 350 (354 ff.) (für Doppelkontrolle durch die ersuchte Behörde).

[38] AA noch die Vorauflage, Rehbinder in Immenga/Mestmäcker, 6. Auf. 2020, § 50a Rn. 14.

[39] BVerfG 13.1.2002 – 2 BvR 2248/00, BeckRS 2002, 20662.

[40] AA Schneider in Bunte Rn. 40; de Bronett VO 1/2003 Art. 12 Rn. 6.

[41] So wohl auch de Bronett VO 1/2003 Art. 12 Rn. 4, 7.

[42] Schneider in Bunte Rn. 37; Klees EuKartellVerfahrensR § 7 Rn. 116; Bergmann in FK-KartellR 82. EL § 50a Rn. 44; vgl. EuGH 16.7.1992 – C-67/91, ECLI:EU:C:1992:330 Rn. 39 = BeckRS 2004, 77683 – Asociación Española de Banca Privada; 19.5.1994 – C-36/92 P, ECLI:EU:C:1994:205 Rn. 29 = BeckRS 2004, 76725 – SEP.

[43] Bechtold/Bosch Rn. 5.

sonen spricht, meint es nicht solche als Unternehmensträger, sondern Organpersonen, Vertreter und leitende Angestellte des Unternehmens, die am Verstoß beteiligt sind. Der Begriff der natürlichen Person in § 50d Abs. 4 ist daher europarechtskonform restriktiv auszulegen und umfasst nicht natürliche Personen als Unternehmensträger iSd § 36 Abs. 4.[44] Teilte man diese Auffassung nicht, so müsste man die Regelung des § 50d Abs. 4 als von Art. 12 Abs. 3 VO 1/2003 verdrängt akzeptieren.

23      Als „**Sanktion**" kann man nach deutschem Verständnis an sich nur die staatliche Reaktion auf ein zurückliegendes vorwerfbares Verhalten bezeichnen. **Zwangsgelder** im Sinne von § 11 VwVG werden auf Basis dieses Wortverständnisses nach verbreiteter Ansicht nicht § 50d Abs. 4, sondern ausschließlich § 50d Abs. 3 unterstellt, da sie keine eigentliche Sanktion, sondern ein Mittel zur Durchsetzung von Geboten oder Verboten des Gesetzes für die Zukunft seien.[45] Allerdings bezeichnet die VO 1/2003, wie sich aus der Überschrift ihres Kapitels VI ergibt, sowohl Bußgelder als auch Zwangsgelder als Sanktionen.

24      Bei der Verhängung von Sanktionen gegen natürliche Personen iSv Art. 12 VO (EG) 1/2003 (→ Rn. 22) setzt die Verwertung zu Beweiszwecken voraus, dass „das Recht der übermittelnden Behörde **ähnlich geartete Sanktionen**" vorsieht (§ 50d Abs. 4 S. 1). Die Vergleichbarkeit der Verfahrensart ist hingegen unerheblich.[46] Die Frage nach der Vergleichbarkeit von Sanktionen ist aus **funktionaler Perspektive** zu beantworten, da eine zu formale Betrachtungsweise den Normzweck und die europarechtliche Vorgabe effektiver dezentraler EU-Kartellrechtsdurchsetzung konterkarieren würde.[47] Es ist daher auf eine **sanktionseffektbezogene Kategorisierung** unabhängig von der dogmatischen Einordnung abzustellen, so dass etwa Geldbußen und Geldstrafen gleichwertig, diese und Haftstrafen dagegen nicht gleichwertig sind.[48] Fraglich erscheint, ob eine Vergleichbarkeit bei weit auseinanderklaffenden Sanktionsrahmen noch gegeben ist.[49]

25      Man kann den Normzweck des § 50d Abs. 4 S. 1 in dem Schutz von natürlichen Personen davor sehen, dass Informationen aus einem Verfahren mit geringerem Sanktionsrisiko in ein Verfahren mit schärferer Sanktionsdrohung einfließen. Eine hieran anschließende teleologische Interpretation führt zu dem Ergebnis, dass bei einem **umgekehrten Gefälle** zwischen den Rechtsordnungen keine Verwertungshindernisse bestehen. Die Verwertung von Informationen aus einem ausländischen Kartellstrafverfahren wegen einer Tat, die nach ausländischem Recht nur mit einer Haftstrafe geahndet werden kann, wäre danach auch in einem inländischen Bußgeldverfahren zulässig.

26      An der Vergleichbarkeit fehlt es, wenn im Ausland ein Bußgeldverfahren wegen eines Gesetzesverstoßes **nur gegen ein Unternehmen** durchgeführt werden kann, die Ermittlungsergebnisse aber für die Zwecke eines deutschen Verfahrens gegen eine Organperson einer juristischen Person oder Personenvereinigung verwendet werden sollen. Dass nach deutschem Recht selbständige Bußgeldverfahren auch gegen juristische Personen und Personenvereinigungen, wenngleich nur akzessorisch zu einem Verstoß einer Organperson, zulässig sind (§ 30 Abs. 4 OWiG), reicht nicht aus. Gegen eine Verwendung für ein Bußgeldverfahren gegen das Unternehmen nach § 30 OWiG bestehen, wie sich aus § 50d Abs. 4 S. 3 ergibt, trotz der Akzessorietät aber keine Bedenken.[50]

27      Bei **fehlender Vergleichbarkeit der Sanktionen** ist eine Verwertung gleichwohl zulässig, wenn die Informationen im **konkreten Fall** in einer Weise erhoben wurden, die

---

[44] Ebenso Bechtold/Bosch Rn. 9; de Bronett VO 1/2003 Art. 12 Rn. 10; aM Bergmann in FK-KartellR 82. EL § 50a Rn. 46; Scholz in Kölner Komm KartellR § 50a Rn. 21.

[45] So die Vorauflage Rehbinder in Immenga/Mestmäcker, 6. Aufl. 2020, § 50a Rn. 16; ferner Schneider in Bunte Rn. 43.

[46] Sabir in MüKoWettbR § 50d Rn. 26; Scholz in Kölner Komm KartellR § 50a Rn. 21.

[47] Schneider in Bunte Rn. 43; Sabir in MüKoWettbR § 50d Rn. 30; Klees EuKartellVerfahrensR § 7 Rn. 125; Scholz in Kölner Komm KartellR § 50a Rn. 21; Kallfaß in LMR VO 1/2003 Art. 12 Rn. 13 f.

[48] Sabir in MüKoWettbR 3. Aufl. 2020, § 50d Rn. 30.

[49] Dafür wohl Krauser in MüKoWettbR § 50a Rn. 13.

[50] Sabir in MüKoWettbR § 50d Rn. 31; Schneider in Bunte Rn. 46; Bergmann in FK-KartellR § 50a Rn. 47; Quellmalz in LMR § 50a Rn. 9.

hinsichtlich der Wahrung der Verteidigungsrechte von natürlichen Personen das **gleiche Schutzniveau** gewährleistet wie das deutsche Recht (S. 2). Dies spielt insbesondere beim Schutz gegen Selbstbezichtigung eine Rolle, da nach deutschem Recht (§ 59 Abs. 4 S. 2, § 46 OWiG iVm § 136 StPO) natürliche Personen und Unternehmen nicht zur Selbstbezichtigung verpflichtet sind, während Art. 18 VO 1/2003 und viele Mitgliedstaaten solche Verteidigungsrechte nur begrenzt anerkennen.[51] Wie sich aus einem Vergleich der Wortlaute von § 50d Abs. 4 S. 1 (abstrakt: „vorsieht") und S. 2 (konkret: „erhoben worden sind") ergibt, kommt es nicht allein auf die abstrakte Rechtslage, sondern auch auf das **tatsächliche Schutzniveau** an, das bei einer wertenden Gesamtbetrachtung im konkreten Fall gewährleistet worden ist.[52] Auch wenn das EU-Recht oder das betreffende ausländische Recht zB keinen oder einen geringeren Schutz gegen Selbstbezichtigung vorsieht, können die entsprechenden Informationen verwertet werden, wenn im konkreten Fall eine Auskunftserteilung oder Vernehmung des Betroffenen nicht stattgefunden hat. Hat sie stattgefunden, so ist die Verwertung insoweit unzulässig. Mangelhaft ist die Umsetzung der europarechtlichen Vorgaben insofern, als Art. 12 Abs. 3 S. 2 VO 1/2003 es verbietet, die in Konstellationen des § 50d Abs. 4 S. 2 ausgetauschten Informationen als Basis für die Verhängung von Haftstrafen zu nutzen. Diese Vorgabe wurde in § 50d Abs. 4 nicht umgesetzt, Art. 12 Abs. 3 S. 2 VO 1/2003 bindet aber die deutsche Rechtsanwendung direkt.[53]

Fraglich ist, ob zum maßgeblichen Schutzniveau der Verteidigungsrechte auch die nationalen Regelungen über die **Vertraulichkeit von Informationen** gehören, die jedenfalls mittelbar die reale Schutzposition des Betroffenen beeinflussen können.[54] Dies wird man bejahen müssen, so dass zB die Informationen aus einer Zeugenaussage, für die der Zeuge nach § 57 Abs. 2 iVm § 383 ZPO oder § 46 OWiG iVm §§ 53 ff. oder § 97 StPO ein Aussageverweigerungsrecht besitzt, ggf. nicht verwertet werden können.[55] **28**

Das Verwertungsverbot nach § 50d Abs. 4 S. 1 und 2 gilt nicht **für juristische Personen** und Personenvereinigungen sowie – nach der hier vertretenen Auffassung – für natürliche Personen als Unternehmensträger. Informationen, die in einem hinsichtlich der Art der Sanktionen nicht vergleichbaren ausländischen Verfahren erhoben wurden, können vom Bundeskartellamt im Bußgeldverfahren nach §§ 81 ff. gegen juristische Personen und Personenvereinigungen sowie natürliche Personen als Unternehmensträger zu Beweiszwecken verwertet werden (§ 50d Abs. 4 S. 3). Art. 12 VO 1/2003 geht insoweit von einem in der EU bestehenden vergleichbaren Schutzniveau aus.[56] Ein Verstoß dieser Regelung gegen europäische Grundrechte[57] ist nicht ersichtlich. Dementsprechend ist das Verwertungsverbot nach § 50d Abs. 4 S. 2 von vornherein auf natürliche Personen ieS beschränkt. Die Verwertung übermittelter Informationen in Verfahren gegen juristische Personen und Personenvereinigungen bleibt allerdings an die Anforderungen nach § 50d Abs. 3, insbesondere das Erfordernis des gleichen Untersuchungsgegenstands, gebunden. **29**

Unabhängig von der Äquivalenz des Schutzniveaus der Verteidigungsrechte nach § 50d Abs. 4 S. 2 sind auch **verfassungsrechtlich begründete Verwertungsverbote** zu beachten, selbst wenn die Beweiserhebung nach Art. 18, 19 VO 1/2003 oder dem Recht des ersuchten Mitgliedstaates rechtmäßig war (S. 4).[58] Dies gilt sowohl für natürliche als auch für juristische Personen und Personenvereinigungen, spielt aber praktisch in erster Linie für **30**

---

[51] Vgl. → VO 1/2003 Art. 18 Rn. 63 ff.

[52] Schneider in Bunte Rn. 44; Klees EuKartellVerfahrensR § 7 Rn. 129.

[53] Krauser in MüKoWettbR 3. Aufl. 2020, § 50a Rn. 14.

[54] Vgl. Schwarze/Weitbrecht VO (EG) Nr. 1/2003 § 9 Rn. 16 f.

[55] Die scheinbar gegenteilige Auffassung von Schneider in Bunte Rn. 40 hinsichtlich des Anwaltsprivilegs bezieht sich auf die Weitergabe von Informationen.

[56] ErwG. 16 VO 1/2003; Begr. 2004, BT-Drs. 15/3640, 62; Bergmann in FK-KartellR 82. EL § 50a Rn. 47.

[57] Etwa Art. 16 oder 48 Abs. 2 GRCh.

[58] Zum Vorrang der Grundrechte nach der Solange-Rechtsprechung und den insoweit missverständlichen Aussagen der Gesetzesbegründung zur 7. GWB-Novelle Krauser in MüKoWettbR 3. Aufl. 2020, § 50a Rn. 19.

natürliche Personen einschließlich Organpersonen und Unternehmensträger eine Rolle. In Betracht kommt insbesondere das Verbot unzulässiger Verhörmethoden nach § 46 OWiG iVm § 136a StPO und das Verbot des Abhörens und Mitschneidens von Telefonaten oder des Eindringens in Computersysteme. Beim Verbot des Zwangs zur Selbstbezichtigung nach § 59 Abs. 2, § 46 OWiG iVm § 55 StPO, das nach deutschem Verständnis in Bezug auf natürliche Personen einschließlich Organpersonen und Unternehmensträger ebenfalls verfassungsrechtlich fundiert ist,[59] setzt sich bei Auskunftsverlangen der Kommission zwar zunächst die abweichende Konzeption des Art. 18 VO 1/2003[60] durch, solange nicht die europäische Rechtsprechung Art. 16, 48 Abs. 2 GRCh in dem Sinne auslegt, dass ein Zwang eines Unternehmens zur Selbstbezichtigung (Eingeständnis des Verstoßes und Mitteilung selbstbelastender Tatsachen) bei drohenden Straf- oder strafähnlichen Sanktionen generell unzulässig ist.[61] Auch Art. 8 ECN+-Richtlinie ändert an dieser Rechtslage nichts. Jedoch haben die deutschen Kartellbehörden dem Verbot des Zwangs zur Selbstbezichtigung auf der Ebene der Verwertung Rechnung zu tragen (→ Rn. 20 f.). Entsprechendes gilt für den (im Vergleich zum Unionsrecht allerdings zT engeren) Schutz von Schriftstücken aufgrund des Anwaltsprivilegs nach § 46 OWiG iVm § 97 Abs. 1, 2 S. 1 StPO, der ebenfalls verfassungsrechtlich gewährleistet ist.[62]

## § 50e Sonstige Zusammenarbeit mit ausländischen Wettbewerbsbehörden

(1) **Das Bundeskartellamt hat die in § 50d Absatz 1 genannten Befugnisse auch in anderen Fällen, in denen es zum Zweck der Anwendung kartellrechtlicher Vorschriften mit der Europäischen Kommission oder den Wettbewerbsbehörden anderer Staaten zusammenarbeitet.**

(2) ¹**Das Bundeskartellamt darf Informationen nach § 50d Absatz 1 nur unter dem Vorbehalt übermitteln, dass die empfangende Wettbewerbsbehörde**

1. **die Informationen nur zum Zweck der Anwendung kartellrechtlicher Vorschriften sowie in Bezug auf den Untersuchungsgegenstand als Beweismittel verwendet, für den sie das Bundeskartellamt erhoben hat, und**
2. **den Schutz vertraulicher Informationen wahrt und diese nur an Dritte übermittelt, wenn das Bundeskartellamt der Übermittlung zustimmt; das gilt auch für die Offenlegung von vertraulichen Informationen in Gerichts- oder Verwaltungsverfahren.**

²**Vertrauliche Angaben, einschließlich Betriebs- und Geschäftsgeheimnisse, aus Verfahren der Zusammenschlusskontrolle dürfen durch das Bundeskartellamt nur mit Zustimmung des Unternehmens übermittelt werden, das diese Angaben vorgelegt hat.**

(3) **Die Regelungen über die Rechtshilfe in Strafsachen sowie Amts- und Rechtshilfeabkommen bleiben unberührt.**

[59] BVerfG 26.2.1997 – 1 BvR 2172/96, BVerfGE 95, 220 (242) = BeckRS 1997, 20740; 13.1.1981 – 1 BvR 116/77, BVerfGE 56, 37 (39) = BeckRS 9998, 103559.
[60] EuGH 18.10.1989 – 374/87, ECLI:EU:C:1989:287 Rn. 31–35 = BeckRS 2004, 71022 – Orkem; EuG 20.2.2001 – T-112/98, ECLI:EU:T:2001:61 Rn. 67 = EuZW 2001, 345 – Mannesmann-Röhren-Werke; anders nach Art. 6 Abs. 1 EMRK; vgl. Henn, Strafrechtliche Verfahrensgarantien im europäischen Kartellrecht, 2018, S. 172 ff.; Schwarze/Weitbrecht VO (EG) Nr. 1/2003 § 5 Rn. 32 ff.
[61] Vgl. Henn, Strafrechtliche Verfahrensgarantien im europäischen Kartellrecht, 2018, S. 176 ff., 205 ff.; Weiß EuZW 2006, 263 (265); Blanke in Calliess/Ruffert GRCh Art. 48 Rn. 2; Sabir in MüKoWettbR § 50d Rn. 32; Schneider in Bunte Rn. 47.
[62] BVerfG 30.3.2004 – 2 BvR 1520/01 und 5021/01, BVerfGE 110, 226 (252 ff.) = BeckRS 2004, 21424; 12.4.2005 – 2 BvR 1027/02, BVerfGE 113, 29 (47 f.) = BeckRS 2005, 27151 (Art. 2 Abs. 1 und Art. 12 GG); zum Verwaltungsverfahren vgl. → § 58 Rn. 6; zur Reichweite des Anwaltsprivilegs im EU-Recht s. EuGH 18.5.1982 – 155/79, ECLI:EU:C:1982:157 Rn. 21 = BeckRS 9998, 102489 – AM & S; 14.9.2010 – C-550/07 P, ECLI:EU:C:2919:512 Rn. 40 ff. = beckRS 2010, 91087 – Akzo und Acros (sämtlicher verfahrensrelevanter Schriftverkehr, aber nicht für Syndikusanwälte); vgl. → VO 1/2003 Vor Art. 17–22 Rn. 49 ff.; Schwarze/Weitbrecht VO (EG) Nr. 1/2003 § 5 Rn. 31; Pfromm/Henschel EWS 2005, 350 (351 f.).

vertrauliche Angaben eines betroffenen Unternehmens, insbesondere Betriebs- und Geschäftsgeheimnisse aus Verfahren der **Zusammenschlusskontrolle** oder aus anderen Verfahren,[33] nur übermitteln, wenn dieses der Übermittlung **zustimmt**. Damit soll das betroffene Unternehmen zum Ausgleich für die sehr weitgehenden Offenbarungspflichten gegenüber dem Bundeskartellamt im Fusionskontrollverfahren sämtliche Informationen, die aus seiner Sphäre stammen, vor einem möglichen unmittelbaren oder mittelbaren Zugriff von Interessenten schützen können.[34] Das Unternehmen kann über eine etwaige Zustimmung nach seiner Interessenlage entscheiden; hieran ist das Bundeskartellamt gebunden. Wird die Zustimmung erteilt, was auch formlos möglich ist,[35] gelten dennoch die Beschränkungen nach § 50e Abs. 2 S. 1.[36] Im Rahmen einer Verweisung nach Art. 22 FKVO dürften allerdings die unionsrechtlichen Standards vorrangig sein.

Ferner sind **Beweisverbote** nach Verfassungsrecht, nach §§ 136a, 163a Abs. 4 StPO **15** und Beweisverbote für **rechtswidrig erlangte Beweismittel** zu beachten (vgl. → § 50d Rn. 14 f.). Informationen, die nach deutschem Recht einem solchen Beweisverbot unterfallen, dürfen nicht übermittelt werden.[37] Im Fall der **Anfechtung** kommt es darauf an, ob nach § 67 Abs. 3 S. 2, 3 oder nach § 307 Abs. 2 StPO die aufschiebende Wirkung angeordnet worden ist.[38]

## II. Passiver Informationsaustausch

Die Beschränkungen nach **§ 50e Abs. 2** betreffen nach ihrem Wortlaut nur den aktiven **16** Informationsaustausch durch Übermittlung von Informationen an die Kommission oder ausländische Kartellbehörde, nicht dagegen den passiven Informationsaustausch durch Ersuchen um Informationen und deren Empfang und Verwertung.[39] Andererseits **gelten** hier auch die Verwertungsbeschränkungen einschließlich der Bindung an den Untersuchungsgegenstand nach **§ 50d Abs. 3 und 4** wortlautgemäß **nicht**, da das Gesetz nur auf § 50d Abs. 1 verweist. Für die Nichtgeltung der Beschränkung auf Fälle, in denen (auch) Art. 101, 102 AEUV angewandt werden, überzeugt dies auch, da § 50e gerade für Konstellationen außerhalb des Anwendungsbereichs dieser EU-Normen zu Gebote stehen muss. Die Nichtgeltung der Bindung an den Untersuchungsgegenstand der übermittelnden Behörde sowie an erhöhte Voraussetzungen (§ 50d Abs. 4 S. 1, 2) für die Verhängung von Sanktionen gegen natürliche Personen stimmt hingegen **bedenklich**. Es entspricht weder dem Gedanken der Reziprozität, dass das deutsche Recht von ausländischen empfangenden Behörden eine Verwendungsgenügsamkeit fordert, die es selbst nicht einzuhalten bereit ist, noch der Wertung einer besonders engen Zusammenarbeit im ECN, dass außerhalb des Anwendungsbereichs von § 50d eine weitergehende Verwendung möglich ist als unter Geltung dieser Vorschrift.

Zumindest hat das Bundeskartellamt für empfangene Informationen in vollem Umfang **17** den Grundsatz der **Verhältnismäßigkeit** und die Anforderungen des Verfahrensrechts mit den dort niedergelegten **Beweisverwertungsregeln** zu beachten.[40] Insbesondere sind Beweisverbote nach §§ 136a, 163a Abs. 4 StPO und Beweisverbote für rechtswidrig erlangte Beweismittel zu beachten. Primärer Beurteilungsmaßstab ist insoweit für das

---

[33] Zu Unrecht verengt Krauser in MüKoWettbR 3. Aufl. 2020 § 50b Rn. 14 f. die Zustimmungspflicht auf solche Betriebs- und Geschäftsgeheimnisse, die dem BKartA gerade durch Fusionskontrollverfahren zugeflossen sind.

[34] Vgl. Schneider in Bunte Rn. 22; Sabir in MüKoWettbR § 50e Rn. 11; Bergmann in FK-KartellR 82. EL § 50b Rn. 15.

[35] Bechtold/Bosch Rn. 6.

[36] Begr. 2004, BT-Drs. 15/3640, 62.

[37] Sabir in MüKoWettbR § 50e Rn. 6.

[38] Wohl übermittlungsfreundlicher Sabir in MüKoWettbR § 50e Rn. 6, wonach die Einlegung eines Rechtsbehelfs generell nicht hindert.

[39] Sabir in MüKoWettbR § 50e Rn. 7.

[40] Sabir in MüKoWettbR § 50e Rn. 7; Schneider in Bunte Rn. 16; Bergmann in FK-KartellR 82.EL § 50b Rn. 19 f.; Quellmalz in LMR § 50b Rn. 7.

BKartA das deutsche Recht. Nach dem Prinzip der **Doppelkontrolle** (vgl. → § 50d Rn. 14) muss das BKartA aber auch ersichtliche Verstöße gegen **auslandsrechtliche Beweiserhebungs-** und **-verwertungsregeln** als Verwertungsgrenze respektieren. **Zweifel** über die Zulässigkeit der Beweiserhebung nach ausländischem Recht sind iRe **Abwägung** über das Ob und Wie der Verwertung zu berücksichtigen, sie können insbesondere gegen eine Abstützung von Sanktionen gegen natürliche Personen auf Basis derartiger Informationen sprechen. Schließlich ist das Bundeskartellamt an **Zusagen** gegenüber ausländischen Behörden über Verwertungsbeschränkungen gebunden.

## D. Vorbehalt anderweitiger Regelungen und völkerrechtlicher Abkommen

18     Nach § 50e Abs. 3 bleiben die Regelungen über die **Rechtshilfe in Strafsachen** sowie **Amts- und Rechtshilfeabkommen** unberührt. Dies gilt auch für künftige Abkommen. Insbesondere können neue multi- oder bilaterale Übereinkommen über die Rechts- und Amtshilfe in Kartellsachen vereinbart werden. Die in § 50e Abs. 3 niedergelegte Unberührtheitsklausel wirft allerdings Auslegungsprobleme auf. Sie kann im Sinne eines Vorrangs internationaler Übereinkommen oder der parallelen Anwendbarkeit interpretiert werden. Der Gesetzgeber wollte, um die Kooperation zu erleichtern, **zusätzliche Möglichkeiten** des Informationsaustauschs schaffen und ist bei der Regelung davon ausgegangen, dass das Bundeskartellamt sich grundsätzlich nach seiner Wahl entweder der bestehenden Regelungen und Abkommen oder des § 50e bedienen können soll.[41] Diese werden daher durch § 50e Abs. 3 nicht überlagert oder verdrängt. Allerdings bestimmt sich die Verhältnisproblematik nicht allein nach § 50e Abs. 3. Vielmehr ist auch der Geltungsanspruch der betreffenden Regelungen und Abkommen zu berücksichtigen.

19     In Bezug auf das Gesetz über die internationale Rechtshilfe in Strafsachen (IRG; vgl. → § 185 Rn. 382), das auch für Bußgeldverfahren gilt, liegt eine freie Wahlmöglichkeit nahe.[42] Bei völkerrechtlichen Abkommen über die Rechts- und Amtshilfe[43] kommt es zunächst darauf an, ob **diese exklusive Geltung** beanspruchen oder ob sie, wie regelmäßig, nur eine **Befugnis** zur Inanspruchnahme von Rechts- und Amtshilfe begründen. Im ersteren Fall wäre das Bundeskartellamt im Hinblick auf die völkerrechtliche Verpflichtung Deutschlands gehalten, sich des Abkommens zu bedienen. Im letzteren Fall kann das Bundeskartellamt bei Informationsersuchen an ausländische Kartellbehörden auch nach § 50e verfahren und wird eher diese Möglichkeit nutzen, wenn und weil die Regelung das Verfahren im Vergleich zum jeweiligen Abkommensmechanismus verkürzt und vereinfacht.[44] Dies mag insbesondere auch dann gelten, wenn bereits eine bilaterale Kooperationspraxis nach § 50e besteht.

20     Ein aus Gründen der Reziprozität in einem Abkommen niedergelegter **Schutzstandard,** der **über § 50e Abs. 2 hinausgeht,** ist nicht automatisch in dem Sinne zu verstehen, dass das betreffende Abkommen insoweit Exklusivität besitzt. Das Bundeskartellamt kann vielmehr regelmäßig auch nach § 50e vorgehen. Diskutabel ist allerdings die umgekehrte Frage, ob § 50e Abs. 2 nicht einen **Mindeststandard** darstellt,

---

[41] Begr. 2004, BT-Drs. 15/3640, 62; Schneider in Bunte Rn. 2, 23, 28; Sabir in MüKoWettbR § 50e Rn. 126 f.; Scholz in Kölner Komm KartellR § 50b Rn. 18; Quellmalz in LMR § 50b Rn. 8; wohl ebenso Bechtold/Bosch Rn. 7.

[42] Scholz in Kölner Komm KartellR § 50b Rn. 19; Sabir in MüKoWettbR § 50e Rn. 13; Quellmalz in LMR § 50b Rn. 8.

[43] → Band 1 Abschnitt II Ziff. B Rn. 15 ff.; → § 185 Rn. 367, 372, 382 f.; Schneider in Bunte Rn. 2 ff.; Bergmann in FK-KartellR 82. EL § 50b Rn. 28 ff.; Kloepfer, Informationsrecht, 2002, § 2 Rn. 36 ff.; ausländische Kartellbehörde iSv § 50e kann ggf. auch eine supranationale Behörde sein; Schneider in Bunte Rn. 14.

[44] Schneider in Bunte Rn. 27 f.; Bergmann in FK-KartellR 82. EL § 50b Rn. 28.

der auch bei Anwendung der betreffenden Abkommen einzuhalten ist.[45] Die Übermittlung von Informationen an ausländische Kartellbehörden nach § 50e ist freiwillig, während nach den bestehenden Abkommen vielfach eine Pflicht zur Gewährung von Rechts- oder Amtshilfe besteht. Eine Anreicherung der betreffenden Abkommen durch den Schutzstandard des § 50e Abs. 2 ist daher allenfalls zulässig, soweit sich dies auf einen im betreffenden Abkommen niedergelegten (ordre public-)Vorbehalt stützen lässt.

## § 50f Zusammenarbeit mit anderen Behörden

(1) [1]Die Kartellbehörden, Regulierungsbehörden, die oder der Bundesbeauftragte für den Datenschutz und die Informationsfreiheit und die Landesbeauftragten für Datenschutz sowie die zuständigen Behörden im Sinne des § 2 des EU-Verbraucherschutzdurchführungsgesetzes können unabhängig von der jeweils gewählten Verfahrensart untereinander Informationen einschließlich personenbezogener Daten und Betriebs- und Geschäftsgeheimnisse austauschen, soweit dies zur Erfüllung ihrer jeweiligen Aufgaben erforderlich ist, sowie diese in ihren Verfahren verwerten. [2]Beweisverwertungsverbote bleiben unberührt.

(2) [1]Die Kartellbehörden arbeiten im Rahmen der Erfüllung ihrer Aufgaben mit der Bundesanstalt für Finanzdienstleistungsaufsicht, der Deutschen Bundesbank, den zuständigen Aufsichtsbehörden nach § 90 des Vierten Buches Sozialgesetzbuch und den Landesmedienanstalten sowie der Kommission zur Ermittlung der Konzentration im Medienbereich zusammen. [2]Die Kartellbehörden tauschen mit den Landesmedienanstalten und der Kommission zur Ermittlung der Konzentration im Medienbereich gegenseitig Erkenntnisse aus, soweit dies für die Erfüllung ihrer jeweiligen Aufgaben erforderlich ist; mit den übrigen in Satz 1 genannten Behörden können sie entsprechend auf Anfrage Erkenntnisse austauschen. [3]Dies gilt nicht

1. für vertrauliche Informationen, insbesondere Betriebs- und Geschäftsgeheimnisse, sowie
2. für Informationen, die nach § 50d dieses Gesetzes, nach der Verordnung (EU) Nr. 2022/1925 oder nach Artikel 12 der Verordnung (EG) Nr. 1/2003 erlangt worden sind.

[4]Die Sätze 2 und 3 Nummer 1 lassen die Regelungen des Wertpapiererwerbs- und Übernahmegesetzes sowie des Gesetzes über den Wertpapierhandel über die Zusammenarbeit mit anderen Behörden unberührt.

(3) [1]Das Bundeskartellamt kann Angaben der an einem Zusammenschluss beteiligten Unternehmen, die ihm nach § 39 Absatz 3 gemacht worden sind, an andere Behörden übermitteln, soweit dies zur Verfolgung der in § 4 Absatz 1 Nummer 1 bzw. Nummern 4, 4a und § 5 Absatz 2, 3 des Außenwirtschaftsgesetzes genannten Zwecke erforderlich ist. [2]Bei Zusammenschlüssen mit gemeinschaftsweiter Bedeutung im Sinne des Artikels 1 Absatz 1 der Verordnung (EG) Nr. 139/2004 des Rates vom 20. Januar 2004 über die Kontrolle von Unternehmenszusammenschlüssen in ihrer jeweils geltenden Fassung steht dem Bundeskartellamt die Befugnis nach Satz 1 nur hinsichtlich solcher Angaben zu, welche von der Europäischen Kommission nach Artikel 4 Absatz 3 dieser Verordnung veröffentlicht worden sind.

### Übersicht

---

[45] Schneider in Bunte Rn. 23; wohl gegen eine solche Annahme Krauser in MüKoWettbR § 50b Rn. 16.

## A. Entstehungsgeschichte und Normzweck

**1**     § 50c Abs. 1 und 2 aF – nunmehr in § 50f enthalten – wurden mit der **7. GWB-Novelle** zusammen mit ersten Regelungen über die Zusammenarbeit im Netzwerk der europäischen Kartellbehörden (§ 50a aF, heute § 50d) und der sonstigen Zusammenarbeit mit ausländischen Kartellbehörden (§ 50b aF, heute § 50e) in das Gesetz eingeführt. Die Bestimmung regelt die **Zusammenarbeit** der **deutschen Kartellbehörden** mit **bestimmten anderen deutschen Behörden.** Für die Zusammenarbeit mit in dieser Bestimmung nicht genannten deutschen Behörden gelten unverändert die allgemeinen Regelungen, insbesondere die Bestimmungen des VwVfG.[1] Für gerichtliche Verfahren ist die Vorschrift ohne Bedeutung.[2] In der **Begründung** zum Regierungsentwurf[3] heißt es zu § 50c, dass mit der Regelung der Zusammenarbeit zwischen den Kartellbehörden und den Regulierungsbehörden in Abs. 1 noch bestehende Hinderungsgründe für eine **umfassende Zusammenarbeit** von **BKartA** und **LKartB** beseitigt werden sollten. Angesichts der sachlichen Nähe der regulierungsbehördlichen zur kartellbehördlichen Tätigkeit sei auch zwischen Kartell- und **Regulierungsbehörden** in beiden Richtungen eine umfassende und effektive Zusammenarbeit zur Durchsetzung eines effektiven Wettbewerbsschutzes erforderlich. Aus gleichgerichteten Überlegungen wurden dann die Behörden iSd § 2 des **EU-Verbraucherschutzdurchsetzungsgesetzes** (EU-VSchDG) in diesen Kreis aufgenommen. Die Regelungen in § 50f erfassen, wie auch die in den §§ 50d und 50e,

---

[1] Schneider in Bunte GWB § 50f Rn. 4; Bergmann in FK-KartellR, 84. EL, GWB § 50c Rn. 1.
[2] Bechtold/Bosch GWB § 50f Rn. 1.
[3] Begr. 2004, BT-Drs. 15/3640, 40, 62 f.

**4. Postgesetz.** Nach § 48 S. 1 PostG[27] entscheidet die Bundesnetzagentur im Einver- **13** nehmen mit dem BKartA über die **Abgrenzung sachlich und räumlich relevanter Märkte** und die Feststellung einer marktbeherrschenden Stellung im Rahmen dieses Gesetzes. Trifft die Bundesnetzagentur Entscheidungen nach den Abschnitten 5 und 6 PostG, so hat sie dem BKartA vor Abschluss des Verfahrens Gelegenheit zur **Stellungnahme** zu geben, wobei nach dem Gesetzeswortlaut § 82 S. 4–6 TKG entsprechend gilt (§ 48 S. 2 und 3 PostG). Diese Verweisung ist allerdings mittlerweile überholt und müsste stattdessen auf § 123 Abs. 1 S. 3–5 TKG lauten.[28]

**5. Allgemeines Eisenbahngesetz.** Ähnliche Pflichten ergeben sich für die Kartell- **14** behörden und die Eisenbahnaufsichtsbehörden aus **§ 9 Abs. 3 BEVVG**.[29] Nach dieser Bestimmung bleiben die Aufgaben und Zuständigkeiten der Kartellbehörden nach dem GWB unberührt. Nach § 9 Abs. 3 S. 2 BEVVG teilen die **Regulierungsbehörde** und die **Eisenbahnaufsichtsbehörden** sowie die **Kartellbehörden** und die nach dem TKG und dem EnWG zuständigen Regulierungsbehörden einander **Informationen** mit, die für die Erfüllung der jeweiligen Aufgaben von Bedeutung sein können. Insbesondere sollen sie sich gegenseitig über **beabsichtigte Entscheidungen** informieren, mit denen ein **missbräuchliches oder diskriminierendes Verhalten von Eisenbahninfrastrukturunternehmen** untersagt werden soll (§ 9 Abs. 3 S. 3 BEVVG). Sie sollen einander ferner nach § 9 Abs. 3 S. 4 Gelegenheit zur **Stellungnahme** geben, bevor das Verfahren von der zuständigen Behörde abgeschlossen wird.

**6. §§ 47a ff. – Markttransparenzstelle Strom und Gas.** Zur Sicherstellung einer **15** wettbewerbskonformen Bildung der Großhandelspreise von Elektrizität und Gas wurde eine **Markttransparenzstelle bei der Bundesnetzagentur eingerichtet** (§ 47a Abs. 1 S. 1). Sie nimmt ihre Aufgaben im **Einvernehmen mit dem BKartA** (§ 47a Abs. 2), gemäß einer Kooperationsvereinbarung (§ 47a Abs. 3, 4) wahr. Insbesondere **beobachtet** die Transparenzstelle den Großhandel mit Elektrizität und Gas, erhebt und verarbeitet die hiermit zusammenhängenden **Daten,** einschließlich der Weitergabe an andere Behörden und **informiert** bei Verdacht auf Rechtsverstöße die zuständigen Behörden (§§ 47b, c). Für die Informationserhebung, welche eine effektive Marktbeobachtung erst ermöglicht, verleihen ihr die §§ 47d ff. weitreichende **Befugnisse.** Zu den Bereichen der Kooperation mit dem **BKartA** gehört beispielsweise auch die **Veröffentlichung** von Erzeugungs- und Verbrauchsdaten (§ 47h Abs. 4). Ausdrücklich sieht § 47i die **Kooperation mit weiteren Regulierungsbehörden** vor.

### III. Informationen

Als Gegenstand des Austausches kamen bis zur Änderung der Bestimmung durch das **16** **EU-VSchDG** nach ihrem Wortlaut nur solche Informationen in Betracht, die für die Adressatin der Information zur Erfüllung ihrer jeweiligen wettbewerbsrelevanten Aufgaben erforderlich war. Mit der **Streichung des Wettbewerbsbezugs** erübrigt sich eine besondere Prüfung der wettbewerblichen Relevanz, die bei der in § 50f auch erfassten Kooperation zwischen Regulierungs- und Verbraucherschutzbehörden nicht immer evident wäre. **Maßgeblich** ist deshalb **nur noch,** dass es sich um Informationen handelt, die für die **Erfüllung** von **gesetzlich übertragenen Aufgaben** der Adressatin erforderlich sind. Soweit es um den Informationsfluss an Kartellbehörden geht, bleibt mit Blick auf deren gesetzliche Aufgaben der wettbewerbliche Bezug im Ergebnis natürlich erhalten. Er umfasst auch nach Streichung des entsprechenden Wortlautmerkmals nicht den besonders geregelten Bereich der **Vergabenachprüfung** (vgl. → Rn. 33).

---

[27] Postgesetz v. 22.12.1997 (BGBl. I S. 3294), zuletzt geändert durch Gesetz v. 9.3.2021 (BGBl. I S. 324).
[28] Wiedemann in Wiedemann KartellR-HdB § 23 Rn. 281.
[29] Bundeseisenbahnverkehrsverwaltungsgesetz v. 27.12.1993 (BGBl. I S. 2378, 2394), zuletzt geändert durch Gesetz v. 9.6.2021 (BGBl. I S. 1614).

**17**    Vom Wortlaut her erfasst § 50f nach der Streichung des Wettbewerbsbezug-Erfordernisses nicht nur (i) den Austausch zwischen den Kartellbehörden und den übrigen in der Vorschrift genannten Behörden sowie (ii) den Austausch zwischen den Kartellbehörden,[30] sondern auch (iii) die **direkte Kooperation zwischen den übrigen Behörden,**[31] mit oder ohne Involvierung der Kartellbehörden. Ob dies auch der Regelungsintention des Gesetzgebers sowie der systematischen Stellung der Norm im GWB entspricht, kann jedenfalls insoweit dahinstehen, als spezialgesetzliche Bestimmungen für die jeweiligen Behörden deren Kooperationsbeziehungen regeln.[32]

**18**    Eine **Definition** des Begriffs der Information enthält das Gesetz nicht. Unter diesen fallen nach dem Sinn und Zweck der Regelung **alle Umstände,** die für **Erfüllung der gesetzlichen Aufgaben** der in der Bestimmung genannten Behörden eine Rolle spielen können.[33] Auf die **Form** der Information kommt es deshalb **nicht** an. Es kann sich demzufolge um schriftliche Informationen, aber auch um audiovisuell oder elektronisch gespeicherte Daten handeln. Die Art und Weise, in der die Behörde in den Besitz der in Betracht kommenden Informationen gekommen ist, spielt keine Rolle, es sei denn, der Erwerb wäre rechtswidrig gewesen. § 50f setzt insbesondere nicht voraus, dass die Behörde die in Betracht kommenden Informationen selbst ermittelt hat. Zu den Gegenständen der als Information zählenden Umstände gehören nach Abs. 1 S. 1 ausdrücklich auch **personenbezogene Daten** sowie **Betriebs- und Geschäftsgeheimnisse.** Das bedeutet indes nicht, dass solche Daten ohne weiteres weitergegeben werden dürften. Ob das der Fall ist, hängt vielmehr von der stets erforderlichen **Abwägung aller berührten Interessen** ab (vgl. → Rn. 20). Nicht für eine Weitergabe in Betracht kommen solche Informationen, die **unter Verstoß gegen Rechtsvorschriften** zur Kenntnis einer Behörde gelangt sind, und zwar auch dann nicht, wenn die Adressatin der Information an dem Verstoß nicht beteiligt war und diese zur Erfüllung ihrer gesetzlichen Aufgaben nutzen würde. Dasselbe gilt für Informationen, die zwar rechtmäßig zur Kenntnis der Behörde gekommen sind, deren Weitergabe aber aus Rechtsgründen ausgeschlossen ist, etwa weil mit der Erlangung eine gesetzliche Verwendungsbeschränkung verbunden war. Solche Verwendungsbeschränkungen ergeben sich ua aus Art. 12 der VO 1/2003.[34]

**19**    **Erforderlich** sind die Informationen für die zu informierende Behörde dann, wenn sie für die Erfüllung ihrer jeweiligen Aufgaben **geeignet** sind und **ohne** die **Übermittlung nicht oder nur mit unverhältnismäßig höherem Aufwand** zu beschaffen wären. Fehlt es an der **Eignung,** dann scheidet eine Übermittlung nach § 50f von vornherein aus. Für die Frage, ob über die Eignung hinaus eine Information zur Erfüllung der Aufgaben der empfangenden Behörde **erforderlich** ist, hat die Sicht der empfangenden Behörde für die informierende Behörde zwar keine Bindungswirkung, doch dürfte eine ordnungsgemäße Ermessensausübung der informierenden Behörde in der Regel die schlüssig und substantiiert dargetane Erforderlichkeit zu akzeptieren haben.[35] Das folgt aus dem auf die konstruktive Zusammenarbeit der Behörden abstellenden Zweck des Gesetzes, der zugleich eine effiziente Rollenverteilung zwischen informierender und informierter Behörde ver-

---

[30] Zur Kritik an der zuvor bestehenden Rechtslage Krauser in MüKoWettbR GWB, 3. Aufl. 2020, § 50c Rn. 2 ff.

[31] AA Krauser in MüKoWettbR, 3. Aufl. 2020, GWB § 50c Rn. 10.

[32] Beispielsweise enthalten für die Kooperation zwischen Bundes- und Landesregulierungsbehörden im energiewirtschaftlichen Bereich die §§ 55 Abs. 1 S. 2 und 64a EnWG gesonderte Bestimmungen.

[33] Sabir in MüKoWettbR GWB § 50f Rn. 11.

[34] Nach Art. 12 Abs. 2 S. 1 VO 1/2003 dürfen die nach Abs. 1 für die Zwecke der Anwendung der Artikel 81 und 82 des Vertrags (jetzt Art. 101 und 102 AEUV) mitgeteilten Informationen nur zum Zweck der Anwendung dieser Artikel sowie in Bezug auf den Untersuchungsgegenstand als Beweismittel verwendet werden, für die sie von der übermittelnden Behörde erhoben wurden. Darüber hinaus erlaubt es nach Art. 12 Abs. 2 S. 2 VO 1/2003 nur die Verwendung der ausgetauschten Informationen für die parallele Anwendung des einzelstaatlichen Wettbewerbsrechts im gleichen Fall. § 50d trägt dem Rechnung, vgl. GWB Bechtold/Bosch § 50d Rn. 8.

[35] Unter Verweis auf § 49a Abs. 1 OWiG stärker auf die übermittelnde Behörde abstellend Bergmann in FK-Kartellrecht, 84. EL, GWB § 50c Rn. 14.

Kronzeugenmechanismus sowie die Selbstbindung, welche das BKartA durch seine Zusicherung geschaffen hat, Abwägungsbelange, und zwar von solchem Gewicht, dass sie eine Informationsübermittlung in aller Regel ausschließen. Zu den abwägungsrelevanten Belangen gehören regelmäßig einerseits die **Geheimhaltungsinteressen** der Betroffenen, insbesondere in Bezug auf personenbezogene Daten, Betriebs- und Geschäftsgeheimnisse sowie Informationen, die gegen Zusicherung der Vertraulichkeit gegeben wurden. Andererseits liegen die im konkreten Fall einschlägigen **gesetzlichen Aufgaben und ihre jeweilige Bedeutung** in der Waagschale, und zwar uU nicht nur die Aufgaben der empfangenden, sondern auch diejenigen der informationserteilenden Behörde, da die Erteilung der Information Rückwirkungen auf die Aufgabenerfüllung der erteilenden Behörde haben kann.

## C. Zusammenarbeit mit weiteren Behörden, § 50f Abs. 2

### I. Allgemeines

Die in § **50f Abs. 2 S. 1** genannten Behörden, von denen nur die Bundesanstalt für **24** Finanzdienstleistungen auch unter Abs. 1 fallen kann, haben unter anderem auch wettbewerbsrelevante und verbraucherschützende Aufgaben zu erfüllen. Dennoch ist die Kooperation mit ihnen merklich anders ausgestaltet als diejenige nach § 50f Abs. 1. § 50f Abs. 2 S. 1 ordnet **zwingend** eine **Zusammenarbeit** der Kartellbehörden mit den in der Bestimmung **abschließend aufgezählten** Behörden an. Ersichtlich daraus, dass **erst § 50f Abs. 2 S. 2, 3 den Informationsaustausch adressieren**, geht es in § 50f Abs. 2 S. 1 um andere Kooperationsformen. Hinsichtlich der Verbindlichkeit des Informationsaustausches unterscheidet § 50f Abs. 2 S. 2 dahingehend, dass mit den Landesmedienanstalten und der Kommission zur Ermittlung der Konzentration im Medienbereich die erforderlichen Erkenntnisse – soweit nicht anderweitiges Recht entgegensteht – **ausgetauscht werden müssen** (§ **50f Abs. 2 S. 2 Hs. 1**), wohingegen der Austausch mit den sonstigen in § 50f Abs. 2 S. 1 genannten Behörden im **pflichtgemäßen Ermessen** („können") der Kartellbehörden steht (§ **50f Abs. 2 S. 2 Hs. 2**). Für den Informationsaustausch nach beiden Halbsätzen des § 50f Abs. 2 S. 2 gilt § **50f Abs. 2 S. 3**, der bestimmte **Inhalte einer Übermittlung entzieht**. § 50f Abs. 2 S. 3 Nr. 1 nimmt vertrauliche Informationen und die Nr. 2 solche Informationen aus, die iRd **ECN-Kooperation** von der EU-Kommission oder einer NWB an das BKartA übermittelt wurden.

### II. Behörden

Auch mit **weiteren als den in § 50f ausdrücklich genannten Behörden** ist eine **25** beiderseits nützliche Kooperation vorstellbar, was für eine entsprechende Ausweitung von § 50f Abs. 2 spräche, zumal die Vorschrift hinsichtlich der übermittelbaren Informationen zurückhaltender normiert als § 50f Abs. 1 und wie bei der in Abs. 1 geschaffenen Grundlage für den Informationsaustausch auch hier keine Erweiterung von Ermittlungsbefugnissen nach außen bewirkt wird. Nach derzeitigem Rechtsstand gelten indes für eine Kooperation mit anderen als den in § 50f Abs. 2 S. 1 genannten Behörden (sofern nicht § 50f Abs. 1 oder Abs. 3 greifen) die **allgemeinen Regeln.**[47]

**1. Bundesanstalt für Finanzdienstleistungen.** Zu den auch mit wettbewerbsrelevan- **26** ten Aufgaben befassten und in bestimmten Bereichen über § 50f Abs. 1 hinaus zur Kooperation mit den Kartellbehörden verpflichteten Behörden gehört vor allem die im Gesetz an erster Stelle genannte Bundesanstalt für Finanzdienstleistungen. Soweit diese Behörde unter § **2 EU-VSchDG** fällt, gilt für sie **schon § 50f Abs. 1.** Berührungen und Verpflichtungen

---

[47] Begr. 2004, BT-Drs. 15/3640, 40. Infrage kommen insbesondere die §§ 4 ff. VwVfG.

gibt es darüber hinaus im Bereich der **Kreditaufsicht** nach dem KWG[48] und bei der **Versicherungsaufsicht** nach dem VAG.[49] Als weitere potentielle Berührungsbereiche kommen im Bereich der **Wertpapiere** neben dem WpPG[50] vor allem Aufgaben nach dem WpHG,[51] und dem WpÜG[52] in Betracht, wobei die **Kooperationsregeln** in den beiden zuletzt genannten **Gesetzen** nach § 50f Abs. 2 S. 4 ausdrücklich durch die Regeln in § 50f Abs. 2 S. 2 und S. 3 Nr. 1 **unberührt** bleiben (vgl. → Rn. 35). Für die Verpflichtung zur Kooperation kommt es **nicht darauf an,** dass es sich bei den gesetzlichen Aufgaben einer der genannten Behörden um **wettbewerbsrelevante Maßnahmen** handelt. So können die Landesmedienanstalten von den Kartellbehörden auch solche Informationen erfragen, die zur Erfüllung ihrer spezifisch medienrechtlichen Aufgaben erforderlich sind.

27    **2. Deutsche Bundesbank.** Die in § 50f Abs. 2 an zweiter Stelle genannte Deutsche Bundesbank erfüllt über die in **§ 6 Abs. 2 WpHG** ausdrücklich geregelten Kooperationsverpflichtungen hinaus ebenfalls wettbewerbsrelevante Aufgaben, bei denen es nicht nur zu Berührungen mit den Aufgaben der Bundesanstalt für Finanzdienstleistungen, sondern auch mit denjenigen der Kartellbehörden kommt. Für die Kartellbehörden praktisch relevant werden können am ehesten **Erkenntnisse über die Finanzmärkte,** wobei es oft an der für die Erfüllung kartellrechtlicher Aufgaben erforderlichen Informationstiefe fehlen mag.

28    **3. Aufsichtsbehörden nach § 90 SGG IV.** Die in § 50f Abs. 2 an dritter Stelle genannten Aufsichtsbehörden erfüllen ebenfalls wettbewerbsrelevante Aufgaben, bei denen es, wie die Erfahrung zeigt und worauf die Gesetzesmaterialien hinweisen, zu Berührungen mit den Aufgaben der Kartellbehörden kommt. Es ist sogar besonders wichtig, dass die Kartellbehörden bei der **Anwendung des Kartellrechts auf die Krankenkassen** mit deren Aufsichtsbehörden effektiv zusammenarbeiten.

29    **4. Landesmedienanstalten.** Die Verpflichtung und Berechtigung der mit besonders komplexen medienwettbewerblichen Aufgaben betrauten Landesmedienanstalten[53] zur Kooperation mit dem BKartA, den Landeskartellbehörden und der Bundesnetzagentur (nicht den Landesregulierungsbehörden) ergibt sich schon aus den Bestimmungen des **§ 111 Abs. 1 S. 1 und Abs. 2 MStV,**[54] die auch ohne eine Abs. 2 S. 4 entsprechende Anordnung neben § 50f Abs. 2 anwendbar bleiben. Die **Kooperationsverpflichtung** ist **zweiseitig,** dh die Landesmedienanstalten können „im Rahmen der Erfüllung ihrer Aufgaben" mit diesen Behörden zusammenarbeiten und haben diesen ihrerseits auf Anfrage Erkenntnisse zu übermitteln, die für „die Erfüllung von deren Aufgaben erforderlich sind".

30    **5. Kommission zur Ermittlung der Konzentration im Medienbereich (KEK).** Die 9. GWB-Novelle fügte den in Abs. 2 genannten Behörden die **KEK** hinzu. Ausgelöst wurde diese Ergänzung durch den Zwischenbericht der Bund-Länder-Kommission zur Medienkonvergenz vom Dezember 2015. Mit der Aufnahme unter die in Abs. 2 aufgezählten Behörden verfolgte der Gesetzgeber erklärtermaßen das Ziel, Kartell- und Medienrecht besser zu verzahnen.[55] Nach **§ 111 Abs. 2 MStV** galten die Regelungen des § 111 Abs. 1 MStV schon vorher für die LKartB entsprechend. Nach dem Sinn und Zweck der

---

[48] Gesetz über das Kreditwesen v. 9.9.1998 (BGBl. I S. 2776), zuletzt geändert durch Gesetz v. 10.8.2021 (BGBl. I S. 3436).
[49] Gesetz über die Beaufsichtigung der Versicherungsunternehmen v. 1.4.2015 (BGBl. I S. 434), zuletzt geändert durch Gesetz v. 7.8.2021 (BGBl. I S. 3311).
[50] Wertpapierprospektgesetz v. 22.6.2005 (BGBl. I S. 1698), zuletzt geändert durch Gesetz v. 9.7.2021 (BGBl. I S. 2570).
[51] Gesetz über den Wertpapierhandel v. 9.9.1998 (BGBl. I S. 2708), zuletzt geändert durch Gesetz vom 9.7.2021 (BGBl. I S. 2570).
[52] Wertpapiererwerbs- und Übernahmegesetz v. 20.12.2001 (BGBl. I S. 3822), zuletzt geändert durch Gesetz vom 10.8.2021 (BGBl. I S. 3436).
[53] Bechtold/Bosch GWB § 50f Rn. 7.
[54] Medienstaatsvertrag (MStV) v. 14./28.4.2020.
[55] Begr. 2016, BT-Drs. 18/10207, 82.

Regelung war ohnehin davon auszugehen, dass mit der Bezugnahme auf die Landesmedienanstalten auch deren nach den Bestimmungen des MStV geschaffene Organe erfasst wurden. Dieser Gesichtspunkt qualifizierte insbesondere die KEK und die **Konferenz der Direktoren der Landesmedienanstalten** (DLM) für den Kreis der Informationsaustausch- und Kooperationspartner. Ihre Einbeziehung war und ist auch deshalb sinnvoll, weil in ihren Aufgabenbereichen Berührungen mit kartellbehördlichen Aufgaben nahe liegen, auch und gerade bei Zusammenschlussvorgängen. Wie die Geschichte der **rundfunkrechtlichen Konzentrationskontrolle** und ihrer wiederholt modifizierten Kriterien zeigt,[56] hängt die Kontrolle wirtschaftlicher und medialer Macht eng zusammen.[57]

## III. Zusammenarbeit

Unter Zusammenarbeit ist nach dem Sinn und Zweck des § 50f Abs. 2 S. 1 **jede Form** **31** **des Zusammenwirkens** zu verstehen, nicht nur bei förmlichen Verfahren, die bei einer oder bei beiden beteiligten Behörden anhängig sind, sondern auch außerhalb von, vor und nach förmlichen Verfahren. Das Zusammenwirken durch **Informationsaustausch** führen indes § 50f Abs. 2 S. 2, 3 einer gesonderten Regelung zu. Wie in § 50f Abs. 1 werden nach dem kooperationsfördernden Zweck der Bestimmung sowohl **Ordnungswidrigkeiten- wie Verwaltungsverfahren** erfasst. Für diese Interpretation sprechen im Übrigen auch die Gesetzesmaterialien, die § 50f generell, also ohne zwischen Abs. 1 und 2 zu unterscheiden, als lex specialis iSv § 49a f. OWiG, § 480 StPO qualifizieren.[58]

Der Verwendung des Begriffs „**Erkenntnisse**" in § 50f Abs. 2 S. 2 im Gegensatz zu **32** dem der „Informationen" in § 50f Abs. 1 S. 1 kommt keine sachliche Bedeutung zu, obgleich der Gesetzgeber besser eine einheitliche Begrifflichkeit gewählt hätte. Der Begriff des **Austauschs** erfasst, wie in Abs. 1 S. 1, alle Formen der Kommunikation, mit denen eine Behörde der anderen die Informationen zugänglich macht (vgl. → Rn. 20). Problematisch erscheint, dass ein Austausch nur „**auf Anfrage**" geschehen darf, eine proaktive Übermittlung von Informationen, die eine Kartellbehörde als wichtig für die Arbeit zB der Bundesanstalt für Finanzdienstleistungen erkennt, also an sich nicht möglich wäre. In teleologischer, effizienzgeleiteter Auslegung der Bestimmung wird man es zumindest zulassen müssen, dass das BKartA die jeweilige Behörde zu einer förmlichen Anfrage anregt. Die in § 50f Abs. 2 S. 1 begründeten **Kooperationsverpflichtungen** sind wiederum **zweiseitig,** dh sie treffen die ausdrücklich genannten Behörden ebenso wie die Kartellbehörden. Eine Ermächtigung zum Informationsaustausch und zur Zusammenarbeit zwischen den außer den Kartellbehörden ausdrücklich genannten Behörden ergibt sich, anders als nach Abs. 1 S. 1, aus § 50f Abs. 2 S. 1, 2 schon deswegen nicht, weil der Wortlaut **nur** **die Interaktion der Kartellbehörden mit der jeweils anderen Behörde** adressiert, nicht aber generell eine Kooperation zwischen allen genannten Behörden.[59] Kooperation nach den allgemeinen Amtshilferegeln steht aber ohnehin allen in § 50f Abs. 2 genannten Behörden offen.[60]

## IV. Zweck der Zusammenarbeit

Eine Zusammenarbeit ist nach § 50f Abs. 2 S. 1 nur insoweit erfasst, als sie im Rahmen **33** der Erfüllung **kartellbehördlicher Aufgaben** erfolgt. Wenn es um den Austausch von Informationen geht, kommt es nach § 50f Abs. 2 S. 2 dagegen darauf an, dass dieser für die Erfüllung der **jeweiligen Behördenaufgaben** erforderlich ist. Für die Kartellbehörden bedeutet das in beiden Fällen, dass die von der anderen Seite erbetene Unterstützung bzw. die erbetenen Informationen für die Erfüllung der ihnen übertragenen Aufgaben zur

---

[56] S. hierzu auch Picht in BeckOK KartellR GWB § 38 Rn. 37 ff.
[57] Vgl. hierzu auch KEK 19. Jahresbericht 2016/2017 S. 155.
[58] Begr. 2004, BT-Drs. 15/3640, 40.
[59] Insoweit ebenso Krauser in MüKoWettbR, 3. Aufl. 2020, GWB § 50c Rn. 17.
[60] Sabir in MüKoWettbR GWB, § 50f Rn. 16 f.

Anwendung des Kartellrechts erforderlich sein müssen. Der Begriff der **Erforderlichkeit** entspricht dem in § 50f Abs. 1 (vgl. → Rn. 18). Nicht in diesem Sinne erforderliche Informationen darf die Kartellbehörde auch nach Abs. 2 S. 2 nicht zu erlangen versuchen. Anders liegt es, unbeschadet der für die beteiligten Behörden geltenden besonderen Kooperationsbestimmungen, hinsichtlich der den **anderen Behörden gewährten Unterstützung und der ihnen übermittelten Informationen**. Insoweit ist, anders als nach § 50f Abs. 1 S. 1 aF, ein Wettbewerbsbezug nicht erforderlich.

### V. Vergabenachprüfung?

**34**      Die Frage, ob zu den vom BKartA zu erfüllenden Aufgaben im Sinne dieser Bestimmung auch die Vergabenachprüfung nach den §§ 97 ff. GWB gehört, ist nach dem Sinn und Zweck dieser Regelung zu **verneinen,** obwohl auch das materielle Vergaberecht und die Vergabenachprüfung zentralen wettbewerblichen Zwecken dienen[61] und das BKartA mit der Wahrnehmung gesetzlicher Aufgaben in diesem Bereich betraut ist. Aus der besonderen institutionellen Ausgestaltung der beim BKartA eingerichteten Vergabekammern, ihrer Gerichtsähnlichkeit und Gerichtsqualität iSv Art. 267 AEUV[62] sowie aus der spezifischen Regelung des Nachprüfungsverfahrens ist zu schließen, dass die in § 50f der Exekutive zur besseren Durchsetzung gesetzlich übertragener Aufgaben zur Verfügung gestellten Möglichkeiten nicht auch für das Kartellvergaberecht gelten sollen. Hinzu kommt, dass die Bestimmung das komplizierte Vergabenachprüfungsverfahren in seiner Funktionsfähigkeit gefährden könnte. Das gilt im Ergebnis auch für die Vergabekammern der Länder, die wie die des Bundes quasigerichtliche Funktionen einer ersten Instanz im Nachprüfungsverfahren zu erfüllen haben.

### VI. Grenzen der Zusammenarbeit

**35**      Aus **§ 50f Abs. 2 S. 2 und S. 3** ergibt sich, dass mit den in Abs. 2 S. 1 genannten Behörden ein Austausch der Erkenntnisse zwar insoweit in Betracht kommt, als dies für die Erfüllung der jeweiligen Aufgaben erforderlich ist, dass dieser Austausch aber nach **S. 3 Nr. 1** nicht für **vertrauliche Informationen,** insbesondere Betriebs- und Geschäftsgeheimnisse gilt und nach **S. 3 Nr. 2** auch nicht für Informationen, die nach § 50d oder nach **Art. 12 VO 1/2003** erlangt worden sind. Die in **Abs. 2 S. 3 Nr. 2** angeordnete Einschränkung leuchtet ohne weiteres ein, weil sie **europarechtlich vorgegeben** ist,[63] namentlich durch die Beschränkung auf den Untersuchungsgegenstand der Informationserhebung und die Anwendung der Art. 101, 102 AEUV.[64] Die Notwendigkeit und Zweckmäßigkeit der weitreichenden Kooperationseinschränkung in **Abs. 2 S. 3 Nr. 1** hingegen drängt sich weniger auf.[65] Allerdings weisen die Gesetzesmaterialien zu Recht auf die besondere Sensibilität vertraulicher, auch strafrechtlich geschützter Informationen hin. Auch die Tatsache, dass der Informationsaustausch nach § 50f Abs. 2 S. 2 eher Ausnahme- als Routinefall bleiben dürfte, macht die gesetzgeberische Entscheidung **hinnehmbarer**. Auch im Wortlautvergleich zu § 50f Abs. 1 S. 2 zählen **personenbezogene Daten** nicht pauschal zu den „vertraulichen Informationen" iSv § 50f Abs. 2 S. 3 Nr. 1.

**35a**      Die **11. GWB-Novelle** hat in **Abs. 2. S. 3 Nr. 2** einen Verweis auf den DMA eingefügt. Ausweislich der Gesetzesbegründung soll diese Änderung „§ 50f, welcher die Zusammenarbeit der Kartellbehörden mit anderen nationalen Behörden regelt, auch im Rahmen der Kooperation unter der Verordnung (EU) 2022/1925 für anwendbar [erklären]. Die Regelung ist notwendig, um eine effektive Zusammenarbeit sicherzustellen". In der Tat bedarf es für die **kooperative Durchsetzung des DMA** durch EU-Kommission und nationale Kartellbehörden (vgl. Art. 38 DMA) **auch des Informationsaustauschs,**

---

[61] Vgl. → Vor §§ 97 ff. Rn. 121 ff., → § 157 Rn. 6.
[62] Vgl. → § 157 Rn. 13 f.
[63] Begr. 2004, BT-Drs. 15/3640, 40.
[64] Sabir in MüKoWettbR GWB § 50f Rn. 19.
[65] Kritisch auch Schneider in Bunte GWB § 50f Rn. 24.

und der DMA enthält hierzu in seinem Art. 38 auch gewisse Vorgaben. § 50f Abs. 2 S. 3 Nr. 2 kodifiziert die DMA-Kooperationsmodalität indes recht indirekt, indem er **explizit nur festschreibt,** dass der Informationsaustausch des Bundeskartellamtes **mit den in § 50f S. 1, 2 genannten Behörden DMA-Informationen gerade** *nicht* **umfasst.** E contrario müssen DMA-Informationen im Übrigen aber, vor allem mit der Kommission sowie innerhalb des ECN ausgetauscht werden können (vgl. eben auch Art. 38 DMA).

## VII. Vorrang des WpÜG und des WpHG

Nach § 50f Abs. 2 S. 4 bleiben die Regelungen des Wertpapiererwerbs- und Über-   **36** nahmegesetzes (WpÜG)[66] und des Gesetzes über den Wertpapierhandel (WpHG)[67] von den Bestimmungen in Abs. 2 S. 2 und S. 3 Nr. 1 unberührt, also uneingeschränkt und unverkürzt anwendbar. Hingegen können diese Gesetze **keinen Vorrang gegenüber den europarechtlichen Weitergabebeschränkungen** beanspruchen, die § 50f Abs. 2 S. 3 **Nr. 2** zugrundeliegen.[68] Beide Gesetze begründen nicht von einem Ersuchen der zu informierenden Behörde abhängige **Informationspflichten, die weiter reichen** können als der nach § 50f Abs. 2 vorgesehene Austausch.[69]

## D. Weitergabe von Fusionskontrolldaten für außenwirtschaftsrechtliche Zwecke, § 50f Abs. 3

## I. Allgemeines

Die Einfügung von § 50f Abs. 3 durch das Dreizehnte Gesetz zur Änderung des Außen-   **37** wirtschaftsgesetzes **(AWG)**[70] und der Außenwirtschaftsverordnung vom 18.4.2009 sowie die Ausdehnung der Bestimmung durch das UBRegG[71] dienten dem Zweck, die **Beschränkung** von Rechtsgeschäften über den **Erwerb** oder Anteilserwerb von gebietsansässigen Unternehmen durch gemeinschaftsfremde Erwerber zur Gewährleistung wesentlicher **deutscher Sicherheitsinteressen, der öffentlichen Ordnung oder Sicherheit der Bundesrepublik Deutschland oder eines anderen Mitgliedstaates der Europäischen Union** oder der **öffentlichen Ordnung oder Sicherheit in Bezug auf Projekte oder Programme von Unionsinteresse** (§ 4 Abs. 1 Nr. 1, 4, 4a AWG iVm § 5 Abs. 2, 3 AWG) zu ermöglichen. Die datenschutzrechtlichen Anforderungen des § 25 BDSG und die bestehenden Regelungen zur Datenübermittlung des BKartA an die Strafverfolgungsbehörden und die Polizei bleiben unberührt. Die praktische Bedeutung der Vorschrift wurde bisher für begrenzt gehalten,[72] kann sich aber im Zuge der allgemeinen Bedeutungszunahme des Außenwirtschaftsrechts durchaus erhöhen.

---

[66] Nach § 7 Abs. 1 S. 1 WpÜG haben das BKartA und die Bundesanstalt einander die für die Erfüllung ihrer Aufgaben erforderlichen Informationen mitzuteilen. Die Bundesanstalt übermittelt dem BMWi die ihr nach § 10 Abs. 2 S. 1 Nr. 3 und § 35 Abs. 1 S. 4 WpÜG mitgeteilten Informationen und auf Ersuchen dieser Behörde die nach § 14 Abs. 1 S. 1 oder § 35 Abs. 2 S. 1 WpÜG übermittelte Angebotsunterlage. Bei der Übermittlung personenbezogener Daten sind § 25 Abs. 1 und 3 BDSG anzuwenden.

[67] Nach § 17 Abs. 2 WpHG haben ua die Deutsche Bundesbank, soweit sie die Beobachtungen und Feststellungen im Rahmen ihrer Tätigkeit nach Maßgabe des Gesetzes über das Kreditwesen macht, die Börsenaufsichtsbehörden, das BKartA sowie die Bundesanstalt einander Beobachtungen und Feststellungen einschließlich personenbezogener Daten, die für die Erfüllung ihrer Aufgaben erforderlich sind.

[68] Krauser in MüKoWettbR GWB, 3. Aufl. 2020, § 50c Rn. 21.

[69] S. Krauser in MüKoWettbR GWB, 3. Aufl. 2020, § 50c Rn. 21.

[70] Außenwirtschaftsgesetz vom 6.6.2013 (BGBl. I S. 1482), zuletzt geändert durch Gesetz v. 10.8.2021 (BGBl. I S. 3436); Dreizehntes Gesetz zur Änderung des Außenwirtschaftsgesetzes und der Außenwirtschaftsverordnung v. 18.4.2009, BGBl. I S. 770, zur Begründung vgl. BR-Drs. 638/08 zu Art. 4.

[71] Gesetz zur Errichtung und Führung eines Registers über Unternehmensbasisdaten und zur Einführung einer bundeseinheitlichen Wirtschaftsnummer für Unternehmen und zur Änderung weiterer Gesetze vom 9.7.2021, BGBl. I S. 2506.

[72] Kritisch zu ihrer Relevanz Schneider in Bunte GWB § 50f Rn. 26 und Quellmalz in LMR GWB § 50c Rn. 9.

## II. Weitergabe bei Fusionen ohne gemeinschaftsweite Bedeutung

38    Soweit dies zur Verfolgung der in § 4 Abs. 1 Nr. 1, 4, 4a und § 5 Abs. 2, 3 AWG festgelegten Zwecke erforderlich ist, ermächtig **§ 50f Abs. 3 S. 1** das BKartA, solche Angaben, die ihm von einem an einem Zusammenschluss beteiligten Unternehmen nach § 39 Abs. 3 gemacht worden sind, anderen deutschen Behörden zu übermitteln. Als **andere Behörde** in diesem Sinne kommt, ungeachtet des offenen Wortlauts („anderen Behörden"), nach § 55 AWV, die das Verfahren zur Durchsetzung von § 4 AWG regelt, nur das Bundesministerium für Wirtschaft und Energie in Betracht.[73] Inhaltlich sind die Informationen auf solche beschränkt, die über **§ 39 Abs. 3 erlangt wurden und das zu erwerbende Unternehmen betreffen.** Nicht zu übermitteln sind deshalb nach § 50f Abs. 3 weitergehende oder auf andere Weise erlangte Informationen und solche, die andere Unternehmen betreffen. Einschränkungen der bei § 50f Abs. 2 zu beachtenden Art hinsichtlich von **Betriebs- und Geschäftsgeheimnissen** sieht § 50f Abs. 3 S. 1 nicht vor. Insoweit gelten aber die allgemeinen Schutzbestimmungen zugunsten solcher Geheimnisse.[74]

## III. Weitergabe bei Fusionen mit gemeinschaftsweiter Bedeutung

39    Über Abs. 3 S. 1 hinaus ermächtigt **§ 50f Abs. 3 S. 2** das BKartA dazu, auch bei Zusammenschlüssen von gemeinschaftsweiter Bedeutung im Sinne des Artikels 1 Abs. 1 der Verordnung (EG) Nr. 139/2004 (Fusionskontrollverordnung) in ihrer jeweils geltenden Fassung die **Befugnisse nach S. 1** auszuüben, allerdings nur hinsichtlich solcher **Angaben,** die von der Kommission nach Artikel 4 Abs. 3 dieser Verordnung **veröffentlicht** worden sind.[75] Diese im Amtsblatt C auf die Anmeldung eines Zusammenschlussvorhabens hin veröffentlichten Daten enthalten keine **Geschäftsgeheimnisse.** Der Wortlaut der Ermächtigung schließt es aus, darüber hinaus gehende, dem BKartA zur Verfügung stehende Informationen weiterzugeben.[76]

## Kapitel 3. Bundeskartellamt

### § 51 Sitz, Organisation

(1) **¹Das Bundeskartellamt ist eine selbstständige Bundesoberbehörde mit dem Sitz in Bonn. ²Es gehört zum Geschäftsbereich des Bundesministeriums für Wirtschaft und Energie.**

(2) **¹Die Entscheidungen des Bundeskartellamts werden von den Beschlussabteilungen getroffen, die nach Bestimmung des Bundesministeriums für Wirtschaft und Energie gebildet werden. ²Im Übrigen regelt der Präsident die Verteilung und den Gang der Geschäfte des Bundeskartellamts durch eine Geschäftsordnung; sie bedarf der Bestätigung durch das Bundesministerium für Wirtschaft und Energie.**

(3) **Die Beschlussabteilungen entscheiden in der Besetzung mit einem oder einer Vorsitzenden und zwei Beisitzenden.**

---

[73] Ebenso Bechtold/Bosch GWB § 50f Rn. 10.

[74] Bechtold/Bosch GWB § 50f Rn. 10.

[75] Welchen Nutzen die Befugnis des BKartA zur Übermittlung von der Kommission bereits veröffentlichter Daten für die Sicherung wesentlicher deutscher Sicherheitsinteressen haben kann, ist nicht ohne weiteres ersichtlich. Kritisch auch Schneider in Bunte GWB § 50f Rn. 28 und Quellmalz in LMR GWB § 50c Rn. 9.

[76] Bechtold/Bosch GWB § 50f Rn. 10.

(4) Vorsitzende und Beisitzende der Beschlussabteilungen müssen Beamte auf Lebenszeit sein und die Befähigung zum Richteramt oder zum höheren Verwaltungsdienst haben.

(5) Die Mitglieder des Bundeskartellamts dürfen weder ein Unternehmen innehaben oder leiten noch dürfen sie Mitglied des Vorstandes oder des Aufsichtsrates eines Unternehmens, eines Kartells oder einer Wirtschafts- oder Berufsvereinigung sein.

**Schrifttum:** Bornkamm, Amicus Curiae, in „50 Jahre Bundeskartellamt", S. 36 f.; Duijm, Die Unabhängigkeit von Kartellbehörden, in: ORDO, Bd. 50 (1999), S. 323 ff., 334 ff.; Gutzler, Zur Begründung und Durchsetzung des Kartellverbots in: FS Günther, 1976, S. 169 ff., 175; Jaeger, WuW 2000, 1062; Kartte, Wettbewerbspolitik im Spannungsfeld zwischen Bundeswirtschaftsministerium und Bundeskartellamt, in: FS Günther, 1976, S. 47 ff., 54; König, Zur geplanten Stärkung der nationalen Wettbewerbsbehörden bei der Durchsetzung des EU-Kartellrechts, NZKart 2017, 397; Lieberknecht, Probleme des Verfahrensrechts in Kartellsachen, in: Schwerpunkte des Kartellrechts 1977/78, 1979, S. 65 ff., 70; Ludwigs, Unionalisierung der Unabhängigkeit nationaler Kartellbehörden – Der Regierungsentwurf zur 10. GWB-Novelle als Vorbote defizitärer Richtlinienumsetzung, NZKart 2020, 576; Möschel, Die Unabhängigkeit des Bundeskartellamtes, in: ORDO, Bd. 48 (1997), S. 241 ff.; Niederleithinger, Aufgabendelegation als bewährtes Organisationsprinzip, in „50 Jahre Bundeskartellamt", S. 63 f.; Ortwein, Das Bundeskartellamt, 1998; Rittner, Das Ermessen der Kartellbehörde, in FS Heinz Kaufmann, 1972, 307 ff.; Schoening, ZNER 2003, 46; Stockmann, Die Integration des Vergaberechts in das Wettbewerbsrecht, in: Schwarze, Europäisches Wettbewerbsrecht im Wandel, 2001, S. 55; Stockmann, Zur Stellung der deutschen Kartellbehörden, in: Festschrift für Ulrich Immenga zum 70. Geburtstag, München 2004, S. 389 ff.; Stockmann, Das Bundeskartellamt im 51. Jahr, ZWeR 2008, S. 137 ff.

## A. Entstehungsgeschichte und Normzweck

Mit der **6. GWB-Novelle**[1] erhielt § 51 seine geltende Fassung. Folgeänderungen betra- **1** fen nur die Namensaktualisierung des zuständigen Ministeriums auf nunmehr „Wirtschaft und Energie". Die 9. GWB-Novelle fasste die Überschrift vor § 51 in ihrer jetzt geltenden Fassung neu.[2]

---

[1] Begr. 1998, BT-Drs. 13/9720, 63.
[2] Begr. 2016, BT-Drs. 18/10207, 47.

**2**    Die Bestimmung sollte sicherstellen, dass die Spruchkörper, die die Hauptlast des kartellrechtlichen Wettbewerbsschutzes in Deutschland zu tragen haben, nämlich die **Beschlussabteilungen** des BKartA, **angemessen besetzt** und im Interesse einer objektiven, neutralen und unpolitischen Rechtsanwendung **vor äußerer Einflussnahme geschützt** sind.[3]
Die Beschlussabteilungen und die von ihnen anzuwendenden Verfahrensregelungen sind
zu diesem Zweck durch § 51 Abs. 2 S. 1, Abs. 3 und Abs. 4 **gerichtsähnlich ausgestaltet.** Es handelt sich bei ihnen aber nicht, ebenso wenig wie bei den Vergabekammern,[4] um
Gerichte im Sinne des deutschen Rechts (unstr., vgl. hierzu → Rn. 12). Ein Bedürfnis, sie
als Gerichte auszugestalten, bestand und besteht bislang nicht, wie durch lange Erfahrung
mit dem geltenden Recht bestätigt. Bisher hat sich der Normzweck durch die getroffenen
Status- und Verfahrensregelungen erreichen lassen.[5] Anfängliche Vorschläge, das BKartA
als weisungsfreies Bundesorgan nach dem Vorbild der US-amerikanischen Federal Trade
Commission auszugestalten[6] oder als selbständigen Teil des Bundesverfassungsgerichts,[7]
hatten auch deshalb keinen Erfolg.[8] Insofern gilt für die Beschlussabteilungen dasselbe wie
für die **Vergabekammern** des BKartA (vgl. → § 157 Rn. 4 ff.).

**3**    Die **Inkompatibilitätsregelung** in Abs. 5 dient dem Ausschluss von Interessenkonflikten bei den „Mitgliedern des BKartA". Aus der Bedeutung, die der Gesetzgeber der
Unabhängigkeit, Objektivität und Neutralität des Amtes bei der Ausgestaltung seines Status
und des Status der Beschlussabteilungen beimisst, ist zu folgern, dass die Inkompatibilitätsregelung schon dem Anschein von Interessenkonflikten vorbeugen soll und deshalb **weit** zu
interpretieren ist (vgl. → § 157 Rn. 14).

## B. Bundeskartellamt

### I. Selbständige Bundesoberbehörde

**4**    Nach **§ 51 Abs. 1 S. 1** ist das BKartA eine selbständige Bundesoberbehörde iSv Art. 87
Abs. 3 GG mit Sitz in Bonn, die nach **Abs. 1 S. 2** zum Geschäftsbereich des Bundesministeriums für Wirtschaft und Energie (BMWi) gehört.[9] Seit seiner Einrichtung im Jahre
1958 bis Ende September 1999 war Berlin der Sitz des Amtes, der Sitzwechsel nach Bonn
erfolgte zum 1.10.1999.[10] Die Selbständigkeit des BKartA bedeutet die Zuweisung gesetzlich, organisatorisch und funktionell abgegrenzter, zentral für das Bundesgebiet wahrzuneh-
mender **Zuständigkeiten,** die dem BKartA auch vom BMWi **weder generell noch im
Einzelfall entzogen werden können.** Auch ist das Amt **nicht** in das BMWi **eingegliedert.**[11] Ob hiermit die Einrichtung unselbständiger Außenstellen etwa nach dem Vorbild der Regional Offices der US-amerikanischen Kartellbehörden angesichts der territorialen und infrastrukturellen Gegebenheiten der Bundesrepublik vereinbar wäre,[12] erscheint
zweifelhaft, zumal mit Blick auf die Existenz der LKartB. Aus der Einräumung eines so
geschützten Zuständigkeitsbereichs allein folgt indes noch nicht, dass das BKartA gänzlich
weisungsunabhängig wäre.[13] Der Grad der **Weisungsunabhängigkeit** ergibt sich erst aus

---

[3] Bericht des Wirtschaftspolitischen Ausschusses v. 22.6.1957, BT-Drs. 2/3644, 34.

[4] Vgl. hierzu → § 157 Rn. 13; während die Vergabekammern Gerichtsqualität im Sinne des europäischen
Rechts haben, erfüllen die Beschlussabteilungen die Voraussetzungen hierfür nicht.

[5] Vgl. → Rn. 8 ff.; zur Geschichte der Kartellbehörde als Organ der Exekutive vgl. Murach-Brand,
Antitrust auf Deutsch, 2004, S. 194 ff.

[6] E. Günther WuW 1967, 99 f.; Dörinkel WuW 1966, 942.

[7] Fikentscher WuW 1971, 796 f.

[8] Ablehnend schon Kartte FS Günther, 1976, 47 (56).

[9] Zorn in MüKoWettbR Rn. 1.

[10] § 7 Abs. 1 Nr. 1 und Abs. 4 iVm § 3 Abs. 2 Berlin/Bonn-Gesetz v. 26.4.1994, BGBl. I 918.

[11] Stempel in BeckOK KartellR Rn. 1.

[12] Schneider in Bunte Rn. 1 hält dies für möglich.

[13] Ibler in Maunz/Dürig GG Art. 87 Rn. 254; Quellmalz in LMR Rn. 1; Schneider in Bunte Rn. 1; zur
Frage der Einzelweisungsbefugnis des Bundesministeriums für Wirtschaft gegenüber den Beschlussabteilungen
→ Rn. 14 f. und zum BKartA im Übrigen → Rn. 17 f.

der Gesamtheit der Vorschriften, die die Einrichtung der BKartA-Spruchkörper und die Ausgestaltung ihrer Funktionen betreffen.

## II. Zuständigkeiten

Das BKartA ist mit Abstand die **wichtigste Behörde** im Bereich der Kartellrechtsdurch- **5** setzung und des Wettbewerbsschutzes. Nach § 48 Abs. 2 S. 1 ist es für die ihm nach dem GWB **zugewiesenen Aufgaben** und Befugnisse zuständig und darüber hinaus für die den Kartellbehörden übertragenen Aufgaben, wenn die **Wirkung** des gegenständlichen wettbewerbsrelevanten (Fehl-)Verhaltens **über das Gebiet eines Landes** hinausreicht (vgl. hierzu → § 48 Rn. 7 ff., 17 ff.). Zu den wichtigen Aufgaben, die dem BKartA im Laufe der Zeit zugewiesen wurden, gehören neben der **Fusionskontrolle** das **Vergabekartellrecht** und – seit der 10. GWB-Novelle wieder exklusiv (§ 50) – die Anwendung des **europäischen Kartellrechts.** In neuerer Zeit hinzugekommen sind die Aufgaben der **Markttransparenzstellen** für Kraftstoffe, § 47k, und für den Großhandel im Bereich Strom und Gas, §§ 47a ff. Die 9. GWB-Novelle ergänzte um Aufgaben des **Verbraucherschutzes** und der Führung des **Wettbewerbsregisters.** Über diese Aufgaben hinaus hat das BKartA noch das nicht den gesetzlichen Kategorien der Zuständigkeit kraft Zuweisung oder Auswirkung zuzurechnende, im internationalen Sprachgebrauch „antitrust advocacy" genannte Mandat, sich umfassend für die Belange des wirtschaftlichen Wettbewerbs einzusetzen. Eine weithin beachtete Möglichkeit, sich im Sinne dieses Mandats gegenüber Stakeholdern und allgemeiner Öffentlichkeit zu äußern, findet das BKartA in seinem nach § 53 Abs. 1 alle zwei Jahre zu veröffentlichenden **Tätigkeitsbericht** (→ § 53 Rn. 5), in dem es wettbewerbliche Entwicklungen auch in anderen Bereichen der Politik anspricht und ggf. wettbewerbspolitische Vorschläge formuliert.

Neben den regulären Beschlussabteilungen und den Vergabekammern besteht im **6** BKartA eine Reihe weiterer, teils aufgrund Gesetzes, teils aufgrund seiner organisatorischen Befugnisse vom Präsidenten des BKartA eingerichteten **Organisationseinheiten.** Hierzu gehören[14] die Markttransparenzstellen für Kraftstoffe, die Beschlussabteilung Verbraucherschutz und das Wettbewerbsregister; ferner eine Zentralabteilung, zuständig für Bereiche wie allgemeine Rechtsangelegenheiten, allgemeine Beschaffung und IT-Sicherheit; eine Abteilung Grundsatzfragen des Kartellrechts (zuständig etwa für die Kooperation im ECN und ICN) mit mehreren Referaten und der Stelle eines Chefökonomen; schließlich eine Abteilung Prozessführung und Recht, zu der auch eine Sonderkommission Kartellbekämpfung gehört.

## III. Unabhängigkeit

**1. Allgemeines.** Streitig ist, inwieweit das BKartA und/oder seine Beschlussabteilungen **7** ihre Tätigkeit „unabhängig" von äußerer Einflussnahme, insbesondere von **Weisungen des BMWi** ausüben können. Mit Blick auf die Zugehörigkeit des BKartA zum Geschäftsbereich des BMWi, zu dem das Amt mithin in einem Über-/Unterordnungsverhältnis stehe, werden, über die ausdrücklich in § 52 geregelte Befugnis des Bundesministeriums zum Erlass allgemeiner Weisungen[15] hinaus, **teilweise** auch **Einzelweisungen** des Ministeriums für **zulässig gehalten,** und zwar entweder generell, also auch mit Wirkung **gegenüber** den **Beschlussabteilungen,**[16] oder zumindest gegenüber dem **Amt im Übri-**

---

[14] S. zum Folgenden auch Zorn in MüKoWettbR Rn. 18.

[15] Vgl. zu Umfang und Inhalt der Befugnis zum Erlass allgemeiner Weisungen → § 52 Rn. 2. Von den wenigen, in den ersten drei Jahrzehnten der Geltung des GWB erlassenen allgemeinen Weisungen (hierzu → § 52 Rn. 6), die letzte erging am 30.5.1980 und betraf die Behandlung von Auslandszusammenschlüssen (BAnz. 1980 Nr. 103), ist heute keine mehr von Bedeutung.

[16] Kartte FS Günther, 1976, 47 (54 f.), der einräumt, dass Einzelweisungen praktisch keine Rolle gespielt haben; Junge in GK-KartellR, 4. Aufl. 1981, § 48 Rn. 2; Cappellari in FK-KartellR Rn. 22 ff.; Bechtold/ Bosch § 52 Rn. 3; differenzierend Klaue in Immenga/Mestmäcker, 5. Aufl. 2014, Rn. 11 ff., und Kling/

**gen,** mit Ausnahme der Beschlussabteilungen.[17] Die im **Vordringen** befindliche, heute wohl schon herrschende Auffassung betont jedoch die **Unabhängigkeit** des BKartA und steht Einzelweisungen durch das Ministerium ablehnend gegenüber.[18]

8    Die Auffassung, aus der Zugehörigkeit des BKartA zum Geschäftsbereich des BMWi und dem daraus abgeleiteten Über-/Unterordnungsverhältnis folge schon die Weisungsabhängigkeit des Amtes, übersieht neben der seit Jahrzehnten zu beobachtenden Rechtstatsache, dass das Ministerium durchgehend **auf Einzelweisungen verzichtet**[19] und **seit 1980 von der Möglichkeit allgemeiner Weisungen keinen Gebrauch** gemacht hat, ferner eine Reihe gesetzlicher Regelungen, die im Zusammenhang gesehen Zweifel an der Weisungsfreiheit des Amtes und seiner Spruchkörper ausräumen.

9    **§ 51** selbst enthält Regelungen, die **ohne** eine **weisungsunabhängige** Entscheidungsfreiheit der Beschlussabteilungen **wenig Sinn** hätten. Das gilt zunächst für § 51 Abs. 2 S. 1 Hs. 1, wonach die Entscheidungen des BKartA von den **Beschlussabteilungen getroffen** werden.[20] Die Gesamtsicht auf die Bestimmungen, die das **Entscheidungsquorum** der Beschlussabteilungen (§ 51 Abs. 3), die **Qualifikation** der entscheidenden Mitglieder (§ 51 Abs. 4)[21] und die zur Vermeidung von Interessenkonflikten formulierten **Inkompatibilitätsregeln** (§ 51 Abs. 5) festlegen, zeigt ein Bild, wonach die Entscheidungskompetenzen „nur bei den Beschlussabteilungen" liegt, die hierfür angemessen sind und frei von der Einflussnahme anderer Stellen agieren. Hierzu passt es, dass das Gesetz eine **Involvierung** des **Ministeriums** in die Tätigkeit der Beschlussabteilungen **mit keinem Wort** erwähnt.

10    Nach § 51 Abs. 3 (vgl. hierzu → Rn. 29) entscheiden die Beschlussabteilungen in der Besetzung mit einem oder einer Vorsitzenden und zwei Beisitzenden. Diese Bestimmung soll **Kollegialentscheidungen** auf dem Niveau der Senate an den Oberlandesgerichten sichern. Die Festlegung eines so hoch qualifizierten Entscheidungsquorums erschiene, wie bei den Vergabekammern, nicht in gleichem Maße sinnvoll, wenn in die Entscheidungen dieser Spruchkörper durch Weisung eingegriffen werden dürfte. Wenn nach § 51 Abs. 4 (vgl. hierzu → Rn. 30 f.) Vorsitzende und Beisitzende die **Befähigung zum Richteramt oder zum höheren Verwaltungsdienst** haben müssen, dann dient auch diese Bestimmung dazu, eine quasirichterliche Qualität der Entscheidungen zu sichern. Die Festlegung eines so hohen Qualifikationsniveaus der Entscheidungsträger erschiene ebenfalls nicht in gleichem Maße erforderlich, wenn in die Entscheidungen dieser Spruchkörper durch Weisung eingegriffen werden dürfte. Mit der Regelung in § 51 Abs. 5 (vgl. hierzu → Rn. 36 f.) soll die Kollision persönlicher Interessen mit der Anwendung des GWB vermieden und dadurch eine neutrale, objektive und unpolitische Rechtsanwendung gesichert werden. Diesem Zweck widerspräche die Bindung an eine „politische" Weisungskompetenz des Ministeriums.

11    Für eine vor äußeren Einflussnahmen gesicherte Unabhängigkeit und Entscheidungsfreiheit spricht auch die Ausgestaltung des Verhältnisses des BMWi und des BKartA im Bereich der Fusionskontrolle.[22] Für die **Fusionskontrolle** nach §§ 35 ff., also insbes. die Untersagung von Zusammenschlüssen nach § 36 Abs. 1, die Befreiung vom Vollzugsverbot

---

Thomas KartellR § 24 Rn. 4; ein Einzelweisungsrecht gegenüber den in ihrer Entscheidungsfreiheit gesetzlich besonders geschützten Vergabekammern wird in diesem Zusammenhang nicht erörtert. Vgl. hierzu die Anmerkungen zu §§ 157 ff., insbes. → § 157 Rn. 4.
[17] Rittner FS Kaufmann, 1972, 307 (319 f.); Emmerich/Lange KartellR § 37 Rn. 4; Dreher/Kulka WettbR Rn. 1746; Zorn in MüKoWettbR Rn. 10 f.
[18] Zorn in MüKoWettbR Rn. 5 ff.; Gutzler FS Günther, 1976, 169 (175); Stockmann ZWeR 2003, 37 ff. (52); Stockmann ZWeR 2008, 137 ff.; Schneider in Bunte Rn. 16; Quellmalz in LMR § 52 Rn. 2 f.
[19] Zorn in MüKoWettbR Rn. 5.
[20] Aus dem ministeriellen Bestimmungsvorbehalt in § 51 Abs. 2 S. 1 Hs. 2 bei der Einrichtung der Beschlussabteilungen lassen sich keine Schlüsse auf die Befugnis ziehen, amtsinterne Vorgänge zu lenken, vgl. → Rn. 14.
[21] Hierauf besonders abstellend auch Zorn in MüKoWettbR Rn. 6.
[22] Zorn in MüKoWettbR Rn. 7.

nach § 41 Abs. 2 und die Entflechtung nach § 41 Abs. 3, ist das BKartA umfassend und ausschließlich zuständig. Ausgenommen von dieser umfassenden Zuständigkeit des BKartA ist nur diejenige des BMWi für die Ministererlaubnis nach § 42 und die damit zusammenhängenden Entscheidungen. Ausschließlich zuständig ist das BKartA auch bei Ordnungswidrigkeitenverfahren wegen Verstößen gegen Verfügungen des BKartA und der Verletzung spezieller fusionsrechtlicher Verbote.[23] Diese klare **Zuständigkeitsverteilung wäre entwertet,** wenn das BMWi auf die Entscheidungen des BKartA Einfluss nehmen und insbes. Weisungen erteilen dürfte.[24]

Schließlich spricht auch ein **Umkehrschluss zu § 52** für die Unzulässigkeit von Einzel- **12** weisungen und vergleichbaren Einflussnahmen des BMWi. Der Gesetzgeber erachtet für allgemeine Weisungen eine spezifische Rechtsgrundlage als erforderlich und verknüpft diese mit einem kategorischen Veröffentlichungsgebot. Für andere Formen der Weisung oder Intervention fehlt es hingegen an einer Rechtsgrundlage.[25]

**2. Allgemeine Weisungen.** Für allgemeine Weisungen des BMWi, basierend letztlich **13** auf der Verantwortung und Leitungsbefugnis der MinisterIn für ihren Geschäftsbereich gem. Art. 65 S. 2 GG,[26] enthält das GWB in **§ 52** eine gesonderte Vorschrift, auf deren Kommentierung hier verwiesen wird.

**3. Einzelweisungen gegenüber den Beschlussabteilungen.** Das Ziel des Gesetzes, **14** durch die justizähnliche Einrichtung der Beschlussabteilungen und der Ausgestaltung der für sie geltenden Verfahrensregeln eine von äußeren Einflüssen freie, unparteiische und unpolitische Rechtsanwendung zu sichern, ist nur erreichbar, wenn diese Spruchkörper in ihren Entscheidungen vor jeder äußeren Einflussnahme geschützt sind. Dürfte das BMWi Entscheidungen im Einzelfall vorgeben, dann wäre dieses Ziel verfehlt.[27] Unabhängigkeit der Beschlussabteilungen bedeutet deshalb, dass vom **Ministerium nicht,** in welcher Form auch immer, den Beschlussabteilungen **Weisungen** erteilt oder auf sie in anderer, die Freiheit ihrer Willensbildung bei der Fallbehandlung potenziell beeinträchtigender Weise **Einfluss genommen** werden darf.[28] Hierauf, und nicht nur auf einen Gegenschluss aus § 52, stützt sich der Befund, dass dem Ministerium kein Weisungsrecht gegenüber den Beschlussabteilungen zusteht. Eine Einschränkung gilt **auch nicht** für Fälle, in denen die **Beschlussabteilungen** nach ihrem **Ermessen** im Ordnungswidrigkeiten- oder Verwaltungsverfahren entscheiden.[29] Die Weisungsfreiheit der Beschlussabteilungen bezieht sich nach dem Sinn und Zweck des Gesetzes auf alle in ihre Zuständigkeit fallenden Entscheidungen. Deshalb umfasst diese Freiheit auch die Entscheidung, auf welche Weise sie von ihrem Ermessen Gebrauch machen wollen.

Die hier vertretene Auffassung findet ihre **Bestätigung in der bisherigen Praxis des** **15** **BMWi** und seiner Vorgängerministerien. Ungeachtet aller Änderungen im wettbewerbs-

---

[23] → § 48 Rn. 10; Bechtold/Bosch § 48 Rn. 5.
[24] S. zu Ausnahmen vom Kartellverbot nach früherem Recht als weiteres Beispiel Stockmann in Immenga/Mestmäcker, 6. Aufl. 2020, § 51 Rn. 12.
[25] Für einen Umkehrschluss, mit teils weiteren Erwägungen, auch Bechtold/Bosch § 52 Rn. 3; Schneider in Bunte Rn. 16 f. und Bunte § 52 Rn. 1; Quellmalz in LMR § 52 Rn. 2 f.; Stempel in BeckOK KartellR Rn. 6.
[26] Zorn in MüKoWettbR Rn. 3 f.
[27] Vgl. Quellmalz in LMR § 52 Rn. 2 f. Die Unabhängigkeitsgarantien der Vergabekammern sind schon vom Wortlaut her umfassender als die der Beschlussabteilungen. Da jedoch auch die Beschlussabteilungen richtiger Ansicht nach und in Übereinstimmung mit der bisher durchgängigen Praxis des Bundesministeriums für Wirtschaft eine entsprechende Entscheidungsunabhängigkeit genießen, wäre eine für beide Arten von Spruchkörpern des BKartA einheitliche, den Status der Beschlussabteilungen wie der Vergabekammern ausdrücklich sicherstellende Regelung denkbar; vgl. hierzu Stockmann ZWeR 2008, 137 ff.; noch in Byok/Jaeger § 157 Rn. 2 ff.
[28] Zorn in MüKoWettbR Rn. 6 f.; vgl. eingehender Stockmann ZWeR 2003, 37 ff. mwN; zur äußeren und inneren Unabhängigkeit der Beschlussabteilungen auch Stockmann ZWeR 2008, 137 ff.
[29] Ebenso Quellmalz in LMR Rn. 6; Dreher/Kulka WettbR Rn. 1741 Fn. 41; aA Klaue in Immenga/Mestmäcker, 5. Aufl. 2014, Rn. 12, 15.

politischen Umfeld wurde und wird die Unabhängigkeit des BKartA und damit die Entscheidungsfreiheit der Beschlussabteilungen immer wieder als eine der wesentlichen Voraussetzungen seiner bisherigen Erfolge genannt. Bundeswirtschaftsminister und -ministerinnen betonen, dass sie keinerlei Einfluss auf die Entscheidungen des Amtes nehmen und der Wettbewerb als das Herzstück der sozialen Marktwirtschaft vom BKartA am besten gehütet werden könne, wenn es frei von politischen Einflüssen bleibe.[30] Bei der in diesem Zusammenhang gelegentlich noch als einziger Fall einer ministeriellen Einzelweisung zitierten „Weisung" aus dem Jahre 1965, Selbstbeschränkungsabkommen im Mineralölsektor nicht aufzugreifen,[31] handelte es sich in Wirklichkeit um eine Allgemeine Weisung iSv § 49 GWB aF, die im Bundesanzeiger hätte veröffentlicht werden müssen.[32]

16  **4. Einzelweisungen gegenüber den Vergabekammern.** Einzelweisungen des BMWi gegenüber den Vergabekammern oder einzelnen ihrer Mitglieder sind **unzulässig.** Dasselbe gilt für Weisungen an das Bundeskartellamt, seinen Präsidenten oder andere Mitglieder oder Organisationseinheiten des Amtes, die die Entscheidungsfreiheit der Vergabekammern und ihrer Mitglieder beeinträchtigen könnten (vgl. hierzu → § 157 Rn. 4 f.).

17  **5. Einzelweisungen gegenüber dem Bundeskartellamt im Übrigen.** Nicht zu den Entscheidungen, die durch Beschlussabteilungen oder Vergabekammern getroffen werden, zählt das **sonstige Verwaltungshandeln** des BKartA, wie der dem Präsidenten des BKartA obliegende Erlass von **Geschäftsordnungen** für das Amt im Ganzen (§ 51 Abs. 2 S. 2) und für die Vergabekammern (§ 158 Abs. 1 S. 4), die Veröffentlichung von **Tätigkeitsberichten** (§ 53), die Vertretung des Amtes in **Beschwerde- und Rechtsbeschwerdeverfahren** (§§ 64 S. 2 und 79 Abs. 5 Hs. 2) sowie die Beteiligung an **Kartellzivilrechtstreitigkeiten** (§ 90). Diese Aufgaben sind im Gesetz vorgezeichnet und bilden **Inhalt bzw. Grundlage der wettbewerbsschützenden Tätigkeit** des Amtes, es handelt sich also nicht um rein administrative, infrastrukturbezogene Aspekte. Damit besteht auch insoweit **kein Raum für ministerielle Weisungen.**[33] Für Entscheidungen des Amtes, die nicht in die Zuständigkeit der Beschlussabteilungen oder einer anderen Amtseinheit wie der Markttransparenzstelle fallen, ist letztlich der **Präsident des BKartA zuständig.**[34]

18  Für **rein administrativ-infrastrukturbezogene** Aspekte der Arbeit und Verwaltung des BKartA hingegen ergibt sich aus dem verwaltungshierarchischen Über-/Unterordnungsverhältnis des BMWi zum BKartA, der politischen Leitungsfunktion der Ministerin oder des Ministers sowie seiner/ihrer parlamentarischen Verantwortlichkeit ein **Weisungsrecht.** Auch dieses findet aber eine Grenze darin, dass seine Ausübung die unbeeinflusste Wahrnehmung der inhaltlichen, wettbewerbsschützenden Aufgaben des BKartA nicht, auch nicht indirekt (etwa: Sanktionierung unliebsamer Entscheidungen durch schlechtere Ausstattung), behindern darf. Beispiele für weisungsempfängliche Geschäfte wären die Festlegung der Dienstwagentypen oder Softwarearchitektur des Amtes. Ohnehin verleiht das traditionell gute Kommunikations- und Kooperationsverhältnis zwischen BKartA und Ministerium der Frage nach einem Weisungsrecht „im Übrigen" ein eher theoretisches Gepräge.

---

[30] Klockner/Ost in „60 Jahre Bundeskartellamt 1958–2018", S. 31 und Zypries anlässlich der Jubiläumsfeier „60 Jahre Bundeskartellamt" am 6.2.2018 in Bonn; Dreher/Kulka WettbR Rn. 1746.

[31] Kartte FS Günther, 1976, 47 (55); vgl. auch BKartA TB 1965, 15.

[32] Biedenkopf BB 1968, 1005 (1009).

[33] AA Zorn in MüKoWettbR Rn. 11, ebenso für gewisse europarechtlich vorgezeichnete Tätigkeitsbereiche.

[34] Zorn in MüKoWettbR Rn. 12.

## C. Beschlussabteilungen

### I. Bildung der Beschlussabteilungen

Nach **§ 51 Abs. 2 S.** 1 werden die Entscheidungen des BKartA von den Beschlussabtei- **19** lungen getroffen, die – im **Unterschied zu den Vergabekammern** – nach **Bestimmung des BMWi** gebildet werden. Die Vergabekammern des BKartA werden gemäß § 158 Abs. 1 S. 2 vom Präsidenten des BKartA eingerichtet. Mit Blick darauf, dass die innere Organisation von selbständigen Bundesoberbehörden üblicherweise Sache der Behördenleitung ist, könnte in der Beibehaltung des ministeriellen Bestimmungsvorbehalts in § 51 Abs. 2 S. 1 Hs. 2 ein „Anachronismus" zu sehen sein.[35] Keinesfalls lässt sich aus der unterschiedlichen Regelung jedenfalls ableiten, dass dem Ministerium zulasten des Präsidenten des BKartA mit dem Bestimmungsvorbehalt bei der Einrichtung der Beschlussabteilungen ein größerer Einfluss als bei den Vergabekammern gesichert werden sollte.

Die Zahl der Beschlussabteilungen und auch die übrige Organisationsstruktur des BKartA **20** haben sich wiederholt und zT erheblich verändert.[36] Zurzeit verfügt das BKartA über **13 Beschlussabteilungen.**[37] Da die Beschlussabteilungen zwar justizähnlich organisiert, **nicht** aber **Gerichte** sind, gelten für sie **nicht** die Grundsätze des **gesetzlichen Richters** aus Art. 101 Abs. 1 S. 2 GG.[38] Deshalb muss die interne Verteilung der Geschäfte in den Beschlussabteilungen auch nicht in der Geschäftsordnung des BKartA festgelegt werden. Ebenso wenig haben die Verfahrensbeteiligten einen Anspruch darauf, dass die/der Vorsitzende, die/der die interne Geschäftsverteilung regelt, von vornherein generell-abstrakt festlegt, welche(r) Beisitzende in ihrem Fall Berichterstatter(in) ist und mit welchen Beisitzenden sie/er den Fall entscheidet.[39] Ob die Beschlussabteilungen nach §§ 88 ff. VwVfG **Ausschüsse** sind, ist zwar streitig, angesichts der Subsidiarität dieser Regelungen gegenüber den spezifischen Bestimmungen des § 51 letztlich aber unerheblich.[40]

### II. Besetzung der Beschlussabteilungen und Entscheidungsquorum

Aus dem in **§ 51 Abs. 3** vorgegebenen Entscheidungsquorum von einem oder einer **21** Vorsitzenden und zwei Beisitzenden ergibt sich, dass dies die **Mindestbesetzung** einer Beschlussabteilung vorstellt. Aus praktischen Gründen wurden und werden die Beschlussabteilungen indes mit einer höheren Zahl an Beisitzenden besetzt, um ihre Funktionsfähigkeit auch im Fall von Erkrankungen, urlaubsbedingten oder aus sonstigen Gründen eintretenden Abwesenheiten von Beisitzenden zu gewährleisten.[41] Neben den vier bis sechs Beisitzenden werden den Beschlussabteilungen **regelmäßig weitere Mitarbeiter** mit unterstützenden Funktionen (Referenten) zugewiesen.[42] In qualitativer Hinsicht besteht allerdings insofern eine Grenze, als die Hilfstätigkeiten nicht dazu führen dürfen, dass eine **Entscheidung nicht mehr als solche der zur Entscheidung berufenen Personen** anzusehen ist.[43]

---

[35] So Schneider in Bunte Rn. 9.

[36] Vgl. zu einem historischen Überblick bis Ende des 20. Jahrhunderts Ortwein, Das Bundeskartellamt, 1998, S. 93 ff.

[37] Ein Organigramm des BKartA ist abrufbar auf der Website des BKartA, https://www.bundeskartellamt.de/SharedDocs/Publikation/DE/Sonstiges/Organigramm.pdf?__blob=publicationFile&v=80.

[38] Unstr., KG 8.11.1990 – Kart. 19/90, WuW/E OLG 4627 – Hamburger Benzinpreise; Kling/Thomas KartellR § 24 Rn. 3; Rittner/Dreher Eur/DEU WirtschaftsR § 23 Rn. 26; Quellmalz in LMR Rn. 3; Zorn in MüKoWettbR Rn. 15.

[39] Bechtold/Bosch Rn. 3.

[40] So zu Recht Quellmalz in LMR Rn. 3 mwN; für die Ausschussqualität Klaue in Immenga/Mestmäcker, 5. Aufl. 2014, Rn. 5; gegen die Ausschussqualität Schneider in Bunte Rn. 19; Cappellari in FK-KartellR Rn. 9.

[41] Zorn in MüKoWettbR Rn. 15.

[42] Zorn in MüKoWettbR Rn. 16.

[43] So zur entsprechenden Frage in Bezug auf die Mitglieder der Vergabekammern → § 157 Rn. 18.

22     Rechtlich möglich wäre wohl auch die Einrichtung von Beschlussabteilungen, an denen die **Präsidentin des BKartA** oder der **Vizepräsident** als Vorsitzende **beteiligt** sind.[44] Mit Blick auf das Ziel einer von politischen oder sonstigen äußeren Einflüssen freien Funktionsausübung der Beschlussabteilungen, die ua auch eine klare Verteilung der Zuständigkeiten voraussetzt, sollten solche Einsitznahmen allerdings die **seltene,** etwa durch administrativ-personelle Notlagen zu rechtfertigende **Ausnahme** bleiben. Dem entspricht die bisherige Praxis des BKartA.

### III. Entscheidung durch Beschlussabteilungen

23     Nach **§ 51 Abs. 2 S. 1** werden die Entscheidungen des BKartA durch **Beschlussabteilungen** getroffen. Aus dem Kollegialitätsprinzip und dem Grundsatz der Vertraulichkeit von Beschlussabteilungsberatungen wird abgeleitet, dass **kein Anspruch auf Veröffentlichung** von Einzelvoten nach dem IFG besteht, weil diese letztlich in den gemeinsam getragenen Entscheidungsausspruch zusammenfließen.[45] Der ursprünglich durch die begrenzteren Funktionen des BKartA vergleichsweise klare Begriff der **Entscheidung** hat durch die Erweiterung der kartellbehördlichen Aufgaben an Schärfe verloren. Seinem Sinn und Zweck nach kommt es jedenfalls nicht darauf an, ob dem Amt bei der Rechtsanwendung ein **Ermessen** zusteht.[46] Zu den Entscheidungen in Verwaltungs- und Ordnungswidrigkeitenverfahren gehören auch **verfahrensvorbereitende** und **-abschließende** Verfügungen sowie die **Aufhebung** von in solchen Verfahren erlassenen Verwaltungsakten.[47] Die Entscheidungstätigkeit kann nicht nur auf der Anwendung des deutschen Kartellrechts, sondern auch der Anwendung **europäischen Rechts** beruhen, soweit diese vom Gesetz dem Amt übertragen wird.[48] Ausgenommen sind die nach dem **Gesetz** der Leitung oder **anderen Stellen** des Amtes **zugewiesenen** Entscheidungen, insbesondere in Vollzug des ebenfalls vom BKartA anzuwendenden **Vergabekartellrechts** der §§ 97 ff. Die unterschiedliche Organisation von Beschlussabteilungen und Vergabekammern schließt eine Erfüllung beider Aufgaben durch die gleiche, jeweils in anderer Funktion agierende Organisationseinheit allerdings nicht kategorisch aus.[49] Zu den von anderen Organisationseinheiten des BKartA und nicht den Beschlussabteilungen zu treffenden Entscheidungen gehören nach § 47k Abs. 9 S. 1 diejenigen der **Markttransparenzstelle** für Kraftstoffe, die der/dem Leiter(in) dieser Stelle obliegen. Fraglich ist, ob es sich bei der **vorzeitigen Löschung** aus dem **Wettbewerbsregister** nach § 8 Abs. 4 WRegG um eine Entscheidung der beim BKartA eingerichteten Registerbehörde (etwa des Referats für Selbstreinigung)[50] oder eine den Beschlussabteilungen obliegenden Entscheidung handelt. Jedenfalls stünde dem Tätigwerden der Beschlussabteilungen keine explizite gesetzliche Aufgabenzuweisung an eine andere Stelle entgegen.[51]

24     Neben ihrer Funktion als Entscheidungsträger des BKartA sind die Beschlussabteilungen zu **Maßnahmen** befugt, die zwar **nicht zu den Entscheidungen** zählen, aber dazu dienen, das Kartellrecht effizient durchzusetzen. Das gilt insbesondere für **informelle Formen der Informationsbeschaffung**,[52] die der Behörde und den Beteiligten Aufwendungen an Zeit und sonstigen Ressourcen sowie bürokratische Belastungen ersparen. Oft kann der zuständige Berichterstatter durch eine einfache Anfrage einen für den Fall ent-

---

[44] Vgl. hierzu Schneider in Bunte Rn. 12.

[45] OVG Münster BeckRS 2017, 130584 Rn. 39 ff.; Zorn in MüKoWettbR Rn. 14.

[46] Vgl. → Rn. 14 zu den Konsequenzen für die Frage, ob gegenüber den Beschlussabteilungen Einzelweisungen zulässig wären.

[47] Zorn in MüKoWettbR Rn. 13.

[48] Schneider in Bunte Rn. 2.

[49] Stockmann in Schwarze, Europäisches Wettbewerbsrecht im Wandel, S. 55, 64; zustimmend Quellmalz in LMR Rn. 2.

[50] Zu der Abteilung für das Wettbewerbsregister und dem Referat für Selbstreinigung s. https://www.bundeskartellamt.de/SharedDocs/Publikation/DE/Sonstiges/Organigramm.pdf?__blob=publicationFile&v=78.

[51] Vgl. auch Schneider in Bunte Rn. 13.

[52] Schneider in Bunte Rn. 14.

scheidungserheblichen Punkt schnell und abschließend klären, ohne dass ein förmliches Auskunftsverfahren bemüht werden müsste. Anfragen solcher Art können vom/von der Vorsitzenden oder dem zuständigen Berichterstatter auch einer/einem anderen Mitarbeitenden der Beschlussabteilung übertragen werden.

## IV. „Externe" Unabhängigkeit der Beschlussabteilungen

Wie ausgeführt (→ Rn. 14 ff.), ist die wettbewerbsschützende Arbeit des BKartA, und **25** damit insbesondere die Tätigkeit seiner Beschlussabteilungen, vor jeder **äußeren Einflussnahme,** einschließlich **Ministerialweisungen,**[53] zu **schützen.** Hieraus folgt aber **kein Sprechverbot** zwischen dem Ministerium und den Beschlussabteilungen. Dasselbe gilt für andere Stellen des BKartA, insbesondere die Abteilung für Grundsatzfragen des Kartellrechts und die Abteilung Prozessführung und Recht, aber auch die Leitung des Amtes. Sind schwierige und wichtige Fragen zu entscheiden, so ist auch jeder externe Beitrag zu seiner Lösung im Einzelfall willkommen, vorausgesetzt, der Beitrag hat nicht die Qualität einer die Entscheidungsfreiheit der Beschlussabteilung berührenden Einflussnahme.

Obwohl das GWB nicht auf die Bestimmungen des **Richtergesetzes** verweist, sollten **26** etwaige **Disziplinarverfahren** gegen Beschlussabteilungsmitglieder mit Blick auf deren „externe" Unabhängigkeit so geführt werden, als ob es sich um Richter handelte.[54] Ferner sollten bei der Bewertung von Vorgängen darauf hin, ob eine unzulässige Einflussnahme vorliegt, auch die bei für einen Richter geltenden Maßstäbe angelegt werden. Unter diesem Gesichtspunkt liegt es nahe, für die Tätigkeit der Mitglieder einer Beschlussabteilung mit Blick auf die gesetzliche Ausgestaltung ihrer Position und das von ihnen anzuwendende Verfahren das richterliche **Haftungsprivileg** des § 839 Abs. 2 BGB gelten zu lassen.[55]

## V. „Amtsinterne" Unabhängigkeit der Beschlussabteilungen

**1. Gegenüber dem Präsidenten.** Aus der vom Gesetz gewollten Entscheidungsfreiheit **27** der Beschlussabteilungen folgt, dass auch amtsinterne Eingriffe in diese Freiheit unzulässig sind. Im Sinne dieser **inneren Unabhängigkeit** dürfen daher weder der Präsident des BKartA, sein Vertreter, noch ein anderes Mitglied des Amtes **Einfluss** auf die Aufgabenerfüllung der Beschlussabteilungen nehmen.[56] Im Interesse der Vertrauenswürdigkeit der Beschlussabteilungen in der Öffentlichkeit sollte **bereits der Anschein** solcher Eingriffe vermieden werden. Das gilt auch bei an die Präsidentin des BKartA gerichteten **Dienstaufsichtsbeschwerden,** die auf eine Änderung der Entscheidung einer Beschlussabteilung zielen.[57] Eine **offene, amtsinterne Missbilligung** der Behandlung eines Falles durch eine bestimmte Beschlussabteilung kann unter Umständen schon als Eingriff der Leitung in deren Entscheidungsunabhängigkeit verstanden werden.[58] Evidentermaßen darf der Präsident, der wie das Ministerium an den Grundsatz der Gesetzmäßigkeit der Verwaltung gebunden ist, **nicht auf gesetzwidriges oder pflichtwidriges Verhalten hinwirken,** etwa durch die Anweisung, bestimmte Kartellverstöße generell nicht zu verfolgen oder bestimmte Bußenreduktionsspielräume generell nicht zu nutzen.

Die Pflicht der Beschlussabteilungen, die Leitung in **Ausnahmefällen** von besonderer **28** Bedeutung rechtzeitig und eingehend über die Einleitung und den **Fortgang des Verfahrens zu unterrichten,** berührt die Entscheidungsunabhängigkeit der Beschlussabteilung dagegen

---

[53] Rittner/Dreher Eur/DEU WirtschaftsR § 23 Rn. 31; Schneider in Bunte Rn. 16 ff.; Quellmalz in LMR § 52 Rn. 2; aA Bechtold/Bosch § 52 Rn. 3; differenzierend Klaue in Immenga/Mestmäcker, 5. Aufl. 2014, Rn. 11 und Kling/Thomas KartellR § 24 Rn. 4.
[54] AA Schneider in Bunte Rn. 18.
[55] Vgl. zu der entsprechenden Frage bei den Vergabekammern → § 157 Rn. 7 f. mwN.
[56] Bechtold/Bosch § 52 Rn. 4; Zorn in MüKoWettbR Rn. 12; Schneider in Bunte Rn. 16; Quellmalz in LMR § 52 Rn. 2.
[57] Quellmalz in LMR Rn. 6; Schneider in Bunte Rn. 16; Cappellari in FK-KartellR Rn. 9.
[58] Stockmann ZWeR 2008, 137 ff.

nicht. Dasselbe gilt für der Beschlussabteilung unterbreitete **Verfahrens- und Formulie-rungsvorschläge,** es sei denn, diese wären mit einem Druck auf Befolgung verbunden.

29  **2. Beschlussabteilungsintern.** Beschlussabteilungsintern gilt, als Ausprägung der inneren Unabhängigkeit, das **Kollegialprinzip,** welches ein Weisungsrecht der/des Vorsitzenden gegenüber den Beisitzenden hinsichtlich ihrer Entscheidung ausschließt.[59] Wie in Kollegialgerichten,[60] berührt die **Befugnis** der/des **Vorsitzenden** zu **verfahrensleitenden Verfügungen** nicht die Unabhängigkeit der Mitglieder der Beschlussabteilung bei der Entscheidung. Auch über die **Zuweisung** von **Ressorts** und einzelner **Sachen** innerhalb der Beschlussabteilung entscheidet die/der Vorsitzende. Die Regeln über den gesetzlichen Richter gelten insoweit nicht.[61]

## VI. Qualifikation und Ablehnung von Mitgliedern

30  Nach **§ 51 Abs. 4** müssen Vorsitzende und Beisitzende der Beschlussabteilungen **Beamte** auf Lebenszeit nach § 6 Abs. 1 BBG sein und die Befähigung zum **Richteramt** nach §§ 5–7 DRiG oder zum **höheren Verwaltungsdienst** gemäß § 17 Abs. 5 BBG iVm der BundeslaufbahnVO haben.[62]

31  Auf der anderen Seite ergibt sich aus der Justizförmigkeit des Verfahrens auch, dass die **Besetzung** der Beschlussabteilung durch Verfahrensbeteiligte **gerügt** werden kann. Zu entscheiden ist über die Rüge, ungeachtet der Zugehörigkeit der Beschlussabteilungen zur Exekutive, nicht nach den für diese maßgeblichen Regeln des Verwaltungsverfahrens auf Bundesebene, also nach § 21 VwVfG bzw., wenn man die Beschlussabteilung als „Ausschuss" iSv § 88 VwVfG ansieht, nach § 20 Abs. 4 VwVfG, sondern nach den **Regeln der VwGO,** insbesondere nach § 54 VwGO iVm §§ 41 ff. ZPO.[63]

## D. Geschäftsordnung

32  Nach **§ 51 Abs. 2 S. 2** regelt der **Präsident des BKartA** die Geschäftsverteilung und den Gang der Geschäfte. Diese Befugnis nimmt er auch durch Erlass einer **Geschäfts-ordnung** wahr, die der **Bestätigung** durch das **BMWi** bedarf, § 51 Abs. 2 S. 2 Hs. 2.[64]

33  Zu den Aufgaben der Präsidentin gehört auch die Regelung der **Zuständigkeiten** und der **Besetzung** der **Beschlussabteilungen.** Zurzeit richten sich die Zuständigkeiten der Beschlussabteilungen grundsätzlich nach Wirtschaftssektoren und nach zentral zugeordneten Rechtsbereichen.[65] Die **Geschäftsverteilung in den Beschlussabteilungen,** insbesondere die Einrichtung der Dezernate, ist Sache der/des **Vorsitzenden.**[66] Entsprechen-

---

[59] Bechtold/Bosch § 52 Rn. 4; Quellmalz in LMR Rn. 3; Schneider in Bunte Rn. 16 f.; Zorn in MüKoWettbR Rn. 14. Dies gilt auch ohne eine § 157 Abs. 4 S. 2 für Vergabekammermitglieder geltende, die Unabhängigkeitsgarantie der Kammer ergänzende ausdrückliche Garantie der Unabhängigkeit der Kammermitglieder. Ebenso wenig steht der Weisungsfreiheit der Beisitzenden entgegen, dass das Gesetz für Beschlussabteilungsmitglieder keine § 157 Abs. 4 S. 1 entsprechende weitere Absicherung der Unabhängigkeit durch die Vorgabe einer bestimmten Amtsperiode enthält.
[60] Zimmermann in MüKoZPO GVG § 1 Rn. 26.
[61] KG 10.12.1990 – Kart. 19/90, WuW/E 4627 – Hamburger Benzinpreise.
[62] Zu früheren Rechtsschichten Stockmann in Immenga/Mestmäcker, 6. Aufl. 2020, Rn. 31.
[63] AA Klaue in Immenga/Mestmäcker, 5. Aufl. 2014, Rn. 18; Zorn in MüKoWettbR Rn. 16; wie hier zur entsprechenden Frage bei den Vergabekammern OLG Düsseldorf 23.1.2006 – VII Verg 96/05, BeckRS 2006, 2918; noch für die Anwendbarkeit von § 21 VwVfG OLG Jena 22.12.1999 – 6 Verg 3/99, BeckRS 9998, 26179 – Talsperre. → § 157 Rn. 25.
[64] Für die Vergabekammern ist nach § 158 Abs. 1 S. 4 eine eigene Geschäftsordnung zu erlassen, die ebenfalls der Bestätigung durch das BMWi bedarf.
[65] Zorn in MüKoWettbR Rn. 13; die aktuelle Zuständigkeitsverteilung findet sich im Organigramm des BKartA, https://www.bundeskartellamt.de/SharedDocs/Publikation/DE/Sonstiges/Organigramm.pdf?_blob=publicationFile&v=80; diese Verteilung wird indes immer wieder geändert und den aktuellen Bedürfnissen angepasst.
[66] Schneider in Bunte Rn. 4.

des gilt herkömmlich für die **interne Verteilung** der Geschäfte in **anderen Organisationseinheiten.** Weil die Verteilung der Geschäfte innerhalb der Beschlussabteilungen und der anderen Organisationseinheiten **nicht Gegenstand der Geschäftsordnung** iSv § 51 Abs. 2 S. 2 ist, bedarf sie nicht der Bestätigung durch das BMWi.[67] Da für die Beschlussabteilungen nicht die Grundsätze des gesetzlichen Richters nach Art. 101 Abs. 1 S. 2 GG gelten (vgl. hierzu → Rn. 20), darf der **Präsident** im Prinzip Mitarbeiter, einschließlich der Vorsitzenden und Beisitzenden, im Amt umsetzen und **Zuständigkeiten verändern.**[68] Die Umsetzung eines Mitarbeiters in einem laufenden Verfahren mit dem Ziel, eine bestimmte Entscheidung herbeizuführen oder zu verhindern, würde allerdings einen Eingriff in die Entscheidungsunabhängigkeit der Beschlussabteilung darstellen.[69] Auch jenseits solcher drastischen Fälle folgt aus dem Prinzip der inneren Unabhängigkeit (→ Rn. 27 ff.), dass die **Besetzungs- und Zuständigkeitsentscheidungen nicht einmal den Anschein erwecken dürfen, die Entscheidungsfindung der Beschlussabteilungen inhaltlich zu beeinflussen.** Daher sollten solche Entscheidungen einem eigenständig entscheidenden, nach Art eines **Gerichtspräsidiums** zusammengesetzten Gremium übertragen werden.

Aufgabe der Präsidentin ist es auch, Koordinierungsbedürfnisse zu erkennen und **(amts-** **34** **interne) Kooperationen** anzuregen. Zu diesem Zwecke sind die Beschlussabteilungen gehalten, die Präsidentin rechtzeitig über Fälle von besonderer Bedeutung zu unterrichten. Für andere Organisationseinheiten sind die **Berichtspflichten** noch umfassender. Zudem treffen sich die Vorsitzenden der Beschlussabteilungen regelmäßig mit der Leitung und den Leitern anderer Organisationseinheiten in der **Abteilungsleiterkonferenz,** um sich über aktuelle Fälle auszutauschen und um die Behandlung ungeklärter Rechtsfragen zwischen den Abteilungen zu erörtern. Sieht die Präsidentin einen Koordinierungsbedarf, so darf sie selbstverständlich auch inhaltliche Vorstellungen zu erkennen geben. Die Grenze zu einer die Entscheidungsfreiheit der Beschlussabteilungen berührenden unzulässigen Einflussnahme wäre erst überschritten, wenn die Präsidentin der Koordinierung **Inhalte vorgäbe.**

Eine **Veröffentlichung** der Geschäftsordnung nach § 51 Abs. 2 S. 2 sieht das Gesetz **35** nicht vor. Etwas anderes gilt für die Geschäftsordnung der Vergabekammern des Bundes, die nach § 158 Abs. 1 S. 4 vom Präsidenten des BKartA im Bundesanzeiger zu veröffentlichen ist (vgl. hierzu → § 158 Rn. 8). Das Interesse der Öffentlichkeit an einer transparenten und nachvollziehbar unparteilichen Aufgabenerfüllung durch die Beschlussabteilungen spräche dafür, auch die für diese geltende Geschäftsordnung zu veröffentlichen.

## E. Inkompatibilitäten

Ob die Inkompatibilitätsregeln des **§ 51 Abs. 5** nur die Mitglieder der Beschlussabtei- **36** lungen binden oder, gemäß ihrem Wortlaut, **sämtliche Mitglieder des BKartA,** ist streitig.[70] Mit der Regelung soll die Kollision persönlicher Interessen mit der unparteiischen, von sachfremden Erwägungen freien Anwendung des GWB vermieden werden. Dieser Zweck spricht angesichts des hohen Rangs, der dem Vertrauen in die Unparteilichkeit des BKartA zukommt, für eine weite Auslegung der Vorschrift. Vorzubeugen ist deshalb schon dem Anschein von Interessenkonflikten. Ein solcher Anschein mag bei nachgeordneten Hilfskräften auszuschließen sein, nicht ohne weiteres jedoch bei Mitglie-

---

[67] Schneider in Bunte Rn. 6.
[68] Zorn in MüKoWettbR Rn. 11.
[69] Vgl. Stockmann ZWeR 2008, 137 ff.
[70] Schneider in Bunte Rn. 20: nur die Mitglieder einer Beschlussabteilung. Zorn in MüKoWettbR Rn. 17: sämtliche Mitarbeiter, die im weitesten Sinne an der Entscheidungsfindung- und -fällung des Amtes beteiligt sind; Cappellari in FK-KartellR Rn. 12: zusätzlich zu Zorn auch alle Mitarbeiter, die sonstige Aufgaben des BKartA iSv § 48 wahrnehmen; vgl. hierzu KG 4.4.1990 – Kart 17/89, WuW/E 4589 (4591) – Blockheizkraftwerk.

dern der Amtsleitung oder anderen zentralen Funktionsträgern.[71] Auf den Umstand, dass die **§§ 47a Abs. 5 S. 2 und 47k Abs. 9 S. 2** die **entsprechende Anwendbarkeit** ausdrücklich auf die Mitarbeiterinnen und Mitarbeiter der betreffenden Markttransparenzstelle beschränken und sich nicht an „die Mitglieder des BKartA" richten, kann schon wegen der beschränkten Entscheidungsbefugnisse dieser Stellen keine entsprechend einschränkende Auslegung von Abs. 5 gestützt werden.

37   Infolge der gebotenen weiten Auslegung des § 51 Abs. 5 fallen auch Positionen als **Prokurist, Gesellschafter einer OHG und Komplementär einer KG** unter diese Vorschrift.[72] Bestehen **Interessenkollisionen von anderer Art** als die in § 51 Abs. 5 adressierten, kommen §§ 20 f. VwVfG zur Anwendung.[73]

## F. Verstöße gegen Abs. 2–4

38   Werden bei von einer Beschlussabteilung zu treffenden Entscheidungen Bestimmungen der Abs. 2–4 verletzt, so unterscheiden sich die Rechtsfolgen nach der Schwere und Art des Verstoßes. Liegt der Verstoß etwa lediglich in einer **Abweichung vom abteilungsinternen Geschäftsverteilungsplan,** so liegt hierin kein rechtlich erheblicher Mangel.[74] Wird die Entscheidung dagegen zB vom Vorsitzenden allein oder mit nur einer/einem Beisitzenden oder einem oder mehreren anderen Mitgliedern des BKartA getroffen, so ist die Entscheidung **rechtswidrig.** Ist eine solche **Fehlerhaftigkeit des Entscheidungsquorums** ohne weiteres erkennbar, so liegt ein schwerwiegender und offenkundiger Fehler im Sinne von § 44 Abs. 1 VwVfG vor und die Entscheidung ist **nichtig.** Ist die Fehlerhaftigkeit nicht offenkundig, so ist die Entscheidung lediglich **anfechtbar.**[75]

## § 52 Veröffentlichung allgemeiner Weisungen

**Soweit das Bundesministerium für Wirtschaft und Energie dem Bundeskartellamt allgemeine Weisungen für den Erlass oder die Unterlassung von Verfügungen nach diesem Gesetz erteilt, sind diese Weisungen im Bundesanzeiger zu veröffentlichen.**

## A. Normzweck

1   Die Ziele und Zwecke des § 52 sind teils umstritten. Die Vorschrift soll einerseits die **Befugnis zu allgemeinen Ministerweisungen,** wie sie sich bereits aus dessen Verantwortung und Leitungskompetenz nach Art. 65 S. 2 GG ergibt,[1] auf einfachgesetzlicher Ebene klarstellen. Andererseits hegt sie diese Befugnis durch die Veröffentlichungspflicht ein. Diese Pflicht soll erstens nicht geringfügige Formen der Einflussnahme des Ministeriums für die Öffentlichkeit **transparent** machen (vgl. → Rn. 4 und 5) und einen **kritischen Diskurs** über sie ermöglichen.[2] Ähnlich wie das auf hohe Transparenz angelegte Verfahren der Ministererlaubnis in Fällen der Zusammenschlusskontrolle zielt die Regelung zugleich darauf, dem Ministerium **Zurückhaltung** bei der Ausübung seiner Befugnis nahezulegen.[3] In der Praxis hat sich diese erwünschte Zurückhaltung insofern eingestellt, als das BMWi von seiner Befugnis äußerst selten Gebrauch gemacht hat.[4] Nach richtiger

---

[71] AA Schneider in Bunte Rn. 20.
[72] Vgl. ausführlich Cappellari in FK-KartellR Rn. 13 ff.
[73] Zorn in MüKoWettbR Rn. 17.
[74] Ebenso Zorn in MüKoWettbR Rn. 15.
[75] Quellmalz in LMR Rn. 8.
[1] Zorn in MüKoWettbR Rn. 3 mwN.
[2] Vgl. Zorn in MüKoWettbR Rn. 1.
[3] Klaue in Immenga/Mestmäcker, 5. Aufl. 2014, § 51 Rn. 11 ff.
[4] Schneider in Bunte Rn. 5.

und mittlerweile wohl auch herrschender Auffassung beinhaltet § 52 zudem die Gegenschlussaussage, dass ministerielle **Einzelweisungen** in allen Belangen **unzulässig** sind, die keinen rein **administrativ-infrastrukturbezogenen** Charakter aufweisen (hierzu eingehend → § 51 Rn. 7 ff.).

Aus der Stellung der Vorschrift im Gesetz, der Gesetzesgeschichte und dem Fehlen einer 2 entsprechenden Bestimmung im Vergabekartellrecht folgt, dass den **Vergabekammern** ungeachtet des Fehlens einer entsprechenden ausdrücklichen Einschränkung der Vorschrift **keine allgemeinen Weisungen** erteilt werden dürfen.[5]

## B. Allgemeine Weisungen

### I. Begriff und Wirkungen

Allgemeine Weisungen sind **abstrakt-generelle Verwaltungsvorschriften,** die sich als 3 solche von Vorgaben für die Behandlung und Entscheidung bestimmter Einzelfälle (Einzelweisungen) unterscheiden.[6] Allgemeine Weisungen sind keine Rechtsnormen, die geltendes Recht ändern oder verbindlich interpretieren könnten, insbesondere entfalten sie gegenüber den **Gerichten keinerlei Bindungswirkung.**[7] Von Bedeutung können sie allerdings insoweit werden, als sie von den Beschlussabteilungen ihrer Fallbehandlung und ihrer Entscheidungstätigkeit zugrunde gelegt werden und dadurch zu einer **Selbstbindung** führen.[8] Bei Abweichung von einer auf der Grundlage allgemeiner Weisungen etablierten Praxis kann es daher zu **Ermessensfehlern** und Verletzungen des Diskriminierungsverbots kommen. Bindende Weisungen gegenüber den **LKartB erlaubt § 52 nicht,**[9] allenfalls können sich diese freiwillig am Weisungsinhalt orientieren und dadurch ebenfalls eine Selbstbindung bewirken. Beim Erlass allgemeiner Weisungen, die Richtlinien für die Auslegung oder Anwendung des Gesetzes geben, ist das BMWi als Teil der Exekutive an den Grundsatz der **Gesetzmäßigkeit der Verwaltung gebunden,** Art. 20 Abs. 3 GG. Das BKartA darf nicht zu gesetzwidrigem oder pflichtwidrigem Verhalten veranlasst werden.[10] Würde das Ministerium beispielsweise vorgeben, eine bestimmte Form von Verstößen gegen das Kartellverbot nie zu verfolgen oder unter bestimmten Voraussetzungen einen Verstoß nie zu sanktionieren, dem BKartA also insoweit die gebotene Ermessensausübung generell abschneiden, so läge ein solcher Fall vor.[11]

### II. Veröffentlichung

Die Pflicht zur Veröffentlichung allgemeiner Weisungen des BMWi an das BKartA im 4 Bundesanzeiger **trifft das Ministerium.**[12] Ergänzt wird diese nach § 53 Abs. 1 S. 2 durch die Pflicht des BKartA, solche Weisungen in seinen **Tätigkeitsbericht** aufzunehmen. Die Veröffentlichung im Bundesanzeiger erfolgt seit 2012 **elektronisch.**[13] Obgleich eine Veröffentlichung zwingend erfolgen muss, bildet sie **keine Wirksamkeitsvoraussetzung** für die Weisung.[14]

---

[5] Vgl. → § 157 Rn. 4; Stockmann ZWeR 2003, 37 ff. (53); Noch in Byok/Jaeger § 157 Rn. 2 ff.
[6] Schneider in Bunte Rn. 1.
[7] Schneider in Bunte Rn. 2.
[8] Zorn in MüKoWettbR Rn. 5.
[9] Zorn in MüKoWettbR Rn. 5.
[10] Zorn in MüKoWettbR Rn. 4.
[11] Vgl. → Vor § 81 Rn. 243; Stockmann FS Bechtold, 2006, 559 (564 f.); Stockmann ZweR 2012, 20 ff.
[12] Zorn in MüKoWettbR Rn. 7.
[13] Cappellari in FK-KartellR Rn. 5; Schneider in Bunte Rn. 4.
[14] Zorn in MüKoWettbR Rn. 7.

**III. Praxis**

5    Der äußerst zurückhaltende Gebrauch, den das BMWi von seiner Befugnis zum Erlass allgemeiner Weisungen gemacht hat, erklärt sich neben der auf Transparenz und Zurückhaltung angelegten Bestimmung auch aus der Vielzahl anderer Möglichkeiten, sich in Zweifelsfragen mit dem BKartA zu verständigen. Hierzu gehören die Stellungnahmen der Bundesregierung zu den Tätigkeitsberichten des BKartA und die zahlreichen, von beiden Seiten initiierten laufenden schriftlichen und mündlichen Kontakte des Ministeriums mit dem BKartA.

6    Bisher sind folgende allgemeine Weisungen gegenüber dem BKartA ergangen:

– Weisung vom 30.11.1972 zur Intensivierung der Missbrauchsaufsicht über vertikale Preisbindungen und -empfehlungen (BAnz. 1972 Nr. 231);
– Weisung vom 25.3.1976 über Zusagen im Rahmen der Fusionskontrolle (BAnz. 1976 Nr. 66), die mit der Einführung von Freigaben unter Bedingungen und Auflagen durch die 6. Novelle überholt sein dürfte;
– Weisung vom 16.2.1978 zur Aufstellung von Leitsätzen zu Kooperationen (BAnz. 1978 Nr. 46);
– Weisung vom 30.5.1980 zu Auslandszusammenschlüssen (BAnz. 1980 Nr. 103).

Keine dieser allgemeinen Weisungen ist noch von praktischer Bedeutung.[15]

## § 53 Tätigkeitsbericht und Monitoringberichte

(1) [1]**Das Bundeskartellamt veröffentlicht alle zwei Jahre einen Bericht über seine Tätigkeit sowie über die Lage und Entwicklung auf seinem Aufgabengebiet.** [2]**In den Bericht sind die allgemeinen Weisungen des Bundesministeriums für Wirtschaft und Energie nach § 52 aufzunehmen.** [3]**Es veröffentlicht ferner fortlaufend seine Verwaltungsgrundsätze.**

(2) **Die Bundesregierung leitet den Bericht des Bundeskartellamts dem Bundestag unverzüglich mit ihrer Stellungnahme zu.**

(3) [1]**Das Bundeskartellamt erstellt einen Bericht über seine Monitoringtätigkeit nach § 48 Absatz 3 Satz 1 im Einvernehmen mit der Bundesnetzagentur, soweit Aspekte der Regulierung der Leitungsnetze betroffen sind, und leitet ihn der Bundesnetzagentur zu.** [2]**Das Bundeskartellamt erstellt als Teil des Monitorings nach § 48 Absatz 3 Satz 1 mindestens alle zwei Jahre einen Bericht über seine Monitoringergebnisse zu den Wettbewerbsverhältnissen im Bereich der Erzeugung elektrischer Energie.** [3]**Das Bundeskartellamt kann den Bericht unabhängig von dem Monitoringbericht nach Satz 1 veröffentlichen.**

(4) **Das Bundeskartellamt kann der Öffentlichkeit auch fortlaufend über seine Tätigkeit sowie über die Lage und Entwicklung auf seinem Aufgabengebiet berichten.**

(5) [1]**Das Bundeskartellamt soll jede Bußgeldentscheidung wegen eines Verstoßes gegen § 1 oder 19 bis 21 oder Artikel 101 oder 102 des Vertrages über die Arbeitsweise der Europäischen Union spätestens nach Abschluss des behördlichen Bußgeldverfahrens auf seiner Internetseite mitteilen.** [2]**Die Mitteilung soll mindestens Folgendes enthalten:**

1. **Angaben zu dem in der Bußgeldentscheidung festgestellten Sachverhalt,**
2. **Angaben zu der Art des Verstoßes und dem Zeitraum, in dem der Verstoß begangen wurde,**
3. **Angaben zu den Unternehmen, gegen die Geldbußen festgesetzt oder Geldbußen im Rahmen eines Kronzeugenprogramms vollständig erlassen wurden,**
4. **Angaben zu den betroffenen Waren und Dienstleistungen,**

---

[15] AA hinsichtlich der Weisung zu Auslandszusammenschlüssen Zorn in MüKoWettbR Rn. 8.

5. den Hinweis, dass Personen, denen aus dem Verstoß ein Schaden entstanden ist, den Ersatz dieses Schadens verlangen können, sowie,

6. wenn die Bußgeldentscheidung bereits rechtskräftig ist, den Hinweis auf die Bindungswirkung von Entscheidungen einer Wettbewerbsbehörde nach § 33b.

## Übersicht

## A. Entstehungsgeschichte und Normzweck

Der ursprünglich bis 1978 jährlich und seit der 4. GWB-Novelle alle zwei Jahre vom **1** BKartA[1] nach § 53 Abs. 2 zu erstellende Tätigkeitsbericht dient primär der **Unterrichtung des Deutschen Bundestages.** Mit der Umstellung auf die für diesen Zweck als ausreichend erachtete Zweijahresfolge wurde erreicht, dass alternierend jährlich ein Bericht des BKartA und der Monopolkommission nach § 44 Abs. 1 veröffentlicht wird. Die Tätigkeitsberichte des BKartA stellen über ihre Hauptfunktion hinaus seit Anbeginn eine für die **Praxis und die Wissenschaft** außerordentliche wertvolle **Informationsquelle** dar.[2] Ihre relative Bedeutung hat sich im Laufe der letzten Jahre noch dadurch erhöht, dass in der Verwaltungspraxis des Bundeskartellamts der Informationsgehalt von Entscheidungen im Ordnungswidrigkeitenverfahren geringer geworden ist, weil sie häufig unter Anwendung der Bonusregelungen und heute ganz überwiegend im Settlementverfahren getroffen werden (vgl. → Rn. 16 ff.).

Mit dem Gesetz zur Neuregelung energiewirtschaftlicher Vorschriften vom 26.7.2011 **2** wurde neben § 48 Abs. 3 auch **§ 53 Abs. 3 S. 1** eingeführt.[3] Beide Neuregelungen bedeuteten eine Spezialisierung der Amtstätigkeit in Bezug auf den Wettbewerb auf Großhandels- und Endkundenebene auf den Strom- und Gasmärkten sowie an Elektrizitäts- und Gasbörsen. Mit den Regelungen in **§ 53 Abs. 3 S. 2 und 3** hat der Gesetzgeber durch das Strommarktgesetz die Intensität der Überwachung der Energiesektoren weiter erhöht.[4]

Mit der 9. GWB-Novelle wurden der Vorschrift die Abs. 4 und 5 angefügt.[5] Mit § 53 **3 Abs. 4** sollte nach der Begründung eine ausdrückliche, klarstellende Rechtsgrundlage für ergänzende Veröffentlichungen des Amtes zu seinen Verfahren sowie (den Rahmenbedingungen) seiner Tätigkeit im Allgemeinen geschaffen werden. Durch solche Berichte könne das BKartA die Öffentlichkeit nach seinem Ermessen zeitnah und umfassender über seine Arbeit informieren, als dies seine Pressearbeit und Tätigkeitsberichte ermöglichen würden. Dies trage einem Informationsbedürfnis der Öffentlichkeit Rechnung. Die von der Regelung des Abs. 4 unberührt bleibende Pressearbeit des BKartA finde weiterhin ihre Berechtigung darin, die allgemeine Öffentlichkeit über die Amtstätigkeit schnell, wenn auch weniger tiefgehend zu informieren.

Nach dem neuen **§ 53 Abs. 5** soll das BKartA Bußgeldentscheidungen auf seiner **4** Internetseite spätestens dann mitteilen, wenn gegen sämtliche Betroffene und Nebenbetrof-

---

[1] Von den LKartB veröffentlichen nur die von Bayern und Nordrhein-Westfahlen Tätigkeitsberichte.

[2] Bechtold/Bosch Rn. 2; Quellmalz in LMR Rn. 1.

[3] Vgl. zu weiteren Einzelheiten → § 48 Rn. 36 f. und → Rn. 9.

[4] Art. 2 Nr. 2 des Gesetzes zur Weiterentwicklung des Strommarktes (Strommarktgesetz) v. 26.7.2016, BGBl. I 1786 (1811); vgl. → Rn. 10.

[5] Begr. 2016, BT-Drs. 18/10207 (Nr. 42).

fene eines Bußgeldverfahrens das Verfahren eingestellt wurde oder ein Bußgeldbescheid oder eine sonstige abschließende Entscheidung ergangen ist. Diese Mitteilungen sollen mit Blick auf das Informationsbedürfnis möglicher Geschädigter erfolgen und diese insbesondere durch die in S. 2 Nr. 1–4 genannten Informationen in die Lage versetzen, das Bestehen möglicher Schadensersatzansprüche gegen beteiligte Unternehmen zu prüfen. Ein allgemeiner Hinweis soll sie auf ihr Recht auf Ersatz des ihnen aus einem Verstoß entstehenden Schadens aufmerksam machen (S. 2 Nr. 5). Ist die Bußgeldentscheidung bereits rechtskräftig, so soll das BKartA auch auf die Feststellungswirkung rechtskräftiger Bußgeldentscheidungen nach § 33b in Zivilrechtsstreiten um Schadensersatz wegen eines Kartellverstoßes hinweisen (S. 2 Nr. 6). Die 10. GWB-Novelle hat **§ 53 Abs. 5 S. 2 Nr. 3** dahingehend geändert, dass nicht mehr Angaben zu allen am Verstoß beteiligten Unternehmen vorgeschrieben sind, sondern nurmehr „Angaben zu den Unternehmen, gegen die **Geldbußen festgesetzt** oder Geldbußen im Rahmen eines **Kronzeugenprogramms** vollständig erlassen wurden". Ausweislich der Gesetzesbegründung dient die Änderung der Beschleunigung von Mitteilungen über Bußgeldentscheidungen, die zeitnah nach Abschluss des behördlichen Verfahrens erfolgen soll. Das Recht von potentiellen Kartellschadensersatzklägern, im Rahmen von Akteneinsichtsverfahren die Namen weiterer tatbeteiligter Unternehmen erfahren zu können, die ihrerseits vor Offenlegung anzuhören seien, bleibe unberührt.[6]

## B. Tätigkeitsberichte des Bundeskartellamtes, § 53 Abs. 1 S. 1

5    Das BKartA versteht seinen Auftrag nach § 53 Abs. 1 S. 1, alle zwei Jahre (zuletzt 2019/2020)[7] über seine Tätigkeit zu berichten, zu Recht sehr **weit**. So berichtet es nicht nur, einschließlich umfangreichen Zahlenmaterials, über seine eigentliche Tätigkeit und die Gesamtsituation in seinem Aufgabengebiet, sondern über alle ihm relevant erscheinenden Entwicklungen in der nationalen Politik sowie im europäischen und internationalen Wettbewerbsrecht. Mit der Erweiterung seiner Kompetenzen in den letzten Jahren hat das BKartA den Inhalt seiner Tätigkeitsberichte entsprechend erweitert.

## C. Stellungnahme der Bundesregierung zum Tätigkeitsbericht, § 53 Abs. 2

6    Das BKartA leitet seinen Tätigkeitsbericht über die Bundesregierung, die diesem gem. § 53 Abs. 2 eine Stellungnahme voranstellt, dem Bundestag zu. Federführend für die Stellungnahme der Bundesregierung ist das **BMWi**. Die Stellungnahme soll zu einer **umfassenden Gesamtinformation** über wettbewerblich relevante Fragen beitragen, so dass der **Bundestag** insbesondere auch wettbewerbliche Problemlagen und ggf. **gesetzgeberischen Handlungsbedarf** erkennen kann. Die Regelung reiht sich in eine Reihe weiterer Bestimmungen ein, die insgesamt verdeutlichen, dass der Gesetzgeber das **Verhältnis des BMWi zum BKartA** im Sinne einer unabhängigen Durchsetzung des Kartellrechts durch das BKartA mit bestimmten politischen, dem BMWi vorbehaltenen Funktionen und einer aktiven Kooperation zwischen Amt und Ministerium regeln wollte.[8]

---

[6] Begr. 2020, BT-Drs. 19/23492, 109.
[7] Abrufbar unter https://www.bundeskartellamt.de/DE/UeberUns/Publikationen/Taetigkeitsberichte/taetigkeitsberichte_node.html.
[8] Ähnlich Schneider in Bunte Rn. 6.

## D. Verwaltungsgrundsätze des Bundeskartellamtes, § 53 Abs. 1 S. 3

Das BKartA stellt Verwaltungsgrundsätze auf und veröffentlicht diese gemäß § 53 Abs. 1 **7** S. 3. Verwaltungsgrundsätze sind Regelwerke, die für eine **unbestimmte Zahl von Fällen** gelten sollen.[9] Eine bestimmte Form schreibt das Gesetz für die Veröffentlichung nicht vor. In der Praxis veröffentlicht das BKartA seine Verwaltungsgrundsätze wie seine Bekanntmachungen, Leitlinien und Merkblätter auf seiner **Internetseite**. Bedenken hiergegen bestehen nicht.[10] Bei der Aufstellung von Verwaltungsgrundsätzen hat der/die Präsident(in) des BKartA die **Entscheidungsfreiheit der Beschlussabteilungen** zu beachten. Berühren die Bestimmungen des Regelwerks diese Entscheidungsfreiheit, so ist der Erlass von der **Zustimmung** der Beschlussabteilungen abhängig.[11] Die Veröffentlichung und Praktizierung von Verwaltungsgrundsätzen führt zu einer entsprechenden **Selbstbindung** des BKartA. **LKartB** oder **Gerichte** hingegen binden Verwaltungsgrundsätze des BKartA nicht. Denkbar ist allenfalls, dass sich LKartB an den Verwaltungsgrundsätzen des BKartA orientieren und dadurch ihrerseits eine Selbstbindung herbeiführen. Weicht das BKartA im Einzelfall ohne tragfähige Begründung von seinen Verwaltungsgrundsätzen ab, so kann hierin eine von den Gerichten zu berücksichtigende **Ermessensfehlerhaftigkeit** und Verletzung des Gleichbehandlungsgrundsatzes liegen.[12]

**Äußerungen** in den verschiedenartigen **Kommunikationen** des BKartA (Tätigkeits- **8** berichte, Jahresberichte, Pressmitteilungen etc.) können abstrakt-generelle Regeln für die Behandlung bestimmter Fallkonstellationen enthalten. In diesen Fällen handelt es sich der **Sache nach um Verwaltungsgrundsätze** im Sinne des Gesetzes, mit allen rechtlichen Konsequenzen.[13] An der vorgeschriebenen, nicht an eine bestimmte Form gebundenen Veröffentlichung mangelt es in diesen Fällen regelmäßig nicht. Es können sich jedoch Unsicherheiten für die Rechtsunterworfenen ergeben, wenn nicht klar ist, ob und wo sich in Berichten des Amtes Verwaltungsgrundsätze „verstecken". Im Interesse von transparenter Verwaltungspraxis und Rechtssicherheit sollte das BKartA daher darauf achten, **Verwaltungsgrundsätze stets auch eigenständig und klar als solche gekennzeichnet** auf seiner Internetseite zu publizieren.

## E. Monitoringbericht

Nach § 53 Abs. 3 S. 1 hat das BKartA einen Bericht über seine Monitoringtätigkeit nach **9** § 48 Abs. 3 S. 1 zu erstellen und der Bundesnetzagentur zuzuleiten (vgl. → § 48 Rn. 36). Nur soweit dabei Aspekte der **Regulierung der Leitungsnetze** betroffen sind, setzt der Bericht das **Einvernehmen** mit der **Bundesnetzagentur** voraus. Diese erstellt nach § 63 Abs. 3 S. 1 EnWG **jährlich einen Bericht** über ihre Monitoring-Tätigkeit nach § 35 EnWG, in den sie den vom **BKartA erstellten Bericht aufnimmt**. Ohne dass dies gesetzlich ausdrücklich vorgeschrieben wäre, hat sich aus dem vorgeschrieben **Jahresrhythmus** des Berichts der Bundesnetzagentur ein entsprechender Rhythmus für den Bericht des BKartA eingespielt.[14] Praktisch ergibt sich aus der engen Kooperation beider Behörden eine nahezu gemeinsame Erstellung des Berichts nach § 63 Abs. 3 S. 1 EnWG. Die Bundesnetzagentur legt diesen Bericht nach dieser Bestimmung der Europäischen Kommission und der Europäischen Agentur für die Zusammenarbeit der Energieregulierungsbehörden vor.

---

[9] Klaue in Immenga/Mestmäcker, 5. Aufl. 2014, Rn. 4.
[10] Schneider in Bunte Rn. 2; Quellmalz in LMR Rn. 2.
[11] Klaue in Immenga/Mestmäcker, 5. Aufl. 2014, Rn. 5; Schneider in Bunte Rn. 3.
[12] Schneider in Bunte Rn. 4.
[13] Klaue in Immenga/Mestmäcker, 5. Aufl. 2014, Rn. 6; Schneider in Bunte Rn. 5.
[14] Zorn in MüKoWettbR Rn. 13.

**10**    Mit der Aufnahme der **Sätze 2 und 3 in § 53 Abs. 3** durch das Strommarktgesetz von 2016[15] hat der Gesetzgeber die Intensität der Überwachung der Energiesektoren noch erhöht. So hat das BKartA als Teil seines Monitorings nach § 48 Abs. 3 S. 1 nunmehr nach § 53 Abs. 3 S. 2 mindestens alle zwei Jahre zusätzlich zum Bericht nach Abs. 3 S. 1 einen **Bericht** über seine **Monitoringergebnisse** zu den Wettbewerbsverhältnissen im Bereich der Erzeugung elektrischer Energie zu erstellen.[16] Diesen zusätzlichen Bericht kann das BKartA nach § 53 Abs. 3 S. 3 unabhängig von dem Monitoringbericht nach Abs. 3 S. 1 veröffentlichen. Ob die weiter intensivierte Überwachung über die mit ihr verbundene, demonstrative Anerkennung der wirtschaftlichen Bedeutung des Wettbewerbs im Energiesektor hinaus **von Nutzen** ist, kann **bezweifelt** werden.[17]

## F. Fortlaufende Berichterstattung, § 53 Abs. 4

**11**    Die mit der 9. GWB-Novelle in § 53 Abs. 4 als „Kann-Vorschrift" eingeführte Regelung zu einer fortlaufenden Berichterstattung **kodifiziert die langjährige Praxis** des BKartA und stellt damit zugleich die, teilweise angezweifelte,[18] Legitimität dieser Praxis klar.[19] So hat das BKartA sich stets nicht nur für **berechtigt,** sondern auch für **verpflichtet** gehalten, die Öffentlichkeit angemessen ausführlich über seine Entscheidungspraxis und sonstige Tätigkeit zu informieren. Die **weit** formulierte **Befugnis**[20] des § 53 Abs. 4 bildet unter anderem die Grundlage für die **Jahresberichte,**[21] in denen das Amt vor allem Zahlenmaterial und Erläuterungen zu seiner aktuellen Verfahrenspraxis liefert. Ferner fallen unter die Norm etwa wettbewerbspolitische Stellungnahmen im Bereich der „**competition advocacy",**[22] **Fallberichte** und **Entscheidungsveröffentlichungen.**[23] Ob **Pressemitteilungen,** insbesondere solche, in denen bestimmte Unternehmen identifiziert werden, auf Basis des § 53 Abs. 4 oder nach allgemeinen Grundsätzen zulässig sind,[24] ist letztlich eine eher dogmatisch-theoretische Frage. **Inhaltlich** kann das BKartA gestützt auf § 53 Abs. 4 insbesondere über laufende und abgeschlossene Verfahren, sonstige Amtstätigkeit, Verwaltungsgrundsätze und organisatorische Fragen, die Wettbewerbssituation in bestimmten Sektoren sowie Aspekte der Wettbewerbspolitik berichten.[25]

**12**    An weitreichender **Information** über die Tätigkeit des BKartA und die Wettbewerbssituation besteht ein **legitimes Interesse** betroffener Kreise und der allgemeinen Öffentlichkeit. Zugleich wirkt sich die Veröffentlichung solcher Informationen vielfach negativ auf diejenigen aus, von denen sie handeln, insbesondere auf Unternehmen, welche als (potentielle) Kartellrechtsverletzer identifiziert und dadurch in ihrem **Unternehmenspersönlichkeitsrecht** beeinträchtigt[26] werden. Auch das hieraus resultierende **Geheimhaltungsinteresse kann ein legitimer, schutzwürdiger Belang** sein, vor allem wenn es

---

[15] Art. 2 Nr. 2 des Gesetzes zur Weiterentwicklung des Strommarktes (Strommarktgesetz) v. 26.7.2016, BGBl. I 1786 (1811).

[16] Abrufbar unter https://www.bundeskartellamt.de/DE/UeberUns/Publikationen/Berichte/berichte_node.html#doc4677874bodyText6.

[17] Vgl. Schneider in Bunte Rn. 10.

[18] Kritisch etwa Kahlenberg/Hempel WuW 2006, 127 (131); Steger ZWeR 2013, 179 ff.; eingehend mwN zur Diskussion vor Schaffung des § 53 Abs. 4 Paal/Kumkar NZKart 2015, 366 (370 f.).

[19] Zorn in MüKoWettbR Rn. 14.

[20] Zorn in MüKoWettbR Rn. 16.

[21] Abrufbar unter https://www.bundeskartellamt.de/DE/UeberUns/Publikationen/Jahresbericht/jahresbericht_node.html.

[22] Hierzu Podszun in Kölner Komm KartellR Vor § 32 Rn. 20 ff.

[23] Zorn in MüKoWettbR Rn. 23.

[24] Hierzu OLG Düsseldorf 9.10.2014 – VI-Kart 5/14, BeckRS 2015, 997; Zorn in MüKoWettbR Rn. 16.

[25] Vgl. auch Zorn in MüKoWettbR Rn. 16 f.; Stempel in BeckOK KartellR Rn. 5; Quellmalz in LMR Rn. 6 ff.; Sewczyk WuW 2006, 244 (250); aA zur Berichterstattung über laufende Verfahren Kahlenberg/Hempel WuW 2006, 127 (133 ff.); differenzierend Paal/Kumkar NZKart 2015, 366 (371 ff.).

[26] OLG Düsseldorf 9.10.2014 – VI-Kart 5/14, BeckRS 2015, 997 Rn. 26; Paal/Kumkar NZKart 2015, 366 (368 f.).

auf den Schutz von **Geschäftsgeheimnissen** und der eigenen **Reputation** (einschließlich ökonomischer Gesichtspunkte, etwa des Börsenkurses) vor unrichtigen oder verfrühten Unwerturteilen gerichtet ist.[27] Durch die Ausgestaltung als **Ermessensvorschrift** („kann berichten") gibt § 53 Abs. 4 Raum für die Berücksichtigung dieser gegenläufigen Belange.[28] In ordnungsgemäßer Ermessensausübung[29] muss das BKartA sie in seine **Abwägung einstellen**[30] und, basierend hierauf, über jeden einzelnen Veröffentlichungsakt sorgfältig und **nachvollziehbar,** jedenfalls in komplexen Situationen auch **dokumentiert,** entscheiden. Abwägungsrelevant ist auch der „Grundsatz, dass wahre Äußerungen, auch wenn sie für den Betroffenen nachteilig sind, jedenfalls dann hinzunehmen sind, wenn sie nicht die Intim-, Privat- oder Vertraulichkeitssphäre, sondern die Sozialsphäre, namentlich die wirtschaftliche Betätigung des Persönlichkeitsrechtsträgers, betreffen".[31]

Zu den **fallübergreifenden ermessensleitenden Vorgaben** gehört es, dass das Amt 13 Betriebs- und **Geschäftsgeheimnisse** in aller Regel nicht veröffentlichen darf.[32] Werturteile dürfen nicht unnötig und nicht sachfremd motiviert getroffen werden.[33] Selbstredend ist auch die Kommunikation ersichtlich **unwahrer** Informationen nicht zulässig.[34] Sofern die **Richtigkeit** mitgeteilter Tatsachen oder Rechtseinschätzungen **nicht gesichert** ist, muss auch über diese Unsicherheiten informiert werden, etwa durch die Kennzeichnung als vorläufiger Ermittlungsstand.[35] Ob eine Kommunikation sachgerecht ist, insbesondere den vorgenannten Anforderungen genügt, beurteilt sich aus dem Empfängerhorizont eines objektivierten, verständigen Mitglieds des Adressatenkreises der Kommunikation.[36] Das **Verhältnismäßigkeitsgebot,** dem die Informationspolitik des BKartA wie jedes staatliche Handeln unterliegt, gebietet auch, dass nur Kommunikationen erfolgen, die – vor allem mit Blick auf das berechtigte Informationsbedürfnis der Adressaten – **erforderlich** sind.[37] Je **ungesicherter** eine Beurteilung der Tatsachen- oder Rechtslage erscheint, etwa in der Frühphase eines Ermittlungsverfahrens, desto eher kann dies **gegen die Erforderlichkeit** ihrer Mitteilung an die breite Öffentlichkeit sprechen.[38] Auch erhöhen sich die Hürden für eine Kommunikation mit dem Ausmaß der **wirtschaftlichen Beeinträchtigung,** die beim Betroffenen zu erwarten stehen.[39] Hingegen wirkt sich die **besondere Tragweite,** beispielsweise die Betroffenheit weiter Letztverbraucherkreise,[40] eines (wahrscheinlichen) Kartellrechtsverstoßes eher zugunsten einer Kommunikation aus.[41] Gleiches gilt, wenn private Rechtsdurchsetzung im Raum steht, insbesondere durch follow-on-**Kartellschadensersatzklagen,** und die potentiellen Anspruchsinhaber erst durch die Kommunikation auf diese Option aufmerksam werden können.[42] In beiden Fällen besteht ein **erhöhtes Informationsinteresse** der Öf-

---

[27] Paal/Kumkar NZKart 2015, 366 (368 f.).
[28] Zu den sich gegenüberstehenden Belangen auch Paal/Kumkar NZKart 2015, 366 (367 ff.).
[29] Allgemein zu den Vorgaben für eine ordnungsgemäße Ermessensausübung Aschke in BeckOK VwVfG VwVfG § 40 Rn. 4 ff.
[30] OLG Düsseldorf 9.10.2014 – VI-Kart 5/14, BeckRS 2015, 997 Rn. 27; Zorn in MüKoWettbR Rn. 18.
[31] OLG Düsseldorf 9.10.2014 – VI-Kart 5/14, BeckRS 2015, 997 Rn. 39.
[32] Zorn in MüKoWettbR Rn. 22; Paal/Kumkar NZKart 2015, 366, 368; Sewczyk WuW 2006, 244 (251).
[33] OLG Düsseldorf 9.10.2014 – VI-Kart 5/14, BeckRS 2015, 997 Rn. 29.
[34] OLG Düsseldorf 9.10.2014 – VI-Kart 5/14, BeckRS 2015, 997 Rn. 29; Zorn in MüKoWettbR Rn. 19.
[35] Eingehend hierzu und zum Schädigungspotential früher Kommunikation Paal/Kumkar NZKart 2015, 366 (371 f.).
[36] Paal/Kumkar NZKart 2015, 366 (367).
[37] OLG Düsseldorf 9.10.2014 – VI-Kart 5/14, BeckRS 2015, 997 Rn. 29; ähnlich auch Zorn in MüKoWettbR Rn. 18; Podszun in Kersting/Podszun 9. GWB-Novelle Kap. 16 Rn. 9.
[38] Paal/Kumkar NZKart 2015, 366 (370, 375), auch dazu, dass unterhalb eines „Mindestbestands an Verdachtstatsachen" nicht berichtet werden sollte; Podszun in Kersting/Podszun 9. GWB-Novelle Kap. 16 Rn. 10.
[39] Podszun in Kersting/Podszun 9. GWB-Novelle Kap. 16 Rn. 10.
[40] OLG Düsseldorf 9.10.2014 – VI-Kart 5/14, BeckRS 2015, 997 Rn. 28.
[41] Zorn in MüKoWettbR Rn. 18.
[42] OLG Düsseldorf 9.10.2014 – VI-Kart 5/14, BeckRS 2015, 997 Rn. 40.

fentlichkeit bzw. der betroffenen Kreise, korrespondierend zu dem das Geheimhaltungs-interesse der von einer Veröffentlichung beeinträchtigten Unternehmen an Gewicht ver-liert.[43] Wo dieses Informationsinteresse indes keine Nennung von Unternehmensnamen erfordert, ist diese grundsätzlich zu unterlassen.[44] Hat beispielsweise ein Kartellverstoß ersichtlich nur wenige, größere Unternehmen (direkt) geschädigt, kann eine anonymisierte Mitteilung an die Öffentlichkeit in Verbindung mit genaueren Angaben gegenüber den geschädigten Unternehmen, ggf. erst auf deren Nachfrage hin, genügen. Mitteilungen zu einem Kartellamtsverfahren müssen auch über den **Stand des Verfahrens** informieren, etwa dass eine Entscheidung noch keine Rechtskraft erlangt hat.[45] Die restriktiven Regeln über eine **Verdachtsberichterstattung im Straf- bzw. Ordnungswidrigkeitenverfahren** (etwa gegen eine Nennung von Unternehmensnamen) **gelten nicht generell,** etwa nicht für die Information über abgeschlossene Kartellamtsverfahren, uU aber sehr wohl für die Kom-munikation in frühen Verfahrensstadien.[46] Jedenfalls wenn diese Grundsätze eingreifen, ist grundsätzlich auch auf die Sichtweise der betroffenen Unternehmen zu verweisen.[47] In prozeduraler Hinsicht hat das Amt Betroffenen im Regelfall **Gehör zu gewähren,** sogar zwingend, wenn die Regeln über eine **Verdachtsberichterstattung** im Ordnungswidrig-keitenverfahren dies verlangen[48] oder an der Zulässigkeit einer Kommunikation Zweifel bestehen und keine Vereitelung der Kommunikation oder eines zugrundeliegenden Ver-fahrens droht.[49] Ein Gehörserfordernis rechtfertigt sich auch daraus, dass betroffene Unter-nehmen häufig Rechtsmittel gegen Veröffentlichungen scheuen, um nicht durch diese zusätzliche Publizität zu schaffen.[50] Die aus § 5 Abs. 4 S. 2 VIG abgeleitete **Zweiwochen-frist** sollte dabei, in komplexen Fällen und angesichts dieser Komplexität, als Untergrenze für eine Reaktionsfrist verstanden werden.[51] Veröffentlichungen, oder die Drohung mit ihnen, dürfen in keinem Fall als **Druck- oder Sanktionsmittel** im Hinblick auf das Verhalten eines Betroffenen in einem kartellamtlichen Verfahren eingesetzt werden.[52]

14    Als Rechtsmittel gegen Berichterstattungen durch das BKartA stehen zu Gebote[53] die Dienstaufsichtsbeschwerde; die Beschwerde nach § 73 (als allgemeine Leistungsbeschwerde, sofern nicht auch eine Verfügung vorliegt), auch im Wege des vorbeugenden Rechts-schutzes als Unterlassungsbeschwerde bei genügender Beeinträchtigungsgefahr und auch gerichtet auf Folgenbeseitigung, insbesondere durch richtigstellende Veröffentlichung; die einstweilige Anordnung nach §§ 68, 60; die (klageweise) Geltendmachung von Amtshaf-tungsansprüchen nach § 839 BGB, Art. 34 GG.

## G. Mitteilung über Bußgeldentscheidungen

15    Die mit der 9. GWB-Novelle eingeführte Regelung sieht nach ihrer Begründung im Interesse der Durchsetzung von Schadensersatzansprüchen Geschädigter in **§ 53 Abs. 5 S. 1** vor, dass das BKartA jede Bußgeldentscheidung wegen eines Verstoßes gegen § 1 oder §§ 19–21 oder Artikel 101 oder 102 AEUV spätestens nach Abschluss des behördlichen

---

[43] Paal/Kumkar NZKart 2015, 366 (371).
[44] Paal/Kumkar NZKart 2015, 366 (374).
[45] OLG Düsseldorf 9.10.2014 – VI-Kart 5/14, BeckRS 2015, 997 Rn. 35; Zorn in MüKoWettbR Rn. 19.
[46] OLG Düsseldorf 9.10.2014 – VI-Kart 5/14, BeckRS 2015, 997 Rn. 32 mwN; zu pauschal Podszun in Kersting/Podszun 9. GWB-Novelle Kap. 16 Rn. 10, der die Geltung der Verdachtsberichterstattungsregeln generell verneint. Wie hier Paal/Kumkar NZKart 2015, 366 (372).
[47] Weitergehend Paal/Kumkar NZKart 2015, 366 (375).
[48] OLG Düsseldorf 9.10.2014 – VI-Kart 5/14, BeckRS 2015, 997 Rn. 33.
[49] Wohl noch weitreichender für ein Gehörserfordernis Paal/Kumkar NZKart 2015, 366 (375).
[50] Paal/Kumkar NZKart 2015, 366 (372).
[51] Für Maßgeblichkeit der Zweiwochenfrist hingegen Paal/Kumkar NZKart 2015, 366 (375).
[52] Zorn in MüKoWettbR Rn. 22; Paal/Kumkar NZKart 2015, 366 (374).
[53] Näher und mwN zum Folgenden Paal/Kumkar NZKart 2015, 366 (375 f.); Podszun in Kersting/Pods-zun 9. GWB-Novelle Kap. 16 Rn. 11 ff.

Bußgeldverfahrens auf seiner Internetseite mitteilen soll.[54] Die Fassung als „Soll-Vorschrift" erlaubt in begründeten Fällen also Abweichungen von der Regel.[55] § 53 Abs. 5 S. 2 konkretisiert den Inhalt der Mitteilungen. Bei der Auslegung von § 53 Abs. 5 ist zu berücksichtigen, dass die Kronzeugenregelungen der EU des GWB (§§ 81h ff.) durch Ansprüche möglicherweise Geschädigter grundsätzlich nicht ernsthaft gefährdet werden sollen.

§ 53 Abs. 5 S. 2 Nr. 1, Angaben zum festgestellten **Sachverhalt.** Um für die Geltend- **16** machung etwaiger Schadensersatzansprüche von Nutzen zu sein, müssen die Angaben zu den der Sanktion zugrundeliegenden tatsächlichen Umständen zumindest so konkret sein, dass sie wenigstens eine grobe Einschätzung der Erfolgsaussichten erlauben. Zum Sachverhalt gehören selbstverständlich auch die in Nr. 2–4 besonders genannten Elemente des Zeitraums, der beteiligten Unternehmen und der betroffenen Waren und Dienstleistungen. Darüber hinaus können weitere Elemente für eine wenigstens grobe Beurteilung der Erfolgsaussichten entscheidend und daher anzugeben sein, etwa welche Art von Transaktionen und welche Wirtschaftsstufe betroffen sind bzw. ist. Ihre Grenze finden die Angaben insbesondere in geschützten **Betriebs- und Geschäftsgeheimnissen** der Beteiligten. Soweit die Bestimmungen der europäischen und deutschen **Kronzeugenregelung** im entschiedenen Fall angewandt wurden, sind nach dem Sinn und Zweck der Regelung deren Schutzbestimmungen zugunsten der Beteiligten zu beachten. Dass der Gesetzgeber keine ernsthafte Gefährdung kooperierender Täter zugunsten der Opfer riskieren wollte, verdeutlicht die „Soll-Natur" der Informationspflichten. Strenge Zurückhaltung bei der Mitteilung von Kronzeugeninformationen gebieten nunmehr auch die Wertungen von § 89c Abs. 3, 4 sowie Art. 6 Kartellschadensersatz-RL. Auch in **Settlementverfahren** ist das Täterinteresse am Schutz vor Schadensersatzforderungen der Geschädigten mit Rücksicht auf das behördliche Interesse an dieser zeit- und ressourcensparenden Art der Fallerledigung wesentlich besser geschützt als in einem regulären Verfahren mit anschließender gerichtlicher Kontrolle, ein Umstand, der schon wegen der Erledigung der weitaus meisten Bußgeldverfahren in dieser Form von besonderer Bedeutung ist.

§ 53 Abs. 5 S. 2 Nr. 2, Angaben zu **Art** und dem **Zeitraum** des Verstoßes. Hinsichtlich **17** der Art des Verstoßes ist seine rechtliche Zuordnung zu nennen. Für die Beschreibung des Zeitraums gilt das zu § 53 Abs. 5 S. 2 Nr. 1 Gesagte. Auf jeden Fall müssen die Angaben zum Zeitraum erkennen lassen, inwieweit sich Verjährungsvorschriften auf etwaige Schadensersatzansprüche der Geschädigten auswirken könnten.

§ 53 Abs. 5 S. 2 Nr. 3, Angaben zu den **Unternehmen,** gegen die die Geldbuße **18** festgesetzt wurde oder Geldbußen im Rahmen eines Kronzeugenprogramms vollständig erlassen wurden. Anzugeben sind die Firmen der Beteiligten und ihre Tätigkeitsgebiete mit einer Genauigkeit, die eine Identifikation zur Prüfung der Passivlegitimation möglicher Schadensersatzansprüche erlaubt.

§ 53 Abs. 5 S. 2 Nr. 4, Angaben zu den betroffenen **Waren** und **Dienstleistungen.** **19** Auch hinsichtlich der vom Verstoß betroffenen Waren und Dienstleistungen müssen die Angaben so genau sein, dass sie wenigstens eine grobe Einschätzung möglicher Schadensersatzansprüche erlauben.

§ 53 Abs. 5 S. 2 Nr. 5, den Hinweis auf **Ersatzansprüche** geschädigter Personen. Die **20** Pflicht, auf mögliche Schadensersatzansprüche Geschädigter hinzuweisen, dürfte angesichts des inzwischen erreichten Kenntnisstandes der Unternehmerschaft hinsichtlich der Möglichkeiten, als Opfer von Kartellverstößen Schadensersatz geltend zu machen, kaum noch von praktischer Bedeutung sein.

§ 53 Abs. 5 S. 2 Nr. 6, Hinweis bei **rechtskräftigen** Bußgeldentscheidungen auf deren **21** **Bindungswirkung** nach § 33b. Für diese Hinweispflicht gilt das zu § 53 Abs. 5 S. 2 Nr. 5 Gesagte.

---

[54] Begr. 2016, BT-Drs. 18/10207, 39 (60).
[55] Schneider in Bunte Rn. 12.

nun in § 54 Abs. 1 S. 3 ergänzend klargestellt worden. [8] Abweichungen von den Verwaltungsverfahrensgesetzen ergeben sich nicht nur aufgrund ausdrücklicher Bestimmungen des GWB.[9] Regelungen des GWB sind vielmehr auch dann inhaltsgleich oder entgegenstehend, wenn ihr durch Auslegung zu ermittelnder Regelungsanspruch abschließend ist.[10] Maßgeblich sind danach Sinn und Zweck der jeweiligen Regelungen des GWB als spezielleerem Fachgesetz.[11] Vorsicht ist auch bei der Übertragung von Auslegungsergebnissen aus dem allgemeinen Verwaltungsverfahrensrecht geboten. Zwar kann die Regelungsnähe von Bestimmungen im GWB und im VwVfG dafür sprechen, übereinstimmend formulierte Tatbestandsvoraussetzungen zur Wahrung der Einheitlichkeit der Rechtsordnung auch übereinstimmend auszulegen. Daraus folgt aber nicht, dass die Auslegung der GWB-Vorschriften mit denen des VwVfG deckungsgleich sein müsste.[12] Die Anwendbarkeit der Bestimmungen des VwVfG ist vor allem für die Möglichkeiten der Rücknahme eines rechtswidrigen begünstigenden Verwaltungsakts und für die Heilung von Verfahrensfehlern praktisch geworden. Für die unterlassene Gelegenheit zur Stellungnahme hat die ausdrückliche Regelung[13] in § 56 Abs. 4 den Streit entschärft.[14] Die Rücknahme eines rechtswidrigen begünstigenden Verwaltungsaktes unterliegt, soweit das GWB keine Regeln enthält, den Grenzen des § 48 VwVfG und der Verwirkung.[15] Der Streit um die Frage, wann eine bloße Mitteilung, dass kein Verstoß gegen § 1 vorliege, einen Verwaltungsakt darstelle,[16] ist durch die Einführung des § 32c (kein Anlass zum Tätigwerden) überholt. Die Entscheidung, dass für die Kartellbehörde kein Anlass zum Tätigwerden besteht, ergeht nur „vorbehaltlich neuer Erkenntnisse" (→ § 32c Rn. 23).

**2. Vertrauensschutz.** Neben die förmlichen Regeln des GWB und, hilfsweise, des VwVfG, tritt **der allgemeine Grundsatz des Vertrauensschutzes,** der allerdings nur im Einklang mit den Vorschriften des GWB und des VwVfG anerkannt werden kann.[17] **10**

**a) Verwirkung von Eingriffsbefugnissen.** Eine **Verwirkung von Eingriffsbefug- 11 nissen der KartB** kommt nur unter strengen Voraussetzungen in Betracht.[18] Anknüpfungspunkt ist ein schützenswertes, von der KartB hervorgerufenes Vertrauen auf Nichteinschreiten.[19] Auf der Basis der Verwaltungsrechtsprechung[20] wird man folgende Voraussetzungen aufstellen müssen: Die KartB muss eine Vertrauenslage geschaffen bzw. unterhalten haben, die Betroffenen müssen im Vertrauen hierauf Regelungen und Maßnahmen mit Dauerwirkung getroffen haben, und ein Eingriff der KartB muss unzumutbare Nachteile zur Folge haben. Das einseitige Vertrauen auf die Fortdauer eines rechtswidrigen

---

[8] BT-Drs. 18/11446, 30.

[9] AA Klose in Wiedemann § 53 Rn. 95.

[10] Generell zur Reichweite der Subsidiaritätsklausel BVerwG 8.9.1993 – 1 C 39/92, DVBl 1994, 409; ähnlich BVerwG 16.9.1997 – 3 C 12–95, NJW 1998, 2756 (2757); Ramsauer in Kopp/Ramsauer, 19. Aufl. 2018, VwVfG § 1 Rn. 34.

[11] Vgl. BVerwG 8.9.1993 – 11 C 39/92, DVBl 1994, 409; Ramsauer in Kopp/Ramsauer VwVfG § 1 Rn. 35a.

[12] BGH 12.6.2018 – KVR 38/17, NZKart 2018, 368 (370) Rn. 34.

[13] Nach der Begründung zum Regierungsentwurf handelte es sich um eine Klarstellung, RegE 2004, 63.

[14] Vgl. OLG Düsseldorf 16.12.2002 – Kart 25/02 (V), WuW/E DE-R 1013 (1018 f.) = BeckRS 2003, 1790 Rn. 29 – E.ON Ruhrgas, wo allerdings trotz grundsätzlicher Anwendbarkeit von § 45 VwVfG die Heilung ua aufgrund der fehlenden Ergebnisoffenheit der nachgeholten Anhörung abgelehnt wurde.

[15] Insofern überzeugend KG 10.7.1979 – Kart 22/78, WuW/E OLG 2172 – Haus- und Hofkanalguss; KG 18.11.1985 – Kart 5/84, WuW/E OLG 3685 (3690) = BB 1986, 1801 (1803) – Aral.

[16] KG 18.11.1985 – Kart 5/84, WuW/E OLG 3685 (3687) – Aral.

[17] Eingehend Mohr ZWeR 2011, 383 ff.

[18] BGH 12.3.1991 – KVB 1/90, WuW/E BGH 2697 (2705 f.) – Golden Toast; KG 28.11.1979 – Kart 12/79, WuW/E OLG 2247 (2258) – Parallellieferteile.

[19] KG 18.11.1985 – Kart 5/84, WuW/E OLG/E 3685 (3595) – Aral; KG 26.2.1986 – 1 Kart 7/85, WuW/E OLG 3737, 3740 – Selex-Tania; vgl. OLG Düsseldorf 3.4.2019 – VI-Kart 2/18 (V), NZKart 2019, 282 (285) – Ticketvertrieb II.

[20] BVerwG 7.2.1974 – III C 115.71, BVerwGE 44, 339 (343 f.); BVerwG 4.12.2001 – 4 C 2/00, BVerwGE 115, 274 (292) (allerdings zum umgekehrten Fall der Verwirkung von Rechten der Betroffenen); BVerwG 20.3.2014 – 4 C 11/13, BVerwGE 149, 211 (222); dazu auch Mohr, ZWeR 2011, 383 (388).

Zustands genügt nicht.[21] Es muss eine Abwägung zwischen der Vertrauenssituation und den Aufgaben der Kartellaufsicht stattfinden.[22] Auch steht der Vertrauensschutz unter dem Vorbehalt einer geänderten Sachlage.[23] Der Grundsatz des Vertrauensschutzes steht schließlich auch einer Verfügung der KartB nicht entgegen, wenn sie die Sachlage nach Änderung ihrer Rechtsauffassung neu beurteilt.[24]

**12**   **b) Schriftliche Zusage.** Die **schriftlich erteilte Zusage,** eine bestimmte Verfügung zu erlassen oder dies zu unterlassen, bindet die KartB nach den Grundsätzen des auch hier geltenden § 38 VwVfG und kann vorbehaltlich des § 38 Abs. 3 VwVfG nur unter den Voraussetzungen des § 48 VwVfG zurückgenommen werden (vgl. Rn. 9).[25] Voraussetzung ist allerdings, dass eine Zusage i. S. von § 38 VwVfG und nicht bloß eine Auskunft oder ein Hinweis der KartB vorliegt.[26] Dabei kommt es nicht unbedingt auf die Bezeichnung der schriftlichen Mitteilung an.[27] Die bloße Mitteilung einer Rechtsansicht genügt allerdings nicht, sondern aus dem Schreiben muss sich die Zusage ergeben, eine hinreichend bestimmte Verfügung zu erlassen oder nicht zu erlassen (krit. deshalb gegenüber der großzügigen „Aral"-Entscheidung § 61 Rn. 3, 6 f.). Wo es daran fehlt, kann es sich nur um die Verwirkung kartellbehördlicher Eingriffsbefugnisse handeln.[28]

**13**   **c) Zurückdrängung des Vertrauensschutzes.** Mit dem Wegfall der konstitutiven Freistellungsverfahren ist die praktische Bedeutung des Vertrauensschutzes weiter zurückgedrängt worden. Die nach § 32c ergehende Entscheidung der KartB, dass kein Anlass zum Tätigwerden nach § 32 besteht, hat keine Freistellungswirkung (§ 32c S. 2) und ergeht nur „vorbehaltlich neuer Erkenntnisse" (§ 32c S. 2 und dazu → § 32c Rn. 23 ff.). Konstitutive Feststellungswirkungen haben noch die Anerkennung von Wettbewerbsregeln (§ 26) und die Freigabe von Zusammenschlüssen (§ 40 Abs. 2). Die Anerkennung von Wettbewerbsregeln kann nach § 26 Abs. 4 zurückgenommen oder widerrufen werden. Konstitutive Freistellungswirkung haben richtigerweise auch immer noch die Gruppenfreistellungsverordnungen (dazu Band 1, → VO Nr. 1/2003 Art. 1 Rn. 33). Diese Freistellungswirkungen können nach Art. 29 Abs. 2 VO Nr. 1/2003 bzw. nach § 32d GWB entzogen werden.

## C. Formlose Mittel der Kartellaufsicht

### I. Grundsätzliches

**14**   Neben dem gesetzlich geregelten förmlichen Verwaltungsverfahren gibt es **formlose Mittel der Kartellaufsicht.**[29] Diese formlose Tätigkeit der KartB ist bisweilen auf Kritik

---

[21] BGH 27.1.1981 – WuW/E BGH 1787, 1793 – Garant; vgl. OLG Düsseldorf 27.9.2007 – VI-Kart 11/07, WuW DE-R 2171 (2174); s. auch → § 61 Rn. 6.

[22] Vgl. BGH 12.3.1991 – KVB 1/90, WuW/E BGH 2697 (2705 f.) – Golden Toast.

[23] KG 10.7.1985 – Kart 26/83, WuW/E OLG 3663 (3674) – Mischgutersteller.

[24] BGH 14.8.2008 – KVR 54/07, BeckRS 2008, 20019 = WuW/E DE-R 2408, Rn. 94; vgl. zur evtl. gebotenen Übergangsfrist BGH 12.3.1991 – KVR 1/90, WuW/E 2697 (2705 f.) = NJW 1991, 3152 – Golden Toast.

[25] S. insofern auch KG 18.11.1985 – WuW/E OLG 3685, 3694 – „Aral"; Bunte, Rechtliche Grenzen, S. 19; Börner DB 1984, 2675; K. Schmidt FS Börner, 1992, 795 f.; K. Schmidt AG 1987, 339 f.; krit. Mohr, ZWeR 2011, 383, 392 (397 ff.).

[26] Zur Abgrenzung vgl. BVerwG 2.3.1963 – DVBl. 1964, 278; BVerwG 24.6.1966 – DVBl. 1966, 858; BVerwG 17.9.1981 – 8 C 90/80, NJW 1982, 1340; BVerwG 26.9.1996 – 2 C 39/95, BVerwGE 102, 81 (84 f.); BVerwG 20.6.2000 – 10 C 3/99, BVerwGE 111, 255 (259); BVerwG 11.11.2008 – 8 B 63/08, BeckRS 2008, 40984; BVerwG 24.10.2012 – 4 C 12/12, BeckRS 2012, 59176; s. auch BVerwG 7.2.1986 – 4 C 28/84, BVerwGE 74, 15 (17); BGH 16.1.1992 – III ZR 18/90, NJW 1992, 1230; VGH Baden-Württemberg 26.10.2021 – 2 S 3348/20, BeckRS 2021, 39438.

[27] Vgl. BVerwG 19.2.1982 – 8 C 27/81, NVwZ 1982, 677.

[28] So auch die Hilfsbegründung bei KG 18.11.1985 – WuW/E OLG 3685, 3694 – „Aral": allgemeiner Grundsatz des Vertrauensschutzes.

[29] K. Schmidt KartellVerfR S. 292 ff.; Klose in Wiedemann § 53 Rn. 39; Schneider in Bunte KartellR Rn. 45.

gestoßen. Richtig ist, dass rechtsstaatliche Schutzgarantien des förmlichen Verwaltungs-verfahrens nicht durch die formlose Kartellamtspraxis in Gefahr geraten dürfen. Die KartB dürfen nicht aus dem rechtsstaatlich gebundenen Verwaltungsverfahren in die Formlosig-keit fliehen. Deshalb ist im Interesse der betroffenen Unternehmen Wachsamkeit gegenüber Maßnahmen der formlosen Kartellaufsicht geboten. Ebenso richtig ist aber auch, dass das förmliche Kartellverwaltungsverfahren die Kartellaufsicht nicht erschöpfend erfassen kann. Ein förmliches Kartellverfahren kommt nur in Betracht, wenn ein feststellbarer Verfahrens-gegenstand mit feststellbaren und schutzbedürftigen Verfahrensbeteiligten vorliegt. Als Maßnahmen der formlosen Kartellaufsicht sind vor allem zu nennen:

## II. Die allgemeine Marktüberwachung

**1. Allgemeine Aufgabenerfüllung.** Sie ist noch nicht zu einem Verfahren mit ab-  **15** grenzbarem Verfahrensgegenstand verdichtet. Es handelt sich vielmehr um die allgemeine ständige Aufgabenerfüllung durch die Kartellbehörde.

**2. Formlose Ermittlungstätigkeit.** Die **formlose Ermittlungstätigkeit** („Vorfeld-  **16** Aufklärungsverfahren") ist Teil der Marktaufsicht. Es gehört zur Praxis des BKartA, Vor-gänge von wirtschaftlicher Bedeutsamkeit durch Befragung verantwortlicher Persönlich-keiten der betreffenden Unternehmen aufzuklären. Die Zulässigkeit solcher Vorfeldermitt-lungen ist nicht bestreitbar. Auch im Bereich der Zusammenschlusskontrolle sind formlose Ermittlungen unentbehrlich für die breite Präventivwirkung des GWB. Die formlose Ermittlungstätigkeit wirft Probleme auf, sobald sie in Einzeleingriffe überzugehen droht und dem Verdacht der Umgehung kartellverwaltungsrechtlicher Garantien ausgesetzt ist.[30] Teilweise war das außerhalb des Verfahrens nach § 59 ergehende Ersuchen der KartB um Erteilung von Auskünften auf Bedenken gestoßen.[31] Im Ergebnis bestehen jedoch keine Einwände, nur muss die Freiwilligkeit der Auskunft für das Unternehmen eindeutig erkennbar sein, und es darf kein Druck auf die Befragten ausgeübt werden.[32] Sobald sich die Ermittlungen auf einen konkreten Kartellrechtsverstoß eines bestimmten Unterneh-mens beziehen, wird der Bereich der formlosen Vorfeldaufklärung verlassen.

## III. Einzelfallbezogene Mitteilung, Ankündigung von Entscheidungen

**1. Übergang ins förmliche Verwaltungsverfahren.** Der Übergang zwischen formlo-  **17** ser Ermittlung und förmlichem Verwaltungsverfahren wirft **schwierige Abgrenzungs-fragen** auf. Das BKartA neigt zu einer weiten Ausdehnung seines formlosen Handelns. So soll es sich bei der 2008 erfolgten Prüfung des Vermarktungsmodells der Deutschen Fuß-ballliga trotz mehrerer Auskunftsersuchen und schriftlicher Beanstandungen nur um ein „informelles Prüfverfahren" gehandelt haben.[33] Ungeachtet dessen wurde im Rahmen einer Pressekonferenz des Präsidenten mitgeteilt, beabsichtigte Ausschreibungsmodalitäten seien mangels angemessener Verbraucherbeteiligung kartellrechtswidrig und würden bei Umsetzung untersagt.[34] Spätestens mit der Mitteilung, ein Kartellverstoß liege vor und führe bei Nichtabhilfe zu einer Untersagung, erfolgt der **Übergang in das förmliche Kartellverwaltungsverfahren.** Der Empfänger dieser Mitteilung wird zum Verfahrens-beteiligten nach § 54 Abs. 2 Nr. 2 und hat dessen verfahrensrechtliche Rechtsstellung. Aus der Regelung in § 33h Abs. 1 Nr. 1 ergibt sich, dass ein förmliches Verfahren spätestens vorliegt, wenn die Kartellbehörde Ermittlungsmaßnahmen wegen eines Verstoßes iSd § 32

---

[30] Vgl. nachdrücklich Grützner/Reimann/Wissel, Richtiges Verhalten bei Kartellermittlungen im Unter-nehmen, 3. Aufl. 1993, Rn. 20 ff.
[31] Krieger WuW 1962, 109 f.; Liekefett DB 1975, 339 ff.
[32] Ähnlich auch Kallfaß in Bunte § 39 Rn. 25.
[33] BKartA 12.1.2012 – B6–114/10, www.bundeskartellamt.de/SharedDocs/Entscheidungen/DE/Entschei-dungen/Kartellverbot/2012/B6-114-10.pdf Fn. 7.
[34] OLG Düsseldorf 16.9.2009 – VI-Kart 1/09 (V), WuW/E DE-R 2755 (2756) = BeckRS 2009, 27348 – DFL-Vermarktungsrechte.

Abs. 1 trifft. Unerheblich bleibt, dass die Art des Verfahrensabschlusses (förmliche Verfügung oder Einstellung) noch offen bleibt. Dagegen bleibt die KartB im Bereich der formlosen Tätigkeit, wenn sie **nur eine Rechtsauffassung** äußert. Davon kann aber nur ausgegangen werden, solange nicht ein konkret ermittelter, sondern in Teilen noch hypothetischer Sachverhalt unter kartellrechtliche Vorschriften subsumiert wird.

**18**    **2. Pflicht zur förmlichen Entscheidung?** Grundsätzlich liegt es im Ermessen der KartB, ob sie Anhaltspunkte für einen Kartellverstoß aufgreift, informelle Ermittlungen durchführt und ein förmliches Verfahren einleitet. Dieses **Aufgreifermessen** kann sich jedoch im Einzelfall **auf Null reduzieren**. Die KartB kann verpflichtet sein, schon bei Vorliegen einer Erstbegehungsgefahr eine Abstellungsverfügung zu erlassen. Dies soll jedenfalls dann gelten, wenn nur so effektiver nachträglicher Rechtsschutz gewährleistet wird, weil dem Unternehmen die Möglichkeit verschafft wird, die Verfügung gerichtlich überprüfen zu lassen.[35] Das OLG Düsseldorf hat diese Pflicht zur förmlichen Untersagungsverfügung zutreffend auch mit der durch die kartellbehördliche Überprüfung geschaffenen Rechtsunsicherheit und dem Wunsch nach förmlicher Bescheidung begründet.[36] Droht nach Auffassung der KartB ein Kartellrechtsverstoß, kann sich diese nicht auf den Standpunkt stellen, sie könne erst gegen einen tatsächlich eingetretenen Verstoß einschreiten. Sie muss vielmehr prüfen, ob nicht unter Rechtsschutzgesichtspunkten eine förmliche Verfügung zu erlassen ist.

**19**    **3. Abmahnungspflicht?** Die früheren Sondervorschriften zur Abmahnung vor kartellbehördlichen Missbrauchsverfügungen[37] hatten die Frage aufgeworfen, inwieweit eine generelle Abmahnungspflicht anzunehmen sei. Die im heutigen Sprachgebrauch als Abmahnung bezeichnete Kommunikation einer beabsichtigten (negativen) Entscheidung einschließlich des ermittelten Sachverhalts und der Rechtsauffassung der Behörde ist Ausfluss des bei allen belastenden Verfügungen zu gewährenden rechtlichen Gehörs (→ § 56 Rn. 1 ff.). Die im Regelfall angemessene Form des rechtlichen Gehörs vor einer kartellbehördlichen Verfügung ist ein Entscheidungsentwurf, der sowohl die entscheidungserheblichen tatsächlichen Umstände als auch die Rechtsauffassung der KartB unter Hinweis auf deren Vorläufigkeit darlegt.

**20**    **4. Rechtsschutz.** Grundsätzlich kommt Rechtsschutz gegen nicht förmliches Verwaltungshandeln der KartB in Form der allgemeinen Leistungsbeschwerde (→ § 73 Rn. 9) in Betracht, die allerdings nur Ergänzungsfunktion aufweist, wenn ohne sie lückenloser Rechtsschutz nicht gewährleistet wäre. Gegen nur angekündigte Maßnahmen der KartB kann zwar vorbeugende Unterlassungsbeschwerde erhoben werden, weil diese auch gegen zu erwartende Verfügungen in Betracht kommt.[38] Die Anforderungen an das gerade auf Inanspruchnahme vorbeugenden Rechtsschutzes gerichtete Interesse sind jedoch hoch.[39] Regelmäßig soll zumutbar sein, gegen die angekündigte Maßnahme Anfechtungsbeschwerde zu erheben.[40]

---

[35] OLG Düsseldorf 16.9.2009 – VI-Kart 1/09 (V), WuW/E DE-R 2755 (2759) = BeckRS 2009, 27348 – DFL-Vermarktungsrechte.

[36] OLG Düsseldorf 16.9.2009 – VI-Kart 1/09 (V), WuW/E DE-R 2755 (2760) = BeckRS 2009, 27348 – DFL-Vermarktungsrechte.

[37] §§ 17 Abs. 2, 22 Abs. 5 S. 2 und 38a Abs. 5 der Fassung vor der 6. Novelle.

[38] OLG Düsseldorf 16.9.2009 – VI-Kart 1/09 (V) WuW/E DE-R 2755 (2758) = BeckRS 2009, 27348 – DFL-Vermarktungsrechte; WuW/E DE-R 1585 (1586) – Sanacorp/ANZAG (Celesio).

[39] OLG Düsseldorf 16.9.2009 – VI-Kart 1/09 (V) WuW/E DE-R 2755 (2759) = BeckRS 2009, 27348 – DFL-Vermarktungsrechte.

[40] Einzelheiten bei K. Schmidt WuW 1980, 577 (588 f.); vgl. auch. K. Schmidt, Gerichtsschutz in Kartellverwaltungssachen, 1980, S. 28 ff.

## IV. Die allgemeine Öffentlichkeitsarbeit

Das GWB geht ausdrücklich von einer Verpflichtung der KartB zu einer Information der **21** Öffentlichkeit aus. Die Regelung in § 53 Abs. 1, wonach das BKartA alle zwei Jahre einen **Bericht über seine Tätigkeit** sowie fortlaufend seine **Verwaltungsgrundsätze** veröffentlicht, enthält Teile eines Mindestprogramms. Durch die 9. GWB-Novelle wurde auch eine eindeutige Grundlage für die Praxis des BKartA geschaffen, darüber hinaus in detaillierteren Fallberichten und in sonstigen Veröffentlichungen über seine Arbeit zu berichten (§ 53 Abs. 4). Nach § 53 Abs. 5 sind darüber hinaus Veröffentlichungen zu jeder Bußgeldentscheidung vorgesehen. Ergänzend gelten Vorschriften über die Bekanntmachung bestimmter **Maßnahmen im Fusionskontrollverfahren (§ 43)** sowie bestimmter **„Negativverfügungen"**[41] **in § 62.** Im dort geregelten Umfang muss die KartB informieren, ohne dass ihr ein Ermessensspielraum zustünde. Aus diesen Regelungen ist nicht abzuleiten, dass die Öffentlichkeitsarbeit der KartB im Übrigen generell eingeschränkt wäre oder gar dem Gesetzesvorbehalt unterläge. Dies widerspräche einem modernen Verständnis **transparenter öffentlicher Verwaltung.**[42] Auch der Gesetzgeber der 9. Novelle ging von der fortbestehenden Berechtigung des BKartA aus, über seine Pressearbeit auch die allgemeine Öffentlichkeit zu informieren.[43] Umgekehrt kann nicht aus den Informationsansprüchen der Presse (etwa nach § 4 LPG NRW) oder nach dem Informationsfreiheitsgesetz geschlossen werden, die KartB sei im Umfang dieser Ansprüche berechtigt, von sich aus aktive Öffentlichkeitsarbeit zu betreiben.[44] Selbstverständlich hat die KartB die sich aus § 30 VwVfG ergebende Geheimhaltungspflicht zu beachten. Darüber hinaus hat sie bei Ihrer Öffentlichkeitsarbeit den Verhältnismäßigkeitsgrundsatz zu wahren.[45] Erforderlichkeit und Verhältnismäßigkeitsprinzip im engeren Sinne führen zu einer **Differenzierung nach Verfahrensarten und Verfahrensstadien.** Danach gelten für Informationen zu Ordnungswidrigkeitsverfahren strengere Regeln als für Kartellverwaltungsverfahren. In einem frühen Verfahrensstadium ist das Informationsbedürfnis der KartB schon deshalb eingeschränkt, weil sie sich selbst darüber klar zu werden hat, in wieweit die jeweiligen Tatbestände tatsächlich vorliegen. Dies schließt die Information über den Verdacht der Zuwiderhandlung nicht aus,[46] erfordert aber umgekehrt, dass die Vorläufigkeit der Bewertung deutlich zum Ausdruck gebracht wird. Dabei ist auch deshalb Vorsicht angebracht, weil „juristisch nicht vorgebildete Laien allzu leicht geneigt" sind, die „Eröffnung eines Ermittlungsverfahrens beinahe mit dem Nachweis der zur Last gelegten Tat gleichzusetzen".[47] Dies gilt nicht nur für Straf- oder Ordnungswidrigkeiten, sondern auch für Missbrauchssachverhalte. Umgekehrt rechtfertigt eine umfangreiche Berichterstattung über eine von der KartB durchgeführte kartellrechtliche Prüfung und das damit ausgelöste erhebliche Informationsinteresse der Bevölkerung öffentliche Erklärungen auch in Form von **Pressekonferenzen.**[48] Selbstverständliche Voraussetzung der Öffentlichkeitsarbeit der KartB ist **objektive Berichterstattung** über den Stand des Verfahrens und die Erkenntnisse der Behörde. Aus dem Grundsatz des fairen Verfahrens ergibt sich weiter, dass auch der **Standpunkt der betroffenen Unternehmen** zur Geltung gebracht werden muss. Dem kann die KartB nicht entgegenhalten, die Unternehmen könnten ihrerseits die Öffentlichkeit

[41] Bechtold/Bosch § 62 Rn. 2.
[42] BVerfG 26.6.2002 – 1 BvR 558/91, NJW 2002, 2621 (2622).
[43] Begr. RegE S. 82.
[44] So aber anscheinend Sewczyck WuW 2006, 244 (245).
[45] Hierzu ausführlich Paal/Kumkar NZKart 2015, 366 ff.
[46] Anders Kahlenberg/Hempel WuW 2006, 127 (133 ff.).
[47] BGHZ 27, 338 (342); BGH 17-03-1994 – III ZR 15/93, NJW 1994, 1950 (1952); sog. „Prangerwirkung", OLG Düsseldorf 22.1.2003 – Kart 39/02 (V), RdE 2003, 154 (156) = BeckRS 2003, 17889; Kahlenberg/Hempel WuW 2006, 128 (136); Paal in Paal/Poelzig, Effizienz durch Verständigung, S. 137, 159.
[48] OLG Düsseldorf 16.9.2009 VI-Kart 1/09 (V) WuW/E DE-R 2755 (2761) = BeckRS 2009, 27348 – DFL-Vermarktungsrechte.

unterrichten, da dies kein Ersatz für ein entsprechendes Verhalten der Behörde darstellt. Nicht mehr vom Informationsbedürfnis einer breiten Öffentlichkeit gedeckt sind Versuche, durch Pressearbeit Druck auf Unternehmen auf zu bauen. Im Bereich des Kartellordnungs-widrigkeitsverfahrens gelten zusätzliche Einschränkungen. Zu Recht ist das BKartA dazu übergegangen, im Zusammenhang mit Durchsuchungen darauf hinzuweisen, sie dienten der Aufklärung des Sachverhalts und bedeuten ausdrücklich nicht, dass ein Verstoß vor-liege, im Übrigen gelte die Unschuldsvermutung. Weitere Einschränkungen betreffen zum einen den Umgang mit dem **Persönlichkeitsrecht der Betroffenen** (vgl. Nr. 23 RiStBV). Nach Erlass eines Bußgeldbescheides verfügt das BKartA aber auf der Grundlage von § 53 Abs. 5 über größere Freiheiten. Es ist auch zur Veröffentlichung über die dort genannten Mindestangaben hinaus berechtigt.

## V. Beratungstätigkeit

22   Die Beratungstätigkeit der KartB findet gleichfalls außerhalb förmlicher Verfahren statt.[49] Bei dieser Tätigkeit ist zu unterscheiden zwischen der abstrakten Beratung der beteiligten Wirtschaftskreise und der Beratung in konkreten Rechtsangelegenheiten. In die erste Gruppe gehören Dokumente, die das BKartA uneinheitlich als Bekanntmachungen, Leit-linien, Merkblätter, Mitteilungen, Leitfaden uÄ bezeichnet. Eine einheitliche Nomenklatur wird nicht verwendet, dies gilt selbst dort, wo das Gesetz, wie in § 81d Abs. 4, an sich eine Bezeichnung vorgibt (allgemeine Verwaltungsgrundsätze). Das BKartA vertritt die Auffas-sung, nur die aktuell auf seiner Homepage veröffentlichten Mitteilungen und Merkblätter gälten als Verwaltungsgrundsätze des BKartA. Dies ist insofern problematisch, als dort das „Außerkrafttreten" dieser Dokumente ebenso wenig nachweisbar ist wie frühere Fassun-gen. Im Kern handelt es sich bei den verschiedenen Verlautbarungen des BKartA unabhän-gig von ihrer Bezeichnung um Maßnahmen, die neben Beratung und Information der Öffentlichkeit jeweils auch auf eine Vereinheitlichung der Verwaltungspraxis zielen. Sie führen daher auch zu einer Selbstbindung bei der Ermessensausübung. Die Tätigkeit der KartB ist, auch wo sie formlos geschieht, **verfassungs- und rechtsgebunden.** Zwar gibt es außerhalb der Sonderregelungen in §§ 32c Abs. 4, 30 Abs. 2b keinen Anspruch auf die Erteilung von Negativattesten. Unberührt bleibt aber die allgemeine Pflicht der Kartell-behörde, Rechtsunsicherheit durch Beratung zu mildern. § 32c Abs. 2 kodifiziert die bisherige Praxis des **Vorsitzendenschreibens** und der dafür typischen Mitteilung, von der Einleitung eines Verfahren werde abgesehen (→ § 32c Rn. 32 ff.). Auch die in → Rn. 21 besprochene Publizität der Kartellaufsicht dient, wenngleich keinesfalls ausschließlich, der Information Marktbeteiligter. Konkrete Beratung findet teils außerhalb förmlicher Ver-fahren statt, zB auf Grund von Informationsanfragen, teils im Rahmen förmlicher Ver-fahren, aber auch dann als bloß formlose Verfahrenshilfe.[50] Die Ergebnisse solcher Beratung schlagen sich vor allem im Vertrauensschutz gegenüber den Kartellbehörden nieder (→ Rn. 10 ff.). Daran ist ungeachtet des Urteils „Schenker" des EuGH[51] festzuhalten. Nach diesem Urteil sollen nationale Wettbewerbsbehörden bei Unternehmen kein berechtigtes Vertrauen darauf begründen können, dass ihr Verhalten nicht gegen Art. 101 AEUV verstößt. Dies widerspricht der Rolle, die den nationalen KartB mit der VO 1/2003 über-tragen wurde.[52] Die konkrete Beratung überschneidet sich vielfach mit anderen Mitteln der formlosen Wettbewerbsaufsicht. In letzterer Hinsicht wird immer wieder ein doppelter Verdacht laut: einerseits der Verdacht, dass hier nicht justiziable Zwangsmethoden einge-setzt werden, andererseits der Verdacht der „Kungelei". Das gilt vor allem für Zusagen im

---

[49] E. Stein S. 195; K. Schmidt KartellVerfR S. 293; Klose in Wiedemann § 53 Rn. 144; über „Sprechtage vor Ort" vgl. den Bericht DB 1980, 1326.
[50] Vgl. zur Prüfung vorgelegter Konditionenempfehlungen Henning/Jarre DB 1980, 1431.
[51] EuGH 18.6.2013 – C-681/11, NJW 2013, 3083 = NZKart 2013, 332 Rn. 41 – Bundeswettbewerbs-behörde/Schenker & Co. AG.
[52] Zu Recht kritisch Brettel/Thomas ZWeR 2013, 272 (284 f.).

Rahmen der Zusammenschlusskontrolle, für Verpflichtungszusagen bei § 32b oder für sogenannte Settlements im OWi-Verfahren. Die Praxis des BKartA ist darauf ausgerichtet, diesen Verdacht zu widerlegen.

## VI. Übergang vom formlosen in förmliches Verfahren

Der **Übergang vom formlosen in ein förmliches Verfahren** richtet sich nach dem 23 bei → § 54 Rn. 2 ff. Gesagten. In Antragsverfahren leitet die Stellung eines Antrags automatisch ein förmliches Verwaltungsverfahren ein. In Amtsverfahren genügt jede nach außen – vor allem gegenüber einem Verfahrensbeteiligten – wirkende Tätigkeit der KartB, die auf Ermittlungsmaßnahmen sowie auf die Vorbereitung und den Erlass einer kartellbehördlichen Verfügung gerichtet ist.

## § 54 Einleitung des Verfahrens, Beteiligte, Beteiligtenfähigkeit

(1) ¹Die Kartellbehörde leitet ein Verfahren von Amts wegen oder auf Antrag ein. ²Die Kartellbehörde kann auf entsprechendes Ersuchen zum Schutz eines Beschwerdeführers ein Verfahren von Amts wegen einleiten. ³Soweit sich nicht aus den besonderen Bestimmungen dieses Gesetzes Abweichungen ergeben, sind für das Verfahren die allgemeinen Vorschriften der Verwaltungsverfahrensgesetze anzuwenden.

(2) An dem Verfahren vor der Kartellbehörde ist oder sind beteiligt:
1. wer die Einleitung eines Verfahrens beantragt hat;
2. Kartelle, Unternehmen, Wirtschafts- oder Berufsvereinigungen, gegen die sich das Verfahren richtet;
3. Personen und Personenvereinigungen, deren Interessen durch die Entscheidung erheblich berührt werden und die die Kartellbehörde auf ihren Antrag zu dem Verfahren beigeladen hat; Interessen der Verbraucherzentralen und anderer Verbraucherverbände, die mit öffentlichen Mitteln gefördert werden, werden auch dann erheblich berührt, wenn sich die Entscheidung auf eine Vielzahl von Verbrauchern auswirkt und dadurch die Interessen der Verbraucher insgesamt erheblich berührt werden;
4. in den Fällen des § 37 Absatz 1 Nummer 1 oder 3 auch der Veräußerer.

(3) An Verfahren vor obersten Landesbehörden ist auch das Bundeskartellamt beteiligt.

(4) Fähig, am Verfahren vor der Kartellbehörde beteiligt zu sein, sind außer natürlichen und juristischen Personen auch nichtrechtsfähige Personenvereinigungen.

**Schrifttum** (vgl. ergänzend → Rn. 14 und Vorbemerkung Vor § 54): Hahn, Die Kontrolle von Zusammenschlüssen nach ihrem Vollzug, WuW 2007, 1084 ff.; K. Schmidt, Kartellverfahrensrecht, Kartellverwaltungsrecht, Bürgerliches Recht, 1977; K. Schmidt, Drittschutz, Akteneinsicht und Geheimnisschutz im Kartellverfahren, 1992.

### Übersicht

Rechtsordnung auch übereinstimmend auszulegen. Daraus folgt aber nicht, dass die Auslegung der GWB-Vorschriften mit denen des VwVfG deckungsgleich sein müsste.[33]

# D. Umfang und Beendigung des Verfahrens

## I. Bestimmung des Umfangs

Seinem **Umfang** nach wird das Verfahren in **subjektiver** Hinsicht durch die Zahl der **10** Hauptbeteiligten (Antragsteller und Betroffene), in **objektiver** Hinsicht durch den Verfahrensgegenstand bestimmt.

**1. Verfahrensgegenstand.** Der Verfahrensgegenstand richtet sich in **Antragsverfah- 11 ren** nach dem Antrag, in **Amtsverfahren** nach dem von der Behörde verfolgten wirtschaftsaufsichtsrechtlichen Ziel. Dieses Verfahrensziel wird abgegrenzt durch den von der Behörde aufgegriffenen, nicht notwendig bereits voll aufgeklärten Sachverhalt. Die KartB braucht sich nicht auf eine bestimmte zu erwartende Verfügung festzulegen. Die Behörde kann uU unter dem Gesichtspunkt des rechtlichen Gehörs gehalten sein, auf eine **Veränderung des rechtlichen Gesichtspunkts** hinzuweisen (→ § 56 Rn. 6).

Eine **Veränderung der Marktlage,** also des zugrunde gelegten Sachverhalts, kann nach Abschluss des Verwaltungsverfahrens einen neuen Verfahrensgegenstand begründen.[34] Während des Laufs des Verwaltungsverfahrens kann diese Veränderung noch in den Verfahrensgegenstand einbezogen werden. Auch hierauf muss zur Gewährung rechtlichen Gehörs hingewiesen werden.

Nicht mehr um ein Verwaltungsverfahren handelt es sich, wenn die Behörde zum **Bußgeldverfahren** übergeht.[35]

**2. Verfahrenshäufung.** Eine Verfahrenshäufung kommt in objektiver und in subjekti- **12** ver Hinsicht in Betracht. Eine **objektive Verfahrenshäufung** liegt vor, wenn die KartB mehrere voneinander unabhängige Verfahrensziele zum Gegenstand eines Verfahrens macht. Um **subjektive Verfahrenshäufung** handelt es sich, wenn die Behörde die Anträge mehrerer Antragsteller in einem Verfahren behandelt oder wenn sie im Verfahren der Missbrauchsaufsicht oder der Untersagungsverfügung gegen mehrere Unternehmen gleichzeitig vorgeht. Dies ist grundsätzlich zulässig. Unzulässig ist das Vorgehen gegen mehrere Unternehmen in einem Verfahren, wenn hierdurch die Gefahr der Offenlegung von Geschäftsgeheimnissen nicht unwesentlich erhöht würde[36] (vgl. zum Geheimnisschutz näher → § 56 Rn. 12).

## II. Haupt- und Nebenverfahren

**Haupt- und Nebenverfahren** sind zu unterscheiden. Nebenverfahren sind eigene **13** kartellbehördliche Verfahren, die aber nicht auf eine kartellbehördliche Verfügung in der Hauptsache zielen. Die wichtigsten **Nebenverfahren** sind: das Auskunftsverfahren nach § 59, das Beiladungsverfahren nach § 54 Abs. 2 Nr. 3, das Verfahren auf Erlass einstweiliger Maßnahmen nach § 32a bzw. der einstweiligen Anordnung nach § 60.[37] Das Nebenverfahren steht zum Hauptverfahren in einem Abhängigkeitsverhältnis. Dieses Abhängigkeitsverhältnis ist unterschiedlich stark ausgeprägt (im Fall des § 59 kann man zweifeln, ob die Bezeichnung als Nebenverfahren passt; im Fall des Abs. 2 Nr. 3 ist das Abhängigkeitsverhältnis besonders ausgeprägt; vgl. → Rn. 46).

---

[33] BGH 12.6.2018 – KVR 38/17, NZKart 2018, 368 (370) Rn. 34.
[34] Vgl. BGH 5.5.1967 – KVR 1/65, WuW/E BGH 852 = BB 1967, 1014 – Großgebinde IV; KG 10.3.1972 – Kart 14/70, WuW/E OLG 1244 (1245).
[35] Dazu im Einzelnen bzgl. unterschiedlicher Ermittlungsbefugnisse, Töllner EWS 2011, 21 (23).
[36] KG 6.12.1968 – Kart 16/68, WuW/E OLG 964, 965 f. – Autoschmiermittel.
[37] Bracher in FK-KartellR Rn. 29.

## III. Ende des Verfahrens

14    Das **Verwaltungsverfahren endet** entweder mit dem **Erlass einer Verfügung** (§ 61) und deren Zustellung[38] oder mit der **Einstellung des Verfahrens** oder schließlich mit der **sonstigen Erledigung** des Verfahrens. Die schlichte Einstellung oder sonstige Erledigung ist bei **Amtsverfahren** ohne Mitwirkung der Beteiligten zulässig; macht dann ein Dritter ein subjektives Recht auf Erlass einer Verfügung in diesem Amtsverfahren geltend, so muss er dieses Recht ggf. im Wege der Verpflichtungsbeschwerde nach § 73 Abs. 3 durchsetzen (auch → Rn. 51). Ein **Antragsverfahren** endet mit der verfahrensabschließenden Verfügung. Antragsrücknahme beendet das Verfahren nur, sofern das Verfahren nicht von Amts wegen (→ Rn. 5) oder auf Antrag eines anderen Antragsberechtigten fortgeführt wird (→ Rn. 23). Eine schlichte Einstellung ist bei förmlichen Antragsverfahren nicht zulässig. Ein förmlicher Antrag muss durch Verfügung beschieden werden. Ein **Anmeldeverfahren** nach §§ 39 f. endet auch, wenn die Monatsfrist nach § 40 Abs. 1 ohne Unterbrechung durch den „Monatsbrief" abgelaufen ist, denn der Ablauf der Frist hindert den Eintritt in das Hauptprüfverfahren (→ § 40 Rn. 16; zur formlosen Mitteilung dieser Verfahrensbeendigung vgl. → § 40 Rn. 7). Die Tatsache allein, dass ein Beteiligter das Begehren auf eine bestimmte kartellbehördliche Verfügung oder auf deren Versagung weiterverfolgt, bedeutet noch nicht die Fortsetzung des von der KartB abgeschlossenen Verfahrens; das Begehren kann ggf. vor dem Beschwerdegericht weiterverfolgt werden (§ 73).

## E. Die Verfahrensbeteiligung

**Schrifttum:** (vgl. zunächst Vorbemerkung vor § 54): Becker, „Greenpeace" und andere Beiladungsentscheidungen des OLG Düsseldorf, ZWeR 2003, 199; Bien, Entformalisierung der Energieverwaltungsrechtlichen Drittanfechtungsbeschwerde, RdE, 2009, 314 ff.; Bien, Die Rechtzeitigkeit des Beiladungsantrags – Konsequenzen für den gerichtlichen Rechtsschutz im Kartellverfahren, WuW 2009, 166 ff.; Buschmann, Das Recht auf Entscheidung über einen Beiladungsantrag im Kartellverwaltungsverfahren, DB 1962, 227; Dormann, Drittklagen im Recht der Zusammenschlusskontrolle, 2000; dies. Die Bedeutung subjektiver Rechte für das Kartellbeschwerdeverfahren, WuW 2000, 245 ff.; Griesshaber, Die Beiladung zum Verfahren in Kartell-Verwaltungssachen, Diss. Heidelberg 1967; Kevekordes, Zur Rechtsstellung des Beigeladenen im Kartellrecht, WuW 1987, 365; Kohlmeier, Beschwer als Beschwerdevoraussetzung, Diss. Göttingen 1997, S. 65 ff.; Kopp, Der Beteiligtenbegriff des Verwaltungsverfahrensrechts, in: Verwaltungsverfahren, Festschrift Boorberg-Verlag, 1977, S. 159; Laufkötter, Die Rolle des Dritten im neuen Recht der Zusammenschlusskontrolle, WuW 1999, 671; Neef, Drittbeschwerde nicht beigeladener Unternehmen in der Fusionskontrolle, GRUR 2008 30 ff.; Säcker/Boesche, Drittschutz im Kartellverwaltungsprozess, ZNER 2003, 76; Schalast/Rößner, Beiladung und Beschwerdebefugnis nach der pepcom-Entscheidung des BGH, WuW 2007, 589; K. Schmidt, Kartellverfahrensrecht – Kartellverwaltungsrecht – Bürgerliches Recht, 1977, S. 493 ff.; K. Schmidt, Notwendige Beiladung betroffener Dritter im Kartellverwaltungsverfahren, BB 1981, 758; K. Schmidt, Die Stellung des Dritten im Kartellverfahren, in: Schwerpunkte des Kartellrechts 1983/84, 1985, S. 33; K. Schmidt, Drittschutz, Akteneinsicht und Geheimnisschutz im Kartellrecht, 1992; Schöne, Die Beiladung zum Verfahren vor der Kartellbehörde nach § 51 Abs. 2 Nr. 4 GWB, WRP 1960, 261, 334; Stancke, Zum Fehlen eines eigenständigen Rechtsschutzes Drittbetroffener im Kartellverfahren, WuW 2010 642 ff.; Starck, Anhörung und Beiladung in Kartellverfahren, BB 1960, 465; Westermann, Beiladung und Rechtsschutzmöglichkeiten Dritter in der deutschen Fusionskontrolle, WuW 2007, 577; Zöttl, Drittrechtsschutz ohne Rechte?, WuW 2004, 474.

## I. Bedeutung

15    Im **förmlichen Verfahren** sind mit der Verfahrensbeteiligung wichtige **verfahrensrechtliche Positionen und Garantien** verbunden (vgl. insbes. §§ 55, 56, 61). Der Beteiligtenstatus setzt den Beteiligten instand, auf objektive Rechtmäßigkeit der Kartellrechtspflege im Verwaltungsverfahren hinzuwirken.[39] Hinzu kommt die **Beschwerdebefugnis,**

---

[38] Vgl. dazu im Einzelnen BGH 7.4.2009 – KVR 58/08, WuW/E DE-R 2725 (2727) – Universitätsklinikum Greifswald.

[39] Vgl. zu den Funktionen der Verfahrensbeteiligung im GWB K. Schmidt KartellVerfR S. 459 f.

und zwar sowohl im Fall der Anfechtungsbeschwerde (§ 73 Abs. 2) als auch nach richtiger Auffassung im Fall der Verpflichtungsbeschwerde (→ § 73 Rn. 30). Der **Beteiligtenstatus** ist damit Voraussetzung wesentlicher **Rechtsschutzgarantien.**[40] Das formalisierte Merkmal der Verfahrensbeteiligung im Verfahren vor der Kartellbehörde beschränkt zwar den Kreis der nach § 73 Abs. 2 Beschwerdebefugten. Es bezweckt aber nicht den Ausschluss von Popularklagen. Diese Funktion erfüllt das Zulässigkeitserfordernis der materiellen Beschwer in § 63 als einer besonderen Form des Rechtsschutzinteresses.[41] Die Beiladung dient vielmehr dazu, den Kreis der Beteiligten über die gesetzlich standardisierten Fälle der Drittbeteiligung hinaus auszudehnen und dadurch eine **umfassende Sachaufklärung** zu ermöglichen.[42] Die Entscheidung der Kartellbehörde soll auf breiter Grundlage ergehen, die auch den Interessen der anderen Marktbeteiligten Rechnung trägt.[43] Nach § 61 Abs. 1 S. 1 ist eine Verfügung der KartB jedem Beteiligten zuzustellen (dazu → § 61 Rn. 18). Nach § 73 Abs. 2 ist jeder Beteiligte zur Beschwerde befugt (dazu → § 73 Rn. 21). Eine Sonderstellung nimmt die **KartB als Verfahrensbeteiligter** ein (Abs. 3). Ihre Verfahrensbeteiligung dient ausschließlich dem öffentlichen Interesse. Sie soll nach der Vorstellung des WiPolA einer „Aufsplitterung der Kartellpolitik" entgegenwirken (vgl. → Rn. 29).[44]

## II. Abgrenzung Beteiligtenfähigkeit und Beteiligung

Mit der 10. GWB-Novelle wurden die Regelungen über die **Beteiligtenfähigkeit** im  **16** Kartellverwaltungsverfahren als neuer **Abs. 4** eingefügt. Zuvor waren diese mit identischem Wortlaut für Verwaltungsverfahren, Beschwerde und Rechtsbeschwerde gemeinsam in § 77 aF verortet. Abs. 4 bestimmt, wer am Verwaltungsverfahren beteiligt sein **kann**, nämlich: natürliche Personen, juristische Personen und nichtrechtsfähige Personenvereinigungen. Aus § 54 Abs. 2 folgt, wer am Verfahren beteiligt **ist**. Zur **Beteiligtenfähigkeit** → Rn. 56 ff.

## III. Beteiligung im formellen Sinne

Nur von der Beteiligung im formellen Sinn spricht Abs. 2. Wer nur **anhörungsberech-**  **17** **tigt** ist, ist nicht am Verwaltungsverfahren beteiligt.[45]**Anhörung** ist die Entgegennahme von Äußerungen Nicht-Verfahrensbeteiligter.[46] Sie muss unterschieden werden von der Stellungnahme von Verfahrensbeteiligten nach § 56 Abs. 1 S. 1 (hier sprechen die §§ 28, 66 VwVfG, nur terminologisch abweichend, von der Anhörung Beteiligter). Um bloße Anhörung geht es vor allem in §§ 25, 56 Abs. 2.[47] Die Nichtanhörung Dritter kann verfahrensfehlerhaft sein. Ein subjektives Recht Dritter, die nicht am Verfahren beteiligt sind, auf Anhörung gibt es aber im GWB nicht. Wollte man ein solches Recht anerkennen, so würde es sich in der Anhörung selbst erschöpfen, nicht also ein subjektives öffentliches Recht auf den Erlass oder Nicht-Erlass einer bestimmten Verfügung der KartB begründen.[48]

---

[40] Dazu allgemein Kopp, Verfassungsrecht und Verwaltungsverfahrensrecht, S. 21 f., 27, 108 f.; Kopp Verwaltungsverfahren S. 159 f.

[41] BGH 25.9.2007 – KVR 25/06, WuW/E DE-R 2138 (2139) = NJW-RR 2008, 425 – Anteilsveräußerung mwN.

[42] BGH 7.4.2009 – KVR 34/08, WuW/E DE-R 2728 (2731) = BeckRS 2009, 25969 – Versicherergemeinschaft; BGH 25.9.2007 – KVR 25/06, WuW/E DE-R 2138 (2140) = NJW-RR 2008, 425 – Anteilsveräußerung; OLG Düsseldorf Beschl. v. 15.9.2010 – VI-Kart 5/10 (V), BeckRS 2011, 8189.

[43] BGH 7.4.2009 – KVR 34/08, WuW/E DE-R 2728 (2731) = BeckRS 2009, 25969 – Versicherergemeinschaft.

[44] Zur Bedeutung der Verfahrensbeteiligung für die Kostenlast vgl. KG 24.4.1976 – Kart 28/74, WuW/E OLG 1722 – Bayerischer Bankenverband.

[45] Vgl. ausdrücklich § 13 Abs. 3 VwVfG und dazu Kopp Verwaltungsverfahren S. 163 ff.; Bracher in FK-KartellR Rn. 33; Klose in Wiedemann § 53 Rn. 68.

[46] BGH 15.7.1966 – KVR 3/65, WuW/E BGH 767 (777) – Bauindustrie; K. Schmidt KartellVerfR S. 482.

[47] BGH 15.7.1966 – KVR 3/65, WuW/E BGH 767 (777) – Bauindustrie.

[48] BGH 15.7.1966 – KVR 3/65, BGHZ 46, 168 (185 f.) = WuW/E BGH 767 (777) = NJW 1966, 2261 (2265) – Bauindustrie mAnm Köhler; K. Schmidt KartellVerfR S. 584 f.

#### IV. „Geborene" und „gekorene" Beteiligte

18    Abs. 2 enthält **zwei Fallgruppen.** Es ist zu unterscheiden zwischen den **„geborenen",** dh **ipso iure am Verfahren Beteiligten** und den **„gekorenen" Beteiligten,** die von der KartB durch **Beiladung** hinzugezogen werden (ähnlich § 13 Abs. 1, 2 VwVfG). Dem technischen Unterschied zwischen der ipso-iure-Beteiligung und der Beiladung entspricht das Bestreben des Gesetzgebers, die Fälle der automatischen Beteiligung, in denen eine Beiladung entbehrlich ist, übersichtlich und klar abzugrenzen. Die Beiladung gewährleistet die Hinzuziehung von Marktbeteiligten durch Verwaltungsakt nach Maßgabe des Einzelfalls.

#### V. „Geborene" Beteiligte

19    Die **„geborenen" Beteiligten** sind in Nr. 1–2 und in Nr. 4 des Abs. 2 aufgezählt. Hinzu kommt Abs. 3 (Beteiligung des BKartA). Es handelt sich – schon im Interesse verfahrensrechtlicher Rechtssicherheit – um einen numerus clausus. Alle Beteiligten dürfen aber unabhängig von der Art ihrer Beteiligtenstellung umfassend vortragen. Sie sind nicht auf die Aspekte beschränkt, die ihre Beteiligtenstellung begründet haben.[49]

20    **1. Abs. 2 Nr. 1: Antragsteller als Beteiligter.** Nach **Abs. 2 Nr. 1** ist der **Antragsteller** am Verfahren beteiligt. Der Antragstellerbegriff ist, den allgemeinen Auslegungsgrundsätzen bei der ipso-iure-Verfahrensbeteiligung entsprechend, **formal** zu bestimmen.[50] Die Verfahrensbeteiligung nach § 54 Abs. 2 Nr. 1 **setzt dreierlei voraus:** Es muss **erstens** ein **Antragsverfahren** vorliegen; **zweitens** ist am Verfahren nur beteiligt, wer innerhalb dieses Antragsverfahrens auch **antragsberechtigt** ist; **drittens** setzt die Verfahrensbeteiligung voraus, dass der Antragsberechtigte von seinem Antragsrecht auch **Gebrauch** gemacht hat.[51]

21    **a) Antragsverfahren.** Die **Antragsverfahren** sind bei → Rn. 3 aufgezählt. Antragsverfahren sind diejenigen Verfahren, die nach dem Gesetz auf Antrag eingeleitet werden (können). Ergänzend sind auch Verfahren nach § 32c und § 32b wie Antragsverfahren zu behandeln. Die Initiatoren dieser Verfahren müssen nach Abs. 2 Nr. 1 am Verfahren selbst und einem möglichen Beschwerdeverfahren beteiligt sein.[52] Wer in einem Amtsverfahren eine Verfügung der KartB „beantragt", kann, wenn das Verfahren eingeleitet wird (→ Rn. 5 ff.), nach § 54 Abs. 2 Nr. 3 beigeladen (→ Rn. 31 ff.) oder „faktisch" beteiligt werden (→ Rn. 55). Ist der „Antrag" erfolglos, so kann der „Antragsteller" sein vermeintliches subjektives Recht durch Verpflichtungsbeschwerde geltend machen (dazu → § 73 Rn. 30).

22    **b) Antragsberechtigung.** Sie ergibt sich entweder aus dem Wortlaut oder aus dem Sinn und Zweck der einzelnen Vorschrift. Abs. 2 Nr. 1 begründet selbst kein Antragsrecht, sondern setzt es voraus.[53]

23    **c) Antragssteller.** Nur wer einen **Antrag auch tatsächlich gestellt** hat, ist Antragsteller.[54] Das ist zunächst der, der selbst oder durch Vertreter durch Antrag oder durch Anmeldung ein Verwaltungsverfahren in Gang gesetzt hat. Aber Antragsteller ist auch jeder Antragsberechtigte, der sich einem von Amts wegen (zB nach § 30 Abs. 3) oder auf Antrag

---

[49] BGH 25.9.2007 – KVR 25/06, WuW/E DE-R 2138 (2141) = NJW-RR 2008, 425 – Anteilsveräußerung.

[50] K. Schmidt KartellVerfR S. 493 ff.; vgl. auch Bracher in FK-KartellR Rn. 36; zu § 13 VwVfG; Ritgen in Knack/Henneke § 13 Rn. 12.

[51] Wie hier: Schneider in Bunte KartellR Rn. 11; aM: Bracher in FK-KartellR Rn. 39.

[52] Bechtold/Bosch Rn. 3.

[53] Bracher in FK-KartellR Rn. 40; Schneider in Bunte KartellR Rn. 11.

[54] Quellmalz in LMRKM Rn. 7; Bracher in FK-KartellR Rn. 36; Schneider in Bunte KartellR Rn. 11; zweifelnd zum Erfordernis eines förmlichen Antrags Neef GRUR 2008, 30 (34).

eine solche Nähe zum Entscheidungsgegenstand aufweisen und ob außerdem eine der möglichen Entscheidungen der Kartellbehörde im Hauptverfahren so gewichtige Auswirkungen auf die Interessen des fraglichen Unternehmens haben kann, dass es bei wertender Betrachtung angemessen erscheint, ihm die Rechte auf Beteiligung am Kartellverfahren einzuräumen.[118] Nach **richtiger Auffassung** genügt, dass die Interessen „rechtserheblich" berührt werden, also iSv → Rn. 35 verfahrensrelevant sind.[119] Diese Erheblichkeit der Interessenberührung setzt für die **Zulässigkeit** der Beiladung **keine quantitative Prüfung** voraus. Eine individuelle Prüfung des Ausmaßes, in dem die Wettbewerbslage gerade des beizuladenden Unternehmens betroffen ist, ist auf dieser Ebene entbehrlich.[120] Das Interesse an einer Konzentration und Beschleunigung des Verfahrens ist bei der **Ermessensentscheidung** der Behörde zu berücksichtigen (→ Rn. 41).[121] Eine qualitativ unerhebliche, jedoch rechtserhebliche Interessenberührung gibt keinen Beiladungsanspruch (dazu → Rn. 40 ff.), berechtigt aber die Kartellbehörde zur Beiladung.

**d) Beiladung von Verbänden.** Für die Beiladung von Verbänden (auch → Rn. 33) **38** genügt es, wenn **Interessen der Verbandsmitglieder** rechtserheblich betroffen sind und der Verband diese Interessen auch tatsächlich (nach hM auch satzungsmäßig) und maßgeblich repräsentiert.[122] Für **Verbraucherzentralen** und **Verbraucherverbände** lässt es der Gesetzeswortlaut genügen, wenn sich die Entscheidung auf eine Vielzahl von Verbrauchern in dem Sinne repräsentativ auswirkt, dass die Interessen der Verbraucher insgesamt erheblich berührt werden. Das ist allgemeines Prinzip. Nicht erforderlich ist, dass alle Mitglieder des Verbands von den geschützten Interessen berührt sind.[123] Es brauchen nicht alle Verbandsmitglieder betroffen zu sein, vielmehr genügt ein wesentlicher Teil.[124] Die demnach in weitem Umfang zulässige Verbandsbeiladung schließt auch die **Beiladung von Verbandsmitgliedern** nicht aus, deren Interessen in der zu entscheidenden Sache durch den Verband nicht wirksam vertreten werden.[125] Wird der Antrag eines Verbandsmitglieds auf Beiladung allein aus Gründen der Verfahrensökonomie abgelehnt, kann das Verbandsmitglied in ergänzender Auslegung von § 63 Abs. 2 trotzdem gegen die ergangene Entscheidung Beschwerde einlegen.[126] Die Beiladung des Verbandes soll nicht zu einer Beschränkung der Rechtsschutzmöglichkeiten unmittelbar und individuell betroffener Verbandsmitglieder führen.[127]

---

[118] OLG Düsseldorf 2.7.2014 – VI-Kart 2/14 (V), BeckRS 2014, 20872 Rn. 16 – Radiusklausel; 16.6.2004 – VI Kart 2/04 (V), BeckRS 2014, 20872 Rn. 16 – VDZ-Wettbewerbsregeln; 5.7.2000 – Kart 1/ 00 (V), BeckRS 2000, 1669 Rn. 35, 37 – SPNV.

[119] K. Schmidt Schwerpunkte 1983/84, 38; s. auch Monopolkommission, Hauptgutachten 1981/82, Rn. 696; Dormann Drittklagen S. 120 f.; Bechtold/Bosch Rn. 10.

[120] So im Ergebnis die „absolute Wertung" von KG 24.6.1960 – 5 Kart V 9/60, WuW/E OLG 392 (393 ff.) – Exportförderung; KG 6.12.1968 – Kart 16/68, WuW/E OLG 964, 967 f. – Autoschmiermittel; KG 21.11.1983 – Kart 19/83, WuW/E OLG 3211 – WZ-WAZ; K. Schmidt KartellVerfR S. 491 f.; K. Schmidt Schwerpunkte 1983/84, 39; Kevekordes WuW 1987, 366; aM die „relative Wertung" von BKartA 27.10.1959 – B1 254200 J 488/58, WuW/E BKartA 92; BKartA 16.3.1960 – E1 52/59, WuW/E BKartA 176 (177); Bracher in FK-KartellR Rn. 62; vermittelnd Schneider in Bunte KartellR Rn. 28 f.

[121] AM Bracher in FK-KartellR Rn. 62.

[122] Vgl. mit Unterschieden im einzelnen OLG Düsseldorf 16.6.2004 – VI Kart 2/04 (V), BeckRS 2014, 20872 Rn. 16 = WuW/E DE-R 1545 (1548) – VDZ-Wettbewerbsregeln; 7.4.2006 – VI-3 Kart 162/06 (V), BeckRS 2006, 134811 Rn. 15 – Energiewirtschaftsverband; KG 16.12.1960 – Kart. V 8/59, WuW/E OLG 339 (342) – IG Bergbau; KG 7.11.1969 – Kart 8/69, WuW/E OLG 1071 (1073); KG 13.1.1978 – Kart 18/ 77, WuW/E OLG 2021 – Bahnhofsbuchhandel; K. Schmidt KartellVerfR S. 488 f.; K. Schmidt Schwerpunkte 1983/84, 39; Bechtold/Bosch Rn. 11; Bracher in FK-KartellR Rn. 58.

[123] OLG Düsseldorf 7.4.2006 – VI-3 Kart 162/06 (V), BeckRS 2006, 134811 Rn. 15 – Energiewirtschaftsverband.

[124] OLG Düsseldorf 7.4.2006 – VI-3 Kart 162/06 (V), BeckRS 2006, 134811 Rn. 15 – Energiewirtschaftsverband; KG 7.11.1969 – Kart 8/69, WuW/E OLG 1071 (1073) – Triest-Klausel; Bechtold/Bosch Rn. 11; Quellmalz in LMRKM Rn. 23; Schneider in Bunte KartellR Rn. 23.

[125] TB 1959, 53; K. Schmidt KartellVerfR S. 489.

[126] BGH 30.3.2011 – KVZ 100/10, BeckRS 2011, 8181 = WuW/E DE-R 3284 (3285 f.) – Presse-Grossisten; 7.11.2006 – KVR 37/05– NJW 2007, 607 (607f) = WuW/E DE-R 1857 (1858) – pepcom.

[127] BGH 30.3.2011 – KVZ 100/10, BeckRS 2011, 8181 = WuW/E DE-R 3284 (3286) – Presse-Grossisten; 7.11.2006 – KVR 37/05– NJW 2007, 607 (607 f.) = WuW/E DE-R 1857 (1858) – pepcom.

**39**   **4. Rechtsmissbrauch und „Rechtsschutzinteresse".** Rechtsmissbrauch macht eine Beiladung unzulässig. Rechtsmissbräuchlichen Beiladungsanträgen darf die KartB nicht nachkommen. Der Beiladungsantrag ist zB rechtsmissbräuchlich, wenn er Störungszwecken oder der Auskundschaftung dient.[128] Besteht lediglich der Verdacht solchen Rechtsmissbrauchs, so liegt die Beiladungsentscheidung im pflichtgemäßen Behördenermessen. Geringe **Erfolgsaussichten** in der Hauptsache begründen noch nicht die Rechtsmissbräuchlichkeit des Beiladungsantrags. Die Beiladung setzt keine „Schlüssigkeitsprüfung" in dem Sinne voraus, dass die Erfolgsaussichten für den Beigeladenen im Voraus zu prüfen sind.[129] Dagegen erfordert die Beiladung kein Rechtsschutzinteresse. Auch muss der Beiladungspetent nicht unbedingt auf ein bestimmtes Verfahrensergebnis hinwirken.[130]

**40**   **5. Beiladungsermessen und notwendige Beiladung.** Nach der heute als richtig erkannten Auffassung ist zwischen der **einfachen** (→ Rn. 41) und der **notwendigen Beiladung** (→ Rn. 42) zu unterscheiden.[131]

**41**   **a) Einfache Beiladung.** Die **einfache Beiladung** steht **im Ermessen** der KartB.[132] Diese kann, wenn sie es für sachdienlich hält, jede Person oder Personenvereinigung beiladen, deren Interessen durch die Entscheidung erheblich berührt werden. Sie braucht dies aber nicht zu tun (zum Umfang der beschwerdegerichtlichen Prüfung → § 71 Rn. 42). Die KartB wird auf **verfahrensrechtliche Opportunität** sehen, dh vor allem auf das **Bedürfnis nach Konzentration und Beschleunigung** des Verfahrens (Verfahrensökonomie).[133] Insbesondere steht es im Ermessen der Kartellbehörde, den Antrag auf Beiladung abzulehnen, wenn die Sachaufklärung, die durch eine Beteiligung des Beiladungspetenten erzielt werden könnte, dadurch gesichert erscheint, dass andere Unternehmen mit ähnlichen, mehr oder weniger gleichgerichteten Interessen bereits beigeladen worden sind.[134] Auch kann die Kartellbehörde im Einzelfall abwägen, ob die mit einer Beiladung verbundene Nachteile – etwa die Erschwerung des behördlichen Verfahrens durch eine große Zahl Verfahrensbeteiligter – mögliche Vorteile, die für die Beiladung sprechen mögen – etwa eine gewisse Erleichterung der Sachaufklärung –, überwiegen.[135] Liegen mehrere Beiladungsanträge vor, so kann die KartB in Ausübung ihres Beiladungsermessens ein beizuladendes Unternehmen auswählen und die anderen Beiladungsanträge zurückweisen.[136] Wer nach § 56 Abs. 2 angehört werden kann, muss aber nicht hierauf verwiesen werden (Beiladung also zulässig, wenn auch nicht

---

[128] Vgl. OLG Düsseldorf 5.7.1977 – Kart 2/77, WuW/E OLG 1881 – Anzeigenpreise.

[129] OLG Düsseldorf 5.7.1977 – Kart 2/77, WuW/E OLG 1881 (1882) – Anzeigenpreise; KG 22.8.1980 – Kart 7/80, GRUR 1981, 75 = WuW/E OLG 2356 (2359) – Sonntag Aktuell; s. auch KG 24.6.1960 – 5 Kart V 9/60, WuW/E OLG 392 (393 ff.) – Exportförderung; KG 26.5.1970 – Kart 23/69, WuW/E OLG 1093 (1094).

[130] BGH 30.3.2011 – KVZ 100/10, BeckRS 2011, 8181 = WuW/E DE-R 3284 (3286) – Presse-Grossisten; BGH 7.4.2009 – KVR 34/08, WuW/E DE-R 2728 (2729) = BeckRS 2009, 25969 – Versicherergemeinschaft.

[131] Vgl. K. Schmidt KartellVerfR S. 471 f., 493 ff.; K. Schmidt BB 1981, 758; K. Schmidt Schwerpunkte 1983/84, 43 f.; jetzt hM umfassend Bracher in FK-KartellR Rn. 66 ff.

[132] BGH 7.11.2006 – KVR 37/05, NJW 2007, 607 (607f) = WuW/E DE-R 1857 (1858) – pepcom; KG 16.12.1960 – Kart. V 8/59, WuW/E OLG 339 (342) – IG Bergbau; KG 6.12.1968 – Kart 16/68, WuW/E OLG 964, 968 f. – Autoschmiermittel; KG 7.11.1969 – Kart 8/69, WuW/E OLG 1071 (1072) – Triest-Klausel; OLG Düsseldorf 5.7.1977 – Kart 2/77, WuW/E OLG 1881 – Anzeigenpreise; OLG Düsseldorf 21.12.2005 – VI Kart 17/05, WuW/E DE-R 1705 – Springer/ProSieben Sat. 1; 7.4.2006 – VI-3 Kart 162/06 (V), BeckRS 2006, 134811 Rn. 15 – Energiewirtschaftsverband; K. Schmidt KartellVerfR S. 470 ff.; Schneider in Bunte KartellR Rn. 42; Quellmalz in LMRKM Rn. 20; Bracher in FK-KartellR Rn. 69; Dormann, Drittklagen, 2000, S. 67 f.; Westermann WuW 2007, 577 (579 ff.); Schalast/Rößner WuW 2007, 589 (591 ff.); ausführlich hierzu mit Nachweisen aus der älteren Literatur K. Schmidt KartellVerfR S. 470 ff.

[133] BGH 7.11.2006 – KVR 37/05, NJW 2007, 607 (607f) = WuW/E DE-R 1857 (1858) – pepcom; Ost in MüKoWettbR Rn. 28.

[134] BGH 7.11.2006 – KVR 37/05, NJW 2007, 607 (607f) = WuW/E DE-R 1857 (1859) – pepcom.

[135] BGH 7.11.2006 – KVR 37/05, NJW 2007, 607 (607f) = WuW/E DE-R 1857 (1859) – pepcom.

[136] OLG Düsseldorf 21.12.2005 – VI Kart 17/05 WuW/E DE-R 1705 – Springer/ProSieben Sat. 1; Westermann WuW 2007, 577 (580); Bracher in FK-KartellR Rn. 70.

**verspätet.**[182] Da das Gesetz für das kartellgerichtliche Verfahren keine eigenständige Beiladung vorsieht, ist in diesem Zusammenhang irrelevant, dass der Beiladungspetent auch noch im Beschwerdeverfahren zur Sachverhaltsaufklärung beitragen könnte.[183] Von erheblicher Relevanz ist nach der pepcom-Rechtsprechung des BGH der genaue Zeitpunkt des Verfahrensabschlusses. Das Verfahren vor der Kartellbehörde ist mit der ersten Zustellung an einen der Verfahrensbeteiligten gem. § 61 Abs. 1 S. 1 abgeschlossen.[184] Dasselbe gilt im Fall eines Verfahrens nach § 42: Nicht der Zeitpunkt der Ausfertigung der Ministererlaubnis, sondern die Zustellung dieser Entscheidung durch die Kartellbehörde an die Verfahrensbeteiligten markiert den Abschluss des Verfahrens.[185] Nur wenn das **Verwaltungsverfahren vor der Entscheidung der Kartellbehörde nicht öffentlich** geworden ist, weil beispielsweise noch nicht einmal eine Anhörung möglicherweise wirtschaftlich Betroffener stattgefunden hat, kann auch ein nach Abschluss des Verwaltungsverfahrens gestellter Beiladungsantrag rechtzeitig sein.[186] **Zuständig** ist die mit der Hauptsache befasste KartB.

**b) Hauptverfahren.** Ein Hauptverfahren muss anhängig sein. Im Verfahren der **Zu-** 48 **sammenschlusskontrolle** ist die Beiladung schon im Vorprüfverfahren möglich, denn dieses ist bereits Teil des Verwaltungsverfahrens in der Hauptsache.[187] Zulässig ist die Beiladung nur, solange das Verfahren läuft.[188] **Unzulässig** ist sie **vor seiner Einleitung.**[189] Gleichermaßen unzulässig ist die Beiladung **nach rechtskräftigem Abschluss** des Hauptverfahrens.[190] Ist das Verfahren rechtskräftig abgeschlossen, so ist eine Beiladung auch dann nicht mehr zulässig, wenn der Beiladungsantrag schon vor dem Eintritt der Rechtskraft gestellt war.[191] Anders ist es nur im **Fall der unterlassenen notwendigen Beiladung,** denn hier ist im Verhältnis zum Beiladungsanwärter das Verfahren nur scheinbar rechtskräftig abgeschlossen (→ Rn. 45). Nach hM endet mit jeder **Einstellung,** nicht nur mit einer rechtskräftigen Einstellungs- oder Sachentscheidung der KartB, die Beiladungsmöglichkeit.[192] Dem kann dadurch Rechnung getragen werden, dass man den Dritten im Fall der Einstellung auf die Beschwerde nach § 73 Abs. 3 verweist (→ Rn. 45). Nach Erlass einer kartellbehördlichen Verfügung kann die KartB nach richtiger, wenn auch bestrittener Auffassung noch die Beiladung aussprechen, **solange weder die Verfügung bestandskräftig geworden noch Beschwerde eingelegt** ist.[193] Entgegen der hergebrachten Ansicht kann aber die KartB darüber hinaus auch noch eine **Beiladung zum Beschwer-**

---

[182] BGH 7.4.2009 – KVR 34/08, WuW/E DE-R 2728 (2731) = BeckRS 2009, 25969 – Versicherergemeinschaft; BGH 7.4.2009 – KVR 58/08, WuW/E DE-R 2725 (2726) – Universitätsklinikum Greifswald; kritisch hierzu: Bien RdE 2009, 314 (316).

[183] BGH 7.4.2009 – KVR 34/08, WuW/E DE-R 2728 (2731) = BeckRS 2009, 25969 – Versicherergemeinschaft; 7.4.2009 – KVR 58/08, WuW/E DE-R 2725 (2727) – Universitätsklinikum Greifswald.

[184] BGH 7.4.2009 – KVR 58/08, WuW/E DE-R 2725 (2727) – Universitätsklinikum Greifswald.

[185] BGH 7.4.2009 – KVR 58/08, WuW/E DE-R 2725 (2727) – Universitätsklinikum Greifswald.

[186] BGH 7.4.2009 – KVR 58/08, WuW/E DE-R 2725 (2727) – Universitätsklinikum Greifswald; 11.11.2008 – EnVR 1/08, WuW/E DE-R 2535 (2537) = BeckRS 2009, 01766 – Citiworks; kritisch zur Befristung: Bien WuW 2009, 166 (173 f.).

[187] Eingehend Zöttl WuW 2004, 474 (476).

[188] KG 11.1.1984 – Kart 11/83, WuW/E OLG 3217 (3218) = AG 1985, 113; OLG Düsseldorf 8.9.1977 – Kart 4/77, WuW/E OLG 1861 (1862) – Prisma; KG 5.4.2000 – Kart 38/99, WuW/E DE-R 641 (642) – tobaccoland.

[189] KG 6.12.1968 – Kart 16/68, WuW/E OLG 964, 965 – Autoschmiermittel; OLG München 22.5.1969 – Kart 1/68 WuW/E OLG 1033 (1034) – örtliche Stromverteilung.

[190] KG 24.6.1960 – 5 Kart V 5/60, WuW/E OLG 346 (347) – Steinzeug; KG 31.5.1968 – Kart 4/68, WuW/E OLG 933 (934); KG 5.4.2000 – Kart 38/99, WuW/E DE-R 641 (642) – tobaccoland; TB 1968, 71; Starck BB 1960, 468; Sprenkmann GRUR 1960, 526; s. auch Buschmann DB 1962, 227.

[191] Griesshaber S. 93 ff.; K. Schmidt KartellVerfR S. 480 f.; Kevekordes WuW 1987, 367; aM Buschmann DB 1962, 228 ff.

[192] KG 11.1.1984 – Kart 11/83, WuW/E OLG 3217 (3218) = AG 1985, 113; Klose in Wiedemann § 53 Rn. 83; Emmerich AG 1985, 325; Griesshaber S. 84; anders OLG München 22.5.1969 – Kart 1/68, WuW/E OLG 1033 (1036) – örtliche Stromverteilung.

[193] BGH 30.3.2011 – KVZ 100/10, BeckRS 2011, 8181 = WuW/E DE-R 3284 (3285 f.) – Presse-Grossisten; 10.4.1984 – KVR 8/83, WuW/E BGH 2077 (2078) – Coop Supermagazin; KG 19.1.1983 – Kart 18/82, WuW/E OLG 2970 (2971) – Coop Supermagazin; Dormann WuW 2000, 245 (249).

**deverfahren** aussprechen. Das ist anerkannt für den Fall, dass der Beiladungsantrag bei der KartB vor der Beschwerdeeinlegung bereits gestellt worden ist.[194] Dasselbe gilt aber **nach Einlegung der Beschwerde;** auch dann kann die KartB noch eine Beiladung aussprechen, und zwar selbst dann, wenn der Beiladungsantrag weder zur Zeit der kartellbehördlichen Entscheidung noch zur Zeit der Beschwerdeeinlegung bereits gestellt war.[195] Auch nach der Sachentscheidung der KartB kann die Beiladung noch ausgesprochen werden, sofern bereits vor Abschluss des kartellbehördlichen Verwaltungsverfahrens ein entsprechender Antrag hierauf gestellt wurde.[196] Ausnahmsweise ist auch ein sonst verspäteter Antrag zulässig, wenn der Drittbetroffene den Antrag deshalb nicht stellen konnte, weil die KartB die Entscheidung erlassen hat, ohne die Öffentlichkeit vorher über das Verfahren zu informieren.[197]

**49**   **c) Einfluss auf das Hauptverfahren.** Der **Einfluss eines Beiladungsantrags auf den Lauf des Hauptverfahrens** hängt davon ab, ob ein Fall der notwendigen Beiladung (→ Rn. 42 f.) vorliegt oder nicht. Ein einfacher Beiladungsantrag rechtfertigt nicht den Aufschub des Verwaltungsverfahrens. Dagegen muss über eine notwendige Beiladung vor der Entscheidung in der Hauptsache entschieden werden. Sobald zweifelhaft ist, ob die Beiladung eine notwendige ist, wird die KartB die Entscheidung in der Hauptsache doch nach pflichtgemäßem Ermessen zurückstellen dürfen.

**50**   **d) Verfahrensbeteiligung.** Im **Beiladungsverfahren** ist zunächst der Antragsteller (Abs. 2 Nr. 1) verfahrensbeteiligt, ferner jeder, der am Hauptverfahren beteiligt ist (auch → Rn. 30).[198] Die KartB hat deshalb im Beiladungsverfahren allen am Hauptverfahren Beteiligten Gelegenheit zur Stellungnahme zu geben (§ 56 Abs. 1).[199] Der Beizuladende selbst ist am Beiladungsverfahren nach Abs. 2 Nr. 1 beteiligt.

**51**   **e) Beiladungsentscheidung.** Die Beiladungsentscheidung ist eine **Verfügung** iSv §§ 61 Abs. 1, 73 Abs. 1 (→ § 61 Rn. 4).[200] Diese Verfügung hat gestaltende Wirkung. Ohne diese Verfügung ist der Antragsteller noch nicht am Verfahren beteiligt.[201] Das gilt selbst dann, wenn die Beiladung iSv → Rn. 42 ff. eine notwendige ist. Die Beiladung ist nach § 73 Abs. 1 mit der **Beschwerde** anfechtbar. Die Beschwerde gegen eine Beiladungsverfügung hat keine aufschiebende Wirkung. Sie lässt also die Verfahrensbeteiligung unberührt, solange die Verfügung nicht aufgehoben ist.[202] Gegen die Ablehnung des Beiladungsantrags ist die **Verpflichtungsbeschwerde** nach § 73 Abs. 3 zulässig.[203] Begründet ist die Verpflichtungsbeschwerde allerdings nur, wenn ein Anspruch auf Beiladung besteht (dazu → Rn. 42 ff.).

**52**   **f) Stellung der Beigeladenen.** Die Stellung des Beigeladenen **im Hauptverfahren** ist dieselbe, die auch „geborenen" Verfahrensbeteiligten zusteht. Grundsätzlich hat die Beila-

---

[194] KG 21.2.1989 – Kart 19/88, WuW/E OLG 4363 (4364 f.) – Wieland-Langenberg; Westermann WuW 2007, 577 (581); differenzierend Quellmalz in LMRKM Rn. 25 ff.

[195] Eingehend Karsten Schmidt KartellVerfR S. 477 ff.; K. Schmidt Schwerpunkte, 1983/84, S. 37; zust. Bracher in FK-KartellR § 67 Rn. 8; Lembach in Bunte KartellR § 63 Rn. 9; differenzierend Buschmann DB 1962, 229; Starck BB 1960, 468; aM KG 31.5.1968 – Kart. 4/68, WuW/E OLG 933 (934); Bechtold/Bosch Rn. 8; Quellmalz in LMRKM Rn. 25 ff.

[196] BGH 7.4.2009 – KVR 34/08, WuW/E DE-R 2728 (2731) = BeckRS 2009, 25969 – Versicherergemeinschaft; Klose in Wiedemann § 53 Rn. 86; aA Schneider in Bunte KartellR Rn. 38.

[197] Schneider in Bunte KartellR Rn. 38; BGH 7.4.2009 – KVR 34/08, WuW/E DE-R 2728 (2731) = BeckRS 2009, 25969 – Versicherergemeinschaft; 11.11.2008, WuW/E DE-R 2535 (2537) – Citiworks.

[198] Vgl. K. Schmidt KartellVerfR S. 476: – Verfahrensbeteiligung kraft Akzessorietät.

[199] TB 1959, 54.

[200] Bracher in FK-KartellR Rn. 74; Schneider in Bunte KartellR Rn. 19; allgM.

[201] K. Schmidt KartellVerfR S. 474 f.; aM wohl OLG München 22.5.1969 – Kart 1/68, WuW/E OLG 1033 (1036) – örtliche Stromverteilung.

[202] Bracher in FK-KartellR Rn. 75 mwN.

[203] Vgl. nur OLG Düsseldorf 30.6.2004 – Kart 9/04, WuW/E DE-R 1293 (1294) – tv kofler; aM Dormann Drittklagen S. 124.

dung dieselben Wirkungen, mag sie nun eine „einfache" oder eine „notwendige" sein (vgl. insbes. zur Beschwerdebefugnis → § 73 Rn. 21). „Geborene" und „gekorene" Beteiligte dürfen im kartellbehördlichen Verfahren ebenso wie im anschließenden Beschwerdeverfahren **umfassend vortragen.**[204] Sie sind nicht auf die Gesichtspunkte beschränkt, die ihre Beteiligtenstellung begründet haben.[205] Daher wirkt sich auch eine Änderung der Art der Beteiligtenstellung während des Verfahrens nicht auf den Umfang der Verfahrensbeteiligung aus.[206] **Entfallen die Voraussetzungen einer Verfahrensbeteiligung** nach § 54 Abs. 2 Nr. 2 während des Verfahrens, soll aber möglicherweise ein Antrag nach § 54 Abs. 2 Nr. 3 für die weitere Verfahrensbeteiligung erforderlich sein.[207] Unterschiede bestehen allerdings beim **Geheimnisschutz gegenüber Beigeladenen** (dazu → § 56 Rn. 12; siehe auch → § 76 Abs. 1 S. 4). Der **Umfang der Verfahrensbeteiligung** richtet sich nach dem Hauptverfahren. Eine Beiladung ist nur für das **gesamte Verfahren,** nicht für bloße Teile des Verfahrens zulässig. Sind mehrere Hauptverfahren miteinander verbunden (→ Rn. 11), so wird der Beigeladene an allen verbundenen Verfahren beteiligt. Mit dem Hauptverfahren erfasst die Verfahrensbeteiligung auch die dazugehörigen Nebenverfahren, insbes. weitere Beiladungsverfahren (→ Rn. 30). Eine Beiladung in der Hauptsache führt zur Beteiligung auch am **Verfahren der einstweiligen Anordnung** und am **Verfahren der Beschwerde** gegen die einstweilige Anordnung.[208] Dabei ist gleichgültig, in welchem Stadium sich das Nebenverfahren befindet. Wer etwa zu dem bei der KartB betriebenen Verwaltungsverfahren beigeladen wird, ist an einem die Interessen des Beigeladenen gleichfalls berührenden Nebenverfahren – zB über eine einstweilige Anordnung – auch dann beteiligt, wenn sich dieses Nebenverfahren bereits in der Beschwerde befindet.[209] Die **Verfahrensrechte des Beigeladenen** ergeben sich insbesondere aus §§ 56, 73. Grundsätzlich kommt es nicht darauf an, ob eine einfache oder eine notwendige Beiladung vorliegt. Das gilt nach richtiger, wenn auch umstrittener, Auffassung auch für die **Beschwerdebefugnis.** Möglicherweise verbleiben aber Unterschiede beim rechtlichen Gehör[210] (vgl. → § 56 Rn. 7 f.).

**g) Beginn der Beiladungswirkungen. Der Beginn der Beiladungswirkungen** tritt **53** mit Wirksamwerden der Beiladungsverfügung ein. Der Beigeladene muss den vorgefundenen Stand des Verfahrens hinnehmen.[211] Die **Beiladungswirkungen enden** mit dem Verfahren, zu dem die Beiladung ausgesprochen ist. Wird eine Kartellverwaltungssache auch nach dem Erlass einer Verfügung oder nach der Einstellung weiterbetrieben, zB durch Anfechtungs- oder Verpflichtungsbeschwerde, so bleibt der Beigeladene am Verfahren beteiligt (Grundsatz der Kontinuität; → Rn. 30). Dieser Fortbestand der Beiladung setzt Identität des Verfahrens voraus. Im **Beschwerdeverfahren** ist zB der Beigeladene nicht bloß beteiligt, wenn er selbst die Beschwerde eingelegt hat (§ 63 Abs. 1 Nr. 1), sondern jeder Beigeladene bleibt beteiligt (§ 63 Abs. 1 Nr. 3).

**h) Aufhebung der Beiladungsverfügung.** Durch **Aufhebung der Beiladungsver-** **54** **fügung** endet die Beiladung mit Wirkung ex nunc, wenn die Beiladungsverfügung erfolgreich angefochten ist (§ 76 Abs. 2). Zweifelhaft ist, ob die KartB selbst die Beiladung aufheben kann. Die Rücknahme einer widerrechtlich ausgesprochenen Beiladung ist grds.

---

[204] Klose in Wiedemann § 53 Rn. 62.
[205] BGH 25.9.2007 – KVR 25/06, WuW/E DE-R 2138 (2141) = NJW-RR 2008, 425 – Anteilsveräußerung.
[206] BGH 25.9.2007 – KVR 25/06, WuW/E DE-R 2138 (2141) = NJW-RR 2008, 425 – Anteilsveräußerung.
[207] So ohne Festlegung BGH 25.9.2007 – KVR 25/06, WuW/E DE-R 2138 (2142) = NJW-RR 2008, 425 – Anteilsveräußerung.
[208] KG 3.12.1974 – Kart 37/74, WuW/E OLG 1548 – SABA; Bechtold/Bosch Rn. 7; K. Schmidt KartellVerfR S. 479; Schneider in Bunte KartellR Rn. 20.
[209] KG 3.12.1974 – Kart 37/74, WuW/E OLG 1548 – SABA; Bracher in FK-KartellR Rn. 35.
[210] KG 2.10.1981 – Kart 41/81, WuW/E OLG 2603 (2604).
[211] Klose in Wiedemann § 53 Rn. 88.

nicht nur zulässig, sondern sogar rechtlich geboten.[212] Die Widerrufbarkeit einer rechtmäßig ausgesprochenen, aber nicht notwendigen Beiladung ist umstritten.[213] Die wohl **hM** schützt die durch Beiladung gewonnene Verfahrensposition, ist aber nicht so streng wie § 48 Abs. 2 VwVfG: Wenn die Beiladung erschlichen ist oder wenn neu bekanntgewordene Tatsachen eine Ablehnung des Beiladungsantrags rechtfertigen, kann die Beiladung widerrufen werden.[214] Die einseitige Rücknahme des Beiladungsantrags ist wirkungslos.[215] Sie berechtigt aber die KartB dazu, die Beiladungsentscheidung aufzuheben, dh den Beigeladenen – auch konkludent – aus dem Verfahren zu entlassen.[216] Für eine Möglichkeit des Beigeladenen, seine Stellung für die Zukunft zu beenden, besteht angesichts der Möglichkeit, sich vollständig aus dem Verfahren zurückzuziehen, kein Bedürfnis.[217]

## VII. Verfahrensbeteiligung auf Grund faktischer Hinzuziehung.

55        Eine solche Verfahrensbeteiligung liegt vor, wenn die KartB einen Dritten **als Verfahrensbeteiligten behandelt,** ohne dass dieser ein „geborener" Verfahrensbeteiligter ist und ohne dass er als „gekorener" Verfahrensbeteiligter beigeladen wurde.[218] Eine bloße Anhörung genügt hierfür nicht. Ebenso wenig genügt die Erwähnung eines von dem Vorgang mitbetroffenen Dritten, zB eines herrschenden Unternehmens, in einer Bekanntmachung im Bundesanzeiger, um ihn zum Beteiligten zu machen.[219] Die KartB muss vielmehr zu erkennen gegeben haben, dass sie den Dritten als Beteiligten nach Abs. 2 ansieht. So etwa in Fällen, in denen die KartB einen Dritten in zu weiter Auslegung des § 54 Abs. 2 als „geborenen" Verfahrensbeteiligten behandelt und **einen Beiladungsantrag als gegenstandslos unbeschieden gelassen** hat. Auch die **Aufforderung „als Verfahrensbeteiligter"** die erforderlichen Angaben nach § 39 Abs. 3 zu machen, begründet die Stellung einer faktischen Beteiligung.[220] Ebenso in anderen Fällen, in denen die KartB einen Dritten faktisch am Verfahren beteiligt, ohne eine Beiladung auszusprechen. Dann braucht nicht mehr geprüft zu werden, ob der faktisch Hinzugezogene wirklich unter die nach Abs. 2 Beteiligten fällt.[221] Legt etwa ein solcher Dritter als Beteiligter **Beschwerde** nach § 73 Abs. 2 ein, so darf das Beschwerdegericht die Beschwerdebefugnis nicht mit dem Argument verneinen, dieser Dritte sei weder kraft Gesetz noch durch Beiladung beteiligt und sei daher nur ein scheinbarer Beteiligter. Einen aufgrund faktischer Hinzuziehung Beteiligter steht das Antragsrecht zu. Allerdings kann die KartB während des Verwaltungsverfahrens eine als unberechtigt erkannte faktische Verfahrensbeteiligung nach den bei → Rn. 54 geschilderten Grundsätzen beenden.

[212] Zutreffend in FK-KartellR, 1. Aufl., Rn. 97; aM zB Schöne WRP 1960, 337.
[213] Nachw. bei K. Schmidt KartellVerfR S. 481.
[214] Vgl. mit Abweichungen im Detail Griesshaber S. 144 ff.; Junge in GK § 51 aF Rn. 21; Westrick/Loewenheim § 51 aF Rn. 37; Schöne WRP 1960, 338.
[215] OLG Düsseldorf 2.6.2016 – VI-Kart 5/15 (V), NZKart 2016, 333 (334) Rn. 5.
[216] Zur Kostenverteilung KG 26.5.1970 – 23/69, WuW/E OLG 1093.
[217] OLG Düsseldorf 2.6.2016 – VI-Kart 5/15 (V) NZKart 2016, 333 (334) Rn. 5.
[218] BGH 25.9.2007 – KVR 25/06, WuW/E DE-R 2138 (2139) = NJW-RR 2008, 425 – Anteilsveräußerung; BGH 25.6.1985 KVR 3/84 WuW/E BGH 2150 (2151) = NJW-RR 1986, 525 – Edelstahlbestecke; K. Schmidt KartellVerfR S. 506.
[219] KG 9.9.1983 – Kart 19/81, WuW/E OLG 3137 (3138) – Rheinmetall-WMF; BGH 25.6.1985 – KVR 3/84, WuW/E BGH 2150 (2151) = NJW-RR 1986, 525 – Edelstahlbestecke.
[220] BGH 25.9.2007 – KVR 25/06, WuW/E DE-R 2138 (2139) = NJW-RR 2008, 425 – Anteilsveräußerung; BGH 25.6.1985 – KVR 3/84, WuW/E BGH 2150 (2151) = NJW-RR 1986, 525 – Edelstahlbestecke.
[221] Vgl. insoweit KG 26.11.1980 – Kart 18/80, WuW/E OLG 2411 (2413) = AG 1981, 280 – Synthetischer Kautschuk II.

**scheidung.** Vielmehr steht dies im Ermessen der KartB.[17] Die KartB nimmt hierbei eine Abwägung zwischen der Verfahrensverzögerung auf der einen Seite (→ Rn. 5) und der Gefahr einer Aufhebung allein wegen Unzuständigkeit auf der anderen Seite vor.[18] Mit der **Anfechtungsbeschwerde** gegen die Verfügung in der Hauptsache kann dann auch die im Verwaltungsverfahren gerügte Unzuständigkeit der KartB geltend gemacht werden.[19] Dies muss ausdrücklich geschehen, weil das Gericht die Zuständigkeit der Behörde nicht von Amts wegen prüft.[20] Die Rechtsbeschwerde kann dagegen nach § 79 Abs. 2 S. 2 nicht auf eine Verletzung der in § 48 und § 50 Abs. 1 geregelten Zuständigkeitsverteilung zwischen BKartA, BMWi und Landeskartellbehörden gestützt werden.

### III. Die Vorabentscheidung

Die **Vorabentscheidung** ist eine **feststellende Verfügung**.[21] Vor Erlass der Verfügung **5** ist den Beteiligten rechtliches Gehör zu gewähren.[22] Die Verfügung ist nach § 73 Abs. 1 mit der **Beschwerde** anfechtbar (Abs. 1 S. 2). Die Beschwerde hat nach Abs. 1 S. 2 Hs. 2 aufschiebende Wirkung, also Suspensiveffekt. Diese bei einem Feststellungsstreit unsachgemäße Formulierung besagt Folgendes: Die KartB hat zu verfahren, als hätte sie ihr Verwaltungsverfahren ausgesetzt und die Zuständigkeitsfrage dem Gericht zur Prüfung vorgelegt. Es darf also keine abschließende Sachentscheidung ergehen.[23] Das heißt aber nicht, dass das Verwaltungsverfahren unterbrochen ist[24] und dass die KartB gar keine Verfahrenshandlungen mehr vornehmen darf.[25] Schließlich geht sie selbst von ihrer Zuständigkeit aus. Hält sie Verfahrenshandlungen für erforderlich, dürfen diese auch vor der Klärung der Zuständigkeit durch das Beschwerdegericht vorgenommen werden.[26] Würde man der KartB jegliche Maßnahmen verbieten, würde dadurch der Anreiz, die Zuständigkeitsfrage vorab zu klären, unsachgemäß geschmälert.[27] Gegen die Entscheidung des Beschwerdegerichts findet unter den Voraussetzungen des § 77 Abs. 2 die Rechtsbeschwerde statt. Die Rechtsbeschwerde kann allerdings nicht darauf gestützt werden, dass die KartB ihre Zuständigkeit unter Verletzung von §§ 48, 50 Abs. 1 angenommen hat (§ 79 Abs. 2 S. 2). Einer Überprüfung etwa der Zuständigkeitsabgrenzung zwischen BKartA und BNetzA steht § 79 Abs. 2 S. 2 jedoch nicht entgegen.[28]

## C. Rügeverlust in der Hauptsache

**Rügeverlust** tritt nach **Abs. 2** ein, wenn ein Beteiligter die örtliche oder sachliche **6** Unzuständigkeit der KartB nicht gerügt hat.[29] Die Rüge muss bis zum Erlass der kartell-

---

[17] BKartA 5.9.1988 – B2 681820 13/88, WuW/E BKartA 2313 (2315) – GoldenToast; Bechtold/Bosch Rn. 2; Bracher in FK-KartellR Rn. 9; BKartA 5.9.1988 – B2 681820 13/88, WuW/E BKartA 2313 (2315) – GoldenToast; Klees in Kölner Komm KartellR Rn. 7; Schneider in Bunte Rn. 5.

[18] BKartA 5.9.1988 – B2 681820 13/88, WuW/E BKartA 2313 (2315) – GoldenToast; Bechtold/Bosch Rn. 2; Klees in Kölner Komm KartellR Rn. 7; Schneider in Bunte Rn. 5; Quellmalz in LMRKM Rn. 4; Bracher in FK-KartellR Rn. 9.

[19] Begr. 1952, S. 49.

[20] Quellmalz in LMRKM Rn. 2.

[21] Schneider in Bunte Rn. 1.

[22] Bracher in FK-KartellR Rn. 10; Klees in KölnKomm KartellR Rn. 8.

[23] Klose in Wiedemann § 53 Rn. 23; s. auch Quellmalz in LMRKM Rn. 5; Klees in Kölner Komm KartellR Rn. 8.

[24] So aber Bracher in FK-KartellR Rn. 11: Verbot von Verfahrenshandlungen mit Außenwirkung.

[25] So aber Bracher in FK-KartellR Rn. 11.

[26] Vgl. dagegen Bracher in FK-KartellR Rn. 11: Die Behörde dürfe ihre (die Zuständigkeit bejahende) Rechtsauffassung nicht zugrunde legen.

[27] Siehe dazu auch Schneider in Bunte Rn. 9.

[28] AA Bracher in FK-KartellR Rn. 11, Fn. 1.

[29] Beispiele: KG 4.7.1974 – Kart 27/74, WuW/E OLG 1499 (1500) – AGIP II; KG 30.5.1979 – Kart 16/79, WuW/E OLG 2148 (2149) – Sonntag Aktuell I; KG 27.3.1981 – Kart 15/81, WuW/E OLG 2446 (2449) – Heizölhandel; OLG Düsseldorf 19.10.2011 – VI-3 Kart 1/11 (V) BeckRS 2011, 26751.

behördlichen Verfügung in der Hauptsache erfolgen, also bis zum Abschluss des Verwaltungsverfahrens der KartB.[30] Entscheidend ist die Zustellung der Verfügung.[31] Die Rüge kann formlos erhoben werden.[32] Wird die rechtzeitige Rüge versäumt, so begründet die Unzuständigkeit nicht die Beschwerde. Die Vorschrift gilt nur für die Anfechtungsbeschwerde. Sie betrifft den Fall, dass der KartB kein Anlass gegeben worden ist, ihre Zuständigkeit durch eine Vorab-Prüfung nach Abs. 1 zu klären. Abs. 2 ist in Anlehnung an §§ 512a, 528, 549 Abs. 2 ZPO aF (jetzt §§ 513 Abs. 2, 531, 545 Abs. 2 ZPO) geschaffen worden.[33] Ausgeschlossen ist nicht nur die Rüge. **Im Beschwerdeverfahren** findet auch keine **Prüfung der Zuständigkeit von Amts wegen** statt.[34] Ist die Unzuständigkeit der KartB offensichtlich und die angefochtene Verfügung deshalb nichtig, kann das Gericht darüber aber nicht hinweggehen.[35] Der Ausschluss der Rüge nach **Abs. 2 greift nicht in Nebenverfahren,** die von einem Hauptverfahren abhängig sind. So kann die Unzuständigkeit bei der Beschwerde gegen eine einstweilige Anordnung nach § 32a oder § 60 auch dann geltend gemacht werden, wenn sie vorher nicht gerügt wurde.[36] Der Rügeverlust kann nur diejenigen Beteiligten treffen, die am Verwaltungsverfahren beteiligt waren und damit **Gelegenheit zur Rüge** hatten.[37] Wurde ein kraft Gesetz Beteiligter vor Erlass einer Verfügung nicht von dem Verfahren in Kenntnis gesetzt, tritt kein Rügeverlust ein.[38] Die Rüge muss nicht zwingend von dem Beteiligten erhoben worden sein, der später im gerichtlichen Beschwerdeverfahren die Unzuständigkeit geltend macht. Es reicht aus, wenn mindestens ein Beteiligter die Unzuständigkeit gerügt hat.[39] Kein Rügeverlust tritt ein, wenn die Unzuständigkeit gerügt, eine Feststellungsverfügung nach Abs. 1 aber nicht erlassen wurde. Dann wird die Zuständigkeit im Beschwerdeverfahren geprüft. Bei sachlicher Unzuständigkeit zieht das die Aufhebung der Verfügung in der Hauptsache nach sich.[40] Liegt lediglich eine örtliche Unzuständigkeit vor, scheidet gem. § 46 VwVfG eine Aufhebung aus, falls die Entscheidung in der Sache dadurch nicht beeinflusst wurde.[41] Im Rechtsbeschwerdeverfahren kann die Unzuständigkeit nicht mehr geltend gemacht werden, sofern sie auf einer Verletzung der §§ 48, 50 Abs. 1 beruht (§ 79 Abs. 2 S. 2). Im Übrigen kann die Unzuständigkeit der KartB aber auch mit der Rechtsbeschwerde gerügt werden (→ Rn. 5).

---

[30] OLG Frankfurt a. M. 9.5.1995 – 11 VA (Kart) 1/94, WuW/E OLG 5416 (5425) – Konzessionsvertrag Niedernhausen; Schneider in Bunte Rn. 3.
[31] Bracher in FK-KartellR Rn. 12, Engelsing in MüKoWettbR Rn. 8; aM Schneider in Bunte Rn. 3: danach soll es auf das Absetzen der abschließenden Entscheidung ankommen; nach Junge in GK § 52 aF Rn. 2 soll auf den Schluss der mündlichen Verhandlung bzw. auf die Beratung der Beschlussabteilung oder das Absetzen der Verfügung einer Landeskartellbehörde abzustellen sein. Für eine solche „Vorverlagerung" besteht jedoch keine Rechtfertigung. Ein besonderes Schutzbedürfnis der KartB besteht nicht. Sie hatte ihre Zuständigkeit ohnehin von Amts wegen zu prüfen.
[32] Bechtold/Bosch Rn. 2.
[33] Begr. 1952, S. 50.
[34] HM; vgl. Schneider in Bunte Rn. 7; Junge in GK § 52 aF Rn. 2; Westrick/Loewenheim § 52 aF Rn. 6; Klose in Wiedemann § 53 Rn. 23; aM Müller/Giessler/Scholz § 52 aF Rn. 6.
[35] Bechtold Rn. 2; Quellmalz in LMRKM Rn. 5.
[36] Bracher in FK-KartellR Rn. 15; die Auffassung von Schneider in Bunte Rn. 10, wonach die Unzuständigkeitsrügen bei allen nicht die Hauptsache umfassenden Verwaltungsakten noch im Beschwerdeverfahren erhoben werden können, geht dagegen zu weit. Auf die Beschwerde gegen ein Auskunftsersuchen nach § 59 findet § 55 demgegenüber richtigerweise Anwendung; so auch KG 27.3.1981 – Kart 15/81, WuW/E OLG 2446 (2449) – Heizölhandel.
[37] OLG München 5.4.1979 – Kart 2/79, WuW/E OLG 2156 (2158); Engelsing in MüKoWettbR Rn. 8; Schneider in Bunte Rn. 10.
[38] Bracher in FK-KartellR Rn. 13.
[39] Bracher in FK-KartellR Rn. 14; Klees in Kölner Komm KartellR Rn. 10.
[40] OLG Frankfurt a. M. 9.5.1995 – 11 VA (Kart) 1/94, WuW/E OLG 5416 (5425) – Konzessionsvertrag Niedernhausen.
[41] Bracher in FK-KartellR Rn. 13.

## § 56 Anhörung, Akteneinsicht, mündliche Verhandlung

(1) [1]Die Kartellbehörde hat den Beteiligten Gelegenheit zur Stellungnahme zu geben. [2]Über die Form der Anhörung entscheidet die Kartellbehörde nach pflichtgemäßem Ermessen. [3]Die Kartellbehörde kann die Anhörung auch mündlich durchführen, wenn die besonderen Umstände des Falles dies erfordern.

(2) Vertretern der von dem Verfahren berührten Wirtschaftskreise kann die Kartellbehörde in geeigneten Fällen Gelegenheit zur Stellungnahme geben.

(3) [1]Die Beteiligten können bei der Kartellbehörde die das Verfahren betreffenden Akten einsehen, soweit deren Kenntnis zur Geltendmachung oder Verteidigung ihrer rechtlichen Interessen erforderlich ist. [2]Die Einsicht erfolgt durch Übersendung von Kopien aus der Verfahrensakte, durch Ausdruck der betreffenden Teile der Verfahrensakte oder durch Übersendung entsprechender elektronischer Dokumente an den Beteiligten auf seine Kosten.

(4) [1]Die Behörde hat die Einsicht in die Unterlagen zu versagen, soweit dies aus wichtigen Gründen, insbesondere zur Sicherstellung der ordnungsgemäßen Erfüllung der Aufgaben der Behörde sowie zur Wahrung des Geheimschutzes oder von Betriebs- oder Geschäftsgeheimnissen oder sonstigen schutzwürdigen Interessen des Betroffenen, geboten ist. [2]In Entwürfe zu Entscheidungen, die Arbeiten zu ihrer Vorbereitung und die Dokumente, die Abstimmungen betreffen, wird Akteneinsicht nicht gewährt.

(5) [1]Die Kartellbehörde kann Dritten Auskünfte aus den ein Verfahren betreffenden Akten erteilen oder Einsicht in diese gewähren, soweit diese hierfür ein berechtigtes Interesse darlegen. [2]Absatz 4 gilt entsprechend. [3]Soweit die Akteneinsicht oder die Auskunft der Erhebung eines Schadensersatzanspruchs wegen eines Verstoßes nach § 33 Absatz 1 oder der Vorbereitung dieser Erhebung dienen soll, ist sie auf Einsicht in Entscheidungen nach den §§ 32 bis 32d sowie 60 begrenzt.

(6) [1]Die Kartellbehörde kann von den Beteiligten sowie von Dritten verlangen, mit der Übersendung von Anmeldungen, Stellungnahmen, Unterlagen oder sonstigen Auskünften oder im Anschluss an die Übersendung auf die in Absatz 4 genannten Geheimnisse hinzuweisen und diese in den Unterlagen entsprechend kenntlich zu machen. [2]Erfolgt dies trotz entsprechenden Verlangens nicht, darf die Kartellbehörde von der Zustimmung zur Offenlegung im Rahmen der Gewährung von Akteneinsicht ausgehen.

(7) [1]Auf Antrag eines Beteiligten oder von Amts wegen kann die Kartellbehörde eine öffentliche mündliche Verhandlung durchführen. [2]Für die Verhandlung oder für einen Teil davon ist die Öffentlichkeit auszuschließen, wenn sie eine Gefährdung der öffentlichen Ordnung, insbesondere des Wohls des Bundes oder eines Landes, oder eine Gefährdung eines wichtigen Betriebs- oder Geschäftsgeheimnisses besorgen lässt. [3]In den Fällen des § 32f Absatz 3 Satz 6 und Absatz 4 hat das Bundeskartellamt nach Einleitung des Verfahrens eine öffentliche mündliche Verhandlung durchzuführen. [4]In den Fällen des § 42 hat das Bundesministerium für Wirtschaft und Klimaschutz eine öffentliche mündliche Verhandlung durchzuführen. [5]Mit Einverständnis der Beteiligten kann in den Fällen des § 32f Absatz 3 Satz 6 und Absatz 4 sowie des § 42 ohne mündliche Verhandlung entschieden werden. [6]In der öffentlichen mündlichen Verhandlung hat die Monopolkommission in den Fällen des § 32f Absatz 3 Satz 6 und Absatz 4 sowie des § 42 das Recht, gehört zu werden; in den Fällen des § 42 hat sie das Recht, die Stellungnahme, die sie nach § 42 Absatz 5 erstellt hat, zu erläutern.

(8) Die §§ 45 und 46 des Verwaltungsverfahrensgesetzes sind anzuwenden.

**Schrifttum:** Berg, Geschäftsgeheimnisse, Akteneinsicht und Drittbeteiligung im Kartellverwaltungs- und -beschwerdeverfahren, 1984; Burhold, Die Auswirkungen des Informationsgesetzes auf das Akteneinsichtsrecht in Kartell- und Fusionskontrollverfahren, BB 2006, 2201; Eberz, Der Schutz der unternehmerischen Geheimnissphäre im Kartellbeschwerdeverfahren, 2000; Kahlenberg/Hempel, Identifizierende Pressemitteilungen des Bundeskartellamts bei der Einleitung von Untersagungsverfahren, WuW 2006, 127; Kevekordes, Zur Rechtsstellung des Beigeladenen im Kartellrecht, WuW 1987, 365; Knemeyer, Geheimhaltungsanspruch im Kartellverfahren, DB-Beil. 18/1984; Kollmorgen, Geheimnisschutz im Beschwerdeverfahren, Schwerpunkte des Kartellrechts 1988/89, 1990 S. 21; Kopp/Ramsauer, Verwaltungsverfahrensgesetz, 13. Aufl. 2012; Kugelmann, Das Informationsfreiheitsgesetz des Bundes, NJW 2005, 3609; Leopold, Die Kartellbehörden im Angesicht der Informationsfreiheit, WuW 2006, 592; Lieberknecht, Probleme des Verfahrensrechts in Kartellsachen, Schwerpunkte des Kartellrechts 1977/78, 1979, S. 65; ders., Die Behandlung von Geschäftsgeheimnissen im deutschen und EG-Recht, WuW 1988, 833; Pfeffer, Weitere Änderungen im Verwaltungsverfahren, §§ 56, 61, 62 und 86a GWB in Bien/Käseberg/Klumpe/Körber/Ost Die 10. GWB-Novelle, 2021, Kapitel 2 Rn. 375 f.; Karsten Schmidt, Kartellverfahrensrecht – Kartellverwaltungsrecht – Bürgerliches Recht, 1977, S. 448 f., 468, 482; Karsten Schmidt, Die Stellung des Dritten im Kartellverfahren, Schwerpunkte des Kartellrechts 1983/84, 1985, S. 33; Karsten Schmidt, Drittschutz, Akteneinsicht und Geheimnisschutz im Kartellverfahren, 1992; Schoch, Informationsfreiheitsgesetz, 2009; Sewczyk, Identifizierende Pressemitteilungen bei der Einleitung von Untersagungsverfahren, WuW 2006, 244; Stelkens/Bonk/Sachs Verwaltungsverfahrensgesetz, 7. Aufl. 2008; Werner, Zur Behandlung von Geschäftsgeheimnissen im Kartellverfahren, AG 1988, 149; Wieckmann, Akteneinsicht und Wahrung von Geschäftsgeheimnissen im Kartellverfahren, WuW 1983, 13.

## Übersicht

müssen die anderen Beteiligten vor der Entscheidung erneut angehört werden.[40] Den Beteiligten muss aber nicht Gelegenheit gegeben werden, zu jeder Äußerung eines anderen Beteiligen Stellung zu nehmen. Die Ausübung des Rechts liegt in der Hand des Beteiligten. Es genügt, wenn dem Beteiligten hierzu **Gelegenheit** gegeben wird. Eine Verletzung des Rechts auf Gehör liegt gegenüber dem, gegen den sich ein Verfahren richtet, jedenfalls dann nicht vor, wenn die Behörde Untersuchungsergebnis und Beweismittel mitgeteilt hat. Welchen Gebrauch der Betroffene davon gemacht hat, ist unerheblich.[41] Beruft sich ein Verfahrensbeteiligter auf eine Freistellung einer Vereinbarung nach § 2 GWB, hat er die Voraussetzungen darzulegen und zu beweisen. Eine Aufforderung der Behörde, die Gründe für die Freistellung vorzutragen, ist nicht unbedingt erforderlich.[42] Auch bei der Anmeldung eines Zusammenschlusses genügt es, wenn den Beteiligten hinreichende Gelegenheit zur Stellungnahme gegeben wurde.[43] Fand eine mündliche Verhandlung statt, so kann, wer nicht erschienen ist und sich nicht hat vertreten lassen, nicht rügen, die Verhandlung habe ihm kein rechtliches Gehör ermöglicht. Findet nur eine Besprechung bei der KartB, aber keine förmliche mündliche Verhandlung statt, so muss die KartB nicht jeden Verfahrensbeteiligten dazu laden.[44] Wesentliche Veränderungen des Verfahrens muss aber die KartB auf Antrag und sollte sie von Amts wegen den Abwesenden nachträglich mitteilen. Von schriftlichen Beweiserhebungen sind die Beteiligten in Kenntnis zu setzen.[45]

Auf welche Weise den Beteiligten Gelegenheit zur Stellungnahme gewährt und welche **11** Zeitspanne ihnen hierfür eingeräumt werden muss, hängt von den konkreten Umständen des Einzelfalls ab.[46] Regelrechte „Geheimgespräche" mit einzelnen Verfahrensbeteiligten unter Ausschluss der anderen sind vorbehaltlich notwendigen Geheimnisschutzes (→ Rn. 8) grundsätzlich unzulässig.[47] Soweit es für die **Wahrnehmung der Rechte der Beteiligten** erforderlich ist, ist ihnen Gelegenheit zu geben, Sachverhaltsermittlungen anzustellen und Rechtsrat einzuholen. Im Einzelfall kann dazu auch die Möglichkeit gehören, ein Sachverständigengutachten zu betriebswirtschaftlichen Fragen in Auftrag zu geben, dieses abzuwarten und zu erläutern.[48] Ein genereller Anspruch auf Austausch der Argumente besteht aber nicht.[49] Die **Frist zur Stellungnahme** in einer Abmahnung ist so zu bemessen, dass die Beteiligten dazu umfassend Stellung nehmen können und Verteidigungsmittel vorbringen können.[50] Soweit das Verfahren an Fristen gebunden ist oder den Beteiligten bereits früher Gelegenheit zur Stellungnahme gegeben wurde, können auch knappe Stellungnahmefristen angemessen sein.[51] Nicht mehr angemessen ist eine Stellungnahmefrist

---

[40] Bracher in FK-KartellR Rn. 15; OLG Düsseldorf 16.12.2002 – Kart 25/02 (V), WuW/E DE-R 1013 (1023) – E.ON/Ruhrgas; s. aber auch KG 24.4.1985 – Kart 34/91, WuW/E OLG 3577 (3580) – Hussel-Mara, dazu kritisch Bracher in FK-KartellR § 56 Rn. 9.

[41] KG 8.11.1995 – Kart 21/94, WuW/E OLG 5565 (5579 f.) – Fernsehübertragungsrechte; vgl. zu Art. 103 Abs. 1 GG BGH 1.12.1966 – KRB 1/66, WuW/E BGH 858 (860 f.) – Konkurrenzfiliale.

[42] KG 8.11.1995 – Kart 21/94, WuW/E OLG 5565 (5580) – Fernsehübertragungsrechte; Bechtold/Bosch § 56 Rn. 3.

[43] Vgl. BGH 25.6.1985 – KVR 3/84, WuW/E BGH 2150 (2152 f.) – Edelstahlbestecke; zu weitgehend KG 9.9.1983 – Kart 19/81 WuW/E OLG 3137 (3139) – Rheinmetall-WMF.

[44] KG 24.4.1985 – Kart 34/91, WuW/E OLG 3577 (3580) – Hussel-Mara; Bracher in FK-KartellR Rn. 15.

[45] KG 21.6.1979 – Kart 8/78, WuW/E OLG 2140 – Einbauküchen.

[46] KG 24.4.1985 – Kart 34/91, FO, WuW/E OLG 3577 (3579f) – Hussel-Mara; KG 9.9.1983 – Kart 19/81 WuW/E OLG 3137 (3138) – Rheinmetall-WMF; KG 16.6.1981 – Kart 15/80, WuW/E OLG 2507 (2509) – Veba-Stadtwerke Wolfenbüttel; s. auch Quellmalz in LMRKM Rn. 3; Bracher in FK-KartellR § 55 Rn. 15; Klose in Wiedemann § 53 Rn. 99.

[47] Vgl. zur Ministererlaubnis OLG Düsseldorf 12.7.2016 – VI-Kart 3/16, NZKart 2016, 380 = WuW 2016, 372 = EWiR 2016, 483 (Bunte).

[48] OLG Düsseldorf 11.2.2004 – VI Kart 4/03 (V), WuW/E DE-R 1239 (1240 f.) – TEAG; Bechtold/Bosch § 56 Rn. 2.

[49] KG 9.9.1983 – Kart 19/81, WuW/E OLG 3137 (3138) – Rheinmetall-WMF; Quellmalz in LMRKM Rn. 3.

[50] OLG Düsseldorf 11.2.2004 – VI Kart 4/03 (V) WuW/E DE-R 1239 (1240 f.) – TEAG; Bechtold/Bosch § 56 Rn. 2; Engelsing in MüKoWettbR Rn. 8; Klees in Kölner Komm KartellR Rn. 6.

[51] BGH 25.6.1985 – KVR 3/84, WuW/E BGH 2150 (2152 f.) – Edelstahlbestecke; Bracher in FK-KartellR Rn. 15; Quellmalz in LMR Rn. 9; Schneider in Bunte Rn. 4.

von nur zwei Arbeitstagen.[52] Bei der Bemessung der Frist ist zu berücksichtigen, welchen Umfang der Streitstoff erreicht hat, wie tief die rechtliche Problematik reicht und ob, wie beispielsweise in der Fusionskontrolle, Entscheidungsfristen laufen.[53] Daneben ist Zeit für die Rücksprache zwischen Beteiligten und ihren Verfahrensbevollmächtigten sowie für die Abfassung einer schriftlichen Stellungnahme einzuplanen.[54] Abs. 1 gewährleistet die Gelegenheit, begründet aber keine Pflicht zur Stellungnahme.[55] Die KartB kann aus dem Unterlassen einer Stellungnahme im Rahmen der Beweiswürdigung (§ 57) Rückschlüsse ziehen.[56] **Verspätetes Vorbringen,** dessen Berücksichtigung das Verfahren nicht verzögern würde, darf nicht zurückgewiesen werden.[57] Soweit möglich hat die KartB auch das nach Ablauf einer Frist zur Stellungnahme eingehende Vorbringen zur Kenntnis zu nehmen und zu berücksichtigen.[58] Für die Stellungnahme ist keine Form vorgeschrieben. Sie kann ebenso schriftlich wie (fern)mündlich erfolgen.[59]

## IV. Grenzen

12 **Grenzen** sind dem rechtlichen Gehör uU durch die **Eilbedürftigkeit eines Verfahrens** gesetzt, ganz ausnahmsweise auch durch ein entgegenstehendes zwingendes **öffentliches Interesse.** Das gilt insbesondere im Verfahren der einstweiligen Maßnahmen nach § 32a oder der einstweiligen Anordnung nach § 60.[60] Ein Verbot abschließender Sachentscheidung ohne rechtliches Gehör[61] ist insofern nur in der Hauptsache und jedenfalls nicht bei interimistischen Verfahren wie einstweilige Anordnung, Sofortvollzug, Beiladung oder Beschlagnahme anzuerkennen.[62] Auch kann die Behörde, wenn sie tatsächliche Angaben nur zugunsten des Beteiligten verwertet, der diese Tatsache in das Verfahren eingebracht hat, uU auf zusätzliche Gewährung rechtlichen Gehörs verzichten. **§ 28 Abs. 2, 3 VwVfG** findet in diesen Fällen ergänzende Anwendung.[63] Abs. 1 regelt diese Fragen überhaupt nicht, also auch nicht abschließend.

Auch die berechtigten **Geheimhaltungsinteressen eines Beteiligten** begrenzen das Recht auf Gehör. Die Vorschriften über Verfahrensbeteiligung und Gehör geben der KartB nicht das Recht, Betriebs- oder Geschäftsgeheimnisse zu offenbaren (näher → Rn. 33 f.; auch → § 54 Rn. 43 zur notwendigen Beiladung). Als Geschäfts- oder Betriebsgeheimnis wird jede Tatsache bezeichnet, die im Zusammenhang mit einem Geschäftsbetrieb steht, nicht offenkundig ist, für die Wettbewerbsfähigkeit seines Inhabers von Bedeutung ist und nach dessen bekundetem Willen geheim gehalten werden soll (näher → Rn. 34f).[64] Keine Geschäftsgeheimnisse sind dagegen solche Tatsachen, die für sich allein keinen Geheimhal-

---

[52] OLG Düsseldorf 9.12.2015 – VI-Kart 1/15 (V), BeckRS 2016, 2947 Rn. 53 – Edeka/Kaiser's Tengelmann.
[53] OLG Düsseldorf 9.12.2015 – VI-Kart 1/15 (V), BeckRS 2016, 2947 Rn. 52 – Edeka/Kaiser's Tengelmann.
[54] OLG Düsseldorf 9.12.2015 – VI-Kart 1/15 (V), BeckRS 2016, 2947 Rn. 53 – Edeka/Kaiser's Tengelmann.
[55] Quellmalz in LMRKM Rn. 1.
[56] KG 8.11.1995 Kart 21/94 WuW/E OLG 5565 (5579 f.) – Fernsehübertragungsrechte.
[57] Vgl. BVerfG 3.4.1979 – 1 BvR 733/78, NJW 1980, 278.
[58] Bracher in FK-KartellR Rn. 15.
[59] Quellmalz in LMRKM Rn. 3.
[60] KG 11.1.1993 – Kart 25/92, WuW/E OLG 5151 (5159) – Ernstliche Untersagungszweifel; Bechtold/Bosch Rn. 2; Quellmalz in LMRKM Rn. 2; Engelsing in MüKoWettbR Rn. 6; Schneider in Bunte Rn. 4.
[61] Dazu Bracher in FK-KartellR Rn. 7; vgl. aber auch Bechtold/Bosch Rn. 2 aE.
[62] So wohl auch Bracher in FK-KartellR Rn. 7; vgl. auch Bechtold/Bosch Rn. 2 aE: „insbesondere" einstweilige Anordnung.
[63] Quellmalz in LMRKM Rn. 2; Bechtold/Bosch Rn. 2; Schneider in Bunte Rn. 4; **aM** Westrick/Loewenheim § 53 aF Rn. 2; differenzierend Bracher in FK-KartellR Rn. 7.
[64] BVerfG 14.3.2006 – 1 BvR 2087/03, WuW/E DE-R 1715 – Deutsche Telecom; OLG Düsseldorf 5.7.1977 – Kart 2/77, WuW/E OLG 1881 (1887) – Anzeigenpreise; siehe auch BGH 10.5.1995 – 1 StR 764/94 NJW 1995, 2301; Karsten Schmidt Drittschutz S. 22 f. mwN. Zum Umgang mit Geschäftsgeheimnissen in der Praxis siehe BKartA 29.9.2004 – B5-170-03, WuW/E DE-V 1048 (1049) – Legett & Platt/AGRO.

ankomme.[81] Nun findet sich die Voraussetzung des „rechtlichen Interesses" ausdrücklich im Gesetzestext wieder. Nach der Gesetzesbegründung müssen sich **rechtliche Interessen** nach Abs. 3 S. 1 auf einen Anspruch innerhalb des Verwaltungsverfahrens beziehen, zudem muss ein konkreter Zusammenhang zwischen der Akteneinsicht und dem Verwaltungsverfahren bestehen.[82] Tatsächlich dürfte sich durch die ausdrückliche Regelung kaum etwas ändern: Rechtliche Interessen in diesem Sinne sind **alle rechtlich geschützten Belange**, die für die Sachentscheidung Bedeutung haben können.[83] Dabei genügt eine ausdrückliche oder sinngemäße Anerkennung einer geschützten zivilrechtlichen oder öffentlich-rechtlichen Rechtsposition in der Rechtsordnung.[84] Darüber hinaus begnügt sich die Praxis mit dem Vorliegen eines wirtschaftlichen Interesses.[85]

**b) Erforderlichkeit. Erforderlich** ist die Akteneinsicht bereits dann, wenn durch die **21** Einsicht möglicherweise größere Klarheit über den bisherigen Sach- und Streitstand entsteht und aus der Sicht eines verständigen Betrachters die weitere Rechtsverfolgung oder – verteidigung erleichtert wird.[86] Bei der Gewährung von Akteneinsicht ist tunlichst großzügig zu verfahren.[87] Zweifel über die Erforderlichkeit der Akteneinsicht gehen zu Lasten der Behörde.[88]

**c) Modalitäten der Einsicht.** Abs. 3 Satz 2 weicht hinsichtlich der Modalitäten der **22** Akteneinsicht vom verwaltungsverfahrensrechtlichen Grundsatz ab, wonach die Einsicht bei der verfahrensführenden Behörde erfolgt. Vielmehr soll die Einsicht durch die **Übersendung** von Kopien, Ausdrucken oder durch Zugänglichmachung elektronischer Dokumente erfolgen. Das angemessene Verfahren wählt die KartB nach **pflichtgemäßem Ermessen** aus.[89] Angesichts des regelmäßigen Umfangs kartellbehördlicher Akten liegt die Verwendung elektronischer Speichermedien oder der Zugang über sichere Server nahe.

Abs. 3 Satz 2 geht von der Einsicht in Teile der Verfahrensakte aus („der betreffenden **23** Teile"). Dies ist im Ergebnis zutreffend, weil praktisch jede kartellbehördliche Akte Bestandteile aufweisen wird, in die Einsicht gem. Abs. 4 nicht gewährt wird. Ausgangspunkt der Akteneinsicht ist jedoch der **Inbegriff der das Verfahren betreffenden Akte.** § 56 setzt die aus dem Rechtsstaatsprinzip folgende Pflicht der KartB voraus, Akten zur Dokumentation des gesamten wesentlichen sachbezogenen Geschehensablaufs zu führen und langfristig zu sichern.[90] Aus der Aktenführungspflicht folgt das Gebot zur Führung **vollständiger Akten**.[91] Dabei sind alle vom Beginn bis zum Ende eines Kartellverwaltungsverfahrens angefallenen schriftlichen, elektronischen und telefonischen Äußerungen zu den Akten zu nehmen und zwar unabhängig von ihrer letztendlichen Entscheidungserheblichkeit.[92] Das Akteneinsichtsrecht erfasst entsprechend **nicht nur Schriftstücke, sondern**

---

[81] KG 19.8.1986 – 1 Kart 9/86, WuW/E OLG 3908 (3910) – L'Air Liquide; Klees in Kölner Komm KartellR Rn. 8; Quellmalz in LMRKM Rn. 4; Schneider in Bunte Rn. 5; **aM** Kevekordes WuW 1987, 365 (371).

[82] OLG Frankfurt a. M. 4.9.2014 – BeckRS 2014, 21532 Rn. 28; worauf die Regierungsbegr. 2020, S. 111 ausdrücklich verweist; ebenso Engelsing in MüKoWettbR Rn. 21.

[83] Engel in NK-VwVfG § 29 Rn. 44.

[84] Kallerhoff/Mayen in Stelkens/Bonk/Sachs, 9. Aufl. 2018, VwVfG § 29 Rn. 47.

[85] Vgl. KG 19.8.1986 – 1 Kart 9/86, WuW/E OLG 3908 (3909) – L'Air Liquide; Schneider in Bunte Rn. 5; beachte Bracher in FK-KartellR Rn. 10, der diese Sichtweise als Fehlverständnis von § 29 Abs. 1 S. 1 VwVfG ansieht. Vielmehr gehörten wirtschaftliche Interessen von vornherein zu den rechtlich geschützten Belangen.

[86] Kallerhoff/Mayen in Stelkens/Bonk/Sachs, 9. Aufl. 2018, VwVfG § 29 Rn. 46; Engelsing in MüKoWettbR Rn. 22.

[87] Engelsing in MüKoWettbR Rn 22.

[88] Kallerhoff/Mayen in Stelkens/Bonk/Sachs, 9. Aufl. 2018, VwVfG § 29 Rn. 46.

[89] Zur Auswahlbefugnis Kallerhoff/Mayen in Stelkens/Bonk/Sachs, 9. Aufl. 2018, VwVfG § 29 Rn. 35.

[90] BGH 14.2.2023 – KVZ 38/20, NZKart 2023, 369 Rn. 28 – Wasserpreise Gießen; Kallerhoff/Mayen in Stelkens/Bonk/Sachs, 9. Aufl. 2018, VwVfG § 29 Rn. 30 f.

[91] BGH 14.2.2023 – KVZ 38/20, NZKart 2023, 369 Rn. 28 – Wasserpreise Gießen.

[92] BGH 14.2.2023 – KVZ 38/20, NZKart 2023, 369 Rn. 28 – Wasserpreise Gießen; Kallerhoff/Mayen in Stelkens/Bonk/Sachs, 9. Aufl. 2018, VwVfG § 29 Rn. 32.

**auch alle sonstigen Informationsträger,** die Bestandteil der kartellbehördlichen Akte sind.[93] Die Pflicht zur Führung von **wahrheitsgetreuen Akten,** die den bisherigen Geschehensablauf so nachzeichnen, wie er sich zugetragen hat, begründet zugleich das grundsätzliche Verbot der nachträglichen Entfernung und Verfälschung von rechtmäßig erlangten Erkenntnissen und Unterlagen aus den vorhandenen Akten.[94] Das Recht auf Akteneinsicht erfasst nicht nur die eigentliche Verfahrensakte, sondern **alle Akten,** die mit dem **Gegenstand des Verfahrens in Zusammenhang stehen** und für die Entscheidung von Bedeutung sein können.[95] Neben beigezogenen Akten gehören zur Akte auch Vorakten.[96] Der Akteneinsicht unterliegen nur die Akten in der von der Behörde jeweils geführten Fassung. Das Recht auf Akteneinsicht beinhaltet daher weder Auskunftsansprüche noch den Anspruch, dass die Behörde erhobenes Datenmaterial ergänzend auswertet oder zusätzliche Statistiken, Schaubilder oder Diagramme anfertigt.[97]

24    **d) Zeitpunkt der Akteneinsicht.** Da Akteneinsicht nur Verfahrensbeteiligten zusteht, besteht der Anspruch erst mit Beginn des Verfahrens. Wann die KartB Akteneinsicht gewährt, liegt in ihrem pflichtgemäßen Ermessen. Dabei sind die Interessen der KartB, aber auch die der Einsicht begehrenden Verfahrensbeteiligten angemessen zu berücksichtigen. Auch in fristgebundenen Fusionskontrollverfahren sind Akteneinsichtsgesuche so zu bearbeiten, dass sachgerechte Stellungnahmen der Beteiligten möglich sind. Zugleich ist auf den mit der Vorbereitung der Akte zur Akteneinsicht verbundenen Aufwand der KartB Rücksicht zu nehmen. Allerdings ist die KartB gehalten, von den Möglichkeiten nach Abs. 6 Gebrauch zu machen und so ihren eigenen Aufwand zur Bereinigung um Betriebs- und Geschäftsgeheimnisse zu reduzieren. Unter den Bedingungen elektronischer Aktenführung kann die Akteneinsicht auch nicht einfach mit dem Argument verzögert werden, die Behörde benötige die Akte selbst.[98] Gerade in umfangreichen Verfahren wird es regelmäßig zweckmäßig sein, den Verfahrensbeteiligten in gewissen Abständen die **zwischenzeitlich angefallenen Aktenteile** zugänglich zu machen.

25    Wie im Bereich des allgemeinen Verwaltungsverfahrensrechts besteht der Akteneinsichtsanspruch bis zum Abschluss des Verwaltungsverfahrens. Dieser tritt nicht schon mit Erlass der kartellbehördlichen Verfügung ein, sondern **erst mit deren Unanfechtbarkeit.** Die Akteneinsicht kann daher nicht mit der Begründung versagt werden, mit Zustellung der Verfügung entfalle der Bezug zum Stellungnahmerecht der Verfahrensbeteiligten.[99] Vielmehr dient das Recht auf Akteneinsicht auch dem Gebot effektiven Rechtsschutzes aus Art. 19 Abs. 4 GG. Gerade für die Prüfung und Vorbereitung eines Rechtsmittels sind Verfahrensbeteiligte auf die Kenntnis des Akteninhalts angewiesen.

26    **4. Beschränkung der Akteneinsicht.** Abs. 4 fasst verschiedene, aus dem allgemeinen Verwaltungsverfahrensrecht bekannte, Ablehnungsgründe (vgl. § 29 Abs. 2 VwVfG) in Form von Gründen für die Versagung der Akteneinsicht zusammen. Anders als das VwVfG geht Abs. 4 von einer gebundenen Verwaltungsentscheidung aus.

27    **a) Keine Einsicht in Entwürfe.** Abweichend von § 29 VwVfG unterliegen Entscheidungsentwürfe und Arbeiten zur unmittelbaren Vorbereitung von Entscheidungen als behördliche Interna nach § 56 Abs. 4 S. 2 nicht nur temporär, sondern dauerhaft nicht dem Einsichtsrecht. Nach der Begründung des Regierungsentwurfs dient dies dem Schutz

---

[93] Schneider in Bunte Rn. 8.
[94] Kallerhoff/Mayen in Stelkens/Bonk/Sachs, 9. Aufl. 2018, VwVfG § 29 Rn. 31.
[95] KG 19.8.1986 – 1 Kart 9/86, WuW/E OLG 3908, 3910 – L'Air Liquide; OLG Düsseldorf NZKart 2017, 542.
[96] Engelsing in MüKoWettbR Rn. 29; KG 19.8.1986 – 1 Kart 9/86, WuW/E OLG 3908, 3910 – L'Air Liquide.
[97] OLG Düsseldorf 23.8.2017 – VI-Kart 5/16 (V), NZKart 2017, 542 (545) – EDEKA/Tengelmann.
[98] Anders für papiergebundene Akten noch OLG Düsseldorf 23.8.2017 – VI-Kart 5/16 (V), NZKart 2017, 542 (544) – EDEKA/Tengelmann.
[99] So aber Engelsing in MüKoWettbR Rn. 31.

des Beratungsprozesses. Die Regelung überhöht die Bedeutung der Entscheidungen des BKartA in einem Dreiergremium der Beschlussabteilung nach → § 51 Abs. 2 und 3. In einer Verwaltungsbehörde besteht kein Beratungsgeheimnis. Für Entscheidungen des BMWi und der LKartB fehlt es überdies an einem vergleichbaren Beratungsprozess. Der Regelung fehlt insoweit die sachliche Rechtfertigung.

**b) Versagung der Akteneinsicht aus wichtigem Grund.** Auch für die Gründe zur 28 Versagung der Akteneinsicht hat die 10. GWB-Novelle einen gegenüber dem allgemeinen Verwaltungsverfahrensgesetz restriktiveren Ansatz gewählt. Während § 29 Abs. 2 VwVfG für die in Abs. 4 Satz 1 aufgeführten Gründe nur eine Ausnahme vom Akteneinsichtsanspruch vorsieht, **verpflichtet** Abs. 4 Satz 1 die Kartellbehörde bei deren Vorliegen **zur Versagung der Akteneinsicht.** Dies ist vor allem deshalb problematisch, weil sich Abs. 4 Satz 1 nicht auf konkrete, abschließende[100] Versagungstatbestände beschränkt, sondern mit generalklauselartiger Weite schon dann zur Versagung verpflichten will, wenn dies aus „wichtigen Gründen" **geboten** sein soll. Diese Regelung wird der in Rechtsstaatsgebot wurzelnden Bedeutung der Akteneinsicht nicht wirklich gerecht. Abs. 4 Satz 1 ist daher schon aus verfassungsrechtlichen Gründen **restriktiv zu interpretieren.**[101] In wieweit tatsächlich „wichtige Gründe" vorliegen, ist in vollem Umfang gerichtlich überprüfbar. Dies gilt auch für die im Rahmen des Gebotenseins → Rn. 37 vorzunehmende Interessenabwägung.

In der Generalklausel des Abs. 4 sind drei Regelbeispiele enthalten, bei deren Vorliegen 29 von wichtigen Gründen auszugehen sein soll, die eine Versagung der Akteneinsicht begründen können.[102] Die Regelbeispiele sind aber keinesfalls abschließend. Als wichtiger Grund kommt auch der **Schutz von Informanten in Betracht.**[103] Insbesondere in Missbrauchsverfahren stellt sich die sogenannte Ross-und-Reiter-Problematik. Aus Angst vor den Sanktionsmöglichkeiten marktstarke Unternehmen wären viele Informanten ohne geeignete Schutzmaßnahmen nicht bereit, die Kartellbehörden von möglichen Missbrauchssachverhalten zu unterrichten. Umgekehrt muss das vom Missbrauchsvorwurf betroffene Unternehmen aber in der Lage sein, sich gegen konkrete Vorwürfe zu verteidigen.[104] Diesem Spannungsverhältnis wird die Normierung einer Pflicht zur Versagung in Abs. 4 im Gegensatz zur Ermessenslösung in § 29 VwVfG nicht gerecht.

Nach der Systematik der Norm handelt es sich bei den Versagungstatbeständen von 30 Abs. 4 Satz 1 um **von Amts wegen zu prüfende Gründe.** Die KartB hat daher selbst zu prüfen, ob einer der Versagungsgründe vorliegt. Im Hinblick auf Betriebs und Geschäftsgeheimnisse sowie „sonstige schutzwürdige Interessen des Betroffenen" wird die Pflicht zur Versagung allerdings durch das Verfahren nach Abs. 6 eingeschränkt. Weist der Betroffene auf Betriebs-oder Geschäftsgeheimnisse selbst nicht hin, soll die KartB von der Zustimmung zur Offenlegung im Rahmen der Gewährung von Akteneinsicht ausgehen dürfen. Systematisch ist dies nicht stimmig, denn zur Versagung wäre die Behörde unabhängig von der Haltung des Betroffenen verpflichtet. Auch liegt in der fehlenden Reaktion des Betroffenen keine Aufgabe des Geheimnisses. Ist der Geheimnischarakter offenkundig, hat nach der gesetzlichen Regelung eine Versagung der Einsicht zu erfolgen, weil die gebundene Verwaltungsentscheidung („hat … zu versagen") durch Abs. 6 nicht eingeschränkt wird.

**c) Versagung zur Sicherung der Aufgabenerfüllung.** Von einem wichtigen Grund 31 soll auszugehen sein, wenn die Akteneinsicht die ordnungsgemäße Erfüllung der Aufgaben der KartB beeinträchtigen würde. Der Versagungsgrund entspricht § 29 Abs. 2 Alt. 1 VwVfG. Wie im Rahmen des allgemeinen Verwaltungsverfahrensrechts ist der Versagungs-

---

[100] So für § 29 VwVfG Kallerhoff/Mayen in Stelkens/Bonk/Sachs, 9. Aufl. 2018, VwVfG § 29 Rn. 57.
[101] Ebenso Pfeffer in Bien/Käseberg/Klumpe/Körber/Ost 10. GWB-Novelle Kapitel 2 Rn. 413.
[102] Pfeffer in Bien/Käseberg/Klumpe/Körber/Ost 10. GWB-Novelle Kap. 2 Rn. 415 ff.
[103] Begr. RegE BT-Drs. 19/23492, 132.
[104] Engelsing in MüKoWettbR Rn. 36.

grund restriktiv auszulegen.[105] Erforderlich ist jeweils eine **konkrete, aktuelle und unmittelbare Beeinträchtigung der Behördenaufgaben,** und zwar bei der Bearbeitung gerade des vorliegenden Verwaltungsverfahrens.[106] In Betracht kommt etwa die vorzeitige Freigabe von Informationsquellen. Problematisch ist das Argument einer zeitlichen Verzögerung durch die Akteneinsicht. Das GWB geht weiterhin von der Akteneinsicht als Normalfall aus. Die Behörde hat daher selbst die entsprechenden Vorkehrungen zur Erleichterung der Akteneinsicht vorzunehmen.[107] Dazu gehört insbesondere die elektronische Aktenführung, zumindest aber das **Vorhalten von elektronischen Kopien der Akte** sowie die kontinuierliche Nutzung der Möglichkeiten nach Abs. 6. Dies gilt gerade im Hinblick auf umfangreiche und fristgebundene Verfahren. Die Akteneinsicht für Verfahrensbeteiligte kann daher **allenfalls in Ausnahmefällen** mit dem Argument abgelehnt werden, sie verhindere den fristgerechten Verfahrensabschluss, etwa wenn Einsichtsgesuche ohne berechtigte Gründe erst kurz vor Verfahrensabschluss erfolgen.[108] Die Gegenauffassung[109] gewichtet die verfassungsrechtliche Bedeutung der Akteneinsicht zu gering und zieht nicht in Betracht, dass die Behörde gerade in umfangreichen Verfahren über die sukzessive Gewährung von Akteneinsicht parallel zum Verfahrensablauf den mit Akteneinsicht verbundenen Aufwand steuern kann.

32    **d) Versagung zur Wahrung des Geheimnisschutzes.** Bei diesem Regelbeispiel geht es um öffentliche Geheimhaltungsinteressen, etwa aus Gründen der inneren oder äußeren Sicherheit. Praktisch wird dies etwa bei Fusionskontrollverfahren mit Bezug zu **Rüstungsgütern.** Auch das **Steuergeheimnis** ist von der KartB zu wahren. Die Wahrung privater Geheimhaltungsinteressen fällt dagegen in den Bereich der Wahrung von Betriebs- und Geschäftsgeheimnissen.

33    **e) Wahrung von Betriebs- und Geschäftsgeheimnissen.** Das in der Praxis wichtigste Regelbeispiel für die Versagung der Akteneinsicht ist die Wahrung von Betriebs- oder Geschäftsgeheimnissen. Dem Akteneinsichtsrecht steht der notwendige **Geheimnisschutz** gegenüber. Die Beteiligten haben Anspruch darauf, dass **Betriebs- und Geschäftsgeheimnisse** nicht unbefugt offenbart werden (§ 30 VwVfG). Schutzbedürftig sind aber auch die Geheimnisse Dritter, die etwa aufgrund der Erteilung von Auskünften Gegenstand der Akte sind. Abs. 4 übernimmt den auch an anderen Stellen im GWB verwendeten Begriff der Betriebs- und Geschäftsgeheimnisse ohne sich mit der spezialgesetzlichen Regelung des Geschäftsgeheimnisses auseinanderzusetzen. Vieles spricht dafür, dass der Gesetzgeber nicht vom engen Begriff des Geschäftsgeheimnisses nach § 2 Nr. 1 GeschGehG ausgehen, sondern den **herkömmlichen weiten Begriff der Betriebs- und Geschäftsgeheimnisses** angewandt wissen wollte. Der Schutz im Rahmen von Abs. 4 hängt daher nicht davon ab, dass die betroffenen Informationen Gegenstand von den Umständen nach angemessenen Geheimhaltungsmaßnahmen durch ihren rechtmäßigen Inhaber sind.

34    **Geschäfts- oder Betriebsgeheimnisse** in diesem Sinne sind alle auf ein Unternehmen bezogenen Tatsachen, Umstände und Vorgänge, die nicht offenkundig, sondern nur einem begrenzten Personenkreis zugänglich sind und an deren Nichtverbreitung der Rechtsträger ein berechtigtes Interesse hat.[110] Die bloße Bezeichnung als Geschäftsgeheimnis seitens des

---

[105] Kallerhoff/Mayen in Stelkens/Bonk/Sachs, 9. Aufl. 2018, VwVfG § 29 Rn. 59; Schneider in Bunte Rn. 17.
[106] Kallerhoff/Mayen in Stelkens/Bonk/Sachs, 9. Aufl. 2018, VwVfG § 29 Rn. 59; Pfeffer in Bien/Käseberg/Klumpe/Körber/Ost 10. GWB-Novelle Kap. 2 Rn. 416.
[107] Kallerhoff/Mayen in Stelkens/Bonk/Sachs, 9. Aufl. 2018, VwVfG § 29 Rn. 59.
[108] Ähnlich Schneider in Bunte Rn. 17.
[109] Pfeffer in Bien/Käseberg/Klumpe/Körber/Ost 10. GWB-Novelle Kap. 2 Rn. 417.
[110] Vgl. mit Unterschieden im einzelnen BVerfG 14.3.2006 – 1 BvR 2087/03, 1 BvR 2111/03, BeckRS 2006, 134696, Rn. 72 = WuW/E DE-R 1715 (1717) – Deutsche Telecom unter ausdrücklichem Bezug auf die hier schon seit den Vorauflagen vertretene Auffassung; BVerwG 28.5.2009 – 7 C 18.08, NVwZ 2009, 1113 Rn. 12 f., 18; OVG Münster 9.2.2012 – 5 A 166/10, NVwZ 2012, 902 Rn. 92 ff.; KG 19.8.1986 – 1

Unternehmens genügt hierfür nicht.[111] Fabrikationsgeheimnisse sind ein Unterfall der Betriebsgeheimnisse. Im Wesentlichen handelt es sich bei den Betriebsgeheimnissen um technisches Wissen im weitesten Sinne (Produktionsverfahren, betriebliches Know-how usw), bei den Geschäftsgeheimnissen um kaufmännisches Wissen wie Kalkulationen, Konditionen, Umsätze, Gewinnspannen, Marktstrategien usw.[112]

**Keine** schützenswerten Geschäfts- oder Betriebsgeheimnisse sind Tatsachen, die zwar **35** noch nicht nach außen gedrungen sind, deren Offenbarung aber dem betroffenen Unternehmen keinen rechtserheblichen Nachteil zufügt.[113] Einen Nachteil fügt die Offenbarung dann nicht zu, wenn es sich um hoch aggregierte Zahlen handelt.[114] Eine Tatsache ist auch nicht schon deshalb ein Geschäfts- oder Betriebsgeheimnis, weil sich daraus ein Verstoß gegen Vorschriften des GWB ergibt.[115] Umgekehrt heißt das aber nicht, dass ein Geheimhaltungsinteresse immer dann entfällt, wenn es um Tatsachen geht, die einen Verstoß gegen Vorschriften des Kartellrechts begründen.[116]

Der Begriff der Betriebs-Geschäftsgeheimnisse ist nicht auf solche Umstände beschränkt, **36** die für die **Wettbewerbsfähigkeit** des betroffenen Unternehmens von Bedeutung sind. Die Gegenauffassung[117] berücksichtigt nicht hinreichend, dass Betriebs und Geschäftsgeheimnisse nicht nur aus wettbewerblichen, sondern auch aus verfassungsrechtlichen Gründen als Teil der Berufsfreiheit geschützt sind.[118]

**f) Gebotensein der Versagung.** Die Akteneinsicht soll nach Abs. 4 nur dann zu **37** versagen sein, soweit dies aus wichtigen Gründen geboten ist. Das Vorliegen wichtiger Gründe alleine führt nicht dazu, dass sich die in Abs. 4 genannten Gründe gegenüber dem Recht anderer Verfahrensbeteiligter auf Akteneinsicht unbedingt durchsetzen. Ebenso wie im Falle von § 165 Abs. 2, an der sich Abs. 4 nach den Vorstellungen des Regierungsentwurfs orientiert,[119] ist die Regelung insoweit unvollkommen,[120] als keine ausdrückliche Regelung zur Lösung des Konflikts zwischen den widerstreitenden Belangen getroffen wird. Die Formulierung, wonach die Versagung „geboten" sein muss, deutet wie im Falle von § 165 Abs. 2 auf eine Abwägung zwischen den nach Abs. 4 geschützten Belangen einerseits und dem verfassungsrechtlich geschützten Recht auf Akteneinsicht anderer-

---

Kart 9/86, WuW/E OLG 3908 (3911) – L'Air Liquide; OLG Düsseldorf 5.7.1977 – Kart 2/77, WuW/E OLG 1881 (1887) = BeckRS 1977, 1608 – Anzeigenpreise; siehe auch BGH 10.5.1995 – 1 StR 764/94, NJW 1995, 2301; VG Münster 5.9.2014 – 1 K 2872/12 Rn. 18 ff., BeckRS 2014, 56631; Knemeyer DB-Beil. 18/1984, 5; Bracher in FK-KartellR Rn. 11; Engelsing in MüKoWettbR 4. Aufl. 2021, Rn. 41; eingehend Klees in KölnerKomm KartellR Rn. 15 ff.
[111] Vgl. Lembach in Bunte § 72 Rn. 14 mit Hinweis auf KG 19.8.1986 – 1 Kart. 9/86, WuW/E OLG 3908 – L'Air Liquide.
[112] Zust. BVerfG 17.6.2006 – 1 BvR 2087/03, 1 BvR 2111/03, BeckRS 2006, 134696 Rn. 72, WuW/E DE-R 1715 (1717) – Deutsche Telecom; Beispiele: KG 5.11.1986 – Kart. 15/84, WuW/E OLG 3917 (3929) – Coop-Wandmaker (Markt- und Bezugsanteil; Einzelumsätze); KG 10.5.1985 – 21/83, WuW/E OLG 3539 (3540); KG 24.4.1985 – Kart 34/91, WuW/E OLG 3577 (3589) – Hussel-Mara; BKartA 20.11.1989 B9 712068 U 2056/89, WuW/E BKartA 2441 – Tengelmann-Gottlieb (Einzelumsätze); KG 19.8.1986 – 1 Kart 9/86, WuW/E OLG 3908 (3911) – L'Air Liquide (Geschäftspolitik); KG 18,11.1985 – 1 Kart 32/85, WuW/E OLG 3721 (3725 f.) – Coop/Wandmaker (Lieferantenstruktur); KG 4.6.1982 – Kart 19/82, WuW/E OLG 2713 (2714) – Trinkmilch (Einstandspreise).
[113] In gleicher Richtung KG 10.5.1985 – 21/83, WuW/E OLG 3539 (3540); siehe auch Quellmalz in LMRKM Rn. 12 aE.
[114] OLG Düsseldorf 22.1.2003 – Kart 21/02 (V), WuW/E DE-R 1070 (1072) – Energie-AG Mitteldeutschland; KG 10.5.1985 – 21/83, WuW/E OLG 3539 (3540).
[115] Quellmalz in LMRKM Rn. 14; siehe auch Karsten Schmidt Schwerpunkte 1983/84, 36; Lieberknecht WuW 1988, 833 (837).
[116] Lieberknecht WuW 1988, 833 (837); anders noch K. Schmidt in Immenga/Mestmäcker, 1. Auflage, Rn. 8; ebenso Quellmalz in LMRKM Rn. 14. Siehe auch Eberz S. 34 ff.; Kollmorgen Schwerpunkte 1988/89, 31 f.; unentschieden KG 10.5.1985 – 21/83, WuW/E OLG 3539 (3540).
[117] Engelsing in MüKoWettbR Rn. 45.
[118] BVerfG Beschl. 14.3.2006 – 1 BvR 2087/03 u. a., BeckRS 2006, 134696 Rn. 66.
[119] Begr. RegE BT-Drs. 19/23492, 112.
[120] Dicks in Ziekow/Völlink § 165 Rn. 8.

seits.[121] Dabei kann nicht von einem generellen Vorrang der „wichtigen Gründe" ausgegangen werden. Vielmehr ist im Rahmen der **Abwägung auf die besonderen Umstände des Einzelfalls abzustellen.** Dieses Vorgehen entspricht bei § 165 Abs. 2 mittlerweile der ganz h. M.[122] Voraussetzung der gebotenen Abwägung ist die Kenntnis von den betroffenen Interessen und deren jeweiligem Gewicht. Dies erfordert im Zweifel ähnlich wie im Rahmen von § 70 Abs. 2 Satz 4 die vorherige Anhörung der Betroffenen, allerdings durch die KartB. Anders als im Rahmen von § 70 Abs. 2 Satz 4 ist dagegen nicht erforderlich, dass das Geheimhaltungsinteresse durch die Bedeutung der Sache für den Wettbewerb überwogen wird. Ein Überwiegen des verfassungsrechtlich geschützten Interesses an Akteneinsicht genügt. Im Rahmen der Abwägung ist allerdings auch zu berücksichtigen, welche wettbewerblichen Interessen mit Gewährung oder Versagung der Einsicht gefördert werden.

38      Darüber hinaus sind im Rahmen der Abwägung die **Wertungen des Kartellverfahrensrechts** zu berücksichtigen. Dazu gehört, dass die Position von einfach Beigeladenen und notwendig Beigeladenen unterschiedlich ist: Einem nach § 54 Abs. 2 Nr. 3 wegen Interessenberührung **Beigeladenen kann der Akteninhalt zur Wahrung von Betriebs- oder Geschäftsgeheimnissen vorenthalten werden,** und das hindert die Verwertung dieser Tatsachen nicht (vgl. sinngemäß § 76 Abs. 1 S. 3). Dem nur in seinen Interessen berührten, nicht in seinen Rechten betroffenen Beigeladenen steht ein Informationsrecht nur mit der Maßgabe zu, dass die berechtigten Geheimhaltungsinteressen der anderen Beteiligten Vorrang haben. Anderes gilt für die nach § 54 Abs. 2 Nr. 1 und 2 am Verfahren Beteiligten sowie für diejenigen, die notwendig beizuladen sind (arg. § 76 Abs. 1 S. 4). Tatsachen, die diesen Beteiligten nicht durch Einsicht oder durch Aktenvortrag zugänglich gemacht werden, dürfen der Entscheidung der KartB nicht zugrunde gelegt werden (arg. § 76 Abs. 2 S. 3). Kommt es für die Entscheidung auf die betroffenen Tatsachen an, können sie im **Ausnahmefall gleichwohl offengelegt** und damit der Entscheidung zugrunde gelegt werden, wenn andere Möglichkeiten der Sachaufklärung nicht zur Verfügung stehen und die Bedeutung der Sache für die Sicherung des Wettbewerbs das Interesse des Betroffenen an der Geheimhaltung überwiegt (arg. § 76 Abs. 2 S. 4). Dazu hat die KartB nach Anhörung des Betroffenen eine entsprechende Verfügung zu erlassen, gegen die sich der Betroffene im Wege der Beschwerde wehren kann.

39      **g) Rechtsmittel.** Gegen die Gewährung von Akteneinsicht können die Beteiligten, deren Geschäftsgeheimnisse offengelegt zu werden drohen, im Wege der vorbeugenden **Unterlassungsbeschwerde** vorgehen.[123] Werden Geschäftsgeheimnisse unter Verstoß gegen § 30 VwVfG offenbart, führt das aber nicht zur Aufhebung der Entscheidung in der Sache.[124]

40      Rechtswidrige Versagung der Akteneinsicht ist ein Verfahrensfehler; dieser muss im laufenden Verfahren gerügt und kann ggf. mit der Beschwerde gegen die verfahrensabschließende Entscheidung geltend gemacht werden.[125] Daneben ist auch die Verpflichtungs- oder Leistungsbeschwerde auf Akteneinsicht zulässig.[126] § 44a VwGO ist im Bereich des Kartellverwaltungsverfahrens nicht, auch nicht analog, anzuwenden. Wenn schon die Ablehnung eines Antrags auf Akteneinsicht nach dem Informationsfreiheitsgesetz gericht-

---

[121] Dicks in Ziekow/Völlink § 165 Rn. 8.

[122] Dreher in Immenga/Mestmäcker, 6. Aufl. 2021, § 165 Rn. 27.

[123] OLG Düsseldorf 22.1.2003 – Kart 21/02 (V), WuW/E DE-R 1070 (1071) – Energie-AG Mitteldeutschland.

[124] KG 20.10.1999 – Kart 8/97, WuW/E DE-R 451 (452) – Herlitz/Landré; Bracher in FK-KartellR Rn. 36.

[125] Vgl. auch Schneider in Bunte Rn. 18.

[126] Im Ergebnis ebenso Kopp/Ramsauer § 29 Rn. 44; KG 19.8.1986 – 1 Kart 9/86, WuW/E OLG 3908 (3910) – L'Air Liquide; für eine Anfechtung nur der Hauptsacheentscheidung unter Berufung auf § 44a VwGO: Schneider in Bunte Rn. 18; Kevekordes WuW 1987, 365 (372); ähnlich wie hier Bracher in FK-KartellR Rn. 37.

lich überprüft werden kann (§ 9 Abs. 4 IFG), so muss dies erst recht für das Akteneinsichts-begehren eines Beteiligten gelten. Aus dem Grundsatz des effektiven Rechtsschutzes (Art. 19 Abs. 4 GG) ist zu folgern, dass das Akteneinsichtsrecht auch im Wege des einst-weiligen Rechtsschutz durchgesetzt werden kann.[127]

## II. Aufforderung zur Kennzeichnung von Geschäftsgeheimnissen (Abs. 6)

Abs. 6 übernimmt eine zur Verfahrensvereinfachung und -beschleunigung entwickelte **41** Praxis der Kartellbehörden. Der Umgang mit Akteneinsichtsgesuchen wird vereinfacht, wenn schon bei der Einreichung von Unterlagen Geschäftsgeheimnisse gekennzeichnet werden und darüber hinaus eine um die Geheimnisse bereinigte Version eingereicht wird. Nach Abs. 6 soll die KartB eine solche Kenntlichmachung verlangen können. Gedacht ist an eine **Obliegenheit** in Verbindung mit der in Abs. 6 Satz 2 vorgesehenen **Zustim-mungsfiktion.** Danach soll die KartB von der Zustimmung zur Offenlegung im Rahmen der Gewährung von Akteneinsicht ausgehen dürfen, wenn trotz Verlangens der Behörde keine Kenntlichmachung von Geheimnissen erfolgt.[128] Weder die Zustimmungsfiktion noch die ausdrückliche Zustimmung desjenigen, der die Unterlagen einreicht, entbindet die KartB von der **eigenständigen Prüfung,** inwieweit die Einsicht nach Abs. 4 zu versagen ist. In jedem Fall hat die Behörde die öffentlichen Geheimhaltungsinteressen zu beachten.[129] Auch darüber hinaus ist Vorsicht geboten. Nicht in jedem Fall ist der Ein-reicher von Unterlagen auch befugt, über die **Geheimhaltungsbedürftigkeit zu dis-ponieren.** Die fingierte Zustimmung ist dann ohne rechtliche Bedeutung. Die KartB darf sich auch in Fällen ausdrücklicher oder fingierter Zustimmung nicht zum Gehilfen eines ansonsten unzulässigen Informationsaustausches machen.

Abs. 6 bleibt eine bloße Möglichkeit zur Vereinfachung von Verfahren, in denen mit **42** Akteneinsichtsgesuchen der Beteiligten zu rechnen ist. Die Vorschrift überträgt insbeson-dere nicht den Einreichern von Unterlagen die Dispositionsbefugnis über den Umfang des Geheimnisschutzes. Dies ist gerade dann zu beachten, wenn Angaben großzügig als Be-triebs- und Geschäftsgeheimnisse gekennzeichnet werden. Hier hat die KartB **auch die Interessen der anderen Verfahrensbeteiligten zu schützen.** Sie muss prüfen, ob tatsächlich Gründe vorliegen, aufgrund derer die Einsicht zu versagen ist. Sie darf davon ausgehen, dass die einreichenden Unternehmen eher eine großzügige Auslegung von Betriebs- und Geschäftsgeheimnissen vornehmen. Die Prüfung der Behörde wird erleich-tert, wenn zumindest eine kurze **Begründung** verlangt wird, warum ein Betriebs- oder Geschäftsgeheimnis vorliegen soll. Dies kann schon mit der Aufforderung nach Abs. 6 verbunden werden. Teilt die KartB die vom Einreicher der Unterlagen vorgenommene Einordnung als Geheimnis nicht, so sollte sie ihm Gelegenheit geben, seine Gründe dar-zulegen, bevor sie Einsicht in die betreffenden Unterlagen oder Passagen gewährt. Letztlich bleibt es ungeachtet von Abs. 6[130] allein Entscheidung der KartB, in welchem Umfang Akteneinsicht gewährt wird.

Abs. 6 macht die Obliegenheit zur Kenntlichmachung von einer **ausdrücklichen Auf- 43 forderung** durch die KartB abhängig. Der mögliche Verzicht auf eine Aufforderung führt zur Verfahrensentlastung in weniger bedeutenden Fällen, in denen mit Gesuchen auf Akteneinsicht nicht zu rechnen ist.[131] Die Aufforderung kann auch nachträglich für bereits eingereichte Unterlagen ergehen. Sie kann dadurch ergänzt werden, dass die Einreicher von Unterlagen zu einer knappen Begründung des in Anspruch genommenen Geheim-nischarakters aufgefordert werden.

---

[127] So auch Bracher in FK-KartellR Rn. 37.
[128] Begr. RegE BT-Drs. 19/23492, 113.
[129] Begr. RegE BT-Drs. 19/23492, 113.
[130] Begr. RegE BT-Drs. 19/23492, 113.
[131] Begr. RegE BT-Drs. 19/23492, 113.

### III. Informationsrecht nicht beteiligter Dritter (Abs. 5)

44    Abs. 5 regelt das **Informationsrecht** nicht am Verfahren beteiligter **Dritter** nunmehr ausdrücklich im GWB. Durch die Neuregelung sollten Friktionen mit dem gestuften System des Zugangs zur Behördenakte nach → § 89c vermieden werden.[132] Zum anderen sollte die Anwendbarkeit des IFG durch die Aufnahme „umfassender und abschließender Regeln für die Akteneinsicht" ausgeschlossen werden. Die Neuregelung richtete sich gezielt gegen Ansätze in der verwaltungsgerichtlichen Rechtsprechung, aus § 1 Abs. 1 IFG ein umfassendes Einsichtsrecht in die Akten des Bundeskartellamts abzuleiten. Abs. 5 trifft eine abschließende spezialgesetzliche Regelung, so dass das IFG im Hinblick auf Kartellverwaltungsverfahren keine Anwendung findet.

45    Abs. 5 räumt der Behörde gegenüber Auskunfts- und Einsichtsbegehren Dritter ausdrücklich Ermessen ein. Dritte sind alle nicht nach → § 54 am Verfahren Beteiligte.[133] Voraussetzung für die Erteilung von Auskünften wie für eine mögliche Akteneinsicht sind von den Dritten darzulegende berechtigte Interessen. Die Regelung soll sich an der Rspr. des BGH orientieren und auch für Zugangsbegehren der Medien und der Wissenschaft gelten.[134] Der BGH hatte spezifisch für das kartellverwaltungsrechtliche Verfahren in Übereinstimmung mit der Rspr. des BVerwG[135] ein Recht auf ermessensfehlerfreie Entscheidung über ein Akteneinsichtsgesuch aus allgemeinen rechtsstaatlichen Gründen anerkannt, wenn der Antragsteller im Einzelfall ein **eigenes, gewichtiges und auf andere Weise nicht zu befriedigendes Informationsinteresse** gegenüber der Behörde, gerade im Zusammenhang mit der Durchsetzung von Rechten, darlegen kann.[136]

Die Versagungsgründe nach Abs. 4 gelten entsprechend. In die im Hinblick auf Versagungsgründe vorzunehmende Abwägung sind die Interessen der Dritten einzustellen, die regelmäßig geringeres Gewicht aufweisen werden als das Recht Verfahrensbeteiligter auf Akteneinsicht.

## C. Mündliche Verhandlung

### I. Grundlagen

46    **Abs. 7** mit seinen Regeln über die **mündliche Verhandlung** vor der KartB gilt für alle unter § 54 Abs. 1 fallenden Verwaltungsverfahren.[137] Die mündliche Verhandlung gibt Gelegenheit zu intensiver Aussprache und zu besonders umfassender Gewährung rechtlichen Gehörs. In ihr werden alle entscheidungserheblichen Sach- und Rechtsfragen erörtert. Nur eine förmliche Verhandlung, nicht jedes Gespräch der KartB mit Beteiligten, stellt eine mündliche Verhandlung iSv Abs. 7 dar.[138] Demgemäß ist eine getrennte Anhörung aller Beteiligten in unterschiedlichen Terminen keine mündliche Verhandlung in diesem verfahrensrechtlichen Sinne.[139] Abs. 7 regelt die Durchführung einer öffentlichen mündlichen Verhandlung. Die frühere Unterscheidung zwischen öffentlicher mündlicher Verhandlung und mündlicher Verhandlung hat in der Praxis keine einer Bedeutung erlangt. Sie wurde mit der 7. GWB-Novelle abgeschafft.[140] Neben der öffentlichen mündlichen Verhandlung iSv Abs. 7 kann die KartB aber nach wie vor auch nicht-öffentliche mündliche Verhandlungen oder formlose Besprechungen durchführen.[141] Die **Anordnung** der

---

[132] Begr. RegE BT-Drs. 19/23492, 113.
[133] Engelsing in MüKoWettbR Rn. 24.
[134] Begr. RegE BT-Drs. 19/23492, 133.
[135] BVerwGE 30, 154, 160; BVerwG 20.2.1990 – 1 C 42/83, NJW 1990, 2761 (2762).
[136] BGH 14.7.2015 – KVR 55/14, NZKart 2015, 486 Rn. 16 – Trinkwasserpreise Darmstadt.
[137] Klees in Kölner Komm KartellR Rn. 28.
[138] KG 24.4.1985 – Kart 34/91, WuW/E OLG 3577 (3580) – Hussel-Mara; Engelsing in MüKoWettbR Rn. 32.
[139] Quellmalz in LMRKM Rn. 20; Kless in Kölner Komm KartellR Rn. 27.
[140] Begr. 2004, 63.
[141] Bechtold/Bosch Rn. 6; Engelsing in MüKoWettbR Rn. 32 ff.

mündlichen Verhandlung **und** die **Ladung** zur mündlichen Verhandlung sind **keine Verfügungen iSv §§ 61, 73 Abs. 1**, sie sind deshalb nicht mit der Beschwerde anfechtbar.[142] Wo mündliche Verhandlung nicht vorgeschrieben oder angeordnet ist, ist das Verfahren ein schriftliches (zum Zeugenbeweis vgl. → § 57 Rn. 20).

## II. Fakultative mündliche Verhandlungen

**Fakultative mündliche Verhandlungen** sind in allen Kartellverwaltungsverfahren **47** möglich.[143] Der Grundsatz der obligatorischen mündlichen Verhandlung wurde wegen der vor allem bei Fusionskontrollfällen und dem kurzen Fristlauf entstandenen Schwierigkeiten durch die 7. GWB-Novelle beseitigt (vgl. zu den Ausnahmefällen des Abs. 7 → Rn. 49).[144] Die KartB kann eine mündliche Verhandlung auf Antrag eines Beteiligten oder von Amts wegen durchführen. Ob sie von dieser Möglichkeit Gebrauch macht, steht mit Ausnahme der Fälle nach Abs. 7 S. 3 und 4 (→ Rn. 49) in ihrem **Ermessen**.[145] Dabei hat sie das Interesse der KartB und der Beteiligten an einer Erörterung aller Sach- und Rechtsfragen ebenso zu berücksichtigen wie die Gewährung rechtlichen Gehörs. Ob ein besonderes Interesse der Öffentlichkeit an einem Verfahren ein Aspekt sein kann,[146] muss allerdings bezweifelt werden. **Teilnahmeberechtigt** sind alle Verfahrensbeteiligten.[147] Sie sind auch im Fall der fakultativen mündlichen Verhandlung zu laden. Gesetzliche **Ladungsfristen** sind nicht vorgeschrieben. Eine angemessene Ladungsfrist ergibt sich aus der Verpflichtung zur Wahrung des rechtlichen Gehörs.[148] Die mündliche Verhandlung nach Abs. 7 ist **grundsätzlich öffentlich** (zum Ausschluss der Öffentlichkeit vgl. → Rn. 58).

Eine **obligatorische mündliche Verhandlung auf Antrag eines Beteiligten** gibt es **48** seit der 7. GWB-Novelle nicht mehr. Allerdings kann jeder Beteiligter eine mündliche Verhandlung beantragen. Die KartB hat über den Antrag nach pflichtgemäßem Ermessen zu entscheiden. Der Antrag ist kein Sachantrag iSv § 54 Abs. 1, Abs. 2 Nr. 1. Er ist ein **reiner Verfahrensantrag** und deshalb nicht nach § 54 Abs. 2 Nr. 1 geeignet, den Antragsteller zum Beteiligten am Verwaltungsverfahren zu machen. Nur wer bereits am Verfahren beteiligt ist, ist befugt, diesen Antrag zu stellen.[149] Wird eine mündliche Verhandlung durchgeführt, haben alle Verfahrensbeteiligten ein **Teilnahmerecht**. Sie alle sind zu laden. Eine Pflicht zur Teilnahme besteht aber nicht.[150] Auch die Verhandlung auf Antrag ist grundsätzlich öffentlich.

## III. Gesetzlich gebotene mündliche Verhandlungen

**1. Verfahren nach § 32f Abs. 3 Satz 6 und 4.** Das Bundeskartellamt hat eine obliga- **49** torische mündliche Verhandlung in denjenigen Verfahren durchzuführen, die auf eine Maßnahme nach § 32f Abs. 3 und 4 gerichtet sind. Diese mündliche Verhandlung hat eine **Doppelfunktion.** Sie trägt einerseits der besonderen Offenheit der Tatbestände nach § 32f Abs. 3 Satz 6 und Abs. 4 Rechnung. Die mündliche Verhandlung ermöglicht die **Einbeziehung der Sachkenntnis** nicht nur der Beteiligten, sondern auch der übrigen berührten Wirtschaftskreise → Rn. 62 bei der Entscheidungsfindung und trägt so den besonderen Transparenzanforderungen Rechnung.[151] Dies gilt sowohl bei der Identifikati-

---

[142] BGH 16.11.1970 – KVR 5/70, WuW/E BGH 1161 (1165) – Feuerfeste Steine; so auch Bracher in FK-KartellR Rn. 24, 38; Kless in Kölner Komm KartellR Rn. 31; Schneider in Bunte Rn. 30.
[143] Bracher in FK-KartellR Rn. 22.
[144] Begr. 2004, 63.
[145] Begr. 2004, 63; siehe zu den Gründen für die Gesetzesänderung auch Quellmalz in LMRKM Rn. 22.
[146] In diese Richtung Bracher in FK-KartellR Rn. 23.
[147] Schneider in Bunte Rn. 31.
[148] S. auch Bracher in FK-KartellR Rn. 24.
[149] Bracher in FK-KartellR Rn. 22.
[150] Quellmalz in LMRKM Rn. 17; Schneider in Bunte Rn. 33; siehe auch BGH 16.11.1970 – KVR 5/70, WuW/E BGH 1161 (1165) – Feuerfeste Steine.
[151] Begr. RegE, BT-Drs. 20/6824, 43.

on von Störungen des Wettbewerbs wie auch bei der Identifikation geeigneter Maßnahmen zur Beseitigung oder Verringerung der Störung des Wettbewerbs. Andererseits ist die mündliche Verhandlung Teil des den Beteiligten zu gewährenden **rechtlichen Gehörs.** Der Gesetzgeber ist sich der besonderen Bedeutung der Transparenz als Teil der Legitimation durch Verfahren bewusst. In der Begründung des Regierungsentwurfs wird auf die Bedeutung der Anhörungsrechte besonders hingewiesen. Die Rechte der Beteiligten und betroffene Wirtschaftskreise seien im Rahmen der Anhörungsrechte nach § 56 umfassend zu wahren.[152] Die mündliche Verhandlung ist darauf ausgerichtet, die Wettbewerbsprobleme zu identifizieren, die eine mögliche Störung des Wettbewerbs darstellen, sowie, unter Einbeziehung der Beteiligten und der berührten Wirtschaftskreise, geeignete Abhilfemaßnahmen zu identifizieren. Für das Verfahren der mündlichen Verhandlung sind die §§ 67, 68 VwVfG heranzuziehen, soweit das GWB keine abweichenden Regelungen trifft.[153]

**50**    Gegenstand der mündlichen Verhandlung ist eine Erörterung (§ 68 Abs. 2 S. 1 VwVfG). Dabei gilt nach der Rechtsprechung des Bundesverwaltungsgerichts der Grundsatz der **substantiellen Erörterung.**[154] Mit einer Erörterung kann danach erst begonnen werden, wenn die Voraussetzungen für eine hinreichend problembezogene Erörterung gegeben sind. Dies setzt voraus, dass die Beschlussabteilung in der Lage war, sich eine vorläufige Auffassung davon zu bilden, welche Maßnahmen als Abhilfe in Betracht kommen. Diese vorläufige Auffassung hat die Beschlussabteilung zu Beginn der mündlichen Verhandlung darzulegen.[155] Sie soll dabei deutlich machen, welche tatsächlichen Grundlagen sie für gesichert hält und im Hinblick auf welche Aspekte ggf. weitere Ermittlungen erforderlich sind. Dabei sollen die Schadenstheorien erkennbar werden. Auch zu den in Betracht kommenden Maßnahmen soll sich die Behörde möglichst konkret äußern. Nur dann kann die mündliche Verhandlung auch insoweit ihren Zweck erfüllen, dass die berührten Wirtschaftskreise in der Lage sind, sich zur Eignung möglicher Maßnahmen auch aufgrund ihrer eigenen Sachkunde zu äußern.[156] Das Gebot der substantiellen Erörterung legt nahe, dass das Bundeskartellamt sich für den Verlauf der mündlichen Verhandlung an den einzelnen Themenbereichen orientiert. Die Aufgabe substantieller Erörterung würde verfehlt, wenn die mündliche Verhandlung darauf reduziert würde, einer Vielzahl von Interessierten jeweils Redezeit zur Stellungnahme einzuräumen. Viel mehr soll ein direkter Austausch ermöglicht werden.[157]

**51**    Aus dem Gebot der substantiellen Erörterung ergeben sich Rückwirkungen für den **Zeitpunkt der mündlichen Verhandlung.** Die Begründung des Referentenentwurfs sprach sich für eine mündliche Verhandlung zu einem **frühen Verfahrensstadium** aus.[158] Dafür spricht die Möglichkeit für die berührten Wirtschaftskreise, ihre Sicht auf mögliche Wettbewerbsprobleme zu verdeutlichen und geeignete Abhilfemaßnahmen zu identifizieren. Umgekehrt setzt eine substantielle Erörterung voraus, dass das Bundeskartellamt in der Lage ist, mögliche Abhilfemaßnahmen zu identifizieren.

**52**    Die Identifikation möglicher Störungen des Wettbewerbs in der Feststellungsverfügung nach § 32f Abs. 3 Satz 1 identifiziert die von einem Verfahren nach § 32f Abs. 3 und 4 betroffenen Unternehmen insoweit, als eine sie nachteilig betreffende Maßnahme in Betracht kommt. Die auf diese Weise als **Beteiligte** identifizierten Unternehmen sind zur mündlichen Verhandlung zu laden. Darüber hinaus hat das Bundeskartellamt im Rahmen der mündlichen Verhandlung Vertretern der **berührten Wirtschaftskreise** Gelegenheit zur Stellungnahme zu geben. Die berührten Wirtschaftskreise lassen sich auf der Grundlage der Sektoruntersuchung identifizieren. Soll die mündliche Verhandlung ihre Funktion

---

[152] Begr. RegE BT-Drs. 20/6824, 18.
[153] Engelsing in MüKoWettbR Rn. 60.
[154] BVerwGE 75, 214, 225.
[155] Ähnlich Engelsing in MüKoWettbR Rn. 60.
[156] Begr. BegE BT-Drs. 20/6824, 43.
[157] Begr. BegE BT-Drs. 20/6824, 43.
[158] Referentenentwurf des BMWK zum Wettbewerbsdurchsetzungsgesetz vom 16.11.2022, S. 49.

erfüllen, hat das Bundeskartellamt nur insoweit Ermessen, welche Vertreter der berührten Wirtschaftskreise es zur mündlichen Verhandlung lädt. Dagegen ist das nach Abs. 2 bestehende Ermessen, ob überhaupt solche Vertreter geladen werden, im Fall der mündlichen Verhandlung nach Abs. 7 S. 3 auf Null reduziert.

Das Gebot der substantiellen Erörterung hat auch Auswirkungen auf **Ablauf und Dauer**  53
der mündlichen Verhandlung. Solchen Unternehmen, die nach vorläufiger Auffassung des Bundeskartellamts als Adressaten von Maßnahmen nach § 32f Abs. 3 Satz 6 und Abs. 4 in Betracht kommen, ist in jedem Fall Gelegenheit einzuräumen, ihre Position im Zusammenhang darzustellen. Die Funktion der mündlichen Verhandlung bei Störungen des Wettbewerbs ist darauf aber gerade nicht beschränkt. Besonders wichtig ist es in diesen Verfahren, von der Sachkunde solcher Unternehmen zu profitieren, die von den als möglich identifizierten Störungen des Wettbewerbs nachteilig betroffen sind. Diese Unternehmen sind darüber hinaus wichtig, um die Eignung möglicher Abhilfemaßnahmen (ähnlich wie bei einem Markttest von Zusagen) zu prüfen. Nimmt man diese Vorgaben ernst, so wird sich die Dauer einer mündlichen Verhandlung regelmäßig nicht auf einen Tag begrenzen lassen. Dies ist für die nach allgemeinem Verwaltungsrecht vorgesehenen mündlichen Verhandlungen auch keinesfalls ungewöhnlich.

Zur **Durchführung der mündlichen Verhandlung** enthält § 56 Abs. 7 nur rudimen-  54
täre Regelungen. Nach § 68 VwVfG ist ein Versammlungsleiter zu bestimmen. Dies muss nicht der Leiter der Beschlussabteilung sein, die das Verfahren führt. Die mündliche Verhandlung ist keine Entscheidung im Sinne von § 51 Abs. 2. Verhandlungsleiter muss allerdings ein Bediensteter des Bundeskartellamts sein. Ein inhaltlich nicht vorbefasster Versammlungsleiter kann die nach § 68 VwVfG geforderte Neutralität leichter sicherstellen. Für die anzufertigende Niederschrift gelten die Regelungen nach § 68 Abs. 4 VwVfG. Wie sonst bei mündlichen Verhandlungen nach § 68 VwVfG sind Mitschnitte der mündlichen Verhandlung auf Tonträgern zulässig und sinnvoll.[159]

Nach der ausdrücklichen Regelung in Abs. 7 S. 5 hat die **Monopolkommission** auch  55
in mündlichen Verhandlungen bei Verfahren nach § 32f Abs. 3 Satz 6 und Abs. 4 ausdrücklich das Recht, gehört zu werden. Sie ist daher zu laden. Anders als in den Fällen der Ministererlaubnis sieht die gesetzliche Regelung nicht ausdrücklich vor, dass die Monopolkommission das Recht hat, ihre **Stellungnahme zu erläutern.** In denjenigen Fällen, in denen die Monopolkommission nach § 32f Abs. 4 S. 3 eine Stellungnahme abgegeben hat, ist die Erläuterungsmöglichkeit nach Abs. 7 S. 5 allerdings analog anzuwenden. Die Möglichkeit zur Stellungnahme in Entflechtungsfällen beruht auf der besonderen Kompetenz der Monopolkommission in Fragen der Unternehmenskonzentration. Diese Kompetenz soll in den mündlichen Verhandlungen in Fällen des § 37f Abs. 4 einbezogen werden. Dazu gehört nicht nur die Möglichkeit der mündlichen Stellungnahme, sondern auch die Möglichkeit der Erläuterung einer zuvor abgegebenen schriftlichen Stellungnahme.

**2. Ministererlaubnisverfahren. Eine obligatorische mündliche Verhandlung** fin-  56
det nach **Abs. 7 S. 4 im Ministererlaubnisverfahren** des BMWi nach § 42 statt. Mit der Formulierung „Bundesministerium" in Abs. 7 soll klargestellt werden, dass die mündliche Verhandlung im Verfahren der Ministererlaubnis nicht vom Minister persönlich durchgeführt werden muss.[160] In der mündlichen Verhandlung soll im Interesse sowohl der KartB als auch der betroffenen Unternehmen an einer richtigen Entscheidung eine intensive Erörterung der Sach- und Rechtsfragen erfolgen; zugleich soll allen Verfahrensbeteiligten rechtliches Gehör gewährt werden.[161] Ergeben sich nach der mündlichen Verhandlung

---

[159] Michler in BeckOK VwVfG, Bader/Ronellenfitsch, 57. Edition, Stand 1.10.2022, Rn. 56.
[160] Bracher in FK-KartellR Rn. 31; s. auch Kless in Kölner Komm KartellR Rn. 28; vgl. zur alten Rechtslage OLG Düsseldorf 11.7.2002 Kart 25/02 (V) WuW/E DE-R 885 (888) – E.ON/Ruhrgas; OLG Düsseldorf 25.7.2002 Kart 25/02 (V) WuW/E DE-R 926 (935 f.) – E.ON/Ruhrgas; Staebe WuW 2003, 714 (718 ff.).
[161] Siehe dazu OLG Düsseldorf 11.7.2002 Kart 25/02 (V) WuW/E DE-R 885 (887) – E.ON/Ruhrgas; OLG Düsseldorf 25.7.2002 Kart 25/02 (V) WuW/E DE-R 926 (935 f.) – E.ON/Ruhrgas.

neue Aspekte, die für die Entscheidung erheblich sind, ist den Beteiligten auch dazu rechtliches Gehör zu gewähren. Das bedeutet aber nicht, dass eine erneute mündliche Verhandlung durchzuführen ist. Denn nach der geänderten Formulierung in Abs. 7 S. 4 ist nur noch eine mündliche Verhandlung durchzuführen. Mit **Einverständnis aller Beteiligten** kann **ohne mündliche Verhandlung** entschieden werden (Abs. 7 S. 5). Das Einverständnis ist eine formlose Erklärung. Es berechtigt die KartB zum Verzicht auf die mündliche Verhandlung, verpflichtet aber nicht dazu.[162]

57  Das **Rederecht der Monopolkommission** im Verfahren der Ministererlaubnis **(Abs. 7 S. 6)** basiert auf der 9. Novelle und soll zusammen mit der nach § 42 Abs. 5 einzuholenden schriftlichen Stellungnahme der Monopolkommission zur Stärkung der Monopolkommission im Verfahren der Ministererlaubnis beitragen.[163]

### IV. Ausschluss der Öffentlichkeit

58  Auf Antrag eines Beteiligten oder von Amts wegen ist die Öffentlichkeit für die Verhandlung oder für einen Teil der Verhandlung auszuschließen, wenn eine öffentliche Verhandlung eine Gefährdung der öffentlichen Ordnung, insbes. der Staatssicherheit, oder die **Gefährdung eines wichtigen Geschäfts- oder Betriebsgeheimnisses** besorgen lässt (Abs. 7 S. 2). Der Tatbestand des **wichtigen** Geschäfts- oder Betriebsgeheimnisses ist enger als der des Betriebs- oder Geschäftsgeheimnisses in Abs. 4.[164] Es gibt also Geheimnisse, die zwar die Akteneinsicht ausschließen, nicht aber die öffentliche Verhandlung. Bei der Entscheidung über den Ausschluss der Öffentlichkeit hat die KartB **kein Ermessen;** liegen die Voraussetzungen vor, muss die Öffentlichkeit ausgeschlossen werden.[165]

59  Der **Ausschluss** der Öffentlichkeit ist **nicht** selbstständig mit der Beschwerde **anfechtbar.**[166] Anfechtbar ist aber die **Ablehnung eines Antrags** auf Ausschluss der Öffentlichkeit, denn sie ist Verfügung iSv § 61.[167]

### D. Anhörung Dritter

#### I. Grundlagen

60  **1. Die Anhörung.** Die **Anhörung** unterscheidet sich einerseits von der Verfahrensbeteiligung (→ Rn. 24 sowie → § 54 Rn. 17), andererseits von der Tatsachenermittlung durch Zeugen und Sachverständige (→ § 57 Rn. 15, 22). Die Anhörung verschafft dem anzuhörenden Dritten kein Beteiligungsrecht (→ Rn. 24). Sie ersetzt nicht eine nach → § 54 Rn. 45 f. notwendige Beiladung.[168]

61  **2. Unterschiedliche Anhörungsvorschriften.** Das GWB enthält verschiedene ausdrückliche Regelungen zur Stellungnahme durch nicht am Verfahren beteiligte Dritte, etwa in § 25, § 32e Abs. 3 und § 47b Abs. 5. **Abs. 2** spricht nur von der fakultativen Anhörung durch die KartB. Eine obligatorische Anhörung ist in § 25 für das Anerkennungsverfahren bei Wettbewerbsregeln vorgeschrieben. Nach Abs. 2 **kann** die KartB in jedem Kartellverwaltungsverfahren Vertretern der beteiligten Wirtschaftskreise Gelegenheit zur Stellungnahme geben. Ein Anspruch hierauf besteht nicht.[169] Die KartB hat ein **Ermessen,** ob sie eine Anhörung nach Abs. 2 durchführt. Bei der Ermessensausübung ist zu

[162] Bracher in FK-KartellR Rn. 29.
[163] Engelsing in MüKo WettbR 4. Aufl. 2021, Rn. 58.
[164] So auch Bracher in FK-KartellR Rn. 26.
[165] Bracher in FK-KartellR Rn. 26.
[166] AM Bracher in FK-KartellR Rn. 39; unentschieden Klees in Kölner Komm KartellR Rn. 31.
[167] So auch Klees in KölnKomm KartellR Rn. 31.
[168] Vgl. auch KG 6.12.1968 – Kart 16/68, WuW/E OLG 964 (970) – Autoschmiermittel; OLG Düsseldorf 5.7.1977 – Kart 2/77, WuW/E OLG 1881 (1888) – Anzeigenpreise.
[169] Änderungsvorschläge des Bundesrates, Anl. 2 zum Entwurf 1952, S. 73.

berücksichtigen, ob von der Stellungnahme ein für die Entscheidung erheblicher Beitrag zur Sachaufklärung zu erwarten ist.[170] Die Nichtanhörung kann allerdings (obwohl die Anhörung nicht der Beweiserhebung dient) im Einzelfall einen Verstoß gegen § 57 Abs. 1 begründen.[171] Ist dieser Verfahrensfehler nicht offensichtlich ohne Einfluss auf die Entscheidung (§ 46 VwVfG) und lässt sich der Fehler auch nicht heilen (§ 45 VwVfG), führt dies zur Aufhebung der Entscheidung.[172] Von § 56 Abs. 2 zu unterscheiden ist auch die Pflicht zur Anhörung oberster Landesbehörden nach § 40 Abs. 4; die Verletzung dieser Pflicht kann von beteiligten Unternehmen nicht als Verfahrensmangel geltend gemacht werden.[173]

## II. Anhörung nach Abs. 2

**1. Berührte Wirtschaftskreise. Berührte Wirtschaftskreise** – ein weit auszulegender **62** Begriff[174] – sind diejenigen Gruppen, die unmittelbar oder mittelbar wirtschaftliches Interesse am Ausgang des Verfahrens haben. Politische Parteien, die ein allgemein politisches Mandat in Anspruch nehmen, fallen nicht unter Abs. 2, ebenso wenig Behörden, die keine „Wirtschaftskreise" repräsentieren. Der Ausdruck **„berührt"** ist gegenüber dem Ausdruck „betroffen" der weitere.[175] **„Wirtschaftskreise"** sind nicht nur Marktbeteiligte oder Unternehmensbranchen. Hierher gehören zB auch die Verbraucher oder die Arbeitnehmer.[176] **„Vertreter"** können einzelne repräsentative Unternehmen oder Vereinigungen sein. Vertreter sind aber vor allem die Verbände, die die Interessen des berührten Wirtschaftskreises wahrnehmen, zB Gewerkschaften, Industrie- und Handelskammern, Fachverbände, Verbraucherverbände.[177] Im Gegensatz zur Beiladungsfähigkeit (→ § 54 Rn. 33 ff.) kommt es hier nicht darauf an, ob die Träger des Interesses (Konkurrenten, Verbraucher, Arbeitnehmer etc) auch wirklich Mitglieder des Verbandes sind. Es genügt, dass der Verband satzungsmäßig als „Vertreter" ihrer Interessen fungiert. **Sonstige Dritte** – zB Behörden oder wissenschaftliche Institute – können gleichfalls formlos angehört werden.[178] Abs. 2 schafft keinen numerus clausus zulässiger Drittanhörungen, sondern sagt nur, dass die Beteiligten die Anhörung der in Abs. 2 genannten Dritten weder rügen noch einfordern können (zur möglichen Anfechtbarkeit der Hauptsacheentscheidung vgl. allerdings → Rn. 54).

**2. Form der Anhörung.** Die Anhörung erfolgt **formlos.** Ihre Anordnung oder Durch- **63** führung ist keine anfechtbare Verfügung.[179] Das Ergebnis der Anhörung unterliegt dem Informationsrecht der Beteiligten (→ Rn. 8). Ein Teilnahmerecht besteht aber nicht.[180] In der Praxis wird eine Stellungnahme oftmals mit einem Auskunftsersuchen verbunden.

**3. Der Anzuhörende.** Der Anzuhörende erlangt – im Gegensatz zum Beigeladenen – **64** **keine Position als Subjekt des Verfahrens** (→ Rn. 60). Er hat kein Recht auf Akteneinsicht oder sonstige Informationsansprüche.[181] Weder die Anhörung selbst noch ein Recht auf Anhörung (vgl. § 25) verpflichtet die KartB zu einer bestimmten Entscheidung

[170] Bracher in FK-KartellR Rn. 16; dazu auch Schneider in Bunte Rn. 27.
[171] Zust. Bracher in FK-KartellR Rn. 20.
[172] Bracher in FK-KartellR Rn. 20.
[173] BGH 25.6.1985 – KVR 3/84, WuW/E BGH 2150 (2152 f.) – Edelstahlbestecke; KG 24.4.1985 – Kart 34/91 WuW/E, OLG 3577 (3580) – Hussel-Mara.
[174] Kless in Kölner Komm KartellR Rn. 23.
[175] Zust. Klees in Kölner Komm KartellR Rn. 23 m. Fn. 100.
[176] K. Schmidt KartellVerfR S. 491, BKartA 3.7.1959 – E1 215000 J 15/59 WuW/E BKartA 70 (71 f.) – Gewerkschaft; KG 16.12.1960 Kart. V 8/59 WuW/E OLG 339 (342) – IG Bergbau; hM.
[177] Begr. 1952 S. 50; BKartA TB 1972, 11; Bracher in FK-KartellR Rn. 17.
[178] Vgl. auch Engelsing in MüKoWettbR Rn. 9; aM Bracher in FK-KartellR Rn. 18: abschließende Regelung; unentschieden Klees in Kölner Komm KartellR Rn. 24.
[179] Bracher in FK-KartellR § 55 Rn. 19.
[180] Quellmalz in LMRKM Rn. 14.
[181] Quellmalz in LMRKM Rn. 13; Bracher in FK-KartellR Rn. 19.

oder gibt gar dem Anzuhörenden einen Anspruch auf eine seiner Stellungnahme entsprechende Entscheidung.[182] Umgekehrt begründet Abs. 2 auch keine Pflicht zur Stellungnahme. Allerdings kann die KartB einen Zeugen im Wege der förmlichen Beweisaufnahme vernehmen (vgl. → § 57 Rn. 15 f.).

## E. Verfahrens- und Formfehler (Abs. 8)

### I. Grundlagen

65    **Abs. 8** stellt klar, dass die Regelungen über die Heilung bzw. Unbeachtlichkeit von Verfahrens- und Formfehlern in §§ 45, 46 VwVfG auch auf die Verletzung des rechtlichen Gehörs im Kartellverwaltungsverfahren Anwendung finden. Der Gesetzgeber hielt diese Klarstellung für erforderlich, nachdem das OLG Düsseldorf Zweifel an einer Heilung von Verstößen gegen § 56 in einem Ministererlaubnisverfahren angemeldet hatte.[183] Nach der Gesetzesbegründung soll die Verweisung auf das VwVfG auch für die Verfahren der LKartB gelten.[184]

### II. Verletzung des Rechts auf rechtliches Gehör

66    Eine Verletzung des Rechts auf rechtliches Gehör kann als Verfahrensfehler Grund für eine Anfechtungsbeschwerde sein (vgl. → § 76 Rn. 13). Dieser Verfahrensfehler führt aber **nicht zur Aufhebung** der Entscheidung der KartB, wenn er die Entscheidung in der Sache **offensichtlich nicht beeinflusst** hat (§ 46 VwVfG).[185] Die Anforderungen an diese die Aufhebung ausschließende Unerheblichkeit des Verstoßes sind hoch. Es muss Gewissheit vorliegen, dass der Mangel auf das Ergebnis keinen Einfluss gehabt hat.[186] Das ist möglich im Fall von gebundenen Entscheidungen, bei denen die KartB kein Ermessen und keinen Beurteilungsspielraum hat oder bei denen das Ermessen der KartB auf Null reduziert ist. Die Voraussetzung ist dagegen in aller Regel nicht erfüllt, wenn das materielle Recht der KartB einen Ermessens- oder Beurteilungsspielraum eröffnet.[187] Genügen kann allerdings, dass der Fehler aus tatsächlichen Gründen des Einzelfalls ohne Einfluss auf die Behördenentscheidung geblieben ist und sich nachweislich nicht auf die Entscheidungsfindung der Behörde ausgewirkt hat.[188]

### III. Unbeachtlichkeit der Verletzung

67    Nach § 45 VwVfG ist eine Verletzung rechtlichen Gehörs **unbeachtlich,** wenn die gebotene Handlung (Gelegenheit zur Stellungnahme einschließlich Information; mündliche Anhörung) **nachgeholt** wird. Der Mangel kann auch noch **bis zum Abschluss des Beschwerdeverfahrens** beim OLG „geheilt" werden (§ 45 Abs. 2 VwVfG).[189] Für die Heilung reicht aber nicht aus, dass rechtliches Gehör im gerichtlichen Beschwerdeverfahren

---

[182] BGH 15.7.1966 – KVR 3/65, WuW/E BGH 767 (777) – Bauindustrie; Quellmalz in LMRKM Rn. 13; Bracher in FK-KartellR Rn. 19; Kless in Kölner Komm KartellR Rn. 25.
[183] Begr. 2004, S. 63; dazu eingehend Klees in Kölner Komm KartellR Rn. 32.
[184] BGH 14.2.2023 – KVZ 38/20, BeckRS 2023, 14865 Rn. 13 – Wasserpreise Gießen.
[185] So schon KG 9.9.1983 – Kart 19/81, WuW/E OLG 3137 (3138) – Rheinmetall-WMF; unentschieden KG 8.11.1995 – Kart 21/94, WuW/E OLG 5565 (5579 f.) – Fernsehübertragungsrechte.
[186] OLG Düsseldorf 9.10.2002 – Kart 32/02, WuW/E DE-R 953 (954) – Lufthansa/Eurowings; siehe auch Kopp/Ramsauer § 46 Rn. 36 f.
[187] OLG Düsseldorf 25.7.2002 – Kart 25/02, WuW/E DE-R 926 (941) – E.ON/Ruhrgas; Peter in Schulte/Just Rn. 5.
[188] OLG Düsseldorf 9.10.2002 – Kart 32/02, WuW/E DE-R 953 (954) – Lufthansa/Eurowings; Kopp/Ramsauer § 46 Rn. 34.
[189] Siehe zB OLG Düsseldorf 30.7.2003 – Kart 35/02 (V), WuW/E DE-R 1159 (1160) – BASF/NEPG; wie hier auch Schneider in Bunte Rn. 40; aM Bracher in FK-KartellR Rn. 35: nur bis zur Erhebung der Beschwerde.

gewährt wird. Die Gewährung rechtlichen Gehörs muss vielmehr außerhalb des Gerichtsverfahrens **durch die Behörde** erfolgen.[190] Eine Heilung setzt voraus, dass den Beteiligten ordnungsgemäß rechtliches Gehör gewährt wird. Die nachgeholte Anhörung muss ihre Funktion im Entscheidungsprozess der KartB uneingeschränkt erfüllen können.[191] Deshalb genügt es nicht, wenn die KartB die Ausführungen der Beteiligten lediglich zur Kenntnis nimmt. Sie muss die nachträgliche Anhörung vielmehr zum Anlass nehmen, die Entscheidung kritisch, unvoreingenommen und ergebnisoffen zu prüfen, was nach außen erkennbar sein muss.[192] Voraussetzung ist eine offene Entscheidungssituation. Nach der Rspr. des BGH soll es genügen, wenn die Kartellbehörde die Stellungnahme im gerichtlichen Verfahren zum Anlass genommen hat, die eigene Entscheidung – nach außen erkennbar – zu überdenken.[193] Allerdings genügt es nicht, wenn die Beteiligten vor Gericht angehört werden und die KartB davon lediglich Kenntnis nimmt.[194]

Ist eine Nachholung nicht möglich oder erfolgt sie nicht, führt das zur Aufhebung der **68** Entscheidung.[195] Ob und unter welchen Voraussetzungen eine Behörde zur Nachholung von Verfahrenshandlungen befugt und fähig ist, entscheidet sich nach dem jeweiligen Sachbereich des konkret zu überprüfenden Verwaltungsverfahrens.[196] Bei einer Untersagung im Verfahren der Zusammenschlusskontrolle soll die nachträgliche Gewährung rechtlichen Gehörs den Verfahrensmangel nicht heilen können, da dies – zumindest nach Ablauf der Untersagungsfrist – zu einer Verschlechterung der Verfahrensstellung der Beteiligten führen könnte.[197]

## § 57 Ermittlungen, Beweiserhebung

(1) **Die Kartellbehörde kann alle Ermittlungen führen und alle Beweise erheben, die erforderlich sind.**

(2) ¹**Für den Beweis durch Augenschein, Zeugen und Sachverständige sind § 372 Absatz 1, die §§ 376, 377, 378, 380 bis 387, 390, 395 bis 397, 398 Absatz 1 und die §§ 401, 402, 404, 404a, 406 bis 409, 411 bis 414 der Zivilprozessordnung sinngemäß anzuwenden; Haft darf nicht verhängt werden.** ²**Für die Entscheidung über die Beschwerde ist das Oberlandesgericht zuständig.**

(3) ¹**Über die Zeugenaussage soll eine Niederschrift aufgenommen werden, die von dem ermittelnden Mitglied der Kartellbehörde und, wenn ein Urkundsbeamter zugezogen ist, auch von diesem zu unterschreiben ist.** ²**Die Niederschrift soll Ort und Tag der Verhandlung sowie die Namen der Mitwirkenden und Beteiligten ersehen lassen.**

(4) ¹**Die Niederschrift ist dem Zeugen zur Genehmigung vorzulesen oder zur eigenen Durchsicht vorzulegen.** ²**Die erteilte Genehmigung ist zu vermerken und von dem Zeugen zu unterschreiben.** ³**Unterbleibt die Unterschrift, so ist der Grund hierfür anzugeben.**

(5) **Bei der Vernehmung von Sachverständigen sind die Bestimmungen der Absätze 3 und 4 entsprechend anzuwenden.**

---

[190] Quellmalz in LMRKM Rn. 24.
[191] OLG Düsseldorf 11.2.2004 – VI Kart 4/03 (V), WuW/E DE-R 1239 (1241 f.) – TEAG; Kopp/Ramsauer § 45 Rn. 26; Sachs in Stelkens/Bonk/Sachs, 9. Aufl.2018, VwVfG § 45 Rn. 76.
[192] OLG Düsseldorf 11.2.2004 – VI Kart 4/03 (V), WuW/E DE-R 1239 (1241 f.) – TEAG; siehe OLG Düsseldorf 16.12.2002 – Kart 25/02 (V), WuW/E DE-R 1013 (10016) – E.ON/Ruhrgas; Kopp/Ramsauer § 45 Rn. 26.
[193] BGH 14.2.2023 – KVZ 38/20, BeckRS 2023, 14865 Rn. 15 – Wasserpreise Gießen.
[194] OLG Düsseldorf 11.2.2004 – VI Kart 4/03 (V), WuW/E DE-R 1239 (1241 f.) – TEAG; Kopp/Ramsauer § 45 Rn. 27.
[195] Vgl. KG 21.6.1979 – Kart 8/78, WuW/E OLG 2140 – Einbauküchen.
[196] OLG Düsseldorf 16.12.2002 – Kart 25/02 (V), WuW/E DE-R 1013 (1016) – E.ON/Ruhrgas; Kopp/Ramsauer § 45 Rn. 3.
[197] Vgl. KG 26.11.1980 – Kart 18/80, WuW/E OLG 2411 (2413) – Synthetischer Kautschuk II.

(6) ¹**Die Kartellbehörde kann das Amtsgericht um die Beeidigung von Zeugen er-**
**suchen, wenn sie die Beeidigung zur Herbeiführung einer wahrheitsgemäßen Aussage**
**für notwendig erachtet. ²Über die Beeidigung entscheidet das Gericht.**

**Schrifttum:** (vgl. auch § 70 sowie Vorbemerkung vor § 54): Ahrens, Der Wettbewerbsprozess 9. Aufl.
2021; Anders/Gehle, Zivilprozessordnung, 80. Aufl. 2022; Ebel, Marktbeherrschungsvermutungen im GWB,
NJW 1981, 1763; Grützner/Reimann/Wissel, Richtiges Verhalten bei Kartellamtsermittlungen im Unternehmen, 3. Aufl. 1993; Ittner, Die Vermutungen des GWB, 1998; Knack/Henneke, Verwaltungsverfahrensgesetz, 10. Aufl. 2014; Kopp, Verfassungsrecht und Verwaltungsverfahrensrecht, 1971; Kopp/Ramsauer,
Verwaltungsverfahrensgesetz, 22. Aufl. 2021; Pestalozza, Der Untersuchungsgrundsatz, in: Verwaltungsverfahren, Festschrift für Boorberg-Verlag, 1977, S. 185; Rosenberg/Schwab/Gottwald, Zivilprozessrecht,
18. Aufl. 2018; Stelkens/Bonk/Sachs, Verwaltungsverfahrensgesetz, 9. Aufl. 2018; Thomas, Die verfahrensrechtliche Bedeutung der Marktbeherrschungsvermutung des § 19 Abs. 3 GWB; Weiß, Haben juristische
Personen ein Aussageverweigerungsrecht?, JZ 1998, 289; Zöller, Zivilprozessordnung, 34. Aufl. 2022.

**Übersicht**

## A. Untersuchungsgrundsatz

### I. Grundlagen

**1. Bedeutung des Untersuchungsgrundsatzes.** Aus Abs. 1 ergibt sich, dass das Ver- **1** waltungsverfahren vor der KartB vom Untersuchungsgrundsatz (Amtsermittlungsgrundsatz, Untersuchungsmaxime) beherrscht wird. Abs. 1 ersetzt für das Kartellverwaltungsverfahren die allg. Vorschrift des § 24 VwVfG,[1] die allerdings Interpretationshilfen geben kann.[2] Der Untersuchungsgrundsatz im Verwaltungsverfahren ist **Ausdruck des Prinzips der materiellen Wahrheit** und damit zugleich der **Rechtmäßigkeit der Verwaltung.**[3] Nur die vollständige und richtige Sachverhaltsaufklärung gewährleistet ein dem Gesetz und Recht entsprechendes Verwaltungshandeln.[4] Die KartB ermittelt den entscheidungserheblichen Tatsachenstoff **von Amts wegen,** ohne an das Vorbringen oder an Zugeständnisse der Beteiligten gebunden zu sein.[5] Das schließt nicht aus, dass die KartB **Anregungen der Beteiligten** folgen kann und dies im Umfang ihrer Amtsermittlungspflicht auch tun muss.[6] Hinzu kommt, dass **Erklärungen der Beteiligten** im Einzelfall selbst rechtserhebliche Tatsachen darstellen können. So berücksichtigt die KartB bei der ihr im Verfahren der Zusammenschlusskontrolle obliegenden Prüfung der Marktstruktur auch Zusagen der beteiligten Unternehmen, strukturelle Maßnahmen zu treffen, die die Annahme einer marktbeherrschenden Stellung für die Zukunft ausschließen (vgl. → § 40 Rn. 159 ff.). Zum **EU-Recht** vgl. die Erläuterungen des **Art. 19 VO Nr. 1/2003** in Band I.

**2. Untersuchungsgrundsatz und Offizialmaxime.** Der Untersuchungsgrundsatz ist **2** von der Offizialmaxime zu unterscheiden. Er bezieht sich auf die Tatsachenermittlung im Verwaltungsverfahren, nicht auf die Disposition über den Verfahrensgegenstand. Für den Verfahrensgegenstand unterscheidet § 54 Abs. 1 zwischen Amtsverfahren und Antragsverfahren. Deshalb verträgt es sich mit Abs. 1, dass bestimmte Verfahren dem Verfügungsgrundsatz (der **Dispositionsmaxime**) unterliegen. So die Antragsverfahren nach §§ 24 Abs. 3, 30 Abs. 3, 39, 41 Abs. 2, 42. Der Untersuchungsgrundsatz gilt auch in diesen Verfahren. Der Untersuchungsgrundsatz schließt die Geltung des Beibringungsgrundsatzes aus. Beweisanträge der Beteiligten sind weder erforderlich noch für die Behörde bindend.[7] Deshalb tragen die Beteiligten – selbst in Antragsverfahren – keine formelle Darlegungs- und Beweislast.[8] Aber das spricht nicht gegen die Annahme verfahrensrechtlicher Mitwirkungsobliegenheiten. Diese Mitwirkungsobliegenheiten schränken die Ermittlungspflicht der KartB ein (→ Rn. 9). Ihre Vernachlässigung kann dazu führen, dass ein Verwaltungsverfahren für den Beteiligten ungünstig ausgeht.

---

[1] KG 7.2.1989 – Kart 13/88, WuW/E OLG 4341; Bracher in FK-KartellR Rn. 5, 13; Klees in Kölner Komm KartellR Rn. 4.
[2] Kless in Kölner Komm KartellR Rn. 4.
[3] Vgl. zum allg. Verwaltungsverfahrensrecht Kopp/Ramsauer § 24 Rn. 3a; Kallerhoff in Stelkens/Bonk/Sachs § 24 Rn. 1; Ritgen in Knack/Henneke § 24 Rn. 5; Kopp Verfassungsrecht S. 71.
[4] Westrick/Loewenheim § 54 aF Rn. 1.
[5] Begr. 1952, S. 50; vgl. KG 25.6.1968 – Kart V 22/67, WuW/E OLG 891 (895) – IGZ; Bracher in FK-KartellR Rn. 7; Quellmalz in LMRKM Rn. 1.
[6] Bracher in FK-KartellR Rn. 8.
[7] Dazu Bracher in FK-KartellR Rn. 7 f.
[8] Zust. Bechtold/Bosch Rn. 2.

## II. Sachaufklärungspflicht

3    **1. Grundsatz.** Trotz der ungenauen Formulierung des Abs. 1 („kann") besteht eine **allgemeine Sachaufklärungspflicht** der KartB.[9] Insofern entspricht Abs. 1 dem anderslautenden („die Behörde hat... zu berücksichtigen") § 24 VwVfG.[10] Die Auswahl der Ermittlungsmaßnahmen liegt aber im pflichtgemäßen Ermessen der KartB.[11]

4    **2. Umfang.** Der Umfang der Ermittlungen ist im Einzelfall zu bestimmen und durch Abs. 1 nur generalklauselhaft festgelegt: Die KartB muss umfassend ermitteln („alle Ermittlungen", „alle Beweise") und darf nicht überflüssig ermitteln („die erforderlich sind"). Das ist ein allgemeingültiger Grundsatz.[12] Eine Sachaufklärungspflicht besteht deshalb nur, soweit der Vortrag der Beteiligten oder der Sachverhalt bei sorgfältiger Abwägung dazu Anlass gibt.[13] Das Gebot der Neutralität hält die KartB an, auch den Beteiligten günstige Umstände zu ermitteln (vgl. → Rn. 7).

5    **a) Umfang der Ermittlungen.** Der Umfang der Ermittlungen bestimmt sich nach der **Erforderlichkeit,** die Wahl der Beweismittel nach der **Eignung.** Über die **Erforderlichkeit** entscheiden in erster Linie die von der KartB anzuwendenden materiellrechtlichen Normen.[14] Daher ist die Sachverhaltsaufklärung hinreichend, wenn die KartB aufgrund des ermittelten Sachverhalts vom Vorliegen oder Nichtvorliegen der Tatbestandsvoraussetzungen der maßgeblichen Rechtsnorm überzeugt ist.[15] Entsprechend hat sich die Ermittlung auf die einzelnen Tatbestandsvoraussetzungen zu beziehen. Preisrechtliche Prüfungen im Rahmen der Missbrauchsaufsicht müssen sich auf den kalkulatorischen Aufbau der Preise und darauf beziehen, ob diese im Vergleich zu den gleichen Abnahmeverhältnissen entsprechenden Preisen anderer Unternehmen angemessen sind.[16] Bei der Preismissbrauchsaufsicht sind strukturelle Besonderheiten des Marktes zu berücksichtigen, auf dem das Unternehmen, dem Missbrauch vorgeworfen wird, tätig ist.[17] Bei der Prüfung des Tatbestandsmerkmals Verbesserung der Wettbewerbsbedingungen (§ 36 Abs. 1) darf die KartB Arbeitsplatzargumente nicht berücksichtigen.[18] Auch andere gesamtwirtschaftliche, markt- und energiepolitische Aspekte entziehen sich der Prüfung durch die KartB im Rahmen des § 36 Abs. 1.[19] Verbesserungen der Wettbewerbsbedingungen kann die KartB auch nur überprüfen, wenn sich der Markt auch auf die Bundesrepublik Deutschland erstreckt; auf reinen Auslandsmärkten sind sie vom BKartA nicht überprüfbar und daher nicht zu berücksichtigen.[20] Die Begrenzung der Ermittlungen durch den Verfahrensgegenstand hat zur Folge, dass die KartB ein Verfahren nicht nutzen darf, um Ermittlungen im Hinblick auf

---

[9] Vgl. BGH 14.7.2015 – KVR 77/13, NZKart 2015, 448 (450) Rn. 30 – Wasserpreise Calw II; 15.5.2012 – KVR 51/11 BGHZ 206, 229 Rn. 30 = WuW 2015, 1225 = NZKart 2013, 34 (35 Rn. 17) – Wasserpreise Calw II; 21.2.1995 – KVR 10/94, WuW/E BGH 2990 (2993) = NJW 1995, 2415 – Importarzneimittel; KG 11.1.1974 – Kart 12/73, WuW/E OLG 1443 (1445); Bracher in FK-KartellR Rn. 6; Quellmalz in LMRKM Rn. 1; Engelsing in MüKoWettbR Rn. 3; Schneider in Bunte Rn. 1.

[10] Bracher in FK-KartellR Rn. 6; Westrick/Loewenheim § 54 aF Rn. 1.

[11] Bracher in FK-KartellR Rn. 6; vgl. zu § 24 VwVfG Kopp/Ramsauer § 24 Rn. 8.

[12] Vgl. zu § 24 VwVfG Kopp/Ramsauer § 24 Rn. 11 ff.

[13] BGH 21.2.1995 KVR 10/94 WuW/E BGH 2990 (2993) = NJW 1995, 2415 – Importarzneimittel; Bracher in FK-KartellR Rn. 13.

[14] Bracher in FK-KartellR Rn. 10; vgl. zu § 24 VwVfG Kopp/Ramsauer § 24 Rn. 13, Kallerhoff/Fellenberg in Stelkens/Bonk/Sachs § 24 Rn. 5.

[15] Insoweit übereinstimmend zum VwVfG Kallerhoff/Fellenberg in Stelkens/Bonk/Sachs § 24 Rn. 5; Kopp/Ramsauer § 24 Rn. 13.

[16] BGH Beschl. v. 2.2.2010 – KVR 66/08, BeckRS 2010, 3693 Rn. 67 – Wasserpreise Wetzlar.

[17] BGH 31.5.1972 – KVR 2/71, WuW/E BGH 1221 (1225 f.) = NJW 1972, 1369 – Stromtarif; BGH 28.6.2005 – KVR 17/04, WuW/E DE-R 1513 (1517 f.) – Stadtwerke Mainz.

[18] → § 36 Rn. 617; vgl. BKartA 17.12.1976 – B7-321100-U-36/76, WuW/E BKartA 1657 (1666) – Rheinstahl-Hüller.

[19] → § 36 Rn. 617; BKartA 27.9.1978 – B8 822000 U 92/78, WuW/E BKartA 1719 (1727) – BP-Gelsenberg; BKartA 17.12.1976 – B7-321100-U-36/76, WuW/E BKartA 1657 (1666) – Rheinstahl-Hüller.

[20] → § 36 Rn. 617; KG 18.10.1995 – Kart18/93, WuW/E OLG 5549 (5564) – Fresenius/Schiwa.

ein anderes Verfahren anzustellen. Es ist daher nicht zulässig, wenn die KartB ein Fusionskontrollverfahren nutzt, um von den beteiligten Unternehmen Informationen abzufragen, die sie für ein anderes Verfahren benötigt. Das schließt allerdings nicht aus, Erkenntnisse, die in einem anderen Verfahren gewonnen wurden, in das Verfahren einzuführen.[21]

**b) Grenze der objektiven Erforderlichkeit.** Die Grenze der **objektiven Erforder-**  6 **lichkeit** bestimmt sich nicht nur nach materiellem Recht, sondern auch nach der Beweislage im Einzelfall. Beweiserhebungen, die nur noch der Vervollständigung dienen, aber nicht mehr zur Entscheidungsreife des Verwaltungsverfahrens beitragen, sind unzulässig.[22] Steht fest, dass ein Tatbestandsmerkmal nicht erfüllt ist, sind Ermittlungen zu den übrigen Tatbestandsmerkmalen nicht erforderlich und damit unzulässig. Darüber hinaus gilt auch für den Umfang der Ermittlungen der **Grundsatz der Verhältnismäßigkeit.**[23] Einschneidende Beweiserhebungen müssen deshalb in einem angemessenen Verhältnis zur Bedeutung der Hauptsache stehen.[24] In diesem Rahmen können allerdings auch kostspielige Ermittlungen geboten sein.[25] Die kartellbehördliche Ermittlungstätigkeit findet ihre Grenze außerdem am **Grundsatz des mildesten Mittels.**[26] So kann eine Gewinnüberprüfung nur dann in Betracht kommen, wenn keine andere Möglichkeit der Feststellung eines Missbrauchs besteht.[27] Ebenso muss auf eine Nachprüfung verzichtet werden, wenn die erforderlichen Informationen auch mit Hilfe eines Auskunftsbeschlusses beschafft werden können.

**c) Zeitrahmen. Bis zur Spruchreife** muss die KartB ermitteln. Spruchreif ist die  7 Kartellverwaltungssache, wenn entweder alle rechtserheblichen Tatsachen geklärt sind oder wenn sich auch bei Nutzung der bestehenden Aufklärungsmöglichkeiten ein non liquet ergibt (über das Verhältnis zwischen Spruchreife und materieller Beweislast vgl. → Rn. 11). Im Bereich der **Vermutungen** nach § 18 Abs. 4 und 6 bzw. § 20 Abs. 1 S. 3 muss zwischen der materiellen Beweislast (vgl. → Rn. 12) und der Amtsermittlungspflicht unterschieden werden. Eine formelle Darlegungs- und Beweislast der Beteiligten, die die Amtsermittlungspflicht einschränkt, ergibt sich im Rahmen von § 18 Abs. 6, § 19a Abs. 2 Satz 2, § 32a Abs. 1 Satz 3 und § 36 Abs. 1[28] (vgl. → Rn. 12; vgl. → § 36 Rn. 403 ff.). Im Übrigen spielen die Vermutungen in erster Linie bei der Beweiswürdigung eine Rolle und berühren die Amtsermittlungspflicht insofern mittelbar über den Maßstab der Erforderlichkeit (→ Rn. 6) und der Mitwirkungsobliegenheiten der Beteiligten (→ Rn. 9).[29] Beweisbedürftigkeit und Würdigung bisheriger Ermittlungen sind also voneinander abhängig. Bei dieser Feststellung unterliegt die KartB einem **Neutralitätsgrundsatz.**[30] ZB hat die KartB auch die Umstände umfassend zu prüfen, die gegen die marktbeherrschende Stellung eines Unternehmens sprechen (vgl. § 24 Abs. 2 VwVfG).[31] Neben die Neutralitätspflicht tritt das **Prinzip der freien Beweiswürdigung.**[32] Die KartB darf nicht von vornherein auf

---

[21] KG 22.3.1990 – Kart 6/89, WuW/E OLG 4537 (4546) – Linde-Lansing; Bracher in FK-KartellR Rn. 31.

[22] Bracher in FK-KartellR Rn. 10.

[23] Bracher in FK-KartellR Rn. 18 ff.; Klees in Kölner Komm KartellR Rn. 5; Schneider in Bunte Rn. 23; vgl. Kallerhoff/Fellenberg in Stelkens/Bonk/Sachs § 24 Rn. 36.

[24] Bracher in FK-KartellR Rn. 19.

[25] Bracher in FK-KartellR Rn. 15.

[26] BGH 15.12.1960 – KVR 1/60, WuW/E BGH 425 (428) – Vereidigte Buchprüfer III; KG 18.6.1971 – Kart 3/71, WuW/E OLG 1189 – Import-Schallplatten; KG 21.8.1981 – Kart 36/81, WuW/E OLG 2522 (alle zu Auskunftsersuchen).

[27] Vgl. KG 5.1.1976 – Kart 41/74, WuW/E OLG 1645 (1652 f.) – Valium-Librium.

[28] AM wohl OLG Düsseldorf 2.11.2005 – VI-Kart 30/04 (V), WuW/E DE-R 1625 (1628 f.) – Rethmann/GfA; wie hier Thomas WuW 2002, 470 (473 f.).

[29] BGH 2.12.1980 – KVR 1/80, WuW/E BGH 1749 (1754) = NJW 1981, 1786 – Klöckner-Becorit; BGH 11.3.1986 – KVR 2/85, WuW/E BGH 2231 (2237) – Metro/Kaufhof; Bechtold/Bosch § 18 Rn. 72; Engelsing in MüKoWettbR Rn. 4.

[30] Dazu Pestalozza in Verwaltungsverfahren S. 187 f.

[31] BGH 21.2.1978 – KVR 4/77, WuW/E BGH 1501 (1502) – Kfz-Kupplungen; BKartA 18.11.1974 – B8 464000 U 259/74, WuW/E BKartA 1561 (1564 f.) – o. b.

[32] Dazu Kopp/Ramsauer § 24 Rn. 30 ff.

einzelne Ermittlungen verzichten und den Sachverhalt vergröbernden Faustregeln unterstellen **(Verbot der Typisierung).**[33] Ein Verzicht auf Ermittlungsmaßnahmen kann auch nicht damit begründet werden, dass diese zu zeit- und kostenaufwändig wären, was aber nicht heißt, dass das Verfahren nicht rationell und zügig durchzuführen wäre.[34] Die **Zuhilfenahme von Erfahrungssätzen** bei der Würdigung erhobener Beweise ist nicht ausgeschlossen. Bei der Annahme derartiger Erfahrungssätze ist allerdings Vorsicht geboten. Das entsprechende Erfahrungswissen muss offengelegt und mit geeigneten Beweismitteln belegt werden.

8     **d) Sonderfälle der einstweiligen Maßnahmen und einstweiligen Anordnungen.** Auch in den **Sonderfällen der einstweiligen Maßnahmen (§ 32a) und der einstweiligen Anordnungen** (§ 60) müssen alle Ermittlungen angestellt und alle Beweise erhoben werden, die im Hinblick auf die spezifischen Tatbestandsvoraussetzungen erforderlich sind. § 32a fordert nur eine prima facie festgestellte Zuwiderhandlung (→ § 32a Rn. 8 f.).[35]

9     **3. Mitwirkungsobliegenheiten der Beteiligten.** Mitwirkungsobliegenheiten der Beteiligten (§ 26 Abs. 2 VwVfG) beseitigen nicht das Prinzip der Amtsermittlung, begrenzen aber die Ermittlungspflicht der KartB.[36] Der Grundsatz der Amtsermittlung bleibt durch die Mitwirkungsobliegenheiten im Kern unberührt, aber der Umfang der Ermittlungstätigkeit wird dadurch bestimmt, in welchem Maße der Sachverhalt, wie er sich aus der Kenntnis der Behörde und aus Angaben der Beteiligten darstellt, Veranlassung zu Ermittlungen gibt (vgl. sinngemäß für das Beschwerdegericht → § 75 Rn. 7). Da die Beteiligten primäre Wissensträger sind, stellt ihre Mitwirkung ein wichtiges Mittel zur Sachverhaltsaufklärung dar.[37] Im Rahmen der Mitwirkungsobliegenheit nach § 26 Abs. 2 VwVfG, die ggf durch die Auskunftspflicht nach § 59 Abs. 1 GWB konkretisiert wird, haben Beteiligte der Kartellbehörde Daten aus ihrem Einwirkungsbereich zu übermitteln, die sich die Behörde nicht auf anderem zumutbarem Wege beschaffen kann.[38] Zugleich dient eine Mitwirkung der Durchsetzung und Verteidigung der Rechte der Beteiligten.[39] Wenn ein Beteiligter die ihm günstigen Unterlagen für die Ermittlung des Sachverhalts zur Verfügung stellen könnte, braucht die KartB keine kostspieligen und zeitraubenden Untersuchungen anzustellen oder anstellen zu lassen.[40] Die KartB kann aus einer verweigerten Mitwirkung nach dem auch im Verwaltungsverfahren geltenden Grundsatz der freien Beweiswürdigung Schlüsse ziehen.[41] Im Einzelfall kann sie dabei zu dem Ergebnis kommen, dass eine bestimmte Tatsache wegen der verweigerten Mitwirkung des Unternehmens als bewiesen anzusehen ist.[42] Eine bedenkliche Umgehung des § 59 wäre es allerdings, wenn die KartB durch formlosen Abruf von Mitwirkungshandlungen ihre materielle Beweislast in den Verfahren der Missbrauchsaufsicht den betroffenen Unternehmen zuschieben dürfte. Auch dürfen Schlüsse, die die KartB aus einer verweigerten Mitwirkung zieht, nicht den Cha-

---

[33] Vgl. Pestalozza in Verwaltungsverfahren S. 188 f.

[34] Bracher in FK-KartellR Rn. 15.

[35] Zust. KG 10.12.1990 – Kart 19/90, WuW/E OLG 4640 (4643 f.) – Hamburger Benzinpreise. Zum Umfang der Aufklärungs- und Begründungspflicht in diesen Fällen vgl. KG 14.5.1974 – Kart 24/74, WuW/E OLG 1467 (1470) – BP; KG 3.12.1974 – Kart 37/74, WuW/E OLG 1548 (1549) – SABA.

[36] BGH 14.7.2015 – KVR 77/13, BGHZ 206, 229 Rn. 30 = WuW 2015, 1225 = NZKart 2015, 448 (450) Rn. 30 – Wasserpreise Calw II; vgl. Quellmalz in LMRKM Rn. 1; Bracher in FK-KartellR Rn. 22; Kopp/Ramsauer § 24 Rn. 12a, 23, § 26 Rn. 43.

[37] Vgl. OLG Düsseldorf 5.7.1977 – Kart 2/77, WuW/E OLG 1881 (1887) – Anzeigenpreise.

[38] BGH 14.7.2015 – KVR 77/13, BGHZ 206, 229 Rn. 30 = WuW 2015, 1225 = NZKart 2015, 448 (450) Rn. 30 – Wasserpreise Calw II.

[39] Vgl. Pestalozza in Verwaltungsverfahren S. 190 f.

[40] Vgl. KG 29.1.1971 – Kart 11/70, WuW/E OLG 1160 (1164) – Haushaltspanels.

[41] Vgl. BGH 14.7.2015 – KVR 77/13, BGHZ 206, 229 Rn. 30 = WuW 2015, 1225 = NZKart 2015, 448 = NJW 2015, 3643 – Wasserpreise Calw II; Westrick/Loewenheim § 54 aF Rn. 4.

[42] BGH 14.7.2015 – KVR 77/13, BGHZ 206, 229 Rn. 30 = WuW 2015, 1225 = NZKart 2015, 448 (450) Rn. 30 – Wasserpreise Calw II.

**4. Beweiserhebungsverfahren.** Das Beweiserhebungsverfahren ist nur teilweise im **19** Gesetz geregelt. Die **Vernehmung** wird nach §§ 395–397 ZPO durchgeführt. Die KartB führt sie unmittelbar selbst durch, nicht nach § 375 ZPO durch ein beauftragtes Gericht (vgl. dagegen zur Beeidigung → Rn. 21).[73] Die Vernehmung wird durch die Ladung angeordnet. Ein gesonderter Beweisbeschluss ist nicht erforderlich, da auf § 358 ZPO nicht verwiesen wird.[74] Die Vernehmung braucht nicht vor der gesamten Beschlussabteilung stattzufinden, kann vielmehr im Auftrag der Beschlussabteilung auch durch ein einzelnes Mitglied der KartB durchgeführt werden, arg. § 57 Abs. 3 S. 1.[75] Über die Vernehmung soll eine Niederschrift aufgenommen werden (§ 57 Abs. 3). Diese ist vom Zeugen, vom ermittelnden Mitglied der KartB und (ggf.) vom Urkundsbeamten zu unterschreiben (§ 57 Abs. 4 S. 3). Unterbleibt die Unterschrift, ist der Grund hierfür anzugeben **(Abs. 4 S. 3).** Diese Regelung unterscheidet sich von der der ZPO, wo das Protokoll (nur) von dem Vorsitzenden und dem Urkundsbeamten der Geschäftsstelle zu unterschreiben ist (§ 163 Abs. 1 S. 1 ZPO). Dort ist eine vorläufige Aufzeichnung des Inhalts des Protokolls (auch als Tonaufzeichnung) möglich (§ 160a ZPO). Die Verlesung der Niederschrift bzw. Vorlage an den Zeugen ist in **Abs. 4** geregelt. In Ausnahmefällen kann auf die Anfertigung einer Niederschrift verzichtet werden.[76] Aus § 397 ZPO, den **Abs. 2** in Bezug nimmt, ergibt sich ein Teilnahme- und Fragerecht der Beteiligten.[77]

**5. Schriftliche Beantwortung der Beweisfrage.** Um eine **schriftliche Beantwor-** **20** **tung der Beweisfrage** kann die KartB den Zeugen in entsprechender Anwendung des § 377 Abs. 3 ZPO bitten, wenn sie dies für ausreichend und zweckmäßig erachtet.[78] Ist die schriftliche Zeugenbekundung formell unzulänglich, so taugt sie auch nur mit Zustimmung der Verfahrensbeteiligten für den (schwächeren) Urkundenbeweis.[79] Auf die Zustimmung des Beteiligten kommt es nicht an. Diese Form der Beweisaufnahme kann zweckmäßig sein, wenn die Aussage schwierige Sachverhalte betrifft.[80] Angebracht ist die schriftliche Beantwortung von Beweisfragen auch im schriftlichen Verfahren (dazu → § 56 Rn. 14). Die Anordnung des BKartA muss eindeutig als Zeugenvernehmung erkennbar sein. Der Zeuge ist darauf hinzuweisen, dass er zur Vernehmung geladen werden kann (§ 377 Abs. 3 S. 2 ZPO). Antworten auf eine **Fragebogenaktion** dürfen deshalb nicht ohne weiteres als Zeugenaussagen verwertet werden.[81] Eine Befugnis der KartB zur **Entgegennahme eides-** **stattlicher Versicherungen** ergibt sich **nicht** aus § 377 Abs. 3 ZPO. Eidesstattliche Versicherungen sind vor allem für die Glaubhaftmachung nach § 70 Abs. 4 von Bedeutung. Die nach § 57 Abs. 6 fehlende Befugnis zur Abnahme von Eiden (→ Rn. 21) besagt hierfür nichts, denn die Zuständigkeit zur Entgegennahme eidesstattlicher Versicherungen ist nicht von der Zuständigkeit zur Abnahme von Eiden abhängig.[82] Aber mangels ausdrücklicher gesetzlicher Zulassung im Kartellverwaltungsverfahren ergibt sich aus § 27 Abs. 1 VwVfG, dass die KartB eidesstattliche Versicherungen nicht selbst „abnehmen", d. h. entgegennehmen kann.[83]

**6. Beeidigung eines Zeugen.** Die **Beeidigung eines Zeugen** ist dem **AG** vor- **21** behalten. Die KartB ersucht das AG um die Vereidigung, wenn sie diese zur Herbeifüh-

---

[73] Bechtold/Bosch Rn. 5.

[74] Vgl. Schneider in Bunte Rn. 33; Bracher in FK-KartellR Rn. 26; Klees in Kölner Komm KartellR Rn. 8.

[75] Vgl. Schneider in Bunte Rn. 41; Bracher in FK-KartellR Rn. 28.

[76] Bracher in FK-KartellR Rn. 30.

[77] Vgl. Schneider in Bunte Rn. 40; Bracher in FK-KartellR Rn. 27.

[78] Vgl. Schneider in Bunte Rn. 43.

[79] KG 21.6.1979 – Kart 8/78, WuW/E OLG 2140 (2141) – Einbauküchen; Schneider in Bunte Rn. 43.

[80] Vgl. Grützner/Reimann/Wissel Rn. 170.

[81] Vgl. auch schon nach der Rechtslage bis 1990 KG 21.6.1979 – Kart 8/78, WuW/E OLG 2140 (2141) – Einbauküchen; dazu auch Engelsing in MüKoWettbR Rn. 17; Schneider in Bunte Rn. 43.

[82] Vgl. BGH 25.3.1952 – 1 StR 866/51, BGHSt 2, 218 (221).

[83] Kopp/Ramsauer § 27 Rn. 3; vgl. Bracher in FK-KartellR Rn. 39; aM Bechtold/Bosch Rn. 5; unklar Klees in Kölner Komm KartellR Rn. 10 mit Fn. 39; Schneider in Bunte Rn. 43.

rung einer wahrheitsgemäßen Aussage für notwendig hält **(Abs. 6).** Die Vernehmung durch die KartB muss dem Ersuchen auf Vereidigung vorangegangen sein. Erst auf Grund dieser Vernehmung kann die KartB entscheiden, ob die Vereidigung zur Herbeiführung einer wahrheitsgemäßen Aussage notwendig ist.[84] Der Zeuge muss vor der Vereidigung die Möglichkeit haben, seine Aussage zu berichtigen.[85] Eine ergänzende Vernehmung durch das Gericht ist daher nicht ausgeschlossen.[86] Die **örtliche Zuständigkeit des Gerichts** ergibt sich für diesen besonderen Fall der Amtshilfe in analoger Anwendung aus § 157 GVG:[87] Das Ersuchen um Beeidigung ist an das AG zu richten, in dessen Bezirk die Amtshandlung vorgenommen werden soll. Das kann das AG am Wohn- oder Aufenthaltsort des Zeugen oder das AG am Sitz der KartB sein.[88] Die **Entscheidung über die Beeidigung,** nicht nur deren Durchführung, obliegt dem Gericht (Abs. 6 S. 2). Anders als bei Rechtshilfesachen (§ 158 Abs. 1 GVG) ist das Gericht nicht an das Ersuchen der KartB gebunden.[89] Es prüft selbst die tatsächlichen und rechtlichen Voraussetzungen einer Beeidigung.[90] Hält es das Ersuchen für gerechtfertigt, bestimmt es einen **Termin zur Vereidigung.** Dieser ist nicht öffentlich. Die Beteiligten haben aber aufgrund der möglichen ergänzenden Befragung durch das AG ein **Recht auf Teilnahme,** da zwar nicht § 357 ZPO, wohl aber § 397 ZPO, der das Fragerecht der Beteiligten regelt, in § 57 Abs. 2 genannt ist.[91] Gegen die Nichtzulassung zu einem Beweistermin hat der Beteiligte keinen Rechtsbehelf,[92] er kann jedoch bei der Anfechtung der Endentscheidung geltend machen, dass die Beweisaufnahme fehlerhaft war und nicht verwertet werden darf.[93]

### III. Sachverständige

22    **1. Person des Sachverständigen. Sachverständige** sind Personen, die der Behörde Kenntnis von Erfahrungssätzen aus ihrem Fachgebiet vermitteln oder auf Grund solcher Kenntnis Schlussfolgerungen ziehen oder einfach als sachkundige Gehilfen der Behörde Tatsachen feststellen. Mit dem Sachverständigenbeweis meint § 57 nur die Feststellung von **Tatsachen** durch Sachverständige. Ein Rechtsgutachten ist in diesem Sinne kein Sachverständigengutachten.[94] Allerdings nähern sich ökonomische Erfahrungssätze und Rechtsfolgen einander gerade im Kartellrecht stark an. **Privatgutachten** – etwa ein von einem Beteiligten vorgelegtes betriebswirtschaftliches Gutachten – unterliegen nicht dem Sachverständigenbeweis. Sie sind als Parteivorbringen – hier also: als Beteiligtenvorbringen – zu würdigen.[95] Urkundlichen Beweis erbringt das Privatgutachten nur dafür, dass der Sachverständige sich in dieser Weise geäußert hat.[96]

23    **2. Der Sachverständigenbeweis.** Der **Sachverständigenbeweis** ist teilweise in **§ 57,** teilweise durch **Verweisung auf die ZPO** geregelt. Neben den in § 57 Abs. 5 durch Verweisung auf die Abs. 3 und 4 normierten Verfahren bei der Vernehmung von Sach-

---

[84] Vgl. Bracher in FK-KartellR Rn. 38; Dörinkel MA 1965, 743 f.

[85] Dörinkel MA 1965, 743.

[86] Dörinkel MA 1965, 743; Klees in Kölner Komm KartellR Rn. 11 Fn. 41; Schneider in Bunte Rn. 42.

[87] Vgl. Bracher in FK-KartellR Rn. 38.

[88] Bracher in FK-KartellR Rn. 38; vgl. Hunke in Anders/Gehle ZPO GVG § 157 Rn. 1.

[89] Bracher in FK-KartellR Rn. 38.

[90] Schneider in Bunte Rn. 42.

[91] Dörinkel MA 1965, 744; Bracher in FK-KartellR Rn. 38.

[92] Näher Dörinkel MA 1965, 745.

[93] Vgl. Dörinkel MA 1965, 745.

[94] Zust. Engelsing in MüKoWettbR Rn. 18.

[95] Vgl. BGH 11.5.1993 – VI ZR 243/9, NJW 1993, 2382 (2383); BPatG 29.1.1976 2 ZA (pat) 14/75 GRUR 1976, 608 (609); OLG Frankfurt a. M. 30.10.1968 – 11 U 17/68, NJW 1969, 557 (558); Gehle in Anders/Gehle ZPO Vor § 402 Rn. 21 ff.

[96] Vgl. Greger in Zöller ZPO § 402 Rn. 3, § 394 Rn. 3.

verständigen, regeln die in Abs. 2 genannten Vorschriften für den Sachverständigenbeweis im Kartellverwaltungsverfahren folgendes:

**§ 372 Abs. 1 ZPO:**
Die KartB kann die **Zuziehung von Sachverständigen** bei der Einnahme des Augenscheins anordnen.

**§ 402 ZPO:**
Für den Sachverständigenbeweis gelten die **Vorschriften über den Zeugenbeweis** entsprechend.[97]

**§ 404 ZPO:**
Die **Auswahl** und die **Bestimmung der Anzahl** der Sachverständigen erfolgt durch die KartB.

**§ 404a ZPO:**
Die **KartB** hat die Tätigkeit des Sachverständigen zu leiten und kann ihm für Art und Umfang seiner Tätigkeit Weisungen erteilen (Abs. 1), die den Parteien mitzuteilen sind (Abs. 5).

**§ 406 ZPO:**
Die Beteiligten haben das Recht, den Sachverständigen aus den dort genannten Gründen **abzulehnen.**

**§ 407 ZPO:**
Zur Begutachtung ist **verpflichtet,** wer für Gutachten der betreffenden Art öffentlich bestellt ist, wer die zum Gutachten nötige Wissenschaft, Kunst oder Gewerbetätigkeit zum Erwerbe ausübt oder wer zur Ausübung einer solchen Tätigkeit öffentlich bestellt ist (Abs. 1). Eine Pflicht zur Erstattung eines Gutachtens besteht auch für jede Person, die sich vor Gericht dazu bereit erklärt hat (Abs. 2). Darüber hinaus besteht grds. keine Pflicht zur Begutachtung.

**§ 407a ZPO:**
Der Sachverständige hat zu prüfen, ob der Auftrag in sein **Fachgebiet** fällt (Abs. 1). Er ist nicht befugt, den Auftrag anderen zu übertragen (Abs. 3). Auf Verlangen des Gerichts hat er Akten und sonstige beigezogene Unterlagen herauszugeben (Abs. 5).

**§ 408 ZPO:**
Dieselben Gründe, die zur Zeugnisverweigerung berechtigen, berechtigen auch einen Sachverständigen zur **Verweigerung des Gutachtens.** Die KartB kann den Sachverständigen auch aus anderen Gründen von der Pflicht zur Erstattung des Gutachtens entbinden.

**§ 409 ZPO:**
Dem nicht erschienenen oder das Gutachten unberechtigt verweigernden Sachverständigen werden die durch das Nichterscheinen oder die Weigerung verursachten **Kosten** auferlegt. Zugleich wird ihm ein Ordnungsgeld auferlegt. Ein Ordnungsgeld kann auch wiederholt festgesetzt werden (Abs. 1 S. 3). Haft oder Vorführung sind dagegen auch bei wiederholtem Nichterscheinen oder mehrfacher Weigerung unstatthaft bzw. nach § 57 Abs. 2 S. 1 Hs. 2 ausgeschlossen.

**§ 411 ZPO:**
Die KartB kann nach ihrem Ermessen eine **schriftliche Begutachtung** anordnen (Abs. 1) und den Beteiligten eine Frist zur Stellungnahme setzen (Abs. 4). Bedarf das schriftliche Gutachten der Erläuterung, kann die Behörde das Erscheinen des Sachverständigen anordnen (Abs. 3). Der Verhängung eines Ordnungsgeldes gegen einen die ihm gesetzte Frist versäumenden Sachverständigen geht die Androhung voraus (Abs. 2).

**§ 412 ZPO:**
Wenn die KartB ein Gutachten für ungenügend erachtet, kann sie eine **neue Begutachtung** anordnen.

---

[97] Hierzu im Einzelnen Gehle in Anders/Gehle ZPO § 402 Rn. 1.

**§ 413 ZPO:**
Der Sachverständige erhält eine **Vergütung** nach dem Justizvergütungs- und -entschädigungsgesetz.

## IV. Sonstige Beweismittel

24      Wie aus → Rn. 13 ersichtlich, gibt es keine geschlossene Kette der Beweismittel. Wie im allgemeinen Verwaltungsverfahrensrecht (§ 26 Abs. 1 VwVfG) ergibt sich daher keine Beschränkung auf die in Abs. 2 genannten förmlichen Beweismittel. Neben dem Beweis durch Augenschein, Zeugen und Sachverständige kommen insbesondere Auskünfte nach § 59 in Betracht. Selbstverständlich kann sich die KartB auch des **Urkundenbeweises** bedienen und kann zum Zweck der Beweisführung auch Akten beiziehen (vgl. § 26 Abs. 1 S. 2 Nr. 3 VwVfG).[98] Umgekehrt erlaubt der Grundsatz des Freibeweises keine Umgehung der für die förmliche Beweiserhebung geltenden Regeln. Ein unzulässiges Beweisverfahren kann daher nicht durch bloße Änderung der Bezeichnung in ein scheinbar zulässiges umgemünzt würde.[99] Die KartB kann sich im Rahmen des ihr vorgeschriebenen Verfahrens auch sonstiger Erkenntnismittel bedienen. Dazu gehören auch **demoskopische Umfragen,** die im Übrigen selbst im wettbewerbsrechtlichen Zivilprozess als Mittel der Wahrheitsfindung anerkannt sind.[100] Im Verwaltungsverfahren können sie selbstständige Erkenntnisquellen sein.[101] Ebenso wenig wie ein Zivilgericht darf die KartB die Ergebnisse eines Meinungsforschungsinstituts „blind" übernehmen, sondern hat eine eigene Bewertung und Gewichtung vorzunehmen.[102] Die Fragestellung und die Umfrageergebnisse müssen anerkannten Regeln empirischer Sozialforschung entsprechen und auch an der allgemeinen Lebenserfahrung gemessen werden. Auch eine **Beteiligtenvernehmung** (besser: die Einholung von Angaben der Beteiligten) wird, obgleich im Gesetz nicht geregelt, jedenfalls als subsidiäres Beweismittel zugelassen.[103] Insofern dient die Anhörung der Beteiligten (→ § 56 Rn. 1) nicht nur der Gewährung rechtlichen Gehörs, sondern auch der Sachverhaltsermittlung. Es handelt sich dabei um Angaben der Beteiligten im Rahmen ihrer Förderungspflicht, nicht um förmliche Auskünfte nach § 59.

## V. Anfechtbarkeit von Beschlüssen

25      Beruht eine Verfügung der KartB auf **mangelhafter Sachaufklärung,** so ist sie anfechtbar. Das Beschwerdegericht hebt sie in aller Regel auf, denn es kann nicht an Stelle der KartB erste Sachaufklärungen durchführen (→ § 75 Rn. 4). Auch die **Beweiswürdigung** unterliegt der uneingeschränkten gerichtlichen Nachprüfung, denn die Beschwerde ist – im Gegensatz zur Rechtsbeschwerde – Tatsacheninstanz. Verstößt die KartB gegen Vorschriften der Beweiserhebung wie zum Beispiel die Belehrungspflicht von Zeugen, kann diese zu einem Verwertungsverbot führen.[104]

## D. Beschwerde

### I. Entsprechend anwendbare ZPO-Vorschriften

26      Gegen die Anordnungen der KartB im Rahmen der Beweisaufnahme ist nach Maßgabe folgender ZPO-Vorschriften die sofortige Beschwerde zulässig:

---

[98] Bracher in FK-KartellR Rn. 42 ff.
[99] Gegen urkundliche Verwertung eines nach § 377 Abs. 3 ZPO aF unzulässigen schriftlichen Zeugenbeweises etwa KG 21.6.1979 – Kart 8/78, WuW/E OLG 2140 (2141) – Einbauküchen; vgl. bereits KG 2.4.1975 – Kart 42/74, WuW/E OLG 1593 (1596) – Haushaltsmargarine.
[100] Dazu Bähr in Ahrens Wettbewerbsprozess-HdB Kap. 26, Rn. 17 ff.
[101] AM Bracher in FK-KartellR Rn. 46, 48.
[102] Rinken in Cepl/Voß ZPO § 286 Rn. 21.
[103] Bracher in FK-KartellR Rn. 47.
[104] Dazu Bracher in FK-KartellR Rn. 54; Becker in LMR Rn. 5.

**§§ 380 Abs. 3, 390 Abs. 3 ZPO:**
sofortige Beschwerde gegen die Verhängung von Zwangsmitteln gegen nicht erschienene oder die Aussage verweigernde Zeugen;

**§§ 409 Abs. 2, 411 Abs. 2 S. 5 ZPO:**
sofortige Beschwerde gegen die Verhängung von Zwangsmitteln gegen nicht erschienene, die fristgerechte Erstattung des Gutachtens verweigernde oder versäumende Sachverständige;

**§ 387 Abs. 3 ZPO:**
sofortige Beschwerde gegen den Beschluss über die Rechtmäßigkeit der Zeugnisverweigerung;

**§ 406 Abs. 5 ZPO:**
sofortige Beschwerde gegen den Beschluss, durch den die Ablehnung des Sachverständigen für unbegründet erklärt wird.

## II. „Rechtsnatur" der Beschwerde

Die rechtssystematische Einordnung des besonderen Beschwerdeverfahrens ist angesichts **27** der unsystematischen Verweisungstechnik des § 57 zweifelhaft. Um eine zivilprozessuale Beschwerde handelt es sich nicht. Die Beschwerde richtet sich vielmehr gegen beweisrechtliche Entscheidungen in einem Verwaltungsverfahren. Aber es liegt auch keine Beschwerde nach §§ 73 ff. vor; die „sinngemäße" Anwendung von § 380 Abs. 3, § 387 Abs. 3, § 390 Abs. 3, § 406 Abs. 5, § 409 Abs. 2, § 411 Abs. 2 S. 4 ZPO bedeutet nicht, dass in diesen Fällen beschwerdefähige Verfügungen vorliegen.[105] Auch die § 57 Abs. 2, §§ 91, 92 zeigen, dass hier **ein besonderen Regelungen unterliegendes Beschwerdeverfahren** angeordnet ist, denn anderenfalls würde sich die Zuständigkeit der OLGe und der Kartellsenate im Besonderen schon aus § 73 Abs. 4, §§ 91, 92 ergeben.[106] Der ganze Verweisungskanon des § 57 ist aus heutiger Sicht höchst unzweckmäßig, und dies erklärt die Tendenz, stattdessen auf die sachnäheren §§ 73 ff. zurückzugreifen. Aber Vorrang hat die „sinngemäße" Anwendung der in Abs. 2 S. 1 in Bezug genommenen ZPO-Regeln.[107] Ob die Beschwerde ihrer „Rechtsnatur" nach im Verhältnis zu §§ 73 ff. ein aliud oder eine wesensgleiche Modifikation ist, ist gegenüber diesem Normanwendungsproblem eine rein theoretische Frage.

## III. Verfahren

Das Verfahren bei der Beschwerde nach § 57 Abs. 2 GWB, § 380 Abs. 3, § 387 Abs. 3, **28** § 390 Abs. 3, § 406 Abs. 5, § 409 Abs. 2, § 411 Abs. 2 S. 4 ZPO ist **unklar geregelt,** weil wichtige beschwerderechtliche Vorschriften (vor allem die §§ 569, 577 ZPO) nicht in Bezug genommen worden sind. Das bringt Zweifelsfragen mit sich, die vor allem die Form der Beschwerdeeinlegung, die Beschwerdefrist und die Postulationsfähigkeit betreffen. Die rechtliche Würdigung muss sich von zwei Gedanken leiten lassen: **Erstens** ist die auf den ZPO-Bestimmungen beruhende Beschwerde keine reguläre kartellverwaltungsrechtliche Beschwerde nach § 73, sondern eine besondere Beschwerdeart oder doch jedenfalls eine stark modifizierte kartellrechtliche Beschwerde (→ Rn. 27). **Zweitens** ist die auf den ZPO-Regeln beruhende Beschwerde tunlichst im Einklang mit den ZPO-Regeln auszugestalten. Wenn Abs. 2 S. 1 eine „sinngemäße" Anwendung der einschlägigen ZPO-Regeln vorschreibt, dann bedeutet dies, dass die Beschwerde sich „sinngemäß", dh soweit mit dem Kartellverwaltungsverfahren vereinbar, am Muster der ZPO zu orientieren hat. Diese sinngemäße Anwendung bezieht notwendig solche beschwerderechtlichen ZPO-Vorschriften ein, auf die Abs. 2 nicht ausdrücklich Bezug nimmt.

---

[105] In dieser Richtung aber Schneider in Bunte Rn. 44.
[106] Zust. Bracher in FK-KartellR Rn. 51; s. auch Engelsing in MüKoWettbR Rn. 20; Klees in Kölner Komm KartellR Rn. 15 mit Fn. 46.
[107] Zust. Engelsing in MüKoWettbR Rn. 15.

**29**   **1. Gegenstand der Beschwerde.** Gegenstand der Beschwerde **(beschwerdefähige Entscheidungen)** sind nur die in sinngemäßer Anwendung der §§ 380, 387, 390, 406, 409, 411 Abs. 2 ZPO getroffenen Entscheidungen der KartB. Ein Beweisbeschluss ist dagegen nach § 57 Abs. 2 so wenig anfechtbar wie nach § 73.[108]

**30**   **2. Beschwerdebefugnis. Beschwerdebefugt** ist im Gegensatz zu § 73 Abs. 2 grundsätzlich nur der von der angefochtenen Maßnahme betroffene Zeuge oder Sachverständige.[109] Das Gesetz fordert mit der sinngemäßen Anwendung der ZPO-Normen (→ Rn. 27) auch diese Einschränkung der Beschwerdebefugnis. Auch die ratio legis der umfassenden Beschwerdebefugnis in § 73 (dazu → § 73 Rn. 22) trifft hier nicht zu. Im Wesentlichen übereinstimmend entscheiden auch diejenigen, die im Grundsatz die §§ 73 ff. auf diese Beschwerde anwenden wollen.[110] Die sofortige Beschwerde nach § 406 Abs. 5 ZPO steht dem Antragsteller im Ablehnungsverfahren zu. Im Fall des § 387 Abs. 3 ZPO kann die sofortige Beschwerde bei Verneinung des Zeugnisverweigerungsrechts nur von dem Zeugen, bei ihrer Bejahung von dem eingelegt werden, den die materielle Beweislast trifft.

**31**   **3. Beschwerdegegner.** Ein Beschwerdegegner ist in den einschlägigen ZPO-Verfahren nicht vorhanden.[111] Da zwischen KartB und Gericht kein eigentlicher Instanzenzug besteht, ist aber die KartB rechtsähnlich § 63 Abs. 1 Nr. 2 als am Beschwerdeverfahren beteiligt anzusehen. Die **Beteiligung** weiterer Interessenten durch Beiladung zum Beschwerdeverfahren nach § 63 Abs. 1 Nr. 3 kommt nicht in Betracht.

**32**   **4. Beschwerdefrist.** Die Beschwerdefrist folgt den Regeln der ZPO.[112] Folglich unterliegt die Beschwerde in den Fällen der § 380 Abs. 3, § 387 Abs. 3, § 390 Abs. 3, § 406 Abs. 5 ZPO, § 409 Abs. 2, § 411 Abs. 2 S. 4 ZPO **als sofortige Beschwerde der zweiwöchigen Notfrist** nach § 569 Abs. 1 ZPO. Allerdings ist dies im Gesetz nicht eindeutig geklärt. Die Gegenauffassung stützt sich darauf, dass § 569 ZPO in Abs. 1 nicht genannt ist.[113] Angenommen wird, dass die Beschwerde stets der Monatsfrist nach § 74 unterliege.[114] Aber die ZPO-Regeln sind auf die Anfechtung verfahrensinterner Entscheidungen besonders zugeschnitten, und deshalb passen sie im Gesamtkontext ihrer „sinngemäßen" Anwendung (→ Rn. 27) auch in dieser Hinsicht besser als § 74. Das formalistische Argument, es fehle an der Verweisung auf § 569 ZPO, vermag nicht zu überzeugen. In Abs. 2 wird auf die §§ 380, 387, 390, 406, 409 und 411 ZPO jeweils ohne Einschränkung verwiesen. Diese Vorschriften kennen aber die in Abs. 2 Satz 2 genannten Beschwerde nur in Form der sofortigen Beschwerde. Eine „sinngemäße" Anwendung der einschlägigen ZPO-Bestimmungen muss so verstanden werden, dass die sofortige Beschwerde auch im Kartellverfahren eine sofortige bleibt und nicht zu einer diesen zivilprozessualen Normen unbekannten Beschwerde gegen kartellbehördliche Verfügungen umfunktioniert wird, an denen es in den Fällen des Abs. 2 regelmäßig fehlt. Praktiker werden in Anbetracht des Meinungsstreits darum bemüht sein, in jedem Fall die Zweiwochenfrist zu wahren.

**33**   **5. Zuständige Stelle zur Beschwerdeeinlegung.** Die Beschwerde wird **bei der KartB** eingelegt. Das folgt nach manchen aus § 74 Abs. 1 S. 1.[115] Nach richtiger Auffassung ergibt sich dies aus sinngemäßer Anwendung des § 569 ZPO.[116] In Fällen der

---

[108] Junge in GK § 54 aF Rn. 8.
[109] So bei § 380 Abs. 3, § 390 Abs. 3, § 409 Abs. 2, § 411 Abs. 2 S. 4 ZPO; richtig Junge in GK § 54 aF Rn. 8; unklar Schneider in Bunte Rn. 44 („die von der Beweiserhebung unmittelbar betroffenen Dritten").
[110] Schneider in Bunte Rn. 44; Westrick/Loewenheim § 54 aF Rn. 13.
[111] Rosenberg/Schwab/Gottwald ZPO § 147 Rn. 19.
[112] Zutreffend Bracher in FK-KartellR Rn. 51; Klees in KK-KartR Rn. 15.
[113] Schneider in Bunte Rn. 44; Junge in GK § 54 aF Rn. 8; Westrick/Loewenheim § 54 aF Rn. 13.
[114] Schneider in Bunte Rn. 44; Peter in Schulte/Just KartellR Rn. 3.
[115] Westrick/Loewenheim § 54 aF Rn. 13; wohl auch Schneider in Bunte Rn. 44.
[116] Bracher in FK-KartellR Rn. 51; Klees in Kölner Komm KartellR Rn. 15.

sofortigen Beschwerde wahrt auch die Beschwerdeeinlegung bei dem OLG in jedem Fall die Frist.

**6. Form.** Auch die Form der Beschwerdeeinlegung folgt sinngemäß aus § 569 ZPO. **34** Erforderlich ist die Einreichung einer vom Beschwerdeführer oder von seinem Verfahrensbevollmächtigten unterzeichneten Beschwerdeschrift. Man wird aus der sinngemäßen Anwendung des § 569 folgern müssen, dass auch eine Beschwerdeeinlegung zu Protokoll der KartB zulässig ist. Es besteht **kein Anwaltszwang** für die Beschwerdeeinlegung (§ 78 Abs. 3, § 569 Abs. 3 ZPO). Diejenige Ansicht, die die Beschwerde nur als Sonderfall der Beschwerde nach § 73 ansieht (→ Rn. 27), vermag dies nicht zu begründen (vgl. § 74 Abs. 5, § 64).

**7. Abhilfe.** Die Zulässigkeit einer **Abhilfe durch die KartB** ergibt sich aus sinngemä- **35** ßer Anwendung des § 572 Abs. 1 ZPO nunmehr auch für die Fälle der sofortigen Beschwerde.

**8. Rücknahme der Beschwerde. Rücknahme** der Beschwerde durch Erklärung an **36** das Beschwerdegericht und **Verzicht** auf die Beschwerdeeinlegung sind nach allg. zivilprozessualen Grundsätzen möglich.

**9. Das Beschwerdeverfahren im Übrigen.** Auch das Beschwerdeverfahren im Übri- **37** gen richtet sich sinngemäß nach den einschlägigen Regeln der ZPO. Für die aufschiebende Wirkung der Beschwerde gilt § 570 ZPO. Im Fall des § 387 Abs. 3 ZPO hindert die sofortige Beschwerde den Zeugniszwang nach § 390 ZPO. Neue Tatsachen und Beweise können beigebracht werden (§ 571 ZPO). Der Amtsermittlungsgrundsatz (die Beschwerde ist trotz der Sonderregelung in Abs. 2 kein zivilprozessuales Rechtsmittel!)[117] spielt praktisch kaum eine Rolle. Die **Beschwerdeentscheidung** ergeht durch Beschluss (§ 572 Abs. 4 ZPO). Sie lautet im Fall der Unzulässigkeit auf Verwerfung; im Fall der Zulässigkeit wird der Beschwerde entweder stattgegeben oder sie wird als unbegründet zurückgewiesen. Ist das Rechtsmittel erfolglos, so fallen die **Kosten** dem Beschwerdeführer zur Last. Dies ergibt sich aus dem sowohl § 71 Satz 2 als auch § 97 Abs. 1 ZPO zugrunde liegenden Rechtsgedanken. Hat es Erfolg, so wird eine Kostenentscheidung zugunsten des Beschwerdeführers ergehen müssen.

**10. Rechtsbeschwerde.** Gegen den im Beschwerdeverfahren ergangenen Beschluss **38** findet in den engen Grenzen des § 574 ZPO die Rechtsbeschwerde statt.

## § 58 Beschlagnahme

(1) ¹Die Bediensteten der Kartellbehörde können Gegenstände, die als Beweismittel für die Ermittlung von Bedeutung sein können, beschlagnahmen. ²Die Beschlagnahme ist dem davon Betroffenen unverzüglich bekannt zu machen.

(2) Die Kartellbehörde soll binnen drei Tagen die gerichtliche Bestätigung bei dem Amtsgericht, in dessen Bezirk sie ihren Sitz hat, beantragen, wenn bei der Beschlagnahme weder der davon Betroffene noch ein erwachsener Angehöriger anwesend war oder wenn der Betroffene und im Fall seiner Abwesenheit ein erwachsener Angehöriger des Betroffenen gegen die Beschlagnahme ausdrücklich Widerspruch erhoben hat.

(3) ¹Der Betroffene kann gegen die Beschlagnahme jederzeit die richterliche Entscheidung nachsuchen. ²Hierüber ist er zu belehren. ³Über den Antrag entscheidet das nach Absatz 2 zuständige Gericht.

(4) ¹Gegen die richterliche Entscheidung ist die Beschwerde zulässig. ²Die §§ 306 bis 310 und 311a der Strafprozessordnung gelten entsprechend.

---

[117] Zust. Bracher in FK-KartellR Rn. 51.

**Schrifttum:** Vgl. § 57; ferner: Beulke/Lüdke/Swoboda, Unternehmen im Fadenkreuz, 2009; Birmanns, Die Beschlagnahme von Buchführungsunterlagen bei dem Steuerberater, MDR 1981, 102; Bringewat, Grenzen der Beschlagnahmefreiheit im Ermittlungsverfahren nach dem GWB, BB 1974, 1559; Grützner/ Reimann/Wissel, Richtiges Verhalten bei Kartellamtsermittlungen im Unternehmen, 3. Aufl. 1993; Hermanns, Ermittlungsbefugnisse der Kartellbehörden nach deutschem und europäischem Recht, 1978; Kapp, Vertraulichkeit der Anwaltskorrespondenz im Kartellverfahren, WuW 2003, 142; Kapp/Schröder, Legal Privilege des EG-(Kartell-)Verfahrensrechts, WuW 2002, 555; Klees, Von „AM & S" zu „Akzo NObel": Weiterhin kein Legal Professional Privileg für Syndikusanwälte im europäischen Kartellverfahren, EWS 2011, 76; Lieberknecht, Probleme des Verfahrensrechts in Kartellsachen, Schwerpunkte des Kartellrechts 1977/78, 1979, S. 65; Löwe/Rosenberg, StPO, Bd. 2, 27. Aufl. 2019; Meyer-Goßner, Strafprozeßordnung, 64. Aufl. 2021; Meyer/Kuhn, Befugnisse und Grenzen kartellrechtlicher Durchsuchungen ..., WuW 2004, 880; Töllner, Die Ermittlungsbefugnisse der Kartellbehörden in Deutschland, EW 2011, 21; Vollmer, Der Zugriff auf elektronisch gespeicherte Daten im Kartellordnungswidrigkeitenverfahren, WuW 2006, 235.

## A. Normzweck

**1**   Die **Beschlagnahme** ist Teil der den KartB in § 57 Abs. 1 zugewiesenen **Ermittlungsaufgaben und -befugnisse.** Sie ist nicht selbst Beweismittel, aber sie sichert oder ermöglicht die Beweisführung durch Urkunden und Augenschein. Der Vorschrift liegt die Auffassung des historischen Gesetzgebers[1] zugrunde, dass die KartB zur Erfüllung ihrer Aufgaben im Verwaltungsverfahren des Mittels der Beschlagnahme ebenso bedürfe wie im Bußgeldverfahren. **Die praktische Bedeutung** der Norm ist dahinter weit zurück geblieben. Im Verwaltungsverfahren ist die Herausgabe von Unterlagen nach § 59 Abs. 1 S. 2 weit bedeutsamer.[2] Danach kann die KartB im Auskunftsverfahren die Herausgabe von

---

[1] Begr. 1952, S. 50.
[2] Klees in Kölner Komm KartellR Rn. 3; Quellmalz in LMRKM Rn. 2.

Unterlagen verlangen (vgl. → § 59 Rn. 64). Beschlagnahmen erfolgen dagegen regelmäßig im Kartellordnungswidrigkeitenverfahren.[3]

## B. Voraussetzungen der Beschlagnahme

### I. Förmliches Verwaltungsverfahren

Nur **im förmlichen Verwaltungsverfahren** (→ Vor § 54 Rn. 6) gilt die Ermächtigung **2** des § 58 Abs. 1 S. 1.[4] Sie gilt nicht im Bußgeldverfahren.[5] Im Bußgeldverfahren gelten die § 46 Abs. 2 OWiG, §§ 94 ff. StPO. Die Beschlagnahme setzt den Zugang zum betreffenden Gegenstand voraus. Dieser wird sich regelmäßig im Rahmen von Durchsuchungen gem. § 56b, gegebenenfalls auch durch die Herausgabe von Unterlagen nach § 59 Abs. 1 ergeben. Das Verwaltungsverfahren muss eingeleitet sein. Vorher ist die Beschlagnahme nicht zulässig.[6] Erste Ermittlungshandlung im Rahmen eines Verwaltungsverfahrens und damit Einleitungshandlung kann aber auch die Beschlagnahme selbst sein.[7] Nachträgliche Beschlagnahmehandlungen im Rahmen von Nachermittlungen im Beschwerdeverfahren sind von § 58 gedeckt.[8] Eine nachträgliche **Verwendung beschlagnahmter Beweismittel im Bußgeldverfahren** setzt voraus, dass die Voraussetzungen einer Beschlagnahme nach dem OWiG erfüllt sind.

### II. Gegenstand der Beschlagnahme

Gegenstand der Beschlagnahme sind nach Abs. 1 **„Gegenstände, die als Beweismittel 3 für die Ermittlung von Bedeutung sein können".** Diese Formulierung ist § 94 Abs. 1 StPO entnommen. Mit **„Gegenständen"** sind im Gegensatz zum bürgerlich-rechtlichen Sprachgebrauch (Sachen und Rechte) einerseits **körperliche Gegenstände** gemeint, anderseits aber auch unbewegliche Sachen und nicht körperliche Sachen wie **gespeicherte Daten** (→ Rn. 4).[9] Im letzteren Fall sind die Datenträger (auch Ton- und Bildträger) selbst beschlagnahmefähige „Gegenstände" (aber → Rn. 4).[10] Kopien sind ebenso „Gegenstände" wie Originale,[11] Zufallsfunde ebenso wie gezielt ausgekundschaftete Beweisstücke.[12] **Bedeutung als Beweismittel** hat ein Gegenstand, der geeignet erscheint, im Rahmen des konkreten Verfahrens Verwendung zu finden („verfahrensbedeutsame Unterlagen"). Diesbezüglich ist eine **prognostische Entscheidung** zu fällen. Im Hinblick auf die zum Zeitpunkt der Beschlagnahme bestehende Ungewissheit über die Entwicklung des Verfahrens kommt es nicht darauf an, ob der beschlagnahmte Gegenstand später tatsächlich als Beweismittel Verwendung finden wird.[13] Aber die Verwendungsprognose muss durch den konkreten Fall gerechtfertigt sein.[14] Im Zeitpunkt der Beschlagnahme müssen greifbare Anhaltspunkte darauf hinweisen, dass der jeweilige Gegenstand Schlussfolgerungen auf verfahrensrelevante Tatsachen zulässt und als Beweismittel von Bedeutung sein kann.[15]

---

[3] Ost in MüKoWettbR Rn. 1.
[4] Bracher in FK-KartellR Rn. 5.
[5] Klees in Kölner Komm KartellR.
[6] Grützner/Reimann/Wissel Rn. 189.
[7] Vgl. Hauschild in MüKoStPO § 94 Rn. 17, zum Parallelthema bei § 94 StPO; Klees in Kölner Komm KartellR Rn. 4.
[8] Schneider in Bunte KartellR Rn. 1.
[9] Zu letzteren vgl. Ost in MüKoWettbR Rn. 2; Schneider in Bunte KartellR Rn. 1.
[10] Klees in Kölner Komm KartellR Rn. 9.
[11] Klees in Kölner Komm KartellR Rn. 9; Schneider in Bunte KartellR Rn. 2.
[12] Schneider in Bunte KartellR Rn. 1.
[13] BVerfG 1.10.1987 – 2 BvR 1178/86 ua, BVerfGE 77, 1 = NJW 1988, 890; BGH 6.4.1962 – 2 StR 9/62, JZ 1962, 609 zu § 94 StPO; Menges in Löwe/Rosenberg StPO § 94 Rn. 23; Bracher in FK-KartellR § 58 Rn. 8; siehe auch Bechtold/Bosch Rn. 2.
[14] Vgl. auch Klees in Kölner Komm KartellR Rn. 10.
[15] Bracher in FK-KartellR Rn. 8; vgl. Hauschild in MüKoStPO § 94 Rn. 21.

Unzulässig ist – auch im Licht des Verhältnismäßigkeitsgrundsatzes – im Regelfall die Beschlagnahme sämtlicher Geschäftsunterlagen eines Unternehmens.[16] Eine Grobdurchsicht, die darauf schließen lässt, dass sich unter den Unterlagen auch beschlagnahmefähige Unterlagen befinden, reicht nicht aus, um die Unterlagen in Bausch und Bogen zu beschlagnahmen.[17] Auf der anderen Seite ist nicht erforderlich, dass die KartB den mutmaßlichen Inhalt der beschlagnahmten Unterlagen bereits benennen kann.

**3a**    In Betracht kommen **auch innerbetriebliche Unterlagen** (zB Aktenvermerke, Datenträger), wenn sie Bedeutung als Beweismittel haben können.[18] Es gibt keinen Grundsatz, wonach von einer Beschlagnahme der Teil der Geschäftsunterlagen ausscheiden müsste, der sich nicht auf den Geschäftsverkehr mit Dritten bezieht.[19] Abgesehen davon, dass die Frage, ob ein Gegenstand wettbewerbsrechtliche Bedeutung hat, häufig erst nach Überprüfung im Einzelfall beantwortet werden kann, können vor allem in der Missbrauchsaufsicht nach § 19 scheinbare Interna sehr wohl von Bedeutung sein. Als Beweismittel und damit als Gegenstände der Beschlagnahme kommen auch Gegenstände in Betracht, die (zumindest gleichzeitig) **privat** genutzt werden, zB ein Taschenkalender.[20] Auch auf die Eigentumslage kommt es nicht an.[21] Nach dem **Grundsatz der Verhältnismäßigkeit** (→ Rn. 5) wird aber die KartB idR gehalten sein, sich mit Abschriften oder Fotokopien der potentiell verfahrensbedeutsamen Teile der Privatunterlage zu begnügen (vgl. → Rn. 5). Abhängig von den Umständen des Einzelfalles kann sich aus dem durch Art. 1 Abs. 1, 2 Abs. 1 GG geschützten Persönlichkeitsrecht auch ein Beschlagnahmeverbot ergeben.[22]

### III. Erforderlichkeit der Beschlagnahme

**4**    **Erforderlichkeit** der Beschlagnahme ist ungeschriebene Voraussetzung des § 58.[23] An ihr fehlt es nicht schon dann, wenn das Beweismittel für die Durchführung des Verfahrens lediglich nützlich, voraussichtlich aber nicht unentbehrlich ist. Eine engere Auslegung würde die weite Fassung des Abs. 1 („Gegenstände, die als Beweismittel für die Ermittlung von Bedeutung sein können") unterlaufen. Die Unentbehrlichkeit der Beschlagnahme ist ggf. unter dem Gesichtspunkt der **Verhältnismäßigkeit** in die Erforderlichkeitsprüfung einzubeziehen (→ Rn. 5). Es fehlt die Erforderlichkeit, wenn der Gewahrsamsinhaber zur freiwilligen Herausgabe bereit ist.[24] Nicht erforderlich ist auch eine Beschlagnahme von Originalunterlagen, wenn Fotokopien zur Verfügung stehen, die genügende Beweiskraft haben.[25]

**Bei Datenträgern** (→ Rn. 3) gilt, dass nicht ohne Weiteres der ganze Datenträger der Beschlagnahme unterliegt, sondern nur die im konkreten Fall relevanten Datensätze. Diese sind zu kopieren oder auszudrucken, damit nicht der gesamte Datenträger beschlagnahmt werden muss.[26] Nicht zulässig ist, ganze E-Mail-Accounts auf CD-ROM zu brennen und diese anschließend zu beschlagnahmen. Im Ordnungswidrigkeitenverfahren billigt die Rechtsprechung den KartB aber zu, die Sichtung der zu Sicherungszwecken hergestellten

---

[16] Bracher in FK-KartellR Rn. 8; Grützner/Reimann/Wissel Rn. 209; Klees in Kölner Komm KartellR Rn. 10.

[17] LG Bonn 17.6.2003 37 Qs 20/03 WuW/E DE-R 1447 (1448) – Abgespeicherte E-mail (zu §§ 94, 110 StPO).

[18] Ebenso Bracher in FK-KartellR Rn. 7; Klees in Kölner Komm KartellR Rn. 9.

[19] So aber Müller/Giessler/Scholz § 55 aF Rn. 4.

[20] Bracher in FK-KartellR Rn. 7.

[21] Vgl. Menges in Löwe/Rosenberg StPO § 94 Rn. 17.

[22] Vgl. BVerfG 18.4.2018 – 2 BvR 883/17, BeckRS 2018, 9554 Rn. 28 f.; s. auch BVerfG 27.6.2018 – 2 BvR 1405/17, NJW 2018, 2385 (2386) Rn. 67 f. – Durchsuchung einer Anwaltskanzlei im Zuge des VW-Diesel-Skandals; Menges in Löwe/Rosenberg StPO § 94 Rn. 73 ff.

[23] Bracher in FK-KartellR Rn. 10.

[24] Bracher in FK-KartellR Rn. 10; Klees in Kölner Komm KartellR Rn. 11; Schneider in Bunte KartellR Rn. 2; Westrick/Loewenheim § 55 aF Rn. 2; Klose in Wiedemann § 53 Rn. 116.

[25] Ebenso Bracher in FK-KartellR Rn. 10; Klose in Wiedemann § 53 Rn. 116; **aM** Schneider in Bunte KartellR Rn. 2.

[26] Bechtold/Bosch Rn. 2; Bracher in FK-KartellR Rn. 11.

Datenträger in den Räumen der Behörde fortzusetzen.[27] Diese Vorgehensweise lässt sich auch auf das Kartellverwaltungsverfahren übertragen, sofern die Rechtsposition der Betroffenen dadurch nicht verschlechtert wird. Die Fortsetzung der Durchsicht in den Räumen der KartB darf nicht zu einem „Geheimverfahren" führen. Den Betroffenen und ihren Rechtsberatern ist daher Gelegenheit zur Teilnahme zu geben. Die KartB hat darüber hinaus ihre Maßnahmen genau zu dokumentieren und den Betroffenen anschließend mitzuteilen.

## IV. Verhältnismäßigkeit

Verhältnismäßigkeit des Mittels ist außer der Erforderlichkeit zu beachten (dazu auch **5** → Rn. 3, 4 sowie → § 57 Rn. 6).[28] Der kartellbehördliche Eingriff muss in einem ausgewogenen Verhältnis zum Verfahrensziel stehen. Er darf außerdem nicht weiter reichen als zur Verfolgung des Beweissicherungszwecks notwendig. ZB muss dem Betroffenen und seinem Anwalt, wenn sich die KartB nicht mit Kopien begnügt, auch nach erfolgter Beschlagnahme Einsicht in die beschlagnahmten Unterlagen gewährt und ggf. auch die Zurückhaltung von Kopien gestattet werden.[29]

## V. Betroffener

Betroffener ist jeder, in dessen rechtlich geschützte Interessen durch die Beschlagnahme **6** eingegriffen wird[30], dies sind insbesondere Personen, deren Gewahrsam oder deren Eigentums- oder Besitzrechte dadurch berührt werden.[31] Dies entspricht der hL zu § 98 StPO. Nachdem der Begriff bei den Auswirkungen der Beschlagnahme anknüpft, ist nicht erkennbar, weshalb er im Rahmen des Verwaltungsverfahrens nach § 58 restriktiver ausgelegt werden sollte. Die Einbeziehung von Dritteigentümern und weiteren Rechtsinhabern gilt einheitlich für § 58. Ein bloß reflexives Betroffensein genügt allerdings nicht (vgl. → Rn. 9 f., 19).[32] Betroffen kann nicht nur ein Unternehmen oder eine Unternehmensvereinigung sein (vgl. dagegen § 59), sondern **jede – auch jede natürliche – Person**.[33] Auf die Eigentumslage kommt es nicht an (zum Rechtsschutz des Dritten vgl. → Rn. 19). Es kommt auch nicht darauf an, ob der Betroffene selbst der kartellrechtliche „Störer" ist, gegen den sich das Verfahren iSv § 54 Abs. 2 richtet oder als Organ oder Angestellter des „Störers" zu ihm in irgendeiner Beziehung steht.[34] § 58 darf jedoch nicht zum Mittel werden, um **Zeugnisverweigerungsrechte** zu unterlaufen.[35] Für das Zeugnisverweigerungsrecht der Abgeordneten folgt dies unmittelbar aus Art. 47 S. 2 GG. **Umstritten** ist die analoge Anwendung der Beschlagnahmeverbote der StPO, insbesondere des **§ 97 StPO**.[36] Insbesondere das **Legal Professional Privilege** für Anwälte ist demgemäß auch für die nationale Kartellrechtspraxis vieldiskutiert (zur EU-Praxis vgl. Bd. I [EU] → VO 1/2003 Vor Art. 17 Rn. 49 ff.). Entgegen der hier in früheren Auflagen vertretenen Auffassung wird die Anwendbarkeit des § 97 StPO nunmehr unter Betonung der unterschied-

---

[27] LG Bonn 17.6.2003 – 37 Qs 20/03, WuW/E DE-R 1447 (1448) – Abgespeicherte E-mail (zu §§ 94, 110 StPO); s. auch BVerfG 12.4.2005 – 2 BvR 1027/02, NJW 2005, 1917 (1921 f.); Vollmer WuW 2006, 235 (238 u. 240 f.).
[28] Dazu Bracher in FK-KartellR Rn. 11; Klees in Kölner Komm KartellR Rn. 11.
[29] Lieberknecht Schwerpunkte des Kartellrechts 1977/78, 71 f.
[30] KG 5.5.1999 – 2 AR 26/99 – 3 Ws 116/99, NJW 1999, 2979 (2980) Rn. 2.
[31] Köhler in Meyer-Goßner/Schmitt § 98 Rn. 15; Hauschild in MüKoStPO § 98 Rn. 26; siehe auch Bracher in FK-KartellR Rn. 13.
[32] Str.; Bracher in FK-KartellR Rn. 13.
[33] Hermanns S. 116; Bracher in FK-KartellR Rn. 13; Grützner/Reimann/Wissel Rn. 198.
[34] Vgl. sinngemäß zu § 94 StPO Menges in Löwe/Rosenberg § 94 Rn. 17; zur Beschlagnahme von Buchführungsunterlagen beim Steuerberater des Beschuldigten vgl. Birmanns MDR 1981, 102.
[35] So auch Bracher in FK-KartellR Rn. 9.
[36] Ausführlicher noch hier in der 4. Aufl.; vgl. auch Grützner/Reimann/Wissel Rn. 200; Junge in GK § 55 aF Rn. 1.

lichen Verfolgungszwecke überwiegend abgelehnt.[37] An die Stelle der strikten Beschlagnahmeverbote im Strafprozessrecht tritt hiernach der Grundsatz der **Verhältnismäßigkeit.**[38] Ein Beschlagnahmeverbot besteht, wenn sich der Gegenstand im **Gewahrsam des Zeugnisverweigerungsberechtigten** befindet.[39] Es darf auch kein Mitgewahrsam des Zeugnisverweigerungsberechtigten mit dem Betroffenen bestehen.[40]

**Gegenstände im Gewahrsam von Syndikusanwälten** sind nur geschützt, sofern der Syndikusanwalt mit typischen anwaltlichen Aufgaben befasst ist. Das soll dann der Fall sein, wenn er die konkreten Unterlagen als Rechtsanwalt gegenüber Dritten erstellt hat, nicht aber, wenn er für das eigene Unternehmen tätig war.[41] Nicht geklärt ist, ob ein Beschlagnahmeverbot auch in Bezug auf Gegenstände besteht, die nicht im Gewahrsam eines Zeugnisverweigerungsberechtigten sind, zB der **Schriftverkehr mit dem Anwalt,** der nicht im Gewahrsam des Anwalts ist. Ein Beschlagnahmeverbot nach § 148 StPO würde ein Verteidigungsverhältnis voraussetzen, das erst dann vorliegen soll, wenn ein Ermittlungsverfahren eingeleitet wurde und der Betroffene Kenntnis von den Ermittlungen hat.[42] Die Beschlagnahme von Anwaltskorrespondenz unterliegt jedoch den Grenzen, die sich aus dem im europäischen Recht anerkannten Grundsatz des Legal Privilege (Anwaltsprivileg) ergeben (Bd. I [EU] → VO 1/2003 Vor Art. 17 Rn. 49 ff.).[43] Diese Privilegierung gilt für jegliche Korrespondenz mit einem unabhängigen Anwalt, unabhängig davon, wo sie aufgefunden wird.[44] Sie gilt auch für Beratung vor Einleitung eines konkreten Verfahrens durch die Behörde, sofern sie mit den Ermittlungen in Zusammenhang steht. Besteht ein solcher Zusammenhang nicht, wird es regelmäßig schon an der Bedeutung als Beweismittel fehlen. Das Schutzbedürfnis für die Korrespondenz mit dem (unabhängigen) Anwalt ergibt sich aus dem zwangsweisen staatlichen Zugriff, nicht erst aus der Möglichkeit zur Verhängung einer Geldbuße. Der Zweck des Anwaltsprivilegs, sich frei an einen Rechtsanwalt wenden zu können, kann nur erreicht werden, wenn die betreffende Korrespondenz generell, dh auch im Verwaltungsverfahren, beschlagnahmefrei bleibt. Daneben ist zu berücksichtigen, dass ein Verwaltungsverfahren in ein Ordnungswidrigkeitenverfahren übergehen kann.

## C. Das Verfahren der KartB

### I. Anordnung und Vollzug

7    Zu unterscheiden ist zwischen der Anordnung und dem Vollzug der Beschlagnahme. Tatsächlich kann beides zusammenfallen. Das Verfahren der Beschlagnahmeanordnung ist ein Nebenverfahren, das aber durch § 58 weitgehend spezialgesetzlich geregelt ist.

---

[37] Vgl. Bracher in FK-KartellR Rn. 9, 11; Ost in MüKoWettbR Rn. 3; Schneider in Bunte KartellR Rn. 2; referierend Klees in Kölner Komm KartellR Rn. 12.
[38] Vgl. Bracher in FK-KartellR Rn. 9.
[39] LG Bonn 27.3.2002 – 37 Qs 91/01, WuW/E DE-R 917 f. = BeckRS 2011, 8005 – Der Grüne Punkt – Duales System Deutschland (zu § 97 StPO); vgl. Hauschild in MüKoStPO § 97 Rn. 19 ff.; Köhler in Meyer-Goßner/Schmitt § 97 Rn. 11.
[40] BGH 4.8.1964 – 3 StB 12/63, BGHSt 19, 374.
[41] LG Bonn 29.9.2005 – 37 Qs 27/05, WuW/E DE-R 1787 (1790) = BeckRS 2008, 3704 – Anwaltskorrespondenz (zu § 97 StPO); LG Bonn 29.9.2005 – 37 Qs 27/05, NStZ 2007, 605 = WuW/E DE-R 1787 Rn. 7.
[42] LG Bonn 29.9.2005 – 37 Qs 27/05, WuW/E DE-R 1787 (1789) = BeckRS 2008, 3704 – Anwaltskorrespondenz.
[43] So auch Kapp/Schröder WuW 2002, 555 ff.; offengelassen LG Bonn 27.3.2002 – 37 Qs 91/01, WuW/E DE-R 917 f. = BeckRS 2011, 8005 – Der Grüne Punkt – Duales System Deutschland; siehe dazu Kapp WuW 2003, 142 ff.; zum Legal Privilege auch → VO 1/2003 Vor Art. 17–22 Rn. 49 ff.
[44] So auch Bechtold/Bosch § 59a Rn. 3.

Zulässigkeit von Zwang seitens der Vollzugsbeamten noch nicht geklärt. Im Strafprozessrecht wird von einem – allerdings umstrittenen – Grundsatz ausgegangen, wonach sich die Zulässigkeit von Zwang nicht nur aus dem Gesetz ergeben kann, sondern auch aus dem Sinn und Zweck einer gesetzlich zulässigen Maßnahme.[65] Das gilt auch für die Beschlagnahme.[66] Auf § 58 lässt sich dies nicht ohne weiteres übertragen. Anzuwenden ist das Recht der **Verwaltungsvollstreckung.**[67] Unmittelbarer Zwang ist danach zulässig (§ 12 VwVG). Ist sofortiger Vollzug erforderlich, so bedarf es weder eines vorausgehenden VA noch einer vorherigen schriftlichen Androhung des Zwangs (§§ 6 Abs. 1, 13 Abs. 1 VwVG). Ergeht die Beschlagnahmeanordnung als schriftliche Verfügung (→ Rn. 11), so müsste, genau genommen, die Anwendung unmittelbaren Zwangs ausdrücklich schriftlich angedroht werden (§ 13 Abs. 2 VwVG). Indes trägt die schriftliche Beschlagnahmeanordnung diese Androhung bereits konkludent in sich.[68]

## VIII. Durchsuchungsrecht

Ein Recht zur Durchsuchung von Räumen ergibt sich nicht aus § 58, sondern nur aus **15** § 59b. Auch die Befugnis, gegen den Willen des Betroffenen dessen Wohnung oder Geschäftsräume mit dem Ziel einer Beschlagnahme zu betreten, ist § 58 nicht zu entnehmen.[69] Eindeutig zu verneinen ist eine ungeschriebene Einschränkung des Art. 13 GG.[70] Als nachkonstitutionelles Recht hätte § 58 den Art. 13 GG nur ausdrücklich einschränken können. Deshalb kann sich ein Durchsuchungsrecht nur aus § 59 ergeben.[71]

## IX. Strafrechtlicher Schutz der Verstrickung

Der strafrechtliche Schutz ergibt sich aus **§ 136 StGB (Verstrickungsbruch).** Nach **16** § 136 Abs. 3 StGB ist die Zerstörung, Beschädigung oder Unbrauchbarmachung einer beschlagnahmten Sache dann nicht strafbar, wenn die Beschlagnahme nicht durch eine rechtmäßige Diensthandlung vorgenommen ist. Dies gilt auch dann, wenn der Täter irrig annimmt, die Diensthandlung sei rechtmäßig. Im Einzelfall kann die Vernichtung, Beschädigung oder Unterdrückung beschlagnahmter Unterlagen auch den Tatbestand des § 274 StGB erfüllen.[72]

## D. Richterliche Bestätigung und Entscheidung

## I. Richterliche Bestätigung

**Richterliche Bestätigung** soll die KartB **nach Abs. 2** binnen 3 Tagen beim örtlich **17** zuständigen **AG** einholen, wenn der Betroffene (bei seiner Abwesenheit ein erwachsener Angehöriger) ausdrücklich widersprochen hat oder wenn die Beschlagnahme in Abwesenheit des Betroffenen oder eines erwachsenen Angehörigen erfolgte. Die mit der Anpassung des Wortlauts an § 98 Abs. 2 StPO erfolgte Ausgestaltung als Sollvorschrift[73] ändert nichts an der dienstlichen Verpflichtung der handelnden Bediensteten, die Frist tunlichst einzuhalten.[74] Die Vorschrift erlaubt kein gänzliches Absehen von der richterlichen Bestäti-

---

[65] Schmitt in Meyer-Goßner/Schmitt Einl. Rn. 45.
[66] Menges in Löwe/Rosenberg StPO § 98 Rn. 24.
[67] Bracher in FK-KartellR Rn. 22; Ost in MüKoWettbR Rn. 5; Schneider in Bunte KartellR Rn. 1; krit. Grützner/Reimann/Wissel Rn. 140.
[68] Bracher in FK-KartellR Rn. 22; Ost in MüKoWettbR Rn. 7.
[69] Bracher in FK-KartellR Rn. 6.
[70] Vgl. selbst für den viel näherliegenden Fall des § 758 ZPO BVerfG 3.4.1979 – 1 BvR 994/76, BVerfGE 51, 97 = NJW 1979, 1539 (1540).
[71] Bechtold/Bosch Rn. 3; Bracher in FK-KartellR Rn. 6.
[72] Vgl. Grützner/Reimann/Wissel Rn. 125.
[73] Reg. Entw. 8. GWB-Novelle BT-Drs. 17/9852, 32.
[74] Vgl. zu § 98 StPO Menges in Löwe/Rosenberg StPO § 98 Rn. 46.

gung.[75] Der Widerspruch kann formlos eingelegt werden.[76] Mangels einer Bestimmung des Begriffs „Angehöriger" im GWB ist die Regelung des, allerdings neueren, § 20 Abs. 5 VwVfG anzuwenden (§ 1 Abs. 2 VwVfG).[77] Für den Begriff „erwachsen" sollte im Interesse der Rechtssicherheit im Einklang mit § 12 VwVfG auf die Geschäftsfähigkeit abgestellt werden. Die **3-Tages-Frist** beginnt mit der Beschlagnahme und endet mit Ablauf des dritten Tages danach (§§ 187 Abs. 1, 188 Abs. 1 BGB). **Gewahrt** wird die Frist durch rechtzeitigen Eingang des Ersuchens bei dem zuständigen Gericht. Das Gericht entscheidet in diesem Fall durch Beschluss. Der Betroffene erhält rechtliches Gehör. Die Fristversäumung seitens der KartB hat keine Auswirkung auf Rechtmäßigkeit oder Wirksamkeit der Beschlagnahme („soll").[78] Der Betroffene wird erforderlichenfalls nach Abs. 3 vorgehen. Die **Entscheidung nach Abs. 2** ergeht durch Beschluss. Das Gericht hat dazu die Rechtmäßigkeit der Beschlagnahme zu prüfen. Vorher ist den Betroffenen rechtliches Gehör zu gewähren.[79] Für den Rückgabeanspruch des Betroffenen steht der ordentliche Rechtsweg offen (**§ 40 Abs. 2 VwGO**; vgl. → Rn. 12).[80]

## II. Richterliche Entscheidung

18 **1. Absatz 3. Richterliche Entscheidung** kann der Betroffene **nach Abs. 3** nachsuchen. Es kommt nicht darauf an, ob nach Abs. 2 eine richterliche Bestätigung erforderlich ist.[81] Dieser Rechtsbehelf ist unbefristet.[82] Die befristete **Beschwerde nach § 73** ist spezialgesetzlich **ausgeschlossen.** Unklar ist das Verhältnis zwischen den Verfahren nach Abs. 2 und Abs. 3. Nach wohl richtiger Auffassung müssen die Verfahren aufeinander abgestimmt werden. Die Absätze 2 und 3 gewähren alternative Wege zu einer nach Abs. 4 beschwerdefähigen Entscheidung des AG. Der Rechtsbehelf des Betroffenen nach Abs. 3 wird unzulässig, wenn das AG nach Abs. 2 die Bestätigung ausspricht oder die Bestätigung der Beschlagnahme versagt.[83] Das gilt allerdings nicht, wenn eine andere als die nach Abs. 2 widersprechende Person als Betroffener (→ Rn. 19) die Entscheidung nach Abs. 3 beantragt.[84] Wer beschwert ist, kann die Entscheidung nach Abs. 4 im Beschwerdewege anfechten.

19 **2. Befugnis des Betroffenen.** Der Betroffene ist befugt, die richterliche Entscheidung nach Abs. 3 nachzusuchen. **Betroffen** ist jeder, in dessen rechtlich geschützte Interessen durch die Beschlagnahme eingegriffen wird → Rn. 6. Für den hier vertretenen weiten Betroffenenbegriff spricht im Rahmen von Abs. 3 zusätzlich die verfassungsrechtliche Rechtsweggarantie. Jedem, der **in seinen Rechten verletzt** ist, muss der Rechtsweg offen stehen (Art. 19 Abs. 4 GG).[85] Die Abgrenzung entspricht derjenigen des § 42 Abs. 2 VwGO. Durch freiwillige Herausgabe an das BKartA kann der Betroffene das Recht auf Herbeiführung der richterlichen Entscheidung verwirken.[86]

20 **3. Keine Anwendung der §§ 63 ff.** Die §§ 63 ff. sind nach hM **nicht,** auch nicht ergänzend, anwendbar. Es gibt aber Rechtsgrundsätze, die auf die richterliche Entschei-

---

[75] Bechtold/Bosch Rn. 3.
[76] Bracher in FK-KartellR Rn. 27.
[77] Insofern wie hier Bracher in FK-KartellR Rn. 26.
[78] Anders noch vor der 8. Novelle; Vgl. Schneider in Bunte KartellR Rn. 4; einschränkend Bracher in FK-KartellR Rn. 24, 28: jedenfalls Anspruch auf Aufhebung.
[79] Bracher in FK-KartellR Rn. 29.
[80] Bracher in FK-KartellR Rn. 25.
[81] Zutreffend Schneider in Bunte KartellR Rn. 4.
[82] Klees in Kölner Komm KartellR Rn. 14.
[83] Zust. Schneider in Bunte KartellR Rn. 4; **aM** Bracher in FK-KartellR Rn. 28; referierend Klees in Kölner Komm KartellR Rn. 14 mit Fn. 50.
[84] Vgl. Ost in MüKoWettbR Rn. 9.
[85] Im Ergebnis übereinstimmend Bracher in FK-KartellR Rn. 14; Klose in Wiedemann § 53 Rn. 118.
[86] So selbst für den Fall vorausgegangenen Protests KG 4.2.1981 – Kart 5/81, WuW/E OLG 2433 (2435) – Metro-Kaufhof.

fassung kann nicht gefolgt werden. Es findet kein Vorverfahren statt, in dem den Kartellbehörden irgendwelche Rechte zustehen. Es ist vielmehr ein einheitlicher Verfahrens-
begriff zugrunde zu legen. Die Kartellbehörde wird durch äußere Umstände oder eigene
Überlegungen angeregt, in einer bestimmten Richtung tätig zu werden. Sobald sich die
Kartellbehörde entschließt, nach außen tätig zu werden, ist auch Raum für die Anwendung
von § 59.[7] Sie muss Erkundigungen einziehen, den oder die Betroffenen anhören usw. Die
Formulierung des Gesetzes in § 49 Abs. 1 ist insoweit unscharf, wenn dort einerseits von
der Einleitung eines Verfahrens und andererseits von der Durchführung von Ermittlungen
gesprochen wird.[8] Es ist auch kein förmlicher Beschluss zur Einleitung eines Verfahrens
erforderlich.[9]

Als Vorschriften des Gesetzes, die den Kartellbehörden **Aufgaben** erteilen, kommen all **8**
diejenigen in Betracht, die auch Verwaltungsakte (Verfügungen iSv § 61) ermöglichen.
Nicht zulässig ist die Anwendung des § 59 zur Erarbeitung von Stellungnahmen nach § 90
Abs. 2. Hier handelt es sich um eine Tätigkeit des BKartA, die nicht in die Kompetenz der
Beschlussabteilungen gehört (vgl. → § 51 Rn. 7). Eine gegenteilige Auffassung kann auch
nicht auf die Entscheidung des KG vom 27.3.1981[10] gestützt werden. Das KG gesteht nur
gleichzeitige Ermittlungen in einem Verwaltungsverfahren zu und die Verwertung solcher
legitim im Verwaltungsverfahren erworbenen Kenntnisse in einem parallel anhängigen oder
nachfolgenden Gerichtsverfahren nach § 90 Abs. 2.

Ermittlungen sind deshalb nur zulässig, wenn sie für die Anwendung einer bestimmten **9**
Sachnorm notwendig sind,[11] über deren Anwendung im Verwaltungsverfahren entschieden
werden soll. Kommen mehrere Normen in Betracht, braucht im Ermittlungsverfahren nicht
entschieden zu werden, welche Norm letztlich zur Anwendung gelangen soll. Die Ermittlungen müssen sich auf einen konkreten Sachverhalt erstrecken, der eine Gesetzesverletzung
als möglich erscheinen lässt. Der den Ermittlungen zugrunde liegende Verdacht muss schlüssig sein. Dabei darf von der Rechtsauffassung der Kartellbehörde ausgegangen werden.[12]

Die Befugnisse nach § 59 stehen der Kartellbehörde auch nach Abschluss des Verwal- **10**
tungsverfahrens, aber noch während des laufenden Beschwerde- und Rechtsbeschwerdeverfahrens zu. Die vom OLG Düsseldorf sowie im Schrifttum zeitweise vertretene entgegengesetzte Auffassung, die den Kartellbehörden den Rückgriff auf § 59 im Beschwerdeverfahren absprach,[13] wurde in Folge der HABET/Lekkerland-Entscheidung des BGH[14]
aufgegeben.[15] Verbleibende Zweifel an der Zulässigkeit sind jedenfalls mit der 7. GWB-
Novelle beseitigt worden. S. 1 stellt nun klar, dass den Kartellbehörden die Ermittlungsbefugnisse nach § 59 auch während des Beschwerde- und Rechtsbeschwerdeverfahrens
zustehen (**„bis zum Eintritt der Bestandskraft** ihrer Entscheidung").[16] Werden nach

---

[7] In diesem Sinne auch der BGH im Zusammenhang mit dem Eintritt der Verjährungshemmung nach
§ 33 Abs. 5 GWB 2005, BGH 23.9.2020 – KZR 35/19, NJW 2021, 848 (855) Rn. 81: „[…] findet beim
BKartA die Einleitung eines (Bußgeld-)Verfahrens allein durch die Aufnahme von Ermittlungen statt."
[8] Vgl. → § 49 Rn. 3.
[9] S. auch Barth in MüKoWettbR Rn. 9, 10; Bechtold/Bosch Rn. 13.
[10] KG 27.3.1981 – Kart. 15/81, WuW/E OLG 2446 (2447) – Heizölhandel.
[11] KG 28.3.1990 – Kart. 8/88, WuW/E OLG 4556, 4547 und 2.11.1990 – Kart. 9/90, WuW/E OLG
4597 (4598) – Fernwärmepreise.
[12] So die ständige Rspr. des KG: 2.11.1990 – Kart. 9/90, WuW/E OLG 4597 (4598) und 8.11.1990 –
Kart. 19/90, WuW/E OLG 4627 – Hamburger Benzinpreise; s. auch KG 19.5.1999 – Kart. 26/99 und
24.8.1999 – Kart. 36/99, WuW/E DE-R 386 – Tobaccoland – fortgeführt von OLG Düsseldorf: 27.4.2001
– Kart. 19/01 (V), WuW/E DE-R 677 – Müllverbrennungsanlage; 22.1.2003 – Kart. 39/02 (V), WuW/E
DE-R 1067 – Stromnetz Darmstadt.
[13] OLG Düsseldorf 8.1.2001 – Kart 32/01 (V), WuW/E DE-R 723 (725) – Blitz-Tip.
[14] BGH 24.6.2003 – KVR 14/01, WuW/E DE-R 1163 (1167) – HABET-Lekkerland (obiter dictum);
nach der 7. GWB-Novelle fortgeführt BGH 11.11.2008 – KVR 60/07, WuW/E DE-R 2451 – E.ON/
Stadtwerke Eschwege; kritisch hierzu (mit Blick auf den Grundsatz der prozessualen Waffengleichheit)
Jüntgen WuW 2011, 340.
[15] Siehe nur OLG Düsseldorf 29.9.2006 – VI-Kart 40/01 (V), WuW/E DE-R 1987 (1988 und 1990) –
Anzag II.
[16] RegBegr. zur 7. GWB-Novelle BT-Drs. 15/3640, 63 rechte Spalte.

Eintritt der Bestandskraft oder Einstellung des Verfahrens Ermittlungen neu aufgenommen, so wird darin regelmäßig die Einleitung eines neuen Verfahrens zu sehen sein.[17]

**11**    Da bis zur 10. Novelle noch eine strikte Trennung des Verwaltungs- und Bußgeldverfahrens galt, war diese bei der Verwertung der nach § 59 erlangten Informationen zu beachten, wenn die Kartellbehörde im Laufe des Verwaltungsverfahrens zulässigerweise in ein Bußgeldverfahren übergeht. Mit dem Verweis des § 82b auf die §§ 59 ff. ist dieses Erfordernis entfallen, sodass sich die Frage der Verwertbarkeit der gewonnen Erkenntnisse von nun an nicht mehr stellt (→ § 82b Rn. 7). Allein hinsichtlich der an natürliche Personen gerichteten Auskunftsverlangen ist das ihnen zugestandene Auskunftsverweigerungsrecht, sowie Verwendungsverbot (→ Rn. 41 f.) zu berücksichtigen.

**12**    Die Weitergabe der erlangten Tatsachen an andere Kartellbehörden, an das BMWi und die Monopolkommission ist zulässig. Es dürfen auch die Auskünfte, die bei einem Dritten erlangt worden sind, verwertet werden, wenn ein Verwaltungsverfahren in ein Bußgeldverfahren übergeleitet wird.[18]

## II. Das Verhältnis zu § 39 Abs. 5

**13**    Gegenüber den an einem Fusionskontrollverfahren beteiligten Unternehmen stehen dem Bundeskartellamt nach § 39 Abs. 5 zusätzliche Auskunftsrechte zu. Dabei handelt es sich um Angaben, die über das hinausgehen, was bereits nach § 39 Abs. 3 mitzuteilen ist. So kann etwa nach Marktanteilen unter 25 % gefragt oder eine Aufschlüsselung der Umsatzerlöse verlangt werden.[19] Ansonsten bleibt § 59 unberührt.

## III. Ermittlungen im Ausland

**14**    Zur Frage, ob § 59 außerhalb des Geltungsbereichs des Gesetzes Anwendung finden kann, vgl. → § 185 Rn. 96 ff. Zulässig dürften die formlosen Auskunftsersuchen (→ Rn. 3) sein. Die Ermittlungstätigkeit hat nicht die Qualität eines Hoheitsaktes und die Beantwortung ist freiwillig. Verwertungsprobleme entstehen im Verwaltungsverfahren nicht.

## C. Allgemeine Voraussetzungen der Befugnisse

### I. Die Berechtigten

**15**    Die Befugnisse nach § 59 stehen grundsätzlich allen **Kartellbehörden,** also Bundeskartellamt, Landeskartellbehörden sowie dem BMWi, zu. Für die formelle Rechtmäßigkeit einer Ermittlungshandlung muss jedoch hinzutreten, dass die ermittelnde Kartellbehörde auch zuständig ist. Die Regelung der Zuständigkeit bemisst sich nach § 48. Soweit die Kartellbehörde für das Verfahren unzuständig ist, muss dieses ggf. nach § 49 Abs. 2 oder Abs. 3 an die zuständige Behörde verwiesen werden. Mit Aufnahme der Ermittlungstätigkeit hat die zuständige Behörde auch die Mitteilungspflicht nach § 49 Abs. 1 zu erfüllen. Weiterhin stehen die Rechte nach § 59 auch den **Vergabekammern** zu.[20] Seit der 10. GWB-Novelle 2021 gehören nach § 47d Abs. 1 auch die Markttransparenzstellen für den Großhandel mit Strom und Gas und für Kraftstoffe dem Kreis der Berechtigten an.

### II. Die Adressaten

**16**    Die Befugnisse stehen den Kartellbehörden gegenüber Unternehmen und Vereinigungen von Unternehmen zu sowie gegenüber juristischen Personen und Personenvereinigungen, die keine Unternehmen oder Unternehmensvereinigungen sind. Des Weiteren hat die

---

[17] So auch Barth in MüKoWettbR Rn. 5; Schneider in Bunte Rn. 10.
[18] Bechtold/Bosch Rn. 2.
[19] Bechtold/Bosch § 39 Rn. 25.
[20] OLG Düsseldorf 16.2.2012 – VII-Verg 2/12, BeckRS 2012, 06485.